collection Saturne

DICTIONNAIRE
MODERNE
FRANÇAIS-ESPAGNOL

par

Ramón GARCÍA-PELAYO Y GROSS

Professeur à l'École supérieure d'interprètes et de traducteurs de l'Université de Paris
Maître de conférences à l'École nationale d'administration et à l'Institut des sciences politiques de Paris
Miembro del Ilustre Colegio de Abogados de Madrid
Miembro c. de la Academia de San Dionisio de Ciencias, Artes y Letras,
de la Academia Boliviana de la Historia, de la Real Academia de Bellas Artes de San Telmo
y de la Academia Argentina de Letras

et

Jean TESTAS

Agrégé de l'Université - Assistant à la Sorbonne
Maître de conférences à l'École nationale d'administration
Responsable des études hispaniques à l'École des hautes études commerciales de Paris (Jouy-en-Josas)

avec la collaboration de

Micheline DURAND

Licenciée de l'Université de Paris, Interprète de conférence
Professeur à l'École supérieure d'interprètes et de traducteurs de l'Université de Paris
Maître de conférences à l'Institut des sciences politiques de Paris

Fernando GARCÍA-PELAYO

Diplômé de l'Université de Madrid
Professeur d'espagnol commercial à l'Institut supérieur de commerce de Paris

Jean-Paul VIDAL

Licencié et diplômé d'études supérieures d'espagnol
Diplômé de l'École supérieure de traducteurs de l'Université de Paris

LIBRAIRIE LAROUSSE

17, rue du Montparnasse, Paris VIe

Valentín Gómez, 3530   Marsella 53, Esq. Nápoles
Buenos Aires R. 13   México 6, D. F.

PRÉFACE

Près de deux cents millions d'hommes s'expriment aujourd'hui en espagnol. Une vingtaine de nations utilisent cette langue dans les organisations internationales. Tous ces pays, en plein essor, suivent au jour le jour les progrès scientifiques et participent aux découvertes techniques. La littérature, enfin, et la pensée de cette vaste partie du monde sont parmi les plus originales.

L'espagnol est — à l'évidence — une langue actuelle, vigoureuse, en perpétuelle évolution, comme le monde dans lequel nous vivons.

Or, une longue pratique de la lexicographie, de la traduction, de l'enseignement et de la recherche nous a fait constater que le plus grand nombre des dictionnaires parus jusqu'alors ne permettent plus de comprendre toute la réalité quotidienne. Souvent, l'équivalent d'un mot cent fois attesté demeure introuvable. Combler cette lacune fut notre principal souci.

C'est pourquoi, dans le désir de s'écarter des sentiers battus, nous avons mis toute notre application à faire une œuvre moderne, pour donner au titre du volume sa véritable signification. Notre tâche, dès lors, se devait d'être novatrice. Il ne pouvait être question d'une mise à jour de travaux antérieurs. C'est dire que nous avons dû rassembler un nombre considérable de fiches bilingues. Ainsi, les mots sont très souvent explicités par une citation ou par une annotation entre parenthèses, et chaque construction difficile est illustrée par un exemple. Nous avons fait appel à des auteurs consacrés; nous avons tiré nos modèles de quotidiens, de revues à caractère général ou spécialisées. Nous nous sommes attachés tout particulièrement à l'étude des mots scientifiques ou techniques qui traduisent les progrès accomplis dans toutes les branches — agriculture, astronomie, automobile, aviation, cinématographie, chemin de fer, électricité, marine, mathématiques, médecine, physique, radio, télévision, etc. —, aussi bien qu'à celle des termes propres à d'autres disciplines — art, commerce, droit, finances, géographie, grammaire, musique, philosophie, sports, tauromachie, théâtre, etc. En outre, nous avons doté les articles les plus importants de listes de synonymes ou de termes ayant un sens très voisin, afin d'offrir au lecteur l'occasion, lorsqu'il consulte un mot déterminé, d'acquérir la connaissance de ceux qui s'en rapprochent le plus. Nous avons introduit des observations là où il fallait attirer l'attention sur une caractéristique propre au génie de l'une des deux langues ou sur l'évolution même d'un sens.

Nous donnons également les expressions et les tournures familières les plus courantes et nous nous efforçons de fournir une traduction qui en conserve l'esprit et le sel. Le vocabulaire argotique lui-même n'a pas toujours été rejeté. Il en a été de même pour les mots étrangers. La langue anglaise — par exemple — fait preuve d'une puissance d'expansion qu'il est impossible d'ignorer. Le français, de son côté, a introduit certains mots dans la langue espagnole, et réciproquement. Ces mots sont dits, ils sont écrits; nous devions les inclure dans nos listes. Lorsque ces « exils linguistiques » ont entraîné un sens nouveau, nous l'avons signalé avec soin. Que « marketing », « standing », « parquet », « foie gras », « pronunciamiento », « sombrero » soient dans ce dictionnaire ne signifie nullement que les auteurs en approuvent l'emploi : ils se bornent à l'enregistrer.

Le présent volume appartient à la dernière édition (revue et corrigée) de cet ouvrage. La date du copyright mentionnée ci-dessous ne concerne que le dépôt à Washington de la première édition.

© Librairie Larousse, 1967.

Librairie Larousse (Canada) limitée, propriétaire pour le Canada des droits d'auteur et des marques de commerce Larousse. — Distributeur exclusif au Canada : les Editions Françaises Inc., licencié quant aux droits d'auteur et usager inscrit des marques pour le Canada.

ISBN 2-03-020601-6

Il nous a semblé indispensable de donner aux mots employés en Amérique de langue espagnole la place qui leur revient. En effet, l'importance croissante que prend l'Amérique hispanique et le resserrement des liens qui unissent l'ancien et le nouveau continent justifient pleinement cette initiative. Ce dictionnaire prend ainsi l'ampleur attachée à toute étude linguistique fondée sur l'espagnol.

Enfin, le vocabulaire classique n'a pas été dédaigné. Au contraire, chaque mot ancien, utile à la compréhension d'un chef-d'œuvre du siècle d'or, ou encore capable de contribuer à la beauté de l'expression, a été conservé et traduit avec une extrême précaution.

Nous sommes très reconnaissants à nos collaborateurs extérieurs de l'aide et des conseils qu'ils nous ont apportés au cours de l'élaboration de cet ouvrage. Mentionnons, en tout premier lieu, Annick Labarère, traductrice et interprète de conférence, diplômée par l'Académie de Paris, et Anne-Marie Suret, diplômée de l'Ecole supérieure de traducteurs de l'Université de Paris, ainsi que José María Rodríguez, licencié en droit de l'Université de Madrid, Antonio García-Pelayo, rédacteur militaire et directeur de Langueurop, Guy Testas, docteur en études ibériques et professeur détaché à l'Ecole des hautes études commerciales et à l'Ecole nationale d'administration, Jean Coste, assistant à la Sorbonne et spécialiste de la grammaire espagnole moderne, Françoise Laye, licenciée d'espagnol de l'Université de Paris, et Ernesto García-Herrera, diplômé de l'Ecole de journalisme de Madrid. Nous remercions également les correcteurs Adolphe V. Thomas, Amadeo Bernadó Calcató, Fernando Gómez Peláez et René Violot, dont les observations et le travail minutieux ont considérablement contribué à la réalisation de ce dictionnaire ainsi que Jacqueline Englund, qui s'est occupée de toutes les questions phonétiques. A tous, nous adressons le témoignage de notre gratitude.

Il est évident que ce n'est qu'à l'usage que l'on peut se rendre compte de la valeur réelle d'un dictionnaire. L'accueil que le public réservera à celui-ci nous dira si nous avons réussi dans notre entreprise. Nous souhaitons vivement, pour que cet ouvrage puisse être amélioré à l'avenir, que nos lecteurs nous signalent les imperfections qu'ils pourront y trouver.

Ramón GARCÍA-PELAYO   Jean TESTAS

PRÓLOGO

Cerca de doscientos millones de hombres hablan actualmente español y en los organismos internacionales, donde es reconocido oficialmente como lengua de trabajo, unas veinte naciones utilizan este idioma como medio de expresión. Los países hispánicos, cuya literatura figura entre las más originales, avanzan con paso seguro por los caminos trazados por la ciencia y participan en los descubrimientos técnicos de nuestra época.

El español es, sin duda alguna, una lengua actual, vigorosa y en constante evolución, a semejanza del mundo que nos rodea.

Una larga experiencia que ha abarcado la lexicografía, la traducción, la enseñanza y la investigación nos ha hecho comprobar que la mayoría de los diccionarios que podemos consultar no se ajustan a la realidad existente, y que muchas de las palabras de uso corriente no han sido incluidas o traducidas adecuadamente. Nuestra principal preocupación al confeccionar este diccionario moderno ha sido precisamente subsanar tal carencia.

Por todo esto, hemos aunado nuestros esfuerzos para abandonar los senderos trillados y realizar, en consonancia con su título, un libro verdaderamente moderno. Nuestro propósito ha sido llevar a cabo un trabajo de innovación y no una simple puesta al día de obras anteriores.

Partiendo de esta base, y para alcanzar este objetivo, hemos reunido innumerables papeletas con citas de escritores considerados como autoridades y con términos extraídos de la prensa diaria y de las revistas especializadas o técnicas que son el reflejo del idioma. Esto nos ha permitido diferenciar los sentidos y matices de las palabras, ilustrarlas frecuentemente con un ejemplo, señalar los regímenes peculiares a cada lengua y dar una orientación acerca del correcto empleo de las diversas acepciones mediante unas concisas explicaciones entre paréntesis.

Hemos puesto especial empeño en reseñar los vocablos de carácter científico o técnico, testimonio de los adelantos logrados en cualquier ramo — agricultura, astronomía, automóvil, aviación, cinematografía, electricidad, ferrocarril, física, matemáticas, marina, medicina, radio, televisión, etc. —, sin dejar por ello de prestar la debida atención al léxico relativo a otras disciplinas muy dignas de interés — artes, comercio, deportes, derecho, filosofía, finanzas, geografía, gramática, música, tauromaquia, teatro, zoología, etc. Hemos creído asimismo de utilidad agregar en ciertos artículos una lista de sinónimos o voces afines para proporcionar al lector la posibilidad de conocer las palabras ligadas a la que se trata. Hemos registrado también, a modo de observaciones o notas, todos los casos en que se reveló necesario llamar la atención sobre alguna particularidad del genio de una de las dos lenguas que estudiamos o sobre la evolución semántica de una voz.

Se ha procurado traducir las expresiones o giros familiares de uso más corriente, velando siempre porque la locución equivalente conserve su valor expresivo y su sabor. En este terreno, sin amedrentarnos por su natural a menudo inelegante, hemos llegado incluso a insertar en nuestro repertorio un vocabulario de germanías que, quiérase o no, existe y se puede encontrar en cualquier narración realista en la que el autor ponga en boca de sus personajes el habla propia del pueblo. Con respecto a las palabras extranjeras, hemos mantenido el mismo criterio. La pujanza alcanzada hoy por la lengua inglesa, por ejemplo, es innegable; el francés ha introducido ciertos vocablos en la lengua española, y recíprocamente. Si damos constancia de ellas, a pesar de su carácter foráneo, es a causa de su repetido empleo. Sin embargo, hemos de advertir que la presencia en nuestras páginas de « marketing », « standing », « parquet », « foie gras », « sombrero », « pronunciamiento », etc., no implica en modo alguno aprobación de su uso por los autores. Simplemente nos limitamos a anotar su existencia.

No hemos vacilado tampoco en asignar a las palabras características de los países americanos de lengua española el lugar preferente que merecen. Esta iniciativa se justifica plenamente a la vista del acusado estrechamiento de los lazos que unen el Antiguo y el Nuevo Continente. Nuestro diccionario adquiere así la dimensión que corresponde a todo estudio lingüístico fundado en el español.

Por último, sería erróneo pensar que en esta obra, marcadamente moderna, el vocabulario arcaico y clásico haya sido postergado. Cualquier palabra indispensable a la comprensión de las obras maestras de la Edad de Oro, o capaz de contribuir a la belleza de la expresión, ha sido conservada y traducida con el mayor esmero.

No queremos terminar estas líneas sin agradecer profundamente la ayuda y consejos que nos han prodigado nuestros colaboradores durante la gestación de esta obra. Mencionaremos en primer lugar a Annick Labarère, traductora e intérprete de conferencias, diplomada de la Académie de Paris, y a Anne-Marie Suret, diplomada de l'École supérieure de traducteurs de la Universidad de París, así como José María Rodríguez, licenciado en Derecho por la Universidad de Madrid; Antonio García-Pelayo, director de Langueurop y especialista en temas militares; Guy Testas, doctor en Études ibériques y profesor en las escuelas de Hautes études commerciales y École nationale d'administration; Jean Coste, ayudante en la Sorbona y especialista de Gramática española moderna; Françoise Laye, licenciada de Español por la Universidad de París, y Ernesto García-Herrera, diplomado de la Escuela de Periodismo de Madrid. De manera semejante queremos poner de manifiesto la eficaz y diligente ayuda de los correctores Adolphe V. Thomas, Amadeo Bernadó Calcató, Fernando Gómez Peláez y René Violot, cuyas observaciones han contribuido notablemente a la realización de este diccionario.

Solamente la consulta asidua de un diccionario puede permitir la determinación exacta de su valor y utilidad. La acogida que el público dispense al que le presentamos nos mostrará si el éxito ha acompañado nuestra empresa. Sabemos de antemano que, no obstante la ardua labor realizada, son inevitables algunas omisiones e imperfecciones. Por ello, nos agradaría recibir todas las observaciones que los lectores tengan la amabilidad de enviarnos para incorporarlas en las próximas ediciones y poder mejorar así más adelante esta obra.

Ramón GARCÍA-PELAYO   Jean TESTAS

COMMENT UTILISER CE DICTIONNAIRE

ORDRE DES MOTS

a) Les mots-souches se présentent toujours dans l'ordre alphabétique. Cependant, si deux mots-souches ont le même sens et des orthographes très voisines, ils peuvent être groupés (ex. : **clef** ou **clé**).

b) Les mots composés sont classés également par ordre alphabétique et non après le mot simple dont ils dérivent. C'est ainsi qu'**auto-induction** est placé après **autoguidé** et non à l'intérieur de l'article **auto**, étudié en tant que préfixe.

c) Les verbes essentiellement pronominaux, ne dépendant d'aucun verbe simple, font l'objet d'un article à part. (Cherchez **s'écrier** à **écrier** [**s'**].) Par contre, ceux qui ne sont qu'accidentellement pronominaux sont traités à l'intérieur de l'article relatif au verbe simple, après l'abréviation v. pr. (Cherchez **mirarse** à **mirar**.)

d) Les adverbes, diminutifs et augmentatifs qui se forment régulièrement dans les deux langues ne sont pas mentionnés (ex. : **clairement,** qui se traduit par *clairement*).

PRONONCIATION FIGURÉE

La prononciation figurée n'est indiquée que lorsque le mot présente une difficulté phonétique. C'est pourquoi, dans la partie espagnole, elle n'apparaît qu'à la lettre *w*. Elle est indiquée selon la méthode de l'Association phonétique internationale (consultez le tableau, p. X) et placée entre crochets, immédiatement après le mot-souche (ex. : **gageure** [gaʒyːr]).

INDICATIONS GRAMMATICALES

a) La nature morphologique du mot-souche est indiquée par une abréviation très claire, dont la liste détaillée figure p. IX (1ʳᵉ partie) et II (2ᵉ partie).

b) Le genre des substantifs n'est indiqué dans la traduction que s'il est différent de celui du mot-souche (ex. : **visage** m. Rostro, cara, *f.*). Il en est de même pour le nombre (ex. : **ajedrez** m. Échecs, *pl.*).

c) Le pluriel irrégulier des mots est indiqué en observation à la fin de l'article ou figure dans un exemple qui illustre l'article en question.

d) Quand le même mot-souche revêt plusieurs formes grammaticales, celles-ci sont traitées dans le même article, en alinéas distincts (ex. : à **moins,** on étudie d'abord l'adverbe, puis le substantif). Toutefois, s'il s'agit d'articles très longs, chaque forme constitue un article séparé. C'est ainsi que **bon** est traité en trois articles différents, selon qu'il est adjectif, substantif ou adverbe.

e) Les verbes irréguliers sont immédiatement suivis d'un astérisque, qui renvoie au précis grammatical, où l'on peut en trouver la liste et la conjugaison.

COMO USAR ESTE DICCIONARIO

ORDEN DE LAS PALABRAS

a) Las palabras se presentan siempre en su orden alfabético. Sin embargo, cuando dos voces tienen el mismo sentido y parecida ortografía, pueden aparecer agrupadas (por ej., **clef** o **clé**).

b) Las palabras compuestas se clasifican también por orden alfabético y no tras el elemento simple del que se derivan. Así, **auto-induction** está colocado a continuación de **autoguidé,** y no en el interior del artículo **auto**, considerado como prefijo.

c) Los verbos esencialmente pronominales, es decir, que no dependen de ningún verbo simple, figuran en un artículo separado. (Búsquese **s'écrier** en **écrier** [**s'**].) En cambio, aquellos que son pronominales solamente de modo accidental están tratados en el interior del artículo relativo al verbo simple, tras la abreviatura V. pr. (Búsquese **mirarse** en **mirar**.)

d) Los adverbios, diminutivos y aumentativos de formación regular en ambas lenguas no están tratados (por ej., **clairement** que se traduce por *clairement*).

PRONUNCIACIÓN FIGURADA

La pronunciación figurada está indicada solamente cuando la palabra presenta alguna dificultad de orden fonético. Por esta razón, en la parte española no aparece nada más que en la letra *w*. Se ha utilizado el método de la Asociación Fonética Internacional (véase el cuadro de la pág. X) y se ha colocado entre corchetes a continuación del artículo (por ej., **gageure** [gaʒyːr]).

INDICACIONES GRAMATICALES

a) La naturaleza morfológica de cada palabra está indicada por una abreviatura muy clara, cuya lista detallada figura en la pág. IX (1.ª parte) et II (2.ª parte).

b) El género de los sustantivos está indicado en la traducción solamente cuando es diferente al de la palabra que se estudia (por ej., **visage** m. Rostro, cara, *f.*). El mismo procedimiento cuando se trata del número (por ej., **ajedrez** m. Échecs, *pl.*).

c) El plural irregular de ciertos sustantivos se indica en forma de observación al final del artículo, o bien figura en un ejemplo ilustrativo.

d) Cuando el mismo vocablo encierra diferentes partes de la oración, éstas se encuentran tratadas en el mismo artículo, pero en diferentes párrafos (por ej., en **moins** se estudia en primer lugar el adverbio y luego el sustantivo). No obstante, cuando los artículos son muy largos, cada forma gramatical ha sido estudiada separadamente. Así, **bon** ha sido redactado en tres artículos diferentes, según tenga la función de adjetivo, de sustantivo o de adverbio.

e) Los verbos irregulares están señalados con un asterisco que envía al tratado de gramática, donde se encuentra la lista y conjugación de esos verbos.

DISTINCTION DES SENS

a) Les traductions sont groupées par acceptions séparées les unes des autres par ‖. Ces acceptions peuvent être différenciées par des rubriques, qui les précèdent et permettent une consultation rapide de l'article (consultez la liste des ABRÉVIATIONS, p. IX et celle des ABREVIATURAS, p. II dans la 2e partie). Si un vocable a plusieurs sens correspondant à une même rubrique, cette dernière n'est indiquée que la première fois, et les acceptions séparées par |. Lorsqu'un mot a de nombreux sens, un tableau figurant en tête de l'article classe les diverses acceptions et donne la possibilité au lecteur de se reporter directement à celle qui l'intéresse. C'est ainsi que, si on doit traduire *estar para*, il suffit de lire le paragraphe 3 de l'article **estar** (intitulé SEGUIDO DE UNA PREPOSICIÓN), sans avoir besoin de parcourir tout ce qui précède. Les acceptions qui sont placées au début de l'article sont naturellement les plus courantes.

b) Les locutions ou expressions se trouvent toujours après toutes les acceptions, dont elles sont séparées par le signe ‖ —. Néanmoins, on supprime le tiret quand elles sont trop peu nombreuses. Elles sont classées par ordre alphabétique de la façon suivante : tout d'abord celles qui ne contiennent pas de verbe (elles se subdivisent en expressions dans lesquelles le mot-souche est placé le premier, en expressions dans lesquelles il figure à l'intérieur d'un groupe de mots, et en locutions diverses), puis celles qui renferment un verbe (v. CARGA). Il faut noter, cependant, que, lorsque le nombre de ces locutions ou expressions est très restreint, elles sont classées selon un ordre alphabétique rigoureux, c'est-à-dire sans tenir compte du fait qu'il y a un verbe ou non (v. IZQUIERDA).

c) Pour orienter le lecteur et éviter qu'il n'emploie sans s'en rendre compte des termes peu convenables, on a distingué deux degrés de familiarité : FAM. correspond à « familier, mais admis », et POP. à « populaire », « vulgaire », voire « argotique ». Si ces rubriques précèdent la traduction, elles s'appliquent au mot-souche ; si elles la suivent, elles portent sur la traduction. Par conséquent, puisque le mot français **liquette** est immédiatement suivi de la rubrique POP., on en déduit qu'il est jugé vulgaire. En général, la traduction rend compte de ce degré de familiarité, sauf dans les quelques cas où il n'existe pas d'équivalent. Il arrive que le mot-souche puisse être traduit par un mot parfaitement correct ou par un mot familier ; s'il en est ainsi, le second est suivi de la mention fam. entre parenthèses.

ÉCLAIRCISSEMENT DES SENS

Lorsqu'un mot a plusieurs acceptions, chacune d'elles est suivie d'une explication, qui est placée entre parenthèses si elle est rédigée dans la langue de base, ce qui est presque toujours le cas, et entre crochets si elle est écrite dans l'autre langue (ex. : **louer**, qui se traduit par **alquilar** lorsqu'il s'agit de maisons ou de meubles, et par **arrendar** quand il est question de terres). Il en est de même pour les expressions qui ont plusieurs sens. Très souvent, on a préféré remplacer les explications par des exemples. Il arrive qu'une acception ait plusieurs traductions qui ne peuvent s'employer indifféremment ; chacune d'elles est alors suivie d'une explication entre parenthèses et séparée de la suivante par une virgule (v. MALLE). Si plusieurs

DIFERENCIACIÓN DE LOS SENTIDOS

a) Las traducciones están constituidas por acepciones, separadas mediante el signo ‖. Estas acepciones pueden ser diferenciadas por medio de rúbricas, que les preceden, y facilitan la consulta rápida del artículo (véase la lista de ABREVIATURAS, en la pág. II parte y la de ABRÉVIATIONS en la pág. IX). Si un vocablo tiene varios sentidos, correspondientes a una misma rúbrica, ésta figura solamente al principio, y las acepciones están separadas por el signo |. En el caso en que una palabra posea numerosos sentidos, se ha colocado un cuadro en la cabecera del artículo, en el cual se han clasificado las diversas acepciones, dando así la posibilidad al lector de encontrar directamente la que le interese. Un ejemplo aclarará lo dicho : si hay que traducir *estar para*, basta consultar el párrafo 3 del artículo **estar** (que figura con el título SEGUIDO DE UNA PREPOSICIÓN), sin necesidad de recorrer todo lo que precede. Las acepciones que aparecen al comienzo del artículo son naturalmente las más corrientes.

b) Las locuciones y expresiones se encuentran siempre después de las acepciones diversas, de las cuales están separadas por el signo ‖ —. Sin embargo, cuando sólo existe una locución o expresión, se ha prescindido del guión. La clasificación de las mismas es también alfabética, ateniéndose a las normas siguientes : en primer lugar van las que no tienen verbo ; este grupo se subdivide a su vez en expresiones que comienzan por la palabra estudiada, en otras donde dicha palabra figura en el interior, y en locuciones diversas ; en segundo lugar, las expresiones formadas por un verbo (v. CARGA). No obstante, cuando el número de estas expresiones o locuciones es muy reducido, la clasificación se ha hecho de acuerdo con un orden alfabético riguroso, es decir, sin tener en cuenta que haya o no haya verbo (v. IZQUIERDA).

c) Con objeto de orientar al lector y evitar que pueda emplear palabras o expresiones malsonantes sin darse cuenta, hemos distinguido dos grados de familiaridad : FAM., es decir « familiar, pero admitido », y POP., equivalente a « popular » y « vulgar ». Si estas rúbricas preceden a la traducción, se refieren a la palabra estudiada, mientras que si le siguen, son aplicables a la traducción. Por lo tanto el término francés **liquette**, que está seguido de la rúbrica POP., ha sido considerado vulgar. En general, al poner la traducción se ha tenido en cuenta el grado de familiaridad, salvo en los pocos casos en que no existe equivalente. Ocurre a veces también que una palabra perfectamente correcta ha sido traducida por una familiar, en cuyo caso la traducción va seguida de la mención fam. entre paréntesis.

DIFERENCIACIÓN DE LAS ACEPCIONES

Cuando una palabra tiene varias acepciones, cada una de ellas va seguida de una pequeña explicación colocada entre paréntesis, si está redactada en la lengua que se traduce, que es el caso más corriente, o entre corchetes, si está escrita en la otra lengua (por ej., **louer**, que se traduce por *alquilar*, al hablar de casas o de muebles, y por *arrendar* cuando se trata de tierras). Del mismo modo procedemos con las expresiones que tienen varios significados. Frecuentemente hemos preferido sustituir las explicaciones por ejemplos. A veces, también, una simple acepción tiene varias traducciones que no pueden emplearse indiferentemente ; en este caso, cada una de ellas va seguida

exemples ou expressions ont une partie commune, celle-ci n'est indiquée que la première fois, et les différentes versions sont séparées par *o* ou par *ou,* selon qu'il s'agit de français ou d'espagnol, respectivement (ex. : *lengua pastosa* ou *gorda,* langue pâteuse ; *changer du tout au tout,* cambiar por completo *ou* completamente ; *à titre gracieux* o *gratuit,* graciosamente, gratis.

de una explicación entre paréntesis, y está separada de la siguiente por una coma (v. MALLE). Por otro lado, si varios ejemplos o expresiones tienen una primera parte común, ésta se indica sólo una vez y las diferentes variantes están separadas por *ou* o por *o,* según se trate de francés o de español respectivamente (por ej., *lengua pastosa* o *gorda,* langue pâteuse ; *changer du tout au tout,* cambiar por completo *ou* completamente ; *à titre gracieux* o *gratuit,* graciosamente, gratis).

SYNONYMES

Certains mots, qui peuvent avoir plusieurs équivalents, sont suivis d'une ou de deux listes de synonymes, ce terme recouvrant les mots ayant un sens soit rigoureusement identique, soit très voisin. Lorsqu'une liste se rapporte à une acception particulière du mot traité, elle est précédée d'une puce (●), ainsi que l'acception correspondante. Si, pour un même article, il y a deux listes, la seconde est précédée par un losange (◆) [v. ADOUCIR].

SINÓNIMOS

Algunos artículos van seguidos de una o dos listas de sinónimos, que engloban no solamente aquellas palabras de idéntico significado sino también algunas afines. Cuando una lista se refiere solamente a una acepción determinada, va precedida del signo tipográfico (●), colocado también delante de la acepción correspondiente. Si en un mismo artículo hay dos listas derivadas de dos acepciones, la segunda va precedida del signo (◆) [v. ADOUCIR].

OBSERVATIONS

Des observations placées à la fin de l'article, et rédigées soit en français, soit en espagnol, selon le lecteur auquel elles s'adressent plus particulièrement, éclairent le sens d'un mot, son emploi, son évolution, ou toute autre caractéristique utile à celui qui consultera l'ouvrage (v. ACHALANDÉ).

OBSERVACIONES

Al final de algunos artículos aparecen unas observaciones redactadas en francés o en español, según a qué lector van más particularmente dirigidas. Tienen por objeto aclarar el sentido de una palabra, el uso especial de la misma, su evolución o cualquier otra característica útil para quien consulte el diccionario (v. ACHALANDÉ).

AMÉRICANISMES

Les américanismes les plus fréquents sont inclus dans ce dictionnaire. Ils sont précédés de l'abréviation *Amér.* dans le texte français et *Amer.* dans l'espagnol.

AMERICANISMOS

Los americanismos de uso más frecuente están incluidos en nuestro vocabulario, y van precedidos de la abreviatura *Amer.* en el texto español y *Amér.* en el francés.

TABLEAUX

Des tableaux groupent les mots appartenant à une même branche et donnent ainsi au lecteur une vue d'ensemble sur une question donnée (ex. : **gouvernement, medicina,** etc.).

CUADROS

Algunos cuadros presentan agrupados los términos pertenecientes a algún ramo o especialidad, de manera que el lector pueda tener una vista de conjunto sobre un tema determinado (por ej. : **gouvernement, medicina,** etc.).

ILLUSTRATIONS

Des illustrations permettent, mieux encore que n'importe quelle explication, de se rendre compte du sens d'un mot dans les deux langues à la fois.

ILUSTRACIONES

Más eficaces que cualquier tipo de explicación, nuestras ilustraciones permiten al lector darse cuenta del significado de una palabra en las dos lenguas simultáneamente.

ABRÉVIATIONS

abrév.	abréviation	abreviatura	interr.	interrogatif	interrogativo
adj.	adjectif	adjetivo	intr.	intransitif	intransitivo
adv.	adverbe	adverbio	inv.	invariable	invariable
AGRIC.	Agriculture, économie rurale	Agricultura, economía rural	JEUX	Jeux	Juegos
			LOC.	Locution	Locución
Amér.	Américanisme	Americanismo	m.	masculin	masculino
ANAT.	Anatomie	Anatomía	MAR.	Marine	Marina
ARCHIT.	Architecture	Arquitectura	MATH.	Mathématiques	Matemáticas
art.	article	artículo	MÉCAN.	Mécanique	Mecánica
ARTS	Arts	Artes	MÉD.	Médecine	Medicina
ASTR.	Astronomie	Astronomía	MIL.	Militaire	Militar
AUTOM.	Automobile	Automóvil	MIN.	Mines, minéralogie	Minas, mineralogía
auxil.	auxiliaire	auxiliar			
AVIAT.	Aviation, aéronautique	Aviación, aeronáutica	MUS.	Musique	Música
			MYTH.	Mythologie	Mitología
BIOL.	Biologie	Biología	n. pr.	nom propre	nombre propio
BLAS.	Blason, héraldique	Blasón, heráldica	num.	numéral	numeral
			pers.	personnel	personal
BOT.	Botanique	Botánica	PHILOS.	Philosophie	Filosofía
CHIM.	Chimie	Química	PHOT.	Photographie	Fotografía
CINÉM.	Cinématographie	Cinematografía	PHYS.	Physique	Física
COMM.	Commerce	Comercio	pl.	pluriel	plural
compl.	complément	complemento	POÉT.	Poétique	Poética
conj.	conjonction	conjunción	POP.	Populaire	Popular
CONSTR.	Construction	Construcción	poss.	possessif	posesivo
CULIN.	Culinaire, cuisine	Culinario, cocina	p. p.	participe passé	participio pasado
			p. pr.	participe présent	participio presente
déf.	défini	definido	préf.	préfixe	prefijo
dém.	démonstratif	demostrativo	prép.	préposition	preposición
dim.	diminutif	diminutivo	pron.	pronom	pronombre
DR.	Droit	Derecho	P. us.	Peu usité	Poco usado
ECCLÉS.	Ecclésiastique, Église	Eclesiástico, Iglesia	RAD.	Radiotélévision	Radiotelevisión
			rel.	relatif	relativo
ÉLECTR.	Électricité	Electricidad	RELIG.	Religion	Religión
ÉQUIT.	Équitation	Equitación	SPORTS	Sports	Deportes
f.	féminin	femenino	SYN.	Synonyme	Sinónimo
FAM.	Familier	Familiar	TAUROM.	Tauromachie	Tauromaquia
FIG.	Figuré	Figurado	TECHN.	Technologie, industrie	Tecnología, industria
GÉOGR.	Géographie	Geografía			
GÉOL.	Géologie	Geología	THÉÂTR.	Théâtre	Teatro
GÉOM.	Géométrie	Geometría	tr.	transitif	transitivo
GRAMM.	Grammaire	Gramática	TRANSP.	Transports	Transportes
HIST.	Histoire	Historia	v.	verbe	verbo
impers.	impersonnel	impersonal	V.	Voir	Véase
IMPR.	Imprimerie	Imprenta	VÉTÉR.	Vétérinaire	Veterinaria
indéf.	indéfini	indefinido	(Vx)	Vieux	Anticuado
interj.	interjection	interjección	ZOOL.	Zoologie	Zoología

ALFABETO FONÉTICO INTERNACIONAL

VOCALES

SIGNOS	GRAFÍA	MODELO FRANCÉS	SONIDO VECINO EN CASTELLANO
[a]	a	patte	alma
[α:]	â	âne	igual
[e]	é	été	compré
[ə]	e	regain	
[ɛ]	è	flèche	miércoles
	ai	raide	
	ei	pleine	
[ɛ:]	ê	tête	
	ai	aigre	
	ei	oreille	
[i]	i, y	vite, mythe	chico
[i:]	î	abîme	marítimo
[o]	o	dos	gato
	au	auto	»
	eau	beau	»
[o:]	ô	rôle	cantó
	au	haute	»
	eau	heaume	»
[ɔ]	o	flotte	rosa
[ɔ:]	o	tort	amor
[ø]	eu	peu	
	eux	eux	
[ø:]	eu	meule	
[œ]	œu	bœuf	
[œ:]	eu	peur	
[u]	ou	mou	turrón
[u:]	ou	jour	agudo
[y]	u	lune	
[y:]	u, û	cure, mûre	
	eu	eurent	

SEMIVOCALES Y UNIÓN DE VOCALES Y SEMIVOCALES

SIGNOS	GRAFÍA	MODELO FRANCÉS	SONIDO VECINO EN CASTELLANO
[j]	i, y	lieu, yeux	ayuda
[ɥi]	ui	huile	
[ɥa]	ua	habitua	
[wa]	oi	coi	guapa
[wi]	oui	oui	cuidar
[wɛ̃]	oin	oindre	
[i:j]	ille	résille	
[a:j]	ail	travail	ay
	aille	maille	
[ɛ:j]	eille	treille	rey
[œ:j]	œil	œil	
	euil	écureuil	

VOCALES NASALES

SIGNOS	GRAFÍA	MODELO FRANCÉS	SONIDO VECINO EN CASTELLANO
[ɑ̃]	an	antenne	
	am	champs	
	en	encens	
	em	emprunt	
[ɑ̃:]	an	vendange	
	am	pampre	
	en	indigence	
	em	décembre	
[ɛ̃]	in	vin	
	ain	pain	
	ein	plein	
	yn	lynx	
	ym	thym	
[ɛ̃:]	in	méninge	
	ain	plainte	
	ein	teinte	
[ɔ̃]	on	son	
	om	nombre	hombre
[ɔ̃:]	on	fonte	
[œ̃]	un	un	
[œ̃:]	um	humble	

CONSONANTES

SIGNOS	GRAFÍA	MODELO FRANCÉS	SONIDO VECINO EN CASTELLANO
[b]	b	bon	bueno
[d]	d	dos	doblar
[f]	f	force	fuerza
[f]	ph	pharmacie	fatal
[g]	g (con a, o, u)	garantie	gana
		gomme	
	gu	guide	guión
[ɲ]	gn	champagne	añadir
[k]	c (con a, o, u)	carton, col, cure	cartón
	qu	quantité	cálculo
[l]	l	lit	limón
[m]	m	médaille	malo
[n]	n	nature	nariz
[p]	p	père	perder
[r]	r	rencontre	
[s]	s	soleil	paso
	c (con e, i, y)	citron	sin
	ç	garçon	sonido
[ʃ]	ch	chance	mucho (sin t)
[t]	t	timbre	tinta
[v]	v	voile	
[ʒ]	j	jardin	
	g (con e, i, y)	genou	
[z]	s	garnison	
	z	zèbre	
	xi	deuxième	
[gz]	x	Xavier	
[ks]	x	préfixe	taxi

— OBSERV. El signo (:) colocado después de una vocal indica que esta vocal es larga.

EL ALFABETO FRANCÉS

El alfabeto francés consta de 26 letras, que son :
a [a], *b* [be], *c* [se], *d* [de], *e* [ə], *f* [ɛf], *g* [ʒe], *h* [aʃ], *i* [i], *j* [ʒi], *k* [ka], *l* [ɛl], *m* [ɛm], *n* [ɛn], *o* [o], *p* [pe], *q* [ky], *r* [ɛr], *s* [ɛs], *t* [te], *u* [y], *v* [ve], *w* [dubləve], *x* [iks], *y* [igrɛk], *z* [zɛd].

Como se ve, este alfabeto carece de las letras castellanas *ch, ll* y *ñ*. La *ch* se considera en francés como un grupo de dos letras que constituye un solo sonido ; *ll* se considera como una *l* duplicada y por lo tanto tiene el sonido de la *l* simple, y el sonido *ñ* representa por medio del grupo de letras *gn*.

Acento tónico. — El acento tónico recae siempre en francés sobre la última sílaba cuando ésta no es muda. Cuando ésta es muda, el acento tónico recae sobre la penúltima, déjándose oir claramente la última consonante (*ami* se lee amí, *madame* se dice madám).

— OBSERV. Se consideran como completamente mudas las terminaciones *-e* y *-es* de los polisílabos, así como la final *-ent* de los verbos en la 3.ª persona del plural. Así une *porte*, des *portes*, ils *portent* se pronuncian del mismo modo.

Consonantes finales. — Las consonantes finales de las palabras no suelen pronunciarse. Pero, *l, f, c, r* se dejan generalmente oir al final de las palabras. Hay, sin embargo, innumerables excepciones. Así, la *-r* final no suena en la terminación del infinitivo de los verbos del 1.ᵉʳ grupo ni tampoco en la terminación *-ier* de los polisílabos.

Enlace de las palabras. — Cuando una palabra termina en consonante o *e* muda y la siguiente empieza por vocal o *h* muda, se leen generalmente ambas enlazadas como si formaran una sola (*mon âme se* lee monam; *notre âme* se lee notram).

Toda consonante final conserva su sonido propio en el enlace de las palabras, salvo la *d* que al enlazar se pronuncia *t* (*grand abri* se lee grantabri) y la *s* y la *x* que toman el sonido suave de la z francesa (0) [*les amis* se lee lɛzami ; *six ans* se lee sizɑ̃].

En los finales *-rd* y *-rt*, el enlace se verifica con la *r* y no con la *d* o la *t* (*regard étonné* se lee regarétonné).

— OBSERV. La *t* de la conjunción *et* no enlaza nunca.

RESUMEN DE GRAMÁTICA FRANCESA

EL ARTÍCULO

1. **El artículo definido :**
a) Los artículos definidos son le (masculino) y **la** (femenino) en singular y **les** en plural, para ambos géneros. Se usa **l'** delante de una vocal o *h* muda en lugar de *le* o *la* (elisión) [*le père, la mère, les enfants, l'enfant, l'homme*].

b) Los artículos **contractos du** (por *de le*) y **au** (por *à le*) se usan delante de los sustantivos del masculino singular que empiezan por una consonante o *h* muda ; **des** (por *de les*) y **aux** (por *à les*) se usan delante de todos los sustantivos, masculinos o femeninos, en plural.

— OBSERV. El artículo definido se usa delante de los nombres de **países** (*la France et l'Espagne*) pero se omite delante de los nombres de países femeninos precedidos de las preposiciones **à, de, en** (*vivre en France, aller à Chypre, revenir de Tunisie*).

2. **El artículo indefinido.** — Los artículos indefinidos son **un, une** en singular y **des** en plural (*un garçon, une fille, des enfants*).

3. **El artículo partitivo.** — Mientras el castellano no usa artículo alguno cuando quiere indicar una cantidad indeterminada, el francés antepone siempre al sustantivo, cuando la oración no tiene negación, uno de los artículos siguientes : **de, de la, de l', des** (*du pain, de la viande, de l'eau, des fruits*) y cuando la tiene **de** o **d'** (*il ne boit pas de lait, il ne boit pas d'eau*).

— OBSERV. El artículo partitivo **des** se cambia generalmente en **de, d'** cuando el nombre va precedido de un adjetivo calificativo o de un adverbio de cantidad (*elle a de jolis yeux, mais peu de cheveux*).

LOS SUSTANTIVOS

Género. — Hay en francés dos géneros : el masculino y el femenino.

— Casi todos los sustantivos terminados por una e muda son del género **femenino**, salvo los que acaban en **-isme, -age** (aunque *image, nage, rage* son femeninos) e **-iste** (estos últimos tienen a menudo ambos géneros).

— Casi todos los sustantivos terminados por una consonante o una vocal que no sea una e muda son del género **masculino**, salvo los sustantivos que acaban por **-ion** o **-té** (aunque *été, pâté* son masculinos).

Ciertas categorías de sustantivos pertenecen a un género determinado. Son generalmente masculinos los nombres de árboles, metales, idiomas, así como los nombres de los días, meses, estaciones, colores y letras del alfabeto. Son generalmente femeninos los nombres de ciencias (salvo le *droit*).

Formación del femenino. — El femenino se forma generalmente añadiendo e al masculino (*un ami, une amie*).

Los sustantivos masculinos que terminan en -e muda no cambian (*un élève, une élève*).

Otros terminados en -e convierten esta letra final en -esse (*tigre, tigresse*).

Los que terminan en -oux y -eur lo hacen en -ouse y -euse (*époux, épouse ; danseur, danseuse*).

En algunos casos -eur se transforma en -eresse (*vengeur, vengeresse*).

Los que terminan en -teur forman el femenino en -trice (*acteur, actrice*).

Los que terminan por -er en -ère (*fermier, fermière*).

Los que terminan en -el y -eau cambian estas letras en -elle (*Gabriel, Gabrielle; jumeau, jumelle*).

Los que terminan en -ien y -ion añaden -ne (*chien, chienne; lion, lionne*).

Los que terminan en -p o -f cambian esta letra en -ve (*loup, louve; veuf, veuve*).

Algunos que terminan en -t añaden -te (*chat, chatte*).

Paysan y *Jean* hacen *paysanne* y *Jeanne*.

— OBSERV. Muchas palabras tienen la forma femenina completamente diferente de la masculina (*roi, reine; bélier, brebis; gendre, bru; oncle, tante*, etc.).

Formación del plural. — Los sustantivos franceses forman en general el plural añadiendo s al singular (*un livre, des livres; un lit, des lits*).

Los sustantivos terminados en la forma singular por -s, -x o -z no cambian (*un bois, des bois; une noix, des noix; un nez, des nez*).

Los que terminan en -al forman el plural en -aux (*cheval, chevaux*), salvo las excepciones, que toman una s en plural, siguientes: *aval, bal, bancal, cal, carnaval, cérémonial, chacal, choral, copal, fatal, festival, final, glacial, jovial, mistral, narval, nopal, pal, récital, régal, rorqual, serval* y *sisal*.

Los que terminan en -eau, -au y -eu toman x en plural (*veau, veaux; étau, étaux; feu, feux*) [siguen la regla general tomando s en plural *landau, sarrau, bleu, pneu*].

Los que terminan en -ou añaden normalmente s, excepto siete nombres que toman x: *bijou, caillou, chou, genou, hibou, joujou, pou (cou, cous; chou, choux*).

Los que terminan en -ail añaden normalmente s, salvo siete nombres que forman el plural en -aux, a saber: *bail, corail, émail, soupirail, travail, vantail, vitrail (rail, rails; travail, travaux*).

Con respecto a *aïeul, ciel, œil, ail*, v. OBSERV. en estas palabras.

EL ADJETIVO

EL ADJETIVO CALIFICATIVO

El adjetivo calificativo toma en francés el género y el número del nombre al que califica (*un beau château, une belle église*).

Formación del femenino. — El femenino se forma en general añadiendo e al masculino (*un grand bureau; une grande échelle*).

Los adjetivos que terminan en e en masculino no cambian (*un large trottoir, une rue large*).

Los que terminan en -eau, -ou cambian estas letras en -elle, -olle (*beau, belle; mou, molle*) con excepción de *flou, floue; hindou, hindoue*.

Los que terminan en -el, -ul, -l palatalizada, -et, -ien, -on doblan la última consonante añadiendo una e (*cruel, nul, pareil, muet, ancien, bon* hacen *cruelle, nulle, pareille, muette, ancienne, bonne*), sin embargo, *complet, désuet, discret, indiscret, incomplet, inquiet, replet, secret* forman el femenino en -ète.

Los que terminan en -ot siguen la regla general, salvo *boulot, maigriot, pâlot, sot, vieillot* que añaden -te (*idiot, idiote; sot, sotte*).

Los que terminan en -er cambian el final en -ère (*léger, légère*).

Los que terminan en -eux, -oux, -eur forman el femenino en -euse, -ouse, -euse (*sérieux, sérieuse; jaloux, jalouse; trompeur, trompeuse*), sin embargo *antérieur, extérieur, inférieur, majeur, meilleur, mineur, postérieur, supérieur, ultérieur*, siguiendo la regla general, lo hacen en -eure.

Los que terminan en -teur cambian esta sílaba en -trice (*évocateur, évocatrice*).

Los que terminan en -f cambian esta letra en -ve (*vif, vive*).

Los adjetivos *bas, épais, gros, faux, roux, las, exprès, métis* cambian la consonante final en -sse (*épais, épaisse*).

Paysan hace *paysanne*.

— OBSERV. Varios femeninos son irregulares (*blanc, blanche; doux, douce; long, longue*, etc.).

Formación del plural. — El plural de los adjetivos calificativos se forma, en general, como el de los sustantivos, añadiendo -s al singular (*un grand cahier, de grands cahiers*).

Los adjetivos que, en singular, terminan en -s o -x no cambian en plural (*un chat gris, des chats gris; un faux passeport, de faux passeports*).

Los que terminan en -al forman el plural en -aux (*royal, royaux*), sin embargo *banal, bancal, fatal, final, glacial, natal, naval, tonal,* toman s solamente (*final, finals*).

Los que terminan en -eau toman -x en plural (*beau, beaux*).

GRADOS DE SIGNIFICACIÓN DE LOS ADJETIVOS

1. Los **comparativos** :

a) El comparativo de **igualdad** se forma anteponiendo **aussi** al adjetivo y **que** al complemento (*je suis aussi grand que toi*, soy tan alto como tú).

b) Los comparativos de **superioridad** e **inferioridad** se forman anteponiendo respectivamente **plus** o **moins** al adjetivo y **que** al complemento (*il est plus grand que moi et moins fort que son frère*).

Comparativos **irregulares** : *meilleur* (compl. del adj. *bon*) [mejor], *mieux* (compl. del adv. *bien*) [mejor]; *pire* (peor); *moindre* (menor). Para los dos últimos se usan también las formas *plus mauvais* (peor) y *plus petit* (menor).

2. Los **superlativos** :

a) El superlativo **absoluto** se forma anteponiendo al adjetivo el adverbio **très** (o **fort**, menos usado).

b) El superlativo **relativo** se forma por medio de **le plus, la plus, les plus** (más) o **le moins, la moins, les moins** (menos). El adverbio va siempre precedido del artículo en francés (*l'homme le plus sympathique*, el hombre más simpático ; *l'élève le moins travailleur*, el alumno menos trabajador ; *celui qui travaille le moins*, el que trabaja menos).

Las formas **irregulares** se identifican con las de los comparativos : *le meilleur, le mieux, le pire* (o *le plus mauvais*), *le moindre* (o *le plus petit*).

ADJETIVOS NUMERALES

A partir de *seize* (16) los numerales se forman, como en castellano, por adición, poniendo sólo la conjunción **et** en el primer numeral de cada decena (*vingt et un; trente et un*). Los demás se unen por medio de un guión (*dix-sept*).

Numerales cardinales. — *Un* (1), *deux* (2), *trois* (3), *quatre* (4), *cinq* (5), *six* (6), *sept* (7), *huit* (8), *neuf* (9), *dix* (10), *onze* (11), *douze* (12), *treize* (13), *quatorze* (14), *quinze* (15), *seize* (16), *dix-sept* (17), *dix-huit* (18), *dix-neuf* (19), *vingt* (20), *vingt et un* (21), *vingt-deux* (22), *trente* (30), *quarante* (40), *cinquante* (50), *soixante* (60), *soixante-dix* (70), *quatre-vingt* (80), *quatre-vingt-dix* (90), *cent* (100), *deux cents* (200), *mille* (1 000), *deux mille* (2 000), *un million* (1 000 000), *un milliard* (1 000 000 000).

— OBSERV. Los numerales cardinales son invariables salvo *un* que hace *une* en femenino y *vingt* y *cent* que toman s en ciertos casos. (v. OBSERV. en estas palabras). *Mille,* designando la fecha, se puede escribir *mil* (*l'an mil neuf cent*).

Numerales ordinales. — Se forman añadiendo **-ième** a los cardinales (*troisième ; vingt et unième ; vingt-deuxième ; quatre-vingt-unième ; quatre-vingt-dixième,* etc.).

— OBSERV. El cardinal *un* hace *premier ; deux* puede hacer *deuxième* o *second* (v. SEGUNDO, 2.ª parte, pág. 847).

Para expresar el siglo, se emplea el ordinal en francés (*le xxᵉ* [*vingtième*] *siècle*). Para los soberanos, se usa el cardinal (*Louis XIV* [*quatorze*], pero *François Iᵉʳ* [*premier*]).

Para expresar la hora, no se usa el artículo y se añade siempre la palabra *heure* al número que la expresa. El verbo *être* se emplea en tercera persona del singular (*il est 6* [*six*] *heures,* son las seis).

ADJETIVOS Y PRONOMBRES

ADJETIVOS Y PRONOMBRES DEMOSTRATIVOS

Adjetivos demostrativos. — Los adjetivos demostrativos son **ce** ou **cet** en masculino singular, **cette** en femenino y **ces** en plural para ambos géneros.

— OBSERV. *Ce* se emplea delante de consonante o *h* aspirada (*ce mur, ce hérisson*); *cet* se usa delante de vocal o *h* muda (*cet arbre, cet homme*).

Existe también una forma compuesta que se obtiene agregando a las que hemos citado anteriormente los adverbios de lugar **ci** (para los seres o cosas que están cerca de quien habla) o **là** (para los seres o cosas que están lejos de quien habla). Estos adverbios se unen al sustantivo por medio de un guión (*ce livre-ci ; cet arbre-là*).

Pronombres demostrativos. — Tienen dos formas en francés : la simple y la compuesta, esta última obtenida por medio de los adverbios **ci** y **là**, lo mismo que ocurre con los adjetivos.

	MASCULINO	FEMENINO	NEUTRO
SINGULAR	celui celui-ci celui-là	celle celle-ci celle-là	ce (c') ceci cela, ça
PLURAL	ceux ceux-ci ceux-là	celles celles-ci celles-là	

— OBSERV. La forma **c'** se emplea principalmente delante de las formas del verbo *être* que empiezan por una vocal. (V. el párrafo dedicado a « Los auxiliares » [*être*], pág. XXI.)

La forma **ça** es una contracción familiar de *cela.*

Las formas simples no se pueden emplear si no van seguidas de *de, qui, que, dont* y los pronombres demostrativos franceses equivalen a los artículos definidos españoles correspondientes (*celui de,* el de ; *celle de,* la de ; *celui que,* el que ; *celles que,* las que ; *ce que, ce qui* [neutro], lo que ; *celui dont,* el de quien o de que).

— OBSERV. No se debe confundir *ce,* pronombre, con *ce,* adjetivo demostrativo, que va siempre acompañado de un sustantivo.

Ce o *c'* se anteponen al verbo *être* cuando éste se halla al principio de una frase (*ce sont mes cousins,* son mis primos ; *ce sont eux* o *c'est eux* [más familiar], son ellos).

ADJETIVOS Y PRONOMBRES POSESIVOS

Adjetivos posesivos. — Son los siguientes :

	UN SOLO POSEEDOR		VARIOS POSEEDORES	
	MASCULINO	FEMENINO	MASCULINO	FEMENINO
un objeto	mon ton son	ma ta sa	notre votre leur	notre votre leur
varios objetos	mes tes ses	mes tes ses	nos vos leurs	nos vos leurs

— OBSERV. Delante de los nombres femeninos que empiezan por vocal o *h* muda se usa, por eufonía, *mon, ton, son* en lugar de *ma, ta, sa* (*mon âme ; ton histoire ; son aimable fille*).

Cuando los objetos o seres de que se habla pertenecen a varios poseedores, los adjetivos posesivos franceses *leur* y *leurs* se emplean en lugar de *son, sa, ses* para traducir los posesivos españoles su y sus, respectivamente (*il met son manteau ; ils mettent leur manteau*).

Pronombres posesivos. — Las formas francesas del pronombre posesivo son **mien, mienne, nôtre** (1.ª persona) ; **tien, tienne, vôtre** (2.ª persona) ; **sien, sienne, leur** (3.ª persona). Estas formas van siempre precedidas del artículo definido (*ce livre est le mien ; cette table est la tienne ; ces champs sont les nôtres*).

— OBSERV. Hay que distinguir los pronombres posesivos *nôtre* y *vôtre,* que llevan un acento circunflejo, de los adjetivos *notre* y *votre,* que no lo tienen.

LOS PRONOMBRES

PRONOMBRES PERSONALES

	SINGULAR	PLURAL
1.ª persona...	je, me, moi	nous
2.ª persona...	tu, te, toi	vous
3.ª persona...	il, elle le, la, lui en, y	ils, elles, eux les, leur, en, y
Pronombres reflexivos.....	se, soi	se

Delante de vocal o *h* muda, *je, me, te, le, la* sustituyen la vocal por un apóstrofo (*j', m', t', l'*) [*il m'appelle*].

Los pronombres *je, tu, il* se emplean siempre como sujetos del verbo y nunca como complementos (*je parle de toi* [no de *tu*]).

La persona del verbo ha de ir siempre acompañada en francés del pronombre para indicar cual es el sujeto (*je parle,* [yo] hablo ; *elle parle* [ella] habla).

Se usa **vous** en tratamiento de respeto, en lugar de *tu.* Este pronombre, que corresponde a la forma española *usted,* se emplea con la 2.ª persona del plural, pero el adjetivo queda en singular (*vous êtes bien aimable,* usted es muy amable). Se usa también **vous** y la 2.ª persona del plural para traducir *ustedes*, confundiéndose esta forma con la del tuteo colectivo expresado en castellano por *vosotros*. Así, *vous êtes bien aimables* significa *ustedes son muy amables* o bien *vosotros sois muy amables*. Señalemos que los pronombres personales indirectos y adjetivos posesivos correspondientes al *vous* francés de tratamiento de respeto (singular o plural) van siempre en 2.ª persona del plural (*si vous voulez je vous rendrai vos livres demain*, si usted quiere le devolveré sus libros mañana).

El pronombre personal *leur* se escribe siempre sin *s* (*il leur donna rendez-vous*, les dio cita). No hay que confundirlo con el posesivo.

El complemento directo, si un verbo va acompañado de dos pronombres complementos de la 3.ª persona, se traduce por *le, la, les* y el indirecto (*se*) por *lui* (singular) o *leur* (plural). El complemento directo se coloca antes del indirecto como se puede ver en el ejemplo siguiente : *je le lui dirai* o *je le leur dirai*, se lo diré.

Siempre se emplea el reflexivo *soi*, en lugar de *lui, elle, eux, elles* cuando el sujeto es indeterminado (*chacun pense à soi* [pero *il ne pense qu'à lui*; *elle ne parle que d'elle*]).

En, y, empleados como pronombres personales, son complementos y nunca sujetos. (V. pág. 276 [EN] y pág. 780 [Y].)

— OBSERV. La **forma interrogativa francesa** tiene que llevar el pronombre sujeto detrás del verbo, unidos ambos por un guión, en los tiempos simples (*veux-tu?*) y entre el auxiliar del cual está separado por un guión y el participio en los tiempos compuestos (*avez-vous fini?*).

Si la 1.ª persona del singular termina por *e* muda, la *e* se acentúa (*parlé-je?*). Pero se emplea también otra forma de conjugación interrogativa, muy corriente en la lengua hablada, que consiste en anteponer a la forma afirmativa la locución *est-ce que* (*est-ce que je parle?*).

En la 3.ª persona del singular, cuando el verbo acaba en vocal, se intercala, entre el verbo y el pronombre una *t*, que precede y sigue un guión, para evitar el hiato (*va-t-il venir?, a-t-il fini?*).

Cuando el sujeto es un sustantivo (o cualquier pronombre que no sea personal), éste se enuncia al principio de la frase antes del verbo, haciéndose seguir este último del pronombre que le corresponde (*la maison est-elle construite?*).

PRONOMBRES RELATIVOS E INTERROGATIVOS

1. Los **pronombres relativos** son *lequel, duquel, auquel; lesquels, desquels, auxquels* (para el masculino); *laquelle, de laquelle, à laquelle; lesquelles, desquelles, auxquelles* (para el femenino) y *qui, que, quoi, dont, où* (para ambos géneros).

El relativo castellano *que* se traduce siempre por *qui* cuando es sujeto y por *que* cuando es complemento. (*La manzana que está madura*, la pomme *qui* est mûre; *la manzana que estoy comiendo*, la pomme *que* je mange.)

Dont es siempre complemento. (V. DONT, pág. 249.)

Où es complemento de lugar o de tiempo. (V. OÙ, pág. 522.)

2. Pronombres interrogativos. — Los relativos *qui, que, quoi* y *lequel, laquelle,* etc., se usan también como interrogativos (*qui parle?; que désirez-vous?; quoi de nouveau?; lequel préférez-vous?*).

En la forma interrogativa, *qui* se refiere solamente a personas, *que* y *quoi* a cosas.

Son bastante usuales en el francés hablado las formas *qui est-ce qui, qui est-ce que* (*qui est-ce qui a dit cela? = qui a dit cela?*).

— OBSERV. El punto de interrogación se usa en francés sólo al final de la frase.

EL ADVERBIO

La mayoría de los adverbios de **modo** se forman añadiendo la terminación **-ment** al femenino de los adjetivos (*heureux, heureusement*).

Sin embargo, hay excepciones como los adjetivos terminados en **-ant** y **-ent** que hacen el adverbio en **-amment, -emment** (*savamment, prudemment*). Otras salvedades : *précisément, profondément, hardiment, goulûment, brièvement,* etc.

Cuando dos o más adverbios acabados en **-ment** van a continuación uno de otro es necesaria en francés la repetición de la terminación adverbial para cada uno de ellos (*lentement, calmement et paresseusement,* lenta, calma y perezosamente).

Los adverbios de **cantidad** *plus, moins, beaucoup, assez, peu, trop, autant, combien,* exigen en francés el uso de la preposición *de;* el adverbio *bien* toma los artículos *du, des* (*beaucoup de fleurs, peu d'eau, il a bien du courage,* muchas flores, poca agua, tiene mucho valor). Obsérvese que los adverbios franceses, invariables, se traducen al castellano por adjetivos que concuerdan en género y número con el sustantivo.

En, y, que en francés tienen a menudo función pronominal son igualmente adverbios de lugar (*j'en viens,* vengo de allí; *j'y vais,* voy allá).

Adverbios de **negación.** — V. NE, pág. 498.

El adverbio **ne** se emplea solo, de un modo expletivo, después de verbos que expresan temor (frases afirmativas o interrogativas) o duda (frases negativas o interrogativas), después de locuciones como *avant que, à moins de, peu s'en faut,* etc., o después de *que,* comparativo (*je crains qu'il ne pleuve; je ne doute pas qu'il ne guérisse; il est moins intelligent que je ne pensais*). Esta partícula tiende a desaparecer de la lengua hablada actual.

EL VERBO

Los verbos franceses están clasificados en tres grupos, caracterizados por la forma de la terminación del infinitivo.
— **1.er grupo :** verbos en -er
— **2.º grupo :** verbos en -ir (imperfecto, *-issais*)
— **3.er grupo :** verbos en -ir (imperfecto, *-ais*)
                     verbos en -oir
                     verbos en -re

Los verbos del 1.er grupo son todos regulares (salvo *aller* y *envoyer*) así como los del 2.º; los del 3.er grupo son más o menos irregulares.

PARTICULARIDADES DE CIERTOS VERBOS

1.er grupo. — Los verbos terminados en -cer (*percer*) toman una cedilla en la *c* delante de *a* u *o* (*je perçais*). En los verbos terminados en -ger (*manger*) se añade una *e* muda después de la *g* delante de *a* u *o* (*je mangeais*).

Los verbos terminados en -eler (*appeler*) o -eter (*jeter*) doblan la *l* o la *t* delante de *e* muda (*j'appelle; je jette*) salvo algunos como *peler, geler, acheter, fureter,* etc., que no repiten la *l* o la *t* pero toman acento grave (*j'achète*).

Los verbos terminados en -ener (*amener*) y en -érer (*prospérer*) llevan un acento grave en la *e* del presente de indicativo.

Los verbos terminados en -yer (*ployer*) cambian *y* en *i* delante de *e* muda (*je ploie*).

Los verbos que tienen una *e* muda o una *é* cerrada en la penúltima sílaba cambian estas vocales

Cuadro de las terminaciones de las tres conjugaciones

INFINITIVO	-er	-ir	ir, -re, -oir	
INDICATIVO PRESENTE	e es e ons ez ent	is is it issons issez issent	s s -, t ons ez ent	
IMPERFECTO	ais ais ait ions iez aient	issais issais issait issions issiez issaient	ais ais ait ions iez aient	
PRETÉRITO INDEFINIDO	ai as a âmes âtes èrent	is is it îmes îtes irent	us us ut ûmes ûtes urent	is is it îmes îtes irent
FUTURO	erai eras era erons erez eront	irai iras ira irons irez iront	rai ras ra rons rez ront	
CONDICIONAL PRESENTE	erais erais erait erions eriez eraient	irais irais irait irions iriez iraient	rais rais rait rions riez raient	
SUBJUNTIVO PRESENTE	e es e ions iez ent	isse isses isse issions issiez issent	e es e ions iez ent	
IMPERFECTO DEL SUBJUNTIVO	asse asses ât assions assiez assent	isse isses ît issions issiez issent	usse usses ût ussions ussiez ussent	isse isses ît issions issiez issent
IMPERATIVO	e ons ez	is issons issez	s *ou* e ons ez	
PARTICIPIO PRESENTE	ant	issant	ant	
PARTICIPIO PASADO	é, ée és, ées	i, ie is, ies	u, ue us, ues	i, ie is, ies

en *è* abierta cuando la sílaba siguiente es muda (*je sème, j'achèverai*).

Los verbos acabados en -ier son irregulares solamente en la 1.ª y en la 2.ª persona del plural del imperfecto de indicativo (*nous apprécions, vous appréciez*) y del presente de subjuntivo (*que nous appréciions, que vous appréciiez*) en que hay dos *i*. Todos estos verbos están señalados en el diccionario por un asterisco.

2.º grupo. — V. los artículos BÉNIR, FLEURIR, HAÏR.

3.ᵉʳ grupo. — V. la lista siguiente.

LISTA DE LOS VERBOS IRREGULARES

A

absoudre. — *Ind. pres.* J'absous, tu absous, il absout, nous absolvons, vous absolvez, ils absolvent; *Imperf.* j'absolvais... nous absolvions...; *Pret. indef.* (carece) *Fut.* j'absoudrai... nous absoudrons...; *Cond. pres.* j'absoudrais... nous absoudrions...; *Imper.* absous, absolvons, absolvez; *Subj. pres.* que j'absolve... que nous absolvions...; *Imperf.* (carece); *Ger.* absolvant; *P. p.* absous, absoute.

abstenir (*s'*). — Como *venir*.

abstraire. — Como *traire*.

accourir. — Como *courir*.

accroître. — Como *croître*, pero el *participio* (accru) no lleva acento circunflejo.

accueillir. — Como *cueillir*.

acquérir. — *Ind. pres.* J'acquiers, tu acquiers, il acquiert, nous acquérons, vous acquérez, ils acquièrent; *Imperf.* j'acquérais... nous acquérions...; *Fut.* j'acquerrai... nous acquerrons...; *Cond. pres.* j'acquerrais... nous acquerrions...; *Imper.* acquiers, acquérons, acquérez; *Subj. pres.* que j'acquière... que nous acquérions...; *Imperf.* que j'acquisse... que nous acquissions...; *Ger.* acquérant; *P. p.* acquis, acquise.

adjoindre. — Como *craindre*.

admettre. — Como *mettre*.

advenir. — Como *venir*.

aller. — *Ind. pres.* Je vais, tu vas, il va, nous allons, vous allez, ils vont; *Imperf.* j'allais... nous allions...; *Pret. indef.* j'allai... nous allâmes...; *Fut.* j'irai... nous irons...; *Cond. pres.* j'irais... nous irions...; *Imperf.* va, allons, allez; *Subj. pres.* que j'aille... que nous allions, que vous alliez, qu'ils aillent; *Imperf.* que j'allasse... que nous allassions...; *Ger.* allant; *P. p.* allé, allée.

apercevoir. — Como *recevoir*.

apparaître. — Como *paraître*.

apparoir. — Término jurídico usado solamente en el *Infinitivo* y en la tercera persona del singular del *Ind. pres.* (il appert).

appartenir. — Como *venir*.

apprendre. — Como *prendre*.

assaillir. — Como *tressaillir*.

asseoir. — *Ind. pres.* J'assieds, tu assieds, il assied, nous asseyons, vous asseyez, ils asseyent... *o* j'assois, tu assois..., etc.; *Imperf.* j'asseyais... nous asseyions *o* j'assoyais...; *Pret. indef.* j'assis... nous assîmes...; *Fut.* j'assiérai... nous assiérons... *o* j'assoirai...; *Cond. pres.* j'assiérais... nous assiérions... *o* j'assoirais...; *Imper.* assieds, asseyons, asseyez *o* assois; *Subj. pres.* que j'asseye... que nous asseyions... *o* que j'assoie...; *Ger.* asseyant *o* assoyant; *P. p.* assis, assise.

astreindre. — Como *craindre*.

atteindre. — Como *craindre*.

attraire. — Como *traire*.

avoir. — V. conjugación pág. XXII.

B

battre. — Como *mettre*.

boire. — *Ind. pres.* Je bois, tu bois, il boit, nous buvons, vous buvez, ils boivent; *Imperf.* je buvais...; *Pret. indef.* je bus... nous bûmes...; *Fut.* je boirai...; *Cond. pres.* je boirais...; *Imper.* bois, buvons, buvez; *Subj. pres.* que je boive... que nous buvions...; *Imperf.* que je busse... que nous bussions...; *Ger.* buvant; *P. p.* bu, bue.

bouillir. — *Ind. pres.* Je bous, tu bous, il bout, nous bouillons, vous bouillez, ils bouillent; *Imperf.* je bouillais...; *Pret. indef.* je bouillis...; *Fut.* je bouillirai; *Cond.* je bouillirais...; *Imper.* bous, bouillons, bouillez; *Subj. pres.* que je bouille... que nous bouillions...; *Imperf.* que je bouillisse... que nous bouillissions...; *Ger.* bouillant; *P. p.* bouilli, bouillie.

braire. — Se emplea solamente en el *Infinitivo* y en las terceras personas del *Ind. pres.* il brait, ils braient; del *Fut.* il braira, ils brairont; del *Cond.* il brairait, ils brairaient.

bruire. — Sólo se usa en las formas siguientes: bruire, il bruit, ils bruissent; il bruyait, ils bruyaient *o* il bruissait, ils bruissaient.

C

ceindre. — Como *craindre*.

chaloir. — Verbo anticuado que hoy sólo se usa en las loc. *il ne m'en chaut, peu m'en chaut, peu me chaut*.

choir. — Sólo se emplea en el *Infinitivo* y en el *P. p.* chu, chue.

circoncire. — *P. p.* circoncis, circoncise.

circonscrire. — Como *écrire*.

circonvenir. — Como *venir*.

clore. — *Ind. pres.* Je clos, tu clos, il clôt (carece de plur.) *Fut.* je clorai...; *Cond.* je clorais...; *Imp.* clos; *Subj. pres.* que je close...; *P. p.* clos, close.

combattre. — Como *battre*.

commettre. — Como *mettre*.

comparaître. — Como *paraître*.

comparoir. — Término jurídico usado solamente en el *Infinitivo* y en el *Ger.* comparant, comparante.

complaire. — Como *plaire*.

comprendre. — Como *prendre*.

compromettre. — Como *mettre*.

concevoir. — Como *recevoir*.

conclure. — *Ind. pres.* Je conclus, tu conclus, il conclut, nous concluons, vous concluez, ils concluent. *Imperf.* je concluais... nous concluions...; *Pret. indef.* je conclus... nous conclûmes...; *Fut.* je conclurai...; *Cond. pres.* je conclurais...; *Imper.* conclus, concluons, concluez; *Subj. pres.* que je conclue, que nous concluions...; *Imperf.* que je conclusse... que nous conclussions...; *Ger.* concluant; *P. p.* conclu, conclue.

concourir. — Como *courir*.

conduire. — *Ind. pres.* Je conduis... nous conduisons...; *Imperf.* je conduisais... nous conduisions...; *Pret. indef.* je conduisis... nous conduisîmes...; *Fut.* je conduirai...; *Cond. pres.* je conduirais...; *Imper.* conduis, conduisons, conduisez; *Subj. pres.* que je conduise... que nous conduisions...; *Imperf.* que nous conduisissions...; *Ger.* conduisant; *P. p.* conduit, conduite.

confire. — *Ind. pres.* Je confis, tu confis, il confit, nous confisons, vous confisez, ils confisent; *Imperf.* je confisais...; *Pret. indef.* je confis, nous confîmes...; *Fut.* je confirai...; *Cond.* je confirais...; *Imper.* confis, confisons, confisez; *Subj. pres.* que je confise... que nous confisions...; *Imperf.* (p. us.); *Ger.* confisant; *P. p.* confit, confite.

conjoindre. — Como *craindre.*

connaître. — *Ind. pres.* Je connais, tu connais, il connaît, nous connaissons, vous connaissez, ils connaissent; *Imperf.* je connaissais...; *Pret. indef.* je connus, nous connûmes...; *Fut.* je connaîtrai...; *Cond. pres.* je connaîtrais... nous connaîtrions...; *Imper.* connais, connaissons, connaissez; *Subj. pres.* que je connaisse... que nous connaissions...; *Imperf.* que je connusse... que nous connussions...; *Ger.* connaissant; *P. p.* connu, connue.

conquérir. — Como *acquérir.*

consentir. — Como *mentir.*

construire. — Como *conduire.*

contenir. — Como *venir.*

contraindre. — Como *craindre.*

contrebattre. — Como *battre.*

contredire. — Como *dédire.*

contrefaire. — Como *faire.*

contrevenir. — Como *venir.*

convaincre. — Como *vaincre.*

convenir. — Como *venir.*

coudre. — *Ind. pres.* Je couds, tu couds, il coud, nous cousons, vous cousez, ils cousent; *Imperf.* je cousais... nous cousions...; *Pret. indef.* je cousis... nous cousîmes...; *Fut.* je coudrai... nous coudrons...; *Imper.* couds, cousons, cousez; *Subj. pres.* que je couse... que nous cousions...; *Imperf.* que je cousisse... que nous cousissions...; *Ger.* cousant; *P. p.* cousu, cousue.

courir. — *Ind. pres.* Je cours, tu cours, il court, nous courons, vous courez, ils courent; *Imperf.* je courais...; *Pret. indef.* je courus... nous courûmes...; *Fut.* je courrai... nous courrons...; *Cond. pres.* je courrais... nous courrions...; *Imper.* cours, courons, courez; *Subj. pres.* que je coure... que nous courions...; *Imperf.* que je courusse... que nous courussions...; *Ger.* courant; *P. p.* couru, courue.

couvrir. — Como *ouvrir.*

craindre. — *Ind. pres.* Je crains, tu crains, il craint, nous craignons, vous craignez, ils craignent; *Imperf.* je craignais...; *Pret. indef.* je craignis... nous craignîmes...; *Fut.* je craindrai... nous craindrons...; *Cond. pres.* je craindrais... nous craindrions...; *Imper.* crains, craignons, craignez; *Subj. pres.* que je craigne... que nous craignions...; *Imperf.* que je craignisse... que nous craignissions...; *Ger.* craignant; *P. p.* craint, crainte.

croire. — *Ind. pres.* Je crois, tu crois, il croit, nous croyons, vous croyez, ils croient; *Imperf.* je croyais... nous croyions...; *Pret. indef.* je crus... nous crûmes...; *Fut.* je croirai... nous croirons...; *Cond. pres.* je croirais... nous croirions...; *Imperf.* crois, croyons, croyez; *Subj. pres.* que je croie... que nous croyions...; *Imperf.* que je crusse... que nous crussions...; *Ger.* croyant; *P. p.* cru, crue.

croître. — *Ind. pres.* Je croîs, tu croîs, il croît, nous croissons, vous croissez, ils croissent; *Imperf.* je croissais...; *Pret. indef.* je crûs... nous crûmes...; *Fut.* je croîtrai... nous croîtrons...; *Cond. pres.* je croîtrais... nous croîtrions...; *Imper.* croîs, croissons, croissez; *Subj. pres.* que je croisse... que nous croissions...; *Imperf.* que je crûsse... que nous crûssions... *Ger.* croissant; *P. p.* crû, crue.

cueillir. — *Ind. pres.* Je cueille... nous cueillons...; *Imperf.* je cueillais...; *Pret. indef.* je cueillis... nous cueillîmes...; *Fut.* je cueillerai... nous cueillerons...; *Cond. pres.* je cueillerais... nous cueillerions...; *Imper.* cueille, cueillons, cueillez; *Subj. pres.* que je cueille... que nous cueillions...; *Imperf.* que je cueillisse... que nous cueillissions...; *Ger.* cueillant; *P. p.* cueilli, cueillie.

cuire. — Como *conduire.*

D

débattre. — Como *battre.*

décevoir. — Como *recevoir.*

déchoir. — *Ind. pres.* Je déchois... nous déchoyons, vous déchoyez, ils déchoient; *Imperf.* (p. us.); *Pret. indef.* je déchus... nous déchûmes...; *Fut.* je décherrai...; *Cond. pres.* je décherrais...; no hay *Imperativo*; *Subj. pres.* que je déchoie... que nous déchoyions...; *Imperf.* que je déchusse... que nous déchussions; no hay *Gerundio*; *P. p.* déchu, déchue.

déclore. — Como *clore.*

déconfire. — Como *confire.*

découdre. — Como *coudre.*

découvrir. — Como *couvrir.*

décrire. — Como *écrire.*

décroître. — Como *croître*; pero el *P. p.* (décru) no lleva acento circunflejo.

dédire. — Como *dire,* salvo en la segunda persona del pl. del *Ind. pres.* (vous dédisez), y del *Imp.* (dédisez).

déduire. — Como *conduire.*

défaillir. — Sólo se emplea en los *tiempos compuestos,* en las personas y en los tiempos simples siguientes: *Ind. pres.* nous défaillons, vous défaillez, ils défaillent; *Imperf.* je défaillais... nous défaillions...; *Pret. indef.* je défaillis... nous défaillîmes...; *Fut.* (p. us.) je défaudrai...; *Cond. pres.* (p. us.) je défaudrais...; *Subj. pres.* que je défaille...; *Imperf.* que je défaillisse...; *Ger.* défaillant; *P. p.* défailli, défaillie.

défaire. — Como *faire.*

démentir. — Como *mentir.*

démettre. — Como *mettre.*

dépeindre. — Como *craindre.*

déplaire. — Como *plaire.*

déprendre (se). — Como *prendre.*

désapprendre. — Como *prendre.*

desservir. — Como *servir.*

déteindre. — Como *craindre.*

détenir. — Como *venir.*

détruire. — Como *conduire.*

devenir. — Como *venir.*

dévêtir. — Como *vêtir.*

devoir. — *Ind. pres.* Je dois,.. nous devons, vous devez, ils doivent; *Imperf.* je devais... nous devions...; *Pret. indef.* je dus... nous dûmes...; *Fut.* je devrai... nous devrons...; *Cond. pres.* je devrais... nous devrions...; *Imper.* dois, devons, devez; *Subj. pres.* que je doive... que nous devions...; *Imperf.* que je dusse... que nous dussions...; *Ger.* devant; *P. p.* dû, due.

dire. — *Ind. pres.* Je dis, tu dis, il dit, nous disons, vous dites, ils disent; *Imperf.* je disais...; *Pret. indef.* je dis... nous dîmes...; *Fut.* je dirai... nous dirons...; *Cond. pres.* je dirais... nous dirions...; *Imper.* dis, disons, dites; *Subj. pres.* que je dise... que nous disions...; *Imperf.* que je disse... que nous dissions...; *Ger.* disant; *P. p.* dit, dite.

disconvenir. — Como *venir.*

discourir. — Como *courir.*

disjoindre. — Como *craindre.*

disparaître. — Como *paraître.*

dissoudre. — Como *absoudre.*

distraire. — Como *traire.*

dormir. — *Ind. pres.* Je dors, tu dors, il dort, nous dormons, vous dormez, ils dorment; *Imperf.* je dormais... nous dormions, etc.

E

échoir. — Sólo se emplea en las personas y en los tiempos siguientes: *Ind. pres.* Il échoit; *Pret. indef.* j'échus... nous échûmes...; *Fut.* j'écherrai...; *Cond. pres.* j'écherrais...; *Subj. pres.* qu'il échée o qu'il échoie, qu'ils échéent o qu'ils échoient;

Imperf. que j'échusse...; *Ger.* échéant; *P. p.* échu, échue, y en las terceras personas de los *tiempos compuestos.*

éclore. — Usado solamente en el *Infinitivo* y en las terceras personas del *Ind. prés.* il éclôt, ils éclosent; del *Fut.* il éclora, ils écloront; del *Cond. pres.* il éclorait, ils écloraient; del *Subj. pres.* qu'il éclose, qu'ils éclosent; *P. p.* éclos, éclose (y en los tiempos compuestos con *être*).

éconduire. — Como *conduire.*

écrire. — *Ind. pres.* J'écris, tu écris, il écrit, nous écrivons, vous écrivez, ils écrivent; *Imperf.* j'écrivais...; *Pret. indef.* j'écrivis... nous écrivîmes...; *Fut.* j'écrirai... nous écrirons...; *Cond. pres.* j'écrirais... nous écririons...; *Imper.* écris, écrivons, écrivez; *Subj pres.* que j'écrive... que nous écrivions...; *Imperf.* que j'écrivisse... que nous écrivissions...; *Ger.* écrivant; *P. p.* écrit, écrite.

élire. — Como *lire.*

embatre ou embattre. — Como *battre.*

émettre. — Como *mettre.*

émoudre. — Como *moudre.*

émouvoir. — Como *mouvoir,* pero el *P. p.* (ému) no lleva acento circunflejo.

empreindre. — Como *craindre.*

enceindre. — Como *ceindre.*

encourir. — Como *courir.*

endormir. — Como *dormir.*

enduire. — Como *conduire.*

enfreindre. — Como *craindre.*

enfuir (s'). — Como *fuir.*

enjoindre. — Como *craindre.*

enquérir (s'). — Como *acquérir.*

ensuivre (s'). — Como *suivre,* pero se emplea solamente en las terceras personas, il s'ensuit, elles s'ensuivirent.

entr'apercevoir. — Como *recevoir.*

entremettre (s'). — Como *mettre.*

entreprendre. — Como *prendre.*

entretenir. — Como *venir.*

entrevoir. — Como *voir.*

entrouvrir. — Como *ouvrir.*

envoyer. — *Ind. pres.* J'envoie, tu envoies, il envoie, nous envoyons, vous envoyez, ils envoient; *Imperf.* j'envoyais... nous envoyions, vous envoyiez...; *Pret. indef.* j'envoyai... nous envoyâmes...; *Fut.* j'enverrai... nous enverrons...; *Cond. pres.* j'enverrais... nous enverrions...; *Imper.* envoie, envoyons, envoyez; *Subj. pres.* que j'envoie... que nous envoyions, que vous envoyiez...; *Imperf.* que j'envoyasse... que nous envoyassions...; *Ger.* envoyant; *P. p.* envoyé, envoyée.

éprendre (s'). — Como *prendre.*

équivaloir. — Como *valoir.*

éteindre. — Como *craindre.*

être. — V. conjugación pág. XXII.

étreindre. — Como *craindre.*

exclure. — Como *conclure.*

extraire. — Como *traire.*

F

faillir. — Sólo se emplea en el *Pret. indef.* Je faillis... nous faillîmes...; *Fut.* je faudrai o je faillirai...; *Cond. pres.* je faudrais o je faillirais...; *Ger.* faillant; *P. p.* failli, faillie y en los *tiempos compuestos.*

faire. — *Ind. pres.* Je fais, tu fais, il fait, nous faisons, vous faites, ils font; *Imperf.* je faisais...; *Pret. indef.* je fis... nous fîmes...; *Fut.* je ferai... nous ferons...; *Cond. pres.* je ferais... nous ferions...; *Imper.* fais, faisons, faites; *Subj. pres.* que je fasse... que nous fassions...; *Imperf.* que je fisse... que nous fissions...; *Ger.* faisant; *P. p.* fait, faite.

falloir. — Verbo impersonal : *Ind. pres.* il faut; *Imperf.* il fallait; *Pret. indef.* il fallut; *Fut.* il faudra; *Cond. pres.* il faudrait; *Subj. pres.* qu'il faille; *Imperf.* qu'il fallût; *P. p.* fallu.

feindre. — Como *craindre.*

férir. — Sólo ha conservado el *Infinitivo* y el *P. p.* féru, férue.

forclore. — Se emplea solamente en el *Infinitivo* y en el *P. p.* forclos, forclose.

forfaire. — Sólo se usa en el *Infinitivo* y en los *tiempos compuestos.*

frire. — Sólo se usa en las formas siguientes : *Ind. pres.* Je fris, tu fris, il frit (carece de plur.); *Fut.* je frirai... nous frirons...; *Cond. pres.* je frirais... nous fririons...; *Imper.* segunda pers. sing. fris; *P. p.* frit, frite.

fuir. — *Ind. pres.* Je fuis, tu fuis, il fuit, nous fuyons, vous fuyez, ils fuient; *Imperf.* je fuyais... nous fuyions, vous fuyiez...; *Pret. indef.* je fuis... nous fuîmes...; *Fut.* je fuirai... nous fuirons...; *Cond. pres.* je fuirais... nous fuirions...; *Imper.* fuis, fuyons, fuyez; *Subj. pres.* que je fuie... que nous fuyions, que vous fuyiez...; *Imperf.* que je fuisse... que nous fuissions...; *Ger.* fuyant; *P. p.* fui, fuie.

G

geindre. — Como *craindre.*

gésir. — Sólo se usa en las personas y en los tiempos siguientes : *Ind. pres.* Il gît, nous gisons, vous gisez, ils gisent; *Imperf.* je gisais... nous gisions...; *Ger.* gisant.

H

haïr. — Pierde la diéresis en sing. del *Ind. pres.* je hais, tu hais, il hait; y en el *Imper.* hais.

I

inclure. — Como *conclure,* salvo el *P. p.* que hace inclus, incluse.

inscrire. — Como *écrire.*

instruire. — Como *conduire.*

interdire. — Como *dire,* salvo en la segunda persona del plur. del *Ind. pres.* vous interdisez, y del *Imper.* interdisez.

intervenir. — Como *venir.*

introduire. — Como *conduire.*

J

joindre. — Como *craindre.*

L

lire. — *Ind. pres.* Je lis, tu lis, il lit, nous lisons, vous lisez, ils lisent; *Imperf.* je lisais... nous lisions...; *Pret. indef.* je lus... nous lûmes...; *Fut.* je lirai... nous lirons...; *Cond. pres.* je lirais... nous lirions...; *Imper.* lis, lisons, lisez; *Subj. pres.* que je lise... que nous lisions...; *Imperf.* que je lusse... que nous lussions...; *Ger.* lisant; *P. p.* lu, lue.

luire. — *Ind. pres.* Je luis, tu luis, il luit, nous luisons, vous luisez, ils luisent; *Imperf.* je luisais... nous luisions...; carece de *Pret. indef.;* *Fut.* je luirai... nous luirons...; *Cond. pres.* je luirais... nous luirions...; carece de *Imper.;* *Subj. pres.* que je luise... que nous luisions...; carece de *Imperf.;* *Ger.* luisant; *P. p.* lui (no tiene femenino).

M

maintenir. — Como *venir*.

malfaire. — Sólo usado en el *Infinitivo*.

maudire. — *Ind. pres.* Je maudis... nous maudissons...; *Imperf.* je maudissais... nous maudissions...; *Pret. indef.* je maudis, nous maudîmes...; *Fut.* je maudirai...; *Cond. pres.* je maudirais...; *Imper.* maudis, maudissons, maudissez; *Subj. pres.* que je maudisse...; *Imperf.* que je maudisse, que tu maudisses, qu'il maudît...; *Ger.* maudissant; *P. p.* maudit, maudite.

méconnaître. — Como *connaître*.

médire. — Como *dire*, salvo en la segunda persona del *Ind. pres.* (vous médisez), y del *Imper.* (médisez).

méfaire. — Sólo usado en el *Infinitivo*.

mentir. — *Ind. pres.* Je mens, tu mens, il ment, nous mentons, vous mentez, ils mentent; *Imperf.* je mentais...; *Pret. indef.* je mentis... nous mentîmes...; *Fut.* je mentirai... nous mentirons...; *Cond. pres.* je mentirais... nous mentirions...; *Imper.* mens, mentons, mentez; *Subj. pres.* que je mente... que nous mentions...; *Imperf.* que je mentisse... que nous mentissions...; *Ger.* mentant; *P. p.* menti.

méprendre (*se*). — Como *prendre*.

messeoir. — Como *seoir* (ser conveniente).

mettre. — *Ind. pres.* Je mets, tu mets, il met, nous mettons, vous mettez, ils mettent; *Imperf.* je mettais...; *Pret. indef.* je mis... nous mîmes...; *Fut.* je mettrai... nous mettrons...; *Cond. pres.* je mettrais... nous mettrions...; *Imper.* mets, mettons, mettez; *Subj. pres.* que je mette... que nous mettions...; *Imperf.* que je misse... que nous missions...; *Ger.* mettant; *P. p.* mis, mise.

moudre. — *Ind. pres.* Je mouds, tu mouds, il moud, nous moulons, vous moulez, ils moulent; *Imperf.* je moulais...; *Pret. indef.* je moulus... nous moulûmes...; *Fut.* je moudrai... nous moudrons...; *Cond. pres.* je moudrais... nous moudrions...; *Imper.* mouds, moulons, moulez; *Subj. pres.* que je moule... que nous moulions...; *Imperf.* que je moulusse... que nous moulussions...; *Ger.* moulant; *P. p.* moulu, moulue.

mourir. — *Ind. pres.* Je meurs, tu meurs, il meurt, nous mourons, vous mourez, ils meurent; *Imperf.* je mourais...; *Pret indef.* je mourus... nous mourûmes...; *Fut.* je mourrai... nous mourrons...; *Cond. pres.* je mourrais... nous mourrions...; *Imper.* meurs, mourons, mourez; *Subj. pres.* que je meure... que nous mourions...; *Imperf.* que je mourusse... que nous mourussions...; *Ger.* mourant; *P. p.* mort, morte.

mouvoir. — *Ind. pres.* Je meus, tu meus, il meut, nous mouvons, vous mouvez, ils meuvent; *Imperf.* je mouvais...; *Pret. indef.* je mus... nous mûmes...; *Fut.* je mouvrai... nous mouvrons...; *Cond. pres.* je mouvrais... nous mouvrions...; *Imper.* meus, mouvons, mouvez; *Subj. pres.* que je meuve... que nous mouvions...; *Imperf.* que je musse... que nous mussions...; *Ger.* mouvant; *P. p.* mû, mue.

N

naître. — *Ind. pres.* Je nais, tu nais, il naît, nous naissons, vous naissez, ils naissent; *Imperf.* je naissais...; *Pret. indef.* je naquis... nous naquîmes...; *Fut.* je naîtrai... nous naîtrons...; *Imper.* nais, naissons, naissez; *Subj. pres.* que je naisse... que nous naissions...; *Imperf.* que je naquisse... que nous naquissions...; *Ger.* naissant; *P. p.* né, née.

nuire. — Como *luire*, pero posee además un *Imperf. del subj.* que je nuisisse... que nous nuisissions.

O

obtenir. — Como *tenir*.

obvenir. — Como *venir*.

occire. — Hoy sólo se usan el *Infinitivo* y el *Participio pasado* occis, e.

offrir. — Como *ouvrir*.

oindre. — Como *craindre*.

omettre. — Como *mettre*.

ouïr. — Sólo usado en el *Infinitivo*, en el *Ger.* oyant, en el *P. p.* ouï, y en los *tiempos compuestos*.

ouvrir. — *Ind. pres.* J'ouvre, tu ouvres, il ouvre, nous ouvrons, vous ouvrez, ils ouvrent; *Imperf.* j'ouvrais...; *Pret. indef.* j'ouvris... nous ouvrîmes...; *Fut.* j'ouvrirai... nous ouvrirons...; *Cond. pres.* j'ouvrirais... nous ouvririons...; *Imper.* ouvre, ouvrons, ouvrez; *Subj. pres.* que j'ouvre... que nous ouvrions...; *Imperf.* que j'ouvrisse... que nous ouvrissions...; *Ger.* ouvrant; *P. p.* ouvert, ouverte.

P

paître. — *Ind. pres.* Je pais, tu pais, il paît, nous paissons, vous paissez, ils paissent; *Imperf.* je paissais...; *Fut.* je paîtrai... nous paîtrons...; *Imper.* pais, paissons, paissez; *Subj. pres.* que je paisse... que nous paissions...; *Ger.* paissant. Los demás tiempos no se emplean.

paraître. — Como *connaître*.

parcourir. — Como *courir*.

parfaire. — Como *faire*.

partir. — Como *mentir*.

parvenir. — Como *venir*.

peindre. — Como *craindre*.

percevoir. — Como *recevoir*.

permettre. — Como *mettre*.

plaindre. — Como *craindre*.

plaire. — *Ind. pres.* Je plais, tu plais, il plaît, nous plaisons, vous plaisez, ils plaisent; *Imperf.* je plaisais... *Pret. indef.* je plus... nous plûmes...; *Fut.* je plairai... nous plairons...; *Cond. pres.* je plairais... nous plairions...; *Imper.* plais, plaisons, plaisez; *Subj. pres.* que je plaise... que nous plaisions...; *Imperf.* que je plusse... que nous plussions...; *Ger.* plaisant; *P. p.* plu (sin femenino).

pleuvoir. — Verbo impersonal : *Ind. pres.* il pleut; *Imperf.* il pleuvait; *Pret. indef* il plut; *Fut.* il pleuvra...; *Cond. pres.* il pleuvrait; *Subj. pres.* qu'il pleuve; *Imperf.* qu'il plût; *Ger.* pleuvant; *P. p.* plu.

poindre. — Como *craindre*.

poursuivre. — Como *suivre*.

pourvoir. — *Ind. pres.* Je pourvois... nous pourvoyons...; *Imperf.* je pourvoyais... nous pourvoyions...; *Pret. indef.* je pourvus... nous pourvûmes...; *Fut.* je pourvoirai...; *Cond. pres.* je pourvoirais...; *Imper.* pourvois, pourvoyons, pourvoyez; *Subj. pres.* que je pourvoie... que nous pourvoyions...; *Imperf.* que je pourvusse... que nous pourvussions...; *Ger.* pourvoyant; *P. p.* pourvu, pourvue.

pouvoir. — *Ind. pres.* Je peux o je puis, tu peux, il peut, nous pouvons, vous pouvez, ils peuvent; *Imperf.* je pouvais...; *Pret. indef.* je pus... nous pûmes...; *Fut.* je pourrai... nous pourrons...; *Cond. pres.* je pourrais... nous pourrions...; *Imper.* (p. us.); *Subj. pres.* que je puisse... que nous puissions...; *Imperf.* que je pusse... que nous pussions...; *Ger.* pouvant; *P. p.* pu.

préconcevoir. — Como *recevoir*.

précontraindre. — Como *craindre*.

prédire. — Como *dédire*.

prendre. — *Ind. pres.* Je prends, tu prends, il prend, nous prenons, vous prenez, ils prennent; *Imperf.* je prenais...; *Pret. indef.* je pris... nous prîmes...; *Fut.* je prendrai... nous prendrons...; *Cond. prés.* je prendrais... nous prendrions...; *Imper.* prends, prenons, prenez; *Subj. pres.* que je prenne... que nous prenions...; *Imperf.* que je prisse... que nous prissions...; *Ger.* prenant. *P. p.* pris, prise.

prescrire. — Como *écrire*.

pressentir. — Como *mentir*.

prévaloir. — Como *valoir*, salvo en el *Subj. pres.* que je prévale... que nous prévalions.

prévenir. — Como *venir*.

prévoir. — Como *voir*, salvo en el *Fut.* je prévoirai... nous prévoirons... y en el *Cond. pres.* je prévoirais... nous prévoirions.

promettre. — Como *mettre*.

promouvoir. — Sólo usado en el *Infinitivo*, en los *tiempos compuestos* : j'ai promu..., etc., y en la *forma pasiva* : ils sont promus.

proscrire. — Como *écrire*.

provenir. — Como *venir*.

Q

quérir. — Sólo usado en el *Infinitivo*.

R

rabattre. — Como *battre*.

rasseoir. — Como *asseoir*.

ratteindre. — Como *craindre*.

ravoir. — Sólo usado en el *Infinitivo*.

rebattre. — Como *battre*.

rebouillir. — Como *bouillir*.

recevoir. — *Ind. pres.* Je reçois, tu reçois, il reçoit, nous recevons, vous recevez, ils reçoivent; *Pret. indef.* je reçus, tu reçus, il reçut, nous reçûmes, vous reçûtes, ils reçurent; *Imper.* reçois, recevons, recevez; *Subj. pres.* que je reçoive... que nous recevions...; *Imperf.* que je reçusse... que nous reçussions; *P. p.* reçu, reçue.

reconduire. — Como *conduire*.

reconnaître. — Como *connaître*.

reconquérir. — Como *conquérir*.

reconstruire. — Como *construire*.

recoudre. — Como *coudre*.

recourir. — Como *courir*.

recouvrir. — Como *couvrir*.

récrire. — Como *écrire*.

recroître. — Como *croître*.

recueillir. — Como *cueillir*.

recuire. — Como *cuire*.

redécouvrir. — Como *couvrir*.

redéfaire. — Como *faire*.

redevenir. — Como *venir*.

redevoir. — Como *devoir*.

redire. — Como *dire*.

redormir. — Como *dormir*.

réduire. — Como *conduire*.

réélire. — Como *lire*.

refaire. — Como *faire*.

réinscrire. — Como *écrire*.

réintroduire. — Como *conduire*.

rejoindre. — Como *joindre*.

relire. — Como *lire*.

reluire. — Como *luire*.

remettre. — Como *mettre*.

remoudre. — Como *moudre*.

rémoudre. — Como *moudre*.

renaître. — Como *naître*.

rendormir. — Como *dormir*.

renvoyer. — Como *envoyer*.

repaître (se). — Como *paître* ; tiene ademàs un *Pret. indef.* je me repus... nous nous repûmes, y un *P. p.* repu, repue.

reparaître. — Como *connaître*.

repeindre. — Como *craindre*.

repentir (se). — Como *mentir*.

reprendre. — Como *prendre*.

requérir. — Como *acquérir*.

résoudre. — *Ind. pres.* Je résous, tu résous, il résout, nous résolvons, vous résolvez, ils résolvent; *Imperf.* je résolvais...; *Pret. indef.* je résolus... nous résolûmes...; *Fut.* je résoudrai... nous résoudrons...; *Cond. pres.* je résoudrais... nous résoudrions..; *Imper.* résous, résolvons, résolvez; *Subj. pres.* que je résolve... que nous résolvions...; *Imperf.* que je résolusse... que nous résolussions...; *Ger.* résolvant; *P. p.* résolu, résolue et résous (sólo en el masculino).

ressentir. — Como *mentir*.

resservir. — Como *servir*.

ressortir. — Como *sortir*, en el caso de *volver a salir.* Pero cuando significa *ser de la competencia de, incumbir*, se conjuga como *finir*.

ressouvenir (se). — Como *venir*.

restreindre. — Como *craindre*.

reteindre. — Como *craindre*.

retenir. — Como *venir*.

retraduire. — Como *cuire*.

retraire. — Como *traire*.

retranscrire. — Como *écrire*.

retransmettre. — Como *mettre*.

revaloir. — Como *valoir*.

revenir. — Como *venir*.

revêtir. — Como *vêtir*.

revivre. — Como *vivre*.

revoir. — Como *voir*.

rire. — *Ind. pres.* Je ris, tu ris, il rit, nous rions, vous riez, ils rient; *Imperf.* je riais... nous riions...; *Pret. indef.* je ris... nous rîmes...; *Fut.* je rirai... nous rirons...; *Cond. pres.* je rirais... nous ririons...; *Imper.* ris, rions, riez; *Subj. pres.* que je rie... que nous riions...; *Imperf.* que je risse... que nous rissions...; *Ger.* riant; *P. p.* ri.

rouvrir. — Como *ouvrir*.

S

satisfaire. — Como *faire*.

savoir. — *Ind. pres.* Je sais, tu sais, il sait, nous savons, vous savez, ils savent; *Imperf.* je savais...; *Pret. indef.* je sus... nous sûmes...; *Fut.* je saurai... nous saurons...; *Cond. pres.* je saurais... nous saurions...; *Imper.* sache, sachons, sachez; *Subj. pres.* que je sache... que nous sachions...; *Imperf.* que je susse... que nous sussions...; *Ger.* sachant; *P. p.* su, sue.

secourir. — Como *courir*.

séduire. — Como *conduire*.

sentir. — Como *mentir*.

seoir (estar sentado, estar situado). — Sólo se emplea en el *Ger.* séant, y en el *P. p.* sis, sise.

seoir (ser conveniente). — Sólo se usa en las terceras personas : *Ind. pres.* il sied, ils siéent; *Imperf.* il seyait, ils seyaient; *Fut.* il siéra, ils siéront; *Cond. pres.* il siérait, ils siéraient; *Subj. pres.* qu'il siée, qu'ils siéent. *Ger.* seyant o séant.

servir. — Como *mentir*.

sortir. — *Ind. pres.* Je sors, tu sors, il sort, nous sortons, vous sortez, ils sortent. Se conjuga después como *mentir*.

souffrir. — Como *ouvrir*.

soumettre. — Como *mettre*.

sourire. — Como *rire*.

souscrire. — Como *écrire*.

soustraire. — Como *traire*.

soutenir. — Como *venir*.

souvenir (se). — Como *venir*.

subvenir. — Como *venir*.

suffire. — *Ind. pres.* Je suffis, tu suffis, il suffit, nous suffisons, vous suffisez, ils suffisent; *Imperf.* je suffisais...; *Pret. indef.* Je suffis... nous suffîmes...; *Fut.* je suffirai...; nous suffirons...; *Cond. pres.* je suffirais... nous suffirions...; *Imper.* suffis, suffisons, suffisez; *Subj. pres.* que je suffise... que nous suffisions...; *Imperf.* que je suffisse... que nous suffissions...; *Ger.* suffisant; *P. p.* suffi.

suivre. — *Ind. pres.* Je suis, tu suis, il suit, nous suivons, vous suivez, ils suivent; *Imperf.* je suivais...; *Pret. indef.* je suivis... nous suivîmes; *Fut.* je suivrai... nous suivrons; *Cond. pres.* je suivrais... nous suivrions...; *Imperf.* suis, suivons, suivez; *Subj. pres.* que je suive... que nous suivions...; *Imperf.* que je suivisse... que nous suivissions; *Ger.* suivant; *P. p.* suivi, suivie.

surfaire. — Como *faire*.

surprendre. — Como *prendre*.

surseoir. — *Ind. pres.* Je sursois... nous sursoyons...; *Imperf.* je sursoyais... nous sursoyions...; *Pret. indef.* je sursis...; *Fut.* je surseoirai...; *Cond. pres.* je surseoirais; *Imper.* sursois, sursoyons, sursoyez; *Subj. pres.* que je sursoie... que nous sursoyions...; *Imperf.* que je sursisse; *Ger.* sursoyant; *P. p.* sursis, sursise.

survenir. — Como *venir*.

survivre. — Como *vivre*.

T

taire. — Como *plaire* (pero *il tait* sin î).

teindre. — Como *craindre*.

tenir. — Como *venir*.

traduire. — Como *cuire*.

traire. — *Ind. pres.* Je trais, tu trais, il trait, nous trayons, vous trayez, ils traient; *Imperf.* je trayais... nous trayions...; *Pret. indef.* (carece); *Fut.* je trairai... nous trairons...; *Cond. pres.* je trairais... nous trairions...; *Imper.* trais, trayons, trayez; *Subj. pres.* que je traye... que nous trayions...; *Imperf.* (carece); *Ger.* trayant; *P. p.* trait, traite.

transcrire. — Como *écrire*.

transmettre. — Como *mettre*.

transparaître. — Como *connaître*.

tressaillir. — *Ind. pres.* Je tressaille... nous tressaillons...; *Imperf.* je tressaillais... nous tressaillions...; *Pret. indef.* je tressaillis... nous tressaillîmes...; *Fut.* je tressaillirai... nous tressaillirons...; *Cond. pres.* je tressaillirais... nous tressaillirions...; *Imper.* tressaille, tressaillons, tressaillez; *Subj. pres.* que je tressaille... que nous tressaillions...; *Imperf.* que je tressaillisse... que nous tressaillissions...; *Ger.* tressaillant; *P. p.* tressailli, tressaillie.

V

vaincre. — *Ind. pres.* Je vaincs, tu vaincs, il vainc, nous vainquons, vous vainquez, ils vainquent; *Imperf.* je vainquais...; *Pret. indef.* je vainquis... nous vainquîmes...; *Fut.* je vaincrai... nous vaincrons...; *Cond. pres.* je vaincrais... nous vaincrions...; *Imper.* vaincs, vainquons, vainquez; *Subj. pres.* que je vainque... que nous vainquions...; *Imperf.* que je vainquisse... que nous vainquissions...; *Ger.* vainquant; *P. p.* vaincu, vaincue.

valoir. — *Ind. pres.* Je vaux, tu vaux, il vaut, nous valons, vous valez, ils valent; *Imperf.* je valais...; *Pret. indef.* je valus... nous valûmes...; *Fut.* je vaudrai... nous vaudrons...; *Cond. pres.* je vaudrais... nous vaudrions...; *Imper.* vaux, valons, valez; *Subj. pres.* que je vaille... que nous valions...; *Imperf.* que je valusse... que nous valussions...; *Ger.* valant; *P. p.* valu, value.

venir. — *Ind. pres.* Je viens... nous venons... ils viennent; *Imperf.* je venais...; *Pret. indef.* je vins...; *Fut.* je viendrai...; *Cond. pres.* je viendrais...; *Subj. pres.* que je vienne... que nous venions... qu'ils viennent; *Imperf.* que je vinsse... qu'il vînt; *Ger.* venant; *P. p.* venu, venue.

vêtir. — *Ind. pres.* Je vêts, tu vêts, il vêt, nous vêtons, vous vêtez, ils vêtent; *Imperf.* je vêtais... nous vêtions...; *Pret. indef.* je vêtis... nous vê-tîmes...; *Fut.* je vêtirai... nous vêtirons...; *Cond. pres.* je vêtirais... nous vêtirions...; *Imper.* vêts, vêtons, vêtez; *Subj. pres.* que je vête... que nous vêtions...; *Imperf.* que je vêtisse... que nous vêtissions...; *Ger.* vêtant; *P. p.* vêtu, vêtue.

vivre. — *Ind. pres.* Je vis... nous vivons...; *Imperf.* je vivais... nous vivions...; *Pret. indef.* je vécus... nous vécûmes...; *Fut.* je vivrai... nous vivrons...; *Cond. pres.* je vivrais... nous vivrions...; *Imper.* vis, vivons, vivez; *Subj. pres.* que je vive... que nous vivions...; *Imperf.* que je vécusse... que nous vécussions...; *Ger.* vivant; *P. p.* vécu, vécue.

voir. — *Ind. pres.* Je vois... nous voyons, vous voyez, ils voient; *Imperf.* je voyais... nous voyions...; *Pret. indef.* je vis... nous vîmes... *Fut.* je verrai... nous verrons...; *Cond. pres.* je verrais... nous verrions...; *Imper.* vois, voyons, voyez; *Subj. pres.* que je voie... que nous voyions...; *Imperf.* que je visse... que nous vissions...; *Ger.* voyant; *P. p.* vu, vue.

vouloir. — *Ind. pres.* Je veux, tu veux, il veut, vous voulons, vous voulez, ils veulent; *Imperf.* je voulais...; *Pret. indef.* je voulus... nous voulûmes...; *Fut.* je voudrai... nous voudrons...; *Cond. pres.* je voudrais... nous voudrions...; *Imper.* veux, voulons, voulez (o veuille, veuillons, veuillez); *Subj. pres.* que je veuille... que nous voulions...; *Imperf.* que je voulusse... que nous voulussions...; *Ger.* voulant; *P. p.* voulu, voulue.

LOS AUXILIARES

Avoir. — Como auxiliar, *avoir* significa **haber** y sirve para formar los tiempos compuestos de los verbos transitivos y de la mayor parte de los intransitivos (*il a écrit une lettre; elle a vécu deux ans à Paris*). [V. en el párrafo « Participio pasado », pág. XXII, lo referente a la concordancia de éste con el complemento.]

Avoir se emplea además en el sentido activo e indica la posesión como lo hace el verbo castellano **tener** (*j'ai un livre; j'ai faim*).

Être. — Corresponde a los verbos castellanos **ser** y **estar**.

Como auxiliar, sirve para conjugar :

a) la **voz pasiva** (*il est aimé de tous*, es amado de todos).

b) los **tiempos compuestos** de los verbos **pronominales** (*je me suis levé*, me he levantado).

c) los **tiempos compuestos** de algunos verbos **intransitivos**, especialmente los que expresan movimiento o transición (*aller, partir, arriver, devenir, naître, mourir*, etc.) [*je suis allé*, he ido; *nous sommes arrivés*, hemos llegado].

ce, c' delante del verbo être. — Cuando una locución castellana empieza con el verbo ser seguido del nombre o del pronombre sujeto, *ser* se traduce por *être* en la 3.ª persona (singular o plural) precedido de *ce* o *c'* (*c'est moi; c'est nous; ce sont eux*). Los relativos *quien, que, el que*, etc., se traducen por **qui** (sujeto) o **que** (complemento). En la forma interrogativa *ce* puede colocarse después del verbo (*c'est moi qui commande; c'est la maison que j'ai achetée; c'est vous qui avez parlé? o est-ce vous qui avez parlé?*).

La locución **c'est ... que** puede emplearse también acompañada de un complemento circunstancial e indicar el lugar (*c'est ici que*, aquí es donde), el tiempo (*c'est aujourd'hui que*, hoy es cuando), el modo (*c'est ainsi que*, así es como) o la causa (*c'est pourquoi*, por eso es por lo que).

Hay que poner el pronombre *il* delante de *être* en la 3.ª persona del singular para expresar la **hora** y añadir siempre la palabra *heure* al número que la expresa (*il est 6 heures*).

avoir		être	
INDICATIVO		**INDICATIVO**	
Presente	*Pretérito indefinido*	*Presente*	*Pretérito indefinido*
J'ai.	J'eus.	Je suis.	Je fus.
Tu as.	Tu eus.	Tu es.	Tu fus.
Il a.	Il eut.	Il est.	Il fut.
Nous avons.	Nous eûmes.	Nous sommes.	Nous fûmes.
Vous avez.	Vous eûtes.	Vous êtes.	Vous fûtes.
Ils ont.	Ils eurent.	Ils sont.	Ils furent.
Imperfecto	*Futuro*	*Imperfecto*	*Futuro*
J'avais.	J'aurai.	J'étais.	Je serai.
Tu avais.	Tu auras.	Tu étais.	Tu seras.
Il avait.	Il aura.	Il était.	Il sera.
Nous avions.	Nous aurons.	Nous étions.	Nous serons.
Vous aviez.	Vous aurez.	Vous étiez.	Vous serez.
Ils avaient.	Ils auront.	Ils étaient.	Ils seront.
CONDICIONAL		**CONDICIONAL**	
J'aurais.	Nous aurions.	Je serais.	Nous serions.
Tu aurais.	Vous auriez.	Tu serais.	Vous seriez.
Il aurait.	Ils auraient.	Il serait.	Ils seraient.
IMPERATIVO		**IMPERATIVO**	
Aie.	El *Imperativo* carece de primera y	Sois.	El *Imperativo* carece de primera y
Ayons	tercera persona del singular y de ter-	Soyons	tercera persona del singular y de ter-
Ayez.	cera persona del plural.	Soyez.	cera persona del plural.
SUBJUNTIVO		**SUBJUNTIVO**	
Presente		*Presente*	
Que j'aie.	Que nous ayons.	Que je sois.	Que nous soyons.
Que tu aies.	Que vous ayez.	Que tu sois.	Que vous soyez.
Qu'il ait.	Qu'ils aient.	Qu'il soit.	Qu'ils soient.
Imperfecto		*Imperfecto*	
Que j'eusse.	Que nous eussions.	Que je fusse.	Que nous fussions.
Que tu eusses.	Que vous eussiez.	Que tu fusses.	Que vous fussiez.
Qu'il eût.	Qu'ils eussent.	Qu'il fût.	Qu'ils fussent.
PARTICIPIOS		**PARTICIPIOS**	
Presente	*Pasado*	*Presente*	*Pasado*
Ayant.	Eu, e.	Étant.	Été.
	Eus, es.		

VERBOS PRONOMINALES

Los verbos pronominales se conjugan, como ya se ha dicho, con el auxiliar **être** (*nous nous sommes levés*). Obsérvese la existencia de los dos pronombres, el sujeto y el complemento. (V. también el párrafo « El participio ».)

VERBOS IMPERSONALES

Los verbos impersonales franceses se conjugan con el pronombre il (*il pleut; il neige, il fait beau*).

Las frases castellanas en las cuales se usan los verbos *haber* y *hacer* en forma impersonal se traducen en francés por medio del auxiliar **avoir** precedido del pronombre *il* y del adverbio *y* (*il y a des enfants dans la cour; il y a deux mois*). El verbo *hacer* usado impersonalmente para indicar variaciones atmosféricas se traduce al francés por el verbo **faire** precedido de *il* (*il fait froid; il faisait chaud*).

LA VOZ PASIVA

El empleo de la forma pasiva es mucho más frecuente en francés que en castellano (*je suis très surpris de ta visite*, me sorprende mucho tu visita). Así, las frases reflexivas castellanas, en las que la idea de acción desaparece al no mencionarse el agente, pueden traducirse al francés por medio de la construcción pasiva (toda compra *se paga* al contado, *tout achat est payé comptant*; la « ll » *se considera* en francés como una « l » duplicada, *le « ll » est considéré en français comme un « l » double*).

EL PARTICIPIO

El **participio pasado :**

1. Usado **sin auxiliar**, el participio pasado concuerda, como un adjetivo, con el nombre que califica (*la leçon apprise; les devoirs terminés*).

2. Empleado **con el auxiliar être**, el participio pasado concuerda en género y número con el nombre sujeto de *être*, como en castellano (*ils sont venus; elles sont venues*).

— OBSERV. El participio pasado de los **verbos pronominales**, reflexivos o recíprocos, conjugados con el auxiliar *être*, concuerdan con el pronombre (*me, te, se, nous, vous*) si éste es complemento directo (*elle s'est blessée; ils se sont battus*). No concuerda con el pronombre si éste es complemento indirecto o de atribución (*ils se sont adressé des injures; nous nous sommes écrit*).

Sin embargo, cuando el complemento directo del verbo pronominal se halla antes del participio pasado, éste concuerda con el complemento (*les injures qu'ils se sont adressées*).

3. El participio pasado conjugado **con el auxiliar avoir :**

a) concuerda con el **complemento directo** cuando éste está **antepuesto** al participio (*les cerises que nous avons mangées* [*cerises* se halla antes de *mangées*]);

b) no varía cuando tiene el complemento directo después (*j'ai mangé des cerises*);

c) tampoco varía cuando no tiene complemento directo (*ils ont répondu à notre lettre*).

— OBSERV. El participio pasado conjugado con el auxiliar *avoir* y seguido de un **infinitivo** complemento directo es invariable. Pero cuando el sujeto del infinitivo se halla antes del participio pasado, éste concuerda con el sujeto del infinitivo (*la femme que j'ai entendue chanter* [en cambio *la chanson que j'ai entendu chanter*, frase en la que se sobreentiende *par quelqu'un*]).

En francés se coloca siempre el sujeto detrás del participio en las **cláusulas absolutas**, y se emplea, si así se requiere, el participio en la forma compuesta (dicho esto, *cela dit; hechas las partes, el león habló así, les parts ayant été faites, le lion parla ainsi*). No obstante es preferible traducir en muchos casos la cláusula absoluta castellana por una proposición temporal (pronunciado el discurso, se sentó, *après avoir prononcé son discours* [mejor que *son discours étant prononcé*], *il s'assit*).

El **participio presente** o de presente o **participio activo** es invariable y presenta siempre la terminación -ant. Señalemos que el participio presente de los verbos en *ir* del 2.º grupo termina en -*issant* (*finissant*) distinguiéndose así del de los verbos en *ir* del 3.er grupo que acaba simplemente en -*ant* (*sortant*).

El **gerundio francés** está formado por el participio presente precedido siempre de la preposición **en**. Corresponde al gerundio castellano usado sin preposición (*il parlait en gesticulant*, hablaba gesticulando) o al infinitivo precedido de *al* (*en sortant, il vit son père*, al salir, vio a su padre).

— OBSERV. No hay que confundir el gerundio francés con el gerundio castellano precedido de *en* que denota inmediata anterioridad (*en llegando*, aussitôt o une fois arrivé).

EL SUBJUNTIVO Y LA CONCORDANCIA

El francés moderno es menos riguroso que el castellano respecto a las reglas de concordancia entre los tiempos del subjuntivo y el verbo de la proposición principal. Así, el presente se usa a menudo en lugar del imperfecto (*il faudrait qu'il vienne* [en lugar de *qu'il vînt*]). Al traducir, será preciso restablecer la concordancia.

EL INFINITIVO

Después de verbos que expresan una orden o un ruego, el subjuntivo castellano de la proposición subordinada se traduce en francés por el infinitivo (*dis-lui de venir*, dile que venga; *je te prie de te taire*, te ruego que te calles).

El infinitivo castellano usado como imperativo se emplea a veces en francés (*agiter avant de s'en servir*), pero casi siempre se traducirá por un tiempo personal francés (¡[a] *callar!*, taisez-vous!).

EXPRESIÓN DE LA HIPÓTESIS

El futuro y condicional castellanos, usados para expresar una hipótesis, se traducen en francés por el verbo **devoir** conjugado respectivamente en presente o en imperfecto del indicativo (*estará enfermo*, il doit être malade; *tendría unos sesenta años*, il devait avoir dans les soixante ans).

El futuro francés, en una proposición subordinada que empieza por una conjunción de tiempo o un pronombre relativo, se traduce en castellano por el subjuntivo presente cuando la proposición principal está en futuro o en imperativo (*quand j'aurai de l'argent, j'achèterai une maison*, cuando tenga dinero, compraré una casa; *venez quand vous pourrez*, venga cuando pueda).

Tableaux et illustrations

figurant dans la première partie de ce dictionnaire

Cuadros e ilustraciones

que figuran en la segunda parte de este diccionario

A

a m. A, *f.* : *mot commençant par un a*, palabra que empieza por una a. ‖ — *Avec un grand « a »*, con *a* mayúscula. ‖ *Depuis A jusqu'à Z*, de cabo a rabo (de la tête à la queue). ‖ *Des « a » italiques*, aes en bastardilla. ‖ *Ne savoir ni A ni B*, no saber ni jota. ‖ *Un petit « a »*, una *a* minúscula. ‖ *Prouver par A plus B*, demostrar por A más B.
— FONÉTICA Y ORTOGRAFÍA. La a francesa puede ser *abierta* o *cerrada*. La *a* abierta es larga en *fable* (fábula), *pas* (paso), y breve en *patte* (pata). La *a* cerrada es larga en *pâte* (pasta). La *a* abierta francesa corresponde a la *a* media española en *paz, caña*. La *a* cerrada francesa corresponde aproximadamente a la *a* velar española en *bajo, cauto*.
La *a* abierta se representa gráficamente por *a*, por *e*, como en *moelle* (moal) [médula], o por *ê*, como en *poêle* (poal) [estufa]. La *a* cerrada se representa ya por *a*, como en *bas* (bajo), ya por *â*, como en *crâne* (cráneo).
La *a* puede llevar en francés un acento grave que no altera su pronunciación y no es sino un signo específico, como en *à, la, voilà*. Un acento circunflejo representa a menudo la desaparición de una letra de la ortografía antigua, como en *âge* (aage) [edad], *âne* (asne) [asno], *âme* (anme) [alma].
En algunos casos la *a* francesa no se pronuncia, como en *août* (u) [agosto], *Saône* (son).

à prép.
— OBSERV. Forma con el artículo los compuestos *au* [*à le*], al, y *aux* [*à les*], a los, a las.

> **1.** Situation, position. — **2.** Epoque, date. — **3.** Possession, appartenance. — **4.** Destination, utilisation. — **5.** Manière d'agir. — **6.** Caractéristique. — **7.** Combinaison, mélange. — **8.** Evaluation numérique. — **9.** Interjection. — **10.** Locutions.

---

1. SITUATION, POSITION. — En (sans mouvement) : *étudier à Paris*, estudiar en París ; *au Brésil*, en el Brasil ; *au lit*, en cama. ‖ A (avec mouvement) : *aller à Buenos Aires*, ir a Buenos Aires ; *aller au Pérou*, ir al Perú ; *viens à la maison*, ven a casa. (OBSERV. Devant *casa, clase, misa*, pas d'article en espagnol.) ‖ A (orientation) : *à droite*, a la derecha ; *maison exposée au midi*, casa expuesta al mediodía. ‖ A (contact, juxtaposition) : *au bord du ruisseau*, a orillas del arroyo ; *collé au mur*, pegado a la pared. ‖ De : *accroché à un clou*, colgado de un clavo. ‖ A (destination, adresse) : *à Monsieur Un tel*, a Don Fulano de Tal.
2. ÉPOQUE, DATE. — A (sens précis) : *à toute heure*, a cualquier hora ; *à midi juste*, a las doce en punto. ‖ En (sens vague) : *à cette époque*, en aquella época ; *à la veille de*, en vísperas de. ‖ Por (vers, environ) : *à la Noël*, por Navidad ; *à la Saint-Jean*, por San Juan. ‖ Hasta (jusqu'à) : *à demain matin*, hasta mañana por la mañana ; *au revoir*, hasta la vista.
3. POSSESSION, APPARTENANCE. — De : *ce livre est à mon père*, este libro es de mi padre ; avec un pronom personnel on peut traduire par le possessif : *cette maison est à moi*, esta casa es mía.
— OBSERV. Es barbarismo usar *au* por *chez le* : *aller au médecin*, ir a casa del médico. Es igualmente barbarismo la construcción con *à* (en lugar de *de*) en frases como : *la fille à Jean*, la hija de Juan ; *la fête à ma tante*, el santo de mi tía ; *la maison à mon père*, la casa de mi padre. Úsanse sin embargo en el lenguaje familiar algunas frases hechas, como *un fils à papa*, un señorito, un señoritingo.
4. DESTINATION, UTILISATION. — De : *marché aux grains*, mercado de granos ; *papier à lettres*, papel de cartas. ‖ Para : *nuisible à la santé*, nocivo para la salud. ‖ Que : *cela laisse à penser*, eso da que pensar. ‖ Que hay que : *travail à faire*, trabajo que hay que hacer. ‖ Por : *c'est encore à faire*, está todavía por hacer.
5. MANIÈRE D'AGIR. — A : *à la nage*, a nado ; *à pied*, a pie ; *à l'anglaise*, a la inglesa ; *apprendre à lire*, aprender a leer ; *fait à la main*, hecho a mano ; *à tâtons*, a tientas. ‖ Entre : *bâtir une maison à deux*, construir una casa entre dos. ‖ De : *à genoux*, de rodillas ; *dessin à la plume*, dibujo de pluma.
6. CARACTÉRISTIQUE. — De : *chapeau à plumes*, sombrero de plumas ; *l'homme à la barbe blanche*, el hombre de la barba blanca. ‖ De (fonctionnement) : *moulin à vent*, molino de viento ; *bateau à voile*, barco de vela ; *machine à vapeur*, máquina de vapor. (OBSERV. *Máquina a vapor* es un barbarisme fréquent.) ‖ Lorsque *à* fait partie d'une enseigne il faut le supprimer : *Au Cheval blanc*, El Caballo Blanco.
7. COMBINAISON, MÉLANGE. — De (élément caractéristique) : *soupe aux choux*, sopa de coles ; *crème à la vanille*, crema de vainilla. ‖ Con (mélange) : *café au lait*, café con leche ; *perdrix aux choux*, perdiz con coles.
8. ÉVALUATION NUMÉRIQUE. — A : *à cent francs pièce*, a cien francos cada uno ; *de trois à quatre heures*, de tres a cuatro horas. ‖ Por (sens de par) : *cent kilomètres à l'heure*, cien kilómetros por hora.

9. INTERJECTION. — Suppression fréquente de la préposition et de l'article : *au feu!*, ¡fuego!; *au voleur!*, ¡ladrón!, ¡ladrones!; *à la crevette!*, ¡camarones!

10. LOCUTIONS. — *À ce compte*, según esa cuenta. ‖ *À ce point de vue*, desde este punto de vista. ‖ *À temps*, a tiempo (opportunément); con tiempo (à l'avance). ‖ *Attention à la peinture*, cuidado con la pintura. ‖ *Duel au pistolet*, desafío con pistola. ‖ — *C'est à moi de parler*, a mí me toca hablar. ‖ *Donner à manger*, dar de comer. ‖ *Penser à une chose*, pensar en una cosa. ‖ *Que gagne-t-il à venir?*, ¿qué gana con venir? ‖ *Trouver à critiquer*, encontrar qué criticar.

abaca m. Abacá (chanvre de Manille).
abaissant, e adj. Humillante.
abaisse f. Suelo (*m.*) de empanada (pâtisserie).
abaissé, e adj. Bajado, da. ‖ Rebajado, da.
abaisse-langue m. Depresor, espátula, *f.*
abaissement m. Bajada, *f.* (descente). ‖ Baja, *f.* (des prix). ‖ ● Caimiento, declinación *f.* (affaiblissement). ‖ Disminución, *f.*, descenso (de la température, d'un niveau). ‖ Rebajamiento, envilecimiento (avilissement). ‖ Abatimiento (du courage). ‖ Sumisión, *f.*, sometimiento : *l'abaissement des grands vassaux*, la sumisión de los grandes vasallos. ‖ Caída, *f.* (chute). ‖ MATH. Reducción, *f.* (d'une équation).
— SYN. ● *Abâtardissement*, bastardeo. *Affaiblissement*, debilitación. *Décadence*, decadencia. *Déchéance*, decaimiento. *Déclin*, declinación, ocaso. *Dégénérescence*, *dégénération*, degeneración. *Dégradation*, degradación. *Déliquescence*, delicuescencia.

abaisser v. tr. Bajar : *abaisser les paupières*, bajar los párpados. ‖ Rebajar, disminuir la altura : *abaisser un mur*, rebajar un muro. ‖ Bajar, reducir : *abaisser les impôts*, bajar los impuestos. ‖ Extender la masa con el rodillo para hacerla más fina (pâtisserie). ‖ ● FIG. Abatir : *abaisser l'orgueil*, abatir el orgullo. ‖ MATH. Tirar, trazar (une perpendiculaire). | Bajar (dans une division). | Reducir (une équation). ‖ MÉD. Extirpar (une cataracte).
— V. pr. Inclinarse, descender (terrain). ‖ FIG. Rebajarse (s'humilier).
— SYN. ● *Rabaisser*, rebajar. *Rabattre*, abatir, doblegar. *Ravaler*, poner por los suelos.

abaisseur adj. et s. m. Depresor (muscle).
abajoue f. Abazón, *m.*
abalourdir v. tr. (P. us.). Embrutecer, entontecer.
abandon m. Abandono. ‖ Renuncia, *f.*, cesión, *f.*, dejación, *f.* (d'un droit). ‖ Descuido (négligence). ‖ Dejadez, *f.*, desidia, *f.* (paresse). ‖ Desaliño (dans la tenue). ‖ Confianza, *f.*, naturalidad, *f.* (laisser-aller, sincérité) : *parler avec abandon*, hablar con confianza. ‖ Abandono, desistimiento (sports, etc.). ‖ — *Abandon de domicile, de famille*, abandono de domicilio, de familia. ‖ MIL. *Abandon de poste*, deserción. ‖ *À l'abandon*, abandonado, da. ‖ *Laisser ses affaires à l'abandon*, descuidar sus negocios.
abandonné, e adj. Abandonado, da. ‖ Desamparado, da (sans protection). ‖ Descuidado, da; dejado, da (dans la tenue). ‖ Desahuciado, da (un malade).
abandonnement m. Abandono.
abandonner v. tr. Abandonar (délaisser). ‖ Dejar (laisser) : *abandonner son ouvrage*, dejar su trabajo. ‖ Descuidar (négliger) : *abandonner ses devoirs*, descuidar sus deberes. ‖ Descuidar, abandonar : *abandonner ses amis*, descuidar a sus amigos. ‖ Soltar (lâcher) : *abandonner les rênes*, soltar las riendas. ‖ Confiar, dejar (confier). ‖ FIG. Conceder (accorder) : *je vous abandonne ce détail*, le concedo este detalle. ‖ Desistir de, renunciar a : *abandonner ses prétentions*, desistir de sus pretenciones. ‖ Renunciar a, cesar : *aban-*

donner la lutte, renunciar a la lucha. ‖ Entregar (livrer, remettre) : *abandonner ses biens à ses créanciers*, entregar sus bienes a sus acreedores. ‖ Desahuciar : *malade que les médecins abandonnent*, enfermo desahuciado por los médicos.
— V. intr. Abandonar : *coureur qui abandonne*, corredor que abandona.
— V. pr. Abandonarse. ‖ Desanimarse (perdre courage). ‖ Acobardarse (prendre peur). ‖ Descuidarse, dejarse (dans sa tenue). ‖ Entregarse (se livrer) : *s'abandonner au sommeil*, entregarse al sueño.

abaque [abak] m. ARCHIT. et MATH. Ábaco.
abasourdi, e adj. Aturrullado, da (étourdi). ‖ Estupefacto, ta (stupéfait). ‖ Ensordecido, da (assourdi).
abasourdir v. tr. Aturrullar (étourdir). ‖ Ensordecer (assourdir). ‖ FIG. et FAM. Dejar estupefacto : *votre réponse m'a abasourdi*, su respuesta me ha dejado estupefacto.
abasourdissant, e adj. Ensordecedor, ra (bruit). ‖ FAM. Asombroso, sa (étonnant).
abasourdissement m. Ensordecimiento (par le bruit). ‖ Estupefacción, *f.*, estupor (stupéfaction).
abat [aba] m. (P. us.). Aguacero (averse). ‖ — Pl. Menudos, despojos (de boucherie). ‖ Menudillos (de volailles).
abâtardir v. tr. Bastardear. ‖ Envilecer (avilir).
— V. pr. Bastardearse, degenerarse.
abâtardissement m. Bastardeo.
abat-jour m. inv. Pantalla, *f.* (d'une lampe). ‖ Tulipa, *f.* (en verre). ‖ Tragaluz (de fenêtre). ‖ Visera, *f.* (visière). ‖ *Mettre sa main en abat-jour*, hacer pantalla con la mano.
abat-son m. inv. Tornavoz (de clocher).
abattable adj. Abatible.
abattage m. Derribo : *l'abattage d'une cloison*, el derribo de un tabique. ‖ Corta, *f.*, tala, *f.* (d'arbres). ‖ Matanza, *f.* (animaux). ‖ Gatillazo (du fusil). ‖ MIN. Arranque. ‖ — FAM. *Avoir de l'abattage*, tener arranque, gallardía, decisión, brío (entrain). ‖ *Recevoir un abattage*, llevar una felpa.
abattant m. Trampa, *f.* (de comptoir), tapa, *f.* (de pupitre).
abattée f. MAR. Abatimiento, *m.* ‖ *Faire une abattée*, abatir.
abattement m. ● Abatimiento (découragement). ‖ Exoneración, *f.* (déduction) : *abattement à la base*, exoneración de base.
— SYN. ● *Découragement*, desaliento, descorazonamiento. *Anéantissement*, aniquilamiento.
abatteur m. Derribador. ‖ Leñador (d'arbres). ‖ Matarife (dans un abattoir). ‖ — *Abatteur de besogne*, gran trabajador. ‖ *Grand abatteur de gibier*, gran cazador.
abattis [abati] m. Derribo. ‖ Corte, tala, *f.* (d'arbres). ‖ Caza (*f.*) abatida (gibier tué). ‖ Menudillos, *pl.* (de volaille). ‖ Despojos, *pl.* (de boucherie). ‖ Escombros, *pl.*, materiales (*pl.*) de derribo (décombres). ‖ FAM. Remo (bras, jambe). ‖ MIL. Tala, *f.*
abattoir m. Matadero.
abattre v. tr. ● Derribar : *abattre une maison*, derribar una casa. ‖ Cortar, talar (arbres). ‖ Matar, sacrificar : *abattre un bœuf*, matar un buey. ‖ Derribar, abatir (un avion). ‖ Bajar (baisser). ‖ FIG. Postrar, debilitar : *abattu par la fièvre*, postrado por la calentura. | Abatir : *abattre l'orgueil*, abatir el orgullo. ‖ Desanimar, desalentar (décourager) : *le malheur l'a abattu*, la desgracia le ha desanimado. | Hacer cesar, acabar con : *abattre sa résistance*, acabar con su resistencia. | Hacer caer : *la pluie abat la poussière*, la lluvia hace que el polvo caiga. ‖ FIG. et FAM. Recorrer : *abattre une distance*, recorrer una distancia. | Tumbar (coucher sur le côté). | Cargarse

(tuer). ‖ Abatir (étaler son jeu). ‖ MIN. Desvenar (charbon). ‖ TECHN. Achaflanar (un angle).
— V. intr. MAR. Abatir el rumbo.
— V. pr. Derribarse (tomber brusquement). ‖ Desplomarse (s'effondrer). ‖ Calmarse, aplacarse, amainar (vent, colère). ‖ Abatirse, arrojarse (oiseau de proie) : *l'aigle s'abattit sur le lièvre*, el águila se abatió sobre la liebre. ‖ Caer : *l'avion s'abattit en flammes*, el avión cayó a tierra ardiendo. ‖ Desplomarse (s'écrouler) : *cheval qui s'abat*, caballo que se desploma. ‖ Azotar : *le cyclone s'abattit sur l'île*, el ciclón azotó la isla. ‖ FIG. Abatirse : *le malheur s'abattit sur sa famille*, la desgracia se abatió sobre su familia.
— SYN. ● *Démolir*, demoler, derribar. *Ruiner*, arruinar. *Détruire*, destruir.

abattu, e adj. et s. Derribado, da (renversé). ‖ FIG. Abatido, da ; desanimado, da (découragé). ‖ *Fusil à l'abattu*, escopeta con el seguro echado.

abattures f. pl. Huellas, pista, *sing.* (d'un cerf).

abat-vent m. Tejadillo (auvent). ‖ Sombrerete (de cheminée). ‖ Encañado (pour les plantes).

abat-voix m. Tornavoz. ‖ Sombrero (de chaire d'église).

abbasside adj. et s. HIST. Abasida.

abbatial, e [abasjal] adj. Abacial, abadengo, ga : *palais abbatiaux*, palacios abaciales. ‖ — F. Iglesia abacial.

abbaye [abɛi] f. Abadía.

abbé m. Abad (d'un monastère). ‖ Abate (prêtre français ou émigré en France) : *l'abbé Grégoire*, el abate Grégoire ; *l'abbé Marchena* (espagnol), el abate Marchena. ‖ Padre (titre que l'on donne à tout prêtre sans autre dignité) : *l'abbé Un tel*, el padre Fulano. ‖ Cura (prêtre) : *les abbés et les curés*, los curas y los párrocos. ‖ — *Abbé de cour*, abate [mundano]. ‖ *Monsieur l'Abbé*, Padre... (en parlant à un prêtre), Señor D..., presbítero (sur une adresse).

abbesse f. Abadesa.

A B C m. Abecé, abecedario.

abcéder* v. intr. Apostemarse, formarse un absceso.

abcès [absɛ] m. ● Absceso. ‖ Flemón (aux gencives). ‖ — FIG. *Crever l'abcès*, cortar por lo sano, tomar una decisión inmediata. ‖ *Vider un abcès*, abrir un absceso.
— SYN. ● *Phlegmon*, flemón (plus employé en espagnol qu'en français). *Pustule*, pústula. *Panaris*, panadizo.

Abdallah n. pr. m. Abdalá.

Abdérame n. pr. m. Abderramán.

abdicataire m. Abdicatario.

abdication f. Abdicación.

abdiquer v. intr. et tr. Abdicar. ‖ Renunciar a (à son autorité, à un droit).
— SYN. *Se démettre*, dimitir. *Démissionner*, dimitir. *Résigner*, resignar.

abdomen m. Abdomen.

abdominal, e adj. Abdominal : *exercices abdominaux*, ejercicios abdominales.

abducteur adj. et s. m. Abductor.

abduction f. Abducción.

Abdullah n. pr. m. Abdulá.

abécédaire m. Abecedario.

abecquer [abeke] v. tr. Dar de comer con el pico.

abée f. Saetín, *m.* (de moulin). ‖ Canal (*m.*) de desagüe.

abeille [abɛj] f. Abeja. ‖ ASTR. Abeja (constellation). ‖ — *Abeille mâle*, zángano. ‖ *Abeille mère*, abeja maesa. ‖ *En ligne d'abeilles*, en línea recta. ‖ *En nid d'abeilles*, en nido de abejas (couture). ‖ *Nid d'abeilles*, panal. ‖ *Radiateur nid d'abeilles*, radiador de rejilla.

abeiller, ère adj. Abejero, ra (industrie, etc.).

Abel n. pr. m. Abel.

Abélard n. pr. m. Abelardo.

abélien, enne adj. MATH. Abeliano, na.

Abencérage n. pr. m. Abencerraje.

aberrant, e adj. Aberrante. ‖ FIG. Que no es normal, anormal, monstruoso, sa.

aberration f. Aberración, monstruosidad (d'esprit). ‖ ASTR. et PHYS. Aberración.

aberrer v. intr. Aberrar, equivocarse, desviarse.

abêtir v. tr. Atontar, embrutecer.

abêtissant, e adj. Embrutecedor, ra.

abêtissement m. Embrutecimiento, atontamiento.

abhorrable adj. Aborrecible.

abhorré, e adj. Aborrecido, da.

abhorrer v. tr. Aborrecer.

abiétacées f. pl. BOT. Abietáceas.

abiétinées f. pl. BOT. Abietíneas.

abiétique adj. et s. m. Abiético, ca (acide).

abigeat [abiʒa] m. Abigeato (vol de bétail).

abîme m. Abismo.
— SYN. *Abysse*, abismo (océanico). *Gouffre*, sima. *Précipice*, precipicio.

abîmer v. tr. Estropear, echar a perder : *abîmer ses vêtements*, estropear la ropa. ‖ (Vx). Abismar, hundir, sumir (enfoncer dans un abîme). ‖ Destruir, desbaratar (détruire). ‖ FAM. Criticar. ‖ POP. Maltratar : *abîmer un adversaire*, maltratar a un adversario. ‖ *Abîmer le portrait à quelqu'un*, romperle a uno las narices.
— V. pr. ● Hundirse : *le navire s'abîma dans les flots*, el barco se hundió en las aguas. ‖ Abismarse, sumirse (douleur, pensées). ‖ Estropearse, echarse a perder (se détériorer).
— OBSERV. Evítese el pleonasmo *s'abîmer dans un précipice* en lugar de *tomber dans un précipice*.
— SYN. ● *Couler*, irse a pique. *Engloutir*, tragar, engullir. *S'enfoncer*, hundirse. *Se plonger*, sumergirse. *Sombrer*, hundirse.

ab intestat loc. lat. Ab intestado, abintestado.

abirriter v. tr. MÉD. Abirritar.

abject, e adj. Abyecto, ta.
— SYN. *Bas*, bajo. *Ignoble*, innoble. *Infâme*, infame. *Méprisable*, despreciable. *Misérable*, miserable. *Sale*, indecente, cochino. *Sordide*, sórdido. *Vil*, vil.

abjection f. Abyección.

abjuration f. Abjuración. ‖ *Faire abjuration de*, abjurar.

ablatif m. GRAMM. Ablativo : *ablatif absolu*, ablativo absoluto.

abjurer v. tr. et intr. Abjurar.

ablation f. CHIR. Ablación. ‖ GÉOL. Ablación.

able m. Albur.

ablégat m. Ablegado (envoyé par le pape).

ableret m. Red (*f.*) cuadrada de pesca.

ablette f. Albur, *m.*, breca (poisson).

ablier m. Red (*f.*) cuadrada de pesca.

ablution f. Ablución.

ablutionner (s') v. pr. Lavarse.

abnégation f. Abnegación. ‖ *Faire abnégation de soi-même*, dar pruebas de abnegación.

aboi m. Ladrido.
— OBSERV. *Aboi* se aplica más bien a los perros de caza y *aboiement* a los domésticos.

aboiement [abwamã] m. Ladrido.

abois m. pl. *Aux abois*, acorralado : *cerf aux abois*, ciervo acorralado ; en situación desesperada, con el agua al cuello : *commerçant ruiné et aux abois*, comerciante arruinado y en situación desesperada.

abolir v. tr. Abolir.

abolition f. Abolición.

abolitionnisme m. Abolicionismo.

abolitionniste adj. et s. Abolicionista.

abominable adj. Abominable.
— SYN. *Détestable*, detestable. *Exécrable*, execrable.

abominablement adv. Abominablemente. ‖ *Abominablement laide*, horriblemente fea.

abomination f. Abominación. ‖ — *Assister à des abominations*, presenciar horrores, atrocidades. ‖ *Avoir en abomination*, detestar. ‖ FAM. *Ce café* *est une abomination,* este café es indecente. ‖ *Être en abomination,* ser odioso, execrable.

abominer v. tr. Abominar. ‖ Odiar : *abominé de tous,* odiado por todos. ‖ Detestar : *j'abomine le tabac,* detesto el tabaco.

abondamment adv. Abundantemente. ‖ — *Peu abondamment,* escasamente. ‖ — *Manger abondamment,* comer en abundancia.

abondance f. ● Abundancia, copia. ‖ Profusión (de détails). ‖ (Vx). Vino (*m.*) aguado (vin coupé d'eau). ‖ — *Année d'abondance,* buen año. ‖ *Corne d'abondance,* cuerno de la abundancia, cornucopia. ‖ *En abondance,* en abundancia. ‖ — *Abondance de biens ne nuit pas,* lo que abunda no daña. ‖ *Parler avec abondance,* hablar con facilidad. ‖ *Parler d'abondance,* improvisar. ‖ *Vivre dans l'abondance,* vivir en la opulencia.

— SYN. ● *Affluence,* afluencia. *Exubérance,* exuberancia. *Foison,* copia. *Foule,* multitud. *Pléthore,* plétora. *Plénitude,* plenitud. *Profusion,* profusión. *Surabondance,* superabundancia.

abondant, e adj. Abundante. ‖ — *Peu abondant,* escaso, poco abundante. ‖ *Repas abondant,* comida copiosa. ‖ *Style abondant,* estilo rico en expresiones.

abonder v. intr. Abundar : *rivière qui abonde en poissons,* río que abunda en peces. ‖ *Abonder dans le sens de quelqu'un,* abundar en las ideas de alguien, ser del mismo parecer que otro.

— SYN. *Foisonner,* menudear. *Fourmiller,* hormiguear. *Grouiller de,* hervir en. *Pulluler,* pulular. *Regorger,* rebosar.

abonné, e adj. et s. Abonado, da (au téléphone, aux spectacles, etc.). ‖ Suscriptor, ra (à un journal).

abonnement m. Abono. ‖ Suscripción, *f.* (journal, etc.). ‖ Abono (à un spectacle, au téléphone). ‖ Encabezamiento (impôts). ‖ — *Abonnement au timbre,* timbre concertado. ‖ — *Payer par abonnement,* pagar a plazos.

abonner v. tr. Abonar (au téléphone, aux spectacles, etc.). ‖ Suscribir (à un journal).

— V. pr. Abonarse. ‖ Suscribirse. ‖ Encabezarse (impôts).

abonnir v. tr. Mejorar. ‖ Abonar (un terrain).

— V. intr. et pr. Mejorar, mejorarse.

abord [abɔːr] m. Acceso : *lieu d'un abord facile,* lugar de fácil acceso. ‖ MAR. Abordo. ‖ — *Au premier abord,* a primera vista : *au premier abord le parc est sombre,* a primera vista el parque es sombrío. ‖ *D'abord, tout d'abord,* primero, primeramente, en primer lugar. ‖ *De prime abord,* de buenas a primeras : *de prime abord les manifestants furent arrêtés,* de buenas a primeras los manifestantes fueron detenidos. ‖ *Dès l'abord,* desde un principio. ‖ FIG. *Être d'un abord facile,* mostrarse accesible. ‖ — Pl. Inmediaciones, *f.* : *les abords d'une ville,* las inmediaciones de una población.

abordable adj. Abordable : *côte abordable,* costa abordable. ‖ FAM. Asequible, accesible, abordable : *prix abordable,* precio asequible. ‖ FIG. Abordable, accesible (personne).

abordage m. MAR. Abordaje (volontaire ou accidentel). ‖ *Prendre à l'abordage,* tomar al abordaje.

aborder v. intr. ● Abordar, atracar : *aborder à un port, en Espagne,* abordar en un puerto, en España.

— V. tr. Abordar (un navire). ‖ FIG. Atacar, acometer, asaltar (attaquer). ‖ Abordar (une personne). | Abordar, tratar, tocar : *aborder un sujet délicat,* tocar un tema delicado. | Enfocar (envisager). | Emprender (un ouvrage, une lecture).

— V. pr. Abordarse.

— SYN. ● *Accéder,* acceder. *Accoster,* acostar. *Avoir accès,* tener acceso. *Joindre,* unirse. *S'approcher,* acercarse. *Toucher,* tocar.

aborigène adj. et s. m. Aborigen.

abornement m. Amojonamiento, deslinde.

aborner v. tr. Amojonar, deslindar.

abortif, ive adj. et s. m. Abortivo, va.

abot m. Traba, *f.* (pour les chevaux).

abouchement m. Abocamiento. ‖ (P. us.). Entrevista, *f.* (entrevue). ‖ ANAT. Anastomosis, *f.* ‖ TECHN. Empalme (tuyaux).

aboucher v. tr. Empalmar (tuyaux). ‖ Poner en comunicación *ou* en contacto (des personnes).

— V. pr. Entrevistarse, abocarse (se réunir pour discuter). ‖ Conchabarse : *les malfaiteurs s'abouchèrent,* los malhechores se conchabaron. ‖ ANAT. Anastomosarse.

abouler v. tr. POP. Soltar, aflojar : *aboule ta galette,* afloja los cuartos.

— V. pr. POP. Descolgarse, llegar (arriver).

aboulie f. Abulia (perte de la volonté).

aboulique adj. et s. Abúlico, ca.

about [abu] m. Extremo (menuiserie). ‖ *Joindre en about,* ensamblar por los extremos.

aboutement m. TECHN. Empalme.

abouter v. tr. TECHN. Empalmar, ensamblar.

aboutir v. intr. Acabar en, llegar a : *cette rue aboutit à la place,* esta calle acaba en la plaza. ‖ Tener salida : *une rue qui aboutit,* una calle que tiene salida. ‖ FIG. Conducir a, desembocar en : *raisonnements qui n'aboutissent à rien,* razonamientos que no conducen a nada. | Llegar a un resultado, obtener una finalidad : *les pourparlers ont abouti,* las conversaciones han llegado a un resultado. ‖ Rematar, terminar : *aboutir en pointe,* rematar en punta. ‖ Conseguir (obtenir) : *aboutir à un accord,* conseguir un acuerdo. ‖ MÉD. Abrirse (abcès). ‖ — *Faire aboutir,* llevar a buen término. ‖ *Ne pas aboutir,* fracasar.

aboutissant, e adj. Que termina (finissant). ‖ Lindante con (confinant). ‖ *Les tenants et les aboutissants,* los pormenores [de un asunto].

aboutissement m. Fin. ‖ Resultado, desenlace (résultat). ‖ MÉD. Principio de supuración.

aboyant, e adj. Ladrador, ra.

aboyer* [abwaje] v. intr. Ladrar : *aboyer après quelqu'un,* ladrar a uno. ‖ FIG. Hostigar, acosar (harceler). ‖ *Aboyer à la lune,* ladrar a la Luna.

aboyeur, euse adj. Ladrador, ra.

— M. (Vx). Vendedor ambulante que pregona una mercancía.

abracadabra m. Abracadabra.

abracadabrant, e adj. Portentoso, sa; estrafalario, ria.

— OBSERV. Ú. a veces el galicismo *abracadabrante.*

Abraham n. pr. m. Abrahán.

abraser v. tr. Raspar (racler). ‖ Esmerilar (polir à l'émeri). ‖ CHIR. Legrar. ‖ GÉOL. Desgastar.

abrasif, ive adj. Abrasivo, va.

— M. Abrasivo : *l'émeri est un abrasif,* el esmeril es un abrasivo.

abrasion f. Abrasión. ‖ CHIR. Abrasión.

abraxas [abraksas] m. Abraxas (amulette).

abrégé, e adj. Abreviado, da.

— M. ● Compendio (résumé) : *abrégé d'histoire,* compendio de historia. ‖ — *En abrégé,* en resumen. ‖ — *Écrire en abrégé,* escribir en abreviatura.

— SYN. ● *Extrait,* extracto. *Épitomé,* epítome. *Précis, compendium,* compendio. *Raccourci,* abreviación. *Résumé,* resumen. *Schéma,* esquema. *Sommaire,* sumario. *Somme,* suma. *Synthèse,* síntesis.

abrègement m. Abreviamiento.

abréger* v. tr. Abreviar. ‖ Compendiar, resumir (texte, etc.). ‖ FIG. Acortar : *le travail abrège les heures,* el trabajo acorta las horas. ‖ *Pour abréger,* para resumir.

— V. pr. Abreviarse.

abreuvage ou **abreuvement** m. Bebida, *f.*, abreviamiento (animaux).

abreuver v. tr. Abrevar. ‖ Cebar (une pompe). ‖ Regar (arroser). ‖ Fig. *Abreuver d'outrages*, colmar de insultos.
— V. pr. Beber. ‖ Fig. Beber en la fuente de : *les humanistes s'abreuvèrent dans l'Antiquité*, los humanistas bebieron en la fuente de la Antigüedad. ‖ — Fig. *S'abreuver de larmes*, anegarse en llanto. ‖ *S'abreuver de sang*, saciarse de sangre.

abreuvoir m. Abrevadero (pour bestiaux). ‖ Bebedero (pour oiseaux). ‖ Llaga, *f.* (maçonnerie).

abréviateur, trice m. et f. Abreviador, ra ; extractador, ra.

abréviatif, ive adj. Abreviativo, va. ‖ *Signes abréviatifs*, signos de abreviación.

abréviation f. Abreviatura, abreviación : *tableau d'abréviations*, cuadro de abreviaturas.
— Observ. Le mot *abreviatura* est plus employé que son synonyme *abreviación.*

abri m. Abrigo (lieu abrité). ‖ Refugio (refuge). ‖ Cobertizo (contre la pluie, le vent, etc.). ‖ Tejadillo (auvent). ‖ ● Albergue, hogar (foyer) : *une famille sans abri*, una familia sin albergue. ‖ Fig. Amparo (protection). ‖ Mil. ◆ Refugio : *un abri antiatomique*, un refugio antiatómico. ‖ — *À l'abri*, al abrigo (abrité par) : *à l'abri de la côte*, al abrigo de la costa. ‖ *À l'abri de la critique*, fuera del alcance de la crítica. ‖ *Se mettre à l'abri*, ponerse a cubierto. ‖ *À l'abri du froid*, protegido contra el frío. ‖ *Vivre à l'abri du besoin*, vivir libre de necesidad.
— Syn. ● *Asile*, asilo. *Refuge*, refugio. *Retraite*, retiro.
— ◆ *Mil. Blockhaus*, blocao. *Casemate*, casamata. *Guitoune*, chabola.

abricot m. Albaricoque, damasco. ‖ *Abricot alberge*, albérchigo.
— Adj. inv. De color de albaricoque : *rubans abricot*, cintas de color de albaricoque.

abricoté, e adj. Que tiene sabor de albaricoque. ‖ Con albaricoque (gâteau).
— M. Albaricoque confitado ou escarchado.

abricotier m. Albaricoquero. ‖ *Abricotier de Saint-Domingue*, mamey,

abritant, e adj. Que abriga ou resguarda. ‖ Fig. Protector, ra.

abriter v. tr. Abrigar (tenir à l'abri) : *abriter une plante*, abrigar una planta. ‖ Poner a cubierto (mettre à couvert). ‖ Fig. Resguardar, amparar (protéger). ‖ Dar hospitalidad : *le gouvernement abrite les sinistrés*, el gobierno da hospitalidad a los damnificados.
— V. pr. Ponerse a cubierto. ‖ Fig. Resguardarse, guarecerse, ampararse (se protéger).

abrivent m. Agric. Abrigaño. ‖ Mil. Garita, *f.*

abrogatif, ive adj. Abrogativo, va.

abrogation f. Abrogación.

abrogatoire adj. Abrogatorio, ria.

abrogeable [abrɔʒabl] adj. Abrogable.

abroger* v. tr. Abrogar.

abrouti, e adj. Ramoneado, da (par le bétail).

abrupt, e adj. Abrupto, ta : *rocher abrupt*, roca abrupta. ‖ Fig. *Style abrupt*, estilo rudo, tosco.

abruti, e adj. Embrutecido, da : *abruti par la misère*, embrutecido por la miseria. ‖ Fam. *Abruti de travail*, reventado de trabajo.
— M. et f. Estúpido, da.

abrutir v. tr. ● Embrutecer. ‖ Fam. Agobiar (surcharger) : *abrutir quelqu'un de travail*, agobiar de trabajo a alguien.
— V. pr. Embrutecerse.
— Syn. ● *Abêtir*, entontecer, atontar. *Hébéter*, entorpecer, embotar.

abrutissant, e adj. Embrutecedor, ra : *travail abrutissant*, trabajo embrutecedor.

abrutissement m. Embrutecimiento.

abrutisseur adj. et s. m. Embrutecedor, ra.

Abruzzes n. pr. m. pl. Géogr. Abruzos.

Absalon n. pr. m. Absalón.

abscisse f. Géom. Abscisa.

abscons, e [apskɔ̃, ɔ̃s] adj. Abstruso, sa ; oculto, ta.

absence f. ● Ausencia : *absence immotivée*, ausencia sin motivo. ‖ Falta (manque) : *absence de courage*, falta de valor. ‖ Fallo (*m.*) de memoria : *avoir des absences*, tener fallos de memoria. ‖ *En l'absence de*, en ausencia de.
— Syn. ● *Disparition*, desaparición. *Eloignement*, alejamiento.

absent, e adj. et s. Ausente. ‖ *Les absents ont toujours tort*, ni ausente sin culpa, ni presente sin disculpa.
— Observ. *Absent à* debe ser seguido por un complemento de tiempo (*il était absent à 5 heures*) y *absent de* por un complemento de lugar (*il était absent de Paris*).

absentéisme m. Absentismo.

absentéiste adj. et s. Absentista.

absenter (s') v. pr. Ausentarse : *s'absenter de sa maison*, ausentarse de su casa.
— Syn. *Disparaître*, desaparecer. *Faire défaut*, faltar. *estar ausente. Manquer*, faltar.

absidal, e adj. Archit. Absidal : *ornements absidaux*, ornamentos absidales.

abside f. Archit. Ábside, *m.*

absidiole f. Archit. Absidiola.

absinthe f. Ajenjo, *m.*, absintio, *m.* (p. us.) [plante]. ‖ Ajenjo, *m.* (liqueur). ‖ Fig. Amargura, acíbar, *m.* (amertume).

absinthisme m. Abuso del ajenjo.

absolu, e adj. ● Absoluto, ta ; soberano, na : *roi absolu*, rey absoluto. ‖ Absoluto, ta : *majorité absolue*, mayoría absoluta. ‖ Sin restricción. ‖ Imperioso, sa : *parler sur un ton absolu*, hablar con tono imperioso. ‖ Gramm. et Philos. Absoluto, ta. ‖ — Chim. *Alcool absolu*, alcohol absoluto (sin mezcla de agua). ‖ Relig. *Jeudi absolu*, Jueves Santo. ‖ Phys. *Zéro absolu*, cero absoluto (— 273 ºC).
— M. Lo absoluto : *la recherche de l'absolu*, la busca de lo absoluto.
— Syn. ● *Autocratique*, autocrático. *Autoritaire*, autoritario. *Dictatorial*, dictatorial. *Omnipotent*, omnipotente. *Totalitaire*, totalitario.

absoluité f. Philos. Carácter (*m.*) absoluto.

absolument adv. ● Absolutamente, en absoluto, completamente (totalement). ‖ Necesariamente, indispensablemente : *il faut absolument que j'y aille*, tengo que ir necesariamente. ‖ — *Absolument pas*, de ningún modo, en absoluto. ‖ *Il le veut absolument*, lo quiere a toda costa.
— Syn. ● *À fond*, a fondo. *Complètement*, completamente. *Diamétralement*, diametralmente. *Entièrement*, enteramente. *Parfaitement*, perfectamente. *Pleinement*, plenamente. *Purement*, puramente. *Radicalement*, radicalmente. *Simplement*, simplemente, meramente. *Strictement*, estrictamente. *Totalement*, totalmente. *Tout à fait*, del todo.

absolution f. Absolución.

absolutisme m. Absolutismo.

absolutiste adj. et s. Absolutista.

absolutoire adj. Absolutorio, ria : *bref absolutoire*, breve absolutorio.

absorbable adj. Absorbible.

absorbant, e adj. Absorbente : *sol absorbant*, suelo absorbente. ‖ Fig. *Travail absorbant*, trabajo absorbente.
— M. Absorbente : *la ouate est un absorbant*, el algodón en rama es un absorbente.

absorbé, e adj. Absorbido, da. ‖ Absorto, ta ; abstraído, da (distrait) : *absorbé par le travail*, absorto en su trabajo ; *absorbé par la lecture*, abstraído por la lectura.

ABRÉVIATIONS

A	ampère; angstrœm (Å)	fig.	figure; figuré	O. T. A. N.	Organisation du traité de l'Atlantique Nord
A. D.	*Anno Domini*	G. Q. G.	Grand Quartier général	P. C.	poste de commandement
apr. J.-C.	après Jésus-Christ	H. L. M.	Habitations à loyer modéré	P. c. c.	pour copie conforme
av. J.-C.	avant Jésus-Christ			pp.	pages...
A. S.	Assurances sociales	H. T.	haute tension	P. P. C.	pour prendre congé
B. I. T.	Bureau international du travail	ibid.	*ibidem* (dans le même ouvrage)	P. S.	post-scriptum
c.-à-d.	c'est-à-dire	id.	*idem*	Q. G.	Quartier général
B. P. F.	bon pour francs...	J.-C.	Jésus-Christ	R. C.	Registre du commerce
c/c	compte courant	*J. O.*	*Journal officiel*	R. N.	Route nationale
C. D.	Corps diplomatique	kg	kilogramme	R. P.	Révérend Père
cf.	*confer*, comparez	km	kilomètre	R. S. V. P.	Répondez, s'il vous plaît
C. G. T.	Confédération générale du travail	kW	kilowatt	S. A.	Son Altesse
		l	litre	S. A. R. L.	Société à responsabilité limitée
ch. de f.	chemin de fer	m	mètre		
Cie	Compagnie	Mlle	Mademoiselle	S. Exc.	Son Excellence (évêque)
C. N. R. S.	Centre national de la recherche scientifique	Mme	Madame	S. G. D. G.	sans garantie du gouvernement
C. Q. F. D.	Ce qu'il fallait démontrer	M., MM.	Monsieur, messieurs	S. N. C. F.	Société nationale des chemins de fer français
C. V.	cheval-vapeur (fiscal)	M^e	Maître		
D. B.	Division blindée	Mgr	Monseigneur	S. S.	Sa Sainteté
D. C. A.	Défense contre avions	n. (*ou* n/)	notre (correspondance commerciale)	S. S.	Sécurité sociale
d^o	*dito, idem*			S^{té}	Société
D^r	docteur	N. B.	*Nota bene*	S. V. P.	s'il vous plaît
E.-M.	état-major	N.-D.	Notre-Dame	tr/s	tours par seconde
etc.	et cætera	N. D. L. R.	Note de la rédaction	T. S. F.	télégraphie sans fil
E. V.	en ville	n^o	numéro	T. S. V. P.	Tournez, s'il vous plaît
Ex.	exemple	O. N. U.	Organisation des Nations unies	T. V.	télévision
f. à b.	franco à bord			v. (*ou* v/)	votre (correspondance commerciale)
F.	franc	*op. cit.*	*opere citato*		

ABREVIATURAS

A	amperio; angström (Å)	f. c.	ferrocarril	Pta. ptas.	Peseta, pesetas
(a)	alias (por otro nombre)	fig.	figurado	q. b. s. m.	que besa su mano
a	arroba	F. O. B.	franco a bordo	Q. D. G.	que Dios guarde
a. de J. C.	antes de Jesucristo	Fr.	Fray	q. e. g. e.	que en gloria esté
Admón.	Administración	Ha, ha	hectárea	q. e. p. d.	que en paz descanse
afmo.	afectísimo	ib.	*ibidem*	R.E.N.F.E.	Red Nacional de Ferrocarriles Españoles
arz.; arzbo.	arzobispo	id.	*ídem*		
atto.	atento	llmo.	Ilustrísimo	R. P.	Reverendo Padre
B. L. M.	besa la mano	izq.; izqda.	izquierda	r. p. m.	revoluciones por minuto
B. O.	Boletín Oficial	J. C.	Jesucristo	San	(santo)
C. D.	Cuerpo Diplomático	kg	kilogramo	S.	Sur
Cía.	Companía	km	kilómetro	S. A.	Sociedad Anónima
c./c.	cuenta corriente	kW	kilovatio	S. A. R.	Su Alteza Real
cf.	*confer*, confirma	lic.	licenciado	s. c.	su casa
cta.	cuenta	l	litro	S. D. M.	Su Divina Majestad
C. S. I. C.	Consejo Superior de Investigaciones Científicas	m	metro	S. E.	Su Excelencia
		Mons.	Monseñor	s. e. u. o.	salvo error u omisión
		N.^a S.^a	Nuestra Señora	sgte.	siguiente
C. V.	caballo de vapor	N. B.	*Nota bene*	S. L.	Sociedad Limitada
D., D.^a	Don, Doña	N. D. L. R.	Nota de la redacción	S. M.	Su Majestad
D. C. A.	Defensa contra aviones	N.^o; núm.	número	Sr., Sres.	señor, señores
d. f., d. v.	días fecha; días vista (comercio)	ob.; obp.^o	obispo	Sra.	señora
dcha.	derecha	O. I. T.	Organización Internacional del Trabajo	Srta.	señorita
d. de J. C.	después de Jesucristo			S. S.	Su Santidad
D. m.	Dios mediante	O. N. U.	Organización de las Naciones Unidas	SSmo.	Santísimo
Dr.	Doctor			Sto., Sta.	Santo, santa
dupdo.	duplicado	op. cit.	*opere citato*	s. s. s.	su seguro servidor
E. M.	Estado Mayor	O. T. A. N.	Organización del Tratado del Atlántico Norte	T. S. H.	Telegrafía, telefonía sin hilos
etc.	etcétera				
Em.	Eminencia	pág., págs.	página, páginas	TV.	television
Emmo.	Eminentísimo	pbro.	presbítero	U., Ud., V.	Usted
EE. UU.	Estados Unidos	P. D.	posdata	UU., Uds., Vds.	Ustedes
Exc.^a	Excelencia	p. ej.	por ejemplo		
Excmo.	Excelentísimo	P. M. M.	Parque Móvil Militar	v. g.; v. gr.	verbigracia
F.	franco	P. O.	Por orden	V.^o B.^o	visto bueno

absorber v. tr. ● Absorber : *absorber de l'eau,* absorber agua. ‖ FIG. Consumir, devorar : *les spéculations ont absorbé sa fortune,* las especulaciones han consumido su fortuna. | Absorber (distraire), cautivar (captiver).
— OBSERV. *Absorber* a deux participes passés : *absorbido,* au sens propre, et *absorto,* au figuré ; ce dernier sert d'adjectif.
— SYN. ● *Aspirer,* aspirar. *Imbiber,* embeber. *Pomper,* chupar. *S'imbiber,* empaparse. *S'imprégner,* impregnarse.

absorbeur m. PHYS. Absorbedor.

absorption [apsɔrpsjɔ̃] f. Absorción.

absorptivité f. Absorbencia.

absoudre* v. tr. Absolver : *absoudre un accusé,* absolver a un reo ; *absoudre un pénitent de ses péchés,* absolver a un penitente de sus pecados.

absous, oute [apsu, ut] adj. Absuelto, ta.
— F. Absolución.

abstème adj. et s. Abstemio, mia (qui ne boit pas de vin).

abstenir (s')* v. pr. Abstenerse : *s'abstenir de parler,* abstenerse de hablar.

abstention f. Abstención.

abstentionnisme m. Abstencionismo.

abstentionniste adj. et s. Abstencionista.

abstergent, e adj. et s. m. Abstergente.

absterger* v. tr. Absterger (limpiar).

abstersion f. Abstersión.

abstinence f. Abstinencia.

abstinent, e adj. et s. Abstinente.

abstracteur, trice adj. et s. Abstractor, ra.

abstractif, ive adj. Abstractivo, va.

abstraction f. Abstracción. ‖ — *Abstraction faite de,* prescindiendo de. ‖ *Faire abstraction de,* hacer caso omiso de, prescindir de, hacer abstracción de.

abstractionnisme m. Abstraccionismo.

abstraire* v. tr. Abstraer.
— V. pr. Abstraerse.

abstrait, e adj. Abstracto, ta : *terme, art abstrait,* término, arte abstracto ; *science abstraite,* ciencia abstracta. ‖ Abstraído, da (distrait) : *avoir l'air abstrait,* parecer abstraído.
— M. Lo abstracto. ‖ Artista abstracto.

abstraitement adv. Abstraídamente (distraitement). ‖ Abstractivamente (non concrètement).

abstrus, e [abstry, y:z] adj. Abstruso, sa ; recóndito, ta : *raisonnement abstrus,* razonamiento abstruso.

absurde adj. Absurdo, da : *système absurde,* sistema absurdo.
— M. Lo absurdo : *tomber dans l'absurde,* caer en lo absurdo.
— SYN. *Aberrant,* aberrante. *Déraisonnable,* desrazonable. *Extravagant,* extravagante. *Fou,* loco. *Insensé,* insensato. *Ridicule,* ridículo. *Saugrenu,* estrafalario.

absurdité f. Absurdo, *m.,* absurdidad : *dire des absurdités,* decir absurdos. ‖ Lo absurdo, *m.* : *le comble de l'absurdité,* el colmo de lo absurdo.

abus m. Abuso : *abus de boissons,* abuso de bebidas. ‖ Error, equivocación, *f.* : *c'est un abus de croire que ce travail est facile,* es un error creer que este trabajo es fácil. ‖ — *Abus d'autorité,* abuso de autoridad. ‖ *Abus de confiance,* abuso de confianza. ‖ DR. *Appel comme d'abus,* recurso de queja.

abuser v. tr. Engañar (tromper) : *abuser par des promesses fallacieuses,* engañar con promesas falaces ; *ses sens l'abusent,* sus sentidos le engañan.
— V. intr. Abusar, usar mal : *abuser de son crédit,* abusar de su crédito ; *abuser de la patience d'autrui,* abusar de la paciencia ajena.
— V. pr. Engañarse : *s'abuser sur ses capacités,* engañarse acerca de sus capacidades. ‖ *Si je ne m'abuse,* si no me engaño, si no me equivoco.

abusif, ive adj. Abusivo, va : *mesure abusive,* medida abusiva. ‖ *Sens abusif d'un mot,* sentido equivocado de una voz.

abuter v. intr. Ajustar (joindre bout à bout).

abyssal, e adj. Abisal, abismal : *sédiments abyssaux,* sedimentos abisales.

abysse m. Abismo (sous-marin).

abyssin, e adj. et s. Abisinio, nia.

Abyssinie n. pr. f. GÉOGR. Abisinia.

abyssinien, enne adj. et s. Abisinio, nia.

acabit [akabi] m. FAM. Índole, *f.* (qualité). ‖ *Des gens du même acabit,* gente de la misma ralea *ou* calaña, lobos de la misma camada.

acacia m. Acacia, *f.* ‖ *Faux acacia* o *robinier,* acacia blanca.

académicien, enne m. et f. Académico, ca.

académie f. Academia : *académie des sciences,* academia de ciencias. ‖ Distrito universitario [en Francia]. ‖ Academia (étude de nu) : *dessiner une académie,* dibujar una academia. ‖ FAM. Anatomía : *une académie défectueuse,* una anatomía defectuosa.
— OBSERV. Dans un sens absolu, *Académie* désigne en français l'Académie française, à l'exclusión des autres Académies de l'Institut ; en espagnol, il désigne la Real Academia de la Lengua.

académique adj. Académico, ca : *langue, pose académique,* lengua, postura académica : *peinture académique,* pintura académica. ‖ *Palmes académiques* [condecoración francesa reservada a los escritores, artistas y miembros del cuerpo docente].

académiser v. tr. Dar forma académica, academizar.

académisme m. Academicismo, academismo.

académiste m. Miembro *ou* alumno de una academia.

acagnarder (s') v. pr. Apoltronarse. ‖ Arrellanarse (dans un fauteuil, etc.).

acajou m. Caoba, *f.*

acalèphes m. pl. ZOOL. Acalefos.

acanthacées f. pl. BOT. Acantáceas.

acanthe f. ARCHIT. et BOT. Acanto, *m.*

acanthoptérygiens m. pl. ZOOL. Acantopterigios.

acare m. Ácaro.

acariâtre adj. Desabrido, da (caractère).
— SYN. *Acerbe,* acerbo. *Acrimonieux,* acrimonioso, áspero. *Atrabilaire,* atrabiliario, bilioso. *Grincheux,* gruñón. *Hypocondriaque,* hipocondríaco. *Quinteux,* hosco. *Rébarbatif,* áspero. *Revêche,* arisco. *Rogue,* arrogante.

acariâtreté f. Carácter (*m.*) desabrido.

acariens *ou* **acarides** m. pl. Acáridos, ácaros.

acarpe adj. BOT. Sin frutos.

acarus m. Ácaro.

acatène adj. Sin cadena.

acaule adj. BOT. Acaule.

accablant, e adj. Abrumador, ra : *témoignage accablant,* testimonio abrumador. ‖ Agobiante, agobiador, ra : *tâche accablante,* tarea agobiante.

accablé, e adj. Agobiado, da (sous un poids). ‖ Abrumado, da ; rendido, da (de travail, de fatigue).

accablement m. Agobio (sous le poids, par le travail, etc.). ‖ Postración, *f.* (prostration). ‖ Abatimiento.

accabler v. tr. ● Agobiar (sous le poids). ‖ Abrumar (travail, fatigue). ‖ Aplastar : *accabler un adversaire,* aplastar a un adversario. ‖ Postrar (prostrer) : *accablé par la fièvre,* postrado por la calentura. ‖ FIG. Colmar : *accabler d'honneurs,* colmar de honores. ‖ *Vous m'accablez par tant de bonté,* me confunde *ou* agobia con tanta bondad.
— SYN. ● *Anéantir,* aniquilar, anonadar. *Écraser,* aplastar. *Surcharger,* recargar.

accalmie f. MAR. Calma momentánea, recalmón, *m.* ‖ FIG. Tregua, período (*m.*) de calma (trêve).

accaparement m. Acaparamiento.

accaparer v. tr. Acaparar. || *Accaparer quelqu'un*, acaparar a alguien.
— SYN. *Monopoliser*, monopolizar. *S'emparer*, adueñarse, incautarse. *Truster*, acaparar, formar un trust. *Fam. Rafler*, alzarse con, apandar, arramblar.

accapareur, euse m. et f. Acaparador, ra.

accastillage m. MAR. Obra (*f.*) muerta.

accéder* v. intr. Tener acceso a, entrar en, llegar hasta : *accéder à une pièce*, entrar en una habitación. || *Dar* : *cette porte accède à la cour*, esta puerta da al patio. || Acceder, consentir : *accéder à une demande*, acceder a una solicitud. || Llegar (à un poste).

accélérateur, trice adj. et s. m. Acelerador, ra. || — *Coup d'accélérateur*, acelerón. || *Force accélératrice*, fuerza aceleratriz.

accélération f. Aceleración, aceleramiento, *m.*

accéléré m. CINÉM. Acelerado.

accélérer* v. tr. ● Acelerar (presser, hâter). || Acelerar (moteur, etc.). || *Accélérer le pas*, aligerar, apresurar *ou* acelerar el paso.
— V. intr. Aligerar (se hâter). || Acelerar (un moteur).
— SYN. ● *Activer*, activar. *Dépêcher*, despachar. *Expédier*, expedir. *Hâter*, apresurar. *Précipiter*, precipitar. *Se dépêcher*, aligerar, darse prisa. *Pop. Se grouiller*, apurarse.

accent [aksã] m. Acento : *accent tonique*, acento tónico. || Acento (ton) : *accent italien*, acento italiano. || *Mettre l'accent sur*, recalcar, subrayar, hacer hincapié en, poner de relieve. || — Pl. Acentos (sons) : *des accents plaintifs*, acentos lastimosos.
— OBSERV. Existen en francés tres acentos, el *agudo* (´), el *grave* (`) y el *circunflejo* (^). El agudo se pone sobre la *é* cerrada (igual a la *e* cerrada española) ; el acento grave sobre la *è* abierta, y, como signo diacrítico, sobre la *à* (preposición) y sobre la *ù* de *où* (adverbio). El acento circunflejo indica una letra etimológica desaparecida, como en *tête* (lat. *testa*) *o* una omega griega, como en *arôme* (gr. *arôma*). Sirve para indicar que una vocal es larga y a veces se usa a modo de signo diacrítico, como en el caso de *notre* (adj.) y *nôtre* (pr.), o en los pretéritos, como *nous aimâmes*.

accentuable adj. Acentuable.

accentuation f. Acentuación : *accentuation vicieuse*, acentuación viciosa. || Vigor, *m.*, acentuación : *l'accentuation des traits*, el vigor de los rasgos.

accentué, e adj. Acentuado, da (lettre, etc.). || Acentuado, da ; abultado, da ; vigoroso, sa (traits, etc.).

accentuer v. tr. Acentuar (mots, syllabes, lettres). || Acentuar (ton). || Acentuar, subrayar (souligner). || Aumentar (une pression, un effort).
— V. pr. Acentuarse. || Aumentar (augmenter).

acceptabilité f. Aceptabilidad.

acceptable adj. Aceptable.

acceptant, e adj. et s. Aceptante, aceptador, ra.

acceptation f. Aceptación.

accepter v. tr. Aceptar.
— SYN. *Accueillir*, acoger. *Admettre*, admitir. *Agréer*, recibir.

accepteur m. COMM. Aceptador.

acception f. Acepción, extensión : *dans toute l'acception du terme*, en toda la acepción *ou* extensión de la palabra. || Acepción (préférence) : *sans acception de personne*, sin acepción de personas.

accès [aksɛ] m. Acceso : *d'un accès facile*, de fácil acceso. || Entrada, *f.*, paso : *l'accès des bureaux est interdit*, se prohibe la entrada a las oficinas. || Comprensión, *f.*, entendimiento : *science d'un accès difficile*, ciencia de difícil comprensión. || Acceso, ataque (de fièvre, de toux). || Arrebato (de colère, d'enthousiasme). || Avenate (de folie). || Arranque (d'humeur, de gaieté). ||
— *Voie d'accès*, acceso. || — *Par accès*, a veces,

de vez en cuando, irregularmente. || — *Avoir accès auprès de quelqu'un*, tener valimiento *ou* familiaridad con uno.

accessibilité f. Accesibilidad.

accessible adj. Accesible : *montagne peu accessible*, montaña poco accesible. || Abierto, ta : *bibliothèque accessible au public*, biblioteca abierta al público. || Asequible, accesible : *prix accessible*, precio asequible. || Comprensible : *science accessible à tous*, ciencia comprensible para todos. || Capaz de : *accessible à la pitié*, capaz de compasión. || Sensible : *accessible à la flatterie*, sensible al halago.

accession f. Accesión (au pouvoir, à un bien). || Adhesión (à un parti, à un traité). || Incorporación, anexión (d'un territoire à un pays voisin).

accessit [aksɛsit] m. Accésit.

accessoire adj. Accesorio, ria : *clause accessoire*, cláusula accesoria.
— M. Lo accesorio : *laisser l'accessoire pour le principal*, dejar lo accesorio por lo principal. || Accesorio (de toilette, d'automobile, d'avion, etc.). || CINÉM. Accesorio, attrezzo. || DR. Accesoria, *f.*, dependencia, *f.* (dépendance). || THÉÂTR. Mueble *ou* objeto de guardarropía. || — *Magasin d'accessoires*, guardarropía (théâtre). || MIL. *Trousse à accessoires*, caja de repetos.

accessoiriste m. CINÉM. Accesorista, attrezzista. || THÉÂTR. Encargado de la guardarropía.

accident m. Accidente : *accident du travail, d'auto*, accidente del trabajo, de auto. || — *Accident de terrain*, accidente del terreno. || *Assurance accidents*, seguro contra accidentes. || *Par accident*, por accidente, casualmente. || *Sans accident*, sin percance.
— OBSERV. *Accidente del terreno*, *terreno accidentado*, aunque a menudo criticados por galicismos, figuran ya en el diccionario de la Academia Española.

accidenté, e adj. Accidentado, da ; quebrado, da ; abrupto, ta ; desigual (terrain). || Desigual (style). || Borrascoso, sa ; agitado, da (existence). || — FAM. Estropeado, da (véhicule).
— M. Accidentado, da ; víctima (*f.*) de un accidente.
— OBSERV. La palabra *accidenté* no debe ser empleada, salvo en el sentido legal de « víctima de un accidente de trabajo » y en el caso de « que tiene accidentes (un terreno) », en un lenguaje correcto. La extensión de *accidenté* a las cosas (*voiture accidentée*) no está admitida, y se tolera sólo familiarmente.

accidentel, elle adj. Accidental : *mort accidentelle*, muerte accidental. || Casual, fortuito, ta (fortuit). || Mus. Accidental.

accidenter v. tr. Accidentar (causer un accident). || FAM. Estropear (véhicule). || Atropellar : *accidenter un cycliste*, atropellar a un ciclista. || FIG. Variar, dar variedad (style). | Agitar (rendre mouvementé) : *une vie folle et accidentée*, una vida loca y agitada.

accise f. Sisa (impuesto).

acclamateur m. Aclamador.

acclamation f. Aclamación : *élire par acclamation*, elegir por aclamación.

acclamer v. tr. Aclamar, nombrar por aclamación : *acclamer empereur*, aclamar por emperador. || ● Aclamar, aplaudir : *acclamer une proposition*, aclamar una propuesta.
— SYN. ● *Applaudir*, aplaudir. *Battre des mains*, palmear, palmotear. *Bisser*, bisar. *Crier vivat, pousser des vivats*, vitorear. *Ovationner*, ovacionar.

acclimatable adj. Aclimatable.

acclimatation f. Aclimatación. || *Jardin d'acclimatation*, jardín de plantas, jardín botánico.

acclimaté, e adj. Aclimatado, da.

acclimatement m. Aclimatación, *f.*

acclimater v. tr. Aclimatar (plantes, animaux,

personnes). ‖ Acostumbrar (habituer). ‖ FIG. *Acclimater une idée*, introducir una idea.
— V. pr. Aclimatarse.

accointance [akwɛ̃tã:s] f. Amistad, intimidad : *une accointance suspecte*, una amistad sospechosa. ‖ — Pl. Relaciones : *avoir des accointances avec la police*, tener relaciones con la policía.

accointer (s') v. pr. FAM. Juntarse, relacionarse.

accolade f. Abrazo, *m. : une accolade affectueuse*, un abrazo cariñoso. ‖ Espaldarazo, *m.*, acolada (coup de plat d'épée) : *donner l'accolade*, dar el espaldarazo. ‖ Llave (signe typographique, calligraphique ou musical). ‖ ARCHIT. *Arc en accolade*, arco conopial.

accolader v. tr. Abrazar. ‖ MUS. et IMPR. Unir con una llave.

accolage m. Fijación (*f.*) a un rodrigón (une plante).

accolé, e adj. Reunido, da. ‖ Pegado, da (collé). ‖ Rodrigado, da (plante). ‖ BLAS. Acolado, da.

accolement m. Enlace, unión, *f.*

accoler v. tr. Rodrigar (une plante). ‖ Juntar (réunir) : *accoler deux mots*, juntar dos palabras. Unir con una llave (réunir par une accolade). ‖ BLAS. Acolar. ‖ Abrazar (serrer dans ses bras).

accolure f. Tomiza, cuerda para rodrigar. ‖ TECHN. Ligadura (de reliure).

accommodable adj. Acomodable. ‖ Arreglable, conciliable (arrangeable).

accommodage m. Aderezo (cuisine).

accommodant, e adj. Complaciente, sociable, tratable : *se montrer peu accommodant*, mostrarse poco complaciente.

accommodation f. Acomodación.

accommodement m. ● Arreglo, acomodamiento (arrangement) : *en venir à un accommodement*, avenirse a un arreglo. ‖ Aderezo (cuisine). ‖ *Un mauvais accommodement vaut mieux qu'un bon procès*, más vale mal ajuste que buen pleito.
— SYN. ● *Arbitrage*, arbitraje. *Arrangement*, arreglo. *Capitulation*, capitulación.

accommoder v. tr. Acomodar. ‖ Convenir : *faites-le quand cela vous accommodera*, hágalo cuando le convenga. ‖ Arreglar, componer : *accommoder une mauvaise affaire*, arreglar un mal negocio. ‖ Aderezar : *accommoder du poisson*, aderezar pescado. ‖ Adaptar, conformar : *accommoder son discours aux circonstances*, adaptar su discurso a las circunstancias. ‖ Acomodar (optique). ‖ FAM. Arreglar (maltraiter) : *on l'a bien accommodé*, lo han arreglado de lo lindo. ‖ *Accommoder une chose à une autre*, adaptar una cosa a otra.
— V. pr. Acomodarse. ‖ — *S'accommoder avec quelqu'un*, arreglarse con uno. ‖ *S'accommoder de tout*, acomodarse con todo, avenirse a todo, conformarse con todo.

accompagnateur, trice m. et f. Acompañante.

accompagnement m. Acompañamiento. ‖ Escolta, *f.*, comitiva, *f.* (escorte). ‖ Séquito (suite). ‖ Aderezo (cuisine). ‖ MUS. Acompañamiento. ‖ *La douleur est parfois l'accompagnement du plaisir*, el dolor acompaña a veces al placer.

accompagner v. tr. Acompañar : *accompagner à la gare*, acompañar a la estación. ‖ — *Accompagner au piano*, acompañar con el piano. ‖ *Accompagné de ses amis*, acompañado por sus amigos. ‖ *Rôti accompagné de légumes*, asado acompañado con legumbres. ‖ *Vent accompagné de pluie*, viento acompañado de lluvia.
— V. pr. Acompañarse. ‖ MUS. Acompañarse.

accompli, e adj. ● Cumplido, da; cabal : *un chevalier accompli*, un cumplido caballero. ‖ Cumplido, da : *une prophétie accomplie*, una profecía cumplida. ‖ Consumado, da : *fait accompli*, hecho

consumado. ‖ Realizado, da; efectuado, da (réalisé). ‖ Todo, hecho y derecho, cabal, consumado, da : *un homme accompli*, todo un hombre. ‖ *Avoir vingt ans accomplis*, haber cumplido veinte años.
— SYN. ● *Parfait*, perfecto. *Idéal*, ideal. *Consommé*, consumado. *Achevé*, acabado. *Fini*, rematado.

accomplir v. tr. Cumplir : *accomplir son devoir*, cumplir (con) su deber; *accomplir un vœu*, cumplir una promesa. ‖ ● Realizar, llevar a cabo : *accomplir un projet, un exploit*, realizar un proyecto, una proeza. ‖ Desempeñar, ejecutar, efectuar : *accomplir une mission périlleuse*, desempeñar una misión peligrosa. ‖ Hacer, cumplir : *accomplir son service militaire*, hacer el servicio militar. ‖ Acabar, concluir (finir) : *accomplir sa tâche*, acabar su tarea.
— V. pr. Cumplirse, realizarse : *la prophétie s'est accomplie*, la profecía se ha realizado. ‖ Verificarse (avoir lieu) : *ce que l'on craignait s'est accompli*, lo que se temía se ha verificado.
— SYN. ● *Effectuer*, efectuar. *Exécuter*, ejecutar. *Procéder*, proceder. *Réaliser*, realizar.

accomplissement m. Cumplimiento : *accomplissement d'un ordre*, cumplimiento de una orden. ‖ Realización, *f.* : *l'accomplissement de leurs prévisions*, la realización de sus previsiones. ‖ Conclusión, *f.*, terminación, *f.* (achèvement).

accorage m. MAR. Apuntalamiento con escoras.

accord m. Acuerdo : *d'un commun accord*, de común acuerdo. ‖ Aprobación, *f.*, conformidad, *f.* : *obtenir l'accord de son père*, obtener la aprobación de su padre. ‖ Acuerdo, convenio : *accord commercial*, convenio comercial; *en venir à un accord*, llegar a un acuerdo, a un convenio. ‖ Concordancia, *f.*, armonía, *f.* : *accord entre la parole et les gestes*, armonía entre la voz y los ademanes. ‖ GRAMM. Concordancia, *f.* : *l'accord du participe passé*, la concordancia del participio pasado. ‖ MUS. Afinación, *f.*, afinamiento (d'un instrument). ‖ ARTS. Acorde : *accord parfait*, acorde perfecto. ‖ RAD. Sintonización, *f.* : *bobine d'accord*, bobina de sintonización. ‖ — *D'accord!*, ¡de acuerdo!, ¡bueno!, ¡conforme!, ¡vale! ‖ *D'accord, en accord, de accuerdo* : *tomber, se mettre d'accord*, ponerse de acuerdo. ‖ *Être d'accord sur*, estar de acuerdo en *ou* coincidir en. ‖ *Vivre en bon accord*, vivir en buena inteligencia.

accordable adj. Conciliable (caractère, intérêt) : *opinions accordables*, opiniones conciliables. ‖ Otorgable (qui peut être accordé) : *grâce accordable*, indulto otorgable.

accordage m. MUS. Afinación, *f.*, afinamiento.

accordailles [akɔrda:j] f. pl. Esponsales, *m.*

accordant, e adj. Acorde, conforme. ‖ MUS. Acorde.

accordé, e adj. Acordado, da : concertado, da. ‖ Determinado, da; deliberado, da. ‖ Concedido, da; otorgado, da : *permission accordée*, permiso concedido.
— M. et f. Novio, via; prometido, da (fiancé) : *une accordée de village*, una novia de aldea.

accordement m. MUS. Afinación, *f.*; afinamiento.

accordéon m. Acordeón. ‖ — *En accordéon*, en acordeón. ‖ *Plissé accordéon*, plegado *ou* plisado de acordeón.

accordéoniste m. et f. Acordeonista.

accorder v. tr. Conceder, otorgar : *accorder une autorisation*, otorgar una autorización; *accorder un délai*, conceder un plazo. ‖ Reconocer, admitir, conceder : *je vous accorde qu'il a raison*, reconozco que tiene razón. ‖ Conceder, consagrar : *je ne vous accorde que quelques minutes*, no puedo concederle sino algunos minutos. ‖ Consentir, admitir : *accorder un rabais*, consentir una rebaja ; *accorder une modification*, admitir una modificación. || Poner de acuerdo : *accorder deux adversaires,* poner de acuerdo dos adversarios. || Conciliar (des textes). || Reconciliar (réconcilier). || Prometer en matrimonio. || Acordar (peinture). || GRAMM. Concordar, hacer concordar : *accorder le verbe avec son sujet,* concordar el verbo con el sujeto. || MUS. Acordar : *accorder deux voix,* acordar dos voces. | Afinar (un instrument). || RAD. Sintonizar.

— V. pr. Estar de acuerdo : *s'accorder sur une question,* estar de acuerdo sobre una cuestión. || Ponerse de acuerdo : *ils se sont accordés pour me tromper,* se han puesto de acuerdo para engañarme. || Concordar, estar de acuerdo : *ses paroles s'accordent avec ses actes,* sus palabras concuerdan con sus actos. || Entenderse, llevarse bien : *s'accorder avec tout le monde,* llevarse bien con todo el mundo. || Reconciliarse (se réconcilier). || Casar, armonizarse : *couleurs qui s'accordent bien,* colores que casan bien. || GRAMM. Concordar : *le verbe s'accorde avec son sujet,* el verbo concuerda con el sujeto.

accordeur m. MUS. Afinador.

accordoir m. MUS. Afinador, templador (outil).

accore adj. Acantilado, da : *côte accore,* costa acantilada.

— F. MAR. Escora (étai).

accorer v. tr. MAR. Escorar (étayer). || FIG. Calzar, apuntalar.

accort, e [akɔ:r, ɔrt] adj. Vivaracho, cha ; complaciente, amable : *servante accorte,* criada amable.

— OBSERV. No se usa en francés más que como femenino.

accortement adv. Amablemente. || Hábilmente.

accostable adj. Abordable : *plage accostable,* playa abordable.

accostage m. MAR. Atracada, *f.,* atracamiento.

accoster v. tr. MAR. Acostar, atracar : *accoster le quai,* atracar al muelle. || Acercarse a (s'approcher). || Abordar (aborder quelqu'un). || BLAS. Acostar.

— V. pr. Acercarse.

accotement m. Andén, arcén (d'une route).

accoter v. tr. Apoyar (appuyer). || Calzar, poner un calzo (caler). || Apuntalar (étayer). || MAR. Escorar.

— V. pr. Apoyarse : *s'accoter contre un mur,* apoyarse contra una pared.

accotoir m. Apoyo. || Brazo (d'un fauteuil). || MAR. Escora, *f.,* puntal (étai).

accouardir v. tr. Acobardar.

accouchée f. Parturienta.

accouchement m. Parto, alumbramiento. || — *Accouchement avant terme* o *prématuré,* parto prematuro. || *Accouchement sans douleur,* parto sin dolor. || *Maison d'accouchement,* casa de maternidad. || — *Faire un accouchement,* asistir a un parto (le médecin) ; tener un parto (la femme).

— OBSERV. *Parto* appartient au langage technique ou familier. Dans un langage recherché, on emploie *alumbramiento,* surtout avec un qualificatif tel que *feliz* (heureux).

accoucher v. intr. Dar a luz (les femmes) : *accoucher avant terme,* dar a luz prematuramente. || Parir (plutôt les animaux). || FAM. Explicarse, acabar por explicarse : *allons! accouche!,* ¡vamos ! ¡explícate ! | Dar a luz (un livre). || FAM. *Accoucher d'une niaiserie,* soltar una necedad.

— V. tr. Asistir a un parto (un médecin).

— OBSERV. Este verbo se conjuga con *avoir* o *être* según se trate de la acción *(le médecin a accouché ma sœur)* o del estado *(elle est accouchée d'un garçon).*

accoucheur m. Partero. || *Médecin accoucheur,* tocólogo.

accoucheuse f. Partera (professionnelle), comadrona (terme familier).

accoudement m. Acodamiento (sur les coudes). || MIL. Alineación, *f.,* tacto de codos.

accouder (s') v. pr. Acodarse : *s'accouder sur l'oreiller,* acodarse en la almohada.

accoudoir m. Reclinatorio (de prie-Dieu). || Antepecho (de fenêtre, de balustrade). || Brazo (de fauteuil).

accouer v. tr. Poner en reata (des chevaux).

accouplage m. Acoplamiento.

accouple f. Traílla (pour attacher les chiens).

accouplement m. MÉCAN. Acoplamiento : *bielle, manchon, pédale d'accouplement,* biela, manguito, pedal de acoplamiento. || Acoplamiento (des animaux de trait). || Apareamiento (d'animaux pour la reproduction). || Ayuntamiento (union charnelle). || ELECTR. Conexión, *f.,* acoplamiento. || FIG. Acoplamiento (d'idées, d'épithètes, etc.). || RAD. Acoplamiento.

accoupler v. tr. ● Emparejar (mettre deux à deux). || Unir, juntar (joindre). || Acoplar (des chevaux de trait). || Uncir (des bœufs). || Acoplar, aparear (pour la reproduction). || ELECTR. Conectar. || FIG. Acoplar, reunir : *accoupler deux épithètes,* acoplar dos epítetos. || TECHN. Acoplar.

— V. pr. Acoplarse, emparejarse, etc.

— SYN. ● *Appareiller,* emparejar. *Apparier,* aparear, parear. *Assortir,* hermanar.

accourir* v. intr. Acudir : *ils ont accouru* o *sont accourus,* han acudido.

— OBSERV. *Acudir* a en espagnol un sens plus étendu que son équivalent français, et n'implique pas obligatoirement l'idée de hâte.

— El verbo *accourir* tiene como auxiliar *être* y a veces *avoir.*

accoutrement m. Atavío, vestimenta (*f.*) ridícula.

accoutrer v. tr. Ataviar, vestir ridículamente.

— V. pr. Vestirse ridículamente, ataviarse.

accoutumance f. Costumbre.

accoutumé, e adj. Acostumbrado, da. || *À l'accoutumée,* como de costumbre.

— OBSERV. Evítese el empleo de *comme à l'accoutumée* en vez de *à l'accoutumée* o *comme de coutume.*

accoutumer v. tr. Acostumbrar : *accoutumer au travail,* acostumbrar al trabajo.

— V. intr. (Vx). Acostumbrar, soler, ser costumbre : *j'avais accoutumé de sortir,* acostumbraba salir, era mi costumbre salir.

— V. pr. Acostumbrarse : *s'accoutumer au froid,* acostumbrarse al frío.

accouvage m. Incubación (*f.*) artificial.

accouver v. tr. Enclocar (poules).

— V. intr. Empollar, incubar.

— V. pr. Enclocarse.

accrédité, e adj. Acreditado, da.

— M. et f. Portador, ra, de una carta de crédito.

— OBSERV. *Accrédité* ha perdido en francés el sentido de « afamado » que tiene la palabra *acreditado.*

accréditer v. tr. Acreditar : *sa loyauté l'a accrédité,* su lealtad le ha acreditado. || Autorizar : *mot accrédité par son usage constant,* palabra autorizada por su uso constante. || Dar crédito a : *accréditer un bruit,* dar crédito a un rumor. || Acreditar : *accréditer un ambassadeur près le Saint-Siège,* acreditar a un embajador cerca de la Santa Sede. || COMM. Abrir un crédito : *accréditer auprès d'une banque,* abrir crédito en un banco.

— V. pr. Acreditarse. || Propalarse (bruit, rumeur).

accréditeur m. Fiador (garant d'un tiers).

accréditif, ive adj. De crédito, acreditativo, va.

— M. COMM. Carta (*f.*) de crédito. || Crédito (crédit).

accrescent, e adj. BOT. Acrescente.

accrêté, e adj. Crestado, da.

accroc [akro] m. Desgarrón, siete. || FIG. Mancha, *f.* (familier) : *faire un accroc à son honneur,* hacer una mancha en su honra. || Dificultad, *f.,* obstáculo, estorbo : *accroc qui survient dans une affaire*, obstáculo que surge en un negocio.

accrochage m. Colgamiento (suspension). ‖ Enganche (wagons) : *accrochage automatique*, enganche automático. ‖ Choque, colisión, *f*. ‖ FAM. Disputa, *f*., agarrada, *f*. | Dificultad, *f*., tropiezo (incident qui retarde). ‖ MIL. Escaramuza, *f*., encuentro : *un accrochage entre patrouilles*, una escaramuza entre patrullas. ‖ MIN. Boca, *f*.

accroche-cœur m. Caracol, rizo en la sien.
— OBSERV. Pl. *accroche-cœurs*.

accroche-plat m. inv. Cuelgaplatos.

accrocher v. tr. ● Enganchar : *accrocher un wagon*, enganchar un vagón. ‖ ◆ Colgar : *accrocher un tableau*, colgar un cuadro. ‖ Chocar con, entrar en colisión con : *accrocher l'aile d'une voiture*, chocar con el guardabarros de un coche. ‖ Rozar (effleurer) : *accrocher légèrement une voiture*, rozar un coche. ‖ MAR. Aferrar (ancre). ‖ MIL. Obligar al combate, entrar en contacto con : *accrocher l'ennemi*, obligar el enemigo al combate, entrar en contacto con el enemigo. ‖ Agarrar al contrincante (boxe). ‖ FAM. Estorbar (gêner), no pegar, no ir bien (aller mal). | Atrapar, pescar, agarrar : *accrocher un mari, une place*, pescar un marido, una colocación. | Coger, agarrar : *il m'accrocha au coin de la rue*, me cogió en la vuelta de la esquina. ‖ FIG. *Accrocher les regards*, atraer las miradas, llamar la atención.
— V. pr. Engancharse. ‖ Agarrarse : *s'accrocher à une branche*, agarrarse a una rama. ‖ Colgarse (se suspendre). ‖ Agarrarse, reñir (se disputer). | Chocar (véhicules). ‖ Aferrarse, obstinarse. ‖ FAM. *S'accrocher à une personne*, pegarse a uno.
— SYN. ● *Agrafer*, abrochar. *Attacher*, atar. *Cramponner*, enganchar.
— ◆ *Pendre*, colgar. *Suspendre*, suspender.

accrocheur, euse adj. FAM. Porfiado, da (tenace) : *un représentant accrocheur*, un representante porfiado. ‖ Que llama la atención : *un titre accrocheur*, un título que llama la atención.

accroire (faire) v. tr. Hacer creer. (Se emplea en las loc. : *en faire accroire*, engañar, embaucar; *s'en faire accroire*, presumir de sus fuerzas, de su talento.)

accroissement m. Crecimiento : *accroissement d'une plante*, crecimiento de una planta. ‖ Aumento, incremento : *accroissement du revenu*, aumento de la renta. ‖ MATH. Incremento, *m*. *Accroissement successoral*, derecho de acrecer, acrecimiento.

accroître* v. tr. Aumentar : *accroître ses forces*, aumentar sus fuerzas. ‖ Acrecentar (développer) : *accroître sa fortune*, acrecentar su fortuna.
— V. pr. Aumentarse, acrecentarse, acrecerse, incrementarse.
— OBSERV. Este verbo se conjuga como *croître*, pero solamente lleva acento circunflejo sobre la *i* en la tercera persona del singular del presente de indicativo y en todas las personas de los tiempos futuro y potencial. Tampoco lo lleva en el participio pasado. Tiene como auxiliares *être* o *avoir* según se trate del estado (*sa richesse s'est accrue*) o de la acción (*il a accru sa richesse*).

accroupir (s') v. pr. Ponerse en cuclillas (personnes), echarse (animaux).

accroupissement m. Posición (*f*.) en cuclillas.

accru, e adj. Aumentado, da. ‖ Acrecentado, da.
— M. BOT. Barbado, renuevo de la raíz (rejeton). ‖ — F. Acrecimiento, *m*., aumento, *m*. (d'un terrain). ‖ — Pl. Crecidos, *m*. (tricot).

accu m. FAM. Acumulador.

accueil [akœ:j] m. Acogida, *f*., recibimiento. ‖ — *Centre d'accueil*, centro de ayuda. ‖ — *Faire bon accueil à une traite*, aceptar una letra.
— SYN. *Bienvenue*, bienvenida. *Réception*, recepción.

accueillant, e adj. Acogedor, ra.

accueillir* v. tr. Acoger : *accueillir un ami*, acoger a un amigo; *accueillir favorablement une demande*, acoger favorablemente una petición. ‖ Recibir : *il a été accueilli en grande pompe*, fue recibido con gran pompa. ‖ *Accueillir une traite*, aceptar una letra.

accul m. (Vx). Arrinconamiento, acorralamiento (lieu).

acculement m. Acorralamiento, arrinconamiento (action).

acculer v. tr. Acorralar, arrinconar. ‖ Acular (un animal, une voiture). ‖ Dejar sin respuesta : *cet argument l'accula*, este argumento le dejó sin respuesta. ‖ EQUIT. Derribar. ‖ FIG. Llevar, conducir : *acculer à la ruine*, llevar a la ruina.

accumulateur m. Acumulador.

accumulation f. Acumulación. ‖ Cúmulo, *m*.

accumuler v. tr. Acumular.

accusable adj. Acusable.

accusateur, trice adj. et s. Acusador, ra : *signe accusateur*, señal acusadora. ‖ *Accusateur public*, fiscal.

accusatif, ive adj. et s. m. GRAMM. Acusativo, va.

accusation f. Acusación. ‖ — *Acte d'accusation*, informe del fiscal. ‖ *Arrêt d'accusation*, auto de procesamiento. ‖ *Chef d'accusation*, cargo de acusación. ‖ *Mettre en accusation*, incoar un proceso, formar causa.

accusatoire adj. Acusatorio, ria.

accusé, e adj. Acusado, da (blâmé). ‖ Marcado, da ; señalado, da : *traits accusés*, rasgos marcados.
— M. et f. Reo, a ; procesado, da; acusado, da : *acquitter un accusé*, absolver a un reo. ‖ *Accusé de réception*, acuse de recibo.

accuser v. tr. Acusar : *accuser de lâcheté*, acusar de cobardía. ‖ Confesar : *accuser ses péchés*, confesar sus pecados. ‖ FIG. Revelar, indicar : *sa conduite accuse sa folie*, su conducta revela su locura. ‖ Acusar (déclarer son jeu). ‖ ARTS. Hacer resaltar. ‖ — *Accuser à faux*, levantar un falso testimonio. ‖ *Accuser réception*, acusar recibo.

acense f. Censo (*m*.) enfitéutico.

acenser v. tr. Acensuar.

acéphale adj. et s. m. Acéfalo, la (sans tête).

acéphalie f. Acefalia, acefalismo, *m*.

acéracées f. pl. BOT. Aceráceas.

acerbe adj. Acerbo, ba : *ton acerbe*, tono acerbo.

acerbité f. Acerbidad (p. us.); carácter (*m*.) acerbo, rigor, *m*.

acéré, e adj. Acerado, da : *pointe acérée*, punta acerada. ‖ FIG. Punzante (mordant).

acérer* v. tr. Acerar (souder à l'acier). ‖ FIG. Hacer mordaz (mordant).

acescence f. Acescencia.

acescent, e adj. Acescente.

acétabule m. ANAT. Acetábulo.

acétate m. Acetato.

acéteux, euse [asetø, ø:z] adj. Acetoso, sa.

acétification f. Acetificación.

acétifier* v. tr. Acetificar.

acétimètre m. Acetímetro.

acétique adj. Acético, ca.

acétol m. Acetol.

acétomètre m. Acetímetro.

acétone f. Acetona.

acétonémie f. Acetonemia.

acétylcellulose f. Acetocelulosa.

acétyle m. Acetilo.

acétylène m. Acetileno : *lampe à acétylène*, lámpara de acetileno.

acétylénique adj. Acetilénico, ca.

Achab [a'kab] n. pr. m. Acab (Bible).

Achaïe [akai]. GÉOGR. n. pr. f. Acaya.

achalandage m. Parroquia, *f*.; clientela, *f*. (clientèle).

achalandé, e adj. Aparroquiado, da; de mucha clientela (pourvu de clientèle). || Surtido, da (de marchandises).
— OBSERV. Es barbarismo muy empleado tomar esta voz en el sentido de « abundante en mercancías ».

achalander v. tr. Aparroquiar (un marchand, un magasin). || FAM. Surtir, abastecer, aprovisionar.

acharné, e adj. Encarnizado, da : *combat acharné*, combate encarnizado. || Consagrado intensamente a : *acharné à son travail*, consagrado intensamente a su trabajo. || Empedernido, da : *c'est un joueur acharné*, es un jugador empedernido. || Enconado, da : *partisan acharné*, partidario enconado.

acharnement m. Encarnizamiento : *lutter avec acharnement*, luchar con encarnizamiento. || Ensañamiento : *l'acharnement du tyran contre ses ennemis*, el ensañamiento del tirano contra sus enemigos. || Empeño, obstinación, f.

acharner v. tr. Azuzar (les chiens).
— V. pr. Encarnizarse, ensañarse : *s'acharner sur sa victime*, ensañarse con su víctima. || Consagrarse intensamente, enviciarse en : *s'acharner au jeu*, enviciarse en el juego. || Mostrarse cruel, ensañarse : *le destin s'acharne contre lui*, el destino se muestra cruel con él. || Perseguir obstinadamente (persécuter).

achat m. Compra, f. || — *Achat à terme*, compra a plazos. || *Achat comptant*, compra al contado. || *Achat-vente*, compraventa. || *Pouvoir d'achat*, poder adquisitivo. || *Prix d'achat*, precio de compra. || — *Faire l'achat de*, comprar. || *Faire ses achats*, hacer compras.
— SYN. *Acquisition*, adquisición. *Emplette*, compra.

ache f. BOT. Apio (m.) silvestre.

achéen, enne [akeɛ̃, ɛn] adj. et s. Aqueo, a.

acheminement m. Encaminamiento. || Despacho, envío : *acheminement du courrier*, despacho del correo. || Camino que conduce a : *ce n'est pas le bonheur, mais l'acheminement vers le bonheur*, no es la felicidad sino el camino que conduce a ella. || Encauzamiento : *l'acheminement d'une affaire,* el encauzamiento de un asunto.

acheminer v. tr. Encaminar. || Despachar : *acheminer la correspondance*, despachar la correspondencia. || Encauzar (une affaire, l'eau).
— V. pr. Encaminarse : *s'acheminer vers la maison*, encaminarse hacia casa.

Achéron [akerɔ̃] n. pr. m. Aqueronte.

achetable adj. Comprable.

acheter* v. tr. ● Comprar : *acheter à perte*, comprar con pérdida; *acheter comptant, à terme, en gros, au détail, à crédit* o *à tempérament, ferme*, comprar al contado *ou* a crédito, a plazos, al por mayor, al por menor, a crédito en firme. || FIG. Comprar : *acheter de son sang*, comprar con su sangre : *acheter au prix d'un effort*, comprar a costa de un esfuerzo. | Comprar, sobornar : *acheter des témoins*, comprar testigos. || POP. Tomar el pelo (se moquer).
— SYN. ● *Acquérir*, adquirir. *Importer*, importar. *Faire emplette*, mercar (vx et provinc.), comprar. *Marchander*, regatear. *Pop. Brocanter*, *chiner*, chamarilear.

acheteur, euse m. et f. Comprador, ra.
— SYN. *Acquéreur*, adquiridor. *Client*, cliente, parroquiano (plus usité pour les petits magasins). *Importateur*, importador.

achevage m. TECHN. Última mano, f., acabado.

achevé, e adj. Acabado, da (fini). || Rematado, da (tué). || Consumado, da : *artiste achevé*, artista consumado. || Rematado, da; de remate, redomado, da : *un fripon achevé*, un pillo rematado, redomado. || FIG. Cumplido, da : *un modèle achevé de vertu*, un modelo cumplido de virtudes.
— M. Acabado : *d'un achevé admirable*, de un acabado admirable.

achèvement m. Terminación, f., acabamiento.

achever* v. tr. Acabar : *achever ses études*, acabar sus estudios. || Acabar, dar el último toque a (un travail). || Acabar, consumar (consommer) : *achever la ruine de quelqu'un*, consumar la ruina de alguien. || Rematar : *achever un blessé*, rematar a un herido. || Acabar con : *la perte de son fils l'a achevé*, la pérdida de su hijo acabó con él.

Achille [aʃil] n. pr. m. Aquiles.

achillée [akile] f. BOT. Aquilea, milenrama.

achoppement m. Tropiezo. || FIG. Estorbo, obstáculo (ce qui fait buter). || FIG. *Pierre d'achoppement,* escollo.

achopper v. intr. Tropezar : *achopper contre une pierre*, tropezar con, contra *ou* en una piedra. || FIG. Fracasar, tropezar con (échouer).

achromatique [akromatik] adj. Acromático, ca : *lentille achromatique*, lente acromática.

achromatiser v. tr. Acromatizar.

achromatisme m. Acromatismo.

achromatopsie f. MÉD. Acromatopsia.

aciculaire adj. Acicular.

acidage m. TECHN. Baño ácido.

acide adj. Ácido, da : *saveur acide*, sabor ácido. || FIG. Ácido, da; desabrido, da : *ton acide*, tono desabrido.
— M. Ácido : *acide nitrique*, ácido nítrico.

acidifiant, e adj. et s. m. Acidificante.

acidification f. Acidificación.

acidifier* v. tr. Acidificar : *acidifier du vin*, acidificar vino.

acidimètre m. Acidímetro.

acidité f. Acidez : *l'acidité du verjus*, la acidez del agraz. || FIG. Aspereza, desabrimiento, m. (causticité). || MÉD. Acedía (de l'estomac).

acidose f. MÉD. Acidosis.

acidulé, e adj. Acidulado, da.

aciduler v. tr. Acidular : *aciduler une liqueur*, acidular un licor.

acier m. Acero : *acier fondu, doux, chromé, inoxydable, trempé*, acero fundido, dulce, cromado, inoxidable, templado. || FIG. Acero (arme) : *acier homicide*, acero homicida. || — FIG. *Cœur d'acier*, corazón de hierro. | *Des muscles d'acier*, músculos de acero.

aciérage m. Acerado.

aciération f. Aceración.

aciérer* v. tr. Acerar : *le carbone acière le fer*, el carbono acera el hierro.

aciéreux, euse adj. Aceroso, sa.

aciérie f. Acería, fundición de acero.

aciériste m. Especialista en la fabricación del acero.

acinus m. ANAT. Ácino (d'une glande).

aclinique adj. Aclínico, ca.

acmé f. Apogeo, m. (apogée). || MÉD. Acmé.

acné m. MÉD. Acné, f. (éruption cutanée).

acolytat m. Acolitado.

acolyte m. Acólito.

acompte [akɔ̃:t] m. Cantidad (f.) a cuenta, anticipo. | *Payer un acompte sur une dette*, pagar algo a cuenta de una deuda.
— SYN. *Avance*, anticipo, adelanto. *Provision*, provisión.

aconit [akɔnit] m. BOT. Acónito, anapelo.

aconitine f. MÉD. Aconitina.

acoquinement m. Enredo, lío.

acoquiner (s') v. pr. Conchabarse : *s'acoquiner à des malfaiteurs*, conchabarse con malhechores.

acore m. BOT. Ácoro.

Açores n. pr. f. pl. GÉOGR. Azores.

acosmisme m. PHILOS. Acosmismo.

à-côté m. Punto accesorio de una cuestión. || — Pl. Pormenores (détails) : *les à-côtés de l'histoire*, los pormenores de la historia. || Provechos accesorios, extras (bénéfices accessoires).
— OBSERV. No hay que confundir *à-côté* (con guión)

con *à côté* (sin guión), expresión que significa *al lado, junto.*

acotylédone ou **acotylédoné, e** adj. et s. BOT. Acotiledóneo, a.

à-coup [aku] m. Movimiento brusco, sacudida (*f.*) brusca (secousse). ‖ Parada (*f.*) brusca (arrêt). ‖ FIG. Incidente. ‖ — *Par à-coups,* por intermitencias, a tirones. ‖ *Sans à-coups,* sin dificultad, sin interrupción.

acousticien, enne m. et f. Especialista en acústica.

acoustique adj. et s. f. Acústico, ca : *nerf acoustique,* nervio acústico. ‖ *Cornet acoustique,* trompetilla acústica.

acqua-toffana f. Agua tofana.

acquéreur m. Comprador, adquiridor.

acquérir* v. tr. Adquirir : *acquérir une maison,* adquirir una casa. ‖ Adquirir : *acquérir une conviction,* adquirir una convicción. ‖ Conseguir, lograr, obtener : *acquérir la gloire,* conseguir la gloria. ‖ Ganar : *acquérir l'affection de quelqu'un,* ganar el afecto de alguien. ‖ Granjearse : *acquérir une bonne réputation,* granjearse una buena reputación. ‖ *Il est tout acquis à notre cause,* es muy adicto a nuestra causa.

— OBSERV. Es incorrecto decir *acquérir une mauvaise réputation* en lugar de *s'attirer une mauvaise réputation* (*acquérir* siempre tiene un sentido favorable).

acquêt [akɛ] m. (Vx). Adquisición, *f.* ‖ — Pl. Bienes gananciales [adquiridos durante el matrimonio]. ‖ *Communauté réduite aux acquêts,* comunidad de bienes gananciales.

acquiescement [akjɛsmɑ̃] m. Consentimiento, conformidad, *f.*

acquiescer* v. intr. Consentir en algo, asentir a algo. ‖ Estar conforme. ‖ *Acquiescer à la volonté d'autrui,* conformarse con la voluntad ajena.

acquis, e [aki, i:z] adj. Adquirido, da : *vitesse acquise,* velocidad adquirida. ‖ Adicto, ta (dévoué) : *il m'est tout acquis,* me es muy adicto. — M. Experiencia, *f.* : *avoir de l'acquis,* tener experiencia.

acquisitif, ive adj. Adquisitivo, va : *prescription acquisitive,* prescripción adquisitiva.

acquisition f. Adquisición.

acquit [aki] m. Recibo (reçu) : *j'ai votre acquit,* tengo su recibo. ‖ Ventaja, *f.* [que se da al adversario en el billar]. ‖ — COMM. *Acquit à caution,* guía [documento fiscal]. ‖ *Par acquit de conscience,* para mayor tranquilidad, en descargo de conciencia (pour bien faire), sin convicción (sans conviction). ‖ *Par manière d'acquit,* por cumplir, para salir del paso. ‖ *Pour acquit,* recibí (d'un signataire), recibimos (de plusieurs signataires).

acquittable adj. Pagadero, ra (dette). ‖ Que puede ser absuelto, ta (accusé).

acquittement m. Pago (d'une dette). ‖ Indicación (*f.*) de recibo. ‖ Absolución, *f.,* libre absolución, *f.* (d'un accusé). ‖ *Verdict d'acquittement,* veredicto de inculpabilidad *ou* absolutorio.

acquitter v. tr. Pagar : *acquitter un droit d'entrée,* pagar un derecho de entrada. ‖ Satisfacer : *acquitter une dette,* satisfacer una deuda. ‖ Descargar (rendre quitte). ‖ Absolver : *acquitter un accusé,* absolver a un reo. ‖ Poner el recibí (écrire l'acquit sur un document). — V. pr. Pagar (payer). ‖ Satisfacer : *s'acquitter d'une dette,* satisfacer una deuda. ‖ Cumplir : *s'acquitter de son devoir,* cumplir con su deber. ‖ Llevar a cabo : *s'acquitter d'un travail,* llevar a cabo un trabajo. ‖ Desquitarse (jeux).

acre f. Acre, *m.* (mesure anglaise de 40,5 ares).

âcre adj. Acre (saveur, caractère). ‖ FIG. Acre, desabrido, da.

âcreté f. Acritud.

acridiens m. pl. ZOOL. Acrídidos.

acrimonie f. Acrimonia.

acrimonieux, euse adj. Acrimonioso, sa.

acroamatique ou **acroatique** adj. PHILOS. Acroamático, ca.

acrobate m. et f. Acróbata.

acrobatie f. Acrobacia : *acrobatie aérienne,* acrobacia aérea.

acrobatique adj. Acrobático, ca : *exercices acrobatiques,* ejercicios acrobáticos.

acrobatisme m. Acrobatismo.

acrocéphale adj. et s. Acrocéfalo, la.

acrocyanose f. MÉD. Acrocianosis.

acroléine f. CHIM. Acroleína (liquide suffocant).

acromégalie f. Acromegalia (hypertrophie des extrémités).

acromial, e adj. ANAT. Acromial.

acromion m. Acromion (pointe de l'omoplate).

acronyque adj. ASTR. Acrónico, ca.

acropole f. ARCHÉOL. Acrópolis.

acrostiche adj. et s. m. POÉT. Acróstico.

acrotère m. Acrótera, *f.* (ornement d'un fronton).

acrylique adj. CHIM. Acrílico, ca (résine artificielle).

acte m. Acto : *acte de courage,* acto de valor. ‖ Hecho, acción, *f.,* acto : *on connaît un homme par ses actes,* un hombre se conoce por sus hechos. ‖ Acto (prière) : *acte de contrition,* acto de contrición. ‖ DR. Auto (pièce d'un procès). ‖ Partida, *f.* : *acte de naissance, de mariage, de décès,* partida de nacimiento, de matrimonio, de defunción. ‖ Escritura, *f.* : *acte notarié, de vente, authentique,* escritura notarial, de venta, pública. ‖ THÉÂTR. Acto : *drame en trois actes,* drama en tres actos. ‖ — *Acte constitutionnel,* acto constitucional. ‖ *Acte d'accusation,* acta de acusación, petición fiscal. ‖ *Acte de baptême,* fe de bautismo. ‖ *Actes des Apôtres,* hechos de los Apóstoles. ‖ *Actes des martyrs,* hechos de los mártires. ‖ *Acte sous seing privé,* escritura privada. ‖ *Dont acte,* y para que así conste... ‖ — *Demander acte,* pedir un atestado. ‖ *Donner acte,* hacer un atestado. ‖ *Dresser un acte,* levantar acta. ‖ *Faire acte de,* dar pruebas de : *faire acte de courage,* dar pruebas de valor. ‖ *Faire acte de présence,* hacer acto de presencia, asistir. ‖ *Prendre acte,* tomar nota.

actée f. BOT. Actea, yezgo, *m.*

acteur, trice m. et f. Actor, ra (d'une affaire). ● Actor, actriz (d'un film, etc.).

— SYN. ● *Artiste,* artista. *Comédien,* cómico. *Comédien ambulant,* cómico de la legua. *Doublure,* sobresaliente (théâtre), doble (cinéma). *Étoile, star,* estrella. *Histrion,* histrión. *Interprète,* intérprete. *Mime,* mimo, imitador. *Protagoniste,* protagonista. *Vedette,* primera figura. *Pop. Baladin,* farsante. *Cabot, cabotin,* comicastro.

actif, ive adj. ● Activo, va. ‖ *Armée active,* ejército permanente.
— M. COMM. Activo (avoir). ‖ — *Officier d'active,* oficial de la escala activa. ‖ *Avoir à son actif,* tener en su haber, en su favor.
— SYN. ● *Agissant,* operante. *Efficace,* eficaz. *Efficient,* eficiente.

actinie f. Actinia, anémona de mar.

actinique adj. Actínico, ca.

actinisme m. Actinismo.

actinium m. Actinio (métal).

actinographe m. Actinógrafo.

actinomètre m. Actinómetro.

actinométrie f. Actinometría.

actinomyces m. Actinomices.

actinomycose m. MÉD. Actinomicosis.

actinote m. MIN. Actinota, *f.*

actinothérapie f. MÉD. Actinoterapia.

actinotropisme m. Actinotropismo.

action f. Acción : *une bonne action,* una buena

acción. ‖ Acción : *action chimique*, acción química. ‖ Acción (intrigue). ‖ ● Hecho, *m.* : *il faut des actions et non des paroles*, más valen hechos que palabras. ‖ Comm. Acción (titre de propiété) : *action nominative, au porteur, de jouissance, privilégiée, préférentielle, à vote plural*, acción nominativa, al portador, de usufructo, privilegiada, preferencial, de voto plural. ‖ Dr. Acción, demanda : *intenter une action*, presentar una demanda. ‖ Mil. Acción (combat). ‖ — *Action d'éclat*, hazaña, proeza. ‖ *Mettre en action*, poner en movimiento (une machine), poner en práctica (les projets).
— Syn. ● *Acte*, acto. *Fait*, hecho.

actionnable adj. Dr. Demandable.
actionnaire m. et f. Accionista.
actionnariat m. Conjunto de accionistas.
actionner v. tr. Dr. Demandar, entablar una demanda. ‖ Mécan. Accionar, poner en movimiento (une machine).
activation f. Activación.
activement adv. Activamente.
activer v. tr. Activar, apresurar : *activer un travail*, activar un trabajo. ‖ Avivar : *activer le feu*, avivar la lumbre. ‖ Chim. Activar : *boue activée*, lodo activado.
— V. pr. Apresurarse.
activeur m. Chim. Activador.
activisme m. Activismo.
activiste adj. et s. Activista.
activité f. Actividad. ‖ *Militaire, fonctionnaire en activité*, militar, funcionario en activo.
actrice f. Actriz.
actuaire m. Dr. Actuario (assurances).
actualisation f. Actualización.
actualiser v. tr. Actualizar.
actualisme m. Actualismo. ‖ Géol. Actualismo.
actualité f. Actualidad. ‖ *Film d'actualités* o *actualités*, actualidades, noticiario.
actuariat m. Actuariado.
actuariel, elle adj. Actuarial.
actuel, elle adj. Actual : *époque actuelle*, época actual. ‖ — *Cautère actuel*, cauterio actual. ‖ *Péché actuel*, pecado actual.
acuité f. Agudeza : *l'acuité d'une douleur*, la agudeza de un dolor. ‖ Agudeza, acuidad : *acuité visuelle*, agudeza visual.
aculéiforme adj. Acicular.
acuminé, e adj. Bot. Acuminado, da ; puntiagudo, da.
acupuncteur ou **acuponcteur** m. Especialista de acupuntura.
acupuncture ou **acuponcture** f. Acupuntura.
acutangle adj. Acutángulo, la.
acutangulaire adj. Acutangular.
acyclique adj. Acíclico, ca.
adage m. Adagio.
adagio m. Mus. Adagio.
Adam n. pr. m. Adán. ‖ *Pomme d'Adam*, nuez de Adán.
adamantin, e adj. Diamantino, na ; adamantino, na.
adamien m. Adamita.
adamisme m. Adamismo, adanismo.
adamite m. Adamita.
adaptable adj. Adaptable.
adaptateur, trice m. et f. Adaptador, ra.
adaptation f. Adaptación : *adaptation cinématographique*, adaptación cinematográfica.
adapter v. tr. Adaptar : *adapter un roman au théâtre*, adaptar una novela al teatro. ‖ Acomodar, adaptar : *adapter sa conduite à*, acomodar su conducta con.
— V. pr. Adaptarse, acomodarse.
— Syn. *Ajuster*, ajustar. *Arranger*, arreglar. *Cadrer*,

cuadrar. *Fam. Aller*, ir con, caer bien [mal], sentar (vêtement), pegar (ornement).
addenda m. inv. Apéndice, suplemento.
additif, ive adj. Aditivo, va.
— M. Cláusula (f.) adicional.
addition f. Adición. ‖ Math. Suma, adición : *faire une addition*, hacer una suma. ‖ Cuenta (d'un restaurant, etc.). ‖ Añadido, *m.*, coletilla (fam.) [chose ajoutée à un texte].
additionnel, elle adj. Adicional.
additionneuse f. Sumadora, máquina de sumar.
adducteur adj. et s. m. Anat. Aductor (muscle). ‖ — M. Techn. Conducto de traída de aguas.
adduction f. Anat. Aducción. ‖ Techn. Traída de aguas (amenée), derivación, toma.
Adélaïde n. pr. f. Adelaida.
Adèle n. pr. f. Adela.
adénalgie f. Méd. Adenalgia.
adénite f. Adenitis.
adénoïde adj. Anat. Adenoideo, a.
adénome m. Adenoma.
adénopathie f. Adenopatía.
adent [adɑ̃] m. Barbilla, *f.* (pour assembler).
adepte m. et f. Adepto, ta ; seguidor, ra.
adéquat, e [adekwa, at] adj. Adecuado, da ; apropiado, da.
adéquation [adekwasjɔ̃] f. Adecuación.
adextré, e adj. Blas. Adestrado, da.
adhérence f. Adherencia.
— Syn. *Adhésion*, adhesión. *Cohérence*, coherencia. *Cohésion*, cohesión. *Collement*, pegamiento, pegadura. *Inhérence*, inherencia.
adhérent, e adj. Adherente. ‖ ● Adherido, da (collé).
— M. Adherente, afiliado (membre).
— Syn. ● *Attaché*, agarrado. *Collé*, pegado. *Fixé*, fijado.
adhérer* v. intr. Adherir, adherirse : *la peau adhère au muscle*, la piel se adhiere al músculo. ‖ Afiliarse, adherirse : *adhérer à un parti*, adherirse a un partido. ‖ Fig. Adherirse (à une opinion).
— Observ. L'espagnol préfère l'usage de la forme pronominale à la forme intransitive.
adhésif, ive adj. et s. m. Adhesivo, va.
adhésion f. Adhesión. ‖ *Donner son adhésion*, adherirse.
adhésivité f. Adhesividad.
adiabatique adj. Phys. Adiabático, ca (sans échange de chaleur).
adieu interj. et s. m. ● Adiós. ‖ *Sans adieu*, hasta más ver. ‖ — Pl. Despedida, *f. sing.* : *des adieux touchants*, despedida conmovedora. ‖ *Faire ses adieux*, despedirse.
— Observ. *Adieu* suele usarse también dialectalmente en francés, lo mismo que en español *adiós*, como interjección de saludo y de despedida. En francés *bonjour* se usa por *buenos días* y *buenas tardes* ; la voz *bonsoir* se usa al anochecer y *bonne nuit* se usa como despedida antes de ir a acostarse.
— Syn. *A bientôt, à tout à l'heure*, hasta luego. *Au revoir*, hasta la vista, adiós. *Bonjour*, buenos días. *Bonne nuit*, buenas noches. *Bonsoir*, buenas tardes.
Adige n. pr. m. Géogr. Adigio.
adipeux, euse [adipø, ø:z] adj. Adiposo, sa.
adipose f. Méd. Adiposis.
adiposité f. Adiposidad.
adirer v. tr. Dr. Extraviar, perder.
— Observ. No se confunda con el español *adir*, que significa « hacer adición de la herencia, aceptarla ».
adition f. Dr. Adición : *adition d'hérédité*, adición de la herencia.
adjacent, e adj. Adyacente.
adjectif, ive adj. et s. m. Adjetivo, va.
— Syn. *Appositif*, apositivo. *Attribut*, predicado. *Epithète*, epíteto. *Qualificatif*, calificativo.
adjectival, e adj. Adjetival : *substantifs adjectivaux*, sustantivos adjetivales.

adjectiver v. tr. Adjetivar.

adjoindre* v. tr. Dar *ou* designar auxiliar, adjunto *ou* ayudante. ‖ Agregar, juntar (choses). ‖ Remitir adjunto, adjuntar : *je vous adjoins un timbre,* le remito adjunto un sello.
— V. pr. Tomar : *s'adjoindre un expert,* tomar un perito.
— OBSERV. *Adjuntar,* dérivé de *adjunto* (ci-joint), était considéré comme barbarisme dans les sens de *incluir, remitir adjunto,* mais il a été récemment admis.

adjoint, e [adʒwɛ̃, wɛ̃:t] adj. Adjunto, ta : *commissaire adjoint,* comisario adjunto.
— M. et f. Sustituto, ta ; suplente, adjunto, ta. ‖ — *Adjoint au maire* o *maire adjoint,* teniente de alcalde. ‖ *Professeur adjoint,* profesor adjunto, ayudante.

adjonction f. Añadidura : *il biffa les adjonctions faites à son texte,* tachó las añadiduras hechas a su texto. ‖ DR. Adjunción. ‖ *Le nombre d'élèves requiert l'adjonction d'un auxiliaire,* el número de alumnos requiere el nombramiento de un auxiliar.

adjudant m. MIL. Ayudante, brigada suboficial del ejército francés entre sargento mayor y ayudante jefe.

adjudant-chef m. MIL. Suboficial inmediatamente inferior al alférez.

adjudant-major m. MIL. Oficial auxiliar del comandante *ou* jefe de batallón.

adjudicataire m. et f. Adjudicatorio, ria (dans une vente aux enchères). ‖ Contratista (d'un contrat).

adjudicateur, trice m. et f. Adjudicador, ra.

adjudicatif, ive adj. Adjudicativo, va.

adjudication f. Adjudicación. ‖ Subasta (vente aux enchères). ‖ Contrata (contrat).

adjuger* v. tr. Adjudicar (attribuer). ‖ Subastar (aux enchères). ‖ *Adjugé, vendu!,* ¡ adjudicado ! — V. pr. Adjudicarse, apoderarse.

adjuration f. Adjuración, conjuro, *m.* (invocation). ‖ Súplica, ruego (*m.*) encarecido (supplication).

adjurer v. tr. Adjurar, conjurar. ‖ Suplicar, rogar encarecidamente (supplier).

adjuvat [adʒyva] m. Ayudantía, *f.*

admettre* v. tr. ● Admitir (une personne, une opinion, etc.). ‖ Aprobar (examens) : *l'élève a été admis à l'écrit,* el alumno ha aprobado el escrito.
— SYN. ● *Comporter,* comportar. *Consentir,* consentir. *Souffrir,* sufrir. *Tolérer,* tolerar.

adminicule m. Adminículo.

administrateur, trice m. et f. Administrador, ra.

administratif, ive adj. Administrativo, va.

administration f. Administración. ‖ Administración pública, el Estado : *le voyage était aux frais de l'Administration,* el viaje estaba pagado por el Estado.

administré, e m. et f. Administrado, da.

administrer v. tr. Administrar. ‖ Suministrar (preuves). ‖ FAM. Propinar, dar (coups, raclée). ‖ *Administrer la justice,* administrar justicia.
— V. pr. Atribuirse, adjudicarse, llevarse : *s'administrer la meilleure part,* atribuirse la mejor parte.

admirable adj. Admirable.
— SYN. *Extraordinaire,* extraordinario. *Fabuleux,* fabuloso. *Magnifique,* magnífico. *Merveilleux,* maravilloso. *Mirifique,* mirífico. *Prodigieux,* prodigioso. *Splendide,* espléndido. *Sublime,* sublime. *Superbe,* soberbio.

admirateur, trice adj. et s. Admirador, ra.

admiratif, ive adj. Admirativo, va.

admiration f. Admiración. ‖ — *Être en admiration devant,* admirarse ante. ‖ *Faire l'admiration de,* producir la admiración de, causar *ou* ser la admiración de.

admirer v. tr. Admirar.
— OBSERV. El verbo francés *admirer* no tiene el sentido de maravillar.

admis, e [admi. i:z] adj. et s. Admitido, da. ‖ Aprobado, da (à un examen). ‖ Ingresado, da (à un concours).

admissibilité f. Admisibilidad (p. us.), admisión, condición de admisible. ‖ Obtención de la calificación suficiente para sufrir la segunda prueba de un examen.

admissible adj. et s. Admisible (recevable). ‖ Admisible [en la Universidad francesa, dícese del candidato calificado para la segunda parte (oral) de un examen].

admission f. Admisión. ‖ Aprobado, *m.* (examen). ‖ Ingreso, *m.,* admisión (dans un hôpital). ‖ *Concours d'admission,* examen de ingreso.

admittance f. ÉLECTR. Admitancia.

admixtion f. Admixtión, mezcla.

admonestation f. Amonestación.

admonester v. tr. Amonestar.

admoniteur m. Admonitor.

admonition f. Admonición.

adné, e adj. BOT. Adnato, ta.

adogmatisme m. Adogmatismo.

adolescence f. Adolescencia.

adolescent, e adj. et s. Adolescente.
— SYN. *Bachelier,* mozuelo. *Damoiseau,* doncel, garzón. *Éphèbe,* efebo. *Garçon,* muchacho. *Jeune homme,* joven, mozo. *Jouvenceau,* jovenzuelo, mancebo. *Fam. Godelureau,* mozalbete. *Blanc-bec,* mocoso. *Fig. Béjaune,* pipiolo.

Adolphe n. pr. m. Adolfo.

adonc ou **adoncques** adv. (Vx), Entonces.

adonien ou **adonique** adj. m. et s. m. Adónico, adonio.

Adonis n. pr. m. MYTH. Adonis.

adoniser v. tr. Adonizar, acicalar.

adonner (s') v. pr. ● Dedicarse, consagrarse : *s'adonner à l'étude,* dedicarse al estudio. ‖ Entregarse : *s'adonner à la boisson,* entregarse a la bebida.
— SYN. ● *S'appliquer,* aplicarse. *Se consacrer,* consagrarse. *Se donner,* darse. *S'occuper de,* ocuparse en.

adoptable adj. Adoptable.

adoptant, e adj. Adoptante.

adopté, e adj. et s. Adoptado, da.

adopter v. tr. Adoptar, prohijar (enfant). ‖ Adoptar (idée, loi, cause). ‖ Aprobar (rapport, procèsverbal). ‖ Adherirse a (opinion, parti).

adoptif, ive adj. Adoptivo, va.

adoptianisme m. Adopcionismo.

adoptiens m. pl. Adopcionistas.

adoption f. Adopción. ‖ Aprobación : *adoption de son rapport,* aprobación de su informe. ‖ *D'adoption,* adoptivo, va : *patrie d'adoption,* patria adoptiva.

adorable adj. Adorable (religion). ‖ FAM. Encantador, ra (charmant) : *enfant adorable,* niño encantador.

adorablement adv. Adorablemente. ‖ FAM. Divinamente (admirablement) : *chanter adorablement,* cantar divinamente.

adorateur, trice m. et f. Adorador, ra.
— F. Adoratriz (religieuse).

adoration f. ● Adoración. ‖ Apasionamiento, *m.,* amor (*m.*), exagerado. ‖ FAM. *Être en adoration devant quelqu'un,* estar en perpetua adoración ante alguien.
— SYN. ● *Culte,* culto. *Dulie,* dulía. *Hyperdulie,* hiperdulía. *Idolâtrie,* idolatría. *Latrie,* latría.

adorer v. tr. Adorar (religion). ‖ Adorar (aimer avec passion). ‖ FAM. Adorar, encantar : *j'adore la musique,* me encanta la música.
— OBSERV. *Adoré de* se emplea en francés en sentido figurado y *adoré par* cuando hay una idea religiosa.

ados [ado] m. AGRIC. Caballón.

adossement m. Adosamiento.

adosser v. tr. Adosar : *la maison est adossée au mur,* la casa está adosada a *ou* contra la pared.

— V. pr. Respaldarse : *s'adosser à un arbre*, respaldarse contra un árbol.

adoubement m. Armadura, *f.* ‖ Loriga, *f.* (armure).

adouber v. tr. Armar solemnemente (un chevalier). ‖ Mudar de casilla una pieza anunciando que dicho cambio no es definitivo, componer (aux échecs).

adouci m. Primer pulimento (verre).

adoucir v. tr. ● Endulzar (rendre sucré). ‖ Dulcificar, suavizar (le visage, les manières). ‖ ◆ Aliviar, hacer llevadero (souffrance, peine). ‖ Aplacar (irritation). ‖ Templar (température, teinte, lumière). ‖ Suavizar. (contours, aspérités). ‖ Pulir (métal, pierre), esmerilar (glaces, verre). ‖ Adulzar (fer, acier, fonte).

— Syn. ● *Edulcorer,* edulcorar. *Sucrer,* azucarar, endulzar.

— ◆ *Apaiser,* apaciguar. *Lénifier,* lenificar. *Mitiger,* mitigar. *Tempérer,* templar.

adoucissage m. Pulimento (métaux).

adoucissant, e adj. Suavizante, dulcificante.

— M. Méd. Calmante, sedativo.

adoucissement m. Dulcificación, *f.* ‖ Endulzamiento (au goût). ‖ Suavizamiento (au toucher). ‖ Alivio (souffrance, irritation). ‖ Mejoramiento (température). ‖ Esmerilado (verre, glaces). ‖ Adulzado (fonte, fer). ‖ *Dire la vérité sans adoucissement,* decir la verdad sin ningún miramiento.

adoué, e adj. (P. us.). Apareado, da.

adragant, e adj. et s. Adragante : *gomme adragante,* goma adragante.

adrénaline f. Adrenalina.

adresse f. Dirección (lettres, etc.). ‖ Dirección, señas, *pl.* : *carnet d'adresses,* libro de señas. ‖ Intención : *cela est dit à mon adresse,* esto se dirige a mi intención. ‖ Memorial, *m.,* ruego *m.* (pétition) : *présenter une adresse au roi,* presentar un memorial al rey. ‖ ● Destreza (dextérité), habilidad (ingéniosité). ‖ Maña (ruse) : *user d'adresse,* darse maña. ‖ Tino, *m.,* acierto, *m. : faire avec adresse,* hacer con tino. ‖ *Tour d'adresse,* juego de manos.

— Syn. ● *Art,* arte. *Dextérité,* destreza. *Doigté,* tino. *Expérience,* experiencia [*Amér.,* baquía]. *Habileté,* habilidad. *Industrie,* industria. *Ingéniosité,* ingenio. *Maîtrise,* maestría. *Savoir-faire,* tacto, tiento. *Fam. Patte,* mano. *Pop. Chic,* facilidad.

adresser v. tr. Dirigir : *adresser la parole,* dirigir la palabra. ‖ Enviar : *adresser un paquet,* enviar un paquete ; *je vous adresse mes respects,* le envío mis respetos. ‖ Destinar. ‖ *Adresser des reproches, des injures,* reprochar, injuriar.

— V. pr. Dirigirse.

adret [adrɛ] m. Solana, *f.*

Adriatique n. pr. f. Géogr. Adriático, *m.*

Adrien n. pr. m. Adriano.

adroit, e adj. Hábil, diestro, tra : *être adroit dans les affaires,* ser hábil en los negocios. ‖ Mañoso, sa (manuellement).

— Syn. *Capable,* capaz. *Entendu,* enterado. *Expérimenté,* experimentado, práctico [*Amér.,* baquiano]. *Expert,* experto, perito. *Habile,* hábil. *Industrieux,* industrioso, mañoso. *Ingénieux,* ingenioso. *Intelligent,* inteligente. *Malin,* listo.

adscrit, e adj. Escrito, ta, al lado.

adsorbant adj. et s. m. Adsorbente.

adsorber v. tr. Fijar por adsorción.

adsorption f. Adsorción.

adulateur, trice adj. et s. Adulador, ra.

adulation f. Adulación.

adulatoire adj. Adulatorio, ria.

aduler v. tr. Adular.

adulte adj. et s. Adulto, ta.

adultération f. Adulteración : *adultération d'un médicament,* adulteración de un medicamento. ‖ Falsificación (des monnaies).

adultère adj. et s. Adúltero, ra (personne).

— M. Adulterio (acte) : *commettre un adultère,* cometer un adulterio.

adultérer* v. tr. Adulterar. ‖ Falsificar (des monnaies).

adultérin, e adj. et s. Adulterino, na.

adustion f. Méd. Adustión.

advenir* v. intr. Ocurrir, suceder : *qu'est-il advenu de ?,* ¿qué ha ocurrido con ? ‖ — *Advienne que pourra,* ocurra lo que ocurra, pase lo que pase. ‖ *Il advint que,* ocurrió que. ‖ *Le cas advenant,* dado el caso. ‖ *Quoi qu'il advienne,* pase lo que pase, suceda lo que suceda.

— Observ. El verbo *advenir* se conjuga con *être* y sólo es usado en el infinitivo y en las terceras personas.

adventice adj. Adventicio, cia.

adventif, ive adj. Adventicio, cia : *racines adventives,* raíces adventicias ; *biens adventifs,* bienes adventicios.

adventisme m. Adventismo (religion).

adventiste adj. et s. Adventista.

adverbe m. Adverbio : *adverbe de manière,* adverbio de modo.

adverbial, e adj. Adverbial : *suffixes adverbiaux,* sufijos adverbiales. ‖ *Locution adverbiale,* modo adverbial.

adverbialiser v. tr. Adverbializar.

adversaire m. et f. Adversario, ria.

adversatif, ive adj. Adversativo, va.

adverse adj. Adverso, sa ; contrario, ria : *avocat adverse,* abogado adverso.

adversité f. Adversidad.

adynamie f. Adinamia (faiblesse).

adynamique adj. Adinámico, ca.

aède m. Aedo (pas *aeda*) [cantor griego].

aérable adj. Que se puede airear, ventilable.

aérage m. Ventilación, *f.,* aeración, *f.*

aérateur m. Ventilador.

aération f. Ventilación, aeración : *conduit d'aération,* conducto de ventilación.

aérer* v. tr. Airear, ventilar (ventiler). ‖ Orear (une chose humide) : *aérer le linge,* orear la ropa. ‖ Fig. Airear : *aérer un texte,* airear un texto.

— V. pr. Airearse, tomar el aire.

aéricole adj. Aerícola.

aérien, enne adj. Aéreo, a : *phénomène, courrier, câble aérien,* fenómeno, correo, cable aéreo ; *plante, navigation aérienne,* planta, navegación aérea. ‖ *Métro aérien,* metro a cielo abierto.

— M. Antena, *f.,* toma (*f.*) aérea.

aérifère adj. Aerífero, ra.

aériforme adj. Aeriforme.

aérium [aerjɔm] m. Aerio (sanatorium).

aérobie adj. et s. m. Aerobio, bia (microbe).

aérobiose f. Aerobiosis.

aérobus m. Aerobús.

aérocâble m. Transportador aéreo, teleférico industrial.

aéro-club m. Aeroclub.

— Observ. Pl. *aéro-clubs.*

aérocolie f. Aerocolía.

aérodrome m. Aeródromo.

aérodynamique adj. et s. f. Aerodinámico, ca.

aérodyne m. Aerodino (avion à voilure tournante).

aérofrein m. Freno aerodinámico.

aérogare f. Terminal, *m.,* estación terminal.

aérogastrie f. Aerogastria.

aérographe m. Aerógrafo (pour la peinture).

aérolithe ou **aérolite** m. Aerolito.

aéromancie f. Aeromancia.

aéromancien, enne adj. et s. Aeromántico, ca.

aéromaritime adj. Aeromarítimo, ma.

aéromètre m. Aerómetro.

aérométrie f. Aerometría.

aéromodélisme m. Aeromodelismo.

aéromodéliste adj. et s. Aeromodelista.

aéromoteur m. Aeromotor.
aéronaute m. et f. Aeronauta.
aéronautique adj. et s. f. Aeronáutico, ca.
aéronaval, e adj. Aeronaval : *combats aéronavals*, combates aeronavales.
— F. Organización aeronaval de la marina.
aéronef m. Aeronave, *f.*
aérophagie f. Aerofagia.
aérophare m. Aerofaro.
aérophobie f. Aerofobia.
aéroplane m. Aeroplano.
aéroport m. Aeropuerto.
aéroporté, e adj. Aerotransportado, da.
aéropostal, e adj. Aeropostal : *transports aéropostaux*, transportes aeropostales.
— F. Organización aeropostal del correo francés.
aéroroute f. Aerovía.
aérosol m. Aerosol.
aérosondage m. Sondeo por globos.
aérostat [aerosta] m. Aeróstato.
aérostation f. Aerostación.
aérostatique adj. Aerostático, ca.
— F. Aerostática.
aérostier m. Aerostero.
aérotechnique adj. Aerotécnico, ca.
— F. Aerotecnia, aerotécnica.
aéroterrestre adj. Aeroterrestre.
aérothérapie f. Aeroterapia.
aérothermodynamique f. Aerotermodinámica.
aérotransporté, e adj. Aerotransportado, da : *troupes aérotransportées*, tropas aerotransportadas.
æthusa ou **éthuse** f. BOT. Etusa.
aétite f. MIN. Tites.
affabilité f. Afabilidad.
— SYN. *Amabilité*, amabilidad. *Aménité*, amenidad. *Civilité*, civilidad (p. us.), educación. *Courtoisie*, cortesía. *Éducation*, educación. *Honnêteté*, buena crianza. *Politesse*, cortesía. *Urbanité*, urbanidad.
affable adj. Afable : *affable envers* o *avec ses employés*, afable con sus empleados.
— SYN. *Accueillant*, acogedor. *Affectueux*, afectuoso. *Cordial*, cordial. *Liant*, expansivo. *Sociable*, sociable.
affabulation f. Afabulación, moral, moraleja (d'une fable). || Enredo, *m.*, trama (d'un roman).
affadir v. tr. Poner soso, desazonar (un mets). || FIG. Quitar la gracia (ôter le charme). | Volver insípido, insulso ; volver desabrido, da (style).
affadissant, e adj. Empalagoso, sa. || Insípido, da ; insulso, sa. | FIG. Pesado, da (ennuyeux).
affadissement m. Empalago, insipidez, *f.*, desabrimiento.
affaibli, e adj. Debilitado, da.
affaiblir v. tr. ● Debilitar. || Rebajar (couleurs).
— V. pr. Debilitarse.
— SYN. ● *Amollir*, reblandecer. *Débiliter*, debilitar, extenuar. *Ébranler*, quebrantar, hacer vacilar. *Énerver*, enervar. *Épuiser*, agotar.
affaiblissant, e adj. Debilitante.
affaiblissement m. Debilitamiento, debilitación, *f.*
affaiblisseur m. PHOT. Rebajador.
affainéantir (s') v. pr. Volverse holgazán.
affaire f.

┌─────────────────────────────────────┐
│ 1. Occupation. — 2. Préoccupation, sujet. —
│ 3. Commerce, transaction. — 4. Justice. —
│ 5. Désagrément, chose ennuyeuse. — 6. Combat. — 7. Objet quelconque.
└─────────────────────────────────────┘

1. OCCUPATION. — Ocupación, quehacer, *m.* (chose à faire) : *aller à ses affaires*, ir a sus ocupaciones *ou* quehaceres. || — *Une affaire de rien*, una cosa baladí. || — *Avoir affaire avec quelqu'un*, estar en relación con alguien. || *C'est l'affaire d'un quart d'heure*, es cosa de un cuarto de hora. ||

C'est mon affaire, es cuenta mía. || *Savoir à qui on a affaire*, saber con quien entendérselas.
2. PRÉOCCUPATION, SUJET. — Asunto, *m.* : *une affaire compliquée*, un asunto complicado. || Cuestión : *affaire d'intérêt*, cuestión de interés. || — *Affaire de cœur*, lance amoroso. || *Affaire d'État*, problema de Estado. || *Le meilleur de l'affaire*, lo mejor del caso. || *Les affaires publiques*, los asuntos públicos. || *Ministère des Affaires étrangères*, Ministerio de Asuntos Exteriores (en España), de Relaciones Exteriores (en Amérique). || — *Cela fait son affaire*, esto le conviene. || *Ce n'est pas une affaire*, no es cosa del otro jueves. || *Ce n'est pas une petite affaire*, no es cosa fácil, no es cosa de poca monta. || *C'est toute une affaire*, eso es una cosa complicada, es un verdadero lío. || *C'est une autre affaire*, la cosa cambia, eso es harina de otro costal. || *Faire son affaire d'une chose*, tomar una cosa por su cuenta.
3. COMMERCE, TRANSACTION. — Negocio, *m.* : *faire une mauvaise affaire*, hacer un mal negocio. || Empresa : *Institut européen d'administration des affaires*, Instituto Europeo de Administración de Empresas. || *Ganga : c'est une affaire*, es una ganga. || — *Chargé d'affaires*, encargado de negocios. || *Chiffre d'affaires*, volumen de negocio. || *Homme d'affaires*, hombre de negocios. || *Une affaire d'or*, un negocio magnífico. || — *Être dans les affaires*, ser un hombre de negocios. || *Être en affaires*, estar en tratos. || *Faire affaire*, hacer negocio, tratar. || FAM. *Faire une affaire*, hacer un buen negocio. || *Les affaires sont les affaires*, los negocios son los negocios. || *Monter une affaire*, poner un negocio, instalar un comercio, una tienda. || *Parler affaires*, hablar de negocios.
4. JUSTICE. — Pleito, *m.* ; proceso, *m.* : *l'affaire X contre Y*, el pleito de X contra Y. || Causa : *instruire une affaire*, instruir una causa. || Caso, *m.* : *l'affaire Dreyfus*, el caso Dreyfus.
5. DÉSAGRÉMENT, CHOSE ENNUYEUSE. — Lance, *m.* : *une mauvaise affaire*, un lance desagradable ; *une affaire d'honneur*, un lance de honor. || Altercado, *m.* (dispute). || Peligro, *m.* (danger) : *tirer un malade d'affaire*, poner a un enfermo fuera de peligro. || *Avoir affaire à quelqu'un*, tener que ver con alguien. || *Faire son affaire à quelqu'un*, ajustarle las cuentas a uno, matarle (le tuer). || *Se tirer d'affaire*, salir de un mal paso, de apuro. || *Son affaire est claire*, no tiene por donde escapar.
6. COMBAT. — Acción : *l'affaire fut chaude*, la acción fue encarnizada.
7. OBJET QUELCONQUE. — Chisme, *m.*, trasto, *m.* : *où sont mes affaires à raser?*, ¿dónde están mis chismes de afeitar? || Ropa : *brosser ses affaires*, cepillarse la ropa ; *les affaires de tous les jours*, la ropa de diario. || *Bártulos, m. pl.* (menus objets appartenant à quelqu'un) : *emporte toutes tes affaires*, llévate todos tus bártulos.
affairé, e adj. Muy ocupado, da ; muy atareado, da.
affairement m. Agitación, *f.*, ajetreo (agitation). || Animación, *f.* (animation).
affairer (s') v. pr. Atarearse, agitarse. || Atender solícitamente, dedicar todas sus atenciones a : *s'affairer auprès d'un malade*, atender solícitamente a un enfermo.
affairisme m. Mercantilismo.
affairiste m. Especulador, negociante poco escrupuloso.
— OBSERV. Esta palabra y la anterior se usan generalmente en sentido despectivo.
affaissé, e adj. Hundido, da. || FIG. Abatido, da ; agobiado, da (écrasé sous un poids).
affaissement m. Hundimiento. || FIG. Postración, *f.*, decaimiento.

affaisser v. tr. Hundir (sol, terrain). ‖ Agobiar (ployer sous le faix). ‖ Fig. Abatir, postrar (moralement).
— V. pr. Hundirse (terrain). ‖ Desplomarse : *il s'affaissa sur la chaise,* se desplomó en la silla. ‖ Pandearse, doblarse (plier sous un poids). ‖ Fig. Abatirse, postrarse (moralement). ‖ Sucumbir : *l'Empire romain s'affaissa au Ve siècle,* el Imperio Romano sucumbió en el siglo V. ‖ Debilitarse : *son esprit s'affaisse de jour en jour,* sus facultades mentales se debilitan cada día.

affaitage ou **affaitement** m. Amaestramiento (dressage). ‖ Curtido (des peaux).

affaiter v. tr. Amaestrar (dresser). ‖ Curtir (les peaux).

affalement m. Fam. Agotamiento.

affaler v. tr. et intr. Mar. Amollar, arriar (filer un cordage).
— V. pr. Mar. Aconcharse (se dit du bateau qui va à la côte). ‖ Descolgarse (se laisser glisser le long d'un câble). ‖ Fam. Desplomarse, dejarse caer.

affamé, e adj. et s. ● Hambriento, ta. ‖ Fig. Ansioso, sa ; ávido, da ; sediento, ta : *affamé de gloire,* ávido de gloria.
— Syn. ● *Boulimique,* bulímico. *Famélique,* famélico. *Meurt-de-faim,* muerto de hambre. *Pop. Crève-la-faim,* hambrón.

affamer v. tr. Hacer padecer hambre, hambrear.

affameur, euse adj. et s. Logrero, ra ; acaparador, ra.

afféager* v. tr. Enfeudar, enajenar.

affectable adj. Hipotecable.

affectation f. Asignación, destinación, aplicación. ‖ Destino, m. (à un poste). ‖ Afectación : *affectation de bonté,* afectación de bondad. ‖ ● Afectación, amaneramiento, m. : *l'affectation de son style,* el amaneramiento de su estilo. ‖ Dr. Afectación, gravamen, m. (charge).
— Syn. ● *Afféterie,* amaneramiento. *Cultisme,* culteranismo. *Mièvrerie,* remilgo, melindre. *Préciosité,* conceptismo. *Recherche,* rebuscamiento. *Singularité,* singularidad.

affecté, e adj. ● Afectado, da ; amanerado, da (pas naturel). ‖ Atribuido, da ; destinado, da (destiné). ‖ Destinado, da (à un poste). ‖ Fingido, da ; simulado, da : *douleur affectée,* dolor fingido. ‖ Fig. Afectado, da ; conmovido, da (ému). ‖ Méd. Atacado, da ; aquejado, da : *affecté de rhumatismes,* aquejado de reumatismo.
— Syn. ● *Ampoulé,* ampuloso. *Etudié,* estudiado. *Guindé,* tentetieso. *Maniéré,* amanerado. *Mièvre,* melindroso, remilgado. *Précieux,* conceptuoso. *Prétentieux,* presuntuoso, presumido. *Recherché,* rebuscado.

affecter v. tr. ● Afectar, aparentar, fingir : *affecter du zèle,* aparentar celo. ‖ ◆ Destinar, asignar : *affecter une somme,* destinar una cantidad. ‖ Destinar (à un poste). ‖ Fig. Presentar (forme, aspect). ‖ Conmover (émouvoir). ‖ Afligir, afectar (affliger). ‖ Tener influencia sobre : *un événement qui affecte l'humanité,* un acontecimiento que tiene influencia sobre la humanidad. ‖ Méd. Atacar : *une maladie qui affecte la vue,* una enfermedad que ataca la vista. ‖ *Être affecté de,* experimentar, soportar, sufrir (subir).
— Syn. ● *Afficher,* ostentar, hacer alarde de. *Se piquer de,* preciarse de.
— ◆ *Assigner,* asignar.

affectif, ive adj. Afectivo, va.

affection f. Afección (impression). ‖ ● Afecto, m., cariño, m. (amitié) : *avoir de l'affection pour,* tener afecto ou cariño a. ‖ Méd. Afección, dolencia.
— Syn. ● *Amitié,* amistad. *Amour,* amor. *Attachement,* apego. *Dilection,* dilección. *Passion,* pasión. *Penchant,* inclinación. *Tendresse,* ternura.

affectionné, e adj. Querido, da (cher). ‖ Afecto,

ta (dévoué) ; afectísimo, ma : *votre affectionné serviteur,* su afectísimo servidor.

affectionner v. tr. Querer, tener cariño a, tener afecto a.
— Observ. Este verbo se emplea abusivamente cuando se dice *elle affectionne cette robe* en lugar de *elle aime particulièrement cette robe.*

affectivité f. Afectividad.

affectueux, euse adj. Afectuoso, sa ; cariñoso, sa.

affenage m. Forraje.

afférent, e adj. Anat. Aferente : *canal afférent,* canal aferente. ‖ Dr. Correspondiente : *droits afférents,* derechos correspondientes.

affermable adj. Arrendable.

affermage m. Arrendamiento, arriendo.

affermataire m. et f. Arrendatario, ria.

affermer v. tr. Arrendar.

affermir v. tr. Dar firmeza, afirmar : *affermir un terrain,* afirmar un terreno. ‖ Fig. Consolidar : *affermir le pouvoir,* consolidar el poder.
— Syn. *Conforter,* confortar. *Corroborer,* corroborar, robustecer. *Fortifier,* fortalecer, fortificar. *Raffermir,* asegurar. *Renforcer,* reforzar. *Tremper,* templar.

affermissement m. Consolidación, *f.,* fortalecimiento. ‖ Endurecimiento (durcissement). ‖ Firmeza, *f.* (fermeté).

affété, e adj. Afectado, da ; amanerado, da.

afféterie f. Afectación, amaneramiento, *m.*

affichage m. Fijación (*f.*) de anuncios ou carteles. ‖ Fig. Alarde, ostentación, *f.* (de ses principes, etc.). ‖ *Tableau d'affichage,* tablón, tablero, tablilla de anuncios (pour annonces) ; marcador, tanteador (sports).

affichant, e adj. Comprometedor, ra.

affiche f. ● Anuncio, *m.,* cartel, *m.* ‖ (P. us.). Fig. Indicio, *m.,* señal, muestra (signe). ‖ — *Affiche lumineuse,* anuncio luminoso. ‖ *Tenir l'affiche,* mantenerse en el cartel (un spectacle).
— Observ. *Annonce* es el simple aviso insertado en un periódico ; *affiche,* el cartel o anuncio que se fija en una pared, etc.
— *Anuncio* correspond à l'annonce ou bien au placard fixé au mur, illustré ou non, et, par extension, à toute manifestation publicitaire apposée sur la voie publique, comme l'affiche lumineuse.
— Syn. ● *Annonce,* anuncio. *Placard,* cartel. *Prospectus,* prospecto.

afficher v. tr. Fijar carteles ou anuncios : *défense d'afficher,* prohibido fijar carteles ou anuncios. ‖ Anunciar : *afficher une vente aux enchères,* anunciar una subasta. ‖ Fig. Hacer alarde de, hacer ostentación de : *afficher son indifférence,* hacer alarde de indiferencia. ‖ Pregonar, vocear : *afficher sa honte,* pregonar su vergüenza.
— V. pr. Hacerse ver, mostrarse, exhibirse.

afficheur m. Fijador de carteles, cartelero.

affichiste m. Cartelista.

affidavit [afidavit] m. Afidávit (déclaration sous serment).

affidé, e adj. De confianza.
— M. et f. Confidente. ‖ Espía (espion).

affilage m. Afiladura, *f.,* afilado.

affilé, e adj. Afilado, da (couteau, etc.). ‖ — *D'affilée,* de un tirón ; seguido, da : *quatre heures d'affilée,* cuatro horas seguidas. ‖ — Fig. *Avoir la langue bien affilée,* hablar por los codos.

affiler v. tr. Afilar.

affileur m. Afilador.

affiliation f. Afiliación.

affilié, e adj. et s. Afiliado, da.

affilier* v. tr. Afiliar.
— V. pr. Afiliarse.

affiloir m. Afiladera, *f.* (pierre). ‖ Afilador (pour rasoir). ‖ Chaira, *f.* (boucher).

affinage m. Afinado, afinación, *f.*

affinement m. Afinamiento.

affiner v. tr. Afinar. ‖ Aguzar (aiguiser). ‖ Fig.

Afinar (personne, caractère). ‖ AGRIC. Mullir (la terre). ‖ TECHN. Refinar (raffiner). ‖ Acrisolar (purifier au creuset). ‖ Acendrar (l'or, l'argent). ‖ Asedar (le chanvre).

affinerie f. Refinería (local), refinado, *m.*, refinación (opération).

affineur, euse m. et f. Refinador, ra.

affinité f. Afinidad.

affinoir m. Sedadera, *f.* (chanvre).

affiquet m. Palillo, daguilla, *f.* (pour le tricot). ‖ — Pl. FIG. Perifollos.

affirmateur, trice m. et f. Afirmador, ra.

affirmatif, ive adj. et s. m. Afirmativo, va. ‖ *Dans l'affirmative*, en caso afirmativo.

affirmation f. Afirmación.

— SYN. *Allégation*, alegación, alegato. *Assertion*, aserto.

affirmer v. tr. ● Afirmar : *affirmer par serment*, afirmar con juramento. ‖ Demostrar (faire preuve de).

— V. pr. Asentar : *son caractère s'affirme*, su carácter se asienta. ‖ Confirmar : *son courage s'affirme*, su valor se confirma.

— SYN. ● *Assurer*, asegurar. *Attester*, atestar, atestiguar. *Certifier*, certificar. *Garantir*, garantizar. *Jurer*, jurar.

affixe adj. m. et s. m. GRAMM. Afijo.

affleurage m. Desleimiento de la pasta de papel.

affleurement m. Emparejamiento, nivelación, *f.* ‖ GÉOL. Afloramiento (d'un filon, etc.).

affleurer v. tr. Emparejar, nivelar.

— V. intr. Aflorar (filon, source, etc.).

afflictif, ive adj. Aflictivo, va.

affliction f. Aflicción.

affligé, e adj. et s. Afligido, da : *affligé par une nouvelle*, afligido de *ou* con una noticia. ‖ Aquejado, da; afligido, da : *affligé d'une maladie*, aquejado de una enfermedad.

affligeant, e adj. Afligente.

affliger* v. tr. Afligir (attrister). ‖ Aquejar, afligir (maladie). ‖ Mortificar, torturar (mortifier).

— V. pr. Afligirse : *s'affliger d'une perte*, afligirse por *ou* de una pérdida.

afflouer v. tr. MAR. Desencallar, poner a flote.

affluence f. Afluencia. ‖ Concurrencia (foule) : *dans ce théâtre, il y avait affluence*, en este teatro había gran concurrencia. ‖ Abundancia : *affluence de biens*, abundancia de bienes.

affluent, e [aflyã, ã:t] adj. et s. m. Afluente.

affluer v. intr. Afluir : *les renseignements affluent*, los informes afluyen.

afflux [afly] m. Aflujo : *un afflux de sang*, un aflujo de sangre. ‖ Afluencia, *f.* (de personnes).

affolant, e adj. Enloquecedor, ra.

affolé, e adj. Enloquecido, da. ‖ Loca (boussole).

affolement m. Enloquecimiento. ‖ MAR. Perturbación (*f.*) de la brújula.

affoler v. tr. Enloquecer : *affolé de peur*, enloquecido de miedo ; *affolé par la douleur*, enloquecido por el dolor. ‖ MAR. Perturbar, volver loca (boussole). ‖ FIG. Descomponer (moteur, etc.).

— V. pr. Enloquecerse ‖ Volverse loco, perder la cabeza. ‖ Azararse (se troubler).

affouage m. Derecho de aprovecharse de las plantaciones forestales del municipio.

affouagé, e m. et f. V. AFFOUAGISTE.

affouager* v. tr. Hacer la lista de las personas que pueden beneficiar de las plantaciones forestales del municipio.

affouagiste m. et f. Persona que beneficia del derecho a la leña de las plantaciones del municipio.

affouillement [afujmã] m. Derrubio.

affouiller v. tr. Derrubiar : *l'eau affouille les berges*, el agua derrubia las orillas.

affourager* v. tr. Dar forraje *ou* echar pienso a.

affourcher v. tr. MAR. Amarrar con dos anclas.

affranchi, e adj. Libre, exento, ta : *affranchi de toute obligation*, libre de toda obligación. ‖ Emancipado, da (émancipé). ‖ Franqueado, da (lettres). ‖ Despreocupado, da (libre de préjugés). — M. et f. Liberto, ta (esclaves).

affranchir v. tr. ● Libertar (esclaves). ‖ Librar (délivrer) : *affranchir de la tyrannie*, librar de la tiranía. ‖ Eximir, exentar (exempter). ‖ Franquear (lettres). ‖ FAM. Eximir (des préjugés). ‖ MAR. Zafar : *affranchir une ancre*, zafar un ancla. ‖ *Machine à affranchir*, máquina franqueadora.

— V. pr. Liberarse, independizarse.

— SYN. ● *Délivrer*, libertar. *Emanciper*, emancipar. *Libérer*, liberar. *Racheter*, rescatar. *Rédimer*, redimir.

affranchissement m. Liberación, *f.*, manumisión, *f.* : *l'affranchissement des esclaves*, la liberación de los esclavos. ‖ Franqueo (postes). ‖ Exención, *f.* (d'impôt).

affranchisseur m. Libertador, liberador.

affres f. pl. Ansias, angustias : *les affres de la mort*, las ansias de la muerte.

affrètement m. Fletamento.

affréter* v. tr. Fletar (bateau, avion).

affréteur m. Fletador.

affreux, euse [afrø, ø:z] adj. Horroroso, sa : *spectacle affreux*, espectáculo horroroso. ‖ FAM. Horrible, horroroso, sa : *un temps affreux*, un tiempo horroroso.

affriander v. tr. Engolosinar (allécher).

affricher v. tr. Dejar baldío.

affriolant, e adj. Atractivo, va ; apetecible.

affrioler v. tr. Engolosinar.

affriquée f. GRAMM. Africada.

affront [afrõ] m. Afrenta, *f.*, baldón. ‖ — *Boire, avaler, dévorer un affront*, tragar una afrenta. ‖ *En avoir l'affront*, fracasar. ‖ *Essuyer, subir un affront*, sufrir una afrenta. ‖ *Faire affront*, afrentar. ‖ *Sa mémoire lui fit affront*, le falló la memoria.

affronté, e adj. BLAS. Afrontado, da.

affrontement m. Afrontamiento. ‖ Enfrentamiento (d'un danger, conflit).

affronter v. tr. Hacer frente a, afrontar (mettre en face). ‖ Arrostrar, enfrentar : *affronter un danger*, arrostrar un peligro. ‖ Encabezar, unir por los extremos (des panneaux). ‖ (P. us.). FIG. Engañar (tromper).

— V. pr. Enfrentarse, afrontarse.

affruiter v. tr. Plantar árboles frutales.

— V. intr. Llevar fruto.

— V. pr. Llevar *ou* dar fruto.

affublement m. Traje ridículo.

affubler v. tr. Vestir, poner un traje ridículo (habiller). ‖ FIG. Poner, dar : *il l'affubla d'un nom étrange*, le dio un nombre extraño.

affusion f. Afusión.

affût [afy] m. Puesto (de chasseur) : *chasser à l'affût*, cazar en puestos. ‖ FIG. Acecho (aguets) : *être à l'affût*, estar al acecho. ‖ MIL. Cureña, *f.* (canon), afuste (fusil).

affûtage m. Afiladura, *f.*, afilado.

affûter v. tr. Afilar.

affûteur, euse adj. et s. Afilador, ra.

affûtiau m. FAM. Baratija, *f.*

afghan, e adj. et s. Afgano, na.

Afghanistan n. pr. m. GÉOGR. Afganistán.

afin de loc. prép. A fin de : *afin de savoir*, a fin de saber.

afin que loc. conj. A fin de que, con el fin de que.

africain, e adj. et s. Africano, na.

africanisation f. Africanización.

africanisme m. Africanismo.

africaniste adj. et s. Africanista.

Afrikaander et **afrikaner** m. et f. Afrikánder.

Afrique n. pr. f. GÉOGR. África.

afro-asiatique adj. et s. Afroasiático, ca.

aga m. V. AGHA.

agaçant, e adj. Irritante, molesto, ta : *bruit agaçant*, ruido molesto. ‖ Provocativo, va : *regards agaçants*, miradas provocativas.

agace f. Picaza, urraca.

agacement m. Irritación, *f.* : *agacement des nerfs*, irritación nerviosa. ‖ Dentera, *f.* (des dents).

agacer* v. tr. Dar dentera : *l'oseille agace les dents*, la acedera da dentera. ‖ FIG. Irritar, poner nervioso, impacientar : *son rire m'agace*, su risa me irrita. ‖ Provocar, excitar : *agacer un chien*, provocar a un perro. ‖ Atraer con melindres *ou* arrumacos (pour séduire).

agacerie f. Arrumaco, *m.*, carantoña (minauderie).

agaillardir [agajardi:r] v. tr. Alegrar, animar.

agape f. Ágape, *m.*

agar-agar m. Agar-agàr.

agaric m. Agárico.

agasse f. Picaza, urraca.

agassin m. BOT. Jerpa, *f.*

agate f. Ágata (pierre précieuse).

Agathe n. pr. f. Águeda.

agatiser v. tr. Agatizar.

agave ou **agavé** m. BOT. Agave, *f.*, pita, *f.*

age m. Cama, *f.* (partie de la charrue).

âge m. Edad, *f.* : *déclarer son âge*, declarar su edad. ‖ Edad, *f.* : *le Moyen Âge*, la Edad Media ; *l'âge de la pierre*, la Edad de Piedra ; *l'âge d'or*, la edad de oro. ‖ Edad, *f.* : *personne d'âge*, persona de edad. ‖ — *Âge critique*, edad crítica. ‖ *Âge de raison*, edad del juicio, de razón. ‖ *Âge ingrat*, edad del pavo. ‖ *Âge légal*, edad legal. ‖ *Âge mûr*, edad madura. ‖ *Bel âge*, juventud. ‖ *Fleur de l'âge*, flor de la edad, años floridos. ‖ *Grand âge*, edad provecta, avanzada. ‖ *Jeune âge*, infancia. ‖ *Premier âge*, primera edad. ‖ *Retour d'âge*, edad crítica, menopausia. ‖ — *À travers les âges*, a través de los tiempos *ou* de las épocas. ‖ *D'âge avancé*, entrado en años. ‖ *D'âge scolaire*, en edad escolar. ‖ *Dans la force de l'âge*, en plenitud de la vida. ‖ *D'un certain âge*, de cierta edad. ‖ *En bas âge*, en la primera infancia. ‖ *Entre deux âges*, ni joven ni viejo, de mediana edad. ‖ *Hors d'âge*, que ha cerrado (cheval). ‖ — *C'est un bel âge*, es una edad respetable. ‖ *Être d'âge à* o *en âge de*, tener edad para. ‖ *Être sur l'âge*, acercarse a la vejez. ‖ *Ne pas faire son âge*, no aparentar su edad. ‖ *Prendre de l'âge*, envejecer.

âgé, e adj. De edad : *âgé de vingt ans*, de veinte años de edad. ‖ ● Entrado, da, en años : *un homme âgé*, un hombre entrado en años. ‖ *Moins âgé*, de menor edad. ‖ *Plus âgé*, de más edad, mayor.
— SYN. ● *Sénile,* senil. *Vieux,* viejo. Pop. Gâteux, chocho.

agence f. Agencia : *agence matrimoniale*, agencia matrimonial. ‖ Gestoría (administrative).

agencement m. Disposición, *f.*, arreglo.

agencer* v. tr. Disponer, arreglar (disposer). ‖ Armonizar (les couleurs).

agenceur, euse m. et f. Persona que arregla *ou* dispone.

agenda [aʒɛ̃da] m. Agenda, *f.* (de poche). ‖ Dietario (livre).

agénésie f. MÉD. Agenesia.

agenouillement m. Arrodillamiento.

agenouiller (s') [saʒənuje] v. pr. Arrodillarse, hincarse de rodillas.
— SYN. *Plier le genou*, doblar la rodilla. *Se mettre à genoux*, ponerse de rodillas, de hinojos. *Se prosterner*, postrarse, prosternarse.

agenouilloir [aʒənujwar] m. Reclinatorio.

agent [aʒɑ̃] m. Agente : *agent d'assurances*, agente de seguros ; *agent de change*, agente de cambio y bolsa. ‖ Agente : *agent chimique, atmo-*

sphérique, agente químico, atmosférico. ‖ ● Guardia, agente, policía (de police). ‖ — MIL. *Agent de liaison*, enlace. ‖ *Agent provocateur*, provocador. ‖ *Agent voyer*, sobrestante *ou* capataz de obras públicas.
— SYN. ● *Sergent de ville*, guardia. *Gardien de la paix*, guardia urbano, guardia municipal. *Argousin*, corchete. *Flic*, guindilla, poli.

agérate ou **ageratum** m. BOT. Agerato.

agglomérant, e adj. et s. m. Aglomerante.

agglomérat m. MIN. Aglomerado.

agglomération f. Aglomeración. ‖ Poblado, *m.* : *traverser une agglomération*, atravesar un poblado. ‖ Ciudad y sus suburbios : *l'agglomération parisienne*, París y sus suburbios.

aggloméré, e adj. et s. m. Aglomerado, da.

agglomérer* v. tr. Aglomerar.
— V. pr. Aglomerarse.

agglutinant, e adj. et s. m. Aglutinante : *emplâtre agglutinant*, emplasto aglutinante ; *langue agglutinante*, lengua aglutinante.

agglutination f. Aglutinación.

agglutiner v. tr. Aglutinar.
— V. pr. Aglutinarse.

agglutinogène m. BIOL. Aglutinógeno.

aggravant, e adj. Agravante : *circonstance aggravante*, circunstancia agravante.

aggravation f. Agravación : *l'aggravation d'une maladie*, la agravación de una enfermedad.

aggravée f. Inflamación de las patas del perro.

aggraver v. tr. Agravar : *aggraver ses torts*, agravar su culpa.
— V. pr. Agravarse : *maladie qui s'aggrave*, enfermedad que se agrava.

agha m. Aga (dignité musulmane).

agile adj. Ágil.
— SYN. *Alerte*, despierto, despabilado. *Fringant*, vivo. *Leste*, ligero, suelto. *Preste*, presto. *Prompt*, pronto. *Sémillant*, vivaracho.

agilité f. Agilidad.

agio m. Agio (spéculation).

agiotage m. Agiotaje, agio.

agioter v. tr. Especular por medio del agiotaje.

agioteur m. Agiotista.

agir v. intr. Obrar, actuar : *agir librement*, obrar libremente. ‖ Comportarse, conducirse : *il a bien agi*, se ha comportado bien. ‖ Ejercer acción, actuar : *les acides agissent sur les métaux*, los ácidos ejercen acción sobre *ou* en los metales. ‖ Hacer efecto : *un remède qui n'agit pas*, un remedio que no hace efecto. ‖ Actuar : *la bielle agit sur la roue*, la biela actúa sobre la rueda. ‖ DR. Actuar : *agir civilement*, actuar por lo civil. ‖ *Agir auprès de*, tratar de, influir a, intervenir en.
— V. pr. Tratarse : *il s'agit de son frère*, se trata de su hermano.

agissant, e adj. Activo, va : *caractère agissant*, carácter activo.

agissement m. Maniobra, *f.*, artimaña, *f.*
— OBSERV. Úsase más en pl. y en sentido despectivo.

agitateur, trice m. et f. Agitador, ra. ‖ — M. CHIM. Agitador (pour remuer).

agitation f. Agitación. ‖ FIG. *Semer l'agitation dans les esprits*, sembrar la agitación en los ánimos.

agité, e adj. et s. Agitado, da.

agiter v. tr. ● Agitar. ‖ Discutir, debatir : *agiter une question*, discutir un asunto. ‖ FIG. Esgrimir, asustar con : *agiter le danger d'une révolution*, asustar con el peligro de una revolución. ‖ Excitar : *agiter le peuple*, excitar al pueblo.
— V. pr. Agitarse.
— SYN. ● *Battre*, batir. *Ébranler*, conmover. *Remuer*, menear, mover. *Secouer*, sacudir. *Touiller*, revolver. *Fig. Brasser*, bracear.

Aglaé n. pr. f. MYTH. Aglaya.

agnat [agna] m. Dʀ. Agnado (parent).

agnation [agnasjɔ̃] f. Agnación, parentesco, m.

agneau [aɲo] m. Cordero (jusqu'à un an), borrego (d'un à deux ans). ‖ Fɪɢ. Cordero : *doux comme un agneau*, manso como un cordero. ‖ « Agneau » (fourrure). ‖ *Agneau de Dieu*, Cordero de Dios. ‖ *Agneau tanné*, napa, f. (peau).

agnelage m. Parto de la oveja.

agnelée f. Cría de la oveja.

agnèlement m. Parto de la oveja.

agneler* v. intr. Parir [la oveja].

agnelet m. Corderillo.

agnelin m. Añinos, pl. (laine d'agneau).

agneline f. Primera lana del cordero.

agnelle f. Cordera.

agnès f. Fᴀᴍ. Ingenua.

Agnès n. pr. f. Inés.

agnosie [agnozi] f. Agnosia.

agnosticisme [agnɔstisism] m. Agnosticismo.

agnostique adj. et s. Agnóstico, ca (incrédule).

agnus [agnys] m. Rᴇʟɪɢ. Agnus. ‖ *Agnus Dei*, Agnus Dei, Cordero de Dios (prière).

agnus-Dei m. inv. Agnusdéi (médaillon).

agonie f. Agonía. ‖ Fɪɢ. Agonía, fin, m. : *l'agonie d'une dynastie*, la agonía de una dinastía.

agonir v. tr. Colmar, llenar : *agonir d'injures*, colmar de injurias.

agonisant, e adj. et s. Agonizante.

agoniser v. intr. Agonizar.

— Oʙsᴇʀᴠ. Es barbarismo en francés usar este verbo por *agonir*.

agonistique adj. Pʜɪʟᴏs. Agonístico, ca.

agora f. Ágora (place d'Athènes).

agoraphobe adj. et s. Agoráfobo, ba.

agoraphobie f. Mᴇᴅ. Agorafobia.

agouti m. Agutí (rongeur américain).

agrafage m. Abrochadura, f., abrochado (d'un vêtement). ‖ Aʀᴄʜɪᴛ. Engrapado. ‖ Mᴇᴅ. Sujeción (f.) con grapas.

agrafe f. Corchete, m. (pour agrafer les vêtements). ‖ Broche, m., alfiler (m.) de adorno. ‖ Alamar, m. (pour le col des manteaux). ‖ Cierre, m. (fermoir d'un livre). ‖ Prendedor, m. (de stylo). ‖ Aʀᴄʜɪᴛ. Grapa. ‖ Mᴇᴅ. Grapa, pinza. ‖ Tᴇᴄʜɴ. Grapa : *agrafe de courroie*, grapa de correa.

agrafer v. tr. Abrochar (vêtement). ‖ Sujetar *ou* coser con grapas (des papiers). ‖ Cerrar, enganchar (avec un fermoir). ‖ Aʀᴄʜɪᴛ. Engrapar. ‖ Pᴏᴘ. Echar el guante : *agrafer un filou*, echar el guante a un ratero.

agrafeuse f. Máquina de coser papeles con grapas.

agrainer v. tr. Echar grano [a las aves].

agraire adj. Agrario, ria : *réforme agraire*, reforma agraria.

agrandir v. tr. Agrandar : *agrandir sa maison*, agrandar su casa. ‖ Fɪɢ. Ampliar (amplifier), aumentar (augmenter), ensanchar (élargir). ‖ Engrandecer : *la lecture agrandit l'esprit*, la lectura engrandece el espíritu. ‖ Pʜᴏᴛ. Ampliar, hacer una ampliación de.

— V. pr. Agrandarse. ‖ Crecer, extenderse : *Madrid s'agrandit de jour en jour*, Madrid crece constantemente. ‖ Hacer una ampliación, ampliarse : *le magasin va s'agrandir*, el almacén va a hacer una ampliación.

agrandissement m. Ensanche : *l'agrandissement d'une ville*, el ensanche de una ciudad. ‖ Ampliación, f. : *agrandissement d'une boutique*, ampliación de una tienda. ‖ Fɪɢ. Engrandecimiento. ‖ Pʜᴏᴛ. Ampliación, f.

agrandisseur m. Ampliadora, f. (photographie).

agraphie f. Agrafia (impossibilité d'écrire).

agrarianisme m. Agrarismo (parti politique).

agrarien, enne adj. et s. Agrario, ria.

agréable adj. ● Agradable : *agréable à tous*,

agradable para todos. ‖ Gratò, ta : *rendre agréable*, hacer grato. ‖ ◆ Agradable, apetitoso. ‖ Fɪɢ. Agradable, afable.

— M. Lo agradable : *joindre l'utile à l'agréable*, unir lo útil con lo agradable.

— Sʏɴ. ● *Délicieux*, delicioso, deleitoso (style soutenu). *Doux*, dulce. *Exquis*, exquisito.

— ◆ *Savoureux*, sabroso. *Succulent*, suculento.

agréé m. Abogado en un tribunal de comercio.

agréer* v. tr. Aceptar [gustoso], admitir : *agréer une offrande*, aceptar una ofrenda. ‖ Recibir : *agréez mes sincères félicitations*, reciba mi sincera enhorabuena. ‖ Mᴀʀ. Aparejar (gréer). ‖ *Veuillez agréer mes salutations distinguées*, le saluda atentamente.

— V. intr. Agradar, placer : *cela ne m'agrée pas*, esto no me place.

agrégat [agrega] m. Agregado, conglomerado.

agrégatif, ive adj. Agregativo, va.

— M. Opositor a una cátedra de instituto *ou* de universidad.

agrégation f. Agregación. ‖ Admisión (à un corps, à une société). ‖ Oposición a una cátedra de instituto *ou* de universidad. ‖ Título (m.) de catedrático por oposición (en un instituto francés) *ou* de profesor (en una facultad francesa). ‖ *Être reçu à une agrégation de lettres*, ganar las oposiciones a una cátedra de Letras.

agrégé, e m. et f. Catedrático de instituto *ou* de universidad por oposición.

agréger* v. tr. Agregar. ‖ Admitir (dans un corps ou une société). ‖ Asociar, combinar (combiner).

— V. pr. Agregarse : *s'agréger à un groupe*, agregarse a un grupo.

agrément m. Consentimiento, beneplácito : *obtenir l'agrément de sa famille pour se marier*, conseguir el consentimiento de su familia para casarse. ‖ Agrado : *trouver de l'agrément à une conversation*, hallar agrado en una conversación. ‖ Encanto (charme) : *l'agrément des vacances*, el encanto de las vacaciones. ‖ Atractivo : *personne pleine d'agrément*, persona llena de atractivo. ‖ Recreo : *voyage d'agrément*, viaje de recreo. ‖ *Arts d'agréments*, artes de adorno. ‖ — Pl. Floreos (ornements du discours, du chant). ‖ Agremanes (ornements d'un costume). ‖ Tʜᴇᴀᴛʀ. Aparato (sing.) escénico.

agrémenter v. tr. Adornar (un vêtement, etc.). ‖ Amenizar, hacer agradable (un récit, etc.).

agrès [agrɛ] m. pl. Mᴀʀ. Aparejos. ‖ Aparatos de gimnasia (sports).

agresser v. tr. Agredir.

agresseur m. Agresor.

— Oʙsᴇʀᴠ. El sustantivo *agresseur* no tiene forma femenina : *sa femme était l'agresseur*, su mujer era la agresora.

agressif, ive adj. Agresivo, va : *ton agressif*, tono agresivo. ‖ Provocativo, va : *un décolleté agressif*, un escote provocativo.

agression f. Agresión.

agressivité f. Agresividad, acometividad.

agreste adj. Agreste : *paysage agreste*, paisaje agreste. ‖ Silvestre : *plante agreste*, planta silvestre.

agricole adj. Agrícola.

agriculteur m. Agricultor, labrador.

→ Sʏɴ. *Agronome*, agrónomo. *Cultivateur*, labrador, cultivador (p. us.). *Laboureur*, arador (p. us.). *Propriétaire foncier*, terrateniente, hacendado.

agriculture f. Agricultura.

agriffer (s') v. pr. Agarrarse.

Agrigente n. pr. Gᴇ́ᴏɢʀ. Agrigento.

agripaume f. Bᴏᴛ. Agripalma.

agripper v. tr. Agarrar.

— V. pr. Agarrarse.

Agrippine n. pr. f. Agripina.

agronome m. Agrónomo.
agronomie f. Agronomía.
agronomique adj. Agronómico, ca.
agrostide f. BOT. Grama.
agrumes m. pl. Agrios (fruits).
aguerrir v. tr. Aguerrir (exercer à la guerre). ‖ Avezar (habituer) : *aguerri au froid,* avezado al frío. ‖ Curtir, endurecer (endurcir). — V. pr. Aguerrirse. ‖ FIG. Avezarse (s'habituer). ‖ Curtirse, endurecerse (contre le froid, etc.).
aguerrissement m. Preparación (f.) a la guerra. ‖ FIG. Endurecimiento.
aguets [agɛ] m. pl. Acecho, sing. : *être aux aguets,* estar al *ou* en acecho.
— OBSERV. Úsase también a veces el singular *aguet* con el significado de *trampa, emboscada.*
aguichant, e adj. FAM. Incitante, provocante.
aguicher v. tr. FAM. Incitar, provocar.
aguicheur, euse adj. et s. FAM. Incitador, ra.
ah! interj. ¡Ah!
ahan m. Jadeo (halètement). ‖ (Vx). Afán, esfuerzo penoso (effort).
ahaner v. intr. Jadear (haleter). ‖ (Vx). Afanarse.
aheurter (s') v. pr. Empeñarse, obstinarse (s'entêter). ‖ Chocar con, tropezar con (buter contre).
ahuri, e adj. et s. FAM. Atontado, da ; atolondrado, da. ‖ Estupefacto, ta ; asombrado, da.
ahurir v. tr. FAM. Atontar, atolondrar.
ahurissant, e adj. FAM. Sorprendente, pasmoso, sa ; asombroso, sa.
ahurissement m. FAM. Asombro, estupefacción, f. (étonnement). ‖ Aturdimiento, atolondramiento (trouble des sens).
aï [ai] m. ZOOL. Perezoso, aí.
aiche f. Esca (de pêcheur).
aide f. Ayuda : *prêter son aide,* prestar ayuda de ; *crier à l'aide,* pedir ayuda ; *à l'aide de,* con ayuda, por medio de. ‖ — *À l'aide!,* ¡socorro!, ¡auxilio! ‖ *Dieu vous soit en aide,* Dios le ayude *ou* le ampare. ‖ *Venir en aide,* ayudar. ‖ — Pl. ÉQUIT. Ayudas. ‖ HIST. Impuestos (m.) indirectos [en tiempos de la antigua monarquía francesa].
aide m. Ayudante, ayuda. ‖ *Aide de camp,* edecán, ayudante de campo.
— OBSERV. *Ayuda* ne s'emploie plus que dans l'acception d'*ayuda de cámara,* valet de chambre.
— Las palabras compuestas de *aide* y un sustantivo pluralizan los dos elementos.
aideau m. Adral (d'une charrette).
aide-comptable m. Auxiliar de contabilidad.
aide-cuisinier m. Mozo de cocina.
aide-maçon m. Peón de albañil.
aide-mémoire m. inv. Prontuario, memorándum.
aide-opérateur m. Ayudante del operador.
aider v. tr. Ayudar : *aider à marcher,* ayudar a andar. ‖ ● Auxiliar, socorrer, amparar : *aider les malheureux,* amparar a los desvalidos. ‖ — *Dieu aidant,* Dios mediante. ‖ *Le temps aidant,* contando con el tiempo, con la ayuda del tiempo. — V. pr. Ayudarse. ‖ Servirse : *s'aider des deux mains,* servirse de ambas manos. ‖ Valerse de, ayudarse con (d'un collaborateur, d'un outil) : *s'aider d'un levier,* valerse de una palanca.
— SYN. ● *Assister,* asistir. *Favoriser,* favorecer. *Secourir,* socorrer, auxiliar. *Soutenir,* sostener.
aïe! interj. ¡Ay!
aïeul, e [ajœl, œ:l] m. et f. Abuelo, la. ‖ — Pl. Abuelos (grands-parents). ‖ ●´Antepasados (ancêtres).
— OBSERV. *Aïeul* tiene dos pl. en francés : *aïeuls* y *aïeux;* el último significa « los antepasados ». *Aïeul* y *aïeule,* anticuados, han sido reemplazados en el lenguaje corriente por *grand-père* y *grand-mère,* y en pl. por *grands-parents.*
— SYN. ● *Ascendants,* ascendientes, antecesores. *Pères,* padres. *Prédécesseurs,* predecesores.
aigle m. Águila, f. : *aigle royal,* águila real *ou*

caudal. ‖ Águila, f. (monnaie du Mexique, des Etats-Unis). ‖ Águila, f. (décoration) : *l'aigle noir de Prusse,* el águila negra de Prusia. ‖ ASTR. Águila, f. (constellation). ‖ FIG. Águila, f. (personne très perspicace). ‖ — *Aigle pêcheur,* pigargo (pygargue). ‖ *Grand aigle,* marca de papel de 1,06 × 0,75 m. ‖ *L'Aigle de Meaux,* Bossuet. ‖ *Un regard d'aigle,* una mirada de águila. ‖ — F. Águila (étendard) : *les aigles romaines,* las águilas romanas.
aiglefin m. Abadejo (poisson).
aiglon, onne m. et f. Aguilucho.
aigre adj. ● Agrio, a : *fruit aigre,* fruta agria. ‖ FIG. Agrio, a ; áspero, ra ; acre : *ton aigre,* tono agrio. ‖ Chillón, ona : *voix aigre,* voz chillona. — M. Agrio (goût) : *l'aigre du citron,* el agrio del limón. ‖ — *Sentir l'aigre,* oler a agrio. ‖ *Tourner à l'aigre,* agriarse.
— SYN. ● *Acerbe,* acerbo. *Acide,* ácido. *Acidulé,* acidulado. *Acre,* acre. *Aigre-doux,* agridulce. *Aigrelet,* agrete. *Sûr,* acedo. *Tourné,* cortado. *Vinaigré,* avinagrado.
aigre-doux, ouce adj. Agridulce.
— OBSERV. Pl. *aigres-doux* y *aigres-douces.*
aigrefin m. Estafador.
aigrelet, ette adj. Agrete. ‖ FIG. et FAM. Agridulce : *des paroles aigrelettes,* palabras agridulces.
aigremoine f. BOT. Agrimonia.
aigrette f. Copete, m. (d'oiseau). ‖ Airón, m., garzota (panache). ‖ Tembleque, m. (de diamants). ‖ Plumas, pl. (d'un chapeau). ‖ ZOOL. *Grande aigrette,* garzota. ‖ *Petite aigrette,* zaida.
aigreur f. Lo agrio, m., acritud, agrura : *l'aigreur du vinaigre,* lo agrio del vinagre. ‖ Acedía, acidez : *avoir des aigreurs d'estomac,* tener acedía. ‖ FIG. Acritud, aspereza, desabrimiento, m. : *parler avec aigreur,* hablar con acritud. ‖ *Avoir des aigreurs d'estomac,* tener acedía.
aigrir v. tr. Agriar, acedar. — V. intr. Agriarse, acedarse. ‖ FIG. *Caractère aigri,* carácter amargado *ou* agriado. — V. pr. Agriarse, acedarse.
aigrissement m. Agrura, f. ‖ FIG. Acritud, f.
aigu, ë adj. et s. Agudo, da.
— OBSERV. Téngase siempre en cuenta que la forma femenina lleva una diéresis sobre la *e* (aiguë).
aiguade f. MAR. Aguada.
aiguail m. (P. us.). Rocío.
aigue-marine f. Aguamarina.
— OBSERV. Pl. *aigues-marines.*
aiguière [egjɛ:r] f. Aguamanil, m.
aiguillage [eguija:ʒ] m. Sistema *ou* cambio de agujas, agujas, f. pl. [Amér., chucho] (chemin de fer) : *aborder l'aiguillage,* entrar en agujas. ‖ Maniobra (f.) de las agujas. ‖ FIG. Orientación, f.
aiguille [eguij] f. Aguja : *aiguille à tricoter,* aguja de hacer punto. ‖ Aguja, manecilla (de montre, d'horloge). ‖ Aguja (de clocher). ‖ Picacho, m. (montagne). ‖ Aguja (de pin). ‖ Aguja (poisson). ‖ Aguja (chemin de fer). ‖ — *Aiguille aimantée,* aguja imantada. ‖ *Aiguille à injection,* aguja de inyección. ‖ *Grande aiguille,* minutero. ‖ *Petite aiguille,* horario. ‖ — *De fil en aiguille,* de una cosa en otra, por deducción. ‖ — *Chercher une aiguille dans une botte de foin,* buscar una aguja en un pajar.
aiguillée f. Hebra [que pasa por el ojo de la aguja].
aiguiller v. tr. Cambiar las agujas para dirigir (un train). ‖ FIG. Encaminar, orientar, encauzar : *aiguiller des recherches,* orientar investigaciones.
aiguilleter* v. tr. Poner cordones.
aiguillette f. Agujeta, ceñidor, m. (cordon). ‖ Parte del lomo [de vaca]. ‖ CULIN. Tajada delgada [cortada del lomo de un ave]. ‖ — Pl. MIL. Cordones, m.

aiguilleur m. Guardaagujas.

aiguillier m. Alfiletero, agujero.

aiguillon [egɥiʒɔ̃] m. Aguijón (d'insecte). ‖ Espina, ƒ. púa, ƒ., aguijón (de plante). ‖ Aguijada, ƒ. [Amér., picana, ƒ.] (de bouvier). ‖ FIG. Aguijón, acicate : l'aiguillon de la jalousie, el aguijón de los celos. ‖ — Coup d'aiguillon, aguijonazo. ‖ Sous l'aiguillon de, aguijonado por, bajo el acicate de.

aiguillonnement m. Aguijonamiento. ‖ Acicate.

aiguillonner v. tr. Aguijonear [Amér., picanear]. ‖ FIG. Aguijonear : aiguillonner la curiosité, aguijonear la curiosidad.

— SYN. Éperonner, espolear, acicatear. Inciter, incitar. Stimuler, estimular.

aiguillot [egɥijo] m. MAR. Macho del timón.

aiguisage ou **aiguisement** m. Aguzamiento. ‖ Afilado, amolamiento (de couteaux, etc.).

aiguiser [egɥize o egize] v. tr. Aguzar (rendre pointu). ‖ ● Afilar, amolar (rendre tranchant). ‖ FIG. Aguzar (l'esprit, l'appétit). ‖ — Meule à aiguiser, muela. ‖ Pierre à aiguiser, piedra afiladera.

— OBSERV. Les verbes les plus courants en espagnol sont afilar ou amolar, en français, aiguiser.
— Affûter se emplea principalmente para las herramientas. Émoudre tiene un sentido figurado.
— SYN. ● Affiler, afilar. Affûter, afilar. Émoudre, amolar. Repasser, suavizar (vaciar, en parlant des rasoirs).

aiguiseur, euse m. et f. Aguzador, ra. ‖ Afilador, ra ; amolador, ra (de couteaux).

aiguisoir m. Afilador.

ail [a:j] m. Ajo. ‖ — Chapelet d'ails, ristra de ajos. ‖ Gousse d'ail, diente de ajo. ‖ Tête d'ail, cabeza de ajo.

— OBSERV. Pl. ails, forma más usada, y aulx.

ailante m. BOT. Ailanto.

aile f. Ala (d'oiseau). ‖ Ala (d'édifice, de fortification). ‖ Ala (d'avion). ‖ Aspa (d'un moulin). ‖ Aleta (d'auto, du nez). ‖ SPORTS. Extremo, m., ala, m. (d'une équipe). ‖ FIG. Protección : se réfugier sous l'aile de sa mère, refugiarse bajo la protección de su madre. ‖ TECHN. Pala, ala, paleta (d'hélice, de ventilateur). ‖ — À tire d'aile, a todo vuelo. ‖ Battement d'aile o coup d'aile, aletazo. ‖ — FIG. Battre de l'aile, estar alicaído. ‖ Battre des ailes, aletear. ‖ FAM. En avoir dans l'aile, llevar lo suyo. ‖ Ne battre que d'une aile, estar perniquebrado, estar mal. ‖ Prendre sous son aile, acoger en su regazo, proteger. ‖ Rogner les ailes, recortar las alas. ‖ Voler de ses propres ailes, volar con sus propias alas.

ailé, e adj. Alado, da.

aileron m. Alón (d'oiseau). ‖ Aleta, ƒ. (de poisson). ‖ Alerón (d'avion). ‖ POP. Remo, brazo. ‖ TECHN. Aleta (d'une roue de moulin).

ailette f. Aleta, álabe, m. (de bombe, de ventilateur). ‖ Aleta (d'avion). ‖ Barreta (de soulier).

ailier [ɛlje] m. Extremo, ala (football).

aillade f. Ajada, ajiaceite, m. [salsa de ajos].

ailleurs [ajœ:r] adv. En otra parte : chercher ailleurs, buscar en otra parte. ‖ — ● D'ailleurs, por otra parte (d'autre part), por lo demás, además (en outre). ‖ Nulle part ailleurs, en ninguna otra parte. ‖ Par ailleurs, por otro lado [loc. criticada por algunos en francés]. ‖ Partout ailleurs, en cualquier otra parte. ‖ — Avoir l'esprit ailleurs, estar distraído.

— SYN. ● Au demeurant, en resumen, en definitiva. Au reste, por lo demás. Au surplus, por encima, a mayor abundamiento. De plus, además. Du reste, fuera de esto. En outre, outre cela, además, encima. Puis, además.

ailloli m. Alioli, ajiaceite (sauce à l'ail et à l'huile).

aimable adj. Amable : aimable envers tous, amable para con todos. ‖ — C'est très aimable à vous,

es usted muy amable. ‖ Soyez assez aimable pour, tenga usted la amabilidad de.

— SYN. Accort, amable, gracioso. Affable, afable. Agréable, agradable. Amène, ameno. Avenant, servicial. Gentil, gentil (p. us.), gracioso (gracieux), bonito (joli). Gracieux, gracioso. Plaisant, apacible. Riant, risueño.

aimant m. Imán. ‖ Pierre d'aimant, piedra imán.

aimant, e adj. Cariñoso, sa ; un caractère aimant, un carácter cariñoso.

— OBSERV. No se confunda con el español amante, que como adj. significa en francés amoureux, épris, amant.
— SYN. Affectueux, afectuoso. Câlin, mimoso. Caressant, acariciador. Tendre, tierno.

aimantation f. Imantación, imanación.

aimanter v. tr. Imantar, imanar : aiguille aimantée, aguja imantada.

aimé, e adj. Amado, da ; querido, da.

aimer v. tr. ● Amar, querer (amar dans le style soutenu) : aimer son prochain, amar al prójimo ; aimer ses enfants, querer a sus hijos. ‖ Crecer mejor : la betterave aime les terres profondes, la remolacha crece mejor plantada muy hondo. ‖ Gustar (sens et construction du verbe fr. plaire) : j'aime ce genre de personnes, me gusta esta clase de personas ; aimer la danse, gustarle a uno el baile ; il aime aussi les bonbons, le gustan también los caramelos. ‖ — Aimer à o aimer (avec un infinitif), gustar : j'aime à lire, me gusta leer. ‖ Aimer autant, darle a uno lo mismo (être indifférent) : j'aime autant venir, lo mismo me da venir ; gustar lo mismo (plaire) : j'aime autant le miel que le sucre, me gusta lo mismo la miel que el azúcar ; preferir (préférer) : j'aime autant qu'il ne vienne pas, prefiero que no venga. ‖ Aimer mieux, aimer mieux que, preferir. ‖ Aimer que, gustar que : il aime qu'on s'intéresse à lui, le gusta que se interesen por él. ‖ Qui aime bien châtie bien, quien bien te quiere te hará llorar.

— OBSERV. Nótese que el francés emplea aimer en el sentido de amar, querer y gustar, mientras que en español amar pertenece más bien al estilo elevado.
— SYN. ● Adorer, adorar. Affectionner, cobrar afecto. Chérir, querer. Idolâtrer, idolatrar. Plaire, gustar. S'amouracher, enamoriscarse. S'éprendre, prendarse, enamorarse (d'amour), encariñarse (d'affection). Se passionner, apasionarse. Pop. Avoir le béguin, chalarse, chiflarse.

aine f. ANAT. Ingle. ‖ Espetón, m. (pour les harengs).

aîné, e adj. et s. Mayor (fils, fille), primogénito, ta (premier-né). ‖ Branche aînée, rama mayor (d'une famille). ‖ — M. et f. Hijo [hija] mayor (fils aîné, fille aînée). ‖ Mayor (plus âgé) : il est mon aîné de deux ans, es dos años mayor que yo. ‖ — Pl. Mayores, antepasados.

aînesse f. Primogenitura : droit d'aînesse, derecho de primogenitura.

ainsi adv. Así. ‖ — Ainsi de suite, así sucesivamente. ‖ Ainsi donc, vous êtes venu?, ¿conque ha venido. Ud.? ‖ Ainsi que, así como (comme), lo mismo que (pareil). ‖ Ainsi soit-il, así sea (souhait), amén (dernier mot des prières). ‖ C'est ainsi que, así es como. ‖ Pour ainsi dire, para decirlo así. ‖ S'il en est ainsi, si así es.

— OBSERV. Evítense las formas pleonásticas ainsi donc, ainsi par exemple, ainsi par conséquent.

air m. Aire.

1. FLUIDE GAZEUX. — Aire (fluide, vent) : un air frais, un aire fresco. ‖ — Air comprimé, aire comprimido. ‖ Air liquide, aire líquido. ‖ Bouffée d'air, bocanada de aire. ‖ Courant d'air, corriente de aire. ‖ Réservoir d'air, depósito de aire. ‖ — À l'air libre, au plein air, au grand air, al aire libre. ‖ Changer d'air, mudar de aires. ‖ Donner de l'air, airear (aérer), dar aire (éventer). ‖

Mettre à l'air, exponer al aire. ‖ *Prendre l'air,* tomar el aire (une personne). ‖ *Vivre de l'air du temps,* sustentarse del aire.

2. ESPACE AU-DESSUS DE NOUS. — Aire : *l'avion vole dans les airs,* el avión vuela por los aires. ‖ — *Avoir le mal de l'air,* marearse (en avion). ‖ FIG. *Déchirer, fendre l'air,* disparar al aire. ‖ *Prendre l'air,* emprender el vuelo, despegar (un avion). ‖ *Regarder en l'air,* mirar hacia arriba. ‖ *Tirer en l'air,* disparar al aire.

3. EN L'AIR. — *Promesses en l'air,* promesas vanas. ‖ *Tête en l'air,* cabeza de chorlito. ‖ — *Mettre tout en l'air,* poner todo patas arriba, revolverlo todo. ‖ *Parler en l'air,* hablar al aire, hablar por hablar.

air m. Aire (aspect) : *il me dit d'un air triste,* me dijo con aire triste. ‖ Parecido (ressemblance) : *un air de famille,* un parecido de familia. ‖ Apostura, *f.* : *un air noble,* una noble apostura. ‖ ● Cara, *f.,* semblante (visage) : *air satisfait,* cara satisfecha ; *un air perplexe,* un semblante perplejo. ‖ MUS. Aire : *air de danse,* aire bailable. ‖ — *Avoir grand air,* tener mucha clase *ou* estilo. ‖ *Avoir l'air...,* parecer : *avoir l'air à son aise,* parecer acomodado ; *cela n'a pas l'air mauvais,* eso no parece malo ; *cela n'a l'air de rien,* parece que no es nada. ‖ *Avoir mauvais air,* tener mala traza, mala facha *ou* pinta. ‖ *Cela en a tout l'air,* eso tiene todas las trazas de ser así. ‖ *Dire les choses d'un certain air,* decir las cosas de tal modo. ‖ *Prendre un air dégoûté,* poner cara de asco. ‖ *Sans avoir l'air de rien,* como quien no quiere la cosa, como si nada. ‖ *Se donner des airs de,* dárselas de.

— OBSERV. En la expresión *avoir l'air* la concordancia se hace con el sujeto si se trata de nombre de cosas (*cette poire a l'air bonne*) y es facultativa si se refiere a personas (*elle a l'air intelligente* o *intelligent*).

— SYN. ● *Mine,* cara. *Visage,* cara, rostro. *Physionomie,* fisonomía.

airain m. Bronce (cloche, canon). ‖ POÉT. Bronce. ‖ *Cœur d'airain,* corazón de hierro.

aire f. Área (surface) : *l'aire d'un triangle,* el área de un triángulo. ‖ Aguilera (nid d'aigle). ‖ AGRIC. Era : *battre le blé sur l'aire,* trillar en la era. ‖ FIG. Campo, *m.,* terreno, *m.* (domaine). ‖ MAR. Cuarta, rumbo, *m.* (du vent). ‖ TECHN. Plaza (du four). ‖ Cara (d'un marteau). ‖ *Aire d'atterrissage,* pista de aterrizaje.

airée f. Parva (de blé, etc.).

airelle f. BOT. Arándano, *m.*

airer v. intr. Anidar.

aisance f. Facilidad. ‖ Soltura : *parler avec aisance,* hablar con soltura. ‖ Holgura (jeu, facilité de se mouvoir). ‖ Desahogo, *m.,* holgura, buena posición, acomodo, *m.* : *vivre dans l'aisance,* vivir con desahogo, con holgura, estar en buena posición. ‖ (Vx). *Lieux* (y mejor *cabinet*) *d'aisances,* excusado, retrete.

aise adj. Contento, ta (con un adverbio) : *je suis bien aise de...,* estoy muy contento de...

— F. Gusto, *m.* (plaisir, bien-être) : *se trouver à l'aise dans un endroit,* estar a gusto en un lugar. ‖● Comodidad, sing. : *chercher ses aises,* buscar su comodidad. ‖ — *À l'aise,* cómodo, da ; a gusto : *être à l'aise dans un costume,* estar cómodo en su traje. ‖ *À son aise,* a su gusto : *raturer à son aise,* tachar a su gusto. ‖ *À votre aise,* como usted guste. ‖ *En parler à son aise,* tenerle a uno sin cuidado. ‖ *En prendre à son aise,* tomarse demasiada confianza (avec quelqu'un), tomar con tranquilidad (un travail). ‖ *Être mal à son aise,* estar molesto (gêné), estar indispuesto (indisposé). ‖ *Mettre quelqu'un à son aise,* tranquilizar a uno. ‖ *Ne pas se sentir d'aise,* no caber en sí de gozo. ‖ *Se mettre à son aise,* ponerse

cómodo. ‖ *Vivre à l'aise,* vivir con acomodo, con desahogo.

— SYN. ● *Commodité,* comodidad. *Confort,* confort (anglicisme). *Facilité,* facilidad.

aisé, e adj. Fácil : *tâche aisée à remplir,* tarea fácil de cumplir. ‖ Suelto, ta (mouvement, langage) : *un style aisé,* un estilo suelto. ‖ Desahogado, da ; acomodado, da : *la classe aisée,* la clase acomodada ; *une situation aisée,* una posición desahogada. ‖ *Parler d'un ton aisé,* hablar con soltura.

aisément adv. Fácilmente. ‖ Con soltura (mouvement, élocution). ‖ Holgadamente (sans privation).

aisselle f. Axila (terme savant), sobaco, *m.* (terme familier). ‖ BOT. Axila. ‖ *Sous l'aisselle,* bajo el brazo, en el sobaco.

aissette f. Doladera (de tonnelier).

aîtres m. pl. V. ÊTRES [de una casa].

Aix-la-Chapelle n. pr. GÉOGR. Aquisgrán.

ajointer v. tr. Empalmar, ensamblar.

ajonc [aʒɔ̃] m. BOT. Aulaga, *f.*

ajour m. Calado.

ajourer v. tr. Calar, hacer calados (tissus, broderies). ‖ ARCHIT. Calar. ‖ Hacer una abertura para dar luz.

ajournable adj. Aplazable.

ajournement m. Aplazamiento. ‖ Suspenso (à un examen). ‖ DR. Citación, *f.*

ajourner v. tr. Aplazar (renvoyer à une autre date). ‖ Suspender (une assemblée, un candidat, etc.). ‖ Sobreseer a (surseoir à une décision, etc.). ‖ DR. Citar, emplazar (convoquer à une date).

— V. pr. Suspenderse, aplazarse.

ajout [aʒu] m. Añadido.

ajouté m. Añadido ‖ Añadidura, *f.* (complément).

ajouter v. tr. Añadir : *ajouter un mot à une phrase,* añadir una palabra a una frase. ‖ Agregar (dire en plus). ‖ *Ajouter foi,* dar crédito.

— V. pr. Añadirse, sumarse.

— V. intr. Aumentar : *cela ajoute à mon trouble,* esto aumenta mi turbación.

ajustage m. Ajuste. ‖ Contraste (monnaie).

ajustement m. Ajuste, ajustamiento. ‖ Compostura, *f.* (ornement, parure). ‖ Reajuste : *ajustement des salaires,* reajuste de salarios.

ajuster v. tr. Ajustar : *vêtement trop ajusté,* vestido demasiado ajustado. ‖ Apuntar : *ajuster une cible,* apuntar a un blanco. ‖ Afinar : *ajuster son tir,* afinar la puntería. ‖ Ajustar (les prix). ‖ Componer (parer, habiller). ‖ Rectificar (une balance). ‖ Contrastar (la monnaie). ‖ MÉCAN. Ajustar.

ajusteur m. Ajustador.

ajut [aʒy] m. MAR. Nudo gorufo.

ajutage m. Quemador (gaz, etc.). ‖ Alcachofa, *f.,* cebolla, *f.* (d'arrosoir).

akène m. BOT. Aquenio.

alabandine f. MIN. Alabandina.

alabastrin, e adj. Alabastrino, na.

alabastrite f. MIN. Alabastrita.

alacrité f. Alacridad (p. us.), vivacidad.

Aladin n. pr. m. Aladino.

Alain n. pr. m. Alano.

alaire adj. De las alas.

alaise f. Atadura de junco (construction). ‖ Sábana plegada que se pone debajo del cuerpo de los enfermos (pour malades). ‖ Hule, *m.* (en caoutchouc).

alambic m. Alambique.

alambiquer v. tr. Alambicar.

alandier m. TECHN. Cámara, *f.,* hogar lateral : *four à alandier,* horno de cámaras.

alangui, e adj. Lánguido, da.

alanguir v. intr. Languidecer.

— V. pr. Languidecer, perder las fuerzas, la energía, el vigor.

alanguissement m. Languidez, f.
alaouite adj. et s. Alauita (dynastie marocaine).
Alaric n. pr. m. Alarico.
alarmant, e adj. Alarmante.
alarme f. Alarma : *donner l'alarme,* dar la alarma. ‖ Fig. Alarma, zozobra (inquiétude). ‖ *Cri d'alarme,* voz de alarma (sens propre), toque de alarma (sens figuré).
alarmer v. tr. Alarmar.
alarmiste adj. et s. Alarmista.
alaterne m. Bot. Aladierna, f.
albanais, e adj. et s. Albanés, esa.
Albanie n. pr. f. Géogr. Albania.
albâtre m. Alabastro. ‖ *D'albâtre,* alabastrino.
albatros m. Zool. Albatros.
alberge f. Albérchigo, m., pérsico, m.
albergier m. Alberchiguero.
Albert, e n. pr. m. et f. Alberto, ta.
albigeois, e [albiʒwa, waːz] adj. et s. Albigense.
albinisme m. Albinismo.
albinos [albinɔːs] adj. et s. Albino, na.
Albion n. pr. f. Géogr. Albión : *la perfide Albion,* la pérfida Albión.
albite f. Min. Albita.
albuginé, e adj. Albugíneo, a.
— F. Membrana albugínea.
albugo m. Méd. Albugo, nube, f. (dans les yeux). ‖ Albugo, mentira, f. (dans les ongles).
album [albɔm] m. Álbum.
— Observ. Le pluriel en espagnol fait *álbumes.*
albumen m. Albumen.
albumine f. Albúmina.
albuminé, e adj. Albuminado, da.
albumineux, euse adj. Albuminoso, sa.
albuminoïde [albyminoid] adj. Albuminoideo, a.
— M. Albuminoide.
albuminurie f. Albuminuria.
albuminurique adj. et s. Albuminúrico, ca.
alcade m. Alcalde (maire).
alcaïque adj. Alcaico, ca (vers).
alcalescence f. Alcalescencia.
alcalescent, e adj. Alcalescente.
alcali m. Chim. Álcali : *alcali volatil,* álcali volátil.
alcalifiant, e adj. Alcalifiante.
alcalimètre m. Alcalímetro.
alcalin, e adj. et s. m. Alcalino, na.
alcalinisation f. Alcalización.
alcaliniser v. tr. Alcalizar.
alcalinité f. Alcalinidad.
alcalino-terreux adj. et s. m. Alcalinotérreo, a.
alcaloïde adj. Alcaloideo, a.
— M. Alcaloide.
alcalose f. Méd. Alcalosis.
alcarazas m. Alcarraza, f.
alcazar m. Alcázar.
Alceste n. pr. m. Alcestes.
alchimie f. Alquimia.
alchimille f. Bot. Alquimilla.
alchimiste m. Alquimista.
Alcibiade n. pr. m. Alcibiades.
Alcide n. pr. m. Alcides [Hércules].
Alcinoos n. pr. m. Alcinoo.
alcool m. Alcohol : *alcool à brûler* o *dénaturé,* alcohol de quemar. ‖ Licor : *boire un alcool après dîner,* beber un licor después de cenar.
alcoolat [alkɔɔla] m. Alcoholato.
alcoolé m. Alcoholado.
alcoolémie f. Alcoholemia.
alcoolification f. Alcoholificación.
alcoolique adj. et s. Alcohólico, ca.
alcoolisation f. Alcoholización.
alcooliser v. tr. Alcoholizar.
alcoolisme m. Alcoholismo.
alcoomètre m. Alcoholímetro.
alcoométrie f. Alcoholimetría.
alcootest ou **alcotest** m. Alcohómetro.

alcôve f. Recámara, trasalcoba [fondo de una habitación, separado por un tabique, donde se coloca una cama]. ‖ Fig. Alcoba : *secrets d'alcôve,* secretos de alcoba.
— Observ. Le mot espagnol *alcoba* signifie en français *chambre à coucher.*
alcyon m. Alción (oiseau fabuleux).
alcyonien, enne adj. Poét. Alciónico, ca. ‖ *Jours alcyoniens,* días alciónicos [los siete que preceden y los siete que siguen al solsticio de invierno].
aldéhyde m. Chim. Aldehído.
aldin, e adj. Aldino, na.
ale f. Ale, m. (bière anglaise).
aléa m. Suerte, f. (chance). ‖ Azar, riesgo (hasard). ‖ Incertidumbre, f. (incertitude). ‖ *Les aléas du métier,* los gajes del oficio.
aléatoire adj. Aleatorio, ria; problemático, ca.
alémanique adj. Alemánico, ca.
alène f. Lezna.
alentour adv. Alrededor, en torno.
— M. pl. Alrededores : *les alentours de la maison,* los alrededores de la casa.
Aléoutes ou **Aléoutiennes** n. pr. f. pl. Géogr. Aleutas.
Alep n. pr. Géogr. Alepo.
alérion m. Blas. Aguilucho.
alerte adj. (Vx). Alerto, ta (vigilant) : *regards alertes,* miradas alertas. ‖ Vivo, va; activo, va; ágil : *un vieillard alerte,* un anciano ágil.
— F. Alerta (alarme). ‖ *Alerte aérienne,* alarma aérea. ‖ *Fausse alerte,* falsa alarma.
— Interj. ¡Alerta!
alerter v. tr. Alertar, poner alerta.
alésage m. Alisado, alisadura, f. ‖ Escariado (d'un trou). ‖ Calibrado, mandrilado. ‖ Calibre, diámetro interior (d'un cylindre).
alèse f. V. ALAISE.
aléser* v. tr. Alisar (lisser). ‖ Escariar (un trou). ‖ Calibrar, mandrilar (un tube, un cylindre).
aléseuse f. Máquina de calibrar, mandriladora.
alésoir m. Escariador (pour agrandir un trou). ‖ Calibrador, mandriladora, f. (pour régulariser un tube, un cylindre).
aleurone f. Bot. Aleurona.
alevin [alvɛ̃] m. Alevín.
alevinage m. Repoblación, f. (d'un étang, etc.).
aleviner v. tr. Poblar, repoblar (un vivier).
alevinier m. Vivero (de poissons).
Alexandre n. pr. m. Alejandro.
Alexandrie n. pr. f. Géogr. Alejandría.
alexandrin, e adj. et s. Alejandrino, na. ‖ — M. Poét. Alejandrino.
— Observ. L'*alejandrino* espagnol est un vers de 14 syllabes, divisé en deux hémistiches.
— El *alexandrin* francés tiene 12 sílabas y dos hemistiquios.
Alexandrine n. pr. f. Alejandrina, Alejandra.
alexie f. Alexia.
alexipharmaque m. Alexifármaco (contrepoison).
Alexis n. pr. m. Alejo.
alezan, e adj. et s. Alazán, ana : *alezan clair,* alezán claro, *alezan brûlé,* alazán tostado.
alfa m. Esparto, alfa (p. us.).
alfange m. Alfanje.
alfatier, ère adj. Del esparto : *industrie alfatière,* industria del esparto.
— M. Espartero (ouvrier). ‖ — F. Espartizal, m.
alfénide m. Alfénido, metal blanco, plata (f.) alemana.
— Observ. *Alfénide,* de Halfen, y *maillechort,* de Maillet y Chorier, son nombres registrados sacados de los de sus fabricantes, lo mismo que los más recientes de Christofle, en Francia, y de plata Meneses, en España.
Alfred n. pr. m. Alfredo.
algarade f. (Vx). Algarada (incursion de troupes ennemies). ‖ Salida de tono, ofensa brusca, ex abrupto, m. ‖ Agarrada (dispute).

Algarve n. pr. GÉOGR. Algarbe.

algazelle f. Antílope (*m.*) blanco del Sáhara.

algèbre f. Álgebra. ‖ — *Par l'algèbre*, algébricamente. ‖ — FIG. *C'est de l'algèbre pour moi*, esto está en arábigo para mí.

algébrique adj. Algébrico, ca ; algebraico, ca.

algébriste m. Algebrista.

— OBSERV. *Algébriste* no tiene en francés el sentido español de « cirujano ».

Alger n. pr. GÉOGR. Argel.

Algérie n. pr. f. GÉOGR. Argelia.

algérien, enne adj. et s. Argelino, na (de Argelia).

algérois, e adj. et s. Argelino, na (de Argel).

algide adj. Álgido, da.

algidité f. MÉD. Algidez.

algorithme m. Algoritmo.

algorithmique adj. Algorítmico, ca.

algue f. Alga.

— SYN. *Fucus*, fuco. *Goémon*, fuco. *Plancton*, plancton. *Sargasse*, sargazo. *Varech*, varec, corbela.

alias adv. lat. (Vx). Alias, por otro nombre.

— OBSERV. *Alias* ne s'emploie plus guère en espagnol qu'en mauvaise part.

alibi m. Coartada, *f.* : *fournir un alibi*, alegar *ou* presentar una coartada.

aliboron m. FAM. Asno. (Ú. en la loc. : *maître Aliboron*, el burro.) ‖ FIG. Cernícalo, ignorante, majadero.

Alice n. pr. f. Alicia.

alidade f. Alidada (de géomètre).

aliénabilité f. Alienabilidad.

aliénable adj. Alienable, enajenable.

aliénant, e adj. Alienante.

aliénataire adj. et s. Cesionario, ria.

aliénateur, trice m. et f. Cesionista, enajenador, ra (vendeur).

aliénation f. Alienación, enajenación (cession). ‖ FIG. Aversión, hostilidad. ‖ MÉD. Alienación, enajenación : *aliénation mentale*, alienación mental.

aliéné, e adj. Alienado, da ; enajenado, da (cédé). ‖ Alienado, da ; loco, ca (dément).

— M. et f. Alienado, da ; loco, ca. ‖ *Maison* o *asile d'aliénés*, manicomio, casa de alienados (p. us.).

aliéner* v. tr. Alienar, enajenar (vendre). ‖ Trastornar *ou* perturbar la razón.

— V. pr. Enajenarse : *s'aliéner les amitiés*, enajenarse las amistades.

aliéniste adj. et s. Alienista.

alifère [alifɛːr] adj. Alífero, ra.

aliforme adj. Aliforme.

aligné, e adj. Alineado, da : *pays non aligné*, país no alineado.

— F. Fila, línea : *une alignée d'arbres*, una fila de árboles.

alignement m. Alineación, *f.* ‖ *Non-alignement*, no alineamiento.

aligner v. tr. Alinear, poner en fila. ‖ Ajustar : *aligner ma conduite sur celle des autres*, ajustar mi conducta a la de los demás.

— V. pr. Alinearse. ‖ FIG. Ponerse frente a otro para un desafío.

aliment m. Alimento. ‖ Pienso (pour les animaux) : *aliments composés*, pienso compuesto.

— SYN. *Nourriture*, nutrición (nutrition), alimentación (ensemble des aliments), comida. *Subsistance*, subsistencia (entretien), sustento (aliment). *Fam. Pâture*, pasto. *Pop. Bectance*, *boustifaille*, jamancia. *Mangeaille*, manducatoria. *Pitance*, pitanza.

alimentaire adj. Alimenticio, cia : *denrées alimentaires*, productos alimenticios ; *pâtes alimentaires*, pastas alimenticias.

alimentateur, trice adj. Alimentador, ra.

alimentation f. Alimentación. ‖ Abastecimiento, *m.* (d'un marché, d'une ville). ‖ *Magasin d'alimentation*, tienda de comestibles.

alimenter v. tr. Alimentar (nourrir). ‖ Abastecer : *la province alimente la capitale*, las provincias abastecen la capital. ‖ FIG. Mantener : *alimenter la conversation*, mantener la conversación.

— V. pr. Alimentarse, nutrirse : *s'alimenter de légumes*, alimentarse con legumbres.

alimoche m. Alimoche (oiseau).

alinéa m. Aparte, punto y aparte. ‖ Apartado (d'un paragraphe). ‖ Sangría, *f.* (typographie). ‖ *Composer en alinéa*, sangrar.

alinéaire adj. Que señala el párrafo aparte.

aliquante [alikɑ̃:t] adj. et s. f. MATH. Alicuanta.

aliquote [alikɔt] adj. MATH. Alícuota.

— F. Parte alícuota.

alise f. BOT. Aliso, *m.*

alisier m. BLAS. Aliso.

alisma m. BOT. Alisma, *f.*

alismacées f. pl. BOT. Alismáceas.

alitement m. Hecho de estar en cama, estancia (*f.*) en la cama : *son long alitement*, su larga estancia en la cama. ‖ *Le médecin ordonna son alitement*, el médico ordenó que se encamase.

aliter v. tr. Encamar, hacer guardar cama. ‖ *Être alité*, guardar cama.

— V. pr. Guardar cama, encamarse.

alizé adj. et s. m. Alisio (vent).

alkékenge [alkekɑ̃:ʒ] m. BOT. Alquequenje.

alkermès m. Alquermes (liqueur).

Allah n. pr. m. Alá.

allaitement m. Lactancia, *f.*, crianza, *f.* : *allaitement artificiel*, lactancia artificial.

allaiter v. tr. Amamantar, criar : *allaiter au biberon*, criar con biberón. ‖ Dar el pecho : *mère qui allaite son enfant* [*au sein*], madre que da el pecho a su hijo.

allant, e adj. Dispuesto, ta ; activo, va : *une femme fort allante*, una mujer muy activa.

— M. Disposición, *f.*, actividad, *f.*, animación, *f.* : *avoir beaucoup d'allant*, tener mucha actividad. ‖ *Les allants et les venants*, los que van y vienen.

allantoïde f. ANAT. Alantoides.

alléchant, e adj. Apetitoso, sa. ‖ FIG. Seductor, ra ; atractivo, va ; atrayente : *une offre alléchante*, una oferta atrayente. ‖ Tentador, ra : *proposition alléchante*, proposición tentadora.

allèchement m. Atractivo, seducción, *f.*

allécher* v. tr. Engolosinar. ‖ FIG. Atraer, seducir : *alléché par une promesse*, seducido por una promesa.

allée f. Alameda (rue bordée d'arbres). ‖ Calle (d'un jardin). ‖ Ida. (Ú. sólo en pl. : *allées et venues*, idas y venidas ; en sing. se dice *aller*.) ‖ — *Allée couverte*, galería cubierta (dolmens). ‖ *Allées et venues*, trámites, gestiones (démarches).

allégation f. Alegación. ‖ Alegato, *m.* (par écrit).

allège f. ARCHIT. Alféizar, *m.* (de fenêtre). ‖ Batea (wagon plat). ‖ MAR. Alijador, *m.* ; lanchón *m.*

allégeance [aleʒɑ̃:s] f. (P. us.). Alivio, *m.* (soulagement). ‖ Juramento (*m.*) de fidelidad.

— OBSERV. Esta palabra francesa, caída en desuso, ha sido empleada de nuevo con el sentido de « vasallaje » por algunos escritores que la tomaron del inglés, el cual, a su vez, había entendido mal el ant. francés *ligeance* (de *lige*, *ligio*).

allègement m. Aligeramiento, alivio, disminución, *f.* (d'un poids). ‖ FIG. Alivio, consuelo (soulagement). ‖ *Allègement d'impôt*, desgravación de impuesto.

alléger* v. tr. ● Aligerar, aliviar (rendre plus léger). ‖ Disminuir : *pour alléger les frais de voyage*, para disminuir los gastos de viaje. ‖ FIG. Aliviar, calmar : *alléger la souffrance*, aliviar la pena. ‖ Desgravar (dégrever). ‖ MAR. Alijar.

— V. pr. Aligerarse, aliviarse.

— SYN. ● *Décharger*, descargar. *Délester*, deslastrar.

allégir v. tr. Adelgazar, rebajar : *allégir une pièce de bois*, rebajar un madero.

allégorie f. Alegoría.

— SYN. *Allusion*, alusión. *Image*, imagen. *Figure*, figura. *Métaphore*, metáfora.

allégorique adj. Alegórico, ca.

allégoriser v. tr. Alegorizar.

allégoriste m. Alegorista.

allègre adj. Vivo, va ; ágil (vif). || Alegre.

allégrement adv. Alegremente, con vivacidad.

allégresse f. Alegría, júbilo, *m.*, alborozo, *m.*

allegretto adv. et **allégretto** m. Mus. Allegretto.

allegro adv. et **allégro** m. Mus. Allegro.

alléguer* v. tr. Alegar : *alléguer des raisons*, alegar razones.

alléluia interj. ¡Aleluya !

Allemagne n. pr. f. Géogr. Alemania.

allemand, e adj. et s. Alemán, ana. || — M. Alemán (langue). || — F. Alemana, alemanda (danse).

aller* v. intr.

---

1. Se diriger vers. — 2. Marcher. — 3. Fonctionner. — 4. Aboutir, atteindre. — 5. Être habillé. — 6. Se porter. — 7. S'accorder. — 8. Plaire. — 9. Suivre son cours. — 10. S'en aller. — 11. Y aller, impersonnel. — 12. Interj. — 13. Syntaxe. *Aller* infinitif. *Aller à, en.* — 14. Locutions diverses.

---

1. SE DIRIGER VERS. — ● Ir : *aller à l'école*, ir al colegio. || — *Aller au-devant*, salir al encuentro. || *Aller au fait*, ir al grano, dejarse de rodeos. || *Aller au plus pressé*, acudir a lo más urgente. || *Aller dîner*, ir a cenar. || *Aller droit au but*, ir derecho a su objeto. || FAM. *Allez vous coucher, vous promener*, váyase de aquí, váyase a paseo. || *Allons-y*, vamos.
— SYN. ● *Se rendre*, ir, acudir. *Se diriger*, dirigirse. *S'acheminer*, encaminarse.

2. MARCHER. — Ir, andar, marchar : *aller lentement*, ir despacio. || — *Aller à la queue leu leu*, ir en fila india, uno tras otro. || *Aller bras dessus, bras dessous*, ir del brazo.

3. FONCTIONNER. — Andar : *la pendule ne va pas*, el reloj no anda : *le commerce va mal*, el comercio anda mal. || *Aller comme sur des roulettes*, ir sobre ruedas.

4. ABOUTIR, ATTEINDRE. — Llegar a : *le chemin va jusqu'à la route*, el camino llega a la carretera. || — FIG. *Aller jusqu'à frapper quelqu'un*, llegar hasta pegarle a uno. || *Une compassion qui lui alla jusqu'au cœur*, una compasión que le llegó al corazón.

5. ÊTRE HABILLÉ. — Ir vestido, ir : *aller en redingote*, ir de levita. || — *Aller nu-tête*, ir sin sombrero. || *Aller nu pieds*, ir descalzo.

6. SE PORTER (santé). — Estar : *le malade va mieux*, el enfermo está mejor. || — *Ça va?*, ¿cómo le va?, ¿cómo anda? || *Comment allez-vous?*, ¿cómo está usted?, ¿qué tal?

7. S'ACCORDER. — Sentar : *cette robe lui va mal*, este traje le sienta mal. || Pegar : *cette coiffure ne lui va pas du tout*, este peinado no le pega nada ; *ce chapeau ne va pas avec ce costume*, este sombrero no pega con este traje. || Corresponder a : *cette clef va avec la serrure de votre porte*, esta llave corresponde a la cerradura de su puerta. || — *Aller de pair*, correr parejo. || *Le rouge va avec le vert*, el rojo pega con el verde.

8. PLAIRE. — Convenir, gustar : *l'affaire me va*, el negocio me conviene, me gusta. || FAM. *Ça me va*, esto me conviene.

9. SUIVRE SON COURS. — Ir, seguir su camino. || — *Aller de soi*, caer de su peso, ser evidente, ir por sí solo. || *Laisser aller*, desinteresarse de una

cosa, dejar que siga su curso. || *Se laisser aller*, abandonarse, descuidarse. || *Se laisser aller à*, dejarse llevar por : *il s'est laissé aller au désespoir*, se ha dejado llevar por la desesperación.

10. S'EN ALLER (v. pr.). — Irse, marcharse (partir) : *s'en aller sans rien dire*, irse sin decir nada. || FAM. Irse, morirse : *le malade s'en va peu à peu*, el enfermo se va poco a poco. || — *Allons-nous-en*, vámonos. || *Allez-vous-en*, idos, vávase, váyanse. || *Je m'en vais te donner une gifle*, te voy a dar una bofetada. || *Va-t'en*, vete.

11. Y ALLER (impers.). — Ir, tratarse de jugarse : *il y va de son bonheur*, se trata nada menos que de su felicidad *ou* se juega su felicidad. || Obrar : *y aller doucement*, obrar con tiento. || — *Ne pas y aller de main morte*, no andarse con chiquitas. || *Y aller de*, ponerse a : *il y est allé de sa chanson*, se puso a cantar. || *Y aller de sa poche*, rascarse el bolsillo, poner de su bolsillo. || *Y aller de son reste*, poner su resto (jeux). || POP. *Y aller fort*, exagerar.

12. INTERJ. — *Allons!*, ¡vaya!, ¡vamos! (d'encouragement). || *Allons donc!*, ¡vaya!, ¡anda!, ¡quiá!, ¡quita allá!, ¡quite allá! (incrédulité).

13. SYNTAXE. — *Aller* suivi d'un infinitif, ir a : *je vais sortir*, voy a salir. || — *Aller à la chasse*, ir de cacería. || *Aller au Chili, au Paraguay, au Brésil*, ir a Chile, al Paraguay, al Brasil. || *Aller en Espagne*, ir a España ; ... *en Argentine*, a la Argentina. || *Aller en voiture*, ir en coche ; ... *à bicyclette*, en bicicleta ; ... *en ballon*, en globo ; ... *à cheval*, a caballo (par exception) ... *à âne*, en burro ; ... *à dos de mulet*, en mulo. || *Aller en voyage*, ir de viaje. || *Aller par le train, en bateau*, por avión, en tren, en barco, en avión. || *Aller par terre, par mer, par air*, ir por tierra, por mar, por aire.

14. LOCUTIONS DIVERSES. — *Ça va!* o *ça va comme ça!*, ¡basta! || — *Aller aux voix*, votar. || FAM. *Aller planter ses choux*, retirarse al campo. || *Aller sur la trentaine*, acercarse a los treinta años. || *En aller de*, equivale a veces a *être de*, suceder (ocurrir) lo mismo con : *il en va de ce pari comme de l'autre*, ocurre con esta apuesta lo mismo que con la otra. || *Ne pas [y] aller par quatre chemins*, no andarse con rodeos, ir al grano. || *Ne pas aller sans*, ir acompañado de.

— OBSERV. Remarquer le parallélisme entre les verbes *aller* français et *andar* espagnol. *Aller* et *andar*, provenant tous deux d'*ambulare*, latin, empruntent une partie de leur conjugaison aux verbes latins *ire* (j'irai, iré) et *vadere* (je vais, voy). L'espagnol a emprunté en outre son prétérit au latin *sum* (fui, qu'on retrouve dans le français dialectal *je fus* et qui rappelle le français populaire : *je suis été*).
— No debe decirse : *je me suis en allé*, sino *je m'en suis allé*. Se encuentra a veces *en allé* considerado erróneamente como adjetivo (en lugar de *parti*) : *tant d'amis pour toujours en allés*, tantos amigos para siempre idos. La forma francesa *aller au médecin, au coiffeur* (por *chez le*, a casa de) debe evitarse.
El imperativo *va* lleva normalmente una *s* delante del pronombre *y* (vas-y), salvo cuando va seguido de un infinitivo (*va-y voir*).

aller m. Ida, *f.* : *l'aller et le retour*, la ida y la vuelta. || — *Au pis aller*, en el peor de los casos, a mal venir. || *Billet d'aller et retour*, billete de ida y vuelta [*Amér.*, de ida y llamada]. || *Un pis aller*, el último recurso.

allergie [alɛrʒi] f. Alergia.

allergique adj. et s. Alérgico, ca.

alleu m. DR. Alodio (feudo franco).

alleutier m. Propietario de un alodio.

alliable adj. Compatible.

alliage m. Aleación, *f.*, liga, *f.* (de métaux). || FIG. Mezcla, *f.* : *un alliage de belles qualités*, una mezcla de buenas cualidades.

alliance f. Alianza. || Alianza (p. us.), enlace, *m.* (mariage). || Alianza, anillo (*m.*) de boda (bague).

‖ Afinidad, parentesco (*m.*) político. ‖ Fig. Unión, mezcla (mélange). ‖ *Cousin par alliance,* primo político.

allié, e adj. et s. ● Aliado, da. ‖ Afín (p. us.), pariente político.

— Syn. ● *Confédéré,* confederado. *Fédéré,* federado.

allier* v. tr. Aliar, unir : *allier des intérêts,* aliar intereses; *allier la force à la ruse,* unir la fuerza con la astucia. ‖ Aliar (deux nations). ‖ Unir por casamiento (par mariage). ‖ Ligar, alear : *allier le cuivre à l'or,* ligar el cobre con el oro.

alligator m. Aligator (caïman).

allitération f. Aliteración (répétition de lettres ou de syllabes).

allô! interj. ¡Oiga! (celui qui appelle), ¡dígame!, ¡diga! (celui qui répond). ¡aló! [*Amér.,* ¡hola !].

allocataire m. et f. Beneficiario, ria, de un subsidio.

allocation f. Asignación : *allocation de devises aux voyageurs,* asignación de divisas a los viajeros. ‖ Subsidio, *m.* : *allocations familiales,* subsidio familiar. ‖ *Allocation de maternité,* prestación por maternidad.

allocution f. Alocución.

allodial, e adj. Alodial : *biens allodiaux,* bienes alodiales.

allogène adj. et s. Alógeno, na.

allonge f. Añadidura, añadido, *m.* ‖ Larguero, *m.* (de bois). ‖ Garabato, *m.* (pour suspendre la viande). ‖ Chim. Alargadera (d'une cornue).

allongé, e adj. Largo, ga : *mine allongée,* cara larga.

allongement m. Alargamiento : *allongement d'un élastique,* alargamiento de un elástico. ‖ Prolongación, *f.* : *allongement d'une réunion,* prolongación de una reunión. ‖ Fig. Dilación, *f.,* retardo.

allonger* v. tr. Alargar : *allonger un vêtement,* alargar un vestido; *allonger le bras, le pas,* alargar el brazo, el paso. ‖ Aclarar (une sauce). ‖ Estirar (un élastique). ‖ Chim. Diluir (un liquide). ‖ Aguar (le vin). ‖ Fam. Largar : *allonger un coup de poing,* largar un puñetazo. ‖ Tender (une ancre). ‖ — Pop. *Allonger du fric,* aflojar la mosca. ‖ Fig. et fam. *Allonger la sauce,* extender un tema. ‖ Fam. *Un coup de poing l'allongea par terre,* un puñetazo le tiró por tierra cuan largo era *ou* le tumbó en el suelo.

— V. intr. Crecer, alargarse : *les jours allongent,* los días crecen, se alargan.

— V. pr. Alargarse. ‖ Echarse : *allonge-toi sur ce lit,* échate en esta cama. ‖ Extenderse : *son ombre s'allongeait sur le mur,* su sombra se extendía en la pared. ‖ Fig. *Ma mine s'allongea lorsque j'entendis de tels conseils,* puse cara larga al oír tales consejos.

allopathe [alopat] adj. et s. Alópata.

allopathie f. Alopatía.

allopathique adj. Alopático, ca.

allotropie f. Chim. Alotropía.

allotropique adj. Alotrópico, ca.

allouable adj. Abonable (compte).

allouer v. tr. Conceder, asignar : *allouer une indemnité,* conceder una indemnización.

alluchon m. Techn. Álabe (d'une roue).

allumage m. Encendido : *l'allumage des réverbères,* el encendido de los faroles. ‖ Inflamación, *f.* (d'un explosif). ‖ Autom. Encendido : *avance à l'allumage,* avance en el encendido.

allume-feu [alymfø] m. Astilla (*f.*) para encender.

allume-gaz m. Encendedor.

allumelle f. Hornilla de carbón de leña.

allumer v. tr. Encender : *allumer une bougie,* encender una vela. ‖ Fig. Encender, atizar : *allumer la discorde,* encender la discordia. ‖ *Allumer un incendie,* producir *ou* motivar un incendio.

allumette f. Cerilla. ‖ Fósforo, *m.* (en bois ou en carton). ‖ — *Allumette-bougie,* cerilla. ‖ *Allumette soufrée,* pajuela. ‖ *Allumette suédoise,* fosforo, *m.* ‖ *Pommes allumettes,* patatas paja. ‖ — *Avoir les jambes comme des allumettes,* tener las piernas como alambres.

allumettier, ère adj. et s. Fosforero, ra : *industrie allumettière,* industria fosforera. ‖ — M. Fabricante de fósforos.

allumeur, euse m. et f. Encendedor, ra. ‖ — M. Autom. Explosivo. ‖ *Allumeur de réverbères,* farolero. ‖ — F. Fig. et fam. Mujer de gancho.

allumoir m. Encendedor (appareil). ‖ Caña, *f.,* apagador (dans les églises).

allure f. Paso, *m.* (façon de marcher) : *allure rapide,* paso rápido. ‖ Équit. Aire (du cheval). ‖ Fig. Aspecto, *m.* : *allure louche,* aspecto sospechoso. ‖ Facha, garbo, *m.* : *avoir de l'allure,* tener buena facha, tener garbo. ‖ Facha, traza, pinta : *il a l'allure d'un marquis,* tiene facha *ou* traza de marqués. ‖ Cariz, giro, *m.* (tournure) : *cette affaire prend une mauvaise allure,* este asunto toma mal cariz. ‖ Conducta (conduite). ‖ Ritmo, *m.* ‖ Paso, *m.,* marcha : *vous ne ferez rien à cette allure-là,* a ese paso no hará nada. ‖ Mar. et Mécan. Marcha : *l'allure d'un moteur,* la marcha de un motor. ‖ *A toute allure,* a toda marcha, a todo correr, a todo gas.

allusif, ive adj. Alusivo, va.

allusion f. Alusión. ‖ *Faire allusion,* aludir, hacer referencia.

alluvial, e adj. Aluvial : *des terrains alluviaux,* terrenos aluviales.

alluvion f. Aluvión, *m.*

alluvionnaire adj. Aluvial.

alluvionnement m. Aluvión.

alluvionner v. intr. Formar aluviones.

almageste m. Almagesto.

almanach [almana] m. Almanaque.

almandine f. ou **almandin** m. Almandina.

almasilium [almaziljom] m. Almasilio.

alme adj. (P. us.). Poét. Almo, ma (bienfaisant).

almée f. Almea (danseuse orientale).

almélec m. Almelec (liga de aluminio y magnesio).

almicantarat m. Astr. Almicantarat, *f.*

aloès m. Áloe (plante). ‖ Acíbar, áloe (résine).

aloi m. Ley, *f.* (métaux précieux). ‖ Ley, *f.* valor (d'une personne ou d'une chose). ‖ *De bon aloi,* de buena ley, de buena calidad.

alopécie f. Alopecia.

alors [alɔr] adv. Entonces : *il vint alors,* entonces vino. ‖ En tal caso (dans ce cas) : *alors, tais-toi,* en tal caso, cállate. ‖ *Alors que,* cuando : *alors que j'étais absent,* cuando estaba ausente.

— Interj. ¡Bueno!, ¿y qué?

— Observ. Dans de nombreux cas, *alors* ne doit pas être traduit en espagnol.

alose f. Alosa, sábalo, *m.* (poisson).

alouate m. Araguato (singe hurleur).

alouette f. Alondra. ‖ *Miroir à alouettes,* espejuelo.

alourdi, e adj. Vuelto pesado, da : *alourdi par l'âge,* vuelto pesado por la edad.

alourdir v. tr. Volver pesado, hacer pesado. ‖ Agravar (impôts, charges). ‖ Fig. Sobrecargar, recargar : *livre alourdi de détails,* libro sobrecargado de detalles. ‖ Entorpecer : *la digestion alourdit,* la digestión entorpece.

— V. pr. Ponerse pesado (devenir lourd). ‖ Fig. Entorpecerse.

alourdissant, e adj. Pesado, da.

alourdissement m. Peso, pesadez, *f.* : *l'alourdissement de ses vêtements mouillés,* el peso de sus vestidos mojados. ‖ Fig. Entorpecimiento.

aloyage [alwaja:ʒ] m. Aquilatamiento.

aloyau [alwajo] m. Solomillo (viande).

aloyer* [alwaje] v. tr. Aquilatar.

alpaga m. Alpaca, *f.* (animal, tissu).
alpage m. Pasto en la montaña.
alpax [alpaks] m. Alpax (alliage).
alpe f. (P. us.). Pasto (*m.*) en la montaña.
alpenstock m. Alpenstock.
Alpes n. pr. f. pl. GÉOGR. Alpes, *m. pl.*
alpestre adj. Alpestre, alpino, na.
alpha m. Alfa, *f.* ‖ *Rayons alpha,* rayos alfa.
alphabet m. Alfabeto.
— SYN. *ABC,* abecé. *Abécédaire,* abecedario.
alphabétique adj. Alfabético, ca.
alphabétisation f. Alfabetización.
alphabétiser v. tr. Alfabetizar.
alphanumérique adj. Alfanumérico, ca.
Alphonse n. pr. m. Alfonso.
Alphonsine n. pr. f. Alfonsina.
alpin, e adj. Alpino, na : *race alpine,* raza alpina.
alpinisme m. Alpinismo, montañismo.
alpiniste m. et f. Alpinista, montañista.
alpiste m. BOT. Alpiste.
Alsace n. pr. f. GÉOGR. Alsacia.
alsacien, enne adj. et s. Alsaciano, na.
altaïque adj. Altaico, ca.
altérabilité f. Alterabilidad.
altérable adj. Alterable.
altérant, e adj. Alterante, que altera. ‖ Que causa sed (soif).
altérateur, trice adj. et s. Alterador, ra.
altération f. Alteración. ‖ Falsificación (des monnaies). ‖ Adulteración (d'un produit). ‖ Sed excesiva (soif).
altercation f. Altercación, altercado, *m.*
altéré, e adj. Alterado, da. ‖ Adulterado, da : *produit altéré,* producto adulterado. ‖ Falsificado, da (monnaies). ‖ Demudado, da (visage, traits). ‖ Sediento, ta (assoiffé).
altérer* v. tr. Alterar. ‖ ● Adulterar (un produit). ‖ Falsificar : *altérer les monnaies,* falsificar las monedas. ‖ Demudar (visage, voix, etc.). ‖ Excitar la sed (assoiffer).
— SYN. ● *Abâtardir,* bastardear. *Dénaturer,* desnaturalizar. *Falsifier, frelater,* falsificar. *Fausser,* falsear. *Tergiverser,* tergiversar. *Vicier,* viciar.
alternance f. Alternación (action d'alterner). ‖ DIOL. Alternancia.
alternant, e adj. Alternante.
alternat m. Alternación, *f.*
alternateur m. ÉLECTR. Alternador.
alternatif, ive adj. Alternativo, va. ‖ ÉLECTR. Alterno, na ; alternativo, va (courant).
alternative f. Alternación (succession) : *l'alternative des saisons,* la alternación de las estaciones. ‖ Alternativa, opción, disyuntiva : *placer devant une alternative,* colocar ante una alternativa.
— OBSERV. No se puede decir *deux alternatives,* sino *une alternative* o *deux possibilités.*
alternativement adv. Alternativamente.
— SYN. *L'un après l'autre,* uno tras otro. *Successivement,* sucesivamente. *Tour à tour,* por turno, ya... ya..., ora... ora.
alterne adj. Alterno, na : *angles alternes,* ángulos alternos.
alterner v. tr. et intr. Alternar : *alterner des travaux,* alternar trabajos.
altesse f. Alteza.
althæa f. BOT. Altea.
altier, ère adj. Altivo, va ; altanero, ra.
altimètre m. Altímetro.
altimétrie f. Altimetría.
altise f. Escarabajuelo (coleóptere).
altitude f. Altitud : *l'altitude d'une montagne,* la altitud de una montaña. ‖ Altura : *l'altimètre sert à mesurer l'altitude au-dessus du niveau de la mer,* el altímetro sirve para medir la altura sobre el nivel del mar ; *prendre de l'altitude,* tomar altura.
alto m. MUS. Viola, *f.* (instrument à cordes). ‖

Trombón, alto (instrument à vent). ‖ Contralto (ton de voix).
altruisme m. Altruismo.
altruiste adj. et s. Altruista.
alucite f. Alucita (insecte).
aluminage m. Enjebe (d'un tissu).
aluminate m. CHIM. Aluminato.
alumine f. CHIM. Alúmina.
aluminer v. tr. TECHN. Aluminar.
alumineux, euse adj. CHIM. Aluminoso, sa.
aluminite f. CHIM. Aluminita.
aluminium m. Aluminio.
aluminothermie f. Aluminotermia.
alumnat m. Noviciado.
alun [alœ̃] m. Alumbre (mot usuel), jebe (p. us.).
alunage m. TECHN. Enjebe.
aluner v. tr. TECHN. Alumbrar (p. us.), enjebar : *aluner un tissu,* enjebar un tejido.
alunerie f. Fábrica de alumbre.
aluneux, euse adj. Alumbroso, sa.
alunière f. Alumbrera (mine). ‖ Fábrica de alumbre.
alunifère adj. Alunífero, ra.
alunir v. intr. Alunizar.
alunissage m. Alunizaje.
alunite f. MIN. Alunita.
alvéolaire adj. ANAT. Alveolar.
alvéole m. Alveolo. ‖ Celdilla, *f.* (d'abeille).
alvéolé, e adj. Alveolado, da.
alvin, e adj. Alvino, na (du bas-ventre).
amabilité f. Amabilidad.
amadou m. Yesca, *f.*
amadouement [amadumɑ̃] m. Engatusamiento.
amadouer v. tr. Engatusar, ablandar : *amadouer un créancier,* ablandar a un acreedor.
amadouvier m. Hongo yesquero.
amaigrir v. tr. Enflaquecer : *le jeûne nous amaigrit,* el ayuno nos enflaquece. ‖ TECHN. Rebajar, disminuir el espesor. ‖ Enmagrar (l'argile). ‖ AGRIC. Esterilizar (la terre).
amaigrissant, e adj. Que hace adelgazar : *nourriture amaigrissante,* alimentos que hacen adelgazar. ‖ De adelgazamiento, adelgazante : *régime amaigrissant,* régimen de adelgazamiento.
amaigrissement m. ● Adelgazamiento. ‖ Enmagrecimiento (charbon).
— SYN. ● *Cachexie,* caquexia. *Consomption,* consunción. *Dépérissement,* demacración. *Emaciation,* emaciación. *Etisie,* hectiquez. *Maigreur,* flacura.
amalgamation f. Amalgamación.
amalgame m. Amalgama, *f.*
amalgamer v. tr. Amalgamar.
— V. pr. Amalgamarse.
Amalthée n. pr. f. MYTH. Amaltea.
aman m. Amán (paix).
amandaie f. Almendral, *m.*
amande f. Almendra : *amande amère,* almendra amarga. ‖ — *Amande pralinée,* almendra garapiñada. ‖ *Amande verte,* almendruco, alloza. ‖ *En amande,* almendrado (en forme d'amande), rasgado (yeux). ‖ *Pâte d'amandes,* almendrado, turrón.
amandé, e adj. Almendrado, almendrado, da.
— M. Leche (*f.*) de almendras.
amandier m. Almendro.
amanite f. Amanita (champignon).
amant, e m. et f. ● Amante, *m.,* querida, *f.* ‖ FIG. Amante : *amant de la gloire,* amante de la gloria.
— SYN. ● *Ami,* amigo. *Amoureux,* enamorado, querido. *Bien-aimé,* amado, prenda. *Galant,* galán. *Soupirant, prétendant,* pretendiente. *Fam. Béguin,* capricho. *Tourtereau,* tórtolo. *Pop. Gigolo,* chulo. *Maquereau,* rufián, chulo.
amarantacées f. pl. BOT. Amarantáceas.
amarante f. Amaranto, *m.* (fleur).
— Adj. inv. De color de amaranto.

amareyeur m. Obrero ostrícola.
amaril, e adj. Amarillo, lla : *fièvre amarile*, fiebre amarilla.
amarinage m. MAR. Marinaje.
amariner v. tr. Marinar, amarinar (remplacer l'équipage d'un navire fait prisonnier). || Acostumbrar al mar.
amarrage m. Amarre, amarradura, *f.* || Nudo.
amarre f. MAR. Amarra.
amarrer v. tr. Amarrar.
amaryllidacées f. pl. BOT. Amarilidáceas.
amaryllis f. BOT. Amarilla.
amas [ama] m. ● Montón, pila, *f.* : *un amas de documents*, un montón de documentos. || ASTR. Enjambre.
— SYN. ● *Amoncellement*, amontonamiento. *Bloc*, bloque. *Fatras*, fárrago. *Masse*, masa. *Monceau*, montón. *Pile*, pila, rimero. *Ramas*, hacina. *Ramassis*, revoltillo. *Tas*, montón, cúmulo.
amasser v. tr. ● Amontonar. || Atesorar (argent). — V. pr. Amontonarse.
— SYN. ● *Accumuler*, acumular. *Amonceler*, amontonar. *Ramasser*, *réunir*, juntar.
amassette f. Espátula (de peintre).
amasseur, euse m. et f. Acumulador, ra (de richesses).
amateur adj. et s. ● Aficionado, da : *amateur de peinture*, aficionado a la pintura. || FAM. Persona dispuesta a comprar. || *En amateur*, por capricho, por afición : *peindre en amateur*, pintar por afición.
— OBSERV. *Amateur* no tiene forma femenina en francés, y así se dice *musicienne amateur* o *cette femme est un amateur averti*.
— SYN. ● *Connaisseur*, conocedor. *Curieux*, curioso. *Expert*, perito.
amateurisme m. Calidad (*f.*) de aficionado.
amatir v. tr. Poner mate (métal, etc.).
amaurose f. MÉD. Amaurosis.
amazone f. Amazona (femme). || Traje (*m.*) de amazona (costume).
Amazone n. pr. f. GÉOGR. Amazonas, *m.* (fleuve).
ambages f. pl. Ambages, *m. pl.* : *parler sans ambages*, hablar sin ambages.
— SYN. *Circonlocution*, circunloquio. *Détour*, rodeo.
ambassade f. Embajada : *attaché d'ambassade*, agregado de Embajada.
ambassadeur, drice m. et f. Embajador, ra.
ambe m. Ambo (loterie).
ambiance f. Ambiente, *m.* || — *Créer l'ambiance*, ambientar. || *Mettre de l'ambiance*, animar.
ambiant, e adj. Ambiente.
ambidextre adj. et s. Ambidextro, tra.
ambigu, ë adj. ● Ambiguo, gua : *phrase ambiguë*, frase ambigua.
— M. Ambigú (repas froid). || Ambigú (bar).
— OBSERV. Téngase siempre en cuenta que la forma femenina lleva una diéresis sobre la *e* (ambiguë).
— SYN. ● *Amphibologique*, anfibológico. *Équivoque*, equívoco. *Fam. Louche*, turbio.
ambiguïté [ãbigɥite] f. Ambigüedad.
ambitieux, euse adj. et s. Ambicioso, sa. || Pretensioso, sa ; rebuscado, da : *des paroles ambitieuses*, palabras pretensiosas.
ambition f. Ambición.
— SYN. *Appétit*, apetito. *Convoitise*, codicia. *Cupidité*, avidez. *Prétention*, pretensión.
ambitionner v. tr. Ambicionar, codiciar.
— SYN. *Aspirer à*, aspirar a. *Briguer*, solicitar por medio de intrigas. *Prétendre*, pretender.
ambivalence f. Ambivalencia.
ambivalent, e adj. Ambivalente.
amble m. Portante, ambladura, *f.* (du cheval).
ambler v. intr. Amblar.
ambleur, euse adj. Amblador, ra.
amblyopie f. MÉD. Ambliopía.

amblyrhynque [ãblirɛ̃:k] m. ZOOL. Amblirrinco.
amblystome m. ZOOL. Amblístoma.
ambon m. Ambón.
— SYN. *Chaire*, púlpito. *Tribune*, tribuna.
ambre m. Ámbar. || Color ambarino (couleur). || — *Ambre gris*, ámbar gris. || FIG. *Fin comme l'ambre*, fino como un coral.
ambré, e adj. Ambarino, na.
ambréine f. Ambarina.
ambrer v. tr. Perfumar con ámbar, ambarar.
Ambroise n. pr. m. Ambrosio.
ambroisie f. Ambrosía.
ambrosiaque adj. Ambrosiaco, ca (parfum).
ambrosien, enne adj. Ambrosiano, na.
ambulacre m. Ambulacro (tentacule).
ambulance f. Ambulancia.
ambulancier, ère m. et f. Ambulanciero, ra ; enfermero de una ambulancia.
ambulant, e adj. Ambulante. || — *Bureau ambulant*, ambulancia de correos. || *Comédien ambulant*, cómico de la legua. || *Vente ambulante*, venta ambulante *ou* callejera.
— M. Ambulante (de postes).
ambulatoire adj. Ambulatorio, ria.
âme f. Alma (esprit) : *une belle âme*, un alma bella. || Alma (habitant) : *ville de 100 000 âmes*, ciudad de 100 000 almas. || Alma (sentiment) : *chanter avec âme*, cantar con alma. || Alma, ánima (de canon). || FIG. Alma : *il est l'âme du parti*, es el alma del partido. || TECHN. Alma (de câble, de violon). || — *Âme du purgatoire*, alma del purgatorio, ánima [bendita]. || *Âme en peine*, alma en pena. || *Âme sœur*, alma gemela. || *Force d'âme*, firmeza de espíritu. || *Grandeur d'âme*, grandeza de espíritu. || — *Dans l'âme*, en el alma, en el corazón. || *De toute son âme*, con toda el alma. || *En son âme*, en su mente. || *En son âme et conscience*, en conciencia. || *Sans âme*, sin alma, desanimado (cruel). || — FAM. *À fendre l'âme*, que parte el corazón. | *Avoir l'âme chevillée au corps*, tener siete vidas como los gatos. || FIG. *Être l'âme damnée de quelqu'un*, ser instrumento ciego de uno. || *Il n'y avait pas âme qui vive*, no había alma viviente. || *Que Dieu ait son âme*, que Santa Gloria goce. || *Rendre l'âme*, exhalar el último suspiro, expirar.
— SYN. ● *Esprit*, espíritu, inteligencia. *Mânes*, manes.
Amédée n. pr. m. Amadeo.
Amélie n. pr. f. Amelia.
améliorable adj. Mejorable.
améliorant, e adj. Que mejora.
améliorateur, trice adj. Que mejora.
amélioration f. Mejoramiento, *m.*, mejora (action). || Mejoría (malades, conduite). || Perfeccionamiento, *m.* || — Pl. Mejoras : *les améliorations de la civilisation*, las mejoras de la civilización.
améliorer v. tr. Mejorar : *améliorer sa situation*, mejorar de situación. || Perfeccionar.
— V. pr. Mejorarse, mejorar.
— SYN. *Bonifier*, bonificar. *Corriger*, corregir. *Perfectionner*, perfeccionar.
amen m. Amén.
amenage m. Traída, *f.*, transporte. || Alimentación, *f.* (machine-outil).
aménageable [amenaʒabl] adj. Aprovechable : *une rivière aménageable*, río aprovechable.
aménagement m. Disposición, *f.* (disposition). || Arreglo (arrangement). || Instalación, *f.* || Acondicionamiento : *aménagement du réseau routier*, acondicionamiento de la red de carreteras. || Distribución, *f.* (division). || Aprovechamiento : *l'aménagement d'un cours d'eau*, el aprovechamiento de un curso de agua. || Fomento, ordenación, *f.* : *aménagement du territoire*, fomento de los recursos de un país ; *aménagement rural*, ordenación rural. || Adecuación, *f.* : *aménagement des grands*

magasins, adecuación de los grandes almacenes. ‖ Habilitación, *f.* : *aménagement d'un château en musée*, habilitación de un castillo para museo. ‖ *Travaux d'aménagement d'une ville*, obras de urbanización de una ciudad.

aménager* v. tr. Disponer (disposer). ‖ Arreglar. ‖ Acondicionar (mettre en état) : *aménager une maison, un terrain*, acondicionar una casa, un terreno. ‖ Habilitar : *château aménagé en musée*, castillo habilitado para museo. ‖ Parcelar (une forêt). ‖ Urbanizar (une ville). ‖ Hacer la ordenación, fomentar : *aménager le territoire d'un pays*, fomentar los recursos de un país. ‖ Ajustar : *aménager un horaire*, ajustar un horario. ‖ Aprovechar : *aménager une chute d'eau*, aprovechar un salto de agua.

amendable adj. Enmendable. ‖ Abonable (terres).

amende f. Multa. ‖ — *Amende honorable*, retractación pública. ‖ FAM. *Faire amende honorable*. pedir perdón. | *Les battus payent l'amende*, tras cornudo apaleado. ‖ *Mettre une amende*, multar, poner una multa.

amendement m. Enmienda *f.* (amélioration). ‖ Enmienda, *f.* (d'une loi, etc.). ‖ AGRIC. Abono.

amender v. tr. Enmendar. ‖ AGRIC. Abonar, enmendar.

amène adj. Agradable. ‖ Ameno, na.

amenée f. Traída : *canal d'amenée*, canal de traída. ‖ *Tuyaux d'amenée*, tubos de avenamiento.

amener* v. tr. ● Traer. ‖ Introducir : *amener une mode*, introducir una moda. ‖ Ocasionar : *amener un incident*, ocasionar un incidente. ‖ Inducir : *amène-le à le faire*, indúcelo a que lo haga. ‖ Conducir, hacer comparecer (devant un tribunal). ‖ Sacar (jeux). ‖ — MAR. *Amener son pavillon, ses couleurs*, arriar la bandera. | *Amener une voile*, amainar una vela. ‖ DR. *Mandat d'amener*, orden de comparecencia.
— V. pr. FAM. Venir, presentarse : *voilà ton père qui s'amène*, ahí viene tu padre.
— SYN. ● *Conduire*, conducir. *Emmener*, llevar, llevarse. *Mener*, dirigir, guiar. *Ramener*, volver a traer *ou* a llevar, volver a conducir. *Remmener*, volver a llevar, volverse a llevar.

aménité f. Amabilidad, atención. ‖ Lo agradable, *m.* (d'un endroit). ‖ — Pl. Amabilidades [en sentido irónico].

aménorrhée f. MÉD. Amenorrea.

amentacées f. pl. BOT. Amentáceas.

amentifère adj. Amentífero, ra.

amenuisement m. Adelgazamiento (d'une personne). ‖ Rebajamiento (d'une planche).

amenuiser v. tr. Adelgazar. ‖ Rebajar (réduire). ‖ Mermar (diminuer).

amer m. MAR. Marca, *f.*

amer, ère [amɛr, ɛ:r] adj. et s. Amargo, ga. ‖ FIG. Amargo, ga. ‖ — M. Amargo. ‖ Hiel (bœuf, carpe).

américain, e adj. et s. Americano, na. ‖ FAM. *Avoir l'œil américain*, tener ojo de buen cubero, tener mucha vista. ‖ — F. Especie de fæton.
— OBSERV. *Américain*, sin otra indicación, se usa abusivamente en francés por *norteamericano*, de los Estados Unidos.

américanisation f. Americanización.

américaniser v. tr. Americanizar.
— V. pr. Americanizarse.

américanisme m. Americanismo.

américaniste adj. et s. Americanista.

américium m. CHIM. Americio.

amérindien, enne [amerɛ̃djɛ̃, ɛn] adj. et s. Amerindio, dia.

Amérique n. pr. f. GÉOGR. América. ‖ Estados Unidos (abusivamente pour Etats-Unis). ‖ *Amérique centrale*, América Central, Centroamérica.

amerrir v. tr. Amarar.

amerrissage m. Amaraje.

amertume f. Amargura, amargor, *m.*

améthyste f. Amatista.

amétrope adj. Amétrope.

amétropie f. MÉD. Ametropía.

ameublement m. Mobiliario, moblaje, mueblaje. ‖ *Magasin d'ameublement*, tienda de muebles, mueblería.

ameublir v. tr. AGRIC. Mullir (la terre). ‖ DR. Convertir en bienes muebles.

ameublissement m. Conversión (*f.*) en bienes muebles. ‖ AGRIC. Mullidura, *f.*

ameulonner v. tr. AGRIC. Atresnalar.

ameutement m. Amotinamiento (sédition). ‖ Alboroto (agitation).

ameuter v. tr. Reunir en jauría (les chiens). ‖ Amotinar (soulever). ‖ Alborotar : *ameuter le quartier*, alborotar el barrio.

ami, e adj. et s. ● Amigo, ga. ‖ Amante, querido, da (amant). ‖ Partidario, ria (partisan). ‖ — *Petite amie*, querida. ‖ *Mon bel ami*, amiguito.
— OBSERV. Evítese la traducción de *un amigo mío* por *un ami à moi* en lugar de *un de mes amis*.
— SYN. ● *Camarade*, camarada, compañero. *Connaissance*, conocido. *Relations*, relaciones. *Fam. Copain*, amigote. *Pop. Aminche*, amigacho. *Pote*, compadre.

amiable adj. Amistoso, sa. ‖ Amigable : *amiable compositeur*, amigable componedor. ‖ — *À l'amiable*, amigablemente, amistosamente. ‖ *Un arrangement à l'amiable*, un arreglo amistoso.

amiante m. Amianto.

amibe f. ZOOL. Ameba.

amibiase f. MÉD. Amebiasis.

amibien, enne adj. Provocado por las amebas.

amiboïde adj. Ameboideo, a.

amical, e adj. Amistoso, sa.
— F. Sociedad, asociación, peña [profesional, deportiva, etc.].

amict [ami] m. Amito (ornement sacerdotal).

amide m. CHIM. Amida, *f.*

amidol m. CHIM. Amidol.

amidon m. Almidón.

amidonnage m. Almidonado.

amidonner v. tr. Almidonar.

amidonnerie f. Almidonería (fabrique d'amidon).

amidonnier, ère adj. et s. Almidonero, ra.

aminche m. POP. Amigacho.

amincir v. tr. Adelgazar, afilar. ‖ ● Rebajar (une planche). ‖ Afinar (la taille).
— V. pr. Adelgazarse.
— SYN. ● *Amenuiser*, achicar. *Alléger*, rebajar, adelgazar.

amincissant, e adj. Que adelgaza.

amincissement m. Adelgazamiento. ‖ Afinamiento, reducción, *f.*

amincisseur, euse adj. Adelgazador, ra.

amine f. CHIM. Amina.

aminé, e adj. CHIM. Aminado, da.

aminoacide m. CHIM. Aminoácido.

aminoplaste m. CHIM. Aminoplástico.

amiral, e adj. et s. Almirante.

amiralat m. Almirantazgo (dignité).

amirale f. Almiranta.

amirauté f. Almirantazgo, *m.*

amission f. DR. Amisión (perte).

amitié f. Amistad : *se lier d'amitié avec quelqu'un*, trabar amistad con uno. ‖ Cariño, *m.* : *prendre quelqu'un en amitié*, cobrarle cariño a uno. ‖ Favor, *m.* : *faites-moi l'amitié de*, hágame el favor de. ‖ — Pl. Expresiones, memorias, recuerdos, *m. pl.* : *faites mes amitiés à votre père*, déle recuerdos míos a su padre. ‖ Atenciones, amabilidades : *il m'a fait mille amitiés*, ha tenido conmigo mil atenciones. ‖ *Les petits cadeaux entretiennent l'amitié*, en las atenciones se conocen a los buenos amigos.

ammocète m. Cría (*f.*) de lamprea.

ammoniac, aque adj. et s. m. CHIM. Amoniaco, ca.

ammoniacal, e adj. Amoniacal : *des sels ammoniacaux,* sales amoniacales.
ammoniacé, e adj. Amoniacado, da.
ammoniaque f. CHIM. Amoniaco, *m.*
ammonite f. Amonita (fossile).
ammonium [amɔnjɔm] m. CHIM. Amonio.
ammoniure m. Amoniuro.
ammophile f. Amófilo, *m.* (guêpe).
amnésie f. MÉD. Amnesia (perte de la mémoire).
amnésique adj. et s. MÉD. Amnésico, ca.
amnios m. BIOL. Amnios.
amniotique adj. Amniótico, ca.
amnistiable adj. Que puede ser amnistiado.
amnistiant, e adj. Que incluye amnistía.
amnistie f. Amnistía.
amnistié, e adj. et s. Amnistiado, da.
amnistier* v. tr. Amnistiar.
amocher v. tr. POP. Estropear (abîmer). | Herir (blesser) : *il est salement amoché,* está seriamente herido. | Desgraciar (estropier, défigurer).
amodiataire m. et f. Arrendatario, ra.
amodiateur, trice m. et f. Arrendador, ra.
amodiation f. Arrendamiento, *m.*
amodier* v. tr. Arrendar (une terre, une mine).
amoindrir [amwɛdrir] v. tr. Aminorar, amenguar, menoscabar (diminuer). | Empequeñecer, disminuir : *l'éloignement amoindrit les objets,* el alejamiento empequeñece los objetos.
— V. pr. Aminorarse, amenguarse.
amoindrissement m. Aminoración, *f.,* disminución, *f.*
amollir v. tr. Ablandar : *le feu amollit la cire,* el fuego ablanda la cera. || FIG. Aplanar (abattre). | Debilitar (affaiblir). | Ablandar, mitigar (la colère, etc.). | Aplacar (apaiser).
— V. pr. Ablandarse. || FIG. Debilitarse. | Aplacarse.
amollissant, e adj. Que aplana, aplanador, ra ; debilitante.
amollissement m. Ablandamiento. || FIG. Aplanamiento, debilitación, *f.*
amonceler* v. tr. Amontonar.
amoncellement m. Amontonamiento. || Montón (tas).
amont m. Río arriba. || — En amont, río arriba. || *En amont de,* más arriba de.
amoral, e adj. Amoral : *des faits amoraux,* hechos amorales.
amoralisme m. Amoralismo.
amoralité f. Amoralidad.
amorçage [amɔrsa:ʒ] m. Cebadura, *f.,* cebo.
amorce [amɔrs] f. Cebo, *m.* (appât). || Principio, *m.,* comienzo, *m.* : *l'amorce des négociations,* el principio de las negociaciones. || Fulminante, *m.,* pistón, *m.,* mixto, *m.* (d'une cartouche, d'une mine). || FIG. Aliciente, *m.,* incentivo, *m.,* atractivo, *m.* (ce qui excite).
amorcer* v. tr. Cebar (appâter). || Cebar (pompe). || Iniciar, comenzar (une affaire, un travail). || Entablar : *elle tenta d'amorcer la conversation,* intentó entablar conversación. || Atraer, seducir : *amorcé par le gain,* seducido por la ganancia. || Cebar, poner un fulminante, cargar (une arme).
amorçoir [amɔrswa:r] m. Cebador.
amordancer* v. tr. Tratar con un mordiente.
amoroso adv. MUS. Amoroso.
amorphe adj. Amorfo, fa.
amorphisme m. Amorfia, *f.,* amorfismo.
amorrhéen, enne ou **amorrhite** adj. et s. Amorreo, a.
amorti m. Pelota (*f.*) corta, dejada, *f.* (tennis).
amortir v. tr. Amortiguar : *amortir le bruit,* amortiguar el ruido. || Ablandar (viande, légumes). || Amortizar (une dette, une dépense). || Mitigar : *amortir une peine,* mitigar una pena.
— V. pr. Amortiguarse. || Amortizarse.

amortissable adj. Amortizable (rente, dette, etc.).
amortissant, e adj. Amortiguador, ra.
amortissement m. Amortiguación, *f.* || Amortiguamiento. || Amortización, *f.* (dette, rente, dépense). || ARCHIT. Remate (couronnement).
amortisseur m. Amortiguador.
amour m. Amor. || Cariño, afecto (affection). || — *Beau comme l'amour,* hermoso como un ángel, como el sol. || *Un amour de...,* un encanto de... || — *C'est un amour,* es una preciosidad, un encanto, un sol. || *Être en amour,* estar en celo (les animaux). || *Filer le parfait amour,* estar muy enamorados. || — Pl. PEINT. Amorcillos.
— OBSERV. *Amour,* en su acepción general, es m. tanto en singular como en plural. En poesía se utiliza a veces la forma femenina.
amouracher (s') v. pr. Enamoriscarse, encapricharse.
— SYN. *S'enamourer,* enamorarse. *S'enticher,* prendarse, enquillotrarse. *Fam. S'embéguiner,* encapricharse, encañarse. *Se coiffer,* colarse, encapricharse. *Se toquer,* chiflarse, chalarse.
amourette f. Amorío, *m.,* amor (*m.*) pasajero devaneo, *m.* (amour passager). || Tuétano (*m.*) cocido (boucherie). || BOT. Tembladora. || *Bois d'amourette,* mimosa.
amoureux, euse adj. Amoroso, sa : *regards amoureux,* miradas amorosas. || Enamorado, da (qui aime) : *amoureux d'elle,* enamorado de ella. || *Amoureux de gloire,* ansioso de gloria.
— M. et f. Enamorado, da ; amante (amant). || — M. THÉÂTR. Galán. || — F. THÉÂTR. Dama.
amour-propre m. Amor propio.
— OBSERV. Pl. *amours-propres.*
amovibilité f. Amovibilidad.
amovible adj. Amovible.
ampélidacées f. pl. BOT. Ampelidáceas.
ampérage m. Amperaje.
ampère m. Amperio.
ampère-heure m. Amperio hora.
ampèremètre m. Amperímetro.
amphibie adj. et s. m. Anfibio, bia.
amphibiens [ɑ̃fibjɛ̃] m. pl. ZOOL. Anfibios.
amphibole f. MIN. Anfíbol, *m.*
amphibolite f. MIN. Anfibolita.
amphibologie f. Anfibología.
amphibologique adj. Anfibológico, ca.
amphictyon m. Anfictión (député grec).
amphictyonie f. Anfictionía (conseil des amphictyons).
amphigouri m. Guirigay (discours ou écrit obscur).
amphigourique adj. Confuso, sa ; ininteligible, oscuro, ra (style).
amphioxus m. Anfioxo.
amphipode m. Anfípodo.
amphisbène m. Anfisbena, *f.*
amphisciens [ɑ̃fisjɛ̃] m. pl. Anfiscios.
amphithéâtre m. Anfiteatro. || Aula, *f.* (université) : *grand amphithéâtre,* aula magna.
Amphitrite n. pr. f. Anfítrite.
amphitryon m. Anfitrión.
amphore f. Ánfora.
ample adj. ● Amplio, plia. || Cumplido, da ; holgado, da (vêtement).
— SYN. ● *Grand,* grande. *Spacieux,* espacioso. *Copieux,* copioso. *Etendu,* extenso. *Large,* ancho. *Vaste,* vasto.
ampleur f. Amplitud. || Anchura (d'un pantalon), vuelo, *m.* (d'une jupe). || Holgura (en confection) : *réserver de l'ampleur aux entournures,* dejar holgura en las sisas. || Elevación (du style). || Importancia, amplitud : *l'ampleur des événements,* la importancia de los acontecimientos.
ampliateur m. DR. El que hace copia legalizada.
ampliatif, ive adj. Ampliativo, va : *bulle ampliative,* bula ampliativa. || Legalizado, da.

ampliation f. Ampliación. ‖ Duplicado, *m.* (copie). ‖ DR. Copia legalizada.

amplifiant, e adj. Amplificante. ‖ *Induction amplifiante*, generalización.

amplificateur, trice adj. et s. m. Amplificador, ra.

amplificatif, ive adj. et s. m. GRAMM. Aumentativo, va.

amplification f. Amplificación, ampliación, desarrollo, *m.* ‖ Verborrea (développement verbeux). ‖ PHYS. Aumento, *m.*, amplificación (grossissement).

amplifier* v. tr. Amplificar, ampliar. ‖ Exagerar. ‖ PHYS. Ampliar, amplificar (grossir).

amplitude f. Amplitud (*l'amplitude d'une catastrophe*, la amplitud de una catástrofe.

ampoule f. ● Ampolla. ‖ Bombilla (électrique). ‖ MÉD. Ampolla (de médicament).

— SYN. ● *Cloque*, vejiguilla. *Bulle*, pompa.

ampoulé, e adj. Ampuloso, sa : *discours ampoulé*, discurso ampuloso.

— SYN. *Emphatique*, enfático. *Pompeux*, pomposo. *Grandiloquent*, grandilocuente. *Déclamatoire*, declamatorio. *Sonore*, sonoro. *Ronflant*, retumbante, rimbombante.

amputation f. ● Amputación. ‖ FIG. Reducción.

— SYN. *Ablation*, ablación. *Excision*, excisión. *Abscission*, abscisión. *Mutilation*, mutilación.

amputer v. tr. Amputar. ‖ FIG. Amputar, reducir : *amputer un article*, amputar, reducir un artículo.

amuïr (s') [samɥir] v. pr. GRAMM. Enmudecer, desaparecer (un phonème).

amuïssement m. GRAMM. Enmudecimiento, desaparición, *f.*

amulette f. Amuleto, *m.*

— SYN. *Talisman*, talismán. *Gri-gri*, grisgrís. *Fétiche*, fetiche.

amunitionnement m. Municionamiento, amunicionamiento.

amunitionner v. tr. Municionar, amunicionar.

amure f. MAR. Amura. ‖ *Changer d'amures*, virar de bordo.

amurer v. tr. MAR. Amurar.

amusant, e adj. Divertido, da.

— SYN. *Divertissant*, divertido. *Plaisant*, agradable. *Spirituel*, ingenioso, fino.

amuse-gueule m. FAM. Tapa, *f.*

— OBSERV. Pl. *amuse-gueule* o *amuse-gueules*.

amusement m. Entretenimiento.

amuser v. tr. ● Entretener. ‖ Divertir ; *cette histoire m'a beaucoup amusé*, este chiste me ha divertido mucho. ‖ Embaucar : *amuser par des promesses*, embaucar con promesas. ‖ MIL. Distraer, divertir : *amuser l'ennemi par des manœuvres*, distraer al enemigo con maniobras.

— V. pr. Entretenerse : *s'amuser à écrire*, entretenerse en escribir. ‖ Divertirse : *les enfants s'amusent dans la cour*, los niños se divierten en el patio. ‖ *S'amuser de quelqu'un*, burlarse de alguien.

— SYN. ● *Distraire*, distraer. *Récréer*, recrear. *Dérider*, hacer desfruncir el ceño. *Égayer*, alegrar, animar. *S'ébaudir*, alborozar, solazar. *Divertir*, divertir. *Réjouir*, regocijar.

amusette f. Distracción, juguete, *m.*

amuseur, euse m. et f. Persona que divierte *ou* entretiene, bufón, ona.

amygdale [amigdal] f. Amígdala.

amygdalées [-dale] f. pl. Amigdaláceas.

amygdalin, ine [-dalɛ̃, in] adj. Amigdalino, na.

amygdalite [-dalit] f. MÉD. Amigdalitis.

amygdaloïde [-daloid] adj. Amigdaloide.

amylacé, e adj. CHIM. Amiláceo, a.

amylase f. Amilasa.

amyle m. CHIM. Amilo.

amylène m. Amileno.

amylique adj. CHIM. Amílico, ca.

amylobacter m. Amilobácter (microbe).

amyloïde adj. Amiloideo, a.

amylomyces [amilomisɛs] m. Amilomices (ferment).

amylose f. MÉD. Amilosis.

an m. Año. ‖ — *Le jour de l'an*, el día de año nuevo. ‖ *Le nouvel an*, año nuevo. ‖ — *Bon an mal an*, un año con otro. ‖ *En l'an de grâce*, en el año de gracia. ‖ — **Aller sur ses trente ans*, ir para *ou* acercarse a los treinta años. ‖ *Il a vingt ans révolus* o *sonnés*, tiene veinte años cumplidos. ‖ *Je m'en moque comme de l'an quarante*, me importa un pito, un bledo.

— OBSERV. *An* se emplea principalmente para contar o para marcar una época y en algunas expresiones consagradas, y se usa generalmente sin epíteto para contar el tiempo : *avoir vingt ans*, tener veinte años ; *l'an 1970*, el año 1970 ; *gagner tant par an*, ganar tanto por año ; *une fois l'an*, una vez al *ou* por año. *Année*, que suele usarse con un calificativo, considera el tiempo anual con relación a sus divisiones o a los acontecimientos que lo han señalado : *une année bissextile*, un año bisiesto ; *l'année a été mauvaise*, el año ha sido malo.

— SYN. *Année*, año. *Fam. Printemps*, primaveras, abriles.

ana, terminación que se añade a un nombre propio para indicar una colección de anécdotas, pensamientos, citas, etc., atribuidas a una persona : *un Calviniana, un Bonapartiana*.

— M. Colección de anécdotas, de chistes. ‖ MÉD. Ana.

anabaptisme [anabatism] m. Anabaptismo.

anabaptiste [-batist] adj. et s. Anabaptista.

anabase f. Anábasis.

anabolisme m. Anabolismo.

anacarde m. Anacardo, nuez (*f.*) de anacardo.

anacardiacées f. pl. Anacardiáceas.

anacardier m. Anacardo (arbre américain).

Anacharsis [anakarsis] n. pr. m. Anacarsis.

anachorète [anakɔrɛt] m. Anacoreta.

anachorétique [-kɔretik] adj. Anacorético, ca.

anachorétisme [-kɔretism] m. Anacoretismo.

anachronique adj. Anacrónico, ca.

anachronisme m. Anacronismo.

Anaclet [anaklɛ] n. pr. m. Anacleto.

anacoluthe [anakɔlyt] f. Anacoluto, *m.*

anaconda m. Anaconda, *f.*, lampalagua, *f.* (serpent).

Anacréon n. pr. m. Anacreonte.

anacréontique adj. Anacreóntico, ca.

anacréontisme m. Anacreontismo.

anacrouse ou **anacruse** f. Anacrusis (métrique).

anadyomène adj. Anadiómena (Vénus).

anaérobie adj. et s. m. Anaerobio, bia (microbe).

anaérobiose f. Anaerobiosis.

anaglyphe ou **anaglypte** m. Anáglifo.

anaglyptique adj. Anagliptico, ca : *impression anaglyptique pour aveugles*, impresión anagliptica para ciegos.

anagogie f. Anagoge, *m.*, anagogía.

anagogique adj. Anagógico, ca.

anagrammatique adj. Anagramático, ca.

anagramme f. Anagrama, *m.*

anal, e adj. ANAT. Anal.

analectes m. pl. Analectas, *f. pl.*

analepsie f. MÉD. Analepsia.

analeptique adj. et s. m. Analéptico, ca.

analgésie f. Analgesia (insensibilité).

analgésier v. tr. Quitar el dolor con un analgésico.

analgésique adj. et s. m. Analgésico, ca.

analgie f. Analgesia.

analgique adj. et s. Analgésico, ca.

analogie f. Analogía : *par analogie*, por analogía.

— SYN. *Ressemblance*, semejanza, parecido. *Similitude*, similitud. *Conformité*, conformidad. *Affinité*, afinidad. *Parenté*, parentesco.

analogique adj. Analógico, ca.

analogisme m. Analogismo.

analogue adj. Análogo, ga.
analphabète adj. et s. Analfabeto, ta.
analphabétisme m. Analfabetismo.
analysable adj. Analizable.
analyse f. Análisis, *m.* ‖ MATH. Análisis, *m.* ‖ RAD. Análisis, *m.*, desintegración de la imagen. ‖ — *Analyse de bilan,* examen de balance. ‖ *En dernière analyse,* despuês de todo, en el fondo, mirándolo bien.
analyser v. tr. Analizar.
analyseur m. Analizador.
analyste adj. et s. Analista.
analytique adj. Analítico, ca.
anamnèse f. MÉD. Anamnesis, anamnesis.
anamorphose f. Anamorfosis.
ananas [anana] m. Piña, *f.*, ananás.
Ananie n. pr. m. Ananías.
anapeste adj. et s. m. POÉT. Anapesto.
anapestique adj. Anapéstico, ca.
anaphase f. Anafase.
anaphore f. Anáfora (répétition).
anaphrodisiaque adj. et s. m. Anafrodisiaco, ca.
anaphrodisie f. Anafrodisia.
anaphylactique adj. Anafiláctico, ca.
anaphylaxie f. Anafilaxia.
anaplastie f. Anaplastia.
anarchie [anarʃi] f. Anarquía.
anarchique adj. Anárquico, ca.
anarchisant, e adj. et s. Anarquizante.
anarchiser v. tr. Anarquizar.
anarchisme m. Anarquismo.
anarchiste adj. et s. Anarquista.
anarcho [anarʃo] m. POP. Anarquista.
anasarque f. MÉD. et VÉTÉR. Anasarca.
Anastase n. pr. m. Anastasio.
Anastasie n. pr. f. Anastasia. ‖ FIG. et FAM. Doña Anastasia, la Censura (presse) : *les ciseaux d'Anastasie,* las tijeras de Doña Anastasia *ou* de la Censura.
anastigmat [anastigmat] ou **anastigmatique** [-matik] adj. et s. m. PHOT. Anastigmático, ca : *objectif anastigmat,* objetivo anastigmático.
anastomose f. ANAT. Anastomosis.
anastomoser (s') v. pr. Anastomosarse.
anastrophe f. GRAMM. Anástrofe (inversion).
anathématisation f. Anatematización, anatematismo, *m.*
anathématiser v. tr. Anatematizar.
anathème adj. et s. m. Anatema.
— SYN. *Excommunication,* excomunión. *Interdit,* entredicho.
anatidés m. pl. Anátidas.
anatife m. Percebe, anatife (crustacé).
anatocisme m. Capitalización (*f.*) de intereses.
Anatole n. pr. m. Anatolio.
Anatolie [anatoli] n. pr. f. GÉOGR. Anatolia.
anatomie f. Anatomía.
anatomique adj. Anatómico, ca.
anatomiser v. tr. Anatomizar.
anatomiste m. et f. Anatomista, anatómico, ca.
anatoxine f. Anatoxina.
anatrope adj. Anátropo, pa.
Anaxagore n. pr. m. Anaxágoras.
ancestral, e adj. Ancestral.
ancêtre m. Antepasado, antecesor, ascendiente. ‖ Precursor : *l'ancêtre de l'automobile,* el precursor del automóvil.
anche f. MUS. Lengüeta.
Anchise n. pr. m. Anquises.
anchois m. Boquerón : *pêcher des anchois,* pescar boquerones. ‖ Anchoa, *f.* : *des anchois en boîte,* anchoas en lata; *anchois roulés,* anchoas en rollos *ou* enrolladas.
ancien, enne adj. et s. Antiguo, gua. ‖ Ex, antiguo : *ancien président,* ex presidente; *ancien préfet,* ex prefecto ; *ancien combattant,* ex comba-

tiente. ‖ ● Viejo, ja (âgé). ‖ Viejo, ja (démodé). ‖ Viejo, ja ; rancio, cia : *tradition ancienne,* tradición rancia.
— M. et f. Anciano, na (vieillard, vieille). ‖ Antiguo, gua (personnage de l'Antiquité). ‖ Antiguo, gua (d'une école). ‖ Viejo, ja : *Pline l'Ancien,* Plinio el Viejo.
— SYN. ● *Vieux,* viejo. *Antique,* antiguo. *Archaïque,* arcaico. *Vétéran,* veterano. *Vétuste,* vetusto.
anciennement adv. Antiguamente.
— SYN. *Jadis,* en otro tiempo, tiempo ha. *Autrefois,* en otra época. *Antan,* antaño. *Naguère,* poco ha, hace poco.
ancienneté f. Antigüedad : *avancement à l'ancienneté,* ascenso por antigüedad.
ancillaire [ɑ̃silɛr] adj. Ancilar, doméstico, ca.
ancolie f. Ancolía, aguileña (plante).
Ancône n. pr. GÉOGR. Ancona.
ancrage m. MAR. Ancladero, anclaje, fondeadero (mouillage). | Anclaje (redevance). ‖ ARCHIT. Fijación, *f.*, sujeción, *f.*
ancre f. MAR. Ancla, áncora (p. us.). ‖ TECHN. Áncora (d'une montre). ‖ ARCHIT. Grapa. ‖ — *Ancre de salut,* ancla de salvación. ‖ *Ancre supplémentaire,* galga. ‖ *Petite ancre,* anclote. ‖ — MAR. *À l'ancre,* anclado. | *Chasser sur son ancre,* garrar. | *Jeter l'ancre,* echar el ancla, anclar. | *Lever l'ancre,* levar anclas, zarpar.
ancrer v. tr. et intr. Anclar, echar el ancla. ‖ ARCHIT. Fijar con grapas. ‖ FIG. Aferrar, afianzar : *idée bizarre ancrée,* idea bien aferrada.
— V. pr. FIG. Meterse : *cette idée bizarre s'est ancrée dans sa tête,* esta idea extraña se le ha metido en la cabeza.
ancrure f. Pliegue, *m.* (d'un tissu).
andain m. Tranco, hozada, *f.*, camba, *f.* (ce qu'un faucheur abat à chaque pas).
andalou, ouse adj. et s. Andaluz, za.
Andalousie n. pr. f. GÉOGR. Andalucía.
andante m. MUS. Andante.
andantino adv. et s. m. MUS. Andantino.
Andes [ɑ̃:d] n. pr. f. pl. GÉOGR. Andes, *m. pl.*
andésite f. MIN. Andesita.
andin, e adj. Andino, na.
andorran, e adj. et s. Andorrano, na.
Andorre n. pr. f. GÉOGR. Andorra.
andouille [ɑ̃du:j] f. Especie de embutido (*m.*) francés. ‖ FAM. Imbécil, cernícalo (niais, sot).
andouiller m. Mogote, cornamenta, *f.* (des cerfs).
andouillette f. Especie de embutido (*m.*) francés.
André n. pr. m. Andrés.
Andrée n. pr. f. Andrea.
andrinople f. Tela de algodón encarnada (étoffe).
Andrinople n. pr. GÉOGR. Andrinópolis.
androcée f. BOT. Androceo.
androgyne adj. et s. Andrógino, na.
androïde m. Androide.
androlâtrie f. Androlatría.
Andromaque n. pr. f. Andrómaca.
Andromède n. pr. f. Andrómeda.
âne m. ● Asno, burro, pollino, borrico. ‖ FIG. Burro, borrico (stupide). ‖ — *Âne bâté,* borrico, burro, acémila (ignorant). ‖ *Bonnet d'âne,* orejas de burro. ‖ *Pont aux ânes,* dificultad muy leve. ‖ *Toit en dos d'âne,* tejado de doble vertiente. ‖ — *À dos d'âne,* en burro. ‖ — *Être comme l'âne de Buridan,* ser indeciso. ‖ *Être méchant comme un âne rouge,* ser más malo que la quina. ‖ *Faire l'âne pour avoir du son,* hacerse el tonto.
— OBSERV. *Asno, burro, borrico* sont exactement synonymes. *Asno* est le nom normal et *burro* le nom familier; *borrico* est un petit âne, soit un âne quelconque; *pollino* est l'âne jeune, mais aussi un âne quelconque; *jumento,* comme *burro,* équivaut aussi bien à *baudet* qu'à âne en général.
— SYN. ● *Baudet,* jumento. *Aliboron,* rocín. *Bourrique,* burra, borrica. *Bourricot,* borriquillo, rucho.

anéantir v. tr. Aniquilar : *l'armée fut anéantie*, el ejército fue aniquilado. ‖ Anonadar : *la nouvelle m'a anéanti*, la noticia me ha anonadado.
anéantissement m. Aniquilamiento, destrucción, f. ‖ Anonadamiento, abatimiento.
anecdote f. Anécdota.
anecdotier, ère m. et f. Anecdotista, narrador de anécdotas.
anecdotique adj. Anecdótico, ca.
anecdotiser v. intr. Contar anécdotas. ‖ Compilar anécdotas.
ânée f. Carga de un asno.
anel m. Abrazadera, f. (d'une tenaille).
anémiant, e adj. Anemiante : *un climat anémiant*, un clima anemiante.
anémie f. MÉD. Anemia.
anémié, e adj. Anémico, ca. ‖ FIG. De aspecto anémico.
anémier* v. tr. Volver anémico.
— V. pr. Ponerse anémico, debilitarse.
anémique adj. et s. Anémico, ca.
anémographe m. Anemógrafo.
anémomètre m. Anemómetro.
anémométrie f. Anemometría.
anémone f. BOT. Anémona.
anémophile adj. BOT. Anemófilo, la.
anémoscope m. Anemoscopio.
anencéphale adj. et s. m. Anencéfalo, la.
ânerie f. FAM. Burrada, gansada.
anéroïde adj. PHYS. Aneroide.
ânesse f. Asna, burra, borrica.
anesthésiant, e adj. et s. m. Anestésico, ca.
anesthésie f. MÉD. Anestesia.
anesthésier* v. tr. Anestesiar.
anesthésique adj. et s. m. Anestésico, ca.
— OBSERV. *Anesthésique, anesthésiant* son sinónimos. *Anesthésiant* caracteriza una anestesia incompleta o accidental, *anesthésique* pertenece al lenguaje médico.
anesthésiste m. et f. Anestesista.
aneth m. BOT. Eneldo.
anévrisme m. MÉD. Aneurisma.
anfractuosité [ɑ̃fraktyozite] f. Cavidad, agujero, *m.* ‖ ANAT. Anfractuosidad.
angarie f. MAR. Angaria (réquisition d'un navire).
ange m. Ángel. ‖ *Ange déchu*, ángel caído. ‖ *Ange de mer*, angelote (poisson). ‖ *Ange gardien*, ángel de la guarda *ou* ángel custodio. ‖ *Mauvais ange*, ángel malo (diable), ángel tentador. ‖ *Saut de l'ange*, salto del ángel. ‖ — *Beau comme un ange*, guapo como un sol. ‖ — *Être aux anges*, estar en la gloria. ‖ FAM. *Rire aux anges*, reir como un bendito. ‖ *Un ange passe*, son las menos veinte *ou* las y veinte (silence).
— OBSERV. *Ange* es masculino incluso cuando se aplica a una mujer: *cette femme est un ange.*
— SYN. *Archange*, arcángel. *Chérubin*, querubín, querube. *Séraphin*, serafín.
Ange n. pr. m. Ángel.
Angèle n. pr. f. Ángela.
angelet m. Angelito.
angélical, e adj. Angelical.
angelin m. Pangelín (arbre).
angélique adj. Angélico, ca : *salutation angélique*, salutación angélica. ‖ *Angelical* : *regard angélique*, mirada angelical. ‖ — F. BOT. Angélica.
angéliser v. tr. Angelizar.
angelot m. Angelote.
angélus m. Ángelus (prière) : *réciter l'angélus*, rezar el Ángelus. ‖ Toque de oración (sonnerie).
angevin, e adj. et s. Angevino, na.
angine f. Angina. ‖ — *Angine couenneuse*, angina diftérica. ‖ *Angine de poitrine*, angina de pecho.
angineux, euse adj. Anginoso, sa.
angiographie f. Angiografía.
angiologie f. Angiología.
angiome m. MÉD. Angioma.
angiospermes f. pl. BOT. Angiospermas.

anglais, e adj. et s. Inglés, esa. ‖ *Filer à l'anglaise*, despedirse a la francesa. ‖ — M. Inglés (langue) : *parler l'anglais*, hablar inglés. ‖ — F. Letra inglesa. ‖ — F. pl. Tirabuzones, *m. pl.* (coiffure).
anglaiser v. tr. Descolar (un cheval).
angle [ɑ̃:gl] m. Ángulo : *angle droit, plat*, ángulo recto, llano. ‖ ● Esquina, *f.* : *notre maison se trouve à l'angle du boulevard Raspail et de la rue du Montparnasse*, nuestra casa se encuentra en la esquina del bulevar Raspail y de la calle de Montparnasse. ‖ Rincón : *dans l'angle de la pièce*, en el rincón de la habitación. ‖ ◆ Pico : *se cogner contre l'angle de la table*, golpearse contra el pico de la mesa. ‖ FIG. Arista, *f.* : *les angles aigus de son caractère*, las asperezas de su carácter. ‖ — *Angles des lèvres*, comisuras de los labios. ‖ *Sous l'angle de*, desde el punto de vista de. ‖ — *Arrondir les angles*, limar las asperezas.
— SYN. ● *Coin*, rincón, esquina. *Encoignure*, rincón. — ◆ *Coude*, codo. *Saillie*, saliente, *Arête*, arista.
anglésite f. MIN. Anglesita.
anglet m. Inglete.
Angleterre n. pr. f. GÉOGR. Inglaterra.
anglican, e adj. et s. Anglicano, na.
anglicanisme m. Anglicanismo.
angliche adj. et s. POP. Inglés, esa.
anglicisant, e m. et f. Anglicista.
angliciser v. tr. Hacer inglés, imitar lo inglés.
— V. pr. Hacerse inglés.
anglicisme m. Anglicismo.
angliciste adj. et s. Anglicista.
anglo-américain, e adj. et s. Angloamericano, na.
anglo-arabe adj. et s. Angloárabe.
anglomane adj. et s. Anglómano, na.
anglomanie f. Anglomanía.
anglo-normand, e adj. et s. Anglonormando, da.
anglophile adj. et s. Anglófilo, la.
anglophilie f. Anglofilia.
anglophobe adj. et s. Anglófobo, ba.
anglophobie f. Anglofobia.
anglo-saxon, onne adj. et s. Anglosajón, ona.
angoissant, e adj. Angustioso, sa.
angoisse f. Angustia (grande douleur morale). ‖ ● Congoja (douleur mêlée de crainte).
— SYN. ● *Anxiété*, ansiedad. *Affres*, ansias.
angoissé, e adj. Angustiado, da.
angoisser v. tr. Angustiar, acongojar.
— V. pr. Angustiarse, acongojarse.
angolais, e adj. et s. Angolés, esa.
angon m. Asta, *f.*, jabalina, *f.* (arme).
angora adj. et s. De Angora : *chèvre, chat angora*, cabra, gato de Angora.
Angoulême n. pr. GÉOGR. Angulema.
angoumois, e ou **angoumoisin, e** adj. et s. De Angulema.
angrois m. Cuña (*f.*) de hierro (d'un outil).
angström m. Angström (unité de longueur d'onde).
anguiforme adj. Serpentino, na; en forma de serpiente.
anguille [ɑ̃gi:j] f. Anguila (poisson). ‖ — *Anguille de mer*, congrio. ‖ *Alevin d'anguille*, angula (civelle). ‖ *Nœud d'anguille*, nudo corredizo. ‖ — *Il y a anguille sous roche*, hay gato encerrado.
anguiller m. MAR. Imbornal de cuaderna.
anguillère f. Vivero (*m.*) de anguilas.
anguillule f. Anguílula.
angulaire adj. Angular : *pierre angulaire*, piedra angular.
anguleux, euse adj. Anguloso, sa. ‖ FIG. Esquinado, da : *caractère anguleux*, carácter esquinado.
angusticlave m. Angusticlavia, *f.* (des romains).
angustifolié, e adj. De hojas muy angostas.
angusture f. Angostura.

anharmonique [anarmɔnik] adj. Anarmónico, ca : *rapport anharmonique*, relación anarmónica.
anhélant, e [anelɑ̃, ɑ̃:t] adj. Anhelante.
anhélation f. Anhelación, respiración dificultosa.
anhéler* v. intr. Anhelar. ‖ Mantener el fuego encendido (les verriers).
anhydre adj. CHIM. Anhidrò, dra.
anhydride m. CHIM. Anhídrido.
anhydrite f. MIN. Anhidrita.
Anicet n. pr. m. Aniceto.
anicroche f. Tropiezo, *m.* (accroc), obstáculo, *m.* (obstacle). ‖ FAM. Pega, engorro, *m.* : *c'est une affaire pleine d'anicroches*, es un asunto lleno de pegas.
ânier, ère m. et f. Arriero de borricos.
aniline f. CHIM. Anilina.
anille f. Palahierro, *m.* (de moulin). ‖ BLAS. Anillo, *m.*
animadversion f. Animadversión.
animal m. ● Animal : *animaux domestiques,* animales domésticos. ‖ FIG. Animal, torpe.
— SYN. ● *Bête,* bestia, animal. *Brute,* bruto. *Bête de somme,* acémila.
animal, e adj. Animal.
animalcule m. Animálculo.
animalier ou **animaliste** adj. m. et s. m. Animalista, pintor *ou* escultor de animales.
animaliser v. tr. Animalizar.
animalité f. Animalidad.
animateur, trice adj. et s. Animador, ra.
animation f. Animación : *donner de l'animation,* dar animación.
— SYN. *Activité,* actividad. *Mouvement,* movimiento. *Affairement,* atareamiento, ajetreo.
animé, e adj. Animado, da : *créature, rue animée,* criatura, calle animada ; *conversation animée,* conversación animada. ‖ CINÉM. *Dessins animés,* dibujos animados.
animer v. tr. Animar : *l'âme anime le corps,* el alma anima al cuerpo. ‖ FIG. Animar : *animer au combat,* animar al combate ; *animer un récit,* animar un relato.
— V. pr. Animarse.
animique adj. Anímico, ca.
animisme m. Animismo.
animiste adj. et s. Animista (doctrine, culte).
animosité f. Animosidad.
anion m. PHYS. Anión.
anis [ani] m. Anís (plante et liquide). ‖ Grano de anís (dragée). ‖ *Anis étoilé,* anís estrellado, badián.
— OBSERV. *Anís,* en espagnol, est surtout employé pour désigner un digestif voisin de l'anisette.
aniser v. tr. Anisar : *eau-de-vie anisée,* aguardiente anisado.
anisette f. Anisete, *m.*
anisopétale adj. BOT. Anisopétalo, la.
anisophylle adj. BOT. Anisofilo, la.
anisotrope adj. Anisótropo, pa.
anisotropie f. Anisotropía.
Anjou n. pr. m. GÉOGR. Anjeo.
— OBSERV. L'emploi de *Anjeo* se limite généralement à la région, mais on dit couramment *Felipe de Anjou.*
ankylose f. MÉD. Anquilosis. ‖ Anquilosamiento, *m.* : *l'ankylose de l'économie,* el anquilosamiento de la economía.
ankyloser v. tr. Anquilosar : *membre ankylosé,* miembro anquilosado.
— V. pr. Anquilosarse.
ankylostome m. ZOOL. Anquilostoma.
ankylostomiase f. MÉD. Anquilostomiasis.
Anna n. pr. f. Ana.
annales f. pl. Anales, *m.* : *les Annales de Tacite,* los Anales de Tácito.
annaliste m. et f. Analista.
annalité f. Anualidad.

annamite adj. et s. Anamita (de l'Annam).
annate f. Anata (tribut ancien).
Anne n. pr. f. Ana.
anneau [ano] m. Anillo (petit cercle). ‖ Argolla, *f.* (gros anneau pour attacher). ‖ ● Anillo, sortija, *f.* (bague). ‖ Anilla, *f* (de rideau, d'oiseaux, etc.). ‖ Ojo, anillo (de clef). ‖ Eslabón (d'une chaîne). ‖ Anillo : *les anneaux d'un ver,* los anillos de un gusano. ‖ — Pl. Anillas, *f.* (gymnastique). ‖ — *Anneau à clefs,* llavero. ‖ *Anneau de Saturne,* anillo de Saturno. ‖ *Anneau épiscopal* o *pastoral,* anillo pastoral.
— SYN. ● *Bague,* sortija, anillo. *Alliance, anneau de mariage,* alianza.
année f. Año, *m.* : *année qui commence,* año entrante. ‖ — *Année de lumière* o *année-lumière,* año de luz. ‖ *Année scolaire,* curso escolar. ‖ *D'année en année,* año tras año. ‖ *Souhaiter la bonne année,* felicitar por Año Nuevo.
— OBSERV. Voir AN.
annelé, e adj. et s. m. Anillado, da.
anneler* [anle] v. tr. Anillar.
annelet m. Anillejo (petit anneau). ‖ ARCHIT. Collarino, astrágalo.
annélides f. pl. ZOOL. Anélidos, *m.*
annelure f. Ensortijamiento, *m.*
Annette n. pr. f. Anita.
annexe adj. Anejo, ja : *école annexe,* escuela aneja. ‖ Adjunto, ta : *les documents annexes à cette lettre,* los documentos adjuntos a esta carta.
— F. Anexo, *m.,* dependencia : *l'annexe d'un hôtel,* el anexo de un hotel. ‖ Anejo, *m.* (d'une église). ‖ — M. pl. ANAT. Anexos (de l'utérus). ‖ DR. Anexidades, *f. pl.*
annexer v. tr. Anexar, anexionar. ‖ Adjuntar (un document).
annexion f. Anexión.
annexionnisme m. Anexionismo.
annexionniste adj. et s. Anexionista.
annexite f. MÉD. Anexitis.
Annibal n. pr. m. Aníbal.
annihilable adj. Aniquilable.
annihilation f. Aniquilamiento, *m.*
annihiler v. tr. Aniquilar. ‖ Anular : *annihiler un testament,* anular un testamento.
— V. pr. Aniquilarse.
anniversaire adj. et s. m. Aniversario, ria. ‖ — M. Cumpleaños : *le 15 août est mon anniversaire,* mi cumpleaños es el quince de agosto ; *bon anniversaire,* feliz cumpleaños. ‖ Aniversario : *c'est le deuxième anniversaire de sa mort,* es el segundo aniversario de su muerte.
annonce f. Anuncio, *m.* ‖ Noticia : *l'annonce d'une victoire,* la noticia de un triunfo. ‖ Aviso, *m.,* información : *je dois faire une annonce au public,* tengo que dar un aviso al público. ‖ Acuse, *m.* (jeux), declaración (bridge). ‖ FIG. Indicio, *m.,* síntoma, *m.* : *l'annonce d'une crise,* el indicio de una crisis. ‖ — *Petites annonces,* anuncios por palabras (dans un journal). ‖ — *Faire une annonce,* acusar, cantar (cartes).
annoncer* v. tr. ● Anunciar. ‖ Acusar, cantar (jeux), declarar (bridge). ‖ Ser signo de, indicar, revelar : *sourire annonçant la bonté,* sonrisa que revela bondad. ‖ Pronosticar, predecir. ‖ Predicar (l'Évangile).
— V. pr. Anunciarse. ‖ — *Cela s'annonce bien,* esto es prometedor *ou* se presenta bien. ‖ *Se faire annoncer,* dar su nombre para ser recibido.
— SYN. ● *Déclarer,* declarar. *Proclamer,* proclamar. *Manifester,* manifestar. *Exposer,* exponer.
annonceur m. Anunciador, anunciante. ‖ Locutor (speaker de la radio).
annonciateur, trice adj. Anunciante, anunciador, ra.
— M. Señal (*f.*) de aviso (chemin de fer).

Annonciade n. pr. f. Anunciada (ordre).
Annonciation f. Anunciación.
annoncier, ère m. et f. Encargado, da, de los anuncios (dans un journal).
— OBSERV. Algunos critican esta voz en francés y prefieren *annonceur.*
annone f. Anona (dans la Rome antique, provision de vivres pour un an).
annone f. ou **annona** m. BOT. Anona, *f.* (arbre d'Amérique). | Anón, *m.,* anona, *f.* (fruit). | *Annona muriqué,* cachimán, corosol, guanábano. | *Annona pomme-cannelle,* jachalí. | *Annona réticulé,* corazón, chirimoya, mamón. | *Annona squameux,* anón, cachimán, chirimoyo.
annotateur, trice m. et f. Anotador, ra.
annotation f. Anotación.
annoter v. tr. Anotar.
annuaire [anɥɛ:r] m. Anuario. | *Annuaire du téléphone,* anuario, guía (*f.*) de teléfonos.
annualité f. Anualidad.
annuel, elle adj. Anual.
annuellement adv. Anualmente.
annuité [anɥite] f. Anualidad (quantité annuelle).
annulabilité f. Carácter (*m.*) de anulable.
annulable adj. Anulable.
annulaire adj. et s. m. Anular.
annulatif, ive adj. Anulativo, va.
annulation f. Anulación.
annuler v. tr. Anular.
— SYN. *Abroger,* abrogar. *Abolir,* abolir. *Infirmer,* infirmar. *Casser,* casar. *Invalider,* invalidar. *Résilier,* anular. cancelar. *Révoquer,* revocar. *Rescinder,* rescindir.
anoblir v. tr. Ennoblecer (rendre noble).
— V. pr. Comprar un título de nobleza.
anoblissement m. Ennoblecimiento.
anode f. PHYS. Ánodo, *m.*
anodin, e adj. Anodino, na.
anodique adj. PHYS. Anódico, ca.
anodonte m. ZOOL. Anodonte (mollusque).
anodontie f. Anodontia.
anolis m. Papavientos (lézard d'Amérique).
anomal, e adj. Anómalo, la.
anomalie f. Anomalía.
ânon m. Rucho, borriquillo (petit âne).
anonacées f. pl. BOT. Anonáceas.
anonchalir v. tr. Emperezar.
anone f. V. ANONA.
ânonnement m. Balbuceo, lectura (*f.*) torpe.
ânonner v. tr. et intr. Balbucear, leer torpemente.
anonymat m. Anónimo, anonimato (gallicisme) : *garder l'anonymat,* conservar el anónimo.
anonyme adj. et s. m. Anónimo, ma : *écrit anonyme,* escrito anónimo ; *société anonyme,* sociedad anónima.
anophèle m. Anofeles (moustique).
anoplothérium m. Anoploterio (ruminant fossile).
anorak m. Anorak (veste imperméable).
anordir v. intr. MAR. Nortear (mettre le cap sur le nord). | Nortear (vent).
anorexie f. Anorexia.
anormal, e adj. et s. Anormal.
anosmie f. Anosmia.
anoure adj. et s. ZOOL. Anuro (sans queue) : *batracien anoure,* batracio anuro.
anoxémie f. Anoxemia.
anse f. Asa (partie courbe pour saisir un objet). | MAR. Ensenada | — ARCHIT. et GÉOM. *Anse de panier,* arco zarpanel (*ou* carpanel). | FAM. *Faire danser l'anse du panier,* sisar.
ansé, e adj. Provisto de un asa.
Anselme n. pr. m. Anselmo.
ansériformes m. pl. Lamelirrostros (oiseaux).
ansette f. Asilla (petite anse). | Pasador, *m.* (petit anneau). | MAR. Poa.
ansière f. MAR. Red de pesca.
anspect [ãspɛk] m. Espeque (levier).

antagonique adj. Antagónico, ca.
antagonisme m. Antagonismo.
antagoniste adj. et s. Antagonista.
antalgique adj. Antálgico, ca.
antan m. El año anterior. | *D'antan,* de antaño.
— OBSERV. *Antan,* cuyo significado exacto es el año anterior, se emplea a menudo equivocadamente con el sentido de *autrefois, jadis* (antaño).
Antarctide n. pr. f. GÉOGR. Antártida.
antarctique adj. Antártico, ca.
ante [ã:t] f. ARCHIT. Anta (pilastre).
antebois m. ou **antibois** m. Guardasilla, *f.* listón de madera clavado en el suelo para preservar la pared del roce de los muebles.
antécambrien, enne adj. et s. m. GÉOL. Antecambriano, na.
antécédemment [ãtesedamã] adv. Antecedentemente.
antécédent, e adj. et s. m. Antecedente : *avoir de bons antécédents,* tener buenos antecedentes.
antéchrist m. Anticristo.
antédiluvien, enne adj. Antediluviano, na.
Antée n. pr. m. MYTH. Anteo.
antéfixe f. Antefijo, *m.* (ornement de toiture).
ante meridiem loc. lat. Ante merídiem (avant midi).
antenne f. MAR. Entena. | RAD. Antena. | ZOOL. Antena. | *Donner, prendre l'antenne,* conectar con radio.
antépénultième adj. et s. f. Antepenúltimo, ma.
antérieur, e adj. et s. m. Anterior.
antériorité f. Anterioridad.
anthelminthique adj. et s. m. MÉD. Antihelmíntico, ca.
anthère f. BOT. Antera.
anthéride f. Anteridia.
anthérozoïde m. BOT. Anterozoide.
anthèse f. BOT. Antesis.
anthologie f. Antología.
— SYN. *Ana,* collección de anécdotas o chistes. *Analectes,* analectas. *Chrestomathie,* crestomatía. *Florilège,* florilegio. *Spicilège,* espicilegio.
anthologique adj. Antológico, ca.
anthozoaires [ãtozoa:r] m. pl. Antozoarios.
— SYN. *Coralliaires,* coralarios. *Polypiers,* políperos.
anthracène m. CHIM. Antraceno.
anthracite m. Antracita, *f.*
— Adj. Antracita (couleur).
anthraciteux, euse adj. Antracitoso, sa.
anthracnose f. Antracnosis (maladie de la vigne).
anthracose f. MÉD. Antracosis.
anthraquinone m. CHIM. Antraquinona.
anthrax [ãtraks] m. MÉD. Ántrax.
anthrène m. ZOOL. Antreno (insecte).
anthropocentrique adj. Antropocéntrico, ca.
anthropocentrisme m. Antropocentrismo.
anthropoïde adj. ZOOL. Antropoideo, a.
— M. Antropoide.
anthropologie f. Antropología.
anthropologique adj. Antropológico, ca.
anthropologiste m. Antropologista.
anthropologue m. Antropólogo.
anthropométrie f. Antropometría.
anthropométrique adj. Antropométrico, ca.
anthropomorphe adj. Antropomorfo, fa.
anthropomorphisme m. Antropomorfismo.
anthropomorphiste ou **anthropomorphite** m. Antropomorfita.
anthroponymie f. Antroponimia.
anthropophage adj. et s. Antropófago, ga.
anthropophagie f. Antropofagia.
anthropopithèque m. Antropopiteco.
anti pref. que significa *contrario.* Anti. [Muchas otras palabras de las dadas aquí pueden construirse con este prefijo, lo mismo, en francés que en español.]

antiaérien, enne adj. et s. Antiaéreo, a.
antialcoolique adj. Antialcohólico, ca.
antiannexionniste m. Antianexionista.
antiapoplectique adj. Antiapoplético, ca.
antiartistique adj. Antiartístico, ca.
antiatomique adj. Antiatómico, ca.
antibiotique m. Méd. Antibiótico.
antibois m. V. ántebois.
antibrouillard adj. Antiniebla.
anticancéreux, euse adj. Anticanceroso, sa.
anticathode f. Phys. Anticátodo.
antichambre f. Antecámara. ‖ — Faire anti-chambre, hacer antesala, esperar para ser reci-bido. ‖ Propos d'antichambre, chismes, habla-durías.
antichar adj. Mil. Contracarro, antitanque.
antichrèse [ãtikrɛ:z] f. Dr. Anticresis.
antichrésiste [-krezist] m. Anticresista.
antichrétien, enne [ãtikretjɛ̃, jɛn] adj. et s. m. Anticristiano, na.
anticipant, e adj. Anticipante.
anticipation f. Anticipación. ‖ Anticipo, m. (avance d'argent, etc.). ‖ Dr. Usurpación. ‖ Par anticipation, con anticipación, por adelantado.
anticiper v. tr. et intr. Anticipar : n'anticipons pas, no anticipemos; versement anticipé, pago anticipado.
anticlérical, e adj. et s. Anticlerical.
anticléricalisme m. Anticlericalismo.
anticlinal, e adj. et s. m. Géol. Anticlinal.
anticoagulant, e adj. et s. m. Anticoagulante.
anticolonialisme m. Anticolonialismo.
anticolonialiste adj. et s. Anticolonialista.
anticommunisme m. Anticomunismo.
anticommuniste adj. et s. Anticomunista.
anticonceptionnel, elle adj. et s. m. Anticoncep-tivo, va ; anticonceptional.
anticonformisme m. Anticonformismo.
anticonformiste adj. et s. Anticonformista.
anticonstitutionnel, elle adj. et s. m. Anticonsti-tucional.
anticorps [ãtikɔ:r] m. Biol. Anticuerpo.
anticyclonal, e adj. Anticiclonal.
anticyclone m. Anticiclón.
anticyclonique adj. Anticiclónico, ca.
antidate f. Dr. Antedata.
antidater v. tr. Antedatar.
antidéflagrant, e adj. et s. m. Antideflagrante.
antidémocrate adj. Antidemocrático, ca.
— M. et f. Antidemócrata.
antidémocratique adj. Antidemocrático, ca.
antidérapant, e adj. et s. m. Antideslizante.
antidétonant, e adj. et s. m. Antidetonante.
antidote m. Antídoto.
— Observ. Es incorrecto decir un antidote contre en lugar de un antidote à o l'antidote de.
antiémétique adj. et s. m. Antiemético, ca.
antienne [ãtjɛn] f. Relig. Antífona. ‖ Fam. Cantinela, estribillo, m. : chanter toujours la même antienne, repetir siempre el mismo estri-billo.
antiesclavagiste adj. et s. Antiesclavista.
antiespagnol adj. et s. Antiespañol, la.
antifading m. Rad. Antifading.
antifébrile adj. et s. m. Antifebril, febrífugo, ga.
antiféminisme m. Antifeminismo.
antiféministe adj. et s. Antifeminista.
antiferment m. Antifermento.
antifriction adj. et s. m. Antifricción.
antigaz adj. Antigás.
antigel m. Anticongelante.
antigène adj. et s. m. Biol. Antígeno, na.
antigivre m. Anticongelante.
Antigone n. pr. f. Antígona.
antigouvernemental, e adj. Antigubernamental.
antigrisouteux, euse adj. Antigrisú.

antihalo adj. et s. m. Antihalo.
antihistaminique adj. et s. m. Antihistamínico, ca.
antihygiénique adj. Antihigiénico, ca.
antihystérique adj. Antihistérico, ca.
antillais, e [ãtijɛ, ɛ:z] adj. et s. Antillano, na.
Antilles n. pr. f. pl. Géogr. Antillas.
antilogarithme m. Math. Antilogaritmo.
antilogie f. Antilogía.
antilogique adj. Antilógico, ca.
antilope f. Zool. Antílope, m.
antimaçonnique [ãtimasɔnik] adj. Antimasó-nico, ca.
antimagnétique adj. Antimagnético, ca.
antimatière f. Antimateria.
antiméridien m. Antimeridiano.
antimigraineux, euse adj. Antineurálgico, ca.
antimilitarisme m. Antimilitarismo.
antimilitariste adj. et s. Antimilitarista.
antiministériel, elle adj. Antiministerial.
antimites m. Matapolillas. ‖ Tissu antimites, tejido inapolillable.
antimoine m. Antimonio.
antimonarchique ou antimonarchiste adj. An-timonárquico, ca.
antimonial, e adj. Chim. Antimonial, antimo-niado, da.
antimoniate m. Antimoniato.
antimonié, e adj. Antimoniado, da.
antimoniure m. Antimoniuro.
antimoral, e adj. Antimoral.
antinational, e adj. Antinacional.
antineutron m. Antineutrón.
antinévralgique adj. Antineurálgico, ca.
antinomie f. Antinomia.
antinomique adj. Antinómico, ca.
Antioche n. pr. Géogr. Antioquía.
Antiochus [ãtjɔkys] n. pr. m. Antíoco.
antioxydant, e adj. et s. m. Antioxidante.
antipape m. Antipapa.
antiparallèle adj. f. Math. Antiparalela.
antiparasite adj. et s. m. Rad. Antiparásito, ta ; antiparasitario, ria.
antiparasiter v. tr. Rad. Dotar de un dispositivo antiparásito.
antiparlementaire adj. et s. Antiparlamentario, ria.
antiparlementarisme m. Antiparlamentarismo.
antiparti adj. m. Antipartido.
antiparticule f. Phys. Antipartícula.
antipathie f. Antipatía.
antipathique adj. Antipático, ca.
antipatriote adj. et s. Antipatriota.
antipatriotique adj. Antipatriótico, ca.
antipatriotisme m. Antipatriotismo.
antipéristaltique adj. Antiperistáltico, ca.
antiphernal, e adj. Dr. Antifernal.
antiphilosophique adj. Antifilosófico, ca.
antiphlogistique adj. et s. m. Méd. Antiflogís-tico, ca.
antiphonaire m. Antifonario.
antiphrase f. Antífrasis.
antipode m. Antípoda.
antipodiste m. Acróbata que ejecuta ejercicios de agilidad con los pies.
antipoétique adj. Antipoético, ca.
antiprogressiste adj. et s. Antiprogresista.
antiprohibitionniste adj. et s. Antiprohibicio-nista.
antiprotectionniste adj. et s. Antiproteccionista.
antiproton m. Antiprotón.
antiputride adj. et s. m. Biol. Antipútrido, da.
antipyrétique adj. et s. m. Antipirético, ca.
antipyrine f. Antipirina.
antiquaille [ãtika:j] f. Antigualla.
antiquaire m. Anticuario.
antique adj. Antiguo, gua : porcelaine antique, porcelana antigua. ‖ Anticuado, da (vieilli) : habit

antique, traje anticuado. ‖ — M. Lo antiguo : *imiter l'antique*, imitar lo antiguo. ‖ — F. Antiguo, *m.* (œuvre d'art de l'Antiquité). ‖ — *À l'antique*, a la antigua.

antiquité f. Antigüedad. ‖ — Pl. Antigüedades (objets). ‖ — *De toute antiquité*, desde muy antiguo. ‖ *Magasin d'antiquités*, anticuario, tienda de antigüedades.

antirabique adj. et s. m. MÉD. Antirrábico, ca.
antirachitique adj. MÉD. Antirraquítico, ca.
antiradar adj. Antirradar, contrarradar.
antirationalisme m. Antirracionalismo.
antirationnel, elle adj. Antirracional.
antiréglementaire adj. Antirreglamentario, ria.
antireligieux, euse adj. et s. Antirreligioso, sa.
antirépublicain, e adj. et s. Antirrepublicano, na.
antirévolutionnaire adj. et s. Antirrevolucionario, ria.
antirouille [ɑ̃tiru:j] adj. et s. m. inv. Antioxidante, producto contra la herrumbre.
antisciens [ɑ̃tisjɛ̃] adj. m. pl. Antiscios, antecos.
antiscorbutique adj. et s. m. Antiescorbútico, ca.
antisémite adj. et s. Antisemita.
antisémitique adj. Antisemítico, ca.
antisémitisme m. Antisemitismo.
antisepsie f. Antisepsia.
antiseptique adj. et s. m. Antiséptico, ca.
antisociable adj. Antisociable.
antisocial, e adj. Antisocial.
anti-sous-marin, e adj. Antisubmarino, na.
antispasmodique adj. et s. m. Antiespasmódico, ca.
antispiritualisme m. Antiespiritualismo.
antisportif, ive adj. Antideportivo, va.
antistrophe f. POÉT. Antistrofa.
antitétanique adj. Antitetánico, ca.
antithèse f. Antítesis.
antithétique adj. Antitético, ca.
antitoxine f. Antitoxina.
antitoxique adj. Antitóxico, ca.
antituberculeux, euse adj. Antituberculoso, sa.
antivénéneux, euse adj. Antivenenoso, sa.
antivénérien, enne adj. Antivenéreo, a.
antivenimeux, euse adj. et s. Antivenenoso, sa.
antivermineux, euse adj. Vermífugo, ga.
antivirus m. Contravirus.
antivol adj. Contra el robo. ‖ *Serrure antivol*, cerradura antirrobo.
— M. Dispositivo de seguridad contra el robo, antirrobo.
Antoine n. pr. m. Antonio.
Antoinette n. pr. f. Antonia.
— OBSERV. *Antoinette* ne se traduit par *Antonieta* que dans un seul cas, celui du nom de *Marie-Antoinette*, qu'on appelle en Espagne *María Antonieta*.
antoit [ɑ̃twa] m. Gancho (employé par les charpentiers de navires).
antonin m. Antonino (religieux).
Antonin n. pr. m. Antonino.
antonomase f. Antonomasia.
antonyme m. Antónimo (contraire).
antonymie f. Antonimia.
antre m. Antro.
anuiter (s') v. pr. Dejarse sorprender por la noche, anochecerle a uno.
anurie ou anurèse f. MÉD. Anuria.
anus m. Ano.
Anvers n. pr. GÉOGR. Amberes.
anversois, e adj. et s. Antuerpiense (d'Anvers).
anxiété [ɑ̃ksjete] f. Ansiedad.
anxieux, euse adj. Ansioso, sa : *regard anxieux*, mirada ansiosa.
Aonides [aɔnid] f. pl. MYTH. Aónides (les muses).
aonien, enne adj. et s. Aonio, nia.
aoriste m. GRAMM. Aoristo (conjugaison grecque).
aorte f. ANAT. Aorta.

aortique adj. Aórtico, ca.
aortite f. MÉD. Aortitis.
août [u] m. Agosto (mois). ‖ (Vx). Agosto (moisson). ‖ *La mi-août*, la Virgen de Agosto, el día de la Asunción.
aoûtat [auta] m. ZOOL. Ácaro.
aoûtement [autmɑ̃] m. Sazón, f. (des fruits).
aoûter [aute] v. tr. (P. us.). Sazonar (les fruits).
aoûteron [-trɔ̃] m. AGRIC. Agostero (journalier).
apache m. Apache (Peau-Rouge). ‖ FAM. Apache.
apaisement m. Apaciguamiento, aplacamiento, sosiego.
apaiser v. tr. ● Apaciguar (ramener la paix), sosegar, tranquilizar (tranquilliser) : *apaiser les esprits*, sosegar los ánimos. ‖ Aplacar : *apaiser la colère*, aplacar la ira. ‖ Templar (tempérer, modérer). ‖ Calmar : *apaiser les craintes*, calmar los temores. ‖ Aplacar, apagar, mitigar (la soif, la faim). ‖ Amainar (les éléments) : *apaiser la tempête*, amainar el temporal.
— V. pr. Apaciguarse, calmarse, sosegarse, aplacarse.
— SYN. ● *Calmer*, calmar. *Tranquilliser*, tranquilizar. *Rasséréner*, serenar. *Pacifier*, apaciguar.
apaiseur adj. et s. FAM. Apaciguador, ra.
apanage m. Infantado, infantazgo (d'un prince). ‖ Herencia, f. (héritage). ‖ FIG. *Être l'apanage de*, ser privativo de, ser el atributo de, ser patrimonio de : *les grandes idées sont l'apanage du génie*, las grandes ideas son el atributo del genio ; *la vitalité est l'apanage de la jeunesse*, la vitalidad es patrimonio de la juventud.
— OBSERV. Evítese el pleonasmo *apanage exclusif*.
apanager* v. tr. Dotar.
apanagiste adj. et s. m. Persona que goza de una dotación.
aparté adj. et s. m. THÉÂTR. Aparte. ‖ Conversación (f.) aparte. ‖ *En aparté*, entre ou para sí.
apathie [apati] f. Apatía.
— SYN. *Atonie*, atonía. *Indifférence*, indiferencia. *Indolence*, indolencia. *Insensibilité*, insensibilidad. *Nonchalance*, dejadez, negligencia. *Mollesse*, molicie. *Inertie*, inercia. *Langueur*, languidez. *Marasme*, marasmo.
apathique adj. et s. Apático, ca
apatite f. MIN. Apatito, m.
apatride adj. et s. Apátrida.
Apennins n. pr. m. pl. GÉOGR. Apeninos.
apepsie f. Apepsia.
aperceptibilité f. PHILOS. Perceptibilidad.
aperceptible adj. Perceptible.
aperceptif, ive adj. Perceptivo, va.
aperception f. PHILOS. Percepción.
aperceptivité f. Perceptividad.
apercevable adj. Perceptible.
apercevance f. Facultad de percibir.
apercevoir* v. tr. Percibir, columbrar (distinguer). ‖ Ver de pronto : *apercevoir un obstacle*, ver de pronto un obstáculo. ‖ Divisar : *apercevoir dans le lointain*, divisar a lo lejos. ‖ Darse cuenta de, ver : *j'aperçois sa bonté*, me doy cuenta de su bondad.
— V. pr. Percibirse, divisarse. ‖ FIG. Advertir, reparar, caer en la cuenta (remarquer) : *s'apercevoir d'une erreur*, advertir un error.
— OBSERV. Verbo irregular, se conjuga como *percevoir*.
— *Apercibir una cosa* ou *apercibirse de ella* pour traduire « remarquer », « observer », « se rendre compte », est un gallicisme courant à éviter.
aperçu [apɛrsy] m. Ojeada, f. (coup d'œil). ‖ Idea, f., idea (f.) general ou de conjunto, apreciación (f.) superficial ou ligera, bosquejo. ‖ Resumen, compendio (résumé). ‖ Cálculo aproximado : *un aperçu des dépenses*, un cálculo aproximado de gastos.
apériodique adj. Aperiódico, ca.
apéritif, ive adj. et s. m. Aperitivo, va.

apéro m. Pop. Aperitivo.

aperture f. Apertura.

apesanteur f. Ingravidez.

apétale adj. Bot. Apétalo, la.

apetissement m. (P. us.). Empequeñecimiento.

à-peu-près m. inv. Aproximación, *f. : ce n'est qu'un à-peu-près,* sólo es una aproximación.

apeuré, e adj. Amedrentado, da ; acobardado, da (accouardi). || *Un souvenir apeuré,* un recuerdo lleno de temor.

apeurer v. tr. Amedrentar.

apex m. Astr. Ápex.

aphaniptères m. pl. Afanípteros (insectes).

aphasie f. Méd. Afasia.

aphasique adj. et s. Afásico, ca.

aphélie m. Astr. Afelio.

aphérèse f. Aféresis (suppression de l'initiale).

aphidiens m. pl. Zool. Afidios (pucerons).

aphlogistique adj. Aflogístico, ca.

aphone adj. Afónico, ca ; áfono, na.

aphonie f. Afonía.

aphorisme m. Aforismo.

aphoristique adj. Aforístico, ca.

aphrodisiaque adj. et s. m. Afrodisiaco, ca.

Aphrodite n. pr. f. Afrodita.

aphte m. Méd. Afta, *f.*

aphteux, euse adj. Méd. Aftoso, sa : *fièvre aphteuse,* fiebre aftosa.

aphylle adj. Bot. Afilo, la (sans feuilles).

api m. Especie de manzana pequeña, roja y blanca, muy dulce (pomme d'api).

apiaires [apjɛːr] m. pl. Apiarios (insectes).

apical, e adj. et s. f. Apical : *des phonèmes apicaux,* fonemas apicales.

apicole adj. Apícola (des abeilles).

apiculteur, trice m. et f. Apicultor, ra.

apiculture f. Apicultura.

apidés m. pl. Ápidos.

apiéceur, euse m. et f. Oficial de sastre que monta las piezas de una prenda.

apiquage m. Mar. Embicadura, *f.*

apiquer v. tr. Mar. Embicar.

apitoiement [apitwamɑ̃] m. Commiseración, *f.,* lástima, *f.* (pitié).

apitoyant, e [-twajɑ̃ ; ɑ̃ːt] adj. Digno de compasión, lastimoso, sa.

apitoyer* [-twaje] v. tr. Apiadar : *son malheur apitoie ses amis,* su desgracia apiada a sus amigos. || Dar lástima (faire pitié).

— V. pr. Apiadarse : *s'apitoyer sur les malheurs de quelqu'un,* apiadarse de las desdichas de uno. || ● Tener lástima (avoir pitié).

— Syn. ● *Compatir,* compadecer. *S'attendrir,* enternecerse. *Plaindre,* compadecer.

apivore adj. Zool. Apívoro, ra.

aplaigner v. tr. Techn. Carmenar (draperie).

aplaigneur, euse m. et f. Carmenador, ra.

aplanat m. Phot. Objetivo aplanético.

aplanétique adj. Phys. Aplanético, ca.

aplanétisme m. Phys. Aplanetismo.

aplanir v. tr. ● Allanar, aplanar (rendre plat). || Fig. Allanar : *aplanir les difficultés,* allanar las dificultades.

— Syn. ● *Aplatir,* aplastar. *Planer,* alisar. *Niveler,* nivelar.

aplanissement m. Allanamiento, aplanamiento. || Nivelación, *f.,* explanación, *f.* (d'un terrain). || Fig. Allanamiento.

aplanisseuse f. Aplanadora.

aplasie f. Aplasia.

aplat m. Color liso (peinture).

aplati, e adj. Aplastado, da (écrasé). || Aplanado, da (rendu plan). || Achatado, da (rendu plat) : *nez aplati,* nariz achatada.

aplatir v. tr. Aplastar (écraser). || Aplanar (rendre plan). || Achatar (rendre plat). || Fig. Apabullar (dans une discussion).

— V. pr. Aplastarse, aplanarse. || Fam. Extenderse, echarse : *s'aplatir par terre,* echarse por tierra, al suelo. || Ponerse plano : *la mer s'aplatit,* el mar se pone plano. || Fig. Rebajarse (s'abaisser).

aplatissement m. Aplanamiento, aplastamiento. || Achatamiento : *l'aplatissement des pôles,* el achatamiento de los polos. || Fig. Servilismo, rebajamiento (abaissement).

aplatisseur m. Máquina (*f.*) trituradora (des grains).

aplatissoir m. ou **aplatissoire** f. Martillo (*m.*) para laminar, laminador, *m.*

aplomb [aplɔ̃] m. Sentido vertical, verticalidad *f.,* aplomo : *la tour de Pise n'a pas gardé son aplomb,* la Torre de Pisa ha perdido su verticalidad. || Equilibrio, estabilidad, *f. : il reprit son aplomb,* recuperó su equilibrio. || Caída, *f.* (d'un vêtement). || Fig. Aplomo, seguridad, *f.* || Desfachatez, *f.,* descaro (effronterie). || Techn. Plomada, *f.* (fil à plomb). || — Pl. Aplomos (du cheval). || — *D'aplomb,* a plomo, verticalmente. || *Remettre quelqu'un d'aplomb,* poner a uno como nuevo. || *Robe qui manque d'aplomb,* prenda que cae mal. || *Se remettre d'aplomb,* recuperarse. || *Se sentir d'aplomb,* sentirse bien. || *Se tenir d'aplomb,* mantenerse de pie.

apnée f. Méd. Apnea.

apocalypse f. Apocalipsis.

apocalyptique adj. Apocalíptico, ca.

apochromatique [apokromatik] adj. et s. m. Apocromático, ca.

apocope f. Apócope.

apocopé, e adj. Apocopado, da.

apocrisiaire m. Apocrisiario.

apocryphe adj. Apócrifo, fa.

— M. Documento apócrifo.

apocynacées f. pl. Bot. Apocináceas.

apode adj. et s. m. pl. Zool. Ápodo, da (sans pieds).

apodictique adj. Apodíctico, ca (incontestable).

apodose f. Apódosis.

apogamie f. Bot. Apogamia.

apogée m. Apogeo.

apolitique adj. Apolítico, ca.

apolitisme m. Apoliticismo.

apollinaire ou **apollinien, enne** adj. Apolíneo, a.

Apollon n. pr. m. Apolo.

apologétique adj. et s. f. Apologético, ca.

apologie f. Apología (louange).

— Syn. *Justification,* justificación. *Plaidoyer,* alegato, defensa. *Défense,* defensa. *Plaidoirie,* discurso de defensa, defensa.

apologique adj. Apológico, ca.

apologiste m. Apologista.

apologue m. Apólogo.

apomorphine f. Méd. Apomorfina.

aponévrose f. Anat. Aponeurosis.

aponévrotique adj. Anat. Aponeurótico, ca.

aponter v. intr. V. apponter.

apophonie f. Apofonía.

apophtegme m. Apotegma (sentence).

apophyge f. Archit. Apófige.

apophyse f. Anat. Apófisis.

apoplectique adj. et s. Méd. Apopléctico, ca.

apoplexie f. Méd. Apoplejía : *apoplexie foudroyante,* apoplejía fulminante.

aporétique adj. Philos. Aporético, ca.

aporie f. Philos. Aporía.

apostasie [apostazi] f. Apostasía.

apostasier* v. intr. et tr. Apostatar.

apostat adj. et s. Apóstata.

— Syn. *Renégat,* renegado. *Hérétique,* hereje. *Hérésiarque,* heresiarca. *Schismatique,* cismático. *Laps, relaps,* relapso.

apostème m. Apostema, *f.,* postema, *f.* (tumeur).

aposter v. tr. Apostar, poner al acecho. — V. pr. Apostarse.

apostille f. Apostilla.

apostiller v. tr. Apostillar.

apostolat m. Apostolado.

apostolicité f. Apostolicidad.

apostolique adj. Apostólico, ca.

apostrophe f. Apóstrofe, *m.* ‖ GRAMM. Apóstrofo, *m.* (signe orthographique). ‖ FAM. Dicterio, *m.*, apóstrofe, *m.* : *essuyer des apostrophes,* soportar dicterios.

— OBSERV. Se emplea el apóstrofo : 1º con las palabras *le, la, je, me, ne, te, se, de, que, ce, si* : *l'homme, l'amitié,* ante una palabra que empieza por vocal o por *h* muda; 2º con las palabras *lorsque, quoique,* ante *il, elle, on, en, un, une;* 3º con *entre, presque,* cuando forman parte de palabras compuestas, como *s'entr'appeler, presqu'île;* 4º con *quelque* ante *un, une.*

apostropher v. tr. Apostrofar. ‖ Increpar (réprimander).

apothécie ou **apothèce** f. Apotecia (des lichens).

apothème m. GÉOM. Apotema, *f.*

apothéose f. Apoteosis.

apothicaire m. (Vx). Boticario. ‖ *Comptes d'apothicaire,* cuentas del Gran Capitán.

apothicairerie f. (Vx.). Botica.

apôtre m. Apóstol : *les Actes des Apôtres,* los Hechos de los Apóstoles. ‖ FIG. *Faire le bon apôtre,* hacerse el santo. ‖ — Pl. MAR. Guías (*f. pl.*) del bauprés.

apozème m. Apócema, *f.* (Vx), pócima, *f.* (potion).

Appalaches n. pr. f. pl. GÉOGR. Apalaches, *m.*

appalachien, enne adj. Apalachino, na.

apparaître* v. intr. Aparecer : *une comète apparut,* apareció un cometa. ‖ FIG. Aparecerse, manifestarse : *Dieu apparut à Moïse,* Dios se apareció a Moisés. ‖ Parecer : *le projet lui apparaissait impossible,* el proyecto le parecía imposible. ‖ Ser considerado (être estimé). ‖ — *Faire apparaître,* poner de manifiesto, revelar (révéler), presentar (présenter), sacar (sortir), arrojar : *le bilan fait apparaître un bénéfice,* el balance arroja un beneficio. ‖ *Il apparaît que...,* resulta que...

apparat m. Aparato, pompa, *f.* (pompe, éclat). — *Dîner d'apparat,* cena de gala, de etiqueta. ‖ *En grand apparat,* con gran pompa.

— SYN. *Appareil,* aparato, boato. *Pompe,* pompa, pomposidad. *Cérémonial,* ceremonial.

apparaux m. pl. MAR. Aparejos.

appareil m. Aparato : *appareil de télévision,* aparato de televisión; *appareils de gymnastique,* aparatos de gimnasia. ‖ Aparato (avion). ‖ ANAT. Aparato : *appareil digestif,* aparato digestivo. ‖ ARCHIT. Labrado y aparejo de las piedras. ‖ FIG. Atavío, indumentaria, *f.* (vêtements). ‖ Aparato, boato (apparat). ‖ Preparativos, *pl.* (préparatifs) ‖ MÉD. Apósito (pansement), aparato (orthopédie). ‖ — *Appareil administratif,* maquinaria ou mecanismo administrativo. ‖ *Appareil de photographie,* máquina fotográfica. ‖ *Appareil de prises de vues,* tomavistas. ‖ *Appareil de sauvetage,* aparato salvavidas. ‖ *Appareil de signalisation,* aparato de señales. ‖ *Dans le plus simple appareil,* en cueros. ‖ — *Allô!, qui est à l'appareil?,* ¡oiga! ou ¡diga!, ¿quién está en el aparato?

appareillade f. Apareamiento, *m.* (oiseaux).

appareillage m. Equipo (ensemble d'appareils et accessoires) : *appareillage électrique,* equipo eléctrico. ‖ Emparejamiento (des animaux). ‖ MAR. Salida (*f.*) de un barco. ‖ Maniobra (*f.*) de salida. ‖ MÉD. Prótesis, *f.* (prothèse).

appareillement [apaʀɛjmã] m. Emparejamiento.

appareiller v. tr. Emparejar (choses, animaux). ‖ ARCHIT. Labrar y aparejar (pierres). ‖ Aparear (animaux). — V. intr. MAR. Hacerse a la mar, zarpar.

appareilleur m. ARCHIT. Aparejador, obrero que labra las piedras de construcción.

appareilleuse f. (Vx). Alcahueta (entremetteuse).

apparemment [aparamã] adv. Aparentemente, al parecer, por fuera. ‖ Al parecer, por lo visto, por lo que se ve.

apparence f. Apariencia, aspecto, *m.* ‖ — *En apparence,* en apariencia, aparentemente. ‖ *Juger sur les apparences,* juzgar por las apariencias. ‖ *Sauver les apparences,* guardar las apariencias, cubrir las formas. ‖ *Se fier aux apparences,* fiarse de las apariencias.

— SYN. *Vraisemblance,* verosimilitud. *Probabilité,* probabilidad. *Plausibilité,* plausibilidad.

apparent, e adj. Aparente. ‖ Visto, ta : *briques apparentes,* ladrillos vistos.

apparentage m. Parentesco.

apparenté, e adj. Emparentado, da : *bien apparenté,* bien emparentado. ‖ FIG. Emparentado, da, con; parecido, da, a : *style apparenté au naturalisme,* estilo emparentado con el naturalismo.

apparentement m. Agrupación *f.* (élection).

apparenter v. tr. Emparentar con. ‖ Entroncar con (s'allier). — V. pr. Agruparse, unirse (élection). ‖ Emparentarse con, parecerse a (ressembler).

appariement [aparimã] m. Apareamiento (animaux). ‖ Emparejamiento (personnes, choses).

apparier* v. tr. Aparear, parear. ‖ Emparejar.

appariteur m. Bedel (de faculté). ‖ Ordenanza (d'administration).

apparition f. Aparición.

apparoir* v. impers. Constar, ser evidente, resultar.

— OBSERV. *Apparoir* se usa solamente en la forma : *il appert,* consta, resulta, y en el infinitivo.

appartement m. Piso, apartamento [*Amér.,* departamento].

— OBSERV. *Apartamento,* récemment admis par l'Académie espagnole, est le mot le moins ambigu quoiqu'il corresponde surtout à un petit appartement. *Piso* désigne en principe un étage et par extension un grand appartement. *Cuarto* une partie d'étage et très souvent une chambre ou une pièce. Mais ces deux derniers mots se confondent dans l'usage.

appartenance f. Pertenencia, propiedad. ‖ Adhesión (à un parti). ‖ — Pl. Pertenencias, dependencias : *les appartenances d'un château,* las dependencias de un castillo.

appartenant, e adj. Perteneciente.

appartenir* v. intr. Pertenecer. ‖ Ser propio de (être propre à) : *l'irréflexion appartient aux jeunes,* la irreflexión es propia de los jóvenes. ‖ *Appartenir en droit,* competer. — V. impers. Incumbir (incomber), corresponder, tocar : *il m'appartient de faire ce travail,* me incumbe, me toca, me corresponde hacer este trabajo. ‖ *Ainsi qu'il appartiendra,* según proceda o convenga. — V. pr. Ser dueño de sí mismo.

appas [apa] m. pl. Encantos, seducciones (*f. pl.*), atractivos [de la mujer]. ‖ Atractivos, incentivos : *les appas de la gloire,* los incentivos de la gloria.

appât [apɑ] m. ● Cebo. ‖ FIG. Incentivo, atractivo. ‖ *L'appât du gain,* el afán de lucro.

— SYN. ● *Amorce,* cebo, carnada. *Aiche, esche,* cebo. *Rogue,* raba. *Leurre, señuelo,* añagaza.

appâter v. tr. Cebar (attirer avec un appât). ‖ Cebar, engordar (la volaille). ‖ FIG. Seducir (séduire), atraer (attirer).

appauvrir v. tr. Empobrecer.

appauvrissant, e adj. Empobrecedor, ra.

appauvrissement m. Empobrecimiento, depauperación, *f.*

appeau m. Reclamo, señuelo.

appel m. Llamamiento [*Amér.,* llamado] : *un appel angoissé,* un llamamiento angustioso. ‖

Llamada, f. : appel téléphonique, llamada telefónica. ‖ Llamada, f. (sonnerie). ‖ Impulso (sports) : prendre son appel du pied droit, tomar impulso con el pie derecho. ‖ DR. ● Apelación, f. ‖ FIG. Llamada, f. : appel de la forêt, llamada de la selva. ‖ MIL. Llamamiento : l'appel de la classe, el llamamiento de la quinta. ‖ — Appel à la révolte, llamamiento a la sublevación. ‖ DR. Appel à minima, apelación por disminución de pena. ‖ Appel au secours, grito de socorro. ‖ DR. Appel comme d'abus, recurso de queja. ‖ Appel d'air, aspiración de aire. ‖ COMM. Appel de fonds, solicitación de fondos. | Appel d'offres, licitación. ‖ Bulletin d'appel o feuille d'appel, lista. ‖ Cour d'appel, Audiencia territorial. ‖ Cri d'appel, llamamiento. ‖ Jugement sans appel, juicio definitivo ou sin apelación. ‖ DR. Sans appel, sin apelación, inapelable. ‖ — MIL. Battre l'appel, tocar llamada. ‖ DR. Faire appel, apelar, recurrir. ‖ Faire appel à, acudir ou recurrir a, hacer un llamamiento a, echar mano de. ‖ Faire l'appel, pasar lista. ‖ DR. Interjeter appel, interponer apelación. ‖ Manquer à l'appel, estar ausente.
— SYN. ● Pourvoi, recurso de casación. Recours, recurso.

appelable adj. Apelable.
appelant, e adj. et s. DR. Apelante, recurrente. ‖ — M. Señuelo, reclamo.
appelé, e adj. Destinado, da. — M. MIL. Recluta.
appeler* v. tr. Llamar. ‖ ● Llamar (nommer). ‖ Pedir (demander) : appeler au secours, pedir auxilio. ‖ Interpelar (s'adresser à quelqu'un). ‖ Pasar lista (faire l'appel). ‖ Destinar : appelé à un bel avenir, destinado a un buen porvenir. ‖ Nombrar : appeler à un poste, nombrar para un destino. ‖ Requerir, exigir : cette conduite appelle un châtiment, esta conducta requiere un castigo. ‖ Traer a la mente : cela appelle d'autres réflexions, esto trae a la mente otros pensamientos. ‖ DR. Citar : appeler en témoignage, citar a juicio. ‖ MIL. Llamar. ‖ — Appeler au téléphone, llamar por teléfono. ‖ Appeler en justice, llevar a los tribunales. ‖ En appeler, recurrir, apelar : j'en appelle à votre compétence, recurro a su competencia. ‖ En appeler de, apelar de.
— V. intr. DR. Apelar.
— V. pr. Llamarse.
— SYN. ● Dénommer, denominar. Surnommer, apodar. Baptiser, bautizar. Qualifier, calificar. Traiter de, tratar de, poner de.

appellatif, ive [apεllatif, i:v] adj. et s. m. Apelativo, va.
appellation f. Denominación : appellation d'origine o contrôlée, denominación de origen.
appendice [apēdis] m. Apéndice.
appendicite [-disit] f. MÉD. Apendicitis.
appendiculaire [-dikylε:r] adj. Apendicular.
appendre v. tr. (Vx). Colgar.
appentis m. Cobertizo, colgadizo.
appert [apε:r] (il). V. APPAROIR.
appesantir v. tr. Hacer más pesado : l'eau appesantit les vêtements, el agua hace más pesados los vestidos. ‖ FIG. Entorpecer : la vieillesse appesantit le corps, la vejez entorpece el cuerpo. ‖ FIG. Appesantir son autorité, hacer pesar su autoridad.
— V. pr. Hacerse pesado. ‖ S'appesantir sur, insistir en.
appesantissement m. Entorpecimiento, pesadez, f. (lourdeur).
appétence f. Apetencia.
appéter* v. tr. Ansiar, anhelar.
appétissant, e adj. ● Apetitoso, sa. ‖ FIG. Apetecible.
— SYN. ● Alléchant, atrayente. Fam. Affriolant, engatusador, seductor.

appétit m. Apetito. ‖ FIG. Ganas, f. pl., sed, f. (désir). | Ambición, f. : mettre un frein aux appétits de quelqu'un, limitar las ambiciones de uno. ‖ — Bon appétit !, ¡buen provecho !, ¡qué aproveche ! ‖ De bon appétit, con mucho apetito. ‖ Sans appétit, desganado. ‖ — Avoir un appétit de loup, tener un hambre canina. ‖ Avoir un appétit d'oiseau, comer como un pajarito. ‖ Couper l'appétit, quitar las ganas. ‖ L'appétit vient en mangeant, el comer y el rascar todo es empezar. ‖ Mettre en appétit, dar apetito. ‖ Rester sur son appétit, quedarse con ganas.
appétitif, ive adj. Apetitivo, va.
Appienne (voie) n. pr. f. Vía Apia.
applaudir v. tr. et intr. Aplaudir : j'applaudis à votre décision, aplaudo su decisión. ‖ Applaudir à tout rompre, aplaudir frenéticamente.
— V. pr. Felicitarse, congratularse (se réjouir).
applaudissement m. Aplauso. ‖ — Applaudissements scandés, palmas de tango. ‖ Aux applaudissements de, con el aplauso de. ‖ Tonnerre d'applaudissements, salva de aplausos.
applaudisseur, euse m. et f. Aplaudidor, ra.
applicabilité f. Aplicabilidad.
applicable adj. Aplicable.
applicage m. TECHN. Aplicación, f.
application f. Aplicación. ‖ — Dentelle, broderie d'application, encaje, bordado de aplicación. ‖ Mettre en application, dar cumplimiento.
applique f. Adorno, m. (ornements). ‖ Aplique, m. (gallicisme) [lámpara de pared].
appliquer v. tr. ● Aplicar. ‖ Dar, asestar : un soufflet bien appliqué, una bofetada muy bien dada. ‖ Aplicar, cumplir (une loi).
— V. pr. Aplicarse. ‖ Adaptarse (s'adapter). ‖ Dedicarse (se consacrer). ‖ Esforzarse, empeñarse : je m'appliquais à faire de mon mieux, me esforzaba en hacerlo lo mejor posible.
appoggiature f. MUS. Apoyatura.
appoint [apwē] m. Pico (d'une somme). ‖ Moneda (f.) suelta, moneda (f.) fraccionaria, suelto : avez-vous l'appoint ?, ¿tiene Ud. suelto ? ; on est prié de faire l'appoint, se ruega moneda fraccionaria. ‖ FIG. Ayuda, f. (aide), complemento.
appointage m. Aguzamiento.
appointé, e adj. et s. Asalariado, da. ‖ Adj. En punta, aguzado, da : un dogue aux oreilles appointées, un dogo con las orejas en punta. ‖ BLAS. Apuntado, da.
appointements m. pl. Sueldo, sing. (traitement) : être aux appointements de, estar a sueldo de.
appointer v. tr. Dar (donner), señalar (fixer) un sueldo. ‖ Sacar punta a (aiguiser).
appontage m. Aterrizaje en un portaaviones.
appontement m. Muelle de carga ou descarga.
apponter v. intr. Aterizar en un portaaviones.
apport m. COMM. et DR. Aportación, f. : apport de fonds, aportación de fondos ; apport dotal, aportación dotal. ‖ — Apports marins, aluviones marinos. ‖ TECHN. Métal d'apport, metal añadido.
apporter v. tr. Traer. ‖ COMM. et DR. Aportar. ‖ FIG. Alegar (alléguer) : apporter des raisons, alegar razones. ‖ Anunciar (annoncer) : apporter une nouvelle, anunciar una nueva. ‖ Apporter du soin, de l'attention à, tener cuidado en.
apposer v. tr. Poner (placer), fijar (fixer) : apposer une affiche, fijar un cartel. ‖ Insertar : apposer une clause, insertar una cláusula. ‖ — DR. Apposer les scellés, precintar. ‖ Apposer une signature, firmar.
appositif, ive adj. GRAMM. Apositivo, va.
apposition f. Aplicación, fijación (fixation). ‖ Inserción (d'une clause). ‖ GRAMM. Aposición. ‖ Apposition des scellés, colocación de precinto, precintado.
appréciabilité f. Apreciabilidad.

appréciable adj. Apreciable.
appréciateur, trice adj. et s. Apreciador, ra. ‖
appréciatif, ive adj. Apreciativo, va.
appréciation f. Apreciación. ‖ Evaluación, estimación. ‖ *Laisser quelque chose à l'appréciation de quelqu'un,* dejar algo al juicio de alguno.
apprécier* v. tr. Apreciar. ‖ *Apprécier à sa juste valeur,* apreciar en *ou* por su verdadero valor.
appréhender v. tr. Prender, aprehender (saisir). ‖ Temer (craindre) : *j'appréhende sa venue,* temo que venga. ‖ Comprender (comprendre).
appréhensible adj. Comprensible.
appréhensif, ive adj. Temeroso, sa; pusilánime (craintif), tímido, da (timide).
appréhension f. Temor, *m.,* aprensión, recelo, *m.* ‖ PHILOS. Aprehensión.
apprendre* v. tr. Aprender : *apprendre à lire,* aprender a leer. ‖ ● Enseñar (enseigner) : *sa mère lui apprit à chanter,* su madre le enseñó a cantar. ‖ Enterarse, saber (savoir) : *j'ai appris la mort de ton frère,* me he enterado de la [he sabido la] muerte de tu hermano. ‖ Decir, poner al corriente : *ce n'est pas moi qui vous l'apprendrai,* no seré yo quien se lo diga. ‖ Hacer saber, enterar (faire savoir), informar (informer) : *apprendre une nouvelle à quelqu'un,* informar de una noticia a alguien. ‖ —. *Apprendre à ses dépens,* saber por propia experiencia. ‖ *Apprendre à vivre,* dar una lección, corregir. ‖ *Apprendre par cœur,* aprender de memoria. ‖ *Cela vous apprendra à,* esto le servirá de lección para, esto le enseñará a.
— OBSERV. Il ne faut pas confondre les deux sens d'*apprendre,* français, qui se rendent en espagnol par *aprender* (pour soi-même) et *enseñar* (à autrui).
— SYN. ● *Enseigner,* enseñar. *Professer,* profesar. *Montrer,* mostrar, enseñar. *Instruire,* instruir.
apprenti, e m. et f. ● Aprendiz, za. ‖ FIG. Novicio, cia : *un conducteur apprenti,* un chófer novicio. ‖ *L'apprenti sorcier,* el aprendiz de brujo.
— SYN. ● *Elève,* alumno. *Disciple,* discípulo.
apprentissage m. Aprendizaje. ‖ *Mettre en apprentissage,* colocar de aprendiz.
apprêt [aprɛ] m. Apresto, aderezo (étoffes). ‖ Adobo (cuirs). ‖ Condimento, aliño (assaisonnement). ‖ Aparejo, imprimación, *f.* (peinture). ‖ FIG. Afectación, *f. : style plein d'apprêt,* estilo lleno de afectación. ‖ *Sans apprêt,* sin pretensión, con sencillez. ‖ — Pl. Preparativos : *les apprêts d'un voyage,* los preparativos de un viaje.
apprêtage m. Aderezo, apresto (étoffes). ‖ Adobo (cuirs).
apprêté adj. Afectado, da : *langage apprêté,* lenguaje afectado.
apprêter v. tr. Preparar, disponer (disposer). ‖ Aderezar, aprestar (étoffes). ‖ Almidonar (une chemise). ‖ Adobar (cuirs). ‖ ● Condimentar, aderezar (cuisine). ‖ Glasear (papiers).
— V. pr. Prepararse, disponerse (se disposer), estar a punto de : *s'apprêter à sortir,* estar a punto de salir. ‖ Arreglarse (faire sa toilette).
— SYN. ● *Accommoder,* arreglar, aderezar. *Assaisonner,* sazonar, aliñar. *Relever,* especiar.
apprêteur, euse m. et f. Aprestador, ra (étoffes). ‖ Adobador (cuirs). ‖ Pintor (sur verre). ‖ — F. Sombrerera (modiste).
apprivoisable [aprivwazabl] adj. Domesticable, amansable.
apprivoisement [-zmã] m. Domesticación, *f.,* amansamiento.
apprivoiser v. tr. ● Domesticar, amansar. ‖ Hacer más sociable, más dócil.
— V. pr. Domesticarse. ‖ Familiarizarse, acostumbrarse (s'accoutumer) : *s'apprivoiser au danger,* familiarizarse con el peligro. ‖ Hacerse más sociable, más dócil.
— SYN. ● *Domestiquer,* domesticar. *Dompter,* domar. *Dresser,* amaestrar. *Charmer,* hechizar, encantar, domar.

approbateur, trice adj. et s. Aprobador, ra. ‖ *Sourire approbateur,* sonrisa de aprobación.
approbatif, ive adj. Aprobativo, va; aprobatorio, ria.
approbation f. ● Aprobación. ‖ Visto (*m.*) bueno, conforme, *m.* (formule d'accord).
— SYN. ● *Acquiescement,* aquiescencia. *Adhésion,* adhésión. *Accession,* accesión. *Consentement,* consentimiento, consenso. *Agrément,* beneplácito, consentimiento. *Aveu,* consentimiento. *Accord,* acuerdo. *Assentiment,* asentimiento, asenso. *Ratification,* ratificación. *Confirmation,* confirmación. *Suffrage,* sufragio. *Sanction,* sanción.
approbativement adv. Con aprobación.
approchable [aprɔʃabl] adj. Accesible, abordable.
approchant, e adj. Semejante, parecido, da : *quelque chose d'approchant,* algo parecido. ‖ Aproximado, da (approximatif).
— Adv. (P. us.). Aproximadamente, cosa de unos, unas (environ) : *il a mille francs ou approchant,* tiene unos mil francos *ou* cosa de mil francos.
approche f. Aproximación (action). ‖ Proximidad, cercanía (qualité de ce qui est proche) : *l'approche de l'hiver,* la proximidad del invierno. ‖ Acceso, *m.* (accès) : *lieu d'approche périlleuse,* lugar de acceso peligroso. ‖ Enfoque, *m.,* manera de enfocar (optique). ‖ — *À l'approche de, aux approches de,* al acercarse a. ‖ *Greffe par approche,* injerto de canutillo. ‖ *Lunette d'approche,* anteojo de aumento. ‖ *Travaux d'approche,* trabajos de zapa. ‖ — Pl. MIL. Aproches, *m. pl.* ‖ Cercanías, proximidades (alentours).
approcher v. tr. Acercar, aproximar : *approcher la lampe,* acercar la lámpara. ‖ Ponerse en contacto con : *il est difficile de l'approcher,* es difícil ponerse en contacto con él.
— V. intr. et pr. Acercarse, aproximarse : *l'heure du déjeuner approche,* se acerca la hora del almuerzo. ‖ — *S'approcher des sacrements,* practicar los sacramentos, confesarse y comulgar. ‖ *S'approcher du feu,* acercarse al fuego.
approfondi, e adj. Profundizado, da. ‖ Profundo, da; detenido, da : *une étude approfondie,* un estudio detenido. ‖ Amplio, plia : *échange de vues approfondi,* amplio cambio de impresiones.
approfondir v. tr. ● Ahondar, profundizar. ‖ Hacer más profundo, intensificar (rendre plus intense). ‖ Buscar la causa de (rechercher la cause).
— V. pr. Hacerse más profundo.
— SYN. ● *Creuser,* cavar, ahondar. *Caver,* cavar, socavar. *Fouir,* escarbar. *Excaver,* excavar.
approfondissement m. Ahondamiento. ‖ Estudio, análisis, conocimiento *ou* examen profundo.
appropriation f. Apropiación. ‖ Adaptación.
approprié, e adj. Apropiado, da.
— SYN. ● *Pertinent,* pertinente. *Adéquat,* adecuado. *Idoine,* idóneo. *Congruent,* congruente. *Congru,* congruo.
approprier* v. tr. Apropiar, acomodar. ‖ *Approprier un discours aux circonstances,* pronunciar un discurso propio del caso.
— V. pr. ● Apropiarse.
— SYN. ● *S'attribuer,* atribuirse. *S'arroger,* arrogarse. *S'adjuger,* adjudicarse. *S'appliquer,* aplicarse. *S'emparer,* adueñarse, ampararse. *Accaparer,* acaparar. *Prendre,* tomar, coger. *Ravir,* arrebatar. *Usurper,* usurpar. Fam. *Emprunter,* distraer.
approuvable adj. Aprobable.
approuver v. tr. Aprobar. ‖ ● Estar de acuerdo con, dar la aprobación a. ‖ — *Lu et approuvé,* conforme, leído y conforme. ‖ *Vu et approuvé,* visto bueno (V° B°), conforme.
approvisionnement [aprovizjɔnmã] m. Avituallamiento, aprovisionamiento, abastecimiento. ‖ *approvisionnement en eau,* abastecimiento de

agua. || Provisión, f. || Service d'approvisionnement, servicio de suministro.

approvisionner ● v. tr. Aprovisionar, abastecer, proveer. || Surtir.
— V. pr. Aprovisionarse, abastecerse, proveerse.
— Syn. Ravitailler, avituallar (vivres), municionar (munitions).

approvisionneur, euse m. et f. Proveedor, ra; abastecedor, ra.

approximatif, ive adj. Aproximado, da.

approximation f. Aproximación.

approximativement adv. Aproximadamente, poco más o menos.

appui m. Apoyo, sostén. || Antepecho (de fenêtre). || Fig. ● Ayuda, f. : trouver des appuis, encontrar ayudas. || Amparo, apoyo : compter sur l'appui de quelqu'un, contar con el amparo de uno. || Constr. Soporte : appui fixe, soporte rígido. || — Match d'appui, partido de desempate (sports). || Mur d'appui, muro de contención. || Pièces à l'appui, con las pruebas en la mano. || Point d'appui, punto de apoyo, fulcro (levier). || — À l'appui de, en apoyo de.
— Syn. ● Aide, ayuda. Protection, protección. Assistance, asistencia. Secours, socorro, auxilio. Rescousse, auxilio. Soutien, sostén, sustento.

appui-bras ou **appuie-bras** m. Brazo (d'un fauteuil).
— Observ. Pl. appuis-bras ou appuie-bras.

appui-livres m. Atril.
— Observ. Pl. appuis-livres.

appui-main m. Peint. Tiento.
— Observ. Pl. appuis-mains ou appuie-main.

appui-tête ou **appuie-tête** m. Orejera, f. (d'un fauteuil). || Reposacabezas, inv. [sostén para la cabeza.]
— Observ. Pl. appuis-tête ou appuie-tête.

appuyer* [apɥije] v. tr. Apoyar : appuyer contre un mur, apoyar en la pared. || ● Sostener : appuyer une muraille par des étais, sostener un muro con puntales. || Pulsar : appuyer sur un bouton, pulsar un botón. || Respaldar (une demande, une requête). || Fig. Basar en, fundar en (fonder). || Mar. Afirmar. || Tesar (un cordage). || Appuyer les coudes sur la table, apoyar los codos en la mesa.
— V. intr. Apretar contra (peser sur). || Recalcar, acentuar (mettre l'accent sur). || Tomar la dirección de (se diriger vers). || Pisar (sur une pédale). || Fig. Insistir, hacer hincapié en. || Apretar (sur la détente). || Appuyer sur les mots, recalcar las palabras.
— V. pr. Apoyarse. || Pop. Echarse al cuerpo, apechugar con : s'appuyer un bon dîner, echarse al cuerpo una buena comida; s'appuyer une longue course, apechugar con una caminata. || — S'appuyer sur, estribarse en, descansar en, apoyarse en (reposer), fundarse en (se baser). || S'appuyer sur les mains, hacer fuerza con las manos.
— Syn. ● Accoter, recostar, reclinar. Adosser, adosar. Arc-bouter, apoyar en un arbotante. Étayer, apuntalar.

âpre [α:pr] adj. Áspero, ra (au toucher, au goût). || Fig. Áspero, ra; desapacible (voix, caractère). | Ávido, da : âpre au gain, ávido de ganancias.

après [aprɛ] adv. Después, luego : mangez d'abord, vous boirez après, coma primero, después beberá.
— Prép. Después que, después de : il est venu après moi, vino después que yo; après le dîner, después de la cena. || Tras, detrás de (derrière) : courir après quelqu'un, correr tras uno. || A : crier après quelqu'un, reñir a uno; attendre après quelqu'un, esperar a alguien. || Con (avec) : je suis fâché après lui, estoy disgustado con él. || — Après coup, fuera de tiempo, a destiempo. || Après que, después que, luego que. || Après quoi, después de lo cual. || Après tout, después de todo. || Bientôt (peu) après, poco después. || D'après, según : d'après votre opinion, según su opinión; a imitación de : peindre d'après X, pintar a imitación de X; siguiente : le mois d'après, el mes siguiente. || D'après nature, del natural. || Fam. Et puis après?, ¡bueno! ¿y qué? || — Fig. Courir après, correr en pos, perseguir. | Être après quelque chose, afanarse en obtener algo, ocuparse activamente. | Être après quelqu'un, no dejar a uno en paz.
— Préfixe. Post, pos.
— Observ. Es incorrecto decir accrocher son chapeau après le portemanteau o il y a de la boue après ma robe en lugar de accrocher son chapeau au portemanteau o il y a de la boue sur ma robe. También lo es il a demandé après vous, en vez de il vous a demandé.

après-demain adv. Pasado mañana.

après-dîner m. Velada.

après-guerre m. ou f. Postguerra, f. posguerra, f.

après-midi m. inv. Tarde, f. (après le déjeuner). || Dans l'après-midi, por la tarde.

après-skis m. pl. Botas (f.) « après-skis ».

après-vente adj. Postventa, posventa.

âpreté f. Aspereza. || Codicia (convoitise), avidez (avidité) : l'âpreté au gain, la codicia de ganancia. || Fig. Severidad (sévérité), rigor, m. (rigueur) : l'âpreté des reproches, el rigor de la crítica.

apriorisme m. Apriorismo.

à-propos [aprɔpo] m. Ocurrencia, f. : avoir de l'à-propos, tener ocurrencias. || Oportunidad, f. : répondre avec à-propos, contestar con oportunidad. || Apropósito, obra (f.) de teatro ou poema de circunstancia.

apside f. Astr. Ápside.

apte adj. Apto, ta : apte à un poste, apto para un destino. || Capacitado, da (compétent).

aptère adj. Áptero, ra (sans ailes) : Victoire aptère, Victoria áptera.
— M. pl. Zool. Ápteros.

aptérygotes [apterigɔt] m. pl. Apterigotos.

aptéryx m. Zool. Ápterix.

aptitude f. Aptitud : aptitude au o pour le travail, aptitud para el trabajo. || Dr. Capacidad.

Apulée n. pr. m. Apuleyo.

Apulie n. pr. f. Géogr. Apulia.

apurement m. Intervención (f.) de cuentas. || Corrección, f.

apurer v. tr. Intervenir, comprobar (un compte).

apyre [api:r] adj. Apiro, ra (infusible).

apyrétique adj. Méd. Apirético, ca.

apyrexie f. Méd. Apirexia (absence de fièvre).

aquafortiste m. et f. Acuafortista, aguafuertista.

aquamanile m. Aguamanil.

aquaplane m. Acuaplano.

aquarelle f. Acuarela.

aquarelliste m. et f. Acuarelista.

aquarium [akwarjɔm] m. Acuario.

aquatile adj. Acuátil (seulement pour les plantes).

aquatinte ou **aqua-tinta** f. Acuatinta (gravure).

aquatintiste m. et f. Acuatintista.

aquatique adj. Acuático, ca (plante, animal).

aqua-toffana f. Agua tofana.

aquatubulaire adj. Acuotubular (chaudière).

aqueduc [akdyk] m. Acueducto.

aqueux, euse [akø, ø:z] adj. Ácueo, a : humeur aqueuse, humor ácueo. || Acuoso, sa : fruit aqueux, fruta acuosa. || Aguanoso, sa (trop liquide).

aquicole [akɥikɔl] adj. Acuícola. || Acuático, ca.

aquifère [akɥifɛ:r] adj. Acuífero, ra : nappe aquifère, capa acuífera.

aquifoliacées f. pl. Aquifoliáceas.

aquilin, e [akilɛ̃, in] adj. Aquilino, na; aguileño, ña.
aquilon m. Aquilón.
aquitain, e adj. et s. Aquitano, na.
Aquitaine n. pr. f. GÉOGR. Aquitania.
aquosité [akosite] f. Acuosidad.
ara m. Guacamayo, ara (perroquet).
arabe adj. et s. Árabe. || Arábigo, ga : chiffre
arabe, número arábigo.
arabesque adj. Arabesco, ca.
— F. Arabesco, m. (ornement).
Arabie n. pr. GÉOGR. Arabia.
arabique adj. Arábico, ca (d'Arabie) : golfe Ara-
bique, golfo arábico. || Arábigo, ga : gomme ara-
bique, goma arábiga.
arabisant, e m. et f. Arabista.
arabisation f. Arabización.
arabiser v. tr. Arabizar.
arabisme m. Arabismo.
arable adj. Arable : sol arable, suelo arable.
arac m. V. ARAK.
aracées f. pl. BOT. Aráceas.
arachide [araʃid] f. BOT. Cacahuete, m. maní, m.
|| Huile d'arachide, aceite de cacahuete.
arachnéen, enne [araknɛɛ̃, ɛn] adj. Arácneo, a
(d'araignée) : tissu arachnéen, tejido arácneo.
arachnides [araknid] m. pl. ZOOL. Arácnidos.
arachnoïde [araknɔid] f. ANAT. Aracnoides.
arachnoïdien, enne [-djɛ̃, jɛn] adj. Aracnoideo, a.
Aragon n. pr. m. GÉOGR. Aragón.
aragonais, e adj. et s. Aragonés, esa.
aragonite f. MIN. Aragonito, m.
araignée [arɛɲe] f. Araña. || Red tenue para
pescar. || Garfio, m., rebañadera (crochet). ||
Pulpo, m. (pour les bagages). || MAR. Cabuyera
(de hamac). || — Araignée d'eau, araña de agua,
tejedor (insecte). || Araignée de mer, centolla,
araña de mar (crustacé). || Toile d'araignée, tela-
raña. || — FAM. Avoir une araignée au o dans le
plafond, faltarle a uno un tornillo, estar mal de
la azotea ou del tejado.
araire m. Arado común sin juego delantero.
arak m. Arac (eau-de-vie de riz).
araméen, enne adj. et s. Arameo, a.
aramon m. Vid (f.) y vino corriente del sur de
Francia.
aranéides m. pl. ZOOL. Arañas, f. pl.
arantèle ou arantelle f. Telaraña.
arapaïma m. Arapaima (gros poisson du Brésil).
arase [araz] f. Piedra de enrase.
arasement [-zmɑ] m. CONSTR. Enrase, enrasa-
miento. || Desquijeramiento (d'une planche).
araser v. tr. CONSTR. Enrasar (mettre de niveau).
|| Desquijerar (une planche). || GÉOGR. Desgastar
por la erosión.
aratoire adj. Aratorio, ria.
araucanien, enne adj. et s. Araucano, na.
araucaria m. Araucaria, f. (arbre).
arbalète f. Ballesta. || Cheval en arbalète, caba-
llo delantero [en un tiro de tres].
arbalétrier m. Ballestero : grand maître des arba-
létriers, ballestero mayor. || Vencejo (oiseau). ||
ARCHIT. Alfarda, f.
arbitrable adj. Arbitrable.
arbitrage m. ● Arbitraje (d'un litige). || Laudo
(sentence arbitrale). || COMM. Arbitraje (en
Bourse).
— SYN. ● Conciliation, conciliación. Compromis, compromiso.
arbitragiste m. COMM. Arbitrajista.
arbitraire adj. Arbitrario, ria.
— M. Arbitrariedad, f., despotismo.
arbitral, e adj. Arbitral. || Jugements arbitraux,
sentencias arbitrales, laudos.
arbitration f. Arbitraje, m.

arbitre m. Árbitro (juge). || FIG. Árbitro : être
l'arbitre de la mode, ser árbitro de la moda. ||
Libre arbitre, libre albedrío.
arbitrer v. tr. Arbitrar.
arborer v. tr. Arbolar. || Enarbolar : arborer un
drapeau, enarbolar una bandera. || Hacer gala de :
arborer ses opinions, hacer gala de sus opiniones.
|| FIG. et FAM. Lucir, ostentar : arborer une belle
cravate, lucir una hermosa corbata. || MAR. Izar :
arborer son pavillon, izar la bandera.
arborescence [arbɔrɛssɑ̃:s] f. BOT. Arborescencia.
arborescent, e adj. BOT. Arborescente : fougère
arborescente, helecho arborescente.
arboricole adj. Arborícola (qui vit sur les arbres).
arboriculteur m. Arboricultor.
arboriculture f. Arboricultura.
arborisation f. MIN. Arborización.
arborisé, e adj. Arborizado, da : agate arborisée,
ágata arborizada.
arbouse [arbu:z] f. Madroño, m. (fruit).
arbousier m. Madroño (arbre).
— OBSERV. Le madroño fait partie des armes de Madrid
auprès d'un ours rampant.
arbre m. BOT. Árbol. || Huso (cylindre). || IMPR.
Árbol (presse). || TECHN. Árbol, eje (axe) ; arbre
moteur, árbol motor ; arbre à cames, árbol de
levas. || — Arbre à cire, árbol de la cera. || Arbre
à pain, árbol del pan, árbol artocárpeo. || Arbre
cannelé, mandril del embrague. || Arbre de haute
futaie, árbol de monte alto. || Arbre de vie, árbol
de Navidad. || MAR. Arbre de
couche, árbol de la hélice. || Arbre de Noël, árbol
de Navidad. || Arbre de vie, árbol de la vida,
tuya. || Arbre fruitier, árbol frutal. || Arbre généa-
logique, árbol genealógico. || — Entre l'arbre
et l'écorce, il ne faut mettre le doigt, entre padres
y hermanos no metas las manos. || L'arbre ne
tombe pas au premier coup, no se ganó Zamora
en una hora. || On connaît l'arbre à son fruit,
por el fruto se conoce el árbol. || Quand l'arbre
est tombé, chacun court aux branches, del árbol
caído todos hacen leña. || Tel arbre, tel fruit, de
tal palo, tal astilla.
arbrier m. Tablero (d'arbalète).
arbrisseau [arbriso] m. Arbolito, arbusto.
arbuste [arbyst] m. Arbusto.
arbustif, ive adj. Arbustivo, va.
arc m. Arco (arme). || ARCHIT. Arco. || MATH.
Arco. || — Arc bombé, arco escarzano. || Arc
brisé, arco mitral. || Arc de biais, arco capialzado.
|| Arc déprimé, arco adintelado ou a nivel. || Arc
de triomphe, arco de triunfo ou triunfal. || Arc
elliptique, arco elíptico. || Arc en accolade, arco
conopial. || Arc en anse de panier, arco carpanel
ou zarpanel. || Arc en doucine, arco en gola. ||
Arc en fer à cheval o outrepassé, arco de herra-
dura ou morisco. || Arc en lancette, arco apun-
tado. || Arc en ogive, arco ojival. || Arc formeret,
arco formero. || Arc infléchi, arco de cortina. ||
Arc lancéolé, arco lanceolado. || Arc plein cintre,
arco de medio punto. || Arc rampant, arco por
tranquil. || Arc surbaissé, arco rebajado. || Arc
surhaussé, arco peraltado. || Arc trilobé, arco
trebolado ou trilobulado. || Arc voltaïque, arco
voltaico (électricité). || — En arc o courbé en
arc, arqueado. || — Avoir plusieurs cordes à son
arc, ser hombre de muchos recursos. || Bander
l'arc, armar el arco. || Débander l'arc, desarmar
el arco.
arcade f. ARCHIT. Soportal, m., arcada. || TECHN.
Fuste, m. (selle). || — Arcade dentaire, arco alveo-
lar. || ANAT. Arcade sourcilière, ceja.
Arcadie n. pr. f. GÉOGR. Arcadia.
arcadien, enne adj. et s. Árcade, arcadio, dia.
arcane m. Arcano (mystère).
arcanson m. Colofonia, f. (résine).

arcasse f. MAR. Cajera (de poulie). ‖ Peto (m.) de popa.

arcature [arkaty:r] f. ARCHIT. Arquería.

arc-boutant m. ARCHIT. Arbotante, boterete. | Contrafuerte (contrefort).

— OBSERV. Pl. *arcs-boutants.*

arc-boutement m. TECHN. Detención (f.) de las ruedas dentadas en su funcionamiento.

— OBSERV. Pl. *arcs-boutements.*

arc-bouter v. tr. ARCHIT. Apoyar en un arbotante, apuntalar (étayer). ‖ FIG. Apoyar, estribar, sostener.

— V. pr. Apoyarse, afianzarse : *s'arc-bouter contre le mur,* afianzarse en la pared.

arc-doubleau m. ARCHIT. Arco perpiaño.

— OBSERV. Pl. *arcs-doubleaux.*

arceau [arso] m. ARCHIT. Arco de bóveda, cula, f. ‖ Arco, aro (du croquet).

arc-en-ciel [arkɑ̃sjɛl] m. Arco iris.

— OBSERV. Pl. *arcs-en-ciel.*

archaïque [arkaik] adj. Arcaico, ca.

archaïsant, e [-izɑ̃, ɑ̃:t] adj. Arcaizante, de estilo *ou* sabor arcaico.

— M. Arcaísta.

archaïsme [-ism] m. Arcaísmo.

archal [arʃal] m. Latón : *fil d'archal,* alambre de latón.

archange [arkɑ̃:ʒ] m. Arcángel.

archangélique [-ʒelik] adj. Arcangélico, ca.

arche f. Arco, m. (d'un pont). ‖ TECHN. Arca (vitrerie). ‖ — *Arche d'alliance,* arca de la alianza. ‖ *Arche de Noé,* arca de Noé.

archée [arʃe] f. (Vx). Principio (m.) de la vida. ‖ Materia ígnea (au centre de la terre).

archéen, enne [-keɛ̃, ɛn] adj. et s. m. GÉOL. Arcaico, ca.

archégone [arkegɔn] m. BOT. Arquegonio.

archéologie [arkeɔlɔʒi] f. Arqueología.

archéologique [-ʒik] adj. Arqueológico, ca.

archéologue [arkeɔlɔg] m. Arqueólogo.

archéoptérix m. Arqueópterix (oiseau fossile).

archer [arʃe] m. Arquero.

archère f. Saetera (archière).

archet [arʃɛ] m. MUS. Arco. ‖ TECHN. Ballesta (f.) para taladrar.

archétype [arketip] m. Arquetipo. ‖ Patrón (monnaies, poids et mesures).

archevêché [arʃəvɛʃe] m. Arzobispado. ‖ Palacio arzobispal, arzobispado (palais).

archevêque [-vɛ:k] m. Arzobispo.

a r c h i c a m é r i e r [arʃikamerje] m. Canciller mayor.

archichambellan m. Camarero mayor [del Imperio Germánico].

archichancelier m. Canciller mayor [de Napoléon I].

archicomble adj. Atestado, da; aborrotado, da.

archiconfrérie m. Archicofradía.

archidiaconat m. Arcedianato (dignité).

archidiaconé m. Arcedianato (juridiction).

archidiacre m. Arcediano, archidiácono (p. us.).

archidiocésain, e [arʃidjɔsezɛ̃, ɛn] adj. Archidiocesano, na.

archidiocèse [-djɔsɛ:z] m. Archidiócesis, f., arquidiócesis, f. (p. us. et en Amérique).

archiduc [arʃidyk] m. Archiduque.

archiducal, e adj. Archiducal.

archiduché m. Archiducado.

archiduchesse f. Archiduquesa.

archiépiscopal, e adj. Arzobispal.

archiépiscopat [arkiepiskɔpa] m. Arzobispado.

archière f. Saetera, aspillera.

archifou, folle et f. Loco rematado, loca rematada.

archiluth [arʃilyt] m. MUS. Archilaúd.

archimandrite m. Archimandrita (d'un monastère grec).

Archimède n. pr. m. Arquímedes.

archimilliardaire adj. et s. Archimillonario, ria; multimillonario, ria.

archimillionnaire adj. et s. Archimillonario, ria.

archipel [arʃipɛl] m. Archipiélago.

archipompe f. MAR. Caja de bombas.

archipresbytéral, e adj. Arciprestal.

archiprêtre [arʃiprɛ:tr] m. Arcipreste.

archiptères [arkiptɛ:r] m. pl. Arquípteros (insectes).

architecte [arʃitɛkt] m. Arquitecto.

architectonique [-tɔnik] adj. et s. f. Arquitectónico, ca.

architectural, e [-tyral] adj. Arquitectural : *des moyens architecturaux,* medios arquitecturales.

architecture f. Arquitectura. ‖ FIG. Arquitectura, estructura, forma : *l'architecture du corps humain,* la estructura del cuerpo humano.

architecturer v. tr. FIG. Estructurar : *livre très bien architecturé,* libro muy bien estructurado.

architrave f. ARCHIT. Arquitrabe, m.

architravé, e adj. ARCHIT. Arquitrabado, da.

— F. ARCHIT. Cornisa de arquitrabe.

archives [arʃi:v] f. pl. Archivo, m. sing.

archiviste m. et f. Archivero, ra; archivista.

archivolte f. ARCHIT. Archivolta.

archontat [arkɔ̃ta] m. Arcontado.

archonte [arkɔ̃t] m. Arconte (magistrat grec).

arçon m. Arzón, fuste (selle). ‖ TECHN. Arco (pour battre la laine, le coton). ‖ Acodo (vigne). ‖ — *Cheval arçons* o *cheval d'arçons,* potro con arzón (gymnastique). ‖ *Vider les arçons,* caerse del caballo, apearse por las orejas.

arçonner v. tr. TECHN. Varear, arquear (la laine).

arc-rampant m. ARCHIT. Arco por tranquil.

— OBSERV. Pl. *arcs-rampants.*

arctique adj. Ártico, ca (pôle, océan).

arcure f. Arqueo, m. (des branches d'un arbre fruitier, d'une vigne).

ardélion m. FAM. Bullebulle, entrometido.

ardemment [ardamɑ̃] adv. Ardientemente.

Ardennes n. pr. f. pl. GÉOGR. Ardenas.

ardennais, e adj. et s. De las Ardenas.

ardent, e adj. Ardiente. ‖ FIG. Ardiente, violento, ta : *désir ardent,* deseo ardiente. | Apasionado, da : *c'est l'ardent défenseur de,* es el apasionado defensor de. | Abrasador, ra : *il faisait un soleil ardent,* hacía un sol abrasador. | Brioso, sa : *cheval ardent,* caballo brioso. | Encendido, da (couleur). | Encendido, da; rojo, ja (cheveux). ‖ — *Chambre ardente,* tribunal que juzgó a los envenenadores en el reinado de Luis XIV. ‖ *Chapelle ardente,* capilla ardiente. ‖ *Charbons ardents,* ascuas. ‖ *Être sur des charbons ardents,* estar sobre ascuas.

— M. Fuego fatuo (feu follet). ‖ (Vx) *Mal des ardents,* especie de erisipela gangrenosa.

ardeur f. ● Ardor, m. : *l'ardeur du soleil,* el ardor del sol. ‖ FIG. ◆ Ardor : *ardeur au travail,* ardor en el trabajo. ‖ *Entreprendre avec ardeur,* emprender con entusiasmo.

— SYN. ● *Chaleur,* calor. *Feu,* fuego.

— ◆ *Fougue,* fogosidad. *Acharnement,* encarnizamiento.

ardillon [ardijɔ̃] m. Hebijón (de boucle).

ardoise f. Pizarra. ‖ FAM. Clavo, m. (dette) : *laisser une ardoise à la taverne,* dejar un clavo en la tasca.

ardoisé, e [ardwaze] adj. Pizarreño, ña; pizarroso, sa (semblable à l'ardoise). ‖ Empizarrado, da (couvert d'ardoises). ‖ Color de pizarra : *papier ardoisé,* papel de color de pizarra.

ardoiser v. tr. Cubrir con pizarras, empizarrar.

ardoiserie f. Pizarrería.

ardoisier m. Pizarrero (ouvrier).

ARCHITECTURE — ARQUITECTURA

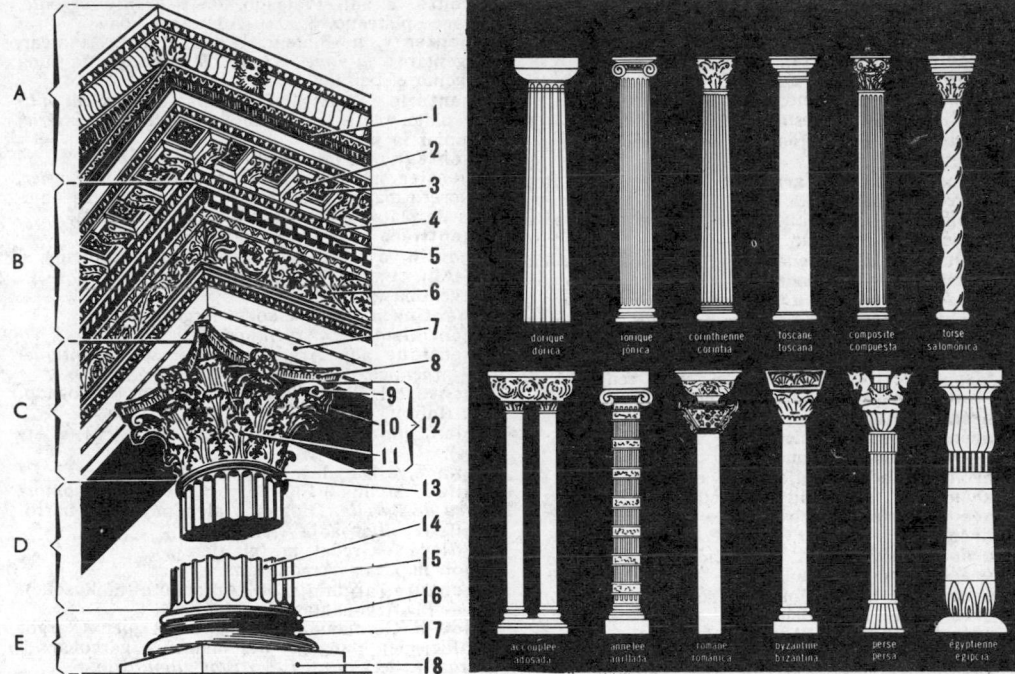

A, B. *Entablement*, entablamento (A. *Corniche*, cornisa; B. *Architrave*, arquitrabe). — C. *Chapiteau*, capitel. — D. *Fût*, fuste. — E. *Base*, base. — 1. *Cimaise*, f., cimacio, m. — 2. *Modillon*, modillón. — 3. *Caissons*, artesones, lagunares. — 4. *Rais-de-cœur*, corazones. — 5. *Denticules*, dentículos. — 6. *Frise* (f.) *de rinceaux*, friso (m.) de follajes. — 7. *Bandeau*, friso. — 8. *Abaque ou tailloir*, ábaco. — 9. *Volute*, voluta. — 10. *Caulicoles*, f. pl., caulículos, m. pl. — 11. *Feuille d'acanthe*, hoja de acanto. — 12. *Échine*, f., equino, m. — 13. *Astragale*, astrágalo. — 14. *Cannelure*, estría, canaladura. — 15. *Méplat*, plano. — 16. *Tore*, toro. — 17. *Scotie*, escocia. — 18. *Plinthe*, f., plinto, m.

ARCHITECTURE (vocabulaire) — ARQUITECTURA (vocabulario)

I. Généralités. — Generalidades.

architecte	arquitecto
bâtisseur	constructor
maître d'œuvre	maestro de obras, capataz
élévation	elevación
plan	plano
épure *f.*	diseño *m.*
échelle	escala
poussée *f.*	empuje *m.*
charge	carga
matériau	material
restauration	restauración

II. Constructions diverses. — Construcciones diversas.

château, palais	palacio
temple	templo
basilique	basílica
église; chapelle	iglesia; capilla
villa *f.*	chalé *m.*; quinta
pavillon	chalé, hotelito
tour	torre
belvédère	mirador; belvedere
coupole	cúpula
portique	pórtico
arc de triomphe	arco de triunfo

III. Parties de l'édifice. — Partes del edificio.

entrée	entrada
propylées	propíleos
portail *m.*	portada *f.*
porche	porche
perron *m.*	escalinata *f.*
parvis *m.*	atrio; plaza (*f.*) de la catedral
péristyle	peristilo
colonnade	columnata
fronton	frontón
métope	metopa
piédestal	pedestal
socle	zócalo
pilastre	pilastra
cariatide, caryatide	cariátide
tympan	tímpano
balustrade	balaustrada
entablement	entablamento
niche *f.*	hornacina, nicho *m.*
arceau	arco
voûte	bóveda
clef de voûte	clave de bóveda
arcade	arcada
ogive	ojiva
avant-corps	salidizo
aile	ala
pilier	pilar
encorbellement	salidizo, voladizo
terrasse	terraza; azotea (toiture)

IV. Ornements. — Ornamentos.

arabesque	arabesco
grecque	greca
méandre	meandro
torsade	espiral
vermiculure *f.*	adorno (*m.*) vermiculado
chevron	adorno en zigzag
entrelacs	almocárabe
feston	festón
godron *m.*	moldura (*f.*) ovalada
ove	ovo
mascaron	mascarón
trophée	trofeo
bossage *m.*	almohadilla *f.*; almohadillado

ardoisier, ère ou ardoiseux, euse adj. Pizarreño, ña : *schiste ardoisier*, esquito pizarreño. ‖ Pizarroso, sa : *sol ardoisier*, suelo pizarroso.

ardoisière f. Pizarral, *m.*

ardu, e adj. Arduo, dua. ‖ (P. us.). Escarpado, da : *montagne ardue*, monte escarpado.

are m. Área, *f.* (mesure de 100 m²).

aréage m. Escuadreo por áreas (mesurage par ares).

arec [arɛk] ou aréquier [arekje] m. BOT. Areca, *f.* (palmier).

aréique adj. GÉOGR. Areico, ca ; sin desagüe.

aréisme m. Areismo.

arénacé, e adj. Arenáceo, a ; arenoso, sa : *roche arénacée*, roca arenosa.

arène f. Desierto (*m.*) de arena. ‖ FIG. Palenque, *m.*, palestra, arena : *l'arène politique*, el palenque político. ‖ GÉOL. Arena (sable). ‖ — Pl. Antiguo anfiteatro (*m. sing.*) romano. ‖ TAUROM. Plaza (sing.) de toros. | Ruedo, *m. sing.*, redondel, *m. sing.* (espace circulaire au centre de la plaza).

aréneux, euse adj. Arenoso, sa.

arénicole adj. Arenícola.
— F. Arenícola (annélide).

arénifère adj. Arenífero, ra.

aréuuleux, euse adj. Arenisco, ca.

aréographie f. Areografía.

aréolaire f. Areolar.

aréolation f. ANAT. Areolación.

aréole f. ANAT. Areola.

aréomètre m. Areómetro, densímetro.

aréométrie f. Areometría.

aréométrique adj. Areométrico, ca.

aréopage m. Areópago.

aréopagite [areopaʒit] m. Areopagita.

aréostyle m. ARCHIT. Areóstilo.

aréquier [arekje] m. V. AREC.

arête [arɛ:t] f. Arista : *arête d'un cube*, arista de un cubo. ‖ Espina, raspa (de poisson). ‖ Caballete, *m.* (d'un toit). ‖ Cresta (d'une montagne). ‖ Línea saliente : *l'arête du nez*, la línea saliente de la nariz.

Aréthuse n. pr. f. Aretusa (nymphe).

arêtier m. ARCHIT. Lima (*f.*) tesa (toit).

arétin, e adj. et s. Aretino, na.

arganeau .m. MAR. Arganeo (ancre).

argémone f. BOT. Argemone.

argent [arʒɑ̃] m. Plata, *f.* : *statue d'argent*, estatua de plata. ‖ ● Dinero [*Amér.*, plata] : *gagner beaucoup d'argent*, ganar mucho dinero. ‖ BLAS. Argén. ‖ — *Argent comptant*, dinero contante, dinero efectivo. ‖ *Argent comptant et trébuchant*, dinero contante y sonante. ‖ *Argent de poche*, dinero para gastos menudos (en général), sobras (d'un soldat). ‖ *Argent liquide*, dinero líquido. ‖ *Argent mignon*, trapillo, ahorillos. ‖ *Argent monnayé*, dinero acuñado. ‖ *Bourreau d'argent*, maniroto, despilfarrador. ‖ — *À court d'argent*, falto de medios, apurado (gêné). ‖ *En avoir pour son argent*, sacarle jugo al dinero. ‖ *En vouloir pour son argent*, querer sacarle jugo al dinero. ‖ *Jeter l'argent par les fenêtres*, tirar el dinero por la ventana. ‖ *L'argent n'a pas d'odeur*, el dinero no tiene olor. ‖ *Pas d'argent, point de Suisse*, por dinero baila el perro. ‖ *Placer de l'argent*, invertir dinero. ‖ *Plaie d'argent n'est pas mortelle*, la falta de dinero no es mortal. ‖ *Prendre pour argent comptant*, creer a pies juntillas.
— SYN. ● *Espèces*, especies. *Monnaie*, moneda. *Numéraire*, numerario. *Pécune*, pecunio. *Fam. Fonds*, fondos. *Fric*, parné, parnés. *Pop. Galette*, guita. *Grisbi*, pasta. *Oseille*, mosca. *Pépettes*, moni, monises. *Picaillon*, parné. *Pognon*, parné. *Radis*, blanca. *Rond*, níquel. *Sous*, perras, cuartos.

argentage m. Plateado.

argentan m. Metal blanco, plata (*f.*) alemana.

argenté, e adj. Plateado, da : *bronze argenté*, bronce plateado. ‖ FAM. Adinerado, da

argenter v. tr. Platear. ‖ FIG. et POÉT. Platear, argentar : *la lune argente le paysage*, la luna argenta el paisaje.

argenterie [arʒɑ̃tri] f. Vajilla, objetos (*m. pl.*) de plata, plata (couverts) : *nettoyer l'argenterie*, limpiar la plata.

argenteur m. Plateador.

argentier m. (Vx). Tesorero : *grand argentier*, tesorero mayor. ‖ Mueble para guardar los objetos de plata. ‖ FAM. Ministro de Hacienda.

argentifère adj. Argentífero, ra.

argentin, e adj. Argentino, na (son, couleur). ‖ — Adj. et s. Argentino, na (d'Argentine). ‖ — F. Argentina (plante).

Argentine n. pr. f. GÉOGR. Argentina.

argentinisme m. Argentinismo.

argentique adj. Argéntico, ca : *sel argentique*, sal argéntica.

argenture f. Plateado, *m.*, plateadura. ‖ Azogado, *m.* (miroir).

argien, enne [arʒjɛ̃, jɛn] adj. Argivo, va (d'Argos).

argilacé, e [arʒilase] adj. Arcilloso, sa.

argile f. Arcilla. ‖ FIG. Barro : *Dieu créa l'homme avec de l'argile*, Dios creó al hombre con barro.

argileux, euse adj. Arcilloso, sa.

argilière f. Gredal, *m.* (glaisière).

argon m. CHIM. Argón (gaz).

argonaute [argɔnɔ:t] m. Argonauta (mollusque). ‖ — Pl. Argonautas (mythologie).

argot m. Germanía, *f.* (langage des gueux), argot (gallicisme) [langage des mauvais garçons]. ‖ Jerga, *f.*, jerigonza, *f.* ‖ *Argot gitan*, caló.

argotique adj. De germanía.

argousin m. Sotacómitre de galera. ‖ Corchete, guindilla.

argue f. TECHN. Terraja (filière).

arguer [argɥe] v. intr. Argüir : *j'en argüe qu'il viendra*, de esto arguyo que vendrá.
— V. tr. Tachar, acusar : *arguer un document de faux*, tachar un documento de falso. ‖ Sacar una consecuencia, inferir, deducir (déduire). ‖ Alegar, pretextar : *arguer de son amitié pour*, alegar su amistad para. ‖ Discutir, rebatir (contester).

argument m. Argumento.

argumentant m. Arguyente, contrincante.

argumentateur, trice m. et f. Argumentador, ra.

argumentation f. Argumentación.

argumenter v. intr. Argumentar. ‖ FAM. Discutir.

argus m. Vigilante, persona (*f.*) clarividente (personne clairvoyante). ‖ Espía (espion). ‖ Argos (oiseau). ‖ Publicación (*f.*) que informa de las cotizaciones en el mercado de coches de ocasión. ‖ *Argus de la presse*, agencia parisiense de recortes de prensa. ‖ *Yeux d'argus*, ojos de lince.

Argus [argy:s] n. pr. m. MYTH. Argos.

argutie [argysi] f. Argucia.

argyraspide m. Argiráspide (soldat grec).

argyrisme m. MÉD. Argirismo (empoisonnement par l'argent).

argyronète f. Tejedera (arachnide).

argyrose m. MIN. Argirosa.

aria f. MUS. Aria. ‖ — M. FAM. Lío, embrollo : *que d'arias cela entraîne!*, ¡cuántos líos esto acarrea !

Ariane n. pr. f. MYTH. Ariana *ou* Ariadna.

arianisme m. Arrianismo.

aride adj. Árido, da : *terre aride*, tierra árida. ‖ FIG. Árido, da : *sujet aride*, asunto árido.

aridité f. Aridez : *aridité d'esprit*, aridez del espíritu.

ariégeois, e [arieʒwa, ʒwa:z] adj. et s. Del Ariège [departamento francés].

arien, enne adj. et s. Arriano, na (hérétique).
ariette f. Mus. Arieta.
arille m. Bot. Arilo, *m.* (d'une graine).
arillé, e adj. Bot. Arilado, da.
arioso m. Mus. Arioso.
Arioste n. pr. m. Ariosto.
ariser v. tr. Mar. Arrizar.
aristarque m. Aristarco.
Aristide n. pr. m. Arístides.
aristocrate adj. et s. Aristócrata.
— Syn. *Noble*, noble. *Seigneur*, señor, caballero. *Gentilhomme*, gentilhombre, hidalgo. *Patricien*, patricio. *Hobereau*, hidalgo de gotera, tagarote. *Pop. Aristo*, aristócrata. *Noblaillon, nobliau*, hidalguejo.
aristocratie [aristɔkrasi] f. Aristocracia.
aristocratique adj. Aristocrático, ca.
aristoloche f. Bot. Aristoloquia.
Aristophane n. pr. m. Aristófanes.
aristophanesque adj. Aristofánico, ca.
Aristote n. pr. m. Aristóteles.
aristotélicien, enne adj. et s. Aristotélico, ca.
aristotélique adj. Aristotélico, ca.
aristotélisme m. Philos. Aristotelismo.
arithméticien, enne [aritmetisjẽ, jɛn] m. et f. Aritmético, ca.
arithmétique adj. et s. f. Aritmético, ca : *calcul arithmétique*, cálculo aritmético.
arithmographe m. Aritmógrafo (machine à calculer).
arithmographie f. Aritmografía.
arithmomancie f. Aritmomancia.
arithmomètre m. Aritmómetro.
arlequin [arləkẽ] m. Arlequín. || Fam. Persona (*f.*) informal, veleta, *f.* || Pop. Restos, *pl.*, sobras, *f. pl.* (nourriture). || *D'arlequin*, arlequinesco, de arlequín.
arlequinade [-kinad] f. Arlequinada, mamarrachada. || Fig. Escrito (*m.*) ridículo.
arlésien, enne [arlezjẽ, jɛn] adj. et s. De Arles, arlesiano, na.
armada f. Armada : *l'Invincible Armada*, la Armada Invencible.
armadille [armadi:j] m. Zool. Armadillo.
armagnac [armaɲak] m. Aguardiente de Armagnac [región de Gascuña].
Armand n. pr. m. Armando.
Armandine n. pr. f. Armandina.
armateur m. Armador, naviero.
armature f. Armazón : *l'armature d'une machine*, la armazón de una máquina. || Electr. Armadura. || Armadura (d'un aimant). || Revestimiento, *m.* (d'un câble). || Fig. Base, sostén, *m.* : *l'armature de la société*, la base, el sostén de la sociedad. || Mus. Armadura, accidente (*m.*) de la clave.
arme f. Arma : *arme à feu, blanche*, arma de fuego, blanca. || Arma : *arme d'infanterie*, arma de infantería. || — Pl. Armas : *né pour les armes*, nacido para las armas. || Blas. Escudo, *m. sing.*, armas : *les armes de Madrid*, el escudo de Madrid. || — *Arme à massue*, arma de mazo. || *Arme de jet*, arma arrojadiza. || *Arme portative*, arma portátil. | Blas. *Armes parlantes*, armas parlantes. || *Arme se chargeant par la culasse*, arma de retrocarga. || *Fait d'armes*, hecho de armas, hazaña. || *Maître d'armes*, maestro de esgrima. || *Port d'armes*, licencia de armas. || *Râtelier d'armes*, armero. || — *Arme au pied!*, ¡descansen armas! || *Arme à volonté*, arma a discreción. || *Arme sur l'épaule!*, ¡sobre el hombro, arma! || — *À armes égales*, en igualdad de condiciones. || *Aux armes!*, ¡a formar con arma!, ¡a las armas! || *L'arme à la bretelle!*, ¡cuelguen armas! || — *En venir aux armes*, llegar a las armas. || *Être sous les armes*, estar armado. || *Faire arme de tout*, valerse de todos los medios. || *Faire des armes*, praticar la esgrima. || *Faire ses premières armes*, hacer sus primeras armas. || Fig. *Fournir*

des armes contre soi, dar armas contra sí mismo. || *Mettre bas o poser les armes*, rendirse. || *Passer par les armes*, pasar por las armas, fusilar. || *Présentez, armes!*, ¡presenten armas! || *Rendre les armes*, rendir el arma. || *Sonner aux armes*, tocar el arma.
armé, e adj. Armado, da : *béton armé*, hormigón armado. || Armado, da; montado, da : *ce fusil est armé*, este fusil está montado.
armée f. Ejército, *m.* || *— Armée de l'air*, Ejército del Aire. || *Armée de mer*, Armada. || *Armée du salut*, Ejército de Salvación.
armeline f. (P. us.). Armiño, *m.* (hermine).
armement [arməmɑ̃] m. Armamento : *course aux armements*, carrera de armamentos. || Mar. Equipo, tripulación (*f.*) de un barco. || Mil. *Levier d'armement*, palanca de armar.
Arménie n. pr. f. Géogr. Armenia.
arménien, enne [armenjẽ, jɛn] adj. et s. Armenio, nia.
armer [arme] v. tr. Armar : *armé d'un fusil*, armado con un fusil ; *armer cent mille hommes*, armar a cien mil hombres. || Armar, montar (une arme). || Reclutar tropas (recruter). || Mar. Armar, equipar. || Techn. Armar.
— V. intr. Armarse : *les pays armaient*, los países se armaban.
— V. pr. Armarse. || Coger para protegerse : *il s'arma d'un parapluie pour affronter l'averse*, cogió un paraguas para protegerse del aguacero.
armet m. Almete (casque). || Yelmo (heaume).
armillaire [armilɛ:r] adj. Armilar (sphère).
armilles f. pl. Archit. Armillas.
arminien, enne adj. et s. Arminiano, na.
armistice m. Armisticio.
armoire [armwa:r] f. Armario, *m.* || *— Armoire à glace*, armario de luna (sens propre), persona muy fuerte (sens figuré). || *Armoire à linge*, ropero. || *Armoire à pharmacie*, botiquín. || *Armoire frigorifique*, armario frigorífico.
armoiries f. pl. Blas. Escudo (*m. sing.*) de armas.
armoise f. Bot. Artemisa, abrótano, *m.*
armon m. Telera, *f.* (voiture).
armorial, e adj. et s. m. Libro de armas, armorial.
armoricain, e adj. et s. Armoricano, na.
armorier* v. tr. Pintar blasones, blasonar (décorer d'armoiries).
Armorique n. pr. f. Géogr. Armórica (Bretagne).
armure f. Armadura : *armure de joute*, armadura de justa. || Ligamento, *m.*, textura (tissage). || Defensa (pour protéger les arbres). || Revestimiento, *m.* (d'un câble). || Armadura, armazón (d'une charpente). || Mus. Armadura.
armurerie f. Armería.
armurier m. Armero.
Arnaud [arno] n. pr. m. Arnaldo.
arnica f. Árnica (plante, teinture).
arobe ou **arrobe** f. Arroba (poids ou liquide).
aroïdées ou **aroïdacées** f. pl. Bot. Aroideas.
aromate m. Aroma, planta (*f.*) aromática.
aromatique adj. Aromático, ca.
aromatisation f. Aromatización.
aromatiser v. tr. Aromatizar.
arôme m. Aroma.
aronde f. (Vx). Golondrina (hirondelle). || *À o en queue d'aronde*, de cola de milano (assemblage).
arondelle f. Palangre, *m.*
arpège m. Mus. Arpegio. | Floreo (guitare).
arpéger* v. intr. Mus. Arpegiar (néol.), hacer arpegios. | Florear (guitare).
arpent [arpɑ̃] m. Arpende. || Medida (*f.*) agraria francesa [entre 42 y 51 áreas].
— Observ. Puede traducirse aproximadamente por *fanega*, medida española de 64 aréas.
arpentage m. Agrimensura, *f.*

arpenter v. tr. Apear, medir (mesurer les terres). ‖ Fig. Andar *ou* recorrer a paso largo : *arpenter les rues*, recorrer las calles a paso largo. ‖ *Arpenter une chambre*, ir y venir por una habitación.

arpenteur m. Agrimensor, apeador.

arpenteuse adj. et s. f. Zool. Oruga geómetra [*Amér.*, medidora] (chenille).

arpète m. et f. Pop. Aprendiz, iza (apprenti). ‖ — F. Modistilla (de couturière).

arpion m. Pop. Queso, pinrel (pied).

arqué, e adj. Arqueado, da; combado, da.

arquebusade f. Arcabuzazo, m.

arquebuse f. Arcabuz, m.

arquebuser v. tr. Arcabucear.

arquebuserie f. Arcabucería.

arquebusier m. Arcabucero.

arquer v. tr. Arquear, combar (courber). — V. intr. et pr. Arquearse, combarse.

arrachage [araʃaːʒ] m. Arranque, recolección, *f.* (pommes de terre).

arraché m. Arrancada, *f.* (haltérophilie).

arrache-clou m. Sacaclavos, arrancaclavos.

arrachement m. ● Arrancamiento. ‖ Fig. Desgarramiento (déchirement).

— Syn. ● *Avulsion*, avulsión (dent). *Déracinement*, desarraigo, descuaje. *Extraction*, extracción. *Extirpation*, extirpación.

arrache-pied (d') [daraʃpje] loc. De un tirón (sans interruption).

arracher v. tr. Arrancar. ‖ Desgarrar : *cela arrache le cœur*, eso desgarra el corazón. ‖ Fig. Arrancar, sacar : *on ne peut lui arracher une parole*, no se le puede sacar una palabra. ‖ Fig. Sacar (de l'oubli). ‖ Levantar : *arracher un poids*, levantar un peso. ‖ Quitar (enlever), sacar (sortir), separar, alejar : *arracher aux mauvaises compagnies*, separar a uno de las malas compañías. ‖ Cosechar : *arracher des betteraves, des pommes de terre*, cosechar remolachas, patatas. — V. pr. Alejarse con pena, arrancar de : *s'arracher à un lieu*, alejarse con pena de un lugar. ‖ Interrumpir : *s'arracher au sommeil*, interrumpir el sueño. ‖ — *S'arracher des mains*, quitarse de las manos. ‖ *S'arracher les cheveux*, mesarse los cabellos. ‖ *S'arracher quelqu'un, quelque chose*, disputarse la compañía de alguien, una cosa.

arracheur, euse m. et f. Arrancador, ra. ‖ — *Arracheur de dents*, sacamuelas. ‖ *Arracheuse de pommes de terre*, arrancadora de patatas (machine).

arrachis m. Arranque (d'arbres). ‖ Planta (*f.*) arrancada.

arrachoir m. Arrancador (outil).

arraisonnement [arɛzɔnmɑ̃] m. Apresamiento, inspección (*f.*) de un barco.

arraisonner v. tr. Mar. Apresar, reconocer, inspeccionar [un barco].

arrangeable [arɑ̃ʒabl] adj. Arreglable, que puede arreglarse.

arrangeant, e adj. Acomodaticio, cia.

arrangement m. Arreglo. ‖ Arreglo, avenencia, *f.* (accord). ‖ Math. Combinación, *f.*

arranger* v. tr. ● Arreglar. ‖ Arreglar, componer (réparer). ‖ Disponer (disposer), ordenar (ordonner). ‖ — Fam. *Arranger quelqu'un*, estafar (escroquer), maltratar a uno. ‖ *Arrangez-vous comme vous pourrez*, arrégleselas como pueda. ‖ *Cela m'arrange*, esto me conviene, me viene bien. — V. pr. Arreglarse, avenirse (se mettre d'accord). ‖ Arreglarse, componerse (s'habiller, se parer). ‖ — *Qu'il s'arrange!*, ¡allá se las componga!, ¡allá él! ‖ *S'arranger d'une chose*, contentarse con una cosa.

— Syn. ● *Aménager*, acondicionar, poner en condiciones. *Agencer*, disponer, arreglar. *Disposer*, disponer. *Accom-*

moder, acomodar, *Adapter*, adaptar. *Organiser*, organizar. *Installer*, instalar.

arrangeur m. Persona que arregla.

arrenter v. tr. (P. us.). Arrendar.

arrérages m. pl. Atrasos : *les arrérages d'une pension*, los atrasos de una pensión. ‖ Canon, *sing.* (rente).

arrestation f. Detención : *l'arrestation d'un voleur*, la detención de un ladrón. ‖ — *L'arrestation du Christ*, el prendimiento. ‖ *Mise en arrestation*, detención.

arrêt [arɛ] m. Detención, *f.* : *l'arrêt des affaires*, la detención de los negocios. ‖ Parada, *f.* : *arrêt d'autobus*, parada de autobús. ‖ Interrupción, *f.*, suspensión, *f.* : *arrêt des travaux*, interrupción de las obras. ‖ Ristre : *lance en arrêt*, lanza en ristre. ‖ Tope (heurtoir). ‖ Presilla, *f.* (boutonnière). ‖ Pasador (d'une persienne, d'une serrure). ‖ Muestra, *f.* : *chien d'arrêt*, perro de muestra. ‖ Dr. Fallo [de un tribunal] : *rendre un arrêt*, pronunciar un fallo. ‖ Embargo (saisie). ‖ Decisión, *f.*, fallo : *les arrêts de la conscience sont irrévocables*, las decisiones de la conciencia son irrevocables. ‖ Mus. Calderón. ‖ Sports. Parada, *f.* ‖ Techn. Fiador (cliquet d'arrêt). ‖ — *Arrêt buffet*, parada y fonda. ‖ Rad. *Arrêt de champ*, limitador de campo. ‖ *Arrêt du travail*, paro. ‖ Dr. *Arrêt par défaut*, sentencia en rebeldía. ‖ *Cran d'arrêt*, seguro de un arma. ‖ *Maison d'arrêt*, prisión, presidio. ‖ *Mandat d'arrêt*, orden de detención. ‖ *Temps d'arrêt*, intervalo, pausa. ‖ — *Sans arrêt*, sin cesar, sin respiro : *parler sans arrêt*, hablar sin respiro. ‖ — *Donner un arrêt de travail*, dar de baja (médecin). ‖ *Être o tomber en arrêt devant*, quedarse pasmado ante. ‖ *Faire l'arrêt sur des biens*, embargar bienes. ‖ *Marquer l'arrêt*, detenerse un instante (code de la route). ‖ *Mettre en arrêt*, detener, arrestar.

arrêté m. Decisión, *f.*, decreto (décret), orden, *f.* (ordre). ‖ Liquidación, *f.*, cierre (d'un compte). ‖ — *Arrêté de police*, bando de policía. ‖ *Arrêté des comptes*, estado *ou* situación de cuentas. ‖ *Arrêté du maire*, bando de la alcaldía. ‖ *Arrêté préfectoral*, orden gubernativa.

arrêté, e adj. Detenido, da. ‖ Mil. Arrestado, da. ‖ Firme, decidido, da : *arrêté dans ses idées*, firme en sus ideas. ‖ Liquidado, da (comptes). ‖ Preciso, sa (dessin).

arrête-bœuf m. inv. Bot. Detienebuey, gatuña, *f.*

arrêter v. tr. ● Detener, parar (un mouvement). ‖ Detener (faire prisonnier), arrestar (un militaire). ‖ Fijar, detener la mirada : *arrêter ses regards*, fijar la mirada. ‖ Determinar, establecer : *arrêter un plan de combat*, establecer un plan de combate. ‖ Fijar : *arrêter une date*, fijar una fecha. ‖ Interceptar : *il arrête mes lettres*, intercepta mis cartas. ‖ Prohibir la distribución (des exemplaires d'un journal). ‖ Cortar : *il l'arrêta tout court*, le cortó en seco. ‖ Interrumpir (interrompre). ‖ Liquidar, cerrar (un compte). ‖ Ajustar, apalabrar, contratar (un domestique, une location) : *arrêter un laquais*, ajustar un lacayo. ‖ Poner una presilla (couture). ‖ Parar (football). ‖ — *Arrêter net*, parar en seco. ‖ *Arrêter ses soupçons sur une personne*, sospechar decididamente de una persona. ‖ *Arrêter son choix sur*, decidirse por. ‖ *Arrêtez!*, ¡alto!, ¡alto ahí!, ¡pare! — V. intr. et pr. ◆ Detenerse, pararse. ‖ Mantenerse : *s'arrêter à une décision*, mantenerse en una decisión.

— Observ. *Parar* est le verbe le plus employé pour indiquer l'arrêt d'un animal, d'un mécanisme; comme v. intr. il équivaut à *s'arrêter*. *Detener*, moins usuel dans le sens précédent, s'applique à l'arrêt de choses immatérielles. *Faire prisonnier* se rend généralement par

detener, prender. Arrestar, est plutôt du langage militaire.
— Syn. ● *Garer,* aparcar. *Immobiliser,* inmovilizar. *Paralyser,* paralizar.
— ◆ *Stationner,* estacionarse. *Séjourner,* residir. *Demeurer,* quedarse. *Stopper,* pararse, detenerse.

arrêtiste m. Recopilador de sentencias *ou* decretos.

arrêtoir m. Tope (d'un mécanisme).

arrêts [arɛ] m. pl. Mil. Arresto, *sing. : arrêts de rigueur,* arresto mayor. ‖ — *Être aux arrêts,* estar detenido. ‖ *Mettre aux arrêts,* arrestar.

arrhes [a:r] f. pl. Arras (dans un contrat). ‖ Señal (*sing.*) : *laisser des arrhes,* dejar una señal.

arriération f. Retraso (*m.*) mental.

arrière adv. Atrás. ‖ Mar. *Gaillard d'arrière,* alcázar de popa. ‖ *Roue arrière,* rueda trasera. ‖ — *En arrière,* para atrás : *aller en arrière,* ir para atrás ; atrás, a la zaga : *rester en arrière,* quedar atrás, a la zaga. ‖ — *En arrière de,* detrás de, después de.
— Interj. ¡Atrás! : *arrière les paresseux!,* ¡atrás los holgazanes!

arrière m. Trasera, *f.* (de véhicule). ‖ Popa, *f.* (d'un bateau). ‖ Defensa, zaguero [*Amér.,* back] (sports) : *arrière droit,* defensa derecho. ‖ — *Arrières d'une armée,* retaguardia de un ejército. ‖ *Les arrières* (football), la defensa *ou* la zaga. ‖ *Vent arrière,* viento en popa. ‖ — *Faire marche arrière,* hacer marcha atrás, retroceder.

arriéré, e adj. et s. Atrasado, da ; retrasado, da : *payement arriéré,* pago atrasado. ‖ Fig. Atrasado, da ; retrasado, da : *enfant arriéré,* niño retrasado. ‖ — M. Atraso, lo atrasado : *solder l'arriéré,* saldar lo atrasado.

arrière-ban m. Mil. Leva (*f.*) general. ‖ Fam. *Le ban et l'arrière-ban,* todo el mundo, todos.
— Observ. En las palabras compuestas con el adverbio *arrière,* sólo la segunda y la tercera parte toman una s en plural.

arrière-bec m. Tajamar, espolón (d'un pont).

arrière-bouche f. Fauces, *pl.* (pharynx).

arrière-boutique f. Trastienda (de boutique), rebotica (de pharmacie).

arrière-chœur m. Trascoro.

arrière-corps m. inv. Parte (*f.*) posterior *ou* trasera de un edificio.

arrière-cour f. Patinillo, *m.,* traspatio, *m.*

arrière-faix m. inv. Anat. Parias, *f. pl.,* secundinas, *f. pl.* (placenta).

arrière-fief m. Retrofeudo.

arrière-garde f. Retaguardia.

arrière-gorge f. Parte posterior de la garganta.

arrière-goût m. Gustillo, sabor de boca, resabio.

arrière-grand-mère f. Bisabuela.

arrière-grand-oncle m. Tío bisabuelo.

arrière-grand-père m. Bisabuelo.

arrière-grands-parents m. pl. Bisabuelos.

arrière-grand-tante f. Tía bisabuela.

arrière-main f. Revés, *m.* (de la main). ‖ Cuarto (*m.*) trasero (cheval).

arrière-neveu m. Sobrino segundo.

arrière-nièce f. Sobrina segunda.

arrière-pays m. inv. Tierras (*f. pl.*) adentro, interior de las tierras : *s'enfoncer dans l'arrière-pays,* penetrar tierras adentro.

arrière-pensée f. Segunda intención, reserva mental.

arrière-petite-fille f. Bisnieta.

arrière-petit-fils m. Bisnieto.

arrière-petits-enfants m. pl. Bisnietos.

arrière-plan m. Segundo plano, segundo término.

arrière-point m. Pespunte (couture).

arrière-port m. Fondo de un puerto, dársena, *f.*

arriérer v. tr. Atrasar, retrasar, diferir : *arriérer un payement,* retrasar un pago.
— V. pr. Atrasarse, rezagarse.

arrière-rang m. Última (*f.*) fila.

arrière-saison f. Final (*m.*) del otoño. ‖ Fig. Otoño (*m.*) de la vida (début de la vieillesse). ‖ Último (*m.*) período.

arrière-train m. Trasera, *f.* (d'un véhicule). ‖ Cuarto trasero (animal). ‖ Fam. Trasero. ‖ Mil. Retrotrén.

arrière-vassal m. Segundo vasallo, vasallo de vasallo.

arrière-voussure f. Archit. Capialzado, *m.*

arrimage m. Mar. Estiba, *f.,* arrumaje (p. us.).

arrimer v. tr. Mar. Estibar, arrumar (p. us.).

arrimeur m. Mar. Estibador, arrumador (p. us.).

arriser v. tr. Mar. Arrizar (amener les voiles).

arrivage m. Mar. Arribada, *f.,* arribo (d'un bateau). ‖ Llegada, *f.,* arribo (de marchandises).

arrivant, e m. et f. Recién llegado, da ; el que llega : *les derniers arrivants,* los últimos recién llegados.

arrivée f. Llegada. ‖ Mar. Arribada (bateau). ‖ Entrada (téléphone). ‖ — *D'arrivée,* al punto, en seguida. ‖ *Ligne d'arrivée,* meta (sports).
— Syn. *Arrivage,* arribada, arribo. *Survenance,* superveniencia. *Venue,* venida.

arriver v. intr. Llegar : *arriver chez soi,* llegar a casa ; *la nuit arrive déjà,* ya llega la noche. ‖ ● Alcanzar, lograr (atteindre). ‖ ◆ Pasar, suceder : *que t'arrive-t-il?,* ¿qué te pasa? ‖ Llegar a los oídos : *la musique n'arrivait pas jusqu'à moi,* la música no llegaba a mis oídos. ‖ Llegar, elevarse, hacer fortuna, triunfar en la vida : *chercher à arriver,* intentar triunfar en la vida. ‖ Mar. Arribar. ‖ — *Arriver à ses fins,* conseguir lo que se propone. | *Ne pas y arriver,* no dar abasto (travail excessif).
— V. impers. *Il arrive à Paris des personnes de toutes les nationalités,* llegan a Paris personas de todas las nacionalidades. ‖ *Il arrive que,* ocurre que. ‖ *Il est arrivé un accident,* ha habido un accidente. ‖ *Il lui arrive souvent de se tromper,* suele equivocarse frecuentemente. ‖ *Il lui arrivera malheur,* un día tendrá una desdicha. ‖ *Il m'arrive souvent d'être malade,* a menudo estoy enfermo. ‖ *Il ne lui est jamais arrivé de gagner à la loterie,* nunca tuvo la suerte de ganar a la lotería. ‖ *Quoi qu'il arrive,* pase lo que pase, venga lo que viniere. ‖ *S'il arrivait qu'il meure...,* si muriese... ‖ *S'il vous arrive de trouver,* si por casualidad encuentra.
— Observ. *Arribar* espagnol se limite au sens maritime d'*arriver.* Au sens de *parvenir* à un lieu, arriver se rend par *llegar.* Au sens de *avoir lieu* il se traduit par *suceder, pasar* (familier), *ocurrir, acontecer.*
— Syn. ● *Parvenir,* llegar, ganar. *Atteindre,* alcanzar. — ◆ *Advenir,* advenir, suceder. *Survenir,* sobrevenir.

arrivisme m. Arribismo.

arriviste m. et f. Arribista.
— Observ. Ce mot est écrit parfois *arrivista,* considéré comme gallicisme ; il est préférable d'écrire *arribista,* vocablo qui a été cependant aussi taxé de barbarisme.

arrobe f. Arroba.

arroche f. Armuelle, *m.* (plante).

arrogamment adv. Arrogantemente.

arrogance f. Arrogancia.

arrogant, e adj. et s. Arrogante.

arroger (s')* v. tr. Arrogarse : *s'arroger un droit,* arrogarse un derecho.

arrondi, e adj. Redondeado, da.
— M. Redondeo. ‖ Chaflán (d'une arête).

arrondir v. tr. Redondear. ‖ Costear (une île), doblar (un cap). ‖ Redondear los bajos (d'une robe). ‖ Fig. Redondear : *arrondir son bien,* redondear su fortuna. | Redondear : *arrondir une somme,* redondear una cantidad. | Poner los ojos

en blanco : *arrondir les yeux d'étonnement*, poner los ojos en blanco de asombro. || Fig. *Arrondir les angles*, limar las asperezas.
— V. pr. Redondearse. || Fam. Redondearse, ponerse grueso *ou* gordo (grossir).

arrondissement m. Redondeo. || Distrito (division administrative).

arrosable adj. Regable, de regadío.

arrosage m. Riego. || Regadío (d'un terrain irrigable). || *Arrosage en pluie*, riego por aspersión.

arrosement m. Riego.

arroser v. tr. ● Regar : *arroser des fleurs*, regar flores. || Bañar, regar : *la Seine arrose Paris*, el Sena baña París. || Rociar : *un repas arrosé d'une bouteille de vin*, una comida rociada por una botella de clarete. || Rociar en su salsa : *arroser un poulet*, rociar un pollo en su salsa. || Fam. Mojar : *arroser son succès*, mojar su éxito. || Dar una propina *ou* gratificación. || — *Arroser avec la bouche*, espurrear. || *Arroser de larmes*, regar con lágrimas. || *Arroser ses créanciers*, tapar la boca a sus acreedores dándoles algo a cuenta.
— Syn. ● *Asperger*, asperjar, rociar. *Humecter*, humedecer, humectar. *Mouiller*, mojar, remojar. *Bassiner*, rociar. *Irriguer*, irrigar. *Baigner*, bañar.

arroseur, euse m. et f. Regador, ra. || — F. Camión (*m.*) de riego. || *Arroseuse-balayeuse*, barredora-regadora.

arrosoir m. Regadera, *f.* || *Pomme d'arrosoir*, alcachofa de regadera.

arrow-root [αrouru:t] m. Arruruz (fécule).

ars m. pl. Remos (de cheval).

arsenal [arsənal] m. Arsenal.

Arsène n. pr. m. Arsenio.

arséniate m. Chim. Arseniato.

arsenic m. Chim. Arsénico.

arsenical, e adj. Chim. Arsenical : *sels arsenicaux*, sales arsenicales.

arsénié, e adj. Chim. Arseniado, da.

arsénieux, euse adj. Chim. Arsenioso, sa.

arsénique adj. Chim. Arsénico, ca.

arsénite m. Chim. Arsenito.

arséniure m. Chim. Arseniuro.

arsin m. Chamicera, *f.* || *Arbre arsin*, chamizo.

arsine f. Chim. Arsina.

arsis m. Arsis (métrique).

arsonvalisation (d') f. Méd. Arsonvalización.

arsouille adj. et s. Pop. Chulo, la ; juerguista.

art [ar] m. Arte : *l'art d'écrire*, el arte de escribir. || Arte, *f.* : *les sciences et les arts*, las ciencias y las artes. || Arte, maña, *f.*, habilidad, *f.* : *avoir l'art de*, tener la habilidad de. || — *Arts d'agrément*, artes de adorno (vx). || *Arts et métiers*, artes y oficios. || *Arts ménagers*, artes domésticas. || *Le grand art*, la alquimia. || *Le septième art*, el séptimo arte (cinéma). || *Les beaux arts*, las bellas artes. || *Un homme de l'art*, un médico, un facultativo. || — *Dans les règles de l'art*, con todas las reglas del arte. || — *Avoir l'art et la manière*, saber arreglárselas.
— Observ. *Arte* est généralement f. au pluriel en espagnol et m. au sing., mais est encore f. avec certains adjectifs : *arte poética, arte cisoria*, etc.

Artaxerxès n. pr. m. Artajerjes.

Artémise n. pr. f. Artemisa.

artère f. Arteria.

artériel, elle adj. Arterial.

artériole f. Arteriola.

artériosclérose f. Méd. Arteriosclerosis.

artériotomie f. Méd. Arteriotomía.

artérite f. Méd. Arteritis.

artésien, enne adj. et s. Artesiano, na (puits).

arthralgie f. Méd. Artralgia.

arthrite f. Méd. Artritis.

arthritique adj. et s. Méd. Artrítico, ca.

arthritisme m. Méd. Artritismo.

arthropodes m. pl. Zool. Artrópodos.

Arthur n. pr. m. Arturo.

artichaut m. Alcachofa, *f.* (plante). || Techn. Barda (*f.*) de púas de hierro sobre una tapia. || *Artichaut sauvage*, alcaucil.

article m. Artículo. || Artículo (marchandises). ● Artículo (de journal). || Artejo, nudillo (jointure). || Artículo (des insectes). || Segmento (d'une plante). || — *À l'article de la mort*, in artículo mortis (loc. lat.), en el artículo de la muerte. || *Faire l'article*, poner por las nubes, hacer el artículo. || *On l'a repris sur cet article*, se le ha reprendido por este asunto.
— Syn. ● *Papier*, artículo. *Éditorial*, editorial. *Article de fond*, artículo de fondo. *Chronique*, crónica. *Étude*, estudio.

articulaire adj. Articular : *rhumatisme articulaire*, reúma articular.

articulation f. ● Articulación. || Dr. Enumeración de hechos.
— Syn. ● *Jointure*, coyuntura, juntura. *Article*, artejo.

articulé, e adj. Articulado, da.
— M. pl. Zool. Articulados.

articuler v. tr. Articular.

artifice m. Artificio. || Artimaña, *f.*, astucia, *f.* (ruse). || — *Artifice à signaux*, artificio de señales. || *Artifice éclairant*, artificio de luces. || *Feu d'artifice*, fuegos artificiales.

artificiel, elle adj. Artificial.

artificier m. Artificiero (soldat qui s'occupe des munitions). || Pirotécnico (des feux d'artifice).

artificieux, euse adj. Artificioso, sa.

artillerie f. Artillería : *artillerie lourde, de campagne, de D.C.A.*, *sur voie ferrée*, artillería pesada, de campaña, de defensa contra aviones, sobre vía férrea.

artilleur m. Artillero.

artimon m. Mar. Palo de mesana. || Artimón, cangreja (*f.*) de mesana (voile).

artiodactyles m. pl. Zool. Artiodáctilos.

artisan, e m. et f. Artesano, na (travailleur manuel). || Fig. Artífice, autor, causa, *f.* : *l'artisan de sa fortune*, el artífice de su fortuna. || *Le Divin Artisan*, el Divino Hacedor.

artisanal, e adj. Del artesano, de artesanía, artesanal : *des travaux artisanaux*, trabajos de artesanía.

artisanat m. Artesanado, conjunto de artesanos. || Artesanía, *f.*, oficio mecánico.

artison m. Polilla, *f.* (insecte qui ronge les tissus). || Carcoma, *f.* (insecte qui ronge les bois).

artisonné, e adj. Apolillado, da (mité). || Carcomido, da (vermoulu).

artiste m. et f. Artista. || — *Artiste capillaire*, gran peluquero. || *Artiste peintre*, pintor de cuadros.
— Adj. Artístico, ca : *écriture artiste*, estilo artístico.

artistique adj. Artístico, ca.

artocarpe m. Bot. Artocárpeo.

arum [arɔm] m. Bot. Aro, yaro.

aruspice m. Arúspice, adivino.

arvicole adj. Bot. Arvícola, arvense.

aryen, enne adj. et s. Ario, ria.
— Observ. Ne pas confondre avec *arien* (arriano).

arythmie [aritmi] f. Arritmia.

arythmique adj. Arrítmico, ca.

as m. As (unité romaine). || As (cartes, dés). || Fig. As, hacha, el número uno : *un as du volant*, un as del volante. || — Fam. *As de carreau*, mochila (sac). || *Foutu comme l'as de pique*, mal hecho, hecho un adefesio. || Pop. *Plein aux as*, adinerado, que tiene muchos cuartos [*Amér.*, platudo].

asaret m. Bot. Ásaro, oreja (*f.*) de fraile.

asbeste m. Min. Asbesto.

asbestose f. Méd. Asbestosis.

ascaride ou **ascaris** m. ZOOL. Ascáride, f.

ascendance [assãdã:s] f. Ascendencia (générations précédentes). || Ascensión (action de monter).

ascendant, e adj. Ascendente, ascendiente.
— M. Ascendiente, influencia, f. (influence). || — Pl. Ascendientes (parents).

ascenseur m. Ascensor [Amér., elevador]. || Ascenseur et descenseur, ascensor de subida y bajada.

ascension f. Ascensión : l'ascension d'une montagne, la ascensión de una montaña. || RELIG. Ascensión. || ASTR. Ascension droite, ascensión recta.

ascensionnel, elle adj. Ascensional.

ascensionner v. intr. Realizar una ascensión.

ascensionniste m. et f. Ascensionista.

ascèse [assɛz] f. Ascesis (grande vertu).

ascète [assɛt] m. et f. Asceta.

ascétique adj. Ascético, ca.

ascétisme m. Ascetismo.

ascidie [assidi] f. Ascidia.

ascite f. MÉD. Ascitis.

ascitique adj. et s. Ascítico, ca.

asclépiadacées f. pl. BOT. Asclepiadáceas.

asclépiade adj. et s. m. POÉT. Asclepiadeo.

asclépiade ou **asclépias** f. BOT. Asclepias, mata de la seda.

ascomycètes m. pl. Ascomicetos (champignons).

ascorbique adj. Antiescorbútico, ca.

ascospore f. Ascospora (spore).

asdic m. Asdic (appareil de détection sous-marine).

aséité f. PHILOS. Aseidad (attribut de la divinité).

asepsie f. Asepsia.

aseptique adj. Aséptico, ca.

aseptisation f. Asepsia.

aseptiser v. tr. Esterilizar, volver aséptico.

ases [az] f. pl. Diastasas.

asexué, e ou **asexuel, elle** adj. Asexuado, da; asexual.

asialie f. MÉD. Falta de saliva.

asiarque m. Asiarca (magistrat romain en Asie).

asiate m. et f. Asiático, ca.

asiatique adj. et s. Asiático, ca.

Asie n. pr. f. GÉOGR. Asia. || Asie Mineure, Asia Menor.

asile m. Asilo (de vieillards, d'indigents, etc.). || Albergue, refugio : trouver asile chez un ami, encontrar albergue en casa de un amigo. || (Vx). Sagrado, asilo (église, université). || — Asile d'aliénés, manicomio. || Dernier asile, la última morada. || Droit d'asile, derecho de asilo. || Être sans asile, estar sin amparo.

asinal, e adj. Asnal, asnino, na.

asine adj. f. Asnal. || Bête asine, asno, asna.

askari m. Áskari, áscari (soldat d'Afrique).

Asmodée n. pr. m. Asmodeo.

asocial, e adj. et s. Inadaptado, da, a la vida en sociedad.

asparagine f. BOT. Esparraguina.

asparagus m. Aspáragus (plante ornementale).

aspe ou **asple** m. Devanadera (f.) para la seda.

aspect [aspɛ] m. Aspecto.
— SYN. Apparence, apariencia. Dehors, exterior, apariencia. Extérieur, exterior. Semblant, apariencia.

asperge f. Espárrago, m. (plante). || FAM. Espingarda (personne). || Pointes d'asperges, puntas de espárragos, cabezuelas.

aspergement m. Aspersión, f., rociada, f., rociadura, f.

asperger* v. tr. Rociar. || Espurrear (avec la bouche). || Hisopear, asperjar (avec un goupillon).
— OBSERV. Rociar est le verbe le plus usité. Asperjar appartient au langage relevé. Espurrear, hisopear ont des sens plus restreints.

aspergerie ou **aspergière** f. Esparraguera, plantío (m.) de espárragos.

aspergès m. Asperges (partie de la messe). || Hisopo (goupillon).

aspergille f. BOT. Aspergilo, m. (champignon).

aspérité f. Aspereza.

asperme adj. BOT. Aspermo, ma.

aspersion f. Aspersión, rociada.

aspersoir m. Aspersorio, hisopo (goupillon).

aspérule f. BOT. Asperilla, aspérula.

asphaltage [asfalta:ʒ] m. Asfaltado.

asphalte m. Asfalto. || FAM. Acera (f.) ou calzada (f.) asfaltada.

asphalter v. tr. Asfaltar.

asphalteur m. Asfaltador.

asphaltier m. Barco que transporta asfalto.

asphodèle m. BOT. Asfódelo, gamón.

asphyxiant, e adj. Asfixiante : gaz asphyxiant, gas asfixiante.

asphyxie f. Asfixia.

asphyxié, e adj. et s. Asfixiado, da.

asphyxier* v. tr. Asfixiar.
— V. pr. Asfixiarse.

asphyxique adj. Asfíxico, ca; asfíctico, ca.

aspic m. Áspid (vipère). || Plato de fiambres con gelatina. || BOT. Espliego. || FIG. Langue d'aspic, lengua de víbora.

aspidistra m. BOT. Aspidistra, f.

aspirant, e adj. Aspirante : pompe aspirante, bomba aspirante.
— M. Aspirante. || — Aspirant de marine, guardiamarina. || Aspirant à une fonction, pretendiente ou candidato a una función.

aspirateur, trice adj. Aspirador, ra.
— M. Aspirador (appareil).

aspiration f. Aspiración.

aspiratoire m. Aspiratorio.

aspirer v. tr. et intr. Aspirar. || FIG. Aspirar : aspirer aux honneurs, aspirar a los honores.

aspirine f. Aspirina.

aspre m. Aspro (monnaie).

asque m. BOT. Asca, f., teca, f.

assa-fœtida f. MÉD. Asa fétida.

assagi, e adj. Ajuiciado, da. || Tranquilizado, da. || Sentado, da, de cabeza.

assagir v. tr. Ajuiciar, hacer juicioso.
— V. pr. Formalizarse, sentar cabeza. || Calmarse (se calmer).

assagissement m. Hecho de sentar cabeza, de volverse más juicioso.

assaillant, e adj. et s. Asaltante, agresor, ra (agresseur).

assaillir* v. tr. Asaltar, acometer. || Acosar : assaillir de questions, acosar con preguntas.

assainir v. tr. Sanear.

assainissement m. Saneamiento. || Avenamiento (drainage). || Assainissement des marécages, puesta en cultivo de terrenos pantanosos.
— SYN. Désinfection, desinfección. Stérilisation, esterilización. Asepsie, asepsia.

assainisseur m. Purificador, aparato para sanear el aire.

assaisonnant, e adj. Que sazona ou condimenta.

assaisonnement m. Aliño (action). || ● Aliño, condimento (ingrédients). || FIG. Sal, f., gracia, f.: l'assaisonnement d'un discours, la sal de un discurso.
— SYN. ● Accommodement, aderezo. Épice, especia. Condiment, condimento. Aromate, aroma, aromatizante.

assaisonner v. tr. Sazonar, condimentar (cuisine). || Aliñar (salade, etc.). || FIG. Salpimenter con, salpimentar, amenizar con.

assarmenter v. tr. Podar los sarmientos.

assassin, e adj. Asesino, na : main assassine, mano asesina. || Œillade assassine, mirada provocante.
— M. Asesino, na. || — À l'assassin!, ¡al asesino!;

¡qué me matan! (appel de la victime). ‖ *L'assassin de mon honneur,* el homicida de mi honor.
— OBSERV. *Assassin* es masculino, incluso cuando se aplica a una mujer o a una cosa que es del género femenino (c'est elle l'*assassin*).

assassinant, e adj. FAM. Pesado, da ; cargante : *éloges assassinants,* elogios cargantes.

assassinat m. Asesinato.

assassiner v. tr. Asesinar. ‖ FIG. et FAM. Fastidiar, dar la lata : *assassiner de compliments,* dar la lata con cumplidos. ‖ Tocar (musicien) *ou* dirigir (chef d'orchestre) con los pies (un morceau de musique).

assation f. Asación (coction).

assaut [aso] m. ● Asalto. ‖ Asalto (sports). ‖ — *Assaut d'esprit,* discreteo. ‖ *Donner l'assaut,* dar el asalto. ‖ *Faire assaut de,* rivalizar en : *faire assaut de générosité,* rivalizar en generosidad. ‖ *Faire assaut d'esprit,* discretear. ‖ *Prendre d'assaut,* tomar por asalto.
— SYN. ● *Attaque,* ataque. *Coup de main,* golpe de mano. *Engagement,* refriega. *Rencontre,* encuentro. *Escarmouche,* escaramuza. *Offensive,* ofensiva.

assavoir v. tr. (Vx). Saber. ‖ *Je vous fais assavoir,* os doy a conocer.

asseau m. Martillo de pizarrero.

assèchement m. Desecación, *f.,* desaguado : *l'assèchement des marais salants,* la desecación de una marisma.

assécher* v. tr. Desecar, desaguar.

assemblage m. ● Reunión, *f.* : *assemblage de pièces détachées,* reunión de piezas separadas. ‖ Conjunto : *assemblage de vices et de vertus,* conjunto de vicios y virtudes. ‖ CONSTR. Trabazón, *f.* ‖ IMPR. Alzado. ‖ TECHN. Ensambladura, *f.,* ensamblaje (menuiserie). ‖ Junta, *f.* (jointure), empalme (épissure). ‖ *Salle d'assemblage,* alzador.
— SYN. ● *Montage,* montaje. *Ajustage,* ajuste, ajustado.

assemblée [asãble] f. Asamblea. ‖ COMM. Junta. ‖ — *Assemblée d'évêques,* conferencia episcopal. ‖ *Les assemblées,* las Cortes (en Espagne).

assemblement m. Reunión, *f.*

assembler v. tr. ● Juntar : *le tailleur assemble les pièces d'un vêtement,* el sastre junta las piezas de una prenda. ‖ ◆ Reunir : *assembler des troupes,* reunir tropas. ‖ Reunir, congregar (réunir). ‖ Reunir, convocar : *assembler le Sénat,* convocar el Senado. ‖ IMPR. Alzar. ‖ TECHN. Ensamblar, empalmar (menuiserie).
— V. pr. Juntarse, reunirse. ‖ *Qui se ressemble s'assemble,* Dios los cría y ellos se juntan.
— SYN. ● *Ramasser, recueillir,* recoger. *Réunir,* reunir. *Unir,* unir. *Joindre,* juntar (mettre en contact), agregar (ajouter). *Grouper,* agrupar.
— ◆ *Concentrer,* concentrar. *Rassembler,* juntar, reunir.

assembleur, euse adj. et s. Ensamblador, ra. ‖ IMPR. Alzador, ra.

assener* v. tr. Asestar : *assener un coup d'épée,* asestar una estocada.

assentiment m. Asentimiento, asenso.

assentir v. intr. Asentir.

asseoir* [aswa:r] v. tr. Sentar. ‖ Asentar : *asseoir un gouvernement,* asentar un gobierno. ‖ Fundar, asentar, fundamentar : *asseoir son jugement sur,* fundar juicio en. ‖ DR. Establecer la base tributaria de (l'impôt).
— V. pr. Sentarse : *s'asseoir dans un fauteuil, sur une chaise,* sentarse en un sillón, en una silla. ‖ Asentarse. ‖ Fundarse, fundamentarse. ‖ *S'asseoir sur son lit,* incorporarse en la cama.

assermenté, e adj. et s. Juramentado, da ; jurado, da : *traducteur assermenté,* traductor jurado. ‖ *Prêtre, évêque assermenté,* sacerdote, obispo que en Francia juró la constitución civil del clero (1790).

assermenter v. tr. Juramentar, tomar juramento.

assertif, ive adj. Asertivo, va.

assertion f. Aserción, aserto, m.

assertorique adj. m. Asertorio.

asservir v. tr. Avasallar, sojuzgar, esclavizar (soumettre). ‖ FIG. Dominar, esclavizar : *asservir ses passions,* dominar sus pasiones.
— V. pr. Avasallarse.

asservissant, e adj. Avasallador, ra. ‖ Humillante : *condition asservissante,* condición humillante.

asservissement m. Avasallamiento (action). ‖ Esclavitud, *f.* (résultat) : *l'asservissement d'un peuple,* la esclavitud de un pueblo. ‖ Servidumbre, *f.* (servitude).

asservisseur, euse adj. et s. Avasallador, ra.

assesseur adj. et s. m. Asesor.

assessorat *ou* **assessoriat** m. Asesoría, *f.*

assette f. Martillo (*m.*) de pizarrero.

assez [ase] adv. Bastante : *assez bon,* bastante bueno. ‖ Asaz (p. us.). ‖ — *Assez de,* bastante (adj.) : *assez de livres,* bastantes libros ; basta de : *assez de paroles inutiles,* basta de palabras inútiles. ‖ *En avoir assez,* estar harto.
— Interj. ¡Basta! ‖ *En voilà assez!,* ¡basta ya!

assidu, e adj. Asiduo, dua.

assiduité f. Asiduidad.

assidûment adv. Asiduamente.

assiégé, e adj. et s. Sitiado, da : *ville assiégée,* ciudad sitiada. ‖ FIG. Asediado, da : *il était assiégé de demandes,* estaba asediado de solicitudes.

assiégeant, e adj. et s. Sitiador, ra.

assiéger* v. tr. Sitiar, asediar (une place). ‖ FIG. Asediar, importunar : *assiéger de questions,* asediar con preguntas.

assiette f. Plato, m. : *assiette à soupe o creuse,* plato hondo *ou* sopero ; *assiette plate,* plato llano. ‖ Plato, m. : *une assiette de riz,* un plato de arroz. ‖ Asiento, m. : *l'assiette d'une poutre,* el asiento de una viga. ‖ AVIAT. Centrado (m.) *ou* equilibrio (*m.*) aerodinámico. ‖ Base tributaria, derrama (impôts). ‖ Sisa (pour la dorure). ‖ ÉQUIT. Equilibrio, *m.* ‖ — *Assiette anglaise,* fiambres variados, plato de fiambres. ‖ FAM. *Avoir l'assiette au beurre,* cortar el bacalao. ‖ *C'est l'assiette au beurre,* es una prebenda, una sinecura. ‖ *Ne pas être dans son assiette,* no sentirse bien, estar inquieto. ‖ *Perdre son assiette,* perder los estribos.

assiettée f. Plato, m. (contenu).

assignable adj. Asignable.

assignat m. Asignado (p. us.) [papier-monnaie].

assignation f. DR. Auto (m.) de comparecencia, emplazamiento, m., requerimiento, m., citación judicial. ‖ Asignación (attribution).

assigner v. tr. DR. Emplazar (devant un juge). ‖ Asignar, destinar (destiner). ‖ FIG. Dar, señalar, fijar : *assigner un rendez-vous,* dar una cita.

assimilable adj. Asimilable.

assimilateur, trice adj. Asimilativo, va.

assimilation f. Asimilación.

assimiler v. tr. Asimilar.
— V. pr. Asimilarse.

assis, e [asi, i:z] adj. Sentado, da. ‖ Establecido, da ; situado, da, (situé). ‖ FIG. Asentado, da : *réputation bien assise,* reputación muy asentada.

assise f. Asiento, *m.,* cimientos, *m. pl.* : *les assises de la société,* los cimientos de la sociedad. ‖ ARCHIT. Hilada, hilera (de pierres ou de briques). ‖ GÉOL. Lecho, *m.,* capa. ‖ — Pl. DR. Audiencia (*sing.*) de lo criminal. ‖ FIG. *Tenir ses assises,* reunirse en un lugar.

assistance f. Asistencia, auxilio, *m.,* socorro, *m.* (secours). ‖ Asistencia (présence). ‖ Asistencia, concurrencia (public). ‖ — *Assistance judiciaire,* abogacía de pobres. ‖ *Assistance publique,* Beneficencia [pública], Auxilio Social. ‖ *Assistance sociale*, asistencia social.

assistant, e adj. et s. Asistente, ta. ‖ — M. Ayudante, auxiliar, adjunto (professeur). ‖ *Assistante sociale*, asistente *ou* asistenta social.

— OBSERV. Le mot *asistenta* désigne aussi la « femme de ménage ».

assisté, e adj. et s. Socorrido, da; beneficiado, da; asistido, da. ‖ *Frein assisté*, freno asistido.

assister v. intr. Asistir. ‖ Asistir, presenciar : *assister à un accident*, asistir a un accidente. ‖ Concurrir : *assister à une cérémonie*, concurrir a una ceremonia.

— V. tr. Asistir, socorrer (secourir), amparar (protéger) : *Dieu vous assiste !*, ¡Dios le ampare ! ‖ Secundar : *assister un chirurgien*, secundar a un cirujano.

associable adj. Asociable.

association f. Asociación : *Association européenne de libre-échange*, Asociación Europea de Libre Cambio.

associationnisme m. Asociacionismo.

associé, e adj. et s. Asociado, da. ‖ — M. et f. Socio, cia.

associer* v. tr. Asociar.

— V. pr. Asociarse. ‖ Adherirse : *s'associer à l'opinion de quelqu'un*, adherirse a la opinión de uno.

assoiffé, e adj. Sediento, ta (altéré). ‖ FIG. Sediento, ta : *assoiffé de richesses*, sediento de riquezas.

assolement m. AGRIC. Rotación (f.) de cultivos.

assoler v. tr. AGRIC. Alternar cultivos.

assombrir v. tr. Ensombrecer, obscurecer.

— V. pr. Ensombrecerse, obscurecerse. ‖ FIG. Entristecerse : *son regard s'assombrit*, su mirada se entristeció.

assombrissement m. Oscurecimiento.

assommant, e adj. FIG et FAM. Pesado, da; fastidioso, sa (ennuyeux). ‖ *Un bonhomme assommant*, un pelmazo.

assommer v. tr. Matar : *assommer à coups de bâton*, matar a palos. ‖ Acogotar (tuer d'un coup sur la nuque). ‖ Atronar (aux abattoirs). ‖ FIG. Aporrear, moler a golpes (rouer de coups). ‖ FIG. et FAM. Reventar, fastidiar, abrumar (importuner).

— V. pr. Darse un porrazo *ou* un trompicón (buter). ‖ Darse de palos (se battre).

assommeur m. Matarife, jifero (abattoirs).

assommoir m. (P. us.). Porra, f. (massue). ‖ Rompecabezas (p. us.) [casse-tête]. ‖ Trampa, f. (trébuchet). ‖ FAM. Taberna, f.

assomption f. Asunción.

assomptionniste adj. et s. Asuncionista.

assonance f. Asonancia.

assonancé, e adj. Asonantado, da.

assonant, e adj. Asonante.

assorti, e adj. Adecuado, da; que hace juego, a tono : *couleurs assorties*, colores que hacen juego. ‖ COMM. Surtido, da (approvisionné) : *une boutique bien assortie*, una tienda bien surtida. ‖ Surtido, da; variado, da : *bonbons assortis*, caramelos surtidos.

assortiment m. Conjunto (assemblage). ‖ Conjunto armonioso, combinación, f. : *l'assortiment de ces couleurs est agréable*, la combinación de estos colores es agradable. ‖ COMM. Surtido (approvisionnement). ‖ Surtido : *un assortiment de gâteaux secs*, un surtido de galletas.

assortir v. tr. Combinar, ajustar. ‖ COMM. Surtir, abastecer. ‖ Surtir (mélanger). ‖ FIG. Unir, emparejar (des personnes). ‖ Casar, combinar (couleurs, etc.). ‖ Ajustar, conformar (conformer).

— V. intr. et v. pr. Hacer juego, ir bien : *ces couleurs s'assortissent*, estos colores hacen juego.

‖ Concordar, convenirse (personnes). ‖ COMM. Surtirse, abastecerse.

— OBSERV. Se conjuga como *finir*.

assortissant, e adj. Adecuado, da; que hace juego.

assoupir v. tr. Adormecer, adormilar. ‖ FIG. Adormecer, calmar : *assoupir la douleur*, calmar el dolor.

— V. pr. Adormecerse, adormilarse.

assoupissant, e adj. Adormecedor, ra.

assoupissement m. Adormecimiento, adormilamiento. ‖ FIG. Desidia, f., dejadez, f. (nonchalance) : *honteux assoupissement*, desidia vergonzosa.

— SYN. *Engourdissement*, entumecimiento, embotamiento. *Torpeur*, torpor, torpor, amodorramiento. *Somnolence*, somnolencia, soñolencia. *Léthargie*, letargo, aletargamiento, sopor.

assouplir v. tr. Suavizar : *assouplir une étoffe*, suavizar una tela. ‖ Flexibilizar, hacer flexible : *assouplir les muscles*, flexibilizar los músculos. ‖ FIG. Doblegar, domar : *assouplir le caractère*, domar el carácter. | Moderar : *assouplir sa position*, moderar su posición.

— V. pr. Suavizarse, tornarse flexible. ‖ FIG. Doblegarse.

assouplissage m. Suavizado [de la fibra de seda].

assouplissement m. Flexibilidad, f. : *exercice d'assouplissement*, ejercicio de flexibilidad; *assouplissement du caractère*, flexibilidad del carácter.

assourdir v. tr. Ensordecer. ‖ Amortiguar, apagar (un son). ‖ Atenuar (la lumière). ‖ Dulcificar (les couleurs).

assourdissant, e adj. Ensordecerdor, ra (bruit).

assourdissement m. Ensordecimiento.

assouvir v. tr. ● Saciar : *assouvir la faim, la colère*, saciar el hambre, la ira.

— V. pr. Saciarse, hartarse.

— SYN. ● *Rassasier*, saciar, ahitar. *Étancher*, apagar, aplacar.

assouvissement m. Satisfacción, f. (d'un appétit, d'un désir).

assujetti, e adj. et s. Sometido, da; sujeto, ta : *assujetti aux droits de douane*, sujeto a derechos arancelarios.

assujettir [asyʒɛtiːr] v. tr. Someter, sujetar, obligar (obliger) : *assujettir un peuple*, someter a un pueblo; *assujettir à l'obéissance*, sujetar a la obediencia. ‖ Sujetar, asegurar, fijar : *assujettir une porte*, fijar una puerta.

— V. pr. Sujetarse.

assujettissant, e adj. Que causa sujeción. ‖ FIG. Pesado, da; penoso, sa, que esclaviza : *un travail assujettissant*, un trabajo penoso, que esclaviza.

assujettissement m. Sujeción, f. ‖ FIG. Obligación, f., servidumbre, f. : *la grandeur a ses assujettissements*, la grandeza tiene sus servidumbres.

assumer v. tr. Asumir : *assumer une responsabilité*, asumir una responsabilidad.

assurable adj. Asegurable.

assurance f. ● Seguridad, certeza, confianza. ‖ Promesa, palabra : *donner l'assurance d'une chose*, dar palabra de una cosa. ‖ Confianza, seguridad : *agir avec assurance*, actuar con confianza *ou* con seguridad en sí mismo. ‖ COMM. Seguro, m. : *compagnie d'assurances*, compañía de seguros. ‖ — *Assurance accidents*, seguro contra accidentes. ‖ *Assurance chômage*, seguro contra el paro. ‖ *Assurance contre l'incendie*, seguro contra incendio. ‖ *Assurance crédit*, seguro de riesgo de insolvencia. ‖ *Assurance maladie*, seguro de enfermedad. ‖ *Assurances sociales*, seguros sociales. ‖ *Assurance sur la vie*, seguro de vida. ‖ *Assurance tous risques*, seguro a todo riesgo. ‖ *Assurance vieillesse*, seguro de la vejez. ‖ *Assurance vol*, seguro contra robo. ‖ — *Recevez* *l'assurance de ma considération*, le presento el testimonio de mi consideración.

— SYN. ● *Hardiesse*, atrevimiento, osadía. *Confiance*, confianza. *Fermeté*, firmeza, entereza. *Sûreté*, seguridad. *Aplomb*, aplomo. *Pop. Toupet*, frescura, desfachatez.

assuré, e adj. Asegurado, da; seguro, ra (sûr). ‖ Resuelto, ta; firme : *ton assuré*, tono resuelto, firme.
— M. et f. Asegurado, da : *assuré pour 10 000 francs*, asegurado en 10 000 francos.

assurément adv. Seguramente.
— SYN. *Sûrement*, seguramente. *A coup sûr*, a buen seguro, de seguro, sobre seguro. *Infailliblement*, infaliblemente. *Immanquablement*, sin falta. *Certainement*, ciertamente. *Certes*, cierto. *Évidemment*, evidentemente. *Sans doute*, sin duda. *Sans aucune doute*, sin duda alguna. *Indubitablement*, indubitablemente, indudablemente, indubitadamente. *Sans conteste*, sin disputa, indisputablemente. *Incontestablement*, incontestablemente. *Sans contredit*, sin disputa.

assurer v. tr. ● Asegurar. ‖ Atender : *assurer la permanence*, atender al servicio permanente. ‖ COMM. Garantizar (une créance). ‖ Velar por : *assurer l'exécution des lois*, velar por el cumplimiento de las leyes.
— V. pr. Asegurarse. ‖ Cerciorarse : *s'assurer de l'exactitude d'un renseignement*, cerciorarse de la exactitud de un dato. ‖ Detener : *s'assurer d'un coupable*, detener a un culpable. ‖ COMM. Asegurarse (contracter une assurance).
— SYN. ● *Affermir*, afirmar, afianzar. *Consolider*, consolidar. *Arrêter*, fijar. *Fixer*, fijar. *Assujettir*, sujetar. *Accorer*, escorar, apuntalar.

assureur m. Asegurador.
Assyrie n. pr. f. GÉOGR. Asiria.
assyrien, enne adj. et s. Asirio, ria.
assyriologie f. Asiriología.
assyriologue m. Asiriólogo.
astatique adj. PHYS. Astático, ca.
aster [astɛr] m. BOT. Aster.
astérie f. Asteria, estrellamar (étoile de mer).
astérisme m. ASTR. Asterismo.
astérisque m. Asterisco.
astéroïde m. ASTR. Asteroide.
asthénie f. MÉD. Astenia (affaiblissement).
asthénique adj. MÉD. Asténico, ca.
asthmatique adj. et s. MÉD. Asmático, ca.
asthme [asm] m. MÉD. Asma, f.
asti m. Asti (vin italien).
asticot m. Gusano blanco.
— OBSERV. El *asticot* francés es más exactamente la larva de la mosca de la carne.
asticoter v. tr. POP. Quemar la sangre, chinchar (agacer).
astigmate adj. et s. MÉD. Astigmático, ca.
astigmatisme m. MÉD. Astigmatismo.
astiquage m. Bruñido, lustrado.
astiquer v. tr. Bruñir (polir), lustrar (lustrer), sacar brillo a (faire briller). ‖ FAM. Hacer la limpieza.
astragale m. ANAT. Astrágalo, taba, f. ‖ ARCHIT. Astrágalo. ‖ BOT. Astrágalo, tragacanto.
astrakan m. Astracán (fourrure).
astral, e adj. Astral : *corps astraux*, cuerpos astrales; *lampe astrale*, lámpara astral.
astre m. Astro. ‖ FIG. *Beau comme un astre*, hecho un brazo de mar, bello como un sol.
astreindre* [astrɛ̃:dr] v. tr. Obligar (obliger), constreñir, sujetar : *être astreint à l'exactitude*, estar sujeto a la puntualidad.
— V. pr. Obligarse a, sujetarse a, imponerse : *s'astreindre à un travail*, obligarse a un trabajo.
— OBSERV. *Astringir* a surtout en espagnol le sens de resserrer (la peau, les tissus organiques).
astreint, e [astrɛ̃, ɛ̃t] adj. Obligado, da; sujeto, ta.
astreinte f. Multa (amende).

astriction f. MÉD. Astricción.
astringence f. Astringencia.
astringent, e adj. et s. m. MÉD. Astringente.
astrobiologie f. Astrobiología.
astrolabe m. ASTR. Astrolabio.
astrologie f. Astrología.
astrologique adj. Astrológico, ca.
astrologue m. Astrólogo.
astronaute m. Astronauta.
astronautique f. Astronáutica.
astronef m. Astronave, f.
astronome m. Astrónomo.
astronomie f. Astronomía.
astronomique adj. Astrónomico, ca. ‖ FAM. Astronómico, ca; exagerado, da : *chiffres astronomiques*, cifras astronómicas.
astrophysicien, enne m. et f. Astrofísico, ca.
astrophysique f. Astrofísica.
astuce f. Astucia. ‖ FAM. Retruécano, m. (jeu de mots).
astucieux, euse adj. Astuto, ta; mañoso, sa; astucioso, sa (p. us.). ‖ FAM. Chistoso, sa.
asturien, enne adj. et s. Asturiano, na.
Asturies n. pr. f. pl. GÉOGR. Asturias.
asymétrie f. Asimetría.
asymétrique adj. Asimétrico, ca.
asymptote f. GÉOM. Asíntota.
asymptotique adj. Asintótico, ca.
asynchrone adj. Asincrónico, ca.
asynchronisme m. Asincronismo.
asyndète f. Asíndeton, m. (suppression des conjonctions).
ataraxie f. Ataraxia (calme spirituel).
atavique adj. Atávico, ca.
atavisme m. Atavismo.
ataxie f. MÉD. Ataxia.
ataxique adj. et s. Atáxico, ca.
atèle m. ZOOL. Ateles, mono araña.
atelier m. Taller (d'ouvriers). ‖ Estudio : *un atelier de sculpteur*, un estudio de escultor. ‖ *Atelier de couture*, taller de costura.
atellanes f. pl. Atelanas (farces populaires anciennes à Rome).
a tempo loc. adv. MUS. A tempo. ‖ Oportunamente (à propos).
atermoiement [atɛrmwamɑ̃] m. Prórroga, f., moratoria, f. ‖ Retraso (retard). ‖ Plazo (délai).
atermoyer* [-je] v. tr. Prórrogar, aplazar, diferir.
— V. intr. Diferir, andar con dilaciones, con subterfugios.
Athanase n. pr. m. Atanasio.
athée adj. et s. Ateo, a.
athéisme m. Ateísmo.
athénée m. Ateneo. ‖ Instituto (lycée belge).
Athènes n. pr. GÉOGR. Atenas.
athénien, enne adj. et s. Ateniense.
athermane adj. PHYS. Atérmano (qui absorbe la chaleur).
athermique adj. PHYS. Atérmico, ca (qui ne dégage pas de chaleur).
athérome m. MÉD. Ateroma.
athlète m. Atleta.
athlétique adj. Atlético, ca.
athlétisme m. Atletismo.
athrepsie f. MÉD. Atrepsia (dénutrition).
atlante m. ARCHIT. Atlante, telamón (statue).
Atlantide n. pr. f. Atlántida.
atlantique adj. et s. Atlántico, ca.
atlas [atlas] m. Atlas.
atmosphère f. Atmósfera : *l'atmosphère contient de l'oxygène*, la atmósfera contiene oxígeno. ‖ PHYS. Atmósfera : *une pression de vingt atmosphères*, una presión de veinte atmósferas.
atmosphérique adj. Atmosférico, ca.
atoll m. Atolón (île corallienne).
atome m. Átomo. ‖ FIG. Átomo : *les hommes*

sont des atomes dans l'Univers, los hombres son átomos en el Universo.

atome-gramme m. CHIM. Átomo gramo.
— OBSERV. Pl. *atomes-grammes.*

atomicité f. CHIM. Atomicidad.

atomique adj. PHYS. et CHIM. Atómico, ca : *poids, énergie, bombe, pile atomique,* peso, energía, bomba, pila atómica.

atomisation f. AGRIC. Atomización.

atomiser v. tr. Atomizar.

atomiseur m. Atomizador. ‖ Pulverizador.

atomisme m. PHILOS. et PHYS. Atomismo.

atomiste adj. et s. PHILOS. et PHYS. Atomista.

atomistique adj. et s. f. Atomístico, ca.

atonal, e adj. MUS. Atonal.

atonalité f. MUS. Atonalidad.

atone adj. Átono, na : *voyelle atone,* vocal átona. ‖ Inexpresivo, va (regard). ‖ Sin vigor (inactif).

atonie f. Atonía.

atonique adj. Atónico, ca : *état atonique,* estado atónico.

atours [atur] m. pl. Adornos, atavíos, galas, *f.* ‖ *Dame d'atour* [en singular], azafata de palacio.

atout [atu] m. Triunfo : *sans atout,* sin triunfo. ‖ Vida, *f.,* pinta, *f.* (couleur choisie au jeu de cartes). ‖ FIG. Triunfo, baza, *f. : avoir tous les atouts en main,* tener todos los triunfos en la mano. ‖ *Jouer atout,* arrastrar, triunfar.

atrabilaire adj. MÉD. Atrabiliario, ria. ‖ FIG. Atrabiliario, ria; malhumorado, da.

atrabile f. MÉD. Atrabilis.

âtre m. Hogar (cheminée).

atrium m. Atrio (cour romaine).

atroce adj. Atroz : *douleur atroce,* dolor atroz. ‖ FAM. Atroz, espantoso, sa : *temps atroce,* tiempo atroz.
— OBSERV. *Atroce* y *atrocité* no tienen en francés el sentido de enorme.

atrocement adv. Atrozmente. ‖ *Atrocement laid,* más feo que Picio, feísimo.

atrocité f. Atrocidad.

atrophie f. MÉD. Atrofia.

atrophié, e adj. MÉD. Atrofiado, da.

atrophier* v. tr. Atrofiar.
— V. pr. Atrofiarse.

atropine f. CHIM. Atropina.

atropisme m. Atropismo.

attabler v. tr. Sentar a la mesa.
— V. pr. Sentarse a la mesa.

attachant, e adj. Atractivo, va (attrayant). ‖ Interesante, afectuoso, sa (affectueux).

attache f. Atadero, m. (lien). ‖ Grapa (agrafe pour papiers). ‖ Clip, *m.,* sujetador, *m.* (trombone). ‖ ANAT. Ligamento, *m.* (muscle). ‖ FAM. Cabo, *m.* (poignet, cheville) : *avoir les attaches fines,* ser de cabos finos. ‖ FIG. Apego, *m.,* afición, lazo, *m.* (attachement). ‖ TECHN. Laña (agrafe). ‖ — Pl. Relaciones, contactos, *m. : conserver des attaches,* conservar contactos. ‖ — *Chien d'attache,* perro guardián. ‖ *Port d'attache,* puerto de matrícula. ‖ *Être o tenir quelqu'un à l'attache,* estar *ou* tener a alguien atado.

attaché m. Agregado : *attaché culturel, du travail,* agregado cultural, laboral.

attachement m. Apego. ‖ Cariño, afecto (affection). ‖ Aplicación, *f.,* afición, *f. : attachement au travail,* aplicación en el trabajo. ‖ ARCHIT. Comprobación (*f.*) diaria de una obra. ‖ FIG. Adhesión, *f. : attachement à une idée,* adhesión a una idea.

attacher v. tr. ● Atar : *attacher à un arbre,* atar a un árbol. ‖ Fijar : *attacher ses regards sur un objet,* fijar la mirada en un objeto. ‖ Aplicar (appliquer). ‖ Ligar, vincular : *attaché par la reconnaissance,* ligado por el agradecimiento. ‖ Sujetar : *il attache sa cravate avec une épingle,* sujeta su corbata con un alfiler. ‖ Destinar, afectar, agregar : *attacher un employé à un service,* destinar un empleado a un servicio. ‖ FIG. Unir : *nous sommes très attachés l'un à l'autre,* estamos muy unidos uno con otro. ‖ Atribuir : *attacher du prix à un objet,* atribuir valor a un objeto. ‖ Interesar, cautivar : *cette lecture attache,* esta lectura cautiva. ‖ Prestar (un intérêt). ‖ *Attacher le grelot,* poner el cascabel al gato.
— V. intr. Pegar (coller). ‖ Pegarse : *le poisson attache facilement,* el pescado se pega fácilmente.
— V. pr. Atarse. ‖ Pegarse : *le lierre s'attache aux murs,* la hiedra se pega a las paredes. ‖ Dedicarse, consagrarse : *s'attacher à l'étude,* dedicarse al estudio. ‖ Atraerse (l'affection, la volonté). ‖ FIG. Unirse (s'unir). ‖ Apegarse, encariñarse : *je me suis beaucoup attaché à lui,* me he encariñado mucho con él. ‖ — *S'attacher à des bagatelles,* pararse en minucias. ‖ *S'attacher aux pas de quelqu'un,* no dejar a alguien ni a sol ni a sombra.
— SYN. ● *Lier,* ligar. *Enchaîner,* encadenar. *Ficeler,* atar, poner una cuerda. *Ligoter,* atar. *Amarrer,* amarrar.

attacus m. Átaco (papillon).

attaquable adj. Atacable.

attaquant adj. et s. m. Atacante, agresor.

attaque f. Ataque, *m.,* acometida. ‖ Embestida (taureau). ‖ MÉD. FIG. Ataque, *m. : attaque d'apoplexie,* ataque de apoplejía. ‖ — *Attaque à main armée,* atraco. ‖ *Attaque brusquée,* ataque brusco. ‖ *Attaque par surprise,* ataque por sorpresa. ‖ *Déclencher une attaque,* iniciar un ataque. ‖ FAM. *Se sentir o être d'attaque,* estar en forma, sentirse fuerte, capaz.

attaquer v. tr. ● Atacar, acometer (agression). ‖ Embestir (taureau). ‖ DR. Atacar, entablar una acción judicial contra. ‖ FAM. Acometer : *attaquer un travail,* acometer un trabajo. ‖ FIG. Atacar : *attaquer un livre,* atacar un libro. ‖ MUS. Atacar (commencer). ‖ FIG. *Attaquer une montagne,* iniciar la ascensión de una montaña.
— V. pr. Atacar : *s'attaquer à un adversaire,* atacar a un adversario. ‖ Acometer : *s'attaquer à un travail,* acometer un trabajo. ‖ Combatir : *s'attaquer aux préjugés,* combatir los prejuicios. ‖ *S'attaquer à tous,* atreverse con todos.
— SYN. ● *Assaillir,* asaltar. *Provoquer,* provocar. *Agresser,* agredir. *Attenter,* atentar contra.

attardé, e adj. et s. Retrasado, da.

attarder v. tr. Retrasar.
— V. pr. Retrasarse. ‖ Rezagarse (rester en arrière). ‖ — *S'attarder à,* pararse, perder el tiempo en. ‖ *S'attarder chez quelqu'un,* entretenerse en casa de alguien.

atteindre* [atɛ:dr] v. tr. Alcanzar : *atteindre quelqu'un d'un coup de pierre,* alcanzar a alguien de una pedrada. ‖ Llegar a : *atteindre la vieillesse,* llegar a la vejez; *atteindre le sommet,* llegar a la cima. ‖ Alcanzar, lograr, conseguir : *atteindre son but,* lograr su propósito. ‖ Alcanzar, herir : *il fut atteint par une balle,* fue herido por una bala. ‖ FIG. *Vos injures ne m'atteignent pas,* sus injurias me dejan frío.
— OBSERV. V. intr. (à). Implica cierto esfuerzo : *atteindre à la perfection,* alcanzar la perfección, llegar a la perfección.

atteint, e [atɛ̃, ɛ̃t] adj. Alcanzado, da. ‖ Aquejado, da; atacado, da (maladie). ‖ Herido, da : *atteint d'un coup de feu o dans son amour propre,* herido de un tiro *ou* en su amor propio. ‖ Conseguido, da : *un objectif atteint,* un objetivo conseguido. ‖ DR. *Atteint et convaincu,* convicto. ‖ *Être atteint de,* padecer : *être atteint de surdité,* padecer sordera.

atteinte f. Alcance, *m.* ‖ Golpe, *m.* (coup). ‖ Ataque, *m. : atteinte de goutte,* ataque de gota. ‖

FIG. Perjuicio, *m.*, daño, *m.* (dommage). | Ofensa (offense). || —*Atteinte à,* atentado contra : *atteinte à la sûreté de l'État,* atentado contra la seguridad del Estado. || *Hors d'atteinte,* fuera de alcance. || *Porter atteinte à la tranquillité d'autrui,* perjudicar a la tranquilidad ajena. || *Porter atteinte à l'honneur,* atentar contra el honor.

attelage [atla:ʒ] m. Tiro, tronco (chevaux). || Yunta, *f.* (bœufs). || Enganche : *attelage de wagons,* enganche de vagones. || MIL. Atalaje.

atteler* v. tr. Enganchar (chevaux). || Uncir (bœufs).
— V. pr. FIG. Consagrarse, aplicarse : *s'atteler à une besogne,* aplicarse a una faena.

attelle f. Horcate, *m.* (chevaux). || MÉD. Tablilla (fracture d'os).

attelloire f. et m. Clavija (*f.*) maestra (cheville).

attenant, e adj. Lindante con, contiguo, gua a; colindante con : *pré attenant au verger,* prado lindante con el huerto.

attendant (en) loc. prép. Entretanto, mientras tanto. || — *En attendant que,* hasta que, mientras : *en attendant qu'il vienne,* mientras llega *ou* mientras no llega. || *En attendant votre réponse,* en espera de su respuesta. || *En attendant votre retour,* hasta su regreso.

attendre v. tr. Esperar, aguardar : *je l'attendais dans la rue,* le esperaba en la calle. || Esperar : *attendre l'hiver,* esperar el invierno. || —*Attendre l'heure,* hacer tiempo. || *Attendre l'occasion,* esperar la ocasión. || *Attendre quelqu'un comme le Messie,* esperar a alguien como el agua de Mayo. || — *Attendez-moi sous l'orme!,* ¡espéreme sentado! || *C'est là que je l'attends,* ahí lo espero.
— V. intr. Esperar, aguardar. || — *Attends un peu pour voir!,* ¡espera y verás! || *Attendez donc!,* ¡aguarde usted!, ¡espere usted! || *Tout vient à point qui sait attendre,* con paciencia se gana el cielo.
— V. pr. Esperarse. || Esperar : *s'attendre à des reproches,* esperar reproches. || Contar con (compter sur) : *il s'attend à ce que j'y aille,* cuenta con que vaya. || — *Avec lui, il faut s'attendre à tout!,* es capaz de todo, de cualquier cosa. || *Quand ils s'y attendaient le moins,* cuando menos lo esperaban.

attendrir v. tr. Ablandar : *attendrir la viande,* ablandar la carne. || FIG. Enternecer, conmover : *attendrir le cœur,* conmover el corazón.
— V. pr. Ablandarse. || FIG. Enternecerse, conmoverse (être ému).

attendrissant, e adj. Enternecedor, ra; conmovedor, ra : *spectacle attendrissant,* espectáculo conmovedor.

attendrissement m. Enternecimiento, ternura, *f.* (tendresse).

attendu prép. En vista de, teniendo en cuenta, en atención a : *attendu les événements,* en vista de los acontecimientos. || *Attendu que,* visto que, puesto que, en vista de que, considerando que.
— M. DR. Considerando : *cet arrêté présente dix attendus,* este decreto consta de diez considerandos.

attenir v. intr. Ser contiguo a, lindar con.

attentat m. Atentado : *attentat aux mœurs,* atentado contra las buenas costumbres.

attentatoire adj. Atentatorio, ria.

attente f. Espera : *dans l'attente d'un événement,* en espera de un acontecimiento. || Demora (au téléphone). || — *Pierre d'attente,* adaraja. || *Salle d'attente,* sala de espera. || — *Contre toute attente,* contra toda previsión.

attenter v. intr. Atentar : *attenter à ses jours,* atentar contra su vida.

attentif, ive adj. Atento, ta.

attention f. ● Atención : *fixer son attention,* fijar la atención. || Cuidado, *m.* : *attention à la peinture,* cuidado con la pintura. || Cuidado, *m.* (soin). || Atención, consideración, delicadeza, detalle, *m.* : *avoir mille attentions,* tener mil atenciones *ou* delicadezas. || — *Faire attention à o de,* tener cuidado con, poner cuidado en. || *Ne pas faire attention à,* no hacer caso de, hacer caso omiso de, no poner cuidado en, no fijarse en.
— Interj. ¡Cuidado!, ¡ojo! (fam.).
— SYN. ● *Application,* aplicación. *Réflexion,* reflexión. *Tension d'esprit,* esfuerzo mental.

attentionné, e adj. Atento, ta. || FIG. Solícito, ta : *une servante attentionnée,* una criada solícita.

attentisme m. Política (*f.*) de espera.

attentiste adj. et s. Partidario de esperar los acontecimientos.

atténuant, e adj. Atenuante. || DR. *Circonstances atténuantes,* circunstancias atenuantes.

atténuateur m. RAD. Atenuador.

atténuation f. Atenuación.

atténuer v. tr. Atenuar.

atterrage m. MAR. Atracadero (lieu d'abordage). || Aproximación (*f.*) a la costa.

atterrer v. tr. Aterrar (terreur). || Abrumar, aplastar, anonadar (accabler) : *ce coup l'a atterré,* ese golpe le ha abrumado. || Derribar (jeter à terre).

atterrir v. intr. Aterrizar (avions). || FAM. Ir a parar : *je me demande où il a été atterrir,* no sé a donde ha ido a parar. || MAR. Atracar, abordar (aborder), recalar (s'approcher de la terre).
— OBSERV. Ce verbe se conjugue avec *avoir* lorsqu'il s'agit d'une action (*la chaloupe a atterri à marée haute*), avec *être* lorsqu'il s'agit d'un état (*la chaloupe est atterrie*).

atterrissage m. Aterrizaje (avions). || MAR. Atraque. || Recalada, *f.* || *Train d'atterrissage,* tren de aterrizaje.

atterrissement m. Terrero (amas d'alluvions).

atterrisseur adj. et s. m. De aterrizaje. || *Atterrisseur escamotable,* tren de aterrizaje plegable.

attestation f. Atestación (témoignage). || Atestado, *m.* (document).

attester v. tr. Atestiguar, atestar, testificar (témoigner). || Poner por testigo : *j'en atteste le ciel,* pongo por testigo al cielo.

atticisme m. Aticismo.

atticiste m. Aticista.

attiédir v. tr. Entibiar, templar. || FIG. Entibiar : *l'absence attiédit l'amitié,* la ausencia entibia la amistad.
— V. pr. Entibiarse.

attiédissement m. Tibieza, *f.* || Enfriamiento : *l'attiédissement de l'amitié,* el enfriamiento de la amistad.

attifement m. Emperejilamiento, emperifollamiento. || Peinado, tocado (coiffure).

attifer v. tr. FAM. Emperejilar, emperifollar. || Peinar, tocar (coiffure).
— V. pr. FAM. Emperejilarse, emperifollarse. || Acicalarse (se parer). || Peinarse (se coiffer).

attifet m. Perifollo.

attiger v. tr. POP. Exagerar (exagérer).

Attila n. pr. m. Atila.

attique adj. et s. m. Ático, ca.

Attique n. pr. f. GÉOGR. Ática.

attirable adj. Atraíble : *le fer est attirable par l'aimant,* el hierro es atraíble por el imán.

attirail [atira:j] m. Pertrechos, *pl.* || FIG. et FAM. Trastos, *pl.,* chismes, *pl.,* avíos, *pl.* (accessoires). || Aparato (appareil, train), boato.

attirance f. Atractivo, *m.* (attrait). || Atracción : *ressentir une attirance pour une personne,* sentir una atracción por una persona.

attirant, e adj. Atrayente (qui attire). || Atractivo, va : *aspect attirant,* aspecto atractivo.

attirer v. tr. Atraer : *l'aimant attire le fer,* el imán

atrae el hierro. || Fig. Atraer : *attirer les regards*, atraer las miradas. | Atraer, acarrear, ocasionar : *un malheur en attire un autre*, una desgracia acarrea otra. | Llamar, captar : *attirer l'attention de quelqu'un*, llamar la atención a alguien. — V. pr. Atraerse. || Fig. Granjearse : *s'attirer la reconnaissance de quelqu'un*, granjearse el agradecimiento de alguien.

attiser v. tr. Atizar. || Fig. Atizar, avivar, fomentar : *attiser le feu de l'insurrection*, avivar el fuego de la insurrección.

attisoir ou **attisonnoir** m. Atizadero, atizador (instrument). || Badila, f. (du brasero). || Berlinga, f. (du fourneau).

attitré, e adj. Titulado, da ; titular : *courtier attitré*, corredor titulado. || Habitual, ordinario, ria : *fournisseur attitré*, proveedor habitual.

attitrer v. tr. Nombrar, designar, dar el título : *attitrer un représentant*, nombrar un representante. || Apostar (chiens).

attitude f. Actitud. || Posición, postura (du corps).

attorney m. Fiscal (en Angleterre). || *Attorney général*, ministro de Justicia (aux Etats-Unis).

attouchement m. Toque (action). || Tacto (tact). || Contacto (contact) : *point d'attouchement*, punto de contacto. || Caricia, f. || Imposición (f.) de manos (guérisseur).

attracteur, trice adj. Atractivo, va : *force attractrice*, fuerza atractiva.

attractif, ive adj. Atractivo, va.

attraction f. Atracción : *attraction universelle*, atracción universal. || Atracción : *c'est une attraction unique*, es una atracción única. || — Pl. Atracciones (spectacle).

attraire* v. tr. (P. us.). Dr. Citar, convocar (témoins). || (Vx). Fig. Atraer, seducir. — Observ. Ce verbe ne s'emploie dans le sens d' « attirer » qu'à l'infinitif.

attrait m. Atractivo, incentivo : *l'attrait des plaisirs*, el atractivo de los placeres. || ● Encantos, pl., atractivo : *les attraits d'une femme*, los encantos, el atractivo de una mujer. || Propensión, f., inclinación, f. ; *je me sens de l'attrait pour la musique*, siento inclinación por la música. — Syn. ● *Appas*, atractivos. *Charmes*, encantos.

attrapage m. Fam. Bronca, f. (réprimande).

attrape f. Trampa (piège). || ● Fam. Engaño, m., chasco, m. broma (tromperie), inocentada (poisson d'avril). || Mar. Barloa (cordage). || *Magasin de farces et attrapes*, tienda de bromas y engaños. — Syn. ● *Tromperie*, engaño. *Leurre*, añagaza, embaucamiento. *Mystification*, mistificación. *Mauvais tour*, mala pasada, jugarreta. *Farce*, farsa. *Niche*, chasco, cuchufleta. *Fam*, *Blague*, broma. *Bateau*, bola, cuento.

attrape-mouches m. inv. Matamoscas, atrapamoscas (piège). || Bot. Atrapamoscas. || Papamoscas (oiseaux).

attrape-nigaud m. Engañabobos (ruse grossière). — Observ. Pl. *attrape-nigauds*.

attraper v. tr. ● Coger : *attraper un loup dans le piège*, coger un lobo en la trampa. || Atrapar, echar mano : *attraper un voleur*, atrapar a un ladrón. || Fam. Pillar, coger, pescar : *attraper un rhume*, pescar un resfriado ; *attraper le train*, pillar el tren. | Caerle a uno, echarle a uno : *il a attrapé six mois de prison*, le han caído seis meses de cárcel. | Llevarse : *il attrapa un coup de bâton*, se llevó un bastonazo. | Imitar, copiar : *attraper la manière d'un écrivain*, imitar el estilo de un escritor. | Echar una bronca, regañar (réprimander). || Fig. Engañar, embaucar : *se laisser attraper*, dejarse engañar. | Atrapar, pescar, conseguir : *attraper une place*, conseguir un puesto.

— V. pr. Atraparse. || Équit. Alcanzarse (s'entretailler). || Fig. Agarrarse (se disputer). | Atacarse (s'attaquer). | Contagiarse, pegarse : *cette maladie s'attrape*, esta enfermedad se contagia. | Pegarse, cogerse : *l'accent du midi s'attrape facilement*, el acento del Sur se pega fácilmente. — Interj. Fam. *Attrape!*, ¡tómate ésa!, ¡chúpate ésa!

— Observ. En Amérique, surtout en Argentine, le verbe *coger*, a un sens grossier, et est remplacé par *agarrar*, *tomar* (saisir).

— Syn. ● *Saisir*, asir, agarrar. *Happer*, pillar, atrapar. *Gripper*, *agripper*, agarrar, echar la garra, el guante.

attrapeur, euse m. et f. (P. us.). Engañador, ra ; embaucador, ra.

attrayant, e [atrɛjɑ̃, ɑ̃:t] adj. Atractivo, va ; atrayente : *un spectacle attrayant*, un espectáculo atrayente. — Syn. ● *Plaisant*, placentero, grato. *Attirant*, atrayente. *Attachant*, atractivo, interesante. *Séduisant*, seductor.

attrempage m. Calefacción (f.) del horno (verriers).

attremper v. tr. Techn. Templar (acier). | Calentar gradualmente (chauffer).

attribuable adj. Atribuible. || Imputable.

attribuer v. tr. Atribuir. || Imputar (imputer). || Achacar : *j'attribue sa défaite à un manque d'entraînement*, achaco su derrota a la falta de entrenamiento. || ● Dar, otorgar : *je lui attribue un prix*, le doy un premio. || ◆ Asignar, fijar : *on lui a attribué un salaire très élevé*, se le ha fijado un sueldo muy elevado. || Conferir : *il s'est vu attribuer de nouvelles responsabilités*, ha visto que se le conferían nuevas responsabilidades. — V. pr. Atribuirse. — Syn. ● *Décerner*, conceder, otorgar. *Adjuger*, adjudicar. — ◆ *Allouer*, abonar, conceder.

attribut m. Atributo : *les attributs de la royauté*, los atributos de la monarquía. || Gramm. Predicado, atributo (p. us.).

attributaire m. et f. Dr. Atributario, ria ; legatario, ria (légataire).

attributif, ive adj. Atributivo, va. || Dr. Adjudicativo, va.

attribution f. Atribución. || Dr. Adjudicación.

attristant, e adj. Entristecedor, ra ; triste.

attrister v. tr. Entristecer, causar tristeza. — V. pr. Entristecerse. — Syn. ● *Contrister*, contristar. *Consterner*, consternar. *Peiner*, apenar. *Chagriner*, disgustar, fastidiar. *Affliger*, afligir. *Navrer*, acongojar, traspasar. *Désoler*, desolar, desconsolar. *Affecter*, afectar. *Éplorer*, acongojar, afligir.

attrition f. Atrición (repentir). || Techn. Desgaste, m., fricción (usure par frottement).

attroupement m. Grupo, formación (f.) de grupos, aglomeración, f. : *les attroupements sont interdits*, se prohíbe la formación de grupos.

attrouper (s') v. pr. Agruparse, aglomerarse : *des curieux qui s'attroupent*, curiosos que se aglomeran.

au art. contr. Al : *aller au jardin*, ir al jardín. || Con : *café au lait*, café con leche. || En : *être au bois*, estar en la selva ; *accroché au mur*, colgado en la pared. || De : *sandwich au jambon*, bocadillo de jamón. || — Pl. *Aux*, a los, a las. || De los : *la femme aux cheveux blonds*, la mujer de los cabellos rubios. — Observ. Voir l'article A.

aubade [obad] f. Alborada (concert à l'aube). || Fig. et Fam. Cencerrada (charivari).

aubain m. (Vx). Extranjero, forastero.

aubaine f. Mañería (droit d'hériter d'un étranger). || Fig. et Fam. Ganga : *profiter d'une aubaine*, aprovechar una ganga.

aube [o:b] f. ● Alba. || Fig. Comienzo, m. : *à*

l'aube de la vie, en el comienzo de la vida. ‖
ECCLÉS. Alba. ‖ Mus. Alborada. ‖ Alba (des
troubadours). ‖ TECHN. Álabe, *m.,* paleta (roue).
‖ *Se lever à l'aube,* levantarse de madrugada, al
amanecer, al rayar el alba.
— SYN. ● *Aurore,* aurora. *Point du jour,* el amanecer,
la alborada.

aubépine f. Espino (*m.*) blanco, majuelo, *m.*

aubère adj. et s. m. Overo, ra (cheval).

auberge f. Posada, mesón, *m.* (rustique), venta
(en pleine campagne). ‖ Hostal, *m.,* hostería
(luxueuse), parador (d'Etat).

aubergine f. Berenjena (fruit).
— Adj. inv. Aberenjenado, da (couleur).

aubergiste m. et f. Posadero, ra ; mesonero, ra ;
ventero, ra.

auberon m. TECHN. Pasador (d'une serrure).

auberonnière f. Aldabilla (moraillon).

aubier m. BOT. Albura, *f.*

Aubin n. pr. m. Albino.

aubour m. BOT. Codeso (cytise). | Mundillo
(viorne).

auburn [obœrn] adj. inv. Color moreno rojizo,
color caoba (acajou).

aucun, e [okœ, yn] adj. et pron. indéf. Ninguno,
na : *aucun d'entre eux,* ninguno entre ellos. ‖
Ningún (avec un substantif masculin) : *aucun
livre,* ningún libro; *aucun bon livre,* ningún buen
libro. ‖ Alguno, na (dans les phrases interrogatives) : *n'a-t-elle aucun espoir de revenir?,* ¿tiene
alguna esperanza de volver? ‖ Alguno, na : *je me
demande si aucun de nous viendra,* me pregunto
si alguno de nosotros vendrá. ‖ Nadie : *aucun
n'est content de son sort,* nadie está contento con
su fortuna. ‖ — *D'aucuns,* algunos. ‖ *En aucune
manière,* de ningún modo. ‖ *Je n'ai aucun espoir,*
no tengo esperanza alguna.
— OBSERV. *Aucun* delante de un sustantivo es adjetivo
(*aucun homme*). Solamente tiene plural cuando se encuentra delante de un sustantivo que carece de singular
(*aucuns frais, aucunes funérailles*). Cuando se emplea
solo *aucun* es pronombre (*aucun ne viendra*).

aucunement adv. De ningún modo, de ninguna
manera.

audace f. Audacia. ‖ Atrevimiento, *m.,* osadía :
il a l'audace de m'interrompre, tiene el atrevimiento de interrumpirme. ‖ — *Par un coup d'audace,* por su osadía. ‖ *Payer d'audace,* manifestar
audacia *ou* osadía.

audacieusement adv. Audazmente.

audacieux, euse adj. Audaz.

au-deçà loc. adv. De este lado.

au-dedans loc. adv. V. DEDANS.

au-dehors loc. adv. V. DEHORS.

au-delà loc. adv. V. DELÀ.

au-dessous loc. adv. V. DESSOUS.

au-dessus loc. adv. V. DESSUS.

au-devant loc. adv. V. DEVANT.

audibilité f. Audiobilidad.

audible adj. Audible, oíble : *son audible,* sonido
audible.

audience f. DR. Audiencia, vista : *audience à
huis clos,* audiencia a puerta cerrada. ‖ Auditorio, *m.* (public). ‖ *Avoir une large audience,* tener
un gran auditorio, ser oído *ou* leído por muchos.

audiencier m. Ujier (d'une audience).

audiofréquence f. Audiofrecuencia.

audiogramme f. Audiograma.

audiomètre m. PHYS. Audiómetro.

audion m. Audión.

audio-visuel, elle adj. Audiovisual : *enseignement audio-visuel,* enseñanza audiovisual.

auditeur, trice m. et f. Auditor, ra (qui écoute).
‖ Oyente (qui entend). ‖ Oyente : *auditeur libre,*
oyente libre (à un cours). ‖ DR. Oidor (fonctionnaire). ‖ RAD. Radioescucha, radioyente.

auditif, ive adj. Auditivo, va.

audition f. Audición.

auditionner v. tr. Dar una audición.

auditoire m. Auditorio, los oyentes, *pl.*
— SYN. *Assistance,* asistencia, concurrencia. *Public,* público. *Spectateurs,* espectadores.

auditorat ou **auditoriat** m. Auditoría.

auditorium [oditorjom] m. Auditorium, sala (*f.*)
de audiciones, estudio (des émissions).

auge f. Pila, pilón, *m.,* bebedero, *m.* (abreuvoir).
‖ ● Comedero, *m.* (pour manger). ‖ Artesa, dornajo, *m.* (récipient en bois). ‖ Cuezo, *m.* (de
maçon). ‖ Cangilón, *m.* (de roue hydraulique). ‖
Canal (*m.*) *ou* conducto (*m.*) de agua.
— SYN. ● *Mangeoire,* pesebre (chevaux, vaches, etc.),
comedero (oiseaux).

augée f. Contenido (*m.*) de una pila, artesa *ou*
cuezo.

auget m. ou **augette** f. Comedero, *m.* (mangeoire
pour oiseaux). ‖ Bebedero (abreuvoir pour
oiseaux). ‖ Cangilón [de noria] (godet). ‖ MIL.
Elevador (fusil). ‖ TECHN. Canaleja, *f.* (trémie).
‖ *Roue à augets,* noria.

augite f. MIN. Augita.

augmentable adj. Aumentable.

augmentateur, trice m. et f. Aumentador, ra.

augmentatif, ive adj. et s. m. GRAMM. Aumentativo, va.

augmentation f. Aumento, *m.,* incremento, *m.* ‖
Subida, aumento, *m.* : *augmentation des prix,*
subida de los precios. ‖ — Pl. Crecidos, *m. pl.*
(tricot).

augmenter v. tr. et intr. ● Aumentar, incrementar. ‖ Subir (prix, salaires). ‖ Crecer (tricot).
— V. pr. Aumentarse.
— SYN. ● *Croître,* crecer. *Agrandir,* agrandar. *Accroître,*
acrecentar. *Amplifier,* ampliar. *Étendre,* extender. *Intensifier,* intensificar. *Élargir,* ensanchar, ampliar.

Augsbourg n. pr. GÉOGR. Augsburgo.

augural, e adj. Augural.

augure m. Augur (prêtre romain). ‖ Augur, agorero (devin). ‖ Augurio, agüero (présage). ‖ FIG.
et FAM. *Oiseau de mauvais augure,* pájaro de mal
agüero.

augurer v. tr. Augurar, agorar (p. us.).
— SYN. *Conjecturer,* conjeturar. *Présumer,* presumir.
Présager, presagiar.

augustal, e adj. et s. Augustal.

auguste adj. Augusto, ta.

Auguste n. pr. m. Augusto. ‖ FAM. Payaso, augusto (clown).

Augustin n. pr. m. Agustín.

augustin, e m. et f. Agustino, na (religieux).

Augustine n. pr. f. Agustina.

augustinien, enne adj. et s. Agustiniano, na.

augustinisme m. Agustinismo.

aujourd'hui adv. Hoy : *aujourd'hui nous sommes
mercredi,* hoy estamos a miércoles. ‖ Hoy día,
hoy en día : *aujourd'hui l'instruction est obligatoire,* hoy día la instrucción es obligatoria. ‖
FAM. *Au jour d'aujourd'hui,* hoy en día. ‖ *D'aujourd'hui en huit,* de hoy en ocho días.

aulète m. Auletes, flautista (flûtiste).

aulique adj. Áulico, ca : *conseil aulique,* consejo
áulico.

aulnaie [olnɛ] f. Alizar, *m.,* aliseda.

aulne [oln] f. BOT. Aliso, *m.* (aune).

aulnée [olne] f. BOT. Helenio, *m.,* énula campana.

auloffée f. MAR. Orzada.

aulx [o] pl. de *ail.* Ajos. (V. AIL.)

aumaille [oma:j] adj. f. pl. (P. us.). *Bêtes aumailles,* ganado mayor.

aumône f. Limosna : *faire l'aumône,* dar limosna ‖
demander l'aumône, pedir limosna.
— SYN. *Obole,* óbolo. *Charité,* caridad.

aumônerie f. Capellanía.

aumônier, ère adj. (P. us.). Limosnero, ra (charitable).
— M. Capellán (chapelain). ‖ — F. Limosnera, bolso, *m.* (bourse).

aumusse f. Muceta (vêtement religieux).

aunage m. Tiro, largo (longueur d'une pièce d'étoffe). ‖ Medida (*f.*) por varas (mesure). ‖ *Faire bon aunage,* dar buena medida.

aunaie [onɛ] f. Alizar, *m.,* aliseda.

aune m. Aliso (arbre). ‖ Vara, *f.,* ana, *f.* (p. us.) [mesure de longueur]. ‖ — *Aune noir,* aliso negro. ‖ *Faire une mine longue d'une aune,* poner mala cara ou cara larga. ‖ *Il mesure les autres à son aune,* piensa el ladrón que todos son de su misma condición. ‖ *Il sait ce qu'en vaut l'aune,* ya sabe donde le aprieta el zapato. ‖ *Mesurer avec la même aune,* medir por el mismo rasero.

aunée f. Helenio, *m.,* énula campana (plante).

auner v. tr. Anear (p. us.), varear, medir por anas ou por varas.

auparavant adv. Antes, anteriormente, con anterioridad : *il me l'a dit auparavant,* me lo dijo antes. ‖ *D'auparavant,* anterior, de antes.

auprès adv. Al lado, cerca. ‖ *Tout auprès,* al ladito, muy cerca.

auprès de loc. prép. Cerca de : *il ne voit pas les objets s'ils ne sont pas auprès de lui,* no ve los objetos si no están cerca de él. ‖ Junto a : *auprès du feu,* junto a la lumbre. ‖ Al lado de, en comparación con : *votre malheur n'est rien auprès du mien,* su infortunio no es nada al lado del mío. ‖ Dirigiéndose a : *il fit cette démarche auprès de M. Untel,* hizo esta gestión dirigiéndose a Fulano. ‖ Para los que : *cela n'a pas de valeur auprès de ceux qui l'ignorent,* esto no tiene valor para los que lo ignoran. ‖ Para : *il passe pour un sot auprès de lui,* para él es un tonto. ‖ Ante : *on le conduisit auprès du président,* se le condujo ante el presidente. ‖ Con : *vivre auprès de sa femme,* vivir con su mujer.

auquel, elle pron. A quien (personnes), al cual, a la cual (phrases affirmatives) : *les personnes auxquelles je parle,* las personas a quienes hablo. ‖ A cual (phrases interrogatives) : *auquel des deux?,* ¿a cual de los dos? ‖ *Auquel cas,* en cuyo caso.

aura f. MÉD. Aura : *aura épileptique,* aura epiléptica. ‖ ZOOL. Aura, urubú.

aurantiacées f. pl. BOT. Auranciáceas.

aurate m. CHIM. Aurato.

auray [orɛ] m. MAR. Noray, proís.

Aurèle n. pr. m. Aurelio.

Aurélie n. pr. f. Aurelia.

Aurélien n. pr. m. Aureliano.

auréolaire adj. Aureolar.

auréole f. Aureola. ‖ Halo, *m.* (d'un astre). ‖ FIG. Aureola, gloria : *l'auréole du martyre,* la aureola del martirio.

auréoler v. tr. Aureolar.

auréomycine f. MÉD. Aureomicina.

auriculaire adj. Auricular. ‖ — Adj. et s. m. Auricular, meñique (doigt).

auricule f. ANAT. Aurícula.

auriculé, e adj. Auriculado, da.

aurifère adj. Aurífero, ra : *des terrains aurifères,* terrenos auríferos.

aurification f. Orificación, aurificación.

aurifier* v. tr. Orificar, aurificar.

aurige m. Auriga.

aurique adj. CHIM. Áurico, ca. ‖ — Adj. f. MAR. Áurica, latina (voile).

aurochs [orok ou oroks] m. ZOOL. Uro, auroc.

aurone f. Abrótano, *m.* (plante).

auroral, e adj. Auroral : *lumière aurorale,* luz auroral.

aurore f. Aurora. ‖ FIG. Aurora : *l'aurore de la vie,* la aurora de la vida. ‖ *Aurore boréale,* aurora boreal.
— Adj. inv. Áureo, a ; de color del oro.

Aurore n. pr. f. Aurora.

auscultation f. MÉD. Auscultación.

ausculter v. tr. MÉD. Auscultar.

auspice m. Auspicio. ‖ — *Sous d'heureux auspices,* con buenos auspicios. ‖ *Sous les auspices de,* bajo los auspicios de.
— SYN. *Protection,* protección. *Sauvegarde,* salvaguardia, salvaguarda. *Tutelle,* tutela. *Patronage,* patronato, patronazgo. *Égide,* égida.

aussi adv. También : *moi aussi,* yo también. ‖ También, además (de plus, encore), asimismo (également) : *ceci et cela aussi,* esto y eso también. ‖ Tan : *je ne le croyais pas aussi savant,* no le creía tan sabio. ‖ *Aussi... que,* tan... como : *elle est aussi belle que gentille,* es tan guapa como simpática.
— Conj. Por esto, por eso, por lo que : *il est riche, aussi chacun l'envie,* es rico, por eso todos le envidian. (OBSERV. En este sentido sólo se emplea después de un signo de puntuación.) ‖ FAM. En realidad, después de todo : *aussi, qu'aviez-vous besoin d'aller lui dire ça,* en realidad ¡qué necesidad tenía de ir a decírselo ! ‖ — *Aussi bien,* además (d'ailleurs). ‖ *Aussi bien que,* tan bien como, lo mismo que : *je peux le faire aussi bien que toi,* puedo hacerlo tan bien como tú. ‖ *Aussi bien... que,* tanto... como, lo mismo... que : *aussi bien les jeunes que les vieux,* tanto los jóvenes como los viejos.

aussière f. V. HAUSSIÈRE.

aussitôt adv. En seguida, al punto : *il vint aussitôt,* vino en seguida. ‖ — *Aussitôt après,* inmediatamente después. ‖ *Aussitôt dit, aussitôt fait,* dicho y hecho. ‖ *Aussitôt que,* tan pronto : *on est riche aussitôt que l'on a le bonheur,* se es rico tan pronto como se tiene la dicha ; al mismo tiempo, tan pronto como : *j'y serai aussitôt que lui,* estaré al mismo tiempo que él.

austénite f. Austenita (acier).

auster m. POÉT. Austro (vent du midi).

austère adj. Austero, ra.
— SYN. *Ascétique,* ascético. *Dur,* duro. *Rude,* rudo, áspero. *Rigide,* rígido. *Rigoriste,* rigorista. *Rigoureux,* riguroso. *Sévère,* severo. *Stoïque,* estoico.

austérité f. Austeridad.

austral, e adj. Austral : *terres australes,* tierras australes.
— OBSERV. Pl. *australs o austraux.*

Australasie n. pr. f. GÉOGR. Australasia.

Australie n. pr. f. GÉOGR. Australia.

australien, enne adj. et s. Australiano, na.

Australasie n. pr. f. GÉOGR. Australasia.

austro-hongrois, e adj. et s. Austro-húngaro, ra.

autan m. Austro (vent du sud).

autant adv. Tanto : *ne bois pas autant,* no bebas tanto. ‖ Lo mismo, otro tanto : *vous avez été heureux, je ne puis en dire autant,* usted ha sido feliz, yo no puedo decir lo mismo. ‖ Más, mejor : *il aimerait autant ne pas y être,* quisiera más no estar. ‖ — *Autant comme autant,* lo mismo. ‖ *Autant de* (avec un verbe), otro tanto : *c'est autant de pris sur l'ennemi,* es otro tanto ganado al enemigo ; (avec un nom, ou avec *en* au sens de quantité), tanto, ta, tantos, tas, (adj.) : *il a fait autant de fautes que moi,* ha hecho tantas faltas como yo ; (au sens d'équivalence), otros tantos, otras tantas (adj. pl.) : *les étoiles sont autant de soleils,* las estrellas son otros tantos soles. ‖ *Autant de... autant de...,* tantos... tantos... (adj.) : *autant de têtes, autant d'avis,* tantas cabezas, tantos pareceres. ‖ *Autant que* (avec un verbe), tanto como, tan como : *j'en sais autant que lui,* de eso

sé tanto como él ; *il est savant autant que modeste*, es tan sabio como modesto ; (avec un nom), tanto (*adj.*) como : *j'ai autant d'amis que lui*, tengo tantos amigos como él ; cuanto : *il a travaillé autant qu'il pouvait*, ha trabajado cuanto podía ; según lo que : *autant qu'il s'en souvienne*, según lo que se acuerda ; hasta donde : *autant que je puisse*, hasta donde yo pueda. ‖ (Vx) *D'autant*, otro tanto ; *il mange comme quatre et boit d'autant*, come como cuatro y bebe otro tanto. ‖ *D'autant moins que*, menos aún cuando, ya que, tanto menos... cuanto que : *je le crains d'autant moins qu'il est mon père*, le temo tanto menos cuanto que es mi padre. ‖ *Pour autant*, sin embargo (cependant), por eso, por ello. ‖ — *Autant dire que*, eso es tanto como decir. ‖ *Autant en emporte le vent*, lo que el viento se llevó. ‖ *Autant que possible*, en lo posible, en lo que cabe. ‖ *Autant vaut*, o poco menos : *c'est un homme mort, ou autant vaut*, es un hombre muerto o poco menos.
— Observ. *Autant* se traduit en espagnol par un adverbe invariable devant les verbes et par un adjectif variable lorsque, accompagné de *de*, il est suivi d'un nom (*ne ris pas autant*, no te rías tanto ; *autant de fleurs*, tantas flores).

autarchie f. Autarquía.
autarchique adj. Autárquico, ca.
autarcie f. Autarcía.
autarcique adj. Autárcico, ca.
autel m. Altar. ‖ (Vx). Ara, *f.* (autel à sacrifices). ‖ — *Maître-autel*, altar mayor. ‖ *Sur l'autel de*, en aras de.
auteur m. Autor : *l'auteur d'un accident*, el autor de un accidente. ‖ ● Autor, ra : *cette femme est l'auteur de ce roman*, esa mujer es la autora de esta novela. ‖ DR. Autor. ‖ — *Auteur interprète*, cantaautor. ‖ *Femme auteur*, autora. ‖ — *Étudier un auteur*, estudiar un escritor.
— Syn. ● *Écrivain*, escritor. *Prosateur*, prosista. *Poète*, poeta. *Homme de lettres*, hombre de letras, literato. *Fam. Gens de lettres*, gente de letra. *Littérateur*, literato.
authente adj. Mus. Auténtico, ca.
authenticité f. Autenticidad.
authentifier v. tr. Autentificar, autentizar.
authentique adj. Auténtico, ca.
authentiquer v. tr. Autenticar, legalizar.
auto f. Auto, *m.*, coche, *m.* [*Amér.*, carro) (automobile).
auto m. Auto sacramental (drame religieux).
auto-allumage m. Autoencendido.
autobiographe m. Autobiógrafo.
autobiographie f. Autobiografía.
autobiographique adj. Autobiográfico, ca.
autobus m. Autobús. ‖ *Autobus à impériale*, autobús de dos pisos.
autocanon m. Autocañón.
autocar m. Autocar.
autochenille [otoʃniːj] f. Autooruga, *m.*
autochrome [-kroːm] adj. Autocromo, ma.
autochtone [otɔktɔn] adj. et s. Autóctono, na ; indígena.
autoclave m. Autoclave, *f.*
autocollant m. Pegatina, *f.*
autocopie f. Autocopia.
autocrate m. Autócrata.
autocratie [otɔkrasi] f. Autocracia.
autocratique adj. Autocrático, ca.
autocritique f. Autocrítica.
autocuiseur m. Olla (*f.*) de presión.
autocycle m. Autociclo.
autodafé m. Auto de fe.
autodétermination f. Autodeterminación.
autodidacte adj. et s. Autodidacto, a.
autodrome m. Autódromo.
auto-école f. Autoescuela.

autofécondation f. Autofecundación.
autofinancement m. Autofinanciación, *f.*, autofinanciamiento.
autogamie f. Bot. Autogamia.
autogène adj. Autógeno, na : *soudure autogène*, soldadura autógena.
autogestion f. Autogestión.
autogestionnaire adj. Autogestionario, ria.
autogire m. Autogiro.
autographe adj. et s. m. Autógrafo, fa.
autographie f. Autografía.
autographique adj. Autográfico, ca.
autoguidage m. Conducción (*f.*) automática.
autoguidé, e adj. Autodirigido, da.
auto-induction f. Atoinducción.
auto-infection f. Autoinfección.
auto-intoxication f. Autointoxicación.
autolubrification f. Engrase (*m.*) automático.
autolyse f. Autólisis.
automate m. Autómata.
— Syn. *Robot*, robot. *Machine*, máquina. (P. us.). *Androïde*, androide.
automaticité f. Automaticidad.
automation f. Automatización, automación.
— Observ. Bien que *automación* soit employé très couramment, l'Académie préfère *automatización*.
automatique adj. Automático, ca.
automatisation f. Automatización.
automatiser v. tr. Automatizar.
automatisme m. Automatismo.
automédon m. Automedonte.
automitrailleuse f. Autoametralladora.
automnal, e adj. Otoñal. ‖ Poét. Autumnal.
automne [otɔn] m. Otoño.
automobile adj. Automóvil.
— F. Automóvil, *m.*
automobilisme m. Automovilismo.
automobiliste m. et f. Automovilista.
automoteur, trice adj. Automotor, ra.
— F. Automotor, *m.*, autovía, *m.* (autorail).
autonome adj. Autónomo, ma.
autonomie f. Autonomía.
autonomique adj. Autonómico, ca.
autonomiste adj. et s. Autonomista.
autoplastie f. Méd. Autoplastia.
autopompe f. Autobomba, bomba de motor.
autoportrait m. Autorretrato.
autopropulsé, e adj. Autopropulsado, da : *fusée autopropulsée*, cohete autopropulsado.
autopropulseur adj. et s. m. Autopropulsor.
autopropulsion f. Autopropulsión.
autopsie f. Méd. Autopsia.
autopside adj. Min. Autópsido, da.
autopsier* v. tr. Autopsiar.
autopunition f. Autocastigo, *m.*
autoradiographie f. Autorradiografía.
autorail [otɔraj] m. Autovía, *f.*, ferrobús.
autoréglage m. ou **autorégulation** f. Autorregulación, *f.*
autorisable adj. Autorizable.
autorisation f. Autorización, permiso, *m.* : *demander l'autorisation de sortir*, pedir permiso para salir.
autoriser v. tr. Autorizar, permitir : *je vous y autorise*, se lo permito.
— V. pr. Apoyarse en la autoridad de, fundarse en.
autoritaire adj. et s. Autoritario, ria : *régime autoritaire*, régimen autoritario.
autoritarisme m. Autoritarismo.
autorité f. Autoridad. ‖ — *D'autorité*, autoritariamente, de manera imperativa. ‖ *De pleine autorité*, con plena autoridad. ‖ *De sa propre autorité o de son autorité privée*, por su propia autoridad, sin derecho. ‖ — *Avoir de l'autorité*

sur quelqu'un, tener ascendencia con alguien. ‖ *Faire autorité,* ser autoridad.

— Syn. *Puissance,* potencia, poder. *Pouvoir,* poder, poderío. *Empire,* imperio, señorío. *Domination,* dominación, dominio. *Loi,* ley. *Férule,* férula. *Prépotence,* prepotencia.

autoroute f. Autopista : *autoroute à péage,* autopista de peaje.

auto-stop m. Autostop.

auto-stoppeur, euse m. et f. Persona que hace autostop.

autostrade f. Autopista.

autosuggestion [otɔsygʒɛstjɔ̃] f. Autosugestión.

autotélique adj. Autotélico, ca.

autotest m. Prueba (*f.*) a la que uno se somete a sí mismo.

autotomie f. Autotomía.

autotransformateur m. Transformador automático.

autour adv. Alrededor : *la Terre tourne autour du Soleil,* la Tierra gira alrededor del Sol. ‖ En torno, en derredor : *ceux qui vivent autour de nous,* los que viven en torno nuestro. ‖ En torno : *il y a des policiers autour de la maison,* hay policías en torno a *ou* de la casa. ‖ Fam. Alrededor, poco más o menos *ou* cosa de : *il possède autour d'un million,* posee alrededor *ou* cosa de un millón. ‖ — (Vx) *Ici autour,* al rededor, cerca, por aquí. ‖ *Tout autour,* por todos lados, por todas partes. ‖ *Tourner autour du pot,* andarse por las ramas, andar con rodeos.

autour m. Azor (oiseau).

autovaccin m. Autovacuna, *f.*

autre adj. Otro, tra : *lire un autre livre,* leer otro libro. ‖ Otro, tra : *c'est un autre moi-même,* es otro yo. ‖ Otro, tra : *l'autre jour il est venu,* el otro día vino.
— Pron. Otro, tra : *l'un dit blanc, les autres noir,* uno dice blanco, los otros negro.
— *Autre part,* otra parte (ailleurs). ‖ Fam. *À d'autres!,* ¡a otro perro con ese hueso!, ¡cuéntaselo a otro! ‖ *D'autre part,* por otro lado, por otra parte. ‖ *De temps à autre,* de vez en cuando. ‖ *Entre autres,* entre otros. ‖ *En voilà une autre!,* ¡esta es otra! ‖ *Les autres,* los otros, los demás. ‖ *L'un dans l'autre,* uno con otro ‖ *l'un et l'autre,* uno y otro. ‖ *L'un l'autre,* uno a otro : *se regarder l'un l'autre,* mirarse uno a otro : ‖ *L'un ou l'autre,* uno u otro, uno de los dos. ‖ *Nous autres, vous autres,* nosotros, vosotros. ‖ *Sans autre,* sin más. ‖ *Tout autre,* otro, muy diferente, cambiado : *c'est un tout autre homme maintenant,* es otro hombre que antes, está muy cambiado. ‖ *Tout autre que,* cualquier otro que no fuese (a 7ec un substantif), cualquiera otro que no fuese (pronom). ‖ *Un jour ou l'autre,* uno de estos días. ‖ — *C'est tout autre chose!,* ¡es completamente distinto! ‖ *C'est une autre paire de manches,* eso es otro cantar, eso es harina de otro costal. ‖ *Il n'en fait pas d'autres!,* ¡siempre hace lo mismo! ‖ *Parler de choses et d'autres,* hablar de esto y de lo otro.

autrefois adv. En otro tiempo, antaño.

autrement adv. De otro modo : *il parle autrement qu'il ne pense,* habla de otro modo que piensa. ‖ Si no, de lo contrario : *obéissez, autrement vous serez puni,* obedezca, si no será castigado. ‖ Mucho más : *c'est autrement bon,* es mucho más bueno. ‖ — *Autrement dit,* es decir, dicho de otro modo, o lo que es igual, con otras palabras. ‖ *Pas autrement,* no de otro modo : *c'est ainsi, pas autrement,* es así, no de otro modo; no... mucho : *cela ne l'a pas autrement attristé,* ésto no le ha entristecido mucho. ‖ *Tout autrement,* de muy distinto modo.

Autriche n. pr. f. Géogr. Austria.

autrichien, enne adj. et s. Austriaco, ca.

autruche f. Avestruz, *m.* ‖ — Fam. *Estomac d'autruche,* estómago de piedra (qui digère tout). ‖ *Faire la politique de l'autruche,* comportarse como el avestruz, que esconde la cabeza para no ver el peligro.

autrui pron. inv. El prójimo : *mal parler d'autrui,* hablar mal del prójimo. ‖ *D'autrui,* ajeno : *le bien d'autrui,* el bien ajeno; *chez autrui,* en casa ajena.

auvent m. Tejadillo, colgadizo. ‖ Sobradillo.

auvergnat, e adj. et s. Auvernés, esa.

auvergne f. Agua de casca (tan).

Auvergne n. pr. f. Géogr. Auvernia.

aux [o] pl. de *au.* A los, a las. ‖ *Aux bons soins de,* suplicada a (lettre). [Voir a.]

auxiliaire adj. et s. Auxiliar.

auxiliateur, trice adj. et s. Auxiliador, ra.

avachi, e adj. Deformado, da (déformé). ‖ Marchito, ta (fané). ‖ Fig. et Fam. Molido, da ; hecho polvo (fatigué).

avachir (s') v. pr. Fam. Deformarse (se déformer). ‖ Apoltronarse (devenir lâche).

avachissement m. Deformación, *f.* ‖ Apoltronamiento, flojera, *f.* (mollesse).

aval m. Río abajo : *aller en aval,* ir río abajo. ‖ *En aval de,* más abajo de, río abajo de.

aval m. Comm. Aval (garantie). ‖ *Pour aval,* por aval. ‖ *Donner son aval,* avalar, suscribir el aval.

avalaison f. Torrente, *m.* (cours d'eau). ‖ Turbión, *m.,* aguacero, *m.* (averse). ‖ Rambla, torrentera (d'un torrent).

avalanche f. Alud, *m.,* avalancha. ‖ Fig. Avalancha : *une avalanche d'injures,* una avalancha de injurias.
— Observ. Le mot *avalancha* qui était considéré comme un gallicisme a été accepté par l'Académie espagnole de la langue.

avaler v. tr. ● Tragar. ‖ Ingerir (un médicament). ‖ Fam. Tomar : *je n'ai rien avalé depuis hier,* no he tomado nada desde ayer. ‖ Engullir (engloutir). ‖ Fig. Comerse : *avaler la moitié des mots,* comerse la mitad de las palabras. ‖ Fig. et Fam. Tragarse, creer : *il avale tout ce qu'on lui dit,* se traga cuanto le dicen. ‖ Soportar, tragarse : *avaler une insulte,* tragarse un insulto. ‖ — Fam. *Avaler des bourdes,* comulgar con ruedas de molino. ‖ *Avaler des yeux,* comerse con los ojos. ‖ *Avaler le morceau, la pilule,* tragar la píldora. ‖ *Avaler sa langue,* no decir ni pío. ‖ *Avaler son bulletin de naissance,* irse al otro barrio. ‖ *Avaler son parapluie,* andar muy tieso *ou* estirado. ‖ *Ne pas pouvoir avaler quelque chose* o *quelqu'un,* atragantársele algo *ou* alguien a alguno.
— V. intr. Ir río abajo (bateau). ‖ *En faire avaler,* engañar, pegársela a uno.
— V. pr. Fig. Comerse : *on aurait dit qu'ils allaient s'avaler,* parecía que iban a comerse.
— Syn. ● *Absorber,* absorber. *Engloutir, engullir. Gober,* zampar, tragar. *Fam. Ingurgiter,* ingurgitar.

avaleur, euse m. et f. Fam. Tragón, ona. ‖ *Avaleur de sabre,* tragasables.

avaliser v. tr. Comm. Avalar (donner son aval). ‖ Avalar, garantizar : *avaliser une politique,* avalar una política.

à-valoir m. inv. Pago parcial anticipado.

avaloire f. Retranca (harnais). ‖ Pop. Tragaderas, *pl.* (gosier).

avance f. Adelanto, *m.* : *il est arrivé avec beaucoup d'avance,* llegó con mucho adelanto. ‖ Adelanto, *m.,* movimiento, *m.* (mouvement). ‖ Anticipo, *m.* : *faire une avance à un ouvrier,* hacer un anticipo a un obrero. ‖ Ventaja, adelanto, *m.* : *il est arrivé avec une avance de 50 m,* llegó con una ventaja de 50 m. ‖ Archit. Vuelo,

AUTOMOBILE (vocabulaire) — AUTOMÓVIL (vocabulario)

I. Généralités. — Generalidades.

vitesse	velocidad
moteur à quatre temps	motor de cuatro tiempos
moteur à deux temps	motor de dos tiempos
Diesel	Diesel
cabriolet	cabriolé
limousine	limusina
voiture (f.) de course	coche (m.) de carrera
traction toutes roues	propulsión total, doble tracción,
traction avant	tracción delantera
remorque f.	remolque m.

II. Parties extérieures. — Partes exteriores.

roue directrice	rueda directriz
roue motrice	rueda motriz
pneu arrière	neumático trasero
pneu avant	neumático delantero
calandre	rejilla del radiador, calandra
pare-brise	parabrisas
garde-boue	guardabarros
glace	cristal
indicateur de direction	indicador de dirección
clignotant	intermitente
rétroviseur	retrovisor
coffre m.	maleta f.; portaequipajes
châssis	bastidor
plaque d'immatriculation	placa de matrícula
plaque de nationalité	placa de nacionalidad
enjoliveur	tapacubos (roues); embellecedor
aile	aleta

III. Parties intérieures. — Partes interiores.

siège du conducteur	asiento del conductor
siège du passager	asiento del pasajero
siège arrière	asiento trasero
levier (m.) des vitesses	palanca (f.) de cambio de velocidades
compteur de vitesse	velocímetro, cuentavelocidades
boîte de vitesses	caja de velocidades, de cambios
boîte synchronisée	caja sincronizada
roulement à billes	cojinete de bolas
starter	starter, estrangulador
démarreur	arranque
avertisseur (m.) sonore	señal (f.) acústica
pédale (f.) de frein	pedal (m.) de freno
pédale (f.) d'embrayage	pedal (m.) de embrague
changement de vitesse	cambio de velocidades
tableau de bord	salpicadero
frein	freno
frein à main, au pied	freno de mano, de pie
transmission	transmisión
arrivée d'essence	llegada de gasolina
piston	pistón, émbolo
radiateur	radiador
courroie du ventilateur	correa del ventilador
essieu	eje
chambre à air	cámara de aire
robinet de vidange	grifo de vaciado
silencieux	silencioso
réservoir	depósito
trop-plein	tubo de desagüe
valve	válvula
tuyau d'échappement	tubo de escape
pot d'échappement	silencioso

IV. Electricité. — Electricidad.

installation électrique	instalación eléctrica
éclairage m.	luces f. pl.
phare	faro
phare (m.) code	luz (f.) de cruce
feux arrières	pilotos
feux (m. pl.) de position	luces (f.) de posición

batterie	batería
batterie de rechange	batería de recambio
bougie	bujía

V. Garage [matériel]. — Garaje [material].

roue de secours	rueda de recambio ou de repuesto
ruban (m.) isolant (chatterton)	cinta (f.) aislante
cric	gato
bidon	bidón
carburant	carburante
essence	gasolina
eau de refroidissement	agua de refrigeración
huile f.	aceite m.
graissage	engrase
antigel	anticongelante
antibrouillard	antiniebla
antidérapant	antideslizante
boîte à outils	caja de herramientas
manivelle	manivela
(voiture) dépanneuse f.	coche (m.) de auxilio en carretera, grúa remolque
pièces de rechange	piezas de recambio ou de repuesto
jauge f.	indicador (m.) de nivel
niveau d'huile	nivel de aceite
vidange f.	vaciado, cambio de aceite
faire la vidange	cambiar el aceite

VI. Réparations et dépannage. — Reparaciones de averías.

vulcaniser	vulcanizar
gonfler	inflar, hinchar
pression des pneus	presión de los neumáticos
faire le plein	llenar el depósito de gasolina
pompiste	encargado de un surtidor de gasolina
pompe (f.) à essence	surtidor (m.) de gasolina
essence ordinaire, super	gasolina corriente, súper
pompe à air	bomba de aire
ajuster	ajustar
charger une batterie	cargar una batería
panne	avería
atelier de dépannage	taller de reparación
accident	accidente
crevaison f.	pinchazo m.
rustine f.	parche m.
démonter (pneu)	desmontar
démonte-pneu	desmontable
déraper	patinar
geler	helar
cogner (moteur)	golpear
remorquer	remolcar
assurance (f.) accidents	seguro (m.) contra accidentes
assurance (f.) vol	seguro (m.) contra robo
assurance (f.) tous risques	seguro (m.) a todo riesgo
assurance au tiers	seguro (m.) de daños a tercero

VII. Conduite. — Conducción.

permis de conduire	carnet de conducir, permiso de conducción
accélérer	acelerar
freiner	frenar
embrayer	embragar
débrayer	desembragar
caler	calarse
changer de vitesse	cambiar de velocidad
démarrer	arrancar
dépasser, doubler	adelantar, pasar
appuyer sur l'accélérateur	pisar el acelerador
lacher l'accélérateur	soltar el acelerador
passer les vitesses	cambiar de velocidad
vitesse	velocidad
vitesse limite	velocidad límite
parquer, stationner	aparcar, estacionar
parc, parcage, parking	aparcamiento
marche arrière	marcha atrás

AUTOMOBILE — AUTOMÓVIL

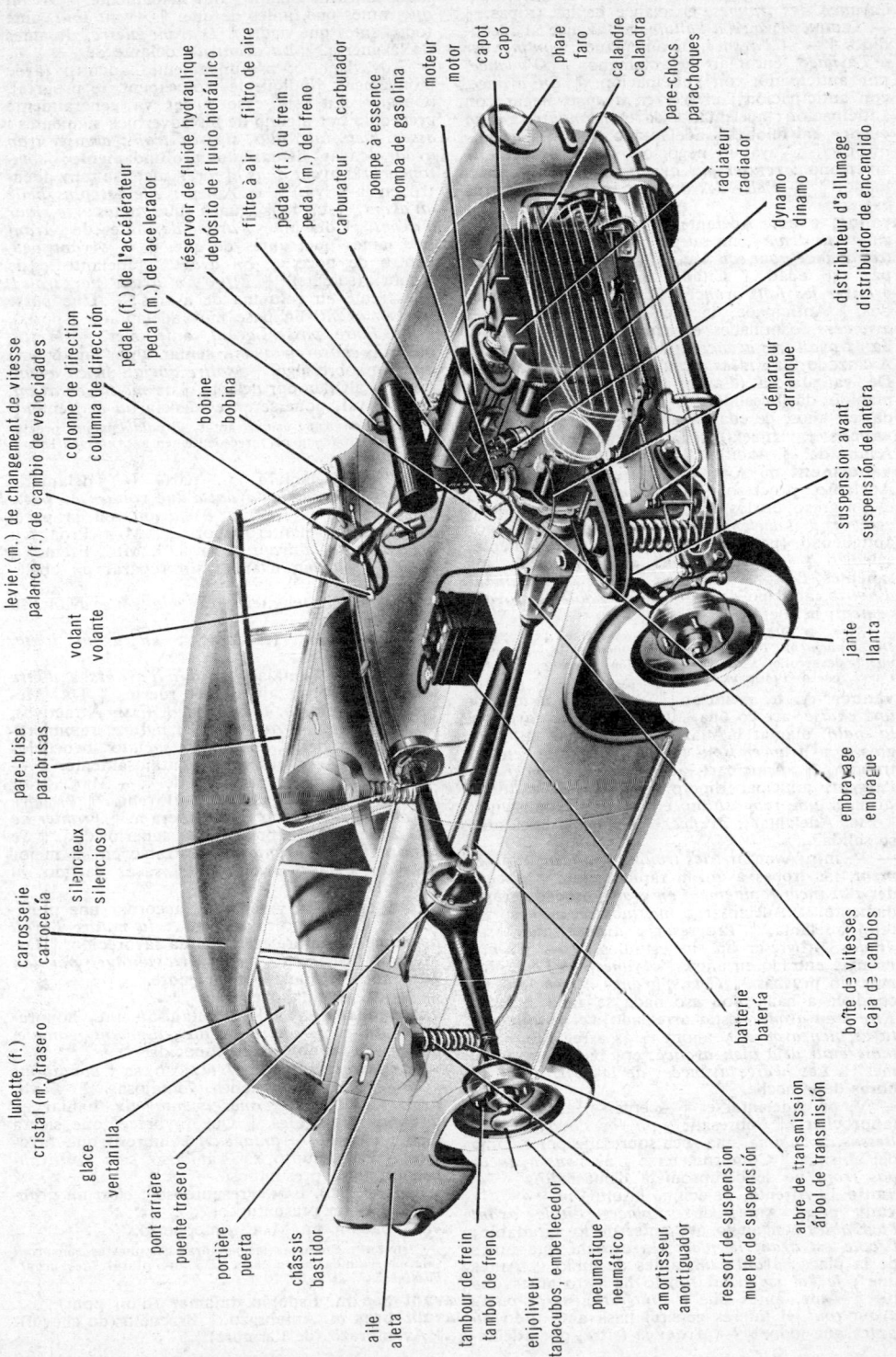

lunette (f.)
cristal (m.) trasero

carrosserie
carrocería

pare-brise
parabrisas

levier (m.) de changement de vitesse
palanca (f.) de cambio de velocidades

colonne de direction
columna de dirección

réservoir de fluide hydraulique
depósito de fluido hidráulico

pédale (f.) de l'accélérateur
pedal (m.) del acelerador

filtre à air   filtro de aire

pédale (f.) du frein
pedal (m.) del freno

carburateur
carburador

pompe à essence
bomba de gasolina

carburateur
carburador

bobine
bobina

moteur
motor

capot
capó

phare
faro

calandre
calandra

pare-chocs
parachoques

radiateur
radiador

dynamo
dínamo

distributeur d'allumage
distribuidor de encendido

volant
volante

silencieux
silencioso

démarreur
arranque

suspension avant
suspensión delantera

jante
llanta

glace
ventanilla

pont arrière
puente trasero

portière
puerta

châssis
bastidor

embrayage
embrague

aile
aleta

tambour de frein
tambor de freno

enjoliveur
tapacubos, embellecedor

pneumatique
neumático

amortisseur
amortiguador

ressort de suspension
muelle de suspensión

arbre de transmission
árbol de transmisión

batterie
batería

boîte de vitesses
caja de cambios

m., saledizo, *m.*, saliente, *m.* ‖ MIL. Avance, *m.* : *l'avance des troupes,* el avance de las tropas. ‖ — TECHN. *Avance à l'allumage,* avance al incendido. ‖ — *À l'avance,* de antemano : *commander à l'avance,* encargar de antemano. ‖ *D'avance,* por anticipado, con anticipación. ‖ *En avance,* con anticipación : *arriver en avance,* llegar con anticipación ; adelantado, da : *ma montre est en avance,* mi reloj está adelantado. ‖ FAM. *La belle avance !,* ¡Vaya un negocio ! ‖ *Par avance,* de antemano : *refuser par avance,* negarse de antemano. ‖ — *Faire des avances,* dar los primeros pasos.

avancé, e adj. Adelantado, da ; avanzado, da : *un poste avancé,* un puesto avanzado ; *un enfant très avancé pour son âge,* un niño muy adelantado para su edad. ‖ Citado, da ; enunciado, da : *prouver les faits avancés,* probar los hechos citados. ‖ Anticipado, da ; adelantado, da : *sommes avancées,* cantidades anticipadas. ‖ Adelantado, da : *travail très avancé,* trabajo muy adelantado. ‖ Avanzado, da : *idées avancées,* ideas avanzadas. ‖ De vanguardia (d'avant-garde). ‖ Pasado, da ; manido, da (faisandé). ‖ *D'un âge avancé,* entrado, da, en años, de edad avanzada.

avancée f. Hijuela, sedal, *m.* (pêche). ‖ MIL. Avanzada. ‖ ARCHIT. Saliente, *m.*, saledizo, *m.*

avancement m. Avance (action d'avancer). ‖ Adelanto, progreso : *l'avancement des travaux,* el progreso de los trabajos. ‖ Ascenso : *avancement à l'ancienneté, au choix,* ascenso por antigüedad, por elección. ‖ ARCHIT. Saliente, saledizo : *les avancements d'une muraille,* los salientes de una muralla. ‖ DR. *Avancement d'hoirie,* anticipo de herencia. ‖ *Tableau d'avancement,* escalafón.

— SYN. ● *Progrès,* progreso. *Progression,* progresión. *Développement,* desenvolvimiento, desarrollo. *Déroulement,* desarrollo. *Évolution,* evolución. *Marche,* marcha. *Cours,* curso. *Processus,* proceso.

avancer* v. tr. Avanzar. ‖ Acercar : *il avança une chaise,* acercó una silla. ‖ Alargar : *avancer la main,* alargar la mano. ‖ Adelantar en, progresar : *avancer son travail,* adelantar en su trabajo. ‖ Anticipar, adelantar : *avancer de l'argent,* anticipar dinero. ‖ Exponer, emitir : *avancer une proposition,* emitir una proposición. ‖ FIG. Adelantar : *avancer son départ,* adelantar su salida.
— V. intr. Avanzar : *les troupes avancent rapidement,* las tropas avanzan rápidamente. ‖ Ascender : *avancer rapidement en grade,* ascender rápidamente. ‖ Adelantar : *ma montre avance,* mi reloj adelanta. ‖ Progresar : *avancer dans ses études,* progresar en sus estudios. ‖ — *Avancé en âge,* entrado en años. ‖ *Avancer en l'air,* afirmar sin pruebas. ‖ *Cela n'avance à rien,* eso no conduce a nada, con eso nada se gana. ‖ FAM. *Être bien avancé,* estar arreglado : *et maintenant tu es bien avancé,* y ahora estás arreglado. ‖ *Le mois était déjà bien avancé,* era bien entrado el mes. ‖ *Les heures avancées de la nuit,* las altas horas de la noche.
— V. pr. Adelantarse. ‖ Acercarse, aproximarse (approcher). ‖ Sobresalir : *un roc s'avançait au-dessus de l'abîme,* una roca sobresalía por encima del abismo. ‖ Comprometerse : *ne vous avancez pas trop,* no se comprometa demasiado.

avanie f. Afrenta, vejación, insulto, *m.*

avant prép. Antes de : *placez l'utile avant l'agréable,* pongan lo útil antes de lo agradable ; *l'école est avant la place,* la escuela está antes de la plaza ; *avant juin,* antes de junio. ‖ Antes que : *je l'ai vu avant toi,* lo he visto antes que tú. ‖ Ante, antes que : *l'intérêt général passe avant tout,* el interés general pasa ante todo *ou* antes que todo. ‖ — *Avant la lettre,* por adelan-

tado, antes de tiempo, anticipadamente. ‖ *Avant que,* antes que, antes de que. ‖ *Avant tout,* ante todo, antes que nada. ‖ *D'avant-guerre,* de antes de la guerra. ‖ *En avant de,* delante de.
— Adv. Dentro, profundamente, adentro (avec mouvement) [indique le mouvement, le progrès]. (OBSERV. En este caso *avant* va generalmente precedido por alguno de los adverbios siguientes : *assez, bien, fort, plus, si, très, trop* : *creuser trop avant,* cavar demasiado profundamente ; *s'enfoncer très avant dans la forêt,* meterse muy adentro en la selva.) ● Antes : *elle est plus belle qu'avant,* está más guapa que antes ; *le jour d'avant,* el día antes ; *avant de,* antes de ; *avant que,* antes que, antes de que. ‖ — *Avant peu,* dentro de poco. ‖ *En avant !,* ¡adelante !, ¡de frente ! (soldats). ‖ MIL. *En avant par trois !,* ¡de frente en columna de a tres ! ‖ *Une passe très en avant,* un pase muy adelantado (sports). ‖ — *Faire passer avant,* anteponer. ‖ *Mettre quelque chose en avant,* sentar algo, emitir una opinión sobre algo. ‖ *Mettre quelqu'un en avant,* poner a alguien por delante. ‖ *Se mettre en avant,* hacerse ver, ponerse en evidencia *ou* al frente.
— SYN. ● *Auparavant,* antes. *Préalablement,* previamente. *Précédemment,* precedentemente. *Antérieurement,* anteriormente.

● **avant** m. Delantera, *f.*, parte (*f.*) delantera, parte (*f.*) anterior : *l'avant d'une voiture,* la parte delantera de un coche ; *à l'avant,* en la parte delantera. ‖ Delantero (sports). ‖ MAR. Proa, *f.* : *à l'avant, sur l'avant,* a proa. ‖ MIL. Frente, *m.* ‖ *Aller de l'avant,* avanzar sin reparar en obstáculos.
— Adj. inv. Delantero, ra : *la roue avant,* la rueda delantera.
— Interj. MAR. ¡Avante ! : *en avant toute,* ¡avante toda !

avantage m. Ventaja, *f.* : *il a l'avantage d'être fort,* tiene la ventaja de ser fuerte. ‖ DR. Mejora, *f.* ‖ Ventaja, *f.* (tennis). ‖ FAM. Atractivos, *pl.* (appas). ‖ — *Avantage en nature,* remuneración en especies. ‖ *Avantages sociaux,* beneficios sociales. ‖ *Avec avantage,* ventajosamente. ‖ — *À l'avantage de,* en provecho de. ‖ — MAR. *L'avantage du vent,* estar a barlovento. ‖ *Prendre l'avantage sur,* tomar la delantera a. ‖ *Profiter de son avantage,* beneficiar de su superioridad. ‖ *Se montrer à son avantage,* mostrarse en su mejor aspecto. ‖ *Tirer avantage de,* sacar partido *ou* provecho de.

avantager* v. tr. Aventajar (accorder une préférence). ‖ Favorecer, agraciar : *la nature l'avait avantagé,* la naturaleza le había favorecido. ‖ DR. Mejorar (testament) : *elle fut avantagée par son père,* fue mejorada por su padre.
— V. pr. Aventajarse.

avantageusement adv. Ventajosamente, honorablemente : *personne avantageusement connue,* persona honorablemente conocida.

avantageux, euse adj. Ventajoso, sa : *conditions avantageuses,* condiciones ventajosas. ‖ Favorable : *parler en termes avantageux,* hablar en términos favorables. ‖ Que favorece, que sienta bien : *chapeau avantageux,* sombrero que favorece. ‖ Presuntuoso, sa ; vanidoso, sa : *ton avantageux,* tono presuntuoso.
— M. (P. us.). FAM. Presuntuoso : *c'est un avantageux,* es un presuntuoso.

avant-bassin m. MAR. Antepuerto.
— OBSERV. En todas las palabras compuestas con *avant* sólo la segunda parte toma la *s* del plural (*des avant-bassins*).

avant-bec m. Espolón, tajamar (d'un pont).
avant-bras m. Antebrazo. ‖ Brazuelo (du cheval). ‖ Avambrazo (de l'armure).

avant-centre m. Delantero centro (football).
avant-chœur [avᾰkœːr] m. Antecoro.
avant-clou m. Barrena (f.) pequeña.
avant-corps [avᾰkɔːr] m. inv. ARCHIT. Salidizo, arimez.
avant-cour f. Antepatio, m.
avant-coureur adj. m. Precursor, ra : *signes avant-coureurs du malheur*, signos precursores de la desgracia. ‖ — M. (P. us.). Precursor.
avant-courrier m. (P. us.). Postillón.
avant-courrière f. POÉT. Precursora : *l'aurore avant-courrière du jour*, la aurora precursora del día.
avant-dernier, ère adj. et s. Penúltimo, ma.
avant-faire-droit m. DR. Sentencia (f.) interlocutoria.
avant-fossé m. MIL. Antefoso.
avant-garde f. Vanguardia. ‖ — *D'avant-garde*, de vanguardia, vanguardista : *un film d'avant-garde*, una película vanguardista. ‖ FIG. *Être à l'avant-garde du progrès*, ir a la vanguardia del progreso.
avant-goût m. Sabor anticipado. ‖ FIG. *Donner un avant-goût d'une affaire*, dar una primera impresión de un asunto.
avant-guerre f. et m. NÉOL. Período (m.) anterior a la guerra.
avant-hier [avᾰtijɛːr] adv. Anteayer, antes de ayer. ‖ *Avant-hier soir*, anteanoche, antes de anoche.
avant-main m. Cuarto delantero (chevaux).
avant-mont m. Estribación, f.
avant-plan m. ARTS. Primer plano.
avant-port [avᾰpɔːr] m. Antepuerto.
avant-poste m. MIL. Puesto avanzado. ‖ FIG. Vanguardia, f.
avant-première f. Primera función, destinada a los críticos, de una obra teatral o una película. ‖ Inauguración no oficial de una exposición destinada a críticos.
avant-projet m. Anteproyecto.
avant-propos m. inv. Prólogo, prefacio, proemio.
avant-scène [avᾰsɛːn] f. Proscenio, m. (partie de la scène). ‖ Palco (m.) de proscenio (loge).
avant-toit m. ARCHIT. Alero, voladizo.
avant train m. Juego delantero (d'une voiture). ‖ MIL. Armón, avantrén.
avant-veille [avᾰvɛːj] f. Antevíspera.
avare adj. et s. ● Avaro, ra. ‖ FIG. Parco, ca : *avare de confidences*, parco en confidencias.
— SYN. ● *Avaricieux*, avaricioso, avariento. *Thésauriseur*, atesorador. Fam. *Grippe-sou*, tacaño, roñoso.
avarice f. Avaricia : *l'avarice perd tout en voulant tout gagner*, la avaricia rompe el saco.
avaricieux, euse adj. et s. Avaricioso, sa ; avariento, ta.
avarie f. Avería ; *avarie grosse o commune*, avería gruesa. ‖ Daño, m. deterioro, m. (détérioration). ‖ MÉD. Avariosis (syphilis).
avarié, e adj. Averiado, da ; echado, da, a perder. ‖ — Adj. et s. Sifilítico, ca.
avarier* v. tr. Echar a perder, estropear : *l'eau avaria nos provisions*, el agua echó a perder nuestras provisiones.
— V. pr. Averiarse (marchandise).
avatar m. Avatar, transformación ; f. : *les avatars de certains mots sont curieux*, las transformaciones que sufren algunas palabras son extrañas ‖ Vicisitud, f. : *les avatars de la vie*, las vicisitudes de la vida.
— OBSERV. *Avatar* dans le sens de transformation est un gallicisme employé fréquemment en espagnol.
à vau-l'eau loc. adv. Río abajo, con la corriente. ‖ FIG. A la perdición, al fracaso, a la deriva : *affaire qui s'en va à vau-l'eau*, negocio que corre al fracaso.

ave ou **Ave Maria** m. Avemaría, f. (prière). ‖ Cuenta, f. (grain de chapelet).
avec prép. Con : *sortir avec quelqu'un*, salir con alguien ; *parler avec prudence*, hablar con prudencia ; *fermer avec un cadenas*, cerrar con un candado ; *se lever avec le jour*, levantarse con la aurora. ‖ A pesar de, sin embargo : *il travaille beaucoup et avec cela il ne réussit pas*, trabaja mucho y sin embargo no triunfa. ‖ — *Avec moi, toi, soi*, conmigo, contigo, consigo. ‖ *D'avec*, de : *divorcer d'avec sa femme*, divorciar de su mujer.
— OBSERV. *Avec* se pone a veces al final de una frase : en este sentido se traduce por *también, además* : *elle nous a donné du chocolat et du pain avec*, nos ha dado chocolate y también, o además, pan.
aveinière f. Avenal, m., campo (m.) de avena.
avelanède f. Cascabillo, m.
aveline f. Avellana (noisette).
avelinier m. Avellano (noisetier).
aven [avɛn] m. Sima, f. (dialectal).
avenant [avnᾰ] m. Acta (f.) adicional (contrat). ‖ Póliza (f.) adicional (assurance).
avenant, e adj. Afable, de fácil trato, agradable : *des manières avenantes*, maneras agradables. ‖ — *À l'avenant*, en proporción, en armonía : *de jolis yeux, un teint à l'avenant*, ojos bonitos y una tez en armonía ; por el estilo, a tenor : *tout est à l'avenant*, todo está por el estilo. ‖ *À l'avenant de*, conforme con, de acuerdo con : *les paroles étaient à l'avenant de la musique*, la letra estaba de acuerdo con la música.
avènement m. Advenimiento : *l'avènement du Messie*, el advenimiento de Cristo. ‖ Llegada (f.) al trono : *l'avènement de Louis XIV*, la llegada de Luis XIV al trono. ‖ Acceso : *avènement à une condition meilleure*, acceso a una condición superior.
avenir m. Porvenir, futuro : *assurer l'avenir de quelqu'un*, asegurar el porvenir de alguien. ‖ Posteridad : *l'avenir nous jugera*, la posteridad nos juzgará. ‖ — *Éternel avenir*, la Eternidad. ‖ — *À l'avenir*, en lo sucesivo, de ahora en adelante. ‖ *Personne d'avenir*, persona de porvenir. ‖ — *Avoir de l'avenir*, tener porvenir.
avenir ou **à venir** m. DR. Convocación, f., requerimiento (d'un avoué à un autre).
avent m. Adviento : *4e dimanche de l'avent*, 4.º domingo de Adviento.
aventure f. Aventura : *roman d'aventures*, novela de aventuras. ‖ — *La bonne aventure*, la buena ventura : *dire la bonne aventure*, echar la buenaventura. ‖ — *À l'aventure*, a la ventura, a la buena de Dios. ‖ *D'aventure o par aventure*, por ventura, casualmente, por casualidad. ‖ MAR. *Prêt à la grosse aventure*, préstamo a la gruesa. ‖ *Tenter l'aventure*, probar fortuna.
— SYN. *Accident*, accidente. *Revers*, revés. *Événement*, acontecimiento, suceso. *Episode*, episodio. *Péripétie*, peripecia.
aventuré, e adj. Aventurado, da : *une entreprise aventurée*, una empresa aventurada.
aventurer v. tr. Aventurar, arriesgar, exponer : *aventurer un capital*, arriesgar un capital.
— V. pr. Aventurarse.
aventureusement adv. A la aventura, aventuradamente.
aventureux, euse adj. Aventurado, da ; arriesgado, da : *projet aventureux*, proyecto aventurado. ‖ Azaroso, sa : *existence aventureuse*, existencia azarosa.
aventurier, ère adj. et s. Aventurero, ra.
aventurine f. Venturina (pierre).
avenu, e adj. Sólo se emplea en la loc. : *nul et non avenu*, nulo y sin valor.
avenue [avny] f. Avenida (chemin). ‖ Avenida (grande rue). ‖ Alameda (allée). ‖ FIG. Camino, m. : *les avenues du pouvoir*, los caminos del poder.

avérage m. Promedio (moyenne). ‖ AGRIC. Ganado menor.

avéré, e adj. Probado, da : *un fait avéré,* un hecho probado.

avérer* v. tr. Comprobar, verificar : *avérer une nouvelle,* comprobar una noticia.
— V. pr. Revelarse : *l'entreprise s'avéra difficile,* la empresa se reveló difícil.

Averne m. GÉOGR. Averno.

Averroès [averɔɛs] n. pr. Averroes.

avers [avɛr] m. Anverso, cara, *f.*

averse f. Chaparrón, *m.,* aguacero, *m.,* chubasco, *m.* ‖ FIG. et FAM. Diluvio, *m.,* multitud : *une averse de discours,* un diluvio de discursos.

aversion f. Aversión : *prendre en aversion,* cobrar aversión.

averti, e adj. Advertido, da. ‖ Enterado, da ; prevenido, da : *se tenir pour averti,* darse por enterado. ‖ Avisado, da ; sagaz : *un critique averti,* un crítico sagaz. ‖ *Un homme averti en vaut deux,* hombre prevenido vale por dos.

avertir v. tr. Advertir, hacer saber : *je vous en avertis,* se lo advierto.
— SYN. *Donner avis,* hacer saber, hacer presente. *Informer,* informar. *Aviser,* avisar. *Prévenir,* prevenir.

avertissement m. ● Advertencia, *f.* : *un avertissement salutaire,* una advertencia saludable. ‖ Introducción, *f.* (préface). ‖ Aviso : *partir sans avertissement,* partir sin previo aviso. ‖ Notificación, *f.* (rappel à l'ordre).
— SYN. ● *Avis,* aviso. *Conseil,* consejo.

avertisseur m. Avisador (appareil). ‖ Aparato de alarma (signal d'alarme). ‖ Bocina, *f.,* aparato de señal acústica (voitures). ‖ THÉÂTR. Avisador. ‖ *Avertisseur optique,* aparato de señal óptica. ‖ *Avertisseur sonore,* señal sonora *ou* acústica.

aveu m. Confesión, *f.* : *l'aveu d'une faute,* la confesión de una falta. ‖ Permiso, consentimiento : *elle ne peut rien faire sans l'aveu de son mari,* no puede hacer nada sin el consentimiento de su marido. ‖ Reconocimiento : *l'aveu d'une dette,* el reconocimiento de una deuda. ‖ Declaración, *f.* : *de tendres aveux,* declaraciones amorosas. ‖ — *De l'aveu de,* según testimonio *ou* opinión de : *de l'aveu de tout le monde,* según la opinión de todos. ‖ *Faire l'aveu de,* confesar : *faire l'aveu de ses fautes,* confesar sus faltas. ‖ *Faire l'aveu de son amour,* declararse.

aveuglant, e adj. Deslumbrador, ra ; que ciega. ‖ FIG. Fehaciente : *une preuve aveuglante,* una prueba fehaciente.

aveugle adj. et s. Ciego, ga. ‖ — *Peur aveugle,* miedo cerval. ‖ — *À l'aveugle* ou *en aveugle,* a ciegas, a tontas y a locas : *parler en aveugle,* hablar a tontas y a locas. ‖ *Au royaume des aveugles les borgnes sont rois,* en tierra de ciegos el tuerto es rey. ‖ *Il n'est pire aveugle que celui qui ne veut pas voir,* no hay peor ciego que el que no quiere ver.

aveuglé, e adj. Cegado, da : *aveuglé par la passion,* cegado por la pasión.

aveuglement m. Ceguera, *f.,* ceguedad, *f.* ‖ FIG. Obcecación, *f.* (trouble de la raison).

aveuglément adv. Ciegamente : *obéir aveuglément,* obedecer ciegamente. ‖ *Croire aveuglément,* creer a pies juntillas.

aveugle-né, e adj. et s. Ciego, ga, de nacimiento.

aveugler v. tr. Cegar. ‖ FIG. Deslumbrar : *le soleil m'aveugle,* el sol me deslumbra. ‖ Cegar, ofuscar : *la passion l'aveugle,* le ciega la pasión. ‖ Cegar, tapar : *aveugler une voie d'eau,* cegar una vía de agua.
— V. pr. Cegarse, ofuscarse.

aveuglette (à l') m. adv. A ciegas, a tientas : *marcher à l'aveuglette,* andar a ciegas. ‖ FIG. A

la buena de Dios, al buen tuntún (au hasard) : *agir à l'aveuglette,* obrar a la buena de Dios.

aveulir v. tr. Debilitar (rendre faible). ‖ Quitar el ánimo (ôter tout ressort).
— V. pr. Debilitarse. ‖ FIG. Volverse apático.

aveulissant, e adj. Debilitante, deprimente.

aveulissement m. Abulia, *f.,* depresión, *f.,* debilidad, *f.*

aviateur, trice m. et f. Aviador, ra.

aviation f. Aviación.

avicole adj. Avícola.

avicule f. Avícula (mollusque).

aviculteur m. Avicultor.

aviculture f. Avicultura.

avide adj. Ávido, da ; ansioso, sa : *avide de gloire,* ávido de gloria. ‖ FIG. Codicioso, sa : *avide de richesses,* codicioso de riquezas.

avidité f. Avidez, ansia. ‖ FIG. Codicia.

Avignon n. pr. GÉOGR. Aviñón.

avilir v. tr. Envilecer, degradar : *l'alcoolisme avilit l'homme,* el alcoholismo envilece al hombre. ‖ Depreciar (marchandises).
— V. pr. Envilecerse, degradarse.

avilissant, e adj. Envilecedor, ra : *conduite avilissante,* conducta envilecedora.

avilissement m. Envilecimiento, degradación, *f.* ‖ COMM. Baja, *f.,* deterioración, *f.* | Depreciación, *f.* (marchandises).

avilisseur, euse adj. et s. Envilecedor, ra.

aviné, e adj. FAM. Borracho, cha (ivre). [Ú. a veces el galicismo *avinado, da.*] | Aguardentoso, sa (voix, ton, haleine).

avion m. Avión. ‖ — *Avion à réaction,* avión de reacción. ‖ *Avion cargo,* avión de carga. ‖ *Avion de bombardement,* avión de bombardeo. ‖ *Avion de ravitaillement,* avión nodriza. ‖ *Avion de reconnaissance,* avión de reconocimiento. ‖ *Avion fusée,* avión cohete. ‖ *Avion téléguidé,* avión sin piloto.

avionnette f. Avioneta.

aviron m. MAR. Remo (rame). ‖ Remo, deporte del remo (sport).

avironnier m. Remolar (ouvrier).

avis [avi] m. Parecer, opinión, *f.* : *être de l'avis de quelqu'un,* ser del parecer de uno. ‖ ● Aviso, advertencia, *f.* : *avis préalable,* aviso previo ; *avis au public,* aviso al público ; *avis au lecteur,* advertencia al lector. ‖ — *Avis de crédit,* abonaré. ‖ *Avis de réception d'une lettre,* acuse de recibo de una carta. ‖ COMM. *Lettre d'avis,* carta de aviso. ‖ — *À mon avis,* a mi parecer. ‖ *De l'avis de,* según opinión de. ‖ *Sauf meilleur avis,* salvo mejor opinión. ‖ — *Donner avis,* hacer saber, hacer presente. ‖ *Être d'avis que* o *de,* ser del parecer que : *il m'est d'avis que tu viennes,* soy del parecer que vengas. ‖ *Prendre avis de,* tomar consejo de.
— SYN. ● *Avertissement,* advertencia. *Annonce,* anuncio. *Communiqué,* comunicado. *Communication,* comunicación, oficio.

avisé, e adj. Avisado, da ; sagaz.

aviser v. tr. Avisar. ‖ Divisar, ver (apercevoir).
— V. intr. Reflexionar, pensar : *avant de parler avisez à ce que vous avez à dire,* antes de hablar piense en lo que tiene que decir.
— V. pr. Ocurrirse : *il s'avisa de se cacher,* se le ocurrió esconderse. ‖ *On ne s'avise jamais de tout,* no se puede estar en todo, no se puede caer en la cuenta de todo.

aviso m. MAR. Aviso.

avitaillement [avitajmɑ̃] m. MAR. Avituallamiento.

avitailler [-je] v. tr. MAR. Avituallar, abastecer.

avitaminose f. MÉD. Avitaminosis.

aviver v. tr. Avivar : *aviver le feu,* avivar la lumbre. ‖ Avivar (couleurs). ‖ Afilar (une

arête, etc.). ‖ Avivar, irritar : *aviver une blessure*, irritar una herida. ‖ Limpiar, poner en carne viva : *aviver les bords d'une cicatrice*, limpiar los bordes de una cicatriz.
— V. pr. Avivarse.

avocaillon [avɔkajɔ̃] m. FAM. Abogadillo, picapleitos, leguleyo.

avocasserie f. Argucia de abogado.

avocassier, ère adj. FAM. Abogadil.
— M. FAM. Abogadillo, picapleitos.

avocat m. Abogado. ‖ — *Avocat au Conseil d'Etat*, letrado del Consejo de Estado. ‖ *Avocat général*, fiscal del Tribunal Supremo. ‖ *Avocat du diable*, abogado del diablo. ‖ *Avocat plaidant*, abogado defensor, demandante. ‖ *Avocat stagiaire*, pasante de abogado.

avocat m. Aguacate (fruit).

avocate f. Abogada.

avocatier m. Aguacate (arbre).

avocatoire adj. (P. us.). Recordatorio, ria.
— M. Recordatorio.

avocette f. BOT. Avoceta (oiseau).

avoine f. BOT. Avena. ‖ — *Folle avoine*, ballueca *ou* avena loca. ‖ — *Donner de l'avoine*, dar cebada. ‖ *Gagner son avoine*, ganarse el pan.
— OBSERV. En Francia el pienso habitual del caballo es la *avena;* en España es la *cebada*.

avoir* v. tr. Tener : *j'ai de l'argent*, tengo dinero ; *tu as le temps de*, tienes tiempo para ; *avoir sous la main*, tener a mano ; *il a deux jours pour se décider*, tiene dos días para decidirse. ‖ Tener, obtener, conseguir : *je l'ai eu pour rien*, lo he obtenido por muy poco. ‖ Tener : *avoir faim*, tener hambre. ‖ Tener : *la salle a six mètres de long*, la sala tiene seis metros de largo. ‖ Pasar, suceder, ocurrir : *qu'avez-vous ?*, ¿qué le pasa?, ¿qué le ocurre ? ‖ Vencer (vaincre) : *on les aura !*, ¡los venceremos ! ‖ — *Avoir à*, tener algo para : *j'ai à manger*, tengo algo para comer ; tener que (devoir) : *j'ai à sortir*, tengo que salir. ‖ *Avoir à cœur de*, tener empeño. ‖ *Avoir affaire à quelqu'un*, habérselas con alguien, tener que ver con alguien. ‖ *Avoir beau*, por más que. (OBSERV. Esta locución va siempre seguida, en francés, por un verbo en el infinitivo que se pone en subjuntivo al ser traducido al español si se trata de una acción hipotética y en indicativo si se refiere a un hecho real : *il aura beau faire, il échouera toujours*, por más que haga, fracasará siempre; *il a beau faire, il échoue toujours*, por más que hace, fracasa siempre.) ‖ *Avoir comme*, tener por : *avoir comme ami*, tener por amigo. ‖ *Avoir de*, tener parecido : *il a un peu de son oncle*, tiene algún parecido con su tío. ‖ *Avoir de quoi vivre*, tener un buen pasar. ‖ *Avoir l'air de*, parecer : *il a l'air bon*, parece bueno. ‖ *Avoir la main*, estar de mano (jeux). ‖ *Avoir pour*, tener por, considerar. ‖ *Avoir pour agréable*, tener a bien. ‖ FAM. *Avoir quelqu'un*, pegársela a uno, quedarse con uno. ‖ *Avoir sous les yeux*, tener ante los ojos *ou* a la vista. ‖ *Contre qui ou à qui en a-t-il ?*, ¿contra quién está resentido? ‖ *En avoir assez*, estar harto. ‖ *En avoir par-dessus la tête*, estar hasta la coronilla. ‖ *En avoir pour*, tardar : *j'en ai pour longtemps*, tardaré mucho. ‖ *En avoir pour son argent*, obtener por el valor de su dinero. ‖ *Il n'en a plus pour longtemps*, ya le queda poco. ‖ *N'avoir qu'à*, no tener más que : *il n'a qu'à parler pour être obéi*, no tiene más que hablar para que sea obedecido.
— V. auxil. Haber.
— V. impers. *Il y a*, hay : *il y a beaucoup de monde ici*, hay aquí mucha gente. ‖ Hacer : *il y a une semaine*, hace una semana. ‖ *Il n'y a pas de quoi*, no hay de qué. ‖ *Il n'y en a plus*, ya no hay más. ‖ *Il y a bien de quoi !*, no merece la

pena. ‖ *Quand il n'y en a plus, il y en a encore*, esto es el cuento de nunca acabar *ou* el cuento de la buena pipa. ‖ *Quoi qu'il en ait*, quiera o no quiera. ‖ *Tant il y a que*, tanto es que.
— OBSERV. Le verbe *avoir* a deux traductions en español : *tener* et *haber*. Dans le sens de « posséder » il se traduit obligatoirement par *tener* : *j'ai une maison*, *tengo una casa*. *Haber* est l'auxiliaire utilisé dans la formation des temps composés : il a acheté, *ha comprado*. Il faut remarquer que dans ce cas il remplace l'auxiliaire *être* avec les verbes de mouvement et de station : ils sont venus, *han venido*. *Haber* est employé également comme impersonnel : il y a beaucoup de monde, *hay mucha gente* (mais si cet impersonnel introduit une idée de durée il faut le traduire par *hacer* : il y a huit jours, *hace ocho días*).

avoir m. Haber : *le doit et l'avoir*, el debe y el haber; *c'est tout son avoir*, es todo su haber. ‖ El pasivo y el activo.
— SYN. *Actif*, activo. *Crédit*, crédito. *Compte*, *solde créditeur*, saldo a favor.

avoisinant, e adj. Vecino, na; contiguo, gua; próximo, ma; inmediato, ta (proche).

avoisiner v. tr. Lindar con, confinar con, ser vecino. ‖ FIG. Ser semejante : *son opinion avoisinait la mienne*, su opinión era semejante a la mía.

avortement m. Aborto criminal *ou* provocado. ‖ FIG. Fracaso, aborto : *l'avortement de la rebellion*, el fracaso de la rebelión.

avorter v. tr. Abortar. ‖ FIG. Abortar, fracasar (échouer). ‖ *Faire avorter*, impedir el desarrollo : *la paresse fait avorter beaucoup de talents*, la pereza impide el desarrollo de muchos talentos.

avorton m. Aborto. ‖ Abortón (animal). ‖ FIG. Aborto, feto, engendro (homme mal fait).

avouable [avwabl] adj. Confesable.

avoué m. Procurador judicial.

avoué, e adj. Confesado, da; reconocido, da : *un échec avoué*, un fracaso reconocido.

avouer v. tr. ● Confesar, reconocer : *avouer ses péchés*, confesar sus pecados ; *avouer sa négligence*, reconocer su negligencia. ‖ Reconocer por suyo : *avouer un enfant*, reconocer por suyo un hijo. ‖ Aprobar, confirmar (p. us.) : *j'avoue tout ce que vous avez fait*, apruebo todo lo que ha hecho.
— V. pr. Confesarse, declararse, darse por : *s'avouer vaincu*, declararse *ou* darse por vencido.
— SYN. ● *Confesser*, confesar. *Reconnaître*, reconocer. Pop. *Manger le morceau*, *se mettre à table*, cantar.

avoyer [avwaje] v. tr. Triscar (scie).

avril m. Abril. ‖ — *Poisson d'avril*, inocentada, chasco. ‖ — *En avril, ne te découvre pas d'un fil*, hasta el cuarenta de mayo no te quites el sayo.
— OBSERV. El *poisson d'avril* se realiza el día primero del mes de abril, mientras que la *inocentada* española se reserva para el 28 de diciembre, día de los Santos Inocentes.

avulsion f. Avulsión (extraction).

avunculaire [avɔ̃kylɛ:r] adj. Relativo a los tíos.

axe m. Eje : *l'axe d'une rue*, el eje de una calle. ‖ — ANAT. *Axe cérébro-spinal*, eje cerebroespinal. ‖ MATH. *Axe de révolution*, eje de revolución. ‖ *Axe de rotation*, eje de rotación. ‖ ASTR. *Axe du monde*, eje del mundo. ‖ FIG. *L'axe Berlin-Rome*, el eje Berlín-Roma.
— SYN. *Pivot*, pivote. *Arbre*, árbol. *Essieu*, eje.

axer v. tr. Orientar, centrar : *axer un roman sur les questions sociales*, orientar una novela sobre las cuestiones sociales.

axérophtol m. Vitamina A.

axial, e adj. Axial : *des éclairages axiaux*, alumbrados axiales.

axile adj. Axil, que forma un eje.

axillaire [aksilɛ:r] adj. ANAT. Axilar (nerf). ‖ BOT. *Bourgeon axillaire*, yema axilar.

axiologie f. PHILOS. Axiología, teoría de los valores.
axiologique adj. PHILOS. Axiológico, ca ; que concierne a la teoría de los valores.
axiomatique adj. Axiomático, ca.
axiome m. Axioma. || FIG. Principio : *les axiomes de la politique française,* los principios de la política francesa.
axiomètre m. MAR. Axiómetro.
axis m. Axis (vertèbre).
axolotl m. Ajolote (reptile mexicain).
axonge m. Manteca (*f.*) de cerdo (saindoux).
axonométrique adj. MATH. Axonométrico, ca.
ay m. Vino de la región de Ay.
ayant cause [ɛjãkoːz] m. DR. Causahabiente, sucesor.
— OBSERV. Pl. *ayants cause.*
ayant droit [ɛjãdrwa] m. DR. Derechohabiente, interesado.
— OBSERV. Pl. *ayants droit.*
aye-aye [ajaj] m. Lemur de Madagascar.
azalée f. BOT. Azalea.
azedarac m. BOT. Acedaraque.
azéotrope ou **azéotropique** adj. Azeótropo, pa.
azerole f. Acerola (fruit).

azerolier m. BOT. Acerolo.
azimut [azimyt] m. Acimut (angle). || POP. *Dans tous les azimuts,* en todas las direcciones.
azimutal, e adj. Acimutal : *compas azimutaux,* compases acimutales.
azoïque [azoik] adj. CHIM. Azoico, ca.
azotate m. CHIM. Nitrato.
azote m. CHIM. Nitrógeno, ázoe (vx).
azoté, e adj. Nitrogenado, da ; azoado, da (p. us.).
azoteux adj. m. CHIM. Nitroso.
azotique adj. CHIM. Nítrico, ca.
azotite m. CHIM. Nitrito.
azoture m. CHIM. Nitruro.
aztèque adj. et s. Azteca.
azur m. BLAS. Azul. || POÉT. Azul. | El cielo, el aire. || — *La Côte d'Azur,* la Costa Azul. || *Pierre d'azur,* lapislázuli.
azurage m. Azulado.
azurer v. tr. Azular. POÉT. *La plaine azurée,* el mar. | *La voûte azurée,* la bóveda celeste.
azurite f. MIN. Azurita.
azygos [azigɔs] adj. et s. f. ANAT. Ácigos (veine).
azyme adj. m. et s. m. Ácimo : *pain azyme,* pan ácimo. || *Fête des azymes,* fiesta de los ácimos.
azymique adj. CHIM. Azímico, ca.

B

B m. B, *f.* : *un grand B, un petit b,* una B mayúscula, una b minúscula. || *Ne savoir ni A ni B,* no saber ni jota. || *Prouver par a plus b,* probar por a más b.
— OBSERV. La *b* francesa es una labial sonora que suena siempre como la *b* española inicial o precedida de nasal : *bueno, hombre.*
baba m. Bizcocho borracho (gâteau au rhum). || FAM. Patidifuso, sa ; embobado, da ; de una pieza : *rester baba,* quedarse patidifuso.
babel m. FIG. Babel, *f.,* babilonia, *f.* || *Tour de Babel,* torre de Babel.
babélique adj. Babélico, ca.
babeurre m. Suero de leche de vaca.
babil m. Parloteo, cháchara, *f.* (bavardage). || Balbuceo (des petits enfants). || Gorjeo (oiseaux).
babillage [babijaːʒ] m. Cháchara, *f.,* parloteo.
babillard, e adj. et s. Charlatán, ana ; parlanchín, ina. || — F. POP. Carta (lettre).
— OBSERV. Le mot *charlatan,* en français, n'a pas le même sens que *charlatán* en espagnol.
babillement m. Charla, *f.,* cháchara, *f.,* parloteo.
babiller v. intr. Parlar, parlotear.
babine f. Belfo, *m.,* morro, *m.* (lèvre d'animal). || FAM. Morro, *m.* (d'une personne). || FAM. *S'en lécher les babines,* relamerse, chuparse los dedos.
babiole f. FAM. Friolera, fruslería.
— SYN. *Colifichet,* baratija, bujería. *Breloque,* dije, colgante. *Fam. Brimborion,* chuchería.
babiroussa m. ZOOL. Babirusa.
babisme m. Babismo [doctrina persa].
bâbord [babɔːr] m. MAR. Babor.
babouche f. Babucha.

babouin m. ZOOL. Zambo, babuino (gallicisme). || FIG. et FAM. Niño revoltoso.
baby [bebi] m. Bébé, nene, rorro.
— OBSERV. Pl. *babys* o *babies.*
Babylone n. pr. f. GÉOGR. Babilonia.
babylonien, enne adj. Babilónico, ca (de Babylone). || — Adj. et s. Babilonio, nia (habitant de Babylone).
bac m. ● Barcaza, *f.,* chalana, *f.,* transbordador (bateau). || Cuba, *f.,* lebrillo, herrada, *f.* (grand baquet). || Pila, *f.* (de cuisine). || CHIM. et PHOT. Cubeta, *f.* || TECHN. Récipiente (accumulateur). || *Bac à glace,* bandeja *ou* molde para los cubiletes de hielo.
— SYN. ● *Bachot,* barca de pasaje. *Ferry-boat,* ferryboat, transbordador de ferrocarril. *Traille,* pontón. *Va-etvient,* transbordador de maroma.
bac m. FAM. Bachillerato (baccalauréat).
baccalauréat [bakalorea] m. Bachillerato (examen).
— OBSERV. En francés el *baccalauréat* designa sólo el grado universitario y no el curso de estudios como el bachillerato español. En Francia, hasta hace poco, había dos *baccalauréats,* el primero correspondía a la reválida superior y el segundo aproximadamente al curso preuniversitario. Ahora se ha suprimido el primero, sólo queda el segundo que es más completo que antiguamente, ya que incluye ciertas asignaturas del primero.
baccara m. Bacará, bacarrá (jeu de cartes).
baccarat m. Cristal de Baccarat [fábrica francesa, en Lorena].
bacchanal [bakanal] m. Estrépito, estruendo, ruido grande.
bacchanale f. Bacanal.

bacchante [bakɑ̃:t] f. Bacante.
bacchiaque [bakjak] adj. et s. Báquico, ca (vers).
bacchius [bakjys] m. Baquio (vers).
Bacchus [bakys] n. pr. m. Baco.
bâchage m. Entoldado.
bâche f. Toldo, m. (d'une boutique). ‖ Cubierta de lona, baca (de voiture, de bateau). ‖ Estufa (pour les plantes). ‖ Depósito, m. (d'une chaudière). ‖ Cárter (m.) de una turbina hidráulica. ‖ *Bâche goudronnée*, lona embreada.
bachelier, ère m. et f. Bachiller : *bachelier ès lettres, ès sciences*, bachiller en letras, en ciencias.
— Observ. En francés no significa nunca *hablador, fanfarrón* e *insoportable*.
bâcher v. tr. Entoldar (contre le soleil). ‖ Cubrir con una lona (une voiture).
bachique [baʃik] adj. Báquico, ca.
bachot m. Barquilla, f. (petit bateau). ‖ Barca (f.) de pasaje (bac).
bachot m. Fam. Bachillerato (baccalauréat).
bachotage m. Fam. Preparación (f.) acelerada e intensiva de un examen.
bachoter v. intr. Fam. Empollar.
bachoteur m. Barquero. ‖ Empollón, el que prepara un examen empollando mucho durante las últimas semanas.
bachotte f. Tonel (m.) para transportar peces vivos.
bacillaire [basilɛ:r] adj. Méd. Bacilar.
bacille [basil] m. Bacilo.
bacilliforme [-lifɔrm] adj. Baciliforme.
bacillose f. (P. us.) Méd. Bacilosis (tuberculose).
bâclage m. Cierre (d'un port, d'une rivière). ‖ Fig. et Fam. Chapucería, f., trabajo chapucero (travail hâtif).
bâcle f. Tranca (de bois), barra (de fer).
bâcler v. tr. Atrancar (une porte ou une fenêtre). ‖ Fig. et Fam. Hacer de prisa y corriendo, hacer en un dos por tres, chapucear (travailler vite et mal) : *bâcler un travail*, hacer de prisa y corriendo un trabajo. ‖ Mar. Cerrar (un port, une rivière).
bâcleur, euse m. et f. Fam. Chapucero, ra.
bacon [beikən] m. Tocino entreverado.
baconien, enne [bakɔnjɛ̃, jɛn] adj. Baconiano, na (de Francis Bacon).
baconisme m. Baconismo.
bactériacées f. pl. Bot. Bacteriáceas.
bactéricide adj. et s. m. Bactericida.
bactéridie f. Bot. Bacteridia.
bactérie f. Bacteria.
bactérien, enne adj. Bacteriano, na.
bactériologie f. Bacteriología.
bactériologique adj. Bacteriológico, ca.
bactériologiste ou **bactériologue** m. Bacteriólogo.
bactériophage m. Bacteriófago.
bactériostatique adj. et s. m. Bacteriostático, ca.
bactrien, enne adj. et s. Bactriano, na.
bactrioles f. pl. Residuos (m. pl.) del oro batido.
bacul [baky] m. Baticola, f. (croupière).
badamier m. Bot. Mirobálano (arbre).
badaud, e [bado, o:d] adj. et s. Curioso, sa (curieux) ; mirón, ona. ‖ Papanatas, bobo, ba (niais, sot).
badaudage m. Curiosidad (f.) tonta, papanatismo.
badauder v. intr. Curiosear, callejear : *badauder dans les rues*, curiosear por las calles.
badauderie f. Curiosidad. ‖ Necedad, bobada (niaiserie).
Bade n. pr. Géogr. Baden.
badelaire f. Escarcina (épée).
baderne f. Mar. Baderna (tresse en fil de caret). ‖ Fig. et Fam. *Vieille baderne*, vejestorio carcamal (personne vieille), militar viejo.
badiane f. Badián, m. (arbre). ‖ Badiana (fruit).

badigeon [badiʒɔ̃] m. Enlucido, encalado, enjalbegado (d'un mur).
badigeonnage [-ʒɔna:ʒ] m. Enjalbegamiento, enlucido, encalado. ‖ Méd. Pincelada (de la gorge), untura, f. (externe). ‖ Fig. et Fam. Aspecto externo, barniz (apparences).
badigeonner v. tr. Enjalbegar, enlucir, encalar. ‖ Formar una capa de : *le charbon badigeonnait tout d'une suie grise*, el carbón formaba una capa de hollín gris sobre todas las cosas. ‖ Recubrir de una capa de (le corps). ‖ Méd. Dar unos toques, untar : *badigeonner de teinture d'iode*, dar unos toques con tintura de yodo.
badigeonneur m. Enjalbegador, enlucidor, encalador. ‖ Pintor de brocha gorda, pintorzuelo (mauvais peintre).
badin m. Aviat. Indicador de velocidad.
badin, e adj. ● Juguetón, ona (enjoué). ‖ Bromista, chancero, ra : *ton badin*, tono bromista. Jocoso, sa ; festivo, va : *style badin*, estilo jocoso.
— Syn. ● *Léger*, ligero. *Folâtre*, retozón. *Fam. Enjoué*, juguetón.
badinage m. Broma, f., chanza, f. (plaisanterie). ‖ Gracejo (humeur).
badine f. Junquillo, m., bastoncillo, m. (canne mince). ‖ Varilla (baguette).
badiner v. intr. Bromear, chancear (plaisanter) : *il ne badine pas*, no bromea. ‖ Tomar a broma : *badiner de tout*, tomarlo todo a broma. ‖ Jugar (jouer) : *on ne badine pas avec l'amour*, no hay que jugar con el amor. ‖ Juguetear : *badiner avec une canne*, juguetear con un bastón. ‖ Hablar, escribir con gracejo. ‖ *En badinant*, burla burlando, jugando.
badinerie f. Broma, chanza (plaisanterie). ‖ Niñería, niñada (enfantillage).
bad-lands f. pl. Tierras malas.
badminton m. Bádminton, juego del volante (jeu).
badois, e adj. et s. De Baden.
baffe f. Pop. Chuleta, bofetada (gifle).
baffle m. Rad. Baffle, pantalla (f.) acústica.
bafouer [bafwe] v. tr. Mofarse de (se moquer). ‖ Escarnecer, abofetear. ‖ Engañar (tromper), ridiculizar (ridiculiser).
bafouillage m. Fam. Habla (f.) entrecortada, farfulla, f.
bafouiller v. intr. Fam. Hablar entrecortadamente, farfullar, barbullar.
bafouilleur, euse [bafujœ:r, ø:z] m. et f. Fam. Farfullador, ra ; barbullador, ra.
bâfre ou **bâfrée** f. Pop. Comilona (ripaille).
bâfrer v. tr. et intr. Pop. Atracarse, engullir.
bâfreur, euse m. et f. Pop. Comilón, ona ; tragón, ona.
bagage m. ● Equipaje (de voyage) : *bagages enregistrés*, equipaje facturado. ‖ Mil. Bagaje, impedimenta, f. ‖ Bagaje [galicismo], caudal (intellectuel). ‖ — *Bagages à main*, equipaje de mano, maletines de mano. ‖ — *Avec armes et bagages*, con todos sus trastos. ‖ Fig. et Fam. *Plier bagage*, tomar las de Villadiego (s'enfuir), liar el petate, irse al otro barrio (mourir).
— Observ. En su sentido propio *bagage* se suele emplear en plural, mientras que en su sentido metafórico se usa siempre en singular.
— Syn. ● *Équipage*, equipo. *Arroi* equipaje. *Équipement*, equipo. *Paquetage*, bagaje, impedimenta. *Train*, tren. *Fam. Attirail*, trastos. *Barda*, bultos.
bagagiste m. Mozo de equipajes.
bagarre f. Fam. Gresca, trifulca, camorra (rixe).
bagarrer v. intr. Fam. Pelearse por, combatir por : *bagarrer pour une opinion*, combatir por una opinión.
— V. pr. Pelearse.
bagarreur, euse adj. et s. Fam. Peleón, ona ; camorrista : *un tempérament bagarreur*, un temperamento camorrista.

bagasse f. Bagazo, *m.* (de la canne à sucre). ‖ Fulana (prostituée).
— Interj. ¡Caramba! ‖ Pop. ¡Leche!

bagatelle f. ● Bagatela, fruslería. ‖ Fig. Pequeñez, frivolidad (chose frivole). ‖ Tontería, grano (*m.*) de anís, moco (*m.*) de pavo : *six mille dollars ne sont pas une bagatelle*, seis mil dólares no son ninguna tontería. ‖ *Ne pas s'arrêter à des bagatelles*, no pararse en tonterías.
— Syn. ● *Fam. Amusette*, entretenimiento. *Bricole*, menudencia.

bagnard m. Forzado, pre. idiario.

bagne m. ● Presidio. ‖ (Vx). Baños : *le bagne d'Alger*, los baños de Argel.
— Syn. ● *Galères*, galeras. *Travaux forcés*, trabajos forzados *ou* forzosos. (Vx) *Préside*, presidio. *Pénitencier*, penitenciaría.

bagnole f. Fam. Coche, *m.* (voiture ordinaire). ‖ Pop. Carricoche, *m.*, cacharro, *m.* (mauvaise voiture).

bagou m. Fam. Labia, *f.*, jarabe de pico : *avoir beaucoup de bagou*, tener mucha labia *ou* jarabe de pico.

baguage [bagaʒ] m. Bot. Incisión (*f.*) anular. ‖ Colocación (*f.*) de una anilla (à un oiseau). ‖ Encasquillado (d'un axe).

bague f. Anillo, *m.*, sortija (bijou). ‖ Anilla (d'un oiseau). ‖ Pasador, *m.* (de cravate, etc.). ‖ Vitola, faja (de cigare). ‖ Archit. Anillo, *m.* ‖ Mécan. Casquillo, *m.*, manguito, *m.*, anillo, *m.* ‖ *Bague d'arrêt*, anillo de ajuste. ‖ *Bague d'étanchéité*, retén de grasa. ‖ Phot. *Bague du diaphragme*, graduador del diafragma.

baguenaude f. Fruto (*m.*) del espantalobos.

baguenauder v. intr. Entretenerse, perder el tiempo (s'amuser). ‖ Fig. Callejear (se promener).
— V. pr. Callejear.

baguenaudier m. Espantalobos (plante). ‖ Persona (*f.*) superficial *ou* callejera.

baguer v. tr. Hilvanar (faufiler). ‖ Bot. Hacer incisiones anulares. ‖ Anillar (un oiseau). ‖ Poner un anillo, anillar. ‖ Ensortijar : *ses doigts étaient bagués d'émeraude*, tenía los dedos ensortijados de esmeraldas.

baguette f. ● Junquillo, *m.*, varilla (bâton mince). ‖ Vara (des autorités). ‖ Palillo, *m.* (de tambour). ‖ Palillo, *m.* : *les Chinois mangent avec des baguettes*, los chinos comen con palillos. ‖ Junco, *m.* (d'un cadre). ‖ Pan (*m.*) de forma muy alargada, barra (pain). ‖ Archit. Junquillo, *m.* (moulure). ‖ Tapajuntas, *m.* (pour cacher les joints). ‖ Chim. Agitador, *m.* (de laboratoire). ‖ Mil. Baqueta (fusil). ‖ Mus. Batuta. ‖ Taco, *m.* (violon). ‖ Listón, *m.* (menuiserie). ‖ Moldura (pour cacher des fils), moldura cromada (voiture). ‖ Peint. Tiento, *m.* (appui-main). ‖ *Baguette magique*, varilla mágica, varita de la virtud *ou* de virtudes. ‖ *D'un coup de baguette magique*, como por encanto *ou* por arte de magia. ‖ *Mener à la baguette*, mandar, tratar a la baqueta.
— Syn. ● *Verge*, vara. *Badine*, bastoncillo. *Houssine*, verdasca. *Jonc*, junco, junquillo. *Cravache*, fusta.

baguettisant m. Zahorí.

baguier m. Joyero (coffret à bijoux).

bah! interj. ¡Bah! ‖ ¡Vaya! (étonnement).

bahut [bay:] m. Arcón (coffre), arca *f.* ‖ Especie de bargueño (buffet bas). ‖ Archit. Albardilla, *f.* (chaperon de mur). ‖ Fam. Colegio, escuela *f.* (lycée).
— Observ. El *baúl* español, de igual origen que *bahut*, corresponde hoy al francés *malle*.

bai, e adj. Bayo, ya (chevaux).
— Observ. *Bai* es invariable si va seguido por otro adjetivo que lo modifica (*des chevaux bai foncé*).

baie f. Bahía (rade). ‖ Baya (fruit). ‖ Archit.

Vano, *m.*, hueco, *m.* (fenêtre, porte). ‖ *Baie vitrée*, ventanal.

baignade [bɛɲad] f. Baño, *m.* (bain). ‖ Sitio (*m.*) donde puede uno bañarse, playa.

baigner v. tr. Bañar : *baigner un enfant*, bañar a un niño. ‖ Bañar (mouiller) : *visage baigné de larmes*, rostro bañado en lágrimas. ‖ Bañar (terres) : *côtes baignées par la mer*, costas bañanas por el mar.
— V. intr. Estar bañado, estar en remojo (tremper). ‖ *Baigner dans le sang*, anegarse en sangre.
— V. pr. Bañarse.

baigneur, euse m. et f. Bañero, ra (qui tient une maison de bains). ‖ Bañista (qui se baigne). ‖ Bañista, agüista (de station thermale). ‖ — M. Muñequilla, *f.* (petite poupée).

baignoire f. Baño, *m.*, bañera (récipient). ‖ Mar. Cubierta de la torre de un submarino. ‖ Théatr. Palco (*m.*) de platea.

bail [baj] m. Arrendamiento, arriendo. ‖ — *Bail à céder*, se traspasa. ‖ Fam. *Il y a un bail!*, ¡hace un siglo!
— Observ. Pl. *baux*.
— Syn. *Location*, alquiler, locación (p. us.). *Loyer*, alquiler. *Fermage*, arriendo (rural).

baille [ba:j] f. Mar. Balde, *m.*, cubo, *m.* (baquet). ‖ Barco (*m.*) viejo (bateau). ‖ Pop. *La grande baille*, el mar (la mer).

bâillement [bɑjmɑ̃] m. Bostezo.

bailler [baje] v. tr. (Vx). Dar (donner). ‖ Fam. *La bailler bonne o belle*, querar pegársela a uno; *vous me la baillez belle!*, ¡me la quiere pegar!

bâiller [bɑ:je] v. intr. Bostezar (ouvrir la bouche). [V. bayer.] ‖ Fig. Estar entreabierto, entornado : *la porte bâille*, la puerta está entreabierta.

baillet adj. m. Bayo, claro.

bailleur, eresse m. et f. Dr. Arrendador, ra. ‖ Comm. *Bailleur de fonds*, socio capitalista, proveedor de fondos.

bâilleur, euse [bɑjœ:r, ø:z] m. et f. Bostezador, ra.

bailli [baji] m. (Vx). Baile (magistrat). ‖ Bailío (ordre de Malte).
— Observ. Hace en f. *baillie* y *baillive*.

bailliage [baja:ʒ] m. (Vx). Bailía, *f.*, bailiazgo.

baillie ou **baillive** [baji:v] f. Bailesa (femme du bailli).

bâillon [bɑjɔ̃] m. Mordaza, *f.*

bâillonnement [-jɔnmɑ̃] m. Amordazamiento.

bâillonner v. tr. Amordazar. ‖ Fig. Cohibir : *bâillonné par la peur*, cohibido por el miedo.

bain m. ● Baño : *bains de mer, de siège*, baños de mar, de asiento. ‖ — *Bain de soleil*, baño de sol. ‖ — Fam. *Être dans le bain*, estar en el asunto (au courant), estar comprometido (compromis). ‖ — Pl. ◆ Baños, balneario, *sing.* : *établissement de bains*, casa de baños.
— Syn. ● *Baignade*, baño (en rivière). *Piscine*, piscina. ‖ ◆ *Thermes*, termas, caldas. *Eaux*, aguas, baños.

bain-marie m. Baño de maría.
— Observ. Pl. *bains-marie*.

baïonnette f. Bayoneta. ‖ Casquillo, *m.* (ampoule). ‖ — *Baïonnette à douille*, bayoneta de cubo. ‖ *Baïonnette au canon!*, ¡armen armas! ‖ — *Croiser la baïonnette*, hacer frente con la bayoneta calada. ‖ *Mettre baïonnette au canon*, calar la bayoneta.

baïoque [bajɔk] f. Bayoco, *m.* (monnaie).

baisemain [bɛzmɛ̃] m. Besamanos.

baisement m. (P. us.). Beso. ‖ Lavatorio de pies (cérémonie du jeudi saint).

baiser v. tr. Besar : *je vous baise les mains*, le beso la mano.
— Observ. Debe evitarse el empleo de *baiser quelqu'un* y decir en su lugar *embrasser*.

baiser m. Beso. ‖ *Baiser de paix*, ósculo de la paz.
baisoter v. tr. FAM. Besuquear, besucar.
baisse f. ● Bajada (descente) : *la baisse des eaux*, la bajada de las aguas. ‖ ◆ Baja : *la baisse des prix*, la baja de los precios. ‖ — *Être en baisse*, ir de baja, estar de capa caída. ‖ *Jouer à la baisse*, jugar a la baja. ‖ *Les actions sont en baisse*, las acciones están en baja.
— SYN. ● *Descente*, bajada, descenso.
— ◆ *Abaissement*, bajada. *Rabaissement*, rebajamiento. *Rabais*, rebaja.
baisser m. Caída, *f.* : *le baisser du rideau*, la caída del telón.
baisser v. tr. et intr. ● Bajar : *baisser un rideau, la tête*, bajar una cortina, la cabeza. ‖ ◆ Rebajar : *baisser un mur*, rebajar una pared. ‖ MAR. Arriar (un drapeau). ‖ — FIG. *Baisser l'oreille*, bajar las orejas. ‖ *Baisser pavillon*, arriar bandera.
— V. pr. Bajarse, agacharse (se courber).
— SYN. ● *Abaisser*, bajar. *Descendre*, bajar, descender. *Rabaisser*, rebajar.
— ◆ ARCHIT. *Surbaisser*, rebajar, abocinar.
baissier m. Bajista (bourse).
baissière f. Heces, *pl.*, asientos, *m. pl.* (du vin).
Bajazet n. pr. m. Bayaceto.
bajoue f. Carrillada (de porc, de veau). ‖ FAM. Moflete, *m.* (joue).
bajoyer [baʒwaje] m. Muro de contención.
bakélite f. Baquelita.
bal [bal] m. Baile : *bal champêtre*, baile campestre. ‖ *Bal masqué* o *costumé*, baile de máscaras. ‖ *Bal musette*, baile popular, de candil.
— SYN. *Dancing*, dancing. *Pop. Bastringue*, ventorrillo [donde se baila]. *Surprise party*, asalto, guateque.
balade f. FAM. Paseo, *m.*, garbeo, *m.* : *faire une balade*, darse un paseo *ou* un garbeo.
balader v. tr. FAM. Pasear. ‖ POP. *Envoyer balader*, enviar a paseo.
— V. pr. FAM. Pasearse.
baladeur adj. MÉCAN. *Train baladeur*, engranaje móvil.
baladeuse f. Carrito (*m.*) de vendedor ambulante. ‖ Jardinera (tramway). ‖ Lámpara transportable (lampe).
baladin, ● m. et f. Farsante, ta ; farandulero, ra. ‖ Saltimbanqui.
baladinage m. Bufonada, *f.*, payasada, *f.*
balafre f. Chirlo, *m.*, cuchillada en la cara.
balafré, e adj. et s. Señalado con un tajo en la cara, que tiene un chirlo.
balafrer v. tr. Señalar la cara con una cuchillada.
balai m. Escoba, *f.* : *balai mécanique*, escoba mecánica. ‖ ÉLECTR. Escobilla, *f.* ‖ TECHN. Embojo (vers à soie). ‖ Rasqueta, *f.* (d'essuie-glace). ‖ — *Coup de balai*, escobazo. ‖ *Manche à balai*, palo de escoba ; palanca de mando (dans un avion). ‖ *Train balai*, último tren del día. ‖ *Voiture balai*, coche escoba. ‖ — *Donner un coup de balai*, dar un barrido ligero, hacer una limpieza ligera (nettoyer), hacer una limpieza general (congédier des employés).
balais adj. Balaj, balaje.
balalaïka f. Balalaica (guitare russe)
balan m. MIL. Balance.
balance f. ● Balanza, peso, *m.* ‖ ASTR. Libra (constellation). ‖ COMM. Balance, *m.* : *la balance des affaires*, el balance de los negocios. ‖ FIG. Equilibrio, *m.* : *la balance des forces*, el equilibrio de las fuerzas. ‖ Retel, *m.* [para pescar cangrejos]. ‖ — *Balance commerciale*, *des paiements*, balanza comercial, de pagos. ‖ — *Être en balance*, estar indeciso. ‖ *Faire pencher la balance*, inclinar el fiel de la balanza. ‖ *Les deux sont en balance pour cet emploi*, los dos tienen las mismas posibilidades de conseguir el

empleo. ‖ *Mettre en balance*, sopesar, comparar, cotejar. ‖ *Tenir la balance égale*, mostrarse imparcial.
— SYN. ● *Bascule*, báscula. *Trébuchet*, pesillo, balancín. *Romaine*, romana.
balancé m. Balancé (pas de danse).
balancé, e adj. Construido, da ; equilibrado, da : *phrase bien balancée*, frase bien construida. ‖ POP. Formado, da ; hecho, cha ; plantado, da : *femme bien balancée*, mujer bien formada.
balancelle f. MAR. Balancela.
balancement m. Balanceo (d'un pendule). ‖ Contoneo (d'une personne). ‖ Equilibrio (équilibre). ‖ Vacilación, *f.*, duda, *f.*
balancer* v. tr. ● Menear : *les bœufs balancent la tête*, los bueyes menean la cabeza. ‖ COMM. Hacer el balance. ‖ FIG. et FAM. Despedir (renvoyer) : *balancer un domestique*, despedir a un criado.
— V. intr. ◆ Balancear, vacilar (hésiter). ‖ Oscilar (osciller).
— V. pr. Mecerse, columpiarse : *se balancer sur une branche*, mecerse en una rama. ‖ Compensarse, equilibrarse (s'équilibrer). ‖ COMM. Saldarse (se solder). ‖ MAR. Balancearse. ‖ POP. *S'en balancer*, importarle a uno un pito, traerle a uno sin cuidado.
— SYN. ● *Bercer*, mecer, cunear (dans un berceau). *Branler*, bambolear. *Brimbaler*, *bringuebaler*, zarandear, bambolear.
— ◆ *Osciller*, oscilar. *Tanguer*, cabecear.
balancier m. Balancín. ‖ Péndola, *f.* (de pendule). ‖ Balancín (d'équilibriste). ‖ MAR. Balancín, batanga, *f.* (pirogue). ‖ TECHN. Volante (pour frapper la monnaie).
balancine f. Balancín, *m.* ‖ MAR. Amantillo, *m.*
balançoire [balãswa:r] f. Columpio, *m.* (jeu).
— SYN. *Escarpolette*, mecedor. *Bascule*, subibaja.
balandran m. Balandrán.
balane f. Bálano, *m.* (mollusque).
balanite f. MÉD. Balanitis.
balata m. BOT. Balata.
balayage [balɛja:ʒ] m. Barrido. ‖ TECHN. Exploración, *f.* (télévision).
balayer* [je] v. tr. Barrer. ‖ FIG. Barrer, echar (chasser) : *le vent balaye les feuilles*, el viento barre las hojas. ‖ TECHN. Explorar : *phare qui balaye l'horizon*, faro que explora el horizonte.
balayette [-jɛt] f. Escobilla.
balayeur, euse [-jœ:r, ø:z] m. et f. Barrendero, ra. ‖ — F. Barredora (municipale). ‖ Volante, *m.* (de jupe longue).
balayures [-jy:r] f. pl. Barreduras.
balbutiement [balbysimã] m. Balbuceo.
balbutier* v. intr. Balbucear, balbucir.
— V. tr. Balbucear : *balbutier un compliment*, balbucear un cumplido.
— SYN. *Bégayer*, tartamudear, tartajear. *Bredouiller*, *bafouiller*, farfullar. *Baragouiner*, chapurrear.
balbuzard m. Águila (*f.*) pescadora.
balcon m. Balcón. ‖ THÉÂTR. Piso principal.
baldaquin m. Baldaquín, baldaquino.
Bâle [bɑl] n. pr. GÉOGR. Basilea.
Baléares n. pr. f. pl. Baleares (îles).
baleinage m. Emballenado.
baleine f. Ballena (cétacé). ‖ Ballena (lame) : *baleine de corset*, ballena de corsé. ‖ Varilla (de parapluie). ‖ *Blanc de baleine*, esperma de ballena.
baleiné, e adj. Emballenado, da (garni de baleines).
baleineau m. Ballenato.
baleinier, ère adj. et s. MAR. Ballenero, ra.
baleinoptère ou **balénoptère** m. Rorcual (cétacé).
balèvre f. (P. us.). Bezo, *m.*, bemba. ‖ ARCHIT. Resalto, *m.* (pierres). ‖ TECHN. Rebaba (bavure).

balinais, e adj. et s. Balinense (de Bali).
balisage m. AVIAT. et MAR. Balizaje.
balise f. MAR. Baliza. ‖ Radio-brújula, radio-faro (*m.*) de guía (émetteur). ‖ AVIAT. *Balises d'obstacles,* balizas de obstrucción.
baliser v. tr. Balizar, abalizar.
baliseur m. MAR. Balizador, abalizador.
balisier m. BOT. Cañacoro (plante).
baliste f. Balista (machine de guerre).
balistique adj. et s. f. Balístico, ca.
balivage m. Resalvia, *f.* (dans la coupe des bois).
baliveau m. Resalvo (arbre réservé dans une coupe). ‖ Palo vertical de andamiaje (dans les échafaudages).
baliverne f. Cuchufleta, pamplina : *assez de balivernes!,* ¡basta de pamplinas!
baliverner v. intr. FAM. Decir cuchufletas *ou* pamplinas.
balkanique adj. Balcánico, ca.
Balkans n. pr. m. pl. GÉOGR. Balcanes.
ballade f. POÉT. Balada. ‖ Balata (chantée).
ballant, e adj. Pendiente, colgante : *aller les bras ballants,* ir con los brazos colgantes.
— M. Balanceo (oscillation). ‖ Seno de una vela *ou* de una cuerda (courbe d'une voile, d'un câble).
ballast m. Balasto (chemin de fer). ‖ MAR. Lastre.
ballastage m. Tendido del balasto (chemin de fer).
ballaster v. tr. Balastar (couvrir de ballast).
ballastière f. Balastera.
balle [bal] f. Pelota : *jouer à la balle,* jugar a la pelota. ‖ Bala, fardo, *m.* (ballot). ‖ Paca, bala (de coton). ‖ Bala (de fusil, de pistolet) : *balle explosive* o *dum-dum,* bala explosiva *ou* dum-dum ; *balle traçante* o *traceuse,* bala trazadora. ‖ Bola (boule). ‖ BOT. Cascabillo, *m.* (du grain). ‖ (Vx). IMPR. Bala (tampon encreur). ‖ POP. Franco, *m.* del ala (argent) : *vingt balles,* veinte del ala. ‖ Cara (figure). ‖ — *Echange de balles,* peloteo (tennis, Ping-Pong). ‖ *Enfant de la balle,* hijo que sigue la profesión de su padre [en el circo y en el teatro]. ‖ — *À vous la balle,* a usted le toca hablar *ou* actuar. ‖ *Faire des balles,* pelotear (tennis, Ping-Pong). ‖ FIG. *Prendre* o *saisir la balle au bond,* coger la ocasión por los pelos. ‖ *Renvoyer la balle,* devolver la pelota, pagar en la misma moneda.
balle f. Cascabillo, *m.* (de l'avoine, etc.).
baller v. intr. (Vx). Bailar (danser).
ballerine f. Bailarina. ‖ Zapatilla (chaussure).
ballet m. THÉÂTR. Ballet, baile : *les ballets russes,* los ballets rusos. ‖ — *Ballet de couleurs,* festival de colores. ‖ — *Corps de ballet,* cuerpo de baile *ou* coreográfico.
ballon m. ● Globo (aérostat, jouet) : *ballon captif,* globo cautivo. ‖ Balón (jeux). ‖ Copa, *f.,* vaso (verre). ‖ CHIM. Matraz, balón (récipient). ‖ GÉOGR. Morro (montagne arrondie). ‖ FIG. Sondeo (sondage). ‖ — *Ballon d'essai* o *ballon-sonde,* globo sonda. ‖ *Ballon mort,* balón muerto (sports). ‖ FAM. *Un ballon de rouge,* un vaso de tinto.
— SYN. ● *Aérostat,* aeróstato. *Aéronef,* aeronave. *Montgolfière,* mongolfiera.
ballonné, e adj. Inflado, da ; hinchado, da : *ventre ballonné,* vientre hinchado.
ballonnement m. Hinchazón (*f.*) de vientre.
ballonner v. tr. Hinchar, inflar.
— V. pr. Hincharse, inflarse.
ballonnet m. Globito.
ballonnier m. Fabricante de balones *ou* de globos.
ballot [balo] m. Bulto, fardo. ‖ POP. Ceporro, memo (lourdaud).
ballote f. Balota (p. us.) [boule de vote]. ‖ BOT. Marrubio (*m.*) negro.
ballottade f. Balotada (saut du cheval).
ballottage m. Empate. ‖ Resultado negativo obtenido en las elecciones cuando ningún candidato

ha obtenido la mayoría absoluta. ‖ — *Scrutin de ballotage,* segunda votación (élections). ‖ — *Il y a ballottage,* hay que proceder a una segunda votación.
ballottement m. Bamboleo, tambaleo (d'un navire). ‖ Vaivén, traqueteo (d'un véhicule).
ballotter v. tr. Hacer bambolear, hacer tambalear. ‖ Enfardelar (mettre en paquets). ‖ Someter a una segunda votación (élections).
— V. intr. Bambolearse, tambalearse.
ballottine f. CULIN. Balotina.
ball-trap m. Lanzaplatos, máquina lanzaplatos (au tir).
balluchon ou **baluchon** m. FAM. Lío (paquet). ‖ Hatillo, petate (de vêtements). ‖ *Prends ton baluchon, et file!,* ¡líate el petate y lárgate!
balnéaire adj. Balneario, ria. ‖ *Station balnéaire,* estación balnearia, balneario.
balnéothérapie f. Balneoterapia.
balourd, e adj. et s. ● Palurdo, da. ‖ — M. MÉCAN. Desequilibrio dinámico *ou* masa (*f.*) desequilibrada.
— SYN. ● *Fig. Fruste,* zaflo. *Lourd,* lerdo. *Lourdaud,* torpe, tardo. *Obtus,* obtuso, cerrado. *Fam. Cruche,* bodoque, zoquete. *Pop. Ballot,* ceporro.
balourdise f. FAM. Torpeza, simpleza.
balsa m. Balso (arbre).
balsamier m. Balsamero.
balsamine f. Balsamina (plante).
balsamique adj. Balsámico, ca : *odeur balsamique,* olor balsámico.
balte adj. et s. Báltico, ca.
balthazar m. FAM. Festín.
Balthazar n. pr. m. Baltasar.
baltique adj. et s. Báltico, ca. ‖ M. Báltico (langue).
baluchon m. V. BALLUCHON.
balustrade f. Balaustrada (série de balustres). ‖ ● Barandilla (appui).
— SYN. ● *Parapet,* pretil. *Garde-corps, garde-fou,* antepecho, barandilla.
balustre m. Balaustre.
balzan, e adj. Cuatralbo, ba ; calzado, da, de blanco (chevaux).
balzane f. Mancha blanca en los pies de los caballos.
bambin, e m. et f. FAM. Chiquillo, lla ; nene, na ; chaval, la.
bambochade f. Bambochada (peinture).
bambochard, e m. et f. V. BAMBOCHEUR.
bamboche f. Títere, *m.* ‖ FAM. Francachela, juerga, jarana (débauche). ‖ FIG. Bamboche, *m.* (personne contrefaite).
bambocher v. intr. FAM. Andar de jarana, de francachela, estar de juerga.
bambocheur, euse m. et f. FAM. Juerguista, jaranero, ra.
bambou m. Bambú (plante). ‖ Caña, *f.* (canne).
bamboula f. Bambula (danse des Noirs). ‖ FAM. Jarana : *faire la bamboula,* andar de jarana. ‖ — M. POP. Negro.
ban m. Bando (par écrit). ‖ Pregón (verbalement). ‖ Aplauso (applaudissement) : *un ban pour l'orateur,* un aplauso para el orador. ‖ MIL. Redoble de tambor y toque de corneta. ‖ Conjunto de vasallos y feudatarios de un soberano. ‖ Jefe de un banato (en Croatie). ‖ Amonestaciones, *f. pl.* (mariage) : *publier les bans,* correr las amonestaciones. ‖ DR. Destierro (interdiction de séjour) : *être en rupture de ban,* quebrantar el destierro. ‖ — *Convoquer le ban et l'arrière-ban de ses amis,* reunir a todos sus amigos. ‖ *Mettre quelqu'un au ban de la société,* poner al margen de la sociedad a una persona.
banal, e adj. Común : *moulin banal,* molino co-

mún. ‖ Fig. Común, trivial : *affaire banale,*
asunto trivial. ‖ *Four banal,* horno de poya.
— Observ. *Banal* en su primera acepción tiene como
pl. *banaux* y en la segunda *banals.*
— On emploie souvent en espagnol le gallicisme *banal.*
Trivial n'a pas en espagnol le sens de *vulgaire.*
banalement adv. Comúnmente, trivialmente.
banaliser v. tr. Hacer común *ou* trivial.
banalité f. Fig. Trivialidad. ‖ (Vx). Derecho (*m.*)
feudal.
banane f. Plátano, *m.* [*Amér.,* banana.]
bananeraie f. Platanal, *m.,* platanar, *m.*
bananier m. Plátano tropical, banano (arbre).
banat [bana] m. Banato (en Croatie).
banban adj. et s. Pop. Cojitranco, ca.
banc [bã] m. Banco. ‖ Géol. Banco : *banc d'argile,* banco de arcilla. ‖ Mar. Banco, bajío (de
sable). ‖ *Banc (de poissons).* ‖ — *Banc des accusés,* banquillo. ‖ *Banc d'essai,* banco de prueba
(technique). ‖ *Banc d'œuvre,* banco de fábrica
(églises). ‖ *Petit banc,* banquillo. ‖ — *Être sur
les bancs de l'école,* estar en la escuela, ser estudiante. ‖ *Banc des* poissons.
bancable ou **banquable** adj. Comm. Negociable
en el banco, bancal.
bancaire adj. Bancario, ria.
bancal, e adj. et s. Patituerto, ta : *une personne
bancale,* una persona patituerta. ‖ Cojo, ja
(meubles) : *table bancale,* mesa coja; *des fauteuils bancals,* sillones cojos. ‖ — M. Sable curvo.
bancelle f. Banco (*m.*) largo y estrecho.
banche f. Constr. Tapial, *m.*
banco m. inv. Banca, *f.* (jeu de cartes). ‖ — *Faire
banco,* copar la banca (baccara). ‖ Fam. *Payer
banco,* pagar a toca teja.
bancoulier m. V. Aleurite.
bancroche adj. Fam. Patituerto, ta.
bandage m. ● Venda, *f.* (bande). ‖ Méd. Braguero
(hernies). ‖ Vendaje (ligature). ‖ Techn. Llanta, *f.*
(roues). ‖ Calzo (métallique).
— Syn. ● *Bande,* venda. *Bandeau,* venda [de cabeza].
Sangle, cincha.
bandagiste m. Hernista (fabricant de bandages).
bande f. Faja (lien). ‖ Venda (bandage). ‖ Faja
(surface longue et° étroite) : *une bande de terrain,* una faja de terreno. ‖ Faja (pour imprimés) :
mettre sous bande, poner faja. ‖ Franja, tira
(ornements) : *une bande de velours,* una franja
de terciopelo. ‖ Cinta : *bande magnétique,* cinta
magnetofónica. ‖ Banda, baranda (de billard). ‖
Banda, cuadrilla (de gens armés) : *une bande de
voleurs,* una cuadrilla de ladrones. ‖ Pandilla,
cuadrilla (réunion de gens) : *il y avait une bande
d'enfants,* había una pandilla de niños. ‖ Banda
(musiciens). ‖ Bandada (animaux) : *une bande
de moineaux,* una bandada de gorriones. ‖ Rad.
Banda : *bande de fréquence,* banda de frecuencia.
‖ — Mil. *Bande de mitrailleuse,* cinta de ametralladora. ‖ Mar. *Bande de tribord,* banda estribor. ‖ *Bande dessinée,* historieta, tira. ‖ *Bande
perforée,* cinta perforada. ‖ Ciném. *Bande sonore,*
cinta *ou* banda sonora. ‖ — *Par bandes,* a banda-
das. ‖ — *Donner de la bande,* dar de banda. ‖
Faire bande à part, hacer rancho aparte.
bandeau m. Venda, *f.* (pour le front). ‖ Velo
(religieuses). ‖ Diadema (*f.*) real (bandeau royal).
Archit. Faja, *f.,* moldura, *f.* (moulure). ‖ Fig.
Ceguera, *f.,* ofuscación, *f.* (aveuglement) : *le bandeau de l'erreur,* la ofuscación del error. ‖ *Faire
tomber le bandeau des yeux,* quitar la venda de
los ojos. ‖ — Pl. Bandós (cheveux).
bandelette [bãdlɛt] f. Cinta, faja estrecha. ‖
Ínfulas, *pl.* (des prêtres païens). ‖ Banda (momie).
‖ Archit. Filete, *m.,* moldura (moulure plate).
bander v. tr. Vendar (lier avec une bande). ‖ Atirantar, distender, tensar (tendre). ‖ Techn. Armar

(arc, arbalète). ‖ *Bander ses muscles,* poner los
músculos en tensión.
— V. intr. Estar tirante : *cette corde bande trop,*
esta cuerda está demasiado tirante.
— V. pr. Vendarse : *se bander le bras,* vendarse
el brazo.
banderille [bãdri:j] f. Banderilla.
banderole f. Banderola, gallardete, *m.*
bandière f. Bandera (vx).
bandit m. Bandido.
— Observ. *Bandit* no tiene femenino (*cette femme est
un véritable bandit*).
— Syn. *Brigand,* salteador. *Malandrin,* maladrín.
Routier, salteador de caminos. *Bandoulier,* bandolero.
Coupe-jarret, bandolero.
banditisme m. Bandolerismo, bandidaje.
bandonéon m. Mus. Bandoneón.
bandoulière f. Bandolera (d'arme). ‖ Tahalí, *m.*
(baudrier). ‖ *Porter en bandoulière,* terciar (une
arme).
bang ! onomatopeya ¡Pan !
banian m. Baniano (membre d'une secte brahmanique). ‖ *Figuier des banians,* higuera de la India.
banjo m. Mus. Banjo (instrument).
banlieue f. Afueras, *pl.* ‖ — *Petite banlieue,*
extrarradio. ‖ *Train de banlieue,* tren de cercanías.
— Syn. *Périphérie,* periferia. *Environs,* afueras, alrededores. *Faubourg,* arrabal, suburbio.
banlieusard [bãljøza:r, ard] m. Fam. Habitante
de las afueras.
banne f. Cesto, *m.* ‖ Volquete, *m.* (tombereau). ‖
Toldo, *m.* (d'un magasin).
banner v. tr. Techn. Entoldar.
banneret adj. et s. (Vx). Jefe de mesnada, adalid.
‖ *Seigneur banneret,* señor de pendón y caldera.
banneton m. Banastillo (panier). ‖ Vivero (poissons).
bannette f. Canastilla (panier).
banni, e adj. et s. Desterrado, da : *banni, Victor
Hugo écrivit ses meilleurs poèmes,* desterrado,
Víctor Hugo escribió sus mejores poemas. ‖
Proscrito, ta ; exiliado, da.
bannière f. Bandera (pavillon) : *bannière en berne,*
bandera a media asta. ‖ Pendón, *m.* (de guerre).
‖ Manga (d'une confrérie religieuse). ‖ Fam. *En
bannière,* con la camisa fuera. ‖ — *Ce fut la
croix et la bannière pour l'obtenir,* fueron necesarios la Cruz y los cirialcs para obtenerlo. ‖ Fig.
Se ranger sous la bannière de, alistarse en las
filas de.
bannir v. tr. Desterrar (exiler). ‖ Fig. Rechazar
(chasser), alejar (éloigner) : *bannir tout souci,* alejar toda preocupación.
bannissable adj. Que hay que desterrar.
bannissement m. Destierro, exilio, alejamiento.
banque f. Banco, *m.* (établissement). ‖ Banca
(commerce des valeurs). ‖ Banca (jeu) : *faire
sauter la banque,* hacer saltar la banca.
banqueroute f. Bancarrota, quiebra : *banqueroute frauduleuse,* quiebra fraudulenta. ‖ *Faire
banqueroute,* quebrar.
banqueroutier, ère m. et f. Quebrado, da.
— Observ. La *banqueroute* tiene un carácter fraudulento, lo que no ocurre necesariamente con *faillite.*
banquet m. Banquete.
banqueter* v. intr. Banquetear.
banquette f. Banqueta (siège). ‖ Asiento, *m.*
(d'une voiture). ‖ Mil. Banqueta (de tir). ‖ Obstáculo, *m.* (courses de chevaux). ‖ *Banquette de la
route,* cuneta.
banquier m. Mar. Bacaladero.
banquier, ère m. et f. Banquero, ra.
banquise f. Banquisa, banco (*m.*) de hielo.
banquiste m. (Vx). Saltimbanqui, volatinero.

banvin m. Derecho que tenía el señor feudal de vender su vino antes que el de sus súbditos.

baobab m. Baobab (arbre).

baptême [batε:m] m. Bautismo (sacrement). ‖ Bautizo (cérémonie), bendición, f. (des cloches). ‖ — *Baptême de l'air*, bautismo del aire. ‖ *Baptême de la ligne*, paso del Ecuador. ‖ *Baptême du feu*, bautismo de fuego. ‖ *Extrait de baptême*, fe de bautismo. ‖ *Nom de baptême*, nombre de pila.

baptiser [batize] v. tr. Bautizar. ‖ FAM. *Baptiser le vin*, bautizar ou aguar el vino.

baptismal, e [-tismal] adj. Bautismal. ‖ *Fonts baptismaux*, pila del bautismo.

baptistaire [-tistε:r] adj. Bautismal (registre).

baptiste m. Bautista (secte protestante).

Baptiste [batist] n. pr. m. Bautista.

baptistère [batistε:r] m. Baptisterio, bautisterio.

baquet m. Cubeta, f., tina, f. ‖ *Baquet magnétique*, cubeta magnética.

baqueter* [bakte] v. tr. Achicar (l'eau).

baquetures f. pl. Escurriduras (de vin).

bar m. Robalo, róbalo, lubina, f. (poisson). ‖ Bar (débit de boissons). ‖ Bar (unité de pression atmosphérique).

baragouin m. Jerigonza, f., jerga, f.

baragouinage [baragwina:ʒ] m. FAM. Chapurreo, farfulla, f. ‖ Jerigonza, f. (langage inintelligible).

baragouiner v. intr. et tr. Chapurrear (parler mal une langue). ‖ Farfullar : *baragouiner un discours*, farfullar un discurso.

baragouineur, euse m. et f. Chapurreador, ra; farfullador, ra.

baraka f. Favor (m.) de los dioses. ‖ FIG. Suerte, destino (m.) favorable. ‖ FAM. *Avoir la baraka*, tener potra.

baraque f. Barraca. ‖ ● FIG. et FAM. Casucha (maison mal bâtie).

— OBSERV. *Barraca* a, en espagnol, le sens normal de *baraque* en français, mais dans la région de Valence ce mot désigne une *chaumière* aux murs de pisé et à toiture de joncs.

— SYN. ● *Bicoque*, casucha. *Cabane*, cabaña. *Masure*, casucha.

baraquement m. Campamento de barracas.

baraquer v. tr. Abarracar. ‖ FAM. *Type bien baraqué*, tío bien hecho, bien plantado.

baraterie f. Engaño, m., fraude, m., estafa. ‖ MAR. Baratería.

baratin m. POP. Charlatanería, f. (boniment de vendeur). ‖ Camelo. ‖ *Faire du baratin*, camelar, charlatanear.

baratiner v. tr. POP. Charlatanear. ‖ Camelar : *baratiner une fille*, camelar a una muchacha.

baratineur, euse adj. et s. POP. Camelista.

barattage m. Batido (beurre).

baratte f. Mantequera.

baratter v. tr. Batir (le lait).

barbacane f. Barbacana, aspillera.

barbant, e adj. POP. Latoso, sa ; pesado, da.

barbaque f. POP. Pitraco, m., carne mala.

barbara m. Bárbara (syllogisme).

barbare adj. et s. Bárbaro, ra (non civilisé). ‖ FIG. Incorrecto, ta. ‖ *Terme barbare*, barbarismo.

— OBSERV. *Barbare* no tiene en francés el sentido figurado español de *enorme* y de *formidable*.

barbaresque adj. et s. Berberisco, ca.

barbarie f. Barbarie.

Barbarie n. pr. f. GÉOGR. Berbería. ‖ *Figuier de Barbarie*, chumbera, tuna, nopal.

barbariser v. tr. Barbarizar.

barbarisme m. Barbarismo.

barbe f. Barba (poil). ‖ Barba (d'une plume). ‖ FIG. Moho, m., pelusilla (moisissure). ‖ POP. Lata, tostón, m. (ennui). ‖ TECHN. Rebaba (bavochure). ‖ Barba (du papier). ‖ — Pl. Cabello (maïs), ras-

pas (blé). ‖ — *Barbe à papa*, algodón (friandise). ‖ *Plat à barbe*, bacía. ‖ *Vieille barbe*, vejestorio, anciano. ‖ — *À la barbe de quelqu'un*, en las barbas de uno. ‖ *La barbe!*, ¡ya está bien!, ¡ya basta!, ¡cállate! ‖ *Quelle barbe!*, ¡qué lata! ‖ — *Arracher la barbe*, tirar de las barbas. ‖ *Avoir de la barbe au menton*, tener pelos en la barba, estar en edad viril. ‖ *Faire la barbe*, hacer la barba, afeitar. ‖ *Porter la barbe*, llevar ou gastar barba. ‖ FIG. *Rire dans sa barbe*, reír para su coleto.

barbe m. Caballo árabe.

Barbe n. pr. f. Bárbara.

barbeau m. Barbo (poisson). ‖ BOT. Aciano (bluet). ‖ POP. Chulo (souteneur). ‖ *Bleu barbeau*, azulejo.

barbecue [barbəkju] f. Barbacoa.

barbe-de-capucin f. BOT. Achicoria silvestre.

barbelé, e adj. Arpado, da ; dentado, da. ‖ — *Fil de fer barbelé*, alambre de espino ou de púas. ‖ — *Les barbelés*, alambrada de púas.

barbelure f. Borde (m.) dentado, púas, pl.

barber v. tr. POP. Dar la lata, fastidiar.

— V. pr. POP. Aburrirse.

barbet, ette adj. et s. Perro de aguas. ‖ *Crotté comme un barbet*, lleno de barro hasta los ojos. ‖ — M. (Vx). Protestante de la región de Cevennes. ‖ ZOOL. Salmonete, barbudo.

barbette f. Peto, m., impla (de religieuse). ‖ MIL. Barbeta (fortification).

barbeyer [barbeje] v. intr. Relingar (une voile).

barbiche f. Perilla (barbe).

barbichet ou **barbichon** m. Perrillo de aguas.

barbier m. Barbero. ‖ FAM. Rapabarbas (mauvais coiffeur).

barbifier* v. tr. FAM. Afeitar.

barbille [barbi:j] f. Rebaba (monnaies).

barbillon m. Barbilla, f. (poisson). ‖ Barbo pequeño (petit barbeau). ‖ TECHN. Lengüeta, f. (hameçon). ‖ — Pl. Pliegues del frenillo (cheval, bœuf). ‖ Barbillas, f. pl. (d'un poisson).

barbiturique adj. et s. m. CHIM. Barbitúrico, ca.

barbon m. Vejete, vejancón. ‖ Barba (théâtre).

barbotage m. Chapoteo. ‖ Bebida (f.) compuesta de agua y salvado (pour les bestiaux).

barbote ou **barbotte** f. Locha (poisson).

barbotement m. Chapoteo. ‖ Borbolleo (d'un gaz).

barboter v. intr. Chapotear (patauger). ‖ Borbollar (un gaz). ‖ FAM. Enredarse (s'embrouiller). ‖ FIG. Barbullar, barbotar, farfullar (parler confusément). ‖ POP. Birlar, afanar (voler).

barboteur, euse m. et f. POP. Ladronzuelo, la. ‖ — M. ZOOL. Pato. ‖ — F. Pelele, m. (vêtement d'enfant). ‖ Máquina de lavar (machine à laver).

barbotin m. MAR. Cabrestante. ‖ TECHN. Polea, f. (de chenille).

barbotine f. TECHN. Barbotina (céramique).

Barboude ou **Barbude** n. pr. f. GÉOGR. Barbuda.

barbouillage m. Embadurnamiento (avec de la peinture). ‖ ● Borrones, pl., garabatos, pl. (écriture). ‖ Mamarracho (mauvaise peinture).

— SYN. ● *Graffiti*, inscripción, graffito. *Griffonnage*, garabatos, garrapatos. *Pop. Gribouillage*, gribouillis, garabato, garrapatos.

barbouiller [barbuje] v. tr. Embadurnar (tacher). ‖ Pintarrajear (peindre grossièrement). ‖ Embrollar (compliquer une affaire). ‖ — *Barbouiller du papier*, emborronar papel (mal écrire). ‖ *Barbouiller le cœur*, revolver el estómago.

barbouilleur, euse m. et f. Embadurnador, ra. ‖ Emborronador, ra, de papel (mauvais écrivain). ‖ Pintamonas, mamarrachista (mauvais peintre).

barbouillis [barbuji] m. Embadurnamiento.

barbu, e adj. Barbudo, da ; barbado, da.

barbue f. Barbada (poisson).

barbure f. Rebaba (métaux).

barcarolle f. Mus. Barcarola.
barcasse f. Barcaza (barque).
Barcelone n. pr. Géogr. Barcelona.
barcelonnette ou **bercelonnette** f. Cuna colgante.
bard [ba:r] m. Angarillas, *f. pl.*, andas, *f. pl.* (brancards).
barda m. Pop. Impedimenta (du soldat). | Petate, trastos, *pl.* (bagage).
bardage m. Transporte por medio de angarillas.
bardane f. Bardana, lampazo, *m.* (plante).
barde f. Barda (armure du cheval). ‖ Albardilla (tranche de lard).
barde m. Bardo (poète).
bardé, e adj. Bardado, da (cheval). ‖ Cubierto con lonjas de tocino, emborrazado, da (viande).
bardeau m. Tablilla, *f.* (pour toitures). ‖ Burdégano (bardot, mulet). ‖ Impr. Caja (*f.*) para poner los caracteres sobrantes.
barder v. tr. Bardar, acorazar (couvrir d'une armure). ‖ Emborrazar (envelopper avec une barde de lard). ‖ — Pop. *Ça barde*, esto pita, esto zumba (bien marcher); hay un follón (il y a du grabuge). ‖ *Ça va barder*, se va a armar la gorda.
bardis [bardi] m. Mar. Cubichete de estiba (cloison).
bardot [bardo] m. Burdégano (mulet).
barège f. Barés (étoffe).
barème m. Baremo, tabla, *f.* ‖ *Barème des salaires*, tabla de salarios.
baresthésie f. Méd. Barestesia.
baréter* v. intr. Bramar.
barge f. Barca chata, pontón, *m.* ‖ Agric. Almiar, *m.* (meule de foin). ‖ Picudilla (oiseau).
barguignage [barɡiɲa:ʒ] m. Fam. Titubeo, vacilación, *f.*
barguigner v. intr. Titubear, vacilar (hésiter) : *sans barguigner*, sin vacilar.
barguigneur, euse m. et f. Vacilante, indeciso, sa.
baricaut m. Barrilejo, barrilito.
barigoule f. Barígula, hongo, *m.* ‖ *Artichaut à la barigoule*, alcachofa rellena.
baril [baril] m. Barril : *un baril de poudre*, un barril de pólvora. ‖ Barril (159 litres de pétrole).
barillet m. Barrilete (petit baril). ‖ Techn. Tambor, cubo (montres). ‖ Tambor, barrilete, cilindro (revolver) : *revolver à barillet*, revólver de tambor.
barine m. Barín.
bariolage m. Abigarramiento.
bariolé, e adj. Abigarrado, da.
barioler v. tr. Abigarrar (bigarrer), gayar (p. us.).
— Syn. *Bigarrer*, abigarrar. *Chamarrer*, recargar excesivamente. *Chiner*, entremezclar. *Moucheter*, motear. *Panacher*, entremezclar colores. *Jasper*, jaspear. *Veiner*, vetear. *Marbrer*, vetear, jaspear.
bariolure f. Abigarramiento, *m.*
barkhane f. Pequeña duna en forma de media luna.
barlong, gue adj. Más largo por un lado que por otro.
barmaid f. Encargada de un bar.
barman m. Barman, botillero (p. us.).
— Observ. *Barman* tiene en francés dos plurales : *barmen* y *barmans*.
barn m. Barn [unidad de superficie en física nuclear].
Barnabé n. pr. m. Bernabé.
barnabite m. Bernabita.(religieux).
barnache ou **bernoche** m. Barnacla, pato marino (oiseau).
barographe m. Barógrafo.
baromètre m. Barómetro. ‖ — *Baromètre à cuvette*, barómetro de mercurio *ou* de cubeta. ‖ *Baromètre anéroïde*, barómetro aneroide.
barométrique adj. Barométrico, ca.

baron, onne m. et f. Barón, onesa (titre de noblesse). ‖ *Baron d'agneau*, cuarto trasero de cordero.
baronet ou **baronnet** m. Baronet (titre anglais).
baronnage m. Baronía, *f.*
baronnie f. Baronía.
baroque adj. et s. m. Barroco, ca (style). ‖ Churrigueresco, ca (rococo espagnol). ‖ Extravagante, estrambótico, ca : *une idée baroque*, una idea extravagante.
baroscope m. Phys. Baroscopio.
baroud [barud] m. Pop. Pelea, *f.* ‖ *Baroud d'honneur*, último combate.
baroudeur adj. et s. m. Fam. Peleón.
barouf ou **baroufle** m. Pop. Jollín.
barque f. Barca. ‖ Fig. *Bien mener sa barque*, llevar bien sus negocios.
barquette f. Barquilla.
barrage m. Presa, *f.*, presa (*f.*) de contención (retenue d'eau). ‖ Embalse, pantano (ensemble) : *le barrage d'Assouan*, el embalse de Asuán. ‖ Vallado (pour barrer un chemin). ‖ Barrera, *f.* (barrière). ‖ Cordón : *barrage de police*, cordón de policía. ‖ Desempate (en cas de match nul), promoción, *f.* (pour accéder à la division supérieure) : *match de barrage*, partido de desempate, partido de promoción (sports). ‖ Comm. Cruzamiento (chèque). ‖ Fig. Obstáculo : *il a fait barrage à ma nomination*, ha puesto obstáculos a mi nombramiento. ‖ Mil. Cortina, *f.*, barrera, *f.* (de coups de feu). ‖ — *Barrage de retenue de régulation*, embalse regulador. ‖ Mil. *Barrage roulant*, tiro escalonado.
barre f. Barra. ‖ Tranca (pour fermer une porte). ‖ Mar. Caña del timón, timón, *m.* : *tenir la barre*, llevar el timón. ‖ Lingote, *m.* : *de l'or en barre*, lingotes de oro. ‖ Barra, alfaque, *m.*, banco (*m.*) de arena (banc de sable). ‖ Raya, palote, *m.* (trait de plume). ‖ Barra, barandilla (tribunal). ‖ Barra (d'un bar). ‖ Blas. Barra. ‖ Géogr. Creta : *la barre des Écrins*, la creta de los Ecrin. ‖ *Barre à mine*, perforadora. ‖ Autom. *Barre d'accouplement*, barra de acoplamiento (de la direction). ‖ *Barre d'appui*, barunda. ‖ Mar. *Barre de hune*, cruceta. ‖ Mus. *Barre de mesure*, línea de medida. ‖ *Barre fixe*, barra fija (gymnastique). ‖ Electr. *Barre omnibus*, barra ómnibus. ‖ *Barres parallèles*, barras paralelas (gymnastique). ‖ *Barre transversale*, larguero (football). ‖ — *Coup de barre*, golpe de timón. ‖ *Exercice à la barre*, ejercicio en la barra (danse). ‖ — *Avoir barre sur quelqu'un*, tenerle cogido a uno, dominar a uno. ‖ *C'est de l'or en barre*, es oro molido. ‖ Fam. *C'est le coup de barre*, ¡le clavan a uno!, esto cuesta un ojo de la cara (cher) ; está derrengado (fatigué). | *Ne faire que toucher barre*, parar poco en un sitio. ‖ *Paraître à la barre*, comparecer ante el tribunal.
— Pl. Asiento, *m. sing.* (de la bouche des chevaux). ‖ Marro, *m. sing.* (jeu).
barré, e adj. Blas. Barrado, da. ‖ Comm. Cruzado, da : *chèque barré*, cheque cruzado.
barreau m. Barrote. ‖ Tribunal para abogados (banc réservé aux avocats) : Foro, abogacía, *f.* (profession d'avocat). ‖ Colegio de Abogados (ordre des avocats). ‖ Barra, *f.* : *barreau aimanté*, barra imanada. ‖ *Éloquence du barreau*, elocuencia del foro *ou* de la tribuna. ‖ *Langage du barreau*, lenguaje forense.
barrement m. Cruzamiento (chèque).
barrer v. tr. Atrancar (une porte). ‖ Barretear (garnir de barreaux). ‖ Interceptar, cortar, cerrar el paso (un chemin) : *rue barrée*, calle interceptada. ‖ Acordonar (déployer un cordon de troupes, etc.). ‖ Cruzar (un chèque). ‖ Tachar,

rayar (rayer). ‖ — FIG. *Barrer le chemin à quel-qu'un*, cortar el paso a uno. ‖ *Barrer les mentions inutiles*, tachar lo que no interesa.
— V. intr. MAR. Gobernar.
— V. pr. POP. Largarse (s'en aller).
barrette f. Birreta de cardenal, birrete, *m.* ‖ Pasador, *m.* (pince à cheveux). ‖ Barra, broche (*m.*) alargado (bijou).
barreur m. MAR. Timonel.
barricade f. Barricada. ‖ FIG. *De l'autre côté de la barricade*, en el lado opuesto.
barricader v. tr. Levantar barricadas. ‖ Atrancar (une porte).
— V. pr. Parapetarse. ‖ FIG. Encerrarse, no dejarse ver.
barrière f. Barrera. ‖ FIG. Barrera, obstáculo, *m.* (obstacle). ‖ FIG. *Avoir franchi la barrière*, haber pasado del otro lado, haber cambiado de campo.
barrique f. Barrica.
barrir v. intr. Bramar, barritar, berrear (éléphant).
barrissement m. Bramido.
barrit [bari] m. Bramido.
barrot [baro] m. MAR. Bao (bau).
barroter v. tr. MAR. Abarrotar, cargar hasta los baos. ‖ Colocar los baos.
bartavelle f. Perdiz real, ortega.
Barthélemy n. pr. m. Bartolomé. ‖ *La Saint-Barthélemy*, la noche de San Bartolomé.
Baruch n. pr. m. Baruc.
barycentre m. Baricentro, centro de gravedad.
barye f. Baría (unité de pression).
barymétrie f. Barimetría.
barysphère f. Barisfera.
baryte f. CHIM. Barita.
barytine f. CHIM. Baritina.
baryton m. Barítono.
baryum [barjɔm] m. Bario (métal).
bas, basse [bɑ, bɑs] adj. Bajo, ja : *une chaise basse*, una silla baja. ‖ FIG. Bajo, ja ; ruin (vil) : *âme basse*, alma ruin. ‖ Bajo, ja ; ramplón (trivial) : *style bas*, estilo ramplón. ‖ Bajo, ja ; módico, ca : *à bas prix*, a bajo precio. ‖ Bajo, ja ; decadente (décadent). ‖ Inferior : *les basses classes*, las clases inferiores. ‖ Bajo, ja ; grave (son) : *voix basse*, voz grave. ‖ Nublado, da ; cargado, da : *jour bas*, día nublado ; *temps bas*, tiempo cargado. ‖ Corto, ta (vue) : *vue basse*, vista corta. ‖ GÉOGR. Bajo, ja : *la basse Normandie*, la baja Normandía. ‖ — *Bas âge*, primera infancia. ‖ *Bas latin*, bajo latín (langue du Bas-Empire). ‖ *Basses eaux*, estiaje. ‖ TECHN. *Basses fréquences*, bajas frecuencias. ‖ *Basses terres*, tierras bajas. ‖ *Ce bas monde*, este mundo. ‖ *Mer basse*, marea baja, bajamar. ‖ *Messe basse*, misa rezada (messe); secreteo : *faire des messes basses*, andarse con secreteos. ‖ — *Au bas mot*, por lo menos, echando por bajo. ‖ *À voix basse*, en voz baja. ‖ *De bas étage*, de baja ralea. ‖ *En bas âge*, de tierna edad. ‖ — *Avoir la queue basse*, huir con el rabo entre las piernas. ‖ *Avoir l'oreille basse*, estar con las orejas gachas. ‖ *Faire main basse sur*, apoderarse de (s'emparer). ‖ *Le ciel est bas*, el cielo está encapotado. ‖ *Le jour est bas*, el día declina, la tarde cae.
— OBSERV. Cuando se trata de un departamento, el adjetivo *bas* va unido al nombre por un guión (le Bas-Rhin).
bas adv. Bajo, quedamente, quedo (doucement) : *parler bas*, hablar bajo. ‖ Bajo : *cet avion vole bas*, este avión vuela bajo. ‖ — *À bas!*, ¡Abajo!, ¡Fuera! ‖ *En bas*, abajo. ‖ *Ici-bas*, aquí abajo, en este mundo. ‖ *Là-bas*, allá. ‖ *La tête en bas*, con la cabeza abajo. ‖ *Par en bas*, por abajo. ‖ *Tout bas*, bajito. ‖ — *Être très bas*, estar arruinado (ruiné), estar decaído (très malade). ‖ *Jeter bas*, derribar. ‖ *Mettre bas*, parir (uniquement

pour les animaux). ‖ *Mettre bas les armes*, rendirse. ‖ MAR. *Mettre bas les voiles*, amainar. ‖ *Mettre chapeau bas*, quitarse el sombrero. ‖ *Regarder de haut en bas*, mirar de arriba abajo.
bas m. Parte (*f.*) baja *ou* inferior : *le bas de son corps*, la parte inferior de su cuerpo. ‖ Pie : *le bas d'un écrit*, el pie de un escrito. ‖ Bajos, *pl.* (vêtements) : *le bas d'une robe*, los bajos de un traje. ‖ — IMPR. *Bas de casse*, caja baja. ‖ — *Au bas de*, al pie de : *au bas de l'escalier*, al pie de la escalera ; en la parte baja (d'une route). ‖ *Les hauts et les bas*, los altibajos.
bas m. Media, *f.* : *bas de Nylon*, medias de Nylón ; *bas indémaillable*, media indesmallable. ‖ FIG. *Bas de laine*, ahorrillos, talega.
basal, e [bazal] adj. Basal, de base : *métabolisme basal*, metabolismo basal.
basalte m. MIN. Basalto.
basaltique adj. Basáltico, ca.
basane f. Badana. ‖ (Vx). MIL. Polaina de badana cosida al pantalón de algunos jinetes.
basané, e adj. Moreno, na (brun); tostado, da; curtido, da (hâlé) : *teint basané*, tez morena.
basaner v. tr. Tostar : *le soleil basane la peau*, el sol tuesta la piel.
bas-bleu m. FAM. Literata, *f.*, mujer (*f.*) pedante, marisabidilla, *f.*, cultalatiniparla, *f.*
bas-côté m. Nave (*f.*) lateral de una iglesia. ‖ Andén, arcén (de route).
bascule [baskyl] f. Báscula (pour peser). ‖ Columpio, *m.*, subibaja, *m.* (balançoire).
basculement m. Balanceo, vaivén (balancement).
basculer v. intr. Volcar, bascular (gallicisme). ‖ Voltear (retourner). ‖ Caer (tomber).
— V. tr. Volcar (renverser).
basculeur m. Basculador (gallicisme). ‖ Pesador, oficial de pesada (chargé de la pesée). ‖ Motovolquete (dispositif mécanique). ‖ ELECTR. Conmutador.
base f. ● Base. ◆ ARCHIT. Basa. ‖ CHIM. Base. ‖ — *Base navale*, base naval. ‖ *Salaire de base*, salario base. ‖ *Solde de base*, sueldo de base. ‖ — *De base*, básico, ca. ‖ *Sur la base de*, teniendo como base, si tomamos como base.
— SYN. ● *Fondement*, fundamento. *Assise*, asiento. — ◆ *Fondations*, cimientos.
base-ball [besbo:l] m. Béisbol, pelota (*f.*) base.
baselle f. BOT. Basela.
baser v. tr. Basar.
— V. pr. Basarse.
— OBSERV. Es preferible sustituir *se baser sur* por *se fonder sur*.
bas-fond [bafɔ̃] m. Hondonada, *f.* (de terrain). ‖ Bajo, bajío (mer, rivière). ‖ — Pl. FIG. Bajos fondos (gallicisme).
basicité f. CHIM. Basicidad.
baside f. BOT. Basidio, *m.* (de champignon).
basidiomycètes m. pl. Basidiomicetos (champignons).
basilaire adj. ANAT. Basilar.
Basile n. pr. m. Basilio.
basilic m. Albahaca, *f.* (plante). ‖ Basilisco (reptile, serpent fabuleux).
basilique f. Basílica.
basin m. Bombasí (étoffe).
basique adj. Básico, ca : *sel basique*, sal básica.
bas-jointé, e adj. De cuartillas cortas (cheval).
basket-ball [baskitbo:l] m. Baloncesto (jeu).
basketteur, euse m. et f. Jugador, ra, de baloncesto.
bas-mât [bamɑ] m. MAR. Palo macho.
basoche f. Golillas, *m. pl.*, curia [en mal sentido].
basochien, enne adj. Curialesco, ca.
— M. Curial.
Basquais, e adj. et s. Vasco, ca

basque adj. Vasco, ca; vascongado, da.
— M. Vasco. ‖ Vascuense, éuscaro (langue). ‖ — F. Faldón, *m.* (vêtements). ‖ — *Tambour de basque*, pandereta. ‖ — *Être toujours pendu aux basques de quelqu'un*, estar siempre agarrado a los faldones de alguien.
— OBSERV. El substantivo femenino de *Basque* es en francés *Basquaise*.

basque (Pays) n. pr. m. GÉOGR. Vasconia, *f.* ‖ Provincias (*f. pl.*) Vascongadas (espagnol). ‖ País Vasco (français et espagnol).

basquet [baskε] m. Caja, *f.* (pour les fruits).

basquine f. Basquiña (jupe).

bas-relief [bɑreljεf] m. Bajo relieve, bajorrelieve.

bassaride f. ZOOL. Basáride.

basse f. MUS. Bajo, *m.* (voix, instrument) : *basse chantante*, bajo cantante. ‖ MAR. Bajo, *m.*, bajío, *m.*

basse-contre f. Bajo (*m.*) profundo (voix).

basse-cour f. Corral, *m.* ‖ Aves (*pl.*) de corral (volaille). ‖ FIG. Corral, *m.*

basse-courier, ère m. et f. Corralero, ra.

basse-fosse f. Mazmorra, calabozo, *m.* : *un cul-de-basse-fosse*, lo más profundo de un calabozo.

bassesse f. Bajeza.
— SYN. *Abjection*, abyección. *Vilenie*, vileza. *Avilissement*, envilecimiento. *Platitude*, carácter rastrero.

basset m. Basset, pachón (chien).

basse-taille f. MUS. Bajo (*m.*) cantante.

bassette f. Baceta (jeu de cartes).

bassin m. Barreño, lebrillo (récipient large et profond). ‖ Estanque (pièce d'eau dans un jardin). ‖ Bacía, *f.* (plat à barbe). ‖ Bacinica, *f.*, bacinilla, *f.* (quête, église). ‖ Platillo (balance). ‖ Chata, *f.* (vase de nuit plat pour malades). ‖ Piscina, *f.* (sports). ‖ ANAT. Pelvis, *f.* ‖ ARCHIT. Pilón (d'une fontaine). ‖ CHIM. Cubeta, *f.* ‖ GÉOGR. et GÉOL. Cuenca, *f.* (d'une rivière, de la mer) : *le bassin de l'Amazone*, la cuenca del Amazonas. | Cuenca, *f.* (mines) : *le bassin de la Sarre*, la cuenca del Sarre. ‖ MAR. Dársena, *f.* ‖ — *Bassin à flot*, dársena. ‖ *Bassin de carène*, canal de experiencias. ‖ *Bassin de décantation*, depósito de decantación. ‖ *Bassin de radoub*, dique.

bassinage m. Calentamiento (du lit). ‖ Riego ligero (arrosage).

bassine f. Barreño, *m.* ‖ Depósito (*m.*) de devanado (en filature).

bassinement m. Calentamiento (du lit).

bassiner v. tr. Calentar (le lit). ‖ Humedecer (humecter). ‖ Regar ligeramente, rociar (arroser). ‖ FAM. Dar la lata, fastidiar (ennuyer).

bassinet m. Palangana, *f.* ‖ Bacinete (armure). ‖ Cazoleta, *f.* (arme à feu). ‖ ANAT. Pelvis (*f.*) del riñón. ‖ BOT. Botón de oro. ‖ FAM. *Cracher au bassinet*, escupir dinero.

bassinoire f. Calentador, *m.* (pour le lit). ‖ POP. Latoso, sa; pelma (personne ennuyeuse).

bassiste m. MUS. Violoncelista (qui joue du violoncelle). | Contrabajo (qui joue de la basse).

basson m. Bajón, fagot (instrument de musique). ‖ Bajonista (instrumentiste).

bassoniste m. Bajonista (instrumentiste).

baste m. Serón (panier sur une bête de somme). ‖ As de trébol (jeu de cartes). ‖ — F. Cuévano (*m.*) de madera (pour la vendange).

baste! interj. ¡Bah!, ¡vaya! (indifférence, dédain).

basterne f. Basterna (char ancien). ‖ Litera (litière).

bastide f. Quinta (maison de campagne). ‖ (Vx). Bastida (ville forte).

Bastien n. pr. m. Bastián.
— OBSERV. Es diminutivo de *Sebastien*, Sebastián.

bastille [basti:j] f. (Vx). Bastida (machine de guerre). ‖ Castillo, *m.* (château fort). ‖ (Vx). Cárcel, prisión.

bastillé, e adj. BLAS. Bastillado, da.

bastin m. Pleita, *f.*, tomiza, *f.*

bastingage m. MAR. Empalletado. ‖ Borda, *f.*

bastingue f. Batayola.

bastion m. Bastión, baluarte.
— OBSERV. Es la única palabra francesa masculina que se acaba por *-tion*.

bastionner v. tr. Abastionar (garnir de bastions).

bastonnade f. Tunda de palos, apaleamiento, *m.*, paliza.

bastringue m. POP. Baile de candil. ‖ Ventorrillo (guinguette). ‖ Charanga, *f.*, murga, *f.* (vacarme). ‖ Barrena, *f.* (foret).

bas-ventre m. Bajo vientre.

bat m. Largo, longitud, *f.* (des poissons). ‖ Paleta, *f.* (cricket).

bât m. Albarda, *f.*, basto (selle grossière). ‖ *Savoir où le bât blesse*, saber uno dónde le aprieta el zapato.
— OBSERV. En espagnol d'Amérique, les *bastos* sont les *panneaux de la selle*.

bataclan m. POP. Bártulos, *pl.*, chirimbolos, *pl.*

bataille [batɑ:j] f. Batalla. ‖ FIG. Reyerta, porfía (discussion). ‖ Guerrilla (cartes). ‖ — *Bataille rangée*, batalla campal. ‖ *En bataille*, en línea (armée), desgreñado : *avoir les cheveux en bataille*, tener el pelo desgreñado. ‖ *Rangé en bataille*, formado en línea de combate.

batailler v. intr. Batallar. ‖ Discutir (discuter), disputar (disputer) : *batailler sur des riens*, disputar por naderías.

batailleur, euse adj. et s. Batallador, ra.

bataillon m. Batallón.

bâtard, e [batɑ:r, ard] adj. et s. Bastardo, da : *race bâtarde*, raza bastarda. ‖ FIG. Bastardo, da, espurio, ria (dégénéré). ‖ — M. Pan de forma alargada, barra, *f.* ‖ — F. Bastarda *ou* letra bastarda (écriture). ‖ TECHN. Bastarda (lime). ‖ *Porte bâtarde*, puerta falsa.

batardeau m. Estacada, *f.* (digue).

bâtardise f. Bastardía.

batave adj. et s. Bátavo, va.

batavia f. Variedad de lechuga de hojas anchas y rizadas.

batavique adj. Batávico, ca : *larme batavique*, lágrima batávica.

batayole [batajɔl] f. MAR. Batayola.

bâté, e adj. Albardado, da (qui porte un bât). ‖ FIG. *Âne bâté*, acémila, burro, ignorante.

bateau m. ● Barco (embarcation). ‖ Paso dejado a un automóvil en una acera. ‖ FAM. Bola, *f.*, trola, *f.*, mentira, *f.* (mensonge) : *monter un bateau*, contar bolas. ‖ — *Bateau à vapeur*, barco de vapor. ‖ *Bateau à voile*, barco de vela, velero, balandro (voilier). ‖ *Bateau de plaisance*, barco de recreo. ‖ *Bateau du loch*, guindola (planchette du loch). ‖ *Bateau plat*, balsa. ‖ — FIG. *Mener quelqu'un en bateau*, embaucar a alguien.
— OBSERV. *Navire* en francés es el buque de guerra o de comercio. *Vaisseau*, se suele decir buque o navío de guerra.
— SYN. ● *Bâtiment*, buque. *Navire*, buque. *Vaisseau*, navío. *Nef*, nave. *Paquebot*, paquebote. *Transatlantique*, transatlántico. *Steamer*, steamboat, vapor. *Yacht*, yate.

bateau-citerne m. Buque aljibe, barco cisterna.

bateau-lavoir m. Lavadero flotante.

bateau-mouche m. Barco ómnibus (à Paris), golondrina, *f.*

bateau-phare m. Barco faro.

bateau-pompe m. Barco bomba.

batée f. Batea.

batelage m. Barcaje (droit payé à un batelier). ‖ Servicio de transportes por barcos (service de bateaux). ‖ Profesión (*f.*) de titiritero.

batelée f. Barcada (charge d'un bateau).

bateler* v. intr. Hacer juegos de manos.

batelet m. Barquichuelo.

I. Différents bateaux. — Barcos diversos.

navire, bâtiment	buque
vaisseau	navío
caravelle	carabela
frégate	fragata
goélette	goleta
corvette	corbeta
baleinier	ballenero
brise-glace	rompehielos
chalutier	bou, pesquero de motor
remorqueur	remolcador
pétrolier	petrolero
cuirassé	acorazado
croiseur	crucero
sous-marin	submarino
porte-avions	portaaviones
yacht	yate
paquebot	barco de pasajeros, paquebote
cargo	carguero

II. Parties intérieures. — Partes interiores.

ballast	aljibe de lastre
salle des machines	sala de máquinas
soute (f.) à bagages	pañol (m.) de equipajes

turbine	turbina
boussole, f.	compás, m.
barre	caña ou barra del timón
claire-voie	lumbrera
chaumard m.	guía f.
couchette	litera
hamac	hamaca, f., coy
sirène	sirena
arbre de l'hélice	árbol de la hélice

III. Parties extérieures. — Partes exteriores.

ancre	ancla
étrave	roda
proue	proa
poupe	popa
arrière	popa, parte trasera
avant	proa, parte delantera
bâbord	babor
tribord	estribor
coque, f.	casco, m.
coupée, f.	portalón, m.
dunette	toldilla
antenne (radio)	antena
rambarde	barandilla
treuil	torno
bossoir	pescante, serviola, f.
pont, m.	cubierta, f.
écoutille	escotilla
hublot, m.	ojo de buey, ventanilla, f.
échelle de coupée	escala real
échelle de tirant d'eau	escala de calado
ligne de flottaison	línea de flotación
passerelle (f.) de commandement	puente (m.) de mando
feu de route avant	farol de proa
feu de route arrière	farol de popa
rame, f.	remo, m.
sabord, m.	porta, f.
poste de l'équipage	puesto de la tripulación

IV. Mâture et voilure. — Arboladura y velamen m.

mât d'artimon	palo de mesana
mât de misaine	palo de trinquete
grand mât	palo mayor
beaupré	bauprés
perroquet	juanete
vergue	verga
drisse	driza
ris	rizo
pavillon	pabellón, bandera, f.
gréement	aparejo

Cotre — Cúter

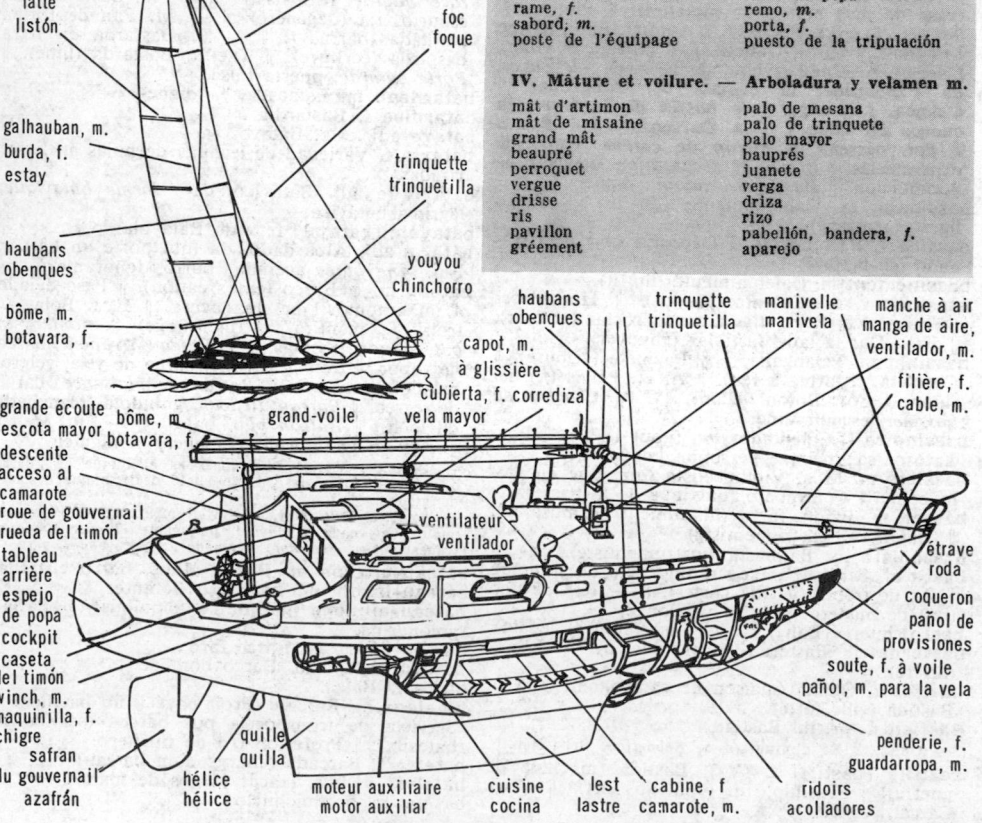

barre de flèche
espiga

latte
listón

foc
foque

galhauban, m.
burda, f.
estay

trinquette
trinquetilla

haubans
obenques

youyou
chinchorro

bôme, m.
botavara, f.

haubans
obenques

trinquette
trinquetilla

manivelle
manivela

manche à air
manga de aire,
ventilador, m.

capot, m.
à glissière
cubierta, f. corrediza

filière, f.
cable, m.

grande écoute
escota mayor
descente
acceso al
camarote
roue de gouvernail
rueda del timón
tableau
arrière
espejo
de popa
cockpit
caseta
del timón
winch, m.
maquinilla, f.
chigre
safran
du gouvernail
azafrán

bôme, m.
botavara, f.

grand-voile
vela mayor

ventilateur
ventilador

étrave
roda

coqueron
pañol de
provisiones
soute, f. à voile
pañol, m. para la vela

penderie, f.
guardarropa, m.

hélice
hélice

quille
quilla

moteur auxiliaire
motor auxiliar

cuisine
cocina

lest
lastre

cabine, f
camarote, m.

ridoirs
acolladores

BATEAUX — BARCOS
Cargo — Buque

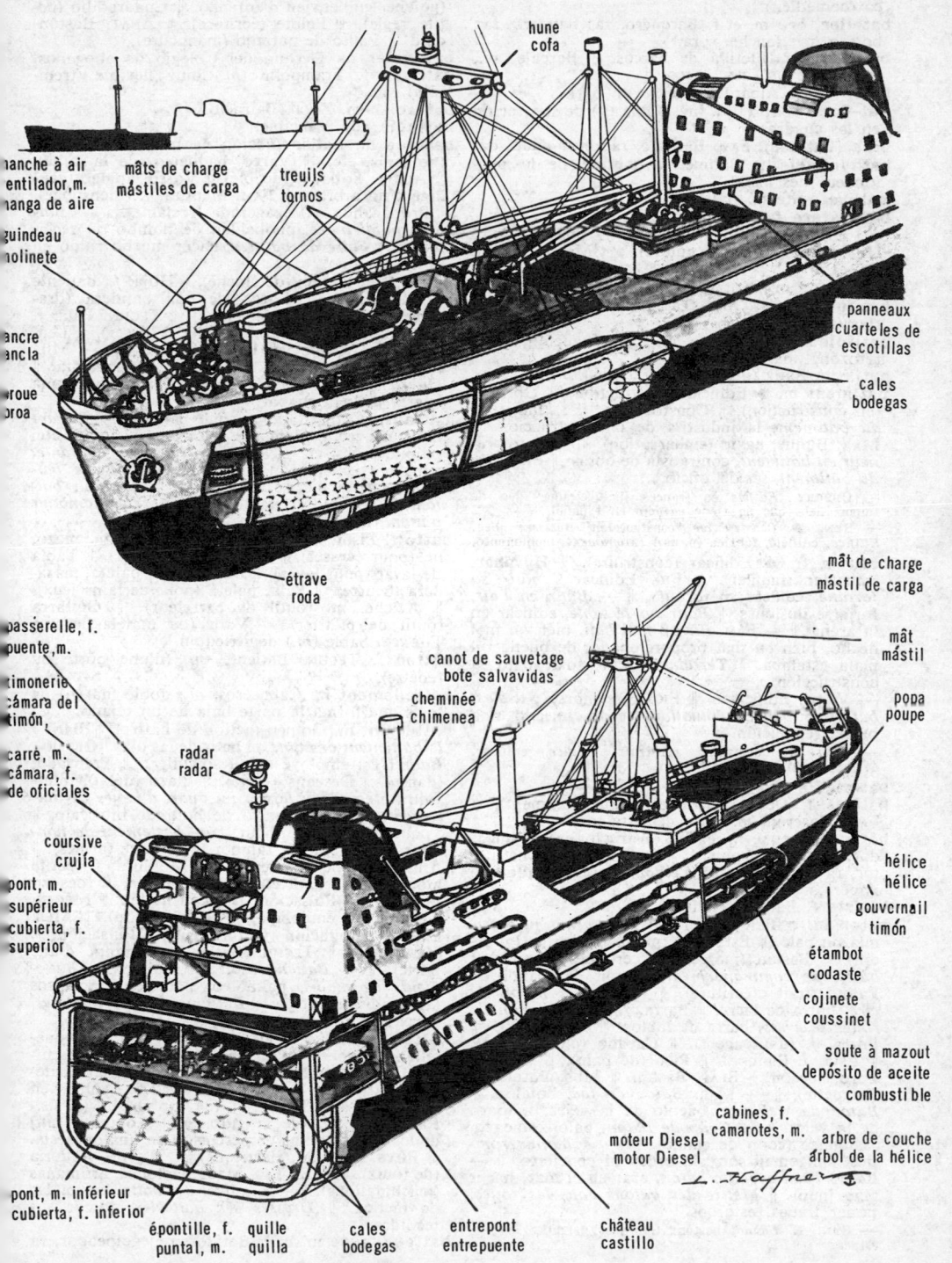

hune
cofa

manche à air
ventilador, m.
manga de aire

mâts de charge
mâstiles de carga

treuils
tornos

guindeau
molinete

ancre
ancla

proue
proa

panneaux
cuarteles de
escotillas

cales
bodegas

étrave
roda

passerelle, f.
puente, m.

timonerie
cámara del
timón,

carré, m.
cámara, f.
de oficiales

radar
radar

coursive
crujía

pont, m.
supérieur
cubierta, f.
superior

canot de sauvetage
bote salvavidas

cheminée
chimenea

mât de charge
mástil de carga

mât
mástil

popa
poupe

hélice
hélice

gouvernail
timón

étambot
codaste

cojinete
coussinet

soute à mazout
depósito de aceite
combustible

arbre de couche
árbol de la hélice

pont, m. inférieur
cubierta, f. inferior

épontille, f.
puntal, m.

quille
quilla

cales
bodegas

entrepont
entrepuente

cabines, f.
camarotes, m.

moteur Diesel
motor Diesel

château
castillo

L. Haffner

bateleur, euse m. et f. Titiritero, ra (acrobate); prestidigitador, ra (prestidigitateur); malabarista (jongleur). ‖ Farsante (bouffon). ‖ (Vx). Cómico, ca (comédien).

batelier, ère m. et f. Barquero, ra; batelero, ra; botero, ra; lanchero, ra.

batellerie f. Flotilla de barcos. ‖ Barcaje, *m.*, transporte (*m.*) por barco.

bâter v. tr. Albardar (mettre un bât).

bat-flanc [baflɑ̃] m. inv. Tabla (*f.*) de separación en las cuadras.

bath [bat] adj. FAM. Bárbaro, ra; macanudo, da.

bathymétrie f. Batimetría (mesure de la profondeur des mers).

bathyscaphe m. Batíscafo.

bathysfère f. Batiesfera.

bâti m. Armazón. ‖ Bancada, *f.* (machines). ‖ Hilvanado, hilván (couture). ‖ Marco (d'une porte).

batifolage m. FAM. Jugueteo, retozo.

batifoler v. intr. Juguetear, retozar. ‖ Hacer niñerías (faire l'enfant).

batifoleur, euse m. et f. FAM. Juguetón, ona; retozón, ona.

batik m. Batik (décoration de tissus).

bâtiment m. ● Edificio (construction). ‖ Obra, *f.* (en construction). ‖ Construcción, *f.* : *l'industrie du bâtiment,* la industria de la construcción. ‖ MAR. Buque, navío (embarcation). ‖ — *Entrepreneur en bâtiment,* contratista de obras. ‖ FIG. *Être du bâtiment,* ser del oficio.

— OBSERV. *Edifice* en francés incluye una idea de importancia que no tiene *edificio* en español.

— SYN. ● *Construction,* construcción. *Bâtisse,* obra. *Edifice,* edificio, fábrica (p. us.). *Monument,* monumento.

bâtir v. tr. ● Edificar (construire). ‖ Hilvanar, embastar (faufiler). ‖ FIG. Edificar : *bâtir sa fortune,* edificar su fortuna. ‖ — *Bâtir en l'air,* forjarse ilusiones. ‖ *Bâtir sur le sable,* edificar en la arena. ‖ — FAM. *Bien o mal bâti,* bien *ou* mal hecho, bien *ou* mal proporcionado, de buena *ou* mala estampa. ‖ *Terrain à bâtir,* solar para la construcción.

— V. pr. Edificarse. ‖ FIG. Cimentarse : *il s'est bâti une bonne réputation,* se ha forjado una buena reputación.

— SYN. ● *Construire,* construir. *Edifier,* edificar. *Eriger,* erigir, levantar.

bâtissable adj. Edificable.

bâtisse f. Obra (maçonnerie d'un bâtiment). ‖ FAM. Caserón, *m.,* casa destartalada.

bâtisseur, euse m. et f. Constructor, ra; edificador, ra (constructeur). ‖ Fundador, ra; constructor, ra : *un bâtisseur d'empires,* un fundador de imperios.

batiste f. Batista (étoffe).

bâton m. ● Palo : *il brandissait un bâton,* esgrimía un palo. ‖ Estaca, *f.* (pieu). ‖ Garrote (gourdin). ‖ Bastón (marque de certaines dignités) : *bâton de commandement,* bastón de mando. ‖ Palote (trait d'écriture). ‖ Barra, *f.* : *bâton de cire,* barra de lacre. ‖ Barra, *f.,* lápiz : *bâton de rouge à lèvres,* barra de labios. ‖ Bastón (ski). ‖ Porra, *f.* (d'un agent). ‖ Cayado (d'un berger). ‖ Asta, *f.* (hampe). ‖ Pico (de pain). ‖ ARCHIT. Toro, cordón. ‖ BLAS. Bastón. ‖ MUS. Batuta, *f.* (baguette). ‖ — MAR. *Bâton de foc,* botalón. ‖ *Bâton de vieillesse,* báculo de la vejez, amparo de la vejez. ‖ — *Coup de bâton,* palo, estacazo, bastonazo (coup de canne). ‖ — *À bâtons rompus,* ton ni son, sin orden ni concierto. ‖ — *Battre l'eau avec un bâton,* arar en el mar, hacer algo inútil. ‖ *Mettre des bâtons dans les roues,* poner trabas, estorbos.

— SYN. ● *Canne,* bastón. *Gourdin,* garrote. *Trique,* estaca.

bâtonnat m. Decanato del Colegio de Abogados.

bâtonner v. tr. Apalear. ‖ Tachar, rayar (biffer).

bâtonnet m. Palo pequeño, palito. ‖ Tala, *f.* (guiche, guillet, jeu d'enfants). ‖ Cuadradillo (petite règle). ‖ Palote (écriture). ‖ ANAT. Bastoncillo. ‖ Palito de naranjo (manucure).

bâtonnier m. Decano del Colegio de abogados.

batoude f. Trampolín (*m.*) muy flexible (tremplin).

batracien m. ZOOL. Batracio.

battable adj. Vencible.

battage m. Batido (action de battre). ‖ Apaleo (de tapis, etc.) ‖ Vareo, baqueteo (de la laine). ‖ AGRIC. Trilla, *f.* (du blé). ‖ Vareo, apaleo (gaulage d'un arbre). ‖ FAM. Mentira, *f.* (mensonge). ‖ Propaganda (*f.*) exagerada (réclame). ‖ — *Battage publicitaire,* publicidad de bombo *ou* reclamista. ‖ *Faire du battage,* hacer mucho ruido en favor de algo.

battant m. Badajo (de cloche). ‖ Hoja, *f.,* batiente (d'une porte). ‖ Largo de una bandera (drapeau). ‖ Martillito (téléphone). ‖ TECHN. Pala, *f.* (de charnière). ‖ Varal (métier à tisser). ‖ Lengüeta, *f.* (trémie). ‖ Batán (tissus). ‖ — MIL. *Battant de crosse,* anilla, portafusil de culata. ‖ *Ouvrir une porte à deux battants,* abrir una puerta de par en par.

battant, e adj. Batiente, que bate. ‖ — *Battant neuf,* nuevecito, flamante. ‖ *Le cœur battant,* con palpitaciones en el corazón. ‖ *Pluie battante,* aguacero, chaparrón, lluvia recia. ‖ *Porte battante,* puerta que se cierra sola. ‖ *Tambour battant,* al redoble del tambor. ‖ — *Mener tambour battant,* llevar a la baqueta.

batte f. Pisón, *m.* (pour aplanir). ‖ Maza, mazo, *m.* (pour écraser). ‖ Batido, *m.* (de l'or). ‖ Tabla de lavar (pour laver). ‖ Batidor, *m.,* paleta, mazadera (beurre). ‖ Pala, paleta (pour certains jeux). ‖ Aciche, *m.* (outil de carreleur). ‖ Guitarra (outil de plâtrier). ‖ Vara (de matelassier). ‖ THÉÂTR. Sable (*m.*) de Arlequín.

battée f. TECHN. Batiente, *m.* (d'une porte ou fenêtre).

battellement m. Cabeceros, *pl.,* doble fila (*f.*) de tejas que forma la parte baja de un tejado.

battement m. Golpeo (action de battre). ‖ Batir : *le battement des flots,* el batir de las olas. (OBSERV. *Batir* n'est employé au singulier). ‖ Trenzado, (danse). ‖ Descanso (vers). ‖ Plazo (délai), intervalo (intervalle) : *laisser un quart d'heure de battement,* dejar un cuarto de hora de intervalo. ‖ Toque, redoble (tambour) : *un battement de tambour,* un redoble de tambor. ‖ Choque (armes). ‖ Anillo de tope (persiennes). ‖ Moldura, *f.* (de porte moulure d'une porte). ‖ Interferencia, *f.* (des vibrations). ‖ Pulsación, *f.* (acoustique). ‖ MÉCAN. Carrera, *f.,* embolada, *f.* (d'un piston). ‖ MÉD. Latido, palpitación, *f.* (du cœur). ‖ Pulsación, *f.* (du pouls). ‖ TECHN. Batiente (montant d'une porte). ‖ — *Battements d'ailes,* aleteo. ‖ *Battements de mains,* palmoteo, palmadas, aplausos (applaudissements). ‖ *Battement de paupières,* parpadeo.

batterie f. (Vx). Pelea, disputa (combat, querelle). ‖ Tubería (d'un orgue). ‖ Batería (de cuisine). ‖ MIL. Batería : *batterie antichar,* batería contracarro : *mettre en batterie,* entrar en batería. ‖ MUS. Toque, *m.* (de tambour). ‖ (P. us.) Rasgueado, *m.* (de la guitare). ‖ Conjunto (*m.*) de los instrumentos de percusión en una orquesta. ‖ PHYS. Batería (électrique). ‖ TECHN. Batería (de fours). ‖ — Pl. FIG. Maquinaciones, artimañas (machinations). ‖ — *Changer ses batteries,* mudar de táctica. ‖ *Dresser ses batteries,* tomar sus medidas.

batteur, euse m. et f. Batidor, ra; golpeador, ra

(frappeur). ‖ — M. Batería (instrumentiste). ‖ Bateador (au base-ball). ‖ Ojeador, batidor (rabatteur de chasse). ‖ Batidora, *f.* (appareil ménager). ‖ AGRIC. Tambor desgranador (d'une machine). ‖ — FAM. *Batteur de pavé,* azotacalles, andariego. ‖ *Batteur d'or,* batidor de oro, batihoja.

batteuse f. Trilladora (machine à battre). ‖ Batidora (pour métaux).

battitures f. pl. Virutas de forja.

battoir m. Pala, *f.*, paleta, *f.* (jeux). ‖ Pala, *f.*, paleta, *f.* (pour battre le linge). ‖ POP. Manaza, *f.* (main large et solide).

battologie f. Batología (pléonasme).

battre* v. tr. Batir (frapper), golpear (donner des coups). ‖ ● Pegar, azotar (fouetter) : *battre un enfant,* pegar a un niño. ‖ Apalear (bâtonner). ‖ Batir : *les vagues battaient les falaises,* las olas batían los acantilados. ‖ Azotar (le vent). ‖ Batir : *battre un record,* batir un récord. ‖ Derrotar (mettre en déroute), vencer (vaincre) : *battre les ennemis,* vencer a los enemigos. ‖ Barajar (les cartes). ‖ Batir (œufs, beurre). ‖ Explorar, batir, recorrer (la campagne, la forêt). ‖ Sacudir : *battre un tapis,* sacudir una alfombra. ‖ Arbolar, enarbolar (arborer) : *battre pavillon argentin,* arbolar bandera argentina. ‖ AGRIC. Trillar (le blé). ‖ Apisonar (la terre). ‖ Ojear (à la chasse). ‖ FIG. Refutar, rebatir (réfuter). ‖ MIL. Batir. ‖ MUS. Llevar : *battre la mesure,* llevar el compás. ‖ Tocar (le tambour). ‖ TECHN. Batir, acuñar (monnaies). ‖ Batir, golpear : *battre un fer rouge,* batir un hierro candente. ‖ — *Battre à froid,* machacar en frío. ‖ *Battre comme plâtre,* dar una paliza soberana. ‖ *Battre de l'aile,* estar alicaído, estar enfermo. ‖ *Battre du pays,* viajar mucho. ‖ *Battre en brèche,* batir en brecha. ‖ *Battre froid,* tratar con frialdad, poner mala cara. ‖ FIG. *Battre la campagne,* divagar, irse por los cerros de Úbeda (divaguer), delirar, desatinar, desvariar (fièvre). ‖ FAM. *Battre la dèche,* estar en la miseria. ‖ *Battre la semelle,* golpear el suelo con los pies para calentarlos. ‖ *Battre le pavé,* callejear, azotar las calles. ‖ *Battre les buissons,* buscar activamente. ‖ *Battre son plein,* estar en su apogeo. ‖ *Il faut battre le fer pendant qu'il est chaud,* al hierro candente batir de repente.

— V. intr. Latir, palpitar (le cœur). ‖ Tener pulsaciones (le pouls). ‖ Golpear, dar golpes. ‖ Hacer sentir su acción, alcanzar, llegar : *canons qui battent à quinze kilomètres,* cañones que alcanzan quince kilómetros. ‖ Caer : *soleil qui bat d'aplomb,* sol que cae de plano. ‖ — *Battre des ailes,* aletear. ‖ *Battre des mains,* tocar palmas, aplaudir. ‖ *Battre en retraite,* batirse en retirada, retroceder. ‖ FAM. *Ne battre que d'une aile,* estar alicaído.

— V. pr. Pelear, pelearse : *se battre à coups de poing,* pelearse a puñetazos. ‖ Batirse, combatir (combattre). ‖ Batirse (en duel). ‖ — *Se battre les flancs,* hacer esfuerzos inútiles, devanarse los sesos inútilmente. ‖ POP. *S'en battre l'œil,* importarle a uno un comino *ou* un bledo.

— SYN. ● *Frapper,* golpear. *Cingler,* cimbrar. *Fouetter,* azotar, dar latigazos. *Flageller,* flagelar. *Fustiger,* fustigar. *Fouailler,* zurrar. Fam. *Taper,* golpear. *Fesser,* dar una azotaina, azotar. *Cogner,* pegar. *Rosser,* majar, dar una tunda. *Rouer,* moler a palos. *Tambouriner,* dar una solfa. *Bâtonner,* apalear. Pop. *Passer à tabac,* arrimar candela, sacudir el polvo. *Assommer,* derrengar a palos.

battu, e adj. Batido, da ; golpeado, da ; apaleado, da. ‖ Derrotado, da (vaincu). ‖ Batido, da (métaux). ‖ Apisonado, da : *sol battu,* suelo apisonado. ‖ Sacudido, da (vêtement, tapis, livre, etc.). ‖ Apaleado, da (arbre). ‖ Azotado, da : *battu par*

les vents, azotado por los vientos. ‖ Batido, da (œufs, beurre). ‖ Derrotado, da (candidat). ‖ FIG. Trillado, da : *sentier battu,* camino trillado. ‖ TECHN. Ahogada (soie). ‖ — *Terre battue,* tierra batida (tennis). ‖ — *Avoir les yeux battus,* tener ojeras, estar ojeroso.

— M. Vencido (vaincu). ‖ — *Les battus payent l'amende,* tras cornudo apaleado. ‖ *Se tenir pour battu,* darse por vencido.

battue f. Batida, ojeo, *m.* (chasse). ‖ Paso, *m.* (bruit de pas d'un cheval).

bau m. MAR. Bau.

— OBSERV. Pl. *baux.*

baudelairien, enne adj. Relativo al poeta francés Baudelaire.

baudet [bodɛ] m. Jumento (âne). ‖ Garañón (âne reproducteur). ‖ FIG. Asno, borrico. | Borrico, burro (tréteau).

baudrier m. Tahalí (en bandoulière). ‖ Talabarte (ceinturon).

baudroie f. Rape, *m.*, pejesapo, *m.* (poisson).

baudruche f. Tripa. ‖ Globo (*m.*) de goma (ballon). ‖ *Se dégonfler comme une baudruche,* deshincharse como un globo.

bauge f. Revolcadero, *m.* (du sanglier). ‖ Tugurio, *m.*, pocilga (lieu très sale). ‖ Camastro, *m.*, revolcadero, *m.* (lit très sale). ‖ Adobe, *m.* (mortier).

baume m. Bálsamo (résine). ‖ Bálsamo (parfum). ‖ FIG. Bálsamo (consolation). ‖ — *Baume d'ambre,* liquidámbar. ‖ *Mettre du baume dans le cœur,* servir de consuelo.

baume f. (Vx). Gruta (grotte).

baumé m. Baumé (degré).

baumier m. Balsamero (balsamier).

bauquière f. MAR. Durmiente, *m.*

baux [bo] m. pl. de *bail* y de *bau.*

bauxite f. MIN. Bauxita.

bavard, e adj. et s. Hablador, ra ; charlatán, ana. ‖ Parlanchín, ina ; indiscreto, ta (indiscret).

— SYN. *Babillard,* parlanchín. Fam. *Phraseur,* hablador. *Perroquet, perruche,* cotorra. *Commère,* comadre. *Pie,* cotorra. *Jacasse,* cotorra. Pop. *Jaspineur, moulin à paroles,* chicharra.

bavardage m. Charla, *f.* (conversation oiseuse). ‖ Habladuría, *f.*, palabrería, *f.* (choses insignifiantes).

bavarder v. intr. Charlar. ‖ Hablar indiscretamente, irse de la lengua.

— SYN. *Babiller,* parlotear. *Cailleter,* charlatanear. Fam. *Caqueter,* cacarear. *Jaser,* cotillear, cotorrear. *Papoter,* chacharear. Pop. *Dégoiser,* desembanastar. *Jaboter,* cotorrear, charlotear. *Jacasser,* parlotear. *Jacter, jaspiner,* rajar. *Tailler une bavette,* echar un párrafo.

bavarois, e adj. et s. Bávaro, ra. ‖ — M. Pastel con natillas (entremets).

bave f. Baba (salive). ‖ Baba, babaza (animaux). ‖ FIG. Veneno, ponzoña (venin) : *la bave de la calomnie,* el veneno de la calumnia.

baver v. intr. Babear. ‖ Babosear (salir de bave). ‖ Chorrear. ‖ FIG. Escupir : *baver sur son honneur,* escupir a su honra. ‖ — *Baver de colère,* echar espumarajos de rabia. ‖ FIG. *Baver sur quelqu'un,* calumniar, insultar a uno. ‖ POP. *En baver,* reventar [de trabajo, de un castigo, etc.], pasarlas negras.

bavette f. Babero, *m.*, babador, *m.* (pour les enfants). ‖ Peto, *m.* (d'un tablier). ‖ Redondo, *m.*, parte inferior del solomillo (viande). ‖ POP. *Tailler une bavette,* echar un párrafo, estar de palique (bavarder).

baveux, euse adj. Baboso, sa (qui bave). ‖ IMPR. Borroso, sa ; confuso, sa (empâté) : *lettre baveuse,* letra borrosa. ‖ *Omelette baveuse,* tortilla babosa.

Bavière n. pr. f. GÉOGR. Baviera.

bavocher v. intr. IMPR. Correrse la tinta : *une épreuve qui bavoche*, prueba en que la tinta se corre.

bavocheux, euse adj. Borroso, sa (impression).

bavochure f. Impresión borrosa, tinta corrida (impression).

bavoir m. Babero.

bavolet m. Especie de papalina, *f.* ‖ Cinta, *f.* (d'un chapeau).

bavure f. Rebaba (métaux). ‖ IMPR. Tinta corrida, impresión borrosa. ‖ FAM. *Sans bavures*, de órdago.

Bayard n. pr. m. Bayardo.

bayadère f. Bayadera (danseuse).
— Adj. Con listas multicolores (tissu).

bayart [baja:r] m. Angarillas, *f. pl.* (bard).

bayer* v. intr. Embobarse, quedarse boquiabierto. ‖ FAM. *Bayer aux corneilles*, pensar en las musarañas, papar moscas.

bayette [bajɛt] f. Bayeta (étoffe).

Bayonne [bajɔn] n. pr. GÉOGR. Bayona.

bayonnais, e [-nɛ, ɛ:z] adj. et s. Bayonés, esa.

bazar m. Bazar (magasin). ‖ POP. Leonera, *f.*, desorden. ‖ Trastos, *pl.*, bártulos, *pl.* (vêtements, mobilier, etc.) : *emporter son bazar*, llevarse sus trastos.

bazarder v. tr. POP. Malvender, malbaratar. ‖ Tirar (jeter). ‖ Echar (un employé).

bazooka m. MIL. Lanzacohete, bazooka, bazuca (lance-roquettes).

B. C. G. m. Vacuna (*f.*), antituberculosa.

bé m. Be (onomatopée du bêlement du mouton).

beagle m. Beagle (sorte de basset).

béant, e adj. Abierto, ta. ‖ FIG. Boquiabierto, ta (étonné).

Béarn [bearn] n. pr. m. GÉOGR. Bearn.

béarnais, e adj. et s. Bearnés, esa. ‖ *Le Béarnais*, Enrique IV de Francia. ‖ — F. Salsa de huevo y manteca derretida.

béat, e adj. et s. Plácido, da ; satisfecho, cha : *vie béate*, vida plácida. ‖ Beato, ta ; beatificado, da (béatifié). ‖ Beato, ta ; beatífico, ca ; arrobado, da : *sourire béat*, sonrisa beatífica.

béatement adv. Con arrobo.

béatification f. Beatificación.

béatifier* v. tr. Beatificar.

béatifique adj. Beatífico, ca.

béatilles f. pl. Salsa (*sing.*) *ou* picadillo (*m. sing.*) para rellenar pasteles. ‖ Chucherías que hacen las monjas.

béatitude f. Beatitud (bonheur céleste). ‖ Bienaventuranza : *les huit béatitudes*, las ocho bienaventuranzas. ‖ FAM. Placidez (placidité).

Béatrice n. pr. f. Beatriz.

beau, bel [bo, bɛl] (delante de vocal ou de *h* muda) **belle** adj. ● Hermoso, sa ; bello, lla : *beau visage*, bello rostro. ‖ Guapo, pa : *une belle femme*, una mujer guapa ; *un bel homme*, un hombre guapo. ‖ Hermoso, sa ; grande : *belle fortune*, gran fortuna. ‖ Noble, elevado, da : *belle âme*, alma noble. ‖ Bueno, na (grand) : *il a reçu une belle gifle*, se ha llevado una buena bofetada. ‖ Bueno, na : *il a une belle santé*, tiene buena salud. ‖ Bueno, na ; ventajoso, sa (avantageux) : *une belle occasion*, una buena ocasión. ‖ Lindo, da ; menudo, da (ironiquement) : *quel beau métier!*, ¡menuda profesión! ‖ Bonito, ta ; decoroso, sa (bienséant) : *cela n'est pas beau*, eso no es bonito. ‖ Bueno, na (temps) : *une belle nuit*, una buena noche ; *il fait beau* (temps), hace buen tiempo. ‖ — *Beau joueur*, buen perdedor. ‖ *Beau parleur, beau diseur*, buen conversador. ‖ *Bel âge*, juventud. ‖ *Bel esprit*, un ingenio, hombre culto e ingenioso. ‖ — *Le beau monde*, la buena sociedad, la gente distinguida. ‖ *Le beau sexe*, el bello sexo. ‖ *Un beau jour, un beau matin*, cierto día, un buen día. ‖ *Un bel âge*, una edad avanzada. ‖ — *À la belle étoile*, a cielo raso : *coucher à la belle étoile*, dormir a cielo raso. ‖ *De belle sorte*, de lo lindo. ‖ — *Ce n'est qu'un beau parleur*, lo único que sabe es hablar. ‖ *C'est le plus bel exemple de*, es el más alto ejemplo de. ‖ *En dire, en conter, en faire de belles*, decirlas *ou* hacerlas buenas. ‖ *En faire voir de belles à quelqu'un*, hacer pasarlas negras a alguien. ‖ *Être dans de beaux draps*, estar metido en un lío. ‖ *Faire la pluie et le beau temps*, ser el mandamás, ser el amo. ‖ *Il ferait beau voir que*, habría que ver que, está bueno que. ‖ *Il y a beau temps, il y a belle lurette*, hace mucho tiempo. ‖ *La bailler belle à quelqu'un*, pegársela a alguien. ‖ *L'échapper belle*, librarse de (una) buena.
— Adv. *Bel et bien*, aunque parezca imposible, completamente. ‖ *Au plus beau*, en lo mejor. ‖ *De plus belle*, cada vez más. ‖ *Tout beau!*, ¡poco a poco!, ¡despacito! ‖ — *Avoir beau*, por más que : *il a beau travailler, il n'arrive à rien*, por más que trabaja nada consigue ; por muy... que : *tu as beau être courageux*, por muy valiente que seas. ‖ *Se faire beau*, ponerse guapo, acicalarse. ‖ *Voir tout en beau*, verlo todo de color de rosa, bajo un aspecto favorable.
— M. Lo bello, lo hermoso : *la philosophie du beau*, la filosofía de lo bello. ‖ (P. us.). Petímetre (petit-maître). ‖ — *Le plus beau de l'affaire*, lo mejor del caso. ‖ — *Faire le beau*, dárselas, echárselas de guapo ; ponerse en dos patas (chien). ‖ *Le temps est au beau*, hace buen tiempo.
— F. Mujer. ‖ Amada : *écrire à sa belle*, escribir a su amada. ‖ Querida (maîtresse) : *je vais avec ma belle*, voy con mi querida. ‖ Buena, moza, desempate, *m.* (jeux) : *jouer la belle*, jugar la buena. ‖ *Ma belle*, hija mía [Ú. tb. irónicamente.]
— OBSERV. *Hermoso* est l'adj. employé dans le style ordinaire. *Bello* s'emploie généralement au sens figuré. D'autre part, *hermoso* renferme une idée de magnificence et un caractère imposant que ne comporte pas le mot *bello*. On peut dire *una mujer bella ou hermosa, un bello carácter, un hermoso palacio, un caballo hermoso*.
El adjetivo *beau* úsase a veces por una especie de redundancia, y puede no traducirse o traducirse por el adjetivo *bueno* : *payer en beaux deniers*, pagar con buenos dineros ; *crier comme un beau diable*, chillar como un diablo.
— SYN. ● *Joli*, bonito, lindo (personnes, choses) ; guapo (personnes). *Gentil*, mono, bonito. *Mignon*, mono, lindo. Fam. *Chouette*, macanudo.

beauceron, onne adj. et s. De la Beauce [région francesa al sudoeste de París].

beaucoup [boku] adv. Mucho : *j'ai beaucoup mangé*, he comido mucho. ‖ Mucho, cha ; muchos, chas (adj.) : *beaucoup de courage*, mucho valor ; *beaucoup de douceur*, mucha dulzura ; *beaucoup de livres*, muchos libros ; *beaucoup de femmes*, muchas mujeres. ‖ Muchos, chas (personnes) : *beaucoup pensent que*, muchos piensan que. ‖ — *De beaucoup*, con mucho : *il est de beaucoup le plus intelligent*, es con mucho el más inteligente. ‖ FAM. *Un peu beaucoup*, muy mucho, muchísimo. ‖ — *Beaucoup de bruit pour rien*, mucho ruido y pocas nueces. ‖ *Il s'en faut de beaucoup que*, falta mucho para que.

beau-fils m. Hijastro (fils d'un mariage antérieur). ‖ Yerno, hijo político (gendre).
— OBSERV. Pl. *beaux-fils*.

beau-frère m. Cuñado, hermano político.
— OBSERV. Pl. *beaux-frères*.

beau-père m. Suegro, padre político (père du conjoint). ‖ Padrastro (second mari de la mère).

beau-petit-fils m. Nieto político.

beaupré m. MAR. Bauprés.

beauté f. Belleza, hermosura. ‖ — *Une beauté*,

una belleza, una beldad. ‖ — *De toute beauté,* maravilloso, sa; de maravilla. ‖ *En beauté,* con señorío, elegantemente. ‖ — Fam. *C'est la beauté du diable,* no hay quince años feos. ‖ *Être en beauté,* estar más guapa que nunca. ‖ *Finir en beauté,* terminar elegantemente. ‖ Fam. *Se faire une beauté,* arreglarse, acicalarse.

beaux-arts [boza:r] m. pl. Bellas Artes, *f.* : *école des Beaux-arts,* escuela de Bellas Artes.

beaux-parents m. pl. Suegros, padres políticos.

bébé m. ● Bebé, nene. ‖ Fig. Muñeco.

— Syn. ● *Baby,* bebé. *Nourrisson,* niño de pecho. *Poupard, poupon,* rorro, nene. *Fam. Mioche, gosse, môme, moutard,* mocosuelo, churumbel, arrapiezo, chaval, chavea. *Pop. Lardon, pituso,* crío. *Loupiot,* gurrumino.

bébête adj. et s. Tonto, ta; tontaina.

be-bop [bibɔp] m. Be-bop (danse).

bec [bɛk] m. Pico (d'oiseau). ‖ Punta, *f.* (pointe de terre). ‖ Boquilla, *f.* (d'un instrument de musique). ‖ Pitorro (de cruche). ‖ Punta, *f.* (pointe) : *le bec d'une plume,* la punta de una pluma. ‖ Estribo (pont). ‖ Mechero (de lampe) : *bec Bunsen,* mechero Bunsen. ‖ Nariz, *f.* (d'alambic). ‖ Fam. Beso (baiser) : *faire un bec,* dar un beso. ‖ Cara, *f.* (personnes) ‖ Pico, boca, *f.* (personnes) : *ferme ton bec,* cierra el pico. ‖ Pico, labia, *f.* (faconde) : *avoir bon bec,* tener labia. ‖ Mar. Uña, *f.* (de l'ancre). ‖ — Techn. *Bec de coulée,* pico de colada. ‖ Fam. *Bec jaune,* pipiolo. ‖ *Bon bec,* hablador. ‖ *Coup de bec,* picotazo. ‖ *Fin bec* o *bec fin,* paladar delicado. ‖ *Prise de bec,* agarrada, disputa. ‖ — *Bec à bec,* frente a frente, cara a cara. ‖ — *Avoir bec et ongles,* saber defenderse. ‖ *Clouer le bec de quelqu'un,* cerrarle el pico a alguien. ‖ Fig. *Donner un coup de bec,* soltar una pulla. ‖ *Se prendre de bec,* disputarse. | *Se rincer le bec,* mojar el gaznate. | *Tomber sur un bec,* tropezar con un huso.

bécane f. Pop. Bicicleta, bici. ‖ (Vx). Locomotora vieja (locomotive démodée).

bécard ou **beccard** m. Salmón macho.

bécarre m. Mus. Becuadro (signe de musique).

bécasse f. Chocha, becada (oiseau). ‖ Fam. Cabeza de chorlito, mujer tonta, pava.

bécasseau m. Pollo de la chocha.

bécassine f. Agachadiza (oiseau). ‖ Fam. Pavitonta (sotte).

bec-croisé m. Piquituerto (oiseau).

— Observ. Pl. *becs-croisés.*

bec-d'âne m. Techn. Escoplo, buril.

— Observ. Pl. *becs-d'âne.*

bec-de-cane m. Picaporte (de serrure). ‖ Escarpia, *f.,* alcayata, *f.*

— Observ. Pl. *becs-de-cane.*

bec-de-corbeau m. Alicates, *pl.* (pince).

— Observ. Pl. *becs-de-corbeau.*

bec-de-corbin m. Pico de cuervo (nom de divers instruments).

— Observ. Pl. *becs-de-corbin.*

bec-de-crosse m. Gancho de la culata (fusil).

— Observ. Pl. *becs-de-crosse.*

bec-de-cygne m. Pico de cisne (chirurgie).

— Observ. Pl. *becs-de-cygne.*

bec-de-lièvre m. Labio leporino, labio partido.

— Observ. Pl. *becs-de-lièvre.*

becfigue m. Papafigo (oiseau).

bec-fin m. Nombre dado a los pájaros de pico recto [ruiseñor, curruca].

— Observ. Pl. *becs-fins.*

bêchage m. Cava, *f.,* cavazón, *f.*

béchamel f. Bechamel, besamel, salsa blanca (sauce).

béchard m. Azadón de horca.

bêche f. Agric. Laya. ‖ Mil. Reja, arado, *m.* (de canon).

— Observ. Ne pas confondre avec la *azada,* houe. La *laya* a son plan parallèle au manche. Sa lame se divise parfois en deux ou trois dents. La *azada* a son plan oblique au manche. Elle est plus couramment employée en Espagne, tandis que la bêche l'est plus en France.

bêche-de-mer f. Bicho (*m.*) de mar, cohombro (*m.*) de mar (holothurie).

bêcher v. tr. Layar, labrar con laya (la terre). ‖ Fig. et Pop. Criticar, hablar mal, desollar (critiquer), ser presumido.

bêcheur, euse m. et f. Cavador, ra (qui bêche). ‖ Pop. Orgulloso, sa; presumido, da (présomptueux), chismoso, sa; criticón, ona (médisant).

bécheveter v. tr. Gualdrapear (placer tête-bêche).

béchique adj. Méd. Béquico, ca; pectoral.

bêchoir m. Agric. Azadón.

bécot [beko] m. Fam. Besito, beso.

bécoter v. tr. Fam. Besuquear.

— V. pr. Fam. Besuquearse.

becquebois m. Fam. Pico verde (pivert).

becquée ou **béquée** f. Bocado, *m.* [lo que coge el ave de una vez con el pico]. ‖ — *Donner la becquée,* dar de comer [dícese de las aves que alimentan a sus crías], dar de comer a un niño (à un enfant).

becquet ou **béquet** m. Impr. Banderilla, *f.* (papier écrit qu'on ajoute à une épreuve). ‖ Plantilla, *f.* (chaussures). ‖ Théât. Añadido (à un rôle).

becquetage [bɛkta:ʒ] m. Picoteo.

becquetance f. Pop. Manducación (nourriture).

becquetance f. Pop. V. becquetance.

becqueter* v. tr. Picotear. ‖ Acariciar con el pico (caresser avec le bec).

— V. intr. Pop. Jamar, manducar (manger).

— V. pr. Picotearse. ‖ Pop. Darse el pico (s'embrasser).

bectance f. Pop. V. becquetance.

bedaine f. Fam. Barriga, bartola (gros ventre).

bédane m. Techn. Escoplo.

bedeau m. Pertiguero, macero (églises). ‖ (Vx). Bedel (appariteur).

bédégar m. Agalla (*f.*) del rosal.

bedon m. Fam. Panza, *f.* (ventre rebondi).

bedonnant, e adj. Fam. Barrigón, ona; barrigudo, da; tripudo, da.

bedonner v. intr. Fam. Echar vientre, ponerse barrigón.

bédouin, e adj. et s. Beduino, na.

bée adj. f. Abierta. ‖ *Rester bouche bée,* quedarse boquiabierto.

— F. Techn. Saetín : *bée de moulin,* saetín de molino.

beefsteak m. V. bifteck.

béer* [bee] v. intr. (P. us.) Estar abierto.

beffroi m. Atalaya, *f.* (tour de guet). ‖ Campanario (clocher). ‖ Campana (*f.*) de rebato (cloche d'alarme) : *sonner le beffroi,* tocar a rebato.

bégaiement [begɛmɑ̃] m. Tartamudeo (action de bégayer). ‖ Tartamudez, *f.* (défaut de prononciation).

bégard, beggard, béguard ou **béguin** m. (Vx). Begardo (hérétique).

bégayant, e adj. Tartamudeante.

bégayer* [begɛje] v. intr. Tartamudear. ‖ Hablar con media lengua (se dit des petits enfants). ‖ Fig. Farfullar, mascullar (bredouiller).

— V. tr. Farfullar : *bégayer des excuses,* farfullar palabras de disculpa.

bégayeur, euse m. et f. Tartamudo, da; tartajoso, sa. ‖ Fam. Tartaja.

bégonia m. Bot. Begonia, *f.*

bégoniacées f. pl. Bot. Begoniáceas.

bégu, ë adj. et s. Dentivano, na (cheval).

bègue adj. et s. Tartamudo, da.

béguètement m. Balido de la chèvre.

bégueter* v. intr. Balar (la chèvre).

bégueule adj. Gazmoño, ña; mojigato, ta.
— F. FAM. Gazmoña.
bégueulerie [begœlri] f. ou **bégueulisme** [-lism] m. FAM. Gazmoñería, f., mojigatería, f.
béguin [begε̃] m. Capillo (bonnet de petit enfant). ‖ Toca, f. (de religieuses). ‖ POP. Capricho, enamoriscamiento (amour). | Persona amada. ‖ *Avoir un béguin pour...,* estar encaprichado por, enamoriscado de.
béguinage m. Beguinaje, beaterio (couvent).
béguine f. Beguina (religieuse laïque aux Pays-Bas). ‖ Beata (bigote).
bégum f. Begum (princesse indienne).
beige adj. Sin teñir (laine, étoffe, etc.). ‖ Beige (couleur) [gallicisme].
beigne f. POP. Golpe, m., bofetón, m., mamporro, m.
beignet [bεɲε] m. Buñuelo.
béjaune m. (Vx). CHASS. Halcón niego. ‖ FIG. Pipiolo, novato, bisoño (novice). ‖ (P. us.). Novatada, f., patente (cadeau offert par un nouveau venu).
bel adj. V. BEAU.
bel m. Bel, belio (unité d'intensité sonore).
bélandre f. Balandra (péniche). ‖ MIL. Furgón (m.) para el transporte de enfermos (ambulance).
bêlant, e adj. Balante.
bêlement m. Balido (brebis, chèvre). ‖ FIG. Queja, f.
bélemnite f. Belemnita (fossile).
bêler v. intr. Balar, dar balidos.
belette f. ZOOL. Comadreja.
belga m. Belga, moneda de cinco francos belgas (de 1926 à 1946).
belge adj. et s. Belga.
belgicisme m. Belgicismo.
Belgique n. pr. f. GÉOGR. Bélgica.
Belgrade n. pr. GÉOGR. Belgrado.
bélier m. Morueco, carnero padre (mâle de la brebis). ‖ Ariete (ancienne machine de guerre). ‖ ASTR. Aries (signe du Zodiaque). ‖ *Bélier hydraulique,* ariete hidráulico.
bélière f. Boquilla (du fourreau d'une arme). ‖ Cencerro, m. (sonnette au cou du bélier). ‖ Anillo, m., anilla (anneau de suspension). ‖ Tirante (m.) de sable, biricú, m. (sabre).
bélinogramme m. Belinograma (document transmis par bélinographe).
bélinographe m. Belinógrafo.
Bélisaire n. pr. m. Belisario.
bélître m. Belitre, bellaco, bribón (cuistre).
belladone f. BOT. Belladona.
bellâtre adj. m. et s. m. Lindo Don Diego, presumido.
belle adj. et s. f. de *beau.*
Belle au bois dormant (LA), La Bella durmiente del bosque.
belle-dame f. BOT. Armuelle, m. (arroche). ‖ ZOOL. Mariposa del cardo (vanesse du chardon).
belle-de-jour f. BOT. Dondiego (m.) de día.
— OBSERV. Pl. *belles-de-jour.*
belle-de-nuit f. BOT. Dondiego (m.) de noche. ‖ FAM. Mujer de vida galante.
— OBSERV. Pl. *belles-de-nuit.*
belle-fille f. Nuera, hija política (bru). ‖ Hijastra (fille dont on a épousé le père ou la mère).
belle-maman f. FAM. V. BELLE-MÈRE.
bellement adv. Amablemente, atentamente. ‖ Con tiento, suavemente, dulcemente (doucement).
belle-mère f. Madrastra (seconde épouse du père). ‖ Suegra, madre política (mère du conjoint).
belle-petite-fille f. Nieta política.
belles-lettres f. pl. Bellas letras.
belle-sœur f. Cuñada, hermana política.
bellicisme m. Belicismo.
belliciste adj. Belicista.

bellifontain, e adj. et s. De Fontainebleau.
bellicosité f. Belicosidad.
belligérance f. Beligerancia.
belligérant, e adj. et s. Beligerante.
belliqueux, euse adj. Belicoso, sa : *peuple belliqueux,* pueblo belicoso.
bellot, otte [bεlo, ɔt] adj. et s. FAM. Salado, da; monín, ina (joli).
belluaire m. Beluario. ‖ Domador (dompteur).
belote f. Un juego (m.) de naipes.
bélouga ou **béluga** m. Marsopa, f. (espèce de dauphin).
belvédère ou **belvéder** m. Belvedere, mirador. ‖ Azotea, f., terraza, f.
Belzébuth n. pr. m. Belcebú.
bémol adj. et s. MUS. Bemol : *si bémol,* si bemol.
bémoliser v. tr. MUS. Bemolar, hacer bemol.
ben m. Ben, hijo de : *Hosaïn ben Ali,* Hosaín, hijo de Alí.
— OBSERV. Pl. *beni.*
bénard m. POP. Pantalones, pl.
bénarde f. TECHN. Cerradura.
bene adv. lat. FAM. Bien. ‖ *Nota bene* (N. B.), nota bene.
bénédicité m. Benedícite (prière).
bénédictin, e adj. et s. Benedictino, na (religieux).
— F. Benedictino, m. (liqueur).
bénédiction f. Bendición : *bénédiction nuptiale,* bendición nupcial. ‖ FAM. *C'est une bénédiction,* es una bendición de Dios. ‖ *Donner la bénédiction,* echar a uno la bendición.
bénéfice m. Beneficio. ‖ Dispensa, f., privilegio (privilège) : *bénéfice d'âge,* dispensa de edad. ‖ Beneficio eclesiástico (dignité ecclésiastique). ‖ — DR. *Bénéfice d'inventaire,* beneficio de inventario. ‖ *Bénéfices rapportés,* remanente de beneficios. ‖ *— Au bénéfice de,* a causa de : *au bénéfice de l'âge,* a causa de la edad ; a favor de. ‖ FIG. *Sous bénéfice d'inventaire,* a beneficio de inventario.
bénéficiaire adj. Beneficiario, ria. ‖ De beneficio : *marge bénéficiaire,* margen de beneficio.
— M. et f. DR. Beneficiario, ria.
bénéficial, e adj. Beneficial : *des privilèges bénéficiaux,* privilegios beneficiales.
bénéficier m. Beneficiado.
bénéficier* v. intr. Ganar, sacar provecho (retirer un gain, un avantage). ‖ Gozar del beneficio de, disfrutar, ser favorecido (d'une chose) : *bénéficier d'un doute,* gozar del beneficio de una duda ; *il a bénéficié de circonstances atténuantes,* ha sido favorecido por circunstancias atenuantes. ‖ *Bénéficiant de la loi,* acogido, da, a la ley.
— OBSERV. Es galicismo decir *beneficiar de una cosa,* por *aprovecharla.*
bénéfique adj. Benéfico, ca.
benêt [bənε] adj. et s. m. Bendito, ta ; pánfilo, la ; bobo (niais).
Bénévent n. pr. GÉOGR. Benevento.
bénévole adj. Benévolo, la ; indulgente (indulgent) : *lecteur bénévole,* lector benévolo. ‖ Benévolo, la ; voluntario, ria (volontaire) : *auditeur bénévole,* oyente benévolo.
— OBSERV. *Bénévole* sólo puede aplicarse a personas.
bénévolence f. Benevolencia.
Bengale [bε̃gal] n. pr. m. GÉOGR. Bengala. ‖ *Feu de Bengale,* luz de Bengala.
bengali [-li] adj. et s. Bengalí (du Bengale). — M. Bengalí (langue parlée au Bengale). ‖ Bengalí (oiseau).
bengaline f. Bengalina (étoffe).
beni m. Pl. de *ben* (v. ce mot).
béni, e adj. Bendito, ta. ‖ — FAM. *Être béni,* ser afortunado. ‖ *Être béni des dieux,* estar bendecido por los dioses.
bénigne adj. f. V. BÉNIN.

bénignité f. Benignidad.
bénin, igne adj. Benigno, na : *maladie bénigne,* enfermedad benigna.
bénir v. tr. Bendecir : *bénir une église,* bendecir una iglesia. || — *Dieu vous bénisse!,* ¡Dios le bendiga ! | FIG. *Je bénis le jour où je t'ai connu,* bendigo el día en que te conocí.
— OBSERV. Tiene *bénir* dos participios pasados : *bénit, ite,* que se usa solamente como adj. al hablar de objetos consagrados por un sacerdote (*pain bénit, eau bénite,* pan bendito, agua bendita), y *béni,* empleado con el auxiliar *avoir* que no lleva nunca *t,* salvo en algunos casos del pasivo (*le prêtre a béni les drapeaux, les drapeaux ont été bénits par le prêtre*). En los demás casos se dice *béni, ie* (*cette image a été bénie,* esta imagen ha sido bendecida; *une époque bénie,* una época bendita) y la preposición empleada es de (*béni des dieux*).
bénisseur, euse m. et f. Bendecidor, ra.
bénit, e adj. Bendito, ta. || FIG. *Eau bénite de cour,* promesas vanas.
bénitier m. Pila (*f.*) de agua bendita. || ZOOL. Concha (*f.*) del género tridacne [usada a menudo como pila de agua bendita en las iglesias]. || *Bénitier portatif,* acetre.
Benjamin [bɛ̃ʒamɛ̃] n. pr. m. Benjamín.
benjamin, e m. et f. Benjamín, el hijo menor. || El hijo predilecto.
benjamite adj. et s. Benjamita (de la tribu de Benjamín).
benjoin m. Benjuí (résine aromatique).
benne f. Cesto, *m.,* canasta (panier). || Volquete, *m.* (caisse basculante). || MIN. Jaula. || Vagoneta (wagonnet). || Excavador, *m.* — *Benne butte,* cuchara para desmonte. || *Benne preneuse,* cuchara autoprensora. || *Camion à benne,* volquete.
Benoît n. pr. m. Benito.
benoît, e adj. (P. us.). Bendito. ta ; santo, ta (béni). || (P. us.). Benévolo, indulgente (indulgent). || Santurrón, ona ; hipócrita (tartuffe).
benoîtement adv. Hipócritamente, santurronamente.
benthos m. Bentos, fauna (*f.*) del fondo de los mares.
bentonite f. Bentonita.
benzamide f. CHIM. Benzamida.
benzène [bɛ̃zɛn] m. CHIM. Benceno.
benzilique adj. CHIM. Bencílico, ca.
benzine f. CHIM. Bencina.
benzoate m. CHIM. Benzoato.
benzoïque adj. CHIM. Benzoico, ca.
benzol m. CHIM. Benzol.
benzolisme ou **benzénisme** m. Benzolismo.
benzonaphtol m. CHIM. Benzonaftol.
Béotie n. pr. GÉOGR. Beocia.
béotien, enne adj. et s. Beocio, cia (de la Béotie). || FIG. Beocio, cia ; grosero, ra (grossier), torpe (lourd).
béotisme m. Beocismo, grosería, *f.* (grossièreté), torpeza *f.* (lourdeur d'esprit).
béquillard, e [bekijaːr, ard] adj. et s. FAM. Impedido, da, con muletas.
béquille [-kiːj] f. Muleta. || Patín, *m.* (de fusil mitrailleur). || Escora (étai). || AVIAT. Patín, *m.* (d'atterrissage). || FIG. Apoyo, *m.,* sostén, *m.* (appui). || MAR. Puntal (*m.*) de escora.
béquiller v. intr. FAM. Andar con muletas. || MAR. Apuntalar con escoras.
béquillon m. Muletilla, *f.*
ber m. (Vx). Cuna, *f.* (berceau). || MAR. Basada, *f.* (navire).
berbère adj. Berberisco, ca.
— M. et f. Beréber.
berbéridacées f. pl. BOT. Berberidáceas.
bercail [bɛrkaːj] m. Redil (bergerie). || FIG. Seno de la Iglesia. | Redil, hogar (foyer) : *ramener au*

bercail une brebis égarée, volver al redil una oveja descarriada.
— — OBSERV. El francés *bercail* se usa sobre todo en sentido figurado, y no tiene plural.
— — Le mot espagnol *redil* s'emploie aussi bien au sens propre qu'au sens figuré.
berce f. BOT. Branca, ursina, acanto, *m.* (plante).
berceau [bɛrso] m. ● Cuna, *f.* (lit d'enfant). || Cenador, glorieta, *f.* (charmille). || Rascador (de graveur). || FIG. Niñez, *f.,* infancia, *f.* (enfance) : *dès le berceau,* desde la infancia. | Cuna, *f.,* origen (origine) : *le berceau de la civilisation,* la cuna de la civilización. || MAR. Basada, *f.* (navire). | MÉCAN. Soporte (moteur). | MIL. Armón. || — *Au berceau,* en mantillas. || *Allée en berceau,* alameda cubierta. || ARCHIT. *Voûte en berceau,* bóveda de cañón.
— — SYN. ● *Bercelonnette,* cuna colgante. *Moïse,* moisés.
bercelonnette f. Cuna colgante (berceau suspendu).
bercement m. Cuneo, mecedura, *f.* (du berceau). || Balanceo (oscillation).
bercer* v. tr. Mecer (balancer), cunear (dans un berceau). || FIG. Arrullar (endormir avec des chansons, un bruit monotone). | Adormecer | *bercer un chagrin,* adormecer una pena. | Entretener, ilusionar (amuser) : *bercer par des promesses,* entretener con promesas.
— V. pr. Mecerse. || FIG. Entretenerse, ilusionarse (se leurrer). || *Se bercer d'illusions,* ilusionarse, forjarse ilusiones.
berceur, euse adj. Arrullador, ra (qui berce, qui endort).
— F. Mecedora (siège à bascule). || Canción de cuna, nana (chanson).
Bérengère n. pr. f. Berenguela.
Bérénice n. pr. f. Berenice.
béret [berɛ] m. Boina, *f.*
— OBSERV. Au Pays basque espagnol, il est assez fréquent de voir des bérets rouges, qui étaient l'un des signes distinctifs des carlistes.
Bergame n. pr. GÉOGR. Bérgamo.
bergamote f. Bergamota (fruit).
bergamotier m. Bergamoto.
berge f. Orilla, ribera (d'un fleuve). || Ribazo *m.* (talus).
berger, ère m. et f. ● Pastor, ra (de troupeau). || FIG. Pastor (guide des âmes). || — *L'étoile du berger,* el lucero del alba, Venus. || *L'heure du berger,* la hora de los enamorados ; el anochecer. || — M. Mastín (chien).
— — SYN. ● *Pastoureau,* pastorcillo, zagal. *Pâtre,* pastor [de ganado].
bergère f. Poltrona, butaca (fauteuil).
bergerette f. Pastorcilla. || MUS. Pastoral breve. || ZOOL. Aguzanieve, *m.* (bergeronnette).
bergerie f. Aprisco, *m.,* majada (moutons). || — Pl. FIG. Poesías pastoriles (poésie).
bergeronnette f. Aguzanieve, *m.* (oiseau).
berginisation f. Berginización (carburants).
bergsonien, enne adj. Bergsoniano, na.
bergsonisme m. Bergsonismo.
béribéri m. Beriberi (maladie tropicale).
berkélium [bɛrkeljɔm] m. Berkelio.
berline f. Berlina (voiture). || MIN. Vagoneta.
berlingot [bɛrlɛ̃go] m. Berlina (f.) de dos asientos. || *Un berlingot de lait,* leche en envase de cartón.
berlinois, e adj. et s. Berlinés, esa.
berlue f. Alucinación, encandilamiento, *m.* || FAM. *Avoir la berlue,* tener telarañas en los ojos.
berme f. Berma (fortification). || Sendero, *m.* (canal).
Bermudes n. pr. GÉOGR. Bermudas.
bernache ou **bernacle** f. Oca marina (oie). || Percebe, *m.* (pousse-pied).

Bernard n. pr. m. Bernardo.
Bernardin n. pr. m. Bernardino.
bernardin, e m. et f. Bernardo, da (religieux).
bernard-l'ermite ou **-l'hermite** m. inv. Paguro, ermitaño (crustacé).
berne f. (P. us.). Manteamiento, *m*. ‖ FIG. et FAM. Burla (raillerie). ‖ *En berne,* a media asta (drapeau).
Berne n. pr. GÉOGR. Berna.
berné, e adj. Manteado, da. ‖ FIG. Burlado, da.
berner v. tr. (P. us.). Mantear (faire sauter dans une couverture). ‖ FIG. Burlarse de, engañar, dar el pego, dar gato por liebre (tromper).
berneur, euse m. et f. Burlón, ona ; bromista (moqueur).
bernique f. Lapa.
— Interj. FAM. ¡Naranjas!,¡ni hablar !
bernois, e adj. et s. Bernés, esa (de Berne).
berquinade f. Novela insulsa (œuvre fade).
berrichon, onne adj. et s. GÉOGR. De Berry [región del centro de Francia].
bersaglier m. Bersagliero (soldat italien).
berthe f. Berta (collerette de lingerie sur un décolleté). ‖ Lechera (pot au lait).
Berthe n. pr. f. Berta.
berthon m. MIL. Bote plegadizo de lona (sous-marins).
bertillonnage m. Antropometría, *f*. (créé par Bertillon).
Bertrand n. pr. m. Beltrán.
béryl m. Berilo.
béryllium [beriljɔm] m. Berilio.
besace f. Alforjas, *pl*. ‖ FIG. *Être réduit à la besace,* verse reducido a pedir limosna.
besaiguë [bəzɛgy] ou **bisaiguë** [bizɛgy] f. Azuela de dos filos (de menuisier). ‖ Martillo (*m*.) de vidriero (de vitrier).
Besançon n. pr. GÉOGR. Besanzón.
besant m. Besante (monnaie). ‖ BLAS. Besante.
besas ou **beset** m. (Vx). Ases, *m. pl*. (trictrac).
bésef adv. POP. Mucho, bastante.
besicles f. pl. Quevedos, *m.,* antiparras.
bésigue m. Báciga, *f*. (jeu de cartes).
besogne [bəzɔɲ] f. Tarea (tâche), faena (labeur), trabajo, *m*. (travail). ‖ — *Abattre de la besogne,* trabajar mucho, darle duro al trabajo, cundirle a uno el trabajo. ‖ *Aller vite en besogne,* despachar el trabajo (être expéditif), imaginar ya las cosas hechas (imaginer). ‖ *Faire de la bonne* (o *mauvaise*) *besogne,* trabajar bien (*ou* mal). ‖ *Se mettre à la besogne,* poner manos a la obra. ‖ *Tailler de la besogne,* dar *ou* señalar tarea.
besogner v. intr. Atarearse, afanarse.
besogneux, euse adj. et s. Necesitado, da. ‖ Apurado, da ; menesteroso, sa (dans la gêne).
— OBSERV. *Necesitado* indique simplement le besoin, *menesteroso* une gêne habituelle, *apurado* un état de gêne momentané.
besoin m. Necesidad, *f*. ‖ Pobreza, *f.,* estrechez, *f*. (pauvreté). ‖ Necesidad, *f.,* obligación (obligation). ‖ COMM. Persona a quien puede presentarse al cobro una letra en ausencia del librado. ‖ — *Au besoin,* si es preciso. ‖ *En cas de besoin,* por si acaso, en caso de necesidad. ‖ — *Avoir besoin de,* necesitar, tener necesidad de (quelqu'un ou quelque chose), tener que (avec l'infinitif). ‖ *Avoir besoin que,* hacerle falta a uno que, necesitar que, tener necesidad que : *j'ai besoin que tu me conseilles,* me hace falta que me aconseje ; *je n'ai pas besoin de toi ici,* no necesito tu ayuda, no te necesito. ‖ *Être dans le besoin,* estar necesitado. ‖ *Vous aviez bien besoin de venir,* menuda ocurrencia tuvo usted al venir aquí. ‖ — Pl. Necesidades (*f.*) naturales : *faire ses besoins,* hacer sus necesidades.
— OBSERV. El francés *nécessité* supone una necesidad más grave y urgente que el simple *besoin.*

Bessarabie n. pr. f. GÉOGR. Besarabia.
bessemer m. Bessemer (métallurgie).
besson, onne adj. (Vx). Mellizo, za (jumeau).
bestiaire m. HIST. ROM. Bestiario. ‖ (Vx). Colección (*f.*) de fábulas (recueil de fables).
bestial, e adj. Bestial : *instincts bestiaux,* instintos bestiales.
bestialiser v. tr. Bestializar.
bestialité f. Bestialidad.
bestiaux m. pl. Ganado, *sing.,* reses, *f. pl.*
— OBSERV. El sing. *bestiau,* res, pertenece al lenguaje vulgar campesino.
bestiole f. Bicho, *m.,* bichito, *m.*
best-seller m. Best-seller, libro de más venta (succès de librairie).
— OBSERV. Pl. *best-sellers.*
bêta m. Beta, *f*. (lettre grecque). ‖ *Rayons bêta,* rayos beta.
bêta, asse adj. et s. FAM. Bobalicón, ona ; simplón, ona. ‖ *Grand bêta,* tonto de capirote.
bétail [beta:j] m. Ganado [*Amér.,* hacienda]. ‖ — FIG. *Bétail humain,* ganado humano (esclaves). ‖ *Gros bétail,* ganado mayor. ‖ *Menu bétail,* ganado menor. ‖ *Tête de bétail,* cabeza de ganado, res.
— SYN. *Bestiaux,* ganado, reses ; *cheptel,* ganado.
bêtatron m. PHYS. Betatrón.
bête f. Animal, *m*. ‖ Bestia (âne et mulet). ‖ Bicho, *m*. (petite bête, insecte). ‖ Pieza (gibier). ‖ — *Bête à bon Dieu,* mariquita (insecte). ‖ FAM. *Bête à concours,* empollón. ‖ *Bête à cornes,* res vacuna (au pl. : ganado vacuno). ‖ *Bête à feu,* luciérnaga, bicho de luz (ver luisant). ‖ *Bête carnassière,* fiera, animal carnicero. ‖ *Bêtes de boucherie,* reses de matadero. ‖ *Bête de somme,* bestia de carga, acémila. ‖ *Bête de trait,* animal de tiro. ‖ *Bêtes à laine,* ganado lanar. ‖ *Bêtes aumailles,* ganado vacuno. ‖ *Bêtes fauves,* ciervos y gamos. ‖ *Bêtes noires,* jabalíes. ‖ *Bêtes puantes,* zorros, garduñas, comadrejas, etc. ‖ *Bêtes rousses* o *carnassières,* alimañas. ‖ *Bêtes sauvages,* animales salvajes, fieras. ‖ — FAM. *Bonne bête,* nachón, bendito de Dios. ‖ *Mauvaise* ou *méchante bête,* mal bicho. ‖ — FIG. et FAM. *C'est sa bête noire,* es su pesadilla (personne). ‖ *Chercher la petite bête,* ser un chinche, buscarle pelos al huevo. ‖ *Faire la bête,* hacerse el tonto. ‖ *Morte la bête, mort le venin,* muerto el perro se acabó la rabia. ‖ *Reprendre du poil de la bête,* remontar la pendiente.
— OBSERV. *Bestia* s'applique généralement au gros bétail (bœuf, cheval) ; *animal* au petit bétail, au petit animal, domestique ou non ; *bicho* à une très petite bête (ver, chenille, insecte, etc.), quoique familièrement ce mot puisse s'appliquer à un taureau de combat.
bête adj. Tonto, ta ; bobo, ba. ‖ — FAM. *Pas si bête !,* no tan tonto ! ‖ *C'est bête à pleurer,* es de una tontería que da lástima. ‖ *C'est bête, il est trop tard pour...,* es lástima, es demasiado tarde para...
bétel m. BOT. Betel. ‖ Buyo (masticatoire).
Bethléem n. pr. GÉOGR. Belén.
bêtifier* v. intr. Hacerse el tonto, la tonta.
Bétique n. pr. f. GÉOGR. Bética.
bêtise f. Tontería : *faire des bêtises,* hacer tonterías. ‖ Majadería. ‖ Necedad (motif futile) : *se brouiller pour une bêtise,* enfadarse por una necedad. ‖ Tontería, futilidad (choses sans valeur) : *dépenser son argent en bêtises,* gastar su dinero en futilidades. ‖ *Bêtise de Cambrai,* caramelo de menta.
— SYN. *Ânerie,* burrada. *Sottise,* tontería, sandez. *Stupidité,* estupidez. *Niaiserie,* necedad. *Bourde,* sandez.
bêtiser v. intr. Tontear, bobear, decir *ou* hacer tonterías.

bêtisier m. Disparatorio, colección (f.) de disparates.

bétoine f. Bot. Betónica.

bétoire f. Sumidero, m. (gouffre). ‖ Aljibe, m. (puisard).

béton m. Hormigón. ‖ Cerrojo (football). ‖ — *Béton armé*, hormigón armado. ‖ *Béton banché*, hormigón entibado. ‖ *Béton précontraint*, hormigón pretensado *ou* precomprimido.

bétonnage m. Hormigonado (maçonnerie en béton).

bétonner v. tr. Construir con hormigón. ‖ Fig. Hacer el cerrojo (football).

bétonnière f. Hormigonera.

bette f. Bot. Acelga. ‖ Barco (m.) de recreo y de pesca [en Marsella].

betterave [bɛtra:v] f. Remolacha. ‖ — *Betterave à sucre*, remolacha azucarera. ‖ *Betterave rouge*, remolacha.

betteravier, ère adj. et s. m. Remolachero, ra.

betting m. Apuesta, f. (aux courses de chevaux).

bétulacées f. pl. Bot. Betuláceas.

bétyle m. Betilo.

beuglant, e [bøglɑ̃, ɑ̃:t] adj. Bramante. — M. Pop. Cafetucho cantante. ‖ — F. Pop. Canción.

beuglement m. Mugido (des bovidés). ‖ Bramido (du taureau).

beugler v. intr. Mugir (les bovidés). ‖ Bramar (le taureau). ‖ Fig. Mugir (crier). ‖ Pop. Berrear, cantar a voz en cuello (chanter mal et fort).

beuh! interj. ¡Bah!

beurre [bœ:r] m. Mantequilla, f., manteca (f.) de vaca. ‖ Manteca, f. (de cacao, etc.). ‖ Fig. Gusto, cosa (f.) agradable. ‖ — *Beurre d'anchois, d'écrevisses*, etc., pasta de anchoas, de cangrejos, etc. (terme de cuisine). ‖ *Beurre fondu*, mantequilla derretida. ‖ *Beurre frais, salé*, mantequilla fresca, salada. ‖ *Beurre noir*, mantequilla requemada. ‖ *Gants beurre frais*, guantes de color de avellana. ‖ *Lait de beurre*, suero. ‖ *Petit beurre*, galleta. ‖ — Fam. *Avoir l'œil au beurre noir*, tener un ojo a la funerala. ‖ *Battre le beurre*, mazar. ‖ *Compter pour du beurre*, jugar de cascarila. ‖ *Entrer comme dans du beurre*, entrar como una seda. ‖ *Faire son beurre*, hacer su agosto, ponerse las botas. ‖ *Fondre comme du beurre*, derretirse como manteca. ‖ *Mettre du beurre dans ses épinards*, mejorar de situación. ‖ *Promettre plus de beurre que de pain*, prometer el oro y el moro.

beurré m. Pera (f.) de donguindo (poire).

beurrée f. Rebanada de pan con mantequilla.

beurrer v. tr. Untar con manteca.

beurrerie [bœrri] f. Mantequería (fabrication de beurre), industria mantequera.

beurrier, ère adj. Mantequero, ra. — M. et f. Mantequero, ra (qui vend du beurre). ‖. —. M. Mantequera, f. (récipient). ‖ — F. V. Baratte.

beuverie f. Borrachera.

bévatron m. Phys. Bevatrón.

bévue f. Equivocación (erreur). ‖ Fam. Metedura de pata (gaffe). ‖ *Commettre une bévue*, meter la pata.

bey [bɛ] m. Bey (jadis souverain musulman).

beylical, e adj. Beylical.

beylicat m. Beylicato.

bézef *ou* **bésef** adv. Pop. Mucho, bastante.

bézoard m. Bezoar.

biacide adj. et s. m. Chim. Biácido, da.

biais m. Sesgo. ‖ Fig. Rodeo, vuelta, f. (moyen détourné) : *prendre un biais*, dar un rodeo; *aborder de biais une question*, abordar un asunto dando un rodeo. ‖ Archit. Esviaje. ‖ Bies (étoffe coupée en biais) [gallicisme très employé] : *tailler en biais*, cortar al bies. ‖ Cauce (voie). ‖ *De ou en biais*, al sesgo, sesgado (obliquement), esviado (architecture), al bies (couture).

biais, e [bjɛ, ɛ:z] adj. Sesgado, da. ‖ Archit. Esviado, da.

biaiser v. intr. Torcer, torcerse (un chemin). ‖ Fig. Tergiversar, andar con rodeos, usar de doblez (user de moyens détournés) : *parler franchement à quelqu'un, sans biaiser*, hablar francamente, sin andar con rodeos.

biarticulé, e adj. Biarticulado, da.

biatomique adj. Chim. Biatómico, ca.

bibasique adj. Bibásico, ca.

bibelot [biblo] m. Bibelot, objeto artístico, menudencia, f. (d'étagère, etc.). ‖ Fruslería, f. (objet futile). ‖ Chuchería, f., baratija, f. (objet sans valeur). ‖ Fam. Chirimbolo.

bibelotage m. Afición (f.) a los bibelots.

bibeloter v. intr. Comprar *ou* vender bibelots.

bibeloteur m. Néol. Aficionado a los bibelots, coleccionador de bibelots.

biberon [bibrɔ̃] m. Biberón.

biberon, onne adj. et s. Beberrón, ona ; borrachín, ina (qui aime à boire).

biberonner v. tr. Fam. Pimplar, trincar, soplar (boire).

bibi m. Fam. Sombrerito [de señora]. ‖ Fam. Mi menda, f., este cura (moi).

bibine f. Pop. Cerveza de mala calidad, bebistrajo, m.

bibion m. Mosca (f.) de San Juan *ou* de San Marcos (insecte).

Bible f. Biblia. ‖ *Papier bible*, papel biblia.

bibliobus m. Biblioteca itinerante.

bibliographe m. Bibliógrafo.

bibliographie f. Bibliografía.

bibliographique adj. Bibliográfico, ca.

bibliomancie f. Bibliomancía.

bibliomane m. et f. Bibliómano, na.

bibliomanie f. Bibliomanía.

bibliophile m. et f. Bibliófilo, la.

bibliophilie f. Bibliofilia.

bibliothécaire [bibliɔtekɛ:r] m. et f. Bibliotecario, ria.

bibliothèque f. Biblioteca.

biblique adj. Bíblico, ca.

biblorhapte m. Encuadernación (f.) móvil (documents).

bicaméral, e adj. Bicameral : *principes bicaméraux*, principios bicamerales.

bicamérisme *ou* **bicaméralisme** m. Bicameralismo, sistema bicameral.

bicapsulaire adj. Bot. Bicapsular (fruit qui a deux carpelles).

bicarbonate m. Chim. Bicarbonato.

bicarbonaté, e adj. Bicarbonatado, da.

bicarbure m. Bicarburo.

bicarré, e adj. Bicuadrado, da.

bicéphale adj. et s. Bicéfalo, la : *aigle bicéphale*, águila bicéfala.

biceps [bisɛps] adj. et s. m. Biceps (muscle). ‖ Fam. *Avoir du biceps*, tener musculatura.

biche f. Cierva (femelle du cerf). ‖ Fam. Querida (chérie). ‖ *Yeux de biche*, ojos rasgados.

bicher v. intr. Pop. Estar contento, alegrarse. ‖ Pop. Ir bien, marchar : *ça biche?*, ¿van bien las cosas?

bichet m. Antigua medida para granos [20 a 40 litros].

bichette f. Cervatilla (jeune biche). ‖ Fam. Querridita, nena (terme d'affection).

bichlorure m. Chim. Bicloruro.

bischof *ou* **bischof** m. Especie de sangría (f.) alemana hecha con vino dulce.

bichon m. Perrito de lanas (chien). ‖ Almohadilla (f.) de terciopelo (pour chapeaux).

bichonner v. tr. (P. us.). Rizar el pelo (friser). ‖

Fig. Arreglar, ataviar (parer). || Acariciar (caresser). || Cepillar (brosser).
— V. pr. Arreglarse, ataviarse. || Fam. Emperejilarse.

bichromate m. Chim. Bicromato.

bichromaté, e adj. Bicromatado, da.

bicipital, e adj. Bicipital (du biceps).

bickford (*cordeau*) m. Mecha, *f.* (explosif).

bicolore adj. Bicolor.

biconcave adj. Bicóncavo, va.

biconvexe adj. Biconvexo, xa.

bicoque f. Bicoca (fortification). || Casucha (maison).

bicorne adj. Bicorne, de dos picos *ou* cuernos : *un chapeau bicorne,* un sombrero bicorne *ou* de dos picos.
— M. Bicornio (chapeau).

bicot m. Fam. Chivo (chevreau). || Pop. Árabe, moro.

bicyclette f. Bicicleta : *aller à bicyclette,* ir en bicicleta.
— Observ. Es incorrecto decir *aller en bicyclette.*

bide m. Pop. Panza, *f.,* andorga, *f.* (gros ventre). || Théâtr. Fracaso total. || — *Faire un bide,* dar un panzazo. || *Prendre un bide,* fracasar totalmente.

bident m. Bidente, bieldo (fourche à deux dents).

bidenté, e adj. Bidente, bidentado, da (à deux dents).

bidet m. Jaca, *f.* (petit cheval). || Bidé (salle de bains).

bidoche f. Pop. Pitraco, *m.,* piltrafa, carne mala. | Carne en general.

bidon m. Bidón, lata, *f.* : *un bidon d'essence,* un bidón de gasolina. || Cantimplora, *f.* (gourde des soldats). || Cántaro (de lait). || Aceitera, *f.,* alcuza, *f.* (pour l'huile). || Fam. Barriga, *f.,* panza, *f.* || Pop. *Ça c'est du bidon,* eso es un camelo.

bidonner (se) v. pr. Pop. Desternillarse de risa.

bidonville m. Chabolas, *f. pl.,* barrio de las latas, *m.*

bief m. Saetín (de moulin). || Tramo (d'un canal).

bielle f. Biela (mécanique) : *couler une bielle,* fundir una biela.

biellette f. Mécan. Balancín, *m.*

bien [bjɛ̃] m. Bien : *il faut faire le bien,* hay que hacer el bien. || Bien (ce qui est conforme au devoir) : *un homme de bien,* un hombre de bien. || ● Caudal (capital), hacienda, *f.,* fortuna, *f.* (richesse) : *posséder du bien,* tener fortuna. || Bien : *biens d'équipement,* bienes de equipo. || — *Biens communaux,* propiedades del municipio. || *Biens immeubles,* bienes inmuebles. || *Biens meubles,* bienes muebles. || — *Le bien public,* los bienes públicos. || *Pour le bien,* con buen fin, con buen objeto. || *Pour son bien,* para su provecho. || — *Avoir du bien au soleil,* tener, poseer tierras. || *Bien mal acquis ne profite jamais,* bienes mal adquiridos a nadie han enriquecido. || *Dire du bien de,* hablar bien de. || *En bien,* bien : *parler en bien de quelqu'un,* hablar en bien de uno. || *En tout bien tout honneur,* con buena intención. || *Être du dernier bien avec quelqu'un,* estar a partir un piñon con uno. || *Faire du bien,* hacer bien ; sentar bien (aliments, etc.). || *Grand bien vous fasse!,* ¡buen provecho le haga! || *Mener à bien,* llevar a cabo, a buen término. || *Ne voir que le bien en quelqu'un,* ver solamente el lado bueno en alguien. || *Périr corps et biens,* perderse [un barco] completamente. || *Prendre une chose en bien,* tomar una cosa en buen sentido. || *Rendre le bien pour le mal,* devolver bien por mal. || *Vouloir du bien à,* querer el bien de.
— Observ. Au sens de *fortune, domaine,* le mot *bien* ne s'emploie plus en espagnol qu'au pluriel.
— Syn. ● *Propriété,* propiedad. *Domaine,* tierras, hacienda. *Héritage,* herencia. *Patrimoine,* patrimonio. *Acquêts,* bienes gananciales.

bien adv. Bien : *bien agir,* obrar bien. || Muy : *c'est bien beau,* es muy bello ; *bien loin,* muy lejos. || Mucho, cha (adj.) : *bien des choses,* muchas cosas. || Bastante bien : *il grossit bien,* engorda bastante bien. || Bien : *songez-y bien,* piénselo bien. || Uno, una ; unos, unas ; aproximadamente (à peu près) : *il y a bien trois ans,* hace unos tres años. || Mucho (beaucoup) : *ce malade est bien mieux,* este enfermo está mucho mejor. || Bien, perfectamente : *elle parle bien l'espagnol,* habla bien el español. || Con gusto, gustosamente : *je le ferais bien, mais...,* lo haría gustosamente, pero... || Ya : *on verra bien,* ya veremos ; *je le crois bien,* ya lo creo. || *Bien au contraire,* todo lo contrario. || *Bien à vous,* suyo afectísimo (lettre). || *Bien plus,* lo que es más, además, mucho más : *bien plus grand que moi,* mucho más grande que yo. || *Bien portant,* bien de salud. || *Bien que,* aunque. || *Bien trop,* demasiado. || — *Bel et bien,* completamente (entièrement), aunque parezca imposible. || *Nous voilà bien!,* ¡estamos arreglados! || *Si bien que,* de suerte que, de manera que. || *Tant bien que mal,* así, así, mal que bien regular. || — *Ça fait bien,* da buen tono. || *C'est bien lui,* eso, es muy de él. || *C'est bien lui?,* ¿es verdaderamente él? || *Il a bien trente ans,* tendrá treinta años cumplidos. || *Il est bien de,* conviene que. || *Il s'en faut bien, ni con mucho.* || *Je crois bien que,* me parece que, casi estoy seguro de que. || *Nous arriverons bien à le convaincre,* seguramente llegaremos a convencerle. || *Qui aime bien châtie bien,* quien bien te quiere te hará llorar.
— Observ. *Bien* adv. se place généralement aujourd'hui après le verbe.

bien-aimé, e adj. et s. Querido, da ; muy amado, da. || Predilecto, ta ; preferido, da (préféré).
— Observ. Pl. *bien-aimés, bien-aimées.*

bien-dire m. inv. Hablar bien, buen decir.

bien-disant, e adj. et s. Bienhablado, da.
— Observ. Pl. *bien-disants, bien-disantes.*

bien-être [bjɛ̃nɛtr] m. inv. Bienestar.

bien-faire m. inv. Obrar bien, hacer bien.

bienfaisance [bjɛ̃fəzɑ̃:s] f. Beneficencia : *bureau de bienfaisance,* sección de beneficencia. || *De bienfaisance,* benéfico, ca : *fête de bienfaisance,* fiesta benéfica.

bienfaisant, e adj. Benéfico, ca ; bienhechor, ra (qui fait le bien). || Beneficioso, sa (profitable).

bienfait m. Beneficio, favor (faveur) : *combler de bienfaits,* colmar de favores. || Ventaja, *f.* (avantage) : *les bienfaits de la civilisation,* las ventajas de la civilización. || Buena (*f.*) acción : *les bienfaits d'une âme charitable,* las buenas acciones de un alma caritativa. || *Un bienfait n'est jamais perdu,* haz bien y no mires a quién.

bienfaiteur, trice adj. et s. Bienhechor, ra.

bien-fondé m. Lo bien fundado, legitimidad, *f.* : *le bien-fondé d'une réclamation,* lo bien fundado de una reclamación.

bienheureux, euse adj. et s. Bienaventurado, da. || — M. et f. Beato, ta (personne béatifiée).

bien-jugé m. Sentencia (*f.*) justa, fallo justo.

biennal, e [bienal] adj. Bienal : *assolements biennaux,* rotaciones bienales.
— F. Bienal (festival).

bienséance f. Conveniencia (convenance), decoro, *m.* (décorum), decencia (décence).

bienséant, e adj. Conveniente, decente (décent), decoroso, sa.

biens-fonds [bjɛ̃fɔ̃] m. pl. Bienes raíces *ou* sedientes.

bientôt adv. Pronto. || — *À bientôt,* hasta pronto, hasta la vista, hasta luego. || *Bientôt après,* poco después. || *C'est bientôt dit,* es fácil decirlo.

bienveillamment [bjɛ̃vɛjamɑ̃] adv. Benévolamente.
bienveillance f. Benevolencia. ‖ *Grâce à la bienveillance de*, gracias a la amabilidad de. ‖ *J'ai
l'honneur de solliciter de votre haute bienveillance*, tengo el honor de dirigirme a usted rogán-
dole *ou* tengo el honor de solicitar de la recono-
cida bondad de usted.
bienveillant, e adj. Benévolo, la. ‖ Condescendiente : *paroles bienveillantes*, palabras condes-
cendientes.
bienvenir v. intr. Acoger bien. [Ú. sólo en la loc. :
se faire bienvenir, hacer el máximo para ser bien
recibido.]
bienvenu, e adj. et s. Bienvenido, da : *être le
bienvenu*, ser bienvenido.
bienvenue f. Bienvenida : *souhaiter la bienvenue*,
dar la bienvenida. ‖ FAM. *Payer sa bienvenue*,
pagar la novatada *ou* la patente.
bière f. Cerveza (boisson) : *un demi de bière*, una
caña de cerveza. ‖ Ataúd, *m.*, caja de muerto
(cercueil). ‖ — *Bière blonde*, cerveza dorada. ‖
Bière brune, cerveza negra. ‖ — FAM. *Ce n'est
pas de la petite bière*, no es grano de anís, no es
moco de pavo.
bièvre m. Bíbaro (castor).
biffage m. Borradura, *f.* (effaçage), tachadura, *f.*
biffer v. tr. Borrar (effacer), tachar, rayar.
bifide adj. BOT. Bífido, da (fendu).
bifilaire adj. Bifilar.
bifocal, e adj. Bifocal.
bifteck m. Bistec, biftec, bisté.
bifurcation f. Bifurcación. ‖ BOT. Horcadura.
bifurquer v. intr. Bifurcarse.
bigame adj. et s. Bígamo, ma.
bigamie f. Bigamia.
bigarade f. Naranja amarga.
bigarré, e adj. Abigarrado, da (étoffe, etc.). ‖
Berrendo (taureau).
bigarreau m. Cereza (*f.*) gordal *ou* garrafal.
bigarreautier m. Cerezo gordal.
bigarrer v. tr. Abigarrar.
bigarrure f. Abigarramiento, *m.* (de couleurs). ‖
FIG. Mezcolanza (mélange confus).
bige m. Biga, *f.* (char romain).
bigle adj. et s. Bisojo, ja; bizco, ca (loucheur).
bigler v. intr. Bizquear (loucher).
— V. tr. POP. Echar el ojo a.
bignonia f. Güira (arbre américain).
bignoniacées f. pl. BOT. Bignoniáceas.
bigorne f. Bigornia (enclume). ‖ Mazo, *m.* (maillet).
bigorneau m. Bígaro, bigarro, caracol de mar
(mollusque). ‖ Bigorneta, *f.* (petite bigorne).
bigorner v. tr. Forjar en la bigornia. ‖ Sobar las
pieles (les peaux). ‖ FAM. Abollar : *bigorner une
aile d'auto*, abollar una aleta de automóvil. ‖ POP.
Bigorner quelqu'un, dar una soba *ou* una zurra a
alguien.
bigot, e [bigo, ɔt] adj. et s. Beato, ta; santurrón, ona.
— SYN. *Béat*, beato. *Cagot*, mojigato. *Cafard*, gazmoño.
Tartufe, camandulero, tartufo. *Pop. Bondieusard*, calotin,
tragasantos.
bigoterie ou **bigotisme** m. Beatería, *f.*, santurronería, *f.*
bigoudi m. Bigudí (pour friser).
bigre! interj. FAM. ¡Caramba!, ¡diantre!, ¡demonio!, ¡caracoles!
bigrement adv. FAM. Muy, extremadamente, un
rato : *c'est bigrement bon*, está un rato bueno.
bigrille adj. De doble rejilla (lampe T. S. F.).
bigue f. MAR. Cabria, caballete (*m.*) de levantamiento, abanico, *m.* (chèvre).
bihebdomadaire adj. Bisemanal.
bihoreau m. ZOOL. Garza (*f.*) pequeña.

bijou m. Joya, *f.*, alhaja, *f.* ‖ FIG. Alhaja, preciosidad, *f.*, joya, *f.* (personne ou chose charmante).
— OBSERV. En francés *bijou* tiene un sentido menos
elevado que *joya*.
— — *Joya* en español s'applique à n'importe quel bijou.
bijouterie f. Joyería. ‖ Joyas, pl., alhajas, pl.,
artículos (*m. pl.*) de joyería : *acheter de la bijouterie*, comprar joyas. ‖ *Bijouterie fausse, de fantaisie*, bisutería.
— OBSERV. El francés *joaillerie* tiene un sentido de
riqueza que no ofrece *bijouterie*. *Orfèvrerie* tiene también,
como su sinónimo español *orfebrería*, un sentido más
rico y artístico que *platería*.
bijoutier, ère m. et f. Joyero, ra.
— SYN. *Joaillier*, joyero. *Orfèvre*, platero, orfebre.
bikini m. Bikini (maillot de bain).
bilabial, e adj. et s. f. Bilabial.
bilabié, e adj. BOT. Bilabiado, da.
bilame f. Termoelemento, *m.*
bilan m. COMM. Balance : *faire le bilan*, hacer el
balance. ‖ MÉD. *Bilan de santé*, chequeo. ‖
Déposer son bilan, declararse en quiebra.
bilatéral, e adj. Bilateral : *accords bilatéraux*,
acuerdos bilaterales.
bilboquet m. Boliche (jouet). ‖ Dominguillo, tentetieso (poussah). ‖ FAM. Monigote. ‖ IMPR. Pequeño trabajo tipográfico (cartes, faire-part, etc.).
bile f. Bilis. ‖ FIG. Fastidio, *m.* (ennui), mal
humor, *m.* (mauvaise humeur). ‖ — *Bile noire*,
atrabilis. ‖ FAM. *Se faire de la bile*, preocuparse,
quemarse la sangre.
biler (se) v. pr. POP. Quemarse la sangre.
bileux, euse adj. Intranquilo, la; que se
quema la sangre (qui s'inquiète facilement).
bilharziose f. MÉD. Bilharziosis.
biliaire [biljɛ:r] adj. Biliar, biliario, ria.
bilieux, euse adj. et s. Bilioso, sa.
bilingue [bilɛ̃:g] adj. et s. Bilingüe.
bilinguisme m. Bilingüismo.
bilitère adj. Bilítero, ra.
bill m. Bill (loi).
billard m. Billar (jeu) : *queue de billard*, taco de
billar. ‖ FAM. Hule (table d'opérations). ‖ POP.
C'est du billard, está tirado, es pan comido.
billarder v. intr. Ser corniabierto.
bille [bi:j] f. Bola de billar. ‖ Canica, bola (jouet
d'enfants). ‖ Madero, *m.* (tronc de bois). ‖ MÉCAN.
Bola : *roulements à billes*, cojinetes de bolas. ‖
POP. Pelota, chola (tête). | Jeta (visage). ‖ — *La
bille rouge*, el mingo (billard). ‖ *Stylo à bille*, bolígrafo.
billebaude f. (Vx). Desbarajuste, *m.*, confusión. ‖
À la billebaude, en desorden, confusamente.
billet [bijɛ] m. Billete. ‖ Esquela, *f.* : *billet doux*,
esquela amorosa. ‖ Billete, entrada, *f.* [Amér.,
boleto] (spectacle) : *billet de théâtre*, entrada de
teatro. ‖ Billete [Amér., boleto] (chemin de fer,
loterie). ‖ Tarjeta, *f.* : *billet d'invitation*, tarjeta
de invitación. ‖ ● Billete : *billet de banque*,
billete de banco. ‖ Pagaré (billet à ordre). ‖ —
Billet au porteur, billete al portador. ‖ *Billet
d'aller et retour*, billete de ida y vuelta. ‖ *Billet
de confession*, cédula de confesión. ‖ *Billet d'entrée à l'hôpital*, alta en el hospital. ‖ *Billet de
faire-part*, parte de boda (mariage), esquela mortuoria (décès). ‖ *Billet de faveur*, pase de favor. ‖
MIL. *Billet de logement*, boleta de alojamiento. ‖
Billet de santé, certificado de sanidad. ‖ *Billet
simple*, billete de ida. ‖ — FAM. *Prendre un billet
de parterre*, coger una liebre (tomber).
— SYN. ● *Coupon*, cupón. *Papier monnaie*, papel moneda. *Devise*, divisa. *Assignat*, asignado.
billette f. Leño, *m.*, tarugo, *m.* (bûcher). ‖ AGRIC.
Rodillo, *m.* (rouleau). ‖ ARCHIT. Moldura
(moulure). ‖ Palanquilla (d'acier). ‖ MIN. Viga

que sostiene el techo de una galería (poutre).

billevesée [bijvəze] f. Pamplina, cuento, m.

billion m. Billón.

— OBSERV. Autrefois, le *billón* espagnol correspondait au trillion français [un millón de millones] et le *billion* français équivalait à un milliard [mil millones].

billon m. Vellón (monnaie). || Calderilla, f. (monnaie de cuivre, nickel, etc.). || AGRIC. Caballón, camellón (ados).

billonnage m. Tráfico ilegal de monedas defectuosas. || AGRIC. Labores en caballones, acaballonamiento de la tierra.

billonner v. tr. AGRIC. Acaballonar, alomar (labourer en billons).

billot m. Tajo (d'échafaud). || Tajo (de boucher). || Tronco, tarugo (tronçon de bois). || Banquillo (de cordonnier). || Trangallo (pour les animaux). || Cepo (enclume).

bilobé, e adj. Bilobulado, da.·

bilocation f. Bilocación.

biloculaire adj. Bilocular.

biloquer v. tr. AGRIC. Arar profundamente.

bimane adj. et s. Bimano, na.

bimbelot m. Juguete (jouet). || Baratija, f., chuchería, f., trasto (colifichet).

bimbeloterie f. Juguetería (de jouets). || Comercio (m.) de baratijas (de bibelots).

bimbelotier, ère m. et f. Fabricante *ou* vendedor de juguetes, de baratijas.

bimensuel, elle adj. Bimensual, quincenal.

bimestre m. Bimestre.

bimestriel, elle adj. Bimestral.

bimétallique adj. Bimetálico, ca.

bimétallisme m. Bimetalismo.

bimétalliste adj. et s. m. Bimetalista.

bimillénaire m. Bimilenario.

bimoteur adj. et s. m. Bimotor.

binage m. AGRIC. Bina, f., binazón, f. || ECCLÉS. Binación, f. (permission de biner).

binaire adj. Binario, ria.

binard m. Carro de cantero.

biner v. tr. AGRIC. Binar (terre).

— V. intr. Binar (dire deux messes le même jour.)

binette f. AGRIC. Binador, m. binadera, escardillo, m. || FIG. et POP. Jeta, cara ridícula *ou* poco agradable.

bineur m. ou **bineuse** f. Máquina (f.) para binar, binadora, f.

biniou m. Gaita (f.) bretona.

binocle m. Binóculo (p. us.), quevedos, pl. (lorgnon).

binoculaire adj. Binocular.

binôme m. Binomio.

biobibliographie f. Biobibliografía.

biochimie f. Bioquímica, química biológica.

biochimique adj. Bioquímico, ca.

biochimiste m. et f. Bioquímico, ca.

biogenèse f. Biogénesis.

biogénétique adj. Biogenético, ca.

biogéographie f. Biogeografía.

biographe m. Biógrafo.

biographie f. Biografía.

biographique adj. Biográfico, ca.

biologie f. Biología.

biologique adj. Biológico, ca.

biologiste m. Biólogo.

biomécanique f. Biomecánica.

biométrie f. Biometría.

biophysique f. Biofísica.

biopsie f. MÉD. Biopsia.

bioscope m. Bioscopio.

biosphère f. Biosfera.

biosynthèse f. Biosíntesis.

biotechnie f. Biotecnia.

biothérapie f. Bioterapia.

biotite f. Biotita.

biotropisme m. Biotropismo.

bioxyde m. Bióxido.

bipale adj. Con dos paletas.

bipariétal, e adj. Biparietal.

biparti, e ou **bipartite** adj. Bipartido, da : *feuille bipartite*, hoja bipartida. || Bipartito, ta (de deux parties ou partis) : *accord bipartite*, acuerdo bipartito.

bipartition f. Bipartición.

bipède adj. et s. m. Bípedo, da.

biphasé, e adj. ÉLECTR. Bifásico, ca.

bipied [bipje] m. Horquilla, f. (mitraillette).

biplace adj. et s. m. Biplaza, de dos plazas *ou* asientos : *avion biplace*, avión de dos plazas *ou* asientos.

biplan m. Biplano.

bipolaire adj. Bipolar.

bipolarité f. Bipolaridad.

bique f. FAM. Cabra (chèvre). || POP. Jamelgo, m. (cheval). || POP. *Vieille bique*, vejarrona.

biquet m. Chivo, cabrito, choto (chevreau). || FAM. *Mon biquet*, pichoncito mío.

biqueter* v. intr. Parir [la cabra].

biquette f. Chiva. || *Ma biquette*, mi pichón.

biquotidien, enne [bikɔtidjɛ̃, jɛn] adj. Dos veces por día.

birbe m. POP. Carcamal. || *Un vieux birbe*, un vejestorio, un carcamal.

bire f. Buitrón m. (pêche).

biréacteur adj. et s. m. Birreactor.

biréfringence f. Birrefringencia.

biréfringent, e adj. Birrefringente.

birème f. Birreme (vaisseau).

biribi m. Bisbís.

birman, e adj. et s. Birmano, na.

Birmanie n. pr. f. GÉOGR. Birmania.

bis [bis] adv. Bis. || Duplicado (numéro) : *10 bis, Grande-Rue*, Calle Mayor, número 10 duplicado.

— Interj. ¡Otra vez!, ¡otra!, ¡que se repita! (spectacles).

bis, e [bi, bi:z] adj. Bazo, za (couleur). || Moreno, na ; trigueño, ña (teint). || *Pain bis*, pan moreno, pan bazo.

bisaïeul, e m. et f. Bisabuelo, la.

bisaiguë [bizɛgy] f. Azuela de dos filos (de menuisier). || Bisagra (de cordonnier).

bisaille f. Moyuelo, m.

bisannuel, elle adj. Bienal (biennal). || Bisanuo, nua (plante).

bisbille f. FAM. Pelotera, pique, m.

biscaïen, enne adj. et s. Vizcaíno, na. || — M. (Vx). Fusil grande (fusil). || Casco de metralla (d'une boîte à mitraille).

Biscaye n. pr. f. GÉOGR. Vizcaya.

bischof m. V. BICHOF.

biscornu, e adj. De forma irregular, deforme, extravagante. || Estrafalario, ria (idée, raisonnement).

biscotin m. Bizcotela, f.

biscotte [biskɔt] f. « Pan (m.), toast ».

biscuit m. Bizcocho. || Galleta, f. (gâteau sec). || TECHN. Bizcocho, biscuit (porcelaine). || — *Biscuit de mer*, galleta. || *Biscuit glacé*, bizcotela.

biscuiter v. tr. Bizcochar, recocer : *pain biscuité*, pan bizcochado.

biscuiterie [biskyitri] f. Bizcochería.

bise f. Cierzo, m. || FIG. Invierno (hiver). || FAM. Beso, besito : *faire une bise*, dar un beso.

biseau m. Bisel. || Chaflán (d'une maison). || *En biseau*, biselado, en bisel : *glace taillée en biseau*, espejo biselado.

biseautage m. Biselado, abiselamiento.

biseauter v. tr. Tallar en bisel, biselar (tailler en biseau). || Señalar, marcar (les cartes à jouer). || *Carte biseautée*, naipe de tercio.

bisegmenter v. tr. Bisegmentar.

biser v. tr. Reteñir (reteindre). ‖ Pop. Besar (embrasser).

— V. intr. Agric. Atizonarse.

biset m. Paloma (f.) zurita.

bisette f. Puntilla randa.

bismuth m. Bismuto.

bisoc m. Agric. Arado bisurco, arado de dos rejas.

bison, onne m. et f. Bisonte, bisonte hembra.

bisontin, e adj. et s. Bisontino, na ; de Besanzón.

bisque f. Sopa de cangrejos (soupe). ‖ Ventaja (au jeu de paume). ‖ *Bisque! Bisque! Rage!*, ¡Rabia!, ¡Rabiña!

bisquer v. intr. Fam. Rabiar, picarse.

bissac m. Bizaza, f. (p. us.), alforja, f., zurrón.

bissecter v. tr. Géom. Bisecar.

bissecteur, trice adj. et s. f. Géom. Bisector, bisectriz.

bissection f. Géom. Bisección.

bisser v. tr. Repetir (répéter). ‖ Bisar (au théâtre).

bissexte m. Día bisiesto.

bissextile adj. f. Bisiesto, m. : *année bissextile*, año bisiesto.

bisexué, e ou **bissexuel, elle** adj. Bisexual.

bistorte f. Bot. Bistorta.

bistouri m. Bisturí.

bistournage m. Castradura, f. (castration).

bistourner v. tr. Torcer (tordre). ‖ Vétér. Castrar (châtrer).

bistre m. Bistre.

— Adj. inv. Color de humo (couleur).

bistré, e adj. Muy moreno, na.

bistrer v. tr. Dar color bistre, ennegrecer.

bistrot m. Pop. Bar, taberna, f., tasca, f. (débit). ‖ Tabernero (marchand de vin).

bisulfate m. Chim. Bisulfato.

bisulfite m. Chim. Bisulfito.

bisulfure m. Chim. Bisulfuro.

bisulque adj. Zool. Bisulco, ca ; patihendido, da (fourchu).

biterrois, e adj. et s. De Béziers.

Bithynie n. pr. Géogr. Bitinia.

bitord m. Mar. Meollar (cordage).

bitte f. Mar. Bita.

bitter m. Bitter (liqueur).

bitumage m. Asfaltado.

bitume m. Asfalto. ‖ *Bitume de Judée*, betún de Judea.

bitumer v. tr. Asfaltar.

bitumineux, euse adj. Bituminoso, sa.

biture f. Pop. Borrachera, tajada, mona (ivresse).

bivalent, e adj. Chim. Bivalente.

bivalve adj. et s. m. Zool. Bivalvo, va.

biveau m. Baibel (outil).

bivouac [bivwak] m. Vivaque, vivac.

bivouaquer v. intr. Vivaquear, acampar.

bizarre adj. Raro, ra ; curioso, sa.

— Observ. No tiene *bizarre* en francés el sentido español de « valiente ».

— Syn. *Étrange*, extraño. *Insolite*, insólito. *Extraordinaire*, extraordinario. *Singulier*, singular. *Extravagant*, extravagante. *Fantasmagorique*, fantasmagórico. *Fantasque*, caprichoso, peregrino. *Baroque*, estrambótico. *Biscornu*, estrafalario. *Fantastique*, fantástico. *Abracadabrant*, nunca visto, abracadabrante [galicismo].

bizarrerie f. Rareza, extravagancia.

Bizerte n. pr. Géogr. Bizerta.

bizut ou **bizuth** [bizy] m. Fam. Novato, pipiolo.

bizutage m. Fam. Novatada, f.

bizuter v. tr. Fam. Dar la novatada.

bla-bla ou **bla-bla-bla** m. Fam. Charloteo, cuentos (pl.) chinos.

blackboulage m. Derrota, f. (élections). ‖ No admisión (f.) por haberle echado bola negra (dans un club). ‖ Fam. Suspenso (examen).

blackbouler v. tr. Derrotar (vote). ‖ Echar bola

negra (dans un club). ‖ Fam. Dar calabazas (examen).

black-out [blakaut] m. Oscurecimiento del alumbrado contra la aviación enemiga. ‖ Fig. *Faire le black-out*, guardar el más- absoluto silencio.

black-rot m. Black-rot (maladie de la vigne).

blafard, e adj. Macilento, ta ; pálido, da : *une lumière blafarde*, una luz macilenta.

blafardement adv. Pálidamente, con palidez.

blague f. Petaca (à tabac). ‖ Fam. Bola, cuento, m. (mensonge) : *tout cela c'est de la blague*, todo eso son cuentos. ‖ Broma : *faire une blague à un ami*, dar una broma a un amigo. ‖ Gazapo (erreur). ‖ Metedura de plata : *il a fait une blague*, ha sido una metedura de pata. ‖ Chiste, m., chascarillo, m. (histoire drôle) : *raconter une blague*, contar un chiste. ‖ *Blague à part*, broma aparte, sin broma. ‖ *Sans blague!*, ¡no me digas!

blaguer v. intr. Bromear.

— V. tr. Embromar, dar una broma : *blaguer quelqu'un*, dar una broma a alguien.

blagueur, euse m. et f. Fam. Bromista, guasón, ona (railleur).

— Adj. De broma, en broma : *paroles blagueuses*, palabras en broma.

blair m. Pop. Napias, f. pl. (le nez).

blaireau [blɛro] m. Tejón (animal). ‖ Brocha (f.) de afeitar (pour se raser). ‖ Brocha, f., pincel grande (pinceau).

blairer v. tr. Pop. Tragar : *ne pas pouvoir blairer quelqu'un*, no poder tragar a alguien.

Blaise n. pr. m. Blas.

blâmable adj. Censurable, vituperable.

blâme m. Censura, f., reprobación, f. ‖ Voto de censura, f. (au Parlement).

blâmer v. tr. Censurar, culpar.

blanc, blanche [blɑ̃, blɑ̃ːʃ] adj. Blanco, ca. ‖ Cano, na ; canoso, sa : *il a les cheveux blancs*, tiene el pelo canoso. ‖ — *Cheveu blanc*, cana. ‖ *Donner carte blanche*, dar carta blanca. ‖ *Passer une nuit blanche*, pasar una noche en blanco, pasar en claro la noche, pasar una noche toledana.

M. et f. Blanco, ca (de race blanche). ‖ — M. Blanco (couleur). ‖ Blanquete, f. (fard). ‖ Blanco, claro (espace vide). ‖ Ropa (f.) blanca (lingerie) : *magasin de blanc*, almacén de ropa blanca. ‖ — *Blanc d'argent, de céruse, de plomb*, albayalde, blanco de plomo. ‖ *Blanc de baleine*, esperma de ballena, espermaceti. ‖ *Blanc de champignon*, micelio de setas. ‖ *Blanc de chaux*, lechada. ‖ *Blanc d'Espagne*, yeso mate, blanco de España, albayalde. ‖ *Blanc de l'œil*, blanco del ojo. ‖ *Blanc de poulet*, pechuga. ‖ *Blanc de tailleur*, jaboncillo, jabón de sastre. ‖ *Blanc d'œuf*, clara de huevo. ‖ — *Cartouche à blanc*, cartucho sin bala, cartucho de fogueo, cartucho para salvas. ‖ *De but en blanc*, de buenas a primeras, de sopetón (tout à coup). ‖ *En blanc*, en blanco. ‖ — *Chauffer à blanc*, calentar al rojo blanco. ‖ *Dire blanc et noir*, decir dos cosas contradictorias. ‖ *Regarder quelqu'un dans le blanc des yeux*, fijar la mirada en los ojos de alguien. ‖ *Saigner à blanc*, desangrar. ‖ *Tirer sur le blanc*, blanquear.

blanc-bec m. Fam. Mocoso, barbilampiño.

— Observ. Pl. *blancs-becs.*

blanc-étoc ou **blanc-estoc** m. Corte, tala (f.) a ras de tierra.

blanchaille f. Boliche, m., morralla (menus poissons).

blanchâtre adj. Blanquecino, na ; blancuzco, ca.

blanche f. Mus. Mínima, blanca (note). ‖ Bola blanca (billard).

Blanche-Neige, Blancanieves.

blanchet m. Blanqueta, *f.* (étoffe). ‖ Manga, *f.*, mangueta, *f.*, filtro (filtre). ‖ IMPR. Mantilla, *f.*
blancheur f. Blancura.
blanchiment m. Blanqueo (action de blanchir). ‖ Blanquición, *f.* (métaux).
blanchir v. tr. Blanquear (rendre blanc). ‖ Blanquear, encalar, enjalbegar (à la chaux). ‖ Lavar (le linge). ‖ Sancochar (cuisine). ‖ Cepillar (raboter). ‖ FIG. Disculpar, rehabilitar (disculper). ‖ IMPR. Espaciar, regletear (espacer). ‖ Blanquecer (métaux).
— V. intr. Blanquear, encanecer : *ses cheveux blanchissent,* sus cabellos encanecen. ‖ Envejecer (dans un emploi).
— V. pr. Blanquearse. ‖ FIG. Justificarse, disculparse (se justifier), rehabilitarse (se réhabiliter).
blanchissage m. Lavado (action de nettoyer). ‖ Blanqueo (action de rendre blanc) : *le blanchissage du sucre,* el blanqueo del azúcar. ‖ Blanqueo, encalado (à la chaux).
blanchissant, e adj. Que blanquea. ‖ Encanecido, da (cheveux). ‖ *Produits blanchissants,* productos para blanquear la ropa.
blanchisserie f. Taller (*m.*) de lavado y planchado, lavandería.
blanchisseur, euse m. et f. Lavandero, ra.
blanchoyer* [blɑ̃ʃwaje] v. intr. Blanquear, tener reflejos blancos.
blanc-manger m. Manjar blanco (crème). ‖ Gelatina (*f.*) de carne blanca (gelée).
— OBSERV. Pl. *blancs-mangers.*
blanc-seing [blɑ̃sɛ̃] m. Firma (*f.*) en blanco.
— OBSERV. Pl. *blancs-seings.*
blancs-manteaux m. pl. Servitas (religieux).
— OBSERV. En sing. *blanc-manteau.*
blandices f. pl. (P. us.). Encantos, *m.*, atractivos, *m.* (charmes).
blanquette f. AGRIC. Albillo, *m.* (raisin). ‖ Vino (*m.*) blanco. ‖ Ternera con salsa blanca (cuisine). ‖ Variedad de pera (poire).
blasement m. Hastío.
blaser v. tr. Hastiar, aburrir : *blasé de* o *sur tout,* hastiado de todo.
— V. pr. Hastiarse, cansarse.
blason m. Blasón (armoiries). ‖ Heráldica, *f.* (science). ‖ — *Redorer son blason,* redorar su escudo. ‖ *Ternir* o *salir son blason,* deshonrar su apellido.
blasonner v. tr. Blasonar.
blasphémateur, trice [blasfematœ:r, tris] adj. et s. Blasfemador, ra ; blasfemo, ma.
blasphématoire adj. Blasfematorio, ria ; blasfemo, ma.
blasphème m. Blasfemia, *f.*
— SYN. *Juron,* reniego, taco. *Jurement,* juramento, voto. *Gros mot,* palabrota.
blasphémer* v. intr. Blasfemar.
— V. tr. Blasfemar contra, maldecir de.
blastoderme m. BIOL. Blastodermo.
blastomère m. Blastómero.
blastomycètes m. pl. Blastomicetos.
blastomycose f. Blastomicosis.
blastula ou **blastule** f. Blástula.
blatérer* v. intr. Balar (bélier). ‖ Gritar (chameau).
blatier m. Tratante en granos.
blatte f. Cucaracha, curiana, blata (p. us.).
blaude f. Blusa.
blé m. Trigo. ‖ — *Blé d'automne,* trigo otoñal. ‖ *Blé de mars,* trigo marzal. ‖ *Blé de Turquie,* maíz. ‖ *Blé dur,* trigo duro *ou* fanfarrón. ‖ *Blé en herbe,* trigo en ciernes. ‖ *Blé ergoté,* trigo atizonado. ‖ *Blé hérisson,* trigo cuchareta. ‖ *Blé méteil,* comuña. ‖ *Blé noir,* alforfón, trigo sarraceno. ‖ *Blé tendre,* trigo candeal *ou* tierno. ‖

Blé trémois, trigo tremés, trechel. ‖ — *Champ de blé,* trigal. ‖ — *Crier famine sur un tas de blé,* quejarse de vicio. ‖ *Battre le blé,* trillar. ‖ FAM. *Être fauché comme les blés,* estar sin (una) gorda. ‖ *Manger son blé en herbe,* gastar la renta antes de cobrarla.
bled [blɛd] m. Interior del país [en África del Norte]. ‖ POP. Poblacho perdido, poblacho aldeorrio.
blême adj. Descolorido, da ; muy pálido, da.
blêmir v. intr. Palidecer, perder el color (pâlir).
blêmissement m. Lividez, *f.*, palidez (*f.*) intensa.
blende [blɛ̃:d] f. MIN. Blenda.
blennorragie f. MÉD. Blenorragia.
blennorragique adj. Blenorrágico, ca.
blennorrhée f. MÉD. Blenorrea.
blépharite f. MÉD. Blefaritis.
blèse adj. et s. Que sesea.
blèsement m. Seseo.
bléser* v. intr. Sesear.
— OBSERV. *Bléser,* en francés, es reemplazar por *s* o *z* otras consonantes : *g, j, ch,* en *zerbe, seval, pizon* (*gerbe, cheval, pigeon*). El español, que no posee los sonidos franceses de *j-g,* reemplaza igualmente por *s* estas letras al adoptar ciertos galicismos, como bisutería (bijouterie).
blésité f. Seseo, *m.*
blésois, e ou **blaisois, e** adj. et s. De Blois.
blessant, e adj. Ofensivo, va ; injurioso, sa.
blessé, e adj. Herido, da : *blessé grièvement,* herido de gravedad ; *blessé à mort,* herido de muerte. ‖ Lesionado, da (un sportif). ‖ FIG. Herido, da ; ofendido, da ; lastimado, da (outragé).
— OBSERV. Evítese el empleo de *un blessé grave* en vez de *une personne gravement blessée.*
blesser v. tr. ● Herir. ‖ Hacer daño, lastimar (faire du mal) : *mes chaussures me blessent,* mis zapatos me hacen daño. ‖ Herir, hacer daño a, lastimar : *bruit qui blesse l'oreille,* ruido que hace daño al oído. ‖ Lesionar (un sportif). ‖ FIG. Herir, ofender, agraviar (offenser) : *des paroles qui blessent,* palabras que ofenden ; *blesser son amour-propre,* herir su amor propio. ‖ Dañar, lesionar, perjudicar (porter préjudice) : *blesser des intérêts,* lesionar intereses. ‖ — *Blesser à l'endroit sensible,* tocar en lo vivo. ‖ *Blesser les convenances,* faltar a la cortesía. ‖ *Chacun sait où le bât le blesse,* cada uno sabe dónde le aprieta el zapato.
— V. pr. Herirse. ‖ FIG. Agraviarse, ofenderse.
— SYN. ● *Estropier,* lisiar, baldar. *Pop. Amocher,* estropear, desgraciar.
blessure [blɛsy:r] f. ● Herida. ‖ Descalabradura (blessure à la tête). ‖ Lesión (d'un sportif). ‖ FIG. Herida (offense). ‖ — DR. *Coups et blessures,* lesiones. ‖ *Rouvrir une blessure,* abrir de nuevo una herida.
— SYN. ● *Plaie,* llaga. *Lésion,* lesión. *Traumastisme,* traumatismo.
blet, ette [blɛ, ɛt] adj. Modorro, rra ; pasado, da ; pocho, cha (fruit). ‖ FIG. De aspecto amarillento.
— F. BOT. Acelga, bledo, *m.*
blettir v. intr. Pasarse, modorrarse (fruits).
blettissement m. Madurez (*f.*) excesiva.
bleu, e [blø] adj. ● Azul. ‖ Terrible, enorme, tremendo, da : *colère bleue,* cólera enorme ; *une peur bleue,* un miedo terrible. ‖ — MÉD. *Maladie bleue,* enfermedad azul. ‖ *Contes bleus,* cuento de hadas.
— M. Azul : *bleu ciel, foncé, électrique, de Prusse, d'outremer, layette,* azul celeste, oscuro, eléctrico, de Prusia, de ultramar, pastel. ‖ Mono (vêtement de travail). ‖ — *Telegrama.* ‖ TECHN. Azulete, añil (couleur pour le linge). ‖ FAM. Quinto, recluta, novato (soldat nouveau venu). ‖

Cardenal : *avoir des bleus sur le bras,* tener cardenales en el brazo (ecchymose). ‖ — FAM. *En être bleu,* quedarse patidifuso. ‖ *N'y voir que du bleu,* quedarse en ayunas ou in albis. | *Passer au bleu,* hacer desaparecer, escamotear.
— OBSERV. Las palabras compuestas por *bleu* y otro nombre de color se escriben con un guión, y, empleadas como adjetivos, son invariables *(des robes bleu-clair).*
— SYN. ● *Azur,* azul celeste. *Bleuté,* azulado. *Céruléen,* cerúleo. *Indigo,* índigo, añil. *Pers,* garzo.

bleuâtre adj. Azulado, da; azulino, na.
bleuet [blœ:] m. BOT. Aciano.
bleuir [-i:r] v. tr. Azular (rendre bleu). ‖ TECHN. Pavonar (métaux).
— V. intr. Azulear (devenir bleu).
bleuissage m. Azuleo, azulado (action de rendre bleu). ‖ Pavonado, empavonado, empavonamiento (métaux).
bleuissement m. Azulado (p. us.).
bleusaille f. POP. Quinto, *m.,* soldado *(m.)* novato (soldat).
bleuté, e adj. Azulado, da.
bleuter v. tr. Azulear, dar añil *ou* azulete a la ropa (le linge).
blindage m. Blindaje. ‖ TECHN. Armazón, *f.*
blindé, e adj. Blindado, da. ‖ Acorazado, da : *coffre blindé,* cámara acorazada. ‖ ÉLECTR. Aislado, da.
— M. MIL. Vehículo blindado.
blinder v. tr. Blindar. ‖ Acorazar (cuirasser). ‖ Encontrar (une mine). ‖ ÉLECTR. Aislar. ‖ FIG. Endurecer.
blindes f. pl. Blindas.
blizzard m. Ventisca, *f.* (vent d'Amérique du Nord).
bloc [blɔk] m. Bloque : *un bloc de marbre,* un bloque de mármol. ‖ Montón : *un bloc de livres,* un montón de libros. ‖ Taco (de calendrier). ‖ Bloc, taco (pour écrire). ‖ Conjunto, un todo : *idées qui forment un bloc,* ideas que forman un todo. ‖ FAM. Chirona, *f.* (prison) : *fourrer au bloc,* meter en chirona. ‖ FIG. Bloque, grupo (politique). ‖ — *Bloc à colonne,* bloque de matrizar. ‖ MIN. *Bloc-couronne,* caballete portapoleas. ‖ *Bloc opératoire,* quirófano. ‖ — *A bloc,* a fondo. ‖ *Gonfler à bloc,* inflar a tope. ‖ FAM. *Être gonflé à bloc,* estar lleno de ánimo.
blocage m. Bloqueo (action de bloquer). ‖ Suspensión, *f.* (des importations). ‖ Casquijo, cascote (débris de pierres, de briques). ‖ IMPR. Bloqueado, cabeza *(f.)* de muerto. ‖ TECHN. Ajuste : *vis de blocage,* tornillo de ajuste. ‖ — *Blocage des prix,* limitación de precios máximos. ‖ *Blocage des salaires,* fijación de salarios máximos.
blocaille f. Casquijo, *m.,* cascote, *m.*
bloc-diagramme m. Bloque diagrama.
blochet m. ARCHIT. Lima, *f.* (d'une toiture).
blockhaus [blɔko:s] m. MAR. et MIL. Blocao.
bloc-moteur m. AUTOM. Bloque del motor.
bloc-notes m. Bloc, taco (pour écrire).
bloc-système, block-system ou **bloc** m. TECHN. Block-system, bloqueo automático (chemin de fer).
blocus m. MIL. Bloqueo.
blond, e adj. et s. Rubio, bia. ‖ — M. Rubio (couleur).
blondasse adj. Rubial, rubianco, ca.
blonde f. Blonda (dentelle).
blondeur f. Color *(m.)* rubio.
blondin m. TECHN. Transportador aéreo.
blondin, e adj. et s. Rubio, bia; pelirrubio, bia.
— M. FAM. Boquirrubio, mozalbete presumido.
blondinet, ette adj. et s. Rubillo, lla; rubiales, que tira a rubio.
blondir v. intr. Amarillear. ‖ Dorarse (le blé). ‖ *Se faire blondir,* teñirse el pelo de rubio.

blondissant, e adj. Dorado, da : *épis blondissants,* espigas doradas.
bloom [blum] m. TECHN. Bloom, desbaste.
bloquer v. tr. Reunir : *bloquer deux paragraphes,* reunir dos párrafos. ‖ Bloquear. ‖ Rellenar con casquijo *ou* cascote (maçonnerie). ‖ Tapiar, condenar (porte, fenêtre). ‖ Apretar a fondo. ‖ IMPR. Volver una letra. ‖ Frenar bruscamente (freiner). ‖ Bloquear (football). ‖ FIG. Bloquear (crédits, opérations). ‖ MÉCAN. Agarrotar (gripper).
— V. pr. Agarrotarse (freins).
bloqueur, euse adj. Bloqueador, ra.
blottir (se) v. pr. Acurrucarse, hacerse un ovillo. ‖ *Se blottir dans un fauteuil,* arrellanarse en un sillón.
— SYN. *Se tapir,* agazaparse, agacharse. *S'accroupir,* acurrucarse, ponerse en cuclillas. *Se pelotonner,* arrebujarse, hacerse un ovillo.
blousant, e adj. Ablusado, da.
blouse f. Blusa (corsage). ‖ Traje *(m.)* de casa. ‖ Bata (de médecin, etc.), guardapolvo, *m.* (d'élève, d'ouvrier, etc.). ‖ Tronera (billard).
blouser v. tr. (P. us.). Hacer billa (billard). ‖ FIG. et FAM. Engañar.
— V. pr. FAM. Engañarse, caer en la trampa.
blouson m. Cazadora, *f.,* zamarra, *f.* ‖ *Blouson noir,* gamberro (mauvais garçon).
blousse f. Borra (déchets de laine).
blue-jean [bludʒi:n] m. Pantalón vaquero, bluejean.
blues [blu:z] m. Blues (danse).
bluet m. BOT. Aciano.
bluette f. Centella, chispa (étincelle). ‖ FIG. Obrita ingeniosa (petit ouvrage littéraire).
bluff [blœf] m. Bluff, exageración, *f.,* baladronada, *f.* | Farol (au poker).
bluffer v. tr. et intr. Farolear, echarse *ou* tirarse faroles, blufar (p. us.), exagerar. ‖ Tirarse un farol (au poker).
bluffeur, euse adj. et s. Fanfarrón, ona; jactancioso, sa. ‖ Farolero, ra.
blutage m. Cernido.
bluteau m. Cedazo, tamiz.
bluter v. tr. Cerner.
bluterie f. Cernedero, *m.*
blutoir m. Cedazo.
boa m. Boa, *f.* (reptile). ‖ FIG. Boa, *m.* (fourrure).
bobard m. FAM. Bola, *f.,* guasa, *f.,* embuste, patraña, *f.* (mensonge).
bobèche f. Arandela (d'un bougeoir). ‖ Alma (épée).
bobinage m. Devanamiento. ‖ TECHN. Enrollamiento, bobinado, devanado : *bouton de bobinage,* botón de enrollamiento.
bobine f. Carrete, *m.,* bobina (de fil à coudre, etc.). ‖ Canilla (de tisseur). ‖ TECHN. Bobina : *bobine d'accord,* bobina de sintonía; *bobine d'induction,* bobina de inducción; *bobine de self,* bobina de auto-inducción. ‖ PHOT. Carrete. ‖ POP. Facha, cara. ‖ *Bobine de papier,* rollo de papel.
bobineau m. Carrete, bobina, *f.*
bobiner v. tr. Devanar (fil). ‖ TECHN. Enrollar, embobinar (enrouler), encanillar (tissage).
bobinette f. Aldabilla (portes).
bobineur, euse m. et f. Devanador, ra. ‖ — M. Encarretador (machine à bobiner).
bobinoir m. Devanadera, *f.*
bobinot m. Bobina *(f.) ou* carrete pequeño.
bobo m. Pupa, *f.* (mal d'enfant). ‖ FAM. *Faire bobo,* hacer daño.
bobsleigh [bɔbslei] m. Bobsleigh (traîneau).
bocage m. Boscaje, soto, floresta, *f.* (petit bois). ‖ Bocage (paysage rural).
bocager, ère adj. Silvestre, campestre : *nymphe bocagère,* ninfa silvestre. ‖ Boscoso, sa ; arbolado, da : *vallée bocagère,* valle boscoso.

bocal m. Bocal, tarro (vase en verre).

bocard m. MIN. Bocarte, trapiche.

bocardage m. MIN. Trituración, *f.*, troceado.

bocarder v. tr. MIN. Machacar, triturar.

boche adj. et s. POP. Alemán, ana.

bock m. Caña (*f.*) pequeña (verre de bière). ‖ Irrigador, lavativa, *f* (lavement).

— OBSERV. Il ne faut pas confondre ce mot avec le *bock* espagnol, appelé aussi *jarra*, qui correspond à *chope*.

boer adj. et s. Bóer.

boësse f. Grata (outil).

bœuf m. Buey. ‖ Vaca, *f.*, carne (*f.*) de vaca (viande de bœuf). ‖ — *Bœuf gras*, buey gordo que se pasea por las calles en carnaval. ‖ *Bœuf marin*, manatí. ‖ *Bœuf mode*, estofado de vaca. ‖ *Nerf de bœuf*, vergajo. ‖ — *Donner un œuf pour un bœuf*, dar poco, querer mucho, dar aguja y sacar reja. ‖ *Être fort comme un bœuf*, estar hecho un toro. ‖ *Mettre la charrue avant les bœufs*, comenzar por el fin, tomar el rábano por las hojas, empezar la casa por el tejado.

— Adj. FAM. Enorme, colosal. ‖ *Un succès bœuf*, un exitazo.

— OBSERV. En el pl. *bœufs* no se pronuncia la *f* en francés.

bog m. Juego de cartas.

bogie [bɔʒi] ou **boagie** [bɔgi] m. Bogie, carretón (chemin de fer).

bogue f. Erizo, *m.* (enveloppe de la châtaigne). ‖ Pala para quitar el barro.

bohème adj. et s. Bohemio, mia. ‖ — F. Bohemia (ensemble de bohèmes).

— OBSERV. Se escribe en francés el nombre geográfico con *ê*, el adjetivo *bohème* con *è* y *bohémien* con *é*.

Bohême n. pr. f. GÉOGR. Bohemia.

bohémien, enne adj. et s. Bohemio, mia (de la Bohême). ‖ ● Gitano, na ; hohemio, mia.

— SYN. ● *Romanichel, gitan,* gitano. *Tzigane,* cíngaro.

boïard m. Boyardo.

boire* v. tr. et intr. ● Beber : *boire de l'eau,* beber agua. ‖ Embeber (absorber) : *ce papier boit,* este papel embebe. ‖ FIG. Tragarse, aguantar (endurer) : *boire une insulte,* tragarse un insulto. ‖ — *Boire à la santé,* beber a la salud, brindar por. ‖ *Boire à un ami,* beber por un amigo. ‖ *Boire comme un trou, comme une éponge, comme un Polonais, comme un templier,* beber como un cosaco. ‖ *Boire d'un trait,* beber de un trago. ‖ *Boire le calice jusqu'à la lie,* apurar el cáliz hasta las heces. ‖ *Boire les paroles de quelqu'un,* estar pendiente de los labios de alguien. ‖ *Boire sec,* beber mucho. ‖ *Boire un coup,* echar un trago. ‖ — *À boire,* de beber : *verser à boire,* echar de beber. ‖ *Chanson à boire,* canción báquica. ‖ — *Faire boire la tasse,* dar una ahogadilla. ‖ *Il y a à boire et à manger,* hay sus más y sus menos. ‖ *Qui a bu boira,* quien hace un cesto hace ciento.

— OBSERV. *Boire* suivi d'un complément bien défini en quantité peut se traduire indifféremment par *beber* ou *beberse* (*bebió un vaso de vino* ou *se bebió un vaso de vino*).

— SYN. ● *Se désaltérer,* apagar la sed. *S'abreuver,* beber. *Absorber,* absorber. *Lamper,* beber a grandes tragos. *Trinquer,* brindar. *Sabler,* beber [de un trago]. *Fam. Siroter,* paladear, saborear. *Fig. Lever le coude,* empinar el codo. *Pop. Entonner,* envasar. *Pomper,* echarse al coleto. *Pinter, chopiner,* copear. *Picoler,* pimplar. *Siffler,* chiflar, soplar.

boire m. Beber, bebida, *f.* (ce qu'on boit) : *le boire et le manger,* la bebida y la comida.

bois [bwa] m. Madera, *f.* ‖ ● Bosque, monte (lieu planté d'arbres). [OBSERV. En París, por antonomasia, el bosque de Bolonia.] ‖ Asta, *f.* (d'une lance, d'un drapeau). ‖ Astil (d'une flèche). ‖ Cuernos, *pl.* cornamenta, *f.* (du cerf). ‖ Leña, *f.* (bois de chauffage). ‖ Grabado en madera (gra-

vure). ‖ — Pl. MUS. Madera, *f. sing.,* instrumentos de madera. ‖ Esquíes (skis). — *Bois à brûler,* o *de chauffage,* leña. ‖ *Bois blanc,* madera blanca, madera de pino. ‖ *Bois canard,* madera anegadiza. ‖ *Bois d'ébène,* negros (esclaves). ‖ *Bois de Campêche,* palo de Campeche. ‖ *Bois de charpente* o *de construction,* madera de construcción. ‖ *Bois de fer,* quiebrahacha, jabí (arbre). ‖ *Bois de haute futaie,* monte alto, oquedal. ‖ *Bois de justice,* patíbulo, cadalso. ‖ *Bois de lit,* caja, armadura de la cama. ‖ *Bois de Pernambouc,* palo de Pernambuco. ‖ *Bois de rose,* palo de rosa. ‖ *Bois de sciage,* madera aserradiza. ‖ *Bois d'œuvre,* madera de construcción. ‖ *Bois mort,* madera seca, leña. ‖ *Bois sans nœud,* madera limpia. ‖ *Bois sur pied,* árboles en pie. ‖ *Bois taillis,* monte tallar, monte bajo. ‖ *Éclat de bois,* astilla. ‖ *Homme des bois,* orangután, hombre rudo. ‖ *Jambe de bois,* pierna de palo, pata de palo (fam.). ‖ *Menu* o *petit bois,* leña menuda. ‖ *Morceau de bois,* palo.

— LOC. *Aller au bois,* ir al bosque, ir por leña (chercher du bois). ‖ FAM. *Avoir la gueule de bois,* tener resaca, tener la lengua gorda. ‖ *Être du bois dont on fait les flûtes,* ser de buena pasta. ‖ *Faire flèche de tout bois,* no reparar en medios. ‖ *Il verra de quel bois je me chauffe,* ya verá como las gasto. ‖ *N'être pas de bois,* no ser de madera, de palo. ‖ FAM. *Toucher du bois,* tocar madera (superstition).

— SYN. ● *Boqueteau,* bosquecillo. *Bosquet,* bosquete, bosquecillo. *Bocage,* boscaje. *Forêt,* selva, bosque. *Futaie,* monte alto, oquedal (p.us.). *Taillis,* monte bajo. *Poét. Sylve,* selva, floresta.

boisage m. Maderaje, maderamen (soutènement en bois). ‖ MIN. Entibación, *f.,* entibado.

boisé, e adj. Poblado de árboles, arbolado, da.

boisement m. Plantación (*f.*) de bosques, repoblación, *f.*

boiser v. tr. Enmaderar, revestir de madera (garnir d'une boiserie). ‖ Artesonar (un plafond). ‖ MIN. Entibar (exécuter un boisage). ‖ Poblar de árboles (planter d'arbres).

boiserie f. Entablado, *m.,* revestimiento (*m.*) de maderas (d'une pièce). ‖ Artesonado, *m.* (du plafond). ‖ Enmaderamiento, *m.*

boiseur m. MIN. Entibador.

boisseau m. Celemín (mesure de capacité). ‖ Cañería (*f.*) de barro (cheminée). ‖ Válvula, *f.* (de robinet).

boisselée f. Celemín, *m.* (contenu).

boisson f. Bebida : *boisson alcoolisée,* bebida alcohólica. ‖ — *Être pris de boisson,* estar bebido. ‖ *S'adonner à la boisson,* darse a la bebida.

boitard m. MÉCAN. Cojinete de guía (palier guide).

boîte f. ● Caja : *boîte de chocolats,* caja de chocolatines. ‖ Bote, *m.* : *boîte de lait concentré,* bote de leche condensada. ‖ Lata (de métal) : *boîte de sardines,* lata de sardinas. ‖ Recipiente, *m.* : *boîte en plastique,* recipiente de plástico. ‖ Cajón, *m.* : *boîte à outils,* cajón de las herramientas. ‖ POP. Establecimiento (établissement). | Casa (maison). | Colegio, *m.* (parmi les étudiants). | Oficina (bureau). | Taller (atelier). | Cuartel (caserne). | Cárcel (prison). | TECHN. Cubo, *m.* (des roues). | Morterete, *m.* (pièce de pyrotechnie). ‖ — TECHN. *Boîte à feu,* caja de combustión, hogar. | *Boîte à fumée,* cámara de humo. ‖ *Boîte à gants,* guantera (automobile). ‖ TECHN. *Boîte à graisse,* caja de engrase. ‖ MIL. *Boîte à mitraille,* bote de metralla. ‖ *Boîte à musique,* caja de música. ‖ *Boîte à onglets,* inglete. ‖ *Boîte à ordures,* cubo de basura. ‖ *Boîte à sable,* arenero (de locomotive), caja de arena (armes). ‖ *Boîte aux lettres,* buzón. ‖ *Boîte à violon,* estuche de violín. ‖ *Boîte crânienne,* cavidad *ou* bóveda craneana.

‖ *Boîte de conserve*, lata de conservas. ‖ *Boîte de culasse*, cajón de los mecanismos. ‖ *Boîte de fer-blanc*, lata. ‖ *Boîte de jonction, de raccord*, enchufe, empalme. ‖ *Boîte de nuit*, sala de baile, club de noche. ‖ Fam. *Boîte de Pandore*, caja de Pandora. ‖ Autom. *Boîte d'essieu*, cubo de rueda. ‖ *Boîte de vitesses*, caja de cambio de velocidades. ‖ *Boîte postale*, apartado de correos. ‖ Fam. *Mettre en boîte*, tomar el pelo.
— Syn. ● *Caisse*, caja, cajón. *Coffre*, cofre, arca [de caudales]. *Coffret*, cofrecillo, arquilla. *Écrin*, joyero, escriño (p. us.). *Étui*, estuche.

boitement m. Cojera, *f.* (d'un homme). ‖ Mal funcionamiento (d'une machine).

boiter v. intr. Cojear. ‖ Fig. Renquear.
— Syn. *Boitiller*, cojear ligeramente. *Clocher*, cojear. *Fam. Clopiner*, renquear.

boiterie f. Cojera (des animaux).

boiteux, euse adj. et s. ● Cojo, ja. ‖ — Adj. Fig. Cojo, ja : *fauteuil boiteux*, sillón cojo. ‖ Cojo, ja; defectuoso, sa (vers). ‖ Poco sólido, da; poco equilibrado, da (paix, accord). ‖ Desigual, malo, la (union, mariage). ‖ *Arriver à un arrangement boiteux*, llegar a una mala componenda.
— Syn. ● *Éclopé*, cojo. *Fam. Bancal, bancroche*, pati-tuerto. *Pop. Banban*, cojitranco. *Cagneux*, zambo, pati-zambo.

boîtier m. Caja, *f.* (montre). ‖ Botiquín (pharmacie). ‖ Mécan. Cárter. ‖ Techn. Estuche, caja, *f.*, cajetín. ‖ Caja, *f.* (d'appareil photographique).

boitillement m. Cojera (*f.*) ligera.

boitiller v. intr. Cojear ligeramente.

boitte f. Bonitolera, cebo, *m.* (amorce).

bol [bɔl] m. Tazón, escudilla, *f.* (tasse). ‖ Arcilla (*f.*) ocre (argile). ‖ Pharm. Bolo (pilule). ‖ *Bol alimentaire*, bolo alimenticio. ‖ *Bol d'air*, aire puro, bocanada de aire. ‖ *Bol d'Arménie*, bolo arménico. ‖ *Bol de punch*, ponchera. ‖ *Prendre un bol d'air*, tomar el aire, airearse.

bolchevique adj. et s. Bolchevique.

bolchevisation f. Bolchevización.

bolcheviser v. tr. Dar carácter bolchevique, bolchevizar.

bolchevisme m. Bolchevismo, bolcheviquismo.

bolcheviste adj. et s. Bolchevista, bolchevique.

bolduc [bɔldyk] m. Balduque (ruban).

bolée f. Tazón, *m.* (contenu).

boléro m. Bolero (danse et air). ‖ Sombrero cala-ñés (chapeau). ‖ Bolero, torera, *f.* (veste de femme).

bolet [bɔlɛ] m. Boleto (champignon).

bolide m. Bólido.

bolivar m. (Vx). Sombrero de copa en forma de cono troncado (chapeau). ‖ Bolívar (monnaie du Venezuela).

Bolivie n. pr. f. Géogr. Bolivia.

bolivien, enne adj. et s. Boliviano, na.

bollandistes m. pl. Bolandistas.

Bologne n. pr. Géogr. Bolonia.

bolomètre m. Bolómetro (thermomètre).

bolonais, e adj. et s. Bolonés, esa.

bombance f. Fam. Jolgorio, *m.*, parranda, fran-cachela. ‖ *Faire bombance*, estar de parranda, correrse una juerga.

bombarde f. Bombarda.

bombardement m. Bombardeo : *bombardement en piqué*, bombardeo en picado. ‖ Phys. Bom-bardeo.

bombarder v. tr. Bombardear : *bombarder une ville*, bombardear una ciudad. ‖ Fam. Bombar-dear, acosar : *bombarder de demandes*, acosar con peticiones. ‖ Nombrar inesperadamente a uno para un cargo (nommer à un poste). ‖ Phys. Bombardear.

bombardier m. Mil. Bombardero (soldat). ‖ Bombardero (avion). ‖ Zool. Escopetero (insecte).

bombardon m. Mus. Bombardón.

bombasin m. Bombasí, fustán (étoffe).

bombe f. Bomba : *bombe atomique, au cobalt, à retardement*, bomba atómica, de cobalto, de efecto retardado. ‖ Pop. Juerga (noce) : *faire la bombe*, ir de juerga. ‖ — *Bombe glacée*, helado en molde. ‖ — *À l'épreuve des bombes*, a prueba de bombas. ‖ Fig. *Arriver comme une bombe*, llegar de sopetón, caer como una bomba.

bombé, e adj. Abombado, da (convexe). ‖ Ala-beado, da (planche). ‖ Arqueado, da (dos). ‖ Salido, da (poitrine).

bombement m. Bombeo (convexité). ‖ Pandeo (mur). ‖ Alabeo (planche).

bomber v. tr. Abombar, curvar (renfler). ‖ Sacar, hinchar : *bomber la poitrine*, sacar el pecho. ‖ Arquear (le dos).
— V. intr. Pandearse (mur). ‖ Alabearse (une planche).

bombyx [bɔbiks] m. Bómbice (insecte).

bôme f. Mar. Verga mayor.

bon, bonne adj. ● Bueno, na. (Observ. Devant un s. m. on emploie *buen* au lieu de *bueno* : *un bon père*, un buen padre.) ‖ Bueno, na (conforme à la morale) : *bonne conduite*, buena conducta. ‖ Bueno, na ; ingenioso, sa ; fino, na (ingénieux). ‖ Feliz, bueno, na (heureux) : *bonne année!*, ¡feliz año nuevo! ; *bonne nuit*, buenas noches. ‖ Agra-dable : *je te souhaite une bonne soirée*, te deseo que pases una velada agradable. ‖ Bueno, na : *il est de bonne famille*, es de buena familia. ‖ Bueno, na (favorable) : *une bonne occasion*, una buena ocasión. ‖ Bueno, na (grand, fort) : *donner une bonne gifle*, dar una buena bofetada. ‖ Bueno, na (habile) : *bon ouvrier*, buen obrero. ‖ Bueno, na (simple, brave) : *une bonne femme*, una buena mujer. ‖ Largo, ga (long) : *deux bonnes lieues*, dos leguas largas. ‖ Apto, ta ; útil : *bon pour le service*, apto para el servicio. ‖ Fuerte, adelantado, da : *il est bon en latin*, está muy fuerte en latín.
— *Bon à*, bueno para : *bon à quelque chose*, bueno para algo ; bueno de : *bon à boire*, bueno de beber. ‖ *Bon à rien*, que no sirve para nada, nulidad, inútil. ‖ *Bon à tirer*, tírese, listo para imprimir (en imprimerie). ‖ *Bon courage!*, ¡áni-mo!, ¡valor! ‖ *Bon Dieu*, Dios. ‖ *Bon marché*, barato, ta (adj.), barato (adv.). ‖ *Bon mot*, chiste. ‖ *Bon premier*, sin discusión *ou* de lejos el primero : *il arriva bon premier*, llegó sin discu-sión *ou* de lejos el primero. ‖ *Bonne sœur*, monja. ‖ *Bons baisers*, cariñosos abrazos. ‖ *Le bon vieux temps*, los buenos tiempos. ‖ — Pop. *À la bonne heure!*, ¡muy bien!, ¡magnífico! ‖ *À quoi bon?*, ¿para qué? ‖ *Au bon moment*, en el instante pre-ciso, en el momento propicio *ou* oportuno. ‖ *Bon an mal an*, un año con otro. ‖ *Bon gré mal gré*, quiera o no quiera, por las buenas o por las malas. ‖ *De bon cœur*, de buena gana. ‖ *De bonne heure*, temprano. ‖ *Tout de bon, pour de bon*, de veras, de verdad. ‖ *Une bonne fois pour toutes ou une bonne fois*, de una vez para siempre *ou* de una vez. ‖ — *C'est bon*, está bien. ‖ *C'est bon à savoir*, no está nada mal saberlo. ‖ *Comme bon lui semble*, como le viene en gana. ‖ *En dire de bonnes*, decir cuatro frescas. ‖ *Il est bon de*, no está mal. ‖ *Il est bon de savoir que...*, no está nada mal saber que, es útil saber que... ‖ *Il est bien bon de vous écouter*, demasiado ha hecho escuchándole.
— Syn. ● *Agréable*, agradable. *Bienveillant*, bonda-doso, bénévolo. *Bonasse*, buenazo, bonachón. *Excellent*, excelente. *Favorable*, favorable.

bon m. Bueno : *les bons et les méchants*, los bue-nos y los malos. ‖ Lo bueno (le bien) : *acheter du bon*, comprar lo bueno. ‖ Bono, vale (billet) : *un* *bon du trésor,* un bono del tesoro. ‖ *— Bon de commande,* cupón (dans un journal), orden de pedido. ‖ *Bon de livraison,* orden de expedición. ‖ *Bon pour,* vale por. ‖ *Trouver du bon,* encontrar algo de bueno.

bon adv. Bueno. ‖ Bien : *cette fleur sent bon,* esta flor huele bien. ‖ *— Il fait bon,* hace buen tiempo (temps). ‖ *Il fait bon* [seguido de un infinitivo], es grato, es agradable : *il fait bon se reposer,* es grato descansar. ‖ *Tenir bon,* aguantar, resistir. ‖ *Trouver bon,* parecer bien.
— Interj. ¡Bueno!, ¡basta! ‖ *Bon! Bon!,* ¡está bien!

bonace f. MAR. Bonanza (de la mer).

bonapartisme m. Bonapartismo.

bonapartiste adj. et s. Bonapartista.

bonasse adj. Bonachón, ona ; buenazo, za.

bonassement adv. Bondadosamente.

bonasserie f. Carácter (*m.*) bonachón, bonachonería (bienveillance).

Bonaventure n. pr. m. Buenaventura.

bonbon m. Caramelo.
— OBSERV. Le *bombón* espagnol est toujours en chocolat. Le *caramelo* est fait avec du sucre fondu et durci. *Dulce* s'applique à toute sorte de sucreries, dont les confitures, les petits gâteaux, les pâtes de fruits.

bonbonne f. Bombona (en verre ou en grès, de grande taille), damajuana, castaña (dame-jeanne, grosse bouteille).

bonbonnière f. Bombonera (boîte). ‖ FIG. Bombonera (petite maison, petit théâtre, etc.).

bon-chrétien m. Especie de pera (*f.*) gruesa.

bond [bɔ̃] m. Bote (d'un corps élastique) : *les bonds d'une balle,* los botes de una pelota. ‖ Salto, brinco : *faire un bond,* dar un salto. ‖ Brinco, bote (du cheval). ‖ Subida, *f.* (des prix, des valeurs). ‖ Avance (progression), *f.* ‖ *— D'un bond,* de un salto. ‖ *Faire faux bond,* faltar a un compromiso. ‖ *Faire un bond en arrière,* dar un salto atrás. ‖ *Saisir au bond,* coger al vuelo. ‖ *Se lever d'un bond,* levantarse como movido por un resorte (d'émotion), saltar fuera de la cama (du lit).

bonde f. Piquera, canillero, *m.* (trou d'un tonneau). ‖ Botana, canilla (pour le fermer). ‖ Desagüe, *m.*, vaciadero, *m.* (d'un étang). ‖ Tapón, *m.* (bouchon).

bondé, e adj. Atestado, da : *salle bondée de spectateurs,* sala atestada de espectadores. ‖ Abarrotado, da (marchandises).

bonder v. tr. Atestar (remplir). ‖ Abarrotar (de marchandises).

bondérisation f. Bonderización (protection contre la rouille).

bondieusard, e m. et f. FAM. Tragasantos.

bondieuserie f. FAM. Beatería, santurronería. ‖ — Pl. Objetos (*m.*) de culto.

bondir v. intr. Saltar, brincar. ‖ FIG. Arrojarse, abalanzarse (s'élancer). ‖ *— Bondir de joie,* saltar de gozo, no caber en sí de gozo. ‖ *Cela fait bondir,* eso indigna *ou* repugna.

bondissant, e adj. Brincador, ra ; saltarín, ina. ‖ *Poitrine bondissante,* con el pecho palpitante.

bondissement m. Salto, brinco (saut). ‖ Estremecimiento (de colère, joie).

bondon m. Tapón, botana, *f.* (d'un tonneau). ‖ Quesito cilíndrico de leche de cabra (fromage).

Bône n. pr. GÉOGR. Bona.

bonheur [bɔnœːr] m. ● Felicidad, *f.* : *il a fait mon bonheur,* me ha proporcionado la felicidad. ‖ Dicha, *f.*, gusto (joie) : *j'ai le bonheur de vous voir,* tengo la dicha de verle. ‖ ◆ Fortuna, *f.*, ventura, *f.*, suerte, *f.* (bonne chance) : *les audacieux ont souvent du bonheur,* los audaces tienen a menudo suerte. ‖ Éxito, acierto (succès) : *le bonheur de nos armes,* el éxito de nuestro ejército. ‖ *Porte-bonheur,* amuleto. ‖ *— Au petit bonheur,*

a la buena de Dios. ‖ *Par bonheur,* por fortuna, por ventura. ‖ *— Jouer de bonheur,* tener suerte. ‖ *Porter bonheur,* dar buena suerte. ‖ *S'exprimer avec bonheur,* explicarse acertadamente *ou* venturosamente.
— SYN. ● *Félicité,* felicidad. *Béatitude,* beatitud.
— ◆ *Prospérité,* prosperidad. *Chance,* suerte. (Vx) *Heur,* fortuna, ventura.

bonheur-du-jour m. Bargueño, escritorio, secreter.
— OBSERV. El *bonheur-du-jour,* muy usado en el siglo XVII, hacía al mismo tiempo las veces de escritorio y tocador para las mujeres. Pl. *bonheurs-du-jour.*

bonhomie [bɔnɔmi] f. Bondad, sencillez (bonté). ‖ Simplicidad, llaneza (simplicité). ‖ Credulidad, ingenuidad (crédulité).

bonhomme [bɔnɔm] m. Buen hombre, buena persona, *f.*, bonachón. ‖ FAM. Hombre : *un petit bonhomme,* un hombrecillo. ‖ Tipo (type) : *un drôle de bonhomme,* un tipo raro. [Hace en f. *bonne femme.*] ‖ Tío (rustre). ‖ Monigote (dessin d'enfant) : *dessiner des bonshommes,* dibujar monigotes. ‖ MÉCAN. Pitón. ‖ *— Bonhomme de neige,* muñeco de nieve. ‖ *Faux bonhomme,* hipócrita. ‖ FAM. *Un grand bonhomme,* un gran tipo, un hombre de valor.
— Adj. Bonachón, ona : *un air bonhomme,* un aspecto bonachón. ‖ *— Aller son petit bonhomme de chemin,* ir por sus pasos contados, adelantar poco a poco, vivir sin pena ni gloria. ‖ *Petit bonhomme vit encore,* sopla, vivo te lo doy (jeu).
— OBSERV. Pl. *bonshommes.*

boni m. Exceso, superávit, sobrante (excédent). ‖ Beneficio, ganancia, *f.* (bénéfice). ‖ Prima, *f.*, sobresueldo (prime). ‖ Descuento, rebaja, *f.* (escompte).

boniche f. POP. Chacha, criada (bonne).

boniface adj. et s. POP. Pánfilo, la ; primo, ma.

Boniface n. pr. m. Bonifacio.

bonification f. Bonificación.

bonifier* v. tr. Bonificar, abonar : *bonifier des terres,* bonificar tierras. ‖ Abonar : *bonifier des intérêts,* abonar intereses.
— V. pr. Mejorarse.

boniment m. Perorata, *f.*, cameleo (de marchand ambulant). ‖ Bombo, reclamo (réclame). ‖ FAM. Palabrería, *f.*, cuentos, *pl.*, cameleo, música (*f.*) celestial (discours artificieux). ‖ *— FAM. Faire du boniment,* camelar (ou cameleo). ‖ *Faire le boniment,* presentar un espectáculo.

bonimenter v. intr. Contar cuentos *ou* camelos.

bonimenteur m. Presentador (dans un cirque), charlatán.

bonite f. Bonito, *m.* (poisson).

bonjour [bɔ̃ʒuːr] m. Buenos días : *souhaiter le bonjour,* dar los buenos días. ‖ Saludo : *tu lui diras bonjour de ma part,* dale saludos de mi parte. ‖ FAM. *Simple comme bonjour,* más claro que el agua, sencillísimo.
— OBSERV. En espagnol, on dit *buenos días* jusqu'à 2 ou 3 heures de l'après-midi, on dit ensuite *buenas tardes.*

bonne adj. V. BON.

bonne f. Criada (servante). [*Amér.,* mucama]. ‖ *— Bonne à tout faire,* criada *ou* chica para todo. ‖ *Bonne d'enfant,* niñera.

bonne-maman f. FAM. Abuelita (grand-mère).

bonnement adv. Buenamente, ingenuamente (naïvement). ‖ *Tout bonnement,* simplemente, lisa y llanamente.

bonnet m. Gorro : *bonnet de fourrure, de cuisinier,* gorro de pieles, de cocinero. ‖ Cofia, *f.*, toca, *f.*, gorro de mujer (de femme). ‖ Bonete (d'ecclésiastiques). ‖ Cazuela, *f.*, copa, *f.* (de soutien-gorge). ‖ ANAT. Bonete, redecilla, *f.* (des ruminants). ‖ — MIL. *Bonnet à poil,* gorra (des

grenadiers). " *Bonnet carré*, bonete de doctor. |
Bonnet d'âne, bonete de asno. | *Bonnet de bain*,
gorro de goma. | *Bonnet de nuit*, gorro de dor-
mir. | *Bonnet de police*, gorra de cuartel. |
Bonnet phrygien, gorro frigio. | FAM. *Gros
bonnet*, personaje, pez gordo.
— LOC. *Avoir la tête près du bonnet*, tener un
genio vivo, ser irascible. || *Avoir mis son bonnet
de travers*, levantarse con el pie izquierdo. || *C'est
bonnet blanc et blanc bonnet*, lo mismo da atrás
que a las espaldas, olivo y aceituno todo es uno. |
Jeter son bonnet par-dessus les moulins, ponerse
el mundo por montera. || *Opiner du bonnet*, incli-
nar la cabeza para afirmar. || *Parler à son bonnet*,
decir para su capote, hablar al cuello de la camisa.
|| *Prendre sous son bonnet*, correr de la cuenta de
uno, cargar con la responsabilidad (assurer une
responsabilité).

bonneteau m. Trilis, juego de las tres cartas.
bonneterie [bɔntri] f. Bonetería (p. us.) [fabrique
de bonnets]. || Géneros (*m. pl.*) de punto (tricots).
|| Tienda de géneros de punto, mercería (maga-
sin).
bonneteur m. Fullero (tricheur).
bonnetier, ère m. et f. Bonetero, ra (p. us.) [ven-
deur de bonnets]. || Vendedor *ou* fabricante de
géneros de punto.
bonnette f. Gorrita (enfants). || Bonete, *m.* (forti-
fication). || PHOT. Lente suplementaria. || MAR.
Boneta, ala, barredera (voile). || *Bonnette d'ap-
proche*, lente de aproximación.
bonniche f. POP. Chacha, criada (bonne).
bonnichon m. FAM. Gorrito.
bon-papa m. FAM. Abuelito (grand-père).
bonshommes [bɔzɔm] m. pl. V. BONHOMME.
bonsoir m. Buenas tardes *ou* noches. || *Souhaiter
le bonsoir*, dar las buenas tardes *ou* noches.
— OBSERV. On dit en espagnol *buenas tardes* jusqu'au
coucher du soleil, puis *buenas noches*.
bonté f. Bondad. || — *Plein de bonté*, bondadoso,
sa. || — *Ayez la bonté de*, haga el favor de, tenga
la bondad *ou* la amabilidad, de.
— SYN. *Bénignité*, benignidad. *Bienveillance*, benevolencia. *Cordialité*, cordialidad.
bonze m. Bonzo.
— OBSERV. El femenino es *bonzesse* o *bonzelle*.
bonzerie f. Monasterio (*m.*) búdico.
bookmaker [bukmekœ:r] m. Bookmaker (corredor de apuestas).
boom [bum] m. Boom (alza súbita de precios,
prosperidad).
boomerang [buməraɲ] m. Bumerang (arme). ||
FIG. Acto contraproducente.
Bootes m. ASTR. Bootes, el Boyero (le bouvier).
bootlegger [butlega:r] m. Bootlegger [contra-
bandista de licores].
boqueteau [bɔkto] m. Bosquecillo.
boquillon m. (Vx.) Leñador (bûcheron).
boracite f. MIN. Boracita.
borassus m. BOT. Palma (*f.*) de abanico.
borate m. CHIM. Borato.
boraté, e adj. CHIM. Boratado, da.
borax [bɔraks] m. CHIM. Bórax.
borborygme m. Borborigmo (bruit intestinal).
bord [bɔ:r] m. Borde : *le bord d'une table*, el
borde de una mesa. || ● Orilla, *f.* (rive) : *les bords
de la Seine*, las orillas del Sena. || Ribete (bor-
dure) : *mettre un bord à une veste*, poner un ribete
a una chaqueta. || Ala, *f.* (de chapeau). || Labio
(d'une plaie). || MAR. Bordo : *monter à bord*,
subir a bordo. | Borda : *jeter par-dessus bord*,
arrojar por la borda. || — *Bord d'attaque, de
fuite*, borde de ataque, de salida (avion). || *Bord
de mer*, paseo marítimo. || *Le bord du trottoir*,
el bordillo, el encintado. || *Les hommes du bord*,
los hombres de a bordo. || — *Au bord*, al borde :

au bord d'un précipice, al borde de un precipicio. ||
|| *Au* o *sur le bord de la mer*, a orillas del mar. ||
Au bord des larmes, a punto de llorar. || *Bord à
bord*, junto (tout près). || — *Avoir le cœur sur
le bord des lèvres*, estar a punto de vomitar. ||
Être de son bord, ser de la misma opinión. ||
Être sur le bord de, estar a punto de. || FAM.
Être un peu fou sur les bords, tener ribetes de
locura. || *Virer de bord*, virar de bordo (bateau),
mudar de parecer (changer d'opinion).
— SYN. ● *Berge*, orilla, ribera. *Côte*, costa. *Grève*,
playa (mar), arenal (río). *Littoral*, litoral. *Plage*, playa.
Rivage, ribera. *Rive*, orilla.
bordage m. MAR. Borda, *f.*, tablazón, *f.* (bateau).
|| Ribeteado (vêtements).
bordé m. Ribete (bordure). || MAR. Tablazón, *f.*
bordé, e adj. Ribeteado, da. || Cercado, da ;
orlado, da (entouré).
bordeaux m. Burdeos (vin).
— Adj. Rojo violáceo (couleur).
Bordeaux n. pr. GÉOGR. Burdeos.
bordée f. ARTILL. Andanada (décharge) : *lâcher
une bordée*, soltar una andanada. || MAR. Bordada
(distance). | Baterías (*pl.*) de babor *ou* de estribor.
| Brigada (de marins). | — FIG. et FAM. *Bordée
d'injures*, sarta de injurias. | *Courir* o *tirer
une bordée*, dar una bordada (maritime), correrse una juerga los marineros.
bordel m. Burdel. || POP. Desorden, la casa de
tócame Roque.
bordelais, e adj. et s. Bordelés, esa.
bordelaise f. Bordelesa (tonneau, futaille). ||
Botella para vino de Burdeos (bouteille).
border v. tr. Ribetear (vêtements). || Cercar, orlar
(entourer). || Cabecear (natte, tapis). || Remeter
(le lit). || Arropar (une personne au lit). || Bordear,
formar fila, orillar (tout le long). || Bordear, cos-
tear (longer).
bordereau m. Factura, *f.* (facture). || Minuta, *f.*
memoria, *f.* (effets de commerce). || Extracto de
cuenta. || Relación (*f.*) detallada, lista, *f.* (détail
des pièces d'un dossier). || — *Bordereau de
caisse*, estado de caja. || *Bordereau de paye*, nomi-
nilla. || *Bordereau de prix*, nota de precios. ||
Bordereau des salaires, nómina de salarios. ||
borderie f. Alquería (petite métairie).
bordier m. Granjero.
bordigue f. Encañizada (pêche).
bordure f. Ribete, *m.* (de vêtements). || Reborde,
m. (d'un objet). || ● Linde, *m.*, lindero, *m.* (d'un
bois). || Orla, marco, *m.* (d'un tableau). || Cenefa
(papier peint). || Bordillo, *m.* encintado, *m.* (de
trottoir). || BLAS. Orla. || MAR. Pujamen, *m.*
(voiles). || *En bordure de*, a orillas de.
— SYN. ● *Bord*, bordo, orilla. *Rebord*, reborde. *Marge*,
margen. *Lisière*, linde, lindero. *Orée*, borde, orilla.
Confins, confines.

bore m. Boro (métalloïde).
boréal, e adj. Boreal (septentrional).
borée m. POÉT. Bóreas (vent du nord).
borgne [bɔrɲ] adj. et s. Tuerto, ta. || FIG. Misé-
rable, poco seguro, ra (hôtel, rue). || Sospechoso,
sa (suspect). || *Au royaume des aveugles, les
borgnes sont rois*, en tierra de ciegos, el tuerto
es rey.
borin, e adj. et s. Minero, ra (d'une mine de
houille).
borique adj. CHIM. Bórico, ca.
boriqué, e adj. CHIM. Boricado, da.
bornage m. Amojonamiento, deslinde. || MAR.
Cabotaje.
borne f. Mojón, *m.* (de route), hito, *m.* (pierre),
coto, *m.* (d'une propriété). || Límite, *m.* (limite). ||
Guardacantón, *m.*, recantón, *m.* (bouteroue). ||
ÉLECTR. Borne, *m.*, terminal, *m.* : *borne de batte-
rie*, terminal de batería. || ARCHIT. Arqueta (pour

liaisons électriques, etc.). ‖ POP. Kilómetro, m. ‖
— *Sans bornes,* sin límites. ‖ — FIG. *Dépasser les bornes,* extralimitarse, excederse, pasarse de la raya.

borné, e adj. Amojonado, da (délimité). ‖ Limitado, da ; poco extenso, sa (limité). ‖ ● De corto entendimiento, de cortos alcances : *esprit borné,* persona de cortos alcances. ‖ FIG. Corto, ta.
- - SYN. ● *Obtus,* obtuso. *Étroit,* estrecho. *Fam. Bouché,* cerrado de mollera.

borne-fontaine f. Fuente (de columna).

borner v. tr. Limitar : *la mer et les Pyrénées bornent l'Espagne,* el mar y los Pirineos limitan a España. ‖ Señalar los límites, la frontera (délimiter). ‖ Amojonar, acotar (mettre des bornes). ‖ FIG. Limitar, poner límites, circunscribir : *borner ses désirs,* poner límites a sus deseos.
— V. pr. Limitarse.

bornoyer* [bɔrnwaʒe] v. tr. Dirigir visuales (viser). ‖ Alinear, jalonar (jalonner).

borraginacées f. pl. BOT. Borragináceas.

Borromées f. pl. GÉOGR. *Îles Borromées,* islas Borromeas.

boscot, otte adj. et s. POP. Jorobeta (bossu).

bosniaque ou **bosnien, enne** adj. et s. Bosniaco, ca ; bosnio, nia.

Bosnie n. pr. f. GÉOGR. Bosnia.

Bosphore n. pr. m. GÉOGR. Bósforo.

bosquet m. Bosquete, bosquecillo.

bossage m. ARCHIT. Almohadilla, f., almohadillado : *bossage à onglets,* almohadillado achaflanado. ‖ TECHN. Saliente, resalte (d'une pièce).

bosse f. Joroba, giba : *les bosses du chameau,* las jorobas del camello. ‖ Protuberancia : *les bosses du crâne,* las protuberancias del cráneo. ‖ Chichón, m. (à la tête), bulto, m. ‖ Bollo, m., abolladura (sur un métal). ‖ Realce, m. (dans la pierre). ‖ Ondulación, montículo, m. : *terrain plein de bosses,* terreno lleno de montículos. ‖ Relieve m. : *dessiner d'après la bosse,* dibujar con un modelo de yeso *ou* escayola en relieve. ‖ ARCHIT. Almohadilla (ornement en relief). ‖ MAR. Boza (cordage). ‖ POP. Juerga, parranda (réjouissance). ‖ — *Avoir la bosse de,* tener disposición para. ‖ *Ne rêver que plaies et bosses,* soñar siempre con peleas. ‖ *Se faire o se donner une bosse,* darse una panzada, un reventón. ‖ *Rouler sa bosse,* correr mundo, rodar por el mundo. ‖ POP. *S'en payer une bosse,* echar una cana al aire. ‖ *Se payer une bosse de rire,* desternillarse de risa.

bosselage m. Labor (f.) de relieve, de realce (vaisselle). ‖ Repujado (cuir, argent).

bosseler* v. tr. Repujar (repousser). ‖ Labrar en realce (vaisselle). ‖ Abollar (déformer par des bosses).
— V. pr. Abollarse, bollarse.

bossellement m. ou **bosselure** f. Abolladura, f. (déformation). ‖ Repujado, m. (sur métal).

bosser v. tr. MAR. Abozar, sujetar con bozas. ‖ POP. Currelar, apencar (travailler).

bossettes f. pl. Copas (d'un mors).

bossoir m. MAR. Serviola, f. (de l'ancre). ‖ Pescante (pour canots). ‖ Polea (f.) para botar una lancha.

bossu, e adj. et s. Jorobado, da ; giboso, sa ; corcovado, da. ‖ *Rire comme un bossu,* morirse de risa, reir como un condenado.

bossuer v. tr. Abollar, bollar.

boston m. Bostón (jeux et danse).

bostonner v. intr. Jugar al boston (jouer). ‖ Bailar el boston (danser).

bostryche adj. et s. ZOOL. Bóstrico (insecte).

bot, e [bo, ɔt] m. Zopo, pa ; deforme, contrahecho, cha. ‖ *Avoir un pied bot,* tener un pie bot, ser zopo.

botanique adj. et s. f. Botánico, ca.

botaniser v. intr. (P. us.). Herborizar.

botaniste m. Botanista, botánico.

Bothnie n. pr. f. GÉOGR. Botnia.

bothriocéphale m. ZOOL. Botriocéfalo.

botte f. Bota (chaussure) : *botte à l'écuyère,* bota de montar. ‖ Manojo, m. (de légumes). ‖ ● Ramo, m. (de fleurs) : *une botte de roses,* un ramo de rosas. ‖ Haz, m., gavilla (de foin). ‖ Estocada (escrime). ‖ FIG. Ataque (m.) brusco e imprevisto. ‖ — *À propos de bottes,* sin ton ni son, sin venir a cuento. ‖ *Coup de bottes,* puntapiés *ou* patadas. ‖ *Haut comme une botte,* del tamaño de un perro sentado, retaco. ‖ — FAM. *Avoir du foin dans ses bottes,* estar forrado, tener el riñón bien cubierto, ser muy rico. ‖ *Lécher les bottes,* dar la coba, adular. ‖ FIG. *Porter, pousser une botte à quelqu'un,* espetarle una pregunta a uno. ‖ *Porter une botte secrète,* lanzar una estocada secreta (escrime).
- - SYN. ● *Bouquet,* ramillete. *Faisceau,* haz, manojo, lío. *Gerbe,* ramo [grande] de flores.

bottelage m. Agavillamiento (foin).

botteler* v. tr. Amanojar, hacer manojos (lier en bottes). ‖ Agavillar (le foin, la paille).

bottelette f. Manojillo, m.

botteleur m. El que amanoja. ‖ Agavillador.

botteleuse f. ou **botteloir** m. Agavilladora, f.

botter v. tr. Calzar con botas, poner las botas (chausser de bottes). ‖ Adaptarse al pie. ‖ Dar un puntapié : *botter le derrière,* dar un puntapié en el trasero. ‖ Sacar, tirar (football) : *botter un corner,* tirar un saque de esquina. ‖ AGRIC. Injertar los castaños. ‖ FIG. et FAM. Venir de perilla, chiflar (plaire) : *ça me botte,* esto me chifla. ‖ *Le chat botté,* el gato con botas.
— V. pr. Calzarse, ponerse las botas.

bottier m. Zapatero a la medida.

bottillon m. Manojuelo, manojito (petite botte d'herbes). ‖ Bota, f., botín, botina, f. (chaussure).

Bottin m. Anuario del comercio [editado por Didot-Bottin].
— OBSERV. *Bottin* es nombre registrado que no puede aplicarse a cualquier otro anuario.

bottine f. Botina, botín, m.

botulisme m. MÉD. Botulismo.

boubouler v. intr. Gritar, chillar (le hibou).

bouc m. Macho cabrío (mâle de la chèvre). ‖ Perilla, f., pera, f. (barbiche). ‖ *Barbe de bouc,* barbas de chivo. ‖ *Bouc émissaire,* víctima propiciatoria, cabeza de turco, chivo expiatorio.

boucan m. Ahumadero, saladero (pour les viandes). ‖ FAM. Bochinche, trapatiesta, f., jaleo (vacarme) : *faire du boucan,* armar un bochinche.

boucanage m. Acecinamiento.

boucaner v. tr. Acecinar, ahumar (fumer). ‖ Ennegrecer, tostar (noircir) : *une peau boucanée par le soleil,* una piel tostada por el sol. ‖ Cazar búfalos. ‖ *Viande boucanée,* cecina.

boucanier m. Cazador de búfalos (autrefois en Amérique). ‖ Bucanero, pirata (pirate).

boucau m. Entrada (f.) de un puerto, boca, f., bocana, f.

boucaut m. Bocoy, barrica, f. (tonneau).

bouchage m. Taponado, taponamiento, encorchado : *le bouchage des bouteilles,* el encorchado de las botellas. ‖ Tapadura, f. tapón : *bouchage solide,* tapadura sólida. ‖ Atasco, atoramiento (d'un tuyau).

boucharde f. Escoda (marteau bretellé). ‖ Rodillo, m. (rouleau).

boucharder v. tr. Escodar (pierre, etc.). ‖ Pasar el rodillo.

bouche f. ● Boca. ‖ Boca : *la bouche d'un four,* la boca de un horno. ‖ FIG. Boca (personne). ‖

— Pl. Bocas (d'un fleuve) : *les bouches du Rhône*, las bocas del Ródano. ‖
— *Bouche à bouche*, boca a boca (respiration). ‖ *Bouche à feu*, boca de fuego (artillerie). ‖ *Bouche bée*, boquiabierto, embobado. ‖ *Bouche close, bouche cousue*, en silencio, punto en boca. ‖ *Bouche d'arrosage, d'eau*, boca de riego. ‖ *Bouche de chaleur, d'air*, entrada de aire, manga de ventilación, rejilla. ‖ *Bouche d'égout*, sumidero, alcantarilla. ‖ *Bouche de métro*, boca de metro. ‖ *Bouche d'incendie*, boca de incendio. ‖ *Bouche d'or*, pico de oro. ‖ *Bouche empâtée*, boca acorchada. ‖ — *Dépense de bouche*, gasto de alimentación. ‖ *Fine bouche*, paladar delicado. ‖ *La déesse aux cents bouches*, la fama. ‖ *Provisions de bouche*, vituallas. ‖ — *À bouche que veux-tu*, a butiplén. ‖ *À pleine bouche*, con toda la boca. ‖ *Dans toutes les bouches*, de boca en boca. ‖ Pop. *Ta bouche!*, ¡cierra el pico! ‖ — *Avoir la bouche dure*, ser duro de boca (cheval). ‖ *Avoir quelqu'un constamment à la bouche*, estar hablando constantemente de alguien. ‖ *Être dans toutes les bouches*, andar en boca de las gentes. ‖ *Être sur sa bouche*, ser goloso. ‖ Fig. *Faire la bouche en cœur*, poner hociquito, poner boca de corazoncito. ‖ *Faire la petite bouche*, hacer remilgos. ‖ *Faire venir l'eau à la bouche*, hacérsele a uno la boca agua. ‖ *Garder pour la bonne bouche*, guardar lo mejor para el fin. ‖ *Manger à pleine bouche*, comer a dos carrillos. ‖ *Ne pas ouvrir la bouche*, no decir ni pío. ‖ *Parler par la bouche de quelqu'un*, hablar por boca de uno.

— Syn. ● *Bec*, pico. *Gueule*, boca (d'animal), fauces (des fauves), jeta, hocico (de l'homme).

bouché, e adj. Tapado, da. ‖ Taponado, da (une bouteille). ‖ Interceptado, da (passage). ‖ Atascado, da; atorado, da : *tuyau bouché*, tubo atascado. ‖ Cerrado, da (fermé). ‖ Cerrado, da, de mollera. ‖ — *Temps bouché*, cielo encapotado. ‖ *Vin bouché*, vino embotellado. ‖ — Fam. *Bouché à l'émeri*, tonto de capirote.

bouchée f. Bocado, m. ‖ Vován, m., pastelillo (m.) relleno (vol-au-vent). ‖ Bombón (m.) relleno (chocolat). ‖ — *D'une bouchée*, de un bocado, de un trago. ‖ *Pour une bouchée de pain*, por una bicoca. ‖ *Manger une bouchée*, tomar un piscolabis. ‖ *Mettre les bouchées doubles*, trabajar por cuatro, darse un tute, hacer algo a marchas forzadas. ‖ Fig. *Ne faire qu'une bouchée de quelqu'un*, llevarse de calle a uno, comerse a uno en un dos por tres.

boucher v. tr. Tapar : *boucher une fente*, tapar una hendidura. ‖ Taponar (une bouteille). ‖ ● Interceptar : *boucher un passage*, interceptar un camino. ‖ Rellenar (un trou). ◆ ‖ Tapiar (la vue). ‖ Cegar, tapiar (une fenêtre). ‖ Cerrar (les pores). ‖ Atascar, atorar (un tuyau). ‖ Fig. Cerrar : *le chemin est bouché*, el camino está cerrado. ‖ — Fam. *Boucher un trou*, tapar un agujero, pagar una deuda. ‖ Pop. *En boucher un coin à quelqu'un*, tirar de espaldas a uno, quitarle el hipo (d'étonnement).

— V. pr. Taparse, cubrirse, entoldarse (le ciel). ‖ Fig. *Se boucher les oreilles*, taponarse los oídos, hacerse el sordo (ne pas vouloir entendre). ‖ *Se boucher les yeux*, hacer la vista gorda.

— Syn. ● *Obstruer*, obstruir. *Barrer*, atrancar (porte), interceptar (chemin), atajar (le passage), acordonar (avec des gardes).

— ◆ *Obturer*, obturar. *Colmater*, colmatar.

boucher m. Carnicero (marchand de viande). ‖ Matarife, jifero (tueur d'abattoir). ‖ Fig. Carnicero, hombre sanguinario.

bouchère f. Carnicera.

boucherie f. Carnicería (boutique). ‖ Fig. Carnicería, matanza, degollina.

boucheton (à) loc. adv. Colocados unos sobre otros y boca abajo.

bouche-trou m. Tapaagujeros, persona (f.) *ou* cosa (f.) de relleno (pour combler un vide). ‖ Comodín (football, etc.).

— Observ. Pl. *bouche-trous*.

bouchon m. Tapón. ‖ Corcho (de liège). ‖ Taberna, f. (cabaret). ‖ Manojo de paja (torchon de paille). ‖ Corcho, flotador (pêche). ‖ Chito, tángano (jeu d'adresse). ‖ Tapabocas (d'un canon). ‖ Clavija, f. : *bouchon de contact*, clavija de contacto. ‖ Mar. Zapata, f. (de l'ancre). ‖ — *Bouchon à vis*, tapón de rosca. ‖ *Bouchon capsule*, tapón corona, chapa. ‖ *Bouchon de carafe*, culo de vaso (gros diamant). ‖ — *Goût de bouchon*, sabor acorchado. ‖ — *Il ne faut point de bouchon*, el buen paño en el arca se vende. ‖ *C'est plus fort que de jouer au bouchon*, es cosa nunca vista, es cosa de quitar el hipo.

bouchonner v. tr. Estregar, cepillar (un cheval). ‖ Arrugar, ajar. ‖ Fig. Mimar, acariciar.

bouchonnier, ère adj. et s. Taponero, ra. ‖ Corchotaponero, ra.

bouchot m. Vivero para mariscos.

bouchoteur m. El que cuida de un vivero de mariscos.

bouclage m. Électr. Cierre de un circuito. ‖ Mil. Acordonamiento. ‖ Pop. Enchironamiento (emprisonnement).

boucle f. Hebilla : *boucle de ceinture*, hebilla de cinturón. ‖ Lazada (de corde, de ruban). ‖ Rizo, m., bucle, m. (de cheveux). ‖ Argolla, anilla (gros anneau). ‖ Rizo, m. (avions) : *boucler la boucle*, rizar el rizo. ‖ Lazo (m.) cerrado (chemin de fer). ‖ Curva, meandro, m. (méandre). ‖ — *Boucle d'oreille*, pendiente, zarcillo. ‖ Fam. *Se serrer la boucle*, apretarse el cinturón.

bouclé, e adj. Ensortijado, da : *cheveux bouclés*, cabello ensortijado. ‖ Fam. Cerrado, da (fermé).

boucler v. tr. Sujetar con hebilla, hebillar. ‖ Fig. Encerrar. ‖ Cerrar (les valises). ‖ Concluir, terminar (finir). ‖ Cerrar, terminar (un circuit). ‖ Anillar (mettre un anneau). ‖ Pop. Meter en chirona (emprisonner). ‖ — Pop. *Boucle-la!*, ¡cierra el pico! ‖ *Boucler son budget*, equilibrar su presupuesto.

— V. tr. et intr. Rizar, ensortijar (les cheveux).

bouclette f. Hebillita (petite agrafe). ‖ Lazadita (de ruban, etc.). ‖ Buclecito, m. (cheveux).

bouclier m. Escudo. ‖ Adarga, f. (targe), rodela, f. (rondache). ‖ Fig. Amparo, defensa, f. ‖ Géogr. Meseta (f.) producida por la erosión. ‖ *Levée de boucliers*, indignación, protesta general. ‖ *Il s'en fit un bouclier*, se escudó en ella.

Bouddha n. pr. m. Buda.

bouddhique adj. Búdico, ca.

bouddhisme m. Budismo.

bouddhiste adj. et s. Budista.

bouder v. intr. Poner mala cara *ou* cara larga, enfurruñarse, estar de morros (faire la moue). ‖ Pasar (au domino).

— V. tr. Hacer ascos a..., mirar con mal ojo : *bouder un travail*, hacerle ascos a un trabajo.

bouderie f. Pique, m., enfurruñamiento, m., enojo, m. (fâcherie).

boudeur, euse adj. et s. Picón, ona (qui boude). ‖ *Avoir une mine boudeuse*, poner cara larga.

boudin m. Morcilla, f. (de porc). ‖ Gurupetín, grupera, f. (coussin de selle). ‖ Archit. Moldura (f.) redonda, toro. ‖ Techn. Pestaña, f., ceja, f. (d'une roue). ‖ Muelle en espiral : *ressort à boudin*, muelle en espiral. ‖ Mecha, f. (d'une mine). ‖ *S'en aller en eau de boudin*, volverse agua de cerrajas.

boudinage m. Torcido del hilo.

boudiné, e adj. Embutido, da : *boudinée dans*

une gaine, embutida en una faja. ‖ *Doigts boudinés*, dedos amorcillados.

boudiner v. tr. Torcer el hilo (le fil). ‖ Embutir (serrer).

boudineuse f. TECHN. Budinadora, máquina de extrusión, moldeadora.

boudinière f. Embudo, *m.* (entonnoir de charcutier).

boudoir m. Gabinete, camarín, saloncito (petit salon).

boue [bu] f. ● Lodo, *m.*, barro, *m.* : *il était plein de boue*, estaba lleno de barro. ‖ Poso, *m.* (d'un liquide). ‖ Borra (d'un encrier). ‖ Lodo, *m.* (puits de pétrole). ‖ AGRIC. Limo, *m.* ‖ FIG. Fango, *m.* cieno, *m.* : *tirer quelqu'un de la boue*, sacar a uno del fango. ‖ *Traîner quelqu'un dans la boue*, arrastrar a uno por los suelos.

— SYN. ● *Fange*, fango. *Crotte*, barro. *Gadoue*, barro.

bouée f. Boya (balise). ‖ MAR. *Bouée de sauvetage*, salvavidas.

boueur m. (P. us.). Basurero (éboueur).

boueux, euse [bu∅, ∅:z] adj. Cenagoso, sa ; fangoso, sa ; enlodado, da. ‖ Borroso, sa (pâteux) : *écriture boueuse*, escritura borrosa.

— M. FAM. Basurero [más usado que *boueur*].

bouffant, e adj. Hueco, ca ; ahuecado, da. ‖ — *Cheveux bouffants*, pelo esponjado. ‖ *Culotte bouffante*, pantalones bombachos. ‖ *Manches bouffantes*, mangas de jamón. ‖ *Papier bouffant*, papel de poco peso para su cuerpo. ‖ *Robe bouffante*, vestido ahuecado.

bouffarde f. FAM. Pipa, cachimba (pipe).

bouffe adj. Bufo, fa.

— M. Actor bufo.

bouffée f. Bocanada : *bouffée de fumée*, bocanada de humo. ‖ Tufarada, tufo, *m.* (mauvaise odeur) : *bouffée de vin*, tufarada de vino. ‖ Bocanada, calada, fumada (de cigarette). ‖ Arranque, *m.*, arrebato, *m.*, acceso, *m.* : *bouffée de colère, d'orgueil*, arranque de cólera, de orgullo. ‖ MÉD. Bochorno, *m.* ‖ — *Bouffée de chaleur*, tufarada de calor. ‖ *Bouffée de fièvre*, calenturón breve.

bouffer v. intr. Bufar (de colère). ‖ Ahuecarse, hincharse (se gonfler). ‖ Hincharse (se dit du plâtre).

— V. tr. POP. Jalar, jamar (manger). ‖ Comerse (de l'argent). ‖ — POP. *Bouffer des briques*, comerse los codos de hambre, comer adoquines. ‖ FAM. *Se bouffer le nez*, comerse los higadillos, tirarse los trastos a la cabeza.

bouffette f. Lazo, *m.* (ruban). ‖ Borlita (houppette).

bouffi, e adj. ● Abotargado, da (visage). ‖ Hinchado, da ; entumecido, da (yeux). ‖ Hinchado, da ; engreído, da (d'orgueil, de vanité). ‖ Hinchado, da (style).

— M. Arenque ahumado.

— SYN. ● *Joufflu*, mofletudo. *Mafflu, mafflé*, carrilludo, carirredondo.

bouffir v. tr. Hinchar, abotargar.

— V. intr. Hincharse, abotargarse.

bouffissure f. Hinchazón, *m.* ‖ FIG. Engreimiento, *m.* (vanité). ‖ *Bouffissure du style*, ampulosidad en el estilo, prosopopeya.

bouffon, onne adj. et s. ● Bufón, ona. ‖ ◆ Gracioso, sa (théâtre).

— SYN. ● *Farceur*, farsante. *Plaisantin*, bromista, guasón. *Loustic*, jacarero. *Baladin*, pandulero.

— ◆ *Histrion*, histrión. *Polichinelle*, polichinela. *Pasquin*, bufón.

bouffonner v. intr. Hacer el bufón.

bouffonnerie f. Bufonada, payasada.

bougainvillée [buɡɛ̃vije] f. BOT. Buganvilla.

bouge m. Tugurio. ‖ Mala (*f.*) tasca. ‖ Comba, *f.*, teso (tonneau). ‖ MAR. Curvatura (*f.*) de los baos.

bougeoir [buʒwa:r] m. Palmatoria, *f.*

bougeotte f. FAM. Manía de moverse. ‖ FAM. *Avoir la bougeotte*, tener culo de mal asiento, tener hormiguillo.

bouger* v. intr. Moverse, menearse. ‖ FIG. Agitarse : *le peuple bouge*, el pueblo se agita. ‖ *Ne bougez pas !*, ¡estese quieto!, ¡no se mueva!

— V. tr. Cambiar de sitio (déplacer).

— OBSERV. El empleo de *bouger* en su forma transitiva es familiar. Es preferible sustituirlo por *déplacer*.

bougie f. Vela : *une bougie de stéarine*, una vela de estearina. ‖ Bujía (unité d'intensité lumineuse). ‖ Filtro (*m.*) de porcelana (filtre). ‖ CHIR. Candelilla, sonda (sonde). ‖ MÉCAN. Bujía : *bougie encrassée*, bujía engrasada.

bougier v. tr. Encerar (une étoffe).

bougnat m. POP. Carbonero (charbonnier).

— OBSERV. El *bougnat* francés no solamente vende carbón, sino que suele también tener un pequeño despacho de bebidas. En general es auvernés.

bougon, onne m. et f. FAM. Gruñón, ona ; regañón, ona.

— SYN. *Grognon, grognard, grogneur*, refunfuñador, rezongón. *Fam. Ronchon, ronchonneur*, protestón.

bougonnement m. Refunfuño, refunfuñadura, *f.*

bougonner v. intr. FAM. Refunfuñar, gruñir.

bougonneur, euse adj. et s. Gruñón, ona ; regañón, ona.

bougran m. Entretela, *f.* (étoffe).

bougraner v. tr. Engomar, aderezar (toile).

bougre, esse m. et f. FAM. Bribón, ona. | Tipo, *f.*, tiparraco, ca : *c'est un bougre dont je me défie*, es un tipo de quien desconfío. ‖ — *Bon bougre*, buen muchacho, buena persona. ‖ *Pauvre bougre*, pobre diablo. ‖ *Sale bougre*, pajarraco.

— Adj. So, pedazo de, especie de : *bougre d'imbécile !*, ¡so imbécil!

— Interj. Diantre!, ¡demonio!

bougrement adv. POP. Sumamente.

boui-boui m. POP. Teatrillo, teatrucho. | Buchinche, cafetucho.

bouif [bwif] m. POP. Remendón, tiracueros (cordonnier).

bouillabaisse f. Sopa de pescado, bullabesa (gallicisme).

bouillant, e adj. Hirviente, hirviendo : *huile bouillante*, aceite hirviente ; *eau bouillante*, agua hirviendo. ‖ FIG. Ardiente, ardoroso, sa. ‖ *Bouillant de jeunesse*, en el ardor de la juventud.

bouille f. Vara con que los pescadores enturbian el agua (pêche). ‖ Cuévano, *m.* (hotte de bois). ‖ POP. Cara : *une bonne bouille*, una cara simpática. ‖ *Faire une drôle de bouille*, poner mala cara.

bouillerie [buʃri] f. Destilería.

bouilleur m. Destilador (distillateur). ‖ Hervidor (de chaudière). ‖ — *Bouilleur atomique*, reactor nuclear pequeño. ‖ *Bouilleur de cru*, cosechero destilador.

bouilli [buji] m. Carne (*f.*) hervida.

bouillie f. ● Gachas, *pl.*, puches, *m.* ou *f. pl.* ‖ Papilla (pour les enfants). ‖ AGRIC. Caldo (*m.*) para pulverizar. ‖ FIG. Papilla, gacha, cosa muy blanda : *réduire en bouillie*, hacer papilla. ‖ TECHN. Pasta (à papier, à carton, etc.). ‖ FIG. et FAM. *C'est de la bouillie pour les chats*, es trabajo de balde.

— SYN. ● *Purée*, puré. *Brouet*, caldo claro.

bouillir* v. intr. Hervir : *l'eau bout a 100 °C*, el agua hierve a 100 °C. ‖ Cocer : *les légumes bouillent dans la marmite*, las verduras cuecen en la olla. ‖ Arder, bullir (de colère, d'impatience).

— V. tr. Hervir.

bouilloire f. Hervidor, *m.*

bouillon m. Borbotón : *l'eau sort à gros bouillons*, el agua sale a borbotones. ‖ Burbuja, *f.* (bulle d'un liquide). ‖ ● Caldo (aliment liquide). ‖

Bullón, pliegue ahuecado (d'une étoffe). ‖ Bochinche (restaurant). ‖ Remanente de ejemplares
no vendidos (livres, journaux). ‖ CHIM. Caldo :
bouillon de culture, caldo de cultivo. ‖ POP. Chaparrón (averse) : *recevoir un bouillon*, aguantar
un chaparrón. ‖ — *Bouillon déduit*, edición ven-
dida (livres, journaux). ‖ *Bouillon de légumes*,
caldo de verduras. ‖ FAM. *Bouillon d'onze heures*,
jicarazo (poison). ‖ *Bouillon gras*, caldo. ‖ FIG.
Bouillon pointu, lavativa. ‖ — FAM. *Boire un
bouillon*, hacer un mal negocio, pasar un mal
trago (en affaires), tragar agua (de l'eau).
— SYN. ● *Consommé*, caldo, consomé. *Potage*, sopa.
Soupe, sopa.
bouillon-blanc m. BOT. Gordolobo.
bouillonnant, e adj. Hirviente (qui bout). ‖ Bur-
bujeante (qui bouillonne).
bouillonné m. Tejido afollado *ou* plisado.
bouillonnement m. Hervor, burbujeo (un liquide). ‖ FIG. Efervescencia, *f.*, agitación, *f.*, hervidero.
bouillonner v. intr. Borbotar, borbollar, burbujear (liquides). ‖ Tener ejemplares sin vender
(livres, journaux). ‖ Espumear, hacer espumas
(vagues). ‖ FIG. Arder, hervir (s'agiter) : *son sang
bouillonnait*, su sangre hervía.
— V. tr. Ahuecar, afollar (une étoffe).
bouillote f. Hervidor (*m.*) pequeño. ‖ Bolsa de
agua caliente, calentador, *m.* (récipient). ‖ Cacho,
m. [juego parecido a la berlanga]. ‖ FAM. Cara
(visage).
bouillotter v. intr. Hervir a fuego lento.
boujaron m. Medida (*f.*) para repartir el aguardiente a los marinos [6 centílitros].
boulaie f. Bosque (*m.*) *ou* paseo (*m.*) de abedules.
boulange f. Panadería (métier de boulanger).
boulanger* v. tr. Amasar [el pan], panadear.
boulanger, ère m. et f. Panadero, ra ; tahonero, ra
(dialectal). ‖ — F. Bolanchera (danse). ‖ Camioneta de panadero.
boulangerie f. Panadería, tahona.
boulant m. Palomo buchón (pigeon).
boulant, e adj. Movedizo, za (sable).
boulbène f. Tierra arcillosa y silícea.
boule f. Bola : *boule de neige*, bola de nieve. ‖
Bocha (jeu). ‖ POP. Chola, chaveta, cabeza (tête).
‖ Jeta, cara (visage). ‖ — *Boule d'eau chaude*,
bolsa de agua caliente. ‖ *Boule de son*, pan de
munición. ‖ — FAM. *En boule*, encolerizado, enfurecido. ‖ *Jeu de boules*, juego de bolos. ‖ — *Ceci
va faire boule de neige*, esto va a tener un efecto
acumulativo, va a extenderse. ‖ *Laisser rouler la
boule*, dejar que ruede la bola. ‖ *Perdre la
boule*, perder la chaveta. ‖ *Se rouler en boule*,
hacerse un ovillo.
bouleau m. BOT. Abedul.
boule-de-neige f. BOT. Mundillo, *m.*, bola de
nieve.
bouledogue m. Bulldog (chien).
bouler v. intr. Rodar como una bola. ‖ Hinchar
el buche (pigeons). ‖ Hincharse (le pain, les
semences) [p. us.]. ‖ POP. *Envoyer bouler*, mandar
a paseo.
— V. tr. Embolar (taureaux).
boulet m. Bala (*f.*) de cañón. ‖ Hierros, *pl.*,
cadena, *f.* (des condamnés). ‖ Menudillo (cheval).
‖ Carbón de bola, aglomerado esférico (charbon).
‖ FIG. et FAM. Cadena, *f.* (chaîne), carga, *f.*
(charge), cruz, *f.* (croix) : *traîner son boulet*, llevar la cruz a cuestas. ‖ — MAR. *Boulet ramé*,
palanqueta, bala enramada. ‖ FIG. *Tirer à boulets
rouges sur quelqu'un*, hacer una guerra sin cuartel a alguien.
bouleté, e adj. VÉTÉR. Emballestado, da (cheval).
boulette f. Bolita, bolilla (petite boule). ‖ Albóndiga (de viande). ‖ Bola, ovoide, *m.* (charbon). ‖

Masilla (pêche). ‖ FIG. et FAM. Torpeza, necedad,
pifia (bévue) : *faire une boulette*, cometer una
pifia.
boulevard m. Bulevar. ‖ MIL. Baluarte. ‖ *Boulevard extérieur*, camino de circunvalación, de
ronda.
boulevardier, ère m. et f. Persona que frecuenta
los bulevares [en París].
— Adj. Propio de los bulevares de París. ‖ —
Commentaires boulevardiers, comentarios calle-
jeros. ‖ *Muse boulevardière*, musa callejera. ‖
Théâtre boulevardier, teatro ligero.
bouleversant, e adj. Conmovedor, ra ; turbador,
ra : *récit bouleversant*, relato conmovedor.
bouleversement [bulvɛrsəmɑ̃] m. Trastorno,
turbación, *f.* (trouble). ‖ FIG. Conmoción, *f.* (émotion).
bouleverser v. tr. Trastornar, turbar (troubler). ‖
Desordenar, revolver (mettre en désordre). ‖
Cambiar completamente *ou* de arriba abajo
(changer). ‖ Conmover, descomponer (émouvoir).
‖ Agitar violentamente, arruinar (ruiner). ‖ Desquiciar : *nous vivons dans un monde bouleversé*,
vivimos en un mundo desquiciado.
— V. pr. Trastornarse, turbarse.
boulier m. Boliche (filet). ‖ Ábaco, marcador con
bolas (abaque). ‖ Chinchorreo (filet).
boulimie m. MÉD. Bulimia, hambre canina.
boulimique adj. et s. Bulímico, ca.
boulin m. Almojaya, *f.* (pour soutenir un échafaudage). ‖ Mechinal (trou dans un mur). ‖ Hornilla, *f.* (trou de colombier).
bouline f. MAR. Bolina : *aller à la bouline*, ir *ou*
navegar de bolina ; *courir la bouline*, correr la
bolina. ‖ *Nœud de bouline*, nudo de guía.
bouliner v. intr. MAR. Bolinear, navegar de bolina.
boulingrin [bulɛ̃grɛ̃] m. Cuadro de césped.
bouliste m. Jugador de bolos.
boulodrome m. Bolera, *f.*
Boulogne n. pr. GÉOGR. Bolonia.
bouloir m. Batidera, *f.* (de maçon).
boulon m. Perno (vis à écrou).
boulonnage m. Fijación (*f.*) con pernos.
boulonner v. tr. TECHN. Empernar, sujetar con
pernos.
— V. intr. POP. Apencar (travailler). ‖ Empollar
(potasser).
boulonnerie f. Fábrica de pernos.
boulot m. POP. Trabajo, tarea, *f.* (tâche). ‖ *Au
boulot !*, manos a la obra.
boulot, otte adj. FAM. Regordete, ta ; rechoncho,
cha.
boulotter v. tr. POP. Manducar, jamar (manger).
— V. intr. FAM. Ir viviendo, ir tirando.
boum ! interj. ¡Bang !, ¡pum !
boumer v. intr. POP. Carburar, pitar.
bouquet m. Ramo, ramillete : *bouquet de fleurs*,
ramo de flores. ‖ Manojo (botte) : *un bouquet de
persil*, un manojo de perejil. ‖ Bosquecillo, grupo
de árboles (bosquet). ‖ Castillo (feu d'artifice). ‖
Buqué (gallicisme), boca, *f.*, aroma (vin). ‖
Remate, coronamiento (couronnement, conclusion). ‖ ZOOL. Camarón (crevette). ‖ FAM. *C'est
le bouquet*, es el colmo, es el acabóse.
bouquetier m. Florero, vendedor de flores.
bouquetière [buktjɛ:r] f. Ramilletera, florista
(fleuriste).
bouquetin m. ZOOL. Íbice, cabra (*f.*) montés,
capra (*f.*) hispánica.
bouquin [bukɛ̃] m. Macho cabrío viejo (bouc). ‖
Liebre macho (lièvre). ‖ Boquilla, *f.* (d'une pipe).
‖ FAM. Libro, libraco (livre). ‖ MUS. *Cornet à
bouquin*, corneta.
bouquiner v. intr. Buscar libros de lance. ‖ FAM.
Leer (lire).

bouquinerie f. Librería de viejo *ou* de lance. ‖ Afición a los libros viejos.

bouquineur, euse m. et f. Persona que busca libros viejos. ‖ Persona a quien le gusta leer.

bouquiniste m. et f. Librero, ra, de lance, librero, ra, de viejo.

bourbe f. Cieno, *m.*

bourbeux, euse adj. Cenagoso, sa.

bourbier m. Cenagal, lodazal, barrizal. ‖ FIG. Lodazal, cenagal : *le bourbier du péché,* el lodazal del pecado. | Atolladero, lío : *se tirer d'un bourbier,* salirse de un atolladero.

bourbillon m. MÉD. Clavo, raíz, *f.* (d'un furoncle).

bourbonien, enne adj. Borbónico, ca. ‖ *Nez bourbonien,* nariz borbónica.

Bourbonnais n. pr. m. GÉOGR. Borbonesado.

bourbonnais, e adj. et s. Borbonés, esa.

bourcet ou **bourset** m. MAR. Vela (*f.*) al tercio.

bourdaine f. Arraclán, *m.* (plante).

bourdalou m. Cintillo, trencillo (de chapeau).

bourde f. FAM. Patraña, bola (mensonge). | Sandez : *faire une bourde,* cometer una sandez.

bourdon m. Abejorro (insecte). ‖ Campana (*f.*) mayor. ‖ Bordón (bâton). ‖ IMPR. Olvido, bordón. ‖ MUS. Bordón. ‖ Roncón (de cornemuse). ‖ Zumbido (bourdonnement). ‖ — *Faux bourdon,* zángano (animal), fabordón (musique). ‖ FAM. *Avoir le bourdon,* tener morriña.

bourdonnant, e adj. Zumbador, ra ; zumbante.

bourdonnement m. Zumbido (des insectes). ‖ Zumbido (l'oreille). ‖ FIG. Murmullo (des personnes).

bourdonner v. intr. ● Zumbar (insectes, oreilles). ‖ FIG. Murmurar (murmurer).
— V. tr. FAM. Tararear, canturrear (chantonner).
— SYN. ● *Ronfler,* roncar. *Vrombir,* tronar.

bourdonnet m. CHIR. Lechino (de charpie).

bourdonneur, euse adj. et s. Zumbador, ra.

bourg [bu:r] m. Villa, *f.*, burgo. ‖ *Bourg pourri,* burgo podrido.
— SYN. *Bourgade,* lugar, aldea. *Village,* pueblo. *Hameau,* caserío. *Fam. Trou,* poblacho.

bourgade f. Lugar, *m.*, aldea.

bourgène f. BOT. Arraclán, *m.* (bourdaine).

bourgeois, e [burȝwa, wa:z] adj. Burgués, esa. ‖ Aburguesado, da (gallicisme). ‖ Confortable, cómodo, da : *appartement bourgeois,* piso confortable. ‖ — *Cuisine bourgeoise,* cocina casera. ‖ *Habit bourgeois,* traje de paisano. ‖ *Maison bourgeoise,* casa sencilla. ‖ HIST. *Milices bourgeoises,* milicias concejiles. ‖ *Pension bourgeoise,* casa de huéspedes.
— M. et f. Burgués, esa (personne aisée). ‖ POP. Amo, ama ; patrón, ona (patron). ‖ — F. POP. Costilla, parienta, esposa (épouse). ‖ *En bourgeois,* de paisano.

bourgeoisement adv. m. Llanamente, con sencillez, burguesamente.

bourgeoisie f. Burguesía. ‖ *Petite bourgeoisie,* gente de medio pelo.

bourgeon m. BOT. ● Botón, yema, *f.*, brote : *bourgeon adventif,* yema adventicia. ‖ FIG. Espinilla, *f.*, grano (au visage).
— SYN. ● *Pousse,* renuevo, brote. *Bouton,* botón, capullo.

bourgeonné, e [burȝɔne] adj. Lleno, na, de brotes (plante). ‖ Granujiento, ta ; espinilloso, sa (visage).

bourgeonnement [-nmã] m. Brote.

bourgeonner v. intr. Brotar, echar brotes (plantes). ‖ FIG. Tener granos *ou* espinillas (le visage).

bourgeron m. Blusa (*f.*) corta, chaquetón.

bourgmestre m. Burgomaestre.

bourgogne m. Vino de Borgoña (vin).

Bourgogne n. pr. f. GÉOGR. Borgoña.

bourguignon, onne adj. et s. Borgoñón, ona. ‖ *Bœuf bourguignon,* encebollado de vaca.

bourguignotte f. Borgoñota (casque).

bourlinguer v. intr. Trabajar, fatigarse (bateau). ‖ FAM. Correr mundo, barloventear, llevar una vida aventurera.

bourrache f. BOT. Borraja.

bourrade f. Golpe, *m.*, porrazo, *m.* ‖ Empellón, *m.*, empujón, *m.* ‖ Dentellada que da el perro a la liebre, mordisco, *m.* ‖ Palmada en la espalda (tape amicale).

bourrage m. Relleno. ‖ Borra, *f.*, estopa, *f.* (garniture). ‖ Tapón (mine). ‖ POP. *Bourrage de crâne,* cuento, trola (mensonge), propaganda falsa.

bourras [bura] m. Tela (*f.*) de estopa, estameña, *f.*

bourrasque f. ● Borrasca (vent). ‖ FIG. Ataque, *m.* ; arrebato, *m.* (accès passager).
— SYN. ● *Cyclone,* ciclón. *Grain,* temporal. *Tornade,* tornado. *Tourbillon,* torbellino. *Ouragan,* huracán. *Tempête,* tempestad. *Tourmente,* tormenta. *Orage,* tormenta. *Trombe,* tromba. *Typhon,* tifón. *Rafale,* ráfaga. *Simoun,* simún.

bourre f. Borra. ‖ Taco, *m.* (d'une arme, d'une mine). ‖ FIG. Relleno, *m.*, broza, nadería (chose sans valeur). ‖ *Bourre de soie,* adúcar.

bourreau m. Verdugo. ‖ — *Bourreau d'argent,* manirroto, despilfarrador. ‖ *Bourreau des cœurs,* rompecorazones, castigador, Don Juan. ‖ FIG. *Être un bourreau de travail,* ser una fiera para el trabajo. | *Être un bourreau pour ses élèves,* ser un verdugo para sus alumnos.

bourrée f. Chamarasca, chamiza (bois menu et sec). ‖ Baile (*m.*) típico de Auvernia.

bourrèlement m. Tormento, dolor fuerte (douleur). ‖ FIG. Tormento, tortura, *f.* (tourment moral).

bourreler* v. tr. FIG. Atormentar, atosigar, torturar : *être bourrelé de remords,* estar torturado por el remordimiento.

bourrelet [burlɛ] m. Cojín, cojinete (coussin). ‖ Cabecil, rodete (pour porter un fardeau sur la tête). ‖ Burlete (de fenêtre). ‖ Rodete, anillo (anneau). ‖ MIL. Bocel. ‖ BOT. Anillo, collar. ‖ *Bourrelets de graisse,* roscas, michelines (fam.), rodajas.

bourrelier m. Guarnicionero, talabartero.

bourrellerie f. Guarnicionería, talabartería.

bourrer v. tr. Rellenar (rembourrer). ‖ Atacar (une arme). ‖ Cargar (une pipe). ‖ FAM. Atiborrar (faire manger avec excès). ‖ Zurrar, maltratar (maltraiter). ‖ Abarrotar (surcharger de connaissances). ‖ — POP. *Bourrer le crâne,* hinchar la cabeza. | *Être bourré,* estar abarrotado (bondé), estar mona, tener una merluza (ivre).
— V. pr. FAM. Pelearse, pegarse (se battre). | Atiborrarse, atracarse (manger avec excès).

bourrette f. Cadarzo, *m.*, adúcar, *m.* (bourre de soie).

bourriche f. Banasta, cesta, cenacho, *m.* ‖ Contenido (*m.*) de la banasta.

bourrichon m. FAM. Chola, *f.*, cabeza, *f.* ‖ FAM. *Se monter le bourrichon,* hacerse ilusiones ; calentarse los cascos (s'exciter).

bourricot m. FAM. Borriquillo, rucho, pollino.

bourrin m. FAM. Penco (cheval).

bourrique f. Borrica, burra (ânesse). ‖ FIG. et FAM. Borrico, *m.*, asno, *m.* (personne-ignorante). ‖ POP. Polizonte, *m.* (policier). ‖ FAM. *Faire tourner en bourrique,* volver tarumba.

bourriquet m. Borriquito, rucho, pollino (ânon). ‖ MIN. Cabria, *f.*, torno.

bourroir m. TECHN. Atacadera, *f.* (mines).

bourru, e adj. Basto, ta ; tosco, ca (grossier) : *fils bourrus,* hilos toscos. ‖ FIG. ● Desabrido, da ; huraño, ña (d'humeur brusque). ‖ — *Bourru bienfaisant,* persona brusca pero de buen corazón. ‖

Fam. *Moine bourru,* el coco, el bu. ‖ *Vin bourru,* vino blanco nuevo.
— Syn. ● *Renfrogné,* ceñudo, carilargo. *Brusque,* brusco.

bourse f. Bolsa, bolso, *m.* (petit sac). ‖ Red para cazar conejos (filet) ‖ Beca (d'études). ‖ Anat. Bolsa. ‖ Bot. Cápsula. ‖ — Pl. Anat. Escroto. ‖ — *Bourse bien garnie,* bolsa repleta. ‖ Fam. *Bourse plate,* bolsa vacía. ‖ — Fam. *Coupeur de bourses,* cicatero. ‖ *La bourse ou la vie!,* la bolsa o la vida. ‖ — *Avoir, tenir la bourse,* tener los cuartos, manejar el dinero. ‖ *Sans bourse délier,* sin soltar un cuarto.

Bourse f. Bolsa. ‖ — *Bourse de commerce,* Bolsa de Comercio, lonja. ‖ *Bourse du travail,* Bolsa del Trabajo. ‖ *Opérations de Bourse,* operaciones de Bolsa.

bourse-à-pasteur f. Bot. Carraspique, *m.*
— Observ. Pl. *bourses-à-pasteur.*

bourset m. Mar. V. bourcet.

boursicot ou **boursicaut** m. Bolsita, *f.* (petite bourse). ‖ Fig. Ahorros, *pl.;* trapillo (économies).

boursicotage m. Juego de Bolsa de poca monta.

boursicoter v. intr. Jugar flojo a la Bolsa.

boursicotier, ère ou **boursicoteur, euse** m. et f. Bolsista de pocos alcances.

boursier, ère adj. et s. De bolsa. ‖ Becario, ria (étudiant). ‖ Bolsista (spéculateur à la Bourse). ‖ Bolsero (fabricant de bourses). ‖ — *Élève boursier,* becario, alumno becado. ‖ *Opération boursière,* operación de Bolsa.

boursouflage m. Hinchazón, *f.,* abotargamiento. ‖ Fig. Ampulosidad, *f.,* pomposidad, *f.,* grandilocuencia, *f.* (style).

boursouflé, e adj. Hinchado, da (gonflé). ‖ Abotargado, da (visage, peau). ‖ Fig. Ampuloso, sa; enfático, ca (style).

boursouflement m. Hinchazón, *f.,* abotargamiento, *f.* (gonflement). ‖ Dilatación, *f.* (dilatation).

boursoufler v. tr. Hinchar (gonfler). ‖ Abotargar (la peau). ‖ Fig. Envanecer, engreír : *l'orgueil boursoufle les sots,* el orgullo engríe a los tontos.
— V. pr. Hincharse.

boursouflure f. Hinchazón, abotargamiento, *m.* (de la peau). ‖ Fig. Énfasis, *m.,* ampulosidad, prosopopeya (style).

bousculade f. Atropello, *m.,* empujón, *m.,* empellón, *m.* (poussée). ‖ Bullicio, *m.,* tropel, *m.* : *être pris dans une bousculade,* ser cogido en el bullicio.

bousculer [buskyle] v. tr. Revolver, trastornar : *il a tout bousculé,* lo ha revuelto todo. ‖ Atropellar, empujar violentamente (pousser). ‖ Mil. Arrollar, poner en desorden. ‖ Zarandear, zamarrear : *être bousculé par la foule,* ser zarandeado por la multitud. ‖ Fig. et Fam. Dar o meter prisa (hâter). ‖ *Je suis un peu bousculé par le travail,* estoy ajetreado por el trabajo.
— V. pr. Atropellarse. ‖ Fam. Darse prisa (se hâter).

bouse f. Boñiga, bosta (excrément des bovins).

bousier m. Escarabajo pelotero.

bousillage m. Constr. Adobe. ‖ Fig. et Fam. Chapucería, *f.,* chapuz (ouvrage mal fait).

bousiller v. tr. Constr. Fabricar con adobe. ‖ Fig. et Fam. Frangollar, chapucear : *bousiller son travail,* frangollar su trabajo. ‖ Pop. Apiolar, cepillar (tuer). ‖ Destrozar, hacer polvo (détruire).

bousilleur, euse m. et f. Fam. Chapucero, ra ; frangollón, ona (mauvais ouvrier).

bousin m. Pop. Bulla, *f.,* trapatiesta, *f.* (tapage). ‖ Turba (*f.*) de mala calidad (tourbe).

boussole f. Brújula, aguja de marear : *boussole affolée,* brújula loca. ‖ Fig. Norte, *m.,* guía. ‖

Fam. *Perdre la boussole,* desnortarse, perder el norte.

boustifaille f. Fam. Comilona, cuchipanda (festin). ‖ Manducatoria, comida (aliment).

boustifailler v. intr. Pop. Apiparse, atiborrarse (manger beaucoup). ‖ Manducar (manger).

boustrophédon m. Bustrófedon (écriture).

bout [bu] m. Punta, *f.,* extremidad, *f.* (extrémité). ‖ Cabo, final : *le bout de l'année,* el final del año. ‖ Trozo, pedazo, fragmento : *un bout de papier,* un trozo de papel. ‖ Contera, *f.,* regatón (canne, épée). ‖ Yema, *f.,* punta, *f.* (doigts). ‖ Mango (outil). ‖ Botón (fleuret). ‖ Mar. Cabo (cordage). ‖ Proa, *f.* (proue). ‖ — *Bout de chandelle,* cabo de vela. ‖ *Bout de cigarette,* colilla. ‖ *Bout de l'an,* oficio fúnebre de aniversario. ‖ *Bout de sein,* pezón (poitrine), pezonera (médecine). ‖ Mar. *Bout de vergue,* penol. ‖ Fam. *Bout d'homme,* hombrecillo, renacuajo, chiquilicuatro. ‖ — *Haut bout,* cabecera [de la mesa]. ‖ *Un bout de pain,* un mendrugo.
— *Bout à bout,* a continuación, uno detrás del otro. ‖ — *À bout filtre,* emboquillado (cigarette). ‖ *À bout portant,* a quemarropa, a boca de jarro. ‖ *À tout bout de champ,* a cada paso. ‖ *Au bout de,* al cabo de : *au bout de dix ans,* al cabo de diez años. ‖ *Au bout de la rue,* al final de la calle. ‖ *Au bout du compte,* después de todo, a fin de cuentas, al fin y al cabo. ‖ *Au bout du monde,* en el fin del mundo. ‖ *De bout en bout,* o *d'un bout à l'autre,* de cabo a rabo. ‖ *Jusqu'au bout,* hasta el fin. ‖ *Jusqu'au bout des doigts,* hasta la punta de los dedos, de pies a cabeza. ‖ — *Avoir* o *tenir le bon bout,* tener la sartén por el mango. ‖ *Avoir sur le bout de la langue,* tener en la punta de la lengua. ‖ *Ce n'est pas le bout du monde,* no es nada del otro mundo. ‖ *Être à bout,* no saber ya qué hacer (ne plus savoir que faire) ; estar cansado, no poder más (être très fatigué) ; estar agotado : *ma patience est à bout,* mi paciencia está agotada ; estar sin un céntimo (sans ressources). ‖ *Être à bout de,* quedarse sin, no tener ya : *être à bout d'arguments,* no tener ya *ou* haber agotado los argumentos ; *être à bout de forces,* no tener fuerzas ya *ou* estar sin fuerzas. ‖ *Être au bout de son rouleau,* no saber ya qué decir *ou* hacer acabársele a uno la cuerda (ne plus savoir que dire) ; estar en las últimas (près de mourir). ‖ *Joindre les deux bouts,* tener justo lo necesario para vivir, ir tirando, hacer equilibrios para vivir. ‖ *Mener à bout,* poner cima, realizar, llevar a cabo. ‖ Pop. *Mettre les bouts,* tomar el portante, largarse. ‖ *Montrer le bout de l'oreille,* enseñar la oreja. ‖ *Ne pas joindre les deux bouts,* no llegarle a uno el dinero. ‖ *Ne pas voir plus loin que le bout de son nez,* no ver más allá de sus narices. ‖ *On ne sait pas par quel bout le prendre,* no se sabe por qué lado tomarlo. ‖ *Pousser à bout,* sacar de sus casillas (énerver), forzar a fondo, apurar (forcer à fond). ‖ *Rire du bout des dents,* reír de dientes afuera. ‖ *Savoir sur le bout des doigts,* saber al dedillo. ‖ *Tenir le haut bout,* ser dueño de la situación. ‖ *Toucher du bout des doigts,* tocar con las puntas de los dedos. ‖ *Venir à bout de,* conseguir, llevar a cabo, lograr : *venir à bout d'une affaire,* llevar a cabo un negocio ; acabar con, poner fin : *venir à bout d'une bouteille,* acabar con una botella.

boutade f. Humorada, arranque, *m.,* capricho (*m.*) súbito (caprice). ‖ Ocurrencia, salida, rasgo (*m.*) de ingenio (plaisanterie). ‖ Salida de tono, desplante, *m.* (insolence).

boutargue f. Mojama, huevas, *pl.* (mets).

bout-dehors m. Mar. Botalón.

boute-en-train m. et f. inv. Animador, ra.

boutefeu m. MIL. Botafuego. ‖ FIG. Cizañero, botafuego (qui excite).

boute-hors m. MAR. Botalón.

bouteille [butɛ:j] f. Botella : *boire à la bouteille*, beber de la botella. ‖ Bombona (de butane). ‖ MAR. Beque, *m.* (latrines). ‖ — FIG. *Aimer la bouteille*, empiñar el codo, gustarle a uno beber. ‖ *Avoir o prendre de la bouteille*, entrar en años. ‖ *C'est la bouteille à l'encre*, eso es un lío, un embrollo. ‖ *Mettre en bouteilles*, embotellar.

bouteiller m. Copero mayor (officier de bouche chargé des vins), escanciador.

bouteillon m. MIL. Marmita (*f.*) metálica del soldado en campaña.

bouter v. tr. Botar, arrojar, expulsar (pousser).

bouterolle f. Contera (d'épée). ‖ Martillo (*m.*) de ojo (outil). ‖ Sufridera, embutidera, doile, *m.*, mandril, *m.* (de rivets). ‖ Muesca (de clef).

bouteroue m. Guardacantón, guardarruedas.

boute-selle f. inv. MIL. Botasilla.

boutillier m. Copero mayor.

boutique f. ● Tienda (magasin). ‖ Escaparate, *m.* (éventaire). ‖ FAM. Taller, *m.* (atelier). ‖ Herramientas, *pl.* (outils). ‖ Negocio, *m.* (affaire). ‖ Vivero (*m.*) de un barco para conservar vivo el pescado (pêche). ‖ — *Fermer boutique*, quitar la tienda. ‖ *Ouvrir boutique*, abrir *ou* poner tienda.

— OBSERV. *Boutique* es normalmente una tienda pequeña y de apariencia modesta, aunque actualmente se emplea para designar una tienda pequeña, pero elegante, sentido que tiene cuando se da este nombre francés a un comercio español.

— SYN. ● *Échoppe*, puesto. *Magasin*, almacén. *Bazar*, bazar.

boutiquier, ère [butikje, jɛ:r] m. et f. Tendero, ra (marchand).

boutis [buti] m. Hozadero (du sanglier).

boutisse f. ARCHIT. Tizón, *m.*, sillar (*m.*) lleno. ‖ *En boutisse*, a tizón.

boutoir m. Pujavante (de maréchal). ‖ Cuchillo (de corroyeur). ‖ Hocico, jeta (*f.*) del jabalí. ‖ FIG. *Coup de boutoir*, ataque brusco *o* violento.

bouton m. Botón (d'un vêtement). ‖ Botón, yema, *f.* (arbres). ‖ Botón, capullo (fleurs). ‖ Botón, pulsador (d'un appareil électrique). ‖ Tirador (de tiroir), pomo (de porte). ‖ Zapatilla, *f.*, botón (de fleuret). ‖ MÉD. Grano (sur la peau), espinilla, *f.* (petit bouton sur le visage). ‖ — *Bouton de col*, pasador. ‖ PHOT. *Bouton de déclenchement*, disparador. ‖ *Bouton de feu*, botón de fuego. ‖ *Bouton de fièvre*, pupa, calentura. ‖ *Bouton de manchette*, gemelo. ‖ *Bouton de mire*, punto de mira. ‖ RAD. *Bouton de recherche de station*, botón de sintonización. ‖ *Bouton de sonnette*, pulsador del timbre. ‖ *Bouton quadrillé*, botón espoleado. ‖ — *Garniture de boutons*, botonadura. ‖ — *Tourner le bouton*, dar al interruptor, encender la luz (la lumière), dar al botón (radio).

bouton-d'or m. Botón de oro, ranúnculo, francesilla, *f.* (fleur).

boutonnage m. Abotonamiento, abotonado (action). ‖ Abotonadura, *f.* (garniture).

boutonnant, e adj. Que se abotona, que se abrocha.

boutonné, e adj. Abotonado, da (qui boutonne).

boutonnement m. Brote, brotadura, *f.* (bourgeonnement).

boutonner v. intr. Echar brotes, abotonar (les plantes). ‖ Abotonarse, abrocharse : *robe qui boutonne par derrière*, vestido que se abotona por la espalda. ‖ FAM. Tener granos *ou* espinillas.
— V. tr. Abotonar, abotonarse, abrochar, abrocharse : *boutonner sa veste*, abotonar *ou* abotonarse la chaqueta. ‖ Dar un botonazo (escrime).
— V. pr. Abotonarse, abrocharse.
— OBSERV. *Abotonar* est étymologiquement plus exact,

mais *abrochar* (proprement *agrafer*) le remplace couramment.

boutonnerie f. Fábrica de botones, botonería.

boutonneux, euse adj. Granujiento, ta ; lleno de granos, espinilloso, sa.

boutonnier, ère m. et f. Botonero, ra : *industrie boutonnière*, industria botonera. ‖ — F. Ojal, *m.* : *une fleur à la boutonnière*, con una flor en el ojal. ‖ Flor que se lleva en el ojal de la solapa. ‖ FIG. Ojal, *m.* (blessure) : *faire une boutonnière à quelqu'un*, abrirle a uno un ojal.

bouton-poussoir m. Pulsador.
— OBSERV. Pl. *boutons-poussoirs*.

bouton-pression m. Automático (bouton).
— OBSERV. Pl. *boutons-pression*.

bouts-rimés m. pl. Pies forzados (poésie).

bouturage m. BOT. Desqueje, reproducción (*f.*) por estacas.

bouture f. BOT. Esqueje, *m.* (de fleur, d'arbuste). ‖ Estaca (d'arbres).

bouturer v. tr. BOT. Desquejar, reproducir por esquejes *ou* estacas.
— V. intr. Brotar, echar renuevos *ou* pimpollos.

bouverie f. Boyera, boyeriza.

bouvet m. Acanalador (outil de menuisier).

bouveter v. tr. Acanalar (menuiserie).

bouvier, ère m. et f. Boyero, ra ; vaquero, ra. ‖ — M. ASTR. Boyero, Bootes (constellation).

bouvillon m. Boyezuelo, novillo.

bouvreuil [buvrœ:j] m. Pardillo (oiseau).

bouvril m. Boyera, *f.* (dans les abattoirs).

bovidés m. pl. ZOOL. Bóvidos.

bovin, e adj. Bovino, na ; vacuno, na.
— M. pl. Bovinos, ganado (*sing.*) vacuno.

bowling m. Juego de bolos. ‖ Bolera, *f.* (lieu).

bow-window [bowindo] m. Mirador (fenêtre).
— OBSERV. Pl. *bow-windows*.

box m. Box, departamento de una cuadra para un solo caballo (écurie). ‖ Jaula, *f.*, departamento de un garaje (garage). ‖ Camarilla, *f.* (de dortoir).

box-calf [bɔkskɑ:f] m. Box-calf, becerro curtido con cromo.
— OBSERV. Pl. *box-calfs* ou *box-calves* (p. us.).

boxe f. Boxeo, *m.*

boxer m. Alano (chien).

boxer v. intr. Boxear.
— V. tr. Dar puñetazos : *boxer quelqu'un*, dar puñetazos a alguien.

boxeur m. Boxeador, púgil (p. us.).

boy [bɔj] m. Boy, criado indígena (aux colonies). ‖ Corista danzante (danseur).

boyard ou **boïard** [bɔja:r] m. Boyardo (noble slave).

boyau [bwajo] m. Tripa, *f.* ‖ Manga, *f.* (de pompe). ‖ Tubular (de bicyclette). ‖ FIG. Pasillo estrecho, camino estrecho (passage). ‖ MIL. Ramal de trinchera. ‖ — *Boyau de chat*, tripa (guitare), cagut (opérations). ‖ *Corde à boyau*, cuerda de tripa. ‖ FAM. *Racler le boyau*, ser un rascatripas (mal jouer du violon).

boyauderie f. Fábrica de cuerdas de tripa.

boycottage [bɔjkɔta:ʒ] m. Boicoteo, boicot.

boycotter v. tr. Boicotear.

boycotteur, euse m. et f. Boicoteador, ra.

boy-scout m. Explorador, boy-scout.
— OBSERV. Pl. *boy-scouts*.

B. P. F., abreviatura de *Bon pour francs...*, vale por... francos.

brabançon, onne adj. et s. Brabanzón, ona [de Brabante].

Brabançonne (LA) f. Himno (*m.*) nacional belga.

brabant m. Arado metálico (charrue).

Brabant [brabɑ̃] n. pr. m. GÉOGR. Brabante.

bracelet [braslɛ] m. Correa, *f.* : *le bracelet d'une montre*, la correa de un reloj. ‖ Pulsera, *f.* : *une* *montre bracelet,* un reloj de pulsera. ‖ ARCHIT. Anillo (anneau).

bracelet-montre m. Reloj de pulsera.

brachial, e [brakjal] adj. Braquial.

brachiopodes [-kjɔpɔd] m. pl. ZOOL. Braquiópodos (vers).

brachycéphale [-kisefal] adj. Braquicéfalo, la.

brachycéphalie [-kisefali] f. Braquicefalia, braquicefalismo, *m.*

brachyoures m. pl. ZOOL. Braquiuros (crustacés).

braconnage m. Caza (*f.*) *ou* pesca (*f.*) furtiva.

braconner v. intr. Cazar *ou* pescar furtivamente.

braconnier m. Cazador furtivo (chasse). ‖ Pescador furtivo (pêche).

braconnière f. Faldar, *m.* (pièce de l'armure).

bractée f. BOT. Bráctea.

bractéole f. BOT. Bractéola (petite bractée).

bradel m. Encuadernación (*f.*) ligera, encartonado ligero (reliure).

brader v. tr. Vender saldos (solder). ‖ Vender de segunda mano (d'occasion). ‖ FIG. Liquidar.

braderie f. Venta pública de mercancías de lance (d'occasion). ‖ Venta de saldos (de soldes). ‖ Baratillo, *m.* (marché). ‖ FIG. Liquidación, quema.

bradype m. ZOOL. Perezoso (paresseux).

bradypepsie f. MÉD. Bradipepsia (digestion difficile).

Bragance n. pr. GÉOGR. Braganza.

brague f. (Vx). MAR. Braguero, *m.*

braguette f. Bragueta (de pantalon).

Brahma n. pr. m. Brahma, Brama.

brahmane m. Brahmán, bracmán, bramán.

brahmanique adj. Brahmánico, ca; bramánico, ca.

brahmanisme m. Brahmanismo, bramanismo.

brahme m. V. BRAHMANE.

brahmine m. Brahmín, bramín.

brai m. Brea, *f.*

braie f. (Vx). Bragas, *pl.* [calzón de los antiguos galos]. ‖ (Vx). Pañal, *m.* (couche d'enfant). ‖ (Vx). Cerco (*m.*) amurallado. ‖ — Pl. (P. us.). Calzoncillos, *m.* (caleçons).

braillard, e [brɑjaːr, ard] adj. FAM. Gritón, ona; chillón, ona.

braille [braːj] m. Sistema de escritura en relieve inventado por Braille.

braillement [brɑjmɑ̃] m. Berrido, grito.

brailler [-je] v. intr. FAM. Berrear, chillar (crier). ‖ Berrear (chanter mal et fort).

braillerie [-jri] f. Berrido, *m.*

brailleur, euse [-jœːr, øːz] adj. et s. Gritón, ona; chillón, ona.

braiment m. Rebuzno (cri de l'âne).

braire* v. intr. Rebuznar (crier, se dit de l'âne). ‖ FAM. Berrear (crier).

— OBSERV. Es verbo irregular defectivo que se emplea sólo en las terceras personas. Part. pres. (p. us.) : *brayant.*

braise f. Brasas, *pl.*, ascuas, *pl.* ‖ Rescoldo, *m.* (sous la cendre). ‖ POP. Pasta, dinero, *m.* (argent). ‖ — *À la braise,* a la brasa, braseado, da. ‖ *Être sur la braise,* estar en ascuas. ‖ FAM. *Être chaud comme braise,* ser apasionado y vehemente.

— OBSERV. *Braise* est en français un collectif ; *una brasa, un ascua* se rendent par *un charbon ardent. Ascua* est le mot le plus courant en espagnol.

braiser v. tr. Asar, cocer a fuego lento.

braisette [brɛzɛt] f. Cisco, *m.*

braisière f. Apagador, *m.* (étouffoir). ‖ Tartera, cacerola para cocer a fuego lento [con ascuas sobre la tapadera].

brame f. Paquete, *m.* (lingot aplati). ‖ *Brame brute,* llantón [lingote bruto].

brame m. V. BRAHMANE.

brame ou **bramement** m. Bramido (du cerf).

bramer v. intr. Bramar.

bramine m. V. BRAHMINE.

bran m. Salvado grueso. ‖ — *Bran d'agace,* resina del ciruelo o del cerezo. ‖ *Bran de scie,* serrín, aserrín.

brancard [brɑkaːr] m. Varal (de voiture). ‖ Camilla, *f.,* parihuelas, *f. pl.* (civière). ‖ Parihuelas, *f. pl.,* angarillas, *f. pl.* (pour transporter des objets fragiles).

brancarder v. intr. Transportar en camilla.

brancardier m. Camillero.

branchage m. Ramaje.

branche f. ● Rama (d'arbre). ‖ Brazo, *m.,* ramal, *m.* (d'un fleuve, d'une tranchée). ‖ Pierna (d'un compas, des tenailles, etc.). ‖ Gavilán, *m.* (d'une épée). ‖ Brazo, *m.* (d'un chandelier). ‖ Ramo, *m.* (subdivision). ‖ Varilla (éventail). ‖ Patilla (de lunettes). ‖ Rama (secteur). ‖ ANAT. Ramificación. ‖ FIG. Rama (famille). ‖ MATH. Rama (courbe). ‖ — POP. *Vieille branche!,* ¡hombre! ‖ — FIG. *Avoir de la branche,* tener distinción *ou* elegancia, tener alcurnia. ‖ FAM. *Être comme l'oiseau sur la branche,* estar con un pie en el aire.

— SYN. ● *Branchage,* ramaje. *Rameau,* ramo. *Ramille,* ramilla. *Ramure,* ramaje, ramada. *Ramée,* ramada, enramada.

branchement m. Acometida, *f.* (d'une conduite ou canalisation). ‖ Enchufe (électricité). ‖ Ramal, derivación, *f.,* ramificación, *f.*

— OBSERV. *Branchement* designa principalmente la acción de empalmar o acometer dos cañerías o canalizaciones. *Embranchement* significa sobre todo el empalme o la ramificación.

brancher v. tr. Colgar de un árbol : *brancher un voleur,* colgar de un árbol a un ladrón. ‖ Ramificar (ramifier). ‖ Empalmar, acometer (une conduite d'eau, de gaz). ‖ Enchufar, conectar (une prise de courant). ‖ — V. intr. et pr. Posarse en las ramas : *l'alouette ne branche pas,* la alondra no se posa en las ramas. ‖ Embarrarse (perdrix).

branchette f. Ramita, ramilla.

branchial, e [brɑkjal] adj. Branquial : *des organes branchiaux,* órganos branquiales.

branchies [brɑ̃ʃi] f. pl. Branquias.

branchiopodes [brɑkjɔpɔd] m. pl. ZOOL. Branquiópodos.

branchu, e adj. Ramoso, sa.

brandade f. Bacalao (*m.*) a la provenzal.

brande f. Brezal, *m.* (broussailles). ‖ Brezo, *m.* (bruyère). ‖ Leña menuda impregnada de materia inflamable (bourrée).

brandebourg m. Alamar, trencilla, *f.* (galon). [Ú. m. en pl.].

Brandebourg n. pr. m. GÉOGR. Brandeburgo.

brandebourgeois, e adj. et s. Brandeburgués, esa.

brandevin m. (Vx). Aguardiente (de vin).

brandiller v. tr. Balancear, bambolear : *brandiller les jambes,* balancear las piernas. ‖ — V. intr. Agitarse. ‖ Ondear : *drapeau qui brandille au vent,* bandera que ondea al viento.

brandir v. tr. Blandir, esgrimir : *brandir un sabre,* blandir un sable. ‖ FIG. Enarbolar, blandir : *il brandissait un télégramme,* blandía un telegrama.

brandon m. Hachón, antorcha, *f.,* tea, *f.* (torche de paille). ‖ Pavesa, *f.,* chispa, *f.* (d'un incendie). ‖ FIG. *Allumer le brandon de la discorde,* provocar una disputa.

brandouiller [brɑduje] v. intr. V. BRANDILLER.

brandy m. Brandy, coñac (eau-de-vie).

branlant, e adj. Oscilante, bamboleante.

branle f. Bamboleo, *m.,* oscilación. ‖ MAR. Hamaca, coy, *m.* (hamac). ‖ — *Mettre en branle, donner le branle,* poner en movimiento. ‖ *Se mettre en branle,* ponerse en movimiento, en marcha.

branle-bas m. MAR. Zafarrancho : *branle-bas de*

combat, zafarrancho de combate. ‖ Fig. et fam. Tráfago (agitation).

branlement m. V. BRANLE.

branler v. tr. Bambolear, menear : *branler la tête*, menear la cabeza. — V. intr. Bambolearse, moverse : *le plancher branle*, el piso se bambolea. ‖ Fig. et fam. *Branler dans le manche*, estar con un pie en el aire (en danger de perdre sa place).

braquage m. Giro, vuelta (f.) del volante. ‖ *Angle de braquage*, ángulo de giro.

braque adj. et s. Fig. et fam. Atolondrado, da ; despistado, da ; chiflado, da (étourdi). ‖ — M. Perro perdiguero *ou* de muestra.

braquemart m. (Vx). Chafarote (sabre court).

braquement m. Puntería, f. (canon).

braquer v. tr. Asestar, dirigir, apuntar (une arme). ‖ Clavar, fijar (les yeux). ‖ Hacer girar las ruedas de un automóvil para efectuar un viraje. ‖ Aviat. Maniobrar : *braquer un aileron*, maniobrar un alerón. ‖ Fig. Predisponer : *être braqué contre quelqu'un*, estar predispuesto contra alguien. — V. intr. Girar : *automobile qui braque bien*, automóvil que gira bien.

braquet [brakε] m. Techn. Desmultiplicación, f. (bicyclette).

bras [bra] m. Brazo. ‖ Brazo (d'un fauteuil, d'un fleuve). ‖ Brazo (de la balance). ‖ Brazo (séculier). ‖ Fig. Brazo : *l'agriculture manque de bras*, la agricultura está falta de brazos. ‖ Mar. Braza, f. ‖ Techn. Brazo (d'un outil, d'un levier). ‖ — *À bras-le-corps*, por medio del cuerpo. ‖ *À bras ouverts*, con los brazos abiertos. ‖ *À bras raccourcis*, a brazo partido. ‖ *À bras tendus*, a pulso. ‖ *À force de bras*, a fuerza de brazos, a pulso. ‖ *À tour de bras*, con toda la fuerza. ‖ *Bras dessus, bras dessous*, del brazo, dándose el brazo. ‖ *Bras d'honneur*, corte de manga. ‖ *En bras de chemise*, en mangas de camisa. ‖ Fam. *Les gros bras*, los peces gordos, las personas influyentes. ‖ *Gros comme le bras*, grande como una casa. ‖ — Fig. *Avoir le bras long*, tener mucha influencia. ‖ *Avoir les bras rompus*, estar sin fuerzas. ‖ *Avoir sur les bras*, tener a su cargo, tener encima, cargar con. ‖ *Couper bras et jambes*, desanimar completamente, dejar estupefacto, partir por la mitad. ‖ *Donner le bras*, dar el brazo. ‖ *Être le bras droit de quelqu'un*, ser el brazo derecho de alguien. ‖ *Les bras croisés*, con los brazos cruzados. ‖ *Vivre de ses bras*, vivir de un trabajo manual.

brasage m. Soldadura, f. (soudure).

brasement m. Soldadura, f. (soudure).

braser v. tr. Soldar [con una aleación ligera].

brasero m. Brasero.

— Observ. Le *brasero* español est un appareil de chauffage domestique qui consiste en un large plat de cuivre rempli de braises et posé sur un support généralement placé sous une table recouverte d'un tapis. C'est le tandour des Orientaux.

— El *brasero* francés es un recipiente cilíndrico de metal lleno de carbón encendido que se usa en los talleres y en las obras al aire libre.

brasier m. Hoguera, f., ascuas, f. pl. : *la maison était un véritable brasier*, la casa era una verdadera hoguera.

brasiller v. intr. Rielar (la mer). ‖ Centellear (scintiller). ‖ Fosforecer (être phosphorescent).

brasquage m. Revestimiento con brasca.

brasque f. Brasca (métallurgie).

brasquer v. tr. Revestir con brasca.

brassage m. Removido, mezcla, f. (mélange). ‖ Braceaje (monnaie). ‖ Mezcla (f.) de la malta con el agua (bière). ‖ Mar. Braceo. ‖ Manejo (des affaires).

brassard [brasa:r] m. Brazalete, brazal.

brasse f. Braza (mesure). ‖ Brazada (mouvement des bras). ‖ Braza (nage) : *brasse papillon*, braza mariposa.

brassée f. Brazado, *m.*, brazada.

brassement m. Mezcla, f. (mélange). ‖ Agitación, f.

brasser v. tr. Fabricar cerveza (bière). ‖ Bracear, batir, agitar (agiter). ‖ Bracear (une vergue). ‖ Fam. Tramar : *brasser une intrigue*, tramar una intriga. ‖ — *Brasser de l'argent*, apalear dinero. ‖ Fig. *Brasser des affaires*, manejar negocios.

brasserie f. Cervecería. ‖ Fábrica de cervezas, cervecería (usine).

— Observ. En Francia, la *brasserie* suele también servir comidas ligeras.

— En Espagne, la *cervecería* est un débit de bière où l'on vend généralement des fruits de mer.

brasseur, euse m. et f. Cervecero, ra. ‖ Bracista (nage). ‖ Fig. *Brasseur d'affaires*, hombre de negocios.

brassicourt, e adj. Patiabierto, ta (cheval).

brassière f. Camisita, jersey, *m.* (nourrissons).

brassin m. Caldera, f., cuba, f. (bière). ‖ Calderada, f. (son contenu).

brasure f. Soldadura. ‖ Aleación para soldadura.

bravache adj. et s. Bravucón, ona.

— Syn. *Matamore*, matamoros. *Rodomont*, baladrón, fierabrás. *Fier-à-bras*, fierabrás, perdonavidas. *Tranchemontagnes*, rajabroqueles. *Olibrius*, fanfarrón.

bravade f. Bravata.

brave adj. Valiente ; valeroso, sa ; bravo, va ; Fam. Bueno, na : *brave homme*, buen hombre ; *braves gens*, buena gente [en este sentido ha de preceder al sustantivo]. — M. Valiente : *faire le brave*, dárselas *ou* echárselas de valiente. ‖ *Faux brave*, bravucón. ‖ Fam. *Mon brave*, mi buen amigo, amigo mío [solamente puede emplearse esta expresión hablando a personas de condición inferior].

braver v. tr. ● Desafiar : *braver quelqu'un*, desafiar a alguien. ‖ ◆ Arrostrar, afrontar : *braver la mort*, arrostrar la muerte.

— Syn. ● *Défier*, desafiar, retar. *Provoquer*, provocar. — ◆ *Affronter*, arrostrar.

bravissimo ! interj. ¡Bravísimo !

bravo interj. ¡Bravo !, ¡muy bien !, ¡ole ! — M. Bravo (applaudissement).

bravo m. Asesino pagado, sicario.

— Observ. En este caso el pl. hace *brari*.

bravoure f. Valentía, arrojo, *m.* (intrépidité), bravura.

braye [brε] f. Greda.

brayer [brεje] m. Correa (f.) del badajo (cloche). ‖ Correa (f.) portaestandarte. ‖ Braguero (bandage). ‖ Techn. Cuerda, f., tiro para elevar materiales de construcción.

brayer* v. tr. Mar. Embrear.

break [brεk] m. Break (voiture).

bréant m. Zool. Verderón.

brebis f. Oveja. ‖ Fig. Cordero, *m.*, hombre (*m.*) dócil. ‖ — *Brebis égarée*, oveja descarriada. ‖ *Brebis galeuse*, manzana podrida, oveja negra.

brèche f. Brecha. ‖ Mella, melladura (à un couteau). ‖ Desportilladura (à une assiette). ‖ Cortadura, tajo, *m.* : *la brèche de Roncevaux*, el tajo de Roncesvalles. ‖ Fig. Daño, *m.*, menoscabo, *m.* (tort). ‖ Min. Brecha (pierre). ‖ — *Battre en brèche*, batir en brecha (reculer), criticar severamente. ‖ *Être toujours sur la brèche*, estar siempre en la brecha. ‖ *Faire brèche*, abrir brecha (dans une clôture). ‖ *Faire une brèche à sa fortune*, hacer mella en su fortuna. ‖ *Mourir sur la brèche*, morir en la brecha.

brèche-dent adj. et s. Mellado, da.

— Observ. Pl. *brèche-dents*.

bréchet m. Quilla, f. (os d'oiseau).

bredouillage [brəduja:ʒ] m. Farfulleo, farfulla, f.

bredouille adj. Se emplea en la expresión : *rentrer ou revenir bredouille,* volver de caza *ou* de pesca con el morral vacío ; volver con las manos vacías (les mains vides).

bredouillement m. V. BREDOUILLAGE.

bredouiller v. tr. et intr. Hablar atropelladamente, farfullar.

bredouilleur, euse m. et f. Farfullador, ra ; farfulla.

bref, ève adj. Breve : *discours brefs,* discurso breve. ‖ FIG. Conminatorio, ria ; imperioso, sa : *ton bref,* tono conminatorio.

— M. ● Breve carta pontificia. ‖ Añalejo (calendrier ecclésiastique).

— F. MUS. Breve (note). ‖ Breve (syllabe).

— SYN. ● *Bulle,* bula. *Constitution,* constitución. *Mandement,* carta pastoral.

bref [brɛf] adv. Total : *bref, je ne veux pas,* total, que no quiero. ‖ Para resumir, en resumen, en pocas palabras (en deux mots).

— SYN. *En un mot,* en una palabra. *En somme,* en resumen.

bréhaigne adj. Estéril, yermo, ma.

— F. Machorra (femelle stérile).

breitschwanz [braitʃvants] m. Breitschwanz (variété d'astrakan).

brelan m. Berlanga, f. (jeu de cartes). ‖ Trío : *brelan d'as,* trío de ases.

brêler v. tr. Amarrar con cuerdas.

breloque f. Dije, m., dijecillo, m., colgante, m. (petit bijou). ‖ MIL. Fajina (sonnerie militaire). ‖ FIG. *Battre la breloque,* divagar, desatinar, desbarrar, hablar a tontas y a locas (déraisonner), andar irregularmente (une montre).

brème f. ZOOL. Brema (poisson). ‖ POP. Carta, naipe, m.

Brême n. pr. GÉOGR. Bremen, Brema.

Brésil n. pr. m. GÉOGR. Brasil.

brésilien, enne adj. et s. Brasileño, ña ; brasilero, ra (en Amérique).

brésillé, e adj. Brasilado, da.

brésiller v. tr. Teñir con brasil. ‖ Desmenuzar hacer añicos (briser en menus morceaux).

— V. intr. Desmenuzarse.

brésillet m. Brasil, palo brasil (bois de couleur rouge).

bressant f. Corte (m.) de pelo al cepillo.

Bretagne n. pr. f. GÉOGR. Bretaña.

bretailler v. intr. Desenvainar la espada por cualquier motivo. ‖ Frecuentar las salas de armas.

bretailleur m. Espadachín.

bretèche ou **bretesse** f. MIL. Muralla almenada.

bretelle f. Correa (courroie). ‖ Línea de comunicación, que una vía con otra (transports). ‖ Carretera de enlace *ou* de empalme, ramal (m.) de conexión (autoroute). ‖ *Bretelle de fusil,* portafusil. ‖ — Pl. Tirantes, m. [*Amér.,* suspensores, m.] (pour le pantalon).

bretessé, e adj. BLAS. Almenado, da.

breton, onne [brətɔ̃, ɔn] adj. et s. Bretón, ona. ‖ — M. Bretón (langue).

bretonnant, e adj. Que habla bretón. ‖ Que tiene apego a lo bretón.

brette f. Espadón, m.

brettelé, e adj. TECHN. *Marteau brettelé,* escoda.

bretteler* ou **bretter** v. tr. Escodar.

bretteur m. Esgrimidor.

— SYN. *Escrimeur,* esgrimidor. *Spadassin,* espadachín, matachín. *Estafier* (p. us.), matón. *Duelliste,* duelista.

bretzel m. Pastelillo alemán duro y salado en forma de ocho.

breuil [brœ:j] m. Coto de caza.

breuvage m. Bebida, f. (boisson). ‖ Brebaje (boisson désagréable). ‖ VÉTÉR. Pócima, f., poción, f.

brève adj. f. V. BREF.

brevet m. Patente, f. : *brevet d'invention,* patente de invención. ‖ Título : *brevet de pilote,* título de piloto. ‖ Diploma, título, certificado (d'études). ‖ Despacho (titre d'officier de l'armée).

brevetable adj. Patentable : *invention brevetable,* invento patentable.

breveté, e adj. et s. Patentado, da. ‖ Diplomado, da ; titulado, da ; graduado, da : *breveté d'état-major,* diplomado de Estado Mayor.

breveter* v. tr. Patentar : *breveter une invention,* patentar un invento. ‖ Conceder, otorgar una patente.

bréviaire m. Breviario.

brévipenne adj. et s. ZOOL. Brevipenne, de alas cortas.

brévirostre adj. ZOOL. De pico corto.

brévité f. Brevedad.

briard, e adj. et s. De Brie [región de Francia]. ‖ — M. Mastín (chien).

bribe f. Pizca, poquito, m. (petite quantité). ‖ — Pl. Migajas, sobras, restos, m. (restes d'un repas). ‖ Fragmentos, m. (d'une conversation). ‖ *Savoir quelques bribes de latin,* saber algunos latinajos.

bric loc. adv. *De bric et de broc,* de aquí y de allí, de cualquier modo, con cualquier cosa.

bric-à-brac m. Baratillo (magasin). ‖ Mercancías (f. pl.) de lance, de ocasión (marchandises). ‖ FIG. Tópicos, pl. (lieux communs) : *le bric-à-brac romantique,* los tópicos románticos. ‖ Batiborrillo, mezcolanza, f. (confusion). ‖ *Marchand de bric-à-brac,* baratillero.

bricheton m. POP. Pan.

brick m. Bricbarca (bateau).

bricolage m. Chapuz, chapucería, f. : *cette réparation c'est du bricolage,* esta reparación es una chapucería. ‖ FAM. Trabajo, arreglo de aficionado. ‖ *Aimer le bricolage,* gustarle a uno hacer trabajos menudos.

bricole f. Petral, m. (harnais). ‖ Menudencia, tontería (bagatelle). ‖ Anzuelo (m.) doble, potera (hameçon double). ‖ Correón, m. (de portefaix). ‖ Rebote, m. rechazo, m. (bond). ‖ Carambola por tabla *ou* banda (au billard). ‖ FIG. et FAM. Chapuz, m., chapuza, trabajillo, m., apaño, m. (menu travail). ‖ — Pl. Redes para cazar ciervos (filets). ‖ *De o par bricole,* de rebote, de rechazo.

bricoler v. intr. Jugar por tabla *ou* por la banda (billard). ‖ Rebotar (rebondir). ‖ FAM. Hacer toda clase de oficios (faire tous les métiers). ‖ Chapucear, hacer pequeños trabajos. ‖ *Bricoler sa voiture,* preparar su coche.

— V. tr. Chapucear, hacer pequeños trabajos, amañar (faire de menus travaux).

bricoleur, euse m. et f. FAM. Persona que hace toda clase de oficios, factótum, chapucero, ra (personne qui fait tous les métiers). ‖ Persona mañosa, apañado, da (personne habile).

bride f. Brida (ensemble du mors et des rênes). ‖ Rienda (rêne) [sólo en locuciones como *à bride abattue,* a rienda suelta ; *lâcher la bride,* dar rienda suelta, etc.]. ‖ Cinta, barboquejo, m. (d'un chapeau). ‖ Presilla (boutonnière). ‖ Brida (adhérence). ‖ FIG. Rienda, freno, m. : *lâcher la bride à ses passions,* soltar la rienda a sus pasiones. ‖ MÉD. Adherencia. ‖ TECHN. Brida, abrazadera. ‖ Tira : *chaussures à brides,* zapatos con tiras. ‖ — *Mettre la bride sur le cou,* dar rienda suelta *ou* libre. ‖ *Rendre la bride,* aflojar la rienda. ‖ FIG. *Tenir en bride,* sujetar, contener. ‖ *Tenir la bride haute,* mostrarse severo. ‖ *Tourner bride,* volver grupas, volverse atrás.

bridé, e adj. Embridado, da (cheval). ‖ Oblicuo, cua : *avoir des yeux bridés,* tener los ojos oblicuos. ‖ FIG. Refrenado, da ; apretado, da : *une veste bridée,* un chaqueta apretada.

brider v. tr. Embridar, poner la brida (mettre la bride). ‖ FIG. Refrenar, enfrenar, contener (retenir). | Apretar, estar estrecho (en parlant des vêtements). | Atar (une volaille).

bridge m. Bridge (jeu). ‖ Puente (dentier).

bridger v. intr. Jugar al bridge.

bridgeur, euse m. et f. Jugador, ra, de bridge,

bridon m. Bridón, cabezón, filete.

brie m. Queso de Brie [región de Francia].

brièvement adv. Brevemente.

brièveté f. Brevedad. ‖ Concisión.

brigade f. MIL. Brigada. ‖ Destacamento, *m.*, escuadra (de police). ‖ Equipo, *m.*, cuadrilla, brigada (d'ouvriers).

brigadier m. Cabo (de cavalerie, de police, de gendarmerie). ‖ FAM. Brigadier [general de brigada]. ‖ MIL. *Brigadier-chef*, cabo primera. | *Brigadier-fourrier*, cabo furriel. | *Brigadier-trompette*, cabo de trompetas.

brigand [brigã] m. Salteador, bandolero. ‖ FAM. Tunante, pillo.

brigandage m. Bandidaje, bandolerismo.

brigander v. intr. Vivir como bandolero.

brigantin m. MAR. Bergantín.

brigantine f. MAR. Cangreja (voile).

Bright (*mal de*) [maldəbrait] m. MÉD. Mal de Bright, nefritis, f.

brightique adj. et s. MÉD. Nefrítico, ca.

Brigitte n. pr. f. Brígida.

brigue f. Artimaña, maniobra : *obtenir quelque chose par brigue*, conseguir algo por una artimaña. ‖ Intriga (intrigue).

briguer v. tr. Pretender : *briguer une place de rédacteur*, pretender un puesto de redactor. ‖ Solicitar (solliciter).
— V. intr. Intrigar (intriguer).

brigueur, euse m. et f. Solicitante, pretendiente (qui sollicite). ‖ Ansioso (qui recherche). ‖ Intrigante (intrigant).

brillamment [brijamã] adv. Brillantemente.

brillance f. PHYS. Brillantez.

brillant, e adj. Brillante (qui brille). ‖ FIG. Brillante ; lucido, da. | Suntuoso, sa (somptueux) | Atractivo, va ; seductor, ra (séduisant). | Productivo, va : *une brillante affaire*, un negocio productivo.
— M. ● Brillo, brillantez, *f.* (éclat). ‖ Brillante (diamant). ‖ FIG. *Faux brillant*, falsas apariencias, relumbrón (oropel).
— SYN. ● *Éclat*, brillo, resplandor. *Splendeur*, esplendor. *Lustre*, lustre. *Relief*, realce. *Clinquant*, relumbrón.

brillantage m. Abrillantado (apprêt des tissus).

brillanté, e adj. Abrillantado, da.

brillanter v. tr. Abrillantar (tailler). ‖ Adornar.

brillantine f. Brillantina (pour les cheveux). ‖ Lutina (étoffe).

briller [brije] v. intr. ● Brillar, relumbrar (luire). ‖ FIG. Brillar, lucirse (se faire remarquer). ‖ — *Briller par son absence*, brillar por su ausencia. ‖ *Faire briller*, hacer relucir, sacar brillo a. ‖ *Tout ce qui brille n'est pas or*, no es oro todo lo que reluce.
— SYN. ● *Luire*, lucir. *Reluire*, relucir, relumbrar. *Resplendir*, resplandecer, refulgir. *Éblouir*, deslumbrar. *Miroiter*, espejear. *Chatoyer*, tornasolar.

brimade f. Novatada (vexation imposée aux nouveaux). ‖ FIG. Medida vejatoria e inútil.

brimbalement m. Balanceo, bamboleo (balancement).

brimbaler v. tr. Balancear, bambolear (secouer).
— V. intr. Bambolearse (osciller).

brimborion m. FAM. Chuchería, f., baratija, f.

brimer v. tr. Vejar. ‖ FAM. Molestar (maltraiter). ‖ Dar una novatada (aux nouveaux).

brin m. Brizna, f. : *un brin d'herbe, de paille*, una brizna de hierba, de paja. ‖ Ramita, f. : *un brin de muguet*, una ramita de muguete. ‖ Tallo (tige) : *arbre d'un seul brin*, árbol de un solo tallo. ‖ Brin (tissu). ‖ Hebra, f. (d'une corde). ‖ FIG. Chispa, f., pizca, f. (petite partie). ‖ RAD. Ramal. ‖ TECHN. Varilla, f. (d'éventail). | Tiro de correa (courroie d'une poulie). ‖ FIG. Momentito : *attendre un brin*, esperar un momentito. ‖ FAM. *Un beau brin de fille*, una real moza.

Brindes ou **Brindisi** n. pr. GÉOGR. Brindisi.

brindille f. Ramita, ramilla (menue branche).

brinell m. Brinell (pour l'essai des métaux).

bringue f. FAM. Juerga, jaleo, *m.* : *faire la bringue*, irse de juerga. ‖ POP. Mujer alta y desgarbada, espingarda.

bringuebale f. TECHN. Guimbalete, *m.*

bringuebaler ou **brinquebaler** v. tr. et intr. Bambolear.

brio m. Brío : *parler avec brio*, hablar con brío.

brioche f. Bollo (*m.*) de leche (pâtisserie). ‖ FIG. et FAM. Torpeza, necedad (bévue). | Vientre, *m.*, curva de la felicidad : *avoir de la brioche*, tener vientre.

brique f. Ladrillo, *m.* : *brique creuse*, ladrillo hueco. ‖ — *Brique crue*, adobe. ‖ *Une brique*, un millón (d'anciens francs : 10 000 F). ‖ — *Four à briques*, tejar. ‖ *Ton de brique*, color de ladrillo. ‖ — POP. *Bouffer des briques*, comer adoquines, comer muy mal.

briquer v. tr. Frotar con asperón. ‖ Lustrar, dar brillo : *briquer le parquet*, lustrar el piso de madera.

briquet m. Eslabón (pièce d'acier pour faire du feu). ‖ Encendedor, mechero : *briquet à gaz*, encendedor de gas. ‖ (Vx). Sable corto (sabre court). ‖ Perro raposero (chien). ‖ *Battre le briquet*, sacar chispa [con el eslabón].

briquetage m. Enladrillado. ‖ Agramilado (enduit).

briqueté, e adj. Enladrillado, da. ‖ Agramilado, da (qui imite la brique).

briqueter* v. tr. Enladrillar (garnir de briques). ‖ Solar con ladrillos (paver). ‖ Agramilar (imiter la brique).

briqueterie f. Ladrillar, *m.*, fábrica de ladrillos.

briqueteur m. Enladrillador, solador.

briquetier m. Ladrillero.

briquette f. Briqueta (charbon).

bris [bri] m. Quebranto. ‖ Fractura, f. ‖ *Bris de scellés*, violación de sellos *ou* precintos.

brisant, e adj. Frangente (p. us.). ‖ *Obus brisant*, granada rompedora.
— M. MAR. Batiente, rompiente (écueil). | Rompeolas (brise-lames).

briscard ou **brisquard** [briska:r] m. Veterano, soldado viejo.

brise f. Brisa : *brise de mer*, brisa marina. ‖ MAR. *Brise folle*, ventolina.

brisé, e adj. Quebrado, da. ‖ Plegable : *porte brisée*, puerta plegable. ‖ ARCHIT. Agudo, da (fronton, comble). ‖ FIG. Molido, da ; destrozado, da (rompu). ‖ — *Ligne brisée*, línea quebrada. ‖ *Voix brisée*, voz entrecortada, quebrada.

brise-bise m. inv. Visillo (petit rideau). ‖ (P. us.). Burlete (bourrelet).

brisées f. pl. Ramas que rompe el cazador para señalar dónde está la caza. ‖ Rastros, *m. pl.*, huellas (d'un animal). ‖ FIG. Huella, *sing.*, rastro, *m. sing.* (trace) : *suivre les brisées*, seguir las huellas. ‖ *Aller, marcher, courir sur les brisées de quelqu'un*, competir con uno, pisar el terreno, a uno, ser el rival de uno.

brise-fer m. et f. inv. V. BRISE-TOUT.

brise-glace m. inv. Tajamar (pont). ‖ Rompehielos (bateau).

brise-jet [brizʒɛ] m. inv. Tubo amortiguador colocado en un grifo.

brise-lames m. inv. Rompeolas, escollera, *f.*
brisement m. Rompimiento (rupture). ‖ Choque de las olas (vagues). ‖ Fig. *Brisement de cœur,* quebranto, dolor profundo.
brise-mottes m. inv. Agric. Rodillo de discos.
briser v. tr. Quebrar, hacer añicos. ‖ Cortar : *briser un entretien,* cortar una entrevista. ‖ Domar : *briser des chaussures neuves,* domar zapatos nuevos. ‖ Fig. Quebrantar (le courage). ‖ Moler, destrozar, fatigar (fatiguer). ‖ — *Briser la carrière de quelqu'un,* destrozar la carrera de alguien. ‖ *Briser le cœur,* destrozar el corazón. ‖ *Briser une résistance,* vencer una resistencia.
— V. intr. Romper (les vagues). ‖ — *Briser avec quelqu'un,* romper con uno. ‖ *Brisons là-dessus,* doblemos la hoja, no hablemos más de ello, asunto concluido.
— V. pr. Estrellarse.
brise-tout m. inv. Fam. Rompelotodo, destrozón.
briseur, euse m. et f. Rompedor, ra. ‖ Hist. *Briseur d'images,* iconoclasta.
brise-vent m. Agric. V. abri-vent.
brisis m. Archit. Lima (*f.*) tesa.
briska f. Birlocho, *m.* (calèche).
brisquard m. Veterano, soldado viejo (briscard).
brisque f. Brisca (jeux). ‖ Mil. Galón, *m.* (chevron).
bristol m. Bristol, cartulina, *f.* ‖ Tarjeta, *f.* (carte de visite).
brisure f. Rotura, quiebra. ‖ Juntura, articulación : *les brisures d'un volet,* las junturas de una persiana. ‖ Blas. Brisada.
britannique adj. et s. Británico, ca.
brize f. Bot. Cedacillo, *m.* ‖ Bot. *Brize tremblante,* tembladera.
broc [bro] m. Jarro grande, pichel. ‖ Jarro (contenu). ‖ *De bric et de broc,* m. adv. V. bric.
brocantage m. Comercio del chamarilero. ‖ Compraventa (*f.*) de lance. ‖ Cambalache (échange).
brocante f. Chamarileo, *m.,* comercio (*m.*) de lance.
brocanter v. intr. Chamarilear (acheter et vendre d'occasion). ‖ Cambalachear (troquer).
— V. tr. Revender, chalanear.
brocanteur, euse m. et f. Chamarilero, ra ; cambalachero, ra (p. us.).
— Syn. *Fripier,* prendero de viejo. *Marchand d'habits,* ropavejero. *Antiquaire,* anticuario.
brocard m. Zool. Corzo [de un año].
brocard m. Dr. Aforismo, axioma legal. ‖ Fam. Pulla, *f.,* chacota, *f.,* chufleta, *f.* (raillerie).
brocarder v. tr. Lanzar pullas contra, chufletearse de, chacotearse de.
brocart m. Brocado (étoffe brochée).
brocatelle f. Brocatel, *m.* (marbre, étoffe).
brochage m. Encuadernación (*f.*) en rústica.
brochant, e adj. Blas. Soldante. ‖ Fig. *Brochant sur le tout,* agregándose a lo demás.
broche f. Asador, *m.,* espetón, *m.* (pour rôtir). ‖ Alfiler, *m.,* imperdible, *m.* (épingle ornée). ‖ Broche, *m.* (agrafe). ‖ Navaja, colmillo, *m.* (du sanglier). ‖ Comm. Efecto (*m.*) de comercio de poco valor. ‖ Mécan. Husillo, *m.* ‖ Techn. Tacha (clou sans tête). | Brocha. | Broca (tissage). | Mandril, *m.,* macho, *m.* (forge). | Pasador, *m.* (goupille). ‖ — Pl. Pitón, *m.* (du chevreuil). ‖ *Mettre à la broche,* espetar.
broché, e adj. En rústica (reliure).
brocher v. tr. Briscar (tisser). ‖ Encuadernar a la ou en rústica (livres). ‖ Clavar una herradura de caballo (ferrer). ‖ Impr. *Machine à brocher,* máquina de alzado.
brochet [broʃɛ] m. Lucio (poisson).
brocheton m. Lucio pequeño.
brochette f. Culin. Broqueta, brocheta, pincho,

m., pinchito, *m.* ‖ Fam. Sarta de condecoraciones.
brocheur, euse m. et f. Encuadernador, ra, en rústica. ‖ — F. Cosedora, máquina de coser libros. ‖ Mécan. Brochadora.
brochoir m. Martillo de herrador.
brochure f. Folleto, *m.* (petit ouvrage). ‖ Encuadernación en rústica (brochage). ‖ Dibujo (*m.*) briscado (dessin broché sur une étoffe).
brocoli m. Brécol, bróculi, brecolera, *f.*
brodequin m. Borceguí (chaussure). ‖ Coturno (des acteurs de la comédie antique).
broder v. tr. Bordar : *linge brodé,* ropa blanca bordada. ‖ Fig. Embellecer, adornar (enjoliver un récit). ‖ — *Broder à jour,* bordar en calado. ‖ *Broder en relief,* bordar de realce, recamar. ‖ *Broder sur un fait divers,* hinchar un suceso. ‖ *Broder sur un thème,* florear sobre un asunto. ‖ *Métier à broder,* bastidor.
broderie f. Bordado, *m.* (ouvrage du brodeur). ‖ Floritura (dans le chant). ‖ Fig. Adornos, *m. pl.,* detalles, *m. pl.* (dans un récit). ‖ — *Broderie à jour,* calado. ‖ *Broderie en relief,* recamado.
brodeur, euse m. et f. Bordador, ra.
broie [brwa] f. Agramadera (pour le chanvre).
broiement [-mã] m. Trituración, *f.*
bromate m. Chim. Bromato.
brome m. Bot. et Chim. Bromo.
broméllacées f. pl. Bot. Bromeliáceas.
bromhydrique adj. Chim. Bromhídrico, ca.
bromique adj. Chim. Brómico, ca.
bromoforme m. Chim. Bromoformo.
bromure m. Chim. Bromuro.
bronche f. Anat. Bronquio, *m.*
bronchectasie ou **bronchiectasie** f. Méd. Broncoectasia.
broncher v. intr. Tropezar (trébucher). ‖ Fig. Moverse (bouger) : *que personne ne bronche !,* ¡que nadie se mueva ! ‖ Vacilar : *réciter une leçon sans broncher,* decir una lección sin vacilar. ‖ Fam. *Ne pas broncher,* no chistar, no rechistar.
bronchial, e adj. Anat. Bronquial.
bronchioles f. pl. Anat. Bronquiolos, *m. pl.*
bronchique adj. Anat. Bronquial.
bronchite [brɔ̃ʃit] f. Méd. Bronquitis.
bronchitique adj. et s. Bronquítico, ca.
broncho-pneumonie [brɔ̃kɔpnømɔni] f. Méd. Bronconeumonía.
bronchorrée [-kɔre] f. Méd. Broncorrea.
bronchoscope [brɔ̃kɔskɔp] m. Broncoscopio.
bronchoscopie [-pi] f. Broncoscopia.
bronchotomie [brɔ̃kɔtɔmi] f. Méd. Broncotomía.
brondir v. intr. Zumbar.
brondissement m. Zumbido (d'une toupie).
brontosaure m. Brontosauro (fossile).
bronzage m. Bronceado, bronceadura, *f.* ‖ Pavonado (d'une arme). ‖ *Huile de bronzage,* bronceador (beauté).
bronze m. Bronce (alliage). ‖ (Vx.) Poét. Cañón (canon). ‖ (P. us.). Campana, *f.* (cloche). ‖ Fig. Medalla (*f.*) ou estatua (*f.*) de bronce. ‖ Fig. *Cœur de bronze,* corazón de piedra.
bronzé, e adj. Del color del bronce. ‖ Bronceado, da ; tostado, da (peau).
bronzer v. tr. Broncear. ‖ Pavonar (l'acier). ‖ Broncear, tostar (la peau). ‖ Fig. Endurecer : *l'égoïsme bronze le cœur,* el egoísmo endurece el corazón.
— V. pr. Broncearse, tostarse (se brunir). ‖ Fig. Endurecerse (s'endurcir).
bronzeuse f. Impr. Bronceadora.
bronzier ou **bronzeur** m. Broncista (fondeur, fabricant).
brook [bruk] m. Foso [en la carrera de obstáculos].
broquette f. Tachuela, tabaque, *m.* (clou à tête plate).

brossage m. Cepillado, cepilladura, f.

brosse f. Cepillo, m. : *brosse à dents,* cepillo de dientes. || Brocha (de peintre en bâtiment). || Pincel, m. (pinceau d'artiste peintre). || Bruza (de typographe). || Bruza (pour les chevaux). || — *Cheveux en brosse,* cabellos al cepillo. || *Coup de brosse,* cepillado (chaussures). || *Tapis-brosse,* felpudo. || — Pl. Matorral, m. (buisson).

brossée f. Cepillado, m. (coup de brosse). || FAM. Tunda, paliza (volée).

brosser v. tr. Cepillar. || PEINT. Bosquejar, abocetar (ébaucher). || FIG. Bosquejar : *brosser un tableau de la situation,* bosquejar un cuadro de la situación.
— V. pr. Cepillarse. || FAM. *Tu peux te brosser,* espérate sentado.

brosserie f. Brucería, fábrica de cepillos.

brossier, ère m. et f. Brucero, ra.

brou m. Cáscara, f. (de noix, d'amande, etc.). || *Brou de noix,* nogalina.

brouet [brue] m. Caldo claro. || FAM. Bodrio, comida (f.) mala (mauvaise nourriture).

brouettage m. Acarreo (en brouette).

brouette f. Carretilla.

brouettée f. Carretada, carretillada.

brouetter v. tr. Acarrear.

brouetteur ou **brouettier** m. Carretillero.

brouhaha m. FAM. Algazara, f., algarabía, f., ruido confuso, guirigay.

brouillage [bruja:3] m. RAD. Interferencia, f.

brouillamini m. FAM. Batiburrillo, lío.

brouillard m. ● Niebla, f., neblina, f. || COMM. Borrador (livre). || FAM. *Être dans le brouillard,* quedarse in albis, no enterarse.
— Adj. Secante : *papier brouillard,* papel secante.
— SYN. ● *Brume,* bruma. *Brumaille,* bruma ligera. *Frimas,* escarcha.

brouillasse f. FAM. Niebla meona, agua cortada.

brouillasser v. intr. FAM. Lloviznar.

brouille ou **brouillerie** [bruj, jri] f. FAM. Desavenencia, disgusto, m. : *brouille entre deux familles,* desavenencia entre dos familias.

brouillement m. Mezcla, f. || Enredo, embrollo.

brouiller v. tr. ● Mezclar (mêler). || Revolver : *œufs brouillés,* huevos revueltos. || Enturbiar, alterar (liquide). || FIG. Malquistar, sembrar la discordia entre (désunir des amis). | Confundir (embarrasser). | Trastornar (troubler) : *la métaphysique a brouillé bien des cerveaux :* la metafísica ha trastornado muchos cerebros. || RAD. Interferir : *brouiller une émission,* interferir una emisión. || — *Brouiller les cartes,* barajar ; sembrar la confusión (figuré). || FAM. *Être brouillé avec,* estar reñido con.
— V. pr. Nublarse : *ma vue se brouille,* mi vista se nubla. || Encapotarse, nublarse, cubrirse (le ciel). || Enturbiarse, obscurecerse (les idées). || Enredarse, complicarse (les affaires). || Embarullarse, embrollarse (en parlant). || Reñir (se disputer). || ● Malquistarse (se fâcher). || Desavenirse (se désunir).
— SYN. ● *Emmêler,* enredar (entrelacer), enmarañar (entortiller). *Embrouiller,* embrollar.
— ◆ *Se fâcher,* enfadarse, disgustarse.

brouillerie f. Desavenencia, disgusto, m. (brouille).

brouillon, onne adj. Enredador, ra ; lioso, sa. || Desordenado, da (désordonné).
— M. Borrador (d'une lettre). || *Cahier de brouillons,* borrador, borrón.

brouillonner v. tr. Escribir un borrador. || Emborronar, escribir mal.

brouir v. tr. Quemar, ahornagar (les plantes).

brouissure f. Ahornagamiento, m. (des plantes).

broussaille [brusa:j] f. Maleza, zarzal, m., broza. || — *Broussailles épineuses,* monte bajo. || FIG.

Sourcils, barbe en broussaille, cejas, barbas en desorden, enmarañadas.

broussailleux, euse adj. Cubierto, ta, de maleza. || FIG. Enmarañado, da.

broussard m. Persona que vive en las selvas.

brousse f. Maleza (broussaille). || Selva (forêt) ; monte, m., sabana con matorrales. || POP. Campo, m. || Requesón, m. (caillé).

broussin m. BOT. Verruga, f. (dans le bois).

broutage m. TECHN. Ruido producido por un mal engranaje.

broutement m. Ramoneo. || TECHN. V. BROUTAGE.

brouter v. tr. Pacer (paître l'herbe). || Ramonear (les arbres). || TECHN. Engranar mal (dents d'une roue). || Vibrar (outil coupant).

broutille f. Ramojo, m. (branchette). || FIG. Nadería, pamplina, fruslería (sujet sans importance).

brownien adj. m. PHYS. Browniano (mouvement).

browning [brauniŋ] m. Browning, f. (pistolet).

broyage m. Trituración, f., molienda, f., molturación, f.

broyer* [brwaje] v. tr. ● Moler, triturar : *broyer du blé,* moler trigo. || Desleir (délayer les couleurs). || FIG. *Broyer du noir,* verlo todo negro.
— SYN. ● *Concasser,* machacar. *Croquer,* morder. *Écraser,* aplastar. *Triturer,* triturar. || POP. *Écrabouiller,* reventar, aplastar, despachurrar.

broyeur, euse [-jœ:r, ø:z] adj. et s. Moledor, ra. || — M. Triturador, machacadora, f., desmenuzadora, f. (machine). || *Broyeur d'évier,* triturador de basura.

bru f. Nuera, hija política (belle-fille).

bruant ou **bréant** m. ZOOL. Verderón.

brucelles f. pl. Bruselas, pinzas finas.

bruche f. Gorgojo, m. (insecte).

brucine f. CHIM. Brucina.

Bruges n. pr. GÉOGR. Brujas.

brugnon m. Nectarina, f. griñon (fruit).

brugnonier m. Griñonero (pêcher).

bruine f. Llovizna, cernidillo, m. (pluie fine).

bruiner [bryine] v. intr. Lloviznar.

bruineux, euse adj. Llovíznoso, sa.

bruir v. tr. Humedecer las telas.

bruire* v. intr. Zumbar (machine, vent, insectes). || Murmurar, susurrar.
— OBSERV. Este verbo sólo se conjuga en la 3ª persona del singular del presente del indicativo (*il bruit*), en la 3ª persona del singular y del plural del imperfecto del indicativo (*il bruyait, ils bruyaient*), y en infinitivo.

bruissage m. Humedecimiento de las telas.

bruissant, e adj. Zumbador, ra.

bruissement m. Zumbida. || Rumor, susurro, murmullo.

bruit [brɥi] m. Ruido. || MÉD. Sonido. || FIG. Repercusión, f., resonancia, f. : *un discours qui a fait du bruit,* un discurso que ha tenido repercusión. | Rumor : *le bruit court,* cunde (ou corre) el rumor. || — *À grand bruit,* a bombo y platillos. || *Beaucoup de bruit pour rien,* mucho ruido y pocas nueces.

bruitage m. Efectos (pl.) sonoros (théâtre, cinéma, radio).

bruiter v. tr. Producir efectos sonoros.

bruiteur m. Encargado de producir sonidos (théâtre, cinéma, radio).

brûlage m. Quema, f. (action de brûler). || *Brûlage du café,* tostado del café.

brûlant, e adj. Ardiente. || FIG. Vivo, va ; animado, da (vif). || *Affaire brûlante,* asunto candente.

brûlé, e adj. et s. Quemado, da. || FIG. Acabado, da : *un politicien brûlé,* un político acabado. || — FIG. *Une tête brûlée,* una cabeza loca, un calavera. || — *Sentir le brûlé,* oler a quemado, a chamusquina.

brûle-gueule m. inv. POP. Pipa (f.) corta de marinero.

brûlement m. Quema, *f.*, quemazón, *f.* (action). ‖ Quemadura, *f.* (effet).

brûle-parfum m. inv. Pebetero, perfumador.

brûle-pourpoint (à) m. adv. A quemorropa, a boca de jarro. ‖ FIG. *Poser une question à brûle-pourpoint*, preguntar de sopetón.

brûler v. tr. Quemar : *brûler des papiers*, quemar papeles. ‖ Tostar, torrefactar (café). ‖ Consumir gastar (chauffage, éclairage). ‖ Abrasar (soleil). ‖ — FIG. *Brûler la cervelle de quelqu'un*, levantarle *ou* saltarle a uno la tapa de los sesos. | *Brûler la politesse*, despedirse a la francesa, marcharse bruscamente (partir), faltar a una cita (manquer un rendez-vous). | *Brûler les planches*, trabajar, actuar con ardor (théâtre). | *Brûler ses vaisseaux*, quemar las naves. | *Brûler un feu rouge*, saltarse un semáforo, no detenerse en el disco rojo, pasar de largo un disco rojo (circulation). | *Brûler une étape*, pasar por un punto sin detenerse. | *Brûler un véhicule*, adelantar un vehículo.

— V. intr. Arder : *la maison brûle*, la casa arde. ‖ Lucir, arder (lumière). ‖ Quemarse (au jeu de cache-cache). ‖ CULIN. Pegarse (aliments). | Quemarse (rôti). ‖ — *Brûler de...* (suivi d'un infinitif), desear ardientemente : *brûler de partir en vacances*, desear con ansia *ou* ardientemente salir de vacaciones. ‖ *Brûler d'impatience*, consumirse de impaciencia.

brûlerie f. Destilería (eau-de-vie). ‖ Tostadero, *m.* (café).

brûle-tout m. inv. Apuracabos.

brûleur, euse m. et f. Quemador, ra. ‖ Destilador, ra (distillateur). ‖ — M. Mechero, quemador (gaz, mazout).

brûlis m. AGRIC. Chamicera, *f.*

brûloir m. Tostador (de café).

brûlot m. Aguardiente, destilado con azúcar. ‖ FIG. Cizañero, sembrador de discordia. ‖ MAR. Brulote.

brûlure f. Quemadura. ‖ Escaldadura (eau bouillante). ‖ Ardor, *m.*, ardentía, acedía (estomac).

brumaire m. Brumario (mois du calendrier républicain français allant du 23 octobre au 21 novembre).

brumasse f. MAR. Neblina.

brumasser v. impers. Haber neblina.

brume f. Bruma. ‖ FIG. Oscuridad, incertidumbre, tristeza.

brumer v. impers. Hacer *ou* haber bruma.

brumeux, euse adj. Brumoso, sa.

brun, e [brœ, bryn] adj. et s. Pardo, da : *ours brun*, oso pardo. ‖ Moreno, na (teint, cheveux). ‖ Sombra, *f.* (peinture) : *brun d'os*, sombra de hueso. ‖ *Brun-rouge*, ocre.

brunâtre adj. Pardusco, ca ; moreno, na.

brune f. Anochecer, *m.* : *à la brune*, al anochecer.

brunet, ette m. et f. Morenito, ta ; morenillo, lla.

bruni, e adj. Tostado, da : *visage bruni*, rostro tostado.

— M. Bruñido (d'un métal).

brunir v. tr. Dar color pardo *ou* moreno, embazar (rendre brun). ‖ Poner moreno, atezar, tostar (la peau). ‖ TECHN. Bruñir, pulimentar, pulir (polir).

— V. intr. Ponerse moreno (le teint).

— V. pr. Ponerse moreno, tostarse (la peau). ‖ Bruñirse.

brunissage m. Bruñido, pulimento (métaux).

brunissant, e adj. Pardusco, ca ; que tira a moreno.

brunissement m. Tostadura, *f.*, ennegrecimiento.

brunisseur, euse m. et f. Bruñidor, ra.

brunissoir m. Bruñidor (outil).

brunissure f. Bruñidura, bruñido, *m.* (métaux).

brusque adj. Brusco, ca.

brusquer v. tr. Atropellar, tratar bruscamente. ‖

FIG. Precipitar, apresurar : *brusquer une attaque*, precipitar un ataque.

brusquerie f. Brusquedad.

brut, e [bryt] adj. Bruto, ta : *diamant brut*, diamante bruto. ‖ Sin refinar ; bruto, ta ; crudo, da : *pétrole brut*, petróleo sin refinar. ‖ Muy seco, ca : *champagne brut*, champaña muy seco. ‖ FIG. Bruto, ta (sans culture).

brutal, e adj. Brutal : *des hommes brutaux*, hombres brutales.

brutaliser v. tr. Brutalizar.

brutalité f. Brutalidad.

— SYN. *Sauvagerie*, salvajismo. *Cruauté*, crueldad. *Atrocité*, atrocidad. *Férocité*, ferocidad. *Inhumanité*, inhumanidad. *Sadisme*, sadismo.

brute f. Bruto, *m.* ‖ *Espèce de brute!*, ¡vaya tío bestia!, ¡so bestia!

— SYN. *Brutal*, brutal. *Sauvage*, salvaje. *Bestial*, bestial.

brutisme m. PHILOS. Maquinismo.

Bruxelles [bryksɛl] n. pr. GÉOGR. Bruselas.

bruxellois, e adj. et s. Bruselense.

bruyamment [bruijamã] adv. Ruidosamente.

bruyant, e adj. Ruidoso, sa.

bruyère [bryjɛ:r] f. Brezo, *m.* (plante). ‖ Brezal (lieu couvert de bruyère).

bryologie f. BOT. Briología.

bryone f. BOT. Brionia, nueza.

bryophytes f. pl. BOT. Briofitas, muscíneas.

bryozoaires m. pl. BOT. Briozoarios.

buanderie [byãdri] f. Lavandería, lavadero, *m.*

buandière f. (P. us.). Lavandera, coladora.

bube f. Buba (pustule).

bubon m. MÉD. Bubón.

bubonique adj. MÉD. Bubónico, ca : *peste bubonique*, peste bubónica.

bucaille [bykaːj] f. (P. us.). Alfortón, *m.*, trigo (*m.*) sarraceno (sarrasin).

bucarde f. Berberecho, *m.*, verderón, *m.* (mollusque).

buccal, e adj. Bucal : *des muscles buccaux*, músculos bucales.

buccin m. Buccino (mollusque). ‖ Bocina, *f.*

buccine [byksin] f. (Vx). MUS. Bocina.

buccinateur m. ANAT. Buccinador (muscle de la joue).

Bucéphale n. pr. m. Bucéfalo.

bûche f. Leño, *m.* ‖ FAM. Tarugo, *m.*, adoquín, *m.* (stupide). ‖ — *Bûche de Noël*, bizcocho en forma de leño que se come en Nochebuena. ‖ FAM. *Prendre* o *ramasser une bûche*, romperse la crisma, coger una liebre.

bûcher m. Hoguera, *f.* : *allumer un bûcher*, encender una hoguera. ‖ Leñera, *f.* (pour garder le bois).

bûcher v. tr. Desbastar (une pièce de bois).

— V. intr. FAM. Trabajar intensamente (travailler). | Empollar (étudier).

bûcheron, onne m. et f. Leñador, ra.

bûchette f. Támara, astilla, encendaja (morceau de bois).

bûcheur, euse m. et s. FAM. Trabajador, ra. | Empollón, ona (étudiant).

bucolique adj. et s. Bucólico, ca ; pastoril.

bucrane m. ARCHIT. Bucráneo.

budget [bydʒɛ] m. Presupuesto.

budgétaire adj. Del presupuesto ; presupuestario, ria.

budgétiser v. tr. Hacer entrar en el presupuesto.

budgétivore m. FAM. Presupuestívoro.

buée f. Vaho, *m.* (vapeur).

Buenos Aires n. pr. GÉOGR. Buenos Aires.

buen-retiro m. FAM. Retrete (lieux d'aisances).

buffet m. Aparador. ‖ Ambigú (dans une réunion). ‖ Fonda, *f.* (dans les gares). ‖ MUS. Caja, *f.* (de l'orgue).

buffetier, ère m. et f. Fondista (dans les gares).

buffle m. Búfalo.

buffleterie f. Correaje, *m.* (du soldat).

buffletin m. Búfalo pequeño.

bufflonne f. (P. us.). Búfala.

buggy m. Buggy (voiture).

bugle f. Bот. Pinillo, *m.* ‖ — M. Mus. Cornetín de llaves, bugle (instrument).

buglosse f. Bот. Buglosa, lengua de buey.

bugrane f. Bот. Detienebuey, *m.,* gatuña.

building [bildiŋ] m. Building, edificio grande.

buire f. Jarro, *m.* (vase).

buis [bчi] m. Boj (plante). ‖ Pulidor (de cordonnier). ‖ *Buis bénit*, boj bendito.

— Observ. En Espagne, on bénit pour les Rameaux des palmes et des branches d'olivier.

buissaie ou **buissière** f. Bojedal, *m.*

buisson m. ● Matorral, zarzal. ‖ (P. us.). Bosquecillo (bosquet). ‖ — *Buisson ardent*, zarza ardiente (de la Bible). ‖ *Buisson d'écrevisses*, plato de cangrejos de río dispuestos en pirámide. ‖ — *Battre les buissons*, batir el monte (parcourir), buscar, hacer diligencias.

— Syn. ● *Hallier*, breña. *Taillis*, soto, monte tallar. *Fourré*, espesura. *Broussailles*, maleza, broza.

buissonneux, euse adj. Breñoso, sa ; cubierto, ta, de matorrales.

buissonnier, ère adj. (P. us.). De monte, montaraz : *lapin buissonnier*, conejo de monte. ‖ Fig. *Faire l'école buissonnière*, hacer novillos, hacer rabona.

bulbaire adj. Bulbario, ria.

bulbe m. Bот. Bulbo. ‖ Anat. Bulbo : *bulbe rachidien*, bulbo raquídeo. ‖ Archit. Bulbo (d'une église russe).

bulbeux, euse adj. Bот. Bulboso, sa.

bulgare adj. et s. Búlgaro, ra.

Bulgarie n. pr. f. Géogr. Bulgaria.

bulldozer m. Bulldozer.

bulle f. Burbuja (d'air). ‖ Pompa : *faire des bulles de savon*, hacer pompas de jabón. ‖ Sopladura (fonderie). ‖ Ampolla (de l'épiderme). ‖ Bula (du pape). ‖ Bocadillo, *m.* (de bande dessinée). ‖ *Papier bulle* ou *bulle*, papel basto y amarillento.

bulletin m. Boletín : *bulletin de l'institution*, boletín de la institución. ‖ Parte : *bulletin météorologique*, parte meteorológico. ‖ Papeleta, *f.* (de vote). ‖ Talón, recibo (reçu). ‖ — *Bulletin blanc*, voto en blanco. ‖ *Bulletin de commande*, pedido. ‖ *Bulletin de paie*, hoja de paga. ‖ *Bulletin de santé*, parte facultativo.

bulleux, euse adj. Globuloso, sa ; vesicular.

bull-terrier m. Perro ratonero (chien).

bungalow [bœgalo] m. Bungalow.

bupreste m. Zool. Bupresto, agrilo.

buraliste m. et f. (P. us.). Cajero, ra ; recaudador, ra (caissier). ‖ Estanquero, ra (d'un bureau de tabac). ‖ Lotero, ra (de billets de loterie).

burat [byra] m. Burato (étoffe).

buratin m. ou **buratine** f. Capichola, *f.* (tissu).

bure f. Sayal, *m.,* buriel, *m.* (tissu). ‖ Min. Pozo (*m.*) ciego. ‖ *Robe de bure*, sayal.

bureau m. Oficina, *f.,* despacho (lieu où l'on travaille). ‖ Escritorio, despacho (d'un homme d'affaires, d'un écrivain). ‖ Escritorio, mesa (f.) de despacho (meuble). ‖ Negociado (division d'une administration) : *chef de bureau*, jefe de negociado. ‖ Mesa, *f.* (d'une assemblée). ‖ Despacho (pour vendre) : *bureau de loterie*, despacho de lotería. ‖ — *Bureau ambulant*, estafeta móvil, ambulancia de correos. ‖ *Bureau d'assistance technique*, Junta de Asistencia Técnica (O. N. U.). ‖ *Bureau de location*, taquilla, contaduría. ‖ *Bureau de placement*, agencia de colocaciones. ‖ *Bureau de poste*, oficina de correos. ‖ *Bureau de tabac*, estanco, expendeduría de tabaco (nom officiel). ‖ *Bureau d'état-major*, sección de Es-

tado Mayor. ‖ *Bureau de vote*, mesa ou centro electoral. ‖ *Bureau d'inscription*, registro. ‖ *Bureau électoral*, mesa electoral. ‖ *Bureau international du travail*, Oficina Internacional del Trabajo. ‖ *Bureau syndical*, delegación sindical. ‖ — *À bureaux fermés*, con el cartel de no hay billetes, con un lleno total.

bureaucrate m. Burócrata.

-- — Syn. *Employé de bureau*, oficinista. (*Vx*) *Scribe*, escriba, amanuense. *Fam. Scribouillard*, escribiente. *Gratte-papier*, chupatintas. *Rond-de-cuir*, oficinista, covachuelista. *Plumitif*, pendolista.

bureaucratie f. Burocracia.

bureaucratique adj. Burocrático, ca.

burèle ou **burelle** f. Blas. Burel, *m.*

burelé, e adj. Blas. Burelado, da.

burette f. Aceitera, alcuza (récipient). ‖ Alcuzada (contenu). ‖ Convoy, *m.,* angarillas, *pl.,* vinagreras, *pl.* (ménagère). ‖ Chim. Bureta. ‖ Ecclés. Vinajera.

burgau m. Burgao (nacre).

burgaudine f. Nácar (*m.*) fino.

burgrave m. Burgrave.

burgraviat m. Burgraviato.

burin m. Buril (de graveur). ‖ Escoplo, cortafrío (de mécanicien). ‖ Grabado con buril (gravure).

burinage m. Burilado.

buriné, e adj. Marcado profundamente.

buriner v. tr. Burilar (graveur). ‖ Escoplear, trabajar con el escoplo. ‖ Fig. Esculpir (sculpter). ‖ Marcar (marquer).

— V. intr. Pop. Trabajar sin levantar cabeza.

burineur m. El que burila.

burlesque adj. Burlesco, ca.

— M. Género burlesco.

burnous [burnu o burnus] m. Albornoz. ‖ Fam. *Faire suer le burnous*, lucrarse a costa ajena.

buron m. Cabaña, *f.*

busard m. Dardabasí (oiseau de proie).

busc m. Ballena, *f.* (de corset). ‖ Batiente (d'écluse).

buse f. Cernícalo, *m.* (oiseau). ‖ Fig. Cernícalo, *m.,* imbécil, *m.* ‖ Techn. Tubo, *m.* (tuyau). ‖ Saetín, *m.* (du moulin). ‖ Conducto (*m.*) de ventilación (dans une mine).

business [biznɛs] m. Pop. Trabajo. ‖ Asunto complicado. ‖ Negocios, *pl.* (affaires).

busqué, e adj. Emballenado, da (corset). ‖ Acarnerado, da (cheval). ‖ *Nez busqué*, nariz aguileña ou aquilina.

busquer v. tr. Emballenar (un corset). ‖ Fruncir (froncer un tissu). ‖ Arquear, encorvar (arquer). ‖ Techn. Zampear.

busserole f. Bот. Gayuba.

buste m. Busto.

bustier m. Sujetador, sostén de ou con cuerpo, sostén largo, ajustador.

but [byt ou by] m. Blanco (point où l'on vise) : *frapper au but*, dar en el blanco. ‖ Meta, *f.* (terme). ‖ Portería, *f.* (sports). ‖ Gol, tanto (football). ‖ Fig. Fin, meta, *f.,* objetivo : *suivre un but*, perseguir un objetivo. ‖ — *Dans le but de*, con el fin de. ‖ *De but en blanc*, de buenas a primeras. ‖ — Fig. *Aller droit au but*, ir al grano. ‖ *Avoir des buts élevés*, tener miras altas ou elevadas.

— Syn. *Dessein*, designio. *Fin*, fin, finalidad. *Intention*, intención, intento. *Objectif*, objetivo. *Objet*, objeto. *Visées*, *vues*, miras.

butadiène m. Butadieno.

butane m. Butano.

buté, e adj. Porfiado, da ; terco, ca.

butée f. Tope (*m.*) de retención (pour arrêter). ‖ Estribo, *m.,* contrafuerte, *m.* (d'un pont).

buter v. intr. Apoyarse en, descansar en (s'appuyer). ‖ ● Tropezar con (se heurter).

— V. tr. Apuntalar, estribar (étayer). ‖ FIG. *Buter quelqu'un*, dar motivo para que alguien se obstine (entêtement), cargárselo, matarlo (tuer).
— V. pr. Chocar con (se heurter à). ‖ FIG. Obstinarse, empeñarse, aferrarse (s'entêter).
— SYN. ● *Broncher*, tropezar, tropicar. *Trébucher*, tropezar, dar un traspiés. *Fam. Achopper*, tropezar.

buteur m. Goleador (sports).

butin m. Botín. ‖ FIG. Cosecha, *f.*

butiner v. intr. Libar (abeille). ‖ (P. us.). Hacer botín (à la guerre).

butineur, euse adj. Que liba (abeille).

butoir m. Tope. ‖ Debó (couteau de pelletier).

butome f. BOT. Junco (*m.*) florido.

butor m. Alcaraván (oiseau). ‖ FIG. Cernícalo, ganso.

buttage m. AGRIC. Acolladura, *f.* (arbres). ‖ Aporcadura, *f.* (légumes).

butte f. ● Cerrillo, *m.*, loma, otero, *m.* ‖ Colina (colline). ‖ MIL. Blanco, *m.* ‖ — *Butte de tir*, espaldón de tiro. ‖ FIG. *Être en butte à*, ser el blanco de, estar expuesto a.
— SYN. ● *Monticule*, montículo. *Motte*, mota. *Mamelon*, altozano. *Tertre*, cerro. *Dune*, duna.

butter v. tr. AGRIC. Acollar (arbre). ‖ Aporcar (légumes).

buttoir ou **butteur** m. AGRIC. Aporcadora, arado aporcador, acollador.

butylène m. CHIM. Butileno.

butyrate m. Butirato.

butyreux, euse adj. Butiroso, sa.

butyrine f. Butirina.

butyrique adj. Butírico, ca.

butyromètre m. Butirómetro.

buvable adj. Bebible. ‖ FAM. Potable, pasable.

buvard adj. et s. m. Secante : *papier buvard*, papel secante. ‖ — M. Cartera, *f.*, cartapacio.

buvée f. Bebida (pour les bestiaux).

buverie f. V. BEUVERIE.

buvetier, ère m. et f. Cantinero, ra.

buvette f. Cantina. ‖ Quiosco (*m.*) de bebidas. ‖ Fuente de aguas termales (stations thermales).

buveur, euse adj. et s. Bebedor, ra.

buvoter v. intr. Beber a sorbos, beborrotear.

buxacées f. pl. BOT. Buxáceas.

byronien, enne adj. Byroniano, na.

byronisme m. Byronismo.

bysse ou **byssus** m. Biso.

Byzance n. pr. f. GÉOGR. Bizancio, *m.*

byzantin, e adj. et s. Bizantino, na.

byzantinisme m. Bizantinismo.

byzantiniste ou **byzantinologue** m. et f. Bizantinista.

C

C m. C, *f.*
[La *c* es una gutural sorda. Delante de *a, o, u*, de consonante o en final de palabra se pronuncia como en español; delante de *e, i, y* se pronuncia como *s* española. La *c* con cedilla (ç) se pronuncia como una *s* delante de *a, o, u.*]

ça pron. dém. fam., contracción de *cela*. Esto, eso (corresponde a la vez a *ceci* [esto] y a *cela* [eso, aquello]) : *prends ça*, toma esto, toma eso. ‖ — *Comme ça*, así, de esta manera; *grand comme ça*, así de grande; *je le ferai comme ça*, lo haré así. ‖ *Comme ci, comme ça*, así, así. ‖ — *Butte de tir*, *Ça va*, ¿qué tal?... Bien. ‖ *Ça y est!*, ¡ya está! (V. CELA.)

çà adv. (Vx). Acá : *venez çà*, venga acá. ‖ *Çà et là*, aquí y allá, acá y allá : *courir çà et là*, correr aquí y allá.

çà interj. Vamos, ea : *çà, travaillons!*, ¡ea, trabajemos!, ¡vamos, a trabajar! ‖ *Ah çà!*, vamos : *ah çà, finiras-tu?*, vamos, ¿acabarás? ‖ — *Or çà*, ¡ea! : *or çà, il faut déjeuner*, ¡ea, hay que almorzar!

cab m. Cab (voiture anglaise).

cabale f. Cábala (doctrine). ‖ Cábala : *monter une cabale*, armar una cábala.

cabaler v. intr. Intrigar, tramar cábalas.

cabaleur, euse m. et f. Intrigante.

cabaliste adj. et s. Cabalista.

cabalistique adj. Cabalístico, ca.

caban m. Chubasquero, chaquetón.

cabane f. ● Cabaña, chabola, tugurio, *m.* (maison misérable). ‖ (Vx). Camarote, *m.* (cabine). ‖ *Cabane à lapins*, conejera, conejar.
— SYN. ● *Chaumière*, choza. *Chaume, chaumine*, choza, chamizo. *Hutte*, choza. *Cahute*, chabola. *Case*, choza, bohío (en Amérique). *Paillote, gourbi*, choza.

cabaner v. tr. TECHN. Embojar (vers à soie).

cabanon m. Cabañuela, *f.* (petite cabane). ‖ Calabozo (cachot). ‖ Jaula, *f.*, loquera, *f.* (pour aliénés). ‖ Casa (*f.*) de campo.

cabaret m. ● Taberna, *f.* (débit de boissons). ‖ Cabaret (boîte de nuit). ‖ Licorera, *f.* (table, plateau pour servir les liqueurs). ‖ Servicio de licor (service). ‖ *Cabaret borgne*, bodegón, taberna de mala fama.
— OBSERV. Le gallicisme *cabaret* désigne en Espagne exclusivement une boîte de nuit.
— *Taverne*, anticuado, designa hoy en francés ciertos restaurantes de gran categoría.
— SYN. ● *Estaminet*, cafetín. *Caboulot*, cafetucho. *Bistro*, taberna. *Assommoir, bouge*, tasca, tabernucha. (*Vx*) *Taverne*, taberna.

cabaretier, ère m. et f. Tabernero, ra. ‖ Encargado, da, de cabaret.

cabas [kaba] m. Capacho, capazo : *un cabas de figues*, un capacho de higos. ‖ Cenacho : *un cabas de légumes*, un cenacho de legumbres. ‖ Cabás (petit panier).
— OBSERV. Les récipients en sparterie sont beaucoup plus généralisés en Espagne qu'en France. Ils remplacent très souvent les sacs, les brouettes, etc. On distingue le *capacho* (cabas), l'*espuerta*, la *sera* (couffe), le *serón*, la *sereta* (couffin), le *horón* (grand couffin), le *herpil* (sorte de filet de sparterie tressée).

cabasset m. Capacete.

cabèche f. POP. Chola (tête) : *couper la cabèche*, cortar la chola.

cabestan m. MAR. Cabrestante.

cabiai m. Capibara (rongeur).

cabillaud [kabijo] m. Bacalao fresco.

cabillot [kabijo] m. MAR. Cabilla, *f.*

cabine f. MAR. Camarote, *m.* || Jaula (ascenseur). || Caseta, cabina (de bain). || Cabina (d'interprète). || Locutorio, *m.* (téléphone). || — *Cabine d'aiguillage*, cabina de cambio de agujas. || *Cabine mère*, nave nodriza (astronautique.)

cabinet m. Gabinete (petite chambre). || Gabinete, despacho (bureau). || Bufete (d'un avocat). || Notaría, *f.* (d'un notaire). || Consulta, *f.* (d'un médecin, d'un dentiste). || Consultorio (d'un ingénieur-conseil). || Agencia, *f.*, gestoría, *f.* (d'affaires). || Gabinete (ministériel). || (Vx). Bargueño (petit meuble). || Excusado, retrete (lavabos). [Ú. generalmente en pl. en francés.] || — *Cabinet de lecture*, gabinete de lectura. || *Cabinet des médailles*, gabinete de medallas. || *Cabinet de toilette*, cuarto de aseo, aseo, tocador. || *Cabinet de verdure*, glorieta, cenador. || *Cabinet noir*, gabinete negro. || *Cabinet particulier*, gabinete particular.

câblage m. Cableado.

câble m. Cable, maroma, *f.* (cordage). || Cable (métallique, électrique). || Cablegrama (dépêche). || ARCHIT. Cordón.

câblé, e adj. Retorcido, da : *fil câblé*, hilo retorcido. || Cableado, da : *fil de fer câblé*, alambre cableado. || ARCHIT. Acordonado, da.
— M. Torzal. || Cordón grueso (gros cordon).

câbleau ou **câblot** m. MAR. Amarra, *f.*, estacha, *f.*

câbler v. tr. Torcer, retorcer cuerdas. || Cablear (des fils métalliques). || Acalabrotar (tordre neuf brins). || Cablegrafiar. || Telegrafiar.

câblerie f. Cordelería (corderie). || Fábrica *ou* almacén de cables (de fils métalliques).

câblier [kɑblie] m. Cablero (navire).

câblogramme m. Cablegrama.

cabochard, e adj. et s. FAM. Cabezota, testarudo, da.

caboche f. Broca, tachuela (petit clou). || FAM. Chola (tête).

cabochon m. Calamón, cabujón (petit clou). || — Adj. et s. m. Cabujón, cabuchón (pierre fine).

cabosse f. (P. us.). Chichón, *m.* (bosse). || Mazorca (du cacao).

cabosser v. tr. Abollar (bosseler). || (P. us.). Hacer chichones (faire des bosses). || Magullar : *un melon cabossé*, un melón magullado.

cabot [kabo] m. Mújol, albur (poisson). || FAM. Chucho (chien). || POP. Comicastro (cabotin). || MIL. et POP. Cabo.

cabotage m. MAR. Cabotaje.

caboter v. intr. MAR. Costear, hacer cabotaje.

caboteur adj. MAR. De cabotaje, costeño, ña : *bateau caboteur*, barco de cabotaje.
— M. Marino de cabotaje (marin). || Barco de cabotaje (bateau).

cabotin, e m. et f. Comicastro. || (Vx). Cómico de la legua (comédien ambulant). || FIG. Comediante, farsante.

cabotinage m. Actuación (*f.*) mala (au théâtre). || FAM. Fanfarronada, *f.*, farsa, *f.* || (Vx). Oficio de cómico de la legua.

cabotiner v. intr. FAM. Fanfarronear, farolear.

caboulot [kabulo] m. Cafetucho.

cabrer v. tr. Hacer encabritarse (cheval). || AVIAT. Hacer encabritarse. || FIG. Chocar, irritar, ofuscar : *vous allez le cabrer*, le va a ofuscar.
— V. pr. Encabritarse. || FIG. Erguirse (une personne). || FIG. Irritarse, montar en cólera : *se ca-*

brer devant les reproches, irritarse ante los reproches.

cabri m. Cabrito.

cabriole f. ● Voltereta : *cet enfant fait des cabrioles*, este niño da volteretas. || Cabriola (du cheval). || Cabriola, voltereta (du danseur).
— SYN. ● *Gambade*, brinco. *Pirouette*, pirueta. *Culbute*, trecha. *Bond*, bote, salto. *Fam. Galipette*, voltereta.

cabrioler v. intr. Hacer cabriolas.

cabriolet m. Cabriolé, cabriolet (voiture). || Manilla, *f.* (de prisonnier). || TECHN. *Couteau à cabriolet*, navaja de varias hojas.

cabus [kaby] adj. m. Repolludo, apretado. || *Chou cabus*, repollo.

caca m. FAM. Caca, *f.* || FAM. *Couleur caca d'oie*, color verdoso.

cacaber v. intr. Piñonear (la perdrix).

cacahouète ou **cacahuète** *f.* Cacahuete, *m.* [Amer., maní, *m.*] cacahuate, *m.* (au Mexique).

cacao m. Cacao : *beurre de cacao*, manteca de cacao. || *Poudre de cacao*, cacao en polvo.

cacaoté, e adj. Con cacao, que contiene cacao.

cacaoyer [kakaɔje] ou **cacaotier** [-tje] m. Cacao (arbre).

cacaoyère ou **cacaotière** f. Cacaotal, *m.*, cacahual, *m.*

cacardement m. Graznido (cri de l'oie).

cacarder v. intr. Graznar (l'oie).

cacatoès m. Cacatúa, *f.* (perroquet).

cacatois m. MAR. Mastelerillo de juanete. || Juanete (voile).

cachalot m. Cachalote (cétacé).

cache f. Escondite, *m.* ; escondrijo, *m.* || — M. IMPR. Viñeta, *f.* || PHOT. Ocultador, *m.*

caché, e adj. Tapado, da ; cubierto, ta ; oculto, ta.
— SYN. *Secret*, secreto. *Occulte*, oculto. *Latent*, latente. *Ésotérique*, esotérico. *Clandestin*, clandestino. *Sibyllin*, sibilino. *Mystérieux*, misterioso. *Sourd*, sordo.

cache-cache m. inv. Escondite (jeu).

cache-col m. inv. Bufanda, *f.*

cache-corset m. inv. Cubrecorsé.

cachectique [kaʃɛktik] adj. et s. MÉD. Caquéctico, ca.

cache-entrée m. inv. Escudo (de serrure).

cachemire m. Casimir, cachemira, *f.* || Chal de Cachemira (châle).

Cachemire n. pr. m. GÉOGR. Cachemira, *f.*

cache-misère m. inv. FAM. Sobretodo [para ocultar un traje raído].

cache-mouchoir m. inv. Zurriago oculto (jeu).

cache-nez m. inv. Bufanda, *f.*, tapaboca.

cache-pot m. inv. Cubretiestos.

cache-poussière m. inv. Guardapolvo.

cacher v. tr. ● Esconder : *cacher une lettre dans un livre*, esconder una carta en un libro. || Ocultar : *cacher son visage dans ses mains*, ocultar el rostro entre las manos. || Disimular : *cacher sa joie*, disimular su alegría. || Cubrir (recouvrir). || Tapar (masquer). || FIG. Ocultar : *cacher son jeu*, ocultar las intenciones *ou* el juego de uno.
— V. pr. Esconderse (dans une cachette). || Ocultarse : *le soleil se cache*, el sol se oculta. || Apartarse : *se cacher du monde*, apartarse del mundo. || — *Se cacher de quelque chose*, ocultar algo. || *Se cacher de quelqu'un*, ocultar a alguien lo que uno hace. || *Veux-tu te cacher !*, ¡quítate de mi vista !
— SYN. ● *Dissimuler*, disimular. *Receler*, encubrir. *Voiler*, velar. *Couvrir*, cubrir. *Camoufler*, camuflar, disfrazar. *Masquer*, enmascarar. *Fam. Planquer*, esconder.

cache-radiateur m. inv. Cubrerradiador.

cache-sexe m. inv. Taparrabo.

cachet m. Sello (timbre, sceau). || Matasellos de la poste). || Remuneración, *f.*, retribución (d'un artiste). || Sello (pharmacie). || Tableta, *f.* (com-

primé). ‖ Precinto (de bouteille). ‖ FAM. Sello :
un cachet d'élégance, un sello de elegancia. | Ori-
ginalidad, *f.*, carácter : *œuvre sans cachet*, obra
sin originalidad. ‖ (Vx). Tarjeta *ou* cédula de
abono (leçons). | *Lettre de cachet*, carta cerrada,
sellada con el sello real, que exigía el encarcelamiento de una persona. ‖ — (Vx). *Courir le cachet*, dar lecciones a domicilio.

cachetage m. Selladura, *f.*

cache-tampon m. inv. Zurriago escondido (jeu).

cacheter* v. tr. Sellar (avec un cachet). ‖ Cerrar
(une enveloppe) : *sous pli cacheté*, bajo sobre
cerrado. ‖ — *Cire à cacheter*, lacre. ‖ *Pain à
cacheter*, barra de lacre. ‖ *Vin cacheté*, vino en
botellas lacradas. ‖ — *Cacheter à la cire*, lacrar.

cachette f. Escondrijo, *m.*, escondite, *m.* ‖ *En
cachette*, a escondidas.

cachexie [kaʃɛksi] f. MÉD. Caquexia (amaigrissement).

cachiman m. Anona, *f.*, chirimoya, *f.* (fruit américain). ‖ *Cachiment épineux*, guanábana.

cachimantier m. Guanábano, chirimoyo.

cachot [kaʃo] m. Calabozo (cellule). ‖ Cárcel, *f.*
(prison).

cachotterie f. Tapujo, *m.*, secretillo, *m.* : *faire
des cachotteries*, andar con tapujos.

cachottier, ère adj. et s. Callado, da ; amigo, ga,
de tapujos.

cachou m. Cato, cachú (extrait végétal). ‖ Cachunde (pastille).
— Adj. inv. Marrón, castaño (couleur) : *une robe
cachou*, un vestido marrón.

caciquat [kasika] m. Cacicazgo, cacicato.

cacique m. Cacique (chef). ‖ Primer alumno de
una ,promoción (élève).

caciquisme m. Caciquismo.

cacochyme [kakoʃim] adj. Cacoquímico, ca ;
achacoso, sa.
— M. et f. Cacoquimio, mia.

cacochymie [-mi] f. MÉD. Cacoquimia. ‖ Acritud (aigreur de caractère).

cacodylate m. CHIM. Cacodilato.

cacodyle m. CHIM. Cacodilo.

cacographie f. Cacografía.

cacolet m. Artolas, *f. pl.*

cacologie f. Cacología (locution vicieuse).

cacophonie f. Cacofonía.
— SYN. *Dissonance*, disonancia. *Charivari*, cencerrada.
Tintamarre, estruendo.

cacophonique adj. Cacofónico, ca.

cactacées ou **cactées** f. pl. BOT. Cactáceas,
cácteas.

cactier ou **cactus** m. Cacto, cactus.

cadastral, e adj. Catastral : *registres cadastraux*,
registros catastrales.

cadastre m. Catastro.

cadastrer v. tr. Formar el catastro.

cadavéreux, euse adj. Cadavérico, ca : *pâleur
cadavéreuse*, palidez cadavérica.

cadavérique adj. Cadavérico, ca : *rigidité cadavérique*, rigidez cadavérica.

cadavre m. Cadáver.

caddie m. Caddy, muchacho que lleva los palos
en el juego de golf.

cade m. Enebro, cada (p. us.) : *huile de cade*,
aceite de enebro. ‖ Barril (tonneau).

cadeau m. Regalo. ‖ *Faire cadeau de quelque
chose*, regalar algo.

cadenas [kadna] m. Candado.

cadenasser v. tr. Cerrar con candado.

cadence f. MUS. Cadencia. ‖ POÉT. Cadencia.
‖ Cadencia, compás, *m.* : *marcher en cadence*,
andar a compás. ‖ FIG. Ritmo, *m.*

cadencé, e adj. Acompasado, da (mouvement,
marche). ‖ MUS. et POÉT. Cadencioso, sa. ‖

cadencer* v. tr. Dar cadencia (phrase, vers). ‖

Llevar el compás (marche). ‖ MUS. Acompasar.

cadenette f. (P. us.). Trenza de cabello.

cadet, ette adj. Menor : *la fille cadette*, la hija
menor ; *il est mon cadet de deux ans*, es dos años
menor que yo ; *branche cadette*, rama menor
(d'une famille). ‖ Segundogénito, ta (puîné).
— M. ● Segundón, hijo menor (pour les parents),
hermano menor (pour les enfants). ‖ (Vx). Cadete, alumno de una escuela militar. ‖ Infantil
(sports). ‖ FIG. *C'est le cadet de mes soucis*, es lo
que menos me importa. ‖ — F. Hija *ou* hermana
menor.
— OBSERV. El sentido primitivo de *cadet*, palabra gas-
cona que significa *caudillo* (jefe), fue el de « hidalgo
gascón que servía al rey ». Como por lo común eran
segundones de familias nobles, su nombre sustituyó
pronto al de *puîné*, segundogénito, y se extendió luego,
como el segundón español, a designar cualquier hijo
menor, acabando por aplicarse al último hijo de una
familia.
— SYN. ● *Puîné*, segundón. *Benjamin*, benjamín. *Junior*, junior.

cadette f. Losa (dalle). ‖ Retaco, *m.* (billard).

cadi m. Cadí (juge musulman).

cadis m. (Vx). Paño entrefino, jerguilla, *f.*

Cadix n. pr. GÉOGR. Cádiz.

cadmiage m. Cadmiado.

cadmie f. Cadmia (dépôt).

cadmier v. tr. Cadmiar.

cadmique adj. CHIM. Cádmico, ca.

cadmium [kadmjɔm] m. Cadmio (métal).

cadrage m. PHOT. et CINÉM. Enfoque, encuadre,
encuadramiento (à la prise de vues). | Ajuste (à
la projection). ‖ MIN. Entibación, *f.*

cadran m. Esfera (montre, horloge). ‖ Limbo (d'un
instrument de mesure). ‖ Dial (d'un poste de
radio). ‖ — *Cadran d'appel*, disco selector (téléphone). ‖ *Cadran solaire*, reloj de sol. ‖ FAM.
Faire le tour du cadran, dormir doce horas de
un tirón.
— OBSERV. L'espagnol *cuadrante*, terme de géométrie,
d'astronomie, de marine, se rend en français par *quadrant*, quart de cercle. *Cuadrante* au sens de *cadran
solaire* est peu usité.

cadranure f. Atronadura (maladie des arbres).

cadrat [kadra] m. Cuadrado (typographie).

cadratin m. Cuadratín (typographie).

cadre m. Marco (de tableau, de miroir). ‖ FIG.
Marco : *maison dans un cadre de verdure*, casa
en un marco de follaje. ‖ Coy de bastidor (couchette). ‖ Bastidor (châssis en général). ‖ Entibación, *f.* (d'une galerie de mine). ‖ Cuadro (bicyclette). ‖ Antena (*f.*) de cuadro (radio). ‖ Caja
(*f.*) de embalaje (d'emballage). ‖ Ejecutivo, miembro del personal dirigente (employé). [V. OBSERV.]
‖ FIG. Ambiente : *vivre dans un cadre luxueux*,
vivir en un ambiente de lujo. | Plan :
le cadre d'un roman, el plan de una novela.
| Escenario : *l'Espagne sert de cadre à ce
film*, España es el escenario de esta película.
‖ MIL. Cuadro, mando : *les cadres d'un régiment*, los cuadros de un regimiento. ‖ Escala, *f.* :
cadre de réserve, escala de reserva. ‖ Límites,
pl. : *demeurer dans le cadre des conventions*,
quedarse en los límites del convenio. ‖ — *Cadres
sociaux*, acontecimientos que sirven como puntos
de referencia cronológicos. ‖ *Cadre supérieur*,
ejecutivo. ‖ *Dans le cadre de*, con arreglo a, en el
ámbito de, en el marco de : *mesures prises dans
le cadre d'un accord*, medidas tomadas con arreglo
a un acuerdo. ‖ *Rayer des cadres*, dar de baja.
— OBSERV. L'espagnol *cuadro* a surtout le sens de
tableau.
Le mot *cadre*, dans son acception administrative, n'a pas
d'équivalent exact en espagnol. Il ne faut pas le traduire
par *cuadro*, qui n'a qu'un sens militaire. On peut rendre
ce terme par *ejecutivo* ou *miembro del personal dirigente*
(*técnico* ou *administrativo*). En français, cependant, et

par un emploi abusif du mot, un *cadre* n'est pas toujours chargé de fonctions de direction.

cadrer v. intr. Cuadrar, encajar : *cela cadre avec mes idées*, esto cuadra con mis ideas.
— V. tr. Cuadrar (tauromachie). ‖ Entibar (une galerie). ‖ PHOT. Encuadrar.

caduc, que adj. (Vx). Caduco, ca : *un homme caduc*, un hombre caduco. ‖ BOT. Caduco, ca : *feuilles caduques*, hojas caducas. ‖ DR. Caduco, ca (nul, annulé) : *testament caduc*, testamento caduco. ‖ *Mal caduc*, epilepsia, alferecía.

caducée m. Caduceo (attribut de Mercure).

caducité f. Caducidad : *la caducité d'une loi*, la caducidad de una ley. ‖ Caduquez (âge caduc).

caduque f. ANAT. Membrana caduca.

cæcal, e [sekal] adj. ANAT. Cecal.

cæcum [sekɔm] m. ANAT. Intestino ciego.

cæsium ou **césium** [sezjɔm] m. Cesio (métal).

C. A. F., abreviatura de *coût, assurance, fret*, coste, seguro y flete.

cafard, e [kafaːr, ard] adj. et s. m. Gazmoño, ña : *un moine cafard*, un monje gazmoño. ‖ Hipócrita : *air cafard*, aspecto hipócrita. ‖ FAM. Chivato, acusica, soplón (rapporteur). | Morriña, *f.*, ideas (*f. pl.*) negras : *avoir le cafard*, tener *ou* estar con morriña. ‖ ZOOL. Cucaracha, *f.*

cafardage m. FAM. Soplonería, *f.*, chivateo.

cafarder v. intr. (P. us.). Gazmoñear (faire le faux dévot). ‖ FAM. Chivarse, soplonear (rapporter).
— V. tr. FAM. Denunciar, chivar.

cafardeux, euse adj. FAM. Que tiene ideas negras, desalentado, da. ‖ Desalentador, ra ; triste (décourageant).

cafardise f. Gazmoñería (fausse dévotion).

café m. Café (fruit, boisson) : *café au lait*, café con leche ; *café noir*, café solo ; *café décaféiné*, café descafeinado. ‖ ● Café (établissement). ‖ (P. us.). Cafeto (caféier). ‖ *Une robe café*, un vestido de color café.
— SYN. ● *Brasserie*, cervecería. *Taverne*, fonda. *Bar*, bar.

café-concert m. Café cantante.
— SYN. *Cabaret*, cabaret. *Beuglant*, cafetucho cantante. *Boui-boui*, buchinche.

café-crème m. Café con leche.
— OBSERV. Pl. *cafés-crème*.

caféier m. BOT. Cafeto.

caféière ou **caférie** f. AGRIC. Cafetal, *m.* (plantation).

caféine f. CHIM. Cafeína.

caféisme m. Cafeísmo (intoxication).

cafetan ou **caftan** m. Caftán (vêtement turc).

café-théâtre m. Café-teatro.

cafetier, ère m. et f. Cafetero, ra.

cafetière f. Cafetera : *une cafetière en argent*, una cafetera de plata.

cafouillage m. FAM. Farfulla, *f.* ‖ Rateo (d'un moteur).

cafouiller v. intr. Barbullar, farfullar, no dar pie con bola. ‖ Ratear, funcionar mal, fallar, tener fallos (moteur).

cafouillis [kafuji] m. FAM. Desorden.

cafre adj. et s. Cafre.

caftan m. Caftán.

cage f. ● Jaula (pour les animaux). ‖ Casco, *m.* (d'une maison) ‖ Portería (sports). ‖ ARCHIT. Caja, hueco, *m.* (d'ascenseur, d'escalier). ‖ FIG. et FAM. Chirona (prison). ‖ MÉCAN. Cárter, *m.* ‖ ‖ MIN. Jaula. ‖ — FAM. *Cage à lapins*, conejera (appartement). ‖ ÉLECTR. *Cage d'écureuil*, jaula de ardilla. ‖ *Cage de Faraday*, caja de Faraday. ‖ *Cage de laminoir*, jaula de laminadores, portarrodillos. ‖ *Cage thoracique*, caja torácica.
— SYN. ● *Mue*, pollera. *Poulailler*, gallinero. *Volière*, pajarera.

cagée f. Alcahazada.

cageot [kaʒo] m. Jaulón (pour volailles). ‖ Caja, *f.*, banasta, *f.* (pour fruits et légumes).

cagerotte f. Encella [*Amér.*, adobera] (pour fromages).

cagette f. Caja.

cagibi m. Chiribitil, cuchitril.

cagna f. Hogar, *m.*, casa (foyer). ‖ MIL. et FAM. Refugio, *m.*

cagnard [kaɲaːr] m. Rincón soleado.

cagnardise f. Haraganería.

cagne f. Haragana (fainéante). ‖ FAM. Clase que prepara a la Escuela Normal Superior.

cagneux, euse adj. et s. Patizambo, ba ; zambo, ba. ‖ — M. et f. FAM. Alumno, na, que prepara el ingreso en la Escuela Normal Superior.

cagnotte f. Hucha (tirelire). ‖ Cantidad de dinero reunida en la hucha. ‖ Plato, *m.*, platillo, *m.*, banca, bote, *m.*, pozo, *m.* (aux cartes).

cagot, otte [kago, ɔt] adj. et s. Mojigato, ta ; santurrón, ona.

cagoterie f. ou **cagotisme** m. Santurronería, *f.*, mojigatería, *f.* (dévotion affectée).

cagoule f. Cogulla, cuculla (manteau de moine). ‖ Capirote, *m.* (de pénitent).

cahier [kaje] m. ● Cuaderno. ‖ Memorias, *f. pl.* (d'un auteur). ‖ — *Cahier des charges*, pliego de condiciones. ‖ *Cahier des doléances*, libro de reclamaciones.
— SYN. ● *Carnet*, libreta [de apuntes]. *Calepin*, cuadernillo. *Livret*, libreta, cartilla (caisse d'épargne). *Agenda*, agenda.

cahin-caha adv. Tal cual, así así : *aller cahin-caha*, ir tal cual *ou* así así. ‖ A trompicones, dando tumbos : *la guimbarde avançait cahin-caha*, el cacharro avanzaba dando tumbos.

cahot [kao] m. Tumbo, traqueteo (d'un véhicule). ‖ Bache (du terrain). ‖ FIG. Bache, traqueteo, meneo, dificultad, *f.* : *les cahots de la vie*, los baches de la vida.

cahotement m. Traqueteo.

cahotant, e adj. Que traquetea (véhicule). ‖ Lleno, na, de baches (chemin). ‖ FIG. Lleno, na, de baches *ou* de dificultades.

cahotement m. Traqueteo.

cahoter v. tr. Traquetear, dar tumbos. ‖ FIG. Hacer pasar por altibajos : *la fortune l'a cahoté*, la fortuna le ha hecho pasar por altibajos.
— V. intr. Traquetear, dar tumbos. ‖ Renquear : *les hommes avançaient en cahotant*, los hombres avanzaban renqueando.

cahoteux, euse adj. Lleno, na, de baches.

cahute f. Chabola, choza (cabane).

caïc m. MAR. Caique.

caïd [kaid] m. Caíd. ‖ POP. Jefe, cabecilla, capitoste.

caïeu ou **cayeu** m. BOT. Bulbillo.

caillage [kajaːʒ] m. Cuajamiento, cuajadura, *f.*

caillasse f. Guijarral, *m.*

caille [kaːj] f. ZOOL. Codorniz.

caillé, e adj. Cuajado, da.
— M. Cuajada *f.*, requesón (lait caillé).

caillebotis [kajbɔti] m. Enrejado (grille d'aération). ‖ Enjaretado, entramado (treillis). ‖ MIL. Enrejado de madera.

caillebotte f. Porción de cuajada.

caillebotter v. tr. Cuajar (le lait). ‖ Coagular (le sang).
— V. intr. Cuajarse (le lait). ‖ Coagularse (le sang).

caille-lait m. inv. BOT. Cuajaleche.

caillement [kajmɑ̃] m. Cuajamiento, cuajadura, *f.*

cailler [kaje] v. tr. Cuajar (lait), coagular (sang).
— V. intr. POP. Helarse (avoir froid).
— V. pr. Cuajarse (lait), coagularse (sang). ‖ FIG.

et FAM. *Se cailler les sangs,* quemarse la sangre. — V. impers. *Ça caille,* hace un frío que pela.

cailletage [kɑjtaːʒ] m. Cháchara, *f.,* parloteo.

cailleter* [-te] v. tr: Chacharear, parlotear.

caillette [kɑjɛt] f. ANAT. Cuajar, *m.* ‖ FAM. Cotorra (personne bavarde).

caillot [kɑjo] m. Cuajarón (mot courant), coágulo (mot savant).

caillou [kɑju] m. Piedra, *f.,* china, *f.,* guija, *f.* ‖ FIG. China, *f.* (obstacle). ‖ MIN. Piedra, *f.* ‖ POP. Chola, *f.,* cabeza, *f.* : *il n'a plus un cheveu sur le caillou,* no le queda un solo pelo en la chola.

— OBSERV. Pl. *cailloux.*
— En espagnol *piedra* est le mot courant ; *guijarro,* plus employé que *guija,* est le caillou gros ou moyen ; *china,* le petit caillou ; *canto rodado* désigne plutôt un galet.

cailloutage [-taːʒ] m. Enguijarrado, empedrado (empierrement). ‖ Loza (*f.*) fina (faïence). ‖ Hormigón de cal hidráulica (béton). ‖ Piedra (*f.*) machacada, grava, *f.* (cailloutis).

caillouter [-te] v. tr. Enguijarrar.

caillouteur m. Empedrador (ouvrier).

caillouteux, euse adj. Guijarroso, sa ; pedregoso, sa : *chemin caillouteux,* camino pedregoso.

cailloutis [-ti] m. Guijo, grava, *f.* (graviers). ‖ Firme de piedra machacada (empierrement). ‖ *Cailloutis glaciaire,* depósitos morrénicos.

caïman m. ZOOL. Caimán.

Caïn [kaɛ̃] n. pr. m. Caín.

Caïphe n. pr. m. Caifás.

caïque m. MAR. Caique.

Caire (Le) n. pr. GÉOGR. El Cairo.

cairn m. Túmulo céltico.

cairote adj. et s. Cairota.

caisse f. Caja (emballage et contenu) : *une caisse de raisin,* una caja de uva. ‖ Caja (bureau de caissier). ‖ Caja (carrosserie). ‖ Macetón, *m.* (plantes). ‖ COMM. Caja. ‖ MUS. Tambor, *m.* ‖ POP. Pecho, *m.* (poitrine). ‖ *Caisse d'épargne,* caja de ahorros. ‖ *Caisse de secours,* montepío. ‖ *Caisse des dépôts et consignations,* depositaría general. ‖ ANAT. *Caisse du tympan,* caja del tímpano. ‖ *Caisse enregistreuse,* caja registradora. ‖ *Caisse noire,* fondillo, fundo. ‖ *Grosse caisse,* bombo. ‖ *Livre de caisse,* libro de caja. ‖ — *Battre la caisse,* tocar el tambor. ‖ *Être à o tenir la caisse,* ocuparse de la caja, ser cajero *ou* cajera. ‖ *Faire sa caisse,* hacer el arqueo. ‖ *Passer à la caisse,* ir a cobrar (être payé), retratarse (payer).

caisserie [kɛsri] f. Fábrica de cajas.

caissette f. Cajita.

caissier, ère m. et f. Cajero, ra.

caisson m. Arcón (coffre des voitures). ‖ Lagunar, artesón (de plafond). ‖ MIL. Arcón (chariot). ‖ POP. Chola, *f.* (tête). ‖ TECHN. Cajón, campana, *f.* (travaux publics). ‖ POP. *Se faire sauter le caisson,* levantarse *ou* saltarse la tapa de los sesos.

Caïus [kajus] n. pr. m. Cayo.

cajeput [kaʒpyt] m. BOT. Cayeputi.

cajoler v. tr. Mimar. ‖ Zalamear, engatusar (flatter). — V. intr. (Vx). Charlar, hablar (bavarder).

cajolerie f. Mimo, *m.,* zalamería.

cajoleur, euse adj. Zalamero, ra.

cake [kɛk] m. Cake, bizcocho.

cal m. MÉD. Callo (durillon). ‖ Callo (fracture). — OBSERV. Pl. *cals.*

calabrais, e adj. et s. Calabrés, esa.

Calabre n. pr. f. GÉOGR. Calabria.

caladium [kaladjɔm] m. BOT. Cala, *f.*

calage m. Calce (avec une cale). ‖ Apuntalamiento (étaiement). ‖ Calado, parada (*f.*) brusca (d'un moteur). ‖ ÉLECTR. Calaje.

calaison f. MAR. Calado, *m.* (tirant d'eau).

calambac ou **calambar** ou **calambour** m. Calambac (arbre et bois).

calame m. Cálamo.

calament m. BOT. Calamento, calaminta, *f.*

calamine f. Calamina (minerai de zinc). ‖ Carbonilla, calamina (encrassement).

calamistrer v. tr. Rizar (friser).

calamite f. Calamita.

calamité f. Calamidad.

calamiteux, euse adj. Calamitoso, sa.

calandrage m. Calandrado (glaçage).

calandre f. TECHN. Calandria (pour lisser et glacer). ‖ Calandria, rejilla del radiador (d'une voiture). ‖ Calandria (grosse alouette). ‖ Gorgojo, *m.* (charançon).

calandrer v. tr. TECHN. Calandrar.

calandreur, euse m. et f. Calandrero, ra.

calanque f. Cala (crique).

calao m. Cálao (oiseau tropical).

calcaire [kalkɛːr] adj. Calcáreo, a ; calizo, za. — M. Caliza, *f.* (roche).

calcanéum [kalkaneɔm] m. ANAT. Calcáneo.

calcarone m. TECHN. Calcarone (four).

calcédoine f. Calcedonia (pierre précieuse).

calcéolaire f. Calceolaria (plante).

calcifère adj. CHIM. Calcífero, ra.

calcification f. Calcificación.

calcifier* v. tr. Calcificar.

calcimètre m. CHIM. Calcímetro.

calcin m. Vidrio pulverizado (verre). ‖ Incrustación, *f.,* sarro (dans les chaudières).

calcination f. Calcinación.

calciner v. tr. Calcinar. — V. pr. Calcinarse.

calcique adj. CHIM. Cálcico, ca.

calcite f. MIN. Calcita.

calcium [kalsjɔm] m. Calcio (métal).

calcul m. Cálculo. ‖ MÉD. Cálculo.

calculable adj. Calculable.

calculateur, trice adj. et s. Calculador, ra. ‖ *Calculateur électronique,* calculadora *ou* computadora electrónica, computador electrónico.

calculer v. tr. Calcular. ‖ — *Machine à calculer,* máquina de calcular. ‖ *Règle à calculer,* regla de cálculo.

calculeux, euse adj. MÉD. Calculoso, sa.

calculot m. Pingüino (pingouin).

cale f. ● Calce, *m.* (pour caler). ‖ Cofia (coiffe). ‖ IMPR. Cuña. ‖ MAR. Cala, bodega (pour les marchandises). ‖ Varadero, *m.* (pour mettre à sec les bateaux). ‖ Cargadero, *m.* (pour embarquer des marchandises). ‖ — *Cale de construction,* grada. ‖ *Cale sèche,* dique seco (bassin de radoub). ‖ FIG. et FAM. *Être à fond de cale,* estar uno sin blanca, quedarse sin un chavo *ou* céntimo. — SYN. ● *Coin,* cuña. *Hausse,* alza.

calé, e adj. FAM. Empollado, da ; instruido, da : *un élève calé,* un alumno empollado. ‖ POP. Acomodado, da (riche). ‖ (Vx). Adinerado, da ; que tiene pasta (cossu). ‖ Difícil : *un travail calé,* un trabajo difícil.

calebasse f. BOT. Calabaza [*Amér.,* güira]. ‖ Calabacino, *m.* (récipient). ‖ TECHN. Crisol (*m.*) pequeño.

— OBSERV. La *calabaza* espagnole est une plante cucurbitacée dont les variétés sont la *citrouille,* le *potiron.* La *calebasse,* fruit d'une bignoniacée très répandue en Amérique, y porte divers noms communs : *calabaza, güira, tapara, cujete, jícara, mate, totuma.* Les fruits du calebassier servent de récipients populaires dans divers pays.

calebassier m. BOT. Taparo, güira, *f.*

calèche f. Carreta, calesa.

caleçon [kalsɔ̃] m. Calzoncillos, *pl.* ‖ *Caleçon de bain,* pantalón de baño, bañador.

calédonien, enne adj. Caledonio, nia.

caléfaction f. PHYS. Calefacción.

— OBSERV. L'espagnol *calefacción* signifie surtout « chauffage ».

calembour [kalãbu:r] m. Retruécano.

calembredaine f. Cuchufleta, chirigota (sornette). ‖ Extravagancia.

calendes f. pl. Calendas. ‖ FAM. *Renvoyer aux calendes grecques,* dejar para el día del juicio final.

calendrier m. ● Calendario. ‖ Programa : *le calendrier d'une classe,* el programa de una clase. ‖ — *Calendrier à effeuiller,* calendario de taco. ‖ BOT. *Calendrier de Flore,* calendario de Flora. ‖ *Calendrier julien, grégorien, perpétuel,* calendario juliano, gregoriano, perpetuo.

— SYN. ● *Almanach,* almanaque. *Agenda,* agenda. *Éphéméride,* efemérides. *Ordo,* añalejo, gallofa. *Epacte,* epacta.

cale-pied m. Rastral, calzapiés, rastrera, *f.* (de bicyclette).

calepin m. (P. us.). Calepino (dictionnaire latin). ‖ Cuadernillo de apuntes. ‖ FAM. *Mettez cela sur votre calepin,* no lo eche Vd. en saco roto.

— OBSERV. *Calepin,* dictionnaire, tire son nom d'Ambroise Calepin, auteur d'un gros dictionnaire latin au XVIᵉ siècle.

caler v. tr. Calzar (avec une cale). ‖ Acuñar (avec un coin). ‖ Apear (avec une pierre). ‖ Calar (à la pêche). ‖ ÉLECTR. Calar. ‖ MAR. Calar : *caler une voile,* calar una vela.

— V. intr. FAM. Rajarse (céder). ‖ Volverse atrás (reculer). ‖ MAR. Calar : *ce navire cale trop,* este buque cala demasiado. ‖ MÉCAN. Pararse, calarse : *le moteur a calé,* el motor se ha calado. ‖ POP. Estar ahíto, ita.

— V. pr. Arrellanarse : *se caler dans un fauteuil,* arrellanarse en un sillón. ‖ POP. *Se caler les joues,* hartarse, apiparse.

caleter (se) v. pr. POP. Largarse, ahuecar el ala.

calfat [kalfa] m. MAR. Calafate.

calfatage m. MAR. Calafateo.

calfater v. tr. MAR. Calafatear.

calfeutrage [kalføtra:ʒ] m. Acción de guarnecer de burlete.

calfeutrer v. tr. Guarnecer de burletes junturas y rendijas. ‖ Calafatear (clore hermétiquement). ‖ FIG. Encerrar (enfermer quelqu'un).

— V. pr. Encerrarse : *se calfeutrer chez soi,* encerrarse uno en casa.

calibrage m. Calibración, *f.,* calibrado. ‖ Clasificación, *f.* (des fruits).

calibre m. Calibre (diamètre d'un cylindre creux) : *le calibre d'un canon,* el calibre de un cañón. ‖ Calibre (diamètre d'un projectile) : *balle de calibre 7,65,* bala del calibre 7,65. ‖ FIG. Calaña, *f.* (qualité d'une personne). ‖ TECHN. Calibrador (instrument pour calibrer).

calibrer v. tr. Calibrar. ‖ Clasificar (des fruits).

calibreur m. Clasificadora, *f.,* clasificador (trieuse). ‖ Calibrador.

calice m. Cáliz (de fleur). ‖ Cáliz (vase). ‖ *Boire le calice jusqu'à la lie,* apurar el cáliz hasta las heces.

caliche m. Caliche (nitrate du Cħili).

calicot [kaliko] m. Calicó (toile de coton). ‖ Dependiente (commis d'un magasin). ‖ Hortera (gommeux).

caliculaire adj. BOT. Calicular.

calicule m. BOT. Calículo.

caliculé, e adj. Caliculado, da.

califat [kalifa] m. Califato.

calife m. Califa (ancien souverain musulman).

— OBSERV. L'espagnol *jalifa,* étymologiquement identique à *califa,* désignait le représentant du sultan dans l'ancien Maroc espagnol.

Californie n. pr. f. GÉOGR. California.

californien, enne adj. et s. Califórnico, ca ; californiano, na ; californio, nia.

californium [kalifɔrnjɔm] m. CHIM. Californio.

califourchon (à) loc. adv. A horcajadas (à cheval).

caliga f. Cáliga (chaussure romaine).

caligineux, euse adj. Caliginoso, sa.

câlin, e adj. Mimoso, sa. ‖ *Faire câlin,* mimar.

câliner v. tr. Mimar.

câlinerie f. Mimo, *m.*

Calino n. pr. m. Gedeón.

calinotade f. Gedeonada (niaiserie).

caliorne f. TECHN. Polipasto, *m.,* aparejo, *m.*

calisson m. Pastelillo de turrón.

calleux, euse adj. Calloso, sa ; encallecido, da : *mains calleuses,* manos callosas. ‖ — ANAT. *Corps calleux,* cuerpo calloso. ‖ *Ulcère calleux,* úlcera con callosidades.

call-girl [kɔ:lgə:rl] f. Call-girl.

calligraphe m. Calígrafo.

calligraphie f. Caligrafía.

calligraphier* v. tr. et intr. Caligrafiar.

calligraphique adj. Caligráfico, ca.

Calliope n. pr. f. MYTH. Calíope.

callipyge [kalipi:ʒ] adj. Calipige.

callosité f. Callosidad, callo, *m.*

calmant, e adj. et s. m. Calmante, sedante.

calmar m. Calamar (mollusque).

calme adj. ● Tranquilo, la : *une mer calme,* un mar tranquilo ; *un esprit calme,* un espíritu tranquilo. ‖ Calmoso, sa (p. us.). ‖ Encalmado, da (Bourse).

— M. Calma, *f.* : *parler avec calme,* hablar con calma. ‖ Calma, *f.* (absence de vent). ‖ FIG. Paz, *f.,* tranquilidad, *f.* : *rétablir le calme dans un pays,* restablecer la paz en un país. ‖ MAR. Calma, *f.* : *calme plat,* calma chicha.

— OBSERV. *Tranquille,* francés, tiene además el sentido de *quieto,* que no se agita : *enfant qui reste tranquille,* niño que se está quieto.

— Le terme espagnol peu usité, *calmo, ma* signifie *en friche.* Calmoso, espagnol, est le plus souvent employé dans sa seconde acception, à savoir : *indolent, flegmatique.*

— SYN. ● *Tranquille,* tranquilo, quieto. *Serein,* sereno. *Paisible,* apacible, sosegado. *Placide,* plácido. POP. *Bonasse,* bonachón. *Peinard,* tranquilo.

calmement adv. Sosegadamente, tranquilamente, con calma.

calmer v. tr. Calmar. ‖ MÉD. Calmar, sedar.

— V. pr. Calmarse : *la mer se calme,* el mar se calma. ‖ Encalmarse, amainar (vent).

calmir v. intr. MAR. Encalmarse, calmar : *le vent calmit,* el viento se encalma. ‖ Abonanzar (mer).

calomel m. CHIM. Calomelanos, *pl.*

calomniateur, trice adj. et s. Calumniador, ra.

calomnie f. Calumnia.

calomnier* v. tr. Calumniar.

calomnieux, euse [kalɔmnjø, jø:z] adj. Calumnioso, sa.

calorie f. PHYS. Caloría : *grande calorie,* gran caloría ; *petite calorie,* pequeña caloría.

calorifère adj. Calorífero, ra.

— M. Calorífero (p. us.), estufa, *f.*

calorification f. Calorificación.

calorifique adj. Calorífico, ca.

calorifuge adj. et s. m. Calorífugo, ga.

calorifugeage [kalɔrifyʒa:ʒ] m. Acción de calorifugar.

calorifuger* v. tr. Cubrir con un calorífugo, calorifugar.

calorimètre m. PHYS. Calorímetro.

calorimétrie f. Calorimetría.

calorimétrique adj. Calorimétrico, ca.

calorique adj. et s. m. Calórico, ca.

calot [kalo] m. Gorro de cuartel (coiffure). ‖ Canica gruesa, *f.* (bille). ‖ Calzo, calce (cale). ‖ POP. Ojo.

calotin, e adj. et s. Beato, ta ; tragasantos (bigot).
calotte f. Gorro, *m.* (bonnet). || Solideo, *m.* (d'ecclésiastique). || Capelo, *m.* (de cardinal). || ANAT. Bóveda, coronilla (du crâne). || ARCHIT. Luquete, *m.* || GÉOM. Casquete, *m.* (de sphère). || POP. Los curas, *m. pl.*, el clero, *m.* (le clergé). | Pescozón, *m.* (tape sur le cou), cogotazo, *m.* (sur la nuque), botefada, tortazo, *m.* (sur la figure). || — *Calotte glaciaire,* casquete glaciar. || ASTR. *La calotte des cieux,* la bóveda celeste.
calotter v. tr. FAM. Pegar un tortazo. || POP. Birlar (dérober).
calquage [kalka:3] m. Calcado.
calque m. Calco (copie). || Papel de calco *ou* de calcar (papier-calque). || FIG. Imitación (*f.*) servil.
calquer v. tr. Calcar.
calter (se) v. pr. POP. Largarse, ahuecar el ala.
calumet m. Pipa de los indios norteamericanos.
calvados m. Calvados, aguardiente de sidra.
calvaire m. Calvario. || FIG. Calvario, vía crucis (souffrance).
Calvaire n. pr. m. Calvario.
calville [kalvil] f. Camuesa (pomme).
Calvin n. pr. HIST. Calvino.
calvinisme m. Calvinismo.
calviniste adj. et s. Calvinista.
calvitie [kalvisi] f. Calvicie.
camaïeu (kamajø) m. Camafeo. || *Peinture en camaïeu,* camafeo.
camail [kama:j] m. Muceta, *f.* (d'ecclésiastique). || Gocete (d'armure). || Collar (des oiseaux).
— OBSERV. Pl. *camails.*
camaldule m. Camaldulense (religieux).
camarade m. et f. Compañero, ra ; camarada (de travail, d'école). || Amigo, ga (ami). || Camarada (politique). || *Faire camarade,* rendirse un soldado levantando los brazos.
camaraderie f. Camaradería (familiarité), compañerismo, *m.* : *prix de camaraderie,* premio de compañerismo.
camard, e adj. et s. Chato, ta ; desnarigado, da (au nez écrasé). || POP. *La Camarde,* la pelona, la muerte.
camarguais, e adj. et s. De Camarga.
Camargue n. pr. f. GÉOGR. Camarga.
camarilla f. Camarilla.
cambial, e adj. DR. Cambial.
cambiste m. COMM. Cambista.
cambium [kãbjɔm] m. BOT. Cambio.
Cambodge n. pr. m. GÉOGR. Camboya, *f.*
cambodgien, enne adj. et s. Camboyano, na.
cambouis [kãbwi] m. Grasa (*f.*) sucia, lubricante ennegrecido por el uso. || Alquitrán (goudron).
cambrage ou **cambrement** m. Combadura, *f.*, arqueo, alabeo.
cambrai m. Cambray (toile et ville).
cambré, e adj. Combado, da ; arqueado, da ; alabeado, da. || Arqueado, da ; juncal : *corps cambré,* cuerpo arqueado.
cambrer v. tr. Combar (courber), arquear, alabear (arquer). || *Cambrer la taille,* echar el busto hacia atrás, arquear el tronco.
— V. pr. Echar el busto hacia atrás, arquear el tronco (se redresser).
cambrien, enne adj. et s. m. GÉOL. Cámbrico, ca ; cambriano, na.
cambriolage m. Robo con efracción.
cambrioler v. tr. Robar con efracción.
cambrioleur, euse m. et f. Atracador, ra ; ladrón, ona [que roba con efracción].
cambrion m. Horma (*f.*) adaptadora.
cambrousse ou **cambrouse** f. FAM. Campo, *m.* (campagne).
cambrure f. Combadura, arqueo, *m.*, alabeo, *m.* (gauchissement). || Talle (*m.*) quebrado : *la cam-*

brure d'une jeune fille, el talle quebrado de una muchachita.
cambuse f. MAR. Pañol, *m.* || POP. Cantina (réfectoire). | Casa descuidada (maison sale). | Habitación (chambre).
cambusier m. MAR. Pañolero.
Cambyse n. pr. m. HIST. Cambises.
came f. MÉCAN. Leva : *arbre à cames,* árbol de levas. || POP. Cocaína, mandanga.
camée m. Camafeo (pierre gravée, peinture).
caméléon m. Camaleón (lézard, personne).
camélia m. BOT. Camelia, *f.*
camélidés m. pl. ZOOL. Camélidos.
caméline ou **cameline** f. Camelina (plante).
camelot [kamlo] m. Camelote (étoffe). || Vendedor ambulante (vendeur ambulant). || Charlatán (bonimenteur). || (Vx). Vendedor de periódicos. || *Camelot du roi,* militante monárquico y reaccionario [en Francia].
camelote f. Mercancía de mala calidad. || Baratija (chose sans valeur). || Chapucería, frangollo, *m.* (ouvrage mal fait).
cameloter v. intr. Chapucear, frangollar (faire de la camelote). || Vender baratijas (vendre).
camembert m. Camembert [queso elaborado en Normandía].
caméra f. Cámara cinematográfica *ou* de televisión, tomavistas, *m. inv.*
cameraman m. CINÉM. Cameraman, operador.
camérier m. Camarero del Papa.
camérière f. (Vx). Doncella (femme de chambre).
camériste f. Camarista (au service des dames de qualité). || FAM. Doncella (femme de chambre).
camerlingat m. Camarlengado.
camerlingue m. Camarlengo (cardinal dignitaire).
Cameroun [kamrun] n. pr. m. GÉOGR. Camerún.
Camille [kami:j] n. pr. m. et f. Camilo, la.
camion m. Camión (automobile). || Alfiler muy pequeño (épingle). | Cubo (de peinture).
camion-citerne m. Camión aljibe.
camionnage m. Camionaje (transport et prix).
camionner v. tr. Transportar en camión.
camionnette f. Camioneta.
camionneur m. Camionero (chauffeur). || Transportista (entrepreneur).
camisole f. Blusa (de femme). || *Camisole de force,* camisa de fuerza ; chaleco de fuerza (en Amérique).
camomille [kamɔmi:j] f. Manzanilla (plante et infusion).
camouflage m. Enmascaramiento. || MIL. Camuflaje.
camoufler v. tr. Disimular. || Disfrazar (déguiser). || MIL. Camuflar.
— OBSERV. Le gallicisme *camuflar* est fréquemment employé.
camouflet [kamuflɛ] m. FIG. et FAM. Desaire, feo, afrenta, *f.* (affront). || MIL. Hornillo de una contramina.
camp [kã] m. ● Campo : *camp retranché,* campo atrincherado. || (Vx). Real (employé aussi au pl.). || ◆ Campamento (campement). || Partido : *quitter le camp de l'opposition,* abandonar el partido oposicionista. || Campamento de gitanos (de nomades). || *Camp de concentration,* campo de concentración. || *Camp volant,* campamento volante. || — *Aide de camp,* ayudante de campo, edecán. || *Lit de camp,* cama de campaña, catre. || — *Être en camp volant,* estar instalado provisionalmente. || FAM. *Ficher (fiche o foutre) le camp,* largarse. || *Lever le camp,* levantar el campo.
— SYN. ● *Cantonnement,* acantonamiento. *Quartier,* cuartel.
— ◆ *Bivouac,* vivaque, vivac. *Camping,* campamento.
campagnard, e adj. et s. Campesino, na.

campagne f. ● Campo, *m.* : *les travaux de la campagne,* los trabajos del campo; *maison de campagne,* casa de campo. ‖ Campiña (vaste plaine agricole) : *la campagne romaine,* la campiña romana. ‖ Campaña : *campagne électorale,* campaña electoral. ‖ MIL. Campaña (opération militaire) : *en campagne,* en campaña. ‖ *— De campagne,* rural, de aldea, de pueblo. ‖ *Partie de campagne,* gira campestre. ‖ *Rase campagne,* campo raso. ‖ *Se mettre en campagne,* hacer gestiones, ponerse en campaña. ‖ MIL. *Tenir la campagne,* resistir en campo raso.
— SYN. ● *Champs,* campo. *Pop. Cambrousse,* campo.

campagnol m. Campañol, ratón de campo.
campane f. Campana, campanilla.
campanile m. ARCHIT. Campanil, campanario (clocher). ‖ Linterna, *f.*
campanulacées f. pl. BOT. Campanuláceas
campanule f. BOT. Campánula, farolillo, *m.*
campé, e adj. Plantado, da; gallardo, da : *bien campé,* bien plantado. ‖ Construido, da : *récit bien campé,* relato bien construido; definido, da; caracterizado, da (personnage) ; hecho, cha : *portrait bien campé,* retrato bien hecho
campêche m. BOT. Campeche : *bois de campêche,* palo de campeche.
campement [kɑ̃pmɑ̃] m. Campamento.
camper v. intr. Acampar., ‖ FAM. Instalarse provisionalmente. ‖ Hacer « camping ».
— V. tr. Acampar : *camper la troupe,* acampar la tropa. ‖ Hacer, esbozar (ébaucher). ‖ FAM. Ponerse, plantarse : *camper son chapeau,* ponerse el sombrero (placer, poser). ‖ Plantar (quitter quelqu'un brusquement).
— V. pr. FAM. Plantarse : *se camper devant quelqu'un,* plantarse ante uno. ‖ Instalarse.
campeur, euse m. et f. Campista.
camphre [kɑ̃:fr] m. CHIM. Alcanfor.
camphré, e [kɑ̃fre] adj. et s. f. Alcanforado, da.
camphrer v. tr. Alcanforar.
camphrier [kɑ̃frije] m. BOT. Alcanforero.
camping m. « Camping ».
campos [kɑ̃po] m. FAM. Asueto : *donner campos aux écoliers,* dar asueto a los colegiales.
campus m. Campus (universitaire).
camus, e adj. et s. ● Chato, ta (à nez court et plat). ‖ Pasmado, da ; corrido, da (penaud).
— SYN. ● *Camard,* chato, desnarigado, *Épaté,* achatado.

canada m. AGRIC. Variedad de reineta, *f.* (pomme).
Canada n. pr. m. GÉOGR. Canadá.
canadien, enne adj. et s. Canadiense. ‖ — F. Cazadora forrada de pieles, canadiense (vêtement). ‖ AGRIC. Canadiense (charrue). ‖ MAR. Piragua ligera.
canaille [kana:j] f. Chusma, canalla : *mœurs de la canaille,* costumbres de la chusma. ‖ Canalla, *m.* (personne malhonnête) : *cet homme est une canaille,* este hombre es un canalla.
— Adj. Chabacano, na : *manières canailles,* modales chabacanos. ‖ Barriobajero, ra; chulesco, ca (faubourien). ‖ Pícaro, ra (polisson).
canaillerie [kanajri] f. Canallada.
canal m. Canal. ‖ Canal (bande de fréquences). ‖ ANAT. Canal : *canal médullaire,* canal medular. ‖ ARCHIT. Acanaladura (de colonne). ‖ FIG. Conducto, medio (voie, moyen) : *par le canal d'un député,* por conducto de un diputado. ‖ MÉCAN. Canal : *le canal d'injection,* el canal de injección. ‖ — *Canal d'irrigation,* acequia, canal de riego. ‖ PHYS. *Rayons canaux,* rayos canales.
canalicule m. ANAT. Canalillo.
canalisable adj. Canalizable (rivière).
canalisateur, trice adj. et s. Canalizador, ra.
canalisation f. Canalización (action). ‖ ÉLECTR. Línea eléctrica. ‖ TECHN. Cañería (d'eau). ‖ Tube-

ría (de gaz, etc.). ‖ FIG. Encauzamiento, *m.,* encarrilamiento, *m.,* canalización.
canaliser v. tr. Canalizar (faire des canaux). ‖ Canalizar (rendre navigable). ‖ Transportar por canal : *canaliser du pétrole,* transportar petróleo por canal. ‖ FIG. Encauzar, encarrilar, canalizar : *canaliser le mécontentement,* encauzar el descontento.
canamelle f. (P. us.). Cañamiel, caña melar.
cananéen, enne adj. et s. Cananeo, a.
canapé m. ● Sofá, canapé (siège). ‖ CULIN. « Canapé ». ‖ *Canapé-lit,* sofá-cama.
— SYN. ● *Divan,* diván. *Sofa,* sofá. *Causeuse,* confidente. *Ottomane,* otomana, turca.
canaque adj. et s. Canaco, ca [de Nueva Caledonia].
canard [kana:r] m. Pato, ánade (p. us.) : *canard sauvage,* pato silvestre. ‖ FAM. Bulo (fausse nouvelle). ‖ Periódico (journal), periodicucho (mauvais journal). ‖ Terrón de azúcar mojado en café *ou* aguardiente. ‖ MUS. Gallo (fausse note). ‖ POP. Penco, caballo (cheval). ‖ — *Canard siffleur,* silbón. ‖ FAM. *Mon petit canard,* mi gorrioncito.
canardeau m. ZOOL. Anadón, anadino.
canarder v. tr. FAM. Tirar a cubierto (tirer sur quelqu'un).
— V. intr. MUS. Pifiar (une flûte), soltar un gallo (un chanteur).
canardière f. Puesto, *m.* [para la caza de patos]. ‖ Charca para patos (mare à canards). ‖ Escopeta (long fusil).
canari m. Canario (serin).
canarien, enne adj. et s. Canario, ria.
Canaries [kanari] n. pr. f. pl. GÉOGR. Canarias.
canasson m. POP. Penco, jamelgo (mauvais cheval).
canasta f. Canasta (jeu).
cancale f. Ostra de Cancale (huître).
cancan m. Chisme (médisance). ‖ Cancán (danse).
cancaner v. intr. Parpar (canard). ‖ FAM. Chismorrear, cotillear (médire).
cancanier, ère adj. et s. Chismoso, sa; cotilla.
cancellation f. DR. Cancelación.
canceller v. tr. DR. Cancelar.
cancer m. ASTR. Cáncer. ‖ MÉD. Cáncer.
cancéreux, euse adj. et s. Canceroso, sa : *tumeur cancéreuse,* tumor canceroso.
cancérigène adj. Cancerígeno, na.
cancérisation f. Cancerización.
cancérologue m. Cancerólogo.
cancre m. Carramarro, cangrejo de mar (crabe). ‖ (Vx). Roñoso (avare). ‖ (Vx). Miserable (pauvre). ‖ FAM. Calamidad, *f.,* desastre, mal estudiante.
cancrelat m. Cucaracha, *f.,* curiana, *f.* (blatte).
cancroïde m. MÉD. Cancroide.
candela f. PHYS. Candela (unité d'intensité lumineuse).
candélabre m. Candelabro.
candeur f. Candor, *m.*
— SYN. *Ingénuité,* ingenuidad. *Naïveté,* sencillez, candidez. *Naturel,* naturalidad. *Innocence,* inocencia. *Crédulité,* credulidad.
candi adj. Candi, cande : *sucre candi,* azúcar candi. ‖ Escarchado, da : *fruit candi,* fruta escarchada.
candidat [kɑ̃dida] m. Candidato : *candidat à un poste,* candidat para un puesto.
candidature f. Candidatura : *poser sa candidature,* presentar su candidatura. ‖ *Plaider la candidature de,* abogar por, defender a.
candide adj. Cándido, da (confiant, naïf). ‖ Candoroso, sa : *visage candide,* rostro candoroso.
Candie n. pr. GÉOGR. Candía.
candiote adj. et s. Candiota (de Candie).
candir (se) v. pr. Cristalizarse (le sucre). ‖ Cubrirse de azúcar cristalizado (les fruits).

Faire candir, escarchar : *faire candir une poire*, escarchar una pera.

candisation f. Transformación del azúcar en azúcar candi. ‖ Escarchado (des fruits).

cane f. ZOOL. Pata.

canebière [kanbjɛːr] ou **cannebière** f. Cañamar, *m.* (chènevière). ‖ *La Canebière*, nombre de una calle muy animada de Marsella.

Canée (La) n. pr. GÉOGR. La Canea.

canéficier m. BOT. Cañafístula, *f.*

canepetière f. Sisón, *m.* (oiseau).

canéphore f. Canéfora.

canepin m. Cabritilla, *f.* (peau).

caner v. intr. POP. Tener canguelo *ou* jindama (avoir peur). ‖ Rajarse, ceder (se dégonfler). ‖ Hincar el pico, estirar la pata (mourir).

caneton [kantɔ̃] m. Patito, anadón, anadino.

canette f. Canilla (pour le fil). ‖ Botella de cerveza. ‖ Pata pequeña (petite cane). ‖ Cerceta (sarcelle). ‖ Canica (bille).

caneur m. POP. Cagueta.

canevas [kanva] m. Cañamazo (pour broder). ‖ Red (*f.*) geodésica de primer orden. ‖ FIG. ● Cañamazo, bosquejo, boceto (plan d'un ouvrage).
— SYN. ● *Ébauche*, bosquejo, boceto. *Esquisse*, esbozo, boceto. *Croquis*, croquis. *Schème*, esquema. *Maquette*, maqueta.

canezou m. Canesú (corsage).

cangiar m. Cangiar (arme orientale).

cangue f. Canga (supplice chinois). ‖ Traba (entrave).

caniche m. Perro de aguas *ou* de lanas, caniche.

caniculaire adj. Canicular.

canicule f. Canícula (époque). ‖ Calor (*m.*) tórrido, bochorno, *m.* (grande chaleur).

canidés m. pl. ZOOL. Cánidos.

canif m. Cortaplumas, navaja, *f.* ‖ *Coup de canif*, navajazo.

canin, e adj. Canino, na : *race canine*, raza canina. ‖ *Dent canine*, canino, colmillo.
— F. Colmillo, *m.*, canino, *m.* (dent).

canitie [kanisi] f. Canicie.

caniveau [kanivo] m. Arroyo, reguera, *f.* (d'une rue). ‖ Cuneta, *f.* (d'une route). ‖ Conducto (conduit).

canna m. Cañacoro (balisier).

cannabinacées f. pl. BOT. Cannabáceas.

cannage m. Asiento *ou* respaldo de rejilla (d'un siège). ‖ Acción de poner asientos *ou* respaldos de rejilla.

cannaie [kanɛ] f. Cañaveral, *m.*

canne f. Bastón, *m.* (pour s'appuyer). ‖ Bastón, *m.* (gymnastique). ‖ Cana (mesure ancienne). ‖ Grifo (*m.*) de distribución de gran dimensión (robinet). ‖ BOT. Caña : *canne à sucre*, caña de azúcar. ‖ TECHN. Puntel, *m.* (de verrier). ‖ — *Canne à pêche*, caña de pescar. ‖ *Canne blanche*, bastón de ciego (bâton), ciego, ga (aveugle). ‖ *Canne-épée*, *canne armée*, bastón de estoque (arme). ‖ PHYS. *Canne thermo-électrique*, par termo-eléctrico.

canné, e adj. De rejilla (siège).

canneberge f. BOT. Arándano, *m.* (airelle).

cannebière f. V. CANEBIÈRE.

cannelé, e adj. Acanalado, da.

canneler* v. tr. Acanalar (garnir de cannelures) : *colonne cannelée*, columna acanalada.

cannelier m. Canelo, canelero (arbre).

cannelle f. Canilla (robinet). ‖ Canela (épice). ‖ Canilla (de tonneau).

cannelloni m. pl. Canelones.

cannelure [kanlyːr] f. Acanaladura, estría.

canner v. tr. Echar asiento de rejilla a una silla.

cannetille f. Cañutillo, *m.* (fil métallique).

cannette f. TECHN. Canilla.

canneur, euse m. et f. Sillero, ra ; persona que pone asientos de rejilla.

cannibale adj. et s. Caníbal.

cannibalisme m. Canibalismo.

canoë m. Canoa, *f.*

canon m. Cañón (pièce d'artillerie). ‖ Cañón (d'une arme à feu) : *canon rayé*, cañón rayado. ‖ Cañón (partie du mors). ‖ Cañón (plume d'oiseau). ‖ Caña, *f.* (os de la jambe du cheval). ‖ Caña, *f.* (mesure pour le vin de 1/8 de litre). ‖ Barrita, *f.* : *soufre en canons*, azufre en barritas. ‖ Canon (règle). ‖ Cilindro, tubo : *canon d'un arrosoir*, tubo de una regadera ; *canon d'une seringue*, cilindro de una jeringa. ‖ Sacra, *f.* (tableau de prières de l'autel). ‖ Canon (partie de la messe). ‖ DR. Canon. ‖ MUS. Canon (morceau répété par plusieurs voix). ‖ POP. Chiquito, chato (verre de vin). ‖ — PHYS. *Canon à électrons*, cañón electrónico. ‖ MAR. *Canon porte-amarre*, cañón lanzacabos. ‖ FAM. *Chair à canon*, carne de cañón (les soldats). ‖ *Coup de canon*, cañonazo. ‖ *Droit canon*, derecho canónico.

cañon m. GÉOGR. Cañón.

canonial, e adj. Canónico, ca : *heures canoniales*, horas canónicas. ‖ Canonical (du chanoine).

canonicat [kanɔnika] m. Canonicato (dignité). ‖ Canonjía, *f.* (prébende de chanoine). ‖ FIG. Sinecura, canonjía.

canonique adj. Canónico, ca. ‖ FIG. et FAM. Católico, ca (convenable). ‖ *Âge canonique*, la cuarentena [así llamada por ser ésta la edad impuesta a las amas de los clérigos].

canonisable adj. Canonizable.

canonisation f. Canonización.

canoniser v. tr. Canonizar.

canoniste m. Canonista.

canonnade f. Cañoneo, *m.*

canonner v. tr. Cañonear.

canonnerie f. Fábrica de cañones.

canonnier m. Artillero (artilleur).

canonnière f. Cañonera, tronera (meurtrière). ‖ Taco, *m.*, tirabala, *m.*, trabuco, *m.* (jouet d'enfant). ‖ MAR. Cañonero, *m.*, lancha cañonera (chaloupe armée de canons).

canope m. Canope (vase).

canot [kano] m. Bote, lancha, *f.* : *canot pneumatique, à voile*, bote neumático, de vela ; *canot de sauvetage*, bote salvavidas. ‖ Canoa, *f.* : *canot automobile*, canoa automóvil. ‖ *Canot à moteur*, lancha motora, motora.
— OBSERV. La *canoa* española, voz de origen caribe, ha dado su nombre al francés *canot*, pero corresponde a la palabra francesa de origen inglés *canoë* y, como forma, a la *pirogue* o *piragua*.

canotage m. Canotaje. ‖ Remo (sport).

canoter v. intr. Pasearse en bote (se promener), remar (ramer).

canotier m. Canoero, barquero (conducteur d'un canot). ‖ Remero (rameur) [sport], ‖ « Canotier », « canotié », sombrero de paja (chapeau).

cantabile m. MUS. Cantábile, cantable.

cantabre adj. et s. Cántabro, bra.

cantabrique adj. et s. Cantábrico, ca.
— OBSERV. Ce que les Espagnols appellent *Mar Cantábrico* ou *Golfo de Vizcaya* correspond au *golfe de Gascogne*.

cantal m. Queso de Cantal.

cantaloup [kãtalu] m. Variedad de melón redondo de pulpa anaranjada y costillas salientes.

cantate f. Cantata.

cantatrice f. Cantatriz.

canter m. Galope de prueba (galop d'essai).

cantharide f. ZOOL. Cantárida.

cantharidine f. Cantaridina.

cantilène f. Cantilena.

cantilever m. AUTOM. Suspensión (*f.*) de hojas. ‖ TECHN. Cantilever (d'un pont, d'une aile d'avion).

cantine f. Cantina (buvette). ‖ Cantina, refectorio, *m.* (restaurant). ‖ Baúl (*m.*) metálico (malle de militaire).

cantinier, ère m. et f. Cantinero, ra.
cantique m. Cántico. ‖ *Le Cantique des Cantiques,* el Cantar de los Cantares.
canton m. Cantón (région). ‖ Tramo de vía férrea entre dos señales. ‖ BLAS. Cantón.
cantonade f. THÉÂTR. Esquina del foro entre bastidores. ‖ *Parler à la cantonade,* hablar al foro *ou* del foro.
cantonal, e adj. Cantonal.
cantonnement m. Acantonamiento (des troupes). ‖ Acotación, *f.,* acotamiento de un terreno (d'un terrain). ‖ Coto (de pêche). ‖ DR. Limitación, *f.*
cantonner v. tr. Acantonar. ‖ Instalar por separado, aislar (séparer).
— V. intr. Estar acantonados, acantonarse.
— V. pr. Aislarse, retirarse : *se cantonner dans un coin,* aislarse en un rincón. ‖ FIG. Limitarse : *il se cantonne à traiter des événements politiques,* se limitó a tratar los acontecimientos políticos. ‖ FIG. Encerrarse, encastillarse (s'abstraire).
cantonnier m. Peón caminero.
cantonnière f. Guardamalleta (pour lit, fenêtre). ‖ Cantonera (coin de renforcement).
canulant, e adj. POP. Fastidioso, sa.
canular m. FAM. Novatada, *f.* (d'élèves). | Broma, *f.* (plaisanterie).
canule f. MÉD. Cánula.
canuler v. tr. FAM. Jeringar, fastidiar (ennuyer).
canut, use [kany, y:z] m. et f. Tejedor, ra, de seda [en Lyon].
caouane f. ZOOL. Carey, *m.*
caoutchouc [ˈkautʃu] m. Caucho : *caoutchouc vulcanisé, synthétique,* caucho vulcanizado, sintético. ‖ Goma, *f.* : *des semelles en caoutchouc,* suelas de goma. ‖ Tira (*f.*) de goma, elástico. ‖ *Caoutchouc mousse,* gomespuma, goma espuma.
— OBSERV. En Espagne on dit plutôt *goma* (gomme) que *caucho,* surtout lorsqu'on parle d'objets manufacturés : *un ballon, une poire en caoutchouc,* un balón, una pera de goma.
caoutchoutage [-ta:ʒ] m. Cauchutado.
caoutchouter [-te] v. tr. Cauchutar.
caoutchoutier, ère [-tje, jɛ:r] adj. Relativo al caucho.
— M. Cauchera, *f.* (plante).
cap m. GÉOGR. Cabo. ‖ MAR. Proa, *f.* (proue). ‖ MAR. et AVIAT. Rumbo : *avoir, mettre le cap sur,* hacer rumbo a. ‖ (Vx). Cabeza, *f.* (tête) : *de pied en cap,* de pies a cabeza. ‖ FIG. *Doubler le cap de la quarantaine,* pasar de los cuarenta, franquear la cuarentena (gallicisme).
capable adj. Capaz : *capable de tout,* capaz de todo. ‖ DR. Capacitado, da. ‖ *Faire le capable,* dárselas de hábil.
capacimètre m. ÉLECTR. Capacímetro.
capacitaire m. *Capacitaire en droit,* graduado en derecho.
capacité f. Capacidad. ‖ *Certificat de capacité en droit,* grado existente en las facultades de Derecho de Francia, inferior al de la licencia.
caparaçon m. Caparazón, gualdrapa, *f.* (housse de cheval).
caparaçonner v. tr. Encaparazonar (un cheval).
— V. pr. Vestirse ridículamente. ‖ FIG. Endurecerse.
cape f. Capa (manteau sans manches). ‖ Capa, capote, *m.* (tauromachie) : *cape de parade,* capote de paseo. ‖ Capa (du cigare). ‖ Sombrero (*m.*) hongo (chapeau melon). ‖ MAR. Capa. ‖ — *De cape et d'épée,* de capa y espada. ‖ FAM. *Sous cape,* solapadamente. ‖ — *Rire sous cape,* reír para sus adentros.
capéer ou capeyer v. intr. MAR. Capear.
capelage m. MAR. Encapilladura, *f.*
capelan [kaplɑ̃] m. Capelán (poisson).
capeler* v. tr. MAR. Encapillar.

capelet m. VÉTÉR. Esparaván.
capeline [kaplin] f. Capellina.
Capet n. pr. m. Capeto [dinastía francesa].
capétien, enne [kapesjɛ̃, jɛn] adj. De los Capetos.
capharnaüm [kafarnaɔm] m. Leonera, *f.,* chiribitil.
capillaire [kapilɛ:r] adj. Capilar (relatif aux cheveux). ‖ ANAT. Capilar (vaisseau). ‖ PHYS. Capilar (tube). ‖ *Artiste capillaire,* peluquero.
— M. BOT. Culantrillo.
capillarité [-larite] f. Capilaridad.
capilotade f. Capirotada (ragoût). ‖ FAM. *Mettre en capilotade,* hacer trizas *ou* papilla.
capitaine m. Capitán.
capitainerie f. Capitanía.
capital, e adj. Capital : *points, péchés capitaux,* puntos, pecados capitales. ‖ IMPR. Versal (lettre).
— M. Capital, caudal (biens, valeur, argent). ‖ — F. Capital (ville). ‖ IMPR. Versal, mayúscula (lettre). ‖ *Petite capitale,* versalita.
capitalisable adj. Capitalizable.
capitalisation f. Capitalización.
capitaliser v. tr. et intr. Capitalizar : *capitaliser des intérêts,* capitalizar intereses.
capitalisme m. Capitalismo.
capitaliste adj. et s. Capitalista.
capitan m. Fanfarrón, espadachín, matasiete (du théâtre ancien).
capitane f. Capitana (galère).
capitation f. Capitación, impuesto (*m.*) por persona.
capiteux, euse adj. Embriagador, ra ; espiritoso, sa : *vin capiteux,* vino espiritoso. ‖ Atractivo, va : *une femme capiteuse,* una mujer atractiva.
capitole m. Capitolio.
capitolin, e adj. Capitolino, na.
capiton m. Borra (*f.*) de seda (bourre de soie). ‖ Basta (*f.*) de un tejido acolchado.
capitonnage m. Acolchado.
capitonner v. tr. Acolchar.
— OBSERV. En espagnol on emploie couramment l'expression *un camión capitoné* ou *un capitoné* pour désigner un camion de déménagement dont les parois intérieures sont capitonnées.
capitulaire adj. et s. m. Capitular.
capitulard m. Abandonista. ‖ Cobarde, que escurre el bulto (qui se dérobe).
capitulation f. Capitulación (reddition).
capitule m. Capítula, *f.* (prière). ‖ BOT. Cabezuela, *f.* (inflorescence).
capitulé, e adj. BOT. Acabezuelado, da.
capituler v. intr. Capitular.
capon, onne adj. et s. Cobarde (poltron). ‖ Soplón, ona (mouchard, à l'école). ‖ Tahur (joueur habile). ‖ Prestamista (prêteur). ‖ MAR. Capón.
caponner v. intr. Mostrarse cobarde, acobardarse. ‖ Hacer trampas (filouter au jeu).
— V. tr. MAR. Izar el ancla.
caponnière f. Caponera (fortifications).
caporal m. Tabaco picado de hebras (tabac). ‖ MIL. Cabo. ‖ — *Caporal-chef,* cabo primera. ‖ FAM. *Le Petit Caporal,* Napoléon I.
caporaliser v. tr. Imponer un régimen militarista.
caporalisme m. Militarismo.
capot [kapo] adj. inv. Zapatero (jeux de cartes) : *être capot,* quedarse zapatero. ‖ FIG. Cortado, da, turbado, da (penaud). ‖ — *Faire capot,* dejar zapatero, dar capote. ‖ *Rester capot,* llevar capote.
— M. AUTOM. Capó, capot. ‖ MAR. Tapacete, funda, *f.* (housse). | Escotilla (*f.*) de acceso a un yate.
capotage m. Capotaje (avion), vuelco (voiture). ‖ Capota, *f.* (disposition de la capote).
capote f. Capote, *m.* (manteau). ‖ Capota (couverture d'un véhicule, chapeau). ‖ POP. *Capote anglaise,* condón.

capoter v. intr. Volcar, dar la vuelta de campana (voiture), capotar (avion).
— V. tr. Poner una capota a.
câpre f. Alcaparra.
capricant, e adj. Méd. Arrítmico, ca.
caprice m. ● Capricho (amourette). ‖ ◆ Capricho (inconstance). ‖ *Avoir un caprice pour,* estar encaprichado con.
— Syn. ● *Flirt,* flirt, flirteo, coqueteo. *Toquade,* chifladura. *Béguin,* encaprichamiento.
— ◆ *Extravagance,* extravagancía. *Inconséquence,* inconsecuencia.
capricieux, euse adj. et s. Caprichoso, sa.
— Syn. *Bizarre,* raro, extravagante. *Fantasque,* antojadizo. *Lunatique,* lunático.
capricorne m. Astr. Capricornio (constellation). ‖ Zool. Algavaro, capricornio.
câprier m. Bot. Alcaparro.
caprification f. Agric. Cabrahigadura.
caprifiguier [kaprifigje] m. Cabrahigo (figuier sauvage).
caprifoliacées f. pl. Bot. Caprifoliáceas.
caprin, e adj. Caprino, na ; cabruno, na : *race caprine,* raza caprina.
capripède adj. et s. Caprípedo, da.
capron m. Agric. Fresón.
caprylique adj. m. Chim. Caprílico.
capsulage m. Capsulado, m.
capsulaire adj. Capsular.
capsulateur m. Capsuladora, f.
capsule f. Cápsula. ‖ Cápsula, pistón, m., mixto, m. (d'arme à feu). ‖ Cápsula (d'une fusée).
capsuler v. tr. Capsular, poner una cápsula.
captage m. Captación, f., toma, f. (d'une source).
captateur, trice m. et f. Captador, ra.
captation f. Dr. Captación (de testament).
captatoire adj. Dr. Captatorio, ria.
capter v. tr. Captar (une source). ‖ Captar, coger (émission de radio). ‖ Captar, ganarse, granjearse : *capter la confiance de quelqu'un,* ganarse la confianza de uno. ‖ Hacerse con, conseguir (obtenir).
captieux, euse [kapsjø, jø:z] adj. Capcioso, sa (spécieux).
captif, ive adj. et s. Cautivo, va.
captivant, e adj. Cautivador, ra ; cautivante.
captiver v. tr. Cautivar.
captivité f. Cautiverio, m., cautividad.
capture f. Captura. ‖ Géogr. Captura (rivière) : *un coude de capture,* un codo de captura.
capturer v. tr. Capturar.
capuce m. Capucha, f., capilla, f. (de moine).
capuche f. Capucha.
capuchon m. Capuchón, capucha, f. ‖ Sombrerete (de cheminée). ‖ Capuchón (de stylo).
capuchonné, e adj. Con caperuza.
capucin, e m. et f. Capuchino, na (religieux). ‖ — M. Liebre, f. (lièvre). ‖ Capuchino (singe). ‖ — F. Capuchina (fleur). ‖ Abrazadera (de fusil).
capucinade f. Sermón (m.) enfadoso. ‖ Santurronería (bigoterie).
capulet [kapylɛ] m. Capuchón de mujer.
Capulet n. pr. m. Capuleto.
Cap-Vert n. pr. Géogr. *Îles du Cap-Vert,* islas del Cabo Verde.
caque f. Barril (m.) de arenques. ‖ — Fam. *Être serrés comme harengs en caque,* estar come sardinas en lata. ‖ *La caque sent toujours le hareng,* cada cuba huele al vino que tiene.
caquer v. tr. Meter [arenques] en barril.
caquet [kakɛ] m. Cacareo (des poules). ‖ Fig. Charla, f., cháchara, f., pico (bavardage). ‖ Cotorreo (commérage). ‖ Fam. *Rabattre le caquet à quelqu'un,* cerrar el pico a uno, bajar los humos a uno.

oaquetage m. Cacareo (poules). ‖ Fig. Charla, f. (bavardage), chismorreo (critique).
caqueter* [kakte] v. intr. Cacarear. ‖ Fig. Charlar (bavarder). ‖ Chismorrear (critiquer).
car conj. Pues, porque.
car m. Autocar (véhicule).
carabe m. Cárabo (insecte).
carabin m. (Vx). Soldado de caballería ligera. ‖ Fam. Estudiante de medicina.
carabine f. Carabina (arme).
carabiné, e adj. Fam. Endiablado, da ; de aúpa.
carabinier m. Carabinero.
caracal m. Caracal (sorte de lynx).
caracara m. Caracará, carancho (oiseau).
caraco m. Chambra, f. (vêtement féminin).
caracoler v. intr. Caracolear (un cheval).
caractère m. Carácter. ‖ Carácter, índole, f. (nature). ‖ Carácter, genio : *bon, mauvais caractère,* buen, mal genio. ‖ *Caractères d'imprimerie,* letras de molde (écriture). ‖ *En caractère gras,* en negrita.
— Observ. Le mot espagnol *carácter* fait au pluriel *caracteres* et non *carácteres.*
caractériel, elle adj. Propio del carácter.
caractérisant, e adj. Que caracteriza.
caractérisé, e adj. Caracterizado, da.
caractériser v. tr. Caracterizar.
caractéristique adj. et s. f. Característico, ca. ‖ — F. Math. Característica (d'un logarithme).
caractérologie f. Caracterología.
caracul [karakyl] m. Caracul (mouton). ‖ Astracán superior (fourrure).
carafe f. Garrafa. ‖ Pop. *Rester en carafe,* esperar vanamente, quedarse plantado.
carafon m. Garrafita, f.
caraïbe adj. et s. Caribe.
caraïtes m. pl. Caraítas (sectaires juifs).
carambolage m. Carambola, f. (billard). ‖ Serie de colisiones (véhicules), serie de circunstancias.
carambole f. Mingo, m. (boule rouge au billard).
caramboler v. intr. Hacer carambola.
carambouillage [karãbuja:ʒ] m. Estafa (f.) del que vende lo que no ha pagado.
carambouilleur [-jœ:r] m. Estafador que vende lo que no ha pagado.
caramel m. Masticable, caramelo blando (bonbon), pastilla (f.) de café con leche, toffee (au lait). ‖ Caramelo. ‖ *Crème caramel,* flan.
— Observ. Le mot espagnol *caramelo* désigne les bonbons en général.
caramélisation f. Caramelización.
caraméliser v. tr. Acaramelar, caramelizar.
carapace f. Concha (de tortue). ‖ Caparazón, m. (de crustacé).
carapater (se) v. pr. Pop. Najarse, pirarse.
caraque f. Mar. Carraca (navire ancien). ‖ Porcelana antigua de Oriente (céramique). ‖ Cacao, m. (de Caracas).
carassin m. Carasio, pez rojo (poisson).
carat [kara] m. Quilate (poids). ‖ Diamante menudo vendido a peso.
caravane f. Caravana. ‖ Caravana, remolque (m.) habitable ou de turismo.
caravanier m. Caravanero.
caravaning ou **caravanning** m. « Caravaning ».
caravansérail m. Caravanera, f., caravanserrallo. ‖ Fig. Lugar concurrido por extranjeros de distintas nacionalidades.
caravelle f. Mar. Carabela (navire).
carbet [karbɛ] m. Bohío (aux Antilles).
carbonade ou **carbonnade** f. Carne asada en las brasas, carbonada.
carbonado m. Carbonado (diamant noir).
carbonarisme m. Carbonarismo.
carbonaro m. Carbonario.
— Observ. Hace en pl. *carbonari* en francés y *carbonarios* en español.

carbonatation f. Carbonatación.
carbonate m. CHIM. Carbonato.
carbonater v. tr. CHIM. Carbonatar.
carbone m. CHIM. Carbono. || *Papier carbone,* papel carbón.
carboné, e adj. CHIM. Carbonado, da.
carbonifère ou **carboniférien, enne** adj. et s. m. Carbonífero, ra.
carbonique adj. CHIM. Carbónico, ca : *neige carbonique,* nieve carbónica.
carbonisation f. Carbonización.
carboniser v. tr. Carbonizar.
carbonnade f. V. CARBONADE.
carbonyle m. CHIM. Carbonilo.
carborundum [karbɔrɔ̃dɔm] m. CHIM. Carborundo.
carburant, e adj. et s. m. Carburante.
carburateur, trice adj. et s. m. Carburador, ra.
carburation f. CHIM. Carburación.
carbure m. CHIM. Carburo.
carburéacteur m. Carburante para reactores.
carburer v. tr. Carburar.
carcailler [karkaje] v. intr. Cuchichiar [la codorniz].
carcajou m. Mapache (blaireau d'Amérique).
carcan m. Picota, *f.* (supplice). || Collar de hierro de los esclavos. || FAM. Rocín (mauvais cheval). || FIG. Sujeción, *f.,* obligación, *f.*
carcasse f. ● Armazón (charpente osseuse). || Caparazón, *m.* (volaille). || Pieza en canal (bétail). || Casquillo, *m.* (de porte-plume). || FAM. Cuerpo, *m.,* osamenta (humain). || Armadura (de pneu). || MAR. Casco, *m.* || TECHN. Armazón : *carcasse d'abat-jour,* armazón de pantalla. || FAM. *Vieille carcasse,* vejestorio, carcamal.
— SYN. ● *Squelette,* esqueleto. *Charpente, ossature* armazón.
Carcassonne n. pr. GÉOGR. Carcasona.
carcinologie f. MÉD. Carcinología.
carcinomateux, euse adj. Carcinomatoso, sa.
carcinome m. Carcinoma (cancer).
cardage m. Carda, *f.,* cardado.
cardamine f. Mastuerzo, *m.* (plante).
cardamome m. Cardamomo (plante).
cardan m. Cardán.
carde f. Cardo, *m.* (cardon comestible). || TECHN. Carda (pour peigner le drap).
carder v. tr. Cardar.
cardère m. Cardencha, *f.* (chardon à foulon).
cardeur, euse m. et f. Cardador, ra (personne qui carde). || — F. Cardadora, carda (machine).
cardia m. ANAT. Cardias (de l'estomac).
cardialgie f. MÉD. Cardialgia.
cardiaque adj. et s. Cardiaco, ca.
cardigan m. Rebeca, *f.* (tricot).
cardinal, e adj. Cardinal : *points cardinaux,* puntos cardinales; *vertus cardinales,* virtudes cardinales. || *Nombre cardinal,* número cardinal.
— M. Cardenal (prélat). || Cardenal (oiseau).
cardinalat m. Cardenalato.
cardinalice adj. Cardenalicio, cia : *pourpre cardinalice,* púrpura cardenalicia.
cardiogramme m. MÉD. Cardiograma.
cardiographe m. MÉD. Cardiógrafo.
cardiographie f. MÉD. Cardiografía.
cardiologie f. MÉD. Cardiología.
cardiopathie f. MÉD. Cardiopatía.
cardiotonique m. MÉD. Cardiotónico.
cardio-vasculaire adj. MÉD. Cardiovascular.
cardite f. MÉD. Carditis (inflammation du cœur).
cardon m. BOT. Cardo (comestible).
carême m. Cuaresma, *f.* : *faire carême,* ayunar en cuaresma. || — *Visage* o *face de carême,* cara de viernes. || — *Arriver comme marée en carême,* caer como pedrada en ojo de boticario.
carême-prenant m. Carnestolendas, *f. pl.*

carénage m. MAR. Carena, *f.* (action de caréner). || Carenero (lieu où l'on carène).
carence f. Carencia. || Incomparecencia (absence). || DR. Insolvencia : *procès-verbal de carence,* certificación de insolvencia. || *Maladie par carence,* enfermedad por carencia.
carencer v. tr. DR. Notar la incomparecencia.
carène f. MAR. Obra viva.
caréner* v. tr. MAR. Carenar (bateaux). || Carenar, dar forma aerodinámica (véhicules).
caressant, e adj. Cariñoso, sa; mimoso, sa (affectueux). || Acariciador, ra.
caresse f. Caricia.
caresser v. tr. Acariciar. || FIG. Alimentar, abrigar : *caresser une espérance,* abrigar una esperanza. || *Caresser du regard,* mirar con codicia.
caresseur, euse m. et f. Acariciador, ra.
caret [karɛ] m. Carey (tortue). || TECHN. Devanadera (*f.*) de cordelero.
carex [karɛks] m. BOT. Carrizo.
cargaison f. Cargamento, *m.*
cargo m. MAR. Buque de carga, carguero.
cargue f. MAR. Briol, *m.,* candeliza.
carguer v. tr. MAR. Cargar (les voiles).
cari m. Cari (épices).
cariatide f. Cariátide.
caribou m. Caribú (renne).
caricatural, e adj. Caricaturesco, ca; caricatural (p. us.).
caricature f. Caricatura.
caricaturer v. tr. Caricaturizar, caricaturar (p. us.).
caricaturiste m. Caricaturista.
carie [kari] f. Caries (des dents). || BOT. Tizón, *m.,* caries (des plantes).
carier* v. tr. Cariar.
— V. pr. Cariarse.
carillon [karijɔ̃] m. Carillón (ensemble de cloches). || Reloj de pared con carillón (horloge). || Campanilleo (sonnerie). || FIG. et FAM. Jaleo, guirigay (tapage).
carillonnement [-jɔnmɑ̃] m. Repique, repiqueteo.
carillonné, e [-jɔne] adj. Sonado, da : *fête carillonnée,* fiesta muy sonada.
carillonner v. intr. Repicar, repiquetear (les cloches). || FIG. Campanillear (à une porte). || Alborotar (faire du tapage).
— V. tr. Dar : *l'horloge carillonne les heures,* el reloj da las horas. || FIG. Pregonar (une nouvelle). || FAM. Echar un rapapolvo a (semoncer).
carillonneur m. Campanero.
Carinthie n. pr. f. GÉOGR. Carintia.
carlin m. Doguillo (chien).
carline f. Carlina, ajonjera (sorte de chardon).
carlingue f. AVIAT. Carlinga. || MAR. Contraquilla, sobrequilla.
carlisme m. HIST. Carlismo.
carliste adj. et s. HIST. Carlista.
carlovingien, enne adj. et s. Carlovingio, gia.
carmagnole f. Carmañola.
carme m. Carmelita (religieux). || *Carmes déchaussés* ou *déchaux,* carmelitas descalzos.
Carmel n. pr. Carmelo (mont de Palestine). || Carmen *ou* Monte Carmelo (ordre religieux).
carmeline adj. f. et s. f. Carmelina (laine).
carmélite f. Carmelita.
carmin m. Carmín (couleur).
— Adj. inv. De color carmín.
carminatif, ive adj. et s. m. MÉD. Carminativo, va.
carminé, e adj. Carmíneo, a : *laque carminée,* laca carmínea. || Carminoso, sa (tirant sur le carmin).
carnage m. Carnicería, *f.,* matanza, *f.*
— SYN. *Massacre,* matanza. *Boucherie,* carnicería. *Tuerie,* degollina. *Hécatombe,* hecatombe.

carnassier, ère adj. et s. Carnicero, ra : *le loup est carnassier,* el lobo es carnicero. ‖ Carnívoro, ra : *le chat est un carnassier,* el gato es un carnívoro. ‖ — M. pl. ZOOL. Carniceros. ‖ — F. Morral, *m.* (de chasseur).
— OBSERV. *Carnassier* se usa sólo para los animales.

carnation f. Encarnación.

carnaval m. Carnaval. ‖ FIG. Adefesio (personne ridicule).
— OBSERV. Pl. *carnavals.*

carnavalesque adj. Carnavalesco, ca.

carne [karn] f. Esquina, ángulo, *m.* (d'une pierre, d'un meuble). ‖ FAM. Piltrafa, carnaza (mauvaise viande). ‖ POP. Penco, *m.,* jamelgo, *m.,* matalón, *m.* (mauvais cheval).

carné, e adj. Encarnado, da (couleur). ‖ A base de carne (nourriture).

carneau m. TECHN. Conducto de humos.

carnèle ou **carnelle** f. Grafila, gráfila.

carnet m. Libreta (f.) de apuntes. ‖ — *Carnet de chèques,* talonario de cheques. ‖ *Carnet de commandes,* cartera de pedidos. ‖ *Carnet de rendez-vous,* agenda de entrevistas. ‖ *Carnet de tickets de métro,* taco de billetes de metro.

carnier m. Morral (carnassière).

carnivore adj. et s. Carnívoro, ra (qui se nourrit de viande) : *l'homme est carnivore, mais pas carnassier,* el hombre es carnívoro, pero no carnicero.
— OBSERV. La palabra *carnivore* se emplea tanto para las personas como para los animales.

Caroline n. pr. f. Carolina.

carolingien, enne [karɔlɛ̃ʒjɛ̃, jɛn] adj. Carolingio, gia.

Caron n. pr. m. Caronte.

caronade f. Carronada (ancien canon).

caroncule f. Carúncula : *caroncule lacrymale,* carúncula lagrimal.

carotène m. Caroteno.

carotide adj. f. et s. f. ANAT. Carótida.

carottage m. FAM. Engaño, timo (tromperie), sisa, *f.* (vol). ‖ TECHN. Extracción (f.) de un testigo (mines).

carotte f. Zanahoria (plante et racine). ‖ Andullo, *m.* (tabac roulé pour chiquer). ‖ Enseña en forma de puro y de color rojo de los estancos en Francia (des bureaux de tabac). ‖ FAM. Engaño, *m.,* timo, *m.* (tromperie). ‖ TECHN. Testigo, *m.,* muestra de perforación (échantillon). ‖ FIG. et FAM. *Tirer une carotte à quelqu'un,* pegársela a uno, timar a uno.

carotter v. tr. FAM. Engañar (tromper). ‖ Estafar, sisar (escroquer).

carotteur, euse ou **carottier, ère** adj. FAM. Estafador, ra (escroc). ‖ Tramposo, sa (trompeur).

carottier m. TECHN. Aparato *ou* herramienta (f.) para sacar muestras del terreno.

caroube ou **carouge** f. BOT. Algarroba.

caroubier m. BOT. Algarrobo.

Carpates n. pr. f. pl. GÉOGR. Cárpatos, *m. pl.*

carpe f. Carpa (poisson). ‖ — FAM. *Muet comme une carpe,* más callado que un muerto. ‖ *Saut de carpe,* salto de la carpa. ‖ *S'ennuyer comme une carpe,* aburrirse como una ostra. ‖ — M. ANAT. Carpo (poignet).

carpé, e adj. En carpa : *saut carpé,* salto en carpa (natation).

carpelle m. BOT. Carpelo.

carpette f. Alfombrilla (tapis).

carpien, enne adj. ANAT. Carpiano, na.

carpillon m. Carpa (f.) muy pequeña.

carpologie f. Carpología (étude des fruits).

carquois [karkwa] m. Carcaj, aljaba, f. ‖ FIG. *Avoir vidé son carquois,* haber agotado los improperios.

carrare m. Mármol de Carrara (Italie).

carre f. Esquina (coin). ‖ Grosor (*m.*) *ou* espesor (*m.*) de un objeto plano (épaisseur). ‖ Copa (de chapeau). ‖ Espalda (d'un vêtement) : *avoir bonne carre,* ser ancho de espaldas.

carré, e adj. Cuadrado, da (forme). ‖ MATH. Cuadrado, da : *vingt pieds carrés,* veinte pies cuadrados ; *racine carrée,* raíz cuadrada. ‖ Franco, ca ; leal (franc). ‖ Fornido, da ; cuadrado, da (personne). ‖ FIG. Terminante, categórico, ca ; rotundo, da (réponse). ‖ — *Tête carrée,* cabezón, ona. ‖ — *Avoir les épaules carrées,* ser ancho de espaldas.
— M. Cuadrado (quadrilatère). ‖ Meseta (*f.*) de escalera (escalier). ‖ Póker [reunión de cuatro cartas]. ‖ AGRIC. Bancal, tablar. ‖ COMM. Marca (*f.*) de papel (45 × 56 cm). ‖ MAR. Cámara (*f.*) de oficiales. ‖ MATH. Cuadrado (d'un nombre). ‖ MIL. Cuadro. ‖ — *Carré d'agneau,* brazuelo de cordero. ‖ *Carré d'eau,* alberca, f. ‖ *Grand carré,* marca de papel (56 × 90 cm). ‖ — F. MUS. Cuadrada, breve. ‖ POP. Habitación (chambre), casa (maison).

carreau [karo] m. Baldosa, f., ladrillo (pour pavage). ‖ Cristal de una ventana (fenêtre). ‖ Cuadro (de jardin). ‖ BLAS. Escaque. ‖ Diamante, « carreau » (jeu de cartes). ‖ Era, f. (d'une mine). ‖ TECHN. Lima (f.) rectangular de cerrajero (lime). ‖ Cojín cuadrado (coussin). ‖ Plancha (f.) de sastre (fer à repasser). ‖ Cuadro : *tissu à carreaux,* tela de cuadros. ‖ Cuadrillo (d'arbalète). ‖ — *Carreau de faïence,* azulejo. ‖ *Le carreau des Halles,* puesto del mercado central de París. ‖ POÉT. *Les carreaux de Jupiter,* los rayos de Júpiter. ‖ — FIG. et FAM. *Demeurer o rester sur le carreau,* quedar en el sitio (mal en point), quedar en la estacada (échouer). ‖ FAM. *Se tenir à carreau,* tener mucho cuidado.

carrefour [karfur] m. ● Encrucijada, f. ‖ FIG. Punto de confrontación, plataforma, f., tribuna, f.
— SYN. ● Rond-point, glorieta. *Croisée, cruce. Croisement,* cruzamiento. *Bifurcation,* bifurcación. *Patte-d'oie,* encrucijada.

carrelage [karla:ʒ] m. Embaldosado, enlosado, enladrillado, solado.

carreler v. tr. Embaldosar, enlosar, enladrillar, solar.

carrelet [karlɛ] f. Red cuadrada (filet). ‖ Platija, acedía (poisson). ‖ Aguja de enjalmar (grosse aiguille). ‖ Cuadrado, *m.* (règle).

carreleur m. Embaldosador, enladrillador, solador.

carrément adv. En ángulo recto, a escuadra. ‖ FIG. Francamente : *parler carrément,* hablar francamente. ‖ FIG. Decididamente, resueltamente (sans hésitation). ‖ *Y aller carrément,* lanzarse resueltamente.

carrer v. tr. Cuadrar. ‖ GÉOM. Cuadrar. ‖ MATH. Elevar al cuadrado.
— V. pr. Arrellanarse : *se carrer dans un fauteuil,* arrellanarse en un sillón.

carrier m. Cantero.

carrière f. Carrera (profession). ‖ Cantera (de pierre). ‖ (Vx). Hipódromo, *m.* (des Romains). ‖ (Vx). Curso (*m.*) de la vida. ‖ — *La carrière,* la carrera diplomática. ‖ — *Donner carrière,* dar libre curso *ou* rienda suelta.

carriole f. Carretera (charrette). ‖ Carricoche, *m.* (mauvaise voiture).

carrossable adj. Abierto al tránsito rodado, transitable.

carrossage m. Inclinación (f.) de las ruedas sobre el eje. ‖ Carrozado (d'une auto).

carrosse m. Carroza, f. (voiture). ‖ *Rouler carrosse,* gastar coche, ser rico.

carrosser v. tr. Poner carrocería, carrozar.

carrosserie f. Carrocería.
carrossier m. Carrocero.
carrousel m. Carrusel.
carroyage [karwaja:ʒ] m. Cuadriculación, f.
carroyer [-je] v. tr. Cuadricular.
carrure f. Anchura de espaldas, de hombros ou de pecho.
carry m. Curry.
cartable m. Cartera, f. (d'écolier). || Cartapacio para dibujo (carton à dessin).
cartayer* [kartɛje] v. intr. Evitar las roderas.
carte f. Cartulina (carton mince). || Carta, naipe, m. (pour jouer). || Tarjeta (document). || Carta, lista de platos (restaurant). || Mapa (géographie), carta (marine). || — Carte de famille nombreuse, cartilla de familia numerosa. || Carte d'identité, carnet de identidad, documento nacional de identidad. || Carte de Noël, christmas, postal navideña, tarjeta navideña (de vœux). || Carte de rationnement, cartilla de racionamiento. || Carte de visite, tarjeta de visita. || Carte grise, título de propiedad de un automóvil. || Carte postale, tarjeta postal, postal. || Carte rose, licencia ou carnet de conducir. || Jeu de cartes, baraja. || Le dessous des cartes, lo que se guarda secreto. || Le jeu de la carte, el carteo. || — Abattre ses cartes, descubrir el juego, mostrar sus cartas. || Battre les cartes, barajar. || Brouiller les cartes, embrollar un asunto. || Donner carte blanche, dar carta blanca. || Faire les cartes, dar las cartas. || Filer ses cartes, brujulear. || Jouer cartes sur table, poner las cartas boca arriba. || Jouer sa dernière carte, jugarse la última carta. || Tirer les cartes, echar las cartas.
cartel m. Cartel (défi). || Tregua, f. (trêve). || Cártel (accord entre politiciens, industriels, etc.). || Reloj de pared (pendule murale). || Caja (f.) de un reloj de pared. || BLAS. Cartel.
carte-lettre f. Billete (m.) postal.
cartellisation f. Cartelización, agrupación en cártel.
cartelliste adj. et s. Cartelista (du cártel).
carter [kartɛr] m. Cárter (mécanique). || Cubre-cadena (bicyclette).
cartésianisme m. Cartesianismo.
cartésien, enne adj. et s. Cartesiano, na.
Carthage n. pr. GÉOGR. Cartago.
Carthagène n. pr. GÉOGR. Cartagena.
carthaginois, e adj. et s. Cartaginés, esa.
cartier m. Fabricante de naipes.
cartilage [kartila:ʒ] m. ANAT. Cartílago.
cartilagineux, euse adj. Cartilaginoso, sa.
cartisane f. Cartulina (lame de parchemin).
cartographe m. Cartógrafo.
cartographie f. Cartografía.
cartographique adj. Cartográfico, ca.
cartomancie f. Cartomancia.
cartomancien, enne m. et f. Cartomántico, ca.
carton m. Cartón : carton bitume, cartón embreado ; carton-pierre o carton-pâte, cartón piedra. || Cartapacio de dibujo (dessin). || Caja (f.) de cartón (boîte). || Cartón (peinture). || Mapa pequeño (carte). || Blanco (cible) : faire un carton, tirar al blanco. || FAM. Goleada, f. (sports). || IMPR. Encarte. || Carton à chapeau, sombrerera.
cartonnage m. Cartonaje (de carton). || Encartonado, encuadernación (f.) de cartón (livre).
cartonner v. tr. Encartonar. || Livre cartonné, libro en cartoné.
cartonnerie f. Cartonería.
cartonneur m. Encartonador.
cartonneux, euse adj. Acartonado, da.
cartonnier, ère adj. et s. Cartonero, ra. || — M. Clasificador (classeur).
cartoon [kartu:n] m. Dibujos (pl.) animados.
cartouche f. Cartón, m. (de cigarettes). || Recambio, m., carga (de stylo, de briquet, etc.). || MIL. Cartucho, m. : cartouche à blanc, cartucho de fogueo. || — M. ARCHIT. Tarjeta, f.
cartoucherie f. Fábrica de cartuchos.
cartouchière f. Canana (des chasseurs). || MIL. Cartuchera.
cartulaire m. HIST. Cartulario.
carvi m. BOT. Alcaravea, f.
caryatide f. Cariátide.
caryocinèse f. BIOL. Cariocinesis.
caryophillacées f. pl. BOT. Cariofiláceas.
caryopse m. BOT. Cariópside, f. (grain).
cas [ka] m. Caso (circonstance). || Lance (événement). || GRAMM. Caso. || MÉD. Caso : un cas de méningite, un caso de meningitis. || — Au cas o dans le cas où, en caso (de) que, por si acaso. || FAM. Au cas où, por si las moscas, por si acaso. || Cas de conscience, caso de conciencia. || En cas de, en caso de. || En ce cas, en tal caso. || En tout cas, de todos modos, en todo caso. || Faire cas, hacer caso. || Le cas échéant, si llega el caso, llegado el caso, en caso de necesidad.
— SYN. Circonstance, circunstancia. Conjoncture, coyuntura. Occasion, ocasión. Occurrence, ocurrencia.
casanier, ère adj. et s. Casero, ra ; hogareño, ña.
casaque f. Casaca (vêtement). || Tourner casaque, cambiarse de chaqueta, volver casaca, chaquetear.
casaquin m. Casaquilla, f.
casbah [kasba] f. Alcazaba (citadelle mauresque).
cascade f. Cascada.
cascader v. intr. Caer en cascada (tomber). || POP. Llevar vida de calavera.
cascadeur, euse adj. et s. Acróbata (cirque). || Doble especial (cinéma). || FAM. Calavera.
cascatelle f. Cascadita.
case f. Choza, cabaña : la case de l'oncle Tom, la cabaña del tío Tom. || Bohío, m. (aux Antilles). || Escaque, m., casilla (de l'échiquier). || Casilla (du papier quadrillé, d'un tableau). || Compartimiento, m. (d'un placard, d'une armoire).
caséeux, euse adj. Caseoso, sa.
caséification ou **caséation** f. Caseificación.
caséine f. CHIM. Caseína.
casemate [kazmat] f. MIL. Casamata (de batterie).
casemater v. tr. MIL. Acasamatar, construir casamatas en.
caser v. tr. Colocar : caser les marchandises, colocar mercancías ; caser un employé, colocar a un empleado. || FAM. Se caser, encontrar una colocación (situation), conseguir casarse (mariage).
caserette f. Encella.
caserne f. Cuartel, m. || FIG. Caserón, m. (vaste bâtisse).
casernement m. Acuartelamiento. || Cuartel (bâtiments).
caserner v. tr. Acuartelar. || — V. intr. Estar acuartelado.
cash [kaʃ] adv. COMM. A toca teja, al contado : toucher, payer cash, cobrar, pagar al contado.
casier m. Casillero. || MAR. Nasa, f. (pour crustacés). || — Casier à bouteilles, botellero. || Casier judiciaire, registro central de penados y rebeldes (lieu), registro de antecedentes penales (bulletin).
casimir m. Casimir (tissu).
Casimir n. pr. m. Casimiro.
casing [keisiŋ] m. TECHN. Entubado.
casino m. Casino.
— OBSERV. Le sens le plus courant de casino en espagnol est celui de club ou cercle dans une petite ville de province.
casoar [kazɔa:r] m. Casuario. || FIG. Penacho de plumas de casuario [que adorna el quepis de los cadetes de la Academia militar de Saint-Cyr].
caspien, enne adj. et s. Caspio, pia : mer Caspienne, mar Caspio.

casque m. Casco : *casques bleus,* cascos azules.

casqué, e adj. Con casco : *statue casquée,* estatua con casco.

casquer v. intr. POP. Soltar la mosca, apoquinar, cascar (payer). | Pagar (être puni).

casquette f. Gorra.

casquettier, ère [kaskɛtje, jɛːr] adj. et s. Gorrero, ra.

cassable adj. Quebradizo, za ; rompible. || DR. Anulable.

cassage m. Rompimiento (action). || Rotura, *f.* (brisure). || TECHN. Trituración, *f.* (minerais, etc.).

cassant, e adj. Quebradizo, za (fragile). || FIG. Tajante, áspero, ra : *ton cassant,* tono áspero.

cassation f. Casación. || MIL. Degradación. || *Cour de cassation,* Tribunal Supremo.

casse f. Rotura (action et effet de casser). || Destrozo, *m.* (dommages). || Lo roto (ce qui est cassé) : *payer la casse,* pagar lo roto. || Reposadero, *m.* (fonderie). || Copela (coupelle). || Cazo, *m.* (des vitriers). || Caldero, *m.* (de savonnerie). || Casia (légumineuse). || BOT. Cañafístula. || IMPR. Caja : *bas de casse,* caja baja ; *haut de casse,* caja alta. || Desguace, *m.* (de véhicules). || — M. POP. Robo con efracción (cambriolage).

cassé, e adj. Roto, ta ; quebrado, da (brisé). || Achacoso, sa (vieillard). || Cascado, da (voix). || DR. Casado, da (annulé).

cassé m. Grado de cochura del azúcar, que lo vuelve quebradizo en el agua fría.

casseau [kaso] m. IMPR. Cajón (division de la casse). | Viñetero (casse pour lettres d'ornement).

casse-cœur [kaskœːr] m. inv. FAM. Tenorio, Don Juan.

casse-cou m. inv. Resbaladero (chemin dangereux). || FAM. Persona (*f.*) muy temeraria, suicida. || *Crier casse-cou à quelqu'un,* advertir a alguien del peligro que corre.

casse-croûte m. inv. FAM. Refrigerio, tentempié.

casse-fonte m. inv. Rompedora (*f.*) de arrabio.

cassement m. Quebrantamiento. || Cansancio (fatigue). || *Cassement de tête,* quebradero de cabeza.

casse-noisettes ou **casse-noix** m. inv. Cascanueces, partenueces.

casse-pattes m. inv. POP. Aguardiente muy fuerte (eau-de-vie). | Cuesta (*f.*) empinada (côte).

casse-pieds m. et adj. inv. FAM. Pesado, follón, pelmazo.

casse-pierres m. inv. BOT. Quebrantapiedras, *f.,* saxífraga, *f.* || TECHN. Almádena, *f.* (marteau).

casse-pipes m. inv. Tiro al blanco. || FAM. Guerra, *f.*

casser v. tr. Romper : *casser une chaise,* romper una silla. | Partir : *il cassait du bois,* partía leña. || Quebrar (briser). || Cascar, quebrantar (affaiblir). || Dejar cesante (un employé). || DR. Casar, anular. || MIL. Degradar, deponer (un officier). || — *Casser bras et jambes,* desanimar, dejar desmadejado ou sin fuerzas. || FAM. *Casser du sucre sur quelqu'un,* cortar un traje a uno. | *Casser la croûte,* tomar un tentempié. | *Casser les oreilles* o *la tête,* poner la cabeza bomba. | *Casser les pieds,* dar la lata, dar el tostón ou el follón. || POP. *Casser sa pipe,* estirar la pata (mourir). || — FAM. *À tout casser,* a lo más (tout au plus), de mil demonios (formidable). | *Ne rien casser,* no ser nada del otro mundo, no valer nada. || FIG. *Qui casse les verres les paie,* quien rompe paga.
— V. intr. Romperse.
— V. pr. Romperse, quebrarse (se briser). || Cascarse, debilitarse (s'affaiblir). || POP. Pirárselas (s'en aller). || — FAM. *Ne pas se casser,* o *ne pas se casser la nénette,* no calentarse los cascos. || FIG. *Se casser en deux,* hacer zalemas ou mil reverencias. | *Se casser la tête,* romperse los cascos. |

Se casser le nez, romperse las narices, quedarse con dos palmos de narices.

casserole [kasrɔl] f. Cacerola, cazo, *m.* (en métal). || Cazuela (en terre). || Proyector, *m.* (théâtre). || Cacharro, *m.* (mauvais instrument). || POP. *Passer quelqu'un à la casserole,* liquidar a alguien, dar el paseo (tuer).

casserolée f. Cacerola. || Cazolada.

casse-tête m. inv. Rompecabezas (arme). || Rompecabezas, quebradero de cabeza (difficulté).

cassetin m. IMPR. Cajetín.

cassette f. Cofrecito, *m.* (coffret). || Joyero, *m.* (à bijoux). || Tesoro (*m.*) particular (d'un roi). || TECHN. Cassette, *m.* | *Payer de sa cassette,* pagar de su bolsillo ou con su dinero personal.

casseur, euse m. et f. Rompedor, ra (celui qui casse). || Persona que tiene las manos de trapo (maladroit). || Chatarrero, ra (de vieux objets). || FAM. Camorrista (bagarreur). || POP. Ladrón. || — FAM. *Casseur d'assiettes,* alborotador, pendenciero. | *Casseur de pierres,* picapedrero.

cassie [kasi] f. ou **cassier** m. Casia (arbre).

Cassiopée f. ASTR. Casiopea.

cassis [kasis] m. BOT. Grosellero negro (arbre). || Grosella (*f.*) negra (fruit). || Casis (liqueur).

cassis [kasis] m. Badén (routes).

cassitérite f. MIN. Casiterita.

cassolette f. Pebetero, *m.,* perfumador, *m.*

casson m. Azúcar de quebrados.

cassonade f. Azúcar (*m.*) terciado, semirrefinado [*Amér.,* chancaca, panela].

cassoulet m. Especie de fabada, *f.* (de Toulouse).

cassure f. Rotura. || Fractura (d'un os). || FIG. Ruptura.

castagnettes f. pl. Castañuelas, palillos, *m. pl.*

caste f. Casta.

castillan, e [kastijã, an] adj. et s. Castellano, na.

Castille n. pr. f. GÉOGR. Castilla. || *La Vieille, la Nouvelle Castille,* Castilla la Vieja, la Nueva.

castine f. Castina (fondant).

castor m. Castor. || ASTR. Castor.

castoréum [kastɔreɔm] m. Castóreo (substance).

castorine f. Castorina (étoffe).

castrat [kastra] m. Castrado.

castration f. Castración.

castrer v. tr. Castrar.

casualisme [kazɥalism] m. Casualismo.

casuel, elle adj. Casual (fortuit). || — M. Provecho eventual. || Pie de altar (d'un curé).

casuiste m. Casuista.

casuistique f. Casuística.

catabolisme m. BIOL. Catabolismo.

catachrèse [katakrɛːz] f. Catacresis (extension du sens d'un mot).

cataclysme m. Cataclismo.

catacombes f. pl. Catacumbas.

catadioptre m. Catafaro, catafoto.

catadioptrique adj. et s. f. Catadióptrico, ca.

catafalque m. Catafalco.

cataire [katɛːr] f. BOT. Nébeda.

catalan, e adj. et s. Catalán, ana.

catalanisme m. Catalanismo.

catalaniste adj. et s. Catalanista.

catalaunique adj. m. pl. Cataláunicos.

catalectique adj. Cataléctico, ca (vers).

catalepsie f. MÉD. Catalepsia.

cataleptique adj. et s. Cataléptico, ca.

Catalogne n. pr. f. GÉOGR. Cataluña.

catalogue m. Catálogo.

cataloguer v. tr. Catalogar.

catalpa m. Catalpa, *f.* (arbre).

catalyse f. Catálisis.

catalyser v. tr. CHIM. Catalizar.

catalyseur adj. et s. m. Catalizador, ra.

catalytique adj. Catalítico, ca.

catamaran m. MAR. Mosquito (bateau).

Catane n. pr. GÉOGR. Catania.

cataphote m. Catafaro, catafoto.

cataplasme m. MÉD. Cataplasma, f.

catapultage m. Lanzamiento de un avión con catapulta.

catapulte f. Catapulta (arme). ‖ AVIAT. Catapulta.

catapulter v. tr. Catapultar.

cataracte f. Catarata (cascade). ‖ MÉD. Catarata (de l'œil).

catarrhal, e adj. MÉD. Catarral.

catarrhe m. MÉD. Catarro.

— OBSERV. *Catarrhe* désigne surtout en français une grosse inflammation, souvent chronique; *catarro* en espagnol s'applique à tout gros rhume de poitrine.

catarrheux, euse adj. et s. Catarroso, sa.

— OBSERV. L'espagnol *acatarrado* signifie « enrhumé ».

catastrophe f. Catástrofe.

— SYN. *Calamité,* calamidad. *Fléau,* azote. *Désastre,* desastre. *Cataclysme,* cataclismo.

catastrophé, e adj. Desalentado, da; abatido, da; hecho, cha, polvo.

catastropher v. tr. FAM. Dejar sin resuello (étonner). ‖ Hacer polvo (abattre).

catastrophique adj. Catastrófico, ca.

catch m. Catch (sport).

catcheur m. Luchador de catch.

catéchèse [kateʃɛːz] f. Catequesis, catequismo, m.

catéchisation [kateʃizasjɔ̃] f. Catequización.

catéchiser [-ʃize] v. tr. Catequizar.

catéchisme [-ʃism] m. Catecismo.

catéchiste [-ʃist] m. et f. Catequista.

catéchistique [-ʃistik] adj. Catequístico, ca.

catéchuménat [katekymena] m. Catecumenado.

catéchumène [-kymɛn] m. et f. Catecúmeno, na.

catégorématique adj. PHILOS. Categoremático, ca (qui a une signification par lui-même).

catégorème m. PHILOS. Categorema.

catégorie f. Categoría. ‖ Modalidad.

catégorique adj. Categórico, ca. ‖ Tajante : *sa réponse a été catégorique,* su repuesta ha sido tajante.

— SYN. *Clair,* claro. *Net,* limpio. *Précis,* preciso. *Explicite,* explícito.

caténaire adj. et s. f. Catenario, ria. ‖ *Suspension caténaire,* suspensión catenaria (chemin de fer).

caterpillar m. Oruga, f. (chenille).

catgut [katgyt] m. MÉD. Catgut (corde en boyau).

cathare adj. et s. Cátaro, ra.

catharsis f. Catarsis.

catharte [katart] m. Aura, f., zamuro (vautour).

cathartique adj. Catártico, ca.

cathédrale f. Catedral.

— Adj. TECHN. *Verre cathédrale,* vidrio de superficie granitada.

Catherine n. pr. f. Catalina. ‖ *Coiffer sainte Catherine,* quedarse para vestir imágenes *ou* santos, quedar soltera.

catherinette f. FAM. Soltera que celebra el día de santa Catalina el año en que cumple los veinticinco años.

cathéter [katetɛːr] m. MÉD. Catéter (sonde).

cathétérisme m. MÉD. Cateterismo (sondage).

cathétomètre m. PHYS. Catetómetro.

cathode f. PHYS. Cátodo, m.

cathodique adj. PHYS. Catódico, ca.

catholicisme m. Catolicismo.

catholicité f. Catolicidad.

catholique adj. et s. Católico, ca. ‖ FAM. Regular, católico, ca (régulier).

cati m. Engomado, lustre (lustre), apresto (apprêt).

catilinaire f. Catilinaria (satire).

catimini (en) loc. adv. FAM. A escondidas, a hurtadillas (en cachette). ‖ De callado, callandito, a la chita callando (discrètement).

catin f. FAM. Ramera, buscona.

cation [katjɔ̃] m. PHYS. Catión (ion positif).

catir v. tr. TECHN. Aprestar, lustrar (lustrer).

catissage m. Engomado (d'une étoffe), apresto (apprêt).

catoptrique f. PHYS. Catóptrica.

cattleya m. Catleya, f. (orchidacée d'Amérique).

Caucase n. pr. m. GÉOGR. Cáucaso.

caucasien, enne ou **caucasique** adj. et s. Caucásico, ca.

cauchemar [koʃmaːr] m. Pesadilla, f.

cauchemardeux, euse [-dø, ø:z] ou **cauchemardesque** [-dɛsk] adj. FAM. De pesadilla.

caudal, e adj. Caudal (de la queue).

— OBSERV. Ne pas confondre avec le substantif *caudal* espagnol qui signifie *capital, fortune.*

caudataire m. Caudatario.

caudines adj. f. pl. HIST. *Fourches caudines,* horcas caudinas.

caulescent, e [kolɛssɑ̃, ɑ̃:t] adj. BOT. Caulescente.

cauris m. Cauri.

causal, e adj. Causal.

causalité f. PHILOS. Causalidad.

causant, e adj. Causante (qui est cause de). ‖ FAM. Hablador, ra (bavard). ‖ *Être peu causant,* ser poco hablador *ou* de pocas palabras.

cause f. ● Causa (principe, motif). ‖ Causa : *une cause juste,* una causa justa. ‖ Motivo, m., razón. ‖ DR. Causa. ‖ — *À cause de,* a causa de, con motivo de. ‖ *En connaissance de cause,* sabiendo lo que se hace. ‖ *En désespoir de cause,* como último recurso *ou* última esperanza. ‖ *En tout état de cause,* de todas formas. ‖ *Et pour cause,* y con razón, con su cuenta y razón. ‖ *Pour cause de décès,* por defunción. ‖ *Pour la bonne cause,* por motivo serio. ‖ — *Épouser la cause de quelqu'un,* tomar el partido de alguien. ‖ *Être en cause,* ser el motivo de una discusión, el objeto de un debate, tratarse de : *c'est lui qui est en cause,* se trata de él; estar en juego, jugarse : *ce qui est en cause, c'est l'avenir du régime,* lo que está en juego es el porvenir del régimen; estar en tela de juicio (être douteux). ‖ *Mettre en cause,* acusar. ‖ *Mettre hors de cause,* poner fuera de causa, dejar de lado. ‖ *Prendre fait et cause pour,* tomar la defensa de.

— SYN. ● *Mobile,* móvil. *Motif,* motivo. *Raison,* razón. *Prétexte,* pretexto. *Le pourquoi,* el porqué.

causer v. tr. Causar (être cause).

— V. intr. Conversar, hablar [*Amér.,* platicar]. ‖ *Causer de choses et d'autres,* hablar de todo un poco.

— OBSERV. Es barbarismo decir *causer à quelqu'un,* en vez de *causer avec quelqu'un. Causer* puede traducirse por *hablar,* pero siempre en el sentido de conversar.

causerie [kozri] f. Charla.

causette f. Charla, palique, m. ‖ *Faire la causette,* estar de palique, echar un párrafo.

causeur, euse adj. et s. Conversador, ra : *c'est un fin causeur,* es un ameno conversador. ‖ — F. Confidente, m. (petit canapé).

causse m. Meseta (f.) calcárea.

causticité f. Causticidad.

caustique adj. et s. m. Cáustico, ca.

cautèle f. (P. us.). Cautela (prudence, ruse).

cauteleux, euse [kotlø, ø:z] adj. Cauteloso, sa.

cautère m. Cauterio. ‖ FAM. *C'est un cautère sur une jambe de bois,* es la carabina de Ambrosio.

cautérisation f. Cauterización.

cautériser v. tr. MÉD. Cauterizar.

caution [kosjɔ̃] f. Fianza, caución (garantie) : *déposer une caution,* dar una fianza, prestar fianza. ‖ Fiador, m. (répondant). ‖ FIG. Garantía. ‖ — *Apporter sa caution,* dar su aval. ‖ *Être o ou porter caution de,* ser fiador de. ‖ *Être sujet à*

caution, ser poco seguro, deber ponerse en tela de juicio *ou* en duda.
— OBSERV. *Fianza* et *caución* sont synonymes, mais *caución* appartient surtout au langage judiciaire.

cautionnement m. Fianza, *f.,* afianzamiento (somme déposée). ‖ Contrato de garantía.

cautionner v. tr. Garantizar, salir fiador de.

cavaillon [kavajõ] m. AGRIC. Camellón.

cavalcade f. Cabalgata (défilé), cabalgada (gens à cheval).

cavalcader v. intr. Cabalgar.

cavalcadour adj. m. et s. m. Caballerizo mayor.

cavale f. POÉT. Yegua (jument).

cavaler v. intr. POP. Correr (courir).
— V. tr. POP. Aburrir, dar la lata.
— V. pr. POP. Pirárselas, huir (fuir).

cavalerie f. Caballería. ‖ COMM. Papel (*m.*) de colusión [letras de cambio ficticias]. ‖ — *Cavalerie de ligne, légère, lourde,* caballería de línea, ligera, pesada. ‖ *Grosse cavalerie,* cuerpo de coraceros.

cavalier m. Jinete (homme à cheval). ‖ Pareja, *f.* (danse), acompañante, galán (accompagnateur). ‖ Caballo (échecs). ‖ Caballero (ouvrage de fortification). ‖ TECHN. Papel de impresión de 0,46 × 0,62 m. ‖ Indicador de fichero (pour classement). ‖ Grapa, *f.* (clou). ‖ — *Cavalier* o *chevalier servant,* escudero (écuyer), galán (homme qui s'occupe d'une dame). ‖ *Cavalier seul,* solo (danse). ‖ FIG. *Faire cavalier seul,* hacer rancho aparte, estar aislado.

cavalier, ère adj. Desenvuelto, ta (dégagé) : *un air cavalier,* un ademán desenvuelto. ‖ Brusco, ca; altivo, va; insolente (hautain) : *réponse cavalière,* respuesta insolente. ‖ Ligero de tono, subido de tono : *propos cavaliers,* palabras ligeras de tono. ‖ — *Allée* o *piste cavalière,* camino de herradura, camino reservado a las caballerías. ‖ MATH. *Perspective cavalière,* perspectiva caballera.

cavalière f. Amazona (femme à cheval). ‖ Pareja (danse).

cavalièrement adv. Bruscamente. ‖ Impertinentemente.

cavatine f. MUS. Cavatina.

cave adj. Chupado, da; hundido, da (creux) : *des joues caves,* mejillas chupadas. ‖ Hundido, da (yeux). ‖ Cava (veine). ‖ *Mois cave,* mes lunar.
— F. Sótano *m.* (sous-sol). ‖ Bodega (pour le vin). ‖ Cueva (cabaret). ‖ Cuarto (*m.*) de los trastos [en el sótano] (débarras). ‖ Resto, *m.* (au jeu). ‖ — M. POP. Lelo, primo (niais).
— OBSERV. *Bodega* correspond à la fois à *cellier, chai,* et à *cave, caveau.*

caveau m. Bodega (*f.*) pequeña (cave). ‖ Panteón (sépulture). ‖ Teatro de humoristas (théâtre).

caveçon m. Cabezada, *f.,* cabezón, serreta, *f.*

caver v. tr. et intr. Socavar (creuser). ‖ Apostar (parier).
— V. pr. Hundirse.

caverne f. Caverna (excavation). ‖ ● Cueva (grotte). ‖ MÉD. Caverna (lésion au poumon). ‖ — *Caverne de voleurs,* cueva de ladrones. ‖ *L'homme des cavernes,* el hombre de las cuevas.
— SYN. ● *Grotte,* gruta. *Antre,* antro.

caverneux, euse adj. Cavernoso, sa.

cavernicole adj. et s. Cavernícola.

cavet m. ARCHIT. Caveto (moulure).

caviar m. Caviar.

caviarder v. tr. IMPR. Ennegrecer con tinta en un impreso un párrafo prohibido por la censura. ‖ Suprimir parte de un texto, censurar (censurer).

cavicorne m. ZOOL. Cavicornio.

caviste m. Bodeguero.

cavitaire adj. MÉD. Cavernoso, sa.

cavitation f. Cavitación, formación de cavidades.

cavité f. Cavidad.
— SYN. *Anfractuosité,* anfractuosidad. *Fosse,* hoyo, fosa. *Excavation,* excavación.

cawcher, ère [kaʃe, ɛr] adj. *Viande cawchère,* carne de animal sacrificado a la usanza judía.

caye [kaj] m. Cayo (îlot).

cayen m. BOT. Bulbillo.

ce [sə] ou **cet** [sɛt] m., **cette** [sɛt] f., **ces** [sɛ] pl., adj. dém. Este, esta, estos, estas (désigne ce qui est le plus près de la personne qui parle) ; ese, esa, esos, esas (désigne ce qui est le plus près de la personne à qui l'on parle) ; aquel, aquella, aquellos, aquellas (désigne ce qui est également éloigné des deux interlocuteurs). [Se precisa a menudo la significación en francés añadiendo los adv. *ci* (aquí), *là* (ahí), *là-bas* (allá) ; *ce livre* o *ce livre-ci,* este libro ; *ce livre-là,* ese libro ; *cette femme-là,* esa mujer ; *ces maisons là-bas,* aquellas casas.] ‖ — *Cette question!,* ¡qué pregunta!, ¡menuda pregunta! ‖ *¡vaya pregunta!* ‖ *Il vous sort de ces grossièretés,* suelta cada taco *ou* unos tacos. ‖ *J'ai eu une de ces frousses,* me llevé un susto. ‖ *Que désirent ces dames?,* ¿qué desean las señoras?
— OBSERV. *Cet* se emplea en lugar de *ce* delante de un substantivo masculino que empieza por vocal o *h* muda : *cet ami, cet homme.*
Il faut distinguer *este, ese, aquel,* adjectifs, sans accent, de *éste, ése, aquél,* pronoms accentués qui correspondent en français à *celui-ci, celui-là* (voir *celui, cela*). *Ese, esa* peuvent aussi avoir un sens péjoratif.

ce ou **c'** (delante de una *e*) pron. dém. Lo : *ce que je dis,* lo que digo. ‖ — *Ce dont...,* de lo que. ‖ — *Ce que...* (combien), lo... que : *ce qu'il est bon!,* ¡lo bueno que es! ; cuanto : *vous ne pouvez imaginer ce qu'ils me fatiguent,* no puede imaginarse cuanto me cansan ; cuán, qué : *ce que c'est beau!,* ¡cuán hermoso es! ; *ce qu'il est sot!,* ¡qué tonto es! ‖ — *C'est-à-dire,* es decir, o sea. ‖ *C'est ainsi que,* es así como. ‖ *C'est alors que...,* es entonces cuando. ‖ *C'est à moi, à nous,* etc, *de...,* a mí me toca, a nosotros nos toca : *c'est à toi d'écrire,* a ti te toca escribir. ‖ *C'est à mourir de rire,* es cosa de morirse de risa. ‖ *C'est ici que...,* es aquí donde. ‖ *C'est l'affaire de...,* es cosa de... ‖ *C'est moi, c'est toi, c'est nous,* etc., soy yo, eres tú, somos nosotros. (Se emplea *ce sont* delante de una 3ª persona de plural expresada por un sustantivo o un pronombre : *ce sont ses amis qui l'ont perdu,* sus amigos son quienes le han perdido ; *ce sont mes enfants,* son mis hijos.) ‖ *C'est pourquoi...,* por eso. ‖ *Pour ce qui est de,* por lo que se refiere a. ‖ *Sur ce,* en esto.
— OBSERV. Innumerables veces no hay que traducir *ce* (*c'est, es* : *c'est une belle ville que Paris,* París es una ciudad bonita).

céans [seã] adv. Aquí, aquí dentro : *sortez de céans!,* ¡salga usted de aquí! ‖ *Le maître de céans,* el señor de la casa.

ceci pr. dém. Esto : *retenez ceci,* retenga esto.

cécidie f. BOT. Cecidia (galle).

Cécile n. pr. f. Cecilia.

cécilie f. Cecilia (batracien).

cécité f. MÉD. Ceguera.

cédant, e adj. et s. Cedente, cesionista.

céder* v. tr. Ceder (laisser). ‖ Vender, traspasar : *céder son fonds,* vender su comercio. ‖ Ser inferior, tener menos : *le céder en mérite à,* ser inferior en mérito a, tener menos mérito que. ‖ — *Céder le pas à,* dejar paso a. ‖ *Ne le céder en rien à,* no ir a la zaga de.
— V. intr. Ceder. ‖ ● Someterse, rendirse.
— SYN. ● *Capituler,* capitular. *Acquiescer,* consentir. *Se rendre,* rendirse. *Déférer,* deferir. *Se soumettre,* someterse. *Se plier,* plegarse, doblegarse.

cédille f. Cedilla, zedilla.

— OBSERV. La *cedilla* (usada antes en español) se conserva en francés para dar a la *c* el sonido de *s* ante *a, o, u* (*façade, leçon, reçu*).

cédraie f. Bosque (*m.*) de cedros.

cédrat m. Cidro (arbre). || Cidra, *f.* (fruit).

cédratier m. BOT. Cidro.

cèdre m. BOT. Cedro.

cédulaire adj. Cedular : *impôt cédulaire,* impuesto cedular.

cédule f. DR. Convocatoria, citación. | Cédula, reconocimiento (*m.*) de deuda.

cégésimal, e adj. Cegesimal.

cégétiste adj. et s. Cegetista (de la C. G. T.).

ceindre* v. tr. Ceñir : *ceindre une épée, une couronne,* ceñir una espada, una corona. || Rodear (entourer).

ceint, e [sɛ̃, ɛ̃:t] adj. Ceñido, da.

ceinturage m. Enllantado (d'une roue). || Anillado (d'un obus).

ceinture [sɛ̃ty:r] f. Cintura (du corps). || Cinturón, *m.,* pretina, ceñidor, *m.* (bande de cuir, etc.). || Liguero, *m.* (pour les bas). || Cintura (de murailles). || Llanta, cerco, *m.* (de roues). || Línea de circunvalación (autobus). || Cinturón, *m.* : *ceinture noire,* cinturón negro (judo). || Presa de cintura (lutte). || Anillo, *m.* (d'un obus). || — *Ceinture de commandement,* faja de general. || *Ceinture de flanelle,* faja. || *Ceinture de grossesse,* faja de embarazo. || *Ceinture de la reine,* chapín de la reina. || *Ceinture de sauvetage,* cinturón salvavidas. || *Ceinture de sécurité,* cinturón de seguridad. || *Ceinture verte,* espacios verdes en los alrededores de una ciudad, cinturón verde. || FAM. *Se mettre, se serrer la ceinture,* apretarse el cinturón, pasar privaciones.

ceinturer v. tr. Ceñir. || Rodear, cercar (entourer). || Hacer presa en la cintura, agarrar por la cintura (lutte).

ceinturier m. Talabartero.

ceinturon m. Cinto (de militar). || Cinturón (ceinture). || Talabarte (baudrier).

cela pron. dém. Eso (ce qui est le plus près de la personne à qui l'on parle). || Aquello (ce qui est également éloigné des deux interlocuteurs). [Indique aussi une chose que l'on a déjà indiquée] : *n'oubliez pas cela,* no olvide eso ; *te souviens-tu de cela?,* ¿te acuerdas de aquello?] || Ése, ésa (sens péjoratif) : *cela vous fait l'important,* ése se las da de importante. || — *À cela près,* salvo esto. || *Cela ne fait rien,* no importa nada. || *C'est cela,* eso es. (V. CECI.)

céladon adj. inv. et s. m. Verdeceledón (couleur). || — M. Enamorado platónico (amoureux).

célébrant m. Celebrante.

célébration f. Celebración.

célèbre adj. Célebre.

célébrer* v. tr. Celebrar. || Oficiar, celebrar (messe).

celebret m. Permiso de celebrar la misa dado a un sacerdote.

célébrité f. Celebridad.

celer* v. tr. Ocultar, encubrir, callar.

céleri m. BOT. Apio. || — *Céleri-rave,* apio nabo, raíz gruesa y redonda del apio. || *Céleri rémoulade,* raíz del apio cortada en trozos y sazonada con una salsa hecha con mostaza. || *Céleri sauvage,* apio caballar.

célérifère m. Celerífero.

célérité f. Celeridad.

celesta m. MUS. Celesta.

céleste adj. Celeste : *les espaces célestes,* los espacios celestes. || Celestial (du paradis) : *musique céleste,* música celestial. || *Le Céleste Empire,* el Celeste Imperio.

célestin m. Celestino (moine).

Célestin n. pr. m. Celestino.

Célestine n. pr. f. Celestina.

— OBSERV. No tiene en francés el sentido español de *alcahueta.*

célibat [seliba] m. Soltería, *f.,* celibato (p. us.).

célibataire adj. et s. Soltero, ra ; célibe (p. us.).

— SYN. *Vieux garçon,* solterón. *Vieille fille,* solterona.

célimène f. Mujer coqueta e ingeniosa [protagonista de *le Misanthrope,* de Molière].

cella [sɛla] f. ARCHIT. Cella.

celle [sɛl] pr. dém. f. V. CELUI.

— F. (Vx). Monasterio (*m.*) pequeño.

cellérier [selerje] m. RELIG. Cillerero.

cellier m. Bodega, *f.*

Cellophane f. (nom déposé). Celofán, *m.*

cellulaire adj. ANAT. Celular : *tissu cellulaire,* tejido celular. || *Voiture cellulaire,* coche celular.

cellule f. Celda (couvent, prison). || Celdilla (des abeilles). || BIOL. Célula. || FIG. Célula (politique). || TECHN. Estructura (d'avion). || *Cellule photoélectrique,* célula fotoeléctrica.

cellulite f. MÉD. Celulitis.

Celluloïd m. (nom déposé). Celuloide.

cellulose f. CHIM. Celulosa.

cellulosique adj. Celulósico, ca : *vernis cellulosique,* barniz celulósico.

celte adj. et s. Celta.

celtibères m. pl. Celtíberos, celtiberos.

celtique adj. et s. Céltico, ca.

celtisant ou **celtiste** adj. et s. Celtista.

celtium [sɛlsjɔm] m. CHIM. Celtio (hafnium).

celui [səlɥi] m., **celle** [sɛl] f., **ceux** [sø] m. pl., et **celles** [sɛl] f. pl., pron. dém. El, la, los, las. || — *Celui qui vient,* el que viene. || *Celui-ci, celle-ci, ceux-ci, celles-ci,* éste, ésta, éstos, éstas. || *Celui-là, celle-là, ceux-là, celles-là,* ése *ou* aquél, ésa *ou* aquélla, ésos *ou* aquellos. (V. CE.) || *Ceux, celles qui sont ici,* los, las que están aquí.

— OBSERV. *Éste, ése, aquél, ésta, ésa, aquélla,* pronoms, prennent un accent écrit pour les distinguer des adjectifs de même forme. *Aquello,* n'existant pas comme adjectif, ne prend pas d'accent.

cément m. Cemento.

cémentation f. TECHN. Cementación.

cémenter v. tr. Cementar.

cémenteux, euse adj. Cementoso, sa.

cénacle adj. RELIG. Cenáculo. || FIG. ● Cenáculo (cercle).

— SYN. ● *Cercle,* círculo, casino. *Club,* club.

cendre [sɑ̃:dr] f. Ceniza : *réduire en cendres,* reducir a cenizas. || — *Mercredi des Cendres,* miércoles de ceniza. || *Renaître de ses cendres,* volver a la vida como el ave fénix.

cendré, e adj. Ceniciento, ta (couleur de cendre), cubierto de cenizas, de ceniza, cenizoso, sa (couvert de cendres). || *Blond cendré,* rubio ceniciento.

— OBSERV. El adjetivo *cendré* es invariable si va precedido de otro adjetivo de color (des cheveux blond *cendré*).

cendrée f. Escoria (métallurgie). || Mostacilla (plomb de chasse). || Pista de ceniza (courses). || TECHN. Cendra, cendrada (ciment).

cendrer v. tr. Encenizar (couvrir de cendres). || Dar color de ceniza (colorier). || Mezclar con ceniza (mélanger).

cendreux, euse adj. Cenizoso, sa (plein de cendres). || Ceniciento, ta (couleur).

cendrier [sɑ̃drije] m. Cenicero.

cendrillon f. Cenicienta (jeune fille malheureuse). || FAM. Maritornes (servante).

Cendrillon [sɑ̃drijɔ̃] n. pr. f. Cenicienta.

cène f. RELIG. Cena.

cénesthésie f. Cenestesia.

cénesthésique adj. Cenestésico, ca.

cénobite m. Cenobita : *vivre en cénobite,* vivir como cenobita.

cénobitique adj. Cenobítico, ca.
cénobitisme m. Cenobitismo, vida (*f.*) cenobítica.
cénotaphe m. Cenotafio.
cens [sɑ̃:s] m. Empadronamiento, censo.
censé, e adj. Considerado, da, como : *homme censé intelligent*, hombre considerado como inteligente. ‖ — *Il est censé ne pas le savoir*, se supone que no lo sabe. ‖ *Nul n'est censé ignorer la loi*, la ignorancia de la ley no excusa su cumplimiento.
censément adv. FAM. Como si dijéramos, como si se dijera, virtualmente : *il est censément le maître*, es como si dijéramos el amo.
censeur m. Censor. ‖ Subdirector, censor (lycée).
censier, ère m. et f. Censualista (qui reçoit), censatario, ria (qui paye).
censitaire m. Censatario.
— Adj. Censual.
censuel, elle adj. Censual.
censurable adj Censurable.
censure f. Censura : *motion de censure*, moción de censura.
censurer v. tr. Censurar.
cent [sɑ̃] adj. Ciento, cien.
— M. Ciento. ‖ Centenar (centaine). ‖ Centavo (monnaie). ‖ — FIG. *Cent pour cent*, cien por cien. ‖ FAM. *Dans cent sept ans*, dentro de un siglo. ‖ *Pour cent*, por ciento. ‖ *Gagner des mille et des cents*, ganar dinero a espuertas.
— OBSERV. La forme *ciento* ne s'emploie que lorsque ce numéral est seul ou suivi d'un autre numéral, de dizaines ou d'unités (*ciento, cent, ciento cinco, cent cinq, ciento treinta,* cent trente). Il s'apocope obligatoirement en *cien* lorsqu'il est suivi d'un nom ou d'un numéral supérieur à la centaine (*cien libros; cien casas; cien mil francos*).
— *Ciento* espagnol prend toujours la marque du pluriel (*doscientos cuarenta; página seiscientas diez*). Les multiples de *ciento* s'écrivent en un seul mot.
— *Cent* toma la *s* del plural si le precede otro número (*trois cents hommes*); pero es invariable si le sigue otro número (*deux cent quarante*), o cuando se emplea como ordinal (*page trois cent*).
centaine f. Centena (dix fois dix) : *centaine de millions*, centena de millones. ‖ Centenar, *m.* : *des centaines d'hommes*, centenares de hombres. ‖ TECHN. Cuenda (d'un écheveau). ‖ *Par centaines*, por centenas, a centenares.
centaure [sɑ̃tɔ:r] m. Centauro.
centaurée f. BOT. Centaura, centaurea.
centenaire [sɑ̃tnɛ:r] adj. et s. Centenario, ria.
centenier m. HIST. Centurión.
centennal, e [sɑ̃tɛnal] adj. Centenario, ria.
centésimal, e adj. Centesimal.
centiare m. Centiárea, *f.*
centième adj. et s. Centésimo, ma. ‖ — M. Centésima (*f.*) parte.
centigrade adj. et s. m. Centígrado, da.
centigramme m. Centigramo.
— OBSERV. Ne pas accentuer le *i* de *centigramo*.
centilitre m. Centilitro.
— OBSERV. Ne pas accentuer le premier *i* de *centilitro*.
centime m. Céntimo (monnaie). ‖ *Centimes additionnels*, suplemento de impuesto, calculado en tanto por ciento.
centimètre m. Centímetro : *centimètre cube*, centímetro cúbico. ‖ Cinta (*f.*) métrica (ruban).
centon m. POÉT. Centón.
centrage m. Centrado.
central, e adj. Central : *le point central d'un cercle*, el punto central de un círculo. ‖ Céntrico, ca : *quartiers centraux*, barrios céntricos.
— F. Central : *centrale hydro-électrique, nucléaire*, central hidroeléctrica, nuclear. ‖ — *Centrale ouvrière*, central obrera, organización obrera nacional. ‖ — M. Central, *f.* : *un central téléphonique*, una central telefónica.
central ou **centralien** m. FAM. Alumno de la Escuela Central.

centralisateur, trice adj. et s. Centralizador, ra.
centralisation f. Centralización.
centraliser v. tr. Centralizar.
centralisme m. Centralismo.
centraliste adj. et s. Centralista.
centre m. Centro. ‖ *Centre-tir*, centro chut (football).
centrer v. tr. Centrar.
— V. tr. et intr. Centrar (sports).
centreur m. TECHN. Centrador.
centrifugation [sɑ̃trifygasjɔ̃] f. Centrifugación.
centrifuge [-fy:ʒ] adj. Centrífugo, ga.
centrifuger [-fyʒe] v. tr. Centrifugar, separar en una centrifugadora.
centrifugeur, euse [-fyʒœ:r, ø:z] adj. et s. Centrifugador, ra.
centripète adj. Centrípeto, ta.
centriste adj. et s. Centrista.
centrosome m. BIOL. Centrósomo.
centumvir [sɑ̃tɔmvi:r] m. HIST. Centunviro.
centuple adj. et s. m. Céntuplo, pla. ‖ — *Au centuple*, centuplicado. ‖ *Rendre au centuple*, devolver ciento por uno.
centupler v. tr. Centuplicar.
centurie [sɑ̃tyri] f. HIST. Centuria.
centurion m. HIST. Centurión.
cep m. Cepa, *f.* (de vigne). ‖ Dental (de la charrue).
cépage m. Cepa, *f.,* vid, *f.*
cèpe m. Seta, *f.*
cépée f. Vástago, *m.,* renuevo, *m.*
cependant conj. ● Sin embargo (néanmoins). ‖ (Vx) *Cependant que*, mientras que.
— Adv. Entretanto (pendant ce temps).
— SYN. ● *Pourtant*, sin embargo. *Néanmoins*, con todo. *Toutefois*, a pesar de eso. *Nonobstant*, no obstante.
céphalalgie f. MÉD. Cefalalgia.
céphalée f. MÉD. Cefalea.
céphalique adj. Cefálico, ca.
céphalopodes m. pl. Cefalópodos (mollusques).
céphalo-rachidien, enne adj. ANAT. Cefalorraquídeo, a.
céphalothorax m. ZOOL. Cefalotórax.
céphéide f. ASTR. Cefeida.
cérame adj. Cerámico, ca : *grès cérame*, gres cerámico.
— M. Vasija (*f.*) de barro.
céramique adj. et s. f. Cerámico, ca.
céramiste adj. et s. Ceramista.
céraste m. Cerasta, *f.* (vipère).
cérat [sera] m. Cerato (onguent).
cerbère m. MYTH. Cerbero, cancerbero. ‖ FIG. Cancerbero (gardien, portier brutal).
cerce f. CONSTR. Cercha.
cerceau [sɛrso] m. Aro (jouet). ‖ Cerco (tonneau). ‖ Tijera, *f.* (plume d'oiseau).
cerclage m. Acción de enarcar.
cercle m. Círculo (surface ronde). ‖ Círculo (circonférence). ‖ Círculo (de famille, d'amis, etc.). ‖ Círculo, casino (club). ‖ Fleje (tonneau). ‖ Llanta, *f.* (roues). ‖ — *Cercle polaire*, círculo polar. ‖ FIG. *Cercle vicieux*, círculo vicioso. ‖ GÉOM. *Grand cercle*, círculo máximo. ‖ *Petit cercle*, círculo menor. ‖ — *Du vin en cercle*, vino embarrilado. ‖ *En cercle*, en círculo, en corro. ‖ *Faire un cercle autour de quelqu'un*, formar un círculo *ou* corro alrededor de alguien.
cercler v. tr. Rodear, ceñir (entourer). ‖ Enarcar : *cercler un tonneau*, enarcar un tonel.
cercopithèque m. ZOOL. Cercopiteco.
cercueil [sɛrkœ:j] m. ● Ataúd, féretro, caja, *f.* ‖ FIG. Sepulcro (tombe, mort).
— SYN. ● *Bière*, caja (de muerto). *Sarcophage*, sarcófago. *Catafalque*, catafalco. *Cénotaphe*, cenotafio.

Cerdagne n. pr. f. GÉOGR. Cerdaña.
cerdan, e adj. et s. Sardanés, esa [de Cerdaña].

céréale f. Cereal, *m.*

céréalier, ère adj. et s. m. Cerealista. ‖ — M.
Mar. Granelero (bateau).

cérébelleux, euse adj. Cerebeloso, sa.

cérébral, e adj. et s. Cerebral.

cérébro-spinal, e adj. Cerebroespinal.

cérémonial m. Ceremonial.

cérémonie [seremoni] f. Ceremonia : *en grande
cérémonie,* con gran ceremonia. ‖ Ceremonial, *m.*
(avec apparat). ‖ — *Sans cérémonie,* sin cumplidos. ‖ *Visite de cérémonie,* visita de cortesía, de
cumplido. ‖ — *Faire des cérémonies,* hacer cumplidos.

cérémoniel, elle adj. Ceremonial.

cérémonieux, euse adj. Ceremonioso, sa.

Cérès n. pr. f. Myth. Ceres.

cerf [sɛ:r] m. Zool. Ciervo.

cerfeuil [sɛrfœ:j] m. Perifollo, cerafolio (p. us.).

cerf-volant [sɛrvɔlɑ̃] m. Cometa, *f.* [*Amér.,* vo-
latín] (jouet). ‖ Ciervo volante (coléoptère).

cérifère adj. Cerífero, ra.

cerisaie [sərizɛ] f. Cerezal, *m.*

cerise f. Cereza, guinda.
— Adj. inv. De color cereza.

cerisette f. Cereza pasa (fruit sec). ‖ Bebida de
cerezas (boisson).

cerisier m. Bot. Cerezo, guindo.

cérite f. Min. Cerita.

cérithe m. Cerites (mollusque fossile).

cérium [serjɔm] m. Chim. Cerio (métal rare).

cerne m. Cerco (cercle). ‖ Aréola, *f.* (d'une plaie,
d'une pustule). ‖ Ojera, *f.* (des yeux). ‖ Contorno
(d'un dessin). ‖ Aureola, *f.* (de la Lune). ‖ Cerco
(d'une tache). ‖ Bot. Anillo (arbres).
— Observ. L'espagnol *cerne* désigne le cœur d'un tronc
d'arbre.

cerné, e adj. Cercado, da (encerclé). ‖ *Avoir les
yeux cernés,* tener ojeras, estar ojeroso.

cerneau m. Carne (*f.*) de nuez verde.

cerner v. tr. ● Cercar, poner cerco, sitiar (investir). ‖ Rodear, cercar (entourer). ‖ Cercar (bloquer). ‖ Escueznar (les noix). ‖ Contornear,
siluetear (dessin). ‖ Circunscribir, delimitar (un
problème, une question). ‖ Agric. Hacer una
incisión circular en la corteza de un árbol. ‖ Fig.
Asediar (soucis, etc.).
— Syn. ● *Investir,* cercar. *Bloquer,* bloquear. *Assiéger,*
asediar, sitiar. *Entourer,* rodear.

céroplastique f. Ceroplástica.

certain, e [sɛrtɛ̃, ɛ:n] adj. Cierto, ta : *un fait
certain,* un hecho cierto; *un certain temps,* cierto
tiempo. (Observ. *Un* ne se traduit généralement
pas lorsqu'il précède l'adj. *certain.*) ‖ Seguro, ra
(sûr). ‖ Fijado, da (fixe). ‖ — *Un certain Durand,*
un tal Durand. ‖ *Il est certain que,* no hay
duda que. ‖ *Il faut préférer le certain à l'incertain,* hay que preferir lo cierto a lo dudoso.
— Pron. pl. Algunos, nas (quelques-uns). ‖ *Certains disent,* algunos dicen, hay quien dice.

certainement adv. Ciertamente. ‖ Sin ninguna
duda, por supuesto (bien sûr). ‖ *Certainement
pas,* de ninguna manera.

certes [sɛrt] adv. Por cierto, en verdad, claro es
que (il est certain). ‖ Sin duda alguna, desde
luego (évidemment).

certificat [sɛrtifika] m. Certificado. ‖ Fig. Garantía, *f.,* seguridad, *f.* (garantie). ‖ — *Certificat
de complaisance,* certificado de favor. ‖ *Certificat
de navigabilité,* permiso de navegar (avions). ‖
Certificat d'études, diploma de estudios primarios. ‖ *Certificat de vie,* fe de vida. ‖ *Certificat
médical,* certificado médico.
— Observ. En Francia, para obtener una licenciatura,
hacía falta poseer un mínimo de cuatro *certificats,* que
podían compararse a los *cursos* o *años* que se efectúan
en las Universidades españolas.

certificateur m. Certificador (celui qui certifie). ‖
Dr. Fiador responsable.

certification f. Certificación, comprobante, *m.*

certifié, e adj. et s. Apto para enseñar en los colegios de Segunda Enseñanza (professeur).

certifier* v. tr. Certificar (donner comme certain).
‖ Responder, garantizar (garantir). ‖ *Certifier
une caution,* responder de una fianza. ‖ *Copie
certifiée conforme,* copia legalizada.
— Observ. *Certifier* no tiene en francés el sentido de
certificar (cartas, etc.), que se traduce por *recommander.*

certitude f. Certeza : *la certitude d'un événement,*
la certeza de un suceso. ‖ Certidumbre : *avoir la
certitude du succès,* tener certidumbre del éxito. ‖
Firmeza (fermeté). ‖ Veracidad, exactitud. ‖
Seguridad (sûreté).

céruléen, enne adj. Cerúleo, a.

cérumen m. Cerumen, cerilla, *f.* (fam.).

cérumineux, euse adj. Ceruminoso, sa.

céruse f. Albayalde, *m.,* cerusa.

cérusite f. Chim. Cerusita.

cerveau [sɛrvo] m. Cerebro. ‖ — *Cerveau brûlé,*
cabeza loca, calavera. ‖ *Rhume de cerveau,*
coriza, romadizo. ‖ — *Avoir le cerveau fêlé,* estar
chiflado. ‖ *Se creuser le cerveau,* devanarse los
sesos. ‖ *Tirer de son cerveau,* sacar de su cabeza
ou magín.
— Syn. *Cervelle,* sesos. *Encéphale,* encéfalo.

cervelas [sɛrvəla] m. Salchicha (*f.*) corta y
gruesa.

cervelet m. Anat. Cerebelo.

cervelle f. Sesos, *m. pl.* : *cervelle de veau,* sesos
de ternera. ‖ *Cervelle,* *m. pl.,* sesada; *de la cervelle
sautée,* sesos fritos. ‖ Fig. Seso, *m.* : *homme sans
cervelle,* hombre sin seso. ‖ Fig. et Fam. Cacumen, *m.,* mente, entendederas, *pl.* ‖ — *Tête sans
cervelle,* cabeza de chorlito. ‖ — *Brûler la cervelle,*
saltar la tapa de los sesos. ‖ *Cela me trotte dans
la cervelle,* estoy dándole vueltas en la cabeza. ‖
Être sans cervelle, ser ligero de cascos. ‖ *Rompre
la cervelle,* romper la cabeza. ‖ *Se creuser la cervelle,* devanarse los sesos. ‖ *Se faire sauter la
cervelle,* levantarse la tapa de los sesos.

cervical, e adj. Anat. Cervical.

cervidés m. pl. Zool. Cérvidos.

cervier adj. Cerval [del ciervo] (sólo se emplea en
las voces compuestas *loup-cervier,* lobo cerval y
chat-cervier, gato cerval).

cervoise [sɛrvwa:z] f. (Vx.) Cerveza.

ces adj. dém. V. ce.

César n. pr. m. César. ‖ *Il faut rendre à César ce
qui est à César, et à Dieu ce qui est à Dieu,* hay
que dar a Dios lo que es de Dios y al César lo
que es del César.

césarien, enne adj. Cesariano, na (relatif à Jules
César). ‖ Cesáreo, a (relatif à l'empereur, à
l'Empire) : *majesté césarienne,* majestad cesárea. ‖ Cesariense (de Césarée). ‖ — Adj. f. et s. f.
Cesárea (opération).

césarisme m. Cesarismo.

césium ou **cæsium** [sezjɔm] m. Cesio (métal).

cessant, e adj. Cesante. ‖ *Toutes affaires ces-
santes,* dejando a un lado todo lo demás, con
exclusión de todo.
— Observ. En español, *un cesante* es une personne
sans emploi.

cessation f. Cese, *m.,* cesación (arrêt). ‖ Suspensión : *cessation de payements,* suspensión de
pagos.

cesse [sɛs] f. Tregua, interrupción. [Úsase sólo en
locuciones como *n'avoir pas de cesse,* no parar
hasta que...] ‖ *Sans cesse,* sin cesar, siempre.
— Observ. *Cesse* nunca lleva artículo.

cesser v. intr. Cesar : *l'orage a cessé,* cesó la tormenta.

— V. tr. Suspender : *cesser un travail,* suspender un trabajo. ‖ Acabar (mettre fin). ‖ Abandonar (une action judiciaire). ‖ Dejar de (arrêter) : *cesser de crier,* dejar de gritar.

cessez-le-feu m. inv. MIL. Alto el fuego.

cessibilité f. Cesibilidad.

cessible adj. Cesible.

cession f. ● Cesión : *cession de biens,* cesión de bienes. ‖ Traspaso, *m.* (d'un commerce).

— SYN. ● *Concession,* concesión. *Dessaisissement,* desasimiento.

cessionnaire m. et f. Cesionario, ria.

c'est-à-dire [sɛtadi:r] loc. conj. Es decir, o sea, a saber, verbigracia *ou* verbi gratia.

ceste m. Cesto (gant de pugilat).

cestodes [sɛstɔd] m. pl. ZOOL. Cestodos.

césure f. POÉT. Cesura.

cet, cette [sɛt] adj. dém. V. CE.

cétacé m. ZOOL. Cetáceo.

cétane m. CHIM. Cetano.

cétène m. Ceteno (carbure).

cétérac m. BOT. Doradilla, *f.* (fougère).

— OBSERV. El *aceceraque* español es en francés le *cinnamome.*

cétoine f. ZOOL. Cetonia.

cétone f. CHIM. Cetona.

cette adj. V. CE.

ceux pl. de *celui.* V. CELUI.

cévadille f. BOT. Cebadilla.

Cévennes n. pr. f. pl. GÉOGR. Cevenas.

chabichou m. Queso de cabra (fromage).

chabler v. tr. AGRIC. Varear (avec la gaule).

chablis [ʃabli] m. Árbol derribado por el viento. ‖ Vino blanco de Chablis [Francia].

chabot [ʃabo] m. Japuta, *f.,* coto (poisson).

chabotte f. TECHN. Cepo (*m.*) de hierro para grandes yunques.

chacal m. ZOOL. Chacal.

— OBSERV. Pl. *chacals.*

chaconne f. Chacona (danse).

chacun, e [ʃakœ, yn] pron. indéf. Cada uno, cada una : *chacun de ces livres,* cada uno de estos libros. ‖ Cada cual ; todos, das : *chacun le dit,* todos lo dicen. ‖ — *Chacun avec sa chacune,* cada uno con su pareja. ‖ *Chacun pour soi et Dieu pour tous,* cada uno en su casa y Dios en la de todos. ‖ FAM. *Tout un chacun,* cada hijo de vecino, cada quisque.

chadouf m. Cigoñal (appareil d'irrigation).

chafouin, e adj. FAM. De zorro, de garduña.

chagrin, e [ʃagrɛ̃, in] adj. Apenado, da ; apesadumbrado, da (attristé). ‖ Triste : *esprit chagrin,* mentalidad triste.

— M. ● Pesadumbre, *f.,* pena, *f.* : *gros chagrin,* gran pena. ‖ Tristeza, *f.,* zapa, *f.* : *peau de chagrin,* piel de zapa. ‖ *Se faire du chagrin,* apenarse.

— SYN. ● *Tristesse,* tristeza. *Mélancolie,* melancolía. *Regret,* pesar. *Dépit,* despecho. Pop. *Cafard,* morriña.

chagrinant, e adj. Entristecedor, ra ; penoso, sa.

chagriner v. tr. Apenar, entristecer, apesadumbrar. ‖ Preparar [la piel de zapa] (cuir).

chah [ʃa] m. Cha (souverain de Perse).

chahut [ʃay] m. FAM. ‖ Jaleo, escándalo : *faire du chahut,* armar jaleo. ‖ Abucheo (cris d'hostilité).

— SYN. ● *Chambard,* tiberio. *Sabbat,* aquelarre (p. us.).

chahuter [-te] v. intr. FAM. Armar jaleo.

— V. tr. FAM. Revolver (mettre en désordre). ‖ Abuchear : *chahuter un professeur,* abuchear a un profesor. ‖ Perturbar, trastornar (troubler).

chahuteur, euse adj. et s. Alborotador, ra.

chai ou **chais** [ʃɛ] m. Bodega, *f.*

chaînage m. CONSTR. Armadura (*f.*) metálica. ‖ Medida (*f.*) con cadena de agrimensor (mesure).

chaîne f. Cadena : *chaîne d'arpenteur,* cadena de agrimensor. ‖ Urdimbre (tissus). ‖ Cadena, lazo, *m.* (d'un chien). ‖ Cadena perpetua (d'un bagnard). ‖ Collar, *m.* (décoration). ‖ Cadena, canal, *m.* (de télévision). ‖ ARCHIT. Cadena, encadenado, *m.,* tirante, *m.* (renforcement). ‖ CHIM. Cadena : *chaîne ouverte, fermée,* cadena abierta, cerrada. ‖ FIG. Cadena (captivité). ‖ Cadena (d'émetteurs, de journaux, etc.). ‖ Serie (succession). ‖ MAR. Cadena (pour fermer un port). ‖ TECHN. Cadena, línea (de montage). ‖ Equipo, *m.* : *chaîne stéréophonique,* equipo estereofónico. ‖ — *Chaîne de galériens,* cuerda de galeotes. ‖ *Chaîne de montagnes,* sierra, cordillera. ‖ *Chaîne de montre,* leontina. ‖ *Chaîne d'entrebâillement* o *de sûreté,* cadena de seguridad, retenedor. ‖ *Travail à la chaîne,* trabajo en cadena. ‖ — *Briser ses chaînes,* romper las cadenas, libertarse. ‖ *Faire la chaîne,* trabajar en cadena, hacer cadena. ‖ *Mettre un chien à la chaîne,* encadenar a un perro.

chaîné, e adj. Eslabonado, da (formé de chaînons).

chaîner v. tr. Cadenear. ‖ Medir con la cadena de agrimensor (mesures). ‖ ARCHIT. Poner tirantes entre dos muros ; poner una armadura metálica.

chaînette f. Cadena. ‖ Esclava (bracelet). ‖ Cadeneta (reliure). ‖ GÉOM. Catenaria (courbe). ‖ *Point de chaînette,* cadeneta.

chaîneur m. Agrimensor, cadenero.

chaînon m. Eslabón (maillon). ‖ Estribación, *f.,* ramal (de montagnes). ‖ FIG. Eslabón, enlace.

chaïote. V. CHAYOTE.

chair [ʃɛr] f. ● Carne : *en chair et en os,* de *ou* en carne y hueso. ‖ Carne : *des bas chair* o *couleur chair,* medias color carne (couleur). ‖ FIG. Carne : *la chair est faible,* la carne es débil. ‖ Carne (pulpe de fruit). ‖ — Pl. ARTS. Partes desnudas de las figuras esculpidas o pintadas. ‖ — *Chair à canon,* carne de cañón. ‖ *Chair de ma chair,* pedazo de mi alma, carne de mi carne. ‖ *Chair de poule,* carne de gallina. ‖ — *Ni chair ni poisson,* ni carne ni pescado. ‖ — *Être bien en chair,* estar metido en carnes. ‖ *Hacher quelqu'un menu comme chair à pâté,* hacer a uno picadillo.

— SYN. ● *Viande,* carne. *Pop. Carne,* piltrafa. *Barbaque,* carnaza. *Bidoche,* carnaza.

chaire f. Púlpito, *m.* (église). ‖ Cátedra (d'un professeur). ‖ FIG. Púlpito, *m.* (éloquence religieuse). ‖ *La chaire apostolique,* la cátedra *ou* la sede apostólica.

chaise f. Silla : *s'asseoir sur une chaise,* sentarse en una silla. ‖ TECHN. Chumacera, soporte (*m.*) de cojinete. ‖ — *Chaise à bascule,* mecedora. ‖ *Chaise à porteurs,* silla de manos. ‖ *Chaise curule,* silla curul. ‖ *Chaise de poste,* silla de posta. ‖ *Chaise électrique,* silla eléctrica. ‖ *Chaise longue,* hamaca, tumbona. ‖ *Chaise percée,* silla retrete. ‖ *Chaise pliante,* silla de tijera. ‖ *Coup de chaise,* silletazo. ‖ — (Vx) *Aller à la chaise,* ir al excusado. ‖ *Porter quelqu'un en chaise* o *faire la chaise à quelqu'un,* llevar en silla de manos a uno.

chaisier, ère m. et f. Sillero, ra (fabricant). ‖ Persona que alquila sillas.

chaland, e [ʃalɑ̃, ɑ̃:d] m. et f. Parroquiano, na (client). ‖ *Attirer des chalands,* aparroquiar. ‖ — M. Chalana, *f.* (embarcation).

— OBSERV. L'espagnol *chalán* signifie *maquignon.*

chalaze f. ANAT. et BOT. Chalaza.

chalcographe [kalkɔgraf] m. Calcógrafo.

chalcographie [-fi] f. Calcografía (gravure).

chalcopyrite [kalkɔpirit] f. MIN. Calcopirita.

chaldaïque [kaldaik] adj. Caldaico, ca.

Chaldée [kalde] n. pr. f. GÉOGR. Caldea.

chaldéen, enne [kaldeɛ̃, ɛn] adj. et s. Caldeo, a,

châle [ʃɑ:l] m. Chal, mantón. ‖ — *Châle de Manille*, mantón de Manila. ‖ *Col châle*, cuello bufanda.

chalet [ʃalε] m. Chalet, chalé. ‖ *Chalet de nécessité*, excusado público.

— OBSERV. En espagnol, *chalet* a également le sens de « pavillon » et de « villa ».

chaleur f. Calor, *m.* ‖ Ardor : *la chaleur de la jeunesse*, el ardor de la juventud. ‖ — *Chaleur du style*, lo cálido del estilo. ‖ *Avec chaleur*, calurosamente. ‖ *En chaleur*, en celo, salida (femelle d'animal).

chaleureux, euse adj. Caluroso, sa. ‖ Expresivo, va : *remerciements chaleureux*, agradecimientos expresivos.

châlit [ʃɑli] m. Armadura (*f.*) de cama, cuja, *f.* (p. us.). ‖ Catre.

challenge m. Trofeo, challenge (sports).

challenger m. Aspirante, candidato (sports).

challenger v. intr. Retar (défier en sport).

chaloir v. intr. Importar (hoy sólo se usa en las loc. : *il ne m'en chaut*, no me importa ; *peu m'en chaut, peu me chaut*, me importa poco, no me interesa).

chaloupe f. Chalupa.

chaloupée f. Especie de vals o java popular.

chalouper v. intr. Contonearse.

chalumeau m. Canuto (paille, roseau). ‖ Mus. Caramillo. ‖ Techn. Soplete.

chalut [ʃaly] f. Traína, *f.*, red (*f.*) barredera.

chalutage m. Pesca (*f.*) con traína.

chalutier m. Mar. Bou.

chamade f. Llamada (sonnerie) : *battre la chamade*, tocar llamada. ‖ Fig. *Son cœur battait la chamade*, su corazón se le salía del pecho.

chamaille [ʃama:j] ou **chamaillerie** [-majri] f. Riña, pelotera.

chamailler (se) v. pr. Reñir, pelearse.

chamailleur, euse adj. et s. Peleón, ona ; pendenciero, ra.

chamanisme m. Chamanismo.

chamarrer v. tr. Recargar excesivamente. ‖ Engalanar (orner).

chamarrure f. Adorno (*m.*) recargado.

chambard [ʃɑba:r] m. Fam. Jaleo, alboroto, tiberio : *faire du chambard*, armar jaleo. ‖ Confusión, *f.*, desbarajuste (bouleversement).

chambardement m. Desbarajuste, desorden.

chambarder v. tr. Desordenar, revolver, poner patas arriba.

chambellan m. Chambelán.

chambertin m. Chambertín [vino tinto de Borgoña].

chambouler v. tr. Pop. Poner patas arriba.

chambranle m. Chambrana, *f.*, marco (porte, fenêtre). ‖ Faldón (cheminée).

chambre f. Cuarto, *m.*, habitación : *chambre meublée*, cuarto amueblado. ‖ Cámara (royale). ‖ Sala : *chambre criminelle*, sala de lo criminal. ‖ Cámara : *chambre des députés, de commerce, syndicale*, cámara de diputados, de comercio, sindical. ‖ Mar. Cámara (d'un bateau), cabina (d'une embarcation). ‖ Techn. Cámara. ‖ Recámara (armes à feu). ‖ — Pl. *Les Chambres*, las Cortes (en Espagne), el Parlamento (dans les autres pays). ‖ — *Chambre à air*, cámara de aire. ‖ *Chambre à coucher*, dormitorio, alcoba [*Amér.*, recámara]. ‖ *Chambre à gaz*, cámara de gas. ‖ *Chambre apostolique*, cámara apostólica. ‖ *Chambre claire*, cámara clara. ‖ *Chambre d'ami*, cuarto de invitados. ‖ Autom. *Chambre de combustion*, cámara de combustión. ‖ *Chambre forte*, cámara acorazada. ‖ *Chambre froide*, cámara frigorífica. ‖ *Chambre noire*, cámara oscura. ‖ *Des stratèges en chambre*, estrategas de café. ‖ *Musique de chambre*, música de cámara. ‖

— *Faire chambre à part*, dormir en habitaciones separadas. ‖ *Garder la chambre*, no salir de su habitación. ‖ *Travailler en chambre*, trabajar en su domicilio.

chambrée f. Dormitorio (*m.*) de tropa. ‖ Dormitorio, *m.* (dortoir).

chambrelan m. Obrero que trabaja en su casa.

chambrer v. tr. Encerrar en un cuarto. ‖ — *Chambrer une bouteille de vin*, poner una botella de vino a la temperatura ambiente. (Se emplea frecuentemente *vino « chambré »*.) ‖ Fig. *Chambrer quelqu'un*, aislar a alguien para mejor convencerle.

chambrette f. Cuartito, *m.*

chambrier m. Oficial mayor de la casa real.

chambrière f. Camarera (femme de chambre). ‖ Látigo, *m.* (fouet). ‖ Techn. Tentemozo, *m.* (véhicules).

chameau m. Camello. ‖ Fig. Pajarraco, pájaro de cuenta, mal bicho (personne méchante). ‖ Mar. Camello (ponton).

chamelier m. Camellero.

chamelle f. Camella.

chamérops [kamerɔps] m. Bot. Palmito.

chamois [ʃamwa] m. Zool. Gamuza, *f.* ‖ *Peau de chamois*, piel de gamuza.

— Adj. inv. Gamuzado, da (couleur) : *une robe chamois*, un vestido gamuzado.

chamoisage m. Agamuzado (peaux).

chamoiser v. tr. Agamuzar (peaux).

chamoiserie f. Lugar donde se trabaja la gamuza. ‖ Gamuza (peau préparée).

chamoiseur m. Agamuzador, curtidor de gamuza.

chamotte f. Chamota (argile).

champ [ʃɑ] m. Campo. ‖ Fig. Campo : *le champ des hypothèses*, el campo de las hipótesis. ‖ Phys. Campo. ‖ Techn. Campo : *champ d'une lunette*, campo óptico. ‖ — *Champ clos*, palenque. ‖ *Champ d'aviation*, campo de aviación. ‖ *Champ de bataille, d'honneur*, campo de batalla, del honor. ‖ *Champ de courses*, hipódromo. ‖ *Champ de foire*, real de la feria. ‖ *Champ de repos*, camposanto, última morada (cimetière). ‖ Méd. *Champ opératoire*, campo operatorio. ‖ Phot. *Profondeur de champ*, profundidad de foco. ‖ *À tout bout de champ*, a cada momento. ‖ *À travers champs*, a campo traviesa. ‖ *En plein champ*, en campo raso. ‖ *Sur-le-champ*, al instante, sobre la marcha, en el acto. ‖ — *Avoir, laisser le champ libre*, tener, dejar el campo libre. ‖ Mil. *Battre aux champs*, tocar llamada y tropa. ‖ *Poser de champ*, v. Chant. ‖ *Prendre du champ*, alejarse para ver *ou* comprender mejor. ‖ *Prendre la clef des champs*, tomar las de Villadiego, poner los pies en polvorosa.

champagne m. Champaña, champán (vin) : *champagne frappé*, champaña helado. ‖ — *Fine champagne*, coñac. ‖ *Vin façon champagne*, vino estilo champán *ou* achampanado. ‖ — F. Blas. Campaña.

Champagne n. pr. f. Géogr. Champaña.

champagnisation f. Acción de champañizar.

champagniser v. tr. Champañizar, achampanar, achampañar (vin).

champart [ʃɑpa:r] m. Agric. Trigo candeal, cebada y centeno que se siembran mezclados. ‖ Impuesto feudal sobre las gavillas (impôt).

champenois, e adj. et s. De Champaña.

champêtre adj. Campestre. ‖ *Garde champêtre*, guarda rural.

— Syn. *Rustique*, rústico. *Rural*, rural. *Agreste*, agreste. *Bucolique*, bucólico. *Pastoral*, pastoril.

champi, isse adj. et s. Expósito, ta ; niño abandonado en el campo.

champignon m. Bot. Hongo, seta, *f.*, champiñón (gallicisme très employé). ‖ Percha, *f.* (pour hábits). ‖ Autom. Fam. Acelerador : *appuyer sur le champignon*, pisar el acelerador. ‖ — *Champignon atomique*, hongo atómico, nube que forma la explosión nuclear. ‖ *Ville-champignon*, ciudad de crecimiento rápido. ‖ — *Pousser comme des champignons*, crecer como hongos.

— Observ. *Seta* désigne particulièrement les champignons à chapeau ; *champiñón* est plutôt un terme culinaire.

champignonner v. intr. Crecer y multiplicarse rápidamente, crecer como hongos.

champignonnière f. Criadero (*m*.) de setas.

champignonniste m. Cultivador de setas.

champion, onne m. et f. Campeón, ona. ‖ Fig. Paladín, campeón, ona : *il s'est fait le champion de la liberté*, se hizo el paladín de la libertad.

championnat m. Campeonato. ‖ Liga, *f*. (football).

champlever* v. tr. Techn. Tallar en hueco.

champoreau m. Champurrado (boisson).

Chanaan [kanaã] n. pr. Géogr. Canaán.

chananéen, enne [kananeɛ̃, ɛn] adj. et s. Cananeo, a.

chançard, e adj. et s. Fam. Afortunado, da ; potroso, sa. ‖ Fam. *Être chançard*, tener potra.

chance f. ● Suerte : *bonne chance*, buena suerte. ‖ Posibilidad, oportunidad : *il a une chance de s'en sortir*, tiene una posibilidad de salir de este mal paso. ‖ — *Coup de chance*, suerte. ‖ *Bonne chance!*, ¡suerte! ‖ — *Courir la chance*, correr el albur, tentar la suerte. ‖ *La chance a tourné*, ha cambiado la suerte. ‖ *Porter chance*, dar buena suerte. ‖ — *Tenter sa chance*, probar fortuna. ‖ — Pl. Probabilidades, posibilidades : *chances de réussite*, posibilidades de éxito.

— Syn. ● *Aubaine*, ganga. *Bonheur*, felicidad. *Heur*, sino. *Veine*, potra, suerte.

chancelant, e adj. Vacilante, inseguro, ra ; titubeante ; *d'un pas chancelant*, con paso inseguro. ‖ Delicado, da (santé).

chanceler* v. intr. ● Vacilar (hésiter). ‖ Bambolearse, tambalearse : *je chancelais comme si j'avais bu*, me bamboleaba como si hubiese bebido.

— Syn. ● *Vaciller*, vacilar. *Tituber*, titubear.

chancelier m. Canciller. ‖ *Chancelier de l'Échiquier*, ministro de Hacienda [inglés].

chancelière f. Folgo, *m*. (pour les pieds). ‖ Esposa del canciller.

chancellerie f. Cancillería. ‖ *Chancellerie romaine*, cancelaría romana.

chanceux, euse adj. Afortunado, da (qui a de la chance). ‖ Dudoso, sa ; incierto, ta (hasardeux).

chanci, e adj. Enmohecido, da (moisi).

— M. Moho (moisissure).

chancir v. intr. Enmohecerse.

chancissure f. Moho, *m*.

chancre m. Bot. Cancro. ‖ Fig. Cáncer. ‖ Méd. Chancro : *chancre induré*, chancro duro.

chancrelle f. Méd. Chancro (*m*.) blando.

chancreux, euse adj. Méd. Chancroso, sa.

chandail [ʃãda:j] m. Jersey.

chandeleur [ʃãdlœ:r] f. Candelaria (fête).

chandelier m. Velero (fabricant de bougies). ‖ ● Candelabro, candelero : *un chandelier d'argent*, un candelabro de plata. ‖ Mar. Candelero. ‖ Fam. Biombo, tapadera, *f*. (paravent).

— Syn. ● *Bougeoir*, palmatoria. *Flambeau*, antorcha. *Candélabre*, candelabro. *Torchère*, hachero.

chandelle f. Candela. ‖ Globo, *m*., balón (*m*.) alto, pelota bombeada (football), bote (*m*.) neutro (par l'arbitre), voleo (*m*.) bajo (cricket), volea alta (tennis). ‖ Puntal, *m*., codal, *m*. (étai). ‖ Fam. Velas, *pl*. (morve). ‖ — Fam. *Économie de bouts de chandelle*, ahorros de chicha y nabo *ou* del chocolate del loro (économies ridicules). ‖ —

Brûler la chandelle par les deux bouts, tirar la casa por la ventana (gaspiller sa fortune), jugar con la salud (user sa santé). ‖ *Devoir une fière chandelle à quelqu'un*, deberle a uno los ojos de la cara. ‖ *Le jeu n'en vaut pas la chandelle*, la cosa no vale la pena, perdonar el bollo por el coscorrón. ‖ Aviat. *Monter en chandelle*, encabritarse, elevarse verticalmente. ‖ Fig. *Tenir la chandelle*, alumbrar con una vela (pour éclairer), llevar la cesta (pour accompagner). ‖ *Voir trente-six chandelles*, ver las estrellas.

chanfrein m. Testuz (d'un cheval), testera, *f*. (armure). ‖ Techn. Chaflán (biseau).

chanfreiner v. tr. Techn. Achaflanar.

change m. ● Cambio (changement) : *perdre au change*, perder con el cambio. ‖ Cambio (bourse). ‖ — *Agent de change*, agente de Cambio y Bolsa. ‖ *Bureau de change*, Casa de Cambio. ‖ — *Cours du change*, cotización. ‖ *Lettre de change*, letra de cambio. ‖ — *Donner le change*, dar el pego, engañar. ‖ *Prendre le change*, dejarse engañar.

— Syn. ● *Échange*, canje, cambio. *Troc*, trueque, cambalache. *Permutation*, permuta.

changeable adj. Cambiable.

changeant, e [ʃãʒã, ã:t] adj. Cambiante. ‖ ● Cambiadizo, za ; tornadizo, za (personne). ‖ Cambiante, tornasolado, da (tissu, couleur). ‖ Inseguro, ra ; variable (temps). ‖ Mudable, movible, voluble.

— Syn. ● *Ondoyant*, tornadizo. *Inconstant*, inconstante. *Léger*, ligero. *Volage*, voluble. *Versatile*, versátil. *Variable*, variable.

changement m. ● Cambio. ‖ Traslado (de poste, de résidence). ‖ Théâtr. *Changement à vue*, mutación, cambio escénico. ‖ Techn. *Changement de vitesse*, cambio de velocidades.

— Syn. ● *Innovation*, innovación. *Modification*, modificación. *Mutation*, mudanza. *Réforme*, reforma. *Revirement*, cambio brusco. *Variation*, variación. *Altération*, alteración. *Fluctuation*, fluctuación.

changer* v. tr. ● Cambiar. ‖ — *Changer en*, convertir en, transformar en. ‖ *Changer son fusil d'épaule*, volver la casaca, chaquetear, cambiarse la chaqueta. ‖ *Changer un enfant*, mudar a un niño. ‖ — *Cela me change de*, esto es un cambio para mí. ‖ *Cette coiffure me change*, me encuentro cambiada con este peinado.

— V. intr. Cambiar. ‖ — *Changer d'idée* (o de *choses comme de chemise*, cambiar de idea *ou* de cosas) cada dos por tres. ‖ *Changer de face*, cambiar de aspecto. ‖ *Changer de route*, cambiar de rumbo. ‖ *Changer de visage*, cambiar de cara. ‖ *Changer du tout au tout*, cambiar por completo *ou* completamente.

— V. pr. Cambiarse. ‖ Mudarse de ropa (linge). ‖ Convertirse, transformarse.

— Observ. *Changer*, en la forma intransitiva, puede tener como auxiliar el verbo *être* si se quiere insistir sobre el estado del cambio (*les temps sont changés*) y no sobre la acción (*comme il a changé!*).

— Syn. ● *Echanger*, canjear. *Troquer*, trocar. *Permuter*, permutar.

changeur, euse m. et f. Cambista. ‖ — Rad. *Changeur de fréquence*, convertidor de frecuencia. ‖ *Changeur d'ondes*, botón del cambio de ondas.

chanlate ou **chanlatte** f. Techn. Ristrel, *m*.

chanoine [ʃanwan] m. Canónigo.

chanoinesse f. Canonesa.

chanoinie f. Canonjía.

chanson f. Canción. ‖ Cantar, *m*., canción, *m*. : *chanson de geste*, cantar de gesta. ‖ Canto, *m*. : *la chanson du vent*, el canto del viento. ‖ — *Chanson à boire*, canción báquica. ‖ *Chanson de Mío Cid*, Cantar de Mío Cid. ‖ *Chanson de route*, marcha. ‖ *Chansons que tout cela!*, ¡eso son monsergas *ou* tonterías! ‖ *Toujours la même* *chanson*, siempre la misma cantinela *ou* el mismo estribillo. ‖ — *C'est une autre chanson!*, ¡ése es otro cantar! ‖ *En avoir l'air et la chanson*, ser realmente lo que se parece. ‖ *L'air ne fait pas la chanson*, el hábito no hace al monje.

chansonner v. tr. Hacer canciones satíricas.

chansonnette f. Cancioncilla.

chansonnier, ère m. et f. Cancionista. ‖ Humorista.

— M. Cancionero (recueil).

— OBSERV. Hoy suele darse el nombre de *chansonnier* a los artistas que interpretan sus propias canciones satíricas.

— En Espagne, on emploie le mot français *chansonnier* avec le sens erroné de « chanteur de charme ».

chant [ʃɑ̃] m. ● Canto : *chant de victoire*, canto de victoria. ‖ Cante (chant populaire) : *chant « flamenco »*, cante flamenco, jondo *ou* hondo. ‖ Canto (côté) : *poser de chant*, colocar de canto. ‖ — *Chant alléluiatique*, canto jubilatorio *ou* aleluiático. ‖ *Chant de Noël*, villancico. ‖ *Chant grégorien*, canto gregoriano. ‖ *Plain-chant*, canto llano. ‖ — *Au chant du coq*, al cantar el gallo.

— SYN. ● *Air*, aria, tonada. *Chanson*, canción, copla. *Couplet*, cuplé. *Mélopée*, melopea.

chantable adj. Cantable.

chantage m. Chantaje : *faire du chantage auprès de*, hacer chantaje a.

chantant, e adj. Cantante (qui chante). ‖ Cantante : *café chantant*, café cantante. ‖ Cantarín, ina : *voix chantante*, voz cantarina. ‖ Melodioso, sa ; musical.

chanteau m. Cantero, canto (de pain). ‖ Retazo (tissu).

chantepleure [ʃɑ̃tplœ:r] f. Espita de tonel (robinet). ‖ Embudo (m.) largo (entonnoir). ‖ Regadera de caño largo y estrecho (arrosoir). ‖ Hendidura de desagüe (rigole).

chanter v. tr. et intr. ● Cantar : *chanter en mesure*, cantar a compás. ‖ Cantar (célébrer en vers) : *chanter la gloire*, cantar la gloria. ‖ Ser cantarín, ina (langue). ‖ Hablar con sonsonete (déclamer). ‖ FIG. Sonreir (plaire). ‖ FAM. Contar : *que me chantes-tu là?*, ¿qué me cuentas? ‖ POP. Cantar (avouer). ‖ — *Pain à chanter*, oblea. ‖ — *Chanter faux*, desentonar. ‖ *Chanter juste*, tener buen oído (avoir une bonne oreille), cantar entonado (ne pas détonner). ‖ — *Cela ne me chante pas*, eso no me dice nada *ou* no me apetece. ‖ *C'est comme si je chantais*, es como quien oye llover *ou* como si hablara a la pared. ‖ *Faire chanter quelqu'un*, hacerle chantaje a uno.

— SYN. ● *Chantonner*, canturrear. *Fredonner*, tararear. *Roucouler*, arrullar. *Gazouiller*, gorjear. *Vocaliser*, vocalizar. *Psalmodier*, salmodiar. *Fam. Bramer*, berrear.

chanterelle f. Prima, cantarela (corde de violon, guitare). ‖ Reclamo, *m.* (oiseau quelconque). ‖ BOT. Mízcalo, *m.* (champignon). ‖ FIG. et FAM. *Appuyer sur la chanterelle*, insistir *ou* hacer hincapié en un punto importante.

chanteur, euse m. et f. ● Cantor, ra : *chanteur des rues*, cantor callejero. ‖ ◆ Cantante : *chanteuse d'opéra*, cantante de ópera. ‖ — *Chanteur de charme*, cantor de melodías sentimentales. ‖ *Chanteur de flamenco*, cantaor de flamenco. ‖ *Chanteur d'orchestre*, vocalista. ‖ *Maître chanteur*, chantajista [estafador por medio de amenazas]. ‖ *Oiseau chanteur*, ave canora.

— OBSERV. *Cantante* s'applique surtout au chanteur de théâtre, *canta(d)or* est le chanteur de chant folklorique, andalou ou gitan.

— SYN. ● *Chansonnier*, cancionista, humorista. *Divette*, canzonetista, cupletista.

— ◆ *Cantatrice*, cantatriz. *Diva*, diva.

chantier m. Taller (atelier à l'air libre). ‖ MAR. Astillero. ‖ Depósito de maderas *ou* de carbón (dépôt de bois ou de charbon). ‖ Obra (f.) de

construcción (construction). ‖ Borriquete (de menuisier). ‖ Combo, poíno (pour tonneaux). ‖ FAM. Leonera, f., cuarto desarreglado (lieu en désordre). ‖ — *Chef de chantier*, maestro de obras. ‖ *Navire sur chantier*, buque en grada. ‖ — *Aller au chantier*, ir al tajo. ‖ *Mettre un ouvrage en* ou *sur le chantier*, comenzar una obra, tener una obra en el telar.

chantignole f. Ladrillo delgado para chimeneas (brique). ‖ TECHN. Ejión, *m.* (charpente).

chantonnement m. Canturreo.

chantonner v. tr. et intr. Canturrear.

chantoung m. Chantung [tejido de seda].

chantourner v. tr. TECHN. Contornear, seguetear. ‖ *Scie à chantourner*, segueta.

chantre m. Chantre. ‖ FIG. Poeta, cantor.

chanvre m. BOT. Cáñamo. ‖ *Chanvre de Manille*, abacá, cáñamo de Manila.

chanvrier, ère m. et f. Agramador, ra, de cáñamo.

— Adj. Cañamero, ra.

chaos [kao] m. Caos.

chaotique [kaɔtik] adj. Caótico, ca.

chapardage m. FAM. Sisa, f., hurto, latrocinio.

chaparder v. tr. FAM. Sisar, birlar, hurtar.

chapardeur, euse m. et f. FAM. Ladronzuelo, la ; mangante.

chape f. Capa protectora (revêtement). ‖ BLAS. Capa. ‖ ECCLÉS. Capa. ‖ MÉCAN. Horquilla. ‖ Soporte, *m.* (de poulie). ‖ Caja protectora de una aguja de brújula. ‖ Banda de rodadura (d'une roue). ‖ — *Chape de fixation*, abrazadera de sujeción. ‖ *Chape de moyeu de roue*, brida del eje de rueda.

chapeau m. Sombrero. ‖ Tapa, *f.* (couvercle). ‖ Sombrerete (d'un champignon). ‖ Copa, *f.* (d'un arbre). ‖ FIG. Sumario, breve introducción, *f.* (d'un article). ‖ MAR. Capa, *f.* ‖ TECHN. Pezonera, *f.* (de roue). ‖ — MUS. *Chapeau chinois*, chinesco. ‖ *Chapeau de cardinal*, capelo cardinalicio. ‖ *Chapeau haut de forme*, sombrero de copa, chistera. ‖ *Chapeau melon*, sombrero hongo, bombín (fam.). ‖ *Chapeau mou*, sombrero flexible. ‖ *Coup de chapeau*, sombrerazo. ‖ — *Démarrer sur les chapeaux de roue*, arrancar a toda velocidad. ‖ *Enfoncer son chapeau*, calarse el sombrero. ‖ *Mettre chapeau bas*, quitarse el sombrero, saludar, descubrirse. ‖ *Ôter son chapeau*, quitarse el sombrero. ‖ FIG. *Tirer son chapeau*, descubrirse. ‖ FIG. et FAM. *Travailler du chapeau*, estar tarumba.

— Interj. FAM. ¡Bravo!, ¡hay que descubrirse!

chapeauté, e adj. Con el sombrero puesto.

chapeauter v. tr. FAM. Poner un sombrero a alguien. ‖ Hacer una breve introducción. ‖ Respaldar, patrocinar (protéger). ‖ Tener bajo su mando *ou* su jurisdicción.

chape-chute f. (Vx). Fortuna inesperada, ganga.

chapelain m. Capellán.

chapeler* v. tr. Rallar [pan].

chapelet [ʃaplɛ] m. Rosario : *dire un chapelet*, rezar un rosario; *chapelet en ivoire*, rosario de marfil. ‖ Ristra, *f.* (aulx, oignons). ‖ Serie, *f.*, sarta, *f.* : *un chapelet d'injures*, una serie de improperios. ‖ — *Chapelet hydraulique*, rosario hidráulico. ‖ FIG. et FAM. *Défiler son chapelet*, desembuchar.

— OBSERV. El *chapelet* se compone de cinco decenas y el *rosario* de quince.

— Le *rosario* se compose en réalité de quinze dizaines, mais on l'emploie couramment pour désigner le *chapelet*, qu'on devrait pourtant qualifier de *parte del rosario*.

chapelier, ère adj. et s. Sombrero, ra. ‖ — F. Baúl (*m.*) mundo (coffre).

chapelle f. Capilla : *chapelle ardente*, capilla ardiente. ‖ Oratorio, *m.* (chapelle privée). ‖ FIG. Camarilla (clan).

chapellenie f. Capellanía.

chapellerie f. Sombrerería.

chapelure f. Pan (*m*.) rallado.

chaperon [ʃaprɔ̃] m. Caperuza, *f*. ‖ Capirote (faucon). ‖ Muceta, *f*. (bourrelet). ‖ Albardilla, *f*. (de mur). ‖ Fɪɢ. Carabina, *f*. (fam.), señora (*f*.) de compañía (dame de compagnie). ‖ *Le Petit Chaperon rouge*, Caperucita roja.

chaperonner v. tr. Poner albardilla (à un mur). ‖ Poner un capirote (un faucon). ‖ Fɪɢ. Acompañar a una joven, servirle de carabina, llevar la cesta.

chapiteau m. Lona, *f*., toldo de circo, carpa, *f*. (cirque). ‖ Cornisa, *f*. (d'un meuble). ‖ Montera, *f*. (d'alambic). ‖ Aʀcʜɪᴛ. Capitel.

chapitral, e adj. Capitular.

chapitre m. Cabildo (des chanoines). ‖ Capítulo (réunion). ‖ Capítulo (d'un livre). ‖ Partida, *f*., asiento (d'un budget). ‖ Materia, *f*., tema (sujet). ‖ *Ne pas avoir voix au chapitre*, no tener ni voz ni voto, no tocar pito (en una cosa).

chapitrer v. tr. Llamar a capítulo (religieux). ‖ Dividir en capítulos. ‖ Echar una bronca, reprender.

chapon m. Capón (coq). ‖ Pan untado con ajo (pain).

chaponnage m. Castración (*f*.) de un pollo.

chaponneau m. Capón joven.

chaponner v. tr. Castrar un pollo.

chapska f. Mɪʟ. Chascás, *m*. (casque).

chaptaliser v. tr. Agregar azúcar al mosto antes de que fermente.

chaque adj. Cada : *chaque chose*, cada cosa. ‖ Fᴀᴍ. Cada uno : *cent francs chaque*, cien francos cada uno.

char m. Carro. ‖ Carroza, *f*. (de Carnaval). ‖ — (Vx) *Char à bancs*, charabán, faetón. ‖ *Char d'assaut*, de combat, carro de asalto, de combate. ‖ *Char funèbre*, coche fúnebre, carroza fúnebre.

charabia m. Galimatías, jerigonza, *f*., algarabía, *f*.

charade f. Charada. ‖ Fɪɢ. Cosa poco inteligible.

charançon [ʃarɑ̃sɔ̃] m. Zool. Gorgojo.

charançonné, e [-sone] adj. Agorgojado, da.

charbon m. Carbón. ‖ Carbonilla, *f*. (escarbille). ‖ Carbón, carboncillo (fusain). ‖ Dibujo al carbón (dessin). ‖ Aɢʀɪc. Tizón, carbón (maladie des plantes). ‖ Mᴇ́ᴅ. Carbunco. ‖ — *Charbon animal*, carbón animal. ‖ *Charbon ardent*, ascua. ‖ *Charbon de terre, de bois*, carbón de piedra, de leña. ‖ Fɪɢ. *Être sur des charbons ardents*, estar en ascuas.

charbonnage m. Mina (*f*.) de hulla. ‖ Explotación (*f*.) hullera.

charbonnée f. Dibujo (*m*.) al carbón (dessin). ‖ Carbonada [Amér., barbacoa] (viande).

charbonner v. tr. Carbonizar (réduire en charbon). ‖ Pintar con *ou* al carbón (dessiner). ‖ Tiznar (noircir) : *charbonner un mur*, tiznar una pared. ‖ — V. intr. Carbonizarse.

charbonnerie f. Carbonería (magasin). ‖ Carbonarismo, *m*. (société politique).

charbonnette f. Leña menuda para carboneo.

charbonneux, euse adj. Carbonoso, sa (du charbon combustible). ‖ Carbuncoso, sa : *mouche charbonneuse*, mosca carbuncosa.

charbonnier, ère adj. et s. Carbonero, ra (métier). ‖ — M. Hɪsᴛ. Carbonario (conspirateur). ‖ Mᴀʀ. Barco carbonero. ‖ — F. Carbonera (dépôt). ‖ Zool. Paro (*m*.) carbonero (oiseau). ‖ — *Avoir la foi du charbonnier*, tener la fe del carbonero. ‖ *Charbonnier est maître chez lui ou chez soi*, cada uno es rey en su casa.

charcuter v. tr. Despedazar, cortar mal la carne. ‖ Fᴀᴍ. Hacer una carnicería (un chirurgien).

charcuterie [ʃarkytri] f. Chacina, productos (*m. pl.*) del cerdo, embutidos, *m. pl.* (viande préparée). ‖ Chacinería, tienda de embutidos, salchichería [Amér., chanchería] (boutique). — Oʙsᴇʀᴠ. On emploie souvent le gallicisme *charcutería*.

charcutier, ère m. et f. Salchichero, ra; chacinero, ra.

chardon m. Bᴏᴛ. Cardo. ‖ — *Chardon à foulon*, cardencha. ‖ *Chardon argenté* o *chardon Notre-Dame*, cardo mariano. ‖ *Chardon aux ânes*, cardo borriquero. ‖ — Pl. Barda *ou* púas de hierro (garniture de mur).

chardonneret m. Jilguero (oiseau).

chardonnette ou **cardonnette** f. Bᴏᴛ. Alcaucí, *m*., alcaucil, *m*., alcachofa silvestre.

charentais, e adj. et s. De Charente. ‖ — F. Zapatilla de paño.

Charente n. pr. f. Gᴇ́ᴏɢʀ. Charente, *m*. [departamento francés].

Charente-Maritime n. pr. f. Gᴇ́ᴏɢʀ. Charente (*m*.) Marítimo [departamento francés].

Charenton n. pr. Gᴇ́ᴏɢʀ. Pueblo de los alrededores de París, donde hay un manicomio importante. ‖ Fᴀᴍ. *Bon pour Charenton*, bueno para ir a Leganés, loco, chiflado.
-- Oʙsᴇʀᴠ. L'équivalent espagnol employé familièrement est *Leganés*, village situé près de Madrid, où il y a également un asile d'aliénés.

charge f. Carga (poids). ‖ Carga (fardeau). ‖ Cargo, *m*. (emploi). ‖ Cargo, *m*. : *avoir quelqu'un à sa charge*, tener alguien a su cargo. ‖ Embestida (taureau). ‖ Broma (plaisanterie). ‖ Carga, gravamen, *m*. (impôt). ‖ Carga : *charges sociales*, cargas sociales. ‖ Mɪʟ. Carga (munition). ‖ Carga : *pas de charge*, paso de carga. ‖ Tᴇᴄʜɴ. Carga : *charge utile*, carga útil. ‖ Aʀᴛs. Caricatura. ‖ Dʀ. Cargo, *m*. : *témoin à charge*, testigo de cargo. ‖ — *Charge creuse*, carga hueca. ‖ *Charge d'âmes*, cargo de almas. ‖ *Charge de notaire*, notaría. ‖ *Charge électrique*, carga eléctrica. ‖ — *À charge de revanche*, en desquite. ‖ *À charge pour vous de*, a condición de que usted, siempre que usted. ‖ *Enfants à charge*, niños a su cargo. ‖ *Femme de charge*, criada de cuerpo de casa. ‖ *Prise en charge*, bajada de bandera (taxi). ‖ — *Avoir la charge de*, tener a cargo. ‖ *Être à charge*, ser gravoso *ou* molesto. ‖ *Être à la charge de*, correr a cargo de, de la cuenta de *ou* por la cuenta de, ser de la incumbencia de. ‖ *Mettre à la charge de quelqu'un*, echar la culpa a alguien. ‖ *Prendre à* o *en charge*, hacerse cargo de. ‖ *Revenir à la charge*, volver a la carga. ‖ *Sonner la charge*, tocar paso de ataque *ou* de carga.
— Oʙsᴇʀᴠ. *Charge* no implica forzosamente un esfuerzo y puede aplicarse a personas o cosas; *fardeau* supone esfuerzo del que lo lleva.

chargé, e adj. Cargado, da (d'un poids). ‖ Encargado, da (de faire quelque chose). ‖ Cargado, da (arme). ‖ Recargado, da (excessif). ‖ Mɪʟ. Atacado, da (soumis à une charge). ‖ — *Chargé d'affaires*, encargado de negocios. ‖ *Chargé de cours*, encargado de curso, sustituto de cátedra, profesor adjunto. ‖ *Chargé d'honneurs*, lleno de honores. ‖ *Lettre chargée*, carta de valores declarados. ‖ *Programme chargé*, programa apretado. ‖ *Temps chargé*, cielo encapotado, cubierto.

chargement m. Cargamento. ‖ Carga, *f*. (d'un four, d'une arme, etc.). ‖ Remesa (*f*.) de valores declarados (paquet). ‖ Carta (*f*.) de valores declarados (lettre).

charger* v. tr. Cargar : *charger un âne*, cargar un burro ; *charger une valise sur ses épaules*, cargar una maleta en los hombros. ‖ Gravar : *charger d'impôts*, gravar con impuestos. ‖ Cargar (arme, appareil photo) : *charger à balle*, cargar

con bala. ‖ Cargar (attaquer). ‖ Exagerar, recargar : *charger un rôle*, exagerar un papel (théâtre). ‖ Caricaturizar, ridiculizar. ‖ Embestir (taureau). ‖ DR. Declarar en contra : *charger un accusé*, declarar en contra de un reo. | Encargar : *charger un avocat d'une affaire*, encargar un pleito a un abogado. ‖ FIG. Cargar, llenar : *charger de malédictions*, cargar de maldiciones. | Pesar en : *un péché qui charge sa conscience*, un pecado que pesa en su conciencia. | Atiborrar, recargar (la mémoire).
— V. pr. Encargarse : *il s'est chargé de le prévenir*, se encargó de avisarle.

chargette f. Carga (de poudre). ‖ Máquina para cargar (armes).

chargeur, euse adj. et s. m. Cargador, ra.

chariot [ʃarjo] m. Carretilla, *f.*, vagoneta, *f.* (pour transporter) : *chariot élévateur*, carretilla elevadora. ‖ Tacataca, pollera, *f.* (d'enfant). ‖ Carro transbordador (chemin de fer). ‖ Carro (d'un tour, d'une machine à écrire, etc.). ‖ Travelling plataforma (*f.*) rodante (cinéma). ‖ — ASTR. *Chariot de David*, Carro, Osa Mayor. ‖ *Chariot de lancement*, carro de lanzamiento. ‖ *Chariot d'hôpital*, camilla de ruedas. ‖ *Petit Chariot*, Carro Menor, Osa Menor.

chariotage m. TECHN. Torneado, pasada, *f.*

charioter v. tr. TECHN. Cilindrar, tornear.

charisme [karism] m. Carisma.

charitable adj. Caritativo, va.

charité f. ● Caridad. ‖ Amabilidad, bondad (complaisance). ‖ — *Bureau de charité*, junta de beneficencia. ‖ *Charité bien ordonnée commence par soi-même*, la caridad bien entendida comienza por uno mismo. ‖ *Faire la charité*, dar limosna.
— SYN. ● *Bienfaisance*, beneficencia. *Générosité*, generosidad. *Humanité*, humanidad. *Philanthropie*, filantropía. *Altruisme*, altruismo.

charivari m. Cencerrada, *f.* ‖ Guirigay, jaleo (tapage).

charlatan m. Charlatán (imposteur). ‖ Sacamuelas (arracheur de dents); curandero ambulante (guérisseur). ‖ Matasanos (médecin ignorant).

charlatanerie f. Charlatanería.

charlatanesque adj. Charlatanesco, ca.

charlatanisme m. Charlatanismo.

Charlemagne n. pr. m. Carlomagno. ‖ *Faire Charlemagne*, alzarse en el juego con la ganancia sin ofrecer desquite.

Charles n. pr. m. Carlos : *Charles Quint*, Carlos Quinto.

charleston m. Charlestón (danse).

charlotte f. Carlota (dessert). ‖ Carlota (chapeau). ‖ *Charlotte russe*, plato de nata con bizcochos.

Charlotte n. pr. f. Carlota.

charmant, e adj. Encantador, ra. ‖ *Le Prince charmant*, el príncipe azul.
— SYN. *Séduisant*, seductor. *Ravissant*, arrebatador. *Enchanteur*, hechicero. *Ensorcelant*, embrujador, hechicero. *Captivant*, cautivador. *Fascinant*, fascinador.

charme m. ● Encanto : *rompre le charme*, romper el encanto; *subir le charme de quelqu'un*, estar bajo el encanto de alguien. ‖ Seducción, *f.* : *visite de charme*, visita de seducción. ‖ ● Encanto, hechizo (sortilège). ‖ Carpe, ojaranzo (arbre). ‖ — FAM. *Faire du charme*, coquetear. | *Jeter un charme*, hechizar. | *Se porter comme un charme*, estar más sano que una manzana. ‖ — Pl. Atractivos, encantos.
— SYN. ● *Grâce*, gracia. *Élégance*, elegancia. ◆ *Enchantement, incantation*, encantamiento. *Sortilège*, sortilegio. *Maléfice, envoûtement*, maleficio. *Sort*, mal de ojo. *Ensorcellement*, hechizo, embrujo.

charmer v. tr. ● Encantar : *charmer le regard*, encantar los ojos. ‖ Encantar : *charmé de vous voir*, encantado de verle. ‖ ◆ Fascinar : *le serpent charme les oiseaux*, la serpiente fascina a los pájaros. ‖ Aliviar, calmar (adoucir une peine). ‖ Hacer agradable, distraer, amenizar (les loisirs, etc.). ‖ Encantar (les serpents).
— SYN. ● *Enchanter*, encantar.
— ◆ *Ensorceler*, hechizar. *Séduire*, seducir. *Ravir*, embelesar, arrobar.

charmeur, euse adj. Encantador, ra.
— M. et f. Encantador, ra : *charmeur de serpents*, encantador de serpientes. ‖ Hipnotizador, ra. ‖ Persona (*f.*) encantadora.

charmille [ʃarmi:j] f. Cenador (*m.*) de arbustos, enramada.

charnel, elle adj. Carnal : *plaisirs charnels*, goces carnales.

charnier m. Osario (dépôt d'ossements). ‖ Montón de cadáveres (cadavres).

charnière f. TECHN. Bisagra, charnela. ‖ Punto (*m.*) de unión, eje, *m.*, centro, *m.* (point de jonction). ‖ Charnela (des mollusques). ‖ Fijasellos, *m.* (philatélie).

charnu, e adj. Carnoso, sa. ‖ Metido en carnes (personne).

charognard m. Buitre (vautour).

charogne f. Carroña.

Charon n. pr. m. Caronte.

charpentage [ʃarpɑ̃ta:ʒ] m. Armazón, *f.* (assemblage). ‖ Maderamen (des bois). ‖ Carpintería, *f.* (métier).

charpente f. Maderamen, *m.*, maderaje, *m.* (boiserie). ‖ Armadura, armazón (d'une maison). ‖ Armazón (squelette). ‖ FIG. Armazón, estructura (d'un ouvrage d'esprit). ‖ *Bois de charpente*, madera de construcción.

charpenté, e adj. Constituido, da (homme). ‖ Construido, da; estructurado, da (drame, etc.).

charpenter v. tr. Labrar la madera, escuadrar (le bois). ‖ FIG. Trazar el plan, estructurar.

charpenterie f. Carpintería de obra.

charpentier m. Carpintero de armar *ou* de obra (ouvrier). ‖ Contratista de armaduras (entrepreneur).
— OBSERV. Le *carpintero* est en espagnol le *menuisier*.

charpie f. Hilas, pl. (pour pansement). ‖ — *Viande en charpie*, carne hecha un estropajo, carne deshilachada. ‖ — *Mettre en charpie*, hacer añicos, hacer picadillo.

charrée f. Cernada (cendres). ‖ Residuos (*m. pl.*) de sosa bruta (engrais).

charretée [ʃarte] f. Carretada.

charretier, ère [ʃartje, jɛ:r] adj. et s. Carretero, ra : *jurer comme un charretier*, blasfemar como un carretero; *chemin charretier*, camino carretero. ‖ *Porte charretière*, puerta cochera.

charretin ou **charreton** m. Carreta (*f.*) pequeña sin adrales.

charrette f. Carreta. ‖ *Charrette à bras*, carretón [de mano].

charriable adj. Acarreable.

charriage m. Acarreo. ‖ GÉOGR. Deslizamiento; corrimiento (des terres).

charrier m. Cernadero (pour la lessive).

charrier* v. tr. Acarrear (transporter). ‖ Arrastrar (entraîner). ‖ POP. Pitorrearse de (se moquer).
— V. intr. POP. Exagerar, pasar los límites, pasarse de la raya.

charroi m. Acarreo (transport).

charron m. Carretero, carpintero de carros.

charronnage m. Carretería, *f.*

charronnerie f. Carretería.

charroyer* [ʃarwaje] v. tr. Acarrear.

charroyeur [-jœ:r] m. Carretero.

charrue [ʃary] f. Arado, m. ‖ — FIG. *Mettre la charrue devant les bœufs*, empezar la casa por el tejado. | *Tirer la charrue*, tirar del carro.

charrue-balance f. Arado (*m.*) de balancín.

charte f. Carta. ‖ — *École nationale des chartes*,

Escuela Nacional de Archiveros paleógrafos. ‖ — *Grande Charte*, Carta Magna.

charte-partie f. MAR. Contrato (*m.*) de flete.

charter m. « Charter », vuelo afretado.

chartil [ʃarti] m. Carro para las mieses (charrette). ‖ Cobertizo para carros (appentis).

chartiste m. Alumno de la Escuela Nacional de Archiveros paleógrafos [en Francia].

chartreuse f. Cartuja (couvent). ‖ FIG. Retiro, *m.* (retraite). ‖ Chartreuse (liqueur). ‖ (Vx). Casita de campo aislada.

chartreux m. Cartujo (religieux). ‖ Gato de pelo gris ceniciento (chat).

chartrier [ʃartrije] m. Cartulario, libro becerro (recueil de chartes). ‖ Archivero de las cartas en un convento (gardien). ‖ Archivo de cartas (local).

Charybde [karibd] n. pr. Caribdis. ‖ *Tomber de Charybde en Scylla*, salir de Málaga y entrar en Malagón, librarse de Caribdis y caer en Escila.

chas [ʃa] m. Ojo (d'une aiguille).

chasse f. Caza, cacería : *aller à la chasse*, ir de caza. ‖ Cacería : *chien de chasse*, perro de cacería. ‖ Cazadero, *m.*, coto (*m.*) de caza (lieu). ‖ Caza (gibier). ‖ Caza (aviation défensive). ‖ — *Chasse à courre*, montería. ‖ *Chasse au faucon*, cetrería, halconería. ‖ *Chasse aux chiens, au furet*, caza con perros, con hurón. ‖ *Chasse d'eau*, cisternilla, tanque, descarga de agua. ‖ *Chasse gardée* o *réservée*, vedado, coto reservado. ‖ *Ouverture de la chasse*, levantamiento de la veda. ‖ *Partie de chasse*, cacería. ‖ *Permis de chasse*, licencia *ou* permiso de caza. ‖ — FIG. *Donner o faire la chasse à*, dar caza a, perseguir. ‖ *Ouvrir la chasse*, levantar la veda. ‖ *Qui va à la chasse perd sa place*, quien va a Sevilla pierde su silla. ‖ *Tirer la chasse*, tirar de la cadena (chasse d'eau).

châsse f. Relicario, *m.* ‖ Montura (encadrement). ‖ Martillo (*m.*) de carretero, destajador, *m.* ‖ *Paré comme une châsse*, hecho un brazo de mar.

chassé m. Paso de danza consistente en mover un pie empujándolo con el otro.

chasse-clou m. TECHN. Punzón de clavo, botador de punta.

— OBSERV. Pl. *chasse-clous*.

chassé-croisé m. Cruzado (danse). ‖ FIG. Cambio de sitio, de empleo, etc., entre dos personas. | Situación (*f.*) de dos personas que se buscan sin encontrarse.

chasse-goupille ou **chasse-goupilles** m. TECHN. Sacaclavos.

chasselas [ʃasla] m. BOT. Uva (*f.*) albilla.

chasse-marée m. inv. Quechemarín, lugre (bâtiment côtier). ‖ (Vx). Carro de pescado (voiture).

chasse-mouches m. inv. Mosqueador (éventail). ‖ Espantamoscas (des chevaux). ‖ Mosquero (filet).

chasse-neige m. inv. Quitanieves (machine). ‖ Viento fuerte de invierno (vent).

chasse-pierres m. inv. Salvavidas, quitapiedras de locomotora.

chassepot [ʃaspo] m. Chassepot [fusil antiguo del ejército francés].

chasser v. tr. Cazar : *le chat chasse les souris*, el gato caza ratones ; *chasser la perdrix*, cazar perdices. ‖ ● Echar, expulsar : *chasser un locataire*, echar a un inquilino. ‖ Despedir : *chasser un domestique*, despedir a un criado. ‖ Desechar, ahuyentar, alejar : *chasser de tristes pensées*, desechar los malos pensamientos. ‖ Ahuyentar : *le feu chasse les bêtes sauvages*, el fuego ahuyenta las fieras. ‖ Sacar (un clou). ‖ Sustituir (remplacer). ‖ Disipar, despejar (une odeur). ‖ Disipar (le brouillard). ‖ Echar fuera (expulser). ‖ MAR. et AVIAT. Dar caza. ‖ — *Chasser la*

contagion, hacer desaparecer la posibilidad de contagio. ‖ *Chasser les mouches*, espantar las moscas. ‖ FIG. *Chasser sur les terres d'autrui*, meter la hoz en mies ajena.

— V. intr. Cazar. ‖ Patinar (une roue). ‖ Garrar (une ancre). ‖ Venir, soplar : *le vent chasse du Nord*, el viento viene del Norte.

— SYN. ● *Débusquer*, *déloger*, desalojar. *Expulser*, expulsar. *Refouler*, echar.

chasseresse f. Cazadora [forma poética de *chasseuse*] : *Diane chasseresse*, Diana cazadora.

chasse-roue ou **chasse-roues** m. Guardacantón, guardarruedas.

chasseur, euse m. et f. Cazador, ra. ‖ — M. Botones (domestique). ‖ Cazador : *chasseur d'autographes*, cazador de autógrafos. ‖ AVIAT. Avión de caza, caza. ‖ Piloto de caza. ‖ MAR. Cazador (bâtiment). ‖ MIL. Cazador : *chasseur alpin*, cazador de montaña.

chassie f. Legaña.

chassieux, euse adj. Legañoso, sa.

châssis [ʃɑsi] m. Bastidor. ‖ Bastidor (de tableau). ‖ Chasis (photographie, radio). ‖ Claraboya, *f.* (toiture vitrée). ‖ Contramarco (portes, fenêtres). ‖ AGRIC. Cajonera, *f.*, cama, *f.* ‖ AUTOM. Chasis, bastidor. ‖ IMPR. Rama, *f.* ‖ TECHN. Armazón, *f.* ‖ Caja (*f.*) de moldear (métallurgie). ‖ POP. Buen cuerpo. ‖ — *Châssis dormant*, bastidor fijo.

châssis-presse m. Prensa (*f.*) para copias.

chaste adj. Casto, ta.

— SYN. *Continent*, continente. *Pur*, puro. *Sage*, juicioso. *Vertueux*, virtuoso.

chasteté f. Castidad.

chasuble f. Casulla.

chasublerie f. Fabricación *ou* comercio (*m.*) de casullas.

chasublier m. Fabricante *ou* vendedor de casullas.

chat m. ZOOL. Gato. ‖ — *Chat angora*, gato de angora. ‖ *Chat de gouttière*, gato callejero. ‖ *Chat de mer*, mielga (poisson). ‖ *Chat musqué*, gato de algalia. ‖ *Chat perché* o *chat*, juego de muchachos en que se persiguen unos a otros, especie de pillapilla. ‖ *Chat sauvage*, gato montés. ‖ *Langue-de-chat*, lengua de gato (gâteau). ‖ *Le Chat botté*, el gato con botas. ‖ FAM. *Mon chat*, cariño. ‖ — *Acheter* o *vendre chat en poche*, comprar ou vender a ciegas. ‖ *Appeler un chat un chat*, llamar al pan pan y al vino vino. ‖ *Avoir un chat dans la gorge*, tener carraspera. ‖ *Chat échaudé craint l'eau froide*, gato escaldado del agua fría huye. ‖ *Donner sa langue au chat*, darse por vencido, rendirse. ‖ *Il ne faut pas réveiller le chat qui dort*, peor es meneallo. ‖ *Il n'y a pas de quoi fouetter un chat*, no es para tanto, no es cosa del otro mundo *ou* del otro jueves. ‖ *Il n'y a pas un chat*, no hay ni un gato *ou* ni un alma. ‖ *La nuit, tous les chats sont gris*, de noche todos los gatos son pardos. ‖ *Vivre comme chien et chat*, vivir como perros y gatos.

— SYN. *Matou*, gato. *Mimi*, micho, mizo. *Minet*, minino. *Raminagrobis*, micifuz.

châtaigne [ʃɑtɛɲ] f. Castaña (marron). ‖ Espejuelo, *m.* (chevaux). ‖ POP. Castaña, puñetazo, *m.* (coup de poing). ‖ — *Châtaigne d'eau*, castaña de agua. ‖ *Châtaigne de mer*, erizo de mar.

châtaigneraie f. Castañar, *m.*

châtaignier m. BOT. Castaño.

châtain, e adj. Castaño, ña : *cheveux châtains*, cabellos castaños.

— OBSERV. Se emplea el adjetivo masculino con un sustantivo femenino cuando va seguido por otro adjetivo que le modifica (une barbe *châtain foncé*).

chat-cervier m. Gato cerval.

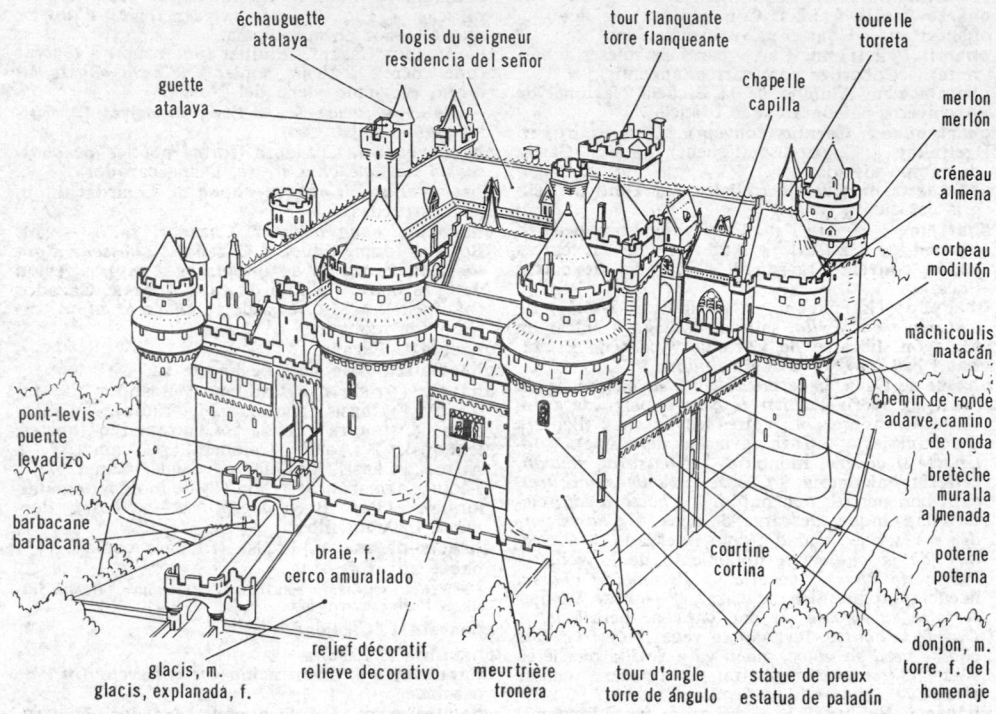

échauguette / atalaya

logis du seigneur / residencia del señor

tour flanquante / torre flanqueante

tourelle / torreta

guette / atalaya

chapelle / capilla

merlon / merlón

créneau / almena

corbeau / modillón

mâchicoulis / matacán

pont-levis / puente / levadizo

chemin de ronde / adarve, camino / de ronda

bretèche / muralla / almenada

barbacane / barbacana

braie, f. / cerco amurallado

courtine / cortina

poterne / poterna

glacis, m. / glacis, explanada, f.

relief décoratif / relieve decorativo

meurtrière / tronera

tour d'angle / torre de ángulo

statue de preux / estatua de paladín

donjon, m. / torre, f. del / homenaje

---

château m. ● Castillo (demeure fortifiée). ‖ Palacio (habitation royale ou seigneuriale). ‖ ◆ Quinta, f. (belle maison de campagne). ‖ MAR. Castillo. ‖ — *Château d'eau*, arca de agua. ‖ *Château de cartes*, castillo de naipes. ‖ *Château fort*, castillo, alcázar, fortaleza, f. ‖ *Faire des châteaux en Espagne*, hacer castillos en el aire. ‖ *Mener une vie de château*, llevar una vida de canónigo.
— SYN. ● *Castel*, castillejo. *Forteresse*, fortaleza. *Châtelet*, castillete.
— ◆ *Manoir*, casa solariega.

chateaubriand m. Solomillo de vaca asado.

châtelain, e [ʃɑtlɛ̃, ɛːn] m. et f. Castellano, na (d'un château fort). ‖ Dueño *ou* inquilino de una quinta lujosa (château moderne). ‖ — F. Cadena de señora de la que cuelgan varios dijes (chaîne de cou).

châtelet m. Castillete (petit château).

châtellenie f. Castellanía.

chat-huant [ʃaɥɑ̃] m. Autillo (oiseau).

châtier* v. tr. Castigar. ‖ FIG. Limar, pulir : *châtier son style*, pulir su estilo. ‖ *Qui aime bien châtie bien*, quien bien te quiere te hará llorar.

chatière f. Gatera (trou). ‖ Ventanillo (m.) de tejado, tragaluz, m., gatera (combles).

châtiment m. Castigo.

chatoiement [ʃatwamɑ̃] m. Viso, tornasol, cambiante.

chaton m. Gatito (petit chat). ‖ Engaste (d'une bague). ‖ Chatón (pierre sertie). ‖ Candelilla, f., amento (fleurs).

chatonner v. tr. Engastar.
— V. intr. Parir la gata. ‖ BOT. Echar candelillas.

chatouille [ʃatuːj] f. FAM. Cosquillas, pl. : *faire des chatouilles*, hacer cosquillas.

chatouillement m. Cosquillas, f. pl. (action). ‖

Cosquilleo (sensation). ‖ FIG. Sensación (f.) agradable

chatouiller v. tr. Cosquillear, hacer cosquillas. ‖ FAM. Excitar. ‖ FIG. Lisonjear : *chatouiller la vanité*, lisonjear la vanidad. ‖ Producir una sensación agradable (les sens). ‖ *Chatouiller l'amour-propre*, tocar el amor propio (taquiner), adular (flatter).

chatouilleux, euse adj. Cosquilloso, sa ; que tiene cosquillas. ‖ Quisquilloso, sa (susceptible).

chatoyant, e [ʃatwajɑ̃, ɑ̃ːt] adj. Tornasolado, da.

chatoyer* v. intr. Tornasolar, hacer tonos irisados. ‖ FIG. Brillar, atraer como un espejuelo.

châtré, e adj. et s. Castrado, da.
— SYN. *Castrat*, castrado. *Eunuque*, enuco. *Hongre*, castrado.

châtrer v. tr. Castrar, capar.

châtreur m. Castrador.

chatte f. ZOOL. Gata. ‖ FAM. *Ma chatte*, querida.

chattemite f. FIG. Mosquita muerta : *faire la chattemite*, hacerse la mosquita muerta.

chatterie [ʃatri] f. FAM. Golosina (friandise). ‖ Zalamería, arrumaco, m. (câlinerie).

chatterton m. ÉLECTR. Cinta (f.) aislante.

chat-tigre m. ZOOL. Ocelote.

chaud, e [ʃo, ʃoːd] adj. ● Caliente (eau, etc.) ‖ Caluroso, sa ; cálido, da (climat). ‖ Abrigado, da ; que abriga, de abrigo : *un manteau bien chaud*, un gabán que abriga mucho. ‖ FIG. Ardiente, apasionado, da ; caluroso, sa : *chaud partisan*, ardiente partidario. ‖ Caluroso, sa (chaleureux). ‖ Acalorado, da (discussion). ‖ FIG. y FAM. Fresquito, ta ; reciente, nuevo, va : *nouvelle toute chaude*, noticia fresquita. ‖ Angustioso, sa ; apremiante : *de chaudes alarmes*, alarmas angustiosas. ‖ Cálido, da : *voix, amitié chaude*, voz, amistad

cálida. | Caliente, vivo, va (coloris). | Salida, en
celo (femelles). ‖ — À chaudes larmes, a lágrima
viva. ‖ Avoir la tête chaude, ser impulsivo,
brusco. ‖ Il fait très chaud, hace mucho calor. ‖
Ne pas être chaud pour, no ser muy partidario
de. ‖ Tenir chaud, dar calor, abrigar. ‖ Vous avez
eu chaud, de buena se ha librado.
— M. Calor. ‖ — Chaud et froid, enfriamiento
(rhume). ‖ — Cela ne fait ni chaud ni froid, esto
no importa en lo más mínimo ou nada. ‖ Souffler le chaud et le froid, jugar a dos barajas. ‖
Tenir au chaud, mantener caliente.
— Adv. Caliente. ‖ — À chaud, en caliente : opérer un malade à chaud, operar a un enfermo en
caliente. ‖ Se tenir chaud, darse calor.
— SYN. ● Brûlant, quemante, quemando. Torride, tórrido. Ardent, ardiente, ardiendo. Bouillant, hirviente,
hirviendo. Chaleureux, calurosoo.

chaude f. Fogarata, lumbrarada (feu vif). ‖
TECHN. Calda (métaux). ‖ (Vx) À la chaude, en
seguida.
chaudeau m. Caldo caliente (bouillon). ‖ Ponche
de huevos (au lait et aux œufs).
chaudement adv. Con calor. ‖ FIG. Calurosamente, con ardor, vivamente. ‖ Se vêtir chaudement, vestirse con ropa de mucho abrigo.
chaud-froid m. Guisado de ave que se come
fiambre con gelatina ou mayonesa.
chaudière f. Caldera : chaudière à vapeur, caldera de vapor. ‖ Calderada (son contenu).
chaudron m. Caldero. ‖ FAM. Cascajo (mauvais
instrument).
chaudronnée f. Calderada.
chaudronnerie f. Calderería.
chaudronnier, ère m. et f. Calderero, ra.
chauffage m. Calentamiento, caldeamiento (action de chauffer). ‖ Calefacción, f. : chauffage
central, calefacción central. ‖ — Chauffage au
mazout, calefacción por fuel-oil. ‖ — Bois de
chauffage, leña.
chauffant, e adj. Que calienta. ‖ Couverture
chauffante, manta termógena.
chauffard [ʃofaːr] m. FAM. Chófer malo.
chauffe f. Fogón, m., hogar, m. (foyer). ‖ Calefacción, caldeo, m. : surface de chauffe, superficie
de caldeo. ‖ Destilación (distillation).
chauffe-assiettes m. inv. Calientaplatos.
chauffe-bain m. Calentador de baño.
— OBSERV. Pl. chauffe-bains.
chauffe-eau [ʃofo] m. inv. Calentador de agua.
chauffe-lit m. Calentador de cama.
chauffe-pieds m. inv. Calientapiés.
chauffe-plats m. inv. Calientaplatos.
chauffer v. tr. Calentar : chauffer un four, calentar un horno. ‖ FIG. Activar : chauffer une affaire,
activar un negocio. ‖ Preparar intensamente (un
élève). ‖ POP. Birlar (voler). ‖ Pescar (surprendre).
‖ Chauffer les oreilles à quelqu'un, calentar las
orejas a alguien.
— V. intr. Calentarse : le bain chauffe, el baño
se calienta. ‖ Prepararse a partir (vapeur, locomotive). ‖ FIG. et FAM. Animarse (s'animer).
— V. pr. Calentarse : se chauffer au soleil,
calentarse al sol.
chaufferette f. Calientapiés, m., estufilla, rejuela.
chaufferie f. Forja, fragua (d'une usine). ‖ MAR.
Sala de máquinas, sala de fogoneros, cuarto (m.)
de calderas.
chauffeur m. Fogonero (de machine à vapeur),
maquinista (de train). ‖ Chófer, conductor (d'automobile). ‖ Chauffeur de taxi, taxista.
chauffeuse f. Silla baja para sentarse junto al
fuego.
chauffoir m. Calefactorio.
chaufour m. Calera, f.
chaufournier m. Calero.

chaulage m. AGRIC. Encalado, encaladura, f.
chauler v. tr. Encalar (enduire de chaux). ‖ Abonar con cal (amender le sol).
chauleuse f. Máquina encaladora.
chaumard [ʃomaːr] m. MAR. Pasteca, f., guía, f.
chaume [ʃoːm] m. Caña (f.) de las gramíneas
(tige). ‖ Bálago (toit). ‖ Choza, f. (chaumière). ‖
AGRIC. Rastrojo (tiges coupées). | Rastrojera, f.
(champ).
chaumer v. tr. et intr. AGRIC. Rastrojar.
chaumière f. Choza.
chaumine f. Chamizo, m.
chaussant, e adj. Que calza bien (soulier).
chausse f. Manga (filtre). ‖ BLAS. Calza. ‖ — Pl.
Calzas (culottes), calzones, m. pl. ‖ — Bas de
chausses medias calzas. ‖ Hauts de chausses,
calzas atacadas. ‖ FAM. Tirer ses chausses, tomar
las de Villadiego.
chaussée f. Calzada (rue); piso, m., firme, m.
(route). ‖ Malecón (m.) de un río ou estanque
(levée). ‖ MAR. Bajío, m. ‖ — Chaussée glissante,
firme deslizante, suelo resbaladizo. ‖ Chaussée
rétrécie, estrechamiento de carretera.
chausse-pied [ʃospje] m. Calzador.
chausser v. tr. Calzar : je chausse du 37, calzo
el 37. ‖ Calarse (des lunettes) : le nez chaussé
de lunettes, con las gafas caladas en la nariz. ‖
Calzar (des pneus). ‖ AGRIC. Ajorcar, arrojar
(une plante).
— V. tr. et intr. Ir, sentar [un calzado].
— V. pr. Calzarse.
chausse-trape f. Trampa para alimañas (piège).
‖ FIG. Trampa, ardid, m. ‖ MIL. Abrojo, m.
— OBSERV. Pl. chausse-trapes.
chaussette f. Calcetín, m.
chausseur m. Zapatero.
chausson m. ● Zapatilla, f. ‖ Patín, escarpín (de
bébé). ‖ Combate a puntapiés (combat). ‖ Empanadilla, f. (pâtisserie).
— SYN. ● Pantoufle, pantufla. Mule, chinela. Babouche,
babucha. Savate, chancleta. Espadrille, alpargata.
chaussure f. Calzado, m. (industrie). ‖ ● Zapato,
m. : une paire de chaussures, un par de zapatos. ‖
— Chaussures à semelle compensée, zapatos
tanque. ‖ Chaussures montantes, botinas, botas. ‖
Trouver chaussure à son pied, hallar la horma de
su zapato.
— OBSERV. Calzado désigne la chaussure en général.
Une chaussure, des chaussures se traduisent par un zapato,
zapatos (souliers), una bota, botas (bottes), etc.
— SYN. ● Soulier, zapato. Sandale, sandalia. Botte,
bota. Bottine, botina. Brodequin, borceguí. Pop. Godillot,
godasse, croquenot, zapatón.

chaut [ʃo]. V. CHALOIR.
chauve adj. Calvo, va. ‖ — Le Mont Chauve, el
Monte Pelado. ‖ L'occasion est chauve, a la ocasión la pintan calva.
chauve-souris f. ZOOL. Murciélago, m.
chauvin, e adj. et s. Patriotero, ra; chauvinista
(gallicisme).
chauvinisme m. Patriotería, f., chauvinismo (gallicisme).
chauvir v. intr. Aguzar.
chaux [ʃo] f. Cal : chaux vive, éteinte, cal viva,
apagada. ‖ — Lait de chaux, lechada de cal. ‖
Pierre à chaux, caliza. ‖ — À chaux et à sable
o à ciment, a cal y canto. ‖
chavirement ou **chavirage** m. Vuelco (voiture). ‖
MAR. Vuelco, zozobra, f.
chavirer v. intr. Zozobrar (bateau). ‖ Volcar
(véhicule). ‖ Ponerse en blanco (les yeux). ‖ Dar
vueltas, tambalearse (chanceler). ‖ FIG. Trastornar (bouleverser). ‖ Son cœur chavira, le dio un
vuelco el corazón.
— V. tr. Trastornar, revolver.
chayote ou **chaïotte** [ʃajot] m. Chayote (fruit).

chébec ou **chebek** m. Jabeque (embarcation).
chèche m. Turbante.
chéchia [ʃeʃja] f. Fez (m.) de zuavo.
cheddite f. Chedita (explosif).
chef m. Cabeza, ʃ. (tête). ‖ ● Jefe : *chef d'Etat*, jefe de Estado. ‖ Jefe, cabeza, ʃ. : *chef de famille*, cabeza de familia. ‖ Caudillo. ‖ Fundador, jefe (fondateur). ‖ Jefe de cocina, cocinero principal (cuisinier). ‖ BLAS. Jefe. ‖ DR. Objeto principal, base, ʃ. (d'accusation). ‖ Capítulo, artículo (division). ‖ — *Chef de file*, gastador (soldat), dirigente, guía, mandamás (fam.). ‖ *Chef de gare*, jefe de estación. ‖ MIL. *Chef de pièce*, cabo de cañón. ‖ *Chef d'orchestre*, director de orquesta. ‖ *Rédacteur en chef*, redactor jefe. ‖ — *Au premier chef*, en primer lugar, antes que nada, en el más alto grado. ‖ *De son chef, de son propre chef*, de motu propio, de por sí, por autoridad propia. ‖ *En chef*, como jefe.
— SYN. ● *Commandant*, comandante. *Patron*, patrón. *Pop. Manitou*, mandamás.

chef-d'œuvre [ʃɛdœːvr] m. Obra (ʃ.) maestra.
— OBSERV. Pl. *chefs-d'œuvre*.

chefferie f. MIL. Mayoría de ingenieros.
chef-lieu [ʃɛfljø] m. Cabeza (ʃ.) de distrito (d'arrondissement) ou de partido (de canton). ‖ Capital (ʃ.) de un departamento (de département).
— OBSERV. Pl. *chefs-lieux*.

cheftaine f. Jefa de exploradores.
chegros [ʃegro] m. Cabo encerado.
cheik [ʃɛk] m. Jeque (chef arabe).
chéilite [keilit] f. Inflamación de los labios.
chéiroptère [keirɔptɛːr] ou **chiroptère** [kirɔptɛːr] m. ZOOL. Quiróptero.
chelem [ʃlɛm] m. Capote (jeux de cartes). ‖ Slam (bridge). ‖ *Être chelem*, no hacer baza.
chélidoine [kelidwan] f. BOT. Celidonia.
chelléen, enne [ʃeleɛ̃, ɛn] adj. et s. m. GÉOL. Chelense.
chéloniens [kelɔnjɛ̃] m. pl. Quelonios (tortues).
chemin m. Camino. ‖ — *Chemin battu*, camino frecuentado, camino trillado (routine). ‖ *Chemin creux*, cañada. ‖ *Chemin de croix*, vía crucis. ‖ *Chemin de fer*, ferrocarril. ‖ *Chemin de fer de ceinture*, ferrocarril de circunvalación. ‖ *Chemin de halage*, camino de sirga. ‖ *Chemin de roulement*, carril. ‖ *Chemin de table*, centro de mesa. ‖ *Chemin de traverse*, atajo. ‖ FIG. et FAM. *Chemin de velours*, senda florida, camino de rosas. ‖ *Chemin forestier*, senda de bosque. ‖ *Chemin muletier*, camino de herradura. ‖ *Chemin vicinal*, camino vecinal. ‖ *Grand chemin*, camino real. ‖ — *À mi-chemin*, a medio camino. ‖ *En chemin* o *chemin faisant*, de paso, de camino. ‖ — *Aller son chemin*, seguir su camino. ‖ *Aller son petit bonhomme de chemin*, ir por sus pasos contados, vivir sin pena ni gloria. ‖ *C'est sur mon chemin*, me pilla de camino. ‖ *Faire son chemin*, abrirse camino ou paso. ‖ *Gagner du chemin*, ganar terreno. ‖ *Ne pas y aller par quatre chemins*, no andarse con rodeos, ir al grano. ‖ *Passer son chemin*, seguir su camino. ‖ *Prendre le chemin des écoliers*, tomar el camino más largo. ‖ *Rebrousser chemin*, volverse atrás. ‖ *Remettre dans le droit chemin*, poner ou meter en cintura. ‖ *Se frayer* o *s'ouvrir un chemin*, abrirse camino ou paso. ‖ *Tous les chemins mènent à Rome*, todos los caminos van a Roma, por todas partes se va a Roma.
— SYN. *Allée*, alameda. *Avenue*, avenida. *Sentier*, sendero. *Piste*, pista. *Layon*, trocha.

chemineau m. Vagabundo.
cheminée f. Chimenea. ‖ Tubo, m. (lampes). ‖ Corredor (m.) angosto entre dos peñascos (rochers). ‖ Válvula (de parachute). ‖ — *Cheminée*

à hotte, chimenea de campana. ‖ *Cheminée à la prussienne*, chimenea estufa. ‖ *Cheminée d'appel*, chimenea de tiro.
cheminement m. Marcha, ʃ., progreso. ‖ Camino seguido por (de la pensée). ‖ MIL. Trabajo de zapa.
cheminer v. intr. Caminar. ‖ FIG. Progresar, avanzar. ‖ MIL. Aproximarse lentamente a las posiciones enemigas.
cheminot m. Ferroviario.
chemise f. ● Camisa (vêtement) : *chemise de nuit*, camisa de dormir. ‖ Carpeta, subcarpeta (dossier). ‖ MIL. Camisa (fortification). ‖ TECHN. Camisa (moteur). ‖ — *Chemise de mailles*, cota de malla. ‖ *Chemise longue*, camisón. ‖ — FAM. *S'en ficher* o *moquer comme de sa première chemise*, no importarle a uno un comino.
— SYN. ● *Chemisette*, camiseta. *Camisole*, blusa.

chemiser v. tr. TECHN. Revestir.
chemiserie f. Camisería.
chemisette f. Camiseta (d'homme), blusa (de femme). ‖ Pechera almidonada (plastron).
chemise-veste f. Playera.
chemisier, ère m. et f. Camisero, ra. ‖ — M. Blusa, ʃ. (de femme). ‖ *Robe chemisier*, traje camisero.
chênaie [ʃɛnɛ] f. Encinar, m.
chenal m. Caz de molino. ‖ MAR. Canal.
— OBSERV. Pl. *chenaux*.

chenapan m. Tuno, pillastre.
chêne m. BOT. Roble (rouvre). ‖ FIG. et FAM. Roble (homme vigoureux). ‖ — *Chêne des garrigues*, coscoja, carrasca. ‖ *Chêne vert*, encina (yeuse). ‖ *Petit chêne*, germandría.
chéneau m. ARCHIT. Canalón (d'un toit).
chêne-liège m. BOT. Alcornoque.
— OBSERV. Pl. *chênes-lièges*.

chenet m. Morillo (de cheminée).
chènevière ou **canebière** f. AGRIC. Cañamar, m.
chènevis m. Cañamón (grain de chanvre).
chènevotte f. Arista, agramiza (du chanvre).
chenil [ʃ(ə)ni] m. Perrera, ʃ. (des chiens). ‖ FIG. Pocilga, ʃ. (logement sale).
chenille [ʃəni:j] f. Oruga (larve de papillon). ‖ Felpilla (passement de soie veloutée). ‖ TECHN. Oruga (véhicules).
chenillé, e adj. Provisto de orugas.
chenillette f. Alacranera (plante). ‖ MIL. Automóvil (m.) oruga.
chénopode [kenɔpɔd] m. BOT. Quenopodio.
chénopodiacées f. pl. Quenopodiáceas.
chenu, e adj. Cano, na ; canoso, sa : *tête chenue*, cabeza cana. ‖ FIG. Blanco, ca (blanc). ‖ Nevado, da (couvert de neige).
cheptel [ʃɛptɛl ou ʃətɛl] m. Aparcería (ʃ.) de ganado (contrat). ‖ Riqueza (ʃ.) pecuaria, riqueza (ʃ.) ganadera, cabaña, ʃ. ‖ Ganado (bétail). ‖ — *Cheptel mort*, aperos de labranza dados en arriendo. ‖ *Cheptel vif*, bienes semovientes.
chèque m. Cheque : *faire un chèque*, extender un cheque. ‖ — *Chèque à ordre*, cheque nominativo. ‖ *Chèque au porteur*, cheque al portador. ‖ *Chèque barré*, cheque cruzado. ‖ *Chèque de voyage*, cheque de viaje ou de viajero. ‖ *Chèque postal*, cheque postal. ‖ *Chèque sans provision*, cheque sin fondos.
— OBSERV. En España no existen como en Francia cuentas corrientes en el servicio de correos, y por lo tanto, se desconocen los *chèques postaux*.

chéquier m. Talonario de cheques.
cher, ère adj. Caro, ra (en style soutenu). ‖ Querido, da (aimé) : *mon cher, ma chère*, querido, querida : *cher à sa famille*, querido por su familia. ‖ Caro, ra ; apreciado, da (précieux). ‖ Carero, ra ; caro, ra (qui vend cher). ‖ Caro, ra (d'un prix élevé). ‖ — *Cher Monsieur*, Estimado

señor (lettre). ‖ *Formule chère à,* fórmula tan querida por, tan del gusto de *ou* grata a. ‖ *Les désirs les plus chers,* los deseos entrañables. ‖ *Mon cher,* mi querido amigo. ‖ — Adv. Caro : *vendre cher,* vender caro. ‖ *Ne valoir pas cher,* no valer mucho.

Cherbourg n. pr. GÉOGR. Cherburgo.

chercher v. tr. Buscar : *chercher un mot,* buscar una palabra. ‖ Traer : *va me chercher ce livre,* ve a traerme ese libro. ‖ Llamar : *va chercher le médecin,* ve a llamar al médico. ‖ Recoger : *j'irai te chercher chez toi,* iré a recogerte a tu casa. ‖ Intentar recordar : *je cherche un nom,* intento recordar un nombre. ‖ FAM. Costar : *cela va chercher dans les 100 francs,* eso cuesta unos 100 francos. ‖ — *Chercher à,* procurar : *chercher à deviner,* procurar adivinar; esforzarse por : *chercher à plaire,* esforzarse por agradar. ‖ *Chercher la petite bête,* ser un chinche, buscarle pelos al huevo. ‖ *Chercher midi à quatorze heures,* buscar tres pies al gato. ‖ FAM. *Chercher quelqu'un,* buscar la boca a uno. ‖ FIG. *Chercher une aiguille dans une meule o botte de foin,* buscar una aguja en un pajar.

— OBSERV. Précédé des verbes *envoyer, aller ou venir, chercher* se traduit simplement en espagnol par la préposition *por* : *envoyer chercher du vin,* mandar por vino.

chercheur, euse m. et f. Buscador, ra (qui cherche quelque chose) : *chercheur de mines,* buscador de minas [*Amér.,* cateador]. ‖ Investigador, ra (dans le domaine scientifique).

chère f. Comida. ‖ — *Maigre chère,* mala comida. ‖ — *Aimer la bonne chère,* gustarle a uno comer bien. ‖ *Faire bonne chère,* darse un banquetazo.

chèrement adv. (Vx). Cariñosamente (avec tendressse). ‖ Caro, ra ; a alto precio : *vendre chèrement sa vie,* vender cara su vida.

chéri, e adj. et s. Querido, da.

— OBSERV. Sólo se utiliza entre personas unidas por el amor. No debe confundirse con *cher.*

chérif m. Jerife (prince arabe).

chérifien, enne adj. Jerifiano, na.

chérir v. tr. Querer [tiernamente] : *chérir ses enfants,* querer a sus hijos. ‖ Amar (avoir de l'attachement) : *chérir sa patrie,* amar a su patria.

Chéronée [kerone] n. pr. GÉOGR. Queronea.

cherry m. Aguardiente de cerezas.

— OBSERV. Ne pas confondre avec *sherry,* nom anglais du vin de Jerez.

Chersonèse [kɛrsɔnɛːz] n. pr. f. GÉOGR. Quersoneso.

cherté f. Alto (*m.*) precio, carestía.

— OBSERV. *Carestía,* en espagnol, a le sens de *prix élevé,* mais il est plus employé dans celui de *manque.*

chérubin m. Querubín.

chervis m. BOT. Escaravia, *f.,* chirivía (*f.*) de cuaresma.

chester m. Queso de Chester.

chétif, ive adj. Endeble, enclenque, escuchimizado, da : *enfant chétif,* niño enclenque. ‖ Pobre, escaso, sa : *récolte chétive,* cosecha escasa.

cheval m. ● Caballo. ‖ FIG. Caballo, espingarda, *f.* (grande femme). ‖ — *Cheval de bataille,* caballo de batalla. ‖ *Cheval de bois, d'arçons* o *cheval-arçons,* potro, potro con arzón. ‖ *Cheval de frise,* caballo de frisa. ‖ *Cheval de renfort,* encuarte. ‖ FAM. *Cheval de retour,* reincidente. ‖ *Cheval de selle,* caballo de silla *ou* de montar. ‖ *Cheval de trait,* caballo de tiro. ‖ *Cheval fondu,* paso. ‖ *Cheval hors d'âge,* caballo que ha cerrado. ‖ *Cheval-vapeur,* caballo de vapor. ‖ *Chevaux de bois,* caballitos, tiovivo (manège). ‖ *Une 11 chevaux,* un coche de once caballos. ‖ — *À cheval sur,* a horcajadas (à califourchon) ; entre. ‖ *De cheval,* muy fuerte (fièvre, remède). ‖ — *À che-*

val donné on ne regarde pas la bride, a caballo regalado no hay que mirarle el diente. ‖ *Être à cheval sur,* ser muy estricto respecto a. ‖ *Monter sur ses grands chevaux,* subirse a la parra. ‖ *Travailler comme un cheval,* trabajar como un mulo. ‖ *Troquer son cheval borgne contre un aveugle,* salir de Guatemala y meterse en Guatepeor.

— SYN. ● *Coursier,* corcel. *Palefroi,* palafrén. *Destrier,* caballo de batalla. *Poulain,* potro. *Roussin,* rocín. *Haridelle,* penco. *Rossinante,* rocinante. *Bidet,* jaca. *Rosse,* matalón. *Étalon,* semental. *Dada,* caballo (enfantin).

chevalement m. ARCHIT. Apeo, apuntalamiento. ‖ Armazón, *f.* (puits). ‖ *Tour de chevalement,* torre de extracción.

chevaler v. tr. ARCHIT. Apear, apuntalar.

chevaleresque [ʃəvalrɛsk] adj. Caballeresco, ca.

chevalerie [ʃəvalri] f. Caballería. ‖ *Chevalerie errante,* caballería andante.

chevalet m. Caballete (de peintre). ‖ Caballete (d'ouvrier). ‖ Tijera, *f.* (pour scier du bois). ‖ Potro (torture). ‖ IMPR. Chibalete. ‖ MUS. Puente (d'un instrument).

chevalier m. ● Caballero : *chevalier errant,* caballero andante. ‖ Chorlito (oiseau). ‖ — *Chevalier d'industrie,* caballero de industria, petardista. ‖ *Chevalier servant,* galán. ‖ *Le chevalier sans peur et sans reproche,* el caballero sin miedo y sin tacha.

— OBSERV. Le mot *caballero* désigne couramment un homme distingué, un « gentleman ». Aujourd'hui, il équivaut simplement à *monsieur.*

— SYN. ● *Preux,* hombre de pro, valiente. *Paladin,* paladín.

chevalière f. Sortija de sello (bague).

chevalin, e adj. Caballar, equino, na : *race chevaline,* raza caballar. ‖ Caballuno, na : *profil chevalin,* perfil caballuno. ‖ *Boucherie chevaline,* despacho de carne de caballo, carnicería hipofágica.

cheval-vapeur ou **cheval** m. Caballo de vapor : *11 chevaux-vapeur,* 11 caballos de vapor.

chevauchant, e adj. Que montan unos sobre otros.

chevauchée f. Cabalgada. ‖ Gran paseo (*m.*) a caballo. ‖ Distancia que puede recorrer una acémila sin pararse (bêtes de somme). ‖ Cabalgata. ‖ FIG. Desfile, *m.,* procesión.

chevauchement m. Imbricación, *f.,* traslapo (de deux objets). ‖ FIG. Conflicto, colisión, *f.*

chevaucher v. intr. Cabalgar (aller à cheval). ‖ TECHN. Montar, imbricar, traslapar.

— V. tr. Cabalgar, montar.

— V. pr. Superponerse, sobreponerse.

chevau-léger m. Jinete de la antigua caballería ligera francesa.

— OBSERV. Pl. *chevau-légers.*

chevêche f. Lechuza (chouette).

chevelu, e adj. Cabelludo, da : *cuir chevelu,* cuero cabelludo. ‖ De pelo abundante.

chevelure f. Cabellera. ‖ ASTRON. Cabellera, cola.

chevet m. Cabecera, *f.* (tête de lit). ‖ ARCHIT. Presbiterio (d'église).

chevêtre m. Cabestro (du cheval). ‖ Cabestrillo (bandage). ‖ CONSTR. Solera, *f.,* brochal.

cheveu m. Pelo, cabello. ‖ — *Cheveu blanc,* cana. ‖ *Faux cheveux,* cabellos postizos. ‖ — *À un cheveu de,* a punto de, a dos dedos de. ‖ *Comme un cheveu sur la soupe,* de un modo inoportuno. ‖ — *Avoir mal aux cheveux,* tener resaca. ‖ *Couper o fendre un cheveu o les cheveux en quatre,* hilar muy fino. ‖ *Échapper d'un cheveu,* librarse por los pelos. ‖ *Faire dresser les cheveux,* poner los cabellos *ou* los pelos de punta, erizar los pelos. ‖ *Il y a un cheveu,* hay un pelo. ‖ *Ne tenir qu'à un cheveu,* depender de un pelo, pender de un hilo. ‖ *Saisir l'occasion par les* o *aux cheveux*, agarrar la ocasión por los cabellos *ou* los pelos. ‖ *S'arracher les cheveux*, tirarse de los pelos, mesarse los cabellos. ‖ *Se faire couper les cheveux*, cortarse el pelo, pelarse. ‖ FAM. *Se faire des cheveux*, quemarse la sangre, preocuparse, inquietarse. ‖ *Se laver les cheveux* o *la tête*, lavarse la cabeza. ‖ *Se prendre aux cheveux*, agarrarse del moño, andar a la greña. ‖ FIG. *Tiré par les cheveux*, traído por los cabellos, rebuscado.

— OBSERV. Le mot le plus usité en espagnol est *pelo*, qui est un collectif traduisant le mot *cheveu* aussi bien au singulier qu'au pluriel. *Cabello* est moins employé dans le langage courant.

— SYN. *Chevelure*, cabellera. *Crinière*, melena. *Crins*, crines. *Perruque*, peluca. *Poil*, pelo, vello. *Tignasse*, greñas. *Toison*, greñas.

chevillard m. Carnicero al por mayor.

cheville f. Clavija (de métal ou de bois), tarugo, *m.* (de bois). ‖ ANAT. Tobillo, *m.*, espinilla. ‖ MAR. Cabilla. ‖ MUS. Clavija (instrument à cordes). ‖ POÉT. Ripio, *m.* ‖ — *Cheville à œillet*, cáncamo. ‖ *Cheville ouvrière*, clavija maestra; clave, alma (d'une entreprise). ‖ *Vers pleins de chevilles*, versos ripiosos. ‖ — *Ne pas arriver à la cheville de quelqu'un*, no llegarle a uno al tobillo *ou* a los talones *ou* a la suela del zapato. ‖ *Vendre à la cheville*, vender al por mayor carne cortada para el consumo.

cheviller v. tr. Enclavijar. ‖ POÉT. Llenar de ripios. ‖ *Avoir l'âme chevillée au corps*, tener siete vidas como los gatos.

chevillette f. Clavijilla.

chevillier m. MUS. Clavijero.

cheviot [ʃəvjo] m. ou **cheviotte** [-jɔt] f. Cheviot *m.* (tissu).

chèvre f. Cabra. ‖ TECHN. Cabria, trípode (*m.*) de carga (de levage). ‖ — *Chèvre sauvage*, cabra montés. ‖ *Ménager la chèvre et le chou*, saber nadar y guardar la ropa.

chevreau m. Cabrito, chivo (petit de la chèvre). ‖ Cabritilla, *f.* (peau).

chèvrefeuille m. BOT. Madreselva, *f.*

chèvre-pied adj. et s. m. POÉT. Caprípedo, da.

chevrette f. Corza (femelle du chevreuil). ‖ Cabrita, chiva (petite chèvre). ‖ Camarón, *m.* (crevette). ‖ Trébede (trépied pour casseroles).

chevreuil m. ZOOL. Corzo.

chevrier, ère m. et f. Cabrero, ra. ‖ — M. Especie de judía *ou* frijol.

chevron m. Espiga, *f.* espiguilla, *f.* : *tissu à chevrons*, tela de espiguillas. ‖ ARCHIT. Cabrio, cabio. ‖ BLAS. Cheurón. ‖ MIL. Galón de reenganche, sardineta, *f.* [en forma de V]. ‖ TECHN. *À chevrons*, en forma de ángulo.

chevronné, e adj. BLAS. Cheuronado, da. ‖ FAM. Veterano, na. ‖ FIG. Curtido, da (expérimenté).

chevronner v. tr. ARCHIT. Encabriar.

chevrotain m. Almizclero (animal).

chevrotant, e adj. Tembloroso, ra ; trémulo, la (voix).

chevrotement m. Temblor de la voz.

chevroter v. intr. ● Temblar la voz, hablar *ou* cantar con voz temblorosa (voix). ‖ Parir [la cabra] (mettre bas). ‖ Balar (le chevreau).

— SYN. ● *Trembler*, temblar. *Trembloter*, temblequear.

chevrotin m. Cabritilla, *f.* (peau). ‖ Queso de cabra (fromage). ‖ ZOOL. Almizclero (portemusc).

chevrotine f. Posta (plomb de chasse). ‖ *Volée de chevrotines*, perdigonada.

chewing-gum [tʃuwiŋgʌm] m. Chicle.

chez [ʃe] prép. En casa de (au domicile de) : *chez mon oncle*, en casa de mi tío. ‖ A casa de

(mouvement) : *il s'en va chez lui*, se va a su casa. ‖ A casa : *venez chez moi*, venga usted a mi casa. ‖ De casa de : *je sors de chez lui*, salgo de su casa. ‖ A : *aller chez le dentiste*, ir al dentista. ‖ En el país de, en tierra de (dans le pays de). ‖ Entre (parmi) : *chez les Espagnols*, entre los españoles. ‖ En : *chez les Anciens*, en la Antigüedad ; *c'est chez moi une habitude*, en mí es una costumbre. ‖ — *Chez moi, chez nous*, en mi casa, en nuestra casa, en casa. ‖ — *Avoir un chez-soi*, tener casa propia. ‖ FAM. *Bien de chez nous*, castizo, clásico.

chialer [ʃjale] v. intr. POP. Llorar.

chiasma m. ANAT. Quiasma.

chiasse [ʃjas] f. Cagada de insecto (excrément). ‖ TECHN. Escoria (scorie). ‖ POP. Canguelo, *m.* (peur).

chibouk m. ou **chibouque** f. Chibuquí, *m.* (pipe).

chic m. FAM. Facilidad, *f.* (adresse). ‖ Distinción, *f.*, elegancia, *f.*, buen tono, buen gusto.

-- OBSERV. L'espagnol emploie parfois le gallicisme *chic* dans le sens d'*élégance*.

— Adj. Elegante, distinguido, da ; chic : *des robes chics*, vestidos distinguidos. ‖ Bueno, na ; estupendo, da : *un chic type*, una buena persona. ‖ Simpático, ca ; generoso, sa. ‖ Agradable, cómodo, da.

— Interj. ¡Tanto mejor !, ¡qué bien ! ‖ *Chic alors !*, ¡estupendo !, ¡magnífico !

chicane f. ● Enredo, *m.*, lío, *m.* ‖ Sutileza, ardid, *m.* (ruse). ‖ Fallo, *m.* (cartes). ‖ FAM. Pleitos, *m. pl.* (procès) : *aimer la chicane*, ser aficionado a pleitos. ‖ MIL. Paso (*m.*) en zigzag, través, *m.* (retranchements, routes, canalisations, etc.). ‖ TECHN. Deflector, *m.*

— SYN. ● *Chicanerie*, trapacería. *Bisbille*, pelotera. *Tracasserie*, triquiñuela, trapisonda.

chicaneau m. V. CHICANEUR.

chicaner v. tr. et intr. Enredar, liar (embrouiller). ‖ Trapacear (dans un procès). ‖ FAM. Disputar con mala fe. ‖ Buscar tres pies al gato (critiquer). ‖ Dar pena (tourmenter). ‖ Regatear (marchander).

chicanerie f. Trapacería, trapicheo, *m.*, trapisonda.

chicaneur, euse ou **chicanier, ère** adj. et s. Lioso, sa ; trapacero, ra ; trapisondista. ‖ Pleitista (dans un procès). ‖ Quisquilloso, sa (pointilleux).

chiche adj. Tacaño, ña (avare). ‖ Parco, ca : *être chiche de compliments*, ser parco en cumplidos. ‖ Miserable : *une chiche récompense*, una recompensa miserable. ‖ *Pois chiche*, garbanzo.

— Interj. FAM. ¿A que no ?

— SYN. *Ladre*, roñoso. *Mesquin*, mezquino. *Parcimonieux*, parco. *Regardant*, mirado. *Serré*, agarrado. *Pingre*, roñica. *Sordide*, sórdido. *Pop. Radin, rat*, roñoso. *Rapiat*, piojoso. *Chien*, ruin.

chichi m. Cabellos (*pl.*) rizados postizos (cheveux). ‖ Alboroto (tapage). ‖ FAM. Cursilerías, *f. pl.*, melindres, *pl.*, carantoñas, *f. pl.* ‖ — *Faire des chichis*, hacer cursilerías, hacer dengues (faire des manières). ‖ *Faire du chichi*, hacer carantoñas (pour amadouer).

chichiteux, euse adj. Amanerado, da ; cursi, melindroso, sa.

chiclé m. Chicle (latex).

chicon m. Lechuga (*f.*) romana.

chicorée f. BOT. Achicoria. ‖ *Chicorée frisée*, escarola.

chicot m. ‖ Tocón (arbre cassé). ‖ FAM. Raigón (dent cassée).

chicotin m. Acíbar, tuera, *f.* : *amer comme chicotin*, amargo como el acíbar.

chien, enne m. et f. ● Perro, perra. ‖ — M. Atractivo, gancho, ángel, salero : *avoir du chien*, tener atractivo. ‖ FAM. Flequillo (frange) : *porter* *des chiens,* llevar un flequillo. ‖ Gatillo (d'une arme à feu). ‖ — *Chien couchant* o *d'arrêt,* perro de muestra. ‖ *Chien courant,* perro corredor. ‖ *Chien de berger,* perro ganadero. ‖ *Chien de garde,* perro guardián. ‖ *Chien de manchon,* perro faldero. ‖ *Chien de mer,* cazón (poisson). ‖ *Chien fou,* perro rabioso. ‖ *Chien méchant,* cuidado con el perro. ‖ *Chien qui rapporte,* perro que cobra. ‖ — *Coup de chien,* trance difícil. ‖ ASTR. *Grand Chien, Petit Chien,* Can Mayor, Can Menor. ‖ *Le chien du commissaire,* el secretario de un comisario de policía. ‖ *Rubrique des chiens écrasés,* sucesos, noticias diversas. ‖ — FAM. *Chien de..., chienne de,* perro, perra : *quelle chienne de vie!,* ¡qué vida más perra! ‖ *Comme un chien dans un jeu de quilles,* como los perros en misa. ‖ *De chien,* de perros, detestable *ou* muy malo. ‖ *Entre chien et loup,* entre dos luces, a boca de noche. ‖ *Nom d'un chien!,* ¡caray! ‖ — *Bon chien chasse de race,* de casta le viene al galgo el ser rabilargo. ‖ *Donner* o *jeter sa langue aux chiens,* renunciar a acertar algo, darse por vencido. ‖ *Être chien en affaires,* ser poco generoso, ser agarrado. ‖ *Être couché en chien de fusil,* estar acurrucado en la cama. ‖ *Être malade comme un chien,* estar más malo que los perros. ‖ *Je te promets un chien de ma chienne,* me las pagarás. ‖ POP. *Piquer un chien,* echar una siesta después de comer. ‖ *Se donner un mal de chien,* partirse en cuatro, matarse. ‖ *Se regarder en chiens de faïence,* mirarse de hito en hito y con hostilidad. ‖ *Vivre comme chien et chat,* vivir como perros y gatos.

— SYN. ● *Roquet, gozque. Toutou,* guauguau. *Cabot,* chucho. *Petit chien, chiot,* cachorro.

chiendent [ʃjɛ̃dɑ̃] m. BOT. Grama, *f.* ‖ FIG. et FAM. Intríngulis, dificultad, *f.* (difficulté).

chienlit [ʃjɑ̃li] m. et f. Cagalaolla (masque). ‖ *Crier à la chienlit,* dar vaya, correr a uno.

chien-loup m. Perro lobo.

chiennerie f. Jauría (chiens). ‖ Roñería (avarice). ‖ Perrada, perrería.

chier v. tr. et intr. POP. Cagar. ‖ POP. *Faire chier,* jorobar.

chiffe f. Trapo, *m.,* tela mala. ‖ *Mou comme une chiffe,* débil de carácter.

chiffon m. Trapo : *parler chiffons,* hablar de trapos. ‖ *Chiffon de papier,* papel mojado.

chiffonnage ou **chiffonnement** m. Arrugamiento.

chiffonné, e adj. Arrugado, da (étoffe, papier, etc.). ‖ *Visage chiffonné,* semblante agraciado (piquant), cara arrugada (ridé).

chiffonner v. tr. ● Arrugar. ‖ FAM. Molestar, fastidiar (ennuyer). ‖ Preocupar (tracasser). ‖ Ocuparse de trapos.

— V. intr. Recoger trapos viejos.

— SYN. ● *Friper,* ajar, chafar. *Froisser,* arrugar.

chiffonnier, ère m. et s. Trapero, ra. ‖ — M. Costurero, «chiffonnier» (meuble).

chiffrable adj. Calculable.

chiffrage m. Escritura (*f.*) cifrada, cifrado. ‖ COMM. Evaluación, *f.* ‖ MUS. Numeración, *f.*

chiffre m. Cifra, *f.,* número, guarismo (nombre). ‖ Cantidad, *f.* (quantité). ‖ Numeración, *f.* : *chiffres romains, arabes,* numeración romana, arábiga. ‖ Importe, total : *le chiffre des dépenses,* el importe de los gastos. ‖ Cifra, *f.* (écriture secrète). ‖ Servicio encargado de la correspondencia en escritura cifrada. ‖ Clave, *f.* (clé). ‖ Combinación (*f.*) de una caja de caudales (coffrefort). ‖ Inicial, *f.* ‖ Marca (*f.*) de iniciales (linge, etc.). ‖ — *Chiffre d'affaires, de ventes,* facturación, volumen de negocios, de ventas. ‖ *En chiffre rond,* en número redondo.

chiffré, e adj. MUS. *Basse chiffrée,* bajo cifrado.

chiffrement m. Cifrado, transcripción (*f.*) en cifras de un texto claro.

chiffrer v. tr. Cifrar (un message). ‖ Numerar (numéroter). ‖ Marcar (initiales). ‖ COMM. Cifrar, evaluar. ‖ FIG. Dar un número exacto de, evaluar (évaluer). ‖ MUS. Numerar.

— V. intr. Contar, calcular. ‖ FAM. Adquirir un valor importante, contar : *l'opération commence à chiffrer,* la operación va adquiriendo un valor importante.

chiffre-taxe m. Sobretasa, *f.,* sello de multa *ou* de franqueo deficiente.

chiffreur m. Calculador (calculateur). ‖ El que escribe en cifra (qui écrit des textes chiffrés).

chignole f. Taladradora de mano. ‖ FAM. Cacharro, *m.,* coche (*m.*) malo.

chignon m. Moño. ‖ FAM. *Se crêper le chignon,* agarrarse *ou* tirarse del moño.

chiite [ʃiit] adj. et s. Chiíta.

Chili n. pr. m. GÉOGR. Chile.

chilien, enne adj. et s. Chileno, na.

Chimène n. pr. f. Jimena.

chimère f. Quimera. ‖ *Se nourrir* o *se repaître de chimères,* hacerse ilusiones, vivir de quimeras.

chimérique adj. Quimérico, ca.

chimie f. Química : *chimie générale, minérale* o *inorganique, organique, biologique,* química general, mineral *ou* inorgánica, orgánica, biológica.

chimiothérapie [ʃimiɔterapi] f. MÉD. Quimioterapia.

chimique adj. Químico, ca.

chimisme m. BIOL. Quimismo.

chimiste m. et f. Químico, ca.

chimpanzé [ʃɛ̃pɑ̃ze] m. Chimpancé (singe).

chinage m. Teñido de un tejido en varios colores.

chinchilla [ʃɛ̃ʃila] m. Chinchilla, *f.* (rongeur, fourrure).

chine m. Papel de China. ‖ — F. Porcelana de China. ‖ Chamarileo, *m.*

Chine n. pr. f. GÉOGR. China.

chiné, e adj. Chiné [galicismo], de mezclilla, de varios colores. ‖ — M. Teñido de un tejido en varios colores.

chiner v. tr. Teñir un tejido en varios colores. ‖ POP. Criticar (critiquer), burlarse, chunguearse de tomar el pelo (se moquer).

— V. intr. Chamarilear.

chineur, euse m. et f. FAM. Chacotero, ra; chunguero, ra; burlón, ona (moqueur). ‖ POP. Chamarilero, ra (colporteur).

chinois, e adj. et s. Chino, na (de Chine). ‖ Chinesco, ca : *ombres chinoises,* sombras chinescas. ‖ FAM. Chino, na; raro, ra; complicado, da. ‖ Chinchoso, sa; pajolero, ra (pointilleux). ‖ — M. Chino (langue). ‖ Manga, *f.,* chino, colador de chino (passoire). ‖ FIG. *C'est du chinois,* es griego (incompréhensible).

chinoiserie f. Objeto *m.,* mueble (*m.*) chino *ou* chinesco. ‖ FIG. Medida complicada, engorro, *m.,* pejiguera (complication). ‖ Chismorrería, tabarra (contrariété).

chinure f. Calidad de la tela chiné.

Chio [kjo] n. pr. GÉOGR. Quío.

chiot [ʃjo] m. Cría (*f.*) del perro, cachorro.

chiottes f. pl. POP. Cagadero, *m. sing.*

chiourme f. Chusma (de galères).

— OBSERV. La palabra *chiourme* no tiene el sentido de populacho que posee el vocablo español *chusma.*

chip m. V. CHIPS.

chiper v. tr. FAM. Birlar, mangar.

chiperie f. Ratería, hurto, *m.*

chipeur, euse m. et f. FAM. Ladronzuelo, la; mangante, raterillo, lla.

chipie [ʃipi] f. FAM. Arpía, pécora.

chipolata f. Salchicha corta (saucisse). ‖ (P. us.). Encebollado, *m.* (ragoût).

chipotage m. Regateo (marchandage). ‖ Discusión (f.) por naderías.

chipoter v. intr. FAM. Comiscar (manger peu). ‖ FIG. Poner dificultades por naderías ou menudencias. ‖ Regatear (marchander).
— V. tr. Discutir mucho tiempo. ‖ Manosear (tripoter). ‖ FAM. Molestar (ennuyer).

chipoteur, euse ou **chipotier, ère** adj. et s. Molesto, ta. ‖ Regatón, ona (qui marchande).

chips [ʃips] m. pl. Patatas (f.) fritas a la inglesa.

chique f. Buyo, m., nigua (insecte). ‖ Mascada (de tabac). ‖ — FIG. et FAM. | Avaler sa chique, diñarla, hincar el pico (mourir). | Ça ne vaut pas une chique, eso no vale un pepino ou un comino. | Couper la chique à quelqu'un, interrumpir a uno, dejarle boquiabierto a uno. | Mou comme une chique, debilucho, sin sangre en las venas.

chiqué m. FAM. Afectación, f. ‖ Farol, tongo (bluff). ‖ — C'est du chiqué, es un puro camelo, un farol. ‖ Faire du chiqué, darse pisto ou aires.

chiquement adv. FAM. Elegantemente, muy « chic ».

chiquenaude [ʃiknoːd] f. Papirotazo, m., papirotada.
— SYN. Croquignole, capirotazo. (Vx) Nasarde, pulgarada [en las narices]. Pichenette, papirote.

chiquer v. tr. et intr. Mascar tabaco. ‖ POP. Manducar, jamar (manger).

chiqueur m. Mascador de tabaco.

chiragre f. MÉD. Quiragra.

chiromancie [kiromɑ̃si] f. Quiromancia.

chiromancien, enne [-sjɛ̃, jɛn] m. et f. Quiromántico, ca [Amér., palmista].

chiropracteur [kiropraktœːr] m. MÉD. Quiropráctico.

chiropractie ou **chiropraxie** [-praksi] f. MÉD. Quiropráctica.

chiroptères [kiroptɛːr] ou **chéiroptères** [keiroptɛːr] m. pl. ZOOL. Quirópteros.

chirurgical, e adj. Quirúrgico, ca.

chirurgie f. Cirugía.

chirurgien m. Cirujano.

chirurgien-dentiste m. Dentista, odontólogo.

chistera f. Cesta, chistera (pelote basque).

chitine [kitin] f. CHIM. Quitina.

chitineux, euse [-nø, øːz] adj. Quitinoso, sa.

chiton [kitɔ̃] m. Quitón.

chiure f. Cagada (de mouches).

chlamyde [klamid] f. Clámide (vêtement grec).

chleuh m. Dialectos (m. pl.) beréberes.

Chloé [kloe] n. pr. f. Cloé.

chloral [kloral] m. CHIM. Cloral.

chlorate [-rat] m. CHIM. Clorato (sel).

chlore [kloːr] m. CHIM. Cloro.

chloré, e [-re] adj. CHIM. Clorado, da.

chlorer [-re] v. tr. Clorurar.

chlorhydrate [kloridrat] m. CHIM. Clorhidrato (sel).

chlorhydrique [-drik] adj. CHIM. Clorhídrico, ca (acide).

chlorique [klorik] adj. m. CHIM. Clórico (acide).

chloroforme [kloroform] m. CHIM. Cloroformo.

chloroformer [-me] v. tr. Cloroformizar.

chloroformisation [-mizasjɔ̃] f. Cloroformización.

chlorométrie [klorometri] f. CHIM. Clorometría.

chlorophycées [klorofise] f. pl. Clorofíceas (algues vertes).

chlorophylle [klorofil] f. BOT. Clorofila.

chlorophyllien, enne [-ljɛ̃, jɛn] adj. Clorofílico, ca.

chloropicrine [kloropikrin] f. CHIM. Cloropicrina.

chloroplaste [kloroplast] m. BOT. Cloroplasto.

chlorose [kloroːz] f. MÉD. Clorosis.

chlorotique [klorotik] adj. et s. Clorótico, ca.

chlorure [kloryːr] m. CHIM. Cloruro.

chlorurer [-re] v. tr. Clorurar.

choc m. Choque : choc en retour, choque de rechazo. ‖ FIG. Conflicto : le choc des idées, el conflicto de las ideas. ‖ — MÉD. Choc opératoire, choque. ‖ Prix choc, precio de choque.

chocolat [ʃokola] m. Chocolate : tablette de chocolat, tableta de chocolate. ‖ Bombón : une boîte de chocolats, una caja de bombones. ‖ — Chocolat à croquer, chocolate para crudo. ‖ Chocolat à cuire, chocolate a la taza. ‖ FAM. Être chocolat, quedar a la luna de Valencia, quedar con dos palmos de narices.
— Adj. inv. De color de chocolate : ruban chocolat, cinta de color de chocolate.
— OBSERV. El chocolate francés se perfuma con vainilla. Como bebida se hace generalmente con leche.
— Le chocolat espagnol est parfumé à la canelle. Il se boit généralement délayé dans de l'eau et très épais.

chocolaté, e adj. Con chocolate.

chocolaterie f. Chocolatería.

chocolatier, ère adj. et s. Chocolatero, ra. ‖ — F. Chocolatera (récipient).

choéphore [koefɔːr] m. et f. Coéforo, ra.

chœur [kœːr] m. Coro (de chanteurs). ‖ Coro (partie de l'église). ‖ FIG. Coro. — Enfant de chœur, monaguillo. ‖ — Chanter en chœur, cantar a coro.

choir* v. intr. Caer. ‖ Fracasar (échouer). ‖ FAM. Laisser choir, abandonar.

choisi, e adj. Escogido, da; selecto, ta : société choisie, sociedad selecta. ‖ Morceaux choisis, trozos selectos ou escogidos, miscelánea.

choisir [ʃwaziːr] v. tr. ● Escoger : choisir un fruit, escoger una fruta. ‖ Elegir : choisir un ami, elegir a un amigo. ‖ De deux maux, il faut choisir le moindre, entre dos males hay que elegir el menor.
— OBSERV. Élire es menos general que elegir. Significa « escoger » oficial o administrativamente, o « nombrar » después de una elección. Faire choix implica una reflexión previa.
— Elegir a la même sens que escoger (choisir).
— SYN. ● Élire, faire choix, elegir. Opter, optar. Adopter, adoptar, prohijar (enfant). Jeter son dévolu, echar el ojo [a la vista].

choix [ʃwa] m. ● Elección, f. : le choix d'un métier, la elección de un oficio. ‖ Surtido (assortiment) : un choix de cravates, un surtido de corbatas. ‖ Alternativa, f., opción, f. : laisser le choix, dejar una alternativa. ‖ Selección, f. : un choix de livres, una selección de libros. ‖ — Au choix, a escoger. ‖ Au choix de, a elección de, al gusto de. ‖ Avancement au choix, ascenso por méritos. ‖ De choix, escogido, de primera calidad (article), destacado, da (place). ‖ De premier, de second choix, de primera, de segunda calidad. ‖ — Avoir le choix, tener donde escoger. ‖ Faire choix de, elegir, escoger. ‖ N'avoir que l'embarras du choix, no saber con cuál quedarse, tener donde escoger. ‖ Ne pas avoir le choix, no tener más remedio. ‖ Occuper une place de choix, ocupar un lugar preferente.
— SYN. ● Cooptation, cooptación. Élection, elección. Option, opción.

choke-bore [tʃukboːr] ou **choke** m. Estrangulamiento, choke-bore.

cholagogue [kolagog] adj. m. et s. m. MÉD. Colagogo.

cholécystectomie [kolesistɛktomi] f. MÉD. Colecistectomía, ablación de la vesícula biliar.

cholécystite [kolesistit] f. MÉD. Colecistitis, inflamación de la vesícula biliar.

cholécystographie [-sistografi] f. Colecistografía.

cholécystotomie [-sistotomi] f. MÉD. Colecistotomía.

cholédoque [kɔledɔk] adj. m. et s. m. Anat. Colédoco.

cholémie [kɔlemi] f. Méd. Colemia.

choléra [kɔlera] m. Cólera (maladie). ‖ Fam. Peste, *f.*, mala (*f.*) persona. ‖ *Choléra-morbus*, cólera morbo.

cholériforme [-rifɔrm] adj. Méd. Coleriforme.

cholérine [kɔlerin] f. Méd. Colerina.

cholérique [-rik] adj. et s. Méd. Colérico, ca.

cholestérol [kɔlɛsterɔl] m. ou **cholestérine** f. Anat. Colesterol (*m.*) ou colesterina, *f.*

choliambe [kɔljɑ̃:b] m. Poét. Coliambo.

choline [kɔlin] f. Colina.

cholurie [kɔlyri] f. Méd. Coluria.

chômable adj. De fiesta, festivo, va; feriado, da; de descanso.

chômage m. Paro, desempleo : *chômage saisonnier*, paro estacional. ‖ Descanso (repos).

chômé, e adj. De fiesta, festivo. ‖ Inhábil : *jour chômé*, día inhábil.

chômer v. intr. Estar en paro forzoso, estar parado (manquer de travail). ‖ Descansar (suspendre le travail). ‖ No funcionar (usine). ‖ Fam. Parar (de travailler) : *je n'ai pas chômé aujourd'hui!*, no he parado un momento hoy. ‖ Fig. Ser improductivo, no producir nada.
— V. tr. Guardar las fiestas.

chômeur, euse adj. et s. Parado, da; obrero en paro.

chondrine [kɔ̃drin] f. Anat. Condrina.

chondrome [kɔdro:m] m. Méd. Condroma.

chope f. Jarra de cerveza, bock, *m.*

choper v. tr. Pop. Coger, agarrar (une maladie). | Birlar, mangar (voler). ‖ Pop. *Je me suis fait choper*, me pescaron, me engancharon, me agarraron.

chopine f. Cuartillo, *m.* (mesure). ‖ Pop. Botella.

chopiner v. intr. Pop. Pimplar, beber, empinar el codo.

chopinette f. Fam. Botellita.

chopper v. intr. Tropezar.

choquant, e adj. Chocante.

choquer v. tr. Chocar, tropezar con ou contra (heurter). ‖ Chocar [disgustar]. ‖ Lastimar (la vue, l'oreille). ‖ Estar en contra de : *cela choque le bon sens*, esto está en contra del buen sentido. ‖ — *Choquer les verres*, entrechocar los vasos, brindar. ‖ *Je suis choqué*, me choca.

choral, e [kɔral] adj. Coral.
— F. Mus. Coral (groupe). ‖ M. Coral, *f.* (composition).
— Observ. El sustantivo masculino *choral* hace *chorals* en plural, mientras que el adjetivo masculino hace *choraux*.

chorée [kɔre] m. Coreo (poésie grecque). ‖ — F. Corea, baile (*m.*) de San Vito (maladie).

chorège [kɔrɛ:ʒ] m. Corega, corego.

chorégraphe [kɔregraf] m. Coreógrafo.

chorégraphie [-fi] f. Coreografía.

chorégraphique [-fik] adj. Coreográfico, ca.

choréique [kɔreik] adj. et s. Méd. Coreico, ca.

choriambe [kɔrjɑ̃:b] m. Coriambo (poésie).

chorion [kɔrjɔ̃] m. Anat. Corión (membrane de l'œuf).

choriste [kɔrist] m. Corista, vicetiple.

chorographie [kɔrografi] f. Corografía (description d'un pays).

choroïde [kɔrɔid] f. Coroides (membrane de l'œil).

chorus [kɔrys] m. Coro. ‖ *Faire chorus*, hacer coro.

chose f. Cosa : *les personnes et les choses*, las personas y las cosas. ‖ — *Grand-chose*, gran cosa. ‖ *La chose publique*, la cosa pública. ‖ *Pas grand-chose*, poca cosa. ‖ *Quelque chose*, algo. ‖ *Quelque chose de bon, de grand*, etc., algo bueno, grande, etc. ‖ *Un petit quelque chose*, una cosilla. (Observ. *Quelque chose* es masculino cuando significa *una cosa : quelque chose de nouveau*, algo nuevo. Es femenino cuando significa *cualquiera que sea la cosa : quelque chose qu'il ait faite*, haya hecho lo que haya hecho.) ‖ — *À peu de chose près*, aproximadamente, sobre, poco más o menos. ‖ *Avant toute chose*, antes que nada. ‖ *De deux choses l'une*, una de dos. ‖ *Entre une chose et l'autre*, entre pitos y flautas. ‖ — *Aller au fond des choses*, analizar ou estudiar a fondo. ‖ *À quelque chose malheur est bon*, no hay mal que por bien no venga. ‖ *Avoir quelque chose de*, tener ribetes de. ‖ *C'est une chose de dire que... et c'en est une autre...*, una cosa es que... y otra... ‖ *Chose promise, chose due*, lo prometido es deuda. ‖ *Dire bien des choses*, dar muchos recuerdos, decir muchas cosas. ‖ *Être la chose de quelqu'un*, ser el esclavo de alguien. ‖ Fam. *Être tout chose*, sentirse raro, no sentirse bien. ‖ *Il y a quelque chose comme*, hay unos, hay aproximadamente (environ). ‖ *Il y a quelque chose là-dessous*, hay gato encerrado. ‖ *Les choses étant ce qu'elles sont* o *étant donné l'état des choses*, tal (y) como están las cosas. ‖ *Y être pour quelque chose*, tener algo que ver. — *M. Fulano* (un tel). ‖ *Le Petit Chose*, Fulanito.

chott m. Lago salado, chott (en Afrique).

chou m. Col, *f.*, repollo, berza, *f.* (légume). ‖ Lazo de cintas, moña, *f.* (nœud). ‖ Petisú (pâtisserie). ‖ — *Chou de Bruxelles*, col de Bruselas. ‖ *Chou-palmiste*, palmito, palmiche. ‖ *Chou pommé* o *chou cabus*, repollo. ‖ *Chou-rave*, colinabo. ‖ *Chou rouge*, lombarda. ‖ — *Bête comme chou*, tonto de capirote (niais), tirado, da (facile). ‖ *Bout de chou*, niño, niña; pequeño, ña. ‖ Fig. *Feuille de chou*, periodicucho ou escrito malo. ‖ Fam. *Mon chou*, querido mío, amor mío. ‖ — *Aller planter ses choux*, retirarse al campo. ‖ *Envoyer planter ses choux*, mandar a paseo. ‖ *Être dans les choux*, estar entre los últimos (à la queue), haberle dado a uno un patatús (être évanoui). ‖ *Faire chou blanc*, errar el tiro, fracasar, quedarse chasqueado. ‖ *Faire ses choux gras d'une chose*, hacer sus delicias de una cosa (se régaler), sacar tajada ou provecho de una cosa (tirer profit). ‖ Fam. *Rentrer dans le chou de quelqu'un*, embestir ou dar una arremetida a alguien.
— Adj. Fam. Mono, na (joli). ‖ Encantador, ra (gentil).
— Observ. Pl. *choux*.

chouan [ʃwɑ̃] m. Chuán [insurrecto del oeste de Francia durante la Revolución Francesa].

chouannerie f. Sublevación de los chuanes.

choucas [ʃukɑ] m. Chova, *f.* (corneille).

chouchou, oute m. et f. Fam. Querido, da; preferido, da; ojo derecho. ‖ *Être le chouchou*, ser el ojito derecho.

chouchouter v. tr. Fam. Mimar (choyer).

choucroute f. Sauerkraut, choucroute [conserva de coles saladas y fermentadas].

chouette f. Lechuza (rapace).
— Adj. Pop. Bonito, ta; gracioso, sa (joli). | Estupendo, da; macanudo, da (formidable).
— Interj. Pop. ¡Estupendo!, ¡tanto mejor!, ¡qué gusto!, ¡qué bien!

chou-fleur m. Bot. Coliflor, *f.*
— Observ. Pl. *choux-fleurs*.

chouleur m. Techn. Cargadora, *f.*

chouque ou **chouquet** m. Mar. Tamborete.

chouriner v. tr. Pop. Acuchillar.

chourineur m. Pop. Asesino [que mata a cuchilladas].

choyer* [ʃwaje] v. tr. Mimar (câliner). ‖ Cuidar

(veiller). ‖ Fig. Acariciar : *choyer une idée*, acariciar una idea.

ohrême [krɛ:m] m. Ecclés. Crisma, *f.*

ohrémeau [kremo:] m. Capillo de cristianar.

chrestomathie [krɛstomati] f. Crestomatía.

chrétien, enne [kretjɛ̃, jɛn] adj. et s. Cristiano, na. ‖ Fam. *Parler un langage chrétien,* hablar como cristiano.

chrétienté [-tjɛ̃te] f. Cristiandad.

Christ [krist] m. Cristo. ‖ *Le Christ,* Cristo, Jesucristo.

christe-marine [krist(ə)marin] f. Bot. Hinojo (*m.*) marino.

Christian [kristjɑ̃] n. pr. m. Cristián.

Christiane [-tjan] n. pr. f. Cristiana.

christiania [kristjanja] m. Cristiania (ski).

christianiser [kristjanize] v. tr. Cristianizar.

— Observ. Le verbe espagnol *cristianar* signifie en français *baptiser.*

christianisme [-nism] m. Cristianismo.

Christine [kristin] n. pr. f. Cristina.

Christophe [kristɔf] n. pr. m. Cristóbal.

chromage [kroma:ʒ] m. Techn. Cromado.

chromate [kromat] m. Chim. Cromato.

chromatine [-tin] f. Biol. Cromatina.

chromatique [kromatik] adj. Cromático, ca.

chromatisme [kromatism] m. Phys. Cromatismo.

chrome [kro:m] m. Cromo (métal).

chromé, e [-me] adj. et s. m. Cromado.

chromer [-me] v. tr. Cromar (métaux).

chromique [-mik] adj. Crómico, ca (acide, sel).

chromiste [-mist] m. Impr. Retocador de fotograbado *ou* offset.

chromo [-mo] m. Cromo (impression en couleurs).

chromolithographie [kromolitɔgrafi] f. Cromolitografía.

chromolithographique [-fik] adj. Cromolitográfico, ca.

chromosome [kromozo:m] m. Biol. Cromosoma.

chromosphère [kromɔsfɛ:r] f. Astr. Cromosfera.

chromotypie [kromotipi] f. Cromotipia.

chromotypographie [-tipɔgrafi] f. Cromotipografía.

chronicité [krɔnisite] f. Cronicidad. ‖ Cronicismo (d'une maladie).

chronique [krɔnik] adj. et s. f. Crónico, ca.

chroniqueur [-kœ:r] m. Cronista.

chronographe [krɔnɔgraf] m. Cronógrafo.

chronologie [-lɔʒi] f. Cronología.

chronologique [-lɔʒik] adj. Cronológico, ca.

chronométrage [-metra:ʒ] m. Cronometraje.

chronomètre [-mɛtr] m. Cronómetro.

chronométrer* [-metre] v. tr. Cronometrar.

chronométreur [-metrœ:r] m. Cronometrador.

chronométrie [-metri] f. Cronometría.

chronométrique adj. Cronométrico, ca.

chrysalide [krizalid] f. Zool. Crisálida.

chrysanthème [krizɑ̃tɛ:m] m. Crisantemo (fleur).

chryséléphantin, e [krizelefɑ̃tɛ̃, in] adj. Criselefantino, na (d'or et d'ivoire).

chrysobéryl [krizɔberil] m. Crisoberilo (pierre fine).

chrysocale [krizɔkal] ou **chrysocalque** [-kalk] m. Crisocalco, similor (alliage doré).

chrysolithe [krizɔlit] f. Crisolita (pierre fine).

chrysomèle [krizɔmɛl] f. Crisomela (insecte).

chrysomélidés [-melide] m. pl. Zool. Crisomélidos.

chrysoprase [krizɔpraz] f. Crisoprasa, crisopacio, *m.* (calcédoine verte).

chrysostome [krizɔsto:m] adj. m. Crisóstomo.

chu, e p. p. de *choir.*

chuchotement m. Cuchicheo, murmullo.

chuchoter [ʃyʃɔte] v. tr. et intr. Cuchichear, bisbisear.

chuchoterie f. Cuchicheo, *m.*

chuchoteur, euse m. et f. Persona que cuchichea, murmurador, ra.

chuintant, e [ʃɥɛ̃tɑ̃, ɑ̃:t] adj. et s. f. Gramm. Sibilante, fricativa [sonido peculiar de la *j* y la *ch* en francés, de *sh* en inglés].

chuintement m. Sonido sibilante.

chuinter v. intr. Silbar (la chouette). ‖ Pronunciar las consonantes *s* o *j* con el sonido sibilante de la *ch* y *j* francesas.

chut! interj. ¡Chito!, ¡chitón!

chute f. Caída (d'un objet). ‖ Caída, pecado, *m.* : *la chute du premier homme,* la caída del primer hombre. ‖ ● Caída, hundimiento, derrumbamiento (d'un empire). ‖ Caída (des prix). ‖ Vertiente, pendiente (d'un toit). ‖ Cadencia (composition poétique). ‖ Recorte, *m.* (déchet). ‖ Méd. Descenso, *m.* (d'un organe). ‖ Mar. Caída (hauteur de la voile). ‖ Théâtr. Fracaso, *m.* (échec). ‖ — ◆ *Chute d'eau,* salto de agua. ‖ *Chute des feuilles,* deshoje, caída de las hojas. ‖ *Chute des reins,* rabadilla, parte inferior de la región lumbar. ‖ *Chute du jour,* caída de la tarde, atardecer. ‖ *Chute du rideau,* bajada del telón (théâtre). ‖ *Chute libre,* caída libre (parachutiste). ‖ *De chute,* de menos : *deux de chute,* dos de menos (bridge). ‖ *Faire une chute,* caerse.

— Syn. ● *Renversement,* derribo. *Ruine,* ruina.

— ◆ *Cascade,* cascada. *Cataracte,* catarata. *Saut,* salto.

chuter v. intr. Fam. Caerse. ‖ Fracasar (pièce de théâtre). ‖ Fig. Caer, salir mal.

— V. tr. Sisear, abuchear (un acteur).

chyle m. Biol. Quilo.

chylifère adj. Anat. Quilífero, ra.

chylification f. Biol. Quilificación.

chyme m. Biol. Quimo.

chymification f. Biol. Quimificación.

Chypre n. pr. Géogr. Chipre.

chypriote adj. et s. Chipriota.

ci adv. Aquí. ‖ Comm. Se emplea a veces en las cuentas delante del valor enunciado : *10 livres à 10 francs, ci... 100 francs,* 10 libros a 10 francos, hacen *ou* o sea *ou* igual a 100 francos. ‖ — *Ci-après,* a continuación. ‖ *Ci-contre,* al lado, en la página de al lado *ou* de enfrente. ‖ *Ci-dessous,* más abajo, más adelante. ‖ *Ci-dessus,* arriba indicado; anteriormente mencionado, susodicho, cha : *les mots ci-dessus,* las susodichas palabras; más arriba, antes : *vous trouverez ci-dessus,* encontrará más arriba. ‖ *Ci-devant,* antes (avant), ex : *un ci-devant noble,* un ex noble. ‖ *Ci-gît,* aquí yace. ‖ *Ci-présent,* aquí presente. ‖ *Par-ci, par-là,* por aquí y por allí.

— Pron. démonstr. Esto : *ci et ça,* esto y aquello.

— Observ. El adverbio *ci* se usa sobre todo con los sustantivos precedidos de *ce, cet, cette, ceux* o con un pronombre demostrativo : *ce livre-ci,* este libro; *ces femmes-ci,* estas mujeres; *celui-ci,* éste; *ceux-ci,* éstos; *ceci,* esto.

cible f. Blanco, *m.* : *tirer à la cible,* tirar al blanco; *atteindre la cible,* dar en el blanco.

ciboire m. Copón (vase sacré).

ciborium [sibɔrjɔm] m. Ciborio.

ciboule f. Bot. Cebollino, *m.*

ciboulette f. Bot. Cebolleta.

ciboulot [sibulo] m. Pop. Chola (tête).

cicadidés m. pl. Cicádidos (insectes).

cicatrice f. Cicatriz (sens propre et figuré).

— Syn. *Balafre,* costurón. *Stigmate,* estigma.

cicatriciel, elle adj. Cicatrizal.

cicatricule f. Cicatrícula, galladura (de l'œuf).

cicatrisable adj. Cicatrizable.

cicatrisant, e adj. et s. Cicatrizante.

cicatrisation f. Cicatrización.

cicatriser v. tr. Cicatrizar.
— V. pr. Cicatrizarse.
cicéro m. IMPR. Cícero.
cicérone m. Cicerone, guía.
cicéronien, enne adj. Ciceroniano, na.
cicindèle [sisɛ̃dɛl] f. Cicindela (insecte).
cicutine f. Sicutina.
cidre m. Sidra, f.
— OBSERV. Le mot espagnol *cidra* signifie « cédrat ».
cidrerie f. Fábrica de sidra, sidrería.
ciel m. Cielo. ‖ — *Ciel de lit*, dosel. ‖ — *À ciel
ouvert*, a cielo abierto (mines). ‖ *Grâce au ciel*,
gracias a Dios. ‖ — *Aide-toi, le ciel t'aidera*, a
Dios rogando y con el mazo dando. ‖ *Élever au
ciel*, poner por las nubes *ou* en los cuernos de la
luna. ‖ *Être au septième ciel*, estar en el séptimo
cielo. ‖ *Être suspendu entre ciel et terre*, quedarse colgado en el aire. ‖ *Remuer ciel et terre*,
no dejar piedra por mover, revolver Roma con
Santiago. ‖ *Tombé du ciel*, llovido del cielo (arrivé
à propos), caído de un nido (très surpris). ‖ *Voir
les cieux ouverts*, ver el cielo abierto.
— Adj. *Bleu ciel*, celeste.
— Interj. ¡Cielos! ‖ *Au nom du ciel!*, ¡por Dios!
— OBSERV. Pl. *cieux*, excepto en algunas expresiones
como *ciels de lit, de carrière*, en términos de pintura, y
cuando tiene el sentido de *climat* : les *ciels* brûlants des
tropiques.
— SYN. *Firmament*, firmamento. *Paradis*, paraíso.
Olympe, Olimpo. *Empyrée*, Empíreo. *Champs Elysées*,
Campos Elíseos. *Walhalla*, Walhala. *Eden*, edén.
cierge m. Cirio : *cierge pascal*, cirio pascual. ‖
BOT. Cirio. ‖ — *Être droit comme un cierge*, ser
más derecho que un palo *ou* una vela. ‖ *Il lui
doit un beau cierge*, le debe estar muy agradecido,
le libró de buena.
C. I. F., abrev. del inglés *cost, insurance, freight*.
‖ COMM. Voir C. A. F.
cigale f. ZOOL. Cigarra, chicharra.
cigalière f. Sitio (*m*.) donde abundan las cigarras.
cigare m. Cigarro puro, puro.
— OBSERV. *Cigarro* en espagnol désigne très souvent
une *cigarette* et *cigarro* se traduit par *puro*.
cigarette f. Cigarrillo, *m*., cigarro, *m*. : *cigarette
filtre*, cigarrillo con filtro *ou* emboquillado. ‖ *Rouler une cigarette*, liar un pitillo.
cigarière f. Cigarrera.
cigogne f. Cigüeña (oiseau). ‖ TECHN. Cigüeña,
manubrio, *m*. (levier coudé).
cigogneau m. ZOOL. Cigoñino.
ciguë f. BOT. Cicuta. ‖ *Petite ciguë*, cicuta menor.
ci-inclus, e adj. Incluso, sa.
— Adv. Incluso.
— OBSERV. En francés, *ci-inclus, ci-joint*, son invariables cuando empiezan la frase : *ci-inclus ma facture*,
inclusa mi factura ; *ci-joint les deux lettres*, adjuntas
ambas cartas.
ci-joint, e [siʒwɛ̃, ɛ:t] adj. Adjunto, ta.
— Adv. Adjunto.
— SYN. *Ci-annexe*, anejo. *Ci-inclus*, incluso.
cil m. Pestaña, f. ‖ *Cils vibratiles*, cilios vibrátiles.
— OBSERV. *Ceja*, de même étymologie, est la traduction
du mot français *sourcil*.
ciliaire adj. ANAT. Ciliar.
cilice m. Cilicio.
Cilicie n. pr. f. GÉOGR. Cilicia.
cilié, e adj. et s. m. Ciliado, da.
cillement [sijmɑ̃] m. Parpadeo.
ciller [sije] v. tr. et intr. Parpadear, pestañear. ‖
FAM. *Personne n'ose ciller devant lui*, nadie se
atreve a chistar con él.
cimaise f. ARCHIT. Gola, cimacio, *m*.
cimbrique adj. HIST. Címbrico, ca.
cime f. Cima, cúspide.
ciment m. Cemento. ‖ Cemento, argamasa, f.,

hormigón (mortier). ‖ *Ciment armé*, cemento *ou*
hormigón armado.
— OBSERV. Le mot espagnol *cimientos* désigne les fondations d'un édifice.
cimenter v. tr. Cementar. ‖ FIG. Cimentar, afirmar : *cimenter la paix*, cimentar la paz.
cimenterie f. Fábrica de cemento.
cimentier m. Cementista (fabricant). ‖ Cementador (ouvrier).
cimeterre m. Alfanje (sabre arabe), cimitarra, f.
(sabre turc).
cimetière m. Cementerio, camposanto.
— SYN. *Nécropole*, necrópolis. *Columbarium*, columbario.
Ossuaire, osario. *Catacombes*, catacumbas. *Crypte*, cripta.
(*Vx*) *Charnier*, osario. *Champ de repos*, última morada.
cimier m. Cimera, f. (du casque).
cinabre m. MIN. Cinabrio.
ciné m. FAM. Cine.
cinéaste m. Cineasta.
ciné-club [sineklœb] m. Cine-club.
— OBSERV. Pl. *Ciné-clubs*.
cinégraphique adj. Cinematográfico, ca.
cinéma m. Cine : *cinéma muet, parlant*, cine
mudo, sonoro. ‖ FIG. *Faire du cinéma*, hacer
teatro.
Cinémascope m. (nom déposé). Cinemascope.
cinémathèque f. Cinemateca.
cinématique f. Cinemática.
cinématographe m. Cinematógrafo.
cinématographie f. Cinematografía.
cinématographier v. tr. Cinematografiar.
— SYN. *Filmer*, filmar. *Tourner*, rodar.
cinématographique adj. Cinematográfico, ca.
cinémitrailleuse f. MIL. Cámara cinematográfica adaptada a la ametralladora de un avión.
cinéphile m. et f. Amante del cine.
cinéraire adj. Cinerario, ria.
— F. BOT. Cineraria. ‖ — M. Urna (f.) cineraria.
ciné-roman m. Novela (f.) cinematográfica.
cinétique adj. et s. f. Cinético, ca.
cingalais, e *ou* **cinghalais, e** adj. et s. Cingalés,
esa.
cinglage m. MAR. Singladura, f.
cinglant, e adj. Mordaz, áspero, ra : *un ton ain
glant*, un tono áspero. ‖ Azotador, ra (pluie, vent).
cinglé, e adj. et s. POP. Chiflado, da ; guillado, da.
cingler v. intr. MAR. Singlar.
— V. tr. Cimbrar, cruzar (fouetter). ‖ FIG. Azotar (pluie, neige). ‖ TECHN. Forjar (le fer).
cinglon m. Azote, cintarazo.
cinnamique adj. m. CHIM. Cinámico.
cinnamome m. BOT. Cinamomo.
cinq [sɛ̃:k, sɛ̃] adj. et s. m. Cinco. ‖ Quinto, ta
(cinquième) : *Alphonse V*, Alfonso V (quinto). ‖
— *Cinq cents*, quinientos, tas. ‖ *En cinq sec*, en
un dos por tres. ‖ *Il est cinq heures*, son las cinco.
‖ FAM. *Il était moins cinq*, por poco.
cinquantaine f. Cincuentena. ‖ Los cincuenta :
friser la cinquantaine, andar por *ou* frisar en
los cincuenta.
cinquante adj. et s. m. inv. Cincuenta.
cinquantenaire [sɛ̃kɑ̃tnɛ:r] m. et f. Cincuentón, ona (qui a 50 ans). ‖ — M. Cincuentenario
(anniversaire).
cinquantième adj. et s. Quincuagésimo, ma.
cinquième adj. et s. Quinto, ta.
cinquièmement adv. En quinto lugar.
cintrage m. Cimbreo, combadura, f.
cintre m. Cimbra, f., cintra, f. (surface intérieure
d'un arc). ‖ Telar (théâtre). ‖ Percha, f. (pour
habits). ‖ — *Cintre de charpente*, cimbra. ‖
Cintre surhaussé, surbaissé, cimbra peraltada,
rebajada. ‖ *Plein cintre*, medio punto.
cintré, e adj. Cimbrado, da (incurvé). ‖ Ceñido,
da ; entallado, da (une veste). ‖ POP. Chalado, da ;
chiflado, da ; guillado, da.

I. Généralités. — Generalidades.

cinématographie	cinematografía
cinématographe	cinematógrafo
industrie cinématographique	industria cinematográfica
microcinématographie	microcinematografía
séance de cinéma	sesión de cine
salle de cinéma	sala de cine

II. Différents films. — Películas diversas.

film (m.) muet	película (f.) muda
— sonore, parlant	— sonora, hablada
— en couleurs	— en color
documentaire	documental
dessin animé	dibujo animado
actualités, f. pl.	noticiario, m.
grand film, m.	película, f.
court métrage	cortometraje
western	película del Oeste, western
bande publicitaire	película publicitaria
remake	nueva versión
film- (o) bande-annonce	avance, trailer

III. Technique du film. — Técnica de la película.

prise de vues	toma de vistas
prise (f.) de son	registro m., grabación, toma de sonido
découpage	repartición en planos
extérieurs	exteriores
tournage	rodaje
gros plan	primer plano
panoramique, m.	panorámica f.
caméra	cámara
objectif	objetivo
pellicule	película
éclairage (m.) uniforme	iluminación (f.) uniforme
projecteur	proyector
ralenti, m.	cámara lenta, f.
accéléré	acelerado
mixage, m.	mezcla
truquages	efectos especiales, trucajes
postsynchronisation	doblaje

négatif du film	negativo de la película
plateau	plató
studio	estudio
séquence	secuencia
écran, m.	pantalla, f.
Cinémascope	Cinemascope

IV. Techniciens du film. — Técnicos de la película.

producteur	productor
directeur de production	director de producción
réalisateur	realizador
metteur en scène	director ; realizador
assistant	ayudante
ingénieur du son	ingeniero de sonido
scénario	guión
scénariste	guionista
cameraman	operador, cámara
script-girl	script-girl, secretaria de rodaje
accessoiriste	attrezzista
maquilleur	maquillador
cinéaste	cineasta
vedette, star	estrella

V. Distribution des films. Distribución de las películas.

exploitant	exhibidor
générique, m.	ficha (f.) técnica, presentación, f.
distribution des acteurs	reparto, m.
interdit aux moins de seize ans	prohibido a los menores de dieciséis años
ciné-club	cine-club
salle d'exclusivité	sala de estreno
cinémathèque	cinemateca
censure	censura
cotation des films	clasificación de las películas
pour tous	tolerada para menores
pour adultes	para mayores
pour spectateurs avertis	para mayores con reparos
à déconseiller	no recomendable
à proscrire	gravemente peligrosa
festival du cinéma	festival del cine

cintrer v. tr. Cimbrar, cintrar (une voûte). ‖ Combar (le bois). ‖ Entallar, ajustar, ceñir (une veste).

cintreuse f. TECHN. Curvadora.

cipaye [sipaj] m. Cipayo (soldat indien).

cipolin m. Cipolino (marbre).

cippe m. Cipo (stèle).

cirage m. Enceramiento (des parquets). ‖ Betún, crema (f.) para el calzado (produit). ‖ Limpieza del calzado (des chaussures). ‖ FIG. et POP. Être dans le cirage, estar achispado (ivre), estar atontolinado (abasourdi).

circaète m. Circaeto (sorte d'aigle).

Circassie n. pr. f. GÉOGR. Circasia.

circassien, enne adj. et s. Circasiano, na.

Circé n. pr. f. Circé.

circoncire* v. tr. Circuncidar.

circoncis, e adj. et s. m. Circunciso, sa.

circoncision f. Circuncisión.

circonférence f. Circunferencia.

circonflexe [sirkɔ̃flɛks] adj. et s. m. Circunflejo, ja.

circonlocution f. Circunloquio, m. ‖ Rodeo, m. (détour).

circonscription f. Circunscripción.

circonscrire* v. tr. Circunscribir : circonscrire un polygone, circunscribir un polígono. ‖ Delimitar : circonscrire un sujet, delimitar un tema. ‖ Localizar : circonscrire une maladie, localizar una enfermedad. ‖ Limitar (limiter).

circonscrit, e adj. Circunscrito, ta.

circonspect, e [sirkɔ̃spɛ, ɛkt] adj. Circunspecto, ta.

circonspection f. Circunspección.
— SYN. Discrétion, discreción. Quant-à-soi, reserva. Réserve, reserva. Retenue, recato, comedimiento. Réticence, reticencia.

circonstance f. Circunstancia : se plier aux circonstances, adaptarse a las circunstancias. ‖ — DR. Circonstances aggravantes, atténuantes, circunstancias agravantes, atenuantes. ‖ Pour la circonstance, en esta circunstancia, con este motivo, por esta ocasión.

circonstancié, e adj. Circunstanciado, da. ‖ Detallado, da ; con todos detalles.

circonstanciel, elle adj. Circunstancial.

circonstancier* v. tr. Referir las circunstancias de.

circonvallation f. Circunvalación.

circonvenir* v. tr. Embaucar, engañar con artificios. ‖ Delimitar (cerner). ‖ Rodear (entourer).

circonvoisin, e [sirkɔ̃vwazɛ̃, in] adj. Circunvecino, na.

circonvolution f. Circonvolución. ‖ FIG. Rodeo, m. (détour). ‖ — Pl. ANAT. Circonvolutions cérébrales, circunvoluciones cerebrales.

circuit [sirkɥi] m. Circuito. ‖ — AUTOM. Circuit scellé, circuito precintado. ‖ Court-circuit, cortocircuito. ‖ POP. Être dans le circuit, estar en el ajo. ‖ Mettre hors circuit, dejar fuera.

circulaire adj. et s. f. Circular.

circulant, e adj. Circulante.

circulation f. Circulación (du sang). ‖ Circulación, tráfico, m. (de véhicules). ‖ Circulation routière, circulación rodada ou tránsito rodado.

circulatoire adj. Circulatorio, ria.

circuler v. intr. Circular : le sang circule dans

les veines, la sangre circula por las venas. ‖
Circular, propagarse : *une nouvelle qui circule,*
una noticia que circula.

circumnavigation [sirkɔmnavigasjɔ̃] f. Circunnavegación.

circumpolaire [-pɔlɛ:r] adj. Circumpolar.

cire f. Cera : *cire vierge,* cera virgen. ‖ Cerumen,
m. (des oreilles). ‖ *Cire à cacheter,* lacre.

ciré, e adj. Encerado, da (enduit de cire). ‖ Embe-
tunado, da ; lustrado, da (chaussures). ‖ *Toile
cirée,* hule.
— M. Impermeable de hule (vêtement).

cirer v. tr. Encerar (parquet, tissus, etc.). ‖ Embe-
tunar, dar crema, sacar brillo (souliers). ‖ FIG.
Cirer les bottes à quelqu'un, dar coba a alguien.

cireur, euse m. et f. Encerador, ra (parquets,
tissus, etc.). ‖ Limpiabotas, limpia (fam.) [chaus-
sures]. ‖ — F. Enceradora (machine).

cireux, euse [sirø, ø:z] adj. Ceroso, sa : *teint
cireux,* tez cerosa.

cirier, ère adj. Cerífero, ra (qui produit de la
cire).
— M. BOT. Árbol de la cera. ‖ — M. et f.
Cerero, ra.

ciron m. ZOOL. Cresa, f.

cirque m. Circo.

cirre m. BOT. Zarcillo, tijereta, f. ‖ ZOOL. Cirro.

cirrhose f. MÉD. Cirrosis.

cirripèdes m. pl. ZOOL. Cirrópodos.

cirrus [sirys] m. Cirro (nuage).

cisaille [siza:j] f. TECHN. Cizalla (machine et
rognure de métal). ‖ *Cisaille à lames,* guillotina.
‖ — Pl. Cizallas (ciseaux).

cisaillement [-jmɑ̃] m. Cizalladura, f.

cisailler [-je] v. tr. Cizallar. ‖ Encañonar (le
linge).

cisalpin, e adj. Cisalpino, na.

ciseau m. Cincel (de sculpteur). ‖ Formón (de
menuisier). ‖ Tijera, f., tijereta, f. (catch). ‖ —
Pl. Tijeras, f. (à deux branches). ‖ — *Ciseau à
bois,* escoplo. ‖ *Ciseau à froid,* cortafrío. ‖ *Coup
de ciseaux,* tijeretazo. ‖ *Saut en ciseaux,* salto de
tijeras, tijereta (gymnastique).

ciseler* [sizle] v. tr. Cincelar. ‖ Recortar con
tijeras (découper). ‖ FIG. Cincelar (style).

ciselet [sizlɛ] m. TECHN. Cincelete, buril.

ciseleur [sizlœ:r] m. Cincelador.

ciselure [-ly:r] f. Cinceladura.

cisoires f. pl. TECHN. Cizalla de banco.

cissoïde f. GÉOM. Cisoide.

ciste m. BOT. Jara, f. ‖ Cesta, f. (Antiquité).

cistercien, enne adj. s. Cisterciense.

cistude f. Galápago, *m.* (tortue d'eau douce).

citadelle f. Ciudadela.

citadin, e m. et f. Habitante de una ciudad. ‖
Urbano, na ; de la ciudad : *des paysages citadins,*
paisajes urbanos.

citateur, trice m. et f. Citador, ra.

citation f. DR. et MIL. Citación. ‖ Cita (texte
cité).

cité f. Ciudad, urbe (ville). ‖ Núcleo (*m.*) antiguo
[de una ciudad] casco, *m.* ‖ — *Cité ouvrière, ra-
dieuse, universitaire,* ciudad obrera, radiante, universitaria. ‖ *Droit de cité,* derecho de ciudadanía.

Cîteaux n. pr. *Ordre de Cîteaux,* Cister (ordre religieux).

cité-jardin f. Ciudad jardín.

citer v. tr. Citar : *citer en justice,* citar ante la
justicia. ‖ — Citar (faire une citation).
— SYN. ● *Alléguer,* alegar. *Produire,* presentar. *Mentionner,* mencionar. *Rapporter,* referir.

citérieur, e adj. Citerior.

citerne f. Cisterna, aljibe, *m.* : *wagon-citerne,
camion-citerne,* vagón, camión cisterna ; *navire-
citerne,* barco aljibe, buque cisterna.

cithare f. MUS. Cítara.

citharède m. et f. Citaredo (vx), citarista.

cithariste m. Citarista.

citoyen, enne [sitwajɛ̃, jɛn] m. et f. Ciudadano, na.

citoyenneté [-jɛnte] f. Ciudadanía.

citrate m. CHIM. Citrato.

citrin, e adj. Cetrino, na.

citrique adj. CHIM. Cítrico, ca.

citron m. Limón (fruit). ‖ POP. Chola, f. (tête).
‖ — *Citron pressé,* limón natural (boisson). ‖
FAM. *Presser quelqu'un comme un citron,* estru-
jar a uno como un limón. ‖ POP. *Se presser le
citron,* estrujarse los sesos.
— Adj. inv. Amarillo limón (couleur).

citronnade f. Limonada, refresco (*m.*) de limón.

citronnelle f. BOT. Cidronela (p. us.), toronjil, *m.*
(fruit). ‖ Licor (*m.*) de corteza de limón (liqueur).

citronner v. tr. Echar limón, sazonar con limón.

citronnier m. BOT. Limonero, limón.

citrouille [sitru:j] f. BOT. Calabaza. ‖ POP.
Melón, *m.,* cabezota. ‖ Cernícalo, *m.,* ganso, *m.,*
mastuerzo, *m.,* limón, *m.* (niais).

cive f. BOT. Cebolleta (ciboulette).

civelle f. Angula (poisson).

civet [sivɛ] m. Encebollado [de liebre, etc.].

civette f. Gato (*m.*) de algalia, civeta (p. us.)
[mammifère]. ‖ Algalia (parfum). ‖ BOT. Cebolleta (ciboulette).

civière f. Camilla (pour malades), parihuelas, *pl.*
— SYN. *Brancard,* camilla, parihuelas, angarillas. *Bard,*
angarillas, andas, árgueñas.

civil, e adj. Civil. ‖ Cortés, afable (poli).
— M. Paisano (par opposition à *militaire*) ; seglar
(par opposition au *prêtre*). ‖ Vida (f.) civil : *réintégré dans le civil,* incorporado a la vida civil. ‖
DR. Lo civil : *au civil,* por lo civil. ‖ *En civil,*
de paisano.

civilisable adj. Civilizable.

civilisateur, trice adj. Civilizador, ra.

civilisation f. Civilización.

civilisé, e adj. et s. Civilizado, da.
— SYN. *Poli,* educado.

civiliser v. tr. Civilizar.

civiliste m. Civilista.

civilité f. Cortesía, urbanidad. ‖ *Présenter ses
civilités à quelqu'un,* saludar atentamente a uno.

civique adj. Cívico, ca.

civisme m. Civismo.

clabaud [klabo] m. Perro de caza que ladra a
destiempo.

clabaudage m. Ladrido inoportuno (aboiement).
‖ FIG. Gritería, f. (criailleries).

clabauder v. intr. Ladrar fuera de la pista un
perro de caza (chien). ‖ FIG. Gritar, chillar. ‖
Chismear (médire).

clabauderie f. Maledicencia, chisme, *m.*

clabaudeur, euse m. et f. Gritón, ona ; ladrador,
ra. ‖ Maldiciente, chismoso, sa (médisant).

clabot [klabo] ou **crabot** [krabo] m. MÉCAN.
Ensambladura, f., pestaña, f.

claboter v. tr. Ensamblar con pestaña.

clac ! interj. ¡Clac !

clafouti ou **clafoutis** m. Pastel de cerezas.

claie [klɛ] f. Zarzo, *m.,* cañizo, *m.* ‖ Valla, enca-
ñizado, *m.* (de bambous), enrejado, *m.* (métallique). ‖ TECHN. Rejilla de tamizar (treillage).

clair, e adj. ● Claro, ra. ‖ Vivo, va (feu). ‖ Transparente, desgastado, da : *pantalon clair aux
genoux,* pantalón desgastado en las rodillas.
— M. Claro : *le clair de lune,* el claro de luna. ‖
— Pl. Claros (peinture). ‖ *Le plus clair de son
temps,* la mayor parte de su tiempo. ‖ *Mettre au
clair,* poner en limpio. ‖ *Mettre sabre au clair,*
desenvainar la espada. ‖ *Tirer quelque chose au
clair,* sacar algo en claro.
— Adv. Claro, claramente. ‖ — *Clair comme de*

l'eau de roche o *comme le jour,* más claro que el agua, con una claridad meridiana. ‖ *Clair et net,* con claridad meridiana, sin rodeos, bien claro. ‖ *En clair,* con claridad, claramente. ‖ *Il fait clair,* hay claridad.

— OBSERV. El adjetivo *clair* es invariable si precede o sigue un color cualquiera : *une robe bleu clair.*
— SYN. ● *Evident,* evidente. *Manifeste,* manifiesto.

claire f. Criadero (*m.*) de ostras.

Claire n. pr. f. Clara.

clairet, ette [klɛrɛ] adj. et s. m. Clarete (vin).

clairette f. Uva albilla (raisin). ‖ Vino (*m.*) albillo (vin). ‖ Canónigos, *m. pl.* (mâche).

claire-voie f. Claraboya. ‖ Ventanales, *m. pl.,* vidrieras, *pl.* (d'une église). ‖ Empalizada (palissade). ‖ Balaustrada (balustrade). ‖ MAR. Lumbrera. ‖ *À claire-voie,* calado, da (ajouré).

clairière f. Claro, *m.,* calva, calvero, *m.* (dans un bois).

clair-obscur m. Claroscuro.

— OBSERV. Pl. *clairs-obscurs.*

clairon m. MIL. Corneta, *f.* ‖ MUS. Clarín.

claironnant, e adj. Estrepitoso, sa; estruendoso, sa.

claironner v. tr. Pregonar, vocear : *claironner une nouvelle,* pregonar una noticia.
— V. intr. Desgañitarse (s'égosiller). ‖ FIG. No caber en sí de gozo (exulter).

clairsemé, e adj. Ralo, la (cheveux). ‖ Claro, ra (blé). ‖ Escaso, sa ; poco, ca (spectateurs).

clairsemer v. tr. Desparramar.

clairvoyance [klɛrvwajã:s] f. Clarividencia.
— SYN. *Lucidité,* lucidez. *Pénétration,* penetración. *Finesse, subtilité,* sutileza. *Perspicacité,* perspicacia. *Sagacité,* sagacidad. *Acuité,* acuidad, agudeza. *Fam. Flair,* olfato. *Nez,* pupila.

clairvoyant, e adj. Clarividente, perpicaz.

clam m. Especie (*f.*) de almeja grande.

clameaux m. pl. TECHN. Grapa, *f.*

clamer v. tr. Clamar.

clameur f. Clamor, *m.,* clamoreo, *m.*

clampin, e adj. et s. Rezagado, da (traînard). ‖ FAM. Remolón, ona (paresseux).

clan m. Clan.

clandestin, e adj. Clandestino, na. ‖ *Passager clandestin,* polizón.

clandestinité f. Clandestinidad.

clapet [klapɛ] m. MÉCAN. Chapaleta, *f.* (d'une pompe). ‖ Válvula, *f.* (soupape). ‖ POP. Pico, boca, *f.*

clapier m. Conejera, *f.* (lapin domestique). ‖ Madriguera, *f.* (lapin de garenne).

clapir v. intr. Chillar [el conejo].
— V. pr. Agazaparse (se blottir).

clapotement m. Chapoteo (agitation de l'eau).

clapoter v. intr. Chapotear.

clapoteux, euse ou **clapotant, e** adj. Que chapotea.

clapotis [klapɔti] m. Chapoteo.

clappement m. Chasquido [de la lengua].

clapper v. intr. Chascar [con la lengua].

claquage m. Distensión (*f.*) de un ligamento *ou* un músculo, tirón (fam.).

claquant, e adj. POP. Fatigoso, sa (fatigant).

claque f. Guantada, manotada, bofetada (gifle). ‖ Chanclo, *m.* (d'une chaussure). ‖ Clac, *m.* (chapeau à ressort)ι ‖ THÉÂTR. Claque, conjunto (*m.*) de alabarderos (applaudisseurs payés). ‖ — *Chapeau claque,* bicornio, clac. ‖ — FAM. *Avoir une tête à claques,* tener una torta *ou* un guantazo. ‖ POP. *En avoir sa claque,* estar hasta la coronilla *ou* hasta los pelos.

claquebois m. Xilórgano.

claquedent m. (Vx). Pordiosero, mendigo.

claquement m. Castañeteo (des dents). ‖ Castañeta, *f.* (des doigts). ‖ Palmada, *f.* (mains). ‖

Chasquido (du fouet, de la langue). ‖ Taconazo (choc des talons), taconeo (bruit des talons, danse). ‖ Crujido (articulations). ‖ Portazo (de porte).

claquemurer v. tr. Emparedar, encerrar entre cuatro paredes.
— V. pr. Encerrarse en su casa.

claquer v. intr. Crujir (produire un bruit sec). ‖ Castañetear, hacer castañetas (avec les doigts). ‖ Chasquear, restallar, chascar (le fouet). ‖ Flamear, ondear (un drapeau). ‖ Tener una distensión, sufrir un tirón (muscle). ‖ Taconear (les talons). ‖ POP. Espichar, hincar el pico (mourir). | Aplaudir, batir palmas. | Irse a pique (échouer). ‖ — *Claquer des dents,* castañetear los dientes. ‖ POP. *Claquer du bec,* tener carpanta.
— V. tr. Abofetear (donner une claque). ‖ FAM. Pulverizar, despilfarrar (fortune). ‖ Reventar, fatigar (éreinter). ‖ — *Claquer la porte,* dar un portazo. ‖ *Claquer la porte au nez,* dar con la puerta en las narices. ‖ *Claquer les.talons,* dar un taconazo. ‖ FIG. et FAM. *Faire claquer son fouet,* darse tono.
— V. pr. Distenderse (un muscle). ‖ FAM. Reventarse (s'éreinter).

claquet m. Cítola, *f.,* tarabilla, *f.* (du moulin). ‖ FIG. *Sa langue va comme un claquet,* habla como un descosido, suelta la tarabilla.

claqueter* [klakte] v. intr. Cacarear (la poule). ‖ Crotorar (la cigogne).

claquette f. ou **claquoir** m. Claquetas, tablillas, *f. pl.* ‖ Matraca, *f.* (crécelle). ‖ CINÉM. Claqueta. ‖ — *Claquette de lépreux,* tablillas de San Lázaro. ‖ *Danse à claquettes* o *claquettes,* zapateo con música de jazz.

clarifiant, e adj. et s. m. Clarificante.

clarification f. Clarificación. ‖ FIG. Aclaración, esclarecimiento, *m.* : *clarification de la situation,* aclaración de la situación.

clarifier* v. tr. Clarificar : *clarifier du vin,* clarificar vino. ‖ Purificar (purifier). ‖ FIG. Esclarecer, aclarar : *clarifier la situation,* esclarecer la situación.
— OBSERV. En el sentido de *esclarecer* es preferible sustituir el verbo *clarifier* por el verbo *éclaircir.*

clarine f. Esquila, cencerro, *m.*

clarinette f. MUS. Clarinete, *m.* ‖ Clarinetista (instrumentiste).

clarinettiste m. Clarinetista.

clarisse f. Clarisa (religieuse).

clarté f. Claridad. ‖ Transparencia, limpidez : *la clarté de l'eau,* la limpidez del agua. ‖ — Pl. Luces (connaissances). ‖ Aclaraciones (éclaircissements).

classe f. Clase (catégorie). ‖ Clase (importance). ‖ Clase, curso, *m.* (scolaire) : *classe de 1re,* sexto curso ; *il est dans la classe des petits,* está en la clase de los pequeños. ‖ Aula, clase (salle de cours). ‖ BOT. et ZOOL. Clase. ‖ FAM. Categoría, clase, distinción. ‖ MAR. Matrícula. ‖ MIL. Quinta, reemplazo, *m.* : *il est de la même classe que moi,* es de la misma quinta que yo. ‖ — *De classe, de grande classe,* de primer orden. ‖ *Lutte des classes,* lucha de clases. ‖ *Rentrée des classes,* apertura de curso. ‖ *Soldat de première, deuxième classe,* soldado de primera, raso. ‖ — MIL. *Être de la classe,* estar a punto de haber cumplido el servicio militar. ‖ *Faire la classe,* enseñar, dar clases [en las escuelas]. ‖ *Faire ses classes à,* hacerse *ou* aprenderlo todo en. ‖ *Faire ses classes avec,* ser compañero de curso *ou* de estudios de.

classement m. Clasificación, *f.,* ordenación, *f.*
— SYN. *Catégorie,* categoría. *Ordre,* orden. *Sorte,* suerte.

classer v. tr. Clasificar. ‖ FIG. Dar carpetazo a (une affaire). | Catalogar, encasillar (une per-

sonne). | Fichar (juger défavorablement). | Dar
categoría (donner de la notoriété). | *Monument
classé,* monumento declarado de interés artístico.
classeur, euse m. et f. Clasificador, ra. | —
M. Archivador, archivo (meuble). | Cuaderno
con anillas (cahier).
classicisme m. Clasicismo.
classificateur, trice adj. et s. Clasificador, ra.
classification f. Clasificación.
classifier* v. tr. Clasificar.
classique adj. Clásico, ca.
clastique adj. Géol. Clástico, ca.
Claude [klo:d] n. pr. m. et f. Claudio, dia.
claudicant, e adj. Renqueante.
claudication f. Cojera.
Claudine n. pr. f. Claudina.
claudiquer v. intr. Cojear, renquear.
clause [klo:z] f. Cláusula.
— Observ. *Cláusula* a aussi le sens de « phrase ».
claustral adj. Claustral.
claustration f. Enclaustramiento, *m.*
claustrer v. tr. Enclaustrar.
— V. pr. Encerrarse.
claustrophobie f. Claustrofobia.
clavaire f. Clavaria (champignon).
claveau m. Archit. Clave (pierre taillée). |
Vétér. Viruela, *f.* (des moutons).
clavecin m. Mus. Clave, clavicordio, clavecín
(gallicisme).
claveciniste m. Mus. Tocador de clavicordio.
clavelée f. Vétér. Viruela (des moutons).
claveter v. tr. Techn. Acuñar con chavetas.
— Observ. Le verbe espagnol *clavetear* signifie *clouter.*
clavette f. Techn. Chaveta, pasador, *m.*
clavicule f. Anat. Clavícula.
clavier [klavje] m. Teclado (de piano, machine à
écrire, etc.). | Llavero (pour les clefs).
clayère [klɛjɛ:r] f. Ostrero, *m.* (parc à huîtres).
clayette f. Caja (cageot). | Parrilla (de réfrigéra-
teur).
clayon [klɛjɔ̃] m. Encella, *f.* (pour fromages). |
Cerca, *f.* (clôture). | Batea, *f.* (panier).
clayonnage [-jɔna:ʒ] m. Encañado.
clayonner [-jɔne] v. tr. Cercar con un encañado.
clearing [kliriŋ] m. Comm. Clearing, compensación, *f.*
clef ou **clé** [kle] f. Llave (d'une serrure) : *clef
maîtresse,* llave maestra. | Fig. Clave (d'un écrit,
d'un mystère). | Mus. Clave : *clef de sol,* clave
de sol. | Llave (d'un instrument à vent). | Techn.
Llave : *clef universelle,* llave universal. | —
Clef à molette o *anglaise,* llave inglesa. | *Clef
à tube,* llave de tubo. | *Clef à vis,* llave de tuerca.
| *Clef de robinet,* llave de grifo. | *Clef de voûte,*
clave, piedra angular, clave de arco. | *Fausse
clef,* llave falsa, ganzúa. | *Fermer à clef,*
cerrar con llave. | *Garder sous clef,* guardar
bajo llave. | *Prendre la clef des champs,* tomar
las de Villadiego.
— Adj. Clave, fundamental, esencial : *une position clef,* una posición clave.
clématite f. Bot. Clemátide.
clémence f. Clemencia.
Clémence n. pr. f. Clemencia.
Clément n. pr. m. Clemente.
clément, e adj. Clemente.
clémentine f. Clementina (mandarine).
Clémentine n. pr. f. Clementina.
clenche ou **clenchette** f. Pestillo, *m.*
Cléopâtre n. pr. f. Cleopatra.
clepsydre f. Clepsidra.
cleptomane adj. et s. Cleptómano, na.
cleptomanie f. Cleptomanía.
clerc [klɛ:r] m. Clérigo (religieux). | Sabio, ins-
truido (savant, lettré). | Pasante (d'avocat,
d'avoué, de notaire). | — *Maître clerc* o *premier*

clerc, primer oficial (d'un notaire). | — Fig. *Faire
un pas de clerc,* cometer una pifia. | *Ne pas être
grand clerc en la matière,* no ser muy competente *ou* perito en la materia.
clergé m. Clero.
clergeon [klɛrʒɔ̃] m. Monaguillo.
clergie f. (Vx). Clerecía.
clergyman m. Clergyman, pastor protestante.
clérical, e adj. et s. m. Clerical.
cléricalisme m. Clericalismo.
cléricature f. Clericatura (clergé). | Pasantía
(notaires, etc.).
clic ! interj. ¡Clic !
clichage m. Impr. Estereotipado, clisado.
cliché m. Impr. et Phot. Cliché, clisé. | Fig. et
Fam. Tópico, lugar común, frase (*f.*) estereotipada
(lieu commun). | *Cliché trait,* cincografía.
clicher v. tr. Impr. Estereotipar, clisar.
clicherie f. Taller (*m.*) de grabado *ou* de estereotipia.
clicheur m. Impr. Estereotipador.
client, e m. et f. Cliente, parroquiano, na (com-
merce). | Pop. Tío, tía.
clientèle f. Clientela (d'un médecin, d'un avo-
cat, etc.). | Clientela, parroquia (d'un café, etc.).
| *Avoir la clientèle de,* tener como cliente a.
clignement [kliɲmã] m. Guiño (volontaire). |
Parpadeo (à cause du soleil...). | *Clignement
d'œil,* guiño.
cligner v. tr. Entornar : *cligner les yeux,* entornar
los ojos. | Pestañear, parpadear (clignoter). |
Cligner de l'œil, guiñar (faire signe).
clignotant ou **clignoteur** m. Autom. Luz (*f.*)
intermitente, intermitente.
clignotement m. Pestañeo, parpadeo. | Parpa-
deo (signalisation). | Fig. Centelleo.
clignoter v. intr. Pestañear, parpadear.
climat [klima] m. Clima. | Fig. Ambiente, atmós-
fera, *f.*
climatérique adj. Climatérico, ca.
climatique adj. Climático, ca.
climatisation f. Climatización.
climatisé, e adj. Climatizado, da (p. us.), acondicionado, da ; con aire acondicionado.
climatiser v. tr. Climatizar, acondicionar.
climatiseur m. Acondicionador de aire.
climatologie f. Climatología.
climatologique adj. Climatológico, ca.
climax m. Clímax.
clin m. *Clin d'œil,* guiño. | *En un clin d'œil,* en
un abrir y cerrar de ojos, en un santiamén, en un
decir Jesús, en un dos por tres, en un quítame
allá esas pajas.
clinfoc m. Mar. Petifoque.
clinicien [klinisjɛ̃] m. Clínico.
clinique adj. et s. f. Clínico, ca.
clinomètre m. Phys. Clinómetro.
clinquant m. Lentejuela, oropel, *f.* (paillette). |
Fig. Relumbrón, oropel (éclat trompeur).
— Adj. De relumbrón, brillante.
clip m. Clip [broche de resorte].
clipper [klipər] m. Aviat. et Mar. Clíper.
clique f. Pandilla, camarilla. | Zueco, *m.* (sabot)
[dialectal]. | Mil. Banda de trompetas y tam-
bores. | *Prendre ses cliques et ses claques,* liar
el petate, largarse.
cliquet m. Mécan. Trinquete.
cliqueter* [klikte] v. intr. Sonar, restallar, table-
tear. | Picar (moteur).
cliquetis [klikti] m. Ruido, choque (d'armes, etc.).
| Picado (moteur).
cliquette f. Tarreñas, *pl.* (castagnettes). | Tabli-
llas, *pl.* (de lépreux).
clissage m. Acción de enfundar las botellas con
mimbres.

clisse f. Encella (pour fromages). ‖ Funda de mimbre (pour bouteilles).

clisser v. tr. Enfundar en mimbres (bouteilles).

clitoris m. ANAT. Clítoris.

clivage m. Crucero : *plan de clivage*, plano de crucero. ‖ FIG. Separación, *f.* | Discrepancia, *f.*, divergencia, *f.*, desacuerdo (divergence).

cliver v. tr. Partir un mineral en el sentido de sus capas.

cloaque m. ● Cloaca, *f.* (égout). ‖ Cenagal (eau croupie). ‖ FIG. Cloaca, *f.*, lugar sucio e infecto. ‖ ZOOL. Cloaca, *f.*
— SYN. ● *Égout*, alcantarilla, albañal. *Sentine*, sentina.

clochard, e [klɔʃaːr, ard] m. et f. POP. Vagabundo, da ; mendigo, ga.

cloche f. Campana (d'église). ‖ Quesera (à fromage). ‖ Sombrero (*m.*) de campana (chapeau). ‖ CHIM. et AGRIC. Campana de vidrio. ‖ POP. Tonto, *m.*, tonta. ‖ — TECHN. *Cloche à plongeur*, campana de buzo. ‖ — *Balle en cloche*, balón bombeado. ‖ *Jupe cloche*, falda acampanada. ‖ POP. *La cloche*, conjunto de mendigos. ‖ *Son de cloche*, opinión, parecer. ‖ — *À la cloche de bois*, a cencerros tapados. ‖ FAM. *Se taper la cloche*, ponerse como el quico, ponerse las botas. | *Sonner les cloches à quelqu'un*, echar un rapa polvo *ou* una bronca a alguien.

clochement m. Cojera, *f.* ‖ FIG. Mal funcionamiento.

cloche-pied (à) adv. A la pata coja, a la coxcojita *ou* coxcojilla.

clocher m. ● Campanario (d'une église). ‖ FIG. Pueblo (pays natal). ‖ — *Course au clocher*, carrera a campo traviesa. ‖ — *Esprit de clocher*, mentalidad pueblerina, espíritu localista *ou* exclusivista *ou* cerrado. ‖ *Rivalités de clocher*, rivalidades de pueblos.
— SYN. ● *Campanile*, campanil. *Beffroi*, atalaya.

clocher v. intr. Cojear (boiter). ‖ *Il y a quelque chose qui cloche*, hay algo que no va bien *ou* que falla.

clocheton m. Pequeño campanario, campanil (petit clocher). ‖ Pináculo (ornement).

clochette f. ● Campanilla. ‖ Esquila, esquilón, *m.* (pour le bétail). ‖ Campanilla (des fleurs).
— SYN. ● *Sonnaille*, cencerro. *Timbre*, campanilla.

cloison [klwazɔ̃] f. ANAT. Tabique, *m.* ‖ ARCHIT. Tabique, *m.* ‖ FIG. Separación absoluta, barrera. ‖ MAR. *Cloison étanche*, mamparo estanco.

cloisonnage *ou* **cloisonnement** m. Tabiquería, *f.*

cloisonné, e adj. Tabicado, da : *émail cloisonné*, esmalte tabicado. ‖ BOT. Alveolado, da. ‖ FIG. Compartimentado, da ; separado, da.

cloisonner v. tr. Tabicar, separar por tabiques. ‖ FIG. Compartimentar.

cloître m. Claustro. ‖ ● Monasterio.
— SYN. ● *Couvent*, convento. *Monastère*, monasterio. *Abbaye*, abadía. *Prieuré*, priorato. (*Vx*) *Moutier*, monasterio.

cloîtrer v. tr Enclaustrar. ‖ FIG. et FAM. Encerrar, enclaustrar (enfermer) : *vivre cloîtré*, vivir encerrado. ‖ *Sœur cloîtrée*, monja de clausura. — V. pr. Enclaustrarse, recluirse. ‖ FIG. et FAM. Encerrarse (s'enfermer).

clonique adj. MÉD. Clónico, ca.

clope m. POP. Colilla, *f.*, punta, *f.* (mégot).

clopin-clopant loc. adv. FAM. Cojeando, renqueando.

clopiner v. intr. Cojear, renquear.

cloporte m. Cochinilla, *f.* (crustacé terrestre).
— OBSERV. *Cochinilla* signifie également *cochenille*.

cloque f. Ampolla de la piel, vejiga (boursouflure). ‖ BOT. Herrumbre, *m.*

cloquer v. intr. Formarse ampollas. ‖ *Étoffe clo-* quée, tejido de cloqué [rizado en forma de ampollas].

clore* v. tr. Cerrar, tapar : *clore les yeux*, cerrar los ojos. ‖ Cercar, rodear : *clore un champ*, cercar un campo. ‖ FIG. Cerrar (un compte). | Cerrar, clausurar (une séance). | Concluir : *clore une affaire*, concluir un negocio.
— V. intr. Cerrar : *fenêtre qui clôt mal*, ventana que cierra mal.

clos [klo] m. Cercado, huerta (*f.*) cerrada, propiedad (*f.*) cercada (terrain cultivé). ‖ Pago (vignoble).

clos, e [klo, oːz] adj. Cerrado, da : *la porte est close*, la puerta está cerrada. ‖ Cercado, da (entouré). ‖ — *Champ clos*, estacada, palenque. ‖ *Nuit close*, noche cerrada. ‖ — DR. *À huis clos*, a puerta cerrada. ‖ *La séance est close*, se ha cerrado *ou* clausurado la sesión.

closeau m. *ou* **closerie** f. Alquería (*f.*) pequeña (métairie). ‖ Huerto (*m.*) cercado (terrain).

closier, ère m. et f. Aparcero, ra (métayer).

Clotilde n. pr. f. Clotilde.

clôture f. ● Cerca, cercado, *m.*, valla (enceinte). ‖ Tapia (de terre séchée). ‖ Clausura (couvent). ‖ Clausura (d'une séance). ‖ Cierre, *m.* (de la Bourse). ‖ Fin, *m.*, término, *m.* (fin). ‖ COMM. Liquidación (d'un compte). ‖ Cierre, *m.* (d'un inventaire).
— SYN. ● *Barrière*, barrera. *Grillage*, alambrera. *Grille*, verja, reja. *Haie*, seto. *Palissade*, palizada. *Treillage*, enrejado, rejilla.

clôturer v. tr. Cercar, cerrar (enclore). ‖ Clausurar, terminar (une discussion). ‖ COMM. Liquidar, cerrar (un compte).

clou m. Clavo. ‖ Tachón (décoration). ‖ FIG. Atracción (*f.*) principal, colofón, lo más saliente, lo mejor : *le clou de la soirée*, la principal atracción de la velada. ‖ POP. Monte de piedad, peñaranda (mont-de-piété). | Cuartelillo de policía (poste de police), chirona, *f.* (prison). | Cafetera, *f.*, cacharro, máquina (*f.*) vieja (vieil instrument). ‖ MÉD. Divieso, clavo (furoncle). ‖ — *Clou à crochet*, escarpia, alcayata. ‖ *Clou de girofle*, clavo de especia. ‖ *Les clous*, el paso de peatones. ‖ — FAM. *Des clous!*, ¡ni hablar ! (pas question), ¡nada ! (rien du tout). ‖ FIG. *Être le clou de*, ser la sensación de. ‖ POP. *Être maigre comme un clou*, estar en los huesos, estar como un fideo. ‖ FAM. *River son clou à quelqu'un*, apabullar a uno.

clouage *ou* **clouement** m. Clavado.

clouer v. tr. Clavar : *clouer au mur*, clavar en la pared. ‖ Inmovilizar, clavar (immobiliser). ‖ Fijar, asegurar con clavos (fixer). ‖ — *Clouer au pilori*, poner en la picota. ‖ FAM. *Clouer le bec à quelqu'un*, cerrarle el pico a uno.

cloutage m. Claveteado.

clouter v. tr. Clavetear, tachonar. ‖ *Passage clouté*, paso de peatones.

clouterie f. Fábrica *ou* comercio (*m.*) de clavos.

cloutier m. Fabricante *ou* vendedor de clavos.

cloutière f. Clavera (moule à clous). ‖ Caja de clavos (boîte à clous).

Clovis n. pr. m. Clodoveo.

clovisse f. Almeja (mollusque).

clown [klun] m. Payaso, clown (de cirque).
— SYN. *Pitre*, *paillasse*, payaso. *Auguste*, Augusto.

clownerie [klunri] f. Payasada.

cloyère [klwajɛːr] f. Canasto (*m.*) de ostras *ou* de pescado.

club [klœb] m. Club. ‖ Círculo, casino, peña, *f.* | Palo (de golf).

clubman [-man] m. Miembro de un club.
— OBSERV. Pl. *Clubmen*.

clunisien, enne adj. Cluniacense (de Cluny).

cluse f. Corte, *m.*, paso, *m.* (gorge).

clystère m. (Vx). Lavativa, *f.*, clíster.

cnémide f. Canillera (jambière).
coaccusé, e m. et f. Coacusado, da.
coach [koːtʃ] m. Coach.
coacquéreur m. Coadquiridor.
coacquisition f. Coadquisición.
coadjuteur m. Coadjutor.
coadjutrice f. Coadjutora (religieuse).
coagulable adj. Coagulable.
coagulant, e adj. et s. m. Coagulante.
coagulateur, trice adj. Coagulador, ra.
coagulation f. Coagulación.
coaguler v. tr. Coagular.
— V. pr. Coagularse. ‖ Cuajarse (le lait).
— Syn. *Cailler*, cuajar. *Figer*, cuajar, solidificar. *Caille-
bouter*, cuajar. *Se grumeler*, hacer grumos, agrumarse.
coagulum [koagylɔm] m. MÉD. Coágulo (caillot).
coalisé, e adj. et s. Coligado, da.
coaliser v. tr. Agrupar, mancomunar.
— V. pr. Coligarse, mancomunarse.
coalition f. Coalición, mancomunidad.
— Syn. *Ligue*, liga. *Faisceau*, haz. *Front*, frente. *Bloc*,
bloque.
coaltar m. Alquitrán de hulla.
coaltarer v. tr. Cubrir con alquitrán de hulla.
coassement m. Canto de la rana, croar.
coasser v. intr. Croar (grenouilles).
coassocié, e m. et f. Consocio, cia.
coassurance f. Seguro (*m.*) simultáneo.
coati m. Coatí (mammifère d'Amérique).
coauteur [kootœːr] m. Coautor.
coaxial, e adj. GÉOM. et MÉCAN. Coaxial : *cylindres coaxiaux*, cilindros coaxiales.
cobalt m. Cobalto (métal).
cobaye [kɔbaj] m. Conejillo de Indias, cobayo,
cobaya, *f.* [*Amér.*, cuy]. ‖ FIG. *Servir de cobaye*,
servir de conejillo de Indias.
cobéa m. ou cobée f. BOT. Cobea, *f.*
cobelligérant, e adj. et s. m. MIL. Aliado, da.
cobra m. Cobra, *f.* (serpent).
coca m. BOT. Coca, *f.*
cocagne f. *Mât de cocagne*, cucaña. ‖ *Pays de
cocagne*, Jauja.
cocaïne f. CHIM. Cocaína.
cocaïnisation f. Anestesia con cocaína.
cocaïnisme m. Cocainismo.
cocaïnomane m. et f. Cocainómano, na.
cocaïnomanie f. Cocainomanía.
cocarde f. Escarapela. ‖ Divisa (taureaux).
cocardier, ère adj. et s. FAM. Patriotero, ra.
cocasse adj. FAM. Chusco, ca ; divertido, da.
cocasserie f. FAM. Chuscada. ‖ Comicidad.
coccidie f. ZOOL. Coccidio, *m.*
coccidiose f. VÉTÉR. Coccidiosis.
coccinelle f. Mariquita (insecte).
coccyx [kɔksis] m. ANAT. Cóccix.
coche m. (Vx). Diligencia, *f.* ‖ Cerda, *f.*, cochina,
f. (truie). ‖ TECHN. Muesca, *f.* ‖ — *Coche d'eau*,
barco de pasajeros sirgado por caballos. ‖ FAM.
Manquer le coche, perder la oportunidad, perder
el salto.
cochenille f. ZOOL. Cochinilla.
cocher m. Cochero.
Cocher n. pr. m. ASTR. Auriga.
cocher v. tr. Puntear (une liste), señalar con un
trazo. ‖ (Vx). Hacer una muesca.
cochère adj. f. Cochera : *porte cochère*, puerta
cochera.
cochet m. Gallo joven, gallito.
cochevis [kɔʃvi] m. Cogujada, f. (oiseau).
Cochinchine n. pr. f. GÉOGR. Cochinchina.
cochinchinois, e adj. et s. Cochinchino, na.
cochléaire [kɔkleɛːr] adj. ANAT. Coclear.
cochléaria [-aria] m. BOT. Coclearia, f.
cochon m. Cochino, marrano, cerdo (porc). ‖
FAM. Cochino (malpropre, égrillard). ‖ — *Cochon
de lait*, lechón, cochinillo. ‖ *Cochon de mer*,

marsopla. ‖ ZOOL. *Cochon d'Inde*, conejillo de
Indias. ‖ *Petit cochon*, cochinillo. ‖ *Tour de
cochon*, cochinada. ‖ *Yeux de cochon*, ojos como
cabezas de alfiler. ‖ — *Nous n'avons pas gardé les
cochons ensemble*, ¿en qué plato hemos comido
juntos?
— OBSERV. En el sentido familiar, el femenino de *cochon*
es *cochonne*, cochina.
cochonnaille f. Carne de cerdo (viande). ‖ Embutido, *m.*, chacina (charcuterie).
cochonnée f. Camada de cerditos.
cochonner v. intr. Parir la puerca.
— V. tr. FAM. Chapucear, ensuciar (travailler
salement).
cochonnerie f. POP. Porquería, marranada.
cochonnet [kɔʃɔnɛ] m. Cochinillo, cerdito
(petit porc). ‖ Perinola, *f.* (dé). ‖ Boliche, bolín
(jeu de boules), boliche (pétanque). ‖ FAM. Cochinillo (enfant sale).
cocker m. Cocker [perrillo de caza de pelo largo].
cockpit m. AVIAT. Carlinga, *f.*, cabina, *f.*, puesto
de pilotaje. ‖ MAR. Caseta (*f.*) del timón.
cocktail [kɔktɛl] m. Cóctel.
coco m. Coco (noix). ‖ Huevo [en el lenguaje in-
fantil] (œuf). ‖ Agua (*f.*) de regaliz (boisson de
réglisse). ‖ FAM. Monín, rico (terme d'affection).
‖ Individuo. ‖ — F. POP. Mandanga, cocaína.
cocodès m. (Vx). Currutaco, pisaverde.
cocon m. ZOOL. Capullo [de gusano].
cocontractant, e m. et f. Cocontratante.
cocorico m. Quiquiriquí [canto del gallo].
cocoter v. tr. POP. Apestar, heder.
cocotier m. BOT. Cocotero, coco.
cocotte f. Gallina [dans le langage enfantin]
(poule). ‖ Pajarita (de papier). ‖ Olla (marmite).
‖ FAM. Niña [expression cariñosa]. | Mujer ga-
lante (femme légère). ‖ VÉTÉR. Fiebre aftosa.
coction f. Cocción.
cocu, e adj. et s. FAM. Cornudo, da. ‖ — FAM.
Avoir une chance o *une veine de cocu*, tener una
suerte loca o mucha potra. ‖ *Cocu, battu et
content*, tras cornudo apaleado.
cocufier v. tr. POP. Poner los cuernos.
coda f. MUS. Coda.
codage m. Acción de poner en código o cifra
un mensaje, codificación, *f.*
code m. Código : *code de la route*, código de la
circulación.
codébiteur, trice m. et f. Codeudor, ra.
codéine f. MÉD. Codeína.
codemandeur, eresse m. et f. Codemandante.
coder v. tr. Codificar, cifrar un texto.
codétenteur, trice m. et f. Codetentor, ra.
codétenu, e m. et f. Codetenido, da.
codex [kɔdɛks] m. Códice. ‖ Farmacopea, *f.*
codicillaire [kɔdisilɛːr] adj. Codicilar.
codicille [sil] m. Codicilo (d'un testament).
codificateur, trice adj. et s. Codificador, ra.
codification f. Codificación.
codifier* v. tr. Codificar.
codirecteur, trice adj. et s. Codirector, ra.
coéducation f. Coeducación.
coefficient m. MATH. Coeficiente. ‖ Coeficiente,
calificación (*f.*) de una prueba (concours, examen).
cœlacanthe [selakɑ̃ːt] m. ZOOL. Celacanto.
cœlentérés [selɑ̃tere] m. pl. ZOOL. Celentéreos.
cœliaque [seljak] adj. ANAT. Celíaco, ca.
coéquipier, ère m. et f. Compañero, ra, de equipo,
que forma equipo con otro ou con otros.
coercibilité f. Coercibilidad.
coercible adj. Coercible.
coercitif, ive adj. Coercitivo, va.
coercition f. Coerción.
coesre [kuɛr] m. (Vx). Rey de los mendigos [en
el París de la Edad Media].
coéternel, elle adj. Coeterno, na.

cœur [kœ:r] m. Corazón (organe du corps). ‖ Corazón (centre). ‖ Corazón, centro (partie centrale d'une région). ‖ Bot. Cogollo : *cœur de laitue,* cogollo de lechuga. ‖ Blas. Corazón. ‖ Corazón (cartes). ‖ Fig. Valor, osadía, *f.* (audace). ‖ — Fig. *Cœur d'artichaut,* corazón de melón (amour). ‖ *Coup au cœur,* sofocón (surprise). ‖ *Joli cœur,* guapetón. ‖ — *Au cœur de l'été,* en pleno verano. ‖ *Cœur à cœur,* con franqueza. ‖ *De bon cœur,* de buena gana, gustoso. ‖ *De grand cœur,* de todo cœur, con toda el alma, de todo corazón. ‖ Fig. *Loin des yeux, loin du cœur,* ojos que no ven, corazón que no siente. ‖ Méd. *Opération à cœur ouvert,* operación a corazón abierto. ‖ *Par cœur,* de memoria. ‖ — *Aller au cœur du problème,* ir al grano. ‖ *Aller droit au cœur,* hablar al corazón, conmover. ‖ *Avoir à cœur de,* tener empeño en. ‖ *Avoir du cœur,* tener buen corazón (bonté), tener estómago (courage). ‖ *Avoir le cœur à ...,* tener ánimo para, estar para... ‖ *Avoir le cœur à l'ouvrage,* tener mucho ánimo en el trabajo. ‖ *Avoir le cœur gros,* tener el corazón oprimido *ou* hecho polvo. ‖ *Avoir le cœur sur la main,* ser muy generoso, tener el corazón que se sale del pecho. ‖ *Avoir le cœur sur les lèvres,* tener el corazón que se sale del pecho (être généreux), tener ansias (vomir). ‖ *Avoir mal au cœur,* estar mareado, tener náuseas. ‖ *Barbouiller o soulever le cœur,* revolver el estómago. ‖ *Crever o fendre le cœur,* partir el corazón. ‖ Fam. *Dîner par cœur,* acostarse sin cenar. ‖ *Donner du cœur au ventre,* dar ánimo. ‖ *En avoir le cœur net,* saber a qué atenerse. ‖ *Gagner le cœur de quelqu'un,* granjearse el afecto *ou* la estima de alguien. ‖ *N'avoir pas de cœur,* no tener corazón. ‖ *Ne pas porter dans son cœur,* no ser santo de su devoción. ‖ *Parler à cœur ouvert,* hablar con el corazón en la mano. ‖ *Prendre à cœur,* tomar a pecho. ‖ *S'en donner à cœur joie,* pasarlo en grande, disfrutar mucho. ‖ *Si le cœur vous en dit...,* si está usted de humor, si le parece... ‖ *Tenir à cœur,* tener un gran interés. ‖ *Toucher les cœurs,* emocionar, conmover.

coexistant, e adj. Coexistente.

coexistence f. Coexistencia, convivencia. ‖ *Coexistence pacifique,* coexistencia pacífica.

coexister v. intr. Coexistir.

coffin m. Agric. Colodra, *f.* (de faucheur).

coffrage m. Entibación, *f.,* encofrado (béton).

coffre m. ● Cofre, arca, *f.* ‖ Caja (*f.*) de caudales (coffre-fort). ‖ Arca, *f.* (trésor public). ‖ Autom. Portaequipajes, maletero. ‖ Mar. Boya (*f.*) de amarre. ‖ Cofre (poisson). ‖ Fam. *Avoir du coffre,* tener mucha voz (en chantant), tener mucho aguante, mucho fuelle *ou* mucho pecho (du souffle), tener muchas agallas (du courage). — Syn. ● *Bahut,* arca, arcón. *Huche,* hucha. (*Vx*) *Arche,* arca. *Malle,* baúl.

coffre-fort m. Caja (*f.*) de caudales. — Observ. Pl. *coffres-forts.*

coffrer v. tr. Fam. Meter en chirona, enjaular. ‖ Techn. Encofrar (béton, mines, etc.).

coffret m. Cofrecito, arquilla. ‖ Estuche de joyas (à bijoux).

cogérance f. Cogerencia.

cogestion f. Cogestión.

cogitation f. Cogitación.

cogiter v. intr. Fam. Cogitar (p. us.), cavilar.

cognac m. Coñac. — Observ. Cet alcool reçoit toujours le nom de *coñac* en espagnol, mais très souvent l'étiquette des bouteilles qui le renferment porte le terme *brandy,* qui est l'équivalent anglais de *cognac.*

cognassier [kɔɲasje] m. Bot. Membrillo.

cognat [kɔgna] m. Cognado.

cognation [-sjɔ̃] f. Dr. Cognación.

cogne [kɔɲ] m. Pop. Poli, guindilla [policía].

cognée f. Hacha grande, destral, *m.* (hache). ‖ Fig. *Jeter le manche après la cognée,* echar la soga tras el caldero.

cognement m. Golpeo, golpeteo. ‖ Techn. Picado, golpeteo (moteur).

cogner v. tr. Golpear (frapper). ‖ Meter, clavar (enfoncer). ‖ Pop. Pegar, sacudir (battre). — V. intr. Llamar (à une porte). ‖ Latir violentamente (cœur). ‖ Techn. Picar, hacer un ruido (un moteur). — V. pr. Darse un golpe (se heurter). ‖ Pop. Sacudirse, darse de palos, zurrarse (se battre). ‖ Fig. et Fam. *Se cogner la tête contre les murs,* romperse la cabeza *ou* darse contra las paredes.

cognitif, ive [kɔgnitif, i:v] adj. Cognoscitivo, va.

cognition [-sjɔ̃] f. Cognición.

cognoscible [kɔgnɔssibl] adj. Cognoscible.

cohabitation f. Cohabitación.

cohabiter v. intr. Cohabitar, vivir juntos.

cohérence f. Coherencia.

cohérent, e adj. Coherente.

cohéreur m. Rad. Cohesor.

cohériter v. intr. Coheredar, heredar con otros.

cohéritier, ère m. et f. Coheredero, ra.

cohésif, ive adj. Cohesivo, va.

cohésion f. Cohesión.

cohobation f. Chim. Cohobación.

cohober v. tr. Chim. Cohobar.

cohorte f. Cohorte.

cohue [kɔy] f. Tropel, *m.,* barullo, *m.,* jaleo, *m.,* batahola.

coi, coite adj. Quieto, ta ; callado, da. ‖ *Demeurer, rester, o se tenir coi,* no chistar, no decir esta boca es mía.

coiffant m. Manera de ponerse un sombrero.

coiffe f. Toca, cofia (coiffure). ‖ Forro, *m.* (doublure). ‖ Funda (de képi). ‖ Mesenterio (*m.*) de las reses (des animaux de boucherie). ‖ Amnios, *m.* (membrane). ‖ Cofia (de projectile). ‖ Pilorriza, cofia (d'une plante). ‖ Archit. Concha.

coiffé, e adj. Peinado, da (cheveux). ‖ Tocado, da ; cubierto, ta : *coiffé d'une casquette,* tocado con una gorra. ‖ Fam. *Être né coiffé,* haber nacido de pie *ou* con buena estrella.

coiffer v. tr. Cubrir la cabeza de *ou* con, poner : *coiffer un enfant d'un béret,* poner una boina a un niño. ‖ Sentar, ir : *ce béret vous coiffe bien,* esta gorra le sienta bien. ‖ Peinar (peigner). ‖ Ser el peluquero de (coiffeur). ‖ Cubrir, rematar : *maison coiffée de tuiles,* casa cubierta con tejas. ‖ Tener bajo su jurisdicción, reunir bajo su mando, depender (avoir sous sa coupe) : *organisation qui en coiffe d'autres,* organización de la que dependen otras. ‖ Englobar, abarcar (renfermer). ‖ Techn. Encabezar. ‖ Fam. Emborrachar (enivrer). ‖ — Fam. *Coiffer d'une courte tête,* ganar por una cabeza. ‖ *Coiffer quelqu'un sur le poteau,* vencer a alguien en los últimos metros (sports). ‖ *Coiffer sainte Catherine,* quedarse para vestir santos [dícese en Francia cuando una chica soltera cumple los 25 años]. ‖ Fam. *Coiffer son mari,* engañar *ou* poner los cuernos a su marido. ‖ Mil. *Coiffer un objectif,* cubrir un objetivo. ‖ *Il coiffe du 50,* su sombrero es del número 50. — V. pr. Peinarse (se peigner). ‖ Ponerse el sombrero (chapeau), cubrirse la cabeza de *ou* con, ponerse : *elle se coiffa d'un bonnet,* se puso un gorro. ‖ Fig. Encapricharse : *se coiffer de quelqu'un,* encapricharse por *ou* con uno.

coiffeur, euse m. et f. ● Peluquero, ra. ‖ *Aller chez le coiffeur,* ir a la peluquería. ‖ — F. Tocador, *m.,* coqueta (meuble). — Syn. ● (*Vx*) *Perruquier,* peluquero. *Barbier,* barbero. *Figaro,* fígaro. Pop. *Merlan,* rapabarbas.

coiffure f. Tocado, *m.* (sur la tête). ‖ Peinado, *m.* (des cheveux). ‖ ● Sombrero, *m.* (chapeau). ‖ *Salon de coiffure*, peluquería.
— SYN. ● *Fam. Bibi*, sombrerillo de señora. *Pop. Galurin*, pavero, güito.

Coïmbre n. pr. GÉOGR. Coimbra.

coin m. Esquina, *f.* (angle saillant), pico (d'un meuble). ‖ Rincón (angle rentrant). ‖ Rabillo (de l'œil). ‖ Comisura, *f.* (des lèvres). ‖ Rincón (lieu retiré). ‖ FIG. Cuño, sello (poinçon). ‖ Pedazo (morceau). ‖ TECHN. Cuña, *f.* (pour fendre le bois). ‖ Calzo (pour caler). ‖ Troquel (pour frapper la monnaie). ‖ Cantonera, *f.* (reliure). ‖ Rinconera, *f.* (encoignure). ‖ — *Au coin de la rue*, a la vuelta de la esquina. ‖ *Au coin du feu* o *de la cheminée*, al amor de la lumbre. ‖ *Aux quatre coins du monde*, por todos los confines del mundo, en el mundo entero. ‖ *Les quatre coins*, las cuatro esquinas (jeux). ‖ — *Connaître les coins et les recoins*, conocer al dedillo. ‖ *Marquer au coin de...*, marcar con el sello de... ‖ *Mettre au coin*, castigar *ou* poner en el rincón (enfant). ‖ *Regarder du coin de l'œil*, mirar de reojo *ou* con el rabillo del ojo.

coinçage m. Calzadura, *f.*, calce, acuñación, *f.*

coincement m. Atrancamiento, atascamiento.

coincer* v. tr. Calzar, poner un calce, acuñar (fixer avec des coins). ‖ Atrancar, atascar (un mécanisme). ‖ Meter, introducir, encajar, encajonar (engager). ‖ Arrinconar, encajonar, acorralar a alguien (couper la retraite). ‖ FAM. Coger, pillar, pescar (attraper). ‖ *Rester coincé*, quedarse aprisionado, acorralado, sin salida.
— V. pr. Atrancarse, atascarse (une machine).

coïncidence [kɔɛ̃sidɑ̃:s] f. Coincidencia.
— SYN. *Simultanéité*, simultaneidad. *Rencontre*, hallazgo, encuentro.

coïncident, e [-dɑ̃, ɑ̃:t] adj. Coincidente.

coïncider [-de] v. intr. Coincidir.

coinculpé, e m. et f. Coinculpado, da.

coing [kwɛ̃] m. Membrillo (fruit). ‖ *Pâte de coing*, carne de membrillo.

cointéressé, e adj. et s. Cointeresado, da.

coir m. Gachumbo (de la noix de coco).

coït [kɔit] m. Coito.

coitte ou **couette** f. Colchón (*m.*) de plumas.

coke m. Coque, carbón de coque.

cokéfaction f. TECHN. Coquización, transformación en coque, coquificación.

cokéfiable adj. Que puede ser transformado en coque.

cokéfier v. tr. TECHN. Coquizar, coquificar.

cokerie f. Fábrica de coque, coquería.

col m. ANAT. Cuello. ‖ Cuello (d'un vêtement) : *faux col, col cassé*, cuello postizo, cuello de palomita. ‖ ● Puerto, paso (entre deux montagnes). ‖ Gollete, cuello (d'une bouteille). ‖ — *Col châle*, cuello bufanda. ‖ *Col roulé* o *rabattu*, cuello vuelto. ‖ — *Cache-col*, bufanda. ‖ FAM. *Faux col*, espuma de un vaso de cerveza (bière).
— SYN. ● *Port*, puerto. *Brèche*, brecha, quebrada. *Pas*, paso. *Défilé*, desfiladero. *Gorge*, garganta.

cola ou **kola** m. Cola, *f.*, Kola, *f.*

colateur m. Colector de desagüe.

colature f. Coladura (filtrage).

col-bleu m. FAM. Marino.

Colchide n. pr. f. GÉOGR. Cólquida.

colchique m. BOT. Cólquico.

colcotar m. Colcótar.

cold-cream [kɔldkri:m] m. Cold cream.

col-de-cygne m. TECHN. Grifo *ou* tubería (*f.*) en forma de cuello de cisne.

colégataire m. et f. Colegatario, ria.

coléoptère m. ZOOL. Coleóptero.

colère f. Cólera, ira. ‖ Furor, *m.* : *la colère des vagues*, el furor de las olas. ‖ Rabieta, berrinche,

m. (d'un enfant). ‖ — *Colère bleue*, rabia imponente, cólera tremenda, furibunda, furiosa. ‖ *Sur un coup de colère*, en un momento de irritación *ou* de rabia. ‖ — *Être en colère*, estar furioso *ou* encolerizado. ‖ *Être fou de colère*, estar hecho una furia *ou* un basilisco. ‖ *Passer sa colère sur*, desahogar su ira, descargar uno la bilis. ‖ *Se mettre en colère*, encolerizarse, ponerse furioso. ‖ — Adj. Colérico, ca ; iracundo, da (furieux), enfadado, da (fâché).

coléreux, euse ou **colérique** adj. Colérico, ca ; iracundo, da.
— SYN. *Irascible*, irascible. *Rageur*, rabioso, cascarrabias. *Courroucé*, enojado.

colibacille [kɔlibasil] m. MÉD. Colibacilo.

colibacillose [-lo:z] f. MÉD. Colibacilosis.

colibri m. Colibrí (oiseau).

colichemarde f. (Vx). Hoja de espada.

colicitant adj. et s. m. DR. Colicitante.

colifichet m. Baratija, *f.*, bujería, *f.* (babiole). ‖ Perifollo, perendengue (ornement).

colimaçon [kɔlimasɔ̃] m. ZOOL. Caracol. ‖ — FIG. *En colimaçon*, de forma espiral, *ou* de hélice. ‖ *Escalier en colimaçon*, escalera de caracol.

colin m. Merluza, *f.* (poisson).

Colin n. pr. m. Colás, Nicolás.

colineau m. Merluza (*f.*) pequeña.

colin-maillard [kɔlɛ̃maja:r] m. Gallina (*f.*) ciega (jeu).

colin-tampon m. (Vx). Batería (*f.*) suiza. ‖ *Je m'en soucie comme de colin-tampon*, no me importa un pito.

colique adj. Cólico, ca.
— F. Cólico, *m.* : *colique de miserere, de plomb, néphrétique*, cólico miserere, de plomo *ou* saturnino, nefrítico. ‖ — FAM. *Avoir la colique*, morirse de miedo. ‖ *Quelle colique!*, ¡qué tostón !

colis [kɔli] m. Paquete (paquet), cajón (caisse), bulto (ballot). ‖ — *Colis de Noël*, cesta de Navidad. ‖ *Colis postal*, paquete postal [*Amér.*, encomienda postal].

colisée m. Coliseo.

colistier m. Miembro de una misma candidatura.

colitigant, e adj. et s. DR. Colitigante.

collaborateur, trice m. et f. Colaborador, ra. ‖ Colaboracionista (en politique).

collaboration f. Colaboración.

collaborationniste adj. et s. Colaboracionista.

collaborer v. intr. Colaborar.

collage m. Encoladura, *f.*, pegadura, *f.* ‖ Encolado (du papier). ‖ Encolado, clarificación, *f.* (du vin). ‖ ARTS. Colaje. ‖ FAM. Enredo, lío, apaño, amancebamiento.

collagène m. CHIM. Colágeno.

collant, e adj. Pegajoso, sa (qui colle). ‖ Ceñido, da (très ajusté). ‖ FIG. et FAM. Pegajoso, sa ; pesado, da. ‖ *Papier collant*, papel engomado.
— F. FAM. Entre estudiantes, convocatoria a un examen. ‖ — M. Leotardo (bas).

collapsus m. MÉD. Colapso.

collargol m. CHIM. Colargol.

collatéral, e adj. et s. Colateral. ‖ — M. Nave (*f.*) colateral (dans une église).

collateur m. Colador (ecclésiastique).

collatif, ive adj. Colativo, va.

collation [kɔlasjɔ̃] f. Colación (d'un bénéfice). ‖ Colación, cotejo, *m.* (comparaison). ‖ ● Colación, merienda, tentempié, *m.* (repas léger).
— SYN. ● *Goûter*, merienda. *Lunch*, lunch, refrigerio. *Réfection*, refacción.

collationnement m. Cotejo, confrontación, *f.*

collationner v. tr. Cotejar, confrontar.
— V. intr. Hacer una colación, merendar.

colle f. Cola, goma, pegamento, *f.* (pour coller). ‖ Examen (*m.*) parcial. ‖ Castigo, *m.*, privación de salida (retenue). ‖ FAM. Bola, embuste, *m.*

(mensonge). | Pega (dans un examen). | Lata, rollo, *m.*, tostón, *m.* : *quelle colle !*, ¡qué lata ! | — *Colle de pâte,* engrudo. ‖ *Colle forte,* cola fuerte *ou* de conejo. ‖ *Poser une colle,* hacer una pregunta difícil, poner una pega.
— Observ. En espagnol, on réserve généralement le terme *cola* pour le produit qui sert à coller le bois, alors que *goma* ou *pegamento* désignent toute autre sorte de colle, particulièrement celle qui est vendue en tube.

collecte f. Colecta. ‖ Recolección : *collecte d'informations statistiques,* recolección de informaciones estadísticas.

collecter v. tr. Recolectar, recaudar (des fonds). ‖ Colectar (p. us.).

collecteur adj. et s. m. Colector.
— M. Recaudador, colector (p. us.) [d'impôts, de cotisations]. ‖ Électr. Colector. ‖ *Collecteur d'ondes,* antena.

collectif, ive adj. Colectivo, va.
— M. Gramm. Colectivo. ‖ Petición (*f.*) de apertura o supresión (*f.*) de créditos.

collection f. ● Colección. ‖ Méd. Bolsa (de pus, etc.). ‖ *Faire collection de,* coleccionar, hacer colección de.
— Syn. ● *Recueil,* colección, recopilación. (*Vx*) *Corps,* cuerpo. *Compilation,* compilación.

collectionner v. tr. Coleccionar. ‖ Fig. Reunir, coleccionar.

collectionneur, euse m. et f. Coleccionista, coleccionador, ra.

collectivisation f. Colectivización.

collectiviser v. tr. Colectivizar.

collectivisme m. Colectivismo.

collectiviste adj. et s. Colectivista.

collectivité f. Colectividad.

collège m. Colegio : *le collège des cardinaux,* el colegio cardenalicio. ‖ Colegio : *un collège de filles,* un colegio de niñas. ‖ *Collège electoral,* cuerpo electoral.
— Observ. *Collège* tiene en francés un sentido más limitado que en español; designa un establecimiento estatal de segunda enseñanza menos importante que el *lycée* (*instituto* en España).
— *Colegio* désigne également un établissement d'enseignement primaire ou spécial et correspond au français *école.* Il a aussi le sens d'*ordre* (des médecins, des avocats).

collégial, e adj. Colegial.
— F. Colegiata.
— Observ. Pl. del adjetivo : *collégiaux.*

collégien, enne adj. Colegial, escolar : *les habitudes collégiennes,* las costumbres colegiales.
— M. et f. Colegial, la.

collègue m. Colega.

coller v. tr. Pegar, encolar (fixer, faire adhérer). ‖ Pegar : *coller son front à la vitre,* pegar la frente al cristal. ‖ Encolar, clarificar : *coller du vin,* encolar vino. ‖ Encolar (le papier). ‖ Fam. Catear, dar calabazas a, suspender (à un examen). | Coger, pescar : *difficile à coller en géographie,* difícil de coger en geografía. | Castigar (collégiens). | Dejar colado, tapar la boca, apabullar (faire taire). | Largar : *coller une amende,* largar una multa. | Pegar, largar : *coller une gifle,* pegar un tortazo. | Pegarse (importuner). ‖ Pop. Poner, colocar (placer). ‖ *Coller au mur,* poner en el paredón.
— V. intr. Estar pegado (adhérer). ‖ Ajustarse, ceñirse (vêtement). ‖ Reflejar, reproducir : *roman qui colle au réel,* novela que refleja la realidad. ‖ Pegarse : *ce bonbon colle aux doigts,* este caramelo se pega a los dedos. ‖ Pegarse (sports). ‖ Pop. Pitar, carburar (marcher). ‖ — Fig. et fam. *Ça colle,* entendido, de acuerdo, vale. | *Ça ne colle pas,* no pega, no conviene, no puede ser. ‖

collerette f. Cuello, *m.* [de lienzo, de encaje]. ‖

Gorguera (encolure froncée). ‖ Techn. Collar, *m.*, collarín, *m.*, brida de un tubo (d'un tuyau).

collet [kɔlɛ] m. Cuello (d'un vêtement) : *saisir quelqu'un au collet,* agarrar a uno del *ou* por el cuello. ‖ Esclavina, *f.* (pèlerine). ‖ Alzacuello (des ecclésiastiques). ‖ Codilla, *f.* (des avocats). ‖ Lazo (pour la chasse) : *prendre au collet,* coger con lazo. ‖ Pescuezo (viande de boucherie). ‖ Cuello (d'une dent). ‖ Bot. Cuello. ‖ Techn. Collar. ‖ — (Vx) *Collet de buffle,* coleto. ‖ Fam. *Collet monté,* encopetado. ‖ (Vx) *Petit collet,* eclesiástico.

colleter* [kɔlte] v. tr. Coger por el cuello, apercollar (p. us.).
— V. pr. Agarrarse, pelearse : *se colleter avec quelqu'un,* agarrarse con uno.

colletin m. Coletillo.

colleur, euse m. et f. Empapelador, ra (de papiers). ‖ Cartelero, ra (d'affiches). ‖ — M. Fam. Examinador (examinateur). ‖ — F. Encoladora (cinéma).

collier m. Collar. ‖ Collera, *f.*, collar (harnais). ‖ Cuello (boucherie). ‖ Techn. Collar, abrazadera, *f.* ‖ Sotabarba, *f.* (barbe). ‖ — *Collier à pointes,* carlanca. ‖ *Collier de force,* collar con púas interiores [para domar perros]. ‖ *Collier de misère,* cruz, vida penosa. ‖ — *À plein collier,* con todas las fuerzas. ‖ *Coup de collier,* esfuerzo grande *ou* final, último esfuerzo. ‖ *Franc du collier,* animoso. ‖ *Reprendre le collier,* reanudar el trabajo.

colliger* v. tr. Recopilar, hacer una recopilación de, colegir (p. us.) [réunir]. ‖ Seleccionar pasajes de un libro. ‖ Coleccionar (des livres).
— Observ. *Colegir* en espagnol signifie aussi *déduire.*

collimateur m. Techn. Colimador.

collimation f. Techn. Colimación.

colline f. Colina.
— Syn. *Coteau,* collado. *Éminence,* eminencia. *Haut,* alto. *Hauteur,* altura. *Côte,* cuesta.

collision f. Colisión, choque, *m.* ‖ Fig. Conflicto, *m.* (d'intérêts).

collocation f. Clasificación. ‖ Dr. Clasificación de los acreedores en el orden en que deben ser pagados.
— Observ. En espagnol, *colocación* signifie *placement et situation.*

collodion m. Chim. Colodión.

colloïdal, e adj. Coloidal, coloideo, a : *metalloïdes colloïdaux,* metaloides coloidales.

colloïde adj. Chim. Coloideo, a.
— M. Chim. Coloide.

colloque m. Coloquio.

colloquer v. tr. Inscribir [a los acreedores por el orden en que se les ha de pagar].

collusion f. Colusión.

collusoire adj. Colusorio, ria.

collutoire m. Méd. Colutorio.

collyre m. Méd. Colirio.

colmatage m. Taponamiento, relleno, atasco (obturation). ‖ Agric. Abono con légamo, entarquinamiento. ‖ Mil. Taponamiento, cierre.

colmater v. tr. Taponar, rellenar, obstruir (un trou). ‖ Agric. Entarquinar. ‖ Fig. Arreglar, remediar, resolver (arranger). ‖ Mil. Tapar una brecha en el frente.

colocase f. Bot. Colocasia.

colocataire m. et f. Coinquilino, na.

cologarithme m. Math. Cologaritmo.

Cologne n. pr. Géogr. Colonia.

Colomb [kɔlɔ̃] n. pr. Colón.

colombage m. Constr. Entramado.

colombe f. Paloma. ‖ Garlopa (varlope).

colombidés m. pl. Zool. Colúmbidos.

Colombie n. pr. f. Géogr. Colombia.

colombien, enne adj. et s. Colombiano, na.

colombier m. Palomar (pigeonnier). ‖ Impr. Papel de 90 × 63 cm. ‖ Théâtr. Gallinero, paraíso.

colombin, e adj. Columbino, na (couleur).
— F. Palomina (excrément d'oiseau). ‖ — M. pl. Colúmbidos (ordre d'oiseaux).

Colombine n. pr. f. Colombina.

colombo m. Colombo (racine).

colombophile adj. et s. Colombófilo, la.

colombophilie f. Colombofilia.

colon m. Colono. ‖ Agric. Colono, aparcero.

côlon m. Anat. Colon.

colonage m. Agric. Aparcería, f.

colonat m. Colonato.

colonel, elle m. et f. Coronel, la.

colonial, e adj. Colonial. ‖ *Denrées coloniales,* productos coloniales *ou* ultramarinos.
— F. Mil. Infantería colonial. ‖ — M. Soldado de la infantería colonial. ‖ Colono (habitant d'une colonie).

colonialisme m. Colonialismo.

colonialiste adj. et s. Colonialista.

colonie [kɔlɔni] f. Colonia.

colonisable adj. Colonizable.

colonisateur, trice adj. et s. Colonizador, ra.

colonisation f. Colonización.

coloniser v. tr. Colonizar.

colonnade f. Columnata.

colonne f. Archit. ● Columna. ‖ Fig. Columna, pilar, *m.,* sostén, *m.* (appui, soutien). ‖ Impr. Columna. ‖ Mil. Columna. ‖ — *Colonne composite,* columna compuesta. ‖ Autom. *Colonne de direction,* columna de dirección. ‖ *Colonne en balustre,* columna abalaustrada. ‖ *Colonne engagée, adossée* o *liée,* columna embebida, arrimada *ou* empotrada. ‖ Techn. *Colonne montante,* canalización principal que, en un inmueble, lleva el agua, gas o electricidad a todos los pisos. ‖ Anat. *Colonne vertébrale,* columna vertebral, espinazo. ‖ — *Cinquième colonne,* quinta columna. ‖ Mil. *En colonne par trois,* en columna de a tres.
— Syn. ● *Pilier,* pilar. *Pilastre,* pilastra. *Contrefort,* contrafuerte. *Colonnette,* Columnita.

colophane f. Colofonia.

coloquinte f. Bot. Coloquíntida. ‖ Pop. Melón, *m.,* coco, *m.* (tête).

colorant, e adj. et s. m. Colorante.

coloration f. Coloración.

coloré, e adj. Colorado, da. ‖ *Style coloré,* estilo brillante, florido.

colorer v. tr. Colorear, iluminar (colorier). ‖ Fig. Embellecer, hermosear (embellir). ‖ Teñir, matizar (nuancer). ‖ Adornar (un mensonge).

coloriage m. Iluminación, f.

colorier* v. tr. Iluminar, colorear.

colorimètre m. Colorímetro.

coloris [kɔlɔri] m. Colorido.

coloriste m. Colorista (peintre). ‖ — M. et f. Iluminador, ra (d'images).

colossal, e adj. Colosal : *édifices colossaux,* edificios colosales.
— Syn. *Gigantesque,* gigantesco. *Titanesque,* titanesco. *Titanique,* titánico. *Monumental,* monumental. *Cyclopéen,* ciclópeo.

colosse m. Coloso.

colostrum [kɔlɔstrɔm] m. Calostro.

colportage m. Buhonería, f., oficio de buhonero. ‖ *Venta* (f.) ambulante. ‖ Fig. Divulgación, f., propalación, f.

colporter v. tr. Ejercer el oficio de vendedor ambulante. ‖ Fig. Divulgar, propalar.

colporteur, euse m. et f. Vendedor ambulante, buhonero, ra (marchand ambulant). ‖ Fig. Llevador, ra ; propalador, ra (de nouvelles).

colt [kɔlt] m. Colt, revólver.

coltinage m. Oficio de mozo de cuerda (métier). ‖ Acarreo, transporte a cuestas (transport).

coltiner v. tr. Llevar a cuestas (colporter). ‖ Hacer el mozo de cuerda.
— V. pr. Fam. Cargarse (un travail).

coltineur m. Mozo de cuerda.

columbarium [kɔlɔ̃barjom] m. Columbario.

colza m. Bot. Colza, f.

coma m. Méd. Coma. ‖ *Être dans le coma,* estar en estado comatoso.
— Observ. En espagnol *coma, f.,* désigne la « virgule ».

comateux, euse adj. Méd. Comatoso, sa.

combat m. ● Combate : *engager le combat,* empeñar el combate. ‖ Duelo (émulation). ‖ Fig. Embate (des éléments). ‖ — *Combat de coqs,* riña *ou* pelea de gallos. ‖ *Combat de gladiateurs,* lucha de gladiadores. ‖ *Combat de taureaux,* lidia de toros. ‖ *Combat singulier,* duelo. ‖ *Hors de combat,* fuera de combate. ‖ *Taureau de combat,* toro de lidia.
— Syn. ● *Lutte,* lucha, pugna (style relevé). *Bataille,* batalla. *Mêlée,* refriega, pelea. *Baroud,* pelea, reyerta. *Affaire,* combate, pelea.

combatif, ive adj. Combativo, va ; acometedor, ra.
— Syn. *Agressif,* agresivo. *Batailleur,* batallador.

combativité f. Combatividad, acometividad. ‖ Bravura (d'un taureau).

combattant, e adj. et s. Combatiente. ‖ — M. Pavo marino (oiseau). ‖ *Les anciens combattants,* los ex combatientes.

combattre* v. tr. et intr. Luchar, combatir : *combattre un ennemi,* luchar contra un enemigo.

combe f. Cañada.

combien [kɔ̃bjɛ̃] adv. Cuánto. ‖ Cuán, qué, lo... que (devant un adjectif) : *combien il est travailleur,* cuán trabajador es *ou* lo trabajador que es. ‖ *Tan* : *mais combien efficace...,* pero tan eficaz. ‖ — *Combien de,* cuánto, cuántos : *combien de peine,* cuánto trabajo ; *combien de fleurs,* cuántas flores. ‖ *Ô combien,* con mucho (de loin), muchísimo (beaucoup). ‖ *Tous les combien ?,* ¿a cada cuánto ?
— M. Cuanto, cuantos : *l'autobus passe tous les combien ?,* ¿cada cuánto pasa el autobús ? ; *le combien sommes-nous ?,* ¿a cuánto ou a cuántos estamos ? ‖ *Le combien êtes-vous ?* (rang), ¿qué puesto ocupa ?

combinaison f. Combinación. ‖ Mono, *m.* (vêtement de travail). ‖ Fig. Combinación. ‖ *Combinaison de vol, spatiale,* traje de vuelo, espacial.

combinard [kɔ̃bina:r] m. Fam. Amigo de combinas *ou* de tejemanejes.

combinat [-na] m. Combinado, complejo.

combinateur m. Combinador.

combinatoire adj. Math. Combinatorio, ria.

combine f. Fam. Combina, f.

combiné, e adj. Combinado, da. ‖ Mil. *Opérations combinées,* operaciones combinadas.
— M. Chim. Combinación, f. ‖ Microteléfono, pesa, f. (du téléphone). ‖ Prueba (f.) mixta, combinado [esquí].

combiner v. tr. Combinar. ‖ Fig. Conjugar, compaginar : *il peut combiner toutes ses activités,* puede compaginar todas sus actividades.

comble [kɔ̃:bl] adj. Lleno, na ; atestado, da (plein).
— M. Colmo (le dernier degré). ‖ Remate, cumbre, f. (faîte). ‖ Constr. Armazón de un tejado (charpente). ‖ Fig. ● Cumbre, f., cima, f. (sommet). ‖ — *De fond en comble,* de arriba abajo, completamente. ‖ *Pour comble de bonheur,* para colmo de bienes. ‖ *Pour comble de malheur,* para colmo de desgracia. ‖ — *C'est un comble,* es el colmo. ‖ *Habiter sous les combles,* vivir en el desván de una casa.
— Syn. ● *Faîte,* cima. *Sommet,* cima, cumbre, cúspide.

Summum, súmmum, lo sumo. *Apogée,* apogeo. *Zénith,* cenit. *Pinacle,* pináculo.

comblé, e adj. Colmado, da ; satisfecho, chaplenamente.

comblement m. Terraplenamiento (remblai). ‖ Relleno, acción de cegar *ou* colmar.

combler v. tr. Llenar, colmar (remplir jusqu'au bord). ‖ Rellenar, cegar (remplir un vide). ‖ Cumplir, satisfacer : *combler un désir,* cumplir un deseo. ‖ *Combler de bienfaits,* colmar de favores.

comburant, e adj. et s. m. Comburente.

combustibilité f. Combustibilidad.

combustible adj. et s. m. Combustible.

combustion f. Combustión.

— Syn. *Ignition,* ignición.

Côme n. pr. m. Cosme. ‖ Géogr. Como.

comédie f. Comedia (pièce de théâtre). ‖ Fig. Comedia : *la comédie du monde,* la comedia del mundo. ‖ Teatro, comedia : *aller à la comédie,* ir al teatro. ‖ Fam. Historia, lío, *m.,* gaita : *c'est toute une comédie pour se garer là,* aparcar allí es una gaita. ‖ Fig. Farsa, lata : *cesse de faire la comédie,* deja de dar la lata. ‖ *— Secret de comédie,* secreto a voces. ‖ *— Jouer la comédie,* representar una comedia (au théâtre), hacer teatro, representar una farsa, hacer la comedia (feindre).

comédien, enne m. et f. Comediante, ta ; actor, actriz. ‖ Fig. Comediante, farsante (hypocrite). ‖ *— Comédien ambulant,* cómico de la legua. ‖ *Troupe de comédiens,* compañía de teatro.

comédon m. Méd. Comedón (sur le visage).

comestible adj. et s. m. Comestible.

comète f. Astr. Cometa, *m.*

— Observ. Le mot féminin *cometa,* en espagnol, désigne le « cerf-volant ».

comices m. pl. Comicios. ‖ *Comices agricoles,* círculos de labradores.

comique adj. et s. Cómico, ca : *acteur comique,* actor cómico. ‖ ● Fig. Cómico, ca (amusant). ‖ — M. Lo cómico.

— Syn. ● *Risible,* risible. *Plaisant,* gracioso. *Impayable,* graciosísimo, incomensurable. *Bouffe, bouffon,* bufón. *Drôle,* gracioso, chistoso. *Cocasse,* chusco. *Désopilant,* festivo, jocoso. *Hilarant,* hilarante. *Burlesque,* burlesco. *Rigolo,* chistoso, divertido. *Bidonnant, crevant, gondolant, roulant, tordant, marrant,* mondante, de reventar.

comité m. Comité, junta, *f.,* comisión, *f.* ‖ — *Comité de lecture,* comité de lectura. ‖ *Comité d'entreprise,* jurado de empresa. ‖ *Petit comité,* reunión íntima.

comitial, e [kɔmisjal] adj. Comicial (relatif aux comices). ‖ *Mal comitial,* epilepsia.

comma m. Mus. Coma, *f.*

command m. Dr. Poderdante, mandante.

commandant m. Comandante. ‖ *Commandant d'armes,* gobernador militar de una plaza.

commande f. Encargo, *m.,* pedido, *m.* : *livrer, passer une commande,* entregar, hacer un encargo *ou* un pedido. ‖ Techn. Mando, *m.* (machine, auto, avion). ‖ Accionamiento, *m.* (mise en marche), órgano (*m.*) de transmisión. ‖ *De commande,* indispensable, obligatorio (obligatoire), fingido, da ; de cumplido (feint). ‖ *Sur commande,* de encargo. ‖ *Tenir les commandes,* llevar las riendas.

commandement m. ● Mandato, orden, *f.* (ordre). ‖ Mando (pouvoir). ‖ Mando, transmisión, *f.* (d'une machine). ‖ Fig. Mando, dominio, poder (puissance). ‖ Dr. Requerimiento. ‖ Mil. Mando. ‖ Voz (*f.*) de mando. ‖ Relig. Mandamiento. ‖ *— À mon commandement!,* ¡Atención! (commandement préparatoire). ‖ *Poste de commandement,* puesto de mando.

— Syn. ● *Mandat,* mandato. *Ordre,* orden. *Précepte,* precepto. *Prescription,* prescripción. *Sommation,* intima-

ción, requerimiento. *Injonction,* orden terminante. *Ultimatum,* ultimátum. *Ukase,* ukase.

commander v. tr. Mandar : *commander une armée,* mandar un ejército. ‖ Ordenar, mandar, pedir (ordonner). ‖ Encargar, hacer el pedido de : *commander un costume,* encargar un traje. ‖ Dominar (un lieu). ‖ Dominar, gobernar (dominer). ‖ Imponer (imposer), impulsar, llamar. ‖ Mécan. Poner en marcha *ou* en movimiento, accionar, hacer funcionar. ‖ Regular (contrôler). — V. intr. ● Mandar en. ‖ Refrenar : *commander à ses désirs,* refrenar sus deseos. ‖ Techn. Mandar (un mécanisme).

— V. pr. Dominarse, ser dueño de sí. ‖ Comunicarse (deux salles). ‖ *Le courage ne se commande pas,* el valor no depende de uno mismo.

— Syn. ● *Dominer,* dominar. *Régner,* reinar. *Régenter,* regentar. *Régir,* regir.

commanderie f. Encomienda.

commandeur m. Comendador.

commanditaire adj. Comanditario, ria. — M. Socio comanditario.

commandite f. Comandita.

commanditer v. tr. Comanditar, financiar.

commando m. Mil. Comando, cuerpo expedicionario. ‖ Destacamento de prisioneros de guerra.

comme conj. Como : *courageux comme un lion,* valiente como un león ; *un homme comme lui,* un hombre como él ; *comme il pleuvait...,* como llovía... ‖ Cuando : *comme je dînais, il arriva,* cuando cenaba llegó.

— Adv. exclamatif. Cuán, qué : *comme il fait chaud!, comme il est pénible!,* ¡qué calor hace!, ¡qué molesto es! ‖ Cómo, de qué modo : *comme il me traite!,* ¡cómo me trata! ‖ *— Comme ça,* así. ‖ *Comme quoi,* de lo cual se deduce.

— Adv. de quantité. Casi, más o menos : *il était comme muet,* estaba casi mudo. ‖ *— Comme ci, comme ça,* así, así así, regular, talcualillo. ‖ *Comme de raison* o *comme de juste,* como es lógico, como es natural. ‖ *Comme qui dirait,* como si dijéramos ; como quien dice. ‖ *Comme tout,* muy : *il est gentil comme tout,* es muy simpático. ‖ *Tout comme,* exactamente lo mismo.

commémoraison f. Conmemoración.

commémoratif, ive adj. Conmemorativo, va.

commémoration f. Conmemoración : *la commémoration des morts,* la conmemoración de los difuntos.

commémorer v. tr. Conmemorar.

commençant, e adj. et s. Principiante, ta.

commencement m. Comienzo, principio : *le commencement d'une fortune,* el comienzo de una fortuna ; *le commencement d'un règne,* el principio de un reinado. ‖ *— Au commencement,* al principio. ‖ *Au commencement de,* a principios de : *au commencement du mois,* a principios de mes. ‖ *Il y a un commencement à tout,* principio quieren las cosas.

— Syn. *Naissance,* nacimiento. *Début,* principio. *Prémices,* primicias.

commencer* v. tr. et intr. Comenzar, empezar, principiar, dar comienzo : *le monde a commencé dans le chaos,* el mundo principió en el caos ; *bien commencer sa journée,* comenzar bien el día ; *il a déjà commencé sa tâche,* ya tiene empezada su tarea ; *il commence à neiger,* está empezando a nevar. ‖ Fam. *Ça commence à bien faire!,* ¡está bien! ‖ *Ça commence bien!,* ¡empezamos bien!

— Syn. *Entreprendre,* emprender. *Entamer,* empezar, iniciar. *Fig. Attaquer,* atacar. *Préluder,* preludiar. *Amorcer,* entablar, iniciar.

commendataire adj. m. Comendatario (ecclésiastique).

163   COMMENDE — COMMUNAUTÉ

commende f. Encomienda. ‖ Usufructo, *m.* (usufruit).

commensal, e m. et f. Comensal.
— Adj. ZOOL. Que vive en simbiosis con otro.

commensalisme m. Vida (*f.*) en simbiosis.

commensurabilité f. Conmensurabilidad.

commensurable adj. Conmensurable.

comment adv. Cómo : *comment peut-il vivre ainsi?*, ¿cómo puede vivir así? ‖ *Comment ça va?*, ¿qué tal? — Interj. ¡Cómo! : *comment! te voilà?*, ¡cómo!, ¿estás ahí? ‖ *...Et comment!*, ¡ya lo creo!, ¡y de qué modo! ‖ *Le comment*, el cómo. ‖ *N'importe comment*, como sea.

commentaire m. Comentario.

commentateur, trice m. et f. Comentador, ra (de textes). ‖ Comentarista (à la radio).

commenter v. tr. Comentar.

commérage m. Comadreo, chismorreo, cotilleo.

commerçable adj. Negociable, comerciable : *effet commerçable*, giro negociable.

commerçant, e adj. et s. Comerciante. ‖ — *Commerçant en gros*, mayorista. ‖ *Petit commerçant*, tendero. ‖ *Quartier commerçant*, barrio comercial.

commerce m. Comercio : *chambre, code, tribunal de commerce*, cámara, código, tribunal de comercio. ‖ Comercio : *acheter un commerce de mercerie*, comprar un comercio de mercería; *commerce de*, o *en, gros, de détail, de demi-gros*, comercio al por mayor, al por menor, intermediario al por mayor. ‖ ● Trato, comercio (comportement, fréquentation) : *être d'un commerce agréable*, ser de agradable trato. ‖ Tienda, *f.*, comercio (établissement). ‖ — *Fonds de commerce*, negocio, comercio. ‖ — *Être dans le commerce*, estar en el comercio (chose), ser comerciante (personne). ‖ *Faire du commerce*, comerciar, negociar.
— SYN. ● *Trafic*, tráfico. *Traite*, trata.

commercer* v. intr. Comerciar.

commercial, e adj. Comercial. ‖ — *Droit commercial*, derecho mercantil. ‖ *La flotte commerciale*, la flota mercante.
— F. Furgoneta, vehículo (*m.*) comercial.

commercialisation f. Comercialización, mercantilización. ‖ Mercadeo, *m.* (marketing). ‖ Venta.

commercialiser v. tr. Comercializar, mercantilizar.

commercialité f. Comercialidad.

commère f. Comadre, cotilla.

commérer* v. intr. FAM. Comadrear, chismorrear, cotillear.

commettant m. Comitente.

commettre* v. tr. Cometer : *commettre un délit*, cometer un delito. ‖ Nombrar, comisionar : *commettre à une inspection*, nombrar para una inspección. ‖ Comprometer (sa réputation). ‖ MAR. Corchar (un câble).
— V. pr. Comprometerse : *se commettre avec des fripons*, comprometerse con bribones.

comminatoire adj. Conminatorio, ria ; conminativo, va.

commis [kɔmi] m. Dependiente (employé). [Ú. en este sentido el *f. commise*, empleada.] ‖ Empleado, agente : *commis des postes*, empleado de correos. ‖ — *Commis voyageur*, viajante de comercio. ‖ *Grand commis de l'État*, alto funcionario.

commisération f. Conmiseración.

commissaire m. Comisario. ‖ Juez (sports). ‖ Miembro de una comisión. ‖ Delegado. ‖ — *Commissaire aux comptes*, interventor de cuentas. ‖ *Commissaire de police*, comisario de policía.

commissaire-priseur m. Perito tasador, subastador.
— OBSERV. Pl. *commissaires-priseurs*.

commissariat m. Comisaría, *f.*

commission f. ● Comisión : *toucher une commission*, cobrar una comisión. ‖ Comisión : *commission administrative*, comisión administrativa. ‖ Comisión (achat pour autrui). ‖ Encargo, *m.*, mandado, *m.* : *exécuter une commission*, ejecutar un encargo. ‖ Recado, *m.* : *je lui ferai la commission*, le daré el recado : *faire faire une commission*, enviar un recado. ‖ — Pl. Mandados, *m. pl.*, encargos, *m. pl.* (pour autrui), compra (pour soi) : *faire ses commissions*, hacer los mandados, ir a la compra. ‖ *Commission paritaire*, tribunal mixto. ‖ — DR. *Commission rogatoire*, exhorto. ‖ *Travailler à la commission*, trabajar con comisiones.
— SYN. ● *Courtage*, corretaje. *Remise*, descuento.

commissionnaire m. Recadero, mandadero. ‖ Mozo de cordel (colporteur). ‖ COMM. Comisionista (qui achète pour autrui).

commissionner v. tr. Comisionar. ‖ Mandar, delegar.

commissoire adj. Comisorio, ria.

commissure f. Comisura.

commodat [kɔmɔda] m. DR. Comodato (prêt gratuit).

commodataire m. et f. Comodatario, ria.

commode adj. Cómodo, da. ‖ Cómodo, da ; manejable (maniable). ‖ Fácil, cómodo, da (facile). ‖ Acomodaticio, cia ; cómodo, da (accommodant). ‖ Indulgente, complaciente, tolerante : *mère commode*, madre indulgente. ‖ De trato fácil, agradable (d'un caractère facile). ‖ *Cet enfant n'est pas commode*, este niño es difícil de llevar. ‖ — F. Cómoda (meuble).

commodité f. Comodidad. ‖ *À votre commodité*, a su libre disposición (à votre disposition), a su convenencia, según le convenga (au moment opportun). ‖ — Pl. (Vx). Excusado, *m.*, retrete, *m.*

commodore m. Comodoro.

commotion f. Conmoción.

commotionné, e adj. et s. Conmocionado, da.

commotionner v. tr. Conmocionar.

commuable [kɔmɥabl] adj. Conmutable.

commuer v. tr. Conmutar.

commun, e adj. Común : *salle commune*, sala común; *usage commun*, uso común. ‖ Ordinario, ria ; común (vulgaire). ‖ Corriente, común, ordinario, ria (répandu). ‖ GRAMM. Común. ‖ — *Lieu commun*, tópico, lugar común. ‖ — *Maison commune*, casa consistorial, alcaldía, ayuntamiento. ‖ — *D'un commun accord*, de común acuerdo, por acuerdo común. ‖ *Il n'y a pas de commune mesure*, no hay ninguna proporción.
— M. Generalidad, *f.*, mayoría, *f.* : *le commun des hommes*, la generalidad de los hombres. ‖ (Vx). Vulgo. ‖ Común : *le commun des mortels*, el común de los mortales. ‖ — Pl. Dependencias, *f.* (d'une maison). ‖ — *Vivre en commun*, vivir en común [juntos]. ‖ *Vivre sur le commun*, vivir a costa ajena.

communal, e adj. Municipal. ‖ — HIST. *Milices communales*, milicias concejiles. ‖ *Terrain communal*, ejido.
— M. pl. Bienes de un municipio.

communaliser v. tr. Municipalizar.

communard, e m. et f. Partidario de la Comuna de 1871, en Francia.

communautaire adj. De la comunidad, colectivo, va.

communauté f. ● Comunidad. ‖ FIG. Identidad : *communauté de vues*, identidad de pareceres. ‖ *Communauté d'héritiers*, comunidad sucesoria.
— SYN. ● *Congrégation*, congregación. *Ordre*, orden. *Confrérie*, cofradía.

commune f. Municipio, *m.*, término (*m.*) municipal [*Amér.*, comuna] (division administrative). ‖ Comuna (révolution de Paris en 1871). ‖ — Pl. Comunes, *m. pl.* (chambre des députés en Grande-Bretagne).

communiant, e adj. et s. Comulgante. ‖ *Premier, ière communiant, e*, muchacho, cha, que hace la primera comunión.

communicable adj. Comunicable.

communicant, e adj. Comunicante.

communicateur, trice adj. Comunicador, ra.

communicatif, ive adj. Comunicativo, va.

— SYN. *Expansif,* expansivo. *Exubérant,* exuberante.

communication f. Comunicación. ‖ — *Communication interurbaine,* conferencia telefónica interurbana. ‖ *Communication téléphonique,* comunicación *ou* llamada telefónica.

communier* v. intr. Comulgar.

— V. tr. Dar la comunión.

communion f. Comunión.

communiqué m. Comunicado, parte. ‖ Remitido (réclame).

communiquer v. tr. Comunicar, facilitar.

— V. intr. Comunicar : *chambres qui communiquent,* cuartos que comunican. ‖ Estar en comunicación, comunicarse (être en relations).

— V. pr. Propalarse (se propager). ‖ Contagiarse : *bâiller se communique facilement,* bostezar se contagia fácilmente.

communisant, e adj. et s. Comunistoide, comunizante.

communisme m. Comunismo.

communiste adj. et s. Comunista.

commutateur m. ÉLECTR. Conmutador.

commutatif, ive adj. Conmutativo, va.

commutation f. Conmutación.

commutatrice f. ÉLECTR. Rectificador, *m.*, convertidor, *m.*

comourants m. pl. DR. Conmorientes.

compacité f. Compacidad, lo compacto. ‖ Tenacidad (du sol).

compact, e [kɔ̃pakt] adj. Compacto, ta.

compactage m. Apisonamiento.

compagne f. Compañera.

compagnie f. Compañía (accompagnement). ‖ ● Compañía (réunion de personnes). ‖ Compañía : *compagnie d'assurances,* compañía de seguros. ‖ ◆ Colegio, *m.* (corporation). ‖ Bandada, banda (d'oiseaux). ‖ MIL. Compañía. ‖ THÉÂTR. Compañía. ‖ — *Compagnie de Jésus,* Compañía de Jesús. ‖ — *Bonne compagnie,* buena sociedad. ‖ *Dame de compagnie,* señora de compañía. ‖ *La noble, l'illustre compagnie,* la Academia Francesa. ‖ — *De bonne compagnie,* de buen tono. ‖ *De o en compagnie,* en compañía. ‖ COMM. *Et compagnie,* y compañía. ‖ *Être en galante compagnie,* estar bien acompañado. ‖ *Tenir compagnie,* acompañar, hacer compañía.

— SYN. ● *Assemblée,* asamblea. *Conseil,* consejo.

— ◆ *Collège,* colegio. *Corps,* cuerpo. *Aréopage,* aréopago.

compagnon m. ● Compañero, camarada : *compagnon d'armes,* compañero de armas. ‖ Obrero (ouvrier).

— SYN. ● *Camarade,* camarada. *Acolyte,* acólito. *Condisciple,* condiscípulo. *Copain,* compinche.

compagnonnage m. Tiempo durante el cual un obrero trabajaba de oficial antes de ser maestro. ‖ Gremio de obreros (association). ‖ Compañerismo, camaradería, *f.* (camaraderie).

comparable adj. Comparable.

comparaison f. Comparación. ‖ *En comparaison de,* en comparación con.

— SYN. *Parité,* paridad. *Similitude,* similitud. *Parallèle,* paralelo. *Collationnement,* cotejo. *Confrontation,* confrontación.

comparaître* v. intr. Comparecer.

comparant, e adj. et s. DR. Compareciente.

comparateur m. TECHN. Comparador.

comparatif, ive adj. et s. m. Comparativo, va.

comparé, e adj. Comparado, da.

comparer v. tr. Comparar.

— SYN. *Confronter,* confrontar. *Conférer,* conferir. *Collationner,* cotejar.

comparoir v. intr. DR. Comparecer.

— OBSERV. Úsase solamente en infinitivo y en part. pres. *comparant, e.* Los demás tiempos son sustituidos por los del verbo *comparaître,* que también significa *comparecer.*

comparse m. y f. Comparsa.

— OBSERV. *Comparse* no tiene en francés el sentido de « grupo de figurantes » que tiene en español.

compartiment m. Compartimiento. ‖ Departamento, compartimiento (d'un wagon). ‖ Casilla, *f.* (casier, damier, etc.). ‖ Corro (bourse). ‖ MAR. *Compartiment étanche,* compartimiento estanco.

compartimentage m. División (*f.*) en compartimientos.

compartimenter v. tr. Dividir en compartimientos. ‖ FIG. Clasificar : *compartimenter les idées,* clasificar las ideas.

comparution f. DR. Comparecencia, comparición.

compas [kɔ̃pa] m. Compás (de dessin). ‖ FIG. Escala, *f.*, medida, *f.* (mesure). ‖ MAR. Compás, brújula, *f.* ‖ POP. Remos (jambes). ‖ — *Compas à balustre,* bigotera. ‖ *Compas à quart de cercle,* compás de cuadrante. ‖ *Compas à verge,* compás de vara. ‖ *Compas de calibre,* compás de calibre. ‖ *Compas d'épaisseur,* compás de espesores. ‖ *Compas de réduction,* compás de reducción. ‖ — *Au compas,* con compás, con tiralíneas. ‖ — POP. *Allonger le compas,* apresurar el paso. ‖ FIG. et FAM. *Avoir le compas dans l'œil,* tener buen ojo.

— OBSERV. *Compas* no tiene en francés el sentido musical de « medida », « ritmo » (mesure, rythme).

compassé, e adj. Estudiado, da ; envarado, da.

compassement m. Acción de acompasar. ‖ FIG. Afectación, *f.* ‖ Mesura.

compasser v. tr. Medir con compás. ‖ Compasar (p. us.), disponer simétricamente. ‖ FIG. Medir (phrases), dar carácter sobrio *ou* escueto a (style).

compassion f. Compasión, lástima.

compatibilité f. Compatibilidad.

compatible adj. Compatible.

compatir v. intr. Compadecer, compadecer : *compatir à la douleur d'autrui,* compadecerse del *ou* con el dolor ajeno.

compatissant, e adj. Compasivo, va.

compatriote m. et f. Compatriota.

— SYN. *Concitoyen,* conciudadano. *Fam. Pays,* paisano.

compendieux, euse adj. Compendioso, sa ; abreviado, da (abrégé).

compendium [kɔ̃pɛdjɔm] m. Compendio.

compénétration f. Compenetración.

compénétrer (se) v. pr. Compenetrarse.

compensable adj. Compensable.

compensateur, trice adj. et s. m. Compensador, ra. ‖ *Pendule compensateur,* péndulo compensador.

compensation f. Compensación. ‖ *Chambre de compensation,* cámara de compensación (clearing house).

— SYN. *Dédommagement,* resarcimiento. *Indemnité,* indemnización. *Contrepoids,* contrapeso. *Consolation,* consuelo, consolación. *Récompense,* recompensa.

compensatoire adj. Compensatorio, ria.

compensé, e adj. Compensado, da. ‖ *Semelle compensée,* cuña, suela de zapatos tanque.

compenser v. tr. Compensar.

— V. pr. Compensarse.

compérage m. Compadrazgo (entre deux compères). ‖ Connivencia, *f.*, entendimiento secreto.
compère m. Cómplice, compinche. ‖ Compadre.
compère-loriot m. Méd. Orzuelo (orgelet).
— Observ. Pl. *compères-loriots.*
compétence f. Competencia, capacidad. ‖ Fam. Persona competente. ‖ *Relever de la compétence de,* caer dentro de *ou* ser de la competencia de.
compétent, e adj. Competente. ‖ Legal, requerido, da : *âge compétent,* edad requerida.
compétiteur, trice m. et f. Competidor, ra ; rival, contrincante.
compétitif, ive adj. Competitivo, va.
compétition f. Competición.
— Syn. *Match,* partido, contienda. *Championnat,* campeonato. *Critérium,* criterio.
compilateur, trice m. et f. Compilador, ra.
compilation f. Compilación.
compiler v. tr. Compilar.
complainte f. Endecha (chanson triste). ‖ Dr. Querella.
complaire* v. intr. Complacer, dar gusto.
— V. pr. Complacerse.
complaisamment adv. Con complacencia.
complaisance f. Complacencia : *basse complaisance,* complacencia servil. ‖ — *De complaisance,* de favor. ‖ *Par complaisance,* por amabilidad. ‖ — *Avoir la complaisance de,* hacer el favor de, tener la bondad de.
complaisant, e adj. Complaciente.
— Syn. *Serviable,* servicial. *Prévenant,* solícito. *Obligeant,* servicial. *Empressé,* atento. *Déférent,* deferente.
complanter v. tr. Agric. Plantar (planter), cubrir de plantaciones (couvrir de plantations).
complément m. Complemento : *complément d'objet direct,* complemento directo.
complémentaire adj. Complementario, ria : *angles complémentaires,* ángulos complementarios.
complet, ète [kɔ̃plɛ, ɛt] adj. Completo, ta : *une étude complète,* un estudio completo. ‖ Completo, ta ; lleno, na : *autobus complet,* autobús completo. ‖ — *Complet,* no hay billetes (écriteau dans un théâtre), completo (hôtel). ‖ — *Au complet* o *au grand complet,* sin que falte ninguno, con todos sus miembros, en pleno. ‖ *Pain complet,* pan integral. ‖ *Temps complet,* plena dedicación. ‖ — Fam. *C'est complet !,* ¡lo que faltaba !
— M. Traje, terno (costume).
compléter* v. tr. Completar.
— V. pr. Completarse. ‖ Complementarse : *caractères qui se complètent,* caracteres que se complementan.
complétif, ive adj. Gramm. Completivo, va.
complexe adj. Complejo, ja.
— M. Chim. Math. et Philos. Complejo. ‖ Complejo, combinado : *un complexe industriel,* un complejo industrial. ‖ Ciném. Conjunto de decorados.
complexer v. tr. Acomplejar.
complexion f. Complexión, constitución. ‖ Humor, *m.,* temperamento, *m.* (caractère).
complexité f. Complejidad, complexidad (p. us.).
complication f. Complicación.
— Syn. *Contretemps,* contratiempo. *Accroc,* tropiezo. *Anicroche,* engorro.
complice adj. et s. Cómplice.
— Syn. *Acolyte,* acólito. *Compère,* compadre.
complicité f. Complicidad : *être de complicité avec quelqu'un,* estar en complicidad con alguien. ‖ *Faire acte de complicité,* ser cómplice.
— Syn. *Connivence,* connivencia. *Collusion,* colusión.
complies [kɔ̃pli] f. pl. Completas (offices religieux).
compliment m. Cumplido, cumplimiento (p. us.).

‖ Parabién, enhorabuena, *f.* (félicitations) : *je vous fais mes compliments,* le doy la enhorabuena. ‖ Elogio, *m.,* alabanza, galantería (éloge). ‖ *Sans compliment,* sin cumplidos, con franqueza. ‖ — Pl. Expresiones *f.,* recuerdos, memorias, *f.* : *mes compliments à M. X.,* memorias al Sr. X. ‖ *Mes compliments !,* ¡te felicito !
— Observ. En espagnol *cumplimiento* signifie aussi *accomplissement.*
complimenter v. tr. Cumplimentar (faire des civilités). ‖ Felicitar (faire des éloges).
complimenteur, euse adj. et s. Cumplimentero, ra.
compliqué, e adj. Complicado, da ; intrincado, da.
compliquer v. tr. Complicar.
— V. pr. Complicarse.
complot [kɔ̃plo] m. Complot, conspiración, *f.*
comploter v. tr. et intr. Conspirar, complotar. ‖ Tramar, maquinar, intrigar.
comploteur m. Conspirador, maquinador.
componction f. Compunción.
componé, e adj. Blas. Componado, da.
comportement m. Comportamiento, conducta, *f.* ‖ Actitud, *f.*
comporter v. tr. Traer consigo, implicar, incluir, comportar (gallicisme) [incluir]. ‖ Comprender, constar de, contar con (contenir). ‖ Soportar, sufrir (supporter, admettre).
— V. pr. Portarse, conducirse (se conduire). ‖ Funcionar, portarse (voiture). ‖ Desarrollarse (se dérouler).
composacées ou **composées** f. pl. Bot. Compuestas.
composant, e adj. et s. Componente.
composé, e adj. et s. m. Compuesto, ta. ‖ De circunstancia : *visage composé,* cara de circunstancia.
composer v. tr. Componer (former un tout). ‖ Integrar, componer : *l'Assemblée est composée de,* la Asamblea está integrada por. ‖ Componer (créer, inventer). ‖ Formar, marcar (un número de téléphone). ‖ Adaptar a las circunstancias. ‖ Impr. Componer. ‖ *Composer son visage,* poner cara de circunstancias.
— V. intr. Arreglarse, componerse (s'arranger). ‖ Acomodarse con. ‖ Transigir, contemporizar (transiger). ‖ Hacer un ejercicio escolar.
— Observ. *Componer,* en espagnol, a aussi le sens de « arranger », « raccommoder » et *componerse* celui de « se parer ».
composeuse f. Impr. Componedora (machine).
composite adj. et s. m. Archit. Compuesto, ta.
compositeur, trice m. et f. Dr. Componedor, ra : *amiable compositeur,* amigable componedor. ‖ Impr. Cajista. ‖ Mus. Compositor, ra.
composition f. ● Composición. ‖ Prueba, ejercicio, *m.* : *une composition d'anglais,* una prueba de inglés. ‖ Impr. Composición. ‖ — *Composition d'une annonce,* ajuste de un anuncio. ‖ — Dr. *Amiable composition,* composición amigable. ‖ *Amener à* o *entrer en composition,* prestarse a un compromiso, hacer posible un arreglo *ou* acuerdo. ‖ *Être de bonne composition,* ser acomodaticio.
— Syn. ● *Constitution,* constitución. *Structure,* estructura. *Teneur,* contenido, tenor.
compost [kɔ̃pɔst] m. Agric. Abono compuesto.
composter v. tr. Agric. Beneficiar con abonos compuestos. ‖ Fechar (billets).
composteur m. Sello de caracteres móviles (cachet). ‖ Impr. Componedor (règle). ‖ Fechador (pour les billets).
Compostelle (Saint-Jacques-de) n. pr. Géogr. Santiago de Compostela.
compote f. Compota (de fruits). ‖ Fam. *En compote,* molido, hecho papilla, en compota (meurtri).

compotier m. Compotera, *f.* (pour compotes). ‖ Frutero (pour fruits).

compound [kɔmpaund] adj. inv. TECHN. Compound (machines à vapeur, etc.).

compoundage m. Expansión (*f.*) múltiple.

compréhensibilité f. Comprensibilidad.

compréhensible adj. Comprensible.

— SYN. *Intelligible,* •inteligible. *Accessible,* accesible.

compréhensif, ive adj. Comprensivo, va.

compréhension [kɔpreᾶsjɔ̃] f. Comprensión.

comprendre* v. tr. Constar de, comprender (renfermer). ‖ Incluir, abarcar (englober). ‖ ● Comprender, entender (la signification). ‖ — *Comprendre à demi-mot,* entender con media palabra. ‖ *Comprendre la plaisanterie,* saber tomar las bromas. ‖ *Faire comprendre,* hacer comprender (expliquer), dar a entender (laisser entendre). ‖ *Je comprends!,* ¡ya lo creo!, ¡por supuesto!

— V. pr. Comprenderse, entenderse.

— SYN. ● *Concevoir,* concebir. *Saisir,* entender. *Entendre,* entender. *Réaliser,* darse cuenta. *Pop. Piger,* chanelar.

comprenette f. FAM. *Ne pas avoir la comprenette facile,* ser duro de mollera.

compresse f. Compresa.

compresseur adj. et s. m. Compresor, ra : *rouleau compresseur,* cilindro compresor.

compressibilité f. Compresibilidad.

compressible adj. Compresible.

compressif, ive adj. Compresivo, va.

compression f. Compresión. ‖ FIG. Reducción, disminución : *compression du budget, du personnel,* reducción del presupuesto, del personal. ‖ Opresión : *mesures de compression,* medidas de opresión.

comprimé, e adj. et s. m. Comprimido, da.

— M. Tableta, *f.* (médicament).

comprimer v. tr. Comprimir. ‖ FIG. Contener, reprimir, comprimir : *comprimer ses larmes,* comprimir sus lágrimas.

compris, e [kɔpri, i:z] adj. Comprendido, da. ‖ — *Compris?,* ¿entendido?, no hay más que hablar. ‖ — *Bien compris,* bien concebido. ‖ *Non compris,* sin incluir. ‖ — *À partir du 2 janvier jusqu'au 3 février compris,* a partir del 2 de enero hasta el 3 de febrero, ambos inclusive. ‖ *Y compris,* incluso, sa ; inclusive : *y compris les enfants,* incluso los niños, los niños inclusive.

compromettant, e adj. Comprometedor, ra.

compromettre* v. tr. Comprometer.

— V. intr. Hacer un compromiso, aceptar un arbitraje.

— V. pr. Comprometerse.

— OBSERV. *Compromettre* no tiene en francés el sentido de « obligarse a », « s'engager à ».

compromis [kɔprɔmi] m. Compromiso, convenio (transaction). [V. COMPROMETTRE.] ‖ Término medio.

compromission f. Compromiso, *m.,* comprometimiento, *m.* ‖ Arreglo, *m.,* acomodo, *m.* (arrangement).

compromissoire adj. DR. Compromisorio, ria.

comptabiliser v. tr. Contabilizar.

comptabilité [kɔtabilite] f. Contabilidad, teneduría de libros. ‖ Contaduría (bureau du comptable). ‖ *Comptabilité en partie double,* contabilidad por partida doble.

comptable m. Contable, tenedor de libros. ‖ Contador (de l'État). ‖ *Expert-comptable,* perito mercantil.

— Adj. Responsable de : *être comptable de ses actions,* ser responsable de sus acciones. ‖ Contable : *machine comptable,* máquina contable.

comptage m. Cuenta, *f.,* acción (*f.*) de contar.

comptant [kɔtᾶ] adj. Contante : *argent comptant et trébuchant,* dinero contante y sonante. ‖

FIG. *Prendre pour argent comptant,* creer a pies juntillas.

— Adv. Al contado : *payer comptant,* pagar al contado. ‖ *Au comptant,* al contado.

compte [kɔ:t] m. Cuenta, *f.* ‖ — *Compte à part,* cuenta separada. ‖ *Compte à rebours,* cuenta [hacia] atrás. ‖ *Compte courant, bancaire,* cuenta corriente, bancaria. ‖ *Compte d'apothicaire,* cuentas del Gran Capitán. ‖ *Compte de retour,* cuenta de resaca. ‖ *Compte d'impayés,* cuenta de efectos impagados. ‖ *Compte rendu* o *compte-rendu,* informe (rapport), acta (d'une séance), reseña (d'une œuvre artistique), información *ou* crítica (d'une représentation). ‖ *Compte rond,* cuenta redonda. ‖ — *Clôture des comptes,* cierre de ejercicio. ‖ *Cour des comptes,* Tribunal de Cuentas. ‖ *Quantité à compte,* cantidad a buena cuenta. ‖ *Titulaire d'un compte courant,* cuentacorrentista.

— *À compte,* a cuenta. (V. ACOMPTE.) ‖ *À bon compte,* a buen precio (à bon marché). ‖ *À ce compte-là,* en este caso. ‖ *Au compte de,* según la opinión *ou* el parecer de. ‖ *Compte tenu de,* teniendo en cuenta que, habida cuenta de. ‖ *De compte à demi,* a medias. ‖ *En compte,* a cuenta. ‖ *En fin de compte,* en resumidas cuentas. ‖ *Pour le compte de,* por cuenta de. ‖ *Sur le compte de quelqu'un,* acerca de *ou* referente a *ou* sobre alguien. ‖ *Tout compte fait,* finalmente, pensándolo bien.

— *Arrêter un compte,* cerrar una cuenta. ‖ FAM. *Avoir o en avoir pour son compte,* recibir una tunda, tener lo que se merecía (être maltraité), estar como una cuba (être ivre). ‖ *Demander compte de,* pedir cuenta de. ‖ *Demander son compte,* pedir la cuenta. ‖ *Donner son compte à quelqu'un,* despedir a un asalariado (renvoyer), dar una buena paliza *ou* lo que se merecía a uno, darle su suyo (maltraiter). ‖ *Être loin de compte o du compte,* estar equivocado *ou* muy lejos de la verdad *ou* de la realidad. ‖ *Faire bon compte de,* hacer poco caso de, prestar poca atención a. ‖ *Faire entrer en ligne de compte,* tomar en consideración *ou* en cuenta. ‖ *Faire le compte de,* ir en beneficio de, traer cuenta a. ‖ *Laisser pour compte,* dejar de cuenta. ‖ *Le compte n'y est pas,* la cuenta sale mal. ‖ *Les bons comptes font les bons amis,* las cuentas claras. ‖ *Mettre sur le compte de,* atribuir a, imputar, echar la culpa a. ‖ *Ouvrir un compte,* abrir una cuenta. ‖ *Prendre à son compte,* hacerse cargo *ou* asumir la responsabilidad de. ‖ *Recevoir son compte,* ser despedido *ou* recibir lo suyo. ‖ *Régler son compte à quelqu'un,* ajustarle las cuentas a uno. ‖ *Rendre compte,* dar cuenta. ‖ *S'en tirer à bon compte,* escapar bien, salir del paso con poco daño. ‖ *Se rendre compte,* darse cuenta, caer en la cuenta. ‖ *Son compte est bon,* ya verá lo que le espera. ‖ *Tenir compte de,* tener *ou* tomar en cuenta. ‖ *Tenir les comptes,* llevar las cuentas. ‖ *Travailler à son compte,* trabajar por su cuenta *ou* por cuenta propia. ‖ *Trouver son compte à,* sacar provecho en, tener interés en, salir ganando. ‖ FAM. *Tu te rends compte?,* ¿te das cuenta?

compte-fils [-fil] m. inv. TECHN. Cuentahílos.

compte-gouttes [-gut] m. inv. Cuentagotas. ‖ FIG. et FAM. *Au compte-gouttes,* con cuentagotas.

compter [-te] v. tr. ● Contar (dénombrer). ‖ Contar (contenir). ‖ Contar : *compter quelqu'un parmi ses amis,* contar entre sus amigos a alguien. ‖ Contar con : *compter d'illustres ancêtres dans sa famille,* contar con antepasados ilustres en la familia. ‖ Cobrar *ou* cargar por : *compter 30 centimes la bouteille vide,* cobrar 30 céntimos por el casco. ‖ Pagar (payer). ‖ Contar (avoir l'intention de). ‖ Tener en cuenta (tenir compte). ‖

Contar con (tenir pour assuré). || *À pas comptés,* con pasos contados.

— V. intr. Contar (calculer). || Contar, valer (équivaloir). || Contar (avoir quelque valeur). || Hacer números, calcular (calculer les dépenses). || Estar, encontrarse (se trouver) : *il compte parmi les grands écrivains,* se encuentra entre los grandes escritores. || *— Compter sans,* no tener en cuenta. || *Compter sur,* contar con. || *— À compter de,* a partir de. || *Sans compter que,* sin contar con que.

— Syn. ● *Calculer,* calcular. *Dénombrer,* contar. *Inventorier,* inventariar. *Nombrer, énumérer,* enumerar.

compte-rendu m. V. COMPTE *rendu.*

compte-tours [kɔ̃ttu:r] m. inv. TECHN. Cuenta-revoluciones.

compteur, euse [-tœ:r] adj. et s: m. Contador, ra. || *— Compteur d'images,* contador de imágenes (photo). || *Compteur de vitesse,* velocímetro. || *Compteur kilométrique,* cuentakilómetros.

comptine [-tin] f. Canción infantil para señalar aquel a quien le toca hacer algo.

comptoir [-twa:r] m. Mostrador (d'un marchand). || Barra, *f.* (café). || ● Factoría, *f.* (en pays étranger). || Sucursal, *f.* (d'une banque). || Cártel (de vente). || Establecimiento (possession). || *Comptoir d'escompte,* banco de crédito.

— Syn. ● *Etablissement,* establecimiento. *Factorerie,* factoría.

compulser v. tr. Compulsar.
compulsoire m. Compulsión, *f.*
comput [kɔ̃pyt] m. Cómputo.
computation f. Computación, cómputo, *m.*
computer v. tr. Computar.
comtal, e adj. Condal.
comtat [kɔ̃ta] m. Condado.
comte [kɔ̃:t] m. Conde.
comté m. Condado. || Queso parecido al gruyère.

— Observ. *Comté,* fue femenino en otro tiempo : *la Franche-Comté,* el Franco Condado.

comtesse f. Condesa.
comtois, e adj. et s. Del Franco Condado. || — F. Reloj (*m.*) de pared de caja alta.
con m. POP. Coño. | Jilipolla (idiot).
concassage m. TECHN. Machacado, trituración, *f.*
concasser v. tr. Machacar, triturar.
concasseur m. TECHN. Machacador, machacadora, *f.,* trituradora, *f.*
concave adj. Cóncavo, va.
concavité f. Concavidad.
concéder* v. tr. Conceder.

— Syn. *Octroyer,* otorgar. *Accorder,* otorgar, conceder.

concentration f. Concentración. || Reconcentración de la mente (tension d'esprit). || PHYS. Concentración, || *Camp de concentration,* campo de concentración.
concentrationnaire adj. Relativo a los campos de concentración.
concentré, e adj. ● Concentrado, da. || FIG. Reconcentrado, da; ensimismado, da (absorbé). || *Lait concentré,* leche condensada.
— M. Concentrado.

— Syn. ● *Condensé,* condensado. *Réduit,* reducido. *Épais,* espeso.

concentrer v. tr. Concentrar. || Reconcentrar (son esprit).
— V. pr. Concentrarse. || Reconcentrarse, ensimismarse.
concentrique adj. GÉOM. Concéntrico, ca.
concept [kɔ̃sɛpt] m. Concepto.
conceptacle m. BOT. Conceptáculo.
conceptif, ive adj. Conceptivo, va.
conception f. BIOL. Concepción. || FIG. ● Concepción, comprensión (faculté de comprendre). |

Concepto, *m.* (chose imaginée). || *Immaculée Conception,* Inmaculada Concepción.

— Syn. ● *Entendement,* entendimiento. *Intelligence,* inteligencia. *Intellect,* intelecto.

conceptisme m. Conceptismo (littérature).
conceptiste adj. et s. Conceptista.
conceptualisme m. Conceptualismo.
conceptualiste adj. et s. Conceptualista.
conceptuel, elle adj. Conceptual.
concernant part. prés. Concerniente, referente a, relativo, a.
concerner v. tr. Concernir a, atañer a : *cette disposition ne me concerne pas,* esa disposición no me atañe a mí. || Concernir a, referirse a, atañer a (avoir rapport à). || *— En ce qui concerne,* por *ou* en lo que se refiere a, en lo que concierne a. || *Être concerné par quelque chose,* concernirle a uno algo.
concert [kɔ̃sɛ:r] m. Concierto (séance musicale). || FIG. Concierto (accord). || *— Concert de louanges,* coro de alabanzas. || *De concert,* de concierto, de común acuerdo.
concertant, e adj. et s. Concertante (musique).
concertation f. Acuerdo, *m.*
concerter v. tr. Concertar.
— V. pr. Concertarse, ponerse de acuerdo.
concertina f. Mus. Concertina.
concertiste m. Concertista.
concerto m. Concierto.
concessif, ive adj. GRAMM. Concesivo, va.
concession f. Concesión. || Sepultura temporal *ou* perpetua que se contrata en un cementerio. || Concesión, terreno (*m.*) concedido a un colono, *ou* a un inmigrante. || MIN. Concesión. || *Sans concessions,* sin componendas, sin concesiones.
concessionnaire adj. et s. m. Concesionario, ria.
concetti m. pl. Conceptos brillantes y afectados.
concevable adj. Concebible.
concevoir* v. tr. Concebir.
conchoïdal, e [kɔ̃kɔidal] adj. Concoideo, a.
conchoïde [-kɔid] f. GÉOM. Concoide (courbe).
conchylien, enne [kɔ̃kiljɛ̃, jɛn] adj. Conchífero, ra.
conchyliologie [ljɔlɔʒi] f. Conquiliología.
concierge m. et f. ● Portero, ra. || Conserje (d'une administration).

— Observ. En français, le mot *concierge* est le plus commun, *portier* a un caractère plus relevé, tandis qu'en espagnol le mot le plus courant est *portero.*
— Syn. ● *Portier,* portero. *Gardien,* guarda. (*Vx*) *Suisse,* portero. *Cerbère,* cerbero. *Fam. Pipelet,* portero.

conciergerie f. Conserjería. || *La Conciergerie,* la Conserjería, antigua prisión de París.
concile m. Concilio.

— Syn. *Conciliabule,* conciliábulo. *Consistoire,* consistorio. *Sunode,* sínodo.

conciliable adj. Conciliable.
conciliabule m. Conciliábulo.
conciliaire adj. Conciliar.
conciliant, e adj. Conciliador, ra.

— Syn. *Conciliateur,* conciliador. *Arrangeant,* transigente. *Complaisant,* complaciente. *Accommodant,* acomodaticio. *Facile,* fácil. *Fam. Coulant,* acomodadizo.

conciliateur, trice adj. et s. Conciliador, ra.
conciliation f. Conciliación.
conciliatoire adj. Conciliatorio.
concilier* v. tr. Conciliar. || FIG. Conjugar, compaginar : *concilier les intérêts des deux parties,* compaginar los intereses de las dos partes.
— V. pr. Conciliarse.
concis, e [kɔ̃si, i:z] adj. Conciso, sa.
concision f. Concisión.
concitoyen, enne m. et f. Conciudadano, na.
conclave m. Cónclave, conclave.
conclaviste m. Conclavista.
concluant, e adj. Concluyente.

conclure* v. tr. Concertar, convenir : *conclure un traité*, concertar un tratado. ‖ Terminar, concluir, acabar : *conclure une affaire*, terminar un asunto. ‖ Cerrar : *conclure un marché*, cerrar un trato. ‖ ● Deducir, sacar [como consecuencia], inferir : *conclure une chose d'une autre*, deducir una cosa de otra.
— V. intr. Concluir, acabar. ‖ *Conclure à*, llegar a la conclusión (déduire), pronunciarse por, acabar en (se prononcer).
— SYN. ● *Induire*, inducir. *Inférer*, inferir. *Déduire*, deducir. *Arguer*, argüir.

conclusion f. Conclusión.

concombre m. BOT. Pepino, cohombro (p. us.). ‖ ‖ ZOOL. *Concombre de mer*, cohombro de mar.

concomitance f. Concomitancia.

concomitant, e adj. Concomitante (qui accompagne).

concordance f. Concordancia.

concordant, e adj. Concordante.

concordat m. Concordato (avec le pape). ‖ Convenio (entre commerçants).

concordataire adj. Concordatorio, ria.

concorde f. Concordia.

concorder v. intr. Concordar.
— SYN. *S'accorder*, estar de acuerdo. *Correspondre*, corresponder.

concourant, e adj. Concurrente.

concourir* v. intr. Concurrir (converger). ‖ Concurrir (coopérer). ‖ Competir (être en concurrence). ‖ Opositar, hacer oposiciones (se présenter à un concours). ‖ Participar en un certamen (participer à un concours).

concours m. Concurso. ‖ Concurso, certamen (compétition). ‖ Oposición, *f.*, oposiciones, *f. pl.* (examen) : *se présenter à un concours*, hacer oposiciones. ‖ Cúmulo : *un concours de circonstances*, un cúmulo de circunstancias. ‖ Ayuda, *f.*, cooperación, *f.* : *prêter son concours*, prestar su ayuda. ‖ (Vx). Concurrencia, *f.* (de personnes). ‖ *Hors concours*, fuera de serie.

concrescent, e [kɔ̃krɛssɑ̃, ɑ̃:t] adj. BOT. Concrescente.

concret, ète adj. Concreto, ta. ‖ *Il n'y a rien de concret*, no hay nada (en) concreto.
— M. Lo concreto.

concréter* v. tr. Solidificar, espesar. ‖ FIG. Concretar.

concrétion f. Concreción.

concrétiser v. tr. Concretar (un concept abstrait).
— V. pr. Plasmarse : *ceci s'est concrétisé par une série de mesures*, ésto se ha plasmado en una serie de medidas.

concubin m. Concubinario (p. us.), querido.

concubinage m. Concubinato.

concubine f. Concubina.

concupiscence f. Concupiscencia.

concupiscent, e adj. Concupiscente.

concupiscible adj. Concupiscible.

concurremment [kɔ̃kyramɑ̃] adv. Conjuntamente, juntamente (ensemble). ‖ En competencia, en concurrencia (par concurrence). ‖ Al mismo tiempo, a la vez, simultáneamente (à la fois).

concurrence f. Competencia. ‖ DR. Igualdad de derechos. ‖ — *Faire concurrence à*, competir con, hacer competencia a. ‖ *Jusqu'à concurrence de*, hasta un total de, hasta la suma de *ou* la cantidad de.
— OBSERV. *Concurrencia* signifie normalement en espagnol « assistance ».

concurrencer* v. tr. Competir con, hacer la competencia.

concurrent, e adj. et s. Competidor, ra; rival. ‖ — M. et f. Concursante, participante (à un concours). ‖ Opositor, ra (à un examen).

concurrentiel, elle adj. Competitivo, va; competidor, ra ; rival : *position concurrentielle*, situación competitiva.

concussion f. Concusión.
— SYN. *Exaction*, exacción. *Malversation*, malversación. *Déprédation*, depredación. *Extorsion*, extorsión. *Forfaiture*, *prévarication*, prevaricación.

concussionnaire adj. et s. Concusionario, ria.

condamnable [kɔ̃danabl] adj. Condenable.

condamnation [-nasjɔ̃] f. Condenación (jugement). ‖ Condena (châtiment). ‖ FIG. Desaprobación, condena : *la condamnation d'un abus*, la desaprobación de un abuso.

condamnatoire [-natwa:r] adj. Condenatorio, ria.

condamné, e [-ne] adj. et s. Condenado, da; sentenciado, da. ‖ Desahuciado, da (malade).

condamner [-ne] v. tr. Condenar, sentenciar (infliger une peine). ‖ ● Condenar, desaprobar (blâmer). ‖ Condenar (une porte, etc.). ‖ Desahuciar (un malade). ‖ — *Condamner aux dépens*, condenar en costas. ‖ FIG. *Condamner sa porte*, cerrar la puerta.
— SYN. ● *Réprouver*, reprobar. *Maudire*, maldecir. *Stigmatiser*, estigmatizar. *Proscrire*, proscribir. *Anathématiser*, anatematizar.

condensable adj. Condensable.

condensateur m. PHYS. Condensador.

condensation f. Condensación.

condensé m. Resumen, extracto, compendio.

condenser v. tr. Condensar.

condenseur m. TECHN. Condensador. ‖ Proyector (optique).

condescendance [kɔ̃dɛssɑ̃dɑ̃:s] f. Condescendencia.

condescendant, e [-dɑ̃, ɑ̃:t] adj. Condescendiente.

condescendre [-sɑ̃:dr] v. intr. Condescender.

condiment m. Condimento.

condimenter v. tr. Condimentar, sazonar.

condisciple m. Condiscípulo.

condition f. Condición : *mettre des conditions*, imponer condiciones. ‖ — *Conditions requises*, requisitos. ‖ *À la condition que* o *de*, con tal que, con la condición de que, siempre que. ‖ *Sans conditions restrictives*, sin cortapisas. ‖ — *Acheter à condition*, comprar a condición. ‖ *Entrer en condition*, ponerse a servir. ‖ *Remplir les conditions*, satisfacer los requisitos. ‖ *Se rendre sans conditions*, rendirse sin condiciones.
— SYN. *Clause*, cláusula. *Modalité*. modalidad.

conditionné, e adj. Condicionado, da : *réflexe conditionné*, reflejo condicionado. ‖ Acondicionado, da : *air conditionné*, aire acondicionado.

conditionnel, elle adj. Condicional.
— M. GRAMM. Potencial : *conditionnel présent, passé*, potencial simple, compuesto.

conditionnement m. Acondicionamiento (de l'air, des denrées alimentaires, etc.) ‖ Embalaje, envase, envasado (emballage).

conditionner v. tr. Acondicionar. ‖ Embalar, envasar. ‖ Ser condición de una cosa, condicionar.

conditionneur, euse adj. et s. Acondicionador, ra, de escaparates. ‖ Embalador, ra ; persona encargada de embalar los productos para su presentación comercial. ‖ *Conditionneur d'air*, acondicionador de aire.

condoléances f. pl. Pésame, *m. sing.* : *présenter ses condoléances*, dar el pésame. ‖ *Toutes mes condoléances* o *sincères condoléances*, mi más sentido pésame *ou* le acompaño en su sentimiento.

condominium [kɔ̃dɔminjɔm] m. Condominio.

condor m. Cóndor (oiseau, monnaie).

condottiere m. Condotiero.
— OBSERV. Pl. *condottieri*.

conductance f. ÉLECTR. Conductancia.
conducteur, trice adj. et s. Conductor, ra. ‖ —
M. Jefe de obras (construction). ‖ IMPR. Impresor, conductor de máquina de imprimir. ‖ PHYS.
Conductor. ‖ *Conducteur des Ponts et Chaussées*, ayudante de Obras Públicas.
conductibilité f. PHYS. Conductibilidad.
conductible adj. PHYS. Conductible.
conductivité f. ÉLECTR. Conductividad.
conduire* v. tr. Conducir, guiar [*Amér.*, manejar] : *conduire une voiture*, conducir un coche. ‖
Conducir, llevar : *conduire à l'autel*, llevar al
altar. ‖ Acompañar, llevar (accompagner). ‖
Conducir, dirigir (commander). ‖ — *Conduire le
deuil*, presidir el duelo. ‖ *Conduire quelqu'un à
penser que*, hacer pensar a alguien que. ‖ — *Bien
conduire sa barque*, saber navegar. ‖ *Permis de
conduire*, permiso de conducción, de conducir,
carnet de conducir.
— V. intr. Conducir.
— V. pr. Conducirse, portarse : *bien se conduire*,
portarse bien.
conduit [kɔ̃dɥi] m. Conducto.
conduite f. Conducta, comportamiento, m. ‖ Conducción [*Amér.*, manejo] : *la conduite d'une voiture*, la conducción de un coche. ‖ Dirección,
mando, m. : *la conduite d'une entreprise*, la
dirección de una empresa. ‖ ● Conducto, m.,
cañería (tuyau de distribution). ‖ — *Conduite
intérieure*, coche *ou* automóvil cerrado. ‖ — FIG.
Acheter une conduite, enmendarse. ‖ FIG. *Faire la
conduite à quelqu'un*, acompañar a uno hasta la
puerta (reconduire quelqu'un).
— SYN. ● *Canalisation*, canalización. *Collecteur*, colector. *Tuyauterie, tuyautage*, tubería. *Pipe-line*, oleoducto.
condyle m. ANAT. Cóndilo.
cône m. Cono (géométrie) : *cône tronqué*, cono
truncado. ‖ Cono, piña, f. (fruit des conifères). ‖
Cono (mollusque). ‖ AVIAT. *Cône du vent*, manga,
veleta.
confabulation f. Confabulación.
confabuler v. intr. Confabular.
confection f. Confección. ‖ Hechura, confección
(action de confectionner). ‖ Ropa hecha (vêtement). ‖ — *Costume de confection*, traje de
confección. ‖ *Magasin de confection*, almacén de
ropa hecha *ou* de confección.
confectionner v. tr. Confeccionar, hacer.
confectionneur, euse m. et f. Confeccionador,
ra ; confeccionista, fabricante de ropa hecha.
confédéral, e adj. Confederal.
confédératif, ive adj. Confederativo, va.
confédération f. Confederación.
confédéré, e adj. et s. Confederado, da.
confédérer* v. tr. Confederar.
confer [kɔ̃fɛ:r] (abréviation : *cf.*). Confer [abreviatura : *cf., conf.* ou *cof.*].
conférence f. Conferencia : *conférence au sommet*, conferencia en la cumbre *ou* de alto nivel ;
faire une conférence, dar una conferencia. ‖
Entrevista, reunión : *être en conférence*, asistir
a *ou* estar en una reunión, celebrar una entrevista.
‖ Consulta (de médecins entre eux). ‖ *Conférence
de presse*, rueda *ou* conferencia de prensa.
conférencier, ère m. et f. Conferenciante.
conférer* v. intr. Conferenciar, tener una entrevista *ou* conferencia (tenir conférence).
— V. tr. Conferir, conceder, otorgar (accorder).
‖ Comparar, cotejar (comparer).
conferve f. Ajomate, m. (algue).
confesse f. Confesión.
— OBSERV. Sólo se usa en las expresiones : *aller à
confesse*, ir a confesarse ; *revenir de confesse*, volver
de la confesión.
confesser v. tr. Confesar.
— V. pr. Confesarse.

confesseur m. Confesor.
confession f. Confesión : *entendre en confession*,
oir en confesión. ‖ *Sous le sceau de la confession*,
bajo secreto de confesión.
confessionnal m. Confesionario, confesonario.
confessionnel, elle adj. Confesional.
confetti m. pl. Confeti, *sing.*, papelillos.
confiance f. Confianza. ‖ — *En toute confiance*,
con toda confianza. ‖ — *Avoir la confiance de*,
inspirar confianza a. ‖ *Poser la question de
confiance*, plantear la cuestión de confianza. ‖ *Y
aller de confiance*, ir sin miedo alguno *ou* con
toda confianza.
— OBSERV. Cuando *confiance* va seguido de un pronombre la preposición empleada es *en* (*confiance en soi*),
y si de un sustantivo *dans* (*confiance dans sa parole*).
confiant, e adj. Confiado, da.
confidemment [kɔ̃fidamɑ̃] adv. Confidentemente.
confidence f. Confidencia. ‖ — *En confidence*, de
modo confidencial. ‖ *Être, mettre dans la confidence*, estar, meter en el secreto.
confident, e adj. et s. Confidente.
— OBSERV. En español, *confidente* a le sens policier de
« mouton », « indicateur ».
confidentiel, elle adj. Confidencial.
confier* v. tr. ● Confiar.
— V. pr. ◆ Confiarse : *se confier à un ami*, confiarse a un amigo. ‖ Fiarse de (s'en remettre à).
— SYN. ● *Abandonner*, abandonar, encomendar. *Livrer*,
entregar. *Laisser*, dejar. *Prêter*, prestar.
◆ *S'épancher*, desahogarse. *S'ouvrir à*, abrirse con.
Se livrer, entregarse. *Se fier*, fiarse.
configuration f. Configuración.
configurer v. tr. Configurar.
confiné, e adj. Encerrado : *vivre confiné chez soi*,
vivir encerrado en casa. ‖ Viciado, da (air).
confinement m. Confinamiento.
confiner v. tr. Confinar, encerrar : *confiner quelqu'un dans un monastère*, confinar a alguien en
un monasterio.
— V. intr. Lindar con, limitar con, confinar con :
l'Argentine confine au Chili, Argentina confina
con Chile. ‖ FIG. Rayar en : *cet acte confine à la
folie*, este acto raya en la locura.
— V. pr. Confinarse, retirarse. ‖ Limitarse : *se
confiner dans un rôle*, limitarse a hacer un papel.
confins m. pl. Confines.
confire* v. tr. Confitar (des fruits dans du sucre).
‖ Encurtir (des légumes dans du vinaigre). ‖ Conservar (des viandes dans de la graisse). ‖ TECHN.
Adobar (des peaux).
confirmand, e m. et f. Confirmando, da.
confirmatif, ive adj. Confirmativo, va.
confirmation f. Confirmación.
confirmer v. tr. Confirmar.
— V. pr. Confirmarse.
— SYN. ● *Vérifier*, comprobar, verificar. *Corroborer*,
corroborar.
confiscable adj. Confiscable.
confiscation f. Confiscación.
confiserie [kɔ̃fizri] f. Confitería (de sucreries). ‖
Dulce, m. (friandise). ‖ Fábrica de conservas
(conserverie).
confiseur, euse m. et f. Confitero, ra.
confisquer v. tr. Confiscar, incautarse de. ‖ Quitar (ôter). ‖ DR. Comisar, decomisar.
confit, e [kɔ̃fi, it] adj. Confitado, da (dans du
sucre). ‖ Encurtido, da (dans du vinaigre). ‖ FIG.
Impregnado por [alguna idea *ou* sentimiento]. ‖
TECHN. Adobado, da (peaux).
— M. Carne (f.) conservada en manteca.
confiteor m. Confiteor (prière).
confiture f. Mermelada. ‖ FAM. *En confiture*, en
compota, hecho papilla.
— SYN. *Marmelade*, mermelada. *Gelée*, jalea. *Compote*,
compota.

confiturerie f. Fábrica de mermeladas. || Confitería.

confiturier, ère m. et f. Confitero, ra. || — M. Tarro de mermelada.

conflagration f. Conflagración.

conflit [kɔ̃fli] m. Conflicto. || *Conflit social*, conflicto laboral.

confluence f. Confluencia.

confluent, e adj. Confluente.

— M. Confluencia, *f.* (de deux fleuves).

confluer v. intr. Confluir.

confondre v. tr. Confundir.

— V. pr. Confundirse. || *Se confondre en excuses, en politesses*, deshacerse en excusas, en cumplidos.

conformateur m. TECHN. Conformador (de chapelier). | Horma (*f.*) extensora (pour souliers).

conformation f. Conformación. || *Vice de conformation*, defecto congénito, vicio de conformación.

conforme adj. Conforme : *conforme au modèle*, conforme con el modelo. || — *Copie certifiée conforme*, copia legalizada, certificación. || *Pour copie conforme*, para reproducción *ou* copia exacta del original *ou* con el original.

conformé, e adj. Conformado, da.

conformément adv. Conforme a, en conformidad con, de conformidad con.

conformer v. tr. Conformar, poner de acuerdo, ajustar : *conformer sa conduite à ses paroles*, ajustar su conducta a sus palabras. || Dar la forma de.

— V. pr. Conformarse : *se conformer aux règles*, conformarse con *ou* a las reglas. || Acomodarse a, conformarse con (se soumettre).

conformisme m. Conformismo.

conformiste adj. et s. Conformista.

conformité f. Conformidad : *en conformité de*, en *ou* de conformidad con [conforme a]. || — *Conformité à*, conformidad con *ou* entre. || *Conformité de*, conformidad *ou* igualdad en.

confort m. Comodidad, *f.*, bienestar material, confort (gallicisme très usité). || — *Avec tout le confort* o *tout confort*, con todas las comodidades. || *Biens de confort*, comodidades.

confortable adj. Confortable, cómodo, da. || FIG. Muy decente, apañado, da (fam.) : *revenu confortable*, ingreso muy decente. | Respetable : *gagner avec un avantage confortable*, ganar con una ventaja respetable.

confraternel, elle adj. Confraternal.

confraternité f. Confraternidad.

confrère m. Cofrade, hermano (d'une confrérie). || FIG. Colega (collègue). | Compañero (compagnon).

confrérie f. Cofradía, hermandad. || Gremio, *m.* (corporation).

confrontation f. Confrontación, careo, *m.* : *la confrontation des témoins*, el careo de los testigos. || Confrontación, cotejo, *m.* : *confrontation de textes*, cotejo de textos.

confronter v. tr. Confrontar, carear (personnes). || Confrontar, cotejar (choses).

Confucius n. pr. m. Confucio.

confus, e [kɔ̃fy, y:z] adj. Confuso, sa. || Desordenado, da; revuelto, ta (en désordre). || *Être confus*, estar avergonzado, estar confundido *ou* turbado. || *Être tout confus de*, sentir mucho.

confusion f. Confusión. || DR. *Confusion des pouvoirs, des peines*, confusión de los poderes, de las penas.

— SYN. *Trouble*, desorden, turbación. *Remue-ménage*, trapatiesta, estropicio [*Amér.*, escorrozo, revolisco]. *Chaos*, caos, revoltillo. *Tohu-bohu*, confusión.

confusionisme m. Confusionismo.

congaï ou **congaye** [kɔ̃gaj] f. Mujer anamita.

conge m. Congio (mesure romaine).

congé m. ● Licencia, *f.*, permiso (permission de s'absenter). || MIL. Licencia (*f.*) absoluta (libération), permiso (permission). || Asueto : *jour de congé*, día de asueto. || ◆ Vacaciones, *f. pl.* : *les congés payés*, las vacaciones retribuidas *ou* pagadas. || Guía, *f.*, licencia, *f.* (titre de transport). || Despido (renvoi d'un salarié). || Desahucio (renvoi d'un locataire). || ARCHIT. Caveto (moulure). || — *Congé dans les foyers*, permiso al país de origen (diplomate). || *Congé de* o *pour convenance personnelle*, excedencia. || *Congé de longue durée*, licencia por enfermedad *ou* ilimitada, permiso ilimitado. || *Congé de maladie*, baja por enfermedad. || *Congé de maternité*, descanso prenatal y postnatal. || *Congé sans solde*, situación de supernumerario sin sueldo (militaire), situación de excedencia (fonctionnaire). || — *Donner congé*, despedir (l'employeur), despedirse (l'employé), desahuciar (un locataire). || *Être en congé*, estar de vacaciones (étudiant), no trabajar (employé), estar dado de baja (pour maladie). || *Prendre congé*, despedirse.

— SYN. ● *Repos*, descanso, reposo. *Permission*, permiso, licencia.

◆ *Vacances*, vacaciones. *Fam. Campos*, asueto.

congédiable adj. Que puede ser despedido (salarié). || MIL. Licenciable.

congédiement [kɔ̃ʒedimã] m. Despido. || MIL. Licenciamiento.

congédier* v. tr. ● Despedir. || MIL. Licenciar.

— SYN. ● *Donner congé*, despedir, desahuciar (locataire). *Chasser, renvoyer*, echar. *Donner son compte*, dar la cuenta. *Remercier*, despedir. *Fam. Mettre à la porte*, echar a la calle. *Flanquer, ficher, foutre à la porte*, echar con cajas destempladas. *Balancer*, mandar a paseo. *Pop. Envoyer paître*, mandar a freir espárragos. *Envoyer dinguer*, mandar a paseo.

congelable [kɔ̃ʒlabl] adj. Congelable.

congélation f. Congelación.

congeler* [kɔ̃ʒle] v. tr. ● Congelar.

— V. pr. Congelarse.

— SYN. ● *Figer*, cuajar. *Prendre*, cuajar, helar.

congénère adj. et s. Congénere.

congénital, e adj. Congénito, ta.

congère f. Montón (*m.*) de nieve formado por el viento, conchesta (en Aragón).

congestif, ive adj. Congestivo, va.

congestion f. MÉD. Congestión.

— SYN. *Apoplexie*, apoplejía. *Coup de sang*, congestión.

congestionner v. tr. Congestionar. || FIG. Congestionar, obstruir (le trafic).

— V. pr. Congestionarse.

conglomérat m. GÉOL. et TECHN. Conglomerado.

conglomération f. Conglomeración.

conglomérer* v. tr. Conglomerar.

conglutinant, e adj. et s. m. Conglutinante.

conglutinatif, ive adj. Conglutinativo, va.

conglutination f. Conglutinación.

conglutiner v. tr. Conglutinar.

congolais, e adj. et s. Congoleño, ña; congolés, esa. || — M. Pastelito de coco (gâteau).

congratulateur, trice adj. FAM. Congratulatorio, ria.

congratulation f. Congratulación. || *Se faire des congratulations*, congratularse.

congratuler v. tr. Congratular.

congre m. Congrio (poisson).

congréganiste m. et f. Congregante, ta.

congrégation f. Congregación.

congrès [kɔ̃grɛ] m. Congreso.

congressiste m. et f. Congresista.

congru, e adj. Congruo, ua. || MATH. Congruente. || — *Portion congrue*, porción congrua. || — FIG. *Mettre à la portion congrue*, poner a régimen.

congruence f. Congruencia.

congruent, e adj. Congruente.

congruité f. Congruencia.
congrûment adv. Congruentemente.
conicité f. Conicidad.
conidie f. Bot. Conidio, m.
conifère adj. Bot. Conífero, ra.
— M. pl. Coníferas f.
conique adj. et s. f. Géom. Cónico, ca : section conique, sección cónica.
conirostre adj. et s. m. Zool. Conirrostro.
conjectural, e adj. Conjetural, de conjeturas.
conjecture f. Conjetura.
conjecturer v. tr. Conjeturar.
conjoindre* v. tr. Casar, unir en matrimonio.
conjoint, e [kɔ̃ʒwɛ̃, ɛ̃:t] adj. Conjunto, ta; unido, da.
— M. Cónyuge, consorte.
— Observ. Le mot espagnol conjunto signifie ensemble.
conjoncteur m. Électr. Cortacircuitos.
conjoncteur-disjoncteur [kɔ̃ʒɔ̃ktœ:r diʒɔ̃ktœ:r] m. Électr. Interruptor automático.
conjonctif, ive adj. Conjuntivo, va.
conjonction f. Conjunción.
conjonctive f. Conjuntiva (muqueuse de l'œil).
conjonctivite f. Méd. Conjuntivitis.
conjoncture f. Coyuntura, ocasión.
conjoncturel, elle adj. Coyuntural.
conju'gable adj. Conjugable.
conjugaison f. Conjugación.
conjugal, e adj. Conyugal.
conjugué, e adj. et s. Conjugado, da.
conjuguer v. tr. Aunar, mancomunar, conjugar (réunir). ‖ Gramm. Conjugar.
conjungo m. Fam. Coyunda, f., matrimonio.
conjurateur m. Conjurador.
conjuration f. Conjuración, conjura. ‖ Conjuro, m. (sortilège). ‖ Conjuro, m. (supplication).
conjuré, e adj. et s. Conjurado, da.
conjurer v. tr. Conjurar.
— V. pr. Conjurarse.
connaissable adj. Conocible.
connaissance f. ● Conocimiento, m. ‖ Conocido, m., conocida (personne). ‖ À ma connaissance, que yo sepa. ‖ En connaissance de cause, con conocimiento de causa. ‖ Pays de connaissance, país conocido (région), terreno conocido (matière). ‖ Sans connaissance, sin conocimiento, sin sentido. ‖ — Avoir des connaissances, tener cultura (savoir), tener relaciones, estar relacionado (des relations). ‖ Donner connaissance, dar a conocer, hacer conocer. ‖ Faire la connaissance de, conocer a. ‖ Perdre connaissance, perder el conocimiento. ‖ Porter à la connaissance de, poner en conocimiento de, hacer presente a, informar a. ‖ Venir à la connaissance, llegar al conocimiento.
— Syn. ● Idée, idea. Notion, noción.
connaissement m. Mar. Conocimiento.
connaisseur, euse adj. et s. Conocedor, ra; entendido, da.
connaître* v. tr. Conocer : je l'ai connu en Espagne, le conocí en España. ‖ Sufrir (subir). ‖ ● Saber, dominar : connaître l'anglais, saber inglés. ‖ Distinguir (différencier). ‖ Tener en cuenta : ne connaître que son devoir, no tener en cuenta más que su deber. ‖ Admitir : ne point connaître de maître, no admitir ningún maestro. ‖ Conocer (en style biblique). ‖ — Fam. Connaître comme sa poche, conocer como la palma de la mano. ‖ Connaître la musique o la connaître, conocer muy bien el percal, conocer el paño ou el asunto. ‖ Connaître son monde, conocer bien a las gentes que se trata. ‖ Connaître toute l'histoire, conocer todo el asunto, estar al cabo de la calle. ‖ Faire connaître, hacer saber, informar (renseigner), presentar, hacer conocer (présenter), dar a conocer (vulgariser). ‖ Je ne connais que cela, estoy muy

bien informado, es la único que sé. ‖ Je ne le connais ni d'Ève ni d'Adam, no le conozco ni por asomo.
— V. intr. Dr. Entender en (être compétent).
— V. pr. Conocerse. ‖ — Ne plus se connaître, estar muy furioso, estar fuera de sí. ‖ Se faire connaître, darse a conocer. ‖ S'y connaître, conocer bien el paño, conocer el percal ou el asunto. ‖ S'y connaître en o se connaître en, entender de, ser entendido en.
— Syn. ● Posséder, poseer, dominar. Savoir, saber.
connecter v. tr. Techn. Conectar.
connecteur m. Techn. Conectador.
connectif, ive adj. Conectivo, va.
connétable m. Condestable.
connexe [kɔnɛks] adj. Afín, conexo, xa.
connexion f. Conexión (liaison).
connexité f. Conexión, enlace, m.
connivence f. Connivencia. ‖ Être de connivence, estar de connivencia, aconchabarse.
connivent, e adj. Connivente.
connotation f. Connotación.
connu, e adj. Conocido, da. ‖ — Chose connue, cosa sabida. ‖ Être connu comme le loup blanc, ser más conocido que la ruda. ‖ Ni vu ni connu, ni visto ni oído.
— M. Lo conocido.
conoïdal, e adj. Géom. Conoidal.
conoïde adj. Géom. Conoideo, a.
— M. Géom. Conoide.
conopée m. Dosel de tabernáculo (dais).
conque [kɔ̃:k] f. Venus (mollusque). ‖ Caracola (coquillage). ‖ Caracol, m. (de l'oreille).
conquérant, e adj. et s. Conquistador, ra.
conquérir* v. tr. Conquistar. ‖ Fig. ● Conquistar, cautivar. ‖ Conquérir les cœurs o l'amitié, ganar el ánimo, granjearse la amistad.
— Syn. ● Capter, captar. Captiver, cautivar. Séduire, seducir. Subjuguer, subyugar. Envoûter, hechizar.
conquête f. Conquista. ‖ — Air de conquête, aire de conquistador. ‖ Fam. Faire une conquête, hacer una conquista.
conquêts [kɔ̃kɛ] m. pl. Dr. Bienes gananciales.
conquis, e adj. Conquistado, da.
conquistador m. Conquistador [se aplica solamente a los españoles que conquistaron América].
Conrad n. pr. m. Conrado.
consacrant adj. et s. m. Ecclés. Consagrante.
consacré, e adj. Consagrado, da. ‖ Dedicado, da; destinado, da.
consacrer v. tr. Consagrar : consacrer une église, consagrar una iglesia. ‖ Dedicar, consagrar (employer).
— V. pr. Consagrarse. ‖ Dedicarse, consagrarse.
consanguin, e adj. et s. Consanguíneo, a.
consanguinité f. Consanguinidad.
— Syn. Parenté, parentesco. Parentage, parientes, parentela.
consciemment [kɔ̃sjamɑ̃] adv. Conscientemente.
● **conscience** f. Conciencia. ‖ — Liberté de conscience, libertad religiosa ou de conciencia. ‖ Objecteur de conscience, objetor de conciencia. ‖ — En bonne conscience, en honor a la verdad. ‖ En conscience, en conciencia. ‖ En mon âme et conscience, en el fondo de mi conciencia, con toda mi convicción. ‖ La main sur la conscience, con la mano en el corazón. ‖ Par acquit de conscience, para mayor tranquilidad, en descargo de conciencia; para que no digan. ‖ — Avoir bonne conscience, tener la conciencia limpia. ‖ Avoir la conscience large, ser ancho de conciencia, tener la manga ancha (fam.). ‖ Avoir quelque chose sur la conscience, tener un peso en la conciencia. ‖ Perdre conscience, perder el conocimiento. ‖ Prendre conscience de, darse cuenta de.

consciencieux, euse adj. Concienzudo, da.
— SYN. *Scrupuleux*, escrupuloso. *Minutieux*, minucioso. *Méticuleux*, meticuloso. *Tâtillon*, reparón, puntilloso.

conscient, e adj. Consciente.

conscription f. MIL. Quinta, reclutamiento, *m.* [*Amér.*, conscripción (gallicisme).]

conscrit m. Quinto, recluta. [*Amér.*, conscripto (gallicisme).] ‖ FAM. Novato (novice).
— Adj. *Père conscrit*, padre conscripto (sénateur romain).

consécration f. Consagración.

consécutif, ive adj. Consecutivo, va. ‖ Debido a, consecuencia de (dû à).

consécution f. Consecución.

conseil [kɔsɛ:j] m. Consejo : *prendre conseil*, pedir consejo. ‖ Asesoramiento. ‖ Consejero (conseiller). ‖ Consejo (réunion) : *tenir conseil*, celebrar consejo. ‖ — *Conseil académique*, claustro (universités). ‖ *Conseil de famille*, consejo de familia. ‖ *Conseil des prud'hommes*, Magistratura de Trabajo. ‖ MIL. *Conseil de révision*, junta de clasificación *ou* revisión. ‖ *Conseil des ministres*, consejo de ministros. ‖ *Conseil d'État*, Consejo de Estado. ‖ *Conseil général*, Diputación Provincial. ‖ *Conseil judiciaire*, tutela judicial. ‖ *Conseil municipal*, concejo, ayuntamiento. ‖ — *Avocat-conseil*, abogado consultor, asesor. ‖ — *Être de bon conseil*, ser buen consejero. ‖ *La nuit porte conseil* o *prendre conseil de son bonnet de nuit*, hay que consultarlo con la almohada.

conseiller [-je] v. tr. Aconsejar : *je vous conseille de parler*, le aconsejo que hable. ‖ Asesorar.

conseiller, ère m. et f. Consejero, ra. ‖ Asesor, ra : *conseiller technique*, asesor técnico. ‖ *Conseiller municipal*, concejal.

conseilleur, euse m. et f. Consejero, ra.
— SYN. *Conseiller*, consejero. *Inspirateur*, inspirador. *Guide*, guía. *Mentor*, mentor. *Assesseur*, asesor.

consensuel, elle adj. DR. Consensual.

consensus [kɔsɛsys] m. Consenso (accord).

consentant, e adj. Consentidor, ra. ‖ DR. Consintiente.

consentement m. Consentimiento. ‖ *Du consentement de tous*, según opinión de todos, con el consentimiento general.

consentir* v. tr. et intr. Consentir : *consentir à*, consentir en. ‖ Otorgar, dar, conceder (accorder).
— OBSERV. *Consentir* no tiene en francés el sentido de « mimar ».
— SYN. *Accepter*, aceptar. *Se prêter à*, prestarse a. *Acquiescer*, asentir. *Adhérer*, adherir. *Souscrire*, subscribir. *Accéder*, acceder.

conséquemment [kɔsekamã] adv. Consecuentemente, por consiguiente.

conséquence f. Consecuencia. ‖ Importancia : *une affaire de conséquence*, un asunto de importancia. ‖ — *En conséquence*, en consecuencia. ‖ *En conséquence de quoi*, por consiguiente, como consecuencia de ello. ‖ *Tirer à conséquence*, tener importancia.
— SYN. *Corollaire*, corolario. *Conclusion*, conclusión.

conséquent, e adj. et s. m. Consecuente : *esprit conséquent*, espíritu consecuente. ‖ Consiguiente : *fleuve conséquent*, río consiguiente. ‖ POP. Importante, considerable : *une ville conséquente*, una ciudad importante. ‖ *Par conséquent*, por consiguiente.

conservateur, trice adj. et s. Conservador, ra. ‖ — *Conservateur de musée*, conservador *ou* subdirector de museo. ‖ *Conservateur des hypothèques*, registrador de la propiedad.

conservation f. Conservación. ‖ Registro, *m.* (bureau des hypothèques).

conservatisme m. Conservadurismo.

conservatoire adj. et s. m. Conservatorio, ria.

conserve f. Conserva : *une boîte de conserve*, una lata de conserva. ‖ — *Industrie des conserves*, industria conservera. ‖ MAR. *Naviguer de conserve*, navegar en conserva *ou* juntos. ‖ — Pl. Gafas ahumadas (lunettes).
— OBSERV. Es barbarismo el empleo de *de conserve*, en lugar de *de concert*, con el sentido de « en compañía », « conjuntamente ».

conserver v. tr. Conservar.
— V. pr. Conservarse.
— SYN. *Entretenir*, cuidar de. *Garder*, guardar. *Maintenir*, mantener. *Réserver*, reservar.

conserverie f. Conservería.

considérable adj. Considerable.

considérant m. Considerando (motif).

considération f. Consideración. ‖ — *De toute ma considération*, de mi mayor consideración. ‖ *En considération de*, en consideración a. ‖ DR. *Prise en considération d'une demande*, estimación de una demanda. ‖ — *Avoir, faire entrer, mettre* o *prendre en considération*, tener en cuenta *ou* en consideración.

considérer* v. tr. Considerar. ‖ Tener en cuenta *ou* en consideración : *cet exemple est bon à considérer*, este ejemplo es digno de tenerse en cuenta. ‖ Estimar (estimer). ‖ *Tout bien considéré*, bien mirado *ou* considerándolo todo, pensándolo bien.

consignataire m. Consignatario.

consignateur m. Consignador.

consignation f. Consignación, depósito (*m.*) judicial. ‖ *Caisse des dépôts et consignations*, depositaría general, caja de depósitos y consignaciones.

consigne f. Consigna (instruction). ‖ Consigna, depósito (*m.*) de equipajes (bagages). ‖ Castigo (*m.*), sin salir el domingo (punition). ‖ Señal, precio, *m.*, *ou* importe, *m.* del casco (pour les bouteilles). ‖ MIL. Arresto, *m.* (arrêts). ‖ Acuartelamiento, *m.* (des troupes). ‖ — *Forcer la consigne*, quebrantar la orden. ‖ *Manger la consigne*, violar la consigna.

consigné, e adj. Castigado, da ; sin salir (interne), castigado, da, en el colegio (externe). ‖ MIL. Acuartelado, da : *les troupes sont consignées*, las tropas están acuarteladas.

consigner v. tr. Consignar, sentar (citer). ‖ Inscribir, anotar (inscrire). ‖ Depositar, consignar, dejar .en consigna (mettre en dépôt). ‖ Castigar (écoliers). ‖ Retener el importe del casco de (un emballage). ‖ MIL. Arrestar (un militaire). ‖ Acuartelar (troupe). ‖ — *Bouteille consignée*, casco pagado *ou* en depósito. ‖ *Consigner par écrit*, hacer constar por escrito. ‖ FIG. *Consigner sa porte à quelqu'un*, negarse a recibir una persona en su casa.

consistance f. Consistencia. ‖ *Prendre consistance*, tomar cuerpo *ou* consistencia.

consistant, e adj. Consistente. ‖ FIG. Fundamentado, da (fondé).

consister v. intr. Consistir. ‖ *Consister à, dans*, o *en*, consistir en.

consistoire m. ECCLÉS. Consistorio.

consistorial, e adj. Consistorial.

consœur [kɔsœ:r] f. FAM. Colega, compañera.

consolable adj. Consolable.

consolant, e adj. Consolante, consolador, ra.

consolateur, trice adj. et s. Consolador, ra.

consolation f. Consuelo, *m.* : *votre présence est pour moi une consolation*, su presencia es para mí un consuelo. ‖ Consolación : *épreuve, lot de consolation*, prueba, premio de consolación.

console f. Consola (meuble). ‖ Consola (d'orgue). ‖ ARCHIT. Ménsula, repisa.

consoler v. tr. Consolar.
— V. pr. Consolarse.

consolidation f. Consolidación.

consolider v. tr. Consolidar.
— V. pr. Consolidarse.
consommable adj. Que puede consumirse, consumible.
consommateur, trice m. et f. Consumidor, ra.
consommation [kɔ̃sɔmasjɔ̃] f. Consumo, m. (d'essence, d'eau, etc.). ‖ Consumición (dans un café). ‖ Perpetración, ejecución (d'un crime). ‖ Consumación (du mariage). ‖ — *Biens de consommation,* bienes de consumo. ‖ *La consommation des siècles,* la consumación de los siglos.
consommé, e [-me] adj. Consumado, da (parfait). ‖ Consumido, da : *produits consommés,* productos consumidos.
— M. Consomé, caldo.
consommer (-me) v. tr. Consumir, gastar : *consommer de l'essence,* gastar gasolina. ‖ Consumir (dans un café). ‖ Consumar (le mariage). ‖ Perpetrar, ejecutar, consumar (un crime). ‖ Consumar, llevar a cabo (accomplir).
— V. intr. Consumir.
consomptible adj. Consumible.
consomptif, ive adj. Consuntivo, va.
consomption f. MÉD. Consunción.
consonance f. Consonancia.
— SYN. *Rime,* rima. *Assonance,* asonancia.
consonant, e adj. Consonante, aconsonantado, da.
consonantisme m. Consonantismo.
consonne f. Consonante (lettre).
consort [kɔ̃sɔ:r] adj. Consorte : *prince consort,* príncipe consorte.
— M. pl. Consortes (cointéressés). ‖ POP. Compinches (de la même coterie).
— OBSERV. *Consorte* a en outre en espagnol le sens de « conjoint ».
consortium [kɔ̃sɔrsjɔm] m. COMM. Consorcio.
consoude f. BOT. Consuelda.
conspirateur, trice m. et f. Conspirador, ra.
conspiration f. Conspiración (complot).
conspirer v. intr. et tr. Conspirar.
conspuer v. tr. Abuchear.
constamment adv. Constantemente.
constance f. Constancia.
Constance n. pr. m. et f. Constancio, m., Constancia, f. ‖ GÉOGR. Constanza.
constant, e adj. et s. f. Constante.
— SYN. *Ferme,* firme. *Inébranlable,* inquebrantable. *Inflexible,* inflexible.
Constant [kɔ̃stɑ̃] n. pr. m. Constante.
Constantin n. pr. m. Constantino.
Constantinople n. pr. GÉOGR. Constantinopla.
constat [kɔ̃sta] m. Acta, f. : *faire un constat,* levantar acta. ‖ DR. Atestiguación (f.) forense. ‖ *Constat de police,* atestado.
constatable adj. Comprobable.
constatation f. Comprobación, prueba.
constater v. tr. Comprobar (vérifier). ‖ Observar, darse cuenta, reconocer, advertir (observer). ‖ Hacer constar (consigner).
— OBSERV. Le verbe *constatar* et le substantif *constatación* sont des gallicismes parfois employés en espagnol, mais qu'il faut absolument éviter.
constellation f. ASTR. Constelación.
constellé, e adj. Estrellado, da ; tachonado de estrellas (parsemé d'étoiles). ‖ FIG. Salpicado, da (parsemé). ‖ Cubierto, ta ; cuajado, da (couvert).
consteller v. tr. Estrellar, constelar. ‖ FIG. Adornar, cubrir (orner).
consternation f. Consternación : *jeter la consternation,* producir consternación.
consterner v. tr. Consternar.
constipant, e adj. Astringente, que extriñe.
constipation f. Estreñimiento, m.
constiper v. tr. Estreñir.
— OBSERV. L'espagnol *constipar* a le sens de « enrhumer ».

constituant, e adj. et s. m. Constituyente.
constitué, e adj. Constituido, da. ‖ Colocado, da (argent).
constituer v. tr. Constituir. ‖ Constituir, formar (une société). ‖ Colocar (argent). ‖ Asignar (dot, rente). ‖ Designar, nombrar (avoué).
— V. pr. Constituirse. ‖ *Se constituer prisonnier,* constituirse prisionero, entregarse a la justicia.
constitutif, ive adj. Constitutivo, va. ‖ *Acte constitutif,* acta fundacional (d'une organisation).
constitution f. Constitución. ‖ — *Constitution d'avoué,* designación de procurador. ‖ *Constitution de partie civile,* petición de daños y perjuicios.
constitutionnaliser v. tr. Constitucionalizar, dar carácter constitucional.
constitutionnalisme m. Constitucionalismo.
constitutionnalité f. Constitucionalidad.
constitutionnel, elle adj. Constitucional.
constricteur adj. et s. m. Constrictor, ra.
constrictif, ive adj. Constrictivo, va.
constriction f. Constricción.
constringent, e adj. Constringente (qui resserre).
constructeur, trice adj. et s. Constructor, ra.
constructif, ive adj. Constructivo, va.
construction f. Construcción.
construire* v. tr. Construir. ‖ *Faire construire,* mandar construir una casa.
consubstantialité f. Consubstancialidad.
consubstantiation f. THÉOL. Consubstanciación.
consubstantiel, elle adj. Consubstancial.
consuétudinaire adj. Consuetudinario, ria.
consul m. Cónsul.
consulaire adj. Consular.
consulat [kɔ̃syla] m. Consulado.
consultant, e adj. et s. Consultor, ra : *médecin consultant,* médico consultor. ‖ Consultante (qui demande conseil).
consultatif, ive adj. Consultivo, va.
consultation f. Consulta : *consultation sur rendez-vous,* consulta previa petición de hora.
consulte f. Consulta. ‖ *Consulte sacrée,* Sacra consulta (conseil du pape).
consulter v. tr. Consultar : *consulter quelqu'un,* consultar con uno.
— V. intr. Consultar, conferenciar. ‖ Tener consulta (médecin).
consulteur m. Consultor : *consulteur du Saint-Office,* consultor del Santo Oficio.
consumable adj. Consumible.
consumer v. tr. Consumir.
— V. pr. Consumirse.
contact m. Contacto : *prise de contact,* toma de contacto.
contacter v. tr. FAM. Ponerse en, entrar en *ou* establecer contacto con, entrar en relación con.
contacteur m. ÉLECTR. Contactor.
contage m. Contagio (ce qui produit la contagion).
contagieux, euse adj. et s. Contagioso, sa.
contagion f. Contagio, m.
contagionner v. tr. Contagiar.
contagiosité f. Contagiosidad.
container m. Caja (f.) de mercancías, contenedor, container. ‖ Empaque (de parachute).
contamination f. Contaminación.
contaminer v. tr. Contaminar.
conte m. Cuento : *dire un conte,* contar un cuento. ‖ *Conte à dormir debout,* cuento de nunca acabar, cuento chino (fam.). ‖ *Conte de bonne femme* o *de ma mère l'oie,* cuento de viejas.
conté, m. Queso parecido al gruyère.
contemplateur, trice m. et f. Contemplador, ra.
contemplatif, ive adj. et s. Contemplativo, va.
contemplation f. Contemplación.
contempler v. tr. Contemplar.
contemporain, e adj. et s. Contemporáneo, a (de

l'époque actuelle). ‖ Coetáneo, a (de la même époque).

contempteur, trice adj. et s. Despreciador, ra.

contenance f. ● Cabida, capacidad (contenu). ‖ Superficie, extensión (étendue). ‖ Fig. Actitud, continente, *m.*, compostura (attitude). ‖ Comportamiento, *m.* (manière d'être). ‖ — *Faire bonne contenance*, mostrar aplomo *ou* dominio de sí mismo. ‖ *Perdre contenance*, turbarse, perder los estribos *ou* el dominio de sí mismo. ‖ *Se donner* o *se faire une contenance*, disimular, despitar, fingir serenidad, hacer algo.

— Syn. ● *Capacité*, capacidad. *Jauge*, arqueo. *Jaugeage*, aforo. *Tonnage*, tonelaje.

contenant m. Continente (qui contient) : *le contenant est plus grand que le contenu*, el continente es mayor que el contenido.

contenir* v. tr. ● Contener. ‖ Caber, tener capacidad, ser capaz para : *cette salle contient deux mille personnes*, en esta sala caben dos mil personas, esta sala tiene una capacidad *ou* es capaz para dos mil personas.

— V. pr. Contenerse, dominarse.

— Syn. ● *Comprendre*, comprender. *Embrasser*, abarcar, abrazar. *Englober*, englobar. *Receler*, ocultar, encubrir. *Renfermer*, encerrar, entrañar.

content, e adj. Contento, ta. ‖ Alegre, contento, ta (joyeux). ‖ ● Satisfecho, cha ; contento, ta : *il n'est jamais content*, no está nunca satisfecho. ‖ — *Content de*, contento con. ‖ *Content de soi*, pagado *ou* creído de sí mismo. ‖ *Vous voilà content*, se quedará ahora tranquilo, estará satisfecho.

— M. Fam. *Avoir son content de*, hartarse de (se gaver), estar harto de, tener su ración de (être accablé).

— Syn. ● *Aise*, contento. *Béat*, satisfecho, plácido. *Heureux*, feliz, dichoso. *Ravi*, encantado. *Satisfait*, satisfecho.

contentement m. Contento (p. us.), satisfacción, *f.*

contenter v. tr. Contentar, satisfacer. ‖ Agradar (faire plaisir).

— V. pr. Contentarse : *se contenter de peu*, contentarse con poco.

contentieux, euse adj. Contencioso, sa.

— M. Lo contencioso. ‖ *Punto litigioso : il n'y a plus de contentieux entre ces deux pays*, ya no hay punto litigioso entre estos dos países.

contentif, ive adj. Méd. Contentivo, va.

contention f. Aplicación (effort). ‖ Tensión. ‖ Contención (action de maintenir).

contenu [kɔ̃tny] m. Contenido.

conter v. tr. Contar. ‖ — Fam. *Conter fleurette*, requebrar, galantear. ‖ *En avoir long à conter*, tener mucho que contar. ‖ *En conter à quelqu'un*, engañar, tomar el pelo a uno. ‖ *En conter de belles*, echarlas gordas (mentir). ‖ *En conter de biens bonnes*, contar chistes muy buenos. ‖ *S'en laisser* o *s'en faire conter*, dejarse liar, dejarse engañar *ou* embaucar.

— Syn. *Narrer*, narrar, relatar. *Raconter*, contar, referir. *Retracer*, recordar, traer a la memoria.

contestable adj. Discutible, controvertible, contestable (p. us.).

— Observ. L'adjectif espagnol *contestable* n'est pratiquement pas employé, alors que son contraire *incontestable* est très usité.

contestation f. Disputa, polémica. ‖ ● Conflicto, *m.*, oposición. ‖ Dr. Discusión, impugnación, contestación. ‖ *Mettre en contestation*, poner en duda *ou* en tela de juicio.

— Observ. En francés *contestation* no significa nunca « respuesta ».

— Syn. ● *Conflit*, conflicto. *Démêlé*, altercado. *Différend*, diferencia, discrepancia, desavenencia. *Litige*, litigio.

conteste f. *Sans conteste*, indiscutiblemente, sin ningún género de duda, sin duda de ninguna clase.

contester v. tr. Poner en duda, impugnar, discutir : *contester une succession, un juré*, impugnar una sucesión, un jurado ; *c'est un livre très contesté*, es un libro muy discutido. ‖ Estar en litigio : *un territoire contesté*, un territorio que está en litigio. ‖ Controvertir : *c'est un point contesté*, es un punto controvertido.

— V. intr. Discutir, disputar.

— Observ. Le verbe espagnol *contestar* signifie surtout « répondre ». On l'emploie quelquefois dans le sens de « mettre en doute », « contester », mais c'est alors un gallicisme.

conteur, euse adj. et s. Narrador, ra (narrateur). ‖ Autor de cuentos, cuentista (écrivain).

contexte m. Contexto.

contexture f. Contextura. ‖ Estructura (d'un discours).

contigu, ë adj. Contiguo, gua.

contiguïté f. Contigüidad.

continence f. Continencia.

continent, e adj. et s. m. Continente.

continental, e adj. Continental.

contingence f. Contingencia.

contingent, e [kɔ̃tɛ̃ʒɑ̃, ɑ̃:t] adj. et s. m. Contingente. ‖ — M. Comm. Cupo, contingente. ‖ Mil. Quinta, *f.*, reemplazo, contingente.

contingentement [-ʒɑ̃tmɑ̃] m. Contingentación, *f.*, fijación (*f.*) de un cupo *ou* contingente. ‖ Restricción, *f.*

contingenter v. tr. Fijar un cupo *ou* un contingente de. ‖ Limitar la distribución de.

continu, e adj. Continuo, nua.

— Syn. *Continuel*, continuo. *Incessant*, incesante. *Ininterrompu*, ininterrumpido.

continuateur, trice m. et f. Continuador, ra.

continuation f. Continuación. ‖ Fam. *Bonne continuation !*, que la cosa siga bien !

— Syn. *Continuité*, continuidad, prosecución. *Suite*, sucesión. *Prolongement*, prolongamiento. *Prolongation*, prolongación.

continuel, elle adj. Continuo, nua.

continuellement adv. Continuamente, de continuo.

continuer v. tr. ● Continuar, seguir, proseguir : *continuer à travailler, de parler, sur le même ton*, seguir trabajando, hablando, en el mismo tono. ‖ *Continuez !*, ¡siga Vd.!

— V. intr. Continuar, proseguir : *la séance continue*, la sesión continúa. ‖ Continuar : *la voiture continua sur Paris*, el coche continuó hacia París.

— Syn. ● *Poursuivre*, proseguir. *Persévérer*, perseverar. *Persister*, persistir.

continuité f. Continuidad. ‖ *Solution de continuité*, solución de continuidad, interrupción.

continûment adv. Continuamente.

contondant, e adj. Contundente.

contorsion f. Contorsión (des muscles). ‖ Mueca, contorsión (grimace).

contorsionner (se) v. pr. Hacer contorsiones (membres) *ou* muecas (visage).

contorsionniste m. Contorsionista (acrobate).

contour m. Contorno. ‖ Fig. Límite.

contourné, e adj. Contorneado, da ; deformado, da : *colonne contournée*, columna contorneada. ‖ Rodeado, da. ‖ Afectado, da ; amanerado, da : *style contourné*, estilo afectado. ‖ Blas. Contornado, da.

contourner v. tr. Contornear (sculpture). ‖ Rodear, dar la vuelta : *contourner une montagne*, dar la vuelta a una montaña. ‖ Deformar : *contourner la vérité*, deformar la verdad. ‖ Retorcer (phrases, style). ‖ Evitar (une difficulté). ‖ Eludir, soslayar, esquivar (une loi).

contraceptif, ive adj. et s. m. Contraceptivo, va.

contractant, e adj. et s. Contratante. ‖ Contrayente (au mariage).

contracté, e adj. Nervioso, sa. ‖ GRAMM. Contracto, ta.

contracter v. tr. Contratar (par contrat). ‖ Contraer : *le froid contracte les muscles*, el frío contrae los músculos. ‖ Contraer : *contracter une habitude*, contraer una costumbre. ‖ FIG. ● Contraer (maladies). ‖ Contraer (mariage, amitié, obligation).

— V. pr. Contraerse (se resserrer).

— SYN. ● *Gagner*, coger. *Attraper*, agarrar, atrapar.

contractile adj. Contráctil.
contractilité f. Contractilidad.
contraction f. Contracción.
contractuel, elle adj. Contractual.
— M. Empleado eventual del Estado [particularmente guardia].

contracture f. Tirón, m. (sports). ‖ ARCHIT. Estrechamiento, m. (d'une colonne). ‖ MÉD. Contracción.

contradicteur m. Contradictor.

contradiction f. Contradicción. ‖ — *Apporter la contradiction à*, contradecir. ‖ *Avoir l'esprit de contradiction*, tener manía de contradicción, llevar siempre la contraria.

— SYN. *Antinomie*, antinomia. *Antilogie*, antilogía.

contradictoire adj. Contradictorio, ria.
— M. Antónimo, proposición (*f.*) contradictoria.
contraignable [kõtrɛɲabl] adj. DR. Apremiable.
contraignant, e [-ɲɑ̃, ɑ̃:t] adj. DR. Apremiante.
contraindre* v. tr. Constreñir, forzar (obliger). ‖ DR. Apremiar.
— V. pr. Forzarse, obligarse.

contraint, e [kõtrɛ̃, ɛ̃:t] adj. FIG. Embarazado, da; violento, ta; molesto, ta (gêné). ‖ Forzado, da : *sourire contraint*, sonrisa forzada. ‖ Forzado, da; obligado, da.

contrainte f. ● Coacción. ‖ DR. Apremio, *m.* : *porteur de contraintes*, comisionado de apremios. ‖ FIG. Molestia, fastidio, *m.* (gêne). ‖ Obligación : *contraintes sociales*, obligaciones sociales. ‖ TECHN. Tensión. ‖ *Contrainte par corps*, prisión por deudas.

— SYN. ● *Coercition*, coerción. *Pression*, presión.

contraire adj. Contrario, ria; opuesto, ta. ‖ Adverso, sa : *sort contraire*, suerte adversa. ‖ Perjudicial; dañino, na; poco indicado : *le vin vous est contraire*, el vino le es perjudicial. ‖ Contraproducente : *cette mesure a eu des effets contraires*, esta medida ha tenido efectos contraproducentes.

— M. Lo contrario. ‖ — *Au contraire*, al contrario, por lo contrario. ‖ *Bien o tout au contraire*, muy al contrario. ‖ *Sauf o jusqu'à preuve du contraire*, salvo prueba en contrario *ou* en contra.

— OBSERV. La palabra francesa *contraire* no tiene el sentido de « adversario ».

contrairement adv. De manera opuesta, contrariamente, a la inversa de.

contralto m. MUS. Contralto.

contrapuntique adj. MUS. Contrapuntístico, ca.
contrapuntiste, contrapontiste ou **contrepointiste** m. MUS. Contrapuntista.

contrariant, e adj. Que lleva siempre la contraria (personne). ‖ Que contraría, enojoso, sa (fâcheux). ‖ *Il n'est pas contrariant*, dice amén a todo.

contrarié, e adj. Contrariado, da; enfadado, da.
contrarier* v. tr. Contrariar. ‖ ● Oponerse a

(aux paroles, aux actes, etc.). ‖ Contraponer (des couleurs). ‖ Invertir (tricot).

— SYN. ● *Contredire*, contradecir. *Contrecarrer*, contrarrestar.

contrariété f. Contrariedad, disgusto, *m.* ‖ *Esprit de contrariété*, manía de llevar la contraria.
contrastant, e adj. Contrastante.
contraste m. Contraste.

— OBSERV. Le mot espagnol *contraste* a aussi le sens de « poinçon ».

contraster v. intr. ● Contrastar, hacer contraste.
— V. tr. Hacer contrastar : *le peintre a su contraster les figures*, el pintor ha sabido hacer contrastar las figuras.

— SYN. ● *Trancher*, resaltar. *Jurer*, chocar.

contrat m. Contrato : *dresser un contrat*, hacer un contrato. ‖ Escritura, *f.* (acte notarié). ‖ Contrato (bridge) : *honorer un contrat*, cumplir un contrato. ‖ — *Contrat de mariage*, capitulaciones. ‖ MAR. *Contrat à la grosse*, contrato a la gruesa.

contravention f. Contravención, infracción. ‖ Multa (amende). ‖ *Dresser une contravention*, hacer un atestado, echar una multa.

contravis [kõtravi] m. Contraorden, *f.* (contrordre).

contre prep. Contra (opposition) : *parler contre sa pensée*, hablar contra lo que se piensa. ‖ Junto a (contact) : *sa maison est contre la mienne*, su casa está junto a la mía. ‖ Por : *dix citadins contre un cultivateur*, diez ciudadanos por cada labrador; *troquer sa montre contre un bracelet*, canjear su reloj por una pulsera. ‖ Al lado de, frente a (comparaison). ‖ Con (échange) : *acheter contre argent comptant*, comprar con dinero contante.

— M. Contra : *le pour et le contre*, el pro y el contra. ‖ Contra, *f.* (escrime). ‖ Doble (au bridge).

— Adv. En contra : *voter contre*, votar en contra. ‖ En contra de : *parler contre quelqu'un*, hablar en contra de uno. ‖ — *Ci-contre*, al lado. ‖ *Par contre*, en cambio, pero sí. ‖ *Tout contre*, cerquita (de).

— OBSERV. En las palabras compuestas con *contre-* sólo toma la forma del plural la segunda parte (*contre-allées, contre-amiraux*, etc.).

contre-alizé [kõtralize] adj. et s. m. Contraalisio.
contre-allée f. Contracalle, lateral, *m.*
contre-amiral m. Contraalmirante.
contre-appel m. Segunda lista, *f.*
contre-approches f. pl. Contraaproches, *m.*, contratrinchera, *sing.*
contre-assurance f. Contraseguro, *m.*
contre-attaque f. Contraataque, *m.*
contre-attaquer v. tr. MIL. Contraatacar.
contrebalancer* v. tr. Contrabalancear, contrapesar, contrarrestar.
contrebande f. Contrabando, *m.*, matute, *m.* (fam.).
contrebandier, ère adj. et s. Contrabandista.
contrebas (en) [ɑ̃kõtrəba] loc. adv. Más abajo.
contrebasse f. MUS. Contrabajo, *m.*, violón, *m.* (instrument et musicien).

— OBSERV. Le mot français *violon* correspond au mot espagnol *violín*, l'*alto* à la *viola*, le *violoncelle* au *violonchelo*, et la *contrebasse* au *violón* ou *contrabajo*.

contrebassiste m. MUS. Contrabajo (musicien).
contrebasson m. MUS. Contrafagot.
contrebatterie f. MIL. Contrabatería.
contrebattre* v. tr. MIL. Contrabatir.
contre-biais (à) [akõtrəbjɛ] loc. adv. Contra sesgo, al revés (à rebours), atravesado, da (en travers).

contre-bord (à) loc. adv. MAR. En sentido contrario [dícese de dos naves que se cruzan].

contre-boutant m. ARCHIT. Puntal.

contre-bouter ou **contre-buter** v. tr. ARCHIT. Apuntalar (étayer).

contrecarrer v. tr. Contrarrestar, oponerse a.

contrechamp m. CINÉM. Secuencia filmada en dirección contraria de la precedente.

contre-chant m. MUS. Contracanto.

contre-châssis m. Contravidriera, f.

contreclef [kɔ̃trakle] f. ARCHIT. Contraclave.

contrecœur m. Trashoguero (de cheminée). ‖ TRANSP. Contracorazón. ‖ À contrecœur, de mala gana, a regañadientes, a disgusto.

contrecoup m. Rechazo (rebondissement). ‖ FIG. Resulta, f., repercusión, f., consecuencia, f. (répercussion). ‖ Par contrecoup, de rechazo, por carambola.

contre-courant m. ÉLECTR. Contracorriente f. ‖ FIG. Marcha (f.) en sentido inverso. ‖ MAR. Contracorriente, f., revesa, f.

contre-courbe f. ARCHIT. Contracurva.

contredanse f. Contradanza. ‖ POP. Multa.

contre-dénonciation f. DR. Contradenuncia.

contre-digue f. Contradique, m.

contredire* v. tr. Contradecir, llevar la contraria a.
— V. pr. Contradecirse.
— SYN. Dédire, desdecir. Démentir, desmentir. Réfuter, refutar, confutar, impugnar.

contredisant, e adj. Contradicente.

contredit (sans) [sɑ̃kɔ̃trədi] loc. adv. Indiscutiblemente (sans) sin disputa.

contrée f. Comarca, región.

contre-écrou m. MÉCAN. Contratuerca, f.

contre-empreinte f. Huella sacada de otra, contrahuella.

contre-enquête f. Nueva información ou investigación.

contre-épaulette f. MIL. Capona.

contre-épreuve f. Contraprueba. ‖ Votación comprobatoria.

contre-espionnage m. Contraespionaje.

contre-essai [kɔ̃trɛsɛ] m. Contraprueba, f., nuevo ensayo [en sentido contrario].

contre-expertise f. Peritaje (m.) de comprobación.

contrefaçon f. Falsificación, imitación fraudulenta.

contrefacteur f. Falsificador, imitador.

contrefaction f. Falsificación (monnaie).

contrefaire* v. tr. Remedar, imitar (imiter). ‖ Simular, fingir (feindre). ‖ Falsificar (monnaies). ‖ Desfigurar (la voix).

contrefait, e adj. Contrahecho, cha.

contre-fenêtre f. Contraventana.

contre-feu m. Contrafuego (forêt).

contre-fiche f. TECHN. Puntal, m., jabalcón, m.

contreficher (s'en) v. pr. POP. Pitorrearse, importarle a uno un pepino.

contre-fil [kɔ̃trəfil] m. Contrahílo. ‖ Sentido contrario del normal. ‖ À contre-fil, al revés, a contrahílo.

contre-filet m. Filete (boucherie).

contrefort m. Contrafuerte (pilier). ‖ Estribación, f. (montagnes).

contre-fugue f. MUS. Contrafuga.

contre-haut (en) [ɑ̃kɔ̃trəo] loc. adv. De abajo arriba (de bas en haut). ‖ Encima (en dessus).

contre-hermine f. BLAS. Contraarmiños, m. pl.

contre-indication f. MÉD. Contraindicación.

contre-indiquer v. tr. Contraindicar.

contre-jour m. Contraluz, f.

contre-lettre f. Contracédula, contraescritura.

contremaître, esse m. et f. Contramaestre, encargado, da (d'atelier). ‖ Capataz, m. (d'un chantier). ‖ MAR. Contramaestre, m.

contre-manifestation f. Contramanifestación.

contre-manifester v. intr. Contramanifestar.

contremarche f. MIL. Contramarcha. ‖ TECHN. Contrahuella, tabica (d'escalier).

contremarque f. Contramarca. ‖ THÉÂTR. Contraseña.

contremarquer v. tr. Contramarcar.

contre-mesure (à) loc. adv. Fuera de compás, a contratiempo.

contre-mine f. MIL. Contramina.

contre-miner v. tr. Contraminar.

contre-mur m. ARCHIT. Contramuro.

contre-offensive f. MIL. Contraofensiva.

contrepartie f. Contrapartida. ‖ Lo contrario, m., opinión opuesta. ‖ — En contrepartie, en cambio. ‖ FIG. Soutenir la contrepartie, llevar la contraria.

contre-pas m. Contrapaso.

contre-passer v. tr. COMM. Devolver una letra de cambio al remitente (lettre de change). ‖ Rectificar mediante contrapartidas (comptabilité).

contre-pente f. Contrapendiente (pente opposée).

contre-peser v. tr. Contrapesar.

contrepèterie ou **contrepetterie** f. Lapsus burlesco de contraposición de letras.

contre-pied m. Rastro a la inversa (à la chasse). ‖ FIG. Lo contrario. ‖ — À contre pied, al revés. ‖ Prendre le contre-pied d'une opinion, defender la opinión contraria.

contre-placage m. TECHN. Contrachapado, contrachapeado.

contre-plaqué m. TECHN. Madera (f.) contrachapeada ou cruzada, contrachapado, contrachapeado.

contre-plaquer v. tr. Contrachapar, contrachapear.

contrepoids [kɔ̃trəpwa] m. Contrapeso.

contre-poil (à) loc. adv. A contrapelo.

contrepoint m. MUS. Contrapunto. ‖ Chanter en contrepoint, contrapuntear.

contre-pointe f. Contrafilo, m. (armes).

contre-pointer v. tr. Bastear (couture).

contrepointiste m. MUS. Contrapuntista.

contrepoison m. Contraveneno.
— SYN. Antidote, antídoto. Alexipharmaque, alexifármaco.

contre-porte f. Contrapuerta.

contre-préparation f. MIL. Contrapreparación.

contreprojet m. Contraproyecto.

contreproposition f. Contraproposición.

contrer v. tr. Doblar (aux jeux de cartes). ‖ Jugar a la contra (sports). ‖ FAM. Oponerse a las opiniones ou actos de alguien.

contre-rail [kɔ̃trəra:j] m. Contracarril, contrarriel.

contre-réforme f. Contrarreforma.

contre-révolution f. Contrarrevolución.

contre-révolutionnaire adj. et s. Contrarrevolucionario, ria.

contrescarpe f. Contraescarpa.

contre-sceau [kɔ̃trəsso] m. Contrasello.

contre-sceller [-sɛlle] v. tr. Contrasellar.

contreseing [-sɛ̃] m. Refrendata, f. ‖ Contrafirma, f.

contresens [-sɑ̃:s] m. ● Contrasentido. ‖ Contrahílo (d'une étoffe). ‖ À contresens, en sentido contrario.
— SYN. ● Non-sens, sinrazón, despropósito, disparate.

contresignataire adj. et s. Refrendario, ria.

contresigner [kɔ̃trəsiɲe] v. tr. Refrendar.

contre-taille [-taj] f. Contrarraya (gravure).

contretemps [-tɑ̃] m. Contratiempo. ‖ À contretemps, a destiempo.

contre-terrorisme m. Contraterrorismo.

contre-terroriste adj. et s. Contraterrorista.

contre-timbre m. Contrasello.

contre-tirer v. tr. Sacar una contraprueba de.

contre-torpilleur m. MAR. Contratorpedero, cazatorpedero.
contretype m. Contratipo.
contre-vair m. BLAS. Contraveros, *pl.*
contre-valeur m. Contravalor.
contrevallation f. MIL. Contravalación.
contre-vapeur m. Contravapor (locomotives).
contrevenant, e adj. et s. Contraventor, ra.
contrevenir* v. intr. Contravenir.
contrevent m. Contraventana, *f.*, puertaventana, *f.*, postigo (volet). || ARCHIT. Contraviento.
contreventement m. ARCHIT. Refuerzo.
contrevérité f. Antífrasis, mentira.
contre-visite f. MÉD. Contravisita.
contre-voie f. Vía contigua a la que sigue un tren.
contribuable adj. et s. Contribuyente.
contribuer v. intr. Contribuir : *contribuer pour un tiers,* contribuir en *ou* por una tercera parte.
— SYN. *Concourir,* concurrir. *Participer,* participar.

contributif, ive adj. Contributivo, va.
contribution f. Contribución. || *Mettre quelqu'un à contribution,* echar mano de alguien.
contristant, e adj. Entristecedor, ra.
contrister v. tr. Contristar, entristecer.
contrit, e [kɔ̃tri, it] adj. Contrito, ta.
contrition f. Contrición.
contrôlable adj. Comprobable, controlable (gallicisme). || Contrastable (poids et mesures).
contrôle m. Registro, inspección, *f.*, control (bureau, inspection). || Verificación, *f.*, comprobación, *f.*, intervención, *f.*, fiscalización, *f.* (compte). || Sello (monnaie, bijoux). || Regulación, *f.* (des prix, des changes). || Vigilancia, *f.* (surveillance). || Contraste (poids et mesures). || Despacho (théâtre). || Autoridad, *f.* : *territoire sous le contrôle des Nations Unies,* territorio bajo la autoridad de las Naciones Unidas. || Escalafón, lista, *f.*, nómina, *f.* (personnel, cadres). || Dominio (maîtrise). || Dominación, *f.* || Revisión, *f.* (des billets). || FIG. Crítica, *f.*, censura, *f.* || — *Contrôle des naissances,* regulación de nacimientos, limitación de la natalidad. || *Contrôle sanitaire,* inspección sanitaria. || AVIAT. *Tour de contrôle,* torre de mandos *ou* de control. || — *Perdre le contrôle de ses actes,* perder el dominio de sí mismo, perder la brújula
— OBSERV. V. CONTRÔLER.

contrôler v. tr. Registrar, inspeccionar, controlar (gallicisme) [inspecter]. || Comprobar (vérifier). || Sellar (monnaies et bijoux). || Revisar (les billets). || Contrastar (poids et mesures). || Intervenir, comprobar, fiscalizar (compte). || Regular (les prix, les comptes). || Vigilar (surveiller). || Dominar, vigilar : *les États-Unis contrôlent le canal de Panama,* los Estados Unidos dominan el canal de Panamá. || Dominar : *contrôler ses nerfs,* dominar sus nervios. || Hacerse con, dominar (la balle). || FIG. Criticar, censurar.
— OBSERV. Bien que le verbe *contrôler* et le substantif *contrôle* aient été des gallicismes, ils sont maintenant admis et on peut les employer pour traduire presque toutes les acceptions françaises de ces mots.

contrôleur, euse m. et f. Registrador, ra; inspector, ra (inspecteur). || Interventor, ra; verificador, ra (vérificateur). || Revisor, ra; inspector, ra (chemin de fer). || — M. Aparato para verificar. || Contraste (poids et mesures). || FIG. Censor, crítico. || *Contrôleur de la navigation aérienne,* controlador del tráfico aéreo.
controller m. TECHN. Combinador.
contrordre m. Contraorden, *f.*
controuvé, e adj. Inventado, da ; fraguado, da.
controversable adj. Controvertible.
controverse f. Controversia.
controverser v. tr. Controvertir, discutir. || Mantener una controversia.

controversiste m. et f. Controversista.
contumace f. Contumacia. || DR. Rebeldía : *condamné par contumace,* condenado en rebeldía. || — Adj. et s. Contumaz.
contumax ou **contumace** adj. et s. Contumaz.
contus, e [kɔ̃ty, y:z] adj. Contuso, sa : *plaie contuse,* llaga contusa.
contusion f. Contusión.
— SYN. *Meurtrissure,* magulladura. *Ecchymose,* equimosis. *Bleu,* cardenal, moretón.

contusionner v. tr. Contundir, magullar, producir contusiones.
convaincant, e adj. Convincente.
convaincre* v. tr. Convencer.
— V. pr. Convencerse.
convaincu, e adj. et s. Convencido, da. || DR. Convicto, ta.
convalescence f. Convalecencia.
— SYN. *Rétablissement,* restablecimiento.

convalescent, e adj. et s. Convaleciente.
convection f. PHYS. Convección.
convenable adj. Conveniente (qui convient). || Decente, decoroso, sa (décent, correct).
convenablement adv. Convenientemente. || Decentemente, decorosamente : *se tenir convenablement,* comportarse decentemente. || Acertadamente : *faire un travail très convenablement,* hacer un trabajo muy acertadamente.
convenance [kɔ̃vnɑ̃:s] f. Conveniencia.
— SYN. *Bienséance,* decoro, decencia, compostura. *Honnêteté,* honradez. *Décorum,* decoro.

convenant, e [-vnɑ̃, ɑ̃:t] adj. Conveniente.
convenir* [-vni:r] v. intr. Convenir, acordar : *convenir d'un prix,* convenir un precio. || Reconocer : *convenir de ses torts,* reconocer sus faltas. || Decidir, convenir : *convenir de partir,* decidir marcharse. || Convenir, agradar (plaire). || GRAMM. Concordar (s'accorder).
— V. impers. Ser conveniente : *il convient de...,* es conveniente...
— OBSERV. *Convenir* tiene como auxiliar el verbo *avoir* cuando significa « ser conveniente », « agradar » y *être* al querer decir « estar de acuerdo », « reconocer ».

convent [kɔ̃vɑ̃] m. Congreso masónico.
conventicule m. Conventículo.
convention f. Convenio, *m.* convención. || *Convention collective de travail,* convenio colectivo de trabajo. || *De convention,* convencional.
— SYN. *Arrangement,* arreglo. *Accord,* acuerdo, concierto. *Marché,* trato. *Contrat,* contrato. *Transaction,* transacción. *Traité,* tratado. *Pacte,* pacto, ajuste. *Alliance,* alianza. *Protocole,* protocolo.

conventionnalisme m. Convencionalismo.
conventionné, e adj. Vinculado por un convenio.
conventionnel, elle adj. Convencional.
conventualité f. Conventualidad.
conventuel, elle adj. Conventual.
convenu, e adj. Convencional, artificial. || Convenido, da (décidé).
— M. Lo convenido.
convergence f. Convergencia.
convergent, e adj. Convergente.
converger* v. intr. Convergir, converger.
convers, e [kɔ̃vɛ:r, ɛrs] m. et f. Lego, ga; converso, sa (d'un couvent).
conversation f. Conversación. || — *Amener la conversation sur un thème intéressant,* traer a colación un tema interesante. || *Avoir de la conversation,* tener mucha conversación.
— SYN. *Entretien,* conversación. *Conférence,* conferencia. *Pourparler,* trato. *Colloque,* coloquio. *Conciliabule,* conciliábulo. *Tête-à-tête,* entrevista, conversación a solas. *Dialogue,* diálogo. *Causerie,* charla. *Causette,* palique. *Parlote,* cháchara, parleta. *Interview,* interviú, entrevista.

converser v. intr. Conversar.

conversion f. Conversión.
converti, e adj. et s. Convertido, da ; converso, sa.
convertibilité f. Convertibilidad.
convertible adj. Convertible.
convertir v. tr. Convertir.
— V. pr. Convertirse.
convertissable adj. Convertible.
convertissage m. Conversión, f. (de la fonte en acier).
convertissement m. Conversión, f. (monnaies).
convertisseur m. ÉLECTR. Transformador. || TECHN. Convertidor.
convexe adj. Convexo, xa.
convexité f. Convexidad.
convict [kɔ̃vikt] m. Presidiario.
conviction f. Convicción.

— SYN. *Persuasion,* persuasión. *Certitude,* certidumbre, certeza. *Assurance,* seguridad.

convié, e m. et f. Convidado, da.
convier* v. tr. Convidar, invitar.
convive m. et f. Convidado, da ; comensal.

— SYN. *Convié,* convidado. *Invité,* invitado. *Commensal,* comensal. *Hôte,* huésped. *Parasite,* parásito. *Pique-assiette,* gorrón.

convocation f. Convocatoria, convocación. || MIL. Llamamiento, m.
convoi m. Cortejo (enterrement). || MAR. et MIL. Convoy. || Tren.
convoiement ou **convoyage** m. Escolta, f. (escorte). || MAR. Convoy.
convoitable adj. Codiciable.
convoiter v. tr. Codiciar, ansiar.

— SYN. *Vouloir,* querer. *Avoir envie,* tener gana. *Désirer,* desear. *apetecer. Souhaiter,* desear. *Soupirer après...,* anhelar, suspirar por... *Guigner,* irse los ojos tras...

convoiteur, euse adj. et s. Codicioso, sa.
convoitise f. Codicia, ansia. || *Regard de convoitise,* mirada codiciosa.

— SYN. *Avidité,* avidez. *Cupidité,* ansia, apetencia. *Rapacité,* rapacidad. *Concupiscence,* concupiscencia.

convoler v. intr. FAM. Casarse (se marier). || Casarse de nuevo (se remarier).
convoluté, e adj. BOT. et ZOOL. Convoluto, ta (roulé en cornet).
convolvulacé, e adj. et s. BOT. Convolvuláceo, a.
convolvulus m. BOT. Convólvulo, enredadera, f.
convoquer v. tr. Convocar.

— SYN. *Inviter,* invitar. *Appeler,* llamar. *Mander,* hacer venir. *Assigner,* emplazar.

convoyer* [kɔ̃vwaje] v. tr. Escoltar, convoyar (escorter).
convoyeur adj. Convoyante.
— M. Persona (f.) que acompaña un convoy. || MAR. Nave (f.) de escolta. || TECHN. Transportador mecánico, cinta (f.) transportadora, transportador de cinta.
convulsé, e adj. Convulso, sa.
convulser v. tr. Convulsionar.
convulsif, ive adj. Convulsivo, va.
convulsion f. Convulsión.
convulsionnaire adj. et s. Convulsionario, ria.
convulsionner v. tr. Convulsionar.
cooccupant, e m. et f. Coocupante.
coolie [kuli:] m. Culi, coolí (travailleur hindou ou chinois).
coopérateur, trice adj. et s. Cooperador, ra. || Miembro de una cooperativa.
coopératif, ive adj. et s. f. Cooperativo, va.
coopération f. Cooperación.
coopératisme m. Cooperativismo.
coopérer* v. intr. Cooperar.
cooptation f. Cooptación.
coopter v. tr. Cooptar.
coordination f. Coordinación.
coordonnateur, trice adj. et s. Coordinador, ra.

coordonné, e adj. Coordinado, da.
— F. GÉOM. Coordenada.
coordonner v. tr. Coordinar.
copahu [kɔpay] m. Copaiba, f. (résine).
copain, copine m. et f. FAM. Camarada, amigote, ta.
copal m. Copal (résine).
copartage m. Reparto.
copartageant, e adj. et s. Copartícipe.
copartager v. tr. Repartir entre varios, compartir.
coparticipant, e adj. et s. Copartícipe.
coparticipation f. Coparticipación.
copayer m. BOT. Copayero.
copeau m. Viruta, f.
copépodes m. pl. ZOOL. Copépodos.
copermuter v. tr. Permutar.
Copernic n. pr. m. Copérnico.
copie f. ● Copia (reproduction). || Copia, calco, m., persona que remeda a otra (personne). || Hoja (des écoliers). || Ejercicio, m. (exercice). || FIG. Imitación, copia. || IMPR. Original, m., texto, m. (manuscrit). || *Copie blanche,* hoja en blanco.

— SYN. ● *Double,* duplicado. *Duplicata,* duplicado. *Ampliatif,* copia auténtica. *Grosse,* copia, traslado. *Calque,* calco.

copier* v. tr. Copiar : *copier d'après nature,* copiar del natural. || FIG. Remedar (imiter). || *Machine à copier,* copiadora.

— SYN. *Transcrire,* transcribir. *Récrire,* escribir de nuevo. *Expédier,* despachar.

copieux, euse [kɔpjø, jø:z] adj. Copioso, sa ; abundante.
copilote m. Copiloto.
copin, e m. et f. V. COPAIN.
copiste m. Copista.
coplanaires adj. pl. MATH. Coplanarias : *des droites coplanaires,* rectas coplanarias.
coposséder* v. tr. Poseer en copropiedad.
copossesseur m. Coposesor.
copossession f. Coposesión.
copra ou **coprah** m. Copra, f. (du coco).
coproduction f. CINÉM. Coproducción.
coprolithe m. Coprolito.
coprophage adj. ZOOL. Coprófago, ga.
copropriétaire m. et f. Copropietario, ria.
copropriété f. Copropiedad. || Propiedad horizontal, propiedad de casa por pisos, comunidad de propietarios (appartements).
copte adj. et s. Copto, ta.
copulatif, ive adj. et s. f. GRAMM. Copulativo, va.
copulation f. Cópula.
copule f. GRAMM. Cópula.
copyright [kɔpirait] m. Derechos reservados, « copyright ».
coq m. Gallo. || MAR. Cocinero (cuisinier). || — *Coq de bruyère,* urogallo. || FIG. *Coq de clocher,* cacique, gallo de pueblo. || — *Au chant du coq,* al rayar el alba. || *Fier comme un coq,* muy engallado. || *Rouge comme un coq,* encendido como un pavo. || — *Être comme un coq en pâte,* ser tratado a cuerpo de rey, estar a las mil maravillas, estar como las propias rosas *ou* como perita en dulce. || *Passer du coq à l'âne,* saltar de un tema a otro.
— Adj. *Poids coq,* peso gallo (boxe).
coq-à-l'âne m. FAM. Despropósito, patochada, f., salida (f.) de pata de banco.
coquard ou **coquart** [kɔka:r] m. POP. Ojo a la funerala.
coque f. Cascarón, m. (de l'œuf). || Cáscara (de noix, noisette, etc.). || Coca (coiffure). || Berberecho, m. (coquillage). || AUTOM. Caja (de la carrosserie). || AVIAT. Fuselaje, m. || MAR. Casco, m. (d'un bateau). || ZOOL. Capullo, m. (cocon). || *Œuf à la coque,* huevo pasado por agua.
coquebin [kɔkbɛ̃] m. Pazguato, tonto.

coquecigrue f. (Vx). Pamplina, simpleza.
coqueleux, euse m. et f. Criador, ra [de gallos de pelea] ; gallero, ra.
coquelicot [kɔkliko] m. Amapola, *f.* (fleur).
coquelourde f. Bot. Pulsatila.
coqueluche f. Tos ferina. ‖ Fig. *Être la coqueluche de*, ser el preferido de.
coquelucheux, euse adj. et s. Que sufre la tos ferina.
coquemar m. Escalfador.
coquerelle f. Blas. Racimo (*m.*) de tres avellanas.
coqueret m. Bot. Alquequenje.
coquerico m. Quiquiriquí (chant du coq).
coquerie f. Mar. Cocina de un navío.
coquet, ette adj. et s. Presumido, da. ‖ Bonito, ta ; lindo, da : *un chapeau coquet*, un bonito sombrero. ‖ Coquetón, ona : *appartement coquet*, piso coquetón. ‖ — Adj. f. et s. f. Coqueta.
— Observ. L'adjectif espagnol *coqueta* n'a pas de masculin, mais le comparatif *coquetón, ona*, très coquet, est très usité.
coqueter* v. intr. Coquetear.
coquetier [kɔktje] m. Recovero, huevero (marchand d'œufs). ‖ Huevero, huevera, *f.* (petit godet). ‖ Fig. et Fam. *Gagner le coquetier*, lucirse, llevarse la palma.
coquettement [kɔkɛtmɑ̃] adv. Con coquetería, coquetamente. ‖ *Être coquettement installé*, tener un piso muy mono.
coquetterie [-tri] f. Coquetería (goût de la parure). ‖ Coqueteo, *m.* (action de coqueter).
coquillage m. Marisco (comestible). ‖ Concha, *f.* (coquille).
coquillard m. Mendigo (au Moyen Âge).
coquillart m. Piedra (*f.*) calcárea conchífera.
coquille [kɔki:j] f. Concha (de mollusque). ‖ Cáscara (d'œuf, de noix, etc.). ‖ Especie de parrilla vertical para asar (pour rôtir). ‖ Taza (d'une épée). ‖ Concha (de pèlerin). ‖ Impr. Errata, gazapo, *m.* ‖ Tamaño de papel de 56 × 44 cm. ‖ — Mar. *Coquille de noix*, cascarón de nuez. ‖ *Coquille Saint-Jacques*, vieira, vencra. ‖ — *Rentrer dans sa coquille*, meterse en el caparazón, en la concha. ‖ *Sortir de sa coquille*, salir del cascarón.
coquiller v. intr. Olivarse (la croûte du pain).
coquillier, ère [kɔkije, jɛːr] adj. Conchífero, ra.
coquin, e [kɔkɛ̃, in] adj. et s. Pillo, a ; tunante.
coquinerie f. Tunantería, tunantada, pillería, pillada.
cor m. Cuerna, *f.* (du cerf). ‖ ● Callo (callosité). ‖ Mus. Trompa, *f.*, cuerno (de chasse), trompa, *f.*, corno (d'orchestre). ‖ — *Cor anglais*, corno inglés. ‖ *Cor à pistons*, trompa de llaves *ou* pistones. ‖ *Cor d'harmonie*, trompa de mano. ‖ — *À cor et à cri*, a voz en cuello, a grito limpio.
— Syn. ● *Durillon*, callo. *Oignon*, juanete. *Œil-de-perdrix*, ojo de gallo.
corail [kɔra:j] m. Coral : *coraux*, corales. ‖ *Serpent corail*, coralillo.
corailleur adj. et s. m. Coralero (pêcheur de corail).
corallien, enne adj. Coralino, na.
corallifère adj. Coralífero, ra.
coralliforme adj. Coraliforme.
coralligène adj. Coralígeno, na.
corallin, e adj. Coralino, na (couleur).
— F. Coralina (algue).
Coran n. pr. m. Alcorán, Corán.
coranique adj. Coránico, ca.
corbeau m. Cuervo (oiseau). ‖ Archit. Modillón. ‖ Fig. Tiburón, buitre, negociante sin escrúpulos.
corbeille f. Canasta, canasto, *m.* (La *canasta* est plus large et moins haute que le *canasto*.) ‖ Cesto, *m.* : *corbeille à papier*, cesto de los papeles. ‖ Canastillo, *m.*, macizo, *m.* : *corbeille de*

géranium, un canastillo de geranios. ‖ Corro, *m.* (à la Bourse). ‖ Archit. Repisa, ménsula. ‖ Théâtr. Piso (*m.*) principal. ‖ — *Corbeille à ouvrage*, costurero. ‖ *Corbeille de mariage*, canastilla de boda.
corbillard m. Coche *ou* carroza (*f.*) fúnebre.
corbillat m. Corvato (petit du corbeau).
corbillon m. Canastillo. ‖ Juego de prendas (jeu).
corbin m. (Vx). Cuervo. ‖ *En bec de corbin*, curvo, va ; aguileño, ña.
corbleu! [alteración de *cordieu*, cuerpo de Dios] interj. ¡Pardiez! (euphémisme pour *por Dios*).
cordage m. Medición, *f.* (du bois). ‖ Mar. ● Cordaje. ‖ — Pl. Mar. Jarcias, *f.*
— Syn. ● *Câble*, cable, maroma. *Corde*, cuerda, soga. *Filin*, cabo.
corde f. Cuerda. ‖ Soga (de sparte). ‖ Trama (d'une étoffe). ‖ Comba (jeu de petites filles). ‖ Anat. Cuerda : *cordes vocales*, cuerdas vocales. ‖ Géom. Cuerda. ‖ Mus. Cuerda (d'un instrument). ‖ Sports. Límite interior de una pista. ‖ Fig. Fibra, sentimiento (sentiments). ‖ — Pl. Cuerdas (instruments). ‖ Cuerdas (d'un ring). ‖ — *Corde de bateleur*, o *corde raide*, cuerda floja (cirque). ‖ *Échelle de corde*, escala de cuerda. ‖ — *Avoir la corde au cou*, estar con la soga al cuello. ‖ *Avoir plusieurs cordes à son arc*, ser hombre de recursos. ‖ Fig. *Être dans les cordes de quelqu'un*, dársele muy bien algo a uno. ‖ *Mériter la corde*, merecer la horca. ‖ *Ne pas parler de corde dans la maison d'un pendu*, no mentar la soga en casa del ahorcado. ‖ Fam. *Tenir la corde*, llevarse la palma, llevar ventaja a los demás. ‖ *Tirer sur la corde*, tirar de la cuerda. ‖ *Tomber des cordes*, llover a cántaros. ‖ Fig. *Usé jusqu'à la corde*, raído, da ; desgastado, da.
cordé, e adj. Acorazonado, da (en forme de cœur). ‖ Blas. Cordado, da.
cordeau m. Cordel : *tiré au cordeau*, tirado a cordel. ‖ Tendel (de maçon). ‖ Mecha, *f.* (explosifs).
cordée f. Haz (*m.*) de leña (de bois), hato, *m.* ‖ Cordel, *m.* (pêche). ‖ Cordada (alpinisme) : *premier de cordée*, primero, cabeza *ou* jefe de cordada.
cordeler* v. tr. Torcer, retorcer (tordre).
cordelette f. Cuerdecilla.
cordelier m. Franciscano.
cordelière f. Cíngulo, *m.* (religieux). ‖ Ceñidor, *m.*, cordón, *m.* (ceinture). ‖ Cordón, *m.* (architecture, cravate). ‖ Impr. Cordoncillo, *m.*
cordelle f. Mar. Sirga (pour le halage).
corder v. tr. Torcer [para hacer cuerda]. ‖ Enrollar (rouler). ‖ Acordelar, medir con cuerda (mesurer). ‖ Atar con cuerda (lier). ‖ *Corder une raquette*, poner las cuerdas a una raqueta.
corderie f. Cordelería.
cordés m. pl. Zool. Cordados.
cordial adj. et s. m. Cordial.
cordialité f. Cordialidad.
cordier m. Cordelero. ‖ Mus. Cordal (queue d'un instrument).
cordiforme adj. Cordiforme.
cordillère f. Cordillera.
cordite f. Cordita (explosif).
cordon m. Cordón (petite corde). ‖ Cordón : *cordon sanitaire, de police*, cordón sanitario, de policía. ‖ Cordón (de souliers). ‖ Tirador (de sonnette). ‖ Banda, *f.* (décoration). ‖ Cordoncillo (de monnaie). ‖ Anat. et Archit. Cordón. ‖ — *Dénouer les cordons de la bourse*, aflojar la bolsa. ‖ Fam. *Tenir les cordons de la bourse*, manejar los cuartos. ‖ *Tirer le cordon*, abrir la puerta.

cordon-bleu m. et f. Buen cocinero, *m.*, buena cocinera, *f.*

— OBSERV. Pl. *cordons-bleus.*

cordonner v. tr. Torcer, retorcer.

cordonnerie [kɔrdɔnri] f. Zapatería.

cordonnet m. Cordoncillo. ‖ Torzal (de soie).

cordonnier, ère m. et f. Zapatero, ra. ‖ *Les cordonniers sont les plus mal chaussés*, en casa del herrero cuchara de palo.

— SYN. *Bottier, chausseur,* zapatero. *Savetier,* remendón. *Pop. Bouif,* remendón.

cordouan, e adj. et s. Cordobés, esa.

Cordoue n. pr. GÉOGR. Córdoba.

Corée n. pr. f. GÉOGR. Corea.

coréen, enne adj. et s. Coreano, na.

coreligionnaire adj. et s. Correligionario, ria.

Corfou n. pr. GÉOGR. Corfú.

coriace adj. Coriáceo, a ; correoso, sa (dur). ‖ FIG. Tenaz (tenace). | Agarrado, da ; avaro, ra (avare).

coriandre m. BOT. Cilantro.

coricide m. MÉD. Callicida.

corindon m. Corindón.

Corinne n. pr. f. Corina.

Corinthe [kɔrɛ̃:t] n. pr. GÉOGR. Corinto.

corinthien, enne [-tjɛ̃, jɛn] adj. et s. Corintio, tia.

corme m. Serba, *f.* (fruit).

cormier m. Serbal (arbre).

cormoran m. ZOOL. Cormorán, mergo, cuervo marino.

cornac m. Cornaca. ‖ FIG. Cicerone, guía (guide).

cornage m. VÉTÉR. Huélfago.

cornaline f. Cornalina (pierre précieuse).

cornard adj. et s. Cornudo, da (qui a des cornes). ‖ POP. Cornudo (mari trompé). ‖ VÉTÉR. Que padece huélfago.

corne [kɔrn] f. ● Cuerno, *m.*, asta. ‖ Pico (*m.*) doblado *ou* esquina doblada de la hoja de un libro (pli d'un feuillet). ‖ ARCHIT. Ángulo, *m.* ‖ Pico, *m.* (coin d'un objet). ‖ Pico, *m.* (d'un chapeau). ‖ Cuerno, *m.* (de la lune). ‖ POP. Cuerno, *m.* (d'un mari trompé). ‖ MAR. Cangrejo, *m.* ‖ MUS. Bocina. ‖ FAM. Suela de zapato (viande dure). ‖ Asta, hueso, *m.* (peigne, etc.). ‖ ANAT. Cuerno, *m.* (de la moelle). ‖ TECHN. Cuerno, *m.* (matière). ‖ VÉTÉR. Casco, *m.* (sabot de solipèdes). ‖ — *Corne à chaussure*, calzador. ‖ *Corne d'abondance*, cornucopia, cuerno de la abundancia. ‖ *Corne d'auto*, bocina. ‖ — *Bouton en corne*, botón de hueso. ‖ *Coup de corne*, cornada. ‖ *Faire des cornes à un livre*, doblar las esquinas *ou* los picos de las paginas.

— SYN. ● *Bois* (cerf), cornamenta. *Andouiller,* mogote, candil.

corné, e adj. Córneo, a. ‖ Doblado, da (carte).

cornée f. ANAT. Córnea.

cornéen, enne adj. De la córnea.

corneille [kɔrnɛ:j] f. Corneja (oiseau).

cornélien, enne adj. Relativo a Corneille. ‖ A semejanza de Corneille.

cornement m. Zumbido.

cornemuse f. MUS. Gaita, cornamusa.

cornemuseur m. Gaitero.

corner v. tr. Tocar la bocina (klaxonner), llamar con la bocina (avertir). ‖ Doblar el pico de (plier). ‖ Pregonar, cacarear (annoncer). — V. intr. Tocar la bocina (une auto), tocar la trompa (sonner de la corne). ‖ Zumbar (les oreilles). ‖ Vociferar, vocear (parler très fort).

corner m. Saque de esquina, córner (football). ‖ COMM. Sindicato de especuladores.

cornet (kɔrnɛ] m. Corneta, *f.* ‖ Cuerno, trompa, *f.* (corne, cor). ‖ Corneta (cornettiste). ‖ Cucurucho, cartucho (de papier). ‖ Cucurucho (de glace). ‖ Cubilete (pour les dés). ‖ Apagador

(éteignoir). ‖ ANAT. Cornete (du nez). ‖ — *Cornet à bouquin*, bocina. ‖ *Cornet acoustique*, trompetilla. ‖ *Cornet à pistons*, cornetín, corneta de pistones.

cornette f. MIL. Corneta, especie de bandera (étendard). ‖ Toca (*f.*) de monja (de religieuse), cofia, *f.* (coiffe). ‖ — M. (Vx). Abanderado.

cornettiste m. Corneta, cornetín (musicien).

corniche f. Cornisa. ‖ *Route de corniche*, carretera de cornisa.

cornichon m. Pepinillo (fruit). ‖ FAM. Gurrina, *f.* — Adj. et s. Majadero, bobo (niais).

cornier, ère adj. Angular, en la esquina. — F. Ángulo (*m.*) recto (d'une ardoise). ‖ CONSTR Canalón, *m.* ‖ TECHN. Codo (*m.*) metálico, angular. *m.*

corniste m. MUS. Trompa (joueur de cor).

Cornouailles [kɔrnwa:j] n. pr. GÉOGR. Cornualles.

cornouille [kɔrnu:j] f. Fruto (*m.*) del cornejo.

cornouiller [-je] m. BOT. Cornejo.

cornu, e adj. Cornudo, da. ‖ Con picos (chapeau).

cornue [kɔrny] f. CHIM. Retorta.

Corogne (La) n. pr. GÉOGR. La Coruña.

corollaire m. Corolario.

corolle f. BOT. Corola.

coron m. Caserío de mineros [en el norte de Francia].

coronaire adj. ANAT. Coronario, ria.

coronal, e adj. ANAT. Coronal (os).

coronille f. BOT. Coronilla.

corossol m. Corojo, corozo, anona, *f.* (fruit).

corossolier m. Corojo, guanábano, corrosal (arbre).

corozo m. Corozo, tagua, *f.* (ivoire végétal).

corporal m. Corporal (linge bénit).

corporatif, ive adj. Corporativo, va.

corporation f. Corporación, gremio, *m.* — SYN. *Corps,* cuerpo. *Ordre,* orden. *Confrérie,* cofradía. *Collège,* colegio.

corporatisme m. Corporativismo, sistema corporativo.

corporatiste adj. et s. Corporatista.

corporel, elle adj. Corpóreo, a (qui a un corps). ‖ Corporal : *peine corporelle*, pena corporal.

corps [kɔ:r] m. Cuerpo (d'un être animé). ‖ Cadáver : *faire l'autopsie d'un corps*, hacer la autopsia de un cadáver. ‖ Cuerpo (substance). ‖ MIL. Cuerpo : *corps d'armée, de garde*, cuerpo de ejército, de guardia. ‖ Cuerpo, gremio (corporation). ‖ Cuerpo (consistance). ‖ Recopilación, *f.* (recueil). ‖ Cuerpo (typographie). ‖ — *Corps à corps*, cuerpo a cuerpo. ‖ *Corps céleste*, cuerpo celeste. ‖ CHIM. *Corps composé, simple*, cuerpo compuesto, simple. ‖ THÉÂTR. *Corps de ballet*, cuerpo de baile. ‖ ARCHIT. *Corps de logis*, cuerpo. ‖ TECHN. *Corps de métier*, gremio, corporación. ‖ TECHN. *Corps de pompe*, cuerpo de bomba. ‖ DR. *Corps du délit*, cuerpo del delito. ‖ *Corps enseignant*, cuerpo docente. ‖ *Corps et âme*, en cuerpo y alma. ‖ *Corps et biens*, bienes y personas. ‖ *Corps franc*, partida de guerrilleros. ‖ MAR. *Corps mort*, cuerpo muerto. ‖ *Esprit de corps*, espíritu de cuerpo, solidaridad. ‖ — *À bras-le-corps*, por la cintura. ‖ *À corps perdu*, a cuerpo descubierto. ‖ *À mi-corps*, a medio cuerpo, por medio del cuerpo, por la cintura. ‖ *À mon corps défendant*, en defensa mía, en mi propia defensa (pour se défendre), de mala gana (à contrecœur). ‖ — *Faire corps avec*, confundirse con, formar bloque con, formar cuerpo con. ‖ *Passer sur le corps*, atropellar. ‖ *Prendre corps*, tomar consistencia, cuerpo, plasmarse.

corpulence f. Corpulencia.

corpulent, e adj. Corpulento, ta.

corpus [kɔrpys] m. Cuerpo (recueil). || *Corpus Christi*, Corpus.
— OBSERV. En francés se usa corrientemente el sinónimo *Fête-Dieu* en lugar de *Corpus Christi*.
corpusculaire adj. Corpuscular.
corpuscule m. Corpúsculo.
correct, e adj. Correcto, ta. || Decente, decoroso, sa : *un costume correct*, un traje decente. || Razonable : *un prix correct*, un precio razonable. || Preciso, sa ; exacto, ta : *description correcte*, descripción exacta.
correcteur, trice adj. et s. Corrector, ra.
correctif, ive adj. Correctivo, va.
— M. Correctivo. || FIG. Paliativo.
correction f. Corrección : *correction des devoirs*, corrección de los ejercicios. || Enmienda (amendement). || Corrección (réprimande). || Paliza (châtiment corporel). || Corrección (qualité de ce qui est correct). || — DR. *Maison de correction*, reformatorio, correccional. || *Sauf correction*, salvo error u omisión.
correctionnel, elle adj. Correccional.
— F. Tribunal (m.) correccional.
corrélatif, ive adj. et s. m. Correlativo, va.
corrélation f. Correlación.
correspondance f. Correspondencia (rapport). || Correspondencia, empalme, m., enlace, m. (communication). || Correspondencia, correo, m. (courrier). || Corresponsalía (d'un journal). || *En correspondance avec*, de acuerdo ou de conformidad con. || *Être en correspondance avec*, cartearse con, mantener correspondencia con.
correspondancier, ère m. et f. Empleado, da, encargado del correo.
correspondant, e adj. Correspondiente : *angles correspondants*, ángulos correspondientes.
— M. et f. Corresponsal (journal). || Persona con quien uno se cartea, comunicante. || Miembro correspondiente (Académie). || Persona que atiende a un alumno interno durante sus salidas.
correspondre v. intr. Corresponder. || Comunicar (pièces, etc.). || Corresponder, cartearse (s'écrire). || TRANSP. Empalmar.
corridor m. Corredor, pasillo.
corrigé m. Corrección-modelo, f., modelo de corrección.
corriger* v. tr. Corregir : *corriger une épreuve*, corregir úna prueba. || ● Enmendar (amender). || Nivelar, compensar : *corriger le déséquilibre de la balance commerciale*, nivelar el desequilibrio de la balanza comercial. || Castigar (punir). || Dar una paliza (battre).
— V. pr. Corregirse, enmendarse.
— SYN. ● *Améliorer*, mejorar. *Amender*, enmendar. *Réformer*, reformar. *Régénérer*, regenerar. *Redresser*, relever, enderezar. *Rectifier*, rectificar.
corrigeur, euse m. et f. IMPR. Corrector, ra.
corrigible adj. Corregible.
corroboration f. Corroboración.
corroborer v. tr. Corroborar : *corroborer par les faits*, corroborar con hechos.
corrodant, e adj. et s. m. Corrosivo, va.
corroder v. tr. Corroer.
corroi m. Zurra, f., curtido (du cuir).
corroierie [kɔrwari] f. TECHN. Zurra (art). | Taller (m.) del zurrador, tenería (atelier).
corrompre v. tr. Corromper. || FIG. Deformar, alterar (un texte).
corrompu, e adj. Corrompido, da : *eau corrompue*, agua corrompida. || Corrupto, ta (surtout au sens fig.).
corrosif, ive adj. Corrosivo, va. || FIG. Corrosivo, va ; virulento, ta.
— M. Corrosivo.
corrosion f. Corrosión.
corroyage [kɔrwaja:ʒ] m. Zurra, f., curtido (du

cuir). || Soldadura, f., afino (métal). || Cepilladura, f. (bois). || CONSTR. Mezcla, f.
corroyer* [-je] v. tr. Zurrar, curtir (le cuir). || Cepillar (le bois). || Soldar (fer chaud). || CONSTR. Mezclar.
corroyeur [-jœ:r] m. Zurrador.
corrupteur, trice adj. et s. Corruptor, ra.
corruptibilité f. Corruptibilidad.
corruptible adj. Corruptible.
corruption f. Corrupción.
corsage m. Blusa, f. || Cuerpo (d'une robe).
corsaire adj. et s. m. Corsario, ria. || FIG. Pirata (homme cupide).
corse adj. et s. Corso, sa.
Corse [kɔrs] n. pr. f. GÉOGR. Córcega.
corsé, e adj. Fuerte : *drap corsé*, sábana fuerte. || De cuerpo : *vin corsé*, vino de cuerpo. || Picante, fuerte : *sauce corsée*, salsa picante. || Opíparo, ra : *repas corsé*, comida opípara. || Fuerte, subido, da, de tono ; escabroso, sa : *histoire corsée*, historia escabrosa. || FIG. y FAM. Menudo, da ; fuerte : *il m'a fait une semonce corsée*, menudo rapapolvo me ha echado.
corselet m. Coselete (cuirasse). || Corpiño (corsage). || ZOOL. Coselete (des insectes).
corser v. tr. Dar fuerza, vida, cuerpo.
— V. pr. Complicarse (une affaire). || *Ça se corse!*, ¡esto toma mal cariz!, ¡esto se complica!
corset m. Corsé.
corseter* v. tr. Encorsetar.
corsetier, ère adj. et s. Corsetero, ra.
corso m. Paseo (en Italie). || *Corso fleuri*, desfile de carrozas engalanadas.
cortège m. Comitiva, f., cortejo, séquito.
— SYN. *Escorte*, escolta. *Suite*, séquito. *Cour*, corte.
cortès f. pl. Cortes (assemblée).
cortical, e adj. Cortical.
cortisone f. MÉD. Cortisona.
coruscant, e adj. POÉT. Coruscante.
corvéable adj. (Vx). Sujeto, sujeta, a prestación personal.
corvée f. (Vx). Prestación personal. || FIG. Carga, trabajo (m.) molesto, pejiguera, lata, incordio, m. || MIL. Faena : *tenue de corvée*, uniforme de faena.
corvette f. MAR. Corbeta.
corvidés m. pl. ZOOL. Córvidos.
corybante m. HIST. Coribante.
corymbe [kɔrɛ̃:b] m. BOT. Corimbo.
coryphée m. Corifeo.
coryza m. MÉD. Coriza, f.
cosaque adj. et s. m. Cosaco.
cosécante f. MATH. Cosecante.
cosignataire adj. et s. Que firma con otros, cofirmante.
cosinus [kɔsinys] m. MATH. Coseno.
cosmétique adj. et s. m. Cosmético, ca.
cosmique adj. Cósmico, ca.
cosmobiologie f. Cosmobiología.
cosmogonie f. Cosmogonía.
cosmogonique adj. Cosmogónico, ca.
cosmographe m. Cosmógrafo.
cosmographie f. Cosmografía.
cosmographique adj. Cosmográfico, ca.
cosmologie f. Cosmología.
cosmologique adj. Cosmológico, ca.
cosmonaute m. et f. Cosmonauta.
cosmopolite adj. et s. Cosmopolita.
cosmopolitisme m. Cosmopolitismo.
cosmorama m. Cosmorama.
cosmos m. Cosmos.
cossard, e [kɔsa:r, ard] adj. et s. POP. Holgazán, ana ; haragán, ana ; gandul, la.
cosse f. Vaina (de légume). || TECHN. Guardacabo,

m., terminal, *m.* (d'un fil électrique). || POP. *Avoir la cosse,* tener galbana.

cosser v. intr. Topetar (moutons). || FIG. Luchar (lutter).

cossette f. Peladura (de betterave).

cossu, e adj. FAM. Rico, ca; acaudalado, da; acomodado, da (personne). | Acomodado, da; señorial (maison).

cossus [kɔsy:s] m. ZOOL. Carcoma, *f.,* coso.

costal, e adj. ANAT. Costal.

costaricien, enne adj. et s. Costarricense.

costaud, e [kɔsto, o:d] adj. et s. POP. Forzudo, da ; fuerte.
— OBSERV. El femenino de *costaud* es *costaud* o *costaude* (p. us.).

costière f. THÉÂTR. Escotillón, *m.*

costume m. Traje : *costume sur mesure, de confection, tailleur,* traje a la medida, de confección, sastre. || *Costume de bain,* traje de baño, bañador. || *Costume de ville,* traje de calle. || *Costumes,* vestuario, figurines (cinéma, théâtre). || *En costume de cérémonie,* de etiqueta (civils), con uniforme de gala (militaires).

costumé, e adj. Vestido, da (habillé). || Disfrazado, da (déguisé). || *Bal costumé,* baile de disfraces.

costumer v. tr. Vestir (habiller). || Disfrazar (déguiser).

costumier, ère m. et f. Sastre de teatros (tailleur). || Guardarropa (celui qui garde les costumes).

cosy m. Cama (*f.*) turca.

cotable adj. Cotizable.

cotangente f. MATH. Cotangente.

cotation f. Cotización.

cote [kɔt] f. Anotación, nota. || Cuota, parte (quote part). || Signatura (bibliothèques). || Altura, nivel, *m.* (des eaux). || Clasificación (d'un film). || Registro, *m.* (d'un inventaire). || COMM. Cotización. || FIG. Cotización. || GÉOM. Cota. || — *Cote mal taillée,* corte de cuentas. || — FIG. *Avoir la cote,* gozar de la mayor consideración *ou* del mayor crédito, estar cotizado.

côte [kɔ:t] f. ANAT. Costilla. || Chuleta (de porc, de veau, etc.). || Costa (rivage). || Cuesta, pendiente (pente). || Canelé, *m.* (chaussettes), borde, *m.* (tricot). || BOT. Vena, palillo, *m.* (tabac). || FIG. Costilla (protubérance). || — GÉOGR. *Côte d'Azur, du Soleil,* Costa Azul, del Sol. || *Côte de melon,* raja de melón. || — *Côte à côte,* al lado uno de otro ; juntos, tas. || *Fausses côtes,* costillas falsas. || — *À côtes,* acanalado, da. || *À mi-côte,* a la mitad de la cuesta. || MAR. *Aller o se jeter à la côte,* encallarse, naufragar. || *Avoir les côtes en long,* ser holgazán. || *Caresser o chatouiller les côtes,* medir las costillas. || FAM. *Être à la côte,* estar arruinado, estar sin un cuarto. || *Longer la côte,* costear. || *Rompre les côtes,* romper las costillas a uno. || *Se tenir les côtes de rire,* desternillarse de risa.

côté m. Costado : *point de côté,* dolor de costado. || Lado (partie latérale). || Canto : *il a mis la brique sur le côté,* puso el ladrillo de canto. || FIG. Aspecto, lado. || Lado (faction). || Lado : *du côté paternel,* por el lado paterno. || GÉOM. Lado (d'un polygone), cateto (d'un triangle). || Cara, *f.* (d'une page). || — *Côté pair,* del lado de los números pares (stationnement). || *Le bon côté,* el lado bueno. || *Le côté faible,* el punto flaco, el flaco. || — *À côté,* al lado, junto : *à côté de moi,* a mi lado ; *l'un à côté de l'autre,* uno junto al otro. || *À côté de,* al lado de (comparaison). || *De côté,* de lado ; *se tourner de côté,* volverse de lado ; aparte : *j'ai mis tes affaires de côté,* puse tus cosas aparte ; de soslayo : *regarder de côté,* mirar de soslayo. || *De côté et d'autre,* por todos los lados. || *De mon côté,* por mi parte. || *De tous*

côtés o de tout côté, de todas partes. || *Du côté de,* a proximidad de, cerca de (auprès de), hacia, del lado de, en dirección de (vers), en lo que se refiere a (relativement à). || FAM. *Du côté gauche,* por detrás de la iglesia, de contrabando. || *D'un autre côté,* por otra parte. || — *Avoir des côtés comiques,* tener ribetes cómicos. || *Couché sur le côté,* tendido de costado. || *Mettre o laisser de côté,* poner *ou* dejar a un lado. || *Mettre de l'argent de côté,* ahorrar. || *Ne pas savoir de quel côté se tourner,* no saber a qué carta quedarse. || *Passer à côté d'une difficulté,* no ver una dificultad. || *Voir le bon côté des choses,* ver el lado bueno *ou* lo bueno de las cosas.

coté, e adj. ARCHIT. et GÉOM. Acotado, da. || FAM. Cotizado, da; apreciado, da.

ooteau m. Ladera, *f.* (versant). || Collado, otero (colline). || Viñedo (vignoble).

Côte-d'Ivoire n. pr. f. GÉOGR. Costa de Marfil.

côtelé, e adj. De canutillo : *velours côtelé,* pana de canutillo.

côtelette f. Chuleta.

coter v. tr. Numerar (numéroter). || Acotar (topographie). || Fijar (une quote-part, un impôt). || Poner una nota, calificar (un devoir). || Valorar (évaluer). || COMM. Cotizar. || FIG. Apreciar, estimar, cotizar : *employé bien coté,* empleado estimado.

coterie f. Camarilla, grupo, *m.*
— SYN. *Clan,* clan. *Clique,* pandilla. *Bande,* banda. *Gang,* pandilla. *Mafia,* mafia.

cothurne [kɔtyrn] m. Coturno. || FAM. Persona con quien se convive.

cotice f. BLAS. Cotiza.

coticé, e adj. BLAS. Cotizado, da.

côtier, ère adj. Costanero, ra ; costero, ra : *navigation côtière,* navegación costera.
— M. Costero. || MAR. Barco de cabotaje.

cotignac m. Carne (*f.*) de membrillo, codoñate.

cotillon m. (Vx). Refajo (jupon). || Cotillón (danse). || *Courir le cotillon,* gustarle a uno las faldas, ser mujeriego.

cotinga m. Cotinga (oiseau).

cotir v. tr. Machucar (les fruits).

cotisant adj. et s. Cotizante, contribuyente, socio, donante.

cotisation f. Cotización. || Cuota.

cotiser v. intr. Pagar su cuota, cotizar.
— V. pr. Pagar a escote.

coton m. Algodón (fibre) : *coton hydrophile, brut,* algodón hidrófilo, en rama. || Algodón, algodonero (plante). || Pelusa, *f.,* vello (duvet). || — *Avoir du coton dans les oreilles,* estar sordo (être sourd), hacer oídos de mercader (ne pas écouter). || *Avoir les jambes en coton,* flaquearle a uno las piernas. || POP. *C'est coton!,* ¡no es moco de pavo ! || *Élever un enfant dans du coton,* criar a un niño entre algodones, mimar a un niño con exceso. || *Filer un mauvais coton,* ir por mal camino.

cotonnade f. Cotonada (tissu).

cotonner v. tr. Rellenar de algodón, algodonar.
— V. intr. Cubrirse de borra (tissu).
— V. pr. Acorcharse (fruits).

cotonnerie f. Algodonal (champ de coton). || Cultivo (*m.*) del algodón. || Algodonera (usine).

cotonneux, euse adj. Algodonoso, sa ; velloso, sa (recouvert de duvet). || Acorchado, da (fruits). || FIG. Fofo, fa ; sin vigor. || *Bruit cotonneux,* ruido apagado.

cotonnier, ère adj. et s. m. Algodonero, ra.

coton-poudre m. Algodón pólvora.
— OBSERV. Pl. *cotons-poudre.*

côtoyer* [kotwaje] v. tr. Ir a lo largo de, seguir la orilla de, bordear (longer). || Codearse con

(coudoyer). ‖ Fɪɢ. Rayar en, rozar, bordear :
côtoyer le ridicule, rayar en el ridículo.
cotre m. Mᴀʀ. Cúter, balandro.
cottage m. Casa (*f.*) de campo.
cotte f. Saya, zagalejo, *m.* (jupe). ‖ ● Mono, *m.*
(de travail). ‖ *Cotte de mailles,* cota de mallas. ‖
— M. Zᴏᴏʟ. Coto (chabot).
— Sʏɴ. ● *Combinaison, bleu,* mono. *Salopette,* mono
de peto.
cotutelle f. Dʀ. Cotutela.
cotuteur m. Dʀ. Cotutor.
cotyle f. Aɴᴀᴛ. Cotila.
cotylédon m. Bᴏᴛ. Cotiledón.
cotylédoné, e adj. Bᴏᴛ. Cotiledóneo, a.
cou m. Cuello (d'un corps). ‖ Cuello (d'une bouteille). ‖ — *Prendre au cou,* apretar el cuello. ‖
Fᴀᴍ. *Prendre ses jambes à son cou,* poner los
pies en polvorosa. ‖ *Rompre le cou,* desnucar,
romper la crisma (tuer). ‖ *Sauter au cou,* echar
los brazos al cuello. ‖ *Se rompre o se casser le
cou,* romperse la crisma. ‖ *Tendre le cou,* poner
el cuello. ‖ *Tordre le cou,* retorcer el pescuezo.
couac m. Gallo : *faire un couac,* soltar un gallo
(en chantant).
couard, e [kwaːr, ard] adj. et s. Cobarde.
couardise f. Cobardía.
couchage m. Lecho (lit). ‖ Ropa (*f.*) de cama
(lingerie). ‖ — Fᴀᴍ. *Histoire de couchage,* asunto
de cama. ‖ *Sac de couchage,* saco de dormir.
couchant, e adj. Que se acuesta. ‖ Poniente :
soleil couchant, sol poniente. ‖ Fɪɢ. Rastrero, ra
(servile). ‖ *Chien couchant,* perro rastrero.
— M. Poniente, ocaso (ouest). ‖ Fɪɢ. Vejez, *f.,*
ocaso (vieillesse).
couche f. Lecho, *m.,* cama (lit). ‖ Pañal, *m.,* metedor, *m.* (pour un bébé). ‖ Capa, baño, *m.* (enduit).
‖ Mano, capa (de peinture). ‖ Capa, estrato, *m.*
(sociale). ‖ Aɢʀɪᴄ. Semillero, *m.* ‖ Gᴇᴏʟ. Capa,
estrato, *m.* ‖ Pᴏᴇ́ᴛ. Tálamo, *m. : couche nuptiale,*
tálamo nupcial. ‖ — Pl. Parto, *m. sing.,* alumbramiento, *m. sing.* ‖ — *Couche de roulement,* firme.
‖ Aɴᴀᴛ. *Couche optique,* tálamo óptico. ‖ *Fausse
couche,* aborto natural (avortement), aborto, sietemesino (avorton). ‖ — Pᴏᴘ. *En avoir une
couche,* ser un tontaina.
couché, e adj. Acostado, da. ‖ Tendido, da,
echado, da (allongé). ‖ Inclinado, da (penché). ‖
Papier couché, papel cuché.
coucher v. tr. Acostar (dans un lit). ‖ Tender :
coucher par terre, tender en el suelo. ‖ Tumbar :
la foudre a couché les arbres, el rayo ha tumbado los árboles. ‖ Inclinar (pencher). ‖ Encamar
(des épis). ‖ Apostar (au jeu). ‖ Inscribir, apuntar, sentar : *coucher par écrit,* sentar por escrito.
‖ — *Coucher en joue,* apuntar (viser). ‖ *Coucher
quelqu'un par terre,* dejar a uno tendido en el
suelo. ‖ Fɪɢ. *Coucher sur le carreau,* dejar en
el sitio, matar.
— V. intr. ● Acostarse. ‖ Dormir, pasar la noche
(passer la nuit). ‖ Mᴀʀ. Echarse, dar de quilla,
tumbar, rendir. ‖ — Fᴀᴍ. *À coucher dehors,*
estrafalario, ria ; enrevesado, difícil de pronunciar (nom). ‖ *Chambre à coucher,* dormitorio. ‖
Coucher à la belle étoile, dormir al raso.
— V. pr. ◆ Acostarse (dans un lit). ‖ Tenderse,
echarse, tumbarse (s'étendre). ‖ Ponerse (un
astre). ‖ Pᴏᴘ. *Allez vous coucher!,* ¡váyase a
paseo ! ‖ *Se coucher comme les poules,* acostarse
con las gallinas.
— Sʏɴ. ● *S'allonger,* echarse. *S'étendre,* tenderse.
◆ *Se mettre au lit,* meterse en la cama. *S'aliter,* encamarse. *Garder le lit,* guardar cama.
coucher m. Acción (*f.*) de acostar *ou* acostarse. ‖
Cama, *f.* (lit). ‖ Asᴛʀ. Puesta, *f.*
coucherie f. Pᴏᴘ. Asunto (*m.*) de cama.
couchette f. Litera (bateaux, trains).

coucheur, euse m. et f. Hombre, mujer de cama.
‖ *Mauvais coucheur,* persona de mal genio *ou*
que tiene malas pulgas.
couci-couça [kusikusa] adv. Así, así ; regular.
coucou m. Cuclillo, cuco. ‖ Reloj de cuco (pendule). ‖ Antiguo coche de punto (voiture publique)
‖ Bᴏᴛ. Narciso silvestre. ‖ Fᴀᴍ. Cacharro (vieille
voiture, machine...).
— Interj. Fᴀᴍ. ¡Hola !
coude m. Codo. ‖ Codillo (du cheval). ‖ Codo
(d'un tuyau). ‖ Esquina, *f.* (d'un mur). ‖ Recodo
(d'un chemin). ‖ Revuelta, *f.,* recodo (d'un fleuve).
‖ — *Coude à coude,* codeo (coudoiement), tocán-
dose, codo a codo (tout près). ‖ *Donner un coup
de coude o pousser du coude,* dar un codazo. ‖
Jouer des coudes, abrirse paso a codazos. ‖ Fᴀᴍ.
Lever le coude, empinar el codo (boire). ‖ Fɪɢ.
Se tenir les coudes, ayudarse mutuamente, echarse
una mano, apoyarse.
coudé, e adj. Acodado, da ; acodillado, da.
coudée f. (Vx). Codo (mesure). ‖ *Avoir les cou-
dées franches,* tener campo libre.
cou-de-pied [kudpje] m. Aɴᴀᴛ. Garganta (*f.*) del
pie.
— Oʙsᴇʀᴠ. Pl. *cous-de-pied.*
couder v. tr. Acodillar, acodar.
coudoiement [kudwamɑ̃] m. Trato, relación, *f.,*
frecuentación, *f.,* codeo.
coudoyer* [-je] v. tr. Codearse : *coudoyer des
fripons,* codearse con tunantes. ‖ Dar con el codo
(heurter). ‖ Estar muy cerca de, rayar en, parecerse mucho a (être proche de).
coudraie [kudrɛ] f. Aɢʀɪᴄ. Avellanar, *m.,* avellaneda.
coudre* v. tr. Coser. ‖ Fɪɢ. Enjaretar, unir. ‖
Machine à coudre, máquina de coser.
coudrier ou **coudre** m. Bᴏᴛ. Avellano. ‖ *Coudrier sauvage,* nochizo.
couenne [kwan] f. Corteza de tocino (lard). ‖
Pᴏᴘ. *Quelle couenne!,* ¡qué gaznápiro !
couenneux, euse [-nø, ø:z] adj. Lardáceo, a. ‖
Angine couenneuse, angina diftérica.
couette f. Colchón (*m.*) de pluma (lit). ‖ Fᴀᴍ.
Coleta (de cheveux). ‖ Mᴀʀ. Anguila, ‖ Tᴇᴄʜɴ.
Rangua (crapaudine). ‖ Zᴏᴏʟ. Colita, rabito, *m.*
couffe f. ou **couffin** m. Sera, *f.,* serón, *m.*
coufique adj. Cúfico, ca (écriture, caractère).
cougourde f. Calabaza.
couguar [kugwaːr] m. Zᴏᴏʟ. Puma.
couic m. Cui (onomatopée). ‖ Fᴀᴍ. *Faire couic,*
estirar la pata, morir.
couillon [kujɔ̃] adj. et s. m. Pᴏᴘ. Jilipolla.
couillonnade f. Pᴏᴘ. Jilipollada.
couillonner v. tr. Pᴏᴘ. Dar el pego.
couinement [kwinmɑ̃] m. Fᴀᴍ. Chillido.
couiner v. intr. Fᴀᴍ. Chillar. ‖ Pᴏᴘ. Lloriquear.
coulage m. Derrame (liquide). ‖ Colada, *f.* (lessive). ‖ Fɪɢ. Desperdicio, despilfarro, derroche
(gaspillage). ‖ Tᴇᴄʜɴ. Vaciado (d'un métal).
coulant, e adj. Fluente, fluyente : *encre coulante,*
tinta fluente. ‖ Corredizo (nœud). ‖ Fɪɢ. Suelto,
ta ; agil, fácil, natural (style). ‖ Acomodadizo, za ;
de fácil avenencia (en affaires). ‖ *Être coulant,*
tener la manga ancha, ser acomodadizo.
— M. Pasador (de bourse, de collier). ‖ Bᴏᴛ.
Estolón.
coule f. Cogulla (religieux). ‖ Pᴏᴘ. Despilfarro, *m.*
(gaspillage). ‖ — Pᴏᴘ. *À la coule,* liso y llano
(facile). ‖ *Être à la coule,* conocer el oficio, estar
al tanto.
coulé m. Ligado (musique). ‖ Carambola (*f.*)
corrida (billard). ‖ Obra (*f.*) vaciada (fonderie).
coulée f. Colada, vaciado, *m.* (métal) : *trou de
coulée,* orificio de colada. ‖ Corriente, río, *m. :
coulée de lave,* corriente de lava. ‖ Cursiva (écriture).

couler v. tr. Colar, vaciar (métal) : *couler une statue*, vaciar una estatua. ‖ Derramar, verter (verser). ‖ Deslizar (glisser). ‖ Pasar (le temps). ‖ Fig. Arruinar, echar a pique (une affaire). ‖ Hundir, tirar a matar, cargarse (quelqu'un). ‖ Mar. Echar a pique, hundir. ‖ Mus. Ligar. ‖ — Autom. *Couler une bielle*, fundir una biela. ‖ *Faire couler beaucoup d'encre*, dar mucho que hablar, hacer gastar mucha tinta.
— V. intr. Fluir (fluer). ‖ Correr (fleuve). ‖ Correr, manar : *le sang coule à flots*, la sangre corre *ou* mana a borbotones. ‖ Correr, transcurrir (le temps). ‖ Derretirse, deshacerse (fondre). ‖ Gotear (un robinet). ‖ ● Salirse (laisser fuir un liquide). ‖ Deslizarse (glisser). ‖ Ser suelto, natural (style). ‖ Fig. Hundirse. ‖ Mar. Irse a pique, hundirse, zozobrar. ‖ *Couler de source*, ser evidente, caer de su peso, ser de cajón (fam.).
— V. pr. Introducirse. ‖ Hundirse. ‖ *Se la couler douce*, tumbarse a la bartola.
— Syn. ● *S'écouler*, derramarse. *Fuir*, salirse, rezumarse. *Glisser*, resbalar, deslizarse. *Ruisseler*, chorrear. *Dégouliner*, chorrear.

couleur f. ● Color, *m.* ‖ Palo, *m.* (cartes). ‖ Colorido, *m.* (du style). ‖ Fig. Color, *m.*, opinión, tendencia : *la couleur d'un journal*, el color de un periódico. ‖ — Pl. (Vx). Apariencia, *sing.* ‖ Bandera, *sing.*, pabellón, *m.* (drapeau). ‖ Fig. Tintas : *peindre quelqu'un avec des couleurs noires*, pintar a alguien con tintas negras. ‖ *Couleur changeante*, viso cambiante (tissus). ‖ Fig. *Couleur locale*, color local, típico, ca. ‖ *Haut en couleur*, subido de color, de color subido. ‖ *Homme de couleur*, hombre de color. ‖ *Marchand de couleurs*, droguero. ‖ *Sous couleur de*, so capa de, so color de. ‖ — *En dire de toutes les couleurs sur*, poner verde a. ‖ Fam. *En faire voir de toutes les couleurs*, hacer pasarlas moradas. ‖ *En voir de toutes les couleurs*, pasarlas negras, pasar las de Caín, pasar la de Dios es Cristo. ‖ *Prendre couleur*, tomar un sesgo definitivo, perfilarse, definirse.
— Syn. ● *Coloris*, colorido. *Coloration*, coloración. *Nuance*, matiz. *Teinte*, tinte, matiz. *Ton*, tono. *Tonalité*, tonalidad. *Teint*, tinte, tez (visage). *Carnation*, carnación.

couleuvre f. Zool. Culebra. ‖ — Fig. *Avaler des couleuvres*, tragar quina. ‖ *Être paresseux comme une couleuvre*, ser muy vago.

couleuvreau m. Culebrilla, *f.*, cría (*f.*) de la culebra.

couleuvrine f. Mil. Culebrina.

coulis [kuli] m. Jugo obtenido por cocción lenta. ‖ Argamasa, *f.*, mortero (mortier).
— Adj. *Vent coulis*, aire colado.

coulissant, e adj. Corredizo, za ; deslizable ; corredero, ra : *porte coulissante*, puerta corredera ; *toit coulissant*, techo corredizo.

coulisse f. Ranura (rainure). ‖ Corredera (pour fermer). ‖ Comm. Bolsín, *m.* (bourse). ‖ Mar. Paral, *m.* ‖ Mécan. Articulación. ‖ Mus. Vara, sacabuche, *m.* (trombone). ‖ Théâtr. Bastidor, *m.* ‖ Jareta (dans un vêtement). ‖ — *Les coulisses de la politique*, los secretos *ou* arcanos de la política. ‖ — Fig. *Agir u se tenir dans la coulisse*, obrar entre bastidores. ‖ Fam. *Faire les yeux en coulisse*, mirar de soslayo, de reojo (à la dérobée), mirar con ternura *ou* con cariño (les yeux doux).

coulissé, e adj. Provisto, ta, de ranuras *ou* de jaretas (couture).

coulisseau m. Corredera (*f.*) pequeña. ‖ Guía, *f.*, cursor.

coulissement m. Deslizamiento en una corredera.

coulisser v. tr. Poner correderas a. ‖ Poner jaretas a (couture).

— V. intr. Correr, deslizarse por una corredera.

couloir m. Corredor, pasillo. ‖ Pasadizo (passage). ‖ Calle, *f.* (athlétisme). ‖ Transportador (de charbon). ‖ — *Couloir aérien*, pasillo aéreo. ‖ — *Bruits de couloir*, rumores de pasillo.

couloire f. Colador, *m.*

coulomb [kulɔ̃] m. Électr. Culombio.

coulommiers m. Queso de Coulommiers [Francia].

coulpe f. (Vx). Culpa. ‖ Fig. *Battre sa coulpe*, llorar con lágrimas de sangre.

coulure f. Flujo, *m.*, derrame (d'un liquide). ‖ Agric. Caída de la flor. ‖ Techn. Rebaba (d'un moule de fonderie). ‖ *Coulure de peinture*, goteo, escurriduras *ou* escurrajas de pintura.

coumarine f. Chim. Cumarina.

coup [ku] m. ● Golpe : *recevoir un coup*, recibir un golpe. ‖ Herida, *f.* (blessure) : *percé de coups*, acribillado de heridas. ‖ Jugada, *f.* : *réussir un beau coup*, lograr una buena jugada. ‖ Disparo, tiro (d'une arme). ‖ Vez, *f.* (fois). ‖ Intento, esfuerzo : *du premier coup*, al primer intento. ‖ Fam. Trago : *boire un coup*, echar un trago. ‖ Caso : *expliquer le coup*, explicar el caso. ‖ — *Coup bas*, golpe bajo. ‖ *Coup d'air*, corriente de aire. ‖ *Coup d'arrêt*, parada (escrime). ‖ *Coup d'audace*, acto de valentía *ou* de valor. ‖ *Coup d'autorité*, alcaldada. ‖ *Coup de bâton*, palo, bastonazo. ‖ *Coup de Bourse*, jugada de Bolsa. ‖ *Coup de chapeau*, sombrerazo. ‖ *Coup de ciseaux*, tijeretazo. ‖ *Coup d'éclat*, proeza. ‖ Fig. *Coup de collier*, esfuerzo final, último esfuerzo. ‖ *Coup de corne*, cornada. ‖ *Coup de coude*, codazo. ‖ *Coup de crayon*, trazo. ‖ *Coup de dent*, mordisco, dentellada. ‖ *Coup de désespoir*, momento de desesperación. ‖ *Coup de fer*, planchado. ‖ *Coup de feu*, disparo (un seul), tiroteo (plusieurs). ‖ *Coup d'envoi*, saque del centro (sports). ‖ *Coup d'épée*, estocada. ‖ *Coup d'essai*, ensayo, intento. ‖ *Coup de filet*, redada. ‖ *Coup de flèche*, flechazo. ‖ *Coup de folie*, momento de locura, acceso de locura, avenate. ‖ *Coup de force*, abuso de autoridad. ‖ *Coup de fortune*, casualidad, azar, suerte, golpe de fortuna. ‖ *Coup de foudre*, rayo (orage), flechazo (amour). ‖ *Coup de fouet*, latigazo. ‖ Fig. *Coup de fusil*, clavo. ‖ *Coup de grâce*, golpe de gracia. ‖ *Coup de griffe*, zarpazo. ‖ *Coup de grisou*, explosión de grisú. ‖ *Coup de Jarnac*, puñalada trapera, jugarreta. ‖ *Coup de l'étrier*, espuela, última copa. ‖ *Coup de maître*, acción magistral. ‖ *Coup de marteau*, martillazo. ‖ *Coup de mer*, golpe de mar. ‖ *Coup de pied*, patada, puntapié. ‖ *Coup de pied tombé*, botepronto (rugby). ‖ *Coup de pinceau*, pincelada. ‖ *Coup de poignard*, puñalada. ‖ *Coup de poing*, puñetazo. ‖ *Coup de pouce*, empujón. ‖ *Coup de sang*, congestión. ‖ *Coup de sifflet*, silbido. ‖ *Coup de soleil*, quemadura del sol (brûlure), insolación. ‖ *Coup de sonnette*, llamada al timbre. ‖ *Coup de téléphone o de fil*, llamada telefónica *ou* telefonazo (fam.). ‖ *Coup d'État*, golpe de Estado. ‖ *Coup de tête*, cabezazo (sens propre), cabezonada (décision irréfléchie). ‖ *Coup de théâtre*, sorpresa, lance imprevisto. ‖ *Coup de tonnerre*, trueno. ‖ *Coup de vent*, ráfaga de viento. ‖ *Coup d'œil*, ojeada, vistazo. ‖ *Coup d'ongle*, arañazo. ‖ *Coup du lapin*, golpe en la nuca. ‖ *Coup du ciel*, suerte, lance milagroso. ‖ *Coup dur*, desgracia. ‖ *Coup fourré*, golpe doble (escrime), mala faena (mauvais tour). ‖ *Coup franc*, golpe franco (sports). ‖ *Coup manqué*, tiro errado. ‖ *Coup monté*, golpe preparado, montado. ‖ *Coups et blessures*, lesiones. ‖ *Fusil à deux coups*, escopeta de dos cañones.
— *À coups de*, a base de, a fuerza de : *à coups*

de dictionnaires, a base de diccionarios. ‖ *À coup sûr,* sobre seguro, de seguro, sin duda alguna. ‖ *Après coup,* después. ‖ *À tout coup,* cada vez. ‖ *Coup sur coup,* sin parar, una vez tras otra, ininterrumpidamente. ‖ *Du coup,* por esto, de resultas, a causa de esto. ‖ *Du même coup,* al mismo tiempo. ‖ *Du premier coup,* a la primera (vez). ‖ *Encore un coup,* otra vez. ‖ *Pour le coup,* por una vez. ‖ *Sous le coup de,* con la impresión de, bajo el peso de. ‖ *Sur le coup,* en seguida, acto seguido, en el acto. ‖ *Sur le coup de,* al dar las, a eso de, sobre (heures). ‖ *Tout à coup,* de repente. ‖ *Tout d'un coup, d'un seul coup,* de un solo golpe, de una sola vez (en une fois), de pronto, de improviso, de repente (soudain).
— FAM. *Avoir le coup,* dársele bien algo a uno. | *C'est le coup de fusil* o *de barre,* ahí te clavan. | *Cela m'a donné un coup au cœur,* se me encogió el corazón. | *Donner des coups d'épée dans l'eau,* echar agua en el mar, martillar en hierro frío. | *Donner un coup de fer,* planchar. | *Donner un coup de main,* echar una mano, ayudar. | *En mettre un coup,* dar un empujón, echar el resto, apretar. | *Entrer en coup de vent,* irrumpir como un torbellino. | *En venir aux coups,* venir a las manos. | *Être aux cents coups,* estar muy preocupado. | *Être dans le coup,* estar en el ajo. | *Faire d'une pierre deux coups* o *faire coup double,* matar dos pájaros de un tiro. | *Faire les quatre cents coups,* hacer barrabasadas, armar la gorda. | *Faire un coup,* dar un golpe. | *Faire un mauvais coup,* hacer una mala jugada. | *Manquer son coup,* errar el golpe, fallar. | *Marquer le coup,* festejar (célébrer), acusar el golpe (accuser le coup); recordarlo (se souvenir). | *Monter le coup,* hacer creer, pegársela. | *Prendre un coup de vieux,* envejecer. | *Réussir son coup,* lograr su objetivo, salirse con la suya. | *Sans coup férir,* sin combate, sin pegar un tiro, sin esfuerzo alguno. | *Tenir le coup,* aguantar. | *Tenter le coup,* intentarlo. | *Valoir le coup,* valer *ou* merecer la pena.

— OBSERV. *Coup de,* suivi d'un nom d'instrument, d'arme, se rend en général par un composé en *ada* s'il s'agit d'un instrument pointu : *coup de couteau,* cuchillada; *coup de poignard,* puñalada, etc., ou en *azo* s'il s'agit d'un instrument contondant : *coup de marteau,* martillazo; *coup de sabre,* sablazo; *coup de canne,* bastonazo. Il y a, bien sûr, des exceptions : *coup de pierre,* pedrada, etc.

— SYN. ● *Beigne,* trompazo, trompada. *Calotte,* pescozón, cogotazo. *Gnon,* mamporro. *Marron,* piña, castaña, puñetazo. *Rampronneau,* metido. *Taloche,* coscorrón, capirotazo. *Tape,* cachete. *Torgniole,* torniscón, manotazo.

coupable adj. et s. Culpable.
— SYN. *Délinquant,* delincuente. *Fautif,* culpable.

coupage m. Corte (action de couper). ‖ Mezcla (*f.*) de vinos (de vin). ‖ Aguar (le vin).

coupailler [kupaje] v. tr. FAM. Cortar mal.

coupant, e adj. Cortante. ‖ FIG. Tajante.
— M. Filo, corte.

coup-de-poing [kudpwɛ̃] m. Llave (*f.*) inglesa, manopla (arme de main).

coupe f. Copa (pour boire). ‖ Copa (trophée). ‖ Taza, pilón, *m.* (vasque). ‖ Corte, *m.* : *coupe de cheveux, d'un vêtement,* corte de pelo, de un traje. ‖ Pausa (pause). ‖ Corte, *m.,* sección (d'un terrain, d'une machine, etc.). ‖ Corte, *m.,* siega (du blé). ‖ Corta, tala (d'arbres). ‖ Corte, *m.* (avec atout), fallo, *m.* (manque d'atout). ‖ Corte, *m.* (du visage). ‖ BIOL. Corte, *m.* ‖ — *Coupe sombre,* corta parcial de un bosque. ‖ — *À la coupe,* a cala y cata. ‖ *Être sous la coupe de quelqu'un,* depender de alguien, estar bajo la autoridad *ou* la férula de alguien. ‖ *Il y a loin de la coupe aux lèvres,* de la mano a la boca se pierde la sopa.

coupé, e adj. Cortado, da. ‖ Mezclado, da (mé-langé). ‖ Aguado, da (avec de l'eau). ‖ Entrecortado, da (entrecoupé).
— M. Cupé (voiture). ‖ Corte (au tennis).

coupe-choux m. inv. FAM. Sable corto, machete.

coupe-cigares m. inv. Cortapuros, cortacigarros.

coupe-circuit m. inv. ÉLECTR. Cortacircuitos.

coupe-cors [kupkɔ:r] m. inv. Cortacallos.

coupée f. MAR. Portalón, *m.*

coupe-feu m. inv. Cortafuego.

coupe-file m. inv. Pase de libre circulación.

coupe-foin m. inv. Cortadora (*f.*) de heno.

coupe-gorge m. inv. Sitio peligroso

coupe-jarret m. FAM. Matón, asesino.
— OBSERV. Pl. *coupe-jarrets.*

coupe-légumes m. inv. Cortalegumbres.

coupellation f. TECHN. Copelación.

coupelle f. Copela (petit creuset).

coupeller v. tr. TECHN. Copelar.

coupement m. Corte (coupure). ‖ TRANSP. Cruce de dos vías en ángulo agudo.

coupe-ongles m. inv. Cortaúñas.

coupe-papier m. inv. Plegadera, *f.,* cortapapel.

couper v. tr. ● Cortar : *couper du pain, une robe,* cortar pan, un vestido. ‖ Talar (arbres), segar (céréales). ‖ Cortar, interrumpir (les communications). ‖ Interceptar (une rue). ‖ Suprimir, cortar (supprimer). ‖ Aguar (le vin). ‖ Entrecortar (style). ‖ Fallar, cargar (avec un atout). ‖ Cortar (les cartes). ‖ Cortar las páginas (un livre). ‖ — *Couper à* o *par la racine,* cortar de raíz. ‖ *Couper bras et jambes,* dejar patidifuso (par surprise), quitar las fuerzas (ôter toute force). ‖ *Couper la parole,* interrumpir, cortar la palabra. ‖ *Couper la poire en deux,* partir la diferencia, repartir en partes iguales. ‖ *Couper l'appétit,* cortar el apetito. ‖ *Couper la retraite,* cortar la retirada. ‖ *Couper les ponts,* cortar los puentes, quemar las naves. ‖ POP. *Couper le sifflet,* dejar sin resuello, quitar el hipo (par surprise), dejar cortado (interrompre). ‖ *Couper les vivres à quelqu'un,* suprimir los subsidios a uno. ‖ *Couper l'herbe sous le pied,* tomar la delantera, suplantar a uno, minar el terreno. ‖ — *À couper au couteau,* muy espeso.
— V. intr. Cortar (trancher). ‖ Atajar (aller sans détour). ‖ Cortar (les cartes). ‖ FAM. Evitar, librarse de : *tu n'y couperas pas,* no te librarás de ello. ‖ *Couper à travers champs,* tomar a campo traviesa.
— V. pr. Cortarse. ‖ Contradecirse (se contredire). ‖ Cortarse (la peau). ‖ *Se couper en quatre pour quelqu'un,* partirse el pecho por alguien.
— SYN. ● *Découper,* recortar, trinchar (volailles, etc.). *Hâcher,* picar. *Tailler,* tajar, cortar (étoffe). *Trancher,* cortar, rebanar (en tranches), cercenar. *Tronçonner,* tronzar, hacer trozos. *Sectionner,* seccionar. *Tailluder,* sajar.

coupe-racines m. inv. Cortarraíces, cortadora (*f.*) de raíces.

couperet [kuprɛt] m. Cuchilla, *f.*

couperose f. CHIM. Caparrosa. ‖ MÉD. Acné rosácea.

couperosé, e adj. Con la cara rojiza.

coupe-tube m. inv. Cortatubos.

coupeur, euse m. et f. Cortador, ra. ‖ *Coupeur de bourses,* ratero, cicatero. ‖ — F. Cortadora.

coupe-vent m. inv. Cortaviento.

couplage m. MÉCAN. Acoplamiento.

couple m. Pareja, *f.* (de personnes ou animaux). ‖ Yunta, *f.* (de bœufs). ‖ MAR. et AVIAT. Cuaderna, *f.* ‖ MÉCAN. Par, *m.* [*Amér.,* cupla] : *couple thermo-électrique,* par termoeléctrico. ‖ *Maître couple,* cuaderna maestra.
— F. Traílla doble (de chiens), reata (pour chevaux).

couplement m. MÉCAN. Acoplamiento.

coupler v. tr. Acoplar. ‖ Atraillar (chiens de chasse). ‖ Uncir (des bœufs). ‖ Emparejar, aparear, juntar (des choses). ‖ ÉLECTR. Conectar.

couplet m. Copla, *f.*, estrofa, *f.* (stance), cuplé (chanson). ‖ FAM. Cantinela, *f.*
— OBSERV. *Copla* a surtout le sens de « chanson ».

coupleur m. Combinador, acoplador.

coupoir m. TECHN. Cortafrío, tajadera, *f.*

coupole f. ARCHIT. Cúpula. ‖ MIL. Torreta blindada. ‖ FAM. *La Coupole*, la Academia Francesa.

coupon m. Retal, retazo (de tissu). ‖ COMM. Cupón (d'un titre). ‖ *Coupon-réponse*, cupón, respuesta pagada.

coupure f. Cortadura. ‖ Corte, *m.* (dans la peau, un texte). ‖ Apagón, *m.*, corte, *m.* (de courant). ‖ Recorte, *m.* (de presse). ‖ COMM. Billete (*m.*) de banco.

cour f. Patio, *m.* (d'une maison). ‖ Corral, *m.* (d'une ferme). ‖ Corte (résidence royale). ‖ DR. Tribunal, *m.* [*Amér.*, corte]. ‖ — *Cour céleste*, corte celestial. ‖ *Cour d'appel*, Tribunal de Apelación. ‖ *Cour d'assises*, Audiencia, Sala de lo Criminal. ‖ *Cour de cassation*, Tribunal de Casación ou Supremo. ‖ *Cour des comptes*, Tribunal de Cuentas. ‖ *Cour des Miracles*, patio de Monipodio. ‖ *Cour martiale*, tribunal militar. ‖ THÉÂTR. *Côté cour*, lado de la escena a la derecha del espectador. ‖ *Homme, femme de cour*, cortesano, na. ‖ *La cour du roi Pétaud*, la casa de tócame Roque. ‖ — *Faire la cour*, hacer la corte, cortejar.

courage m. Valor, ánimo, entereza, *f.* (force d'âme). ‖ — *Avoir le courage de*, tener valor para. ‖ *Avoir le courage de ses opinions*, no ocultar sus pensamientos. ‖ *Donner courage*, animar, dar ánimo, infundir valor. ‖ *Perdre courage*, desanimarse, desalentarse. ‖ *Prendre son courage à deux mains*, sacar fuerzas de flaqueza, hacer de tripas corazón. ‖ *Reprendre courage*, reanimarse, cobrar ánimo. ‖ *Se sentir le courage de*, sentirse con ánimos de.
— Interj. ¡Ánimo!
— SYN. *Bravoure*, valor, bravura, braveza (p. us.), arrojo, bizarría. *Cran*, hígados, agallas. *Crânerie*, arrojo, temple, brío. *Héroïsme*, heroísmo. *Vaillance*, valentía, denuedo. *Valeur*, valor.

courageusement adv. Valientemente, valerosamente.

courageux, euse [kuraʒø, ø:z] adj. et s. Valiente. ‖ Animoso, sa; de mérito, que valga. ‖ — Adj. Arrojado, da; atrevido, da (hardi). ‖ *Une femme courageuse*, una mujer que vale mucho.

courailler v. intr. FAM. Corretear, zascandilear, pindonguear. | Ir de picos pardos.

couramment adv. Corrientemente, comúnmente. ‖ *Parler couramment une langue*, hablar un idioma con soltura ou de corrido.

courant m. Corriente, *f.* (d'eau, d'air, électrique): *courant continu, alternatif, triphasé*, corriente continua, alterna, trifásica. ‖ Corriente: *je lui écrirai fin courant*, le escribiré a fines del corriente. ‖ Curso, transcurso: *dans le courant de la semaine, du mois*, en el transcurso de la semana, del mes. ‖ FIG. Corriente: *le courant de l'opinion*, la corriente de la opinión. ‖ Curso: *le courant de l'histoire*, el curso de la historia. ‖ TECHN. Ramal, *m.* (d'un palan). ‖ — *Courant en profondeur*, mar de fondo. ‖ — *Au courant de la plume*, al correr de la pluma, a vuela pluma. ‖ *Être o mettre au courant*, estar ou poner al tanto, al corriente. ‖ FIG. *Remonter le courant*, ponerse a flote.

courant, e adj. Corriente. ‖ En curso; pendiente: *affaires courantes*, asuntos en curso. ‖ Normal: *dépenses courantes*, gastos normales. ‖ — *Compte courant*, cuenta corriente. ‖ *D'une façon courante*, normalmente. ‖ FIG. *Ecriture courante*,

letra cursiva. ‖ *Fin courant*, a fin de mes. ‖ *Le cinq, le six..., du mois courant*, el cinco, el seis... del corriente ou del actual. ‖ *Main courante*, barandilla (d'escalier). ‖ *Mois courant*, mes corriente ou en curso. ‖ *Titre courant*, folio explicativo (imprimerie). ‖ — *C'est monnaie courante, es moneda corriente, común.
— F. Cursiva (écriture).

courbaril [kurbaril] m. BOT. Curbaril.

courbatu, e adj. Derrengado, da; lleno de agujetas. ‖ Cansado, da; aguado, da (chevaux).

courbature f. Cansancio, *m.*, derrengamiento, *m.* (fatigue). ‖ Agujetas, *pl.* (douleurs). ‖ VÉTÉR. Aguadura, infosura.

courbaturer v. tr. Dar ou llenar de agujetas: *une position qui courbature*, una postura que da agujetas. ‖ VÉTÉR. Aguar, enfosar (chevaux).

courbe adj. et s. f. Curvo, va: *ligne courbe*, línea curva.
— SYN. *Courbé*, encurvado, combado, doblado. *Recourbé*, encorvado, enroscado. *Arqué*, arqueado.

courbement m. Encorvamiento, encorvadura, *f.*

courber v. tr. Encorvar. ‖ Inclinar (la tête). ‖ Doblar (plier): *courber un bâton*, doblar un palo. ‖ — *Courber le dos*, inclinarse, doblegarse. ‖ *Courber le front*, bajar la cabeza, doblar la cerviz. ‖ *Courber le genou*, doblar la rodilla.
— V. intr. et pr. Encorvarse. ‖ Inclinarse. ‖ Doblarse (ployer). ‖ FIG. Doblarse, doblegarse, ceder: *se courber sous la volonté d'un autre*, doblegarse a la voluntad de otro.

courbette f. Corveta (du cheval). ‖ FIG. Zalema, reverencia obsequiosa: *faire des courbettes*, hacer zalemas.

courbure f. Curvatura.

courcaillet [kurkajɛ] m. Reclamo de codorniz (appeau). ‖ Canto de codorniz (cri).

courette f. Patinillo, *m.* (d'une maison), corralillo (d'une ferme).

coureur, euse m. et f. Corredor, ra. ‖ Caballo de carreras (cheval). ‖ Recadero (messager). ‖ Callejero, ra; trotacalles, azotacalles (qui aime à vagabonder). ‖ Asiduo, dua: *coureur de cafés*, asiduo de los bares. ‖ — *Coureur d'aventures*, aventurero. ‖ *Coureur de dots*, cazador de dotes. ‖ *Coureur de filles*, mujeriego, amigo de las faldas.
— F. Pendón, *m.* (femme libre). ‖ — M. pl. ZOOL. Corredoras, *f. pl.* (oiseaux).

courge f. BOT. Calabacera (plante), calabaza (fruit). ‖ FIG. et FAM. Calabacín, *m.*, imbécil, *m.* et *f.*

courgette f. BOT. Calabacín, *m.*

courir* v. intr. ● Correr: *courir à la poursuite de quelqu'un*, correr tras uno; *courir à la recherche de*, correr en busca de. ‖ Darse prisa, correr (se dépêcher). ‖ Precipitarse, correr en tropel, ir en masa, afluir (affluer). ‖ Vagabundear, corretear. ‖ Correr, circular, propagarse (un bruit). ‖ Pasar, transcurrir, correr (temps). ‖ Ir por, aproximarse a: *elle courait sur ses 15 ans*, iba por los quince años. ‖ Correr, extenderse: *la route court parmi les vignes*, la carretera corre entre las viñas. ‖ — FIG. *Courir après*, ir detrás, perseguir. ‖ *Courir à sa perte*, ir hacia el abismo, ir a la ruina. ‖ *Courir au plus pressé*, atender a lo más urgente. ‖ *Courir comme un dératé, à toutes jambes, à fond de train, à perdre haleine*, correr como un descosido. ‖ *Courir sur o sus à*, perseguir. ‖ — *En courant*, corriendo, de prisa. ‖ *Faire courir*, atraer (un spectacle), hacer ir o venir (des démarches), hacer correr ou participar en una carrera (un coureur). ‖ *Laissez courir*, no se preocupe. ‖ *Le bruit court*, corre la voz. ‖ *Par le temps qui court*, en estos tiempos, hoy en día. ‖ FAM. *Tu peux toujours courir*, espérate sentado.
— V. tr. Correr: *courir le cerf*, correr el ciervo. ‖ Correr, estar expuesto a: *courir un danger*,

correr un peligro. ‖ Frecuentar, ir a menudo a : *courir les bals*, frecuentar los bailes. ‖ Buscar, ir detrás de : *courir les honneurs*, buscar los honores. ‖ Disputar, correr : *courir les cent mètres*, correr los cien metros. ‖ Recorrer : *courir le monde*, recorrer el mundo. ‖ Encontrarse en, figurar en : *cette nouvelle court les journaux*, esta noticia se encuentra en los periódicos. ‖ Fig. Buscar planes con, ir detrás de (les filles). ‖ Pop. Jorobar, molestar (ennuyer). ‖ — Fig. *Courir les rues*, ser corriente, encontrarse a la vuelta de la esquina. ‖ *Courir le guilledou, la prétentaine*, andar de picos pardos.

— Syn. ● *Galoper*, galopar. Pop. *Cavaler*, volar, ir a todo correr. *Se trotter*, ir a escape.

courlieu [kurljø] ou **courlis** [kurli] m. Zool. Zarapito, chorlito real.

couronne f. ● Corona (guirlande, diadème, monnaie). ‖ Coronilla (tonsure). ‖ Corona (prothèse dentaire). ‖ Géom. et Archit. Corona. ‖ Impr. Tipo de papel (36 × 46 cm). ‖ Mar. Zuncho, m. ‖ Techn. Corona, cerco, m. (cercle métallique). ‖ — *Couronne d'épines*, corona de espinas. ‖ Astr. *Couronne solaire*, corona solar.

— Syn. ● *Diadème*, diadema. *Tiare*, tiara.

couronné, e adj. Coronado, da. ‖ Rodeado, da; cercado, da (entouré). ‖ Dominado, da (surplombé). ‖ Con una corona (dent). ‖ Fig. Galardonado, da; premiado, da; laureado, da : *ouvrage couronné par*, obra galardonada por. ‖ Vétér. Herido, da, en la rodilla (cheval).

couronnement m. Coronamiento, coronación, f. (d'un souverain). ‖ Archit. Remate, coronamiento. ‖ Fig. Broche final, remate, colofón, fin : *le couronnement d'une carrière*, el broche final de una carrera.

couronner v. tr. Coronar. ‖ Dominar : *les montagnes couronnent la ville*, las montañas dominan la ciudad. ‖ Rodear, cercar (entourer). ‖ Poner una corona (une dent). ‖ Galardonar, premiar, laurear (un ouvrage, un artiste). ‖ Ser el remate, el colofón, el broche final (être le point culminant). ‖ Realizar, cumplir, satisfacer (vœux). — V. pr. Cubrirse : *les arbres se couronnent de fleurs*, los árboles se cubren de flores. ‖ Vétér. Herirse en la rodilla (cheval).

courre v. tr. et intr. (Vx). Correr. ‖ *Chasse à courre*, caza de montería.

— Observ. Hoy sólo se usa como voz de montería en el sentido de « perseguir a la caza ».

courrier m. Correo : *par retour du courrier*, a vuelta de correo. ‖ Correo (qui porte les lettres). ‖ Propio, mensajero (messager). ‖ Correspondencia, f., correo : *écrire, expédier le courrier*, escribir, enviar la correspondencia. ‖ Crónica, f. (rubrique d'un journal) : *courrier théâtral*, crónica teatral. ‖ *Courrier des lecteurs*, cartas de los lectores al director *ou* a la dirección, escriben los lectores. ‖ *Courrier du cœur*, consultorio sentimental. ‖ *Long-courrier*, avión de recorridos de larga distancia *ou* transcontinental. ‖ *Moyen-courrier*, avión de distancias medias *ou* continental.

courriériste m. Cronista, gacetillero.

courroie [kurwa] f. Correa : *courroie de transmission*, correa de transmisión.

courroucer* v. tr. Enojar, irritar, enfurecer.

courroux [kuru] m. Ira, f., furia, f., indignación, f. ‖ Irritación, f., furia, f. (des éléments).

cours [ku:r] m. Curso (d'un astre, du temps, des événements, d'un fleuve). ‖ Transcurso : *au cours de l'année*, en el transcurso del año. ‖ Clase, f. : *donner des cours particuliers*, dar clases particulares; *prendre* o *suivre des cours*, dar clases. ‖ Curso : *faire un cours de chimie*,

dar un curso de química. ‖ Apuntes, *pl.*, lección, *f.* : *cours polycopié*, apuntes a multicopista. ‖ Academia, *f.* : *cours de danse*, academia de baile. ‖ Precio, cotización, *f.* : *cours des Halles*, precios del mercado central. ‖ Cotización, *f.* (bourse). ‖ Circulación, *f.* : *des billets en cours*, billetes en circulación. ‖ Curso : *avoir cours légal*, tener curso legal. ‖ Paseo, alameda, *f.* (promenade publique) : *le Cours-la-Reine, à Paris*, el paseo de la Reina, en París. ‖ Corriente, *f.* : *suivre le cours d'un fleuve*, seguir la corriente de un río. ‖ Boga, *f.*, actualidad, *f.*, uso : *cette mode n'a plus cours*, esta moda ha perdido actualidad. ‖ — *Cours d'eau*, río. ‖ *Cours d'ouverture* o *premier cours*, cotización inicial. ‖ *Cours du change*, cambio. ‖ — *Au cours de*, durante, en el transcurso de. ‖ *Au cours des siècles*, al correr de los siglos. ‖ Mar. *Au long cours*, de altura. ‖ *Dernier cours* o *cours de clôture*, cotización al cierre. ‖ *En cours*, pendiente ; en curso. ‖ *En cours de route*, en el camino. ‖ — *Donner cours à*, dar crédito a, hacer caso de. ‖ *Donner libre cours à*, dar rienda suelta a. ‖ *Faire cours*, dar clase. ‖ *Faire un cours de*, dar una clase de *ou* enseñar la asignatura de. ‖ *Prendre son cours*, nacer (fleuve), comenzar a usarse (mot). ‖ *Reprendre son cours*, volver a su cauce. ‖ *Suivre des cours*, cursar estudios. ‖ *Suivre son cours*, seguir su camino. ‖ *Suivre un cours*, seguir un curso, cursar.

course f. Carrera (action, allure) : *prendre la course*, emprender la carrera. ‖ Carrera (sports). ‖ Trayecto, *m.*, recorrido, *m.*, carrera (espace) : *une longue course*, una carrera larga. ‖ Mandado, *m.*, encargo, *m.*, compra : *faire les courses*, hacer los mandados (commissions), ir de compras (achats). ‖ Carrera (taxi). ‖ Corrida (de taureaux). ‖ Transcurso, *m.*, curso, *m.* (du temps). ‖ Curso, *m.* (d'un astre). ‖ Trayectoria (d'une balle). ‖ Mar. Corso, *m.* : *armer en course*, armar en corso. ‖ Mécan. Recorrido, *m.*, carrera : *la course d'un piston*, el recorrido de un émbolo. ‖ — *Course aux armements*, carrera de armamentos. ‖ *Course de marcheurs*, competición de marcha. ‖ *Champ de courses*, hipódromo. ‖ *Garçon de courses*, recadero. ‖ *À bout de course*, sin poder más, reventado, da. ‖ *Au pas de course*, a paso de carga. ‖ *En fin de course*, en el ocaso, al final. ‖ *Être dans la course*, estar a la altura (à la hauteur), estar en el ajo. ‖ *N'être pas dans la course*, no estar en el ajo.

coursier m. Corcel (cheval). ‖ Saetín (moulins). ‖ Canal de descarga (centrale électrique).

coursier, ère m. et f. Recadero, ra.

coursive f. Mar. Crujía.

court m. Campo de tenis, tenis (terrain).

court, e [ku:r, kurt] adj. ● Corto, ta (de faible longueur, bref) : *robe trop courte*, vestido demasiado corto. ‖ Escaso, sa : *le repas va être un peu court*, la comida va a resultar escasa. ‖ — *Courte honte*, humillación. ‖ *Courte paille*, paja : *jouer à la courte paille*, echar pajas. ‖ Ciném. *Court métrage*, cortometraje. ‖ — *Avoir la mémoire courte*, tener mala memoria, ser olvidadizo, za. ‖ *Avoir la vue courte*, ser corto, ta, de vista. — Adv. Corto. ‖ — *Tout court*, a secas, solamente, nada más : *s'appeler Jean tout court*, llamarse Juan a secas ; muy corto : *cheveux coupés tout court*, pelo cortado muy corto ; en seco : *s'arrêter tout court*, pararse en seco. ‖ — *Arrêter, s'arrêter court* o *couper court*, pararse en seco. ‖ *Couper court à*, poner término a, dar fin a, salir al paso de. ‖ *Demeurer, rester* o *se trouver court*, quedarse cortado. ‖ *Être à court*, estar apurado *ou* en un apuro. ‖ *Être à court de* o *court de*, andar escaso de, estar falto de. ‖ *Être à court d'argent*, estar apurado. ‖ *Prendre de court*, coger

desprevenido. ‖ *Tourner court*, volver bruscamente la esquina (changer de direction), pararse en seco (s'arrêter).
— M. *Le plus court*, lo más rápido.
— SYN. ● *Concis*, conciso. *Bref*, breve. *Laconique*, lacónico. *Lapidaire*, lapidario. *Succinct*, sucinto. *Abrégé*, abreviado. *Sommaire*, sumario.

courtage m. Corretaje.

courtaud, e [kurto, o:d] adj. et s. FAM. Rechoncho, cha; retaco, ca (personnes). ‖ Rabón y desorejado, da (animaux).

courtauder v. tr. Desorejar (les oreilles), desrabotar (la queue).

court-bouillon [kurbujɔ̃] m. CULIN. Caldo corto, media salsa (*f.*) para cocer pescado.
— OBSERV. Pl. *courts-bouillons*.

court-circuit [-sirkɥi] m. ÉLECTR. Cortocircuito.
— OBSERV. Pl. *courts-circuits*.

court-circuiter v. tr. ÉLECTR. Poner en cortocircuito. ‖ *Fig*. Saltarse.

courtepointe f. Cubrecama, *m.*, colcha guateada.

courtier, ère m. et f. COMM. Corredor, ra : *courtier de change*, corredor de cambio. ‖ Agente : *courtier d'assurances*, agente de seguros.

courtilière f. ZOOL. Cortón, *m.*, grillo real, *m.*, alacrán (*m.*) cebollero.

courtine f. (Vx). Cortina (ameublement). ‖ MIL. Cortina.

courtisan adj. et s. m. Cortesano, na; palaciego, ga (de la cour). ‖ Adulador, ra (flatteur). ‖ Galanteador, ra (qui courtise).

courtisane f. Cortesana, ramera.

courtisanerie f. Adulación cortesana.

courtisanesque adj. Cortesanesco, ca.

courtiser v. tr. Cortejar. ‖ Hacer la corte, hacer el amor (faire la cour). ‖ FIG. *Courtiser les Muses*, poetizar, componer versos.

court-jointé, e [kurʒwɛ̃te] adj. Corto, ta, de cuartillas (chevaux).
— OBSERV. Pl. *court-jointés, ées*.

courtois, e [kurtwa, wa:z] adj. Cortés, atento, ta. ‖ *Littérature courtoise*, literatura cortesana.

courtoisie f. Cortesía (politesse). ‖ Cortesanía (civilité).

court-vêtu, e adj. Que lleva vestidos muy cortos.
— OBSERV. Pl. *court-vêtus, es*.

couru, e adj. Solicitado, da (sollicité). ‖ Buscado, da (recherché). ‖ Concurrido, da (spectacle, endroit). ‖ FIG. et FAM. *C'est couru*, es cierto, está visto.
— OBSERV. L'espagnol *corrido* a le sens de « honteux » et d' « expérimenté ».

couscous [kuskus] m. CULIN. Alcuzcuz.

cousette f. FAM. Modistilla.

couseuse f. Costurera. ‖ Máquina de coser industrial, cosedora.

cousin, e m. et f. Primo, ma : *cousin germain*, primo hermano *ou* carnal; *cousin issu de germain*, primo segundo. ‖ FAM. Amigo, ga, compadre. ‖ Mosquito (moustique). ‖ *Cousin à la mode de Bretagne*, medio pariente, primo lejano.

cousinage m. Primazgo (entre cousins). ‖ Parentela, *f.* (toutes sortes de parents).

cousiner v. intr. Entenderse bien, hacer buenas migas, congeniar.

coussin m. Cojín, almohadón (oreiller). ‖ Mundillo (dentelle). ‖ TECHN. Almohadilla, *f.* ‖ TECHN. *Coussin d'air*, colchón de aire.

coussinet m. Almohadilla, *f.* (petit coussin). ‖ Rodete (pour la tête). ‖ ARCHIT. Almohadilla, *f.*, almohadón (d'un arc). ‖ TECHN. Cojinete.

cousu, e adj. Cosido, da : *cousu main*, cosido a mano. ‖ *Bouche cousue!*, ¡punto en boca! ‖ *C'est cousu de fil blanc*, es claro como el agua. ‖ FIG. *Cousu d'or*, forrado de oro, riquísimo.

coût m. Coste, costo (prix) : *coût de production*, coste de producción; *coût de la vie*, coste de (la) vida. ‖ Precio : *le coût d'une imprudence*, el precio de una imprudencia.

coûtant adj. Ú. en la loc. *à prix coûtant*, a precio de coste.

couteau m. ● Cuchillo : *couteau à dessert*, cuchillo de postre. ‖ Navaja, *f.* (mollusque). ‖ Cuchilla, *f.* (couperet). ‖ Cuchillo (de la balance). ‖ — *Couteau à cran d'arrêt*, navaja de muelle. ‖ *Couteau à palette*, espátula (de peintre). ‖ *Couteau à papier*, plegadera. ‖ *Couteau de chasse*, cuchillo de monte. ‖ *Couteau de poche*, navaja. ‖ *Coup de couteau*, cuchillada, navajazo, puñalada. ‖ — *Avoir le couteau sur la gorge*, estar con el puñal en el pecho. ‖ *Être à couteaux tirés*, estar a matar. ‖ *Être taillé au couteau*, estar cortado con una cuchilla. ‖ *Jouer du couteau*, andar a navajazos. ‖ *Retourner le couteau dans la plaie*, avivar la herida, herir en carne viva.
— SYN. ● *Coutelas*, cuchilla. *Pop. Eustache*, *surin*, navaja, faca.

coutelas [kutlɑ] m. Machete (sabre court). ‖ Faca, *f.* (grand couteau). ‖ MAR. Ala (*f.*) de gavias y de juanete.

coutelier m. Cuchillero.

coutellerie [kutɛlri] f. Cuchillería.

coûter v. intr. et tr. Costar : *coûter cher*, costar caro. ‖ FIG. Ser penoso, costar : *un aveu qui coûte*, una confesión que cuesta. ‖ — FIG. et FAM. *Coûte que coûte*, cueste lo que cueste, a toda costa. ‖ *Coûter la vie*, costar la vida. ‖ FAM. *Coûter les yeux de la tête*, costar un ojo de la cara, costar un sentido *ou* un riñón. ‖ *Il en coûte de*, cuesta mucho.

coûteux, euse adj. Costoso, sa.
— SYN. *Cher*, caro. *Onéreux*, oneroso. *Dispendieux*, dispendioso. *Ruineux*, ruinoso.

coutil [kuti] m. Cutí, cotí, terliz (tissu pour literie et ameublement). ‖ Dril (pour vêtements).

coutre m. AGRIC. Cuchilla, *f.* (de charrue). ‖ Hocino (hache).

coutume f. Costumbre (habitude) : *chaque pays a ses coutumes*, cada país tiene sus costumbres. ‖ DR. Derecho (*m.*) consuetudinario. ‖ — *De coutume*, de costumbre, de ordinario, habitualmente. ‖ *Us et coutumes*, usos y costumbres. ‖ — *Avoir coutume de*, soler, tener la costumbre de. ‖ *Une fois n'est pas coutume*, pase por una vez.

coutumier, ère adj. Acostumbrado, da (habituel). ‖ DR. Consuetudinario, ria. ‖ — *Coutumier du fait*, reincidente. ‖ *Être coutumier d'une chose*, acostumbrar hacer una cosa.

couture f. Costura (assemblage). ‖ Costura : *la haute couture*, la alta costura. ‖ Cicatriz, *m.* (cicatrice). ‖ MAR. Costura. ‖ — *Examiner sous o sur toutes les coutures*, examinar por todas partes, escudriñar. ‖ *Travailler dans la couture*, trabajar de costurera. ‖ — FAM. *Battre à plate couture*, derrotar por completo.

couturer v. tr. Llenar de costurones, de cicatrices : *avoir le visage tout couturé*, tener el rostro lleno de cicatrices.

couturier m. Modista, modisto, sastre de señoras (tailleur pour dames). ‖ Sartorio (muscle).
— OBSERV. Le barbarisme *modisto* pour *couturier* est à éviter, bien qu'il soit assez répandu.

couturière f. Modista (qui fait des vêtements pour dames). ‖ Costurera (qui coud).
— OBSERV. Le mot français *modiste* équivaut en espagnol à *sombrerera*. Le mot espagnol *costurera* correspond habituellement à *lingère*.

couvain m. ZOOL. Cresa, *f.*, carocha, *f.*, carrocha, *f.* (œufs d'insecte).

couvaison f. Incubación.

couvée f. Empolladura, pollazón, nidada (d'oiseaux). ‖ Pollada, parvada (de poussins). ‖ Nidada (nichée). ‖ Fig. et fam. Prole, familia.

couvent [kuvã] m. Convento. ‖ Colegio de monjas.

couventine m. Monja (religieuse). ‖ Niña educada en un convento.

couver v. tr. Empollar, incubar (les œufs). ‖ Alimentar, abrigar, cobijar : *couver une ambition démesurée,* alimentar una ambición desmedida. ‖ — Fig. *Couver des yeux* o *du regard,* comerse con los ojos, no quitar los ojos de. ‖ *Couver une maladie,* incubar una enfermedad, tener una enfermedad en estado de incubación. ‖ Fam. *Couver quelqu'un,* rodear de atenciones a alguien, mimar a alguien.

— V. intr. Prepararse en silencio, estar latente, incubarse : *complot qui couve,* complot que se prepara en silencio. ‖ — *Il faut laisser couver cela,* hay que dejar tiempo al tiempo, hay que dejar madurar. ‖ *Le feu couve sous la cendre,* aún quedan rescoldos.

couvercle m. Tapadera, *f.* (d'un récipient). ‖ Tapa, *f.* (d'un coffre, etc.).

couvert, e [kuvɛːr, ɛrt] adj. Cubierto, ta. ‖ Abrigado, da (avec un vêtement). ‖ Arropado, da; tapado, da : *bien couvert dans son lit,* muy arropado en su cama. ‖ Con sombrero, cubierto, ta (le chapeau sur la tête). ‖ Arbolado, da (boisé). ‖ Empañada, tomada (voix). ‖ Cargado, da ; lleno, na : *un arbre couvert de fruits,* un árbol cargado de frutas. ‖ Fig. Defendido, da ; protegido, da (protégé). ‖ Nublado, da ; encapotado, da ; cerrado, da (temps). ‖ Mar. Protegido, da : *batterie couverte,* batería protegida. ‖ — *Mots, termes couverts,* palabras encubiertas, indirectas. ‖ *Restez couvert,* no se quite el sombrero, no se descubra.

— M. Cubierto (pour manger). ‖ Comida, *f.* (nourriture). ‖ Refugio, abrigo (refuge). ‖ — *À couvert,* a cubierto. ‖ *Le vivre et le couvert,* casa y comida. ‖ *Sous le couvert de,* so capa de. ‖ — *Avoir son couvert mis chez quelqu'un,* tener mesa franca en casa de uno. ‖ *Être à couvert,* estar a cubierto. ‖ *Mettre* o *ôter le couvert,* poner *ou* quitar la mesa. ‖ Comm. *Vendre à couvert,* vender en firme.

couverte f. Vidriado, *m.* (émail). ‖ Pop. Cubierta (couverture).

couverture f. Cubierta, cobertura (ce qui sert à couvrir). ‖ Tapa, cubierta, encuadernación (reliure). ‖ Forro, *m.* (pour protéger un livre). ‖ Portada (d'un magazine). ‖ Manta (de lit) : *couverture chauffante,* manta térmica. ‖ Máscara, pretexto, *m.* : *sous couverture de,* so pretexto de. ‖ Archit. Cubierta, techumbre (toiture). ‖ Comm. Fianza (garantie). ‖ Cobertura (or garantissant le papier monnaie). ‖ Mil. Cobertura : *troupes de couverture,* tropas de cobertura. ‖ Zool. Cobija (plume). ‖ *Tirer la couverture à soi,* barrer para adentro, arrimar el ascua a su sardina.

couveuse f. Clueca, llueca (poule). ‖ Ponedora : *cette poule est une bonne couveuse,* esta gallina es una buena ponedora. ‖ Incubadora (d'œufs, d'enfants).

couvi adj. m. Echado a perder, huero (œufs).

couvoir m. Nidal, cesta (*f.*), *ou* nido para empollar (panier, nid). ‖ Sala (*f.*) de incubación.

couvre-chef m. Fam. Sombrero, toca, *f.,* chapeo.
— Observ. Pl. *couvre-chefs.*

couvre-feu m. Queda, *f.* (heure) : *sonner le couvre-feu,* tocar a queda. ‖ Cobertera, *f.,* tapadera, *f.* (de fourneau). ‖ Mil. Toque de queda (signal).
— Observ. Pl. *couvre-feux.*

couvre-joint m. Techn. Cubrejuntas, tapajuntas, enlistonado de tejado.
— Observ. Pl. *couvre-joints.*

couvre-lit m. Colcha, *f.,* cubrecama.
— Observ. Pl. *couvre-lits.*

couvre-nuque m. Cubrenuca, cogotera.
— Observ. Pl. *couvre-nuques.*

couvre-pieds ou **couvre-pied** m. Cubrepiés.
— Observ. Pl. *couvre-pieds.*

couvre-plat m. Cubreplatos.
— Observ. Pl. *couvre-plats.*

couvre-radiateur m. Cubrerradiador.
— Observ. Pl. *couvre-radiateurs.*

couvreur m. Techador. ‖ Tejador (tuile). ‖ Pizarrero (ardoise). ‖ Plomero (zinc). ‖ Retejador (qui répare).

couvrir* v. tr. Cubrir : *couvrir d'un voile,* cubrir con un velo. ‖ Tapar : *couvrir la marmite,* tapar la olla. ‖ Abrigar : *bien couvrir un enfant,* abrigar bien a un niño. ‖ Forrar (un livre). ‖ Recorrer : *couvrir une distance,* recorrer una distancia. ‖ Cubrir, compensar : *ses recettes couvrent les dépenses,* los ingresos cubren los gastos. ‖ Cubrir, sufragar (les frais). ‖ Cubrir, ahogar, dominar : *l'orchestre couvrait la voix des chanteurs,* la orquesta cubría la voz de los cantantes. ‖ Anular, borrar, suprimir (effacer). ‖ Proteger : *couvrir une frontière avec des troupes,* proteger una frontera con tropas. ‖ Encubrir, ocultar (cacher). ‖ Hacerse responsable de, justificar : *couvrir la faute d'un subordonné,* hacerse responsable de la falta de un subordinado. ‖ Aplicarse : *cette loi couvre tous les citoyens,* esta ley se aplica a todos los ciudadanos. ‖ Cubrir, poner un tejado (une maison). ‖ Fig. Cubrir, colmar, llenar : *couvrir de gloire,* cubrir de gloria. ‖ Zool. Cubrir (les animaux), pisar (le coq).

— V. pr. Cubrirse, ponerse el sombrero (la tête). ‖ Cubrirse : *se couvrir d'un risque par une assurance,* cubrirse de un riesgo con un seguro. ‖ Nublarse, encapotarse (le ciel). ‖ Abrigarse (avec des vêtements), taparse, arroparse (au lit).

covendeur, euse m. et f. Persona que vende con otra.

cover-girl [kɔvəgəːl] f. Cover-girl, modelo (*m.*) publicitario, presentadora.
— Observ. Pl. *cover-girls.*

cow-boy [kaubɔj] m. Cow-boy, vaquero [*Amér.,* gaucho].
— Observ. Pl. *cow-boys.*

cow-pox [kaupɔks] m. Méd. Cowpox, vacuna, *f.*

coxal, e adj. Anat. Coxal [de la cadera].

coxalgie f. Méd. Coxalgia.

coxalgique adj. Méd. Coxálgico, ca.

coyau [kɔjo] m. Talón, ristrel (charpente).

coyote m. Coyote (loup américain).

crabe m. Zool. Cangrejo de mar.

crabier m. Cangrejero (oiseau). ‖ Chacal de Guayana.

crabot [krabo] m. Mécan. Ensambladura, *f.,* pestaña, *f.*

crac! interj. ¡Crac! (bruit). ‖ ¡Zas! (soudaineté).

crachat m. Escupitajo, gargajo, salivazo. ‖ Méd. Esputo : *un crachat de sang,* un esputo de sangre. ‖ Fam. Placa, *f.,* cruz, *f.,* medalla, *f.* (décoration).

craché, e adj. Fam. Pintado, da ; clavado, da : *c'est son père tout craché,* es su padre clavado. ‖ *C'est son portrait tout craché,* es su vivo retrato.

crachement m. Esputo, expectoración, *f.* ‖ Chasquido, repiqueteo, tableteo (d'une mitrailleuse). ‖ Salida (*f.*) de vapor (vapeur). ‖ Électr. Chisporroteo, chispeo. ‖ Mil. Escape de gases por la culata (arme). ‖ Rad. Chisporroteo.

cracher v. tr. Escupir : *cracher par terre,* escupir al suelo. ‖ Esputar : *cracher du sang,* esputar sangre. ‖ Arrojar : *volcan qui crache des laves,*

volcán que arroja lava. ‖ Pop. Escupir (débourser). ‖ Fig. Soltar, largar, proferir : *cracher des injures,* proferir injurias.
— V. intr. ● Escupir, esputar. ‖ Salpicar (éclabousser). ‖ Raspear (la plume). ‖ Fam. Escupir, despreciar (mépriser). ‖ Rad. Hacer ruido, chisporrotear.
— Syn. ● *Expectorer,* expectorar. *Postillonner,* echar curas. *Crachoter,* escupitinear.

cracheur, euse adj. et s. Que escupe mucho.

crachin m. Llovizna, *f.,* calabobos, sirimiri, orvallo.

crachoir m. Escupidera, *f.* ‖ Pop. *Tenir le crachoir à,* charlotear con.

crachotement m. Acción de escupir frecuentemente. ‖ Rad. Chisporroteo.

crachoter v. intr. Escupitinear, escupir con frecuencia.

crack m. Crack, favorito (poulain favori aux courses). ‖ Fam. Hacha, as : *c'est un crack en mathématiques,* es un hacha en matemáticas.

cracking m. Techn. Crácking, craqueo.

Cracovie n. pr. Géogr. Cracovia.

craie [krɛ] f. Tiza (pour tableau noir). ‖ Jaboncillo, *m.* (de tailleur). ‖ Min. Creta.

crailler v. intr. Graznar (la corneille).

craindre* v. tr. ● Temer : *il craint que tu ne parles,* teme que hables ; *il craint que tu ne parles pas,* teme que no hables. ‖ Tener miedo : *je crains certains plats épicés,* tengo miedo a ciertos platos fuertes. ‖ *Craint l'humidité,* se altera con la humedad.
— Syn. ● *Appréhender,* tener aprensión. *Redouter,* recelar.

crainte f. Temor, *m.* : *dans la crainte de,* con el temor de. ‖ *— De crainte que* o *de,* por temor de que, temiendo que. ‖ *Par crainte de,* temiendo que, con el temor de.
— Syn. *Appréhension,* aprensión, recelo. *Inquiétude,* inquietud. *Alarme,* alarma. *Peur,* miedo. *Phobie,* fobia. *Trac,* aprensión. Pop. *Frousse,* canguelo. *Trouille,* jindama.

craintif, ive adj. Temeroso, sa. ‖ ● Tímido, da.
— Syn. ● *Timide,* tímido. *Timoré,* timorato. *Pusillanime,* pusilánime.

crambe ou **crambé** m. Bot. Col (*f.*) marina.

cramer v. tr. et intr. Quemar, chamuscarse.

cramoisi, e adj. et s. m. Carmesí.

crampe f. Calambre, *m.* (des muscles), tirón, *m.* ‖ Dolor, *m.* (de l'estomac). ‖ Fig. et Fam. Lata, rollo, *m.* (ennui), lapa, pelma (personne).

crampillon m. Horquilla, *f.,* grampillón, clavo curvado con dos puntas.

crampon m. Grapa, *f.,* laña, *f.* (pour unir). ‖ Garfio, escarpia, *f.* (pour saisir). ‖ Ramplón (du fer à cheval). ‖ Crampón (montagne). ‖ Bot. Zarcillo adventicio. ‖ Fam. Lapa, *f.,* pelma, latoso, sa ; pesado, da. ‖ Sports. Taco (de chaussures).

cramponnement m. Sujeción (*f.*) con una grapa.

cramponner v. tr. Engrapar, enganchar, trabar (attacher). ‖ Fam. Fastidiar, molestar (importuner).
— V. pr. Agarrarse, aferrarse (s'accrocher). ‖ Fam. Pegarse como una lapa.

cramponnet m. Grapa (*f.*) ou laña (*f.*) pequeña (petit crampon). ‖ Cerradero (de serrure).

cran m. Muesca, *f.* (encoche). ‖ Fig. Punto, paso, división, *f.* : *avancer, baisser d'un cran,* adelantar un paso, bajar un punto. ‖ Agujero (d'une ceinture). ‖ Ondulación, *f.* (cheveux). ‖ Fam. Arrojo, hígados, *pl.,* agallas, *f. pl.* (courage). ‖ Impr. Cran (d'un caractère). ‖ *— Cran d'arrêt,* muelle. ‖ *Cran de sûreté,* seguro. ‖ Fam. *Être à cran,* no tenerse de nervios.

crâne m. Anat. ● Cráneo. | Calavera, *f.* (de squelette). ‖ Fam. *Bourrer le crâne à quelqu'un,* hincharle a uno la cabeza.
— Syn. ● *Tête,* cabeza. Pop. *Caillou,* chola. *Caisson,* tapa de los sesos, chola.

crâne adj. et s. Arrogante, valiente : *air crâne,* aspecto arrogante. ‖ Fam. Magnífico, ca ; estupendo, da (remarquable). ‖ *Faire le crâne,* dárselas de valiente, fanfarronear.

crâner v. tr. Fanfarronear, darse importancia, chulearse, presumir.

crânerie f. Chulería, flamenquería.

crâneur, euse adj. et s. Fam. Fanfarrón, ona. ‖ Presumido, da ; chulapón, ona ; orgulloso, sa.

crânien, enne adj. Craneano, na ; craneal : *voûte crânienne,* bóveda craneana.

craniologie f. Craneología.

cranter v. tr. Hacer muescas.

crapaud [krapo] m. Sapo. ‖ Fam. Monigote (enfant) : *viens ici, crapaud!,* ven acá ¡monigote! ‖ Sillón bajo, poltrona, *f.* (fauteuil). ‖ Jardín, defecto (d'une pierre précieuse). ‖ Piano de cóla pequeño (piano). ‖ Mar.. Noray. ‖ Mil. Cureña, *f.* (de mortier). ‖ Vétér. Galápago (ulcère du cheval). ‖ *Laid comme un crapaud,* más feo que Picio.

crapaudière f. Lugar (*m.*) donde abundan los sapos. ‖ Fig. Zahúrda, pocilga (lieu sale).

crapaudine f. Estelión, *m.* (pierre). ‖ Bot. Siderita. ‖ Techn. Tejuelo (de gond). ‖ Chumacera (à pivot). | Alcachofa (d'égout, de baignoire).

crapette f. Tip y tap, *m.,* solitario (*m.*) jugado por dos personas.

crapouillot m. Mil. Mortero de trinchera.

crapoussin, e m. et f. Monigote, *m.,* renacuajo, *m.*

crapule f. Crápula.

crapulerie f. Canallada, granujada, barrabasada.

crapuleux, euse adj. Crapuloso, sa. ‖ Indecente : *c'est un bar crapuleux,* es un bar indecente.

craquage m. Techn. Crácking.

craque f. Fam. Bola, trola (mensonge).

craquelage m. Techn. Grieteado (céramique).

craquelé, e adj. et s. Grieteado, da (céramique).

craqueler* v. tr. Grietear, resquebrajar.

craquelin m. Bizcocho seco y crujiente.

craquelure f. Resquebrajadura (du vernis).

craquement m. Crujido.

craquer v. intr. Crujir. ‖ Deshacerse, romperse (se casser). ‖ Reventarse (chaussures). ‖ Abrirse, resquebrajarse (plafond). ‖ Estallar (vêtement). ‖ Fig. Desmoronarse, tambalearse (une affaire, un régime). ‖ Fallar, fracasar, venirse abajo. ‖ Frotar (allumette). ‖ *Plein à craquer,* lleno hasta los topes.
— V. tr. Desgarrar, romper (déchirer). ‖ Fam. Malbaratar, despilfarrar (gaspiller).

craquètement m. Castañeteo. ‖ Grito de la cigüeña.

craqueter* v. intr. Castañear. ‖ Chirriar (les oiseaux).

craqueur, euse adj. et s. Pop. Mentiroso, sa ; cuentista.

crase f. Crasis.

crash [kraʃ] m. Aviat. Toma (*f.*) de tierra forzosa de un avión en el que no funciona el tren de aterrizaje.

crassane f. Bot. Variedad de pera de agua.

crasse f. Mugre, roña, churre, *m.* (saleté). ‖ Porquería (objet de peu de valeur). ‖ Fig. Miseria. | Roñería, tacañería (avarice). | Niebla espesa (brouillard). ‖ Pop. Faena, jugarreta, jugada : *faire une crasse à quelqu'un,* hacer una jugarreta a uno. ‖ Pl. Min. Grasas, granzas (scories).
— Adj. Craso, sa : *ignorance crasse,* ignorancia crasa. ‖ *Erreur crasse,* error garrafal. *

crasser v. tr. Engrasar.

crasserie f. Fam. Roñería, tacañería (avarice). ‖

Bajeza (bassesse). | Jugarreta, faena, jugada (mauvais tour).
crasseux, euse adj. et s. Mugriento, ta (sale). ‖ Miserable, pobretón, ona (pauvre). ‖ FIG. et FAM. Tacaño, ña; roñica (avare).
crassier m. TECHN. Escorial.
crassulacées adj. et s. f. pl. BOT. Crasuláceas.
cratère m. Cráter (volcans). ‖ Crátera, f. (coupe antique).
cravache f. Fusta (de cavalier).
cravacher v. tr. Golpear ou azotar con la fusta. — V. intr. Darse una paliza, matarse (s'éreinter).
cravate f. Corbata (de drapeau). ‖ Corbata (de cou). ‖ Cuello, m. (de fourrure). ‖ MAR. Cabo, m. (cordage). ‖ — FIG. Cravate de chanvre, la cuerda de la horca. ‖ POP. S'en jeter un derrière la cravate, echarse un trago al coleto.
cravater v. tr. Poner la corbata. ‖ — Cravaté, con corbata. ‖ Être cravaté de soie, llevar una corbata ou un pañuelo de seda.
crawl [kro:l] m. Crawl (nage).
crayeux, euse adj. Cretáceo, a; gredoso, sa.
crayon [krɛjɔ̃] m. Lápiz, lapicero. ‖ Dibujo al lápiz (dessin). ‖ FIG. Manera (f.) de dibujar. ‖ — Crayon à bille, bolígrafo. ‖ Crayon d'ardoise, pizarrín. ‖ Crayon de rouge à lèvres, lápiz ou barra de labios. ‖ Crayon feutre, rotulador.
crayonnage m. Dibujo a lápiz (dessin).
crayonner v. tr. Esbozar al lápiz, diseñar (ébaucher). ‖ Llenar de trazos de lápiz, emborronar con lápiz (faire des traits). ‖ FIG. Bosquejar, esbozar.
crayonneur m. FAM. Pintamonas.
créance f. Crédito, m. (confiance) : donner créance, dar crédito. ‖ Creencia, fe (croyance). ‖ COMM. Crédito. ‖ — Lettres de créance, credenciales, cartas credenciales. ‖ Trouver créance auprès de, ser creído por.
créancier, ère m. et f. Acreedor, ra.
créateur, trice adj. et s. Creador, ra. ‖ Inventor, ra. ‖ Le Créateur, el Criador (Dieu).
— OBSERV. Criador, en espagnol, correspond aujourd'hui à éleveur. Il a gardé le sens de Créateur en parlant de Dieu.
création f. Creación.
créature f. Criatura. ‖ FIG. Paniaguado, m., protegido, m. (protégé). ‖ Mujer de vida libre.
crécelle f. Carraca, matraca (moulinet). ‖ FIG. Chicharra (bavard). ‖ — Crécelle de lépreux, tablillas de San Lázaro. ‖ Voix de crécelle, voz chillona.
crécerelle f. ZOOL. Cernícalo, m., mochete, m.
crèche f. Pesebre, m. (mangeoire). ‖ Nacimiento, m., belén, m. (pour Noël). ‖ Guardería infantil (pour enfants).
crécher v. intr. POP. Anidar.
crédence f. Credencia (église). ‖ Aparador, m., credencia (p. us.) [buffet].
crédibilité f. Credibilidad.
crédit m. Crédito (solvabilité). ‖ Plazo, crédito : acheter à crédit, comprar a plazos; crédit à court, long, terme, crédito a corto, largo, plazo. ‖ Haber (comptabilité). ‖ FIG. Crédito : accorder crédit, dar crédito. ‖ — Crédit foncier, crédito inmobiliario. ‖ Crédit municipal, denominación actual del Monte de Piedad. ‖ Lettre de crédit, carta de crédito. ‖ Ouverture de crédit, apertura de crédito. ‖ — De crédit, crediticio, cia. ‖ Faire crédit, fiarse, dar crédito. ‖ La maison ne fait pas de crédit, no se fía. ‖ Porter au crédit, abonar en cuenta.
créditer v. tr. COMM. Abonar en cuenta (comptabilité).
créditeur, trice adj. et s. Acreedor, ra.
credo m. inv. Credo. ‖ Credo politique, doctrina, credo ou pensamiento político.

crédule adj. et s. Crédulo, la.
crédulité f. Credulidad.
créer* [kree] v. tr. Crear.
crémaillère f. Llares, m. pl. (de cuisine). ‖ TECHN. Cremallera : chemin de fer à crémaillère, ferrocarril de cremallera. ‖ Pendre la crémaillère, inaugurar la casa [invitando a los amigos].
crémant adj. et s. m. Cierto champaña poco espumoso.
crémation f. Cremación.
crématoire adj. Crematorio, ria : four crématoire, horno crematorio.
crème f. Nata (du lait). ‖ Natilla (entremets). ‖ Crema (cosmétique). ‖ — Crème caramel, renversée, flan. ‖ Crème de cacao, licor de cacao. ‖ Crème de tartre, crémor tartárico. ‖ Crème fouettée, nata batida. ‖ Crème-fraîche, nata. ‖ Crème glacée, helado. ‖ Café crème, café con leche. ‖ La crème, la crema, la flor y nata (le meilleur).
— Adj. inv. Crema (couleur).
crémer* v. intr. Cubrirse de nata (le lait). — V. tr. Dar color de crema (couleur). ‖ Incinerar (incinérer).
crémerie [krɛmri] f. Mantequería, lechería.
crémeux, euse adj. Cremoso, sa; mantecoso, sa.
crémier, ère m. et f. Mantequero, ra; lechero, ra.
crémone f. Falleba (de fenêtre).
Crémone n. pr. GÉOGR. Cremona.
créneau m. Almena, f. (dentelure d'un mur, d'un parapet). ‖ Aspillera, f., tronera, f. (meurtrière).
crénelage m. Labrado del cordoncillo (des monnaies). ‖ Gráfila, f., grafila, f. (bord strié des monnaies).
crénelé, e adj. Almenado, da. ‖ Acordonado, da (monnaies). ‖ BLAS. Dentellado, da. ‖ FIG. Dentado, da (dentelé).
créneler* v. tr. Almenar. ‖ Acordonar (monnaies). ‖ FIG. Dentar (denteler).
crénelure f. Dentellado, m., festón, m. (dentelure). ‖ ARCH. Crestería.
créner* v. tr. IMPR. Marcar el cran de.
créole adj. et s. Criollo, lla (né aux colonies). ‖ Lengua (f.) criolla. ‖ CULIN. Riz à la créole, arroz en blanco.
créosol [kreɔzɔl] m. Aceite de creosota.
créosotage m. TECHN. Creosotado.
créosote f. CHIM. Creosota.
créosoter v. tr. TECHN. Creosotar.
crêpage m. Aderezo del crespón (des tissus). ‖ Cardado (des cheveux). ‖ Crêpage de chignon, riña, entre mujeres.
crêpe m. Crespón (tissu). ‖ Gasa, f. (de deuil). ‖ Crepé, caucho laminado : semelles de crêpe, suelas de crepé. ‖ Crêpe de Chine, crespón de China. ‖ — F. Tortita, hojuela, « pancake » [Amér.], panqueque], filloa (Galice), crepe (galette mince).
crêpé m. Añadido, rizo postizo.
crêpelé, e ou **crêpelu, e** adj. Crespo, pa.
crêpelure f. Encrespado, m., cardado, m. (cheveux).
crêper v. tr. Encrespar. ‖ Cardar (cheveux). ‖ FAM. Se crêper le chignon, agarrarse ou tirarse del moño.
crépi m. Revestimiento de argamasa (au ciment). ‖ Enlucido, revoque (à la chaux).
Crépin n. pr. m. Crispín.
crépine f. Franja, cenefa (frange). ‖ Redaño, m. (d'une bête). ‖ TECHN. Alcachofa (d'un filtre).
crépinette f. Salchicha aplastada. ‖ BOT. Centinodia.
crépins m. pl. Avíos de zapatero.
crépir v. tr. Revestir con argamasa. ‖ Enlucir, revocar, enjalbegar.

crépissage m. Acción de revestir con argamasa. ‖ Enlucido, revoque. ‖ Granulado (des peaux).

crépissure f. Revestimiento (m.) de argamasa.

crépitation f. ou **crépitement** m. Crepitación, f.

crépiter v. intr. Crepitar, restallar.

crépon m. Crespón (tissu). ‖ Papier crépon, papel crepé.

crépu, e adj. Crespo, pa (cheveux). ‖ BOT. Ondeado, da; rizado, da.

crépure f. Encrespado, m., cardado, m.

crépusculaire adj. Crepuscular.

crépuscule m. Crepúsculo.

— SYN. Tombée du jour, atardecer. Brune, el anochecer.

crescendo [kreʃɛndo] m. MUS. Crescendo.

— Adv. En aumento, crescendo.

crésol m. CHIM. Cresol.

cresson [krɛsɔ̃] m. Berro. ‖ — Cresson alénois, mastuerzo. ‖ Cresson de fontaine, berro de agua.

cressonnette f. BOT. Cardamina, lepidio, m.

cressonnière f. Berrizal, m., plantío (m.) de berros.

Crésus n. pr. m. Creso.

crêt [krɛ] m. Escarpa, f.

crétacé, e ou **crétacique** adj. et s. m. Cretáceo, a.

crête f. Cresta (oiseau). ‖ Coronación (d'un barrage). ‖ Crestería (fortification). ‖ ARCHIT. Crestería. ‖ FIG. Cresta (d'une montagne, d'une vague). ‖ MÉD. Cresta (excroissance).

Crète n. pr. f. GÉOGR. Creta.

crêté, e adj. Crestado, da.

crête-de-coq f. BOT. Gallocresta, rinanto, m.

crételle f. Cola de perro (graminée).

crétin, e adj. et s. Cretino, na.

crétinerie f. FAM. Cretinismo, m., estupidez.

crétinisme m. Cretinismo.

crétois, e adj. et s. Cretense.

cretonne f. Cretona (tissu).

creusage ou **creusement** m. Cavadura, f., cavazón, f. (terres). ‖ Construcción, f. (d'un tunnel). ‖ Excavación, f. (de tranchées).

creuser v. intr. et tr. Cavar : creuser un puits, cavar un pozo. ‖ Ahondar (approfondir). ‖ Excavar, abrir (des tranchées). ‖ Ahuecar (faire un creux). ‖ Abrir (sillon). ‖ Surcar, llenar (de rides). ‖ Hundir, chupar (amaigrir). ‖ FIG. Sondear (sonder). | Profundizar, ahondar, calar hondo (une question). ‖ — Creuser l'estomac, abrir el apetito. ‖ Creuser sa fosse, son tombeau, abrir su tumba. ‖ Creuser un abîme entre, abrir un abismo entre.

— V. pr. Ahuecarse (devenir creux). ‖ Hundirse (les yeux, etc.). ‖ FIG. Se creuser la tête, l'esprit, le cerveau o la cervelle, devanarse los sesos, romperse la cabeza.

creuset [krøzɛ] m. Crisol.

creux, euse [krø, ø:z] adj. Hueco, ca (qui a une cavité). ‖ Encajonado, da (chemin, vallée). ‖ Huero, ra; vacío, cía (idée). ‖ Hundido, da (yeux, joues). ‖ Ahuecado, da; cavernoso, sa (voix). ‖ Poco numeroso, sa; de un nivel inferior (réduit). ‖ — Assiette creuse, plato hondo. ‖ MIL. Classe creuse, quinta de efectivos reducidos. ‖ Heure creuse, hora de menor consumo (électricité), hora de poca actividad (autobus, usine), rato perdido, hora libre ou horas muertas (dans un horaire). ‖ Saison creuse, temporada baja. ‖ Son creux, sonido hueco. ‖ Tête creuse, cabeza vacía, llena de parajitos. ‖ — Avoir le nez creux, tener olfato. ‖ Avoir le ventre creux, tener el vientre vacío. ‖ Il n'y en a pas pour la dent creuse, no hay ni para una muela. ‖ Sonner creux, sonar a hueco.

— M. Hueco (cavité), vacío (vide). ‖ Cavidad, f. ‖ Depresión, f. ‖ Vaciado (moule). ‖ Lo más pro-

fundo, la parte (f.) más profunda. ‖ MAR. Altura, f. (des vagues). | Puntal. ‖ — Creux de la main, hueco de la mano. ‖ Creux de l'estomac, boca del estómago. ‖ Gravure en creux, huecograbado. ‖ — MUS. Avoir un bon creux, tener una buena voz de bajo. ‖ FAM. Avoir un creux dans l'estomac, tener el estómago vacío, tener hambre.

crevaison f. Pinchazo, m. (d'un pneumatique). ‖ POP. Muerte. | Gran cansancio, m.

crevant, e adj. POP. Agobiante, reventador, ra (épuisant). | Para morirse de risa, mondante, desopilante (très drôle).

crevasse f. Grieta, hendidura (terres, glaciers). ‖ Grieta (de la peau).

crevasser v. tr. Agrietar.

crève f. POP. Muerte. | Enfermedad grave (maladie).

crevé, e adj. Pinchado, da (pneus). ‖ POP. Reventado, da; muerto, ta (fatigue). ‖ — M. Cuchillada, f. (dans un vêtement). ‖ Calavera (débauché).

crève-cœur [krɛvkœ:r] m. inv. Desconsuelo. ‖ Tormento, lástima, f.

crève-la-faim m. inv. Muerto de hambre.

crever* v. tr. et intr. Reventar, estallar (éclater). ‖ Saltar (les yeux). ‖ Pinchar (pneus). ‖ FAM. Reventar, palmar, estirar la pata (mourir), apiolar (tuer). ‖ Descargarse (les nuages). ‖ — Crever de faim, morirse de hambre. ‖ Crever de honte, reventar de vergüenza. ‖ Crever d'ennui, morirse de aburrimiento, aburrirse como una ostra. ‖ Crever de rire, desternillarse, morirse ou reventar de risa. ‖ Crever le cœur, partir el corazón. ‖ — Cela crève les yeux, esto salta a los ojos.

— V. pr. FAM. Reventarse, matarse (se fatiguer). ‖ FIG. Se crever les yeux, hacerse polvo la vista.

crevette f. ZOOL. Camarón, m., quisquilla (crevette grise). ‖ Gamba (crevette rose).

crevettier m. Camaronera, f. (filet).

crève-vessie m. inv. PHYS. Rompevejigas.

cri m. Grito : pousser un cri, dar un grito. ‖ Chirrido (grincement d'un outil, etc.). ‖ Voz (f.) propia de los animales (animaux). ‖ Clamor de réprobation). ‖ Voz, f. (appel). ‖ Pregón (d'un marchand). ‖ — Cri de la conscience, voz de la conciencia. ‖ Le dernier cri, la última moda, el último grito, la última palabra. ‖ — À cor et à cri, a grito pelado. ‖ À grands cris, a voces. ‖ Pousser o jeter les hauts cris, poner el grito en el cielo.

criaillement [kriɑjmɑ̃] m. Chillido (cri). ‖ Gritería, f. (confusion de cris).

criailler [-je] v. intr. Graznar (oiseaux). ‖ FAM. Chillar, vociferar.

criaillerie [-jri] f. Gritería, chillido, m.

criailleur, euse [-jœ:r, jø:z] adj. et s. Chillón, ona; vocinglero, ra.

criant, e adj. Que grita, chillón, ona (qui crie). ‖ FIG. Escandaloso, sa; irritante (révoltant) : injustice criante, injusticia escandalosa. | Patente, flagrante : vérité criante, verdad patente. ‖ En criant, gritando.

criard, e [kria:r, ard] adj. et s. Chillón, ona; gritón, ona. ‖ FIG. ● Chillón, ona; llamativo, va (couleur, voix). | Escandaloso, sa (dettes).

— SYN. ● Aigu, agudo. Perçant, penetrante. Aigre, agrio. Strident, estridente. Glapissant, chillón, vocinglero.

criblage m. Cribado, cernido.

crible m. Criba, f., tamiz, cedazo. ‖ Garbillo (de minerai). ‖ Passer au crible, pasar por el tamiz.

cribler v. tr. Cribar, cerner. ‖ FIG. Acribillar (remplir de blessures, de trous). | Picar, dejar huellas (le visage). ‖ — Cribler de questions, acribillar a preguntas. ‖ Être criblé de dettes, estar acribillado de deudas, empeñado hasta la camisa.

‖ *Être criblé de trous,* tener más agujeros que un colador.

cribleur, euse m. et f. Cribador, ra. ‖ — M. Separador de cereales, cribadora, *f.*

criblure f. Cerniduras, *pl.,* cribadoras, *pl.,* ahechaduras, *pl.*

cric m. AUTOM. Gato.

cric crac! interj. ¡Cric crac!, ¡zis, zas!

cricket m. Criquet, cricket (jeu).

cricoïde adj. ANAT. Cricoides.

criori m. Grillo (grillon).

criée f. Subasta (vente publique aux enchères). ‖ *Acheter à la criée,* comprar en pública subasta, al pregón.

crier* v. intr. Gritar, chillar. ‖ Pregonar (pour vendre). ‖ Chirriar, rechinar (grincer). ‖ Chirriar (les oiseaux). ‖ FIG. Llamar, pedir : *crier au secours,* pedir socorro. | Clamar : *crier à l'injustice,* clamar contra la injusticia. | Ser chillón (couleurs). ‖ — *Crier après quelqu'un,* reñir a alguien. ‖ *Crier à tue-tête* o *comme un sourd* o *comme un putois,* gritar desaforadamente, gritar a voz en cuello, dar grandes voces. ‖ *Crier au scandale,* poner el grito en el cielo. ‖ *Crier sur tous les toits,* divulgar a los cuatro vientos, pregonar a bombo y platillo.
— V. tr. ● Gritar. ‖ Proclamar (à haute voix). ‖ Pregonar (vente aux enchères). ‖ FIG. Clamar : *crier son innocence,* clamar su inocencia. ‖ Quejarse : *crier famine,* quejarse de hambre. ‖ Exigir, pedir : *crime qui crie vengeance,* crimen que exige venganza. ‖ Denotar, poner de manifiesto : *ses vêtements criaient misère,* su ropa denotaba su miseria. ‖ — *Crier casse-cou,* avisar de un peligro. ‖ *Crier famine sur un tas de blé,* quejarse de vicio. ‖ *Crier gare,* advertir *ou* poner en guardia de un peligro. ‖ *Crier grâce,* pedir merced. ‖ *Crier merveille, miracle,* admirarse, maravillarse. ‖ *Sans crier gare,* sin el menor aviso.
— SYN. ● *Beugler,* mugir. *Brailler,* berrear. *Braire,* rebuznar, berrear (l'homme). *Bramer,* bramar. *Clamer,* clamar. *Criailler, piailler,* chillar. *Glapir,* gañir. *Gueuler,* dar voces. *Hurler,* aullar. *Rugir,* rugir. *Tonner, tonitruer,* atronar. *Ululer,* aullar. *Vociférer,* vociferar.

crieur, euse [kriœːr, øːz] adj. et s. Chillón, ona ; gritador, ra ; voceador, ra. ‖ — *Crieur de journaux,* vendedor ambulante de periódicos . ‖ *Crieur des rues,* vendedor callejero. ‖ *Crieur public,* pregonero.

crime m. Crimen.
— SYN. *Attentat,* atentado. *Forfait,* crimen, fechoría. *Homicide,* homicidio. *Assassinat,* asesinato.

Crimée n. pr. f. GÉOGR. Crimea.

criminaliser v. tr. DR. Convertir en criminal una causa civil.

criminaliste m. Criminalista.

criminalité f. Criminalidad.

criminel, elle adj. et s. Criminal.

criminologie f. Criminología.

criminologiste ou **criminologue** m. et f. Criminologista.

crin m. Crin, *f.,* cerda, *f.* ‖ — *Crin végétal,* fibra vegetal (agave). ‖ — *À tous crins,* de tomo y lomo. ‖ FIG. et FAM. *Comme un crin* o *à crin,* huraño, ña.

crincrin m. FAM. Mal violín, cacharro.

crinière f. Crines, *pl.* (du cheval, d'un casque). ‖ Melena (du lion). ‖ FIG. et FAM. Pelambrera, melena, greña, cabellera larga (cheveux longs).

crinoïdes m. pl. ZOOL. Crinoideos.

crinoline f. Miriñaque, *m.,* crinolina (gallicisme).

crique f. MAR. Caleta, cala.

criquet m. Langosta, *f.* (grande sauterelle), saltamontes, cigarrón (petite). ‖ FAM. Mequetrefe, chiquilicuatro (homme malingre).

crise [kriːz] f. Crisis : *surmonter une crise,* vencer una crisis. ‖ — *Crise de larmes, de rage,* crisis de llanto, de furia. ‖ *Crise de nerfs, d'épilepsie,* ataque de nervios, epiléptico. ‖ *Crise ministérielle, économique, politique,* crisis ministerial, económica, política. ‖ FAM. *Piquer une crise,* montar en cólera, salir de sus casillas. ‖ *Travailler par crises,* trabajar a ratos.

crispant, e adj. FAM. Irritante, horripilante.

crispation f. Crispamiento, *m.,* crispadura.

crisper v. tr. Crispar.

crispin m. Criado de comedia, gracioso. ‖ Manopla, *f.* (manchette).

criss m. Cris (poignard malais).

crissement m. Rechinamiento, crujido.

crisser v. intr. Rechinar, crujir.

cristal m. Cristal : *cristal de roche,* cristal de roca. ‖ — Pl. Cristalería, *f.* (objets de cristal). ‖ POP. *Eaux de cristaux,* carbonato de sodio.
— OBSERV. En espagnol, *cristal* a également le sens de « vitre », « carreau », « verre ».

cristallerie f. Cristalería.

cristallin, e adj. et s. m. Cristalino, na.

cristallisable adj. Cristalizable.

cristallisant, e adj. Cristalizador, ra.

cristallisation f. Cristalización.

cristallisé, e adj. Cristalizado, da.

cristalliser v. tr. et intr. Cristalizar. ‖ FIG. Cristalizar, materializar, concretar.
— V. pr. Cristalizar, cristalizarse.

cristallisoir m. CHIM. Cristalizador.

cristallogénie f. Cristalogenia.

cristallographie f. Cristalografía.

cristallographique adj. Cristalográfico, ca.

cristalloïde adj. Cristaloide, cristaloideo, a.
— M. Cristaloide.

critère ou **critérium** m. Criterio.

critérium [kriterjɔm] m. Criterio (sports).

criticisme m. Criticismo.

criticiste adj. et s. Criticista.

critiquable adj. Criticable.

critique adj. Crítico, ca.
— F. Crítica (blâme). ‖ *La critique est aisée mais l'art est difficile,* una cosa es enhebrar y otra cosa es dar puntadas. ‖ — M. Crítico (artistique ou littéraire).

critiquer v. tr. Criticar.
— SYN. *Censurer,* censurar. *Épiloguer,* epilogar. *Éreinter, esquinter,* hacer trizas. *Trouver à redire,* criticar, tener que decir.

critiqueur, euse m. et f. Criticador, ra ; criticón, ona.

croassement m. Graznido.

croasser v. intr. Graznar.

croate adj. et s. Croata.

Croatie [krɔasi] n. pr. f. GÉOGR. Croacia.

croc [kro] m. Gancho, garabato (pour suspendre). ‖ Garabato (de boucher). ‖ Colmillo (canine), diente (dent). ‖ Bichero (de marinier). ‖ — *En croc,* con las puntas hacia arriba *ou* retorcidas (moustache), recurvado, da. ‖ — FIG. *Montrer les crocs,* enseñar los colmillos.

croc-en-jambe [krɔkɑ̃ʒɑ̃ːb] m. Zancadilla, *f.* : *faire un croc-en-jambe,* echar la *ou* poner una zancadilla.
— OBSERV. Pl. *crocs-en-jambe.*

croche f. MUS. Corchea. ‖ — *Double croche,* semicorchea. ‖ *Quadruple croche,* semifusa. ‖ *Triple croche,* fusa.

croche-patte m. FAM. Zancadilla, *f.*

croche-pied m. Zancadilla, *f.*

crocher v. tr. Igualar (les mailles). ‖ Dar forma curva *ou* de gancho, retorcer (courber). ‖ FAM. Enganchar. ‖ MAR. Enganchar con el bichero.

crochet m. Gancho. ‖ Gancho, crochet (boxe). ‖ Colmillo (dent). ‖ Ganchillo, aguja (*f.*) de gancho (aiguille) ; « crochet », labor de ganchillo, punto *ou* tejido de ganchillo, punto de Irlanda (travail au crochet). ‖ Escalerilla (*f.*) de los mozos de cuerda (de portefaix). ‖ Caracol (de cheveux). ‖ IMPR. Corchete. ‖ TECHN. Ganzúa, *f.* (serrure). ‖ — *Crochet à bottines*, abrochador. ‖ *Crochet d'attelage*, gancho de tracción. ‖ — *Clou à crochet*, escarpia, alcayata. ‖ FIG. *Avoir quelqu'un à ses crochets*, tener a alguien viviendo a su costa, mantener a uno. | *Faire un crochet*, dar un rodeo. | *Vivre o être aux crochets de quelqu'un*, vivir a expensas *ou* a costa de uno.

crochetage [krɔʃta:ʒ] m. Forzamiento (d'une serrure).

crocheter* v. tr. Forzar, abrir con ganzúa (une serrure). ‖ Hacer labor de ganchillo (tricoter). ‖ Enganchar (saisir). ‖ IMPR. Poner entre corchetes. — V. pr. FAM. Agarrarse.

crocheteur m. Mozo de cuerda (portefaix). ‖ Ganapán (homme grossier). ‖ *Crocheteur de portes o de serrures*, ladrón de ganzúa.

crochu, e adj. Ganchudo, da; corvo, va; curvado, da : *nez crochu*, nariz corva. ‖ FIG. *Avoir les mains crochues*, tener las uñas afiladas.

crocodile m. Cocodrilo. ‖ TECHN. Paro automático de trenes. ‖ FIG. *Larmes de crocodile*, lágrimas de cocodrilo.

crocodiliens m. pl. ZOOL. Cocodriloideos.

crocus [krɔkys] m. BOT. Croco, azafrán.

croire* v. tr. et intr. Creer : *à l'en croire*, si se le cree. ‖ ● Parecerle a uno : *j'ai cru voir*, me ha parecido ver. ‖ — *Croire à*, creer en. ‖ *Croire à quelque chose comme à l'Evangile*, creer algo a ciencia cierta, estar muy seguro de algo. ‖ *Croire dur comme fer*, creer a pie juntillas. ‖ *Croire sur parole*, creer bajo palabra. ‖ *Croyant que*, creyendo que, en la creencia de que. ‖ — *Croyez-m'en*, créame. ‖ — *À ce que je crois*, según creo. ‖ *C'est à croire que*, parece que, cualquiera diría que. ‖ *C'est à ne pas y croire*, parece mentira, es para no creérselo. ‖ *Je crois bien!*, ¡ya lo creo! ‖ *Je crois bien que*, me parece que. ‖ *Je n'en crois pas mes yeux o mes oreilles*, hay que verlo para creerlo. ‖ FAM. *Je vous crois!*, ¡ya lo creo!, ¡y usted que lo diga! ‖ *Vous ne sauriez croire combien*, no podría imaginarse lo que. — V. pr. Creerse. ‖ *S'en croire*, creérselas. — SYN. ● *Penser*, pensar. *Juger*, juzgar. *Estimer*, estimar.

croisade f. Cruzada.

croisé, e adj. et s. m. Cruzado, da. ‖ — *Étoffe croisée*, tejido asargado, tela cruzada. ‖ MIL. *Feux croisés*, tiro convergente, fuegos cruzados; ataque simultáneo. ‖ *Mots croisés*, crucigrama, palabras cruzadas. ‖ *Rimes croisées*, rimas alternadas.

croisée f. Ventana (fenêtre). ‖ Encrucijada, cruce, *m.* (carrefour). ‖ ARCHIT. Crucero, *m.*

croisement m. Cruzamiento, cruce (de deux voitures). ‖ Cruce, intersección, *f.* (de deux voies). ‖ BIOL. Cruce.

croiser v. tr. Cruzar. ‖ — *Croiser la baïonnette*, cruzar la bayoneta. ‖ *Croiser le fer avec*, cruzar la espada con (se battre), medirse (se mesurer avec). — V. intr. Patrullar (un navire de guerre). — V. pr. Cruzarse : *se croiser les bras*, cruzarse de brazos; *nos lettres se sont croisées*, nuestras cartas se han cruzado.

croisette f. Crucecita (petite croix).

croiseur m. MAR. Crucero (navire de guerre).

croisière f. Crucero, *m.* (voyage d'agrément). ‖ MAR. Crucero, *m.* (surveillance de côtes). ‖ *Vitesse de croisière*, velocidad de crucero.

croisillon m. Travesaño. ‖ Crucero (de fenêtre). ‖ Brazo (croix). ‖ ARCHIT. Crucero (transept).

croissance f. Crecimiento, *m.* ‖ *Croissance économique*, incremento, desarrollo económico.

croissant, e adj. Creciente. — M. Media luna (lune). ‖ Medialuna, *f.*, « croissant » (petit pain). ‖ Podadera, *f.* (de jardinier). ‖ ARCHIT. Apoyo semicircular. ‖ HIST. Media Luna [Turquía].

croisure f. Asargado, *m.*, cruzado, *m.* (tissu). ‖ Disposición en rimas cruzadas (vers).

croît m. Aumento en un rebaño.

croître* v. intr. Crecer. ‖ FIG. Desarrollarse. ‖ — *Croître dans l'estime de quelqu'un*, ser cada día más apreciado por alguien. ‖ *Croître en beauté, en force, en vertu*, ser más bello, fuerte, virtuoso. ‖ *Croître en largeur*, ensancharse. ‖ *Croître en volume*, agrandarse. ‖ FAM. *Ne faire que croître et embellir*, ir de mal en peor. — OBSERV. En varias personas de su conjugación *croître* no se distingue de *croire* sino por el acento circunflejo.

croix [krwa] f. Cruz. ‖ — *Chemin de croix*, calvario, vía crucis. ‖ *Croix de Lorraine, de Saint-André, de Malte, gammée, grecque, latine, potencée*, cruz de Lorena, de San Andrés, de Malta, gamada, griega, latina, potenzada. ‖ *Croix rouge*, Cruz roja. ‖ — *À chacun sa croix*, cada uno lleva su cruz. ‖ *En croix*, en cruz : *les bras en croix*, los brazos en cruz. ‖ *Signe de la croix*, señal de la cruz. ‖ FAM. *C'est la croix et la bannière*, es la cruz y los ciriales. | *Faire une croix dessus, à o sur*, despedirse de, decir adiós a.

Croix-Rouge n. pr. f. Cruz Roja.

cromlech [krɔmlɛk] m. Crómlech (monument mégalithique).

cromorne f. MUS. Lengüetería del órgano (jeu d'anche). | Orlo, *m.* (instrument ancien).

croquant, e adj. Crujiente. — M. et f. Piñonate, *m.*, almendrado, *m.*

croquant, e m. et f. Cateto, ta; paleto, ta.

croque au sel (à la) loc. adv. Sólo con sal de cocina.

croque-madame ou **croque-monsieur** m. inv. Bocadillo caliente de queso y jamón.

croquembouche f. Pastel (*m.*) cuscurroso.

croque-mitaine m. FAM. Coco, bu. — OBSERV. Pl. *croque-mitaines*.

croque-mort m. FAM. Enterrador (fossoyeur), pitejo (qui conduit le corbillard). — OBSERV. Pl. *croque-morts*.

croquenot [krɔkno] m. POP. Zapatón.

croque-note m. FAM. Murguista (mauvais musicien). — OBSERV. Pl. *croque notes*.

croquer v. intr. Cuscurrear. ‖ *Croquer sous la dent*, crujir entre los dientes. — V. tr. Ronzar, cascar (broyer). ‖ Comer (manger). ‖ Mascar (mâcher). ‖ ARTS Bosquejar, bocetar. ‖ FIG. et FAM. Dilapidar, derrochar. ‖ — *Croquer le marmot*, quedarse plantado. ‖ MUS.

égyptienne egipcia	grecque griega	latine latina	en tau de San Antonio	gammée gamada	de St André de San Andr...
de Malte de Malta	de Lorraine de Lorena	tréflée trebolada	potencée potenzada	ancrée ancorada	papale papal

Croquer une note, comerse una nota. ‖ *Jolie à croquer,* como un bombón, para comérsela.

croquet [krɔkɛ] m. Croquet (jeu). ‖ Pastel cuscurroso almendrado (gâteau).

croquette f. CULIN. Albóndiga, albondiguilla, croqueta (de viande), bola de patatas (de pommes de terre). ‖ Chocolatina, croqueta (de chocolat).

croqueur, euse adj. et s. FAM. Devorador, ra.

croquignole f. Bizcochito (m.) muy duro (pâtisserie). ‖ Capirote, m., papirotada, papirotazo, m. (chiquenaude).

croquignolet, ette adj. FAM. Mono, na.

croquis [krɔki] m. Croquis, bosquejo.

crosne [kro:n] m. Estáquide, f. (tubercule).

cross-country [krɔskɔntri] m. Cross-country, carrera (f.) a campo traviesa, carrera (f.) a campo través, campo través (course).

crosse f. Cayado, m., garrote, m. (bâton). ‖ Báculo, m. (d'évêque). ‖ Parte curva (bout recourbé). ‖ Culata (de fusil). ‖ Vilorta, cachava (jeux). ‖ Palo, m., « stick », m. (de hockey). ‖ MÉCAN. Cruceta. ‖ — ANAT. *Crosse de l'aorte,* cayado de la aorta. ‖ — *Coup de crosse,* culatazo. ‖ — *Chercher des crosses à quelqu'un,* buscarle a uno las cosquillas. ‖ FAM. *Être en crosse avec,* estar enfadado con.

crossé, e adj. Mitrado, da (abbé).

crosser v. tr. Dar con un palo a (jeux). ‖ Aporrear, apalear (battre). ‖ FIG. et FAM. Maltratar, tratar de mala manera, vilipendiar.
— V. intr. Jugar *ou* pegar a la pelota, apalear.
— V. pr. Pelearse.

crossette f. AGRIC. Injerto, m. ‖ ARCHIT. Acodo, m.

crotale m. Crótalo, serpiente de cascabel. ‖ MUS. Crótalo.

croton m. BOT. Crotón tiglio.

crotte f. Cagarruta (excrément de chiens, de chèvres), gallinaza (de poules), cagajón, m. (de chevaux), caca, mojón, m. (d'un enfant). ‖ Barro, m., fango, m. (boue). ‖ FIG. Porquería (chose sans valeur). ‖ — FAM. *Crotte de bique,* porquería, cochambre. ‖ FIG. *Crotte de chocolat,* bombón. ‖ — *Ce n'est pas de la crotte de bique,* no es moco de pavo.
— Interj. ¡Cáscaras!, ¡córcholis!, ¡canastos!, ¡concho!, ¡carape!

crotter v. tr. Manchar de barro, salpicar de barro, embarrar. ‖ *Crotté jusqu'à l'échine, jusqu'aux oreilles, comme un barbet,* con barro hasta los ojos, perdido de barro.
— V. pr. Embarrarse, enlodarse.

crottin m. Estiércol de caballo, cagajón.

croulant, e adj. Ruinoso, sa.
— M. et f. POP. Vejestorio, m., cascajo, m., carcamal, m.

croule f. Caza de la becada.

croulement m. Hundimiento, derrumbamiento.

crouler v. intr. ● Desplomarse, hundirse (un édifice). ‖ FIG. Hundirse, venirse abajo : *la salle croulait sous les applaudissements,* el teatro se venía abajo con los aplausos. | Fracasar, venirse abajo (échouer). | Derrumbarse, venirse abajo (une théorie). ‖ *Faire crouler,* echar por tierra (anéantir).
— SYN. ● *S'ébouler,* derrumbarse. *S'écrouler,* venirse abajo. *S'effondrer,* hundirse, aplanarse.

croup [krup] m. MÉD. Garrotillo, crup.

croupade f. Grupada, corcovo, m. (du cheval).

croupe f. Grupa : *porter en croupe,* llevar a la grupa. ‖ GÉOGR. Cima redondeada (d'une montagne).

croupetons (à) loc. adv. En cuclillas.

croupi, e adj. Corrompido, da ; estancado, da (liquide).

croupier m. « Croupier » (d'une maison de jeux).

croupière f. Grupera. ‖ FIG. *Tailler des croupières à quelqu'un,* poner chinas en el camino a uno.

croupion m. Rabadilla, f.

croupir v. intr. Corromperse, estancarse (les eaux). ‖ Pudrirse (pourrir). ‖ FIG. Encenagarse, sumirse (dans le vice, l'ignorance).

croupissant, e adj. Corrompido, da ; estancado, da (eaux). ‖ FIG. Encenagado, da ; sumido, da (dans le vice, l'ignorance).

croupissement m. Corrupción, f., estancamiento (des eaux). ‖ FIG. Encenagamiento.

croupon m. Cuero grueso.

croustade f. Empanada (pâté). ‖ Picatoste, m. (croûton frit).

croustillant, e [krustijã, ã:t] adj. Curruscante, crujiente : *pain croustillant,* pan curruscante. ‖ FIG. Picaresco, ca ; picante, sabroso, sa.

croustiller [-je] v. intr. Curruscar, cuscurrear, crujir.

croustilleux, euse [-jø, jø:z] adj. Libre, picaresco, ca.

croûte f. Corteza (de pain, de fromage, etc.). ‖ Mendrugo, m. (morceau de pain). ‖ Costra : *croûte de sel,* costra de sal. ‖ Pastel, m. (de pâté, de vol-au-vent.) ‖ FAM. Cernícalo, m. (sot). ‖ Mamarracho, m. (mauvaise peinture). ‖ MÉD. Costra, postilla. ‖ POP. Manduca, comida (nourriture). ‖ — *Croûte au pot,* sopa con cuscurros fritos. ‖ — *Croûte terrestre,* corteza terrestre. ‖ *Quelle croûte!,* ¡qué hombre chapado a la antigua!, ¡qué antigualla! ‖ — POP. *Casser la croûte, casser une croûte,* tomarse un bocado, comer. ‖ FAM. *Gagner sa croûte,* ganarse el pan.

croûter v. tr. et intr. POP. Manducar, jamar (manger).

croûteux, euse adj. Con postillas, costroso, sa.

croûton m. Mendrugo (morceau de pain). ‖ Cuscurro, cuscurrón, pan frito (pain frit). ‖ Pico (extrémité du pain). ‖ FIG et POP. Antigualla, f., rutinario.

crown-glass [kraunglas] m. Crown-glass, vidrio corona (verre d'optique).

croyable [krwajabl] adj. Creíble, verosímil.

croyance [-jã:s] f. Creencia : *croyance au,* creencia en.
— SYN. *Foi,* fe. *Opinion,* opinión.

croyant, e [-jã, jã:t] adj. et s. Creyente.
— SYN. *Dévot,* devoto. *Mystique,* místico. *Pieux,* piadoso. *Religieux,* religioso.

cru m. Terruño, tierra (terroir). ‖ Cosecha, f., viñedo (vignoble). ‖ Caldo, vino : *les crus d'Alsace,* los caldos de Alsacia. ‖ FIG. Cosecha, f. : *cela est de mon cru,* esto es de mi cosecha. | Etiqueta, f. : *les divers crus politiques,* las diversas etiquetas políticas. ‖ — *Grands crus,* vinos finos. ‖ *Vin du cru,* vino local, de la tierra.

cru, e adj. Crudo, da. ‖ *Monter à cru,* montar a pelo.
— OBSERV. No se confunda con *cru, crue,* p. p. de *croire,* ni con *crû, crue* p. p. de *croître.*

cruauté [kryote] f. Crueldad.

cruche f. Cántaro, m. (sans bec pointu), botijo, m. (à bec). ‖ *Tant va la cruche à l'eau qu'à la fin elle se casse,* tanto va el cántaro a la fuente que al fin se rompe. ‖ — Adj. et s. f. FIG. et FAM. Bodoque, ceporro, zoquete, mentecato, ta.

cruchée f. Cántaro, m., cantarada (contenu).

crucherie f. FAM. Mentecatez, memez.

cruchette f. ou **cruchon** m. Cantarillo, m. ‖ Botijillo, m. (à bec).

crucial, e adj. Crucial : *points cruciaux,* puntos cruciales.

crucifèracées f. pl. BOT. Crucíferas.

crucifère adj. et s. f. BOT. Crucífero, ra.

crucifié, e adj. Crucificado, da.
— M. El Crucificado (Jésus-Christ).

crucifiement [krysifimɑ̃] m. Crucifixión, f.
crucifier* v. tr. Crucificar.
crucifix [krysifi] m. Crucifijo.
crucifixion f. Crucifixión.
cruciforme adj. Cruciforme.
cruciverbiste m. et f. Cruciverbista, crucigramista.
crudité f. Crudeza. || — Pl. Verduras y hortalizas aliñadas en crudo. || FIG. Dire des crudités, decir crudezas.
crue [kry] f. Crecida (d'un fleuve). || FIG. Crecimiento, m.
cruel, elle adj. et s. Cruel.
cruenté, e adj. Cruento, ta.
cruiser [kruzə:r] m. Yate de crucero.
crûment adv. Crudamente.
cruor m. Crúor (partie solide du sang).
crural, e adj. ANAT. Crural.
crustacé, e adj. et s. m. ZOOL. Crustáceo, a.
cruzeiro m. Cruzeiro (monnaie brésilienne).
cryolithe f. MIN. Criolita.
cryomètre ou **cryoscope** m. PHYS. Crioscopio.
cryométrie ou **cryoscopie** f. PHYS. Criometría, crioscopia, método (m.) crioscópico.
cryothérapie f. Crioterapia (traitement par le froid).
crypte f. Cripta.
cryptogame adj. et s. m. BOT. Criptógamo, ma.
cryptogamique adj. BOT. Criptogámico, ca.
cryptogramme m. Criptograma (écrit en chiffre).
cryptographie f. Criptografía (écriture secrète).
cryptographique adj. Criptográfico, ca.
crypton m. CHIM. Criptón (gaz).
csardas f. Czarda (danse).
Cuba n. pr. f. GÉOGR. Cuba.
cubage m. Cubicación, f.
cubain, e adj. et s. Cubano, na.
cubature f. Cubicación.
cube [kyb] adj. Cúbico, ca : mètre cube, metro cúbico.
— M. Cubo. || Cubito (de glace).
— OBSERV. La palabra francesa cube no tiene el sentido de recipiente.
cubèbe m. Cubeba, f. (plante).
cuber v. tr. Cubicar (mesurer). || MATH. Elevar al cubo ou a la tercera potencia, cubicar.
cubiculum [kybikylɔm] m. Cubículo.
cubilot m. Cubilote (creuset).
cubique adj. et s. f. Cúbico, ca : racine cubique, raíz cúbica.
cubisme m. Cubismo (peinture, sculpture).
cubiste adj. et s. ARTS. Cubista.
cubital, e adj. ANAT. Cubital.
cubitière f. Codal, m. (d'armure).
cubitus m. ANAT. Cúbito.
cuboïde adj. Cuboides (os).
cucurbitacé, e adj. et s. f. BOT. Cucurbitáceo, a.
cucurbitain ou **cucurbitin** m. Anillo de la tenia.
cucurbite f. TECHN. Cucúrbita (d'alambic).
cueillage m. AGRIC. Recolección, f.
cueillaison [kœjɛzɔ̃] ou **cueille** f. AGRIC. Recolección.
cueillette [-jɛt] f. Recolección, cosecha (des fruits).
cueilleur, euse [-jœ:r, -jø:z] adj. et s. Recolector, ra; cosechador, ra.
cueillir* [-ji:r] v. tr. Coger, cosechar, recoger (fruits, fleurs). || FAM. Recoger (ramasser). || Pillar, coger : cueillir un voleur, coger a un ladrón. | Robar : cueillir un baiser, robar un beso. || Recoger (aller chercher). || FIG. Cueillir des lauriers, conquistar, cosechar ou recoger laureles.
cueilloir [-jwa:r] m. Cogedera, f. (pour arbres). || Cuévano, cesta, f. (panier).
cuiller ou **cuillère** [kɥijɛ:r] f. Cuchara : cuiller à soupe o à potage, cuchara sopera ; cuiller en

bois, cuchara de palo. || Cebo (m.) artificial de cuchara (pour la pêche). || TECHN. Cuchara (d'une chargeuse). || — Cuiller à café, cucharilla de café. || Cuiller à pot, cazo, cucharón. || Petite cuiller, cucharilla. || — En deux o trois coups de cuiller à pot, en menos que canta un gallo. || Être à ramasser à la petite cuiller, estar hecho papilla.
cuillerée [-jre] f. Cucharada.
cuilleron [-jrɔ̃] m. Pala (f.) de la cuchara.
cuir m. Cuero : cuir chevelu, cuero cabelludo. || Cuero (peau tannée). || Curtido : industrie des cuirs, industria de curtidos. || Piel, f. (des animaux). || Piel, f. : cuir de Russie, piel de Rusia ; articles de cuir, artículos de piel. || — Cuir à rasoir, suavizador. || Cuir bouilli, cuero lavable. || Entre cuir et chair, entre cuero y carne. || Il a le cuir épais, tiene una cara (dura). || Tanner le cuir à quelqu'un, zurrar la badana a alguien.
cuirasse f. Coraza (armure). || Cubierta, capa (enveloppe). || FIG. Peto, m., cubierta. || MAR. coraza, blindaje, m. (blindage). || ZOOL. Coraza (carapace). || FIG. Défaut de la cuirasse, punto débil, flaco ou vulnerable (d'un homme, d'un écrit).
cuirassé, e adj. et s. m. Acorazado, da.
cuirassement m. Acorazamiento.
cuirasser v. tr. Acorazar.
cuirassier m. Coracero (soldat).
cuire* v. tr. Cocer (à l'eau) : cuire à petit feu, cocer a fuego lento. || Freir (à la poêle), asar (au four, sur le gril). || Cocer (des matériaux). || Hacer (du pain). || Quemar, tostar (la peau). || Il est dur à cuire, es duro de pelar.
— V. intr. Cocerse : légumes qui cuisent mal, legumbres que se cuecen mal. || Freírse (à la poêle), asarse (au four, sur le gril). || Escocer (douleur). || — Cuire dans son jus, morirse de calor (de chaleur), quedarse más solo que la una (par isolement). || En cuire, costar caro, pesar.
— SYN. Mitonner, mijoter, recocer. Pocher, escalfar.
cuisant, e adj. De cocción fácil. || Agudo, da ; punzante : douleur cuisante, dolor agudo. || Fuerte (piment). || FIG. Humillante, vergonzoso, sa ; injuriante : défaite cuisante, derrota vergonzosa. || Mordaz, mortificante, acerado, da ; punzante.
cuiseur m. Caldera, f.
cuisine f. Cocina (lieu, arts, mets) : cuisine soignée, cocina esmerada. || FIG. et FAM. Componendas, pl., maniobras, pl., pasteleo, m., tejemanejes, m. pl., trachipeos, m. pl. : cuisine électorale, maniobras electorales. || Potingue, m., porquería (mélange). || — Latin de cuisine, latín macarrónico. || Faire la cuisine, guisar, cocinar, hacer la cocina (chez soi), poner al gusto del público (journalisme).
cuisiner v. intr. Guisar, cocinar.
— V. tr. Cocinar, guisar, acomodar. || FAM. Pergeñar, fraguar (préparer). || Amañar (une élection, etc.). || FIG. et FAM. Sacar del cuerpo, interrogar insidiosamente, sonsacar, tirar de la lengua, meter los dedos.
cuisinier, ère adj. et s. ● Cocinero, ra. || — F. Cocina : cuisinière électrique, cocina eléctrica.
— SYN. ● Chef, maestro de cocina. Mar. Coq, cocinero. Cordon-bleu, buena cocinera. Gâte-sauce, pinche de cocina. Marmiton, marmitón. Pop. Popotier, cuistot, ranchero.
cuissage m. DR. Pernada, f.
cuissard [kɥisa:r] m. Quijote (partie de l'armure). || Elástica, f. (sports).
cuissardes f. pl. Botas.
cuisse f. Muslo, m. || Anca (de grenouille, de cheval). || Pierna (de mouton). || FIG. Se croire sorti de la cuisse de Jupiter, creerse descendiente de la pata del Cid, ser muy orgulloso.

cuisseau m. Pierna (f.) de ternera.

cuisse-madame f. Variedad de pera.

cuisson f. Cochura, cocción, cocimiento, m. (coction). ‖ Escozor, m. (douleur).

cuissot [kɥiso] m. Pernil [de caza mayor].

cuistance f. MIL. Rancho, m.

cuistot [kɥisto] m. MIL. FAM. Cocinero, ranchero.

cuistre m. FAM. Pedante. | Grosero, patán (grossier).

cuistrerie f. FAM. Pedantismo, m. | Grosería, chabacanería, patanería (grossièreté).

cuit, e [kɥi, it] adj. Cocido, da. ‖ Hecho, cha (viande). ‖ Cocho, cha (matériaux). ‖ — FAM. *Cuit et recuit*, de tomo y lomo. ‖ — *Apporter quelque chose tout cuit*, traer algo en bandeja, *ou* en bandeja de plata. ‖ POP. *C'est du tout cuit*, está tirado. ‖ FAM. *Être cuit*, estar aviado *ou* perdido.
— F. Cochura (pain, brique, etc.). ‖ Hornada (fournée). ‖ Almíbar, m. (sirop). ‖ POP. Tajada, curda, cogorza, turca : *prendre une cuite*, coger una tajada.

cuiter (se) v. pr. POP. Coger una tajada, una mona, una curda.

cuivrage m. TECHN. Encobrado.

cuivre m. Cobre. ‖ IMPR. Grabado en cobre (gravure). ‖ *Cuivre jaune*, latón, azófar. ‖ — Pl. Cobres (objets en cuivre). ‖ MUS. Instrumentos de metal, cobres (instruments à vent).

cuivré, e adj. Cobrizo, za ; encobrado, da (couleur). ‖ FIG. Metálico, ca (son).

cuivrer v. intr. TECHN. Encobrar (couvrir de cuivre). ‖ Dar color cobrizo. ‖ MUS. Dar un sonido metálico.

cuivrerie f. Fábrica de cobre *ou* de objetos de cobre.

cuivreux, euse adj. Cobrizo, za (couleur). ‖ Cobreño, ña (qui contient du cuivre). ‖ Metálico, ca (son). ‖ CHIM. Cuproso, sa.

cuivrique adj. CHIM. Cúprico, ca.

cul [ky] m. POP. Culo (partie du corps). ‖ Culo (fond d'un récipient). ‖ POP. Jilipolla (stupide). ‖ — POP. *Trou du cul*, ojete (anatomie) ; *trou-du-cul*, retaco (personne). ‖ — FAM. *Faire cul sec*, echárselo todo al coleto, apurar un vaso. | *Faire la bouche en cul de poule*, poner los labios de culito de pollo.

culasse f. MIL. Culata (du canon). | Cerrojo, m. (du fusil). ‖ TECHN. Culata (moteur à explosion).

cul-blanc [kyblã] m. Petrel (pétrel). ‖ Culiblanco (chevalier). ‖ Moscareta, f. (traquet).
— OBSERV. Este nombre vulgar se aplica indistintamente a muchas otras aves de vientre blanco.

culbute f. Voltereta, trecha (cabriole). ‖ Caída violenta, costalada, costalazo, m. (chute). ‖ FIG. et FAM. Ruina, caída, hundimiento (renversement). ‖ *Faire la culbute*, vender algo al doble de su precio (commerce), quebrar (faire faillite), perder su puesto (perdre sa place).

culbuter v. tr. Derribar, voltear (renverser). ‖ FIG. Vencer, derrotar (vaincre l'ennemi). | Vencer, destruir (venir à bout de). ‖ *Tout culbuter*, ponerlo todo patas por alto *ou* patas arriba.
— V. intr. ● Dar trechas *ou* volteretas (faire des culbutes). ‖ Caer de cabeza (tomber). ‖ FIG. Ser derribado.
— SYN. ● *Basculer*, voltear, perder el equilibrio. *Capoter*, volcar. *Chavirer*, zozobrar. *Faire panache*, apearse por las orejas (cavalier), volcarse (voiture). *Verser*, volcarse.

culbuteur m. TECHN. Balancín.

cul-de-basse-fosse [kydbɑsfo:s] m. Mazmorra, f.
— OBSERV. Pl. *culs-de-basse-fosse*.

cul-de-four [kydfu:r] m. ARCHIT. Bóveda (f.) de cascarón.
— OBSERV. Pl. *culs-de-four*.

cul-de-jatte [kydʒat] m. Lisiado sin piernas.
— OBSERV. Pl. *culs-de-jatte*.

cul-de-lampe [kydlã:p] m. IMPR. Viñeta (f.) final de capítulo, libro, etc. ‖ ARCHIT. Pingante.
— OBSERV. Pl. *culs-de-lampe*.

cul-de-sac [kydsak] m. Callejón sin salida (impasse).
— OBSERV. Pl. *culs-de-sac*.

culée f. ARCHIT. Estribo, m. (d'un pont). ‖ Machón, m., pilar, m. (d'un arc).

culer v. intr. Retroceder, recular.
— V. tr. Dar un masculillo.

culeron m. Ojal de la baticola.

culière f. Ataharre, m.

culinaire adj. Culinario, ria.

culmen [kylmɛn] m. Cumbre.

culminant, e adj. Culminante.

culmination f. Culminación.

culminer v. intr. Culminar.

culot [kylo] m. Casquillo, culote (de cartouche, d'ampoule électrique). ‖ Residuo de tabaco en la pipa (tabac). ‖ Benjamín (dernier-né). ‖ Último, ma (dernier d'une compétition). ‖ FIG. et FAM. Último polluelo de una nidada (dernier éclos). ‖ POP. Caradura, f., frescura, f., descaro, desparpajo (aplomb).

culotte f. ● Calzón, m. (d'homme), pantalón corto (sports), taleguilla, f. (d'un toréador). ‖ Bragas, pl., braga (de femme). ‖ Pérdida en el juego (échec). ‖ CULIN. Cuarto (m.) trasero (du bœuf). ‖ FAM. Borrachera (cuite), fracaso, m. (échec). ‖ TECHN. Tubo (m.) bifurcado (tuyau). ‖ — FAM. *Culotte de peau*, militarote. ‖ *Porter la culotte*, llevar los pantalones. ‖ FAM. *Prendre une culotte*, agarrar una curda (s'enivrer), fracasar (subir un échec).
— OBSERV. Los mots *calzón* et *braga* sont généralement employés au pluriel.
— SYN. ● *Culotte bouffante*, bombachos. *Pantalon*, pantalón. *Chausses*, calzas. *Short*, short.

culotté, e adj. FAM. Caradura, fresco, ca.

culotter v. tr. Poner los calzones. ‖ FIG. Curar, quemar, ennegrecer (pipe).

culottier, ère m. et f. Pantalonero, ra.

culpabilité f. Culpabilidad.

culte m. Culto.

cultéranisme *ou* cultisme m. Culteranismo.

cul-terreux [kytɛrø] m. FAM. Destripaterrones, cateto.
— OBSERV. Pl. *culs-terreux*.

cultiste m. Culterano.

cultivable adj. Cultivable.

cultivateur, trice adj. et s. Cultivador, ra (p. us.), labrador, ra (terme usuel). ‖ — M. Cultivador (appareil). ‖ *Cultivateur rotatif*, rotocultivador.

cultivé, e adj. Cultivado, da (sol). ‖ Culto, ta (instruit).

cultiver v. tr. Cultivar.

culture f. AGRIC. Cultivo, m. : *culture en terrasse*, cultivo en bancales *ou* de terrazas; *culture maraîchère*, cultivo de hortalizas *ou* verduras. ‖ BIOL. Cultivo, m. : *bouillon de culture*, caldo de cultivo. ‖ FIG. Cultura (de l'esprit). | Cultivo, m. : *la culture des lettres*, el cultivo de las letras. ‖ *Culture fruitière*, fruticultura, cultivo frutícola. ‖ *Culture physique*, cultura física, gimnasia. ‖

culturel, elle adj. Cultural.

cumin m. BOT. Comino.

cumul m. Cúmulo. ‖ *Cumul d'emplois*, pluriempleo.

cumulard [kymyla:r] m. FAM. Pluriempleado, acumulador de cargos, acaparador.

cumulatif, ive adj. Dr. Acumulativo, va.
cumuler v. tr. Acumular cargos *ou* empleos, acaparar.
cumulo-nimbus m. Cumulonimbo.
cumulo-stratus m. Estratocúmulo.
cumulus m. Cúmulo (nuage).
cunéiforme adj. Cuneiforme (écriture).
cuniculiculteur m. Cunicultor.
cuniculiculture f. Cunicultura.
cupide adj. Codicioso, sa (avide).
cupidité f. Codicia (avidité).
Cupidon n. pr. m. Cupido.
cupressacées f. pl. Bot. Cupresáceas.
cuprifère adj. Cuprífero, ra.
cuprique adj. Chim. Cúprico, ca.
cupronickel m. Cuproníquel.
cupule f. Bot. Cúpula, cascabillo, *m.*
cupulifères f. pl. Bot. Cupulíferas.
curabilité f. Curabilidad.
curable adj. Curable.
curaçao [kyraso] m. Curasao (liqueur).
Curaçao [-so] n. pr. Géogr. Curazao.
curage *ou* **curement** m. Limpia, *f.*, limpieza, *f.*
curaillon *ou* **cureton** m. Fam. Curilla.
curare m. Curare (poison).
curatelle f. Dr. Curaduría, curatela.
curateur, trice m. et f. Curador, ra.
curatif, ive adj. Curativo, va.
curcuma f. Bot. Cúrcuma.
cure f. Cura (traitement et guérison). ‖ Curato, *m.* (fonction du curé). ‖ Casa del cura (presbytère). ‖ *N'avoir cure de,* traerle a uno sin cuidado, no hacer caso de, importar poco.
curé m. Cura (prêtre). ‖ Párroco (chargé d'une paroisse). ‖ Pop. *Bouffer du curé,* ser anticlerical.
cure-dent m. Palillo de dientes, mondadientes.
— Observ. Pl. *cure-dents.*
curée f. Encarne, *m.,* encarna (chasse). ‖ Fig. et Fam. Arrebatiña. ‖ *— Âpre à la curée,* muy codicioso. ‖ *Faire curée,* encarnar (les chiens).
cure-ongles [kyrɔ̃:gl] m. inv. Limpiaúñas.
cure-oreille m. Mondaoídos, escarbaorejas.
— Observ. Pl. *cure-oreilles.*
cure-pied [-pje] m. Pujavante.
— Observ. Pl. *cure-pieds.*
curer v. tr. Limpiar, mondar.
curetage [kyrta:ʒ] m. Méd. Raspado, legrado, legradura, *f.*
cureter v. tr. Méd. Raspar. ‖ Legrar (un os).
curette f. Méd. Legra, cureta. ‖ Techn. Raspador, *m.,* rascador, *m.*
curial, e adj. Parroquial. ‖ Hist. Curial. ‖ *Maison curiale,* casa del cura.
curie [kyri] f. Hist. Curia. ‖ — M. Phys. Curie (unité de radioactivité).
curiethérapie f. Méd. Curieterapia, radiumterapia.
curieux, euse adj. Curioso, sa : *être curieux de nature,* ser curioso por naturaleza. ‖ Sorprendente : *une curieuse nouvelle,* una noticia sorprendente. ‖ Extraño, ña ; peregrino, na (étrange). ‖ *— Regarder comme une bête curieuse,* mirar como un bicho raro. ‖ *Regarder d'un œil curieux,* mirar con curiosidad.
— M. et f. Curioso, sa. ‖ Curioso, sa ; mirón, ona (badaud). ‖ — M. Lo curioso, lo extraño.
curion m. Curión.
curiosité f. ● Curiosidad. ‖ Rareza (chose étrange). ‖ — Pl. Antigüedades.
— Syn. ● *Attention,* atención. *Intérêt,* interés.
curiste m. et f. Méd. Agüista.
curium [kyrjɔm] m. Chim. Curio.
curling m. Curling (sports).
curriculum vitae m. Curriculum vitae, historial profesional.
curseur m. Techn. Cursor, corredera, *f.*

cursif, ive adj. et s. f. Cursivo, va.
curule adj. Hist. Curul (chaise).
curviligne adj. Curvilíneo, a.
curvimètre m. Curvímetro.
cuscute f. Bot. Cuscuta.
cuspide f. Bot. Cúspide.
cuspidé, e adj. Bot. Cuspidado, da.
custode f. Viril, *m.* (pour l'hostie). ‖ Paño (*m.*) de cáliz (du ciboire). ‖ Cortina (rideau). ‖ — M. Custodio (inspecteur religieux).
— Observ. La *custodia* en espagnol est l'*ostensoir.*
cutané, e adj. Anat. Cutáneo, a.
cut-back m. Riego asfáltico, asfalto.
cuticule f. Cutícula.
cuti f. Fam. Cutirreacción, dermorreacción, cuti : *virer sa cuti,* virar la dermorreacción.
cuti-réaction f. Méd. Cutirreacción, dermorreacción.
cutter [kœtə] m. Mar. Cúter (cotre).
cuvage m. *ou* **cuvaison** f. Fermentación, *f.*
cuve f. Cuba. ‖ Agric. Tina (pour le raisin). ‖ Techn. Tina.
— Syn. *Cuvier,* tinaco. *Cuveau,* cubeta. *Bac,* cuba. *Baquet,* tina.
cuveau m. Cubeta.
cuvée f. Tina, cuba (contenu). ‖ Cosecha (récolte) : *de la dernière cuvée,* de la última cosecha.
cuvelage m. Entibación, *f.,* entibado (mines).
cuveler* v. tr. Entibar, encubar (puits).
cuver v. intr. Fermentar, cocer.
— V. tr. Fig. *Cuver son vin,* dormir la mona. ‖ *Cuver sa colère,* apaciguarse.
cuvette f. Palangana, jofaina (de toilette). ‖ Taza (d'un w. c.). ‖ Guardapolvo, *m.,* tapa (d'une montre). ‖ Hondonada (du terrain). ‖ Cauce, *m.* (d'un canal). ‖ Caja colectora (d'une gouttière). ‖ Caja (d'un roulement à billes). ‖ Géogr. Depresión. ‖ Phot. Cubeta. ‖ Techn. Cubeta (de baromètre).
cuvier m. Tina, *f.,* tinaco, lebrillo.
cyanamide m. *ou* f. Cianamida, *f.* (engrais).
cyanhydrique adj. Chim. Cianhídrico, ca ; prúsico, ca.
cyanite f. Min. Cianita.
cyanogène m. Chim. Cianógeno.
cyanophycées f. pl. Cianofíceas (algues).
cyanose f. Méd. Cianosis.
cyanuration f. Cianuración.
cyanure m. Chim. Cianuro.
Cybèle n. pr. f. Cibeles.
cybernétique f. Cibernética.
cyclable adj. Para ciclistas, para ciclos : *piste cyclable,* pista para ciclistas.
Cyclades [siklad] n. pr. f. pl. Géogr. Cícladas.
cyclamen m. Bot. Ciclamen, ciclamino, pamporcino.
cyclane m. Ciclano.
cycle m. Ciclo.
cyclecar m. Cochecillo de tres *ou* cuatro ruedas.
cyclique adj. Cíclico, ca.
cyclisme m. Ciclismo : *cyclisme derrière moto,* ciclismo tras moto.
cycliste adj. et s. Ciclista.
cyclo-cross m. Sports. Ciclocross.
cycloïdal, e adj. Cicloidal.
cycloïde f. Géom. Cicloide.
cyclomoteur m. Ciclomotor.
cyclonal, e adj. Ciclonal, ciclópico, ca.
cyclone m. Ciclón. ‖ Techn. Aventador centrífugo.
cyclonique adj. Ciclonal, ciclónico, ca.
cyclope m. Cíclope.
cyclopéen, enne adj. Ciclópeo, a.
cyclostomes m. pl. Ciclóstomos (poissons).
cyclostyle m. Ciclostilo.
cyclothymie f. Méd. Ciclotimia.

oyolothymique adj. MÉD. Ciclotímico, ca.
cyclotourisme m. Cicloturismo.
cyclotron m. PHYS. Ciclotrón.
cygne m. ZOOL. Cisne. ‖ FIG. *Chant du cygne,* canto del cisne.
cylindrage m. Apisonamiento (d'une route). ‖ TECHN. Cilindrado.
cylindraxe m. ANAT. Cilindroeje.
cylindre m. Rodillo (compresseur). ‖ GÉOM. et TECHN. Cilindro.
cylindrée f. TECHN. Cilindrada.
cylindrer v. tr. Pasar el rodillo en, apisonar (une route). ‖ Laminar (laminer). ‖ Enrollar (papier).
cylindreur m. Cilindrador (de cylindre). ‖ Apisonador (de rouleau compresseur).
cylindrique adj. Cilíndrico, ca.
cylindro-conique adj. Cilindrocónico, ca.
cylindroïde adj. Cilindroideo, a
cymaise f. V. CIMAISE.
cymbalaire f. BOT. Cimbalaria.
cymbale f. MUS. Címbalo, *m.,* platillo, *m.*
cymbalier m. MUS. Cimbalero.
cyme f. BOT. Cima.
cynégétique adj. et s. f. Cinegético, ca.
cyngalais, e adj. et s. Cingalés, esa.
cynipidés m. pl. Cinípidos.
cynips m. Cínife (insecte).
cynique adj. et s. Cínico, ca.
cynisme m. Cinismo.
cynocéphale m. Cinocéfalo (singe).

cynodrome m. Canódromo, cinódromo.
cynoglosse f. BOT. Cinoglosa.
cypéracées f. pl. BOT. Ciperáceas.
cyphose f. MÉD. Cifosis (gibbosité).
cyprès m. BOT. Ciprés.
Cyprien n. pr. m. Cipriano.
cyprière f. BOT. Cipresal, *m.*
cyprin m. Ciprino (poisson).
cyprinidés m. pl. Ciprínidos, ciprinos (poissons).
cypriote adj. et s. Chipriota, cipriota, ciprio, pria ; ciprino, na (de Chypre).
cyrénaïque adj. Cirenaico, ca ; cireneo, a.
Cyrénaïque n. pr. f. GÉOGR. Cirenaica.
Cyriaque n. pr. m. Ciriaco.
Cyrille [siril] n. pr. m. Cirilo.
cyrillien, enne ou **cyrillique** adj. Cirílico, ca (alphabet).
cysticerque m. Cisticerco (larve du ténia).
cystique adj. Cístico, ca.
cystite f. MÉD. Cistitis.
cystographie f. MÉD. Cistografía.
cystoscope m. MÉD. Cistoscopio.
cystoscopie f. MÉD. Cistcscopia.
cystotomie f. MÉD. Cistotomía.
Cythère [sitɛːr] n. pr. GÉOGR. Cítera. ‖ MYTH. Citeres.
cytise m. BOT. Cítiso, codeso.
cytologie f. BIOL. Citología.
cytoplasme m. ANAT. Citoplasma.
czar [tsaːr] m. Zar.
— OBSERV. Pour ce mot et ses dérivés, v. TSAR.

D

d m. D, *f.* ‖ POP. *Système D,* maña, habilidad para salir del apuro.
— OBSERV. La *d*, en final de dicción y precedida de una nasal, es muda (*grand*, il *apprend*), pero seguida de una voz que empieza por vocal o *h* muda suena como *t* (grand arbre, *grantarbr ;* grand homme, *grantom*). En los nombres propios generalmente es muda (*Gand, Chateaubriand, Roland, Fernand*) excepto en algunos casos (*Samarkand, Jutland, George Sand*).

da, partícula que se añade a una afirmación o negación para darle mayor fuerza : *oui-da,* si tal, ¡claro que sí !
da capo loc. adv. MUS. Da capo.
dace adj. et s. Dacio, cia.
Dacie n. pr. f. GÉOGR. Dacia.
dactyle m. POÉT. Dáctilo.
dactylique adj. POÉT. Dactílico, ca.
dactylo (abrév. de *dactylographe*), *f.* Mecanógrafa.
dactylographe f. Dactilógrafa (p. us.), mecanógrafa (mot usuel).
dactylographie f. Dactilografía (p. us.), mecanografía (mot usuel).
dactylographier* v. tr. et intr. Mecanografiar, escribir con máquina.
dactylographique adj. Mecanográfico, ca.
dactylologie f. Dactilología.
dactyloscopie f. Dactiloscopia.

dada m. Caballito (langage enfantin). ‖ Dadaísmo (mouvement artistique). ‖ FIG. et FAM. Manía, *f.,* capricho, tema.
dadais m. Bobo, papanatas, simple.
dadaïsme m. Dadaísmo.
dadaïste adj. et s. Dadaísta.
Dagobert n. pr. m. Dagoberto (roi de France).
dague f. Daga (épée). ‖ Cerceta, mogote, *m.* (du cerf). ‖ Navaja, colmillo, *m.* (du sanglier).
daguerréotype m. Daguerrotipo.
daguerréotypie f. Daguerrotipia.
daguet [dagɛ] m. Cervato, varetón (jeune cerf).
dahir m. Dahír (décret du roi du Maroc).
dahlia m. Dalia, *f.* (fleur).
dahoméen, enne adj. et s. Dahomeyano, na (du Dahomey).
daigner [dɛɲe] v. intr. Dignarse.
daim [dɛ̃] m. Gamo (animal). ‖ Ante (peau) : *souliers en daim,* zapatos de ante.
daimyo m. Daimio (prince féodal japonais).
daine f. Gama (femelle du daim).
dais [dɛ] m. ● Dosel. ‖ Palio (baldaquin mobile). ‖ Sombrero de púlpito, tornavoz (de chaire). ‖ ARCHIT. Bóveda, *f.,* doselete (voûte). ‖ POÉT. Techumbre, *f.* : *dais de feuillage,* techumbre de follaje.
— SYN. ● *Baldaquin,* baldaquino. *Poêle,* palio. *Ciel, ciel de lit,* pabellón.

Dalécarlie n. pr. f. GÉOGR. Dalecarlia.
dallage m. Enlosado, embaldosado (de dalles). ‖ Solería, f. (de carreaux).
dalle f. Losa, baldosa. ‖ MAR. Dala. ‖ — POP. *Ne comprendre que dalle,* no entender ni jota. | *Se rincer la dalle,* echarse un trago, mojar la canal maestra.
daller v. tr. Enlosar, embaldosar.
dalleur m. Enlosador, embaldosador, solador.
dalmate adj. et s. Dálmata.
Dalmatie [dalmasi] n. pr. f. GÉOGR. Dalmacia.
dalmatique f. Dalmática (vêtement).
dalot [dalo] m. Desaguadero, imbornal (petit canal pour l'écoulement des eaux). ‖ MAR. Imbornal, dala, f.
daltonien, enne adj. et s. Daltoniano, na.
daltonisme m. MÉD. Daltonismo.
dam [dam] m. Daño, perjuicio. ‖ Condenación, f. (damnation).
— OBSERV. Úsase sólo en las expresiones *À mon dam, à ton dam, à son dam,* etc., en perjuicio o daño, mío, tuyo, suyo, etc. *Au grand dam de,* con grave ou con gran riesgo de.
damage m. Apisonado, apisonamiento.
daman m. Damán (marmotte).
damas m. Damasco (étoffe). ‖ Sable damasquino (arme). ‖ Ciruela (f.) damascena (prune).
Damas n. pr. GÉOGR. Damasco.
Damase n. pr. m. Dámaso.
damasquinage m. Damasquinado, ataujía, f.
damasquiner v. tr. Damasquinar.
damasquineur m. Damasquinador.
damassé, e adj. Adamascado, da (linge). ‖ Damasquinado, da (métal).
— M. Tela (f.) adamascada.
damasser v. tr. Adamascar (linge). ‖ TECHN. Damasquinar.
damassure f. Adamascado, m.
dame [dam] f. Dama. (OBSERV. *Dama* ne s'emploie guère aujourd'hui qu'avec un qualificatif : *dama de honor,* ou au théâtre : *primera dama.*) ‖ Señora (femme mariée). ‖ Señora (femme) : *coiffeur pour dames,* peluquería de señoras. ‖ (Vx) Doña : *Dame Françoise,* Doña Francisca. ‖ FAM. Reina, dama (jeu de cartes, échecs). | Dama (jeu de dames). ‖ TECHN. Pisón, m. (demoiselle). ‖ — Pl. Damas (jeu). ‖ — *Dame d'atour,* azafata de la reina. ‖ *Dame de compagnie,* señora de compañía. ‖ *Grande dame,* gran señora. ‖ *Jeu de dames,* juego de damas. ‖ *Notre-Dame,* Nuestra Señora. ‖ — *Aller à dame,* hacer dama (au jeu de dames), coger una liebre, caerse (tomber). ‖ *Courtiser* o *taquiner la dame de pique,* gustarle a uno el juego. ‖ *Faire la dame,* dárselas de señora.
— OBSERV. Evítese el empleo de *votre dame* en vez de *votre femme.*
dame! interj. ¡Toma!, ¡vaya! ‖ *Dame, non!,* ¡Hombre, no! ‖ *Dame, oui!,* ¡claro que sí!
dame-d'onze-heures f. BOT. Leche de gallina.
— OBSERV. Pl. *dames-d'onze-heures.*
dame-jeanne [damʒan] f. Damajuana, garrafón, m.
— OBSERV. Pl. *dames-jeannes.*
damer v. tr. Coronar [un peón], hacer dama con (au jeu de dames). ‖ TECHN. Apisonar (tasser la terre). ‖ FIG. *Damer le pion à quelqu'un,* ganar la partida a uno, ganarle a uno por la mano.
dameret m. Lechuguino, currutaco (galant).
dameur, euse adj. Apisonador, ra.
— F. Apisonadora, pisón, m.
Damien n. pr. m. Damián.
damier m. Tablero (dames, échecs). ‖ ARCHIT. Moldura (f.) escaqueada, escaque. ‖ *Tissu damier* o *en damier,* tela a cuadros.
Damiette n. pr. GÉOGR. Damieta.

damnable [danabl] adj. Condenable. ‖ Condenable, reprobable : *une entreprise damnable,* una empresa reprobable.
damnation [-nasjɔ̃] f. Condenación eterna.
— Interj. (P. us.). ¡Maldición!
damné, e [-ne] adj. et s. Condenado, da ; réprobo, ba. ‖ FIG. et FAM. Maldito, ta ; dichoso, sa ; condenado, da : *cette damnée voiture!,* ¡ese maldito coche! ‖ — FIG. *Âme damnée,* instrumento ciego, persona muy adicta a otra. ‖ *Souffrir comme un damné,* sufrir ou padecer como un condenado.
damner [-ne] v. tr. Condenar, reprobar. ‖ FIG. *Faire damner quelqu'un,* irritar, enfurecer a uno.
— V. pr. Condenarse.
Damoclès n. pr. m. Damocles.
damoiseau m. (Vx). Doncel. ‖ FAM. Galancete.
damoiselle f. (Vx). Doncella, señorita (fille de qualité).
damper m. TECHN. Amortiguador de vibraciones.
dan m. Dan (judo).
danaïde f. MYTH. Danaide.
dancing m. Dáncing, sala (f.) de baile.
dandin m. FAM. Babieca, bobalicón (niais).
dandinement m. Contoneo.
dandiner (se) v. pr. Contonearse.
dandy m. Dandi, dandy.
dandysme m. Dandismo.
Danemark n. pr. m. GÉOGR. Dinamarca, f.
danger m. ● Peligro : *fuir le danger,* huir del peligro. ‖ MAR. Escollo (épave, écueil). ‖ *En danger,* en peligro. ‖ *Pas de danger!,* ¡ni hablar ! ‖ — *Être en danger,* peligrar. ‖ *Mettre en danger,* poner en peligro, hacer peligrar.
— SYN. ● *Péril,* peligro. *Hasard,* azar. *Risque,* riesgo.
dangereusement adv. Peligrosamente. ‖ Gravemente, de gravedad : *dangereusement blessé,* herido gravemente.
dangereux, euse adj. Peligroso, sa : *il est dangereux de se pencher à la portière,* es peligroso asomarse al exterior.
Daniel n. pr. m. Daniel.
danois, e adj. et s. Danés, esa ; dinamarqués, esa. ‖ — M. Perro danés, alano (chien).
dans [dɑ̃] prép. En (sans mouvement) : *être dans la rue,* estar en la calle. ‖ Dentro de, en : *dans un mois,* dentro de un mes. ‖ Durante, en : *dans la nuit du lundi,* durante la noche del lunes. ‖ Alrededor de, poco más o menos, unos, unas : *cela coûte dans les cinq francs,* eso cuesta alrededor de los cinco francos. ‖ Con : *dans le dessein de,* con objeto de. ‖ A (mouvement) : *jeter dans le feu,* arrojar al fuego. ‖ Por (mouvement) : *se promener dans la rue,* pasearse por la calle ; *arriver dans l'après-midi,* llegar por la tarde. ‖ Entre, en : *il l'a pris dans ses mains,* lo cogió entre sus manos. ‖ Entre, de : *être dans les premiers,* estar entre ou ser de los primeros. ‖ *Dans le temps,* en otra época.
dansable adj. Bailable.
dansant, e adj. Bailador, ra (qui danse). ‖ Danzante : *procession dansante,* procesión danzante. ‖ Bailable (musique) : *tango très dansant,* tango muy bailable. ‖ — *Soirée dansante,* baile, reunión con baile. ‖ *Thé dansant,* té baile.
danse f. Baile, m. : *musique de danse,* música de baile ; *danse classique,* baile clásico. ‖ Danza (danse ancienne ou religieuse). ‖ POP. Felpa, soba (correction) : *recevoir une danse,* llevar una buena soba. ‖ — MÉD. *Danse de Saint-Guy,* baile de San Vito. ‖ — *Avoir le cœur à la danse,* tener ganas de baile, de jaleo. ‖ FIG. *Entrer dans la danse* o *en danse,* entrar en danza. ‖ *Mener la danse,* llevar la voz cantante, dirigir el cotarro, manejar la batuta.
— OBSERV. *Baile* est beaucoup plus employé en espagnol que *danza,* devenu un mot littéraire (la *danza*

griega, la danse grecque, la *danza de los muertos,* la danse macabre, *una danza sagrada,* une danse sacrée) ; il s'emploie également au sens figuré et dans les locutions toutes faites. *Baile* a donc le sens de *bal* et celui du mot français *danse* dans son acception la plus courante.

danser v. intr. Bailar, danzar. ‖ — *Maître à danser,* profesor de baile. ‖ — *Danser sur la corde raide,* bailar en la cuerda floja. ‖ *Inviter à danser,* sacar a bailar. ‖ Fig. *Ne savoir sur quel pied danser,* no saber a qué atenerse, no saber qué partido tomar.
— V. tr. Bailar, danzar (p. us.) : *danser un tango,* bailar un tango. ‖ — *Faire danser l'anse du panier,* sisar. ‖ *Faire danser quelqu'un,* sacar a bailar a alguien (danser avec); maltratar a uno, pegarle a uno (malmener).

danseur, euse adj. et s. Danzante (dans une procession). ‖ Persona que baila : *c'est un bon danseur de twist,* es una persona que baila muy bien el twist. ‖ Bailaor (de flamenco). ‖ Bailarín, ina (danseur professionnel au théâtre) : *un danseur de l'Opéra,* un bailarín de la Ópera. ‖ Pareja, *f.* (personne avec qui l'on danse). ‖ — *Danseur de corde,* volatinero, funámbulo. ‖ *En danseuse,* de pie sobre los pedales (cyclisme).

dansotter v. intr. Fam. Bailotear.

dantesque adj. Dantesco, ca.

Danube n. pr. m. Géogr. Danubio.

danubien, enne adj. Danubiano, na.

Daphné [dafne] n. pr. f. Myth. Dafne.
— M. Bot. Adelfilla, *f.*

daphnie [dafni] f. Dafnia, pulga acuática (crustacé).

Daphnis n. pr. m. Myth. Dafnis.

daraise f. Desaguadero, *m.*

dard [da:r] m. Dardo (arme). ‖ Lengua, *f.,* résped, réspede (du serpent). ‖ Aguijón (insectes). ‖ Albur (poisson). ‖ Archit. Dardo, punta (*f.*) de flecha. ‖ Bot. Rama (*f.*) florida (poirier, pommier), pistilo (pistil). ‖ Fig. Dardo, flecha, *f.* ‖ *Filer comme un dard,* irse como una flecha.

Dardanelles n. pr. f. pl. Géogr. Dardanelos, *m.*

darder v. tr. Lanzar, arrojar (lancer). ‖ Fig. Irradiar, radiar (soleil). ‖ Clavar, lanzar (un regard). ‖ Lanzar, disparar, asestar (des sarcasmes).

dare-dare loc. adv. Fam. De prisa, a escape, volando.

dariole f. Gloria, pastelito (*m.*) con crema (gâteau). ‖ Molde, *m.* (moule).

darique f. (Vx). Darico, *m.* (monnaie de Perse).

Darios ou **Darius** [darjys] n. pr. m. Darío.

darne f. Rodaja, rueda (de poisson).

darse f. Mar. Dársena (bassin).

darsonvalisation f. Méd. Arsonvalización.

dartois f. Pastel (*m.*) de hojaldre y almendra (gâteau).

dartre f. Méd. Empeine, *m.,* herpes, *m.* pl. (maladie cutanée).

dartreux, euse adj. Herpético, ca.

darwinien, enne [darwinjɛ̃, jɛn] adj. et s. Darviniano, na.

darwinisme [-nism] m. Darvinismo.

darwiniste [-nist] m. et f. Darvinista.

dasyure m. Dasiuro (marsupial).

dataire m. Datario (officier du Vatican).

datation f. Fechado, *m.,* acción de poner una fecha.

date f. Fecha, data (p. us.). ‖ — Dr. *Date certaine,* fecha cierta. ‖ — *De fraîche date,* de fecha reciente. ‖ *De longue date,* desde hace mucho tiempo, de muy antiguo. ‖ *De vieille date,* de antiguo. ‖ *En date de,* con fecha de. ‖ *Le dernier en date,* el último. ‖ — *Être le premier en date,* tener la prioridad, ser el primero. ‖ *Faire date,* hacer época, dejar huella. ‖ *Prendre date,* señalar fecha.

dater v. tr. Fechar, datar (p. us.) : *dater une lettre,* fechar una carta : *cette lettre est datée de lundi,* esta carta está fechada el lunes.
— V. intr. Datar : *cela date du XVIIIe siècle,* eso data del siglo XVII. ‖ Hacer época (faire date). ‖ Estar anticuado : *une robe qui date,* un vestido que está anticuado. ‖ Géogr. *À dater de ce jour,* a partir de hoy. ‖ *Cela ne date pas d'hier,* es cosa antigua, no es cosa de ayer.

daterie f. Dataría (chancellerie du Vatican).

dateur m. Fechador.

datif, ive adj. et s. m. Dr. et Gramm. Dativo, va.

dation f. Dr. Dación.

datte f. Dátil, *m.* (fruit). ‖ Fam. *Des dattes!,* ¡naranjas de la China!

dattier m. Bot. Datilera, *f.,* palmera, *f.* (arbre). ‖ *Palmier-dattier,* palma datilera.

datura m. Bot. Datura, *f.*

daube f. Culin. Adobo, *m.* (préparation). ‖ Adobado, *m.,* estofado, *m.* (viande en daube).

dauber v. tr. Golpear, apalear (battre).
— V. tr. et intr. Adobar, estofar (la viande). ‖ Fig. Burlarse : *dauber (sur) quelqu'un,* burlarse de uno.

daubeur, euse adj. et s. Burlón, ona; murmurador, ra.

daubière f. Cazuela para adobar.

dauphin [dofɛ̃] m. Delfín.

dauphine f. Delfina (épouse du dauphin).

Dauphiné n. pr. m. Géogr. Delfinado.

dauphinelle f. Bot. Espuela de caballero [*Amér.,* espolón (*m.*) del gallo].

dauphinois, e adj. et s. Delfinés, esa; del Delfinado.

daurade [dorad] f. Besugo, *m.,* dorada (poisson).

davantage adv. Más : *je ne t'en dis pas davantage,* no te digo más. ‖ Más tiempo (plus longtemps). ‖ — *Bien davantage,* mucho más. ‖ *Pas davantage,* no más, basta (pas plus), tampoco (non plus).

David n. pr. m. David.

davier m. Gatillo, tenazas, *f.* pl., alicates, *pl.* (de dentiste). ‖ Mar. Pescante (d'un navire).

D. C. A. f. (abrév. de *défense contre avions*). D. C. A., defensa contra aviones.

D. D. T. m. (abrév. de *dichlorodiphényltrichloréthane*). D. D. T,, insecticida.

de [də] (Se abrevia en *d'* ante una vocal o *h* muda. Se une con el art. *le, les,* dando los contractos *du, del, des,* de los, de las.)

┌─────────────────────────────────────┐
│ 1. Prép. *a)* Rendu par *de.*   │
│   *b)* Rendu par d'autres prép. │
│   *c)* Se supprime.   │
│ 2. Mot de liaison.   │
│ 3. Art. partitif.   │
└─────────────────────────────────────┘

1. Prép.

a) Rendu par *de.* Indiquant : l'origine, le point de départ, dans l'espace ou dans le temps : *il vient de Paris,* viene de París ; *du soir au matin,* de la noche a la mañana ; un moment vaguement déterminé : *partir de jour,* salir de día ; la manière, l'argent, le moyen : *statue de bois,* estatua de madera ; *vivre de son travail,* vivir de su trabajo ; *d'un coup de pied,* de un puntapié ; la cause : *tomber de fatigue,* caer de cansancio.
— *De* s'emploie aussi : avec divers compléments : *digne d'éloges,* digno de elogios ; *âgé de quinze ans,* de quince años de edad ; *vingt mètres de long,* veinte metros de largo ; pour introduire le complément de nom : *une page du livre,* una página del libro ; *la femme de Paul,* la mujer de Pablo ; pour marquer certaines particularités : *journal du soir,* diario de la noche; *chien de chasse,* perro de caza.

b) Rendu par d'autres prépositions.

— On emploie *con* (avec) pour indiquer la manière : *faire signe de la main,* hacer seña con la mano; *d'un air irrité,* con aire irritado; pour indiquer l'utilisation : *je ne sais que faire de ce livre,* no sé qué hacer con ese libro.

— On le traduit par *por :* pour désigner le motif, la cause : *aimable de nature,* amable por naturaleza; *louer quelqu'un de son courage,* alabar a uno por su valor; pour rendre le français *par : aimé de tous,* amado por todos; *5 francs de l'heure,* cinco francos por hora.

— Il équivaut parfois à *en : de ma vie,* en mi vida; *du temps de Colomb,* en tiempos de Colón.

— Dans certains cas, notamment avec les verbes de mouvement, il se rend par *a : s'approcher du feu,* acercarse al fuego; *de sang-froid,* a sangre fría.

— Il équivaut parfois à *pour* et se rend par *para : je n'ai pas le temps de manger,* no tengo tiempo para comer.

— Il se rend d'autres fois par *entre : choisis de lui ou de moi,* escoge entre él y yo.

c) Suivi d'un adverbe de quantité, *de* ne se traduit pas en espagnol, et l'adverbe se rend par l'adjectif correspondant : *beaucoup d'amis,* muchos amigos; *peu de gens,* pocas personas; *trop de bruit,* demasiado ruido.

— L'adverbe seul se traduit : *de plus,* más; *de moins,* menos; *de plus en plus,* más y más.

— Il est remplacé par une autre expression : *de moins en moins,* cada día menos; *de plus en plus,* cada día más, cada vez más.

2. Mot de liaison.

— Avec un infinitif sujet ou complément on le supprime en espagnol : *il est bon de dormir,* es bueno dormir; *il craint de venir,* teme venir.

— Avec un verbe de prière ou de défense, on le supprime et on met le verbe au subjonctif : *je vous défends de parler,* le prohibo que hable; *je le priais de venir,* le rogaba que viniese.

— L'infinitif historique français est rendu en espagnol par un temps personnel : *ainsi dit le renard et flatteurs d'applaudir,* así habló el zorro y los aduladores aplaudieron.

— On conserve la préposition *de* avec un infinitif complément d'un adjectif : *indigne de vivre,* indigno de vivir.

— Devant un mot en apposition, on conserve *de :* *la ville de Mexico,* la ciudad de Méjico; *ce coquin de Louis,* ese pillo de Luis.

— Devant un adjectif ou un participe passé, on supprime *de : pas un moment de libre,* ni un momento libre; *un grand pas de fait,* un buen paso dado; *il n'y en a pas d'aussi bon,* no lo hay tan bueno; *quelque chose de bon,* algo bueno.

3. Article partitif.

— En général on le supprime : *avoir du pain, des enfants,* tener pan, hijos; *boire du vin,* beber vino.

— Mais avec un complément partitif défini on le conserve : *donne-moi du vin que tu as apporté,* dame del vino que has traído; *manger de tous les plats,* comer de todos los platos.

— Lorsque *de* équivaut à *quelques,* on le rend par *unos, unas : des enfants jouent dans le jardin,* unos niños juegan en el jardín.

[Si le substantif est précédé d'un adjectif, on peut supprimer *unos : de grands arbres couronnaient la colline,* grandes árboles coronaban la colina.]

dé m. Dado (pour jouer) : *dé pipé* o *chargé,* dado falso *ou* cargado. ‖ Dedal (pour coudre) ‖ Ficha, *f.* (au domino). ‖ ARCHIT. Dado (de piédestal). ‖ TECHN. Dado. ‖ — FIG. *Coup de dés,* golpe de suerte, casualidad. ‖ — FIG. *Agir sur un coup de*

dés, obrar al acaso *ou* a lo que salga. ‖ *Les dés sont jetés,* la suerte está echada.

dead-heat [dɛd hi:t] m. Ex aequo (sports).

déambulatoire m. ARCHIT. Deambulatorio.

déambuler v. intr. Deambular, pasearse (se promener).

débâcher v. tr. Quitar la lona de, desentoldar.

débâcle [debɑ:kl] f. Deshielo, *m.* (dégel). ‖ FIG. Ruina, hundimiento, *m.,* derrumbamiento, *m.* ‖ Derrota (defaite).

débâcler v. intr. Deshelarse (une rivière).

débagouler v. tr. POP. Vomitar (des injures).

débâillonner [debɑjɔne] v. tr. Quitar la mordaza a.

déballage m. Desembalaje. ‖ Mercancías (*f. pl.*) vendidas a bajo precio. ‖ Tenderete (stand). ‖ Exposición (*f.*) de mercancías (étalage). ‖ FIG. et FAM. Confesión, *f.,* confidencia, *f.*

déballé, e adj. FAM. Desanimado, da; alicaído, da.

déballer v. tr. Desembalar, desempacar. ‖ FIG. et FAM. Soltar (avouer).

déballeur m. Desempacador.

débandade f. Desbandada. ‖ *À la débandade,* a la desbandada, en desorden.

débander v. tr. Aflojar (un arc). ‖ Desvendar, quitar una venda (ôter un bandage). ‖ FIG. *Débander les yeux à quelqu'un,* abrir los ojos a alguien.

— V. pr. Desbandarse, dispersarse.

débanquer v. tr. Desbancar (jeux).

débaptiser [debatize] v. tr. Desbautizar : *débaptiser une rue,* desbautizar una calle.

débarbouillage [debarbuja:ʒ] m. Lavado, aseo.

débarbouiller [-je] v. tr. Lavar.

débarcadère m. MAR. Desembarcadero (jetée). ‖ Andén (de chemin de fer), muelle, descargadero (pour les marchandises).

débardage m. Descarga, *f.* (d'un bateau). ‖ Transporte (des arbres).

débarder v. tr. Descargar (un bateau). ‖ Sacar (du bois).

débardeur m. Descargador.

débarqué, e adj. et s. Desembarcado, da. ‖ *Un nouveau débarqué,* un recién llegado.

débarquement m. Desembarco (des voyageurs). ‖ Desembarque (des marchandises). ‖ MIL. Desembarco : *le débarquement de Normandie,* el desembarco de Normandía.

débarquer v. tr. Desembarcar (un bateau), descargar (un train). ‖ FIG. et FAM. Quitarse de encima, despachar (se débarrasser de).

— V. intr. Desembarcar : *il débarqua le matin,* desembarcó por la mañana. ‖ FAM. Llegar, plantarse, descolgarse (arriver).

débarquer m. Desembarco, desembarque (bateau). ‖ Llegada, *f.* (train).

débarras [debara] m. Alivio, liberación, *f.* ‖ Trastero, cuarto de los chismes (pièce). ‖ — FAM. *Bon débarras !,* ¡buen viaje !, ¡adiós, muy buenas ! (soulagement). ‖ *Il est parti, bon débarras !,* ¡menos mal que se ha ido !, ¡ya era hora de que se fuera !, ¡ya se fue, qué tranquilos nos hemos quedado !

débarrasser v. tr. ● Quitar : *débarrasser un minerai de sa gangue,* quitar la ganga a un mineral; *débarrasser quelqu'un d'un souci,* quitar a uno una preocupación; *débarrasser la table,* quitar la mesa. ‖ Vaciar : *débarrasser une pièce,* vaciar una habitación. ‖ Liberar, quitar : *débarrasser les mains de leurs liens,* liberar las manos de sus ataduras. ‖ Eliminar, quitar de en medio, hacer desaparecer : *il m'en a débarrassé,* me lo ha quitado de en medio. ‖ Quitar de encima : *je croyais que je ne pourrais jamais m'en débarrasser,* creía que no podría nunca quitármelo de encima. ‖ Despejar, dejar libre : *débarrasser la* *voie publique*, despejar la vía pública. ‖ Coger : *débarrasser quelqu'un de son manteau*, coger el abrigo de alguien. ‖ — Pop. *Débarrasser le plancher*, largarse, ahuecar el ala. ‖ Fam. *Vous pouvez débarrasser*, puede Ud. quitar la mesa.

— V. pr. Desembarazarse, deshacerse : *se débarrasser de vieux vêtements*, deshacerse de la ropa vieja. ‖ Quitarse : *débarrassez-vous de votre chapeau*, quítese el sombrero. ‖ Quitarse de encima : *il se débarrassa de ses dettes*, se quitó de encima las deudas. ‖ Cargarse : *se débarrasser d'un importun*, cargarse a un importuno.

— Syn. ● *Nettoyer*, limpiar. *Déblayer*, despejar. *Dégager*, librar, dejar libre. *Dépêtrer*, desenredar.

débat [deba] m. Debate. ‖ *Débat budgétaire*, discusión del presupuesto.

débâter v. tr. Desalbardar (ôter le bât).

débâtir v. tr. Deshilvanar, descoser (découdre).

débâtissage m. Deshilvanado.

débattement m. Movimiento de un eje.

débattre* v. tr. ● Debatir. ‖ Discutir (un prix). ‖ *Salaire à débattre*, sueldo a convenir.

— V. pr. Forcejear, resistir (résister).

— Syn. ● *Discuter*, discutir. *Parlementer*, parlamentar. *Délibérer*, deliberar.

débauchage m. Despido (licenciement). ‖ Incitación (f.) a la deserción (un militaire), a la huelga (un ouvrier), al libertinaje.

débauche f. Exceso, m. (de table). ‖ ● Desenfreno, m., disolución, relajación (de mœurs). ‖ Fig. Derroche, m. : *faire une débauche d'énergie*, hacer un derroche de energía. ‖ — *Exciter à la débauche*, corromper, enviciar. ‖ Fam. *Faire une petite débauche*, echar una cana al aire.

— Observ. No tiene *débauche* equivalente preciso en español. Etimológicamente viene de *débaucher*, despedir a un trabajador, distraerle de su trabajo, de donde los sentidos de holganza, juerga (que viene precisamente de huelga), desorden, orgía y finalmente el de desenfreno moral, libertinaje, liviandad, único que subsiste en el adj. *débauché*.

— Syn. ● *Orgie*, orgía. *Bacchanale*, bacanal. *Libertinage*, libertinaje. *Dévergondage*, desvergüenza. *Dissolution*, disolución, relajación. *Relâchement*, relajamiento. *Pop. Bombe*, juerga. *Bringue*, jaleo, juerga. *Foire*, jolgorio. *Noce*, parranda. *Ribouldingue*, farra.

débauché, e adj. Libertino, na ; disoluto, ta ; perdido, da. ‖ Corrompido, da ; sobornado, da (corrompu). ‖ — *Femme débauchée*, mujer de vida airada, mujer de la vida. ‖ *Vie débauchée*, vida disoluta.

— M. et f. Libertino, na ; perdido, da ; juerguista.

débaucher v. tr. Despedir (renvoyer un ouvrier). ‖ Lanzar al libertinaje, enviciar (jeter dans la débauche). ‖ Corromper, pervertir (corrompre). ‖ Fig. Apartar del deber, corromper (détourner du devoir).

débaucheur, euse m. et f. Depravador, ra ; pervertidor, ra.

débenzoler [debɛzɔle] v. tr. Desbenzolar.

débet [debɛ] m. Comm. Debe, débito (solde débiteur).

débile adj. Débil. ‖ Endeble, delicado, da (santé). ‖ *Un débile mental*, un atrasado mental.

débilitant, e adj. Debilitante, debilitador, ra.

débilitation f. (P. us.). Debilitación.

débilité f. Debilidad : *débilité mentale*, debilidad mental.

débiliter v. tr. Debilitar.

débillardement m. Desbastadura, f.

débillarder [debijarde] v. tr. Desbastar (dégrossir).

débinage m. Pop. Crítica, f., murmuración, f.

débine f. Pop. Miseria, pobreza : *tomber dans la débine*, caer en la miseria.

débiner v. tr. Pop. Criticar, hablar mal de, poner como un trapo, despellejar. ‖ Pop. *Débiner le truc*, descubrir el pastel.

— V. pr. Pop. Largarse, pirarse, najarse (partir).

débineur, euse m. et f. Pop. Mala lengua, criticón, ona.

débirentier, ère m. et f. Deudor, ra, de una renta.

débit [debi] m. Despacho, venta, f. (vente). ‖ Despacho (magasin). ‖ Rendimiento, producción, f. (production). ‖ Caudal, gasto, régimen (d'eau, de gaz, d'électricité). ‖ Capacidad (f.) de tráfico (transport routier). ‖ Caudal (d'un fleuve). Cadencia, f. (d'une arme). ‖ Corte (coupe). Comm. Debe, débito (compte), salida (f.) de caja. ‖ Fig. Elocución, f., palabra, f., habla, f. : *avoir le débit facile*, tener la palabra fácil. ‖ — *Débit de boisson*, despacho de bebidas. ‖ *Débit de tabac*, estanco, expendeduría de tabaco. ‖ *Débit de vins*, taberna, despacho de vinos. ‖ *Indicateur de débit*, aforador.

débitage m. Corte, aserrado, cuadratura, f. (de bois).

débitant, e adj. et s. Vendedor, ra ; tendero, ra. ‖ Estanquero, ra (de tabac). ‖ Tabernero, ra (de vin).

débiter v. tr. Despachar, vender (vendre au détail). ‖ Dar, suministrar (une quantité de liquide, de gaz, etc.). ‖ Cortar, aserrar (le bois). ‖ Cortar en trozos (la viande). ‖ Producir, tener un rendimiento (produire). ‖ Comm. Cargar en cuenta, adeudar en cuenta (porter au débit d'un compte). ‖ Fig. Recitar, declamar. | Decir, soltar : *débiter des mensonges*, soltar mentiras. | Propalar, contar por todos los sitios (répandre).

débiteur, euse m. et f. Propalador, ra ; difundidor, ra (de nouvelles). ‖ Comm. Dependiente (de la caisse). ‖ *Débiteur de mensonges*, mentiroso, sa.

débiteur, trice adj. et s. Deudor, ra. ‖ *Compte débiteur*, cuenta deudora.

débitmètre [debimɛtr] m. Caudalímetro, contador (de débit).

déblai m. Desmonte (enlèvement de terre). ‖ — Pl. Escombros. ‖ *Voie en déblai*, vía hecha en una zanja.

déblaiement [deblɛmã] m. Limpia, f., despejo, operaciones (f. pl.) de limpieza (nettoyage). ‖ Nivelación, f., desmonte (d'un terrain). ‖ Fig. Limpieza.

déblatérer* v. intr. Fam. Despotricar.

— V. tr. Decir, soltar : *déblatérer des sottises*, soltar tonterías.

déblayement m. V. DÉBLAIEMENT.

déblayer* [deblɛje] v. tr. Quitar los escombros, descombrar, escombrar (débarrasser). ‖ Desmontar, nivelar (un terrain). ‖ Fig. Despejar, limpiar (dégager). ‖ Fig. *Déblayer le terrain*, despejar *ou* allanar el terreno.

déblocage m. Comm. Liberación, f., desbloqueo. ‖ Mil. Desbloqueo, levantamiento del bloqueo.

débloquer v. tr. Levantar el bloqueo, desbloquear (lever le blocus). ‖ Liberar, desbloquear (des crédits). ‖ Impr. Sustituir las letras vueltas. ‖ Mécan. Desbloquear, desblocar.

— V. intr. Pop. Decir tonterías.

débobinage m. Desbobinado.

déboire m. Sinsabor (contrariété), desengaño (déception).

déboisement [debwazmã] m. Desmonte. ‖ Tala, f. (coupe du bois).

déboiser v. tr. Desmontar. ‖ Talar (couper). ‖ Min. Desentibar.

— V. pr. Estar quedándose sin árboles.

déboîtement [debwatmã] m. Dislocación, f., desencajamiento (des os).

déboîter [-te] v. tr. Dislocar, desencajar (un os). ‖ Desencajar.

— V. intr. Salirse de la fila (une voiture).

débonder v. tr. Destapar (ôter la bonde). ‖ Fig. (Vx). Desahogar (épancher).
— V. intr. et pr. Desbordar.

débonnaire adj. Buenazo, za ; bonachón, ona. ‖ Fam. *Père débonnaire*, padrazo.

débonnairement adv. Bonachonamente.

débonnaireté f. Bonachonería, bondad excesiva.

débord m. Desbordamiento (crue). ‖ Reborde (d'une pièce). ‖ Ribete (d'un tissu). ‖ Méd. Derrame.

débordant, e adj. Desbordante, rebosante; pletórico, ca : *débordant d'enthousiasme*, desbordante de entusiasmo.

débordé, e adj. Agobiado, da ; abrumado, da : *être débordé de travail*, estar agobiado de trabajo.

débordement m. Desbordamiento (d'une rivière). ‖ Fig. Profusión, f. : *débordement d'injures*, profusión de injurias. ‖ Exceso, desenfreno (débauche). ‖ Méd. Derrame (épanchement).

déborder v. tr. Desorillar, quitar el orillo (ôter la bordure). ‖ Rebasar, sobrepasar (dépasser). ‖ Destapar (le lit). ‖ Invadir, abrumar (envahir). ‖ Fig. Agobiar, abrumar (accabler). ‖ Mar. Desabordar. ‖ Mil. Flanquear, dejar atrás, rebasar (contourner). ‖ *Faire déborder la vase*, hacer rebasar la copa.
— V. intr. Desbordarse, salirse de madre : *le fleuve a o est débordé*, el río se ha desbordado. ‖ Extenderse (s'étendre). ‖ Rebosar (un récipient). ‖ Mar. Desatracar (s'en aller), desabordarse (se détacher d'un navire). ‖ Méd. Derramarse (humeurs). ‖ Sports. Desbordar (football), adelantar (cyclisme). ‖ — *Déborder de joie*, rebosar de alegría. ‖ *Déborder d'injures*, proferir insultos.

débordoir m. Mazo (plombier). ‖ Apretador (tonnelier).

débosseler* v. tr. Desabollar.

débosser v. tr. Mar. Soltar las bozas de.

débotté ou **débotter** m. Acto de descalzarse. ‖ Llegada, f. (arrivée). ‖ *Au débotté*, al llegar, a la llegada.

débotter v. tr. Descalzar, quitar las botas.

débouchage m. Desatoramiento, desatascamiento (d'un tuyau), descorche (d'une bouteille).

débouché m. Desembocadura, f., salida, f. (d'un défilé, d'une route). ‖ Fig. Salida, f. : *les licenciés ès sciences trouvent beaucoup de débouchés*, los licenciados en Ciencias tienen muchas salidas. ‖ Llegada, f. (arrivée). ‖ Comm. Fig. Salida, f., mercado (pour les marchandises).

débouchement m. V. débouchage.

déboucher v. tr. Destapar (ôter ce qui bouche). ‖ Descorchar, destaponar (ôter le bouchon). ‖ Desatascar, desatrancar, desatrancar (dégorger). ‖ *Déboucher une fusée*, colocar en una espoleta el mecanismo de explosión a tiempos.
— V. intr. Desembocar (une rivière, une rue, un chemin, etc.). ‖ Llegar (arriver).

débouchoir m. Llave, f. (capsules). ‖ Sacacorchos (bouchons). ‖ Aguijada, f. (du soc). ‖ Desatascador, desatrancador (de tuyauterie).

déboucler v. tr. Desabrochar, soltar (une agrafe). ‖ Desrizar (cheveux).

débouilli [debuji] ou **débouillissage** [-jisa:ʒ] m. Prueba (f.) del tinte (d'une étoffe).

débouillir* [-ji:r] v. tr. Techn. Probar un tinte en (sur une étoffe).

déboulé ou **débouler** m. Salida (f.) de la liebre. ‖ Escape, arranque (sports). ‖ *Tirer un lièvre au déboulé*, tirar a una liebre a salto de mata.

débouler v. intr. Saltar (un lièvre). ‖ Rodar cuesta abajo (dans un escalier).
— V. tr. Rodar abajo : *débouler l'escalier*, rodar escaleras abajo.

déboulonnement ou **déboulonnage** m. Acción de desempernar.

déboulonner v. tr. Desempernar (ôter les boulons). ‖ Desmontar (démonter). ‖ Fig. et Fam. Echar abajo, deshacer : *déboulonner une réputation*, echar abajo una reputación. ‖ Derribar, echar abajo, cargarse (destituer).

débouquement m. Mar. Acción (f.) de desembocar, salida, f. ‖ Canal estrecho.

débouquer v. intr. Mar. Desembocar.

débourbage m. Deslío (de la bière). ‖ Min. Lavado.

débourber v. tr. Quitar el fango, desembarrar, desenlodar (ôter la boue). ‖ Desatascar (une voiture). ‖ Desliar (la bière). ‖ Min. Lavar (les minerais).

débourbeur m. Min. Lavador.

débourrage m. Limpieza (f.) de la carda. ‖ Acción de desborrar (la laine). ‖ Apelambrado (des peaux). ‖ Doma, f. (chevaux). ‖ Acción de desatacar (une arme).

débourrement m. Brote (des arbres).

débourrer v. tr. Desborrar, quitar la borra (ôter la bourre). ‖ Alijar (le coton). ‖ Desatacar (une arme). ‖ Apelambrar (les peaux). ‖ Vaciar, limpiar (une pipe). ‖ Desbravar (un cheval). ‖ Quitar la pólvora de (un trou de mine).

débours [debu:r] m. pl. Desembolsos, gastos.

déboursement m. Desembolso.

débourser v. tr. Desembolsar.

déboussoler v. tr. Fam. Desorientar.

debout [dəbu] adv. De pie, en pie. ‖ Levantado, da (levé) : *il est toujours debout de bonne heure*, siempre está levantado temprano. ‖ En pie : *de nombreux monuments grecs sont encore debout*, numerosos monumentos griegos están todavía en pie. ‖ Vivo, va (vivant). ‖ Mar. Aproado, da. ‖ — Mar. *Avoir le vent debout*, tener viento contrario. ‖ *Dormir debout*, dormir de pie ou en pie. ‖ *Histoire à dormir debout*, historia que no tiene ni pies ni cabeza. ‖ *Mettre debout*, realizar, poner en pie. ‖ *Mourir debout*, morir con las botas puestas. ‖ *Ne pas tenir debout*, no tenerse en pie (être très fatigué), no tenerse en pie, no tener fundamento (ne pas être fondé).
— Interj. ¡Arriba ! ‖ Mil. ¡En pie !

débouté m. Dr. Denegación, f., desestima, f., desestimación, f.

déboutement m. Dr. Desestimación, f.

débouter v. tr. Dr. Denegar, desestimar la demanda de : *je suis débouté*, han desestimado mi demanda.

déboutonner v. tr. Desabrochar, desabotonar. ‖ — Fam. *Manger à ventre déboutonné*, comer a dos carrillos. ‖ *Rire à ventre déboutonné*, reir como un descosido, reir a carcajadas.
— V. pr. Desabrocharse, desabotonarse. ‖ Fig. et Fam. Abrir su corazón, franquearse, desahogarse.
— Observ. *Desabrochar* correspond plutôt à *dégrafer*, mais remplace dans l'usage courant *desabotonar*.

débraillé, e [debrɑje] adj. Despechugado, da. ‖ Fig. et Fam. Desaliñado, da ; descuidado, da (négligé).
— M. Indumentaria (f.) descuidada, desaliño.

débrailler (se) [sədebrɑje] v. pr. Despechugarse. ‖ Fig. Desaliñarse (être négligent).

débranchement m. Techn. Desconexión, f., desconectación, f., desenchufe. ‖ Desenganche (des wagons).

débrancher v. tr. Techn. Desenchufar, desconectar. ‖ Desenganchar (wagons).

débrayage [debrɛjɑ:ʒ] m. Techn. Desembrague. ‖ Fig. Paro, plante (dans une usine).

débrayer* [-je] v. tr. Techn. Desembragar.
— V. intr. Fig. Parar, dejar el trabajo (dans una usine).

débridé, e adj. Desenfrenado, da; sin freno : *appétits débridés*, apetitos desenfrenados. ‖ Desbocado, da : *imagination débridée*, imaginación desbocada.

débrider v. tr. Desembridar (bête de somme). ‖ MÉD. Desbridar (une hernie). ‖ — *Sans débrider*, de un tirón, sin interrupción. ‖ — *Débrider les yeux à quelqu'un*, abrir los ojos a uno.

débris [debri] m. Pedazo (d'une chose brisée). ‖ — Pl. Restos, ruinas, *f.*, vestigios. ‖ *Débris végétaux*, residuos vegetales.

débrocher v. tr. Desencuadernar (un livre). ‖ CULIN. Sacar del asador (retirer de la broche).

débrouillage [debruja:3] ou **débrouillement** [-jmã] m. Desenredo, desenmarañamiento.

débrouillard, e [-ja:r, ard] adj. et s. FAM. Despabilado, da; listo, ta; desenvuelto, ta.

débrouillardise [-jardi:z] f. FAM. Habilidad, maña, astucia, desenvoltura.

débrouiller [-je] v. tr. Desenredar, desembrollar, desenmarañar (démêler). ‖ Ordenar (mettre en ordre). ‖ FIG. Esclarecer, aclarar (éclaircir). ‖ — V. pr. Desenredarse, aclararse (s'éclaircir). ‖ FIG. et FAM. Arreglárselas, desenvolverse. ‖ Defenderse (dans une langue, etc.). ‖ Despabilarse (se tirer d'affaire).

débroussaillement [debrusαjmã] m. Desbrozo.

débroussailler [-je] v. tr. Desbrozar.

débucher ou **débuché** m. Momento en que se desembosca la caza, salida (*f.*) a descubierto.

débucher v. tr. Desalojar, hacer salir. — V. intr. Desemboscarse, salir a descubierto.

débusquement m. Desalojamiento.

débusquer v. tr. Desalojar, hacer salir del bosque. ‖ FIG. Desalojar, apartar. ‖ MIL. Desalojar : *débusquer l'ennemi*, desalojar al enemigo.

début [deby] m. Principio, comienzo (commencement). ‖ Salida, *f.*, primera (*f.*) jugada (jeux). ‖ — *Au début*, al principio. ‖ *Dès le début*, desde el principio. ‖ — Pl. THÉÂTR. Presentación de un actor, *f. sing.*, début (gallicisme très employé). ‖ Entrada (*f.*) en una carrera, primeras armas, *f.*, primeros pasos : *faire ses débuts dans la diplomatie*, hacer sus primeras armas en la diplomacia. ‖ *Débuts dans le monde*, puesta de largo, presentación en sociedad (d'une jeune fille).

débutant, e adj. et s. Principiante (qui débute). ‖ Novel, principiante : *un peintre débutant*, un pintor novel. ‖ THÉÂTR. Debutante (gallicisme), artista que se presenta por primera vez al público. ‖ *Bal des débutantes*, baile de puesta de largo.

débuter v. intr. Principiar, comenzar (commencer). ‖ Salir (jouer le premier). ‖ FIG. Dar los primeros pasos, hacer sus primeras armas : *débuter au barreau*, hacer sus primeras armas en el foro. ‖ THÉÂTR. Presentarse, debutar (gallicisme). ‖ *Débuter dans le monde*, ponerse de largo, presentarse en sociedad (une jeune fille), dar los primeros pasos, hacer sus primeras armas (faire ses premières armes).

déca préf. (abrév. de *décamètre*). Deca.

deçà [dəsα] adv. De este lado, del lado de acá. ‖ — *Deçà delà*, de uno y de otro lado. ‖ *En deçà de*, de este lado (de ce côté), sin llegar a (sans arriver à). ‖ *Jambe deçà, jambe delà*, a horcajadas.

décachetage [dekaʃta:3] m. Apertura (*f.*) de una carta.

décacheter* v. tr. Abrir, desellar (une lettre, un paquet).

décade f. Década.

décadence f. Decadencia.

décadent, e adj. et s. Decadente. ‖ — M. pl. Decadentes, decadentistas (écrivains, artistes de l'école symboliste).

décadentisme m. Decadentismo.

décadi m. Último día de la década, en el año republicano francés.

décaèdre m. GÉOM. Decaedro.

décaféiner v. tr. Descafeinar, quitar la cafeína.

décagonal, e adj. GÉOM. Decagonal.

décagone m. GÉOM. Decágono.

décagramme m. Decágramo.

décaissement m. COMM. Desembolso, salida, *f.* (déboursement).

décaisser v. tr. COMM. Desembolsar, sacar de la caja (payer).

décalage m. Descalce (des cales). ‖ Diferencia, *f.* : *entre Paris et Washington il y a un décalage de cinq heures*, entre París y Washington hay una diferencia de cinco horas. ‖ FIG. Desfase. ‖ ÉLECTR. Defasaje.

décalaminage m. TECHN. Descalaminado.

décalaminer v. tr. TECHN. Descalaminar.

décalcification f. MÉD. Descalcificación.

décalcifier v. tr. Descalcificar.

décalcomanie f. Calcomanía.

décaler v. tr. Descalzar (ôter une cale). ‖ Decalar, defasar (électricité). ‖ Retrasar (retarder), adelantar (avancer) [heure]. ‖ Correr, desplazar, mover, cambiar de sitio (déplacer). ‖ FIG. Desfasar.

décalitre m. Decalitro.

décalogue m. Decálogo.

décalotter v. tr. Desmochar.

décalquage ou **décalque** m. Calco (résultat). ‖ Calcado (action).

décalquer v. tr. Calcar.

décalvant, e adj. MÉD. Que produce calvicie.

décamètre m. Decámetro (mesure). ‖ Cadena (*f.*) de agrimensor (chaîne d'arpenteur).

décampement m. MIL. Levantamiento del campo.

décamper v. intr. MIL. Decampar, levantar el campo (lever le camp). ‖ FAM. Poner pies en polvorosa, largarse (s'enfuir).

décanal, e adj. Decanal, del decanato.

décanat [dekana] m. Decanato (dans une université). ‖ Deanato, deanazgo (dans un chapitre, une église).

décaniller v. intr. POP. Largarse, pirarse, poner pies en polvorosa (s'en aller).

décantage m. et **décantation** f. Decantación, *f.* **décanter** v. tr. Decantar, trasegar (un liquide). ‖ FIG. Decantar, aclarar (éclaircir). — OBSERV. No tiene el verbo francés *décanter* el sentido de « celebrar », « ponderar », que tiene el verbo español *decantar*.

décanteur m. Decantadora, *f.* (appareil pour décanter).

décapage ou **décapement** m. TECHN. Decapado, desoxidación, *f.* (désoxidation).

décapant m. TECHN. Decapante, desoxidante.

décapeler* v. tr. MAR. Desencapillar.

décaper v. tr. Decapar, desoxidar (les métaux). ‖ Limpiar (un mur).

décapeuse f. CONSTR. Traílla, excavadora superficial.

décapitation f. Decapitación.

décapité, e adj. et s. Decapitado, da.

décapiter v. tr. Decapitar (trancher la tête). ‖ Decapitar, desmochar (ôter l'extrémité). ‖ FIG. Decapitar, descabezar, privar de jefe.

décapodes [dekapɔd] m. pl. ZOOL. Decápodos

décapotable adj. Descapotable.

décapoter v. tr. Descapotar.

décapsuler v. tr. Decapsular.

décarbonater v. tr. CHIM. Descarbonatar.

décarburant, e adj. et s. m. Descarburante.

décarburation f. Descarburación (de la fonte).

décarburer v. tr. TECHN. Descarburar.

décarcasser v. tr. Deshuesar (un poulet). — V. pr. FAM. Partirse el pecho, deshacerse.

décarreler* v. tr. Desenladrillar, desenlosar.

décartellisation f. Disolución legal de un cártel.
décasyllabe ou **décasyllabique** adj. et s. m. Decasílabo, ba.
décathlon m. Decatlón (sports).
décati, e adj. FIG. et FAM. Deslustrado, da; deslucido, da (terne). | Ajado, da (fané).
décatir v. tr. Deslustrar (tissus). ‖ FIG. Deslucir.
— V. pr. POP. Ajarse, perder su frescura (une personne).
décatissage m. TECHN. Deslustrado, deslustre (tissu).
décatisseur m. TECHN. Deslustrador.
décavaillonner [dekavajɔne] v. tr. AGRIC. Quitar los caballones.
décavaillonneur [-nœ:r] m. ou **décavaillonneuse** [-nø:z] f. Arado (m.) viñatero, desbancador, m.
décavé, e adj. et s. Desbancado, da (ruiné au jeu). ‖ FAM. Arruinado, da; pelado, da. | Desmirriado, da; consumido, da (épuisé).
décaver v. tr. Desbancar (au jeu).
decca m. Decca.
décéder v. intr. Fallecer.
— OBSERV. El verbo francés *décéder* se conjuga sólo con el auxiliar *être* (il *est* décédé hier).
décèlement m. Descubrimiento, revelación, f.
déceler* [desle] v. tr. Descubrir (découvrir). ‖ Descubrir, revelar (révéler).
décélération f. MATH. Deceleración.
décélérer v. intr. Disminuir la velocidad (moteur). ‖ Dejar de acelerar (conducteur).
déceleur m. ÉLECTR. Detector.
décembre m. Diciembre : *le 4 décembre,* el 4 de diciembre.
décemment [desamɑ̃] adv. Decentemente.
décemvir [desɛmvi:r] m. Decenviro, decenvir.
décemviral [-ral] adj. Decenviral.
décemvirat [-ra] m. Decenvirato.
décence f. Decencia, decoro, m.
— SYN. *Modestie,* modestia. *Pudeur,* pudor. *Pudicité,* pudicicia. *Retenue,* recato. *Honnêteté,* honestidad.
décennal, e adj. Decenal.
décennie f. Decenio, m.
décent, e [desɑ̃, ɑ̃:t] adj. Decente, decoroso, sa.
— SYN. *Bienséant,* conveniente. *Correct,* correcto. *Convenable,* conveniente. *Séant,* conveniente. *Honnête,* honesto, honrado.
décentrage ou **décentrement** m. Descentramiento, descentrado.
décentralisateur, trice adj. et s. Descentralizador, ra.
décentralisation f. Descentralización.
décentraliser v. tr. Descentralizar.
décentrer v. tr. Descentrar.
déception f. Decepción, desengaño, m.
— SYN. *Désappointement,* contrariedad. *Désillusion,* desilusión. *Désenchantement,* desencanto. *Déboire,* desengaño, sinsabor. *Désabusement,* desengaño. *Leçon,* escarmiento.
décercler v. tr. Quitar los aros a.
décernement m. Otorgamiento, concesión, f.
décerner v. tr. Otorgar, conceder : *décerner un prix,* otorgar un premio. ‖ DR. Extender (ordonner juridiquement).
décerveler v. tr. Quitar los sesos.
décès [desɛ] m. Fallecimiento (mort), defunción, f. (terme administratif). ‖ — *Acte de décès,* partida de defunción. ‖ *Faire-part de décès,* esquela de defunción.
— SYN. *Trépas,* tránsito. *Mort,* muerte. *Perte,* pérdida.
décevant, e [des(ə)vɑ̃, ɑ̃:t] adj. Decepcionante, que decepciona, desilusionante.
décevoir* [desəvwa:r] v. tr. Decepcionar, desilusionar : *ces résultats nous déçoivent,* estos resultados nos decepcionan. ‖ Defraudar, frustrar (les espérances). ‖ (Vx). Engañar (tromper).

déchaîné, e adj. Desencadenado, da.
déchaînement m. Desencadenamiento : *le déchaînement des passions,* el desencadenamiento de las pasiones. ‖ FIG. Desenfreno, desencadenamiento (emportement).
déchaîner v. tr. Desencadenar. ‖ FIG. Desencadenar, desatar, dar rienda suelta a.
— V. pr. Desencadenarse, desenfrenarse. ‖ Desencadenarse, enfadarse (s'emporter). ‖ Desencadenarse, desatarse (otage).
déchant m. MUS. Discante.
déchanter v. intr. MUS. Discantar, cambiar de tono. ‖ FIG. et FAM. Desengañarse, estar desencantado, desilusionarse.
déchaperonner [deʃaprɔne] v. tr. Descapirotar (un oiseau). ‖ Desalbardillar (un mur).
décharge f. Descarga (de chargement). ‖ Desaguadero, m. (canal d'écoulement). ‖ ARCHIT. Descarga. ‖ COMM. Descargo, m. (d'un compte), comprobante, m. (d'une dette). ‖ DR. Descargo, m. : *témoin à décharge,* testigo de descargo. ‖ FIG. Descargo, m., alivio, m. ‖ MIL. Descarga (d'arme à feu). ‖ ÉLECTR. Descarga. ‖ — *Décharge publique,* escombrera, vertedero. ‖ *Tuyau de décharge,* tubo de desagüe.
déchargement m. Descarga, f., descargue.
déchargeoir [deʃarʒwa:r] m. Desaguadero (d'un bassin). ‖ Desagüe (conduit, vanne).
décharger* v. tr. Descargar (ôter la charge). ‖ Descargar, disparar (tirer). ‖ Descargar (retirer la charge explosive). ‖ Dispensar, liberar, descargar d'un devoir, dispensar de un deber. ‖ Descargar (une pile électrique). ‖ COMM. Descargar. ‖ DR. Declarar en favor de (un accusé). ‖ FIG. Descargar, aliviar (soulager). ‖ Desahogar : *décharger sa colère sur,* desahogar su ira sobre.
— V. intr. Desteñir (un tissu). ‖ Correrse (encre, couleur).
— V. pr. Descargarse, liberarse (d'une obligation).
déchargeur m. Descargador.
décharné, e adj. Demacrado, da; descarnado, da. ‖ FIG. Árido, da (style).
décharnement m. Descarnadura, f. ‖ Demacración, f. ‖ FIG. Aridez, f., sequedad, f. (style).
décharner v. tr. Descarnar. ‖ Demacrar, enflaquecer (maigrir).
déchaumage m. AGRIC. Arado del rastrojo.
déchaumer v. tr. AGRIC. Rastrojar, levantar el rastrojo.
déchaumeuse f. AGRIC. Arado (m.) rastrojero, rastrojadora.
déchaussage ou **déchaussement** m. Descalce (d'un arbre). ‖ Descarnadura, f. (dents). ‖ Excava, f. (d'une plante). ‖ Acción (f.) de descalzar ou descalzarse (chaussures). ‖ CONSTR. Descalce, socava, f.
déchaussé ou **déchaux** adj. Descalzo (religieux).
déchausser v. tr. Descalzar (les chaussures). ‖ Descalzar, socavar (un arbre, un mur). ‖ Excavar (une plante). ‖ Descarnar (les dents).
— V. pr. Descalzarse. ‖ Descarnarse (dents).
déchausseuse f. AGRIC. Arado (m.) de viñador.
déchaussoir m. Descarnador (du dentiste). ‖ Descalzador (pour déchausser les arbres).
dèche f. POP. Miseria, pobreza. ‖ POP. *Être dans la dèche,* estar tronado.
déchéance f. Decaimiento, m., decadencia, ruina, degradación. ‖ Decadencia (morale). ‖ Caducidad, decaimiento, m. (physique). ‖ Deposición (d'un roi, ministre, etc.). ‖ Caducidad, prescripción (d'un droit). ‖ Inhabilitación (perte d'une autorité). ‖ *Tomber en déchéance,* caducar (périmer), venir a menos (une famille).
déchet [deʃɛ] m. Desperdicio, desecho (rebut).

‖ Mengua, *f.*, pérdida, *f.* (perte, diminution). ‖ Fig. Menoscabo, descrédito (discrédit). ‖ — Pl. Restos, residuos, sobras, *f.*

décheveler* [deʃəvle] v. tr. Desgreñar, despeinar (écheveler).

déchiffonner v. tr. Desarrugar.

déchiffrable adj. Descifrable.

déchiffrage m. Descifrado.

déchiffrement m. Desciframiento.

déchiffrer v. tr. Descifrar. ‖ Mus. Leer a primera vista, repentizar.

déchiffreur, euse adj. et s. Descifrador, ra.

déchiquetage m. Despedazamiento, destrozo.

déchiqueté, e adj. Despedazado, da; en pedazos, desmenuzado, da (en morceaux). ‖ Recortado, da (papiers). ‖ Bot. Recortado, da; dentado, da; laciniado, da. ‖ Fig. Desmenuzado, da (haché). ‖ Géogr. Recortado, da.

déchiqueter* v. tr. Despedazar, hacer trizas, desmenuzar (mettre en lambeaux). ‖ Despedazar (un poulet). ‖ Recortar (le papier). ‖ Fig. Desollar (critiquer).

déchiqueture f. Corte, *m.*, cortadura (dans une étoffe). ‖ Desportillamiento, *m.*, mella (d'un objet).

déchirant, e adj. Desgarrador, ra.

déchirement m. Desgarramiento, desgarro. ‖ Rasgón (d'une étoffe). ‖ Dilaceración, *f.*, desgarramiento (d'un muscle). ‖ Fig. Aflicción, *f.*, quebranto (affliction). | División, *f.*, discordia, *f.* : *les déchirements internes d'un pays,* las divisiones internas de un país.

déchirer v. tr. ● Desgarrar, rasgar (rompre en arrachant) : *déchirer un vêtement,* desgarrar un vestido. ‖ Romper, rasgar : *déchirer un papier,* romper un papel. ‖ Romper, anular : *déchirer un contrat,* romper un contrato. ‖ Fig. Desgarrar, arrancar : *la toux lui déchirait la poitrine,* la tos le desgarraba el pecho. | Lastimar : *déchirer les oreilles,* lastimar los oídos. | Destrozar, arrancar, partir : *déchirer le cœur,* destrozar el corazón. | Desollar, despedazar : *déchirer quelqu'un à belles dents,* desollarle a uno vivo. | Dividir, destrozar (diviser).
— Syn. ● *Déchiqueter,* desmenuzar, despedazar. *Lacérer,* lacerar. *Dilacérer,* dilacerar. *Mettre en pièces,* hacer pedazos, despedazar.

déchirure f. Rasgón, *m.,* desgarrón, *m.,* siete, *m.* (accroc). ‖ Desgarrón, *m.* (musculaire).

déchlorurer [deklɔryre] v. tr. Chim. Quitar cloruro a.

déchoir* v. intr. Decaer, venir a menos. ‖ Fig. Disminuir. | Perder : *déchoir de son ancien courage,* perder su antiguo valor. ‖ *Déchoir de son rang,* perder su rango.

déchristianisation [dekristjanizasjɔ̃] f. Descristianización.

déchristianiser [-ze] v. tr. Descristianizar.

déchu, e adj. Caído, da : *l'ange déchu,* el ángel caído. ‖ Decaído, da; venido, da, a menos : *une famille déchue,* una familia venida a menos. ‖ Destituido, da (destitué). ‖ Desposeído, da; despojado, da : *déchu de ses droits,* despojado de sus derechos.

décibel m. Decibel, decibelio (unité de puissance sonore).

décidé, e adj. Decidido, da (conclu). ‖ Decidido, da; resuelto, ta (résolu). ‖ Firme : *d'un pas décidé,* con paso firme.

décidément adv. Decididamente. ‖ Sin duda alguna, desde luego (vraiment).

décider v. tr. ● Decidir : *ils ont décidé de partir,* decidieron irse. ‖ Decidir, resolver, acordar : *les congressistes décidèrent d'ajourner la séance,* los congresistas acordaron aplazar la sesión. ‖ Determinar : *l'éducation décide le progrès des peuples,*

la educación determina el progreso de los pueblos.
— V. intr. Decidir. ‖ *Décider de,* decidir.
— V. pr. Decidirse, resolverse, acordar, determinarse. ‖ Tomar una decisión.
— Syn. ● *Déterminer,* determinar. *Résoudre,* resolver. *Trancher,* zanjar, cortar. *Arrêter,* acordar, decidir. *Décréter,* decretar, declarar. *Destiner,* destinar. *Délibérer,* deliberar.

décigrade m. Decigrado.

décigramme m. Decigramo.

décilitre m. Decilitro.

décimable adj. Diezmero, ra (sujet à la dîme).

décimal, e adj. Math. Decimal.
— F. Decimal, *m.*

décimalité f. Carácter (*m.*) decimal.

décimateur m. Diezmero.

décime m. Décimo. ‖ — F. Décima, diezmo, *m.* (impôt).

décimer v. tr. Diezmar.

décimètre m. Decímetro.

décimo adv. Décimo (dixièmement).

décintrage ou **décintrement** m. Archit. Descimbramiento.

décintrer v. tr. Descimbrar.

décisif, ive adj. Decisivo, va.
— Syn. ● *Crucial,* crucial. *Dogmatique,* dogmático. *Péremptoire,* perentorio. *Tranchant,* terminante, tajante. *Probant,* probante. *Concluant,* concluyente.

décision f. Decisión, resolución : *la décision du gouvernement,* la decisión del gobierno. ‖ Resolución (dénouement). ‖ Determinación. ‖ Fallo, *m.* (d'un jury). ‖ — *Ne pas avoir l'esprit de décision,* ser poco decidido, tener poca determinación. ‖ *Prendre la décision de,* acordar, tomar la decisión de.

décisoire [desizwa:r] adj. Dr. Decisorio, ria (serment).

déclamateur adj. et s. m. Declamador.

déclamation f. Declamación.

déclamatoire adj. Declamatorio, ria.

déclamer v. tr. et intr. Declamar.

déclarant, e adj. et s. Declarante.

déclaratif, ive adj. Declarativo, va; declaratorio, ria.

déclaration f. Declaración : *déclaration d'amour,* declaración de amor. ‖ — *Faire une déclaration d'amour,* declararse. ‖ *Faire une déclaration d'impôts,* declarar los impuestos. ‖ Dr. *Faire une déclaration sous la foi du serment,* prestar una declaración jurada.

déclaratoire adj. Dr. Declaratorio, ria.

déclarer v. tr. Declarar.
— V. pr. Declararse. ‖ *Se déclarer en faveur d'un candidat,* declararse a favor de *ou* por un candidato.

déclassé, e adj. Sacado, da, de su esfera, de su clase, venido, da, a menos.

déclassement m. Desclasificación, *f.*, desorden (dérangement). ‖ Cambio de categoría. ‖ Cambio de clase (train). ‖ Multa (*f.*) por haber cambiado de clase en un tren. ‖ Fig. Cambio de posición social. ‖ Desclasificación, *f.* (d'un sportif).

déclasser v. tr. Desclasificar, desordenar (déranger). ‖ Hacer perder categoría, rebajar (rabaisser). ‖ Mar. Borrar de la matrícula (un bateau). ‖ Desclasificar (un sportif).
— V. pr. Bajar de clase (train).

déclaveter v. tr. Deschavetar, desenclavijar.

déclenche f. Resorte, *m.,* muelle, *m.*

déclenchement m. Disparo (d'un mécanisme). ‖ Fig. Iniciación, *f.,* desencadenamiento : *déclenchement d'une attaque,* iniciación de un ataque.

déclencher v. tr. Mécan. Soltar (un ressort, un cliquet). ‖ Poner en funcionamiento *ou* en marcha, hacer funcionar. ‖ Fig. Iniciar, desencadenar (provoquer).

déclencheur m. PHOT. Disparador.

déclic m. Trinquete (cliquet d'une montre). ‖ Disparador (d'un mécanisme). ‖ Gatillo, disparador (d'une arme).

déclin m. Decadencia, *f.*, ocaso : *le déclin d'un empire*, la decadencia de un imperio ; *le déclin de l'Occident*, el ocaso de Occidente. ‖ — *Déclin de la vie*, ocaso de la vida. ‖ *Déclin du jour*, ocaso.

déclinabilité f. Declinabilidad.

déclinable adj. Declinable.

déclinaison [deklinɛzɔ̃] f. ASTR. et GRAMM. Declinación.

déclinatoire adj. et s. m. DR. Declinatorio, ria.

décliner v. intr. Decaer, debilitarse : *forces qui déclinent*, fuerzas que decaen. ‖ ASTR. Declinar. — V. tr. GRAMM. Declinar. ‖ Declinar (gallicisme), rechazar, rehusar : *décliner une invitation*, rehusar una invitación. ‖ No reconocer, rehusar, negar : *décliner la responsabilité de quelque chose*, rehusar la responsabilidad de algo. ‖ FIG. *Décliner son nom*, dar su nombre, darse a conocer.

déclinquer v. tr. Dislocar, desquiciar.

décliquer ou **décliqueter*** v. tr. TECHN. Disparar, soltar el disparador (d'une machine).

décliquetage m. TECHN. Disparo (d'un cliquet).

déclive adj. En pendiente, en declive (en pente).

déclivité f. Declividad, declive, *m.*, pendiente.

décloîtrer v. tr. Exclaustrar.

déclore* v. tr. Quitar la cerca *ou* la valla de.

déclouer [deklue] v. tr. Desclavar. ‖ Descolgar (un tableau).

décoaguler v. tr. Descoagular.

décochage m. TECHN. Extracción (*f.*) del molde, desmoldeo.

décochement m. Disparo (d'une flèche).

décocher v. tr. Disparar (une flèche). ‖ Soltar, espetar (un compliment, une question). ‖ Soltar, lanzar : *décocher un coup de poing*, soltar un puñetazo. ‖ FIG. Lanzar, echar (un regard).

décoconner v. tr. Desembojar.

décocté m. Decocción, *f.* (produit d'une décoction).

décoction [dekɔksjɔ̃] f. Decocción.

décodage m. Desciframiento.

décoder v. tr. Descifrar.

décoffrage m. TECHN. Desencofrado.

décoffrer v. tr. TECHN. Desencofrar, desencajonar.

décognoir m. IMPR. Desacuñador.

décohérence m. RAD. Descohesor.

décoiffement m. Acción (*f.*) de despeinar.

décoiffer v. tr. Quitar el sombrero *ou* el tocado (ôter la coiffure). ‖ ● Despeinar (dépeigner). ‖ Destapar (ôter le bouchon). ‖ Decapsular (un projectile).

— OBSERV. *Décoiffer* y *dépeigner* son exactamente sinónimos, pero el primero es de uso más moderno.
— SYN. ● *Dépeigner*, despeinar. *Écheveler*, desgreñar. *Ébouriffer*, desgreñar.

décoincement [dekwɛ̃smɑ̃] m. Desencaje, liberación, *f.* (d'une pièce). ‖ Levantamiento de los calzos *ou* cuñas.

décoincer [-se] v. tr. Desencajar, liberar (une pièce). ‖ Descalzar, quitar los calzos.

décolérer v. intr. Desencolerizarse.

décollage m. Despegadura, *f.*, desencoladura, *f.* ‖ Despegue (avions). ‖ FIG. Despegue.

décollation f. Degollación, decapitación, decolación (vx).

décollement m. Despegadura, *f.* ‖ MÉD. Desprendimiento : *décollement de la rétine*, desprendimiento de la retina.

décoller v. tr. Despegar, desencolar. ‖ Despegar (oreilles). ‖ Degollar, decapitar (décapiter). ‖ Cortar la cabeza de (la morue). — V. intr. Despegar (avions). ‖ Despegarse

(sports). ‖ FIG. Arrancar (démarrer). ‖ MÉD. Desprenderse (la rétine). ‖ POP. Demacrarse. ‖ POP. *Ne plus décoller d'un endroit*, eternizarse en un sitio, echar raíces en un sitio.
— OBSERV. *Despegar* a un sens général ; *desencolar* suppose un collage à la colle forte.

décolletage m. Escote, escotadura, *f.* (action), escote, descote (décolleté). ‖ Torneado, terrajado (de vis, boulons, etc.). ‖ BOT. Desmoche.

décolleté, e adj. Escotado, da (vêtement). — M. Escote, descote.

décolleter* v. tr. Escotar, descotar (un vêtement). ‖ Aterrajar, terrajar, tornear (vis, boulons, etc.). ‖ Desmochar (les plantes).

décolleteur, euse m. et f. TECHN. Tornero, ra. — F. Terraja, máquina para la fabricación de tornillos, pernos, etc.

décolonisation f. Descolonización.

décoloniser v. tr. Descolonizar.

décolorant, e adj. et s. m. Descolorante.

décoloration f. Descoloramiento, *m.* ‖ Decoloración (cheveux).

décoloré, e adj. Descolorido, da : *style décoloré*, estilo descolorido. ‖ Decolorado, da (cheveux).

décolorer v. tr. Descolorir, descolorar. ‖ Decolorar (les cheveux). — V. pr. Descolorirse, descolorarse.
— OBSERV. *Descolorar* significa surtout ôter la couleur, tandis que *descolorir* équivaut à diminuer l'intensité de la couleur.

décombres m. pl. Escombros, cascotes, ripios. ‖ FIG. Ruinas, *f. pl.*

décommandement [dekɔmɑ̃dmɑ̃] m. Anulación, *f.*

décommander v. tr. Dar contraorden, revocar una orden (donner contrordre). ‖ Anular, cancelar (une commande, une invitation, etc.). ‖ Anular la invitación de (des invités). — V. pr. Excusarse [de no poder acudir a una cita aceptada]

décommettre v. tr. MAR. Descolchar (un câble).

décompensation f. Descompensación.

décomposable adj. Descomponible.

décomposé, e adj. Descompuesto, ta.

décomposer v. tr. Descomponer. — V. pr. Descomponerse. ‖ FIG. Disgregarse : *après le discours, la foule se décomposa*, después del discurso, la muchedumbre se disgregó.

décomposition f. Descomposición.

décompresseur m. Descompresor.

décompression f. Descompresión.

décomprimer v. tr. Descomprimir, disminuir la presión.

décomptage [dekɔ̃ta:ʒ] m. Cuenta (*f.*) hacia atrás.

décompte [dekɔ̃:t] m. Descuento (déduction). ‖ Detalle de una cuenta (détail d'une somme). ‖ FIG. Decepción, *f.* : *trouver du décompte*, sufrir una decepción. ‖ *Faire le décompte*, hacer el descuento (déduction), hacer el balance (bilan).

décompter [-te] v. tr. Descontar. ‖ Detallar (un compte). — V. intr. Sonar a destiempo (horloge). ‖ Contar hacia atrás (compter à rebours). ‖ FIG. Perder las ilusiones, desengañarse.

déconcentration f. Descentralización.

déconcertant, e adj. Desconcertante.

déconcerté, e adj. Desconcertado, da ; turbado, da.
— SYN. *Démonté*, desanimado. *Désemparé*, desconcertado. *Confundu*, confundido. *Consterné*, consternado. *Déconfit*, confuso. *Interdit*, aturrullado. *Penaud*, corrido. *Pantois*, azarado. *Désarçonné*, confundido, desconcertado. *Confus*, confuso.

déconcerter v. tr. Desconcertar.

déconfire* v. tr. (Vx). Desbaratar (l'ennemi).

déconfit, e [dekɔ̃fi, it] adj. Deshecho, cha. ‖ Descompuesto, ta (mine). ‖ Corrido, da ; confuso, sa (personne).

déconfiture f. Derrota, aplastamiento, m. (déroute). ‖ FIG. et FAM. Derrota, hundimiento, m. : *la déconfiture d'un parti,* la derrota de un partido. ‖ *En déconfiture,* deshecho, cha ; malparado, da (personne), hundido, da ; arruinado, da (affaire).

décongeler v. tr. Descongelar, deshelar.

décongestionner v. tr. Descongestionar.

déconnecter v. tr. ÉLECTR. Desconectar.

déconseiller v. tr. Desaconsejar. ‖ *C'est à déconseiller,* no es de aconsejar, no es recomendable.

déconsidération f. Desconsideración (perte de la considération). ‖ Descrédito, m. (discrédit).

déconsidérer* v. tr. Desacreditar.

déconsigner v. tr. MIL. Levantar el arresto. | Desacuartelar, salir de la situación de acuartelamiento. ‖ Sacar de la consigna (bagages).

décontenancer* v. tr. Desconcertar, turbar.

décontracté, e adj. Relajado, da ; suelto, ta. ‖ FIG. et FAM. Muy tranquilo, la ; nada nervioso, sa.

décontracter v. tr. Relajar (faire cesser la contraction). ‖ Tranquilizar, quitar el nerviosismo. ‖ *Être décontracté,* no estar nada nervioso, estar tranquilo.
— V. pr. Relajarse.

décontraction f. Relajamiento, m., relajación. ‖ Tranquilidad, falta de nerviosismo.

déconvenue [dekɔ̃vny] f. Chasco, m., desengaño, m., contrariedad.

décor m. Decorado (d'une maison). ‖ THÉÂTR. Decoración, f., decorado. ‖ FAM. Apariencia, f., aspecto exterior. ‖ Panorama. ‖ Ambiente, cuadro, marco (cadre). ‖ — *Changement de décor,* cambio de panorama, de situación. ‖ *L'envers du décor,* el lado opuesto, el reverso de la medalla. ‖ — FAM. *Aller, entrer o rentrer dans les décors,* pegarse un tortazo con el coche, despistarse, salirse de la carretera. ‖ *Envoyer dans les décors,* echar por alto, mandar a paseo.

décorateur, trice adj. et s. Decorador, ra.

décoratif, ive adj. Decorativo, va. ‖ *Arts décoratifs,* artes decorativas.

décoration f. Decoración (ornements). ‖ Condecoración : *remettre une décoration à un militaire,* imponer una condecoración a un militar.

décorder v. tr. Destorcer (une corde). ‖ Desatar (détacher).

décoré, e adj. Decorado, da ; adornado, da (orné). ‖ Engalanado, da. ‖ — Adj. et s. Condecorado, da : *soldat décoré,* soldado condecorado.

décorer v. tr. Decorar, adornar (orner). ‖ Condecorar : *décorer de la médaille militaire,* condecorar con la medalla militar (conférer une décoration). ‖ Conferir : *décorer quelqu'un du titre de comte,* conferir a uno el título de conde.

décorner v. tr. Descornar (enlever les cornes). ‖ Desdoblar el pico de (une feuille de papier). ‖ *Vent à décorner les bœufs,* viento de mil demonios.

décortication f. ou **décorticage** m. Descortezamiento, m. (des arbres). ‖ Descorche, m. (du liège). ‖ Descascarillado, m. (des grains). ‖ Descerezado, m. (du café). ‖ MÉD. Descortezamiento, m.

décortiquer v. tr. Descortezar (les arbres). ‖ Descorchar (le chêne-liège). ‖ Quitar la cáscara, pelar, descascarar (des fruits à coque). ‖ Descascarillar (riz et grains). ‖ Descerezar (le café). ‖ Quitar el caparazón, pelar (un crustacé). ‖ FIG. et FAM. Desmenuzar, mirar por los cuatro costados.

décorum [dekɔrɔm] m. Decoro. ‖ Etiqueta, f.,

ceremonial (étiquette). ‖ *Observer le décorum,* conducirse con decoro.
— OBSERV. Esta palabra no tiene plural.

décote f. Exoneración (contribution). ‖ COMM. Quebranto, m.

découcher v. intr. Dormir fuera de casa.

découdre* v. tr. Descoser. ‖ FIG. Destripar, abrir en canal (éventrer).
— V. intr. FAM. *En découdre avec quelqu'un,* venir a las manos con uno, pelearse con uno (en venir aux mains).

découler v. intr. Chorrear, manar, fluir (couler peu à peu). ‖ ● FIG. Derivarse, resultar, desprenderse : *il découle de cette analyse que,* se desprende de este análisis que. ‖ FIG. Ser originado, da : *une série de réformes a découlé de tout cela,* una serie de reformas ha sido originada por todo esto, todo esto ha originado una serie de reformas.
— SYN. ● *Dériver,* derivarse. *Émaner,* emanar. *Provenir,* provenir. *Procéder,* proceder.

découpage m. Recorte, recortado (action de découper). ‖ Trinchado (des viandes). ‖ CINÉM. Desglose, repartición (f.) de un guión en escenas. ‖ TECHN. Troquelado. ‖ Recortable (jeu). ‖ *Découpage électoral,* establecimiento de las circunscripciones electorales.

découpe f. Recorte, m.

découper v. tr. Recortar (des images). ‖ ● Descuartizar (la viande), trinchar (à table). ‖ Dividir (un territoire, etc.). ‖ Desglosar (film). ‖ TECHN. Troquelar.
— V. pr. Recortarse, destacarse, perfilarse : *la montagne se découpe sur le ciel,* la montaña se destaca en el cielo.
— SYN. ● *Débiter,* cortar en trozos. *Équarrir,* descuartizar, destazar. *Dépecer,* despedazar.

découpeur, euse m. et f. Recortador, ra ; cortador, ra. ‖ Desglosador, ra (d'un film). ‖ — F. Máquina de cortar *ou* recortar, troqueladora.

découple ou **découpler** m. Desatraillamiento (des chiens de chasse).

découplé, e adj. *Bien découplé,* bien plantado, airoso.

découpler v. tr. Desatraillar (les chiens). ‖ Desenganchar (deux voitures). ‖ TECHN. Desacoplar. ‖ FIG. *Découpler après,* lanzar en persecución, echar tras (lancer à la poursuite).

découpoir m. Recortador. ‖ Sacabocados (emporte-pièce). ‖ Cuchilla, f. (lame).

découpure f. Recortadura (action). ‖ Recorte, m. (fragment découpé). ‖ Festón, m. (étoffe ou papier découpé pour orner). ‖ Corte, m. (entaille). ‖ GÉOGR. Quebradura, hendidura (de la côte).

découragé, e adj. Desalentado, da ; desanimado, da ; descorazonado, da.

décourageant, e [dekuraʒɑ̃, ɑ̃:t] adj. Desalentador, ra ; que desanima.

découragement [-ʒmɑ̃] m. Desaliento, desánimo, descorazonamiento.

décourager* v. tr. Desalentar, desanimar, descorazonar : *ce temps me décourage,* este tiempo me desanima. ‖ Quitar las ganas, disuadir, quitar la idea a : *je l'ai découragé de partir,* le he quitado la idea de irse. ‖ No fomentar : *cette politique a découragé les importations,* esta política no ha fomentado las importaciones.
— V. pr. Desalentarse, descorazonarse, desanimarse.

découronnement m. Descoronamiento. ‖ Desmoche (des arbres).

découronner v. tr. Descoronar (un monarque). ‖ Desmochar (les arbres).

décours [deku:r] m. Menguante, f., decadencia, f. (de la lune). ‖ Mejoría, f. (déclin d'une maladie).

décousu, e adj. Descosido, da. ‖ Deshilvanado,

da; deslavazado, da : *style décousu,* estilo deshilvanado.
— M. Falta (*f.*) de ilación.

décousure f. Descosido, *m.* ‖ Herida, raja (faite à un chien par un sanglier).

découvert, e [dekuvɛ:r, ɛrt] adj. Descubierto, ta.
‖ Destapado, da (sans couvercle). ‖ Despoblado, da, de árboles : *pays découvert,* país despoblado de árboles. ‖ — *Ciel découvert,* cielo raso. ‖ *Wagon découvert,* batea. ‖ — *À découvert,* al descubierto. ‖ COMM. *Être à découvert,* estar en descubierto. ‖ *Vendre à découvert,* vender al descubierto.
— M. COMM. Descubierto. ‖ Sitio al aire libre (endroit découvert).

découverte f. Descubrimiento, *m. : la découverte de l'Amérique, de la pénicilline, d'une conspiration,* el descubrimiento de América, de la penicilina, de una conspiración. ‖ Descubierta, exploración : *aller à la découverte,* ir a la descubierta. ‖ Hallazgo, *m.,* descubrimiento, *m.* (trouvaille). ‖ MIN. Mina al aire libre.

découvreur, euse m. et f. Descubridor, ra.

découvrir* v. tr. Descubrir (un trésor, une statue, un vaccin). ‖ ● Averiguar (après des recherches). ‖ Destapar (ôter un couvercle). ‖ Revelar, descubrir : *découvrir ses projets,* revelar sus proyectos. ‖ Divisar (apercevoir). ‖ Descubrir (aux échecs). ‖ MIL. Dejar al descubierto, desguarnecer. ‖ — FAM. *Découvrir le pot aux roses,* descubrir el pastel. ‖ *Découvrir son jeu,* descubrir su juego, enseñar la oreja.
— V. intr. Descubrirse.
— V. pr. Despejarse (le ciel). ‖ Descubrirse, quitarse el sombrero (pour saluer). ‖ MIL. Descubrirse.
— SYN. ● *Deviner,* adivinar. *Déceler,* descubrir. *Détecter,* detectar. *Éventer,* descubrir. *Percer,* penetrar. *Dépister,* rastrear, descubrir.

décrassement ou **décrassage** m. Desengrase (dégraissage). ‖ Limpieza, *f.,* lavado a fondo (nettoyage). ‖ FIG. Desbaste (de l'intelligence).

décrasser v. tr. Desengrasar, desgrasar (dégraisser). ‖ Limpiar, lavar a fondo, quitar la mugre de (nettoyer). ‖ FIG. Afinar, desbastar (une personne).
— V. pr. Limpiarse. ‖ FIG. Afinarse.

décrassoir m. Peine espeso, caspera, *f.*

décrément m. MATH. Decremento.

décrépir v. tr. Quitar el enlucido *ou* el revoque (un mur). ‖ *Mur décrépi,* pared desconchada.
— V. pr. Desconcharse. ‖ FIG. Hacerse viejo y decrépito.

décrépissage m. Eliminación (*f.*) del enlucido.

décrépit, e [dekrepi, it] adj. Decrépito, ta.

décrépiter v. tr. Decrepitar.
— V. intr. Crepitar.

décrépitude f. Decrepitud.

decrescendo adv. et s. m. inv. MUS. Decrescendo.

décret [dekrɛ] m. Decreto.

décrétale f. Decretal (décision du pape).

décréter* v. tr. Decretar, ordenar. ‖ Decidir, declarar : *il décréta qu'il resterait,* decidió quedarse.

décret-loi m. Decreto ley.
— OBSERV. Pl. *Décrets-lois.*

décreusage ou **décreusement** m. V. DECRUSAGE.

décreuser v. tr. TECHN. V. DÉCRUER.

décri m. Banda, *f.,* pregón de prohibición (interdit). ‖ Depreciación, *f.* ‖ FIG. Descrédito, (d'une personne).

décrié, e adj. Prohibido, da (interdit). ‖ Desprestigiado, da; criticado, da; desacreditado, da (critiqué).

décrier* v. tr. Prohibir (interdire). ‖ Criticar, desprestigiar (discréditer). ‖ Depreciar.

décrire* v. tr. Describir (un pays). ‖ Trazar, describir (une ellipse).

décrochage ou **décrochement** m. Descolgamiento, descolgadura, *f.* ‖ Desenganche (d'un wagon). ‖ Desencajamiento (de la mâchoire). ‖ — MIL. Ruptura (*f.*) de contacto.

décrocher v. tr. Descolgar (ce qui est suspendu, le téléphone). ‖ Desenganchar (ce qui est accroché). ‖ FIG. et FAM. Sacar, conseguir, obtener, arrancar : *il a décroché un diplôme,* ha sacado un diploma; *l'équipe décrocha un point,* el equipo arrancó un punto. ‖ Ganar : *décrocher le gros lot,* ganar el premio gordo.
— V. intr. MIL. Retirarse, rompiendo el contacto.
— V. pr. Descolgarse, desengancharse. ‖ Desengancharse, desabrocharse (une agrafe). ‖ Desencajarse (la mâchoire). ‖ — *Bâiller à s'en décrocher la mâchoire,* aburrirse como una ostra. ‖ *Rire à s'en décrocher la mâchoire,* reir a mandíbula batiente.

décrochez-moi-ça m. inv. POP. Prenda (*f.*) de lance, ropa (*f.*) de ocasión. ‖ Prendero, ropavejero (fripier).

décroisement [dekrwazmɑ̃] m. Descruzamiento.

décroiser v. tr. Descruzar.

décroissance f. Disminución, decrecimiento, *m.* (p. us.).

décroissant, e adj. Decreciente. ‖ Menguante (lune).

décroissement m. Decrecimiento, descenso.

décroît [dekrwa] m. Menguante, *f.* (de la lune).

décroître* v. intr. Decrecer, menguar, disminuir. ‖ Disminuir : *les jours décroissent,* los días disminuyen. ‖ Disminuir de caudal, bajar (fleuve). ‖ Menguar (la lune).
— OBSERV. El verbo *décroître* no lleva acento en las formas siguientes : *je décrois, tu décrois, je décrus, tu décrus, il décrut, ils décrurent, décru.*

décrottage m. Limpieza, *f.,* acción (*f.*) de desenlodar *ou* desembarrar (nettoyage). ‖ FIG. Desbaste (d'une personne).

décrotter v. tr. Quitar el barro, desenlodar, desembarrar. ‖ Limpiar (les chaussures). ‖ FIG. Desbastar, pulir, afinar (une personne).

décrotteur m. Limpiabotas, betunero, limpia (fam.). ‖ AGRIC. Limpiadora (*f.*) de raíces.

décrottoir m. Limpiabarros. ‖ *Grille-décrottoir,* rejilla para quitar el barro.

décrue [dekry] f. Descenso, *m.,* baja, decrecida (les eaux).

décruer ou **décruser** v. tr. TECHN. Curar, lavar el hilo de seda.

décrusage m. Preparación (*f.*) de la seda (soie).

décrypter v. tr. Descifrar.

déçu, e [desy] adj. Decepcionado, da. ‖ Frustrado, da; defraudado, da : *espoir déçu,* esperanza frustrada.

décubitus [dekybitys] m. Decúbito : *décubitus dorsal, ventral,* decúbito supino, prono.

décuivrage m. Desencobrado.

décuivrer v. tr. Desencobrar.

déculasser v. tr. Desculatar, quitar la culata de.

déculotter v. tr. Quitar los calzones *ou* los pantalones.

décuple adj. et s. m. Décuplo, pla.

décuplement m. Multiplicación (*f.*) por diez.

décupler v. tr. et intr. Decuplicar, decuplar, aumentar diez veces. ‖ FIG. Centuplicar.

décurie [dekyri] f. HIST. Decuria.

décurion m. HIST. Decurión.

décurrent, e adj. BOT. Decurrente.

décuscuteuse f. Dispositivo (*m.*) para separar la cuscuta de la semilla.

décussé, e adj. BOT. Decusado, da; entrecruzado, da (feuilles).

décuvage m. ou **décuvaison** f. Trasiego, *m.* (transvasement).

décuver v. tr. Trasegar (le vin).

dédaignable [dedɛɲabl] adj. Desdeñable, despreciable.

dédaigner [-ɲe] v. tr. Desdeñar, despreciar, hacer poco caso de.

dédaigneux, euse [-ɲø, ø:z] adj. et s. Desdeñoso, sa. ‖ — *Dédaigneux de,* que desprecia : *dédaigneux de s'instruire,* que desprecia instruirse. ‖ *Être dédaigneux de,* despreciar, desdeñar (mépriser).

dédain m. Desdén, desprecio. ‖ *Prendre en dédain,* despreciar.

dédale m. FIG. Dédalo, laberinto (labyrinthe).

Dédale n. pr. m. MYTH. Dédalo.

dédaléen, enne [dedaleɛ̃, ɛn] ou **dédalien, enne** [-ljɛ̃, jɛn] adj. Laberíntico, ca; inextricable; enmarañado, da.

dedans [dədɑ̃] adv. Dentro (sans mouvement), adentro (avec mouvement). ‖ — *Au-dedans,* dentro, por dentro. ‖ *Au-dedans de,* dentro de. ‖ *De dedans,* de dentro. ‖ *En dedans* o *par-dedans,* por dentro, dentro, interiormente. ‖ *Là-dedans,* ahí dentro. ‖ *Avoir, tourner les pieds en dedans,* tener, volver los pies hacia dentro. ‖ FAM. *Mettre dedans,* dar el pego, pegársela a alguien, engañar (tromper).
— Interior, parte (f.) interior (l'intérieur). ‖ Interioridades, *f. pl.* : *le dedans d'une affaire,* las interioridades de un negocio.

dédicace f. Dedicatoria (d'un livre). ‖ Dedicación, consagración (d'une église).

dédicacer v. tr. Dedicar (un livre).

dédicatoire adj. Dedicatorio, ria.

dédier* v. tr. Dedicar (un livre). ‖ ● Dedicar, consagrar (une église).
— SYN. ● *Consacrer,* consagrar. *Vouer, dévouer,* consagrar.

dédire* v. tr. Desmentir.
— V. pr. Desdecirse, retractarse. ‖ No cumplir : *se dédire de son engagement,* no cumplir su compromiso.

dédit [dedi] m. Retractación, *f.* ‖ Indemnización, *f.* (somme).

dédommagement m. Indemnización, *f.,* resarcimiento. ‖ Compensación, *f.* ‖ *En guise de dédommagement,* a guisa de desagravio (moral).

dédommager* v. tr. Resarcir, indemnizar. ‖ Compensar.
— V. pr. Resarcirse : *se dédommager d'une perte,* resarcirse de una pérdida.

dédorage m. ou **dédorure** f. Eliminación (f.) del dorado, desdorado, *m.*

dédorer v. tr. Desdorar.

dédouanement [dedwanmɑ̃] m. Pago de los derechos de aduana.

dédouaner v. tr. Pagar los derechos de aduana (payer). ‖ Sacar de la aduana (sortir).
— V. pr. FIG. Enmendarse.

dédoublage m. Rebaja, *f.* (de l'alcool).

dédoublement m. Desdoblamiento. ‖ — TRANSP. *Dédoublement des trains,* servicio complementario de trenes. ‖ *Dédoublement d'une classe,* subdivisión de una clase en dos secciones.

dédoubler v. tr. Desdoblar (partager en deux). ‖ Desplegar, desdoblar (déplier). ‖ Quitar el forro, desaforrar (p. us.) [ôter la doublure]. ‖ Subdividir en dos secciones (une classe). ‖ Rebajar (l'alcool). ‖ CHIM. Descomponer. ‖ TRANSP. *Dédoubler un train,* poner un tren suplementario.
— V. pr. Desdoblarse.

déductif, ive adj. Deductivo, va.

déduction [dedyksjɔ̃] f. Deducción (conséquence). ‖ Rebaja, deducción, descuento, *m.* (soustraction). ‖ Relación, exposición (exposé).

déduire* v. tr. Deducir. ‖ Deducir, descontar, rebajar (soustraire d'une somme).

déesse [deɛs] f. Diosa.

de facto loc. lat. De facto (de fait).

défaillance [defɑjɑ̃:s] f. Desfallecimiento, *m.,* desmayo, *m.* (évanouissement). ‖ (Vx). Extinción, desaparición (disparition). ‖ Fallo, *m.* : *défaillance de mémoire,* fallo de memoria. ‖ DR. Incumplimiento, *m.* ‖ FIG. Debilidad, flaqueza (faiblesse). ‖ *Tomber en défaillance,* desmayarse.

défaillant, e [-jɑ̃, ɑ̃:t] adj. Desfalleciente. ‖ Que falla : *mémoire défaillante,* memoria que falla. ‖ Claudicante (forces). ‖ Extinguido, da (disparu). ‖ DR. Que no comparece, contumaz.
— M. DR. Rebelde, contumaz.

défaillir* [-ji:r] v. intr. (Vx). Faltar, hacer falta (manquer). ‖ (Vx). Extinguirse (s'éteindre). ‖ Desfallecer (s'affaiblir), desmayarse (s'évanouir). ‖ Fallar (faiblir). ‖ DR. No comparecer, declararse en rebeldía. ‖ FIG. Desanimarse, desalentarse (se décourager).

défaire* v. tr. Deshacer (détruire). ‖ Desatar (détacher). ‖ Debilitar (affaiblir). ‖ Descomponer : *visage défait,* rostro descompuesto. ‖ Deshacer, derrotar (mettre en déroute). ‖ Librar, desembarazar : *défaire quelqu'un d'un imposteur,* librar a alguien de un impostor. ‖ Quitarse (enlever). ‖ Aflojar : *défaire sa cravate,* aflojar la corbata.
— V. pr. Deshacerse. ‖ Deshacerse de (se débarrasser de). ‖ Desprenderse : *elle a dû se défaire de ses bijoux,* ha tenido que desprenderse de sus joyas. ‖ Marchitarse, ajarse (se faner). ‖ FIG. Corregirse, quitarse de : *se défaire d'un vice,* corregirse de un vicio.

défait, e [defɛ, ɛ:t] adj. Deshecho, cha. ‖ Desatado, da (détaché). ‖ Descompuesto, ta : *visage défait,* rostro descompuesto. ‖ Deshecho, cha; extenuado, da (exténué).

défaite f. ● MIL. Derrota : *essuyer une défaite,* sufrir una derrota. ‖ Derrota, fracaso, *m.* (échec). ‖ (Vx). FIG. et FAM. Pretexto, *m.,* escapatoria (échappatoire).
— SYN. ● *Déroute, débâcle,* derrota. *Débandade,* desbandada.

défaitisme m. Derrotismo. ‖ Poca confianza (f.) en sí mismo (manque de confiance en soi).

défaitiste adj. et s. Derrotista, pesimista.

défalcation f. Deducción, rebaja (déduction).

défalquer v. tr. Deducir, descontar, rebajar (déduire).

défaufiler v. tr. Deshilvanar.

défausser v. tr. TECHN. Enderezar (redresser).
— V. pr. Descartarse (jeux).

défaut [defo] m. ● Defecto, falta, *f.,* tacha, *f.* (imperfection). ‖ Falta, *f.,* carencia, *f.* (manque). ‖ Imperfección, *f.,* defecto (imperfection). ‖ Fallo : *défaut de mémoire,* fallo de memoria. ‖ Falta, *f.* (lacune). ‖ FIG. Flaco, punto débil (point faible). ‖ DR. Vicio : *des défauts cachés,* vicios ocultos. ‖ Incomparecencia, *f.,* contumacia, *f.,* rebeldía, *f.* : *jugement par défaut,* sentencia en rebeldía. ‖ *Le défaut de la cuirasse,* el flaco de una persona, el punto débil. ‖ *Le défaut de l'épaule,* el codillo. ‖ *Le défaut des côtes,* la ijada, el vacío. ‖ — *À défaut de,* a falta de. ‖ *Au défaut de,* en lugar de, a falta de. ‖ DR. *Par défaut,* en rebeldía. ‖ — *Être en défaut,* caer en falta, faltar (personnes), perder la pista (chiens). ‖ *Faire défaut,* faltar (manquer), no comparecer en juicio, declararse en rebeldía (ne pas comparaître). ‖ *Mettre en défaut,* hacer caer en falta. ‖ *Prendre en défaut,* coger en falta.
— SYN. ● *Défectuosité,* defectuosidad. *Imperfection,* imperfección. *Vice,* vicio. *Tare,* tara (gallicisme), desperfecto. *Tache,* borrón, lunar. *Travers,* defecto.

défaveur f. Disfavor, *m.*, descrédito, *m.* ‖ *Tomber en défaveur*, caer en desgracia.
— SYN. *Disgrâce*, desgracia. *Discrédit*, descrédito.

défavorable adj. Desfavorable.
— SYN. *Péjoratif*, despectivo, peyorativo. *Hostile*, hostil. *Ennemi*, enemigo. *Opposé*, opuesto.

défavoriser v. tr. Desfavorecer.

défécation f. Defecación.

défectif, ive adj. et s. m. GRAMM. Defectivo, va.

défection [defɛksjɔ̃] f. Defección. ‖ Retirada (d'un concurrent). ‖ *Faire défection*, desertar.

défectueux, euse adj. Defectuoso, sa.

défectuosité f. Defectuosidad, defecto, *m.*

défendable adj. Defendible.

défendeur, eresse m. et f. DR. Demandado, da.

défendre v. tr. Defender : *défendre sa patrie*, defender la patria. ‖ Prohibir : *il est défendu de cracher*, se prohibe escupir. ‖ Proteger, preservar, defender : *les habits nous défendent du froid*, los vestidos nos protegen del frío. ‖ *À son corps défendant*, en defensa propia, en defensa suya (en luttant), de mala gana (à contrecœur). — V. pr. Defenderse. ‖ Protegerse, preservarse (se préserver). ‖ Negar : *se défendre d'avoir fait quelque chose*, negar haber hecho algo ; *il ne s'en défend pas*, no lo niega. ‖ Guardarse : *se défendre de la tentation*, guardarse de la tentación. ‖ Rehusar (un cheval). ‖ Impedir, evitar : *il ne put se défendre d'être ému*, no pudo evitar emocionarse. ‖ POP. Defenderse, no dársele mal. ‖ *Cela se défend*, esto se justifica.
— OBSERV. El infinitivo francés que sigue « défendre » se pone en español en subjuntivo : *je te défends de venir*, te prohibo que vengas.

défendu, e adj. Defendido, da. ‖ ● Prohibido, da : *fruit défendu*, fruta prohibida. ‖ *Il est défendu de*, está prohibido, se prohibe.
— SYN. ● *Interdit*, *prohibé*, prohibido, vedado. *Illicite*, ilícito.

défenestration f. Defenestración, lanzamiento (*m.*) por la ventana.

défens ou **défends** [defɑ̃] m. DR. Prohibición (*f.*) de tala *ou* de pastoreo.

défense [defɑ̃:s] f. Defensa : *défense d'une ville, d'une idée*, defensa de una ciudad, de una idea. ‖ Prohibición (interdiction). ‖ DR. Defensa. ‖ MAR. et MIL. Defensa. ‖ SPORTS. Defensa, zaga (ligne), defensa, *m.*, zaguero, *m.* (joueur). ‖ — Pl. Defensas (fortifications). ‖ Colmillos, *m.*, defensas (de l'éléphant, du sanglier). ‖ — *Sans défense*, indefenso, sa. ‖ — *Défense absolue de*, prohibido terminantemente. ‖ *Défense d'afficher*, prohibido fijar carteles. ‖ *Défense d'entrer*, se prohibe la entrada. ‖ *Défense de stationner*, prohibido aparcar. ‖ *Jouer la défense*, jugar a la defensiva (sports). ‖ *Prendre* o *embrasser la défense de*, defender a *ou* tomar partido por. ‖ *Se mettre en défense* o *en état de défense*, ponerse en guardia. ‖ *Travailler à la défense de*, trabajar en defensa de.

défenseur m. Defensor, ra. ‖ Defensor, ra ; partidario, ria (d'une idée). ‖ DR. Abogado defensor, defensor. ‖ *Se faire le défenseur de*, abogar por, hacerse el abogado de.
— OBSERV. La palabre *défenseur* no tiene forma femenina ; se dice, por ejemplo : *elle a été un remarquable défenseur.*

défensif, ive adj. et s. f. Defensivo, va : *être* o *se tenir sur la défensive*, ponerse a la defensiva.

déféquer* v. tr. Defecar.

déférence f. Deferencia, consideración.

déférent, e [deferɑ̃, ɑ̃:t] adj. Deferente (respectueux). ‖ ANAT. *Canal déférent*, canal deferente.

déférer* v. tr. DR. Deferir, encomendar, atribuir [a una jurisdicción] : *déférer une cause à un tribunal*, deferir una causa a un tribunal. ‖ Denunciar, citar en justicia (dénoncer). ‖ (Vx). Conferir, conceder (décerner).

déferlage m. Despliegue (d'une voile).

déferlement m. Rompimiento (des vagues). ‖ Marejada, *f.* (de la foule). ‖ FIG. Desencadenamiento : *le déferlement des passions*, el desencadenamiento de las pasiones.

déferler v. intr. Romper, estrellarse (les vagues). ‖ FIG. Acudir en tropel, afluir. ‖ Desencadenarse : *les applaudissements déferlèrent*, los aplausos se desencadenaron.
— V. tr. MAR. Desplegar, largar, desaferrar (les voiles).

déferrage ou **déferrement** m. Desherraje, acción (*f.*) de quitar las herraduras (chevaux), *ou* los herrajes (meubles).

déferrer v. tr. Desherrar (cheval, prisonnier). ‖ FIG. et FAM. Desconcertar, dejar cortado, da (déconcerter).
— V. pr. Desherrarse, perder las herraduras.

défervescence [defɛrvɛsɑ̃:s] f. MÉD. Defervescencia, descenso (*m.*) de la fiebre.

défet [defɛ] m. IMPR. Defecto.

défeuillaison [defœjɛzɔ̃] f. Deshoje, *m.*, caída de las hojas.

défeuiller [-je] v. tr. Deshojar.

défeutrage m. Batanado (d'un tissu).

défi m. Desafío, reto. ‖ — *Mettre quelqu'un au défi de*, desafiar a uno que. ‖ *Porter* o *lancer un défi*, lanzar un desafío, desafiar, retar. ‖ *Relever un défi*, aceptar un desafío *ou* el reto, recoger el guante, salir a la demanda.

défiance f. Desconfianza, recelo, *m.* ‖ *Vote de défiance*, voto de censura.

défiant, e adj. Desconfiado, da ; receloso, sa.

défibrage m. TECHN. Desfibrado, desfibración, *f.*

défibrer v. tr. Desfibrar.

défibreur m. Desfibrador (ouvrier). ‖ Desfibradora, *f.* (machine).

déficeler* [defisle] v. tr. Desatar, quitar la cuerda.

déficience f. Deficiencia.

déficient, e [defisjɑ̃, jɑ̃:t] adj. Deficiente.

déficit [-sit] m. Déficit.

déficitaire adj. Deficitario, ria ; en déficit.

défier* v. tr. Desafiar, retar (lancer un défi). ‖ FIG. Desafiar, arrostrar (braver). ‖ Excluir, resistir a : *ce prix défie toute concurrence*, este precio resiste a toda competencia. ‖ *Je te défie de le faire*, apuesto a que no lo haces.
— V. pr. Desafiarse, retarse. ‖ Desconfiar, no fiarse de (se méfier).

défiger* v. tr. Descuajar, descongelar.

défiguration f. Desfiguración.

défigurer v. tr. Desfigurar.

défilage m. Desguinzado (papier). ‖ Deshilado (couture).

défilé f. Desfiladero (passage étroit). ‖ ● Desfile (des troupes, etc.). ‖ *Défilé des Rois mages*, cabalgata de los Reyes Magos.
— SYN. ● *Procession*, procesión. *Cavalcade*, cabalgata. *Mascarade*, mascarada.

défilement m. MIL. Desenfilada, *f.*

défiler v. tr. Desensartar, desenhebrar (ôter le fil). ‖ Desguinzar (papier). ‖ MIL. Desenfilar, poner a cubierto. ‖ *Défiler son chapelet*, pasar las cuentas del rosario (prier), vaciar el saco *ou* el costal (parler).
— V. intr. MIL. Desfilar.
— V. pr. Desenhebrarse, desensartarse. ‖ FAM. Esquivarse (se dérober), largarse, escabullirse (s'enfuir).

défileuse f. TECHN. Desguinzadora.

défini, e adj. Definido, da : *article défini*, artículo definido. ‖ *Passé défini*, pretérito indefinido.
— M. Lo definido.
— Observ. El pretérito indefinido (*passé simple*) se usa hoy poco en francés, y se le sustituye sobre todo en el lenguaje hablado por el pretérito perfecto (*passé composé*) : *ayer salí*, je suis sorti hier.

définir v. tr. Definir. ‖ Determinar, precisar (fixer) : *définir le temps où telle chose se fera*, precisar el momento en que tal cosa se verificará.

définissable adj. Definible.

définiteur m. Definidor (religieux).

définitif, ive adj. Definitivo, va. ‖ *En définitive*, en definitiva, al fin y al cabo, finalmente.
— M. Lo definitivo.

définition f. Definición. ‖ Techn. Definición, nitidez (télévision).

définitoire adj. Definitorio, ria.

déflagrant, e adj. Deflagrante.

déflagrateur m. Techn. Deflagrador.

déflagration f. Deflagración.

déflagrer v. intr. Deflagrar.

déflation f. Deflación.

déflationniste adj. Deflacionista.

déflecteur m. Deflector. ‖ Aviat. Disruptor.

défleurir v. intr. Desflorecer (perdre ses fleurs).
— V. tr. Desflorar (faire tomber la fleur). ‖ Fig. Marchitar, ajar (faner).

déflexion f. Phys. Deflexión.

défloraison [deflɔrɛzɔ̃] f. Desflorecimiento, *m.*

défloration f. Desfloración.

déflorer v. tr. Desflorar.

défoliation f. Defoliación, deshoje, *m.*

défonçage ou **défoncement** m. Desfondamiento, desfonde : *défoncement d'un tonneau*, desfondamiento de un tonel. ‖ Socavón (d'une rue). ‖ Agric. Desfonde.

défoncer* v. tr. Desfondar (ôter le fond de). ‖ Llenar de baches (une route). ‖ Hundir (enfoncer). ‖ Agric. Desfondar. ‖ Mil. Aplastar, arrollar, derrotar completamente.

défonceuse f. Roturadora, arado (*m.*) de desfonde, desterronadora (charrue). ‖ Techn. Fresadora (à bois).

déformable adj. Deformable.

déformation f. Deformación.

déformé, e adj. Deformado, da.
— Syn. *Défraîchi*, ajado. *Fané*, marchito, ajado. *Avachi*, muy deformado. *Usé*, gastado.

déformer v. tr. Deformar, desformar.
— V. pr. Deformarse, desformarse.

défoulement m. Liberación, *f.*

défouler v. tr. Liberar.
— V. pr. Liberarse (d'un complexe). ‖ Desquitarse : *en vacances il se défoule*, durante las vacaciones se desquita.

défournage ou **défournement** m. Desenhornamiento, salida (*f.*) del horno.

défourner v. tr. Desenhornar, deshornar.

défourneuse f. Techn. Deshornadora.

défraîchi, e adj. Ajado, da.

défraîchir v. tr. Ajar, descolorar : *le soleil défraîchit les étoffes*, el sol descolora los tejidos. ‖ Chafar (velours). ‖ Fig. Ajar (une personne).

défrayer* [defrɛje] v. tr. Costear, pagar los gastos. ‖ Fig. Alimentar. ‖ — *Défrayer la chronique*, ser la comidilla *ou* el pasto de la actualidad, saltar frecuentemente a las páginas de los periódicos. ‖ *Défrayer la conversation*, hacer el gasto de la conversación.

défrichable adj. Roturable.

défrichage ou **défrichement** m. Agric. Roturación, *f.*, desmonte (action). ‖ Campo roturado (terrain défriché). ‖ Fig. Desbroce, desbrozo, primer trabajo.

défricher v. tr. Agric. Roturar. ‖ Fig. Desbrozar : *défricher un sujet*, desbrozar un tema.

défricheur, euse m. et f. Roturador, ra. ‖ — F. Roturadora (charrue).

défriper v. tr. Desarrugar.

défrisement [defrizmɑ̃] m. Desrizamiento, estirado (les cheveux). ‖ Fig. et Fam. Chasco (désappointement).

défriser v. tr. Desrizar, estirar (cheveux). ‖ Fig. et Fam. Decepcionar, fastidiar.

défroisser v. tr. Desarrugar.

défroncer* v. tr. Desfruncir, quitar los frunces de. ‖ Fig. *Défroncer les sourcils*, desarrugar el entrecejo.

défroque f. Ecclés. Espolio, *m.* ‖ Vestidos (*m. pl.*), muebles (*m. pl.*), trastos (*m. pl.*) sin valor dejados en herencia. ‖ Ropa vieja *ou* de desecho (vieux vêtements).

défroqué, e adj. Que ha colgado los hábitos.
— M. Fraile exclaustrado *ou* sacerdote que ha colgado los hábitos. ‖ — F. Monja exclaustrada.

défroquer v. intr. et pr. Colgar los hábitos.

défruiter v. tr. Coger la fruta de (cueillir). ‖ Quitar el sabor a (enlever le goût du fruit).

défunt, e [defœ̃, œ̃:t] adj. et s. Difunto, ta ; finado, da.

dégagé, e adj. Libre, desembarazado, da (débarrassé). ‖ Libre : *dégagé de toute responsabilité*, libre de toda responsabilidad. ‖ Fig. Despejado, da ; desenvuelto, ta : *avoir un air dégagé*, tener un aire desenvuelto. ‖ Despejado, da : *voie dégagée*, vía despejada : *front dégagé*, frente despejada. ‖ Suelto, ta ; holgado, da (vêtement). ‖ Fig. Suelto, ta ; fácil (style).

dégagement m. Desempeño (retrait d'un gage). ‖ Fig. Salida (*f.*) excusada, pasadizo (sortie). ‖ Liberación, *f.*, desbloqueo : *dégagement d'un doigt pris dans un engrenage*, liberación de un dedo cogido en un engranaje. ‖ Chim. Desprendimiento, escape (de gaz). ‖ Desprendimiento, emanación, *f.* (odeur). ‖ Despejo (action de débarrasser). ‖ Despejo (d'une route). ‖ Apartamiento (retrait). ‖ Fig. Devolución, *f.* (d'une parole, d'une promesse). | Salida, *f.* : *le dégagement de la tête du fœtus*, salida de la cabeza del feto. | Desapego (détachement). ‖ Cambio de filos (escrime). ‖ Despejo (escrime). ‖ — *Dégagement en sortie*, saque de puerta (football). ‖ *Dégagement en touche*, saque de banda (football).

dégager* v. tr. Desempeñar (retirer un gage). ‖ Soltar, sacar, retirar : *dégager sa main*, sacar su mano. ‖ Librar, liberar (délivrer). ‖ Retirar (parole, promesse). ‖ Despejar, dejar libre : *dégager la voie publique*, despejar la vía pública. ‖ Dejar libre : *sa blouse dégageait son cou*, su blusa dejaba libre el cuello. ‖ Despejar (front). ‖ Fig. Separar, extraer : *dégager la vérité de l'erreur*, separar la verdad del error. | Sacar : *dégager une conclusion*, sacar una conclusión ; *nous pouvons dégager trois groupes*, podemos sacar tres grupos. ‖ Retirar (parole). ‖ Liberar : *dégager quelqu'un d'une promesse*, liberar a uno de una promesa. ‖ Poner de relieve *ou* de manifiesto, realzar (faire ressortir). ‖ Exhalar, despedir, desprender (une odeur). ‖ Chim. Separar. ‖ Math. Despejar (une inconnue). ‖ Librar (l'épée) [escrime]. ‖ Méd. Despejar, descargar (la tête), desahogar (la poitrine), aliviar (le ventre). ‖ Apurar (coiffure). ‖ Mil. Liberar. ‖ Sacar (football, rugby).
— V. intr. Hacer el saque de puerta (quand la balle est sortie). ‖ Despejar (balle en jeu).
— V. pr. Librarse, desembarazarse (se débarrasser). ‖ Fig. Salir de un compromiso (d'un engagement). ‖ Liberarse, retirarse (d'un traité). ‖ Desprenderse, resultar (émaner). ‖ Ponerse en

evidencia, desprenderse, resultar : *deux faits se dégagent,* dos hechos se ponen en evidencia. ‖ Desprenderse (odeur). ‖ Despejarse (temps), desencapotarse (ciel). ‖ MIL. Liberarse, romper el cerco. ‖ MAR. Desencallarse.

dégaine f. FAM. Facha (allure).

dégainer v. tr. Desenvainar (une arme).
— V. intr. Desenvainar la espada.

déganté, e adj. Sin guantes.

déganter v. tr. Quitar los guantes.
— V. pr. Quitarse los guantes, desenguantarse.

dégarni, e adj. Desguarnecido, da (privé de garniture). ‖ Desguarnecido, da : *forteresse dégarnie,* fortaleza desguarnecida. ‖ Despoblado, da : *front dégarni,* frente despoblada. ‖ Desamueblado, da (pièce). ‖ Desnudo, da : *un mur dégarni,* una pared desnuda.

dégarnir v. tr. Desguarnecer. ‖ Desamueblar, desalojar : *dégarnir un appartement,* desamueblar un piso. ‖ AGRIC. Podar, desmochar (un arbre). ‖ MAR. Desguarnir.
— V. pr. Despoblarse, estar quedándose calvo (perdre ses cheveux), tener entradas (le front). ‖ Irse vaciando : *la salle se dégarnit,* la sala se va vaciando.

dégât [degα] m. Daño, estrago : *les dégâts causés par la grêle,* los daños causados por el granizo. ‖ ● Desperfecto (détérioration). ‖ Estropicio : *cet enfant a fait beaucoup de dégâts,* este niño ha hecho muchos estropicios. ‖ Daño, perjuicio : *la calomnie fait beaucoup de dégâts,* la calumnia causa mucho daño. ‖ FAM. *Limiter les dégâts,* limitar el daño.
— SYN. ● *Dégradation,* deterioración. *Déprédation,* depredación. *Avarie,* avería.

dégauchir v. tr. Desalabear, enderezar (redresser). ‖ FIG. Desbastar, despabilar (ôter la timidité).

dégauchissage ou **dégauchissement** m. Desalabeo.

dégauchisseuse f. TECHN. Acepilladora de planear.

dégazeur [degaʒœ:r] m. TECHN. Desgasificador.

dégazonnage ou **dégazonnement** m. Deshierba, f., desyerba, f.

dégazonner v. tr. Quitar el césped de, desherbar, desyerbar.

dégel [deʒɛl] m. Deshielo.

dégelée f. POP. Rociada de palos, paliza, tunda.

dégeler* v. tr. Deshelar : *dégeler un tuyau,* deshelar una cañería. ‖ Descongelar, desbloquear : *dégeler des crédits,* descongelar créditos. ‖ FIG. Animar, entonar : *cet artiste dégela les spectateurs,* ese artista animó a los espectadores.
— V. intr. Deshelarse. ‖ Deshelarse, fundirse (la neige).
— V. pr. Deshelarse. ‖ FIG. Soltarse, cobrar confianza (perdre sa timidité).

dégénération f. Degeneración.

dégénéré, e adj. et s. Degenerado, da.

dégénérer* v. intr. Degenerar.

dégénérescence [degenerɛssᾶ:s] f. Degeneración.

dégermer v. tr. Desgerminar, quitar los gérmenes.

dégingandé, e [deʒɛ̃gᾶde] adj. FAM. Desgarbado, da; desgalichado, da ; desmadejado, da.

dégingandement [-dmᾶ] m. Desgarbo, desmadejamiento.

dégingander (se) [sədeʒɛ̃gᾶde] v. pr. Desmadejarse, desgarbarse.

dégîter v. tr. Sacar de la cama (lièvre).

dégivrage m. AGRIC. Desescarchado. ‖ AUTOM. et AVIAT. Deshelamiento, deshielo.

dégivrer v. tr. Deshelar. ‖ Descongelar (réfrigérateur).

dégivreur m. Deshelador. ‖ Descongelador (d'un réfrigérateur).

déglaçage [deglasa:ʒ] ou **déglacement** [-smᾶ] m. Limpia (f.) del hielo (dans les rues). ‖ TECHN. Desglaseado, deslustre (du papier).

déglacer* v. tr. Deshelar. ‖ Deslustrar, desglasar (du papier). ‖ FIG. et FAM. Hacer entrar en calor.

déglinguer [deglɛ̃ge] v. tr. FAM. Desvencijar, descuajaringar, desbaratar.

dégluer v. tr. Quitar la liga.

déglutir v. tr. et intr. Deglutir.
— SYN. *Avaler,* tragar. *Ingurgiter,* ingurgitar.

déglutition f. Deglución.

dégobillage [degɔbija:ʒ] m. POP. Vomitona, f., vomitadura, f.

dégobiller [-je] v. intr. et tr. POP. Vomitar, cambiar la peseta.

dégoisement [degwazmᾶ] m. FAM. Charla, f., parloteo.

dégoiser v. intr. FAM. Charlotear, hablar sin ton ni son. ‖ *Dégoiser des injures,* soltar una sarta de injurias.

dégommage m. Desengomado, desengomadura, f. ‖ FAM. Destitución, f., cesantía, f., despido (destitution).

dégommer v. tr. Desgomar, desengomar (ôter la gomme). ‖ FAM. Dejar cesante, destituir (destituer).

dégonder v. tr. Desgonzar, desquiciar (porte).

dégonflage m. Desinflado, desinflamiento. ‖ FAM. Rajamiento, achicamiento.

dégonflé, e adj. Desinflado, da. ‖ FIG. et POP. Rajado, da ; acobardado, da.
— M. POP. Rajado.

dégonflement m. Desinflado, desinflamiento. ‖ FIG. Rajamiento, acobardamiento, achicamiento.

dégonfler v. tr. Desinflar.
— V. pr. Desinflarse. ‖ FIG. et POP. Rajarse, acobardarse, desinflarse (flancher).

dégorgeage [degɔrʒa:ʒ] ou **dégorgement** [-ʒmᾶ] m. Desatasco, desatoramiento (d'un tuyau). ‖ Desagüe (écoulement d'eaux, d'immondices). ‖ Derrame (épanchement). ‖ Lavado (de la laine, la soie). ‖ Vómito (vomissement).

dégorgeoir [-ʒwa:r] m. Degüello, martillo formón (du forgeron). ‖ Desaguadero (d'un réservoir). ‖ Desatascador (d'un tuyau). ‖ Lavadero (des tissus).

dégorger* v. tr. Desatascar, desatorar (un tuyau). ‖ Lavar (des tissus), desgrasar (la laine). ‖ Vomitar, devolver (vomir). ‖ Verter, dar salida (déverser). ‖ FIG. et FAM. Vomitar, escupir (restituer). ‖ MÉD. Desinfartar. — *Faire dégorger des concombres,* poner a macerar los pepinos. ‖ *Faire dégorger des escargots,* purgar los caracoles.
— V. intr. Desaguar (se déverser).
— V. pr. FIG. Desahogarse (s'épancher).

dégoter ou **dégotter** v. tr. FAM. Derribar (abattre avec un projectile). ‖ Desbancar (évincer). ‖ POP. Dejar atrás, aventajar (surpasser). ‖ Dar con, descubrir, encontrar : *dégoter une bonne place,* dar con una buena colocación.
— V. intr. POP. Tener buena facha *ou* pinta.

dégoudronner v. tr. Desalquitranar, desembrear.

dégouliner v. intr. FAM. Chorrear, gotear.

dégoupiller [degupije] v. tr. Quitar el pasador *ou* la clavija (à une grenade).

dégourdi, e adj. et s. FIG. et FAM. ● Listo, ta ; vivo, va ; despabilado, da (avisé).
— M. TECHN. Primera cochura (f.) de la porcelana.
— SYN. ● *Désinvolte,* desenvuelto. *Éveillé,* despierto, despabilado. *Dessalé,* desenvuelto, avispado. *Déluré,* despejado, avispado. *Dégagé,* desenvuelto.

dégourdir v. tr. Desentumecer, desentorpecer (un membre). ‖ FIG. Despabilar, espabilar (une per-

sonne). | Entibiar, templar (tiédir). ‖ Techn. Dar
la primera cochura (porcelaine).
— V. pr. Desentumecerse, desentorpecerse. ‖ Fig.
Despabilarse, espabilarse. ‖ *Se dégourdir les
jambes,* estirar *ou* desentumecer las piernas.
dégourdissement m. (P. us.). Desentumecimiento,
desentorpecimiento. ‖ Fig. Espabilamiento.
dégoût [degu] m. Asco : *causer du dégoût,* dar
asco; *ressentir du dégoût pour le vin,* tomarle
asco al vino; *avoir du dégoût pour la vie,* tener
asco de la vida. ‖ Desgana, *f.* (manque d'appétit).
‖ Hastío, cansancio (fatigue) : *avoir le dégoût
d'un travail,* sentir hastío de un trabajo. ‖ Repugnancia, *f.* : *il faisait preuve d'un dégoût bien
rare à son âge,* demostraba una repugnancia pocas
veces vista a su edad. ‖ *Prendre en dégoût,* coger
ou cobrar asco a, estar asqueado de.
dégoûtamment adj. Fam. Asquerosamente.
dégoûtant, e adj. Asqueroso, sa : *dégoûtant à
voir,* asqueroso de ver. ‖ Repugnante, repelente,
repulsivo, va : *c'est dégoûtant de travailler dans
de telles conditions,* es repugnante trabajar en
semejantes condiciones. ‖ *C'est dégoûtant!,* ¡da
asco!, ¡qué asco!
— M. Asqueroso.
dégoûtation f. Pop. Asquerosidad.
dégoûté, e adj. Delicado, da. ‖ — *Être dégoûté,*
estar harto *ou* hastiado. ‖ *Faire le dégoûté,*
hacerse el delicado *ou* el difícil. ‖ *Prendre un air
dégoûté,* poner cara de asco.
dégoûter v. tr. Dar asco, asquear : *cette nourriture me dégoûte,* este alimento me da asco. ‖
Repugnar (répugner). ‖ Desganar, quitar el apetito (ôter l'appétit). ‖ Fastidiar, aburrir, cansar
(ennuyer). ‖ Fig. Quitar las ganas desaficionar
(ôter le goût de) : *dégoûter de l'étude,* desaficio-
nar del estudio, quitar las ganas de estudiar. |
Quitar las ganas, quitar de la cabeza, disuadir
(dissuader). ‖ *N'être pas dégoûté,* contentarse *ou*
conformarse con poco, no ser muy exigente.
— V. pr. Tomar asco a : *se dégoûter du tabac,*
tomar asco al tabaco. ‖ Hastiarse, cansarse (se
lasser).
dégouttant, e adj. Goteante, chorreante.
dégoutter v. tr. et intr. Gotear : *l'eau qui
dégoutte du toit,* el agua que gotea del tejado. ‖
Chorrear (couler en filet).
dégradant, e adj. Degradante.
dégradateur m. Desvanecedor (photographie).
dégradation f. Degradación : *dégradation militaire,* degradación militar; *dégradation civique,*
degradación cívica. ‖ Deterioro, *m.* : *dégradation
du matériel,* deterioro del material. ‖ Chim.
Degradación. ‖ Fig. Degradación, envilecimiento,
m. (avilissement). | Empeoramiento, *m.*, bajón, *m.*
(d'une situation). ‖ Degradación, rebajamiento,
m. (des couleurs).
dégradé m. Desvanecido (photo, cinéma). ‖
Escala, *f.* (tricot).
dégrader v. tr. Degradar : *dégrader un militaire,*
degradar a un militar. ‖ Fig. Deteriorar, estro-
pear (endommager). | Degradar, envilecer :
dégradé par la boisson, degradado por la bebida.
‖ Degradar, rebajar (les couleurs).
— V. pr. Degradarse. ‖ Fig. Deteriorarse, estro-
pearse (se détériorer). | Envilecerse, degradarse. |
Empeorarse, empeorar, dar un bajón, desmejorarse : *la situation s'est rapidement dégradée,* la
situación se ha empeorado rápidamente.
dégrafé, e adj. Desabrochado, da.
dégrafer v. tr. Desabrochar, desabrocharse.
dégraissage m. Desengrasado, desengrase. ‖ Limpiado (des vêtements).
dégraissant, e adj. Que quita la grasa.
— M. Desengrasante.
dégraisser v. tr. Desengrasar (ôter la graisse). ‖

Desgrasar (la laine). ‖ Quitar las manchas, limpiar (un vêtement). ‖ Espumar (le bouillon). ‖
Desbastar (le bois). ‖ Desustanciar (un terrain).
dégraisseur m. Quitamanchas. ‖ Tintorero (teinturier). ‖ Tinte (boutique). ‖ Batán (foulon).
dégraveler* ou **dégraver** v. tr. Quitar la grava.
dégravoiement [degravwamã] m. Socava, *f.*
(d'un mur). ‖ Derrubio (d'un cours d'eau).
dégravoyer* [-vwaje] v. tr. Socavar (un mur). ‖
Derrubiar (un cours d'eau).
degré m. Grado. ‖ Grado, graduación, *f.* : *degré
alcoolique d'un vin,* graduación alcohólica de un
vino; *ce vin a onze degrés,* este vino tiene once
grados. ‖ ● Escalón, peldaño (marche). ‖ Grada,
f. (d'autel, de trône). ‖ (Vx). Grado (grade universitaire). ‖ Fig. Grado : *cousin au troisième degré,*
primo en tercer grado. ‖ — *À un degré tel,* hasta
tal punto. ‖ *Au dernier degré,* en último *ou* sumo
grado. ‖ *Jusqu'à un certain degré,* hasta cierto
punto. ‖ *Par degrés,* gradualmente, por grados,
progresivamente. ‖ *Enseignement du second degré,*
enseñanza media, segunda enseñanza. ‖ *Le plus
haut degré,* el súmmum.
— Syn. ● *Marche,* peldaño. *Gradin,* grada. *Échelon,*
escalón. *Marchepied,* estribo.
dégréer* v. tr. Mar. Desaparejar.
dégressif, ive adj. Decreciente (décroissant) :
tarif dégressif, tarifa decreciente.
dégression f. Disminución, decrecimiento, *m.*
dégrèvement m. Desgravación, *f.* (d'impôts).
dégrever* v. tr. Desgravar (d'un impôt).
dégringolade f. Fam. Caída, voltereta. ‖ Fig.
Caída, descenso, *m.*, hundimiento, *m.* : *la dégringolade d'une entreprise,* el hundimiento de una
empresa.
dégringoler v. intr. Fam. Caer rodando, rodar
(descendre précipitamment). ‖ Fig. Venirse abajo,
hundirse (s'effondrer).
— V. tr. Rodar por : *dégringoler un escalier,*
rodar por las escaleras.
dégrisement m. Fig. Desilusión, *f.,* desengaño.
dégriser v. tr. Desembriagar, quitar la borrachera. ‖ Fig. Desilusionar, desengañar : *dégrisé
par un échec,* desengañado por un fracaso.
— V. pr. Desembriagarse, quitarse la borrachera.
‖ Fig. Desilusionarse, desengañarse.
dégrosser v. tr. Desbastar (les métaux).
dégrossir v. tr. Desbastar : *dégrossir une pierre,*
desbastar una piedra. ‖ Bosquejar (faire une
ébauche). ‖ Desembrollar, desenmarañar (une
affaire). ‖ Fig. Desbastar, afinar, pulir (une personne).
dégrossissage m. Desbaste.
dégrossisseur m. Desbastador (laminoir).
déguenillé, e [degnije] adj. et s. Haraposo, sa;
harapiento, ta; desastrado, da; andrajoso, sa.
— Syn. *Dépenaillé,* guiñaposo. *Loqueteux,* andrajoso.
Va-nu-pieds, descamisado.
déguerpir v. intr. Largarse, salir pitando : *déguerpir d'un endroit,* largarse de un sitio.
déguerpissement m. Fig. Huida, (*f.*) a escape
(fuite). ‖ Dr. Dejación, *f.* (d'un immeuble).
dégueulasse adj. Pop. Asqueroso, sa; cochino,
na; repugnante.
dégueuler v. tr. et intr. Pop. Cambiar la peseta,
echar las tripas (vomir). ‖ Vomitar (des injures).
déguisé, e adj. Disfrazado, da. ‖ *Bal déguisé,*
baile de disfraces.
— M. et f. Máscara, *f.* (personne déguisée).
déguisement [degizmã] m. Disfraz. ‖ Fig. Disfraz, disimulo : *parler sans déguisement,* hablar
sin disimulo.
déguiser v. tr. ● Disfrazar. ‖ Fig. Disfrazar, desfigurar, cambiar : *déguiser sa voix,* disfrazar la
voz. | Disimular (cacher). ‖ Encubrir, enmasca-
rar : *déguiser la vérité,* encubrir la verdad.

— V. pr. Disfrazarse : *se déguiser en arlequin*, disfrazarse de arlequín.
— Syn. ● *Travestir*, disfrazar. *Masquer*, enmascarar. *Camoufler*, disimular, encubrir. *Farder, maquiller*, maquillar, disfrazar.

dégustateur, trice m. et f. Catador, ra.
dégustation f. Degustación.
déguster v. tr. Catar, probar : *déguster du vin*, catar vino. ‖ Saborear, paladear (savourer). ‖ Pop. Cobrar (des coups).
— Observ. *Degustar* est un gallicisme, mais *degustación* se trouve dans le dictionnaire de l'Académie espagnole.

déhaler [deαle] v. tr. Mar. Halar, sacar del puerto.
déhanché, e adj. Descaderado, da ; derrengado, da (qui a les hanches disloquées). ‖ Fam. Que anda contoneándose (qui se dandine en marchant).
déhanchement m. Contoneo.
déhancher v. tr. Descaderar, derrengar, dislocar las caderas (démettre les hanches).
— V. pr. Contonearse : *les danseuses se déhanchaient*, las bailarinas se contoneaban.
déharnacher v. tr. Desenjaezar (ôter le harnais).
déhiscence f. Bot. Dehiscencia.
déhiscent, e [deissã, ã:t] adj. Dehiscente.
dehors [dəɔ:r] adv. Fuera : *rester dehors*, quedarse fuera. ‖ Afuera : *allez dehors*, váyase afuera. ‖ — *Au-dehors*, fuera, al exterior. ‖ *De* o *du dehors*, de fuera, desde fuera : *vu du* o *de dehors*, visto desde fuera. ‖ *En dehors*, desde fuera, por fuera (à l'extérieur). ‖ *En dehors de*, fuera de, aparte de : *rester en dehors du sujet*, quedar fuera del asunto ; fuera de, aparte de (excepté) ; hacia fuera : *avoir les pieds en dehors*, tener los pies hacia fuera. ‖ *Par-dehors*, por fuera. ‖ — *Avantage dehors*, ventaja al saque (tennis). ‖ *Toutes voiles dehors*, a toda vela. ‖ — *Mettre* o *jeter quelqu'un dehors*, echar fuera *ou* a la calle.
— M. Exterior, parte (f.) exterior : *le dehors de la maison*, la parte exterior de la casa. ‖ Exterior : *des ouvriers venus du dehors*, obreros venidos del exterior. ‖ Presencia, f., presentación, f., facha, f. (allure). ‖ — Pl. Apariencias, f. : *garder les dehors*, guardar las apariencias. ‖ Aspecto, sing. : *des dehors agréables*, un aspecto agradable. ‖ Obras (f.) exteriores (fortifications). ‖ *Du dehors*, exterior : *affaires du dehors*, asuntos exteriores.
déhouiller [deuje] v. tr. Extraer la hulla.
déicide adj. et s. Deicida (meurtrier de Dieu). ‖ — M. Deicidio (meurtre de Dieu).
déicole adj. et s. Deícola.
déification f. Deificación.
déifier* v. tr. Deificar. ‖ Fig. Divinizar, endiosar.
déisme m. Deísmo.
déiste adj. et s. Deísta.
déité f. Deidad, divinidad : *les déités de la Fable*, las deidades de la Fábula.
déjà adv. Ya : *il est déjà là*, ya está ahí ; *il est déjà midi*, son ya las doce.
déjanter [deʒɑ̃te] v. tr. Desmontar la llanta de, sacar de la llanta.
déjauger v. tr. Mar. Flotar, boyar más de lo normal.
déjecteur m. Mécan. Deyector.
déjection f. Deyección. ‖ Fig. Desecho, *m.*, hez (rebut). ‖ Géol. Deyección (volcanique).
déjeté, e adj. Alabeado, da : *planche déjetée*, tabla alabeada. ‖ Fig. Torcido, da (le corps).
déjeter* v. tr. Alabear (gauchir). ‖ Fig. Torcer (le corps).
déjettement [deʒɛtmɑ̃] m. Alabeo (gauchissement). ‖ Fig. Torcimiento, inclinación, *f.* (du corps).

déjeuner v. intr. Desayunar, desayunarse (prendre le petit déjeuner). ‖ Almorzar, comer (prendre le repas de midi) : *déjeuner d'une côtelette*, almorzar una chuleta.
déjeuner m. Almuerzo, comida, *f.* (repas de midi). ‖ Desayuno (petit déjeuner). ‖ Servicio, bandeja (f.) para el desayuno (petit plateau). ‖ Juego de desayuno ‖ — *Déjeuner à la fourchette*, desayuno fuerte. ‖ Fam. *Déjeuner de soleil*, tejido poco sufrido (tissu) ; cosa efímera (chose éphémère). ‖ *Petit déjeuner*, desayuno. ‖ *Prendre son petit déjeuner*, desayunar, desayunarse.
déjouer v. tr. Desbaratar, hacer fracasar : *déjouer un projet*, desbaratar un proyecto ; *déjouer un complot*, hacer fracasar un complot.
déjucher v. tr. Echar del gallinero.
— V. intr. Salir del gallinero.
déjuger (se)* v. pr. Volverse atrás, cambiar de opinión *ou* de juicio.
de jure loc. lat. De jure, de derecho.
delà adv. Allende, más allá de, del otro lado de. [Va generalmente precedido en francés de *au, en, par* : *au-delà des monts*, allende los montes.] ‖ — *Au-delà*, más allá, más lejos (plus loin), mucho más (beaucoup plus). ‖ *Au-delà de*, más allá de : *au-delà de mes désirs*, más allá de mis deseos ; al otro lado de : *au-delà du lac*, al otro lado del lago. ‖ *Deçà et delà*, de uno y otro lado. ‖ *De delà*, del otro lado. ‖ *En delà*, más lejos, más allá. ‖ *Par-delà*, allende, del otro lado de : *par-delà les mers*, allende los mares. ‖ — *Jambe deçà, jambe delà*, a horcajadas. ‖ *L'au-delà*, el más allá, el otro mundo.
délabrement m. Ruina, *f.*, deterioro : *le délabrement d'un bâtiment*, la ruina de un edificio. ‖ Fig. Estrago (de la santé). ‖ Ruina, *f.* (moral).
délabrer v. tr. Hacer trizas *ou* pedazos (déchirer). ‖ Deteriorar, arruinar, estragar (détériorer). ‖ Echar a perder, estropear (abîmer).
— V. pr. Deteriorarse, arruinarse. ‖ Fig. Estragarse, arruinarse (santé). ‖ Venirse abajo, deteriorarse, empeorar : *son entreprise se délabre*, su empresa se viene abajo.
délacer* v. tr. Desatar (détacher). ‖ Aflojar : *délacer son corset*, aflojar el corsé.
délai m. ● Demora, *f.*, espera, *f.* (retard) : *sans délai*, sin demora. ‖ ◆ Plazo, término : *dans un délai d'un an*, en el plazo de un año. ‖ — *Délai-congé* o *délai de préavis*, plazo de despedida. ‖ *Délai de grâce*, plazo de respiro. ‖ *Délai de paiement*, moratoria. ‖ — *À bref délai*, en breve plazo. ‖ *User de délais*, dar largas a un asunto, andar con dilatorias.
— Syn. ● *Répit*, respiro. *Trêve*, tregua. *Sursis*, prórroga.
— ◆ *Remise*, aplazamiento. *Atermoiement*, *moratorium*, prórroga, moratoria.
délaiement [delɛmã] m. V. délayage.
délainage m. Deslanado.
délainer v. tr. Deslanar.
délaissement m. Abandono (abandon). ‖ Desamparo (manque de secours). ‖ Dr. Desistimiento, cesión, *f.*
délaisser v. tr. Abandonar, dejar de lado (abandonner). ‖ Desamparar (laisser sans secours). ‖ Dr. Renunciar a, desistir de.
délaitage ou **délaitement** m. Desuero.
délaiter v. tr. Desuerar, quitar el suero.
délaiteuse f. Desueradora.
délardement m. Eliminación (f.) del tocino (du porc). ‖ Archit. Rebajo.
délarder v. tr. Quitar el tocino [al cerdo]. ‖ Archit. Rebajar. ‖ Techn. Achaflanar, chaflanar (menuiserie).
délassant, e adj. Descansado, da ; reposante (reposant). ‖ Entretenido, da ; recreativo, va : *une lecture délassante*, una lectura entretenida.

délassement m. Descanso, recreo, solaz.
délasser v. tr. Descansar. || Distraer, entretener, recrear (distraire).
— V. pr. Descansar, solazarse, reposarse.
— OBSERV. *Descansar* est un verbe transitif. *Délasser* et *reposer* se traduisent tous deux par *descansar*, mais *délasser* évoque une idée de plaisir plus sensible encore dans *solazar*.
délateur, trice m. et f. Delator, ra.
délation [delasjɔ̃] f. Delación.
délavage m. Deslavado.
délaver v. tr. Deslavar. || Lavar (une couleur vive). || Deslavazar (trop mouiller).
délayage [delɛja:ʒ] ou **délayement** [-mɑ̃] m. Desleimiento, dilución, f. || FIG. Estilo difuso (style).
délayer* [-je] v. tr. Desleír, diluir. || FIG. *Délayer sa pensée,* diluir su pensamiento.
délayeur m. TECHN. Desleidora, f.
delco m. MÉCAN. Delco.
deleatur m. IMPR. Dele, deleátur.
délébile adj. Deleble.
délectable adj. Deleitoso, sa; deleitable.
délectation f. Deleite, *m.,* delectación.
délecter v. tr. Deleitar.
— V. pr. Deleitarse : *se délecter à l'étude,* deleitarse en el estudio.
délégataire m. et f. Delegado, da (personne à qui l'on délègue).
délégateur, trice m. et f. Delegatorio, ria.
délégation f. Delegación.
délégatoire adj. Delegatorio, ria.
délégué, e adj. et s. Delegado, da; comisionado, da. || *Délégué syndical,* enlace sindical.
déléguer* v. tr. Delegar. || Comisionar. || *Déléguer des pouvoirs à quelqu'un,* apoderar a uno.
— SYN. *Députer,* diputar. *Mandater,* dar mandato. *Envoyer,* enviar.
délestage m. Delastre, delastradura, f. || FAM. Desvalijamiento, desvalijo (vol).
délester v. tr. Quitar el lastre, deslastrar (ôter du lest). || FAM. Desvalijar (voler). || FIG. Aligerar, aliviar (alléger).
délétère adj. Deletéreo, a : *gaz délétère,* gas deletéreo.
déliage m. Desatadura, f.
déliaque adj. et s. Delio, lia.
délibérant, e adj. Deliberante : *assemblée délibérante,* asamblea deliberante.
délibératif, ive adj. Deliberativo, va.
délibération f. Deliberación.
délibératoire adj. DR. Deliberatorio, ria.
délibéré, e adj. Deliberado, da (prémédité). || FIG. Resuelto, ta; decidido, da : *avoir un air délibéré,* tener un ademán resuelto. || *De propos délibéré,* de intento, a propósito, adrede, deliberadamente.
— M. Deliberación, f. (délibération). || Fallo (jugement). || *L'affaire a été mise en délibéré,* la causa ha quedado vista para sentencia.
délibérer* v. intr. Deliberar.
délicat, e [delika, at] adj. Delicado, da : *mets délicats,* manjares delicados. || Delicado, da; primoroso, sa : *ouvrage délicat,* labor primorosa. || Delicado, da : *situation délicate,* situación delicada. || Frágil, delicado, da (santé). || Exquisito, ta ; tierno, na ; delicado, da : *chair délicate,* carne exquisita. || Escrupuloso, sa (scrupuleux) : *conscience délicate,* conciencia escrupulosa. || Sensible : *oreilles délicates,* oídos sensibles. || — *Attention délicate,* detalle. || *Point délicat,* punto espinoso, difícil.
— M. et f. Delicado, da.
délicatesse f. Delicadeza. || Primor, *m.* : *broder avec délicatesse,* bordar con primor. || Exquisitez

(de goût, d'un plat). || Finura, exquisitez (d'un parfum).
délice m. Delicia, *f.,* deleite, placer. || *C'est un délice,* es delicioso.
— F. pl. Delicias. || — *Lieu de délices,* lugar de ensueño. || *Faire* o *être les délices de quelqu'un,* ser el encanto *ou* la delicia de alguien.
— OBSERV. *Délice* en francés es masculino en singular y femenino en plural.
— *Delicia* s'applique en général à ce qui flatte le goût, le regard; *deleite* correspond plus souvent à ce qui enchante l'esprit ou encore à tout plaisir sensuel.
délicieux, euse [delisjø, jø:z] adj. Delicioso, sa; rico, ca : *un mets délicieux,* un manjar delicioso. || Exquisito, ta (parfum). || Placentero, ra : *c'est un jardin délicieux,* es un jardín placentero. || Deleitoso, sa : *un songe délicieux,* un sueño deleitoso. || Encantador, ra : *une personne délicieuse,* una persona encantadora. || Encantador, ra ; agradable : *un film délicieux,* una película encantadora.
délictueux, euse [deliktɥø, ɥø:z] adj. Delictivo, va.
délié, e adj. ● Delgado, da ; fino, na : *un fil délié,* un hilo fino. || FIG. Sutil, penetrante, agudo, da : *un esprit délié,* un espíritu sutil. | Suelto, ta (style). || FIG. *Avoir la langue bien déliée,* no tener pelillos en la lengua, hablar por los codos.
— M. Perfil (calligraphie).
— SYN. ● *Fin,* fino. *Subtil,* sutil. *Effilé,* aguzado.
déliement [delimɑ̃] m. Desatadura, f. || FIG. Desligadura, f.
délien, enne adj. et s. Delio, lia.
délier* v. tr. Desatar (détacher). || Absolver (absoudre). || FIG. Apartar, desunir, separar. | Desligar, liberar : *délier d'un serment,* desligar de un juramento. || FAM. *Délier la langue,* hacer hablar, soltar la lengua. || *Il appartient aux évêques de lier et de délier,* corresponde a los obispos el atar y el desatar. || FAM. *Sans bourse délier,* sin echarse la mano al bolsillo, sin soltar un cuarto.
délimitation f. Delimitación, fijación (de frontières). || Deslinde, *m.* (de terrain). || Limitación, límites, *m. pl.,* acotamiento, *m.* (des pouvoirs).
délimité, e adj. Delimitado, da.
délimiter v. tr. Delimitar, fijar : *délimiter des frontières,* delimitar fronteras. || Deslindar : *délimiter une propriété,* deslindar una heredad. || FIG. Delimitar, definir : *délimiter les attributions,* delimitar las atribuciones. | Circunscribir, delimitar, acotar (un sujet).
délinéament m. Contorno, delineación, f.
délinéation f. Delineación. || Trazado, *m.,* dibujo, m. (dessin).
délinéer* v. tr. Delinear, trazar, dibujar : *délinéer une figure,* delinear una figura.
délinquance f. Delincuencia.
délinquant, e adj. et s. Delincuente.
déliquescence [delikɛsɑ̃:s ou delikyɛsɑ̃:s] f. Delicuescencia. || FIG. Decadencia.
déliquescent, e [-sɑ̃, ɑ̃:t] adj. Delicuescente. || FIG. Decadente.
deliquium [delikɥiɔm] m. CHIM. Deliquio.
délirant, e adj. Delirante : *imagination, ovations délirantes,* imaginación, ovaciones delirantes. || Desbordante : *joie délirante,* alegría desbordante.
délire m. Delirio : *délire de la persécution,* delirio de la persecución. || FIG. Delirio, desvarío. || *En délire,* en delirio, delirante.
— SYN. *Divagation,* divagación. *Égarement,* devaneo. *Frénésie,* frenesí. *Transport,* transporte, avenate.
délirer v. intr. Delirar, desvariar.
delirium tremens [delirjɔm tremɛ̃:s] m. MÉD. Delírium tremens.

délissage m. Recorte de trapos (fabrication de pâte à papier).

délisser v. tr. Arrugar (chiffonner). ‖ Recortar trapos (des chiffons).

délit [deli] m. Delito : *délit de fuite,* delito de fuga. ‖ Veta, *f.* (d'une pierre). ‖ — CONSTR. *En délit,* a contralecho. ‖ *Le corps du délit,* el cuerpo del delito. ‖ *Prendre en flagrant délit,* sorprender en flagrante delito *ou* in fraganti.

délitage ou **délitement** m. Deslecho (des vers à soie). ‖ ARCHIT. Colocación (*f.*) de una piedra a contralecho.

déliter v. tr. Colocar a contralecho. ‖ Dividir en capas (ardoises). ‖ Deslechar (les vers à soie).
— V. pr. Desmoronarse, disgregarse (roches). ‖ Apagarse (chaux vive).

délitescence [delitɛssɑ̃:s] f. CHIM. Delitescencia.

délitescent, e [-sɑ̃, ɑ̃:t] adj. Delitescente.

délivrance f. Liberación : *la délivrance d'un territoire,* la liberación de un territorio. ‖ Expedición (d'un certificat, d'un passeport). ‖ Concesión : *la délivrance d'un permis,* la concesión de un permiso. ‖ Parto, *m.,* alumbramiento, *m.* (accouchement). ‖ Expulsión de la placenta.

délivre f. MÉD. Parias, *pl.,* anejos (*m. pl.*) fetales, secundinas, *pl.*

délivrer v. tr. Libertar (mettre en liberté). ‖ Liberar : *délivrer un pays opprimé,* liberar un país oprimido. ‖ Liberar, librar : *délivrer d'un souci,* librar de una preocupación. ‖ Expedir (un passeport). ‖ Conceder, otorgar (une licence). ‖ Entregar, remitir : *délivrer une commande,* remitir un pedido. ‖ Dar : *délivrer un reçu,* dar un recibo. ‖ MÉD. Asistir a una parturienta.
— V. pr. Librarse, liberarse (se débarrasser). ‖ MÉD. Parir (accoucher). ‖ echar las secundinas (se débarrasser du délivre).

déloger* v. tr. Desalojar, desahuciar : *déloger un locataire,* desalojar a un inquilino. ‖ Desalojar, expulsar : *déloger l'ennemi,* desalojar al enemigo.
— V. intr. Marcharse, irse (s'en aller). ‖ *Déloger sans tambour ni trompette,* marcharse a la chitacallando.

délot [delo] m. Dedil (doigtier).

délover v. tr. MAR. Desadujar (câble).

déloyal, e [delwajal] adj. Desleal : *procédé déloyal,* procedimiento desleal ; *déloyal envers quelqu'un,* desleal con alguien.
— SYN. *Infidèle,* infiel. *Perfide,* pérfido. *Scélérat,* malvado, alevoso. *Traître,* traidor. *Félon,* felón. *Renégat,* renegado. *Judas,* Judas.

déloyauté [-jote] f. Deslealtad.

Delphes [dɛlf] n. pr. GÉOGR. Delfos.

Delphin [dɛlfɛ̃] n. pr. m. Delfín.

delta m. Delta, *f.* (lettre grecque). ‖ Delta (d'un fleuve).

deltaïque adj. Deltaico, ca : *formation deltaïque,* formación deltaica.

deltoïde adj. et s. m. Deltoides (muscle).

déluge m. Diluvio. ‖ FIG. Diluvio, torrente, lluvia, *f. : un déluge d'injures,* una lluvia de injurias. ‖ — *Après moi le déluge,* tras mí, el diluvio ; mientras dura, vida y dulzura. ‖ *Remonter au déluge,* remontarse a *ou* ser de los tiempos de Maricastaña.

déluré, e adj. et s. Despejado, da; avispado, da; despabilado, da; espabilado, da; despierto, ta (dégourdi). ‖ Desvergonzado, da (effronté).

délurer v. tr. Despabilar, espabilar (éveiller), avispar (dégourdir).

délustrage m. Deslustre.

délustrer v. tr. Deslustrar (décatir).

délutage m. Deszulacamiento.

déluter v. tr. Deszulacar (ôter le lut).

démagnétisation f. TECHN. Desmagnetización.

démagnétiser v. tr. Desmagnetizar, desimanar.

démagogie [demagɔʒi] f. Demagogia.

démagogique [-gɔʒik] adj. Demagógico, ca.

démagogue [-gɔg] m. Demagogo.

démaigrir v. tr. Desbastar (un tenon).

démaigrissement m. TECHN. Desbaste.

démaillage [demɑja:ʒ] m. Desmalladura, *f.* ‖ Carrerilla, *f.* (d'un bas). ‖ Deslabonamiento (d'une chaîne).

démailler [-je] v. tr. Desmallar (défaire les mailles). ‖ Desenmallar (le poisson). ‖ Deslabonar (une chaîne). ‖ *Être démaillé,* tener una carrerilla (bas).

démaillonner [-jɔne] v. tr. Desrodrigar (les vignes).

démailloter [-jɔte] v. tr. Quitar los pañales.

demain [dəmɛ̃] adv. et s. m. Mañana : *viens demain,* ven mañana. ‖ — *Demain en huit,* de mañana en ocho días. ‖ *Demain matin,* mañana por la mañana. ‖ — *À demain,* hasta mañana. ‖ *Après-demain,* pasado mañana. ‖ *Demain il fera jour,* mañana será otro día. ‖ *En avoir jusqu'à demain,* tener para rato. ‖ *Remettre à demain,* dejar para mañana,

démanché, e adj. Desmangado, da ; sin mango. ‖ FIG. Desgarbado, da ; dislocado, da.
— M. MUS. Desmangue.

démanchement m. Desmangue. ‖ FIG. Dislocación, *f.* ‖ MUS. Desmangue.

démancher v. tr. Quitar el mango, desmangar (ôter le manche). ‖ Dislocar, descoyuntar (disloquer).
— V. intr. MUS. Tocar en cuarta mano (violon, guitare).
— V. pr. FAM. Ajetrearse, afanarse, azacanarse (se démener).

demande f. Petición : *faire une demande,* hacer una petición. ‖ Instancia, petición, solicitud (requête). ‖ Pregunta : *demande indiscrète,* pregunta indiscreta. ‖ Pedido, *m.,* encargo, *m.* (commande). ‖ COMM. Demanda : *l'offre et la demande,* la oferta y la demanda. ‖ DR. Demanda : *rejeter une demande,* rechazar una demanda. ‖ — *Demande d'emploi,* solicitud de empleo. ‖ *Demande en mariage,* petición de mano. ‖ *Demande pressante,* ruego, súplica. ‖ — *À la demande,* a petición. ‖ *La belle demande !,* ¡vaya una pregunta ! ‖ — *Envoi d'échantillons sur demande,* solicítense muestras, se envían muestras a quien las solicite. ‖ *Sur sa demande,* a petición suya. ‖ — *À folle demande point de réponse,* a pregunta necia, oídos sordos ou de mercader.
— OBSERV. *Demanda* n'a en espagnol qu'un sens technique (droit, économie) ; *pedido* a surtout un sens commercial ; *petición* a un emploi un peu plus étendu que le mot français *pétition.* Dans l'usage courant, on se sert volontiers de *solicitud.*

demander v. tr. ● Preguntar (questionner). ‖ Pedir : *demander des renseignements,* pedir informes ; *demander la parole,* pedir la palabra. ‖ Pedir, solicitar (faire une requête, une commande). ‖ Desear, querer (désirer). ‖ Pedir la mano (en mariage). ‖ Requerir, necesitar (avoir besoin) : *demander réflexion,* requerir reflexión. ‖ Llevar : *ce travail m'a demandé deux heures,* este trabajo me ha llevado dos horas. ‖ Llamar, preguntar por : *on vous demande au téléphone,* le llaman por *ou* al teléfono. ‖ Pedir : *combien demandez-vous pour ce tableau ?,* ¿cuánto pide Ud. por ese cuadro ? ‖ DR. Demandar (en justice). ‖ — *Demander à,* desear, solicitar ; *Demander quelqu'un o après quelqu'un,* preguntar por uno. ‖ *Je ne demande pas mieux,* no deseo otra cosa. ‖ *Je vous demande un peu...,* me quiere usted decir... ‖ *Ne demander qu'à,* no pedir sino, desear sólo. ‖ *On demande femme de ménage,* se precisa *ou* se necesita asistenta.

— **V. pr.** Preguntarse : *cela ne se demande même pas,* eso ni siquiera se pregunta. ‖ *Je me demande pourquoi...,* no sé por qué, yo me digo por qué. ‖ *Je me demande s'il viendra,* no sé si vendrá, ¿vendrá? ‖ *Je me le demande!,* ¡yo qué sé!
— OBSERV. Cuando el verbo *demander* va seguido de un infinitivo se tiene que emplear la preposición *a* si el sujeto efectúa las dos acciones, y la preposición *de* en caso contrario.
— SYN. ● *Questionner,* preguntar. *Interroger,* interrogar.

demandeur, euse .m. et f. Solicitante, solicitador, ra ; peticionario, ria ; que pide (qui fait une requête). ‖ Preguntón, ona ; preguntador, ra (qui questionne). ‖ Pedigüeño, ña (quémandeur). ‖ COMM. Comprador, ra ; pedidor, ra.

demandeur, eresse m. et f. DR. Demandante.

démangeaison [demãʒɛzɔ̃] f. Prurito, *m.,* comezón, picor, *m.,* picazón (picotement). ‖ FIG. Gana, prurito, *m.* (grande envie).

démanger* v. intr. Picar. ‖ — FIG. *La langue lui démange,* tiene muchas ganas de hablar. | *La main lui démange,* las manos se le calientan (envie de battre).
— OBSERV. Este verbo sólo se usa en el infinitivo y en las terceras personas.

démantèlement [demãtɛlmã] m. Desmantelamiento.

démanteler* [-tle] v. tr. Desmantelar.
— SYN. *Démolir,* derribar. *Raser,* arrasar.

démantibuler v. tr. Desquijarar, desencajar. ‖ FIG. Desvencijar : *démantibuler un fauteuil,* desvencijar un sillón. | Desbaratar, descomponer : *démantibuler une horloge,* desbaratar un reloj.

démaquillant m. Desmaquillador, desmaquillador.

démaquiller v. tr. Quitar la pintura *ou* el maquillaje del rostro, desmaquillar, demaquillar.

démarcatif, ive adj. Demarcador, ra : *ligne démarcative,* línea demarcadora.

démarcation f. Demarcación. ‖ FIG. Límite, *m.,* separación.

démarche f. Paso, *m.,* modo (*m.*) de andar, andares, *m. pl.* (allure). ‖ FIG. Gestión, paso, *m.,* trámite, *m.,* diligencia : *faire des démarches,* hacer gestiones. ‖ *Fausse démarche,* gestión inútil, paso en falso, paso en balde.

démarcheur m. Corredor (courtier). ‖ Gestor administrativo (d'administration).

démarier* v. tr. Descasar. ‖ AGRIC. Aclarar, ralear, arralar (betteraves).
— V. pr. Descasarse.

démarquage m. Supresión (*f.*) de la marca. ‖ Desmarcaje, desmarque (sports). ‖ FIG. Plagio, fusilamiento (plagiat) : *le démarquage d'une invention,* el plagio de un invento.

démarque f. Descuento (*m.*) de tantos *ou* puntos. ‖ Precio (*m.*) rebajado, saldo, *m.*

démarquer v. tr. Quitar la marca *ou* la señal de *ou* a, desmarcar : *démarquer du linge,* quitar la marca de la ropa. ‖ Plagiar, fusilar (plagier). ‖ COMM. Saldar, rebajar de precio (solder).
— V. intr. Cerrar (le cheval). ‖ Descontar (aux jeux).
— V. pr. SPORTS. Desmarcarse.

démarrage m. Comienzo : *le démarrage d'une expérience,* el comienzo de una experiencia. ‖ AUTOM. Arranque, puesta (*f.*) en marcha. ‖ MAR. Desamarre, acción (*f.*) de desamarrar. ‖ SPORTS. Arrancada, *f.* ‖ TECHN. Arranque : *un démarrage brusque,* un brusco arranque.

démarrer v. tr. Empezar, iniciar, lanzar, emprender (entreprendre). ‖ MAR. Soltar las amarras, desamarrar.
— V. intr. Zarpar (un bateau). ‖ Arrancar, ponerse en marcha (véhicule, machine). ‖ Arrancar (sports). ‖ FIG. Ponerse en marcha : *l'économie*

espagnole a démarré, la economía española se ha puesto en marcha.

démarreur m. TECHN. Arranque : *tirer sur le démarreur,* dar al arranque.

démasclage m. Descasque (du liège).

démascler v. tr. Descortezar, escorchar (écorcer le chêne-liège).

démasquer v. tr. Desenmascarar. ‖ FIG. Desenmascarar : *démasquer l'hypocrisie,* desenmascarar la hipocresía. ‖ MIL. Descubrir (une batterie). ‖ *Démasquer ses batteries,* descubrir su juego.
— V. pr. Desenmascararse.

démastiquer v. tr. Quitar la masilla.

démâtage m. MAR. Desarboladura, *f.*

démâter v. tr. MAR. Desarbolar. ‖ (P. us.). FIG. Desconcertar (déconcerter).
— V. intr. Desarbolarse.

dème m. Demo (bourg de l'ancienne Grèce).

démêlage [demɛla:ʒ] m. Carmenadura, *f.* (de la laine).

démêlé m. Altercado (querelle). ‖ Dificultad, *f.* enredo, complicación, *f.* (avec la justice).

démêler v. tr. Desenredar, desenmarañar (les cheveux, les fils, etc.). ‖ Carmenar (la laine). ‖ Discernir, distinguir : *démêler le vrai d'avec le faux,* discernir lo verdadero de lo falso. ‖ Disputar (débattre) : *qu'ont-ils à démêler?,* ¿qué están disputando? ‖ FIG. Desenmarañar, desembrollar, desenredar, aclarar (éclaircir).
— V. pr. FIG. Desenredarse (se débrouiller).

démêleur m. Carmenador (ouvrier).

démêloir m. Batidor, escarpidor (peigne). ‖ Carmenador (pour la laine).

démembrement m. Desmembramiento, desmembración, *f.* ‖ Desarticulación, *f.* (d'un parti).

démembrer v. tr. Desmembrar. ‖ Desarticular.

déménagement m. Mudanza, *f.*

déménager* v. intr. Mudarse (de logement). ‖ FAM. Irse, largarse, tomar el portante (s'en aller). ‖FIG. et FAM. Desbarrar, perder la chaveta (déraisonner). ‖ *Déménager à la cloche de bois,* marcharse a la chita callando.
— V. tr. Mudar, trasladar : *déménager une bibliothèque,* trasladar una biblioteca. ‖ Trasladar los muebles de ; *déménager une maison,* trasladar los muebles de una casa.

déménageur m. Mozo de mudanzas *ou* de cuerda. ‖ Empresario de mudanzas (entrepreneur).

démence f. Demencia. ‖ FIG. Locura, conducta irrazonable.

démener (se)* v. pr. Agitarse, luchar, debatirse, forcejear (se débattre). ‖ FIG. Ajetrearse, moverse, menearse, bregar (se donner beaucoup de peine).

dément, e [demã, ã:t] adj. et s. Demente.

démenti m. Mentís, desmentida, *f.* (p. us.) : *donner un démenti,* dar un mentís. | (Vx). FIG. et FAM. Desaire, chasco : *il en a eu le démenti,* ha sufrido un desaire, se ha llevado un chasco.

démentiel, elle [demãsjɛl] adj. Demente, de demente.

démentir* v. tr. et intr. Desmentir.
— V. pr. Desdecirse.

démérite m. Demérito, desmerecimiento.

démériter v. intr. Desmerecer.

démesure f. Desmesura, descomedimiento, *m.*

démesuré, e adj. ● Desmedido, da ; demesurado, da ; desaforado, da : *ambition démesurée,* ambición desmedida, *f.* ‖ FIG. Descomunal ; desmedido, da ; exagerado, da (excessif).
— SYN. ● *Énorme,* enorme. *Immodéré,* inmoderado, descomunal. *Disproportionné,* desproporcionado. *Illimité,* ilimitado.

Démétrios n. pr. m. Demetrio.

démettre* v. tr. Dislocar, desencajar (un os). ‖ DR. Denegar, desestimar (débouter). ‖ FIG. Destituir (d'un emploi).

— V. pr. Dislocarse, desencajarse (un os). ‖ Dimitir de, renunciar a : *se démettre de son commandement*, renunciar a su mando. ‖ *Se démettre de ses fonctions*, dimitir.

démeublé, e adj. Fig. et Fam. Desdentado, da : *bouche démeublée*, boca desdentada.

démeubler v. tr. Desamueblar.

demeurant, e adj. et s. (Vx). Que vive en (qui habite). ‖ Sobreviviente (survivant). ‖ — M. Resto, lo sobrante (ce qui reste). ‖ *Au demeurant*, en resumen, a fin de cuentas, por lo demás, después de todo : *au demeurant, c'est un bon garçon*, a fin de cuentas es un buen muchacho.

demeure [dəmœːr] f. ● Morada, residencia (domicile). ‖ Morada, vivienda, alojamiento (logement). ‖ (Vx). Estancia (durée d'un séjour). ‖ (Vx). Demora retraso, *m.* (retard). ‖ Dr. Mora. ‖ — *Demeure céleste*, morada celeste. ‖ *Dernière demeure*, última morada. ‖ *Mise en demeure*, intimación, requerimiento. ‖ — *À demeure*, fijo, ja ; de manera estable. ‖ *Il y a péril en la demeure*, nada se pierde por esperar. ‖ *Mettre en demeure de*, intimar a que : *mettre en demeure de payer*, intimar la orden de pago, intimar a que paguen.

— Syn. ● *Domicile*, domicilio. *Adresse*, dirección. *Résidence*, residencia.

demeuré, e adj. et s. Retrasado, da (enfant).

demeurer v. intr. Permanecer, quedarse (rester). ‖ Residir, morar, vivir (habiter). ‖ Quedar, seguir siendo : *il est demeuré le champion*, sigue siendo campeón. ‖ Persistir : *il demeura dans son idée*, persistió en su idea. ‖ — *Demeurant à Madrid*, residente *ou* domiciliado en Madrid. ‖ *Demeurer court*, cortarse, turbarse. ‖ *Demeurer d'accord*, quedar de acuerdo, conformes. ‖ *Demeurer en arrière*, quedarse atrás, rezagarse. ‖ *Demeurons-en là*, no hablemos más. ‖ *En demeurer là*, quedarse así. ‖ *Il demeure que*, resulta que.

— Observ. Cuando el verbo *demeurer* significa « vivir », « residir », hace falta emplear el auxiliar *avoir* (j'ai demeuré un an à Paris), en cambio cuando significa « permanecer » es preciso emplear el auxiliar *être* (être demeuré à l'étranger).

demi, e adj. Medio, dia : *un an et demi*, año y medio ; *une demi-heure*, media hora. ‖ Semi : *un demi-dieu*, un semidiós.
— Adv. Medio : *demi-folle*, medio loca. ‖ Semi : *petits pois demi-fins*, guisantes semifinos. ‖ — *À demi*, a medias : *faire les choses à demi*, hacer las cosas a medias ; medio : *à demi endormie*, medio dormida.
— M. Mitad, *f.*, medio : *deux demis valent un entier*, dos mitades valen un entero. ‖ Caña, *f.* (verre de bière). ‖ Medio (sports). ‖ Sports. *Demi de mêlée*, medio de melée. ‖ *Demi d'ouverture*, medio de apertura.
— F. Media (demi-heure) : *sonner la demie*, dar la media.

— Observ. *Demi* es en francés invariable cuando precede al nombre ; se une con él con raya por medio de un guión : *demi-deuil*, medio luto ; *demi-heure*, media hora. La segunda palabra lleva su plural normal (*deux demi-heures*) excepto en algunos casos que son invariables.
Independientemente de la capacidad en centilitros (a menudo variable), cuando se toma una cerveza en España se pide *una caña* y análogamente en Francia *un demi*.
— L'adverbe espagnol *semi* est toujours accolé au mot qu'il modifie.

demi-bas m. inv. Media, *f.*, calcetín a media pierna.

demi-bosse f. Archit. Medio relieve, *m.*

demi-botte f. Bota corta, bota de media caña.

demi-bouteille [dəmibutɛj] f. Media botella.

demi-brigade f. Media brigada.

demi-cercle m. Semicírculo.

demi-circonférence f. Semicircunferencia.

demi-circulaire adj. Semicircular.

demi-clef [dəmikle] f. Medio cote, *m.* (nœud).

demi-colonne f. Archit. Media columna.

demi-couronne f. Media corona (monnaie anglaise).

demi-déesse f. Semidiosa.

demi-deuil [dəmidœj] m. Medio luto : *être en demi-deuil*, estar de medio luto.

demi-dieu m. Semidiós.

demi-fin, e adj. Semifino, na.

demi-finale f. Semifinal (sports).

demi-finaliste adj. et s. Semifinalista.

demi-fond m. inv. Medio fondo (sports).

demi-frère m. Hermanastro, medio hermano (frère de père ou de mère seulement).

demi-gros m. inv. Comercio intermedio entre el por mayor y el por menor.

demi-grossiste m. Mayorista intermediario.

demi-heure [dəmiœːr] f. Media hora. ‖ *Une petite demi-heure*, media horita.

demi-jour m. inv. Media luz, *f.* ‖ Amanecer (lever du soleil).

demi-journée f. Media jornada.

démilitarisation f. Desmilitarización.

démilitariser v. tr. Desmilitarizar.

demi-louis m. inv. Antigua moneda de oro de medio luis.

demi-lune f. Media luna.

demi-mal m. Fam. Mal menor, poco daño. ‖ *Il n'y a que demi-mal*, el daño es poco.

demi-mesure f. Media medida. ‖ Fig. Término (*m.*) medio.

demi-mondaine f. Mujer galante.

demi-monde m. Mujeres (*f. pl.*) de vida alegre.

demi-mort, e [dəmimɔːr, ɔrt] adj. Medio muerto, ta.

demi-mot (à) [adəmimo] loc. adv. A medias palabras.

déminage m. Levantamiento *ou* limpieza (*f.*) de minas de [un terreno].

déminer v. tr. Levantar un campo de minas en.

déminéralisation f. Desmineralización.

déminéraliser v. tr. Desmineralizar.

demi-pause f. Mus. Media pausa, silencio (*m.*) de mínima.

demi-pension f. Media pensión.

demi-pensionnaire adj. et s. Medio pensionista.

demi-pièce f. Media pieza (d'étoffe). ‖ Medio (*m.*) tonel (de vin).

demi-pique f. Espontón, *m.*

demi-place f. Medio (*m.*) billete (dans le train) ; media entrada (au spectacle).

demi-produit m. Semiproducto.

demi-quart [dəmikaːr] m. Medio cuarto (d'un kilo). ‖ Medio cuarterón (d'une livre).

demi-reliure f. Media pasta, encuadernación a la holandesa (reliure).

demi-ronde f. Techn. Mediacaña (lime).

démis, e [demi, iːz] adj. Dislocado, da (os). ‖ Destituido, da (fonctionnaire).

demi-saison f. Entretiempo, *m.* : *un manteau de demi-saison*, un abrigo de entretiempo.

demi-sang [dəmisɑ̃] m. inv. Media sangre (cheval).

demi-sel adj. inv. Medio salado, da.
— M. inv. Requesón salado.

demi-sœur [dəmisœːr] f. Hermanastra, media hermana (sœur de père ou de mère seulement).

demi-solde f. Medio (*m.*) sueldo, media paga. ‖
— M. inv. Militar que no está en activo.

demi-sommeil [dəmisɔmɛːj] m. Sueño ligero, entre sueños.

demi-soupir m. Mus. Silencio de corchea.

démission f. Dimisión.

démissionnaire adj. et s. Dimitido, da; dimisionario, ria.

démissionner v. intr. Dimitir.

demi-stator m. Semiestator.

demi-tarif m. Media tarifa, f.

demi-tasse f. Taza pequeña.

demi-teinte [dəmitɛ:t] f. Media tinta, medio (m.) tono.

demi-ton m. Mus. Semitono.

demi-tour m. Media (f.) vuelta : faire demi-tour, dar media vuelta.

démiurge m. Demiurgo.

demi-vérité f. Verdad a medias.

demi-watt [dəmiwat] f. Semivatio, m.

démobilisation f. Desmovilización.

démobiliser v. tr. Desmovilizar.

démocrate adj. et s. Demócrata.

démocrate-chrétien, enne adj. et s. Demócrata cristiano, na.

démocratie f. Democracia.

démocratique adj. Democrático, ca.

démocratisation f. Democratización.

démocratiser v. tr. Democratizar.

Démocrite n. pr. m. Demócrito.

démodé, e adj. Pasado, da, de moda : robe démodée, vestido pasado de moda. || Anticuado, da : théorie démodée, teoría anticuada.

démoder (se) v. pr. Pasar ou pasarse de moda.

démodex m. Demódex (acarien).

démographe m. Demógrafo.

démographie f. Demografía.

démographique adj. Demográfico, ca.

demoiselle [dəmwazɛl] f. Señorita. || Soltera (célibataire) : son nom de demoiselle, su apellido de soltera. | Damisela (ironique). || Techn. Pisón, m. (hie). | Ensanchador, m. (de gantier). || Zool. Libélula (libellule). |' Demoiselle d'honneur, camarera de la reina, azafata (de la reine), dama de honor (à un mariage).

démolir v. tr. Demoler (p. us.). || Derribar, echar abajo : démolir un bâtiment, derribar un edificio. || Destrozar, hacer pedazos : ils démolirent le mobilier, destrozaron los muebles. || Fig. Echar por tierra, arruinar : démolir une réputation, arruinar una reputación. | Echar abajo ou por tierra (une théorie). | Destrozar (la santé). | Poner por los suelos ou como un trapo, despellejar (critiquer). || Pop. Moler a palos (rouer de coups).

démolissage m. Demolición, f., derribo. || Fig. Descrédito, desprestigio.

démolisseur, euse adj. et s. Demoledor, ra. || Fig. Demoledor, ra; destructor, ra : critique démolisseuse, crítica demoledora.

démolition [demɔlisjɔ̃] f. Demolición, derribo, m. : entreprise de démolition, empresa de derribo ou de demolición. | Fig. Derrumbamiento, m. (ruine). || — Pl. Derribos, m. pl., escombros, m. pl. (décombres).

démon m. Demonio. |' Fig. Demonio (personne méchante). | Demonio, diablo (enfant espiègle). || — Fig. et Fam. Petit démon, diablillo. || — Fam. Faire le démon, diablear, hacer diabluras.

— Observ. La palabra démon no tiene femenino; se dice : cette enfant est un démon.

démonétisation f. Desmonetización. || Fig. Descrédito, m.

démonétiser v. tr. Desmonetizar. || Fig. Desvalorar, desacreditar.

démoniaque adj. Demoniaco, ca.
— M. et f. Demoniaco, ca; endemoniado, da (possédé du démon).

démonographe m. Demonógrafo.

démonographie f. Demonografía.

démonologie [demɔnɔlɔʒi] f. Demonología.

démonomanie [-mani] f. Demonomanía.

démonstrateur, trice m. et f. Demostrador, ra.

démonstratif, ive adj. Demostrativo, va. || Muy expresivo, va (caractère).

démonstration f. Demostración. |' Manifestación : démonstration d'amitié, manifestaciones de amistad.

démontable adj. Desmontable, desarmable.

démontage m. Desmontaje, desarme (d'une machine).

démonte-pneu [demɔ̃təpnø] m. Desmontable para neumáticos.
— Observ. Pl. démonte-pneus.

démonter v. tr. Desmontar. |' Desmontar, desarmar (une machine). |' Desmontar, quitar (couture). || Mil. Desmontar (p. us.), quitar el mando. || Desmontar, apear (faire descendre de sa monture). || Desengastar (un bijou). || Fig. Desconcertar, desorientar, turbar (troubler). | Desanimar, desmoralizar (décourager). || Mer démontée, mar embravecido, revuelto, encrespado.
— V. pr. Desmontarse, desarmarse. || Dislocarse (un os). |' Fig. Desconcertarse, turbarse (se troubler). | Alterarse, enfurecerse (en parlant d'une personne, des éléments).

démontrable adj. Demostrable.

démontrer v. tr. Demostrar, probar : démontrer son ignorance, demostrar su ignorancia. || Math. Demostrar.

démoralisant, e adj. Desmoralizante.

démoralisateur, trice adj. et s. Desmoralizador, ra.

démoralisation f. Desmoralización.

démoraliser v. tr. Desmoralizar, corromper (corrompre). || Desmoralizar, desalentar (décourager).

démordre v. intr. Fig. Desistir, desdecirse, volverse atrás (se dédire). || Ne pas en démordre, mantenerse en sus trece, no dar su brazo a torcer, no rajarse, aferrarse a una idea.

Démosthène [demɔstɛ:n] n. pr. m. Demóstenes.

démotique adj. Demótico, ca (écriture égyptienne).

démoucheter* [demuʃte] v. tr. Desbotonar (fleuret).

démoulage m. Vaciado.

démouler v. tr. Desmoldar (p. us.), vaciar (une statue), sacar del molde (un gâteau).

démultiplicateur m. Techn. Desmultiplicador.

démultiplication f. Mécan. Desmultiplicación.

démultiplier v. tr. et intr. Mécan. Desmultiplicar.

démuni, e adj. Desprovisto, ta : démuni d'argent, desprovisto de dinero.

démunir v. tr. Desproveer, despojar (dépouiller). || Mil. Desproveer de víveres y municiones.
— V. pr. Despojarse (se dessaisir).

démurer v. tr. Destapiar.

démuseler* v. tr. Quitar el bozal (ôter la muselière). |' Fig. Desencadenar, desatar (les passions).

démystification f. Desengaño, m.

démystifier v. tr. Desengañar, deshacer un engaño.

démythifier v. tr. Desmitificar.

dénaire adj. Denario, ria.

dénantir v. tr. Retirar la fianza del aval.

dénatalité f. Disminución de la natalidad.

dénationalisation f. Desnacionalización.

dénationaliser v. tr. Desnacionalizar.

dénatter v. tr. Destrenzar : dénatter ses cheveux, destrenzar el pelo.

dénaturalisation f. Desnaturalización.

dénaturaliser v. tr. Desnaturalizar.

dénaturant, e adj. Desnaturalizador, ra.

dénaturation f. Desnaturalización.

dénaturé, e adj. Desnaturalizado, da : un fils dénaturé, un hijo desnaturalizado.

dénaturer v. tr. Desnaturalizar (changer la nature de). |' Fig. Corromper, viciar (corrompre). | Desfigurar (un fait). | Desvirtuar (la pensée).

dénazification f. Desnazificación, desnacificación.
dénazifier* v. tr. Desnazificar, desnacificar.
dendrite [dɛ̃ ou dɑ̃drit] f. Dendrita.
dendrographie [dɛ̃drografi] f. Dendrografía.
dendromètre [-mɛtr] m. Dendrómetro (appareil de mesure).
dénégation f. Denegación, negación.
dénégatoire adj. Denegatorio, ria.
dengue [dɑ̃:g ou dɛ̃:g] f. MÉD. Dengue, m. (maladie).
déni m. Negativa, f. ‖ DR. Denegación, f. : *déni de justice,* denegación de justicia.
déniaiser v. tr. Despabilar, espabilar.
dénicher v. tr. Sacar del nido (enlever du nid). ‖ FIG. et FAM. Hacer salir, desalojar : *dénicher l'ennemi,* desalojar al enemigo. ‖ Dar con, encontrar, descubrir : *dénicher un livre rare,* descubrir un libro raro.
— V. intr. Abandonar el nido, desanidar. ‖ FAM. Alzar el vuelo (partir).
dénicheur, euse m. et f. Buscador, ra, de nidos. ‖ FAM. Descubridor, ra.
dénicotiniser v. tr. Desnicotinizar (tabac).
denier m. Denario (monnaie romaine). ‖ Dinero (monnaie ancienne). ‖ (Vx). Suma, f. ‖ TECHN. Denier. ‖ — Pl. Dinero, *sing.,* fondos (argent). ‖ — *Denier de Saint-Pierre,* dinero de San Pedro. ‖ *Denier du culte,* ofrenda para el culto [en Francia]. ‖ *Les deniers publics* o *de l'Etat,* el caudal público, las rentas del Estado, los fondos públicos.
dénier* v. tr. Denegar : *dénier un droit,* denegar un derecho. ‖ Negar (nier).
dénigrant, e adj. et s. Denigrante.
dénigrement m. Denigración, f.
dénigrer v. tr. Denigrar.
dénigreur, euse adj. et s. Denigrante.
Denis [dəni] n. pr. m. Dionisio.
Denise [dəni:z] n. pr. f. Dionisia.
dénitrification f. Desnitrificación.
dénitrifier v. tr. Desnitrificar.
déniveler* v. tr. Desnivelar.
dénivellation f. ou **dénivellement** m. Desnivelación, f. (action de déniveler). ‖ Desnivel, m. (différence de niveau).
dénombrement m. ● Enumeración, f., recuento (énumération). ‖ Empadronamiento, censo (recensement).
— SYN. ● *Recensement,* censo. (*Vx*) *Cens,* censo. *Statistique,* estadística. *Inventaire,* inventario. *Énumération,* enumeración, recuento.
dénombrer v. tr. Enumerar, contar. ‖ Empadronar, hacer el censo (recenser).
dénominateur m. MATH. Denominador.
dénominatif, ive adj. Denominativo, va.
dénomination f. Denominación.
dénommer v. tr. Denominar. ‖ Designar por su nombre. ‖ *Le dénommé Pierre,* el llamado Pedro.
dénoncer* v. tr. Denunciar. ‖ Denunciar (un traité). ‖ FIG. Revelar, indicar, denotar : *tout dénonçait en lui une bonne culture,* todo revelaba en él una buena cultura.
dénonciateur, trice adj. et s. Denunciador, ra; denunciante. ‖ Revelador, ra; acusador, ra; delator, ra : *lettre dénonciatrice,* carta reveladora.
dénonciation f. Denuncia, denunciación (p. us.). ‖ Anulación, ruptura : *dénonciation d'un armistice,* ruptura de un armisticio.
dénoter v. tr. Denotar.
dénouement [denumɑ̃] m. (P. us.). Desataradura, f. (action de dénouer). ‖ FIG. Desenlace : *le dénouement d'un drame,* el desenlace de un drama. ‖ Solución, f. : *le dénouement d'une crise,* la solución de una crisis.
dénouer v. tr. Desatar, desanudar (détacher). ‖ Soltar (desserrer). ‖ Hacer flexible, soltar (assouplir). ‖ FIG. Romper, poner fin : *dénouer une liaison,* romper un enlace. ‖ Desenlazar (un drame, etc.), deshacer, desenredar (une intrigue, etc.). ‖ Resolver, arreglar (résoudre). ‖ Desatar (la langue).
dénoyage [denwaja:ʒ] m. MIN. Achique, achicamiento. ‖ *Pompe de dénoyage,* bomba achicadora *ou* de achicamiento.
dénoyautage m. Deshuesado.
dénoyauter [denwajote] v. tr. Deshuesar, despepitar (ôter les noyaux).
dénoyauteur [-tœ:r] m. Deshuesadora, f.
dénoyer [denwaje] v. tr. Achicar.
denrée f. Producto, m., género, m., mercancía (marchandise). ‖ — *Denrées alimentaires,* productos alimenticios *ou* comestibles, artículos de consumo. ‖ *Denrées coloniales,* ultramarinos. ‖ *Denrées périssables,* productos perecederos. ‖ FIG. *Une denrée rare,* una cosa rara de encontrar.
— SYN. *Subsistance,* subsistencia. *Vivres,* víveres. *Comestibles,* comestibles.
dense [dɑ̃s] adj. Denso, sa.
densimètre m. PHYS. Densímetro.
densimétrie f. Densimetría.
densimétrique adj. Densimétrico, ca.
densité f. Densidad.
dent [dɑ̃] f. ● Diente, m. : *se casser une dent,* romperse un diente; *dent de lait,* diente de leche. ‖ Muela (molaire) : *dent de sagesse,* muela del juicio, muela cordal ; *rage de dents,* dolor de muelas. ‖ Colmillo, m. (d'animal). ‖ Pico, m., diente, m. (montagne). ‖ Bellote, m. (clou). ‖ Diente, m. (scie, engrenage). ‖ Púa (d'un peigne). ‖ — TECHN. *Dent à brunir,* diente de lobo. ‖ *Dent de l'œil,* colmillo de la mandíbula superior. ‖ *Dent de serrure,* dentellón. ‖ *Dent gâtée* o *dent creuse,* diente picado, muela dañada. ‖ *Dents de devant,* dientes. ‖ *Dents d'un timbre,* dentado de un sello. ‖ — *Arracheur de dents,* sacamuelas. ‖ *Coup de dent,* dentellada, bocado, mordisco. ‖ *Fausses dents,* dientes postizos. ‖ *Mal de dents,* dolor de muelas. ‖ — *En dents de scie,* dentado, da.
— *Agacer les dents,* dar dentera : *l'oseille agace les dents,* la acedera da dentera. ‖ POP. *Avoir la dent,* tener carpanta *ou* gazuza (faim). ‖ *Avoir la dent dure,* tener los colmillos afilados (critiquer). ‖ *Avoir les dents longues,* tener hambre (avoir faim), picar muy alto (être ambitieux). ‖ *Avoir o garder une dent contre quelqu'un,* tener ojeriza *ou* tirria *ou* manía a alguien. ‖ *Claquer des dents,* dar diente con diente, tiritar. ‖ FIG. *Déchirer quelqu'un à belles dents,* poner a uno de vuelta y media, despellejar a alguien. ‖ *Être sur les dents,* andar de cabeza, estar reventado de trabajo, no dar de sí. ‖ FIG. *Faire ses dents,* echar *ou* salirle los dientes (un enfant). ‖ *Manger du bout des dents,* comer sin ganas. ‖ FIG. *Montrer les dents,* enseñar los colmillos *ou* los dientes, amenazar. ‖ FAM. *Mordre à belles dents,* morder con fuerza. ‖ *N'avoir rien à se mettre sous la dent,* no tener qué llevarse a la boca. ‖ *Ne pas desserrer les dents,* no despegar los labios. ‖ *Parler entre ses dents,* hablar entre dientes, mascullar. ‖ FAM. *Quand les poules auront des dents,* cuando las ranas críen pelos. ‖ *Rire du bout des dents,* reir de dientes afuera. ‖ FIG. *Se casser les dents sur,* romperse las narices con, estrellarse en.
— SYN. ● *Croc,* colmillo. *Surdent,* sobrediente. *Chicot,* raigón. *Quenotte,* dientecillo.

dentaire adj. Dentario, ria. ‖ *École dentaire,* escuela de odontología.
dental, e adj. et s. f. Dental.
dent-de-lion f. Diente (m.) de león (plante).
— OBSERV. Pl. *dents-de-lion.*
dent-de-loup f. Diente (m.) [menuiserie].
— OBSERV. Pl. *dents-de-loup.*

denté, e adj. Dentado, da : *roue dentée,* rueda dentada.

dentée f. Dentellada (d'un chien).

dentelaire f. Dentelaria, belesa (plante).

dentelé, e adj. Dentellado, da; dentado, da. ‖ BLAS. Dentellado, da. — M. ANAT. Serrato (muscle) : *grand dentelé,* serrato mayor.

denteler* v. tr. Dentar.

dentelle [dɑ̃tɛl] f. Encaje, *m.,* puntilla : *dentelle aux fuseaux,* encaje de bolillos. ‖ IMPR. Orla. ‖ *Guerre en dentelles,* guerra galana.

dentellerie [-tɛlri] f. Fabricación de encajes. ‖ Comercio (*m.*) de encajes.

dentellier, ère m. et f. Encajero, ra. — Adj. Del encaje : *industrie dentellière,* industria del encaje.

dentelure f. Dentellada (découpure). ‖ Recorte (*m.*) en forma de dientes, festón, *m.* (feston). ‖ ARCHIT. Festón, *m.* ‖ BOT. Borde (*m.*) dentado.

denter v. tr. Dentar.

denticule m. Dientecito (petite dent). ‖ ARCHIT. Dentículo.

denticulé, e adj. Denticulado, da.

dentier m. Dentadura (*f.*) postiza (fausses dents). ‖ (P. us.). Dentadura, *f.* (denture).

dentifrice adj. Dentífrico, ca. — M. Crema (*f.*) dental, dentífrico.

dentine f. Dentina (émail des dents).

dentirostres m. pl. ZOOL. Dentirrostros.

dentiste m. et f. Dentista, odontólogo. — SYN. *Odontologiste,* odontólogo. *Stomatologiste,* estomatólogo. *Fam. Arracheur de dents,* sacamuelas.

dentition f. Dentición (formation des dents).

dento-labial ou **dentolabial** [dɑ̃tolabjal] adj. et s. f. GRAMM. Labiodental.

dentu, e adj. Dentado, da.

denture f. Dentadura (ensemble des dents). ‖ Engranaje, *m.* (d'une machine). ‖ Dientes, *m. pl.* (d'une scie).

dénudation f. Descarnadura (d'une dent). ‖ Descortezamiento, *m.* (d'un arbre). ‖ GÉOL. Denudación.

dénudé, e adj. Desnudo, da (corps, câble). ‖ Descarnado, da (os). ‖ Pelado, da : *crâne dénudé, cabeza pelada ; plateau dénudé,* llanura pelada. ‖ GÉOL. Denudado, da.

dénuder v. tr. Descarnar (os). ‖ Desnudar (mettre à nu). ‖ Descortezar (un arbre). ‖ Quitar la funda de (un câble). ‖ GÉOL. Denudar.

dénué, e adj. Privado, da : *dénué de raison,* privado de razón. ‖ Desprovisto, ta; falto, ta : *dénué de tout,* desprovisto de todo.

dénuement [denymɑ̃] m. Indigencia, *f.,* inopia, *f.* (p. us.) : *être dans le plus complet dénuement,* estar en la indigencia más completa.

dénuer v. tr. Privar, despojar, desposeer.

dénutrition f. Desnutrición.

déontologie f. Deontología.

déontologique adj. Deontológico, ca.

dépaillage [depɑja:ʒ] m. Despajadura, *f.*

dépailler [-je] v. tr. Quitar la paja [de una silla].

dépaissance f. Pasto, *m.,* apacentamiento, *m.*

dépalisser v. tr. AGRIC. Quitar de la espaldera.

dépannage m. Reparación, *f.,* arreglo : *atelier de dépannage,* taller de reparaciones.

dépanner v. tr. Reparar, arreglar (réparer). ‖ FIG. et FAM. Sacar de apuro, echar una mano.

dépanneur, euse adj. et s. m. Reparador, ra. ‖ — F. Grúa remolque, coche (*m.*) de auxilio en carretera.

dépaquetage m. Desempaquetado.

dépaqueter* v. tr. Desempaquetar.

déparaffinage m. Desparafinación, *f.,* desparafinado.

dépareillé, e [depareje] adj. Descabalado, da; deshermanado, da.

dépareiller [-je] v. tr. Descabalar, desparejar, deshermanar.

déparer v. tr. Desadornar, despojar de sus adornos. ‖ Afear, deslucir : *visage déparé par une cicatrice,* rostro afeado por una cicatriz. — OBSERV. Ne pas confondre avec l'espagnol *deparar,* offrir.

déparier* v. tr. Descabalar, desparejar. ‖ Desaparear (des animaux).

départ [depa:r] m. Salida, *f.,* partida, *f.,* marcha, *f.* (action de partir). ‖ Salida, *f.* (d'un train, avion, bateau). ‖ Salida, *f.* (sports). ‖ Repartición, *f.,* separación, *f.* (des taxes). ‖ Arranque (d'une chanson, d'une voiture, d'un escalier). ‖ FIG. Comienzo, principio. ‖ — *Capital de départ,* capital inicial. ‖ *Faux départ,* paso en falso; salida nula (sports). ‖ *Point de départ,* punto de partida ou de arranque. ‖ — *Être sur son départ,* estar a punto de partir.

départager* v. tr. Desempatar (dans un vote). ‖ Clasificar, eliminar (dans un concours).

département m. Departamento. ‖ Jurisdicción, *f.,* competencia, *f.* (attributions).

départemental, e adj. Departamental, provincial. ‖ Secundario, ria : *route départementale,* carretera secundaria.

départir v. tr. Repartir (partager). ‖ Deparar, conceder : *Dieu départ ses faveurs,* Dios depara sus favores. — V. pr. Desistir : *se départir d'une demande,* desistir de una demanda. ‖ Abandonar : *se départir de son calme,* abandonar su calma. ‖ *Se départir de son devoir,* faltar a su deber.

départiteur m. Repartidor.

dépassant m. Vistas, *f. pl.,* borde saliente, adorno que sobresale.

dépassement m. Adelantamiento (véhicule) : *dépassement à gauche,* adelantamiento por la izquierda. ‖ Rebasamiento (de crédits). ‖ *Dépassement moral,* superación.

dépasser v. tr. Dejar atrás, adelantar, pasar : *dépasser une voiture,* adelantar un coche. ‖ Ir más lejos que, ir más allá de, dejar atrás (aller au-delà de). ‖ Aventajar a (surpasser) : *dépasser ses concurrents,* aventajar a sus competidores. ‖ ● Sobresalir (faire saillie). ‖ Ser más alto (en hauteur). ‖ Estar fuera de : *cela dépasse sa compétence,* esto está fuera de su competencia. ‖ Superar : *l'époque du colonialisme est dépassée,* la época del colonialismo está superada. ‖ Rebasar, sobrepasar, superar : *le succès a dépassé nos prévisions,* el éxito ha rebasado nuestros pronósticos; *les ventes ont dépassé de dix pour cent celles de l'année dernière,* las ventas han sobrepasado en un diez por ciento las del año pasado. ‖ FAM. Extrañar, no caber en la cabeza : *cela me dépasse!,* esto no me cabe en la cabeza! ‖ FIG. Exceder, rebasar, sobrepasar (excéder). ‖ *Dépasser les bornes,* extralimitarse, pasarse de la raya. — SYN. ● *Déborder,* desbordar, rebosar. *Saillir,* sobresalir. *Surplomber,* dominar.

dépavage m. Desadoquinado, desempedrado.

dépaver v. tr. Desadoquinar, desempedrar.

dépaysé, e [depɛize] adj. Extrañado, da; desterrado, da (éloigné de son pays). ‖ FIG. Desorientado, da; despistado, da; descentrado, da (désorienté).

dépaysement [-zmɑ̃] m. Extrañamiento (exil). ‖ FIG. Desorientación, *f.,* despiste.

dépayser [-ze] v. tr. Extrañar, desterrar (exiler). ‖ FIG. Desorientar, descentrar, despistar (désorienter).

dépeçage [depəsa:ʒ] ou **dépècement** [depɛsmɑ̃]

m. Despedazamiento (mise en pièces). ‖ Descuartizamiento : *le dépeçage d'un veau,* el descuartizamiento de un ternero. ‖ Desguace (bateau). ‖ Desmembración, *f.* (d'un pays).

dépecer* v. tr. Despedazar (mettre en pièces). ‖ Descuartizar (volailles). ‖ Desguazar (un bateau). ‖ Parcelar, dividir en lotes (une terre). ‖ Desmembrar (un pays).

dépeceur, euse m. et f. Despedazador, ra.

dépêche f. Despacho, *m.,* parte, *m.* : *dépêche diplomatique,* despacho diplomático. ‖ Telegrama, *m.* (télégramme). ‖ Noticia (information).

dépêcher v. tr. Despachar, apresurar (hâter) : *dépêcher un travail,* despachar un trabajo. ‖ Despachar, enviar (envoyer) : *dépêcher un courrier,* despachar un correo. ‖ Fam. Despachar, matar (tuer.)
— V. pr. Darse prisa, apresurarse (se hâter).

dépeigner v. tr. Despeinar.

dépeindre* [depɛ̃dr] v. tr. Describir, pintar (décrire).

dépenaillé, e [depnɑje] adj. Guiñaposo, sa; andrajoso, sa; harapiento, ta.

dépendance f. Dependencia : *être sous la dépendance de,* estar bajo la dependencia de. ‖ Fig. Subordinación, dependencia. ‖ — Pl. Dependencias : *les dépendances d'un château,* las dependencias de un palacio.
— Syn. *Appartenance,* pertenencia. *Annexe,* anejo, anexo.

dépendant, e adj. Dependiente.

dépendeur, euse m. et f. Descolgador. ‖ Fig. et Fam. *Grand dépendeur d'andouilles,* zangolotino, larguirucho, inútil.

dépendre v. intr. ● Depender : *dépendre de quelqu'un,* depender de alguien. ‖ *Cela dépend,* esto depende.
— V. imp. Depender : *il dépend de vous que...,* de usted depende que...
— V. tr. Descolgar : *dépendre un tableau,* descolgar un cuadro.
— Syn. ● *Relever de,* depender de. *Ressortir à,* pertenecer a. *Être fonction de,* ser función de.

dépens [depɑ̃] m. pl. Costas, *f. pl.* : *condamné aux dépens,* condenado en costas. ‖ — *Aux dépens de,* a costa de, a expensas de, en detrimento de. ‖ *À ses dépens,* a costa suya.

dépense f. ● Gasto, *m.* : *dépenses de représentation,* gastos de representación. ‖ Fig. Gasto, *m.* : *une dépense d'énergie,* un gasto de energía. ‖ Despensa (pour les provisions). ‖ Derroche, *m.* : *dépense d'esprit,* derroche de ingenio. ‖ *Se mettre en dépense,* meterse en gastos.
— Syn. ● *Frais,* gastos. *Débours,* desembolso. *Dépens,* costas.

dépenser v. tr. ● Gastar. ‖ Fig. Prodigar, gastar : *dépenser ses forces,* gastar sus fuerzas. ‖ Desperdiciar, pasar, disipar (du temps). ‖ Fam. *Dépenser sa salive,* gastar saliva.
— V. pr. Desvivirse : *se dépenser pour ses amis,* desvivirse por sus amigos. ‖ *Se dépenser en vains efforts,* deshacerse en esfuerzos baldíos.
— Syn. ● *Prodiguer,* prodigar. *Dilapider,* dilapidar. *Dissiper,* disipar. *Gaspiller,* malgastar, despilfarrar, derrochar. *Débourser,* desembolsar.

dépensier, ère, adj. et s. Gastoso, sa (qui dépense). ‖ — M. et f. Despensero, ra (qui est chargé des provisions) : *la dépensière du couvent,* la despensera del convento.

déperdition f. Pérdida : *déperdition de chaleur,* pérdida de calor.

dépérir v. intr. Desmejorarse, estar peor (un malade). ‖ Decaer, debilitarse, languidecer : *sa santé dépérit,* su salud decae; *ce commerce dépérit,* este comercio decae. ‖ Estropearse, deteriorarse, estar

en peor estado (bâtiment). ‖ Marchitarse : *cette fleur dépérit,* esta flor se marchita. ‖ Caducar (créance).

dépérissement m. Desmejoramiento (d'un malade), decaimiento, debilitación, *f.* (de la santé). ‖ Decadencia, *f.* (décadence). ‖ Deterioro (détérioration). ‖ Marchitamiento (d'une fleur).

dépersonnalisation [depɛrsɔnalizasjɔ̃] m. Despersonalización.

dépersonnaliser v. tr. Despersonalizar.

dépêtrer v. tr. (Vx). Destrabar (un animal). ‖ Fig. Librar, desembarazar (débarrasser). ‖ Sacar del atolladero, sacar de apuro (tirer d'embarras).
— V. pr. Librarse, desembarazarse (se débarrasser). ‖ Fig. Salir del atolladero, salir de apuro.

dépeuplé, e adj. Despoblado, da.

dépeuplement m. Despoblación, *f.,* despoblamiento.

dépeupler v. tr. Despoblar.

déphasage m. Électr. Desfasaje.

déphaser v. tr. Defasar.

déphosphoration f. Techn. Desfosforación.

déphosphorer v. tr. Techn. Desfosforar.

déplauter v. tr. Fam. Despellejar, desollar.

dépilage ou **dépilement** m. Apelambrado (d'une peau). ‖ Min. Despilaramiento (Amér.).

dépilation f. Depilación.

dépilatoire adj. et s. m. Depilatorio, ria.

dépilement m. Min. Despilaramiento (Amér.).

dépiler v. tr. Depilar (une personne). ‖ Apelambrar, pelar (une peau). ‖ Min. Desapuntalar, desentibar.

dépiquage m. Agric. Trilla, *f.,* desgrane.

dépiquer v. tr. Descoser (une couture). ‖ Agric. Desplantar (déplanter). ‖ Trillar, desgranar.

dépistage m. Examen médico preventivo, detección, *f.,* diagnóstico precoz [*Amér.,* chequeo]. ‖ *Centre de dépistage,* clínica de medicina preventiva.

dépister v. tr. Rastrear, descubrir el rastro (la piste). ‖ Despistar (faire perdre la trace). ‖ Fig. Descubrir (découvrir). ‖ Méd. Establecer un diagnóstico precoz.

dépit [depi] m. Despecho. ‖ — *En dépit de,* a pesar de, a despecho de. ‖ *En dépit du bon sens,* en contra del sentido común, sin sentido común.

dépité, e adj. Chasqueado, da (contrarié).

dépiter v. tr. Despechar.

déplacé, e adj. Mudado, da; trasladado, da. ‖ Fuera de lugar, descentrado, da : *elle se trouvait déplacée dans cette réunion,* se encontraba fuera de lugar en esta reunión. ‖ Dislocado, da : *vertèbre déplacée,* vértebra dislocada. ‖ Fig. Desterrado, da. ‖ Trasladado, da : *employé déplacé,* empleado trasladado. ‖ Fuera de lugar, que no hace al caso, impropio, pia (inconvenant) : *propos déplacés,* palabras fuera de lugar. ‖ — *Personne déplacée,* persona desplazada (expatriée). ‖ — *Être déplacé,* no pintar nada (ne pas être à sa place). ‖ *Se sentir o se trouver déplacé,* no hallarse (fam.), no encontrarse a gusto.

déplacement m. Desplazamiento, traslado, cambio de sitio. ‖ Desviación, *f.* (déviation). ‖ Traslado, cambio (d'un fonctionnaire). ‖ Viaje : *être en déplacement,* estar de viaje. ‖ Desencajamiento, dislocación, *f.* (d'un os). ‖ Mar. Desplazamiento.
— Observ. *Desplazamiento,* assez souvent employé en espagnol, est considéré comme gallicisme sauf en termes de marine.

déplacer* v. tr. ● Desplazar, trasladar, mudar, cambiar de sitio. ‖ Trasladar (un fonctionnaire). ‖ Fig. Cambiar, desviar : *déplacer la question,* cambiar la conversación. ‖ Mar. Desplazar. ‖ Méd. Dislocar, desencajar (vertèbre).

— V. pr. Trasladarse, mudar de sitio, desplazarse (déménager). ‖ Viajar, desplazarse (voyager).

— OBSERV. *Desplazarse*, considéré comme gallicisme, est cependant extrêmement employé en espagnol dans les sens de *voyager* et *se déplacer*.

— SYN. ● *Déranger*, desarreglar, descomponer. *Intervertir*, intervertir, trastocar. *Transposer*, transponer. *Inverser*, invertir.

déplaire* v. tr. Desagradar, no gustar, disgustar.
— V. impers. *Il me déplaît de*, me desagrada, me disgusta. ‖ *Ne vous en déplaise*, mal que le pese.
— V. pr. Hallarse a disgusto, estar a disgusto : *se déplaire à la campagne*, hallarse a disgusto en el campo.

— OBSERV. El participio pasado del verbo *déplaire* es *déplu*, y queda siempre invariable.

déplaisance f. Desagrado, *m.*, disgusto, *m.*, descontento, *m.*

déplaisant, e adj. Enfadoso, sa ; desagradable, poco agradable, poco grato, ta ; enojoso, sa ; fastidioso, sa.

déplaisir m. Desagrado, disgusto, descontento.

déplantage m. Desplantación, *f.*, trasplante.

déplanter v. tr. Desplantar, trasplantar (plantes). ‖ Desarmar (tente). ‖ FIG. Desarraigar (personnes).

déplantoir m. AGRIC. Desplantador.

déplâtrage m. Desenyesado, desescayolado.

déplâtrer v. tr. Desenyesar, quitar el enyesado, desescayolar.

dépliage ou **dépliement** m. Despliegue.

dépliant [depliɑ̃] m. Desplegable (prospectus, carte).

déplier* v. tr. Desdoblar, desplegar.

déplissage m. Desfrunce.

déplisser v. tr. Desfruncir, desarrugar.

déploiement [deplwamɑ̃] m. Despliegue, desplegamiento. ‖ FIG. Muestra, *f.*, ostentación, *f* (de richesse, etc.). ‖ MIL. Despliegue, alarde, desfile (des forces).

déplombage m. Levantamiento de los plomos *ou* precintos. ‖ Desempaste (d'une dent).

déplomber v. tr. Quitar los plomos *ou* precintos. ‖ Desempastar (une dent).

déplorable adj. Lamentable, deplorable.

déplorer v. tr. Lamentar, deplorar, sentir.

déployer* [deplwaje] v. tr. Desplegar. ‖ FIG. Mostrar, hacer alarde de, poner de manifiesto (étaler) : *déployer son zèle*, mostrar su celo. ‖ *Rire à gorge déployée*, reir a carcajadas, a mandíbula batiente.

déplumer v. tr. Desplumar.
— V. pr. FAM. Perder el pelo.

dépocher v. tr. FAM. Desembolsar.

dépoétiser v. tr. Despoetizar.

dépointer [depwɛ̃te] v. tr. Desapuntar (arme). ‖ Descoser las puntadas (pièce d'étoffe).

dépoitraillé, e [depwatrɑje] adj. FAM. Despechugado, da ; descamisado, da.

dépolarisant adj. et s. m. Despolarizador.

dépolarisation f. Despolarización.

dépolariser v. tr. Despolarizar.

dépoli, e adj. Deslustrado, da. ‖ Esmerilado, da (verre). ‖ Mate (métal).

dépolir v. tr. Deslustrar, quitar el brillo (ôter l'éclat). ‖ Esmerilar (le verre).

dépolissage m. Deslustrado, deslustre. ‖ Esmerilado (verre).

dépolitisation f. Despolitización.

dépolitiser v. tr. Quitar el carácter político a, despolitizar : *dépolitiser un syndicat*, quitar el carácter político a un sindicato.

déponent, e adj. et s. m. GRAMM. Deponente.

dépopulation f. Despoblación, despoblamiento, *m.*

déport [depɔ:r] m. Recusación, *f.*, inhibición, *f.* ‖ Demora, *f.*, retraso (délai). ‖ Prima (*f.*) pagada por el préstamo de títulos (bourse).

déportation f. Deportación.

déporté, e adj. et s. Deportado, da.

déportements m. pl. Excesos, extravíos.

déporter v. tr. ● Deportar. ‖ Desviar (auto, avion).
— SYN. ● *Reléguer*, relegar. *Exiler*, desterrar.

déposant, e adj. et s. Depositante (qui dépose de l'argent). ‖ Deponente, declarante (qui dépose devant le juge).

dépose f. Desmontaje, *m.*, acción de quitar : *la dépose d'un tuyau*, el desmontaje de un tubo.

déposé, e adj. Registrado, da ; patentado, da ; depositado, da.

déposer v. tr. Depositar (mettre en dépôt). ‖ Soltar, dejar, descargar (décharger). ‖ Dejar en, llevar a : *je vous dépose à la gare*, le dejo en la estación. ‖ Dar (un baiser). ‖ Descolgar (décrocher). ‖ Desmontar (démonter). ‖ Depositar, formar poso (les liquides). ‖ Registrar, patentar, depositar (une marque de fabrique). ‖ Depositar, presentar : *déposer un projet de loi*, presentar un proyecto de ley. ‖ Deponer (les armes). ‖ Renunciar a (renoncer à). ‖ Quitarse : *déposer le masque*, quitarse la máscara. ‖ FIG. Deponer, destituir (destituer). ‖ — *Déposer ses hommages*, rendir pleitesía. ‖ *Déposer son bilan*, declararse en quiebra. ‖ *Déposer une plainte*, presentar una denuncia. ‖ *Il est défendu de déposer des ordures*, prohibido verter *ou* arrojar basuras.
— V. intr. Deponer, declarar, prestar declaración (témoigner en justice). ‖ Formar un poso, asentarse (un liquide).

dépositaire m. et f. Depositario, ria.

déposition f. Deposición. ‖ Declaración, deposición (d'un témoin). ‖ *Déposition de Croix*, deposición de la Cruz (descente).

déposséder* v. tr. ● Desposeer. ‖ Expropiar (par l'État).
— SYN. ● *Dépouiller*, despojar. *Spolier*, expoliar, espoliar. *Fam. Plumer*, desplumar. *Tondre*, pelar.

dépossession f. Desposeimiento, *m.* ‖ Expropiación (par l'État).

dépôt [depo] m. Depósito, consignación, *f.* (d'une somme). ‖ Poso, sedimento (des liquides). ‖ Almacén (magasin). ‖ Cochera, *f.*, depósito : *dépôt d'autobus*, cochera de autobuses. ‖ Colocación, *f.* (pose). ‖ Presentación, *f.* : *dépôt de conclusions*, presentación de conclusiones. ‖ Prisión (*f.*) preventiva. ‖ GÉOL. Tierras (*f. pl.*) de aluvión. ‖ MÉD. Absceso, tumor, bolsa, *f.* ‖ MIL. Depósito. ‖ — *Dépôt de bilan*, declaración de quiebra. ‖ *Dépôt de mendicité*, asilo, hospicio. ‖ *Dépôt de munitions*, pañol (dans un bateau). ‖ *Mandat de dépôt*, auto de prisión preventiva.

dépotage ou **dépotement** m. Cambio de tiesto, trasplante (d'une plante). ‖ Trasiego (des liquides).

dépoter v. tr. Cambiar de tiesto (plantes). ‖ Trasegar (liquides).

dépotoir m. Planta (*f.*) de transformación de residuos. ‖ FAM. Vertedero, muladar, estercolero.

dépoudrer v. tr. Desempolvar, quitar el polvo.

dépouille [depu:j] f. Despojo, *m.* ‖ Camisa, piel (peau que perdent certains animaux). ‖ Cosecha (récolte). ‖ Botín, *m.*, despojos, *m. pl.* ‖ *Dépouille mortelle*, restos mortales.

dépouillement [-jmɑ̃] m. Despojo. ‖ Desollamiento (d'un animal). ‖ Examen, comprobación, *f.*, depuración, *f.* (d'un compte). ‖ Examen detenido (de documents). ‖ Recuento de votos, escrutinio (dans un élection). ‖ Acción (*f.*) de abrir el correo (du courrier). ‖ Renunciación, *f.* : *les religieuses font preuve d'un grand dépouillement*, las monjas dan prueba de una gran renunciación.

dépouiller [-je] v. tr. Despojar. ‖ ● Desollar, quitar la piel (enlever la peau). ‖ Quitar la ropa

(ôter les vêtements). ‖ Examiner, analizar (un compte, des documents, etc.). ‖ Hacer el recuento de votos *ou* el escrutinio (après un vote). ‖ Abrir (courrier). ‖ Sacar papeletas, tomar notas (d'un livre, un auteur). ‖ Despojar, desvalijar (voler). ‖ Prescindir de, desembarazarse : *dépouiller toute honte*, prescindir de toda vergüenza. ‖ *Style dépouillé*, estilo sobrio, escueto.
— V. pr. Sedimentar, aclararse (se dit du vin). ‖ Mudar la piel (serpent). ‖ Quitarse (ses vêtements). ‖ Despojarse, desposeerse (se priver). ‖ FIG. Desembarazarse, librarse, prescindir de : *se dépouiller d'un préjugé*, librarse de un prejuicio.
— SYN. ● *Écorcher*, desollar. *Dépiauter*, despellejar. *Dénuder*, desnudar, denudar. *Tondre*, esquilar.

dépourvu, e adj. Desprovisto, ta ; privado, da. ‖ *Au dépourvu*, de improviso, desprevenido, da.

dépoussiérage m. Desempolvadura, *f.*, eliminación (*f.*) del polvo.

dépoussiérer v. tr. Quitar el polvo, desempolvar.

dépravateur, trice adj. et s. Pervertidor, ra ; depravador, ra.

dépravation f. Depravación, perversión.

dépravé, e adj. et s. Depravado, da ; pervertido, da. ‖ Corrompido, da (goût).

dépraver v. tr. Depravar, pervertir. ‖ Alterar, estropear, corromper : *dépraver le goût*, alterar el gusto.

déprécation f. Deprecación (prière).

déprécatoire adj. Deprecatorio, ria.

dépréciateur, trice adj. et s. Depreciador, ra.

dépréciatif, ive adj. et s. m. GRAMM. Despectivo, va.

dépréciation f. Depreciación. ‖ FIG. Descrédito, *m.*

déprécier* v. tr. Depreciar, desvalorizar. ‖ Infravalorar (estimer au-dessous). ‖ FIG. Desdeñar, menospreciar.

déprédateur, trice adj. et s. Depredador, ra. ‖ Malversador, ra (administration).

déprédation f. Depredación. ‖ Malversación (administration).

déprendre (se)* v. pr. Desprenderse, despegarse.

dépressif, ive adj. Deprimente, depresivo, va.

dépression f. Depresión.
— SYN. *Abattement*, abatimiento. *Alanguissement*, languideur, languidez. *Prostration*, postración. *Torpeur*, torpor. *Sidération*, anonadamiento, sideración.

déprimant, e adj. Deprimente, depresor, ra.

déprimé, e adj. Deprimido, da.

déprimer v. tr. Deprimir.

de profundis m. De profundis.

depuis [dəpųi] prép. Desde, de (temps, lieu, ordre) : *depuis la création*, desde la creación ; *depuis le Rhin jusqu'à l'Océan*, desde el Rin hasta el Océano ; *depuis le premier jusqu'au dernier*, desde el primero hasta el último. ‖ Desde hace, desde hacía : *je ne l'ai pas vu depuis trois jours*, no le he visto desde hace tres días ; *il ne lui avait pas parlé depuis un an*, no le había hablado desde hacía un año. ‖ — *Depuis combien de temps?*, ¿cuánto tiempo hace?, ¿desde cuándo? ‖ *Depuis le début de l'année*, en lo que va de año. ‖ *Depuis longtemps*, desde hace tiempo, desde hace mucho tiempo. ‖ *Depuis lors*, desde entonces. ‖ *Depuis peu*, desde hace poco. ‖ *Depuis quand?*, ¿desde cuándo? ‖ *Depuis que*, desde que. ‖ *Depuis toujours*, desde siempre.
— Adv. Después, desde entonces : *je ne l'ai pas vu depuis*, no le he visto después.

dépulper v. tr. Despulpar.

dépulpeur m. Despulpador, máquina (*f.*) de despulpar.

dépurateur, trice adj. et s. m. Depurador, ra.

dépuratif, ive adj. et s. m. Depurativo, va : *sirop dépuratif*, jarabe depurativo.

dépuration f. Depuración.

dépuratoire adj. Depuratorio, ria.

dépurer v. tr. Depurar (épurer).

députation f. Diputación. ‖ *Briguer la députation*, codiciar ser diputado.

député m. Diputado.

députer v. tr. Diputar.

déracinable adj. Desarraigable.

déraciné, e adj. Desarraigado, da. ‖ FIG. Desarraigado, da ; desterrado, da (exilé).

déracinement [derasinmᾶ] m. Desarraigo. ‖ FIG. Eliminación, *f.*, extirpación, *f.*

déraciner v. tr. Desarraigar, descuajar. ‖ Sacar, arrancar (une dent). ‖ Arrancar de cuajo : *arbre déraciné par la tempête*, árbol arrancado de cuajo por la tormenta. ‖ FIG. Extirpar, eliminar, desarraigar (arracher). ‖ Desarraigar, exilar.

dérader v. intr. MAR. Ser conducido, da, fuera de la rada.

dérager* v. intr. Dejar de rabiar, desencolerizarse.

déraidir v. tr. Aflojar (un câble, une corde, etc.). ‖ Quitar la rigidez (ôter de la raideur). ‖ Desentumecer (un membre). ‖ FIG. Suavizar, dar soltura (assouplir).

déraillement [derαjmᾶ] m. Descarrilamiento. ‖ FIG. Descarrío, desvío.

dérailler [-je] v. intr. Descarrilar (sortir des rails). ‖ FAM. Desvariar, decir despropósitos. ‖ FIG. Cometer un desatino.

dérailleur [-jœ:r] m. Cambio de velocidades (d'une bicyclette).

déraison [derεzõ] f. Desatino, *m.*, sinrazón, despropósito, *m.*

déraisonnable adj. Poco razonable, desrazonable.
— SYN. *Irraisonnable*, irrazonable. *Irrationnel*, irracional.

déraisonnement m. Desatino, disparate.

déraisonner v. intr. Desatinar, disparatar.
— SYN. *Divaguer*, divagar. *Radoter*, chochear. *Perdre l'esprit*, perder la razón. *Délirer*, delirar, desvariar. Fam. *Déménager*, desbarrar, perder la chaveta. *Battre la breloque*, desbarrar. *Battre la campagne*, desatinar.

dérangement [derᾶჳmᾶ] m. ● Desorden, trastorno. ‖ Perturbación, *f.* (du temps, d'une machine, etc.). ‖ Molestia, *f.*, trastorno (ennui, gêne). ‖ — *Dérangement du corps*, descomposición del vientre. ‖ *En dérangement*, averiado, no funciona (ascenseur, téléphone). ‖ *Spectacle qui vaut le dérangement*, espectáculo que vale la pena verlo.
— SYN. ● *Dérèglement*, desarreglo. *Désorganisation*, desorganización. *Désordre*, desorden. *Perturbation*, perturbación. *Bouleversement*, trastorno. *Désarroi*, desconcierto. Fam. *Chambardement*, desbarajuste. *Déclassement*, desclasificación.

déranger* v. tr. Desarreglar, desordenar (changer de place). ‖ Descomponer : *déranger une montre*, descomponer un reloj. ‖ Perturbar, alterar (le temps, un plan). ‖ Molestar (gêner) : *ne vous dérangez pas*, no se moleste. ‖ FIG. Descomponer el vientre. ‖ *Avoir l'esprit dérangé*, no estar en su sano juicio.
— V. pr. Moverse de un sitio a otro (se déplacer). ‖ Molestarse (faire un effort).

dérapage ou **dérapement** m. MAR. Desaferrado, acción (*f.*) de levar anclas *ou* de desaferrarse. ‖ AUTOM. Patinazo, resbalón, despiste (glissement), derrapaje [gallicisme].

déraper v. intr. MAR. Levar anclas, desaferrarse. ‖ AUTOM. Patinar, resbalar, despistarse, derrapar [gallicisme].

dérasement m. Rebajamiento del nivel, allanamiento (aplanissement).

déraser v. tr. Rebajar el nivel, allanar (aplanir).

dératé, e adj. et f. FAM. Despabilado, da ; vivo, va (alerte, vif). ‖ FAM. *Courir comme un dératé*, correr como un galgo *ou* como un desesperado.

dérater v. tr. Quitar el bazo.
dératisation f. Desratización.
dératiser v. tr. Desratizar.
dérayer* [dereje] v. tr. AGRIC. Trazar el surco divisorio [de dos campos].
dérayure [-jy:r] f. Surco (m.) divisorio.
derby m. Derby (course de chevaux). ‖ Derby (voiture légère à quatre roues). ‖ Partido de dos eternos rivales (match).
derechef [dərəʃɛf] adv. De nuevo, nuevamente.
déréglé, e adj. Desarreglado, da; descompuesto, ta. ‖ Irregular : *pouls déréglé*, pulso irregular. ‖ Desajustado, da; impreciso, sa (tir). ‖ FIG. Desordenado, da : *vie déréglée*, vida desordenada.
déréglement m. Desarreglo, desorden (désordre). ‖ Alteración, *f.*, irregularidad, *f.* (du pouls). ‖ Desajuste (tir). ‖ Mal funcionamiento : *dérèglement d'une pendule*, mal funcionamiento de un reloj. ‖ FIG. Desenfreno, desbordamiento (désordre moral). ‖ — *Dérèglement de conduite*, conducta desordenada. ‖ *Dérèglement du temps*, alteración del tiempo.
dérégler* v. tr. Descomponer, desarreglar (déranger). ‖ Desarreglar, desordenar (mettre en désordre). ‖ Desajustar (tir). ‖ Alterar (pouls). ‖ FIG. Descarriar, apartar del deber (écarter du devoir).
déréliction [dereliksjɔ̃] f. Abandono, *m.*, desemparo, *m.*, derelicción.
dérider v. tr Desarrugar. ‖ Hacer desfruncir el ceño, alegrar (égayer).
— V. pr. Alegrarse, sonreir.
dérision f. Irrisión, burla, escarnio, m. ‖ *Tourner en dérision*, tomar a broma, hacer burla de.
dérisoire adj. Irrisorio, ria : *offre dérisoire*, oferta irrisoria. ‖ Insignificante, irrisorio, ria.
dérivateur m. PHYS. Derivador.
dérivatif, ive adj. et s. m. Derivativo, va.
dérivation f. Derivación. ‖ Desviación (tir, cours d'eau). ‖ MAR. Deriva.
dérive f. MAR. Deriva, abatimiento (m.) del rumbo.. ‖ Desviación, desvío, *m.* (déplacement d'un véhicule). ‖ Palanca de dirección, plano (m.) de deriva (d'un avion). ‖ MIL. Corrección horizontal del tiro. ‖ *Aller à la dérive*, ir a la deriva, irse al garete (un bateau), ir a la deriva, abandonarse a la corriente, perder el rumbo.
dérivé, e adj. et s. Derivado, da.
dériver v. tr. Desviar (détourner de son cours). ‖ GRAMM. Derivar. ‖ MATH. et ÉLECTR. Derivar. ‖ TECHN. Limar la robladura *ou* el remache.
— V. intr. Derivar, desviarse del rumbo (dévier de sa route). ‖ MAR. Alejarse de la orilla (s'éloigner du rivage). ‖ Desviarse (tir). ‖ FIG. Derivarse, dimanar, provenir (provenir). | Ir a la deriva, dejarse llevar por la corriente.
dériveter [derivte] v. tr. Desroblar, quitar los remaches.
dermatite f. MÉD. Dermatitis, dermitis.
dermatologie f. MÉD. Dermatología.
dermatologiste ou **dermatologue** m. et f. Dermatólogo.
dermatose f. MÉD. Dermatosis.
derme m. Dermis, *f.*
dermeste m. Dermesto (insecte).
dermique adj. Dérmico, ca.
dermite f. Dermitis, dermatitis.
dernier, ère adj. et s. ● Último, ma. ‖ Pasado, da : *l'année dernière*, el año pasado. ‖ ◆ Extremo, ma ; último, ma ; sumo, ma : *au dernier degré de la misère*, en el grado extremo de la miseria. ‖ — *Le dernier des...*, el peor de, el mayor de... ‖ *Le dernier des derniers*, el peor de todos, el acabóse. ‖ *Le petit dernier*, el benjamín. ‖ — *En dernière analyse*, después de todo, en el fondo, mirándolo bien. ‖ *En dernier lieu*, en último lugar. ‖ En

dernier ressort, en última instancia, como último recurso. ‖ — *Avoir le dernier mot*, quedarse con la última palabra. ‖ *Être du dernier bien*, ser el súmmum, ser la última palabra. ‖ *Être du dernier bien avec quelqu'un*, ser uña y carne con alguien. ‖ *Mettre la dernière main*, dar la última mano, el último toque.
— SYN. ● *Final*, final. *Ultime*, postrero.
— ◆ *Extrême*, extremado, supremo.
dernier-né m., **dernière-née** f. El hijo último, la hija última.
dérobade f. ÉQUIT. Espantada, extraño, *m.* (du cheval). ‖ FIG. Escapatoria, evasión (d'une difficulté).
dérobé, e adj. Hurtado, da; robado, da (volé). ‖ FIG. Escondido, da (caché). | Excusado, da; secreto, ta (porte, escalier). ‖ — *Porte dérobée*, puerta falsa *ou* excusada. ‖ — *À la dérobée*, a hurtadillas, a escondidas.
dérober v. tr. ● Hurtar, robar (voler). ‖ Arrancar, sustraer, librar de : *dérober à la mort*, librar de la muerte. ‖ FIG. Quitar, usurpar (extorquer). | Arrebatar, privar de (enlever). ‖ FIG. et FAM. Ocultar (cacher). | Sacar (un secret). | Robar (un baiser).
— V. pr. Ocultarse, esconderse (se cacher). ‖ Sustraerse, librarse (d'un danger). ‖ Esquivar, eludir, zafarse (d'une obligation). ‖ Escurrir el bulto, hurtar el cuerpo : *tu te dérobes toujours*, siempre que puedes escurres el bulto. ‖ Flaquear, vacilar : *mes genoux se dérobent*, mis rodillas flaquean. ‖ Hundirse (la terre). ‖ Dar una espantada, hacer un extraño (un cheval).
— SYN. ● *Subtiliser*, limpiar. *Soustraire*, sustraer. *Escamoter*, escamotear. *Chaparder*, rapiñar. *Marauder*, rapiñar. *Fam. Barboter*, birlar, pulir. *Chiper*, afanar. *Faucher*, soplar.
dérobeur, euse adj. et s. (P. us.). Ladrón, ona. ‖ Espantadizo, za ; resabiado, da (cheval).
dérochage m. Acción (*f.*) de limpiar un metal, desoxidación, *f.*
dérochement m. Arrancamiento de rocas en un canal, dragado.
dérocher v. tr. Arrancar las rocas de un terreno, canal, etc. ‖ Limpiar, desoxidar (métaux).
V. intr. Despeñarse (alpinisme).
déroder v. tr. Talar los árboles muertos.
dérogation f. Derogación.
dérogatoire adj. Derogatorio, ria.
dérogeance [derɔʒɑ̃:s] f. Degradación.
déroger* v. intr. Derogar (une loi). ‖ Ir contra, faltar : *déroger à sa dignité*, ir contra su dignidad. ‖ Rebajarse (s'abaisser).
déroidir v. tr. V. DÉRAIDIR.
dérougir v. tr. Desenrojecer, hacer perder el color rojo.
dérouillement [derujmɑ̃] m. Desenmohecimiento, desoxidación, *f.*
dérouiller [-je] v. tr. Quitar el moho, desenmohecer, desherrumbrar, desoxidar. ‖ FIG. Desentumecer (dégourdir). | Pulir, afinar, desbastar (polir les manières). ‖ POP. Dar una buena paliza.
— V. intr. POP. Cobrar, recibir una buena paliza.
— V. pr. Desoxidarse. ‖ Afinarse. ‖ *Se dérouiller les jambes*, estirar las piernas.
déroulage m. TECHN. Transformación (*f.*) de la madera en chapa [para fabricación de contrachapa].
déroulé, e adj. Desenrollado, da.
déroulement m. Desarrollo. ‖ Desenrollamiento : *le déroulement d'une bobine*, el desenrollamiento de un carrete. ‖ *Déroulement de la pensée*, evolución del pensamiento.
dérouler v. tr. Desenrollar (une pelote de fil, un rouleau de papier). ‖ Mostrar, desplegar (étaler). ‖ TECHN. Desenrollar, hacer chapa de madera.

— V. pr. Efectuarse, celebrarse, tener lugar, verificarse : *la manifestation s'est déroulée sans incident*, la manifestación se efectuó sin incidentes. ‖ Extenderse : *un magnifique panorama se déroulait devant nos yeux*, un magnífico panorama se extendía ante nuestros ojos.

dérouleuse f. Desenrolladora. ‖ TECHN. Máquina de hacer chapa (bois).

déroutant, e adj. Desconcertante.

déroute [derut] f. Derrota (armée), fracaso, *m.* ‖ FIG. Desorden, *m.*, desconcierto, *m.* (ruine). ‖ *Mettre en déroute*, derrotar (armée), aturrullar (personnes).

dérouter v. tr. Descaminar (écarter de sa route). ‖ Desviar (changer l'itinéraire). ‖ Despistar : *le lièvre déroute les chiens*, la liebre despista a los perros; *dérouter la police*, despistar a la policía. ‖ FIG. Desconcertar, confundir (déconcerter).

— V. pr. MAR. Cambiar de rumbo, desviarse.

derrick [dɛrik] m. Torre (*f.*) de perforación, derrick.

derrière prép. Detrás de, tras : *derrière la table*, detrás de la mesa, tras la mesa. ‖ Tras (au-delà de) : *derrière les apparences*, tras las apariencias. — Adv. Detrás, atrás : *allez devant, j'irai derrière*, vaya delante, yo iré detrás. ‖ — *Derrière le dos*, por la espalda *ou* a espaldas. ‖ — *De derrière*, trasero, ra ; de atrás : *roues de derrière*, ruedas traseras. ‖ *Par-derrière*, por detrás. ‖ *Porte de derrière*, puerta trasera (opposée à la façade), escapatoria (échappatoire). ‖ *Sens devant derrière*, al revés.

— M. Parte (*f.*) posterior. ‖ FAM. ● Trasero, asentaderas, *f. pl.* (d'une personne). ‖ Grupa, *f.*, ancas, *f. pl.*, cuartos traseros, *m. pl.* (d'un animal). ‖ Trasera, *f.* (d'une voiture, d'une maison, etc.). ‖ MAR. Popa, *f.* (poupe). ‖ — Pl. MIL. Retaguardia, *f. sing.*

— OBSERV. *Detrás* indique simplement la position : *je suis derrière*, estoy detrás. *Atrás*, qui équivaut en général à *arrière*, traduit parfois *derrière* au sens de « en arrière » : *rester derrière*, quedarse atrás. *Tras*, moins courant que *detrás*, ne s'emploie que comme préposition. — Hablando de un barco, un coche, se dice más generalmente *arrière*.

— SYN. ● *Fesses*, nalgas. *Postérieur*, trasero. *Séant*, asentaderas, asiento. *Arrière-train*, nalgatorio. *Croupe*, grupa. *Fam. Pétard*, traspuntín, tafanario. *Pop. Cul*, culo. *Fessier*, posaderas. *Lune*, mapamundi.

derviche ou **dervis** m. Derviche (religieux musulman).

des [dɛ] art. contracto formado por *de les*. De los, de las. ‖ — Art. partitif [no se traduce] : *manger des prunes*, comer ciruelas. ‖ — Art. indéf. pl. Unos, as ; algunos, as : *je vois des enfants dans la cour*, veo unos niños en el patio.

dès prép. Desde : *dès l'aube*, desde el alba; *dès sa source*, desde su origen. ‖ — *Dès à présent*, desde ahora. ‖ *Dès avant*, desde antes, de mucho antes. ‖ *Dès demain*, a partir de mañana : *je travaillerai dès demain*, trabajaré a partir de mañana; mañana mismo : *vous partirez dès demain*, saldrá usted mañana mismo. ‖ *Dès lors*, desde entonces (temps), por lo tanto, y por eso (cause). ‖ *Dès lors que*, en cuanto (temps), ya que (cause). ‖ *Dès que*, tan pronto como, en cuanto. ‖ *Dès que possible*, cuanto antes.

désabonnement m. Baja (*f.*) como abonado (théâtre, téléphone) *ou* como suscriptor (journal, revue), desabono.

désabonner v. tr. Desabonar, dar de baja.

— V. pr. Desabonarse, darse de baja.

désabriter v. tr. Desabrigar.

désabusé, e adj. et s. Desengañado, da.

désabusement m. Desengaño (déception).

désabuser v. tr. Desengañar.

désaccord [desakɔ:r] m. Desacuerdo. ‖ Discordancia, *f.* : *désaccord entre les actes et les paroles*, discordancia entre lo dicho y los hechos. ‖ Desavenencia, *f.* (entre personnes). ‖ MUS. Desafinación, *f.* (instrument), discordancia, *f.*, desentono (voix). ‖ — *Familles en désaccord*, familias desavenidas. ‖ *Je suis en désaccord avec vous*, no estoy de acuerdo con usted.

désaccorder v. tr. MUS. Desafinar, desacordar, desentonar, destemplar (un instrument). ‖ FIG. Desavenir, disgustar, desunir (brouiller, fâcher).

désaccouplement m. Desapareo (animaux). ‖ MÉCAN. Desacoplamiento.

désaccoupler [dezakuple] v. tr. Desaparear, desparejar (animaux, choses). ‖ MÉCAN. Desacoplar.

désaccoutumance f. Desuso, *m.*

désaccoutumé, e adj. Desacostumbrado, da.

désaccoutumer v. tr. Desacostumbrar.

— V. pr. Perder la costumbre, desacostumbrarse.

désaciérer* v. tr. Desacerar.

désaclimater v. tr. Desaclimatar.

désactiver v. tr. Desactivar.

désadaptation f. Desadaptación.

désadapter v. tr. Desadaptar.

désaérer [dezaere] v. tr. Quitar el aire.

— OBSERV. L'espagnol *desairar* signifie *faire un affront*.

désaffectation f. Cambio de destino de un edificio público. ‖ Secularización (église, monastère).

désaffecter v. tr. Cambiar de destino un edificio público. ‖ *Désaffecter une église*, secularizar una iglesia.

désaffection f. Desafecto, *m.* ‖ Desafición. ‖ — *Désaffection d'un lieu public*, pérdida de favor, disminución de la asistencia del público. ‖ *Désaffection pour le port du chapeau*, caída en desuso del sombrero.

désaffectionner v. tr. Hacer perder el afecto *ou* el cariño a (personne), hacer perder la afición a (chose), desaficionar de.

— V. pr. Perder el afecto, el cariño *ou* la afición a, desaficionarse.

désagréable adj. Desagradable.

— SYN. *Déplaisant*, enfadoso. *Malplaisant*, molesto, desapacible. *Fâcheux*, fastidioso. *Regrettable*, triste. *Désobligeant*, descortés. *Blessant*, ofensivo, chocante. *Saumâtre*, indigesto, difícil de tragar.

désagrégation f. Desagregación, disgregación. ‖ FIG. Descomposición, disgregación : *la désagrégation de l'Empire romain*, la descomposición del Imperio Romano.

désagrégé, e adj. Desagregado, da ; disgregado, da.

désagrégeant, e [dezagreʒɑ̃, ɑ̃:t] adj. Desagregante, disgregante.

désagrégement [-ʒmɑ̃] m. Disgregación, *f.*, desagregación, *f.*

désagréger* [-ʒe] v. tr. Desagregar, disgregar.

désagrément m. Disgusto, desagrado, sinsabor.

désaimantation [dezɛmɑ̃tasjɔ̃] f. Desimantación, desimanación.

désaimanter v. tr. Desimantar, desimanar.

désajustement [dezaʒystəmɑ̃] m. Desajuste. ‖ Desarreglo.

désajuster v. tr. Desajustar (une machine, etc.). ‖ Desarreglar (déranger).

désaltérant, e adj. Refrescante, que quita la sed.

désaltérer* v. tr. Apagar *ou* quitar la sed : *boisson qui désaltère*, bebida que apaga la sed.

— V. pr. Beber (boire).

désamidonner v. tr. Desalmidonar.

désamonceler v. tr. Desamontonar.

désamorçage [dezamɔrsa:ʒ] m. Descebadura, *f.* (d'une pompe). ‖ Corte de la corriente (dans une dynamo). ‖ Desactivado (d'une bombe).

désamorcer* v. tr. Descebar (arme). ‖ Desactivar (bombe). ‖ Descebar, vaciar (pompe).

désamortir v. tr. Desamortizar.
désamortissement m. Desamortización, *f.* (des biens).
désamour m. Desamor.
désannexer v. tr. Desanexionar, desanexar.
désannexion f. Desanexión.
désappareiller [dezaparɛje] v. tr. V. DÉPAREILLER.
désapparier* v. tr. Descabalar, desparejar.
désappointé, e [dezapwɛ̃te] adj. Contrariado, da, decepcionado, da, desengañado, da.
désappointement [-tmɑ̃] m. Contrariedad, *f.*, desencanto, desengaño, decepción, *f.*
désappointer v. tr. Contrariar, desencantar, desengañar, decepcionar, chasquear. ‖ Despuntar (émousser la pointe).
désapprendre* v. tr. Desaprender (p. us.), olvidar lo aprendido.
désapprobateur, trice adj. et s. Desaprobador, ra.
désapprobation f. Desaprobación.
désapprouver v. tr. Desaprobar.
— SYN. *Désavouer*, desaprobar, desautorizar. *Improuver*, improbar. *Réprouver*, reprobar. *Blâmer*, censurar. *Vitupérer*, vituperar.
désapprovisionnement [dezaprɔvizjɔnmɑ̃] m. Desabastecimiento.
désapprovisionner m. Desabastecer. ‖ Descargar (une arme à feu).
désarçonner [dezarsɔne] v. tr. Desarzonar, desmontar. ‖ FIG. et FAM. Desarmar, confundir, desconcertar (déconcerter) : *cette question l'a désarçonné*, esta pregunta le desconcertó.
désargenté, e adj. et s. FAM. Sin dinero [*Amér.*, sin plata].
désargenter [dezarʒɑ̃te] v. tr. Desplatar (enlever l'argent mêlé à un autre métal). ‖ Desplatear (enlever l'argent qui recouvre un objet). ‖ FAM. Privar de dinero.
— V. pr. FAM. Gastarse todo el dinero.
désarmant, e adj. FIG. Desarmante.
désarmement m. Desarme.
désarmer v. tr. Desarmar. ‖ Desmontar (arme à feu). ‖ FIG. Desarmar, moderar, templar : *désarmer la colère*, desarmar la cólera. ‖ MAR. Desarmar.
— V. intr. Deponer las armas. ‖ FIG. César, ceder : *sa haine ne désarme pas*, su odio no cede.
désarrimage m. MAR. Desarrumazón, *f.*, desestiba, *f.*
désarrimer v. tr. Desarrumar, desestibar.
désarroi [dezarwa] m. Desconcierto, desasosiego. ‖ *En désarroi*, desconcertado, da ; turbado, da.
désarticulation f. Desarticulación.
désarticuler v. tr. Desarticular (objet), descoyuntar (personne).
désassemblage ou **désassemblement** m. Desensambladura, *f.*
désassembler v. tr. Desensamblar.
désassimilation f. Desasimilación.
désassimiler v. tr. Desasimilar.
désassortiment m. Descabalamiento, desparejamiento. ‖ Desarmonía, *f.* (couleurs). ‖ Falta (*f.*) de surtido (magasin).
désassortir v. tr. Desemparejar, desparejar, descabalar, deshermanar. ‖ Dejar sin surtido (un magasin).
désastre m. Desastre (catastrophe).
désastreux, euse [dezastrø, ø:z] adj. Desastroso, sa.
désavantage [dezavɑ̃ta:ʒ] m. Desventaja, *f.*, inferioridad, *f.* (infériorité). ‖ Desventaja, *f.*, inconveniente (désagrément). ‖ — *À son désavantage*, en perjuicio suyo, en contra suya, en su desventaja. ‖ *Se montrer à son désavantage*, dar una impresión desfavorable.
désavantager* [-ʒe] v. tr. Perjudicar, desfavorecer.

désavantageux, euse adj. Desventajoso, sa.
désaveu m. Desaprobación, *f.* ‖ Denegación, *f.* : *désaveu de paternité*, denegación de paternidad. ‖ Retractación, *f.* ‖ Desautorización, *f.* (d'un mandataire). ‖ Repudiación, *f.* (d'une doctrine). ‖ Contradicción, *f.*
désavouable [dezavwabl] adj. Desaprobable.
désavouer v. tr. Desaprobar, condenar : *ce que la morale désavoue*, lo que la moral desaprueba. ‖ Negar, denegar (nier, dénier) : *désavouer un livre*, negar haber escrito un libro. ‖ Denegar. ‖ Desautorizar : *désavouer un ambassadeur*, desautorizar a un embajador. ‖ Repudiar, rechazar : *désavouer une doctrine*, repudiar una doctrina. ‖ Retractar (rétracter). ‖ Desconocer, no reconocer por suyo (méconnaître). ‖ Estar en contradicción con. ‖ *Ne pas désavouer*, juzgar digno de sí, reconocer como suyo : *des vers que ne désavouerait pas Hugo*, versos que Hugo juzgaría dignos de él.
désaxé, e adj. Descentrado, da ; desviado del eje. ‖ FIG. Descentrado, da ; desequilibrado, da.
désaxer [dezakse] v. tr. Descentrar, desviar del eje. ‖ FIG. Descentrar, desequilibrar, desquiciar : *la guerre a désaxé bien des hommes*, la guerra ha desequilibrado muchos hombres.
descellé, e [desɛle] adj. Desellado, da ; despegado, da ; arrancado, da. ‖ Desempotrado, da.
descellement [-lmɑ̃] m. Deselladura, *f.* ‖ Desempotramiento.
desceller v. tr. Desellar, quitar el sello, el lacre (enlever le sceau). ‖ Arrancar, despegar (décoller). ‖ Desempotrar (arracher un scellement).
descendance f. Descendencia.
descendant, e adj. Descendente (en pente). ‖ MIL. *Garde descendante*, guardia saliente. ‖ — Adj. et s. Descendiente (parent).
descenderie f. Galería inclinada (dans une mine).
descendeur, euse m. et f. Especialista en descenso (cyclisme, ski).
descendre v. intr. ● Bajar, descender. ‖ Descender (d'ancêtres, d'une famille). ‖ Bajarse, apearse : *descendre de la voiture*, bajarse del coche. ‖ Descender, tener una profundidad : *mine qui descend à 1 500 m*, mina que tiene una profundidad de 1 500 m. ‖ Estar en pendiente, en cuesta : *chemin qui descend*, camino en pendiente. ‖ Parar, hospedarse, alojarse : *descendre à l'hôtel*, parar en un hotel. ‖ Bajar, ir : *descendre en Espagne*, bajar ou ir a España. ‖ — *Descendre en soi-même*, hacer examen de conciencia. ‖ DR. *Descendre sur les lieux*, personarse.
— V. tr. Bajar, descender. ‖ Dejar, depositar : *la voiture vous descendra à la gare*, el coche le dejará en la estación. ‖ Seguir la corriente, ir río abajo (d'une rivière). ‖ FAM. Cargarse, apiolar (tuer). ‖ Derribar, echar abajo (un avion). ‖ POP. Pimplar, soplar (boire).
— OBSERV. Cuando *descendre* es intransitivo los tiempos compuestos tienen como auxiliar *être* (je suis descendu à l'hôtel) ; y si es transitivo *avoir* (il a descendu l'escalier).
— SYN. ● *Dégringoler*, rodar. *Dévaler*, ir, correr, rodar cuesta abajo.
descenseur m. Descensor. ‖ Ascensor de bajada.
descente f. Bajada, descenso, *m.* ‖ Bajada, pendiente (pente). ‖ Descenso, *m.* (ski, parachute). ‖ Desembarco, *m.* (débarquement), invasión, incursión (irruption). ‖ Llegada, instalación (à l'hôtel). ‖ Bajada de aguas, canalón, *m.* (tuyau d'écoulement pour les eaux). ‖ DR. Visita, inspección ou diligencia ocular, investigación judicial. ‖ MÉD. Hernia, quebradura (hernie), descendimiento, *m.* (d'un organe). ‖ — *Descente d'antenne*, bajada de antena, toma de antena. ‖ *Descente de croix*, descendimiento. ‖ *Descente de lit*, alfombra, alfombrilla de cama. ‖ *Descente de police*, operación

policiaca. ‖ — Pop. *Avoir une bonne descente,* tener buenas tragaderas.
descripteur m. Descriptor.
descriptible adj. Descriptible, describible.
descriptif, ive adj. Descriptivo, va : *géométrie descriptive,* geometría descriptiva.
description f. Descripción (image).
Desdémone n. pr. f. Desdémona.
déséchouage [dezeʃwa:ʒ] ou **déséchouement** [-ʃumã] m. Mar. Desencalladura, *f.*
déséchouer [-ʃwe] v. tr. Desencallar, poner a flote, desembarrancar.
désemballage m. Desembalaje.
désemballer v. tr. Desembalar, desempaquetar.
désembaumer [dezãbome] v. tr. Desembalsamar.
désembourber v. tr. Desatascar, desatorar.
désembourgeoiser [dezãburʒwaze] v. tr. Quitar el carácter burgués.
désembrayage [dezãbrɛja:ʒ] m. Mécan. V. débrayage.
désembrayer* [-je] v. tr. Mécan. V. débrayer.
désemmancher v. tr. V. démancher.
désemparé, e adj. Desemparado, da ; desconcertado, da. ‖ *Navire désemparé,* barco gravemente averiado.
désemparer v. intr. Fig. *Sans désemparer,* sin parar, sin interrupción.
— V. tr. Mar. Desamparar, desmantelar.
désempesage m. Desalmidonamiento.
désempeser* v. tr. Desalmidonar.
désempêtrer v. tr. V. dépêtrer.
désemplir v. tr. (P. us.). Vaciar.
— V. intr. et pr. *Ne pas désemplir,* estar siempre lleno : *la maison ne désemplit pas,* la casa está siempre llena.
— Observ. Como intransitivo úsase casi siempre con una negación.
désempoisonner [dezãpwazɔne] v. tr. Desemponzoñar, curar de un envenenamiento.
désempoissonner v. tr. Despoblar de peces (une rivière, un étang).
désemprisonner v. tr. Desencarcelar.
désencadrer v. tr. Sacar *ou* quitar del marco.
désencanailler [dezãkanaje] v. tr. Desencanallar.
désenchaîner v. tr. Quitar las cadenas, desencadenar : *désenchaîner un chien,* desencadenar un perro.
désenchantement m. Desencanto, desilusión, *f.,* desengaño.
désenchanter v. tr. Desencantar. ‖ Fig. Desilusionar, desencantar, desengañar.
désenchanteur, eresse adj. et s. Desencantador, ra.
désenchâsser v. tr. Desengastar (une pierre précieuse).
désenclouer v. tr. Desclavar, desenclavar.
désencombrement [dezãkɔbrəmã] m. Despejo (d'une rue, etc.).
désencombrer v. tr. Despejar, desembarazar (débarrasser).
désencroûter v. tr. Descostrar (enlever la croûte). ‖ Desincrustar (débarrasser des incrustations). ‖ Fig. Pulir, desbastar (une personne).
désenfiler v. tr. Desengarzar, desensartar (un collier). ‖ Desenhebrar, desensartar (une aiguille).
désenflammer v. tr. Desinflamar.
désenfler v. tr. et intr. Deshinchar.
désenflure f. Deshinchazón, deshinchamiento, *m.*
désenfourner v. tr. Desenhornar, sacar del horno.
désenfumer v. tr. Desahumar.
désengagement m. Desempeño. ‖ Rompimiento *ou* liberación (*f.*) de un compromiso.
désengager* v. tr. Liberar (délivrer d'un engagement). ‖ Desempeñar (parole).
désengorgement m. Desatasco, desatoramiento.

désengorger* v. tr. Desatascar, desatrancar, desatorar.
desengrener* v. tr. Desengranar.
désenivrer [dezãnivre] v. tr. Desembriagar.
désenlacer* v. tr. Desenlazar, desatar.
désenlaidir v. tr. Desafear.
— V. intr. Desafearse, hacerse menos feo.
désennuyer* [dezãnɥije] v. tr. Distraer, entretener : *la lecture désennuie,* la lectura distrae.
— V. pr. Entretenerse, distraerse.
désenrayer* [dezãrɛje] v. tr. Soltar, aflojar (mécanisme). ‖ Arreglar, componer (remettre en état de fonctionner). ‖ Desencasquillar (arme à feu).
désenrhumer v. tr. Curar el catarro.
désenrôlement m. Licencia, *f.* (soldat).
désenrouer v. tr. Curar la ronquera.
désensablement [dezãsabləmã] m. Desencalladura, *f.*
désensabler v. tr. Desencallar : *désensabler un bateau,* desencallar un barco. ‖ Dragar, desarenar : *désensabler un port,* dragar un puerto.
désensibilisateur m. Desensibilizador.
désensibilisation f. Insensibilización, desensibilización.
désensibiliser v. tr. Insensibilizar, desensibilizar.
désensorceler* [dezãsɔrsəle] v. tr. Deshechizar, desembrujar.
désentassement m. Desamontonamiento.
désentasser v. tr. Desamontonar.
désentêter v. tr. Desencaprichar.
désentoiler v. tr. Quitar el lienzo (d'un tableau).
désentortiller [dezãtɔrtije] v. tr. Desenredar, desenmarañar (démêler). ‖ Fig. Aclarar, desenredar (affaire).
désentraver v. tr. Destrabar.
désenvaser v. tr. Desencenegar.
désenvelopper v. tr. Desenvolver.
désenvenimer [dezãvənime] v. tr. Quitar el veneno. ‖ Fig. Suavizar, dulcificar (rendre moins acerbe).
déséquilibre m. Desequilibrio.
déséquilibré, e adj. et s. Desequilibrado, da.
déséquilibrer v. tr. Desequilibrar.
désert, e [dezɛ:r, ɛrt] adj. Desierto, ta. ‖ Desierto, ta ; poco frecuentado, da : *une rue déserte,* una calle desierta.
— M. Desierto. ‖ Yermo : *les pères du désert,* los padres del yermo. ‖ Fam. *Prêcher dans le désert,* predicar en el desierto.
déserter v. tr. Abandonar, dejar (lieu, poste). ‖ Fig. Abandonar, traicionar (une cause).
— V. intr. Desertar (un parti, une cause).
— Observ. *Desertar* n'est pas v. tr. en espagnol.
déserteur m. Desertor.
désertification f. Empobrecimiento de una zona semiárida por destrucción del suelo y de su vegetación.
désertion [dezɛrsjɔ̃] f. Mil. Deserción. ‖ Dr. *Désertion d'appel,* deserción, desamparo de apelación.
désertique adj. Desértico, ca.
désespéramment adv. Desesperadamente.
désespérance f. Desesperanza.
désespérant, e adj. Desesperante.
désespéré, e adj. et s. Desesperado, da.
désespérément adv. Desesperadamente.
désespérer* v. tr. et intr. Desesperar, tener pocas esperanzas, no tener esperanza : *désespérer du succès,* tener pocas esperanzas en el éxito.
— V. pr. Desesperarse, desesperanzarse.
désespoir m. Desesperación, *f.* ‖ — *En désespoir de cause,* en último extremo, como último recurso. ‖ *Être au désespoir,* estar desesperado, desesperarse. ‖ *Être* o *faire le désespoir de,* ser la deses-

peración de. || *Mettre* o *pousser au désespoir,* desesperar.

déshabillage [dezabija:ʒ] m. Acción (*f.*) de desnudar *ou* desnudarse *ou* desvestirse, desnudamiento.

déshabillé, e [-je] adj. Desvestido, da; desnudo, da (nu).
— M. Traje de casa, « déshabillé » (vêtement). || Fɪɢ. *En déshabillé,* en traje de casa, de trapillo.

déshabillement [-jmã] m. V. DÉSHABILLAGE.

déshabiller v. tr. Desvestir, quitar el vestido (ôter les habits). || Desnudar (mettre à nu). || *Déshabiller saint Pierre pour habiller saint Paul,* desvestir a un santo para vestir a otro.
— V. pr. Desnudarse, desvestirse.

déshabité, e adj Deshabitado, da.

déshabituer [dezabitɥe] v. tr. Desacostumbrar, deshabituar (p. us.) : *déshabituer de mentir,* desacostumbrar de mentir.

désharmonie f. Desarmonía.

désharmoniser v. tr. Desarmonizar.

désherbage m. Deshierba, *f.,* desyerba, *f.*

désherbant adj. m. et s. m. Herbicida.

désherber v. tr. Desherbar, quitar la hierba.

déshérence f. Dʀ. Desherencia (absence d'héritiers) : *tomber en déshérence,* caer en desherencia.

déshérité, e adj. et s. Desheredado, da.

déshéritement m. Desheredamiento.

déshériter v. tr. Desheredar.

déshonnête adj. Deshonesto, ta (malséant).

— Obsᴇʀᴠ. *Déshonnête* y *malhonnête,* en el sentido de *sin honradez,* no tienen traducción exacta en español. *Un homme malhonnête,* se traducirá por *un tunante, un pillo, un bribón, un ladrón,* etc. *Des gens malhonnêtes* son simplemente mala gente, bribones. *Des procédés malhonnêtes* son malas artes. En todo caso, honesto y honrado tienen dos sentidos diferentes que el francés ha confundido en una sola voz, *honnête.*

déshonnêteté f. Deshonestidad.

— Obsᴇʀᴠ. No es esta voz sinónima de *malhonnêteté.*

déshonneur m. Deshonor, deshonra, *f.*

déshonorant, e adj. Deshonroso, sa : *acte déshonorant,* acto deshonroso.

déshonorer v. tr. Deshonrar, deshonorar : *il a déshonoré sa famille,* ha deshonrado a su familia. || Fɪɢ. Estropear, afear : *cette fenêtre mal placée déshonore la façade,* esta ventana mal situada estropea la fachada.

déshuiler [dezɥile] v. tr. Desaceitar : *déshuiler des graines,* desaceitar semillas.

déshuileur m. Tᴇᴄʜɴ. Separador de aceite.

déshumaniser v. tr. Deshumanizar, volver inhumano.

déshumidifier v. tr. Deshumedecer.

déshydratation f. Deshidratación.

déshydrater v. tr. Deshidratar.

déshydrogénation f. Deshidrogenación.

déshydrogéner* v. tr. Deshidrogenar.

desiderata m. pl. Desiderata, deseos.

désidératif, ive adj. Gʀᴀᴍᴍ. Desiderativo, va.

désignatif, ive [deziɲatif] adj. Designativo, va.

désignation [-ɲasjõ] f. Designación, nombramiento, *m.*

désigner [-ɲe] v. tr. Designar, señalar (signaler). || Escoger, nombrar : *désigner un arbitre,* nombrar un árbitro. || Significar, representar : *en latin « magister » désigne le maître,* en latín « magister » significa maestro. || — *Être tout désigné pour,* ser el más indicado para. || *Se désigner à l'attention du public,* llamar la atención del público.

désiliciage m. Tratamiento de las aguas industriales para eliminar la sílice.

désillusion f. Desilusión, desengaño, *m.*

désillusionner v. tr. Desilusionar.

désincarnation f. Desencarnación.

désincarner v. tr. Desencarnar.

désincrustant m. Desincrustante.

désincrustation f. Desincrustación.

désincruster v. tr. Desincrustar.

désinence f. Desinencia.

desinentiel, elle adj. Desinencial.

désinfectant, e adj. et s. m. Desinfectante.

désinfecter v. tr. Desinfectar.

désinfection f. Desinfección.

désinsectisation f. Desinsectación.

désinsectiser v. tr. Desinsectar.

désintégrateur m. Tᴇᴄʜɴ. Desintegradora, *f.*

désintégration f. Desintegración.

désintégrer v. tr. Desintegrar.
— V. pr. Desintegrarse, disgregarse.

désintéressé, e adj. et s. Desinteresado, da.

désintéressement m. Desinterés. || Reembolso, pago de una deuda, || Indemnización, *f.*

désintéresser v. tr. Resarcir, pagar una deuda, reembolsar.
— V. pr. Desinteresarse, no ocuparse de.

désintérêt m. Desinterés, indiferencia, *f.*

désintoxication f. Desintoxicación.

désintoxiquer v. tr. Desintoxicar.
— V. pr. Desintoxicarse.

désinviter v. tr. Desconvidar (p. us.), anular una invitación.

désinvolte adj. Desenvuelto, ta; desembarazado, da. || Fɪɢ. Descarado, da; impertinente.

désinvolture f. Desenvoltura. || Fɪɢ. Descaro, *m.*

désionisation f. Desionización.

désir m. Deseo. || Anhelo (désir vif).

— Sʏɴ. *Envie,* gana. *Tentation,* tentación. *Démangeaison,* comezón. *Soif,* sed.

désirable adj. Deseable.

désiré, e adj. Deseado, da.

Désiré, e n. pr. m. et f. Deseado, Deseada.

désirer v. tr. Desear. || Anhelar (désirer ardemment). || — *Ne rien laisser à désirer,* no dejar nada que desear. || *Se faire désirer,* hacerse desear.

désireux, euse adj. Deseoso, sa.

désistement m. Desistimiento.

désister (se) v. pr. Desistir de, renunciar a.

desman m. Desmán (mammifère).

désobéir v. intr. Desobedecer : *désobéir à un ordre,* desobedecer una orden. || ● Quebrantar, contravenir (loi).
— Sʏɴ. ● *Enfreindre,* infringir. *Transgresser,* transgredir. *Violer,* violar.

désobéissance f. Desobediencia.

désobéissant, e adj. et s. Desobediente.

désobligeamment [dezɔbliʒamã] adv. Descortésmente, desatentamente.

désobligeance [-ʒã:s] f. Desatención (manque d'égard). || Descortesía (manque de courtoisie).

désobligeant, e [-ʒã, ã:t] adj. Desatento, ta. || Descortés (impoli). || Chocante, desagradable (désagréable).

désobliger* v. tr. Contrariar, disgustar.

désobstructif, ive ou **désobstruant, e** adj. Desobstructivo, va.

désobstruction f. Desobstrucción.

désobstruer v. tr. Desobstruir.

désodorisant, e adj. et s. m. Desodorante.

désodoriser v. tr. Desodorizar, suprimir el olor.

désœuvré, e [dezœvre] adj. et s. Desocupado, da; ocioso, sa (oisif).

désœuvrement [-vrəmã] m. Holganza, *f.,* ociosidad, *f.,* ocio; desocupación, *f.*

désolant, e adj. Desconsolador, ra; desolador, ra (qui afflige). || Fastidioso, sa (ennuyeux).

désolation f. Desolación. || (Vx). Desolación, ruina.

désolé, e adj. Desolado, da; desconsolado, da (affligé). || Desolado, da; asolado, da (ravagé). || *Être désolé de,* lamentar, sentir : *il était désolé* *de ne pas t'avoir vu,* sintió muchísimo no haberte visto.

désoler v. tr. Afligir, desolar, desconsolar (affliger). ‖ (Vx). Desolar, asolar, destruir (ravager). ‖ Fig. Contrariar, disgustar (fâcher). ‖ *Je suis désolé,* lo siento mucho.
— V. pr. Afligirse, desconsolarse.
— Observ. *Desolar* et *desconsolar* sont synonymes, mais *desolar* ne s'emploie pas aux temps où le *o* devrait diphtonguer en *ue* (*desuelo, desuele,* etc.).

désolidariser [desɔlidarize] v. tr. Desolidarizar, desunir.
— V. pr. Desolidarizarse.

désoperculer v. tr. Castrar (une ruche).

désopilant, e adj. Festivo, va ; jocoso, sa ; de morirse de risa. ‖ Méd. Desopilante (p. us.).

désopilation f. Méd. Desopilación.

désopiler v. tr. Méd. Desopilar. ‖ Fam. Provocar la hilaridad, hacer desternillarse de risa.
— V. pr. Fam. Reventar de risa, desternillarse de risa.

désordonné, e adj. Desordenado, da. ‖ Fig. Desmedido, da : *colère désordonnée,* cólera desmedida.

désordonner v. tr. Desordenar.

désordre m. ● Desorden, desarreglo. ‖ Desorden, trastorno (des organes).
— Syn. ● *Brouillement,* enredo. *Fam. Brouillamini,* batiburrillo. *Imbroglio,* embrollo. *Fouillis,* revoltijo. *Fatras,* fárrago. *Pêle-mêle,* revoltijo. *Pagaille,* confusión, desbarajuste. *Capharnaüm,* leonera. *Bazar,* leonera.

désorganisateur, trice adj. et s. Desorganizador, ra.

désorganisation f. Desorganización.

désorganiser v. tr. Desorganizar. ‖ Destruir, descomponer : *le chlore désorganise les tissus,* el cloro destruye los tejidos.

désorientation f. Desorientación.

désorienté, e adj. Desorientado, da.

désorienter v. tr. Desorientar. ‖ Fig. Desconcertar, desorientar.

désormais [dezɔrmɛ] adv. En adelante, desde ahora, en lo sucesivo.

désossé, e adj. et s. Deshuesado, da ; desosado, da. ‖ Descoyuntado, da (une personne).

désossement m. Deshuesamiento.

désosser v. tr. Deshuesar, desosar (p. us.) : *désosser un poulet,* deshuesar un pollo. ‖ Quitar las espinas : *désosser un poisson,* quitar las espinas de un pescado. ‖ Fig. Descomponer : *désosser une phrase,* descomponer una frase.

désoxydant, e adj. et s. m. Desoxidante.

désoxydation f. Desoxidación.

désoxyder v. tr. Desoxidar.

despote [dɛspɔt] m. Déspota.
— Adj. Déspota, despótico, ca ; mandón, ona : *un mari despote,* un marido déspota.

despotique adj. Despótico, ca.
— Syn. *Arbitraire,* arbitrario. *Tyrannique,* tiránico.

despotisme m. Despotismo.

desquamation [dɛskwamasjɔ̃] f. Méd. Descamación.

desquamer [-me] v. tr. Descamar, escamar.

desquels, desquelles [dekɛl] pron. rel. (contraction de *de lesquels, de lesquelles*). V. lequel.

dessablage ou **dessablement** m. Desarenado.

dessabler v. tr. Desarenar.

dessaisir v. tr. Desposeer, despojar (retirer). ‖ Dr. Declarar incompetente (un tribunal). ‖ Mar. Desaferrar.
— V. pr. Desasirse, desprenderse.

dessaisissement [desɛzismɑ̃] m. Desasimiento. ‖ Desposeimiento (dépossession). ‖ Dr. Declaración (f.) de incompetencia (d'un tribunal, d'un magistrat).

dessalage m., **dessalaison** f. ou **dessalement** m. Desaladura, f.

dessalé, e adj. Desalado, da ; sin sal (sans sel). ‖ — Adj. et s. Vivo, va ; avispado, da. ‖ Fam. Desenvuelto, ta (dégourdi). ‖ Verde (osé).

dessaler v. tr. Desalar, quitar la sal. ‖ Fig. et Fam. Avispar, despabilar (dégourdir).

dessangler v. tr. Descinchar.

desséchant, e [deseʃɑ̃, ɑ̃:t] adj. Desecante.

dessèchement [desɛʃmɑ̃] m. Desecación, f. ‖ Agostamiento (des plantes). ‖ Consunción, f. (d'un organe). ‖ Fig. Falta (f.) de sensibilidad.

dessécher* v. tr. Desecar, secar (sécher). ‖ Resecar : *lèvres desséchées,* labios resecos. ‖ Agostar (les plantes). ‖ Enflaquecer, consumir (amaigrir). ‖ Fig. Desecar, endurecer (rendre insensible).

dessein [desɛ̃] m. ● Designio (projet). ‖ Propósito, intención, f : *dans le dessein de tuer,* con el propósito de matar. ‖ *À dessein,* a propósito, adrede, aposta.
— Syn. ● *Projet,* proyecto. *Entreprise,* empresa. *Plan,* plan. *Programme,* programa.

desseller [desɛle] v. tr. Desensillar.

desserrage m. Aflojamiento.

desserre f. Fam. Aflojamiento, m. ‖ Fam. *Être dur à la desserre,* ser muy agarrado.

desserrer v. tr. Aflojar. ‖ Soltar, aflojar (le frein). ‖ *Ne pas desserrer les dents,* no despegar los labios.

dessert [desɛ:r] m. Postre. ‖ *Au dessert,* a los postres.

desserte f. Trinchero, m. (meuble). ‖ Servicio (m.) de comunicación (moyen de communication). ‖ Servicio, m. (église). ‖ *Voie de desserte,* camino vecinal.

dessertir v. tr. Desengastar.

dessertissage m. Desengaste.

desservant m. Cura párroco.

desservi, e adj. Comunicado, da : *quartier bien desservi,* barrio bien comunicado.

desservir* v. tr. Quitar la mesa (débarrasser la table). ‖ Comunicar, poner en comunicación : *l'autocar dessert un grand nombre de villages,* el autocar pone en comunicación a muchos pueblos. ‖ Fig. Causar perjuicio, perjudicar (nuire). ‖ Relig. Servir en una parroquia *ou* capilla.

dessiccateur m. Desecador.

dessiccatif, ive adj. et s. m. Desecativo, va. .

dessiccation f. Desecación.

dessiller [desije] v. tr. Separar los párpados. ‖ Fig. *Dessiller les yeux à* o *de,* abrir los ojos a, desengañar a.

dessin [desɛ̃] m. Dibujo. ‖ Plano, diseño (plan d'un bâtiment). ‖ Fig. Contorno, perfil : *le dessin d'un visage,* el contorno de una cara. ‖ — *Dessin à la plume,* dibujo a pluma. ‖ *Dessin à main levée,* dibujo a pulso. ‖ *Dessin au fusain, au crayon,* dibujo al carbón, a lápiz. ‖ *Dessin au lavis,* aguada. ‖ *Dessin d'après nature,* dibujo del natural. ‖ *Dessin d'imitation,* dibujo artístico. ‖ *Dessin d'ornement,* dibujo de adorno. ‖ *Dessin linéaire,* dibujo lineal. ‖ Ciném. *Dessins animés,* dibujos animados. ‖ *Dessins de mode,* figurines. ‖ *École de dessin,* academia de dibujo. ‖ — *Apprendre le dessin,* aprender a dibujar.

dessinateur, trice adj. et s. Dibujante. ‖ *Dessinateur industriel,* delineante.

dessiner v. tr. ● Dibujar, diseñar. ‖ Fig. Resaltar, destacar, modelar : *robe qui dessine les formes,* vestido que resalta las formas. ‖ Describir, pintar (un caractère). ‖ *Dessiner à la plume, au crayon,* dibujar con pluma, con lápiz.
— V. pr. Dibujarse, perfilarse, destacarse : *sa taille se dessine bien,* su talle se destaca bien. ‖ Fig. Precisarse, concretarse, tomar forma, perfi-

larse : *la solution paraît se dessiner*, la solución parece concretarse.
— SYN. ● *Croquer*, bosquejar. *Esquisser*, abocetar. esbozar. *Crayonner*, esbozar con lápiz.

dessolement m. AGRIC. Alternación (f.) de cultivos.

dessoler v. tr. AGRIC. Alternar cultivos. ‖ VÉTÉR. Despalmar (un cheval).

dessolure f. VÉTÉR. Despalmadura, despalme, m. (chevaux).

dessouder v. tr. Desoldar.

dessoûler ou **dessouler** v. tr. Desemborrachar, desembriagar, quitar la borrachera.
— V. intr. Dejar de estar borracho, desemborracharse, desembriagarse.

dessous [dəsu] adv. Debajo, abajo : *il est dessous*, está debajo. ‖ MAR. A sotavento. ‖ — *Au-dessous*, debajo, más abajo. ‖ *Au-dessous de*, debajo de ; bajo : *cinq degrés au-dessous de zéro*, cinco grados bajo cero. ‖ *Ci-dessous*, más abajo, más adelante, a continuación. ‖ *En dessous*, debajo, por debajo. ‖ *Par-dessous*, por debajo. ‖ — *Être au-dessous de*, estar por debajo de. ‖ *Être au-dessous de la vérité*, quedarse corto. ‖ *Être au-dessous de tout*, ser lamentable. ‖ *Faire quelque chose en dessous*, hacer una cosa por bajines. ‖ *Il y a quelque chose là-dessous*, algo hay, hay algo. ‖ *Regarder en dessous*, mirar de soslayo.

dessous m. La parte inferior de una cosa, los bajos, el fondo : *le dessous d'un verre*, el fondo de un vaso. ‖ Revés (d'un tissu). ‖ FIG. Desventaja, f., inferioridad, f. ‖ THÉÂTR. Foso. ‖ — Pl. Ropa (f. sing.) interior (lingerie). ‖ FIG. Intríngulis (d'une affaire). ‖ — *Le dessous des cartes*, el intríngulis de un asunto. ‖ — *Avoir le dessous*, tener la peor parte. ‖ *Connaître le dessous des cartes*, conocer las interioridades de un asunto, estar en el ajo. ‖ FAM. *Faire o prendre quelque chose par-dessous la jambe*, traerle a uno [una cosa] sin cuidado. ‖ FIG. et FAM. *Tomber dans le troisième dessous*, hundirse por completo. ‖ FAM. *Traiter quelqu'un par-dessous la jambe*, mirar a alguien por encima del hombro.

dessous-de-bouteille ou **dessous-de-carafe** m. inv. Salvamantel.

dessous-de-bras m. inv. Sobaquera, f.

dessous-de-plat m. inv. Salvamantel.

dessous-de-table m. inv. Guante, comisión (f.) que se entrega bajo cuerda.

dessous-de-verre m. inv. Salvamantel.

dessuintage [desɥɛ̃taː:ʒ] m. Desengrasado (de la laine).

dessuinter [-te] v. tr. Desgrasar (la laine).

dessuinteuse [-tø:z] f. Desgrasadora.

dessus [dəsy] adv. Encima, arriba. ‖ — *Au-dessus*, encima. ‖ *Au-dessus de*, más arriba de, por encima de, sobre : *vingt degrés au-dessus de zéro*, veinte grados sobre cero. ‖ *Ci-dessus*, anteriormente mencionado, más arriba indicado, susodicho. ‖ *En dessus*, sobre, encima. ‖ *Là-dessus*, en eso, sobre ese asunto : *il est au courant là-dessus*, está al corriente sobre ese asunto ; después de esto : *là-dessus il s'en alla*, después de esto se fue ; ahí encima : *le livre est là-dessus*, el libro está ahí encima. ‖ *Par-dessus*, por encima. ‖ *Par-dessus bord*, por la borda. ‖ FAM. *Par-dessus le marché*, para colmo, por añadidura. ‖ *Par-dessus tout*, por encima de todo, ante todo. ‖ *Sens dessus dessous*, en completo desorden, patas arriba (choses) ; trastornado, da (personnes). ‖ — FAM. *En avoir par-dessus la tête*, estar hasta la coronilla. ‖ *Être au-dessus de*, estar por encima de. ‖ *Mettre la main dessus*, dar con una cosa (trouver), hacerse con una cosa (s'emparer de). ‖ *Mettre le doigt dessus*, poner el dedo en la llaga, dar en el clavo. ‖ *Ne pas compter dessus* o *là-dessus*, no contar con eso.

dessus m. La parte superior, lo de encima. ‖ Dorso (de la main). ‖ Derecho, cara, f. (d'un tissu). ‖ FIG. Superioridad, f., ventaja, f. (avantage). ‖ MUS. Alto, tiple : *voix de dessus*, voz de alto ou de tiple. ‖ THÉÂTR. Telar. ‖ — ARCHIT. *Dessus de porte*, dintel. ‖ FIG. *Le dessus du panier*, lo mejor, la flor y nata. ‖ — *Avoir o prendre le dessus*, aventajar, sobrepujar, llevarse el gato al agua. ‖ *Prendre le dessus sur*, poder más que : *l'amour prit le dessus sur la haine*, el amor pudo más que el odio. ‖ *Reprendre le dessus*, rehacerse.

dessus-de-lit m. inv. Colcha, f.

dessus-de-table m. inv. Centro de mesa, tapete.

déstabilisation f. Desestabilización.

déstabiliser v. tr. Desestabilizar.

destin m. Destino, sino, hado.
— SYN. *Destinée*, destino. *Sort*, suerte. *Étoile*, estrella, sino. *Fatalité*, fatalidad.

destinataire m. et f. Destinatario, ria.

destination f. Destinación, destino, m. : *la lettre est arrivée à destination*, la carta llegó a su destino. ‖ Empleo, m., utilización (usage). ‖ *À destination de*, con destino a.

destinée f. Destino, m., suerte.

destiner v. tr. Destinar.
— V. pr. Destinarse, pensar dedicarse.

destituable adj. Destituible.

destituer v. tr. Destituir.
— SYN. *Révoquer*, revocar. *Relever*, suspender. *Se démettre*, dimitir. *Détrôner*, destronar. *Déposer*, deponer.

destitution f. Destitución. ‖ DR. *Destitution des droits civiques*, interdicción civil.

destrier m. (Vx). Caballo destrero ou de batalla.

destroyer [dɛstrwajœ:r] m. MAR. Destructor, destroyer.

destructeur, trice adj. et s. Destructor, ra.

destructible adj. Destruible, destructible.

destructif, ive adj. Destructivo, va.

destruction f. Destrucción.
— SYN. *Dévastation*, devastación. *Ravage*, estrago.

destructivité f. Destructividad.

désuet, ète [dezɥɛ, ɥɛt] adj. Desusado, da ; caído en desuso, anticuado, da.
— SYN. *Démodé*, pasado de moda. *Archaïque*, arcaico. *Antédiluvien*, antediluviano. *Vieilli*, *vieillot*, anticuado.

désuétude f. Desuso, m. : *tomber en désuétude*, caer en desuso.

désulfurer v. tr. Desazufrar, desulfurar.

désuni, e [dezyni] adj. Desunido, da. ‖ *Cheval désuni*, caballo de galope desigual.

désunion f. Desunión.

désunir v. tr. Desunir, separar. ‖ FIG. Enemistar, desavenir.
— V. pr. Perder el ritmo (sports).

détachage m. Limpiado de manchas.

détachant, e adj. et s. m. Quitamanchas.

détaché, e adj. Suelto, ta : *morceaux détachés*, trozos sueltos. ‖ Desatado, da. ‖ Destacado, da (coureur). ‖ Destinado, da ; agregado, da (dans un service). ‖ Despegado, da; indiferente ; despreocupado, da : *air détaché*, aire indiferente. ‖ MIL. Destacado, da : *fort détaché*, fuerte destacado. ‖ MUS. *Note détachée*, nota picada.

détachement m. Despego, desapego, alejamiento (éloignement). ‖ Indiferencia, f., despego, poco apego, despreocupación, f. (indifférence). ‖ Agregación, f., destino provisional (administration). ‖ MIL. Destacamento.

détacher v. tr. Desatar (délier). ‖ Apartar, separar : *détacher le bras du corps*, separar el brazo del cuerpo. ‖ Soltar, desatar : *détacher un chien, un lacet*, soltar un perro, un cordón. ‖ Desprender, soltar (ôter ce qui attachait). ‖ Despegar (décoller). ‖ Arrancar (arracher). ‖ Recalcar, separar (syllabe). ‖ Limpiar, quitar las manchas

a (dégraisser les taches). ‖ Agregar, destinar provisionalmente (affecter provisoirement) ‖ Enviar (dépêcher). ‖ Fam. Soltar, largar : *détacher un coup de pied*, soltar una patada. ‖ Fig. Apartar, alejar (éloigner). ‖ Mil. Destacar (former un détachement). ‖ Mus. Picar, desligar. ‖ Destacar (mettre en relief). ‖ *Détacher les yeux de*, apartar la mirada de.
— V. pr. Desapegarse, perder el apego, perder la afición : *se détacher de sa famille*, perder el apego a su familia. ‖ Destacarse (coureur). ‖ Desprenderse (tomber).

détacheur, euse adj. et s. m. Quitamanchas.

détail [deta:j] m. Detalle, pormenor : *les détails d'une affaire*, los pormenores de un asunto. ‖ Menudeo, venta (*f.*) al por menor (vente). ‖ — *Commerçant au détail*, detallista. ‖ *Petits détails*, minucias. ‖ *Point de détail*, detalle. ‖ — *Au détail*, al por menor, al detalle, al detall. ‖ *En détail*, detalladamente, con todo detalle. ‖ *Faire le détail*, vender al detall (d'un article), vender por trozos (d'un tissu, etc.), hacer el desglose (d'un compte). ‖ *Raconter dans ses moindres détails*, contar con todos los detalles.

détaillant, e [-jã, ã:t] adj. et s. Comerciante al por menor, detallista, minorista.

détailler [-je] v. tr. Cortar en trozos (couper en pièces). ‖ Vender al por menor, vender al detall. ‖ Fig. Detallar, pormenorizar (raconter en détail). ‖ Enumerar, exponer con todo detalle.

détaler v. intr. Fam. Salir pitando, huir velozmente, salir a escape.

détartrage m. Desincrustación, *f.* (des chaudières.)

détartrant adj. et s. m. Desincrustante.

détartrer v. tr. Desincrustar (une chaudière). ‖ Quitar el tártaro *ou* sarro (les dents).

détaxation *ou* **détaxe** f. Desgravación, detasa (p. us.).

détaxer [detakse] v. tr. Desgravar, reducir la tasa (réduire la taxe). ‖ Suprimir la tasa (supprimer la taxe).

détecter v. tr. Detectar : *détecter des sous-marins*, detectar submarinos. ‖ Descubrir (déceler).

détecteur, trice adj. et s. m. Detector, ra.

détection f. Detección. ‖ Descubrimiento, *m.*

détective m. Detective.

déteindre* [detẽ:dr] v. tr. Desteñir, despintar : *le chlore déteint les étoffes*, el cloro destiñe los tejidos.
— V. intr. et pr. Desteñirse [perder el color] : *déteindre à l'usage*, desteñirse con el uso. ‖ Dejar rastro : *cet échec a déteint sur toute son existence*, este fracaso ha dejado rastro en toda su vida. ‖ Fig. *Déteindre sur quelqu'un*, influir sobre uno, contagiar a uno.

déteint, e [detẽ, ẽ:t] adj. Desteñido, da.

dételage m. Desenganche (chevaux). ‖ Desuncido (bœufs.)

dételer* v. tr. Desenganchar (les chevaux). ‖ Desuncir (les bœufs). ‖ Desenganchar (des wagons). ‖ Fam. Descansar, parar : *travailler sans dételer*, trabajar sin parar.

détendeur m. Descompresor, reductor de presión, manorreductor.

détendre v. tr. Aflojar : *détendre un ressort*, aflojar un muelle. ‖ Descomprimir, reducir la presión (diminuer la pression de). ‖ Fig. Distraer, esparcir el ánimo (distraire). | Descansar (reposer). | Calmar, sosegar : *détendre les nerfs*, calmar los nervios. ‖ Hacer cesar la tirantez (les relations).
— V. pr. Aflojarse. ‖ Relajarse (se décontracter). ‖ Perder presión (gaz). ‖ Descansar (se délasser). ‖ Volverse menos tenso (les relations). ‖ Divertirse, distraerse (se distraire).

détendu, e adj. Descansado, da ; sosegado, da : *un visage détendu*, una cara descansada. ‖ Fam. Tan tranquilo, la : *il est détendu malgré tous ses malheurs*, a pesar de todas sus desgracias está tan tranquilo.

détenir* v. tr. Guardar, tener : *détenir un secret*, guardar un secreto. ‖ Tener, estar en posesión de : *il détient le record des 110 mètres haies*, tiene el récord de los 110 metros vallas. ‖ Detener, mantener preso (tenir en prison). ‖ Dr. Detentar.

détente f. Gatillo, *m.*, disparador, *m.* (d'une arme). ‖ Escape, *m.*, trinquete (d'une montre). ‖ Expansión (d'un gaz). ‖ Resorte, *m.* (sports). ‖ Fig. Esparcimiento, *m.*, descanso, *m.* (repos). ‖ Tranquilidad, calma. ‖ Alivio, *m.*, respiro, *m.*, disminución *ou* relajación de la tensión (relâche). ‖ Fig. et Fam. *Être dur à la détente*, ser agarrado *ou* tacaño.

détenteur, trice adj. et s. Poseedor, ra : *le détenteur d'un record*, el poseedor de un récord. ‖ Detentor, ra ; tenedor, ra (qui détient). ‖ Dr. Detentador, ra.

détention f. Detención, prisión (emprisonnement). ‖ Dr. Detentación, retención. ‖ — *Détention d'armes*, tenencia de armas. ‖ *Détention préventive*, prisión *ou* detención preventiva.

détenu, e adj. et s. Detenido, da ; preso, sa.

détergent, e adj. et s. m. Detergente.

déterger* [-ʒe] v. tr. Deterger (p. us.), limpiar (une plaie).

détérioration f. Deterioro, *m.*, deterioración. ‖ Empeoramiento, *m.*, agravación (d'une situation). ‖ Envilecimiento, *m.* (des prix).

détériorer v. tr. ● Deteriorar, estropear.
— V. pr. Estropearse. ‖ Empeorar, deteriorarse (une situation). ‖ Disminuir, retroceder : *les prix se détériorent*, los precios disminuyen.
— Syn. ● *Dégrader*, degradar, deteriorar. *Endommager*, menoscabar, dañar. *Délabrer*, arruinar, estragar. *Abîmer*, estropear. *Détraquer*, descomponer. *Ébrécher*, mellar, desportillar. *Saboter*, sabotear, cometer sabotaje. *Fam. Esquinter*, estropear. *Déglinguer*, desvencijar. *Amocher*, estropear. *Gâter*, echar a perder.

déterminable adj. Determinable.

déterminant, e adj. et s. m. Determinante.

déterminatif, ive adj. et s. m. Determinativo, va : *adjectif déterminatif*, adjetivo determinativo.

détermination f. Determinación : *prendre une détermination*, tomar una determinación. ‖ Resolución, determinación, decisión : *montrer de la détermination*, mostrar decisión. ‖ Fijación (d'une position, d'une date).

déterminé, e adj. Determinado, da : *date déterminée*, fecha determinada. ‖ Decidido, determinado : *soldat déterminé*, soldado decidido.

déterminer v. tr. Determinar. ‖ Provocar, causar : *incident qui détermine une crise*, incidente que provoca una crisis. ‖ Fijar, establecer (établir). ‖ Decidir (décider).
— V. pr. Decidirse, determinarse.

déterminisme m. Determinismo.

déterministe adj. et s. Determinista.

déterré, e adj. Desenterrado, da. ‖ Fam. *Avoir une mine de déterré*, tener cara de muerto.

déterrement m. Desentierro, desenterramiento.

déterrer v. tr. Desenterrar. ‖ Fig. Desenterrar, sacar, descubrir.

déterreur, euse m. et f. Descubridor, ra.

détersif, ive adj. et s. m. Detersivo, va ; detersorio, ria ; detergente.

détersion f. Detersión, limpieza : *la détersion d'une plaie*, la detersión de una llaga.

détestable adj. Detestable, odioso, sa.
— Syn. *Antipathique*, antipático. *Haïssable*, aborrecible. *Odieux*, odioso.

détester v. tr. Aborrecer, odiar, detestar.

— OBSERV. *Aborrecer* est plus courant en espagnol que *detestar*.

— El verbo *abhorrer* en francés tiene el mismo sentido que aborrecer, pero se emplea mucho menos frecuentemente que su sinónimo *détester*.

— SYN. *Abhorrer,* aborrecer. *Exécrer,* execrar. *Abominer,* abominar. *Maudire,* maldecir.

détirer v. tr. Estirar.

détisser v. tr. Destejer.

détonant, e adj. et s. m. Detonante.

détonateur m. Detonador, fulminante.

détonation f. Detonación, estampido, *m.*

détoner v. intr. Detonar (faire explosion).

détonner v. intr. MUS. Desentonar. ‖ FIG. Desdecir, no pegar, desentonar : *deux couleurs qui détonnent,* dos colores que desdicen uno de otro. ‖ Chocar, desentonar : *des manières qui détonnent,* modales que chocan.

détordre v. tr. Destorcer. ‖ Enderezar (redresser).

détors, e [detɔːr, ɔrs] adj. Destorcido, da.

détorsion f. Destorcedúra.

détortiller [detɔrtije] v. tr. Destorcer.

détour m. Rodeo : *sans détour,* sin rodeos. ‖ Vuelta, *f.,* curva, *f.,* recodo : *la Seine fait de nombreux détours,* el Sena tiene numerosos recodos. ‖ Recoveco, repliegue : *les détours de l'âme humaine,* los recovecos del alma humana. ‖ (Vx). Subterfugio, astucia, *f.* ‖ — *Parler sans détours,* hablar sin rodeos. ‖ *User de détours,* andar con rodeos.

détourer v. tr. PHOT. Recortar. ‖ TECHN. Afinar.

détourné, e adj. Apartado, da; poco frecuentado, da : *lieu détourné,* sitio poco frecuentado. ‖ FIG. Alejado, da : *détourné de son devoir,* alejado de su deber. ‖ Indirecto, ta : *sentier détourné,* camino indirecto. ‖ Oculto, ta; encubierto, ta : *sens détourné,* sentido oculto. ‖ — *Somme détournée,* cantidad malversada. ‖ FIG. *Voie détournée,* rodeo, medio indirecto.

détournement m. Desvío, desviación, *f.* (rivière). ‖ Malversación, *f.,* desfalco (de fonds). ‖ Secuestro (d'avions). ‖ Corrupción, *f.* (corruption), rapto (enlèvement) : *détournement de mineur,* corrupción de menor.

détourner v. tr. Desviar : *détourner une rivière,* desviar un río. ‖ Desviar : *détourner la conversation,* desviar la conversación. ‖ FIG. Alejar, apartar de sí (un soupçon, une accusation). ‖ Apartar : *détourner les yeux,* apartar la mirada. ‖ Volver : *il détourna la tête,* volvió la cabeza. ‖ Malversar, desfalcar (des fonds). ‖ Apartar, desviar (écarter). ‖ Corromper, pervertir : *détourner un mineur,* corromper a un menor. ‖ Secuestrar, desviar (un avion). ‖ FIG. Disuadir, quitar de la cabeza : *détourner d'un projet,* quitar de la cabeza un proyecto. — V. pr. Apartar la vista : *il se détourna,* apartó la vista. ‖ FIG. Abandonar : *se détourner d'un dessein,* abandonar un proyecto.

détracter v. tr. (Vx). Detractar, denigrar.

détracteur, trice adj. et s. Detractor, ra.

détraqué, e adj. Descompuesto, ta : *montre détraquée,* reloj descompuesto. ‖ Trastornado, da; estropeado, da : *avoir le foie détraqué,* tener el hígado estropeado. ‖ — Adj. et s. FIG. Desequilibrado, da; trastornado, da.

détraquement m. Descompostura, *f.,* desarreglo (dérangement). ‖ FIG. Desequilibrio, trastorno.

détraquer v. tr. Descomponer, estropear (déranger). ‖ Descomponer (l'allure d'un cheval). ‖ FIG. Trastornar, perturbar (troubler l'esprit).

détrempe [detrɑ̃ːp] f. Temple, *m.* ‖ Pintura al temple : *peindre en détrempe,* pintar al temple. ‖ Destemple, *m.,* destemplado, *m.* (de l'acier).

détremper v. tr. Remojar, empapar : *sol détrempé,* suelo empapado. ‖ Destemplar (acier). ‖ Apagar, remojar (chaux). ‖ Desleir (couleurs).

détresse f. Angustia, desamparo, *m.* (affliction). ‖ Miseria, desamparo, *m.,* apuro, *m.* (infortune, misère). ‖ Peligro, *m.* : *bateau en détresse,* barco en peligro. ‖ MAR. *Signaux de détresse,* señales de socorro, S. O. S.

détresser v. tr. Destrenzar.

détriment [detrimɑ̃] m. Detrimento, perjuicio : *agir au détriment de quelqu'un,* obrar en detrimento de uno.

détritique adj. GÉOL. Detrítico, ca.

détritus [detritys] m. Detritus, detrito. ‖ Desperdicios, *pl.,* basura, *f.*

détroit m. GÉOGR. Estrecho.

— SYN. *Pas,* paso. *Pertuis,* paso. *Manche,* canal. *Canal,* canal.

détromper v. tr. Desengañar.

détrôné, e adj. Destronado, da.

détrônement m. Destronamiento.

détrôner v. tr. Destronar.

détroussement m. Atraco, salteamiento, desvalijamiento (vol).

détrousser v. tr. Saltear, atracar.

détrousseur, euse m. et f. Salteador, ra de caminos, atracador, ra.

détruire* v. tr. ● Destruir : *détruire une ville,* destruir una población. ‖ FIG. *Détruire une légende,* destruir una leyenda.

— V. pr. FAM. Suicidarse, suprimirse.

— SYN. ● *Anéantir,* aniquilar. *Exterminer,* exterminar. *Pulvériser,* pulverizar. *Défaire,* deshacer. *Consumer,* consumir.

dette [dɛt] f. Deuda, débito, *m.* : *acquitter une dette,* pagar una deuda. ‖ — *Dette consolidée,* deuda consolidada. ‖ *Dette flottante,* deuda flotante. ‖ *Dette publique,* deuda pública, renta. ‖ *Être en dette envers quelqu'un,* ser deudor de uno. ‖ *Faire des dettes,* contraer deudas, endeudarse. ‖ FIG. *Payer sa dette à la nature,* morir. ‖ FIG. *Payer sa dette à la patrie,* hacer el servicio militar (faire le service militaire), tener muchos hijos. ‖ *Qui paie ses dettes s'enrichit,* quien debe y paga no debe nada.

détumescence [detymɛssɑ̃ːs] f. MÉD. Disminución de volumen de un tumor, de una inflamación *ou* de un órgano eréctil ; deshinchazón.

deuil [dœːj] m. Duelo : *sa mort fut un deuil national,* su muerte fue un duelo nacional. ‖ Luto : *porter le deuil,* llevar luto ; *prendre le deuil,* vestirse de luto. ‖ Duelo : *suivre le deuil,* seguir el duelo. ‖ — *Demi deuil o petit deuil,* medio luto, alivio de luto. ‖ *Grand deuil,* luto riguroso. ‖ *En deuil,* de luto. ‖ — *Conduire o mener le deuil,* presidir el duelo. ‖ *Faire son deuil de,* decir adiós a, despedirse de. ‖ *Porter le deuil de,* llevar luto por. ‖ *Prendre le demi-deuil,* aliviar el luto. ‖ *Prendre le deuil,* llevar luto, vestirse de luto.

deutérium [døterjɔm] m. CHIM. Deuterio.

deutérocanonique adj. RELIG. Deuterocanónico, ca.

Deutéronome m. Deuteronomio (Bible).

deuton ou **deutéron** m. CHIM. Deutón.

deutoxyde m. (Vx). CHIM. Deutóxido, bióxido.

deux [dø] adj. et s. Dos : *deux livres,* dos libros. ‖ Segundo, da : *Philippe II,* Felipe segundo ; *tome deux,* tomo segundo; *article deux,* artículo segundo. ‖ Dos de : *le deux mai,* el dos de mayo. ‖ FIG. et FAM. Dos, algunos, pocos : *à deux pas d'ici,* a dos pasos de aquí. ‖ — *Deux à deux,* dos a dos. ‖ *Deux contre un,* doble contra sencillo (pari). ‖ *Deux fois deux,* dos por dos. ‖ *Deux par deux,* dos por dos, de dos en dos. ‖ — *A deux mains,* con las dos manos *ou* ambas manos. ‖ *A eux deux,* ellos dos, entre los dos. ‖ FAM. *A nous deux, maintenant !,* ¡y ahora vamos a ver !, ¡vamos a arreglar las cuentas ! ‖ *De deux choses* *l'une,* una de dos. ‖ *En moins de deux,* en un dos por tres. ‖ *Jamais deux sans trois,* no hay dos sin tres. ‖ *Les deux,* los [las] dos; ambos, ambas; entrambos, entrambas : *les deux sœurs,* ambas hermanas. ‖ *Tous deux* o *tous les deux,* ambos, los dos. ‖ *Tous les deux jours* o *un jour sur deux,* cada dos días, un día sí y otro no. — FAM. *Ça fait deux!,* eso es harina de otro costal, eso es otra cosa. ‖ *Faire un travail à deux,* hacer un trabajo entre dos. ‖ FAM. *Je vais lui dire deux mots,* voy a decirle un par de palabras. ‖ *Ne faire ni une ni deux,* no vacilar, no esperar ni un minuto. ‖ *Piquer des deux,* hincar las espuelas (équitation).

deux-huit m. inv. MUS. Compás de dos por ocho.

deuxième adj. et s. Segundo, da. ‖ — M. El segundo piso (le deuxième étage).

deuxièmement [døzjɛmmã] adv. En segundo lugar, segundo.

deux-mâts [døma] m. inv. MAR. Nave de dos palos.

deux-pièces m. inv. Conjunto de dos piezas, de falda y chaqueta. ‖ Bikini, dos piezas, bañador de dos piezas (maillot de bain).

deux-points [døpwɛ̃] m. inv. Dos puntos.

deux-ponts [-pɔ̃] m. inv. Avión de dos pisos.

deux-quatre m. inv. MUS. Compás de dos por cuatro.

deux-temps [døtã] m. inv. MUS. Compás mayor. ‖ Motor de dos tiempos.

dévaler v. tr. Bajar (descendre). — V. intr. Ir, correr, rodar cuesta abajo.

dévaliser v. tr. Desvalijar.

dévaliseur, euse m. et f. Desvalijador, ra.

dévalorisation f. Desvalorización.

dévaloriser v. tr. Desvalorizar.

dévaluation f. Devaluación (monnaie).

dévaluer v. tr. Devaluar (monnaies).

dévanâgari m. Devanagari (écriture sanscrite).

devancement [dəvãsmã] m. Adelanto, antelación, f., adelantamiento.

devancer* v. tr. Adelantar. ‖ Adelantarse, tomar la delantera (prendre les devants). ‖ FIG. Aventajar (surpasser). ‖ Preceder : *l'aurore devance le soleil,* la aurora precede al sol. ‖ — MIL. *Devancer l'appel,* alistarse como voluntario. ‖ *Devancer son temps,* adelantarse a su época.

devancier, ère m. et f. Antecesor, ra; predecesor, ra. ‖ — Pl. Antepasados (ancêtres).

devant [dəvã] prép. Delante de : *devant la table,* delante de la mesa. ‖ Ante (en présence de) : *comparaître devant le tribunal,* comparecer ante el tribunal. — Adv. Delante : *passer devant la maison,* pasar delante de la casa; *marcher devant,* andar delante. ‖ (Vx). Antes : *riche comme devant,* rico como antes. — M. Delantera, f. (partie antérieure). ‖ Delantero (tricot). ‖ — *Devant d'autel,* frontal. ‖ *Devant derrière,* al revés (vêtement). ‖ *Devant d'une maison,* fachada. ‖ — *Au-devant de,* al encuentro de : *aller au-devant de,* salir al encuentro de; al paso de : *aller au-devant des critiques,* salir al paso de las críticas. ‖ *Par-devant,* ante, en presencia de : *par-devant notaire,* ante notario. ‖ *Prendre les devants,* adelantarse, tomar la delantera (devancer); salir al paso (couper court).

devantier m. (P. us.). Delantal.

devanture f. Escaparate, m. (étalage).

dévastateur, trice adj. et s. Devastador, ra

dévastation f. Devastación.

dévaster v. tr. Devastar.

déveine [devɛ:n] f. FAM. Mala suerte. ‖ *Porter la déveine,* ser un cenizo, traer mala suerte.

développable [devlɔpabl] adj. MATH. Desarrollable.

développante [-pã:t] f. GÉOM. Evolvente.

développé, e [-pe] adj. Desarrollado, da. — F. Evoluta (courbe). ‖ — M. Levantada, f. (haltérophilie).

développement [-pmã] m. Desarrollo : *le développement de la science,* el desarrollo de la ciencia. ‖ Revelado (photographie). ‖ Incremento : *le développement des échanges commerciaux,* el incremento de los intercambios comerciales. ‖ Desenvolvimiento, despliegue (déploiement). ‖ Desarrollo (bicyclette). ‖ GÉOM. Desarrollo. ‖ *Banque de développement,* Banco de Fomento.

développer v. tr. Desarrollar : *développer l'intelligence,* desarrollar la inteligencia. ‖ Incrementar : *développer les exportations,* incrementar las exportaciones. ‖ Fomentar (encourager). ‖ Desenvolver : *développer un paquet,* desenvolver un paquete. ‖ Desplegar (déployer), desenrollar (dérouler). ‖ Revelar (photographie). ‖ Desarrollar, ampliar, explicar (une pensée). ‖ MATH. *Développer une fonction,* desarrollar una función. — V. pr. Desarrollarse. ‖ Incrementarse : *la production agricole s'est développée,* la producción agrícola se ha incrementado. ‖ Extenderse (usage, habitude). ‖ Desarrollarse (corps).

devenir* [dəvni:r] v. intr. Volverse : *devenir agréable,* volverse agradable; *devenir taciturne,* volverse taciturno. ‖ Volverse, tornarse : *devenir riche, pauvre,* tornarse rico, pobre. ‖ Hacerse : *devenir athlète,* hacerse un atleta. ‖ Ponerse : *devenir gras,* ponerse gordo; *devenir triste,* ponerse triste. ‖ Llegar a : *devenir ministre,* llegar a ministro. ‖ Quedarse : *devenir sourd,* quedarse sordo. ‖ Ser : *devenir la victime de ses passions,* ser víctima de sus pasiones. ‖ Convertirse en : *devenir la providence des pauvres,* convertirse en la providencia de los pobres. ‖ Parar, acabar : *que deviendront ses affaires?,* ¿en qué acabarán sus negocios? ‖ — *Il ne sait pas ce qu'il va devenir,* no sabe lo que va a ser de él. ‖ *Que deviendrai-je?,* ¿qué será de mí? ‖ *Que devient un tel?,* ¿qué es de Fulano? ‖ *Qu'est-ce que tu deviens?,* ¿qué es de tu vida? ‖ *Qu'est devenu ton ami?,* ¿qué ha sido de tu amigo? ‖ *Que voulez-vous devenir?,* ¿qué piensa usted hacer?

— OBSERV. *Volverse* indique généralement un état relativement définitif; *ponerse,* un état passager; *llegar a,* une transformation qui implique un effort; *quedarse,* un changement involontaire; *ser,* une conséquence naturelle.

devenir m. PHILOS. Devenir.

déverbal, e adj. et s. m. GRAMM. Deverbal.

dévergondage m. Desvergüenza, f. ‖ FIG. Descomedimiento, desenfreno, exceso.

dévergondé, e adj. et s. Desvergonzado, da.

dévergonder (se) v. pr. Perder la vergüenza, desvergonzarse.

déverguer ou **désenverguer** v. tr. MAR. Desenvergar.

dévernir v. tr. Quitar el barniz, desbarnizar.

déverrouillage [devɛruja:ʒ] m. Desmontaje de un cierre. ‖ Desbloqueado (d'une arme).

déverrouiller [-je] v. tr. Descorrer el cerrojo (verrou), quitar un cierre. ‖ Abrir la recámara, desbloquear el cierre (d'une arme à feu).

devers (par-) [pardəvɛ:r] loc. prép. Ante, en presencia de : *par-devers le juge,* ante el juez. ‖ *Garder par-devers soi,* guardar en su posesión ou poder.

dévers, e [devɛ:r, ɛrs] adj. (Vx). Inclinado, da; torcido, da. — M. Alabeo (d'une surface). ‖ Peralte (route, chemin de fer). ‖ AVIAT. Inclinación (f.) lateral.

déversement m. Vertimiento, derrame. ‖ Desagüe (canal). ‖ Inclinación, f. (inclinaison).

déverser v. intr. Combarse, alabearse (se gauchir). ‖ Inclinarse (pencher).

— V. tr. Verter, derramar (répandre, épancher). ‖ Traer (amener). ‖ Fig. *Déverser sa colère sur quelqu'un*, desahogar su ira contra uno.
— V. pr. Verterse

déversoir m. Vertedero, desaguadero. ‖ Aliviadero, vertedero (barrage). ‖ Cuneta, *f.* (caniveau).

dévêtir* [devɛti:r] v. tr. Desvestir (p. us.), desnudar.
— V. pr. Aligerarse de ropa, desnudarse.

déviateur, trice adj. Desviador, ra.
— M. Aviat. Deflector (dispositif de freinage).

déviation f. Desviación. ‖ Desviación, desvío, *m.*, cambio (*m.*) de dirección (route). ‖ Fig. Desvío, *m.* (écart).

déviationnisme m. Desviacionismo.

déviationniste adj. et s. Desviacionista.

dévidage m. Devanado, devanadura, *f.*

dévider v. tr. Devanar : *dévider un écheveau*, devanar una madeja. ‖ Pasar las cuentas (d'un rosaire).

dévideur, euse m. et f. Devanador, ra.

dévidoir m. Devanadera, *f.*

dévier* v. tr. Desviar.
— V. intr. Derivar (conversation).
— V. intr. et pr. Desviarse. ‖ Apartarse, dejar, separarse.

devin [dəvɛ̃] m. et **devineresse** [dəvinrɛs] f. Adivino, na ; adivinador, ra.
— Syn. *Prophète*, profeta. *Sorcier*, brujo, zahorí. *Visionnaire*, visionario. *Voyant*, vidente. *Vaticinateur*, vaticinador. *Astrologue*, astrólogo. *Cartomancienne*, cartomántica. *Nécromancien*, nigromante, necromántico. *Augure*, augur, agorero. *Pythonisse*, pitonisa. *Pythie*, pitia.

devinable adj. Adivinable.

deviner v. tr. Adivinar. ‖ Penetrar, comprender : *deviner la pensée d'un écrivain*, penetrar en el pensamiento de un escritor. ‖ Descubrir, adivinar (découvrir). ‖ Intuir, suponer, imaginar (supposer). ‖ Saber, intentar saber (chercher à savoir). ‖ — *Deviner juste*, atinar, acertar, dar con. ‖ *Je vous le donne à deviner*, usted no se lo puede imaginar. ‖ *Je vous le laisse à deviner*, puede usted imaginar.
— V. pr. Distinguirse, divisarse, adivinarse.

devineresse f. V. devin.

devinette f. Adivinanza, acertijo, *m.*

devineur, euse m. et f. Adivinador, ra.

dévirer v. tr. Destorcer (un câble). ‖ Soltar (un treuil).

devis [dəvi] m. (Vx). Plática, *f.* (conversation) : *aimable devis*, agradable plática. ‖ Presupuesto (estimation de dépenses) : *devis approximatif*, presupuesto aproximado.
— Observ. *Presupuesto* signifie également « budget ».

dévisager* v. tr. Mirar de hito en hito (regarder avec insistance). ‖ (Vx). Desfigurar, romper la cara (défigurer).
— Observ. *Dévisager* se usa solamente tratándose de personas ; para las cosas se emplea *examiner*.

devise f. Divisa, lema, *m.* : *la devise d'un drapeau*, la divisa de una bandera. ‖ Divisa (argent).

deviser v. intr. Platicar.

dévissage m. Destornillamiento.

dévisser v. tr. Destornillar, desatornillar.
— V. intr. Fam. Despeñarse (d'une montagne).

dévitaliser v. tr. Desvitalizar (dents).

dévitrification f. Desvitrificación.

dévitrifier* v. tr. Techn. Desvitrificar.

dévoiement [devwamɑ̃] m. Archit. Desviación, *f.* (d'un tuyau).

dévoilement m. Revelación, *f.*, descubrimiento.

dévoiler v. tr. Quitar el velo, levantar el velo. ‖ Descubrir, descorrer la cortina que tapa : *dévoiler une statue*, descubrir una estatua. ‖ Poner derecho, enderezar : *dévoiler une roue*, poner derecha

una rueda. ‖ Fig. Descubrir, revelar : *dévoiler un secret*, revelar un secreto.

devoir* v. tr. Deber : *devoir de l'argent*, deber dinero ; *devoir le respect*, deber respeto. ‖ Deber, tener que, haber de (obligation) : *il doit partir bientôt*, tiene que marcharse pronto. ‖ Deber de (probabilité) : *il doit être sorti*, debe de haber salido. ‖ Deber (supposition) : *c'est lui qui a dû faire cette sottise*, es él quien ha debido hacer esta tontería. ‖ — *Dussé-je*, *dusses-tu*, etc., aunque debiera *ou* debiese de, aunque tuviera *ou* tuviese que. ‖ *Il doit y avoir*, debe (de) haber. ‖ *Il doit y avoir longtemps*, hace mucho tiempo. ‖ *On doit*, hay que.
— V. pr. Deberse a : *un père se doit à ses enfants*, un padre se debe a sus hijos.

devoir m. Deber : *s'acquitter de faire* o *remplir son devoir*, cumplir con su deber. ‖ Ejercicio, tarea, *f.*, deber : *l'élève fait ses devoirs*, el alumno hace sus ejercicios. ‖ Obligación, *f.* ‖ — Pl. Respetos : *rendre ses devoirs à quelqu'un*, presentar sus respetos a alguien. ‖ — *Devoir pascal*, cumplimiento pascual. ‖ *Devoirs conjugaux*, obligaciones matrimoniales. ‖ — *Derniers devoirs*, honras fúnebres. ‖ — *Croire de son devoir de*, creer su deber. ‖ *Il est de mon devoir de*, es mi deber. ‖ *Rentrer dans le devoir*, volver al buen camino. ‖ *Se faire un devoir de*, creerse en la obligación de, tener a mucho. ‖ *Se mettre en devoir de*, disponerse a, prepararse a.

dévoltage m. Électr. Disminución (*f.*) del voltaje.

dévolter v. tr. Électr. Disminuir el voltaje.

dévolteur m. Électr. Transformador de reducción.

dévolu, e adj. Correspondiente por derecho, atribuido, da (échu par droit). ‖ Destinado, da ; reservado, da (réservé).
— M. *Jeter son dévolu sur*, echar el ojo a, echar la vista a, poner sus miras en.

dévolutif, ive adj. Dr. Devolutivo, va.

dévolution f. Dr. Devolución, transmisión.

devon m. Pez artificial de metal provisto de varios anzuelos.

dévonien, enne adj. et s. m. Géol. Devónico, ca.

dévorant, e adj. Devorador, ra ; devastador, ra : *feu dévorant*, fuego devastador. ‖ Fig. Devorador, ra : *une passion dévorante*, una pasión devoradora. ‖ Voraz, insaciable : *faim dévorante*, hambre voraz.

dévorateur, trice adj. Devorador, ra.

dévorer v. tr. Devorar. ‖ Consumir, devorar : *le feu dévore tout*, el fuego lo devora todo. ‖ — *Dévorer un livre*, devorar un libro, leer con avidez un libro. ‖ *Dévorer des yeux*, devorar *ou* comerse con los ojos.

dévoreur, euse m. et f. Devorador, ra.

dévot, e [devo, ɔt] adj. et s. Devoto, ta.

dévotement ou **dévotieusement** adv. Devotamente.

dévotion f. Devoción. ‖ — *Faire ses dévotions*, cumplir con sus deberes religiosos. ‖ *Être à la dévotion de quelqu'un*, estar a la disposición de uno.

dévoué, e adj. Adicto, ta ; afecto, ta : *un ami dévoué*, un amigo adicto. ‖ Adicto, ta : *dévoué à la cause de sa patrie*, adicto a la causa de su patria. ‖ Servicial, sacrificado, da : *c'est une personne très dévouée*, es una persona muy sacrificada. ‖ *Votre tout dévoué*, su afectísimo y seguro servidor, suyo afectísimo (lettre).

dévouement [devumɑ̃] m. Afecto, devoción, *f.*, adhesión, *f.* ‖ Abnegación, *f.* : *un bel exemple de dévouement*, un hermoso ejemplo de abnegación. ‖ Sacrificio (sacrifice). ‖ Desvelo : *le dévouement à la cause commune*, el desvelo por la causa común. ‖ Consagración, *f.*, dedicación, *f.* : *le dévouement d'un peintre à son art,* la dedicación de un pintor a su arte.

dévouer v. tr. Consagrar (consacrer).
— V. pr. Dedicarse, consagrarse : *se dévouer à la science,* dedicarse a la ciencia. ‖ Sacrificarse : *se dévouer pour la patrie,* sacrificarse por la patria.

dévoyé, e [devwaje] adj. Descarriado, da ; extraviado, da.
— M. et f. Golfo, fa ; perdido, da.

dévoyer* [-je] v. tr. Descarriar, extraviar. ‖ TECHN. Desviar (dévier).

dévrillage [devrija:ʒ] m. Destorcimiento (des fils de pêche).

dévriller [-je] v. tr. Destorcer.

dextérité [dɛksterite] f. Destreza, maña (habileté). ‖ FIG. Soltura, agilidad (aisance).

dextre adj. (Vx). Diestro, tra (droit).
— F. (Vx). Diestra (main droite).

dextrine f. CHIM. Dextrina.

dextrocardie f. MÉD. Dextrocardia, dexocardia.

dextrogyre adj. PHYS. Dextrógiro, ra.

dextrorsum [dɛkstrɔrsɔm] adj. inv. Dextrórsum, dextrorso, sa (qui va de gauche à droite).

dextrose m. CHIM. Dextrosa, *f.*

dey m. Dey (ancien souverain d'Alger).

dia! [dja] interj. ¡Ria! (OBSERV. Usada por los carreteros para hacer el tiro hacia la izquierda.) ‖ — *N'entendre ni à dia ni à hue,* no atender a razones. ‖ *Tirer l'un à dia l'autre à hue,* tirar cada uno por su lado.

diabase f. GÉOL. Diabasa.

diabète m. MÉD. Diabetes, *f.*

diabétique adj. et s. Diabético, ca.

diable m. Diablo, demonio. ‖ FAM. Demonio, diablo (espiègle). ‖ Carretilla, *f.* (chariot). ‖ Caja (*f.*) de sorpresa (jouet). ‖ Tostador (récipient). ‖ *Diable boîteux,* diablo cojuelo. ‖ *Diable de mer,* pejesapo, rape (baudroie). ‖ *Pauvre diable,* pobre diablo, infeliz. ‖ *Un grand diable,* un tío larguirucho. ‖ — *À la diable,* a la diabla, de cualquier modo, sin esmero. ‖ *Au diable,* al diablo. ‖ *Au diable o au diable vert o au diable vauvert o à tous les diables,* en el quinto infierno, en el quinto pino. ‖ *Ce diable d'homme,* ese demonio de hombre. ‖ FAM. *Comment diable...?,* ¿cómo demonios...? ‖ *Comme un diable, comme un beau diable o comme tous les diables,* como un condenado, como un desesperado. ‖ *De tous les diables,* de todos los demonios. ‖ *Diable!,* ¡diablos!, ¡demonios! ‖ *Du diable,* de órdago, de mil demonios, del diablo. ‖ *Du diable si...,* lléveme el diablo si... ‖ *En diable,* atrozmente, de lo lindo ; *lourd en diable,* atrozmente pesado. ‖ *Malin en diable,* la mar de listo. ‖ *Où diable...?,* ¿dónde... demonios? ‖ *Que diable!,* ¡qué demonios! ‖ *Qui diable...?,* ¿quién demonios...? ‖ *Tout le diable et son train,* un sinfín de cosas.
— FAM. *Allez au diable!,* ¡váyase al diablo!, ¡váyase al cuerno! ‖ *Avoir le diable au corps,* tener el diablo en el cuerpo, ser de la piel del diablo. ‖ *Ce n'est pas le diable,* no es nada del otro jueves *ou* del otro mundo. ‖ *Ce serait bien le diable si...,* me extrañaría mucho que... ‖ *C'est là le diable,* ahí está el quid. ‖ *C'est le diable incarné,* es el diablo hecho carne. ‖ *C'est un bon diable,* no es una mala persona. ‖ *Envoyer au diable,* enviar al diablo, mandar a paseo. ‖ *Être le diable en personne,* ser el mismísimo demonio. ‖ *Être possédé du diable,* estar poseído por el demonio, estar endemoniado. ‖ *Faire le diable,* hacer diabluras *ou* travesuras, travesear. ‖ *Faire le diable à quatre,* armar la gorda, armar jaleo. ‖ FAM. *Loger le diable dans sa bourse,* no tener un cuarto, estar pelado. ‖ *Ne craindre ni Dieu ni*

diable, no temer a Dios ni al diablo. ‖ *Quand le diable fut vieux, il se fit ermite,* harto de carne el diablo se metió a fraile. ‖ *Que le diable m'emporte si...!,* ¡que me lleve el demonio si!, ¡mal rayo me parta si!, ¡que me muera si! ‖ FIG. *Tirer le diable par la queue,* estar ruche, estar tronado, no tener un céntimo.

diablement adv. FAM. Endiabladamente, terriblemente, atrozmente : *c'est diablement long,* es endiabladamente largo.

diablerie f. Diablura : *les diableries des enfants,* las diabluras de los niños. ‖ Brujería, maleficio, *m.* (maléfice). ‖ — Pl. Escenas populares de diablos (pièces populaires).

diablesse f. Diabla, diablesa (p. us.). ‖ Arpía (méchante femme).

diablotin m. Diablejo, diablillo. ‖ MAR. Vela (*f.*) de estay de sobremesana.

diabolique adj. Diabólico, ca.
— SYN. *Infernal,* infernal. *Démoniaque,* demoniaco.

diabolo m. Diábolo (jouet).

diachylon [djaʃilɔ] ou **diachylum** [-lɔm] m. MÉD. Diaquilón.

diaclase f. GÉOL. Diaclasa.

diacode m. MÉD. Diacodión (sirop).

diaconal, e adj. Diaconal.

diaconat m. Diaconato, diaconado.

diaconesse f. Diaconisa.

diaconie f. Diaconía.

diacoustique f. PHYS. Diacústica.

diacre m. Diácono : *ordonner diacre,* ordenar de diácono.

diacritique adj. GRAMM. Diacrítico, ca.

diadème m. Diadema, *f.*

diadoque m. Diadoco (général grec).

diagnose [djagno:z] f. MÉD. Diagnosis.

diagnostic [-gnɔstik] m. Diagnóstico.

diagnostique [-gnɔstik] adj. Diagnóstico, ca : *signe diagnostique,* signo diagnóstico.

diagnostiquer [-gnɔstike] v. tr. Diagnosticar.

diagonal, e adj. et s. f. GÉOM. Diagonal.

diagramme m. Diagrama (courbe graphique).

diagraphe m. Diágrafo.

dialectal, e adj. Dialectal.

dialecte m. Dialecto.
— OBSERV. En francés se distingue el *dialecte,* variedad del idioma propio de una región extensa, que obedece a ciertas reglas fonéticas y en el que a menudo se escriben obras literarias, del *patois* (que algunos intentan traducir por *patuá*), que es más bien un modo tosco de hablar propio de los campesinos de una región reducida y que no tiene forma escrita.

dialecticien, enne m. et f. Dialéctico, ca.

dialectologie f. Dialectología.

dialèle m. Dialelo, círculo vicioso.

dialogique adj. Dialogado, da ; dialogístico, ca.

dialogue m. Diálogo : *engager le dialogue,* iniciar el diálogo.

dialoguer v. tr. et intr. Dialogar : *scène dialoguée,* escena dialogada ; *dialoguer une fable,* dialogar una fábula.

dialoguiste m. et f. Dialoguista.

dialypétale adj. et s. f. BOT. Dialipétalo, la.

dialyse f. CHIM. Diálisis.

dialysépale adj. BOT. Dialisépalo, la.

dialyser v. tr. CHIM. Dializar.

dialyseur m. CHIM. Dializador.

diamagnétique [djamaɲetik] adj. ÉLECTR. Diamagnético, ca.

diamagnétisme m. ÉLECTR. Diamagnetismo.

diamant [djamɑ̃] m. ● Diamante : *diamant brut, brillant, rose,* diamante en bruto, brillante, rosa. ‖ DR. Regalo que hace el testador a su ejecutor testamentario. ‖ *Édition diamant,* edición diamante *ou* miniatura.
— SYN. ● *Brillant,* brillante. *Rose,* rosa. *Gemme,* gema.

diamantaire adj. Diamantino, na : *pierres diamantaires,* piedras diamantinas.
— M. Diamantista (qui travaille ou vend des diamants).
diamanté, e adj. Diamantado, da; adiamantado, da. || Ornado, da con diamantes (garni de diamants).
diamanter v. tr. Abrillantar, diamantar, adiamantar, dar el brillo del diamante.
diamantifère adj. Diamantífero, ra.
diamantin, e adj. Diamantino, na.
diamétral, e adj. Diametral.
diamètre m. GÉOM. Diámetro.
diamidophénol ou **diaminophénol** m. Diamidofenol (révélateur en photographie).
diane f. MIL. Diana : *battre, sonner la diane,* tocar diana.
diantre! interj. ¡Diantre!, ¡demontre!, ¡demonio!
diantrement adv. FAM. Terriblemente.
diapason m. MUS. Diapasón. || FIG. Tono, altura, *f.* : *se mettre au diapason de quelqu'un,* ponerse a tono con alguien.
diapasonner v. tr. Poner al diapasón.
diapédèse f. MÉD. Diapédesis.
diaphane adj. Diáfano, na.
— SYN. *Translucide,* translúcido. *Transparent,* transparente.
diaphanéité f. Diafanidad.
diaphanoscopie f. Diafanoscopia.
diaphorèse f. MÉD. Diaforesis, sudor, *m.,* transpiración.
diaphorétique adj. et s. m. MÉD. Diaforético, ca; sudorífico, ca.
diaphragmatique adj. MÉD. Diafragmático, ca : *hernie diaphragmatique,* hernia diafragmática.
diaphragme m. ANAT. Diafragma. || PHOT. Diafragma : *diaphragme à iris,* diafragma iris.
diaphragmer v. tr. PHOT. Proveer de un diafragma.
— V. intr. Diafragmar.
diaphyse f. ANAT. Diáfisis.
diapositive f. PHOT. Diapositiva, transparencia.
diapré, e adj. Matizado, da; esmaltado, da : *fleur diaprée,* flor matizada. || BLAS. Diapreado, da.
diaprée f. Diaprea (prune).
diaprer v. tr. Matizar, esmaltar, jaspear.
diaprure f. Matices, *m. pl.,* variedad de colores : *la diaprure des prairies,* los matices de los prados.
diarrhée f. MÉD. Diarrea.
diarrhéique adj. Diarreico, ca.
diarthrose f. ANAT. Diartrosis.
diascope m. MIL. Diascopio, mirilla (*f.*) blindada de los tanques.
diascordium [djaskɔrdjɔm] m. MÉD. Diascordio.
diastase m. Diastasa (ferment).
diastasique [djastɑzik] adj. Diastático, ca.
diastole f. ANAT. Diástole.
diastolique adj. Diastólico, ca.
diathermane adj. PHYS. Diatérmano, na.
diathermie f. MÉD. Diatermia.
diathèse [djatɛːz] f. MÉD. Diátesis.
diatomées f. pl. BOT. Diatomeas.
diatomique adj. CHIM. Diatómico, ca.
diatonique adj. MUS. Diatónico, ca : *gamme diatonique,* escala diatónica.
diatribe f. Diatriba.
diaule f. Diaula, flauta doble. || — M. Carrera (*f.*) doble.
diazoïque adj. CHIM. Diazoico, ca.
dichotome [dikɔtoːm] adj. Dicótomo, ma (bifurqué).
dichotomie [-mi] f. ASTR., BOT. et PHILOS. Dicotomía (bifurcation). || FIG. Dicotomía (partage d'honoraires entre médecins).
dichotomique [-mik] adj. Dicotómico, ca.

dichroïque [dikrɔik] adj. PHYS. Dicroico, ca.
dichroïsme [-krɔism] m. PHYS. Dicroísmo.
dichromatique [dikrɔmatik] adj. Dicromático, ca, de dos colores.
dicline adj. BOT. Diclino, na.
dicotylédone ou **dicotylédoné, e** adj. et s. Dicotiledóneo, a; dicotiledón.
dicrote adj. MÉD. Dicroto.
dictame m. Díctamo, fresnillo (plante aromatique). || FIG. Bálsamo (baume). || *Dictame de Crète,* díctamo de Creta.
Dictaphone m. (nom déposé). Dictáfono.
dictateur m. Dictador.
dictatorial, e adj. Dictatorial : *pouvoirs dictatoriaux,* poderes dictatoriales.
dictature m. Dictadura. || *Dictature du prolétariat,* dictadura del proletariado.
dicté, e adj. Dictado, da.
— F. Dictado, *m.* || *Écrire sous la dictée,* escribir al dictado.
dicter v. tr. Dictar : *dicter une lettre,* dictar una carta. || FIG. Inspirar, dictar (suggérer). || Dictar, imponer (imposer).
diction f. Dicción.
— OBSERV. La palabra *diction* no tiene nunca en francés el sentido de « palabra » o « voz ».
dictionnaire m. Diccionario. || FAM. *Être un dictionnaire vivant,* ser una enciclopedia.
— SYN. *Glossaire,* glosario. *Vocabulaire,* vocabulario. *Lexique,* léxico. *Encyclopédie,* enciclopedia.
dicton m. Dicho, refrán.
didactique adj. Didáctico, ca.
didactyle adj. ZOOL. Didáctilo, la.
didelphes m. pl. Didelfos (mammifères).
Didier n. pr. m. Desiderio.
Didon n. pr. f. Dido.
didyme adj. BOT. Dídimo, ma (jumeau).
— M. Didimio (métal).
dièdre adj. et s. m. GÉOM. Diedro.
diélectrique adj. et s. m. ÉLECTR. Dieléctrico, ca.
diélectrolyse f. Dielectrólisis.
diérèse [djerɛːz] f. GRAMM. Diéresis (séparation des voyelles d'une diphtongue). || MÉD. Diéresis.
dièse [djɛːz] adj. et s. MUS. Sostenido, diesi, *f.* : « *fa* » *dièse, fa* sostenido.
diesel [dizɛl] m. Diesel (moteur).
diéser* v. tr. MUS. Anotar con sostenido. || *Note diésée,* nota sostenida.
diète [djɛt] f. Dieta (assemblée).
diète f. MÉD. Dieta : *se mettre à la diète,* ponerse a dieta.
diététicien, enne m. et f. Especialista en dietética, bromatólogo, ga.
diététique adj. Dietético, ca.
— F. Dietética, bromatología.
dieu m. ● Dios. || FIG. Dios, santo de mi devoción. || — *Dieu le Fils,* Dios Hijo. || *Dieu le Père,* Dios Padre. || *Le Bon Dieu,* Dios : *prier le Bon Dieu,* rogar a Dios; la Hostia, la comunión. || *Les dieux de l'Olympe,* los dioses del Olimpo. || — *Dieu!* o *Grand Dieu!,* ¡Dios!, ¡por Dios! || *Dieu merci!,* ¡gracias a Dios!, ¡a Dios gracias! || — POP. *Bon Dieu!,* ¡Dios santo! || POP. *Du tonnerre de Dieu,* de mil demonios. || *Grâce à Dieu,* gracias a Dios. || *Pour l'amour de Dieu,* por amor de Dios.
— *À Dieu ne plaise!,* ¡no quiera Dios! || *À Dieu vat!,* ¡a la gracia de Dios! || *Dieu aidant,* Dios mediante. || *Dieu le fasse, le veuille,* Dios lo haga, lo quiera. || *Dieu me damne!,* ¡Dios me confunda! || *Dieu m'est témoin que, nous est témoin que...,* Dios es testigo que... || *Dieu sait,* bien sabe Dios, Dios sabe. || *Dieu soit loué!,* ¡alabado sea el Señor ou Dios. || *Dieu tout-puissant,* Dios todo poderoso. || *Dieu veuille,* Dios quiera. || *Dieu vous bénisse,* o *vous assiste,* o *vous aide,* o *vous*

garde, Dios le bendiga, *ou* le asista, *ou* le ayude, *ou* le ampare. ‖ *Dieu vous le rende!,* ¡Dios se lo pague! ‖ *Dieu y pourvoiera,* Dios dirá. ‖ *Plaise à Dieu!, plût à Dieu!,* ¡quiera Dios!, ¡ojalá!, ¡plegue a Dios! ‖ *Que Dieu ait son âme,* que Dios lo tenga en la gloria. ‖ *Si Dieu le veut,* o *si Dieu nous prête vie,* o *s'il plaît à Dieu,* si Dios quiere *ou* Dios mediante. ‖ — *Chanter comme un dieu,* cantar como los ángeles. ‖ *Être beau comme un dieu,* ser hermoso como un ángel. ‖ *Faire son dieu de...* o *se faire un dieu de...,* hacerse un idolo de... *ou* divinizar a. ‖ *Il vaut mieux avoir à faire à Dieu qu'à ses saints,* más vale irse al tronco, que no a las ramas. ‖ *Jurer ses grands dieux,* jurar por todos los dioses. ‖ *La voix du peuple est la voix de Dieu,* voz del pueblo, voz del cielo. ‖ *Ne craindre ni Dieu ni Diable,* no temer ni a Dios, ni al Diablo. ‖ *On lui donnerait le Bon Dieu sans confession,* parece que no ha roto un plato en su vida. ‖ *Porter le Bon Dieu,* llevar el viático. ‖ *Recevoir le Bon Dieu,* comulgar, recibir la comunión.
— SYN. ● *Divinité,* divinidad. *Déité,* deidad. *Providence,* providencia.

Dieudonné n. pr. m. Deodato, Diosdado.
diffamant, e adj. Difamatorio, ria.
diffamateur, trice adj. et s. Difamador, ra.
diffamation f. Difamación : *procès en diffamation,* proceso por difamación.
diffamatoire adj. Difamatorio, ria.
diffamer v. tr. Difamar.
différé, e adj. Diferido, da : *télégramme différé,* telegrama diferido. ‖ *Emission en différé,* emisión diferida (radio).
différence f. ● Diferencia. ‖ MATH. Resto, *m.,* diferencia. ‖ — *À la différence de,* a diferencia de. ‖ *À cette différence près,* con la sola diferencia de que. ‖ *Faire,* o *sentir,* o *voir la différence,* notar la diferencia.
— SYN. ● *Nuance,* matiz. *Dissemblance,* desemejanza. *Diversité,* diversidad. *Variété,* variedad.
différenciation f. Diferenciación.
différencier* v. tr. Diferenciar.
— OBSERV. *Différenciation* se usa en biología, filosofía, etc.; *différentiation, différentier* en matemáticas. *Différencier* se usa indistintamente en todos los casos.
différend [diferã] m. Diferencia, *f.* : *partager le différend,* partir la diferencia. ‖ Discrepancia, *f.,* desacuerdo, litigio, desavenencia, *f.,* controversia, *f.* : *régler un différend,* arreglar un litigio.
différent, e adj. Diferente, distinto, ta.
— SYN. ● *Distinct,* distinto. *Hétérogène,* heterogéneo.
différentiation f. MATH. Diferenciación.
différentiel, elle adj. MATH. Diferencial : *calcul différentiel,* cálculo diferencial.
— M. MÉCAN. Diferencial (auto). ‖ — F. MATH. Diferencial.
différentier* v. tr. MATH. Diferenciar.
différer* v. tr. Diferir, retardar, aplazar. ‖ *Sans différer,* sin demora.
— V. intr. Diferir, ser diferente. ‖ Disentir en, no estar de acuerdo con.
difficile adj. ● Difícil. ‖ FIG. Delicado, da : *une mission difficile,* una misión delicada. ‖ *Rendre difficile,* dificultar, hacer difícil.
— M. et f. Delicado, da. ‖ *Faire le difficile,* ser exigente.
— SYN. ● *Difficultueux,* dificultoso. *Délicat,* delicado. *Scabreux,* escabroso. *Épineux,* espinoso. *Ardu,* arduo, peliagudo. *Pénible,* penoso. *Dur,* duro. *Laborieux,* laborioso. *Rude,* rudo, duro. *Malaisé,* trabajoso.
difficulté f. Dificultad : *faire, surmonter des difficultés,* poner, vencer dificultades. ‖ — *Avoir des difficultés d'argent,* tener apuros de dinero. ‖ *Éprouver des difficultés,* tener dificultades. ‖ *Faire des difficultés,* poner dificultades. ‖ *Soule-*

ver des difficultés, ocasionar dificultades. ‖ *Trancher la difficulté,* cortar por lo sano.
— SYN. *Gêne,* molestia. *Embarras,* embarazo, apuro. *Mal, peine,* trabajo.
difficultueux, euse adj. Dificultoso, sa ; difícil : *travail difficultueux,* trabajo dificultoso.
diffluence f. GÉOGR. División de un río en varios brazos.
diffluent, e adj. MÉD. Difluente.
difforme adj. ● Deforme (disproportionné). ‖ Disforme (défiguré).
— SYN. ● *Informe,* informe. *Contrefait,* contrahecho. *Mal fait, mal bâti,* mal hecho.
difformité f. Deformidad (disproportion). ‖ Disformidad, malformación (aspect difforme).
diffracter v. tr. PHYS. Difractar.
diffraction f. PHYS. Difracción.
diffus, e [dify, y:z] adj. Difuso, sa. ‖ *Style diffus,* estilo prolijo.
— SYN. *Prolixe,* prolijo, nimio. *Redondant,* redundante (p. us.). *Verbeux,* verboso, farragoso. *Oiseux,* ocioso.
diffuser v. tr. Difundir : *diffuser le son,* difundir el sonido. ‖ Radiar, emitir, difundir (par radio).
diffuseur m. Difusor, propagador : *diffuseur de nouvelles,* difusor de noticias. ‖ Difusor (betterave, éclairage). ‖ Pulverizador (pièce du carburateur, lance d'incendie). ‖ RAD. Altavoz.
diffusible adj. Difusible.
diffusion f. Difusión (d'un fluide, d'un son, de la lumière, des ondes). ‖ Difusión (d'une nouvelle). ‖ Prolijidad (style).
digérable [diʒerabl] adj. Digerible.
digérer v. tr. Digerir. ‖ FAM. Digerir, tragar (endurer). ‖ FIG. Asimilar : *digérer ses lectures,* asimilar sus lecturas.
— V. intr. Cocer a fuego lento (cuire à petit feu).
— V. pr. Digerirse. ‖ FAM. Tragarse (être accepté). ‖ FIG. Asimilarse.
digest [diʒɛst] m. Selección, *f.,* resumen, compendio.
digeste m. DR. Digesto.
digeste adj. FAM. Digestible.
digesteur f. Digestor.
digestibilité f. Digestibilidad.
digestible adj. Digerible, digestible.
digestif, ive adj. Digestivo, va.
— M. Licor.
digestion f. Digestión.
digit m. Dígito (d'un ordinateur).
digital, e adj. Digital, dactilar : *empreintes digitales,* huellas dactilares.
digitale f. BOT. Digital, dedalera.
digitaline f. PHARM. Digitalina.
digité, e adj. Digitado, da.
digitiforme adj. Digitiforme.
digitigrade adj. et s. m. ZOOL. Digitígrado, da.
digne [diɲ] adj. Digno, na ‖ — *Digne de foi,* digno de fe, fidedigno, na : *de sources dignes de foi,* de fuentes fidedignas. ‖ *Être digne de,* ser digno *ou* merecedor de.
dignifier v. tr. Dignificar.
dignitaire m. Dignatario.
dignité f. Dignidad.
digon m. Angazo, raño (pour la pêche). ‖ MAR. Asta.
digraphie f. Digrafía, contabilidad por partida doble.
digression f. Digresión.
digue f. ● Dique, *m.* ‖ Malecón, *m.* (môle). ‖ FIG. Dique, *m.,* freno, *m.* : *mettre une digue aux passions,* poner un dique a las pasiones.
— SYN. ● *Jetée,* malecón. *Estacade,* estacada. *Brise-lames,* rompeolas, escollera.
diktat [diktat] m. Imposición, *f.*
dilacération f. Dilaceración.

dilacérer* v. tr. Dilacerar.
dilapidateur, trice adj. et s. Dilapidador, ra.
dilapidation f. Dilapidación.
dilapider v. tr. Dilapidar.
dilatabilité f. Dilatabilidad.
dilatable adj. Dilatable.
dilatant, e adj. et s. m. Dilatador, ra.
dilatateur, trice adj. et s. m. Dilatador, ra.
dilatation f. Dilatación. ‖ Expansión (de l'âme).
dilater v. tr. Dilatar : *la chaleur dilate les corps*, el calor dilata los cuerpos. ‖ FIG. Ensanchar, expansionar : *la joie dilate le cœur*, la alegría ensancha el corazón.
— V. pr. Dilatarse : *l'eau se dilate en se congelant*, el agua se dilata al congelarse.
— OBSERV. *Dilatar* a aussi en espagnol le sens de « différer », « retarder » : *dilatar su regreso*, retardar son retour, que l'on trouve seulement en français dans le mot *dilatoire*.
dilatoire adj. DR. Dilatorio, ria.
dilatomètre m. PHYS. Dilatómetro.
dilection f. Dilección.
dilemme m. Dilema.
dilettante adj. et s. Diletante. ‖ Aficionado (amateur).
— OBSERV. El plural francés es *dilettanti* o *dilettantes*.
dilettantisme m. Diletantismo.
diligence [diliʒɑ̃:s] f. Diligencia (promptitude, zèle). ‖ Diligencia (voiture publique). ‖ DR. Instancia (demande). ‖ — DR. *À la diligence de*, a instancia de. ‖ *Faire diligence*, darse prisa.
— OBSERV. *Diligence* n'a pas en français le sens de « démarche » qu'il a en espagnol : *hacer diligencias*, faire des démarches.
diligent, e [-ʒɑ̃, ɑ̃:t] adj. Diligente.
— SYN. *Prompt*, pronto, *Expéditif*, expeditivo.
diluant m. Diluyente.
diluer v. tr. Diluir, desleír : *diluer une solution*, diluir una solución. ‖ FIG. Mitigar (atténuer).
dilution f. Disolución, dilución.
diluvial, e adj. Diluvial : *sédiments diluviaux*, sedimentos diluviales.
diluvien, enne adj. Diluviano, na : *pluie diluvienne*, lluvia diluviana.
diluvium [dilyvjɔm] m. GÉOL. Aluvión de la era cuarternaria, diluvial.
dimanche m. Domingo : *dimanche gras*, domingo de carnaval. ‖ — *Dimanche dernier, prochain*, el domingo pasado, que viene *ou* próximo. ‖ — FAM. *Chauffeur du dimanche*, chófer inexperimentado, mal chófer. ‖ *Habits du dimanche*, los trapitos de cristianar, el traje de los domingos. ‖ *J'irai dimanche*, iré el domingo.
dîme f. Diezmo, *m*.
dimension f. ● Dimensión. ‖ Medida : *prendre des dimensions*, tomar las medidas. ‖ Magnitud : *dimension historique*, magnitud histórica.
— SYN. ● *Mesure*, medida. *Grandeur*, tamaño, magnitud. *Proportion*, proporción. *Format*, formato (gallicisme), tamaño.
dimensionnel, elle adj. Dimensional.
dîmer v. intr. (Vx). Cobrar el diezmo.
diminué, e adj. et s. Disminuido, da. ‖ Postrado, da ; debilitado, da (physiquement).
diminuendo adv. MUS. Diminuendo.
diminuer v. tr. et intr. ● Disminuir : *diminuer de poids*, disminuir de peso. ‖ Rebajar (rabaisser). Menguar (tricot).
— SYN. ● *Amoindrir*, aminorar, amenguar. *Abréger*, abreviar. *Raccourcir*, acortar. *Écourter*, acortar. *Rapetisser*, achicar. *Resserrer*, estrechar.
diminutif, ive adj. et s. m. Diminutivo, va.
— OBSERV. Les *diminutifs* sont beaucoup plus fréquents en espagnol qu'en français. (V. DIMINUTIVO dans la partie espagnol-français du dictionnaire.) Un certain nombre de mots prennent la terminaison diminutive *-et*, *-ette*, qui correspond en espagnol à la terminaison *-ito*,

-ita : *garçonnet*, muchachito ; *fillette*, niñita. En général, on peut rendre en espagnol les mots précédés de *petit* par un diminutif : *petit livre*, librito ; *petit homme*, hombrecillo. Si *petit* suit le nom, il faut traduire par *pequeño* placé lui aussi après le nom : *un homme petit*, un hombre pequeño.
diminution f. ● Disminución, descenso, *m*. ‖ *Diminution du coût de la vie*, abaratamiento. ‖ — Pl. Menguado, *m*. sing. (tricot).
— SYN. ● *Réduction*, reducción. *Baisse*, baja, merma. *Dévalorisation*, desvalorización. *Dévaluation*, devaluación. *Rabais*, rebaja. *Remise*, descuento. *Bonification*, bonificación. *Escompte*, descuento.
dimissoire m. Dimisorias, *f. pl.*
dimorphe adj. CHIM. Dimorfo, fa.
dimorphisme m. Dimorfismo.
dinanderie [dinɑ̃dri] f. Utensilio (*m*.) de latón [de Dinant, ciudad de Bélgica donde se fabrican estos objetos].
dinandier m. Latonero.
dinar m. Dinar (monnaie).
Dinariques n. pr. f. pl. GÉOGR. *Alpes Dinariques*, Alpes Dináricos, *m*.
dînatoire adj. FAM. Que reemplaza la comida *ou* cena. ‖ *Goûter dînatoire*, merienda fuerte.
dinde f. Pava. ‖ FIG. Pava, mujer tonta (femme sotte).
— OBSERV. On emploie de préférence en espagnol le mot masculin *pavo* (dindon) là où le français utilise le terme *dinde* (pava) : *une dinde aux marrons*, un pavo con castañas.
dindon m. Pavo (oiseau). ‖ FIG. Pavo, ganso (homme stupide). ‖ FAM. *Être le dindon* o *le dindon de la farce*, ser el que paga el pato.
dindonneau m. Pavipollo (petit dindon).
dindonner v. tr. FAM. Engañar, timar.
dindonnier, ère m. et f. Pavero, ra (gardien de dindons).
dîner v. intr. Cenar. ‖ — *Dîner de...*, cenar, comerse : *dîner d'un poulet*, cenar un pollo. ‖ *Dîner en ville*, cenar fuera de casa. ‖ *Dîner par cœur*, quedarse sin cenar. ‖ *Dîner sur le pouce*, tomar un bocado a la ligera.
dîner m. Cena, *f*.
dînette f. Comidita de niños. ‖ FIG. Comida ligera y familiar.
dîneur, euse m. et f. Convidado, da ; comensal.
dinghy [diɲgi] m. Bote neumático de salvamento.
dingo m. Dingo (chien d'Australie). ‖ — Adj. et s. FAM. Chiflado, da ; majareta.
dingue [dɛ̃:g] adj. et s. POP. Majareta, chalado, da, sin seso.
dinguer v. intr. POP. *Envoyer dinguer*, mandar a paseo.
dinornis m. Dinornis (oiseau antédiluvien).
dinosaure ou **dinosaurien** m. Dinosaurio.
dinotherium [dinɔterjɔm] m. Dinoterio (fossile).
diocésain, e [djɔsezɛ̃, ɛn] adj. et s. Diocesano, na.
diocèse [djɔsɛ:z] m. Diócesis, *f*.
Dioclétien n. pr. m. Diocleciano.
diode f. ÉLECTR. Diodo, *m*.
Diodore n. pr. m. Diodoro.
Diogène n. pr. m. Diógenes.
dioggot ou **diogot** m. Aceite de abedul.
dioïque adj. BOT. Dioico, ca.
Diomède n. pr. m. Diomedes.
dionée f. BOT. Dionea.
dionysiaque adj. Dionisiaco, ca.
— F. pl. Dionisiacas.
dionysies f. pl. Dionisiacas.
dionysien, enne adj. Dionisiaco, ca.
Dionysius ou **Dionysos** n. pr. m. Dioniso, Baco.
dioptre m. Dioptra.
dioptrie [djɔptri] f. PHYS. Dioptría.
dioptrique adj. et s. f. PHYS. Dióptrico, ca.
diorama m. Diorama.

diorite f. Min. Diorita.
dioscoréacées f. pl. Bot. Dioscoreáceas.
dipétale adj. Bot. Dipétalo, la.
diphasé, e adj. Difásico, ca (courant).
diphtérie f. Méd. Difteria.
diphtérique adj. et s. Méd. Diftérico, ca.
diphtongaison [diftɔ̃gɛzɔ̃] f. Diptongación.
diphtongue [-tɔ̃:g] f. Gramm. Diptongo, m.
diphtonguer [-tɔ̃ge] v. tr. Gramm. Diptongar.
diplodocus [diplɔdɔkys] m. Diplodoco (fossile).
diplomate adj. et s. m. Diplomático.
diplomatie [diplɔmasi] f. Diplomacia.
diplomatique adj. et s. f. Diplomático, ca.
diplôme m. Diploma, título : *diplôme de bachelier, de licencié*, título de bachiller, de licenciado.
diplômé, e adj. et s. Diplomado, da ; titulado, da.
diplômer v. tr. Dar un título, un diploma.
diplopie f. Méd. Diplopía.
dipneustes m. pl. Zool. Dipneos, dipnoos (ordre de poissons).
dipsacées ou **dipsacacées** f. pl. Bot. Dipsáceas.
dipsomane m. et f. Dipsómano, na.
dipsomanie f. Dipsomanía.
diptère adj. et s. Zool. et Archit. Díptero, ra.
diptyque m. Díptico.
dire* v. tr.

---

1. Affirmer, énoncer. — 2. Divulguer, ordonner, préciser. — 3. Assurer. — 4. Décider. — 5. Employer. — 6. Critiquer. — 7. Parler, raconter. — 8. Penser. — 9. Plaire. — 10. Rappeler. — 11. Ressembler, sembler. — 12. Réciter. — 13. Signifier. — 14. Fam. — 15. Loc.

---

1. Affirmer, énoncer. — Decir : *cela va sans dire*, ni que decir tiene. ‖ Rezar : *le proverbe dit*, reza el refrán. ‖ — *À ce qu'on dit*, por *ou* según lo que se dice. ‖ *Autrement dit*, dicho de otro modo, o sea en otros términos. ‖ *Ce n'est pas pour dire*, no es para decir. ‖ *Comme qui dirait*, como quien dice. ‖ *Dire ses quatre vérités o son fait à quelqu'un*, decirle a uno cuatro frescas *ou* las verdades del barquero, cantarle las cuarenta. ‖ *Il a beau dire*, por más que diga. ‖ *Il est dit dans le Coran*, se dice en el Corán. ‖ *J'avais beau dire*, por mucho *ou* por más que decía. ‖ *Laisser dire quelqu'un*, dejar hablar a uno. ‖ *Le moins qu'on puisse dire*, lo menos que puede decirse. ‖ *On le dit riche*, se dice *ou* se cree que es rico. ‖ *Pour ainsi dire*, por decirlo así. ‖ *Quoi qu'on dise*, digan lo que digan. ‖ *Soit dit en passant*, dicho sea de paso. ‖ *Vous disiez?*, ¿qué decía ?
2. Divulguer, ordonner, préciser. — Divulgar, ordenar, precisar. ‖ Decir : *à vrai dire*, a decir verdad. ‖ — *Dire un secret*, divulgar un secreto. ‖ — *À qui le dites-vous!*, ¡dígamelo a mí!, ¡a quién se lo dice usted! ‖ *Je vous dis de partir*, le ordeno que salga.
3. Assurer. — Asegurar, confirmar, decir : *il n'est pas dit que*, no se puede asegurar *ou* decir que. ‖ — *Cela en dit long*, esto dice mucho. ‖ *C'est moi qui vous le dit*, se lo digo yo. ‖ *C'est tout dire*, con esto está dicho todo, no hay más que hablar. ‖ *Je vous l'avais bien dit*, si se lo dije bien claro. ‖ *Qui me dit que?*, ¿quién me dice que?, ¿quién puede asegurarme que ?
4. Décider. — Decidir, decir : *c'est dit*, decidido, dicho. ‖ *Disons la semaine prochaine?*, ¿digamos la semana próxima ?
5. Employer. — Emplear, utilizar, decir : *ne dites pas ce mot*, no emplee esta palabra. ‖ — *Dire tu, vous, à quelqu'un*, tutear, hablar de tú, hablar de usted a alguien.

6. Critiquer. — Criticar, objetar, reprochar, decir : *dire quelque chose contre*, decir algo contra *ou* en contra.
7. Parler, raconter. — Hablar, contar, decir : *c'est facile à dire*, es fácil decir ; *dire du bien de quelqu'un*, hablar bien de alguien. ‖ — *Dire des sottises*, decir tonterías. ‖ *Dire la bonne aventure*, echar la buenaventura. ‖ *Dire tout haut*, decir en voz alta. ‖ *Dites-moi comment cela s'est passé*, cuénteme cómo ha ocurrido esto. ‖ *Elle sait ce qu'elle dit*, ya sabe lo que se dice. ‖ *On le dit mort*, se dice que ha muerto.
8. Penser. — Pensar, opinar : *qu'est-ce que vous dites de ça?*, ¿qué piensa usted de esto? ‖ Decir : *qu'en diront les gens?*, ¿qué dirá la gente? ; *qui l'eût dit?*, ¿quién lo hubiese dicho? ‖ *Se dire que*, pensar que.
9. Plaire. — Gustar, agradar, apetecer : *si le cœur vous en dit*, si le apetece ; *ça ne me dit rien*, esto no me gusta. ‖ — *Ça ne me dit rien de sortir*, no me apetece nada salir, tengo muy pocas ganas de salir. ‖ *Ça ne me dit rien qui vaille*, poco me gusta eso.
10. Rappeler. — Decir, recordar, llamar la atención : *ça me dit quelque chose*, esto me dice algo. ‖ — *Ça ne me dit rien*, esto no me dice nada. ‖ *Ce nom me dit quelque chose*, este nombre me suena.
11. Ressembler, sembler. — Parecer, decirse : *on dirait de la soie*, parece seda. ‖ — *Comme qui dirait*, como quien dice. ‖ *On dirait que*, se diría que.
12. Réciter. — Recitar, declamar, decir : *dire un poème*, recitar un poema. ‖ — *Dire la messe*, decir, ou celebrar (la) misa. ‖ *Dire son chapelet*, rezar el rosario.
13. Signifier. — Significar : *qu'est-ce à dire?*, ¿qué significa esto ?
14. Fam. — *Dis-donc!*, ¡oye! , ¡dime! ‖ *Dis toujours*, siga. ‖ *En dire de bonnes*, echar bolas. ‖ *Il ne le lui a pas envoyé dire*, se lo ha dicho cara a cara. ‖ *Il n'y a pas à dire*, digan lo que digan.
15. Loc. — *Aussitôt dit, aussitôt fait*, dicho y hecho (fait immédiatement). ‖ *Avoir son mot à dire*, dar su opinión, su parecer. ‖ *À vrai dire*, a decir verdad. ‖ *Bien faire et laisser dire*, obras son amores, que no buenas razones. ‖ *Cela est bientôt dit o facile à dire*, eso se dice pronto, eso es fácil de decir. ‖ *Cela revient à dire*, eso quiere decir. ‖ *Cela va sans dire*, ni que decir tiene. ‖ *C'est-à-dire*, es decir, a saber, o sea. ‖ *C'est tout dire*, con eso está dicho todo, no hay más que hablar. ‖ *Comme qui dirait*, como quien dice. ‖ *D'après les on-dit*, según los rumores. ‖ *Des on-dit*, habladurías, decires. ‖ *Dites lui bien des choses de ma part*, déle muchos recuerdos míos. ‖ *Entendre dire*, oír. ‖ *Envoyer dire*, faire dire, anunciar, hacer saber. ‖ *Faire dire*, obligar a decir, hacer decir : *je lui ai fait tout dire*, le obligué a decirlo todo. ‖ *Faire dire quelque chose à quelqu'un*, enviar decir algo a alguien. ‖ *Il ne se l'est pas fait dire deux fois*, no ha habido que repetírselo dos veces. ‖ *Inutile de dire*, no hay que decir. ‖ *Je ne dis pas non*, no digo que no. ‖ *Le qu'en-dira-t-on*, el qué dirán. ‖ *Ne dire mot*, no decir ni jota, no decir ni una palabra. ‖ *Ou pour mieux dire*, o mejor dicho. ‖ *Pour tout dire*, para decirlo todo. ‖ *Pour ainsi dire*, por decirlo así. ‖ *Sans mot dire*, sin chistar, sin decir oxte ni moxte. ‖ *Se le faire dire*, hacérselo repetir. ‖ *Se le tenir pour dit*, darse por enterado. ‖ *Soit dit en passant*, dicho sea de paso. ‖ *Vouloir dire*, querer decir, significar : *qu'est-ce que cela veut dire?*, ¿qué quiere decir esto ?
— V. intr. Hablar.
— V. pr. Pretenderse, darse de, hacerse pasar por : *il se dit docteur*, se hace pasar por doctor.

|| Decirse, usarse : *cela ne se dit pas,* eso no se dice *ou* no se debe decir. || Pensar, decirse.

dire m. Declaración, *f.,* afirmación, *f.* || Parecer, decir, opinión, *f.* || — *Dire d'experts,* juicio de peritos. || — *Au dire de,* según la opinión *ou* el parecer de.

direct, e adj. Directo, ta.
— M. SPORTS. Directo (boxe).

directeur, trice adj. et s. Director, ra. || Directivo, va ; rector, ra : *principe directeur,* principio directivo. || — *Directeur de conscience,* director espiritual. || — *Comité directeur,* comité directivo, directiva.
— F. GÉOM. Directriz.

directif, ive adj. Directivo, va ; director, ra.
— F. pl. Directivas, directrices.

direction f. Dirección : *avoir la direction,* llevar la dirección. || FIG. Rumbo, *m.* : *il a changé de direction,* ha cambiado de rumbo.

directionnel, elle adj. Direccional.

directoire m. Directorio.

directorat m. Dirección, *f.*

directorial, e adj. Directoral (d'un directeur). || Directorial (d'un directoire).

dirigeable [diriʒabl] adj. et s. m. Dirigible.

dirigeant, e [-ʒɑ̃, ɑ̃:t] adj. et s. Dirigente.

diriger* v. tr. Dirigir. || Conducir, guiar (une voiture, une barque). || ● Mandar, gobernar (une nation). || — *Diriger son arme contre quelqu'un,* dirigir el arma contra uno, apuntar a uno. || *Diriger un colis sur,* dirigir un bulto a.
— SYN. ● *Conduire,* conducir. *Régenter,* regentar. *Administrer, gérer,* administrar. *Gouverner,* gobernar.

dirigisme m. Dirigismo, intervencionismo.

dirigiste adj. et s. Dirigista, intervencionista.

dirimant, e adj. DR. Dirimente.

dirimer v. tr. Dirimir. || Anular (un contrat).

disaccharide [disakarid] m. CHIM. Disacárido.

discal, e adj. MÉD. Que se refiere a un disco.

discale f. (P. us.). Merma de peso (déchet). || — Pl. BOT. Discomicetos, *m.*

discernable [dissɛrnabl] adj. Discernible.

discernement [-nəmɑ̃] m. Discernimiento.

discerner [-ne] v. tr. Discernir : *discerner le bien du mal,* discernir el bien del mal. || Distinguir, diferenciar (couleur, objet).

disciple m. Discípulo.

disciplinable adj. Disciplinable.

disciplinaire adj. et s. m. Disciplinario, ria.

discipline f. Disciplina. || Disciplina, asignatura (matière). || Disciplina, azote, *m.* (fouet).

discipliné, e adj. Disciplinado, da.

discipliner v. tr. Disciplinar.

discobole m. Discóbolo.

discoïde adj. Discoidal, discoideo, a.

discomycètes m. pl. BOT. Discomicetos.

discontinu, e adj. Discontinuo, nua.

discontinuation f. Discontinuación.

discontinuer v. tr. et intr. Discontinuar, interrumpir. || *Sans discontinuer,* sin interrumpción, sin cesar.

discontinuité f. Discontinuidad.

disconvenance [diskɔ̃vnɑ̃:s] f. Desacuerdo, *m.,* desproporción.

disconvenir* [-vni:r] v. intr. Desconvenir (p. us.), disentir, negar (nier) : *je ne disconviens pas que cela soit vrai,* no niego que eso sea cierto.
— OBSERV. Se emplea más a menudo con la negación.

discophile m. et f. Discófilo, la.

discord [diskɔ:r] adj. m. Discorde, disonante. || Desafinado, da (instrument de musique).

discordance f. Discordancia, disonancia.

discordant, e adj. Discordante, disonante.

discorde [diskɔrd] f. Discordia.

discorder v. intr. Discordar. || MUS. Disonar, desafinar.

discothèque f. Discoteca.

discoureur, euse adj. Hablador, ra ; parlanchín, ina ; charlatán, ana.

discourir* v. intr. Hablar, extenderse hablando.
— OBSERV. L'espagnol *discurrir* signifie *réfléchir, couler* (fleuve) et *passer* (le temps).
— SYN. *Disserter,* disertar. *Pérorer,* perorar. *Palabrer,* charlar. *Pontifier,* pontificar, perorar enfáticamente. POP. *Laïusser,* charlar.

discours [disku:r] m. ● Discurso : *Discours de la méthode,* Discurso del Método. || Plática, *f.,* conversación, *f.* (conversation). || Elocuencia, *f.* (éloquence). || Razonamiento (raisonnement). || FAM. Palabrería, *f.,* palabras (*f. pl.*) huecas (vains propos). || GRAMM. Oración, *f.* : *les neuf parties du discours,* las nueve partes de la oración.
— SYN. ● *Harangue,* arenga. *Adresse,* memorial. *Message,* mensaje. *Oraison,* oración. *Prosopopée,* prosopopeya. *Allocution,* alocución. *Laïus,* perorata. *Toast,* brindis, *Speech,* speech. FAM. *Topo,* explicación.

discourtois, e adj. Descortés.

discourtoisie f. Descortesía.

discrédit [diskredi] m. Descrédito. || *Tomber dans le discrédit,* desacreditarse.

discréditer v. tr. ● Desacreditar. || Desprestigiar.
— SYN. ● *Décrier,* desprestigiar. *Dénigrer,* denigrar. *Noircir,* manchar, tiznar. *Diffamer,* difamar. *Déconsidérer,* desacreditar. *Déshonorer,* deshonrar, deshonrar. POP. *Débiner,* criticar.

discret, ète [diskrɛ, ɛ:t] adj. Discreto, ta.

discrétion f. Discreción. || — *À discrétion,* a discreción, a voluntad. || *Je m'en remets à votre discrétion,* me atengo a su voluntad.

discrétionnaire adj. Discrecional.

discrétoire m. ECCLÉS. Discretorio.

discriminant, e adj. Discriminante.
— M. MATH. Discriminante.

discrimination f. Discriminación.

discriminatoire adj. Discriminatorio, ria.

discriminer v. tr. Discriminar.

disculpation f. Disculpa.

disculper v. tr. Disculpar.

discursif, ive adj. Discursivo, va.

discussion f. ● Discusión. || DR. Embargo (*m.*) y venta de bienes. || — MATH. *Discussion d'une équation,* discusión de una ecuación. || *Être sujet à discussion,* ser discutible.
— SYN. ● *Débat,* debate. *Controverse,* controversia. *Palabres,* palabreo. *Dispute,* disputa. *Polémique,* polémica.

discutable adj. Discutible.

discutailler [diskytɑje] v. intr. FAM. Discutir por motivos fútiles.

discutailleur, euse adj. et s. FAM. Criticón, ona.

discuter v. tr. Discutir. || — DR. *Discuter un débiteur,* investigar los bienes de un deudor con vistas al embargo. || *Discuter un prix,* regatear (marchander).
— V. intr. Discutir.

discuteur, euse adj. et s. Discutidor, ra.

disert, e [dizɛ:r, ɛrt] adj. Diserto, ta ; elocuente.

disette f. Carestía, escasez (manque). || Hambre (famine).

disetteux, euse adj. et s. Necesitado, da.

diseur, euse [dizœ:r, ø:z] adj. et s. Decidor, ra ; hablador, ra. || Recitador, ra (qui déclame). || — *Diseuse de bonne aventure,* echadora de buenaventura, pitonisa. || — *Beau diseur,* hablista, purista.

disgrâce f. Desgracia. || *Tomber en disgrâce,* caer en desgracia.

disgracié, e adj. Caído en desgracia, habiendo perdido el favor, el valimiento (qui n'est plus en faveur). || FIG. Desgraciado, da ; desfavorecido, da (peu favorisé par la nature).
— M. Desgraciado, desheredado : *les disgraciés de la fortune,* los desheredados de la fortuna.

disgracier* v. tr. Retirar el favor *ou* la privanza a alguien.

disgracieux, euse adj. Poco agraciado, falto de gracia (sans grâce). || FIG. Desagradable, descortés (désagréable).

disjoindre* [disʒwɛ̃:dr] v. tr. Desunir. || DR. Desglosar.

disjoint, e [-ʒwɛ̃, ɛ̃:t] adj. Desjuntado, da. || MUS. *Degré disjoint,* disyunta.

disjoncteur [disʒɔ̃ktœ:r] m. ÉLECTR. Disyuntor.

disjonctif, ive adj. et s. f. Disyuntivo, va.

disjonction [-sjɔ̃] f. Disyunción. || DR. Desglose, *m.*

dislocation f. Dislocación, disloque, *m.* || FIG. Desmembramiento, *m.* (d'un empire).

disloquer v. tr. ● Dislocar. || FIG. Desmembrar.
— V. pr. Dislocarse.
— SYN. ● *Démantibuler,* desquijarar. *Démettre,* dislocar. *Déboîter, luxer,* dislocar, desencajar. *Désarticuler,* desarticular.

dispache f. Arbitraje, *m.* (entre une compagnie d'assurances maritimes et l'assuré).

dispacheur m. Perito de seguros marítimos.

disparaître* v. intr. Desaparecer. || FAM. *Disparaître de la circulation,* desaparecer del mapa.
— SYN. *S'éclipser,* eclipsarse. *S'évanouir,* desvanecerse.

disparate adj. Disparatado, da ; inconexo, xa (qui manque de suite, d'harmonie).
— F. Disparidad, contraste, *m.* (contraste).
— OBSERV. *Disparate* en espagnol signifie *extravagance, sottise* ou *énormité* (fam.).

disparité f. Disparidad, desigualdad. || *Disparités régionales,* desnivel entre las regiones.

disparition f. Desaparición.

disparu, e adj. et s. Desaparecido, da || Difunto, ta, ausente (mort).

dispendieux, euse adj. Dispendioso, sa.

dispensable adj. Dispensable, excusable.

dispensaire m. Dispensario, consultorio, ambulatorio, dispensaría, *f.* (au Pérou, au Chili).

dispensateur, trice adj. et s. Dispensador, ra, distribuidor, ra.

dispensation f. (Vx). Dispensación (distribution).

dispense [dispɑ̃:s] f. Dispensa.
— SYN. *Exemption,* exención. *Immunité,* inmunidad.

dispensé, e adj. Dispensado, da.

dispenser v. tr. Dispensar. || Dispensar, eximir. || Dar, prestar (donner).
— V. pr. Dispensarse, eximirse.

dispersé, e adj. Disperso, sa (adj.); dispersado, da (p. p.) : *en ordre dispersé,* en orden disperso.

dispersement m. Dispersión, *f.*

disperser v. tr. ● Dispersar. || Dispersar, disolver (un attroupement). || Desperdiciar, desperdigar (forces, esprit).
— SYN. ● *Éparpiller,* desparramar. *Disséminer,* diseminar. *Répandre,* esparcir, derramar.

dispersif, ive adj. Dispersivo, va.

dispersion f. Dispersión.

disponibilité f. Disponibilidad. || Excedencia (d'un fonctionnaire). || — *En disponibilité,* excedente, disponible (civil), supernumerario, de reemplazo (militaire) : *être mis en disponibilité,* estar declarado excedente, etc.

disponible adj. Disponible. || Disponible, excedente (fonctionnaire), supernumerario (militaire). || DR. De libre disposición (héritage).

dispos, e [dispo, o:z] adj. Dispuesto, ta. || Despierto, ta ; alerta : *esprit dispos,* espíritu despierto. || Ágil, ligero (léger).

disposant, e m. et f. DR. Disponente.

disposer v. tr. Disponer, preparar. || Disponer, poner.
— V. intr. Disponer de : *disposer d'un ami,* disponer de un amigo. || Emplear, utilizar (utiliser).

|| — *Être bien disposé,* estar de buen humor. || *Être bien disposé envers* o *en faveur de quelqu'un,* estar bien dispuesto en favor de alguien. || *Vous pouvez disposer,* puede usted marcharse, retirarse.
— V. pr. Disponerse, prepararse : *se disposer à partir,* disponerse a *ou* para marcharse.

dispositif m. Dispositivo (mécanique). || Parte (*f.*) dispositiva, parte (*f.*) resolutiva (d'une loi, ordonnance). || Plan, disposición, *f.* || MIL. *Dispositif de combat,* despliegue de combate.

disposition f. Disposición. || Intención, ánimo, *m.* (dessein). || Distribución (arrangement). || Posesión, goce, *m.* (possession). || — Pl. Preparativos, *m.,* disposiciones : *prendre ses dispositions pour partir,* tomar sus disposiciones para irse. || Disposiciones, aptitudes, predisposiciones, facultades : *avoir des dispositions pour le dessin,* tener aptitudes para el dibujo. || — *Je suis à votre disposition,* estoy a la disposición de usted *ou* a su disposición. || *Vu les dispositions de l'article...,* conforme a lo establecido en el artículo...

disproportion f. Desproporción.

disproportionné, e adj. Desproporcionado, da.

disproportionner v. tr. Desproporcionar.

disputailler [dispytɑje] v. intr. FAM. Disputar por menudencias, porfiar.

disputaillerie [-jri] f. FAM. Disputa trivial, porfía.

disputailleur, euse [-jœ:r, jø:z] adj. et s. FAM. Disputador, ra ; quisquilloso, sa.

dispute f. Disputa (altercation).
— SYN. *Altercation,* altercado, contienda. *Noise,* camorra. *Querelle,* pendencia. *Fam. Prise de bec,* agarrada. *Chamaillerie,* pelotera, riña. *Grabuge,* gresca, cisco, jollín.

disputer v. tr. Disputar : *disputer un prix,* disputar un premio. || Disputar, discutir (débattre). || FAM. Reprender, reñir : *disputer son fils,* reprender a su hijo. || *Un match très disputé,* un partido muy reñido.
— V. intr. Rivalizar : *disputer de zèle,* rivalizar en celo. || Discutir, disputar.
— V. pr. Reñir con.

disquaire [diskɛ:r] m. et f. Vendedor, ra, de discos.

disqualification f. Descalificación.

disqualifier* v. tr. Descalificar.

disque m. Disco.

disrupteur m. ÉLECTR. Disruptor.

dissecteur m. Disector.

dissection f. Disección.

dissemblable adj. Desemejante, diferente.

dissemblance f. Desemejanza, diferencia.

dissémination f. Diseminación.

disséminer v. tr. Diseminar.
— V. pr. Diseminarse.

dissension f. Disensión.

dissentiment m. Disentimiento (désaccord).

disséquer* v. tr. Disecar, hacer la disección. || FIG. Escudriñar, analizar.
— OBSERV. *Disecar* a aussi en espagnol le sens d' « empailler » (un animal).

disséqueur, euse m. et f. Disecador, ra.

dissertateur, trice m. et f. Disertador, ra ; disertante.

dissertation f. Disertación. || Redacción (exercice scolaire).

disserter v. intr. Disertar.

disserteur, euse adj. et s. Disertador, ra ; disertante.

dissidence f. Disidencia.
— SYN. *Scission,* escisión. *Schisme,* cisma. *Sécession,* secesión.

dissident, e adj. et s. Disidente.

dissimilaire adj. Disímil (p. us.), diferente, desemejante.
dissimilation f. Disimilación.
dissimiler v. tr. Disimilar.
dissimilitude f. Disimilitud.
dissimulateur, trice adj. et s. Disimulador, ra.
dissimulation f. Disimulación (action de dissimuler). ‖ Disimulo, m. (art de dissimuler).
— SYN. *Simulation*, simulación, doblez. *Feinte*, fingimiento. *Comédie*, comedia.
dissimuler v. tr. Disimular. ‖ Encubrir, ocultar (cacher). ‖ *Sans dissimuler*, sin disimular, con toda franqueza.
dissipateur, trice adj. et s. Disipador, ra. ‖ Despilfarrador, ra.
dissipation f. Disipación, derroche, *m.* ‖ Falta de atención (d'un élève).
dissipé, e adj. Disipado, da. ‖ Distraído, da (un élève).
dissiper v. tr. Disipar. ‖ Disipar, malgastar, derrochar (gaspiller). ‖ Distraer (un élève).
— V. pr. Disiparse. ‖ Distraerse.
dissociabilité f. Disociabilidad.
dissociable adj. Disociable.
dissociation f. Disociación.
dissocier* v. tr. Disociar. ‖ FIG. Desunir, desorganizar.
dissolu, e adj. Disoluto, ta ; licencioso, sa.
dissolubilité f. Disolubilidad.
dissoluble adj. Disoluble. ‖ CHIM. Soluble.
dissolutif, ive adj. Disolutivo, va.
dissolution f. Disolución. ‖ FIG. Relajación, corrupción.
dissolvant, e adj. et s. m. Disolvente. ‖ — M. Quitaesmalte (pour les ongles).
dissonance f. Disonancia.
dissonant, e adj. MUS. Disonante.
dissoner v. intr. MUS. Disonar.
dissoudre* v. tr. Disolver. ‖ Deshacer (fondre). ‖ FIG. Disolver, suprimir (un parti, une association). ‖ FIG. Disolver, anular (un mariage).
dissous, oute [disu, ut] adj. Disuelto, ta.
dissuader v. tr. Disuadir.
dissuasion f. Disuasión. ‖ MIL. *Force de dissuasion*, fuerza de disuasión ou disuasiva.
dissyllabe adj. Disílabo, ba ; bisílabo, ba.
dissyllabique adj. Disilábico, ca ; bisilábico, ca.
dissymétrie f. Disimetría.
dissymétrique adj. Disimétrico, ca.
distance f. Distancia. ‖ Diferencia : *une distance de dix ans entre deux événements*, una diferencia de diez años entre dos sucesos. ‖ *À distance*, a distancia, de lejos (espace), con el tiempo (temps). ‖ *Garder ses distances*, guardar las distancias. ‖ *Rapprocher les distances*, acortar las distancias. ‖ *Tenir à distance*, tener a raya, mantener a distancia.
distancer* v. tr. Distanciar, adelantar. ‖ Dejar atrás (surpasser).
distant, e adj. Distante. ‖ FIG. Distante, reservado, da (réservé).
distendre v. tr. Distender, aflojar. ‖ FIG. Relajar.
— V. pr. Relajarse.
distension f. Distensión.
distillable adj. Destilable.
distillat [distila] m. Destilado, destilación, *f.,* producto de una destilación.
distillateur [-latœ:r] m. Destilador. ‖ Fabricante de aguardiente, de licores.
distillation [-lasjɔ̃] f. Destilación.
distillatoire [-latwa:r] adj. Destilatorio, ria.
distiller [-le] v. tr. et intr. Destilar.
distillerie [-lri] f. Destilería.
distinct, e [distɛ̃, ɛ̃kt] adj. Distinto, ta. ‖ FIG.

Claro, ra ; neto, ta : *?ermes distincts*, términos claros.
— OBSERV. *Distinto* a surtout en espagnol le sens de « différent ».
distinctement adv. Distintamente. ‖ Claramente : *parler distinctement*, hablar claramente.
distinctif, ive adj. Distintivo, va. ‖ *Signe distinctif*, señal (passeport).
distinction [distɛ̃ksjɔ̃] f. Distinción.
distingué, e adj. Distinguido, da.
— SYN. *Brillant*, brillante. *Remarquable*, notable. *Éminent*, eminente.
distinguer v. tr. ● Distinguir : *distinguer une chose d'avec une autre*, distinguir una cosa de otra. ‖ Escoger (faire un choix).
— V. pr. Distinguirse.
— SYN. ● *Discerner*, discernir. *Démêler*, desenmarañar. *Débrouiller*, desenredar. *Discriminer*, discriminar. *Différencier*, diferenciar.
distinguo m. Distingo.
distique m. POÉT. Dístico.
distomatose f. MÉD. Distomatosis.
distordre v. tr. Retorcer, torcer. ‖ Dislocar (une articulation).
distors, e [distɔ:r, ɔrs] adj. Torcido, da ; retorcido, da. ‖ Dislocado, da.
distorsion f. Distorsión, torcimiento, *m.* ‖ PHYS. Distorsión.
distraction f. Distracción, entretenimiento, *m.* ‖ DR. *Distraction des dépens*, reserva de costas.
distraire* v. tr. Distraer. ‖ Entretener, distraer (amuser). ‖ Distraer, apartar, sustraer (détourner).
distrait, e adj. et s. Distraído, da. ‖ Entretenido, da (amusé).
distraitement adv. Distraídamente.
distrayant, e [distrɛjɑ̃, ɑ̃:t] adj. Entretenido, da.
distribuable adj. Distribuible.
distribuer [distribɥe] v. tr. Distribuir. ‖ Repartir : *distribuer les prix*, repartir los premios. ‖ FAM. *Distribuer des coups*, propinar golpes.
— SYN. *Dispenser*, dispensar. *Partager*, partir, repartir, compartir. *Répartir*, repartir.
distributaire adj. et s. Partícipe.
distributeur, trice adj. et s. Distribuidor, ra. ‖ — *Distributeur automatique*, distribuidor automático. ‖ *Doigt du distributeur*, pipa del distribuidor (auto).
distributif, ive adj. Distributivo, va.
distribution f. Distribución. ‖ Reparto, *m.* : *distribution des prix*, reparto de premios (à l'école). ‖ *Entrega* (concours). ‖ Reparto, *m.* (théâtre, cinéma). ‖ AUTOM. et IMPR. Distribución.
district [distrik(t)] m. Distrito. ‖ *District urbain*, área metropolitana ou urbana.
dit, e [di, dit] adj. Dicho, cha. ‖ Llamado, da ; alias (surnommé). ‖ Fijado, da ; previsto, ta : *à l'heure dite*, a la hora fijada.
— M. (Vx). Dicho, máxima, *f.*, sentencia, *f.* ‖ *Avoir son dit et son dédit*, no tener palabra.
— OBSERV. *Alias* s'emploie surtout devant les surnoms de malfaiteurs.
dithyrambe m. Ditirambo.
dithyrambique adj. Ditirámbico, ca.
dito adv. Ídem (susdit, de même).
diurèse [djyrɛ:z] f. MÉD. Diuresis.
diurétique adj. et s. m. Diurético, ca.
diurnal m. ECCLÉS. Diurno (livre).
diurne [djyrn] adj. Diurno, na.
diva f. THÉÂTR. Diva.
divagant, e adj. Divagador, ra. ‖ Incoherente, inconexo, xa.
divagateur, trice adj. Divagador, ra.
divagation f. Divagación. ‖ Desplazamiento (*m.*) del curso de un río. ‖ AGRIC. *Divagation des cultures*, cultivo migratorio.

divaguer v. intr. Divagar. || Errar, vagar (errer). || Salirse de madre, desplazar su curso (fleuve).
divan m. Diván, sofá (canapé). || Diván (poésie orientale). || Diván (gouverneur turc).
dive adj. (Vx). Diva, divina. || *La dive bouteille*, la diosa botella.
divergence f. Divergencia. || FIG. Discrepancia : *divergence des idées*, discrepancia de ideas.
divergent, e adj. Divergente. || FIG. Discrepante.
diverger* v. intr. Divergir, apartarse. || FIG. Discrepar, disentir.
divers, e [divɛr, ɛrs] adj. Diverso, sa ; vario, ria. || Versátil, cambiante (changeant).
diversification f. Diversificación.
diversifier v. tr. Diversificar.
— SYN. *Changer*, cambiar. *Varier*, variar.
diversiforme adj. Diversiforme.
diversion f. Diversión, entretenimiento, m. || MIL. Diversión.
diversité f. Diversidad, variedad.
diverticule m. ANAT. Divertículo.
divertir v. tr. Divertir, distraer. || (Vx). Apartar, alejar, distraer (détourner).
— V. pr. Divertirse, distraerse.
divertissant, e adj. Divertido, da ; distraído, da.
divertissement m. Diversión, f. || DR. Malversación, f. (détournement). || THÉÂTR. Intermedio de baile *ou* de música.
divette f. THÉÂTR. Cupletista, canzonetista.
dividende m. MATH. et COMM. Dividendo. || Parte (f.) de un acreedor (dans une faillite).
dividivi m. Dividivi (plante).
divin, e adj. Divino, na.
— M. Lo divino.
divinateur, trice adj. et s. Adivinador, ra.
divination f. Adivinación.
divinatoire adj. Divinatorio, ria ; adivinatorio, ria. || *Baguette divinatoire*, varilla de zahorí.
divinisation f. Divinización.
diviniser v. tr. Divinizar.
divinité f. Divinidad.
divis, e [divi, i:z] adj. DR. Diviso, sa.
— M. DR. Divisa, f., partición, f.
— SYN. *Divisé*, dividido. *Partagé*, repartido.
diviser v. tr. Dividir. || FIG. Desunir, dividir.
diviseur m. MATH. Divisor. || *Plus grand commun diviseur*, máximo común divisor.
— Adj. Divisorio, ria.
divisibilité f. MATH. Divisibilidad.
divisible adj. Divisible.
division f. MATH. et MIL. División : *division par quatre*, división por cuatro. || FIG. División, desunión. || Departamento, m., sección (administration).
divisionnaire adj. Divisionario, ria ; divisional. || *Monnaie divisionnaire*, moneda fraccionaria.
— M. General de división *ou* inspector de división (police).
divisionisme m. ARTS. Divisionismo.
divisoire adj. Divisorio, ria.
divorce f. Divorcio.
— SYN. *Séparation de corps*, separación de cuerpos. *Répudiation*, repudiación, repudio.
divorcer* v. intr. Divorciarse : *divorcer d'avec sa femme*, divorciarse de su mujer. || FIG. Romper con, separarse.
— OBSERV. Es galicismo usar este verbo como intr. en español, como en *Juan y Teresa han divorciado*.
divulgateur, trice adj. et s. Divulgador, ra.
divulgation f. Divulgación.
divulguer v. tr. Divulgar.
— SYN. *Publier*, publicar. *Révéler*, revelar. *Dévoiler*, descubrir. *Ébruiter*, divulgar. *Proclamer*, proclamar. *Trompeter*, pregonar. *Trahir*, traicionar, denunciar.
divulsion f. Divulsión.
— SYN. *Avulsion*, avulsión. *Arrachement*, arrancamiento.

dix [di, dis, diz] adj. Diez : *dix pesetas*, diez pesetas. || Décimo : *Pie X*, Pío X, décimo. — M. Diez. || FAM. *Valoir dix*, ser *ou* estar de rechupete.
dix-huit [dizɥit] adj. et s. Dieciocho, diez y ocho. || *Le dix-huit mètres*, el área del portero (football).
dix-huitième adj. et s. Decimoctavo, va. || — M. Decimoctava (f.) parte.
dix-huitièmement adv. En decimoctavo lugar.
dixième [dizjɛm] adj. et s. Décimo, ma. || — M. Décima (f.) parte. || Décimo (loterie). || — *Dixième de millimètre*, diezmilímetro.
dixièmement [-jɛmmã] adj. En décimo lugar.
dix-millième [dimiljɛm] adj. Diezmilésimo, ma.
dix-millionième adj. Diezmillonésimo, ma.
dix-neuf [diznœf] adj. Diecinueve, diez y nueve.
dix-neuvième adj. et s. Decimonono, na ; decimonoveno, na. || — M. Diecinueveavo.
dix-sept [dissɛt] adj. et s. Diecisiete, diez y siete.
dix-septième adj. et s. Decimoséptimo, ma. || — M. Diecisieteavo.
dizain m. POÉT. Décima, f. || Decenario (chapelet de dix grains). || Diez barajas (f. pl.) [cartes].
dizaine f. Decena, unas (pl.) diez : *une dizaine de personnes*, una decena de *ou* unas diez personas. || Decena (de chapelet).
djaïn [dʒain] *ou* **djaïna** [-na] m. Yaina.
djaïnisme m. Yainismo.
djebel [dʒebɛl] m. Montaña, f.
djellaba f. Chilaba.
djemaa f. Asamblea de notables (en Kabylie).
djinn [dʒin] m. Genio (théologie arabe).
do m. MUS. Do.
docile adj. Dócil.
docilité f. Docilidad.
docimasie f. MIN. et MÉD. Docimasia, docimástica.
dock m. MAR. Dock, almacén, depósito (magasin d'entrepôt). | Ensenada, f., dársena, f. (bassin entouré de quais). | Dique (cale pour construire les navires). || *Dock flottant*, dique flotante.
docker m. Cargador *ou* descargador de puerto *ou* de muelle, docker.
docte adj. Docto, ta (savant).
docteur m. Doctor : *docteur ès lettres*, doctor en letras. || Médico : *.faire venir le docteur*, llamar al médico.
doctissime adj. FAM. Doctísimo, ma.
doctoral, e adj. Doctoral.
doctoralement adv. Doctoralmente.
doctorat [dɔktɔra] m. Doctorado, grado de doctor en letras.
doctoresse f. Doctora. || Médica (femme médecin).
— OBSERV. Se usa el masculino *docteur* como tratamiento para hablar con una « doctora en medicina ».
doctrinaire adj. et s. m. Doctrinario, ria. || RELIG. Doctrinero, padre de la doctrina.
doctrinal, e adj. Doctrinal : *avis doctrinaux*, avisos doctrinales.
doctrinarisme m. Doctrinarismo.
doctrine f. Doctrina.
document m. Documento.
documentaire adj. et s. m. Documental.
documentation f. Documentación.
— OBSERV. En francés, la palabra *documentation* no tiene nunca el sentido de « papeles de identidad » que la palabra española *documentación* puede tener.
documenter v. tr. Documentar.
dodécaèdre m. GÉOM. Dodecaedro.
dodécagonal, e adj. Dodecagonal.
dodécagone m. GÉOM. Dodecágono.
Dodécanèse n. pr. m. GÉOGR. Dodecaneso.
dodécaphonique adj. Dodecafónico, ca.
dodécaphonisme m. Dodecafonismo.

dodécasyllabe adj. et s. m. Dodecasílabo, ba.

dodelinement m. Cabezada, *f.*, cabeceo (de la tête). || Balanceo, mecimiento (balancement).

dodeliner [dɔdline] v. intr. Dar cabezadas, cabecear (de la tête).
— V. tr. Balancear, mecer.

dodiner v. intr. Oscilar (balancier d'une pendule).

dodo m. FAM. Cama, *f.* [lenguaje infantil]. || — FAM. *Aller au dodo,* ir a la cama. | *Faire dodo,* hacer ro, ro ; dormir.

dodu, e adj. Rollizo, za ; regordete, ta. || Cebado, da (animaux).

dogaresse f. Dogaresa.

dogat [dɔga] m. Dignidad de dux.

doge [dɔːʒ] m. Dux.

dogmatique adj. et s. Dogmático, ca. || — F. Dogmática (ensemble des dogmes).

dogmatiser v. intr. Dogmatizar.

dogmatiseur m. Dogmatizante, dogmatizador.

dogmatisme m. Dogmatismo.

dogmatiste m. Dogmatista.

dogme m. Dogma.

dogre m. Dogre (bateau de pêche).

dogue m. Dogo, alano (chien). || FAM. *Être d'une humeur de dogue,* estar de un humor de perros.

doguer (se) v. pr. Golpearse con los cuernos, topetarse (béliers).

doguin, e adj. et s. Doguillo, lla ; dogo pequeño.

doigt [dwa] m. Dedo. || Dedo (mesure). || — *Doigt du distributeur,* pipa del distribuidor (auto). || *Doigt du milieu,* dedo de enmedio, del corazón. || *Doigt en caoutchouc,* dedil de goma. || *Bout du doigt,* yema *ou* punta del dedo. || *Petit doigt,* meñique, el dedo pequeño. || *Un doigt de vin,* un dedo de vino. || — *Au doigt et à l'œil,* puntualmente, con exactitud. || *Jusqu'au bout des doigts,* hasta la punta de los pelos. || — *Compter sur les doigts,* contar con los dedos, hacer la cuenta de la vieja. || *Être à deux doigts de...,* estar a dos pasos de... || *Être comme les deux doigts de la main,* ser uña y carne, estar a partir un piñon. || *Mettre le doigt dessus,* dar en el clavo, en el hito. || FIG. *Mettre le doigt sur la plaie,* poner el dedo en la llaga. || *Mon petit doigt me l'a dit,* me lo ha dicho un pajarito. || *Montrer du doigt,* señalar con el dedo. || *Ne faire œuvre de ses dix doigts,* no dar golpe, no mover un dedo de la mano. || *Savoir sur le bout du doigt,* saber al dedillo. || FAM. *Se mettre le doigt dans l'œil,* llevarse un chasco, tirarse una plancha, equivocarse. || *S'en mordre les doigts,* morderse los puños. || *Se prendre les doigts,* cogerse los dedos. || *Toucher du doigt,* tocar con el dedo, ver claramente, palpar.

doigté [-te] m. MUS. Digitación, *f.*, tecleo, tecleado, pulsación, *f.* || FIG. Tino, habilidad, *f.*, tiento, tacto. || MUS. *Avoir un bon doigté,* poner bien los dedos.

doigter [-te] v. tr. MUS. Indicar en la partitura el dedo con que se ha de tocar.
— V. intr. Teclear.

doigtier [-tje] m. Dedil. || Digital, *f.* dedalera, *f.* (plante).

doit [dwa] m. COMM. Debe : *le doit et l'avoir,* el debe y el haber.

dol m. DR. Dolo (fraude).

dolage m. Chiflado (peaux). || Doladura, *f.*, desbastadura, *f.* (ébarbage, aplanissement).

dolce adv. Dolce.

dolcissimo adv. MUS. Dolcissimo.

doléances [dɔleɑ̃:s] f. pl. Quejas.

doleau m. Hachuela (*f.*) de pizarrero.

dolemment [dɔlamɑ̃] adv. Lastimosamente.

dolent, e adj. Doliente. || Triste, doliente.

doler v. tr. Dolar (bois, lingotière). || Chiflar (peaux).

dolichocéphale [-kosefal] adj. et s. Dolicocéfalo.

doline f. GÉOGR. Dolina.

dollar m. Dólar.

dolman m. Dormán [*Amér.,* dolmán].

dolmen [dɔlmɛn] m. Dolmen.

doloir m. Chifla, *f.* (couteau de gantier).

doloire f. Doladera (du tonnelier).

dolomie ou **dolomite** f. MIN. Dolomía.

Dolomites n. pr. f. pl. GÉOGR. Dolomitas, *m.*

dolomitique adj. MIN. Dolomítico, ca.

dolosif, ive adj. Doloso, sa.

dom [dɔ̃] m. ECCLÉS. Dom (titre).

domaine m. Dominio, posesión, *f.* (propriété). || Finca, *f.*, hacienda, *f.* (propriété rurale). || Campo, terreno, ámbito, esfera, *f.* : *le domaine de l'art,* el campo del arte. || Orden, ámbito, sector : *problèmes posés dans le domaine économique,* problemas planteados en el orden económico. || Asunto : *passons à un domaine différent,* pasemos a un asunto distinto. || Aspecto, terreno : *les entretiens ont été fructueux dans plusieurs domaines,* las conversaciones han sido fructuosas en varios aspectos. || Competencia, *f.* : *ce n'est pas de mon domaine,* no es de mi competencia. || — *Domaine de la couronne* o *royal,* patrimonio real. || *Domaine public,* bienes del dominio público. || *Tomber dans le domaine public,* caer en el *ou* ser ya del dominio público.

domanial, e adj. Comunal. || Nacional, del Estado, dominical (p. us.). || Patrimonial (appartenant au patrimoine ou héritage).

dôme m. Cúpula, *f.*, cimborrio, domo (p. us.). || Catedral, *f.*, iglesia, *f.* (en Italie). || MAR. Tapacete (capot). || TECHN. Cúpula, *f.*, domo (locomotive). || Bóveda, *f.* (d'un fourneau).

domestication f. Domesticación.

domesticité f. Domesticidad. || Servidumbre (ensemble des serviteurs d'une maison).

domestique adj. Doméstico, ca.
— M. et f. Criado, da ; doméstico, ca (p. us.). || — M. pl. Servidumbre, *f. sing.*

domestiquer v. tr. Domesticar. || FIG. Sojuzgar, esclavizar (un peuple).

domicile m. Domicilio.

domiciliaire adj. Domiciliario, ria.

domiciliation f. Domiciliación.

domicilié, e adj. Domiciliado, da ; residente.

domicilier* v. tr. Domiciliar (une traite).
— V. pr. Domiciliarse, instalarse, residir.

dominant, e adj. et s. Dominante. || — F. MUS. Dominante.

dominateur, trice adj. et s. Dominador, ra ; dominante.

domination f. Dominación. || FIG. Dominio, *m.*, imperio, *m.* : *la domination du génie,* el dominio del genio. || — Pl. ECCLÉS. Dominaciones (anges).

dominer v. tr. et intr. Dominar, señorear.

dominicain, e adj. et s. Dominicano, na ; dominico, ca (de l'ordre de Saint-Dominique). || Dominicano, na (de la république Dominicaine).

Dominicaine (RÉPUBLIQUE) n. pr. GÉOGR. República Dominicana.

dominical, e adj. Dominical (du dimanche).

dominion m. Dominio.

Dominique n. pr. m. Domingo. || — F. Dominga, Dominica. || GÉOGR. La Dominica (Antilles).

domino m. Dominó (jeux et costume).

Domitien n. pr. m. Domiciano.

dommage m. ● Daño, perjuicio. || Desperfecto (détérioration). || FIG. Lástima, *f.* : *quel dommage!,* ¡qué lástima! || — *Dommages-intérêts, dommages et intérêts,* daños y perjuicios. || — FIG. *C'est dommage,* es lástima, es una pena.
— SYN. ● *Ravage,* estrago. *Détérioration,* deterioro. *Avarie,* avería. *Casse,* destrozo.

dommageable [dɔmaʒabl] adj. Dañoso, sa; perjudicial.

domptable [dõtabl] adj. Domable.

domptage [-ta:ʒ] m. Doma, f., domadura, f. (cheval). ‖ Domesticación, f., amansamiento (animaux). ‖ Amaestramiento (cirque). ‖ FIG. Dominio (des passions).

dompter [dõte] v. tr. Domar (un cheval). ‖ Amansar. ‖ Amaestrar (dans le cirque). ‖ FIG. Domeñar : *dompter ses passions*, domeñar sus pasiones.

dompteur, euse [-tœ:r, ø:z] m. et f. Domador, ra.

dompte-venin [dõtvənẽ] m. BOT. Vencetósigo.

don m. ● Don, dádiva, f. (donation). ‖ DR. Donación, f. ‖ FIG. Don, dote, f. : *le don de la parole*, el don de palabra. ‖ — *Don de plaire*, don de gentes. ‖ *Faire don de*, regalar. ‖ *Faire un don*, hacer un donativo.

— SYN. ● *Présent*, presente, obsequio. *Étrennes*, aguinaldo. *Cadeau*, regalo. *Offrande*, ofrenda.

donace f. Ajobilla (mollusque).

Donat n. pr. m. Donato.

donataire m. et f. Donatario, ria.

donateur, trice adj. et s. Donador, ra; donante.

donation f. Donación : *donation entre vifs*, donación entre vivos. ‖ Donativo, m. (don).

donatisme m. Donatismo (hérésie).

donatiste adj. et s. Donatista.

donc [dõk] conj. Pues, luego : *je pense, donc je suis*, pienso, luego existo. ‖ Así, pues ; pues bien : *donc, c'est entendu*, así, pues, está entendido. ‖ Pero, pues : *qu'as-tu donc?*, pero ¿qué tienes? ; *viens donc!*, ¡pues ven! ‖ *Allons donc!*, ¡pero, vamos!, ¡vamos anda!, ¡anda ya!, ¡no me diga!

dondon f. FAM. Muchachota gordinflona, jamona.

donjon m. Torre (f.) del homenaje, torreón. ‖ MAR. Torreta, f. (d'un cuirassé).

donjuanesque [dõʒɥanɛsk] adj. Donjuanesco, ca (d'un séducteur).

donnant, e adj. Generoso, sa ; dadivoso, sa. ‖ *Donnant donnant*, a toma y daca, de mano a mano, doy para que des.

donne f. Acción de dar las cartas (jeux) : *à vous la donne*, a usted le toca dar las cartas. ‖ *Fausse donne* o *maldonne*, error en el reparto de las cartas.

donné, e adj. Dado, da. ‖ — *Étant donné que*, dado que. ‖ *Étant donné son âge*, dada su edad.
— OBSERV. En la locución francesa *étant donné*, la concordancia de *donné* se hace sólo si sigue la palabra que modifica (une droite étant *donnée*).
En espagñol, el acuerdo de *dado* es obligatorio.

donnée f. Base, tema, m. (idée fondamentale d'un ouvrage). ‖ Dato, m., elemento, m., antecedente, m. (renseignement). ‖ Circunstancia, situación (état de fait). ‖ — Pl. MATH. Datos, m. : *les données d'un problème*, los datos de un problema.

donner v. tr.

1. Offrir. — 2. Aboutir. — 3. Accorder. — 4. Administrer. — 5. Assigner. — 6. Attribuer. — 7. Causer. — 8. Céder. — 9. Confier. — 10. Consacrer. — 11. Distribuer. — 12. Faire passer. — 13. Fournir. — 14. Prescrire. — 15. Représenter. — 16. Souhaiter. — 17. AGRIC. — 18. COMM. — 19. DR. — 20. CHIM. et PHYS. — 21. MÉD. — 22. POP. — 23. LOCUTIONS DIVERSES.

1. OFFRIR. — Dar, ofrecer, regalar : *donner ses biens aux pauvres*, dar sus bienes a los pobres. ‖ — *Donner à manger*, dar de comer. ‖ *Donner le bras, la main*, dar el brazo, la mano.

2. ABOUTIR. — Producir el efecto deseado, dar : *cette photo ne donne rien*, esta foto no da nada.

3. ACCORDER. — Dar, conceder : *donner la permission de*, dar permiso para. ‖ *Donner raison à*, dar la razón a.

4. ADMINISTRER. — Dar, administrar : *donner un médicament*, dar una medicina. ‖ Dar : *donner un coup de pied*, dar una patada *ou* un puntapié.

5. ASSIGNER. — Fijar, dar : *donner rendez-vous*, dar cita.

6. ATTRIBUER. — Atribuir, echar, suponer, dar : *je lui donne vingt ans*, le echo veinte años; *on donne ce tableau à Delacroix*, este cuadro se atribuye a Delacroix.

7. CAUSER. — Dar, producir, causar : *donner de l'inquiétude, de la joie*, causar inquietud, alegría.

8. CÉDER. — Ceder, dar, ofrecer : *donner sa place à une dame*, ceder el sitio a una señora.

9. CONFIER. — Dar, confiar : *donner un poste à quelqu'un*, dar un puesto a alguien. ‖ Dar : *donner un message*, dar un encargo.

10. CONSACRER. — Consagrar, dedicar, emplear : *donner sa vie à la recherche*, consagrar su vida a la investigación.

11. DISTRIBUER. — Dar, distribuir, repartir : *donner les cartes*, dar las cartas.

12. FAIRE PASSER. — Considerar, dar : *donner quelqu'un pour mort*, dar a alguien por muerto, considerar a alguien muerto.

13. FOURNIR. — Dar, proporcionar : *donner des conseils*, dar consejos.

14. PRESCRIRE. — Dar : *donner des ordres*, dar órdenes. ‖ Dar, prescribir, recetar : *donner des médicaments*, recetar medicinas.

15. REPRÉSENTER. — Dar, poner, representar : *on donne « Faust » à l'Opéra*, dan « Fausto » en la Ópera.

16. SOUHAITER. — Dar, desear : *donner le bonjour*, dar los buenos días.

17. AGRIC. — Producir, dar (fruits).

18. COMM. — Producir, dar : *donner des bénéfices*, producir beneficios.

19. DR. — Otorgar, conceder, dar : *donner en mariage*, conceder en matrimonio.

20. CHIM. et PHYS. — Desprender, despedir (chaleur), emitir (lumière).

21. MÉD. Dar, producir, contagiar : *donner la grippe à quelqu'un*, dar la gripe a alguien; *donner des ampoules*, producir ampollas.

22. POP. Denunciar (un complice).

23. LOCUTIONS DIVERSES. — *Donner à penser, à réfléchir*, dar qué pensar. ‖ *Donner du fil à retordre*, dar mucho que hacer. ‖ *Donner la mort*, dar muerte, matar. ‖ *Donner la vie à un enfant*, dar a luz un niño. ‖ *Donner libre cours à*, dar rienda suelta a, dar libre curso a. ‖ *Donner lieu à*, ser causa de, dar lugar a. ‖ *Donner prise*, dar lugar. ‖ FIG. *Donner un coup de main à quelqu'un*, echar una mano a alguien. ‖ *Je vous le donne en mille!*, ¡a que no lo acierta!
— V. intr. Entregarse, darse : *donner dans le luxe*, entregarse al lujo. ‖ Combatir, luchar : *les troupes n'ont pas donné*, las tropas no han combatido. ‖ Producir, dar rendimiento : *les blés ont beaucoup donné*, los trigos han dado mucho rendimiento. ‖ Caer : *donner dans le piège* o *dans le panneau*, caer en la trampa. ‖ Dar (avoir vue) : *cette fenêtre donne sur la rue*, esta ventana da a la calle. ‖ Dar *ou* darse con, chocar : *donner de la tête contre un arbre*, darse con la cabeza en un árbol. ‖ — *Donner à rire*, hacer reir. ‖ *Donner sur les doigts*, castigar. ‖ *Il nous est donné de*, tenemos la posibilidad de. ‖ *Ne savoir où donner de la tête*, no saber por donde empezar; no saber qué hacer.

— V. pr. Dedicarse, consagrarse (se consacrer). ‖ Entregarse (se livrer). ‖ — *Donnez-vous la peine d'entrer*, tenga la amabilidad de pasar. ‖ *Se donner de la peine*, afanarse, trabajar mucho. ‖ *Se donner des airs*, darse importancia, presumir. ‖ *Se donner la peine de*, tomarse la molestia *ou* el trabajo de... ‖ *Se donner pour*, hacerse pasar por. ‖ *S'en donner*, regocijarse. ‖ *S'en donner à cœur joie*, entregarse de lleno.

donneur, euse adj. et s. Donador, ra ; donante. ‖ Persona que da las cartas (jeux). ‖ Pop. Chivato, ta. ‖ — *Donneur de sang*, donador *ou* donante de sangre. ‖Comm. *Donneur d'ordre*, dador, librador.

don quichotte m. Fam. Don Quijote.

donquichottisme m. Quijotismo, quijotería, *f.*

dont [dõ] pron. rel. Equivale en francés a los relativos *de qui*, *de quoi*, *duquel*, *de laquelle*, *desquels* y *desquelles*, y se traduce en español :
— 1. Por los pronombres correspondientes *de quien*, *de quienes* (para las personas), *de que* (para los cosas), *del cual*, *de la cual*, *de los cuales*, *de las cuales* ou *del que*, *de la que*, *de los que*, *de las que* (delante de un adjetivo numeral, un pronombre indefinido, un nombre indeterminado, o un adverbio) : *les hommes dont je parle*, los hombres de quienes hablo ; *le livre dont je parle*, el libro de que hablo, *les livres dont plusieurs sont neufs*, los libros de los que varios son nuevos.
— 2. Por *cuyo*, *ya* ; *cuyos*, *yas* (cuando establece una relación de posesión entre los dos sustantivos) : *un arbre dont les feuilles sont vertes*, un árbol cuyas hojas son verdes ; *la femme dont j'ai pris le sac*, la mujer cuyo bolso he cogido. ‖ — *Ce dont*, de lo que. ‖ *Celle dont*, la de que, aquella de quien : *celle dont tu te moques*, aquella de quien te burlas ; *aquella cuyo*, ya : *celle dont vous admirez la robe*, aquella cuyo vestido admira usted. ‖ *Celui dont*, el de que, aquel de quien : *celui dont je vous parle*, el de que le hablo ; *aquel cuyo*, ya : *celui dont je connais la mère*, aquel cuya madre conozco.
— Observ. Lorsque le pronom relatif *dont* relie à l'antécédent un nom précédé de l'article défini, cet article ne se traduit pas en espagnol.
Le relatif espagnol *cuyo* doit être suivi immédiatement du nom qu'il détermine et s'accorder avec lui.

donzelle f. Fam. Mocita, damisela.
— Observ. Le mot *doncella* en espagnol signifie *jeune fille* ou *domestique*.

dopage [-pa:ʒ] m. Doping, drogado.

doper v. tr. Drogar, dar un excitante, dopar (sport).

doping [dopiŋ] m. Doping, drogado.

Dora n. pr. f. Dora (diminutif de Théodora).

dorade f. Besugo, *m.*, dorada (poisson).

dorage m. Dorado, doradura, *f.*

Dordogne n. pr. f. Géogr. Dordoña.

doré, e adj. Dorado, da. ‖ — *Langue dorée*, lengua, pico de oro. ‖ *Livre doré sur tranches*, libro de cantos dorados.
— M. Dorado, doradura, *f.* (dorure).

dorénavant adv. En adelante, desde ahora, desde ahora en adelante, en lo sucesivo.

dorer v. tr. Dorar. ‖ Cubrir de *ou* bañar en una capa de yema de huevo (une pâtisserie). ‖ Fig. *Dorer la pilule*, dorar la píldora.

doreur, euse adj. et s. Dorador, ra.

Doride n. pr. f. Géogr. Dórida, Dóride.

dorien, enne adj. et s. Dorio, ria.

dorique adj. Dórico, ca.

doris [dɔris] m. Barquilla de los pescadores de bacalao de Terranova.

dorlotement m. Mimo.

dorloter v. tr. Mimar (choyer).
— V. pr. Darse buena vida, cuidarse mucho.

dormant, e adj. Durmiente : *la Belle au Bois dormant*, la Bella durmiente del Bosque. ‖ Estancado, da : *les eaux dormantes sont peu saines*, el agua estancada es poco sana. ‖ Fig. Fijo, ja ; que no se abre : *châssis dormant*, bastidor fijo ; *pont dormant*, puente fijo.
— M. Constr. Bastidor.

dormeur, euse adj. et s. Durmiente (qui dort). ‖ Dormilón, ona (qui aime dormir). ‖ — F. Dormilona (boucle d'oreille). ‖ Dormilona, tumbona (chaise longue). ‖ — M. Cámbaro, cangrejo de mar (crabe).

dormir* v. intr. Dormir. ‖ — *Dormir à la belle étoile*, dormir al raso. ‖ *Dormir à poings fermés*, *dormir comme une souche*, *comme un loir*, *comme une marmotte*, dormir a pierna suelta, dormir como un tronco, como una marmota. ‖ *Dormir debout*, caerse de sueño. ‖ *Dormir du sommeil du juste*, dormir el sueño de los justos, dormir con la conciencia tranquila. ‖ *Dormir sur le dos*, dormir boca arriba. ‖ *Dormir sur ses deux oreilles*, dormir con toda tranquilidad, dormir en paz. ‖ *Dormir sur ses lauriers*, dormirse sobre los laureles. ‖ *Dormir tout son soûl*, hartarse de dormir. ‖ *C'est un conte à dormir debout*, es una patraña, un relato inverosímil. ‖ *Il n'est pire eau que l'eau qui dort*, del agua mansa me libre Dios, que de la brava me libraré yo. ‖ *Laisser dormir un capital*, dejar improductivo un capital. ‖ *Laisser dormir une affaire*, descuidar un asunto, dejar dormir. ‖ *Ne dormir que d'un œil*, dormir con un ojo abierto. ‖ *Qui dort dîne*, quien duerme cena.
— Observ. El participio pasado del verbo francés « dormir », *dormi*, es invariable.
— Syn. *Reposer*, descansar. *Sommeiller*, dormitar. *Faire un somme*, echar un sueño. *Somnoler*, dar cabezadas, adormecerse. Pop. *Pioncer*, *roupiller*, dormir. *En écraser*, dormir como un tronco.

dormitif, ive adj. et s. m. Dormitivo, va.

dormition f. Dormición (vx). ‖ Tránsito (*m.*) de la Virgen (mort de la Vierge).

Dorothée n. pr. f. Dorotea.

dorsal, e adj. Dorsal.

dortoir m. Dormitorio común (pensionnat).
— Observ. *Dormitorio* signifie normalement en español « chambre à coucher ».

dorure f. Dorado, *m.*, doradura. ‖ Capa de yema de huevo (pâtisserie).

doryphore m. Dorífora, *f.* (insecte), escarabajo de la patata.

dos [do] m. Espalda, *f.*, espaldas, *f. pl.* (de l'homme). ‖ Lomo (d'un livre, d'un animal, d'un sabre). ‖ Canto (d'un couteau). ‖ Respaldo, espaldar (d'un siège). ‖ Revés, envés (de la main). ‖ Caballete (du nez). ‖ Dorso, reverso, respaldo (d'un écrit). ‖ Forzal, canto (d'un peigne). ‖ — *Dos-d'âne*, badén. ‖ *Dos à dos*, de espaldas. ‖ — *À dos de...*, montado en... (sur le dos de). ‖ *Dans le dos*, detrás, en la espalda : *les mains dans le dos*, las manos detrás. ‖ *Dans son dos*, a espalda suyà. ‖ *De dos*, por detrás. ‖ *En dos d'âne*, en escarpa. ‖ — *Agir dans le dos de quelqu'un*, actuar a espaldas de uno. ‖ *Avoir bon dos*, tener correa, tener anchas las espaldas. ‖ *Avoir dans le dos*, tener detrás. ‖ *Avoir le dos tourné*, volver las espaldas. ‖ *Avoir l'ennemi à dos*, ser atacado por detrás. ‖ *Avoir sur le dos*, tener encima (un vêtement), tener encima, tener que cargar con (une personne). ‖ Fig. *Courber le dos*, bajar la cabeza. ‖ Fam. *En avoir plein le dos*, estar hasta los pelos, estar harto. ‖ *Être sur le dos*, hasta la coronilla, estar harto. ‖ *Être sur le dos*, estar tendido de espaldas, estar boca arriba. ‖ *Faire froid dans le dos*, causar escalofrío. ‖ *Faire le gros dos*, arquear el lomo (chat). ‖ Fig. Darse tono. ‖ Pop. *L'avoir dans le dos*, salir rana.

Mettre quelque chose sur le dos de quelqu'un, cargar a uno una cosa, echarle la culpa. ‖ Fam. *Ne pas y aller avec le dos de la cuillère,* no andarse con chiquitas. ‖ *Ne rien avoir à se mettre sur le dos,* no tener nada que ponerse. ‖ *Porter sur le dos,* llevar a cuestas. ‖ Fig. *Renvoyer dos à dos,* no dar la razón a ninguna de las dos partes. ‖ Fam. *Scier le dos,* dar la lata. ‖ *Se mettre quelqu'un à dos,* enemistarse con uno, acarrearse su enemistad. ‖ *Tomber sur le dos,* caer de espaldas (faire une chute), caer encima. ‖ *Tourner le dos,* volver la espalda.

dosable adj. Dosificable.

dosage m. Dosificación, *f.*

dose f. Dosis.

doser v. tr. Dosificar.

doseur m. Dosificador (appareil).

dosimétrie f. Dosimetría.

dossard [dosa:r] m. Dorsal (des coureurs).

dosse f. Costero, *m.* (d'un tronc scié). ‖ Min. Puntal, *m.,* entibo, *m.,* ademe, *m.*

dosseret m. Sobrelomo (d'une scie). ‖ Arch. Saledizo que sostiene un arco o dintel, jamba, *f.*

dossier m. Respaldo, espaldar (d'un siège). ‖ Cabecera, *f.* (de lit). ‖ Testera, *f.* (de voiture). ‖ Autos, *pl.* (d'une affaire). ‖ Actas (*f. pl.*) procesales, sumario, legajo de un proceso. ‖ Legajo (de documents). ‖ Expediente : *avoir un dossier à la police,* tener un expediente en la policía. ‖ Historial, historia, *f. : dossier médical,* historia clínica. ‖ Expediente [académico] (universitaire). ‖ Hoja (*f.*) de servicios, cartilla (*f.*) militar (militaire). ‖ Documentación (*f.*) laboral (d'un travailleur). ‖ Carpeta, *f.* (contenant des documents). ‖ Informe (rapport). ‖ Causa, *f. : plaider un dossier,* defender una causa. ‖ — Pl. Asuntos (questions). ‖ *Le ministre a cette affaire dans ses dossiers,* el ministro tiene en cartera este asunto.

dossière f. Sufra (partie du harnais). ‖ Espaldar, *m.* (d'une cuirasse).

dot [dɔt] f. Dote, *f.*

dotation f. Dotación. ‖ Asignación (de crédits).

doter v. tr. Dotar.

douaire [dwɛ:r] m. Viudedad, *f.*

douairière [-rjɛ:r] f. Viuda que goza de una pensión *ou* viudedad. ‖ Fam. Señora anciana (vieille dame). ‖ Viuda noble (veuve de qualité).

douane [dwan] f. Aduana. ‖ *Droits de douane,* derechos arancelarios.

douanier, ère adj. Aduanero, ra; arancelario, ria : *union douanière,* unión aduanera.
— M. Aduanero.

douar m. Aduar.

doublage m. Forro, traca, *f.* (d'un navire). ‖ Doblado, dobladura, *f.,* plegado (action de doubler). ‖ Doblaje (d'un film).

double adj. Doble : *comptabilité en partie double,* contabilidad por partida doble. ‖ De marca mayor, dos veces : *un double traître,* un traidor de marca mayor. ‖ *À double sens,* con *ou* de doble sentido. ‖ *En double exemplaire,* por duplicado, en dos ejemplares. ‖ *Homme à double face,* hombre de dos caras. ‖ *Serrure à double tour,* cerradura de dos vueltas. ‖ — *Faire coup double,* matar dos pájaros de un tiro. ‖ *Faire double emploi,* ser repetido. ‖ Dr. *Fait double à Paris...,* hecho por duplicado en París. ‖ *Jouer double jeu,* jugar con dos barajas.
— M. Doble, duplo : *payer le double,* pagar el doble. ‖ Doble, duplicado : *le double d'un acte,* el doble de un acta. ‖ Doble (cinéma), suplente (théâtre). ‖ Doble (sports) : *double messieurs,* doble caballeros *ou* masculino. ‖ Segundo ejemplar (d'un objet d'art). ‖ Cosa (*f.*) repetida. ‖ — Mus. *Double croche,* semicorchea. ‖ *Double men-*

ton, sotabarba, papada (fam.). ‖ *Doubles de timbres,* sellos repetidos.
— Adv. Doble : *voir double,* ver doble. ‖ — *Au double,* al doble de, duplicado. ‖ *En double,* dos veces, por duplicado, repetido : *avoir des timbres en double,* tener sellos repetidos.

doublé, e adj. Duplicado, da. ‖ Redoblado, da (redoublé). ‖ Doblado, da (plié). ‖ Forrado, da : *manteau doublé de fourrures,* abrigo forrado de pieles. ‖ *Doublé de,* además de, a la par que : *c'est un savant doublé d'un artiste,* es un sabio a la par que un artista.
— M. Metal sobredorado, dublé (gallicisme). ‖ Jugada (*f.*) por banda (billard). ‖ Pareja, *f.,* doblete (chasse). ‖ Los dos primeros puestos (sports) : *faire un doublé,* copar los dos primeros puestos. ‖ Doble triunfo.

doubleau m. Arch. Solera, *f.,* viga (*f.*) maestra. ‖ *Arc-doubleau,* arco perpiaño.

double-blanc m. Blanca (*f.*) doble (domino).
— Observ. Pl. *doubles-blancs.*

doublement adv. Doblemente. ‖ Con doble fuerza : *ressentir doublement une douleur,* sentir un dolor con doble fuerza.

doublement m. Duplicación, *f.* ‖ Redoblamiento (redoublement). ‖ Doblamiento (pliage).

doubler v. tr. Doblar, duplicar (porter au double). ‖ Redoblar, aumentar (redoubler). ‖ Doblar (plier). ‖ Pasar, adelantar, dejar atrás (dépasser un véhicule). ‖ Doblar, franquear : *doubler un cap,* doblar un cabo. ‖ Redoblar : *doubler le pas,* redoblar el paso. ‖ Repetir : *doubler une classe,* repetir un curso. ‖ Forrar : *doubler un vêtement,* forrar un vestido. ‖ Sacar una vuelta de ventaja (sports). ‖ Doblar (cinéma). ‖ Poner doble : *doubler un fil,* poner un hilo doble. ‖ Théâtr. Sustituir a un actor. ‖ — *Doubler sa vitesse,* redoblar la velocidad. ‖ — *Défense de doubler,* prohibido adelantar (voitures).
— V. intr. Doblar, duplicarse : *la population a doublé en vingt ans,* la población se ha duplicado en veinte años.

doublet [dublɛ] m. Doblete (pierre fausse). ‖ Gramm. Doblete. ‖ Techn. Dipolo (antenne).

doubleuse f. Techn. Máquina para encanillar varios hilos.

doublier m. Toalla (*f.*) grande (essuie-main). ‖ Comedero doble (bergerie).

doublon m. Doblón (monnaie). ‖ Impr. Repetición, *f.*

doublure f. Forro, *m.* (d'un vêtement). ‖ Doble, *m.* (cinéma). ‖ Théâtr. Suplente, *m.,* sobresaliente, *m.,* actor (*m.*) *ou* actriz de doblaje.

douce adj. f. V. Doux.

douce-amère f. Bot. Dulcamara.
— Observ. Pl. *douces-amères.*

douceâtre [dusɑ:tr] adj. Dulzón, ona.

doucement adv. Dulcemente (avec bonté). ‖ Suavemente, con suavidad : *l'aiguille est entrée doucement,* la aguja entró suavemente. ‖ Despacio, lentamente : *marcher doucement,* andar despacio; *parler doucement,* hablar despacio. ‖ Bajito, bajo, en voz baja (à voix basse). ‖ Regular, así, así : *le malade va tout doucement,* el enfermo está así, así.
— Interj. ¡Poco a poco!, ¡despacio!

doucereusement [dusrøzmɑ̃] adv. Melosamente, con demasiada dulzura.

doucereux, euse [dusrø, ø:z] adj. Dulzón, ona; dulzarrón, ona : *saveur doucereuse,* sabor dulzón. ‖ ● Fig. Dulzón, ona; almibarado, a; empalagoso, sa ; zalamero, ra (personnes).
— Syn. ● *Douceâtre,* dulzón. *Mielleux,* meloso. *Sucré,* empalagoso, meloso. *Patelin, patelineur,* zalamero. *Papelard,* camandulero. *Chattemite,* mosquita muerta. *Benoît,* santurrón, hipócrita.

doucet, ette adj. Algo dulce.
doucette f. Bot. Hierba de los canónigos (mâche).
doucettement adv. Fam. Despacio, suavemente.
douceur f. Dulzura, dulzor, *m.* : *la douceur du sucre,* el dulzor del azúcar. ‖ Suavidad (au toucher). ‖ Benignidad (du climat). ‖ ● Fig. Dulzura, suavidad (du caractère). ‖ Tranquilidad, calma (tranquillité). ‖ — Pl. Golosinas. ‖ Requiebros, *m. pl.,* piropos, *m. pl.* (propos galants). ‖ — Fam. *En douceur,* a la chita callando, como quien no quiere la cosa. ‖ *Prendre une chose en douceur,* tomar una cosa con calma.
— Syn. ● *Mansuétude,* mansedumbre. *Onction,* unción.
douche f. Ducha. ‖ Fig. et Fam. Reprimenda, rociada (réprimande). ‖ Chasco, *m.* (désappointement). ‖ — Fam. *Douche écossaise,* ducha de agua fría. ‖ *Prendre une douche,* ducharse, tomar una ducha. ‖ Fam. *Quelle douche!,* ¡qué remojón! (pluie).
doucher v. tr. Duchar, dar una ducha. ‖ Fig. et Fam. Desilusionar, echar un jarro de agua fría (désappointer).
doucine f. Archit. Gola, cimacio, *m.* (moulure). ‖ Techn. Cepillo (*m.*) bocel.
doucir v. tr. Esmerilar, bruñir (dépolir).
doucissage m. Esmerilado, bruñido.
doué, e adj. Dotado, da. ‖ Capaz, capacitado, da; competente : *tu es le plus doué pour cela,* eres el más capacitado para eso. ‖ *Être doué pour,* tener facilidad *ou* habilidad para.
douelle f. Archit. Dovela (d'un voussoir). ‖ Duela (douve de tonneau).
douer v. tr. Dotar.
douille [du:j] f. Mechero, *m.,* cañón, *m.* (d'un chandelier). ‖ Cubo, *m.* (d'une baïonnette). ‖ Casquillo, *m.,* casquete, *m.* (d'une balle, d'une ampoule électrique). ‖ Cartucho, *m.* (de cartouche).
douillet, ette [dujɛ, ɛt] adj. Blando, da; muelle, mullido, da : *lit douillet,* cama mullida. ‖ Confortable, cómodo, da (confortable). ‖ — Adj. et s. Fig. Delicado, da; sensible (délicat).
douillette [-jɛt] f. Abrigo (*m.*) acolchado, dulleta (gallicisme).
douillettement [-jɛtmã] adv. Blandamente, muellemente.
douleur f. Dolor, *m.* ‖ — Pl. Reumatismo, *m. sing.* (rhumatisme).
douloureux, euse adj. Doloroso, sa.
douma f. Duma [asamblea legislativa en la Rusia zarista].
dourah m. Bot. Sorgo, zahína, *f.* (sorgho).
Douro n. pr. Géogr. Duero.
douro m. Duro (monnaie espagnole de 5 pesetas).
doute m. Duda, *f.* : *sans doute,* sin duda; *hors de doute,* fuera de duda. ‖ — *Sans aucun doute,* sin duda alguna. ‖ — *Il n'y a pas de doute,* no hay duda, no cabe duda. ‖ *Mettre en doute,* poner en tela de juicio.
douter v. tr. Dudar : *je doute qu'il accepte,* dudo que acepte. ‖ No fiarse de : *je doute de sa parole,* no me fío de su palabra. ‖ *Ne douter de rien,* no temer nada, confiar demasiado en sí.
— V. pr. Sospechar, figurarse : *je m'en doutais,* lo sospechaba, me lo figuraba.
— Observ. En las frases negativas o interrogativas el verbo *douter* suele ir seguido de la negación *ne* excepto cuando el hecho de que se trata es indudable (*je ne doute pas qu'il ne vienne bientôt, je ne doute pas que cela soit vrai*).
douteur, euse m. et f. Incrédulo, la ; desconfiado, da.
douteux, euse adj. Dudoso, sa. ‖ Equívoco, ca : *individu de mœurs douteuses,* individuo de costumbres equívocas. ‖ Ambiguo, gua ; incierto, ta :

chemise de couleur douteuse, camisa de un color incierto.
— Syn. *Incertain,* incierto. *Aléatoire,* aleatorio. *Problématique,* problemático.
douvain m. Madera (*f.*) de roble para fabricar duelas.
douve f. Duela (des tonneaux). ‖ Zanja (steeplechase). ‖ Agric. Zanja de desagüe (de drainage). ‖ Bot. Ranúnculo (*m.*) venenoso (renoncule). ‖ Mil. Foso, *m.* (fossé). ‖ Duela (du foie).
douvelle f. Duela pequeña.
doux, douce [du, du:s] adj. Dulce : *douce comme le miel,* dulce como la miel. ‖ Suave : *peau douce,* cutis suave. ‖ Suave : *voix douce,* voz suave. ‖ Dulce, agradable, grato, ta : *doux souvenir,* recuerdo grato. ‖ Dulce : *regard doux,* mirada dulce. ‖ Dulce, bondadoso, sa; afable : *caractère doux,* carácter bondadoso. ‖ Suave : *pente douce,* cuesta suave. ‖ Lento, ta : *feux doux,* fuego lento. ‖ Suave, templado, da : *vent doux,* viento suave. ‖ Templado, da; benigno, na (climat). ‖ Manso, sa (animaux). ‖ Gramm. Suave (consonne). ‖ Techn. Dulce, dúctil : *fer doux,* hierro dulce. ‖ — *Billet doux,* carta *ou* esquela amorosa. ‖ *Doux propos,* galanterías, requiebros. ‖ *Faire les yeux doux,* mirar con ternura *ou* cariño.
— M. Lo dulce, lo agradable.
— Adv. Lentamente, poco a poco (lentement). ‖ — Pop. *En douce,* como quien no quiere la cosa, a la chita callando. ‖ *Tout doux,* despacito, poco a poco. ‖ — *Filer doux,* someterse, obedecer. ‖ *Il fait doux,* hace un tiempo agradable, templado.
douzain m. Antigua moneda (*f.*) francesa. ‖ Poét. Estrofa (*f.*) de doce versos.
douzaine f. Docena. ‖ Unos, unas doce : *une douzaine d'heures,* unas doce horas. ‖ *À la douzaine,* por docenas.
douze adj. et s. Doce.
douze-huit m. inv. Mus. Compás de doce por ocho.
douzième adj. Duodécimo, ma; dozavo, va.
— M. Dozavo (la douzième partie). ‖ *Douzième provisoire,* duodécima parte (*f.*) del presupuesto.
douzièmement [duzjɛmmã] adv. En duodécimo lugar.
douzil ou **doisil** m. Espita, *f.* (de tonneau).
doxologie f. Relig. Doxología.
doyen, enne [dwajɛ, jɛn] adj. et s. Decano, na (université). ‖ M. Deán (supérieur d'un chapitre). ‖ Superior, prior (d'une abbaye).
doyenné [-jɛne] m. Deanato (dignité et circonscription du doyen). ‖ Casa (*f.*) del deán (habitation du doyen).
— F. Pera de agua.
doyenneté [-jɛnte] f. Decanato, *m.* (qualité du doyen d'âge).
drachme [drakm] f. Dracma.
draconien, enne adj. Draconiano, na; drástico, ca.
drag m. Drag, coche inglés.
dragage ou **draguage** m. Dragado, dragaje (gallicisme).
dragée f. Peladilla (bonbon). ‖ Gragea (pilule). ‖ Mostacilla, perdigones, *m. pl.* (menu plomb de chasse). ‖ *Tenir la dragée haute à quelqu'un,* hacer pagar caro un favor, hacer desear a alguien.
dragéifier v. tr. Dar forma de gragea a.
drageoir [draʒwa:r] m. Bombonera, *f.*
drageon [draʒõ] m. Gamonito, sierpe, *f.* (rejeton d'un arbre).
drageonnement [-ʒɔnmã] ou **drageonnage** [-ʒɔna:ʒ] m. Retoño por la raíz.
drageonner [-ʒɔne] v. intr. Bot. Retoñar por la raíz.
dragline [dræglain] f. Excavadora mecánica, dragalina.

dragon m. Dragón.

dragon, onne adj. De dragón, dragontino, na.

dragonnades f. pl. HIST. Dragonadas.

dragonne f. MIL. Dragona, correa (du sabre).

dragonnier m. BOT. Drago.

drague f. Draga. ‖ Red barredera (filet).

draguer v. tr. Dragar. ‖ Pescar con red barredera. ‖ FAM. Ligar.

dragueur, euse adj. et s. Dragador, ra. ‖ FAM. Ligón, ona. ‖ *Dragueur de mines*, dragaminas. ‖ — F. Draga (bateau).

draille [drɑːj] f. MAR. Nervio, m.

drain m. Tubo de desagüe, desaguadero, encañado. ‖ MÉD. Tubo de drenaje. cánula, f. ‖ *Gros drain*, colector de drenaje.

drainage m. Avenamiento, drenaje (terrain). ‖ MÉD. Drenaje.

draine f. V. DRENNE.

drainé, e adj. Avenado, da; encañado, da; desecado, da.

drainer v. tr. Drenar, desecar. ‖ AGRIC. Avenar, encañar. ‖ FIG. Arrastrar, absorber. ‖ MÉD. Drenar.

draineur m. Avenador, encañador, desecador.

draisienne f. Draisina (bicyclette primitive).

draisine [drɛzin] f. Vagoneta, carretilla de servicio (chemin de fer).

drakkar m. Barco de los piratas normandos.

dramatique adj. Dramático, ca.
— M. Dramatismo : *c'est d'un dramatique excessif*, es de un dramatismo excesivo. ‖ — F. Obra de teatro (à la télévision).

dramatiser v. tr. Dramatizar.

dramaturge [dramatyrʒ] m. Dramaturgo.

dramaturgie [-ʒi] f. Dramaturgia.

drame m. Drama. ‖ *Drame lyrique*, drama lírico, ópera.
— SYN. *Mélodrame*, melodrama. *Tragédie*, tragedia. *Tragi-comédie*, tragicomedia.

drap [dra] m. Paño (étoffe) : *gros drap*, paño basto. ‖ Sábana, f. (de lit) : *drap de dessous*, sábana bajera ; *drap de dessus*, sábana encimera. ‖ *Drap d'or, d'argent*, tisú de oro, de plata. ‖ *Drap mortuaire*, paño fúnebre. ‖ *Drap vert*, el paño (billard). ‖ FAM. *Être dans de beaux draps*, estar metido en un lío, estar en un apuro. ‖ *Nous voilà dans de beaux draps!*, ¡estamos aviados *ou* frescos !

drapé m. Drapeado.

drapeau m. ● Bandera, f. ‖ Banderín (sports). ‖ Bandera, f. (cirque). ‖ Bandera, f. (tauromachie). ‖ FIG. Símbolo, bandera, f. (signe). ‖ Abanderado, símbolo (personne). ‖ IMPR. Banderilla. — AVIAT. *Hélice en drapeau*, hélice con las palas paralelas al sentido de marcha. ‖ — MIL. *Être sous les drapeaux*, estar sirviendo en el ejército, estar haciendo el servicio militar. ‖ POP. *Planter un drapeau*, dejar una trampa, marcharse sin pagar. ‖ *Se ranger sous le drapeau de quelqu'un*, alistarse en el partido de alguien.
— SYN. ● *Pavillon*, pabellón, bandera. *Couleurs*, colores. *Étendard*, estandarte. *Banderole*, banderola. *Bannière*, pendón. *Guidon*, banderín. *Oriflamme*, oriflama.

drapeler v. tr. Deshilachar (défiler).

drapement m. Colocación (f.) de paños *ou* cortinajes.

draper v. tr. Cubrir con un paño, revestir. ‖ Colgar (orner de draperies). ‖ Poner un drapeado, drapear (un vêtement). ‖ ARTS. Disponer los ropajes.
— V. pr. Envolverse, arrebujarse (dans son manteau), embozarse (dans une cape). ‖ FIG. Envolverse, encastillarse, escudarse (dans sa dignité, sa vertu, etc.).

draperie [drapri] f. Fábrica de paños (fabrication). ‖ Oficio (m.) de pañero (métier). ‖ Pañería (boutique). ‖ ARTS. Ropaje, m. ‖ — Pl. Colgaduras, tapices, m., reposteros, m. (tentures).

drapier, ère m. et f. Pañero, ra.

drastique adj. et s. m. Drástico, ca.

dravidien, enne adj. Dravídico, ca : *littérature dravidienne*, literatura dravídica.
— M. et f. Drávida.

drawback [drœbɔk] m. COMM. Drawback, reintegro de los derechos de aduana pagados por las materias primas que sirvieron para productos de exportación, prima (f.) a la exportación.

drayage [drɛjaːʒ] m. Zurra, f. (corroyage).

drayer [-je] v. tr. Zurrar (les cuirs, les peaux).

drayoire [-jwaːr] f. Escalplo, m., cuchilla de curtidor (couteau des corroyeurs).

drêche f. Residuo (m.) de la cebada utilizada en la fabricación de la cerveza.

drège ou **dreige** f. Red barredera.

drelin m. Tilín, tilín ; tintineo.

drenne ou **draine** f. ZOOL. Cagaaceite, m., tordo (m.) mayor.

dressage m. Alzamiento, erección, f., levantamiento (érection). ‖ Doma, f. (de chevaux). ‖ Amaestramiento, adiestramiento (de divers animaux). ‖ TECHN. Enderezamiento (fil métallique, surface plane).

dresser v. tr. Poner derecho, enderezar (remettre droit) : *dresser un poteau*, enderezar un poste. ‖ Alzar, levantar, erguir (élever). ‖ Erigir, levantar (statue, monument). ‖ Armar, montar : *dresser un lit*, armar una cama. ‖ Poner, preparar : *dresser la table*, poner la mesa. ‖ Levantar, redactar, extender : *dresser un acte*, levantar acta. ‖ Hacer (une liste, un contrat, etc.). ‖ Redactar, elaborar (des statuts). ‖ Trazar, alzar, levantar (un plan). ‖ Levantar, hacer, trazar (une carte). ‖ Establecer, preparar, idear (des plans). ‖ Disponer (disposer), arreglar (arranger). ‖ Amaestrar, adiestrar : *dresser une puce*, amaestrar una pulga. ‖ Domar (chevaux). ‖ FAM. Hacer entrar en vereda, encauzar (faire obéir). | Instruir, formar (un enfant, un domestique, etc.). ‖ Tender : *dresser un piège*, tender un lazo. ‖ Levantar, tender (des embûches). ‖ Aguzar : *dresser l'oreille*, aguzar et oído. ‖ Aderezar (cuisine). ‖ FIG. Enfrentar con, oponer a, levantar contra : *dresser une personne contre une autre*, enfrentar una persona con otra. ‖ TECHN. Enderezar. ‖ — *Dresser un constat*, levantar un atestado. ‖ *Faire dresser les cheveux sur la tête*, erizar los cabellos, poner los pelos de punta.
— V. pr. Ponerse en pie, levantarse, erguirse (se lever). ‖ Erizarse (cheveux). ‖ Elevarse, alzarse (s'élever). ‖ — FIG. *Se dresser contre*, rebelarse, sublevarse. ‖ *Se dresser sur la pointe des pieds*, ponerse de puntillas. ‖ *Se dresser sur ses ergots*, engallarse.

dresseur, euse m. et f. Domador, ra.

dressoir m. Aparador, trinchero (vaisselier).

dribble ou **dribbling** m. Regate, quiebro, finta, f., gambeteo (football).

dribbler v. tr. Driblar, regatear, dar un quiebro, gambetear (football).

drill [driːj] m. Dril, mono cinocéfalo de África occidental.

drille m. (Vx). Soldado. ‖ — FAM. *Bon drille*, buen chico, buen muchacho. | *Joyeux drille*, gracioso. | *Pauvre drille*, pobre diablo, infeliz. ‖ — F. TECHN. Broca, parahúso, m. (porte-foret). ‖ — Pl. Trapos viejos (chiffons pour faire le papier).

drisse f. MAR. Driza. ‖ MAR. *Fausse drisse*, contradriza.

drive [draiv] m. Drive, pelota (f.) rasante (tennis).

drogman m. Drogmán, dragomán, trujamán (interprète).

drogue f. Droga.

droguer v. tr. Drogar.
— V. intr. Fig. et Fam. Esperar mucho, aguardar, estar de plantón (se morfondre).
— V. pr. Drogarse, abusar de medicinas *ou* drogas.

droguerie [drɔgri] f. Droguería.

droguet [drɔgɛ] m. Droguete (tissu).

droguiste m. Droguista, droguero.

droit m. Derecho : *droit canon, civil, commercial, constitutionnel, coutumier,* derecho canónico, civil, mercantil, político, consuetudinario. ‖ Justicia : *faire droit,* hacer justicia. ‖ — *Droit du plus fort,* derecho del más fuerte. ‖ *Droits de consommation,* impuesto sobre consumos. ‖ *Droits de douane,* aranceles *ou* derechos de aduana *ou* derechos arancelarios. ‖ *Droits de régale,* derecho de regalía. ‖ *Droits fiscaux,* tributos. ‖ — *À bon droit,* con razón. ‖ *À qui de droit,* a quien corresponda. ‖ *De droit,* de derecho. ‖ *De plein droit,* con pleno derecho. ‖ — *Avant faire droit,* antes del juicio definitivo. ‖ *Faire droit à une requête,* acoger favorablemente una demanda, satisfacer *ou* estimar una demanda. ‖ *Faire son droit,* estudiar Derecho.

droit adv. En pie (debout). ‖ Directamente, derecho (directement). ‖ Derecho : *marcher droit,* ir derecho. ‖ Fig. Rectamente, con rectitud : *juger droit,* juzgar rectamente. ‖ — *Tout droit,* derechito, todo seguido. ‖ — *Aller droit au but,* ir al grano.

droit, e [drwa, drwat] adj. Derecho, cha : *le bras droit,* el brazo derecho. ‖ Géom. Recto, ta : *ligne droite,* línea recta ; *angle droit,* ángulo recto. ‖ Fig. Recto, ta. ‖ — *Droit comme un cierge,* derecho como una vela. ‖ — Fig. *Cœur droit,* corazón recto, sincero. ‖ *Esprit droit,* conciencia recta. ‖ *Le droit chemin,* el buen camino, el camino de la virtud. ‖ — *C'est tout droit,* es todo seguido (chemin).

droite f. Derecha, diestra (main). ‖ Derecha (d'une assemblée). ‖ Géom. Recta. ‖ — *À droite,* a la derecha. ‖ *À droite et à gauche,* a diestro y siniestro.

droitement [drwatmɑ̃] adv. Rectamente.

droitier, ère adj. et s. Persona que se sirve principalmente de la mano derecha. ‖ — M. Derechista, diputado de la derecha.

droiture f. Rectitud, derechura.
— Syn. *Équité,* equidad. *Justice,* justicia.

drolatique adj. Chistoso, sa ; divertido, da.

drôle adj. Gracioso, sa ; chistcso, sa ; chusco, ca : *une anecdote très drôle,* una anécdota muy graciosa. ‖ Extraño, ña ; curioso, sa ; raro, ra (étrange). ‖ Divertido, da (amusant) : *un film drôle,* una película divertida. ‖ — *Drôle de...,* extraño, ña ; singular, peregrino, na : *une drôle d'idée,* una idea peregrina. ‖ *Drôle de temps!,* ¡vaya un tiempo! ‖ *La drôle de guerre,* la guerra boba. ‖ — *Ce n'est pas drôle,* maldita la gracia que tiene. ‖ *C'est drôle,* es extraño (c'est bizarre), me hace gracia : *c'est drôle de te voir ici,* me hace gracia verte aquí. ‖ *C'est drôle!,* ¡tiene gracia! ‖ *Se sentir tout drôle,* sentirse raro.
— M. (Vx). Bribón, truhán. ‖ Hombre gracioso y original, extravagante, cachondo.
— Adv. Pop. *Ça me fait tout drôle,* me hace gracia (amuser), me hace una impresión rara *ou* extraña (étonner).

drôlement adv. Graciosamente, chistosamente. ‖ Extrañamente, curiosamente, de una manera singular (bizarrement). ‖ Fam. Tremendamente, enormemente.

drôlerie [drolri] f. Gracia. ‖ Extravagancia, singularidad (chose bizarre).

drôlesse f. (Vx). Bribona, mujer desvergonzada (femme effrontée).

drôlet, ette [drolɛ, ɛt] adj. Gracioso, sa ; divertido, da (assez drôle).

dromadaire m. Dromedario.

drome f. Mar. Arboladura (mâture). ‖ Armadía (bois flottant).

droppage m. Lanzamiento de hombres y material desde un avión.

droséracées f. pl. Bot. Droseráceas.

drosère f. *ou* **drosera** m. Bot. Drosera, *f.,* cazamoscas, *m.*

drosophile f. Drosófila (insecte).

drosse f. Mar. Guardín, *m.* (du gouvernail). ‖ Troza, boza (des vergues).

drosser v. tr. Mar. Arrastrar, desviar (dévier).

dru, e adj. Tupido, da : *blé dru,* trigo tupido. ‖ Recio, cia : *pluie drue,* lluvia recia. ‖ Volandero, ra (oiseau).
— Adv. Abundantemente, copiosamente (en grande quantité). ‖ *La pluie tombe de plus en plus dru,* la lluvia arrecia.

druide, esse m. et f. Druida, druidesa (prêtre, prêtresse celte).

druidique adj. Druídico, ca.

druidisme m. Druidismo.

drupacé, e adj. et s. Bot. Drupáceo, a.

drupe m. *ou* f. Bot. Drupa, *f.*
— Observ. Esta palabra se emplea sobre todo en femenino.

druse f. Min. Drusa.

druses m. pl. Drusos.

dry [drai] adj. Seco, ca : *martini dry,* martini seco.

dryade [drijad] f. Dríade, dríada (nymphe des bois).

dry-farming m. Cultivo de secano.

du [dy] art. contracté. Del. ‖ — *Du vivant de mon père,* en vida de mi padre.
— Observ. Lorsque *du* est employé comme partitif, on le supprime en espagnol : *donne-moi du fromage,* dame queso. On le traduit cependant lorsqu'il est déterminé : *donne-moi du fromage d'hier,* dame del queso de ayer.

dû, due adj. Debido, da.
— M. Lo debido, lo que se debe : *il ne veut que son dû,* sólo pide lo que se le debe. ‖ — Fig. *Avoir son dû,* llevar su merecido. ‖ *Réclamer son dû,* reclamar lo que se le debe a uno.

dualisme m. Dualismo.

dualiste adj. ct s. Dualista.

dualité f. Dualidad, dualismo, *m.*

dubitatif, ive adj. Dubitativo, va.

dubitation f. Dubitación.

duc m. Duque (titre) : *monsieur le duc,* el señor duque. ‖ Búho (hibou). ‖ (Vx). Victoria, *f.* (voiture à quatre roues). ‖ — *Grand duc,* búho. ‖ *Petit duc,* buharro.

ducal, e adj. Ducal.

ducasse f. Feria, fiesta patronal (dans le Nord de la France).

ducat [dyka] m. Ducado (monnaie d'or).

ducaton m. Ducado de plata (monnaie).

duce m. Duce, jefe (chef).

duché m. Ducado (domaine ducal). ‖ *Duché-pairie,* ducado con dignidad de par.

duchesse f. Duquesa : *madame la duchesse,* la señora duquesa. ‖ (Vx). Canapé, *m.* ‖ Pera de agua (poire). ‖ Fam. Mujer presuntuosa (femme vaniteuse). ‖ Fig. et Fam. *Faire la duchesse,* dárselas de marquesa.

ducroire m. Comm. Prima (*f.*) dada al comisionista responsable. ‖ Comisionista responsable.
— Observ. Úsase a veces el sinónimo italiano *del credere.*

ductile adj. Dúctil. ‖ Fig. Dúctil, acomodadizo, za (maniable).

ductilité f. Ductilidad.
duègne f. Dueña. ‖ (Vx). Señora de compañía, carabina (fam.). ‖ Fig. Vieja desagradable (vieille femme revêche). ‖ Théâtr. Característica.
duel m. ● Duelo, desafío (combat). ‖ Gramm. Dual.
— Syn. ● *Rencontre*, desafío. *Affaire d'honneur*, lance de honor.
duelliste m. Duelista.
duettiste m. et f. Duetista.
duetto m. Mus. Dueto.
duffel-coat ou **duffle-coat** m. Trenca, *f.*
dugong m. Dugong, vaca (*f.*) marina (cétacé).
dulcification f. Dulcificación.
dulcifier* v. tr. Dulcificar.
dulcinée f. Dulcinea, mujer amada.
dulie f. Théol. Dulía (culte).
dum-dum [dumdum] f. Dum-dum, bala explosiva.
dûment adv. Debidamente, en debida forma.
dumping [dœmpiŋ] m. Comm. Dumping, inundación (*f.*) del mercado con productos a bajo precio.
dundee [dœndi] m. Pequeño velero inglés.
dune f. Duna.
dunette f. Mar. Toldilla, alcázar, *m.*, castillo (*m.*) de proa.
Dunkerque [dœkɛrk] n. pr. Géogr. Dunquerque.
duo m. Mus. Dúo.
duodécimal, e adj. Duodecimal.
— Observ. L'adjectif espagnol *duodécimo* se traduit par *douzième*.
duodénal, e adj. Anat. Duodenal.
duodénite f. Méd. Duodenitis.
duodénum [dyɔdenɔm] m. Anat. Duodeno.
duodi m. Duodi, segundo día de la década del calendario republicano francés.
dupe adj. et s. f. Engañado, da (trompé). ‖ Fácil de engañar, inocente, primo (pop.). ‖ Fig. Víctima. ‖ — *Un jeu de dupes*, un timo. ‖ — *Être dupe*, quedar burlado, chasqueado. ‖ *Être dupe de...* dejarse engañar por..., ser victima de... ‖ *Faire des dupes*, timar, estafar. ‖ *Faire une dupe*, engañar. ‖ *N'être pas dupe de quelqu'un, de quelque chose*, no dejarse engañar por, no hacerse ilusiones con alguien ou algo.
duper v. tr. Embaucar, engañar.
duperie f. Engaño, *m.*, engañifa, primada (pop.) [tromperie]. ‖ Timo, *m.*, estafa (escroquerie).
dupeur, euse m. et f. Engañador, ra; embaucador, ra. ‖ Timador, ra (escroc).
duplex adj. Doble, duplo.
— M. Techn. Dúplex (métallurgie et télécommunications). ‖ Dúplex (appartement).
duplexage m. Enlace duplex.
duplexer v. tr. Establecer un enlace duplex en.
duplexeur m. Dispositivo para enlace duplex.
duplicata m. inv. Duplicado. ‖ *En o par duplicata*, duplicado, da; con copia.
duplicateur m. Duplicador. ‖ Multicopista, *f.*
duplicatif, ive adj. Duplicativo, va.
duplication f. Duplicación. ‖ Enlace (*m.*) duplex (télécommunications).
duplice f. Dúplice, alianza entre dos naciones.
duplicité f. Duplicidad, doblez.
duquel pron. relat. (forma contracta de *de lequel*). Del cual.
— Observ. Pl. *desquels*.

dur, e adj. Duro, ra : *métal dur*, metal duro. ‖ Fig. Difícil, penoso, sa : *dur à croire*, difícil de creer. ‖ Duro, ra; resistente, sufrido, da : *dur au travail*, resistente al trabajo. ‖ Severo, ra; duro, ra : *dur pour ses élèves*, severo con sus alumnos. ‖ Turbulento, ta; difícil : *cet enfant est très dur*, este niño es muy turbulento. ‖ Fuerte (consonne). ‖ — *Eau dure*, agua gorda, dura. ‖ *Œuf dur*,

huevo duro. ‖ *Vin dur*, vino áspero. ‖ — Fam. *Dur à avaler*, duro de roer : *une matière dure à avaler*, una asignatura dura de roer ; difícil de tragar : *une offense dure à avaler*, una ofensa difícil de tragar ; difícil de creer (incroyable). ‖ *Dur à cuire*, duro de pelar. ‖ *Dur comme fer*, firmemente. ‖ — *Avoir la tête dure*, ser duro de mollera. ‖ *Avoir la vie dure*, llevar una vida difícil. ‖ *Avoir l'oreille dure* o *être dur d'oreille*, ser tardo ou duro de oído, ser teniente (pop.). ‖ Fam. *Être dur à digérer*, ser duro de tragar. ‖ *Être dur à la détente*, ser difícil de disparar, tener el gatillo duro (pistolet), ser poco decidido (peu résolu), ser tacaño (avare). ‖ *Le plus dur reste à faire*, queda el rabo por desollar.
— Adv. Duramente, enérgicamente, mucho, de firme : *il travaille dur*, trabaja mucho. ‖ — *À la dure*, de manera dura ou ruda, severamente : *élever un enfant à la dure*, educar a un niño severamente. ‖ *Le soleil tape dur*, el sol aprieta de firme. ‖ *Rendre o faire la vie dure*, dar mala vida.
— M. Lo duro. ‖ — Fam. *Un dur*, un duro (mauvais garçon). ‖ Archit. *Construction en dur*, construcción de fábrica. ‖ — F. *Coucher sur la dure*, dormir en el suelo. ‖ Fam. *En dire de dures*, poner de vuelta y media. ‖ *En voir de dures*, sufrir dura prueba, pasar las moradas ou la negra (fam.).
durabilité f. Durabilidad, duración.
durable adj. Duradero, ra; durable.
— Syn. *Permanent*, permanente. *Constant*, constante. *Stable*, estable. *Pérenne*, perenne.
Duralumin [dyralymin] m. Duraluminio.
duramen [dyramɛn] m. Bot. Duramen.
Durandal ou **Durendal** n. pr. f. Durindaina [espada de Roldán]. ‖ Espada, tizona (épée).
durant prép. Durante : *dix jours durant*, durante diez días.
— Observ. Cette préposition se place toujours en espagnol devant le nom.
durcir v. tr. Endurecer. ‖ *Durcir au feu*, endurecerse con ou en el fuego.
— V. intr. Endurecerse.
durcissement m. Endurecimiento.
durée f. Duración. ‖ *Durée du bail*, período de arrendamiento.
dure-mère f. Anat. Duramáter, duramadre.
durer v. intr. Durar. ● ‖ Conservarse : *vin qui ne dure pas*, vino que no se conserva. ‖ Parecer largo : *le temps lui dure*, el tiempo le parece largo. ‖ Fam. Permanecer, estarse quieto (rester). ‖ Durar, resistir, vivir (vivre). ‖ *Faire durer*, prolongar.
— Syn. ● *Continuer*, continuar. *Persister*, persistir. *Se perpétuer*, perpetuarse.
Dürer n. pr. Durero.
dureté f. Dureza (du bois, du fer, d'une pierre, etc.). ‖ Dureza, gordura, crudeza (de l'eau). ‖ Fig. Dureza (de l'oreille, des traits, de la voix, etc.). ‖ — Pl. Palabras duras, desagradables.
durham adj. et s. m. Durham (race bovine).
durillon [dyrijɔ̃] m. Dureza, *f.*, callosidad, *f.*
Durit [dyrit] f. (nom déposé). Mécan. Tubo (*m.*) flexible ; durita, racor, *m.*
duumvir [dyɔmviːr] m. Hist. Duunviro.
duumviral, e [-viral] adj. Duunviral.
duumvirat [-vira] m. Duunvirato.
duvet [dyvɛ] m. Plumón (des oiseaux). ‖ Colchón de plumas (matelas). ‖ Bozo, vello (poils légers). ‖ Bot. Pelusa, *f.*, lanilla, *f.* (des fruits).
duveté, e ou **duveteux, euse** adj. Velloso, sa.
dynamique adj. et s. f. Dinámico, ca.
dynamisme m. Dinamismo.
dynamiste adj. et s. Dinamista.
dynamitage m. Voladura (*f.*) con dinamita, dinamitazo.

dynamite f. Dinamita.
dynamiter v. tr. Volar con dinamita, dinamitar.
dynamiterie f. Fábrica de dinamita.
dynamiteur, euse m. et f. Dinamitero, ra.
dynamo f. ÉLECTR. Dinamo, dínamo.
dynamo-électrique adj. Dinamoeléctrico, ca.
dynamographe m. Dinamógrafo.
dynamomètre m. Dinamómetro.
dynamométrie f. Dinamometría.
dynamométrique adj. Dinamométrico, ca.
dynaste m. HIST. Dinasta (souverain).
dynastie [dinasti] f. Dinastía.
dynastique adj. Dinástico, ca.
dyne [din] f. PHYS. Dina (unité de force).
dyscole adj. Díscolo, la.
— OBSERV. *Díscolo* est beaucoup plus usité en espagnol que *dyscole* en français.

dyscrasie f. MÉD. Discrasia, cacoquimia.
dysenterie [disɑ̃tri] f. MÉD. Disentería.
dysentérique adj. et s. Disentérico, ca.
dyslalie f. MÉD. Dislalia.
dyslexie f. MÉD. Dislexia.
dysménorrhée f. MÉD. Dismenorrea.
dysmnésie f. MÉD. Dismnesia.
dyspepsie f. MÉD. Dispepsia.
dyspepsique ou **dyspeptique** adj. et s. Dispéptico, ca.
dysphagie f. MÉD. Disfagia (difficulté à avaler).
dysphasie f. MÉD. Disfasia (trouble du langage).
dyspnée [dispne] f. MÉD. Disnea.
dysprosium [disprɔzjɔm] m. CHIM. Disprosio.
dystrophie f. MÉD. Distrofia.
dysurie f. MÉD. Disuria.
dysurique adj. Disúrico, ca.
dytique m. Dítico (insecte).

E

e [ə] m. E, f.
— FONÉTICA Y ORTOGRAFÍA. En francés hay tres *e* : la *e* cerrada (é), la *e* abierta (è) y la *e* muda. La cerrada tiene el mismo sonido que la *e* española; la abierta, un sonido intermedio entre *e* y *a* españolas, y la *e* muda no se pronuncia o, en los casos en que suena, tiene el sonido del diptongo francés *eu*. La *ê* lleva un acento puramente etimológico que generalmente corresponde a la caída de una *s* enmudecida, como en *tête* (teste), cabeza, y se pronuncia como una *è* muy abierta y ligeramente prolongada.

eau [o] f. Agua : *l'eau*, el agua. ‖ Lluvia : *le temps est à l'eau*, el tiempo está de lluvia. ‖ Aguas, *pl.* (brillant) : *diamant d'une belle eau*, diamante de hermosas aguas. ‖ — Pl. Aguas, balneario, m. *sing.* : *aller aux eaux*, ir a un balneario; *prendre les eaux*, tomar las aguas. ‖ Estela, *sing.* (sillage). ‖ GÉOGR. Aguas : *les eaux territoriales*, las aguas jurisdiccionales. ‖ VÉTÉR. Aguaza, sing. ‖ — *Eau bénite*, agua bendita. ‖ *Eau de Cologne*, agua de Colonia. ‖ *Eau de fleur d'oranger*, agua de azahar. ‖ *Eau de Javel*, lejía. ‖ *Eau de pluie*, agua de lluvia, agua llovediza. ‖ *Eau de roche*, agua de manantial. ‖ *Eau de Seltz*, agua de Seltz. ‖ *Eau de toilette*, agua de olor. ‖ *Eau de vaisselle*, agua de fregar. ‖ *Eau dormante*, agua estancada. ‖ *Eau dure*, agua gorda. ‖ *Eau gazeuse*, agua gaseosa. ‖ *Eau lourde*, agua pesada. ‖ *Eau plate*, agua natural. ‖ *Eau régale*, agua regia. ‖ *Eau rougie*, vino aguado. ‖ *Eau seconde*, lejía potásica. ‖ *Eaux d'égout, ménagères, résiduelles, usées*, aguas residuales ou sucias. ‖ *Eaux mères, minérales, thermales, vannes*, aguas madres, minerales, termales ou caldas, residuales. ‖ *Eaux et forêts*, Administración de Montes. ‖ *Grandes eaux*, los surtidores, las fuentes. ‖ *Trombe d'eau*, tromba de agua. ‖ — *Clair comme de l'eau de roche*, más claro que el agua. ‖ *Comme un poisson dans l'eau*, como pez en el agua. ‖ *De la plus belle eau*, de lo mejorcito. ‖ *Hors d'eau*, al cubrir aguas el edificio (construction). ‖ *Roman à l'eau de rose*, novela rosa. ‖ — *Être en eau*, estar em-papado de sudor. ‖ MAR. *Faire eau*, hacer agua. ‖ *Faire o lâcher de l'eau*, hacer aguada. ‖ *Faire une promenade sur l'eau*, dar un paseo en barco ou barca. ‖ FAM. *Faire venir l'eau à la bouche*, hacérsele a uno la boca agua. ‖ *Faire venir l'eau à son moulin*, barrer para dentro, arrimar el ascua a su sardina. ‖ FIG. *Il n'est pire eau que l'eau qui dort*, del agua mansa me libre Dios, que de la brava me guardaré yo. ‖ *Il passera de l'eau sous le pont*, habrá llovido para entonces. ‖ *Mettre de l'eau dans son vin*, moderar sus pretensiones, bajársele a uno los humos. ‖ FAM. *Nager entre deux eaux*, nadar entre dos aguas. ‖ FIG. *Pêcher en eau trouble*, pescar en río revuelto. ‖ *Porter de l'eau à la rivière, à la mer*, arar en el mar, echar agua en el mar, hacer cosas inútiles. ‖ FAM. *Rester le bec dans l'eau*, quedarse con dos palmos de narices ou en la estacada. ‖ FIG. *Se jeter à l'eau*, lanzarse. ‖ *S'en aller o finir en eau de boudin*, volverse agua de borrajas ou de cerrajas. ‖ *Se noyer dans un verre d'eau*, ahogarse en un vaso de agua. ‖ *Se ressembler comme deux gouttes d'eau*, parecerse como dos gotas de agua. ‖ FIG. *Tomber à l'eau*, fracasar, irse al agua.

eau-de-vie f. Aguardiente, m.
eau-forte f. Agua fuerte (acide nitrique). ‖ Aguafuerte (estampe).
ébahi, e [ebai] adj. Boquiabierto, ta; pasmado, da (très surpris). ‖ *Mine ébahie*, cara de pasmado ou pasmada.
— SYN. *Ébaubi*, atónito. *Abasourdi*, aturrullado. *Étourdi*, atolondrado. *Troublé*, turbado. *Sidéré*, atónito. *Médusé*, pasmado. *Interloqué*, sorprendido. *Éberlué*, atónito. *Pétrifié*, petrificado. *Ahuri*, atontado, atolondrado. *Estomaqué*, turulato. *Baba*, patidifuso. *Épaté*, pasmado. *Stupéfait*, estupefacto.

ébahir v. tr. Sorprender, asombrar, dejar pasmado, da.
— V. pr. Quedarse con la boca abierta, pasmarse.
ébahissement m. Estupefacción (étonnement). ‖ Embeleso, embobamiento (émerveillement).

ébarbage m. Desbarbadura, *f.* (action). ‖ Mécan. Desbarbado.

ébarber v. tr. Desbarbar.

ébarbeuse f. Desbarbadora, desgranador, *m.* (machine).

ébarboir m. Desbarbador (outil).

ébarbure f. Rebaba (bavure).

ébardoir m. Raspador triangular (grattoir).

ébats [eba] m. pl. Retozos, jugueteos (mouvements folâtres). ‖ *Se livrer à des ébats,* retozar, divertirse.

ébattre (s')* v. pr. Juguetear, retozar (batifoler). ‖ Divertirse, distraerse, recrearse (s'amuser).

ébaubi, e adj. Fam. Atónito, ta; pasmado, da; embobado, da (étonné).

ébaubir (s') v. pr. Quedarse atónito, ta; embobarse, quedarse pasmado, da.

ébauchage m. Esbozo, bosquejo. ‖ Techn. Desbaste.

ébauche f. Bosquejo, *m.,* esbozo, *m.,* boceto, *m.* (esquisse). ‖ Fig. Esbozo, *m.,* inicio, *m.* (d'un sourire). ‖ Techn. Pieza desbastada.

ébaucher v. tr. Esbozar, bosquejar. ‖ Fig. Esbozar, dibujar : *ébaucher un sourire,* esbozar una sonrisa. ‖ Iniciar, comenzar : *ébaucher une conversation,* iniciar una conversación. ‖ Techn. Desbastar (dégrossir).

ébaucheur m. Techn. Desbastador.

ébauchoir m. Desbastador. ‖ Palillo, espátula, *f.* (de sculpteur). ‖ Formón (de charpentier).

ébaudir (s') v. pr. (Vx). Divertirse.

ébavurer v. tr. Quitar la rebaba, desbarbar (enlever les bavures).

ébénacées f. pl. Bot. Ebenáceas.

ébène f. Ébano, *m.* (bois). ‖ Ébano (couleur). ‖ — Fig. *Bois d'ébène,* esclavos negros. | *Marchand de bois d'ébène,* negrero.

ébénier m. Ébano (arbre). ‖ *Faux ébénier,* cítiso, codeso (cytise).

ébéniste m. Ebanista.

ébénisterie f. Ebanistería.

éberlué, e adj. Asombrado, da; atónito, ta; pasmado, da (stupéfait).

éberluer v. tr. Asombrar, dejar atónito *ou* pasmado.

éblouir [ebluir] v. tr. Deslumbrar : *la lumière des phares nous éblouit,* la luz de los faros nos deslumbra. ‖ Fig. Maravillar, embelesar, cautivar (émerveiller). | Deslumbrar, cegar, hacer perder la cabeza : *ses succès l'ont ébloui,* sus éxitos le han cegado.

éblouissant, e [-isã, ã:t] adj. Deslumbrante, deslumbrador, ra. ‖ Fig. Resplandeciente : *d'éblouissants feux d'artifice,* unos fuegos artificiales resplandecientes. | Sorprendente, brillantísimo, ma : *une éloquence éblouissante,* una elocuencia brillantísima.

éblouissement [-ismã] m. Deslumbramiento. ‖ Fig. Turbación, *f.* | Admiración, *f.* ‖ Méd. Vahído (évanouissement).

ébonite f. Ebonita.

éborgnage m. Agric. Desyemadura, *f.*

éborgner v. tr. Dejar tuerto, saltar un ojo. ‖ Agric. Desyemar.

éboueur m. Basurero.

ébouillantage [ebujãta:ʒ] m. Escaldado al vapor.

ébouillanter [-te] v. tr. Escaldar, pasar por agua hirviendo.

— Syn. *Échauder,* escaldar. *Blanchir,* sancochar.

éboulement m. Derrumbamiento, desmoronamiento (d'un mur). ‖ Desprendimiento (de terre). ‖ Escombros, *m. pl.* (matériaux).

ébouler v. tr. Derrumbar, derribar.
— V. pr. Derrumbarse (un mur). ‖ Desprenderse (terre).

éboulis [ebuli] m. Desprendimiento (de roches). ‖ Escombros, *pl.* (matières éboulées).

ébourgeonnage [eburʒɔna:ʒ] ou **ébourgeonnement** [-ʒɔnmã] m. Desyemadura, *f.*

ébourgeonner [-ʒɔne] v. tr. Desyemar.

ébourgeonnoir [-ʒɔnwar] m. Podadera, *f.* (outil).

ébouriffant, e adj. Fam. Despampanante, espeluznante.

ébouriffé, e adj. Desgreñado, da; despeluznado, da. ‖ Erizado, da.

ébouriffer v. tr. Desgreñar, despeluznar, erizar (les cheveux). ‖ Fig. Espeluznar, pasmar (surprendre).

ébourrer v. tr. Desborrar (laine).

ébourroir m. Alisador (de cordonnier).

ébouter v. tr. Despuntar (couper le bout).

ébranchage ou **ébranchement** m. Poda, *f.,* escamonda, *f.,* desrame (d'un arbre).

ébrancher v. tr. Desramar, podar, escamondar (un arbre).

ébranchoir m. Podadera, *f.*

ébranlable adj. Que puede estremecerse, quebrantable. ‖ Fig. Conmovible, sensible.

ébranlement m. Estremecimiento (tressaillement), conmoción, *f.* ‖ ● Sacudida, *f.* (secousse) : *l'ébranlement causé par un tremblement de terre,* la sacudida causada por un terremoto. ‖ Fig. Conmoción, *f.,* emoción, *f.*

— Syn. ● *Choc,* choque. *Secousse,* sacudida.

ébranler v. tr. Estremecer, sacudir violentamente (secouer). ‖ Mover (agiter). ‖ Poner en movimiento (une cloche). ‖ Hacer vacilar, quebrantar : *ébranler les convictions,* hacer vacilar las convicciones. ‖ Mover, agitar (exciter l'imagination). ‖ Fig. Quebrantar, socavar, desquiciar, trastornar : *les institutions étaient ébranlées,* las instituciones estaban desquiciadas. | Quebrantar (la santé). | Conmover (émouvoir). ‖ *Être ébranlé,* ser cuarteado, tambalearse : *les structures de cette organisation ont été ébranlées,* las estructuras de esta organización han sido cuarteadas, se han tambaleado.
— V. pr. Ponerse en movimiento : *la voiture s'ébranle,* el coche se pone en movimiento. ‖ Fig. Vacilar, quebrantarse : *sa foi semble s'ébranler,* su fe parece vacilar.

ébrasement m. ou **ébrasure** f. Archit. Derrame, *m.,* ensanchamiento, *m.* (élargissement).

ébraser v. tr. Archit. Hacer un derrame en (élargir).

Èbre n. pr. m. Géogr. Ebro.

ébrèchement m. Melladura, *f.,* mella, *f.* (d'un couteau). ‖ Desportilladura, *f.* (d'une assiette).

ébrécher v. tr. Mellar, hacer una mella : *ébrécher un couteau,* mellar un cuchillo. ‖ Desportillar : *ébrécher une assiette,* desportillar un plato.

ébréchure f. Melladura, mella (d'un couteau). ‖ Desportilladura (de la vaisselle).

ébriété f. Embriaguez, ebriedad.

ébroïcien, enne adj. et s. De Évreux [Normandía].

ébrouement [ebrumã] m. Resoplido, bufido (cheval). ‖ Estornudo (autres animaux).

ébrouer v. tr. Desbrozar, lavar (la laine). ‖ Descascarar (les noix).
— V. pr. Resoplar, bufar (le cheval). ‖ Estornudar (les autres animaux). ‖ Chapotear (les oiseaux). ‖ Sacudirse (en sortant de l'eau).

ébruitement m. Divulgación, *f.,* propalación, *f.,* difusión, *f.*

ébruiter v. tr. Divulgar, propalar, extender, difundir : *ébruiter une nouvelle,* divulgar una noticia.

ébulliomètre ou **ébullioscope** m. Phys. Ebullómetro.

ébullition f. Ebullición, hervor, *m.* (liquide). ‖ Fig. Efervescencia, hervor, *m.* (des passions).

éburné, e ou **éburnéen, enne** adj. Ebúrneo, a (de la couleur de l'ivoire).

écaillage [ekαja:ʒ] m. Escamadura, f. (du poisson). || Acción (f.) de abrir, desbulla, f. (des huîtres). || Desconchado, desconchadura, f. (d'un mur, de la peinture).

écaille [ekα:j] f. Escama (des poissons, serpent, etc.). || Caparazón, m., concha, carey, m. (de tortue). || Valva (de moule). || Desbulla, concha (d'huîtres). || Desconchón, m. : la peinture du mur fait des écailles, la pintura de la pared tiene desconchones. || Concha, carey, m. : un peigne en écaille, un peine de concha. || Bot. Escama. || — Pl. Orujo, m. sing. || Fig. Les écailles lui sont tombées des yeux, se le cayó la venda de los ojos.

écaillement [ekαjmα̃] m. Escamadura, f. || Desconchamiento (d'un mur).

écailler [-je] v. tr. Quitar las escamas, escamar (enlever les écailles). || Desbullar (les huîtres). || Desconchar (un mur, la peinture). || — V. pr. Escamarse (perdre ses écailles). || Desconcharse (peinture). || Descascarillarse (le vernis à ongles).

écailler, ère [-je, jε:r] m. et f. Desbullador, ra (personne o outil qui ouvre les huîtres). || Ostrero, ra (marchand d'huîtres).

écailleux, euse [-jø, jø:z] adj. Escamoso, sa (qui a des écailles). || Que se desconcha (la peinture, les murs).

écaillure [-jy:r] f. Conjunto (m.) de escamas (d'un poisson, etc.). || Desconchadura.

écale f. Cáscara (de la noix, de l'amande). || Vaina (des pois).

écaler v. tr. Descascarar, pelar (ôter l'écale). || Cascar (noix). || Abrir (moules). || Quitar la cáscara de (des œufs).

écalure f. Cascarilla, cáscara (des fruits, des graines).

écang m. ou **óoangue** [ekα:g] f. Agramadera, f.

écanguer v. tr. Agramar (le lin, le chanvre).

écarlate f. Escarlata. — Adj. Escarlata. || Fig. Ruborizado, da; colorado, da.

écarquiller v. tr. Abrir desmesuradamente los ojos, abrirlos de par en par ou como platos, tenerlos desorbitados (les yeux).

écart [ekа:r] m. Desviación, f. (mouvement latéral). || Espantada, f., reparada, f., extraño (du cheval). || Caserío, aldea, f. || Descarte (au jeu de cartes). || Diferencia, f. : écart entre deux prix, diferencia entre dos precios. || Distancia, f. || Digresión, f. (digression). || Blas. Cuartel. || Error (statistique). || Fig. Extravío, descarrío (dans la conduite). || Méd. Esguince (relâchement des ligaments). || Mil. Desvío (d'une balle). || À l'écart, aparte, en lugar apartado. || À l'écart de, apartado de. || Faire son écart, descartarse (jeux). || Faire un écart, écharse ou hacerse a un lado, apartarse (se mettre de côté), erra una cana al aire (dans sa conduite). || Mettre o tenir à l'écart, dejar ou poner a un lado, apartar (isoler), apartar, dejar fuera : tenir quelqu'un à l'écart de tous les avantages, dejar a alguien fuera de todas las ventajas. || Vivre à l'écart, vivir aislado.

écarté, e adj. Apartado, da; aislado, da : endroit écarté, lugar apartado. || Apartado, da ; alejado, da : personne écartée du pouvoir, persona apartada del poder. || Descartado, da (jeux). — M. Écarté (jeu de cartes).

écartelé, e adj. Descuartizado, da. || Blas. Acuartelado, da ; cuartelado, da.

écartèlement m. Descuartizamiento.

écarteler* v. tr. Descuartizar. || Blas. Cuartelar. || Fig. Dividir cruelmente, luchar : il était écartelé entre le devoir et la passion, el deber y la pasión luchaban en él

écartelure f. Blas. Cuartel, m.

écartement m. Separación, f. || Ancho (des roues, des voies de chemin de fer). || Distancia, f. : écartement des essieux, distancia entre los ejes.

écarter v. tr. ● Apartar, separar. || Abrir, separar : écarter les jambes, abrir las piernas. || Alejar, mantener a distancia (tenir à distance). || Apartar : écarter quelqu'un de son chemin, apartar a uno de su camino. || Apartar, desviar : écarter quelqu'un du droit chemin, desviar a uno del buen camino. || Dejar de lado, desechar : écarter certaines propositions, dejar de lado ciertas propuestas. || Quitarse de encima (un concurrent). || Fig. Alejar, descartar : écarter les soupçons, la possibilité de, alejar las sospechas, descartar la posibilidad de. || Descartar (jeu). — V. intr. Bracear (le cheval). || Torear al cuarteo, capear (courses de taureaux). — V. pr. Apartarse. || Estar apartado (être éloigné). || S'écarter du sujet, salirse del tema. — Syn. ● Éloigner, alejar. Mettre à l'écart, dejar a un lado. Séparer, separar. Isoler, aislar. Disjoindre, desunir.

écarteur m. Capeador que esquiva al cuarteo (tauromachie). || Separador (de chirurgie).

ecballium [εkbaljɔm] m. Bot. Ecbalio.

ecce homo m. inv. Eccehomo, Ecce Homo.

eccéité [εkseite] f. Philos. Mismidad, identidad personal.

ecchymose [ekimo:z] f. Méd. Equimosis, cardenal, m.

ecclésiastique adj. et s. m. Eclesiástico, ca.

écervelé, e adj. Atolondrado, da; sin seso, sin cabeza (sans jugement). — M. et f. Atolondrado, da ; cabeza (f.) de chorlito.

échafaud [eʃafo] m. Cadalso, patíbulo (pour les condamnés à mort). || Fig. Guillotina, f. (guillotine). | Pena (f.) de muerte (peine de mort). || Andamio (échafaudage). || Tablado, estrado (estrade).

échafaudage m. Andamiaje, andamio, andamios, pl. : échafaudage volant, andamios suspendidos ou colgados. || Montón, pila, f. (amas d'objets). || Cimientos, pl., base, f., fundamentos, pl. : l'échafaudage d'une fortune, los cimientos de una fortuna. || Sistema de ideas, tinglado, argumentación, f.

échafauder v. intr. Levantar un andamio. — V. tr. Amontonar, apilar : échafauder des meubles, amontonar muebles. || Fig. Trazar (des plans). | Bosquejar : échafauder un roman, bosquejar una novela. | Fundar, poner en pie, echar las bases de (un système, une doctrine).

échalas [eʃala] m. Rodrigón, estaca, f. (pieu). || Fig. et fam. Espárrago, espátula, f., persona alta y flaca (personne grande et maigre). || Se tenir droit o raide comme un échalas, ser más tieso que un huso.

échalasser [-lase] v. tr. Agric. Arrodrigonar, arrodrigar, rodrigar.

échalier [eʃalje] ou **échalis** [-li] m. Seto, vallado (haie). || Portillo, escala, f. (pour franchir une haie).

échalote f. Chalote, m. (plante).

échancré, e adj. Escotado, da (robe). || Bot. Recortado, da.

échancrer v. tr. Escotar (une robe).

échancrure f. Escotadura, escote, m. (d'une robe). || Mus. Escotadura (d'un instrument).

échange m. Cambio. || Cambio (échecs). || Intercambio : échanges commerciaux, intercambios comerciales ; termes de l'échange, términos del intercambio. || Canje (de prisonniers, livres, journaux, etc.). || Fig. Intercambio : échange de compliments, d'idées : intercambio de cumplidos, de ideas. || — Échange de coups de feu, tiroteo. ||

ÉCHECS (vocabulaire)
AJEDREZ (vocabulario)

échiquier	tablero
pièces d'échecs	piezas de ajedrez
case blanche	casilla blanca
case noire	casilla negra
marche (f.) des pièces	movimiento (m.) de las piezas
coup, m.	movimiento, jugada, f.
trait	derecho de apertura
« échec et mat »	« jaque mate »
« pat »	« ahogado »
« échec au roi »	« jaque al rey »
adouber	componer
roquer ; roque	enrocar; enroque
(petit, grand)	(corto, largo)
mater	dar mate
gambit	gambito
partie nulle	tablas
débuts, ouverture	apertura
prendre en passant	comer al paso
échec perpétuel	jaque perpetuo

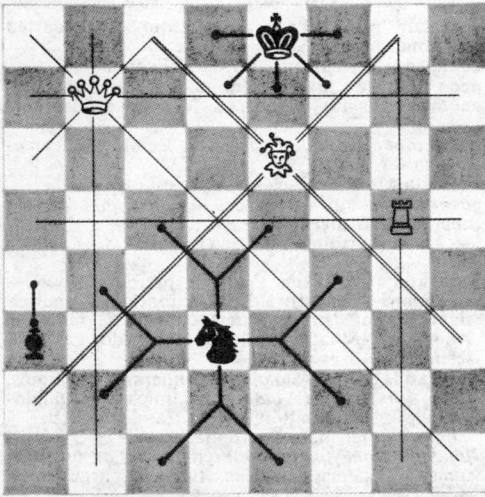

PIÈCES (PIEZAS) : roi (rey) — reine, dame (reina, dama) — fou (alfil) — cavalier (caballo) — tour (torre) — pion (peón).

Échange de vues, cambio de impresiones, conversación. || *Libre-échange,* libre cambio. || *Zone de libre-échange,* zona de libre cambio *ou* de libre comercio. || *— En échange,* en cambio. || *En échange de,* a cambio de || *— C'est un échange de bons procédés,* le ha devuelto su cumplido.
échangeable adj. Cambiable. || Intercambiable. || Canjeable (prisonniers).
échanger* v. tr. Cambiar : *échanger une chose contre une autre,* cambiar una cosa por otra. || Canjear (prisonniers, livres, journaux, etc.). || Intercambiar (s'envoyer réciproquement). || *— Échanger des coups,* pegarse. || *Échanger des coups de feu,* tirotearse. || *Échanger quelques mots,* hablar un momento.
échangeur m. PHYS. Intercambiador : *échangeur de chaleur,* intercambiador de calor. || Cruce a diferentes niveles (d'autoroutes).

échangiste m. Cambista. || *Libre-échangiste,* librecambista.
échanson m. Copero (officier qui servait à boire) : *grand échanson,* copero mayor. || Escanciador.
échantillon [eʃɑ̃tijɔ̃] m. Muestra, f. (d'une marchandise, de tissu) : *prélever des échantillons,* sacar muestras. || Marco (mesure). || FIG. Muestra, f., ejemplo, señal, f., indicio, prueba, f. : *donner un échantillon de son talent,* dar una muestra de su talento. || MAR. Escantillón. || FIG. *Un simple échantillon suffit,* para muestra basta un botón.
échantillonnage m. Preparación (f.) de muestras. || Muestrario (collection d'échantillons). || Muestreo (statistiques). || FIG. Gama, f., surtido, colección, f. (gamme). || MAR. Escantillón, conjunto de las dimensiones de una pieza.
échantillonner v. tr. Sacar *ou* preparar muestras (préparer des échantillons). || Contrastar, comprobar (des poids ou des mesures). || TECHN. Recoger muestras (pour les analyser).
échappatoire f. Escapatoria, evasiva.
échappée f. Escapada, escapatoria (escapade). || Escapada (d'un cycliste). || Vista, punto (m.) de vista (vue). || Ojo m. (d'un escalier). || Pasaje m. (pour une voiture). || Rato, m., momento, m. (court instant). || *Échappée de lumière,* golpe de luz (en peinture).
échappement m. Escape (d'un moteur, d'une montre). || *— Roue d'échappement,* rueda catalina (horloge). || *Tuyau d'échappement,* tubo de escape.
échapper* v. intr. Escapar, escaparse. || Escapar de, librarse de, evitar : *échapper au danger,* escapar de un peligro. || Irse de las manos : *son autorité lui échappe,* su autoridad se le va de las manos. || No llegar a comprender, no entender : *le sens de ce mot m'échappe,* no comprendo el sentido de esta palabra. || Olvidarse, irse de la memoria : *ce nom m'échappe,* este nombre se me ha ido de la memoria. || Escapársele a uno (prononcer involontairement) : *ce mot m'a échappé,* esta palabra se me ha escapado. || *— Laisser échapper,* dejar escapar. || *L'échapper belle,* librarse de una buena. — V. pr. Escaparse (s'enfuir). || Desvanecerse, perderse, espumarse : *voir s'échapper son dernier espoir,* ver desvanecerse su última esperanza. || Salirse (sortir). || Irse (maille). || Escaparse (sports).
écharde f. Astilla.
échardonnage m. Escarda, f. || Carda, f. (de la laine).
échardonner v. tr. Escardar (arracher les chardons). || Cardar (la laine).
échardonnoir ou **échardonnet** m. Escarda, f.
écharnage m. Descarnadura, f., descarnado (des peaux).
écharner v. tr. Descarnar (les peaux).
écharnoir m. Pala, f. (couteau à écharner).
écharpe f. Faja (bande, bandoulière). || Fajín, m. (des généraux). || Bufanda (cache-col). || Chal, m., écharpe, m. [gallicisme] (foulard). || Cabestrillo, m. : *avoir le bras en écharpe,* tener el brazo en cabestrillo. || *En écharpe,* al sesgo (en travers). || a la bandolera, cruzado, da (en bandoulière) ; en cabestrillo (bras blessé) ; de refilón (véhicule).
écharper v. tr. Acuchillar, despedazar (tailler en pièces). || (Vx). Desbriznar (la laine). || Herir gravemente, mutilar (blesser grièvement). || Trinchar mal (une volaille).
échasse f. Zanco, m. (pour marcher). || Escantillón, m. (règle de maçon). || Zanca (d'échafaudage). || Zancuda (oiseau). || FAM. Zanca (jambe). || *Être monté sur des échasses,* ser zanquilargo, ser muy alto de estatura.
échassiers [eʃasje] m. pl. Zancudas, f. (oiseaux).

échauboulure f. Barros, *m. pl.* (maladie de peau du cheval et du bœuf).
échaudage m. Escaldado, escaldadura, *f.*
échaudé m. Especie de torta, *f.* (pâtisserie).
échaudé, e adj. Escaldado, da. ‖ *Chat échaudé craint l'eau froide,* gato escaldado del agua fría huye.
échauder v. tr. Escaldar. ‖ Requemar, asolear (blé, grains). ‖ Fig. Servir de escarmiento, hacer escarmentar (faire pâtir).
échaudoir m. Escaldadera, *f.* (vase pour échauder). ‖ Peladero (dans un abattoir).
échauffement m. Calentamiento. ‖ Recalentamiento (frottement). ‖ Fermentación, *f.* (céréales, farine). ‖ Fig. Acaloramiento. ‖ Méd. Irritación, *f.*
échauffer v. tr. Calentar. ‖ Fam. Estreñir. ‖ Fig. Acalorar, enardecer, irritar. ‖ Techn. Recalentar. ‖ *Échauffer le sang, la tête, les oreilles,* calentar, quemar la sangre, encolerizar.
— V. pr. Calentarse. ‖ Fig. Acalorarse, enardecerse, subir de tono (dispute, discussion). ‖ Irritarse, inflamarse.
échauffourée f. Refriega, escaramuza (combat).
— Syn. *Rencontre,* encuentro. *Choc,* choque.
échauguette f. Atalaya (pour guetter).
échéance f. Vencimiento, *m.* (date de paiement d'un billet, d'une dette, etc.). ‖ Plazo, *m.,* término, *m. : des effets commerciaux à courtes échéances,* efectos comerciales a corto plazo. ‖ — *À brève échéance,* en breve plazo, en breve, a corto plazo. ‖ *Arriver à échéance,* vencer. ‖ *Payer ses échéances,* pagar sus débitos.
échéancier m. Comm. Registro de vencimientos.
échéant, e [eʃeã, ã:t] adj. Que vence, pagadero, ra (qui échoit). ‖ *Le cas échéant,* llegado el caso, si llega el caso.
échec [eʃɛk] m. Jaque (au jeu d'échecs). ‖ Fig. ● Fracaso (insuccès) : *essuyer un échec,* sufrir un fracaso. ‖ — Pl. Ajedrez, *sing.* (jeu). ‖ — *Échec et mat,* jaque mate. ‖ *Joueur d'échecs,* ajedrecista. ‖ — *Être échec,* estar en jaque (au jeu). ‖ *Mettre en échec,* hacer fracasar (faire échouer), dar jaque a (jeu d'échecs). ‖ Fig. *Tenir en échec,* tener en jaque, mantener a raya (dans une position difficile), empatar, igualar (sports).
— Syn. ● *Revers,* revés. *Insuccès,* fracaso. *Fiasco,* fiasco. *Pop. Veste,* calabaza.
échelette f. Albardilla de carga. ‖ Adral, *m.* (ridelle de voiture). ‖ (Vx). Escalerilla (petite échelle).
échelier m. Escalerón, espárrago.
échelle f. Escala (musicale, etc.) : *l'échelle d'une carte,* la escala de un mapa. ‖ Escala, escalera de mano, escalera (métallique, en bois, etc.) : *échelle à crochets,* escalera de gancho. ‖ Carrera, carrerilla (à un bas). ‖ Fig. Escala, nivel, *m. : à l'échelle internationale,* a escala internacional. ‖ — *Échelle de corde,* escala de cuerda. ‖ Mar. *Échelle de coupée,* escala real. ‖ Min. *Échelle de Mohs,* escala de dureza *ou* de Mohs. ‖ *Échelle des valeurs,* jerarquía de valores. ‖ *Échelle double,* escalera de tijera. ‖ *Échelle mobile,* escala móvil (salaires). ‖ *Échelle sociale,* escala (gallicisme) *ou* jerarquía social. ‖ *Sur une grande o petite échelle,* en gran ou pequeña escala. ‖ — Fam. *Après lui, il faut tirer l'échelle,* después de él, punto redondo. ‖ *Faire la courte échelle,* hacer estribo con las manos, aupar.
échelon [eʃlõ] m. Escalón, peldaño (barreau de l'échelle). ‖ Escalafón, grado (grade). ‖ Mil. Escalón (combat). ‖ — *À l'échelon national, ministériel,* al nivel nacional, ministerial. ‖ *Gravir les échelons de la hiérarchie,* elevarse en la jerarquía.
échelonnement [eʃlɔnmã] m. Escalonamiento, espaciamiento. ‖ Mil. Escalonamiento.

échelonner [-ne] v. tr. Escalonar. ‖ Espaciar, graduar : *échelonner des paiements,* espaciar los pagos. ‖ Mil. Escalonar.
échenillage [eʃnija:ʒ] m. Agric. Descocamiento, desorugamiento.
écheniller [-je] v. tr. Descocar, desorugar, limpiar de orugas (débarrasser des chenilles).
échenilloir [-jwa:r] m. Agric. Descocador, desorugador.
écheveau [eʃvo] m. Madeja, *f.,* ovillo (de fil, de laine, etc.). ‖ Fig. Enredo, lío (affaire embrouillée).
échevelé, e [eʃəvle] adj. Desgreñado, da; desmelenado, da. ‖ Desenfrenado, da : *danse échevelée,* baile desenfrenado. ‖ Descabellado, da; disparatado, da : *idée échevelée,* idea descabellada.
écheveler* v. tr. Desgreñar, desmelenar.
échevin [eʃvɛ̃] m. Regidor (magistrat municipal).
échevinage m. Regiduría, *f.,* regidoría, *f.*
échidné [ekidne] m. Equidna (mammifère).
échiffre f. *Mur d'échiffre,* rampa donde se apoyan los peldaños de una escalera.
échine f. Espinazo, *m.,* espina dorsal. ‖ Lomo, *m.* (des animaux). ‖ Archit. Equino, *m.* (moulure). ‖ — Fig. et Fam. *Avoir l'échine souple, flexible,* ser muy servil. ‖ Fig. *Courber l'échine,* doblar el espinazo *ou* la cerviz, humillarse. ‖ Fam. *Frotter l'échine à quelqu'un,* sacudir el polvo medir las costillas a alguno (rosser).
échiner v. tr. Deslomar, romper el espinazo (rompre l'échine). ‖ Fig. Moler a palos (battre). ‖ Romper la crisma, matar (tuer).
— V. pr. Deslomarse, matarse, aperrearse (se fatiguer).
échinocactus [ekinɔkaktys] m. Bot. Equinocacto.
échinocoque [ekinɔkɔk] m. Equinococo (larve).
échinoderme [ekinɔdɛrm] m. Zool. Equinodermo.
échiqueté, e [eʃikte] adj. Blas. Jaquelado, da; escaqueado, da.
échiquier m. Tablero, damero (échecs). ‖ Dr. Tribunal (en Normandie). ‖ Fig. Palestra, *f.,* tablero : *l'échiquier parlementaire,* la palestra parlamentaria : *l'échiquier politique,* el tablero político. ‖ — *Chancelier de l'Échiquier,* ministro de Hacienda (en Angleterre). ‖ — *En échiquier,* escaqueado, da; en cuatros alternados.
écho [eko] m. Eco (acoustique). ‖ Eco, gacetilla, *f.* (d'un journal). ‖ Fig. Eco : *se faire l'écho d'une nouvelle,* hacerse eco de una noticia. ‖ Poét. Eco. ‖ — *À tous les échos,* a los cuatro vientos, públicamente. ‖ *Chambre d'écho,* cámara de resonancia.
échoir* v. intr. Tocar, caer en suerte : *échoir en partage,* tocar en un reparto. ‖ Vencer, cumplir (un délai) : *mon billet échoit demain,* mi pagaré vence mañana.
— Observ. Échoir se emplea casi únicamente en la tercera persona del singular y del plural. En los tiempos compuestos se emplea con el auxiliar *être.*
écholalie [ekɔlali] f. Ecolalia.
échoppe f. Puesto, *m.,* tenderete, *m.* (petite boutique). ‖ Techn. Buril (*m.*) de grabador (burin).
échopper v. tr. Techn. Burilar, grabar con buril.
échotier [ekɔtje] m. Gacetillero.
échouage m. Mar. Encalladero, escollo (accident). ‖ Varadero (pour carénage).
échouement m. Mar. Encalladura, *f.*
échouer v. intr. Mar. Encallar, embarrancar, varar (accident). ‖ Ser suspendido (examen) : *elle a échoué à son examen,* ha sido suspendida en su examen ‖ Ser arrojado, da : *divers objets ont échoué sur la plage,* varios objetos han sido arrojados a la playa. ‖ Fam. Ir a parar : *sa montre échoua au Mont-de-Piété,* su reloj fue a parar en el Monte de Piedad. ‖ Fig. ● Fracasar, salir mal,

frustrarse (une affaire, des plans) : *l'affaire échoua*, el negocio salió mal.
— V. tr. Varar (un bateau).
— V. pr. Mar. Encallar, embarrancarse.
— Syn. ● *Avorter*, abortar. *Rater*, fallar.

échu, e adj. *À terme échu*, a plazo vencido.
écimage m. Desmoche, descope (d'un arbre).
écimer v. tr. Desmochar, descopar.
éclaboussement m. Salpicadura, *f.*
éclabousser v. tr. Salpicar. ‖ Fig. Manchar, mancillar : *le scandale a éclaboussé sa famille*, el escándalo ha manchado a su familia. ‖ Aplastar, deslumbrar, dar en las narices : *le parvenu veut éclabousser tout le monde de son luxe*, el nuevo rico quiere aplastar con su lujo a todo el mundo.
éclaboussure f. Salpicadura (de boue, etc.). ‖ Fig. Consecuencia, repercusión : *les éclaboussures d'un scandale*, las consecuencias de un escándalo.
éclair m. Relámpago. ‖ Fig. Chispa, *f.*, rasgo : *un éclair de génie*, una chispa de ingenio. ‖ Relampagueo, centelleo : *l'éclair des diamants*, el centelleo de los diamantes. ‖ Pastelillo relleno de crema (gâteau). ‖ Phot. Fogonazo, relámpago, flash. ‖ Fig. *Passer comme un éclair*, pasar como una exhalación *ou* un relámpago.
— Adj. Relámpago : *une guerre éclair*, una guerra relámpago.
— Observ. Tanto en francés como en español el término corrientemente empleado en fotografía es *flash*.
éclairage m. Alumbrado, iluminación, *f.* : *éclairage indirect*, iluminación indirecta ; *éclairage public*, alumbrado público. ‖ Luces, *f. pl.* (d'une auto). ‖ — *Gaz d'éclairage*, gas del alumbrado. ‖ *Voir sous un certain éclairage* o *donner un certain éclairage à*, enfocar de cierta manera.
éclairagiste adj. et s. Luminotécnico, ca ; técnico en iluminación. ‖ Ciném. Ingeniero de luces.
éclairant, e adj. Luminoso, sa : *pouvoir éclairant*, potencia luminosa.
éclaircie f. Claro, *m.* (endroit dégagé). ‖ Clara, escampada (interruption de la pluie). ‖ Fig. Mejoría (amélioration).
éclaircir v. tr. ● Aclarar. ‖ Fig. Aclarar, esclarecer (rendre intelligible). ‖ Entresacar (rafraîchir les cheveux). ‖ Despejar : *le vent a éclairci l'horizon*, el viento ha despejado el horizonte. ‖ Agric. Entresacar.
— V. pr. Aclararse, despejarse : *le temps s'éclaircit*, el tiempo se despeja. ‖ Aclararse (la voix). ‖ Dispersarse, disminuir : *le public s'éclaircit*, el público se dispersa.
— Syn. ● *Démêler*, desenredar, desenmarañar. *Débrouiller*, *défricher*, desbrozar. *Élucider*, elucidar. *Clarifier*, clarificar.
éclaircissage m. Aclareo, aclaramiento (des plantes, des arbres).
éclaircissement m. Aclaración, *f.*, esclarecimiento (explication).
éclaire f. Bot. Celidonia.
éclairé, e adj. Alumbrado, da. ‖ Ilustrado, da : *le despotisme éclairé*, el despotismo ilustrado.
éclairement m. Alumbrado. ‖ Phys. Iluminancia, *f.*
éclairer v. tr. Alumbrar, iluminar. ‖ Alumbrar, dar luz : *je vais vous éclairer*, voy a alumbrarle. ‖ Fig. Instruir, ilustrar : *l'expérience nous éclaire*, la experiencia nos instruye. ‖ Aclarar : *cette explication éclaire le texte*, esta explicación aclara el texto. ‖ Iluminar : *éclairer la conscience d'un juge*, iluminar la conciencia de un juez.
— V. intr. Alumbrar. ‖ Relumbrar, chispear, brillar (étinceler).
— V. pr. Alumbrarse : *nous nous éclairons au gaz*, nos alumbramos con gas. ‖ Iluminarse : *son visage s'éclaira*, su cara se iluminó. ‖ Fig. Acla-

rarse, esclarecerse : *la situation s'est éclairée*, la situación se ha aclarado.
éclaireur, euse m. et. f. Explorador, ra (scoutisme).
— M. Mar. Barco explorador (bâtiment). ‖ Mil. Explorador, batidor. ‖ *Partir en éclaireur*, ir por delante, adelantarse.
éclampsie [eklãmpsi] f. Méd. Eclampsia.
éclanche f. Brazuelo (*m.*) de carnero (épaule de mouton).
éclat [ekla] m. Pedazo, fragmento (partie d'un morceau brisé). ‖ Astilla, *f.* (de bois) : *briser en éclats*, hacer astillas. ‖ Esquirla, *f.* (morceau d'os). ‖ Brillo, resplandor, destello (lueur brillante). ‖ Hendidura, *f.* (fente). ‖ Fig. Estrépito, fragor (fracas). ‖ Resplandor : *l'éclat de la jeunesse*, el resplandor de la juventud. ‖ Brillantez, *f.*, brillo : *l'éclat de la saison théâtrale*, la brillantez de la temporada teatral. ‖ Escándalo. ‖ — *Éclat de rire*, carcajada. ‖ *Éclat de voix*, grito, voces. ‖ *Éclat d'obus*, casco de granada, metralla. ‖ — *Action* o *coup d'éclat*, hazaña, proeza. ‖ *Sans éclat*, apagado, deslucido, sin brillo. ‖ *Une vie sans éclat*, una vida sin pena ni gloria. ‖ — *Faire un éclat*, alborotar, armar un escándalo. ‖ *Rire aux éclats*, reírse a carcajadas.
éclatant, e adj. Brillante, resplandeciente (qui brille). ‖ Fig. Brillante : *victoire éclatante*, brillante victoria. ‖ Clamoroso, sa : *un succès éclatant*, un éxito clamoroso. ‖ Manifiesto, ta ; notorio, ria ; patente : *vérité éclatante*, verdad manifiesta. ‖ Estrepitoso, sa ; ruidoso, sa (bruyant). ‖ *Éclatant de santé, de beauté*, rebosante, resplandeciente de salud, de belleza.
éclatement m. Estallido : *l'éclatement d'une bombe*, el estallido de una bomba. ‖ Reventón (d'un pneu). ‖ Astillado (du bois). ‖ Fig. Fragmentación, *f.* (d'un parti, d'une association).
éclater v. intr. Estallar, reventar (se rompre violemment). ‖ Estallar (applaudissements). ‖ Resplandecer, brillar : *la joie éclate dans ses yeux*, la alegría resplandece en sus ojos. ‖ Estallar, ocurrir : *un scandale a éclaté*, ha estallado un escándalo. ‖ Fig. Reventar (de colère). ‖ Manifestarse (se manifester). ‖ Prorrumpir : *éclater de rire*, prorrumpir en risa. ‖ *Éclater en sanglots*, romper a llorar, prorrumpir en llanto.
éclateur m. Électr. Descargador. ‖ *Éclateur de mesure*, espinterómetro.
éclectique adj. et s. Ecléctico, ca.
éclectisme m. Eclecticismo.
éclimètre m. Eclímetro.
éclipse f. Astr. Eclipse, *m.* ‖ Fig. Eclipse, *m.*, ausencia.
éclipser v. tr. Eclipsar. ‖ Fig. Ocultar. ‖ Superar, quedar por encima, eclipsar (surpasser).
— V. pr. Desaparecer, eclipsarse, escabullirse.
écliptique adj. Astr. Eclíptico, ca.
— M. Eclíptica, *f.*
éclisse f. Méd. Tablilla. ‖ Mus. Armazón. ‖ Techn. Eclisa, mordaza (de rails).
éclisser v. tr. Entablillar : *éclisser un bras*, entablillar un brazo. ‖ Asegurar, fijar (fixer).
éclopé, e adj. et s. Cojo, ja. ‖ Lisiado, da (estropié).
éclore* v. intr. Nacer, salir del huevo *ou* del cascarón (sortir de l'œuf). ‖ Abrirse (fleurs, œufs). ‖ Fig. Nacer, despuntar (le jour) : *le jour vient d'éclore*, el día acaba de despuntar. ‖ Nacer, salir a luz, aparecer, surgir (se manifester).
éclosion f. Nacimiento, *m.*, salida del huevo *ou* del cascarón (d'un oiseau). ‖ Abertura, desarrollo, *m.*, brote, *m.* (d'une fleur). ‖ Despuntar : *l'éclosion du printemps*, el despuntar de la primavera. ‖ Fig. Aparición : *l'éclosion de jeunes talents*, la aparición de nuevos talentos.

éclusage m. Cierre de esclusa.

écluse f. Esclusa (d'un canal). ‖ *Écluses d'aérage*, respiradero (d'une mine).

éclusée f. Esclusada, cantidad de agua que pasa entre la apertura y el cierre de una esclusa.

écluser v. tr. Dar paso a un barco por una esclusa (faire passer). ‖ Cerrar mediante una esclusa (fermer). ‖ POP. Pimplar (boire).

éclusier, ère m. et f. Esclusero, ra (gardien). ‖ *Porte éclusière*, compuerta.

écobuage [ekɔbɥa:ɜ] m. AGRIC. Artiga, f., roza, f.

écobuer [-bɥe] v. tr. AGRIC. Artigar, rozar.

écœurant, e [ekœrã, ã:t] adj. ● Repugnante, asqueroso, sa : *odeur écœurante*, olor repugnante. ‖ Empalagoso, sa (trop sucré).

— SYN. ● *Nauséabond, nauséeux*, nauseabundo.

écœurement [-rmã] m. Asco (dégoût). ‖ FIG. Hastío, asco (lassitude).

écœurer [-re] v. tr. Dar asco, asquear, repugnar. ‖ Empalagar (choses sucrées). ‖ FIG. Hastiar (lasser). ‖ Desanimar, descorazonar (décourager).

écoinçon [ekwɛ̃sɔ̃] ou **écoinson** [ekwazɔ̃] m. ARCHIT. Mocheta, f., enjuta, f. ‖ Rinconera, f. (meuble).

école f. ● Escuela : *école des beaux-arts*, escuela de Bellas Artes. ‖ Colegio, m : *les enfants doivent aller à l'école*, los niños tienen que ir al colegio. ‖ Academia : *une école de langue*, una academia de idiomas. ‖ Instrucción (du soldat). ‖ FIG. Escuela : *école rationaliste française*, escuela racionalista francesa. ‖ — *École communale*, escuela municipal. ‖ *École maternelle*, escuela de párvulos. ‖ *École militaire*, academia militar. ‖ *École nationale d'agriculture*, escuela de ingenieros agrónomos. ‖ *Haute école*, alta escuela (équitation). ‖ — *Être à bonne école*, tener buena escuela. ‖ *Faire école*, formar escuela : *un artiste qui fait école*, un artista que forma escuela ; propagarse, difundirse, tener eco (se propager). ‖ *Faire école à*, dar clases ou enseñar a. ‖ FIG. *Faire l'école buissonnière*, hacer novillos, hacer rabona.

— OBSERV. Le mot espagnol *escuela*, qui désigne surtout l'école primaire publique, est beaucoup moins employé que le terme français *école ;* le mot le plus courant est *colegio*.

— SYN. ● *Lycée*, liceo, instituto, *Collège*, colegio. *Cours*, curso. *Académie*, academia. *Institut*, instituto. *Conservatoire*, *Gymnase*, gimnasio.

écolier, ère m. et f. Alumno, na ; colegial, escolar (p. us.). ‖ FIG. Novato, principiante (novice). ‖ — *Papier écolier*, papel pautado. ‖ *Prendre le chemin des écoliers*, tomar por el camino más largo.

écologie f. Ecología.

écologique adj. Ecológico, ca ; ecologista.

écologiste m. y f. Ecologista, ecólogo, ga.

éconduire* [ekɔ̃dɥir] v. tr. Despedir (congédier). ‖ No recibir (refuser de recevoir). ‖ Rechazar, dar calabazas (fam.) [un soupirant].

économat [ekɔnɔma] m. Economato.

économe adj. Económico, ca ; ahorrado, da ; ahorrador, ra ; ahorrativo, va. ‖ FIG. *Être économe de...*, ser parco en..., no prodigar. — M. et f. Ecónomo, ma (administrateur).

économétricien, enne m. et f. Especialista en econometría.

économétrie f. Econometría.

économie f. ● Economía : *économie politique*, economía política. ‖ FIG. Ahorro, m. : *c'est une économie de temps*, es un ahorro de tiempo. ‖ — Pl. Ahorros, m. ‖ — *Économie dirigée*, economía planificada. ‖ *Faire des économies*, ahorrar. ‖ FAM. *Faire des économies de bouts de chandelle*, hacer economías de chicha y nabo. ‖ *Faire l'économie d'une explication*, ahorrarse una explicación.

— SYN. ● *Épargne*, ahorro. *Parcimonie*, parsimonia.

économique adj. Económico, ca.

économiquement adv. Económicamente. ‖ *Économiquement faible*, persona de escasos recursos.

économiser v. tr. Economizar ; ahorrar. ‖ FIG. Ahorrar, reservar : *économiser ses forces*, reservar sus fuerzas.

économiseur m. Aparato economizador.

économiste m. Economista.

écope f. Achicador, m. (pour vider l'eau).

écoper v. tr. Achicar (vider de l'eau). ‖ POP. Pimplar (boire). — V. intr. FAM. Pagar el pato, cobrar (subir les conséquences d'une chose). ‖ Ganarse, cargarse : *il a écopé de dix francs d'amende*, se ha cargado diez francos de multa.

écoperche f. Árgana. ‖ Alma (perche d'un échafaudage).

écorçage ou **écorcement** m. Descortezamiento, descorche (du chêne-liège).

écorce f. Corteza (d'un arbre, de la terre). ‖ Cáscara, piel (d'un fruit). ‖ (Vx). FIG. Corteza, apariencia exterior (apparence).

écorcer* v. tr. Descortezar. ‖ Descorchar (le chêne-liège). ‖ Pelar (un fruit).

écorceur m. Descortezador, descorchador (de liège).

écorceuse f. Descortezadora (machine).

écorché, e adj. Desollado, da ; despellejado, da — M. Figura (f.) anatómica desollada (beaux-arts).

écorchement m. Desolladura, f.

écorcher v. tr. Desollar, despellejar. ‖ Desollar, rozar, arañar (égratigner). ‖ FIG. Lastimar, dañar : *voix qui écorche les oreilles*, voz que lastima los oídos. ‖ Hablar mal, chapurrear (une langue), deformar (un nom), estropear (un morceau de musique). ‖ *Crier comme si l'on vous écorchait*, gritar como si le estuvieran matando.

écorcheur m. Desollador (qui écorche les animaux).

écorchure f. Desolladura, desollón, m., excoriación.

— SYN. *Égratignure*, rasguño. *Griffure*, arañazo. *Éraflure, éraillure*, rasguño. *Excoriation*, excoriación.

écorner v. tr. Descornar (briser, amputer les cornes). ‖ Descantillar, desportillar (un objet). ‖ Doblar la punta (d'une page). ‖ FIG. Disminuir, mermar, descantillar : *écorner un capital*, mermar un capital.

écornifler v. intr. POP. Comer de gorra, gorronear (faire le pique-assiette). ‖ Dar sablazos, sablear (demander de l'argent).

écornifleur, euse m. et f. FAM. Gorrón, ona ; parásito (pique-assiette). ‖ Sablista (qui demande de l'argent).

écornure f. Lasca (éclat de pierre). ‖ Desportilladura (d'une assiette). ‖ Astilla (d'un meuble).

écossais, e adj. et s. Escocés, esa.

Écosse n. pr. f. GÉOGR. Escocia.

écosser v. tr. Desvainar, desgranar.

écosseuse f. Desgranadora (machine).

écot [eko] m. Escote, cuota, f., parte, f. : *payer son écot*, pagar su escote, su parte. ‖ Cuenta, f. (note). ‖ Tocón (tronc), rama (f.) rota, garrancho (branche).

écoulé, e adj. *Le 31 du mois écoulé*, el pasado día 31.

écoulement m. Derrame (d'un liquide). ‖ Salida, f., desagüe, flujo (des eaux). ‖ Salida, f., circulación f. (des personnes). ‖ Paso, transcurso, curso (du temps). ‖ Salida, f., venta, f., despacho (d'une marchandise). ‖ MÉD. Derrame : *écoulement muqueux*, derrame mucoso.

écouler v. tr. Dar salida a, vender, despachar (vendre). ‖ Deshacerse de (se débarrasser). — V. pr. Correr, fluir (liquides). ‖ Desaguar, evacuarse (les eaux). ‖ Transcurrir, pasar (le temps). ‖ Despacharse, venderse, encontrar salida (marchandises). ‖ Fig. Irse, salir, retirarse (la foule). | Irse, desaparecer : *l'argent s'écoule vite,* el dinero desaparece pronto. ‖ Méd. Derramarse (s'épancher).

écourter v. tr. Acortar. ‖ Vétér. Cortar el rabo, desrabotar, desrabar (couper la queue).

écoute f. Escucha. ‖ Mar. Escota (cordage). ‖ Mil. Escucha. ‖ — Pl. Orejas (du sanglier). ‖ — *Sœur écoute,* escucha, escuchadera (religieuse). ‖ *Table d'écoute,* estación de escucha. ‖ — *Être aux écoutes,* estar a la escucha. ‖ *Vous êtes à l'écoute de* (radio), están escuchando, sintonizan con.

écouter v. tr. Escuchar : *écouter de la musique,* escuchar música. ‖ Escuchar, dar oídos a, hacer caso a (tenir compte de). ‖ Atender, acoger (exaucer). ‖ Dejarse llevar por : *écouter sa colère,* dejarse llevar por la cólera. ‖ — *Écoute!,* ¡oye!, ¡mira! ‖ *Écouter aux portes,* escuchar tras la puerta. ‖ *Écouter son mal,* preocuparse excesivamente por sus males. ‖ *N'écouter que d'une oreille,* prestar poca atención. ‖ *N'écouter que soi-même,* no atender ningún consejo.

— V. pr. Escucharse : *s'écouter parler,* escucharse hablando. ‖ Fam. Ser muy aprensivo, cuidarse demasiado.

écouteur, euse m. et f. Escuchador, ra ; que escucha (qui écoute). ‖ Indiscreto, ta (indiscret).

— M. Auricular (téléphone).

écoutille [ekuti:j] f. Mar. Escotilla (trappe).

écouvillon [ekuvijɔ̃] m. Mil. Escobillón, lanada, f. (de canon). ‖ Barredero (d'un four). ‖ Méd. Legra, f. (instrument de chirurgie).

écouvillonnage [-vijɔna:ʒ] m. Limpieza, f.

écouvillonner [-vijɔne] v. tr. Limpiar con escobillón (un canon) *ou* un barredero (un four) *ou* un escobillón (une cavité naturelle).

écrabouillage ou **écrabouillement** [ekrabuja:ʒ, -buʒmɑ̃] m. Fam. Aplastamiento, despachurramiento.

écrabouiller [-buje] v. tr. Fam. Aplastar, despachurrar.

écran m. Pantalla, f. : *écran panoramique,* pantalla panorámica. ‖ Abanico, pantalla (f.) de chimenea (de cheminée). ‖ Cortina, f. (barrage) : *écran de fumée,* cortina de humo. ‖ Fig. Pantalla, f. (protection). ‖ Pantalla, f., cine. ‖ — *Le petit écran,* la pequeña pantalla, la televisión. ‖ *Porter à l'écran,* llevar a la pantalla *ou* al celuloide.

écrasant, e adj. Abrumador, ra ; agobiante : *poids écrasant,* peso abrumador. ‖ Fig. Aplastante : *une victoire écrasante,* una victoria aplastante.

écrasement m. Aplastamiento. ‖ Atropello (par une voiture).

écraser v. tr. Aplastar : *écraser un insecte,* aplastar un insecto. ‖ Atropellar (avec un véhicule). ‖ Pisar (le raisin). ‖ Machacar, majar : *écraser de l'ail,* majar ajos. ‖ Triturar (le grain). ‖ Anonadar, humillar, rebajar : *écraser par son luxe,* humillar con su lujo. ‖ Fig. Destruir, aplastar : *écraser l'ennemi,* aplastar al enemigo. ‖ Abrumar, agobiar : *être écrasé d'impôts,* estar agobiado por los impuestos. ‖ Fam. *En écraser,* dormir como un tronco.

— V. pr. Estrellarse : *s'écraser contre un arbre,* estrellarse contra un árbol. ‖ — Pop. *Écrase-toi,* cierra el pico, cállate. ‖ Fam. *On s'écrase,* se amontona la gente.

écraseur, euse adj. et s. Aplastador, ra. ‖ Fam. Atropellador, ra ; mal conductor, ra (voiture). ‖ — M. Aplastadora, f.

écrémage m. Desnatado, desnate.

écrémer* v. tr. Desnatar, quitar la nata de (le lait). ‖ Fig. Escoger la flor y nata de.

écrémeuse f. Desnatadora.

écrêtement m. Mil. Bombardeo de las crestas de un muro, fortaleza, etc.

écrêter v. tr. (P. us.). Descrestar (enlever la crête). ‖ Mil. Batir la cresta de un muro, fortaleza, etc.

écrevisse f. Cangrejo (*m.*) de río (crustacé). ‖ Techn. Tenaza (tenaille de forgeron). ‖ *Rouge comme une écrevisse,* colorado *ou* encarnado como un cangrejo.

écrier (s')* v. pr. Exclamar. ‖ Gritar (crier).

— Observ. Ce verbe ne se traduit jamais par un verbe pronominal en espagnol.

écrin m. Joyero, estuche (coffret).

écrire* v. tr. ● Escribir. ‖ Inscribir, imprimir : *la vertu était écrite sur son visage,* la virtud estaba impresa en su rostro. ‖ — *Écrire comme un chat,* escribir como una cocinera, hacer garabatos. ‖ *Écrire un mot,* poner unas letras. ‖ *Machine à écrire,* máquina de escribir.

— V. pr. Escribirse : *ce mot s'écrit en trois lettres,* esta palabra se escribe con tres letras. ‖ Cartearse, escribirse (échange de lettres).

— Syn. ● *Noter,* anotar, apuntar. *Marquer,* señalar. *Rédiger,* redactar. *Libeller,* libelar. *Composer,* componer. *Fam. Pondre,* borronear. *Tartiner,* garabatear.

écrit, e [ekri, it] adj. et s. m. Escrito, ta. ‖ — *Par écrit,* por escrito. ‖ — *Ce qui est écrit est écrit,* lo escrito, escrito está. ‖ *C'était écrit,* estaba escrito.

écriteau m. Letrero, rótulo (inscription).

— Syn. *Étiquette,* etiqueta, marbete. *Pancarte,* pancarta, cartel. *Plaque,* placa.

écritoire f. Escribanía (meuble). ‖ Recado de escribir, escribanía (nécessaire).

écriture f. Escritura. ‖ ● Letra, escritura : *avoir une jolie écriture,* tener buena letra. ‖ Escrito, *m.* ‖ Escritura (la Bible) : *l'Écriture sainte,* la Sagrada Escritura. ‖ Fig. Estilo (*m.*) literario. ‖ — Pl. Libros, *m.,* cuentas (comptabilité) : *tenir les écritures,* llevar los libros. ‖ Asiento, *m.* (commerce). ‖ *Employé aux écritures,* escribiente, amanuense.

— Syn. ● *Calligraphie,* caligrafía. *Graphe, graphisme,* grafía. *Fam. Plume,* pluma.

écrivailler [ekrivaje] v. intr. (P. us.). Emborronar cuartillas, escribir mal (écrire mal).

écrivaillon m. Fam. Escritorzuelo, escribidor.

écrivain m. Escritor (auteur). ‖ — *Écrivain public,* memorialista. ‖ *Femme écrivain,* escritora.

écrivasser v. tr. Fam. Emborronar cuartillas.

écrivassier, ère m. et f. Fam. Escritorzuelo, la.

écrou m. Tuerca, f. : *écrou d'assemblage, à oreilles o papillon, à encoches,* tuerca de fijación, de mariposa, entallada. ‖ Encarcelamiento (emprisonnement). ‖ — *Levée d'écrou,* puesta en libertad (d'un prisonnier). ‖ *Registre d'écrou,* registro *ou* asiento de encarcelamiento.

écrouelles [ekruɛl] f. pl. Méd. Lamparones, *m.,* escrófulas (scrofule).

écrouer v. tr. Encarcelar (mettre en prison). ‖ Registrar, inscribir en el registro de la cárcel (inscrire sur le registre d'une prison).

écrouir v. tr. Martillear, batir en frío (un métal).

écrouissage m. Martilleo, batido en frío (d'un métal).

écroulement m. Derrumbamiento, hundimiento (d'un édifice, d'un mur). ‖ Fig. Pérdida, f. (perte). | Derrumbamiento, hundimiento (d'un empire).

écrouler (s') v. pr. Venirse abajo, derrumbarse hundirse (édifice, mur). ‖ Desplomarse, caerse al suelo : *il s'écroula,* se desplomó. ‖ Fig. Venirse abajo (plans, espoirs, empire).

écroûtage ou **écroûtement** m. Descortezamiento. ‖ Agric. Roturación, f.

écroûter v. tr. Descortezar, quitar la corteza. ‖ Agric. Roturar (défricher).

écru, e adj. Crudo, da : *soie écrue,* seda cruda.

ecthyma [ɛktima] m. MÉD. Ectima, dermatosis (f.) pustuloulcerosa.

ectoderme [ɛktɔdɛrm] m. Ectodermo.

ectoparasite adj. et s. m. ZOOL. Ectoparásito, ta.

ectoplasme [ɛktɔplasm] m. Ectoplasma.

ectropion [ɛktrɔpjɔ̃] m. MÉD. Ectropión (paupières).

écu [eky] m. Escudo (bouclier). || Escudo (monnaie). || BLAS. Escudo, armas, f. pl. (armoiries). || — FAM. *Avoir des écus à remuer à la pelle,* apalear las onzas de oro. | *N'avoir pas un écu vaillant,* no tener una blanca *ou* un cuarto.

écubier m. MAR. Escobén.

écueil [ekœːj] m. Escollo.
— SYN. *Récif,* arrecife. *Brisant,* rompiente.

écuelle [ekyɛl] f. Escudilla (récipient). || FIG. *Manger à la même écuelle,* comer en el mismo plato.

écuellée [-le] f. Escudilla (contenu).

écuisser v. tr. Rajar, partir (un arbre).

éculer v. tr. Destaconar, gastar el tacón (un soulier). || FIG. *Plaisanterie éculée,* chiste viejo, trasnochado.

écumage m. Espumado.

écumant, e adj. Espumante (qui écume). || Cubierto, ta, de espuma : *rochers écumants,* rocas cubiertas de espuma. || Que echa espumarajos por la boca (cheval). || FIG. Rabioso, sa; irritado, da. || *Écumant de colère,* rabioso de ira, echando espumarajos de cólera.

écume f. Espuma (mousse). || Escoria (scories des métaux). || Espumarajos, *m. pl.* (bave). || Sudor, *m.* (transpiration du cheval). || FIG. Hez, desecho, *m.* : *l'écume de la société,* la hez de la sociedad. || *Écume de mer,* espuma de mar.

écumer v. tr. Espumar, quitar la espuma de (enlever l'écume). || FIG. Pasar por un tamiz. || *Écumer les mers,* piratear.
— V. intr. Espumar, hacer espuma (un liquide). || Echar espumarajos por la boca (cheval). || FIG. *Écumer de rage,* reventar de rabia, echar espumarajos de cólera.

écumeur, euse m. et f. Espumador, ra (qui écume). || — *Écumeur de mer,* pirata. || FIG. et FAM. *Écumeur de marmites* o *de tables,* gorrón.

écumeux, euse adj. Espumoso, sa : *vague écumeuse,* ola espumosa.

écumoire f. Espumadera (ustensile de cuisine). || FAM. *Être percé comme une écumoire,* tener más agujeros que un pasador *ou* un colador.

écurage m. Lavado, limpia, f.

écurer v. tr. Limpiar.

écureuil [ekyrœːj] m. ZOOL. Ardilla, f. || — *Écureuil volant,* guiguí, taguán. || *Vif comme un écureuil,* listo como una ardilla.

écureur, euse m. et f. Limpiador, ra ; pocero, *m.* (d'un puits).

écurie f. Cuadra, caballeriza (local). || Cuadra (ensemble de chevaux). || FIG. Equipo (de cyclistes). | Escudería (d'autos, etc.). | Cuadra, pocilga (logement sale). || — *Écuries d'Augias,* establos de Augias. || *Langage, manières d'écurie,* lenguaje, modales de carretero. || — *Cheval qui sent l'écurie,* caballo que tiene querencia.

écusson m. Escudete (petit écu). || Placa (f.) calcárea (sur certains poissons). || Disposición (f.) de los pelos alrededor de las ubres (vaches). || AGRIC. Escudete, escudo : *greffe en écusson,* injerto de escudete. || BLAS. Escudo (blason). || MAR. Escudo. || MIL. Emblema, rombo. || TECHN. Escudo, escudete (d'une serrure).

écussonnage m. AGRIC. Injerto en escudete.

écussonner v. tr. AGRIC. Injertar de escudete. || Adornar con un escudo (orner).

écussonnoir m. Navaja (f.) de injertar.

écuyer [ekɥije] m. Jinete (cavalier). || Caballista (dans un spectacle). || Picador, domador (dresseur de chevaux). || Profesor de equitación. || Escudero (gentilhomme). || — *Écuyer du roi,* caballerizo del rey. || *Écuyer tranchant,* trinchante, repostero mayor. || *Grand écuyer,* caballerizo mayor.

écuyère [-jɛːr] f. Amazona, caballista (cavalière). || Artista ecuestre (dans un spectacle). || *À l'écuyère,* a la amazona, a mujeriegas.

eczéma [ɛgzema] m. MÉD. Eczema.

eczémateux, euse adj. Eczematoso, sa.

edda f. Edda (conte scandinave).

edelweiss [edəlvais] m. BOT. Edelweiss.

éden [edɛn] m. Edén.

édénien, enne ou **édénique** adj. Edénico, ca.

édenté, e adj. et s. Desdentado, da (personne). || Mellado, da (chose). || — M. pl. Desdentados (mammifères).

édenter v. tr. Desdentar (une personne). || Mellar (chose).

Edgar [ɛdgaːr] n. pr. m. Edgardo.

édicter v. tr. Promulgar, dictar, decretar.

édicule m. Edículo (petit édifice).

édifiant, e adj. Edificante : *lecture édifiante,* lectura edificante.

édification f. Edificación.

édifice m. Edificio.

édifier[*] v. tr. Edificar. || *Être édifié sur la conduite de quelqu'un,* saber a qué atenerse sobre la conducta de alguien.

édile m. Edil (magistrat romain). || Concejal, edil (d'une ville).

édilitaire adj. Edilicio, cia.

édilité f. Edilidad.

Édimbourg [edɛ̃buːr] n. pr. GÉOGR. Edimburgo.

édit [edi] m. Edicto.

éditer v. tr. Editar, publicar.

éditeur, trice m. et f. Editor, ra.

Édith n. pr. f. Edita.

édition f. Edición : *édition princeps,* edición príncipe. || — *Édition brochée, compacte,* edición en rústica, diamante. || *Maison d'édition,* editorial, casa editorial *ou* editora.
— SYN. *Tirage,* tirada. *Impression,* impresión.

éditorial, e adj. Editorial.
— M. Editorial, artículo de fondo (d'un journal).

éditorialiste m. Editorialista (journaliste).

Edmond [ɛdmɔ̃] n. pr. m. Edmundo.

Édouard [edwaːr] n. pr. m. Eduardo.

édredon m. Edredón, flojel, plumón (duvet). || Edredón (couvre-pieds).

éducable adj. Educable.

éducateur, trice adj. et s. Educador, ra. || — Adj. Educativo, va : *ouvrages éducateurs,* obras educativas.

éducatif, ive adj. Educativo, va.

éducation f. Educación. || *Ministre de l'Éducation nationale,* ministro de Educación Nacional *ou* de Instrucción Pública.

édulcorer v. tr. Endulzar, edulcorar. || FIG. Suavizar (atténuer).

éduquer v. tr. Educar.

Edwige [ɛdviːʒ] n. pr. f. Eduvigis.

éfaufiler v. tr. Deshilachar.

effaçable [efasabl] adj. Borrable.

effacé, e adj. Borrado, da. | Desdibujado, da ; borrado, da : *des contours effacés,* contornos desdibujados. || FIG. Borrado, da ; apagado, da (sans personnalité). | Sin relieve, de segundo plano (sans éclat). | Recogido, da (à l'écart).

effacement m. Borradura, f., borrado (action d'effacer). || Desaparición, f. (disparition). || Recogimiento (d'une personne).

effacer[*] v. tr. ● Borrar : *gomme à effacer,* goma

de borrar. ‖ Tachar, rayar (rayer). ‖ Fig. Hacer olvidar, borrar (faire oublier). | Oscurecer, eclipsar (éclipser).
— V. pr. Borrarse. ‖ Apartarse, echarse a un lado (s'écarter).
— Syn. ● *Rayer, barrer,* tachar. *Biffer,* rayar, tachar. *Sabrer,* cortar, suprimir. *Raturer,* tachar. *Gratter,* raspar. *Gommer,* borrar. *Oblitérer,* obliterar. *Radier,* rayar.

effaçure f. Borradura.
effarant, e adj. Espantoso, sa ; pavoroso, sa (effrayant). ‖ Pasmoso, sa (surprenant).
effaré, e adj. Pasmado, da ; estupefacto, ta.
effarement [efarmã] m. Espanto, pavor (effroi). ‖ Pasmo (surprise). ‖ Turbación, f. (trouble).
effarer v. tr. Despavorir, espantar.
effaroucher v. tr. Asustar, amedrentar, espantar (effrayer). ‖ Alarmar, infundir temor, asustar (intimider).
effarvatte f. Curruca (oiseau).
effectif, ive adj. et s. m. Efectivo, va. ‖ *Effectif scolaire,* alumnado.
— Observ. La palabra francesa *effectif* no tiene nunca el sentido de dinero que tiene la palabra española *efectivo.*
effectivement adv. Efectivamente. ‖ En efecto.
effectuer v. tr. Efectuar, llevar a cabo, realizar (mettre à exécution). ‖ Hacer (faire). ‖ *Effectuer un paiement,* efectuar un pago.
efféminé, e adj. et s. Afeminado, da.
efféminer v. tr. Afeminar.
efférent, e adj. Anat. Eferente.
effervescence [efɛrvɛssã:s] f. Efervescencia. ‖ Fig. Efervescencia, agitación.
effervescent, e [-sã, ã:t] adj. Efervescente.
effet [efɛ] m. Efecto : *il n'y a pas d'effet sans cause,* no hay efecto sin causa. ‖ Efecto, impresión, f. : *faire un bel effet,* causar buen efecto. ‖ Efecto, picado (balle, boule). ‖ — Pl. Prendas, f., efectos (vêtements). ‖ — *Effet de souffle,* onda expansiva (explosion). ‖ *Effets de commerce, mobiliers, publics,* efectos de comercio, mobiliarios, publicos. ‖ — *À cet effet,* con este fin. ‖ *À l'effet de,* con objeto de. ‖ *À quel effet?,* ¿con qué objeto?, ¿para qué? ‖ *Du plus bel effet,* que causa gran efecto. ‖ *En effet,* en efecto. ‖ — *Avoir pour effet,* tener por resultado. ‖ *Faire de l'effet,* surtir efecto (médicament), causar gran efecto *ou* sensación (faire impression). ‖ *Faire des effets de,* hacer alarde de, presumir de : *faire des effets d'érudition,* hacer alarde de erudición ; lucir : *faire des effets de jambe,* lucir las piernas. ‖ *Faire l'effet de...,* parecer, dar la impresión de. ‖ Fam. *Faire un effet bœuf,* hacer un efecto bárbaro. ‖ *Prendre effet,* surtir efecto, entrar en vigor : *cette loi prendra effet le mois prochain,* esta ley surtirá efecto a partir del mes que viene.
effeuillage [efœja:ʒ] m. Deshojadura, f.
effeuillaison [-jɛzɔ̃] f. Deshoje, m., caída de la hoja.
effeuillement [-jmã] m. Deshojamiento, deshoje.
effeuiller [-je] v. tr. Deshojar, aclarar (une plante). ‖ Hojear (un livre).
— V. pr. Deshojarse.
efficace adj. ● Eficaz : *remède efficace,* remedio eficaz.
— F. Eficacia.
— Syn. ● *Efficient,* eficiente. *Effectif,* efectivo.
efficacité f. Eficacia.
efficience f. Eficiencia.
efficient, e adj. Eficiente.
effigie f. Efigie : *monnaie à l'effigie de l'empereur,* moneda con la efigie del emperador.
effilage m. Deshiladura, f.

effilée, e adj. Afilado, da ; delgado, da (doigts). ‖ Aguzado, da (pointe). ‖ Deshilado, da (tissu).
— M. Franja, f., flecos, pl.
effilement m. Afilamiento, delgadez, f.
effiler v. tr. Deshilar (tissu). ‖ Atusar (les cheveux, la moustache). ‖ Agric. V. affiler.
— V. pr. Estar deshilado, deshilarse (couture). ‖ Deshilacharse (s'effilocher).
effilochage m. Deshilachadura, f., deshilachado.
effiloche f. Hilacha, hilacho, m.
effilochement m. Deshilachadura, f.
effilocher v. tr. Deshilachar.
— V. pr. Deshilacharse.
effilocheur, euse ou **effileur, euse** m. et f. Deshilachador, ra. ‖ — F. Máquina de deshilachar.
effilochure ou **effilure** f. Hilacha, hilacho, m.
efflanqué, e Trasijado, da ; flaco, ca (chevaux, chiens). ‖ Fig. Flaco, ca ; enjuto, ta ; desgarbado, da ; chupado, da (personnes).
efflanquer v. tr. Enflaquecer, hacer adelgazar.
effleurage ou **effleurement** m. Roce, rozamiento.
effleurer v. tr. ● Rozar, tocar ligeramente : *la branche lui effleura le visage,* la rama le rozó la cara. ‖ Ocurrirse, venir a la mente, pasar por la cabeza : *le soupçon ne l'effleura pas,* la sospecha no le vino a la mente. ‖ Tocar, tratar superficialmente (examiner légèrement).
— Syn. ● *Caresser,* acariciar. *Frôler,* rozar.
effleurir v. intr. et pr. Eflorecerse.
efflorescence f. Chim. et Min. Eflorescencia. ‖ Bot. Cera vegetal.
efflorescent, e adj. Eflorescente. ‖ Bot. Cubierto, ta de cera vegetal.
effluent, e [eflyã, ã:t] adj. et s. m. Efluente.
effluve m. Efluvio : *effluve électrique,* efluvio eléctrico.
— Syn. *Émanation,* emanación. *Exhalaison,* exhalación. *Miasme,* miasma. *Effluence,* efluencia.

effondré, e adj. Abatido, da ; postrado, da.
effondrement m. Hundimiento, desmoronamiento : *effondrement du sol,* hundimiento del suelo. ‖ Fig. Caída, f., hundimiento, derrumbamiento : *l'effondrement de l'Empire romain,* la caída del Imperio Romano. | Depresión, f., abatimiento, postración, f. (dépression). | Hundimiento (des cours en Bourse). | Caída (f.) vertical (des prix). | Desfondamiento (écroulement physique).
effondrer v. tr. Hundir, derrumbar (enfoncer). ‖ Romper, desfondar (briser). ‖ Agric. Desfondar.
— V. pr. Hundirse, derrumbarse (s'affaisser). ‖ Desplomarse, caerse (tomber). ‖ Venirse abajo, bajar, descender bruscamente : *les exportations se sont effondrées,* las exportaciones han bajado bruscamente. ‖ Venirse abajo, derrumbarse : *ses projets se sont effondrés,* sus proyectos se han venido abajo. ‖ Caer, hundirse, derrumbarse (un empire). ‖ Fig. Venirse abajo : *après l'examen il s'effondra,* después del examen se vino abajo.
effondrilles [efɔ̃dri:j] f. pl. Zurrapas, residuos, m., posos, m. (dépôt).
efforcer (s')* v. pr. Esforzarse, intentar : *s'efforcer de lire,* esforzarse por leer ; *s'efforcer de plaire,* esforzarse en agradar.
— Observ. El participio pasado ,concuerda siempre con el pronombre complemento que le precede : *elles se sont efforcées de chanter.*
effort m. Esfuerzo. ‖ Distorsión, f. (des muscles), hernia, f., quebradura, f. (hernie). ‖ — *Sans effort,* sin esfuerzo, sin trabajo, fácilmente. ‖ *Effort constant pour être meilleur,* empeño constante para mejorarse. ‖ *Être partisan de la loi du moindre effort,* ser partidario de la ley del mínimo esfuerzo. ‖ *Faire porter tous ses efforts sur,* poner gran empeño en. ‖ *Faire un effort,* esforzarse, hacer un esfuerzo. ‖ *Faire un effort sur soi-même,* violentarse.

effraction f. Fractura, efracción (gallicisme) : *vol avec effraction*, robo con fractura.

effraie ou **effraye** [efrɛ] f. Lechuza (chouette).

effrangement m. Desflecadura, *f.*

effranger* v. tr. Desflecar.

effrayant, e [efrɛjã, ã:t] adj. Horroroso, sa ; pavoroso, sa ; espantoso, sa : *un spectacle effrayant*, un espectáculo horroroso. || FAM. Espantoso, sa ; tremendo, da : *un appétit effrayant*, un apetito espantoso.

effrayer* [-je] v. tr. Asustar, espantar : *ce bruit m'a effrayé*, ese ruido me ha asustado.

effréné, e adj. Desenfrenado, da : *course effrénée*, carrera desenfrenada.

effritement m. Desmoronamiento, pulverización, *f.* : *effritement d'une roche*, desmoronamiento de una roca. || FIG. Debilitamiento, desmoronamiento.

effriter v. tr. Pulverizar, desmenuzar, desmoronar (réduire en poussière).
— V. pr. Pulverizarse, desmoronarse, deshacerse (les pierres). || FIG. Desmoronarse : *majorité qui s'effrite*, mayoría que se desmorona.

effroi m. Pavor, terror, espanto (grande frayeur).

effronté, e adj. et s. Descarado, da ; desvergonzado, da ; sinvergüenza.

effrontément adv. Descaradamente, de una manera descarada.

effronterie f. Descaro, *m.*, desfachatez, desvergüenza.

effroyable [efrwajabl] adj. Espantoso, sa ; horroroso, sa ; tremendo, da. || *Il est d'une laideur effroyable*, es de un feo que asusta.
— SYN. *Effrayant*, horroroso, pavoroso. *Affreux*, horrendo. *Horrible*, horrible. *Épouvantable*, tremendo. *Dantesque*, dantesco. *Monstrueux*, monstruoso. *Atroce*, atroz. *Terrible*, terrible.

effusion f. Efusión.

égaiement [egɛmã] ou **égayement** [egɛjemã] m. Alegría, *f.*, animación, *f.*

égailler (s') [segaje] v. pr. Dispersarse.

égal, e adj. Igual. || ● FIG. Plano, na ; liso, sa : *route égale*, carretera lisa. | Uniforme, regular. || — *Avoir des chances égales*, tener las mismas oportunidades. || *Lutter à armes égales*, luchar con las mismas armas.
— M. et f. Igual. || — *Partie égale*, partida igualada. || — *À l'égal de*, tanto como, como, al igual que. || *D'égal à égal*, de igual a igual. || *Sans égal*, sin igual, sin par. || — FAM. *Cela m'est égal*, me da lo mismo. || *C'est égal*, no importa, lo mismo da, es igual. || *N'avoir d'égal que*, poder compararse sólo con. || *N'avoir point d'égal*, ser sin igual, ser el único.
— OBSERV. En la expresión *sans égal*, *égal* puede concordar con el femenino singular o plural, pero nunca con el masculino plural : *une joie sans égale*, *des perles sans égales*, y *des élans sans égal*.
— SYN. ● (*Vœ*) *Plain*, plano. *Uni*, liso. *Plat*, llano. *Ras*, raso. *Plan*, plano.

égalable adj. Igualable.

égaler v. tr. ● Igualar : *rien n'égale la beauté de ce paysage*, nada iguala la belleza de este paisaje. || Emparejar : *égaler Racine à Corneille*, emparejar a Racine con Corneille.
— SYN. ● *Contrebalancer*, contrabalancear. *Équivaloir*, equivaler. (*Vœ*.) *Équipoller*, equipolar.

égalisateur, trice adj. Que iguala. || Del empate (but).

égalisation f. Igualación, igualamiento, *m.* || Empate, *m.* (sports).

égaliser v. tr. Igualar (rendre égal). || Igualar, aplanar, nivelar, allanar, hacer uniforme : *égaliser un camino*, igualar un camino.
— V. intr. Empatar, igualar (sports).

égalitaire adj. y s. Igualitario, ria.

égalité f. Igualdad. || — *Égalité à 15*, iguales ou empate a 15, 15 iguales (tennis). || — *À égalité de*, en igualdad de. || *Être à égalité*, estar empatados (sports).

égard [ega:r] m. ● Consideración, *f.* : *il faut avoir égard aux mérites des autres*, hay que tomar en consideración los méritos de los demás. || — Pl. Miramientos, atenciones, *f.*, consideraciones, *f.* : *avoir des égards pour les personnes âgées*, tener miramientos con las personas de edad. || — *À certains égards*, en ciertos aspectos, por varios motivos, desde cierto punto de vista. || *À l'égard de*, con respecto a. || *À mon égard*, conmigo, para conmigo, para mí. || *À tous égards*, por todos conceptos. || *Eu égard à*, en atención a, en consideración de. || *Manque d'égards*, desconsideración, falta de consideración. || *Par égard pour*, en consideración a. || *Sans égard pour*, sin consideración para.
— OBSERV. La palabra francesa *égard* no se emplea en singular más que en varias excepciones.
— SYN. ● *Considération*, consideración. *Déférence*, deferencia. *Respect*, respeto, acato. *Attention*, atención. *Ménagement*, miramiento, reparo.

égaré, e adj. Perdido, da ; extraviado, da : *il rencontra plusieurs personnes égarées*, encontró a varias personas perdidas. || Engañado, da (trompé). || Extraviado, da : *avoir un regard égaré*, tener una mirada extraviada. || FIG. Despistado, da : *avoir un air égaré*, tener un aspecto despistado. || *Brebis égarée*, oveja descarriada.

égarement m. Extravío, pérdida, *f.* (d'un objet). || Extravío (de conduite). || Yerro, error (erreur).

égarer v. tr. Extraviar, perder (un objet). || Extraviar (une personne). || FIG. Desorientar, despistar : *la douleur nous égare*, el dolor nos desorienta. | Engañar, confundir, inducir en error (tromper).
— V. pr. Extraviarse, perderse : *il s'égara dans un bois*, se perdió en un bosque. || Caer en error, equivocarse (tomber dans l'erreur). || FIG. Extraviarse (la raison).

égayant, e [egɛjã, ã:t] adj. Divertido, da ; animado, da ; entretenido, da.

égayer* [-je] v. tr. Alegrar, entretener, distraer (divertir). || FIG. Amenizar : *égayer une conversation, le style*, amenizar una conversación, el estilo. | Alegrar : *des tableaux égayaient les murs*, unos cuadros alegraban las paredes. || AGRIC. Podar (un arbre). || *Égayer le deuil*, aliviar el luto.
— V. pr. Divertirse.

Égée n. pr. m. Egeo. || — F. GÉOGR. Egeo, *m.* (mer).

égéen, enne adj. Egeo, a.

égérie f. Egeria (conseillère).

égermage [eʒɛrma:ʒ] m. Eliminación (*f.*) del germen de la cebada.

égermer [-me] v. tr. Quitar el germen [a la cebada].

égide f. MYTH. Égida. || Égida, auspicios, *m. pl.* : *sous l'égide de*, bajo la égida de.

Égipan ou **Aegipan** n. pr. m. Egipán (surnom de Pan).

Égisthe n. pr. m. Egisto.

églantier m. BOT. Escaramujo, agavanzo.

églantine f. Gavanza (fleur de l'églantier). || Flor de oro (Jeux floraux de Toulouse).

églefin m. Abadejo (poisson).

église f. Iglesia, templo. || — *L'Église catholique*, la Iglesia católica. || *Se marier devant l'Église*, casarse por la Iglesia.
— SYN. *Temple*, templo. *Chapelle*, capilla. *Paroisse*, parroquia. *Oratoire*, oratorio. *Abbatiale*, abacial. *Prieuré*, priorato. *Collégiale*, colegiata. *Basilique*, basílica. *Cathédrale*, catedral. *Mosquée*, mezquita. *Synagogue*, sinagoga. *Sanctuaire*, santuario.

églogue f. Égloga (poème).

égocentrique adj. et s. Egocéntrico, ca.

égocentrisme m. Egocentrismo.
égoïne ou **égohine** f. Serrucho, *m.* (petite scie).
égoïsme m. Egoísmo.
égoïste adj. et s. Egoísta.
égorgement [egɔrʒəmɑ̃] m. Degollación, *f.,* degüello.
égorger* v. tr. Degollar, pasar a cuchillo (couper la gorge). ‖ Matar, asesinar (tuer). ‖ Fig. Desollar.
égorgeur m. Degollador (qui égorge).
égosiller (s') [segozije] v. pr. Desgañitarse.
égotisme m. Egotismo (orgueil).
égotiste adj. et s. Egotista.
égout [egu] m. Goteo, escurrimiento (action d'égoutter). ‖ Alcantarilla, *f.,* cloaca, *f.,* albañal (conduit). ‖ Alero (avant-toit). ‖ — Pl. Alcantarillado, *sing.* ‖ — *Egout collecteur,* colector. ‖ *Bouche d'égout,* sumidero. ‖ *Tout-à-l'égout,* desagüe directo de las aguas evacuadas de una casa.
égoutier m. Alcantarillero, pocero.
égouttage ou **égouttement** m. Goteo, escurrimiento (action d'égoutter). ‖ Desecación, *f.* (des terres). ‖ Desuerado (du caillé).
égoutter v. tr. Escurrir, secar (débarrasser d'un liquide). ‖ Gotear (tomber goutte à goutte).
— V. pr. Gotear, escurrirse.
égouttoir m. Escurridero, escurridera, *f.* (en général). ‖ Escurreplatos (pour les assiettes). ‖ Techn. Secador.
égoutture f. Escurriduras, *pl.*
égrappage m. Escobajo, despalillado.
égrapper v. tr. Descobajar, despalillar (le raisin).
égratigner v. tr. Arañar, rasguñar (déchirer la peau). ‖ Arar superficialmente (labourer). ‖ Arañar (érafler). ‖ Fig. Hacer rabiar a, picar a, burlarse de (blesser par des railleries).
égratigneur, euse adj. Arañador, ra.
égratignure f. Rasguño, *m.,* arañazo, *m.* ‖ Arañazo, *m.* (sur un meuble). ‖ Fig. Herida en el amor propio.
égrenage m. Desgrane, desgranamiento.
égrener* v. tr. Desgranar (détacher le grain). ‖ Desbagar, desgargolar (le lin). ‖ Descobajar (le raisin). ‖ Fig. Pasar las cuentas de, desgranar (un chapelet).
égreneuse f. Desgranadora, máquina de desgranar.
égrillard, e [egrijaːr, ard] adj. et s. Festivo, va; jocoso, sa; chusco, ca (gai). ‖ Fig. Picante, verde, subido, da, de color (histoire). | Chocarrero, ra (air, ton).
égrisage m. Labrado, pulimento (d'une pierre, d'un diamant).
égrisé m. ou **égrisée** f. Polvo (*m.*) de diamante.
égriser v. tr. Labrar, tallar (le diamant). ‖ Pulir, esmerilar (polir).
égrotant, e adj. (P. us.). Enfermizo, za.
égrugeage [egryʒaːʒ] m. Molienda, *f.,* pulverización, *f.*
égrugeoir [-ʒwar] m. Almirez, mortero (mortier).
égruger* v. tr. Moler (réduire en poudre).
égueulé, e [egœle] adj. Géogr. *Cratère égueulé,* cráter de explosión.
égueulement [-lmɑ̃] m. Desbocamiento, abocardamiento.
égueuler [-le] v. tr. Desbocar, abocardar, romper la boca (d'un canon, d'un vase).
Égypte n. pr. f. Géogr. Egipto, *m.*
égyptien, enne adj. et s. Egipcio, cia.
égyptologie f. Egiptología.
égyptologue m. et f. Egiptólogo, ga.
eh! interj. ¡Eh!, ¡ah! : *eh! malheureux que je suis!,* ¡ay!, ¡qué desgraciado soy! ‖ — *Eh!, eh!,* ¡ya!, ¡ya!, ¡ya! ‖ *Eh bien!,* ¡pues bien!, ¡bueno!, ¡y bien!, ¿y qué? ‖ *Eh bien?,* ¿qué hay?, ¿qué pasó? ‖ *Eh, là-bas!,* ¡eh!, ¡oiga! ‖ *Eh quoi!,* ¡cómo!

éhonté, e [eɔ̃te] adj. et s. Desvergonzado, da; descarado, da. ‖ *Mensonge éhonté,* mentira descarada.
eider [edɛːr] m. Eider, pato de flojel (canard).
eidétique adj. Philos. Eidético, ca.
einsteinium [ainʃtainjɔm] m. Chim. Einsteinio.
éjaculation f. Eyaculación.
éjaculer v. tr. Eyacular.
éjectable [eʒɛktabl] adj. Eyectable. ‖ *Siège éjectable,* asiento lanzable, eyectable.
éjecter v. tr. Eyectar. ‖ Fam. Echar a la calle, poner de patitas en la calle, expulsar (d'une entreprise).
éjecteur m. Techn. Eyector. | Expulsor (d'une arme à feu).
éjection f. Eyección. ‖ Deyección (des excréments).
éjointer [eʒwɛ̃te] v. tr. Alicortar (rogner les ailes).
élaboration f. Elaboración.
élaborer v. tr. Elaborar.
élagage m. Poda, *f.,* escamonda, *f.,* desrame (des arbres). ‖ Fig. Poda, *f.,* aligeramiento.
élaguer v. tr. ● Podar, escamondar, desramar, mondar (les arbres). ‖ Fig. Aligerar, podar (enlever ce qui est inutile).
— Syn. ● *Émonder,* mondar, escamondar. *Tailler,* podar. *Ébrancher,* desramar. *Étêter,* desmochar, descopar.
élagueur m. Podador (personne). ‖ Podadera, *f.,* podón (serpe).
élaïomètre m. Elayómetro, oleómetro.
élan m. Zool. Alce, anta, *f.*
élan m. Arranque, impulso (effort). ‖ Impulso, salto : *franchir un fossé d'un seul élan,* salvar un foso de un salto. ‖ Fig. Impulso, arrebato : *les élans du cœur,* los impulsos del corazón. ‖ Ímpetu, entusiasmo (enthousiasme). | Avance, progresión, *f.* : *résistance qui brise leur élan,* resistencia que rompe su avance. | Vuelo (de l'imagination). ‖ — Philos. *Élan vital,* elan vital. ‖ *Prendre de l'élan,* tomar carrerilla. ‖ *Prendre son élan,* tomar impulso.
élancé, e adj. Esbelto, ta; espigado, da (les jeunes gens). ‖ Alargado, da; largo, ga; alto, ta (choses). ‖Ahilado, da (les arbres).
élancement m. Punzada, *f.,* latido (douleur). ‖ Mar. Lanzamiento (de l'étrave).
élancer* v. intr. Punzar, dar punzadas, latir (douleur) : *le doigt m'élance,* el dedo me da punzadas.
— V. pr. ● Lanzarse, abalanzarse : *s'élancer dans les airs,* lanzarse al aire. ‖ Elevarse, alzarse (s'élever). ‖ Afinarse, alargarse, ponerse esbelto (le corps). ‖ *S'élancer sur,* lanzarse contra ou sobre.
— Syn. ● *Se précipiter,* precipitarse. *Se ruer,* arrojarse, abalanzarse. *Foncer,* lanzarse.
élargir v. tr. Ensanchar (rendre plus large). ‖ Agrandar, ampliar (agrandir). ‖ Poner en libertad, soltar (un prisonnier). ‖ Fig. Extender, incrementar, ampliar, aumentar : *élargir son influence,* extender su influencia. ‖ — *Des perspectives élargies,* horizontes dilatados. ‖ *Programme élargi d'assistance technique,* programa ampliado de asistencia técnica.
élargissement m. Ensanche, ensanchamiento. ‖ Liberación, *f.,* libertad, *f.* (d'un prisonnier). ‖ Expansión, *f.,* extensión, *f.* (de l'influence). ‖ Ampliación, *f.,* desarrollo (des connaissances). ‖ Ampliación, *f.* : *élargissement d'un accord,* ampliación de un acuerdo.
élargissure f. Ensanche, *m.,* añadido, *m.*
élasticimètre m. Elasticímetro.
élasticimétrie f. Elasticimetría.
élasticité f. Elasticidad. ‖ Fig. Agilidad, elasticidad, flexibilidad (souplesse).
élastique adj. Elástico, ca.

— M. Elástico, goma, *f*. ‖ Fam. *Les lâcher avec un élastique*, ser muy agarrado,
élastomère m. Elastómero.
élatéridés m. pl. Elatéridos (coléoptères).
élavé, e adj. Desteñido, da (couleur).
Elbe n. pr. m. Géogr. Elba (fleuve). ‖ — F. Elba (île).
Eldorado m. Eldorado (pays chimérique).
éléate ou **éléatique** adj. et s. Eleático, ca.
éléatisme m. Eleatismo.
électeur, trice m. et f. Elector, ra. ‖ — M. Hist. Elector.
électif, ive adj. Electivo, va.
élection f. Elección : *élection au suffrage universel*, elección por sufragio universal. ‖ *D'élection*, de elección, escogido, da; predilecto, ta : *terre d'élection*, tierra de elección.
— Syn. *Choix*, elección, escogimiento. *Cooptation*, elección por designación propia. *Sélection*, selección. *Option*, opción.
électivité f. Elegibilidad.
électoral, e adj. Electoral. ‖ *Corps électoral*, censo electoral, electorado.
électorat m. Derechos (*pl.*) electorales (droits d'électeur). ‖ Electorado : *l'Électorat de Mayence*, el Electorado de Maguncia. ‖ Electorado, censo electoral.
Électre n. pr. f. Electra.
électricien, enne adj. et s. Electricista.
électricité f. Electricidad. ‖ Fig. *Il y a de l'électricité dans l'air*, hay tensión *ou* sobreexcitación en el ambiente.
électrification f. Electrificación.
électrifié, e adj. Electrificado, da.
électrifier* v. tr. Electrificar.
électrique adj. Eléctrico, ca. ‖ Fig. Tenso, sa : *atmosphère électrique*, ambiente tenso.
électrisable adj. Electrizable.
électrisant, e adj. Electrizante.
électrisation f. Electrización.
électriser v. tr. Electrizar. ‖ Fig. Electrizar : *électriser une assemblée par la parole*, electrizar una asamblea con la palabra.
électro-acoustique f. Electroacústica.
électro-aimant m. Electroimán.
— Observ. *Pl. électro-aimants.*
électrobiologie f. Electrobiología.
électrocardiogramme m. Electrocardiograma.
électrocardiographe m. Electrocardiógrafo.
électrocardiographie f. Electrocardiografía.
électrocautère m. Méd. Electrocauterio.
électrochimie f. Electroquímica.
électrochimique adj. Electroquímico, ca.
électrochoc m. Méd. Electrochoque.
électrocinétique f. Electrocinética.
électrocoagulation f. Electrocoagulación.
électrocuter v. tr. Electrocutar.
électrocution f. Electrocución.
électrode f. Electrodo, *m.* : *électrode enrobée*, electrodo cubierto.
électrodynamique adj. et s.f. Electrodinámico, ca.
électrodynamomètre m. Electrodinamómetro.
électro-encéphalogramme m. Electroencefalograma.
électro-encéphalographie f. Electroencefalografía.
électrogène adj. Electrógeno, na : *groupe électrogène*, grupo electrógeno.
électrographe f. Electrógrafo.
électroluminescence f. Electroluminiscencia, electroluminescencia.
électrolyse f. Electrólisis.
électrolyser v. tr. Electrolizar.
électrolyseur m. Electrolizador.
électrolyte m. Electrólito.
électrolytique adj. Electrolítico, ca.

électromagnétique adj. Electromagnético, ca.
électromagnétisme m. Electromagnetismo.
électromécanicien adj. m. et s. m. Electromecánico, mecánico electricista.
électromécanique adj. Electromecánico, ca. — F. Electromecánica.
électroménager adj. m. Electrodoméstico : *appareil électroménager*, aparato electrodoméstico.
électrométallurgie f. Electrometalurgia.
électromètre m. Electrómetro.
électrométrie f. Electrometría.
électromoteur, trice adj. et s. m. Electromotor, triz : *force électromotrice*, fuerza electromotriz.
électron m. Electrón.
électronégatif, ive adj. Electronegativo, va.
électronicien m. Especialista de electrónica.
électronique adj. et s. f. Electrónico, ca.
électron-volt m. Electrón-voltio.
électropathologie f. Méd. Electropatología, electropatía.
électrophone m. Electrófono, tocadiscos.
électrophorèse f. Electroforesis.
électropompe f. Electrobomba, bomba eléctrica.
électropositif, ive adj. Electropositivo, va.
électropuncture ou **électroponcture** [elɛktropõkty:r] f. Méd. Electropuntura.
électroradiologie f. Electrorradiología.
électroradiologiste m. Electrorradiólogo.
électroraffinage m. Techn. Electrorrefinado, refinación (*f.*) electrolítica.
électroscope m. Electroscopio : *électroscope à feuilles d'or*, electroscopio de panes de oro.
électrostatique adj. et s. f. Electroestático, ca.
électrotaxis [elɛktrɔtaksi] f. Electrotaxis.
électrotechnique adj. Electrotécnico, ca. — F. Electrotecnia.
électrothérapie f. Electroterapia.
électrothermie f. Electrotermia.
électrotonus [elɛktrɔtonys] m. Electrotono.
électrum [elɛktrɔm] m. Electro (alliage).
électuaire m. Electuario.
Élée n. pr. Géogr. Elea.
élégamment adv. Elegantemente, con elegancia. ‖ *Se conduire élégamment*, comportarse con caballerosidad (un homme), con dignidad (une femme).
élégance f. Elegancia.
élégant, e adj. et s. Elegante.
— Syn. *Petit-maître*, petimetre. *Gandin*, majo. *Gommeux*, gomoso, figurín. *Muguet*, currutaco. *Dandy*, dandy. *Petit crevé*, niño gótico. *Chic*, chic, airoso.
élégiaque adj. Elegiaco, ca.
élégie f. Elegía.
élégir v. tr. Techn. Rebajar, adelgazar (amincir).
éleis ou **élaeis** [eleis] m. Bot. Palma (*f.*) de aceite.
élément m. Elemento. ‖ — *L'élément liquide*, el líquido elemento. ‖ — Fig. *Être dans son élément*, estar en su elemento.
élémentaire adj. Elemental.
éléolite m. Min. Eleolita, *f.*
Éléonore n. pr. f. Eleonor, Leonor.
éléphant, e m. et f. Elefante, ta. ‖ *Éléphant de mer*, elefante marino, morsa.
— Observ. En français comme en espagnol, le féminin d'éléphant ne s'emploie guère. Il vaut mieux dire en français *un éléphant femelle* et en espagnol *un elefante hembra*.
éléphanteau m. Elefantillo.
éléphantesque adj. Fam. Colosal, enorme.
éléphantiasique adj. et s. Elefantiásico, ca; elefanciaco, ca.
éléphantiasis [elefɑ̃tjazis] m. Méd. Elefantiasis, *f.*, elefancía, *f.* (maladie).
éléphantin, e adj. Elefantino, na.
Éleuthère n. pr. m. Eleuterio.
éleuthérozoaires m. pl. Zool. Eleuterozoos.

élevage [elva:ʒ] m. Ganadería, f. : *un élevage de taureaux de combat*, una ganadería de toros de lidia. ‖ Cría, f. : *l'élevage du bétail*, la cría del ganado. ‖ Zoogenética, f., selección (f.) animal (génétique animale). ‖ *Élevage extensif, intensif*, cría extensiva, intensiva.

élévateur, trice adj. Elevador, ra. — M. Elevador (muscle). ‖ TECHN. Elevador. ‖ *Élévateur à godets*, noria.

élévation f. Elevación. ‖ Construcción, erección, levantamiento, m. (d'un mur, statue, etc.) ‖ Alza, subida : *élévation du prix*, alza de precio. ‖ FIG. Ascenso, m., promoción : *élévation aux fonctions de directeur*, ascenso a las funciones de director. ‖ Nobleza, grandeza : *homme d'une grande élévation*, hombre de una gran nobleza. ‖ MATH. Potenciación (calcul). ‖ RELIG. Elevación.

élévatoire adj. Elevatorio, ria ; elevador, ra.

élève m. et f. ● Discípulo, la ; alumno, na : *un élève de Raphaël*, un discípulo de Rafael. ‖ Alumno, na (écolier). ‖ MIL. Cadete, alumno. ‖ MIL. *Élève tambour*, educando de tambor.
— SYN. ● *Écolier*, escolar. *Collégien, lycéen*, colegial. *Étudiant*, estudiante. *Disciple*, discípulo. *Pop. Potache*, colegial. *Bizut*, pipiolo, novato.

élevé, e [elve] adj. ● Elevado, da (haut, noble). ‖ Criado, da (personnes, animaux, plantes). ‖ Alto, ta, elevado, da : *lieu élevé*, sitio elevado. ‖ Educado, da ; criado, da : *personne bien, mal élevée*, persona bien, mal educada.
— SYN. ● *Grand*, grande. *Noble*, noble. *Sublime*, sublime. *Transcendant*, trascendental. *Héroïque*, heroico. *Épique*, épico.

élever* v. tr. ● Elevar, alzar, levantar (mettre plus haut). ‖ Hacer subir, elevar : *les pluies ont élevé le niveau de la rivière*, las lluvias han hecho subir el nivel del río. ‖ Alzar, elevar (son âme). ‖ Alzar, subir (le prix). ‖ Elevar, erigir, alzar, levantar, construir (construire). ‖ FIG. Ascender, elevar (à une dignité, un poste). ‖ Exaltar, ensalzar (exalter). ‖ Criar (enfants, animaux). ‖ Educar, criar (éduquer). ‖ Fundar, edificar : *élever un système*, fundar un sistema. ‖ Elevar, suscitar, provocar : *élever des protestations*, elevar protestas. ‖ Levantar, poner (des obstacles). ‖ *Élever des doutes*, hacer dudar. ‖ *Élever jusqu'aux nues, jusqu'au ciel*, poner por las nubes. ‖ *Élever la voix*, alzar, levantar la voz. ‖ *Élever la voix pour*, hablar en favor de. ‖ *Élever le ton*, alzar el tono.
— V. pr. Elevarse (monter). ‖ Alzarse (se dresser). ‖ Subir : *les prix, la température s'élèvent*, los precios, la temperatura suben. ‖ Elevar, despegar (avion). ‖ Ascender : *l'addition s'élève à mille francs*, la cuenta asciende a mil francos. ‖ FIG. Elevarse (à un rang). ‖ Ensalzarse : *celui qui s'élève sera abaissé*, los que se ensalzan serán humillados. ‖ Levantarse (la voix). ‖ Criarse (enfants, animaux). ‖ Edificarse : *les grandes fortunes s'élèvent sur les bénéfices*, las grandes fortunas se edifican en los beneficios. ‖ — *S'élever au-dessus de*, estar por encima de. ‖ *S'élever contre*, alzarse, levantarse, sublevarse contra. ‖ *Une voix s'élève pour prendre sa défense*, salió una voz en su defensa.
— SYN. ● *Dresser*, alzar. *Ériger*, erigir. *Planter*, plantar. *Arborer*, enarbolar.

éleveur, euse [elvœr, ø:z] m. et f. Ganadero, ra ; criador, ra. ‖ — F. Incubadora, pollera (couveuse).

élevon m. AVIAT. Elevón, alerón.

elfe [ɛlf] m. MYTH. Elfo (génie).

élider v. tr. GRAMM. Elidir.

Élie n. pr. m. Elías.

éligibilité f. Elegibilidad.

éligible adj. et s. Elegible.

élimage m. Raimiento, raedura, f.

élimer v. tr. Raer, gastar (un tissu).

éliminateur, trice adj. Eliminador, ra.

élimination f. Eliminación.

éliminatoire adj. et s. f. Eliminatorio, ria.

éliminer v. tr. Eliminar. ‖ MATH. Eliminar : *éliminer une inconnue*, eliminar una incógnita. ‖ MÉD. Eliminar, expeler (un calcul, etc.).

élingue [elɛ̃:g] f. MAR. Eslinga.

élinguée f. Palancada, carga.

élinguer v. tr. Eslingar.

élinvar m. Elinvar (alliage).

élire* v. tr. Elegir : *élire aux voix, au sort*, elegir por votación, por sorteo. ‖ *Élire domicile à*, fijar domicilio en.

Élisabeth [elizabɛt] n. pr. f. Isabel.

élisabéthain, e [-betɛ̃, ɛn] adj. Elisabetiano, na ; isabelino, na [relativo a Isabel I de Inglaterra] : *théâtre élisabéthain*, teatro elisabetiano.
— OBSERV. L'adjectif *isabelino* s'applique surtout à un style décoratif espagnol en vogue pendant le règne d'Isabel II, quelque peu semblable au style Empire en France.

Élise n. pr. f. Elisa.

Élisée n. pr. m. Elíseo.

élision f. GRAMM. Elisión.

élite f. Élite (gallicisme), lo más selecto, selección : *l'élite de la société*, lo más selecto de la sociedad. ‖ — *D'élite*, de primera, selecto, ta ; escogido, da : *tireur d'élite*, tirador de primera. ‖ *Troupe d'élite*, tropa escogida.
— SYN. *Choix*, lo escogido. *Fleur*, flor. *Crème*, nata. *Fam. Dessus du panier*, la flor y nata. *Pop. Gratin*, lo más florido, la flor, lo más granado.

élixir m. Elixir.

elle pron. pers. f. de la 3e pers. Ella. ‖ *D'elle-même*, espontáneamente.

ellébore ou **hellébore** m. BOT. Eléboro. ‖ *Ellébore blanc*, vedegambre.

ellipse f. GÉOM. Elipse (courbe). ‖ GRAMM. Elipsis.

ellipsoïdal, e adj. Elipsoidal.

ellipsoïde m. GÉOM. Elipsoide.

elliptique adj. GRAMM. et GÉOM. Elíptico, ca.

Elme (*feu Saint-*) m. Fuego de San Telmo.

élocution f. Elocución. ‖ *Avoir l'élocution facile*, hablar con soltura.
— SYN. *Diction*, dicción. *Parole*, palabra. *Style*, estilo.

élodée ou **hélodée** f. BOT. Elodea.

éloge m. ● Elogio, encomio : *l'« Éloge de la folie »*, el « Elogio de la locura » ; *couvrir quelqu'un d'éloges*, deshacerse en elogios con uno. ‖ Panegírico (discours). ‖ — *Éloge académique*, elogio académico. ‖ *Éloge funèbre*, oración fúnebre. ‖ *Être au-dessus de tout éloge*, estar encima de toda ponderación. ‖ *Ne pas tarir d'éloges sur*, cantar las alabanzas de.
— SYN. ● *Louange*, alabanza. *Panégyrique*, panegírico. *Dithyrambe*, ditirambo.

élogieux, euse adj. Elogioso, sa.

Éloi [elwa] n. pr. m. Eloy.

éloigné, e adj. Alejado, da ; lejano, na ; distante : *un endroit éloigné*, un lugar alejado. ‖ Lejano, na ; remoto, ta : *souvenirs éloignés*, recuerdos lejanos ; *causes éloignées*, causas remotas. ‖ Lejano, na : *un parent éloigné*, un pariente lejano.

éloignement m. Alejamiento, distancia, f., lejanía, f. : *son affaibli par l'éloignement*, sonido debilitado por la distancia. ‖ Alejamiento : *souffrir de l'éloignement d'un ami*, sufrir por el alejamiento de un .amigo. ‖ Tiempo : *souvenir qui s'estompe avec l'éloignement*, recuerdo que se esfuma con el tiempo. ‖ Alejamiento, apartamiento : *l'éloignement de la politique*, el alejamiento de la política.

éloigner v. tr. Alejar. ‖ FIG. Alejar, apartar (écar-

ter). | Diferir, aplazar, retardar (retarder). ‖ *Éloigner les soupçons*, alejar las sospechas.
— V. pr. Alejarse. ‖ Apartarse : *doctrines qui s'éloignent l'une de l'autre*, doctrinas que se apartan una de otra ; *s'éloigner du sujet*, apartarse del tema. ‖ Alejarse, apartarse : *s'éloigner de la politique*, alejarse de la política.

élongation f. Astr. et Méd. Elongación.

élonger* v. tr. Mar. Estirar, alargar (allonger).

éloquemment [elɔkamɑ̃] adv. Elocuentemente.

éloquence [-kɑ̃:s] f. Elocuencia. ‖ — *Éloquence du barreau*, elocuencia del foro. ‖ *Regard plein d'éloquence*, mirada elocuente.

— Syn. *Verbe*, brío. *Véhémence*, vehemencia. *Loquacité*, locuacidad. *Verbiage*, *verbosité*, verbosidad. *Faconde*, facundia. *Fam. Bagout*, labia, pico. *Volubilité*, volubilidad. *Prolixité*, prolijidad.

éloquent, e [-kɑ̃, ɑ̃:t] adj. Elocuente.

— Syn. *Disert*, diserto. *Beau parleur*, pico de oro.

Elseneur [ɛlsənœ:r] n. pr. Géogr. Elsinor, Helsingor (n. actuel).

élu, e adj. et s. Elegido, da. ‖ Electo, ta.

— Observ. *Electo* s'applique au candidat élu qui n'a pas encore occupé son poste.

élucidation f. Elucidación.

élucider v. tr. Elucidar, dilucidar.

élucubration f. Lucubración, elucubración.

élucubrer v. tr. Lucubrar, elucubrar.

éluder v. tr. Eludir.

éluvial, e adj. Géol. Eluvial.

éluvion f. Eluvión.

Elvire n. pr. f. Elvira.

Élysée adj. et s. m. Elíseo, a ; elisio, sia. ‖ — *Champs Élysées*, Campos Elíseos. ‖ Fig. *L'Élysée*, el Elíseo, la presidencia de la República Francesa. ‖ — N. pr. m. Eliseo.
— Observ. *Eliseo*, n. pr. m., est accentué sur le second *e*. *Eliseo*, adj., porte l'accent sur le *i*.

élyséen, enne adj. Elíseo, a.

élytre m. Élitro.

elzévir m. Elzevir, elzevirio (imprimerie).

elzévirien, enne adj. Elzeviriano, na.

émaciation f. Emaciación, demacración.

émacié, e adj. Emaciado, da ; demacrado, da.

émacier (s') v. pr. Demacrarse, emaciarse (p. us.).

émail (ema:j] m. Esmalte : *les émaux transparents*, los esmaltes transparentes ; *l'émail des dents*, el esmalte de los dientes. ‖ Vidriado (faïence). ‖ *Émail cloisonné*, esmalte tabicado.

émaillage [-ja:ʒ] m. Esmaltado. ‖ Vidriado (faïence).

émailler [-je] v. tr. Esmaltar. ‖ Fig. Esmaltar, colorear (orner). | Salpicar, esmaltar (parsemer de) : *émailler un récit de citations*, salpicar con citas un relato.

émaillerie [-jri] f. Esmaltado, m. (art de l'émailleur). ‖ Fábrica de esmaltes.

émailleur, euse [-jœ:r] m. et f. Esmaltador, ra.

émaillure [-jy:r] f. Esmalte, m., esmaltado, m.

émanation f. Emanación.

émanche f. Blas. Enclavado, m.

émancipateur, trice m. et f. Emancipador, ra : *idées émancipatrices*, ideas emancipadoras.

émancipation f. Emancipación.

émancipé, e adj. et s. Fam. Libre, fresco, ca. ‖ Dr. Emancipado, da.

émanciper v. tr. Emancipar.
— V. pr. Emanciparse.

émaner [de] v. intr. Emanar : *le parfum qui émane d'une fleur*, el perfume que emana de una flor. ‖ Fig. Proceder, dimanar : *le pouvoir émane du peuple*, el poder dimana del pueblo.

émargement m. Nota (f.) marginal, anotación, f. (écrit en marge). ‖ Firma (f.) al margen (signature en marge). ‖ *Feuille, état d'émargement*, nómina.

émarger* v. tr. Marginar, anotar al margen (écrire en marge). ‖ Firmar al margen (signer en marge).
— V. intr. Cobrar (toucher un traitement en l'acquittant).

émarginé, e adj. Bot. Emarginado, da.

émasculation f. Emasculación (castration). ‖ Fig. Debilitamiento, m., decadencia.

émasculer v. tr. Emascular. ‖ Fig. Disminuir, debilitar.

embâcle m. Barrera (f.) de hielo (dans une rivière).

emballage [ɑ̃bala:ʒ] m. Embalaje : *papier d'emballage*, papel de embalaje. ‖ Envase (des liquides) : *emballages en matière plastique*, envases de plástico.

emballement [-lmɑ̃] m. Aceleración, f. (d'un moteur). ‖ Desbocamiento (d'un cheval). ‖ Fig. et Fam. Arrebato, entusiasmo (emportement).

emballer [-le] v. tr. Embalar (mettre en caisse). ‖ Envasar (les liquides). ‖ Acelerar demasiado, embalar (un moteur). ‖ Fam. Pasaportar (faire partir). ‖ Fig. Entusiasmar, arrebatar, embalar (enthousiasmer). ‖ Pop. Echar una solfa (disputer).
— V. pr. Desbocarse (cheval). ‖ Entusiasmarse, embalarse (s'enthousiasmer). ‖ Irritarse, sulfurarse, arrebatarse (s'emporter). ‖ Acelerarse, embalarse, dispararse (un moteur).

emballeur, euse [-lœ:r, ø:z] m. et f. Embalador, ra ; empaquetador, ra (personne qui emballe).

embarbouiller [ɑ̃barbuje] v. tr. (P. us.). Embadurnar (barbouiller). ‖ Fam. Embrollar, embarullar (troubler).

embarcadère m. Embarcadero.

embarcation f. Embarcación.

— Syn. *Canot*, bote. *Barque*, barca. *Chaloupe*, chalupa, lancha. *Rafiot*, carraca. *Esquif*, esquife. *Nacelle*, barquilla. *Nef*, nave. *Pirogue*, piragua. *Vedette*, canoa, lancha motora.

embardée f. Guiñada (d'un navire). ‖ Bandazo, m., despiste, m. (voiture). ‖ *Faire une embardée*, dar bandazo, despistarse.

embargo [ɑ̃bargo] m. Embargo (d'un navire). ‖ Confiscación, f., secuestro, decomiso (confiscation). ‖ — *Lever l'embargo*, desembargar. ‖ *Mettre l'embargo*, embargar, decomisar.

embarqué, e adj. Embarcado, da : *aviation embarquée*, aviación embarcada.

embarquement m. Embarco (de personnes). ‖ Embarque (de marchandises).

embarquer v. tr. Embarcar (sur un navire). ‖ Empezar (commencer). ‖ Fig. Liar, embarcar, meter : *embarquer quelqu'un dans un procès*, liar a alguien en un pleito. ‖ Pop. Detener, prender (arrêter).
— V. intr. Embarcar, embarcarse (monter à bord). ‖ Estar encapillado por las olas (bateau). |
— V. pr. Embarcar, embarcarse (monter à bord). ‖ Fig. Embarcarse, meterse, liarse : *s'embarquer dans une affaire*, embarcarse en un negocio.

embarras m. Estorbo, obstáculo (obstacle), embarazo (p. us.). ‖ Fig. Apuro, aprieto (gêne). ‖ Apuro, penuria, f. : *se trouver dans l'embarras*, estar en la penuria (sans argent), estar en un apuro (ennui). ‖ Confusión, f., turbación, f. (trouble). ‖ Atasco, embotellamiento (embouteillage). ‖ Dificultad, f., traba, f., molestia, f. : *susciter des embarras*, poner dificultades. ‖ — *Embarras gastrique*, empacho. ‖ *N'avoir que l'embarras du choix*, tener de sobra donde escoger. ‖ *Tirer quelqu'un d'embarras*, sacar a alguien de apuro.

embarrassant, e adj. Molesto, ta : *un colis embarrassant*, un paquete molesto. ‖ Fig. Embarazoso, sa ; molesto, ta : *une question embarrassante*, una pregunta embarazosa, molesta.

embarrassé, e adj. Embarazado, da ; confuso, sa

(gêné). ‖ — *Avoir un air embarrassé,* parecer apurado, estar violento. ‖ *Être embarrassé de sa personne,* no saber qué postura tomar. ‖ *Être embarrassé pour choisir,* no saber qué escoger.
— SYN. *Gêné,* molesto. *Confus,* confuso. *Honteux,* avergonzado.

embarrasser v. tr. Embarazar, estorbar (gêner). ‖ ● Embarazar, azorar, turbar (troubler). ‖ Poner en un aprieto (par une question). ‖ Inquietar, preocupar (inquiéter). ‖ Embrollar, hacer confuso, enredar (rendre confus). ‖ Empachar (l'estomac).
— V. pr. Embarazarse, cargarse : *s'embarrasser de bagages,* cargarse de equipajes. ‖ FIG. Preocuparse. ‖ Embarullarse, enredarse (s'empêtrer). ‖ Turbarse (se troubler). ‖ Trabarse (la langue). ‖ — *Ne s'embarrasser de rien,* no apurarse por nada. ‖ *S'embarrasser de quelqu'un,* cargar con alguien.
— SYN. ● *Dérouter,* confundir, despistar. *Désorienter, dépayser,* desorientar. *Emberlificoter,* enredar, liar.

embase f. Embase, m., apoyo, m. (appui).
embasement m. ARCHIT. Embasamiento.
embastillement [ãbastijmã] m. Prisión, f., encarcelamiento (prison).
embastiller [-je] v. tr. Aprisionar, encarcelar (mettre en prison). ‖ Fortificar (fortifier).
embatage ou **embattage** m. Fijación (f.) del calce (d'une roue).
embatre ou **embattre*** v. tr. Calzar.
embauchage m. ou **embauche** f. Contratación, f., ajuste, m., contrata, f. (des travailleurs).
embaucher v. tr. Contratar, ajustar, dar trabajo, tomar (engager un ouvrier). ‖ Reclutar (engager dans un parti).
embaucheur, euse m. et f. Ajustador, ra ; contratista (ouvriers).
embauchoir ou **embouchoir** m. Horma, f. (pour les chaussures).
embaumement [ãbommã] m. Embalsamamiento.
embaumer [-me] v. tr. et intr. Embalsamar.
embaumeur [-mœ:r] m. Embalsamador.
embecquer [ãbεke] v. tr. Dar de comer en el pico (les oiseaux). ‖ Cebar (l'hameçon).
embéguiner v. tr. Tocar (coiffer d'un béguin).
— V. pr. Encapricharse (s'enticher).
embellie f. MAR. Calma. ‖ Escampada, clara (éclaircie).
embellir v. tr. Embellecer, hermosear. ‖ *Embellir une histoire,* adornar una historia.
— V. intr. Ponerse más hermoso : *l'enfant embellit tous les jours,* el niño se pone cada día más hermoso. ‖ Mejorar (le temps). ‖ FAM. *Ça ne fait que croître et embellir,* va de mal en peor.
— V. pr. Embellecerse.
embellissement m. Embellecimiento, hermoseamiento. ‖ FIG. Adorno, ornato (ornement).
emberlificoter v. tr. FAM. Liar, enredar (tromper).
— V. pr. Trabarse, enredarse.
emberlificoteur, euse adj. et s. FAM. Embarullador, ra ; enredador, ra ; lioso, sa.
embêtant, e adj. FAM. Fastidioso, sa ; molesto, ta ; pesado, da ; cargante (ennuyeux).
— M. Lo molesto.
embêtement m. Fastidio, molestia, f. (incommodité). ‖ Complicación, f., lío, problema : *avoir des embêtements,* tener problemas.
embêter v. tr. FAM. Fastidiar, molestar, dar la lata (importuner). ‖ Aburrir (ennuyer).
— V. pr. Aburrirse (s'ennuyer). ‖ — FIG. et FAM. *Ne pas s'embêter,* pasarlo bien, no aburrirse, no pasarlo mal. ‖ *S'embêter à cent sous de l'heure,* aburrirse como una ostra.
embioptères m. pl. ZOOL. Embiópteros.

emblavage ou **emblavement** m. AGRIC. Siembra, f.
emblave f. Sementera, sembrado, m.
emblaver v. tr. AGRIC. Sembrar de trigo.
emblavure f. AGRIC. Sembrado, m., superficie sembrada (terre emblavée). ‖ Trigal, m., campo (m.) de mies (de blé).
emblée (d') loc. adv. De golpe, de entrada. ‖ MIL. *Emporter d'emblée,* tomar al asalto ou al primer empuje.
emblématique adj. Emblemático, ca.
emblème m. Emblema.
embobeliner v. tr. FAM. Embaucar, engatusar, liar (enjôler).
embobiner v. tr. Liar en un carrete, encanillar (enrouler). ‖ FIG. et FAM. Liar, embaucar, engatusar.
emboîtage m. Encajonamiento, puesta (f.) en caja : *l'emboîtage des bonbons,* la puesta en caja de los caramelos. ‖ Enlatado (des conserves). ‖ Envoltura, f. (enveloppe). ‖ Encartonado, tapas, f. pl. (d'un livre relié).
emboîtement m. Encaje, ajuste. ‖ ANAT. Encajadura, f. (d'un os).
emboîter v. tr. Encajar, ajustar (enchâsser). ‖ FIG. Encajar, estar ajustado (mouler). ‖ (Vx). Enlatar (conserves). ‖ Encartonar (un livre). ‖ *Emboîter le pas,* pisarle a uno los talones.
emboîture f. Empalme, m., juntura. ‖ Cabio, m. (d'une porte ou fenêtre).
embolectomie f. MÉD. Embolectomía.
embolie f. MÉD. Embolia. ‖ *Embolie gazeuse,* aeroembolismo.
embolisme m. Embolismo (intercalation d'un mois).
embonpoint [ãbɔ̃pwɛ̃] f. Gordura, f. ‖ — *Perdre de l'embonpoint,* adelgazar. ‖ *Prendre de l'embonpoint,* engordar, echar carnes, echar vientre.
embossage m. MAR. Acoderamiento.
embosser v. tr. MAR. Acoderar.
embossure f. MAR. Codera.
embouche f. Engordadero, m., engorde, m., dehesa, pastizal, m. (pré). ‖ Cría de bovinos (élevage).
embouché, e adj. FAM. *Mal embouché,* mal hablado, grosero (grossier).
emboucher v. tr. Embocar (p. us.), llevar a la boca (un instrument à vent). ‖ Poner el bocado (un cheval). ‖ Engordar, cebar (un animal). ‖ FIG. *Emboucher la trompette,* darse mucho tono.
embouchoir m. Boquilla, f., embocadura, f. (d'un instrument). ‖ Boquilla, f., abrazadera, f. (d'un fusil). ‖ Horma, f. (pour les chaussures).
embouchure f. Boca (d'un port). ‖ Desembocadura (d'un fleuve). ‖ Bocado, m., embocadura, asiento, m. (d'un cheval). ‖ FIG. Boca, entrada, abertura (ouverture). ‖ MUS. Embocadura (façon d'emboucher), boquilla, embocadura (embouchoir).
embouquement m. MAR. Embocadura, f.
embouquer v. tr. et intr. MAR. Embocar.
embourber v. tr. Encenagar, enlodazar. ‖ Atascar, empantanar : *embourber une voiture,* atascar un coche. ‖ FIG. Meter en un atolladero.
— V. pr. Atascarse, encenagarse. ‖ FIG. Meterse en un atolladero (dans une mauvaise situation). ‖ Enredarse, liarse (s'empêtrer). ‖ Enfangarse, enlodárse, envilecerse (s'avilir).
embourgeoisé, e [ãburʒwaze] adj. Aburguesado, da.
embourgeoisement [-ʒwazmã] m. Aburguesamiento.
embourgeoiser (s') v. pr. Aburguesarse, volverse burgués.
embourrage ou **embourrement** m. Emborradura, f.

embourrer v. tr. Emborrar (garnir de bourre).
embourrure f. Forro, m. (toile).
embout [ãbu] m. Contera, f. (de canne ou de parapluie). ‖ Regatón, contera, f. (tube).
embouteillage [ãbutɛja:ʒ] m. Embotellado. ‖ Fig. Embotellamiento, atasco (véhicules).
embouteiller [-je] v. tr. Embotellar (mettre en bouteilles). ‖ Fig. Embotellar, atascar, obstruir (une rue).
emboutir v. tr. Estampar, embutir, moldear a martillo, forjar (marteler une pièce de métal). ‖ Archit. Emplomar (garnir de plomb une corniche). ‖ Fig. Chocar contra : *emboutir une voiture,* chocar contra un coche.
emboutissage m. Moldeamiento, estampado, embutido, trabajo de los metales.
emboutisseur m. Forjador, moldeador (ouvrier).
emboutisseuse f. ou **emboutissoir** m. Embutidera, f., máquina (f.) *ou* martillo (m.) para trabajar los metales en frío.
embranchement m. Ramificación, f. (d'un arbre). ‖ Ramal, empalme (de chemin de fer). ‖ Encrucijada, f., cruce, bifurcación, f. (de chemins). ‖ Distribución, f. (de tuyaux). ‖ Ramal (de montagnes). ‖ Tipo, rama, f. : *l'embranchement des vertébrés,* el tipo de los vertebrados.
embrancher v. tr. Empalmar, unir.
embraquer v. tr. Mar. Tesar.
embrasement m. (Vx). Abrasamiento, incendio (incendie). ‖ Fig. Disturbios, pl., desórdenes, pl. (troubles). ‖ Iluminación, f. ‖ Arrebol : *le soleil couchant a de merveilleux embrasements,* el sol poniente tiene arreboles magníficos.
embraser v. tr. (Vx). Abrasar (mettre en feu). ‖ Fig. Iluminar. ‖ Agitar, sembrar disturbios en (agiter, troubler). ‖ Inflamar (exalter).
embrassade f. Abrazo, m.
embrasse f. Alzapaño, m.
embrassement m. Abrazo.
embrasser v. tr. Abrazar (serrer dans ses bras). ‖ ● Besar, dar un beso (donner un baiser). ‖ Abarcar, contener : *la philosophie embrasse tout,* la filosofía lo abarca todo. ‖ Abrazar, adoptar : *embrasser une religion,* abrazar una religión. ‖ Fig. Abrazar, rodear, ceñir (environner). ‖ *Embrasser d'un coup d'œil,* abarcar con una sola mirada. ‖ *Qui trop embrasse mal étreint,* quien mucho abarca poco aprieta.
— Syn. ● *Baiser,* besar. *Pop. Bécoter,* besuquear.
embrasseur, euse m. et f. Besucón, ona.
embrasure f. Hueco, m., vano (de fenêtre). ‖ Mil. Tronera, cañonera (meurtrière).
embrayage [ãbrɛja:ʒ] m. Embrague : *embrayage hydraulique,* embrague hidráulico.
embrayer* [-je] v. tr. et intr. Embragar, conectar.
embrèvement m. Techn. Embarbillado.
embrever* v. tr. Techn. Embarbillar.
embrigadement m. Alistamiento, enrolamiento, reclutamiento.
embrigader v. tr. Mil. Formar brigadas. ‖ Fig. Alistar, enrolar, reclutar.
embringuer v. tr. Fam. Liar, engatusar : *se laisser embringuer dans une affaire,* dejarse liar en un asunto.
embrocation f. Méd. Embrocación, linimento, m.
embrochement m. Ensartamiento.
embrocher v. tr. Espetar, ensartar (mettre en broche). ‖ Fam. Ensartar, atravesar (transpercer).
embroncher v. tr. Encaballar (les tuiles).
embrouillage [ãbruja:ʒ] ou **embrouillement** [-jmã] m. Lío, embrollo, complicación, f., enredo (m.).
embrouillamini [-jamini] m. V. BROUILLAMINI.
embrouiller [-je] v. tr. Embrollar, liar, enredar (emmêler). ‖ Trastornar (troubler).
— V. pr. Embrollarse, enredarse : *s'embrouiller dans un discours,* embrollarse en un discurso.

embroussaillé, e [ãbrusaje] adj. Lleno de maleza *ou* de broza (couvert de broussailles). ‖ Fig. Enmarañado, da ; intrincado, da (emmêlé).
embruiné, e [ãbrɥine] adj. Lloviznoso, sa.
embrumer v. tr. Nublar, anublar. ‖ Fig. Oscurecer, ensombrecer (assombrir).
embrun [ãbrœ̃] m. (P. us.). Brumazón, bruma, f. (brouillard). ‖ — Pl. Mar. Rocío (*sing.*) del mar, salpicaduras (f.) de las olas.
embrunir v. tr. Oscurecer. ‖ Fig. Oscurecer, entristecer.
embryogénie ou **embryogenèse** f. Embriogenia.
embryologie f. Embriología.
embryologique adj. Embriológico, ca.
embryologiste m. Embriólogo.
embryome m. Méd. Embrioma.
embryon m. Embrión.
— Syn. *Fœtus,* feto. *Avorton,* engendro, abortón (p. us.).
embryonnaire adj. Embrionario, ria. ‖ Fig. Embrionario, ria ; en cierne.
embryopathie f. Embriopatía.
embryotomie f. Méd. Embriotomía.
embu, e adj. Apagado, da ; embebido, da (couleur).
— M. Tonalidad (f.) apagada *ou* sombría *ou* mate (d'un tableau).
embûche f. Trampa, lazo, m. : *dresser* o *tendre des embûches,* tender lazos, poner trampas. ‖ Fig. Asechanza, emboscada (piège). ‖ Obstáculo, m., dificultad.
embuer v. tr. Empañar (de buée).
embuscade f. Emboscada : *tendre une embuscade,* tender una emboscada.
embusqué m. Mil. Emboscado, enchufado (soldat).
embusquer v. tr. Emboscar. ‖ Enchufar (soldat).
— V. pr. Emboscarse. ‖ Fam. Emboscarse, enchufarse (soldat).
éméché, e adj. Fam. Achispado, da ; alegre, piripi (un peu ivre).
émécher* v. tr. Fam. Achispar, alegrar.
émeraude [emro:d] adj. et s. f. Esmeralda. ‖ Poét. *Île d'émeraude,* Irlanda.
émergement m. Emergencia, f., emersión, f.
émergence f. Emergencia : *point d'émergence,* punto de emergencia.
émergent, e adj. Emergente.
émerger* v. intr. Emerger, aparecer, surgir.
émeri [emri] m. Esmeril. ‖ — *Papier émeri* ou *d'émeri,* papel esmerilado, papel de lija. ‖ — Fig. et Fam. *Être bouché à l'émeri,* ser más tonto que una mata de habas, ser muy duro de mollera.
émerillon [emrijõ] m. Esmerejón (oiseau, canon). ‖ Mar. Gancho, eslabón giratorio.
émeriser v. tr. Esmerilar.
émérite adj. Emérito, ta ; jubilado, da (en retraite). ‖ Fig. Consumado, da ; perfecto, ta : *danseur émérite,* bailarín consumado.
— Observ. El empleo de la palabra francesa *émérite* con el sentido de *consumado* es abusivo, pero está consagrado por la Academia Francesa.
émersion f. Emersión.
émerveillement [emɛrvɛjmã] m. Admiración, f., maravilla, f.
émerveiller [-je] v. tr. Maravillar.
— Syn. *Éblouir,* deslumbrar. *Fasciner,* fascinar.
émétique adj. et s. m. Emético, ca (vomitif).
émetteur, trice adj. Emisor, ra : *poste émetteur,* estación emisora.
— M. Emisora (f.) de radio.
émettre* v. tr. Emitir, despedir : *émettre un rayonnement,* emitir radiaciones. ‖ Emitir, poner en circulación : *émettre de la fausse monnaie,* poner en circulación moneda falsa. ‖ Emitir (prononcer). ‖ Despedir (une odeur). ‖ Emitir : *émettre sur ondes courtes,* emitir en onda corta.

émeu ou émou m. Emú (oiseau).

émeute f. Motín, m., tumulto, m.

— SYN. Sédition, sedición. Mutinerie, motín. Soulèvement, sublevación, alzamiento. Troubles, disturbios. Agitation, agitación. Pogrom, pogrom.

émeutier, ère adj. et s. Amotinador, ra; sedicioso, sa (provocateur). || Amotinado, da (participant).

émiettement m. Desmenuzamiento. || FIG. Desagregación, f. (d'un parti, etc.). | Parcelación, f. ou fragmentación (f.) excesiva (de la propriété). | Desmembramiento (d'un empire).

émietter v. tr. Desmigajar, hacer migajas (le pain). || FIG. Desmenuzar, hacer migas (mettre en pièces). | Desagregar, dispersar, dividir (un parti, etc.). | Parcelar ou fragmentar excesivamente (des terres).

émigrant, e adj. et s. Emigrante.

émigration f. Emigración. || Migración (populations, animaux).

émigré, e adj. et s. Emigrado, da.

émigrer v. intr. Emigrar : émigrer en Argentine, emigrar a la Argentina.

Émile, Émilie n. pr. m. et f. Emilio, lia.

Émilien, enne n. pr. m. et f. Emiliano, na.

émincé m. Loncha (f.) de carne.

émincer* v. tr. Cortar en lonchas.

éminemment [eminamɑ̃] adv. Eminentemente.

éminence [-nɑ̃:s] f. Eminencia. || FIG. Eminence grise, eminencia gris.

éminent, e [-nɑ̃, ɑ̃:t] adj. Eminente.

éminentissime adj. Eminentísimo, ma.

émir m. Emir (chef arabe).

émirat [emira] m. Emirato.

émissaire adj. et s. Emisario, ria (envoyé). || Bouc émissaire, cabeza de turco, víctima propiciatoria. || — M. Desaguadero, emisario (canal de vidange).

émissif, ive adj. Emisivo, va.

émission f. Emisión. || Émission des vœux, pronunciación solemne de votos.

emmagasinage [ɑ̃magazina:ʒ] ou emmagasinement [-zinmɑ̃] m. Almacenaje, almacenamiento. || FIG. Acumulación, f.

emmagasiner [-zine] v. tr. Almacenar. || FIG. Acumular, almacenar : emmagasiner des souvenirs, acumular recuerdos.

emmailler (s') [sɑ̃maje] v. pr. Enmallarse, enredarse en las mallas (se prendre dans les mailles).

emmaillotement [ɑ̃majotmɑ̃] m. Fajadura, f.

emmailloter [-te] v. tr. Fajar, poner pañales (un bébé). || FIG. Envolver (envelopper).

emmanchement [ɑ̃mɑ̃ʃmɑ̃] m. Colocación (f.) de un mango.

emmancher [-ʃe] v. tr. Poner un mango, enmangar (un outil, un couteau). || Enastar (une arme). | Acoplar, ajustar (placer). || FIG. Emprender, iniciar, comenzar.

— V. pr. FIG. Ponerse en marcha, estar iniciado ou emprendido, comenzar.

emmanchure [-ʃy:r] f. Sisa (des manches).

Emmanuel, elle n. pr. m. et f. Manuel, ela.

Emmaüs n. pr. GÉOGR. Emaús.

emmêlement [ɑ̃mɛlmɑ̃] m. Enmarañamiento, embrollo.

emmêler [-le] v. tr. Enmarañar, embrollar. || FIG. Sembrar la confusión.

emménagement [ɑ̃menaʒmɑ̃] m. Mudanza, f. (déménagement). || Instalación, f. (action de ranger ses meubles). || Distribución, f., instalación, f. (d'un navire).

emménager* [-ʒe] v. intr. Instalarse (s'installer). — V. tr. Distribuir (un navire). || Mudar (transporter). || Instalar.

emménagogue [ɛmmenagɔg] adj. et s. MÉD. Emenagogo, ga.

emmener* [ɑ̃mne] v. tr. Llevar, llevarse : emmener quelqu'un au théâtre, llevarse a alguien al teatro. || Llevarse : ce marchand a emmené toute la clientèle, este comerciante se ha llevado toda la clientela. || Llevar : il sait emmener ses troupes, sabe llevar las tropas ou su gente.

emmenthal ou emmental [ɛmɛntal] m. Queso gruyère fabricado en Emmenthal (Suiza).

emmerder v. tr. POP. Jorobar, hacer la puñeta.

emmétrer* [ɑ̃metrə] v. tr. Disponer para medir.

emmétrope [ɑ̃metrɔp] adj. et s. MÉD. Emétrope, de vista normal.

emmétropie [-pi] f. MÉD. Emetropía.

emmiellé, e [ɑ̃mjɛle] adj. Untado ou cubierto con miel. || FIG. Meloso, sa; empalagoso, sa.

emmieller v. tr. Untar ou endulzar con miel. || POP. Jorobar, chinchar (ennuyer).

— OBSERV. Es eufemismo por emmerder (voz grosera).

emmitoufler [ɑ̃mitufle] v. tr. Arropar, abrigar.

emmurer [ɑ̃myre] v. tr. Emparedar, encerrar entre paredes, sepultar : mineurs emmurés, mineros sepultados. || Amurallar : emmurer une ville, amurallar una ciudad.

émoi m. Emoción, f. || En émoi, sobresaltado.

émollient, e adj. et s. m. MÉD. Emoliente : emplâtre émollient, emplasto emoliente.

émoluments m. pl. Emolumentos, sueldo, sing. (traitement).

émonctoire m. ANAT. Emuntorio.

émondage ou émondement m. AGRIC. Escamonda, f., desrame, poda, f. (des arbres).

émonder v. tr. Mondar, escamondar, podar, desramar (un arbre). || FIG. Desbrozar (ce qui est superflu).

émondes f. pl. Escamondaduras, ramas cortadas (branches coupées).

émondeur, euse m. et f. Podador, ra.

émondoir m. Podadera, f.

émorfilage m. Iguala, f. (métal, cuir).

émorfiler v. tr. Quitar la rebaba, igualar (métal, cuir).

émotif, ive adj. et s. Emotivo, va. || Emocional : choc émotif, choque emocional.

émotion f. Emoción.

— SYN. Émoi, emoción. Saisissement, sobrecogimiento. Trouble, turbación. Désarroi, desconcierto. Agitation, agitación. Bouleversement, trastorno. Affolement, enloquecimiento.

émotionnable adj. Impresionable, emocionable.

émotionner v. tr. Emocionar, conmover.

— OBSERV. Se critica el uso en francés de este verbo y se aconseja su sustitución por su sinónimo émouvoir.

émotivité f. Emotividad, impresionabilidad.

émottage ou émottement m. AGRIC. Desterronamiento.

émotter v. tr. AGRIC. Desterronar, destripar los terrones de.

émotteuse f. AGRIC. Desterronadora, grada.

émouchet [emuʃɛ] m. Cernícalo (oiseau).

émoucheter* v. tr. Despuntar, desbotonar (une arme).

émouchette f. Mosquero, m. (filet).

émouchoir m. Mosquero (chasse-mouches).

émoudre* v. tr. Amolar, afilar (aiguiser).

émoulage m. Afilado, amoladura, f.

émouleur m. Amolador, afilador.

émoulu, e adj. Amolado, da ; afilado, da (aiguisé). || FIG. et FAM. Frais émoulu de..., recién salido de... : frais émoulu de l'Université, recién salido de la Universidad.

émoussement m. Embotamiento.

émousser v. tr. Embotar (rendre moins aigu). || FIG. Embotar, debilitar : l'oisiveté émousse le courage, el ocio embota el ánimo.

— V. pr. Embotarse. || FIG. Embotarse, mitigarse, debilitarse.

émoustillant, e [emustijɑ̃, ɑ̃:t] adj. Que alegra ; excitante.

émoustiller v. tr. FAM. Excitar, alegrar : *le champagne émoustille*, el champaña alegra.

émouvant, e adj. Emocionante; conmovedor, ra. || *Une manifestation émouvante de douleur*, una sentida manifestación de duelo.
— SYN. *Touchant*, conmovedor. *Pathétique*, patético. *Dramatique*, dramático. *Tragique*, trágico.

émouvoir* v. tr. ● Conmover, emocionar : *ému par ses larmes*, emocionado con sus lágrimas. || Alterar (troubler).
— V. pr. Conmoverse, emocionarse.
— SYN. ● *Attendrir*, enternecer. *Toucher*, conmover. *Remuer*, remover. *Impressionner*, impresionar. *Empoigner*, conmover. *Bouleverser*, trastornar. *Déchirer*, desgarrar, destrozar. FAM. *Retourner*, trastornar. *Révolutionner*, revolucionar. *Émotionner*, emocionar.

empaillage ou **empaillement** [ãpɑja:ʒ, -jmã] m. Disecación, *f.* (des animaux). || Colocación (*f.*) de un asiento *ou* de un respaldo de paja (à une chaise).

empaillé m. FAM. Zoquete, melón (sot).

empailler [-je] v. tr. Empajar, cubrir *ou* rellenar con paja (garnir *ou* envelopper de paille). || Poner asiento *ou* respaldo de paja (à une chaise). || Disecar (les animaux).

empailleur, euse [-jœ:r, ø:z] m. et f. Sillero, ra (de chaises). || Disecador, ra (d'animaux).

empalement m. Empalamiento (supplice).

empaler v. tr. Empalar (supplice).

empan m. Palmo, cuarta, *f.* (mesure).

empanacher v. tr. Empenachar. || FIG. Engalanar, atildar.

empanner v. tr. MAR. Poner a la capa, poner en facha (mettre en panne).

empaquetage [ãpakta:ʒ] m. Empaquetamiento, empaquetado.

empaqueter* [-kte] v. tr. Empaquetar.

emparer (s') [de] v. pr. Apoderarse, adueñarse. || Tomar, apoderarse : *s'emparer d'une ville*, tomar una ciudad. || Prender, detener, hacer prisionero.
— OBSERV. Le verbe espagnol *ampararse* signifie se mettre à l'abri ou sous une protection.

empâté, e adj. Hinchado, da; grueso, sa; abotagado, da (traits, visage). || Pastoso, sa : *langue empâtée*, lengua pastosa. || Borroso, sa (écriture). || Cebado, da (gavé).

empâtement m. Empaste, pastosidad, *f.* (peinture). || Cebado, cebadura, *f.*, engorde (gavage). || Pastosidad, *f.* (de la langue). || Hinchazón, *f.*, gordura, *f.*, abotargamiento (des traits, visage).

empâter v. tr. Empastar. || Cebar, engordar (gaver). || Poner pastosa (la langue). || Hinchar, engordar (visage).
— V. pr. Empastarse. || Hincharse, engordar, abotargarse (traits, visage).

empattement m. Asiento, base, *f.* (base). || Pie de una grúa, maderos (*pl.*) que sostienen una grúa (base d'une grue). || ARCHIT. Repisa, *f.*, ménsula, *f.* || AUTOM. Batalla, *f.*, distancia (*f.*) entre ejes. || IMPR. Grueso.

empatter v. tr. Asentar, sostener (un mur). || Empalmar, unir (des pièces), ensamblar (du bois).

empaumer v. tr. Dar con la mano (à une balle). || Esconder en la mano (prestidigitation). || FIG. et FAM. Liar, engatusar, enredar : *se laisser empaumer*, dejarse enredar.

empaumure f. Pala, cornamenta (du cerf). || Palma (d'un gant).

empêché, e adj. Impedido, da. || Ocupado, da (occupé). || FAM. *Empêché de sa personne*, muy molesto, muy violento, sin saber qué postura tomar.

empêchement m. Impedimento. || DR. *Empêchement dirimant*, impedimento dirimente.
— SYN. *Entrave*, traba. *Obstacle*, obstáculo. *Barrière*, barrera. *Écueil*, escollo. *Traverse*, tropiezo, atolladero. *Digue*, valla.

empêcher v. tr. Impedir. || *Il n'empêche que* o *n'empêche que*, esto no impide que, lo que no quiere decir que, esto no quita que, aun así, ahora que.
— V. pr. Dejar de, pasar sin, abstenerse de, no poder menos de : *il ne peut s'empêcher de parler*, no puede pasar sin hablar.
— OBSERV. Si le verbe *empêcher de* est suivi en français d'un infinitif, cet infinitif se traduit en espagnol par le subjonctif : *il l'empêchait de venir*, le impedía que viniese.
— Si le verbe *empêcher que* está en forma afirmativa, la proposición que le sigue tiene que ir en forma negativa (*la pluie empêche qu'on aille se promener*, la lluvia impide que vayamos a pasear) ; en cambio, si está en forma negativa, la proposición que le sigue puede ir en forma negativa o en forma afirmativa.

empêcheur, euse m. et f. FAM. Impedidor, ra; persona que impide. || FAM. *Empêcheur de tourner* o *de danser en rond*, aguafiestas.

empeigne f. Empeine, *m.*, pala (du soulier).

empennage [ãpɛna:ʒ] m. Planos (*pl.*) de estabilización, estabilizador, empenaje (avion). || Aleta, *f.* (d'une bombe). || Plumas, *f. pl.* (d'une flèche).

empenne [ãpɛn] f. Plumas, *pl.* (d'une flèche).

empenner v. tr. Emplumar (flèches).

empereur [ãprœ:r] m. Emperador.
— OBSERV. El femenino es *impératrice*, emperatriz, emperadora.

emperler v. tr. Adornar con perlas. || FIG. Ornar, embellecer. || *La sueur emperlait son front*, su frente estaba perlada de sudor.

empesage [ãpəza:ʒ] m. Almidonado.

empesé, e [-ze] adj. Almidonado, da (linge). || FIG. Afectado, da ; empalagoso, sa : *style empesé*, estilo afectado. || FIG. et FAM. Tieso, sa ; estirado, da (raide).

empeser* [-ze] v. tr. Almidonar.

empester v. tr. et intr. Contagiar la peste. || Apestar (puer). || FIG. Infestar, corromper.

empêtrer v. tr. Trabar (un animal). || FAM. Enredar, ensarzar. || FIG. Estorbar, embarazar (gêner).
— V. pr. Enredarse, embrollarse. || Liarse, tropezar (s'emberlificoter).

emphase f. Énfasis, *m.* || Énfasis, *m.*, afectación : *parler avec emphase*, hablar con afectación.

emphatique adj. Enfático, ca.

emphysémateux, euse adj. et s. MÉD. Enfisematoso, sa.

emphysème m. MÉD. Enfisema (gonflement).

emphytéose f. Enfiteusis (bail à long terme).

emphytéote m. et f. DR. Enfiteuta.

emphytéotique adj. Enfitéutico, ca.

empiècement m. Canesú.

empierrement m. Empedrado, empedramiento (action). || Firme (macadam).

empierrer v. tr. Empedrar. || Afirmar (route).

empiétement m. Usurpación, *f.*, intrusión, *f.* (usurpation). || Invasión, *f.*, avance, progresión, *f.* (de la mer).

empiéter* v. intr. Montar, apoyarse : *chaque tuile empiète sur les autres*, cada teja se apoya sobre las demás. || Avanzar, invadir, ganar terreno : *la mer empiète sur les terres*, el mar invade las tierras. || Desbordar (déborder). || FIG. Usurpar, hacer una intrusión : *empiéter sur les droits d'autrui*, usurpar derechos ajenos.

empiffrer v. tr. POP. Apipar, atracar (gaver).
— V. pr. POP. Apiparse, atracarse.

empilage ou **empilement** m. Apilado, apilamiento.

empiler v. tr. Apilar, amontonar. || POP. Estafar,

timar (duper). ‖ *Empiler des écus,* amontonar dinero.
— V. pr. Amontonarse.

empileur, euse m. et f. Apilador, ra. ‖ POP. Estafador, ra; timador, ra.

empire m. Imperio. ‖ FIG. Dominio, ascendiente. ‖ — *L'empire de la science,* el dominio de la ciencia. ‖ *Saint Empire,* Sacro Imperio. ‖ *Sous l'empire de,* bajo el efecto de. ‖ — *Avoir de l'empire sur soi-même,* dominarse, controlarse, contenerse. ‖ *Cela vaut un empire,* eso vale todo el oro del mundo *ou* un Potosí. ‖ *Ne pas faire une chose pour un empire,* no hacer algo por nada del mundo *ou* por todo el oro del mundo.
— Adj. Imperio, estilo imperio.

empirer v. tr. et intr. Empeorar.

empirique adj. et s. Empírico, ca.

empirisme m. Empirismo.

empiriste m. Empírico.

emplacement m. Emplazamiento, sitio [*Amér.,* ubicación, *f.*].

emplanture f. MAR. Carlinga.

emplâtre m. Emplasto, emplastro, bizma, *f.* (onguent). ‖ FIG. et FAM. Castaplasma, *f.,* zoquete (sot). ‖ POP. Torta, *f.,* tortazo (gifle).

emplette f. Compra : *faire des emplettes,* ir de compras.

emplir v. tr. ● Llenar. ‖ FIG. Henchir, colmar, llenar : *emplir de joie,* henchir de gozo.
— V. intr. et pr. Llenarse.

— SYN. ● *Remplir,* llenar. *Garnir,* guarnecer. *Bourrer,* rellenar. *Combler,* colmar. *Bonder,* atestar, abarrotar. *Truffer,* trufar.

emplissage m. Llenado, relleno.

emploi m. Empleo. ‖ Empleo, uso (utilisation). ‖ ● Trabajo, colocación, *f.,* puesto (occupation). ‖ Función, *f.,* cargo (fonction). ‖ THÉÂTR. Papel (rôle). ‖ — *Emploi à mi-temps,* trabajo de media jornada. ‖ *Emploi à plein temps,* trabajo de jornada entera. ‖ *Emploi du temps,* programa de trabajo (programme), horario (horaire). ‖ *Demande d'emploi,* petición de empleo. ‖ *Double emploi,* repetición inútil (répétition), asiento duplicado, doble cargo, partida doble (commerce). ‖ *Plein emploi,* pleno empleo. ‖ *Sans emploi,* sin trabajo. ‖ — *Faire double emploi,* ser contado por partida doble, haber doble asiento (commerce), estar repetido.

— SYN. *Fonction,* función. *Attribution,* atribución. *Place,* colocación. *Poste,* destino, puesto. *Charge,* cargo. *Ministère,* ministerio.

employable [ãplwajabl] adj. Empleable, utilizable.

employé, e [-je] adj. et s. ● Empleado, da (salarié). ‖ Oficinista, empleado, da (de bureau). ‖ *Employé de maison,* sirviente, doméstico, criado.

— SYN. ● *Agent,* agente. *Commis,* dependiente. *Fonctionnaire,* funcionario. *Préposé,* encargado.

employer* [-je] v. tr. Emplear : *employer à,* emplear en. ‖ Dar trabajo : *il emploie un correcteur,* da trabajo a un corrector. ‖ Servirse de, utilizar, valerse de, hacer uso : *employer ses protecteurs,* servirse de sus protectores. ‖ Gastar, consumir (consommer). ‖ *Être employé à ou chez,* estar colocado en.
— V. pr. Emplearse, usarse : *ce mot ne s'emploie plus,* esta palabra no se emplea ya. ‖ *S'employer à ou pour,* ocuparse en, aplicarse a, esforzarse por.

employeur, euse [-jœ:r, ø:z] m. et f. Empresario, ria ; empleador, ra. ‖ Patrono, na.

emplumer v. tr. Emplumar, adornar con plumas.

empocher v. tr. Meter *ou* meter en el bolsillo, embolsar. ‖ FIG. et FAM. Cobrar, aguantar (subir).

empoignade f. FAM. Agarrada, altercado, *m.*

empoignant, e adj. FAM. Conmovedor, ra ; emocionante.

empoigne f. Agarrada. ‖ FAM. *La foire d'empoigne,* el puerto de arrebatacapas.

empoigner v. tr. Empuñar. ‖ FAM. Agarrar, echar el guante, apresar (arrêter). ‖ FIG. Conmover, emocionar.
— V. pr. Agarrarse. ‖ Tener una agarrada, pelearse, llegar a las manos (se battre).

empointure f. MAR. Empuñidura, puño (*m.*) de boca.

empois [ãpwa] m. Engrudo (colle d'amidon). ‖ *Empois d'amidon,* almidón (amidon pour repasser).

empoisonnant, e [ãpwazonã, ã:t] adj. Venenoso, sa. ‖ FAM. Molesto, ta ; latoso, sa ; pesado, da ; fastidioso, sa (embêtant).

empoisonnement [-zɔnmã] m. Envenenamiento, emponzoñamiento. ‖ FIG. Corrupción, *f.,* perversión, *f.,* envenenamiento. ‖ FIG. et FAM. Engorro, lata, *f.,* tostón, pega, *f.* (ennui).

empoisonner [-zɔne] v. tr. Envenenar, emponzoñar. ‖ Intoxicar. ‖ Envenenar : *ce cuisinier empoisonne ses clients,* este cocinero envenena a sus clientes. ‖ ● Infestar. ‖ FIG. Amargar, envenenar : *la jalousie empoisonne la vie,* los celos amargan la vida. | Corromper, pervertir : *doctrine qui empoisonne les mœurs,* doctrina que corrompe las costumbres. ‖ FAM. Fastidiar, dar la lata (importuner). | Apestar, oler mal (sentir mauvais).

— OBSERV. Le verbe *emponzoñar* et ses dérivés s'emploient surtout au sens figuré.
— SYN. ● *Intoxiquer,* intoxicar. *Envenimer,* enconar. *Infecter,* infectar.

empoisonneur, euse [-zɔnœ:r, ø:z] adj. et s. Envenenador, ra. ‖ FIG. Pervertidor, ra ; corruptor, ra (qui corrompt). ‖ FAM. Tostón, pesado, da ; latoso, sa (embêtant).

empoisser v. tr. Untar con pez, empegar (poisser). ‖ Embadurnar, untar (barbouiller).

empoissonnement m. Repoblación, *f.,* población, *f.* (d'une rivière, d'un étang).

empoissonner v. tr. Poblar de peces.

emporium [ãporjom] m. Emporio.

emporté, e adj. FIG. Iracundo, da ; colérico, ca ; violento, ta (irritable). ‖ Arrebatado, da (irrité). ‖ Desbocado (cheval).

emportement m. Arrebato : *parler avec emportement,* hablar con arrebato.

emporte-pièce m. inv. Sacabocados (outil). ‖ — FIG. *À l'emporte-pièce,* de manera terminante *ou* neta. ‖ *Caractère à l'emporte-pièce,* carácter entero. ‖ *Formule à l'emporte-pièce,* fórmula terminante.
— Adj. FIG. Incisivo, va ; mordaz (mordant).

emporter v. tr. Llevarse, llevar : *il a tout emporté,* se lo ha llevado todo. ‖ Arrancar : *le boulet lui emporta le bras,* el obus le arrancó el brazo. ‖ Arrastrar, llevarse (entraîner). ‖ FIG. Tomar, apoderarse de (s'emparer de). ‖ Llevarse, arrebatar : *une fièvre l'emporta,* una fiebre se lo llevó ; *passions nous emportent,* las pasiones nos arrebatan. ‖ Llevarse : *emporter le prix, une affaire,* llevarse el premio, un negocio. ‖ Lograr, obtener, ganar : *emporter l'avantage,* lograr ventaja. ‖ — *Emporter à la pointe de l'épée,* tomar por asalto. ‖ FAM. *Emporter le morceau,* llevarse la palma, ganar, triunfar. ‖ *Emportez tous mes vœux,* que todo le vaya bien. ‖ — *Avoir la bouche emportée,* picarle a uno mucho la boca. ‖ *Il ne l'emportera pas en paradis,* ya me las pagará. ‖ *L'emporter,* vencer, ganar, conseguir un triunfo (gagner). ‖ *L'emporter de beaucoup sur,* dar quince y raya a, dar cien vueltas a. ‖ *L'emporter sur,* poder más que, poder con, prevalecer, predominar : *la pitié l'emporta sur l'orgueil,* la piedad prevaleció sobre el orgullo. ‖ *Que le diable vous emporte !,* ¡que

se lo lleve el diablo ! ‖ *Se laisser emporter à,* dejarse llevar por, abandonarse a.
— V. pr. Enfurecerse, encolerizarse (s'irriter). ‖ Desbocarse (les chevaux).

empoté, e adj. et s. FAM. Zoquete, zopenco, ca.

empoter v. tr. Poner en un tiesto *ou* una maceta.

empourprer v. tr. Purpurar, enrojecer. ‖ FIG. Enrojecer, encender : *visage empourpré par la colère,* rostro enrojecido de cólera.

empreindre* [ɑ̃prɛ̃:dr] v. tr. Estampar, imprimir. ‖ Marcar, grabar. ‖ FIG. Impregnar : *empreint de,* impregnado de.
— OBSERV. El verbo *empreindre* se emplea poco en sentido propio.

empreinte [ɑ̃prɛ̃:t] f. Huella, impresión. ‖ Huella (des pieds). ‖ Señal, marca (marque). ‖ Relieve, *m.* (relief). ‖ FIG. Sello, *m.,* marca, marchamo, *m.* : *l'empreinte du génie,* el sello del genio. ‖ IMPR. Molde, *m.* ‖ *Empreinte digitale,* huella digital *ou* dactilar.

empressé, e adj. et s. Apresurado, da (qui se hâte). ‖ Atareado, da ; afanoso, sa (affairé). ‖ Solícito, ta ; diligente (diligent). ‖ *Salutations empressées,* saludos muy atentos.

empressement m. Diligencia, *f.,* celo (zèle). ‖ Apresuramiento, prisa, *f.* (hâte). ‖ Solicitud, *f.,* atención, *f.* (complaisance).

empresser (s') v. pr. Apresurarse, darse prisa (se hâter) : *s'empresser de parler,* apresurarse a hablar. ‖ ● Afanarse, atarearse, obrar diligentemente (agir avec zèle). ‖ Mostrarse solícito *ou* obsequioso, tener atenciones (être très prévenant). ‖ *S'empresser auprès de,* mostrarse solícito con.
— SYN. ● *S'affairer,* atarearse, afanarse. *Fam. Se mettre en quatre,* multiplicarse. *Se démener,* bregar.

emprésurer v. tr. Cuajar, añadir cuajo.

emprise f. Influencia, dominio, *m.* (influence). ‖ Expropiación (de terrain).

emprisonnement m. Encarcelamiento, prisión, *f.* ‖ *Emprisonnement à vie,* cadena perpetua.
— SYN. *Prison,* prisión. *Incarcération,* encarcelamiento. *Détention,* detención. *Réclusion,* reclusión.

emprisonner v. tr. ● Encarcelar. ‖ FIG. Encerrar (enfermer). ‖ FIG. *Être emprisonné dans,* ser prisionero de.
— V. pr. FIG. Encerrarse, enclaustrarse.
— SYN. ● *Incarcérer,* encarcelar. *Écrouer,* encarcelar. *Fam. Coffrer,* enjaular. *Boucler,* enjaular. *Pop. Mettre en tôle,* mettre à l'ombre, enchironar.

emprunt [ɑ̃prœ̃] m. Préstamo (privé) : *faire un emprunt,* hacer un préstamo. ‖ Empréstito (d'un État, d'une compagnie) : *lancer un emprunt,* hacer un empréstito. ‖ FIG. Copia, *f.,* imitación, *f.* (copie). | Palabra (*f.*) cogida (mot emprunté). ‖ — *D'emprunt,* fingido, da ; ficticio, cia ; falso, sa : *nom d'emprunt,* nombre fingido ; prestado, da : *des meubles d'emprunt,* muebles prestados. ‖ *Par emprunt,* de manera fingida, artificialmente. ‖ FAM. *Vivre d'emprunt,* vivir de prestado *ou* de trampas.
— OBSERV. Le mot espagnol *préstamo* signifie à la fois le *prêt* et l'*emprunt.*

emprunté, e [-te] adj. Prestado, da, tomado en préstamo (prêté). ‖ FIG. Falso, sa ; supuesto, ta (feint). | Ficticio, cia. | Forzado, da ; artificioso, sa (qui n'est pas naturel). | Embarazado, da ; confuso, sa (embarrassé). | Tomado, da ; sacado, da ; copiado, da : *citation empruntée à un ouvrage,* cita sacada de una obra literaria.

emprunter [-te] v. tr. Pedir *ou* tomar prestado ; *emprunter de l'argent,* pedir dinero prestado. ‖ FIG. Recibir de, tomar de : *la Lune emprunte sa lumière au Soleil,* la Luna recibe su luz del Sol. ‖ Servirse de, recurrir a, valerse de, utilizar (se servir de). | Adoptar, tomar : *emprunter l'aspect de la vertu,* adoptar el aspecto de la virtud. ‖ Tomar : *emprunter le plus court chemin,* tomar

el camino más corto. | Tomar de, sacar de : *emprunter une citation à un ouvrage,* tomar una cita de una obra.

emprunteur, euse [-tœ:r, ø:z] adj. et s. Prestatario, ria (p. us.), que pide prestado (qui emprunte). ‖ FIG. et FAM. Pedigüeño, ña.
— OBSERV. Il existe en espagnol un verbe *emprestar,* mais il est peu usité. De même, le dérivé français *emprunteur* pourrait se rendre par *emprestador ;* toutefois, on dit surtout *que pide prestado.*

empuantir [ɑ̃pyɑ̃ti:r] v. tr. Infestar.

empuantissement m. Fetidez, *f.,* pestilencia, *f.,* hedor.

empuse f. BOT. Hongo (*m.*) parásito. ‖ ZOOL. Predicador, *m.* (mante religieuse).

empyème m. MÉD. Empiema (amas de pus dans la plèvre). ‖ Toracentesis, *f.* (thoracentèse).

empyrée m. Empíreo (le ciel).

empyreumatique adj. Empireumático, ca.

empyreume m. CHIM. Empireuma.

ému, e [emy] adj. Conmovido, da ; emocionado, da. ‖ — *Un hommage ému,* un emotivo homenaje. ‖ *Un souvenir ému,* un sentido recuerdo, un afectuoso recuerdo, un cariñoso recuerdo.
— SYN. *Agité,* agitado. *Troublé,* turbado.

émulation f. Emulación.

émule m. et f. Émulo, la.

émulseur m. Emulsor.

émulsif, ive adj. et s. m. Emulsivo, va.

émulsificateur ou **émulsifieur** m. Emulsificador.

émulsine f. CHIM. Emulsina.

émulsion f. Emulsión.

émulsionner v. tr. Emulsionar.

en [ɑ̃] prép.

---

1. SITUATION, RÉSIDENCE. — 2. DIRECTION. — 3. TEMPS, ÉPOQUE. — 4. ÉTAT. — 5. OCCUPATION, MANIÈRE D'ÊTRE. — 6. VÊTEMENT, TENUE. — 7. MATIÈRE. — 8. FORME, DISPOSITION. — 9. SENS DIVERS. — 10. AVEC UN PARTICIPE PRÉSENT.

---

1. SITUATION, RÉSIDENCE. — En : *en prison,* en la cárcel ; *en voiture,* en coche ; *en France,* en Francia.

2. DIRECTION. — A : *aller en Espagne,* ir a España. ‖ Hacia (vers) : *aller en arrière,* ir hacia atrás ; *regarder en l'air,* mirar hacia arriba.

3. TEMPS, ÉPOQUE. — En : *en hiver,* en invierno ; *en 1970,* en 1970 ; *d'aujourd'hui en huit,* de hoy en ocho días ; *faire quelque chose en cinq minutes,* hacer algo en cinco minutos. ‖ A : *en même temps,* al mismo tiempo.

4. ÉTAT. — En : *en fleur,* en flor. ‖ En, con : *en bonne santé,* en *ou* con buena salud.

5. OCCUPATION, MANIÈRE D'ÊTRE. — De : *en voyage,* de viaje ; *en visite,* de visita ; *en vacances,* de vacaciones ; *en deuil,* de luto. ‖ En : *être en guerre,* estar en guerra ; *être en réparation,* estar en reparación.

6. VÊTEMENT, TENUE. — *En chemise,* en camisa ; *en caleçon,* en calzoncillos. | De : *en civil,* de paisano ; *en redingote* de levita ; *se déguiser en médecin,* disfrazarse de médico.

7. MATIÈRE. — De : *montre en or,* reloj de oro ; *statue en bois,* estatua de madera.

8. FORME, DISPOSITION. — En : *en pente,* en pendiente ; *en cercle,* en círculo ; *en pointe,* en punta.

9. SENS DIVERS. — En : *docteur en médecine,* doctor en medicina ; *érudit en géographie,* erudito en geografía ; *partager en deux,* dividir en dos ; *de jour en jour,* de día en día ; *donner en échange,* dar en cambio ; *laisser en gage,* dejar en prenda ; *parler en vers,* hablar en verso ; *résumer*

en une phrase, resumir en una frase. ‖ De : *peintre en bâtiment,* pintor de brocha gorda. ‖ Al : *traduire en italien,* traducir al italiano ; *vente en gros,* venta al por mayor. ‖ Como : *traiter en ami,* tratar como amigo ; *partager quelque chose en frères,* repartirse algo como hermanos. ‖ — *En amont,* río arriba. ‖ *En aval,* río abajo. ‖ *En bas,* abajo. ‖ *En dépit de,* a pesar de. ‖ *En faveur de, en ou* a favor de : *voter en faveur d'un candidat,* votar a favor de un candidato ; pro, en pro de : *campagne en faveur des sinistrés,* campaña pro damnificados. ‖ *En haut,* arriba. ‖ *En tête,* a la cabeza.

10. AVEC UN PARTICIPE PRÉSENT. — Al (simultanéité) : *il s'assit en arrivant,* se sentó al llegar. ‖ Al *ou* suppression : *il fume en marchant,* fuma al caminar *ou* caminando. ‖ — *En attendant,* entretanto, mientras tanto. ‖ *Tout en,* suivi d'un participe présent : *sin dejar de* suivi de l'infinitif o *mientras* suivi de l'imparfait : *tout en parlant,* sin dejar de hablar, mientras hablaba.

en pron. pers. de 3ᵉ pers. — Se remplace en espagnol par le pronom équivalent : *il en parle,* habla de él *ou* de ella, de ellos, de ellas, de ello ; *en serons-nous plus heureux ?,* ¿seremos más felices con ello ? ; *j'ai beaucoup de livres, ma maison en est pleine,* tengo muchos libros, mi casa está llena de ellos : *il aime sa femme et il en est aimé,* ama a su mujer y es amado de *ou* por ella. ‖ Se traduit en espagnol par le possessif correspondant : *ce tableau est joli, j'en aime la couleur,* este cuadro es bonito, me gusta su color. ‖ — *C'en est assez !,* ¡ya está bien !, basta con eso. ‖ FAM. *S'en faire,* preocuparse mucho.

Avec un partitif, *en* se supprime en espagnol ou se remplace par les pronoms *lo, la, los, las,* par un numéral ou par un adverbe de quantité : *as-tu du pain ? — J'en ai,* ¿tienes pan ? — Tengo *ou* tengo alguno ; *as-tu de la patience ? — J'en aurai,* ¿tienes paciencia ? — Tendré ; *as-tu des livres ? — J'en ai cinq,* ¿tienes libros ? — Tengo cinco. ‖ *Il y en a,* los *ou* las hay.

en adv. De allí, de allá, de ahí : *j'en viens,* de allí vengo. ‖ *En... autant o tout autant,* otro tanto : *j'en ferais autant,* haría otro tanto.

énamourer (s') *ou* **enamourer (s')** [sᾰ-] v. pr. Enamorarse.

énanthème m. MÉD. Enantema.

énantiotrope adj. CHIM. Enantiotropo, pa.

énarthrose f. ANAT. Enartrosis.

en-avant [ᾶnavᾶ] m. inv. Pase adelante (rugby).

encabanage m. Embojo (vers à soie).

encabaner v. tr. Embojar (vers à soie).

encablure f. MAR. Cable, *m.* (120 brasses ou 200 m environ).

encadrement m. Marco (cadre). ‖ Recuadro, cerco, orla, *f.* (bordure). ‖ Encuadramiento, oficialidad, *f.* (troupes). ‖ FIG. Ambiente, medio, marco (ambiance).

encadrer v. tr. Poner en un marco, poner marco a, encuadrar (p. us.) : *encadrer un tableau,* poner un cuadro en un marco. ‖ Orlar, recuadrar, poner en un recuadro : *encadrer un article dans un journal,* poner un artículo en un recuadro en un periódico. ‖ Ceñir, rodear, cercar (entourer). ‖ Enmarcar : *des cheveux noirs encadraient son visage,* unos cabellos negros enmarcaban su cara. ‖ Escoltar, custodiar (un malfaiteur). ‖ Situar, poner : *encadrer un épisode dans un récit,* situar un episodio en un relato. ‖ IMPR. Recuadrar. ‖ MIL. Encuadrar, incorporar (entourer). ‖ Proveer de mandos (pourvoir de cadres). ‖ Mandar, tener bajo sus órdenes (commander). ‖ — FIG. *À encadrer,* para poner en un marco. ‖ FAM. *Ne pas pouvoir encadrer quelqu'un,* no poder tragar a uno.

encadreur m. Fabricante *ou* montador de marcos.

encagement m. Enjaulamiento.

encager* v. tr. Enjaular. ‖ FIG. ET FAM. Enjaular, meter en chirona (en prison).

encaissable adj. COMM. Cobrable (créance).

encaissage m. Encajonamiento (d'une plante). ‖ COMM. Ingreso en caja.

encaissant, e adj. Que encajona : *roches encaissantes,* rocas que encajonan.

encaisse f. COMM. Caja, fondos, *m. pl.* (valeurs en caisse).

encaissé, e adj. Encajonado, da : *rivière encaissée,* río encajonado. ‖ Metido, da en una caja (dans une caisse). ‖ COMM. Cobrado, da ; ingresado, da en caja.

encaissement m. Encajonamiento. ‖ Colocación (*f.*) en caja (mise en caisse). ‖ ARCHIT. Encajonado. ‖ COMM. Ingreso, cobro, cobranza, *f.*

encaisser v. tr. Encajonar. ‖ Meter en cajones *ou* en cajas. ‖ COMM. Cobrar (un chèque). ‖ FAM. Encajar, aguantar, soportar (boxe). ‖ POP. Llevarse, cargarse, cobrar : *il encaissa une gifle,* se llevó una bofetada. ‖ Tragar, aguantar (un affront). ‖ Tragar, poder con : *ne pas encaisser quelqu'un,* no tragar a uno, no poder con uno. ‖ — V. pr. Encajonarse (fleuve, route).

encaisseur m. Cobrador. ‖ Encajador (boxe).

encalminé, e adj. MAR. Detenido por la calma chicha, encalmado, da.

encan m. Almoneda, subasta, *f.,* encante [p. us.] (vente aux enchères). ‖ — *Vente à l'encan,* subasta. ‖ *Mettre à l'encan,* subastar, vender en pública subasta.

encanaillement [ᾶkanajmᾶ] m. Encanallamiento, envilecimiento.

encanailler [-je] v. tr. Encanallar.
— V. pr. Encanallarse.

encapuchonner v. tr. Encapuchar. ‖ Encapirotar (faucons).
— V. pr. Encapucharse. ‖ Encapotarse (cheval).

encaquement m. Embarrilamiento, embarrilado (des harengs).

encaquer v. tr. Embarrilar (mettre en caque). ‖ FIG. ET FAM. Apiñar, amontonar (entasser).

encartage *ou* **encartonnage** m. Encartonado.

encarter v. tr. Encartar.

encarter v. tr. Encartar.

encarteuse f. Encartonadora.

en-cas *ou* **encas** [ᾶka] m. Piscolabis, colación, *f.,* tentempié (collation). ‖ Reserva, *f.,* provisión, *f.* ‖ Antuca, sombrilla, *f.* (ombrelle).

encaserner v. tr. Acuartelar (soldats).

encastelure f. Escarza (des chevaux).

encastrement m. Ajuste, encaje (une pièce), empotramiento (une statue). ‖ TECHN. Muesca, *f.,* hueco (entaille).

encastrer v. tr. Encastrar, empotrar, encajar.

encaustiquage m. Encerado, enceramiento.

encaustique f. Encáustico, *m.,* cera (cire). ‖ Encausto, *m.* : *peinture à l'encaustique,* pintura al encausto.

encaustiquer v. tr. Encausticar, encerar (cirer).

encavement m. Embodegamiento.

encaver v. tr. Embodegar, guardar en la bodega.

enceindre* [ᾶsɛ:dr] v. tr. Ceñir, cercar, circundar, rodear (ceindre).

enceinte [ᾶsɛ:t] f. Recinto, *m.* : *l'enceinte d'un monument,* el recinto de un monumento. ‖ Murallas, *pl.* (murailles). ‖ Cerco, *m.,* cercado, *m.* (clôture). ‖ Casco, *m.* (d'une ville). ‖ TECHN. Pantalla acústica.
— Adj. f. Embarazada, encinta (femme).

encens [ᾶsᾶ] m. Incienso. ‖ FIG. Incienso, cumplidos, *pl.,* flores, *f. pl.,* alabanzas (*f. pl.*) excesivas.

encensement m. Incensación, *f.*

encenser v. tr. Incensar (agiter l'encensoir). ‖ Fig. Incensar, adular, lisonjear, echar flores. — V. intr. Engallarse (cheval).

encenseur m. Turiferario.

encensoir m. Incensario (pour brûler l'encens). ‖ Botafumeiro (à Saint-Jacques de Compostelle). ‖ *Coup d'encensoir*, adulación, incienso.

encépagement m. Encepe, repoblación (*f.*) de una viña.

encéphalalgie f. Méd. Cefalalgia.

encéphale m. Anat. Encéfalo.

encéphalique adj. Anat. Encefálico, ca.

encéphalite f. Méd. Encefalitis.

encéphalogramme m. Méd. Encefalograma.

encéphalographie f. Encefalografía.

encéphalomyélite f. Méd. Encefalomielitis.

encéphalopathie f. Méd. Encefalopatía.

encerclement m. Cerco.

encercler v. tr. Cercar, rodear. ‖ Mil. Copar (l'ennemi).

enchaîné m. Encadenado (cinéma).

enchaînement m. Encadenamiento. ‖ Fig. Encadenamiento, enlace, eslabonamiento (de circonstances). ‖ Concatenación, *f.*, coordinación, *f.*, enlace (idées, etc.).

enchaîner v. tr. Encadenar. ‖ Fig. Encadenar (des passions, etc.). ‖ Esclavizar (asservir). ‖ Coordinar, enlazar : *enchaîner ses idées*, coordinar sus ideas. ‖ Empalmar, proseguir (reprendre la suite d'un dialogue). ‖ Encadenar (cinéma). ‖ *Enchaînons!*, ¡sigamos! (théâtre). — V. pr. Encadenarse. ‖ Enlazar, encadenarse (des idées).

enchanté, e adj. Encantado, da. ‖ *Enchanté de vous connaître*, encantado de conocerle, mucho gusto en conocerle.

enchantement m. Encanto, hechizo (charme). ‖ — *Comme par enchantement*, como por encanto *ou* por arte de magia. ‖ *Par enchantement*, por arte de birlibirloque. ‖ — Fig. *Être dans l'enchantement*, estar en la gloria.

enchanter v. tr. Encantar. ‖ Hechizar (fasciner).

enchanteur, eresse adj. et s. Encantador, ra. ‖ — M. et f. Hechicero, ra; mago, ga (magicien).

enchâssement m. Engaste, engarce : *enchâssement d'un diamant*, engaste de un diamante. ‖ Encaje, empotramiento (encastrement).

enchâsser v. tr. Engastar, engarzar : *enchâsser un diamant*, engastar un diamante. ‖ Poner en un relicario *ou* en una caja (dans une châsse). ‖ Encajar, empotrar (encastrer). ‖ Fig. Intercalar, insertar : *enchâsser une citation*, intercalar una cita.

enchâssure f. Engaste, *m.*, engarce, *m.*

enchatonnement m. Engaste, engarce (sertissage).

enchatonner v. tr. Engastar, engarzar (sertir).

enchausser v. tr. Abrigar con paja, empajar.

enchemisage m. Forro, envoltura, *f.*

enchemiser v. tr. Forrar, enfundar.

enchère f. Puja, licitación. ‖ — *Folle enchère*, puja que no puede pagar el postor. ‖ *Vente aux enchères*, subasta. ‖ — Fig. *Être à l'enchère*, venderse al mejor postor. ‖ *Être mis aux enchères*, salir a subasta. ‖ *Mettre aux enchères*, sacar a subasta, subastar. ‖ Fig. *Payer la folle enchère*, sufrir las consecuencias de su temeridad. ‖ *Vendre aux enchères*, vender en pública subasta, subastar. — Syn. *Surenchère*, mejora. *Licitation*, licitación. *Criée*, almoneda. *Encan*, encante (p. us.). *Vente à l'encan, aux enchères*, subasta.

enchérir v. intr. Pujar (aux enchères). ‖ Encarecer (être plus cher). ‖ *Enchérir sur*, sobrepujar (une offre), ir más lejos (quelqu'un).

enchérissement m. Encarecimiento, aumento de precio, carestía, *f.* : *l'enchérissement du pain*, el encarecimiento del pan.

enchérisseur m. Postor, licitador, pujador (aux enchères).

enchevalement [ãʃəvalmã] m. Archit. Apuntalamiento.

enchevaucher [ãʃəvoʃe] v. tr. Techn. Encabalgar, encaballar.

enchevauchure [-ʃy:r] f. Techn. Encabalgadura, encaballadura.

enchevêtrement m. Encabestramiento (chevaux). ‖ Fig. Enredo, embrollo, lío, enmarañamiento (emmêlement).

enchevêtrer v. tr. Encabestrar (les chevaux). ‖ Archit. Embrochalar (des solives). ‖ Fig. Enredar, embrollar, enmarañar (embrouiller). — V. pr. Encabestrarse (cheval). ‖ Fig. Embrollarse, enmarañarse.

enchevêtrure f. Archit. Embrochalado, *m.* ‖ Encabestradura (d'un cheval).

enchifrené, e adj. Resfriado, da (du nez).

enchifrènement m. Obstrucción (*f.*) nasal (due au rhume).

enclave f. Enclave, *m.*, territorio (*m.*) enclavado.

enclavement m. Enclave, enclavado (d'un territoire). ‖ Techn. Empotramiento, encaje (emboîtement).

enclaver v. tr. Enclavar, encerrar, incluir (un terrain, un territoire). ‖ Insertar, colocar (insérer). ‖ Techn. Empotrar, encajar (emboîter).

enclenche f. Trinquete, *m.*, enganche, *m.*

enclenchement m. Armadura, *f.*, enganche.

enclencher v. tr. Enganchar, engranar, arrastrar.

enclin, e adj. Propenso, sa ; inclinado, da ; dado, da : *enclin à la colère*, propenso a la ira.

encliquetage [ãklikta:ʒ] m. Techn. Trinquete.

encliqueter* [-te] v. intr. Techn. Poner un trinquete a una rueda.

enclitique adj. et s. m. *ou* f. Enclítico, ca.

enclore* v. tr. Cercar, vallar : *enclore un champ*, cercar un campo. ‖ Encerrar, rodear (entourer). ‖ Encerrar (enfermer).

enclos [ãklo] m. Cercado, vallado. ‖ Recinto (enceinte).

enclouage m. Clavadura, *f.* (canons). ‖ Vétér. Enclavadura, *f.*, clavadura, *f.* (des chevaux).

enclouer v. tr. Clavar (un canon). ‖ Fig. Clavar, inmovilizar. ‖ Vétér. Enclavar (un cheval).

enclouure [ãkluy:r] f. Vétér. Enclavadura, clavadura (chevaux).

enclume f. Yunque, *m.* ‖ Horma (de cordonnier). ‖ Anat. Yunque (osselet de l'oreille). ‖ — Fig. *Entre l'enclume et le marteau*, entre la espada y la pared. ‖ *Remettre un ouvrage sur l'enclume*, retocar una obra, poner de nuevo una obra en el telar.

encoche f. Muesca, entalladura. ‖ Señal (marque). ‖ Banco, *m.* (de sabotier).

encochement m. Incisión, *f.*, corte. ‖ Empulgadura, *f.* (d'une flèche).

encocher v. tr. Empulgar (un arc). ‖ Hacer una muesca en (entailler).

encoffrer v. tr. Embaular (mettre dans un coffre). ‖ Fig. et Fam. Apropiarse de.

encoignure [ãkɔɲy:r] f. Constr. Rincón, *m.*, rinconada (angle). ‖ Rinconera (meuble).

encollage m. Encolado, engomado. ‖ Cola, *f.* (colle). ‖ Apresto (dans un tissu).

encoller v. tr. Encolar, engomar. ‖ Aprestar (tissu).

encolleur, euse adj. et s. Encolador, ra. ‖ Aprestador, ra (de tissus). ‖ — F. Encoladora (machine).

encolure f. Cuello, *m.* (du cheval). ‖ Cuello, *m.*, medida del cuello (mesure du col). ‖ Escote, *m.* (d'un vêtement). ‖ Cabeza (aux courses).

encombrant, e adj. Embarazoso, sa ; molesto, ta (gênant). ‖ Voluminoso, sa ; de mucho bulto, que abulta mucho (qui occupe de la place). ‖ Fig.

Inoportuno, na; que estorba, pesado, da (importun).

encombre m. *Sans encombre,* sin tropiezo, sin dificultad.

encombrement m. Estorbo, obstrucción, *f.* ‖ Acumulación, *f.,* aglomeración, *f.,* amontonamiento. ‖ Atasco, embotellamiento : *un encombrement de voitures,* un embotellamiento de coches. ‖ Dimensiones (*f. pl.*) totales *ou* exteriores, volumen (volume, dimensions). ‖ Lugar ocupado (d'une machine).

encombrer v. tr. Atestar, llenar : *encombrer de meubles un appartement,* atestar con muebles un piso. ‖ Ocupar mucho sitio, hacer mucho bulto (occuper trop de place). ‖ Recargar : *il encombre sa mémoire,* recarga su memoria. ‖ Estorbar, entorpecer (embarrasser). ‖ FIG. Molestar, estorbar (une personne).
— V. pr. FAM. Cargar *ou* cargarse con : *s'encombrer de quelqu'un,* cargar con alguien.

encontre de (à l') loc. prép. En contra, contra : *cela va à l'encontre de mes projets,* esto va en contra de mis proyectos. ‖ Contrariamente a (contrairement).

encorbellement m. ARCHIT. Salidizo, saledizo.

encorder (s') v. pr. Encordarse (alpinisme).

encore adv. Todavía, aún : *il n'est pas encore venu,* no ha venido todavía. ‖ De nuevo, otra vez : *il viendra encore,* vendrá otra vez. ‖ Más : *donnez-m'en encore,* déme más. ‖ Más, todavía más : *le riche veut encore s'enrichir,* el rico quiere enriquecerse todavía más. ‖ Además, encima : *il étudiait et on le faisait encore travailler,* estudiaba y además le hacían trabajar. ‖ Al menos, a lo menos : *encore s'il s'était excusé,* si al menos se hubiera excusado. ‖ También : *non seulement elle est belle, mais encore elle est très riche,* no sólo es guapa, sino también muy rica. ‖ — *Encore!,* ¡otra vez! : *encore vous!,* ¡otra vez usted!; ¡más! (pour réclamer). ‖ *Encore que* (suivi du subjonctif), aunque (suivi de l'indicatif). ‖ *Encore une fois,* una vez más. ‖ *Encore un peu,* un poco más. ‖ — *Des grossièretés et encore des grossièretés,* groserías y más groserías. ‖ *Et encore,* y quizá ni eso, y aun así... ‖ *Mais encore,* y además (en plus), sino también. ‖ *Mais encore?,* ¿y qué más? ‖ *Pas encore,* todavía no, aún no. ‖ *Si encore,* si por lo menos, si tan siquiera. ‖ — *C'est encore lui qui disait,* fue él mismo quien decía. ‖ *Être encore* (sens de continuité), seguir : *il est encore malade,* sigue enfermo.
— OBSERV. En poesía, *encore* se escribe a veces *encor.*

encorné, e adj. Encornado, da; cornudo, da (qui a des cornes). ‖ Corneado, da; cogido, da (qui a reçu un coup de cornes). ‖ — *Bas encorné,* cornigacho. ‖ *Haut encorné,* corniveleto.

encorner v. tr. Cornear, dar cornadas (donner des coups de cornes). ‖ Coger (torero). ‖ POP. Poner los cuernos (tromper).

encornet [ãkɔrnɛ] m. Calamar (calmar).

encourageant, e adj. Alentador, ra; animador, ra : *un sourire encourageant,* una sonrisa alentadora. ‖ Alentador, ra; esperanzador, ra : *des résultats encourageants,* resultados esperanzadores.

encouragement m. Estímulo, aliento, ánimo. ‖ Fomento : *encouragement à la production,* fomento de la producción. ‖ Instigación, *f.,* incitación, *f.* : *encouragement au crime,* incitación al crimen. ‖ Estímulo (fiscal). ‖ — *Société d'encouragement,* sociedad de fomento. ‖ — *Donner des encouragements,* dar ánimos.

encourager* v. tr. ● Alentar, animar, dar ánimo (donner du courage). ‖ Incitar, instigar : *encourager à rester,* incitar a quedarse. ‖ FIG. Fomentar, favorecer, estimular : *encourager l'agriculture,* fomentar la agricultura.
— SYN. ● *Enhardir,* infundir valor. *Animer,* animar. *Inciter,* incitar. *Exhorter,* exhortar. *Porter à, pousser à,* impulsar. *Aiguillonner,* aguijonear. *Piquer,* picar. *Stimuler,* estimular.

encourir* v. tr. Incurrir en, caer en, exponerse a (s'exposer à).

encrage m. IMPR. Entintado.

encrassement m. Enmugrecimiento, ensuciamiento. ‖ Engrasamiento (bougie d'un moteur). ‖ Atascamiento, atoramiento (tuyauterie).

encrasser v. tr. Ensuciar, enmugrecer. ‖ Encostrar, atascar, atorar (tuyauterie).
— V. pr. Enmugrecerse, ensuciarse (se salir). ‖ Engrasarse (bougie de moteur). ‖ Atascarse, atorarse (tuyaux).

encre f. Tinta : *encre de Chine, sympathique,* tinta china, simpática. ‖ — FIG. *Bouteille à l'encre,* lío, asunto embrollado. ‖ *Noir comme l'encre,* negro como un tizón. ‖ *Tache d'encre,* borrón. ‖ — *Écrire à l'encre,* escribir con tinta. ‖ *Faire couler beaucoup d'encre,* dar mucho que hablar, hacer gastar mucha tinta.

encrer v. tr. IMPR. Entintar, dar tinta.

encreur adj. m. IMPR. Entintador : *rouleau encreur,* rodillo entintador.

encrier m. Tintero. ‖ IMPR. Depósito de tinta.

encrine f. ZOOL. Encrina.

encroué, e adj. Enredado, da.

encroûté, e adj. Encostrado, da. ‖ Repellado, da (mur). ‖ FIG. Embrutecido, da.

encroûtement m. Encostramiento, encostradura, *f.* ‖ Incrustación, *f.* (du sol). ‖ FIG. Embrutecimiento, embotamiento (intellectuel).

encroûter v. tr. Encostrar (recouvrir d'une croûte). ‖ Repellar (un mur). ‖ FIG. Embrutecer, dejar en la ignorancia.
— V. pr. Encostrarse. ‖ FIG. et FAM. Embrutecerse, embotarse.

encuvage ou **encuvement** m. Encubamiento.

encuver v. tr. Encubar.

encyclique adj. et s. f. Encíclico, ca.

encyclopédie f. Enciclopedia. ‖ FIG. *Encyclopédie vivante,* enciplopedia en persona.

encyclopédique adj. Enciclopédico, ca.

encyclopédiste m. Enciclopedista.

endartérite f. MÉD. Endarteritis.

endauber v. tr. Estofar (mettre en daube).

endécagone adj. et s. m. GÉOM. Endecágono, na.

endémie f. MÉD. Endemia.

endémique adj. Endémico, ca.

endenter v. tr. Dentar (garnir de dents). ‖ MÉCAN. Endentar.

endettement m. Deuda, *f.,* endeudamiento, adeudo, trampa, *f.* (fam.).

endetter v. tr. Llenar de deudas, entrampar (fam.) [charger de dettes]. ‖ *Être endetté,* tener deudas, estar entrampado (fam.).

endeuiller [ãdœje] v. tr. Enlutar.

endêver v. intr. FAM. Rabiar : *faire endêver,* hacer rabiar.

endiablé, e adj. Endiablado, da; endemoniado, da (ardent, impétueux). ‖ Encarnizado, da (acharné).

endiabler v. intr. FAM. Rabiar, darse al diablo. ‖ *Faire endiabler,* hacer rabiar.

endiguement ou **endigage** m. Construcción (*f.*) de un dique. ‖ Encauzamiento (des eaux). ‖ FIG. Contención, *f.*

endiguer v. tr. Poner un dique a, encauzar. ‖ FIG. Atajar, poner un dique a, contener, refrenar (contenir).

endimancher v. tr. Endomingar, vestir de fiesta : *être endimanché,* estar endomingado.

endive f. Endibia (espèce de chicorée).

endivisionner v. tr. MIL. Formar por divisiones.
endoanévrismoraphie f. MÉD. Endoaneurismo-rafia.
endocarde m. Endocardio (membrane du cœur).
endocardiaque adj. MÉD. Endocardiaco, ca.
endocardite f. MÉD. Endocarditis.
endocarpe m. BOT. Endocarpio.
endocrâne m. ANAT. Endocráneo.
endocrine adj. f. Endocrina (glande).
endocrinien, enne adj. Endocrino, na.
endocrinologie f. MÉD. Endocrinología.
endoctrinement m. Adoctrinamiento.
endoctriner v. tr. Adoctrinar, doctrinar.
endoderme m. Endodermo.
endogamie f. Endogamia.
endogène adj. Endógeno, na.
endolorir v. tr. Lastimar, hacer daño, causar dolor. || FIG. Apesadumbrar, entristecer.
endolorissement m. Dolor, lastimadura, f.
endomètre m. ANAT. Endometrio.
endométrite f. MÉD. Endometritis, inflamación del útero.
endommagement m. Daño, perjuicio (dommage).
endommager* v. tr. Dañar, perjudicar, menoscabar (causer du dommage). || Deteriorar, estropear (abîmer).
endoparasite adj. et s. m. BIOL. Endoparásito.
endophlébite f. MÉD. Endoflebitis.
endophyte adj. et s. m. Endofito, ta.
endoplasme m. Endoplasma.
endormant, e adj. Adormecedor, ra (qui endort). || FIG. Soporífero, ra ; aburrido, da (ennuyeux).
endormeur, euse adj. et s. Adormecedor, ra ; soporífero, ra (personne ennuyeuse). || FIG. Embaucador, ra.
endormi, e adj. Dormido, da. || Adormecido, da ; entorpecido, da (engourdi). || FIG. Dormido, da ; entumecido, da : *avoir les membres endormis,* tener los miembros entumecidos. || Perezoso, sa ; indolente. || Silencioso, sa : *campagne endormie,* campo silencioso.
— M. et f. FIG. et FAM. Dormido, da ; parado, da (peu actif).
endormir* v. tr. Dormir (faire dormir). || Adormecer, anestesiar (anesthésier). || FIG. Calmar, aplacar : *endormir la douleur,* aplacar el dolor. || FIG. et FAM. Entretener, distraer : *endormir la vigilance,* distraer la vigilancia. || Aburrir, dar sueño : *ce discours endort,* este discurso da sueño.
— V. pr. Dormirse. || FIG. Distraerse, dormirse, descuidarse (manquer de vigilance). || — *S'endormir du sommeil du juste,* dormir el sueño de los justos. || *S'endormir sur ses lauriers,* dormirse en los laureles. || *Ne pas pouvoir s'endormir,* no poder conciliar el sueño.
endos [ãdo] m. COMM. Endoso.
endoscope m. MÉD. Endoscopio.
endoscopie f. MÉD. Endoscopia.
endosmomètre m. MÉD. Endosmómetro.
endosmose f. PHYS. Endósmosis.
endosperme m. BOT. Endosperma.
endospore m. BOT. Endosporo.
endossataire m. Endosador, endosatario.
endosse f. (P. us.). Carga, peso, m., responsabilidad : *avoir toute l'endosse d'une affaire,* llevar todo el peso de un negocio.
endossement m. Endoso.
endosser v. tr. COMM. Endosar, endorsar (un chèque). || Ponerse (un vêtement). || FIG. Endosar, cargar con, asumir la responsabilidad de. || TECHN. Enlomar (un livre). || *Endosser l'uniforme, la soutane,* hacerse militar, sacerdote.
endosseur m. COMM. Endosante.

endossure f. TECHN. Enlomado, m. (livre).
endothélial, e adj. Del endotelio.
endothélium [ãdoteljom] m. ANAT. Endotelio.
endothermique adj. CHIM. Endotérmico, ca.
endotoxine f. Endotoxina.
endriague ou **andriague** m. Endriago (monstre fabuleux).
endroit [ãdrwa] m. Sitio, lugar : *un endroit écarté,* un sitio apartado. || Localidad, f., lugar (localité). || Punto, parte, f. (partie). || Pasaje, parte, f. (passage d'un discours, d'un livre). || Derecho (d'une étoffe), cara, f. (d'une pièce, d'une page), haz, f. (d'une feuille) : *à l'endroit,* al derecho. || Lado, punto de vista : *à considérer l'affaire par cet endroit,* si consideramos el asunto desde este punto de vista. || — *À l'endroit de...,* para con..., con respecto a... || *Endroit faible,* punto débil. || *Endroit sensible,* punto ou parte sensible. || FAM. *Le petit endroit,* el excusado, el retrete. || *Par endroits,* en algunos sitios ou en algunas partes.
enduire* v. tr. Untar : *enduire de miel,* untar con miel. || Dar una mano, embadurnar (appliquer une couche de). || Enlucir, revocar (un mur). || Recubrir (recouvrir) : *enduire de,* recubrir con. || Calafatear (bateaux).
enduit [ãdyi] m. Baño, capa, f., mano, f. (couche). || Enlucido, revoque, revestimiento (en maçonnerie). || FIG. Baño, barniz (vernis).
endurable adj. Sufrible, soportable, tolerable.
endurance f. Resistencia, aguante, m. : *endurance physique,* resistencia física.
endurant, e adj. Sufrido, da ; paciente (patient). || Resistente (dur à la fatigue).
endurci, e adj. Endurecido, da (durci). || FIG. Inveterado, da : *haine endurcie,* odio inveterado. || Empedernido, da (invétéré). || FIG. Avezado, da ; curtido, da : *pêcheur endurci,* pescador avezado. | Insensible, duro, ra : *cœur endurci,* corazón insensible. || *Célibataire endurci,* solterón.
endurcir v. tr. Endurecer (rendre dur). || Endurecer, curtir (rendre résistant). || FIG. Endurecer, insensibilizar (rendre insensible).
— V. pr. Acostumbrarse, avezarse (s'accoutumer). || FIG. Endurecerse, empedernirse (devenir insensible).
endurcissement m. Endurecimiento. || FIG. Dureza, f. : *endurcissement du cœur,* dureza de corazón.
endurer v. tr. Aguantar, soportar, resistir, tolerar, sobrellevar.
endymion m. BOT. Jacinto.
Endymion n. pr. m. Endimión.
Enée n. pr. m. Eneas.
Enéide n. pr. f. Eneida.
énergétique adj. et s. f. Energético, ca.
énergie f. Energía : *énergie nucléaire,* energía nuclear.
— SYN. *Courage,* ánimo. *Cœur,* entereza. *Fermeté,* firmeza. *Résolution,* resolución. *Volonté,* voluntad. *Fam. Poigne,* vigor.
énergique adj. Enérgico, ca.
énergumène m. Energúmeno, na.
énervant, e adj. Enervador, ra ; enervante (qui abat) : *chaleur énervante,* calor enervante. || FIG. et FAM. Irritante ; molesto, ta ; que pone nervioso, sa (qui agace) : *discussions énervantes,* discusiones irritantes.
énervation f. Enervación.
énervé, e adj. et s. Enervado, da ; debilitado, da ; abatido, da (alangui). || FIG. et FAM. Nervioso, sa (agacé).
énervement m. Enervamiento, debilidad, f., abatimiento (abattement). || FIG. et FAM. Nerviosidad, f., nerviosismo (agacement).

énerver v. tr. Enervar, debilitar, abatir (abattre). ‖ ● Poner nervioso, exasperar (agacer).

— SYN. ● *Impatienter*, impacientar. *Crisper*, crispar. *Agacer*, cargar.

enfaîteau m. ARCHIT. Cobija, *f.* (tuile).

enfaîtement m. ARCHIT. Caballete (faîtage).

enfaîter v. tr. Cubrir con un caballete *ou* con cobijas.

enfance [ãfã:s] f. Infancia, niñez : *il est tombé en enfance*, ha vuelto a la infancia. ‖ FIG. Infancia, principio, *m.* : *l'enfance du monde*, la infancia del mundo. ‖ FAM. *C'est l'enfance de l'art*, está tirado. ‖ — Pl. Mocedades (dans les chansons de geste).

enfant [ãfã] m. et f. ● Niño, ña : *une charmante enfant*, una niña encantadora. ‖ Hijo, ja ; niño, ña : *il a quatre enfants*, tiene cuatro hijos. ‖ Hijo, ja ; descendiente : *les enfants d'Adam*, los hijos de Adán. ‖ FIG. Hijo, resultado, producto (résultat). ‖ — *Enfant adoptif, légitime, naturel o de l'amour*, hijo adoptivo, legítimo, natural. ‖ *Enfant de chœur*, monaguillo (à l'église), angelito ; inocentón (naïf). ‖ *Enfant de la balle*, hijo que sigue la profesión de su padre [en el circo y en el teatro]. ‖ MIL. *Enfant de troupe*, educando. ‖ *Enfant gâté*, niño mimado. ‖ *Enfant Jésus* ou *Enfant Dieu*, Niño Jesús. ‖ *Enfant prodigue*, hijo pródigo. ‖ *Enfant terrible*, niño mal criado, indiscreto (insupportable), persona indisciplinada *ou* rebelde. ‖ *Enfant trouvé*, expósito, inclusero. ‖ *Les Enfants trouvés*, la Inclusa (hospice). ‖ — *Bon enfant*, bonachón, campechano : *un commissaire bon enfant*, un comisario bonachón. ‖ *Littérature pour enfants*, literatura infantil. ‖ *Petits enfants*, nietos. ‖ — *Faire l'enfant*, hacer chiquilladas, hacer niñerías, chiquear.

— OBSERV. *Bon enfant*, empleado como epíteto, es invariable : *elle est bon enfant*.

— SYN. ● *Bambin*, nene. *Petit*, chico, chiquillo, párvulo. *Chérubin*, querubín. *Fam. Gamin*, rapaz. *Marmot*, crío, chaval. *Gosse*, môme, chaval. *Loupiot*, arrapiezo. *Marmaille*, chiquillería, gente menuda. *Galopin*, galopín. *Bébé*, bebé. *Pop. Morveux*, mocoso.

enfantement m. ● Alumbramiento, parto. ‖ FIG. Concepción, *f.*, creación, *f.*, producción, *f.*

— SYN. ● *Accouchement*, parto. *Délivrance*, alumbramiento.

enfanter v. tr. Dar a luz, parir (un enfant). ‖ FIG. Dar a luz, crear. ‖ Poner en el mundo. ‖ *Tu enfanteras dans la douleur*, parirás con dolor.

enfantillage m. Chiquillada, *f.*, niñería, *f.*, niñada, *f.*

enfantin, e adj. Infantil. ‖ Infantil, pueril.

enfariné, e adj. Enharinado, da. ‖ FIG. et FAM. *La bouche enfarinée, le bec enfariné*, con toda tranquilidad, tan tranquilo.

enfariner v. tr. Enharinar (couvrir de farine).

enfer [ãfɛ:r] m. Infierno : *aller en enfer*, ir al infierno. ‖ MYTH. Averno. ‖ — *D'enfer*, infernal, terrible. ‖ *L'enfer est pavé de bonnes intentions*, el infierno está empedrado de buenas intenciones. ‖ — *Aller à un train d'enfer*, ir a un tren endemoniado *ou* endiablado.

enfermé m. Oler a cerrado.

enfermer v. tr. ● Encerrar. ‖ Encerrar, contener, abarcar (contenir). ‖ Encerrar, guardar bajo llave (mettre sous clef). ‖ Esconder (cacher). ‖ Guardar (ranger). ‖ Poner, cercar (enserrer). ‖ Poner, meter (mettre). ‖ FIG. Encarcelar. ‖ *Enfermer à double tour*, guardar con siete llaves.

— V. pr. Encerrarse. ‖ Encerrarse, aislarse, recluirse (s'isoler).

— SYN. ● *Renfermer*, encerrar. *Resserrer*, reducir, estrechar. *Séquestrer*, secuestrar. *Reclure*, recluir. *Cloîtrer*, claustrar. *Claustrer*, claustrar. *Chambrer*, encerrar en un cuarto. *Claquemurer*, encerrar entre cuatro paredes, emparedar. *Parquer*, acorralar. *Calfeutrer*, encerrar.

enferrer v. tr. Traspasar, atravesar (transpercer). ‖ Ensartar (embrocher).

— V. pr. Arrojarse sobre la espada de un adversario. ‖ Picar el anzuelo (poisson). ‖ FIG. Enredarse, embrollarse, liarse.

enfeu m. Panteón.

enfièvrement m. (P. us.). Fiebre, *f.*, calentura, *f.*, febrilidad, *f.*

enfiévrer* v. tr. Dar calentura *ou* fiebre (donner de la fièvre). ‖ FIG. Apasionar, inflamar, enardecer (passionner).

enfilade f. Hilera, fila : *une enfilade de voitures*, una hilera de coches. ‖ Crujía (de chambres). ‖ FIG. et FAM. Sarta, retahíla (de mensonges, d'injures). ‖ MIL. Enfilada : *tir d'enfilade*, tiro de enfilada. ‖ *Prendre en enfilade*, batir en enfilada (avec une arme).

enfilage m. Enhebrado, enhebramiento. ‖ Ensarte, ensartado (perles).

enfiler v. tr. Enhebrar (une aiguille). ‖ Ensartar (des perles). ‖ Ensartar (transpercer). ‖ Meter, entrar (faire passer). ‖ Tomar, coger, meterse por (un chemin). ‖ FIG. Ensartar (mensonges, insultes). ‖ (Vx). Engañar, embaucar (tromper). ‖ FAM. Ponerse : *enfiler son pantalon*, ponerse el pantalón. ‖ MIL. Enfilar, batir por el flanco. ‖ POP. Zampar, echarse entre pecho y espalda (avaler). ‖ FIG. *Enfiler des perles*, perder el tiempo en tonterías.

— V. pr. Coger, meterse : *s'enfiler sur un chemin*, meterse por un camino. ‖ POP. Zamparse (absorber). ‖ Cargar *ou* cargarse con : *s'enfiler tout le travail*, cargar con todo el trabajo. ‖ *Cela ne s'enfile pas comme des perles*, eso no es coser y cantar.

enfileur, euse m. et f. Ensartador, ra ; enhebrador, ra.

enfin adv. Por último (en dernier lieu). ‖ Al fin, por fin : *enfin il va mieux*, por fin está mejor ; *il s'est enfin décidé*, al fin se decidió. ‖ En una palabra, en fin, es decir, para abreviar (bref). ‖ *Enfin !*, ¡por fin !

— OBSERV. *En fin* s'écrit toujours en deux mots en espagnol.

enflammé, e adj. Encendido, da ; inflamado, da. ‖ FIG. Ardiente, excitado, da ; entusiasmado, da.

enflammer v. tr. ● Inflamar, incendiar, prender fuego a (mettre le feu). ‖ Irritar (irriter). ‖ FIG. Encender : *la fièvre enflamme les joues*, la fiebre enciende las mejillas. ‖ Inflamar, entusiasmar, excitar. ‖ Acalorar, inflamar : *être enflammé par la passion*, estar acalorado por la pasión ‖ Arrebolar : *l'aurore enflammait le ciel*, la aurora arrebolaba el cielo.

— V. pr. Incendiarse, inflamarse. ‖ FIG. Inflamarse, entusiasmarse, excitarse. ‖ Encenderse : *regard qui s'enflamme*, mirada que se enciende. ‖ MÉD. Inflamarse.

— SYN. ● *Électriser*, electrizar. *Échauffer*, enardecer. *Embraser*, abrasar. *Galvaniser*, galvanizar. *Doper*, drogar.

enflé, e adj. Inflado, da ; hinchado, da ; inflamado, da : *avoir le visage enflé*, tener la cara hinchada. ‖ FIG. Henchido, da ; lleno, na : *enflé d'orgueil*, henchido de orgullo. ‖ Engreído, da ; enorgullecido, da : *enflé par les succès*, engreído por el éxito. ‖ Hinchado, da ; enfático, ca (style). ‖ — M. et f. POP. Tonto, ta ; imbécil.

enfléchure f. MAR. Flechaste, *m.* (d'une échelle).

enfler v. tr. Inflar, hinchar (gonfler). ‖ FIG. Hinchar, abultar, exagerar. ‖ Ahuecar (la voix). ‖ Volver enfático *ou* hinchado (le style). ‖ Hacer crecer (un fleuve). ‖ MÉD. Hinchar, inflamar.

— V. intr. et pr. Hincharse : *sa jambe a enflé*, su pierna se ha hinchado. ‖ Crecer (fleuve). ‖ FIG. Hincharse, inflarse, engreírse (s'enorgueillir).

enfleurage m. Extracción (*f.*) de los perfumes.

enfleurer v. tr. Extraer [perfumes].

enflure f. Hinchazón, inflamación. ‖ Fig. Hinchazón, ampulosidad, énfasis, *m.* (style).

enfoncé, e adj. Hundido, da : *yeux enfoncés,* ojos hundidos. ‖ Profundo, da ; hondo, da. ‖ Fig. Derrotado, da ; vencido, da (vaincu).

enfoncement m. Hundimiento (action d'enfoncer). ‖ Introducción, *f.,* penetración, *f. : l'enfoncement d'un clou,* la introducción de un clavo. ‖ Hueco, vano (partie en retrait) : *l'enfoncement d'une porte,* el hueco de una puerta. ‖ Entrante (partie enfoncée d'une façade). ‖ Profundidad, *f.* (profondeur). ‖ El fondo, lo hondo, lo retirado (d'une rue, d'un paysage, etc.). ‖ Socavón (de la chaussée). ‖ Hondonada, *f.* (terrain enfoncé). ‖ Fractura, *f.* (du crâne).

enfoncer* v. tr. Clavar (clou), hincar (piquet). ‖ Hundir. ‖ Derribar, tirar abajo : *enfoncer une porte,* derribar una puerta. ‖ Forzar : *enfoncer un coffre-fort,* forzar una caja de caudales. ‖ Fracturar, romper : *enfoncer le crâne,* fracturar el cráneo. ‖ Deshacer, arrollar, derrotar : *enfoncer les bataillons ennemis,* arrollar los batallones enemigos. ‖ Sumergir (dans l'eau). ‖ Encajar (encastrer). ‖ Encasquetarse, calarse (le chapeau). ‖ Fam. Derrotar, vencer (un adversaire). ‖ Fig. Meter, hacer penetrar : *enfoncer une idée dans la tête de quelqu'un,* meterle una idea en la cabeza a uno. ‖ — *Enfoncer une porte ouverte,* descubrir América *ou* la pólvora (démontrer une chose évidente), buscarle tres pies al gato (se donner du mal pour rien).
— V. intr. et pr. Hundirse. ‖ Hundirse, irse a pique (aller au fond) : *navire qui s'enfonce,* buque que se hunde. ‖ Arrellanarse (dans un fauteuil). ‖ Desaparecer, desvanecerse : *il s'enfonça dans la brume,* desapareció en la niebla. ‖ Arruinarse, hundirse (dans les affaires). ‖ Internarse, penetrar (pénétrer). ‖ Fig. Entregarse (aux vices). ‖ Hundirse : *plus on perd au jeu, plus on s'enfonce,* cuanto más uno pierde al juego, más se hunde uno. ‖ Sumirse, absorberse : *il s'enfonça dans ses pensées,* se sumió en sus pensamientos. ‖ Adentrarse, penetrar : *s'enfoncer dans les difficultés du droit,* adentrarse en las dificultades del Derecho. ‖ *Avoir la tête enfoncée dans les épaules,* tener la cabeza muy metida entre los hombros.

enfonceur, euse m. et f. (P. us.). Fanfarrón, ona.

enfonçure f. Hueco, *m.,* cavidad (cavité). ‖ Hundimiento, *m.* (dépression). ‖ Fondo (d'un tonneau).

enfouir [ɑ̃fwiːr] v. tr. Enterrar (mettre sous terre). ‖ Meter (mettre). ‖ Fig. Esconder, ocultar (cacher, dissimuler).
— V. pr. Enterrarse, refugiarse (se réfugier).

enfouissement m. Enterramiento : *enfouissement d'un trésor,* enterramiento de un tesoro. ‖ Fig. Ocultación, *f.,* escondimiento (action de cacher). ‖ Enfurtido (du fumier).

enfouisseur m. Enterrador, sepulturero. ‖ Enterrador (insecte). ‖ Enterradora, *f.* (de fumier).

enfourchement m. Archit. Almohadón, ensambladura, *f.,* ángulo de bóveda, encabriamiento. ‖ Techn. Horquilla, *f.*

enfourcher v. tr. Atravesar con la horca (percer avec la fourche). ‖ Fam. Montar a horcajadas en *ou* sobre : *enfourcher un cheval,* montar a horcajadas en un caballo. ‖ Fig. et Fam. Aferrarse a : *enfourcher une idée,* aferrarse a una idea. ‖ Fig. *Enfourcher son dada,* comenzar con su manía, con su tema.

enfournage *ou* **enfournement** m. Enhornado.

enfourner v. tr. Enhornar, meter en el horno, poner al horno (mettre dans le four). ‖ Fig. Introducir en gran cantidad, meter. | Meterse en el bolsillo (empocher). ‖ Pop. Zamparse, engullir (avaler).

— V. pr. Fig. Meterse, zambullirse (dans le métro).

enfourneuse f. Fundidor, *m.* (métaux).

enfreindre* [ɑ̃frɛ̃ːdr] v. tr. Infringir, transgredir, violar, conculcar (transgresser).

enfuir (s')* [sɑ̃fɥiːr] v. pr. Fugarse, escaparse, huir. ‖ Fig. Desvanecerse, desaparecer, huir (s'effacer). ‖ Salirse, derramarse (s'écouler) : *l'eau s'enfuit,* el agua se sale.

enfumage m. Ahumado, ahumamiento.

enfumer v. tr. Ahumar.

enfumoir m. Ahumador.

enfûtage m. Entonelado, embarrilado.

enfutailler [ɑ̃fytaje] v. tr. Embarrilar, entonelar.

engagé, e [ɑ̃gaʒe] m. Voluntario (soldat).
— Adj. Contratado, da : *engagé à l'année,* contratado por año. ‖ Dado, da ; empeñado, da (parole). ‖ Empeñado, da (bijou). ‖ Comprometido, da : *écrivain engagé,* escritor comprometido ; *pays non engagé,* país no comprometido. ‖ Metido, da ; enredado, da (dans une affaire). ‖ Aconsejado, da (recommandé). ‖ Comenzado, da ; entablado, da (un combat). ‖ — *Colonne engagée,* columna entregada. ‖ *Navire engagé,* barco acostado.

engageant, e [-ʒɑ̃, ɑ̃ːt] adj. Atrayente, atractivo, va. ‖ Prometedor, ra ; incitante.

engagement m. Empeño (action d'engager). ‖ Papeleta (*f.*) de empeño (récépissé). ‖ Alistamiento, enganche (de soldats). ‖ Ajuste, contrata, *f.* (d'employés, de domestiques). ‖ Compromiso, obligación, *f. : faire honneur à ses engagements,* cumplir sus compromisos ; *sans engagement de votre part,* sin compromiso por su parte. ‖ Aliento (encouragement). ‖ Fianza, *f.* (garantie). ‖ Hipoteca, *f.* ‖ Contrato (contrat). ‖ Inscripción, *f.* (d'un concurrent). ‖ Saque del centro (football). ‖ Mil. Intervención, *f.,* acción, *f.* ‖ *Engagement à vue,* letras a la vista. ‖ Mil. *Engagement par devancement d'appel,* alistamiento voluntario antes de ser llamado a filas. | *L'engagement des réserves,* la entrada en acción *ou* en combate de las reservas. ‖ *Non-engagement,* neutralidad, actitud *ou* política sin compromisos.

engager* v. tr. Empeñar, dar en prenda (mettre en gage) : *engager sa montre,* empeñar el reloj. ‖ Fig. Empeñar, comprometer (l'honneur, la foi). ‖ Empeñar, dar (la parole). ‖ Comprometer, obligar, ligar, retener : *un serment nous engage,* un juramento nos liga. ‖ Comprometer, ligar : *cela ne vous engage à rien,* eso no le compromete a usted a nada. ‖ ● Contratar, ajustar : *engager un domestique,* contratar un criado. ‖ Tomar, contratar : *j'ai engagé deux employés de plus,* he tomado dos empleados más. ‖ Matricular (engager des marins). ‖ Inscribir (inscrire), reclutar, enrolar. ‖ Aconsejar : *je vous engage à partir, le aconsejo que se vaya.* ‖ Fig. Invitar, incitar : *le temps engage à ne rien faire,* el tiempo invita a no hacer nada. | Incitar, inducir (encourager). ‖ Meter, introducir : *engager la clef dans la serrure,* meter la llave en la cerradura. ‖ Meter, colocar : *engager son capital dans une affaire,* meter su capital en un negocio. ‖ Poner, meter (une vitesse). ‖ Entablar (des poursuites). ‖ Archit. Entregar. ‖ Fig. Entablar, trabar : *engager un combat, une conversation,* entablar un combate, una conversación. ‖ Mar. Encepar (ancre) ; enganchar, enredar (corde). ‖ Mil. Hacer entrar en acción : *engager une division,* hacer entrar en acción una división. ‖ Inscribir : *cheval engagé dans une course,* caballo inscrito en una carrera.
— V. intr. Sacar del centro, hacer el saque (football).
— V. pr. Comprometerse (contracter un engagement). ‖ Entablarse, comenzar (commencer). ‖

Meterse, internarse : *s'engager dans la forêt,*
internarse en la selva. ‖ Ponerse, entrar (au service de quelqu'un). ‖ (Vx). Empeñarse, endeudarse
(s'endetter). ‖ (P. us.). Prometerse (se fiancer). ‖
Participar, inscribirse : *s'engager dans un championnat,* inscribirse en un campeonato. ‖ Comprometerse, tomar posición (un écrivain). ‖ FIG.
Meterse, lanzarse : *s'engager dans une affaire,*
meterse en un negocio. ‖ MIL. Alistarse, sentar
plaza (un soldat). ‖ *S'engager dans les ordres,*
hacer votos religiosos.
— SYN. ● *Embaucher,* contratar. *Enrôler,* alistar,
enrolar. *Recruter,* reclutar. *Fam. Racoler,* enganchar.

engainant, e adj. BOT. Envainador, ra.
engainer v. tr. Envainar, enfundar.
engamer v. tr. Tragar : *le poisson a engamé
l'hameçon,* el pez tragó el anzuelo.
engazonnement m. Encespedamiento.
engazonner v. tr. Encespedar, sembrar césped en.
engeance [ãʒãːs] f. Raza, casta (animaux). ‖
Ralea, calaña (personnes) : *maudite engeance,*
maldita ralea.
engelure [ãʒlyːr] f. Sabañón, *m.*
engendrement m. Engendramiento.
engendrer v. tr. Engendrar.
engerbage m. AGRIC. Agavillamiento, agavilla-
dura, *f.*
engerber v. tr. AGRIC. Agavillar.
engin m. Artefacto, máquina, *f.,* ingenio. ‖ Proyectil : *engin balistique,* proyectil balístico. ‖ Vehículo : *engin blindé,* vehículo blindado. ‖ Arma, *f.,*
cohete : *engin sol-air,* arma tierra aire (fusée).
engineering [endʒiniriŋ] m. Ingeniería, *f.*
englober v. tr. Englobar, reunir. ‖ Abarcar, englobar (contenir).
engloutir v. tr. Engullir, tragar, devorar (avaler).
‖ FIG. Enterrar, gastar : *engloutir sa fortune dans
une affaire,* enterrar su fortuna en un negocio. |
Tragarse, tragar, engullir : *englouti par la mer,*
tragado por el mar. | Sepultar (faire disparaître).
engloutissement m. Engullimiento (action d'avaler). ‖ Sumersión, *f.,* hundimiento, absorción, *f.*
(par la mer, la terre). ‖ Pérdida, *f.,* disipación, *f.*
(d'une fortune).
engluement ou **engluage** [ãglymã, -glyaːʒ] m.
Enviscamiento.
engluer v. tr. Enviscar, enligar. ‖ FIG. Cazar con
liga (prendre à la glu).
engobage m. Vidriado, barnizado (céramique).
engobe m. Barniz (céramique).
engober v. tr. Vidriar, barnizar (céramique).
engommage m. Engomadura, *f.,* engomado.
engommer v. tr. Engomar, dar goma.
engoncer* v. tr. Envarar, molestar : *cette veste
l'engonce,* esta chaqueta le envara.
— V. pr. Hundir el cuello entre los hombros.
engorgement m. Atascamiento, atasco, atranco,
atoramiento (d'un conduit). ‖ Aglomeración, *f.*
(accumulation). ‖ Falta (*f.*) de salida (des marchandises). ‖ FIG. Entorpecimiento, obstáculo. ‖
MÉD. Infarto, obstrucción, *f.*
engorger* v. tr. Atascar, atorar (obstruer). ‖
Entorpecer, estorbar (entraver). ‖ Dar de comer
con la boca (aux oiseaux). ‖ MÉD. Infartar,
obstruir.
engouement [ãgumã] m. Atragantamiento
(obstruction du gosier). ‖ Obstrucción, *f.,* infarto
(obstruction d'un organe). ‖ FIG. Entusiasmo,
capricho, admiración, *f.,* pasión, *f.*
engouer (s') v. pr. FIG. Entusiasmarse con ou
por, aficionarse a, encapricharse con ou por.
engouffrement m. Precipitación, *f.* ‖ Hundimiento.
engouffrer v. tr. Tragarse, sepultar (engloutir). ‖
Sumir, hundir (faire écrouler). ‖ FIG. Tragar,
comerse (fortune). ‖ Zamparse, engullir (manger).

— V. pr. Precipitarse, entrar con violencia (le
vent, les eaux). ‖ FIG. Precipitarse, meterse :
s'engouffrer dans le métro, precipitarse en el
metro.
engoulevent [ãgulvã] m. Chotacabras, zumaya,
f. (oiseau).
engourdir v. tr. Entumecer, adormecer (une partie
du corps). ‖ FIG. Embotar, entorpecer (l'esprit).
engourdissement m. Entumecimiento, embotamiento, adormecimiento.
engrain m. AGRIC. Escanda (*f.*) menor, escaña (*f.*)
menor, esprilla, *f.* (céréale).
engrais [ãgrɛ] m. Abono, estiércol (fumier). ‖
Abono, fertilizante : *engrais azotés,* abonos nitrogenados. ‖ Pasto, pienso, cebo (engraissement).
‖ *Apport d'engrais,* abonado.
engraissement ou **engraissage** m. Engorde,
ceba, *f.* (du bétail). ‖ Gordura, *f.* (grosseur).
engraisser v. tr. Cebar, engordar (les animaux).
‖ AGRIC. Abonar, estercolar (la terre). ‖ FIG.
Enriquecer (enrichir).
— V. intr. Engordar, engrasar (grossir).
— V. pr. Engordar.
engraisseur m. Cebador, engordador (de bétail).
engrangement m. Entrojamiento.
engranger* v. tr. Entrojar (mettre en grange).
engraver v. tr. Enarenar, cubrir con grava (recouvrir de gravier). ‖ Encallar (bateau).
— V. pr. Encallarse.
engrêlé, e adj. BLAS. Angrelado, da ; dentado, da.
engrêlure f. Puntilla (dentelle). ‖ BLAS. Orla
angrelada.
engrenage [ãgrənaːʒ] m. MÉCAN. Engranaje. ‖
FIG. Engranaje, enlace, encadenamiento.
engrènement m. MÉCAN. Engranaje (engrenage).
‖ Cibera, *f.* (de moulin).
engrener* [ãgrəne] v. tr. et intr. MÉCAN. Engranar, endentar (des roues dentées). ‖ Encastrar. ‖
Hacer arrancar, principiar, poner en marcha (une
affaire). ‖ Cebar (un moulin, les animaux).
engreneur [-nœːr] m. Engranador (ouvrier,
machine).
engrenure [-nyːr] f. Engranaje, *m.* ‖ ANAT. Juntura serrátil.
engrois m. Cuña (*f.*) de martillo.
engrumeler (s')* v. pr. Agrumarse, hacerse grumos. ‖ Cortarse, cuajarse (le lait).
engueulade [ãgœlad] f. POP. Bronca, bron-
cazo, *m.,* filípica.
engueuler [-le] v. tr. POP. Insultar, poner como
un trapo (insulter). ‖ Echar una bronca, regañar,
poner de vuelta y media (gronder).
enguichure f. Cordón, *m.* (de cor). ‖ Correa (du
bouclier).
enguirlander v. tr. Enguirnaldar, poner guirnaldas a (orner de guirlandes). ‖ FAM. Echar una
bronca ou un rapapolvo.
enhardir v. tr. Envalentonar, alentar, animar,
infundir valor, dar ánimos, estimular.
— V. pr. Atreverse, envalentonarse.
enharmonie f. MUS. Enarmonía.
enharmonique adj. MUS. Enarmónico, ca.
enharnacher v. tr. Enjaezar, poner los arreos ou
los arneses (un cheval). ‖ (Vx). FAM. Emperifollar,
vestir con pésimo gusto (affubler).
enherber [ãnɛrbe] v. tr. Enyerbar, sembrar de
hierba.
énigmatique adj. Enigmático, ca.
énigme f. Enigma, *m.* : *le mot de l'énigme,* la
clave del enigma.
enivrant, e [ãnivrã, ãːt] adj. Embriagador, ra ;
embriagante. ‖ FIG. Enajenador, ra.
enivrement [-vrəmã] m. Embriaguez, *f.,* embriagamiento, borrachera, *f.* ‖ FIG. Embriaguez, *f.,*
enajenamiento, transporte (transport).
enivrer [-vre] v. tr. ● Embriagar. ‖ FIG. Embria-

gar, enajenar : *enivré de gloire,* embriagado por
la gloria.
— SYN. ● *Boire,* beber. *Se soûler,* emborracharse. *Se
griser,* achisparse. *Pop. Se cuiter,* ajumarse.

enjambée f. Zancada : *faire de grandes enjambées,* dar grandes zancadas. ‖ *D'une enjambée,*
en un salto.

enjambement m. BOT. Cruzamiento intercromo-
sómico. ‖ POÉT. Encabalgamiento.

enjamber v. tr. Salvar, franquear : *enjamber un
ruisseau,* salvar un arroyo. ‖ Pasar por encima
(passer par-dessus).
— V. intr. Sobresalir : *poutre qui enjambe sur
le mur,* viga que sobresale del muro. ‖ POÉT.
Cabalgar.

enjaveler* [ɑ̃ʒavle] v. tr. AGRIC. Agavillar.

enjeu m. Puesta, *f.,* postura, *f.* (jeux). ‖ FIG. Lo
que se ventila, lo que está en juego, envite.

enjoindre* v. tr. Ordenar, prescribir (ordonner).

enjôlement [ɑ̃ʒolmɑ̃] m. Engatusamiento,
embaucamiento.

enjôler [-le] v. tr. Engatusar, embaucar.

enjôleur, euse [-lœːr, øːz] adj. et s. Engatusador, ra ; embaucador, ra ; zalamero, ra.

enjolivement m. Adorno, embellecimiento.

enjoliver v. tr. Adornar, hermosear (rendre plus
joli). ‖ FIG. Adornar, engalanar : *enjoliver un
récit,* adornar una narración.

enjoliveur, euse adj. et s. Adornista. ‖ —
M. Adorno, ornato. ‖ AUTOM. Tapacubos (de
roue) ; embellecedor (en général).

enjolivure f. Adorno, *m.* [de poco valor].

enjoué, e [ɑ̃ʒwe] adj. Festivo, va ; jovial, alegre.

enjouement [ɑ̃ʒumɑ̃] m. Jovialidad, *f.,* alegría, *f.*

enjuguer v. tr. Uncir (des bœufs).

enjuponner v. tr. Poner enaguas *ou* una falda.

enkysté, e adj. MÉD. Enquistado, da.

enkystement m. MÉD. Enquistamiento.

enkyster (s') v. pr. Enquistarse (une tumeur).

enlacement m. Enlazamiento (action). ‖ Enlace
(liaison). ‖ Abrazo (étreinte).

enlacer* v. tr. Enlazar, hacer un lazo (cordons,
lacets, etc.), atar (attacher). ‖ Abrazar (embrasser), estrechar (étreindre) : *enlacer dans ses bras,*
estrechar entre los brazos. ‖ Coger por el talle
(danse).

enlaçure ou **enlassure** f. TECHN. Ensambladura.

enlaidir v. tr. Afear, desfigurar : *le peintre a
enlaidi son modèle,* el pintor ha desfigurado su
modelo.
— V. intr. Afearse, ponerse feo.
— OBSERV. *Afear* a également en espagnol le sens très
usité de *reprocher : afear a uno su conducta,* reprocher à
quelqu'un sa conduite.

enlaidissement m. Afeamiento, fealdad, *f.*

enlevage m. Decoloración, *f.* (sur tissu teint).

enlevé, e adj. FIG. Acertado, da ; ejecutado, da
con soltura (œuvre d'art). ‖ Despachado, da ;
concluido, da rápidamente (fini rapidement). ‖
Style enlevé, estilo ágil.

enlèvement m. Levantamiento (action de soulever). ‖ Recogida, *f.* (ramassage). ‖ Eliminación, *f.,*
supresión, *f.* ‖ Retirada, *f.,* acción (*f.*) de quitar :
enlèvement de la neige, retirada de la nieve. ‖
Rapto : *l'enlèvement des Sabines,* el rapto de las
Sabinas. ‖ MIL. Toma, *f.* (prise).

enlever* v. tr. ● Quitar : *enlever le couvert,* quitar
la mesa. ‖ Quitar, limpiar : *enlever une tache,*
quitar una mancha. ‖ Recoger, retirar, sacar :
enlever le fumier, sacar el estiércol. ‖ Quitar,
sacar (extraire). ‖ Quitarse : *enlever sa veste,*
quitarse la chaqueta. ‖ Raptar : *enlever un enfant,*
raptar un niño. ‖ Llevarse : *la rivière enleva le
pont,* el río se llevó el puente. ‖ Arrancar (arracher). ‖ Levantar (soulever). ‖ FIG. Llevarse,
ganar : *enlever tous les suffrages,* llevarse todos

los sufragios. ‖ Ganar : *enlever un match de
football,* ganar un partido de fútbol. ‖ Entusiasmar, arrebatar : *enlever son auditoire,* entusiasmar al auditorio. ‖ Llevarse : *enlever une affaire,*
llevarse un negocio. ‖ Llevarse, causar la muerte
de : *la peste enleva mille personnes,* la peste
causó la muerte de mil personas. ‖ Despachar :
enlever la besogne, despachar la tarea. ‖ Vender
rápidamente, quitar de las manos (vendre rapidement). ‖ Bordar, ejecutar brillantemente : *enlever un morceau de musique,* ejecutar brillantemente una pieza musical. ‖ MIL. Tomar, conquistar
(une place). ‖ *S'enlever comme des petits pains,*
venderse como rosquillas, como pan caliente.
— SYN. ● *Arracher,* arrancar. *Ravir,* arrebatar. *Raffler,*
arramblar. *Kidnapper,* secuestrar.

enlevure f. Relieve, *m.* (en sculpture). ‖ TECHN.
Retal, *m.* (peaux).

enliasser v. tr. Hacer fajos de (de billets).

enlier* v. tr. CONSTR. Ajustar [los sillares].

enlisement [ɑ̃lizmɑ̃] m. Hundimiento en la
arena *ou* en el fango, atasco, encenagamiento. ‖
FIG. Estancamiento, atasco : *enlisement des négociations,* estancamiento de las negociaciones.

enliser [-ze] v. tr. Hundir, atascar.
— V. pr. Hundirse (s'enfoncer). ‖ Atascarse,
encenagarse (un véhicule). ‖ FIG. Llegar a un
punto muerto, prolongarse inútilmente, estancarse
(des négociations). ‖ Enredarse, enmarañarse,
liarse (s'emmêler).

enluminer v. tr. Iluminar (un livre). ‖ Colorear
(colorier). ‖ FIG. et FAM. Sonrosar, colorear (le
teint). ‖ Adornar, engalanar (le style).

enlumineur, euse m. et f. Iluminador, ra.

enluminure f. Iluminación (art). ‖ Estampa, grabado (*m.*) iluminado (estampe). ‖ Colorido, *m.,*
coloración (du teint). ‖ FIG. Relumbrón, *m.,* falso
brillo, *m.,* galanura amanerada (du style).

ennéade f. Conjunto (*m.*) de nueve cosas semejantes. ‖ — Pl. Enéadas (de Plotin).

ennéagonal, e adj. Eneagonal.

ennéagone adj. et s. m. GÉOM. Eneágono, na.

enneigé, e [ɑ̃nɛʒe] adj. Nevado, da ; cubierto, ta
de nieve.

enneigement [ʒmɑ̃] m. Estado y espesor de la
nieve en un lugar. ‖ *Bulletin d'enneigement,*
estado de la nieve.

enneiger [-ʒe] v. tr. Nevar, cubrir de nieve.

ennemi, e [ɛnmi] adj. et s. Enemigo, ga : *passer
à l'ennemi,* pasarse al enemigo. ‖ *C'est autant de
pris sur l'ennemi,* que me quiten lo bailado.
— SYN. *Adversaire,* adversario. *Antagoniste,* antagonista.
Rival, rival.

ennoblir [ɑ̃nobliːr] v. tr. Ennoblecer.

ennoblissement [-blismɑ̃] m. Ennoblecimiento.

ennuager (s') [sɑ̃nɥaʒe] v. pr. Nublarse.

ennui [ɑ̃nɥi] m. Aburrimiento, fastidio, tedio
(lassitude morale). ‖ Molestia, *f.* : *causer des
ennuis,* causar molestias. ‖ Dificultad, *f.,* problema (difficulté). ‖ Lo molesto : *l'ennui c'est
qu'il ne puisse pas venir,* lo molesto es que no
pueda venir. ‖ — Pl. Penas, *f.* ‖ Dificultades, *f.* :
des ennuis mécaniques, dificultades mecánicas. ‖
Achaques : *ennuis de santé,* achaques de salud.

ennuyer* [-je] v. tr. Molestar, fastidiar (importuner, contrarier). ‖ Aburrir : *ennuyer par un
long discours,* aburrir con un largo discurso.
— V. pr. Aburrirse. ‖ Echar de menos : *s'ennuyer de quelqu'un,* echar de menos a alguien. ‖
S'ennuyer à mourir, a mort, *comme un rat mort,*
aburrirse como una ostra, como un loco.
— SYN. *Fatiguer,* molestar. *Lasser,* cansar. *Endormir,*
aburrir. *Importuner,* importunar. *Embêter,* fastidiar.
Fam. Assommer, reventar. *Empoisonner, faire suer,*
jorobar, atosigar. *Tanner,* moler. *Pop. Seriner,* porfiar.
Raser, dar la lata, marear. *Enquiquiner,* chinchar.

ennuyeux, euse adj. Fastidioso, sa; molesto, ta (contrariant, gênant). ‖ Aburrido, da : *homme ennuyeux,* un hombre aburrido.

énoncé m. Enunciado.

énoncer* v. tr. Enunciar.

— SYN. *Dire,* decir. *Exprimer,* expresar. *Émettre,* emitir. *Formuler,* formular. *Stipuler,* estipular. *Exposer,* exponer. *Déduire,* deducir.

énonciatif, ive adj. Enunciativo, va.

énonciation f. Enunciación.

énophtalmie f. MÉD. Enoftalmia.

enorgueillir [ãnɔrgœji:r] v. tr. Enorgullecer.

— V. pr. Enorgullecerse, vanagloriarse : *s'enorgueillir de son talent,* vanagloriarse de *ou* con su talento.

énorme adj. Enorme. ‖ FIG. Inaudito, ta; tremendo, da; sorprendente.

énormité f. Enormidad. ‖ FIG. Burrada, disparate, *m.,* barbaridad : *dire une énormité,* soltar una burrada.

énouer v. tr. Desmotar, descadillar (les étoffes, la laine).

enquérir (s')* v. pr. Inquirir, indagar, enterarse (s'informer). ‖ — *S'enquérir auprès de,* preguntar a. ‖ *S'enquérir de,* preguntar por : *s'enquérir de la santé de quelqu'un,* preguntar por la salud de uno; averiguar : *s'enquérir de la vérité,* averiguar la verdad.

— SYN. *S'informer,* informarse. *Se renseigner,* averiguar.

enquerre v. tr. (Vx). Inquirir, indagar. ‖ BLAS. *Armes à enquerre,* armas falsas.

enquête f. Información [judicial]. ‖ Averiguación (privée). ‖ Encuesta (dans un journal). ‖ Investigación, pesquisa (policière). ‖ Investigación, indagación (recherche). ‖ DR. Sumario, *m.* (dans les affaires criminelles). ‖ *Enquête administrative,* expediente administrativo.

enquêter v. intr. Inquirir, investigar, hacer una información. ‖ Hacer una encuesta (dans un journal).

— V. pr. Informarse, averiguar.

enquêteur, euse adj. et s. DR. Investigador, ra; pesquisidor, ra. ‖ *Juge enquêteur,* juez instructor.

— F. Entrevistadora, encuestadora (sondages).

enquiquinant, e [ãkikinã, ã:t] adj. FAM. Chinchoso, sa; pesado, da.

enquiquinement m. FAM. Pesadez, *f.,* lata, *f.*

enquiquiner [-kine] v. tr. FAM. Chinchar, jeringar, fastidiar, dar la lata, hacer la santísima Pascua (ennuyer).

enquiquineur, euse adj. et s. FAM. Latoso, sa; pesado, da; chinche.

enracinement m. Arraigamiento, arraigo.

enraciner v. tr. Arraigar, enraizar [p. us.] (plantes). ‖ FIG. Arraigar.

— V. pr. Echar raíces.

enragé, e adj. Rabioso, sa; furioso, sa (irrité). ‖ Rabioso, sa (atteint de la rage). ‖ FIG. Empedernido, da : *joueur enragé,* jugador empedernido. ‖ Fanático, ca. ‖ Implacable, violento, ta (excessif). ‖ FAM. *Manger de la vache enragée,* pasar las de Caín.

enrageant, e adj. FAM. Irritante, exasperante.

enrager* v. intr. FIG. Rabiar, dar rabia : *il enrage d'attendre,* le da rabia esperar. ‖ *Faire enrager,* hacer rabiar.

— V. tr. Dar rabia.

enraiement ou enrayement [ãrɛmã] m. Enrayamiento (d'une roue). ‖ MÉCAN. Parada, *f.,* entorpecimiento (d'un mécanisme).

enrayage [-ja:3] m. Encasquillamiento (d'une arme).

enrayer* [-je] v. tr. Enrayar (garnir une roue de ses rails). ‖ Frenar, calzar, engalgar (freiner une roue). ‖ FIG. ● Detener, cortar, atajar : *enrayer*

une maladie, cortar una enfermedad. ‖ AGRIC. Labrar la besana en (tracer le premier sillon).

— V. pr. Dejar de funcionar, descomponerse (mécanisme). ‖ Encasquillarse (arme à feu).

— SYN. ● *Étouffer,* ahogar. *Endiguer,* atajar. *Neutraliser,* neutralizar. *Réprimer,* reprimir. *Refréner,* refrenar. *Juguler,* vencer.

enrayoir [-jwa:r] m. Galga, *f.* (pour freiner une roue).

enrayure [-jy:r] f. AGRIC. Besana, surco (*m.*) de cabecera (premier sillon). ‖ ARCHIT. Enrayado, *m.*

enrégimenter v. tr. Incorporar a un regimiento, regimentar (incorporer dans un régiment). ‖ FIG. Agrupar en, incorporar a, alistar en (enrôler).

enregistrable adj. Registrable.

enregistrement m. Registro. ‖ Registro de la propriedad (bureau). ‖ Inscripción, *f.* (inscription). ‖ Registro, trazado gráfico. ‖ Grabación, *f.,* grabado (sur disque, bande magnétique, etc.). ‖ Facturación, *f.* (de bagages). ‖ Asiento (dans un livre de commerce). ‖ DR. Empadronamiento (recensement). ‖ FIG. Anotación, *f.* (consignation par écrit). ‖ Retención, *f.* (dans la mémoire). ‖ MAR. Matrícula.

enregistrer v. tr. Registrar (porter sur un registre). ‖ Inscribir (inscrire). ‖ Anotar, tomar nota (consigner par écrit). ‖ Facturar (des bagages). ‖ Asentar (livre de commerce). ‖ Grabar, impresionar (disques, films sonores, etc.). ‖ Apreciar : *on a enregistré un excédent,* se ha apreciado un excedente. ‖ Acusar, experimentar : *les exportations enregistrent une progression satisfaisante,* las exportaciones acusan una progresión satisfactoria. ‖ DR. Empadronar (recenser). ‖ FIG. Grabar, retener : *enregistrer dans sa mémoire,* grabar en la memoria. ‖ MAR. Matricular. ‖ FAM. *J'enregistre,* no lo olvidaré.

enregistreur, euse adj. Registrador, ra.

— M. Aparato registrador.

enrêner v. tr. Tirar de las riendas, llevar a media rienda.

enrhumer v. tr. Resfriar, acatarrar, constipar.

— OBSERV. *Constiper,* en francés tiene exclusivamente el sentido de *estreñir.*

enrichi, e adj. Enriquecido, da.

— M. et f. Ricacho, cha; ricachón, ona.

enrichir v. tr. Enriquecer.

enrichissant, e adj. Instructivo, va.

enrichissement m. Enriquecimiento.

enrobage et **enrobement** m. Envoltura, *f.* (enveloppe); revestimiento, *f.* ‖ CULIN. Rebozo, rebozado (viande, friture). ‖ Baño (de chocolat). ‖ AGRIC. *Enrobage des semences,* semillas en píldoras.

enrober v. tr. Envolver, cubrir con una capa de (médicaments, etc.). ‖ CULIN. Rebozar (viande, friture, etc.), bañar (d'une sauce, de chocolat, etc.).

enrochement m. TECHN. Fondo de roca. ‖ Cimientos, *pl.* (blocs de béton).

enrocher v. tr. TECHN. Echar cimientos de roca a.

enrôlé, e adj. Alistado, da; reclutado, da (inscrit sur un rôle).

— M. et f. Recluta, *m.,* alistado, da.

enrôlement m. Alistamiento, reclutamiento [*Amér.,* enrolamiento]. ‖ Certificado de alistamiento. ‖ FIG. Alistamiento, afiliación, *f.*

enrôler v. tr. Alistar, reclutar, enrolar (recruter). ‖ FIG. Alistar, afiliar (dans un parti).

— V. pr. Alistarse, enrolarse, sentar plaza (un soldat). ‖ FIG. Alistarse, afiliarse.

enrôleur m. (P. us.). MIL. Reclutador, alistador.

enroué, e adj. Ronco, a.

enrouement [ãrumã] m. Enronquecimiento, ronquera, *f.*

enrouer v. tr. Enronquecer.

— V. pr. Ponerse ronco, enronquecerse.

enrouiller [ãruje] v. tr. Enmohecer, herrumbrar, poner mohoso.

enroulement m. Arrollamiento, enrollamiento. ‖ Enroscamiento. ‖ Devanado (d'une bobine). ‖ ARCHIT. Roleo, voluta, f.

enrouler v. tr. Enrollar (mettre en rouleau). ‖ Arrollar, enroscar (rouler). ‖ Envolver (envelopper).

enrouleur, euse adj. Enrollador, ra.

enrubanner v. tr. Adornar con cintas, poner cintas.

enrue f. AGRIC. Surco (m.) ancho.

ensablement m. Enarenamiento. ‖ MAR. Encallamiento, encalladura, f. (d'un bateau).

ensabler v. tr. Enarenar (couvrir de sable). ‖ MAR. Encallar, varar en la arena (bateau).

ensachement ou **ensachage** m. Ensacado.

ensacher v. tr. et intr. Ensacar (mettre en sac), entalegar (argent).

ensacheuse f. Ensacadora, f.

ensaisinement m. HIST. Enfeudación, f., enfeudamiento.

ensaisiner v. tr. HIST. Enfeudar.

ensanglanter v. tr. Ensangrentar.

enseignable adj. Enseñable.

enseignant, e adj. Docente, enseñante, enseñador, ra. ‖ *Le corps enseignant, les enseignants,* el cuerpo docente, el profesorado, el magisterio. — M. Profesor.

enseigne f. Letrero, *m.,* rótulo, *m.,* muestra : *enseigne lumineuse,* letrero, rótulo luminoso. ‖ Insignia (étendard romain). ‖ Bandera, estandarte, *m.* (drapeau) : *marcher enseignes déployées,* ir con las banderas desplegadas. ‖ FIG. Seña, distintivo, *m.,* señal : *la sincérité est l'enseigne de l'honnêteté,* la sinceridad es señal de honradez. ‖ — *À bon vin, point d'enseigne,* el buen paño en el arca se vende. ‖ *À telle enseigne o à telles enseignes que...,* la prueba es que..., de modo que... ‖ FAM. *Être logé à la même enseigne,* estar en el mismo caso, remar en la misma galera. — M. (Vx). MIL. Abanderado (porte-drapeau). ‖ MAR. *Enseigne de vaisseau,* alférez de navío.

enseignement m. ● Enseñanza, f. ‖ Lección, f. : *les enseignements de la vie,* las lecciones de la vida. ‖ — *Enseignement primaire,* enseñanza primaria, primera enseñanza. ‖ *Enseignement secondaire,* enseñanza media, segunda enseñanza. ‖ *Enseignement technique,* enseñanza laboral. ‖ *Être dans l'enseignement,* pertenecer al cuerpo docente. ‖ *Une expérience pleine d'enseignements,* una experiencia aleccionadora.
— SYN. ● *Doctrine,* doctrina. *Système,* sistema. *Discipline,* disciplina.

enseigner v. tr. Enseñar. ‖ Dar clases de, enseñar (donner des cours).

ensellé, e adj. Ensillado, da (cheval).

ensellure f. Ensilladura (défaut du cheval).

ensemble m. Conjunto : *un ensemble décoratif,* un conjunto decorativo. ‖ Conjunto (vêtement). ‖ Unidad, f., conjunción, f. (unité). ‖ — *Avec un ensemble parfait,* muy conjuntado. ‖ *Dans l'ensemble,* en conjunto, en términos generales. ‖ *D'ensemble,* general, de conjunto. ‖ *Grand ensemble,* gran conjunto *ou* grupo de viviendas, urbanización, conjunto urbanístico. ‖ *Vue d'ensemble,* vista general, vista panorámica. ‖ — *Pour l'ensemble du pays,* para todo el país.

ensemble adv. Juntos, tas, adj. pl. : *vivre ensemble,* vivir juntos. ‖ Al mismo tiempo, a una vez, simultáneamente : *tomber ensemble,* caer al mismo tiempo. ‖ — *Tous ensemble,* todos juntos, todos reunidos. ‖ *Tout ensemble,* al mismo tiempo, a la vez (en même temps) ; todo junto (en masse) : *acheter tout ensemble,* comprarlo todo junto. ‖ — *Aller ensemble,* ir bien *ou* pegar *ou* quedar bien juntos (s'harmoniser). ‖ *Bien aller ensemble,* ser tal para cual (deux vauriens, etc.).

ensemblier m. Decorador.

ensemencement [ãsəmãsmã] m. Siembra, f. sementera, f., sembradura, f.

ensemencer v. tr. Sembrar.

enserrer v. tr. Apretar, estrechar (serrer étroitement). ‖ Encerrar, contener (renfermer). ‖ Ceñir, rodear, circundar (entourer). ‖ Poner en un invernadero *ou* en una estufa (des plantes).

ensevelir [ãsəvli:r] v. tr. Amortajar (dans un linceul). ‖ Sepultar, enterrar (enterrer). ‖ FIG. Sepultar : *Pompéi fut ensevelie sous la cendre,* Pompeya fue sepultada por la ceniza. ‖ Ocultar, sepultar (cacher).
— V. pr. Sepultarse. ‖ FIG. Sepultarse, enterrarse. ‖ FIG. *S'ensevelir dans la retraite,* retirarse del mundo.

ensevelissement [-vlismã] m. Amortajamiento (dans un linceul). ‖ Sepultura, f., entierro (enterrement).

ensevelisseur, euse [-vlisœ:r, ø:z] m. et f. (P. us.). Amortajador, ra (qui met dans un linceul). ‖ (P. us.). Enterrador, *m.,* sepulturero, *m.* (qui enterre).

ensiforme adj. Ensiforme (en forme d'épée).

ensilage m. AGRIC. Ensilaje, ensilado.

ensiler v. tr. AGRIC. Ensilar.

ensimage m. TEXT. Ensimaje.

ensoleillement [ãsɔlɛjmã] m. Sol.

ensoleiller [-je] v. tr. Solear, llenar de sol (baigner de soleil). ‖ FIG. Iluminar, alegrar : *ce souvenir ensoleille ma vie,* este recuerdo ilumina mi vida. ‖ *Ce balcon est toujours ensoleillé,* en este balcón siempre da el sol.

ensommeillé, e [ãsɔmɛje] adj. Adormilado, da; adormecido, da; soñoliento, ta.

ensorcelant, e [ãsɔrsəlã, ã:t] adj. Hechicero, ra ; embelesador, ra.

ensorceler* [-səle] v. tr. Hechizar, embelesar, embrujar.

ensorceleur, euse [-səlœ:r, ø:z] adj. et s. Hechicero, ra ; embelesador, ra ; embrujador, ra.

ensorcellement [-sɛlmã] m. Hechizo, embrujo, embrujamiento.

ensoufrer v. tr. Azufrar (soufrer).

ensouple m. Enjulio, enjullo (textile).

ensuite adv. A continuación, luego, después.

ensuivre (s')* v. pr. Seguirse, resultar. ‖ — *D'où il s'ensuit que...,* de lo que resulta que... ‖ *Et tout ce qui s'ensuit,* ... y toda la pesca. ‖ *Il s'ensuit que...,* resulta que...
— OBSERV. *S'ensuivre* se emplea únicamente en infinitivo y en la tercera persona de los otros tiempos. *S'ensuivre que* va seguido del indicativo si la frase es afirmativa (*il s'ensuit que vous avez raison,* resulta que tiene usted razón) y del subjuntivo si la frase es negativa o interrogativa (*il ne s'ensuit pas que vous avez raison,* no resulta que tenga usted razón ; *s'ensuit-il que vous ayez raison?,* ¿resulta que usted tiene razón?).

entablement m. ARCHIT. Entablamento, cornisamento.

entablure f. Punto (*m.*) de unión, empalme, *m.* (de deux pièces de bois). ‖ Clavillo, *m.,* eje, *m.* (d'une paire de ciseaux).

entacher v. tr. Mancillar, manchar : *entacher l'honneur,* mancillar el honor. ‖ Tachar : *acte entaché de nullité,* acto tachado de nulidad.

entaillage [ãtɑja:ʒ] m. Corte.

entaille [-tɑ:j] f. Cortadura (coupure, blessure). ‖ CONSTR. Entalla, entalladura. ‖ TECHN. ● Corte, *m.,* cortadura. ‖ Muesca (encoche).
— SYN. ● *Entaillure,* entalladura, cortadura. *Encoche, mortaise,* muesca. *Cran,* cran (tipogr.). *Rainure,* ranura.

entailler [-tɑje] v. tr. Cortar.

entame f. Extremo, *m.,* primer pedazo *ou* primera

tajada (d'un rôti, etc.), pico, *m.* (pain), encentadura.

entamer v. tr. Empezar, comenzar, decentar, encentar (une denrée alimentaire). ‖ Mermar, empezar a gastar (une somme d'argent). ‖ Hacer mella en (fortune, prestige...). ‖ Cortar, herir ligeramente (faire une légère incision). ‖ Emprender, iniciar (entreprendre). ‖ Fig. Empezar, iniciar, entablar : *entamer une conversation,* entablar una conversación. | Atacar (réfuter). ‖ Mermar : *entamer la réputation,* mermar la reputación. ‖ Mil. Conquistar parte de. ‖ Dr. *Entamer des poursuites,* entablar un proceso.

entartrage m. Incrustación, *f.*

entartrer v. tr. Cubrir de sarro (couvrir de tartre). ‖ Techn. Depositar incrustaciones en, mineralizar, depositar sarro (chaudière, etc.).

entasis [ãtazi] f. Archit. Éntasis.

entassement m. Amontonamiento, apilamiento.

entasser v. tr. ● Amontonar, apilar ‖ Apiñar, abarrotar, amontonar (des gens). ‖ Multiplicar, amontonar (multiplier) : *entasser les citations,* multiplicar las citas. ‖ Fig. Acumular.
— Syn. ● *Amasser,* acopiar, hacer acopio. *Amonceler,* hacinar. *Accumuler,* acumular. *Empiler,* apilar.

ente f. Injerto, *m.* (greffe). | Árbol (*m.*) injertado. ‖ Asta, mango, *m.* (d'un pinceau).

enté, e adj. Blas. Entado, da.

entéléchie [ãteleʃi] f. Philos. Entelequia.

entendement m. Entendimiento, juicio.

entendeur m. Entendedor. ‖ Fam. *À bon entendeur, salut,* al buen entendedor, pocas palabras bastan.

entendre v. tr. Oír : *entendre un bruit,* oír un ruido. ‖ Oír, escuchar (écouter). ‖ Entender (connaître) : *ne rien entendre à,* no entender nada de. ‖ Comprender : *entendez-moi bien,* compréndame bien. ‖ Pensar, proponerse, estar resuelto a (avoir l'intention de). ‖ Exigir, querer, desear : *il entend qu'on lui obéisse,* exige que le obedezcan. ‖ Querer, tener intención de : *j'entends partir en vacances,* tengo intención de irme de vacaciones. ‖ Esperar : *j'entends changer de situation,* espero cambiar de situación. ‖ Querer, decir, significar : *Que faut-il entendre par cette expression ?,* ¿qué quiere decir esa expresión ? ‖ Entender, interpretar : *il y a plusieurs manières d'entendre ce discours,* hay varias maneras de interpretar ese discurso. ‖ Conocer, entender de, ser perito en : *entendre son métier,* conocer su oficio. ‖ Parecer, placer : *faites comme vous l'entendrez,* haga como le parezca. ‖ — *Entendre à demi-mot,* entender a medias palabras. ‖ *Entendre de travers,* oír mal, oír al revés. ‖ *Entendre en confession,* confesar. ‖ *Entendre la messe,* oír misa. ‖ *Entendre la plaisanterie,* aguantar las bromas, tener correa. ‖ *Entendre malices à,* dar mal sentido a. ‖ *Entendre raison,* entrar en razones, atenerse *ou* avenirse a razones, admitir *ou* aceptar razones. ‖ — *À l'entendre,* al oírle hablar así, si se fía uno de él, si se le crce. ‖ *Donner à entendre que,* dar a entender que. ‖ *Faire entendre,* dejar oír (faire qu'on entende), decir (dire), cantar (chanter), tocar (jouer un air de musique). ‖ *Il n'est pire sourd que celui qui ne veut pas entendre,* no hay peor sordo que el que no quiere oír. ‖ *Laisser entendre,* dar a entender. ‖ *N'entendre ni rime ni raison ou ne pas vouloir entendre raison,* no atenerse *ou* no avenirse a razones. ‖ *N'entendre rien à rien, ne rien entendre à,* no saber ni jota, no entender ni pizca *ou* lo más mínimo de. ‖ *Ne pas entendre de cette oreille là,* no entender la cosa así, no estar de acuerdo con eso.
— V. intr. Oír. ‖ Entender, comprender.
— V. pr. ● Entenderse, comprenderse (se com-

prendre). ‖ Entenderse, ponerse de acuerdo (se mettre d'accord). ‖ — *Cela s'entend,* por supuesto. ‖ *Je m'entends,* yo me entiendo, ya sé lo que digo. ‖ *Se faire entendre,* oírse : *une voix se fit entendre,* se oyó una voz ; hacerse escuchar : *je saurai bien me faire entendre,* sabré hacerme escuchar. ‖ *S'entend,* por supuesto. ‖ *S'entendre comme larrons en foire,* hacer buenas migas, estar a partir un piñón. ‖ *S'entendre en,* ser un entendido *ou* un enterado en. ‖ *S'y entendre,* entender de, ser entendido en.
— Syn. ● *S'accorder,* concordar. *Se concerter,* concertarse. *Sympathiser,* simpatizar. *Fraterniser,* fraternizar.

entendu, e adj. Oído, da. ‖ Entendido, da ; perito, ta : *entendu en musique,* entendido en música. ‖ Entendido, da ; comprendido, da : *orgueil mal entendu,* orgullo mal comprendido. ‖ Decidido, da ; convenido, da ; concluido, da : *affaire entendue,* asunto concluido. ‖ — *Entendu !,* ¡de acuerdo !, ¡conforme ! ‖ — *Bien entendu ou comme de bien entendu,* por supuesto, desde luego, claro está. ‖ *C'est entendu,* de acuerdo. ‖ Dr. *La cause est entendue,* la causa está vista. ‖ *Prendre un air entendu,* hacer como quien lo entiende todo. ‖ *Qu'il soit entendu que,* que conste que.
— M. et f. *Faire l'entendu,* dárselas de enterado.
— Observ. Utilizado al principio de una frase y sin auxiliar *entendu* es invariable. Nótese la concordancia : *la femme que j'ai entendue chanter* (j'ai entendu la femme chanter) ; *la chanson que j'ai entendu chanter* (j'ai entendu chanter la chanson).

enténébrer v. tr. Entenebrecer.

entente f. Armonía, buena inteligencia, entendimiento, comprensión : *en bonne entente,* en buena armonía. ‖ Acuerdo, *m.,* convenio, *m.,* alianza : *la Triple Entente,* la Triple Alianza. ‖ Entendimiento, *m.,* conocimiento, *m.* (connaissance). ‖ Sentido, *m.* (signification). ‖ *L'Entente cordiale,* la Entente Cordial.

enter v. tr. Agric. (Vx). Injertar (greffer). ‖ Techn. Empalmar, ensamblar.

entéralgie f. Méd. Enteralgia.

entérectomie f. Méd. Enterectomía.

entérinement m. Dr. Ratificación, *f.*

entériner v. tr. Ratificar, confirmar (ratifier). ‖ Fig. Aprobar, admitir, dar carácter definitivo.

entérique adj. Entérico, ca (intestinal).

entérite f. Méd. Enteritis.

entérocèle f. Méd. Enterocele.

entérocolite f. Méd. Enterocolitis.

entérocoque m. Méd. Enterococo.

entérolithe m. Méd. Enterolito.

entérotomie f. Méd. Enterotomía.

entérovaccin m. Méd. Enterovacuna, *f.*

enterrage m. Revestimiento de tierra (d'un moule).

enterrement m. ● Entierro : *enterrement de troisième classe,* entierro de tercera. ‖ Fig. Fin, entierro (renonciation). ‖ — *Gai comme un enterrement,* más triste que un entierro. ‖ — *Faire une tête d'enterrement,* tener cara de alma en pena *ou* de duelo.
— Syn. ● *Convoi,* comitiva. *Funérailles,* funeral. *Obsèques,* exequias.

enterrer v. tr. ● Enterrar. ‖ Ir al entierro de : *enterrer un ami,* ir al entierro de un amigo. ‖ Fig. Echar tierra sobre : *enterrer une affaire gênante,* echar tierra sobre un asunto molesto. ‖ Despedirse de : *enterrer tous ses espoirs,* despedirse de todas sus esperanzas ; *enterrer sa vie de garçon,* despedirse de la vida de soltero. ‖ *Être mort et enterré,* estar más que muerto.
— V. pr. Fig. Enterrarse (s'isoler).
— Syn. ● *Inhumer,* inhumar. *Ensevelir,* sepultar. *Enfouir,* enterrar.

en-tête m. Membrete (du papier à lettres). ‖ Enca-bezamiento (formule en tête d'une lettre).

entêté, e adj. Terco, ca ; testarudo, da ; cabezón, ona : *caractère entêté*, carácter terco.

entêtement m. Terquedad, *f.*, testarudez, *f.*, cabe-zonería, *f.* (obstination).

entêter v. tr. Subir a la cabeza, encalabrinar, marear (par des odeurs, des émanations, etc.). — V. pr. Empeñarse en, obstinarse en : *s'entêter à écrire*, empeñarse en escribir.

enthousiasme m. Entusiasmo.
— SYN. *Admiration*, admiración. *Lyrisme*, lirismo. *Engouement*, capricho. *Exaltation*, exaltación. *Fam. Emballement*, arrebato.

enthousiasmer v. tr. Entusiasmar.
— V. pr. Entusiasmarse : *s'enthousiasmer pour*, entusiasmarse con.

enthousiaste adj. ● Entusiasta : *homme enthou-siaste*, hombre entusiasta. ‖ Entusiástico, ca : *exclamation enthousiaste*, exclamación entusiás-tica.
— M. et f. Entusiasta.
— SYN. ● *Fervent*, ferviente, fervoroso. *Passionné*, apasionado. *Zélé*, celoso.

entiché, e adj. Encaprichado, da con (épris de). ‖ Aferrado a, empeñado en (attaché à). ‖ *Être entiché de soi-même*, estar imbuido de sí mismo.

entichement m. Encaprichamiento por, capricho por, afición (*f.*) a.

enticher v. tr. Encaprichar por *ou* con, aficionar a (engouer).
— V. pr. Encapricharse : *s'enticher de quelqu'un*, encapricharse con uno. ‖ Aferrarse : *s'enticher d'une idée*, aferrarse a una idea.

entier, ère adj. ● Entero, ra. ‖ Completo, ta : *jouir d'une entière liberté*, gozar de una libertad completa. ‖ — MATH. *Nombre entier*, número entero. ‖ — *En entier*, por entero, por completo, completamente. ‖ *Tout entier*, entero, por com-pleto.
— M. Entero.
— SYN. ● *Intact*, intacto, *Complet*, completo. *Total*, total. *Intégral*, integral, íntegro. *Plénier*, plenario.

entité f. PHILOS. Entidad.

entoilage m. Montaje sobre tela. ‖ Tela (*f.*) que sirve para reforzar. ‖ Revestimiento con una lona.

entoiler v. tr. Pegar en tela (un papier, une carte, etc.). ‖ Cubrir de una lona, entoldar (bâcher). ‖ Reforzar con tela (un vêtement).

entoir m. Navaja (*f.*) para injertar.

entôlage m. POP. Timo, estafa, *f.*

entôler v. tr. POP. Timar, estafar.

entomologie f. Entomología.

entomologique adj. Entomológico, ca.

entomologiste m. Entomólogo.

entomophage adj. et s. m. Entomófago, ga.

entomophile adj. Entomófilo, la.

entomophilie f. Entomofilia.

entomostracés m. pl. Entomostráceos.

entonnage ou **entonnement** m. ou **entonnai-son** f. Entonelamiento, *m.*, embarrilamiento, *m.*

entonner v. tr. Entonelar, embarrilar (mettre dans un tonneau). ‖ MUS. Entonar (chanter). ‖ POÉT. Cantar : *entonner les gloires de quelqu'un*, cantar las glorias de uno.

entonnoir m. Embudo. ‖ Hoyo, agujero (d'un obus). ‖ POP. Tragaderas, *f. pl.* (gosier). ‖ *En entonnoir*, en forma de embudo.

entorse f. MÉD. Esguince, *m.* ‖ FIG. Alteración, infracción (altération). ‖ FIG. ET FAM. *Donner* o *faire une entorse à...*, hacer una excepción, hacer trampas (règlement, loi, etc.).

entortillage [ãtɔrtija:ʒ] ou **entortillement** [-tijmã] m. Enroscadura, *f.*, envolvimiento (enrou-

lement). ‖ FIG. Enredo, lío. ‖ Confusión, *f.*, retor-cimiento, oscuridad, *f.* (du style).

entortiller [-tije] v. tr. Liar, envolver (envelop-per). ‖ Enredar, enmarañar (fils, laine). ‖ FIG. Enredar, embrollar (embrouiller). ‖ FAM. Liar, enredar (séduire par des paroles).
— V. pr. Enroscarse, arrollarse (s'enrouler). ‖ FIG. Enredarse, enmarañarse, embrollarse.

entour m. À *l'entour* o *alentour*, en los alrede-dores. ‖ À *l'entour de*, alrededor de. ‖ — Pl. (Vx). Alrededores (environs).

entourage m. Cerco, lo que rodea (ce qui entoure). ‖ FIG. ● Allegados, *pl.*, familiares, *pl.*, íntimos, *pl.*, relaciones, *f. pl.* ‖ *Dans l'entourage du roi*, en los círculos *ou* medios allegados al rey.
— SYN. ● *Cercle*, círculo. *Milieu*, medio. *Compagnie*, compañía.

entourer v. tr. ● Rodear, cercar : *entourer de murs*, rodear de tapias. ‖ Envolver (envelopper). ‖ FIG. Prodigar, atender, colmar : *entourer de soins*, prodigar cuidados. ‖ *Une femme très entourée*, una mujer muy agasajada.
— V. pr. Rodearse : *s'entourer de précautions*, rodearse de precauciones.
— SYN. ● *Environner*, circundar. *Envelopper*, envolver. *Ceindre* et *enceindre*, ceñir. *Enfermer*, encerrar. *Renfer-mer*, encerrar. *Clore*, *enclore*, cercar. *Enclaver*, enclavar. *Clôturer*, cercar.

entourloupette f. FAM. Mala pasada, mala jugada, jugarreta, fechoría (mauvais tour).

entournure f. Sisa, escotadura (d'une manche). ‖ FIG. ET FAM. *Être gêné dans les* o *aux entour-nures*, estar a disgusto, incómodo (mal à l'aise), estar apurado (argent).

entozoaire m. ZOOL. Entozoario.

entraccorder (s') v. pr. Concertarse. ‖ Concor-dar, estar en armonía.

entraccuser (s') v. pr. Acusarse recíprocamente.

entracte m. Entreacto (au théâtre). ‖ Descanso (au cinéma). ‖ Intermedio (intermède). ‖ Inte-rrupción, *f.*

entradmirer (s') v. pr. Admirarse mutuamente.

entraide f. Ayuda mutua.

entraider (s') v. pr. Ayudarse mutuamente.

entrailles [ãtra:j] f. pl. Entrañas.

entraimer (s') v. pr. Amarse, quererse mutua-mente.

entrain m. Animación, *f.*, ánimo (gaieté). ‖ Viva-cidad, *f.* ‖ Animo, entusiasmo, ardor (au travail). ‖ — *Chanter avec entrain*, cantar con brío. ‖ *Être plein d'entrain* ou *avoir beaucoup d'entrain*, estar muy animado.

entraînable adj. Arrastrable. ‖ FIG. Influenciable. ‖ Seducible (qui peut être séduit).

entraînant, e adj. Que anima, animado, da (musique, rythme). ‖ FIG. Arrebatador, ra ; irre-sistible.

entraînement m. Arrastre, tracción, *f.* (action de traîner). ‖ Acarreo (action d'entraîner). ‖ Entre-namiento, preparación, *f.* (sport). ‖ FIG. Incita-ción, *f.* : *c'est un entraînement constant que d'avoir des amis*, el tener amigos es una incitación perpetua. ‖ — *Entraînement des troupes*, instruc-ción de las tropas. ‖ — TECHN. *D'entraînement*, de arrastre (auto).

entraîner v. tr. Arrastrar, tirar de (traîner avec soi). ‖ FIG. Acarrear, ocasionar, producir, causar, traer, traer aparejado, generar (avoir pour résul-tat). ‖ Arrebatar, entusiasmar (emporter). ‖ Llevar a la fuerza, llevarse (emmener de force). ‖ FIG. Arrastrar, atraer (attirer) : *entraîner à la guerre*, arrastrar a la guerra. ‖ Llevarse : *entraî-ner quelqu'un au cinéma*, llevarse a uno al cine. ‖ Poner en movimiento (mettre en action). ‖ Adiestrar, acostumbrar (habituer). ‖ Entrenar, adiestrar, preparar (sports). || MIL. Instruir. || *Se laisser entraîner,* dejarse llevar.

entraîneur m. Entrenador, preparador (sports). || ÉQUIT. Picador, adiestrador de caballos. || MÉCAN. Arrastrador. || *Entraîneur d'hommes,* caudillo, jefe, cabecilla.

entraîneuse f. Tanguista, gancho, m. (de boîte de nuit).

entrait [ɑ̃trɛ] m. CONSTR. Tirante. || *Petit entrait,* entrecinta.

entrant, e adj. et s. Entrante : *les entrants et les sortants,* los entrantes y los salientes.

entr'apercevoir* v. tr. Entrever, percibir indistintamente.

entrave f. Traba : *mettre des entraves à un cheval,* poner trabas a un caballo. || FIG. Traba, estorbo, m., cortapisa, obstáculo, m. (gêne) : *mettre des entraves,* poner trabas ou cortapisas.

entraver v. tr. Trabar (mettre des entraves). || FIG. Poner trabas, estorbar, obstaculizar (mettre obstacle à). || POP. Comprender : *n'entraver que dalle,* no comprender ni jota, quedarse in albis.

entre prép. Entre. || *— Entre autres,* entre otras cosas, entre otras personas. || *Entre les bras, les mains de,* en los brazos, en manos de. || *Entre les deux,* ni bien ni mal, regular ou así, así. || *Entre-temps,* entretanto, mientras tanto. || *Entre tous,* entre todos (parmi tous), más que a todos (par excellence). || *— D'entre,* de : *l'un d'entre vous,* uno de vosotros. || *— Ceci entre nous* o *entre nous soit dit,* dicho sea entre nosotros.

entrebâillement [ɑ̃trəbɑjmɑ̃] m. Resquicio, abertura, f. (d'une porte).

entrebâiller [-je] v. tr. Entreabrir. || Entornar (fermer à moitié).

entrebâilleur [-jœ:r] m. Retenedor, cadena (f.) de seguridad (porte).

entrebattre (s') v. pr. Pelearse, pelear.

entrechat [ɑ̃trəʃa] m. Trenzado (danse).

entrechoquer (s') v. pr. Chocar uno con otro, entrechocarse.

entrecolonne ou **entrecolonnement** m. ARCHIT. Intercolumnio, entrepaño.

entrecôte f. Lomo, m., entrecote, m. (gallicisme).

entrecouper v. tr. Entrecortar. || Entrecortar, interrumpir (interrompre).

entrecroisement m. Entrecruzamiento, cruce.

entrecroiser v. tr. Entrecruzar, cruzar.

entrecuisse m. Entrepierna, f., entrepiernas, f. pl. (entre-deux des cuisses), cruz (du pantalon).

entre-déchirer (s') v. pr. Desgarrarse unos a otros, destrozarse mutuamente. || FIG. Despellejarse, desollarse (médire l'un de l'autre).

entre-détruire (s') v. pr. Destruirse mutuamente.

entre-deux m. Hueco, separación, f., intervalo (espace entre deux choses). || Entredós (de dentelle). || Entredós (meuble). || Saque entre dos (basket-ball), bote neutro (football).

entre-deux-guerres m. ou f. inv. Período (m.) entre las dos guerras mundiales.

entre-dévorer (s') v. pr. Devorarse mutuamente.

entre-donner (s') v. pr. Darse recíprocamente.

entrée f. Entrada : *porte d'entrée,* puerta de entrada. || Entrada, vestíbulo, m., zaguán, m., antesala (vestibule). || Principio, m., entrada : *à l'entrée de l'hiver,* al principio del invierno. || Entrada (billet de spectacle). || Llegada (arrivée). || Derecho (m.) de aduanas (droit de douane). || Entrada, principio, m. (dans un repas). || Ingreso, m. : *examen d'entrée dans une école,* examen de ingreso en una escuela. || COMM. Ingreso, m., entrada : *entrées et sorties,* gastos e ingresos. || TECHN. Ojo, m. (de la serrure). || THÉÂTR. Salida (d'un acteur). || *— Entrée dans le monde,* puesta de largo, presentación en socie-

dad. || *Entrée de ballet,* intermedio de baile. || *Entrée en matière,* principio, comienzo. || *Entrée interdite,* paso prohibido. || *Plat d'entrée,* entrada, primer plato, principio. || *— D'entrée,* de entrada, desde un principio. || *Par ordre d'entrée en scène,* por orden de aparición. || *— Avoir ses entrées,* tener acceso ou entrada ou puerta abierta ou libre. || *Faire son entrée dans le monde,* presentarse en sociedad.

entrefaite f. *Sur ces entrefaites,* en esto, en aquel momento.

entrefenêtre f. Entreventana.

entrefer m. Entrehierro.

entrefilet [ɑ̃trəfilɛ] m. Suelto, recuadro, entrefilete (de journal).

entre-frapper (s') v. pr. Pegarse entre sí.

entregent [ɑ̃trəʒɑ̃] m. FAM. Mundo, mundología, f., don de gente.

entr'égorger (s') v. pr. Degollarse unos a otros.

entre-haïr (s') [sɑ̃trəai:r] v. pr. Odiarse mutuamente.

entre-heurter (s') [sɑ̃trəœrte) v. pr. Chocar uno con otro.

entrejambe m. Entrepierna, f., entrepiernas, f. pl. (partie de la culotte entre les jambes), cruz, f. (du pantalon).

entrelacement m. Entrelazamiento, entretejido, enlace.

entrelacer* v. tr. Entrelazar, enlazar, entretejer.

entrelacs [ɑ̃trəla] m. ARCHIT. Almocárabe, lazo. || Rasgo, trazo (faits à la plume).

entrelardé, e adj. Mechado, da ; entreverado, da.

entrelardement m. Mecha, f.

entrelarder v. tr. Mechar (larder la viande). || FIG. et FAM. Entreverar, salpicar : *entrelarder un discours de citations,* salpicar un discurso de citas.

entre-ligne m. Interlínea, f., entrelínea, f.

entre-manger (s')* v. pr. Comerse entre sí.

entremêlement m. Mezcla, f. (mélange). || Intercalación, f.

entremêler v. tr. Entremezclar (mêler). || FIG. Entrecortar : *paroles entremêlées de sanglots,* palabras entrecortadas de ou por sollozos. | Intercalar en.

entremets [ɑ̃trəmɛ] m. Dulce de cocina (gâteau). || MUS. Entremés.

— OBSERV. L'espagnol entremés *signifie à la fois* hors-d'œuvre *(aliment) et* intermède *ou* entremets *(théâtral).*

entremetteur, euse m. et f. Mediador, ra ; intermediario, ria (intermédiaire). || FAM. ● Alcahuete, ta (dans une intrigue galante).

— SYN. ● Proxénète, *proxeneta.* Pop. Maquerelle, *celestina.* Procureuse, *tercera.*

entremettre (s')* v. pr. Intervenir, mediar, terciar. || Entremeterse (se mêler).

entremise f. Mediación, interposición, intervención. || *Par l'entremise de,* por conducto de, por mediación de.

entre-nœud m. BOT. Entrenudo, internodio.

entrepas [ɑ̃trəpa] m. ÉQUIT. Entrepaso (amble).

entrepont m. MAR. Entrepuente, entrecubierta, f.

entreposage m. Almacenamiento, depósito, almacenaje.

entreposer v. tr. Almacenar (déposer dans un entrepôt). || Depositar (mettre en dépôt).

entreposeur m. Almacenista, guardalmacén.

entrepositaire adj. et s. Depositario, ria ; almacenista.

entrepôt [ɑ̃trəpo] m. Almacén (magasin), depósito (dépôt) : *entrepôt frigorifique,* almacén frigorífico. || Tercena, f. (de tabacs). || MAR. Puerto franco, de depósito.

entreprenant, e adj. Emprendedor, ra. || Atrevido, da : *être entreprenant auprès des femmes,* ser atrevido con las mujeres.

entreprendre* v. tr. Emprender : *entreprendre*

un voyage, emprender un viaje. ‖ Emprender : *entreprendre la défense de quelqu'un,* emprender la defensa de alguien. ‖ Proponerse, tener intención de : *il a entrepris de me convaincre,* se ha propuesto convencerme. ‖ Acometer, emprender : *entreprendre une réforme,* acometer una reforma. ‖ Fam. Emprenderla con, tomarla con (railler une personne). ‖ Asediar (harceler). ‖ Galantear (une femme). ‖ *Entreprendre de,* comenzar a, intentar.

entrepreneur, euse m. et f. Empresario, ria. ‖ Maestro de obras, contratista : *entrepreneur de travaux publics,* contratista de obras públicas.

entreprise f. Empresa (projet, exécution). ‖ Tentativa, intento, *m.* (tentative). ‖ Empresa : *entreprise privée,* empresa privada. ‖ Contrata : *entreprise d'un pont,* contrata de un puente. ‖ Acción, acto, *m.,* maniobra : *c'est une entreprise contre la liberté,* es una acción contra la libertad. ‖ Solicitación, maniobra de seducción (sur une femme). ‖ *Chef d'entreprise,* empresario.

entrer v. intr. Entrar (passer à l'intérieur). ‖ Entrar, ingresar : *entrer à l'Université, à l'hôpital,* ingresar en la Universidad, en el hospital. ‖ Ingresar : *entrer à l'Académie de l'histoire,* ingresar en la Academia de la Historia. ‖ Pasar, entrar : *prenez la peine d'entrer,* tenga la bondad de pasar. ‖ Ingresar : *c'est de l'argent qui entre,* es dinero que ingresa. ‖ Entrar, caber : *entrer dans un étui,* entrar en un estuche. ‖ Abrazar (dans une carrière). ‖ Entrar, formar parte (faire partie de). ‖ Estar de acuerdo : *ceci entre dans mes idées,* esto está de acuerdo con mis ideas. ‖ Tener parte : *cette circonstance n'entre pour rien dans ma décision,* esta circunstancia no tiene ninguna parte en mi decisión. ‖ Meterse : *entrer dans une discussion,* meterse en una discusión ; *entrer dans des explications inutiles,* meterse en explicaciones inútiles. ‖ Participar : *entrer dans une conspiration,* participar en una conspiración. ‖ Salir (théâtre) : *entrer en scène,* salir a escena. — *Entrer comme dans du beurre,* entrar limpiamente. ‖ *Entrer dans l'armée,* ingresar en el ejército. ‖ *Entrer dans le monde,* presentarse en sociedad. ‖ *Entrer dans les détails,* pormenorizar, entrar en detalles. ‖ *Entrer dans les faits,* contribuir a un particular en los gastos. ‖ *Entrer dans les ordres,* abrazar el estado religioso. ‖ *Entrer en colère,* montar en cólera, encolerizarse. ‖ *Entrer en collision,* chocar. ‖ *Entrer en correspondance,* ponerse en correspondencia. ‖ *Entrer en coup de vent,* entrar como un torbellino. ‖ *Entrer en fureur,* ponerse furioso, enfurecerse. ‖ *Entrer en jeu,* intervenir. ‖ *Entrer en lice,* salir a la palestra, entrar en liza. ‖ *Entrer en matière,* entrar en materia. ‖ *Entrer en ménage,* casarse. ‖ *Entrer en pourparlers,* entrar en conversaciones, entablar conversaciones. ‖ *Entrez !,* ¡adelante !, ¡pase ! ‖ — *Cela ne m'entre pas dans la tête,* esto no me cabe en la cabeza. ‖ *Faire entrer,* invitar a entrar, introducir. ‖ *Faire entrer quelque chose dans la tête,* meter en la cabeza. ‖ *Faites entrer,* dígale que pase. ‖ *Je n'entre pas là-dedans,* no me meto en eso, eso no me incumbe, no tengo nada que ver en el asunto. ‖ *Ne faire qu'entrer et sortir,* pasar rápidamente, estar sólo un momento, volver en seguida. — V. tr. Introducir. ‖ Meter (mettre). ‖ Entrar : *entrer la voiture au garage,* entrar el coche en el garaje. ‖ Comm. Dar entrada a, asentar en el libro de entradas.

entre-rail m. Entrevía, *f.,* enterrieles, *pl.*

entre-regarder (s') v. pr. Mirarse uno a otro.

entresol m. Entresuelo (étage).

entretaille [ɑ̃trətɑ:j] f. Entretalladura, entretalla.

entretailler (s') [sɑ̃trətɑje] v. pr. Rozarse, alcanzarse (chevaux).

entretaillure [ɑ̃trətɑjy:r] f. Rozadura, alcanzadura.

entre-temps m. Intervalo, intermedio. — Adv. Entre tanto, entretanto, en el intervalo, mientras tanto.

entreteneur, euse m. et f. Mantenedor, ra.

entretenir* v. tr. Mantener, sustentar : *entretenir une famille,* sustentar una familia. ‖ Cuidar, entretener, mantener, conservar (tenir en bon état). ‖ Conservar, mantener : *entretenir la paix,* mantener la paz. ‖ Alimentar, mantener : *entretenir le feu,* alimentar el fuego. ‖ Sostener, mantener : *entretenir une correspondance avec quelqu'un,* sostener una correspondencia con alguien. ‖ Hablar, conversar con : *entretenir quelqu'un de ses projets,* conversar con uno de sus proyectos. ‖ Cultivar : *entretenir l'amitié, ses pensées,* cultivar la amistad, los pensamientos. ‖ Entretener : *entretenir quelqu'un d'espérances,* entretener a alguien con esperanzas. ‖ Tener en la cabeza : *entretenir des idées fixes,* tener en la cabeza ideas fijas. ‖ *Entretenir une femme,* mantener a una mujer. — V. pr. Mantenerse, sustentarse. ‖ Conservarse, mantenerse en buen estado. ‖ Conversar, hablar (parler). ‖ Entrevistarse (avoir une entrevue). ‖ — *S'entretenir d'illusions,* vivir de ilusiones. ‖ *S'entretenir par écrit,* escribirse. — Observ. *Entretenir* no tiene nunca el sentido del verbo español *entretener,* que significa *amuser.*

entretenu, e adj. Cuidado, da (maison, vêtements, etc.). ‖ Mantenido, da (personne). ‖ *Ondes entretenues,* ondas continuas. — M. et f. Protegido, da.

entretien m. Conservación, *f.,* entretenimiento, cuidado, mantenimiento : *l'entretien des routes,* la conservación de las carreteras. ‖ Conservación, *f.,* mantenimiento : *l'entretien de la paix,* el mantenimiento de la paz. ‖ Sustento, mantenimiento, manutención, *f.* : *l'entretien d'une nombreuse famille,* el sustento de una familia numerosa. ‖ Fig. Conversación, *f.,* entrevista, *f.* (conversation). ‖ Reunión, *f.* : *le directeur a eu un entretien avec ses employés,* el director tuvo una reunión con sus empleados. ‖ — *Frais d'entretien,* gastos de mantenimiento. ‖ *Produits d'entretien,* artículos de limpieza. ‖ — *Avoir un entretien,* mantener una conversación, celebrar una entrevista.

entre-tisser v. tr. Entretejer.

entretoile f. Entredós, *m.* (de dentelle).

entretoise f. Techn. Tirante, *m.,* riostra, casquillo, *m.* ‖ Travesaño, *m.* (d'une voiture). ‖ Cabestrillo, *m.* (de machines). ‖ Telera (artillerie).

entretoisement m. Techn. Sujeción (*f.*) con tirantes ou riostras.

entretoiser v. tr. Atirantar, afirmar con tirantes.

entre-tuer (s') v. pr. Matarse unos a otros.

entrevoie f. Entrevía (chemin de fer).

entrevoir* v. tr. Entrever. ‖ Fig. Entrever, vislumbrar, columbrar.

entrevous [ɑ̃trəvu] m. Archit. Bovedilla, *f.*

entrevue f. Entrevista.

entropie f. Phys. Entropía.

entropion m. Entropión.

entrouvert, e [ɑ̃truvɛ:r, ɛrt] adj. Entreabierto, ta ; entornado, da.

entrouverture f. Abertura, resquicio, *m.*

entrouvrir* v. tr. Entreabrir. ‖ Entornar, entreabrir (une porte, les yeux). ‖ Correr un poco, apartar, separar : *entrouvrir les rideaux,* correr un poco los visillos. — V. pr. Entreabrirse. ‖ Entornarse.

entuber v. tr. Pop. *Se faire entuber,* ser estafado.

enture f. Ingeridura (fente où l'on place une greffe). ‖ Empalme, *m.* (menuiserie).

énucléation f. MÉD. Enucleación (d'un organe). ‖ Deshuese, *m.* (d'un fruit).

énucléer* v. tr. MÉD. Enuclear (extirper). ‖ Deshuesar, desosar (un noyau).

énumératif, ive adj. Enumerativo, va.

énumération f. Enumeración.

énumérer* v. tr. Enumerar.

envahir [ãvaːr] v. tr. Invadir.

envahissant, e [-isã, ãːt] adj. Invasor, ra. ‖ FIG. Pegajoso, sa; pesado, da (ennuyeux).

envahissement [-ismã] m. Invasión, *f.* ‖ FIG. Abuso : *les envahissements du pouvoir,* los abusos del poder.

envahisseur [-isœːr] m. Invasor.

envasement m. Encenagamiento.

envaser v. tr. Encenagar, enlodar (remplir de vase). ‖ Hundir en el fango (enfoncer dans la vase).
— V. pr. Cegarse (un canal).

enveloppant, e adj. Envolvente : *ligne enveloppante,* línea envolvente. ‖ FIG. Atrayente, cautivador, ra (qui charme, captive).
— F. MATH. Envolvente.

enveloppe [ãvlɔp] f. ● Envoltura : *l'enveloppe d'un paquet, d'un fruit,* la envoltura de un paquete, de una fruta. ‖ Sobre, *m.* [Amér. cubierta] (d'une lettre) : *mettre sous enveloppe,* poner en un sobre. ‖ Cubierta (d'un pneu). ‖ Cámara (d'un ballon). ‖ Funda (d'un traversin). ‖ FIG. Capa exterior, apariencia, cubierta (apparence).
— SYN. ● *Étui,* estuche. *Fourreau,* vaina (d'une arme), funda (d'un parapluie, etc.). *Gaine,* vaina. *Housse,* funda.

enveloppée [-pe] f. MATH. Involuta.

enveloppement [-pmã] m. Envolvimiento (action), envoltura, *f.* (ce qui enveloppe). ‖ MÉD. Paño caliente, fomento.

envelopper v. tr. Envolver (couvrir) : *envelopper de* o *dans,* envolver en. ‖ Rodear (entourer). ‖ FIG. Velar, disfrazar, disimular (déguiser). ‖ Comprender, incluir, abarcar (englober). ‖ MIL. Envolver, rodear, cercar : *envelopper l'ennemi,* rodear al enemigo.
— V. pr. Envolverse. ‖ Envolverse, embozarse (dans un manteau).

envenimement [ãvnimmã] m. Envenenamiento (par un poison). ‖ Enconamiento (d'une plaie). ‖ FIG. Enconamiento, envenenamiento.

envenimer [-me] v. tr. Envenenar (empoisonner). ‖ Enconar (une blessure). ‖ FIG. Enconar, emponzoñar, envenenar : *envenimer une discussion,* enconar una discusión.

enverguer v. tr. MAR. Envergar.

envergure f. MAR. Cruzamen, *m.,* envergadura (longueur des vergues). ‖ Envergadura, grátil, *m.* (des voiles). ‖ Envergadura (d'un oiseau, d'un avion). ‖ FIG. Amplitud, vuelo, *m.,* envergadura (gallicisme) : *projet de grande envergure,* proyecto de gran amplitud. ‖ Talla, envergadura : *l'envergure de ce ministre,* la talla de este ministro. ‖ Vuelo, *m.* : *ne pas avoir assez d'envergure pour,* no tener suficiente vuelo para. ‖ *D'envergure,* de importancia, de envergadura, de talla, de gran trascendencia. ‖ FIG. *Sans envergure,* de poco fuste.

envers m. Revés, vuelta, *f.,* envés, reverso (d'une étoffe). ‖ Lo contrario, lo opuesto : *l'envers de la vérité,* lo contrario de la verdad. ‖ BOT. Envés, cara (f.) dorsal (d'une feuille). ‖ — *L'envers de la médaille,* el reverso de la medalla. ‖ *L'envers et l'endroit d'une question,* el haz y envés de una cuestión. ‖ — *À l'envers,* al revés. ‖ *Avoir la tête à l'envers,* tener la cabeza trastornada *ou* loca.

envers [ãvɛːr] prép. Con, para con : *indulgent envers les pécheurs,* indulgente con *ou* para con los pecadores. ‖ A : *traître envers sa foi,* traidor a su fe. ‖ *Envers et contre tous,* a pesar de todos, a despecho de todos, contra viento y marea.

envi (à l') loc. adv. A porfía : *se disputer à l'envi,* disputarse a porfía. ‖ A cual más, a cual mejor (à qui mieux mieux).

enviable adj. Envidiable.

envie f. Envidia : *l'envie est un péché capital,* la envidia es un pecado capital. ‖ Ganas, *pl.,* deseo, *m.* : *avoir envie de rire,* tener ganas de reírse. ‖ Antojo, *m.* (désir de femme enceinte). ‖ MÉD. Padrastro, *m.* (autour des ongles). ‖ Antojo, *m.* (tache naturelle). ‖ — *Avoir grande envie de,* tener muchas ganas de. ‖ *Brûler, mourir d'envie de,* arder en deseos de, morirse de ganas de, tener unas ganas locas de, estar muerto por. ‖ *Faire* o *donner envie,* dar envidia, dar deseos. ‖ *Faire passer l'envie,* quitar las ganas. ‖ *Il me prend envie de...,* me dan ganas de..., estoy por..., se me antoja... ‖ *Il vaut mieux faire envie que pitié,* más vale ser envidiado que compadecido, más vale ser envidiado que envidioso. ‖ *Ne plus avoir envie de,* quitársele a uno las ganas, no tener más ganas de. ‖ *Passer son envie,* satisfacer su capricho.

envier* v. tr. Envidiar : *envier les heureux,* envidiar a los dichosos. ‖ Ansiar, ambicionar, desear, codiciar : *envier le pouvoir,* desear el poder.

envieux, euse adj. et s. Envidioso, sa : *envieux du bonheur d'autrui,* envidioso de la felicidad ajena, del prójimo. ‖ *Faire des envieux,* dar envidia.

environ adv. Cerca de, alrededor de, aproximadamente : *il est environ neuf heures,* son cerca de las nueve. ‖ Unos, unas, poco más o menos, cosa de : *il y aura environ deux cents invités,* habrá unos doscientos invitados.

environnant, e adj. Cercano, na; próximo, ma; que rodea (proche). ‖ Circundante, circunvecino, na : *lieux environnants,* lugares circunvecinos.

environnement m. Medio ambiente, entorno.

environner v. tr. Rodear, cercar (encercler). ‖ FIG. Rodear, circundar, estar alrededor (être autour).

environs m. pl. Alrededores, afueras, *f.,* cercanías, *f.,* proximidades, *f.* ‖ *Aux environs de,* cerca de, en los alrededores de; a eso de (temps).
— SYN. *Alentours,* cercanías, contornos. *Abords,* afueras.

envisager* v. tr. Considerar, examinar : *envisager l'avenir,* considerar el porvenir. ‖ Enfocar : *envisager un sujet du point de vue religieux,* enfocar un asunto desde el punto de vista religioso. ‖ Pretender : *on n'envisage pas d'arriver à un accord,* no se pretende llegar a un acuerdo. ‖ Prever, tener en perspectiva (prévoir). ‖ Tener presente, pensar en : *il faut envisager cette possibilité,* hay que tener presente esta posibilidad. ‖ Proyectar, tener intención de, pensar, tener en la mente : *j'envisage de partir pour les États-Unis,* proyecto salir para los Estados Unidos. ‖ Pensar en : *envisager le pire,* pensar en lo peor. ‖ Ver : *il envisage toujours les choses d'une façon pessimiste,* siempre ve las cosas de una manera pesimista. ‖ Planear, programar : *envisager une réforme,* programar una reforma.

envoi m. Envío. ‖ — DR. *Envoi en possession,* entrega de la posesión. ‖ — SPORTS. *Coup d'envoi,* saque del centro. ‖ *Donner le coup d'envoi,* hacer el saque.

envoiler v. tr. Velar.
— V. pr. TECHN. Encorvarse, doblarse.

envol m. Vuelo (d'un oiseau). ‖ Despegue (avion).

envolée f. Elevación, grandeza (esprit).

envoler (s') v. pr. Levantar ou tomar el vuelo, echar a volar (prendre son vol). ‖ Despegar (avion). ‖ Volar, volarse : *les papiers se sont envo-*

lés, los papeles se volaron. ‖ Irse, transcurrir (temps). ‖ Fig. Fugarse, escaparse (s'enfuir). | Pasar, rápidamente, volar, desvanecerse (passer rapidement). ‖ Fam. *L'oiseau s'est envolé,* el pájaro voló.

envoûtement m. Hechizo, maleficio, embrujamiento.

envoûter v. tr. Hechizar, embrujar.

envoyé, e [ãvwaje] m. et f. Enviado, da.
— Syn. *Délégué,* delegado. *Représentant,* representante. *Député,* diputado. *Mandataire,* mandatario. *Ambassadeur,* embajador.

envoyer* [-je] v. tr. Enviar, mandar (personne). ‖ ● Enviar, mandar, remitir, expedir (chose). ‖ Lanzar, arrojar, tirar : *envoyer des pierres,* lanzar piedras. ‖ Tirar (une balle). ‖ Fam. Dar, propinar, largar : *envoyer une gifle à quelqu'un,* propinar una bofetada. | Tirar : *envoyer à terre d'un coup de pied,* tirar al suelo de una patada. ‖ — Fam. *Envoyer au diable, à tous les diables,* enviar al diablo, a todos los diablos. | *Envoyer chercher,* mandar buscar, mandar por. | *Envoyer coucher, paître o promener,* mandar a paseo. | *Envoyer dans l'autre monde,* mandar al otro mundo *ou* al otro barrio, matar. | *Envoyer tout promener o tout en l'air,* mandarlo todo a paseo, echarlo todo a rodar. ‖ — Fam. *Ça c'est envoyé!,* ¡toma!, ¡toma del frasco, Carrasco!, ¡anda!
— V. intr. Mar. Orzar.
— V. pr. Pop. Zamparse (absorber). ‖ Cargarse (assumer).
— Syn. *Adresser,* dirigir. *Expédier,* expedir. *Dépêcher,* despachar. *Exporter,* exportar.

envoyeur, euse [-jœ:r, ø:z] m. et f. Remitente. ‖ *Faire retour à l'envoyeur,* devuélvase al remitente.

enzootie f. Enzootia (épidémie locale).

enzyme f. Chim. Enzima (ferment soluble).

éocène adj. m. et s. m. Géol. Eoceno.

Éole n. pr. m. Myth. Eolo.

Éolide ou **Éolie** n. pr. f. Géogr. Eólida.

éolien, enne adj. et s. Eolio, lia; eólico, ca (de l'Éolide). ‖ — Adj. Eolio, lia : *érosion éolienne,* erosión eolia. ‖ — F. Generador (*m.*) aeromotor, motor (*m.*) de viento.

éolipile ou **éolipyle** m. Phys. Eolípilo.

éon m. Philos. Eón.

éosine f. Chim. Eosina (colorant rouge).

épacte f. Epacta.

épagneul, e adj. et s. m. Podenco, ca (chien).

épair m. Aspecto del papel apreciado por transparencia.

épais, aisse [epɛ, ɛs] adj. ● Espeso, sa; denso, sa : *brouillard épais,* niebla espesa. ‖ Grueso, sa ; gordo, da : *étoffe épaisse,* tela gruesa. ‖ Espeso, sa ; tupido, da : *bois épais,* bosque tupido. ‖ Ancho, cha ; grueso, sa : *un mur épais,* una pared ancha ; *verres épais,* cristales gruesos. ‖ Espeso, sa : *encre épaisse,* tinta espesa. ‖ Denso, sa : *nuit épaisse,* noche densa. ‖ Nutrido, da ; cuantioso, sa : *une foule épaisse,* una muchedumbre nutrida. | Denso, sa ; copioso, sa : *pluie épaisse,* lluvia densa. ‖ Cargado, da ; viciado, da : *air épais,* ambiente cargado. ‖ Fig. Basto, ta ; grosero, ra ; pesado, da (grossier). ‖ *Langue épaisse,* lengua pastosa, sucia.
— M. Espesor. ‖ *Au plus épais de,* en medio de, en lo más profundo de.
— Adv. Densamente, apretadamente (d'une façon serrée).
— Syn. ● *Dense,* denso. *Compact,* compacto. *Concret,* concreto.

épaisseur f. Espesor, *m.* : *épaisseur du sol,* espesor del terreno. ‖ Espesor, *m.,* grueso, *m.,* grosor, *m.* (grosseur). ‖ Densidad (densité). ‖ Espesura : *l'épaisseur d'un bois,* la espesura de un bosque. ‖

Densidad, negrura, oscuridad (de la nuit). ‖ Fig. Bastedad, torpeza, lentitud (lourdeur). ‖ — *D'une grande épaisseur,* muy grueso, de mucho espesor. ‖ *Il s'en est fallu de l'épaisseur d'un cheveu, d'un fil,* por el canto de un duro, por poco.

épaissir v. tr. Espesar (rendre plus dense) : *épaissir un sirop,* espesar un jarabe. ‖ Hacer más grueso, ensanchar : *épaissir un mur,* hacer una pared más gruesa. ‖ Ennegrecer, oscurecer (la nuit). ‖ Fig. Ampliar, engrosar (élargir).
— V. intr. Espesarse : *le sirop épaissit,* el jarabe se espesa. ‖ Fig. Engordar, engrosar (une personne). ‖ *Faire épaissir* (une sauce), espesar.
— V. pr. Espesarse. ‖ Ponerse pastosa (langue). ‖ Embastecerse (l'intelligence).

épaississant, e adj. Que espesa.

épaississement m. Espesado, espesamiento. ‖ Aumento (de la taille). ‖ Embastecimiento (de l'esprit). ‖ Oscurecimiento (de la nuit).

épamprage ou **épamprement** m. Despampanadura, *f.,* despampano.

épamprer v. tr. Despampanar, despimpollar, desfollonar (la vigne).

épanchement m. Derramamiento (écoulement). ‖ Fig. Desahogo : *épanchement affectueux,* desahogo afectivo. ‖ Méd. Derrame : *épanchement synovial, de synovie,* derrame sinovial.

épancher v. tr. Derramar (un liquide). ‖ Fig. Desahogar, expansionar, abrir : *épancher son cœur,* desahogar su corazón. ‖ Dar libre curso a (ses peines).
— V. pr. Fig. Desahogarse, expansionarse.

épandage m. Esparcimiento (d'engrais).

épandeur m. Agric. Esparcidora (*f.*) *ou* distribuidor de estiércol *ou* de abonos, abonadora, *f.*

épandre v. tr. Esparcir, desparramar (répandre). ‖ Agric. Esparcir.

épanneler v. tr. Desbastar (pierre).

épanner v. tr. Allanar, aplanar (pierre).

épanoui, e [epanwi] adj. Abierto, ta (fleurs). ‖ Alegre, risueño, ña (gai) : *visage épanoui,* rostro alegre. ‖ Desarrollado, da (développé). ‖ — *Jeunes gens épanouis,* jóvenes granados. ‖ *Sourire épanoui,* sonrisa de completa felicidad.

épanouir [-nwi:r] v. tr. Abrir (fleurs). ‖ Fig. Dilatar, ensanchar (cœur, esprit). | Despejar, serenar (esprit, visage). | Alegrar (rendre joyeux).
— V. pr. Abrirse (fleurs). ‖ Fig. Desarrollarse, alcanzar su pleno desarrollo (se développer). | Alegrarse, regocijarse (se réjouir). | Dilatarse, ensancharse (cœur). | Alcanzar su plenitud (une personne).

épanouissement [-nwismã] m. Abertura, *f.* (fleurs). ‖ Fig. Expansión, *f.,* dilatación, *f.* (esprit, cœur). | Alegría, *f.,* regocijo (joie). ‖ Completo desarrollo (développement). | Granazón, *f.,* plenitud, *f.* (des personnes).

épar m. Tranca, *f.,* barra, *f.* (d'une porte).

éparchie f. Eparquía.

épargnant, e adj. Ahorrativo, va ; ahorrador, ra.
— M. et f. Ahorrador, ra.

épargne f. Ahorro, *m.* ‖ — *Caisse d'épargne,* caja de ahorros. ‖ *Gravure d'épargne,* grabado de relieve. ‖ *Poire d'épargne,* pera veraniega.

épargner v. tr. Ahorrar (économiser). ‖ Fig. Escatimar : *épargner ses forces,* escatimar sus energías. | Mirar por : *épargner son bien,* mirar por su hacienda. | Proteger, salvar : *Paris a été épargné,* París ha sido protegido [contra la destrucción]. | Ahorrar, evitar : *épargnons les paroles inutiles,* ahorremos las palabras inútiles. | Perdonar, tratar con indulgencia : *épargner les captifs,* tratar con indulgencia a los cautivos. ‖ Dispensar : *épargner à quelqu'un d'inutiles prières,* dispensar a uno de rezos inútiles. ‖ — *Épargner sa peine,* ahorrarse trabajo. || *Épargner son temps*, ahorrarse tiempo. || *Être épargné par*, salvarse de : *cette maison a été épargnée par l'incendie*, esta casa ha sido salvada del incendio. || *N'épargner personne*, no perdonar a nadie. || *Ne pas épargner ses efforts*, no escatimar sus esfuerzos. || *Ne rien épargner pour*, recurrir a todos los medios para, no escatimar nada para, no reparar en gastos para. || *Que le sort vous épargne*, que la suerte no le sea adversa.

éparpillement [eparpijmã] m. Dispersión, *f.*, esparcimiento, diseminación, *f.*, desparramamiento.

éparpiller [-je] v. tr. Desparramar, esparcir, diseminar (disperser). || FIG. Dispersar. | Derrochar (l'argent).
— V. pr. Desparramarse, esparcirse, diseminarse.
||. FIG. Dividirse, dispersarse.

éparque m. Eparca.

épars, e [epa:r, ars] adj. Disperso, sa; esparcido, da : *restes épars*, restos dispersos. || Suelto, ta; en desorden, revuelto, ta : *cheveux épars*, cabellos en desorden. || Confuso, sa; vago, ga : *des souvenirs épars*, recuerdos confusos. || *Averses éparses*, chubascos dispersos *ou* aislados.

éparvin ou **épervin** m. Esparaván (tumeur).

épatamment [epatamã] adv. FAM. Estupendamente, bárbaramente [*Amér.*, macanudamente].

épatant, e adj. FAM. Estupendo, da; colosal, bárbaro, ra [*Amér.*, macanudo, da].

épate f. FAM. Faroleo, *m.*, fachenda. || FAM. *Faire de l'épate*, farolear, dar el golpe, darse pisto.

épaté, e adj. Roto por el pie (verre). || Achatado, da; chato, ta : *nez épaté*, nariz chata. || FIG. et FAM. Patidifuso, sa; pasmado, da.

épatement m. Achatamiento, aplastamiento (aplatissement). || FIG. et FAM. Estupefacción, *f.*, asombro (étonnement).

épater v. tr. Romper el pie de : *épater un verre*, romper el pie de una copa. || Romper la pata a (un chien). || Achatar, aplastar (aplatir). || FAM. Asombrar, dejar pasmado, causar sensación entre (étonner). || *Pour épater le bourgeois*, para dejar estupefacta *ou* escandalizar a la gente bien.
— V. pr. Achatarse (nez). || FAM. Asombrarse, quedarse pasmado.

épateur, euse adj. et s. FAM. Farolero, ra; presuntuoso, sa; fachendoso, sa.

épaulard m. Orca, *f.* (cétacé).

épaule f. Hombro, *m.* (de l'homme) : *avoir les épaules tombantes*, tener los hombros caídos. || Codillo, *m.*, paletilla, espaldilla : *épaule de mouton*, codillo de cordero. || MAR. Espaldón, *m.* || — *Courber, ployer les épaules*, bajar la cabeza, humillar la cerviz. || FIG. *Donner un coup d'épaule*, arrimar el hombro, echar una mano. || *Faire quelque chose par-dessus l'épaule*, hacer algo a la bartola. || *Faire toucher les épaules*, poner de espaldas. || *Hausser les épaules*, alzar los hombros, encogerse de hombros. || *Porter sur les épaules*, llevar a hombros (transporter), llevar a cuestas (avoir à sa charge). || *Regarder par-dessus l'épaule*, mirar por encima del hombro, tratar con desprecio.

épaulé m. Levantada, *f.* (haltère) : *épaulé et jeté*, levantada y tierra.

épaulée f. Empujón (*m.*) con el hombro (pour pousser). || Espaldilla (du mouton).

épaulement m. Espaldón, parapeto (parapet). || Muro de carga *ou* de contención (mur de soutènement). || Espaldón (d'un navire, d'une pièce de bois). || GÉOGR. Rellano.

épauler v. tr. Despaldillar : *épauler un sanglier*, despaldillar un jabalí. || FIG. Echar una mano (aider). | Respaldar, proteger (appuyer). || MIL. Parapetar. || Encararse (fusil).

épaulette f. Hombrera (d'un vêtement). || Tirante, *m.* (d'une combinaison). || Charretera (de militaires).

épaulière f. Hombrera, espaldarcete, *m.* (de l'armure).

épave f. Pecio, *m.*, derrelicto, *m.*, restos, *m. pl.*, residuos, *m. pl.* (d'un naufrage). || Cosa abandonada. || DR. Bien (*m.*) mostrenco, res derelicta. || FIG. Resto, *m.* (d'une fortune, etc.). || *Épave humaine*, ruina, desecho.

épeautre m. Espelta, *f.*, escanda (*f.*) común, escaña (*f.*) mayor (sorte de blé).

épée f. ● Espada. || Espadín, *m.* (d'un uniforme). || Estoque, *m.* (du matador). || Esgrimidor, *m.* (escrimeur). || — *Épée à deux tranchants*, espada de dos filos. || — *Coup d'épée*, estocada. || *Gens d'épée*, militares. || *Plat d'épée*, hoja de espada. || — *Au fil de l'épée*, a cuchillo. || *Donner des coups d'épée dans l'eau*, dar palos de ciego, arar en el mar. || *Passer au fil de l'épée*, pasar a cuchillo, entrar a degüello. || *Poursuivre l'épée dans les reins*, poner el puñal en el pecho. || *Qui tue par l'épée périra par l'épée*, quien a hierro mata a hierro muere *ou* quienes matan con la espada por la espada morirán. || *Remettre l'épée dans son fourreau*, envainar la espada. || *Se battre à l'épée*, batirse. || *Tirer l'épée*, desenvainar la espada.
— SYN. ● *Sabre*, sable. *Fleuret*, florete. *Glaive*, espada. *Estoc*, estoque. *Rapière*, espadón. *Cimeterre*, cimitarra. *Yatagan*, yatagán. *Espadon*, espadón.

épeiche f. Picamaderos, m. (oiseau).

épeichette f. Pipo, *m.* (oiseau).

épeire [epɛ:r] f. Epeira (araignée).

épéiste m. Esgrimidor de espada.

épeler* [eple] v. tr. Deletrear.

épellation [epɛllasjɔ̃] f. Deletreo, *m.*

épendyme m. Epéndimo (membrane du cerveau).

épenthèse f. Epéntesis.

épenthétique adj. Epentético, ca.

éperdu, e adj. Perdido, da; loco, ca : *éperdu de joie*, loco de alegría.

éperlan m. Eperlano (poisson).

éperon [eprɔ̃] m. Espuela, *f.* (de cavalier). || Espolón (ergot). || Espolón (promontoire). || FIG. Acicate, aguijón, estímulo (stimulant). || Tajamar (d'un pont). || Espolón, tajamar (d'un navire). || Contrafuerte (contrefort). || Machón, pilar (appui d'une muraille). || — *Éperon à broche*, acicate. || — *Coup d'éperon*, espolonazo, espolada. || *Donner de l'éperon*, picar *ou* dar espuelas.

éperonné, e adj. Calzado, da, con espuelas (qui a des éperons). || MAR. Armado, da, de espolón (une embarcation).

éperonner [eprɔne] v. tr. Espolear (le cheval). || Poner espolones a (un coq). || FIG. Espolear, aguijonear (stimuler). || MAR. Arremeter, embestir con el espolón.

éperonnier m. Espolonero (oiseau).

épervier [epɛrvje] m. Gavilán (oiseau). || Esparavel (filet).

épervière f. Vellosilla, oreja de ratón (plante).

épeuré, e adj. Amedrentado, da; asustado, da (apeuré).

éphèbe m. Efebo (adolescent).

éphébie f. Efebía.

éphédrine f. Efedrina.

éphélide f. MÉD. Efélide, *m.*, peca (tache de rousseur).

éphémère adj. Efímero, ra.
— M. Efímera, *f.*, cachipolla, *f.* (insecte).

éphémérides f. pl. Efemérides, efeméride, *f.*

Éphèse n. pr. GÉOGR. Éfeso.

éphod m. Efod (tunique sacerdotale des Hébreux).

éphore m. Éforo (magistrat grec).

épi m. Espiga, *f.* (du blé, de l'avoine, etc.). || Mazorca, *f.*, panoja, *f.* (du maïs). || Espiga, *f.*,

racimo, panícula, f. (fleurs). ‖ Remolino (de cheveux). ‖ CONSTR. Espigón (digue). ‖ — *Épi de faîtage,* remate. ‖ *Se ranger en épi,* aparcar en batería (voitures).
épiage m., **épiaison** ou **épiation** f. BOT. Granazón, f., espigación, f. (formation de l'épi).
épiaire m. BOT. Estáquide, f.
épicarpe m. Epicarpio (peau du fruit).
épice f. Especia (substance aromatique). ‖ — *Armoire à épices,* especiero, caja para especias. ‖ *Pain d'épice,* alajú.
épicé, e adj. Picante (mets). ‖ FIG. Salpimentado, da; picante (grivois).
épicéa m. Picea, f., abeto del Norte.
épicène adj. GRAMM. Epiceno.
épicentre m. Epicentro.
épicer* v. tr. Sazonar con especias, condimentar (assaisonner). ‖ FIG. Salpimentar, hacer picante.
épicerie f. Tienda de ultramarinos *ou* de comestibles, ultramarinos [*Amér.,* tienda de abarrotes] (boutique d'épicier). ‖ Especiería [*Amér.,* abarrotes] (conjunto de especias).
épichérème ̄[epikerɛm] m. Epiquerema (syllogisme).
épicier, ère m. et f. Tendero, ra de ultramarinos, abacero, ra (p. us.). [*Amér.,* abarrotero, ra]. ‖ FIG. Hortera (qui a mauvais goût). ‖ *Garçon épicier,* dependiente de ultramarinos.
épicrâne m. Epicráneo.
épicrânien, enne adj. Epicráneo, a.
Épictète n. pr. m. Epicteto.
Épicure n. pr. m. Epicuro.
épicurien, enne adj. et s. Epicúreo, a.
épicurisme ou **épicuréisme** m. Epicureísmo.
épicycle m. ASTR. Epiciclo.
épicycloïdal, e adj. Epicicloidal.
épicycloïde f. GÉOM. Epicicloide.
Épidaure n. pr. GÉOGR. Epidauro.
épidémicité f. Epidemicidad, carácter (*m.*) epidémico.
épidémie f. Epidemia. ‖ FIG. Oleada : *une épidémie de suicides,* una oleada de suicidios.
épidémiologie f. Epidemiología.
épidémique adj. Epidémico, ca.
— SYN. *Endémique,* endémico. *Epizootique,* epizoótico. *Pandémique,* pandémico.
épiderme m. ANAT. Epidermis, f. (peau). ‖ FIG. *Avoir l'épiderme sensible,* ser quisquilloso, susceptible, picón.
épidermique adj. Epidérmico, ca.
épidiascope m. Epidiáscopo (cinéma).
épididyme m. ANAT. Epidídimo.
épier* v. tr. Espiar (espionner). ‖ Acechar, atisbar (guetter). ‖ Fisgar (observer secrètement). ‖ FIG. Estar a la caza *ou* al acecho *ou* pendiente de : *épier les défauts de quelqu'un,* estar pendiente de los defectos de uno.
— V. intr. Espigar, echar espigas (céréales).
épierrage ou **épierrement** m. Desempedramiento.
épierrer v. tr. Desempedrar, despedregar (ôter les pierres).
épierreur m. ou **épierreuse** f. TECHN. Desempedrador, ra; despedregadora, f.
épieu [epjø] m. Venablo, chuzo.
épieur, euse m. et f. Espía.
épigastre m. ANAT. Epigastrio.
épigastrique adj. Epigástrico, ca.
épigé, e adj. Epigeo, a.
épigénèse f. BIOL. Epigénesis.
épiglotte f. ANAT. Epiglotis.
épigone m. Epígono.
épigonisme m. Epigonismo.
épigrammatique adj. Epigramático, ca.
épigrammatiste m. Epigramatista, epigramatario.
épigramme f. Epigrama, *m.* ‖ CULIN. *Epigramme d'agneau,* guisado de cordero.

épigraphe f. Epígrafe, *m.*
épigraphie f. Epigrafía.
épigraphique adj. Epigráfico, ca.
épigraphiste m. et f. Epigrafista.
épigyne f. BOT. Epigina.
épilation f. ou **épilage** m. Depilación, f.
épilatoire adj. Depilatorio, ria.
épilepsie f. MÉD. Epilepsia.
épileptiforme adj. Epileptiforme.
épileptique adj. et s. Epiléptico, ca.
épiler v. tr. Depilar (arracher le poil).
épileur, euse adj. et s. Depilador, ra; persona (*f.*) que depila.
épillet [epijɛ] m. BOT. Espiguilla, f.
épilobe m. BOT. Epilobio.
épilogue m. Epílogo.
épiloguer v. tr. Censurar, criticar (censurer). — V. intr. Comentar (faire des commentaires).
Épiménide n. pr. m. Epiménides.
épimère m. BIOL. Epímero.
épinaie f. Espinar, *m.*
épinard [epina:r] m. Espinaca, f. (plante). ‖ *Graine d'épinard,* canelones (ornement).
épinceter v. tr. Desmotar, desborrar (les étoffes).
épine f. BOT. Espina : *s'enfoncer une épine,* clavarse una espina. ‖ Espino, *m.* (arbrisseau). ‖ — *Épine blanche,* espino blanco, majuelo, espino albar. ‖ *Épine dorsale,* espina dorsal, espinazo. ‖ *Épine du Christ,* espina santa (plante). ‖ *Épine du nez,* caballete de la nariz. ‖ BOT. *Épine noire,* endrino. ‖ — FIG. et FAM. *Être* ou *marcher sur des épines,* estar en ascuas *ou* con el alma en un hilo. ‖ *Être un fagot d'épines,* ser un cardo borriquero. ‖ *Hérissé d'épines,* lleno de abrojos. ‖ FIG. et FAM. *Tirer une épine du pied à quelqu'un,* quitar un peso de encima *ou* sacar del peligro *ou* sacar de apuro a uno.
épiner v. tr. Poner espinos, espinar.
épinette f. MUS. Espineta (petit clavecin). ‖ Caponera (cage).
épineux, euse adj. Espinoso, sa. ‖ FIG. Peliagudo, da ; espinoso, sa : *une affaire épineuse,* un asunto peliagudo.
épine-vinette f. Agracejo, *m.,* bérbero, *m.* (arbrisseau).
épinglage m. Sujeción (*f.*) con alfileres, acción (*f.*) de prender con alfileres.
épingle m. Alfiler, m. (couture, broche, bijou). ‖ — *Épingle à chapeaux,* alfiler de sombrero. ‖ *Épingle à cheveux,* horquilla. ‖ *Épingle à cravate,* alfiler de corbata. ‖ *Épingle à linge,* pinza para la ropa. ‖ *Épingle anglaise, de nourrice, de sûreté,* imperdible. ‖ *Épingle neige,* horquilla. ‖ — *Coup d'épingle,* alfilerazo, pinchazo. ‖ *Étui à épingles,* alfiletero. ‖ *Pelote à épingles,* acerico. ‖ *Virage en épingle à cheveux,* curva muy cerrada. ‖ — *Chercher une épingle dans une meule de foin,* buscar una aguja en un pajar. ‖ FAM. *Monter en épingle,* poner de manifiesto, poner a la vista, poner de relieve. ‖ FIG. *Tiré à quatre épingles,* de punta en blanco, de tiros largos. ‖ *Tirer son épingle du jeu,* salir del apuro, salir bien *ou* adelante, salir a flote.
épingler v. tr. Prender *ou* sujetar con alfileres, prender. ‖ FIG. et POP. Pescar, echar mano (faire prisonnier).
épinglette f. (Vx.) Pinzón, *m.,* aguja (artillerie). ‖ Insignia otorgada a los mejores tiradores.
épinglier, ère m. et f. (P. us.). Alfilerero, ra. ‖ M. Alfilerero, alfiletero (étui à épingles).
épinicie f. Epinicio, *m.* (chant de victoire). ‖ — Pl. Epinicias (de Pindare).
épinier m. Espinar, zarzal (fourré épineux).
épinière adj. f. Espinal (moelle).
épinoche f. Picón, *m.* (poisson).
Épiphane n. pr. m. Epifanio.

Épiphanie f. RELIG. Epifanía.
épiphénomène m. Epifenómeno.
épiphonème m. Epifonema, f.
épiphylle m. BOT. Epifilo.
épiphyse f. Epífisis.
épiphyte adj. et s. m. BOT. Epifito, ta.
épiphytie f. Epifitia (maladie des végétaux).
épiploon [epiplɔɔ̃] m. ANAT. Epiplón.
épique adj. Épico, ca.
Épire n. pr. f. GÉOGR. Epiro, m.
épirote adj. et s. Epirota.
épiscopal, e adj. Episcopal : *palais épiscopaux,* palacios episcopales.
— M. Episcopal (de l'Église anglicane).
épiscopat [episkɔpa] m. Episcopado.
épiscope m. Episcopio.
épisode m. Episodio. ‖ Episodio, jornada, f. : *film à épisodes,* película en varias jornadas.
épisodique adj. Episódico, ca.
épisser v. tr. Empalmar (fils électriques). ‖ MAR. Ayustar (cordages).
épissoir m. ou **épissoire** f. MAR. Pasador, m., punzón, m.
épissure f. Empalme, m. (fils électriques). ‖ MAR. Ayuste, m. (cordages).
épistaxis f. Epistaxis (saignement de nez).
épistémologie f. Epistemología.
épistolaire adj. Epistolar.
épistolier, ère m. et f. Epistolográfo, fa (qui écrit beaucoup de lettres). ‖ Escritor célebre por sus cartas (écrivain).
épistyle m. ARCHIT. Epistilo, arquitrabe.
épitaphe f. Epitafio, m.
épite f. MAR. Espiche, m. (cheville conique de bois).
— OBSERV. La palabra española *espita* (de tonel) se llama en francés *fausset.*
épithalame m. Epitalamio.
épithélial, e adj. Epitelial : *tissus épithéliaux,* tejidos epiteliales.
épithélioma m. MÉD. Epitelioma.
épithélium [epiteljɔm] m. MÉD. Epitelio.
épithème m. Epítema, f. (médicament).
épithète adj. m. Epíteto.
— F. Epíteto, m.
épitoge f. Epitoga, muceta.
épitomé m. Epítome.
épître f. Epístola (lettre).
épizootie f. Epizootia (maladie contagieuse).
épizootique adj. Epizoótico, ca.
éploré, e adj. Afligido, da ; desconsolado, da : *sa veuve éplorée,* su desconsolada esposa.
éployée adj. f. BLAS. Explayada, desplegada (l'aigle).
éployer [eplwaje] v. tr. Desplegar, explayar (déployer).
épluchage m. Monda, f., mondadura, f., peladura, f. (fruits, légumes, etc.). ‖ Limpia, f., desmote (tissus). ‖ FIG. Espulgo, examen minucioso (examen minutieux).
éplucher v. tr. ● Pelar, mondar (fruits, légumes). ‖ Limpiar, espulgar (le riz, les lentilles). ‖ Limpiar (poisson, volaille). ‖ Desmotar (les tissus). ‖ FIG. et FAM. Examinar cuidadosamente, espulgar (examiner minutieusement).
— SYN. ● *Écosser,* desvainar. *Décortiquer,* descortezar. *Peler,* mondar.
éplucheur, euse m. et f. Mondador, ra (de légumes). ‖ Desmotador, ra (de tissus). ‖ FIG. et FAM. Escudriñador, ra ; averiguador, ra ; espulgador, ra. ‖ — M. Máquina (f.) de mondar legumbres, mondador, peladora, f. ‖ *Éplucheur de pommes de terre,* pelapatatas.
épluchoir m. Aparato *ou* instrumento para mondar (légumes), desmotar, limpiar (tissus).

épluchure f. Mondadura, monda (pelure). ‖ Borra (des étoffes). ‖ Residuo, m., desperdicio, m. (déchet, résidu).
— OBSERV. Ce mot s'emploie au pluriel : *des épluchures de pommes de terre.*
épode f. POÉT. Épodo, m., époda (p. us.).
époi m. Candil (du cerf).
épointage ou **épointement** m. Despuntadura, f., despunte.
épointer v. tr. Despuntar (casser la pointe). ‖ Despuntar, afeitar (les cornes d'un taureau).
— V. pr. Despuntarse. ‖ VÉTÉR. Descuadrillarse.
éponge f. Esponja. ‖ VÉTÉR. Codillera (tumeur). | Callo, m. (du fer à cheval). ‖ — *Éponge métallique,* estropajo metálico. ‖ *Serviette-éponge,* toalla de felpa. | *Tissu-éponge,* esponja, felpa. ‖ — FIG. *Boire comme une éponge,* beber como una cuba. | *Passer l'éponge sur,* hacer borrón y cuenta nueva de, pasar la esponja por.
éponger* v. tr. Enjugar (étancher un liquide). ‖ Limpiar con una esponja, pasar una esponja por, esponjar (nettoyer). ‖ FIG. Enjugar (un déficit).
— V. pr. Enjugarse (le front).
éponte f. MIN. Costera, hastial, m.
épontillage [epɔ̃tija:3] m. Conjunto de puntales.
épontille [-ti:j] f. MAR. Puntal, m.
éponyme adj. et s. m. Epónimo, ma.
épopée f. Epopeya.
époque f. Época : *faire époque,* hacer época. ‖ *La Belle Époque,* la « Belle Époque ». ‖ — *À notre époque,* en nuestro tiempo. ‖ *À pareille époque,* en la misma época. ‖ *Ah! quelle époque!...,* ¡qué tiempos aquellos ! ‖ *Marquer son époque,* dejar huella imperecedera. ‖ *Quelle époque nous vivons!,* ¡qué tiempos los actuales !
— SYN. *Momento saison,* sazón, estación.
épouiller [epuje] v. tr. Despiojar, espulgar.
époumoner v. tr. Dejar sin aliento : *ce discours l'a époumoné,* este discurso le ha dejado sin aliento.
— V. pr. Desgañitarse (à force de crier).
épousailles [epuza:j] f. pl. Desposorio, m. *sing.,* esponsales, m. (mariage).
épouse f. Esposa.
épousée f. Desposada.
épouser v. tr. Casarse con, contraer matrimonio con (se marier). ‖ Adherirse a, abrazar (un parti, une opinion). ‖ FIG. Desposarse con : *épouser la misère,* desposarse con la miseria. | Adaptarse a, amoldarse a : *cette robe épouse la forme de son corps,* este vestido se amolda a la forma de su cuerpo.
épouseur m. FAM. Pretendiente, novio.
époussetage ou **époussètement** m. Limpieza (f.) del polvo, sacudimiento del polvo, desempolvadura, f.
épousseter* [epuste] v. tr. Desempolvar, quitar el polvo (ôter la poussière). ‖ Limpiar, mandilar (un cheval). ‖ FIG. Remozar, quitar el polvo : *il faudrait épousseter tous ces systèmes moisis,* habría que remozar todos estos sistemas enmohecidos.
époussette f. Sacudidor, m., zorros, m. pl. ‖ Bruza, mandil, m. (pour le cheval).
époustouflant, e adj. FAM. Pasmoso, sa ; asombroso, sa.
époustoufler v. tr. FAM. Pasmar, dejar con la boca abierta, dejar pasmado, da : *cette nouvelle m'a époustouflé,* esta noticia me ha dejado pasmado.
épouvantable adj. Espantoso, sa ; horroroso, sa ; tremendo, da.
épouvantail [epuvãta:j] m. ● Espantapájaros, espantajo. ‖ FAM. Esperpento, petardo, coco,

visión, *f.* (personne laide). || Fig. Espantajo, coco, fantasma (croquemitaine).
— Observ. Pl. *épouvantails.*
— Syn. ● *Croque-mitaine*, coco. *Loup-garou*, tarasca.

épouvante f. Espanto, *m.*, terror, *m.* (effroi) : *jeter dans l'épouvante*, llenar de espanto. || *Film d'épouvante*, película de miedo.
— Syn. *Frayeur*, susto. *Effroi*, pavor. *Terreur*, terror. *Affolement*, enloquecimiento. *Panique*, pánico. *Horreur*, horror.

épouvanter v. tr. Espantar, horrorizar.

époux, ouse [epu, epu:z] m. et f. Esposo, sa.
— Syn. *Mari, femme*, marido, mujer. *Conjoint*, cónyuge, consorte. *Seigneur et maître*, dueño y señor. *Pop. Homme*, hombre. *Compagne*, compañera. *Fam. Bourgeoise*, costilla. *Moitié*, mitad, media naranja.

épreinte f. Méd. Pujos, *m. pl.*, retortijón, *m.*

éprendre (s') [de]* v. pr. Enamorarse de, prendarse de (aimer). || Apasionarse por (se passionner pour).

épreuve f. ● Prueba (essai). || Prueba (imprimerie, sports). || Examen, *m.* || Adversidad, infortunio, *m.*, sufrimiento, *m.* (chagrin). || — *Épreuve de force*, conflicto (conflit), pugna de intereses. || — *À l'épreuve*, a prueba. || *À toute épreuve*, a toda prueba. || *Faire l'épreuve de*, probar. || *Mettre à l'épreuve*, poner a prueba.
— Syn. ● *Expérience*, experiencia. *Essai*, ensayo. *Test*, test.

épris, e [epri, i:z] adj. Enamorado, da; prendado, da (de quelqu'un). || Prendado, da; apasionado, da (de quelque chose).

éprouvé, e adj. A toda prueba (sûr). || Sufrido, da. || Afectado, da.

éprouver v. tr. Probar. || Probar, ensayar, verificar (essayer). || Comprobar, experimentar (constater). || Sufrir, padecer : *éprouver une déception*, sufrir una decepción. || Dejar malparado : *cette maladie l'a éprouvé*, esta enfermedad le ha dejado malparado. || Afectar : *cette douleur l'a beaucoup éprouvé*, este dolor le ha afectado mucho. || Fig. Experimentar, sentir (ressentir).

éprouvette f. Probeta. || Muestra, pieza de ensayo (échantillon).

epsilon m. Épsilon, *f.* (lettre grecque).

epsomite f. Epsomita, sal de Epsom, de la Higuera, purgante, *m.*, cartúrtica (sel d'Epsom).

épucer* v. tr. Quitar las pulgas, espulgar.

épuisable adj. Agotable.

épuisant, e adj. Agotador, ra.

épuisé, e adj. Agotado, da; extenuado, da (à bout de forces). || *Livre épuisé*, libro agotado.

épuisement m. Agotamiento (liquide, etc.). || Fig. Extenuación, *f.*, agotamiento (perte de forces). || Agotamiento : *l'épuisement des capitaux*, el agotamiento de los caudales. || Achicamiento, achique, achicadura, *f.* (action d'écoper l'eau).

épuiser v. tr. Agotar : *épuiser un tonneau*, agotar un tonel. || Fig. Agotar, consumir, acabar (consommer). || Agotar, acabar (livre, édition). || Esquilmar, agotar (une terre). || Acabar con, agotar, extenuar (forces). || Agotar, acabar con (patience). || Achicar (écoper l'eau). || Tratar de modo exhaustivo, apurar (un sujet). || Min. Agotar, desvenar (un filon).
— V. pr. Agotarse. || Fig. Consumirse, agotarse, extenuarse (en efforts).

épuisette f. Manguilla, sacadera (petit filet de pêche). || Mar. Achicador, *m.*, cuchara (écope).

épulis m. ou **épulide** ou **épulie** f. Méd. Épulis (tumeur aux gencives).

épulon m. Hist. Epulón.

épulpeur m. Techn. Despulpador.

épurateur adj. m. et s. m. Depurador.

épuration f. Depuración.
— Syn. *Épurement*, depuración. *Dépuration*, depuración.

Purification, purificación. *Affinage*, afinación, afino. *Raffinage*, refinación, refino.

épuratoire adj. Depuratorio, ria.

épure f. Dibujo, *m.*, diseño, *m.* (dessin), plano (plan). || Dibujo acabado *ou* definitivo (dessin achevé).

épurement m. Depuración, *f.*

épurer v. tr. Depurar. || Refinar (raffiner). Depurar, purgar, eliminar (une association). || Fig. Depurar, purificar, acendrar.

épurge f. Bot. Tártago, *m.*

équarrir [ekari:r] v. tr. Desollar (des animaux). || Escuadrar, labrar a escuadra (tailler à angle droit). || Agrandar [un agujero] (agrandir un trou).

équarrissage [-risa:ʒ] ou **équarrissement** [-rismã] m. Desolladura, *f.* (des animaux). || Corte a escuadra.

équarrisseur [-risœ:r] m. Descuartizador (d'animaux). || Cantero (de pierres).

équarrissoir [-riswa:r] m. Cuchilla (*f.*) de matarife (couteau pour découper les animaux). || Matadero (abattoir). || Escariador, taladro (outil).

équateur [ekwatœ:r] m. Ecuador.

Équateur [ekwatœ:r] n. pr. m. Géogr. Ecuador.

équation [-sjõ] f. Math. Ecuación : *racine d'une équation*, raíz de una ecuación; *équation à deux inconnues*, ecuación con dos incógnitas.

équatorial, e [-torjal] adj. et s. m. Ecuatorial.

équatorien, enne [-torjɛ̃, jɛn] adj. et s. Ecuatoriano, na.

équerrage [ekɛra:ʒ] m. Ángulo, escuadría, *f.* (de deux plans adjacents).

équerre [ekɛ:r] f. Escuadra. || — *Équerre à 45°*, cartabón. || *Équerre à coulisse*, escuadra de corredera. || *Fausse équerre*, falsarregla, falsa escuadra, escuadra móvil, baivel. || — *À fausse équerre*, fuera de escuadra || *D'équerre*, a escuadra, en ángulo recto.

équerrer [-re] v. tr. Escuadrar.

équestre [ekɛstr] adj. Ecuestre.

équeuter [ekøte] v. tr. Quitar el rabillo [a las frutas].

équiangle [ekɥiãgl] adj. Géom. Equiángulo, la.

équidés [ekɥide] m. pl. Zool. Équidos, equinos.

équidistance [ekɥidistã:s] f. Equidistancia.

équidistant, e [-distã, ã:t] adj. Equidistante.

équilatéral, e [-lateral] adj. Equilátero, ra : *triangles équilatéraux*, triángulos equiláteros.

équilibrage m. Equilibrado. || Compensación, *f.*, nivelación, *f.*

équilibrant, e adj. Equilibrante.

équilibration f. Equilibrio, *m.* (sens).

équilibre m. Equilibrio. || Nivelación, *f.*, equilibrio : *l'équilibre de la balance des paiements*, el equilibrio de la balanza de pagos. || *Équilibre stable, instable, indifférent*, equilibrio estable, inestable, indiferente.

équilibré, e adj. Equilibrado, da; ponderado, da (esprit).

équilibrer v. tr. Equilibrar.
— Syn. *Contrebalancer*, contrabalancear. *Pondérer*, ponderar.

équilibreur m. Equilibrador, estabilizador.

équilibrisme m. Equilibrismo.

équilibriste m. et f. Equilibrista, volatinero, ra.

équille [eki:j] f. Aguja (poisson).

équimoléculaire [ekɥimɔlekylɛ:r] adj. Chim. Equimolecular.

équimultiple [-myltipl] adj. et s. m. Math. Equimúltiplo, pla.

équin, e [ekɥɛ̃, in, ou ekɛ̃, in] adj. Equino, na (chevalin).

équinoxe m. Astr. Equinoccio.

équinoxial, e adj. Equinoccial.

équipage m. Tripulación, *f.*, dotación, *f.* (d'un navire, d'un avion). || (Vx). Séquito, comitiva, *f.*, acompañamiento (cortège). ‖ (Vx). Carruaje de lujo, carroza, *f.* (voiture de luxe). ‖ (Vx). Indumentaria, *f.*, equipo (manière dont on est vêtu). ‖ (Vx). MIL. Bagaje, impedimenta, *f.* (de voitures, chevaux, etc.). ‖ Equipo de cazadores y jauría. ‖ — *Membre de l'équipage,* tripulante. ‖ — *En piteux équipage,* en estado lamentable.

— OBSERV. Le mot espagnol *equipaje* signifie *bagage.*

équipe f. Equipo, *m.* : *équipe de collaborateurs, de football,* equipo de colaboradores, de fútbol. ‖ Cuadrilla (d'ouvriers). ‖ FIG. Banda, cuadrilla, pandilla : *quelle équipe!,* ¡vaya pandilla !

équipée f. Calaverada, locura, desatino, *m.*

— SYN. *Fredaine, frasque,* calaverada.

équipement m. Equipo, pertrechos, *pl.* (d'un soldat). ‖ Equipo : *équipement électrique,* equipo eléctrico. ‖ MAR. Armamento. ‖ *Biens d'équipement,* bienes de equipo.

équiper v. tr. Equipar. ‖ Tripular, dotar de tripulación (un navire, un avion, etc.). ‖ MAR. Armar.

équipier m. Jugador, compañero de equipo (jeux).

équipollé ou **équipolé** adj. m. BLAS. Equipolado, escaqueado.

équipollence f. MATH. Equipolencia (équivalence).

équipollent, e adj. Equipolente.

équipotentiel, elle [ekɥipɔtɑ̃sjɛl] adj. Equipotencial.

équisétales [ekɥisetal] f. pl. BOT. Equisetáceas.

équitable adj. Equitativo, va ; justo, ta : *un juge équitable,* un juez justo.

— SYN. *Juste,* justo. *Raisonnable,* razonable. *Légitime,* legítimo.

équitation f. Equitación.

équité f. Equidad.

équivalence f. Equivalencia.

équivalent, e adj. et s. m. Equivalente. ‖ PHYS. *Équivalent mécanique de la chaleur,* equivalente mecánico del calor.

équivaloir* v. intr. Equivaler.

— OBSERV. El participio pasado del verbo *équivaloir* (*équivalu*) no tiene femenino.

équivoque adj. Equívoco, ca (à double sens). — F. Equívoco, *m.*

équivoquer v. intr. Usar equívocos.

— OBSERV. Le verbe espagnol *equivocarse* signifie *se tromper.*

érable m. Arce (arbre).

éradication f. Erradicación, extirpación.

éraflement m. Rasguño (égratignure). ‖ Rozadura, *f.*, roce (action d'effleurer).

érafler v. tr. Rasguñar, arañar (égratigner). ‖ Rozar, raspar (effleurer).

éraflure f. Rasguño, *m.*, arañazo, *m.* (égratignure). ‖ Chasponazo, *m.*, rozadura (laissée par une balle).

éraillé, e [erɑje] adj. Cascada (voix). ‖ Deshilachado, da ; raído, da (tissus). ‖ Arañado, da (éraflé). ‖ (Vx). Enrojecido, da (paupières, yeux).

éraillement [-jmɑ̃] m. Deshilachamiento, aflojamiento de los hilos de una tela (d'un tissu). ‖ Ronquera, *f.* (voix). ‖ MÉD. Inversión (*f.*) de los párpados hacia fuera, ectropión, *f.*

érailler [-je] v. tr. Enronquecer, cascar (la voix). ‖ Deshilachar, aflojar los hilos (d'un tissu).

— V. pr. Rozarse, arañarse (s'érafler).

éraillure [-jy:r] f. Rasgón, *m.*, rasgadura (d'une étoffe). ‖ Rasguño, *m.*, roce, *m.* (éraflure).

Érasme n. pr. m. Erasmo.

Ératosthène n. pr. m. Eratóstenes.

erbium [ɛrbjɔm] m. Erbio (métal).

erbue [ɛrby] f. V. HERBUE.

ère f. Era. ‖ FIG. Era, época : *une ère de prospérité,* una era de prosperidad.

— SYN. *Période,* período. *Cycle,* ciclo. *Époque,* época. *Temps,* tiempo.

Érèbe n. pr. m. Erebo.

érectile adj. Eréctil.

érectilité f. Erectilidad.

érection f. Erección (d'un monument, d'un tissu organique). ‖ FIG. Constitución, establecimiento (d'un tribunal).

éreintant, e adj. FAM. Matador, ra ; reventante, fatigoso, sa.

éreintement m. Derrengamiento (action d'éreinter). ‖ FAM. Crítica (*f.*) mordaz, vapuleo (critique malveillante).

éreinter v. tr. (P. us.). Desriñonar, derrengar (les reins). ‖ FIG. et FAM. Reventar, desriñonar, derrengar (briser de fatigue). ‖ Poner por los suelos, dar un palo, vapulear (critiquer).

— V. pr. Deslomarse, derrengarse. ‖ Aperrearse (se fatiguer excessivement).

éreinteur adj. et s. m. FAM. Crítico mordaz.

érémitique adj. Eremítico, ca.

érepsine f. Erepsina (diastase).

érésipèle m. V. ÉRYSIPÈLE.

éréthisme m. MÉD. Eretismo. ‖ FIG. Exaltación, *f.*, violencia, *f.* (d'une passion).

erg [ɛrg] m. PHYS. Ergio, erg (unité de travail).

ergastule m. Ergástula, *f.*, ergástulo (prison à Rome).

ergostérol m. MÉD. Ergosterol.

ergot [ɛrgo] m. Espolón, garrón (des oiseaux). ‖ Cornezuelo, tizón (des céréales). ‖ TECHN. Saliente, uña, *f.* (d'une pièce de fer). ‖ FIG. et FAM. *Se dresser, se lever* o *monter sur ses ergots,* engallarse, gallear.

ergotage et **ergotement** m. Disputa, *f.,* porfía, *f.*

ergoté, e adj. Provisto, ta de espolones, espolonado, da (qui a des ergots). ‖ AGRIC. Atacado, da del cornezuelo, atizonado, da.

ergoter v. tr. FAM. Ergotizar, ser quisquilloso, sa. ‖ Discutir, porfiar.

ergoteur, euse adj. et s. Ergotista, ergotizante (discuteur).

ergotine f. Ergotina.

ergotisme m. MÉD. Ergotismo.

éricacées f. pl. BOT. Ericáceas.

éridan m. ASTR. Erídano (constellation).

ériger* v. tr. Erigir, levantar (une construction). ‖ Crear, instituir : *ériger un tribunal,* crear un tribunal. ‖ FIG. Elevar, ascender (élever à une certaine condition).

— V. pr. Erigirse, constituirse, arrogarse la calidad de : *s'ériger en arbitre,* arrogarse la calidad de árbitro.

érigne ou **érine** f. MÉD. Erina (pince).

Erinnyes ou **Erinyes** [erinni] n. pr. f. Erinias.

éristique adj. Erístico, ca ; controversista. — M. Erístico, filósofo de la escuela de Megara. — F. Erística, controversia.

ermitage m. Ermita, *f.* ‖ FIG. Lugar solitario, retiro (site écarté).

ermite m. Ermitaño. ‖ *Quand le diable fut vieux, il se fit ermite,* harto de carne, el diablo se metió a fraile.

— SYN. *Solitaire,* solitario. *Anachorète,* anacoreta.

Ernest [ɛrnɛst] n. pr. m. Ernesto.

Ernestine n. pr. f. Ernestina.

éroder v. tr. Corroer, desgastar. ‖ Erosionar (la roche).

Éros [eros] n. pr. m. Eros.

érosif, ive adj. Erosivo, va.

érosion f. Erosión.

— SYN. *Corrosion,* corrosión. *Abrasion,* abrasión.

Érostrate n. pr. m. Eróstrato.

érotique adj. Erótico, ca.
érotisme m. Erotismo.
érotomane ou **érotomaniaque** adj. et s. Erotómano, na.
érotomanie f. Erotomanía.
erpétologie ou **herpétologie** f. Zool. Herpetología.
erpétologique adj. Herpetológico, ca.
erpétologiste m. Herpetólogo.
errance f. Vagabundeo, m.
errant, e adj. Errante, errabundo, da. ‖ *Chevalier errant,* caballero andante.
errata m. inv. Fe (f.) de erratas.
erratique adj. Géol. Errático, ca. ‖ Méd. Errático, ca; intermitente.
erratum [ɛratɔm] m. Errata, f.
erre f. (Vx.) Paso, m., modo (m.) de andar, andares, m. pl. ‖ Mar. Velocidad de un barco que ha parado sus máquinas. ‖ — Pl. Pisadas, huellas (traces de l'animal). ‖ *Aller sur les erres de quelqu'un,* seguir las huellas de alguien.
errements m. pl. Hábitos, procedimientos rutinarios (routine). ‖ Vagabundeo, *sing.* ‖ Extravíos (égarements). ‖ *Retomber dans ses anciens errements,* volver a las andadas.
errer v. intr. ● Errar, vagar. ‖ Fig. Errar, equivocarse (se tromper). ‖ *Errer comme une âme en peine,* andar como alma en pena.
— Syn. ● *Vaguer,* vagar. *Divaguer,* divagar. *Vagabonder,* vagabundear. *Rôder,* rondar. *Tournoyer,* dar vueltas. *Fam. Tournailler,* dar vueltas. *Pop. Tourniquer,* dar vueltas.
erreur f. ● Error, m., equivocación. ‖ Yerro, m., extravío, m. (faute de jugement). ‖ Fallo, m. : *c'est là une erreur de la nature,* es un fallo de la naturaleza. ‖ Math. Error. ‖ — *Faire erreur,* equivocarse. ‖ *Il n'y a pas d'erreur,* no cabe la menor duda. ‖ *Retomber dans les mêmes erreurs,* volver a las andadas *ou* a las mismas. ‖ — Pl. Extravíos, m., yerros, m.
— Syn. ● *Méprise,* equivocación, error. *Bévue,* descuido. *Maldonne,* equivocación, error. *Aberration,* aberración. *Fam. Blague,* gazapo. *Gaffe,* metedura de pata, plancha. *Pop. Boulette,* pifia.
erroné, e adj. Erróneo, a; equivocado, da; errado, da.
ers m. Yero (plante).
ersatz [ɛrzats] m. inv. Sucedáneo.
erse [ɛrs] adj. et s. m. Erso (de la haute Écosse). ‖ — F. Mar. Estrobo, m., salvachia (anneau de cordage).
erseau m. Mar. Estrobo pequeño (petite erse).
érubescence [erybɛssɑ̃:s] f. Méd. Erubescencia, rubor, m.
érubescent, e adj. Erubescente.
éructation f. Eructo, m.
éructer v. intr. Eructar.
— V. tr. Fig. Soltar, proferir : *éructer des injures,* proferir injurias.
érudit, e [erydi, it] adj. et s. Erudito, ta.
érudition f. Erudición.
érugineux, euse adj. Eruginoso, sa; herrumbroso, sa (rouillé).
éruptif, ive adj. Eruptivo, va.
éruption f. Erupción (d'un volcan, de boutons). ‖ Salida (des dents, des bourgeons).
érysipèle ou **érésipèle** m. Méd. Erisipela, f.
érythème m. Eritema (rougeur cutanée).
Érythrée n. pr. f. Eritrea.
érythrine f. Eritrina.
érythroblaste m. Eritroblasto (cellule).
érythroblastose f. Méd. Eritroblastosis.
érythrocyte m. Eritrocito.
érythrosine f. Eritrosina (colorant rouge).

ès prép. En : *docteur ès lettres,* doctor en letras. ‖ *Ès qualités,* en calidad.
— Observ. *Ès* es síncopa de *en les* y no puede usarse sino con un plural.
Ésaü n. pr. m. Esaú.
esbigner (s') v. pr. Pop. Largarse, pirarse, darse el bote.
esbroufe ou **esbrouffe** f. Fam. Chulería, jactancia, farol, m., faroleo, m., fachenda. ‖ Fam. *Faire de l'esbroufe,* chulearse, darse pisto, farolear, echar faroles.
esbroufer ou **esbrouffer** v. tr. Fam. Darse pisto, farolear, fachendear.
esbroufeur ou **esbrouffeur, euse** adj. et s. Farolero, ra; fanfarrón, ona.
escabeau m. Escabel. ‖ Taburete (tabouret). ‖ Escalera, f. (petite échelle).
escabelle f. (P. us.). Escabel, m.
escadre f. Escuadra.
escadrille [ɛskadri:j] f. Escuadrilla (d'avions). ‖ Flotilla (de bateaux).
escadron m. Escuadrón.
escadronner v. intr. Mil. Escuadronar, evolucionar en escuadrón.
escagasser v. tr. Fam. Desnucar, apiolar.
escalade f. Escalada, escalamiento, m., escalo, m.
escalader v. tr. Escalar, trepar.
escalator m. Escalera (f.) mecánica, escalera (f.) automática.
escale f. Escala : *faire escale à,* hacer escala en. ‖ *Faire une escale technique,* repostar.
escalier m. Escalera, f. ‖ — *Escalier dérobé,* escalera escusada. ‖ *Escalier en colimaçon,* escalera de caracol. ‖ *Escalier roulant,* escalera automática, mecánica. ‖ *Montée en escalier,* paso de escalera. ‖ — Fam. *Faire des escaliers dans les cheveux,* hacer trasquilones en el pelo.
escalope f. Escalope, m., filete (m.) de ternera (de viande) : *escalope pannée,* filete de ternera empanado.
escamotable adj. Escamotable.
escamotage m. Escamoteo.
escamoter v. tr. Escamotear, escamotar. ‖ Fig. Hurtar, birlar (dérober). ‖ Eludir, salvar (une difficulté). ‖ Ahorrarse (esquiver). ‖ Saltarse (un mot). ‖ Aviat. Replegar (le train d'atterrissage).
escamoteur, euse m. et f. Escamoteador, ra.
escampette f. Fam. *Prendre la poudre d'escampette,* tomar las de Villadiego, poner pies en polvorosa.
escapade f. Escapatoria, escapada.
escape f. Fuste, m. (d'une colonne).
escarbille [ɛskarbi:j] f. Carbonilla.
escarbot [ɛskarbo] m. Escarabajo (insecte).
escarboucle f. Carbunclo, m.
escarcelle f. Escarcela, bolsa (bourse).
escargot [ɛskargo] m. Caracol. ‖ *Avancer comme un escargot,* ir a paso de tortuga.
— Syn. *Limaçon* et *colimaçon,* caracol. *Hélix,* hélice.
escargotière f. Vivero (m.) *ou* criadero (m.) de caracoles. ‖ Plato (m.) para caracoles.
escarmouche f. Escaramuza.
escarmoucher v. intr. Tener una escaramuza.
escarole f. Escarola (chicorée).
escarotique adj. et s. m. Escarótico, ca; caterético, ca.
escarpe f. Escarpa (ouvrage fortifié). ‖ — M. Bandido (bandit).
escarpé, e adj. Escarpado, da : *des rives escarpées,* orillas escarpadas. ‖ Empinado, da; escarpado, da : *chemin escarpé,* camino empinado. ‖ Fig. Intrincado, da; difícil.
escarpement m. Escarpadura, f., escarpa, f., declive.
escarpin m. Escarpín (chaussure).
escarpolette f. Columpio, m.

escarre ou **eschare** f. MÉD. Escara (croûte).

escarre ou **esquarre** f. BLAS. Escuadra.

escarrifier* v. tr. MÉD. Producir una escara en.

Escaut [ɛsko] n. pr. m. Escalda (fleuve).

eschatologie f. Escatología.

eschatologique adj. Escatológico, ca.

esche [ɛʃ] f. Cebo, *m.* (pour la pêche).

escher v. tr. Anzolar.

Eschine n. pr. m. Esquines.

Eschyle n. pr. m. Esquines.

escient [ɛsjɑ̃] m. *À bon escient*, a propósito, en el momento oportuno. ‖ *À son escient*, a sabiendas, a ciencia cierta.

esclaffer (s') v. pr. Reir a carcajadas.

esclandre m. Escándalo, alboroto. ‖ *Faire de l'esclandre* o *un esclandre*, armar escándalo *ou* un escándalo.

esclavage m. Esclavitud, *f.* ‖ FIG. Esclavitud, *f.*, dependencia, *f.*, sujeción, *f.*

esclavagisme m. Esclavismo.

esclavagiste adj. et s. Esclavista.

esclave adj. et s. Esclavo, va.

esclavon, onne adj. et s. Esclavón, ona ; esclavonio, nia (d'Esclavonie).

Esclavonie n. pr. GÉOGR. Esclavonia.

escogriffe m. FAM. Espingarda, *f.*, zangolotino, grandullón.

escomptable [ɛskõtabl] adj. Descontable.

escompte [ɛskõ:t] m. Descuento. ‖ *— Escompte en dedans*, descuento racional *ou* matemático. ‖ *Escompte en dehors*, descuento comercial. ‖ *Règle d'escompte*, regla de descuento.

escompter [-te] v. tr. Descontar (un effet). ‖ Negociar (un crédit). ‖ (Vx). Gastar anticipadamente (dépenser d'avance). ‖ FIG. Confiar en, contar con.

escompteur [-tœ:r] m. Banquero que descuenta.

escopette f. Trabuco, *m.*

— OBSERV. *Escopeta* correspond au mot français *fusil* (de chasse).

escorte f. Escolta. ‖ FIG. Cortejo, *m.*, acompañamiento, *m.*, séquito, *m.* : *la guerre et son escorte d'horreurs*, la guerra y su séquito de horrores. ‖ *Sous escorte*, escoltado, da.

escorter v. tr. Escoltar.

escorteur m. MAR. Escolta, *f.*, barco de escolta.

escot [ɛsko] m. Estameña, *f.* (tissu).

escouade f. (Vx). MIL. Escuadra. ‖ Cuadrilla (groupe).

escourgeon m. AGRIC. Cebada (*f.*) de invierno *ou* temprana, alcacel.

escrime f. Esgrima : *faire de l'escrime*, practicar la esgrima.

escrimer (s') v. pr. Luchar con la espada (se battre). ‖ *S'escrimer à...*, empeñarse en..., esforzarse en...

— OBSERV. Le verbe *esgrimir* n'a pas de forme pronominale en espagnol, il est toujours transitif et équivaut au français *brandir*.

escrimeur, euse m. et f. Esgrimidor, ra.

escroc [ɛskro] m. Estafador, timador.

— OBSERV. La palabra *escroc* no tiene forma femenina (*cette femme est un grand escroc*).

— SYN. *Filou*, timador. *Fripon*, bribón. *Larron*, ladrón. *Aigrefin*, petardista. *Fam. Chevalier d'industrie*, caballero de industria. *Pop. Faisan*, estafador.

escroquer v. tr. Estafar, timar.

escroquerie f. Estafa, timo, *m.*

escroqueur, euse m. et f. Estafador, ra ; timador, ra.

Esculape n. pr. m. Esculapio.

esculine f. CHIM. Esculina.

Escurial [ɛskyrjal] n. pr. m. Escorial.

ésérine f. Eserina (alcaloïde).

Ésope n. pr. m. Esopo.

ésotérique adj. Esotérico, ca.

ésotérisme m. Esoterismo.

espace m. Espacio : *espace vital*, espacio vital. ‖ IMPR. et MUS. Espacio. ‖ *Espaces verts*, zonas verdes (dans une ville).

— OBSERV. Los impresores franceses hacen femenina esta voz.

espacement m. Espaciamiento. ‖ Espacio (espace).

espacer* v. tr. Espaciar.

espadon m. Espadón, montante (grande épée). ‖ ZOOL. Pez espada (poisson).

espadrille [ɛspadri:j] f. Alpargata.

Espagne n. pr. f. GÉOGR. España.

espagnol, e adj. et s. Español, la.

espagnolade f. Españolada.

espagnolette f. Falleba (de fenêtre).

espagnoliser v. tr. Españolizar.

espalier m. Espaldera, *f.*, espaldar : *arbre en espalier*, árbol en espaldera. ‖ Espalderas, *f. pl.* (gymnastique). ‖ *Vigne en espalier*, viña en emparrado.

espalmer v. tr. (Vx). MAR. Despalmar.

esparcette f. BOT. Esparceta (sainfoin).

espargoute f. BOT. Asperilla.

espèce f. ● Especie : *espèce humaine*, especie humana. ‖ Clase, índole : *des gens de toute espèce*, gente de toda clase. ‖ Ganado, *m.* : *espèce chevaline, ovine, porcine*, ganado caballar, lanar, de cerda. ‖ Calaña, ralea (race). ‖ *— Fam. Espèce de...*, so, pedazo de : *espèce d'imbécile!*, ¡so imbécil! (en s'adressant à une personne), pedazo de imbécil (en parlant d'une troisième personne). ‖ *— Cas d'espèce*, excepción, caso especial. ‖ *De la pire espèce*, de tomo y lomo, de siete suelas. ‖ *— Pl.* Metálico, *m. sing.*, efectivo, *m. sing.*, dinero (*m. sing.*) contante y sonante : *payer en espèces*, pagar en metálico. ‖ *— Espèces sonnantes et trébuchantes*, dinero contante y sonante. ‖ *Les saintes espèces*, las especies sacramentales.

— OBSERV. *Pagar en especie* équivaut à l'expression française *payer en nature.*

— SYN. ● *Sorte*, suerte, clase. *Genre*, género, índole. *Type*, tipo. *Manière*, manera, modo. *Nature*, naturaleza. *Fam. Acabit*, calaña.

espérance f. Esperanza. ‖ *— Espérance mathématique, de vie*, esperanza matemática, de vida. ‖ *— En espérance*, en perspectiva. ‖ *— F. pl.* Herencia (*sing.*) posible.

espérantiste adj. et s. Esperantista.

espéranto m. Esperanto.

espérer* v. tr. Esperar : *espérer une récompense*, esperar una recompensa. ‖ Esperar, confiar en : *j'espère que vous avez gagné*, espero que usted haya ganado.

— V. intr. Esperar en, confiar en : *espérer en l'avenir*, confiar en el porvenir.

— OBSERV. *Esperar* en espagnol a le sens d'*espérer* et celui d'*attendre*.

— *Espérer* va seguido en francés del futuro o del condicional (*j'espère qu'il viendra*, espero que venga ; *j'espérais qu'il viendrait*, esperaba que viniera). En la forma negativa se emplea con el subjuntivo (*je n'espère pas qu'il vienne*, no espero que venga).

— SYN. *Attendre*, esperar, aguardar. *Se promettre*, prometerse. *Compter sur, tabler sur*, contar con. *Escompter*, confiar en, contar con. *Se flatter de*, jactarse de.

espiègle adj. et s. Travieso, sa.

— SYN. *Fam. Lutin*, diablillo. *Mutin*, revoltoso. *Coquin*, pícaro. *Fripon*, bribón. *Polisson*, tunantuelo. *Diable*, diablo, demonio.

espièglerie f. Travesura, diablura.

espingole f. Trabuco, *m.*, naranjero, *m.*

espion, onne adj. et s. Espía. ‖ *— M.* Espejito para mirar sin ser visto (petit miroir).

— SYN. *Agent secret*, agente secreto. *Fam. Mouchard*, soplón. *Sycophante*, sicofanta. *Indicateur*, confidente, soplón. *Pop. Mouton*, chivato.

espionnage m. Espionaje.

espionner v. tr. Espiar.

esplanade f. Explanada.
espoir m. Esperanza, *f.* : *avoir bon espoir*, tener muchas esperanzas. ‖ Promesa, *f.* (débutant qui promet). ‖ — *Dans l'espoir de* o *que*, con la esperanza de *ou* de que. ‖ *L'espoir fait vivre*, de esperanza vive el hombre. ‖ *Placer ses espoirs dans*, confiar en.
espolette ou **espoulette** f. (P. us.). MIL. Espoleta.
esponton m. Espontón, media (*f.*) pica (arme).
espressione (con) loc. adv. MUS. Con expresión, de una manera expresiva.
esprit m. Espíritu, inspiración (*f.*) divina. ‖ Espíritu, gracia, *f.*, don sobrenatural. ‖ Espíritu, ser incorporal : *les anges sont des esprits*, los ángeles son espíritus. ‖ Espíritu, alma, *f.* (principe immatériel). ‖ Espíritu, aparecido (être imaginaire) : *croire aux esprits*, creer en los espíritus. ‖ Espíritu (mentalité) : *l'esprit militaire*, el espíritu militar. ‖ Ánimo, espíritu : *présence d'esprit*, presencia de ánimo. ‖ Carácter, índole, *f.*, condición, *f.* : *esprit timide*, carácter tímido; *homme de mauvais esprit*, hombre de mala índole. ‖ Pensamiento, idea, *f.*, intención, *f.* : *dans un esprit de justice*, con una idea de justicia. ‖ Ideas, *f. pl.* : *dans un esprit très voisin*, con ideas similares. ‖ Entendimiento, inteligencia, *f.* : *enfant d'esprit borné*, niño de entendimiento limitado. ‖ Entendimiento (entendement). ‖ Juicio, razón, *f.* : *perdre l'esprit*, perder el juicio. ‖ Inteligencia, *f.*, mente, *f.* : *cultiver son esprit*, cultivar su inteligencia. ‖ Ingenio, agudeza, *f.* : *avoir de l'esprit*, tener ingenio. ‖ Mente, *f.* : *son esprit est occupé à d'autres choses*, su mente está ocupada en otras cosas. ‖ Mentalidad, *f.* : *avoir l'esprit ouvert*, tener mentalidad abierta. ‖ Memoria, *f.*, mente, *f.* : *les souvenirs reviennent dans mon esprit*, los recuerdos vuelven a mi mente. ‖ Persona, *f.*, ser (personne, être) : *c'est un esprit juste*, es una persona justa. ‖ Conciencia, *f.* : *émouvoir les esprits*, remover las conciencias. ‖ Mente, *f.*, cabeza, *f.* : *mettre une idée dans l'esprit de quelqu'un*, meter una idea en la cabeza de uno; *troubler l'esprit*, trastornar la cabeza. ‖ Sentido, disposición, *f.* : *l'esprit d'imitation*, el sentido de la imitación. ‖ Espíritu, sentido : *l'esprit de la loi*, el espíritu de la ley. ‖ CHIM. Espíritu. ‖ GRAMM. Espíritu (signe orthographique grec).
— *Esprit-de-bois*, alcohol metílico. ‖ *Esprit de corps*, sentido de solidaridad. ‖ *Esprit-de-sel*, espíritu de sal. ‖ *Esprit-de-vin*, espíritu de vino. ‖ *Esprit fort*, incrédulo, descreído (incrédule), despreocupado (insouciant). ‖ *Esprit public*, la opinión pública. ‖ — *Bel esprit*, hombre culto, instruido. ‖ *Bon esprit*, buena mentalidad, buenas intenciones. ‖ *État d'esprit*, estado de ánimo. ‖ *Le Saint Esprit*, el Espíritu Santo. ‖ *Les grands esprits*, las mentalidades *ou* los seres superiores. ‖ *Mauvais esprit*, malas intenciones. ‖ *Mot* o *trait d'esprit*, rasgo ingenioso, dicho gracioso *ou* agudo, salida ingeniosa, agudeza. ‖ *Petit esprit*, persona de pocas entendederas, de pocos alcances. ‖ *Présence d'esprit*, presencia de ánimo (dans les paroles), sangre fría, serenidad (dans la conduite). ‖ — *D'esprit*, agudo, da. ‖ *En esprit*, en la mente. ‖ — *Avoir de l'esprit jusqu'au bout des doigts*, tener gracia *ou* ingenio por arrobas. ‖ *Avoir le bon esprit de*, tener la buena idea *ou* la ocurrencia de. ‖ *Avoir l'esprit bouché*, ser corto de alcances, estar cerrado de molleras. ‖ *Avoir l'esprit de suite*, ser perseverante *ou* consecuente. ‖ *Avoir l'esprit mal tourné*, ser mal pensado, pensar mal. ‖ *Entrer dans l'esprit de*, compenetrarse con (acteur). ‖ *Faire de l'esprit*, mostrarse ingenioso, ser gracioso, echárselas de ingenioso *ou* de gracioso. ‖ *Rendre l'esprit*, dar el último sus-

piro, entregar el alma. ‖ *Reprendre ses esprits*, volver en sí, recobrarse, recuperar el sentido. ‖ *Venir à l'esprit*, venir a la mente, ocurrírsele a uno.
esquif [ɛskif] m. Esquife.
esquille [ɛski:j] f. Esquirla (fragment d'un os).
esquimau, aude adj. et s. Esquimal. ‖ — M. Pelele (combinaison en tricot pour enfant).
esquinancie f. MÉD. Esquinencia (angine).
esquintant, e adj. FAM. Reventador, ra; derrengador, ra (fatigant).
esquinter v. tr. FAM. Reventar, hacer polvo, derrengar (éreinter). ‖ Moler a palos, dejar mal parado, dejar molido (battre). ‖ Escacharrar, estropear, cargarse (abîmer). ‖ Hacer polvo (blesser). ‖ Vapulear, poner de vuelta y media, dar un palo, criticar con violencia (un auteur, une pièce).
— V. pr. Reventarse, matarse : *s'esquinter à travailler*, reventarse trabajando.
esquire [eskwaiər] m. Señor (titre anglais).
— OBSERV. Se coloca después del nombre y apellido : *John Smith, Esquire* (abrev. *Esq.*).
esquisse f. Esbozo, *m.*, bosquejo, *m.* (ébauche). ‖ Boceto, *m.* (d'un tableau). ‖ Resumen, *m.*, compendio, *m.* (aperçu général). ‖ Inicio, *m.*, amago, *m.* (d'un sourire, d'un geste).
esquisser v. tr. Esbozar, bosquejar. ‖ FIG. Iniciar, amagar, esbozar : *esquisser un sourire*, esbozar una sonrisa.
esquive f. Finta, esquiva, regate, *m.*
esquiver v. tr. Esquivar. ‖ Sortear, esquivar : *esquiver ses adversaires*, sortear sus adversarios.
— V. pr. Esquivarse, zafarse (s'enfuir).
essai m. Prueba, *f.*, ensayo. ‖ Ensayo (ouvrage littéraire). ‖ Prueba, *f.* : *essais nucléaires*, pruebas nucleares. ‖ Intento, tentativa, *f.* (tentative). ‖ Ensayo (au rugby). ‖ CHIM. Ensayo, análisis. ‖ — *Ballon d'essai*, globo de ensayo. ‖ *Banc d'essai*, banco de pruebas. ‖ *Centre d'essais*, centro de ensayos. ‖ *Coup d'essai*, primer intento, tentativa. ‖ *Pilote d'essai*, piloto de prueba. ‖ *Tube à essais*, tubo de ensayo. ‖ — *À l'essai*, a prueba. ‖ *Faire faire un essai*, probar, someter a prueba. ‖ *Faire l'essai de*, probar, ensayar. ‖ *Mettre à l'essai*, poner a prueba. ‖ *Tourner un bout d'essai*, hacer una prueba (cinéma).
essaim [ɛsɛ̃] m. Enjambre.
essaimage [ɛsɛma:ʒ] m. Enjambrazón, *f.*
essaimer [-me] v. intr. Enjambrar. ‖ FIG. Emigrar, dispersarse (émigrer).
essangeage [ɛsɑ̃ʒa:ʒ] m. Remojo (de linge sale).
essanger* v. tr. Remojar, echar en remojo [la ropa sucia].
essanvage m. AGRIC. Escarda, *f.* [de la mostaza silvestre].
essarder v. tr. MAR. Lampacear.
essarmenter v. tr. AGRIC. Despimpollar, despampanar.
essartage ou **essartement** m. Roza, *f.*, desbroce, rozamiento.
essarter v. tr. AGRIC. Rozar, desbrozar.
essarts [ɛsa:r] m. pl. Rozas, *f. pl.*, tierras (*f. pl.*) desbrozadas.
essayage [esɛja:ʒ] m. Ensayo, prueba, *f.* ‖ Prueba, *f.* (d'un vêtement). ‖ *Salon d'essayage*, salón de pruebas, probador.
essayer* [-je] v. tr. ● Probar, ensayar (faire l'essai). ‖ Probar, probarse (un vêtement) : *essayer une veste*, probarse una chaqueta. ‖ Probar, poner a prueba (un avion, etc.). ‖ Contrastar, analizar (métaux).
— V. intr. Intentar, tratar de : *essayer de nager*, intentar nadar. ‖ *On peut toujours essayer*, con intentarlo no se pierde nada, probar no cuesta nada.

— V. pr. Ejercitarse : *s'essayer à écrire*, ejercitarse en escribir. ‖ Ponerse a prueba : *s'essayer sur un adversaire*, ponerse a prueba con un adversario. ‖ Intentar, probar : *s'essayer dans un autre genre d'activité*, probar otra clase de actividad.

— Syn. ● *Chercher à*, procurar. *Tenter*, intentar. *Tâcher de*, hacer por. *S'efforcer de*, esforzarse por. *S'efforcer à*, esforzarse en. *S'évertuer*, desvelarse por.

essayeur, euse [-jœːr, øːz] m. et f. Probador, ra; persona que prueba (les vêtements). ‖ Contraste (de métaux).

essayiste [-jist] m. Ensayista.

esse f. Ese (crochet double). ‖ Techn. Esecilla, alacrán, *m.* (agrafe), pezonera (d'un essieu).

essence f. Esencia : *l'essence divine*, la esencia divina. ‖ Esencia : *essence de roses*, esencia de rosas. ‖ Especie (arbre). ‖ Gasolina, bencina [*Amér.*, nafta] : *pompe à essence*, surtidor de gasolina. ‖ Fig. *Par essence*, por esencia, por definición.

essentiel, elle adj. Esencial. ‖ *Huile essentielle*, aceite volátil.

— M. Lo esencial : *l'essentiel est d'être honnête*, lo esencial es ser honrado.

esseulé, e adj. Solo, la; abandonado, da.

essieu m. Eje (d'une roue). ‖ *Demi-essieu*, semieje.

essor m. ● Vuelo (vol) : *prendre son essor*, tomar el vuelo. ‖ Fig. Desarrollo, progreso, expansión, *f.* : *l'essor de l'industrie*, el desarrollo de la industria. ‖ *Plein essor*, auge. ‖ *Donner essor à son imagination*, dar libre curso a su imaginación.

— Syn. ● *Vol*, vuelo. *Volée*, volada. *Envol*, vuelo.

essorage m. Secado (du linge).

essorer v. tr. Secar (le linge).

essoreuse f. Secadora (appareil indépendant). ‖ Escurridor, *m.* (dans une machine à laver). ‖ Turbina centrífuga (dans une raffinerie de sucre).

essouchement m. Agric. Descepamiento, descuaje.

essoucher v. tr. Agric. Descepar, descuajar, artigar.

essoufflé, e adj. Sin aliento, ahogado, da; sofocado, da; jadeante.

essoufflement m. Ahogo, sofoco. ‖ Jadeo : *les courses produisent l'essoufflement*, las carreras producen jadeo.

essouffler v. tr. Ahogar, sofocar, dejar sin aliento.

— V. pr. Ahogarse, sofocarse, perder el aliento.

essuie-glace [ɛsɥiglas] m. Limpiaparabrisas.

— Observ. Pl. *Essuie-glaces.*

essuie-mains m. inv. Toalla, *f.*, paño de manos.

essuie-meubles m. inv. Gamuza (*f.*) para quitar el polvo a los muebles.

essuie-pieds m. inv. Limpiabarros, felpudo, estera (*f.*) para limpiarse los pies.

essuie-plume m. Limpiaplumas.

— Observ. Pl. *Essuie-plume* o *essuie-plumes.*

essuie-verres m. inv. Trapo para secar los vasos.

essuyage [ɛsɥijaːʒ] m. Enjugamiento (avec une éponge), secado.

essuyer* [-je] v. tr. Secar : *essuyer un verre*, secar un vaso. ‖ Secar, secarse : *essuyer ses mains*, secarse las manos. ‖ Enjugar (le front, les larmes). ‖ Quitar el polvo de, limpiar (nettoyer) : *essuyer les meubles*, quitar el polvo de los muebles. ‖ Limpiar, limpiarse (les pieds). ‖ Fig. Sufrir, experimentar : *essuyer une défaite*, sufrir una derrota. ‖ Aguantar, soportar (une tempête, un ouragan). ‖ — *Essuyer des coups de feu*, sufrir un tiroteo, ser tiroteado. ‖ *Essuyer les larmes*, enjugar las lágrimas. ‖ Fam. *Essuyer les plâtres*, estrenar una casa *ou* un local (habiter

une maison neuve), ser telonero (au théâtre), pagar la novatada (dans une affaire nouvelle). ‖ *Essuyer un refus*, recibir una negativa (en général), recibir calabazas (un amoureux).

essuyeur, euse [-jœːr, øːz] adj. et s. Enjugador, ra; secador, ra.

est [ɛst] m. Este : *vent d'est*, viento del Este.

estacade f. Estacada.

estafette f. Estafeta (courrier).

estafier m. (Vx). Lacayo (laquais). ‖ Matón, espadachín (spadassin).

estafilade f. Cuchillada, tajo, *m.*, chirlo, *m.* (coupure au visage). ‖ Rasgón, *m.* (dans un vêtement).

estagnon m. Lata, *f.*, bidón (d'huile, d'essence).

estain [ɛstɛ̃] m. Mar. Aleta, *f.*

estamet m. ou **estamette** [ɛstamɛ, ɛt] f. Techn. Estameñete, *m.*

estaminet [ɛstaminɛ] m. Café, cafetín (petit café).

estampage m. Estampado, estampación, *f.* (impression). ‖ Acuñación, *f.*, troquelamiento (frappe). ‖ Fam. Timo, estafa, *f.* (escroquerie).

estampe f. Lámina, estampa. ‖ Punzón, *m.*, cuño, *m.* (de graveur). ‖ *Cabinet des estampes*, sección de estampas.

— Observ. *Estampa* a aussi en espagnol le sens d' « image ».

estamper v. tr. Estampar (imprimer). ‖ Acuñar, troquelar (frapper). ‖ Herrar, marcar con hierro (marquer avec un fer chaud). ‖ Fam. Sacar dinero, timar, estafar (soutirer de l'argent).

estampeur m. Estampador. ‖ Fam. Timador.

estampillage [ɛstɑ̃pija:ʒ] m. Estampillado.

estampille [-pi:j] f. Estampilla, sello, *m.* (marque).

estampiller [-pije] v. tr. Estampillar.

estarie ou **starie** f. Mar. Estadía.

este adj. et s. V. ESTONIEN.

ester v. intr. Dr. Promover acción en justicia.

— Observ. Este verbo sólo se emplea en infinitivo.

estère [ɛstɛ:r] m. Chim. Éster.

estérification f. Chim. Esterificación.

estérifier v. tr. Chim. Esterificar.

esterlin m. Esterlina.

Esther n. pr. f. Ester.

esthète m. et f. Esteta.

esthéticien, enne m. et f. Esteta (qui s'occupe d'esthétique). ‖ — F. Esteticista, especialista de un instituto de belleza (soins de beauté). ‖ *Esthéticienne diplômée*, diplomada en belleza.

esthétique adj. et s. f. Estético, ca : *chirurgie esthétique*, cirugía estética.

esthétisme m. Estetismo.

estimable adj. Estimable.

estimateur m. Estimador, tasador.

estimatif, ive adj. Estimatorio, ria.

estimation f. Estimación, tasación, valoración (évaluation). ‖ Previsión : *estimation des récoltes*, previsión de cosechas.

estimatoire adj. Estimatorio, ria.

estime f. Estima, estimación, aprecio, *m.* ‖ Mar. Estima. ‖ — *À l'estime*, aproximadamente. ‖ *Succès d'estime*, éxito de prestigio. ‖ *Tenir en grande estime*, tener en mucho.

estimer v. tr. ● Estimar, valorar, apreciar, tasar (évaluer). ‖ Estimar, apreciar : *j'estime beaucoup cette personne*, aprecio mucho a esta persona. ‖ Suponer, considerar, juzgar : *je l'estime fou*, le supongo loco. ‖ Pensar, considerar, estimar : *il estima que le moment était venu*, pensó que el momento había llegado.

— V. pr. Estimarse, considerarse. ‖ *On peut s'estimer heureux si...*, y gracias si..., podemos dar las gracias si...

— Syn. ● *Priser*, tasar. *Évaluer*, valorar, valuar. *Appré-*

cier, apreciar. *Supputer*, suputar. *Considérer*, considerar. *Jauger*, juzgar.

estivage m. Veranada, *f.*, agostadero (des troupeaux).

estival, e adj. Estival, veraniego, ga.

estivant, e m. et f. Veraneante.

estivation f. Letargo (*m.*) de ciertos animales en verano.

estive f. MAR. Estiba (lest).

estiver v. tr. MAR. Estibar. ‖ Llevar en verano a la montaña (les troupeaux).
— V. intr. Veranear, pasar el verano en la montaña (le bétail).

estoc [ɛstɔk] m. Estoque (arme blanche). ‖ Cepa, *f.* (d'un arbre). ‖ — *Coup d'estoc*, estocada. ‖ *Couper à blanc estoc*, cortar los árboles a flor de tierra. ‖ *Frapper d'estoc et de taille*, tirar tajos y estocadas.

estocade f. Estocada (coup d'estoc).

estocader v. intr. Dar estocadas.

estomac [ɛstɔma] m. Estómago. ‖ — *Creux de l'estomac*, boca del estómago. ‖ — FIG. *Avoir de l'estomac*, tener mucho estómago *ou* mucho corazón, tener agallas, ser atrevido. ‖ *Avoir l'estomac creux* ou *un creux dans l'estomac*, tener el estómago vacío, tener un vacío en el estómago. ‖ *Avoir l'estomac dans les talons*, tener el estómago en los pies, ladrarle a uno el estómago. ‖ FAM. *Avoir quelque chose sur l'estomac*, no poder tragar *ou* digerir algo, atragantársele algo a uno. ‖ *Avoir un estomac d'autruche*, tener un estómago de piedra, digerir bien.

estomaquer v. tr. FAM. Dejar turulato, patitieso, pasmado.

estompage ou **estompement** m. Difuminación, *f.*, esfumación, *f.*

estompe f. Difumino, *m.*, esfumino, *m.* (objet pour estomper). ‖ Dibujo al difumino (dessin).

estomper v. tr. Difuminar, esfumar (frotter avec l'estompe). ‖ Difuminar, sombrear, desdibujar (couvrir d'une ombre légère). ‖ FIG. Esfumar, velar (voiler).
— V. pr. FIG. Borrarse, difuminarse.

Estonie n. pr. f. GÉOGR. Estonia.

estonien, enne ou **este** adj. et s. Estonio, nia.

estouffade f. V. ÉTOUFFÉE.

estourbir v. pr. POP. Despenar, cargarse (tuer).

estrade f. ● Estrado, *m.*, tarima. ‖ (Vx). MIL. *Battre l'estrade*, batir la estrada, reconocer el terreno.
— SYN. ● *Chaire*, púlpito (église), cátedra (collège). *Tribune*, tribuna.

estragon m. BOT. Estragón, dragoncillo.

estramaçon m. (Vx). Mandoble (épée).

estran m. Costa (*f.*) arenosa baja.

estrapade f. Estrapada, tormento (*m.*) de la garrucha (supplice). ‖ Salto (*m.*) de carnero (équitation).

estrapader v. tr. Dar el tormento de la estrapada.

estrapasser v. tr. Fatigar, cansar (un cheval).

Estrémadure n. pr. f. GÉOGR. Extremadura.

estrope m. MAR. Gaza, *f.*, estrobo.

estroper v. tr. MAR. Engazar.

estropié, e adj. et s. Lisiado, da ; tullido, da : *un mendiant estropié*, un mendigo lisiado.

estropier* v. tr. Lisiar, tullir (une personne). ‖ FIG. Estropear, desgraciar, desfigurar : *estropier un vers*, estropear un verso.

estuaire [ɛstɥɛːr] m. Estuario, estero, desembocadura, *f.* (embouchure).

estudiantin, e adj. Estudiantil.

esturgeon [ɛstyrʒɔ̃] m. Esturión (poisson).

et [e] conj. Y.
— OBSERV. La conjonction *y* est remplacée en espagnol par *e* devant les mots commençant par *i* ou *hi* lorsque ce *i* est une vraie voyelle et non une semi-consonne (Fe-

derico *e* Isabel, mais cobre *y* hierro). D'autre part, si cette conjonction a une valeur tonique dans l'interrogation, on doit la conserver sans aucune modification (*¿y* Isabel?).

êta m. Eta, *f.* (lettre grecque).

étable f. Establo, *m.*
— SYN. *Écurie*, cuadra. *Bergerie*, aprisco. *Bercail*, redil. *Porcherie*, pocilga, porqueriza. *Bouverie*, boyera, boyeriza, boil. *Vacherie*, vaquería.

établer v. tr. Meter en el establo, estabular.

établi m. Banco (de menuisier, de serrurier, etc.). ‖ Mesa, *f.* (du tailleur).

établir v. tr. ● Establecer, instalar (installer). ‖ Fijar : *établir sa résidence à Paris*, fijar su residencia en París. ‖ Establecer, instituir (instaurer). ‖ Colocar, buscar un puesto, situar, establecer (procurer une situation). ‖ Fijar, hacer (devis, compte). ‖ Hacer constar : *établir ses droits*, hacer constar sus derechos. ‖ Establecer, abrir (un établissement). ‖ Asentar, establecer (un principe, un argument). ‖ MAR. Establecer, colocar, izar (une voile). ‖ — *Établir sa suprématie*, probar su supremacía. ‖ *Il est établi que*, queda bien sentado que.
— V. pr. Establecerse : *s'établir à Madrid*, establecerse en Madrid. ‖ Fijar la residencia, domiciliarse, afincarse, radicarse (se domicilier). ‖ Instalarse. ‖ *S'établir boulanger*, poner una panadería.
— SYN. ● *Ériger*, erigir. *Fonder*, fundar. *Instaurer*, instaurar. *Instituer*, instituir. *Baser*, basar. *Implanter*, implantar. *Asseoir*, sentar, asentar. *Dresser*, alzar. *Appuyer*, apoyar.

établissement m. ● Establecimiento. ‖ Elaboración, *f.*, cálculo : *établissement du budget*, elaboración del presupuesto. ‖ Fijación (*f.*) de la residencia. ‖ Institución, *f.* ‖ *Établissement de bains*, balneario.
— SYN. ● *Maison*, casa. *Entreprise*, empresa. *Firme*, firma.

étage m. Piso, planta, *f.* : *immeuble de huit étages*, casa de ocho pisos. ‖ Piso, capa, *f.*, estrato (division superposée). ‖ Zona, *f.*, nivel (de compression, etc.). ‖ Piso, capa, *f.* (couche géologique). ‖ Cuerpo (d'une fusée). ‖ FIG. Estado, posición (*f.*) social (classe sociale). ‖ FIG. *Gens de bas étage*, gente de baja estofa, de escalera abajo.

étagement m. Escalonamiento.

étager* v. tr. Escalonar.

étagère f. Estantería, estante, *m.* (meuble). ‖ Anaquel, *m.*, plúteo, *m.*, estante, *m.*, entrepaño, *m.* (tablette).

étai m. Puntal (poutre de soutien). ‖ FIG. Sostén, apoyo, amparo (soutien). ‖ MAR. Estay (cordage). ‖ MAR. *Faux étai*, contraestay.

étaiement [etɛmɑ̃] ou **étayage** [eteja:ʒ] m. Apuntalamiento.

étain [etɛ̃] m. Estaño.

étal [etal] m. Tabla (*f.*) de carnicero (de boucher). ‖ Carnicería, *f.* (boutique de boucher). ‖ Puesto (dans les marchés).
— OBSERV. La palabra *étal* tiene dos formas en plural : *étaux* ou *étals*.

étalage m. ● Escaparate (d'un magasin). ‖ Muestrario (marchandises exposées). ‖ Etalaje (d'un fourneau). ‖ FIG. Gala, *f.*, ostentación, *f.* (exhibition). ‖ *Faire étalage de...*, hacer alarde de...
— SYN. ● *Montre*, *devanture*, *vitrine*, escaparate. *Éventaire*, escaparate exterior.

étalager* v. tr. Poner, exponer en el escaparate.

étalagiste adj. et s. Escaparatista, decorador, ra de escaparates.

étale adj. MAR. Quieto, ta ; estacionario, ria : *mer étale*, mar quieta, estacionaria.
— M. Momento en que la marea no sube ni baja.

étalement m. Exposición, *f.*, presentación, *f.* ‖

Escalonamiento : *étalement des vacances*, escalonamiento de las vacaciones. ‖ FIG. Ostentación, *f.*, alarde (ostentation).

étaler v. tr. Exponer *ou* poner en el escaparate, mostrar (exposer). ‖ Desplegar, extender (déployer). ‖ Extender (étendre). ‖ Distribuir, repartir : *étaler une dépense sur cinq ans*, repartir un gasto en cinco años. ‖ Escalonar : *étaler des paiements*, escalonar los pagos. ‖ FAM. Echar por tierra, tirar al suelo (faire tomber). ‖ FIG. Ostentar, hacer alarde *ou* hacer gala de : *étaler un grand luxe*, hacer alarde de un gran lujo. ‖ MAR. Aguantar, mantenerse contra la marea. ‖ *Étaler son jeu*, enseñar las cartas, poner las cartas boca arriba.
— V. pr. Desplegarse, extenderse. ‖ FAM. Recostarse, tenderse (s'étendre). ‖ Caer cuan largo se es, caer por tierra (tomber).

étalier, ère adj. et s. m. Tablajero, ra ; que trabaja para un carnicero.

étalinguer v. tr. MAR. Entalingar.

étalingure f. MAR. Entalingadura.

étalon m. Caballo padre, semental (cheval). ‖ Marco, patrón de pesos y medidas (unité de référence). ‖ Patrón : *étalon-or*, patrón oro. ‖ *Âne étalon*, garañón.

étalonnage ou **étalonnement** m. Contraste.

étalonner v. tr. Contrastar (poids et mesures). ‖ Marcar (marquer). ‖ Cubrir (une jument).

étamage m. Estañado (des métaux). ‖ Azogamiento (des miroirs).

étambot [etãbo] m. MAR. Codaste.

étambrai m. MAR. Fogonadura, *f.*

étamer v. tr. Estañar (recouvrir d'étain). ‖ Azogar (miroir).

étameur m. Estañador (de métaux). ‖ Azogador (de miroirs).

étamine f. Estameña (tissu). ‖ Tamiz, *m.*, cedazo, *m.* (butoir). ‖ BOT. Estambre, *m.* (de fleur). ‖ FIG. *Passer à* o *par l'étamine*, pasar por el cedazo.

étampage m. Estampado.

étampe f. TECHN. Puntero, *m.*, punzón (*m.*) de herrero (burin). ‖ Cuño, *m.*, molde, *m.*, troquel, *m.* (coin, matrice).

étamper v. tr. TECHN. Estampar, acuñar (les métaux). ‖ Hacer claveras en (un fer à cheval).

étamperche ou **étemperche** f. Alma [de andamio].

étampeur m. Estampador.

étampure f. Clavera (d'un fer à cheval).

étamure f. Estañado, *m.*, estañadura.

étanche adj. Estanco, ca ; impermeable : *récipient étanche*, recipiente estanco. ‖ Hermético, ca. ‖ MAR. *Cloison étanche*, mamparo estanco.

étanchéité [etãʃeite] f. Calidad de estanco, estanquidad, hermeticidad, impermeabilidad. ‖ Cierre (*m.*) hermético : *segment d'étanchéité*, segmento de cierre hermético.

étanchement m. Estancación, *f.*, estancamiento.

étancher v. tr. Estancar (un liquide). ‖ Restañar (le sang). ‖ FIG. Apagar, quitar, aplacar (la soif). ‖ Enjugar (les larmes). ‖ MAR. Achicar (vider l'eau), tapar (une voie d'eau), cerrar herméticamente (rendre étanche). ‖ *Étancher les larmes de quelqu'un*, ser el paño de lágrimas de alguien.

étançon [etãsɔ̃] m. Puntal, asnilla, *f.* (maçonnerie). ‖ AGRIC. Vilorta, *f.* (de charrue).

étançonnement m. Apuntalamiento (d'un mur).

étançonner v. tr. Apuntalar, jabalconar.

étang [etã] m. Estanque (artificiel). ‖ ● Albufera, *f.* (naturel).
— SYN. ● *Lac*, lago. *Lagune*, laguna.

étape f. Etapa. ‖ — *Brûler les étapes*, quemar etapas. ‖ *Brûler l'étape*, no detenerse en la etapa.
— SYN. *Halte*, alto. *Escale*, escala.

étarquer v. tr. MAR. Izar a reclamar, tesar (raidir une voile).

état [eta] m. ● Estado : *blessé dans un état grave*, herido en un estado grave ; *bâtiment en bon état*, edificio en buen estado. ‖ Estado (liste énumérative, inventaire) : *état du personnel*, estado del personal. ‖ Posición, *f.* (situation). ‖ Relación, *f.*, estado (compte) : *état des dépenses*, relación de gastos. ‖ Profesión, *f.*, situacion (*f.*) profesional. ‖ Estado : *les États-Unis*, Estados Unidos ; *État républicain*, Estado republicano. ‖ — *État civil*, estado civil. ‖ *État d'âme*, estado de ánimo, de alma. ‖ *État de choses*, situación, estado de cosas. ‖ RELIG. *État de grâce*, estado de gracia. ‖ *État de guerre*, estado de guerra. ‖ *État de nature*, estado salvaje. ‖ *État de services*, hoja de servicios. ‖ *État de siège*, estado de sitio. ‖ *État des lieux*, estado de la vivienda (d'un immeuble), estado del lugar de un suceso (d'un endroit). ‖ *État-major*, Estado Mayor. ‖ *État placé sous tutelle*, Estado en fideicomiso. ‖ — *Affaire d'État*, asunto de Estado. ‖ *Chef d'État*, jefe de Estado. ‖ *Coup d'État*, golpe de Estado. ‖ *Homme d'État*, estadista. ‖ *Le tiers état*, el estado llano, la clase media. ‖ *Raison d'État*, razón de Estado. ‖ — *De son état*, de oficio : *être menuisier de son état*, ser carpintero de oficio. ‖ *En état*, en buen estado. ‖ *En état de*, en condiciones de, en estado de, apto para. ‖ *En l'état*, en estas condiciones, en la ocurrencia. ‖ *En tout état de cause*, de todos modos, en todo caso. ‖ — *Être dans tous ses états*, estar fuera de sí, estar frenético. ‖ *Être dans un bel état*, estar hecho una lástima, estar que da gusto verle a uno. ‖ *Être hors d'état*, estar inutilizable, fuera de uso. ‖ *Faire état de*, tener en cuenta (tenir compte), valerse de (se servir). ‖ *L'État c'est moi*, el Estado soy yo. ‖ *Mettre en état*, poner en condiciones (rendre propre à), arreglar, reparar (arranger). ‖ *Mettre hors d'état*, imposibilitar, inutilizar.
— SYN. ● *Situation*, situación. *Condition*, condición. *Sort*, suerte. *Position*, posición.

étatique adj. Estatal.

étatisation f. Nacionalización.

étatiser v. tr. Nacionalizar.

étatisme m. Estatismo.

étatiste adj. et s. Partidario, ria del estatismo.

état-major m. Estado mayor : *les états-majors des partis*, los estados mayores de los partidos. ‖ Plana (*f.*) mayor (d'un régiment).

États-Unis [etazyni] n. pr. m. pl. GÉOGR. Estados Unidos.

étau m. Torno (d'établi). ‖ — *Étau-limeur*, limadora. ‖ FIG. *Être pris* o *serré comme dans un étau*, estar atenazado.

étayage [etɛjaːʒ] ou **étayement** [etɛmã] m. Apuntalamiento.

étayer* [-je] v. tr. Apuntalar (soutenir avec des étais). ‖ FIG. Apoyar, sostener : *étayer de citations*, apoyar con citas.

et cetera et cætera loc. adv. Etcétera.
— OBSERV. Esta expresión se emplea casi exclusivamente en forma abreviada : *etc.*

été m. Verano, estío. ‖ *Été de la Saint-Michel*, veranillo de San Miguel *ou* del membrillo.

éteigneur, euse [etɛɲœːr, øːz] m. et f. Apagador, ra.

éteignoir [-ɲwaːr] m. Apagador, apagavelas. ‖ FAM. Aguafiestas (trouble-fête). ‖ POP. Gorro de dormir (bonnet de nuit).

éteindre* [etɛ̃ːdr] v. tr. Apagar, extinguir : *éteindre la lumière*, apagar la luz. ‖ FIG. Apagar, aplacar, calmar (calmer la soif, la colère, etc.). ‖ Extinguir (anéantir). ‖ Amortizar (amortir). ‖ Amortiguar (le son, etc.). ‖ Destruir, disipar, bo-

rrar : *éteindre un souvenir,* borrar un recuerdo. ‖
Apagar (la couleur, le regard).
— V. pr. Apagarse. ‖ FIG. Extinguirse, apagarse
(mourir).
éteint, e [etɛ̃, ɛ̃:t] adj. Apagado, da : *un regard
éteint,* una mirada apagada. ‖ *Chaux éteinte,* cal
muerta *ou* apagada.
étendage m. Tendido.
étendard [etᾶda:r] m. Estandarte. ‖ FIG. *Il a levé
l'étendard de la révolte,* ha sido el abanderado
de la revolución.
étendoir m. Tendedero (pour étendre le linge). ‖
Secadero (séchoir). ‖ IMPR. Colgador.
étendre v. tr. ● Extender : *étendre ses ailes,*
extender las alas. ‖ Esparcir (répandre). ‖ Tender
(étaler). ‖ Alargar, extender (allonger). ‖ Tender,
acostar (coucher). ‖ Derribar (renverser). ‖ Colgar, tender (du linge). ‖ Aguar (en ajoutant de
l'eau). ‖ FAM. Catear, dar calabazas (à un examen) : *je me suis fait étendre,* me han cateado. ‖
FIG. Ampliar, extender : *étendre ses connaissances,* ampliar sus conocimientos.
— V. pr. Extenderse. ‖ Tenderse, acostarse (se
coucher). ‖ FIG. Extenderse, hablar extensamente : *s'étendre sur un sujet,* hablar extensamente sobre un tema.
— SYN. ● *Allonger,* estirar. *Déployer,* desplegar. *Étaler,*
desplegar. *Étirer,* estirar. *Développer,* desarrollar.
étendu, e adj. Extenso, sa; amplio, plia :
des connaissances étendues, conocimientos muy
amplios. ‖ Extendido, da; desplegado, da : *les
ailes étendues,* las alas extendidas. ‖ Extendido,
da; tendido, da (allongé).
étendue f. Extensión, superficie (surface). ‖
Extensión, duración (durée). ‖ Amplitud, extensión : *l'étendue d'un désastre,* la extensión de un
desastre.
éternel, elle adj. Eterno, na.
— M. Lo eterno. ‖ *L'Éternel,* el Padre eterno.
— SYN. *Sempiternel,* sempiterno. *Immortal,* inmortal.
Perpétuel, perpetuo. *Impérissable,* imperecedero. *Continuel,* continuo. *Pérenne,* perenne. *Perdurable,* perdurable.
éterniser v. tr. Eternizar.
— V. pr. Eternizarse.
éternité f. Eternidad. ‖ — *De toute éternité,* de
tiempo inmemorial, de siempre. ‖ *Il y a une éternité que o depuis une éternité,* hace siglos que,
hace una eternidad que.
éternuement [etɛrnymᾶ] m. Estornudo.
éternuer [-nɥe] v. intr. Estornudar.
étésien adj. m. Etesio (vent).
étêtage *ou* **étêtement** m. Descabezamiento. ‖
Desmoche, descope (d'un arbre).
étêter v. tr. Descabezar (un clou, une épingle). ‖
Desmochar, descopar (un arbre).
éteuf m. (Vx). Pelota, *f.* (balle).
éteule f. Rastrojo, *m.*
éthane m. CHIM. Etano.
éther m. Éter.
éthéré, e adj. Etéreo, a. ‖ POÉT. *La voûte éthérée,*
la bóveda etérea *ou* celeste.
éthérification f. CHIM. Eterificación.
éthérifier* v. tr. CHIM. Eterificar.
éthérisation f. MÉD. Eterización.
éthériser v. tr. MÉD. Eterizar.
éthérisme m. Eterismo.
éthéromane adj. et s. Eterómano, na.
éthéromanie f. Eteromanía.
Éthiopie n. pr. f. GÉOGR. Etiopía.
éthiopien, enne adj. et s. Etíope, etiope.
éthiopique adj. Etiópico, ca.
éthique adj. et s. f. Ético, ca.
ethmoïdal, e adj. Etmoidal.
ethmoïde adj. et s. m. Etmoides (os du crâne).
ethnarchie [ɛtnarʃi] f. Etnarquía.

ethnarque m. Etnarca.
ethnie f. Etnia (race).
ethnique adj. Étnico, ca.
ethnographe m. Etnógrafo.
ethnographie f. Etnografía (étude des races).
ethnographique adj. Etnográfico, ca.
ethnologie f. Etnología.
ethnologique adj. Etnológico, ca.
ethnologiste ou **ethnologue** m. Etnólogo.
éthologie f. Etología (science des mœurs).
éthologique adj. Etológico, ca.
éthopée f. Etopeya.
ethuse f. BOT. Etusa.
éthyle m. CHIM. Etilo.
éthylène m. CHIM. Etileno.
éthylénique adj. Etilénico, ca.
éthylique adj. Etílico, ca.
éthylisme m. Etilismo.
étiage m. Estiaje (d'une rivière).
Étienne n. pr. m. Esteban.
étier m. Canal de salida.
étincelant, e adj. Chispeante, centelleante, resplandeciente (qui étincelle). ‖ Relumbrante, refulgente, deslumbrante, reluciente (brillant). ‖ FIG.
Brillante (style). | Fulgurante (de joie). | Cente-
lleante (de colère).
étinceler* v. intr. ● Chispear, destellar (jeter des
étincelles). ‖ Relumbrar, relucir (briller). ‖ FIG.
Centellear (de colère). | Chispear (de joie, d'es-
prit). | Brillar, resplandecer.
— SYN. ● *Scintiller,* centellear, cintilar. ¹ *Pétiller,*
chisporrotear, chispear.
étincelle f. ● Chispa. ‖ Fulgor, *m.,* brillo, *m.*
(brillant éclat). ‖ FIG. Destello, *m.,* chispa. ‖ —
ÉLECTR. *Étincelle de rupture,* chispa de ruptura.
‖ *Jeter des étincelles,* echar chispas.
— SYN. ● *Bluette,* centella. *Flammèche,* pavesa.
étincellement m. Centelleo, destello. ‖ FIG. Resplandor, brillo.
étiolement m. Marchitamiento, marchitez, *f.,*
ajamiento, ahilamiento (des plantes). ‖ Descoloración, *f.,* palidez, *f.* (de la peau). ‖ FIG. Debilitamiento, debilitación, *f.,* marchitamiento (affaiblissement).
étioler v. tr. Ajar, marchitar (les plantes). ‖ Descolorar, palidecer (la peau). ‖ FIG. Debilitar
(affaiblir).
étiologie f. Etiología (science des causes).
étique adj. Ético, ca; hético, ca (décharné).
étiquetage [etikta:ʒ] m. Acción (*f.*) de poner
etiquetas, etiquetado. ‖ FIG. Clasificación, *f.*
étiqueter* [-te] v. tr. Poner etiquetas, etiquetar.
‖ FIG. Clasificar (classer).
étiqueteur, euse [-tœ:r, ø:z] m. et f. Persona
que pone etiquetas. — F. Etiquetadora.
étiquette f. Etiqueta, membrete, *m.,* marbete, *m.*
(petit écriteau). ‖ Tejuelo, *m.* (au dos d'un livre).
| Etiqueta (cérémonial).
étirable adj. Estirable.
étirage m. Estirado, estiraje (action d'étirer). ‖
Laminado (laminage). ‖ *Banc d'étirage,* hilera de
estirar.
étirer v. tr. Estirar (étendre). ‖ Bojar (le cuir).
— V. pr. FAM. Desperezarse, estirarse.
étireur, euse m. et f. TECHN. Estirador, ra. ‖ —
F. Hilera de estirar, máquina estiradora.
étoc [etɔk] m. MAR. Arrecife, escollo (tête de
rocher).
étoffe f. Tela, tejido, *m.* (tissu) : *étoffe mélangée,*
tela de mezclilla. ‖ FIG. Materia, asunto, *m.*
(sujet). ‖ FIG. et FAM. Ralea, calaña, origen, *m.* :
personne de basse étoffe, persona de baja ralea.
| Madera (d'une personne) : *il a de l'étoffe,* tiene
madera. ‖ TECHN. Acero (*m.*) común. ‖ Pl. IMPR.
Gastos (*m.*) generales. ‖ — *Avoir l'étoffe de,* tener

pasta *ou* madera de. ‖ *Tailler en pleine étoffe,* despacharse a su gusto.

étoffé, e adj. Lleno, na; henchido, da; rico, ca (plein de). ‖ Grueso, sa; corpulento, ta (gros). ‖ Sustancioso, sa (discours, etc.). ‖ Potente, fuerte (voix).

étoffer v. tr. Forrar, tapizar (garnir d'étoffe). ‖ Fig. Vestir (garnir). | Dar consistencia a, dar cuerpo a (un roman, etc.).

étoile f. Astr. Estrella. ‖ Lucero, *m.*, estrella (tache sur le front des chevaux). ‖ Estrellón, *m.* (pièce d'artifice). ‖ Estrella (artiste). ‖ Fig. Estrella, hado, *m.* ‖ Impr. Asterisco, *m.*, estrella. ‖ — *Étoile de mer,* estrellamar, estrella de mar. ‖ Astr. *Étoile du berger* o *du matin,* lucero del alba. ‖ *Étoile du soir,* estrella vespertina. ‖ *Étoile filante,* estrella fugaz. ‖ *Étoile polaire,* estrella polar. ‖ — *À la belle étoile,* al raso, al sereno. ‖ *Être né sous une bonne étoile,* haber nacido con buena estrella.

étoilé, e adj. Estrellado, da. ‖ — *La bannière étoilée,* la bandera estrellada (des États-Unis). ‖ *La voûte étoilée,* la bóveda celeste.

étoilement m. Raja, *f.,* hendidura, *f.* (fêlure). ‖ Chispas, *f. pl.* (étincelles).

étoiler v. tr. Estrellar, constelar (semer d'étoiles). ‖ Agrietar en forma de estrella (fêler).

étole f. Estola (ornement sacerdotal). ‖ Estola, cuello (*m.*) de pieles en forma de estola.

Étolie n. pr. f. Géogr. Etolia.

étolien, enne adj. et s. Etolio, lia.

étonnamment adv. Asombrosamente.

étonnant, e adj. ● Asombroso, sa; sorprendente : *une mémoire étonnante,* una memoria asombrosa. ‖ Extraño, ña (étrange).
— M. Lo extraño.
— Syn. ● *Prodigieux,* prodigioso. *Sensationnel,* sensacional. *Surprenant,* sorprendente. *Fam. Pyramidal,* portentoso. *Stupéfiant,* estupendo. *Ahurissant,* pasmoso. *Renversant,* dislocante. *Formidable,* formidable. *Énorme,* enorme. *Mirobolant,* mirífico. *Phénoménal,* fenomenal. *Faramineux,* extraordinario. *Époustouflant,* pasmoso. *Épatant,* estupendo.

étonnement m. Asombro, estupefacción, *f.* ‖ *Au grand étonnement de,* con gran asombro de. ‖ *Être saisi d'étonnement,* quedarse estupefacto.

étonner v. tr. Asombrar, dejar atónito, ta (stupéfier). ‖ Extrañar, sorprender : *cela m'étonne qu'il ne soit pas venu,* me extraña que no haya venido. ‖ Fig. Agrietar, resquebrajar (lézarder). ‖ *Faire l'étonné,* hacerse el despistado.
— V. pr. Asombrarse, quedar atónito, ta. ‖ Extrañarse, sorprenderse. ‖ — *Cela ne m'étonne pas,* no me extraña. ‖ *Ne s'étonner de rien,* no asombrarse por nada.

étouffade f. V. Étouffée.

étouffage m. Ahogo (des vers à soie). ‖ Ahumado (des abeilles).

étouffant, e adj. Sofocante, ahogante (chaleur).

étouffée f. Culin. Estofado, *m.* ‖ *Cuire à l'étouffée,* estofar.

étouffement m. Ahogo, sofocación, *f.* (asphyxie). ‖ Extinción, *f.* (d'un incendie). ‖ Fig. Sofocación, *f.* (d'une révolte, d'un scandale).

étouffer v. tr. ● Ahogar, asfixiar. ‖ Fig. Echar tierra a un asunto, enterrar (une affaire). ‖ Asfixiar : *la misère étouffe bien des talents,* la miseria asfixia muchos talentos. ‖ Apagar, ahogar, extinguir : *étouffer le charbon,* apagar el carbón. ‖ Fig. Sofocar, reprimir (une révolte, des sanglots, etc.). ‖ Amortiguar (un bruit). ‖ *Ce n'est pas la générosité qui l'étouffe,* no peca de generosidad.
— V. intr. Ahogarse, asfixiarse. ‖ Fam. Reventar : *étouffer de rire,* reventar de risa. ‖ *On étouffe ici,* uno se ahoga aquí.

— V. pr. ◆ Ahogarse, asfixiarse. ‖ — Atragantarse : *s'étouffer en mangeant,* atragantarse comiendo. ‖ Reventar (de rire).
— Syn. ● *Suffoquer,* sofocar. *Asphyxier,* asfixiar. — ◆ *S'étrangler,* ahogarse.

étouffeur, euse m. et f. Ahogador, ra.

étouffoir m. Mus. Apagador (d'un piano). ‖ Fig. et Fam. Horno, ahogadero.

étoupe f. Estopa. ‖ Fig. *Mettre le feu aux étoupes,* echar leña al fuego.

étouper v. tr. Llenar con estopas.

étoupille [etupi:j] f. Estopín, *m.* (dans l'artillerie). ‖ Fulminante (d'une mine).

étourderie f. Atolondramiento, *m.,* aturdimiento, *m.* (caractère, défaut). ‖ Descuido, *m.,* distracción (action étourdie).

étourdi, e adj. et s. Atolondrado, da; distraído, da. ‖ *À l'étourdie,* a la ligera, atolondradamente.
— Syn. *Écervelé,* sin seso, desjuiciado. *Évaporé,* alocado. *Malavisé,* imprudente. *Imprudent,* imprudente. *Inconséquent,* inconsecuente. *Fam. Étourneau,* atolondrado. *Tête de linotte,* cabeza de chorlito.

étourdiment adv. Atolondradamente.

étourdir v. tr. Aturdir, dejar sin sentido : *ce coup de poing l'a étourdi,* este puñetazo le ha dejado sin sentido. ‖ Fig. Aturdir (importuner). | Adormecer, atontar (un parfum). | Atontar (la douleur).
— V. pr. Aturdirse. ‖ Atontarse.

étourdissant, e adj. Aturdidor, ra; ensordecedor, ra (bruit). ‖ Fig. et Fam. Asombroso, sa, sorprendente (surprenant), impresionante.

étourdissement m. Aturdimiento, mareo, desmayo (évanouissement). ‖ Asombro, estupefacción, *f.* (surprise).

étourneau m. Estornino (oiseau). ‖ Fig. Atolondrado, cabeza (*f.*) de chorlito (étourdi).

étrange adj. Extraño, ña; raro, ra (bizarre). ‖ Curioso, sa : *c'est une étrange façon de voir les choses,* es una curiosa manera de ver las cosas.

étranger, ère adj. Extraño, ña : *il est étranger à la famille,* es extraño a la familia. ‖ Ajeno, na; extraño, ña; que no tiene nada que ver : *dissertation étrangère au sujet,* disertación ajena al asunto. ‖ Desconocido, da : *visage étranger,* cara desconocida. ‖ — Méd. *Corps étranger,* cuerpo extraño. ‖ *Ministère des Affaires étrangères,* Ministerio de Asuntos Exteriores. ‖ — Adj. et s. Extranjero, ra (d'une autre nation). ‖ Forastero, ra (d'une autre ville). ‖ Profano, na; desconocedor, ra (qui ne connaît pas) : *étranger aux mathématiques,* profano en matemáticas. ‖ — M. Extranjero : *aller à l'étranger,* ir al extranjero.

étrangeté f. Extrañeza. ‖ Lo extraño, lo raro : *l'étrangeté d'un langage,* lo extraño de un idioma.

étranglé, e adj. Angosto, ta; estrecho, cha (passage). ‖ Oprimido, da; ahogado, da; sofocado, da (voix). ‖ Méd. Estrangulado, da (hernie).

étranglement m. Estrangulación, *f.* ‖ Fig. Angostura, *f.,* estrechamiento, estrechez, *f.* (rétrécissement). ‖ Méd. Estrangulación, *f.* ‖ *Goulot d'étranglement,* estrangulamiento, tapón.

étrangler v. tr. Estrangular, ahogar (tuer). ‖ Fig. Estrangular (une affaire, un projet). ‖ Estrechar, angostar (rétrécir). ‖ Ahogar, apretar, oprimir : *sa cravate l'étrangle,* su corbata le ahoga. ‖ Amordazar : *étrangler la presse,* amordazar la presa. ‖ Mar. Apagar.
— V. intr. et pr. Fig. Ahogarse. | Atragantarse (en mangeant). | Estrecharse : *une vallée qui s'étrangle,* un valle que se estrecha.

étrangleur, euse m. et f. Estrangulador, ra.

étrangloir m. Mar. Mordaza, *f.,* estopor (de l'ancre). | Carga, *f.,* apagapenol (cargue d'une voile).

étranguillon [etrãgijɔ̃] m. Vétér. Estrangol.

étrape f. AGRIC. Honcejo, *m.* (petite faucille).
étraper v. tr. AGRIC. Segar con el honcejo.
étrave f. MAR. Roda, estrave, *m.*
être* [ε:tr] v. intr.

---

1. Cas où *être* doit être traduit par *ser.* —
2. Par *estar.* — 3. *Être* auxiliaire. — 4. *Être*
impersonnel. — 5. *Être* suivi d'une préposition.
— 6. *Être en train de.* — 7. *En être.* —
8. *Y être.* — 9. Emplois divers. — 10. Substituts de *ser* et de *estar.*

---

1. « ÊTRE » EST TRADUIT PAR *ser.* — *a)* Lorsque
l'attribut est un nom, un pronom, une proposition, un infinitif, ou un numéral : *le travail est
mon devoir,* el trabajo es mi deber ; *la plus jolie
est Anne,* la más guapa es Ana ; *un refus n'est
rien,* una negativa no es nada ; *trouver le trésor
est ce qui l'intéresse,* encontrar el tesoro es lo
que le interesa ; *sa distraction préférée est chanter,* su entretenimiento predilecto es cantar ;
aujourd'hui nous sommes douze, hoy somos doce.
b) Lorsque l'attribut, adjectif ou participe passé
employé comme adjectif, exprime une caractéristique essentielle, inhérente au sujet : *cet enfant
est méchant,* este niño es malo ; *la Méditerranée
est bleue,* el Mediterráneo es azul ; *il est obstiné,*
es obstinado.
c) Lorsqu'il s'agit d'une action effectivement
accomplie par l'agent exprimé ou non (en particulier dans les temps de la voix passive) : *il fut
porté par quatre officiers,* fue llevado por cuatro
oficiales ; *être aimée est l'idéal féminin,* ser amada
es el ideal femenino.
d) Avec les adjectifs suivants : heureux (feliz,
dichoso, venturoso), malheureux (infeliz, desdichado, desventurado, desgraciado), certain (cierto),
indubitable (indudable), notoire (notorio), évident (evidente), fréquent (frecuente), possible
(posible), impossible (imposible), probable (probable), improbable (improbable), obligatoire (preciso) et nécessaire (necesario) : *je suis heureux,*
soy feliz ; *la nouvelle est certaine,* la noticia es
cierta.
e) Dans les formules de renforcement : *c'est...
qui, c'est... que,* etc. : *c'est toi qui,* eres tú quien ;
c'est ici que, es aquí donde ; *c'est en automne que
les feuilles tombent,* es en otoño cuando caen las
hojas ; *c'est ainsi qu'il faut faire,* es así como
hay que hacer.
f) Lorsqu'il introduit un complément de cause ou
de but : *cette arme est pour la défense,* esta arma
es para la defensa.

2. « ÊTRE » EST TRADUIT PAR *estar.* — *a)* Lorsque
l'adjectif ou le participe passé attribut expriment
un état accidentel : *le linge est mouillé,* la ropa
está mojada ; *l'enfant est triste à la fin des
vacances,* el niño está triste a fines de las vacaciones ; *l'après-midi est ensoleillée,* la tarde está
soleada ; *mon oncle est malade,* mi tío está
enfermo ; *Isabelle est jolie aujourd'hui,* Isabel
está guapa hoy ; *la soupe est trop salée,* la sopa
está demasiado salada.
b) Pour exprimer une localisation dans l'espace
ou dans le temps : *il est dans le jardin,* está en
el jardín ; *nous sommes en automne,* estamos en
otoño ; *nous sommes le trois mars,* estamos a tres
de marzo.
c) Lorsqu'il s'agit d'un état ou du résultat d'une
action, sans envisager l'action elle-même : *l'Espagne est séparée de la France par les Pyrénées,*
España está separada de Francia por el Pirineo ;
le chêne est coupé, el roble está cortado.
d) Avec les adjectifs suivants : content (contento),

mécontent (descontento), satisfait (satisfecho),
insatisfait (insatisfecho), seul (solo), malade
(enfermo) : *je suis content,* estoy contento ; *il est
seul,* está solo, etc.

3. « ÊTRE » AUXILIAIRE. — *a)* Traduit par *haber*
pour la formation des temps composés : *nous
sommes venus,* hemos venido ; *je m'étais promené,*
me había paseado ; *elle se serait blessée,* se hubiera
herido. (Il faut remarquer que le participe passé
est alors invariable en espagnol.)
b) Traduit par *ser* pour la formation de la voix
passive lorsque c'est la réalisation de l'action qui
est envisagée : *elle a été blessée,* ha sido herida ;
Goya est admiré par tous, Goya es admirado por
todos.

4. « ÊTRE » IMPERSONNEL. — *a)* Traduit par *ser* avec
un adverbe, une locution adverbiale, un complément de lieu ou de temps, lorsque le sujet est
impersonnel : *entre, c'est ici,* pasa, es aquí ; *ce
sera en été,* será en verano ; *il est une heure,* es
la una ; *il était cinq heures,* eran las cinco.
b) Traduit par *ser* avec un adjectif faisant partie
d'une expression impersonnelle : *il est fréquent
de le voir,* es frecuente verlo ; *il est utile de réfléchir,* es útil reflexionar (il faut remarquer cependant que « claro » se construit avec estar : *il est
clair qu'il est ivre,* está claro que está borracho.)
c) Traduit par *haber* dans l'expression « il est
des... » signifiant « il y a » : *il est des personnes
dangereuses,* hay personas peligrosas.
d) Expressions impersonnelles : *comme si de rien
n'était,* como quien no quiere la cosa : *il l'a fait
comme si de rien n'était,* lo hizo como quien no
quiere la cosa. ‖ *Il en est de,* los *ou* las hay : *il
en est de bêtes,* los hay tontos ; lo hay : *il n'en
est pas de meilleur,* no lo hay mejor ; ocurre,
pasa : *il en est de même pour lui,* lo mismo le
ocurre a él, lo mismo pasa con él. ‖ *Il est encore
temps,* todavía hay tiempo. ‖ *Il est temps de,* ya
es hora de. ‖ *Il était temps !,* ¡menos mal !, ¡ya
era hora ! ‖ *Il était une fois,* érase una vez, érase
que se era. ‖ *Il ne m'est rien,* no me toca nada
(parenté). ‖ *Il n'en est rien,* no hay nada de eso. ‖
S'il en est ainsi, si así es. ‖ *Toujours est-il que,*
lo cierto es que.

5. « ÊTRE » SUIVI D'UNE PRÉPOSITION. — *a)* Être à.
— Estar en : *être à Paris,* estar en París ; *être au
mois de décembre,* estar en el mes de diciembre ;
être à jeun, estar en ayunas. ‖ Ser de : *ils sont à
son père,* son de su padre. ‖ Ser (et un possessif) :
la maison est à moi, la casa es mía. ‖ Estar por :
tout cela est à faire, todo eso está por hacer. ‖
Ser para : *cet argent est à donner,* este dinero
es para darlo ; *c'est à devenir fou,* es para volverse loco. ‖ Estar a (exposé à) *ou* en (au milieu
de) : *être au soleil,* estar al sol ; *être au centre,*
estar en el centro. ‖ Avec un infinitif, la préposition à ne se traduit pas et le verbe complément
se met au gérondif : *être toute la journée à courir,*
estar todo el día corriendo.
b) Être à même de. — Ser capaz de : *il est à
même de faire cela,* es capaz de hacer eso.
c) Être après. — Estar después de *ou* que : *je
suis après lui,* estoy después de él. ‖ Ocuparse en,
dedicarse a : *je suis après ce travail,* me ocupo en
este trabajo. ‖ Meterse con : *être après quelqu'un,*
meterse con uno.
d) Être dans. — Estar en, encontrarse en : *être
dans une mauvaise situation,* estar en mala situación. ‖ Estar entre, ser de : *il est dans les premiers de sa classe,* es de *ou* está entre los primeros de su clase. ‖ Dedicarse a, estar metido en :
être dans les affaires, dedicarse a los negocios.
e) Être de. — Ser de : *il est de Buenos Aires,* es
de Buenos Aires. ‖ Estar de : *être de garde,* estar
de guardia. ‖ Formar parte, estar en : *être de*

l'affaire, formar parte del negocio. ‖ Estar entre, ser de : *il est des meilleurs,* está entre los mejores. *f)* Être en. — Estar en : *être en Espagne,* estar en España ; *être en chemise,* estar en camisa. ‖ Estar de : *il est en promenade,* está de paseo. ‖ Ser de : *ce portefeuille est en cuir,* esta cartera es de cuero.

g) Être pour. — Ser para : *ceci est pour vous,* esto es para usted. ‖ Ser partidario de, estar por : *je suis pour cette équipe,* soy partidario de este equipo.

6. Être en train de (suivi d'un infinitif). — Estar (suivi du gérondif) : *il est en train de manger,* está comiendo.

7. En être. — Ir : *où en êtes-vous?,* ¿por dónde va usted?; *il ne sait plus où il en est,* no sabe por dónde va. ‖ Estar : *où en sommes-nous?,* ¿dónde estamos?, ¿en qué punto estamos? ‖ Ocurrir, haber : *voilà où qu'il en est,* esto es lo que hay. ‖ Haber llegado : *il n'en est pas là,* no ha llegado a ese extremo. ‖ *Il n'en est pas à ça près,* a él qué más le da. ‖ *J'en suis,* cuente conmigo.

8. Y être. — Estar : *si l'on me demande, je n'y suis pas,* si preguntan por mí, no estoy. ‖ Dar con ello, estar en ello, caer en ello, comprender : *y êtes-vous?,* ¿cae usted en ello?; *j'y suis,* ya caigo, ya comprendo. ‖ *Ça y est!,* ¡ya está! ‖ *J'y suis, j'y reste,* aquí estoy y aquí me quedo. ‖ *Nous y sommes?,* ¿estamos? ‖ *N'y être pour rien,* no tener nada que ver, no tener la culpa.

9. Emplois divers. — *Ainsi soit-il,* así sea. ‖ *C'est à,* es para : *c'est à mourir de rire,* es para morirse de risa; corresponder, tocar : *c'est à moi de faire ce travail,* a mí me toca hacer este trabajo. ‖ *Ce n'est pas que...,* no es que... ‖ *Ce n'est pas tout ça* o *ce n'est pas le tout, mais...,* con todo y con eso. ‖ *Ce que c'est que de,* lo que ocurre por : *ce que c'est que de trop manger,* lo que ocurre por comer demasiado. ‖ *C'est à qui?* o *à qui est-ce?,* ¿de quién es? (possession) ; ¿a quién le toca? (tour). ‖ *C'est à qui sera le plus malin,* ya veremos quien será el más astuto. ‖ *C'est moi,* soy yo. ‖ *C'est toujours ça de pris,* peor es nada, menos da una piedra. ‖ *En être de sa poche,* poner de su bolsillo. ‖ *Est-ce que...?,* ¿es que...? ‖ *Est-il bête!,* ¡qué tonto es! ‖ *Être en reste,* ser menos : *je ne veux pas être en reste,* no quiero ser menos. ‖ *Être en train,* estar animado. ‖ *Être sur le point de,* estar a punto *ou* a pique de. ‖ *Être tenté* o *d'avis de,* estar por : *je suis tenté de dire qu'il a tort,* estoy por decir que está equivocado. ‖ *Fût-il,* aunque fuese. ‖ *Fût-il,* aun cuando fuera. ‖ *Le combien sommes-nous?,* ¿a cuánto estamos? ‖ *Ne pas être disposé à* o *d'humeur à,* no estar para. ‖ *Ne pas être en état de,* no estar para; *je ne suis plus en état de danser,* no estoy ya para bailar. ‖ *N'est-ce pas?,* ¿verdad?, ¿no es verdad? ‖ *N'eut été, n'était,* si no hubiera sido, si no fuera. ‖ *Quoiqu'il en soit,* sea lo que sea *ou* sea lo que fuere. ‖ *Si j'étais vous,* si yo fuera usted, si estuviese en su lugar. ‖ *Soit,* sea. ‖ *Soit... soit,* ya sea... ya sea; ora..., ora ; ya... ya. ‖ *Tant que nous y sommes,* ya que estamos. ‖ *Vous en êtes un autre!,* ¡más lo es usted! ‖ *Vous n'êtes pas sans savoir que,* usted no ignora que. ‖ *Vous n'y êtes pas du tout!,* ¡está lejos de la cuenta!

10. Substituts de *ser* et de *estar.* — On peut parfois remplacer *ser* et *estar,* dont l'emploi n'est pas toujours très facile, par des semi-auxiliaires :

a) Par *resultar* ou *quedar* lorsque l'attribut indique la conséquence de faits antérieurs : *il a été blessé dans un accident,* resultó herido en un accidente; *il a été transformé par son voyage,* quedó transformado por su viaje.

b) Par *ir* (*il est très bien habillé,* va muy bien vestido), *andar* (*il est toujours mécontent,* anda siempre descontento), *encontrarse* ou *hallarse* (*nous étions là à neuf heures,* nos encontrábamos allí a las nueve), *llegar* (*les trains sont toujours à l'heure,* los trenes siempre llegan a la hora);

c) Par *seguir* ou *continuar* lorsqu'il s'agit d'exprimer la persistance d'un état ou d'une qualité : *il est encore malade,* sigue enfermo; *il est toujours à l'université,* continúa en la universidad.

d) Les formes passives sont peu employées en espagnol, on leur préfère généralement la forme active si le complément d'agent est exprimé et l'emploi du réfléchi s'il ne l'est pas : *les blés sont coupés par les moissonneurs,* las segadoras siegan los trigales; *le musée est fermé à cinq heures,* el museo se cierra a las cinco; *l'espagnol est parlé dans le monde entier,* se habla español en el mundo entero.

être m. Ser : *les êtres vivants,* los seres vivos. ‖ Philos. Ente : *être de raison,* ente de razón. ‖ Ser (l'existence). ‖ *L'Être Suprême,* el Ser Supremo.

étrécir v. tr. (Vx). Estrechar.

étrécissement m. (Vx). Estrechamiento (action). ‖ Estrechura, *f.,* estrechez, *f.* (état).

étreindre* v. tr. Apretar, estrechar (serrer fortement). ‖ Abrazar, estrechar (serrer dans les bras). ‖ Ceñir (envelopper). ‖ Fig. Oprimir (opprimer). ‖ *Qui trop embrasse mal étreint,* quien mucho abarca poco aprieta.

étreinte [etrɛ̃:t] f. Abrazo, *m.* ‖ Apretón, *m.* (poignée de main). ‖ Fig. Opresión.

étrenne f. Estreno, *m.* (premier usage). ‖ Regalo, *m.,* obsequio, *m.* (cadeau). ‖ *En avoir l'étrenne,* estrenar. ‖ Pl. Regalo (*m. sing.*) de año nuevo, aguinaldo, *m. sing.* (cadeau du jour de l'an) : *donner des étrennes,* dar el aguinaldo.

étrenner v. tr. Estrenar. ‖ (Vx). Regalar.

êtres m. pl. Disposición (*f. sing.*) de una casa (aîtres).

étrésillon [etrezijɔ̃] m. Codal, entibo (étai).

étrésillonnement [-jɔnmɑ̃] m. Archit. Acodalamiento, entibación, *f.*

étrésillonner [-jɔne] v. tr. Archit. Acodalar, entibar (étayer).

étrier m. Estribo (de cavalier). ‖ Estribo (osselet de l'oreille). ‖ Techn. Trepador (pour s'accrocher). ‖ Collar (tuyaux, poutres). ‖ Brida (*f.*) de fijación. ‖ *— À franc étrier,* a rienda suelta, a todo galope. ‖ *Coup de l'étrier,* la espuela, el último trago, el mate del estribo. ‖ *— Avoir le pied à l'étrier,* tener el pie en el estribo. ‖ Fig. *Tenir l'étrier à quelqu'un,* ayudar a uno, echar una mano a uno. ‖ *Vider* o *perdre les étriers,* perder los estribos.

étrille [etri:j] f. Almohaza, rascadera (brosse de fer). ‖ Nécora (crabe).

étriller [-je] v. tr. Almohazar (frotter avec l'étrille). ‖ Fig. Zurrar, sacudir a uno el polvo (malmener, battre). ‖ Desollar, criticar duramente (un auteur). ‖ Fig. et Fam. Desplumar, clavar (faire payer trop cher).

étripage m. Destripamiento (de poisson).

étriper v. tr. Destripar.

étriqué, e adj. Apretado, da; demasiado justo, estrecho, cha (qui manque d'ampleur). ‖ Fig. Mezquino, na; sucinto, ta (réduit).

étriquer v. tr. Estrechar, achicar, recortar : *étriquer une robe,* estrechar un vestido. ‖ Fig. Acortar, reducir (réduire).

étrive f. Mar. Cruz.

étrivière f. Ación, estribera (courroie de l'étrier). ‖ Fig. et Fam. *Donner les étrivières,* azotar, zurrar la badana.

étroit, e [etrwa, wat] adj. ● Estrecho, cha : *costume étroit*, traje estrecho. ‖ Angosto, ta ; estrecho, cha : *passage étroit*, paso angosto. ‖ FIG. Limitado, da ; de pocos alcances : *esprit étroit*, mentalidad limitada. | Íntimo, ma ; estrecho, cha : *une étroite amitié*, una amistad íntima. | Estricto, ta ; riguroso, sa : *étroite obligation*, obligación estricta. ‖ *À l'étroit*, estrechamente (dans peu d'espace).
— OBSERV. *Estrecho* signifie simplement *peu large*. *Angosto* y ajoute une idée de resserrement, d'encaissement.
— SYN. ● *Étriqué*, apretado, demasiado justo. *Rétréci*, estrecho.

étroitement adv. Estrechamente. ‖ FIG. Estrictamente, rigurosamente. | Estrechamente, muy de cerca : *surveiller étroitement un prisonnier*, vigilar a un preso muy de cerca.

étroitesse f. Estrechez, estrechura. ‖ FIG. Estrechez : *étroitesse de vues*, estrechez de miras.

étron m. POP. Mojón, zurullo.

étronçonner v. tr. Cortar las ramas salvo la copa a un árbol escamondar.

Étrurie n. pr. f. GÉOGR. Etruria.

étrusque adj. et s. Etrusco, ca.

étude f. Estudio, *m*. (salle de travail, application). ‖ Bufete, *m.*, despacho, *m*. [*Amér.*, estudio] (d'un avocat, d'un notaire). ‖ Estudio, *m*. (projet). ‖ Carrera : *quelles études faites-vous ?*, ¿qué carrera hace usted ? ; *voyage de fin d'études*, viaje de fin de carrera. ‖ — Pl. Estudios. ‖ — *Étude du marché*, estudio ou investigación del mercado, mercadeo, comercialización. ‖ *Salle d'étude*, sala de estudios, estudio. ‖ — *À l'étude*, en estudio. ‖ *Avoir étude*, tener estudio. ‖ *Faire ses études de médecine*, estudiar para médico, estudiar medicina.

étudiant, e m. et f. Estudiante.

étudié, e adj. Estudiado, da ; pensado, da ; concebido, da : *carrosserie bien étudiée*, carrocería bien estudiada. ‖ Afectado, da ; falso, sa (affecté). ‖ *Prix étudié*, precio alambicado ou estudiado.

étudier* v. tr. et intr. Estudiar.
— V. pr. Observarse, estudiarse (s'observer). ‖ S'étudier à, ejercitarse en (s'appliquer à), esforzarse en (s'efforcer de).
— SYN. *Apprendre*, aprender. *S'instruire*, instruirse. *Fam. Travailler*, trabajar, estudiar. *Bûcher, potasser*, empollar.

étui m. Estuche : *étui à lunettes*, estuche de ou para gafas. ‖ Funda, *f*. (de fusil, violon, etc.). ‖ Librillo (de papier à cigarettes). ‖ — *Étui à aiguilles*, alfiletero. ‖ *Étui à cigarettes*, petaca, pitillera. ‖ *Étui de cartouche*, casquillo.

étuvage m. Secado [en la estufa].

étuve f. Estufa. ‖ Estufa, baño (*m*.) turco (chambre de bain). ‖ FIG. Estufa, baño (*m*.) turco : *cette chambre est une étuve*, esta habitación es un baño turco.

étuvée f. V. ÉTOUFFÉE.

étuver v. tr. Estofar (cuisine). ‖ MÉD. Lavar (une blessure ou une plaie). ‖ TECHN. Secar en la estufa.

étuveur m. ou **étuveuse** f. Estufa, *f*.

étymologie f. Etimología.

étymologique adj. Etimológico, ca.

étymologiste m. Etimologista.

eubage m. (Vx.) Sacerdote galo.

Eubée n. pr. f. GÉOGR. Eubea.

eucalyptol m. Eucaliptol.

eucalyptus [økaliptys] m. Eucalipto (arbre).

eucharistie [økaristi] f. Eucaristía.

eucharistique [-tik] adj. Eucarístico, ca.

Euclide n. pr. m. Euclides.

euclidien, enne adj. Euclidiano, na (d'Euclide).

eucologe m. Eucologio.

eudémonisme m. Eudemonismo.

eudiomètre m. PHYS. Eudiómetro.

eudiométrie f. PHYS. Eudiometría.

eudiométrique adj. Eudiométrico, ca.

Eudoxie n. pr. f. Eudoxia.

Eugène n. pr. m. Eugenio.

eugénésie f. BIOL. Eugenesia.

Eugénie n. pr. f. Eugenia.

eugénisme m. Eugenismo.

euh ! interj. ¡Eh !, ¡oh !

Eulalie n. pr. f. Eulalia.

Euloge n. pr. m. Eulogio.

eunecte m. Anaconda, *f.*, eunecte (espèce de boa).

eunuque m. Eunuco.

eupatoire f. BOT. Eupatorio, *m*.

Euphémie n. pr. f. Eufemia.

euphémisme m. Eufemismo.

euphonie f. Eufonía.

euphonique adj. Eufónico, ca.

euphorbe f. BOT. Euforbio, *m*.

euphorbiacées f. pl. BOT. Euforbiáceas.

euphorie f. Euforia.

euphorique adj. Eufórico, ca.

euphraise f. Eufrasia (plante).

Euphrasie n. pr. f. Eufrasia.

Euphrates n. pr. m. GÉOGR. Éufrates.

euphuisme m. Eufuismo (préciosité).

Eurasie n. pr. f. GÉOGR. Eurasia.

eurasien, enne adj. et s. Eurasiático, ca.

Euripide n. pr. m. Eurípides.

Europe n. pr. f. GÉOGR. Europa.

européaniser v. tr. Europeizar.

européen, enne adj. et s. Europeo, a. ‖ Europeísta (favorable au Marché Commun).

européisant, e adj. Europeísta.

Eurydice n. pr. f. Eurídice.

eurythmie f. Euritmia.

eurythmique adj. Eurítmico, ca.

euscarien, enne adj. et s. Éuscaro, ra (du Pays basque).

Eusèbe n. pr. m. Eusebio.

Eusébie n. pr. f. Eusebia.

eustache m. Faca, *f.*, navaja, *f.* (couteau).

Eustache n. pr. m. Eustaquio.

eutectique adj. Eutéctico, ca (mélange).

euthanasie f. Eutanasia (mort sans douleur).

Euthyme n. pr. m. Eutimio.

euthymie f. Eutimia, sosiego, *m*.

Euthrope n. pr. m. Eutropio.

eutychéen, enne [øtikeē, ɛn] adj. et s. RELIG. Eutiquiano, na.

eux [ø] pron. pers. [3e pers. du m. pl.] Ellos.

évacuant, e adj. et s. MÉD. Evacuante.

évacuateur adj. MÉD. Evacuante, evacuativo, va.
— M. *Evacuateur de crues*, aliviadero (de barrage).

évacuation f. Evacuación.

évacuer v. tr. Evacuar (vider). ‖ *Faire évacuer les lieux*, despejar el sitio, el lugar ou el local.

évadé, e adj. et s. Evadido, da.

évader (s') v. pr. Evadirse, escaparse.

évagination f. Evaginación.

évaluable adj. Apreciable, que se puede evaluar.

évaluation f. Valuación, valoración, estimación (appréciation). ‖ Cálculo, *m.* : *évaluation des frais*, cálculo de gastos.

évaluer v. tr. Valuar, evaluar (estimer, calculer le prix) : *évaluer à cent mille francs*, valuar en cien mil francos. ‖ Calcular, estimar : *évaluer la population*, calcular la población. ‖ Estimar : *on évalue à 5 °C la température aujourd'hui*, se estima que la temperatura de hoy es cinco grados. ‖ Valorizar : *il faut savoir évaluer les avantages et les inconvénients*, hay que saber valorizar las ventajas y los inconvenientes. ‖ Valorar (fixer un prix).

— OBSERV. Les dictionnaires donnent les mots *valuar, avaluar, evaluar, valorar,* comme synonymes. *Evaluar* est une forme récente imitée du français et *valorar* signifie *fixer, mettre un prix déterminé. Valuar* se conjugue ainsi : *valúo, valúas... ; valúe, valúes...,* etc.

évanescence [evanɛssɑ̃:s] f. Evanescencia, desaparición paulatina.
évanescent, e [-sɑ̃, ɑ̃:t] adj. Evanescente.
évangéliaire m. Evangeliario (livre).
évangélique adj. Evangélico, ca.
évangélisateur, trice adj. et s. Evangelizador, ra.
évangélisation f. Evangelización.
évangéliser v. tr. Evangelizar.
évangélisme m. Evangelismo.
évangéliste m. Evangelista.
évangile m. Evangelio.
évanoui, e adj. Desvanecido, da (disparu). ‖ Desmayado, da (qui a perdu connaissance).
évanouir (s') v. pr. Desvanecerse (disparaître). ‖ Desmayarse, perder el sentido (perdre connaissance).
évanouissement m. ● Desvanecimiento, desmayo. ‖ Desvanecimiento (disparition).
— SYN. ● *Syncope,* síncope. *Défaillance,* desfallecimiento, desmayo. *Faiblesse,* desmayo. *Iron. Pâmoison,* soponcio, patatús.
évaporable adj. Evaporable.
évaporateur m. Evaporador.
évaporation f. Evaporación.
évaporatoire adj. Evaporatorio, ria.
évaporé, e adj. Evaporado, da. ‖ — Adj. et s. FIG. Atolondrado, da; alocado, da.
évaporer v. tr. Evaporar.
— V. pr. Evaporarse. ‖ FIG. Alocarse (se dissiper). | Desaparecer, disiparse, desvanecerse, evaporarse (disparaître).
Évariste n. pr. m. Evaristo.
évasé, e adj. Ensanchado, da; ancho, cha de boca (large). ‖ — *Jupe évasée,* falda acampanada, ligeramente ensanchada. ‖ *Verre évasé,* vaso ancho de boca.
évasement m. Ensanche, ensanchamiento. ‖ Anchura, f. (largeur).
évaser v. tr. Ensanchar : *évaser un tuyau,* ensanchar un tubo. ‖ Abocardar (élargir une ouverture avec un outil).
— V. pr. Ensancharse.
évasif, ive adj. Evasivo, va : *réponse évasive,* respuesta evasiva.
évasion f. Evasión, fuga. ‖ *Evasion des capitaux,* fuga de capitales.
évasivement adv. Evasivamente, de modo evasivo.
évasure f. Ensanche, *m.*
Ève n. pr. f. Eva. ‖ *Ne connaître ni d'Ève ni d'Adam,* no conocer ni por asomo.
évêché m. Obispado.
évection f. ASTR. Evección.
éveil [evɛj] m. Despertar : *à son éveil,* a su despertar. ‖ *En éveil,* alerta, sobre aviso, en vilo. ‖ — *Donner l'éveil* o *mettre en éveil* poner en guardia, dar la alerta. ‖ *Être, se tenir en éveil,* estar sobre aviso, estar alerta. ‖ *Tenir en éveil,* mantener en vilo.
éveillé, e [-je] adj. Despierto, ta (réveillé). ‖ FIG. Despierto, ta; despabilado, da (vif).
éveiller [-je] v. tr. Despertar (réveiller). ‖ FIG. *Éveiller l'attention,* despertar *ou* llamar la atención.
— V. pr. Despertarse.
événement m. Acontecimiento, suceso. ‖ Acontecimiento : *la sortie de ce livre est un événement,* la salida de este libro es un acontecimiento. ‖

(Vx). Evento, resultado (résultat, issue). ‖ *À tout événement,* a todo evento.
évent [evɑ̃] m. (Vx). Aire, aire libre, oreo (grand air). ‖ Alteración, *f.,* descomposición, *f.* (à l'air). ‖ Desbravación, *f.* (du vin). ‖ Respiradero (conduit d'aération). ‖ FIG. *Tête à l'évent,* cabeza a pájaros. ‖ *Mettre à l'évent,* ventilar, airear, exponer al aire libre. ‖ — Pl. Albricias, *f.,* respiraderos (en fonte). ‖ ZOOL. Narices, *f.* (des cétacés).
éventail [evɑ̃taj] m. Abanico : *des éventails de toutes couleurs,* abanicos de todos los colores. ‖ — *Éventail des prix,* abanico de los precios, gama de precios. ‖ *Éventail des salaires,* abanico de salarios. ‖ — *En éventail,* en abanico.
éventailliste m. et f. Abaniquero, ra.
éventaire m. Cesta, *f.,* canasto [de los vendedores ambulantes]. ‖ Escaparate exterior, mostrador (étalage). ‖ Puesto (étal).
éventé, e adj. Ventilado, da; oreado, da; aireado, da (aéré). ‖ Picado, da; echado, da, a perder (altéré). ‖ Desbravado, da (le vin). ‖ AGRIC. Aventado, da (le grain). ‖ FIG. Descubierto, ta; divulgado, da (découvert).
éventer v. tr. Ventilar, airear, orear (exposer au vent). ‖ Abanicar (avec l'éventail). ‖ Destruir (une mine). ‖ Apagar (la mèche). ‖ Husmear (chien). ‖ AGRIC. Aventar, apalear (le grain). ‖ FIG. Descubrir (découvrir), husmear (deviner). ‖ MAR. Orientar una vela para que reciba el viento. ‖ — *Éventer la mèche,* descubrir el pastel. ‖ *Éventer un secret,* descubrir, divulgar un secreto.
— V. pr. Abanicarse (avec l'éventail). ‖ Echarse a perder, alterarse al aire (un produit), desbravarse (le vin). ‖ FIG. Descubrirse (un secret).
éventration f. MÉD. Eventración.
éventrer v. tr. Destripar (blesser au ventre). ‖ FIG. Romper, abrir, reventar (crever). | Despanzurrar : *maison éventrée par les obus,* casa despanzurrada por los obuses.
éventualité f. Eventualidad. ‖ Posibilidad.
éventuel, elle adj. Eventual. ‖ Posible : *clients éventuels,* posibles clientes.
éventuellement adv. Eventualmente. ‖ Si se tercia, llegado el caso (le cas échéant).
évêque m. Obispo.
évertuer (s') v. pr. Desvelarse por, afanarse por (faire des efforts pour). ‖ Cansarse de : *je m'évertue à vous le dire,* me canso de decírselo.
éviction f. DR. Evicción. ‖ FIG. Despojo, *m.,* desposesión. ‖ *Éviction scolaire,* prohibición de asistir a un establecimiento escolar a causa de una enfermedad contagiosa.
évidage ou **évidement** m. Vaciamiento, vaciado (action). ‖ Cavidad, *f.,* hueco (creux). ‖ MÉD. Raspado (d'un os).
évidemment [evidamɑ̃] adv. Evidentemente (de façon évidente). ‖ Claro está, por supuesto, desde luego, naturalmente, cómo no (certainement).
évidence f. Evidencia : *démontrer une évidence,* demostrar una evidencia. ‖ — *De toute évidence,* con toda evidencia, sin duda alguna, a todas luces. ‖ — *C'est l'évidence même,* es completamente evidente, está más claro que el agua. ‖ *Mettre en évidence,* poner en evidencia (gallicisme). ‖ *Se mettre en évidence,* llamar la atención, ponerse en evidencia. ‖ *Se rendre à l'évidence,* *ver ou* admitir las cosas como son.
évident, e adj. Evidente; patente, obvio, via.
— SYN. *Constant,* constante. *Patent,* patente. *Positif,* positivo. *Formel,* formal. *Flagrant,* flagrante.
évider v. tr. Vaciar, ahuecar (creuser). ‖ Recortar (découper). ‖ Escotar (échancrer). ‖ ARCHIT. Calar. ‖ MÉD. Raspar.
évier m. Fregadero, pila, *f.* (d'une cuisine). ‖ Vertedero, sumidero (d'écoulement des eaux).
évincement m. DR. Despojamiento, despojo, evic-

ción, f. ‖ Desposeimiento (dépossession). ‖ Fig. Eliminación, f., exclusión, f.

évincer* v. tr. Dr. Despojar. ‖ Eliminar, excluir (éliminer). ‖ Fig. Suplantar, desposeer (supplanter).

évitable adj. Evitable.

évitage m. Mar. Borneo.

évitement m. Evitación, f., prevención, f. ‖ *Voie d'évitement,* apartadero (chemin de fer).

évite-molettes m. inv. Salvapoleas.

éviter v. tr. ● Evitar. ‖ Evitar, procurar : *évite de lui en parler,* procura no hablarle de esto. — V. intr. Mar. Bornear.

— Syn. ● *Fuir,* huir. *Éluder,* eludir. *Esquiver,* esquivar. *Parer,* parar, quitar. *Prévenir,* prevenir, precaver. *Obvier,* obviar.

évocable adj. Evocable.

évocateur, trice adj. Evocador, ra.

évocation f. Evocación : *évocation du passé,* evocación del pasado. ‖ Dr. Avocación.

évocatoire adj. Evocatorio, ria.

évohé! ou **évoé!** interj. ¡Evohé! (exclamation en l'honneur de Bacchus).

évoluer v. intr. Evolucionar. ‖ Fig. Evolucionar : *maladie qui évolue,* enfermedad que evoluciona. ‖ Transformarse, evolucionar, cambiar : *système qui évolue,* sistema que se transforma. ‖ Fig. Evolucionar, adelantar : *un peuple évolué,* un pueblo adelantado. ‖ Seguir su curso : *ça évolue normalement,* sigue normalmente su curso. ‖ Mar. Evolucionar, maniobrar : *escadre qui évolue,* escuadra que evoluciona.

évolutif, ive adj. Evolutivo, va.

évolution f. Evolución. ‖ Cambio, m., transformación (changement).

évolutionnisme m. Philos. Evolucionismo.

évolutionniste adj. et s. Philos. Evolucionista.

évoquer v. tr. Evocar. ‖ Tratar de, mencionar : *évoquer un problème,* tratar un problema. ‖ Dr. Avocar (une cause).

evzone m. Evzono, soldado de infantería (en Grèce).

ex préf. Ex : *ex-ministre,* ex ministro.

ex abrupto loc. adv. Ex abrupto, bruscamente.

exacerbation f. Exacerbación, exacerbamiento, m.

— Syn. *Paroxysme, paroxismo. Redoublement,* redoblamiento, redoble. *Recrudescence,* recrudescencia.

exacerber v. tr. Exacerbar.

exact, e [ɛgzakt ou ɛgza] adj. Exacto, ta. ‖ Exacto, ta ; puntual : *employé exact,* empleado exacto.

exacteur m. Persona que comete una exacción.

exaction f. Exacción.

exactitude f. Exactitud. ‖ ● Puntualidad (ponctualité).

— Syn. ● *Ponctualité,* puntualidad. *Régularité,* regularidad.

ex aequo [ɛgzeko ou ɛgzekwo] loc. adv. et s. m, Ex aequo.

exagérateur, trice adj. et s. Exagerador, ra.

exagératif, ive adj. Exagerativo, va.

exagération f. Exageración.

exagéré, e adj. Exagerado, da. — M. Lo exagerado.

exagérer* v. tr. ● Exagerar : *exagérer le maquillage des yeux,* exagerar el maquillaje de los ojos. — V. intr. Abusar, exagerar (abuser).

— Syn. ● *Outrer,* extremar, desmedir. Fam. *Bluffer,* hacer un bluff, farolear. Pop. *Attiger,* exagerar.

exaltant, e adj. Exaltante, exaltador, ra.

exaltation f. Exaltación, exaltamiento, m.

exalté, e adj. et s. Exaltado, da.

exalter v. tr. Exaltar.

examen [ɛgzamɛ̃] m. Examen : *examen de conscience,* examen de conciencia. ‖ *Examen médical,* reconocimiento médico. ‖ *Libre examen,* libre examen. ‖ *Faire passer un examen,* exa-

minar. ‖ *Passer un examen,* sufrir un examen, examinarse.

examinateur, trice m. et f. Examinador, ra.

examiner v. tr. ● Examinar (observer attentivement). ‖ Examinar (interroger un candidat). ‖ Méd. Reconocer, examinar.

— Syn. ● *Inspecter,* inspeccionar. *Scruter,* escrutar. *Sonder,* sondear. *Visiter,* visitar.

exanthémateux, euse ou **exanthématique** adj. Méd. Exantemático, ca : *typhus exanthématique,* tifus exantemático.

exanthème m. Méd. Exantema (éruption).

exarchat [ɛgzarka] m. Exarcado.

exarque m. Exarca (gouverneur byzantin).

exarthrose f. Méd. Exartrosis (luxation).

exaspérant, e adj. Exasperante, irritante.

exaspération f. Exasperación. ‖ Agravación extrema (d'une maladie).

exaspérer* v. tr. Exasperar. — V. pr. Exasperarse.

exaucement [ɛgzosmɑ̃] m. Acogida (f.) favorable, concesión, f., otorgamiento. ‖ Cumplimiento, satisfacción, f. (d'une prière).

exaucer* [-se] v. tr. Satisfacer a, atender, cumplir (satisfaire). ‖ Conceder, otorgar (accorder).

excavateur m. ou **excavatrice** f. Excavadora, f. (machine).

excavation f. Excavación.

excaver v. tr. Excavar.

excédant, e adj. Excedente : *sommes excédantes,* sumas excedentes. ‖ Fig. et Fam. Insoportable, cargante (qui importune).

excédent m. Excedente : *excédents agricoles,* excedentes agrícolas. ‖ Superávit : *l'excédent de la balance commerciale,* el superávit de la balanza comercial. ‖ Exceso (de poids) : *excédent de bagages,* exceso de equipaje.

— Observ. Obsérvese la diferencia ortográfica con el adjetivo *excédant.*

excédentaire adj. Excedente, sobrante.

excéder* v. tr. Exceder, superar, sobrepasar (dépasser). ‖ Abusar de, ir más allá de : *excéder ses forces,* abusar de sus fuerzas. ‖ Extralimitarse de : *excéder son pouvoir,* extralimitarse de su autoridad. ‖ Fig. Agotar (fatiguer) | Ser superior a las fuerzas de uno, crispar : *Être excédé,* estar harto.

excellence f. Excelencia. ‖ *Par excellence,* por excelencia.

excellent, e adj. Excelente. ‖ Óptimo, ma ; excelente : *un excellent débouché,* una salida óptima. ‖ Inmejorable : *une ambiance excellente,* un ambiente inmejorable. ‖ *En excellent état,* en perfecto estado.

excellentissime adj. Excelentísimo, ma.

exceller v. intr. Destacarse, sobresalir.

excentration f. Mécan. Excentración.

excentrer v. tr. Mécan. Descentrar.

excentricité f. Excentricidad : *l'excentricité d'une ellipse,* la excentricidad de una elipse. ‖ Fig. Excentricidad, extravagancia.

excentrique adj. Excéntrico, ca. — M. et Fig. Excéntrico, ca ; extravagante, original. ‖ — M. Mécan. Excéntrica, f.

excepté prép. Excepto, menos, salvo, fuera de, exceptuando a : *excepté les jeunes,* salvo los jóvenes. — Adj. Exceptuado, da : *les jeunes exceptés,* los jóvenes exceptuados.

— Observ. La preposición *excepté,* delante del sustantivo, es siempre invariable, mientras que el adjetivo, colocado después del sustantivo, es variable (tous les habitants, *excepté* les femmes ; tous les habitants, les femmes *exceptées*).

excepter v. tr. Exceptuar.

exception f. Excepción : *faire exception à la règle.*

ser una excepción a la regla. ‖ — *État d'exception,* estado de emergencia. ‖ — *À l'exception de,* con excepción de. ‖ *Faire une exception,* exceptuar, hacer salvedad.

exceptionnel, elle adj. Excepcional.

excès [εksε] m. Exceso : *excès de vitesse,* exceso de velocidad. ‖ Abuso : *des excès de boisson,* abusos de bebida. ‖ — *À l'excès,* con *ou* en exceso *ou* demasía. ‖ *Faire o commettre des excès,* cometer abusos *ou* excesos *ou* desmanes. ‖ *Faire excès de zèle,* tener demasiado celo. ‖ *Tomber d'un excès dans l'autre,* pasar de un extremo a otro.

excessif, ive adj. Excesivo, va.

exciper (de) v. intr. DR. Alegar.

excipient m. Excipiente.

excise f. Impuesto, *m.* (en Angleterre).

exciser v. tr. Sacar cortando.

excision f. Excisión.

excitabilité f. Excitabilidad.

excitable adj. Excitable.

excitant, e adj. et s. m. MÉD. Excitante.

excitateur, trice adj. et s. Excitador, ra. ‖ — M. PHYS. Excitador. ‖ — F. ÉLECTR. Excitadora.

excitation f. Excitación.

exciter v. tr. Excitar. ‖ Azuzar (les chiens).

exclamatif, ive adj. Exclamatorio, ria ; exclamativo, va.

exclamation f. Exclamación. ‖ *Point d'exclamation,* signo de admiración.

exclamer (s') v. pr. Exclamar.

exclure* v. tr. Excluir.

exclusif, ive adj. Exclusivo, va.

exclusion f. Exclusión. ‖ *À l'exclusion de,* con exclusión de.

exclusive f. Exclusiva.

exclusivement adv. En exclusiva, exclusivamente.

exclusivisme m. Exclusivismo.

exclusiviste adj. et s. Exclusivista.

exclusivité f. Exclusividad, exclusiva. ‖ — *Salle d'exclusivité,* cine de estreno. ‖ — *Donner l'exclusivité à un éditeur,* dar la exclusiva a un editor.

excommunication f. Excomunión.

excommunier* v. tr. Excomulgar.

excoriation f. Excoriación.

excorier* v. tr. Excoriar (écorcher).

excrément m. Excremento.

— SYN. *Matière fécale,* materia fecal. *Fèces,* heces. *Déjection,* deyección. *Selles,* deposición. *Fiente,* excremento. *Crotte,* cagarruta. *Crottin,* cagajón. *Bouse,* boñiga, plasta. *Fam. Caca,* caca. *Merde,* mierda.

excrémenteux, euse, excrémentiel, elle ou **excrémentitiel, elle** adj. Excrementicio, cia ; excrementoso, sa.

excréter* v. tr. Excretar.

excréteur, trice ou **excrétoire** adj. ANAT. Excretor, ra ; excretorio, ria.

excrétion f. Excreción.

excroissance f. Excrecencia (tumeur).

excursion f. Excursión.

excursionner v. intr. Ir de excursión, hacer una excursión.

excursionnisme m. Excursionismo.

excursionniste adj. et s. Excursionista.

excusable adj. Excusable, disculpable.

excuse f. Excusa. ‖ — *Mot d'excuse,* justificación de ausencia (collège). ‖ *Pas d'excuse!,* ¡nada de excusas!, ¡no hay pero que valga! ‖ — *Faire des excuses,* excusarse, disculparse. ‖ FAM. *Faites excuse,* dispense usted. ‖ *Fournir des excuses,* dar excusas *ou* disculpas. ‖ *Présenter des excuses,* pedir disculpas.

excuser v. tr. Excusar, disculpar (pardonner). ‖ Dispensar : *excusez-moi de vous interrompre,* dispénseme que le interrumpa. ‖ *Veuillez m'excuser,* tenga a bien disculparme.

— V. pr. Excusarse, disculparse, dispensarse.

exeat [εgzeat] m. inv. Permiso de salida. ‖ Alta, *f.* (dans les hôpitaux). ‖ Exeat, permiso, licencia, *f.* (à un prêtre). ‖ — *Donner l'exeat,* permitir la salida (aux fonctionnaires, prêtres, élèves, etc.), dar de alta (aux malades). ‖ FIG. *Donner son exeat à quelqu'un,* despedir a alguien (donner congé).

exécrable adj. Execrable.

exécration f. Execración.

exécrer* v. tr. Execrar. ‖ Abominar, detestar, odiar : *j'exècre l'odeur du tabac,* abomino el olor a tabaco.

exécutable adj. Ejecutable, realizable.

exécutant, e m. et f. Ejecutante.

exécuter v. tr. Ejecutar, llevar a cabo : *exécuter un projet,* ejecutar un proyecto. ‖ Cumplir : *exécuter une promesse,* cumplir una promesa. ‖ Cumplir con : *exécuter sa parole,* cumplir con su palabra. ‖ Ejecutar, ajusticiar (un condamné). ‖ Tocar, ejecutar : *exécuter une sonate,* tocar una sonata. ‖ Ejecutar, reclamar un pago (obliger à payer). ‖ Poner en práctica, aplicar (une loi).

— V. intr. Ejecutar : *vous ordonnez et nous exécutons,* usted ordena y nosotros ejecutamos.

— V. pr. Cumplir el mandato *ou* la orden, hacerlo, cumplir : *il me pria de m'asseoir et je m'exécutai,* me invitó a que me sentara y cumplí la orden *ou* lo hice.

exécuteur, trice m. et f. Ejecutor, ra. ‖ — *Exécuteur des hautes œuvres,* ejecutor de la justicia. ‖ *Exécuteur testamentaire,* ejecutor testamentario, albacea.

exécutif, ive adj. et s. m. Ejecutivo, va.

exécution f. Ejecución : *exécution d'un plan,* ejecución de un proyecto. ‖ Ejecución (d'un débiteur). ‖ Aplicación, puesta en práctica (d'une loi). ‖ Ejecución, ajusticiamiento, *m.* (d'un condamné). ‖ Fusilamiento, *m.* : *exécutions en masse,* fusilamientos en masa. ‖ Cumplimiento, *m.* (d'une promesse). ‖ — *Non-exécution,* incumplimiento : *non-exécution d'un ordre,* incumplimiento de una orden. ‖ *Mettre à exécution,* poner en ejecución.

exécutoire adj. Ejecutorio, ria.

— M. Ejecutoria, *f.*

exèdre f. ARCHIT. Exedra.

exégèse f. Exégesis (interprétation des textes).

— SYN. *Anagogie,* anagogía. *Herméneutique,* hermenéutica.

exégète m. Exegeta.

exégétique adj. Exegético, ca.

exemplaire adj. et s. m. Ejemplar. ‖ *En deux exemplaires o en double exemplaire, en trois exemplaires,* por duplicado, triplicado.

exemple m. ● Ejemplo : *un dictionnaire sans exemples est un squelette,* un diccionario sin ejemplos es un esqueleto. ‖ — *Exemple à imiter,* ejemplo digno de imitación. ‖ — *À l'exemple de,* como, a ejemplo de. ‖ *Par exemple,* por ejemplo, verbigracia. ‖ *Par exemple!,* ¡no faltaba más! (protestation), ¡no es posible!, ¡no me diga!, ¡qué sorpresa!, ¡quién lo hubiera creído! (surprise). ‖ — *Donner l'exemple,* dar el ejemplo. ‖ *Faire un exemple,* infligir un castigo para que sirva de ejemplo. ‖ *Prêcher d'exemple,* predicar con el ejemplo. ‖ *Servir d'exemple,* servir de ejemplo *ou* de escarmiento.

— SYN. ● *Modèle,* modelo. *Règle,* regla. *Parangon,* parangón.

exempt, e [εgzã, ã:t] adj. Exento, ta ; libre : *exempt d'impôts,* exento de impuestos.

— M. Exento (officier de justice).

exempté, e [-te] adj. et s. Exento, ta ; eximido, da. ‖ MIL. *Exempté de service,* rebajado de servicio.

exempter [-te] v. tr. Eximir, exentar.

exemption [εgzãpsjɔ̃] f. Exención. ‖ *Exemption de droits de douane,* franquicia de derechos arancelarios.

exequatur [εgzekwaty:r] m. inv. Exequátur.
exerçant, e [εgzεrsɑ̃, ɑ̃:t] adj. Que ejerce, en ejercicio : *médecins exerçants,* médicos en ejercicio.
exercer* v. tr. Ejercitar : *exercer sa mémoire,* ejercitar la memoria. ‖ Ejercer : *exercer la médecine,* ejercer la medicina. ‖ Desempeñar : *exercer des fonctions,* desempeñar funciones. ‖ Ejercer, hacer uso de (son autorité). ‖ Inspeccionar (contrôler certaines industries). ‖ *Exercer la patience,* poner a prueba la paciencia. ‖ *Exercer un droit,* ejercer un derecho.
— V. pr. Ejercitarse, adiestrarse. ‖ Manifestarse : *les critiques qui se sont exercées contre lui,* las críticas que se han manifestado contra él.
exercice m. Ejercicio. ‖ Desempeño (d'une fonction). ‖ Ejercicio, uso (de l'autorité). ‖ Inspección, *f.* (vérification par les agents du fisc). ‖ — *Exercice financier,* ejercicio *ou* año económico. ‖ — Pl. RELIG. *Exercices spirituels,* ejercicios espirituales. ‖ — *En exercice,* en ejercicio, en activo. ‖ *Entrer en exercice,* entrar en vigor (loi), entrar en funciones (personnes).
exerciseur m. Extensor (appareil de gymnastique).
exérèse [εgzerε:z] f. Exéresis (chirurgie).
exergue [εgzεrg] m. Exergo. ‖ *Mettre en exergue,* poner de relieve *ou* de manifiesto.
exfoliation f. BOT. et MÉD. Exfoliación.
exfolier v. tr. Exfoliar.
exhalaison [εgzalεzɔ̃] f. Exhalación, emanación (odeur, gaz).
exhalation [εgzalasjɔ̃] f. Exhalación (action).
exhaler [-le] v. tr. Exhalar : *exhaler son dernier soupir,* exhalar el último suspiro. ‖ Exhalar, despedir (une odeur). ‖ FIG. Exhalar, proferir : *exhaler des plaintes,* proferir quejas. ‖ Dar libre curso, desfogar, desatar : *exhaler sa colère,* dar libre curso a su cólera.
— V. pr. Desprenderse (une odeur). ‖ *S'exhaler en,* proferir, prorrumpir en : *s'exhaler en menaces,* proferir amenazas.
exhaure [εgzo:r] f. MIN. Achicamiento, *m.*
exhaussement m. Elevación, *f.*
exhausser v. tr. Elevar, levantar.
exhaustif, ive adj. Exhaustivo, va.
exhaustion f. Agotamiento, *m.* (épuisement).
exhérédation f. Desheredación, exheredación.
exhéréder* v. tr. Desheredar, exheredar (déshériter).
exhiber v. tr. Exhibir.
— V. pr. Exhibirse, mostrarse en público.
exhibition f. Exhibición.
exhibitionnisme m. Exhibicionismo.
exhibitionniste m. Exhibicionista.
exhilarant, e adj. Hilarante.
exhortation f. Exhortación.
exhorter v. tr. Exhortar.
exhumation f. Exhumación.
exhumer v. tr. Exhumar (déterrer). ‖ FIG. Exhumar, desenterrar, sacar del olvido (tirer de l'oubli).
exigeant, e [εgziʒɑ̃, ɑ̃:t] adj. Exigente.
— SYN. *Difficile,* delicado. *Pointilleux,* puntilloso.
exigence f. Exigencia.
exiger* v. tr. Exigir. ‖ Requerir, exigir : *les circonstances l'exigent,* las circunstancias lo requieren.
— OBSERV. *Exiger que* se emplea siempre con el subjuntivo : *j'exige que vous soyez là.*
exigibilité f. Exigibilidad.
exigible adj. Exigible.
exigu, uë [εgzigy] adj. Exiguo, gua.
exiguïté [-gɥite] f. Exigüidad.
exil m. Destierro, exilio.

exilé, e m. et f. Desterrado, da ; exiliado, da ; exilado, da.
exiler v. tr. Desterrar, exiliar, exilar.
exinscrit, e [εgzε̃skri, it] adj. GÉOM. Exinscrito, ta.
existant, e adj. Existente.
existence f. Existencia.
existentialisme m. PHILOS. Existencialismo.
existentialiste adj. et s. Existencialista.
existentiel, elle adj. Existencial : *philosophie existentielle,* filosofía existencial.
exister v. intr. Existir.
exit [εgzit] m. THÉÂTR. Salida, *f.*
ex-libris [εkslibris] m. Ex libris.
exocet [εgzosε] m. Exoceto, pez volador (poisson volant).
exocrine adj. ANAT. Exocrino, na : *glandes exocrines,* glándulas exocrinas.
exode m. Éxodo (émigration). ‖ *Exode de capitaux,* emigración de capitales.
exogamie f. Exogamia.
exogène adj. Exógeno, na.
exonération f. Exoneración.
exonérer* v. tr. Exonerar.
exophtalmie [εgzɔftalmie] f. Exoftalmía (saillie de l'œil hors de son orbite).
exophtalmique [-mik] adj. MÉD. Exoftálmico, ca (goitre).
exorbitant, e adj. Exorbitante. ‖ FIG. Desorbitado, da : *des prix exorbitants,* precios desorbitados.
exorbité, e adj. Desorbitado, da.
exorbiter (s') v. pr. Desorbitarse.
exorcisation f. Acción de exorcizar.
exorciser v. tr. Exorcizar.
exorciseur m. Exorcista.
exorcisme m. Exorcismo.
— SYN. *Conjuration,* conjure. *Adjuration,* adjuración.
exorciste m. et f. Exorcista (personne qui exorcise). ‖ — M. Exorcista (clerc).
exorde m. Exordio.
exosmose f. PHYS. Exósmosis, exosmosis.
exostose f. MÉD. Exóstosis (tumeur).
exotérique adj. Exotérico, ca.
exothermique adj. PHYS. Exotérmico, ca.
exotique adj. Exótico, ca.
exotisme m. Exotismo.
exotoxine f. Exotoxina.
expansibilité f. Expansibilidad.
expansible adj. Expansible.
expansif, ive adj. Expansivo, va.
expansion f. Expansión. ‖ Ensanche, *m.* (d'une ville) : *zone d'expansion,* zona de ensanche.
expansionnisme m. Expansionismo.
expansionniste adj. et s. Expansionista.
expansivité f. Carácter (*m.*) muy expansivo.
expatriation f. Expatriación, destierro, *m.,* exilio, *m.*
expatrier* v. tr. Desterrar, exiliar.
— V. pr. Expatriarse. ‖ Desterrarse (subir l'exil).
expectant, e adj. Expectante.
expectatif, ive adj. Expectativo, va.
expectation f. Expectación.
expectative f. Expectativa : *être dans l'expectative,* estar a la expectativa.
expectorant, e adj. et s. m. MÉD. Expectorante.
expectoration f. Expectoración.
expectorer v. tr. Expectorar (cracher).
expédient, e adj. Oportuno, na : *il est expédient d'aller,* es oportuno ir. ‖ Conveniente (convenable).
— M. pl. Arbitrios *ou* recursos extremos.
— OBSERV. *Expediente* no tiene en francés el sentido de « dossier » (documentación) que tiene en español.
expédier* v. tr. Enviar, despachar, expedir, remitir, mandar (envoyer). ‖ Despachar (des marchandises). ‖ Expedir, despachar (faire

promptement). ‖ DR. Expedir, extender : *expédier un contrat*, expedir un contrato. ‖ FIG. et FAM. Despachar : *expédier le repas*, despachar la comida. | Largar : *expédier quelqu'un à l'étranger*, largar a uno al extranjero. | Despedir, despachar (congédier). | Despachar (tuer).

Expédit [εkspedi] n. pr. m. Expedito.

expéditeur, trice adj. Expedidor, ra.
— M. Remitente, expedidor : *retour à l'expéditeur*, devolución al remitente.

expéditif, ive adj. Expeditivo, va.

expédition f. Expedición, envío, m. (envoi). ‖ Remesa (de marchandises). ‖ Ejecución, despacho, m., expedición (d'une affaire). ‖ Expedición (voyage, mission). ‖ DR. Copia auténtica.

expéditionnaire adj. MIL. Expedicionario, ria : *corps expéditionnaire*, cuerpo expedicionario. ‖ — Adj. et s. Expedidor, ra ; remitente. ‖ Escribiente (employé d'une administration). ‖ Expedicionero (de la curie romaine).

expérience f. Experiencia : *avoir de l'expérience*, tener experiencia. ‖ Experimento, m., prueba : *une expérience de physique*, un experimento de física. ‖ *Faire l'expérience de*, experimentar.

expérimental, e adj. Experimental : *procédés expérimentaux*, procedimientos experimentales.

expérimentateur, trice adj. et s. Experimentador, ra.

expérimentation f. Experimentación : *l'expérimentation d'un procédé*, la experimentación de un procedimiento.

expérimenté, e adj. Experimentado, da.

expérimenter v. tr. Experimentar.

expert, e [εkspε:r, εrt] adj. Experto, ta ; experimentado, da : *ouvrier expert*, obrero experto.
— M. Perito, experto (connaisseur). ‖ Especialista. ‖ — *Expert comptable*, perito *ou* experto en contabilidad, censor, jurado de cuentas. ‖ — *À dire d'expert*, a juicio de peritos.

expertement adv. Expertamente, hábilmente.

expertise f. Informe (m.) de peritos (rapport des experts). ‖ Peritaje, m., peritación, dictamen pericial (estimation de l'expert).

expertiser v. tr. Someter al juicio pericial, hacer una peritación de.

expiable adj. Expiable.

expiateur, trice adj. Expiativo, va.

expiation f. Expiación.

expiatoire adj. Expiatorio, ria.

expier v. tr. Expiar.

expirant, e adj. Expirante. ‖ FIG. Moribundo, da : *voix expirante*, voz moribunda.

expirateur adj. m. ANAT. Espirador (muscle).

expiration f. Espiración (de l'air). ‖ Expiración : *l'expiration d'une peine*, la expiración de una pena. ‖ Vencimiento, m. (échéance).

expirer v. intr. Expirar (mourir). ‖ FIG. Expirar, vencer (un délai, une échéance).
— V. tr. Espirar (expulser l'air).
— OBSERV. Remarquez la différence d'orthographe entre *espirar* et *expirar*.

explétif, ive adj. et s. m. Expletivo, va.

explicable adj. Explicable.

explicateur, trice adj. et s. (P. us.). Explicativo, va (explicatif).

explicatif, ive adj. Explicativo, va.

explication f. Explicación. ‖ Altercado, m. (discussion). ‖ *Avoir une explication avec quelqu'un*, tener una explicación con alguien, pedir cuentas a alguien.

explicite adj. Explícito, ta.

expliciter v. tr. Hacer explícito, aclarar.

expliquer v. tr. ● Explicar. ‖ Exponer : *expliquer sa pensée*, exponer su pensamiento.
— V. pr. Explicarse. ‖ Tener una explicación, explicarse : *la chose s'explique*, la cosa tiene una

explicación. ‖ Explayarse (déclarer sa pensée). ‖ Pelearse (se battre).
— SYN. ● *Interpréter*, interpretar. *Traduire*, traducir. *Développer*, desarrollar. *Commenter*, comentar.

exploit [εksplwa] m. ● Hazaña, *f.*, proeza, *f.* ‖ DR. Mandato judicial. ‖ — *Exploit d'huissier*, embargo. ‖ FAM. *Voilà un bel exploit!*, ¡vaya un disparate!, ¡buena la has hecho!
— SYN. ● *Prouesse*, proeza. *Fait d'armes, haut fait*, hazaña. *Geste*, gesta.

exploitable adj. Explotable.

exploitant m. Explotador. ‖ Exhibidor, empresario (d'une salle de cinéma). ‖ AGRIC. Cultivador, labrador, explotador.

exploitation f. Explotación. ‖ Explotación, laboreo, m. (d'une mine). ‖ Aprovechamiento, m. : *exploitation des ressources agricoles*, aprovechamiento de los recursos agrícolas ; *exploitation d'un renseignement*, aprovechamiento de una información.

exploiter v. tr. ● Explotar. ‖ Explotar, laborear (une mine). ‖ Sacar partido de, aprovecharse de, explotar : *exploiter un sujet*, sacar partido de un tema.
— V. intr. DR. Notificar (signifier des exploits).
— SYN. ● *Utiliser*, utilizar. *Faire valoir*, beneficiar, dar valor.

exploiteur, euse adj. et s. Explotador, ra.

explorable adj. Explorable.

explorateur, trice m. et f. Explorador, ra.
— Adj. MÉD. Exploratorio, ria.

exploration f. Exploración.

exploratoire adj. Exploratorio, ria.

explorer v. tr. Explorar. ‖ FIG. Examinar detenidamente. ‖ — *Explorer du regard*, explorar con la vista. ‖ *Explorer une plaie*, examinar una llaga detenidamente.

exploser v. intr. Hacer explosión, estallar, explotar, volar. ‖ Estallar : *sa colère explosa*, su cólera estalló.

explosible adj. Explosivo, va : *balle explosible*, bala explosiva.

explosif, ive adj. et s. m. Explosivo, va.

explosion f. Explosión. ‖ *Moteur à explosion*, motor de explosión.

exponentiel, elle adj. MATH. Exponencial.

exportable adj. Exportable.

exportateur, trice adj. et s. Exportador, ra.

exportation f. Exportación.

exporter v. tr. Exportar : *exporter en Allemagne*, exportar a Alemania.

exposant, e m. et f. Expositor, ra (dans une exposition). ‖ — M. MATH. Exponente.

exposé m. Exposición, *f.* (explication). ‖ Informe, ponencia, *f.* (compte rendu). ‖ Conferencia, *f.* ‖ — *Exposé des motifs*, memoria explicativa. ‖ *Exposé d'un problème*, planteamiento de un problema.

exposemètre m. TECHN. Exposímetro.

exposer v. tr. Exponer : *exposer un tableau dans un musée*, exponer un cuadro en un museo. ‖ Orientar : *une maison exposée au sud*, casa orientada al Sur. ‖ Abandonar, exponer (un enfant). ‖ FIG. Exponer, explicar : *exposer une théorie*, exponer una teoría. ‖ PHOT. Exponer. ‖ — *Exposer aux regards*, poner a la vista, exponer a las miradas. ‖ *Exposer quelque chose au grand jour*, hacer pública *ou* sacar a la luz una cosa.
— V. pr. Exponerse.

exposition f. Exposición. ‖ Orientación, situación (orientation). ‖ Abandono, m. (d'un enfant). ‖ Feria : *exposition agricole*, feria del campo. ‖ PHOT. Exposición.

exprès [εksprε] adv. Expresamente, adrede, a propósito, a posta (à dessein). ‖ FAM. *C'est un fait exprès* o *comme par un fait exprès*, como de intento, como por causalidad. ‖ *Sans le faire exprès*, sin querer.

exprès, esse [ɛksprɛ, ɛs] adj. Expreso, sa ; explícito, ta (précis). ‖ Urgente : *courrier exprès*, correo urgente. ‖ Terminante (ordre).

express [ɛksprɛs] adj. et s. m. Expreso, sa ; exprés (train, café).

expressément adv. Expresamente. ‖ Terminantemente (catégoriquement).

expressif, ive adj. Expresivo, va.

expression f. Expresión. ‖ — MATH. *Expression fractionnaire*, expresión impropia. ‖ *Expression toute faite o consacrée*, frase hecha, frase acuñada. ‖ — *Au-delà de toute expression*, más de lo que se puede figurar. ‖ *Passez-moi l'expression*, perdone la expressión. ‖ FIG. *Réduire à sa plus simple expression*, reducir a la mínima expresión.

expressionnisme m. Expresionismo.

expressionniste m. Expresionista.

exprimable adj. Expresable, decible : *idée exprimable*, idea expresable.

exprimer v. tr. Exprimir : *exprimer un citron*, exprimir un limón. ‖ FIG. ● Expresar, decir (manifester ses pensées).
— V. pr. Expresarse. ‖ Ser expresado : *bonheur qui ne peut s'exprimer*, felicidad que no puede ser expresada.
— SYN. ● *Manifester*, manifestar. *Traduire*, traducir. *Extérioriser*, exteriorizar.

ex professo loc. adv. Ex profeso.

expromission f. Expromisión.

expropriateur, trice adj. et s. Expropiador, ra.

expropriation f. Expropiación.

exproprier* v. tr. Expropiar.

expulsé, e adj. et s. Expulsado, da.

expulser v. tr. Expulsar (les personnes). ‖ Desahuciar (un locataire). ‖ MÉD. Expeler, expulsar (les humeurs).

expulsif, ive adj. Expulsivo, va.

expulsion f. Expulsión. ‖ Expulsión, desahucio, *m.* (d'un locataire).

expurgation f. Expurgación, expurgo, *m.*

expurgatoire adj. Expurgatorio, ria.

expurger* [ɛkspyrʒe] v. tr. Expurgar.

exquis, e [ɛkski, 1:z] adj. Exquisito, ta.

exquisité f. (P. us.). Exquisitez.

exsangue [ɛksãːg] adj. Exangüe.

exsanguination f. Desangración, sangría (pour remplacer le sang).

exsudat [ɛksyda] m. Exudado.

exsudation [-dasjɔ̃] f. Exudación.

exsuder [-de] v. tr. et intr. Exudar.

extase [ɛkstaːz] f. Éxtasis, *m.*, arrebato, *m.* ‖ *Être dans l'extase*, estar embelesado, da.

extasié, e adj. Extasiado, da ; arrebatado, da.

extasier (s')* v. pr. Extasiarse.

extatique adj. Extático, ca.

extemporané, e adj. Preparado, y administrado en el acto ; extemporáneo, a (pharmacie).

extenseur adj. m. et s. m. Extensor.

extensibilité f. Extensibilidad.

extensible adj. Extensible.

extensif, ive adj. Extensivo, va. ‖ AGRIC. *Culture extensive*, cultivo extensivo.

extension f. Extensión.

extenso (in) [inɛkstɛso] loc. adv. In extenso, íntegramente. ‖ *Compte rendu « in extenso »*, actas literales *ou* taquigráficas.

extensomètre m. TECHN. Extensómetro.

exténuant, e [ɛkstenɥã, ãːt] adj. Extenuante.

exténuation [-nɥasjɔ̃] f. Extenuación.

exténuer [-nɥe] v. tr. Extenuar.

extérieur, e adj. et s. m. Exterior. ‖ *Angle extérieur*, ángulo externo. ‖ *Signes extérieurs de richesse*, signos externos de riqueza. ‖ — *À l'ex-*

térieur, exteriormente, por fuera. ‖ — M. Apariencia, *f.*, exterior. ‖ — Pl. CINÉM. Exteriores.

extérieurement adv. Exteriormente, por fuera.

extériorisation f. Exteriorización.

extérioriser v. tr. Exteriorizar.

extériorité f. Exterioridad.

exterminateur, trice adj. et s. Exterminador, ra.

extermination f. Exterminio, *m.*, exterminación.

exterminer v. tr. Exterminar.

externat [ɛkstɛrna] m. Externado.

externe adj. et s. Externo, na.
— SYN. *Extérieur*, exterior. *Extrinsèque*, extrínseco.

exterritorialité f. Extraterritorialidad.

extincteur, trice adj. et s. m. Extintor, ra ; apagador, ra. ‖ *Extincteur d'incendie*, extintor de incendios.

extinction f. Extinción. ‖ *Extinction de voix*, afonía.

extinguible [ɛkstɛ̃gɥibl] adj. Extinguible.

extirpable adj. Extirpable.

extirpateur adj. et s. m. Extirpador. ra.

extirpation f. Extirpación.

extirper v. tr. Extirpar.

extorquer v. tr. Arrancar, arrebatar. ‖ Sacar de mala manera (des fonds). ‖ Sacar (une approbation).

extorqueur, euse m. et f. Persona que comete extorsiones.

extorsion f. Extorsión.

extra adj. Extra, de primera.
— M. inv. Extraordinario, extra (dépenses, repas, etc.). ‖ Doméstico suplementario.

extra-conjugal, e adj. Extraconyugal.

extra-courant m. ÉLECTR. Extracorriente, *f.*

extracteur m. Extractor.

extractible adj. Extraíble, que se puede extraer.

extractif, ive adj. Extractivo, va.

extraction f. Extracción. ‖ Origen, *m.*, linaje, *m.*, extirpe, extracción : *de basse extraction*, de bajo origen. ‖ MATH. *Extraction de racine*, extracción de raíz, radicación.

extrader v. tr. Aplicar la extradición.

extradition f. Extradición (d'un criminel).

extrados [ɛkstrado] m. ARCHIT. Extradós.

extra-fin, e adj. Extrafino, na.

extra-fort [ɛkstrafɔ:r] m. Cinta (*f.*) de extrafort, galón (ruban résistant).

extraire* v. tr. Extraer, sacar (une dent, l'or, une racine carrée, des citations). ‖ Sacar (un prisonnier). ‖ Extractar (faire un extrait).

extrait [ɛkstrɛ] m. Extracto. ‖ Extracto, trozo (d'un livre). ‖ — *Extrait de baptême*, fe de bautismo. ‖ *Extrait de casier judiciaire*, certificado de penales. ‖ *Extrait de naissance*, partida de nacimiento.

extrajudiciaire adj. Extrajudicial.

extra-légal, e adj. Extralegal : *des moyens extra-légaux*, medios extralegales.

extra-muros [ɛkstramyros] loc. adv. Extramuros.

extraordinaire adj. Extraordinario, ria.

extra-parlementaire adj. Extraparlamentario, ria.

extrapolation f. Extrapolación.

extrapoler v. tr. Extrapolar.

extra-sensible adj. Extrasensible.

extrasystole f. MÉD. Extrasístole.

extra-terrestre adj. Extraterreno, na ; extraterrestre.

extra-territorialité f. Extraterritorialidad.

extra-utérin, e adj. Extrauterino, na.

extravagance f. Extravagancia.

extravagant, e adj. et s. Extravagante.

extravaguer v. intr. Decir extravagancias, disparatar (parler). ‖ Hacer extravagancias (agir).

extravaser (s') v. pr. Extravasarse.

extraversion f. Extraversión.

extraverti, e ou **extroverti, e** adj. Extravertido, da.

extrême adj. ● Extremo, ma. ‖ Extremado, da (poussé à l'extrême). ‖ FIG. Sumo, ma : *c'est d'un intérêt extrême,* es de sumo interés. — M. Extremo. ‖ MATH. Extremo (d'une proportion). ‖ — *Extrême gauche, droite,* extrema izquierda, extrema derecha (au Parlement). ‖ *Extrême gauche, droit,* extremo izquierda, derecha (football). ‖ — *À l'extrême,* al extremo, en sumo grado. ‖ *Les extrêmes se touchent,* los extremos se tocan.

— SYN. ● *Intense,* intenso. *Excessif,* excesivo. *Violent,* violento. *Désordonné,* desordenado.

extrêmement adv. Extremadamente. ‖ Sumamente : *extrêmement intéressant,* sumamente interesante.

extrême-onction f. Extremaunción (sacrement).

Extrême-Orient n. pr. m. GÉOGR. Extremo *ou* Lejano Oriente.

extrémisme m. Extremismo.

extrémiste adj. et s. Extremista.

extrémité f. Extremidad. ‖ — Pl. Extremidades (les pieds et les mains). ‖ Excesos, *m.,* violencias (actes de violence). ‖ — *En dernière extrémité,* en el último extremo. ‖ *Être à l'extrémité* o *à la dernière extrémité,* estar en las últimas. ‖ *Pousser à l'extrémité,* llevar al extremo.

extrinsèque adj. Extrínseco, ca.

extrorse adj. BOT. Extrorso, sa.

extroversion f. Extroversión.

extrusion f. TECHN. Extrusión.

exubérance f. Exuberancia.

exubérant, e adj. Exuberante.

exulcérer* v. tr. MÉD. Exulcerar.

exultation f. Exultación.

exulter v. intr. Exultar, alegrarse mucho.

exutoire m. MÉD. Exutorio. ‖ FIG. Derivativo.

ex-voto m. inv. Exvoto.

eyra [ɛra] m. Eyrá, eirá (sorte de puma).

Ézéchias [esekjas] n. pr. m. Ezequías.

Ézéchiel [ezekjɛl] n. pr. m. Ezequiel.

F

f m. F., *f.*

— FONÉTICA. El sonido de la *f* francesa es el mismo que el de la *f* española. En final de palabra la *f* se pronuncia en francés, excepto en *chef-d'œuvre, clef* et *nerf.* Tampoco se pronuncia en los plurales *œufs* y *bœufs.*

fa m. inv. MUS. Fa.

Fabien n. pr. m. Fabián.

Fabienne n. pr. f. Fabiana.

Fabiola n. pr. f. Fabiola.

Fabius [fabjy:s] n. pr. m. Fabio.

fable f. ● Fábula. ‖ Fábula, patraña (récit imaginaire). ‖ Hazmerreir, *m.,* objeto (*m.*) de burla : *être la fable du quartier,* ser el hazmerreir del barrio.

— SYN. ● *Apologue,* apólogo. *Parabole,* parábola. *Légende,* leyenda.

fabliau m. Cuento popular francés de los siglos XII y XIII « fabliau », trova, *f.*

fablier m. Fabulario, colección (*f.*) de fábulas. ‖ (Vx). Fabulista.

fabricant m. Fabricante.

fabricateur, trice m. et f. Fabricador, ra (de calomnies, de mensonges, etc.).

fabrication f. Fabricación.

Fabrice n. pr. m. Fabricio.

fabricien m. Fabriquero (d'une église).

Fabricius [fabrisjys] n. pr. m. Fabricio.

fabrique f. Fábrica : *prix de fabrique,* precio de fábrica. ‖ Fábrica (revenus d'une église).

fabriquer v. tr. Fabricar. ‖ Inventar, forjar (calomnies, histoires, etc.). ‖ FAM. Hacer, trajinar : *qu'est-ce que vous fabriquez là?,* ¿qué está usted trajinando por ahí?

fabulation f. Invención, imaginación, inventiva.

fabuleux, euse adj. Fabuloso, sa.

fabuliste m. Fabulista.

façade f. Fachada. ‖ FIG. et FAM. Fachada, apariencia.

face f. Cara, semblante, *m.,* faz, rostro, *m.,* (visage). ‖ ● Frente, *m.* (partie antérieure d'un objet). ‖ Cara, lado, *m.* (côté). ‖ Cara, anverso, *m.* (d'une monnaie). ‖ FIG. Aspecto, *m.,* cariz, *m.* (d'une affaire). ‖ GÉOM. Cara (d'un solide). ‖ — Pl. (P. us.). Aladares, *m.* (cheveux sur les tempes). ‖ — FAM. *Face de carême,* cara de viernes. ‖ *La Sainte Face,* la Santa Faz. ‖ — *À la face de...,* en presencia de..., a la faz de... ‖ *De face,* de frente. ‖ *En face,* enfrente. ‖ *En face de,* enfrente de, frente a, frente de, delante de. ‖ *Face à face,* cara a cara, frente a frente. ‖ — *Avoir le soleil en face,* tener el sol de cara. ‖ *Dire en face,* decir cara a cara. ‖ *Faire face,* hacer frente, arrostrar, hacer cara (affronter), estar enfrente (être vis-à-vis), satisfacer, hacer frente (dettes). ‖ *Faire face à une dépense,* asumir un gasto. ‖ *Jeter à la face,* echar en cara. ‖ *Jouer à pile ou face,* jugar a cara o cruz. ‖ *Perdre la face,* perder prestigio. ‖ *Regarder la mort en face,* mirar la muerte cara a cara. ‖ *Sauver la face,* salvar las apariencias *ou* el rostro. ‖ *Se voiler la face,* taparse el rostro.

— SYN. ● *Façade,* fachada. *Frontispice,* frontispicio.

face-à-main m. Impertinente (binocle).

— OBSERV. Pl. *faces-à-main.*

facétie [fasesi] f. Chiste, *m.,* gracia (bouffonnerie).

facétieusement [-sjøzmɑ̃] adj. Chistosamente, jocosamente.

facétieux, euse [-sjø, ø:z] adj. et s. Chistoso, sa; gracioso, sa.

facette f. Faceta, aspecto, *m.* ‖ Faceta : *diamant à facettes,* diamante con facetas.

facetter v. tr. Tallar *ou* labrar en facetas.

fâché, e adj. Disgustado, da; enfadado, da.

fâcher v. tr. ● Disgustar, enfadar (irriter). ‖ Sentir : *je suis fâché que...,* siento mucho que... ‖

— *Je n'en suis pas fâché*, no me desagrada. ‖ *Je suis* o *j'en suis fâché*, estoy francamente molesto, es muy enojoso. ‖ *Soit dit sans vous fâcher*, con perdón sea dicho, sin intención de molestar.

— V. pr. Disgustarse, enfadarse : *se fâcher avec quelqu'un* o *de tout*, enfadarse con uno *ou* por todo. ‖ FAM. *Se fâcher tout rouge*, ponerse furioso, ponerse rojo de ira, echar rayos y centellas, echar chiribitas.

— SYN. ● *Contrarier*, contrariar. *Mécontenter*, descontentar.

fâcherie f. Enfado, *m.*, disgusto, *m.*, desavenencia.

fâcheux, euse adj. Enfadoso, sa; fastidioso, sa; enojoso, sa. ‖ *C'est fâcheux*, es molesto, es de lamentar. ‖ — Adj. et s. Pesado, da; latoso, sa; cargante.

facial, e adj. Facial : *nerfs faciaux*, nervios faciales.

faciès [fasjɛs] m. Semblante, rostro (visage). ‖ MÉD. Facies, *f.*

facile adj. Fácil, sencillo, lla : *problème facile*, problema sencillo. ‖ Fácil, comodo, da (caractère). ‖ Suelto, ta (gestes, style). ‖ — *Facile à* o *de*, fácil de. ‖ — *Avoir le rire* o *les larmes faciles*, fácil de hacer reir *ou* de hacer llorar. ‖ *Ce n'est pas si facile que ça*, no se hace de tan fácil manera, no se hace así como así.

facilité f. Facilidad. ‖ Soltura : *style d'une grande facilité*, estilo de gran soltura. ‖ — *Facilité à*, facilidad para. ‖ *Facilité de langage*, soltura de palabra. ‖ *Facilités de paiement*, facilidades de pago.

— OBSERV. Cuando esta palabra va seguida de la preposición *a* indica la aptitud de hacer una cosa, mientras que cuando va seguida de la preposición *de* se trata de la posibilidad de hacerla.

faciliter v. tr. Facilitar.

façon [fasɔ̃] f. Modo, *m.*, manera (manière) : *façon d'agir*, modo de obrar. ‖ Hechura : *complet d'une bonne façon*, traje de buena hechura. ‖ Especie : *il y avait une façon de gargote*, había una especie de bodegón. ‖ Imitación : *sac façon crocodile*, bolso imitación cocodrilo. ‖ Estilo, *m.* : *vin mousseux façon champagne*, vino espumoso estilo champán. ‖ AGRIC. Vuelta, labor, cava (labour). ‖ MAR. Gálibos (*m. pl.*) de un buque. ‖ — Pl. Maneras, modales, *m.* (conduite). ‖ FIG. et FAM. Melindres, *m.*, remilgos, *m.* (affectation). ‖ — *À la façon de*, como, como si fuera. ‖ *De belle façon*, de lo lindo. ‖ *De façon à*, de tal modo que. ‖ *De façon que* o *de telle façon que*, de manera que, de suerte que. ‖ *De la façon dont*, como. ‖ *De sa façon*, a su manera. ‖ *De toute façon*, de todos modos. ‖ *En aucune façon*, ningún modo. ‖ *En quelque façon*, en cierto modo. ‖ — *Couturière à façon*, sastra, costurera que admite género. ‖ *Travail à façon*, trabajo a destajo. ‖ — *C'est une façon comme une autre de*, lo mismo da emplear un medio que otro para. ‖ *C'est une façon de*, es una especie de... ‖ *C'est une façon de parler*, esto es un decir. ‖ *Être sans façon*, ser campechano *ou* a la pata la llana. ‖ *Façon de faire*, manera de comportarse. ‖ *Faire des façons*, andar con melindres, andarse con cumplidos. ‖ *Recevoir sans façon*, recibir sin ceremonia, sin cumplidos, sin etiqueta.

— SYN. ● *Fam. Chichis*, carantoñas. *Flafla*, farolería. *Épate*, pisto.

faconde f. Facundia.

façonnage ou **façonnement** m. Hechura, *f.*, confección, *f.* ‖ Trabajo, elaboración, *f.*

façonner v. tr. Formar, dar forma (donner une certaine forme). ‖ Trabajar, labrar (pierre) : *façonner le marbre*, trabajar el mármol. ‖ Tornear, trabajar (bois, argile). ‖ AGRIC. Dar una labor [a la tierra], labrar. ‖ FIG. Formar, educar

(une personne). | Acostumbrar (accoutumer) : *façonner à la discipline*, acostumbrar a la disciplina.

façonnier, ère adj. et s. Ceremonioso, sa; cumplido, da (formaliste). ‖ — M. et f. Destajista.

fac-similé m. Facsímil, facsímile.

— OBSERV. Pl. *fac-similés*.

factage m. Porte, transporte (à domicile). ‖ Porte, transporte (prix de transport). ‖ Reparto (du courrier).

facteur m. Cartero (des postes). ‖ Factor, corredor (de commerce). ‖ Factor (de chemin de fer). ‖ Fabricante, constructor (d'instruments de musique). ‖ Factor (élément) : *le facteur humain*, el factor humano. ‖ MATH. Factor. ‖ MÉD. *Facteur Rhésus*, factor Rhesus.

factice adj. Facticio, cia; artificial.

— SYN. *Artificiel*, artificial. *Postiche*, postizo. *Faux*, falso.

factieux, euse [faksjø, ø:z] adj. et s. Faccioso, sa; rebelde.

faction [faksjɔ̃] f. Facción. ‖ Espera prolongada, plantón, *m.* (attente prolongée). ‖ MIL. Guardia : *monter la faction*, montar la guardia.

factionnaire [-sjɔnɛ:r] m. Centinela (sentinelle).

— SYN. *Sentinelle*, centinela. *Planton*, plantón.

factorerie f. Factoría.

factorielle f. MATH. Factorial.

factotum [faktɔtɔm] m. Factótum.

— OBSERV. Pl. *factotums*.

factum [faktɔm] m. Escrito *ou* alegato de ataque *ou* de defensa, panfleto.

— OBSERV. Pl. *factums*.

facturation f. Facturación.

facture f. Factura : *facture « pro forma »*, factura pro forma. ‖ Factura, ejecución (d'une œuvre).

facturer v. tr. Facturar, extender la factura de.

— OBSERV. *Facturer* no tiene en francés el sentido de « enregistrer » que ofrece el español *facturar*.

facturier m. COMM. Libro de facturas (livre). ‖ Facturador, empleado que hace facturas (employé).

facule f. ASTR. Fácula (soleil).

facultatif, ive adj. Facultativo, va. ‖ *Arrêt facultatif*, parada discrecional (autobus).

faculté f. Facultad (d'agir). ‖ Propiedad, virtud : *l'aimant a la faculté d'attirer le fer*, el imán tiene la propiedad de atraer al hierro. ‖ Derecho, *m.*, facultad (droit de faire une chose). ‖ Faculté (à l'Université). ‖ *La Faculté*, los médicos, el cuerpo facultativo, el cuerpo médico. ‖ — Pl. Facultades (aptitudes). ‖ Posibles, *m.* (biens).

— SYN. ● *Puissance*, potencia. *Pouvoir*, poder.

fada m. FAM. Chiflado, tonto.

fadaise f. Sandez, tontería, pamplinas, *pl.*

fadasse adj. Muy soso, sosaina (personne). ‖ Soso, sa (sauce). ‖ Desvaído, da (couleur).

fade adj. Soso, sa. ‖ FIG. ● Soso, sa; sosaina, insulso, sa. | Sin gracia, insulso, sa : *traits fades*, facciones sin gracia.

— SYN. ● *Insipide*, insípido. *Plat*, sin relieve, sosaina.

fader v. tr. POP. Poner, arreglar : *on l'a bien fadé*, lo han arreglado bien.

fadeur f. Sosería, insipidez (d'un plat). ‖ FIG. Sosería, insulsez (d'une conversation). ‖ Falta de gracia (d'un visage). ‖ — Pl. Cumplidos (*m.*) insulsos, palabras insulsas (galanteries fades).

fading [fediŋ] m. RAD. Desvanecimiento, debilitamiento, « fading » (des ondes).

fafiot [fafjo] m. POP. Billete de banco, pápiro.

fagne f. Pantano en lugar elevado (marais).

fagot [fago] m. Haz de leña, gavilla, *f.* (faisceau de menu bois). ‖ — FIG. et FAM. *C'est un fagot d'épines*, es un erizo, es una persona intratable. ‖

FAM. *Débiter* o *conter des fagots*, decir simplezas, contar cuentos chinos. | *Sentir le fagot*, oler a chamusquina, ser sospechoso de herejía. | *Vin de derrière les fagots*, vino muy bueno.

fagotage m. Hacinamiento (travail du fagoteur). ‖ FAM. Chapuza, *f.*, frangollo (travail mal fait). ‖ FIG. et FAM. Atavío ridículo (attifement).

fagoter v. tr. Hacinar (mettre en fagots). ‖ FAM. Poner como un adefesio, vestir con mal gusto (mal habiller).
— V. pr. FAM. Ponerse como un adefesio.

fagoteur, euse m. et f. Hacinador, ra. ‖ FAM. Chapucero, ra.

fagotier m. Obrero hacinador.

fagotin m. Hacecillo, haz pequeño (petit fagot). ‖ (Vx). Mono (singe d'un charlatan). ‖ FAM. Bufón (bouffon).

fagoue [fagu] f. Mollejas, *pl.*, lechecillas, *pl.* (ris de veau). ‖ Páncreas, *m.* (du porc).

faiblage m. Feblaje (monnaies).

faiblard, e [fɛbla:r, ard] adj. FAM. Endeblucho, cha; debilucho, cha.

faible adj. ● Débil : *un enfant faible*, un niño débil; *caractère faible*, carácter débil. ‖ Flojo, ja : *faible excuse*, excusa floja; *faible en mathématiques*, flojo en matemáticas. ‖ Endeble (sans résistance) : *corde* o *étoffe faible*, cuerda *ou* tela endeble. ‖ Feble (monnaie trop légère). ‖ Corto, ta; poco, ca : *à faible distance*, a corta distancia. ‖ Reducido, da : *un rendement très faible*, un rendimiento muy reducido. ‖ Bajo, ja : *le chiffre le plus faible*, la cifra más baja. ‖ Escaso, sa (peu important).
— M. et f. Débil (sans force). ‖ *Faible d'esprit*, débil mental. ‖ — M. Flaco, debilidad, *f.*, punto flaco (point vulnérable) : *le faible d'un raisonnement*, el flaco de un razonamiento; *avoir un faible pour*, tener una debilidad por. ‖ — *Côté faible*, el flaco, el punto flaco. ‖ — *Connaître le faible de quelqu'un*, conocer el flaco de alguien, saber de qué pie cojea.
— SYN. ● *Affaibli*, debilitado. *Débile*, débil, endeble. *Déficient*, deficiente. *Anémique*, anémico. *Anémié*, anémico. *Lymphatique*, linfático. *Asthénique*, asténico. *Adynamique*, adinámico. *Chétif*, enclenque. *Malingre*, canijo. Fam. *Gringalet*, mequetrefe. *Mauviette*, alfeñique. *Avorton*, aborto, feto.

faiblesse f. Debilidad (manque de forces). ‖ Endeblez (manque de résistance). ‖ Desmayo, *m.* (syncope) : *tomber en faiblesse*, tener un desmayo. ‖ Poca resistencia *ou* solidez : *la faiblesse d'un pont*, la poca resistencia de un puente. ‖ Punto (*m.*) flaco : *conclusion qui présente des faiblesses*, conclusión que ofrece puntos flacos. ‖ Escasez : *faiblesse des revenus*, escasez de las rentas. ‖ FIG. Debilidad (penchant). ‖ Flaqueza, desliz, *m.* (faute). ‖ — *Faiblesse d'esprit*, debilidad mental. ‖ *Sa faiblesse en mathématiques est regrettable*, es desgraciadamente flojo en matemáticas.

faiblir v. intr. Ceder, aflojar (perdre ses forces). ‖ Debilitarse, flaquear (en parlant d'une personne). ‖ Flaquear : *mémoire qui faiblit*, memoria que flaquea. ‖ Amainar : *le vent faiblit*, el viento amaina. ‖ FIG. Decaer : *son influence faiblit*, su influencia decae.

faïence [fajɑ̃:s] f. Loza. ‖ *Carreau de faïence*, azulejo.

faïencé, e [-se] adj. Que imita la loza.

faïencerie [-sri] f. Fábrica *ou* tienda de loza. ‖ Objeto (*m.*) de loza.

faïencier, ère [-sje, jɛ:r] m. et f. Fabricante *ou* vendedor, ra, de loza *ou* de porcelana.

faille [fa:j] f. Falla (tissu). ‖ Fallo, *m.* (défaut) : *les failles d'un système*, los fallos de un sistema. ‖ GÉOL. Falla (crevasse).

faillé, e [faje] adj. GÉOL. Afectado de fallas.

failler (se) [səfaje] v. pr. GÉOL. Dislocarse.

failli, e [faji] adj. COMM. Quebrado, da.
— M. COMM. Comerciante quebrado.

faillibilité [fajibilite] f. Falibilidad.

faillible [-jibl] adj. Falible.

faillir* [-ji:r] v. intr. Incurrir en falta, faltar (commettre une faute). ‖ Fallar, flaquear : *le cœur lui a failli*, el corazón le ha fallado. ‖ Faltar (manquer) : *faillir à son devoir*, faltar a su deber. ‖ Estar a punto de, estar a pique de, faltar poco para, por poco [seguido de un infinitivo] : *j'ai failli me tuer*, he estado a punto de matarme, por poco me mato.

faillite [-jit] f. COMM. ● Quiebra. ‖ FIG. Fracaso, *m.* (échec). ‖ Quiebra : *la faillite des valeurs humaines*, la quiebra de los valores humanos. ‖ COMM. *Faire faillite*, quebrar.
— SYN. ● *Banqueroute*, bancarrota. *Liquidation*, liquidación.

faim [fɛ̃] f. ● Hambre : *assouvir sa faim*, aplacar el hambre; *avoir grand faim* o *très faim*, tener mucha hambre. ‖ FIG. Hambre, sed, deseo (*m.*) ardiente : *avoir faim de richesses*, tener sed de riquezas. ‖ — *Faim de loup*, hambre canina, gazuza, carpanta (pop.). ‖ *La faim chasse le loup du bois* o *hors du bois*, a la fuerza ahorcan, la necesidad obliga. ‖ *Tromper la faim*, engañar el estómago *ou* el hambre.
— SYN. ● *Boulimie*, bulimia. *Fringale*, carpanta, gazuza. *Poliphagie*, polifagia.

faim-valle f. Pasmo (*m.*) del caballo (boulimie des chevaux). ‖ Hambre canina.

faine f. Hayuco, *m.*, fabuco, *m.* (fruit du hêtre).

fainéant, e [fɛneɑ̃, ɑ̃:t] adj. et s. Holgazán, ana.

fainéanter v. intr. FAM. Holgazanear.

fainéantise f. Holgazanería.

faire*

> 1. Créer, fabriquer, produire. — 2. Agir. — 3. Former, arranger, nettoyer. — 4. En faire, y faire. — 5. Impers. — 6. Constructions. — 7. V. pr.

1. CRÉER, FABRIQUER, PRODUIRE, v. tr. Hacer : *Dieu a fait le monde*, Dios hizo el mundo; *faire un gâteau*, hacer un pastel; *vêtements tout faits*, ropa hecha. ‖ Formar : *une femme bien faite*, una mujer bien formada. ‖ FIG. Hacer : *faire un miracle*, hacer un milagro; *faire fortune*, hacer fortuna. ‖ POP. Limpiar (voler) : *faire sa montre à quelqu'un*, limpiarle el reloj a uno. ‖ — *Faire cadeau*, regalar. ‖ *Faire de la fièvre*, tener fiebre. ‖ *Faire de la peine*, causar *ou* dar pena. ‖ *Faire de l'œil*, guiñar, timarse. ‖ POP. *Faire des enfants*, procrear. ‖ *Faire des petits*, parir (les animaux), multiplicarse. ‖ *Faire des rayons à quelqu'un*, tratar a uno con rayos X. ‖ *Faire eau*, hacer agua (avarie). ‖ *Faire peur*, dar miedo. ‖ *Faire pitié*, dar lástima. ‖ *Faire ses dents*, echar los dientes. ‖ *Faire une maladie*, tener una enfermedad. ‖ *Faire un métier*, tener un oficio. ‖ *Faire un rêve*, tener un sueño. ‖ *N'être pas fait pour quelque chose*, no servir para una cosa.

2. AGIR, v. tr. Hacer : *il y a beaucoup à faire*, hay mucho que hacer; *ne savoir que faire*, no saber qué hacer. ‖ Formar : *le chemin fait un coude*, el camino forma un recodo. ‖ Recorrer : *faire toute la France*, recorrer toda Francia. ‖ Pronunciar (un discours). ‖ Estudiar : *faire son droit*, estudiar Derecho. ‖ THÉÂTR. Representar, hacer el papel de. ‖ Fijar el precio de, valorar : *combien faites-vous ce tableau*, ¿cuánto valora usted este cuadro? ‖ Hacer, acostumbrar (habituer).

— *Faire bien de*, hacer bien en. ‖ *Faire contre mauvaise fortune bon cœur*, poner a mal tiempo buena cara, hacer de tripas corazón. ‖ *Faire de la motocyclette*, montar en motocicleta. ‖ *Faire des excuses*, presentar excusas. ‖ *Faire de son mieux pour*, hacer todo lo posible para, esmerarse en, esforzarse en. ‖ *Faire deux années de droit*, cursar dos años de Derecho. ‖ *Faire du 100 à l'heure*, hacer cien kilómetros por hora. ‖ *Faire d'une pierre deux coups*, matar dos pájaros de un tiro. ‖ *Faire du piano*, tocar el piano. ‖ *Faire du sport*, practicar los deportes. ‖ *Faire erreur*, cometer un error, equivocarse. ‖ RELIG. *Faire et défaire*, atar y desatar. ‖ *Faire faire*, mandar hacer, encargar. ‖ *Faire faire une commission*, enviar un recado. ‖ *Faire fonction de*, hacer de. ‖ *Faire l'appel*, pasar lista. ‖ *Faire le guet*, acechar. ‖ *Faire mal*, hacer daño. ‖ *Faire parler*, hacer hablar, tirar de la lengua (quelqu'un), dar que hablar (provoquer des commentaires). ‖ *Faire sa prière*, rezar. ‖ *Faire sensation*, causar efecto *ou* sensación. ‖ MIL. *Faire une sortie*, efectuar una salida. ‖ FAM. *Faire ses besoins*, hacer sus necesidades. ‖ *Faire ses études*, estudiar, cursar la carrera. ‖ *Faire ses frais*, recobrar sus gastos. ‖ *Faire son chemin*, hacer fortuna, medrar (réussir). ‖ *Faire son devoir*, cumplir con su deber. ‖ *Faire un bond*, dar un salto. ‖ *Faire une conférence*, dar *ou* pronunciar una conferencia. ‖ *Faire une faute*, cometer una falta. ‖ *Faire une gaffe*, meter la pata. ‖ *Faire un pas*, dar un paso. ‖ *Faire un prix*, hacer una rebaja. ‖ *Faire un procès*, poner un pleito. ‖ *Faire un tour*, dar un paseo, una vuelta. ‖ MAR. *Faire voile*, hacerse a la vela. ‖ *Faites donc!*, hágalo, como usted guste. ‖ *Faites vite*, aligere usted, apresúrese, dese prisa. — *Avoir à faire avec*, tener algo que ver con. ‖ *Avoir fort à faire*, tener mucho trabajo. ‖ *Bonne à tout faire*, criada para todo. ‖ *Cela m'a fait du bien*, esto me ha sentado bien. ‖ *Cela ne fait rien*, eso no importa. ‖ *C'est bien fait*, está bien hecho *ou* le está bien empleado. ‖ *Grand bien vous fasse*, buen provecho le haga [úsase más irónicamente]. ‖ *Il y aurait fort à faire*, habría mucho que hacer. ‖ *Je n'ai rien à faire là-dedans*, no tengo nada que ver con eso. ‖ *La faire à la vertu*, fingir virtud. ‖ *La faire à quelqu'un*, pegársela a uno. ‖ *Laisser faire*, dejar las manos libres. ‖ *Ne faire ni une ni deux*, no vacilar. ‖ *Qu'est-ce que cela vous fait?*, ¿qué más le da?, ¿qué le importa a usted? ‖ *Se laisser faire*, no resistir, dejarse convencer. ‖ *Voilà qui est fait*, ya está [hecho].
— V. intr. Ir, hacer juego : *ces objets font très bien ensemble*, estos objetos van bien juntos. ‖ Ser : *deux et deux font quatre*, dos y dos son cuatro. ‖ Decir : *oui, fit-il*, sí, dijo. ‖ FAM. Barajar y dar las cartas (aux cartes). ‖ — *Faire maigre*, comer de vigilia. ‖ — *Cela fait bien*, hace bonito (joli), va bien (s'harmonise), hace buen efecto (bon effet), da categoría (élégant). ‖ *Cela fait riche*, da aspecto rico. ‖ *Pour très bien faire*, para que esté perfecto. ‖ *Sa robe fait vieux*, su vestido la envejece.
3. FORMER, ARRANGER, NETTOYER, v. tr. Formar : *ce maître a fait de bons élèves*, es maestro ha formado buenos discípulos. ‖ Arreglar : *faire sa chambre*, arreglar su cuarto. ‖ Limpiar : *faire les carreaux*, limpiar los cristales. ‖ Domar (assouplir) : *faire des chaussures neuves*, domar zapatos nuevos. ‖ — *Faire de son fils un médecin*, hacer de su hijo un médico. ‖ *Faire l'aimable*, mostrarse amable. ‖ *Faire la vaisselle*, fregar los platos. ‖ *Faire le malade, le mort*, fingirse enfermo, muerto. ‖ *Faire le malin*, dárselas *ou* echárselas de listo. ‖ *Faire ses ongles*, arreglarse las uñas.

4. EN FAIRE, Y FAIRE. — Obrar : *il n'en fait qu'à sa tête*, no obra sino a su antojo. ‖ — *C'en est fait*, se acabó. ‖ *C'en est fait de lui*, está perdido. ‖ *En faire de même* o *en faire autant*, hacer otro tanto. ‖ *Je ne puis rien y faire*, no puedo hacer nada, no puedo remediarlo. ‖ *N'en faites rien*, no lo haga usted. ‖ *Rien n'y fit*, todo fue inútil. ‖ *Que voulez-vous que j'y fasse?*, ¿qué quiere que le haga? ‖ *Savoir y faire*, saber siempre arreglárselas *ou* componérselas.
5. IMPERS. — Hacer : *le temps qu'il fait*, el tiempo que hace. ‖ — *Il fait beau*, hace buen tiempo. ‖ *Il fait bon s'asseoir ici*, es agradable sentarse aquí. ‖ *Il fait jour, nuit*, es de día, de noche. ‖ *Il fait mauvais? Non, il fait beau*, ¿Hace mal tiempo? No, hace bueno.
6. CONSTRUCTIONS. — *Faire connaître* ou *savoir*, dar a conocer. ‖ *Maigre à faire pitié*, flaco que da lástima. ‖ *N'avoir que faire de*, no necesitar para nada, no hacerle falta a uno. ‖ *Ne faire que*, no hacer sino *ou* más que, no parar de : *il ne fait que crier*, no hace más que gritar. ‖ *Ne faire que d'arriver*, acabar de llegar. ‖ *Ne faire que passer*, estar sólo de paso. ‖ *Quoi qu'il fasse*, por más que haga, haga lo que haga.
7. V. pr. Hacerse : *se faire prêtre*, hacerse sacerdote. ‖ Ponerse : *se faire beau*, ponerse guapo. ‖ Estar formándose : *son style se fait*, su estilo se está formando. ‖ Dárselas de (se donner pour). ‖ Dar de sí (se prêter à la forme voulue). ‖ Hacerse, madurarse : *fromage qui se fait*, queso que se hace. ‖ Hacerse (devenir) : *le bruit se faisait trop fort*, el ruido se hacía demasiado fuerte. ‖ POP. Sacarse, hacerse : *se faire quarante francs par jour*, sacarse cuarenta francos al día. ‖ — *Se faire à*, acostumbrarse a, hacerse a. ‖ *Se faire connaître*, darse a conocer. ‖ *Se faire le champion de*, convertirse en campeón *ou* en paladín de. ‖ *Se faire vieux*, hacerse viejo, envejecer. ‖ *Comment se fait-il que?*, ¿cómo es que? ‖ *La nuit se fait*, oscurece, se cierra la noche. ‖ *Il se fait tard*, se hace tarde. ‖ *Ne pas se faire de bile*, no preocuparse. ‖ FAM. *S'en faire*, preocuparse, apurarse.
— OBSERV. El participio pasado *fait* es invariable cuando le sigue un infinitivo o si está incluido en una construcción impersonal.

faire m. Ejecución, *f.*, estilo (d'un artiste) : *le faire de Picasso*, la ejecución de Picasso.
faire-part m. inv. Esquela (*f.*) de defunción (de décès). ‖ Parte de boda (mariage).
faire-valoir m. inv. Aprovechamiento (d'une propriété). ‖ *Être le faire-valoir de quelqu'un*, ser el valedor de alguien.
fair-play [fɛrplɛ] m. Juego limpio, juego franco.
faisable [fəzabl] adj. Hacedero, ra ; factible.
faisan [fəzɑ̃] m. Faisán (oiseau). ‖ FIG. Estafador (escroc).
faisances [fəzɑ̃:s] f. pl. Adehalas.
faisandage [fəsɑ̃daːʒ] m. Husmo (des viandes).
faisandé, e [-de] adj. Manido, da (gibier). ‖ Pasado, da (avarié).
faisandeau [-do] m. Pollo de faisán.
faisander [-de] v. tr. Manir (viandes).
faisanderie [-dri] f. Faisanería.
faisane [fəzan] ou **faisande** [-zɑ̃:d] f. Faisana.
faisceau [fɛso] m. Haz, manojo, lío. ‖ FIG. Conjunto : *faisceau de preuves*, conjunto de pruebas. ‖ MIL. Pabellón : *faire* o *rompre les faisceaux*, armar *ou* desarmar pabellones. ‖ *Faisceau lumineux, électronique*, haz luminoso, electrónico. — Pl. Fasces, *f.* (du licteur).
faiseur, euse [fəzœːr, øːz] m. et f. (P. us.). Hacedor, ra. ‖ (P. us.). Artífice, artesano, na ; fabricante. ‖ FAM. Intrigante, embaucador, ra. ‖ —

Bon faiseur, bonne faiseuse, buen, buena fabricante. ‖ *Faiseur d'embarras* o *d'histoires,* eterno descontento. ‖ *Faiseur de miracles,* autor de milagros.

faisselle f. Encella, escurridor, *m.* (pour le fromage).

fait [fɛ] m. Hecho : *un fait historique,* un hecho histórico. ‖ Cosa, *f.,* obra, *f.,* manera (*f.*) de obrar (manière d'agir) : *c'est le fait de Jean,* es cosa de Juan. ‖ — *Fait accompli,* hecho consumado. ‖ *Fait avéré,* hecho probado. ‖ *Fait d'armes,* hecho de armas. ‖ *Fait juridique,* caso. ‖ *Faits divers,* sucesos, gacetilla. ‖ *Faits et gestes,* andanzas, hechos y milagros. ‖ *Hauts faits,* hazañas. ‖ *Voies de fait,* vías de hecho, actos de violencia. ‖ — *Au fait,* a propósito, por cierto. ‖ *De ce fait,* por esto. ‖ *De fait,* de hecho, de facto. ‖ *Du fait,* debido a, con motivo de. ‖ *Du fait que,* por el hecho de que, por lo mismo que. ‖ *En fait,* en realidad, realmente ; de hecho. ‖ *En fait de,* en materia de, en lo tocante a, respecto a. ‖ *Si fait,* sí, desde luego. ‖ *Tout à fait,* completamente, por completo. ‖ — *Aller au fait,* ir al grano. ‖ *Avoir son fait,* tener su merecido. ‖ *Ce n'est pas mon fait,* no es cosa que me concierne, no es asunto mío. ‖ *C'est un fait,* es cosa probada, es un hecho. ‖ *Dire à quelqu'un son fait,* decirle a uno cuatro verdades, cantarle a uno las cuarenta. ‖ *Être au fait,* estar enterado *ou* al corriente. ‖ *Être sûr de son fait,* estar seguro de lo que se dice *ou* afirma. ‖ *Le fait est que,* el caso es que. ‖ *Mettre quelqu'un au fait d'une chose,* poner a uno en antecedentes, poner al tanto *ou* al corriente. ‖ *Prendre fait et cause pour,* tomar el partido de, declararse por. ‖ *Prendre quelqu'un sur le fait,* coger in fraganti, con las manos en la masa.

fait, e adj. Hecho, cha : *ouvrage bien fait,* trabajo bien hecho. ‖ Concluido, da ; acabado, da : *affaire faite,* asunto concluido. ‖ Hecho, cha ; fermentado, da (fromage). ‖ — *Fait à,* acostumbrado a. ‖ *Fait pour,* hecho para. ‖ *Fait sur mesure,* hecho a la medida. — *À prix fait,* a un precio convenido. ‖ *C'en est fait,* se acabó. ‖ *Ce qui est fait est fait,* a lo hecho pecho. ‖ *C'est bien fait pour lui,* le está bien empleado. ‖ *C'est fait de vous, c'en est fait de vous,* está usted perdido. ‖ *Expression toute faite,* expresión estereotipada, acuñada. ‖ *Phrase toute faite,* frase hecha. ‖ *Tout fait,* confeccionado (vêtements).

faîtage m. ARCHIT. Parhilera, *f.,* caballete. ‖ Cumbrera, *f.*

faîte m. Techumbre, *f.,* remate (d'un bâtiment). ‖ Copa, *f.* (d'un arbre). ‖ Cima, *f.,* cumbre, *f.* (d'une montagne). ‖ ARCHIT. Caballete (d'un toit). ‖ FIG. Cima, *f.,* cumbre, *f.,* pináculo. ‖ *Ligne de faîte,* línea divisoria (topographie).

faîteau m. ARCHIT. Adorno del caballete de un tejado, remate.

faîtière f. Cobija (tuile). ‖ Buhardilla, buharda (fenêtre de mansarde).

fait-tout m. inv. Cacerola, *f.,* marmita, *f.*

faix [fɛ] m. Carga, *f.,* peso : *courbé sous le faix,* agobiado bajo el peso. ‖ Asentamiento (d'une construction). ‖ MÉD. Placenta. ‖ MAR. *Faix de voile,* relinga del grátil.

fakir m. Faquir, fakir.

falaise f. Acantilado, *m.* ‖ *En falaise,* acantilado, da.

falbala m. Volante, faralá, (couture). ‖ Perifollos *pl.,* faralá (ornements de mauvais goût).

falconidés m. pl. ZOOL. Falcónidos.

falerne m. Falerno (vin).

fallacieux, euse [falasjø, ø:z] adj. Falaz.

falloir* v. impers. Haber que, ser preciso, ser menester, ser necesario (suivi d'un verbe) : *il faut manger pour vivre,* hay que, es preciso *ou* es

menester comer para vivir. ‖ Necesitar, necesitarse, hacer falta (suivi d'un nom) : *il faut de l'argent,* se necesita *ou* hace falta dinero ; *il lui faut un livre,* necesita *ou* le hace falta un libro. ‖ Tener que (obligation personnelle) : *il faut que je parte,* tengo que irme. ‖ — *Encore faut-il que,* si es que. ‖ *Il faut voir!,* ¡hay que ver! ‖ *Il le faut,* es preciso, es necesario. ‖ *Il s'en est fallu de peu,* poco faltó, por poco. ‖ *Il s'en faut bien* o *de beaucoup,* mucho dista, mucho falta, está muy lejos de, falta bastante. ‖ *S'en falloir,* faltar. ‖ *Tant s'en faut,* ni mucho menos. ‖ *Tant s'en faut que...,* tan lejos está de... ‖ *Une personne comme il faut,* una persona como es debido, como Dios manda, una persona bien.

— OBSERV. El participio pasado *fallu* es invariable.

falot [falo] m. Farol de mano.

falot, e [falo, ɔt] adj. Insustancial, insulso, sa (insignifiant). ‖ Borroso, sa ; difuso, sa (terne). ‖ Vx) Ridículo, la ; ʁ.olesco, ca.

falourde f. Hacina, haz (*m.*) grande de leña (fagot).

falquer v. intr. Hacer corcovos (le cheval).

falsificateur, trice adj. et s. Falsificador, ra.

falsification f. Falsificación. ‖ Adulteración (denrées alimentaires).

— SYN. *Altération,* alteración. *Corruption,* corrupción. *Adultération,* adulteración. *Contrefaçon,* imitación fraudulenta. *Imitation,* imitación.

falsifier* v. tr. Falsificar (monnaie, documents). ‖ Adulterar (un aliment).

— SYN. *Fausser,* falsear. *Corrompre,* corromper. *Adultérer,* adulterar. *Frelater,* adulterar. *Fam. Truquer,* amañar. *Maquiller,* maquillar.

falun [falœ̃] m. Marga (*f.*) caliza.

faluner [-lyne] v. tr. AGRIC. Margar, abonar [tierras] con marga caliza.

falunière f. Margal, *m.*

falzar m. POP. Pantalón, calzones, *pl.*

famé, e adj. Reputado, da ; afamado, da. ‖ *Mal famé,* de mala fama.

— OBSERV. El francés *affamé* significa *hambriento.*

famélique adj. et s. Famélico, ca.

fameusement adv. FAM. Terriblemente, enormemente.

fameux, euse adj. Famoso, sa ; afamado, da. ‖ Perfecto, ta : *c'est un fameux imbécile,* es un perfecto imbécil. ‖ Excelente, estupendo, da : *un vin fameux,* un vino excelente. ‖ Cacareado, da : *tes fameux projets ne tiennent pas debout,* tus planes tan cacareados no tienen ninguna base. ‖ — *Ce n'est pas fameux* o *pas fameux,* no es muy bueno que digamos. ‖ *Recevoir une fameuse gifle,* recibir una torta sonada *ou* de órdago. ‖ *Se rendre fameux,* conquistar fama.

familial, e adj. Familiar. ‖ Hogareño, ña : *tradition familiale,* tradición hogareña. — F. AUTOM. Furgoneta familiar.

familiariser v. tr. Familiarizar. — V. pr. Familiarizarse.

familiarité f. Familiaridad : *il se glissa dans la familliarité de Pierre,* consiguió adquirir familiaridad con Pedro. ‖ — Pl. ● Confianza, *sing.,* familiaridad, *sing.*

— SYN. ● *Privauté,* privanza, libertades.

familier, ère adj. et s. Familiar. ‖ Íntimo, ma : *un familier du roi,* un íntimo del rey. ‖ — *Ce mot m'est familier,* esta palabra me suena *ou* me es familiar. ‖ *Être familier avec,* serle familiar a uno. ‖ *Être familier avec quelqu'un,* tratar a uno con familiaridad.

familistère m. Falansterio, familisterio.

famille [fami:j] f. Familia. ‖ *Air de famille,* parecido de familia.

— SYN. *Ménage,* matrimonio, familia. *Foyer,* hogar. *Maison,* casa. *Fam. Maisonnée,* familia. *Nichée, couvée,* prole. *Tribu,* tribu.

famine f. Hambre. ‖ Escasez, carestía de víveres (disette). ‖ — *Crier famine*, quejarse de hambre. ‖ *Crier famine sur un tas de blé*, quejarse de vicio. ‖ *Salaire de famine*, sueldo de muerto de hambre.

fan m. et f. Hincha, partidario, ria.

fanage m. Henaje, henificación, *f.*, secado del heno.

fanal m. Fanal. ‖ Farola, *f.* (dans un port). ‖ Farol (d'une locomotive).

fanatique adj. et s. Fanático, ca.
— SYN. *Intolérant*, intolerante. *Sectaire*, sectario. *Séide*, secuaz.

fanatiser v. tr. Fanatizar.

fanatisme m. Fanatismo.

fanchon m. Pañuelo de cabeza (fichu).

Fanchon n. pr. f. Frasquita, Paca, Paquita.

fane f. Mata (de pommes de terre, carottes, etc.). ‖ Hojarasca, hojas (*pl.*) secas (feuille sèches).

fané, e adj. Marchito, ta ; ajado, da.

faner v. tr. AGRIC. Hacer heno, henificar. ‖ Marchitar (les fleurs). ‖ Ajar (les étoffes). ‖ FIG. Marchitar (les personnes).
— V. pr. Marchitarse. ‖ Ajarse.

faneur, euse m. et f. AGRIC. Forrajero, ra. ‖ — F. Secadora de hierba, henificadora (machine).

fanfan m. FAM. Niño, nene, chacho (fam.) [petit enfant].

fanfare f. Tocata, marcha militar (musique). ‖ Charanga, banda militar (musiciens). ‖ FIG. et FAM. Fanfarria (vantardise). ‖ FIG. *Faire un réveil en fanfare*, despertar con gran estruendo.

fanfaron, onne adj. et s. Fanfarrón, ona. ‖ *Faire le fanfaron*, fanfarronear.
— SYN. *Hâbleur*, charlatán. *Vantard*, jactancioso. *Fendant*, perdonavidas. *Tartarin*, baladrón. *Fam. Gascon*, astuto. *Craqueur*, cuentista.

fanfaronnade f. Fanfarronada.
— SYN. *Rodomontade*, rodomontada. *Forfanterie*, baladronada.

fanfaronner v. intr. Fanfarronear.

fanfaronnerie f. Fanfarronería.

fanfreluche f. Perendengue, *m.* (ornement, garniture).

fange [fã:ʒ] f. Fango, *m.* ‖ FIG. Abyección. ‖ *Tirer quelqu'un de la fange*, sacar a uno del arroyo.

fangeux, euse adj. Fangoso, sa. ‖ FIG. Abyecto, ta.

fanion m. Banderín, guión. ‖ Banderín (sports).

fanon m. Banderola, *f.* (de lance). ‖ Papada, *f.*, marmella, *f.* (du bœuf). ‖ Manípulo (des prêtres). ‖ Moco (du dindon). ‖ Cerneja, *f.* (des chevaux). ‖ Ballena, *f.*, barba (*f.*) de ballena. ‖ — Pl. Ínfulas, *f.* (de la mitre épiscopale). ‖ Cintas, *f.*, colgantes (d'une bannière).

fantaisie f. Fantasía (imagination). ‖ ● Capricho, *m.*, antojo, *m.* (caprice). ‖ Antojo, *m.* : *vivre à sa fantaisie*, vivir a su antojo. ‖ MUS. Fantasía. ‖ — *Bijou de fantaisie*, alhaja de imitación ou de fantasía (gallicisme), bisutería. ‖ *Costume de fantaisie*, traje de fantasía. ‖ *Prendre la fantaisie de*, antojársele algo a uno. ‖ *Se passer une fantaisie*, satisfacer un capricho.
— SYN. ● *Caprice*, capricho. *Humeur*, talante. *Fam. Lubie*, antojo. *Toquade*, capricho.

fantaisiste adj. Caprichoso, sa. ‖ Poco realista.
— M. et f. Fantasista, artista de variedades, caricato, *m.* ‖ Fantoche, *m.*, cuentista (peu sérieux).

fantasia f. Ejercicio (*m.*) ecuestre de los árabes, algarada. ‖ *Exécuter une fantasia*, correr la pólvora.

fantasmagorie f. Fantasmagoría.

fantasmagorique adj. Fantasmagórico, ca.

fantasme m. Fantasma.

fantasque adj. Antojadizo, za ; caprichoso, sa (capricieux). ‖ Peregrino, na (bizarre).

fantassin m. Infante, soldado de infantería.

fantastique adj. Fantástico, ca.
— M. Lo imaginativo, lo fantástico.

fantoche m. Títere, fantoche. ‖ FIG. Mamarracho, monigote, fantoche.

fantomatique adj. Fantástico, ca ; fantasmal.

fantôme m. ● Fantasma. ‖ Quimera, *f.*, ilusión, *f.* (chimère).
— Adj. Fantasma, inexistente : *un vaisseau fantôme*, un barco fantasma.
— SYN. ● *Spectre*, espectro. *Simulacre*, simulacro. *Apparition*, aparición. *Revenant*, aparecido. *Esprit*, espíritu. *Ombre*, sombra. *Larve*, larva. *Fantasme o phantasme*, fantasma.

fanton ou **fenton** m. TECHN. Cuadradillo de hierro.

fanure f. Marchitez.

faon [fã] m. Cervato, cervatillo (petit cerf). ‖ Corcino, corzo pequeño (chevrillard). ‖ Gamezno (petit daim).

faonner [fane] v. intr. Parir (la biche, la daine, etc.).

faquin m. Mozo de cuerda, faquín (p. us.). ‖ FIG. Bellaco, bribón.

farad [farad] m. ÉLECTR. Faradio, farad.

faradisation f. Faradización.

faramineux, euse adj. FAM. Extraordinario, ria ; asombroso, sa.

farandole f. Farándula (danse provençale).

farandoler v. intr. Bailar la farándula.

faraud, e [faro, o:d] adj. et s. FAM. Presumido, da.

farauder v. intr. Fardar.

farce f. Farsa (théâtre). ‖ Broma (plaisanterie) : *faire une farce*, gastar una broma. ‖ Relleno, *m.* (cuisine). ‖ — *Magasin de farces et attrapes*, tienda de bromas y engaños. ‖ *Tourner à la farce*, perder su seriedad.
— Adj. (Vx). FAM. Chistoso, sa ; chusco, ca ; ocurrente.

farceur, euse m. et f. (Vx). THÉÂTR. Farsante, cómico, ca. ‖ — Adj. et s. Bromista.

farci, e adj. Relleno, na : *olives farcies*, aceitunas rellenas.

farcin m. VÉTÉR. Muermo crónico (morve).

farcir v. tr. Rellenar (cuisine) : *farcir des auberges*, rellenar berenjenas. ‖ FIG. Atestar, atiborrar (surcharger). | Llenar (remplir).

fard [fa:r] m. Pintura, *f.*, afeite (p. us.). ‖ FIG. Disfraz, disimulo (déguisement). ‖ FAM. *Piquer un o son fard*, ponerse como un tomate, subírsele a uno el pavo, ruborizarse.

fardage m. Engaño comercial consistente en cubrir la mercancía averiada por la que se encuentra en buen estado.

farde f. COMM. Fardo (*m.*) de 185 kg.

fardeau m. Carga (*f.*) pesada, peso, bulto. ‖ FIG. Carga, *f.*, peso.

farder v. tr. Maquillar, pintar, afeitar (p. us.) [maquiller]. ‖ COMM. Cubrir la mercancía averiada. ‖ FIG. Encubrir, disfrazar (déguiser).
— V. intr. Pesar, ser pesado (peser) : *charge qui farde*, carga que pesa. ‖ Desplomarse (céder sous une charge).

fardier m. Narria, *f.* (chariot pour transporter des fardeaux).

farfadet [farfadɛ] m. Trasgo, duende.

farfelu, e adj. Extravagante ; descocado, da ; peregrino, na.

farfouillement [farfujmã] m. FAM. Rebusca, *f.*, búsqueda, *f.*

farfouiller [-je] v. tr. et intr. FAM. Revolver, toquetear.

fargue f. MAR. Falca.

faribole f. Pamplina, cuento, *m.*

farigoule f. Serpol, *m.*

farinacé, e adj. Farináceo, a.

farinage m. Maquila, *f.* (bénéfice du meunier).
farine f. Harina. ‖ *De la même farine*, de la misma calaña.
fariner v. tr. Enharinar.
farinet [farinɛ] m. Dado marcado en una sola cara.
farineux, euse adj. Harinoso, sa (qui contient de la farine). ‖ Farináceo, a (de la nature de la farine). ‖ Enharinado, da (couvert d'une poussière blanche).
— M. Farinácea, *f.* (légume).
farinier, ère m. et f. (Vx). Harinero, ra. ‖ — F. (Vx). Harinero, *m.* (coffre à farine).
farlouse f. Pipi, *m.*, pitpit, *m.* (oiseau).
Farnèse n. pr. m. Farnesio.
farniente [farnjɛnte] m. Farniente, ociosidad, *f.*
faro m. Farro, cerveza (*f.*) belga.
farouch et **farouche** [faruʃ] m. Trébol encarnado.
farouche adj. Feroz, salvaje, bravo, va (animaux). ‖ Feroz, cruel. ‖ Fɪɢ. ● Arisco, ca; esquivo, va; hosco, ca; huraño, ña (peu accueillant). ‖ — *Bête farouche*, animal feroz, fiera. ‖ *Résistance farouche*, resistencia violenta, feroz.
— Sʏɴ. ● *Sauvage*, huraño. *Insociable*, insociable. *Misanthrope*, misántropo.
farrago m. (P. us.). Fárrago.
fart [fart] m. Cera, *f.*, pasta, *f.* (pour les skis).
farter v. tr. Encerar (les skis).
fasce [fas] f. Bʟᴀs. Faja, banda.
fascicule [fasikyl] m. Hacecillo. ‖ Iᴍᴘʀ. Fascículo, entrega, *f.* (cahier). ‖ Mɪʟ. *Fascicule de mobilisation*, hoja de movilización.
fasciculé, e adj. Bᴏᴛ. Fasciculado, da.
fascié, e [fasje] adj. Fajado, da; listado, da; rayado, da.
fascinage [fasina:ʒ] m. Iᴍᴘʀ. Conjunto de fascículos. ‖ Mɪʟ. Fajinada, *f.*
fascinant, e adj. Fascinante.
fascinateur, trice adj. et s. Fascinador, ra.
fascination f. Fascinación.
fascine [fasin] f. Mɪʟ. Fajina.
fasciner v. tr. Fascinar : *fasciner du regard*, fascinar con la mirada. ‖ Mɪʟ. Cubrir con fajinas.
fascisme [faʃism] m. Fascismo.
fasciste [-ʃist] adj. et s. Fascista.
faséole f. Frijol, *m.*, judía (haricot).
faseyer ou **faseiller** [fazeje] ou **fasier** [-zje] v. intr. Mᴀʀ. Flamear.
faste adj. Fasto, ta.
— M. Fausto, boato. ‖ — Pl. Fastos.
fastidieux, euse adj. Fastidioso, sa; pesado, da.
fastigié, e adj. Fastigiado, da; de copa muy alta' (arbre).
fastueux, euse [fastɥø, ø:z] adj. Fastuoso, sa.
fat, e [fa, fat] adj. et s. Fatuo, tua.
fatal, e adj. Fatal. ‖ *Femme fatale*, mujer fatal.
— Oʙsᴇʀᴠ. Pl. *fatals, fatales*.
— Sʏɴ. *Funeste*, funesto. *Néfaste*, nefasto, aciago. *Fatidique*, fatídico.
fatalisme m. Fatalismo.
fataliste adj. et s. Fatalista.
fatalité m. Fatalidad.
fatidique adj. Fatídico, ca.
fatigant, e adj. Fatigoso, sa; cansado, da (qui fatigue). ‖ Fastidioso, sa; cansino, na (ennuyeux).
fatigue f. Cansancio, *m.*, fatiga. ‖ *Fatigue du sol*, agotamiento del terreno.
fatigué, e adj. Cansado, da; fatigado, da : *fatigué d'une longue marche*, cansado por una larga caminata. ‖ Gastado, da; usado, da (vêtement). ‖ Vencido, da (siège).
fatiguer v. tr. ● Cansar, fatigar (causer de la fatigue). ‖ Fɪɢ. Importunar, fastidiar, cansar (importuner). ‖ Soportar un peso (supporter un effort). ‖ — *Fatiguer une salade*, mover ou revol-

ver la ensalada. ‖ Fᴀᴍ. *Votre voiture est fatiguée*, su coche está ya medio muerto.
— V. pr. Cansarse, fatigarse : *se fatiguer à gémir*, cansarse en gemir.
— Sʏɴ. ● *Surmener*, agobiar. *Épuiser*, agotar. *Exténuer*, extenuar. *Fam. S'échiner*, deslomarse, aperrearse. *S'éreinter*, derrengarse. *Se crever*, matarse.
Fatima n. pr. f. Fátima.
fatimite adj. et s. Fatimita.
fatras [fatra] m. Fárrago.
fatuité f. Fatuidad.
fatum [fatɔm] m. Hado, destino.
faubert m. Mᴀʀ. Lampazo, fregajo.
faubourg [fobu:r] m. Arrabal, suburbio.
— Oʙsᴇʀᴠ. Tratándose de algunas calles de París, que antaño eran arrabales, no se traduce la palabra *faubourg*. Dícese v. gr. : *el faubourg Saint-Germain*, la calle del *Faubourg-Montmartre*. Por antonomasia, la palabra *faubourg* designa el barrio aristocrático de Saint-Germain.
faubourien, enne [-rjɛ̃, jɛn] adj. et s. Arrabalero, ra. ‖ Fɪɢ. Populachero, ra; barriobajero, ra.
faucard [foka:r] m. Guadaña (*f.*) de mango largo.
faucarder v. tr. Guadañar.
fauchage [foʃa:ʒ] m. Siega, *f.* : *fauchage hâtif*, siega temprana. ‖ Mɪʟ. *Tir de fauchage*, tiro abierto.
fauchaison f. Siega (temps et action).
fauchard [foʃa:r] m. Honcejo, hocino.
fauche f. Siega (temps et produit du fauchage).
fauché, e adj. Segado, da. ‖ Fᴀᴍ. Bollado, da; limpio, pia; pelado, da (sans argent).
fauchée f. Tajo, *m.*, lo que siega un hombre en una vez.
faucher v. tr. Segar, guadañar (couper). ‖ Derribar, abatir, segar (abattre). ‖ Alcanzar, arrollar, atropellar (renverser) : *l'automobile a fauché le piéton*, el coche alcanzó al peatón. ‖ Cortar, degollar (couper). ‖ Fᴀᴍ. Birlar, rapiñar (voler).
— V. intr. Cojear, falsear (cheval). ‖ Batir horizontalmente (canon, mitrailleuse).
fauchet [foʃɛ] m. Aɢʀɪᴄ. Rastrillo para amontonar la hierba cortada.
fauchette f. Hachuela.
faucheur, euse m. et f. Segador, ra; guadañador, ra. ‖ — M. Zᴏᴏʟ. Segador. ‖ — F. Segadora, guadañadora (machine). ‖ *Faucheuse mécanique*, motosegadora.
faucheux ou **faucheur** m. Segador (araignée).
faucille [fosi:j] f. Hoz.
faucillon [-jɔ̃] m. Hoz (*f.*) pequeña.
faucon m. Halcón (oiseau). ‖ Mɪʟ. Falcón (canon).
fauconneau m. Halconcillo (jeune faucon). ‖ (Vx). Mɪʟ. Falconete (canon léger).
fauconnerie f. Cetrería (dressage des oiseaux). ‖ Halconería (chasse).
fauconnier m. Halconero.
faucre m. Ristre (pièce de l'armure).
faufil [fofil] m. Hilván, hilo de hilvanar (couture).
faufilage m. Hilvanado, hilván (couture).
faufiler v. tr. Hilvanar (coudre).
— V. pr. Fɪɢ. Colarse, deslizarse, escurrirse.
faufilure f. Hilván, *m.*
faune m. Mʏᴛʜ. Fauno. ‖ — F. Fauna (ensemble des animaux).
faunique adj. Fáunico, ca (relatif à la faune).
faussaire m. et f. Falsario, ria.
faussement adv. Falsamente.
fausser v. tr. Doblar, torcer : *fausser une clef*, torcer una llave. ‖ Fɪɢ. Torcer : *fausser l'esprit*, torcer el espíritu. ‖ Torcer, dar una falsa interpretación : *fausser la loi*, dar una falsa interpretación a la ley. ‖ Falsear, adulterar : *fausser la vérité*, falsear la verdad. ‖ Desvirtuar, viciar (détruire l'exactitude de). ‖ Mᴜs. Desafinar. ‖ — *Fausser compagnie*, marcharse por las buenas.

fausset m. Falsete : *voix de fausset,* voz de falsete. ‖ Bitoque, espita, *f.* (d'un tonneau).

fausseté f. Falsedad. | ● Doblez, *m.,* falsedad (hypocrisie). ‖ Mus. Desafinamiento, *m.* (instrument), desentono, *m.* (voix).

— Syn. ● *Duplicité,* duplicidad, doblez. *Hypocrisie,* hipocresía. *Fourberie,* trapacería. *Fam. Tartuferie,* mojigatería. *Pharisaïsme,* fariseísmo. *Papelardise,* camandulería. *Patelinage,* zalamería.

Faust n. pr. m. Fausto.

Faustin, e n. pr. m. et f. Faustino, na.

faute f. Falta : *une faute grave,* una falta grave ; *fautes d'orthographe,* faltas de ortografía. ‖ Culpa (culpabilité) : *à qui la faute?,* ¿de quién es la culpa?, ¿quién tiene la culpa? ‖ — *A faute de, faute de,* por falta de, a defecto de. ‖ *Faute de,* seguido de un infinitivo, equivale a : *por no haber...* o solamente *por no,* y, seguido de un sustantivo, equivale a *por falta de, en defecto de : faute d'étudier,* por no haber estudiado ; *faute d'exercice,* por falta de ejercicio. ‖ *Faute de mieux,* a falta de otra cosa, por no tener nada mejor. ‖ *Faute d'impression,* errata. ‖ — *En faute,* culpable. ‖ *Sans faute,* sin falta. ‖ — *Avoir faute de,* necesitar. ‖ *C'est la faute de,* la culpa es de. ‖ *C'est ma faute,* es culpa mía, es mi culpa. ‖ *Faire faute,* faltar. ‖ *Faire une faute,* cometer una falta. ‖ *Ne pas se faire faute de,* no dejar de. ‖ *Prendre quelqu'un en faute,* coger *ou* pillar a alguien.

fauter v. intr. Fam. Faltar, tener un desliz (en parlant d'une femme).

fauteuil [fotœ:j] m. Sillón, butaca, *f.* : *s'asseoir dans un fauteuil,* sentarse en un sillón. ‖ Butaca, *f.* : *fauteuil d'orchestre,* butaca de patio. ‖ Fig. Presidencia, *f.* (présidence). ‖ — *Fauteuil à bascule,* mecedora. ‖ *Fauteuil à oreilles,* sillón de orejeras. ‖ *Fauteuil roulant,* sillón de ruedas, cochecito de inválido. ‖ — Fam. *Dans un fauteuil,* cómodamente, con facilidad.

fauteur, trice m. et f. Fautor, ra ; promotor, ra : *un fauteur de troubles,* un promotor de disturbios.

fautif, ive adj. Falible : *mémoire fautive,* memoria falible. ‖ Culpable : *enfant fautif,* niño culpable. ‖ Defectuoso, sa ; equivocado, da (erroné). — M. et f. Culpable.

fautivement adv. Equivocadamente, por error (par erreur). ‖ En falta (par faute).

fauve adj. Leonado, da ; anteado, da (couleur). ‖ *Bêtes fauves,* caza mayor [ciervos, gamos, etc.]. — M. Fiera, *f.* (bête féroce). ‖ Color leonado *ou* rojizo (couleur). ‖ Pintor perteneciente a la escuela del fauvismo.

fauverie f. Sección de las fieras (dans une ménagerie).

fauvette f. Curruca (oiseau).

fauvisme m. Fauvismo (peinture).

faux [fo] f. Guadaña, dalle, *m.* (p. us.).

faux, fausse [fo, fo:s] adj. ● Falso, sa. ‖ Postizo, za : *faux nez,* nariz postiza ; *fausses dents,* dientes postizos. ‖ Mus. Desafinado, da ; desentonado, da. ‖ — *Fausse queue,* pifia (billard). ‖ Fam. *Faux jeton,* hipócrita. ‖ *Faux titre,* anteportada, portadilla (d'un livre). ‖ *Faux comme un jeton,* más falso que Judas. ‖ — *A faux,* sin razón, injustamente (à tort), en vano (sans résultat). ‖ — *Chanter faux,* desafinar. ‖ *Faire fausse route,* ir por mal camino, ir descaminado. ‖ *Faire un faux pas,* dar un paso en falso, dar un tropezón *ou* un traspié. ‖ *Porter à faux,* estar en falso (construction), no ser concluyente *ou* fundado (jugement), estar hecho en vano (action). — Adv. Mus. Desafinadamente, desentonadamente. ‖ *Dire faux,* mentir, no decir verdad. ‖ *Jouer faux,* desafinar. — M. Falsificación, *f.* : *faux en écriture publique,*

falsificación de escritura pública. ‖ Lo falso : *distinguer le faux du vrai,* distinguir lo falso de lo verdadero. ‖ Error : *être dans le faux,* estar en el error. ‖ — *A faux,* en falso. ‖ *Faire un faux,* falsificar un documento. ‖ *Plaider le faux pour savoir le vrai,* decir mentira para sacar verdad. ‖ *S'inscrire en faux,* atacar de falsedad.

— Syn. ● *Feint,* fingido. *Pseudo,* seudo.

faux-bourdon m. Mus. Fabordón. ‖ Zángano (apiculture).

faux-filet m. Solomillo bajo.

faux-fuyant [fofɥijɑ̃] m. Salida (*f.*) falsa (porte). ‖ Fig. Pretexto, evasiva, *f.,* escapatoria, *f.*

faux-monnayeur [fomɔnɛjœ:r] m. Monedero falso.

faux-semblant m. Pretexto falso.

faverole ou **féverole** f. Haba panosa.

faveur f. Favor, *m.* ‖ ● Gracia, merced (grâce). ‖ Preferencia. ‖ Lacito, *m.,* cinta estrecha de seda, chamberga (ruban). ‖ — *Lettre de faveur,* carta de recomendación. ‖ *Tour de faveur,* turno preferente. ‖ *Traitement de faveur,* trato preferente. ‖ — *A la faveur de,* a favor de, gracias a, aprovechando. ‖ *En faveur de,* en favor de, en beneficio de, en pro de. ‖ *Être en faveur auprès de,* gozar de la estima *ou* del favor de.

— Observ. La palabra francesa *faveur* no tiene nunca el sentido de servicio.

— Syn. ● *Crédit,* crédito. *Grâce,* gracia.

favorable adj. Favorable.

— Syn. *Propice,* propicio. *Prospère,* próspero.

favori, ite adj. et s. ● Favorito, ta ; predilecto, ta. ‖ Favorito, ta (sports). ‖ — M. Privado, valido (d'un roi). ‖ — Pl. Patillas, *f.* ‖ — F. Favorita (d'un roi).

— Syn. ● *Chouchou,* preferido, ojo derecho. *Préféré,* preferido.

favorisé, e adj. et s. Favorecido, da.

favoriser v. tr. Favorecer. ‖ *Régions favorisées,* comarcas dotadas, favorecidas.

favoritisme m. Favoritismo.

favus [favys] m. Méd. Favo.

fayard [faja:r] m. Haya, *f.* (hêtre).

fayot [fajo] m. Fam. Frijol, judía, *f.,* prusiano (haricot sec).

féal, e adj. (Vx). Leal, fiel.

fébrifuge adj. et s. m. Méd. Febrífugo, ga.

fébrile adj. Febril.

fébrilité f. Febrilidad.

fécal, e adj. Fecal : *matière fécale,* materia fecal.

fèces [fɛ:s] f. pl. Heces.

fécond, e [fekɔ̃, ɔ̃:d] adj. Fecundo, da.

fécondant, e adj. Fecundante.

fécondateur, trice adj. et s. Fecundador, ra.

fécondation f. Fecundación.

féconder v. tr. Fecundar.

fécondité f. Fecundidad.

fécule f. Fécula.

féculence f. Feculencia.

féculent, e adj. et s. m. Feculento, ta.

féculerie f. Fábrica de fécula.

féculeux, euse adj. Feculoso, sa.

féculier m. Fabricante de fécula.

fédéral, e adj. et s. m. Federal : *les fédéraux,* los federales.

fédéraliser v. tr. Federalizar.

fédéralisme m. Federalismo.

fédéraliste adj. et s. Federalista.

fédératif, ive adj. Federativo, va.

fédération f. Federación.

fédéré, e adj. et s. m. Federado, da.

fédérer* v. tr. Federar. — V. pr. Federarse.

fée [fe] f. Hada.

feeder m. Mécan. Alimentador.

féer [fee] v. tr. (P. us.). Encantar, hechizar.
féerie [feri] f. Magia, hechicería (art des fées). ‖ Mundo (*m.*) de las hadas. ‖ Cuento (*m.*) de hadas (conte). ‖ THÉÂTR. Comedia de magia. ‖ FIG. Espectáculo (*m.*) maravilloso.
féerique [ferik] adj. Mágico, ca; maravilloso, sa.
feignant, e adj. et s. POP. Vago, ga; gandul, la; holgazán, ana.
feindre* [fɛ̃:dr] v. intr. et tr. ● Fingir. ‖ Cojear ligeramente (cheval). ‖ — *Feindre de,* fingir, aparentar, hacer como si : *feindre de croire quelque chose,* fingir creer algo. ‖ *Feindre que,* suponer.
— SYN. ● *Simuler,* simular. *Faire semblant,* hacer como si. *Affecter,* afectar.
feint, e [fɛ̃, ɛ̃:t] adj. Fingido, da.
feinte [fɛ̃:t] f. Fingimiento, *m.* ‖ Ficción (fiction). ‖ Finta (sports). ‖ IMPR. Fraile, *m.* (défaut d'impression).
feinter [fɛ̃te] v. intr. Fintar, regatear, dar un quiebro.
— V. tr. FAM. Engañar.
feld-maréchal m. Feldmariscal, mariscal de campo.
feldspath m. MIN. Feldespato.
feldspathique adj. Feldespático, ca.
fêle ou **felle** f. Caña, puntel, *m.* (du souffleur de verre).
fêler v. tr. Cascar : *cloche, voix fêlée,* campana, voz cascada. ‖ Astillar (un os), producir *ou* tener una fisura (crâne). ‖ FIG. et FAM. *Avoir la tête fêlée,* estar chiflado, faltarle a uno un tornillo.
félibre m. Felibre (écrivain en langue d'oc).
félibrige m. Felibrigio.
Félicie n. pr. f. Felisa.
Félicien n. pr. m. Feliciano.
félicitation f. Felicitación : *recevoir de nombreuses félicitations,* recibir numerosas felicitaciones. ‖ Enhorabuena : *présenter ses félicitations,* dar la enhorabuena. ‖ *Avec les félicitations du jury,* con matrícula de honor.
félicité f. Felicidad.
féliciter v. tr. Felicitar, dar la enhorabuena.
— SYN. *Complimenter,* cumplimentar. *Congratuler,* congratular.
félidés m. pl. ZOOL. Félidos.
félin, e adj. et s. m. ZOOL. Felino, na.
Félix n. pr. m. Félix.
fellah m. Felá, fellah (paysan égyptien).
félon, onne adj. et s. Felón, ona; traidor, ra.
félonie f. Felonía.
felouque m. MAR. Falúa, *f.,* falucho.
fêlure f. Raja, cascadura. ‖ Fisura (du crâne). ‖ FIG. et FAM. Chifladura, locura leve (folie légère).
femelle adj. et s. f. Hembra.
— F. TECHN. Hembra, hembrilla.
— OBSERV. *Femelle* se usa solamente hablando de animales (éléphant femelle).
féminin, e adj. et s. m. Femenino, na.
féminiser v. tr. Afeminar (efféminer). ‖ GRAMM. Dar el género femenino a una voz.
— V. pr. Afeminarse.
féminisme m. Feminismo.
féministe adj. et s. Feminista.
féminité f. Feminidad.
femme [fam] f. Mujer. ‖ Mujer, esposa (épouse). ‖ — *Femme de chambre,* doncella, camarera, camarista [de la reina]. ‖ *Femme de charge,* ama de llaves. ‖ *Femme de journée, de ménage,* asistenta. ‖ *Femme de lettres,* escritora. ‖ *Femme d'intérieur,* mujer de su casa. ‖ — *Conte de bonne femme,* cuento de viejas. ‖ *Remède de bonne femme,* remedio casero. ‖ — *Chercher femme,* buscar novia. ‖ *Cherchez la femme,* hay mujeres por medio, es cuestión de faldas. ‖ *Prendre femme,* casarse, tomar mujer. ‖

femmelette [famlɛt] f. Mujercilla. ‖ FIG. Mujerzuela (homme efféminé, timide).
fémoral, e adj. Femoral.
fémur m. ANAT. Fémur.
fenaison [fənɛzɔ̃] f. Siega del heno, henificación, henaje, *m.*
fendage m. Hendimiento, hendidura, *f.,* rotura, *f.*
fendant m. Hendiente, cuchillada, *f.,* tajo (coup du tranchant de l'épée). ‖ (Vx). Perdonavidas. ‖ FAM. *Faire le fendant,* fanfarronear.
fendeur, euse m. et f. Hendedor, ra; cortador, ra. ‖ *Fendeuse de bois, de bûches,* astilladora, rompetroncos.
fendillement [fɑ̃dijmɑ̃] m. Resquebrajadura, *f.,* grieta, *f.*
fendiller [-je] v. tr. Resquebrajar, agrietar.
— V. pr. Resquebrajarse, agrietarse.
fendoir m. Rajadera, *f.,* cuchilla, *f.*
fendre v. tr. Rajar, hender. ‖ Partir : *fendre des bûches,* partir leños. ‖ Resquebrajar, agrietar : *la sécheresse fend la terre,* la sequedad agrieta la tierra. ‖ FIG. Abrirse paso entre *ou* por entre, pasar entre, atravesar, hender (traverser). ‖ Partir (le cœur). ‖ Romper (la tête). ‖ Hender, surcar (l'air).
— V. pr. Henderse, partirse. ‖ Agrietarse, resquebrajarse. ‖ Tirarse a fondo (escrime). ‖ POP. Desprenderse, soltar, largar : *se fendre de cinq cents francs,* soltar quinientos francos. ‖ Arruinarse : *il s'est fendu,* se ha arruinado.
fendu, e adj. Hendido, da; partido, da. ‖ Agrietado, da; resquebrajado, da; abierto, ta (crevassé). ‖ Rasgado (œil). ‖ Hendido, da; grande (bouche).
fenestration f. ARCHIT. Calado, *m.,* abertura, luz (jour). ‖ MÉD. Fenestración.
fenestré, e adj. Calado, da; agujereado, da.
fenêtrage ou **fenestrage** m. Ventanaje.
fenêtre f. Ventana : *fenêtre à guillotine* o *à l'anglaise,* ventana de guillotina. ‖ — *Fenêtre géminée,* ajimez, parteluz doble. ‖ *Se mettre à la fenêtre,* asomarse a la ventana.
— SYN. *Croisée,* ventana. *Baie,* vano, hueco.
fenêtrer v. tr. Abrir ventanas (ménager des fenêtres). ‖ Agujerear, calar (pratiquer des trous).
fénian m. Feniano (rebelle irlandais).
fénianisme f. Fenianismo.
fenil [fənil *o* fəni] m. Henil.
fennec [fɛnɛk] m. Zorro del Sáhara.
fenouil [fənuj] m. BOT. Hinojo. ‖ *Fenouil marin,* hinojo marino.
fenouillet m. [-jɛ] ou **fenouillette** [-jɛt] f. Variedad de manzana, *f.*
fenouillette [-jɛt] f. Aguardiente (*m.*) de hinojos.
fente [fɑ̃:t] f. ● Hendidura, raja, hendedura (fendillement). ‖ Abertura, ranura : *regarder par la fente de la porte,* mirar por la ranura de la puerta. ‖ Ranura (d'une machine). ‖ Grieta (fissure). ‖ Fondo, *m.,* acción de tirarse a fondo (escrime). ‖ Abertura, raja (d'une veste). ‖ MIL. *Fente de visée,* mirilla (char de combat).
— SYN. ● *Fissure,* fisura. *Crevasse,* grieta. *Lézarde,* cuarteo. *Faille,* falla.
fenton m. Cuadradillo de hierro (en fer). ‖ Clavija de madera (en bois).
fenugrec m. BOT. Fenogreco, alholva, *f.*
féodal, e adj. Feudal.
féodalisme m. Feudalismo.
féodalité f. Feudalidad.
fer m. Hierro (métal) : *fer doux, rouge, forgé,* hierro dulce, candente, forjado. ‖ Punta, *f.,* hierro, moharra, *f.* (d'une lance, etc.). ‖ Acero, arma (*f.*) blanca : *le fer homicide,* el acero homicida. ‖ Herradura, *f.* (fer à cheval). ‖ FIG. Hierro : *volonté, santé de fer,* voluntad, salud de hierro. ‖ — *Fer à double T,* hierro de doble T. ‖ *Fer à friser,* tenacillas de rizar, rizador para el pelo. ‖

Fer à repasser, plancha. ‖ *Fer à souder*, soldador. ‖ *Fer carré*, hierro tocho. ‖ — *Coup de fer*, planchado rápido. ‖ *Fil de fer*, alambre. ‖ — *De fer*, de hierro, sólido. ‖ *En fer à cheval*, en forma de herradura. ‖ — Fam. *Avoir une santé de fer*, tener una salud de hierro. ‖ *Briser le fer pour*, romper una lanza en defensa de. ‖ *Croiser le fer*, batirse. ‖ *Il faut battre le fer quand il est chaud*, al hierro candente batir de repente. ‖ — Pl. Hierros, grilletes, cadenas, *f*. ‖ Fig. Cautiverio, *sing.*, esclavitud, *f*. (captivité). ‖ Méd. Fórceps, *sing.* ‖ Fig. *Briser ses fers*, romper las cadenas. ‖ — *Jeter dans les fers*, encarcelar. ‖ *Mettre aux fers*, poner grilletes, cargar de cadenas.‖ *Tomber les quatre fers en l'air*, caer patas arriba.

féra f. Corégono, *m.*, farra (poisson).

feralia f. pl. Ferales (fêtes en l'honneur des morts).

fer-blanc m. Hoja (*f.*) de lata, hojalata, *f.*, lata, *f.*

ferblanterie f. Hojalatería. ‖ Pop. Chatarras, *pl.* (décorations).

ferblantier m. Hojalatero.

Ferdinand [fɛrdinã] n. pr. m. Fernando.

férial, e adj. Ferial.

férie [feri] f. Feria. ‖ Ecclés. Fiesta.

férié, e adj. Feriado, da.

férir v. tr. (Vx). Herir. ‖ *Sans coup férir*, sin pegar un tiro, sin combate, sin violencia alguna (militaire), sin esfuerzo alguno (facilement).
— Observ. Sólo se usan el infinitivo *férir* y el part. pas. *féru, e*.

ferler v. tr. Mar. Aferrar, plegar [velas].

fermage m. Arrendamiento rústico, arriendo (bail). ‖ Renta, *f.* (loyer).

fermail [fɛrmaːj] m. (Vx). Broche, presilla, *f.*, firmal.

fermant, e adj. Que cierra. ‖ *À jour fermant*, al anochecer.

ferme adj. Firme. ‖ Compacto, ta ; consistente ; duro, ra (compact). ‖ Prieto, ta (chair). ‖ Seguro, ra (assuré). ‖ Enérgico, ca (énergique). ‖ Entero, ra ; recto, ta (caractère). ‖ Firme (valeur en bourse). ‖ Severo, ra ; categórico, ca (impératif). ‖ Comm. En firme : *vente ferme*, venta en firme. ‖ — *De pied ferme*, a pie firme. ‖ *D'une main ferme*, con firmeza. ‖ *Ferme !*, ¡ánimo !, ¡duro ! ‖ *Terre ferme*, tierra firme. ‖ — Adv. Firme, firmemente, en firme. ‖ Mucho : *travailler ferme*, trabajar mucho. ‖ *Tenir ferme*, sujetarse bien (un clou), resistir mucho, aguantar, mantenerse firme (résister).

ferme f. Granja, finca, alquería, hacienda (en Amérique), cortijo, *m.* (en Andalousie). ‖ Arriendo, *m.*, arrendamiento, *m.* (loyer) : *prendre à ferme*, tomar en arrendamiento. ‖ Contrata de recaudación de impuestos. ‖ Decorado (*m.*) de teatro montado sobre bastidores, portante. ‖ Archit. Armadura (de toiture). ‖ — *Ferme collective*, granja colectiva. ‖ *Ferme école* o *modèle*, granja modelo.

ferment m. Fermento.
— Syn. *Levain, levure*, levadura.

fermentable adj. Fermentable.

fermentation f. Fermentación. ‖ Fig. Fermentación, agitación, efervescencia (des esprits).

fermenter v. intr. Fermentar. ‖ Fig. Fermentar, agitarse (les esprits).

fermentescible adj. Fermentescible.

fermer v. tr. ● Cerrar. ‖ Correr, cerrar : *fermer les rideaux*, correr las cortinas. ‖ — *Fermer la porte à*, poner coto a. ‖ *Fermer l'eau, l'électricité*, cortar el agua, la electricidad. ‖ Fig. *Fermer les yeux*, cerrar los ojos, hacerse el desentendido, hacer la vista gorda. ‖ *La chasse est fermée*, hay veda, f. ‖ Pop. *La fermer*, cerrar el pico, callarse.
— V. intr. Cerrar, cerrarse.
— V. pr. Cerrarse.

— Syn. ● *Clore*, cerrar, *Condamner*, condenar. *Bâcler*, atrancar [puerta], cerrar [puerto]. *Barrer*, cerrar, (un chemin), interceptar (une rue). *Boucler*, cerrar. *Cadenasser*, cerrar con candado. *Verrouiller*, echar el cerrojo.

fermeté f. Firmeza, entereza : *fermeté de caractère*, entereza de carácter. ‖ Consistencia, dureza (consistance). ‖ *Fermeté d'âme*, fortaleza de ánimo.

fermette f. Pequeña granja. ‖ Archit. Armadura pequeña.

fermeture f. Cierre, *m.* ‖ Veda (de la chasse). ‖ *Fermeture à crémaillère*, cierre de cremallera, cremallera. ‖ *Fermeture annuelle*, cerrado por vacaciones.

fermier, ère m. et f. Arrendatario, ria (qui a un loyer). ‖ ● Colono, *m.*, cortijero, ra ; granjero, ra (exploitant). ‖ (Vx). *Fermier général*, recaudador de impuestos (sous l'Ancien Régime).
— Syn. ● *Closier, métayer*, aparcero. *Tenancier*, terrazguero. *Colon*, colono.

fermium [fɛrmjɔm] m. Chim. Fermio.

fermoir m. Manecilla, *f.*, broche (d'un livre). ‖ Boquilla, *f.* (d'un sac à main). ‖ Agujero, cierre (des skis). ‖ Formón (outil de menuisier).

Fernand [fɛrnã] n. pr. m. Fernán, Hernán, Hernando, Fernando.

Fernande n. pr. f. Fernanda.

féroce adj. Feroz.

férocité f. Ferocidad.

forodo m. Autom. Ferodo (garniture).

ferrade f. Herradero, *m.* (marquage au fer rouge).

ferrage m. Herraje.

ferraille [fɛraj] f. Chatarra, hierro (*m.*) viejo. ‖ Fam. Calderilla (petite monnaie).

ferrailler [-je] v. intr. Chocar las espadas. ‖ Acuchillarse, darse de cuchilladas, batirse a sable ou espada. ‖ No saber esgrimir (escrime). ‖ Fig. et Fam. Disputar vivamente.

ferrailleur [-jœːr] m. Chatarrero, vendedor de hierro viejo (marchand). ‖ Espadachín (bretteur). ‖ Fig. et Fam. Discutidor, pendenciero.

ferrant adj. *Maréchal-ferrant*, herrador.

Ferrare n. pr. Géogr. Ferrara.

ferrate m. Chim. Ferrato.

ferré, e adj. Herrado, da (cheval) ; ferrado, da (canne) ; guarnecido de hierro. ‖ Empedrado, da ; enguijarrado, da (chemin). ‖ — *Voie ferrée*, vía férrea. ‖ — Fig. et Fam. *Être ferré*, o *ferré à glace, sur une matière*, estar empollado o ducho en una materia, conocer a fondo una asignatura.

ferrement [fɛrmã] m. (P. us.). Herramienta, *f.* (outil). ‖ Aherrojamiento, acción (*f.*) de poner los grilletes a un preso. ‖ — Pl. Herrajes (garnitures en fer).

ferrer v. tr. Herrar (les chevaux). ‖ Guarnecer de hierro (garnir de fer). ‖ Herretear (les lacets, un ruban, etc.). ‖ Sellar, marchamar (les tissus). ‖ Empedrar, enguijarrar (un chemin). ‖ *Ferrer un poisson*, enganchar un pez con el anzuelo.

ferret [fɛrɛ] m. Herrete, cabete, contera, *f.* (d'un lacet). ‖ Min. Gabarro (d'une pierre). ‖ Hematites (*f.*) roja (hématite).

ferretier [fɛrtje] m. Martillo de herrador.

ferreur m. Herrador.

ferreux, euse adj. Chim. Ferroso, sa.

ferricyanure m. Chim. Ferricianuro.

ferrière f. Bolsa de herramientas.

ferrifère adj. Ferrífero, ra.

ferrique adj. Chim. Férrico, ca.

ferrocérium [fɛroserjɔm] m. Ferrocerio.

ferrocyanure m. Chim. Ferrocianuro.

ferromagnétisme m. Ferromagnetismo.

ferromanganèse m. Ferromanganeso.

ferronickel m. Ferroníquel.

ferronnerie f. Ferretería. ‖ *Ferronnerie d'art*,

artesanía de hierro forjado, forja artística del hierro *ou* tienda de objetos de hierro forjado.

ferronnier, ère adj. et s. Ferretero, ra. ‖ *Ferronnier d'art*, artesano de hierro forjado. ‖ — F. Joya antigua que ceñía la frente.

ferroprussiate m. Ferroprusiato.

ferrosilicium [fɛrosilisjɔm] m. Ferrosilicio.

ferroviaire [fɛrɔvjɛ:r] adj. Ferroviario, ria.

ferrugineux, euse adj. et s. m. Ferruginoso, sa.

ferrure f. Herraje, *m.*

ferry-boat [feribout] m. Transbordador, « ferry-boat » (bac).

ferté f. (Vx). Fortaleza.

fertile adj. Fértil, feraz. ‖ FIG. Fecundo, da : *une imagination fertile*, una imaginación fecunda.

fertilisable adj. Fertilizable.

fertilisant, e adj. Fertilizante.

fertilisation f. Fertilización.

fertiliser v. tr. Fertilizar.

fertilité f. Fertilidad, feracidad.

féru, e adj. Herido, da (le cheval). ‖ FIG. Enamorado, da ; prendado, da (d'amour). ‖ Apasionado, da : *il est féru de littérature*, está apasionado por la literatura.

férule f. Férula, palmeta (baguette). ‖ Palmetazo, *m.* (coup de baguette). ‖ Férula, cañaheja (plante). ‖ *Être sous la férule de quelqu'un*, estar uno bajo la férula de otro.

fervemment [fɛrvamɑ̃] adv. Fervientemente.

fervent, e adj. Ferviente, fervoroso, sa.

ferveur f. Fervor, *m.*

fesse [fɛs] f. Nalga. ‖ Anca (de cheval).

fessée f. Azotaina, azotina.

fesse-mathieu m. FAM. Usurero, avaro.

fesser v. tr. Azotar, dar una azotaina. ‖ Batir (les fils de laiton).

fesseur, euse m. et f. Azotador, ra. ‖ Batidor, ra (du laiton).

fessier, ère adj. et s. m. ANAT. Glúteo, a. — M. FAM. Posaderas, *f. pl.*, trasero, nalgatorio.

fessu, e adj. FAM. Nalgudo, da ; culón, ona.

festin m. Festín.

— SYN. *Régal*, regalo. *Noce*, juerga. *Ripaille*, comilona. *Fam.* *Bombance*, jolgorio, parranda. *Buverie*, *beuverie*, borrachera. *Bamboche*, francachela, cuchipanda. *Bombe*, juerga. *Banquet*, banquete. *Pop.* *Bâfre*, *gueuleton*, comilona.

festiner v. tr. Agasajar, invitar a un festín (régaler). — V. intr. Banquetear.

festival m. Festival.

— OBSERV. Pl. *festivals*.

festivité f. Festividad.

festoiement [fɛstwamɑ̃] m. Festejo, fiesta, *f.* (action de festoyer).

feston m. Festón (couture). ‖ Guirnalda, *f.* (de fleurs). ‖ ARCHIT. Festón.

festonner v. tr. Festonear. — V. intr. POP. Andar haciendo eses (zigzaguer).

festoyer* [fɛstwaje] v. tr. Festejar. — V. intr. Festejarse, juerguearse (faire bombance).

fétard [fɛta:r] m. FAM. Juerguista, jaranero.

fête f. ● Fiesta, festividad : *le 14-Juillet est la fête nationale en France*, el 14 de julio es la fiesta nacional de Francia. ‖ Fiesta, feria (foire). ‖ Santo, *m.*, día (m.) onomástico : *souhaiter la fête à quelqu'un*, felicitar a uno por su santo. ‖ FAM. Juerga, parranda (vie de plaisir). ‖ — *Fête carillonnée*, fiesta solemne. ‖ *Fête chômée ou fériée*, día feriado. ‖ *Fête des mères*, día de la madre. ‖ *Fête des morts*, día de los difuntos. ‖ *Fête d'obligation*, fiesta de precepto *ou* de guardar. ‖ *Fête foraine*, feria, verbena. ‖ — *Air de fête*, aspecto festivo. ‖ FAM. *Ça va être ta fête*,

te van a echar una buena. ‖ *Faire fête*, festejar. ‖ *Faire la fête*, juerguearse, jaranear.

— SYN. ● *Gala*, función de gala. *Pardon*, romería. *Kermesse*, kermesse, verbena.

Fête-Dieu f. Corpus Christi, día del Corpus.

fêter v. tr. Celebrar (une fête). ‖ Festejar (une personne).

— SYN. *Festoyer*, festejar. *Chômer*, guardar [las fiestas]. *Célébrer*, celebrar. *Sanctifier*, santificar. *Solenniser*, solemnizar. *Commémorer*, conmemorar.

fétiche m. Fetiche.

— SYN. *Mascotte*, mascota. *Porte-bonheur*, amuleto.

fétichisme m. Fetichismo.

fétichiste adj. et s. Fetichista.

fétide adj. Fétido, da.

fétidité f. Fetidez, hedor, *m.*

fétu m. Paja, *f.*, pajilla, *f.* (brin de paille). ‖ Comino (graine du cumin). ‖ FIG. Ardite, cosa (*f.*) de poco valor. ‖ *Cela ne vaut pas un fétu*, eso no vale un comino.

fétuque f. BOT. Festuca, cañuela.

feu m. Fuego : *feu doux*, fuego lento *ou* moderado. ‖ Lumbre, *f.*, fuego : *faire du feu*, encender fuego; *demander du feu*, pedir lumbre. ‖ Luz, *f.* (lumière). ‖ Descarga, *f.* (d'une arme). ‖ Familia, *f.*, hogar (famille) : *village de 300 feux*, pueblo de 300 familias. ‖ Lucero (astre). ‖ Destello, reflejo : *les feux d'un diamant*, los destellos de un diamante. ‖ Escocedura, *f.* (produit par le rasoir). ‖ Hoguera, *f.* : *condamné au feu*, condenado a la hoguera. ‖ Señal (*f.*) luminosa, luz, *f.* (signal lumineux). ‖ Disco : *feu rouge, vert*, disco rojo, verde. ‖ FIG. Inspiración, *f.* (inspiration). ‖ Imaginación, *f.* : *auteur plein de feu*, autor lleno de imaginación.

— *Feu arrière*, piloto, luz posterior (d'une voiture). ‖ *Feu à volonté*, fuego a discreción. ‖ *Feu de Bengale*, luz de Bengala. ‖ *Feu de bois*, lumbre de leña. ‖ *Feu de camp*, fuego de campamento. ‖ *Feu de joie*, fogata. ‖ *Feu de paille*, llamarada. ‖ *Feu de position*, luz de situación (maritime); luz de posición, piloto (automobile). ‖ *Feu de salve*, salva. ‖ *Feu du ciel*, rayo (foudre). ‖ *Feu follet*, fuego fatuo [*Amér.*, luz mala]. ‖ *Feu grégeois*, fuego griego. ‖ MIL. *Feu roulant*, fuego graneado. ‖ *Feu Saint-Elme*, fuego de San Telmo. ‖ *Feux d'artifice*, fuegos artificiales. ‖ *Feux de croisement*, luces de cruce. ‖ *Feux de la rampe*, candilejas (théâtre). ‖ *Feux de la Saint-Jean*, hogueras de San Juan. ‖ *Feux de navigation*, luces de navegación. ‖ *Feux de route*, luces de carretera. ‖ *Feux de signalisation*, semáforo : *les feux ne marcheront pas pendant la grève*, los semáforos no funcionarán durante la huelga. ‖ — *Arme à feu*, arma de fuego. ‖ *Coup de feu*, tiro, disparo. ‖ *Couvre-feu*, toque de queda. ‖ *À grand feu*, a fuego vivo. ‖ *À petit feu*, a fuego lento. ‖ *Au coin du feu*, al amor de la lumbre. ‖ *Au feu!*, ¡fuego, fuego! ‖ *Feu!*, ¡fuego! ‖ *Sans feu ni lieu*, sin casa ni hogar. ‖ — *Aller au feu*, ir al combate. ‖ *Avoir la bouche en feu*, arderle a uno la boca. ‖ *Avoir le feu sacré pour quelque chose*, llevar algo en la masa de la sangre. ‖ FIG. *Brûler à petit feu*, estar en ascuas. ‖ *Cessez le feu*, alto el fuego. ‖ FIG. *En mettre sa main au feu*, poner las manos en el fuego. ‖ *Être entre deux feux*, estar entre dos fuegos. ‖ *Être tout feu, tout flamme*, estar entusiasmadísimo. ‖ *Faire feu*, hacer fuego. ‖ *Faire feu de tout bois*, no escatimar medios. ‖ *Faire long feu*, fallar (une arme), fracasar (une affaire). ‖ *Faire mourir à petit feu*, matar a fuego lento. ‖ *Il n'y a pas de fumée sans feu*, cuando el río suena, agua lleva. ‖ *Jeter de l'huile sur le feu*, echar leña al fuego. ‖ *Jeter feu et flammes*, echar fuego por los ojos, echar chispas. ‖ *Jouer avec le feu*, jugar con fuego. ‖ *Mettre à feu et à sang*, asolar (ravager). ‖ *Mettre le feu aux poudres,* hacer saltar el polvorín. ‖ Fig. *Ne pas faire long feu,* no durar mucho. | *N'y voir que du feu,* no comprender *ou* no enterarse de nada.

feu, e adj. Difunto, ta, q.e.p.d. : *feu mon père* o *mon feu père,* mi difunto padre *ou* mi padre q.e.p.d. [que en paz descanse].

feudataire m. et f. Feudatario, ria.

feudiste m. Feudista.

feuillage [fœja:ʒ] m. Follaje. ‖ Hojarasca, *f.* (feuilles mortes).

— Syn. *Feuilles,* hojas. *Feuillée,* enramada. *Frondaison,* frondosidad.

feuillagiste [-jaʒist] f. Obrera que hace las hojas para las flores artificiales.

feuillaison [-jɛzõ] f. Foliación.

feuillant [-jã] m. Bernardo, religioso fuldense (religieux). ‖ Miembro de un club de la Revolución francesa.

feuillantine [fœjãtin] f. Bernarda, religiosa fuldense (religieuse). ‖ Pastel (*m.*) de hojaldre (pâtisserie).

feuillard [fœja:r] m. Vara (*f.*) de castaño dispuesta para hacer aros de tonel. ‖ Techn. Fleje, chapa (*f.*) de hierro, llanta, *f.*

feuille [fœj] f. Hoja (d'arbre, de papier, de métal). ‖ Periódico, *m.* (journal). ‖ Pétalo, *m.,* hoja : *des feuilles de rose,* pétalos de rosa. ‖ País, *m.* (de l'éventail). ‖ Año, *m.,* hoja (pour le vin et le bois) : *vin de deux feuilles,* vino de dos hojas *ou* años. ‖ Impr. Cuadernillo, *m.,* pliego, *m.* (d'un livre). ‖ — *Feuille anglaise,* hoja de caucho muy fina. ‖ *Feuille d'argent,* papel de plata. ‖ Fam. *Feuille de chou,* periodicucho. ‖ *Feuille de route,* o *de déplacement,* hoja de ruta, itinerario, ‖ Techn. *Feuille de sauge,* almendrilla (lime). ‖ *Feuille d'étain,* papel de estaño. ‖ *Feuille de vigne,* hoja de vid, pámpano. ‖ *Feuille d'or,* pan de oro. ‖ *Feuille mobile* o *volante,* hoja suelta *ou* volante. ‖ *Feuille morte,* hoja seca. ‖ — Pop. *Être dur de la feuille,* ser algo sordo. ‖ *S'en aller avec les feuilles,* morirse al caer las hojas. ‖ *Trembler comme une feuille,* temblar como un azogado.

feuillé, e [-je] adj. Frondoso, sa ; cubierto de hojas.

feuillée [-je] f. Enramada. ‖ — Pl. Letrinas [en el campo].

feuille-morte [fœjmɔrt] adj. inv. Del color de hoja seca, oro viejo.

feuiller [fœje] v. intr. Brotar las hojas.

feuilleret [fœjrɛ] m. Cepillo de carpintero.

feuillet [-jɛ] m. Hoja, *f.,* pliego, folio (d'un livre). ‖ Hoja, *f.* : *feuillet mobile,* hoja móvil. ‖ Chapa, *f.,* hoja (*f.*) delgada (de bois). ‖ Zool. Libro (de l'estomac des ruminants).

feuilletage [fœjta:ʒ] m. Hojaldrado, hojaldre.

feuilleté, e [-te] adj. Hojeado, da (livres). ‖ Hojaldrado, da (pâtisserie). ‖ Hojoso, sa ; laminar (lamelleux).

— M. Hojaldre (pâtisserie).

feuilleter* [-te] v. tr. Hojear (un livre). ‖ Hojaldrar (une pâtisserie).

feuilletis [-ti] m. Arista, *f.* (d'un diamant taillé).

feuilleton [-tõ] m. Folletín. ‖ Serial (télévision).

feuilletoniste [-tɔnist] m. Folletinista.

feuillette [fœjɛt] f. Tonelillo (*m.*) de unos 125 litros.

feuillu, e [-jy] adj. Hojoso, sa ; frondoso, sa.

feuillure [-jy:r] f. Gárgol, *m.* (rainure). ‖ Renvalso, *m.* (d'une porte). ,

feulement m. Bufido (des félins).

feuler v. intr. Dar bufidos (le tigre), hacer fu (le chat).

feurre f. (Vx). Paja larga.

feutrage m. Enfurtido, preparación (*f.*) del fieltro (opération). ‖ Desgaste (usure).

feutre m. Fieltro (tissu). ‖ Sombrero de fieltro *ou* flexible (chapeau).

feutrer v. tr. Enfurtir, hacer fieltro. ‖ Poner, cubrir con fieltro (garnir de feutre). ‖ — Fig. *À pas feutrés,* con mucho sigilo. ‖ *Pas feutrés,* pasos quedos, silenciosos.

— V. intr. Ponerse como el fieltro.

feutrier m. Obrero que trabaja en fieltros.

fève f. Haba. ‖ Sorpresa (gâteau des Rois). ‖ Vétér. Haba (du cheval). ‖ — *Fève de Calabar,* fruto del hediondo (anagyre). ‖ *Fève tonka,* haba tonca. ‖ *Gâteau de la fève,* roscón de Reyes.

féverole f. Haba panosa, haba menor.

février m. Febrero.

fez [fɛ:z] m. Fez [gorro turco].

Fez [fɛ:z] n. pr. Géogr. Fez.

fi ! interj. ¡Vaya !, ¡quita !, ¡fuera ! [Dícese también *fi donc !*] ‖ *Faire fi de,* desdeñar, despreciar, hacer poco caso de.

fiabilité f. Fiabilidad.

fiable adj. Fiable.

fiacre m. Simón, coche de punto.

fiançailles [fjãsa:j] f. pl. Petición (*sing.*) de mano, esponsales, *m.,* dichos, *m.* ‖ Noviazgo, *m. sing.* (temps entre les fiançailles et le mariage). ‖ *Bague de fiançailles,* sortija de pedida.

— Observ. En Espagne el *noviazgo* corresponde à la période de temps indéterminée qui précède le mariage.

— En Francia se reserva el nombre de *période des fiançailles* al espacio de tiempo entre la petición de mano y la boda.

— En Espagne *la pulsera de pedida* (bracelet) remplace souvent la bague de fiançailles.

— Syn. *Accordailles,* esponsales. *Bans,* amonestaciones.

fiancé, e m. et f. Novio, via.

— Syn. *Promis,* prometido. *Prétendu,* pretendiente. *Futur,* futuro.

fiancer* v. tr. Desposar.

— V. pr. Prometerse, desposarse : *se fiancer à* o *avec,* desposarse con.

fiasco m. Fiasco, fracaso. ‖ *Faire fiasco,* fracasar.

fiasque f. Garrafa.

fibranne f. Fibrana (textile).

fibre f. Fibra.

fibreux, euse adj. Fibroso, sa.

fibrille [fibri:j] f. Anat. Fibrilla.

fibrine f. Chim. Fibrina.

fibrineux, euse adj. Chim. Fibrinoso, sa.

fibrinogène m. Fibrinógeno.

fibrocartilage m. Fibrocartílago.

fibrociment m. Constr. Fibrocemento.

fibrome m. Méd. Fibroma.

fibule f. Fíbula (agrafe).

fic m. Vétér. Higo (grosse verrue).

ficaire f. Bot. Ficaria.

ficelage m. Atado.

ficeler* v. tr. Atar, encordelar, poner una cuerda delgada *ou* una guita. ‖ Fig. et Fam. Arreglar : *être mal ficelé,* ir mal arreglado.

— V. pr. Fam. Componerse, acicalarse, arreglarse.

ficelle f. Bramante, *m.,* guita, cuerda fina. ‖ Pistola, flauta, tornillo, *m.,* barra de pan muy delgada (pain). ‖ Fig. et Fam. Recurso, *m.,* artificio, *m.* (truc). ‖ — Fam. *Les ficelles du métier,* las triquiñuelas del oficio. | *On voit la ficelle,* se ve la hilaza, se ve el plumero. | *Tenir* o *tirer les ficelles,* manejar el tinglado, mover los hilos.

— Adj. et s. f. Fam. Cuco, ca ; astuto, ta ; ladino, na.

ficellerie [fisɛlri] f. Cordelería.

fichant, e adj. Fijante (tir). ‖ Pop. Molesto, ta (contrariant).

fiche f. Papeleta, ficha (feuillet). ‖ Méd. Protocolo, *m.* (cheville). ‖ Ficha (au jeu). ‖ Fija (outil de maçon). ‖ Clavija (de stantard téléphonique). ‖ Piquete, *m.* (d'arpenteur). ‖ Électr. Enchufe, *m.*

‖ MIL. *Fiche de pointage*, varilla, jalón de puntería. ‖ *Fiche d'état civil*, fe de vida.

ficher v. tr. Hincar, clavar (planter). ‖ Clavar, fijar (fixer). ‖ FAM. Largar, soltar : *ficher une gifle*, largar una bofetada. | Echar, poner : *ficher quelqu'un à la porte*, echar *ou* poner a alguien en la calle. ‖ POP. Hacer : *qu'est-ce que tu fiches là?*, ¿qué haces ahí? | — POP. *Ficher en l'air*, tirar por alto (jeter), echar a perder, malograr (gâcher). | *Ficher le camp*, largarse. ‖ — *Fiche-moi la paix!*, ¡déjame en paz! | *Je t'en fiche!*, ¡qué más quisieras! (c'est faux), ¡ni hablar! (pas question). | *Va te faire fiche!*, ¡anda y que te zurzan!

— V. pr. Hincarse, clavarse. ‖ FAM. Meterse : *se ficher une idée dans la tête*, meterse una idea en la cabeza. | Reírse, burlarse : *il se fiche du monde*, se ríe del mundo. | Tomar a broma : *se ficher de ses études*, tomar a broma los estudios. | POP. Echarse, tirarse (se jeter). ‖ — FAM. *Je m'en fiche*, me importa un bledo. ‖ POP. *Se ficher dedans*, colarse, columpiarse, equivocarse. | *Se ficher par terre*, tirarse al suelo (se jeter), caerse (tomber). | *S'en ficher comme de l'an quarante*, importarle a uno un comino.

— OBSERV. Dans ses acceptions populaires, l'infinitif prend souvent la forme *fiche* et le participe passé est *fichu, e*, au lieu de *fiché, e*.

fichier m. Fichero. ‖ *Fichier central*, registro central.

fichoir m. Pinzas (*f. pl.*) de madera.

fichtre interj. FAM. ¡Caramba!, ¡cáspita!, ¡caray!, ¡atiza!

fichtrement adv. FAM. En extremo, extremadamente.

fichu m. Pañuelo, toquilla, *f.*, pañoleta, *f.*

— SYN. *Châle*, chal. *Écharpe*, echarpe. *Pointe*, pañuelo, pico.

fichu, e adj. POP. Echado, da (chassé) : *fichu à la porte*, echado a la calle. | Perdido, da : *je suis fichu*, estoy perdido. | Tirado, da (jeté). | Estropeado, da ; echado a perder (détérioré). | Malgastado, da ; tirado, da (l'argent). | Arruinado, da ; hecho polvo (la santé). | Dichoso, sa ; pijotero, ra (caractère). | Ridículo, la ; mal arreglado, da. | Pajolero, ra (fâcheux) : *un fichu métier*, un pajolero oficio. ‖ — *Fichu de*, capaz de : *n'être pas fichu de*, no ser capaz de. ‖ — FAM. *Être fichu comme l'as de pique*, ir hecho una facha *ou* un desastre. | *Être mal fichu*, ir mal vestido (mal habillé) ; estar malucho, encontrarse mal (santé) ; estar mal hecho *ou* terminado (objet) ; estar mal hecho (personne).

fictif, ive adj. Ficticio, cia.

fiction f. Ficción.

fidéicommis [fideikɔmi] m. DR. Fideicomiso.

fidéicommissaire m. DR. Fideicomisario.

fidéisme m. Fideísmo.

fidéjusseur [fideʒysœːr] m. DR. Fijador, garante.

fidéjussion f. DR. Fianza, garantía.

fidéjussoire adj. DR. Fiduciario, ria ; de crédito.

fidèle adj. et s. Fiel.

fidélité f. Fidelidad.

fiduciaire adj. Fiduciario, ria.

fiducie f. DR. Fiducia.

fief [fjɛf] m. Feudo : *fief lige*, feudo ligio.

fieffé adj. (Vx). Enfeudado, da ; dado en feudo (donné en fief). ‖ FIG. Empedernido, da ; redomado, da ; de remate, de siete suelas : *ivrogne fieffé*, borracho empedernido.

fieffer v. tr. Enfeudar, dar en feudo.

fiel [fjɛl] m. Hiel, *f.* ‖ FIG. Hiel, *f.*, amargura, *f.*

fielleux, euse adj. Amargo, ga ; como la hiel. ‖ FIG. Acerbo, ba : *des propos fielleux*, palabras acerbas.

fiente [fjɑ̃ːt] f. Excremento, *m.* [sobre todo de aves].

fienter [-te] v. intr. Estercolar, expulsar los excrementos (les animaux).

fier (se)* [səfje] v. pr. Fiarse. ‖ *Se fier à*, fiarse de, confiar en, contar con.

fier, fière [fjɛr, fjɛːr] adj. ● Altivo, va ; altanero, ra (hautain). ‖ Orgulloso, sa : *être fier de son père*, estar orgulloso de su padre. ‖ Soberbio, bia (orgueilleux). ‖ FAM. Tremendo, da ; valiente : *un fier coquin*, valiente bribón. ‖ FIG. Noble, elevado, da : *âme fière*, alma noble. ‖ Atrevido, da ; intrépido, da (intrépide). ‖ — *C'est un fier imbécile*, es un grandísimo imbécil. ‖ *Être fier comme Artaban*, ser más orgulloso que don Rodrigo en la horca. ‖ *Être fier de soi*, estar prendado de sí mismo. ‖ *Faire le fier*, gallear, mostrarse orgulloso. ‖ *Ne pas être fier*, estar avergonzado *ou* abochornado (honteux), no tenerlas todas consigo (avoir peur).

— SYN. ● *Dédaigneux*, desdeñoso. *Orgueilleux*, orgulloso. *Superbe*, soberbio. *Hautain*, altivo, ufano. *Altier*, altanero. *Fam. Faraud*, presumido.

fier-à-bras [fjɛrabra] m. Fierabrás, matasiete.

fièrement adv. Orgullosamente. ‖ Audazmente, atrevidamente (audacieusement). ‖ Con dignidad. ‖ FAM. En extremo, mucho, muy (extrêmement).

fiérot, e adj. et s. FAM. Fanfarrón, ona ; fatuo, tua.

fierté f. Orgullo, *m.*, soberbia, altivez. ‖ Dignidad, nobleza de sentimientos.

fièvre [fjɛvr] f. Fiebre, calentura. ‖ FIG. Fiebre : *la fièvre électorale*, la fiebre electoral ; *la fièvre de l'or*, la fiebre del oro. ‖ MÉD. *Fièvre algide*, fiebre álgida. ‖ VÉTÉR. *Fièvre aphteuse*, fiebre aftosa. ‖ *Fièvre chaude*, delirio, tabardillo. ‖ MÉD. *Fièvre de lait*, fiebre láctea. | *Fièvre intermittente*, fiebre intermitente. | *Fièvre jaune*, fiebre amarilla, vómito negro. | *Fièvre quarte*, cuartanas. | *Fièvre tierce*, tercianas. | *Fièvre typhoïde*, fiebre tifoidea. | — *Avoir une fièvre de cheval*, tener un calenturón, mucha fiebre. ‖ *Avoir un peu de fièvre*, tener destemplanza, tener décimas.

fiévreusement adv. Febrilmente.

fiévreux, euse adj. Calenturiento, ta ; febril. — M. et f. Calenturiento, ta. ‖ FIG. Inquieto, ta ; agitado, da.

fifre m. Pífano (flûte et musicien).

fifrelin m. FAM. Pito, bledo, comino : *ça ne vaut pas un frifrelin*, eso no vale un pito.

fifty-fifty [fifti fifti] adj. A medias.

figaro m. FAM. Fígaro, rapabarbas.

figé, e adj. Cuajado, da ; coagulado, da (coagulé). ‖ Estereotipado, da : *phrase figée*, expresión estereotipada. ‖ FIG. Paralizado, da ; petrificado, da ; yerto, ta (immobilisé).

figement m. Cuajamiento, coagulación, *f.*

figer* v. tr. Cuajar, coagular. ‖ FIG. Paralizar, petrificar (immobiliser).

— V. pr. Cuajarse, coagularse. ‖ FIG. Helarse : *mon sang se fige*, mi sangre se hiela.

fignolage m. FAM. Esmero, refinamiento (grand soin). ‖ Acabado, acabamiento, último toque (finissage).

fignoler v. tr. et intr. FAM. Perfilar, refinar, dar el último toque.

figue f. Higo, *m.* ‖ — *Figue de Barbarie*, higo chumbo. | *Figue fleur* o *figue d'été*, breva. ‖ FIG. *Mi-figue, mi-raisin*, entre chanzas y veras. ‖ — (Vx). FAM. *Faire la figue à quelqu'un*, hacer la higa, burlarse de alguien.

figuier [figje] m. Higuera, *f.* (arbre). ‖ — *Figuier banian*, balete (arbre d'Asie). | *Figuier de Barbarie* o *d'Inde*, chumbera, tuna, nopal. | *Figuier infernal*, higuera infernal, ricino. ‖ *Figuier religieux* o *des pagodes*, higuera religiosa.

figuline f. Vasija *ou* estatua figulina.

figurable adj. Figurable.

figurant, e m. et f. Figurante, comparsa (théâtre). ‖ Extra (cinéma).

figuratif, ive adj. Figurativo, va.

figuration f. Figuración. ‖ Comparsa, figurantes, m. pl. (théâtre). ‖ Extras, *m. pl.* (cinéma). ‖ *Faire de la figuration,* ser extra (cinéma).

figure f. Figura : *figure géométrique,* figura geométrica. ‖ ● Cara, rostro, *m.* (visage). ‖ Símbolo, *m. : la figure de l'Eucharistie,* el símbolo de la Eucaristía. ‖ — *Faire bonne figure à quelqu'un,* poner buena cara a uno. ‖ *Faire bonne figure en société,* hacer buen papel en la sociedad. ‖ *Faire figure de,* hacer papel de, estar considerado como : *faire figure de vainqueur,* estar considerado como vencedor. ‖ *Faire triste figure,* estar cabizbajo (triste), hacer el ridículo (être ridicule). ‖ *Jeter à la figure,* echar en cara. ‖ *Ne savoir quelle figure faire,* no saber qué cara poner.

— Observ. L'espagnol *figura,* en dehors du sens de *ligne, de dessin,* a celui de *silhouette.*

— Syn. ● *Visage,* rostro. *Minois, frimousse,* palmito, carita. *Face,* faz, semblante. *Physionomie,* fisonomía. *Faciès,* facies. Fam. *Tête,* cabeza. *Portrait,* cara. Pop. *Gueule,* jeta. *Trombine, bille, binette, poire, pomme,* jeta. *Bouille, bobine,* cara.

figuré m. Sentido figurado : *au propre et au figuré,* en sentido propio y en el figurado.

figurément adv. Figuradamente, en sentido figurado.

figurer v. tr. Figurar. ‖ Representar.

— V. intr. Figurar. ‖ Hacer de comparsa (théâtre), de extra (au cinéma). ‖ Constar : *cela figure dans le contrat,* esto consta en el contrato.

— V. pr. Figurarse, imaginarse.

figurine f. Figurilla, figurita, estatuita.

figurisme m. Figurismo.

figuriste m. Figurero, vaciador de figuras de escayola. ‖ Figurista (partisan du figurisme).

fil [fil] m. Hilo (de soie, etc.) ‖ Filo (tranchant). ‖ Alambre (de métal). ‖ Cordón, hilo (électrique). ‖ Hebra, *f.,* fibra, *f.,* filamento (des légumes, des plantes). ‖ Veta, *f.,* vena, *f.,* fibra, *f.* (fibre). ‖ Sentido de la fibra : *couper dans le fil du bois,* cortar en el sentido de la fibra de la madera. ‖ Fig. Hilo : *le fil de la vie,* el hilo de la vida ; *le fil d'un récit,* el hilo de un relato ; *les fils d'une intrigue,* los hilos de una intriga. ‖ Curso, corriente, *f. : le fil de la rivière,* el curso del río. ‖ — *Fil à coudre,* hilo. ‖ *Fil à plomb,* plomada. ‖ *Fil barbelé,* espino artificial, alambrada, alambre de púas. ‖ *Fil d'archal,* alambre. ‖ *Fil d'argent,* hilo de plata. ‖ Mar. *Fil de caret,* filástica. ‖ *Fil de cocon,* hilo de seda. ‖ *Fil de fer,* alambre. ‖ *Fil en quatre, en six,* aguardiente. ‖ *Fil machine,* alambrón. ‖ *Fil métallique,* alambre. ‖ *Fil retors,* torzal. ‖ *Fils de la Vierge,* hilos de araña. ‖ *Télégraphie sans fil,* telegrafía sin hilos. ‖ — *De fil en aiguille,* de una cosa a otra (déduction). ‖ — *Avoir quelqu'un au bout du fil,* estar en comunicación telefónica con alguien. ‖ *Avoir un fil à la patte,* estar cogido, estar atado de pies y manos. ‖ Fig. *C'est cousu de fil blanc,* es más claro que el agua. ‖ *Coudre en droit fil,* coser al hilo. ‖ *Donner du fil à retordre,* dar qué hacer, dar mucha guerra. ‖ *Donner un coup de fil,* dar un telefonazo, telefonear. ‖ *Il n'a pas inventé le fil à couper le beurre,* no ha inventado la pólvora. ‖ *Ne tenir qu'à un fil,* estar pendiente de un hilo. ‖ *Passer au fil de l'épée,* pasar a cuchillo, acuchillar. ‖ *Perdre le fil,* perder el hilo.

fil-à-fil m. inv. Fil a fil, hilo a hilo.

filage m. Hilado (action de filer). ‖ Estirado (métallurgie).

filaire f. Méd. Filaria (ver parasite).

filali m. (P. us.). Guadamací (cuir).

filament m. Filamento.

filamenteux, euse adj. Filamentoso, sa.

filanderie f. Hilandería.

filandière f. Hilandera. ‖ *Les sœurs filandières,* las Parcas.

filandres f. pl. Hebras, fibras duras (de la viande). ‖ Vétér. Filandrias (vers parasites). ‖ Flecos, *m.* (dans l'atmosphère).

filandreux, euse adj. Fibroso, sa ; hebroso, sa. ‖ Fig. Enrevesado, da (obscur) ; pesado, da (ennuyeux).

filant, e adj. Fluente (qui coule). ‖ Fugaz : *étoile filante,* estrella fugaz.

filanzane f. Silla de manos, palanquín, *m.* (à Madagascar).

filariose f. Méd. Filariosis.

filasse f. Estopa, hilaza, copo, *m.* (du lin, du chanvre). ‖ Fam. Estropajo, *m.* (viande filandreuse).

— Adj. inv. Rubio de estopa (des cheveux) : *cheveux blond filasse,* pelo rubio de estopa.

filateur m. Hilador, hilandero.

filature f. Fábrica de hilados, hilandería. ‖ Hilado, *m.* (action de filer). ‖ Fig. Vigilancia de la policía, acción (*m.*) de seguir los pasos *ou* la pista.

file f. ● Fila, hilera. ‖ Reata (chevaux, etc.). Mar. Hilada. ‖ — *Chef de file,* guía, jefe de fila. ‖ *Feu de file,* fuego graneado. ‖ — *À la file,* en fila, en hilera. ‖ *À la* o *en file indienne,* en fila india, en caravana. ‖ Mil. *Par file à droite,* desfilar a la derecha. ‖ *Prendre la file,* ponerse en cola.

— Syn. ● *Rang,* fila. *Queue,* cola. *Procession,* procesión.

filé, e adj. Hilado, da. ‖ Entorchado, da (cordes d'instruments de musique).

— M. Hilado, hilo (fil). ‖ Hilo de oro *ou* de plata.

filer v. tr. Hilar : *filer la laine,* hilar la lana. ‖ Tejer : *l'araignée file sa toile,* la araña teje su tela. ‖ Estirar, tirar (les métaux). ‖ Entorchar (les cordes d'une guitare). ‖ Pasar (le temps) : *filer des jours heureux,* pasar una vida feliz. ‖ Fam. Seguir, seguir los pasos *ou* la pista, vigilar (suivre une personne). ‖ Mar. Largar, soltar (laisser glisser) : *filer un câble,* largar un cable. ‖ Hacer, marchar, navegar : *filer 12 nœuds,* marchar a doce nudos. ‖ Hacerse una carrera *or* una carrerilla en (bas). ‖ Pop. Dar (donner). ‖ *Filer le parfait amour,* quererse como tórtolos.

— V. intr. Humear, echar humo (une lampe). ‖ Ahilarse, formar hilos *ou* hebras (le vin). ‖ Producir, formar hilos (fromage). ‖ Fluir, salir lentamente (liquides). ‖ Fam. Marchar a gran velocidad, ir *ou* encaminarse rápidamente (aller vite). ‖ Pasar rápidamente, pasar volando : *les jours filent,* los días pasan volando. ‖ Gastarse con rapidez, irse de las manos : *l'argent file,* el dinero se gasta con rapidez. ‖ Fig. et Fam. Largarse, irse (s'en aller). ‖ — *Filer à l'anglaise,* despedirse a la francesa. ‖ Fig. *Filer doux,* no replicar, someterse.

filet m. (Vx.). Hilillo, hilito (petit fil). ‖ Red, *f.* (pour pêcher *ou* chasser). ‖ Red, *f.,* malla, *f. : filet de tennis,* red de tenis. ‖ Redecilla, *f.* (pour les cheveux *ou* les bagages). ‖ Filete, solomillo (bœuf), lomo (porc). ‖ Chorreoncito, poquito (un peu) : *un filet de vinaigre,* un chorreoncito de vinagre. ‖ Hilo, hilillo, chorrillo : *filet d'eau,* chorrillo de agua. ‖ Hilo : *filet de lumière,* hilo de luz. ‖ Hilo, hililllo : *un filet de voix,* un hilo de voz. ‖ Anat. Filete (d'un nerf). ‖ Frenillo (de la langue). ‖ Archit. Filete, moldura, *f.* ‖ Bot. Filamento (partie de l'étamine). ‖ Équit. Bridón, filete. ‖ Impr. Filete (ornement). ‖ Techn. Rosca, *f.,* filete (d'une vis). ‖ — *Filet à provisions,* redecilla. ‖ — *Coup de filet,* redada. ‖ *Faux filet,* solomillo bajo. ‖ FIG. *Tomber dans le filet,* caer en la trampa *ou* en la red.

filetage [filta:ʒ] m. Aterrajado, fileteado, roscado (d'une vis). ‖ Estirado (du métal). ‖ Caza (*f.*) furtiva [con red].

fileté, e adj. Aterrajado, da.

fileter v. tr. Aterrajar, filetear, roscar (écrou, vis). ‖ Estirar (métal).

fileteuse f. TECHN. Roscador, *m.*

fileur, euse m. et f. Hilandero, ra; hilador, ra.

filial, e adj. et s. f. Filial.

filiation f. Filiación. ‖ FIG. Filiación, dependencia, ilación (liaison).

filicinées f. pl. BOT. Filicíneas.

filière f. Hilera (pour étirer le métal). ‖ Terraja (pour fileter les vis). ‖ Molde, *m.* (pour faire des pâtes). ‖ Hilera (menuiserie). ‖ Trámites, *m. pl.,* tramitación (suite de formalités). ‖ COMM. Orden de entrega por endoso. ‖ Ramificaciones, *pl.* : *remonter la filière,* seguir las ramificaciones. ‖ ZOOL. Hilera (des insectes). ‖ — *Suivre la filière,* seguir todos los trámites *ou* reglas (formalités). ‖ *Suivre la filière* o *passer par la filière,* seguir el escalafón (profession).

filiforme adj. Filiforme.

filigrane m. Filigrana, *f.*

filigraner v. tr. Afiligránar, hacer filigranas.

filin m. MAR. Beta, *f.,* cabo.

filipendule f. Filipéndula (plante).

fille [fi:j] f. Hija : *la fille du roi,* la hija del rey. ‖ Soltera : *rester fille,* quedarse soltera. ‖ ● Muchacha, chica, niña [Andalousie] (jeune femme). ‖ Mujerzuela, mujer de mala vida (prostituée). ‖ — *Fille à marier,* joven casadera. ‖ *Fille d'auberge, de ferme,* moza de posada, de cortijo. ‖ *Fille de joie, des rues, perdue, publique, soumise,* mujer pública, mujer de la vida, ramera. ‖ *Fille de salle,* chica de servicio (hôpital). ‖ *Fille de service,* criada, moza. ‖ *Fille mère,* madre soltera. ‖ — *Belle-fille,* nuera, hija política (femme du fils), hijastra (fille de l'un des époux). ‖ *Grande fille,* chica mayorcita. ‖ *Jeune fille,* muchacha, chica, joven (personne jeune), soltera (célibataire). ‖ *La fille aînée de l'Eglise,* la hija predilecta de la Iglesia, Francia. ‖ *Les filles de Mémoire,* las Musas. ‖ *Petite fille,* niña. ‖ *Petite-fille,* nieta. ‖ *Vieille fille,* solterona. ‖ — *Rester vieille fille,* quedarse para vestir santos *ou* imágenes.

— SYN. ● *Jeune fille,* joven, muchacha, chica, moza. *Fillette,* niña, chiquilla. *Demoiselle,* señorita. *Fam. Tendron,* pimpollo. *Donzelle,* mocita.

fillér m. Filler (monnaie hongroise).

fillette [fijɛt] f. Niña, chiquilla. ‖ FAM. Media botella.

filleul, e [fijœl] m. et f. Ahijado, da.

film m. Película, *f.,* film, filme, cinta (*f.*) cinematográfica. ‖ Capa, *f.* (couche de liquide). ‖ — *Film à épisodes,* película en jornadas, de episodios. ‖ *Film annonce,* avance, trailer. ‖ *Film d'épouvante,* película de miedo. ‖ *Film parlant,* película sonora. ‖ *Tourner un film,* rodar una película.

filmage m. Rodaje, filmación, *f.* (cinéma).

filmer v. tr. Poner una capa protectora de celuloide *ou* de colodión. ‖ Filmar, rodar (cinéma).

filmologie f. Filmología.

filoche f. Redecilla (filet).

filon m. MIN. Filón. ‖ FAM. Filón, ganga, *f.,* chollo (aubaine).

filoselle [filɔzɛl] f. Filadiz, *m.*

filou m. Ratero, timador (voleur adroit). ‖ Fullero, tramposo (tricheur).

filoutage m. Ratería, *f.* (vol). ‖ Fullería, *f.* trampa, *f.* (tricherie).

filouter v. tr. Escamotear, hurtar sutilmente (voler avec adresse). ‖ Hacer trampas a (tricher).

filouterie f. Ratería (vol). ‖ Fullería (tricherie). ‖ Timo, *m.* (escroquerie).

fils [fis] m. ● Hijo. ‖ Hijo, descendiente : *les fils des Romains,* los descendientes de los romanos. ‖ Hijo, nativo, natural : *les fils d'Espagne,* los hijos de España. ‖ — *Fils aîné,* hijo mayor, primogénito. ‖ FAM. *Fils à papa,* señorito, señoritingo. ‖ *Fils cadet,* hijo menor, segundón. ‖ *Fils puîné,* segundogénito. ‖ — *Beau-fils,* yerno (mari de la fille), hijastro (fils d'un seul des époux). ‖ *Petit-fils,* nieto. ‖ FIG. *Être le fils de ses œuvres,* deber el triunfo en la vida a sí mismo.

— OBSERV. V. CADET.

— SYN. ● *Enfant,* niño. *Garçon,* niño, varón, muchacho. *Rejeton,* retoño, vástago. *Petit,* chiquillo, pequeño. *Pop. Fiston,* hijito.

filtrage m. Filtración, *f.,* filtrado.

filtrant, e adj. Filtrante.

filtrat [filtra] m. Líquido filtrado, resultado de una filtración.

filtration f. Filtración.

filtre m. Filtro. ‖ *Filtre à café,* maquinilla para hacer café, filtro.

filtre-presse m. Filtro prensa.

filtré, e adj. Filtrado, da.

filtrer v. tr. Filtrar.

— V. intr. Filtrarse, penetrar.

fin f. Fin, *m.,* final, *m.* : *la fin d'un livre,* el fin de un libro. ‖ Fin, *m.,* término, *m.* : *toucher à sa fin,* acercarse a su fin. ‖ Fin, *m.,* objeto, *m.,* objetivo, *m.* : *en venir à ses fins,* conseguir sus fines. ‖ Final, *m.* (mort). ‖ — *Fin courant, fin octobre,* a fines del corriente, de octubre. ‖ DR. *Fin de non-recevoir,* inadmisibilidad, desestimación de una demanda. ‖ — *Chaîne sans fin,* cadena sin fin. ‖ *La fin des fins* o *de tout,* el acabóse. ‖ ECCLÉS. *Les fins dernières,* las postrimerías. ‖ *Mot de la fin,* última palabra. ‖ — *À bonne fin,* con buen fin. ‖ *À cette fin,* para este fin, con este fin. ‖ *Afin de,* a fin de, con objeto de. ‖ *À la fin,* al fin, al fin y al cabo. ‖ *À la fin du mois,* a fines de mes. ‖ *À seule fin de,* con el único fin de. ‖ *À toutes fins utiles,* para todos los efectos, por si hace falta. ‖ *En fin de compte,* en resumidas cuentas, al fin y al cabo. ‖ *Jusqu'à la fin,* hasta el final. ‖ — *Arriver à ses fins,* conseguir sus fines. ‖ *Être sur sa fin,* estar a punto de acabarse (se terminer), estar en las últimas (à l'agonie). ‖ *Faire une bonne fin,* morir cristianamente. ‖ FAM. *Faire une fin,* sentar la cabeza, cambiar de vida (changer de vie), casarse (se marier). ‖ *La fin couronne l'œuvre,* el fin corona la obra. ‖ *La fin justifie les moyens,* el fin justifica los medios. ‖ *Mener à bonne fin,* llevar a buen término. ‖ (Vx) *Mettre à fin,* llevar a cabo. ‖ *Mettre fin,* dar fin, poner fin, poner punto final, cerrar. ‖ *Prendre fin,* acabarse, finalizarse. ‖ *Qui veut la fin veut les moyens,* para conseguir un resultado no hay que escatimar los esfuerzos. ‖ *Tirer à sa fin,* estar acabándose.

fin m. Fino, finura, *f.* ‖ Ropa (*f.*) fina (linge fin). ‖ — *Le fin des choses,* lo más fino de todo. ‖ *Le fin du fin,* lo mejor de lo mejor.

fin, e adj. Fino. ‖ Buen, hábil : *un fin renard,* un buen zorro. ‖ — *Fines herbes,* hierbas finas. ‖ *Fin mot,* quid, motivo secreto. ‖ *La fine fleur,* la flor y nata. ‖ *Le fin mot de l'histoire,* el porqué de las cosas. ‖ *Nez fin,* olfato. ‖ *Pierres fines,* piedras finas *ou* semipreciosas. ‖ — *Jouer au plus fin,* dárselas de enterado, dárselas de listo.

— Adv. Finamente : *écrire fin,* escribir finamente.

finage m. Término, límite de un municipio.

final, e adj. et s. Final. ‖ *Demi-finale,* semifinal.

finaliste adj. et s. Finalista.

finalité f. Finalidad.

finance f. Banca, mundo (*m.*) financiero. ‖ — Pl. Dinero, *m. sing.,* fondos, *m.* (argent que l'on a). ‖ Hacienda, *sing.* [*Amér.,* finanzas] : *ministère des Finances,* ministerio de Hacienda. ‖ Hacienda

FINANCES — FINANZAS

I. En relación con la función social.

bénéfice (ecclésiastique)	beneficio
cachet, *m.* (d'artistes)	retribución, *f.*
droits (écrivains, auteurs)	derechos
gages (domestiques)	sueldo
honoraires (médecins, avoc.)	honorarios
solde (militaires)	paga
provision, *f.* (avoués)	anticipo (*m.*) sobre los honorarios
salaire, paye (ouvriers, employés)	salario, paga, sueldo
salaire de base	sueldo base
traitement (fonctionnaires)	sueldo
vacations (juges)	derechos

II. Términos generales.

appointements, émoluments	sueldo, emolumentos
rémunération, rétribution	remuneración, retribución
suppléments divers, allocations	suplementos diversos, subsidios
— indemnités	indemnización
— prime	prima
— gratification	gratificación
— commission	comisión
— petite monnaie, monnaie	suelto, *m.*, calderilla; cambio, *m.*, vuelta

III. Formas diferentes.

argent (liquide)	dinero líquido
espèces	dinero en metálico, en efectivo
payer en espèces	pagar en efectivo, en metálico
numéraire	numerario
fonds	fondo
être en fonds	tener dinero
monnaie (petite)	dinero suelto (*m.*), calderilla
gain, *m.*	ganancia, *f.*
bénéfice (net, brut)	beneficio (limpio, bruto)
pertes et profits	pérdidas y ganancias
revenu, *m.*	renta, *f.*
capital immobilisé	capital inmovilizado
capital disponible	capital disponible
ressources	recursos, *m.*
avoir, avoire	haber, haberes
biens	bienes
biens meubles	bienes muebles
biens immobiliers	bienes inmuebles o raíces
valeurs, *f.*	valores, *m.*
valeur nominale	valor nominal
devises	divisas
encaisse	caja, fondos, *m. pl.*

IV. Moneda nacional (antigua y actual).

obole, *f.*	óbolo, *m.*
sesterce	sestercio
denier	denario
liard	cuarto
écu	escudo
guinée (1813)	guinea
franc	franco
livre sterling	libra esterlina
penny	penique
shilling	chelín
dollar	dólar
mark	marco
lire	lira
drachme	dracma
rouble	rublo
couronne (Scandin.)	corona
roupie (Inde)	rupia
peso	peso
peseta	peseta
douro	duro

V. Compra y venta.

achat et vente	compra (*f.*) y venta
acheteur et vendeur	comprador y vendedor
troc	trueque
liquidation	liquidación

concurrence	competencia
concurrents	competidores
producteur	productor
consommateur	consumidor
intermédiaire	intermediario
denrée, marchandise	género, mercancía
l'offre et la demande	la oferta y la demanda
chiffre d'affaire	volumen de negocio
prix de revient	precio de coste
prix de vente	precio de venta
mise de fonds	aportación de fondos
grossiste	mayorista
détaillant	detallista *ou* minorista
prix courant	precio corriente
monopole	monopolio
devis	presupuesto
échantillon, *m.*	muestra, *f.*
expédition	envío
expéditeur	remitente
destinataire	destinatario
réceptionnaire	verificador
livraison	entrega
lettre de voiture	carta de porte
cahier des charges	pliego de condiciones
commerce intérieur	comercio interior
commerce extérieur	comercio exterior
rentabilité	rentabilidad
mouvement d'affaire	conjunto de operaciones
baisse	baja
crise	crisis

VI. Contabilidad.

comptabilité en partie simple	contabilidad por partida simple
comptabilité en partie double	contabilidad por partida doble
doit, débit	debe
avoir, crédit	haber, crédito
comptable	contable
expert comptable	perito en contabilidad
inventaire	inventario
bilan	balance
grand livre	libro mayor
actif	activo
passif	pasivo
recettes	ingresos, *m.*; taquilla (espectáculos)
dépenses	gastos, *m.*
entretien	mantenimiento
frais d'entretien	gastos de mantenimiento
frais d'exploitation	gastos de explotación
frais généraux	gastos generales
patente	patente
paiement comptant	pago al contado
vente à tempérament	venta a plazos
échéance, *f.*	vencimiento, *m.*
échoir; échu	vencer; vencido
faillite, krach	quiebra
solvabilité	solvencia
facture *pro forma*	factura *pro forma*
facture de paiement	factura de pago

VII. Banco y cambio.

billet de banque	billete (de banco)
dépôt et retrait	ingreso *ou* imposición y retirada, *f.*
lettre de change, traite	letra de cambio, orden de pago
billet à ordre	pagaré
chèque barré	cheque cruzado
virement	transferencia
talon	talón
coffre-fort, *m.*	caja (*f.*) de caudales
reçu, quittance	recibo
action, actionnaire	acción, accionista
obligation, obligataire	obligación, obligacionista
courtier	corredor
agent de change	agente de cambio
placer, placement	colocar, invertir; inversión, *f.*
intérêts	intereses
coupon	cupón
cote, cours	cotización, cambio
baisse, hausse	baja, subida
vente à terme	venta a plazo fijo

pública, erario, *m.*, finanzas (gallicisme). ‖ — *Loi de finances,* ley de presupuestos. ‖ — *Entrer dans la finance,* dedicarse a financiero.

financement m. Financiación, *f.,* financiamiento (gallicisme très employé), costeo.

financer* v. tr. et intr. Financiar, costear, sufragar.

financier, ère adj. et s. m. Financiero, ra ; hacendista.

finasser v. intr. FAM. Trapacear, trampear (user de subterfuges).

finasserie f. FAM. Trapacería, sutileza, triquiñuela.

finasseur, euse ou **finassier, ère** m. et f. Trapacero, ra ; trapalón, ona.

finaud, e [fino, o:d] adj. et s. Ladino, na ; astuto, ta.

finauderie f. Astucia, sagacidad.

fine f. Aguardiente (*m.*) fino (eau-de-vie fine). ‖ *Fine champagne,* coñac (cognac).

fines [fin] f. pl. Hulla menuda.

finesse f. Tenuidad, delgadez, finura (qualité de ce qui est fin). ‖ Fineza, finura (élégance). ‖ ARTS. Delicadeza. ‖ FIG. Sutileza, agudeza (subtilité). ‖ Esbeltez, elegancia (de la taille). ‖ Agudeza (de l'ouïe). ‖ Ardid, *m.,* triquiñuela (ruse).

finette f. Muletón, *m.,* fineta (tissu).

fini, e adj. Acabado, da ; terminado, da ; concluido, da (achevé). ‖ Finito, ta ; limitado, da (limité). ‖ Perfecto, ta ; acabado, da (parfait). ‖ Rematado, da ; consumado, da : *un fripon fini,* un bribón rematado. ‖ FIG. Acabado, da ; arruinado, da ; perdido, da (usé physiquement ou moralement).
— M. Remate, último toque, acabado (dernière main). ‖ Perfección, *f.,* acabamiento (perfection). ‖ Lo finito, lo limitado : *le fini et l'infini,* lo finito y lo infinito.

finir v. tr. ● Acabar (achever). ‖ Finalizar (mettre un terme). ‖ Perfeccionar, dar la última mano (mettre la dernière main). ‖ *Tout est bien qui finit bien,* acabó por arreglarse.
— V. intr. Acabar : *ce clocher finit en pointe,* este campanario acaba en punta. ‖ Terminar su vida, morir. ‖ *À n'en plus finir,* de nunca acabar, interminable. ‖ *En finir,* acabar de una vez. ‖ *Finir en beauté,* tener un final muy decoroso, terminar lucidamente *ou* brillantemente. ‖ *Finir par faire quelque chose,* acabar haciendo algo.
— SYN. ● *Terminer,* terminar. *Conclure,* concluir. *Consommer,* consumar. *Achever,* acabar.

finish [finiʃ] m. SPORTS. Sprint final, esfuerzo final.

finissage m. Última mano, *f.,* acabado, remate.

finissant, e adj. Que se acaba, que toca a su fin.

finisseur, euse m. et f. Persona que da la última mano *ou* el último toque. ‖ — F. TECHN. Acabadora.

finition f. Fin, *m.,* última mano, último toque, *m.,* acabado, *m.*

finlandais, e adj. et s. Finlandés, esa.

Finlande n. pr. f. GÉOGR. Finlandia.

finnois, e adj. et s. Finés, esa, finlandés, esa.

fiole f. Frasco, *m.,* botella pequeña.

fion m. POP. Último toque, aspecto final de una cosa.

Fionie n. pr. f. GÉOGR. Fionia.

fiord [fjɔrd] m. Fiord, fiordo.

fioriture f. Floreo, *m.,* adorno, *m.,* floritura.

firmament m. Firmamento.

firman m. Firmán (ordre du sultan).

firme f. Firma, razón social.

Firmin n. pr. m. Fermín.

fisc m. Fisco, tesoro público, erario.

fiscal, e adj. Fiscal. ‖ Impositivo, va ; tributario, ria : *échelle fiscale,* progresividad impositiva.
— OBSERV. *Fiscal* no es nunca sustantivo en francés.
— Le mot *fiscal* est également substantif en espagnol, et a le sens de « procureur ».

fiscalité f. Sistema (*m.*) de contribuciones, régimen (*m.*) tributario, tributación, fiscalidad.

fissile adj. Fisible, fisil, fisionable, escindible.

fissilité f. Calidad de físil.

fission f. PHYS. Fisión, escisión, ruptura.

fissirostre adj. et s. m. ZOOL. Fisirrostro.

fissuration f. Fisura.

fissure f. Grieta, hendidura, raja. ‖ FIG. Fisura, ruptura, fallo, *m.* ‖ MÉD. et MIN. Fisura.

fissurer v. tr. Agrietar, hender.
— V. pr. Agrietarse.

fiston m. POP. Hijito.

fistulaire adj. Fistular.

fistule f. Fístula. ‖ *Fistule lacrymale,* rija, fístula lacrimal.

fistuleux, euse adj. Fistuloso, sa.

fistuline f. Fistulina, lengua de buey (champignon).

five-o'clock [faivəklɔk] m. Té de las cinco.

fixable [fiksabl] adj. Fijable.

fixage m. Fijación, *f.,* fijado. ‖ PHOT. Fijado.

fixateur, trice adj. et s. m. Fijador, ra.

fixatif, ive adj. Fijativo, va ; fijador, ra.
— M. ARTS. Fijador.

fixation f. Fijación. ‖ Atadura (des skis).

fixe adj. Fijo, ja.
— M. Sueldo fijo.
— Interj. MIL. ¡Firmes !

fixé, e adj. Fijado, da.
— M. Miniatura (*f.*) al óleo sobre un cristal.

fixer v. tr. Fijar, hincar (rendre fixe). ‖ Fijar, volver inalterable (photographie). ‖ Fijar, dirigir la mirada (diriger ses regards). ‖ Mirar de hito en hito, mirar fijamente (regarder fixement) : *fixer quelqu'un,* mirar de hito en hito a alguien. ‖ Fijar, quedar para (un jour, une heure). ‖ Fijar, establecer : *fixer sa résidence,* fijar su residencia : *fixer un prix,* fijar un precio. ‖ Atraer, captar : *fixer l'attention de quelqu'un,* captar la atención de alguien. ‖ Asentar, hacer estable (rendre constant) : *fixer une personne légère,* asentar a una persona ligera. ‖ — *Fixer son choix,* escoger, elegir. ‖ *Fixer un rendez-vous,* darse una cita. ‖ — *Être fixé,* saber : *je ne suis pas fixé sur la décision que je vais prendre,* no sé qué decisión voy a tomar ; saber a qué atenerse : *maintenant je suis fixé quant à lui,* ahora ya sé a qué atenerme con respecto a él.
— V. pr. Establecerse, fijarse, radicarse : *il s'est fixé en France,* se ha establecido en Francia.

fixité f. Fijeza, firmeza.

fjord [fjɔ:rd] m. Fiord, fiordo.

fla m. inv. Redoble del tambor.

flac! interj. ¡Zas! (onomatopée du bruit d'un choc). ‖ ¡Plaf ! (bruit de l'eau qui tombe).

flaccidité [flaksidite] f. Flacidez, flaccidez.

flache f. Bache, *m.* (inégalité dans le pavage). ‖ Mella de un tronco descortezado (défaut d'une pièce de bois). ‖ Fisura, grieta (fissure d'une roche). ‖ Charca (mare).

flacherie [flaʃri] f. Enfermedad de los gusanos de seda.

flacheux, euse adj. Defectuoso, sa ; que tiene mellas.

flacon m. Frasco.

flaconnage m. Conjunto de frascos.

fla-fla m. FAM. Lujo, ostentación, *f.,* farolería, *f.* (ostentation). ‖ Efectismo (en peinture). ‖ FAM. *Faire du fla-fla, des fla-fla,* darse pisto, farolear.

flagellant adj. et s. Flagelante.

flagellateur, trice m. et f. Flagelador, ra ; flagelante.

flagellation f. Flagelación.

flagelle ou **flagellum** m. Flagelo (filament mobile).

flagellé, e adj. et s. m. ANAT. et ZOOL. Flagelado, da.

flageller v. tr. Flagelar.

flageoler [flaʒɔle] v. intr. Flaquear, temblar (les jambes). ‖ Flaquearle a uno las piernas (une personne).

flageolet [flaʒɔlɛ] m. Frijol, habichuela (f.) verdosa, judía (f.) pocha (haricot). ‖ Mus. Chirimía, f., flautín.

flagorner v. tr. Adular servilmente.

flagornerie f. Adulación servil.

flagorneur, euse adj. et s. Adulón, ona ; zalamero, ra.

flagrance f. Flagrancia.

flagrant, e adj. Flagrante. ‖ *En flagrant délit,* en flagrante delito, en flagrante, in fraganti.

flair m. Olfato, viento (odorat du chien). ‖ Olfato (odorat). ‖ Fig. et Fam. Buen olfato, buena vista, f. : *avoir du flair,* tener buen olfato.

flairer v. tr. Olfatear, husmear. ‖ Fig. Presentir, prever : *flairer un danger,* presentir un peligro.

flaireur, euse m. et f. Husmeador, ra.

flamand, e [flamɑ̃, ɑ̃:d] adj. et s. Flamenco, ca (de la Flandre).

flamant [flamɑ̃] m. Flamenco (oiseau).

flambage m. Flameado, acción de pasar por el fuego. ‖ Techn. Deformación (f.) lateral de las piezas trabajadas por comprensión.

flambant, e adj. Llameante. ‖ Blas. Flamante. ‖ Fig. Flamante. ‖ *Flambant neuf,* flamante.

flambard, e [flamba:r, ard] ou **flambart** [-art] adj. et s. Fig. et Fam. Fanfarrón, ona.

flambe f. Espada de hoja ondulada. ‖ Bot. Lirio, m.

flambeau m. Antorcha, f., hacha, f. (torche) : *retraite aux flambeaux,* desfile con antorchas. ‖ Candelero, candelabro (chandelier). ‖ Fig. Antorcha, f. : *le flambeau de la science,* la antorcha de la ciencia. ‖ *Le flambeau de la nuit, du jour,* la Luna, el Sol.

flambée f. Fogarada, candela (feu de menu bois). ‖ Fig. Llamarada. ‖ *La flambée des prix,* el alza súbita de los precios.

flambement m. Llamarada, f.

flamber v. tr. Soflamar, chamuscar (passer à la flamme). ‖ Culin. Flamear : *bananes flambées,* plátanos flameados. ‖ Fig. et Fam. Malgastar, quemar, tirar (gaspiller l'argent). ‖ Méd. Flamear (les instruments). ‖ Fig. *Être flambé,* estar perdido, arruinado.

flamberge f. Tizona, espada (épée). ‖ *Mettre flamberge au vent,* desenvainar la espada.

flamboiement [flambwamɑ̃] m. Brillo, resplandor.

flamboyant, e [-bwajɑ̃, ɑ̃:t] adj. Resplandeciente, brillante. ‖ Flameante (qui jette des flammes). ‖ Arrebolado, da (nuages). ‖ Archit. Flamígero, ra ; florido, da : *gothique flamboyant,* gótico flamígero.

— M. Bot. Ceibo, seibo, framboyán (arbre).

flamboyer* [-bwaje] v. intr. Llamear (jeter des flammes). ‖ Fig. Llamear, resplandecer.

— Syn. *Resplendir,* resplandecer. *Rutiler,* rutilar.

flamine m. Hist. Flamen.

Flaminius [flaminjys] n. pr. m. Flaminio.

flamingant, e adj. Flamenco, ca.

— M. et f. Nacionalista flamenco.

flamme f. Llama (feu). ‖ Fig. Ardor, m., pasión : *déclarer sa flamme,* declarar su pasión. ‖ Mar. Grímpola, gallardete, m., banderín, m. (pavillon). ‖ Vétér. Fleme, m., lanceta. ‖ — Pl. Fuego, m. sing. : *livrer aux flammes,* condenar al fuego ; *les flammes éternelles,* el fuego eterno.

flammé, e adj. Flameado, da (grès).

flammèche f. Pavesa.

flammerole f. Fuego (m.) fatuo.

flan [flɑ̃] m. Flan (gâteau). ‖ Impr. Molde de cartón. ‖ Techn. Cospel (monnaies). ‖ — Pop.

À la flan, a la buena de Dios : *faire une chose à la flan,* hacer una cosa a la buena de Dios. ‖ *Rester comme deux ronds de flan,* quedarse patidifuso. ‖ *Une histoire à la flan,* un camelo.

flanc [flɑ̃] m. Costado (partie du corps). ‖ Flanco, costado (d'une chose). ‖ Ijada, f., ijar (animal). ‖ Ladera, f., falda, f., pendiente, f. (d'une montagne). ‖ Blas. et Mil. Flanco. ‖ Poét. Seno : *le flanc maternel,* el seno materno. ‖ — Fam. *Être sur le flanc,* estar encamado (alité), estar rendido (exténué). ‖ *Prêter le flanc,* presentar blanco (à un adversaire), dar pie, dar pábulo, dar lugar (donner prise). ‖ Fig. *Se battre les flancs,* echar los bofes por nada. ‖ Pop. *Tirer au flanc,* escurrir el bulto.

flanc-garde [flɑ̃gard] f. Mil. Guardia de los flancos, flanqueador.

— Observ. Pl. *flancs-gardes.*

flancher v. intr. Fam. Flaquear, ceder.

flanchet [flɑ̃ʃɛ] m. Delgado, falda, f. (boucherie).

flanchis m. Blas. Flanquís.

flanconade f. Cornada, ataque (m.) de cuarta al flanco (escrime).

Flandre ou **Flandres** n. pr. f. ou f. pl. Géogr. Flandes.

flandrin, e adj. Flamenco, ca [de Flandes].

— Fam. M. Larguirucho, cangallo.

flanelle f. Franela.

flâner v. intr. ● Vagar, callejear. ‖ Gandulear, perder el tiempo, matar el tiempo (perdre son temps).

— Syn. ● *Muser, musarder,* vaguear. *Badauder,* curiosear.

flânerie [flɑnri] f. Callejeo, m.

flâneur, euse adj. et s. Azotacalles, callejero, ra ; paseante ocioso, mirón, ona.

— Syn. *Badaud,* curioso, papanatas, mirón. *Bayeur,* bausán.

flânocher ou **flanocher** v. intr. Fam. Cancanear, callejear.

flanquant, e adj. Flanqueante.

flanquement [flɑ̃kmɑ̃] m. Mil. Flanqueo.

flanquer v. tr. Flanquear. ‖ Estar al lado, rodear (entourer). ‖ Fam. Echar : *flanquer à la porte,* echar a la calle. ‖ Tirar : *flanquer par terre,* tirar al suelo. ‖ Mil. Apoyar, sostener (appuyer). ‖ Pop. Soltar, largar : *flanquer un coup de pied,* soltar un puntapié. ‖ Fam. *Se flanquer par terre,* dar un guarrazo (tomber).

flanqueur m. Flanqueador.

flapi, e adj. Fam. Reventado, da.

flaque f. Charco, m.

flash [flaʃ] m. Flash (information concise transmise en priorité). ‖ Flash (cinéma). ‖ Fogonazo : *les flashes de l'actualité,* los fogonazos de la actualidad. ‖ Phot. Flash, luz (f.) relámpago.

flasque adj. ● Fofo, fa ; flojo, ja ; lacio, cia ; fláccido, da. ‖ Fig. Sin vigor, insulso, sa (style). — M. Brazo (d'une manivelle). ‖ Malla, f., brida, f. (d'une chaîne). ‖ Autom. Disco (d'une roue). ‖ Mil. Gualdera, f. (canons). ‖ Mar. *Flasques de mât,* cacholas. ‖ — F. Frasco, m., cebador, m. (de poudre). ‖ Cantimplora (gourde).

— Syn. ● *Mou,* blando. *Mollasse,* flojo. *Spongieux,* esponjoso. *Fam. Cotonneux,* algodonoso.

flatter v. tr. ● Halagar, adular (louer). ‖ Acariciar, pasar la mano (caresser). ‖ Causar satisfacción, agradar, deleitar (affecter agréablement). ‖ Favorecer, embellecer (embellir) : *flatter un portrait,* favorecer un retrato. ‖ *Flatter quelqu'un d'un espoir,* hacerle a uno concebir una esperanza. — V. pr. ◆ Jactarse, preciarse.

— Syn. ● *Caresser,* acariciar. *Fam. Cajoler, câliner,* mimar. *Amadouer,* ablandar, engatusar. *Louanger,* lisonjear. *Encenser,* incensar. *Aduler,* adular. *Flagorner,* adular servilmente. *Pop. Peloter,* hacer la pelotilla. *Faire du plat,* dar la coba. *Vanter,* alabar, ensalzar. *Bouchonner,* mimar, acariciar (los niños).

— ◆ *Se glorifier,* glorificarse. *Se prévaloir,* prevalerse. *Se targuer,* jactarse, hacer alarde. *Se vanter,* alabarse, vanagloriarse.

flatterie f. Halago, *m.,* lisonja, adulación. ‖ Caricia (caresse).

flatteur, euse adj. Halagüeño, ña; lisonjero, ra. — M. et f. Adulador, ra; lisonjero, ra; halagador, ra; zalamero, ra.

flatulence f. MÉD. Flatulencia.

flatulent, e adj. Flatulento, ta.

flatuosité f. Flato, *m.,* flatuosidad.

flavescent, e adj. Flavescente, amarillento, ta (jaunâtre).

Flavien n. pr. m. Flaviano.

Flavius [flavjys] n. pr. m. Flavio.

fléau [fleo] m. AGRIC. Mayal. ‖ FIG. Azote, plaga, *f. : les fourmis sont un fléau,* las hormigas son una plaga. | Calamidad, *f.,* peste, *f. : cet homme est un fléau,* este hombre es una peste. ‖ TECHN. Astil (d'une balance). | Aguilón (d'une grue). | Barra, *f.* (pour fermer une porte). ‖ *Fléau d'armes,* mangual (arme ancienne).

flèche f. ● Flecha, saeta. ‖ Fiel, *m.* (balance). | Aguilón, *m.,* brazo, *m.,* pluma (d'une grue). ‖ AGRIC. Guía (d'un arbre). ‖ ARCHIT. Aguja (de clocher). | GÉOM. Sagita. ‖ MAR. Espiga (d'un bas-mât). ‖ MÉCAN. Desviación, torcedura (d'une pièce). ‖ TECHN. Lanza, cama (d'une charrue). | Mástil (*m.*) de cureña (d'un affût). ‖ — *Flèche de lard,* témpano, lonja de tocino. ‖ — *Attelage en flèche,* enganche de reata. ‖ *Faire flèche de tout bois,* no reparar en medios. ‖ *Filer comme une flèche,* salir disparado *ou* como una flecha. | *Monter en flèche,* subir rápidamente.

— SYN. ● *Javelot,* jabalina, venablo. *Dard,* dardo. *Trait,* saeta. *Javeline,* jabalina. *Sagaie, zagaie,* azagaya (vx).

fléchette f. Flechilla.

fléchir v. tr. Doblar, doblegar (ployer) : *fléchir le genou,* doblar la rodilla. ‖ FIG. Ablandar, conmover (attendrir) : *fléchir ses juges,* ablandar a sus jueces.

— V. intr. ● Doblarse, doblegarse. ‖ Flaquear, ceder (lâcher pied). | Bajar, descender, disminuir : *les prix ont fléchi,* los precios han bajado. ‖ FIG. Someterse (se soumettre).

— SYN. ● *Céder,* ceder. *Plier,* plegarse, allanarse, avenirse. *Succomber,* sucumbir.

fléchissement [fleʃismã] m. Doblegamiento. ‖ Flexión, *f.* (flexion). ‖ Sumisión, *f.* (soumission). ‖ Baja, *f.* (des prix). ‖ Repliegue (repli).

fléchisseur, euse adj. et s. m. ANAT. Flexor, ra.

flegmatique adj. Flemático, ca; calmoso, sa.

flegme m. Flema, *f.*

flegmon m. V. PHLEGMON.

flemmard, e [flɛmaːr, ard] adj. et s. POP. Gandul, la; vago, ga.

flemme f. POP. Galbana, gandulería, pereza. ‖ *Tirer sa flemme,* no dar golpe, no hacer nada.

fléole ou **phléole** f. BOT. Fleo, *m.*

flet [flɛ] m. Fleso (poisson).

flétan m. ZOOL. Especie (*f.*) de rodaballo.

flétrir v. tr. Marchitar, ajar (les fleurs, le teint). ‖ Quitar la frescura, el color, el brillo (la fraîcheur, la couleur, l'éclat). ‖ (Vx). Marcar [a los criminales] con un hierro candente. ‖ FIG. Mancillar, manchar, infamar (la réputation). | Debilitar, alterar (affaiblir). | Condenar, reprobar.

flétrissant, e adj. Deshonroso, sa; infamante.

flétrissement m. Ajamiento.

flétrissure f. Marchitez, ajamiento, *m.* (des fleurs, des plantes, du teint). ‖ FIG. Mancha, deshonra, mancilla (atteinte à l'honneur).

fleur f. BOT. Flor. ‖ FIG. Flor : *la fleur de la jeunesse,* la flor de la juventud. | Flor, brillo, *m.*

(éclat), frescura (fraîcheur). ‖ — *Fleur de farine,* harina de flor. ‖ *Fleur de la Passion,* pasiflora. ‖ *Fleur de lis,* flor de lis. ‖ *Fleur d'oranger,* azahar. ‖ *Folles fleurs,* candelas (du châtaignier). ‖ FAM. *La fine fleur* ou *la fleur de pois,* la flor y nata. ‖ *La fleur de l'âge,* la flor de la edad. ‖ *Les quatre-fleurs,* flores cordiales (pharmacie). ‖ *Les yeux à fleur de tête,* los ojos saltones. ‖ — *À fleur de,* a flor de. ‖ *En fleur* o *en fleurs,* en flor. ‖ *Ni fleurs ni couronnes,* no se admiten flores ni coronas. ‖ — FAM. *Jeter des fleurs,* echar flores.

— OBSERV. En la expresión *en fleur,* la palabra *fleur* toma la forma del plural sólo si se trata de diversas variedades de flores (un jardin *en fleurs*).

fleurage m. Moyuelo, salvado (résidu du gruau). ‖ Combinación (*f.*) de flores, floreado.

fleuraison [flœrɛzɔ̃] f. BOT. Floración, florescencia.

fleurant, e adj. Fragante, perfumado, da.

fleurdeliser v. tr. BLAS. Flordelisar.

fleurer v. intr. Oler, despedir olor : *un drap qui fleure bon la lavande,* una sábana que huele a lavanda.

fleuret [flœrɛ] m. Florete (escrime) : *fleuret démoucheté,* florete sin botón. ‖ Taladro, barreno (outil pour percer). ‖ Florete (tissu).

fleurette f. Florecilla. ‖ FIG. *Conter fleurette,* requebrar, galantear.

fleuri, e adj. Florido, da; florecido, da. ‖ — *Pâques fleuries,* Pascua florida. ‖ FIG. *Style fleuri,* estilo florido. | *Teint fleuri,* buen color.

fleurir v. intr. Florecer. ‖ FIG. Prosperar, estar floreciente.

— V. tr. Florear, adornar con flores (orner de fleurs). ●

— V. pr. Adornarse con flores. ●

— OBSERV. El verbo francés *fleurir,* en el sentido propio de *echar flores,* es regular. En su sentido figurado de prosperar hace en el part. pres. *florissant* y en el imperf. de indic. *florissais,* etc., que pertenecen al verbo p. us. *florir,* florecer.

fleurissant, e adj. Floreciente, florido, da (couvert de fleurs).

fleuriste m. et f. Floricultor, ra (jardinier). ‖ Florista (marchand).

fleuron m. Florón (ornement). ‖ BOT. Flósculo. ‖ FIG. Florón. ‖ IMPR. Viñeta, *f.,* adorno (typographique).

fleuronner v. tr. et intr. Adornar con florones. ‖ BOT. Brotar flósculos. ‖ IMPR. Poner viñetas.

fleuve [flœːv] m. Río : *fleuve côtier,* río costanero. ‖ — *Le fleuve de la vie,* el curso de la vida. ‖ *Roman fleuve,* novelón, « novela río ».

— OBSERV. En francés se reserva el nombre de *fleuve* para los ríos que desembocan en el mar y el de *rivière* a los que son afluentes de otros ríos.

flexibilité f. Flexibilidad.

flexible adj. et s. m. Flexible.

flexion f. Flexión.

flexionnel, elle adj. GRAMM. Flexional.

flexueux, euse adj. Flexuoso, sa; ondulado, da.

flexuosité f. Flexuosidad.

flexure f. GÉOL. Pliegue (*m.*) monoclinal.

flibuste f. Filibusterismo, *m.*

flibuster v. intr. Piratear, robar en el mar.

— V. tr. POP. Hurtar, robar (voler).

flibusterie f. Filibusterismo, *m.*

flibustier m. Filibustero (pirate). ‖ Ladrón, bandido (voleur).

flic m. POP. Poli, polizonte.

flic flac Onomatopée. ¡Zis, zas! ‖ ¡Paf! (gifles). ‖ ¡Tris, tras! (fouet). ‖ ¡Tac, tac! (sabots d'un cheval).

flingot ou **flingue** m. FAM. Chopo (fusil), pistolón (pistolet). ‖ POP. Chaira, *f.* (de boucher).

flinguer v. tr. POP. Matar a tiros.

flint-glass [flintglas] m. Flint-glass, flintglas.

flipot [flipo] m. Chapa, *f.*, remiendo, tapa, *f.* (pour cacher une fente dans le bois).

flirt [flœrt] m. Flirteo, coqueteo, flirt. ‖ FAM. Pretendiente, cortejador (amoureux).

flirter [-te] v. intr. Flirtear, coquetear.

flirteur, euse [-tœ:r, ø:z] adj. et s. Coqueto, ta ; galanteador, ra.

floc m. Borla, *f.* (houppe).

floc! interj. ¡Plaf!

floche adj. Aterciopelado, da (velouté). ‖ — *Quinte floche*, escalera de color (poker). ‖ *Soie floche*, seda floja.

— F. Borlita (houppette). ‖ — M. Escalera (*f.*) de color (poker).

flocon m. Copo (de neige, de coton, d'avoine). ‖ Vedija, *f.*, vellón (de laine). ‖ Mechón (de chanvre).

floconner v. intr. Formarse copos.

floconneux, euse adj. Coposo, sa ; en copos. ‖ Vedijoso, sa (laine).

floculation f. CHIM. Precipitado (*m.*) en forma de copos, floculación.

floculer v. intr. CHIM. Precipitarse en forma de copos, floculación.

flonflon m. FAM. Estribillo (refrain). ‖ Chinchín, tatachín (air trivial). ‖ *Les flonflons de la fanfare*, el chinchín de la banda.

flopée f. POP. Cáfila, caterva. ‖ (Vx). Paliza (raclée). ‖ *Il en arrive des flopées*, llegan a manadas.

floquet [flɔkɛ] m. Borlita, *f.* (houppe).

floraison f. Florescencia, floración.

floral, e adj. Floral : *jeux floraux*, juegos florales.

floralies [flɔrali] f. pl. Floralias.

flore f. Flora.

Flore n. pr. f. Flora.

floréal m. HIST. Floreal.

florence f. Florencia, especie de tafetán. ‖ Sedal, *m.*, hilo (*m.*) de pescar (pêche).

Florence n. pr. f. Florencia. ‖ GÉOGR. Florencia.

Florent n. pr. m. Florencio.

florentin, e adj. et s. Florentino, na.

florès (faire) [fɛr flɔrɛs] loc. FAM. Tener gran éxito, brillar en sociedad, estar en boga.

floricole adj. Florícola.

floriculture f. Floricultura.

floridées f. pl. BOT. Florídeas (algues).

florifère adj. Florífero, ra.

florilège m. Florilegio.

florin m. Florín (monnaie).

florissant, e adj. Floreciente. ‖ Resplandeciente : *mine florissante*, cara resplandeciente. ‖ *Avoir une santé florissante*, estar rebosante de salud.

flosculeux, euse adj. BOT. Flosculoso, sa.

flot [flo] m. ● Ola, *f.*, oleada, *f.* ‖ Marea (*f.*) ascendente, flujo (marée montante). ‖ FIG. Mar : *un flot de sang, de larmes*, un mar de sangre, de lágrimas. | Raudal, cantidad (*f.*) grande, chorro : *des flots de lumière*, raudales de luz. | Multitud, *f.*, tropel, riada, *f.* : *des flots d'auditeurs*, multitud de oyentes. ‖ — *Les flots*, el mar, la mar (poét. et pop.). ‖ — *À flot*, a flote : *remettre à flot*, sacar a flote : *se remettre à flot*, ponerse a flote. ‖ *À flots*, a mares, a raudales, a torrentes : *couler à flots*, correr a mares.

— SYN. ● *Lame*, ola. *Onde*, onda. *Vague*, ola. *Flux*, flujo. *Houle*, marejada, mareta. *Reflux*, reflujo. *Ressac*, resaca. *Mouton*, cabrilla, borrego.

flottabilité f. Flotabilidad.

flottable adj. Flotable.

flottage ou flot m. Armadía, *f.*, transporte de madera flotante.

flottaison f. MAR. Flotación.

flottant, e adj. Flotante. ‖ Con vuelo : *robe flottante*, vestido con vuelo. ‖ Flanqueante, poco firme (chancelant). ‖ FIG. Fluctuante, indeciso, sa (irrésolu). | Flotante (monnaies). ‖ *Dette flottante*, deuda flotante.

flottard [flota:r] m. POP. Aspirante a la Escuela Naval francesa.

flottation f. MIN. Flotación.

flotte f. Flota : *flotte aérienne*, flota aérea. ‖ Veleta, corcho, *m.* (pêche). ‖ MAR. Flota, armada (ensemble de bateaux). | Boya, baliza (bouée). ‖ POP. Agua (eau), lluvia (pluie).

flottement m. Flotación, *f.*, flotamiento. ‖ FIG. Fluctuación, *f.*, vacilación, *f.* (hésitation). | Flotación, *f.* (monnaies).

flotter v. intr. Flotar (sur un liquide). ‖ Flotar, ondear (dans les airs). ‖ FIG. Fluctuar, vacilar. | Flotar (monnaies). ‖ POP. Llover (pleuvoir).

— V. tr. *Flotter des bois*, conducir maderas en armadías.

flotteur m. Flotador. ‖ Veleta, *f.*, flotador, corcho (d'une ligne à pêche). ‖ Almadiero, ganchero (de bois). ‖ *Flotteur d'alarme*, flotador de alarma.

flottille [flɔti:j] f. Flotilla.

flou, e adj. ● Vago, ga ; indistinto, ta ; borroso, sa (peinture). ‖ Movido, da ; desenfocado, da ; borroso, sa (photographie). ‖ Vaporoso, sa (couture). ‖ FIG. Confuso, sa ; impreciso, sa ; vago, ga (idée).

— M. Ligereza, *f.*, suavidad (*f.*) de toque, tono suave (peinture). ‖ Traje *ou* vestido vaporoso (couture). ‖ PHOT. et CINÉM. Imagen (*f.*) deliberadamente borrosa, « flou ».

— SYN. ● *Vaporeux*, vaporoso. *Fondu*, desvanecido.

flouer v. tr. POP. Estafar, engañar, timar.

flouve f. Grama de olor, cerrillo, *m.* (plante).

fluage m. TECHN. Deformación (*f.*) de los metales sometidos a fuerte presión.

fluate m. (Vx). CHIM. Fluato, fluoruro.

fluctuant, e [flyktyɑ̃, ɑ̃:t] adj. Fluctuante. ‖ MÉD. Blando, da ; fluctuante : *tuméfaction fluctuante*, tumefacción blanda.

fluctuation f. Fluctuación : *fluctuation saisonnière*, fluctuación estacional.

fluctuer v. intr. Fluctuar.

fluent, e [flyɑ̃, ɑ̃:t] adj. Fluido, da ; fluyente.

fluer v. intr. (P. us.). Fluir.

fluet, ette [flyɛ, ɛt] adj. Delgado, da ; cenceño, ña (mince). ‖ Delicado, da ; débil, endeble (délicat).

fluide adj. ● Fluido, da.

— M. Fluido : *fluide électrique*, fluido eléctrico.

— SYN. ● *Liquide*, líquido. *Clair*, claro.

fluidifier v. tr. Fluidificar.

fluidique adj. Fluídico, ca.

fluidité f. Fluidez.

fluor m. CHIM. Flúor. ‖ *Spath fluor*, espato flúor, fluorina.

fluorescéine [flyɔrɛssein] f. CHIM. Fluoresceína.

fluorescence [-sɑ̃:s] f. Fluorescencia.

fluorescent, e [-sɑ̃, ɑ̃:t] adj. Fluorescente.

fluorhydrate m. CHIM. Fluorhidrato.

fluorhydrique adj. CHIM. Fluorhídrico, ca.

fluorine f. Fluorina.

fluorite f. MIN. Fluorita.

fluoroscope m. Fluoroscopio.

fluorure m. CHIM. Fluoruro.

flush [flʌʃ] m. Escalera (*f.*) de color (poker).

flûte f. ● Flauta (instrument à vent). ‖ Flautista, *m.* (flûtiste). ‖ Copa (verre à pied long et étroit). ‖ Barra larga de pan, panecillo, *m.* (petit pain long). ‖ MAR. Urca (navire de transport). ‖ — Pl. FAM. Zancas (jambes). ‖ — *Flûte à bec*, flauta dulce, caramillo. ‖ *Flûte allemande* o *traversière*, flauta travesera. ‖ FAM. *Flûte à l'oignon*, matasuegras (mirliton). ‖ *Flûte de Pan* o *de berger*, zampoña. ‖ *Flûte double*, albogue, gargavero. ‖ *Petite flûte*, flautín. ‖ — FAM. *Jouer* o *se tirer des flûtes*, pirárselas, poner pies en polvorosa.

— Interj. ¡Cáspita !, ¡caramba !, ¡caracoles !
— SYN. ● *Flageolet*, chirimía. *Fifre*, pífano. *Chalumeau*, caramillo. *Pipeau*, caramillo.

flûté, e adj. Aflautado, da ; atiplado, da : *voix flûtée*, voz aflautada.

flûteau m. BOT. Junco florido. || Pito (sifflet). || Llantén de agua (plantain d'eau).

flûter v. intr. Tocar la flauta. || Silbar (le merle).

flûtiste m. Flautista.

fluvial, e adj. Fluvial.

fluviatile adj. Fluvial.

fluvio-glaciaire adj. GÉOL. Fluvioglacial.

fluviomètre m. Fluviómetro.

flux [fly] m. Flujo : *flux magnétique*, flujo magnético.

fluxion f. Fluxión. || — MÉD. *Fluxion de poitrine*, pleuresía. || MATH. *Méthode des fluxions*, cálculo diferencial.

fluxmètre [flymɛtr] m. ÉLECTR. Aparato para medir el flujo.

fluviométrique adj. Fluviométrico, ca.

F. O. B. abrev. comercial de *free on board*, franco a bordo.

foc m. MAR. Foque. || MAR. *Petit foc*, petifoque.

focal, e adj. PHYS. et MATH. Focal.

fœhn [føːn] m. Viento caliente y muy seco.

foëne ou **foène** [fɔɛn] ou **fouène** [fuɛn] f. Fisga, arrejaque, *m*. (harpon).

fœtal, e [fetal] adj. Fetal : *vie fœtale*, vida fetal.

fœtus [fetys] m. Feto.

fofolle adj. et s. f. FAM. Locuela, loquilla.

foi f. Fe. || Fidelidad (fidélité) : *la foi des traités*, la fidelidad de los tratados. || — *Bonne* o *mauvaise foi*, buena *ou* mala fe. || *Profession de foi*, profesión de fe. || — *Digne de foi*, fidedigno, na. || *En foi de quoi*, en testimonio de lo cual. || *Foi de...*, a fe de... : *foi d'honnête homme*, a fe de caballero. || *Ma foi, par ma foi* o *sur ma foi*, a fe mía. || — *Ajouter foi*, prestar fe, dar crédito. || *Donner sa foi*, dar su palabra. || *Engager sa foi*, empeñar su palabra. || *Faire foi*, dar fe, atestiguar, testimoniar (témoigner), hacer fe, probar (prouver). || *N'avoir ni foi ni loi*, no temer ni rey ni roque.

foie [fwa] m. Hígado. || Asadura, *f.* (boucherie). || *Foie gras*, « foie gras » [hígado de ganso hipertrofiado]. || POP. *Avoir les foies*, tener canguelo *ou* mieditis, miedo.

— OBSERV. En Espagne, on appelle aussi « foie gras » le pâté en boîte.

foie-de-bœuf m. BOT. Lengua (*f.*) de buey.

foin m. Heno. || — *Foin d'artichaut*, pelusa de la alcachofa. || — FAM. *Foin de...*, ¡maldito sea !, ¡mal haya ! || *Rhume des foins*, coriza, rinitis. || — *Avoir du foin dans ses bottes*, estar forrado, tener el riñón bien cubierto. || FIG. *Être bête à manger du foin*, ser más tonto que una mata de habas. || POP. *Faire du foin*, armar jaleo. || *Faire les foins*, segar el heno (récolter). || FAM. *Mettre du foin dans ses bottes*, hacer dinero, forrarse de dinero, cubrirse el riñón.

foirade f. POP. Cagalera. | Canguelo, *m*.

foirail [fwaraːj] ou **foiral** [-ral] m. Ferial.

foire f. Feria : *foire agricole*, feria del campo. || FAM. Tumulto, *m.*, confusión (tumulte). || POP. Jolgorio, *m.*, juerga : *faire la foire*, irse de juerga. | Cagalera (diarrhée). || *Champ de foire*, ferial, real de la feria.

foire-exposition f. Feria de muestras.

foirer v. intr. Pasarse de rosca (une vis). || Fallar (fusée). || FIG. Fallar, fracasar, salir rana (échouer). || POP. Tener cagalera. | Cagarse [de miedo].

foireux, euse adj. et s. FIG. et POP. Cagueta (poltron). | Cagón, ona.

foirolle f. BOT. Mercurial.

fois [fwa] f. Vez : *à la fois*, a la vez ; *plusieurs fois, bien des fois*, muchas veces. || — *D'autres fois*, otras veces. || *Des fois*, a veces. || *Des fois et des fois*, una y otra vez. || *Deux fois plus vite*, el doble : *il court deux fois plus vite que toi*, corre el doble que tú. || *Encore une fois*, otra vez, una vez más, de nuevo. || *En une seule fois*, de un golpe. || *Tout à la fois*, de una vez. || *Une fois pour toutes*, de una vez para siempre, de una vez. || *Une fois que*, en cuanto. || — *Il y avait une fois* o *il était une fois...*, érase una vez..., érase que se era... || *Une fois n'est pas coutume*, una vez al año no hace daño. || *Y regarder à deux fois*, andar con mucho cuidado, mirarlo bien.

foison f. Copia, abundancia. || *À foison*, con profusión.

foisonnant, e adj. Abundante, copioso, sa.

foisonnement m. Abundancia, *f.*, copia, *f.* (abondance). || Esponjamiento, aumento de volumen.

foisonner v. intr. Abundar. || Aumentar de volumen, crecer, cundir. || Hincharse (chaux).

fol, folle adj. et s. V. FOU.

folâtre adj. Retozón, ona ; juguetón, ona.

folâtrer v. intr. Retozar, juguetear.

— SYN. *Batifoler*, retozar. *S'ébattre*, juguetear. *Papillonner*, mariposear. *Marivauder*, discretear. *Folichonner*, loquear.

folâtrerie f. Retozo, *m.*, jugueteo, *m*.

folding [foldiŋ] m. Máquina (*f.*) fotográfica de fuelle.

foliacé, e adj. BOT. Foliáceo, a.

foliaire adj. BOT. Foliar.

foliation f. BOT. Foliación.

folichon, onne adj. FAM. Retozón, ona ; alocado, da ; locuelo, la. || *Ce n'est pas folichon*, no es nada del otro mundo.

folichonner v. intr. FAM. Loquear, juguetear.

folichonnerie f. FAM. Jugueteo, *m.*, retozo, *m*.

folie [fɔli] f. Locura. || (Vx). Casa de recreo *ou* de campo (maison de campagne). || — *Folie de la persécution*, manía persecutoria. || *Folie des grandeurs*, manía de grandezas, megalomanía. || *Grain de folie*, vena de loco. || — *À la folie*, con locura. || *Faire des folies*, hacer locuras.

folié, e adj. BOT. Foliado, da.

folio m. Folio (page).

foliole f. BOT. Folíolo, *m.*, hojuela.

foliotage m. Foliación, *f.* (action de folioter).

folioter v. tr. Foliar, paginar, numerar.

folklore m. Folklore.

folklorique adj. Folklórico, ca.

folkloriste m. Folklorista.

folle f. Red de pescar de grandes mallas.

folle adj. et s. V. FOU.

follement adv. Locamente.

follet, ette [fɔlɛ, ɛt] adj. Locuelo, la ; alocado, da. || — *Feu follet*, fuego fatuo. || *Poil follet*, bozo, vello.

— M. Duendecillo, trasgo (lutin).

folliculaire m. Folicular, periodista malo.

follicule m. BOT. et ZOOL. Folículo.

folliculite f. MÉD. Foliculitis.

fomentateur, trice adj. et s. Fomentador, ra.

fomentation f. Fomentación, fomento, m. (encouragement). || MÉD. Fomento, *m.*, fomentación.

— OBSERV. L'espagnol *fomento* a surtout le sens d'*encouragement* d'où le nom de *Ministerio de Fomento* qu'on appliquait au ministère des Travaux publics.

fomenter v. tr. Fomentar.

fonçage m. Excavación, *f.* (action de creuser). || Colocación (*f.*) de un fondo (des tonneaux). || Extracción, *f.* (de l'ardoise). || Oscurecimiento (des couleurs).

fonçailles [fɔsaːj] f. pl. Fondo, *m.* (d'un tonneau).

foncé, e adj. Oscuro, ra : *bleu foncé*, azul oscuro.

foncer* v. tr. Cavar (creuser). || Poner fondo (un tonneau). || Poner un fondo de masa (un moule à gâteaux). || Oscurecer, sombrear (une couleur). — V. intr. Lanzarse, abalanzarse, arremeter : *foncer sur l'ennemi*, arremeter contra el enemigo. || FAM. Correr, volar.

foncier, ère adj. Relativo a las haciendas *ou* bienes raíces. || Territorial. || Hipotecario, ria : *crédit foncier*, crédito hipotecario. || FIG. Fundamental, básico, ca ; congénito, ta ; innato, ta. || — *Propriétaire foncier*, propietario de bienes raíces, hacendado. || *Propriété foncière*, bienes raíces. — M. Impuesto territorial.

foncièrement adv. Profundamente, en el fondo, fundamentalmente, congénitamente.

fonction f. Función, empleo, *m.* || CHIM. et MATH. Función. || — *En fonction*, en ejercicio, en funciones, en activo. || *En fonction de*, con arreglo a. || — *Entrer en fonction*, tomar posesión de un empleo *ou* cargo. || *Être fonction de*, depender de (dépendre), ser función de (mathématiques). || *Faire fonction de*, hacer las veces de.

fonctionnaire m. et f. Funcionario, ria.
fonctionnarisme m. Funcionarismo.
fonctionnel, elle adj. Funcional.
fonctionnement m. Funcionamiento.
fonctionner v. intr. Funcionar.

fond [fɔ̃] m. Fondo. || Fondo, culo (fam.) [d'une bouteille]. || Asiento (d'une chaise). || Testera, *f.* (d'une voiture). || Fondillos, *pl.* (du pantalon). || Tablado (d'un lit). || Fondo (du caractère). || Témpano, fondo (d'un tonneau). || Fondo (ce qui reste). || Fondo (d'un tableau). || THÉÂTR. Foro. || — *Fond d'artichaut*, corazón, cogollo de alcachofa. || MAR. *Fond de cale*, bodega. || *Fond de teint*, maquillaje de fondo. || *Coureur de fond*, corredor de fondo. || *Le fin fond*, el fondo (d'une affaire), lo más recóndito *ou* intricado (d'une province). || — *À fond*, a fondo. || *À fond de train*, a todo correr. || *Au fond, dans le fond*, en el fondo. || *De fond en comble*, de arriba abajo, enteramente, por completo. || — MAR. *Aller au fond*, irse a pique. || *Aller au fond des choses*, profundizar las cosas. || *Couler à fond*, echar a pique (un bateau), arruinar (ruiner). || MAR. *Donner fond*, fondear, dar fondo. || FIG. *Être à fond de cale*, no tener ni un céntimo, estar sin blanca. || *Faire fond sur quelqu'un*, fiar en *ou* contar con una persona.

fondamental, e adj. Fundamental.
fondant, e adj. Fundente (qui sert à fondre). || Fusible (qui fond facilement). || Que se funde, que se deshace (qui fond). || *Poire fondante*, pera de agua. — M. CHIM. et VÉTÉR. Fundente. || Dulce [azúcar blando].
fondateur, trice adj. et s. Fundador, ra.
fondation f. Fundación. || — Pl. ARCHIT. Cimientos, *m. pl.*
fondé, e adj. Fundado, da : *accusation fondée*, acusación fundada. || Autorizado, da : *être fondé à dire*, estar autorizado para decir. — M. *Fondé de pouvoir*, apoderado.
fondement m. ● Fundamento. || Cimientos, *pl.* (d'une maison). || ANAT. Ano (anus). || *Sans fondement*, sin fundamento. — SYN. ● *Base*, base. *Fondation*, cimientos. *Soubassement*, basamento. *Assise*, asiento.
fonder v. tr. Fundar. || Cimentar, echar cimientos (d'une construction). || FIG. Fundamentar, fundar : *fonder ses soupçons sur*, fundar sus sospechas en.
fonderie [fɔ̃dri] f. Fundición.
fondeur m. Fundidor.
fondeuse f. Fundidora (machine).
fondis [fɔ̃di] m. Socavón, hundimiento.

fondoir m. Grasería, *f.*, fundición (*f.*) de sebo, sitio donde se preparan los sebos.
fondre v. tr. ● Fundir (à haute température) : *fondre le fer*, fundir el hierro. || Derretir (à basse température) : *fondre du suif*, derretir sebo. || Fundir, vaciar (au moule) [un canon, une cloche, etc.]. || Disolver, deshacer (du sucre, du sel, etc.). || Mezclar (races, couleurs). || Degradar, disminuir la intensidad (diminuer l'intensité, adoucir). || FIG. Refundir, combinar (combiner). — V. intr. ● Derretirse, deshacerse (devenir liquide). || Caer sobre, echarse encima, abatirse en (se précipiter sur). || Abalanzarse, calar (oiseaux de proie). || FAM. Consumirse, adelgazar (maigrir). || FIG. Derretirse, deshacerse (de tendresse). | Prorrumpir (en fleurs, en larmes, etc.). || MÉD. Resolverse. || — *Faire fondre (une pierre de sucre)*, deshacer (un terrón de azúcar). || *L'argent fond entre ses mains*, el dinero se deshace entre sus manos. — V. pr. Derretirse. || Mezclarse (se mêler).
fondrière f. Bache, *m.*, hoyo, *m.* || Terreno (m.) pantanoso, marismas, *pl.* (terrain marécageux).
fondrilles [fɔ̃dri:j] f. pl. Posos, *m pl.*, asientos *m. pl.*
fonds [fɔ̃] m. Fundo, heredad, *f.*, finca, *f.* (terrain). || Fondos, *pl.*, capital (somme d'argent). Comercio, establecimiento. || FIG. Fondo, caudal (de science, d'érudition, etc.). || — *Fonds de commerce*, negocio, comercio. || — *Fonds de roulement*, fondo de operaciones *ou* de rotación. || — Pl. Fondos : *être en fonds*, estar en fondos. || — *Fonds perdus*, fondo perdido. || *Fonds publics*, fondos públicos. || — *Biens-fonds*, bienes raíces. || *Rentrer dans ses fonds*, recobrar nuestro dinero.
fondu, e adj. Derretido, da : *beurre fondu*, mantequilla derretida. || Fundido, da : *plomb fondu*, plomo fundido. || Deshecho, cha (sucre, sel). || Degradado, da ; desvanecido, da (couleur). || FIG. Incorporado, da ; unido, da (uni, réuni). | Derrochado, da (l'argent). || *Neige fondue*, aguanieve. — M. Difuminación, *f.*, degradación, *f.* (un dessin). || Fundido (cinéma).
fondue f. Plato (*m.*) hecho con queso derretido.
fongible adj. DR. Fungible.
fongicide adj. et s. m. Fungicida (qui détruit les champignons parasites).
fongiforme adj. Fungiforme, en forma de hongo.
fongosité f. Fungosidad.
fongueux, euse adj. Fungoso, sa.
fongus [fɔ̃gys] m. MÉD. Fungo (excroissance).
fontaine f. Fuente, manantial, *m.* (source). || Fuente (publique). || Recipiente (*m.*) para conservar el agua, lavamanos, *m.* (récipient). || — *Ne dites pas : fontaine, je ne boirai pas de ton eau*, nadie diga de esta agua no beberé. || *Pleurer comme une fontaine*, llorar a lágrima viva.
fontainier f. Fontanero municipal [encargado de las fuentes públicas]. — OBSERV. En español *fontanero* s'emploie surtout pour désigner le *plombier*.
fontanelle f. Fontanela.
fontange [fɔ̃tɑ̃:ʒ] m. Lazo de un tocado antiguo de señoras.
Fontarabie n. pr. GÉOGR. Fuenterrabía.
fonte f. Fundición, hierro (*m.*) en lingote, arrabio, *m.*, hierro (*m.*) colado. || Fundición (fusion). || Deshielo, *m.* (dégel). || Derretimiento, *m.* (d'un métal). || Funda de arzón, pistolera (pour les pistolets). || Vaciado, *m.*, fundición (d'une statue). || IMPR. Fundición, casta, surtido (*m.*) de caracteres. || — *Fonte blanche, granulée, grise, truitée*, hierro colado blanco, perlítico, gris, atruchado. || — *Canon de fonte*, cañón de bronce. || *Remettre à la fonte*, refundir.

FOOTBALL — FÚTBOL

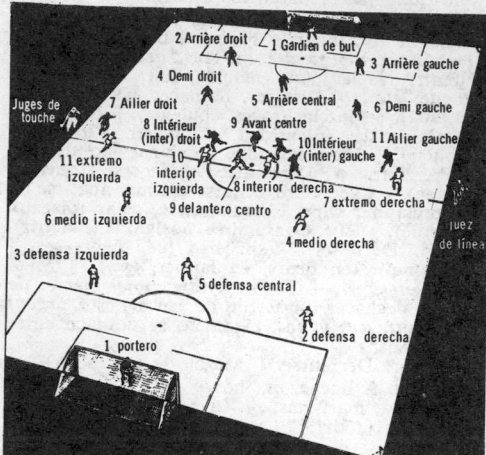

2 Arrière droit 1 Gardien de but 3 Arrière gauche
4 Demi droit
Juges de touche 7 Ailier droit 5 Arrière central 6 Demi gauche
8 Intérieur (inter) droit 9 Avant centre 11 Ailier gauche
10 Intérieur (inter) gauche
11 extremo izquierda 10 interior izquierda 8 interior derecha
6 medio izquierda 9 delantero centro 7 extremo derecha
juez de línea
4 medio derecha
3 defensa izquierda
5 defensa central
1 portero 2 defensa derecha

fontis [fɔ̃ti] ou **fondis** [fɔ̃di] m. Socavón, hundimiento.

fonts [fɔ̃] m. pl. Pila, f., fuente (f.) bautismal. ‖ *Tenir sur les fonts,* tener en la pila, sacar de pila.

football [futbo:l] m. Fútbol, balompié.

footballeur [-lœ:r] m. Futbolista.

footing [futiŋ] m. Marcha (f.) a pie.

for m. Fuero, jurisdicción, f. ‖ Fuero (privilège). ‖ *Le for intérieur,* el fuero interno, la conciencia.

forage m. Perforación, f., horadamiento, taladro. ‖ Perforación, f., sondeo (d'un puits de pétrole).

forain, e adj. et s. (Vx). Forastero, ra ; foráneo, a (étranger). ‖ — *Fête foraine,* feria, verbena. ‖ *Marchand forain,* feriante.
— M. Feriante. ‖ Saltimbanqui.

foraminé, e adj. ZOOL. Foraminado, da.

foraminifères m. pl. ZOOL. Foraminíferos.

forban m. Pirata. ‖ FIG. Forajido, bandido (bandit). ‖ — *Forban littéraire,* pirata, plagiario.

forçage m. Activación (f.) del proceso de desarrollo (d'une plante).

forçat [fɔrsa] m. Forzado, galeote (condamné aux galères). ‖ Presidiario (condamné aux travaux forcés). ‖ FIG. Esclavo. ‖ *Travail de forçat,* trabajo de esclavo.

force f. ● Fuerza. ‖ Fuerza, vigor, m. : *style plein de force,* estilo lleno de fuerza. ‖ Resistencia, solidez (résistance). ‖ Capacidad, conocimientos, m. pl. (connaissances). ‖ Categoría (aux jeux). ‖ FIG. Fortaleza. ‖ — Pl. Fuerzas (moyens militaires) : *les forces espagnoles,* las fuerzas españolas. ‖ — *Force ascensionnelle,* fuerza ascensional. ‖ *Force d'âme,* ánimo, valor, entereza. ‖ *Force de frappe,* fuerza de disuasión *ou* disuasoria, poder disuasivo. ‖ *Force de l'âge,* fuerza de la edad. ‖ *Force d'inertie,* fuerza de inercia. ‖ *Force hydraulique,* fuerza hidráulica. ‖ DR. *Force majeure,* fuerza mayor. ‖ *Force vive,* fuerza viva, energía. ‖ — *Attaque en force,* ataque violento y potente. ‖ *La force du sang,* la fuerza de la sangre. ‖ *Maison de force,* cárcel, prisión. ‖ *Tour de force,* proeza, hazaña. ‖ — *À force de,* a fuerza de, a golpe de : *à force de dictionnaires,* a golpe de diccionarios ; de tanto : *à force de regarder,* de tanto mirar. ‖ *À toute force,* por fuerza, a todo trance. ‖ *De force,* a la fuerza. ‖ *De gré ou de force,* por las buenas o por las malas. ‖ *De toute sa force,* con todas sus fuerzas. ‖ *De vive force,* a viva fuerza. ‖ *Par force,* por fuerza. ‖ *Par la force des choses,* por las circunstancias,

por no haber otro remedio. ‖ — *Être à bout de forces,* estar agotado. ‖ *Être de force à,* ser capaz de. ‖ *Être de première force,* sobresalir en algo. ‖ *Être en force,* ser muchos. ‖ *Force nous est de,* nos es forzoso, estamos obligados a.
— Adj. Mucho, cha : *force gens,* mucha gente.
— SYN. ● *Énergie,* energía. *Vigueur,* vigor. *Puissance,* potencia, poderío. *Potentiel,* potencial. *Dynamisme,* dinamismo. *Ressort,* resorte. *Verdeur,* verdor, lozanía. *Robustesse,* robustez.

forcé, e adj. Forzado, da : *rire, marche forcée,* risa, marcha forzada. ‖ Forzoso, sa : *conséquence forcée,* consecuencia forzosa. ‖ *Travaux forcés,* trabajos forzados *ou* forzosos.

forcement m. Forzamiento.

forcément adv. Forzosamente.

forcené, e adj. et s. Furioso, sa. ‖ Loco, ca.

forceps m. MÉD. Fórceps.

forcer* v. tr. Forzar (briser, obliger, faire céder). ‖ Infringir, quebrantar (enfreindre). ‖ Superar, vencer (surmonter). ‖ Acosar, acorralar [la caza] (réduire aux abois). ‖ Apresurar, acelerar (hâter). ‖ Activar la maduración (des fruits). ‖ Falsear (une serrure). ‖ Aumentar (augmenter). ‖ Desnaturalizar (dénaturer). ‖ Provocar. ‖ — *Forcer de o à sortir,* obligar a salir. ‖ *Forcer la main,* forzar la mano, obligar moralmente. ‖ FIG. *Forcer la nature,* abusar de sus fuerzas. ‖ *Forcer le pas,* forzar, apretar, apresurar el paso. ‖ *Forcer son talent,* pasarse de la raya, pasarse de rosca. ‖ *Forcer un cheval,* fatigar un caballo.
— V. intr. Hacer un esfuerzo. ‖ MAR. Tesar.
— V. pr. Esforzarse.
— OBSERV. Se dice « forcer quelqu'un à faire » quelque chose, pero « être forcé de faire » quelque chose.

forcing m. SPORTS. Acoso constante, « forcing ».

forcipressure f. MÉD. Forcipresión.

forcir v. intr. FAM. Engordar (grossir).

forclore* v. tr. Privar de un derecho por prescripción.
— OBSERV. *Forclore* no se usa sino en el infinitivo y el participio pasado (*forclos*).

forclos, e [fɔrklo, o:z] adj. Dícese de la persona cuyo derecho ha prescrito.

forclusion f. DR. Exclusión, prescripción, caducidad.

forer v. tr. Barrenar, horadar, taladrar (percer). ‖ Perforar, abrir (creuser).

forestier, ère adj. Forestal. ‖ — *École forestière,* escuela de Montes. ‖ *Garde forestier,* guardabosque, guarda forestal.
— M. Guardabosque.

foret [fɔrɛ] m. Taladro (grand), barrena, f. (vrille). ‖ TECHN. Broca, f.

forêt [fɔrɛ] f. Bosque, m. : *une forêt de pins,* un bosque de pinos ; *la forêt de Fontainebleau,* el bosque de Fontainebleau. ‖ Selva : *la forêt vierge, amazonienne,* la selva virgen, amazónica. ‖ FIG. Maraña, espesura, bosque, m. ‖ *Forêt domaniale,* patrimonio forestal del Estado.

foreur adj. et s. m. Taladrador, barrenero, horadador.
— F. Taladradora, barrenadora, perforadora.

forfaire* v. intr. Prevaricar (un magistrat). ‖ Faltar a : *forfaire à l'honneur, à ses engagements,* faltar al honor, a nuestros compromisos.
— OBSERV. El verbo *forfaire* sólo se emplea en infinitivo y en los tiempos compuestos (*j'ai forfait*).

forfait m. Crimen, fechoría, f. ‖ Destajo, tanto alzado, ajuste (travail). ‖ Impuesto concertado (impôt). ‖ Indemnización, f. (hippisme). ‖ *À forfait,* a destajo, a tanto alzado. ‖ *Voyage à forfait,* viaje todo comprendido. ‖ — *Déclarer forfait,* retirarse, renunciar.

forfaitaire adj. À tanto alzado, a destajo (travail). ‖ Global (prix)

forfaiture f. Prevaricación (d'un fonctionnaire). ‖ Felonía (d'un vassal contre son seigneur).

forfanterie f. Baladronada, fanfarronada.

forficule f. Forfícula, tijereta (insecte).

forge f. Fragua, forja (fourneau). ‖ Herrería, ferrería (établissement industriel). ‖ Cerrajería (atelier du serrurier). ‖ Herrería (atelier du maréchal-ferrant).

forgeable (fɔrʒabl) adj. Forjable.

forgeage [-ʒa:ʒ] m. Forja, f., forjadura, f., forjamiento.

forger* v. tr. Forjar, fraguar. ‖ Fig. Forjar, labrar, fraguar, inventar. ‖ Falsificar (fabriquer des documents faux). ‖ *C'est en forgeant qu'on devient forgeron*, machacando se aprende el oficio.
— V. pr. Forjarse, imaginarse. ‖ *Se forger des chimères*, fraguar quimeras.

forgeron m. Herrero.

forgeur f. Forjador. ‖ Fig. *Forgeur de nouvelles*, inventor de noticias.

forgeter v. tr. Archit. Hacer voladizo.

forlancer* v. tr. Levantar la caza, aventar.

forligner v. intr. Degenerar, bastardear. ‖ Fam. Faltar al honor (forfaire à l'honneur).

forlonge (de) loc. adv. De lejos (à la chasse).

forlonger (se)* v. pr. Alejarse la caza.

formage m. Formación, f., confección, f., hechura, f.

formaldéhyde m. Chim. Formaldehído.

formaline f. Chim. Formalina.

formaliser (se) v. pr. Molestarse por, picarse, tomar en serio.

formalisme m. Formalismo.

formaliste adj. et s. Formalista.
— Syn. *Cérémonieux*, ceremonioso. *Façonnier*, cumplido.

formalité f. Requisito, *m.*, formalidad, trámite, *m.* (condition). ‖ Formalidad (cérémonie). ‖ — *Ce n'est qu'une formalité*, es puro trámite. ‖ *Remplir des formalités*, cumplir (con) los requisitos.

formariage m. (Vx). Matrimonio de un siervo fuera de la jurisdicción de su señor.

format m. Formato, tamaño (dimensions d'un livre). ‖ *Format en largeur, en hauteur*, formato apaisado, vertical.

formateur, trice adj. et s. Formador, ra; creador, ra.

formatif, ive adj. Formativo, va.

formation f. Formación. ‖ Alineación (d'une équipe sportive). ‖ Mil. Formación. ‖ — *Formation de combat*, orden de combate. ‖ — *Cours de formation professionnelle*, curso de formación *ou* de capacitación profesional.

forme f. ● Forma. ‖ Hechura (configuration). ‖ Fig. Hechura : *gouvernement de forme démocratique*, gobierno de hechura democrática. ‖ Exterior, *m.*, apariencia (apparence). ‖ Horma (de cordonnier, de chapelier, etc.). ‖ Encella (pour le fromage). ‖ Forma (en sports). ‖ Dr. Forma : *vice de forme*, vicio de forma. ‖ Impr. Molde, *m.*, forma. ‖ Mar. Dique (*m.*) de carena. ‖ — *En bonne forme* o *en bonne et due forme*, en debida forma, como es debido, con todos los requisitos, como Dios manda. ‖ *En forme*, en forma, con todos los requisitos (selon les règles), en forma (dans de bonnes dispositions). ‖ *En forme de*, en forma de, en figura de, a modo de. ‖ *Pour la forme*, para cumplir, para que no se diga. ‖ *Sous forme de*, en forma de. ‖ — *Donner forme à*, dar forma a, moldear.
— Pl. Formas, aspectos, *m. : la misère sous toutes ses formes*, la miseria en todos sus aspectos. ‖ Fam. Modales, *m. pl.*, maneras (manières polies).
— *Dans les formes*, con arreglo a los usos, regla-

mentariamente. ‖ *Y mettre les formes*, hacer las cosas como Dios manda, guardar las formas.
— Syn. ● *Figure*, figura. *Configuration*, configuración. *Conformation*, conformación.

formel, elle adj. Formal.

former v. tr. ● Formar. ‖ Instruir, formar. ‖ Fig. Concebir : *former un projet*, concebir un proyecto. ‖ Formular (des vœux). ‖ Mil. *Former la haie*, cubrir la carrera.
— V. pr. Formarse. ‖ Mil. Formar (les troupes).
— Syn. ● *Façonner*, dar forma. *Constituer*, constituir. *Composer*, componer.

formeret [fɔrmərɛ] m. Archit. Formero (arc).

formiate m. Chim. Formiato.

formicant, e adj. Formicante (pouls).

formication f. Hormigueo, *m.*, formicación (fourmillement).

formidable adj. Formidable, estupendo, da.

formique adj. m. Chim. Fórmico : *aldéhyde formique*, aldehído fórmico.

formol m. Chim. Formol.

formoler v. tr. Someter a la acción del formol.

Formose n. pr. f. Géogr. Formosa.

formulaire m. Formulario.

formulation f. Formulación.

formule f. Fórmula.

formuler v. tr. Formular (une objection, des griefs). ‖ Méd. Recetar (une ordonnance).

fornicateur, trice m. et f. Fornicador, ra.

fornication f. Fornicación.

forniquer v. intr. Fornicar.

fors [fɔr] prép. (Vx). Fuera de, excepto, salvo, menos : *tout est perdu fors l'honneur*, todo se ha perdido menos el honor.

fort, e [fɔr, fɔrt] adj. ● Fuerte : *un homme fort*, un hombre fuerte. ‖ Poderoso, sa (puissant). ‖ Fuerte, fortificado, da : *place forte*, plaza fuerte. ‖ Grueso, sa : *une femme forte*, una mujer gruesa. ‖ Grande, considerable, importante : *une forte somme*, una cantidad considerable. ‖ Excesivo, va ; exagerado, da (excessif). ‖ Subido, da, de tono *ou* de color (choquant). ‖ Difícil. ‖ Acre, fuerte (odeur). ‖ Sólido, da : *une forte intelligence*, una sólida inteligencia. ‖ Diestro, tra ; versado, da ; entendido, da : *être fort à tous les jeux*, ser diestro en todos los juegos. ‖ Fuerte : *être fort en mathématiques*, estar fuerte en matemáticas. ‖ — *Fort en gueule*, mal hablado, lengua larga, lengüilarga. ‖ *Forte tête*, persona de gran capacidad (intelligent), testarudo, da (têtu). ‖ *Chambre forte*, cámara acorazada. ‖ *Cheval fort en bouche*, caballo duro de boca. ‖ *Esprit fort*, incrédulo, la. ‖ *La manière forte*, los grandes medios. ‖ *Prix fort*, precio fuerte. ‖ *Tôle forte*, chapa gruesa. ‖ *Une forte lunette*, un anteojo de largo alcance. ‖ *À plus forte raison*, con mayor motivo, a mayor abundamiento. ‖ *Cela est plus fort que moi*, no puedo con eso, eso es superior a mis fuerzas. ‖ *C'est fort !, c'est un peu fort !, c'est trop fort !, c'est plus fort que de jouer au bouchon !*, es excesivo, es exagerado, eso pasa de castaño oscuro *ou* de la raya, es duro de creer. ‖ *Être fort comme un bœuf, comme un Turc*, ser fuerte como un toro. ‖ *Être fort de*, componerse de (se composer), valerse de (l'influence). ‖ *Être fort en*, saber mucho de, estar fuerte *ou* empollado en. ‖ *Être le plus fort de*, ser el más adelantado de, el primero de. ‖ *Il n'est pas fort*, no es muy inteligente. ‖ *Se faire fort de*, comprometerse a (s'engager à), estar seguro de (être sûr de). ‖ *Se porter fort pour quelqu'un*, salir fiador de *ou* garantizar a alguien.
— Syn. ● *Puissant*, poderoso, potente. *Vigoureux*, vigoroso. *Robuste*, robusto. *Solide*, sólido. *Résistant*, resistente. *Dru*, recio. Pop. *Costaud*, forzudo.

fort [fɔr] m. Fuerte, potente : *protéger le faible*

contre le fort, proteger al débil contra el fuerte. ‖ Espesura, *f. : le fort d'un bois,* la espesura de un bosque. ‖ El lado fuerte : *le fort et le faible d'une cause,* el lado fuerte y el débil de una causa. ‖ El punto culminante, lo más recio (le plus haut degré) : *au fort du combat,* en lo más recio del combate. ‖ Cubil, madriguera, *f.* (repaire). ‖ Venadero (du cerf). ‖ Fɪɢ. Fuerte : *la musique est mon fort,* es la música mi fuerte. ‖ Mᴀʀ. Fuerte. ‖ Mɪʟ. Fuerte (forteresse). ‖ *Fort des Halles,* mozo de cuerda, cargador del mercado central de París.

fort [fɔr] adv. Fuerte : *serrer fort,* apretar fuerte. ‖ Muy, mucho : *fort bien,* muy bien ; *se tromper fort,* equivocarse mucho. ‖ — *De plus en plus fort,* cada vez más difícil. ‖ — Fᴀᴍ. *Aller fort,* exagerar.

forte f. Mᴜs. Forte.

fortement adv. Fuertemente.

forte-piano [fɔrtepjano] adv. et m. inv. Mᴜs. Forte-piano.

forteresse f. Fortaleza. ‖ *Forteresse volante,* fortaleza volante (avion).

— Sʏɴ. *Citadelle,* ciudadela. *Fortin,* fortín. *Blockhaus,* blocao.

fortifiant, e adj. et s. m. Fortificante.

— Sʏɴ. *Corroborant,* corroborante. *Roboratif,* roborativo. *Réconfortant,* confortante. *Reconstituant,* reconstituyente. *Tonique,* tónico. *Remontant,* tonificador.

fortification f. Fortificación.

fortifier* v. tr. Fortificar. ‖ Fortalecer, robustecer.

fortin m. Mɪʟ. Fortín (petit fort).

fortiori (a) [afɔrsjɔri] loc. adv. lat. A fortiori, con mayor motivo, a mayor abundamiento.

fortissimo adv. Mᴜs. Fortísimo.

fortrait, e adj. Extenuado, da ; cansado, da (cheval).

fortuit, e adj. Fortuito, ta.

Fortunat n. pr. m. Fortunato.

fortune f. Fortuna, caudal, *m.* ‖ Fᴀᴍ. Dineral : *coûter une fortune,* costar un dineral. ‖ — *Fortune de mer,* riesgo de un navío no imputable al capitán. ‖ — *Bonne fortune,* buena suerte. ‖ *Bonnes fortunes,* aventuras galantes. ‖ *De fortune,* improvisado, da. ‖ *Homme de bonnes fortunes,* hombre afortunado en amores. ‖ *La roue de la fortune,* la rueda de la fortuna. ‖ *Revers de fortune,* revés. ‖ — *Courir fortune,* correr riesgo. ‖ *Être en fortune,* estar de suerte. ‖ *Faire contre mauvaise fortune bon cœur,* poner a mal tiempo buena cara. ‖ *Faire fortune,* hacer fortuna (s'enrichir), tener éxito (être en vogue). ‖ *Inviter o manger à la fortune du pot,* invitar *ou* comer a lo que salga, a lo que haya, a la pata la llana. ‖ *Tenter fortune,* probar fortuna.

fortuné, e adj. Afortunado, da.

Fortunées n. pr. f. pl. Gᴇ́oɢʀ. *Îles Fortunées,* islas Afortunadas [Canarias].

forum [fɔrɔm] m. Foro.

— Oʙsᴇʀᴠ. Pl. *forums.*

forure f. Taladro, *m.,* agujero, *m.* ‖ Hembra, hembrilla (d'une clef).

fosse f. Hoyo, *m.,* fosa. ‖ Foso, *m.* (d'un garage). ‖ Fosa, hoyo, *m.* (sépulture) : *fosse commune,* fosa común. ‖ Foso, *m.* (athlétisme). ‖ Aɢʀɪᴄ. Zanja (tranchée). ‖ Aɴᴀᴛ. Fosa : *fosses nasales,* fosas nasales. ‖ Mᴀʀ. Fosa submarina. ‖ — *Fosse d'aisances,* letrina, pozo negro. ‖ *Fosse de coulée,* foso de colada. ‖ *Fosse septique,* fosa séptica. ‖ — *Avoir un pied dans la fosse,* tener un pie en la sepultura.

fossé m. Zanja, *f.,* foso. ‖ Cuneta, *f.* (route). ‖ Mɪʟ. Pozo.

fossette f. Hoyito, *m.,* hoyuelo, *m.* (sur la joue).

fossile adj. et s. m. Fósil.

fossilifère adj. Fosilífero, ra.

fossilisation f. Fosilización.

fossiliser v. tr. Fosilizar.

fossoir m. Azadón, azada, *f.* (houe).

fossoyage [foswaja:ʒ] m. Cava, *f.,* excavación, *f.*

fossoyeur [-jœ:r] m. Sepulturero, enterrador.

fou ou **fol, folle** [fu, fɔl] adj. ● Loco, ca. ‖ Fɪɢ. Excesivo, va ; exagerado, da (excessif). ‖ Tᴇᴄʜɴ. Loco, ca (une poulie, une machine, etc.). ‖ — *Folle avoine,* ballueca, avena loca. ‖ *Folle enchère,* subasta loca. ‖ — *Brise folle,* ventolina. ‖ *Cheveux fous,* pelo revuelto. ‖ *Chien fou,* perro rabioso. ‖ *Herbes folles,* hierbajos. ‖ *Un monde fou,* un montón de gente. ‖ — *Avoir le fou rire,* tener un ataque de risa *ou* tener risa nerviosa. ‖ *Dépenser un argent fou,* gastar una locura. ‖ *Être fou de,* estar loco por.

— M. et f. Loco, ca. ‖ — *Fou à lier,* loco de atar. ‖ Fᴀᴍ. *La folle du logis,* la imaginación. ‖ — *À chaque fou sa marotte,* cada loco con su tema. ‖ *Faire le fou,* hacer locuras. ‖ *S'amuser comme un fou,* pasarlo bomba.

— M. Bufón (bouffon). ‖ Alfil (aux échecs). ‖ Comodín (au jeu de cartes). ‖ Planga, *f.* (oiseau).

— Oʙsᴇʀᴠ. *Fol* se emplea siempre precede un sustantivo masculino que comienza por vocal o *h* muda : *fol espoir.*

— Sʏɴ. ● *Dément,* demente. *Aliéné,* alienado. *Déséquilibré,* desequilibrado. Fᴀᴍ. *Malade,* ido, enfermo mental. *Braque,* chiflado. *Détraqué,* desequilibrado. Pᴏᴘ. *Cinglé,* guillado. *Loufoque, louftingue,* chaveta, loco. *Marteau,* chaveta, barrenado. *Piqué,* chiflado. *Sonné,* mal de la cabeza. *Toc-toc,* mal de la cabeza. *Toqué,* tocado de la cabeza, tocado. *Dingo, dingue* majareta.

fouace f. Pan (*m.*) casero, hogaza.

fouage m. Humazga, *f.,* fogaje (tribut).

fouaille [fwa:j] f. Despojos, *m. pl.,* parte del jabalí que se da a los perros.

fouailler [-je] v. tr. Fᴀᴍ. Zurrar, zumbar, vapulear (frapper). ‖ Fɪɢ. Acribillar (de reproches).

foucade f. Repente, *m.,* chifladura (élan passager).

fouchtra! interj. ¡Caramba !

foudre f. ● Rayo, *m. : être frappé par la foudre,* ser alcanzado por el rayo. ‖ — *Coup de foudre,* flechazo (d'amour). ‖ *Les foudres de l'Église,* la excomunión, los anatemas de la Iglesia. ‖ — Fɪɢ. *Comme la foudre,* como un rayo, como una centella, rápidamente. ‖ *Craindre quelqu'un comme la foudre,* temer a alguien como al rayo, tener un miedo imponente a alguien. ‖ — M. Rayo (de Jupiter). ‖ Cuba, *f.,* tonel grande, fudre. ‖ — *Un foudre de guerre,* un gran capitán, un rayo de la guerra. ‖ *Un foudre d'éloquence,* un gran orador.

— Sʏɴ. ● *Éclair,* relámpago. *Fulguration,* fulguración. *Tonnerre,* trueno.

foudroiement [fudrwamã] m. Fulminación, *f.*

foudroyant, e [-drwajã, ã:t] adj. Fulminante. ‖ Fɪɢ. Aterrador, ra.

foudroyer* [-drwaje] v. tr. Fulminar, herir por el rayo (frapper de la foudre). ‖ Fɪɢ. Matar súbitamente, fulminar. | Fulminar, aterrar : *foudroyer du regard,* fulminar con la mirada. | Aniquilar : *foudroyer une armée,* aniquilar un ejército.

— V. intr. Disparar rayos.

fouée f. Caza con candil. ‖ Haz (*m.*) de leña (fagot).

fouet [fwɛ] m. Látigo. ‖ Zumbel (d'une toupie). ‖ Cola (*f.*) de perro. ‖ Fɪɢ. Tizón, tizonado, latigazo (douleur provoquée par une déchirure). ‖ Insulto, coz, *f.* (outrage). | Acicate, estímulo (stimulant). ‖ — *Fouet de crème,* batidor. ‖ *Fouet de l'aile,* articulación exterior del ala de los pájaros. ‖ — *Coup de fouet,* latigazo (sens propre et figuré), tirón (d'un muscle). ‖ *De plein fouet,* de frente : *les voitures se sont heurtées de plein fouet,* los coches chocaron de frente. ‖ *Donner du fouet,* azotar. ‖ *Faire claquer son fouet,* restallar *ou* chasquear el látigo.

fouettement [-tmã] m. Azotamiento. ‖ Batido (de la crème, des œufs).

fouetter v. tr. Dar latigazos (donner des coups de fouet). ‖ Azotar, zurrar (frapper) : *fouetter un enfant*, azotar a un niño. ‖ Batir (la crème, les œufs). ‖ Azotar, golpear : *la pluie fouettait les vitres,* ·la lluvia azotaba los cristales. ‖ FIG. Fustigar, excitar (exciter). ‖ POP. Heder, oler mal (puer). ‖ — *Avoir d'autres chats à fouetter*, tener otra cosa que hacer. ‖ *Il n'y a pas de quoi fouetter un chat*, no es para tanto, no es cosa del otro mundo *ou* del otro juevcs, no tiene importancia.

fou-fou adj. et s. m. Locuelo, alocado.

fougasse f. Barreno, *m.*, fogata (mine). ‖ Hogaza (pain).

fouger* v. intr. Hozar (le sanglier).

fougeraie [fuʒrɛ] f. Helechal, *m.*

fougère f. Helecho, *m.*

fougerole f. Helecho (*m.*) pequeño.

fougue [fug] f. ● Fogosidad. ‖ Fuga, ardor, *m.*, entusiasmo, *m.* (ardeur). ‖ MAR. Fogada, ráfaga (rafale). | Mastelero, *m.*, y verga de sobremesana.

— SYN. ● *Impétuosité*, impetu, impetuosidad. *Véhémence*, vehemencia. *Emportement*, arrebato. *Violence*, violencia. *Virulence*, virulencia.

fougueux, euse [-gø, ø:z] adj. Fogoso, sa : *cheval fougueux*, caballo fogoso.

— SYN. *Bouillant*, ardiente, ardoroso. *Endiablé*, endiablado, endemoniado. *Enragé*, rabioso, empedernido.

fouille [fu:j] f. Registro, *m.*, cacheo, *m.* (police). ‖ Excavación (archéologie).

fouille-au-pot [fujopo] m. inv. FAM. Marmitón, pinche (marmiton). ‖ FIG. Meticuloso, minucioso (homme tatillon).

fouiller [fuje] v. tr. Hacer excavaciones, excavar (archéologie). ‖ Buscar *ou* rebuscar en, explorar (faire des recherches dans). ‖ Registrar, cachear (une personne). ‖ Registrar, hurgar (un tiroir, les poches, etc.). ‖ FIG. Detallar (détailler). | Trabajar (son style). ‖ MIL. Hacer un reconocimiento. — V. intr. Registrar, rebuscar : *il fouillait dans l'armoire*, registraba en el armario (chercher). ‖ Escudriñar, indagar (fureter). — V. pr. Registrarse. ‖ POP. *Tu peux te fouiller*, espérate sentado.

— SYN. ● *Furetar*, escudriñar. *Fam. Fouiner*, huronear. *Fourgonner*, hurgar. *Pop. Farfouiller, trifouiller*, revolver.

fouilleur, euse [-jœ:r, ø:z] m. et f. Persona que registra. ‖ Indagador, ra ; escudriñador, ra (chercheur). ‖ — F. Excavadora (charrue). ‖ Matrona (douane).

fouillis [-ji] m. Revoltijo, desbarajuste, confusión, *f.*, batiborrillo.

fouinard, e [fwina:r, ard] adj. et s. FAM. Fisgón, ona ; escudriñador, ra ; hurón (indiscret). | Cuco, ca ; zorrastrón, ona (malin, rusé).

fouine [fwin] f. Garduña (mammifère). ‖ Fisga (foëne). ‖ AGRIC. Horquilla, horca (fourche). ‖ FIG. Astuto, ta (rusé). | Hurón, *m.* (indiscret).

fouiner v. intr. FAM. Meterse, huronear (se mêler des affaires d'autrui). ‖ FAM. Curiosear.

fouineur, euse adj. et s. POP. Fisgón, ona ; entrometido, da (qui se mêle de tout).

fouir v. tr. Escarbar, excavar, cavar.

fouisseur, euse adj. Excavador, ra ; cavador, ra. — M. Cavador (animal).

foulage m. Acción de pisar, de hollar. ‖ Enfurtido, batanadura, *f.* (drap). ‖ Soba, *f.*, adobamiento (des cuirs). ‖ Pisa, *f.* (du raisin). ‖ IMPR. Relieve en el reverso de un impreso.

foulant, e adj. Que prensa *ou* comprime, compresor, ra. ‖ — *Pompe foulante*, bomba impelente. ‖ — POP. *Ce n'est pas foulant*, está tirado.

foulard [fula:r] m. Fular (étoffe). ‖ Pañuelo para el cuello *ou* la cabeza.

foule f. ● Muchedumbre, gentío, *m.* : *il y a grande foule*, hay gran gentío. ‖ Multitud, infinidad, mar : *une foule de choses*, una infinidad de cosas, la mar de cosas. ‖ FIG. Vulgo, *m.*, plebe (le commun des hommes). ‖ *En foule*, en tropel, en masa.

— SYN. ● *Cohue*, tropel, barullo. *Tourbe*, turba. *Troupe*, tropa. *Troupeau*, rebaño. *Horde*, horda.

foulée f. Pisada, huella (trace). ‖ Zancada, tranco, *m.* (sports). ‖ Huella (d'un escalier). ‖ — Pl. Andadas (chasse). ‖ — *Rester dans la foulée*, seguir las zancadas. ‖ — *Tirer dans sa foulée*, tirar sobre la marcha (football).

fouler, v. tr. Prensar, comprimir (presser). ‖ Pisar, hollar : *fouler le sol de la patrie*, hollar el suelo patrio. ‖ Torcer, producir un esguince (provoquer une entorse). ‖ Rendir, fatigar (un cheval). ‖ AGRIC. Pisar (raisin). ‖ FIG. Oprimir (opprimer). | Pisotear (piétiner). ‖ TECHN. Enfurtir, abatanar (une étoffe). | Sobar, adobar (cuirs). ‖ *Fouler aux pieds*, hollar, pisotear (piétiner). — V. pr. Torcerse, hacerse un esguince (se faire une entorse). ‖ FIG. Matarse trabajando.

foulerie f. Batán, *m.* (pour les étoffes). ‖ Sobadero, *m.* (pour les cuirs).

fouleur m. Lagarero, pisador (raisin). ‖ Batanero (étoffes). ‖ Sobador (cuirs).

fouloir m. Batán (étoffes). ‖ Lagar (raisin). ‖ Sobador (cuirs).

foulon m. Batán (machine). ‖ Batanero (ouvrier). ‖ — *Moulin à foulon*, batán. ‖ *Terre à foulon*, tierra de batán.

foulonnier adj. et s. m. Batanero.

foulque f. Fúlica (oiseau).

foulure f. MÉD. Esguince, *m.* (luxation).

four m. Horno : *four à pain*, horno de panadero. ‖ FIG. et FAM. Fracaso, fiasco (échec). ‖ — *Four à briques*, tejar. ‖ *Four à chaux*, calera. ‖ *Four crématoire*, horno crematorio. ‖ *Four de campagne*, horno portátil. ‖ *Petits fours*, pastas. ‖ — *Faire noir comme dans un four*, estar como boca de lobo.

fourbe adj. et s. Trapacista, pérfido, da. ‖ Bribón, ona ; pícaro, ra ; trapacero, ra. ‖ — F. Bribonada, picardía, trapacería.

fourber v. tr. (Vx). Engañar.

fourberie [furbɔri] f. Picardía, engaño, *m.*, trapacería.

fourbi m. POP. Avíos, *pl.*, trastos, *pl.*, bártulos, *pl.*

fourbir v. tr. Bruñir, acicalar.

fourbissage ou **fourbissement** m. Bruñido, acicaladura, *f.*

fourbisseur adj. et s. m. Bruñidor, acicalador.

fourbu, e adj. Que padece infosura (cheval). ‖ FIG. Rendido, da ; extenuado, da (harassé).

fourbure f. VÉTÉR. Infosura, aguadura.

fourche f. Horca, horquilla. ‖ Horquilla (bicyclette). ‖ Bifurcación (d'un chemin). ‖ Horcadura (d'un arbre). ‖ — *Fourches caudines*, horcas caudinas. ‖ *Fourches patibulaires*, horca, patíbulo.

— SYN. ● *Bifurcation*, bifurcación. *Embranchement*, empalme, ramal.

fourché, e adj. Ahorquillado, da. ‖ Bifurcado, da ; hendido, da.

fourchée f. Horconada.

fourche-fière f. Horca pajera, bieldo, *m.*

fourcher v. intr. Bifurcarse, ramificarse. ‖ FIG. et FAM. Enredarse, trabarse : *la langue lui a fourché*, se le ha trabado la lengua.

fourchet m. Horcadura, *f.* (d'une branche). ‖ AGRIC. Horquilla, *f.* ‖ VÉTÉR. Inflamación (*f.*) de las pezuñas del ganado ovino.

fourchetée f. Porción cogida con un tenedor.

fourchette f. Tenedor, *m.* (pour manger). ‖ Espoleta (oiseau). ‖ MÉCAN. Horquilla. ‖ VÉTÉR. Ranilla. ‖ FIG. Gama. ‖ — POP. *Fourchette du père*

Adam, los dedos. ‖ — *Déjeuner à la fourchette,* desayuno fuerte. ‖ FIG. *Être une belle fourchette, avoir un bon coup de fourchette,* ser comilón, tener buen diente *ou* saque. ‖ *Prendre en fourchette,* hacer la tenaza (cartes).

fourchon [furʃɔ̃] m. Diente de la horquilla *ou* del tenedor.

fourchu, e adj. Ahorquillado, da. ‖ Bifurcado, da : *chemin fourchu,* camino bifurcado. ‖ Hendido, da (fendu) : *pied fourchu,* pie hendido.

fourgon m. Furgón (voiture, wagon). ‖ Hurgón, badila, *f.* (tisonnier).

fourgonner v. intr. Hurgonear, remover (le feu). ‖ FAM. Hurgar, revolver (fouiller).

fourgonnette f. Furgoneta.

fourgue [furg] ou **fourgat** [-ga] m. POP. Encubridor (receleur).

fouriérisme m. Furierismo (système de Fourier).

fouriériste adj. et s. Furierista.

fourmi f. Hormiga (insecte). ‖ — *Fourmi blanche,* hormiga blanca, comején. ‖ — FAM. *Avoir des fourmis,* sentir hormigueo.

fourmilier m. Hormiguero, torcecuello (oiseau) ‖ Oso hormiguero (tamanoir).

fourmilière f. Hormiguero, *m.* ‖ FIG. Hormiguero, *m.,* hervidero, *m.* ‖ VÉTÉR. Hormiguillo, *m.*

fourmi-lion m. Hormiga (*f.*) león (insecte).

fourmillement [furmijmɑ̃] m. Hormigueo, hormiguilla, *f.* (picotement). ‖ Hormigueo (des gens).

fourmiller [-je] v. intr. Estar lleno de, abundar (abonder), pulular de (pulluler). ‖ Hormiguear, sentir hormigueo (éprouver du fourmillement) : *les pieds me fourmillent,* siento hormigueo en los pies.

fournaise f. Hoguera (feu ardent). ‖ Horno (*m.*) grande (grand four). ‖ FIG. Horno, *m.,* sartén (lieu très chaud).

fourneau m. Horno : *haut fourneau,* alto horno. ‖ Hornillo, fogón (de cuisine). ‖ Hornillo (de mine). ‖ Cazoleta, *f.,* tabaquera, *f.* (de la pipe). ‖ POP. Tontaina, imbécil (imbécile). ‖ *Fourneau portatif,* anafe.

fournée f. Hornada. ‖ FIG. Hornada (ensemble de personnes).

fourni, e adj. Surtido, da ; provisto, ta : *magasin bien fourni,* almacén bien surtido. ‖ Poblado, da ; tupido, da (touffu) : *barbe fournie,* barba poblada.

fournier m. (Vx). Hornero (ouvrier). ‖ Hornero (oiseau).

fournil [furni] m. Amasadero (lieu où l'on pétrit), horno (lieu où est le four).

fourniment m. MIL. Fornitura, *f.* (équipement).

fournir v. tr. Suministrar, abastecer, proveer (approvisionner). ‖ Proporcionar, facilitar (procurer). ‖ Dar, alegar, aducir : *fournir des explications,* dar explicaciones. ‖ Realizar, ejecutar, *fournir un effort,* realizar un esfuerzo. ‖ Dar, producir (produire). ‖ DR. Garantizar (garantir).
— V. intr. Abastecer. ‖ Servir (jeu de cartes). ‖ Cundir : *ce gigot fournit bien,* esta pierna de cordero cunde mucho.
— V. pr. Abastecerse, proveerse.

fournissement m. COMM. Aportación, *f.,* párticipación, *f.,* parte, *f.* (apport d'un associé). ‖ Estado de cuentas (de chaque associé).

fournisseur, euse m. et f. Proveedor, ra ; abastecedor, ra.

fourniture f. Suministro, *m.,* abastecimiento, *m.,* provisión. ‖ Aderezo, *m.* (de la salade). ‖ Adornos, *m. pl.,* guarnición (accessoires pour divers travaux). ‖ *Fournitures de bureau,* objetos *ou* artículos de escritorio.

fourrage m. Forraje. ‖ Forro de piel (fourrure).

fourrager* v. intr. Forrajear, buscar el forraje (aller au fourrage). ‖ FIG. et FAM. Registrar, revolver, hurgar (fouiller).

fourragère adj. f. Forrajera (plante).
— F. Tierra de pasto, campo (*m.*) de forraje (pré). ‖ Carro (*m.*) de forraje (voiture). ‖ MIL. Forrajera.

fourrageur m. Forrajeador. ‖ Merodeador (maraudeur).

fourré, e adj. Forrado, da, de pieles (doublé). ‖ Espeso, sa ; tupido, da (touffu). ‖ Engañoso, sa (trompeur). ‖ Metido, da (introduit). ‖ Relleno, na (bonbon, gâteau). ‖ *Coup fourré,* golpe doble (escrime), trampa (piège).
— M. Espesura, *f.* (bois), maleza, *f.* (buissons).

fourreau m. Vaina, *f.* (de l'épée). ‖ Funda, *f.,* envoltura, *f.* : *le fourreau d'un parapluie,* la funda de un paraguas. ‖ Vestido tubo *ou* tubular (robe). ‖ TECHN. Manguito. ‖ — *Jupe fourreau,* falda tubo. ‖ *Tirer l'épée du fourreau,* desenvainar la espada.

fourrer v. tr. Forrar, guarnecer de pieles (garnir de fourrure). ‖ Poner una funda (un câble). ‖ FAM. Meter (introduire). ‖ Atiborrar, atracar (donner avec excès). | Atizar, plantificar, sacudir (un coup). ‖ FAM. *Fourrer son nez partout,* meterse en todo.
— V. pr. FAM. Meterse : *se fourrer dans la tête,* meterse en la cabeza. ‖ POP. *Se fourrer le doigt dans l'œil,* equivocarse de medio a medio, columpiarse.

fourre-tout [furtu] m. Trastera, *f.,* cuarto trastero, desván (cabinet de débarras). ‖ Bolso grande de viaje (sac de voyage), maletín.

fourreur m. Peletero.

fourrier m. MIL. Furriel. ‖ (Vx). FIG. Precursor (avant-coureur).

fourrière f. Perrera (pour les chiens). ‖ Depósito, *m.* (véhicules, animaux, etc.).

fourrure f. Piel (peau d'animal). ‖ Abrigo (*m.*) de piel (manteau de fourrure). ‖ Forro (*m.*) de piel (doublure de fourrure). ‖ Adornos (*m. pl.*) de piel (garniture de fourrure). ‖ MAR. Funda, forro, *m.* (gaine). ‖ TECHN. Relleno, *m.* (pour remplir des vides et des joints). ‖ *Magasin de fourrure,* peletería.

fourvoiement [furvwamɑ̃] m. Descarrío, extravío. ‖ Error, equivocación, *f.* (erreur).

fourvoyer* [-waje] v. tr. Extraviar, descarriar, descaminar. ‖ FIG. Equivocar, inducir al error (tromper).
— V. pr. Equivocarse, extraviarse.

foutaise f. POP. Bagatela, fruslería.

fouteau m. (P. us.). Haya, *f.* (hêtre).

foutu adj. V. FICHU.

fox-terrier [fɔkstɛrje] ou **fox** m. Fox-terrier, perro raposero.

fox-trot [fɔktrɔt] m. Fox-trot (danse).

foyard [fɔja:r] m. Haya, *f.* (hêtre).

foyer m. ● Hogar, fogón : *éteindre un foyer,* apagar un fogón. ‖ Hogar (partie d'une chaudière). ‖ Hogar (maison) : *trouver son foyer désert,* encontrar el hogar desierto. ‖ Hogar, centro : *foyer du soldat,* hogar del soldado. ‖ Residencia, *f.* : *foyer d'étudiants,* residencia de estudiantes. ‖ FIG. Foco, centro : *le foyer de la rébellion,* el centro de la rebelión. ‖ MÉD., PHYS. et MATH. Foco. ‖ THÉÂTR. Saloncillo, salón de descanso, « foyer ». ‖ *Lunettes à double foyer,* gafas bifocales. | — Pl. FIG. Hogares, país natal : *rentrer dans ses foyers,* volver a sus hogares.
— SYN. ● *Cheminée,* chimenea. *Âtre,* hogar. *Calorifère,* calorífero. *Poêle,* estufa.

frac m. Frac (habit d'homme).

fracas [fraka] m. Estrépito, estruendo (bruit violent). ‖ FAM. Estropicio, trapatiesta, *f.* (tapage).

fracassant, e adj. Estruendoso, sa : *des applaudissements fracassants,* aplausos estruendosos. ‖ Que hace mucho ruido. ‖ Estrepitoso, sa : *une* *défaite fracassante,* una derrota estrepitosa. ‖ Triunfal : *la rentrée fracassante d'une actrice,* la reaparición triunfal de una actriz. ‖ Resonante : *un succès fracassant,* un éxito resonante.

fracassement m. Rompimiento.

fracasser v. tr. Romper (casser). ‖ Estrellar (mettre en pièces).

fraction f. Rotura (action de briser). ‖ Fracción (du pain). ‖ Fracción, parte (partie). ‖ MATH. Fracción, quebrado, *m. : fraction décimale,* fracción decimal.

fractionnaire adj. MATH. Fraccionario, ria.

fractionnement m. Fraccionamiento.

fractionner v. tr. Fraccionar.

fracture f. Fractura, rotura.

fracturer v. tr. Fracturar, romper.

fragile adj. ● Frágil, quebradizo, za (cassant). ‖ Delicado, da : *un enfant de santé fragile,* un niño delicado de salud.

— SYN. ● *Frêle,* endeble. *Délicat,* delicado. *Mièvre;* blando. *Périssable,* perecedero.

fragilité f. Fragilidad. ‖ FIG. Debilidad.

fragment m. Fragmento.

fragmentaire adj. Fragmentario, ria.

fragmentation f. Fragmentación.

fragmenter v. tr. Fragmentar.

fragon m. Fragón, brusco (petit houx).

fragrance f. Fragancia (odeur agréable).

— OBSERV. Mot moins courant en français qu'en espagnol, de même que l'adjectif *fragrant.*

fragrant adj. (P. us.) Fragante (parfumé).

frai m. Freza, *f.,* desove (des poissons). ‖ Desgaste (des monnaies). ‖ CULIN. Huevas, *f. pl.,* huevos, *pl.*

fraîche adj. V. FRAIS.

fraîchement adv. Frescamente, al fresco (au frais). ‖ FAM. Fríamente : *être reçu fraîchement,* ser recibido fríamente. ‖ FIG. Recién, recientemente (récemment) : *fraîchement arrivé,* recién llegado.

fraîcheur f. Frescura : *la fraîcheur de l'eau,* la frescura del agua. ‖ Fresco, *m.,* frescor, *m. : la fraîcheur du soir,* el fresco de la tarde. ‖ Ventolina (vent très faible). ‖ FIG. Frescura, lozanía : *la fraîcheur du visage,* la frescura del rostro.

fraîchir v. intr. et impers. Refrescar.

frairie f. Francachela (bombance). ‖ Fiesta patronal (fête).

frais m. pl. Gastos (dépenses) : *frais généraux,* gastos generales. ‖ DR. Costas, *f. pl.* (dépenses d'un procès). ‖ — *Frais de bureau,* gastos de escritorio. ‖ — *Faux frais,* gastos imprevistos, gastos accesorios. ‖ *Menus frais,* gastos menudos. ‖ — *À frais communs,* a escote, dividiendo los gastos. ‖ *À grands frais,* costosamente. ‖ *À mes frais,* a costa mía. ‖ *À peu de frais,* con poco gasto (bon marché), sin mucho esfuerzo (facilement). ‖ *Au frais de,* a expensas de *ou* a costa de. ‖ — *En être pour ses frais,* haber perdido el tiempo. ‖ *Faire les frais,* hacer el gasto. ‖ *Faire ses frais,* cubrir gastos. ‖ *Se mettre en frais,* meterse en gastos, hacer extraordinarios (dépenses), hacer extraordinarios (efforts).

frais, fraîche [frɛ, frɛːʃ] adj. Fresco, ca. ‖ Fresco, ca ; lozano, na (teint). ‖ Tierno, na ; reciente : *pain frais,* pan tierno. ‖ Fresco, ca : *poisson, œuf frais,* pescado, huevos frescos. ‖ Reciente, fresco, ca : *nouvelles fraîches,* noticias frescas. ‖ Nuevo, va (neuf). ‖ Frío, a (accueil).

— M. Fresco : *prendre le frais,* tomar el fresco. ‖ — FAM. *Mettre au frais,* poner a la sombra, encarcelar. | *Nous voilà frais!,* ¡estamos frescos ! ‖ — F. Fresca : *sortir à la fraîche,* salir con la fresca.

— Adv. Recién : *frais émoulu du collège,* recién salido del colegio. ‖ — *Aimer boire frais,* gus-

tarle a uno las bebidas frías *ou* frescas. ‖ *Il fait frais,* hace fresco.

— OBSERV. El adverbio *frais* toma la forma del femenino *fraîche* cuando va a con una palabra de este género.

fraisage m. TECHN. Fresado, avellanado.

fraise f. Fresa (fruit) : *fraises des bois,* fresas silvestres. ‖ Fresón, *m.* (grosse fraise). ‖ Asadura (de veau). ‖ Gorguera, cuello (*m.*) alechugado (collerette). ‖ Torno, *m.,* fresa (dentiste). ‖ Estacada (palissade). ‖ MÉD. Antojo, *m.* (nævus). ‖ TECHN. Fresa, avellanador, *m.* ‖ ZOOL. Moco, *m.* (des dindons). ‖ *Fraise à bois,* lengüeta (menuiserie).

fraiser v. tr. Amasar, heñir (pétrir). ‖ TECHN. Fresar, avellanar.

fraiseur, euse adj. et s. Fresador, ra ; avellanador, ra. ‖ — F. Fresadora (machine).

fraisier m. Fresa, *f.,* fresera, *f.* (plante).

fraisière f. Fresal, *m.* (terrain planté de fraisiers).

fraisil [frɛzi] m. Carbonilla, *f.,* ceniza (*f.*) del carbón.

fraisoir m. Berbiquí de fresa (vilebrequin).

fraisure f. Abocardamiento, *m.*

framboise f. Frambuesa (fruit).

framboisé, e adj. Perfumado con frambuesa.

framboisier m. Frambueso (plante).

framée f. Frámea (arme des Gaulois).

franc [frã] m. Franco (monnaie).

franc, franche [frã, frãːʃ] adj. ● Franco, ca. ‖ Libre (libre). ‖ Franco, ca ; exento de derechos (exempt de charges). ‖ Verdadero, ra ; completo, ta : *franc libertin,* verdadero libertino. ‖ Cabal, completo : *cinq jours francs,* cinco días cabales. ‖ *Franc de port,* franco de porte.

— Adv. Francamente : *parler franc,* hablar francamente.

— OBSERV. En la expresión *franc de port* el adjetivo queda invariable si precede el nombre (recevoir *franc de port* une marchandise) pero concuerda con él si le sigue (une marchandise *franche de port*).

— SYN. ● *Sincère,* sincero. Fam. *Carré,* franco. *Cordial,* cordial. *Ouvert,* abierto. *Familier,* familiar. *Rond,* llano. *Sans-façons,* campechano.

franc, franque adj. et s. Franco, ca.

français, e adj. et s. Francés, esa. ‖ *À la française,* a la francesa.

franc-alleu [frãkaløə] m. (VX). Alodio, heredad (*f.*) exenta de tributo.

franc-bord [frãbɔːr] m. Terreno libre en las riberas de un río. ‖ MAR. Obra (*f.*) muerta.

franc-bourgeois m. Burgués exento de impuestos.

franc-comtois [frãkɔ̃twa] adj. et s. Del Franco Condado.

France n. pr. f. GÉOGR. Francia.

franc-fief [frãfjɛf] m. Feudo alodial.

Franche-Comté n. pr. f. GÉOGR. Franco Condado.

franchement adv. Francamente. ‖ Sin vacilación (sans hésitation).

franchir v. tr. Atravesar (traverser). ‖ Salvar, saltar, franquear (gallicisme très employé) : *franchir un fossé,* salvar una zanja. ‖ FIG. Salvar, vencer, superar : *franchir un obstacle,* salvar un obstáculo. ‖ *Franchir le pas,* tomar una decisión.

franchise f. Franquicia, exención : *franchise postale,* franquicia postal. ‖ FIG. Franqueza, sinceridad : *en toute franchise,* con toda franqueza. ‖ *En franchise douanière,* en franquicia aduanera, exento de derechos de aduanas.

franchissable adj. Superable, salvable, franqueable (gallicisme).

franchissement [frãʃismã] m. Paso, salto, franqueamiento (gallicisme).

francien m. Franco (langue).

francisation f. Afrancesamiento, *m.*

franciscain, e adj. et s. Franciscano, na.

franciser v. tr. Afrancesar.

francisque f. Francisca, segur (hache).

francium [frãsjɔm] m. Francio (métal).
franc-juge [frãʒy:ʒ] m. Juez franco (en Allemagne).
franc-maçon [frãmasɔ̃] m. Francmasón, masón.
franc-maçonnerie f. Francmasonería, masonería.
franc-maçonnique adj. Francmasónico, ca ; masónico, ca.
franco préf. Franco (français) : *franco-italien,* francoitaliano ; *franco-espagnol,* francoespañol, etc.
franco adv. COMM. Franco, libre de gastos. ‖ — *Franco de bord,* franco a bordo. ‖ *Franco de port et d'emballage,* franco de porte y embalaje.
François, e n. pr. m. et f. Francisco, ca.
francolin m. Francolín (oiseau).
Franconie n. pr. f. GÉOGR. Franconia.
francophile adj. et s. Francófilo, la.
francophobe adj. et s. Francófobo, ba.
francophone adj. et s. De habla francesa, francófono, na : *pays francophones,* países de habla francesa.
francophonie f. Francofonía.
franc-parler [frãparle] m. Franqueza, *f.,* hablar claro. ‖ *Avoir son franc-parler,* hablar con toda confianza (intimement), hablar sin rodeos (sans détours).
'franc-tireur m. Guerrillero, francotirador.
frange f. Franja, fleco, *m.,* cairel, *m.* ‖ Flequillo, *m.* (coiffure). ‖ Fimbria (bord inférieur d'un vêtement). ‖ Franja (d'interférences).
franger* v. tr. Franjar, franjear, adornar con franjas *ou* flecos.
frangin, e [frãʒɛ̃, in] m. et f. POP. Hermano, na.
frangipane f. Franchipán (parfum). ‖ Crema espesa perfumada con almendras (crème). ‖ Pastel (*m.*) de almendras (gâteau).
frangipanier m. BOT. Amancayo, súchil.
franquette f. Franqueza, llaneza. ‖ FAM. *À la bonne franquette,* a la buena de Dios, a la pata la llana.
franquiste adj. et s. Franquista.
frappage ou **frappement** m. Golpeo. ‖ Acuñación, *f.* (des monnaies).
frappant, e adj. Sorprendente, impresionante : *une ressemblance frappante,* un parecido sorprendente. ‖ Patente, palpable : *preuves frappantes,* pruebas patentes. ‖ Contundente : *un argument frappant,* un argumento contundente. ‖ Llamativo, va : *un titre frappant,* un título llamativo.
frappe f. Acuñación (des monnaies). ‖ Marca, impresión, sello, *m.* (empreinte). ‖ Tecleo, *m.* (dactylographie). ‖ Impresión (d'une presse). ‖ Pegada (boxe), toque (*m.*) de balón (football). ‖ POP. Golfo (jeune voyou). ‖ — Pl. IMPR. Matrices. ‖ — *Faute de frappe,* error de máquina. ‖ *Force de frappe,* fuerza de disuasión *ou* disuasoria, poder disuasivo.
frappé, e adj. Golpeado, da. ‖ Acuñado, da (monnaies). ‖ Herido, da : *frappé à mort,* herido de muerte. ‖ Atacado, da, por ; aquejado, da, de ; víctima de (d'une maladie). ‖ Alcanzado, da : *frappé par la foudre,* alcanzado por el rayo. ‖ Azotado, da : *frappé de verges,* azotado con varas. ‖ Gravado, da (d'un impôt). ‖ Helado, da ; refrescado, da (rafraîchi). ‖ FIG. Sorprendido, da ; asombrado, da ; impresionado, da (étonné). ‖ Castigado, da (puni). ‖ POP. Tocado, da ; chiflado, da (fou). ‖ *Frappé au bon coin,* de buena marca, de buena ley.
frappe-devant m. inv. Macho [de herrero] (gros marteau).
frapper v. tr. ● Golpear, dar golpes (donner des coups). ‖ Golpear, pegar (battre). ‖ Llamar (à la porte). ‖ Tocar, dar la hora (l'horloge). ‖ Acuñar (monnaies). ‖ Herir (blesser) : *frapper à mort,* herir mortalmente. ‖ Estampar (estamper). ‖ Atacar (une maladie). ‖ Dar en, herir : *la lumière qui*

frappe le mur, la luz que da en la pared. ‖ Enfriar, helar (glacer). ‖ Afectar (toucher) : *hypothèque qui frappe tous les biens,* hipoteca que afecta a todos los bienes. ‖ Asolar, azotar (affecter) : *la peste frappa tout le pays,* la peste azotó todo el país. ‖ Afligir : *le malheur qui vous frappe,* la desgracia que le aflige. ‖ Llamar la atención : *ce détail m'a frappé,* este detalle me ha llamado la atención. ‖ Impresionar, sorprender (faire impression). ‖ Gravar (établir un impôt). ‖ Hacer resonar, herir (faire retentir) : *frapper l'air de ses cris,* hacer resonar el aire con sus gritos. ‖ Llegar, alcanzar (atteindre) : *la mort frappe tous les hommes,* la muerte les llega a todos los hombres. ‖ FIG. Castigar (punir). ‖ MAR. Amojelar, atar (un cordage). ‖ *Frapper les regards, la vue,* saltar a la vista.
— V. intr. Llamar : *frapper à la porte,* llamar a la puerta. ‖ — *Frapper au but* o *frapper juste,* dar en el blanco. ‖ *Frapper des pieds, des mains,* patear, aplaudir. ‖ *Frapper fort,* dar de firme. ‖ *Le soleil frappe fort,* el sol aprieta. ‖ — *Être frappé d'apoplexie,* tener un ataque de apoplejía. ‖ *Être frappé de cécité,* quedarse ciego. ‖ *Être frappé de rhumatismes,* estar aquejado de reúma.
— V. pr. Golpearse, darse golpes : *se frapper la poitrine,* golpearse el pecho, darse golpes de pecho. ‖ FIG. et FAM. Impresionarse (s'inquiéter).
— SYN. ● *Taper,* dar golpes. *Tapoter,* golpetear. *Tambouriner,* golpetear. *Heurter,* chocar.

frappeur, euse adj. et s. Golpeador, ra. ‖ Acuñador, ra (des monnaies). ‖ *Esprit frappeur,* espíritu inquieto.
frasque f. Calaverada, travesura, extravagancia.
frater [fratɛ:r] m. ECCLÉS. Lego, hermano.
fraternel, elle adj. Fraternal.
fraternisation f. Fraternización.
fraterniser v. intr. Fraternizar.
fraternité f. Fraternidad, hermandad.
fratricide adj. et s. Fratricida. ‖ — M. Fratricidio (meurtre d'un frère).
fraude f. Fraude, *m.* : *il y a eu fraude aux examens,* ha habido un fraude en los exámenes. ‖ Contrabando, *m.* (contrebande). ‖ *En fraude,* fraudulentamente.
frauder [frode] v. tr. Defraudar.
— V. intr. Cometer fraude, hacer trampas (fam.).
fraudeur, euse m. et f. Defraudador, ra.
frauduleux, euse adj. Fraudulento, ta.
fraxinelle f. BOT. Díctamo (*m.*) blanco fraxinela.
frayement [frɛjmã] m. VÉTÉR. Rozadura, *f.,* matadura, *f.*
frayer* [-je] v. tr. Abrir : *frayer la voie à quelqu'un,* abrir camino a alguien. ‖ Escodar (les cerfs).
— V. intr. Desovar, frezar (les poissons). ‖ FAM. Congeniar, mantener buenas relaciones.
— V. pr. Abrirse : *se frayer un passage,* abrirse paso, abrirse camino.
frayère [-jɛ:r] f. Sitio (*m.*) donde los peces desovan.
frayeur [frɛjœ:r] f. Pavor, *m.,* espanto, *m.*
fredaine f. FAM. Calaverada.
Frédégonde n. pr. f. Fredegunda.
Frédéric, ique n. pr. m. et f. Federico, ca.
fredon m. Trino, gorgorito (de la voix). ‖ Trío (brelan).
fredonnement m. Tarareo, canturreo.
fredonner v. tr. et intr. Tararear, canturrear.
freezer [frizər] m. Congelador (de réfrigérateur).
frégate m. MAR. Fragata : *capitaine de frégate,* capitán de fragata. ‖ Fragata, rabihorcado, *m.* (oiseau).
frein [frɛ̃] m. Bocado, freno (mors d'un cheval). ‖ Frenillo (de la langue). ‖ Freno (d'un mécanisme). ‖ Galga, *f.* (chariot). ‖ FIG. Freno : *mettre*

un frein à ses ambitions, poner freno a sus ambiciones. ‖ — *Frein avant, arrière, à main, assisté, à disque, à tambour,* freno delantero, trasero, de mano, asistido, de disco, de tambor. ‖ — *Coup de frein,* frenazo. ‖ *Mâcher, ronger son frein,* tascar el freno. ‖ *Sans frein,* sin freno.

freinage m. Frenado, frenaje (action de freiner). ‖ Frenos, *pl.,* sistema de frenos (système de freins). ‖ Frenazo (coup de frein).

freiner v. tr. et intr. Frenar. ‖ FIG. Frenar, moderar.

freinte f. Merma, mengua (perte, diminution).

frelatage [frəlata:ʒ] m. Adulteración, *f.*

frelater v. tr. Adulterar, alterar.

frêle adj. Endeble, débil.

frelon m. Abejón (insecte).

freluche f. Borlita (petite houppe).

freluquet m. FAM. Chisgarabís, chiquilicuatro, mequetrefe.

frémir v. intr. Estremecerse, temblar. ‖ Picarse (la mer). ‖ Empezar a hervir (l'eau). ‖ *C'est à faire frémir,* es estremecedor.

frémissant, e adj. Tembloroso, sa; trémulo, la : *frémissant de colère,* trémulo de cólera. ‖ FIG. Estremecido, da; agitado, da.

frémissement m. Temblor (tressaillement). ‖ Estremecimiento, agitación (f.) violenta. ‖ Hervor (des liquides). ‖ FIG. Vibración, *f.,* temblor leve.

frênaie [frɛnɛ] f. Fresneda.

frêne m. BOT. Fresno.

frénésie f. Frenesí, *m.*

frénétique adj. Frenético, ca.

fréon m. CHIM. Fréon.

fréquemment [frekamã] adv. Frecuentemente.

fréquence [-kã:s] f. Frecuencia. ‖ — *Fréquence du pouls,* frecuencia de pulsación. ‖ *Fréquence porteuse,* frecuencia transmisora. ‖ — ÉLECTR. *Basse, haute fréquence,* baja, alta frecuencia.

fréquencemètre m. ÉLECTR. Frecuencímetro.

fréquent, e [frekã, ã:t] adj. Frecuente.

fréquentable adj. Frecuentable, tratable.

fréquentatif, ive adj. et s. m. GRAMM. Frecuentativo, va.

fréquentation f. Frecuentación, trato, *m.* ‖ Relaciones, *f. pl.,* compañías, *f. pl. : les mauvaises fréquentations,* las malas compañías.

fréquenter v. tr. Frecuentar, ir a menudo a (aller souvent). ‖ Tratar mucho, tener trato con, alternar con (voir souvent une personne). ‖ Salir con [un muchacho *ou* muchacha], hablarle a. — V. pr. Tratarse.

frère m. Hermano. ‖ Hermano, religioso, fraile (religieux). ‖ Fray (devant le prénom) : *frère François,* fray Francisco. ‖ — *Frère aîné,* primogénito, hermano mayor. ‖ *Frère cadet,* hermano segundo, segundogénito. ‖ *Frère consanguin,* hermano consanguíneo *ou* de padre. ‖ *Frère convers,* donado. ‖ *Frère germain,* hermano carnal. ‖ *Frère lai,* lego. ‖ *Frère utérin,* hermano uterino. ‖ — *Frères d'armes,* compañeros de armas. ‖ *Frères de lait,* hermanos de leche. ‖ *Frères siamois,* hermanos siameses. ‖ — *Faux frère,* traidor.

frérot [frero] m. FAM. Hermanito (petit frère).

fresque f. Fresco, *m.,* pintura al fresco. ‖ FIG. Cuadro, *m.,* fresco, *m. : une vaste fresque historique,* un vasto cuadro histórico.

fresquiste m. Fresquista (peintre).

fressure f. Asadura, despojos, *m. pl.* (d'un animal).

fret [frɛ] m. MAR. Flete.

fréter v. tr. Fletar. ‖ FAM. Alquilar un vehículo.

fréteur m. Fletador [*Amér.,* fletante].

frétillant, e adj. Bullicioso, sa; vivaracho, cha (vif). ‖ Vivito y coleando (poisson).

frétillement [fretijmã] m. Agitación, *f.,* bullicio.

frétiller [-je] v. intr. Bullir, agitarse. ‖ Colear (poisson).

frétillon [-jõ] m. FAM. Bullebulle, persona (f.) inquieta *ou* bulliciosa.

fretin m. ● Morralla, *f.,* pescado menudo (menu poisson). ‖ FIG. Morralla (chose sans valeur). — SYN. ● *Alevin,* alevino. *Blanchaille,* boliche, morralla.

frettage [frɛta:ʒ] m. Colocación (f.) de zunchos.

frette [frɛt] f. Abrazadera, zuncho, *m.,* virola (cercle de métal). ‖ Vilorta, arandela (d'une roue). ‖ ARCHIT. Greca (grecque).

fretter [-te] v. tr. Poner un zuncho *ou* una abrazadera, enzunchar.

freudien, enne [frødjẽ, jɛn] adj. Freudiano, na (de Freud).

freudisme [-dism] m. Freudismo.

freux m. ZOOL. Grajo.

friabilité f. Friabilidad.

friable adj. Friable, desmenuzable.

friand, e [frijã, jã:d] adj. Riquísimo, ma; apetitoso, sa (appétissant). ‖ Goloso, sa (gourmand). ‖ FIG. *Être friand d'une chose,* ser muy aficionado a una cosa. — M. Empanada, *f.* (charcuterie).

friandise f. Golosina. — SYN. *Gourmandise,* golosina. *Sucrerie,* dulce. *Douceur,* dulce. *Fam. Chatterie,* golosina.

Fribourg n. pr. GÉOGR. Friburgo.

fric [frik] m. POP. Parné, pasta, *f.*

fricandeau m. Fricandó, carne (f.) mechada (morceau de viande lardé).

fricassée f. Fricasé, *m.,* pepitoria (volaille). ‖ FIG. et FAM. *Fricassée de museaux,* besuqueo.

fricasser v. tr. Guisar, saltear (cuisine). ‖ FIG. et FAM. Derrochar (gaspiller).

fricatif, ive adj. et s. f. GRAMM. Fricativo, va.

fric-frac m. POP. Robo con fractura.

friche f. Baldío, *m.,* erial, *m.* ‖ *En friche,* erial, sin cultivo, yermo, ma.

frichti ou **fricot** m. POP. Guisado de carne, estofado (ragoût). ‖ Comida, *f.,* pitanza, *f.* (repas).

fricoter v. tr. Guisar, estofar (accommoder en ragoût). ‖ POP. Maquinar, tramar (manigancer). — V. intr. POP. Hacer negocios sucios.

fricoteur, euse adj. et s. FAM. Caballero de industria, estafador (escroc). ‖ Merodeador (maraudeur). ‖ Comilón, aficionado a comer bien (gourmand). ‖ MIL. Soldado que elude sus deberes.

friction f. Fricción. ‖ Fricción, friega (frottement sur le corps). ‖ FIG. Roce, *m.,* choque, *m.*

frictionner v. tr. Friccionar, dar friegas *ou* fricciones. — SYN. *Masser,* dar masajes, amasar. *Fam. Frotter,* fregar, frotar. *Oindre,* ungir.

Frigidaire m. (marque déposée). Armario frigorífico, nevera, *f.,* frigorífico.

frigidarium [friʒidarjɔm] m. Frigidario [en la antigüedad romana].

frigide adj. MÉD. Frígido, da.

frigidité f. Frigidez, frialdad : *la frigidité du marbre,* la frialdad del mármol. ‖ MÉD. Frigidez.

frigo m. FAM. Armario frigorífico, nevera, *f.* ‖ POP. Carne (f.) congelada (viande frigorifiée).

frigorie f. PHYS. Frigoría.

frigorifié, e adj. Congelado, da. ‖ FAM. Helado, hasta los huesos.

frigorifier* v. tr. Congelar, frigorizar : *frigorifier la viande,* congelar la carne. — SYN. *Congeler,* congelar. *Réfrigérer,* refrigerar.

frigorifique adj. et s. m. Frigorífico, ca.

frigoriste adj. et s. m. Frigorista.

frileux, euse adj. et s. Friolero, ra; friolento, ta.

frimaire m. Frimario (troisième mois du calendrier républicain français).

frimas [frima] m. Escarcha, *f.*

frime f. Pop. Pamema, farsa. ‖ — *Pour la frime,* para engañar, en broma. ‖ — *C'est de la frime,* son pamemas.

frimousse f. Fam. Palmito, *m.,* carita, cara.

fringale [frɛ̃gal] f. Fam. Carpanta, gazuza (faim).

fringant, e adj. Fogoso, sa; vivo, va (cheval). ‖ Elegante, apuesto, ta (personne).

fringillidés [frɛ̃ʒilide] m. pl. Zool. Fringílidos.

fringuer v. intr. Caracolear, dar saltitos (danser, sautiller) : *un cheval qui fringue sans cesse,* un caballo que caracolea sin cesar.
— V. tr. Pop. Vestir (habiller).

fringues [frɛ̃:g] f. pl. Pop. Vestidos, *m. pl.,* ropa (vêtements).

friper v. tr. Ajar, chafar, arrugar : *friper une robe,* chafar un vestido. ‖ Arrugar (rider).

friperie f. Prendería, ropavejería (commerce de vieilleries). ‖ Ropa vieja (vêtements usés). ‖ Fig. Trasto, *m.,* cacharro, *m.* (chose usée, sans valeur).

fripier, ère m. et f. Prendero, ra; ropavejero, ra.

fripon, onne adj. et s. Bribón, ona; pillo, lla. ‖ Picaresco, ca (air, regard). ‖ *Petit fripon,* bribonzuelo, picaruelo.

friponner v. tr. (Vx). Estafar, timar (escroquer).

friponnerie f. Bribonada, bribonería, picardía.

fripouille [fripu:j] f. Pop. Canalla, *m.,* granuja, *m.,* golfo, *m.*

fripouillerie [-jri] f. Granujería, canallada (canaillerie).

friquet [frikɛ] m. Gorrioncillo.

frire* v. tr. Freír.
— V. intr. et pr. Freírse. ‖ *Faire frire,* freír.
— Observ. Sólo se usa *frire* en pres. de indic. singular, *je fris, tu fris, il frit*; en futuro de indicativo, *je frirai,* etc.; en potencial, *je frirais,* etc.; en impers. *fris*; en p. p. *frit, e.* En los demás tiempos se le sustituye con *faire frire.*

frisage m. Rizado.

frisant, e adj. Rizado, da (cheveux). ‖ *Jour frisant o lumière frisante,* luz de soslayo *ou* oblicua, trasluz.

frise f. Frisa (tissu). ‖ Archit. Friso, *m.* ‖ Mar. Frisa. ‖ Théâtr. Bambalina (décor). ‖ — *Frise de lambris,* tablero de artesonado. ‖ — Mil. *Cheval de frise,* caballo de frisa.

Frise n. pr. f. Géogr. Frisia.

frisé, e adj. Rizado, da (cheveux). ‖ Frisado, da (tissu).

friselis m. Ligero temblor (frémissement doux).

friser v. tr. ● Rizar (cheveux). ‖ Frisar en, rayar en, acercarse a : *friser la trentaine,* rayar en los treinta años. ‖ Fam. Estar a dos dedos de (manquer de peu). ‖ Fig. Rozar, rasar (effleurer). ‖ *Fer à friser,* tenacillas, rizador.
— V. intr. Rizarse, ensortijarse.
— Syn. ● *Boucler,* ensortijar. *Onduler,* ondular. (Vx) *Calamistrer,* rizar. *Crêper,* cardar. *Mettre en plis,* marcar.

frisette f. Rizo, *m.,* rizadillo, *m.*

friseur m. (P. us.). Peluquero.

friseuse f. Techn. Frisadora.

frison, onne adj. et s. Frisón, ona (de la Frise).
— M. Rizo (de cheveux).

frisotter v. tr. Ensortijar, rizar ligeramente (friser légèrement).
— V. intr. Rizarse.

frisquet, ette [friskɛ, ɛt] adj. Fam. Fresquito, ta; fresquete (un peu frais).

frisquette f. Impr. Frasqueta.

frisson m. Escalofrío, repeluzno, repeluco, tiritona, f. (fam.). ‖ Fig. Escalofrío, estremecimiento : *frisson d'effroi,* escalofrío de espanto.

frissonnement m. Escalofrío.

frissonner v. intr. Tiritar [de frío], sentir escalofríos (avoir le frisson). ‖ Fig. Estremecerse, temblar (être fortement ému). ‖ Agitarse, temblar, estremecerse (les choses).

frisure f. Rizado, *m.,* ensortijamiento, *m.*

frit, e adj. Frito, ta. ‖ Fig. et Fam. Frito, ta; perdido, da.
— F. Patata frita (pomme de terre frite).

friteuse f. Freidora.

friterie [fritri] f. Freiduría.

fritillaire [fritilɛ:r] f. Bot. Fritilaria, corona imperial (plante).

frittage m. Techn. Sinterización, *f.*

fritte f. Techn. Frita, calcinación (du verre).

friture f. Freimiento, *m.,* freidura (action de frire). ‖ Fritura, fritada (chose frite). ‖ Pescado (*m.*) frito. ‖ Aceite, *m.,* manteca (graisse). ‖ Ruido (*m.*) parásito, fritura (au téléphone).

friturier, ère m. et f. Friturero, ra; vendedor de frituras.

fritz [frits] m. Fam. Soldado alemán.

frivole adj. Frívolo, la; fútil, ligero, ra, de cascos.

frivolité f. Frivolidad. ‖ — Pl. Encajes, *m. pl.,* bordados, *m. pl.,* adornos (*m. pl.*) de moda.

froc m. Hábito, cogulla, *f.* (vêtement de moine). ‖ Capilla, *f.,* capucha, *f.* (capuche des moines). ‖ Pop. Pantalón. ‖ — *Jeter le froc aux orties,* ahorcar *ou* colgar los hábitos. ‖ *Prendre le froc,* tomar los hábitos, meterse a monje *ou* fraile.

frocard [frɔka:r] m. Pop. Frailuco (moine).

froid, e [frwa, frwad] adj. ● Frío, a. ‖ — *Viandes froides,* fiambres. ‖ — *À froid,* en frío : *opérer à froid,* operar en frío. ‖ *Il fait très froid,* hace mucho frío.
— M. ◆ Frío. ‖ Frialdad, *f.,* indiferencia, *f.* : *il est d'un froid glacial,* es de una frialdad glacial. ‖ — *Un froid de loup, de canard,* un frío de perros. ‖ — *Battre froid à quelqu'un,* tratar con frialdad a uno. ‖ *Cela ne fait ni chaud ni froid,* eso no le va ni le viene, eso no te da ni frío ni calor. ‖ *Être en froid avec quelqu'un,* estar tirante con alguien. ‖ *Jeter un froid dans,* provocar una situación desagradable *ou* molesta. ‖ Fam. *Ne pas avoir froid aux yeux,* tener agallas. ‖ *Prendre froid,* enfriarse, coger frío. ‖ *Souffler le froid et le chaud,* jugar a dos paños.
— Syn. ● *Frais,* fresco. *Glacé,* helado. *Glacial,* glacial. ‖ ◆ *Froidure,* frío. *Froideur,* frialdad.

froideur f. Frialdad.

froidir v. intr. (P. us.). Enfriarse.

froidure f. Frío, *m.,* frialdad. ‖ Heladura (lésion produite par le froid). ‖ Poét. Invierno, *m.* (l'hiver).

froissable adj. Arrugable.

froissement m. Arrugamiento. ‖ Distorsión, *f.,* magullamiento. ‖ Fig. Disgusto, pique (mécontentement), antagonismo. ‖ Menoscabo (intérêts).

froisser v. tr. Arrugar, ajar, chafar (chiffonner). ‖ Magullar, lastimar (meurtrir). ‖ Fig. ● Herir, ofender, picar.
— V. pr. Arrugarse, ajarse, chafarse (se chiffonner). ‖ Magullarse (un membre). ‖ Fig. Picarse, ofenderse : *se froisser d'une plaisanterie,* picarse por una broma.
— Syn. ● *Désobliger,* contrariar. *Piquer,* zaherir. *Vexer,* vejar.

froissure f. Arruga, arrugamiento, *m.*

frôlement m. Roce, rozamiento.

frôler v. tr. Rozar con.
— Syn. *Effleurer,* rozar. *Friser,* frisar. *Caresser,* acariciar.

frôleur, euse adj. Rozador, ra; que roza. ‖ Fig. Suave, acariciador, ra (voix).

fromage m. Queso. ‖ Fam. Chollo, breva, *f.* (sinécure). ‖ — *Fromage blanc* ou *à la crème,* requesón. ‖ *Fromage bleu,* queso estilo Roquefort. ‖ *Fromage de cochon, de tête,* queso de cerdo. ‖ *Fromage de Hollande,* queso de bola. ‖ *Fromage mou* o *à pâte molle,* queso de pasta blanda. ‖ —

Entre la poire et le fromage, a los postres, al final de una comida.

fromagé, e adj. Con queso.

fromager, ère adj. Quesero, ra : *industrie fromagère,* industria quesera.
— M. et f. Quesero, ra. ‖ — M. Encella, *f.* (égouttoir à fromage). ‖ Bot. Ceiba, *f.* (arbre).

fromagerie [frɔmaʒri] f. Quesera (où l'on fait le fromage). ‖ Quesería, mantequería (où l'on vend le fromage).

froment m. Trigo [particularmente el trigo candeal].

fromental, e adj. Frumenticio, cia.
— M. Avena loca, *f.*

fronce f. Frunce, *m.,* fruncido, *m.* (couture). ‖ Arruga, pliegue, *m.* (pli).

froncement m. Fruncimiento, frunce.

froncer* v. tr. Fruncir : *froncer les sourcils,* fruncir el ceño *ou* el entrecejo.

froncis [frɔ̃si] m. Fruncido.

frondaison f. Frondosidad, fronda (feuillage). ‖ Aparición de las hojas.

fronde f. Honda (arme). ‖ Bot. Fronda. ‖ Méd. Fronda, galápago, *m.* (bandage).

Fronde n. pr. f. Hist. La Fronda.

fronder v. tr. Apedrear con la honda (p. us.). ‖ Fig. Criticar, censurar.

frondeur, euse adj. et s. Hondero, ra. ‖ Hist. Partidario de la Fronda. ‖ Fig. Revoltoso, sa ; descontento, ta ; sedicioso, sa. ‖ Criticón, ona ; censurador, ra (censeur).

front m. Frente, *f.* (partie du visage) : *front fuyant,* frente deprimida. ‖ Cara, *f.,* semblante (visage). ‖ Frente, *m.* (partie antérieure). ‖ Frente (groupement politique) : *le Front populaire,* el *Frente Popular.* ‖ Fig. Descaro, cara, *f.,* atrevimiento (effronterie). ‖ Mil. Frente. ‖ — *De front,* de frente (par-devant), al lado, juntos (côte à côte), simultáneamente, a la vez, al mismo tiempo (à la fois). ‖ — *Avoir le front de...,* tener el descaro de... ‖ *Faire front,* hacer frente, arrostrar. ‖ *Front de mer,* paseo marítimo. ‖ *Mener deux affaires de front,* llevar dos asuntos al mismo tiempo.

frontail [frɔ̃tɑ:j] m. Frontil (des bœufs). ‖ Frontalera, *f.* (des chevaux).

frontal, e adj. Frontal.
— M. Frontal (os). ‖ Frontalera, *f.* (du cheval).

frontalier, ère adj. et s. Fronterizo, za.

fronteau m. Frontal (des religieuses). ‖ Frontalera, *f.* (du cheval). ‖ Mar. Frontón.

frontière m. Frontera.
— Adj. Fronterizo, za : *place frontière,* plaza fronteriza.
— Syn. *Limite,* límite. *Confin,* confín. *Marche,* marca.

frontignan m. Vino moscatel de Frontiñán.

frontin m. Criado de comedia.

frontispice m. Frontispicio, frontis.

fronton m. Frontón (jeu de pelote). ‖ Archit. Frontón : *fronton brisé,* frontón quebrado.

frottage m. Frotamiento. ‖ Enceramiento de los suelos (d'un parquet).

frottant, e adj. Frotante, que frota. ‖ Mécan. De rozamiento (surface).

frotte f. Pop. Sarna (gale).

frottée f. Rebanada untada con ajo y mantequilla (tartine). ‖ Pop. Friega, paliza (raclée).

frottement m. Frotamiento, frotación, *f.,* frote. ‖ Fig. Roce, trato (contact). ‖ Mécan. Rozamiento, roce : *à frottement dur,* de rozamiento duro.

frotter v. tr. ● Frotar, restregar. ‖ Encerar, lustrar (les parquets). ‖ Friccionar, frotar (frictionner). ‖ Fig. et Fam. Zurrar, sacudir el polvo (battre). ‖ — *Frotter les oreilles à quelqu'un,* calentar a uno las orejas. ‖ — Fig. *Être frotté de,* tener un barniz de.

— V. intr. Rozar (produire un frottement).
— V. pr. Frotarse. ‖ Rozarse *ou* tratarse con (fréquenter) : *se frotter aux savants,* tratarse con sabios. ‖ — Fam. *Qui s'y frotte s'y pique,* el que juega con fuego se quema. ‖ *Se frotter à,* atacar, provocar.
— Syn. ● *Polir,* pulir. *Astiquer,* bruñir, lustrar. *Fourbir,* acicalar. *Poncer,* apomazar.

frotteur m. Encerador de suelos (de parquets). ‖ Techn. Frotador.

frotteuse f. Cepillo (*m.*) para dar brillo a la cera.

frottis [frɔti] m. Méd. Frotis. ‖ Barniz, capa (*f.*) ligera (glacis).

frottoir m. Frotador. ‖ Rascador (pour allumettes). ‖ Cepillo (brosse). ‖ Bayeta, *f.,* aljofifa, *f.,* trapo (chiffon). ‖ Navajero (pour le rasoir).

frou-frou *ou* **froufrou** m. Frufrú, crujido de la seda (de la soie). ‖ Susurro (des feuilles).
— Observ. Pl. *frou-frous.*

froufrouter v. intr. Crujir [la seda].

froussard, e adj. et s. Pop. Cobarde, cagueta, gallina.

frousse f. Pop. Canguelo, *m.,* jindama, mieditis (peur).

fructidor m. Hist. Fructidor [duodécimo mes del año revolucionario francés].

fructifère adj. Fructífero, ra.

fructification f. Fructificación.

fructifier* v. intr. Fructificar.

fructose m. Chim. Fructosa, *f.* (sucre de fruit).

fructueux, euse [fryktɥø, ø:z] adj. Fructuoso, sa ; fructífero, ra.

frugal, e adj. Frugal.

frugalité f. Frugalidad.

frugivore adj. et s. Frugívoro, ra.

fruit [frɥi] m. Fruto : *les fruits de la terre,* los frutos de la tierra. ‖ Fruta, *f.* : *la poire est un fruit agréable,* la pera es una fruta agradable ; *mettre des fruits sur la table,* poner fruta en la mesa. ‖ Fruto (enfant par rapport à sa mère). ‖ Fruto, producto : *les fruits du travail,* los frutos del trabajo ; *travailler avec fruit,* trabajar con fruto. ‖ Archit. Desplome, inclinación, *f.* (des murailles). ‖ — Pl. Frutos, rentas, *f. pl.* (revenus). ‖ — *Fruit défendu,* fruto prohibido. ‖ *Fruit sec,* fruto seco (figues, etc.), estudiante *ou* hombre fracasado (personnes). ‖ *Fruits confits,* fruta escarchada. ‖ *Fruits de mer,* mariscos, productos del mar. ‖ *Fruits secs,* frutos secos. ‖ Dr. *Fruits pendants par les racines,* cosechas en pie. ‖ *Sans fruit,* sin provecho.

fruité, e [-te] adj. Con sabor de fruta (boissons, aliments). ‖ Blas. Frutado, da.

fruiterie [-tri] f. Frutería (boutique). ‖ Maduradero, *m.* (lieu où l'on conserve les fruits).

fruitier, ère [-tje, jɛ:r] adj. Frutal : *arbre fruitier,* árbol frutal.
— M. et f. Frutero, ra (marchand). ‖ — M. Maduradero (lieu pour conserver les fruits). ‖ Frutero (récipient). ‖ — F. Asociación *ou* consorcio (*m.*) de queseros (en Franche-Comté, Savoie, Jura).

frumentaire adj. Frumentario, ria.

frusques [frysk] f. pl. Pop. Pingos, *m. pl.,* trapos, *m. pl.* (vieux vêtements).

fruste adj. Gastado, da ; borroso, sa ; usado, da (médaillon, sculpture, etc.). ‖ Zafio, fia (grossier).

frustration f. Frustración, privación, defraudación.

frustratoire adj. Frustratorio, ria.

frustrer v. tr. Frustrar, defraudar. ‖ *Frustré dans o de ses espérances,* frustrado en sus esperanzas, frustradas sus espezanzas.

frutescent, e [frytɛssɑ̃, ɑ̃:t] adj. Bot. Frutescente, fruticoso, sa (p. us.).

fuchsia [fyksja] m. Bot. Fucsia, *f.*

fuchsine [fyksin] f. Fucsina (matière colorante).

fucus [fykys] m. Bot. Fuco (varech).

fuégien, enne adj. et s. Fueguino, na ; de la Tierra de Fuego.

fuel [fjul] ou **fuel-oil** [-ɔil] m. Fuel-oil, fuel.

fugace adj. Fugaz.

fugacité f. Fugacidad.

fugitif, ive adj. et s. Fugitivo, va.

fugue f. Fam. Fuga, escapatoria, escapada. ‖ Mus. Fuga.

fugué, e adj. Mus. Fugado, da.

fuie [fɥi] f. Palomar pequeño, m. (colombier).

fuir* v. intr. ● Huir. ‖ Alejarse : *l'hiver a fui,* el invierno se ha alejado. ‖ Salirse : *ce récipient fuit,* este recipiente se sale ; *le gaz fuit,* el gas se sale. ‖ Esquivarse (se dérober). ‖ Extenderse : *chaîne de montagnes qui fuit vers la mer,* cadena de montañas que se extiende hasta el mar. ‖ Fig. Correr (s'écouler). ‖ *Faire fuir,* ahuyentar.
— V. tr. Huir de, evitar : *fuir le danger,* huir del peligro.
— Syn. ● *S'enfuir,* fugarse. *S'échapper,* escaparse. *S'esquiver,* esquivarse. *S'évader,* evadirse. *Se sauver,* largarse. *Fam. Lever le pied,* ahuecar el ala. *Détaler,* salir pitando. *Prendre ses jambes à son cou,* tomar las de Villadiego. *Pop. Se carapater,* pirárselas, najarse.

fuite f. ● Huida, fuga. ‖ Escape, m. (d'un gaz). ‖ Salida, derrame, m. (d'un liquide). ‖ Hendidura, ranura (fissure). ‖ Fig. ◆ Evasiva, pretexto, m. (moyen dilatoire). | Paso, m., transcurso, m. (du temps). ‖ Fig. et Fam. Indiscreción, filtración. | Delación de informaciones secretas. ‖ — *Fuite d'eau,* gotera (dans le plafond). ‖ *Point de fuite,* centro de perspectiva. ‖ — *Être en fuite,* ser prófugo. ‖ *Mettre en fuite,* hacer huir. ‖ *Prendre la fuite,* huir, darse a la fuga.
— Syn. ● *Débandade,* desbandada. *Sauve-qui-peut,* sálvese quien pueda.
— ◆ *Faux-fuyant,* pretexto. *Subterfuge,* subterfugio. *Refuge,* refugio. *Échappatoire,* escapatoria. *Évasion,* evasión.

Fulbert [fylbɛ:r] n. pr. m. Fulberto.

Fulgence n. pr. m. Fulgencio.

fulgure m. Cocuyo (insecte).

fulgural, e adj. Fulgural.

fulgurant, e adj. Fulgurante.

fulguration f. Fulgor, m., resplandor, m. ‖ Fulguración, fucilazo, m. (éclair sans tonnerre).

fulgurer v. intr. Fulgurar (briller).

fuligineux, euse adj. Fuliginoso, sa (couleur de suie).

fuligo m. Fuligo (champignon).

full [ful] m. Full (poker).

fulmicoton m. Algodón pólvora, fulmicotón (gallicisme) [coton-poudre].

fulminant, e adj. Fulminante. ‖ Fig. Fulminante, amenazador, ra : *un regard fulminant,* una mirada fulminante.

fulminate m. Chim. Fulminato.

fulmination f. Fulminación.

fulminatoire adj. Fulminatorio, ria ; fulminante.

fulminer v. intr. Estallar. ‖ Fig. Prorrumpir en amenazas.
— V. tr. Fulminar (des reproches, une excommunication).

fulminique adj. Chim. Fulmínico, ca.

fumage m. ou **fumaison** f. Ahumado, m. (des viandes). ‖ Agric. Estercoladura, f., abono, m.

fumagine f. Agric. Fumagina.

fumant, e adj. Humeante. ‖ Pop. Bárbaro, ra ; sensacional. ‖ — *Fumant de colère,* echando fuego por los ojos, bramando de cólera. ‖ *Fumant de sang,* bañado en sangre. ‖ — Chim. *Acide fumant,* ácido fumante.

fumariacées f. pl. Bot. Fumariáceas.

fumé, e adj. Ahumado, da. ‖ Agric. Estercolado, da.
— M. Impr. Prueba (f.) de un grabado.

fume-cigarette ou **fume-cigare** m. inv. Boquilla, f.

fumée f. Humo, m. ‖ Humos, m. pl., vanidad (vanité). ‖ — *Il n'y a pas de fumée sans feu,* cuando el río suena agua lleva. ‖ *S'en aller en fumée,* volverse agua de borrajas. ‖ — Pl. Vapores, m. (du vin). ‖ Cagarrutas (fiente du gibier).

fumer v. intr. Humear, echar humo (jeter de la fumée). ‖ Fumar (être fumeur). ‖ Fig. et Fam. Bufar de cólera, echar rayos ou chispas de cólera.
— V. tr. Fumar (tabac). ‖ Ahumar (les aliments). ‖ Agric. Estercolar, abonar (engraisser les terres). ‖ — *Fumer une pipe,* fumarse una pipa. ‖ *Fumer la pipe,* fumar en pipa.

fumerie [fymri] f. Fumadero, m.

fumerolle [rɔl] f. Fumarola (volcans).

fumeron m. Tizón, tizo (bois incomplètement carbonisé). ‖ Pop. Pierna, f., pata, f. (jambe).

fumet [fymɛ] m. Olor (d'un mets). ‖ Aroma embocadura, f. (du vin). ‖ Husmo, olor (du gibier).

fumeterre f. Fumaria (plante).

fumeur, euse m. et f. Fumador, ra.

fumeux, euse adj. Humoso, sa ; que despide humo. ‖ Confuso, sa ; borroso, sa (peu clair).

fumier m. Estiércol (engrais). ‖ Fig. Basura, f., porquería, f. (objet vil). ‖ Fig. et Pop. Canalla, sinvergüenza, charrán. ‖ — *Une perle dans un fumier,* una perla en un muladar.

fumière f. Estercolero, m.

fumigateur m. Fumigador.

fumigation f. Fumigación.

fumigatoire adj. Fumigatorio, ria.

fumigène adj. Fumígeno, na.

fumiste m. Fumista, estufista. ‖ Deshollinador (ramoneur). ‖ Fig. et Pop. Bromista, tramposo. ‖ Pop. Camelista, cuentista (mystificateur).

fumisterie f. Fumistería. ‖ Pop. Camelo, m., cuento, m. (mensonge).

fumivore adj. et s. m. Fumívoro, ra.

fumoir m. Fumadero (local pour fumer). ‖ Ahumadero (pour les aliments).

fumure f. Agric. Estercoladura, abono, m.

funambule m. et f. Funámbulo, la ; volatinero, ra.

funambulesque adj. Funambulesco, ca.

funèbre adj. Fúnebre. ‖ *Pompes funèbres,* pompas fúnebres, funeraria.
— Syn. *Funéraire,* funerario. *Mortuaire,* mortuorio.

funérailles [fynerɑ:j] f. pl. Funeral, m. sing., funerales, m., exequias.

funéraire adj. Funerario, ria ; mortuorio, ria : *drap funéraire,* paño mortuorio.

funeste adj. Funesto, ta.

funiculaire adj. et s. m. Funicular.

funicule m. Bot. Funículo.

funin m. Mar. Jarcia, f., cabo sin embrear (filin).

fur m. Úsase sólo en las loc. *au fur et à mesure,* a medida, poco a poco..., y *au fur et à mesure que,* a medida que, conforme.

furet [fyrɛ] m. Hurón (animal). ‖ Anillo, sortija, f. (jeu). ‖ Fig. Hurón, fisgón (personne curieuse).

furetage [fyrta:ʒ] m. Caza (f.) con hurón (chasse). ‖ Fig. Escudriñamiento, registro.

fureter* v. intr. Huronear, cazar con hurón. ‖ Fig. Huronear, escudriñar, fisgonear.

fureteur, euse m. et f. Cazador, ra con hurón. ‖ Fig. Fisgón, ona ; hurón, ona.

fureur f. ● Furor, m. ‖ Fig. Furor, m., pasión, manía : *la fureur du jeu,* la pasión del juego. | Furia, furor, m. (violence). ‖ — *À la fureur,* locamente. ‖ *Entrer en fureur,* enfurecerse, ponerse furioso. ‖ *Être en fureur,* estar furioso. ‖ *Faire*

fureur, estar en boga, hacer furor (gallicisme). ‖
Mettre en fureur, enfurecerse.
— SYN. ● *Furie*, furia. *Emportement*, arrebato. *Acharnement*, encarnizamiento. *Rage*, rabia. *Passion*, pasión. *Frénésie*, frenesí.

furfuracé, e adj. Furfuráceo, a (qui ressemble au son).

furibard, e [fyriba:r, ard] adj. et s. FAM. Furibundo, da ; que echa chiribitas, furioso, sa ; frenético, ca.

furibond, e [-bɔ̃, ɔ̃:d] adj. Furibundo, da.

furie [fyri] f. Furia. ‖ Ímpetu, *m.*, ardor, *m.* (impétuosité). ‖ Bestia corrupia, furia (méchante femme). ‖ — *En furie*, desencadenado, da (déchaîné). ‖ *Entrer en furie*, enfurecerse, ponerse furioso.

Furies f. pl. MYTH. Furias.

furieusement [fyrjøzmɑ̃] adv. Furiosamente. ‖ FIG. et FAM. Excesivamente, extraordinariamente (à l'excès).

furieux, euse adj. ● Furioso, sa. ‖ FIG. Impetuoso, sa ; furioso, sa. ‖ Terrible, violento, ta : *avoir une furieuse envie de dormir*, tener un sueño terrible ; *un furieux coup de poing*, un violento puñetazo.
— SYN. ● *Furibond*, furibundo. *Forcené*, furioso. *Possédé*, poseso.

furioso adj. et adv. MUS. Furioso.

furole ou **furolle** f. (P. us.). Fuego (*m.*) fatuo.

furoncle m. MÉD. Furúnculo, divieso.
— SYN. *Anthrax*, ántrax. *Fam. Clou*, divieso, clavo.

furonculeux, euse adj. MÉD. Furunculoso, sa.

furonculose f. MÉD. Furonculosis.

furtif, ve [fyrtif, i:v] adj. Furtivo, va.

fusain [fyzɛ̃] m. Bonetero (arbrisseau). ‖ Carboncillo (crayon). ‖ Dibujo al carbón (dessin).

fusainiste [-zɛnist] ou **fusiniste** [-zinist] m. Dibujante al carbón.

fusant, e adj. Deflagrante, deflagrador, ra. ‖ MIL. Que estalla en el aire (qui éclate en l'air).
— M. MIL. Granada (*f.*) que estalla en el aire.

fuscine [fyssin] f. Tridente, *m.*

fuseau m. Huso (pour filer). ‖ Rueca, *f.* (quenouille). ‖ Bolillo, majaderillo (pour dentelle). ‖ Canilla, *f.* (pour évider le fil). ‖ GÉOM. Huso. ‖ *Fuseau de parachute*, paño de paracaídas. ‖ *Fuseau horaire*, huso horario. ‖ AVIAT. *Fuseau moteur*, bloque del motor. ‖ *Jambes en fuseau*, piernas de alambre. ‖ *Pantalon fuseau*, pantalón tubo.

fusée [fyze] f. Husada (fil enroulé dans le fuseau). ‖ Cohete, *m.* (de feu d'artifice). ‖ Espiga (d'une épée). ‖ AVIAT. Cohete, *m.*, avión (*m.*) cohete : *fusée à étages*, cohete de varios cuerpos. ‖ BLAS. Huso, *m.*, losange, *m.* ‖ MAR. Mecha (de cabestan). ‖ MIL. Espoleta (d'obus) : *fusée percutante*, espoleta de percusión. ‖ TECHN. Rueda espiral (d'une montre). ‖ Manga, mangueta (de l'essieu d'une voiture). ‖ — *Fusée à baguette*, cohete de varilla. ‖ *Fusée d'alarme*, bengala de alarma. ‖ *Fusée éclairante*, bengala. ‖ *Fusée volante*, cohete volador.

fusel m. Producto de mal sabor que resulta de la destilación del aguardiente

fuselage [fyzla:ʒ] m. AVIAT. Fuselaje.

fuselé [-le], e adj. Ahusado, da (en fuseau). ‖ BLAS. Fuselado, da. ‖ FIG. Torneado, da ; fino, na ; afilado, da : *doigts fuselés*, dedos finos.

fuseler [-le] v. tr. Ahusar, dar forma de huso.

fuser v. intr. Deflagrar (poudre). ‖ Derretirse

(bougie). ‖ Crepitar (du sel sur les charbons). ‖ FIG. Estallar (rire). ‖ Brotar (surgir). ‖ Prorrumpir, llover, surgir : *des critiques fusaient de tous côtés*, las críticas prorrumpían por todos lados.

fusette f. Carrete, *m.*, bobina (de fil).

fusibilité f. Fusibilidad.

fusible adj. Fusible (qui peut être fondu).
— M. Fusible, plomo (électricité).

fusiforme [fyziform] adj. Fusiforme, ahusado, da.

fusil [fyzi] m. ● Fusil (arme à feu). ‖ Escopeta, *f.* (pour la chasse). ‖ Chaira, *f.*, eslabón, afilón (pour aiguiser les couteaux). ‖ — *Fusil à air*, escopeta de aire comprimido. ‖ *Fusil à deux coups*, escopeta de dos cañones. ‖ *Fusil à lunette*, fusil con alza automática. ‖ *Fusil à pierre*, fusil de chispa. ‖ *Fusil à répétition, semi-automatique*, fusil de repetición, semiautomático. ‖ *Fusil mitrailleur*, fusil ametrallador. ‖ — *Coup de fusil*, disparo, tiro (sens propre), clavo (addition excessive) : *ici, c'est le coup de fusil !*, ¡aquí le clavan a uno! ‖ — *Changer son fusil d'épaule*, chaquetear, volver casaca, cambiarse la chaqueta.
— SYN. ● *Arquebuse*, arcabuz. *Carabine*, carabina. *Mitraillette*, metralleta. *Mousquet*, mosquete. *Mousqueton*, mosquetón, tercerola. *Rifle*, rifle. *Pop. Flingot*, *flingue*, chopo.

fusilier [-lje] m. Fusilero. ‖ *Fusilier marin*, soldado de infantería de marina.

fusillade [-jad] f. Descarga de fusilería. ‖ Tiroteo, *m.*, fuego (*m.*) de fusilería (décharge de fusils).

fusiller [-je] v. tr. Fusilar. ‖ FIG. *Fusiller quelqu'un du regard*, fulminar a alguien con la mirada.

fusilleur [-jœ:r] m. Persona que fusila.

fusiniste m. V. FUSAINISTE.

fusion f. Fusión.

fusionnement m. Fusión, *f.*

fusionner v. tr. Fusionar.
— V. intr. Fusionarse.

fustanelle f. Faldas, *f. pl.*, enagüillas, *f. pl.* (jupon du costume grec).

fuste m. MAR. Fusta (bâtiment).

fustet [fystɛ] m. BOT. Fustete.

fustigation f. Fustigación.

fustiger* v. tr. Fustigar.

fût [fy] m. Pipa, *f.*, tonel (tonneau). ‖ Caja, *f.* (d'une arme à feu). ‖ Caja (de divers outils, rabots, etc.). ‖ Armazón, *f.* (d'une malle, d'un coffre). ‖ Tronco sin rama (tronc d'un arbre). ‖ ARCHIT. Fuste. caña, *f.*, afuste.

futaie [fytɛ] f. Oquedal, *m.*, monte alto.

futaille [fytɑ:j] f. Tonel, *m.*

futaine f. Fustán, *m.* (tissu).

futé, e adj. Sagaz, listo, ta. ‖ Taimado, da ; ladino, na.

futile adj. Fútil.

futilité f. Futilidad.

futur, e adj. et s. m. Futuro, ra. ‖ GRAMM. *Futur antérieur*, futuro perfecto, antefuturo.

futurisme m. Futurismo.

futuriste adj. et s. Futurista.

futurologie f. Futurología.

futurologue m. et f. Futurólogo, ga.

fuyant, e [fyijɑ̃, ɑ̃:t] adj. Que huye, huidizo, za (qui fuit). ‖ FIG. Huidizo, za. ‖ Muy inclinado (très incliné). ‖ Falso, sa (regard). ‖ Deprimida [frente]. ‖ *Faux-fuyant*, pretexto, escapatoria.
— M. Perspectiva, *f.*

fuyard, e [-ja:r, ard] adj. et s. Fugitivo, va. ‖ FAM. Rajado, da (lâche).

G

g m. G, f. : *un petit g,* una g minúscula.

— Observ. La *g* y la *n* que le sigue (gn) equivalen generalmente a la *ñ* española.

gabardine f. Gabardina.

gabare f. Mar. Gabarra (bateau). ‖ Especie de jábega (filet).

gabariage m. Techn. Comprobación (*f.*) con una plantilla, con un escantillón. ‖ Ejecución (*f.*) de una plantilla.

gabarier m. Gabarrero.

gabarier v. tr. Comprobar con una plantilla, con un escantillón.

gabarit [gabari] m. Escantillón, plantilla, *f.* (modèle). ‖ Gálibo (pour wagons chargés). ‖ Fig. et Fam. Importancia, *f.*, dimensión, *f.* ‖ Mar. Gálibo, vitola, *f.* ‖ Pop. Estatura, *f.*, tamaño.

gabegie [gabʒi] f. Engaño, *m.* ‖ Fam. Desbarajuste, *m.*, desorden, *m.* : *quelle gabegie!,* ¡qué desbarajuste!

gabeler v. tr. Almacenar la sal en los alfolíes.

gabelle f. Gabela (impôt). ‖ (Vx). Alfolí, *m.* (entrepôt).

gabelou [gablu] m. Alfolinero. ‖ Fam. Aduanero (douanier). ‖ Consumero (d'octroi).

gabie f. (Vx). Mar. Gavia.

gabier m. Mar. Gaviero.

gabion m. Chozo, tonel para esconderse el cazador de patos (chasse). ‖ Agric. Espuerta, *f.* (panier). ‖ Mil. Gavión, cestón.

gabionnade f. ou **gabionnage** m. (Vx). Mil. Cestonada.

gabionner v. tr. Mil. Fortificar con gaviones.

gable ou **gâble** m. Archit. Gablete.

Gabon n. pr. m. Géogr. Gabón.

gabord m. Mar. Aparadura, *f.*

Gabriel, elle n. pr. m. et f. Gabriel, la.

gaburon m. Mar. Jimelga, *f.*

gâchage m. Mezcla, *f.* : *eau de gâchage,* agua para hacer mezcla. ‖ Fig. Desperdicio (gaspillage). ‖ Chapuza, *f.* (travail mal fait).

gâche f. Techn. Cerradero, *m.* (serrure). ‖ Escarpiador, *m.* (pour conduites). ‖ Paleta (de maçon). ‖ Espátula (de cuisinier).

gâcher v. tr. Amasar, hacer mezcla (plâtre, mortier). ‖ Malgastar : *gâcher sa fortune,* malgastar su fortuna. ‖ Arruinar, estropear : *il a gâché sa vie,* ha arruinado su vida. ‖ ● Fig. Echar a perder, chapucear (faire sans soin). ‖ — *Gâcher le métier,* estropear el oficio (travailler, vendre sans exiger le prix normal). ‖ — *Gâcher son plaisir à quelqu'un,* aguarle la fiesta a uno.

— Syn. ● *Gâter,* estropear. *Galvauder,* estropear. *Gaspiller,* desperdiciar. *Bâcler,* frangollar. *Saboter,* sabotear, hacer con los pies, hacer de mala gana.

gâchette f. Gacheta (d'une serrure). ‖ Gatillo, *m.,* disparador, *m.* (d'une arme).

gâcheur m. Amasador (plâtre, mortier). ‖ Peón de albañil (aide-maçon). ‖ Fam. Chapucero, frangollón, chafallón (qui travaille mal). ‖ El que estropea el oficio (qui travaille sans exiger le prix normal).

gâchis [gaʃi:] m. Mortero, argamasa, *f.* (mortier). ‖ Fig. Lodazal (bourbier). ‖ Mezcla, *f.,* montón de cosas echadas a perder. ‖ Estropicio (dégât). ‖ Fig. et Fam. Atolladero, lío (situation embrouillée).

gade m. Gado (poisson).

gadidés [gadide] m. pl. Gádidos (poissons).

gaditain, e adj. et s. Gaditano, na (de Cadix).

gadolinium [gadolinjom] m. Gadolinio (métal).

gadoue [gadu] f. Basuras, *pl.* (ordures ménagères). ‖ Estiércol, *m.* (engrais). ‖ Fam. Barro (*m.*) espeso (boue).

gaélique adj. et s. Gaélico, ca.

Gaétan n. pr. m. Cayetano.

Gaète n. pr. Géogr. Gaeta.

gaffe f. Mar. Bichero, *m.* (perche à crochet). ‖ Fig. et Fam. Plancha, coladura, pifia, metedura de pata : *faire une gaffe,* meter la pata, tirarse una plancha. ‖ Fam. *Faire gaffe,* tener cuidado, andar listo.

gaffer v. tr. Mar. Aferrar con el bichero. ‖ Fam. Meter la pata, tirarse una plancha, cometer una pifia.

gaffeur, euse m. et f. Persona que mete la pata.

gag m. Ciném. Gag, efecto cómico e inesperado.

gaga adj. et s. Fam. Chocho, cha. ‖ *Devenir gaga,* chochear, achocharse.

gage m. Prenda, *f.* : *donner un gage,* dar una prenda. ‖ Prueba, *f.,* testimonio : *gage d'amitié,* testimonio de amistad. ‖ Prenda, *f.* (jeux). ‖ Dr. Pignoración. ‖ — *Gage immobilier,* anticresis. ‖ — Dr. *Donner en gage,* pignorar. ‖ *Laisser en gage,* dejar en prenda. ‖ *Laisser pour gage,* perder, abandonar. ‖ *Mettre en gage,* empeñar. ‖ — Pl. Sueldo, sing. (des domestiques). ‖ — *À gages,* a sueldo. ‖ *Homme à gages,* hombre vendido. ‖ *Prêteur sur gages,* prestamista. ‖ *Tueur à gages,* asesino pagado, a sueldo. ‖ — *Prêter sur gages,* prestar con fianza.

gager* v. tr. Apostar. ‖ Asalariar (salarier). ‖ Garantizar (garantir). ‖ Empeñar (laisser en gage). ‖ — *Gageons que...,* te apuestas que... ‖ *Meubles gagés,* muebles embargados.

gagerie [gaʒri] f. Embargo, *m.* ‖ *Saisie-gagerie,* embargo preventivo (saisie).

gageur, euse adj. et s. Apostador, ra.

gageure [gaʒy:r] f. Apuesta. ‖ Fig. et Fam. *C'est une gageure,* es increíble ou parece imposible.

gagiste adj. et s. *Créancier gagiste,* acreedor con garantía de prenda ou fianza.

gagnable adj. Ganable.

gagnage m. Pastizal, herbazal.

gagnant, e adj. et s. Ganador, ra ; ganancioso, sa. ‖ Ganador, ra : *jouer gagnant, placé,* jugar a ganador, a colocado. ‖ Premiado (billet). ‖ Ven-

cedor, ra ; ganador, ra (concours de beauté). ‖
Heureux gagnants, agraciados, premiados.

gagne-denier [gaɲdənje] m. Ganapán, buscavidas.

gagne-pain [-pɛ̃] m. inv. Medio de sustento. ‖
Sostén : *il est le gagne-pain de sa famille,* es el
sostén de la familia.

gagne-petit m. inv. Trabajador modesto *ou* de
poca monta. ‖ (Vx). Amolador (rémouleur).

gagner v. tr. Ganar : *gagner de l'argent,* ganar
dinero ; *gagner une course,* ganar una carrera. ‖
Ganarse : *gagner son pain,* ganarse el pan ; *gagner
sa vie à chanter,* ganarse la vida cantando. ‖
Ganar, tocar : *j'ai gagné à la loterie,* me ha tocado
la lotería ; *j'ai gagné un million à la loterie,* he
ganado un millón en la lotería. ‖ Merecer, ganarse : *il l'a bien gagné,* se lo ha ganado a pulso.
‖ Alcanzar : *gagner la frontière,* alcanzar la frontera. ‖ Dirigirse : *il a gagné sa résidence en voiture,* se ha dirigido a su residencia en coche. ‖
Fig. Granjearse, captarse : *il gagna son affection,*
se granjeó su afecto. ¦ Coger, contraer : *gagner un
rhume,* coger un resfriado. ‖ Comprar, sobornar
(corrompre) : *gagner les témoins,* sobornar a los
testigos. ¦ Extenderse, propalarse : *le feu gagne
le toit,* el fuego se extiende al tejado. ¦ Apoderarse : *le sommeil nous gagne,* el sueño se apodera de nosotros. ¦ Echarse encima : *la nuit nous
gagne,* la noche se nos echa encima. ‖ — *Gagner à
être connu,* ganar con el trato. ‖ *Gagner de quoi
vivre,* ganar con qué vivir. ‖ *Gagner du chemin* o
du terrain, ganar terreno. ‖ *Gagner du temps,*
ganar tiempo. ‖ *Gagner la porte,* dirigirse hacia
la puerta, marcharse. ‖ *Gagner le large,* salir a
alta mar (bateau), largarse (s'en aller). ‖ *Gagner
les devants,* ganar la delantera. ‖ *Gagner quelque
chose sur quelqu'un,* conseguir algo de alguien. ‖
Gagner quelqu'un de vitesse, adelantarse a uno.
‖ — V. intr. Extenderse, ganar : *le feu gagne de
proche en proche,* el fuego se extiende cada vez
más. ‖ Ganar (vaincre). ‖ (Vx). Pacer (paître). ‖
Mejorarse : *le vin gagne en bouteille,* el vino se
mejora embotellado.

gagneur, euse m. et f. Ganador, ra ; vencedor,
ra. ‖ Batallador (lutteur).

gai, e adj. Alegre. ‖ — *Gai, gai !,* ¡qué bien ! ‖
Gai comme un pinson, contento como unas Pascuas, alegre como unas castañuelas. ‖ — *Être un
peu gai,* estar alegre, achispado (un peu ivre).
— SYN. *Badin,* jocoso, *Guilleret,* vivaracho. *Enjoué,*
festivo. *Réjouissant,* regocijante. *Réjoui,* regocijado.
Joyeux, gozoso. *Jovial,* jovial. *Bon vivant,* persona alegre,
campechana. *Boute-en-train,* animador, jaranero.

gaïac [gajak] m. Bot. Guayaco.

gaïacol [-kɔl] m. Guayacol.

gaiement [gɛmɑ̃] adv. Alegremente.

gaieté ou **gaîté** [gɛte] f. Alegría. ‖ — *De gaieté
de cœur,* con agrado (faire une chose), deliberadamente, de intento. ‖ *Être en gaieté,* estar alegre. ‖
Se mettre en gaieté, alegrarse, achisparse (en
buvant).
— SYN. *Joie,* júbilo, gozo. *Alacrité,* alacridad. *Hilarité,* hilaridad. *Allégresse,* alborozo. *Liesse,* regocijo.

gaillard, e [gaja:r, ard] adj. Gallardo, da ;
airoso, sa (hardi). ‖ Fig. Alegre, vivaracho, cha
(gai). ¦ ● Atrevido, da : *propos gaillards,* dichos
atrevidos.
— M. Fam. Buen mozo. ‖ Mar. Castillo (d'avant).
¦ Alcázar (d'arrière). ‖ — F. Mujer libre (femme
libre). ‖ Real moza (femme bien plantée). ‖ Gallarda (danse). ‖ Impr. Gallarda (caractère).
— SYN. ● *Égrillard,* verde. *Leste,* libre, *Guilleret,*
ligero. *Grivois,* picaresco. *Gaulois,* libre.

gaillardement [-dəmɑ̃] adv. Gallardamente (hardiment). ‖ Alegremente (gaiement).

gaillardise [-di:z] f. Fam. Gallardía (hardiesse). ‖
Desvergüenza, palabra atrevida (parole trop libre).

gaillet [gajɛ] m. Bot. Galio, cuajaleche (caille-
lait).

gailleterie [gajɛtri] f. Galleta (charbon).

gailletin [-jtɛ̃] m. Galletilla, *f.,* galleta, *f.,* carbón
de piedra del grueso de una nuez.

gain [gɛ̃] m. ● Ganancia, *f.* (bénéfice). ‖ Fig.
Ventaja, *f.* (avantage). ‖ Victoria, *f. : le gain
d'une bataille,* la victoria en una batalla. ‖ —
L'appât du gain, el incentivo del lucro. ‖ — *Avoir
gain de cause,* ganar el pleito (dans un procès),
salirse con la suya (dans une discussion). ‖ *Donner gain de cause,* dar la razón.
— SYN. ● *Lucre,* lucro. *Bénéfice,* beneficio. *Profit,* provecho. *Émoluments,* emolumentos. *Boni,* ganancia, superávit, sobrante. *Pop. Gratte,* sisa. *Produit,* producto.
Rendement, rendimiento.

gaine f. Funda (d'un pistolet), vaina (d'une épée).
‖ Faja (pour dames). ‖ Arts. Estípite, *m.* ‖ Bot.
Vaina foliar. ‖ — *Gaine-culotte,* faja-braga. ‖
Min. *Gaine d'aération,* manga de ventilación.

gainer v. tr. Envainar (une épée). ‖ Enfundar :
gainée dans une robe étincelante, enfundada en
un vestido resplandeciente. ‖ Forrar (un câble).

gainerie f. Oficio (*m.*) del vainero *ou* estuchista.

gainier m. Vainero, estuchista. ‖ Bot. Árbol de
Judea.

gal m. Phys. Gal (unité d'accélération).

gala m. Función (*f.*) de gala, gala, *f.* ‖ Fiesta, *f.* ‖
Banquete, festín. ‖ — *Habit de gala,* traje de
gala. ‖ *Soirée de gala,* fiesta de etiqueta.

galactique adj. Astr. Galáctico, ca.

galactogène ou **galactagogue** adj. et s. Galactógeno, na.

galactomètre m. Galactómetro.

galactose m. Galactosa, *f.*

galalithe f. Galalita.

galamment adv. Galantemente, graciosamente. ‖
Fig. Hábilmente (adroitement). ¦ Elegantemente
(avec élégance).

galandage m. Archit. Tabique de panderete.

galant, e adj. ● (Vx). Galante, galano, na ; *une
phrase galante,* una frase galana. ‖ Fig. Caballeroso, sa : *galant homme,* hombre caballeroso. ¦
Amoroso, sa : *mon expérience galante,* mi experiencia amorosa. ‖ — *Femme galante,* mujer
galante. ‖ *Fêtes galantes,* fiestas galantes. ‖ *Un
homme galant,* un galanteador. ‖ — *Agir, se
conduire en galant homme,* comportarse como un
caballero.
— M. (Vx). Galán (prétendant). ‖ Fam. *Un vert
galant,* un viejo verde.
— SYN. ● *Galantin,* galancete. *Godelureau,* currutaco.
Dameret, lechuguino. *Damoiseau,* doncel. *Blondin,* boquirrubio.

galanterie [galɑ̃tri] f. Galantería. ‖ Piropo, *m.,*
requiebro, *m.* (compliment). ‖ Búsqueda de intrigas amorosas. ‖ Intriga amorosa. ‖ *Dire des
galanteries,* piropear.

galantin m. Galancete (amoureux ridicule).

galantine f. Galantina.

galapiat m. Fam. Pillo, tunante.

galate adj. et s. Gálata.

Galatée n. pr. f. Galatea.

Galatie [galasi] n. pr. f. Géogr. Galacia.

galaxie adj. et s. Astr. Galaxia.

galbanum [galbanɔm] m. Gálbano.

galbe m. Archit. Perfil (colonne). ‖ Fig. Perfil
(profil). ‖ Forma (*f.*) redondeada, curva, *f. : le
galbe d'une jambe,* la curva de una pierna.

galbé, e adj. Bien perfilado, da. ‖ Fam. Torneado,
da : *un corps bien galbé,* un cuerpo bien torneado.
‖ Entallado, da (couture).

galber v. tr. Dar perfil *ou* forma elegante.

gale f. Sarna (maladie). ‖ Roña, sarna (des moutons). ‖ Fig. et Fam. Bicho (m.) malo. ‖ *Méchant comme la gale*, más malo que la quina.

galéace ou galéasse [galeas] f. Mar. Galeaza (bateau).

galée f. Impr. Galera.

galéjade f. Fam. Burla, chanza, cuchufleta.

galéjer v. intr. Decir cuchufletas.

galène f. Min. Galena.

galénique adj. Méd. Galénico, ca.

galénisme m. Méd. Galenismo.

galéniste adj. et s. Méd. Galenista.

galéopithèque m. Zool. Galeopiteco.

galère f. Galera (bateau). ‖ Fig. Infierno, m. : *c'est une vraie galère*, es un verdadero infierno. ‖ Techn. Galera (four). ‖ — *Et vogue la galère!*, ¡y ruede la bola! ‖ *Qu'allait-il faire dans cette galère?*, ¿por qué se metió en tal berenjenal?, ¿quién le habrá mandado meterse en este lío? ‖ — Pl. Galeras.

Galère n. pr. m. Galerio.

galerie [galri] f. Archit. Galería. ‖ Arts. Galería (collection). ‖ Autom. Baca, portaequipajes (m.) en el techo de un automóvil. ‖ Fam. El público (m.), los espectadores, m. pl. ‖ Techn. Galería (mines). ‖ Théâtr. Galería. ‖ Fam. *Amuser la galerie*, distraer al auditorio.

galérien m. Galeote (des galères). ‖ Presidiario (forçat). ‖ — Fig. *Vie de galérien*, vida de perros. | — *Travailler comme un galérien*, trabajar como un condenado.

galerne f. Mar. Galerna (vent).

galet [galɛ] m. Guijarro. ‖ Géol. Canto rodado. ‖ Techn. Rodaja, f., rodillo (rouleau) : *roulement à galets*, rodamiento de rodillos.

galetas [galtα] m. Sotabanco, desván. ‖ Fig. Zahurda, f., zaquizamí (logement misérable).

galette f. Torta. ‖ Galleta (de marin). ‖ Pop. Tela, guita, parné, m. (argent). ‖ Techn. Disco, m. ‖ *Galette des Rois*, roscón de Reyes.

galeux, euse adj. et s. Sarnoso, sa. ‖ Infecto, ta; asqueroso, sa (sale). ‖ — Fig. *Brebis galeuse*, oveja negra, perro sarnoso. | *Qui se sent galeux se gratte*, al que le pique que se rasque.

galhauban [galobα̃] m. Mar. Burda, f., estay, brandal.

galibot [galibo] m. Minero joven.

Galice n. pr. f. Géogr. Galicia (Espagne).

Galicie n. pr. f. Géogr. Galitzia (Pologne).

galicien, enne adj. et s. Gallego, ga; galiciano, na (p. us.) [de la Galice]. ‖ De la Galitzia (de la Galicie).

Galien n. pr. m. Galeno (médecin grec).

Galilée n. pr. m. Galileo. ‖ — F. Géogr. Galilea.

galiléen, enne adj. et s. Galileo, a.

galimatias [galimatja] m. Galimatías.

— Syn. *Amphigouri*, guirigay. *Charabia*, jerigonza, algarabía. *Baragouin*, jerigonza. *Jargon*, jerga.

galion m. Mar. Galeón.

galiote f. Mar. Galeota (bateau). | Puntal (m.) de escotilla.

galipette f. Voltereta, trecha : *faire des galipettes*, dar trechas. ‖ Brinco (gambade).

galipot [galipo] m. Mar. Galipote (résine).

galipoter v. tr. Mar. Calafatear con galipote.

galle f. Agalla. ‖ *Noix de galle*, agalla.

Galles n. pr. Géogr. Gales.

gallican, e adj. et s. Galicano, na : *Église gallicane*, Iglesia galicana.

gallicanisme m. Galicanismo.

gallicisme m. Galicismo.

Gallien n. pr. m. Galiano (empereur romain).

gallinacé, e adj. et s. Zool. Gallináceo, a.

gallique adj. Chim. Gálico, ca (de la galle).

gallium [galjɔm] m. Chim. Galio (métal).

gallois, e adj. et s. Galés, esa (de Galles).

gallomanie f. Galomanía, afrancesamiento, m.

gallon m. Galón (mesure anglaise de 4,5 litres).

gallophobe adj. et s. Galófobo, ba.

gallophobie f. Galofobia.

gallo-romain, e adj. et s. Galorromano, na.

gallup [galyp] m. Gallup, sondeo de la opinión pública.

galoche f. Galocha, zueco, m. ‖ Mar. Pasteca (poulie). ‖ *Menton en galoche*, barbilla prominente ou muy salida.

galon m. Galón, pasamano, trencilla, f. (couture). ‖ Mil. Galón. ‖ — *Arroser ses galons*, remojar los galones, celebrar un ascenso. ‖ *Quand on prend du galon, on n'en saurait trop prendre*, no hay que quedarse corto en tomar y lograr.

galonner v. tr. Galonear, ribetear (vêtement). ‖ Llenar de galones (personne).

galonnier m. Pasamanero.

galop [galo] m. Galope : *au galop*, a galope. ‖ Latido anormal del corazón. ‖ *Au grand galop, au triple galop*, a galope tendido.

galopade f. Galopada. ‖ Galope (m.) sostenido (galop d'école).

galopant, e adj. Galopante : *phtisie galopante*, tisis galopante.

galope f. Trazador, m. (des relieurs).

galoper v. intr. Galopar (le cheval). ‖ Fam. Correr, trotar.
— V. tr. Hacer galopar, poner al galope (mettre au galop). ‖ Perseguir, acosar (poursuivre). ‖ Fam. Atormentar : *la peur me galope*, el miedo me atormenta.

galopeur, euse adj. Galopador, ra.

galopin m. (P. us.). Galopín, pinche (marmiton). ‖ Recadero (garçon de courses). ‖ ● Fam. Galopín, pilluelo (garçon effronté).
— Syn. ● *Polisson*, tunante. *Garnement*, bribón.

galoubet [galubɛ] m. Zampoña, f., caramillo (de Provence).

galuchat [galuʃa] m. Piel (f.) de pescado curtida.

galurin m. Pop. Sombrero, güito.

galvanique adj. Galvánico, ca.

galvanisation f. Galvanización.

galvaniser v. tr. Galvanizar (zinc). ‖ Fig. Galvanizar, enardecer.

galvanisme m. Phys. Galvanismo.

galvanocautère m. Méd. Galvanocauterio.

galvanomètre m. Galvanómetro.

galvanoplastie f. Galvanoplastia.

galvanoplastique adj. Galvanoplástico, ca.

galvanotype m. Impr. Galvano.

galvanotypie f. Galvanotipia.

galvauder v. tr. Frangollar (saboter). ‖ Fig. Deshonrar, mancillar (déshonorer). | Prostituir, estropear : *galvauder son talent*, prostituir su talento. ‖ Fig. *Expression galvaudée*, expresión trillada.
— V. intr. Vagar, vagabundear.

galvaudeux, euse m. et f. Fam. Gandul, golfo (garçon), pendón, m. (fille).

gambade f. Brinco, m. : *faire des gambades*, dar brincos.

gambader v. intr. Brincar, saltar, dar brincos.

gambe f. Mar. Arraigadas, pl.

gambette m. Especie de agachadiza, f. (oiseau). ‖ Pop. Remo, pierna, f. (jambe).

gambiller [gãbije] v. intr. Pop. Brincar (sauter). ‖ Pernear (agiter les jambes). | Bailar (danser).

gambit [gãbi] m. Gambito (aux échecs).

gamelle f. Escudilla (de soldat). ‖ Fiambrera, tartera (de l'ouvrier). ‖ Fig. Rancho, m. : *manger à la gamelle*, comer rancho.

gamète m. Biol. Gameto.

gamin, e m. et f. ● Pilluelo, la. ‖ Rapaz, muchacho, cha; chiquillo, lla (enfant).

— Adj. FAM. Travieso, sa (espiègle) : *un geste gamin*, un ademán travieso.
— SYN. ● *Gavroche*, pilluelo. *Titi*, golfillo.

gaminer v. intr. FAM. Hacer chiquilladas.
gaminerie [gaminri] f. Chiquillada, niñería (enfantillage). ‖ Travesura (espièglerie).
gamma m. Gamma (lettre grecque). ‖ PHYS. *Rayons gamma*, rayos gamma.
gammare m. ZOOL. Gámbaro.
gamme f. Escala, gama (musique) : *faire des gammes au piano*, hacer gamas en el piano. ‖ FIG. Gama (série). ‖ — FIG. *Changer de gamme*, cambiar de tono. ‖ *Chanter sa gamme à quelqu'un*, decir a uno las verdades del barquero, cantar a uno las cuarenta.
gammé, e adj. Gamado, da. ‖ *Croix gammée*, cruz gamada, esvástica.
gamopétale adj. BOT. Gamopétalo, la.
gamosépale adj. BOT. Gamosépalo, la.
ganache f. Barbada (du cheval). ‖ FIG. et FAM. Cernícalo, *m.*, zopenco, *m.* (sot).
Gand [gã] n. pr. GÉOGR. Gante.
gandin m. FAM. Pisaverde, currutaco, pollo bien.
gandoura f. Gandura (blouse arabe).
gang [gãg] m. Gang, partida (*f.*) de malhechores.
Gange n. pr. m. GÉOGR. Ganges (fleuve).
gangétique adj. Gangético, ca.
gangliforme adj. ANAT. Gangliforme.
ganglion m. ANAT. Ganglio.
ganglionnaire adj. Ganglionar.
gangrène f. MÉD. et BOT. Gangrena. ‖ FIG. Gangrena, corrupción (corruption).
gangrener v. tr. Gangrenar.
— V. pr. Gangrenarse.
gangreneux, euse adj. Gangrenoso, sa.
gangster m. Gángster.
gangstérisme f. Gangsterismo.
gangue f. MIN. Ganga.
— OBSERV. *Ganga* significa surtout en espagnol *aubaine, occasion, bonne affaire.*
ganoïde adj. et s. Ganoideo, a (poissons).
ganse f. Trencilla, cordón, *m.* ‖ MAR. Gaza.
ganser v. tr. Poner una trencilla *ou* un cordón.
gant m. Guante. ‖ — *Gant de toilette*, manopla. ‖ *Main de fer dans un gant de velours*, mano de hierro en guante de seda. ‖ *Souple comme un gant*, más suave que un guante. ‖ — *Aller comme un gant*, sentar como anillo al dedo. ‖ *Jeter le gant*, arrojar el guante, desafiar, retar. ‖ *Ne pas prendre des gants*, no andarse con paños calientes. ‖ *Prendre des gants*, obrar con miramiento, tratar con guante blanco. ‖ *Relever le gant*, recoger el guante, aceptar el desafío. ‖ FAM. *Sans me donner des gants*, no es que quiera presumir.
gantelet m. Guantelete, manopla, *f.* (armure). ‖ Manopla, *f.* (de cordonniers, etc.).
ganter v. tr. Enguantar, poner guantes. ‖ FIG. *Ganter du sept et demi*, tener el número siete y medio.
ganterie f. Guantería.
gantier, ère m. et f. Guantero, ra.
gantois, e adj. et s. Gantés, esa.
Ganymède n. pr. m. Ganímedes.
garage m. Garaje, cochera, *f.* (pour automobiles). ‖ Apartadero (voie de garage). ‖ FIG. *Sur la voie de garage*, dejado de lado *ou* puesto en vía muerta.
garagiste m. Garajista.
garance f. Rubia, granza (plante).
— Adj. inv. Rojo vivo, claro, *m.* (couleur).
garancer* v. tr. Teñir de rojo [con la raíz de rubia].
garancière f. AGRIC. Rubial, *m.*
garant, e adj. et s. Fiador, ra ; garante : *se porter garant de quelqu'un*, hacerse fiador de uno. ‖

— M. Garantía, *f.*, seguridad, *f.* ‖ MAR. Beta, *f.* (cordage).
garanti, e adj. Garantizado, da : *appareil garanti un an*, aparato garantizado por un año. ‖ Respaldado, da : *dépôts garantis par l'or*, depósitos respaldados por el oro.
garantie f. ● Garantía, fianza : *laisser en garantie*, dejar como fianza. ‖ Resguardo, *m.* (bancaire). ‖ — *Sans garantie du gouvernement*, sin garantía del Gobierno. ‖ *Sous garantie*, garantizado, con garantía.
— SYN. ● *Assurance*, seguro. *Palladium*, paladión. *Caution*, caución, fianza. *Sauvegarde*, salvaguardia. *Sûreté*, seguridad, seguro.
garantir v. tr. Garantizar, garantir : *je vous le garantis*, se lo garantizo. ‖ Proteger.
— OBSERV. Le verbe *garantir* en espagnol, ne s'emploie qu'aux personnes qui renferment un *i* : *garantimos, garantis, garantía*, etc. ; *garantiré*, etc. ; *garantid, garantiría*, etc. ; *garantiera*, etc. ; *garantiese*, etc. ; *garantiendo, garantido*.
garbure f. Sopa de legumbres, tocino y pato.
garce f. (Vx). Chica, muchacha. ‖ POP. Zorra (fille de mauvaise vie).
— Adj. FAM. Perra, maldita : *garce de vie*, vida perra.
garcette f. Garceta (coiffure). ‖ MAR. Azote, *m.* (fouet). ‖ Cajeta (cordage). ‖ MAR. *Garcette de riz*, rizo.
garçon [garsɔ̃] m. Muchacho. ‖ Varón (enfant mâle). ‖ Soltero (célibataire). ‖ Mozo, oficial : *garçon boucher*, mozo de carnicero ; *garçon coiffeur*, oficial de peluquero. ‖ Mozo (jeune homme), pollo (fam.). ‖ — *Garçon de bureau*, ordenanza. ‖ *Garçon de café, d'hôtel*, camarero, mozo de café, de hotel. ‖ *Garçon de courses*, recadero, mandadero. ‖ *Garçon d'écurie*, mozo de cuadra. ‖ *Garçon de recette*, cobrador (d'une banque). ‖ *Garçon d'étage*, camarero de piso (hôtel). ‖ *Garçon d'honneur*, amigo que acompaña al novio y le asiste durante el casamiento. ‖ *Garçon épicier*, dependiente de una tienda de comestibles. ‖ — *Beau garçon*, buen mozo, guapo mozo. ‖ *Bon o brave garçon*, buen muchacho, buen chico. ‖ *École de garçons*, escuela de niños. ‖ *Joli garçon*, guapo (beau), lindo mozo, buen punto (ironique), buena pieza (ironique). ‖ *Petit garçon*, niño. ‖ *Vieux garçon*, solterón. ‖ — *Enterrer sa vie de garçon*, despedirse de la vida de soltero. ‖ *Rester garçon*, quedarse soltero.
garçonne f. Marimacho, *m.* (virago). ‖ Mujer libre (femme libre).
garçonnet [garsɔnɛ] m. Niño, muchachito.
garçonnière [-njɛ:r] f. Virote, *m.*, marimacho, *m.* (femme). ‖ Piso (*m.*) de soltero, cuarto (*m.*) de soltero (appartement).
garde f. Guardia, custodia (surveillance). ‖ Guardia (boxe, militaire). ‖ Guarda (d'un livre, d'une serrure). ‖ Guarnición (de l'épée). ‖ Enfermera (d'un malade). ‖ — *Garde au sol*, distancia del suelo. ‖ *Garde basse*, guardia baja (boxe). ‖ *Garde civique*, guardia cívica. ‖ *Garde descendante*, guardia saliente. ‖ *Garde mobile*, guardia móvil. ‖ *Garde montante*, guardia entrante. ‖ *Garde nationale*, milicia nacional. ‖ *Garde républicaine*, guardia republicana. ‖ — *Corps de garde*, cuerpo de guardia. ‖ MIL. *Garde à vous!*, ¡firmes! ‖ *Jusqu'à la garde*, hasta la empuñadura. ‖ *Sous bonne garde*, a buen recaudo. ‖ — *Être au garde à vous*, estar firmes. ‖ *Être de garde*, estar de guardia. ‖ *Faire bonne garde sur*, estar ojo avizor a, tener mucho cuidado con. ‖ *Mettre sous bonne garde*, poner a buen recaudo, en buenas manos. ‖ *Mettre sous la garde de*, poner bajo la custodia de. ‖ *Monter la garde*, hacer guardia. ‖ *Prendre garde de*, tener cuidado con. ‖ *Relever la garde*, relevar la guardia. ‖ *Se mettre au garde*

à vous, ponerse firmes, cuadrarse. ‖ *Se mettre
o tomber en garde,* ponerse en guardia. ‖ *Se tenir
sur ses gardes,* estar sobre aviso.
— Pl. Guardias (serrurerie). ‖ Guardas (d'une
reliure).

garde m. Guarda (gardien). ‖ Guardia (agent). ‖
— *Garde champêtre,* guarda rural. ‖ *Garde de
nuit,* guarda de noche, sereno. ‖ *Garde des
archives,* archivero. ‖ *Garde des Sceaux,* ministro
de Justicia, guardasellos (p. us.). ‖ *Garde du
corps,* guardaespaldas, guardia de corps. ‖ *Garde
forestier,* guardabosque.

garde-barrière m. et f. Guardabarrera.
— OBSERV. Pl. *gardes-barrière* o *barrières.*

garde-bœuf m. Picabuey (oiseau).
— OBSERV. Pl. *gardes-bœufs* ou *-bœuf.*

garde-boue m. inv. Guardabarros.

garde-boutique m. inv. (Vx). Martín pescador.

garde-canal m. Vigilante de un canal.
— OBSERV. Pl. *gardes-canal* ou *-canaux.*

garde-chaîne m. Guardacadena.
— OBSERV. Pl. *garde-chaîne* ou *-chaînes.*

garde-chasse m. Guarda de caza, guardamonte.
— OBSERV. Pl. *gardes-chasse.*

garde-chiourme m. (Vx). Cómitre (galères). ‖
Cabo de vara (prisons).
— OBSERV. Pl. *gardes-chiourme.*

garde-corps m. inv. MAR. Andarivel, barandilla, *f.,* guardamancebo. ‖ Parapeto (parapet).

garde-côte m. MAR. Guardacostas, *inv.*
— OBSERV. Pl. *garde-côtes.*

garde-feu m. inv. Alambrera, *f.,* pantalla, *f.* (de
cheminée).

garde-fil m. inv. TECHN. Guiahilo, canal (machine
à coudre).

garde-fou m. Antepecho. ‖ Pretil (parapet).
— OBSERV. Pl. *garde-fous.*

garde-frein m. Guardafrenos [*Amér.,* brequero].
— OBSERV. Pl. *gardes-frein* ou *-freins.*

garde-magasin m. Guardalmacén militar.
— OBSERV. Pl. *gardes-magasin* ou *-magasins.*

garde-malade m. et f. Enfermero, ra.
— OBSERV. Pl. *gardes-malade* ou *malades.*

garde-manger m. inv. Fresquera, *f.*

garde-marine m. Guarda marina.
— OBSERV. Pl. *gardes-marine.*

garde-meuble m. Guardamuebles, *inv.*
— OBSERV. Pl. *garde-meubles.*

garde-mites m. inv. FAM. Guardalmacén militar.

gardenal m. Gardenal.

garde-nappe m. Salvamanteles, *inv.*
— OBSERV. Pl. *garde-nappe* ou *-nappes.*

gardénia f. BOT. Gardenia.

garden-party f. Garden-party, fiesta en un jardín.
— OBSERV. Pl. *garden-parties.*

garde-pêche m. Guarda de pesca (agent). ‖ Guardapesca (bateau).
— OBSERV. El plural es *gardes-pêche* para la primera
acepción, y *garde-pêche* para la segunda.

garde-place m. Guardasitio (dans les trains).
— OBSERV. Pl. *garde-places.*

garde-port [gardəpɔ:r] m. Agente de puerto.
— OBSERV. Pl. *gardes-port* ou *-ports.*

garder v. tr. Guardar : *garder un secret,* guardar
un secreto; *garder le silence,* guardar silencio. ‖
Vigilar : *garder des enfants,* vigilar niños. ‖
Asistir : *garder des malades,* asistir a enfermos.
‖ Conservar : *garder un domestique,* conservar
un doméstico. ‖ Quedarse con : *garde ton manteau,* quédate con tu abrigo. ‖ No quitarse : *il*

avait gardé sa casquette, no se había quitado la
gorra. ‖ FIG. Conservar : *garder ses habitudes,*
conservar sus costumbres. ‖ Mantener : *garder
ses droits,* mantener sus derechos. ‖ Reservar :
ce que l'avenir nous garde, lo que el futuro nos
reserva. ‖ Preservar : *garde-moi de ce malheur,*
presérvame de esta desgracia. ‖ Proteger, amparar, guardar : *Que Dieu vous garde!,* que Dios
le proteja! ‖ Retener : *je te garde à déjeuner,*
te retengo a almorzar. ‖ — *Garder la chambre,*
no salir de ou quedarse en su cuarto. ‖ *Garder
le lit,* guardar cama. ‖ *Garder quelqu'un à vue,*
ponerle a uno guardias de vista. ‖ — *Cage gardée par un goal excellent,* portería defendida por
un guardameta excelente. ‖ *Dieu m'en garde!,*
¡líbreme Dios! ‖ *Passage à niveau gardé,* paso
a nivel con guarda.
— V. pr. Evitar, abstenerse de : *se garder de
faire quelque chose,* abstenerse de hacer una
cosa. ‖ FAM. *Se garder à carreau,* estar alerta (sur
ses gardes), ir con tiento (faire attention).

garderie f. Sitio (*m.*) guardado. ‖ Guardería :
garderie d'enfants, guardería infantil.

garde-rivière m. Guarda de ribera.
— OBSERV. Pl. *gardes-rivière* ou *-rivières.*

garde-robe f. Guardarropa, *m.,* ropero, *m.*
(armoire). ‖ Guardarropa, *m.* (vêtements). ‖
Excusado, *m.* (cabinet).
— OBSERV. Pl. *garde-robes.*

gardeur, euse adj. et s. Guardador, ra. ‖ *Gardeur de cochons, de chèvres, de vaches,* porquero,
cabrero, vaquero.

garde-voie m. Guardavía.
— OBSERV. Pl. *gardes-voie* ou *-voies.*

garde-vue m. inv. Visera, *f.* (pour les yeux). ‖
Pantalla, *f.* (abat-jour).

gardian m. Vaquero (en Camargue).

gardien, enne m. et f. Guardián, ana. ‖ Guarda
(jardin, promenades, etc.) : *gardien d'un musée,*
guarda de un museo. ‖ Depositario, ria (d'objets, etc.). ‖ Portero, ra; conserje (concierge). ‖
FIG. Salvaguardia, *f.* : *l'O. N. U. est la gardienne
de la paix,* la O. N. U. es la salvaguardia de la paz.
‖ — *Gardien de but,* portero, guardameta (football). ‖ *Gardien de la paix,* guardia del orden
público (agent). ‖ *Gardien de prison,* oficial de
prisiones. ‖ *Gardien d'un phare,* torrero. ‖ —
Ange gardien, Ángel de la Guarda.

gardiennage [gardjɛna:3] m. Guardia, *f.,* guardería, *f.*

gardon m. Gobio (poisson). ‖ *Frais comme un
gardon,* fresco como una lechuga.

gare [gar] f. Estación (chemin de fer) : *la micheline entre en gare,* el automotor entra en la estación. ‖ Atracadero, *m.* (rivière). ‖ — *Gare
aérienne,* aeropuerto. ‖ *Gare de triage,* estación de
apartado ou de clasificación, apartadero. ‖ *Gare
terminus,* estación terminal. ‖ — FAM. *À la
gare!,* ¡vete a paseo!

gare! [ga:r] interj. ¡Cuidado!, ¡ojo! ‖ — (Vx).
Gare à l'eau!, ¡agua va! ‖ — *Gare à toi!,* ¡cuidado con lo que haces! ‖ *Gare à vous si...,* pobre
de usted si... ‖ *Sans crier gare,* sin avisar, sin el
menor aviso, de golpe y porrazo.

garenne f. Vivar, *m.,* conejar, *m.* (de chasse). ‖
Vedado (*m.*) ou coto (*m.*) de pesca (de pêche).
‖ — M. Conejo de vivar ou de monte (lapin).

garer v. tr. Apartar (mettre hors d'atteinte). ‖
Preservar, poner a cubierto. ‖ Entrar en la estación (un train). ‖ Llevar a una vía muerta (sur
une voie de garage). ‖ Dejar un vehículo en su
garaje ou cochera. ‖ Aparcar : *garer sa voiture
dans la rue,* aparcar su coche en la calle.
— V. pr. Apartarse. ‖ Guarecerse (s'abriter). ‖

Evitar, ponerse a cubierto : *se garer du danger,* ponerse a cubierto del peligro.

gargamelle f. FAM. Gaznate, *m.*, garguero, *m.*

Gargantua n. pr. m. Gargantúa, *m.* ‖ FAM. Tragaldabas, tragón.

gargariser (se) v. pr. Gargarizar, hacer gárgaras. ‖ FIG. et FAM. Relamerse, chuparse los dedos de gusto por una cosa.

gargarisme m. Gargarismo. ‖ *Faire des gargarismes,* hacer gárgaras.

gargote f. Figón, *m.*, tasca, bodegón, *m.*

gargotier, ère m. et f. FAM. Figonero, ra.

gargouillade [gargujad] f. FAM. Trino, *m.*, gorgorito, *m.*

gargouille [-gu:j] f. Gárgola (d'un toit). ‖ Atarjea, canalón, *m.* (tuyau de descente).

gargouillement [-gujmɑ̃] m. Gorgoteo. ‖ Borborigmo (intestinal).

gargouiller [-guje] v. intr. Harcer gorgoteos el agua (bruit de l'eau). ‖ FAM. Hacer ruido de tripas.

gargouillis [-guji] m. Gorgoteo.

gargoulette [gargulɛt] f. Alcarraza, botijo, *m.*

gargousse f. MIL. Saquete, *m.* (de poudre).

garibaldien, enne adj. et s. Garibaldino, na.

garnement m. Bribón, pillo, granuja.

garigue ou **garrigue** f. Monte (*m.*) bajo, carrascal, *m.*

garni, e adj. Guarnecido, da. ‖ Provisto, ta (muni). ‖ Adornado, da (orné). ‖ Amueblado, da (meublé). ‖ Lleno, na (rempli). ‖ Guarnecido, da; con guarnición : *viande garnie,* carne con guarnición.
— M. Piso *ou* habitación (*f.*) que se alquila amueblado.

garnir v. tr. Guarnecer. ‖ Proveer (munir). ‖ Guarnecer (harnacher). ‖ Adornar (orner). ‖ Amueblar (meubler). ‖ Llenar (remplir). ‖ Rellenar, rehenchir (rembourrer). ‖ Reforzar (renforcer). ‖ Surtir, abastecer (un magasin). ‖ Alimentar (le feu). ‖ CULIN. Guarnecer. ‖ FIG. Llenar, ocupar : *la foule garnit la place,* la gente llena la plaza. ‖ MAR. Guarnir (un câble). ‖ — *Garnir de,* echar (pétrole, bois). ‖ *Garnir le poêle, le feu,* echar leña, carbón, combustible a la estufa, alimentar el fuego.
— V. pr. Guarnecerse. ‖ Llenarse (se remplir).

garnison f. MIL. Guarnición.

garnissage m. Guarnición, *f.* (d'un vêtement). ‖ Adorno, aderezo (ornements). ‖ Accesorios, *pl.* (accessoires). ‖ Relleno (d'un coussin).

garniture f. Guarnición (d'un vêtement). ‖ Aderezo, *m.*, adorno, *m.* (parure). ‖ Juego, *m.*, surtido, *m.* (de boutons). ‖ Guarnición, aderezo, *m.* (d'un plat). ‖ IMPR. Imposición. ‖ MAR. Guarnimiento, *m.* ‖ Forro, *m.* (de freins). ‖ Tapicería (de voiture). ‖ Estopada, empaquetadura (pompes).
— *Garniture de cheminée,* juego de chimenea. ‖ *Garniture périodique,* compresa.

Garonne n. pr. f. GÉOGR. Garona, *m.*

garou n. BOT. Torvisco. ‖ FIG. Coco (loup-garou).

garrigue f. V. GARIGUE.

garrot [garo] m. Cruz, *f.* (des animaux). ‖ Garrote (supplice). ‖ MÉD. Torniquete, garrote. ‖ TECHN. Tarabilla, *f.* (d'une scie). ‖ *Hauteur au garrot,* alzada.

garrotte f. Garrote *m.* (supplice).

garrotter v. tr. Agarrotar.

gars [gɑ] m. FAM. Muchacho, mozo, zagal, chaval : *écoute-moi, mon gars,* escúchame, chaval. ‖ *Beau gars,* buen mozo.

garzette f. Garceta (oiseau).

Gascogne n. pr. f. GÉOGR. Gascuña. ‖ *Golfe de Gascogne,* mar Cantábrico, golfo de Vizcaya.

gascon, onne adj. et s. Gascón, ona. ‖ FIG. Astuto, ta (habile), fanfarrón, ona.

gasconnade f. FAM. Fanfarronada.

gasconner v. intr. Hablar con acento gascón. ‖ Fanfarronear ; echar bravatas.

gas-oil [gazoil] m. Gasoil, gasóleo.

Gaspard n. pr. m. Gaspar.

gaspillage [gaspija:ʒ] m. Despilfarro, derroche.

gaspiller [-je] v. tr. Despilfarrar, derrochar, malgastar (l'argent). ‖ FIG. Desperdiciar : *gaspiller son talent,* desperdiciar su talento. ‖ Desperdiciar, perder (son temps).

gaspilleur, euse [-jœr, ø:z] adj. et s. Despilfarrador, ra ; derrochador, ra.

gastéromycètes m. pl. BOT. Gasteromicetos.

gastéropode ou **gastropodes** m. Gasterópodo (mollusque).

Gaston n. pr. m. Gastón.

gastralgie f. MÉD. Gastralgia.

gastralgique adj. MÉD. Gastrálgico, ca.

gastrectomie f. MÉD. Gastrectomía.

gastrique adj. ANAT. Gástrico, ca : *suc gastrique,* jugo gástrico.

gastrite f. MÉD. Gastritis.

gastro-entérite f. MÉD. Gastroenteritis.

gastro-entérologue m. Gastroenterólogo.

gastro-intestinal, e adj. Gastrointestinal.

gastrologie f. Gastrología.

gastronome m. Gastrónomo.

gastronomie f. Gastronomía.

gastronomique adj. Gastronómico, ca.

gastroscope m. MÉD. Gastroscopio.

gastrotomie f. MÉD. Gastrotomía.

gat [ga] m. MAR. Escala (*f.*) de gato.

gâté, e adj. Echado a perder (détérioré), dañado, da (marchandise), podrido, da (fruit). ‖ Picado, da (dent). ‖ FIG. Mimado, da ; consentido, da (enfant). ‖ Mimado, da : *gâté par la chance,* mimado por la suerte.

gâteau m. Pastel (pâtisserie), pastelillo (petit gâteau). ‖ Panal (miel). ‖ TECHN. Torta, *f.* (de maïs). ‖ *Gâteau à la crème, aux amandes,* pastel de crema, de almendras. ‖ *Gâteau de Savoie,* saboyana. ‖ *Gâteau des Rois,* roscón de Reyes. ‖ *Gâteau feuilleté,* pastel de hojaldre. ‖ *Gâteau sec,* galleta. ‖ — *Papa, maman gâteau,* padrazo, madraza. ‖ — FIG. et FAM. *Avoir part au gâteau,* sacar tajada. ‖ *Ce n'est pas du gâteau,* no es moco de pavo ; no es grano de anís. ‖ *C'est du gâteau!,* es factible ; es pan comido ; está tirado. ‖ *Partager le gâteau,* repartir la ganancia.

gâte-papier m. inv. FAM. Emborronador de cuartillas, mal escritor.

gâter v. tr. ● Dañar, echar a perder (abîmer). ‖ Picar (dents). ‖ Estropear, deteriorar (détériorer). ‖ FIG. Mimar, consentir (un enfant). ‖ Torcer, falsear (fausser). ‖ Colmar de regalos *ou* de atenciones. ‖ *Gâter le métier,* echar a perder el oficio. ‖ *Gâter le plaisir,* amargar el placer.
— V. pr. Echarse a perder. ‖ Emborrascarse, estropearse (le temps). ‖ *Cela se gâte,* eso se pone feo.
— SYN. ● *Corrompre,* corromper. *Pourrir,* podrir. *Pervertir,* pervertir. *Dépraver,* depravar. *Gangrener,* gangrenar. *Perdre,* perder.

gâterie f. Mimo, *m.* ‖ Golosina (friandise).

gâte-sauce m. inv. Pinche (marmiton). ‖ Mal cocinero (mauvais cuisinier).

gâteux, euse adj. Chocho, cha.

gâtine f. Ciénaga.

gâtisme m. Chochez, *f.* ‖ *Tomber dans le gâtisme,* chochear.

gatte f. MAR. Gata.

gattilier m. BOT. Sauzgatillo.

Gaubert [gobɛ:r] n. pr. m. Gualberto.

gauche [go:ʃ] adj. Izquierdo, da ; siniestro, tra (p. us.) : *tournez à gauche,* tuerza a la izquierda.

‖ Izquierdo, da ; zurdo, da (fam.) : *main gauche,* mano izquierda *ou* zurda. ‖ Torcido, da ; tuerto, ta (de travers). ‖ Fig. Torpe, torpón, ona (maladroit). ‖ Géom. Alabeado, da (surface). ‖ — Mil. *À gauche, gauche!,* ¡izquierda, mar! ‖ *Frapper à droite et à gauche,* golpear a diestro y siniestro. ‖ Pop. *Mettre à gauche,* ahorrar. ‖ Fam. *Passer l'arme à gauche,* irse al otro barrio. ‖ *Prendre à droite et à gauche,* recibir de todos los lados. — F. Izquierda (côté, direction). ‖ Izquierda, zurda (main). ‖ — *La gauche,* la izquierda (politique). ‖ *Un homme de gauche,* un izquierdista, un hombre de izquierdas. ‖ — Fam. *Jusqu'à la gauche,* hasta más no poder.

gauchement adv. Torpemente.

gaucher, ère adj. et s. Zurdo, da ; zocato, ta (fam.).

gaucherie [goʃri] f. Fam. Torpeza. ‖ Cortedad (timidité).

gauchir v. tr. Torcer, ladear. ‖ Alabear (surface, planche).
— V. intr. et pr. Torcerse, ladearse. ‖ Alabearse.

gauchisant, e adj. et s. Izquierdista.

gauchisme m. Izquierdismo.

gauchissement [goʃismɑ̃] m. Torcimiento, ladeo. ‖ Alabeo (surface). ‖ Borneadura, ƒ. (bois). ‖ Alabeo (aviation).

gaucho m. Gaucho.

gaude f. Bot. Gualda. ‖ — Pl. Poleadas, gachas de maíz (bouillie).

gaudeamus m. Gaudeamus.

gaudriole f. Fam. Chocarrería, chiste (*m.*) picante : *dire des gaudrioles,* contar chistes picantes.

gaufrage m. Techn. Gofrado (gallicisme), estampado.

gaufre f. Panal (*m.*) de miel (rayon). ‖ Especie de barquillo, *m.* (pâtisserie).

gaufrer v. tr. Techn. Gofrar (gallicisme), estampar (papier). ‖ Encañonar (étoffes).

gaufrette f. Especie de barquillo.

gaufreur, euse m. et f. Estampador, ra. ‖ — F. Máquina de gofrar *ou* de estampar, gofradora.

gaufrier [gofrije] m. Barquillero, gofradora, ƒ. (moule à gaufres).

gaufroir m. Estampador.

gaufrure f. Estampado, *m.*

gaulage m. Agric. Vareo, vareado.

gaule f. Vara (perche). ‖ Caña [de pescar] (canne à pêche). ‖ — Mar. *Gaule d'enseigne,* asta de bandera. ‖ — *Coup de gaule,* varazo.

Gaule n. pr. f. Hist. Galia.

gaulée f. Vareo, *m.*

gauleiter [gaulaitœːr] m. Gauleiter.

gauler v. tr. Agric. Varear.

gaulis [goli] m. Vardasca, ƒ., verdasca, ƒ. ‖ Mimbrera, ƒ. (osier).

gaulois, e adj. et s. Galo, la. ‖ Fig. Algo libre, picante, picaresco, ca.

gauloisement adv. De modo atrevido, picante.

gauloiserie f. Broma atrevida, chiste (*m.*) picante.

gaupe f. Pop. Zorra, mujer perdida (prostituée). ‖ Puerca (sale).

gauss [gos] m. Gauss (unité magnétique).

gausser (se) v. pr. Burlarse, guasearse (se moquer).

gausserie f. Burla, chunga, guasa.

gausseur, euse adj. et s. Burlón, ona ; guasón, ona.

Gautier n. pr. m. Gualterio.

gavache m. Extranjero [en Languedoc y Gascuña].
— Observ. Le mot espagnol *gabacho* s'applique aux français en général et il a un sens péjoratif.

gavage m. Cebadura, ƒ. (action de gaver).

gave m. Torrente pirenaico.

gavé, e adj. Ahíto, ta ; atiborrado, da.

gaver v. tr. Cebar, poner a cebo (les animaux). ‖ Fam. Atiborrar, atracar (de sucreries). ‖ *Je suis gavé de lectures,* estoy harto de lecturas.

gaveau m. Gremial.

gaveur, euse m. et f. Cebador, cebadora de aves.

gavial m. Gavial (crocodile).

gavion ou **gaviot** m. Pop. Gaznate.

gavotte f. Gavota (danse).

gavroche m. Pilluelo [de París], golfillo.

gaz [gɑz] m. Gas : *gaz de ville,* gas de ciudad. ‖ — *Gaz de combat* o *asphyxiant,* gas de combate ou asfixiante. ‖ *Gaz des marais,* gas de los pantanos, metano. ‖ *Gaz pauvre* o *à l'eau,* gas pobre ou de agua. ‖ *Gaz rare,* gas raro, noble. ‖ — *Bec de gaz,* mechero de gas, farola (réverbère). ‖ — *Marcher à plein gaz,* andar a toda velocidad, a todo gas. ‖ *Mettre les gaz,* acelerar un motor de explosión, dar gas.

gazage m. Flameado (des fils).

gaze [gaz] f. Gasa (étoffe).

gazé, e adj. et s. Gaseado, da ; que ha sufrido la acción del gas asfixiante.

gazéifiable adj. Gasificable, que se puede gasificar.

gazéification f. Gasificación.

gazéifier* v. tr. Gasificar.

gazéiforme adj. Gaseiforme.

gazelle f. Zool. Gacela.

gazer v. tr. Flamear (les tissus). ‖ Mil. Atacar con gases asfixiantes.
— V. intr. Ir de prisa un auto. ‖ Darse prisa. Aligerar el paso (se hâter). ‖ Pop. Pitar, carburar, funcionar : *cela gaze à merveille,* esto pita de maravilla.

gazetier m. (Vx). Gacetero.

gazette f. Gaceta (journal). ‖ Correveidile, *m.,* gaceta (bavard).

gazeux, euse adj. Gaseoso, sa. ‖ *Eau gazeuse,* agua gaseosa.

gazier, ère adj. et s. Gasero, ra (qui tisse de la gaze). ‖ Gasista (employé du gaz).[*Amér.,* gasfitero]. ‖ Pop. *Un gazier,* un fulano.

gazoduc [gazodyk] m. Gasoducto.

gazogène m. Techn. Gasógeno.

gazoline f. (P. us.). Gasolina.
— Observ. *Gasolina* est le mot employé couramment en Espagne pour désigner l'*essence.*

gazomètre m. Techn. Gasómetro.

gazométrie f. Gasometría.

gazon m. Césped. ‖ Hierba, ƒ. : *hockey sur gazon,* hockey sobre hierba.

gazonnée f. (P. us.). Cespedera, tepe, *m.*

gazonnement ou **gazonnage** m. Encespedado.

gazonner v. tr. Encespedar, cubrir de césped.

gazonneux, euse adj. Parecido al césped, cespitoso (p. us.).

gazouillant, e [gazujɑ̃, ɑ̃ːt] adj. Gorjeador, ra ; gorjeante (oiseau). ‖ Murmurador, ra (l'eau).

gazouillement [-jmɑ̃] m. Gorjeo (oiseaux). ‖ Balbuceo (enfants). ‖ Murmullo (murmure).

gazouiller [-je] v. intr. Gorjear (oiseaux). ‖ Balbucear (enfants). ‖ Susurrar, murmurar (susurrer).

gazouilleur, euse [-jœːr, øːz] adj. Gorjeador, ra.

gazouillis [-ji] m. Gorjeo. ‖ *Gazouillis des eaux,* murmullo de las aguas.

geai [ʒɛ] m. Arrendajo (oiseau).

géant, e adj. et s. Gigante, ta. ‖ *À pas de géants,* a pasos agigantados.

gecko ou **gekko** m. Zool. Salamanquesa, ƒ.

Gédéon n. pr. m. Gedeón.

géhenne f. Gehena, tormento, *m.* ‖ Fig. Dolor (*m.*) profundo, tormento, *m.*

geignant, e adj. Quejumbroso, sa ; plañidero, ra.

geignard, e [ʒɛɲaːr, ard] adj. et s. Fam. Quejumbrón, ona ; quejica, plañidero, ra.

geignement m. Gimoteo, queja, ƒ.

geindre* [ʒɛ̃:dr] v. intr. Gemir, gimotear, quejarse.

geisha [gɛjʃa] f. Geisha (danseuse japonaise).

gel [ʒɛl] m. Helada, f. ‖ CHIM. Gel.

gélatine f. Gelatina.

gélatiné, e adj. Gelatinado, da.

gélatineux, euse adj. Gelatinoso, sa.

gélatino-bromure m. CHIM. Gelatinobromuro.

gelé, e adj. Helado, da. ‖ FIG. Frío, ía. ‖ Congelado, da ; bloqueado, da (crédits). ‖ POP. Curda (ivre). | Chalado, da (fou).

gelée f. Helada (action de geler). ‖ Gelatina (de viande). ‖ Jalea (de fruits). ‖ — *Gelée blanche*, escarcha. ‖ *Gelée royale*, jalea real.

geler* v. intr. Helar. ‖ Helarse (avoir très froid). ‖ — *Geler à pierre fendre*, hacer un frío que hiela las palabras. ‖ *Geler blanc*, escarchar.

— V. tr. ● Helar : *le froid gèle l'eau des fontaines*, el frío hiela el agua de las fuentes. ‖ Congelar : *crédit gelé*, crédito congelado.

— V. pr. Helarse.

— SYN. ● *Glacer*, helar. *Congeler*, congelar. *Frapper*, enfriar.

gélif, ive adj. Que puede agrietarse con el frío, resquebrajadizo. ‖ Agrietado, da (pierre, bois).

gélification f. CHIM. Gelificación.

gélifier v. tr. CHIM. Gelificar.

gelinotte f. Ganga (oiseau). ‖ Pollita cebada (poule).

gélivure f. Grieta, atronadura (par les gelées).

gélose f. Gelosa (agar-agar).

gélule f. Cápsula (médicament).

gelure f. Congelación.

gémeau m. et **gémelle** f. Gemelo, la. ‖ — M. pl. ASTR. Géminis.

gémellaire adj. Gemelo, la.

gémelliflore adj. Gemelífloro.

gémellipare adj. f. Gemelípara.

géminé, e adj. Geminado, da. ‖ — *École géminée*, escuela mixta. ‖ *Fenêtre géminée*, ajimez.

gémir v. intr. Gemir, quejarse, lamentarse (se plaindre). ‖ Arrullar (la colombe).

gémissant, e adj. Gimiente, quejumbroso, sa.

gémissement m. Gemido.

gémisseur, euse m. et f. FAM. Quejica, quejicoso, sa ; gimoteador, ra ; quejumbroso, sa.

gemmage m. Sangradura (f.) de los pinos, resinación, f.

gemmation f. BOT. Gemación.

gemme [ʒɛm] adj. et s. f. Resina de pino. ‖ BOT. Yema. ‖ *Sel gemme*, sal gema.

gemmé, e [-me] adj. Adornado con gemas.

gemmer [-me] v. tr. Sangrar los pinos.

gemmeur m. Sangrador de pinos, resinero. ‖ Seringuero (de caoutchouc).

gemmifère adj. BOT. Gemífero, ra.

gemmule m. BOT. Gémula.

gémonies [ʒemɔni] f. pl. Gemonías. ‖ — *Traîner aux gémonies*, cubrir de oprobio. ‖ *Vouer quelqu'un aux gémonies*, poner a uno en la picota.

génal, e adj. ANAT. Genal (des joues).

gênant, e adj. Molesto, ta.

gencive [ʒãsi:v] f. ANAT. Encía.

gendarme m. Gendarme (en France), guardia civil (en Espagne). ‖ Jardín, pelo (d'une pierre précieuse). ‖ Roca, f. (dans la montagne). ‖ FAM. Guardia civil, sargento, marimacho (femme autoritaire). ‖ POP. Arenque ahumado (hareng). ‖ — *Dormir en gendarme*, dormir con los ojos abiertos. ‖ *Faire le gendarme*, ser un guardia civil.

gendarmer (se) v. pr. Irritarse, encolerizarse. ‖ Protestar con vehemencia.

gendarmerie f. Gendarmería (en France), guardia civil (en Espagne). ‖ Cuartel (m.) de los gendarmes.

gendre m. Yerno, hijo político.

gène m. ANAT. Gen, gene (facteur héréditaire).

gêne f. ● Molestia, malestar, m. ‖ FIG. Apuro, m., escasez (pauvreté) : *être dans la gêne*, estar en un apuro de dinero. | Embarazo, m., incomodidad (embarras). ‖ (Vx). Tormento, m., tortura. ‖ *Sans gêne*, sin miramientos. V. SANS-GÊNE.

— SYN. ● *Contrainte*, fuerza. *Violence*, violencia.

gêné, e adj. Molesto, ta : *gêné devant lui*, molesto ante él. ‖ Incómodo, da ; molesto, ta : *gêné dans son costume*, incómodo con su traje. ‖ Violento, ta (embarrassé) : *gêné en sa compagnie*, violento en su compañía. ‖ Fastidiado, da (ennuyé). ‖ Apurado, da (sans argent).

généalogie f. Genealogía.

généalogique adj. Genealógico, ca.

généalogiste m. Genealogista, linajista.

gêner v. tr. ● Molestar, incomodar : *votre attitude me gêne*, su actitud me molesta. ‖ Estorbar, entorpecer : *gêner la circulation, un concurrent*, estorbar el tráfico, a un rival. ‖ Poner en un apuro económico. ‖ Fastidiar (ennuyer). ‖ *Si cela ne vous gêne pas*, si no le sirve de molestia.

— V. pr. Molestarse. ‖ — FAM. *Il ne se gêne pas !* ; no se anda con chiquitas, ¡vaya una frescura ! ‖ *Ne vous gênez pas*, no se moleste. ‖ *Si vous avez soif, ne vous gênez pas...*, si tiene sed, está usted en su casa.

— SYN. ● *Embarrasser*, embarazar, embargar. *Entraver*, poner trabas. *Désavantager*, perjudicar, favorecer a otro. *Handicaper*, dar desventaja.

général, e adj. et s. m. General. ‖ — *Général d'armée*, capitán general. ‖ *Général de corps d'armée*, teniente general.

généralat [ʒenerala] m. Generalato.

générale f. Generala (femme du général). ‖ Ensayo (m.) general (théâtre). ‖ MIL. Generala : *battre la générale*, tocar generala.

généralisable adj. Generalizable.

généralisateur, trice adj. Generalizador, ra.

généralisation f. Generalización.

généraliser v. tr. Generalizar.

— V. pr. Generalizarse.

généralissime m. Generalísimo.

généraliste adj. et s. Internista (médecin).

généralité f. Generalidad : *s'en tenir à des généralités*, limitarse a generalidades.

générateur, trice adj. Generador, ra.

— M. TECHN. Generador. ‖ — F. GÉOM. Generatriz.

génératif, ive adj. Generativo, va.

génération f. Generación.

généreux, euse adj. Generoso, sa. ‖ *Femme aux formes généreuses*, mujer rellenita, de formas generosas.

générique adj. Genérico, ca.

— M. CINÉM. Ficha (f.) técnica.

générosité f. Generosidad.

— SYN. *Grandeur d'âme*, grandeza de alma. *Magnanimité*, magnanimidad.

Gênes [ʒɛ:n] n. pr. GÉOGR. Génova.

genèse f. Génesis (d'une œuvre). ‖ *La Genèse*, el Génesis (livre saint).

génésiaque adj. Genesíaco, ca.

génésique adj. Genésico, ca.

genet [ʒənɛ] m. Caballo berberisco.

genêt [ʒənɛ] m. BOT. Retama, f. ‖ — *Genêt d'Espagne*, retama de olor, gayomba. ‖ *Genêt épineux*, aliaga, aulaga.

généthliaque adj. Genetlíaco, ca.

généticien, enne m. et f. Genetista, geneticista.

genêtière f. AGRIC. Retamal, m., retamar, m.

génétique adj. et s. f. BIOL. Genético, ca.

genette f. ZOOL. Jineta (mammifère). ‖ *À la genette*, a la jineta.

gêneur, euse m. et f. Estorbo, m., obstáculo, m., importuno, na (personne qui gêne).

Genève n. pr. GÉOGR. Ginebra.
Geneviève [ʒənvjɛ:v] n. pr. f. Genoveva.
genevois, e adj. et s. Ginebrino, na.
genévrette ou **genevrette** f. Licor (m.) de enebro.
genévrier [ʒənevrije] m. BOT. Enebro.
genévrière f. BOT. Enebral, m.
génial, e adj. Genial. || Idée o action géniale, genialidad.
génie m. Genio (divinité). || Genio (talent). || FIG. Instinto, talento, disposición, f. : le génie des affaires, tiene instinto para los negocios. | Carácter, índole, f. : le génie d'une langue, el carácter de una lengua. || Cuerpo de ingenieros : génie militaire, cuerpo de ingenieros militares; génie maritime, cuerpo de ingenieros navales. || — Génie civil, ingeniería. || Génie rural, ingeniería agrícola.
genièvre [ʒənjɛ:vr] m. Enebro (genévrier). || Enebrina, f. (baie). || Ginebra, f. (alcool).
génisse f. Becerra, novilla.
génital, e adj. Genital : organes génitaux, órganos genitales.
géniteur, trice adj. et s. Genitor, ra.
génitif m. GRAMM. Genitivo.
génito-urinaire adj. Genitourinario, ria.
géniture f. Genitura.
génocide m. Genocidio.
génois, e adj. et s. Genovés, esa.
genope f. MAR. Barbeta.
génotype m. Genotipo.
genou [ʒənu] m. ANAT. Rodilla, f. || MAR. Genol. || MÉCAN. Articulación, f., rótula, f. || — Les genoux d'un pantalon, las rodilleras. || — À deux genoux, de rodillas, humildemente. || À genoux, de rodillas (mot usuel), de hinojos (littéraire). || FAM. Sur les genoux, agotado. || — Fléchir le genou, doblar la rodilla, humillarse. || Mettre un genou en terre, hincar la rodilla. || Se mettre à genoux, arrodillarse, hincarse de rodillas. || Sentir ses genoux fléchir, flaquearle a uno las piernas.
genouillère [ʒənujɛ:r] f. Rodillera. || MÉCAN. Articulación, rótula.
genre [ʒɑ̃:r] m. Género, especie, f., clase, f., tipo : de quel genre de choses s'agit-il?, ¿de qué clase de cosas se trata? | Tipo : comédie de genre américain, comedia de tipo americano. || — Tableau de genre, cuadro de costumbres. || — Avoir mauvais genre, tener malas maneras, mala catadura. || Faire o se donner du genre, darse tono.
gens [ʒɑ̃] m. ou f. pl. Gente, f. sing. : de braves gens, buena gente; gens de guerre, de mer, gente de guerra, de mar; gens d'affaires, gente de negocios; beaucoup de gens le croient, mucha gente lo cree. || Gente : les gens de service, la gente de servicio; réunir ses gens, reunir su gente. || Gente : gens de bas étage, gente de baja estofa; gens de sac et de corde, gente maleante; petites gens, gente común, humilde, modesta. || DR. Gentes : droit des gens, derecho de gentes. || — Gens de cour, cortesanos. || Gens d'église, clérigos, gente de Iglesia. || Gens de lettres, literatos. || Gens de maison, empleados domésticos. || Gens d'épée, militares (soldats), hidalgos (nobles). || Gens de robe, togados. || — Jeunes gens, jóvenes. || Vieilles gens, ancianos.
— OBSERV. Gente s'emploie beaucoup moins souvent au pluriel en espagnol qu'en français. Les loc. buenas gentes, gentes de letras, etc., sont des gallicismes. Désignant un ensemble d'individus, gente se traduit par « monde » : hay mucha gente en la calle, il y a beaucoup de monde dans la rue.
— En francés se ponen en f. los adj. y participios que preceden a gens y en m. los que le siguen (les vieilles gens sont soupçonneux, los ancianos son recelosos). En cuanto al verbo éste debe ir siempre en plural. Tous se pone en masculino cuando gens va seguido por un epíteto o cualquier otra palabra determinante (tous les gens sensés, tous ces gens-là).

En el sentido de la gente de servicio o de cierto grupo de personas la palabra gens es siempre masculino.
gens [ʒɑ̃] f. Gente (famille romaine).
— OBSERV. Pl. gentes.
gent [ʒɑ̃] f. Gente (nation). || FAM. Raza, orden (m.) de animales. || — La gent ailée, las aves. || La gent marécageuse, las ranas.
gent, e adj. Gentil, apuesto, ta : gente demoiselle, gentil señorita; gente dame, apuesta señora.
gentiane [ʒɑ̃sjan] f. BOT. Genciana.
gentil, ille [ʒɑ̃ti, i:j] adj. ● Gentil, gracioso, sa (gracieux) : un geste gentil, un ademán gracioso. || Atento, ta; amable, simpático, ca : vous êtes très gentil, es usted muy amable. || Bueno, na (sage). || Placentero, ra; amable : un mot gentil, una palabra amable. || Mono, na; lindo, da (joli). || FAM. Bueno, na; considerable : une gentille somme, una buena cantidad. || — Ce n'est pas gentil, no está bien, no es muy bonito. || C'est très gentil à vous d'être venu, ha sido usted muy amable viniendo.
— M. Gentil (païen).
— SYN. ● Mignon, mono. Gracieux, gracioso. Mignard, remilgado. Mièvre, empalagoso, afectado.
gentilhomme [-jɔm] m. Hidalgo, gentilhombre. || Gentilhomme de bouche, de manche, de chambre, gentilhombre de boca, de manga, de cámara.
— OBSERV. Pl. gentilshommes.
gentilhommerie [-jɔmri] f. Hidalguía. || Conjunto (m.) de hidalgos.
gentilhommière [-jɔmjɛ:r] f. Casa solariega.
gentilité [-lite] f. Gentilidad.
gentillesse [-jɛs] f. Amabilidad, gentileza, atención, detalle, m. : il m'a fait mille gentillesses, ha tenido miles de atenciones conmigo. || Gracia, donaire, m., gentileza (grâce). || Simpatía.
gentillet, ette [-jɛ, ɛt] adj. Bastante amable, bonito, ta; monín, ina.
gentiment [-mɑ̃] adv. Agradablemente, amablemente, atentamente. || Por las buenas, amistosamente, amigablemente : traitons cela gentiment, tratemos eso por las buenas. || Graciosamente, monamente : la maison était gentiment arrangée, la casa estaba arreglada monamente.
gentleman m. Gentleman, caballero.
— OBSERV. Pl. gentlemen.
génuflexion f. Genuflexión. || FIG. Adulación.
géocentrique adj. ASTR. Geocéntrico, ca.
géocentrisme m. Geocentrismo.
géode f. GÉOL. Geoda.
géodésie f. Geodesia.
géodésique adj. Geodésico, ca.
— M. Geodésica, f.
Geoffroi [ʒɔfrwa] n. pr. m. Godofredo.
géographe m. Geógrafo.
géographie f. Geografía.
géographique adj. Geográfico, ca.
géoïde m. Geoide.
geôlage [ʒola:ʒ] m. Calabozaje, carcelaje.
geôle [ʒo:l] f. Cárcel, prisión.
geôlier [-lje] m. Carcelero.
geôlière [-ljɛ:r] f. Carcelera.
géologie [ʒeɔlɔʒi] f. Geología.
géologique adj. Geológico, ca.
géologue m. Geólogo.
géomagnétique adj. Geomagnético, ca.
géomancie [ʒeɔmɑ̃si] f. Geomancia.
géométral, e adj. Geometral.
géomètre m. Geómetra. || Agrimensor, perito topógrafo (arpenteur).
— F. Falena (insecte).
géométrie f. Geometría : géométrie dans l'espace, cotée, geometría del espacio, por planos acotados.
géométrique adj. Geométrico, ca.
géomorphologie f. Geomorfología, geomorfía.

géophage adj. et s. Geófago, ga.
géophagie f. Geofagia.
géophysique f. Geofísica.
géopolitique f. Geopolítica.
géorama m. Georama.
Georges [ʒɔrʒ] n. pr. m. Jorge.
Georgette [-ʒɛt] n. pr. f. Jorgina.
Géorgie n. pr. f. GÉOGR. Georgia.
géorgien, enne adj. et s. Georgiano, na.
géorgique adj. Geórgico, ca (agricole).
— F. pl. Geórgicas (poème).
géosynclinal [ʒeosɛ̃klinal] m. GÉOGR. Geosinclinal.
géothermie f. Geotermia.
géothermique adj. Geotérmico, ca.
géotropisme m. BOT. Geotropismo.
gérance f. Gerencia.
géraniacées f. pl. BOT. Geraniáceas.
géranium [ʒeranjɔm] m. BOT. Geranio.
gérant, e m. et f. Gerente. ‖ *Gérant d'immeubles*, administrador de fincas urbanas.
Gérard [ʒera:r] n. pr. m. Gerardo.
gerbage m. AGRIC. Agavillado, estiba, f.
gerbe f. Gavilla, haz, m. (céréales). ‖ Surtidor, m., chorro, m. (d'eau). ‖ Haz, m., abanico, m. (de fusées). ‖ — FIG. *Gerbe de feu*, manga de cohetes, haz de fuego. ‖ *Gerbe de fleurs*, ramo de flores.
gerber v. tr. Agavillar (les céréales). ‖ Apilar barriles (tonneaux), cajas (caisses).
— V. intr. Surgir *ou* salir un chorro (eau).
gerbeur, euse adj. et s. AGRIC. Agavillador, ra. ‖ — F. Aparato (m.) para apilar barriles. ‖ *Gerbeuse à fourches*, apiladora de horquilla.
gerbier m. AGRIC. Almiar (meule).
gerbière f. AGRIC. Carreta para transportar las gavillas (charrette).
gerboise f. Gerbo, m., jerbo, m. (rongeur).
gerce f. Grieta. ‖ Polilla (teigne).
gercement m. Agrietamiento.
gercer* v. tr. Agrietar (la peau).
— V. intr. et pr. Cortarse, agrietarse. ‖ Resquebrajarse (pierre, etc.).
gerçure [ʒɛrsy:r] f. Grieta, cortadura.
gérer* v. tr. Administrar. ‖ Llevar, manejar : *gérer ses affaires*, llevar sus negocios. ‖ *Se gérer créancier*, reclamar sus derechos de acreedor.
gerfaut [ʒɛrfo] m. Gerifalte (oiseau de proie).
gériatrie f. MÉD. Geriatría.
germain, e adj. *Cousins germains*, primos hermanos. ‖ *Cousins issus de germains*, primos segundos. ‖ *Frères germains*, hermanos carnales. ‖ — Adj. et s. Germano, na.
Germain, e n. pr. m. et f. Germán, Germana.
germandrée f. BOT. Teucrio, m., germandrina. ‖ — *Germandrée blanche*, zamarrilla. ‖ *Germandrée petit-chêne*, camedrio.
Germanicus n. pr. m. Germánico.
Germanie n. pr. f. HIST. Germania.
germanique adj. et s. Germánico, ca.
germanisant, e adj. et s. Germanista.
germanisation f. Germanización.
germaniser v. tr. Germanizar : *germaniser un nom propre*, germanizar un nombre propio.
germanisme m. Germanismo.
germaniste m. et f. Germanista.
germanium [ʒɛrmanjɔm] m. CHIM. Germanio (métal).
germanophile adj. et s. Germanófilo, la.
germanophobe adj. et s. Germanófobo, ba.
germe m. ● Germen. ‖ Galladura, f. (œuf). ‖ — *En germe*, en germen (plante), en cierne (figuré).
— SYN. ● *Semence*, simiente. *Grain*, grano. *Graine*, semilla.
germer v. intr. Germinar (mot littéraire), brotar (mot courant). ‖ FIG. Germinar, nacer.
germicide adj. et s. m. Germicida.

germinal, e adj. BOT. Germinal.
— M. Germinal [séptimo mes del calendario republicano francés].
germinateur, trice adj. et s. Germinador, ra.
germinatif, ive adj. BIOL. Germinativo, va : *pouvoir germinatif*, potencial germinativo.
germination f. Germinación.
germoir m. AGRIC. Semillero (pour semences). ‖ TECHN. Germinadero (de brasserie).
germon m. Bonito (thon).
gérondif m. GRAMM. Gerundio.
Gérone n. pr. GÉOGR. Gerona.
géronte m. FAM. Vejestorio, carcamal, viejo gruñón y ridículo. ‖ THÉÂTR. Geronte.
gérontisme m. Chochez, f., senilidad, f.
gérontocratie f. Gerontocracia.
gérontologie f. MÉD. Gerontología.
Gertrude n. pr. f. Gertrudis.
Gervais, e n. pr. m. et f. Gervasio, Gervasia.
gésier [ʒezje] m. ANAT. Molleja, f.
gésine f. (P. us.). Parto, m.
gésir* v. intr. Yacer. ‖ FIG. Encontrarse, residir (se trouver). ‖ *Ci-gît*, aquí yace.
— OBSERV. Este verbo es irregular y sólo se usa en las personas siguientes : Pres. ind. : *il gît, nous gisons, vous gisez, ils gisent ;* imperf. : *je gisais, tu gisais, il gisait, nous gisions, vous gisiez, ils gisaient ;* ger. : *gisant.*
gesse f. BOT. Almorta, muela, guija.
gestation f. BIOL. Gestación.
gestatoire adj. Gestatorio, ria : *chaise gestatoire*, silla gestatoria.
geste m. ● Ademán, gesto, movimiento. ‖ — *Avoir un beau geste*, tener un buen detalle. ‖ *Faire un geste de la main*, hacer una señal con la mano. ‖ *Joindre le geste à la parole*, unir la acción a la palabra. ‖ — F. (Vx). Gesta (prouesse). ‖ — *Chanson de geste*, cantar de gesta. ‖ *Les faits et gestes de quelqu'un*, la vida y milagros de uno.
— SYN. ● *Attitude*, continente. *Mouvement*, movimiento.
gesticulation f. Ademanes, m. pl.
gesticuler v. intr. Hacer ademanes, gesticular.
gestion f. Gestión.
gestionnaire adj. Gestor, ra.
— M. Gerente, gestor. ‖ Intendente (d'un hôpital militaire).
Gètes n. pr. HIST. Getas.
Gétules m. pl. HIST. Getulos (peuplade africaine).
geyser [ʒeze:r ou ʒɛze:r] m. Géyser, géiser.
ghanéen, enne adj. et s. Ghanés, esa.
ghazel m. Zéjel (poésie arabe).
ghetto m. Judería, f., barrio judío, ghetto.
ghilde f. Guilda (ancienne association commerciale).
giaour [ʒjaur] m. Infiel, cristiano (chez les mahométans).
gibbon m. Gibón (singe).
gibbosité f. Giba, joroba.
gibecière [ʒibsjɛ:r] f. ● Zurrón, m., morral, m. (sac de berger). ‖ Bolsa, cartera (d'écolier). ‖ Caja, bolsa (d'un escamoteur). ‖ *Tour de gibecière*, escamoteo, juego de manos.
— SYN. ● *Musette*, morral. *Sacoche*, bolsa, cartera. *Carnier, carnassière*, morral. *Panetière*, zurrón.
gibelet [ʒible] m. TECHN. Barrena, f. (vrille).
gibelin, e [ʒible, in] adj. et s. Gibelino, na.
gibelotte [ʒiblɔt] f. Estofado (m.) de conejo.
giberne f. MIL. Cartuchera.
gibet [ʒibe] m. Horca, f. (potence). ‖ Patíbulo, cadalso (échafaud). ‖ Cabria, f. (de puisatier). ‖ FIG. Cruz, f. (croix).
gibier m. Caza, f. : *gros gibier*, caza mayor ; *menu gibier*, caza menor. ‖ — *Gibier à plume, à poil*, aves *ou* caza de pluma, caza *ou* caza de pelo. ‖ FAM. *Gibier de potence*, carne de horca. ‖ *Lever le gibier*, levantar la caza.

giboulée f. Chubasco, *m.*, aguacero, *m.*, chaparrón, *m.*

giboyeux, euse [ʒibwajø, ø:z] adj. Abundante en caza.

Gibraltar n. pr. GÉOGR. Gibraltar. *Rocher, détroit de Gibraltar,* peñón, estrecho de Gibraltar.

gibus [ʒibys] m. Clac (chapeau haut de forme).

giclée f. Chorro, *m.*

giclement m. Salpicadura, *f.*, rociadura, *f.*

gicler v. intr. Salpicar (éclabousser), saltar (jaillir), rociar (arroser).

gicleur m. Surtidor, pulverizador, chicler (de carburateur).

giffard m. TECHN. Inyector de calderas.

gifle f. Bofetada.

— SYN. *Soufflet,* bofetón. *Tape,* sopapo, cachete. *Baffe,* chuleta. *Fam. Claque,* guantada. *Taloche,* pescozón. Pop. *Mornifle,* soplamocos, revés. *Calotte,* pescozón.

gifler v. tr. Abofetear.

gigantesque adj. Gigantesco, ca.

gigantisme m. Gigantismo.

gigantomachie f. Gigantomaquia.

gigogne adj. Encajado, da. ‖ — *Lits gigognes,* camas nido. ‖ *Table gigogne,* mesas nido, serie de mesas que encajan unas con otras.
— F. POP. *Mère Gigogne,* mujer con muchos hijos.

gigolette f. FAM. Mujerzuela.

gigolo m. FAM. Chulo, « gigolo ».

gigot [ʒigo] m. Pierna (*f.*) de cordero. ‖ Anca, *f.* (du cheval). ‖ *Manches à gigot,* mangas de jamón.

gigoter v. intr. Patalear, pernear.

gigue f. ‖ Giga (danse). ‖ Pernil de corzo. ‖ FAM. Zanca (longue jambe). ‖ POP. *Une grande gigue,* espingarda, palo de escoba.

Gilbert, e [ʒilbɛ:r, ɛrt] n. pr. m. et f. Gilberto, Gilberta.

gilde f. Guilda.

gilet [ʒilɛ] m. Chaleco : *gilet rayé,* chaleco de rayas. ‖ Camiseta, *f.* (sous-vêtement). ‖ *Gilet de sauvetage,* chaleco salvavidas.

giletier, ère m. et f. Chalequero, ra. ‖ — F. Leontina (chaîne de montre).

gille [ʒil] m. Bufón, payaso (bouffon). ‖ FIG. et FAM. Memo, bobo. ‖ *Faire le gille,* dárselas de payaso.

Gilles [ʒil] n. pr. m. Gil.

gimblette f. Rosquilla (pâtisserie).

gin [djin] m. Ginebra, *f.*

gindre [ʒɛ̃:dr] m. Oficial de panadero, amasador.

gingembre [ʒɛ̃ʒɑ̃:br] m. BOT. Jengibre.

gingival, e adj. ANAT. Gingival.

gingivite f. MÉD. Gingivitis.

ginguet, ette [ʒɛ̃gɛ, ɛt] adj. FAM. Algo agrio (vin). ‖ FIG. De poco valor.
— M. Vinucho, aguapié.

giorno (a) loc. adj. inv. ital. A giorno.

girafe f. ZOOL. Jirafa. ‖ Jirafa (cinéma).

girandole f. Girándula (candélabre). ‖ Arracada, pendiente, *m.* (bijou).

girasol m. Ópalo girasol.

giration f. Giro, *m.*

giratoire adj. Giratorio, ria.

giravion m. Giravión.

girl [gər:l] f. Corista, vicetiple, bailarina de conjunto.

girofle m. Clavo (clou de girofle).

giroflée f. BOT. Alhelí, *m.* ‖ FAM. *Donner une giroflée à cinq feuilles,* llenarle a uno la cara con los cinco dedos, dar un bofetón.

giroflier m. BOT. Clavero.

girolle f. Mízcalo, *m.* (champignon).

giron m. Regazo : *le giron maternel,* el regazo materno. ‖ BLAS. Jirón. ‖ FIG. Seno : *rentrer dans le giron de l'Église,* volver al seno de la Iglesia. ‖ TECHN. Huella, *f.* (d'une marche).

girond, e adj. POP. Guapo, pa.

Gironde n. pr. f. GÉOGR. Gironda, *m.*

girondin, e adj. et s. Girondino, na.

gironné, e adj. et s. m. BLAS. Jironado.

girouette [ʒirwɛt] f. Veleta (pour le vent). ‖ FIG. Veleta, *m. ou f.,* tornadizo, za (personne qui change d'opinion). ‖ MAR. Cataviento, *m.*

gisant, e adj. Yacente, tendido, da.
— M. Estatua (*f.*) yacente.

Gisèle n. pr. f. Gisela.

giselle f. (P. us.). Especie de muselina.

gisement m. MAR. Demora, *f.*, arrumbamiento. ‖ MIN. Yacimiento, criadero (de minerai).

gît [ʒi]. V. GÉSIR.

gitan, e m. et s. Gitano, na.

gîte [ʒit] m. Morada, *f.*, albergue (demeure). ‖ ● Cama, *f.* (lièvre), madriguera, *f.* (animaux). ‖ MIN. Yacimiento. ‖ — *Gîte à la noix,* codillo de vaca. ‖ — MAR. *Donner de la gîte,* dar de banda.
— SYN. ● *Terrier,* madriguera. *Tanière,* cubil. *Repaire,* guarida.

gîter v. tr. Albergar. ‖ Alojar : *gîter un voyageur,* alojar a un viajero.
— V. intr. et pr. Albergarse. ‖ Encamarse (animal). ‖ MAR. Dar de banda.

givrage m. Capa de escarcha, *f.*

givre m. Escarcha, *f.*

givrer v. tr. Escarchar.

givreux, euse adj. Resquebrajado, da (pierres précieuses).

glabelle f. ANAT. Entrecejo, *m.*

glabre adj. Lampiño, ña ; glabro, bra (imberbe). ‖ BOT. Desnudo, da (nu), liso, sa (lisse).

glaçage m. Glaseado (papier, pâtisserie).

glaçant, e adj. Glacial : *vent glaçant,* viento glacial. ‖ FIG. Frío, glacial.

glace f. Hielo, *m.* (eau congelée). ‖ Helado, *m.* : *glace au café, à la vanille,* helado de café, de mantecado. ‖ CULIN. Escarchado, *m.* ‖ FIG. Frialdad (froideur). ‖ Espejo, *m.* (miroir). ‖ Luna : *armoire à glace,* armario de luna. ‖ Cristal, *m.*, vidrio, *m.* (vitre, carreau). ‖ TECHN. Jardín, *m.*, paño, *m.* (d'un diamant). ‖ Ventanilla, cristal, *m.* (d'une voiture). ‖ — *Glace de poche,* espejillo. ‖ — *Être de glace,* ser como un pedazo de hielo. ‖ FAM. *Regarde-toi dans une glace!,* ¡anda que tu! ‖ *Rompre la glace,* romper el hielo.

glacé, e adj. ● Helado, da (par le froid). ‖ Escarchado, da (sucreries). ‖ Glaseado, da (lustré). ‖ FIG. Frío, glacial.
— SYN. ● *Glacial,* glacial. *Glaçant,* helado, frío.

glacer* v. tr. Helar, congelar (le froid). ‖ Escarchar (avec du sucre). ‖ FIG. Dejar helado ou frío, paralizar. ‖ TECHN. Glasear, lustrar (lustrer).

glacerie f. Cristalería (de vitres).

glaceur m. TECHN. Glaseador.

glaceux, euse adj. TECHN. Empañado, da (diamants).

glaciaire adj. Glaciar : *période glaciaire,* período glaciar.

glacial, e adj. Glacial.
— OBSERV. Pl. *glacials.*

glaciation f. GÉOL. Glaciación, formación de glaciares.

glacier m. Glaciar, helero (masse de glace). ‖ Ventisquero (simple amas de neige et de glace). ‖ Horchatero (limonadier). ‖ Heladero (marchand de glaces). ‖ Cristalero (vitrier).

glacière f. ● Nevera (meuble). ‖ Heladora (sorbetière). ‖ FIG. Nevera.
— SYN. ● *Réfrigérateur,* refrigerador. *Frigorifique,* frigorífico. *Frigorifère,* frigorífero.

glaciologie f. Glaciología, glaciarismo, *m.*

glaciologue m. Glaciólogo.

glacis [glasi] m. Glacis, explanada, *f.* (fortification). ‖ Veladura, *f.*, color transparente (couleur). ‖ ARCHIT. Vertiente para la caída del agua.

glaçon m. Témpano, carámbano. ‖ Cubito de hielo (pour les boissons). ‖ FIG. Témpano, persona (*f.*) fría.

glaçure f. TÉCHN. Vidriado, *m.*

gladiateur m. Gladiador.

glaïeul [glajœl] m. BOT. Gladíolo, estoque (p. us.).

glaire f. Clara (d'œuf). ‖ Flema (sécrétion).

glairer v. tr. Enlustrar con clara de huevo.

glaireux, euse adj. Flemoso, sa; viscoso, sa.

glaise f. Greda, arcilla. ‖ *Terre glaise,* tierra gredosa, barro (sculpture).

glaiser v. tr. Arcillar, engredar (enduire de glaise). ‖ AGRIC. Arcillar, abonar con greda (amender).

glaiseux, euse adj. Arcilloso, sa; gredoso, sa.

glaisière f. Gredal.

glaive m. Espada (épée). ‖ FIG. Guerra, *f.* : *tirer le glaive,* declarar la guerra. | Poder : *le glaive des lois, le glaive spirituel,* el poder de las leyes, el poder de la Iglesia. ‖ *Remettre le glaive dans le fourreau,* envainar la espada.

glanage m. Rebusca, *f.*, espigueo.

gland [glɑ̃] m. Madroño, borla, *f.* (passementerie). ‖ ANAT. Glande, bálano. ‖ BOT. Bellota, *f.* ‖ *Gland de mer,* bálano, bellota de mar, pie de burro.

glandage m. DR. Derecho de montanera.

glande f. ANAT. Glándula. ‖ FAM. Ganglio, *m.*, seca (ganglion enflammé).

glandée f. AGRIC. Montanera, bellotera : *aller à glandée,* ir a la montanera.

glandulaire ou **glanduleux, euse** adj. Glandular.

glane f. AGRIC. Espigueo, *m.*, rebusco, *m.* ‖ (P. us.). Ristra (d'oignons).

glaner v. tr. AGRIC. Espigar, rebuscar. ‖ FIG. Rebuscar, sacar.

glaneur, euse m. et f. AGRIC. Espigador, ra.

glapir v. intr. Gañir, chillar (animaux). ‖ Chillar (personnes).

glapissant, e adj. Chillón, ona; vocinglero, ra.

glapissement m. Gañido, aullido (animaux). ‖ FIG. Chillido (personnes).

glaréole f. ZOOL. Glaréola, perdiz de mar.

glas [gla] m. Tañido fúnebre. ‖ — *Sonner le glas,* doblar las campanas, tocar a muerto. ‖ FIG. *Sonner le glas des espérances,* acabar con las esperanzas.

glatir v. intr. Chillar (l'aigle).

glaucome m. MÉD. Glaucoma.

glauque adj. Glauco, ca.

glèbe f. Gleba : *serf de la glèbe,* siervo de la gleba.

gléchome ou **gléoome** m. BOT. Hiedra (*f.*) terrestre.

glène f. ANAT. Glena. ‖ MAR. Aduja (d'un câble).

gléner v. tr. MAR. Adujar.

glénoïdal, e ou **glénoïde** adj. ANAT. Glenoïdeo, a.

gliome m. Glioma (tumeur).

glissade f. Resbalón, *m.* : *faire une glissade,* dar un resbalón. ‖ Patinazo, *m.* ‖ Resbaladero, *m.*, deslizadero, *m.* (surface gelée). ‖ Cupé, *m.*, paso (*m.*) de lado (danse). ‖ FIG. Desliz, *m.*, patinazo, *m.* (faute).

glissage m. Arrastre de la leña por los resbaladeros del monte.

glissant, e adj. Resbaladizo, za; escurridizo, za. ‖ FIG. *Terrain, sentier glissant, pente glissante,* terreno resbaladizo, posición delicada *ou* peligrosa.

glissé m. Cupé, paso de lado (danse).

glissement m. Deslizamiento. ‖ Resbalamiento. ‖ Desmoronamiento, corrimiento (de terrain). ‖ Derrumbe (mines).

glisser v. intr. Resbalar, escurrirse (en général involontairement) : *glisser sur la glace,* resbalar en el hielo. ‖ Patinar (patiner). ‖ Deslizarse (sur une surface lisse). ‖ Rodar : *glisser sous la table,* rodar debajo de la mesa. ‖ Dar un resbalón : *le pied lui a glissé,* ha dado un resbalón. ‖ FIG. et FAM. Escurrirse. ‖ Escaparse (échapper) : *cela m'a glissé des mains,* se me ha escapado de las manos. ‖ Pasar por alto (effleurer à peine un sujet). ‖ Esbozar : *un sourire glissa sur ses lèvres,* esbozó una sonrisa. ‖ Tener *ou* traer sin cuidado, no hacer la menor mella (ne pas faire impression) : *les critiques glissent sur lui,* las críticas le tienen sin cuidado.
— V. tr. Deslizar, decir : *je lui en glisserai un mot,* le diré dos palabras. ‖ Echar, deslizar : *glisser une lettre sous la porte,* echar una carta bajo la puerta. ‖ Insinuar. ‖ *Tout lui glisse entre les doigts,* tiene manos de trapo.
— V. pr. ● Deslizarse, escurrirse, colarse : *se glisser parmi les buissons,* escurrirse entre los matorrales. ‖ Meterse : *se glisser au lit,* meterse en la cama.
— SYN. ● *S'insinuer,* insinuarse. *Se faufiler,* meterse. *S'infiltrer,* infiltrarse.

glissière f. TECHN. Corredera : *fermeture à glissière,* cierre de corredera. ‖ Guía (mécanique).

glissoir m. Pasador (d'une chaîne). ‖ Resbaladero (pour le bois).

glissoire f. Patinadero, *m.*

globaire adj. Globular.

global, e adj. Global.

globe [glɔb] m. Globo : *globe terrestre,* globo terráqueo. ‖ Fanal de cristal (pour horloges, fleurs) : *mettre sous globe,* meter en un fanal. ‖ Bomba, *f.* (de lampe).

globe-trotter m. Trotamundos, « globe-trotter ».

globigérine f. Globigerina.

globulaire adj. Globular.
— F. BOT. Globularia, corona de rey.

globule m. Glóbulo.

globuleux, euse adj. Globuloso, sa. ‖ *Œil globuleux,* ojo saltón.

globulin m. MÉD. Plaqueta, *f.*

globuline f. Globulina.

gloire f. Gloria. ‖ Aureola (d'un saint). ‖ — *À la gloire de...,* en honor de... ‖ *Se faire gloire de,* vanagloriarse de, enorgullecerse de. ‖ *Se faire une gloire de,* tener a mucha honra. ‖ FAM. *Travailler pour la gloire,* trabajar por amor al arte, trabajar para el obispo.
— OBSERV. *Gloire* peut avoir, quoique rarement, le sens espagnol de « gloria » (ciel, paradis).

glome m. Pulpejo (de chevaux).

glomérule m. Glomérulo.

gloria m. Gloria [patri] (messe). ‖ (Vx). FAM. Café *ou* té con aguardiente.

gloriette f. Glorieta, cenador, *m.*

glorieux, euse [glɔrjø, ø:z] adj. Glorioso, sa.
— M. et f. Fanfarrón, ona; vanidoso, sa.

glorifiable adj. Glorificable.

glorificateur, trice adj. Glorificador, ra.

glorification f. Glorificación.

glorifier* v. tr. ● Glorificar.
— V. pr. Vanagloriarse, gloriarse : *se glorifier de ses richesses,* vanagloriarse de sus riquezas.
— SYN. ● *Magnifier,* magnificar. *Exalter,* exaltar, ensalzar. *Diviniser,* divinizar. *Déifier,* deificar. *Louer,* celebrar, alabar, loar.

gloriole f. Vanagloria, ufanía.

glose f. Glosa (commentaire). ‖ FAM. Crítica, interpretación maligna.

gloser v. tr. et intr. Glosar (commenter). ‖ FAM. Censurar, criticar.

glossaire m. GRAMM. Glosario.

glossateur m. Glosador.

glossine f. Glosina, mosca tse-tsé.
glossite f. MÉD. Glositis.
glosso-pharyngien, enne adj. ANAT. Glosofaríngo, a.
glossotomie f. Glosotomía.
glottal, e adj. De la glotis.
glotte f. ANAT. Glotis.
glottique adj. ANAT. Glótico, ca.
glouglou m. Glogló (d'une bouteille). || Clo, clo [del pavo] (du dindon).
glouglouter v. intr. Hacer glogló. || Graznar ou cloquear (le dindon).
gloussant, e adj. Que cloquea.
gloussement m. Cloqueo. || FAM. Risa (f.) contenida.
glousser v. intr. Cloquear (poules). || FAM. Reír ahogadamente.
glouteron m. BOT. Bardana, f., lampazo (bardane).
glouton, onne adj. et s. ● Glotón, ona; tragón, ona.
— M. Glotón (mammifère).
— SYN. ● Vorace, voraz. Fam. Goulu, goinfre, tragón. Avide, ansioso. Pop. Bafreur, tragaldabas.
gloutonnerie f. Glotonería.
glu [gly] f. Liga. || FIG. Atractivo, m. (séduction). || Collant comme la glu, pegado como una lapa.
gluant, e [glyɑ̃, ɑ̃:t] adj. ● Viscoso, sa; pegajoso, sa (collant). || FIG. Pegajoso, pesado, pelmazo.
— SYN. ● Collant, pegajoso. Visqueux, viscoso. Poisseux, peguntoso.
gluau [glyo] m. Vareta, f.
glucide m. CHIM. Glúcido.
glucine f. CHIM. Glucina.
glucinium [glysinjɔm] m. Glucinio (métal).
glucomètre m. Glucómetro.
glucose m. ou f. CHIM. Glucosa, f.
glucosé, e adj. CHIM. Glucosado, da.
glucoserie f. Glucosería.
glucoside m. CHIM. Glucósido.
gluer [glye] v. tr. (P. us.). Enligar, enviscar (engluer).
— V. tr. et intr. Pegar, ser pegajoso.
glui m. AGRIC. Paja (f.) centenaza, bálago.
glume f. BOT. Gluma.
glumelle f. BOT. Glumilla, glumela.
gluten m. Gluten.
glutineux, euse adj. Glutinoso, sa. || Viscoso, sa; pegajoso, sa (gluant).
glycémie f. MÉD. Glucemia, glicemia.
glycéré m. CHIM. Glicerato.
glycéride m. CHIM. Glicérido.
glycérie f. BOT. Gliceria.
glycérine f. CHIM. Glicerina.
glycériner v. tr. Untar con glicerina.
glycérique adj. Glicérico, ca.
glycérol m. Glicerina, f.
glycérolé m. CHIM. Glicerolato.
glycérophosphate m. CHIM. Glicerofosfato.
glycine f. BOT. Glicina.
glycocolle m. CHIM. Glicocola.
glycogène m. BIOL. Glicógeno.
glycogénèse ou glycogénie f. BIOL. Glicogénesis, glicogenia.
glycogénique adj. BIOL. Glicogénico, ca.
glycol m. CHIM. Glicol.
glyconien ou glyconique adj. m. Gliconio.
glycosurie f. MÉD. Glucosuria.
glycosurique adj. Glucosúrico, ca.
glyphe m. Glifo.
glyptique f. Glíptica.
glyptodonte ou glyptodon m. Gliptodonte.
glyptographie f. Gliptografía.
glyptothèque f. Gliptoteca.

gnangnan adj. et s. inv. FAM. Flojo, ja; fofo, fa; llorón, ona.
gneiss [gnɛs] m. Gneis (roche).
gnète m. BOT. Gneta.
Gnide n. pr. m. Cnido.
gnocchi [nɔki] m. CULIN. Ñoqui, gnocchi.
gnognote ou gnognotte [nɔnɔt] f. POP. Fruslería, cosa sin valor. || Ce n'est pas de la gnognote, no es moco de pavo.
gnole ou gnôle f. POP. Aguardiente, matarratas.
gnome [gno:m] m. Gnomo.
gnomon [gnomɔ̃] m. Gnomón (cadran solaire).
gnomonique [-mɔnik] adj. et s. f. Gnomónico, ca.
gnon [nɔ̃] m. POP. Porrazo.
gnose [gno:z] f. PHILOS. Gnosis.
gnosticisme [gnɔstisism] m. PHILOS. Gnosticismo.
gnostique adj. et s. m. PHILOS. Gnóstico, ca.
gnou [gnu] m. ZOOL. Ñu.
go (tout de) loc. adv. De sopetón, de buenas a primeras.
goal [gol] m. SPORTS. Guardameta, portero (gardien de but).
goal-average [golavərɛdʒ] m. Gol average, cociente.
gobelet [gɔblɛ] m. Cubilete. || Joueur de gobelets, jugador de cubilete, cubiletero, prestidigitador.
gobeleterie [gɔblɛtri] f. Cubiletería.
gobeletier [-tje] m. Cubiletero.
gobelin m. Duende. || — Pl. Gobelinos [manufactura francesa de tapices].
gobeloter ou gobelotter v. intr. FAM. Beborretear (boire). || Banquetear (festoyer).
gobe-mouches [gɔbmuʃ] m. inv. Papamoscas (oiseau). || FIG. Papanatas (niais, crédule).
gober v. tr. Sorber (avaler) : gober un œuf, sorber un huevo. || FIG. et FAM. Tragarse : il gobe tout, se lo traga todo. || Tragar : je ne peux pas le gober, no puedo tragarle. || FAM. Gober les mouches, papar moscas.
— V. pr. Estar muy creído de sí mismo, creérselo : il se gobe, se lo cree.
goberger (se)* v. pr. Regodearse (se divertir). || Repantigarse (se prélasser). || Burlarse de uno (se moquer).
gobeur, euse adj. et s. FAM. Tragón, ona. || FIG. Bobalicón, ona (crédule).
gobichonner v. intr. FAM. Andar de juerga ou de comilona.
gobie m. Gobio (poisson).
gobille [gɔbi:j] f. Bola de piedra ou de bronce.
godage m. Pliegue falso, fuelle (soufflet), arruga, f. (pli).
godailler [gɔdɑje] v. intr. POP. Comer y beber con exceso (commettre des excès de table).
godasse f. POP. Zapato, m.
Godefroi [gɔdfrwa] n. pr. m. Godofredo.
godelureau [gɔdlyro] m. Pisaverde, currutaco.
goder v. intr. Abolsarse, arrugarse, hacer pliegues.
godet [gɔdɛ] m. Cubilete, cortadillo (verre à boire). || Cangilón, arcaduz (auge). || Salserilla, f. (de peintre). || Cascabillo (du gland). || Tabaquera, f. (d'une pipe). || Pliegue (pli). || TECHN. Engrasador (graisseur).
godiche ou godichon, onne adj. et s. POP. Torpe, ganso, sa.
godille [gɔdi:j] f. MAR. Espadilla, pagaya (aviron). || Aller à la godille, echarse a perder, equivocarse de camino, coger una mala senda.
godiller v. intr. MAR. Cinglar, remar con la espadilla (ramer).
godilleur m. MAR. Cinglador.
godillot [gɔdijo] m. Borceguí de soldado. || POP. Zapatón.

godiveau m. Albóndiga, *f.* (boulette). || Picadillo de relleno (farce).

godron m. Cangilón, lechuga, *f.* (pli arrondi). || Tenacillas (*f. pl.*) de encañonar (fer à godronner). || Alechugado de gorguera (de jabot). || ARCHIT. Gallón, moldura (*f.*) ovalada.

godronnage m. Encañonado, afolladura, *f.* || Abollonado (de vaisselle, orfèvrerie, architecture).

godronner v. tr. Alechugar, afollar, encañonar (le linge). || Adornar con molduras ovaladas, con gallones, abollonar (orner de godrons).

goéland [goelɑ̃] m. ZOOL. Gaviota, *f.*

goélette f. MAR. Goleta (bateau).

goémon m. Fuco (algue).

gogo m. POP. Primo, tonto (niais). || FAM. *À gogo,* a voluntad, a porrillo, a pedir de boca.

goguenard, e [gognaːr, ard] adj. Guasón, ona; burlón, ona.

goguenardise f. FAM. Sorna, guasa, chanza.

goguenot [gogno] m. Orinal. || — Pl. POP. Letrina, *f.* (latrines).

goguette f. FAM. Chanza, broma. || *Être en goguette,* estar achispado (éméché), estar de juerga (s'amuser).

goï [goi] m. V. GOY.

goinfre m. FAM. Glotón, tragón, comilón.

goinfrer v. intr. FAM. Zampar, tragar. — V. pr. FAM. Engullir.

goinfrerie f. FAM. Glotonería.

goitre m. MÉD. Papera, *f.,* bocio [*Amér.,* coto]. — OBSERV. Le pluriel espagnol *paperas* désigne surtout les oreillons.

goitreux, euse adj. et s. MÉD. Que tiene bocio [*Amér.,* cotudo, da].

golf m. Golf (jeu).

golfe m. Golfo. — SYN. *Baie,* bahía. *Anse,* ensenada. *Crique,* caleta. *Conche,* concha. *Calanque,* cala. *Fjord,* fiordo, ría.

Golgotha n. pr. m. GÉOGR. Gólgota.

Goliath n. pr. m. Goliat.

gommage m. Engomado.

gomme f. Goma : *gomme élastique,* goma de borrar. || — *Gomme adragante,* tragacanto. || *Gomme arabique,* goma arábiga. || — POP. *À la gomme,* de chicha y nabo, de tres al cuarto. || FAM *Mettre la gomme,* darse prisa, ir a todo gas (moteur).

gomme-gutte f. Gutagamba.

gomme-laque f. Goma laca.

gommer v. tr. Engomar (enduire de gomme). || Borrar con goma (effacer).

gomme-résine f. Gomorresina.

gommeux, euse adj. et s. Gomoso, sa; lechuguino, na. || — F. TECHN. Engomadora.

gommier m. Gomero (arbre).

gommifère adj. BOT. Gomífero, ra.

Gomorrhe n. pr. GÉOGR. Gomorra.

gond [gɔ̃] m. Gozne. || — *Mettre hors de ses gonds,* sacar de sus casillas. || FIG. et FAM. *Sortir de ses gonds,* salir de sus casillas ou de quicio.

gondolage m. Alabeo, combadura, *f.*

gondolant, e adj. FAM. Divertido, da; para morirse de risa, mondante.

gondole f. Góndola.

gondoler v. tr. Alabear, combar. — V. pr. Alabearse, combarse. || FAM. Desternillarse de risa (rire).

gondolier m. Gondolero.

gonfalon ou **gonfanon** m. Gonfalón, confalón.

gonfalonier ou **gonfanonier** m. Gonfalonero, confalonero.

gonflage m. Hinchado, inflado.

gonflé, e adj. ● Hinchado, da (enflé). || Inflado, da (rempli d'air). || FIG. Henchido, da : *gonflé de vanité,* henchido de vanidad. | Lleno, na; atestado, da (un sac, etc.). || POP. Valiente, resuelto, ta; atrevido, da; fresco, ca. || *Gonflé à bloc,* con gran moral, entusiasmado.

— SYN. ● *Enflé,* hinchado. *Soufflé,* lleno de aire, inflado, hueco. *Rempli,* henchido. *Boursouflé,* hinchado. *Ballonné,* hinchado, *Bouffant,* hueco. *Tuméfié,* tumefacto. *Bouffi,* hinchado, abotargado.

gonflement m. Inflamiento, inflado (action de gonfler). || Hinchazón, *f.* (enflure).

gonfler v. tr. Hinchar (enfler). || Inflar, hinchar : *gonfler un ballon,* inflar un globo. || Hacer crecer (un cours d'eau). || FIG. Llenar de (de colère). | Ahuecar (la voix). | Rellenar, meter paja en (un article). — V. intr. et pr. Hincharse. || FIG. Ensoberbecerse, engreírse.

gonfleur m. Bomba (*f.*) para hinchar *ou* inflar.

gong [gɔ̃ *o* gɔ̃g] m. Gong.

gongorisme m. Gongorismo.

gongoriste adj. et s. Gongorista.

goniomètre m. Goniómetro.

goniométrie f. Goniometría.

gonococcie [gɔnokɔksi] f. MÉD. Gonococia.

gonocoque m. MÉD. Gonococo.

gonorrhée f. MÉD. Gonorrea.

Gonzalve n. pr. m. Gonzalo.

gonzesse f. POP. Gachí.

gord [goːr] m. Estacada (*f.*) para pescar en los ríos.

gordien adj. m. Gordiano.

goret [gorɛ] m. Gorrino, cerdito (cochon). || FIG. et FAM. Gorrino, guarro (personne sale).

gorge [gɔrʒ] f. ANAT. Garganta : *avoir mal à la gorge,* dolerle a uno la garganta. || Cuello, *m.* (cou) : *couper la gorge,* cortar el cuello. || Pechos, *m. pl.* (seins). || Gola (fortification). || ARCHIT. Mediacaña (moulure). | Degolladura (du balustre). || GÉOGR. Garganta, quebrada, desfiladero, *m.* || TECHN. Garganta (de roue, poulie, etc.). || — *Avoir la gorge serrée,* tener un nudo en la garganta. || *Crier à gorge déployée,* gritar a voz en cuello. || FIG. *Faire des gorges chaudes,* burlarse. | *Faire rentrer à quelqu'un les mots dans la gorge,* obligar a uno a que se trague las palabras. || *Prendre à la gorge,* agarrarse a la garganta (odeur, goût). || FIG. *Rendre gorge,* vomitar (vomir); restituir (restituer). || *Rire à gorge déployée,* reir a carcajadas, a mandíbula batiente. || *Saisir à la gorge,* agarrar por la garganta. || *Tendre la gorge,* alargar el cuello (pour être égorgé); darse por vencido (s'avouer vaincu).

gorge-de-pigeon adj. inv. Tornasolado, da. || *Tissu gorge-de-pigeon,* tela con visos tornasolados.

gorgé, e adj. Ahíto, ta; harto, ta; saciado, da : *gorgé de plaisir,* ahíto de placeres. || Impregnado, da [de]; empapado, da [en] : *terre gorgée d'eau,* tierra impregnada de agua.

gorgée f. Trago, *m.,* sorbo, *m.* || *Boire à petites gorgées,* beber a sorbos.

gorger* v. tr. Cebar (gaver les animaux). || FIG. Hartar, atracar (gaver de nourriture). | Colmar, saciar (combler). — V. pr. Hartarse, atiborrarse (s'empiffrer).

gorgerette f. Cuello, *m.,* collarín, *m.,* gorguera. || Curruca (fauvette).

gorgerin m. Gola, *f.,* gorjal (armure). || Gorguera, *f.* (collerette). || ARCHIT. Collarino.

gorget [gorʒɛ] m. TECHN. Cepillo de molduras, cepillo bocel (rabot).

Gorgones n. pr. f. pl. MYTH. Gorgonas.

gorgonie f. ZOOL. Gorgonia.

gorgonzola m. Gorgonzola (fromage).

gorille [gori:j] m. Gorila (singe). || FAM. Guardaespaldas (garde du corps).

gosier m. Gaznate, garguero. || — FAM. *Avoir le gosier sec,* tener seco el gaznate. | *Chanter à plein* *gosier*, cantar a voz en grito. | *Rire à plein gosier*, reir a carcajadas.

— SYN. *Gorge*, garganta. *Pharynx*, faringe. *Arrière-bouche*, istmo de las fauces. *Arrière-gorge*, fauces. *Fam. Gaviot*, gaznate. *Avaloir*, tragadero.

gosse m. FAM. Chiquillo, lla ; chaval, la.
goth [go] m. Godo.
Gotha, almanaque de Gotha, anuario nobiliario y político publicado en Gotha (Alemania).
gothique adj. et s. m. Gótico, ca : *gothique flamboyant*, gótico flamígero.
— F. Letra gótica.
goton f. FAM. Maritornes (fille de campagne). ‖ Zorra (femme dissolue).
gouache [gwaʃ] f. Aguada, pintura a la aguada.
gouacher v. tr. Pintar a la aguada.
gouaille [gwɑ:j] f. Guasa, chungueo, *m.*, chunga.
gouailler [-je] v. tr. et intr. Pitorrearse, guasearse, chunguearse.
gouaillerie [-jri] f. FAM. Guasa, chunga, burla.
gouailleur, euse [-jœ:r, ø:z] adj. FAM. Guasón, ona ; chunguero, ra.
gouape [gwap] f. POP. Granuja, *m.*, vago, *m.*
goudron m. Alquitrán (de houille).
goudronnage m. Asfaltado, alquitranado.
goudronner v. tr. Alquitranar (couvrir de goudron), asfaltar (asphalter).
goudronneur m. Asfaltador, alquitranador.
goudronneux, euse adj. Alquitranado, da ; asfaltado, da.
— F. Alquitranadora, máquina de alquitranar *ou* asfaltar.
gouet [gwe] m. Hocino (serpe). ‖ BOT. Aro, cala, *f.*
gouffre m. Sima, *f.*, precipicio. ‖ Remolino, vorágine, *f.* (en mer). ‖ FIG. Abismo. | Pozo sin fondo.
gouge f. Gubia, escoplo (*m.*) de media caña (ciseau).
gouine f. POP. Tortillera (lesbienne).
goujat [guʒa] m. Patán, grosero (mal élevé), granuja (voyou). ‖ Aprendiz de albañil.
goujaterie [-tri] f. Grosería. ‖ Granujada.
goujon m. Gobio (poisson). ‖ TECHN. Clavija, *f.*, pasador, espárrago (cheville). | Tarugo (de bois).
goujonner v. tr. TECHN. Enclavijar, engrapar.
goule f. (P. us.). Vampiro, *m.*
goulée f. FAM. Bocado, *m.* (bouchée), trago, *m.* (gorgée).
goulet [gulɛ] m. Bocana, *f.* (d'un port). ‖ Paso estrecho *ou* angosto.
goulot [gulo] m. Gollete. ‖ FIG. Estrangulamiento, tapón.
goulotte ou **goulette** f. AGRIC. Reguera pequeña, canalillo, *m.*, canaleta. ‖ ARCHIT. Canalón, *m.*
goulu, e adj. et s. Tragón, ona (gloutoñ). ‖ Codicioso, sa (avide).
goulûment adv. Glotonamente, vorazmente.
goupil [gupi] m. Raposo (renard).
goupille [gupi:j] f. Pasador (*m.*) de bisagra (charnière). ‖ Clavija, chaveta (pour assembler). ‖ *Goupille fendue*, pasador.
goupiller v. tr. TECHN. Enclavijar, enchavetar, sujetar *ou* fijar con pasador (assembler). ‖ FIG. et POP. Arreglar, preparar.
— V. pr. Arreglarse : *cela se goupille bien*, la cosa se arregla bien.
goupillon m. Hisopo (pour l'eau bénite). ‖ Limpiatubos (pour verre de lampe). ‖ Escobilla, *f.*, limpiabotellas (pour nettoyer les bouteilles).
goura m. Gura (oiseau).
gourbi m. Chabola, *f.*, choza (*f.*) árabe.
gourd, e [gu:r, gurd] adj. Arrecido, da ; yerto, ta ; entumecido, da (de froid).
— OBSERV. Se dice sobre todo de los dedos y manos.
gourde f. Cantimplora (flacon). ‖ BOT. Calabaza. ‖ — Adj. et s. f. FIG. et FAM. Zoquete, cernícalo, tonto, ta.

gourdin m. Garrote, porra, *f.*
gourer (se) v. pr. POP. Colarse, equivocarse. ‖ *Tu te goures!*, ¡te equivocas!
gourgandine f. FAM. Pelandusca.
gourmade f. POP. Puñetazo, *m.*, trompazo, *m.*
gourmand, e adj. et s. ● Goloso, sa : *enfant gourmand*, niño goloso. ‖ Glotón, ona (glouton). ‖ FIG. Goloso, sa ; ansioso, sa (avide). ‖ — M. AGRIC. Chupón (rameau inutile).
— SYN. ● *Gourmet*, sibarita, gastrónomo. *Gastronome*, gastrónomo.
gourmander v. tr. Reprender, reñir (réprimander). ‖ (Vx). Contener, dominar (contenir).
gourmandise f. Golosina (friandise). ‖ Gula, glotonería (vice). ‖ FIG. Ansia (avidité).
gourme f. MÉD. Impétigo, *m.* (croûtes de lait). ‖ VÉTÉR. Muermo, *m.* ‖ FIG. et FAM. *Jeter sa gourme*, hacer calaveradas [un joven], correrla.
gourmé, e adj. Tieso, sa ; estirado, da ; envarado, da.
gourmet [gurmɛ] m. Gastrónomo, sibarita (gastronome). ‖ Catador (dégustateur).
gourmette f. Barbada (du cheval). ‖ Pulsera, esclava (bracelet). ‖ Cadena (d'une montre).
gournable f. MAR. Cabilla.
gournabler v. tr. MAR. Fijar con cabillas.
gousse f. BOT. Vaina. ‖ *Gousse d'ail*, diente de ajo.
gousset [gusɛ] m. Bolsillo del chaleco (gilet) *ou* del reloj. ‖ Bolsa (*f.*) chica (petite bourse). ‖ Repisa, *f.*, consola (*f.*) pequeña (meuble). ‖ ANAT. Sobaco (aisselle). ‖ BLAS. Gocete. ‖ FIG. et FAM. Sobaquina, *f.* (odeur). ‖ TECHN. Cartela, *f.* (pièce d'assemblage).
goût [gu] m. Gusto (sens), sabor (saveur) : *goût de miel*, sabor a miel. ‖ Gusto : *bon goût, mauvais goût*, buen gusto, mal gusto. ‖ Afición, *f.* (penchant) : *avoir du goût pour la lecture*, tener afición a la lectura. ‖ — *À chacun selon son goût*, al gusto del consumidor. ‖ *Au goût du client*, a gusto del cliente. ‖ *Dans le goût de*, a estilo de. ‖ — *Avoir du goût pour l'aventure*, tener afán de aventuras. ‖ *Avoir le goût de*, tener gusto a, saber a. ‖ *Avoir un goût de renfermé*, tener gusto a rancio. ‖ *Des goûts et des couleurs il ne faut pas disputer* o *tous les goûts sont dans la nature*, sobre gustos no hay nada escrito. ‖ *Ne pas avoir de goût pour*, no tener placer en. ‖ *Prendre goût à quelque chose*, empicarse en *ou* aficionarse a alguna cosa. ‖ *Reprendre goût à*, recuperar las ganas de.
— OBSERV. *Goût* n'a pas le sens espagnol de « plaisir » : *dar gusto*, faire plaisir ; *con mucho gusto*, avec grand plaisir.
goûter v. tr. Probar, saborear : *goûter un vin*, probar un vino. ‖ ● FIG. Gustar : *ce discours a été fort goûté*, este discurso fue muy apreciado ; *je goûte fort cet auteur*, me gusta mucho este autor. ‖ Experimentar, gozar de : *goûter son bonheur*, gozar de su dicha.
— V. intr. Merendar (repas dans l'après-midi).
— OBSERV. *Goûter* français, n'a fréquemment pas le sens espagnol de « gustar » (plaire, aimer) : *esto me gusta*, ceci me plaît ; *me gusta la música*, j'aime la musique.
— SYN. ● *Aimer*, gustar. *Se plaire à*, complacerse en. *Raffoler de*, tener afición a. *Être fou de*, estar loco por.
goûter m. Merienda, *f.*
goutte f. Gota : *goutte à goutte*, gota a gota. ‖ Poquito, *m.* (un peu) : *verser une goutte de vin*, echar un poquito de vino. ‖ Copita [de licor]. ‖ ARCHIT. Gota. ‖ FAM. Aguardiente, *m.* ‖ MÉD. Gota. ‖ — *Se ressembler comme deux gouttes d'eau*, parecerse como dos gotas de agua. ‖ *Suer à grosses gouttes*, sudar la gota gorda.
— Adv. Nada, jota : *n'y voir goutte*, no ver nada, no ver ni jota.

goutte-à-goutte m. inv. MÉD. Transfusión (f.) gota a gota. | Recipiente con que se verifica esta transfusión.
gouttelette [gutlɛt] f. Gotita.
goutter v. intr. Gotear.
goutteux, euse adj. et s. MÉD. Gotoso, sa.
gouttière f. Canalón, m., canal (du toit). ‖ MÉD. Entablillado, m. ‖ TECHN. Canal, m. (d'un livre).
gouvernable adj. Gobernable.
gouvernail [guvɛrna:j] m. AVIAT. Timón. ‖ FIG. Riendas, f. pl., dirección, f. : le gouvernail de l'État, las riendas del Estado. ‖ MAR. Timón, gobernalle (p. us.) : tenir le gouvernail, llevar el timón.
— OBSERV. Pl. gouvernails.
gouvernant, e adj. Gobernante.
— F. ● Aya (éducatrice). ‖ Ama de llaves (d'un foyer).
— M. pl. Gobernantes (d'un État).
— SYN. ● Nurse, nurse. Duègne, dueña. Chaperon, carabina, rodrigón (fam.).
gouverne f. Gobierno, m., norma : je vous dis cela pour votre gouverne, se lo digo a usted para su gobierno. ‖ — Pl. AVIAT. Timonería, sing., mecanismo (m. sing.) de dirección.
gouvernement m. Gobierno.
— SYN. Régime, régimen. Administration, administración.
gouvernemental, e adj. Gubernamental.
gouverner v. tr. Gobernar. ‖ GRAMM. Regir (cas, préposition).
— V. pr. Gobernarse. ‖ Se gouverner sagement, obrar con sensatez, portarse con prudencia.
— V. intr. MAR. Obedecer al timón.
gouverneur m. Gobernador (qui gouverne). ‖ Gobernador, director (de la Banque de France). ‖ Ayo, preceptor (précepteur). ‖ Alcaide (vx), director (prison).
goy, goye [gɔj] ou **goï** [gɔï] m. Para un hebreo, pueblo no judío.
goyave [gɔjav] f. BOT. Guayaba (fruit).
goyavier m. BOT. Guayabo (arbre).
graal m. Grial.
grabat [graba] m. Camastro, jergón (lit).
grabuge m. POP. Gresca, f., cisco, jollín : faire du grabuge, meter gresca, armar cisco. ‖ Il y u du grabuge, se arma la de San Quintín, la gorda.
grâce f. ● Gracia. ‖ Favor, m., gracia (faveur, service) : de grâce, por favor ; demander en grâce, pedir por favor ; être en grâce auprès de, gozar favor cerca de ; faire la grâce de... hacer el favor de... ‖ Gracia, indulto, m. (à un prisonnier). ‖ Gana : de bonne grâce, de buena gana ; de mauvaise grâce, de mala gana. ‖ — Pl. Gracias (prières). ‖ MYTH. Gracias. ‖ — Grâce à..., gracias a, merced a. ‖ — À la grâce de Dieu, a la buena de Dios. ‖ De grâce, por favor. ‖ — Demander grâce, pedir perdón, piedad. ‖ Donner le coup de grâce, rematar. ‖ Être dans les bonnes grâces de quelqu'un, gozar del favor de uno. ‖ Faire grâce de, perdonar, condonar, dispensar de : faire grâce d'une dette, perdonar una deuda. ‖ Gagner les bonnes grâces de quelqu'un, congraciarse con alguien, granjearse la simpatía de alguien. ‖ Ne pas faire grâce d'un détail, no perdonar ni un detalle. ‖ Rendre grâces, dar gracias !
— Interj. ¡Piedad !
— OBSERV. Grâce no tiene en francés el sentido español de « gracia » (plaisanterie).
— SYN. ● Charme, encanto. Faveur, favor. Service, servicio.
— ◆ Amnistie, amnistía. Pardon, perdón.
gracier* v. tr. Indultar.
gracieuseté f. Atención. ‖ Obsequio, m., agasajo, m.

gracieux, euse adj. Gracioso, sa ; gentil. ‖ Gratuito, ta ; gracioso, sa (gratuit).
— M. THÉÂTR. Gracioso.
— OBSERV. Gracieux no tiene en francés el sentido español de « gracioso » (amusant, drôle o spirituel).
gracile adj. Grácil.
gracilité adj. Gracilidad.
gracioso m. THÉÂTR. Gracioso (personnage).
— Adj. m. MUS. Gracioso.
— Adv. Graciosamente.
gradation f. Gradación.
grade m. ● Grado (hiérarchie). ‖ Grado (diplôme). ‖ GÉOM. Grado centesimal. ‖ MIL. Grado, empleo. ‖ TECHN. Grado (huile). ‖ — Accéder au grade de capitaine, ascender a capitán. ‖ — POP. Il en a pris pour son grade, le han dicho las verdades del barquero, le pusieron verde.
— OBSERV. Grado designe en espagnol aussi bien le grade que le degré ; en géométrie comme en physique, l'adjectif est nécessaire pour éviter les confusions. Tratándose de temperatura, degré se traduce por grado.
— SYN. ● Degré, grado, graduación. Échelon, escalafón.
gradé adjm. et s. m. MIL. Suboficial.
gradient m. Gradiente.
gradin m. Grada, f. : en gradins, dispuesto en gradas. ‖ — Pl. Gradería, f. (stade), tendido (arènes).
graduation f. Graduación.
gradué, e adj. Graduado, da.
graduel, elle adj. Gradual.
— M. Gradual (liturgie).
graduer v. tr. Graduar.
gradus [gradys] m. Gradus (dictionnaire poétique).
graffite ou **graffito** m. Graffito, inscripción (f.) [hecha a mano en los monumentos antiguos) : les graffiti de Pompéi, los graffiti de Pompeya. Inscripción (f.) en un muro, pintada, f.
— OBSERV. Esta palabra italiana, que hace graffiti en pl., se emplea también en la forma graffitis en sing. en vez de graffito o graffite.
graillement [grajmã] m. Ronquera, f., carraspera, f.
grailler [-je] v. intr. Carraspear (parler d'une voix enrouée). ‖ Tocar la trompa de caza.
graillon [-jõ] m. Olor a grasa quemada (odeur). ‖ Restos, pl., sobras, f. pl. ‖ Gargajo (crachat).
graillonner [-jɔne] v. intr. Oler a grasa quemada (sentir la graisse). ‖ Gargajear (cracher).
grain [grɛ̃] m. Grano (petite parcelle) : grain de sable, grano de arena. ‖ Grano (rugosité du cuir). ‖ (Vx). Grano (poids). ‖ Cuenta, f. (du chapelet). ‖ BOT. Grano. ‖ FIG. Tono : le grain du texte, el tono del texto. ‖ MAR. Turbonada, f., vendaval. | Chaparrón (averse). ‖ — Grain de beauté, lunar. ‖ FAM. Grain de folie, vena de loco. ‖ Grain de plomb, perdigón. ‖ — En avoir un grain, estar chiflado. ‖ Mettre son grain de sel, echar su cuarto a espadas. ‖ Veiller au grain, estar sobre aviso. ‖ — Pl. Cereales.
grainage [grɛna:ʒ] m. Producción (f.) de huevos de gusanos de seda.
graine [grɛ:n] f. Pepita (des fruits, melons, etc.). ‖ Grano, m. (pour nourrir la volaille). ‖ BOT. Semilla (semence). ‖ ZOOL. Simiente, granito, m. (du ver à soie). ‖ — FIG. Mauvaise graine, mala hierba. ‖ — FIG. En prendre de la graine, tomar por modelo, servir de ejemplo. ‖ Monter en graine, entallecerse, dar grana (plantes) ; crecer, espigar (grandir).
graineterie f. Comercio (m.) de granos (commerce). ‖ Tienda de granos (magasin).
grainetier, ère adj. et s. Comerciante en granos.
grainier, ère m. et f. Tratante en granos. ‖ — M. Colección (f.) de semilla.
graissage m. Engrasado, engrase.

GOUVERNEMENT — GOBIERNO

I. Formes de gouvernement. — Formas de gobierno.

monarchie	monarquía
république	república
dictature	dictadura
aristocratie	aristocracia
démocratie	democracia
régime parlementaire	régimen parlamentario

II. Institutions. — Instituciones.

État	Estado
pouvoir exécutif	poder ejecutivo
pouvoir législatif	poder legislativo
pouvoir judiciaire	poder judicial
constitution	constitución
constitutionnel	constitucional
loi	ley
décret	decreto
décret-loi	decreto ley
conseil des ministres	consejo de ministros
Premier ministre	presidente del Consejo, Primer ministro
chancelier	canciller
chancelier fédéral	canciller federal
chef de l'État	jefe del Estado
cabinet	gobierno, gabinete
Cortès, m.	Cortes
portefeuille, m.	cartera, f.
homme d'État	estadista
maire	alcalde
conseil municipal	consejo municipal; ayuntamiento
citoyen	ciudadano
ressortissant	súbdito
civisme	civismo
droits de l'homme	derechos del hombre
légalité	legalidad
illégal	ilegal

III. Vie politique. — Vida política.

Parlement	Parlamento
diète	dieta
député	diputado
majorité	mayoría
législateur	legislador
légiférer	legislar
législature	legislatura
séance	sesión
débat	debate
vote, m.	votación, f.
ordre (m.) du jour	orden del día
projet de loi	proyecto de ley
rapport	informe
rapporteur	ponente
amendement, m.	enmienda, f.
rejeter ; repousser	rechazar
abroger	abrogar
promulguer	promulgar
question préalable	cuestión previa
question de confiance	voto de confianza
interpellation	interpelación
mettre aux voix	someter a votación
voter	votar
ajournement	aplazamiento
suspension de séance	suspensión de sesión
session	período de sesiones
vacance parlementaire	vacación parlamentaria
dissolution du Parlement	disolución del Parlamento
tribune	tribuna
tribun	tribuno
pamphlétaire	libelista
pamphlet ; tract	libelo ; octavilla, f.
politicien	político
factieux	faccioso
manifestation	manifestación
coup d'État	golpe de Estado
faire un coup d'État	dar un golpe de Estado
campagne de presse	campaña de prensa

IV. Élections. — Elecciones.

mode d'élection	modo de elección
scrutin public	escrutinio público
scrutin secret	escrutinio secreto
premier tour, m.	primera votacion, f.
élection complémentaire	elección complementaria
scrutin (m.) de ballottage	votación (f.) adicional
scrutin de liste	voto por lista
dépouiller le scrutin	hacer el escrutinio
collège électoral	colegio electoral
réunion électorale	reunión electoral
campagne électorale	campaña electoral
meeting	mitin
plate-forme	plataforma
bulletin (m.) de vote	papeleta (f.) de voto
urne	urna
votant	votante
éligible	elegible
droit de vote	derecho de voto
suffragette	sufragista
isoloir, m.	cabina (f.) electoral
abstention	abstención
abstentionnisme	abstencionismo
abstentionniste	abstencionista
électeur	elector
référendum	referéndum
plébiscite	plebiscito

V. Partis et classes. — Partidos y clases.

travailliste	laborista
conservateur	conservador
modéré	moderado
extrémiste	extremista
extrême gauche	extrema izquierda
la droite	la derecha
sectaire	sectario
sectarisme	sectarismo
réaction	reacción
opinion publique	opinión pública
opposition	oposición
aristocratie	aristocracia
bourgeoisie	burguesía
classe moyenne	clase media
classe ouvrière	clase obrera
prolétariat	proletariado
classe dirigeante	clase dirigente
lutte des classes	lucha de clases

VI. Affaires étrangères f. — Asuntos exteriores m.

ambassade	embajada
ambassadeur	embajador
consul	cónsul
consulat	consulado
légation	legación
attaché d'ambassade	agregado de embajada
attaché culturel	agregado cultural
plénipotentiaire	plenipotenciario
chancellerie	cancillería
passeport	pasaporte
passeport diplomatique	pasaporte diplomático
visa	visado
lettres de créance	cartas credenciales
exterritorialité	exterritorialidad
diplomate	diplomático
valise diplomatique	valija diplomática
négociations	negociaciones
négociateur	negociador
médiateur	mediador
droit des gens	derecho de gentes
traité ; pacte	tratado ; pacto
dénoncer un traité	denunciar un tratado
traité de paix	tratado de paz
traité de non-intervention	tratado de no intervención
neutralité	neutralidad
belligérance	beligerancia
lettres de rappel	cartas de retirada

graisse f. Grasa. ‖ — *Graisse de porc,* manteca de cerdo, sebo. ‖ *Tourner à la graisse,* ahilarse (vin).

graisser v. tr. Engrasar : *graisser une machine,* engrasar una máquina. ‖ Manchar de grasa (tacher). ‖ FIG. *Graisser la patte,* untar la mano, dar un guante.
— V. intr. Ahilarse (vin).

graisseur, euse adj. et s. Engrasador, ra.

graisseux, euse adj. ● Grasiento, ta. ‖ Graso, sa (substance).
— SYN. ● *Gras,* graso. *Huileux,* aceitoso. *Onctueux,* untuoso.

gram [gram] m. CHIM. Colorante (bactériologie).

gramen m. BOT. Nombre genérico de las gramíneas, grama.

graminacées ou **graminées** f. pl. BOT. Gramíneas.

grammaire f. Gramática.

grammairien, enne adj. et s. Gramático, ca.

grammatical, e adj. Gramatical : *exemples grammaticaux,* ejemplos gramaticales.

grammatiste m. (Vx). Profesor de gramática. ‖ Mal gramático (mauvais grammairien). ‖ Pedante (pédant).

gramme m. Gramo.

gramophone m. Gramófono.

grand, e [grɑ̃, ɑ̃:d] adj. Grande : *en grand,* en grande. ‖ Alto, ta : *il est grand pour son âge,* es alto para su edad. ‖ Mayor : *grand écuyer,* caballerizo mayor ; *les grandes personnes,* las personas mayores ; *la Grande Ourse,* la Osa Mayor. ‖ Magno : *Alexandre le Grand,* Alejandro Magno. ‖ Largo, ga : *deux grands mois,* dos meses largos.
‖ — *Grand officier,* oficial mayor. ‖ — *De grands mots,* palabras mayores. ‖ *Le grand air,* el aire libre. ‖ — *À grand bruit,* a bombo y platillo. ‖ *Au grand jour,* en plena luz, con toda claridad. ‖ *Plus grand,* mayor, más grande, más alto. ‖ — *Être assez grand pour,* ser ya mayorcito para.
— M. Adulto, mayor (adulte). ‖ Grande (d'Espagne). ‖ *Seul, comme un grand,* solo, como una persona mayor.
— Adv. *Avoir les yeux grand ouverts,* tener los ojos muy abiertos. ‖ *Faire quelque chose en grand,* hacer algo por lo alto. ‖ *Ouvrir tout grand,* abrir de par en par. ‖ *Voir grand,* ver en grande.
— OBSERV. L'adj. espagnol *grande* perd sa dernière syllabe devant un substantif au singulier : *une grande maison,* una gran casa ou una casa grande.
— En algunas expresiones antiguas y que se siguen empleando, *grand* no toma forma femenina : *grand-mère,* abuela ; *grand-route,* carretera ; *grand messe,* misa mayor ; Antes se indicaba con un apóstrofo (') esta supresión ; hoy se unen las dos palabras con un guión (-). *Grand,* empleado como adverbio, no queda invariable, sino que concuerda con el participio que le sigue (ej. : *bouche grande ouverte*).

grand-chose m. inv. Gran cosa, poca cosa [úsase sólo con la negación cuando tiene el sentido de poca cosa] : *il ne vaut pas grand-chose,* vale poca cosa, no vale gran cosa. ‖ *Un, une, des, pas-grand-chose,* un don nadie, una cualquiera, gente de poca importancia.

grand-croix f. inv. Gran cruz de una orden (grade). ‖ — M. Condecorado con la gran cruz (décoré).

grand-duc m. Gran duque (titre). ‖ ZOOL. Búho (hibou). [Suele usarse, en este último sentido, sin guión.]

grand-ducal, e adj. Gran ducal.

grand-duché m. Gran ducado.

Grande-Bretagne n. pr. f. GÉOGR. Gran Bretaña.

grande-duchesse f. Gran duquesa.

grandelet, ette [grɑ̃dlɛ, ɛt] adj. Grandecito, ta ; grandecillo, lla.

grandement adv. Grandemente. ‖ Ampliamente. ‖ *Faire les choses grandement,* hacer las cosas con grandeza.

grandesse f. Grandeza.

grandet, ette [grɑ̃dɛ, ɛt] adj. Grandecito, ta.

grandeur f. ● Tamaño, *m. : la grandeur d'une boîte,* el tamaño de una caja. ‖ Magnitud : *la grandeur d'une tâche,* la magnitud de una empresa. ‖ Grandor, *m.* (moins usité). ‖ FIG. Grandeza : *grandeur de caractère,* grandeza de carácter. ‖ Grandeza, prestigio, *m.* (prestige). ‖ Grandeza (dignité). ‖ Ilustrísima (d'un évêque) : *sa Grandeur,* su ilustrísima. ‖ Grandiosidad : *la grandeur de sa poésie,* la grandiosidad de su poesía. ‖ — *Grandeur d'âme,* magnanimidad, nobleza de sentimientos. ‖ ASTR. *Grandeur d'une étoile,* magnitud de una estrella. ‖ — FIG. *Du haut de sa grandeur,* con orgullo, desdeñosamente.
— SYN. ● *Dimension,* dimensión. *Élévation,* elevación.

grand-garde f. MIL. Granguardia.

grandiloquence f. Grandilocuencia, prosopopeya.

grandiloquent, e adj. Grandilocuente.

grandiose adj. Grandioso, sa.
— M. Grandiosidad, *f.,* lo grandioso.

grandir v. tr. Agrandar, aumentar (rendre plus grand). ‖ FIG. Amplificar. ‖ Abultar (grossir). ‖ Engrandecer (rendre plus élevé).
— V. intr. Crecer (devenir grand) : *enfant qui a grandi vite,* niño que ha crecido rápidamente. ‖ FIG. Crecer (prendre de l'importance). ‖ *Grandir d'un coup,* dar un estirón.
— V. pr. Engrandecerse, parecer más alto : *elle mit des talons pour se grandir,* se puso tacones para parecer más alta.

grandissant, e adj. Creciente : *la clameur grandissante,* el clamor creciente. ‖ Que crece, que está creciendo (enfant).

grandissement m. Engrandecimiento. ‖ Crecimiento (d'un enfant). ‖ Aumento, ampliación, *f.* (optique).

grandissime adj. FAM. Grandísimo, ma.

grand-livre m. COMM. Libro mayor.

grand-maman f. FAM. Abuelita.

grand-mère f. Abuela.

grand-messe f. Misa mayor.

grand-oncle [grɑ̃tɔ̃kl] m. Tío abuelo.

grand-papa m. FAM. Abuelito.

grand-peine (à) loc. adv. A duras penas.

grand-père m. Abuelo.

grand-rue f. Calle mayor.

grands-parents m. pl. Abuelos.

grand-tante f. Tía abuela.

grand-voile f. MAR. Vela mayor.

grange [grɑ̃:ʒ] f. Troje, granero, *m.,* hórreo, *m.*
— OBSERV. El español *granja* corresponde al francés *ferme.*

granit ou **granite** [grani(t)] m. Granito, piedra (*f.*) berroqueña (roche). ‖ FIG. *Cœur de granit,* corazón de piedra.

granité, e adj. Parecido al granito.
— M. Granillo (tissu). ‖ Helado granizado (glace).

graniter v. tr. Pintar imitando granito.

graniteux, euse et **granitique** adj. Granítico, ca.

granito m. Terrazo (revêtement de sol).

granitoïde adj. Granitoideo, a.

granivore adj. Granívoro, ra.

granulage m. Granulación, *f.*

granulaire adj. Granular.

granulation f. Granulación.

granule m. Gránulo.

granulé, e adj. Granulado, da.
— M. PHARM. Granulado.

granuler v. tr. Granular.

granuleux, euse adj. Granuloso, sa.

granulie f. MÉD. Granulia, tuberculosis miliar.

granulite f. MIN. Granulita.

grape-fruit [grɛpfrut] m. Pomelo (pamplemousse).

graphie f. Grafismo, *m.*

graphique adj. et s. m. Gráfico, ca.
graphisme m. Grafismo.
graphiste m. et f. Grafista.
graphite m. Grafito.
graphiteux, euse ou **graphitique** adj. Grafítico, ca (avec du graphite).
graphologie f. Grafología.
graphologique adj. Grafológico, ca.
graphologue adj. et s. Grafólogo.
graphomanie f. Grafomanía.
graphomètre m. Grafómetro (d'arpenteur).
graphométrie f. Grafometría.
grappe f. Racimo, *m.* (de raisin, de fleurs). ‖ Ristra (d'oignons, etc.). ‖ VÉTÉR. Grapa (plaie). ‖ FIG. Racimo, *m.*, ramillete, *m.* : *une grappe de jeunes gens sur le marchepied,* un racimo de muchachos en el estribo.
grappillage [grapija:ʒ] m. Rebusca, *f.* ‖ FIG. et FAM. Ventajilla, *f.* (petit profit illicite).
grappiller [-je] v. intr. Rebuscar uvas [raisins].
— V. tr. et intr. FIG. et FAM. Sacar provecho, sisar (tirer de petits profits). ‖ Sacar : *il avait grapillé ces renseignements dans des magazines,* había sacado esas informaciones de unas revistas.
grappilleur, euse [-jœ:r, ø:z] adj. et s. Rebuscador, ra (de raisin). ‖ FIG. et FAM. Sisón, ona.
grappillon [-jõ] m. Gajo, racimillo. ‖ Parte (*f.*) de un racimo.
grappin m. MAR. Rezón (ancre). ‖ Gancho (aux pieds). ‖ *Mettre le grappin sur quelqu'un,* echar el guante a uno, apoderarse del ánimo de uno, dominarlo.
gras, grasse [grɑ, gras] adj. Graso, sa : *corps gras,* cuerpo graso. ‖ ● Gordo, da (qui a beaucoup de graisse) : *porc gras,* cerdo gordo. ‖ Grasiento, ta ; pringoso, sa (graisseux, sale). ‖ AGRIC. Fértil, feraz, ubérrimo. ‖ FIG. Resbaladizo, za (glissant). ‖ Grueso, sa (dessin, typographie). ‖ Abundante : *grasses moissons,* cosechas abundantes. ‖ — IMPR. *Caractère gras,* negrilla. ‖ *Charbon gras,* carbón graso, de gas ou bituminoso. ‖ *Eaux grasses,* agua sucia de fregar, lavazas. ‖ *Jour gras,* día de carne. ‖ *Le gras du bras, de la jambe,* parte carnosa del brazo, de la pierna. ‖ *Les jours gras,* los días de carnaval, carnestolendas. ‖ *Les vaches grasses,* las vacas gordas. ‖ *Mardi gras,* martes de carnaval. ‖ BOT. *Plante grasse,* planta carnosa. ‖ *Soupe grasse,* sopa de puchero. ‖ *Terrain gras,* campo pesado. ‖ — *Cette viande est très grasse,* esta carne tiene mucho gordo. ‖ *Faire la grasse matinée,* pegársele a uno las sábanas.
— M. Gordo (de la viande).
— Adv. Con gordura. ‖ *Faire gras,* comer carne. ‖ *Parler gras,* decir groserías.
— SYN. ● *Fam. Grasset,* gordete. *Grassouillet,* regordete. *Rondelet,* rollizo. *Rondouillard,* rollizo. *Plein,* relleno. *Replet,* repleto. *Potelé,* regordete. *Rebondi,* cachigordo. *Dodu,* rollizo. *Plantureux,* corpulento, metido en carne.
gras-double m. Callos, *pl.* (tripes).
gras-fondu m. VÉTÉR. Desainadura, *f.*
grassement adv. Con comodidad (confortablement) : *vivre grassement,* vivir con comodidad. ‖ Largamente, generosamente (généreusement).
grasset [grasɛ] m. Gordetillo (du cheval).
grasset, ette [grasɛ, ɛt] adj. FAM. Gordete.
grasseyement [grasɛjmɑ̃] m. Pronunciatión (*f.*) gutural de la letra *r.*
grasseyer [-je] v. intr. Pronunciar guturalmente la letra *r.*
— OBSERV. Toma una *i* después de la *y* en las dos primeras personas del pl. del imperf. de indic. y del pres. de subj. : n. *grasseyions,* que v. *grasseyiez.*
grassouillet, ette [grasujɛ, ɛt] adj. FAM. Regordete, ta.
graticulation f. Cuadriculación.

graticuler v. tr. Cuadricular.
Gratien [grasjɛ̃] n. pr. m. Graciano.
gratification f. Gratificación.
— SYN. *Pourboire,* propina. *Denier à Dieu,* gratificación a la portera. *Pot de vin,* guante, mamela. *Dessous de table, rallonge,* gratificación oculta.
gratifier* v. tr. Gratificar.
gratin m. Lo pegado de un guisado (attaché au fond). ‖ CULIN. Gratén. ‖ FAM. La flor y nata, lo mejorcito, la crema.
gratiné, e adj. POP. Fenomenal : *une bêtise gratinée,* un disparate fenomenal. ‖ Menudo, da : *prix gratiné !,* ¡menudo precio ! ‖ FAM. *Il est gratiné !,* ¡menudo tío !, ¡menudo gachó !
gratiner v. tr. Guisar al gratén, gratinar (gallicisme).
gratiole f. BOT. Graciola.
gratis [gratis] adv. Gratis, de balde.
gratitude f. Gratitud.
grattage m. Raspadura, *f.*
gratte f. AGRIC. Escardillo, *m.* ‖ FAM. Sisa (petit profit illicite). ‖ MAR. Rasqueta (outil). ‖ POP. Sarna (gale).
gratte-ciel [gratsjɛl] m. inv. Rascacielos.
gratte-cul [-ky] m. inv. BOT. Tapaculo (fruit de l'églantier). ‖ POP. Chiquillo.
gratte-dos [-do] m. inv. Rascador.
gratelle f. POP. Sarna.
gratte-papier m. inv. FAM. Chupatintas.
gratte-pieds m. inv. Limpiabarros, raspador de pies.
gratter v. tr. ● Raspar (avec un outil). ‖ Rascar (avec l'ongle). ‖ FIG. et FAM. Chupar, raspar (faire un petit profit illicite). ‖ POP. Trabajar. ‖ Adelantar (dépasser). ‖ — *Gratter de la guitare,* rascar la guitarra. ‖ *Gratter le sol,* escarbar el suelo.
— V. intr. Llamar suavemente (à la porte).
— V. pr. Rascarse.
— SYN. ● *Racler,* raspar, rascar. *Ratisser,* rastrillar.
gratteur m. El que raspa ou rasca. ‖ *Gratteur de papier,* escritorzuelo, emborronador de cuartillas.
grattoir m. Raspador (canif). ‖ Raedera, *f.*, rascador (outil).
gratture f. Raspadura.
gratuit, e [gratɥi, ɥit] adj. Gratuito, ta. ‖ FIG. *Affirmation, supposition gratuite,* afirmación, suposición gratuita.
gratuité f. Gratuidad.
— SYN. *Gratis,* gratis. *Gracieusement,* graciosamente. *Fam. À l'œil,* de bóbilis.
grau m. MAR. Canal de una albufera (chenal). ‖ Laguna (*f.*) salobre (lac).
— OBSERV. Le mot espagnol *grao* correspond dans la région de Valencia au port.
gravats [grava] m. pl. Cascajos, cascotés, escombros.
grave adj. Grave : *maladie grave,* enfermedad grave. ‖ Grave, de gravedad : *un blessé grave,* un herido de gravedad. ‖ FIG. Grave (sérieux). ‖ MUS. Grave (voix, ton). ‖ — GRAMM. *Accent grave,* acento grave.
— M. Grave : *du grave au frivole,* de lo grave a lo frívolo. ‖ MUS. Grave (ton).
gravelaje m. Revestimiento con grava ou guijos.
graveleux, euse adj. Guijoso, sa : *un terrain graveleux,* un terreno guijoso. ‖ FIG. Indecente, escabroso, sa.
gravelle f. MÉD. Arenilla, cálculos (*m. pl.*) urinarios.
gravelure f. Obscenidad.
gravement adv. Gravemente. ‖ Seriamente : *ils ont gravement compromis l'équilibre,* han comprometido seriamente el equilibrio. ‖ *Gravement malade,* enfermo de gravedad ou de cuidado, gravemente enfermo.

graver v. tr. Grabar : *graver au burin, en demi-teinte, en relief, en clair-obscur, sur bois,* grabar con buril, a media tinta, de relieve, al claroscuro, en madera. ‖ FIG. Grabar (dans la mémoire).

graves f. pl. Pedregal, *m. sing.,* terreno (*m. sing.*) pedregoso y arenoso. ‖ — M. Vino, especialmente el blanco originario de los pedregales bordeleses.

graveur m. Grabador.

gravide adj. Grávido, da.

gravier m. Grava, *f.,* guijo. ‖ MAR. Arena (*f.*) gruesa.

gravillon [gravijɔ̃] m. Gravilla, *f.,* almendrilla, *f.,* grava (*f.*) menuda, guijo pequeño.

gravillonner [-ɔne] v. tr. Cubrir con gravilla (une route).

gravillonneur [-ɔnœ:r] m. TECHN. Gravilla-dora, *f.*

gravimétrie f. PHYS. Gravimetría.

gravir v. intr. Escalar, subir (monter). ‖ Trepar (alpinisme). ‖ *Gravir son calvaire,* tener *ou* sufrir su calvario.

gravitation f. PHYS. Gravitación.

gravité f. Gravedad. ‖ FIG. Gravedad : *la gravité d'une faute,* la gravedad de una falta. ‖ ● Gravedad (d'un personnage). ‖ MUS. Gravedad (d'un son).

    — SYN. ● *Sérieux,* seriedad. *Componction,* compunción. *Dignité,* dignidad. *Majesté,* majestad.

graviter v. intr. PHYS. Gravitar. ‖ FIG. Gravitar : *il gravite dans l'entourage du ministre,* gravita entre los familiares del ministro.

gravois m. pl. Cascajos, cascotes, escombros.

gravure f. Grabado, *m.* : *gravure à l'eau forte, au pointillé, en creux, en demi-teinte, en taille-douce,* grabado al agua fuerte, punteado, en hueco *ou* huecograbado, a media tinta, en dulce.

grazioso adv. MUS. Gracioso.

gré m. Grado : *bon gré mal gré, de gré ou de force,* de grado o por fuerza, por las buenas o por las malas, quieras que no quieras ; *de son gré, de bon gré,* de grado, de buen grado. ‖ Voluntad, *f.* : *se marier contre le gré de ses parents,* casarse contra la voluntad de sus padres. ‖ — *Au gré de...,* a merced de..., al capricho de... : *au gré des flots,* a merced de las olas. ‖ *Contre son gré,* mal de su grado, a pesar suyo. ‖ *De gré à gré,* amistosamente, con acuerdo recíproco, de común acuerdo. ‖ *De son plein gré,* por su propia voluntad. ‖ — *Agir à son gré,* hacer lo que uno quiere. ‖ *Savoir gré de quelque chose,* agradecer algo, estar agradecido de algo. ‖ *Savoir mauvais gré,* no agradecer.

gréage m. MAR. Aparejo.

grèbe m. Somorgujo (oiseau).

grébiche ou **grébige** f. Encuadernación volante (reliure). ‖ Pie (*m.*) de imprenta (nom de l'im-primeur). ‖ Número (*m.*) de orden de un manus-crito. ‖ Adorno (*m.*) de rectangulillos metálicos a la orilla de un objeto (ornement).

grec, grecque adj. et s. Griego, ga.

Grèce n. pr. f. GÉOGR. Grecia.

gréciser v. tr. Helenizar, grecizar.

grécité f. Helenismo, *m.* ‖ — *Basse grécité,* griego postalejandrino. ‖ *Haute grécité,* griego clásico.

gréco-latin, e adj. Grecolatino, na.

gréco-romain, e adj. Grecorromano, na.

grecque f. ARCHIT. Greca. ‖ Sierra de encuader-nador (scie).

gredin, e [grədɛ̃, in] m. et f. Pillo, lla ; bribón, ona.

gredinerie f. Bribonería, pillería.

gréement [gremɑ̃] m. MAR. Aparejo.

gréer* v. tr. MAR. Aparejar, enjarciar.

gréeur m. MAR. Aparejador.

greffage m. AGRIC. Injerto.

greffe [grɛf] m. DR. Escribanía, *f.,* y archivo de un tribunal.
    — F. AGRIC. Injerto, *m.,* púa : *greffe en couronne, en écusson, en fente, par approche,* injerto de corona, de escudete, de púa, de aproximación. ‖ MÉD. Injerto, *m.,* trasplante, *m.* : *greffe de la cornée,* injerto de la córnea. ‖ Trasplante, *m.* (d'un organe).

greffer v. tr. Injertar. ‖ Trasplantar (un organe). ‖ FIG. Incorporar.
    — V. pr. Incorporarse : *sur cette affaire s'en greffe une autre,* a tal asunto se incorpora otro.

greffeur m. AGRIC. Injertador.

greffier m. DR. Escribano forense.

greffoir m. Navaja (*f.*) *ou* cuchilla (*f.*) de injertar.

greffon m. AGRIC. Injerto, púa, *f.* ‖ MÉD. Injerto.

grégaire adj. Gregario, ria.

grégarisme m. Gregarismo.

grège adj. f. Cruda (soie).

grégeois [greʒwa] adj. m. (Vx). Griego. [Úsase sólo en la loc. *feu grégeois,* fuego griego.]

Grégoire n. pr. m. Gregorio.

grégorien, enne adj. Gregoriano, na.

grègues f. pl. Gregüescos, *m.* (haut-de-chausses). ‖ *Tirer ses grègues,* tomar las de Villadiego.

grêle adj. Delgaducho, cha ; canijo, ja : *jambes grêles,* piernas delgaduchas. ‖ Menudo, da (menu). ‖ ANAT. Delgado, da : *intestin grêle,* intestino del-gado. ‖ FIG. Agudo, da (voix).
    — F. Granizo, *m.* ‖ FIG. Granizada, lluvia : *une grêle de coups,* una lluvia de golpes. ‖ *Chute de grêle,* granizada.

grêlé, e adj. Dañado, da, por el granizo. ‖ Picado, da, de viruelas ; cacarañado, da.

grêler v. impers. Granizar (intempérie).
    — V. tr. Dañar el granizo (gâter).

grêleux, euse adj. De granizo.

grelin m. MAR. Beta, *f.,* calabrote (corde).

grêlon m. Granizo.

grelot [grəlo] m. Cascabel. ‖ FIG. *Attacher le grelot,* poner el cascabel al gato.

grelottant, e adj. Aterido, da ; tiritando.

grelottement m. Temblor de frío.

grelotter v. intr. Tiritar, temblar de frío. ‖ Tin-tinear (une sonnette).

grémial m. Gremial.

grémil [gremil] m. BOT. Onoquiles, *f.,* orcaneta, *f.*

grémille [gremi:j] f. Variedad de perca (poisson).

grenache m. Garnacha, *f.* (vin).

grenade f. Granada (fruit). ‖ MIL. Granada : *gre-nade à main, sous-marine,* granada de mano, de profundidad.

Grenade n. pr. GÉOGR. Granada.

grenader v. tr. MIL. Atacar con granadas.

grenadier m. Granado (arbre). ‖ MIL. Granadero (soldat).

grenadière m. MIL. Granadera (giberne). ‖ Abra-zadera (du fusil).

grenadille [grənadi:j] f. BOT. Pasionaria.

grenadin, e adj. et s. Granadino, na (de Grenade). ‖ — M. Fricandó (plat). ‖ Ave (*f.*) rellena. ‖ — F. Granadina (sirop). ‖ Granadina (étoffe).

grenage m. Graneado (poudre). ‖ Cristalización, *f.* (sucre).

grenaille [grənɑ:j] f. Granalla (de métal, de charbon). ‖ Granos (*m. pl.*) de desecho.

grenailler [-je] v. tr. TECHN. Granear.

grenaison [grənɛzɔ̃] f. BOT. Granazón.

grenat [grəna] adj. inv. et s. m. Granate (pierre, couleur).

grené, e adj. Graneado, da (granulé). ‖ Punteado, da (dessin).

grener* v. tr. Granear. ‖ Puntear (dessin).

grener* v. intr. BOT. Granar.
    — V. tr. Granear (greneler).

grènetis [grɛnti] m. Gráfila, *f.*

grenier m. Granero. ‖ Fig. Granero (pays à blé). | Desván (d'une maison). ‖ — *Grenier à foin*, henil. ‖ *Grenier d'abondance* o *public*, pósito, casa cilla. ‖ — *Charger en grenier*, cargar a granel.

grenouille [grənu:j] f. Rana (batracien) : *cuisses de grenouille*, ancas de rana. ‖ Fam. *Grenouille de bénitier*, beatón, rata de sacristía.

grenouillère [-jɛ:r] f. Charca de ranas.

grenouillette [-jɛt] f. Bot. Ranúnculo, *m.* ‖ Méd. Ránula.

grenu, e adj. Granado, da (épi). ‖ Granoso, sa (cuir, etc.).

grenure f. Graneado, *m.* (gravure).

grès [grɛ] m. Asperón, arenisca, *f.*, gres (gallicisme). ‖ Gres (céramique). ‖ *Grès cérame*, *flammé*, gres cerámico, flameado.

gréser v. tr. Techn. Pulir con asperón (polir). ‖ Grujir (le verre).

gréseux, euse adj. Arenisco, ca.

grésière f. Cantera de asperón.

grésil m. Granizo menudo y duro.

grésillement [grezijmɑ̃] m. Chirrido (cri du grillon). ‖ Chirrido (bruit strident). ‖ Chisporroteo (crépitement).

grésiller [-je] v. impers. Granizar (grêler). — V. intr. Chisporrotear. ‖ Chirriar (produire un bruit strident).

grésillon [-jɔ̃] m. Cisco (charbon). ‖ Harina (*f.*) basta (farine).

grésoir m. Techn. Grujidor.

gressin m. Pico, colín (pain).

grève f. Playa arenosa (de la mer). ‖ Arenal, *m.* (d'un fleuve). ‖ Huelga (arrêt du travail) : *faire grève*, estar en huelga ; *se mettre en grève*, declararse en huelga. ‖ — *Grève de la faim*, huelga del hambre *ou* de hambre. ‖ *Grève perlée*, huelga intermitente *ou* obstrucción concertada de la producción. ‖ *Grève sur le tas*, huelga de brazos caídos. ‖ *Grève tournante*, huelga escalonada *ou* alternativa *ou* por turno.

grever* v. tr. Gravar : *grever un pays de lourds impôts*, gravar un país con impuestos pesados. ‖ *Grever le budget*, cargar *ou* recargar el presupuesto, ser un censo (fam.).

gréviste adj. et s. Huelguista.

gribouillage [gribuja:ʒ] m. Fam. Mamarracho (peinture). ‖ Garabateo, garabato (écriture).

Gribouille [-bu:j] n. pr. m. Fam. *Fin comme Gribouille*, más tonto que Abundio.

— Observ. *Gribouille* es el personaje popular francés que representa el grado máximo de estupidez y de simpleza.

gribouiller [-buje] v. intr. Pintarrajear (peindre). ‖ Garrapatear (écrire).

gribouilleur, euse [-bujœr:, ø:z] m. et f. Fam. Pintamonas, mamarrachista (peintre). ‖ Garrapateador, ra (qui écrit mal).

gribouillis [-buji] m. Garrapatos, *pl.*, letra (*f.*) ilegible.

grièche adj. (Vx). Griego, ga.

grief [grijɛf] m. Queja, *f.* (plainte). ‖ (Vx). Perjuicio (dommage). ‖ *Faire grief de quelque chose à quelqu'un*, reprochar algo a uno, quejarse de algo a uno. | Garras, *pl.* (rapacité). ‖ Techn. Uña, diente, *m.* (mécanique). ‖ — *Griffe d'oblitération*,

grièvement adv. Gravemente, de gravedad : *grièvement blessé*, herido de gravedad.

griffade f. Arañazo, *m.*, zarpazo, *m.* (d'un animal).

griffe f. Uña (ongle d'un animal). ‖ Garra, zarpa, pata (patte armée d'ongles). ‖ Firma, rúbrica (signature). ‖ Estampilla, sello, *m.* (cachet). ‖ Etiqueta (dans un vêtement). ‖ Archit. Zarpa. ‖ Bot. Raíz (d'une plante). ‖ Fam. Garra (main) : *sous la griffe de quelqu'un*, entre las garras de uno.

matasellos. ‖ — *Coup de griffe*, zarpazo. ‖ *Montrer les griffes*, mostrar las garras.

griffer v. tr. Arañar (égratigner). ‖ Agarrar (avec les griffes).

griffeur, euse m. et f. Arañador, ra.

griffon m. Grifo (animal fabuleux). ‖ Grifón (chien).

griffonnage m. Garabatos, *pl.*, garambainas, *f. pl.*

griffonnement m. Boceto.

griffonner v. intr. Garabatear, garrapatear (écrire). ‖ Bosquejar, apuntar (dessiner). ‖ Fig. et Fam. Escribir de prisa y corriendo.

griffonneur, euse m. et f. Garabateador, ra. ‖ Emborronador de cuartillas.

griffu, e adj. Que tiene garras.

griffure f. Arañazo, *m.*, rasguño, *m.*

grigne f. Pliegue, *m.* (plissement). ‖ Surco (*m.*) a lo largo de un pan (pain).

grigner v. intr. Hacer pliegues *ou* fuelles (goder).

grignon m. Cantero, cuscurro (de pain). ‖ Orujo (d'olive).

grignotage *ou* **grignotement** m. Destrucción (*f.*) lenta. ‖ Roedura, *f.*

grignoter v. intr. et tr. Roer (ronger). ‖ Comisquear, comiscar (manger). ‖ Comer poco a poco la ventaja. ‖ Tirar pellizcos a (argent). ‖ Fig. et Fam. Pellizcar, sacar ventaja (tirer profit).

grignoteur, euse adj. et s. Roedor, ra.

grigou m. Pop. Roñoso, sa ; tacaño, ña.

gri-gri *ou* **grigri** m. Grisgrís (amulette).

gril [gril] m. Parrilla, *f.* ‖ Enrejado, rejilla, *f.* (d'une vanne). ‖ Théâtr. Telar. ‖ Fig. *Être sur le gril*, estar en ascuas.

grillade [grijad] f. Carne asada en parrilla.

grillage [-ja:ʒ] m. Tostado (torréfaction). ‖ Asado (de la viande, du poisson, des fruits). ‖ Alambrera,*f.* (treillis métallique). ‖ Reja, *f.* (d'une fenêtre). ‖ Techn. Tostado, calcinación, *f.* (du minerai). | Chamuscado, flameado (textiles).

grillager* v. tr. Enrejar (grille), alambrar (grillage).

grille [gri:j] f. Reja (d'une fenêtre). ‖ Verja (clôture). ‖ Cancela (d'une porte). ‖ Casillas, *pl.*, encasillado, *m.* (mots croisés). ‖ Clave (écriture). ‖ Techn. Rejilla (d'un foyer). ‖ Rad. Rejilla. ‖ Rejilla (égout). ‖ Rejilla (de cheminée). ‖ Parrilla (armes). ‖ Locutorio, *m.* (d'un parloir). ‖ Carta de ajuste (télévision). ‖ Escalafón, *m.* (du personnel). ‖ *Grille de statistiques*, red de estadísticas.

grille-pain [grijpɛ̃] m. inv. Tostador de pan.

griller v. tr. Tostar (torréfier). ‖ Asar (viande, poisson, fruits). ‖ Enrejar (une fenêtre). ‖ Abrasar (chauffer trop fort). ‖ Agric. Quemar (brûler par le soleil ou la gelée). ‖ Fam. Quemar (brûler). ‖ Echar : *griller une cigarette*, echar un cigarrillo. ‖ Phot. Velar (un film). ‖ Techn. Tostar, calcinar (les minerais). | Fundir, fundirse (une lampe, une bielle). ‖ *Griller un feu rouge*, pasar sin detenerse ante un disco rojo. — V. intr. Tostarse. ‖ Fig. Achicharrarse, asarse, tostarse (par la chaleur). ‖ — *Griller d'envie de*, saltar por, arder en deseos de. ‖ — Fig. *Être grillé*, estar quemado.

grilloir [grijwa:r] m. Tostadero, tostador.

grillon [grijɔ̃] m. Grillo (insecte).

grillotte [grijɔt] f. Guinda garrafal (cerise).

grill-room [grilrum] m. Parrilla, *f.* (restaurant).

grimaçant, e adj. Gesticulante, gestero, ra ; que hace muecas.

grimace f. ● Gesto, *m.*, mueca, cara, mohín, *m.*, visaje, *m.* : *faire des grimaces*, hacer muecas *ou* visajes. ‖ Fig. Disimulo, *m.*, fingimiento, *m.* (feinte). | Arruga (faux pli). ‖ *Faire la grimace*, poner mal gesto *ou* mala cara.

— Syn. ● *Moue*, mohín. *Fam. Lippe*, morro, jeta, puchero. *Rictus*, rictus, risa, risilla. *Tic*, tic. *Contorsion*, contorsión.

grimacer* v. intr. Gesticular (lorsqu'on parle), hacer gestos (de douleur), hacer muecas (burlesques). ‖ FIG. Andarse con remilgos. | Hacer pliegues (faire des faux plis).

grimacerie f. Gesticulación.

grimacier, ère adj. et s. Que hace muecas *ou* gestos, gestero, ra; gesticulador, ra. ‖ FIG. Hipócrita. | Remilgado, da (minaudier).

grimage m. Maquillado (maquillage).

grimaud [grimo] m. (Vx). Escritorzuelo (écrivain). ‖ (P. us.). Estudiantón (étudiant).

grime m. (P. us.). THÉÂTR. Actor de carácter, barba, característico.

grimer v. tr. Maquillar.

grimoire m. Libro mágico. ‖ FIG. et FAM. Galimatías, logogrifo (discours confus). | Escrito ilegible (écriture).

grimpant, e adj. Trepador, ra : *plante grimpante*, planta trepadora.

grimpée f. Subida.

grimper v. tr. Escalar (montagne).
— V. intr. Trepar : *grimper aux arbres*, trepar a los árboles. ‖ Subirse : *grimper sur une chaise*, subirse a una silla. ‖ Subir, estar empinado *ou* en pendiente : *sentier qui grimpe dur*, sendero que está muy empinado. ‖ FAM. Subir, montar : *elle grimpa dans un taxi*, subió a un taxi.

grimper m. Trepa, *f.* (exercice à la corde).

grimpereau m. ZOOL. Trepatroncos.

grimpette f. Repecho, *m.*

grimpeur, euse m. et f. Trepador, ra. ‖ — M. Escalador (cycliste). ‖ — M. pl. Trepadoras, *f.* (oiseaux).

grincement m. Chirrido, rechinamiento. ‖ *Il y aura des pleurs et des grincements de dents*, allí será el llorar y el crujir de dientes.

grincer* v. intr. Rechinar : *grincer des dents*, rechinar los dientes. ‖ Chirriar : *roue qui grince*, rueda que chirría.

grincheux, euse adj. et s. Gruñón, ona; cascarrabias (acariâtre).

gringalet, ette [grɛ̃galɛ, ɛt] m. et f. Mequetrefe, alfeñique.
— OBSERV. Ces deux mots espagnols n'ont pas de forme féminine (*c'est une gringalette*, es un alfeñique).

griotte f. Guinda garrafal (cerise). ‖ Mármol (*m.*) de manchas rojas (marbre).

griottier m. BOT. Guindo garrafal.

grippage ou **grippement** m. TECHN. Agarrotamiento.

grippal, e adj. Gripal.

grippe f. Gripe (maladie). ‖ FIG. Tirria, ojeriza : *avoir quelqu'un en grippe*, tener tirria a alguien ; *prendre quelqu'un en grippe*, tomar tirria *ou* ojeriza a uno.

grippé, e adj. MÉD. Agripado, da; griposo, sa. ‖ TECHN. Agarrotado, da : *moteur grippé*, motor agarrotado. ‖ *Être grippé*, estar con gripe.

grippement m. TECHN. Agarrotamiento.

grippeminaud [gripmino] m. Hombre ladino.

gripper v. intr. Agarrotarse (un moteur).
— V. tr. (Vx). Agarrar.
— V. pr. Agarrotarse (moteur). ‖ MÉD. Coger la gripe.

grippe-sou m. FAM. Roñoso, agarrado.

gris, e [gri, i:z] adj. Gris (couleur). ‖ Cubierto, ta ; nublado, da (temps). ‖ Canoso, sa : *tempes grises*, sienes canosas. ‖ FAM. Achispado, da (ivre). ‖ FIG. Sombrío, a ; triste : *des pensées grises*, pensamientos sombríos.
— M. Gris (couleur). ‖ — *Gris cendré, de fer, perle*, gris ceniciento, pardo oscuro, perla. ‖ *Gris miroité*, bellorio (cheval). ‖ *Gris pommelé*, tordillo rucio (cheval).
— OBSERV. En espagnol *pardo* est surtout le gris brun.

grisaille [grizɑ:j] f. Grisalla (peinture).

grisailler [-je] v. tr. Pintar de gris (peindre en gris). ‖ Pintar grisallas (peindre en grisaille).
— V. intr. Volverse grisáceo.

grisant, e adj. Embriagador, ra.

grisard [griza:r] m. Tejón (blaireau). ‖ Gaviota, *f.* (mouette). ‖ BOT. Álamo.

grisâtre adj. Grisáceo, a ; pardusco, ca. ‖ Entrecano, na (cheveux). ‖ Sombrío, a (sombre).

grisbi m. POP. Moni, parné (argent).

grisé, e adj. Achispado, da (légèrement ivre). ‖ FIG. Embriagado, da (étourdi).
— M. Matiz gris de un cuadro *ou* dibujo (peinture, dessin). ‖ Retícula, *f.*

griser v. tr. Dar color gris. ‖ Achispar (émécher), emborrachar (enivrer). ‖ FIG. Embriagar (moralement).
— V. pr. Achisparse (s'enivrer). ‖ FIG. Embriagarse (moralement).

griserie f. Embriaguez.

griset [grizɛ] m. Tiburón (requin). ‖ Jilguerito (oiseau).

grisette f. Griseta (tissu). ‖ Modistilla, costurera (couturière).

grisoller v. intr. Cantar la alondra.

grison, onne adj. Canoso, sa (à cheveux blancs). ‖ — Adj. et s. GÉOGR. Grisón, ona. ‖ — M. FAM. Rucio (âne).

grisonnant, e adj. Entrecano, na; que encanece.

grisonnement m. Encanecimiento (cheveux).

grisonner v. intr. Encanecer.

grisotte f. Calado, *m.* (couture).

grisou m. Grisú : *coup de grisou*, explosión de grisú.

grisoumètre m. Grisúmetro.

grisouteux, euse adj. Que contiene grisú.

grive f. Tordo, *m.*, zorzal, *m.* (oiseau). ‖ — *Grande grive*, tordo mayor, cagaceite (draine). ‖ — *Faute de grives, on mange des merles*, a falta de pan, buenas son tortas. ‖ *Ivre comme une grive*, borracho como una cuba.

grivelé, e [grivle] adj. Tordillo, lla.

griveler* v. intr. et tr. Consumir sin tener con qué pagar (ne pouvoir payer au restaurant).

grivèlerie [-vɛlri] f. Consumición no pagada (consommation non payée).

grivois, e adj. Picaresco, ca ; verde, subido de tono : *contes grivois*, cuentos verdes.

grivoiserie f. Broma picaresca, cosa verde.

Groenland [grɔɛnlɑ̃d] n. pr. m. GÉOGR. Groenlandia, *f.*

groenlandais, e adj. et s. Groenlandés, sa.

grog m. Grog, ponche.

groggy adj. Groggy (boxe).

grognard [grɔɲa:r] m. Veterano, soldado viejo.

grognement m. Gruñido (d'un animal). ‖ Gruñido, refunfuño (de mécontentement).

grogner v. intr. Gruñir (crier). ‖ Refunfuñar (grommeler).
— V. tr. FIG. Mascullar (murmurer).

grognerie f. Gruñido, *m.*, refunfuño, *m.*

grogneur, euse adj. et s. (Vx). Gruñidor, ra. ‖ FIG. Gruñón, ona (grognon).

grognon, onne adj. et s. Gruñón, ona.
— OBSERV. Como sustantivo *grognon* se emplea tanto para el masculino como para el femenino.

grognonner v. intr. Gruñir. ‖ FIG. Gruñir, rezongar, refunfuñar.

groin [grwɛ̃] m. Jeta, *f.*, hocico (du cochon). ‖ FIG. et FAM. Morro, jeta, *f.* (visage).

grommeler* v. tr. Mascullar.
— V. intr. Refunfuñar.

grondant, e adj. Gruñidor, ra (chien, etc.). ‖ Rugiente (lion, etc.). ‖ Regañador, ra (qui réprimande). ‖ Bramante (de colère).

grondement m. Gruñido (chien, chat, etc.). ‖ Rugido (lion, etc.). ‖ FIG. Fragor, tronido, estruendo (orage, tempête, etc.). | Zumbido (du vent).

gronder v. intr. Gruñir (chien, etc.). || Fig. Rugir (tigre, etc.). | Bramar (les éléments). | Retumbar (canon, tempête). | Gruñir, refunfuñar (grogner). — V. tr. Regañar, reñir : *gronder un enfant paresseux,* reñir a un niño perezoso. || Murmurar (bougonner).

gronderie f. Regañina, regaño, *m.,* reprimenda.

grondeur, euse adj. et s. Regañón, ona. || — Adj. Gruñón, ona.

grondin m. Rubio, trigla, *f.* (poisson).

groom [grum] m. Botones (chasseur).

gros, osse [gro, gro:s] adj. ● Grueso, sa ; gordo da (fam.) : *un gros morceau,* un pedazo grueso ; *le gros bout,* el extremo grueso ; *un homme gros,* un hombre gordo. || Fuerte, grueso : *une grosse voix,* una voz fuerte ; *du gros fil,* hilo grueso. || Tosco, ca ; basto, ta ; burdo, da : *de gros souliers,* zapatos toscos ; *du gros drap,* paño burdo. || Fig. Fuerte, agitado, da (mer). | Fuerte, grave : *grosse fièvre,* calentura fuerte. | Importante, de bulto : *une grosse somme,* una cantidad importante ; *une grosse affaire,* un negocio importante *ou* de bulto. | Rico, ca (riche) : *un gros marchand,* un tendero rico. || — *Gros bonnet, grosse légume,* pez gordo. || *Gros gibier,* caza mayor. || *Gros lot,* premio gordo. || *Gros mot,* palabrota. || Ciném. *Gros plan,* primer plano. || *Grosse caisse,* bombo (instrument). || *Grosse plaisanterie,* broma pesada. || *Grosse voix,* vozarrón. || *Gros temps,* temporal. || — *Cœur gros,* corazón oprimido. | *Femme grosse,* mujer embarazada. || *Mer grosse,* mar gruesa. || *Un gros lard,* un gordinflón. || *Un gros rire,* una risa estrepitosa. || — Fam. *C'est une grosse tête,* es un sabihondo. || *En avoir gros sur le cœur,* estar con el corazón entristecido *ou* muy triste ; estar hecho polvo, no poder más. || *Faire le gros dos,* arquear el lomo. || *Faire les gros yeux,* mirar con gesto enfurruñado. — M. Grueso : *le gros de l'armée,* el grueso del ejército. || Lo más duro : *faire le plus gros,* hacer lo más duro. || Comm. Comercio al por mayor. | Gro (tissu). || — *Le gros de l'été,* la canícula. || *Le gros de l'hiver,* lo más crudo del invierno. || *Marchand en gros,* comerciante al por mayor, mayorista. || Pop. *Les gros,* los pudientes. — Adv. Grueso : *écrire gros,* escribir grueso. || Mucho : *gagner gros,* ganar mucho. || En líneas generales : *en gros, voilà ce que je voulais vous dire,* esto es, en líneas generales, lo que quería decirle. || — *En gros,* al por mayor (commerce). || *Je donnerais gros pour,* daría un ojo de la cara por. || *Jouer gros,* jugar fuerte. — Syn. ● *Corpulent,* corpulento. *Obèse,* obeso. *Fort,* grueso. *Fam. Mastodonte,* mastodonte. *Pansu,* panzudo. *Ventripotent,* barrigón. *Ventru,* barrigudo. *Boulot,* regordete, rechoncho.

gros-bec m. Piñonero (oiseau).

groschen m. Groschen (monnaie autrichienne).

groseille [groze:j] f. Bot. Grosella : *groseille à maquereau* o *épineuse,* grosella espinosa.

groseillier [-je] m. Grosellero.

gros-grain [grogrɛ̃] m. Gros-grain (couture).

Gros-Jean n. pr. m. Juan Lanas. || *Il est Gros-Jean comme devant,* para ese viaje no se necesitan alforjas.

grosse f. Gruesa (12 douzaines). || Letra gruesa *ou* gorda (écriture). || Dr. Copia, traslado, *m.* (copie). || Mar. Gruesa : *contrat à la grosse,* préstamo a la gruesa.

grosserie f. Vajilla de plata.

grossesse f. Embarazo, *m.* : *grossesse extra-utérine,* embarazo extrauterino.

grosseur f. Grueso, *m.,* tamaño, *m.* || Gordura (embonpoint). || Fam. Bulto, *m.* (bosse, tumeur).

grossier, ère adj. Grosero, ra ; tosco, ca ; basto,

ta ; burdo, da : *une étoffe grossière,* una tela basta. || Burdo, da : *un mensonge grossier,* una mentira burda. || Grosero, ra ; soez (impoli) : *esprit grossier,* mentalidad grosera. || *Quel grossier personnage!,* ¡qué tipo más grosero !

grossièreté f. Grosería (impolitesse). || Tosquedad, rudeza (rudesse).

grossir v. tr. Engordar (rendre gros). || Hacer gordo, da : *ce manteau me grossit,* este abrigo me hace gordo. || Engrosar (p. us.), aumentar : *grossir son héritage,* engrosar su herencia. || Aumentar, amplificar : *le microscope grossit les objets,* el microscopio aumenta los objetos. || Fig. Exagerar (exagérer). — V. intr. Engordar. || Crecer : *le fleuve grossit,* el río crece. || Fig. Aumentar : *la somme a grossi,* la cantidad ha aumentado.

grossissant, e adj. Creciente (qui croît). || De aumento : *verres grossissants,* lentes de aumento.

grossissement m. Crecimiento, aumento. || Aumento, amplificación, *f.* (optique). || Engrosamiento (personnes), engorde (animaux).

grossiste m. Comm. Mayorista.

grosso modo loc. adv. Grosso modo, de un modo sumario, aproximadamente.

grossoyer* [groswaje] v. tr. Dr. Extender una copia *ou* traslado.

grotesque adj. et s. Grotesco, ca : *un personnage grotesque,* un personaje grotesco. || — M. pl. Grutescos (dessins), arabescos.

grotte f. Gruta, cueva.

grouillant, e [gruja, ɑ̃:t] adj. Hormigueante, que hormiguea : *grouillant de vers,* hormigueante de gusanos.

grouillement [-jmɑ̃] m. Hormigueo, bullicio : *le grouillement de la foule,* el hormigueo de la muchedumbre.

grouiller [-je] v. intr. Hormiguear, bullir, hervir (fourmiller). || Pop. Moverse (bouger). | Rebosar : *une rue qui grouille de monde,* una calle que rebosa de gente. | *Ça grouillait,* aquello era un hormigueo *ou* hervidero. — V. pr. Pop. Moverse, menearse, darse prisa.

group [grup] m. Saco de dinero que se expide precintado.

groupage m. Agrupamiento.

groupe m. Grupo. || — *Groupe électrogène,* grupo electrógeno. || *Groupe sanguin,* grupo sanguíneo.

groupement m. Agrupamiento : *groupement de commandes,* agrupamiento de pedidos. || Agrupación, *f.* : *un groupement politique,* una agrupación política. — Syn. *Rassemblement,* congregación, reunión. *Réunion,* reunión. *Assemblage,* conjunto. *Ensemble,* conjunto. *Bloc,* bloque. *Agglomération,* aglomeración. *Groupe,* grupo.

grouper v. tr. Agrupar. — V. pr. Agruparse.

gruau [gryo] m. Sémola, *f.* (de blé). || Tisana (*f.*) de sémola (tisane). || Harina (*f.*) de flor (fleur de farine) : *pain de gruau,* pan de harina de flor. || Zool. Pollo de la grulla (petit de la grue). || — *Gruau d'avoine,* avena mondada. || — *Bouillie de gruau,* gachas.

grue f. Grulla (oiseau). || Fig. et Fam. Zorra (femme légère). || Techn. Grúa : *grue à béquilles,* de cale, grúa de caballete, de grada. || Fig. *Faire le pied de grue,* estar de plantón.

gruerie f. Privilegio (*m.*) forestal.

grugeoir [gryʒwa:r] m. Techn. Grujidor (de vitrier).

gruger* v. tr. Partir con los dientes. || Sorber (une huître). || Grujir (les vitres). || Fig. *Gruger quelqu'un,* timar ; embaucar a alguien.

grume f. Tronco, *m.* || *Bois de grume* o *en grume,* madera sin desbastar.

grumeau m. Grumo.

grumeler* (se) v. pr. Formar grumos, engrume-cerse (se mettre en grumeaux).

grumeleux, euse adj. Grumoso, sa. ‖ Granujiento, ta (surface).

grumelure f. Falla, grano, *m*. (dans un métal).

gruppetto m. Mus. Grupeto.

grutier m. Conductor de una grúa, gruísta.

gruyère [gryjε:r] m. Queso de Gruyere (Suiza).

Guadeloupe [gwadlup] n. pr. f. Géogr. Guadalupe.

guaco m. Bot. Guaco.

guais [gε] adj. m. Desovado (hareng).

guanaco [gwanako] m. Zool. Guanaco.

guano m. Guano (engrais).

guarani adj. et s. Guaraní.

Guatemala n. pr. Géogr. Guatemala, *f*.

guatémalien, enne ou **guatémaltèque** adj. et s. Guatemalteco, ca.

gué [ge] m. Vado. ‖ *Passer à gué*, vadear.

guéable adj. Vadeable.

guèbre adj. et s. Guebro, bra.

guède f. Bot. Glasto, *m*., hierba pastel (pastel).

guéer* [gee] v. tr. Vadear (passer à gué).

Gueldre [gεldr] n. pr. f. Géogr. Güeldres.

guelfe adj. et s. Güelfo, fa.

guelte f. Comm. Comisión, porcentaje, *m*.

guenille [gəni:j] f. ● Andrajo, *m*., harapo, *m*. (vieux vêtement). ‖ Fig. Guiñapo, *m*., miseria (chose méprisable).

    — Syn. ● *Haillon*, harapo. *Oripeau*, guiñapo. *Loque*, andrajo.

guenilleux, euse [-jø, ø:z] adj. Guiñaposo, sa ; andrajoso, sa ; harapiento, ta.

guenon [gənɔ̃] f. Zool. Mono, *m*. ‖ Fam. Mona (singe femelle). ‖ Fig. Adefesio, *m*., mujer fea (femme laide).

    — Observ. On ne peut absolument pas employer le mot *mona* dans le sens figuré de femme laide puisque *mona* en espagnol signifie *jolie*.

guépard m. Onza, *f*. (félin).

guêpe f. Avispa (insecte). ‖ Fig. *Taille de guêpe*, cintura de avispa.

guêpier m. Avispero (nid de guêpes). ‖ Abejaruco (oiseau). ‖ Fig. Avispero (situation difficile).

guère adv. Casi, apenas, poco [úsase con una negación] : *il n'a guère d'amis*, casi no tiene amigos. ‖ — *Cela ne vaut guère mieux*, ésto no vale mucho más. ‖ *Il ne gagne guère*, no gana casi nada. ‖ *Il ne s'en est guère fallu*, poco ha faltado para ello. ‖ *Il n'y a guère que lui pour le croire*, casi nadie lo cree sino él.

    — Observ. Úsase también la forma *guères*, en poesía.

guéret [gerε] m. Agric. Barbecho, *m*. ‖ — Pl. (P. us.). Poét. Los campos y las cosechas (champs et moissons).

guéridon m. Velador.

guérilla [gerija] f. Guerrilla.

guérillero [-jero] m. Guerrillero.

guérir v. tr. Curar (sens propre et fig.).

    — V. intr. Sanar, curarse.

guérison f. Curación.

guérissable adj. Curable.

guérisseur, euse m. et f. Curandero, ra.

    — Syn. *Bailleul*, ensalmador, saludador. *Rebouteux*, algebrista.

guérite f. Garita. ‖ Mar. Cenefa de cofa.

guerre f. Guerra : *guerre civile*, guerra civil ; *conseil de guerre*, consejo de guerra. ‖ — *La drôle de guerre*, la guerra boba. ‖ *Nom de guerre*, seudónimo. ‖ — *À la guerre comme à la guerre*, cual el tiempo tal el tiento. ‖ *De bonne guerre*, en buena lid. ‖ *De guerre lasse*, cansado de luchar, harto de lidiar. ‖ — *C'est de bonne guerre*, es normal, es natural, es legítimo, es lógico. ‖ *Être en guerre*, estar en guerra. ‖ *Faire la guerre*, hacer la guerra, guerrear. ‖ Fig. *Faire la guerre à quel-*

qu'un, dar guerra a alguien. ‖ *Faire la guerre à une chose*, combatir algo, declarar la guerra a algo. ‖ *Jouer à la petite guerre*, jugar a los soldados (enfants). ‖ *Obtenir les honneurs de la guerre*, salir con todos los honores.

    — Syn. *Campagne*, campaña. *Conflagration*, conflagración. *Conflit*, conflicto. *Guérilla*, guerrilla. *Hostilité*, hostilidad.

guerrier, ère adj. et s. Guerrero, ra.

    — Syn. *Belliciste*, belicista. *Belliqueux*, belicoso. *Martial*, marcial.

guerroyant, e [gεrwajɑ̃, ɑ̃:t] adj. Belicoso, sa ; guerreante.

guerroyer* [-je] v. intr. Guerrear.

guet [gε] m. Acecho : *être au* o *faire le guet*, estar en ou al acecho. ‖ Ronda, *f*., patrulla, *f*. (ronde). ‖ — *La tour de guet*, la atalaya. ‖ *Mot de guet*, santo y seña. ‖ — *Avoir l'œil au guet*, estar ojo avizor.

guet-apens [gεtapɑ̃] m. Emboscada, *f*. ‖ Fig. Asechanza, *f*., celada, *f*.

guêtre f. Polaina, antipara. ‖ Fam. *Tirer ses guêtres*, tomar el portante.

guêtrer v. tr. Calzar las polainas.

    — V. pr. Ponerse las polainas.

guette ou **guête** f. Atalaya. ‖ Acecho, *m*.

guetter v. tr. Acechar. ‖ *Guetter l'occasion*, acechar la ocasión, buscar la coyuntura.

guetteur m. Vigía, atalaya, *f*. (p. us.). ‖ Centinela, escucha.

gueulard, e [gœla:r, ard] adj. et s. Pop. Gritón, ona ; vocinglero, ra (criard). ‖ Tragón, ona (glouton). ‖ Chillón, ona ; llamativo, va (couleur).

    — M. Mar. Bocina, *f*. (porte-voix). ‖ Techn. Tragante, cebadero (fourneaux).

gueule [gœl] f. Hocico, *m*. ‖ Boca (des animaux), fauces, pl. (des fauves). ‖ Fam. Jeta (visage). ‖ Buena pinta, buen aspecto, *m*. : *cela a de la gueule*, eso tiene buena pinta. ‖ Mil. Boca : *la gueule du canon*, la boca del cañón. ‖ Pop. Boca (de l'homme). ‖ Techn. Boca (orifice). ‖ — *Gueule cassée*, mutilado [herido en la cara]. ‖ *Gueule de bois*, resaca. ‖ — *Fine gueule*, gastrónomo. ‖ Pop. *Ta gueule !*, ¡calla! ; ¡cierra el pico ! ‖ — Fam. *Avoir une sale gueule*, tener una cara de pocos amigos. ‖ Pop. *Casser la gueule*, romper las narices. ‖ Pop. *Être fort en gueule*, ser deslenguado (qui parle mal), ser vocinglero (qui parle fort). ‖ *Faire la gueule*, poner mala cara. ‖ *Fermer la gueule à quelqu'un*, cerrar el pico a alguien. ‖ *Se jeter dans la gueule du loup*, meterse en la boca del lobo. ‖ *Tu fais une gueule !*, ¡pones una cara !

gueule-de-loup [gœldəlu] f. Bot. Dragón, *m*., becerra (muflier).

gueuler v. intr. Pop. Gritar, vocear, vociferar.

gueules m. Blas. Gules, pl.

gueuleton m. Pop. Comilona, *f*., francachela, *f*.

gueuletonner v. intr. Pop. Estar de comilona.

gueuloir m. Fam. Garganta, *f*.

gueusaille [gøza:j] f. Fam. Pobretería, canalla.

gueusailler [-zaje] v. intr. Fam. Guitonear, tunear.

gueusard, e [-za:r, ard] m. et f. Pícaro, ra ; tuno, na.

gueuse [gø:z] f. Picote, *m*. (tissu). ‖ Mar. Lingote, *m*. ‖ Techn. Lingote (*m*.) de arrabio, goa. ‖ Lingotera.

gueuser [-ze] v. tr. et intr. Pordiosear, mendigar.

gueuserie [-zri] f. Miseria, pordiosería.

gueux, euse adj. et s. Pordiosero, ra ; mendigo, ga (indigent). ‖ Pícaro, ra ; bribón, ona (coquin).

gugusse m. Fam. Augusto, payaso.

gui m. Muérdago. ‖ Mar. Botavara, *f*.

Gui [gi] n. pr. m. Guido. (V. Guy.)

guibolle f. Pop. Zanca (jambe).

guibre f. Mar. Tajamar, *m*.

guiches f. pl. Patillas (cheveux).

guichet [giʃɛ] m. Portillo, postigo (petite porte dans une autre). ‖ Taquilla, f., ventanilla, f. (d'un bureau) ; *guichet de la poste,* taquilla del correo. ‖ Celosía, f. (d'un confessionnal). ‖ — *Scie à guichet,* serrucho. ‖ — *À guichet fermé,* completo (spectacles). ‖ *Jouer à guichet fermé,* actuar con el teatro lleno *ou* con el cartel de no hay billetes.

guichetier [giʃtje] m. Taquillero. ‖ Carcelero, llavero (prison).

guidage m. Conducción, f. ‖ Dirección, f., guiado (d'un projectile).

guide m. Guía (personne). ‖ Lazarillo (d'aveugles). ‖ Guía, f. (livre). ‖ Guía, f. (pièce). ‖ — F. Rienda (du cheval). ‖ FIG. *À grandes guides,* a todo tren.

guide-âne m. Añalejo, burrillo (recueil). ‖ Falsilla, f. (pour écrire). ‖ Instrucciones, f. pl., manual (dans un travail).

guideau m. Mangueta, f.

guide-fil [gidfil] m. inv. Guiahílos.

guider v. tr. ● Guiar : *guider quelqu'un dans la vie,* guiar a alguno en la vida.
— V. pr. Guiarse.
— SYN. ● *Conduire,* conducir. *Mener,* dirigir, llevar. *Fam. Piloter,* pilotar.

guiderope m. Cuerda (f.) guía (de ballon).

guidon m. (Vx.) Guión (étendard). ‖ Guía, f. (jeux). ‖ Manillar, guía, f. (bicyclette). ‖ Punto de mira, guión (de fusil). ‖ MAR. Gallardete (pavillon). ‖ MIL. Banderín.

guignard, e adj. FAM. Desafortunado, da ; que tiene mala pata (malchanceux).
— M. Morinelo (oiseau).

guigne f. Cereza mollar (cerise). ‖ FAM. Mala potra, negra, cenizo, m., mala suerte (mauvaise chance).

guigner v. intr. Mirar de reojo (du coin de l'œil).
— V. tr. Mirar de soslayo (sans en avoir l'air). ‖ FIG. Codiciar, irse los ojos tras : *il guigne un plat de pâtisseries,* se le van los ojos tras la fuente de pasteles.
— OBSERV. L'espagnol *guñar* signifie *cligner de l'œil.*

guignette f. AGRIC. Escardillo, m., almocafre, m.

guignier m. Guindo (arbre).

guignol m. Guiñol. ‖ FAM. *Faire le guignol,* hacer el tonto *ou* el payaso.

guignolet [giɲɔlɛ] m. Licor de guindas.

guignon m. FAM. Mala suerte, f., mala pata, f., desgracia, f.

guignonnant, e adj. POP. Irritante, que trae mala suerte.

guildive f. Tafia, aguardiente (m.) de caña.

guillaume m. TECHN. Guillame (rabot).

Guillaume [gijo:m] n. pr. m. Guillermo.

guilledou [gijdu] m. Úsase en la loc. *Courir le guilledou,* andar de picos pardos.

guillemeter* [gijmɛte] v. tr. Entrecomillar, poner entre comillas.

guillemets [gijmɛ] m. pl. Comillas, f.

guillemot [gijmo] m. Pájaro bobo (oiseau).

guilleret, ette [gijrɛ, ɛt] adj. FAM. Vivaracho, cha ; alegre (vif et gai) : *un guilleret,* un aire alegre. ‖ Libre, ligero, ra : *des propos guillerets,* palabras ligeras. ‖ *Être tout guilleret,* bailarle a uno los ojos de alegría.

guilleri [gijri] m. Pío del gorrión (piaillement). ‖ Gorrión (moineau).

guillochage [gijoʃa:ʒ] m. Labor (f.) de líneas entrecruzadas.

guillocher [-ʃe] v. tr. Grabar adornos de líneas entrecruzadas.

guillochis [-ʃi] m. Grabado *ou* dibujo de líneas entrecruzadas.

guillochure [-ʃy:r] f. Líneas (pl.) entrecruzadas grabadas en hueco.

guillotine [gijɔtin] f. Guillotina (instrument). ‖ Pena de muerte (peine). ‖ *Fenêtre à guillotine,* ventana de guillotina.

guillotiné, e adj. et s. Guillotinado, da.

guillotinement m. Guillotinamiento.

guillotiner v. tr. Guillotinar.

guillotineur m. Verdugo.

guimauve f. Malvavisco, m. ‖ *Pâte de guimauve,* melcocha.

guimbarde f. Baile (m.) popular antiguo. ‖ FAM. Carricoche, m., cacharro, m., cascajo, m. (mauvaise voiture). ‖ MUS. Birimbao, m. (instrument). ‖ TECHN. Guimbarda (rabot). ‖ Galera (chariot).

guimpe [gɛ̃:p] f. Griñón, m. (de religieuse). ‖ Camisolín (m.) bordado (chemisette).

guindage m. Guindaje.

guindal m. MAR. Árgana, f., guindaste (appareil de levage).

guindant m. MAR. Guinda, f.

guindé, e adj. FIG. Tieso, sa ; estirado, da ; afectado, da (affecté). ‖ Enfático, ca ; ampuloso, sa (style).

guindeau m. MAR. Maquinilla, f., molinete, cabrestante.

guinder v. tr. Guindar, izar (lever). ‖ Volver afectado (affecter).
— V. pr. Entonarse, darse tono.

guinderesse [gɛ̃drɛs] f. MAR. Guindaleza, virador, m. (cordage).

guinée f. Guinea (monnaie anglaise). ‖ Guinea (tissu).

Guinée n. pr. f. GÉOGR. Guinea.

guingan m. Guinga, f. (étoffe).

guingois [gɛ̃gwa] m. Irregularidad, f., desviación, f. ‖ *De guingois,* de soslayo.

guinguette f. Ventorrillo, m., merendero, m.

guipage m. TECHN. Revestimiento (d'un câble).

guiper v. tr. Hacer guipure en *ou* sobre (façon de guipure). ‖ ÉLECTR. Enfundar, revestir.

guipoir m. Ganchillo.

guipon m. MAR. Escobilla (f.) para extender el alquitrán.

guipure f. Guipure, m., encaje (m.) de malla ancha.

guirlande f. Guirnalda. ‖ MAR. Buzarda.

guisarme f. Guja (hallebarde).

guise f. Guisa, modo, m. : *agir à sa guise,* obrar a su guisa *ou* a su modo ; *en guise de,* a guisa de, a manera de. ‖ *Chacun à sa guise,* cada cual a su antojo.

guitare f. MUS. Guitarra : *guitare hawaïenne,* guitarra hawaiana.

guitariste m. Guitarrista.

guitoune f. FAM. Casucha (maison). ‖ MIL. et FAM. Tienda de campaña.

guivre f. BLAS. Bicha, sierpe (serpent).

gulden m. Florín holandés.

gummifère adj. BOT. Gumífero, ra.

gustatif, ive adj. Gustativo, va.

gustation f. Gustación.

Gustave [gystav] n. pr. m. Gustavo.

gutta-percha [gytapɛrka] f. Gutapercha.

gutte f. Gutagamba.

guttural, e adj. et s. Gutural : *voix gutturale,* voz gutural.

Guy [gi] n. pr. m. Guido. ‖ MÉD. *Danse de Saint-Guy,* baile de San Vito.

Guyane [gɥijan] n. pr. f. GÉOGR. Guayana.

Guyenne n. pr. f. GÉOGR. Guyena.

guzla f. MUS. Guzla.

gymkhana m. Gymkhana, f.

gymnase m. Gimnasio (sport). ‖ Gimnasio (collège en Allemagne). ‖ Escuela, f. (Grèce antique).

gymnasiarque m. Gimnasiarca. ‖ Gimnasta profesional.

gymnaste m. et f. Gimnasta. ‖ Profesor de gimnástica.

gymnastique adj. Gimnástico, ca.
— F. Gimnasia : *gymnastique suédoise*, gimnasia sueca.

gymnique adj. et s. f. Gímnico, ca.

gymnosophiste m. Gimnosofista.

gymnosperme f. Bot. Gimnosperma.

gymnote m. Gimnoto (poisson).

gynécée m. Gineceo. ‖ Bot. Gineceo, pistilo.

gynécologie f. Méd. Ginecología.

gynécologue ou **gynécologiste** m. Ginecólogo.

gynérium [ʒinerjɔm] m. Bot. Paja (f.) brava, hierba (f.) de las pampas.

gypaète m. Quebrantahuesos (oiseau).

gypse m. Yeso.

gypseux, euse adj. Yesoso, sa.

gypsomètre m. Gipsómetro.

gyrie f. V. GIRIE.

gyrin m. Bailarín, girino (insecte).

gyropilote m. AVIAT. Giropiloto.

gyroscope m. Giroscopio.

gyroscopique adj. Giroscópico, ca.

gyrostabilisateur m. Estabilizador giroscópico.

gyrostat [ʒirɔsta] m. Giróstato.

H

h m. ou f. H, *f.*
— FONÉTICA y ORTOGRAFÍA. Existen en francés dos *h* : la *h* muda, que no se tiene en cuenta para la pronunciación (*l'homme* [lɔm], *les hommes* [le zɔm]) y la *h* mal llamada aspirada, que sólo sirve para impedir la elisión de la vocal final de la palabra anterior o el enlace de la consonante final de dicha palabra con la voz siguiente (*le hasard*, *la honte, trop haut* [tro ô]). Indicamos con un * colocado al principio aquellas palabras en que se aspira la *h*. Muchas que tienen *h* en francés la han perdido en español : *harpe*, arpa; *hareng*, arenque. Por otra parte, las voces que han conservado en francés la *f* del latín la han reemplazado en español por una *h* : *fil*, hilo; *fils*, hijo; *fouille*, hoja; *farine*, harina. En fin, tanto en francés como en español, las voces que principian con uno de los diptongos *ue*, *ui* tomaron una *h* inicial en la época en que el sonido de la *u* se representaba por la *v*, para evitar confusión entre la *u* vocal y la *u* consonante como, en francés, *huile*, óleo, aceite; *huître*, ostra, y en español, *huevo*, *œuf*; *hueso*, os.

ha! interj. ¡Ah! : *ha! vous êtes fatigué?*, ¡ah! ¿con qué está usted cansado? [Expresa la sorpresa algo irónica, el asombro.] ‖ *Ha! ha! que c'est drôle!*, ¡ja! ¡ja! ¡qué divertido!

habile [abil] adj. et s. Hábil : *habile à dessiner*, hábil para dibujar. ‖ DR. Habilitado, da ; capacitado, da : *habile à succéder*, capacitado para suceder.

habileté [-lte] f. Habilidad : *avoir une grande habileté*, tener mucha habilidad.
— SYN. *Adresse*, destreza. *Dextérité*, maña.

habilitation f. DR. Habilitación.

habilité f. DR. Capacidad : *l'habilité à succéder*, la capacidad para suceder.

habiliter v. tr. DR. Habilitar, capacitar. ‖ Facultar.

habillable [abijabl] adj. Vestible.

habillage [-ja:ʒ] m. El vestir : *l'habillage me prend deux heures par jour*, el vestir me toma dos horas diarias (vêtements). ‖ Preparación (f.) de un animal para guisarlo (cuisine). ‖ IMPR. Recorrido, disposición (f.) del texto en torno a la ilustración.

habillé, e [-je] adj. Vestido, da : *être très habillé*, estar muy vestido. ‖ — *Un costume habillé*, un traje de vestir. ‖ FAM. *Un habillé de soie*, un cerdo.

habillement [-jmɑ̃] m. Vestido, ropa, *f.* : *les différentes pièces d'un habillement*, las varias partes de un vestido. ‖ Indumentaria, *f.* : *un curieux habillement*, una indumentaria curiosa. ‖ Vestir : *l'habillement d'une adolescente est difficile*, el vestir a una adolescente es difícil. ‖ MIL. Vestuario. ‖ — *Magasin d'habillement*, tienda de confección. ‖ *Syndicat de l'habillement*, sindicato de la confección.

habiller [-je] v. tr. Vestir. ‖ Preparar (cuisine). ‖ Poner, cubrir : *habiller un fauteuil d'une housse*, poner una funda a un sillón. ‖ Sentar, ir, vestir : *cette robe vous habille parfaitement*, este vestido le sienta perfectamente. ‖ Poner el mecanismo (à une montre). ‖ IMPR. Hacer un recorrido.
— V. pr. Vestirse : *s'habiller en civil*, vestirse de paisano.

habilleur, euse [-jœ:r, ø:z] m. et f. Encargado, da del vestuario, camarero, ra (au théâtre).

habit [abi] m. Vestido (costume), traje (vêtement) : *habit de ville*, traje de calle. ‖ Frac (frac). ‖ Hábito (de religieux). ‖ — Pl. Ropa, *f.* sing. : *ôter ses habits*, quitarse la ropa. ‖ — *Habit de cérémonie*, traje de gala. ‖ *Habit de lumière*, traje de luces. ‖ *Habit des dimanches*, traje de fiestas, los trapitos de cristianar. ‖ *Habit vert*, traje de los académicos franceses. ‖ *L'habit ne fait pas le moine*, el hábito no hace al monje. ‖ *Prendre l'habit*, tomar el hábito.

habitabilité f. Habitabilidad.

habitable adj. Habitable.

habitacle m. (P. us.). Puesto de pilotaje, cabina, *f.* (d'une fusée). ‖ MAR. Bitácora, *f.* (de la boussole). ‖ POÉT. Habitáculo.

habitant, e adj. et s. Habitante : *ville de cent mille habitants*, ciudad de cien mil habitantes. ‖ Vecino, na; habitante : *les habitants de Madrid*, los vecinos de Madrid. ‖ — *Les habitants d'une ville*, el vecindario de una ciudad. ‖ *Loger chez l'habitant*, alojarse en una casa particular.

habitat m. Habitación, *f.*, área (f.) que habita una especie animal *ou* vegetal. ‖ Condiciones (f. pl.)

de alojamiento. ‖ Vivienda, *f.*, modo de vivir. ‖ Hábitat, conjunto de datos geográficos relativos a la residencia humana [forma, emplazamiento, etc.].
habitation f. Vivienda. ‖ — *Habitations à bon marché*, casas baratas. ‖ *Habitations à loyer modéré* (H. L. M.), viviendas de renta limitada.
— OBSERV. *Habitation* no tiene en francés el sentido español de « cuarto » (pièce, chambre).
— SYN. *Maison*, casa. *Logis*, vivienda. *Demeure*, morada. *Résidence*, residencia.

habiter v. tr. et intr. Vivir, habitar (p. us.) [demeurer]. ‖ Vivir en, ser vecino de (une ville).
— OBSERV. El régimen del verbo *habiter* puede ser indistintamente como citamos en los siguientes ejemplos : *j'habite Paris* (o *à Paris*), *la province* (o *en province*), *le XIVᵉ* (o *dans le XIVᵉ*). En español siempre ha de ponerse la preposición *en.*

habitude f. Costumbre, hábito, *m.* ‖ — *Comme d'habitude*, como de costumbre. ‖ *D'habitude*, de ordinario, habitualmente, generalmente. ‖ — *Avoir l'habitude de*, tener la costumbre de, acostumbrär, soler.
— OBSERV. Lorsqu'il s'agit d'objets inanimés, *d'habitude* se rend par le verbe « soler » : *d'habitude, cette porte est fermée*, esta puerta suele estar cerrada.
— *Habito*, en espagnol, moins employé que *costumbre*, désigne surtout une habitude, une tendance, souvent morale, acquise par la répétition de certains actes (accoutumance).
— SYN. *Coutume*, costumbre. *Pratique*, práctica. *Mœurs*, costumbres. *Rite*, rito. *Usage*, uso.

habitué, e adj. Acostumbrado, da ; habituado, da (p. us.).
— M. et f. Cliente, *m.*, parroquiano, na (d'un café). ‖ Familiar, amigo, ga de casa (visiteur habituel) ; asiduo, dua ; contertulio, lia (d'une réunion d'amis).
habituel, elle adj. Acostumbrado, da ; habitual.
habituellement adv. Habitualmente, de costumbre.
habituer v. tr. Acostumbrar, habituar.
— V. pr. Acostumbrarse, habituarse.
*****hâbler** v. intr. FAM. Parlar, charlar presuntuosamente, fanfarronear.
*****hâblerie** f. FAM. Fanfarronada, bravata, habladuría presuntuosa.
*****hâbleur, euse** adj. et s. FAM. Fanfarrón, ona ; hablador presuntuoso, habladora presuntuosa.
*****hachage** ou *****hachement** m. Picadura, *f.*, picado.
*****hache** f. Hacha. ‖ Segur (cognée). ‖ — *Hache à main*, destral, *m.* ‖ *Hache d'armes*, hacha de armas. ‖ — *Coup de hache*, hachazo.
*****haché, e** adj. Picado, da : *viande hachée*, carne picada. ‖ Destrozado, da (détruit, déchiqueté). ‖ Plumeado, da (dessin). ‖ FIG. *Style haché*, estilo cortado.
*****hache-légumes** m. Picadora (*f.*) de legumbres.
*****hache-paille** [aʃpaːj] m. AGRIC. Instrumento para cortar la paja.
*****hacher** v. tr. Picar : *hacher la viande*, picar la carne. ‖ Despedazar (déchiqueter). ‖ Destruir (récoltes). ‖ Plumear (dessin). ‖ Entrecortar (entrecouper) : *un discours haché d'interruptions*, un discurso entrecortado por interrupciones. ‖ *Hacher menu*, hacer picadillo (viande), picar.
*****hachereau** ou *****hachette** f. Hachuela, destral, *m.*
*****hache-viande** m. Máquina de picar carne.
*****hachis** [aʃi] m. Picadillo de carne, de pescado, etc. ‖ *Hachis parmentier*, pastel de carne picada con puré de patatas.
*****hachisch** ou *****haschich** m. Hachís.
*****hachischin** m. HIST. Asesino árabe.
*****hachoir** m. Tajo, picador (planche). ‖ Tajadera, *f.* (couteau). ‖ Máquina (*f.*) de picar carne.
*****hachures** f. pl. Plumeado, *m.* (dessin). ‖ Trazos, *m. pl.* (rayures).
*****hachurer** v. tr. Plumear (rayer). ‖ Sombrear con trazos (carte, plans, etc.).

*****haddock** m. Especie (*f.*) de bacalao ahumado, truchuela.
Hadès n. pr. MYTH. Hades (Pluton).
*****hadj** m. Hayi (pèlerin musulman).
*****hagard, e** [agaːr, ard] adj. Despavorido, da ; azorado, da : *un enfant hagard*, un niño despavorido. ‖ Extraviado, da ; despavorido, da : *des yeux hagards*, mirada extraviada. ‖ (P. us.). Huraño, ña ; salvaje (sauvage). ‖ Zahareño, ña (oiseau de proie).
hagiographe m. Hagiógrafo.
hagiographie f. Hagiografía (vie des saints).
hagiographique adj. Hagiográfico, ca.
hagiologie f. Hagiología.
*****haie** [ɛ] f. Seto, *m.* : *haie vive*, seto vivo. ‖ Hilera, fila : *une haie de soldats*, una hilera de soldados. ‖ — *110 mètres haies*, 110 metros vallas (sports). ‖ *Course de haies*, carrera de obstáculos (chevaux). ‖ *Faire la haie*, hacer calle (former un passage), cubrir carrera (pour protéger).
*****haïe !** interj. ¡Arre !
haïk m. Almalafa, *f.*
*****haillon** [ajɔ̃] m. Harapo, andrajo. ‖ *En haillons*, andrajoso, sa, con la ropa hecha jirones.
*****haillonneux, euse** [-jɔnø, øːz] adj. Andrajoso, sa ; harapiento, ta.
Hainaut [ɛno] n. pr. m. GÉOGR. Henao.
*****haine** f. Odio, *m.* : *j'ai la haine du mensonge*, tengo odio a la mentira. ‖ — *En haine de* o *par haine de...*, por odio a... ‖ — *Avoir en haine*, tener odio a... ‖ *Prendre en haine*, tomar odio a...
*****haineusement** adv. Con odio.
*****haineux, euse** adj. et s. Rencoroso, sa. ‖ — Adj. De odio : *regard haineux*, mirada de odio.
— OBSERV. L'espagnol *odioso* correspond au français *odieux.*
*****haïr** [aiːr]* v. tr. Odiar : *haïr à mort*, odiar a muerte.
— OBSERV. Pierde la diéresis en el singular del indicativo y en el imperativo : *je hais, hais.*
*****haire** [ɛːr] f. Cilicio, *m.*
*****haïssable** adj. Aborrecible, odioso, sa.
Haïti n. pr. f. GÉOGR. Haití, *m.*
haïtien, enne adj. et s. Haitiano, na.
haje m. Cobra, *f.*, naja, *f.* (d'Afrique).
*****halage** m. Sirga, *f.* ‖ *Chemin de halage*, camino de sirga.
*****halbran** m. Pato silvestre del año.
*****halbrené, e** adj. (Vx.) Aliquebrado, da (faucon).
*****hâle** m. Bronceado, tostado : *le hâle du visage*, el bronceado del rostro.
*****hâlé, e** adj. Bronceado, da ; tostado, da (bruni).
— SYN. *Bronzé*, bronceado. *Cuivré*, cobrizo.

haleine f. Aliento, *m.* : *avoir mauvaise haleine*, tener mal aliento. ‖ Hálito, *m.* (mot littéraire). ‖ Aliento, *m.*, respiración : *perdre haleine*, perder el aliento. ‖ — *Courte haleine*, respiración entrecortada, ahogo, sofocación. ‖ — *Longueur d'haleine*, capacidad pulmonar. ‖ — *À perdre haleine*, hasta no poder más. ‖ *De longue haleine*, de larga duración, de mucho trabajo. ‖ *D'une haleine*, de un tirón. ‖ *Hors d'haleine*, jadeando, jadeante ; sin aliento, sin respiración. ‖ *Tout d'une haleine*, de un tirón, de una sentada. ‖ — *Mettre en haleine*, alentar. ‖ *Reprendre haleine*, recobrar ou tomar aliento, respirar. ‖ *Tenir en haleine*, tener en vilo.
*****haler** v. tr. MAR. Halar, jalar. ‖ Sirgar (remorquer).
*****hâler** v. tr. Broncear, tostar (brunir la peau). ‖ Marchitar, asolanar (plantes).
*****haletant, e** adj. Jadeante (essoufflé). ‖ FIG. Anhelante : *il attendait, haletant, le cadeau promis*, esperaba, anhelante, el regalo prometido.
*****halètement** m. Jadeo.

haleter [alte] v. intr. Jadear.
*halette f. Cofia lorenesa.
*haleur, euse adj. et s. Sirgador, ra.
half-track |ha:ftrɛk| m. Vehículo blindado.
halieutique [aljøtik] adj. et s. f. Haliéutico, ca
(de la pêche).
haliotide f. ou haliotis m. ZOOL. Haliótide, f.
*hall |ol| m. Hall (maison). || Vestíbulo (édifice
public). || Nave, f. (usine).
*hallage m. Derecho de mercado.
*hallali m. Toque de acoso, alalí (gallicisme).
*halle f. Mercado, m., plaza (marché couvert). ||
— Pl. Les Halles, mercado (m.) de mayoristas
[en París]. || — Fort des Halles, cargador del
mercado. || Halle des marées, lonja del pescado.
*hallebarde f. Alabarda. || Pleuvoir des halle-
bardes, llover a cántaros, caer chuzos de punta.
*hallebardier m. Alabardero.
*hallier m. Guarda de mercado (gardien). ||
Breña, f. (buissons).
hallucinant, e adj. Alucinante.
hallucination f. Alucinación.
hallucinatoire adj. Alucinador, ra.
halluciner v. tr. Alucinar.
hallucinogène adj. et s. m. Alucinógeno, na.
*halo m. Halo (météore). || PHOT. Halo.
halogène adj. et s. m. CHIM. Halógeno, na.
halographie ou halologie f. CHIM. Halografía.
haloïde adj. CHIM. Haloideo, a. || — M. Haloide.
*hâloir m. Secadero (de fromage).
halophile adj. BOT. Halófilo, la.
halotechnie f. Halotecnia.
*halte f. Alto, m., parada (arrêt). || TRANSP.
Apeadero, m. || Faire halte, pararse, detenerse.
— Interj. ¡Alto! : halte-là!, ¡alto ahí! || FIG.
¡Basta!
haltère m. Pesa, f., haltera, f., peso (de gymnastique).
haltérophile adj. et s. Halterófilo, la.
haltérophilie f. Halterofilia.
*hamac m. Hamaca, f. || MAR. Coy.
hamadryade f. MYTH. Hamadríada, hamadría.
hamamélis [amamelis]· m. BOT. Hamamelis.
Hambourg [ãbu:r] n. pr. GÉOGR. Hamburgo.
hambourgeois, e adj. Hamburgués, esa.
*hameau m. Caserío, aldehuela, f.
hameçon [amsɔ̃] m. Anzuelo. || FIG. ET FAM.
Mordre à l'hameçon, picar en el anzuelo, tragar.
hameçonné, e adj. Provisto de anzuelos.
*hampe f. Asta (de hallebarde, drapeau, etc.). ||
Mango, m., astil, m. (de pinceau). || Trazo (m.)
vertical (d'une lettre). || BOT. Bohordo, m. (tige).
|| Delgados, m. pl. (viande).
*hamster m. Hámster (rongeur).
*han! interj. ¡Ah!
*hanap m. Copa (f.) medieval.
*hanche f. Cadera (de l'homme). || Anca (des ani-
maux). || MAR. Aleta. || — Les poings sur les
hanches, en jarras. || Tour de hanches, perímetro
de caderas.
*hancher v. intr. Contonearse.
*hand-ball ou *handball m. Balonmano.
*handicap m. Handicap (sports) : avoir un han-
dicap, sufrir un handicap. || FIG. Desventaja, f.
*handicapé, e adj. et s. Minusválido, da (per-
sonne), con desventaja (en général).
*handicaper v. tr. Disminuir las posibilidades. ||
Dificultar (rendre difficile). || — Être handicapé,
tener desventajas : être handicapé par une blessure, tener la desventaja de estar herido ; estar
desfavorecido : les orphelins sont particulièrement
handicapés, los huérfanos están particularmente
desfavorecidos ; estar en condiciones de inferioridad.
*hangar m. Cobertizo (agricole). || Cobertizo

(remise). || Hangar (pour avions). || Cochera, f.
(de voitures).
*hanneton |antɔ̃| m. Abejorro (insecte). || FIG. et
FAM. Atolondrado (étourdi).
*hannetonnage m. Destrucción (f.) de los abejo-
rros.
Hanovre n. pr. GÉOGR. Hannóver.
*hanovrien, enne adj. et s. Hannoveriano, na.
*hansart [ãsa:r] m. Cuchilla, f. (boucherie).
*hanse f. Hansa.
*hanséatique adj. et s. Hanseático, ca.
*hanté, e adj. Encantado, da ; visitado por
duendes : maison hantée, casa encantada. || FIG.
Obsesionado, da ; atormentado, da : hanté par un
souvenir, atormentado por un recuerdo.
*hanter v. tr. Frecuentar : hanter quelqu'un, fre-
cuentar a uno ; hanter les bibliothèques, frecuen-
tar las bibliotecas. || FIG. Atormentar (obséder),
asediar (assiéger). || Aparecerse en un lugar (reve-
nants). || Dis-moi qui tu hantes, je te dirai qui tu
es, dime con quien andas y te diré quién eres.
*hantise f. Obsesión.
*happement m. Dentellada, f. || Picotazo
(oiseaux).
*happer v. tr. Atrapar de un bocado. || FIG. Aga-
rrar bruscamente.
*haquebute ou *hacquebute f. Arcabuz (m.) pri-
mitivo.
*haquenée f. (Vx). Hacanea.
*haquet [akɛ] m. Carromato.
*hara-kiri m. Harakiri, haraquiri.
*harangue [arã:g] f. Arenga. || FAM. Sermón, m.,
soflama (discours quelconque). | Sermoneo, m.
(réprimande).
*haranguer [-ge] v. tr. Arengar. || FAM. Sermo-
near.
*harangueur, euse [-gœːr, øːz] m. et f. Arenga-
dor, ra. || FAM. Sermoneador, ra (qui réprimande).
*haras [ara] m. Acaballadero. || MIL. Remonta, f.
*harassant, e adj. Abrumador, ra ; agobiador, ra ;
agotador, ra : travail harassant, trabajo agotador.
*harasse f. Caja para embalar.
*harassé, e adj. Abrumado, da ; agobiado, da :
harassé de travail, abrumado de o por el trabajo ;
cansado, da ; agotado, da : air harassé, aspecto
cansado.
*harassement m. Agotamiento.
*harasser v. tr. Abrumar, agobiar. || Agotar (fati-
guer).
*harcelant, e adj. Hostigador, ra. || Atormenta-
dor, ra ; importuno, na. || FAM. Agobiante.
*harcèlement m. Hostigamiento : tir de harcèle-
ment, tiro de hostigamiento. || Acoso, acosa-
miento (d'un importun).
harceler v. tr. Hostigar. || Acosar (talonner).
— OBSERV. La e de ce toma un acento grave delante de
una sílaba muda : je harcèle.
*harceleur, euse adj. et s. Hostigador, ra ; impor-
tuno, na.
*harde f. Manada (troupeau, bande). || Traílla
(chiens).
*harder v. tr. Atraillar (les chiens).
*hardes f. pl. Trapos, m., pingajos, m. || DR. Ves-
tuario, m.
*hardi, e adj. ● Intrépido, da ; audaz : un pilote
hardi, un piloto intrépido. || ◆ Atrevido, da ; des-
carado, da (effronté) : un enfant hardi, un niño
atrevido. || Osado, da ; atrevido, da : entreprise
hardie, empresa osada.
— Interj. ¡Ánimo!, ¡adelante!
— SYN. ● Entreprenant, emprendedor. Osé, osado.
Casse-cou, arriscado. Audacieux, audaz, osado. Téméraire,
temerario. Décidé, decidido. Résolu, resuelto. Déterminé,
determinado.
◆ Insolent, insolente. Pop. Culotté, caradura, descarado, fresco.

*hardiesse f. ● Atrevimiento, *m.*, audacia. ‖ Intrepidez, valor, *m.* (courage). ‖ ◆ Insolencia.
— SYN. ● *Intrépidité,* intrepidez. *Témérité,* temeridad. — ◆ *Effronterie,* desfachatez, descaro. *Pop. Culot,* caradura, desparpajo. *Toupet,* tupé, frescura.
*hardiment adv. Atrevidamente, intrépidamente.
hardware m. Hardware (d'un ordinateur).
*harem [arɛm] m. Harén.
— SYN. *Sérail,* serrallo. *Gynécée,* gineceo.
*hareng [arɑ̃] m. Arenque : *hareng saur,* arenque ahumado. ‖ FIG. *Serrés comme des harengs,* como sardinas en lata *ou* en banasta.
*harengaison [-gɛzɔ̃] f. Pesca y época de la pesca de arenque.
*harengère [-ʒɛ:r] f. Vendedora de arenques. ‖ FIG. et FAM. Verdulera (femme grossière).
*haret [arɛ] m. Gato montés.
*harfang [arfɑ̃] m. Lechuza (*f.*) blanca del Ártico.
*hargne f. Mal humor, *m.*, hosquedad, *f.* ‖ Rabia, coraje, *m.* : *jouer avec hargne,* jugar con coraje.
*hargneux, euse adj. Arisco, ca ; huraño, ña (peu sociable). ‖ Corajudo, da (avec rage). ‖ Malhumorado, da (de mauvaise humeur). ‖ Ladrador, ra (chien).
*haricot [ariko] m. Judía, *f.*, habichuela, *f.*, alubia, *f.*, frijol. ‖ — *Haricot de mouton,* guiso de carnero con nabos y patatas. ‖ *Haricot vert,* judía *ou* habichuela verde. ‖ POP. *La fin des haricots,* el acabóse.
— OBSERV. Le *haricot commun* s'appelle *frijol* dans diverses régions d'Amérique ; *poroto* en Argentine et au Pérou. Le *haricot vert* s'appelle *ejote* au Mexique et en Amérique centrale, *chaucha* en Amérique du Sud.
*haridelle f. Matalón, *m.*, penco, *m.*
*harle m. Mergo (oiseau).
harmonica m. MUS. Armónica, *f.* (instrument).
harmonicorde m. MUS. Armonicordio.
harmonie f. Armonía : *l'harmonie des couleurs,* la armonía de los colores.
harmonieux, euse adj. Armonioso, sa.
harmonique adj. et s. m. Armónico, ca : *sons harmoniques,* sonidos armónicos ; *division harmonique,* división armónica.
harmonisation f. Armonización.
harmoniser v. tr. Armonizar.
harmoniste m. MUS. Armonista.
harmonium [armɔ̃njɔm] m. MUS. Armonio.
*harnachement m. Enjaezamiento (action). ‖ Arreos, *m. pl.* (harnais). ‖ FAM. Atavío, compostura (*f.*) ridícula (accoutrement).
*harnacher v. tr. Enjaezar (cheval). ‖ FIG. Ataviar (accoutrer).
— V. pr. FIG. Ataviarse.
*harnais [arnɛ] m. Arreos, *pl.*, arneses, *pl.*, guarniciones, *f. pl.*, jaeces, *pl.*
— OBSERV. *Arreos* est le terme le plus employé pour les chevaux. *Arnés* a signifié d'abord l'armure du guerrier ; au pluriel, il est synonyme de *arreos. Guarniciones* a plutôt un sens technique. *Jaeces* désigne surtout les ornements du cheval attelé ou monté.
*harnois m. (Vx). Arnés (armure). ‖ *Vieilli* o *blanchi sous le harnois,* encanecido en el oficio.
*haro interj. (Vx). ¡Justicia !, ¡amparo ! ‖ — *Clameur de haro,* grito de indignación. ‖ *Crier haro sur le baudet,* aplastar al más débil. ‖ *Crier haro sur quelqu'un,* protestar, gritar contra alguien.
harpagon m. FIG. Avaro, tacaño.
*harpail m. et *harpaille [arpaj] f. Manada (*f.*) de ciervos y cervatos.
*harpe f. Arpa : *pincer de la harpe,* tocar el arpa ; *harpe éolienne,* arpa eolia. ‖ ARCHIT. Adaraja (pierre d'attente).
*harpie f. Arpía (monstre). ‖ Arpía (oiseau). ‖ FIG. Arpía (femme méchante).
*harpin m. MAR. Garfio, bichero.
*harpiste m. et f. MUS. Arpista.

*harpon m. Arpón. ‖ ARCHIT. Grapa, *f.*
*harponnage ou *harponnement m. Arponeo.
*harponner v. tr. Arponear, arponar (avec le harpon). ‖ FAM. Echar el guante, trincar (arrêter) : *la police l'a harponné,* la policía le ha echado el guante.
*harponneur m. Arponero.
*hart [a:r] f. Cuerda de mimbre (lien). ‖ Dogal, *m.* (pour pendre des criminels). ‖ — *Être condamné à la hart,* ser condenado a la horca. ‖ *Sentir la hart,* oler a patíbulo.
*hasard [aza:r] m. Azar, acaso, casualidad, *f.* (mot usuel) : *un pur hasard,* una verdadera casualidad. ‖ ● Fortuna, *f.*, suerte, *f.* (chance) : *un coup de hasard,* un golpe de suerte. ‖ — *Jeux de hasard,* juegos de azar. ‖ — *À tout hasard,* por si acaso, a todo evento. ‖ *Au hasard,* al azar. ‖ *Au hasard de,* con riesgo de. ‖ *Par hasard,* por casualidad. ‖ *Par le plus grand des hasards,* por milagro.
— SYN. ● *Fortune,* fortuna. *Chance,* suerte. *Sort,* suerte.
*hasardé, e adj. Arriesgado, da (risqué). ‖ Atrevido, da (hardi), inseguro, ra (incertain) : *proposition hasardée,* proposición atrevida.
*hasarder v. tr. Arriesgar, exponer : *hasarder sa fortune,* arriesgar la propia fortuna. ‖ Aventurar : *hasarder une théorie,* aventurar una teoría. ‖ Intentar (tenter).
— V. pr. Arriegarse (se risquer), aventurarse, atreverse (oser).
— SYN. *Risquer,* arriesgar. *Aventurer,* aventurar. *Compromettre, commettre,* comprometer.
*hasardeux, euse adj. Arriesgado, da ; aventurado, da.
*haschisch m. Hachís.
*hase [a:z] f. ZOOL. Liebre [hembra].
hast ou haste [ast] m. (P. us.). Lanza, *f.* ‖ *Arme d'hast,* arma de asta.
hastaire m. Astero.
hasté, e adj. BOT. Astado, da.
*hâte f. Prisa. ‖ — *À la* o *avec* o *en hâte,* de prisa. ‖ *En toute hâte,* a toda prisa. ‖ *Quelle hâte de,* que prisa en. ‖ — *Avoir hâte de,* tener prisa por *ou* en.
*hâtelet [atlɛ] m. Asador pequeño, broqueta, *f.* (broche).
*hâtelle f. Broqueta.
*hâter v. tr. Apresurar, dar *ou* meter prisa. ‖ Adelantar, apresurar : *il a fait hâter son exécution,* ha adelantado su ejecución. ‖ *Hâter le pas,* apresurar el paso.
— V. pr. Apresurarse, darse prisa : *se hâter de,* apresurarse a, darse prisa en.
*hatereau m. Albóndiga (*f.*) de hígado de cerdo.
*hâtier m. CULIN. Asnico.
*hâtif, ive adj. ● Temprano, na (fruits, légumes). ‖ Hecho de prisa : *un travail hâtif,* un trabajo hecho de prisa. ‖ Apresurado, da : *conclusion hâtive,* conclusión apresurada.
— SYN. ● *Précoce,* precoz. *Prématuré,* prematuro.
*hâtiveau m. Pera (*f.*) sanjuanera *ou* temprana. ‖ Pl. Guisantes tempranos.
*hâtivement adv. Apresuradamente (en hâte).
*hauban m. Obenque (d'un mât). ‖ Brandal (d'une échelle). ‖ Tirante de fijación.
*haubanage m. Atirantamiento, obencadura, *f.*
*haubaner v. tr. Atirantar.
*haubert [obɛ:r] m. (Vx). Cota (*f.*) de malla.
*hausse [o:s] f. Alza (armes) : *angle de hausse,* alza de elevación. ‖ Calzo, *m.* (meubles). ‖ Subida (des eaux, des prix). ‖ COMM. Alza : *jouer à la hausse,* jugar al alza. ‖ IMPR. Alza. ‖ *Être en hausse,* estar en alza.
*hausse-col m. Gola, *f.* (uniforme).
— OBSERV. Pl. *hausse-cols.*

*haussement m. Elevación, *f.*, levantamiento : *haussement de la voix*, elevación de la voz ; *haussement des sourcils*, levantamiento de las cejas. ‖ Elevación, *f.* : *haussement d'un mur*, elevación de un muro. ‖ *Haussement d'épaules*, encogimiento de hombros.

*hausse-pied m. Alzapié.
— Observ. Pl. *hausse-pied* ou *hausse-pieds.*

*hausser v. tr. ● Alzar : *hausser la tête*, alzar la cabeza. ‖ Levantar, hacer más alto : *hausser un bâtiment*, levantar un edificio. ‖ Fig. Subir, elevar (les prix), aumentar (augmenter). | Alzar, levantar : *hausser le ton*, alzar la voz. ‖ — Fam. *Hausser le coude*, empinar el codo. | *Hausser les épaules*, encogerse de hombros.
— V. intr. Subir : *le prix du coton a haussé*, el precio del algodón ha subido.
— V. pr. Alzarse. ‖ *Se hausser sur la pointe des pieds*, empinarse.
— Syn. ● *Exhausser*, elevar, levantar. *Rehausser*, realzar.

*haussier m. Alcista (bourse).

*haussière ou **aussière** f. Mar. Guindaleza (cordage). ‖ Adral, *m.* (charrette).

*haut, e adj. Alto, ta ; elevado, da : *un mur haut*, una pared alta ; *un mur haut de 4 m*, una pared que tiene cuatro metros de alto ; *à haute voix*, en voz alta. ‖ Subido, da : *haut en couleur*, subido de color. ‖ Agudo, da (ton). ‖ Crecido, da : *rivière dont les eaux sont hautes*, río cuyas aguas han crecido. ‖ Elevado, da : *de hautes pensées*, pensamientos elevados. ‖ Fig. Superior, alto, ta : *la haute magistrature*, la magistratura superior ; *la haute société*, la alta sociedad. | Altanero, ra (hautain). ‖ — *Haute trahison*, alta traición. ‖ *Hauts lieux*, sitios más relevantes ou destacados. | *La haute Antiquité*, la remota Antigüedad. ‖ *La haute Egypte*, el Alto Egipto. ‖ *La haute mer*, el alta mar. ‖ *Le haut Rhin*, el Alto Rhin. ‖ *Messe haute*, misa mayor. ‖ — *De haute lutte*, con gran esfuerzo personal. ‖ *En haut lieu*, en las altas esferas, en las esferas superiores. ‖ — *Avoir la haute main* ou *dans*, tener mucha influencia en, ser el que hace y deshace en, llevar la voz cantante en. ‖ *Avoir le verbe haut*, hablar muy fuerte (d'une voix forte), hablar imperativamente (d'un ton impératif). ‖ *Marcher la tête haute*, ir con la cabeza derecha.
— M. Alto, altura, *f.* : *un pylône de 10 mètres de haut*, un pilón de diez metros de altura. ‖ Cima, *f.* (arbre). | Cima, *f.*, cumbre, *f.* (montagne). ‖ — *Haut de casse*, caja alta (typographie). ‖ *Le haut du pavé*, la acera. ‖ *Les hauts et les bas*, los altibajos, los altos y bajos. ‖ *Le Très-Haut*, el Altísimo. ‖ — *Du haut de*, desde lo alto de. ‖ *Du haut en bas* ou *de haut en bas*, de arriba abajo. ‖ *Regarder de son haut*, mirar olímpicamente. ‖ *Tenir le haut du pavé*, ocupar una elevada posición social. ‖ *Tomber de son haut*, quedarse estupefacto (être stupéfait), caer en redondo (faire une chute).

*haut [o] adv. Alto. ‖ — *Haut et clair*, lisa y llanamente. ‖ *Haut la main*, con facilidad. ‖ *Haut les mains !*, ¡manos arriba ! ‖ — *D'en haut*, de arriba. ‖ *En haut*, arriba. ‖ *Là-haut*, arriba, allá arriba, en lo alto (au ciel). ‖ *Plus haut*, más alto. ‖ *Tout haut*, alto, en voz alta (parler). ‖ — *Le prendre de haut*, tomar a mal. ‖ *Monter haut*, subir mucho (être très cher). ‖ *Voir plus haut*, véase más arriba.

*hautain, e adj. Altivo, va ; altanero, ra.
*hautbois [obwa] m. Mus. Oboe (instrument).
*hautboïste [oboist] m. Oboe (musicien).
*haut-commissaire m. Alto comisario.
*haut-commissariat m. Alta (*f.*) comisaría.

*haut-de-chausses m. (Vx). Calzas, *f. pl.*
— Observ. Pl. *hauts-de-chausses.*

*haut-de-forme [odform] m. Sombrero de copa alta, chistera, *f.*
— Observ. Pl. *hauts-de-forme.*

*haute f. Pop. Alta sociedad.
*haute-contre f. Mus. Contralto, *m.*
— Observ. Pl. *hautes-contre.*

*hautement adv. Altamente (vivement). ‖ Abiertamente, claramente : *se déclarer hautement pour quelqu'un*, declararse abiertamente por alguien. ‖ Extremadamente, en sumo grado, muy : *personne hautement qualifiée*, persona calificada en sumo grado.

*hautesse f. (P. us.). Alteza.
*haute-taille [otta:j] f. Barítono, *m.*
*hauteur f. Altura. ‖ Fig. Altura, grandeza, alteza : *hauteur des idées*, grandeza de ideas ; *hauteur des sentiments*, alteza de sentimientos. ‖ Elevación : *hauteur de vues*, elevación de puntos de vista. | Altanería, altivez (arrogance). ‖ — *Hauteur au garrot*, alzada (d'un animal). ‖ *Saut en hauteur*, salto de altura. ‖ — *A hauteur d'appui*, a la altura del pecho ou del antepecho (mur, balustrade, etc.). ‖ *À la hauteur de*, de altura : *un programme à la hauteur*, un programa de altura. ‖ — *Être à la hauteur de*, estar a la altura de. ‖ *Prendre de la hauteur*, tomar altura, ascender. ‖ *Tomber de sa hauteur*, caer cuan largo se es (tomber), quedar anonadado, caerse de espaldas, aterrado (très surpris).

*haut-fond [ofɔ̃] m. Mar. Bajo, bajo fondo, bajío.
*haut-le-cœur m. inv. Náusea, *f.*, basca, *f.* ‖ Fig. Náusea, *f.*
*haut-le-corps [olko:r] m. inv. Sobresalto (sursaut). ‖ Bote (cheval).
*haut-parleur m. Altavoz [*Amér.*, altoparlante].
— Observ. Pl. *haut-parleurs.*

*haut-relief m. Alto relieve (sculpture).
*hauturier, ère adj. Mar. De altura : *navigation hauturière*, navegación de altura.
*havage m. Min. Corte por capas paralelas a la estratificación.
*havanais, e adj. et s. Habanero, ra. ‖ — M. Cierto perrillo de pelo blanco, largo y sedoso (chien).
*havane m. Habano (cigare).
— Adj. inv. Habano, na (couleur).
*Havane (La) n. pr. Géogr. La Habana.
*hâve adj. Macilento, ta (pâle).
*haveneau ou ***havenet** m. Red (*f.*) pequeña con copo.
*haveur m. Minero especializado en el arranque por capas.
*haveuse f. Min. Rozadora (machine).
*havir v. tr. Quemar, tostar (sans cuire).
— V. intr. et pr. Quemarse, tostarse.
*havre m. Mar. Abra, *f.*
*havresac m. Mochila, *f.* macuto (de soldat). ‖ Morral, talego, saco (sac).
hawaiien, enne adj. et s. Hawaiano, na.
*Haye (La) [laɛ] n. pr. Géogr. La Haya.
*hé ! interj. ¡Eh !
*heaume [o:m] m. Yelmo.
hebdomadaire adj. Semanal, hebdomadario, ria (p. us.). ‖ — Adj. et s. m. Semanario. ‖ *Journal hebdomadaire*, semanario.
hebdomadier, ère m. et f. Hebdomadario, ria (religieux).
hébéphrénie f. Méd. Hebefrenia.
héberge f. Línea divisoria de una medianería.
hébergement m. Hospedaje, alojamiento.
héberger* v. tr. Albergar, hospedar, alojar.
hébétant, e adj. Embrutecedor, ra ; entontecedor, ra.

HÉLICOPTÈRE — HELICÓPTERO

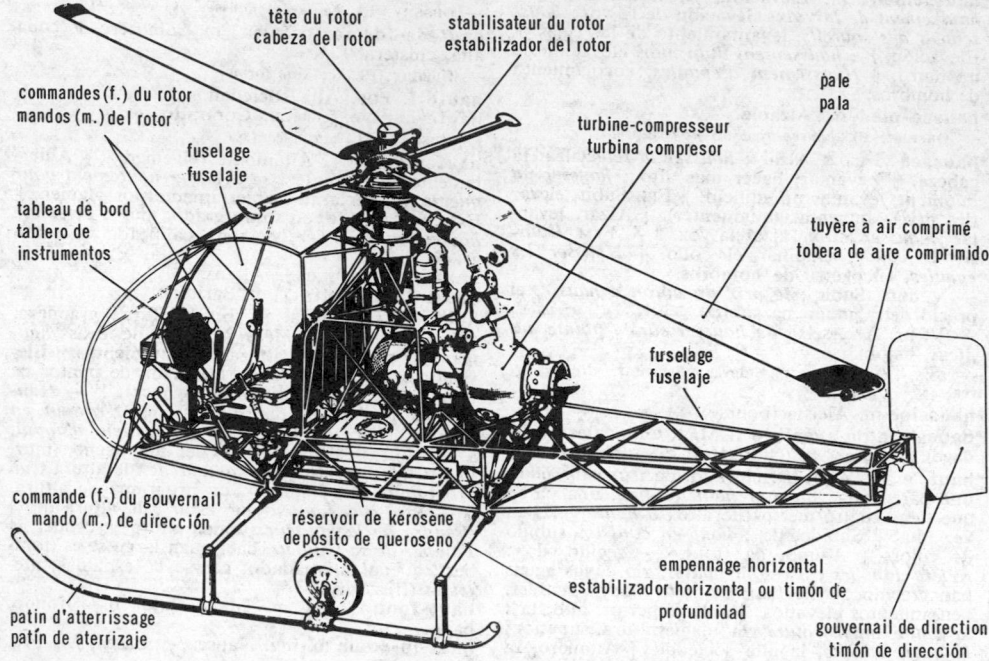

tête du rotor
cabeza del rotor

stabilisateur du rotor
estabilizador del rotor

commandes (f.) du rotor
mandos (m.) del rotor

pale
pala

turbine-compresseur
turbina compresor

fuselage
fuselaje

tableau de bord
tablero de
instrumentos

tuyère à air comprimé
tobera de aire comprimido

fuselage
fuselaje

commande (f.) du gouvernail
mando (m.) de dirección

réservoir de kérosène
depósito de queroseno

empennage horizontal
estabilizador horizontal ou timón de
profundidad

patin d'atterrissage
patín de aterrizaje

gouvernail de direction
timón de dirección

---

hébété, e adj. et s. Embrutecido, da; estúpido, da; alelado, da : *un air hébété,* un aire alelado.

hébétement m. Embrutecimiento, alelamiento.

hébéter* v. tr. Embrutecer, entorpecer, alelar.

hébétude f. Embotamiento, *m.,* entorpecimiento, *m.*

hébraïque adj. Hebraico, ca.

hébraïsant, e ou **hébraïste** adj. et s. Hebraizante, hebraísta.

hébraïser v. intr. Hebraizar.

hébraïsme m. Hebraísmo.

hébreu adj. et s. m. Hebreo. ‖ Fig. *C'est de l'hébreu,* eso es chino *ou* griego para mí.

— Observ. *Hébreu* como adjetivo tiene por femenino *hébraïque* y como sustantivo femenino *juive* o *israélite.*

Hébrides n. pr. f. pl. Géogr. *Îles Hébrides,* ilas Hébridas.

hécatombe f. Hecatombe. ‖ Fig. Hecatombe, matanza : *Hiroshima fut une véritable hécatombe,* Hiroshima fue una verdadera matanza.

hectare m. Hectárea, *f.*

hectique adj. Méd. Héctico, ca.

hectogramme m. Hectogramo.

hectolitre m. Hectolitro.

hectomètre m. Hectómetro.

hectométrique adj. Hectométrico, ca.

hectopièze f. Phys. Hectopieza.

hectowatt [ɛktowat] m. Électr. Hectovatio.

hédonisme m. Hedonismo (doctrine du plaisir).

hédoniste adj. et s. Philos. Hedonista.

hédonistique adj. Relativo al hedonismo.

***hégélianisme** m. Philos. Hegelianismo (doctrine de Hegel).

***hégélien, enne** adj. Hegeliano, na.

hégémonie f. Hegemonía, heguemonía (p. us.).

hégire f. Hégira (fuite de Mahomet).

heiduque m. Heiduco (soldat d'infanterie hongrois). ‖ Criado francés vestido a la húngara.

***heimatlos** [ajmatlo:s] m. et f. Apátrida.

***heimatlosat** m. Carácter apátrida.

***hein!** interj. ¡Eh!, ¿eh?, ¿cómo?

hélas! [elas] interj. ¡Ay! ‖ Desgraciadamente, desafortunadamente, por desgracia : *vas-tu en vacances cette année? Hélas! non,* ¿vas a ir de vacaciones este año? Por desgracia no iré. ‖ *Hélas, quel malheur!,* ¡ay! ¡qué desgracia!

Hélène n. pr. f. Elena (sainte). ‖ Helena (princesse grecque).

héler v. tr. Llamar [desde lejos], dar una voz.

hélianthe m. Bot. Helianto, girasol (tournesol).

hélianthème m. Bot. Heliantemo.

hélianthine f. Chim. Heliantina.

héliaque adj. Astr. Heliaco, ca.

hélice f. Hélice.

héliciculture f. Helicicultura (élevage des escargots).

hélicoïdal, e adj. Helicoidal : *des engrenages hélicoïdaux,* engranajes helicoidales.

hélicoïde adj. Helicoidal.

— F. Helicoide, *m.* (surface).

hélicon m. Mus. Helicón.

Hélicon n. pr. m. Géogr. Helicón.

hélicoptère m. Aviat. Helicóptero.

héligare m. Estación (*f.*) terminal de helicópteros.

hélio m. Hueco, helio (héliogravure).

héliocentrique adj. Astr. Heliocéntrico, ca.

héliochromie f. Impr. Heliocromía.

Héliogabale n. pr. m. Heliogábalo.

héliographe m. Astr. Heliógrafo.

héliographie f. Heliografía.

héliograveur m. Impr. Heliograbador.

héliogravure f. Impr. Huecograbado, *m.,* heliograbado, *m.*

héliomètre m. Phys. Heliómetro.

hélion m. Phys. Helión.

héliothérapie f. Méd. Helioterapia.

héliotrope m. Bot. Heliotropo.

héliotropine f. Chim. Heliotropina.

héliport [elipɔ:r] m. Helipuerto.
héliporté, e adj. Transportado por helicóptero.
hélium [eljɔm] m. CHIM. Helio.
hélix m. ANAT. et ZOOL. Hélice.
hellène adj. et s. Heleno, na (grec).
hellénique adj. Helénico, ca.
hellénisant, e adj. et s. Helenista.
hellénisation f. Helenización.
helléniser v. tr. et intr. Helenizar, grecizar.
hellénisme m. Helenismo.
helléniste m. Helenista.
hellénistique adj. et s. Helenístico, ca.
helminthe m. ZOOL. Helminto.
helminthiase f. MÉD. Helmintiasis.
Héloïse n. pr. f. Eloísa.
helvètes m. pl. Helvecios.
Helvétie [ɛlvesi] n. pr. f. GÉOGR. Helvecia (Suisse).
helvétien, enne [-sjɛ̃, jɛn] adj. et s. Helvecio, cia.
helvétique adj. Helvético, ca (de la Suisse).
*hem! [ɛm] interj. ¡Eh!
hémarthrose f. MÉD. Hemartrosis, derrame (m.) sanguíneo en una articulación.
hématémèse f. MÉD. Hematemesis.
hématie [emati] f. ANAT. Hematíe, m. (globule rouge du sang).
hématine f. ANAT. Hematina.
hématite f. MIN. Hematites.
hématologie f. MÉD. Hematología.
hématologiste ou hématologue m. MÉD. Hematólogo.
hématome m. MÉD. Hematoma.
hématopoïèse f. MÉD. Hematopoyesis.
hématose f. ANAT. Hematosis.
hematozoaire m. ZOOL. Hematozoario.
hématurie f. MÉD. Hematuria.
héméralopie f. MÉD. Hemeralopia.
hémérocalle f. BOT. Hemerocala.
hémicycle m. Hemiciclo.
hémicylindrique adj. Semicilíndrico, ca; hemicilíndrico, ca (p. us.).
hémièdre adj. Hemiedro, dra.
hémine f. Hemina (mesure grecque).
hémione m. Hemíono (mammifère).
hémiplégie f. MÉD. Hemiplejía.
hémiplégique adj. MÉD. Hemipléjico, ca.
hémiptère adj. et s. m. ZOOL. Hemiptero, ra.
hémisphère m. Hemisferio.
hémisphérique adj. Hemisférico, ca.
hémistiche [emistiʃ] m. POÉT. Hemistiquio.
hémitropie f. PHYS. Hemitropía.
hémoculture f. Hemocultivo, m.
hémoglobine f. ANAT. Hemoglobina.
hémolyse f. MÉD. Hemolisis.
hémolytique adj. Hemolítico, ca.
hémopathie f. Hemopatía.
hémophile adj. et s. Hemofílico, ca; enfermo de hemofilia.
hémophilie f. MÉD. Hemofilia.
hémoptysie f. MÉD. Hemoptisis.
hémoptysique adj. et s. Hemoptísico, ca.
hémorragie f. MÉD. Hemorragia. ‖ FIG. Sangría (d'argent).
hémorragique adj. Hemorrágico, ca.
hémorrhée f. MÉD. Hemorrea.
hémorroïdal, e adj. Hemorroidal.
hémorroïdes f. pl. MÉD. Hemorroides, almorranas.
hémostase f. MÉD. Hemostasis.
hémostatique adj. MÉD. Hemostático, ca.
hendécagone [ɛ̃dekagɔn] m. GÉOM. Endecágono.
hendécasyllabe [-sillab] adj. et s. m. Endecasílabo, ba.
*henné m. Alheña, f. (arbuste).
*hennin m. (Vx). Capirote femenino (Moyen Âge).
*hennir v. intr. Relinchar.

*hennissement m. Relincho : pousser des hennissements, dar relinchos.
Henri [ɑ̃ri] n. pr. m. Enrique.
Henriette n. pr. f. Enriqueta.
henry m. PHYS. Henrio (unité).
*hep! [ɛp] interj. ¡Eh!
héparine f. Heparina.
hépatalgie f. MÉD. Hepatalgia.
hépatique adj. et s. MÉD. Hepático, ca. ‖ — F. BOT. Hepática (fleur).
hépatisation f. MÉD. Hepatización.
hépatisme m. MÉD. Hepatismo.
hépatite f. MÉD. Hepatitis.
hépatocèle f. MÉD. Hepatocele.
hépatologie f. MÉD. Hepatología.
heptacorde m. MUS. Heptacordio, heptacordo.
heptaèdre m. GÉOM. Heptaedro.
heptaédrique adj. GÉOM. Heptaédrico, ca.
heptagonal, e adj. GÉOM. Heptagonal.
heptagone adj. et s. m. Heptágono, na.
heptaméron m. Heptamerón.
heptamètre m. POÉT. Heptámetro.
heptarchie f. Heptarquía.
heptasyllabe adj. et s. m. Heptasílabo, ba.
Héracle n. pr. m. Heraclio.
Héraclès ou Héraklès n. pr. m. Heracles (Hercule).
Héraclides adj. et s. Heraclidas.
héraldique adj. et s. f. Heráldico, ca.
héraldiste m. Heraldista.
*héraut [ero] m. Heraldo. ‖ FIG. Paladín.
herbacé, e adj. BOT. Herbáceo, a.
herbage m. AGRIC. Herbaje, pasto, herbazal, pastizal.
herbagement m. AGRIC. Herbajeo.
herbager, ère m. et f. AGRIC. Herbajero, ra; pastor, ra.
herbager* v. tr. AGRIC. Herbajar, apacentar.
herbageux, euse adj. AGRIC. Herboso, sa.
herbe f. Hierba, yerba. ‖ Césped, m. (gazon) : se reposer sur l'herbe, descansar sobre el césped. ‖ — Herbe aux chantres, sisimbrio, jaramago. ‖ Herbe aux chats, maro. ‖ Herbe aux gueux, hierba de los pordioseros (clématite) ‖ Herbe aux verrues, celidonia (éclaire). ‖ Herbe d'amour, miosotis. ‖ Herbe de la Saint-Jean, hierba de San Juan, corazoncillo. ‖ Herbes marines, hierbas marinas. ‖ Herbes médicinales, hierbas medicinales. ‖ Herbes potagères, hortalizas, legumbres. ‖ — En herbe, en cierne : médecin en herbe, médico en cierne. ‖ CULIN. Fines herbes, finas hierbas. ‖ FIG. Mauvaise herbe, mala hierba, tuno, bribón. ‖ — Couper l'herbe sous le pied, ganar por la mano, tomar la delantera. ‖ Manger son blé en herbe, gastar por anticipado. ‖ Mauvaise herbe croît toujours, bicho malo nunca muere.
— OBSERV. L'orthographe hierba est aujourd'hui la plus courante.
herber v. tr. Tender la ropa sobre la hierba.
herberie f. Tendedero (m.) de ropa.
Herbert [ɛrbɛ:r] n. pr. m. Herberto, Heriberto.
herbette f. FAM. Hierbecilla.
herbeux, euse adj. Herboso, sa.
herbicide adj. et s. m. Herbicida.
herbier m. Herbario (collection de plantes). ‖ Henil (grange).
herbivore adj. et s. m. Herbívoro, ra.
herborisation f. Herborización.
herboriser v. intr. Herborizar.
herboriste m. et f. Herbolario, ria.
herboristerie f. Tienda del herbolario.
herbu, e [ɛrby] adj. Herboso, sa.
herbue f. AGRIC. Tierra magra. ‖ TECHN. Fundente (m.) arcilloso (fondant).
*herchage m. MIN. Empuje manual de vagonetas.
*hercher v. intr. MIN. Empujar vagonetas.

hercheur, euse m. et f. Min. Obrero, obrera que empuja las vagonetas.

hercule m. Fam. Hércules (homme fort). ‖ Atleta de feria (forain). ‖ *Un travail d'Hercule,* un trabajo de Hércules.

Hercule n. pr. m. Hércules.

herculéen, enne [ɛrkyleẽ, ɛn] adj. Hercúleo, a.

hercynien, enne adj. Géol. Herciniano, na.

*herd-book [hœd buk] m. Libro genealógico de una raza bovina.

*hère m. Cervato (cerf). ‖ Desgraciado, miserable. ‖ *Pauvre hère,* pobre diablo.

héréditaire adj. Hereditario, ria : *maladie héréditaire,* enfermedad hereditaria.

hérédité f. Dr. et Méd. Herencia.

hérésiarque m. Heresiarca.

hérésie f. Herejía.

hérétique adj. Herético, ca.
— M. et f. Hereje.

*hérissé, e adj. Erizado, da. ‖ De punta, erizado, da (cheveux). ‖ Fig. Erizado, da : *une version hérissée de pièges,* una traducción erizada de trampas.

*hérissement m. Erizamiento. ‖ Méd. Horripilación, *f.*

*hérisser v. tr. Erizar.
— V. pr. Erizarse, ponerse de punta : *mes cheveux se hérissent sur ma tête,* el pelo se me pone de punta. ‖ Fam. Indignarse, enfadarse.

*hérisson m. Erizo (mammifère). ‖ Fig. Erizo, puerco espín (personne revêche). ‖ Deshollinador (du ramoneur). ‖ Mil. Erizo. ‖ Techn. Púas *f. pl.,* pinchos, *pl.,* erizo (clôture). ‖ Erizo (mécanique).

hérissonne f. Erizo hembra (femelle du hérisson). ‖ Bot. Asiento (*m.*) de pastor (genêt).

héritage m. Herencia, *f.* (ce dont on hérite). ‖ Heredad, *f.* (domaine).

hériter v. intr. Heredar : *hériter d'un oncle,* heredar a *ou* de un tío.
— V. tr. Heredar : *hériter une maison de sa mère,* heredar una casa de la madre.

héritier, ère m. et f. Heredero, ra. ‖ — *Héritier présomptif,* heredero presunto. ‖ *Héritier réservataire,* heredero forzoso.

hermaphrodisme m. Hermafroditismo.

hermaphrodite adj. et s. Hermafrodita [*Amér.,* manflorita].

Herménégilde n. pr. m. Hermenegildo.

herméneutique adj. et s. f. Hermenéutico, ca.

hermès [ɛrmɛs] m. Herma (buste).

Hermès n. pr. m. Hermes (Mercure).

herméticité f. Hermeticidad, carácter (*m.*) hermético.

hermétique adj. Hermético, ca.

hermétisme m. Hermetismo.

hermine f. Armiño, *m.* (mammifère).

herminette ou **erminette** f. Azuela (hachette).

*herniaire adj. Méd. Herniario, ria.

*hernie [ɛrni] f. Méd. Hernia, quebradura (fam.).

*hernié, e adj. Herniado, da.

*hernieux, euse adj. et s. Méd. Herniado, da ; hernioso, sa ; quebrado, da (fam.).

Hérode n. pr. m. Herodes. ‖ *Vieux comme Hérode,* más viejo que Matusalén.

Hérodiade ou **Herodias** n. pr. f. Herodías.

Hérodote n. pr. m. Herodoto.

héroï-comique adj. Heroicoburlesco, ca ; heroicocómico, ca.

héroïde f. Poét. Heroida.

héroïne f. Heroína : *Jeanne d'Arc est une héroïne,* Juana de Arco es una heroína. ‖ Fig. Protagonista (poème, roman). ‖ Méd. Heroína (alcaloïde).

héroïque adj. Heroico, ca : *soldat héroïque,* soldado heroico. ‖ — *Aux temps héroïques,* en tiempos de Mariscastaña. ‖ Méd. *Remède héroïque,* medicamento heroico.

héroïsme m. Heroísmo.

*héron m. Garza, *f.* (oiseau).

*héronneau m. Garceta, *f.* (oiseau).

*héronnier, ère adj. Garcero, ra.
— F. Sitio (*m.*) donde anidan las garzas.

*héros [ero] m. Héroe. ‖ Fig. Héroe, protagonista, personaje principal de una obra.

*herpe [ɛrp] f. Mar. Brazal, *m.*

herpès [ɛrpɛs] m. Méd. Herpes, *f. pl.* ou *m.*

herpétique adj. Méd. Herpético, ca.

herpétisme m. Méd. Herpetismo.

herpétologie f. Herpetología.

*hersage ou **hersement** m. Agric. Gradeo, rastrillaje.

*herse f. Agric. Grada, rastro, *m.,* rastra. ‖ Théâtr. Rastrillo, *m.,* caja del alumbrado superior. ‖ Mil. Rastrillo, *m.*

*herser v. tr. Agric. Rastrillar, gradar.

*herseur adj. m. et s. m. Rastrillador.

hertz m. Hertz, hertzio, hercio.

hertzien, enne adj. Phys. Hertziano, na.

hésitant, e adj. Vacilante, indeciso, sa : *caractère hésitant,* carácter indeciso.

hésitation f. Vacilación, indecisión : *parler avec hésitation,* hablar con indecisión.

hésiter v. intr. Vacilar, titubear. ‖ — *Hésiter à* o *de* o *sur,* vacilar en. ‖ *Hésiter à reconnaître quelque chose,* no decidirse a reconocer algo.
— Syn. *Balancer,* balancear, estar perplejo. *Osciller,* oscilar, fluctuar. *Tâtonner,* tantear. *Tergiverser,* tergiversar.

Hespérides n. pr. f. pl. Myth. Hespérides.

hétaïre [etai:r] f. Hetaira, hetera (courtisane).

hétéroclite adj. Heteróclito, ta.

hétérodoxe adj. Heterodoxo, xa.

hétérodoxie f. Heterodoxia.

hétérodyne adj. et s. m. Électr. Heterodino, na.

hétérogamie f. Biol. Heterogamia.

hétérogène adj. Heterogéneo, a.

hétérogénéité f. Heterogeneidad.

hétérogénie f. Heterogenia.

hétéromorphe adj. Heteromorfo, fa.

hétéronome adj. Heterónomo, ma.

hétéronomie f. Heteronomía.

hetman m. Atamán, hetmán.

*hêtraie [ɛtrɛ] f. Hayal, *m.,* hayedo, *m.*

*hêtre m. Haya, *f.* (arbre).

*heu! [ø] interj. ¡Oh!, ¡eh!, ¡bah! (doute, étonnement, etc...). ‖ Pues (hésitation). ‖ *Heu!, heu!,* ¡así!, ¡así!

heur [œ:r] m. Suerte, *f.* ‖ — *Heur et malheur,* suerte y desgracia. ‖ — *Avoir l'heur de plaire,* caer en gracia.

heure f. Hora : *l'heure du dîner,* la hora de la cena. ‖ Instante, *m.,* momento, *m.* : *j'ai vu l'heure où il allait tomber,* he visto el momento en que se iba a caer. ‖ Actualidad : *les problèmes de l'heure,* los problemas de la actualidad. ‖ — *Heure d'été,* hora de verano. ‖ *Heure H,* hora fijada para una operación (militaire). ‖ *Heure légale,* hora oficial. ‖ *Heures canoniales,* horas canónicas. ‖ *Heures de loisir,* tiempo libre. ‖ *Heures de pointe,* horas punta. ‖ *Heures supplémentaires,* horas extraordinarias. ‖ — *Dernière heure,* última hora (journal). ‖ *Deux heures, trois heures du matin* o *du soir,* las dos, las tres de la mañana *ou* de la tarde. ‖ *La dernière heure,* la hora de la muerte, la última hora. ‖ *L'heure du berger,* el momento oportuno. ‖ *Livre d'heures,* libro de horas (religion). ‖ *Petites heures,* horas menores (liturgie). ‖ *Une bonne heure* o *une heure d'horloge,* una hora larga. ‖ *Une petite heure,* una hora escasa. ‖ — *À cette heure,* ahora. ‖ *À la bonne heure,* muy bien, magnífico. ‖ *À l'heure,* a la hora : *manger à l'heure,* comer a la hora ; en hora : *mettre à l'heure,* poner en hora (montre) ;

por horas : *travailler à l'heure*, trabajar por horas ;
por hora : *cent kilomètres à l'heure*, cien kilómetros por hora. || *À l'heure où*, en el momento que.
|| *À tout à l'heure*, ¡hasta luego! || *À toute heure*,
a todas horas. || *À vos heures perdues*, a ratos
perdidos. || *De bonne heure*, temprano. || *D'heure
en heure*, a medida que el tiempo pasa. || *Pour
l'heure*, por ahora. || *Sur l'heure*, al instante. ||
Tout à l'heure, hace poco (il n'y a pas longtemps),
dentro de poco (dans un instant). || *À l'heure
qu'il est*, actualmente, hoy en día. || *Chercher
midi à quatorze heures*, buscar tres pies al gato.
|| *Être à l'heure*, ser puntual. || *Il est cinq heures
précises*, son las cinco en punto. || *Il est une
heure*, es la una. || *N'avoir pas une heure à soi*,
no tener una hora libre. || FIG. et FAM. *Passer un
mauvais quart d'heure*, pasar un mal rato. ||
Quelle heure est-il?, ¿qué hora es? [Amér. ¿qué
horas son?].

heureusement adv. Felizmente : *terminer heureusement une affaire*, acabar felizmente un negocio.
|| Por suerte, afortunadamente : *heureusement
un renfort arriva*, por suerte llegaron refuerzos.

heureux, euse adj. Feliz, dichoso, sa. || Afortunado, da (au jeu). || Feliz, favorable (présage). ||
Feliz (expression). || Acertado, da : *une heureuse
répartie*, una respuesta acertada. || — *Heureux
comme un roi*, más feliz que nadie. || — *Avoir la
main heureuse*, tener buena mano. || *Être heureux comme un poisson dans l'eau*, sentirse como
el pez en el agua. || *Être heureux de*, alegrarse de,
tener mucho gusto en, satisfacerle *ou* serle agradable a uno de. || *Être né sous une heureuse
étoile*, tener muy buena estrella. || *Faire un heureux*, hacer a alguien feliz. || *S'estimer heureux*,
darse por contento.
— M. pl. Afortunados, dichosos.

heuristique ou **euristique** adj. Heurístico, ca.
*****heurt** [œ:r] m. ● Golpe, tropezón. || FIG.
Choque (opposition). | Contraste (couleurs), desacuerdo, choque (opinions). || *Sans heurts*, sin
tropiezos.
— SYN. ● *Choc*, choque. *Collision*, colisión. *Percussion*,
percusión. *Impact*, impacto.

*****heurté, e** adj. FIG. Contrariado, da ; lastimado,
da (contrarié). | Contrastado, da ; duro, ra (style,
couleur).

*****heurter** v. tr. ● Chocar, tropezar : *heurter un
passant*, tropezar con *ou* contra un transeúnte. ||
Dar en *ou* contra : *la branche heurta son front*,
la rama le dio en la frente. || Oponerse a, enfrentarse a, encararse con : *lorsque le pouvoir heurte
l'opinion, il tombe*, cuando el poder se opone a la
opinión cae. || Entrecortar : *cet orateur a un débit
heurté*, este orador tiene una elocución entrecortada. || FIG. Contrariar, chocar (contrarier). ||
Heurter de front, afrontar, enfrentarse con (affronter), chocar de frente (dans une collision).
— V. intr. Chocar, tropezar, dar : *heurter de la
tête*, dar con la cabeza ; *heurter contre une pierre*,
tropezar con una piedra.
— V. pr. Chocar, toparse : *se heurter à un mur*,
chocar contra una pared. || Enfrentarse, encararse, afrontarse : *leurs regards se heurtèrent*, sus
miradas se enfrentaron.
— SYN. ● *Choquer*, chocar. *Cogner*, golpear, pegar.
Emboutir, chocar. *Percuter*, percutir. *Tamponner*, topar.

*****heurtoir** m. Aldaba, *f.* (porte). || TRANSP. Tope.
hévéa m. Hevea, jebe (arbre).
hexacorde m. MUS. Hexacordo.
hexaèdre m. GÉOM. Hexaedro.
hexaédrique adj. GÉOM. Hexaédrico, ca.
hexagonal, e adj. GÉOM. Hexagonal.
hexagone m. GÉOM. Hexágono.
hexamètre adj. m. et s. m. Hexámetro (vers).

hiatus [jatys] m. Hiato. || FIG. Discontinuidad,
f., interrupción, *f.*, laguna, *f.*
hibernal, e adj. Hibernal, invernal.
hibernant, e adj. Hibernante, invernante.
hibernation f. Hibernación.
hiberner v. intr. MÉD. Hibernar. || ZOOL. Invernar.
hibiscus m. BOT. Majagua, *f.*
*****hibou** m. Búho, mochuelo (oiseau). || FIG.
Hombre huraño, hurón.
— OBSERV. Pl. *hiboux*.
*****hic** m. Quid, busilis. || *Voilà le hic*, ahí está el
quid, ésa es la dificultad.
*****hideur** f. Fealdad horrible, horror, *m.*
*****hideux, euse** adj. Horroroso, sa ; horrible. ||
Repelente (repoussant).
*****hie** [i] f. Pisón, *m.* (demoiselle).
hièble ou **yèble** f. Yezgo, *m.* (sureau).
hiémal, e adj. Hiemal, invernal.
*****hiement** [imã] m. Apisonamiento.
hier [iɛ:r] adv. Ayer. || — *Hier matin, hier soir*,
ayer por la mañana, anoche. || — *Avant-hier*,
anteayer. || *Avant-hier soir*, anteanoche. || *Depuis
hier*, desde ayer. || FAM. *Né d'hier*, nacido ayer,
bisoño, novicio (sans expérience).
*****hiérarchie** f. Jerarquía.
*****hiérarchique** adj. Jerárquico, ca. || *Par la voie
hiérarchique*, por conducto reglamentario.
*****hiérarchisation** f. Jerarquización.
*****hiérarchiser** v. tr. Jerarquizar.
hiératique adj. Hierático, ca.
hiéroglyphe m. Jeroglífico.
hiéroglyphique adj. Jeroglífico, ca.
hiéronymite m. Jerónimo (religieux).
hiérophante m. Hierofante, hierofanta.
Hilaire n. pr. m. Hilario.
hilarant, e adj. Hilarante.
hilare adj. Risueño, ña.
hilarité f. Hilaridad.
*****hile** m. BOT. Pezón, cabillo.
hiloire f. MAR. Brazola.
Himalaya n. pr. m. GÉOGR. Himalaya.
hindou, e adj. et s. Indio, dia ; hindú (de l'Inde).
|| Hindú (adepte de l'hinduoisme).
— OBSERV. *Hindú* est employé pour désigner un habitant de l'Inde afin d'éviter la confusion que fait naître le
mot *indio* qui s'applique aussi bien à un indígene de
l'Amérique qu'à un ressortissant de l'Inde.

hindouisme ou **indouisme** m. RELIG. Hinduismo.
Hindoustan n. pr. m. GÉOGR. Indostán.
hindoustani ou **hindi** m. Hindí (langue).
hinterland m. Tierras (*f. pl.*) del interior, trastierra, *f.* (arrière-pays).
hipparion m. Hiparión.
Hipparque n. pr. m. Hiparco.
hippiatre m. Veterinario de caballos.
hippiatrique adj. et s. f. Hipiátrico, ca.
hippique adj. Hípico, ca.
hippisme m. Hipismo, deporte hípico.
hippocampe m. Hipocampo, caballo marino (poisson).
hippocastanacées f. pl. BOT. Hipocastáneas.
Hippocrate n. pr. m. Hipócrates.
hippocratique adj. Hipocrático, ca.
hippocratisme m. Hipocratismo.
hippodrome m. Hipódromo.
hippogriffe m. Hipogrifo.
hippolithe f. Bezoar (*m.*) del caballo.
hippologie f. Hipología.
hippologique adj. Hipológico, ca.
Hippolyte n. pr. m. Hipólito.
Hippomène n. pr. m. Hipómenes.
hippomobile adj. Hipomóvil.
hippophage adj. et s. Hipófago, ga.
hippophagie f. Hipofagia.
hippophagique adj. Hipofágico, ca.
hippopotame m. ZOOL. Hipopótamo.

hippotechnie f. Hipotecnia.
hippurique adj. Hipúrico, ca.
hircin, e adj. Cabruno, na : *odeur hircine,* olor cabruno.
hirondeau m. ZOOL. Golondrino.
hirondelle f. ZOOL. Golondrina. ‖ — Pl. POP. Mellizos, *m.* (agents). ‖ — *Hirondelle de mer,* golondrina de mar. ‖ *Une hirondelle ne fait pas le printemps,* una golondrina no hace verano.
hirsute adj. Hirsuto, ta (hérissé). ‖ FIG. Rudo, da (bourru); áspero, ra (grossier).
hirudinées f. pl. Hirudíneas.
hispanique adj. Hispánico, ca.
hispanisant, e ou **hispaniste** m. et f. Hispanista.
hispanisme m. Hispanismo.
hispano-américain adj. et s. Hispanoamericano, na.
hispano-arabe ou **hispano-moresque** adj. Hispanoárabe.
hispide adj. BOT. Híspido, da.
***hisser** v. tr. Izar : *hisser un drapeau,* izar una bandera. ‖ FIG. Subir.
— V. pr. Subirse : *se hisser sur un cheval,* subirse en un caballo.
histamine f. BIOL. Histamina.
histoire f. Historia : *les leçons de l'histoire,* las lecciones de la historia. ‖ Historia, cuento, *m.* : *raconter une histoire,* contar una historia *ou* relatar un cuento. ‖ Chiste, *m.* (plaisanterie). ‖ Enredo, *m.,* lío, *m.* : *c'est une femme à histoires,* es una mujer que siempre se mete en líos. ‖ Lío, *m.,* follón, *m.* (très pop.) : *il a fait toute une histoire pour rien du tout,* ha armado un lío de miedo por algo sin importancia. ‖ Lío, *m.,* cosa : *ce sont des histoires de femmes,* son cosas de mujeres. ‖ Cosa : *porter un tas d'histoires à la boutonnière,* llevar un montón de cosas en el ojal. ‖ Monserga : *ce ne sont là que des histoires,* todo eso no son más que monsergas. ‖ FAM. Cuento, *m.* : *une histoire à dormir debout,* un cuento chino. ‖ Cuento, *m.,* bola, mentira (mensonge). ‖ — *Histoire naturelle,* historia natural. ‖ *Histoire sainte,* historia sagrada. ‖ *La petite histoire,* la pequeña historia. ‖ — *Histoire de,* con objeto de : *histoire de tuer le temps,* con objeto de pasar el tiempo; exclusivamente *ou* únicamente para : *il agit ainsi histoire de m'ennuyer,* ha actuado así únicamente para fastidiarme. ‖ — *Ça c'est une autre histoire,* eso es harina de otro costal, esas son otras mangas. ‖ *Ce n'est pas la peine d'en faire toute une histoire!,* ¡no es para tanto! ‖ *C'est toute une histoire,* es largo de contar, es un cuento de nunca acabar. ‖ *Chercher des histoires à quelqu'un,* buscarle las cosquillas a uno. ‖ *En faire toute une histoire,* armar un escándalo. ‖ *Faire des histoires,* poner dificultades. ‖ *Le plus beau de l'histoire,* lo mejor del caso. ‖ *Histoire de voir...,* a ver si... ‖ *Ne me racontez pas d'histoires,* no me venga con cuentos. ‖ *Pas d'histoire,* nada de cuentos. ‖ *Taquiner quelqu'un, histoire de rire,* meterse con alguien en plan de broma.
histologie f. Histología.
histologique adj. Histológico, ca.
histologiste m. et f. Histólogo, ga.
histolyse f. Histolisis.
historicité f. Historicidad, autenticidad.
historié, e adj. Historiado, da.
historien, enne m. et f. Historiador, ra.
historier* v. tr. Historiar, adornar.
historiette f. Historieta, cuentecillo, *m.*
historiographe m. Historiógrafo.
historiographie f. Historiografía.
historique adj. Histórico, ca.
— M. Reseña (*f.*) histórica (exposé). ‖ Historial (évolution).
historisme m. Historicismo, historismo.
histrion m. Histrión. ‖ FIG. Farsante.

hiver [ivɛːr] m. Invierno : *hiver tardif,* invierno tardío.
hivernage m. Invernada, *f.* (saison). ‖ Temporada (*f.*) de lluvias (régions tropicales). ‖ Invernadero (endroit pour passer l'hiver). ‖ AGRIC. Labor (*f.*) de invierno.
hivernal, e adj. Invernal, invernizo, za.
hivernant, e adj. et s. Invernante.
hiverner v. intr. Invernar.
— V. tr. AGRIC. Dar la labor de invierno.
***ho!** interj. ¡Oh! (d'étonnement). ‖ ¡Eh! (d'appel).
***hobby** m. Hobby, entretenimiento (passe-temps favori).
***hobereau** m. Baharí, tagarote (faucon). ‖ FAM. Tagarote, hidalgüelo (gentilhomme).
***hocco** m. Guaco (oiseau).
***hochement** m. Meneo. ‖ *Hochement de tête,* cabeceo.
***hochepot** [ɔʃpo] m. CULIN. Guiso de carne con castañas o nabos.
***hochequeue** [ɔʃkø] m. Aguzanieves, *f.,* nevatilla, *f.* (oiseau).
***hocher** v. tr. Menear (remuer). ‖ Sacudir (secouer). ‖ *Hocher la tête,* mover la cabeza.
***hochet** [ɔʃɛ] m. Sonajero. ‖ FIG. Juguete, futilidad, *f.*
***hockey** [ɔkɛ] m. Hockey : *hockey sur gazon,* hockey sobre hierba.
***hockeyeur** [-jœːr] m. Jugador de hockey.
hoir m. DR. Heredero directo.
hoirie f. Herencia : *hoirie vacante,* herencia yacente.
***holà!** interj. ¡Hola! ‖ *Mettre le holà,* poner coto a, poner fin a (mettre fin à), parar los pies a (empêcher de continuer).
— OBSERV. *¡Hola!* espagnol est aussi une interjection de salut.
***holding** [ɔldin] m. Holding, concierto de varias sociedades, trust.
***hold-up** [ɔldœp] m. Atraco a mano armada.
***hollandais, e** adj. et s. Holandés, esa.
***hollande** f. Holanda (tissu). ‖ Patata holandesa. ‖ — M. Papel de Holanda (papier). ‖ Queso de bola (fromage).
***Hollande** n. pr. f. GÉOGR. Holanda.
holmium [ɔlmjɔm] m. CHIM. Holmio.
holocauste m. Holocausto.
holothurie [ɔlɔtyri] f. Holoturia, cohombro (*m.*) de mar.
***homard** [ɔmaːr] m. Bogavante. ‖ *Rouge comme un homard,* rojo como un cangrejo.
***homarderie** f. Vivero (*m.*) de bogavantes.
***home** [oːm] m. Hogar.
homélie f. Homilía. ‖ FIG. Sermón, *m.,* plática.
homéopathe adj. et s. MÉD. Homeópata.
homéopathie f. MÉD. Homeopatía.
homéopathique adj. MÉD. Homeopático, ca.
Homère n. pr. m. Homero.
homérique adj. Homérico, ca.
homicide adj. et s. Homicida (meurtrier). ‖ — M. Homicidio (meurtre).
hommage m. Homenaje. ‖ Ofrenda, *f.,* regalo (don). ‖ — Pl. Respetos (civilités). ‖ — *Hommage de l'auteur,* obsequio *ou* cortesía del autor. ‖ *Hommage lige, simple,* feudo ligio, recto. ‖ — *Faire hommage d'une chose,* regalar una cosa. ‖ *Présenter ses hommages,* saludar respetuosamente. ‖ *Prêter hommage,* rendir vasallaje. ‖ *Rendre hommage,* rendir culto ou homenaje.
hommasse adj. Hombruno, na.
homme [ɔm] m. Hombre. ‖ — *Homme à femmes,* hombre mujeriego. ‖ *Homme à poigne,* hombre enérgico. ‖ *Homme d'affaires,* hombre de negocios. ‖ *Homme d'armes,* hombre de armas. ‖ *Homme d'église,* eclesiástico. ‖ *Homme de guerre,* guerrero. ‖ *Homme de la rue,* hombre de la calle.

‖ *Homme de lettres,* literato. ‖ *Homme de loi,* legista, abogado. ‖ *Homme de mer,* marino. ‖ *Homme de paille,* testaferro. ‖ *Homme de peine,* peón. ‖ *Homme de robe,* togado. ‖ *Homme des bois,* orangután. ‖ *Homme d'État,* estadista. ‖ *Homme du monde,* hombre de mucho mundo. ‖ — *Bon homme,* bonachón, buen hombre. ‖ *Bout d'homme,* hombrecillo. ‖ *Brave homme,* buena persona, buen hombre. ‖ *Galant homme,* caballero. ‖ (Vx) *Honnête homme,* discreto. ‖ *Jeune homme,* joven. ‖ *Pauvre homme,* pobre hombre, infeliz. ‖ *Petit homme,* hombrecito. ‖ — *Agir en homme,* portarse como un hombre. ‖ *Être homme à...,* ser persona *ou* hombre capaz de... ‖ *L'homme propose et Dieu dispose,* el hombre propone y Dios dispone. ‖ Mar. *Un homme à la mer!,* ¡hombre al agua! ‖ *Un homme averti en vaut deux,* hombre prevenido vale por dos.

homme-grenouille m. Hombre rana.
homme-sandwich m. Hombre anuncio.
homocentre m. Géom. Homocentro.
homocentrique adj. Géom. Homocéntrico, ca.
homocerque [omosɛrk] adj. Homocerco, ca.
homochromie [-kromi] f. Biol. Homocromía.
homogène adj. Homogéneo, a.
homogénéisation f. Homogeneización.
homogénéiser v. tr. Homogeneizar.
homogénéité f. Homogeneidad.
homographe adj. Gramm. Homógrafo, fa.
homographie f. Homografía.
homologation f. Homologación.
homologie f. Homología.
homologue adj. Chim. et Géom. Homólogo, ga.
— M. Colega.
homologuer v. tr. Homologar.
homonyme adj. et s. m. Homónimo, ma.
homonymie f. Homonimia.
homophone adj. et s. Homófono, na.
homophonie f. Homofonía.
homosexualité f. Homosexualidad.
homosexuel, elle adj. et s. Homosexual, invertido, da.
homothétie f. Géom. Homotecia.
homothétique adj. Géom. Homotético, ca.
homuncule ou **homoncule** m. Homúnculo.
honchets [ɔ̃ʃɛ] m. pl. Palillos para jugar.
Honduras n. pr. m. Géogr. Honduras.
hondurien, enne adj. et s. Hondureño, ña.
*hongre adj. m. et s. m. Castrado (cheval).
*hongrer v. tr. Castrar [un caballo].
*hongreur m. Capador, castrador [de caballos].
*Hongrie n. pr. f. Géogr. Hungría.
*hongrois, e adj. et s. Húngaro, ra. ‖ — M. Húngaro (langue).
hongroyer [ɔ̃grwaje] v. tr. Techn. Adobar [pieles] a la húngara.
*hongroyeur [-jœːr] m. Zurrador [de pieles] a la húngara.
honnête adj. ● Honrado, da (probe) : *honnête en affaires,* honrado en negocios. ‖ Honesto, ta; decente : *une femme honnête,* una mujer honesta. ‖ Conveniente, razonable (satisfaisant) : *prix honnête,* precio razonable. ‖ *C'est honnête,* está bien. ‖ — M. Lo honrado : *préférer l'honnête à l'utile,* preferir lo honrado a lo útil.
— Syn. ● *Intègre,* íntegro. *Probe,* probo. *Vertueux,* virtuoso.
honnêtement adv. Honradamente. ‖ Honestamente, decentemente. ‖ Sinceramente : *honnêtement, je ne vous le conseille pas,* sinceramente no se lo aconsejo.
honnêteté [ɔnɛte] f. Honradez (probité), honestidad (décence). ‖ Decoro, *m.,* recato *m.* (bienséance).
honneur m. Honor, honra, *f.* : *être l'honneur de son pays,* ser la honra del país. ‖ Honor (pudeur).

‖ — *Affaire d'honneur,* duelo, lance de honor. ‖ *Champ d'honneur,* campo de honor. ‖ *Garçon, demoiselle d'honneur,* amigo, amiga de la corte de honor de una boda. ‖ *Légion d'honneur,* legión de honor. ‖ *Parole d'honneur,* palabra de honor. ‖ *Point d'honneur,* cuestión de honor, pundonor. ‖ *Tour d'honneur,* vuelta de honor. ‖ — *En l'honneur de,* en honor de. ‖ Fam. *En quel honneur?,* ¿a cuento de qué? ‖ *Pour l'honneur,* desinteresadamente. ‖ *Sur mon honneur,* por mi honor. ‖ — *C'est tout à son honneur,* esto le honra. ‖ *C'est une affaire d'honneur,* es un lance de honor. ‖ *Faire honneur à,* honrar a. ‖ *Faire honneur à ses engagements,* cumplir con su palabra. ‖ *Faire honneur à un repas,* hacer honor a una comida. ‖ *Faites-moi l'honneur de,* tenga la bondad de. ‖ *Il y va de mon honneur,* mi honor está en juego. ‖ *Se faire honneur d'une chose,* alabarse, gloriarse de algo. ‖ *S'en tirer avec honneur,* salir airoso. ‖ Fig. *Se piquer d'honneur,* excitar el amor propio. ‖ *Tout est perdu, fors l'honneur,* todo está perdido menos el honor. ‖ — Pl. Honores, cargos, dignidades, *f.* (charges, dignités). ‖ Triunfos (jeux de cartes). ‖ Mar. Salvas (*f.*) de artillería (salves). ‖ — *Honneurs de la guerre,* honores de guerra. ‖ *Honneurs funèbres,* honras fúnebres. ‖ *Honneurs militaires,* honores militares. ‖ — *Avec les plus grands honneurs,* con todos los honores. ‖ *Faire les honneurs d'une maison,* hacer los honores de una casa. ‖ — *Rendre les honneurs,* rendir honores.
— Observ. *Honor* signifie en espagnol *vertu, probité, gloire, renommée. Honra* signifie *estime, respect, bonne réputation.*

*honnir v. tr. Deshonrar, deshonorar. ‖ *Honni soit qui mal y pense,* vergüenza para quien piense mal, malhaya el que mal piense.
Honolulu n. pr. Géogr. Honolulú.
honorabilité f. Honorabilidad, honradez.
honorable adj. Honorable (digne d'estime), honroso, sa (qui fait honneur). ‖ *Amende honorable,* retractación pública.
honoraire adj. Honorario, ria : *membre honoraire,* miembro honorario.
— M. pl. Honorarios (d'un médecin, d'un avocat).
honorariat [ɔnɔrarja] m. Cargo honorario.
Honorat [ɔnɔra] et **Honoré** n. pr. m. Honorato.
honorer v. tr. ● Honrar, honorar : *honorer de sa présence,* honrar con su presencia ; *honorer son pays,* honrar al país. ‖ Hacer honor a : *honorer sa signature,* hacer honor a la firma. ‖ Pagar : *honorer un chèque,* pagar un cheque. ‖ Satisfacer : *honorer une dette,* satisfacer una deuda. ‖ — *Honorer son père et sa mère,* honrar padre y madre. ‖ *Très honoré de,* muy honrado con *ou* por. ‖ *Votre honorée du 25 août,* su atenta del [día] 25 de agosto (lettre).
— Syn. ● *Respecter,* respetar. *Vénérer,* venerar. *Révérer,* reverenciar. *Adorer,* adorar. *Rendre un culte,* rendir culto.
Honorine n. pr. f. Honorina.
honorifique adj. Honorífico, ca.
Honorius [ɔnɔrjys] n. pr. m. Honorio.
*honte f. Vergüenza. ‖ — *Courte honte,* humillación. ‖ *Fausse honte,* vergüenza mal entendida, respeto humano. ‖ — *À sa grande honte,* con gran vergüenza suya. ‖ *Avoir honte,* tener vergüenza, avergonzarse. ‖ *Couvrir de honte,* cubrir de oprobio. ‖ *Essuyer la honte,* recibir la afrenta. ‖ *Faire honte,* avergonzar, dar vergüenza. ‖ *Rougir de honte,* ruborizarse, enrojecer de vergüenza.
— Syn. *Déshonneur,* deshonra. *Ignominie,* ignominia. *Opprobre,* oprobio. *Infamie,* infamia.
*honteux, euse adj. Vergonzoso, sa : *fuite honteuse,* huida vergonzosa. ‖ Avergonzado, da : *honteux de sa conduite,* avergonzado por *ou* de su proceder. ‖ Fig. Vergonzante, vergonzoso sa

(timide) : *pauvre honteux*, pobre vergonzante. ‖ — *C'est honteux!*, ¡es una vergüenza *ou* un escándalo! ‖ *N'êtes-vous pas honteux?*, ¿no le da a Vd. vergüenza?

*hop! [ɔp] interj. ¡Aúpa! ¡Hala!

hôpital m. Hospital. ‖ *Hôpital de campagne*, hospital de sangre.

— SYN. *Infirmerie*, enfermería. *Hospice*, hospicio. *Maison de santé*, clínica, sanatorio psiquiátrico. *Clinique*, clínica.

hoplite m. MIL. Hoplita (fantassin grec).

*hoquet [ɔkɛ] m. Hipo : *avoir le hoquet*, tener hipo.

hoqueter [ɔkte] v. intr. Tener hipo, hipar (p. us.).

Horace n. pr. m. Horacio.

horaire adj. et s. m. Horario, ria. ‖ *Salaire horaire*, salario por hora.

*horde [ɔrd] f. Horda (peuplade). ‖ Horda, cuadrilla (brigands).

*hordéacé, e adj. BOT. Hordáceo, a (relatif à l'orge).

*horion m. Puñetazo, porrazo.

horizon m. Horizonte. ‖ *Un navire à l'horizon*, un barco a la vista.

horizontal, e adj. et s. f. Horizontal. ‖ FAM. *Une vue horizontale*, una instantánea, una horizontal.

horizontalité f. Horizontalidad.

horloge f. Reloj, *m.* ‖ — *Horloge mère*, reloj piloto. ‖ *Horloge parlante*, reloj parlante. ‖ FIG. *Réglé comme une horloge*, puntual como un reloj. ‖ *Remonter une horloge*, dar cuerda a un reloj.

— OBSERV. La palabra *horloge* sólo se aplica a los relojes de torre y de pared; los de bolsillo y de pulsera se llaman *montre*, los que están encima de una mesa o de una chimenea *pendule*.

horloger, ère adj. et s. Relojero, ra.

horlogerie f. Relojería.

hormis [ɔrmi] adv. Excepto, salvo, menos.

hormonal, e adj. Hormonal.

hormone f. ANAT. Hormona.

hormonothérapie f. Hormonoterapia.

Horn n. pr. m. GÉOGR. *Cap Horn*, cabo de Hornos.

*hornblende [ɔrnblɛ̃:d] f. MIN. Hornablenda.

horodateur m. Fechador.

horokilométrique adj. Horokilométrico, ca.

horométrie f. Horometría.

horoscope m. Horóscopo.

horreur f. Horror, *m.* ‖ Lo horroroso, lo horrible : *l'horreur de ma situation*, lo horroroso de mi situación. ‖ FAM. Horror, *m.*, callo, *m.* (personne laide). ‖ — Pl. Horrores, *m.* : *les horreurs de la guerre*, los horrores de la guerra. ‖ — *Avoir horreur de* o *avoir en horreur*, horrorizarse de, tener horror a. ‖ *C'est une horreur*, es horrendo, es repelente. ‖ *Dire des horreurs*, decir horrores, barbaridades. ‖ *Être en horreur à*, repugnar a, dar horror a. ‖ *Être saisi d'horreur*, estar horrorizado. ‖ *Faire horreur*, horrorizar.

horrible adj. Horrible, horrendo, da. ‖ Horroroso, sa (très laid).

— M. Lo horroroso.

horrifiant, e adj. Horripilante.

horrifier* v. tr. Horrorizar, horripilar, causar horror.

horrifique adj. Horrífico, ca ; horrendo, da.

horripilant, e adj. FAM. Horripilante, exasperante.

horripilation f. Horripilación, carne de gallina. ‖ FIG. Horripilación (agacement).

horripiler v. tr. Horripilar, poner los pelos de punta. ‖ Exasperar.

*hors [ɔ:r] prép. Fuera de : *hors série*, fuera de serie. ‖ — *Hors concours*, fuera de concurso. ‖ *Hors de*, fuera de : *hors de chez soi*, fuera de casa. ‖ *Hors d'eau*, al cubrir aguas [el edificio]. ‖ *Hors de combat*, fuera de combate. ‖ *Hors de*

danger, fuera de peligro. ‖ *Hors de portée*, fuera de alcance. ‖ *Hors de prix*, inapreciable, incalculable (inestimable), inabordable, carísimo (très cher). ‖ *Hors de soi*, fuera de sí. ‖ *Hors d'haleine*, sin aliento, sin respiración. ‖ *Hors d'ici!*, ¡fuera de aquí! ‖ *Hors du commun*, fuera de lo normal. ‖ *Hors ligne*, exceptional, superior. ‖ *Hors pair*, sin igual, sin par. ‖ *Hors saison*, fuera de temporada (hôtels), de temporada baja (avions). ‖ — *Dimensions hors tout*, dimensiones exteriores. ‖ MAR. *Longueur hors tout*, eslora total, longitud máxima.

*hors-bord [ɔrbɔ:r] m. inv. Fuera borda (bateau).

*hors-concours m. Fuera de concurso.

*hors-de-cause m. inv. DR. Fuera de causa.

*hors-d'œuvre [ɔrdœ:vr] m. inv. CULIN. Entremeses, *pl.* ‖ — Pl. FIG. Accesorios.

*horse-power [hɔspawə] m. inv. MÉCAN. Caballo de vapor.

*hors-jeu m. inv. Fuera de juego (sports).

*hors-la-loi m. inv. Persona (*f.*) fuera *ou* al margen de la ley.

*hors-texte m. inv. IMPR. Lámina (*f.*) fuera de texto.

Hortense n. pr. f. Hortensia.

hortensia m. Hortensia, *f.* (plante).

horticole adj. Hortícola.

horticulteur m. Horticultor.

horticulture f. Horticultura.

hortillonnage m. Huerta (*f.*) de regadío.

hosanna m. Hosanna (hymne).

hospice m. Hospicio.

hospitalier, ère adj. et s. Hospitalario, ria. ‖ *Ordre hospitalier*, orden hospitalaria.

hospitalisation f. Hospitalización.

hospitaliser v. tr. Hospitalizar.

hospitalité f. Hospitalidad.

hospodar m. Hospodar (prince).

host [ɔst] m. Hueste, *f.*

hostellerie f. V. HÔTELLERIE.

hostie f. Hostia.

hostile adj. Hostil.

hostilité f. Hostilidad.

hôte, esse [o:t, otɛs] m. et f. Huésped, da (personne reçue). ‖ Invitado, da : *ce ministre est l'hôte de la France*, este ministro es el invitado de Francia. ‖ ● Hospedero, ra (qui reçoit). ‖ Anfitrión, *m.* ‖ — *Hôtesse de l'air*, azafata. ‖ *Hôtesse d'une exposition*, recepcionista, señorita de información. ‖ *Table d'hôte*, mesa redonda.

— SYN. ● *Maître de maison*, amo de casa. *Amphitryon*, anfitrión.

hôtel m. Hotel (demeure). ‖ ● Hotel : *descendre dans un hôtel*, alojarse en un hotel. ‖ — *Hôtel des Monnaies*, Casa de Moneda, la Ceca. ‖ *Hôtel de ville*, Ayuntamiento. ‖ *Hôtel particulier*, palacete. ‖ *Maître d'hôtel*, maestresala (p. us.), jefe de comedor, « maître d'hôtel ».

— SYN. ● *Pension de famille*, casa de huéspedes. *Hôtellerie*, hospedería. *Auberge*, posada, venta. FAM. *Cambuse*, ventorro.

hôtel-Dieu m. (Vx). Hospital.

hôtelier, ère adj. et s. Hotelero, ra.

hôtellerie f. Hostelería, industria hotelera. ‖ Hospedería. ‖ Hostal, *m.* ‖ Parador, *m.*

*hotte f. Cuévano, *m.* (osier). ‖ Campana (de cheminée).

*hottée f. Cuévano, *m.* (contenu).

*hottentot, e adj. et s. Hotentote, ta.

*hotter v. tr. Transportar en cuévanos.

*hottereau [ɔtro] m. Cuévano *ou* banasta (*f.*) pequeños.

*hou! [u] interj. ¡Hu!, ¡ju!

*houache f. MAR. Estela.

*houblon m. BOT. Lúpulo.

*houblonnage m. Lupulización, *f.*
*houblonner v. tr. Echar lúpulo.
*houblonnier, ère adj. Del lúpulo : *culture houblonnière,* cultivo del lúpulo.
— M. et f. Cultivador, ra, de lúpulo.
— F. Campo (*m.*) de lúpulo.
*houe [u] f. AGRIC. Azada, azadón, *m.*
*houer v. tr. AGRIC. Cavar, azadonar.
*houille [u:j] f. Hulla : *houille blanche, bleue,* hulla blanca, azul.
*houiller, ère [uje, jɛ:r] adj. Hullero, ra ; carbonífero, ra. ‖ *Bassin houiller,* cuenca minera.
— F. Mina de hulla.
*houle f. MAR. Oleaje, *m.,* marejada.
*houlette f. Cayado (*m.*) de pastor. ‖ Báculo, *m.* (d'évêque). ‖ AGRIC. Almocafre, *m.* (outil).
*houleux, euse adj. Agitado, da ; encrespado, da (mer). ‖ FIG. Agitado, da ; tumultuoso, sa : *une session houleuse,* una sesión tumultuosa.
*houp! [up] interj. ¡Hup!, ¡arriba!, ¡alza!, ¡vamos!
*houppe f. Borla (touffe de soie, de duvet). ‖ Copete, *m.* (huppe). ‖ Copete, *m.,* machón, *m.* (cheveux). ‖ Copa (arbres). ‖ *Riquet à la houppe,* Riquete el del Copete.
*houppelande f. Hopalanda.
*houpper v. tr. Hacer borlas. ‖ Cardar, peinar (laine).
*houppette f. Borla (poudre). ‖ Mechón, *m.* (cheveux).
*hourd [u:r] m. Tribuna, *f.* ‖ Matacán (fortification).
*hourder v. tr. CONSTR. Rellenar *ou* cubrir con cascotes.
*hourdis [urdi] ou *hourdage [-da:ʒ] m. CONSTR. Relleno de cascotes. ‖ Trabajo tosco de albañilería. ‖ MAR. Bovedilla, *f.*
*houret [urɛ] m. Perro de caza malo.
*houri f. Hurí.
*hourque f. MAR. Urca (bateau).
*hourra! interj. ¡Hurra!
*hourvari m. Gritería, *f.* (des chasseurs). ‖ Alboroto (vacarme).
*housard [uza:r] m. (P. us.). Húsar.
*houseau m. Polaina (*f.*) de cuero.
*houspiller [uspije] v. tr. FAM. Zarandear, sacudir (maltraiter). ‖ FIG. Regañar, reñir (gronder).
*houssaie [usɛ] f. BOT. Acebedo, *m.,* acebeda.
*housse f. Funda (de meuble). ‖ Gualdrapa (de cheval).
*housser v. tr. Sacudir el polvo, desempolvar.
*houssine f. Vara, verdasca.
*houssiner v. tr. Varear.
*houssoir m. Escobilla, *f.,* plumero.
*houx [u] m. Acebo (plante). ‖ *Petit houx,* brusco (fragon).
*hoyau [ɔjo] m. AGRIC. Almocafre (houe).
Hubert n. pr. m. Huberto.
*hublot [yblo] m. MAR. Ojo de buey, portilla, *f.,* ventanilla, *f.* ‖ Ventanilla, *f.* (avion).
*huche f. Hucha, arca (coffre). ‖ Artesa (pour pétrir la pâte).
*hucher v. tr. et intr. Huchear (appeler à haute voix).
*huchet [yʃɛ] m. Cuerno, corneta (*f.*) de caza.
*hue! [y] interj. ¡Arre! ‖ *À hue et à dia,* cada cual por su lado, en sentido opuesto.
*huée f. Grita (à la chasse). ‖ Pl. Abucheo, *m.* sing. : *il sortit sous les huées,* salió bajo un abucheo (cris réprobateurs).
*huer [ɥe] v. tr. ● Patear, abuchear, sisear.
— V. intr. Graznar (hibou).
— SYN. ● *Conspuer,* abuchear. *Siffler,* silbar, patear.
*huguenot, e [ygno, ɔt] adj. et s. Hugonote, ta. ‖ — F. Olla de barro.
Hugues [y:g] n. pr. m. Hugo.

huilage [ɥila:ʒ] m. Aceitado, engrase.
huile [ɥil] f. Aceite, *m.* : *huile à brûler,* aceite de quemar ; *huile d'arachide,* aceite de cacahuete *ou* de maní ; *huile de foie de morue,* aceite de hígado de bacalao ; *huile de lin,* aceite de linaza ; *huile d'olive,* aceite de oliva ; *huile lourde,* aceite pesado. ‖ Óleo, *m* (en peinture et religion). ‖ — *Huile lampante,* petróleo lampante. ‖ *Huile volatile,* esencia. ‖ — *Les huiles,* los peces gordos. ‖ *Les saintes huiles,* los santos óleos. ‖ *Une mer d'huile,* una balsa de aceite. ‖ — FAM. *À base d'huile de coude,* a base de clavar los codos (étudier), a fuerza de puño (travailler). ‖ *À l'huile,* con aceite (cuisine), al óleo (peinture). ‖ FIG. *Faire tache d'huile,* extenderse como una mancha de aceite. ‖ *Jeter* o *verser de l'huile sur le feu,* echar leña al fuego.
huiler [-le] v. tr. Aceitar, poner aceite. ‖ FIG. Engrasar.
huilerie [-lri] f. Aceitería (magasin). ‖ Fábrica de aceite (fabrique).
huileux, euse [-lø, ø:z] adj. Aceitoso, sa.
huilier [-lje] m. Angarillas, *f. pl.,* vinagreras, *f. pl.,* aceiteras, *f. pl.* ‖ — Adj. et s. m. Aceitero.
huis [ɥi] m. (Vx). Puerta, *f.* : *à huis clos,* a puerta cerrada. ‖ *Demander le huis clos,* pedir que la audiencia sea a puerta cerrada.
huisserie f. ARCHIT. Marco (*m.*) de puerta o ventana.
huissier m. Ujier. ‖ Ordenanza, *f.* (dans un ministère). ‖ Portero de estrados (tribunaux).
*huit [ɥit] ; ɥi devant une consonne] adj. et s. m. inv. Ocho. ‖ Octavo, va : *Alphonse VIII* (huitième), Alfonso VIII [octavo].
*huitain m. POÉT. Octava, *f.*
*huitaine f. Unos ocho, *m.* : *une huitaine d'enfants,* unos ochos niños ; *dans une huitaine de jours,* dentro de unos ocho días. ‖ DR. Ocho días : *remettre à huitaine,* aplazar para dentro de ocho días.
*huitante adj. et s. m. Ochenta.
*huitième adj. Octavo, va : *le huitième jour,* el octavo día.
— M. Octavo, octava (*f.*) parte (fraction).
*huitièmement [ɥitjɛmmɑ̃] adv. En octavo lugar.
huître f. Ostra. ‖ FIG. et FAM. Cernícalo, *m.,* zopenco, ca ; estúpido, da. ‖ *Huître perlière,* madreperla.
*huit-reflets [ɥirəflɛ] m. Sombrero de copa, chistera, *f.*
huîtrier, ère adj. Ostrero, ra.
— M. Ostrero (oiseau). ‖ — F. Ostrero, *m.,* ostral, *m.* (banc d'huîtres).
*hulotte f. Autillo, *m.* (chat-huant).
*hululation f. Ululato, *m.*
*hululer v. intr. Ulular.
*hum! [œm] interj. ¡Hum!
*humage m. Sorbo. ‖ Aspiración, *f.*
humain, e adj. et s. Humano, na. ‖ *Les humains,* el género humano.
humanisation f. Humanización.
humaniser v. tr. Humanizar.
humanisme m. Humanismo.
humaniste adj. et s. Humanista.
humanitaire adj. Humanitario, ria.
humanitarisme m. Humanitarismo.
humanité f. Humanidad. ‖ *Faire ses humanités,* estudiar humanidades.
Humbert [œ̃bɛ:r] n. pr. m. Humberto.
humble [œ̃:bl] adj. et s. Humilde : *à mon humble avis,* a mi humilde parecer. ‖ Modesto, ta ; humilde : *mes humbles fonctions,* mis modestas funciones. ‖ *Votre (très) humble serviteur,* su seguro servidor.

humectation f. Humedecimiento, *m.*, humectación (p. us.).
humecter v. tr. Humedecer, humectar (p. us.). ‖ Mojar (le linge).
— V. pr. Humedecerse. ‖ POP. *S'humecter le gosier,* mojarse el gaznate.
humecteur m. Humedecedor, humectador.
*****humer** v. tr. Sorber : *humer un œuf,* sorber un huevo. ‖ Aspirar, inhalar (aspirer) : *humer l'air,* aspirar el aire. ‖ Oler (sentir).
huméral, e adj. ANAT. Humeral.
humérus [ymerys] m. ANAT. Húmero.
humeur f. Humor, *m.,* talante, *m. : bonne, mauvaise humeur,* buen, mal humor; *avoir de l'humeur,* estar de mal talante. ‖ MÉD. Humor. ‖ — Pl. *Humeurs froides,* escrófula, lamparones. ‖ — *Incompatibilité d'humeur,* incompatibilidad de carácter. ‖ *Ne pas être d'humeur à,* no tener humor para, no estar para, no tener ganas de.
humide adj. Húmedo, da.
humidificateur m. Humectador.
humidification f. Humedecimiento, *m.*
humidifier* v. tr. Humedecer, humectar (p. us.).
humidité f. Humedad.
humiliant, e adj. Humillante.
humiliation f. Humillación.
humilier* v. tr. Humillar.
— V. pr. Humillarse.
— SYN. *Abattre,* abatir. *Mortifier,* mortificar.
humilité f. Humildad. ‖ *En toute humilité,* con toda modestia *ou* humildad.
humoral, e adj. Humoral.
humoriste adj. et s. Humorista.
humoristique adj. Humorístico, ca.
humour m. Humor, humorismo.
humus [ymys] m. AGRIC. Humus, mantillo (terreau).
*****hune** f. MAR. Cofa : *grande hune,* cofa mayor.
*****hunier** m. MAR. Gavia, *f.* (voile).
Huns [œ] n. pr. m. pl. HIST. Hunos.
*****huppe** f. Moño, *m.,* copete, *m.* (toupet). ‖ Abubilla (oiseau).
*****huppé, e** adj. Moñudo, da : *oiseau huppé,* ave moñuda. ‖ FIG. et FAM. Encopetado, da ; de alto copete, empingorotado, da.
*****hure** f. Cabeza cortada de algunos animales (sanglier, saumon). ‖ POP. Chola (tête).
*****hurlant, e** adj. Aullador, ra.
*****hurlement** m. Aullido, aúllo. ‖ FIG. Alarido (cri). ‖ Rugido (du vent).
*****hurler** v. intr. Aullar (animaux). ‖ FIG. Aullar, dar alaridos, vociferar (personnes). ‖ Rugir (vent). ‖ Cantar muy fuerte. ‖ FIG. Darse bofetadas (détoner). ‖ FIG. et FAM. Gritar (crier). ‖ *Hurler avec les loups,* bailar al son que tocan.
— V. tr. Gritar, cantar muy fuerte.
*****hurleur, euse** adj. et s. Aullador, ra. ‖ — M. Aullador (singe).
hurluberlu m. FAM. Extravagante, chiflado.
*****huron, onne** adj. et s. Hurón, ona (Indien d'Amérique du Nord). ‖ FIG. et FAM. Patán, grosero, ra (grossier).
*****hurrah!** interj. ¡Hurra!, ¡ole!
*****hussard** [ysa:r] m. MIL. Húsar.
*****hussarde** f. Danza húngara. ‖ *À la hussarde,* bruscamente, sin miramientos.
*****hussite** m. Husita.
*****hutinet** [ytinɛ] m. Mazo de tonelero.
*****hutte** f. Choza, chabola.
hyacinthe f. BOT. Jacinto, *m.* ‖ MIN. Jacinto, circón (pierre précieuse).
Hyacinthe n. pr. m. Jacinto.
Hyades [jad] f. pl. ASTR. Híades.
hyalin, e [jalɛ̃, in] adj. MIN. Hialino, na.
hyaloïde adj. Hialoideo, a.
hybridation f. Hibridación.

hybride adj. et s. m. Híbrido, da.
hybrider v. tr. Proceder a una hibridación.
hybridisme m. ou **hybridité** f. Hibridismo, *m.,* hibridez, *f.*
hydarthrose f. MÉD. Hidartrosis.
hydatide f. Hidátide.
hydatique adj. MÉD. Hidatídico, ca.
hydne m. BOT. Hidno.
hydracide m. CHIM. Hidrácido.
hydrargyre m. CHIM. Hidrargiro.
hydrargyrique adj. Hidrargírico, ca.
hydrargyrisme m. MÉD. Hidrargirismo.
hydratable adj. Hidratable.
hydratant, e adj. Hidratante.
hydratation f. CHIM. Hidratación.
hydrate m. CHIM. Hidrato.
hydrater v. tr. CHIM. Hidratar.
hydraulicien m. Hidráulico (ingénieur).
hydraulique adj. et s. f. Hidráulico, ca : *presse hydraulique,* prensa hidráulica.
hydravion m. Hidroavión.
hydrazine f. CHIM. Hidracina.
hydre f. Hidra. ‖ MYTH. Hidra : *l'Hydre de Lerne,* la Hidra de Lerna. ‖ FIG. Hidra, peligro (*m.*) que renace sin cesar.
hydrémie f. MÉD. Hidremia.
hydrique adj. Hídrico, ca : *diète hydrique,* dieta hídrica.
hydrobase f. Base para hidroaviones.
hydrocarbonate m. Hidrocarbonato.
hydrocarbure m. Hidrocarburo.
hydrocèle f. MÉD. Hidrocele.
hydrocéphale adj. et s. MÉD. Hidrocéfalo, la.
hydrocéphalie f. MÉD. Hidrocefalia.
hydrodynamique adj. et s. f. PHYS. Hidrodinámico, ca.
hydro-électrique adj. ÉLECTR. Hidroeléctrico, ca.
hydrofuge adj. Hidrófugo, ga.
hydrofuger* v. tr. Hacer hidrófugo.
hydrogel m. CHIM. Hidrogel.
hydrogénation f. Hidrogenación.
hydrogène m. Hidrógeno : *hydrogène lourd,* hidrógeno pesado.
hydrogéné, e adj. Hidrogenado, da.
hydrogéner* v. tr. Hidrogenar.
hydroglisseur m. MAR. Hidroplano, aerodeslizador.
hydrographe adj. et s. m. Hidrógrafo.
hydrographie f. Hidrografía.
hydrographique adj. Hidrográfico, ca.
hydrolat [idrɔla] m. Hidrolato.
hydrolithe f. CHIM. Hidrólito.
hydrologie f. Hidrología.
hydrologique adj. Hidrológico, ca.
hydrologiste ou **hydrologue** adj. et s. m. Hidrólogo.
hydrolyse f. CHIM. Hidrólisis.
hydrolyser v. tr. CHIM. Hidrolizar.
hydromécanique adj. Hidromecánico, ca.
hydromel m. Aguamiel, *f.,* hidromel.
hydromètre f. Hidrómetro, *m.*
hydrométrie f. Hidrometría.
hydrométrique adj. Hidrométrico, ca.
hydrophile adj. et s. m. Hidrófilo, la : *coton hydrophile,* algodón hidrófilo.
hydrophobe adj. et s. m. Hidrófobo, ba.
hydrophobie f. Hidrofobia.
hydropique adj. et s. Hidrópico, ca.
hydropisie f. MÉD. Hidropesía.
hydropneumatique adj. Hidroneumático, ca.
hydroquinone f. CHIM. Hidroquinona.
hydroscopie f. Hidroscopia.
hydrosilicate m. Hidrosilicato.
hydrosoluble adj. Hidrosoluble.
hydrosphère f. GÉOL. Hidrosfera.
hydrostatique adj. et s. f. PHYS. Hidrostático, ca.
hydrothérapie f. MÉD. Hidroterapia.

hydrothérapique adj. Hidroterápico, ca.
hydrothorax m. Hidrotórax.
hydrotimétrie f. Hidrotimetría.
hydroxyde m. CHIM. Hidróxido.
hydroxyle m. CHIM. Hidróxilo.
hydrozoaires m. pl. Hidrozoarios.
hydrure f. CHIM. Hidruro.
hyène f. Hiena. ‖ FIG. Hiena, persona feroz y cobarde.
hygiène f. Higiene.
hygiénique adj. Higiénico, ca.
hygiéniste m. Higienista.
Hygin n. pr. m. Higinio.
hygroma m. MÉD. Higroma.
hygromètre m. Higrómetro.
hygrométrie f. Higrometría.
hygrométrique adj. Higrométrico, ca.
hygroscope m. Higroscopio.
hygroscopie f. Higroscopia.
hygroscopique adj. Higroscópico, ca.
hylozoïsme m. PHILOS. Hilozoísmo.
hymen [imɛn] m. MÉD. Himen.
hymen ou hyménée m. POÉT. Himeneo.
hyménium [imenjɔm] m. Himenio (chez les champignons).
hyménomicètes m. pl. Himenomicetos (champignons).
hyménoptère adj. et s. m. ZOOL. Himenóptero, ra.
hymne m. Himno : l'hymne national, el himno nacional. ‖ — F. Himno, m. (ode sacrée).
hyoïde [iɔid] adj. et s. m. ANAT. Hioides.
hyoïdien, enne [-djɛ̃, jɛn] adj. Hioideo, a.
hyperbole f. GÉOM. Hipérbola. ‖ Hipérbole (rhétorique).
hyperbolique adj. Hiperbólico, ca.
hyperboloïde m. GÉOM. Hiperboloide.
hyperboréen, enne adj. Hiperbóreo, a ; hiperboreal (proche du pôle Nord).
hyperchlorhydrie f. MÉD. Hiperclorhidria.
hypercompresseur m. TECHN. Supercompresor.
hyperdulie f. RELIG. Hiperdulía (culte de la Vierge).
hyperesthésie f. MÉD. Hiperestesia.
hyperfocal, e adj. Hiperfocal.
hypergenèse [ipɛrʒɛnɛːz] f. BIOL. Hipergénesis.
hypermétrope adj. et s. MÉD. Hipermétrope.
hypermétrople f. MÉD. Hipermetropía.
hypermnésie f. MÉD. Hipermnesia.
hypernerveux, euse adj. et s. Hipernervioso, sa.
hypersécrétion f. MÉD. Hipersecreción.
hypersensibilité f. Hipersensibilidad.
hypersensible adj. et s. Hipersensible.
hypersonique adj. Hipersónico, ca.
hypertendu, e adj. et s. MÉD. Hipertenso, sa.
hypertension f. MÉD. Hipertensión.
hyperthermie f. Hipertermia.
hypertonique adj. Hipertónico, ca.
hypertrophie f. MÉD. Hipertrofia.
hypertrophier* v. tr. ANAT. Hipertrofiar.
hypertrophique adj. ANAT. Hipertrófico, ca.
hypervitaminose f. Hipervitaminosis.
hypne f. BOT. Hipno (mousse).
hypnose [ipnoːz] f. MÉD. Hipnosis.

hypnotique adj. et s. m. Hipnótico, ca.
hypnotiser v. tr. Hipnotizar.
hypnotiseur m. Hipnotizador.
hypnotisme m. Hipnotismo.
hypo préf. Hipo.
hypocauste m. Hipocausto.
hypocentre m. Hipocentro (séisme).
hypochloreux [ipɔklɔrø] adj. Hipocloroso, sa.
hypochlorhydrie [-klɔridri] f. MÉD. Hipochlorhidria.
hypochlorite [-klɔrit] m. CHIM. Hipoclorito.
hypocondre m. ANAT. Hipocondrio.
hypocondriaque adj. et s. MÉD. Hipocondriaco, ca. ‖ FIG. Hipocondriaco, ca ; triste.
hypocras [ipɔkras] m. Hipocrás.
hypocrisie f. Hipocresía.
hypocrite adj. et s. Hipócrita.
hypoderme m. Hipodermis, f.
hypodermique adj. ANAT. Hipodérmico, ca ; subcutáneo, nea : injection o piqûre hypodermique, inyección hipodérmica ou subcutánea.
hypodermose f. VÉTÉR. Hipodermosis.
hypogastre m. ANAT. Hipogastrio.
hypogastrique adj. ANAT. Hipogástrico, ca.
hypogée m. Hipogeo (construction souterraine).
hypoglosse adj. et s. m. ANAT. Hipogloso, sa.
hypoglycémie f. MÉD. Hipoglucemia.
hypophosphite m. CHIM. Hipofosfito.
hypophyse f. ANAT. Hipófisis.
hypostase f. ECCLÉS. Hipóstasis.
hypostatique adj. Hipostático, ca.
hypostyle adj. ARCHIT. Hipóstilo, la (à plafond soutenu par des colonnes).
hyposulfite m. CHIM. Hiposulfito.
hypotendu, e adj. et s. MÉD. Hipotenso, sa.
hypoténuse f. GÉOM. Hipotenusa.
hypothalamus m. ANAT. Hipotálamo.
hypothécable adj. Hipotecable.
hypothécaire adj. Hipotecario, ria.
hypothèque f. Hipoteca. ‖ — Bureau des hypothèques, registro de la propiedad. ‖ Conservateur des hypothèques, registrador de la propiedad. ‖ FIG. Lever une hypothèque, levantar una hipoteca. | Prendre une hypothèque sur l'avenir, disponer de una cosa antes de poseerla.
hypothéqué, e adj. Hipotecado, da.
hypothéquer* v. tr. Hipotecar (terre, propriété). ‖ Garantizar (créance). ‖ FIG. Hipotecar. ‖ FAM. Bien hypothéqué, muy enfermo ou muy apurado.
hypothermie f. MÉD. Hipotermia.
hypothèse f. Hipótesis. ‖ Bâtir des hypothèses, hacer conjeturas ou hipótesis.
hypothétique adj. Hipotético, ca.
hypotonique adj. Hipotónico, ca.
hypotypose f. Hipotiposis (rhétorique).
hypsomètre m. PHYS. Hipsómetro.
hypsométrie f. PHYS. Hipsometría.
hypsométrique adj. PHYS. Hipsométrico, ca.
Hyrcanie n. pr. f. GÉOGR. Hircania.
hysope f. BOT. Hisopo, m.
hystérésis f. PHYS. Histéresis.
hystérie f. MÉD. Histerismo, m.
hystérique adj. et s. Histérico, ca.

I

i m. I. ƒ. : *un « i » majuscule,* una i mayúscula. ‖ —
Droit comme un « I », derecho como una vela,
tieso como un huso. ‖ *Mettre les points sur les
« i »,* poner los puntos sobre las íes.
ïambe [iᾱ:b] m. POÉT. Yambo.
ïambique adj. et s. POÉT. Yámbico, ca.
Ibères m. pl. HIST. Iberos.
ibéride f. ou ibéris m. BOT. Ibéride, ƒ., carraspique, *m.*
Ibérie n. pr. f. GÉOGR. Iberia.
ibérien, enne adj. et s. Ibero, ra ; ibérico, ca.
ibérique adj. Ibérico, ca.
— M. et f. Ibero, ra.
ibex [ibɛks] m. ZOOL. Íbice.
ibidem ou ibid. adv. lat. Ibídem, allí mismo, en el
mismo lugar.
ibis m. Ibis (oiseau).
ibsénien, enne adj. Ibseniano, na (de Ibsen).
icaque m. Hicaco, icaco (fruit).
icaquier m. Hicaco, icaco (arbre).
Icare n. pr. m. Ícaro.
icarien, enne adj. Icario, ria ; icáreo, a : *jeux
icariens,* juegos icarios.
iceberg [ajsbɛrg] m. Iceberg.
ice-cream [aiskri:m] m. Helado.
icefield [-fild] m. Icefield.
icelui, icelle [isəlɥi, isɛl] ; pl. iceux, icelles
[isø, isɛl] adj. et pron. démonstr. (Vx). Aqueste,
aquesta ; pl. aquestos, aquestas.
ichneumon [iknømɔ̃] m. ZOOL. Icneumón.
ichnographie [iknɔgrafi] f. ARCHIT. Icnografía
(plan).
ichor [ikɔ:r] m. MÉD. Ícor.
ichoreux, euse [-rø, ø:z] adj. MÉD. Icoroso, sa ;
purulento, ta.
ichthys [iktis] m. Monograma griego de Cristo.
ichtyocolle [iktjokɔl] f. Ictiocola, cola de pescado (colle de poissons).
ichtyographie [-grafi] f. Ictiografía (description
des poissons).
ichtyoïde [-i:d] adj. et s. Ictoideo, a.
ichtyol [iktjɔl] m. CHIM. Ictiol (huile sulfu-
reuse).
ichtyologie [-lɔʒi] f. Ictiología (étude des poissons).
ichtyologique [-lɔʒik] adj. Ictiológico, ca.
ichtyologiste [-lɔʒist] m. Ictiólogo.
ichtyophage [-fa:ʒ] adj. et s. Ictiófago, ga.
ichtyophagie [-faʒi] f. Ictiofagia.
ichtyosaure [-zɔ:r] m. Ictiosauro.
ichtyose [iktjo:z] f. MÉD. Ictiosis (maladie de la
peau).
ici adv. Aquí, acá. ‖ — *Ici-bas,* en este bajo
mundo, acá (p. us.). ‖ *Ici et là,* aquí y allí. ‖ —
D'ici à demain, de aquí a mañana. ‖ *D'ici là,*
hasta entonces. ‖ *D'ici peu,* dentro de poco.
icône f. Icono, *m.*
iconoclasme m. Iconoclasia, ƒ.
iconoclaste adj. et s. Iconoclasta.
iconoclastie f. RELIG. Iconoclastia.

iconogène m. CHIM. Iconógeno (sel de sodium).
iconographe m. Iconógrafo.
iconographie f. Iconografía.
iconographique adj. Iconográfico, ca.
iconolâtre adj. et s. Iconólatra.
iconolâtrie f. Iconolatría.
iconologie f. Iconología.
iconologiste ou iconologue m. et f. Icono-
logo, ga.
iconoscope m. PHOT. Iconoscopio.
iconostase f. Iconostasio, *m.*
icosaèdre m. GÉOM. Icosaedro (à 20 faces).
ictère m. MÉD. Ictericia, ƒ. (jaunisse).
ictérique adj. et s. MÉD. Ictérico, ca.
ictus [iktys] m. MÉD. Ictus, acceso. ‖ Ictus (vers).
idéal, e adj. et s. m. Ideal.
— OBSERV. Pl. *idéaux* o *idéals.*
idéalisation f. Idealización.
idéaliser v. tr. Idealizar.
idéalisme m. Idealismo.
idéaliste adj. et s. Idealista.
idéalité f. Idealidad.
idéation f. Ideación, formación de las ideas.
idée f. ● Idea. ‖ Opinión : *avoir une haute idée
de,* tener una gran opinión de. ‖ Antojo, *m.,* capricho, *m.,* fantasía : *vivre à son idée,* vivir a su
antojo. ‖ — FAM. *Idée creuse,* idea vacía. ‖ *Idée
fixe,* idea fija, tema. ‖ — *À mon idée,* a mi parecer. ‖ *Avoir de l'idée,* tener idea, ser ingenioso. ‖
Avoir idée de..., tener el propósito de... ‖ *Avoir
l'idée de,* ocurrírsele a uno. ‖ *Avoir une idée derrière la tête,* tener una idea en la cabeza. ‖ *J'ai
dans l'idée que...,* estoy convencido de que... ‖
On n'a pas idée de, a nadie se le ocurre. ‖ *Quelle
drôle d'idée!,* ¡qué ocurrencia! ‖ *Se faire des
idées,* hacerse ilusiones. ‖ *Se faire une idée de...,*
darse cuenta de... ‖ *Venir à l'idée,* ocurrirse : *cela
m'est venu à l'idée hier,* esto se me ocurrió ayer.
— SYN. ● *Conception,* concepción. *Concept,* concepto.

idem [idɛm] adv. Ídem, lo mismo.
identification f. Identificación.
identifier* v. tr. Identificar.
— V. pr. Identificarse con.
identique adj. Idéntico, ca.
identité f. Identidad : *carte, pièce d'identité,* tarjeta *ou* documento *ou* carnet de identidad.
idéogramme m. Ideograma.
idéographie f. Ideografía.
idéographique adj. Ideográfico, ca.
idéologie f. Ideología.
idéologique adj. Ideológico, ca.
idéologue m. Ideólogo.
ides [id] f. pl. Idus, *m.* (du calendrier romain).
idiomatique adj. Idiomático, ca.
idiome m. Idioma.
— OBSERV. En espagnol *idioma* est plus courant que
lengua.
idiopathie f. Idiopatía.
idiopathique adj. Idiopático, ca.

idiosyncrasie f. Idiosincrasia.
idiot, e [idjo, ɔt] adj. et s. Idiota. ‖ *Faire l'idiot,* hacer el tonto, ponerse tonto.
idiotie [idjɔsi] f. Idiotez. ‖ *Faire, dire des idioties,* hacer, decir tonterías, idioteces.
idiotiser [-tize] v. tr. Idiotizar, volver idiota.
idiotisme m. GRAMM. Idiotismo, modismo.
idoine [idwan] adj. Idóneo, a.
idolâtre adj. et s. Idólatra. ‖ *Être idolâtre de,* idolatrar a.
idolâtrer v. tr. Idolatrar.
idolâtrie f. Idolatría.
idolâtrique adj. Idolátrico, ca.
idole f. Ídolo, *m.*
idonéité f. Idoneidad.
Idumée n. pr. f. GÉOGR. Idumea.
iduméen, enne [idymeɛ̃, ɛn] adj. et s. Idumeo, a.
idylle f. Idilio, *m.*
idyllique adj. Idílico, ca.
Iéna n. pr. GÉOGR. Jena.
if m. Tejo (arbre). ‖ Escurrebotellas (de bouteilles). ‖ Luminaria (*f.*) triangular (pour cierges).
igame m. Inspector general de la Administración [francesa] en misión extraordinaria.
igamie f. Distrito (*m.*) gobernado por el inspector de la Administración [en Francia].
igloo [iglu] m. Iglú, igloo (cabane esquimaude).
Ignace n. pr. m. Ignacio.
igname [iɲa:m] f. Ñame, *m.*, aje, *m.* (plante).
ignare adj. et s. Ignaro, ra; ignorante.
igné, e [igne] adj. Ígneo, a.
ignicole [ignikɔl] adj. et s. Ignícola (adorateur du feu).
ignifère [-fɛ:r] adj. Ignífero, ra (qui transmet le feu).
ignifugation [-fygasjɔ̃] f. ou **ignifugeage** [-fyʒa:ʒ] m. Ignifugación, *f.*
ignifuge [-fy:ʒ] adj. et s. Ignífugo, ga (incombustible).
ignifuger* [-fyʒe] v. tr. Ignifugar.
ignipuncture [-pɔ̃kty:r] f. Ignipuntura.
ignition [-sjɔ̃] f. Ignición.
ignivome [-vɔ:m] adj. Ignívomo, ma (qui vomit du feu).
ignoble adj. Innoble.
ignoblement adv. De modo innoble.
ignominie f. Ignominia.
ignominieux, euse adj. Ignominioso, sa.
ignorance f. Ignorancia, desconocimiento, *m.* : *ignorance crasse,* ignorancia crasa *ou* supina.
ignorant, e adj. et s. Ignorante. ‖ — *Être ignorant d'une chose,* desconocer una cosa. ‖ *Faire l'ignorant,* hacerse el tonto.
— SYN. *Illettré,* iletrado. *Analphabète,* analfabeto. *Ignare,* ignaro. *Fam. Âne,* burro, asno.
ignorantin adj. et s. m. Hermano de San Juan de Dios.
ignorantisme m. Ignorantismo.
ignoré, e adj. Ignorado, da; desconocido, da : *ignoré de tous,* desconocido de *ou* para todos. ‖ *Terres ignorées,* tierras ignotas.
ignorer v. tr. Ignorar, desconocer : *j'ignore complètement vos intentions,* desconozco por completo sus intenciones. ‖ *N'ignorer rien,* estar al corriente de todo, saberlo todo.
— V. pr. Ignorarse, no conocerse.
iguane [igwan] m. Iguana, *f.* (reptile).
iguanides [-nid] m. pl. Iguánidos.
iguanodon [-nɔdɔ̃] m. Iguanodonte (fossile).
igue [ig] f. Pozo (*m.*) airón.
il pron. pers. masc. de la 3ᵉ pers. du singulier. Él. ‖ Pron. impers. [nunca se traduce] : *il pleut,* llueve.
— OBSERV. *Il* neutro se suprime como sujeto : *il est vrai,* es cierto. *Il en est,* se traduce por *lo, la, los, las* : *il en est de même,* lo mismo sucede con.

ilang-ilang [ilɑ̃-ilɑ̃] m. BOT. Ilang ilang.
Ildephonse n. pr. m. Ildefonso.
île f. Isla.
iléo-cæcal, e [ileosekal] adj. ANAT. Ileocecal.
iléon ou **iléum** m. Íleon (intestin).
iles [il] m. pl. ANAT. Iliones (os de la hanche).
îlet [ilɛ] m. ou **îlette** [-ɛt] f. Isleta, *f.*
iléum [ileɔm] m. ANAT. Íleon.
iléus [ileys] m. MÉD. Íleo (colique).
Iliade n. pr. f. Ilíada.
iliaque adj. ANAT. Iliaco, ca : *os iliaque,* hueso iliaco.
ilicacées ou **ilicinées** f. pl. BOT. Ilicíneas.
ilien, enne adj. et s. Habitantes de ciertas islas bretonas (Ouessant, Sein, île aux Moines).
ilion m. Íleon.
illégal, e [illegal] adj. Ilegal.
illégalité [-lite] f. Ilegalidad.
illégitime [illeʒitim] adj. Ilegítimo, ma.
illégitimité [-mite] f. Ilegitimidad.
illettré, e [illɛtre] adj. et s. Analfabeto, ta ; iletrado, da.
illicite [illisit] adj. Ilícito, ta.
illico adv. Al punto, en el acto, inmediatamente.
illimitable adj. Ilimitable.
illimité, e adj. Ilimitado, da.
illisibilité f. Ilegibilidad.
illisible [illizibl] adj. Ilegible (indéchiffrable).
illogique [illɔgik] adv. Ilógico, ca.
illogisme m. Ilogismo, falta (*f.*) de lógica.
illumination f. Iluminación.
illuminé, e adj. et s. Iluminado, da.
illuminer v. tr. Iluminar.
illuminisme m. Iluminismo.
illusion f. ● Ilusión. ‖ Prestidigitación (prestidigitation). ‖ — *Faire illusion,* dar el pego. ‖ *Se faire des illusions sur,* forjarse *ou* hacerse ilusiones con. ‖ *Se nourrir d'illusions,* vivir de ilusiones.
— SYN. ● *Chimère,* quimera. *Rêve, songe,* sueño. *Rêverie,* ensueño. *Utopie,* utopía. *Imagination,* imaginación.
illusionné, o adj. et s. Iluso, sa ; ilusionado, da.
illusionner v. tr. Engañar, inducir a error.
— V. pr. Ilusionarse, forjarse ilusiones.
illusionnisme m. Ilusionismo.
illusionniste m. Ilusionista (prestidigitateur).
illusoire adj. Ilusorio, ria.
illustrateur m. Ilustrador.
illustration f. Ilustración. ‖ FIG. Notabilidad, persona notable (personnage illustre).
illustre adj. Ilustre.
— SYN. *Célèbre,* célebre. *Fameux,* famoso. *Renommé,* reputado, renombrado.
illustré, e adj. Ilustrado, da : *illustré de gravures,* ilustrado con grabados.
— M. Revista (*f.*) ilustrada. ‖ *Illustré pour enfants,* tebeo.
illustrer v. tr. Ilustrar : *illustrer des dessins,* ilustrar con dibujos.
— V. pr. Ilustrarse, hacerse ilustre.
illustrissime adj. Ilustrísimo, ma.
Illyrie n. pr. f. GÉOGR. Iliria.
illyrien, enne adj. et s. Ilirio, ria ; ilírico, ca.
îlot [ilo] m. Islote, isla (*f.*) pequeña. ‖ Manzana, *f.* (de maisons) [*Amér.,* cuadra]. ‖ Torre de mando (portaviones).
ilote m. Ilota (esclave à Sparte).
ilotisme m. Ilotismo.
image f. Imagen : *image religieuse,* imagen religiosa. ‖ (Vx). Imagen (statue). ‖ Estampa (petite estampe) : *livre d'images,* libro con estampas. ‖ ● FIG. Imagen (symbole, métaphore). ‖ — *Image*

d'Épinal, cromo, aleluya. ‖ *Sage comme une image,* bueno como un ángel.
— SYN. ● *Description,* descripción. *Tableau,* cuadro. *Peinture,* pintura.

imagé, e adj. Lleno, na, de imágenes. ‖ Gráfico, ca : *il m'a fait une description très imagée,* me hizo una descripción muy gráfica.

imager* v. tr. FIG. Adornar con imágenes (orner de gravures). | Llenar de imágenes (style).

imagerie f. Estampería. ‖ Imaginería : *imagerie chrétienne,* imaginería cristiana.

imagier, ière m. et f. Vendedor, ra de estampas ; estampero, ra. ‖ — M. (Vx). Imaginero, escultor (sculpteur).

imaginable adj. Imaginable.

imaginaire adj. Imaginario, ria.
— M. Lo imaginario.
— SYN. *Chimérique,* quimérico. *Utopique,* utópico. *Fantastique,* fantástico.

imaginatif, ive adj. et s. Imaginativo, va.

imagination f. Imaginación.

imaginative f. FAM. Imaginativa, inventiva.

imaginer v. tr. Imaginar, idear.
— V. pr. Imaginarse, figurarse.

imago m. Imago (de l'insecte).

imam ou **iman** [imã] m. Imán (prêtre mahométan).

imamat [imama] ou **imanat** [imana] m. Imanato.

imbattable adj. Invencible. ‖ Insuperable.

imbécile adj. et s. Imbécil, idiota.

imbécillité f. Imbecilidad.

imberbe adj. Imberbe (sans barbe).

imbiber v. tr. Empapar, embeber : *imbibé d'eau, de sang,* empapado en agua, en sangre.
— V. pr. Empaparse, embeberse.

imbibition f. Imbibición, empapamiento, m.

imbrication f. Imbricación. ‖ Entrelazamiento, m. : *de subtiles imbrications d'intérêts,* sutiles entrelazamientos de intereses.

imbriquer v. tr. Imbricar.

imbrisable adj. Irrompible.

imbroglio m. Embrollo, lío.

imbrûlable adj. Incombustible.

imbrûlé, e adj. No quemado.

imbu, e adj. Imbuido, da ; penetrado, da : *imbu de son importance,* imbuido de su importancia. ‖ Lleno, na : *imbu de préjugés,* lleno de prejuicios. ‖ *Imbu de soi-même,* muy creído de sí mismo.

imbuvable adj. Imbebible, no potable. ‖ FIG. et FAM. Insoportable (personne).

imitable adj. Imitable.

imitateur, trice adj. et·s. Imitador, ra.

imitatif, ive adj. Imitativo, va.

imitation f. Imitación : *à l'imitation de...,* a imitación de... ; *bijoux en imitation,* joyas de imitación.

imiter v. tr. Imitar.
— SYN. *Copier,* copiar. *Pasticher,* remedar. *Contrefaire,* contrahacer. *Mimer,* mimar. *Plagier,* plagiar. *Parodier,* parodiar. *Fam. Pirater,* piratear. *Singer,* remedar.

immaculé, e [immakyle] adj. et s. Inmaculado, da.

immanence [immanã:s] f. Inmanencia.

immanent, e [-nã, ã:t] adj. Inmanente.

immanentisme [-nãtism] m. Inmanentismo.

immangeable [ɛ̃mãʒabl] adj. Incomible, incomestible.

immanquable [ɛ̃mãkabl] adj. Infalible, indefectible.

immanquablement [-blemã] adv. Sin falta, infaliblemente, indefectiblemente.

immarcescible [immarsɛsibl] adj. Inmarcesible, inmarchitable.

immariable [ɛ̃marjabl] adj. Incasable.

immatérialiser [immaterjalize] v. tr. Inmaterializar, hacer inmaterial.

immatérialisme m. Inmaterialismo.

immatérialiste adj. et s. Inmaterialista.

immatérialité f. Inmaterialidad.

immatériel, elle adj. Inmaterial.

immatriculation f. Matriculación, matrícula. ‖ AUTOM. *Plaque d'immatriculation,* placa de matrícula, matrícula.

immatriculer v. tr. Matricular. ‖ Registrar, inscribir.
— OBSERV. Matricularse en la universidad se dice en francés *s'inscrire* y la matrícula es *l'inscription.*

immaturité f. Inmadurez, falta de madurez.

immédiat, e [immedja, at] adj. Inmediato, ta.
— M. Lo inmediato. ‖ *Dans l'immédiat,* por ahora.

immédiatement adv. Inmediatamente.
— SYN. *Sur-le-champ,* al punto, en el acto. *Aussitôt, tout de suite,* en seguida. *À l'instant,* al instante.

immédiateté f. PHILOS. Inmediación, carácter (m.) inmediato.

immémoré, e [immemɔre] adj. Olvidado, da (oublié).

immémorial, e adj. Inmemorial.

immense adj. Inmenso, sa.

immensité f. Inmensidad.

immensurable adj. Inmensurable.

immergé, e adj. Inmerso, sa (p. us.) ; sumergido, da.

immerger* v. tr. Inmergir (p. us.), sumergir.

immérité, e adj. Inmerecido, da.

immersif, ive adj. Inmersivo, va (p. us.) ; por inmersión.

immersion f. Inmersión.

immeuble adj. Inmueble.
— M. ● Casa, *f.,* edificio (maison). ‖ DR. Inmueble. ‖ *Immeuble de rapport,* casa de alquiler.
— OBSERV. *Inmueble, m.,* est en espagnol un gallicisme peu usité.
— SYN. ● *Building,* building, edificio. *Gratte-ciel,* rascacielos.

immigrant, e [imigrã, ã:t] adj. et s. Inmigrante.

immigration f. Inmigración.

immigré, e adj. et s. Inmigrado, da.

immigrer v. intr. Inmigrar.

imminence f. Inminencia.

imminent, e adj. Inminente.
— SYN. *Instant,* instante. *Proche,* próximo.

immiscer (s')* [simmise] v. pr. Inmiscuirse, meterse : *s'immiscer dans les affaires d'autrui,* inmiscuirse en asuntos ajenos.

immixtion [immiksjɔ̃] f. Intromisión.

immobile [immɔbil] adj. Inmóvil.

immobilier, ère adj. Inmobiliario, ria.
— M. Bienes (*pl.*) inmuebles.

immobilisation f. Inmovilización. ‖ DR. Conversión en bien inmueble.

immobiliser v. tr. Inmovilizar. ‖ Dar [a un bien mueble] la condición de inmueble.

immobilisme m. Inmovilismo.

immobiliste adj. et s. Inmovilista.

immobilité f. Inmovilidad.

immodéré, e [immɔdere] adj. Inmoderado, da ; desmesurado, da.

immodeste [immɔdɛst] adj. Inmodesto, ta.

immodestie f. Inmodestia, falta de pudor.

immodifiable adj. Inmodificable.

immolateur [immɔlatœ:r] m. Inmolador.

immolation [-sjɔ̃] f. Inmolación. ‖ FIG. Sacrificio, *m.*

immoler v. tr. Inmolar : *immoler des agneaux,* inmolar corderos ; *immoler son intérêt au bien public,* inmolar nuestros intereses en favor de la colectividad. ‖ FIG. Sacrificar, inmolar.

immonde [immɔ̃:d] adj. Inmundo, da. ‖ *L'esprit immonde,* el espíritu inmundo, el demonio.

immondices f. pl. Inmundicia, *sing.*

immoral, e [immɔral] adj. Inmoral.
immoralisme [-lism] m. Inmoralismo.
immoraliste [-list] adj. et s. Inmoralista.
immoralité [-lite] f. Inmoralidad.
immortaliser [immɔrtalize] v. tr. Inmortalizar.
immortalité [-talite] f. Inmortalidad.
immortel, elle [-tɛl] adj. et s. Inmortal. ‖ — M. FAM. Miembro de la Academia Francesa de la lengua.
immortelle f. BOT. Perpetua, siempreviva.
immotivé, e adj. Inmotivado, da.
immuabilité [immчabilite] f. Inmutabilidad.
immuable adj. Inmutable.
immunisant, e adj. Inmunizador, ra.
immunisation f. Inmunización.
immunisé, e adj. Inmunizado, da.
immuniser v. tr. Inmunizar.
immunité f. Inmunidad.
immutabilité f. Inmutabilidad.
impact [ɛ̃pakt] m. Impacto. ‖ *Point d'impact,* impacto.
impaction f. MÉD. Impacción.
impair, e adj. Impar. ‖ *Jouer à pair ou impair,* jugar a parcs o nones.
— M. FAM. Torpeza, f., equivocación, f., plancha, f. (bévue). ‖ FAM. *Commettre un impair,* meter la pata, tirarse una plancha.
impalpable adj. Impalpable.
impaludation f. Inoculación del paludismo.
impanation f. Impanación.
impardonnable adj. Imperdonable.
imparfait, e adj. Imperfecto, ta.
— M. Lo imperfecto, imperfección, f. ‖ GRAMM. Pretérito imperfecto.
imparidigité, e adj. ZOOL. Imparidígito, ta.
imparipenné, e adj. BOT. Pinada impar.
imparité f. Imparidad (caractère de ce qui est impair). ‖ Desigualdad (inégalité).
impartageable adj. Indivisible, impartible.
impartial, e adj. Imparcial.
impartialité f. Imparcialidad.
impartir v. tr. Impartir (p. us.), conceder, otorgar.
impassable adj. Infranqueable.
impasse f. Callejón (*m.*) sin salida (rue sans issue). ‖ FIG. Callejón (*m.*) sin salida, atolladero, *m.* (difficulté). ‖ Déficit (*m.*) del presupuesto. ‖ Impase, *m.*, impás, *m.* (bridge). ‖ Punto (*m.*) muerto : *les pourparlers sont dans une impasse,* las conversaciones están en un punto muerto. ‖ Estancamiento, *m.* : *l'impasse dans laquelle se trouve la conférence,* el estancamiento de la conferencia.
impassibilité f. Impasibilidad.
impassible adj. Impasible.
— SYN. *Flegmatique,* flemático. *Imperturbable,* imperturbable. *Froid,* frío. *Calme,* tranquilo. *Impavide,* impávido.
impatiemment [ɛ̃pasjamɑ̃] adv. Impacientemente.
impatience [-sjɑ̃:s] f. Impaciencia.
impatient, e [-sjɑ̃, ɑ̃:t] adj. Impaciente : *impatient de sortir,* impaciente por salir.
impatienter [-sjɑ̃te] v. tr. Impacientar.
— V. pr. Impacientarse.
impatronisation f. Toma de posesión.
impatroniser (s') v. pr. Imponerse, implantarse (s'imposer).
impavide adj. Impávido, da.
impayable [ɛ̃pɛjabl] adj. Impagable, inapreciable. ‖ FIG. ET FAM. Graciosísimo, ma. ‖ FAM. *Il est impayable !,* ¡es inconmensurable !, ¡es la monda !
impayé, e [-je] adj. No pagado, da ; impagado, da [*Amér.,* impago, ga]. ‖ — M. COMM. Impagado.
impeccabilité f. Impecabilidad.
impeccable adj. Impecable.
— OBSERV. Le sens propre de ce mot dans les deux langues, aujourd'hui vieilli, est *qui ne peut pécher.* Mais le sens de *irréprochable* est aujourd'hui le seul usité.

impécuniosité f. Escasez de recursos, falta *ou* carencia de dinero.
impédance f. ÉLECTR. Impedancia.
impedimenta [ɛ̃pedimɛ̃ta] m. pl. Impedimenta, *f. sing.*
impénétrabilité f. Impenetrabilidad.
impénétrable adj. Impenetrable.
impénitence f. Impenitencia.
impénitent, e adj. Impenitente.
impensable adj. Increíble, inimaginable.
impenses f. pl. DR. Impensa, *sing.,* gasto, *m.*
imper [ɛ̃pɛ:r] m. FAM. Impermeable.
impératif, ive adj. et s. m. Imperativo, va.
impératrice f. Emperatriz, emperadora. ‖ BOT. Diaprea.
imperceptibilité f. Imperceptibilidad.
imperceptible adj. Imperceptible.
imperdable adj. Imperdible.
imperfectible adj. Imperfectible.
imperfection f. Imperfección. ‖ Desperfecto, *m.* (petit défaut matériel).
imperforation f. MÉD. Imperforación.
imperforé, e adj. MÉD. Imperforado, da.
impérial, e adj. Imperial : *protocoles impériaux,* protocolos imperiales.
— F. Imperial (d'une voiture, etc.). ‖ Pera, perilla (barbe).
impérialisme m. Imperialismo.
impérialiste adj. et s. Imperialista.
impérieux, euse adj. Imperioso, sa.
— SYN. *Absolu,* absoluto. *Impératif,* imperativo. *Autoritaire,* autoritario.
impérissable adj. Imperecedero, ra ; perdurable.
impéritie [ɛ̃perisi] f. Impericia.
imperméabilisation f. Impermeabilización.
imperméabiliser v. tr. Impermeabilizar.
imperméabilité f. Impermeabilidad.
imperméable adj. et s. m. Impermeable.
impermutable adj. Impermutable.
impersonnalité f. Impersonalidad.
impersonnel, elle adj. Impersonal.
impertinence f. Impertinencia.
impertinent, e adj. et s. Impertinente.
imperturbabilité f. Imperturbabilidad.
imperturbable adj. Imperturbable.
impétigo m. MÉD. Impétigo.
impétrant, e adj. et s. Impetrante.
impétration f. Impetración.
impétrer* v. tr. Impetrar.
impétueux, euse adj. Impetuoso, sa ; arrebatado, da.
impétuosité f. Impetuosidad : *l'impétuosité d'une attaque,* la impetuosidad de un ataque. ‖ Ímpetu, *m.* (violence). ‖ FIG. Impetuosidad, ímpetu, *m.* (fougue).
impie adj. et s. Impío, a.
impiété f. Impiedad.
impitoyable [ɛ̃pitwajabl] adj. Despiadado, da.
implacabilité f. Implacabilidad.
implacable adj. Implacable.
implantation f. Implantación, establecimiento, *m.*
implanter v. tr. Implantar, establecer : *implanter une usine,* implantar una fábrica.
implexe adj. De enredo (œuvre littéraire).
implication f. Implicación.
implicite adj. Implícito, ta.
impliquer v. tr. Implicar.
implorable adj. Implorable.
implorant, e adj. Implorante, suplicante.
imploration f. Imploración.
implorer v. tr. Implorar.
implosif, ive adj. et s. GRAMM. Implosivo, va.
impluvium [ɛ̃plyvjɔm] m. Impluvio.
impoli, e adj. et s. Descortés ; mal educado, da.
— SYN. *Mal poli,* desatento. *Malappris,* malcriado. *Malhonnête,* mal educado. *Discourtois,* descortés. *Incivil,* incivil.

impoliment adv. Descortésmente.
impolitesse f. Descortesía, falta de cortesía, mala educación.
impolitique adj. Impolítico, ca.
impollu, e adj. Impoluto, ta.
impondérabilité f. Imponderabilidad.
impondérable adj. et s. Imponderable.
impopulaire adj. Impopular.
impopularité f. Impopularidad.
importable adj. Importable.
importance f. Importancia. ‖ Importancia, amplitud : *l'importance de la publicité,* la amplitud de la publicidad. ‖ — *De la plus haute importance,* de gran *ou* mucha importancia. ‖ *D'importance,* importante, de mucha importancia (important), mucho, extremadamente (beaucoup). ‖ — *Attacher de l'importance,* dar importancia. ‖ *Se donner des airs d'importance,* dárselas de importante.
important, e adj. Importante. ‖ FAM. Considerable, grande (grand).
— M. Lo importante, lo esencial. ‖ *Faire l'important,* dárselas de importante, echárselas de personaje, darse tono.
importateur, trice adj. et s. Importador, ra.
importation f. Importación.
importer v. tr. Importar : *importer des marchandises,* importar mercancías.
— V. intr. Importar, tener importancia. ‖ — *Il importe que,* es importante que. ‖ *N'importe comment,* de cualquier modo. ‖ *N'importe où,* dondequiera, en cualquier sitio. ‖ *N'importe quand,* cuando quiera, en cualquier momento. ‖ *N'importe qui,* cualquiera, quienquiera. ‖ *N'importe quoi,* cualquier cosa, lo que sea.
importun, e [ɛ̃pɔrtœ̃, -yn] adj. et s. ● Importuno, na ; molesto, ta. — M. ◆ Impertinente.
— SYN. ● *Fâcheux,* pesado, latoso. *Intempestif,* intempestivo.
— ◆ *Gêneur,* estorbo. *Intrus,* intruso. *Pop. Crampon,* lapa, machacón. *Poison,* chinche.
importuner v. tr. Importunar.
importunité f. Inoportunidad.
imposable adj. Imponible, sujeto a imposición.
imposant, e adj. Imponente.
— SYN. *Auguste,* augusto. *Majestueux,* majestuoso. *Grandiose,* grandioso. *Solennel,* solemne.
imposé, e adj. Impuesto, ta. ‖ Sujeto a contribución *ou* impuesto.
— M. Contribuyente.
imposer v. tr. Imponer : *imposer sa volonté,* imponer su voluntad. ‖ Gravar *ou* cargar a uno con un impuesto, someter a uno a un impuesto. ‖ Imponer un gravamen. ‖ IMPR. Ajustar, imponer. ‖ *En imposer,* infundir respeto.
— V. pr. Imponerse.
imposeur m. IMPR. Tipógrafo ajustador, impositor.
imposition f. Imposición. ‖ Impuesto, *m.,* contribución. ‖ IMPR. Ajuste, *m.,* imposición.
impossibilité f. Imposibilidad.
impossible adj. Impossible. ‖ Imposible, intratable, insoportable (caractère). ‖ *Rendre impossible,* imposibilitar.
— M. Lo imposible. ‖ — *À l'impossible nul n'est tenu,* nadie puede hacer lo imposible. ‖ *Par impossible,* por si acaso.
imposte f. ARCHIT. Imposta. ‖ Montante, *m.* (menuiserie).
imposteur m. Impostor, ra.
— OBSERV. *Imposteur* no tiene en francés forma femenina, como en español : *cette femme est un imposteur,* esta mujer es una impostora.
imposture f. Impostura.
impôt [ɛ̃po] m. Impuesto, contribución, *f.* : *frapper d'un impôt,* gravar con un impuesto. ‖ — *Impôt cédulaire,* impuesto cedular. ‖ *Impôt du*

sang, servicio militar. ‖ *Impôt sur le revenu,* impuesto sobre la renta, impuesto de utilidades. ‖ — *Des impôts,* tributario, ria : *réforme des impôts,* reforma tributaria.
— SYN. *Imposition,* imposición. *Taxe,* tasa. *Cote,* cuota. *Tribut,* tributo. *Contribution,* contribución.
impotence f. Impotencia [falta de poder].
impotent, e adj. Impotente (qui se meut avec difficulté). ‖ Tullido, da ; lisiado, da (estropié).
impraticabilité f. Impracticabilidad.
impraticable adj. Impracticable. ‖ Intransitable, impracticable (chemin).
imprécation f. Imprecación.
imprécatoire adj. Imprecatorio, ria.
imprécis, e [ɛ̃presi, i:z] adj. Impreciso, sa ; sin precisión.
imprécision f. Imprecisión, falta de precisión.
imprégnable adj. Impregnable.
imprégnation f. Impregnación.
imprégner* v. tr. Impregnar.
imprenable adj. Inexpugnable, inatacable, inconquistable. ‖ *Avec vue imprenable,* sin servidumbre de luces *ou* de vistas.
impréparation f. Falta de preparación.
imprésario m. Empresario (d'un artiste). ‖ Apoderado (d'un torero).
imprescriptibilité f. Imprescriptibilidad.
imprescriptible [-tibl] adj. Imprescriptible.
impression f. Impresión : *faire impression,* causar impresión ; *échanger des impressions,* cambiar impresiones. ‖ Estampación (textile). ‖ ARTS. Imprimación. ‖ IMPR. Impresión, estampado.
impressionnabilité f. Impresionabilidad.
impressionnable adj. Impresionable.
impressionnant, e adj. Impresionante.
impressionner v. tr. Impresionar.
impressionnisme m. Impresionismo.
impressionniste adj. et s. Impresionista.
imprévisible adj. Imprevisible.
imprévision f. Imprevisión.
imprévoyable [ɛ̃prevwajabl] adj. Imprevisible.
imprévoyance [-jɑ̃:s] f. Imprevisión.
imprévoyant, e [-jɑ̃, ɑ̃:t] adj. et s. Imprevisor, ra.
imprévu, e adj. et s. Imprevisto, ta : *l'imprévu a dominé ma vie,* lo imprevisto ha dominado mi vida. ‖ *En cas d'imprévu,* si ocurre algo imprevisto, por si acaso.
— SYN. *Inattendu,* inesperado. *Inespéré,* inesperado. *Inopiné,* inopinado.
imprimable adj. Imprimible.
imprimante f. Impresora.
imprimatur m. inv. Imprimátur.
imprimé, e adj. Impreso, sa. ‖ Estampado, da (tissu).
— M. Impreso.
imprimer v. tr. ● Imprimir (un livre), estampar (une lithographie). ‖ Estampar (tissu). ‖ ARTS. Imprimar (une toile, un panneau). ‖ Dar, comunicar, imprimir (un mouvement). ‖ FIG. Imprimir, infundir : *imprimer le respect,* infundir respeto.
— SYN. ● *Empreindre,* estampar. *Graver,* grabar. *Estamper,* estampar. *Marquer,* marcar. *Tirer,* tirar.
imprimerie [ɛ̃primri] f. Imprenta.
imprimeur, euse adj. et s. m. Impresor, ra.
improbabilité f. Improbabilidad.
improbable adj. Improbable.
improbateur, trice adj. Desaprobador, ra.
improbatif, ive adj. Reprobatorio, ria.
improbation f. Desaprobación, reprobación.
improbe adj. Ímprobo, ba (sans probité).
— OBSERV. *Improbe* est peu employé dans ce sens. En espagnol *improbo* s'applique à surtout le sens de « pénible ».
improbité f. Improbidad, falta de probidad.
improductif, ive adj. Improductivo, va.
improductivité f. Improductividad.

impromptu [ɛ̃prɔ̃pty] m. Improvisación, *f.*, obra (*f.*) improvisada.
— Adj. Improvisado, da; repentino, na.
— Adv. Improvisadamente, sin preparación, de repente. ‖ *A l'impromptu,* de improviso.
imprononçable adj. Impronunciable.
impropice adj. Poco propicio.
impropre adj. Impropio, pia.
impropriété f. Impropiedad.
improuvable adj. Indemostrable.
improvisateur, trice adj. et s. Improvisador, ra.
improvisation f. Improvisación.
improviser v. tr. et intr. Improvisar.
improviste (à l') loc. adv. De improvisto *ou* de improviso, de repente.
imprudemment [ɛ̃prydamɑ̃] adv. Imprudentemente.
imprudence f. Imprudencia.
imprudent, e adj. et s. Imprudente.
impubère adj. et s. Impúber, impúbero, ra.
impubliable adj. Impublicable.
impudemment [ɛ̃pydamɑ̃] adv. Impudentemente.
impudence f. Impudencia, desvergüenza.
impudent, e adj. et s. Impudente, desvergonzado, da.
— Syn. *Effronté,* descarado. *Éhonté,* desvergonzado. *Cynique,* cínico.
impudeur f. Impudor, *m.*, falta de pudor.
impudicité f. Impudicia.
impudique f. adj. et s. Impúdico, ca.
impuissance f. Impotencia : *être réduit à l'impuissance,* estar reducido a la impotencia. ‖ Incapacidad, imposibilidad, ineficacia. ‖ Méd. Impotencia.
impuissant, e adj. et s. Impotente : *gouvernement impuissant contre la rebellion,* gobierno impotente contra la rebelión. ‖ Ineficaz, incapaz (inefficace). ‖ — Adj. et s. Méd. Impotente.
impulsif, ive adj. et s. Impulsivo, va.
impulsion f. Impulso, *m.*, impulsión (p. us.).
impulsivité f. Impulsividad.
impunément adv. Impunemente.
impuni, e adj. Impune.
impunité f. Impunidad.
impur, e adj. Impuro, ra.
impureté [ɛ̃pyrte] f. Impureza.
imputabilité f. Imputabilidad.
imputable adj. Imputable.
imputation [ɛ̃pytasjɔ̃] f. Imputación.
imputer v. tr. Imputar.
— Syn. *Attribuer,* atribuir. *Prêter,* prestar.
imputrescibilité [ɛ̃pytrɛssibilite] f. Imputrescibilidad.
imputrescible [-sibl] adj. Imputrescible.
inabordable adj. Inabordable, inaccessible. ‖ Fig. Inaccesible, inasequible, carísimo, ma : *prix inabordable,* precio carísimo.
inabrité, e adj. Desabrigado, da; sin protección.
inabrogeable [inabrɔʒabl] adj. Inabrogable.
inaccentué, e [inaksɑ̃tɥe] adj. Inacentuado, da.
inacceptable [inaksɛptabl] adj. Inaceptable.
inacceptation [-tasjɔ̃] f. Negativa, no aceptación (refus).
inaccessibilité [inaksɛsibilite] f. Inaccesibilidad.
inaccessible [-sibl] adj. Inaccesible. ‖ Insensible : *inaccessible à la pitié,* insensible a la piedad.
inaccompli, e adj. Incumplido, da; no cumplido, da. ‖ No consumado, da.
inaccomplissement m. Incumplimiento, falta (*f.*) de cumplimiento.
inaccordable adj. Que no puede concederse, inconcedible. ‖ Inconciliable, incompatible (qu'on ne peut mettre d'accord).
inaccoutumé, e adj. Inacostumbrado, da; insólito, ta; desusado, da (inhabituel). ‖ Sin mucha costumbre, desacostumbrado, da (non habitué à).

inachevé, e [inaʃve] adj. Sin acabar, no acabado, da; inconcluso, sa. ‖ *La Symphonie inachevée,* la Sinfonía incompleta.
inachèvement m. Falta (*f.*) de conclusión, estado incompleto.
inactif, ive adj. Inactivo, va.
inactinique adj. Phys. Inactínico, ca.
inaction [inaksjɔ̃] f. Inacción.
— Syn. *Inactivité,* inactividad. *Inertie,* inercia. *Désœuvrement,* holganza. *Inoccupation,* desocupación. *Oisiveté,* ociosidad. *Farniente,* farniente. *Loisir,* ocio.
inactivité f. Inactividad. ‖ *Congé d'inactivité,* excedencia, cesantía.
inactuel, elle adj. Inactual, no actual.
inadaptable adj. Inadaptable.
inadaptation f. Inadaptación.
inadapté, e adj. et s. Inadaptado, da.
inadéquat, e [inadekwa, at] adj. Inadecuado, da.
inadmissibilité f. Inadmisibilidad.
inadmissible adj. Inadmisible.
inadmission f. Inadmisión.
inadvertance f. Inadvertencia, descuido, *m.*
inajournable adj. Inaplazable.
inaliénabilité f. Inalienabilidad.
inaliénable adj. Inalienable, no enajenable.
inaliénation [inaljenasjɔ̃] f. Inalienación.
inaliéné, e [-ljene] adj. No enajenado, da; inalienado, da.
inalliable adj. Que no puede alearse (métaux). ‖ Fig. Inconciliable, incompatible (inconciliable).
inaltérabilité f. Inalterabilidad.
inaltérable adj. Inalterable.
inaltéré, e adj. Inalterado, da; sin alteración.
inamical, e adj. Inamistoso, sa; hostil.
inamissible adj. Inamisible.
inamovibilité f. Inamovilidad.
inamovible adj. Inamovible. ‖ Vitalicio, cia (à vie).
inanimé, e adj. Inanimado, da.
inanité f. Inanidad.
inanition [inanisjɔ̃] f. Inanición.
inapaisable adj. Imposible de aplacar. ‖ *Soif inapaisable,* sed inextinguible.
inapaisé, e adj. No aplacado, da; insatisfecho, cha.
inapercevable [inapɛrsəvabl] adj. Inadvertible, imperceptible (gallicisme).
inaperçu, e [inapɛrsy] adj. Inadvertido, da; no visto, inapercibido, da (gallicisme).
inapparent, e adj. No aparente.
inappétence f. Inapetencia.
inapplicable adj. Inaplicable.
inapplication f. Desaplicación (d'un élève). ‖ Inaplicación (d'un système).
inappliqué, e adj. Desaplicado, da (un élève). ‖ Inaplicado, da (un système).
inappréciable adj. Inapreciable.
inapprécié, e adj. No apreciado, da.
inapprivoisable adj. Indomesticable, indomable.
inapprivoisé, e adj. Indomado, da; indómito, ta; no domesticado, da.
inapte adj. No apto : *inapte aux affaires,* no apto para los negocios. ‖ *Rendre inapte à,* incapacitar para.
— Observ. *Inapto* est en espagnol un gallicisme; la forme étymologique est *inepto.*
inaptitude f. Ineptitud, incapacidad, inaptitud.
— Syn. *Incapacité,* incapacidad. *Insuffisance,* insuficiencia. *Impéritie,* impericia.
inarrangeable [inarɑ̃ʒabl] adj. Que no se puede arreglar.
inarticulé, e adj. Inarticulado, da.
in articulo mortis adv. In artículo mortis, en el artículo de la muerte.
inassimilable adj. Inasimilable.
inassorti, e adj. Descabalado, da.

inassouvi, e adj. No saciado, da ; insatisfecho, cha : *vengeance inassouvie,* venganza insatisfecha.
inassouvissement m. Falta de saciedad, insaciabilidad.
inattaquable adj. Inatacable.
inattendu, e adj. Inesperado, da.
inattentif, ive adj. Desatento, ta ; distraído, da. ‖ Descuidado, da.
inattention f. Descuido, *m.,* falta de atención, desatención.
inaudible adj. Inaudible.
inaugural, e adj. Inaugural : *discours inauguraux,* discursos inaugurales.
inaugurateur, trice m. et f. Inaugurador, ra.
inauguration f. Inauguración. ‖ Descubrimiento, *m.* (d'une statue).
inaugurer v. tr. Inaugurar. ‖ Descubrir (une statue). ‖ FIG. Introducir, iniciar, inaugurar.
inauthenticité [inotɑ̃tisite] f. Falta de autenticidad.
inauthentique adj. No auténtico, ca.
inavouable [inavwabl] adj. Inconfesable. ‖ Vergonzoso, sa (honteux).
inavoué, e adj. No confesado, da.
inca adj. et s. Inca.
incalculable adj. Incalculable, incontable.
incandescence [ɛ̃kɑ̃dɛssɑ̃:s] f. Incandescencia. ‖ FIG. Ardor, *m.,* incandescencia, efervescencia.
incandescent, e [-sɑ̃, ɑ̃:t] adj. Incandescente. ‖ FIG. Incandescente, candente, ardiente.
incantation f. Encantamiento, *m.,* hechizo, *m.*
incapable adj. et s. Incapaz.
incapacité f. Incapacidad.
incarcération f. Encarcelamiento, *m.*
incarcérer* v. tr. Encarcelar.
incarnadin, e adj. Encarnadino, na.
incarnat, e [ɛkarna, at] adj. et s. m. Encarnado, da ; rosicler.
— OBSERV. *Incarnat* francés es menos general que *rouge* y designa un encarnado entre el color de rosa y el de cereza.
incarnation f. Encarnación.
incarné, e adj. Encarnado, da : *ongle incarné,* uña encarnada. ‖ FIG. et FAM. *C'est le diable incarné,* es el diablo en persona.
incarner v. tr. Encarnar.
— V. pr. MÉD. Encarnarse.
incartade f. ● Despropósito, *m.,* salida de tono (insulte brusque). ‖ Locura, extravagancia (extravagance). ‖ Inconveniencia (parole blessante). ‖ Espantada, extraño, *m.* (écart d'un cheval). ‖ *Faire une incartade,* echar una cana al aire.
— SYN. ● *Algarade,* escándalo. *Fam. Sortie,* salida.
incasique adj. Incásico, ca ; incaico, ca.
incassable adj. Irrompible.
incendiaire adj. et s. Incendiario, ria.
incendie [ɛ̃sɑ̃di] m. Incendio, quema, *f.*
— SYN. *Feu,* fuego. *Embrasement,* abrasamiento. *Conflagration,* conflagración. *Sinistre,* siniestro.
incendié, e adj. Incendiado, da.
— M. et f. Damnificado, da, por un incendio.·
incendier* v. tr. Incendiar. ‖ FIG. Caldear, inflamar (enflammer). ‖ POP. Colmar de injurias.
incération f. Enceramiento, *m.*
incertain, e [ɛ̃sɛrtɛ̃, ɛ:n] adj. Incierto, ta. ‖ Inseguro, ra ; irresoluto, ta (irrésolu). ‖ Inconstante, incierto (temps). ‖ *Être incertain de,* no estar seguro de.
— M. Lo incierto, lo inseguro. ‖ Cotización, *f.* (de la monnaie).
incertitude f. Incertidumbre.
incessamment adv. Inmediatamente, en seguida, de un momento a otro (au plus tôt). ‖ Incesantemente, sin cesar (sans cesse).
incessant, e adj. Incesante, incesable.
incessibilité f. Intransmisibilidad.

incessible adj. Intrasmisible, intransmisible.
inceste m. Incesto. ‖ — M. et f. Incestuoso, sa (coupable d'inceste).
incestueux, euse adj. et s. Incestuoso, sa.
inchangé, e adj. No cambiado, da ; sin cambiar, igual : *son état est inchangé,* su estado continúa *ou* sigue igual.
inchangeable [ɛ̃ʃɑ̃ʒabl] adj. Incambiable, que no puede cambiarse.
inchantable adj. Incantable.
inchavirable adj. MAR. Que no puede zozobrar.
inchoatif, ive [ɛ̃kɔatif, i:v] adj. GRAMM. Incoativo, va.
incidemment [ɛ̃sidamɑ̃] adv. Incidentemente, incidentalmente. ‖ Accesoriamente, accidentalmente (accessoirement).
incidence f. Incidencia : *angle, point d'incidence,* ángulo, punto de incidencia. ‖ FIG. Repercusión, consecuencias, *pl.,* incidencia (répercussion).
incident m. Incidente.
incident, e adj. Incidente. ‖ FIG. Incidental : *remarque incidente,* observación incidental. ‖ DR. Incidental. ‖ — Adj. et s. f. GRAMM. Incidental.
incidenter v. intr. DR. Suscitar incidentes, provocar incidentes. ‖ Embrollar, poner dificultades (élever des difficultés).
incinérateur m. Incinerador.
incinération f. Incineración.
incinérer* v. tr. Incinerar.
incipit [ɛ̃sipit] m. inv. Principio de una obra.
incirconcis, e [ɛ̃sirkɔ̃si, i:z] adj. et s. m. Incircunciso, no circuncidado.
incirconcision f. No circuncisión, incircuncisión.
incise f. Inciso, *m.* : *en incise,* a modo de inciso.
inciser v. tr. Hacer una incisión en, entallar (un arbre), sajar (la peau).
incisif, ive adj. Incisivo, va.
— F. Incisivo, *m.* (dent).
incision f. Incisión, corte, *m.* ‖ Entalladura (d'arbre).
incitant, e adj. Incitante.
incitateur, trice adj. et s. Incitador, ra.
incitatif, ive adj. Incitativo, va.
incitation f. Incitación.
inciter v. tr. Incitar, instigar.
incivil, e adj. Descortés, incivil.
incivilisé, e adj. Sin civilizar.
incivilité f. Descortesía, incivilidad.
incivique adj. Falto, ta, de civismo.
incivisme m. Falta (*f.*) de civismo.
inclairvoyant, e adj. Poco clarividente.
inclassable adj. Inclasificable.
inclémence f. Inclemencia, rigor, *m.* (rigueur).
inclément, e adj. Inclemente, riguroso, sa.
inclinaison f. Inclinación.
inclination [ɛ̃klinasjɔ̃] f. Inclinación. ‖ Afecto, *m.,* cariño, *m.* (affection). ‖ *Mariage d'inclination,* casamiento de amor.
incliner v. tr. Inclinar. ‖ MAR. Tumbar (un bateau).
— V. intr. et pr. Inclinarse. ‖ *Incliner à droite,* inclinarse a *ou* hacia la derecha.
inclure* v. tr. Incluir, insertar.
inclus, e [ɛ̃kly, y:z] adj. Incluso, sa ; incluido, da ; inclusive. ‖ — *Ci-inclus, e,* adjunto, ta. ‖ *Jusqu'à octobre inclus,* hasta octubre inclusive.
inclusif, ive adj. Inclusivo, va.
inclusion f. Inclusión.
inclusivement adv. Inclusive, inclusivamente.
incoagulable adj. Incoagulable.
incoercibilité f. Incoercibilidad.
incoercible adj. Incoercible.
incognito [ɛ̃kɔɲito] adv. De incógnito : *voyager incognito,* viajar de incógnito.
— M. Incógnito : *garder l'incognito,* guardar el incógnito.

incohérence f. Incoherencia.
incohérent, e adj. Incoherente.
incohésion f. Falta de cohésion.
incolore adj. Incoloro, ra.
incomber v. intr. Incumbir.
incombustibilité f. Incombustibilidad.
incombustible adj. Incombustible.
incomestible adj. Incomestible, incomible.
income-tax [inkəmtaks] m. Impuesto sobre la renta (en Angleterre).
incommensurabilité f. Inconmensurabilidad.
incommensurable adj. Inconmensurable.
incommodant, e adj. Molesto, ta; incómodo, da.
incommode adj. Incómodo, da : *position incommode,* postura incómoda. ‖ Molesto, ta : *voisin incommode,* vecino molesto.
incommodément adv. Incómodamente.
incommoder v. tr. Incomodar, molestar. ‖ Indisponer, poner enfermo (rendre un peu malade).
— OBSERV. *Incomodarse* a aussi en espagnol le sens plus fort de « se fâcher ».
incommodité f. Incomodidad, molestia (défaut de commodité). ‖ Indisposición (légère maladie).
incommunicable adj. Incomunicable.
incommutabilité f. Inconmutabilidad.
incommutable adj. Inconmutable.
incomparable adj. Incomparable.
incompatibilité f. Incompatibilidad : *incompatibilité d'humeur,* incompatibilidad de carácter.
incompatible adj. Incompatible.
incompétence f. Incompetencia (d'un tribunal). ‖ Incompetencia, falta de conocimientos.
incompétent, e adj. et s. Incompetente.
incomplet, ète [ɛ̃kɔ̃plɛ, ɛt] adj. Incompleto, ta.
incompréhensibilité [ɛ̃kɔ̃preɑ̃sibilite] f. Incomprensibilidad.
incompréhensible adj. Incomprensible.
— SYN. *Inconcevable,* inconcebible. *Inintelligible,* ininteligible.
incompréhensif, ive adj. Incomprensivo, va ; poco comprensivo, va.
incompréhension f. Incomprensión.
incompressibilité f. Incompresibilidad.
incompressible adj. Incompresible.
incompris, e adj. et s. Incomprendido, da.
inconcevable adj. Inconcebible.
inconciliable adj. Inconciliable.
inconciliation f. Falta de conciliación.
inconditionné, e adj. Incondicional.
inconditionnel, elle adj. et s. m. Incondicional.
inconduite f. Mala conducta.
inconfort m. Incomodidad, *f.,* falta de confort.
inconfortable adj. Inconfortable, incómodo, da.
incongelable adj. Incongelable.
incongru, e adj. Incongruente.
incongruence f. MÉD. Incongruencia.
incongruité [ɛ̃kɔ̃grɥite] f. Incongruencia, inconveniencia.
inconnaissable adj. Incognoscible.
inconnu, e adj. et s. ● Desconocido, da. ‖ FAM. *Inconnu au régiment,* es un ilustre desconocido. — M. Lo desconocido. ‖ — F. MATH. Incógnita : *dégager l'inconnue,* despejar la incógnita.
— SYN. ● *Ignoré,* ignorado. *Méconnu,* mal apreciado. *Obscur,* oscuro. *Oublié,* olvidado.
inconsciemment [ɛ̃kɔ̃sjamɑ̃] adv. Inconscientemente.
inconscience [-sjɑ̃:s] f. Inconsciencia.
— OBSERV. Remarquez l's qui n'existe pas dans *conciencia.*
inconscient, e [-sjɑ̃, ɑ̃:t] adj. et s. Inconsciente.
inconséquence [ɛ̃kɔ̃sekɑ̃:s] f. Inconsecuencia.
inconséquent, e [-kɑ̃, ɑ̃:t] adj. et s. Inconsecuente.
inconsidération f. Inconsideración, desconsideración.

inconsidéré, e adj. Inconsiderado, da. ‖ Desconsiderado, da.
inconsistance f. Inconsistencia.
inconsistant, e adj. Inconsistente.
inconsolable adj. Inconsolable.
inconsolé, e adj. Desconsolado, da.
inconsommable adj. No consumible.
inconstance f. Inconstancia.
inconstant, e adj. et s. Inconstante.
inconstatable adj. Que no se puede comprobar.
inconstitutionnalité [ɛ̃kɔ̃stitysjɔnalite] f. Inconstitucionalidad.
inconstitutionnel, elle adj. Inconstitucional.
incontestabilité f. Incontestabilidad, indiscutibilidad.
incontestable adj. Incontestable. ‖ Indiscutible : *droit, preuve incontestable,* derecho, prueba indiscutible.
incontesté, e adj. Incontestado, da. ‖ Indiscutible, indiscutido, da, inconcuso, sa. ‖ *Vérité incontestée,* verdad indiscutible *ou* inconcusa.
incontinence f. Incontinencia.
incontinent, e adj. Incontinente.
— Adv. (Vx). Incontinenti, incontinente.
incontrôlable adj. Incomprobable, incontrolable, imposible de comprobar (invérifiable). ‖ Incontrolable (non maîtrisable).
incontrôlé, e adj. No comprobado, da; no controlado, da (non vérifié). ‖ No controlado, da.
inconvenance [ɛ̃kɔ̃vnɑ̃:s] f. Inconveniencia.
inconvenant, e [-nɑ̃, ɑ̃:t] adj. Inconveniente.
inconvénient m. Inconveniente. ‖ *Parer aux inconvénients,* precaverse contra las dificultades.
inconvertible ou inconvertissable adj. Inconvertible.
incoordination f. Incoordinación.
incorporable adj. Incorporable.
incorporation f. Incorporación.
incorporéité f. Incorporeidad.
incorporel, elle adj. Incorpóreo, a ; incorporal.
incorporer v. tr. Incorporar : *incorporer une chose à* o *avec une autre,* incorporar una cosa con otra.
— OBSERV. *Incorporarse* en espagnol signifie aussi *se mettre sur son séant, se redresser.*
incorrect, e [ɛ̃kɔrɛkt] adj. Incorrecto, ta.
incorrection f. Incorrección
— SYN. *Inconvenance,* inconveniencia. *Incongruité,* incongruencia.
incorrigibilité f. Incorregibilidad.
incorrigible adj. Incorregible.
incorrompu, e adj. Incorrupto, ta.
incorruptibilité f. Incorruptibilidad.
incorruptible adj. Incorruptible.
incrédibilité f. Incredibilidad.
incrédule adj. et s. Incrédulo, la.
— SYN. *Sceptique,* escéptico. *Incroyant,* descreído.
incrédulité f. Incredulidad.
incréé, e adj. Increado, da. ‖ *La sagesse incréée,* la sabiduría increada, el Verbo divino.
increvable adj. Que no se pincha (pneu). ‖ FAM. Incansable, infatigable.
incriminable adj. Incriminable.
incrimination f. Incriminación.
incriminer v. tr. Incriminar.
incristallisable adj. Incristalizable.
incrochetable adj. Infracturable, inviolable (porte, coffre).
incroyable [ɛ̃krwajabl] adj. Increíble.
— M. Petimetre de la época del Directorio [en Francia].
incroyant, e [-jɑ̃, ɑ̃:t] adj. et s. Descreído, da ; incrédulo, la.
incrustant, e adj. Incrustante.
incrustation f. Incrustación.

incruster v. tr. Incrustar : *incruster d'or*, incrustar con oro.
— V. pr. Incrustarse. ‖ FAM. Pegarse.
incubateur, trice adj. Incubador, ra.
— M. Incubadora, *f.* (couveuse).
incubation f. Incubación.
incube adj. et s. m. Íncubo (démon).
incuber v. tr. Incubar.
inculcation f. Inculcación.
inculpabilité f. Inculpabilidad.
inculpable adj. Que puede ser culpado.
— OBSERV. En espagnol, *inculpable* signifie *qui ne peut être accusé.*
inculpation f. Inculpación.
inculpé, e adj. et s. Culpado, da ; inculpado, da. ‖ Procesado, da (dans une cause civile); el reo, la reo (dans un procès criminel).
inculper v. tr. Inculpar, culpar.
inculquer v. tr. Inculcar.
inculte adj. Inculto, ta : *personne inculte*, persona inculta. ‖ Descuidado, da (négligé). ‖ *Barbe inculte*, barba enmarañada.
incultivable adj. Incultivable.
incultivé, e adj. Inculto, ta ; no cultivado, da.
incunable adj. et s. m. Incunable (livre).
incurabilité f. Incurabilidad.
incurable adj. et s. Incurable (inguérissable).
— M. pl. Hospital de incurables.
incurie [ɛ̃kyri] f. Incuria, abandono, *m.*
incurieux, euse adj. Falto, ta, de curiosidad ; indiferente.
— OBSERV. *Incurioso* en espagnol signifie *négligent.*
incuriosité f. Falta de curiosidad *ou* de interés, falta de empeño en aprender.
incursion f. Incursión.
— SYN. *Raid*, correría, raid. *Razzia*, algara, razzia. *Irruption*, irrupción. *Invasion*, invasión. *Envahissement*, invasión.
incurvation f. Encorvamiento, *m.*, encorvadura.
incurver v. tr. Encorvar, curvar, incurvar.
incuse adj. et s. Incuso, sa (monnaie ou médaille).
inde m. Índigo (couleur). ‖ *Inde o bois d'Inde*, palo de Campeche.
Inde [ɛ̃:d] n. pr. f. GÉOGR. India.
indébrouillable adj. Imposible de desenredar.
indécachetable [ɛ̃dekaʃtabl] adj. Que no puede abrirse (lettre).
indécence f. Indecencia.
indécent, e adj. et s. Indecente (obscène). ‖ (Vx). Descortés (discourtois).
indéchiffrable adj. Indescifrable.
indéchirable adj. Que no puede romperse *ou* rasgarse, irrompible.
indécis, e [ɛ̃desi, i:z] adj. Indeciso, sa : *indécis sur ce qu'on doit dire*, indeciso acerca de lo que ha de decirse. ‖ Borroso, sa (vague). ‖ Dudoso, sa : *victoire indécise*, victoria dudosa.
indécision f. Indecisión.
— SYN. *Indétermination*, indeterminación. *Irrésolution*, irresolución. *Hésitation*, vacilación. *Scrupule*, escrúpulo. *Perplexité*, perplejidad.
indéclinabilité f. GRAMM. Indeclinabilidad.
indéclinable adj. GRAMM. Indeclinable.
indécollable adj. Que no puede despegarse, indespegable.
indécomposable adj. Indescomponible.
indécrottable adj. Que no se puede limpiar. ‖ FIG. Incorregible, de tomo y lomo : *paresseux indécrottable*, perezoso incorregible.
indéfectibilité f. Indefectibilidad.
indéfectible adj. Indefectible.
indéfendable adj. Indefendible.
indéfendu, e adj. Indefenso, sa.
indéfini, e adj. et s. m. Indefinido, da. ‖ (Vx). *Passé indéfini*, pretérito perfecto.
indéfinissable adj. Indefinible.

indéformable adj. Indeformable.
indéfrichable adj. Incultivable, que no se puede roturar.
indéfrisable adj. et s. f. Permanente (coiffure).
indéhiscence [ɛ̃deissɑ̃:s] f. BOT. Indehiscencia.
indéhiscent, e [-sɑ̃, ɑ̃:t] adj. BOT. Indehiscente.
indélébile adj. Indeleble.
indélébilité f. Indelebilidad (p. us.), carácter (*m.*) indeleble.
indélibéré, e adj. Indeliberado, da ; sin reflexión.
indélicat, e [ɛ̃delika, at] adj. et s. Falto, ta, de delicadeza ; indelicado, da.
indélicatesse f. Falta de delicadeza, indelicadeza.
indémaillable [ɛ̃demajabl] adj. Indesmallable, que no puede tener carreras (bas).
indemne [ɛ̃dɛmn] adj. Indemne, ileso, sa ; sano y salvo.
indemnisable [-nizabl] adj. Indemnizable.
indemnisation [-nizasjɔ̃] f. Indemnización.
indemniser [-nize] v. tr. Indemnizar.
indemnitaire [-nitɛ:r] m. et f. Indemnizado, da.
indemnité [-nite] f. Indemnidad. ‖ Indemnización, dieta (allocation). ‖ — *Indemnité de chèreté de la vie*, plus de carestía de vida. ‖ *Indemnité de déplacement*, dieta. ‖ *Indemnité de logement*, subsidio de vivienda. ‖ *Indemnité de séjour*, dieta, per diem. ‖ *Indemnité journalière*, subsidio. ‖ *Indemnité parlementaire*, emolumentos de los parlamentarios, dieta.
indémontable adj. Indesmontable, que no se puede desmontar, no desmontable, no desarmable.
indémontrable adj. Indemostrable.
indéniable adj. Innegable.
indentation f. Escotadura.
indépendamment de loc. prép. Independientemente de, con independencia de. ‖ Además de (outre).
indépendance f. Independencia.
indépendant, e adj. et s. Independiente.
indéracinable adj. Que no se puede desarraigar, indesarraigable.
indéraillable [ɛ̃derajabl] adj. Que no puede descarrilar.
indéréglable adj. Que no se puede descomponer.
indescriptible [ɛ̃dɛskriptibl] adj. Indescriptible.
indésirable adj. et s. Indeseable.
indesserrable adj. Que no se puede aflojar, desenroscar *ou* destornillar.
indestructibilité f. Indestructibilidad.
indestructible adj. Indestructible.
indéterminable adj. Indeterminable.
indétermination f. Indeterminación.
indéterminé, e adj. Indeterminado, da.
indéterminisme m. Indeterminismo.
indéterministe adj. et s. Indeterminista.
index [ɛ̃dɛks] m. Índice (d'un livre). ‖ RELIG. Índice : *mettre à l'Index*, poner en el Índice. ‖ Aguja, *f.*, indicador (aiguille mobile). ‖ Índice, dedo índice (doigt).
indexation [-sasjɔ̃] f. Ajustamiento (*m.*) a la variación de precios, variable en un índice económico.
indexé, e [-se] adj. Ajustado a la variación de precios.
indexer v. tr. Incluir en un índice alfabético. ‖ Variar con un índice económico. ‖ *Indexer un emprunt sur l'or*, valorar un empréstito con arreglo al oro.
indianisme m. Indianismo.
indianiste adj. et s. Indianista.
indican [ɛ̃dikɑ̃] m. MÉD. Indicán.
indicateur, trice adj. Indicador, ra.
— M. Indicador (appareil). ‖ Guía, *f.* (de chemin de fer, des rues). ‖ — *Indicateur de débit*, aforador. ‖ *Indicateur de police*, confidente, soplón. ‖ *Indicateur de vitesse*, velocímetro.

indicatif, ive adj. Indicativo, va.
— M. GRAMM. Indicativo. ‖ RAD. Sintonía, f. (d'une émission). ‖ Prefijo, código territorial, indicativo (téléphone). ‖ *Indicatif d'appel*, signos convencionales (télégraphe, radio).
indication f. Indicación.
indice m. Indicio (indication). ‖ MATH. et PHYS. Índice.
indicible adj. Indecible, inefable.
indiction f. Indicción.
Indien n. pr. m. *Océan Indien*, océano Índico.
indien, enne adj. et s. Indio, dia (Indes orientales et occidentales). ‖ — Adj. Índico, ca (Indes orientales).
indienne f. Indiana (toile de coton).
indifférence f. Indiferencia.
indifférent, e adj. et s. Indiferente.
— SYN. *Blasé*, saciado. *Détaché*, desprendido.
indifférentisme m. Indiferentismo.
indifférer v. intr. FAM. Dejar indiferente.
indigénat [ɛ̃diʒena] m. Calidad (f.) de indígena, indigenismo. ‖ Conjunto de indígenas de una región. ‖ Derecho de ciudadanía en un país, carta (f.) de naturaleza.
indigence f. Indigencia.
indigène adj. et s. Indígena.
— SYN. *Naturel*, nativo. *Aborigène*, aborigen. *Autochtone*, autóctono.
indigent, e [ɛ̃diʒã, ã:t] adj. et s. Indigente.
indigeste adj. Indigesto, ta. ‖ FIG. Confuso, sa; indigesto, ta (confus).
indigestion f. Indigestión, empacho, m. ‖ FIG. Saciedad, indigestión. ‖ Atracón, m. : *avoir une indigestion de cinéma*, haberse dado un atracón de cine.
indigète adj. Indigete.
indignation f. Indignación.
indigne adj. Indigno, na.
indigné, e adj. Indignado, da.
indigner v. tr. Indignar.
— V. pr. Indignarse : *s'indigner de, de ce que* o *contre*, indignarse con *ou* contra.
indigo [ɛ̃digo] m. Añil, índigo.
indigotier m. Añil, índigo (plante).
indigotine f. CHIM. Indigotina.
indignité f. Indignidad.
indique fuites [ɛ̃dikfɥit] m. inv. Indicador de escapes de gas.
indiquer v. tr. ● Indicar, señalar : *indiquer du doigt*, señalar con el dedo. ‖ FIG. Denotar, indicar (dénoter).
— SYN. ● *Montrer*, mostrar. *Signaler*, señalar. *Désigner*, designar. *Marquer*, marcar.
indirect, e adj. Indirecto, ta.
— SYN. *Détourné*, desviado. *Oblique*, oblicuo.
indiscernable adj. Indiscernible, que no puede discernirse.
indisciplinable adj. Indisciplinable.
indiscipline f. Indisciplina.
indiscipliné, e adj. Indisciplinado, da.
indiscret, ète [ɛ̃diskrɛ, ɛ:t] adj. Indiscreto, ta.
— SYN. *Curieux*, curioso. *Fureteur*, fisgador. *Fam. Fouineur*, escudriñador, hurón.
indiscrétion f. Indiscreción.
indiscutable adj. Indiscutible.
indiscuté, e adj. Indiscutido, da.
indispensable adj. Indispensable, imprescindible : *se rendre indispensable*, hacerse imprescindible.
indisponibilité f. Indisponibilidad.
indisponible adj. et s. Indisponible.
indisposé, e adj. Indispuesto, ta.
indisposer v. tr. Indisponer.
indisposition f. Indisposición.
indissolubilité f. Indisolubilidad.
indissoluble adj. Indisoluble.
indistinct, e [ɛ̃distɛ̃, ɛ̃:kt] adj. Indistinto, ta.

indium [ɛ̃djɔm] m. Indio (métal).
individu m. Individuo. ‖ Tipo, individuo (péjoratif). ‖ FAM. *Son individu*, su propia persona.
individualisation f. Individualización.
individualiser v. tr. Individualizar.
individualisme m. Individualismo.
individualiste adj. et s. Individualista.
individualité f. Individualidad.
individuation f. Individuación, individualidad, especificación individual.
individuel, elle adj. Individual.
indivis, e [ɛ̃divi, i:z] adj. Indiviso, sa. ‖ DR. *Par indivis*, pro indiviso.
indivisaire m. et f. Persona que se encuentra en una indivisión.
indivisément adv. Pro indiviso.
indivisibilité f. Indivisibilidad.
indivisible adj. Indivisible.
indivision f. Indivisión.
in-dix-huit ou in-18 [ɛ̃dizɥit] adj. inv. et s. m. inv. En dieciochavo, en 18° (livre).
Indochine n. pr. f. GÉOGR. Indochina.
indochinois, e adj. et s. Indochino, na.
indocile adj. Indócil.
— SYN. *Indisciplinable*, indisciplinable. *Récalcitrant*, recalcitrante, reacio. *Regimbeur*, díscolo. *Indomptable*, indómito, indomable. *Rétif*, reacio. *Rebelle*, rebelde. *Réfractaire*, refractario.
indocilité f. Indocilidad.
indo-européen, enne adj. et s. Indoeuropeo, a.
indo-germanique adj. et s. Indogermánico, ca.
indole m. CHIM. Indol.
indolemment [ɛ̃dɔlamã] adv. Indolentemente.
indolence f. Indolencia.
indolent, e adj. et s. Indolente.
indolore adj. Indoloro, ra.
indomptable [ɛ̃dɔ̃tabl] adj. Indomable.
indompté, e [-te] adj. Indómito, ta; indomado, da. ‖ FIG. Incontenible, irreprimible.
Indonésie n. pr. f. GÉOGR. Indonesia.
indonésien, enne adj. et s. Indonesio, sia.
in-door [indɔ:r] adv. *Athlétisme in-door*, atletismo en pista cubierta.
indophenol m. CHIM. Indofenol.
Indoustan ou Hindoustan n. pr. m. GÉOGR. Indostán.
in-douze ou in-12 [ɛ̃du:z] adj. inv. et s. m. inv. En dozavo, en 12° (livre).
indri m. Indri (lémurien).
indu, e adj. Indebido, da. ‖ *À une heure indue*, a deshora.
— M. Lo indebido.
indubitable adj. Indudable, indubitable.
inductance f. ÉLECTR. Inductancia.
inducteur, trice adj. et s. m. Inductor, ra.
inductif, ive adj. Inductivo, va.
induction f. Inducción.
induire *v. tr. Inducir : *induire en erreur*, inducir en error. ‖ Deducir, inducir (déduire). ‖ ÉLECTR. Inducir.
induit, e [ɛ̃dɥi, it] adj. et s. m. Inducido, da.
indulgence f. Indulgencia.
indulgencier* v. tr. Conceder indulgencia, indulgenciar.
indulgent, e adj. Indulgente. ‖ *Indulgent pour* o *à* o *envers*, indulgente con *ou* hacia.
— SYN. *Clément*, clemente. *Tolérant*, tolerante.
induline f. CHIM. Indulina.
indult [ɛ̃dylt] m. Indulto (du pape).
— OBSERV. *Indulto* a en espagnol le sens juridique plus étendu de « grâce ».
indûment adv. Indebidamente.
induration f. MÉD. Endurecimiento, m., induración.
induré, e adj. Indurado, da. ‖ MÉD. *Chancre induré*, chancro duro.

indurer v. tr. Méd. Endurecer, indurar.

Indus [ɛ̃dys] n. pr. m. Géogr. Indo.

industrialisation f. Industrialización.

industrialiser v. tr. Industrializar.
— V. pr. Industrializarse.

industrialisme m. Industrialismo.

industrie f. Industria : *industrie clé*, industria clave. ‖ — *Chevalier d'industrie*, caballero de industria, estafador. ‖ *Vivre d'industrie*, vivir de malas artes.

industriel, elle [ɛ̃dystriɛl] adj. et s. Industrial. ‖ Fam. *En quantité industrielle*, en gran cantidad, en gran escala.

industrieux, euse adj. Industrioso, sa. ‖ Mañoso, sa (adroit).

induvie f. Bot. Induvia.

inébranlable adj. Inquebrantable, inconmovible, firme.

inéchangeable adj. Incambiable, introcable, incanjeable.

inédit, e [inedi, it] adj. et s. m. Inédito, ta. ‖ *De l'inédit*, algo inédito.

inéducable adj. Ineducable.

ineffabilité f. Inefabilidad.

ineffable adj. Inefable.

ineffaçable adj. Imborrable, indeleble (indélébile).

inefficace adj. Ineficaz.

inefficacité f. Ineficacia.

inégal, e adj. Desigual.

inégalé, e adj. Inigualado, da.

inégalité f. Desigualdad.

— Syn. *Disparité*, disparidad. *Disproportion*, desproporción.

inélastique adj. Falto de elasticidad ; no elástico, ca ; inflexible.

inélégamment adv. Inelegantemente, sin elegancia.

inélégance f. Inelegancia.

inélégant, e adj. Inelegante, poco elegante. ‖ Fig. Descortés, poco elegante : *procédé inélégant*, procedimiento descortés.

inéligibilité f. Inaptitud para ser elegido.

inéligible adj. Inelegible, no elegible.

inéluctable adj. Ineluctable.

inemployable [inɑ̃plwajabl] adj. Inservible.

inemployé, e [-je] adj. Sin empleo, inempleado, da ; sin emplear.

inénarrable adj. Inenarrable.

inepte [inɛpt] adj. Tonto, ta ; necio, cia ; inepto, ta.

— Observ. V. INAPTE.

ineptie [inɛpsi] f. Necedad, inepcia, ineptitud.

inépuisable adj. Inagotable.

inépuisé, e adj. Inagotado, da.

inéquation [inekwasjɔ̃] f. Math. Inecuación.

inéquitable [inekitabl] adj. No equitativo, va.

inéquitablement [-bləmɑ̃] adv. Sin equidad.

inerme adj. Inerme.

inerte adj. Inerte.

— Syn. *Inactif*, inactivo. *Passif*, pasivo. *Atone*, átono.

inertie [inɛrsi] f. Inercia. ‖ Mécan. *Force d'inertie*, fuerza de inercia.

inescomptable [inɛskɔ̃tabl] adj. Indescontable.

inespéré, e adj. Inesperado, da.

inesthétique adj. Inestético, ca.

inestimable adj. Inestimable.

inétendu, e adj. Inextenso, sa.

inévitable adj. ● Inevitable. ‖ Consabido, da : *l'inévitable discours d'ouverture*, el consabido discurso inaugural.

— Syn. ● *Fatal*, fatal. *Forcé*, forzoso. *Obligatoire*, obligatorio. *Inéluctable*, ineluctable.

inexact, e [inɛgzakt] adj. Inexacto, ta.

inexactitude f. Inexactitud.

inexaucé, e [inɛgzose] adj. Insatisfecho, cha : *une prière inexaucée*, una súplica insatisfecha.

inexcitable adj. No excitable.

inexcusable adj. Inexcusable.

inexécutable [inɛgzekytabl] adj. Inejecutable.

inexécuté, e adj. No ejecutado, da.

inexécution f. Inejecución, incumplimiento, *m*.

inexercé, e [inɛgzɛrse] adj. Que no está ejercitado, da ; inexperto, ta.

inexhaustible adj. Inexhaustible.

inexigibilité f. Inexigibilidad.

inexigible adj. Inexigible.

inexistant, e adj. Inexistente.

inexorabilité f. Inexorabilidad.

inexorable adj. Inexorable.

inexpérience f. Inexperiencia.

inexpérimenté, e adj. Inexperto, ta ; inexperimentado, da ; sin experiencia.

inexpiable adj. Inexpiable.

inexpié, e adj. Inexpiado, da.

inexplicable adj. Inexplicable.

inexpliqué, e adj. Inexplicado, da.

inexploitable adj. Inexplotable.

inexploité, e adj. Inexplotado, da.

inexplorable adj. Inexplorable.

inexploré, e adj. Inexplorado, da.

inexplosible adj. Que no puede explotar *ou* estallar.

inexpressif, ive adj. Inexpresivo, va.

inexprimable adj. Indecible, inexpresable.

inexprimé, e adj. Inexpresado, da.

inexpugnable [inɛkspyɳabl] adj. Inexpugnable.

inextensibilité f. Inextensibilidad.

inextensible adj. Inextensible.

in extenso [inɛktɛso] adv. In extenso, por entero. ‖ *Procès-verbal in extenso*, actas literales *ou* taquigráficas.

inextinguible [inɛkstɛ̃gɥibl] adj. Inextinguible.

inextirpable adj. Inextirpable.

in extremis [inɛkstremis] adv. In extremis, en el último momento.

inextricable adj. Inextricable.

infaillibilité [infajibilite] f. Infalibilidad.

infaillible [-fajibl] adj. Infalible.

infaisable [ɛ̃fəzabl] adj. Imposible, que no puede hacerse.

infalsifiable adj. Infalsificable.

infamant, e adj. Infamante.

infâme adj. et s. Infame.

infamie f. Infamia.

infant, e m. et f. Infante, ta.

— Observ. *Infante* en espagnol signifie aussi *fantassin* et *enfant* (en bas âge).

infanterie f. Infantería. ‖ *Infanterie portée*, infantería motorizada.

infanticide m. Infanticidio (meurtre d'un enfant). — M. et f. Infanticida (meurtrier d'un enfant).

infantile adj. Infantil.

— Observ. No se debe confundir este adjetivo con su parónimo *enfantin, e* en la expresión *maladie infantile*.

infantilisme m. Infantilismo.

infarctus [ɛ̃farktys] m. Méd. Infarto.

infatigable adj. Infatigable, incansable.

infatuation f. Infatuación, engreimiento, *m*.

infatuer v. tr. Infatuar (p. us.), engreír. ‖ *Infatué de sa personne*, engreído de *ou* creído de sí mismo. — V. pr. Infatuarse (p. us.), engreírse, creerse.

infécond, e [ɛ̃fekɔ̃, ɔ̃:d] adj. Infecundo, da. ‖ Infecundo, da ; yermo, ma.

infécondité f. Infecundidad (stérilité).

infect, e [ɛ̃fɛkt] adj. Infecto, ta ; fétido, da. ‖ Fam. Asqueroso, sa ; repugnante : *une boisson infecte*, una bebida asquerosa.

infectant, e adj. Infeccioso, sa.

infecté, e adj. Infectado, da.

infecter v. tr. Infectar, inficionar : *la chaleur infecte les eaux stagnantes*, el calor infecta las aguas estancadas. ‖ Infectar, inficionar : *plaie*

infectée, llaga infectada. ‖ Fig. Inficionar, corromper (les mœurs).
— V. intr. Apestar (sentir mauvais).
— V. pr. Infectarse, enconarse.
infectieux, euse [ɛ̃fɛksjø, ø:z] adj. Infeccioso, sa : *maladie infectieuse,* enfermedad infecciosa.
infection [-sjɔ̃] f. Infección. ‖ ● Peste, mal olor, *m.* (grande puanteur). ‖ Fig. Contaminación, contagio, *m.* (contagion morale).
— Syn. ● *Puanteur,* hediondez. *Fétidité,* fetidez. *Pestilence,* pestilencia.
infélicité f. Infelicidad, desgracia.
inféodé, e adj. Enfeudado, da. ‖ Adherido, da ; afiliado, da : *inféodé à un parti,* adherido a un partido.
inféoder v. tr. Enfeudar.
— V. pr. Adherirse, afiliarse (s'affilier).
infère adj. Bot. Ínfero, ra (ovaire).
inférence f. Inferencia (raisonnement).
inférer* v. tr. Inferir.
inférieur, e adj. et s. Inferior.
— Syn. *Subordonné,* subordinado. *Subalterne,* subalterno.
infériorité f. Inferioridad.
infermentescible [ɛ̃fɛrmɑ̃tɛssibl] adj. No fermentable.
infernal, e adj. Infernal.
infertile adj. Infecundo, da ; estéril, yermo, ma.
infertilité f. Esterilidad.
infestation f. Méd. Infestación.
infesté, e adj. Infestado, da.
infester v. tr. Infestar.
infidèle adj. et s. Infiel. ‖ *Infidèle à,* infiel a, con, para *ou* para con.
infidélité f. Infidelidad.
infiltrat [ɛ̃filtra] m. Méd. Infiltrado.
infiltration f. Infiltración.
infiltré, e adj. Infiltrado, da.
infiltrer (s') v. pr. Infiltrarse. ‖ Fig. Colarse.
infime adj. Ínfimo, ma.
— Observ. Es incorrecto decir *le plus infime* ya que *infime* es superlativo.
infini, e adj. Infinito, ta.
— M. Infinito. ‖ *À l'infini,* infinitamente, sin límites, a lo infinito.
— Syn. *Absolu,* absoluto. *Illimité,* ilimitado.
infinité f. Infinidad, infinitud.
infinitésimal, e adj. Infinitesimal.
infinitif, ive adj. et s. m. Infinitivo, va.
infinitude f. Infinitud.
infirmable adj. Dr. Invalidable, anulable (témoignage).
infirmatif, ive adj. Dr. Que infirma.
infirmation f. Dr. Invalidación, infirmación, anulación.
infirme adj. et s. Achacoso, sa (maladif). ‖ Lisiado, da ; baldado, da ; impedido, da (estropié).
— Observ. El español *enfermo* equivale sólo al francés *malade.*
infirmer v. tr. Dr. Invalidar, infirmar (annuler). ‖ Fig. Quitar valor a, disminuir (un témoignage, l'autorité).
infirmerie f. Enfermería.
infirmier, ère m. et f. Enfermero, ra.
— Syn. *Garde-malade,* enfermera. *Nurse,* nurse.
infirmité f. Lisiadura. ‖ Achaque, *m.,* dolencia (maladie). ‖ Fig. Imperfección : *l'infirmité humaine,* la imperfección humana.
inflammabilité f. Inflamabilidad.
inflammable adj. Inflamable.
inflammation f. Inflamación.
inflammatoire adj. Inflamatorio, ria.
inflation f. Inflación.
inflationnisme m. Inflacionismo.
inflationniste adj. Inflacionista.

infléchir v. tr. Doblar, encorvar (courber). ‖ Desviar : *infléchir un rayon lumineux,* desviar un rayo luminoso. ‖ Fig. Modificar, influir en : *infléchir la politique d'un État,* influir en la política de un Estado.
— V. pr. Encorvarse, desviarse.
inflexibilité f. Inflexibilidad, firmeza.
inflexible adj. Inflexible.
inflexion f. Inflexión.
infliger* v. tr. Infligir. ‖ *Infliger une amende de,* infligir una multa de, multar con.
inflorescence f. Bot. Inflorescencia.
influençable adj. Que se deja influir.
influence f. Influencia.
— Syn. *Ascendant,* ascendiente. *Prestige,* prestigio. *Crédit,* crédito. *Mainmise,* dominio. *Tyrannie,* tiranía. *Emprise,* influencia.
influencer* v. tr. Ejercer influencia sobre *ou* en, influir sobre *ou* en, influenciar.
— Observ. *Influenciar* est un gallicisme très employé.
influent, e adj. Influyente.
influenza f. Méd. Influenza, gripe.
influer v. intr. Influir sobre *ou* en.
influx [ɛ̃fly] m. Influjo.
influxion [-ksjɔ̃] f. Influjo, *m.*
in-folio adj. inv. et s. m. inv. Infolio, en folio. ‖ *Grand, petit in-folio,* en folio mayor, menor.
informateur, trice m. et f. Informador, ra. ‖ Confidente (police).
informaticien m. Especialista en informática.
information f. Información, noticia (nouvelles). ‖ Informe, *m.,* noticia (renseignement). ‖ *Aller aux informations,* tomar informes, informarse.
informatique f. Informática.
informe adj. Informe : *une masse informe,* una masa informe. ‖ Dr. Que presenta un vicio de forma.
informé m. Dr. Informe, información, *f.* ‖ Dr. *Jusqu'à plus ample informé,* para mejor proveer.
informer v. tr. Informar, avisar (avertir).
— V. intr. Informar, hacer *ou* abrir una información.
— V. pr. Informarse.
informulé, e adj. No formulado, da.
infortune f. Infortunio, *m.,* desgracia.
infortuné, e adj. et s. Infortunado, da ; desventurado, da ; desgraciado, da.
infraction f. Infracción.
infranchissable adj. Infranqueable. ‖ Fig. Insuperable.
infrangible adj. Infrangible, irrompible.
infrarouge adj. et s. m. Phys. Infrarrojo, ja ; ultrarrojo, ja.
infra-son m. Phys. Infrasonido.
infrastructure f. Infraestructura.
infravirus [ɛ̃fraviry:s] m. Virus filtrante, infravirus.
infroissable adj. Inarrugable.
infructueux, euse [ɛ̃fryktɥø, ø:z] adj. Infructífero, ra : *champ infructueux,* campo infructífero. ‖ Fig. Infructuoso, sa : *effort infructueux,* esfuerzo infructuoso.
infule f. Ínfula (bandelette des prêtres romains).
— Observ. En espagnol *ínfulas* signifie familièrement *vanité, présomption.*
infumable adj. Infumable, que no puede fumarse.
infundibuliforme [ɛ̃fɔ̃dibylifɔrm] adj. Infundibuliforme (en entonnoir).
infundibulum [-lɔm] m. Anat. Infundíbulo.
infus, e [ɛ̃fy, y:z] adj. Infuso, sa : *science infuse,* ciencia infusa.
infuser v. tr. Hacer una infusión (faire une infusion). ‖ Méd. Inyectar. ‖ Infundir : *infuser du courage,* infundir valor.
infusibilité f. Infusibilidad.
infusible adj. Infusible.

Infusion f. Infusión.
Infusoires m. pl. ZOOL. Infusorios.
Inga m. BOT. Guamo, ingá, *f.* (en Argentine), pacay (aux Philippines).
Ingagnable adj. Que no se puede ganar.
Ingambe [ɛ̃gɑ̃:b] adj. FAM. Ágil, ligero de piernas.
ingénier (s')* v. pr. Ingeniarse en *ou* para, darse maña en *ou* para
Ingénieur m. Ingeniero. ‖ — *Ingénieur chimiste,* ingeniero químico. ‖ *Ingénieur civil,* ingeniero civil. ‖ *Ingénieur-conseil,* ingeniero consultor. ‖ *Ingénieur des eaux ̲et forêts,* ingeniero de montes. ‖ *Ingénieur des ponts et chaussées,* ingeniero de caminos, canales y puertos. ‖ *Ingénieur du génie maritime,* ingeniero naval *ou* de la armada. ‖ *Ingénieur du son,* ingeniero de sonido.
Ingénieux, euse adj. Ingenioso, sa
— OBSERV. *Ingenioso* a aussi en espagnol le sens de « spirituel ».
Ingéniosité f. Ingeniosidad : *l'ingéniosité d'un mécanisme,* la ingeniosidad de un mecanismo. ‖ *Ingenio, m. : l'ingéniosité d'un inventeur,* el ingenio de un inventor.
Ingénu, e adj. et s. Ingenuo, nua.
— F. Dama joven, ingenua (théâtre).
ingénuité f. Ingenuidad.
ingérence f. Injerencia.
ingérer* v. tr. Ingerir (introduire).
— V. pr. Ingerirse.
Ingestion f. Ingestión.
in globo adv. En globo, globalmente.
ingouvernable adj. Ingobernable, que no puede gobernarse.
ingrat, e [ɛ̃gra, at] adj. et s. Ingrato, ta (infructueux). ‖ Ingrato, ta; desagradecido, da (non reconnaissant) : *fils ingrat,* hijo ingrato. ‖ Poco afortunado, da : *un visage ingrat,* una cara poco afortunada. ‖ — *Âge ingrat,* edad del pavo. | *Ingrat envers ses parents,* ingrato con, para *ou* para con, sus padres.
Ingratitude f. Ingratitud, desagradecimiento, *m.* : *payer d'ingratitude,* mostrar ingratitud.
ingrédient [ɛ̃gredjɑ̃] m. Ingrediente.
inguérissable adj. Incurable.
inguinal, e [ɛ̃gɥinal] adj. Inguinal, inguinario, ria : *canal inguinal,* canal inguinal.
Ingurgitation f. Ingurgitación.
Ingurgiter v. tr. Ingurgitar (p. us.), engullir.
inhabile adj. Inhábil : *inhabile à,* inhábil en. ‖ DR. Incapaz.
Inhabileté [inabilte] f. Inhabilidad.
inhabilité f. DR. Incapacidad legal.
inhabitable adj. Inhabitable.
inhabité, e adj. Deshabitado, da; inhabitado, da (p. us.) : *maison inhabitée,* casa deshabitada.
— SYN. *Désert,* desierto, despoblado. *Solitaire,* solitario. *Sauvage,* silvestre.
inhabitude f. Falta de costumbre.
inhabitué, e adj. No habituado, da; inhabituado, da.
inhabituel, elle adj. Inhabitual, no habitual.
inhalateur, trice adj. et s. m. Inhalador, ra.
inhalation f. Inhalación.
Inhaler v. tr. Inhalar.
inharmonie f. Inarmonía, falta de armonía.
inharmonieux, euse adj. Inarmónico, ca; sin armonía.
inharmonique adj. Inarmónico, ca.
Inhérence f. Inherencia.
Inhérent, e adj. Inherente.
inhiber v. tr. Inhibir.
inhibitif, ive ou **Inhibiteur, trice** adj. Inhibitorio, ria.
inhibition f. Inhibición.
inhibitoire adj. Inhibitorio, ria.

inhospitalier, ère adj. Inhospitalario, ria.
inhumain, e adj. Inhumano, na.
— SYN. *Impitoyable,* despiadado. *Implacable,* implacable. *Inflexible,* inflexible. *Inexorable,* inexorable. *Dur,* duro.
Inhumanité f. Falta de humanidad, inhumanidad.
inhumation f. Inhumación.
inhumer v. tr. Inhumar.
inimaginable adj. Inimaginable.
inimitable adj. Inimitable.
inimitié f. Enemistad.
ininflammabilité f. Ininflamabilidad.
ininflammable adj. Ininflamable.
inintelligemment [inɛ̃tɛliʒamɑ̃] adv. Ininteligentemente, sin inteligencia.
inintelligence f. Falta de inteligencia, ininteligencia.
inintelligent, e adj. Falto de inteligencia, ininteligente.
inintelligibilité f. Ininteligibilidad.
inintelligible adj. Ininteligible.
inintéressant, e adj. Sin interés, falto de interés.
ininterrompu, e adj. Ininterrumpido, da; no interrumpido, da.
ininterruption f. Ininterrupción, continuidad.
inique adj. Inicuo, cua.
iniquité f. Iniquidad.
initial, e [inisjal] adj. et s. f. Inicial : *mots initiaux,* palabras iniciales.
initiateur, trice [-sjatœ:r, tris] adj. et s. Iniciador, ra.
initiation [-sjasjɔ̃] f. Iniciación.
initiative [-sjati:v] f. Iniciativa. ‖ *Syndicat d'initiative,* oficina de turismo.
initié, e [-sje] adj. et s. Iniciado, da.
initier* [-sje] v. tr. Iniciar : *initier à,* iniciar en.
— V. pr. Iniciarse.
injecté, e adj. Inyectado, da : *yeux injectés de sang,* ojos inyectados en sangre. ‖ Encendido, da (face).
injecter v. tr. Inyectar : *injecter de l'eau,* inyectar agua.
— V. pr. Inyectarse. ‖ Congestionarse (yeux).
injecteur, trice adj. et s. Inyector, ra.
injection f. Inyección : *moteur à injection,* motor de inyección.
— OBSERV. Le premier sens de *inyección* en espagnol est celui de « piqûre ».
injonctif, ive [ɛ̃ʒɔ̃ktif, i:v] adj. Terminante, conminatorio, ria.
injonction [-ʒɔ̃ksjɔ̃] f. Orden terminante, orden formal, conminación, exhortación.
injouable [ɛ̃ʒwabl] adj. Irrepresentable, que no puede representarse (théâtre). ‖ Inejecutable (musique).
injure f. Injuria. ‖ — *Injures du sort,* reveses de la fortuna. ‖ *Injures et voies de fait,* injurias y actos de violencia. ‖ FIG. *L'injure des ans,* los estragos de los años. ‖ — *Faire injure,* injuriar.
— SYN. *Invective,* invectiva. *Insulte,* insulto. *Vilenie,* denuesto, dicterio. *Fam. Pouille,* escarnio. *Pop. Engueulade,* bronca.
injurier* v. tr. Injuriar, agraviar.
injurieux, euse adj. Injurioso, sa; afrentoso, sa.
injuste adj. et s. Injusto, ta.
— SYN. *Partial,* parcial. *Inique,* inicuo.
injustice f. Injusticia.
injustifiable adj. Injustificable.
injustifié, e adj. Injustificado, da.
inlandsis [inlandsi:s] m. Casquete glaciar.
inlassable adj. Incansable.
innavigable adj. Innavegable.
inné, e adj. Innato, ta.
— SYN. *Naturel,* natural. *Congénital,* congénito.
innéisme m. PHIL. Innatismo.
innéité f. Calidad de innato, lo innato, *m.*

innervation f. Inervación.
innerver v. tr. Inervar.
innocemment [inɔsamã] adv. Inocentemente.
innocence f. Inocencia.
Innocent [inɔsã] n. pr. m. Inocencio.
innocent, e [inɔsã, ã:t] adj. et s. Inocente. ‖ — *Les Saints Innocents,* los Santos Inocentes. ‖ — *Faire l'innocent,* hacerse el inocente.
— Observ. Le jour des *Saints Innocents* en Espagne est l'équivalent du 1er avril en France.
innocenter v. tr. Declarar inocente, reconocer la inocencia de.
innocuité f. Innocuidad.
innombrable adj. Innumerable.
innomé, e ou **innommé, e** adj. Innominado, da.
innominé, e adj. Innominado, da.
innommable adj. Innominable, que no puede nombrarse. ‖ Fig. Que no tiene nombre ; despreciable (vil).
innovateur, trice adj. et s. Innovador, ra.
innovation f. Innovación.
innover* v. tr. et intr. Innovar.
inobservable adj. Inobservable.
inobservance f. Inobservancia.
inobservation f. Incumplimiento, *m.,* inobservancia (p. us.).
inobservé, e adj. Inobservado, da.
inoccupation f. Desocupación.
inoccupé, e adj. Desocupado, da.
in-octavo ou **in-8⁰** [inɔktavo] adj. inv. et s. m. inv. En octavo, en 8º (livre).
inoculabilité f. Inoculabilidad.
inoculable adj. Inoculable.
inoculateur, trice adj. et s. Inoculador, ra.
inoculation f. Inoculación. ‖ Fig. Transmisión, propagación (d'opinions).
inoculer v. tr. ● Inocular. ‖ Fig. Transmitir, contagiar.
— Syn. ● *Vacciner,* vacunar. *Immuniser,* inmunizar.
inodore adj. Inodoro, ra.
inoffensif, ive adj. Inofensivo, va.
— Syn. *Anodin,* anodino. *Bénin,* benigno.
inofficieux, euse adj. Dr. Inoficioso, sa.
inondable adj. Inundable.
inondation f. Inundación, riada.
— Syn. *Débordement,* desbordamiento. *Déluge,* diluvio. *Cataclysme,* cataclismo.
inondé, e adj. Inundado, da. ‖ *Inondé de larmes,* anegado en llanto.
— M. et f. Damnificado por la inundación.
inonder v. tr. Inundar.
— Syn. *Noyer,* anegar. *Submerger,* sumergir.
inopérable adj. Méd. Inoperable, que no puede operarse.
inopérant, e adj. Inoperante, sin efecto, nulo, la (sans effet).
inopiné, e adj. Inopinado, da.
inopportun, e [inɔpɔrtœ̃, yn] adj. et s. Inoportuno, na.
inopportunité [-tynite] f. Inoportunidad.
inopposable adj. No oponible.
inorganique adj. Inorgánico, ca.
inoubliable adj. Inolvidable.
inouï, e [inwi] adj. Inaudito, ta.
inoxydable adj. Inoxidable.
in-pace ou **in pace** [inpase] m. In pace, calabozo, mazmorra (f.) subterránea.
in partibus [inpartibys] loc. adj. In partibus.
in petto [inpɛto] adv. In péctore (cardinal). ‖ In péctore, para sus adentros (à part soi).
in-plano [inplano] adj. et s. m. inv. En folio atlántico (papier, livre).
inqualifiable adj. Incalificable.
inquart [ɛ̃ka:r] m. ou **inquartation** [ɛ̃kartasjɔ̃] ou **quartation** f. Encuartación, *f.* (de l'or).

in-quarto ou **in-4º** [ɛ̃kwarto] adj. et s. m. inv. En cuarto, en 4º (livre).
inquiet, ète [ɛ̃kjɛ, ɛ:t] adj. Inquieto, ta ; preocupado, da. ‖ *Inquiet de* o *sur,* inquieto, preocupado con *ou* por.
— Observ. *Inquiet* nunca tiene el sentido español de falta de quietud o tranquilidad.
inquiétant, e adj. Inquietante.
— Syn. *Menaçant,* amenazador. *Sinistre,* siniestro. *Sombre,* sombrío.
inquiéter* v. tr. Inquietar. ‖ Mil. Hostigar [al enemigo] (harceler).
— V. pr. Inquietarse. ‖ — *Ne s'inquiéter de rien,* no preocuparse por nada. ‖ *S'inquiéter de quelque chose,* inquietarse por algo.
inquiétude f. Inquietud, preocupación.
inquisiteur adj. et s. m. Inquisidor, ra.
inquisitif, ive adj. Inquisitivo, va.
inquisition f. Inquisición.
inquisitorial, e adj. Inquisitorial.
inracontable adj. Incontable.
I. N. R. I. m. Inri (d'un crucifix).
insaisissabilité f. Inembargabilidad, carácter (*m.*) de lo no embargable.
insaisissable adj. Que no puede cogerse, inasequible. ‖ Dr. Inembargable (qu'on ne peut saisir). ‖ Fig. Imperceptible : *différence insaisissable,* diferencia imperceptible. | Incomprensible : *idées insaisissables,* ideas incomprensibles.
insalissable adj. Que no puede ensuciarse.
insalivation f. Insalivación.
insalubre adj. Insalubre.
insalubrité f. Insalubridad.
insane adj. Loco, ca ; demente, insano, na (p. us.).
insanité f. Locura, insania (folie). ‖ Sandez, locura (parole).
insatiabilité [ɛ̃sasjabilite] f. Insaciabilidad.
insatiable [-sjabl] adj. Insaciable.
insatisfaction f. Insatisfacción, falta de satisfacción.
insatisfait, e adj. Insatisfecho, cha.
insaturable adj. Insaturable.
insciemment [ɛ̃sjamã] adv. Sin saber, sin enterarse.
inscriptible [ɛ̃skriptibl] adj. Inscribible.
inscription f. ● Inscripción. ‖ Matrícula : *inscription maritime,* matrícula de mar. ‖ Matrícula (université). ‖ Asiento, *m.,* registro, *m.* (commerce). ‖ Dr. Registro, *m.* ‖ — *Inscription de faux,* alegación de falsedad. ‖ *Prendre ses inscriptions,* matricularse.
— Syn. ● *Épitaphe,* epitafio. *Exergue,* exergo. *Épigraphe,* epígrafe.
inscrire* v. tr. Inscribir. ‖ Matricular (marine, université). ‖ Asentar, registrar (commerce). ‖ Incluir : *inscrire une question au programme,* incluir un tema en el programa. ‖ Math. Inscribir.
— V. pr. Inscribirse. ‖ Situarse : *tout ceci s'inscrit au terme d'une guerre,* todo eso se sitúa en virtud de... ‖ Entrar : *ceci s'inscrit dans le cadre de...,* eso entra en el marco de... ‖ Matricularse (université). ‖ *S'inscrire en faux,* tachar de falso (un document, une affirmation).
inscrit, e adj. Inscrito, ta : *inscrit sur un registre,* inscrito en un registro. ‖ Matriculado, da (université). ‖ Mar. Alistado, da ; matriculado, da (personne). ‖ Math. Inscrito, ta : *polygone inscrit,* polígono inscrito.
— M. et f. Inscrito, ta. ‖ — Pl. Inscritos (élections).
inscrivant, e m. et f. Dr. Suscriptor, ra ; hipotecario, ria.
insculper v. tr. Grabar.
insectarium [ɛ̃sɛktarjɔm] m. Insectario.
insecte m. Insecto.
insecticide adj. et s. m. Insecticida.

insectivore adj. et s. m. pl. Insectívoro, ra.
insécurité f. Inseguridad.
in-seize ou **in-16** [ɛ̃sɛːz] adj. inv. et s. m. inv. En dieciseisavo, en 16º (livre).
inselberg [inzəlbɛrg] m. Inselberg (butte).
insémination f. Inseminación.
insensé, e adj. et s. Insensato, ta.
insensibilisateur, trice adj. et s. m. Insensibilizador, ra.
insensibilisation f. Insensibilización. ‖ MÉD. Anestesia local.
insensibiliser v. tr. Insensibilizar. ‖ MÉD. Anestesiar.
insensibilité f. Insensibilidad.
insensible adj. Insensible.
inséparable adj. Inseparable.
insérable adj. Insertable, incluible.
insérer* v. tr. Insertar (mettre dans). ‖ Incluir, adjuntar (inclure). ‖ *Prière d'insérer,* comunicado a la prensa, ruego de inserción.
insermenté adj. m. No juramentado.
insertion. [ɛ̃sɛrsjɔ̃] f. Inserción.
insidieux, euse adj. Insidioso, sa.
insigne adj. Insigne.
— M. Insignia, *f.,* emblema, *f.* ‖ Distintivo (d'une association). ‖ *Insigne de grade,* distinción de empleo.
insignifiance f. Insignificancia.
insignifiant, e adj. Insignificante.
— SYN. *Falot,* insustancial.
insincère adj. Poco sincero, ra; insincero, ra.
insincérité f. Falta de sinceridad, insinceridad.
insinuant, e adj. Insinuante.
insinuatif, ive adj. Insinuativo, va.
insinuation f. Insinuación, indirecta. ‖ Introducción : *l'insinuation d'une sonde,* la introducción de una sonda.
— OBSERV. Le mot espagnol *insinuación* a souvent le sens d' « observación ».
insinuer v. tr. Insinuar. ‖ Introducir con habilidad (introduire adroitement).
— V. pr. ● Insinuarse.
— SYN. ● *S'ingérer,* ingerirse, meterse. *S'immiscer,* inmiscuirse. *Se mêler,* meterse, entremeterse. *S'impatroniser,* imponerse.
insipide adj. Insípido, da ; soso, sa.
insipidité f. Insipidez.
insistance f. Insistencia.
insistant, e adj. Insistente, que insiste.
insister v. intr. Insistir, hacer hincapié en : *insister sur un point,* insistir en un punto. ‖ *Insister auprès d'un ami,* instar a un amigo.
— SYN. *Appuyer,* apoyar. *Accentuer,* acentuar.
insociabilité f. Insociabilidad.
insociable adj. Insociable.
insolation f. Insolación.
insolemment [ɛ̃sɔlamɑ̃] adv. Insolentemente.
insolence f. Insolencia.
insolent, e adj. et s. Insolente.
— SYN. *Impertinent,* impertinente. *Arrogant,* arrogante. *Cassant,* altanero. *Rogue,* altivo, áspero. *Cavalier,* fresco, desenvuelto.
insoler v. tr. Insolar, exponer al sol, solear.
insolite adj. Insólito, ta.
insolubiliser v. tr. Insolubilizar, tornar insoluble.
insolubilité f. Insolubilidad.
insoluble adj. Insoluble.
insolvabilité f. Insolvencia.
insolvable adj. Insolvente.
insomnie f. Insomnio, *m.* ‖ FIG. Desvelos, *pl.,* insomnio.
insomnieux, euse ou **insomniaque** adj. Insomne.
insondable adj. Insondable.
insonore adj. Insonoro, ra.
insonorisation f. Insonorización.
insonoriser v. tr. Insonorizar.

insonorité f. Insonoridad.
insouciance f. Despreocupación, descuido, *m.*
insouciant, e adj. Despreocupado, da ; indiferente.
insoucieux, euse adj. Despreocupado, da.
insoumis, e adj. Insumiso, sa.
— M. MIL. Prófugo (soldat insoumis).
insoumission f. Insumisión. ‖ MIL. Rebeldía.
insoupçonnable adj. Insospechable. ‖ FIG. Intachable (irréprochable).
insoupçonné, e adj. Insospechado, da.
insoutenable adj. Insostenible.
inspecter v. tr. Inspeccionar.
inspecteur, trice m. et f. Inspector, ra.
inspection f. Inspección.
inspectorat [ɛ̃spɛktɔra] m. Cargo *ou* tiempo de función de inspector.
inspirant, e adj. Inspirador, ra.
inspirateur, trice adj. et s. Inspirador, ra.
inspiration f. Inspiración.
inspiré, e adj. et s. Inspirado, da.
inspirer v. tr. ● Inspirar. ‖ *Inspirer du courage,* dar ánimo.
— V. pr. Inspirarse : *s'inspirer de,* inspirarse en.
— SYN. ● *Suggérer,* sugerir. *Insinuer,* insinuar. *Souffler,* apuntar, soplar. *Persuader,* persuadir. *Dicter,* dictar.
instabilité f. Inestabilidad.
instable adj. et s. Inestable.
installateur m. Instalador.
installation f. Instalación (d'un appareil, etc.). ‖ Toma de posesión (d'un professeur, etc.).
installer v. tr. Instalar. ‖ Dar posesión (d'une fonction). ‖ Montar (une machine).
— V. pr. Instalarse. ‖ Instalarse, arrellanarse (dans un fauteuil).
instamment adv. Insistentemente, encarecidamente.
instance f. Instancia : *introduire une instance,* presentar una instancia. ‖ Insistencia, encarecimiento, *m.* (insistance). ‖ *— Affaire en instance,* asunto pendiente. ‖ *Prier avec instance,* rogar encarecidamente, instar.
instant, e adj. Perentorio, ria ; apremiante : *besoin instant,* necesidad apremiante. ‖ Angustioso, sa : *prières instantes,* súplicas angustiosas.
— M. Instante (moment). ‖ *— À l'instant,* al instante, al momento. ‖ *Dans un instant,* dentro de un momento. ‖ *Dès l'instant que,* en el momento en que. ‖ *Par instants,* a ratos, a veces, por momentos. ‖ *Pour l'instant,* por el momento, de momento, por ahora, por lo pronto.
instantané, e adj. Instantáneo, a.
— M. Instantánea, *f.* (photo). ‖ *Faire de l'instantané,* sacar instantáneas.
instantanéité f. Instantaneidad.
instar (à l') [de] [alɛ̃stardə] loc. adv. A ejemplo de, a semejanza de, a la manera de.
instaurateur, trice m. et f. Instaurador, ra.
instauration f. Instauración.
instaurer v. tr. Instaurar.
instigateur, trice adj. et s. Instigador, ra.
instigation f. Instigación. ‖ *Sur l'instigation de,* a instigación de.
instillation [ɛ̃stilasjɔ̃] f. Instilación.
instiller [-le] v. tr. Instilar.
instinct [ɛ̃stɛ̃] m. Instinto. ‖ *D'instinct, par instinct,* por instinto.
instinctif, ive [ɛ̃stɛ̃ktif, iːv] adj. Instintivo, va.
instituer v. tr. Instituir (établir). ‖ Nombrar (un héritier).
institut [ɛ̃stity] m. Instituto. ‖ *L'Institut de France* o *l'Institut,* reunión de las cinco academias.
— OBSERV. Le mot espagnol *instituto* a surtout le sens de « lycée ».
institutes f. pl. DR. Institutas.

instituteur, trice m. et f. Maestro, maestra de escuela. ‖ (Vx). Fundador. ‖ *Les instituteurs,* el magisterio. ‖ — F. Institutriz (à domicile).

institution f. Institución. ‖ Nombramiento, *m.* (d'un héritier). ‖ *Institutions spécialisées,* organismos especializados (de l'O. N. U.).

institutionnalisation f. Institucionalización.

institutionnaliser v. tr. Institucionalizar.

institutionnel, elle [-nɛl] adj. Institucional.

instructeur adj. m. et s. m. Instructor. ‖ *Juge instructeur,* juez de instrucción.

instructif, ive adj. Instructivo, va.

instruction f. ● Instrucción. ‖ ◆ Enseñanza : *instruction primaire, secondaire,* primera, segunda enseñanza *ou* enseñanza media. ‖ Sumario, *m.* (procès). ‖ — Pl. Instrucciones, reglas. ‖ — *Instruction judiciaire,* sumario. ‖ *Juge d'instruction,* juez de instrucción.

— Sᴠɴ. ● *Directive,* directiva. *Consigne,* consigna. *Ordre,* orden.
◆ *Éducation,* educación. *Enseignement,* enseñanza.

instruire* [ɛ̃strɥi:r] v. tr. Instruir (enseigner). ‖ Informar, hacer saber, dar aviso de : *instruire de ce qui se passe,* informar de lo que pasa. ‖ Amaestrar, adiestrar (dresser). ‖ Dʀ. Incoar, instruir.
— V. pr. Instruirse.

instruit, e [-ɥi, it] adj. Instruido, da ; culto, ta.
— Sᴠɴ. *Éclairé,* ilustrado. *Fam. Calé,* enterado, empollado. *Cultivé,* culto.

instrument m. Instrumento : *instrument de musique, à vent, à corde,* instrumento músico, de viento, de cuerda. ‖ Fɪɢ. Instrumento : *servir d'instrument à la vengeance de quelqu'un,* servir de instrumento para la venganza de uno.
— Sᴠɴ. *Outil,* herramienta, apero, útil. *Ustensile,* utensilio.

instrumentaire adj. Dʀ. Instrumental : *preuve instrumentaire,* prueba instrumental.

instrumental, e adj. Instrumental.

instrumentalisme m. Pʜɪʟᴏs. Instrumentalismo.

instrumentation f. Mᴜs. Instrumentación.

instrumenter v. intr. Dʀ. Extender un contrato, levantar acta, escriturar. | Actuar (des procès verbaux). ‖ Mᴜs. Instrumentar.

instrumentiste m. et f. Mᴜs. Instrumentista.

insu m. Ignorancia, *f.* ‖ — *À l'insu de,* a espaldas de, detrás de. ‖ *À mon, à ton, à notre insu,* sin saberlo yo, tú, nosotros.

insubmersibilité f. Calidad de insumergible.

insubmersible adj. Insumergible.

insubordination f. Insubordinación.

insubordonné, e adj. Insubordinado, da.

insubstantiel, elle adj. Insubstancial.

insuccès [ɛ̃syksɛ] m. Fracaso, revés.

insuffisamment adv. Insuficientemente.

insuffisance f. Insuficiencia.

insuffisant, e adj. Insuficiente.

insufflateur m. Insuflador, inhalador.

insufflation f. Insuflación.

insuffler v. tr. Insuflar.

insulaire adj. et s. Insular, isleño, ña.

insularité f. Insularidad, calidad de isla.

Insulinde n. pr. f. Gᴇᴏɢʀ. Insulindia.

insuline [ɛ̃sylin] f. Mᴇ́ᴅ. Insulina.

insulinothérapie f. Mᴇ́ᴅ. Insulinoterapia.

insultant, e adj. Insultante, ofensivo, va.

insulte f. Insulto, *m.* ‖ — *Faire insulte à,* insultar a. ‖ *Relever l'insulte,* aceptar el reto, recoger el guante.

insulté, e adj. et s. Insultado, da.

insulter v. tr. Insultar.
— V. intr. Fɪɢ. Insultar.

insulteur m. Insultador, ofensor.

insupportable adj. Insoportable, inaguantable, insufrible.

insurgé, e adj. et s. Insurrecto, ta ; insurgente, sublevado, da.

insurger (s')* v. pr. Sublevarse, insurreccionarse.

insurmontable adj. Invencible, infranqueable, insalvable (invincible).

insurpassable adj. Insuperable, inmejorable.

insurrection f. Insurrección, motín, *m.*

insurrectionnel, elle adj. Insurreccional.

intact, e [ɛ̃takt] adj. Intacto, ta.

intaille [ɛ̃ta:j] f. Piedra preciosa grabada en hueco.

intailler [-je] v. tr. Grabar, tallar en hueco.

intangibilité f. Intangibilidad.

intangible adj. Intangible.

intarissable adj. Inagotable, inextinguible.

intégrable adj. Mᴀᴛʜ. Integrable.

intégral, e adj. Íntegro, gra ; entero, ra (entier). ‖ Mᴀᴛʜ. Integral (calcul).
— F. Mᴀᴛʜ. Integral (fonction).

intégralement adv. Íntegramente, enteramente.

intégralité f. Integridad.

intégrant, e adj. Integrante.

intégrateur adj. et s. m. Integrador.

intégration f. Integración.

intègre adj. Íntegro, gra ; recto, ta : *un juge intègre,* un juez íntegro.
-- Oʙsᴇʀᴠ. *Intègre* nunca tiene en francés el sentido de « entero », « total » que tiene el español *íntegro.*

intégrer* v. tr. Integrar.
— V. pr. Integrarse, encuadrarse.

intégrisme m. Integrismo (doctrine).

intégriste adj. et s. Integrista.

intégrité f. Integridad.

intellect [ɛ̃tɛlɛkt] m. Intelecto.

intellection f. Intelección, entendimiento, *m.*

intellectualisme m. Intelectualismo.

intellectualiste adj. et s. Intelectualista.

intellectualité f. Intelectualidad.

intellectuel, elle adj. et s. Intelectual.

intelligemment [ɛ̃tɛliʒamɑ̃] adv. Inteligentemente.

intelligence [-ʒɑ̃:s] f. Inteligencia : *faire montre d'intelligence,* dar pruebas de inteligencia. ‖ Comprensión : *pour l'intelligence de ce qui va suivre,* para la comprensión de lo que sigue. ‖ — *Être d'intelligence avec quelqu'un,* estar en inteligencia *ou* de acuerdo con alguien. ‖ *Vivre en bonne intelligence,* vivir en buena inteligencia, llevarse bien.

intelligent, e [-ʒɑ̃, ɑ̃:t] adj. Inteligente, listo, ta.

intelligibilité [-ʒibilite] f. Inteligibilidad.

intelligible [-ʒibl] adj. Inteligible.

intempérance f. Intemperancia. ‖ Fɪɢ. Excesos, *m. pl.*

intempérant, e adj. Intemperante.

intempérie [ɛ̃tɑ̃peri] f. Inclemencia, intemperie : *braver les intempéries,* afrontar las inclemencias del tiempo.

intempestif, ive adj. Intempestivo, va.

intemporalité f. Intemporalidad.

intemporel, elle adj. Intemporal.

intenable [ɛ̃tnabl] adj. Insostenible, indefendible. ‖ Imposible.

intendance f. Intendencia. ‖ Dirección, administración (direction, administration).

intendant, e m. et f. Intendente, ta. ‖ Administrador, ra (d'un lycée).

intense adj. Intenso, sa.

intensif, ive adj. Intensivo, va.

intensification f. Intensificación.

intensifier* v. tr. Intensificar.

intensité f. Intensidad.

intenter v. tr. Intentar, entablar : *intenter un procès,* entablar un proceso.
— Oʙsᴇʀᴠ. *Intentar* a surtout le sens de *tenter de, essayer de.*

intention f. Intención. || — *À l'intention de,* en honor de *ou* por. || *Dans l'intention de,* con intención de, con ánimo de. || *Je l'ai fait à ton intention,* lo he hecho por ti. || *L'intention suffit,* con la intención basta.

intentionalité f. Intencionalidad.

intentionné, e adj. Intencionado, da.

intentionnel, elle adj. Intencional.

intentionnellement adv. Intencionalmente, intencionadamente, de intento, adrede.

inter prép. lat. Inter, entre.
— M. FAM. Conferencia (*f.*) interurbana : *demander l'inter,* pedir una conferencia interurbana. || Teléfono interurbano : *avoir l'inter,* tener el teléfono interurbano. || Interior (football).

interaction f. Interacción.

interallié adj. Interaliado, da.

interarmées adj. inv. MIL. General.

interarmes [ɛ̃tɛrarm] adj. inv. MIL. General [relativo a diversas armas del ejército]. || *École interarmes,* Academia General Militar.

interastral, e adj. Interastral, interestelar.

interatomique adj. Interatómico, ca.

interattraction f. Atracción mutua.

intercalaire adj. Intercalar : *jour intercalaire,* día intercalar. || Interpuesto, ta : *feuillet, page intercalaire,* cuartilla, página interpuesta.

intercalation f. Intercalación.

intercaler v. tr. Intercalar.
— SYN. *Interposer,* interponer. *Interpoler,* interpolar.

intercéder* v. intr. Interceder, mediar : *intercéder auprès de quelqu'un,* interceder cerca de uno.

intercellulaire adj. Intercelular.

intercepter v. tr. Interceptar.

intercepteur m. Interceptador (avion).

interception f. Interceptación, intercepción.

intercesseur m. Intercesor.

intercession f. Intercesión.

interchangeabilité [ɛ̃tɛrʃɑ̃ʒabilite] f. Carácter (*m.*) de intercambiable.

interchangeable [-ʒabl] adj. Intercambiable.

interclasse m. Intervalo entre dos clases.

interclasseuse f. Clasificadora.

intercommunal, e adj. De dos *ou* diversas comunas.

intercommunication f. Intercomunicación.

interconnexion f. Interconexión.

intercontinental, e adj. Intercontinental.

intercostal, e adj. ANAT. Intercostal : *muscles intercostaux,* músculos intercostales.

intercourse f. MAR. Derecho (*m.*) recíproco de fondeo.

intercurrent, e [ɛ̃tɛrkyrɑ̃, ɑ̃:t] adj. Intercurrente.

interdépartemental, e adj. Interdepartamental, común a varios departamentos, interprovincial.

interdépendance f. Interdependencia, mutua dependencia.

interdépendant, e adj. Interdependiente.

interdiction f. Interdicción, prohibición. || DR. Inhabilitación. | Incapacidad. | Suspensión de funciones (suspension de fonctions). || — *Interdiction de fumer,* se prohibe fumar *ou* prohibido fumar. || *Interdiction de séjour,* interdicción de residencia *ou* de lugar. || *Interdiction légale,* interdicción civil.

interdigital, e adj. Interdigital, interdactilar.

interdire* v. tr. Prohibir, vedar : *je t'interdis d'y aller,* te prohibo que vayas allí. || Impedir (empêcher). || DR. Incapacitar (ôter la libre disposition des biens d'une personne). | Inhabilitar. || FIG. Dejar cortado, desconcertar, asombrar (étonner). | Sobrecoger (troubler). || RELIG. Poner en entredicho. | Cerrar al culto (une église).

interdit, e adj. Prohibido, da ; vedado, da (défendu). || DR. Incapacitado, da ; sujeto, ta, a interdicción. || FIG. Desconcertado, da ; sobrecogido, da ; cortado, da : *demeurer interdit,* quedarse desconcertado. || RELIG. En entredicho. | Cerrada al culto (une église). || *Interdit de* o *il est interdit de,* prohibido *ou* se prohibe.
— M. DR. Incapacitado. | Desterrado (banni d'un endroit). || RELIG. Entredicho, interdicto. || *Jeter l'interdit sur quelqu'un,* poner en entredicho a alguien.

intéressant, e adj. ● Interesante. || Digno de tomarse interés por : *famille intéressante,* familia digna de tomarse interés por ella. || FAM. *Dans un état intéressant* (future maman), en estado interesante. || *Faire l'intéressant,* hacerse el interesante.
— SYN. ● *Captivant,* cautivador. *Passionnant,* apasionante.

intéressé, e adj. et s. Interesado, da.
— SYN. *Mercenaire,* mercenario. *Vénal,* venal.

intéressement m. Participación (*f.*) en los beneficios.

intéresser v. tr. Interesar. || Provocar el interés de : *intéresser le public,* provocar el interés del público. || Tener importancia para (importer à). || *Intéresser le jeu,* dar interés al juego.
— V. pr. Interesarse. || Importar : *ce qui m'intéressait en lui c'était...,* lo que más me importaba de él era... || *S'intéresser à,* interesarse por.

intérêt [ɛ̃terɛ] m. Interés. || Interés, rédito : *intérêt simple, composé,* interés simple, compuesto. || — *Dommages et intérêts,* daños y perjuicios. || *Un intérêt à 10%,* un interés del *ou* de un 10%. || — *Dans l'intérêt de,* en beneficio de. || — *Attacher un intérêt tout particulier à,* prestar especial interés. || *Avoir de l'intérêt à pour,* tener interés en *ou* por, interesarse. || *Avoir intérêt à,* tener interés en *ou* por, interesarse por. || *Placer de l'argent à intérêt,* colocar dinero a interés. || *Porter intérêt,* interesarse por, tomar interés por.

interférence f. PHYS. Interferencia.

interférent, e adj. Interferente.

interférer* v. intr. Interferir, producir interferencias.

interféromètre m. Interferómetro.

interféroscope m. Interferoscopio.

interfolier* v. tr. Interfoliar (un livre).

interglaciaire adj. Interglaciar.

intergouvernemental, e adj. Intergubernamental.

intérieur, e adj. ● Interior. || *Fors intérieur,* fuero interno.
— M. Interior. || Piso, casa, *f.,* hogar (foyer, maison) : *un intérieur coquet,* un piso coquetón. || Interior (football). || — *Ministère de l'Intérieur,* Ministerio de la Gobernación [en Espagne]. || — *À l'intérieur,* dentro, en el interior. || *Dans l'intérieur,* tierras adentro (d'un pays). || *Une femme d'intérieur,* una mujer de su casa.
— SYN. *Intime,* íntimo. *Interne,* interno. *Intrinsèque,* intrínseco.

intérim [ɛ̃terim] m. Interinidad, *f.,* ínterin. || *Par intérim,* interino, interinamente, provisionalmente.

intérimaire adj. et s. Interino, na.

intériorité f. Interioridad.

interjectif, ive adj. Interjectivo, va.

interjection f. Interjección. || DR. Interposición, recurso, *m.*

interjeter* f. DR. Apelar. || *Interjeter appel,* interponer apelación, recurrir.

interlignage m. Interlineación, *f.,* interlineado. || IMPR. Regleteo, regleteado.

interligne m. Interlínea, *f.,* entrerrenglones (espace entre deux lignes). || Espacio (musique et dactylographie). || — F. IMPR. Regleta, interlínea.

interligner v. tr. Entrerrenglonar, interlinear

(écrire dans les interlignes). ‖ IMPR. Regletear (séparer par des interlignes).

interlinéaire [ε̃tεrlineεr] adj. Interlineal.

interlocuteur, trice m. et f. Interlocutor, ra.

interlocutoire adj. et s. m. DR. Interlocutorio, ria.

interlope adj. Intérlope, fraudulento, ta : *commerce interlope*, comercio intérlope. ‖ FIG. Equívoco, ca ; sospechoso, sa (suspect). ‖ *Bateau interlope*, barco de contrabandistas.

interloquer v. tr. Desconcertar, confundir, sorprender, dejar patidifuso. ‖ DR. Formar auto interlocutorio.

interlude m. Interludio, intermedio musical.

intermaxillaire adj. ANAT. Intermaxilar.

intermède m. Intermedio. ‖ THÉÂTR. Entremés.

intermédiaire adj. et s. Intermediario, ria. ‖ *Par l'intermédiaire de*, por mediación de, por intermedio de, por conducto de, a través de.

— SYN. *Commissionnaire*, comisionista. *Courtier*, corredor. *Mandataire*, mandatario.

interminable adj. Interminable, inacabable.

interministériel, elle adj. Interministerial.

intermission f. Intermisión, intermitencia.

intermittence f. Intermitencia. ‖ *Par intermittence*, con intermitencia, a ratos.

intermittent, e adj. Intermitente.

intermoléculaire adj. Intermolecular.

intermusculaire adj. Intermuscular.

internat [ε̃tεrna] m. Internado, colegio de internos. ‖ *Faire son internat*, ser interno en un hospital.

international, e adj. et s. Internacional.

internationaliser v. tr. Internacionalizar.

internationalisme m. Internacionalismo.

internationaliste adj. et s. Internacionalista.

internationalité f. Internacionalidad.

interne adj. et s. Interno, na. ‖ *Interne des hôpitaux*, interno.

interné, e adj. et s. et s. Internado, da ; recluido, da.

internement [ε̃tεrnəma] m. Internamiento, internación, f., reclusión, f.

interner v. tr. Internar, recluir.

internonce m. Internuncio.

interocéanique adj. Interoceánico, ca.

interoculaire adj. Interocular.

interosseux, euse adj. Interóseo, a.

interpariétal, e adj. Interparietal.

interpellation f. Interpelación.

interpeller [ε̃tεrpεle] v. tr. Interpelar.

— SYN. *Apostropher*, apostrofar. *Appeler*, llamar. *Héler*, llamar de lejos, dar una voz.

interpénétration f. Interpenetración.

interpénétrer (s') v. pr. Penetrarse mutuamente.

interphone m. Intercomunicador (maison), teléfono interior (de char d'assaut).

interplanétaire adj. Interplanetario, ria.

interpolateur, trice m. et f. Interpolador, ra.

interpolation f. Interpolación.

interpoler v. tr. Interpolar.

interposer v. tr. Interponer. ‖ FIG. Hacer intervenir. ‖ *Par personne interposée*, por un intermediario.

— V. pr. Interponerse. ‖ Mediar (entre deux).

interposition f. Interposición. ‖ DR. *Interposition de personnes*, intervención de interpósita persona.

interprétable adj. Interpretable.

interprétariat [ε̃tεrpretarja] m. Interpretariado, estudio, función (f.) ou profesión (f.) de intérprete.

interprétateur, trice adj. et s. Interpretador, ra.

interprétatif, ive adj. Interpretativo, va.

interprétation f. Interpretación.

interprète m. et f. Intérprete.

interpréter* v. tr. Interpretar.

interprofessionnel, elle adj. Interprofesional.

interrègne m. Interregno.

interrogeant, e [ε̃tεrɔʒã, ã:t] adj. Interrogante.

interrogateur, trice adj. et s. Interrogante, interrogador, ra. ‖ Examinador, ra (à un examen).

interrogatif, ive adj. Interrogativo, va.

interrogation f. Interrogación. ‖ Pregunta (examen). ‖ *Point d'interrogation*, signo de interrogación.

— OBSERV. En francés no se pone el signo *?* sino al final de la pregunta, pues la construcción (sujeto antes del verbo) indica siempre que la frase es una pregunta.
— En espagnol il faut mettre un point d'interrogation renversé (¿) au début de l'interrogation et un point d'interrogation à la fin comme en français.

interrogatoire m. Interrogatorio.

interroger* v. tr. Interrogar : *interroger sur*, interrogar acerca de. ‖ Preguntar : *sur quoi as-tu été interrogé à l'examen?*, ¿qué te preguntaron en el examen? ‖ FIG. Consultar, examinar.

interroi m. Interrex (à Rome).

interrompre v. tr. ● Interrumpir : *interrompre par une question*, interrumpir con una pregunta. ‖ Cortar, interrumpir : *interrompre le courant*, cortar la corriente.
— V. pr. Interrumpirse.

— SYN. ● *Cesser*, cesar. *Arrêter*, parar, detener. *Discontinuer*, discontinuar. *Suspendre*, suspender.

interrompu, e adj. Interrumpido, da.

interrupteur, trice adj. Interruptor, ra.
— M. Interruptor, conmutador.

interruption f. ● Interrupción. ‖ Corte, *m.* (de courant, etc.).

— SYN. ● *Intermittence*, intermitencia. *Intermission*, intermisión.

intersecté, e adj. ARCHIT. Entrelazado, da ; entrecruzado, da. ‖ GÉOM. Cortado, da ; intersecado, da.

intersection f. Intersección (de deux lignes). ‖ Cruce, *m.*, intersección (de routes).

intersession f. Intermedio, *m.* (au Parlement). ‖ *Pendant l'intersession*, entre los períodos de sesiones.

intersidéral, e adj. ASTR. Intersideral.

intersigne m. Signo premonitorio.

interstellaire adj. Interestelar.

interstice m. Intersticio.

interstitiel, elle adj. MÉD. Intersticial.

intersyndical, e adj. Intersindical.

intertrigo m. MÉD. Intertrigo.

intertropical, e adj. Intertropical.

interurbain, e adj. Interurbano, na : *appel interurbain*, conferencia interurbana (téléphone).
— M. Teléfono interurbano, central (f.) interurbana.

intervalle m. Intervalo. ‖ *Par intervalles*, a intervalos.

intervenant, e adj. Que interviene.
— M. et f. Interventor, ra. ‖ DR. La parte interesada (procès).

intervenir* v. intr. Intervenir, terciar. ‖ DR. Ser parte (procès). ‖ Sobrevenir, ocurrir (se produire incidemment).

intervention f. Intervención.

interventionnisme m. Intervencionismo.

interventionniste adj. et s. Intervencionista.

interversion f. Inversión, interversión.

intervertir v. tr. Invertir, intervertir (modifier).

— OBSERV. *Invertir* a en espagnol à la fois les sens français d'*invertir* et d'*intervertir*, celui d'*employer*, mettre du temps, est également celui d'*investir*.

interview [ε̃tεrvju] f. Interviú, entrevista : *prendre une interview*, hacer una entrevista.

interviewer [-vjuœ:r] m. Periodista que celebra una interviú.

interviewer [-vjuve]·v. tr. Hacer una interviú a, entrevistarse con.

intestat [ɛ̃tɛsta] adj. et s. Intestado, da. ‖ *Ab intestat,* abintestato, sin testamento.

intestin, e adj. Intestino, na.
— M. Intestino. ‖ — *Gros intestin,* intestino grueso. ‖ *Intestin grêle,* intestino delgado.
— SYN. *Boyau,* tripa. *Tripe,* tripa. *Entrailles,* entrañas. *Viscère,* vísceras.

intestinal, e adj. Intestinal : *vers intestinaux,* lombrices intestinales.

intimation f. Intimación. ‖ DR. Citación, convocación.

intime adj. et s. Íntimo, ma.

intimé, e adj. Intimado, da. ‖ DR. Demandado, da ; citado, da ; en apelación, requerido, da.

intimer v. tr. Intimar. ‖ DR. Citar, convocar.

intimidable adj. Intimidable.

intimidant, e adj. Que intimida.

intimidateur, trice adj. Que intimida.

intimidation f. Intimidación.

intimider v. tr. Intimidar : *intimider par des menaces,* intimidar con amenazas.
— SYN. *Troubler,* turbar. *Faire peur,* asustar.

intimiste adj. Intimista (poésie).

intimité f. Intimidad.

intitulé, e m. Título (d'un livre), encabezamiento (d'une lettre). ‖ Titular (d'un compte). ‖ *Intitulé d'inventaire,* relación de interesados.

intituler v. tr. Titular, intitular.
— V. pr. Titularse, intitularse.

intolérable adj. Intolerable, inaguantable.

intolérance f. Intolerancia.

intolérant, e adj. et s. Intolerante.

intolérantisme m. (P. us.). Intolerantismo.

intonation f. Entonación.

intouchable adj. et s. Intocable ; intangible.
— M. pl. Parias (secte).

intoxicant, e adj. Tóxico, ca.

intoxication f. Intoxicación.

intoxiqué, e adj. et s. Intoxicado, da.

intoxiquer v. tr. Intoxicar.

intra-atomique adj. Intraatómico, ca.

intracellulaire adj. Intracelular.

intradermique adj. Intradérmico, ca.

intrados [ɛ̃trado] m. ARCHIT. et AVIAT. Intradós.

intraduisible adj. Intraducible.

intraitable adj. Intratable. ‖ ● Intransigente. ‖ Inflexible.
— SYN. ● *Intransigeant,* intransigente. *Irréductible,* irreductible.

intra-muros [ɛ̃tramyros] loc. adv. lat. Intramuros.

intramusculaire adj. Intramuscular.

intransférable adj. Intransferible.

intransigeance [ɛ̃trɑ̃ziʒɑ̃:s] f. Intransigencia.

intransigeant, e [-ʒɑ̃, ɑ̃:t] adj. et s. Intransigente.

intransitif, ive adj. et s. m. Intransitivo, va.

intransmissible adj. Intransmisible.

intransportable adj. Intransportable.

intrant m. Delegado para la elección del rector de la Universidad de París.

intranucléaire adj. Intranuclear.

intraveineux, euse adj. Intravenoso, sa.
— F. Inyección intravenosa.

intrépide adj. et s. Intrépido, da.

intrépidité f. Intrepidez.

intrigant, e adj. et s. Intrigante.
— SYN. *Arriviste,* arribista, arrivista. *Aventurier,* aventurero. *Condottiere,* condotiero. *Faiseur,* intrigante.

intrigue f. ● Intriga : *intrigues de palais,* intrigas palaciegas ; *nouer des intrigues,* tramar intrigas. ‖ Amorío, *m.* : *avoir une intrigue avec,* tener amoríos con. ‖ *Comédie d'intrigue,* comedia de enredo.
— SYN. ● *Agissements,* conducta, acción. *Menées,* manejos. *Pratiques,* prácticas. *Machinations,* maquinaciones.

Manœuvres, maniobras. *Manèges,* manejos. *Manigances,* tejemaneje. *Cabale,* cábala.

intriguer v. intr. Intrigar.
— V. tr. Intrigar, preocupar (inquiéter). ‖ *Intriguer quelqu'un,* excitar, despertar la curiosidad de alguno.

intrinsèque adj. Intrínseco, ca.

introducteur, trice adj. et s. Introductor, ra : *introducteur des ambassadeurs,* introductor de embajadores.

introductif, ive adj. Introductorio, ria ; introductivo, va.

introduction f. Introducción. ‖ Presentación (d'une personne). ‖ DR. Presentación (d'une demande). ‖ *Lettre d'introduction,* carta de presentación.

introductoire adj. Introductorio, ria.

introduire* v. tr. ● Introducir. ‖ Presentar (une personne).
— V. pr. Introducirse.
— SYN. ● *Glisser,* deslizar. *Insérer,* insertar. *Inclure,* incluir. *Encarter,* encartar. *Fam. Fourrer,* meter.

introït [ɛ̃trɔit] m. Introito (messe).

intromission f. Intromisión.

intronisation f. Entronización, entronizamiento, *m.*

introniser v. tr. Entronizar.

introspection f. Introspección.

introuvable adj. Que no se puede encontrar, imposible de encontrar.

introversion f. Introversión.

introverti, e adj. et s. Introvertido, da.

intrus, e [ɛ̃try, y:z] adj. et s. Intruso, sa.

intrusion f. Intrusión.

intubation f. Entubado, *m.,* intubación.

intuitif, ive adj. et s. Intuitivo, va.

intuition f. Intuición.

intuitionnisme m. Intuicionismo.

intumescence f. Intumescencia, hinchazón (enflure).

intumescent, e [ɛ̃tymɛssɑ̃, ɑ̃:t] adj. Intumescente.

intussusception f. BIOL. Intususcepción.

inule f. BOT. Ínula, énula, beleño, *m.*

inuline f. CHIM. Inulina.

inusable adj. Que no se puede desgastar *ou* romper con el uso.

inusité, e adj. Inusitado, da ; desusado, da.

inutile adj. et s. Inútil. ‖ *Inutile de vous dire que* huelga decirle que, ni que decir tengo que.
— SYN. *Vain,* vano. *Superflu,* superfluo. *Oiseux,* ocioso

inutilisable adj. Inutilizable, inservible.

inutiliser v. tr. Inutilizar.

inutilité f. Inutilidad.

invagination f. MÉD. Invaginación.

invaginer v. tr. Invaginar.
— V. pr. Invaginarse.

invaincu, e [ɛ̃vɛ̃ky] adj. Invicto, ta.

invalidation f. Invalidación.

invalide adj. et s. Inválido, da.

invalider v. tr. Invalidar. ‖ *Invalider un député* anular la elección de un diputado.

invalidité f. Invalidez. ‖ Nulidad (d'un acte).

invar m. Invar (métal).

invariable adj. Invariable.

invariabilité f. Invariabilidad.

invariant m. PHYS. Invariante.

invasion f. Invasión.

invective f. Invectiva.

invectiver v. tr. et intr. Increpar, denostar, deci invectivas : *invectiver quelqu'un* o *contre que qu'un,* decir invectivas a *ou* contra alguien.
— SYN. *Tempêter,* echar chispas. *Tonner,* tronar. *Far Pester,* echar pestes, recriminar. *Fulminer,* fulminar.

invendable adj. Invendible.

invendu, e adj. Sin vender, no vendido, invendido, da.
— M. Artículo sin vender.
invengé, e adj. No vengado, da.
inventaire m. Inventario. ‖ — *Bénéfice d'inventaire*, beneficio de inventario. ‖ *Vente après inventaire*, venta postbalance. ‖ — *Sous bénéfice d'inventaire*, a beneficio de inventario. ‖ — *Dresser, faire l'inventaire*, hacer el inventario.
inventer v. tr. Inventar. ‖ *Il n'a pas inventé la poudre* o *le fil à couper le beurre*, no inventó la pólvora, es el que asó la manteca.
— SYN. *Imaginer*, imaginar, idear. *Découvrir*, descubrir. *Trouver*, hallar, encontrar. *Forger*, forjar. *Fabriquer*, fabricar. *Fam. Broder*, ampliar, embellecer.
inventeur, trice m. et f. Inventor, ra. ‖ Descubridor, ra (qui découvre).
inventif, ive adj. Inventivo, va.
invention f. Invención, invento, *m.* ‖ Descubrimiento, *m.* (découverte). ‖ *Invention de la Sainte Croix*, Invención de la Santa Cruz. ‖ — *Brevet d'invention*, patente de invención.
inventorier* v. tr. Hacer inventario, inventariar.
invérifiable adj. Incomprobable, que no puede comprobarse.
— OBSERV. *Vérificar*, en espagnol, a surtout le sens d' « effectuer ».
inversable adj. Que no puede volcarse.
inverse adj. Inverso, sa ; contrario, ria. ‖ *En sens inverse*, en sentido opuesto.
— M. Lo contrario, lo inverso. ‖ — *À l'inverse*, a la inversa, al revés, al contrario. ‖ *Faire l'inverse*, hacer lo contrario.
inverser v. tr. Invertir.
inverseur m. PHYS. Inversor.
inversif, ive adj. Inversivo, va.
inversion f. Inversión.
invertébré, e adj. et s. m. ZOOL. Invertebrado, da.
inverti, e adj. Dícese del azúcar transformado en glucosa.
— M. Invertido, homosexual.
invertine f. CHIM. Invertina (sucrase).
invertir v. tr. Invertir.
— OBSERV. En francés no tiene el sentido de « emplear fondos ».
investigateur, trice adj. et s. Investigador, ra.
investigation f. Investigación (recherche).
investir v. tr. Investir, conferir (une dignité). ‖ Invertir, colocar, emplear (placer des fonds). ‖ FIG. Conceder, otorgar (de la confiance). ‖ MAR. Bloquear (un port). ‖ MIL. Cercar, sitiar (siéger).
investissement m. Inversión, *f.*, colocación, *f.* (placement de fonds). ‖ MIL. Cerco, sitio (d'une place).
investiture f. Investidura, toma de posesión.
invétéré, e adj. Inveterado, da ; empedernido, da.
invétérer (s')* v. pr. Echar raíces, arraigar, inveterarse : *laisser s'invétérer une mauvaise habitude*, dejar que arraigue una mala costumbre.
invincibilité f. Invencibilidad.
invincible adj. Invencible : *l'Invincible Armada*, la Armada Invencible. ‖ Irrefutable : *argument invincible*, argumento irrefutable.
inviolabilité f. Inviolabilidad.
inviolable adj. Inviolable.
inviolé, e adj. Inviolado, da.
invisibilité f. Invisibilidad.
invisible adj. Invisible.
invitant, e adj. Que invita, que convida.
invitation f. Invitación. ‖ Convite, *m.* (à un repas).
invitatoire m. ECCLÉS. Invitatorio (antienne).
invite [ɛ̃vit] f. Envite, *m.* (jeux). ‖ FIG. Indirecta, apelación (incitation).
invité, e adj. et s. Invitado, da ; convidado, da (à un repas).
inviter v. tr. Invitar, convidar (à un repas). ‖

Sacar, invitar : *inviter à danser*, sacar a bailar. ‖ FIG. Incitar, invitar. ‖ *Je vous invite à vous taire*, le ruego que se calle.
— V. intr. Envidar, hacer un envite (jeux).
— SYN. *Prier de*, rogar que, suplicar que. *Engager*, invitar, convidar. *Induire*, inducir. *Convier*, convidar.
inviteur, euse adj. et s. Invitante.
invivable adj. Insoportable.
invocateur, trice adj. et s. Invocador, ra.
invocation f. Invocación. ‖ Advocación : *sous l'invocation de la Vierge*, bajo la advocación de la Virgen.
invocatoire adj. Invocatorio, ria.
involontaire adj. Involuntario, ria.
involucelle m. BOT. Involucro pequeño.
involucre m. BOT. Involucro.
involucré, e adj. Involucrado, da.
involuté, e adj. BOT. Arrollado, da.
involution f. Embrollo, *m.*, enredo, *m.* (embarras). ‖ BOT. Arrollamiento, *m.* ‖ MÉD. Involución.
invoquer v. tr. Invocar.
invraisemblable adj. Inverosímil. ‖ *C'est invraisemblable que...*, parece mentira que...
— SYN. *Inimaginable*, inimaginable. *Incroyable*, increíble. *Inouï*, inaudito. *Paradoxal*, paradójico. *Rocambolesque*, fantástico. *Ébouriffant*, espeluznante.
invraisemblance f. Inverosimilitud.
invulnérabilité f. Invulnerabilidad.
invulnérable adj. Invulnerable.
iodate m. CHIM. Yodato.
iode m. CHIM. Yodo (métalloïde).
iodé, e adj. CHIM. Yodado, da.
ioder v. tr. Dar yodo, yodar.
iodhydrique adj. m. CHIM. Yodhídrico (acide).
iodique adj. m. CHIM. Yódico (acide).
iodisme m. MÉD. Intoxicación (*f.*) por el yodo.
iodoforme m. MÉD. Yodoformo.
iodure m. CHIM. Yoduro.
ioduré, e adj. CHIM. Yodurado, da.
ion [jɔ̃] m. CHIM. Ion.
Ionie n. pr. f. GÉOGR. Jonia, *f.*
ionien, enne adj. et s. Jonio, nia ; jónico, ca.
ionique adj. Jónico, ca. ‖ Iónico, ca (des ions).
ionisation f. CHIM. Ionización (électrolyse).
ioniser v. tr. Ionizar.
ionone f. CHIM. Ionona.
ionomètre m. Ionómetro.
ionosphère f. Ionosfera.
iota m. Iota, *f.* (lettre grecque). ‖ FIG. et FAM. Ápice : *il n'y manque pas un iota*, no le falta un ápice.
iotacisme m. GRAMM. Iotacismo.
iouler ou **jodler** v. intr. Cantar haciendo gorgoritos como los tiroleses.
ipéca ou **ipécacuana** m. Ipecacuana, *f.* (plante).
Iphigénie n. pr. f. Ifigenia.
ipomée f. BOT. Campanillas, *pl.*
ipso facto loc. lat. Ipso facto.
ipso jure [ipsoʒyre] loc. lat. Ipso jure.
Ipsus [ipsys] n. pr. m. GÉOGR. Ipso.
iradé m. Iradé (décret du sultan).
Iraq ou **Irak** n. pr. m. GÉOGR. Irak, Iraq.
iraqien, enne ou **irakien** adj. et s. Iraqués, esa ; iraquí.
Iran n. pr. m. GÉOGR. Irán.
iranien, enne adj. et s. Iranio, nia ; iraniano, na (persan). ‖ Iraní (de l'État actuel).
irascibilité f. Irascibilidad, iracundia.
irascible adj. Irascible, iracundo, da.
ire [iːr] f. Ira (colère).
— OBSERV. En francés *ire* pertenece a la lengua poética.
Irène n. pr. f. Irene.
Irénée n. pr. m. Ireneo.
iridacées f. pl. BOT. Iridáceas.
iridectomie f. MÉD. Iridectomía.
iridescent, e adj. Iridescente.

iridié, e adj. Iridiado, da.
iridium [iridjɔm] m. Iridio (métal).
iris [iris] m. Iris, arco iris (arc-en-ciel). ‖ ANAT. Iris (de l'œil). ‖ BOT. Lirio (plante). ‖ — *Iris sauvage,* lirio hediondo. ‖ — PHOT. *Diaphragme iris,* diafragma de iris.
irisable adj. Que puede irisarse.
irisation f. Irisación.
irisé, e adj. Irisado, da.
iriser v. tr. Irisar.
iritis [iritis] f. MÉD. Iritis (inflammation de l'iris).
irlandais, e adj. et s. Irlandés, esa.
Irlande n. pr. f. GÉOGR. Irlanda.
irone f. CHIM. Irona (essence d'iris).
ironie f. Ironía.
ironique adj. Irónico, ca.
ironiser v. intr. Ironizar, mostrar ironía.
ironiste m. et f. Ironista (personne ironique).
iroquois, e [irɔkwa, wa:z] adj. et s. Iroqués, esa. ‖ FAM. Salvaje, bárbaro, ra ; excéntrico, ca. ‖ (Vx) *C'est de l'iroquois,* eso es chino *ou* griego.
irraccommodable adj. Incomponible, irremediable.
irrachetable [iraʃtabl] adj. Irredimible, irrescatable.
irracontable adj. Que no puede contarse.
irradiant, e adj. Irradiante.
irradiation f. Irradiación.
irradier* v. intr. et tr. Irradiar.
irraisonnable adj. Irracional : *animal irraisonnable,* animal irracional. ‖ Irrazonable : *enfant irraisonnable,* niño irrazonable.
irraisonné, e adj. No razonado, da ; irrazonable, descabellado, da.
irrationalisme m. Irracionalismo.
irrationaliste adj. et s. Irracionalista.
irrationalité f. Irracionalidad.
irrationnel, elle adj. Irracional.
irréalisable adj. Irrealizable.
irréalisme m. Irrealismo.
irréalité f. Irrealidad.
irrecevabilité f. Inadmisibilidad.
irrecevable adj. Inadmisible, inaceptable.
irréconciliable adj. Irreconciliable.
irrécouvrable adj. Irrecuperable, incobrable.
irrécupérable adj. Irrecuperable.
irrécusable adj. Irrecusable.
irrédentisme m. Irredentismo.
irrédentiste adj. et s. Irredentista.
irréductibilité f. Irreductibilidad.
irréductible adj. Irreductible : *fraction irréductible,* fracción irreductible. ‖ Irreducible : *fracture irréductible,* fractura irreducible.
irréel, elle adj. Irreal.
irréfléchi, e adj. Irreflexivo, va.
irréflexion f. Irreflexión.
irréformable adj. No reformable.
irréfragable adj. Irrefragable.
irréfrangible adj. Irrefrangible, irrefractable.
irréfutable adj. Irrefutable, irrebatible.
irrégularité f. Irregularidad.
irrégulier, ère adj. Irregular.
— M. Soldado irregular.
irréligieux, euse adj. Irreligioso, sa.
— SYN. *Incrédule,* incrédulo. *Athée,* ateo. *Libre penseur,* librepensador. *Mécréant,* descreído. *Libertin,* libertino. *Antireligieux,* antirreligioso. *Impie,* impío.
irréligion f. Irreligión.
irréligiosité f. Irreligiosidad.
irrémédiable adj. Irremediable.
irrémissible adj. Irremisible.
irremplaçable adj. Irreemplazable, irremplazable, insustituible.
irréparable adj. Irreparable.
irrépréhensible [ir(r)epreɑ̃sibl] adj. Irreprensible.

irrépressible adj. Irreprimible, que no se puede reprimir.
irréprimable adj. Irreprimible.
irréprochable adj. Irreprochable, intachable.
— SYN. *Irrépréhensible,* irreprensible. *Impeccable,* impecable.
irrésistible adj. Irresistible.
irrésolu, e adj. Irresoluto, ta ; irresuelto, ta. ‖ No resuelto, ta (problème, question, etc.).
irrésolution f. Irresolución.
irrespect [irrɛspɛ] m. Falta (*f.*) de respeto, irreverencia, *f.*
irrespectueux, euse [-pɛktɥø, ø:z] adj. Irrespetuoso, sa.
irrespirable adj. Irrespirable.
irresponsabilité f. Irresponsabilidad.
irresponsable adj. Irresponsable.
irrétractable adj. Que no puede retractarse.
irrétrécissable [irretresisabl] adj. Inencogible, que no puede encoger.
irrévélé, e adj. Irrevelado, da ; no revelado.
irrévérence f. Irreverencia.
irrévérencieux, euse adj. Irreverente. ‖ Irrespetuoso, sa.
irrévérent, e adj. Irreverente.
irréversible adj. Irreversible.
irrévocabilité f. Irrevocabilidad.
irrévocable adj. Irrevocable.
irrévocablement adv. Improrrogablemente, irrevocablemente.
irrigable adj. Irrigable, regable, de regadío : *terres irrigables,* tierras de regadío.
irrigateur m. Irrigador, regadera, *f.* (pompe). ‖ MÉD. Irrigador, lavativa, *f.*
irrigation f. Irrigación. ‖ Riego (jardin).
irriguer v. tr. Irrigar, regar. ‖ *Culture de terrains non irrigués,* cultivo de secano.
irritabilité f. Irritabilidad.
irritable adj. Irritable.
irritant, e adj. Irritante. ‖ DR. Anulador, ra (qui annule).
irritatif, ive adj. Que irrita, irritante.
irritation f. Irritación.
irriter v. tr. Irritar.
— V. pr. Irritarse. ‖ — *S'irriter contre,* irritarse con *ou* contra. ‖ *S'irriter de,* irritarse con *ou* por.
— SYN. *Exacerber,* exacerbar. *Exaspérer,* exasperar. *Horripiler,* horripilar.
irroration f. Exposición al rocío, al riego.
irruption f. Irrupción. ‖ *Faire irruption dans,* irrumpir en.
Isaac n. pr. m. Isaac.
Isabeau n. pr. f. (Vx). Isabel.
isabelle adj. et s. Isabelino, na ; de color blanco amarillento. ‖ Bayo, overo (cheval).
Isabelle n. pr. f. Isabel.
isagoge m. Isagoge, *f.,* introducción, *f.*
Isaïe [izai] n. pr. m. Isaías.
isallobare f. Isalobara.
isard [iza:r] m. ZOOL. Gamuza, *f.,* rebeco, bicerra, *f.,* sarrio (chamois).
isatis [izatis] m. Zorro azul (renard bleu). ‖ BOT. Glasto (pastel).
Isaure n. pr. f. Isaura.
isaurien, enne adj. et s. Isáurico, ca.
isba f. Isba, choza rusa.
ischémie [iskemi] f. MÉD. Isquemia.
ischiatique [iskjatik] adj. Isquiático, ca.
ischion [iskjɔ̃] m. ANAT. Isquion (os).
Iseult [izø] n. pr. f. Isolda, Iseo.
isiaque adj. Isiaco, ca (d'Isis).
Isidore n. pr. m. Isidoro (de Saint Isidore de Séville). ‖ Isidro (du saint laboureur patron de Madrid).
Isis [izis] n. pr. f. Isis.
islam [islam] m. Islam.

islamique adj. Islámico, ca.
islamisation f. Islamización.
islamisme m. Islamismo.
islandais, e adj. et s. Islandés, esa ; islándico, ca.
Islande n. pr. f. GÉOGR. Islandia.
Ismaël n. pr. m. Ismael.
ismaélite adj. et s. Ismaelita.
isobare adj. Isobárico, ca (de même pression baro-métrique) : *lignes isobares,* líneas isobáricas.
— F. Isobara, línea isobárica.
isobarique adj. Isobárico, ca.
isobathe adj. et s. f. Isobata.
isocarène adj. Isocarenado, da.
isocèle adj. GÉOM. Isósceles.
isocélie f. Carácter (*m.*) del triángulo isósceles, isoscelismo, *m.*
isochimène [izokimɛːn] adj. Isoquímeno, na.
— F. Línea isoquímena.
isochromatique adj. Isocromático, ca.
isochrone adj. Isócrono, na (de même durée) : *oscillations isochrones,* oscilaciones isócronas.
isochronique adj. Isocrónico, ca.
isochronisme m. Isocronismo.
isoclinal, e adj. Isoclino, na.
isocline adj. Isoclino, na (de même inclination).
Isocrate n. pr. m. Isócrates.
isodactyle adj. Isodáctilo, la.
isodynamie f. Isodinamia.
isodynamique adj. Isodinámico, ca.
isoédrique adj. Isoédrico, ca (à faces égales).
isogame adj. BOT. Isógamo, ma.
isogamie f. BOT. Isogamia.
isoglosse adj. Isogloso, sa (langue).
isogone adj. Isógono, na (à angles égaux).
isohyète adj. Isohieta (d'égale pluviosité).
— F. Línea isohieta.
isoïonique adj. Con la misma cantidad de iones.
isolable adj. Aislable.
isolant, e adj. et s. m. Aislador, ra ; aislante. || *Langue isolante,* lengua monosilábica.
isolateur, trice adj. et s. m. Aislador, ra.
isolation f. Aislamiento, *m.*
isolationnisme m. Aislacionismo.
isolationniste adj. et s. Aislacionista.
isolé, e adj. Aislado, da.
— SYN. *Écarté,* apartado *Retiré,* retirado.
isolement [izolmã] m. Aislamiento. || Aparta-miento : *le « splendide isolement »,* el « esplén-dido aislamiento ».
isoler v. tr. Aislar.
— V. pr. Apartarse.
isoloir m. Aislador. || Cabina (*f.*) electoral [para preparar el boletín de voto].
isomère adj. et s. m. CHIM. Isómero, ra.
isomérie f. CHIM. Isomería.
isomérique adj. Isomérico, ca.
isomérisation f. Isomerización.
isométrique adj. Isométrico, ca.
isomorphe adj. CHIM. Isomorfo, fa.
isomorphisme m. Isomorfismo.
isonomie f. CHIM. Isonomía.
isopérimètre adj. Isoperímetro, tra.
isopode adj. et s. m. ZOOL. Isópodo, da.
isostasie f. Isostasia.
isostatique adj. Isostático, ca.
isotherme adj. et s. f. Isotermo, ma (de même température). || *Wagon isotherme,* vagón isotér-mico (à température constante).
isotonie f. CHIM. Isotonía.
isotonique adj. Isotónico, ca.
isotope adj. et s. m. Isótopo.
isotrope adj. et s. m. Isótropo, pa.
isotropie f. BOT. et PHYS. Isotropía.
isotropique adj. Isotrópico, ca.
Israël [israɛl] n. pr. m. GÉOGR. Israel.
israélien, enne [israeljɛ̃, jɛn] adj. et s. Israelí.

israélite [-lit] adj. et s. Israelita.
— SYN. *Hébreu,* hebreo. *Israélien,* israelí (habitant d'Israël). *Sémite,* semita. *Juif,* judío.
issant, e adj. BLAS. Naciente, saliente.
issu, e [isy] adj. Nacido, da ; salido, da. || Descen-diente : *elle était issue d'une noble lignée,* era descendiente de una familia linajuda. || FIG. Procedente, resultante, que proviene. || — *Cou-sins issus de germains,* primos segundos. || *Issu de sang royal,* de estirpe real.
issue f. Salida : *les issues cachées,* las salidas ocultas. || FIG. Fin, *m.,* final, *m.* : *à l'issue de la réunion,* al final de la reunión. | Resultado, *m.,* desenlace, *m.* : *l'issue d'un procès,* el resultado de un pleito. | Salida : *se ménager des issues,* procu-rarse salidas. || — Pl. Echaduras, afrecho, *m. sing.,* salvado, *m. sing.* (mouture). || Despojos, *m.* (de boucherie). || — *L'issue fatale,* el fatal desen-lace. || — *À l'issue de,* después de, al terminar, al final de.
Istanbul n. pr. GÉOGR. Estambul.
isthme [ism] m. Istmo.
isthmiques [ismik] adj. pl. Ístmicos (jeux).
Istrie n. pr. f. GÉOGR. Istria.
itague f. MAR. Ostaga (cordage).
italianisant, e m. et f. Italianista. || Italianizante.
italianiser v. tr. et intr. Italianizar.
italianisme m. Italianismo.
Italie n. pr. f. GÉOGR. Italia.
italien, enne adj. et s. Italiano, na. || *À l'italienne,* a la italiana (à la manière italienne), apaisado, da (dessin, livre, etc.).
italique adj. Itálico, ca.
— M. Itálica, *f.,* bastardilla, *f.,* cursiva, *f.* (écri-ture).
item [itɛm] adv. lat. Item, además (en outre).
itératif, ive adj. Iterativo, va (p. us.) ; reiterado, da, repetido, da.
Ithaque n. pr. f. GÉOGR. Itaca.
itinéraire adj. et s. m. Itinerario, ria.
itinérant, e adj. et s. m. Ambulante, itinerante : *ambassadeur itinérant,* embajador ambulante. || Volante : *équipes itinérantes,* équipos volantes.
itou adv. POP. También, igualmente (aussi).
iule m. Escolopendra, *f.,* yulo (mille-pattes).
ive ou **ivette** [iːv, ivɛt] f. Cobolleta.
ivoire m. Marfil. || Objeto de marfil (objet en ivoire). || — *Ivoire végétal,* marfil vegetal, corojo. || *Noir d'ivoire,* negro de marfil. || FIG. *Tour d'ivoire,* torre de marfil. || *Vieil ivoire,* marfil can-sado.
ivoirien, enne adj. et s. De la Costa de Marfil.
ivoirin, e adj. Marfileño, ña ; ebúrneo, a (poét.).
ivraie [ivrɛ] f. Cizaña (plante). || FIG. Cizaña, disensión, enemistad. || *Séparer le bon grain de l'ivraie,* separar lo bueno de lo malo.
ivre adj. ● Ebrio, a ; embriagado, da ; beodo, da (pris de boisson). || FIG. Ebrio, a ; loco, ca ; em-briagado, da : *ivre de joie,* loco de alegría. || *Ivre mort,* borracho perdido.
— SYN. ● *Soûl, saoul,* borracho, mamado (américa-nisme). *Fam. Éméché,* achispado. *Pop. Gris,* negro, tajada. *Pompette,* piripi. *Blindé,* ajumado. *Noir,* negro. *Rond,* como una cuba.
ivresse f. Embriaguez. || FIG. Arrebato, *m.,* entu-siasmo, *m.,* transporte, *m.*
— SYN. *Ébriété,* ebriedad. *Enivrement,* embriaguez, borrachera. *Pop. Cuite,* tajada, merluza.
ivrogne, esse adj. et s. Borracho, cha.
— SYN. *Alcoolique,* alcohólico, alcoholizado. *Éthylique,* etílico. *Dipsomane,* dipsómano. *Pop. Pochard, poivrot, soûlaud, soûlard,* borrachín, borracho.
ivrognerie f. Embriaguez, borrachera.
ixia ou **ixie** f. BOT. Ixia.
ixode m. Ixodes, ixoda, garrapata, *f.* (tique).
ixtle m. Istle, pita, *f.* (agave).

J

j m. J, f.

jabiru m. Jabirú, yabirú (oiseau).

jable m. Techn. Jable, gargol.

jabler v. tr. Techn. Hacer jables, ruñar.

jabloir m. ou **jabloire** f. Techn. Jabladera, f., doladera, f.

jaborandi m. Jaborandi (arbre).

jabot [ʒabo] m. Buche (des oiseaux). || Chorrera, f. (de chemise). || — Véter. *Jabot œsophagien,* papada. || Fam. *Se remplir le jabot,* llenar el buche, hincharse de comer.

jabotage m. Fam. Charla, f., habladuría, f., cotorreo (bavardage).

jaboter v. intr. et tr. Fam. Charlotear, cotorrear. || Piar (les oiseaux).

jaboteur, euse m. et f. Fam. Charlatán, ana ; parlanchín, ina.

jacamar m. Jacamar (oiseau).

jacaranda m. Jacarandá, f. (arbre).

jacasse f. Urraca (pie). || Fam. Cotorra, charlatana (bavarde).

jacassement m. Charla, f., cotorreo.

jacasser v. intr. Chirriar la urraca (la pie). || Fam. Cotorrear, parlotear (babiller).

jacasserie f. Charla, cotorreo, m.

jacée f. Cabezuela (plante).

jacent, e adj. Dr. Yacente (succession).

jachère f. Agric. Barbecho, m. : *en jachère,* en barbecho.

— Syn. *Guéret,* barbecho, rastrojo. *Friche,* erial.

jachérer* v. tr. Agric. Barbechar.

jacinthe [ʒasɛ̃:t] f. Jacinto, m. (plante). || Jacinto, m. (pierre précieuse).

jack m. Techn. Conmutador telefónico.

Jacob [ʒakɔb] n. pr. m. Jacob.

jacobée f. Bot. Hierba cana (séneçon).

jacobin, e adj. et s. Jacobino, na [en la Revolución francesa]. || (Vx). Dominico, ca.

jacobinisme m. Jacobinismo.

Jacobite m. et f. Jacobita.

jaconas [ʒakɔna] m. Chaconada, f. (étoffe).

jacquard [ʒakaːr] m. Techn. Telar de Jacquard (métier).

Jacqueline f. Vasija en forma de figurita.

Jacqueline n. pr. f. Jacoba (p. us.).

jacquerie f. Motín, m., levantamiento (m.) de campesinos [en recuerdo de una rebelión de los campesinos de la Isla de Francia contra la nobleza en 1358].

Jacques [ʒak] n. pr. m. Santiago, Jacobo, Jaime, Diego. || Fam. *Faire le Jacques,* hacer el tonto.

— Observ. *Santiago* (de Sant Yago) et *Diego* sont les noms usuels en espagnol ; *Jaime* s'emploie surtout en Aragon, en Catalogne et aux Baléares ; *Jacobo* désigne plus particulièrement les rois d'Écosse. Seul le mot *Jacobo* a un féminin en espagnol (*Jacoba*). *Yago* ne s'applique qu'au personnage d'Othello, de Shakespeare. Saint Jacques se dit *Santiago.*

Jacques Bonhomme m. Fam. El campesino, el pueblo.

jacquet [ʒakɛ] m. Chaquete (jeu). || Zool. Ardilla, f. (écureuil).

jacquier ou **jaquier** m. Bot. Árbol del pan.

Jacquot ou **Jaquot** [ʒako] m. (dim. fam. de *Jacques*). Santiaguito. || Papagayo gris de África (perroquet gris). || Fam. Loro, papagayo (perroquet).

jactance f. Jactancia.

jacter v. intr. Pop. Rajar (parler).

jaculatoire adj. Jaculatorio, ria.

jade m. Jade (pierre).

jadis [ʒadis] adv. Antiguamente, antaño. || *Au temps jadis,* en otro tiempo, en tiempos lejanos.

Jaffa n. pr. Géogr. Jafa.

jaguar [ʒagwaːr] m. Zool. Jaguar, yaguar.

jaillir [ʒajiːr] v. intr. ● Brotar (sourdre). || Saltar : *des étincelles jaillirent,* saltaron, chispas. || Fig. Desprenderse (se dégager).

— Syn. ● *Rejaillir,* resaltar. *Gicler,* saltar, salpicar. *Saillir,* surtir.

jaillissant, e [-jisɑ̃, ɑ̃:t] adj. Que brota.

jaillissement [-jismɑ̃] m. Brote, surgimiento.

jais [ʒɛ] m. Min. Azabache : *noir comme du jais,* negro como el azabache.

jalap [ʒalap] m. Jalapa, f. (plante).

jale f. (P. us.). Lebrillo, m. (jatte), barreño, m. (baquet).

jalet [ʒalɛ] m. (Vx). Bodoque de ballesta.

jalon m. Jalón (topographique). || Hito : *c'est un jalon dans l'histoire,* es un hito en la historia ; *dernier jalon,* hito final. || — *Jalon-mire,* jalón de mira. || Fig. *Poser des jalons,* preparar ou abonar el terreno.

jalonnement m. Jalonamiento.

jalonner v. tr. et intr. Jalonar, amojonar. || Fig. Jalonar. | Marcar.

jalonneur m. Mojonero. || Soldado de guía (soldat).

jalousement adv. Celosamente (en amour). || Envidiosamente (envieusement).

jalouser v. tr. Envidiar, tener envidia de (être envieux) : *jalouser quelqu'un,* tener envidia a ou de uno.

jalousie f. Celos, m. pl. (en amour). || Envidia (envie) : *la jalousie le ronge,* la envidia le carcome. || Celosía, persiana (persienne).

jaloux, ouse [ʒalu, uːz] adj. Celoso, sa (en amour). || Envidioso, sa (envieux). || Ansioso, sa ; deseoso, sa (désireux de). || *Être jaloux,* estar celoso, tener celos. || *Rendre jaloux,* dar celos (amour), provocar la envidia, dar envidia (envie).

Jamaïque n. pr. f. Géogr. Jamaica.

jamais [ʒamɛ] adv. Nunca, jamás : *je ne l'ai jamais vu,* no le he visto nunca ou jamás le he visto. || — *Jamais de la vie,* nunca jamás. || *Jamais deux sans trois,* no hay dos sin tres. ||

À jamais o *pour jamais,* para siempre. ‖ *À tout jamais,* por *ou* para siempre, para siempre jamás. ‖ *Au grand jamais,* nunca jamás, jamás de los jamases. ‖ *Si jamais...,* si algún día... : *si jamais tu le rencontres,* si algún día le encuentras ; como : *si jamais tu recommences!,* ¡como lo hagas otra vez!‖ — *Mieux vaut tard que jamais,* más vale tarde que nunca.

jambage m. Jamba, *f.* (de cheminée). ‖ Palo, trazo (de lettre). ‖ TECHN. Jamba, *f.,* montante (montant).

jambart [ʒãba:r] m. Canillera, *f.*

jambe f. ● ANAT. Pierna. ‖ Pernil, *m.* (de pantalon). ‖ ARCHIT. Jamba. ‖ — *Jambe de bois,* pata de palo. ‖ *Jambe de force,* jabalcón. ‖ *Jambe d'une maille,* hilo de una malla. ‖ — *À toutes jambes,* a todo correr. ‖ *Jambe decà, jambe delà,* a horcajadas. ‖ *Par-dessous la jambe,* sin cuidado, a lo loco, al desgaire, a lo que salga, por las buenas. ‖ — *Cela donne des jambes,* esto da fuerzas para andar. ‖ *Cela lui fait une belle jambe,* valiente negocio, ¡pues si que le sirve de mucho!, ¿de qué le sirve? ‖ *Prendre ses jambes à son cou* o *jouer des jambes,* tomar las de Villadiego, poner pies en polvorosa. ‖ *Tenir la jambe,* dar la lata. ‖ *Tirer dans les jambes de quelqu'un,* echar la zancadilla a alguien. ‖ *Traiter quelqu'un par-dessous la jambe,* mirar a uno por encima del hombro.
— SYN. ● *Patte,* pata. *Guibole,* zanca. *Fam. Quille,* zanca. *Flûte,* camilla.

jambé, e adj. *Bien, mal jambé,* que tiene las piernas bien, mal hechas.

jambette f. Piernecita (petite jambe). ‖ Zancadilla (croc-en-jambe). ‖ Cortaplumas, *m.* (couteau). ‖ ARCHIT. Péndola.

jambier, ère adj. ANAT. De la pierna.
— F. Canillera, greba (armure). ‖ Polaina (guêtre).

jambon m. Jamón : *jambon de montagne, de pays,* jamón serrano. ‖ POP. Mandolina, *f.*

jambonneau m. Codillo de jamón, lacón. ‖ Perna, *f.* (mollusque). ‖ POP. Guitarra, *f.*

jamboree [djãbɔri] m. Jamboree, reunión (*f.*) internacional de exploradores.

jambose f. Pomarrosa (fruit).

jambosier ou **jamerosier** m. Yambo (arbre).

jan m. Tablero (table de trictrac). ‖ Lance (coup au jeu). ‖ BOT. Aulaga, *f.* (ajonc).

jangada f. Jangada (bateau).

janissaire m. Jenízaro (soldat turc).

janotisme m. Anfibología, *f.* (phrase vicieuse).

jansénisme m. Jansenismo.

janséniste adj. et s. Jansenista. ‖ — Adj. En pasta : *reliure janséniste,* encuadernación en pasta.

jante f. Llanta.

jantille [ʒãti:j] f. Álabe, *m.* (d'une roue hydraulique).

Janus [ʒanys] n. pr. m. Jano.

janvier m. Enero.

Japhet [ʒafɛ] n. pr. m. Jafet.

japhétique adj. Jafético, ca.

japon m. Porcelana (*f.*) japonesa (porcelaine). ‖ Papel japonés (papier). ‖ Marfil japonés (ivoire).

Japon n. pr. m. GÉOGR. Japón.

japonais, e adj. et s. Japonés, esa.

japonerie ou **japonaiserie** f. Objeto (*m.*) del Japón.

japonisme m. Afición (*f.*) a lo japonés.

japoniste m. Aficionado a los objetos artísticos del Japón.

jappage m. Ladrido, gañido.

jappant, e adj. Ladrador.

jappement m. Ladrido, gañido.

japper v. intr. Ladrar, gañir.

jappeur, euse adj. Ladrador, ra. ‖ FIG. Chillón, ona.

jaque m. (P. us.). Jaco, *m.* (justaucorps).

jaquemart [ʒakma:r] m. Autómata que da la hora en algunos relojes. ‖ Juguete de herreros (jouet).

jaquette f. Chaqué, *m.* (d'homme). ‖ Chaqueta (de dame). ‖ Sobrecubierta, forro (*m.*) ilustrado (d'un livre).

jaquier m. BOT. Árbol del pan.

jar, jard ou **jarre** m. Arena (*f.*) guijosa de los ríos.

jar ou **jars** m. POP. Germanía, *f.* (argot).

jarde f. ou **jardon** m. VÉTÉR. Lerdón, *m.*

jardin m. Jardín (de fleurs), huerto (potager). ‖ FIG. Región (*f.*) fértil. ‖ THÉÂTR. Derecha del actor en el escenario. ‖ — *Jardin d'enfants,* colegio de párvulos. ‖ *Jardin des plantes,* jardín botánico. ‖ *Jardin d'hiver,* invernadero. ‖ *Jardin fruitier* ou *verger,* huerto, vergel. ‖ *Jardin potager,* huerto, huerta. ‖ *Jardin suspendu,* jardín colgante, pensil.

jardinage m. Jardinería, *f.* (art), horticultura, *f.* ‖ Hortalizas, *f. pl.* (légumes). ‖ Jardín (des émeraudes). ‖ Mancha, *f.* (des diamants).

jardiner v. intr. Entretenerse trabajando en jardinería.
— V. tr. *Jardiner un bois,* escamondar un bosque.

jardinet [ʒardinɛ] m. Jardinillo (de fleurs). ‖ Huertecillo (potager).

jardineux, euse adj. Que tiene manchas *ou* jardines (pierres précieuses).

jardinier, ère m. et f. Jardinero, ra (fleuriste). ‖ Hortelano, na (maraîcher).
— Adj. Del jardín. ‖ Hortense, hortelano, na.

jardinière f. Jardinera, macetero, *m.* (meuble). ‖ Menestra, macedonia de legumbres (mets). ‖ Carro (*m.*) de los hortelanos (véhicule). ‖ ZOOL. Cárabo, *m.,* escarabajo (*m.*) dorado.

jardiniste m. ARCHIT. Dibujante de jardines.

jargon m. Jerga, *f.,* jerigonza, *f.* ‖ Argot : *jargon médical,* argot médico. ‖ MIN. Jergón (diamant jaune).

jargonner v. intr. FAM. Hablar en jerga. ‖ Graznar [el ganso].

jarnac (coup de) [kudə ʒarnak] m. Cuchillada (*f.*) traidora, puñalada (*f.*) trapera.

jarni!, jarnibleu!, jarnicoton!, jarnidieu! interj. (abreviación de *je renie...* reniego de). ¡Voto a Dios!, ¡voto a bríos!

jarosse f. BOT. Arveja.

jarre j. Jarra, tinaja (vase). ‖ — M. Lana churra, *f.* (poil).

jarret m. Corva, *f.* (de l'homme). ‖ Jarrete, corva, *f.,* corvejón (de l'animal). ‖ CONSTR. Pandeo, comba, *f.* (saillie). ‖ — *Avoir du jarret,* tener buenas piernas. ‖ *Couper les jarrets,* desjarretar.

jarreté, e adj. Estrecho de corvejones. ‖ CONSTR. Pandeado.

jarretelle [ʒartɛl] f. Liga.

jarreter v. intr. CONSTR. Hacer pandeos.

jarretière f. Liga, jarretera (pour les bas). ‖ Jarretera (ordre anglais).

jars [ʒa:r] m. Ganso, ánsar (oiseau).

jas [ʒɑ] m. MAR. Cepo del ancla.

jaser v. intr. Charlar, parlotear (parler). ‖ Cotillear, cotorrear (avec médisance). ‖ Cotorrear (les perroquets, etc.). ‖ FAM. Desembuchar (en justice). ‖ *Jaser à tort et à travers,* hablar a troche y moche.

jaseran m. Cadenita (*f.*) de medallas (chaîne).

jaseur, euse adj. et s. Charlatán, ana ; hablador, ra ; picotero, ra (babillard). ‖ FIG. Murmurador, ra (l'eau).

jasmin m. Jazmín (fleur).

jaspe [ʒasp] m. Jaspe (pierre). ‖ Jaspeado (livre).

jasper v. tr. Jaspear.

jaspiner v. intr. POP. Rajar, chamullar.
jaspure f. Jaspeado, *m.*, jaspeadura.
jatte f. Cuenco, *m.* (coupe).
jattée f. Cuenco, *m.* (contenu).
jauge [ʒo:ʒ] f. Cabida (capacité). ‖ Medida (mesure). ‖ Aforo, *m.* (d'un récipient). ‖ Varilla graduada, aspilla (règle graduée). ‖ Arqueo, *m.* (d'un bateau). ‖ Galga (de filetage). ‖ AGRIC. Zanja para renuevos. ‖ AUTOM. Indicador (*m.*) de nivel.
jaugeage [ʒoʒa:ʒ] m. Aforo. ‖ Arqueo (bateaux).
jauger* v. tr. Aforar. ‖ Calar (futailles). ‖ Arquear (bateaux). ‖ FIG. Calibrar, juzgar.
jaugeur m. Aforador. ‖ Arqueador.
jaumière f. MAR. Limera (du gouvernail).
jaunâtre adj. Amarillento, ta : *une lumière jaunâtre,* una luz amarillenta. ‖ Cetrino, na : *un teint jaunâtre,* una tez cetrina.
jaune adj. et s. Amarillo, lla. ‖ POP. Esquirol, rompehuelgas (briseur de grève). ‖ — *Jaune d'œuf,* yema de huevo. ‖ *Jaune paille,* pajizo, za. ‖ *Rire jaune,* reir de dientes para afuera, reir con risa de conejo.
— M. POP. Moneda (*f.*) de oro.
jaunet, ette [ʒonɛ, ɛt] adj. Amarillejo, ja ; tirando a amarillo.
jaunir v. tr. et intr. Amarillear, ponerse amarillo.
jaunissage m. Aplicación (*f.*) de amarillo.
jaunissant, e adj. Que amarillea, amarillento, ta.
jaunisse f. MÉD. Ictericia (ictère). ‖ FAM. *En faire une jaunisse,* ponerse enfermo (être contrarié).
jaunissement m. Amarilleo.
java f. Java (danse).
Java n. pr. f. GÉOGR. Java.
javanais, e adj. et s. Javanés, esa. ‖ — M. Lenguaje convencional que se forma anteponiendo a cada sílaba francesa una de las sílabas *av* o *va,* jerigonza, *f.*
javart [ʒava:r] m. VÉTÉR. Gabarro (tumeur).
javeau m. Isla (*f.*) de aluvión.
Javel (eau de) f. Lejía, hipoclorito (*m.*) de sosa usado como descolorante y desinfectante.
javelage [ʒavla:ʒ] m. AGRIC. Agavillamiento.
javeler* [-le] v. tr. AGRIC. Agavillar.
— V. intr. Amarillear las mieses agavilladas (jaunir).
javeleur m. AGRIC. Agavillador.
— F. Agavilladora (machine).
javeline f. Jabalina (dard).
javelle f. Montoncito (*m.*) de sal. ‖ AGRIC. Gavilla.
javellisation f. Esterilización del agua con lejía, con hipoclorito de sosa.
javelliser v. tr. Esterilizar el agua con lejía, con hipoclorito de sosa.
javelot [ʒavlo] m. Venablo (arme). ‖ Jabalina, *f.* (sports).
jazz [djaz] ou **jazz-band** [-band] m. Jazz, jazz band.
je pron. pers. Yo.
— OBSERV. Je se emplea solamente como elemento del grupo verbal (*je suis venu*) ; en los otros casos hay que decir *moi* (*mon père et moi serons contents de vous voir*).
— Il n'est nécessaire de traduire *je* en espagnol que si l'on veut insister.
Jean [ʒã] n. pr. m. Juan. ‖ *Jean-Baptiste,* Juan Bautista.
Jean-foutre m. FAM. Juan Lanas, mamarracho.
Jeanne [ʒan] n. pr. f. Juana.
jeannette f. Collar (*m.*) con cruz de oro. ‖ Tabla pequeña para planchar (à repasser).
Jeannette ou **Jeannine** n. pr. f. Juanita.
Jeannot [ʒano] n. pr. m. Juanito [*Amér.,* Juancito].
jectisse ou **jetisse** adj. f. Echadiza, cavadiza (terre). ‖ *Pierre jectisse,* mampuesto (construction).

jeep [dʒi:p] f. AUTOM. Jeep, *m.,* todo terreno, *m.* [*Amér.,* coche campero].
Jéhovah n. pr. m. Jehová.
jéjunum [ʒeʒynɔm] m. ANAT. Yeyuno.
je-m'en-fichisme ou **je-m'en-foutisme** m. inv. POP. Despreocupación, *f.,* indiferencia, *f.*
je-m'en-fichiste ou **je-m'en-foutiste** m. inv. POP. Viva la Virgen.
je-ne-sais-quoi [ʒənsɛkwa] m. inv. Un no sé qué.
jennérien, enne adj. Jenneriano, na.
jenny [djeni] f. Jenny, máquina de hilar algodón.
jérémiade f. Jeremiada, lloriqueo, *m.*
Jérémie n. pr. m. Jeremías.
Jéricho [ʒeriko] n. pr. GÉOGR. Jericó.
Jérôme n. pr. m. Jerónimo.
jerrican ou **jerrycan** [djerikan] m. Jerrycan, bidón cuadrangular de 20 litros para gasolina.
jersey [ʒɛrsɛ] m. Tejido de punto (tissu). ‖ Jersey (vêtement).
Jérusalem [ʒeryzalɛm] n. pr. GÉOGR. Jerusalén.
je-sais-tout m. inv. Sabelotodo, sabihondo.
jésuite adj. et s. Jesuita.
jésuitique adj. Jesuítico, ca.
jésuitisme m. Jesuitismo.
Jésus [ʒezy] m. Jesús : *le petit Jésus, l'Enfant Jésus,* el niño Jesús. ‖ Niño Jesús : *un jésus de cire,* un niño Jesús de cera. ‖ TECHN. Papel de 56 × 72 cm. ‖ *Double-jésus,* papel de 70 × 100 cm.
Jésus-Christ [ʒezykri] n. pr. m. Jesucristo.
jet [ʒɛ] m. Lanzamiento, tiro : *un jet de 55 mètres,* un lanzamiento de 55 metros (sports). ‖ Rayo, chorro (de lumière). ‖ Chorro (d'un fluide) : *jet de vapeur,* chorro de vapor. ‖ Chorro (d'un avion). ‖ Vaciado (d'un métal en fusion). ‖ Cabio bajo, travesaño inferior (d'une fenêtre). ‖ Mazarota, *f.* (masselotte). ‖ BOT. Vástago, retoño. ‖ MAR. Echazón, *f.* ‖ — *Jet d'eau,* surtidor. ‖ *Jet de filet,* redada. ‖ — *Arme de jet,* arma arrojadiza. ‖ *Premier jet,* bosquejo (peinture). ‖ — *À un jet de pierre,* a tiro de piedra. ‖ *D'un seul jet,* de un tirón, de una sola vez. ‖ *Du premier jet,* del primer golpe, de primera mano.
jet m. Avión de reacción, reactor.
jetage m. VÉTÉR. Moquillo, muermo.
jeté, e adj. Echado, da. ‖ Tirado, da (lancé). ‖ Tirado, da (gaspillé).
— M. Tejido de lado (danse). ‖ Tapete (de table). ‖ Tierra, *f.* (haltères).
jetée f. Escollera, espigón, *m.,* muelle, *m.,* malecón, *m.*
jeter* v. tr. Echar : *jeter les bras autour du cou de quelqu'un,* echar los brazos al cuello de alguien ; *jeter un regard de haine,* echar una mirada de odio. ‖ ● Tirar : *jeter une pierre,* tirar una piedra ; *jeter par o à terre,* tirar al suelo. ‖ Lanzar (lancer). ‖ Echar, poner (mettre). ‖ Emitir, lanzar (émettre). ‖ Tirar (se débarrasser de). ‖ Echar (des bourgeons). ‖ Poner en : *jeter dans l'embarras,* poner en un apuro. ‖ Meter : *jeter en prison,* meter en la cárcel. ‖ Dar, soltar, emitir : *jeter un cri,* dar un grito. ‖ Echar, hacer, poner : *jeter les fondements d'une maison,* poner los cimientos de una casa. ‖ Construir, tender (un pont). ‖ Echar, tender (des filets). ‖ FIG. Infundir, hacer nacer, inspirar : *une nouvelle qui nous jette dans la joie,* una noticia que nos infunde alegría. ‖ Echar, sentar (les bases). ‖ Llevar (conduire). ‖ *Jeter à la figure, à la face, au nez,* echar en cara. ‖ FIG. *Jeter à la tête de quelqu'un,* meter por los ojos a alguien. ‖ *Jeter bas,* echar abajo, derribar. ‖ *Jeter de la poudre aux yeux,* engañar con falsas apariencias, deslumbrar. ‖ *Jeter de l'huile sur le feu,* echar leña al fuego. ‖ MAR. *Jeter l'ancre,* echar el ancla, anclar, fondear. ‖ *Jeter l'argent par les fenêtres,* tirar el dinero por la ventana, tirar *ou* despilfarrar el dinero. ‖ *Jeter les hauts*

cris, poner el grito en el cielo. ‖ *Jeter un coup d'œil*, echar un vistazo, una ojeada.
— V. pr. Tirarse, arrojarse, echarse. ‖ Desembocar (un *fleuve*). ‖ FIG. Meterse (s'engager). ‖ *Se jeter à la tête de quelqu'un*, insinuarse (faire des avances).
— SYN. ● *Lancer*, lanzar. *Projecter*, proyectar. *Flanquer*, tirar. *Précipiter*, precipitar. *Rejeter*, echar, desechar.

jeteur, euse m. et s. Echador, ra. ‖ *Jeteur de sort*, brujo, hechicero.

jeton m. Ficha, *f.* (jeux). ‖ Ficha, *f.* (du téléphone). ‖ — *Jeton de présence*, ficha de asistencia. ‖ — FAM. *Faux comme un jeton*, más falso que Judas. ‖ *Faux jeton*, hipócrita. ‖ *Vieux jeton*, vejestorio, anciano decrépito.

jeu m. Juego. ‖ Juego, surtido completo : *un jeu de clés*, un juego de llaves. ‖ Juego (mouvement). ‖ Juego, holgura, *f.* (de deux pièces). ‖ Funcionamiento, ejercicio, práctica, *f.* (pratique). ‖ Regla (*f.*) del juego (règle). ‖ Apuesta, *f.*, lo que se juega (enjeu). ‖ Manejo (maniement). ‖ FIG. Fantasía, *f.* ‖ Juego (de lumière). ‖ MUS. Ejecución, *f.*, el tocar, manera (*f.*) de tocar. ‖ THÉÂTR. Interpretación, *f.*, actuación, *f.*, modo de representar. ‖ — Pl. MUS. Registros (d'orgue). ‖ — *Jeu de boules*, juego de bolos ; bolera (lieu). ‖ — *Jeu de cartes*, baraja (paquet de cartes), juego de naipes. ‖ *Jeu de dames*, juego de damas. ‖ *Jeu de flûtes*, flautado (de l'orgue). ‖ *Jeu de l'oie*, juego de la oca. ‖ *Jeu de mots*, juego de palabras. ‖ *Jeu de paume*, juego de pelota. ‖ *Jeu d'esprit*, acertijo, adivinanza. ‖ *Jeu d'orgue*, registro. ‖ *Jeux de mains, jeux de vilains*, juegos de manos, juegos de villanos. ‖ *Jeux floraux*, juegos florales. ‖ *Mise en jeu*, puesta en obra.
— *Abattre son jeu*, poner las cartas boca arriba. ‖ *Avoir beau jeu*, tener buen juego (aux cartes) ; serle fácil a uno alguna cosa. ‖ *Cacher son jeu*, disimular sus intenciones. ‖ *Cela n'est pas le jeu o ce n'est pas de jeu*, esto no está permitido, no hay derecho (fam.). ‖ *Être vieux jeu*, estar chapado a la antigua. ‖ *Faire le jeu de quelqu'un*, servir los propósitos de uno. ‖ *Jouer franc jeu*, jugar limpio. ‖ *Jouer gros jeu*, jugar fuerte. ‖ *Le jeu n'en vaut pas la chandelle*, la cosa no vale la pena. ‖ FIG. *Les jeux sont faits*, la suerte está echada. ‖ *Se faire un jeu d'une chose*, hacer una cosa jugando. ‖ *Se piquer au jeu*, picarse [en el juego].

jeudi m. Jueves : *jeudi dernier*, el jueves pasado. ‖ — *Jeudi saint*, Jueves Santo. ‖ *Semaine des quatre jeudis*, la semana que no traiga viernes, cuando las ranas críen pelos.

jeun (à) [aӡœ̃] loc. adv. En ayunas : *être à jeun*, estar en ayunas.

jeune adj. Joven, juvenil. ‖ Nuevo, va : *un jeune talent*, un nuevo valor (neuf). ‖ Pequeño, ña (petit). ‖ Juvenil : *un costume jeune*, un traje juvenil. ‖ *Jeune fille*, chica, muchacha, joven, moza. ‖ *Jeune homme*, muchacho, joven. ‖ *Jeune premier*, galán joven. ‖ *Jeune première*, dama joven. ‖ *Jeunes gens*, jóvenes. ‖ *Ma jeune sœur*, mi hermana menor. ‖ — *Faire jeune*, parecer joven.
— M. Joven (jeune personne).

jeûne m. Ayuno.
— SYN. *Diète*, dieta. *Inanition*, inanición. *Abstinence*, abstinencia, vigilia. *Carême*, cuaresma. *À jeun*, en ayunas.

jeunement adv. Juvenilmente.

jeûner v. intr. Ayunar.

jeunesse f. ● Juventud. ‖ (Vx). Joven (jeune personne). ‖ — *La jeunesse du Cid*, las mocedades del Cid. ‖ *La jeunesse du monde*, los principios del mundo. ‖ — *Il faut que jeunesse se passe*, hay que aceptar lo propio de la juventud.

— SYN. ● *Adolescence*, adolescencia. *Juvénilité*, aspecto juvenil.

jeunet, ette adj. et s. FAM. Jovencito, ta.

jeûneur, euse m. et f. Ayunador, ra.

jeunot [ӡœno] adj. et s. m. Jovencito.

jigger [djigɔr] m. ÉLECTR. Transformador.

jiu-jitsu [dӡjydӡitsy] m. inv. Jiu-Jitsu.

Joachim [ӡoakim] n. pr. m. Joaquín.

joaillerie [ӡoajri] f. Joyería.

joaillier, ère [-je, jɛːr] adj. et s. Joyero, ra.

job [djɔb] m. FAM. Trabajo.

Job n. pr. m. Job. ‖ *Pauvre comme Job*, más pobre que Job, más pobre que las ratas.

jobard [ӡɔbaːr] adj. et s. m. FAM. Tonto, pánfilo.

jobarder v. tr. POP. Engañar, pegársela a uno.

jobarderie ou **jobardise** f. FAM. Tontería (paroles). ‖ Credulidad, candidez (crédulité).

jocasse f. Zorzal, *m.* (oiseau).

jockey [ӡɔkɛ] m. Jockey.

joco m. Orangután (singe).

Joconde (LA), La Gioconda.

jocrisse m. Simplón, bragazas.

jodler v. intr. V. ROULER.

joie [ӡwa] f. ● Gozo, *m.*, alegría : *trépignant de joie*, saltando de gozo. ‖ Júbilo, *m.* (joie très vive) : *ne pas se sentir de joie*, no caber en sí de júbilo. ‖ Alegría : *il était ma joie*, era mi alegría. ‖ — *Feu de joie*, fogata. ‖ *Fille de joie*, mujer de la vida. ‖ — *Être tout à la joie de*, estar lleno de alegría con. ‖ *Faire la joie de*, ser la alegría de. ‖ *La joie de lire*, el placer de la lectura. ‖ *Ne pas se tenir de joie*, no caber en sí de gozo. ‖ *S'en donner à cœur joie*, pasárselo en grande. ‖ *Vive la joie!*, ¡viva la Pepa!
— SYN. ● *Plaisir*, placer, gusto. *Contentement*, contento. *Satisfaction*, satisfacción. *Allégresse*, alegría. *Liesse*, alborozo. *Jubilation*, jubilación.

joignant, e adj. Contiguo, gua ; rayano, na.
— Prép. Junto a.

joindre* v. tr. ● Juntar. ‖ Reunir, unir, poner en comunicación : *une rue qui joint les deux autres*, una calle que reúne las otras dos. ‖ Reunirse con (une personne). ‖ Dar con, entrar en contacto (se mettre en rapport). ‖ Añadir, sumar (ajouter). ‖ Adjuntar, incluir (mettre avec). ‖ Γɪɑ. Unir, juntar (allier). ‖ — *Joindre les deux bouts*, tener justo lo necesario para vivir, ir tirando, hacer equilibrios para vivir. ‖ *Ne pas joindre les deux bouts*, no llegarle a uno el dinero.
— V. intr. Ajustar, encajar : *ces fenêtres ne joignent pas bien*, estas ventanas no encajan bien.
— V. pr. Juntarse. ‖ Unirse, reunirse. ‖ Añadirse. ‖ Sumarse (à une conversation).

— SYN. ● *Accoupler*, acoplar. *Abouter*, enchufar. *Aboucher*, enchufar. *Raccorder*, enlazar. *Rattacher*, relacionar. *Annexer*, anexar.

joint m. Juntura, *f.* ‖ Coyuntura, *f.* (des os). ‖ FIG. Punto delicado, coyuntura, *f.* ‖ TECHN. Junta, *f.* : *joint de culasse*, junta de culata. ‖ POP. Porro (cigarette de marihuana). ‖ — *Joint de cardan*, junta universal, cardán. ‖ *Trouver le joint*, encontrar la coyuntura.

joint, e [ӡwɛ̃, ɛ̃ːt] adj. Junto, a : *à mains jointes*, con las manos juntas. ‖ Ajustado, da : *fenêtres mal jointes*, ventanas mal ajustadas. ‖ — *Ci-joint*, adjunto, ta. ‖ *Sauter à pieds joints*, saltar a pies juntillas.
— OBSERV. El participio *joint* en *ci-joint* es invariable al comienzo de una frase (*ci-joint votre lettre*) y en una oración si el sustantivo va a continuación sin que sea precedido de un artículo o de un adjetivo determinado (*vous trouverez ci-joint quittance*). En los otros casos hay concordancia (*les pièces ci-jointes*).

jointé, e adj. Ú. en las loc. *Court-jointé, long-jointé*, corto, largo de cuartillas (cheval).

jointif, ive adj. TECHN. Unido por los bordes.

jointoiement [ӡwɛ̃twamɑ̃] m. Mampostería, *f.*

jointoyer* [-twaje] v. tr. Mampostear, llaguear.
jointoyeur [-twajœ:r] m. Mampostero.
jointure f. Juntura (joint). ‖ ANAT. Coyuntura (des os). | Nudillo, *m.* (des doigts).
joker [dʒɔkə:r] m. Mono, comodín (carte).
joli, e adj. Bonito, ta; mono, na; lindo, da (utilisé surtout en Amérique) [une personne]. ‖ Bonito, ta (style, situation, fortune). ‖ Menudo, da : *il était dans un joli état!*, ¡en menudo estado estaba! ‖ Bueno, na : *ils t'ont joué un joli tour,* te han hecho una buena jugada. ‖ — *Elle est jolie à croquer* ou *jolie comme un cœur,* es un bombón, está para comérsela. ‖ *Faire le joli cœur,* dárselas de guapetón.
— M. Lo bonito. ‖ — *C'est du joli!*, ¡muy bonito! ‖ *Le plus joli est que,* lo más bonito (beau) *ou* lo más gracioso (drôle) es que.
joliesse f. Monería, lo bonito, *m.,* preciosidad.
joliet, ette adj. Bonito, ta; mono, na.
joliment adv. Preciosamente, bonitamente. ‖ Perfectamente. ‖ FAM. Mucho, muy (beaucoup, très). | Muy mal (très mal).
Jonas [ʒɔnas] n. pr. m. Jonás.
Jonathan n. pr. m. Jonatás, Jonatán.
jonc [ʒɔ̃] m. Junco (plante). ‖ Junquillo, junco (canne). ‖ Anillo (bague). ‖ FIG. *Être droit comme un jonc,* ser más tieso que un huso.
joncacées f. pl. Juncáceas (plantes).
jonchaie f. BOT. Juncal, *m.,* juncar, *m.,* junqueral, *m.*
jonchée f. Alfombra de flores *ou* ramas en una calle (tapis de fleurs). ‖ Quesito (*m.*) fresco (fromage). ‖ FIG. Multitud de cosas sembradas por el suelo.
joncher v. tr. Cubrir, alfombrar, tapizar : *joncher la rue de fleurs,* cubrir la calle de flores.
joncheraie ou **jonchère** f. BOT. Juncal, *m.*
jonchets [ʒɔ̃ʃɛ] m. pl. Palillos (jeux).
jonction f. Unión, reunión, junción. ‖ — *Faire la jonction,* reunirse, unirse. ‖ *Point de jonction,* confluencia.
jongler [ʒɔ̃gle] v. intr. Hacer juegos malabares (tours d'adresse). ‖ FIG. *Jongler avec les chiffres, avec les difficultés,* hacer malabarismos con los números, burlarse de las dificultades.
jonglerie [-gləri] f. Malabarismo, *m.,* juegos (*m. pl.*) malabares (tours d'adresse). ‖ Juego de manos (tours de passe-passe). ‖ (Vx). Juglaría. ‖ FIG. Charlatanería (charlatanisme). | Disimulo, *m.,* hipocresía (hypocrisie).
jongleresse [-glərɛs] f. (P. us.). Juglaresa.
jongleur, euse [-glœ:r] m. et f. Malabarista (cirque). ‖ — M. Juglar (trouvère).
jonker [ʒɔ̃kɛ:r] ou **jonkheer** m. Hidalgo holandés.
jonque [ʒɔ̃:k] f. Junco, *m.* (bateau chinois).
jonquille [ʒɔ̃ki:j] f. BOT. Junquillo, *m.* ‖ — Adj. inv. et s. m. Color amarillo y blanco.
Jordanie n. pr. f. GÉOGR. Jordania.
jordanien, enne adj. et s. Jordano, na.
j'ordonne (*Monsieur, Madame, Mademoiselle*) m. et f. FAM. Mandamás, *m.,* marimandona, *f.,* mandón, ona.
jordonner v. intr. FAM. Mangonear, mandar imperiosamente y con frecuencia.
Josaphat [ʒɔzafat] n. pr. m. Josafá.
José n. pr. m. FAM. Pepe.
joseph adj. et s. m. *Papier joseph,* papel de filtro, papel tela.
Joseph [ʒɔzɛf] n. pr. m. José.
Joséphine n. pr. f. Josefina, Josefa.
Josette n. pr. f. Pepita.
Josué n. pr. m. Josué.
jottereau m. MAR. Cachola, *f.* (des mâts).

jouable adj. Representable (théâtre). ‖ Jugable (jeu). ‖ Ejecutable (musique).
jouailler [ʒuaje] v. intr. MUS. et FAM. Tocar mal un instrumento.
joubarbe f. BOT. Jusbarba, siempreviva mayor.
joue [ʒu] f. Mejilla, carrillo, *m.* (du visage). ‖ Papada (viande). ‖ Carrillo, *m.* (du cheval). ‖ CONSTR. Carrillo, *m.* ‖ MAR. Cachete, *m.* ‖ MÉCAN. Cara. ‖ TECHN. Pestaña. ‖ — *En joue!,* ¡apunten!, ¡armas! ‖ — *Coucher en joue,* apuntar hacia, encarar a. ‖ FAM. *Se caler les joues,* comer a dos carrillos.
jouée f. ARCHIT. Derrame, *m.* (de fenêtre), pared lateral (cloison).
jouer v. intr. Jugar (se divertir). ‖ Jugar (prendre à la légère) : *jouer avec sa santé,* jugar con su salud. ‖ Jugar (bourse) : *jouer à la hausse, à la baisse,* jugar al alza, a la baja. ‖ Actuar (intervenir). ‖ Ser aplicable (une loi). ‖ MÉCAN. Andar, funcionar (fonctionner). | Tener juego *ou* holgura (avoir du jeu). ‖ THÉÂTR. Trabajar (fam.), actuar en un teatro, ser intérprete de una película. ‖ MUS. Tocar : *jouer du violon,* tocar el violín.
— *Jouer à l'homme important,* dárselas de hombre importante. ‖ *Jouer au plus fin,* dárselas de listo. ‖ *Jouer d'adresse,* obrar con habilidad. ‖ FAM. *Jouer de la prunelle,* guiñar el ojo. ‖ *Jouer de malheur,* tener mala suerte. ‖ *Jouer des coudes,* abrirse paso con los codos. ‖ *Jouer des jambes,* poner pies en polvorosa. ‖ *Jouer faux,* desafinar. ‖ *Jouer sur les mots,* andar con equívocos, jugar del vocablo. ‖ — *À toi de jouer,* a ti te toca. ‖ *En jouant,* bromeando, en *ou* de broma, burla burlando : *j'ai dit cela en jouant,* he dicho esto en broma. ‖ *Faire jouer ses influences,* servirse de *ou* mover sus influencias. ‖ *Il reste peu de temps à jouer,* queda poco tiempo de juego.
— V. tr. Jugar. ‖ Jugarse : *jouer son capital,* jugarse el capital. ‖ Imitar (imiter). ‖ Hacerse, fingirse (simuler). ‖ Fingir : *un étonnement parfaitement joué,* un asombro perfectamente fingido. ‖ Burlar, engañar (duper). ‖ MUS. Tocar : *jouer une sonate,* tocar una sonata. ‖ THÉÂTR. Representar. | Hacer el papel de, interpretar (un rôle).
— *Jouer double jeu,* jugar con dos barajas. ‖ *Jouer du couteau,* manejar la navaja. ‖ *Jouer franc jeu,* jugar limpio. ‖ *Jouer la comédie,* ser actor de teatro (acteur), hacer teatro (faire des histoires). ‖ *Jouer le jeu,* actuar honradamente. ‖ *Jouer le jeu de quelqu'un,* hacer el juego de alguien. ‖ *Jouer le rôle de dupe,* hacer el papel de hombre engañado. ‖ *Jouer le tout pour le tout,* jugar el todo por el todo. ‖ *Jouer plusieurs jeux à la fois,* jugar varias cartas a la vez. ‖ POP. *Jouer rip* o *la fille de l'air,* largarse. ‖ *Jouer sa situation,* poner en juego su situación. ‖ *Jouer sa vie,* jugarse la vida. ‖ *Jouer une farce,* dar una broma. ‖ *Jouer un rôle,* desempeñar un papel. ‖ *Jouer un tour,* hacer una mala pasada, una jugarreta.
— V. pr. Jugarse. ‖ No hacer caso de (ne faire nul cas de). ‖ Disputarse : *la succession du trône se jouera entre eux deux,* la sucesión del trono se disputará entre los dos. ‖ Ventilarse : *demain se joue son avenir,* mañana se ventila su porvenir. ‖ Burlarse, reírse (se moquer). ‖ Ocurrir (avoir lieu). ‖ MUS. Tocarse. ‖ THÉÂTR. Representarse. ‖ *Faire une chose en se jouant,* hacer una cosa como quien juega.
jouet [ʒwɛ] m. Juguete. ‖ FIG. *Être le jouet de,* ser el juguete de.
joueur, euse adj. et s. Jugador, ra (jeux). ‖ Tocador, ra (d'un instrument). ‖ Juguetón, ona (enfant). ‖ — *Joueur de gobelets,* cubiletero, jugador de cubiletes, prestidigitador. ‖ *Joueur de guitare, de flûte, de harpe, de piano, de violon,* guitarrista, flautista, arpista, pianista, violinista.

joufflu, e adj. Mofletudo, da.

joug [ʒu] m. Yugo. ‖ FIG. *Sous le joug,* bajo el yugo.

jouir* [ʒwiːr] v. intr. Gozar : *jouir d'une bonne santé,* gozar de buena salud. ‖ Disfrutar : *jouir d'une grosse fortune,* disfrutar de una gran fortuna.

jouissance f. Goce, *m.,* disfrute, *m.*

— SYN. *Possession,* posesión, *Propriété,* propiedad. *Usufruit,* usufructo. *Usage,* uso.

jouissant, e adj. DR. Que goza de un derecho.

jouisseur, euse m. et f. Gozador, ra. ‖ Egoísta, regalón, ona (qui ne cherche que le plaisir).

joujou m. FAM. Juguete. ‖ *Faire joujou,* jugar, juguetear.

— OBSERV. Pl. *joujoux.*

joule m. Julio (unité de travail).

jour m. Día : *jour et nuit,* día y noche. ‖ Claridad, *f.,* luz, *f.* : *le jour bleuâtre de la lune,* la luz azulada de la luna. ‖ Hueco, vano (porte, fenêtre). ‖ Calado (broderie, etc.). ‖ ARCHIT. Calado. ‖ FIG. Aspecto, apariencia, *f.* : *présenter cela sous son jour le plus favorable,* presentar esto bajo el aspecto más favorable. — Pl. Días (vie).

— *Jour artificiel,* día artificial. ‖ *Jour astronomique,* día astronómico. ‖ *Jour civil,* día civil. ‖ *Jour d'abstinence,* día de vigilia. ‖ *Jour de congé,* día de asueto. ‖ *Jour de fête,* día de fiesta. ‖ *Jour de l'an,* día de año nuevo. ‖ *Jour de plomb,* luz cenital. ‖ *Jour de réception,* día de recibo. ‖ *Jour des morts,* día de difuntos. ‖ *Jour du jugement dernier,* día del juicio final. ‖ *Jour férié,* día feriado, festivo. ‖ *Jour frisant,* trasluz, luz oblicua. ‖ *Jour gras,* día de carne. ‖ *Jour J,* día D. ‖ *Jour maigre,* día de vigilia, de viernes *ou* de pescado. ‖ *Jour moyen,* día medio. ‖ *Jour ouvrable,* día laborable. ‖ — *Bonheur d'un jour,* dicha fugitiva. ‖ *Carnet du jour,* ecos de sociedad (dans un journal). ‖ *Demi-jour,* media luz. ‖ *Faux jour,* luz engañosa. ‖ *Grand jour,* la luz del día. ‖ *Les beaux jours,* el buen tiempo. ‖ *Les jours gras,* los días de carnaval, carnestolendas. ‖ *Un grand jour,* un gran día, un día señalado. — *À jour,* calado, da ; con huecos (ouvertures), al día (au courant). ‖ *À la pointe du jour, au petit jour ou au point du jour,* al despuntar *ou* romper el día, el alba. ‖ *À pareil jour,* en igual fecha. ‖ *À tant de jours de vue o de date,* a tantos días vista *ou* fecha. ‖ *Au grand jour,* con toda claridad, en plena luz. ‖ *Au jour le jour,* al día. ‖ *Au premier jour,* desde el principio. ‖ *Clair comme le jour,* claro como el agua. ‖ *Dans ses beaux jours,* en sus mejores días. ‖ *De jour,* de día. ‖ *De jour en jour,* de día en día. ‖ *De nos jours,* en nuestros días, hoy en día. ‖ *De tous les jours,* de diario, diario, ria. ‖ *Du jour au lendemain,* de la noche a la mañana. ‖ *D'un jour à l'autre,* de un día a otro. ‖ *En plein jour,* a la luz del día. ‖ *Par jour,* al día, por día, diariamente, diario, ria. ‖ *Tous les deux jours,* cada dos días. ‖ *Tous les jours,* a diario. ‖ *Un beau jour,* cierto día, un buen día, el mejor día, el día menos pensado. ‖ *Un jour ou l'autre,* tarde o temprano. — *Apparaître sous son vrai jour,* mostrarse como es. ‖ FIG. *C'est le jour et la nuit,* es la noche y el día. ‖ *Donner le jour,* dar a luz. ‖ *Donner ses huit jours,* despedir *ou* despedirse. ‖ *Être à son dernier jour,* estar en las últimas. ‖ *Être beau comme le jour,* ser más hermoso que el sol. ‖ *Faire jour,* ser de día (commencer à faire jour). ‖ *Faire le jour et la nuit,* hacer y deshacer a su antojo. ‖ *Il fait grand jour,* es muy de día. ‖ *Le jour baisse,* oscurece, anochece. ‖ *Le jour se lève,* sale el sol. ‖ *Les jours se suivent et ne se ressemblent pas,* no todos los días son iguales. ‖ *Mettre à jour,* poner al día. ‖ *Percer o mettre au*

grand jour, descubrir, sacar a luz. ‖ *Prendre jour,* fijar el día. ‖ *Se faire jour,* abrirse paso. ‖ *Vivre au jour le jour,* vivir al día. ‖ *Voir le jour,* salir a luz.

Jourdain n. pr. m. GÉOGR. Jordán (fleuve).

journal m. ● Diario, periódico (mot le plus courant) : *les journaux du matin,* los periódicos de la mañana. ‖ Diario (registre où l'on inscrit au jour le jour). ‖ COMM. Diario (comptabilité). ‖ — MAR. *Journal de bord,* diario de a bordo. ‖ *Journal filmé,* noticiario. ‖ *Journal parlé,* diario hablado, informaciones radiofónicas. ‖ *Journal télévisé,* telediario.

— OBSERV. *Périodique,* no tiene en francés el sentido español de *diario.*

— SYN. ● *Gazette,* gaceta. *Organe,* órgano. *Feuille,* hoja. *Pop. Feuille de chou,* periodicucho. *Canard,* periodicucho.

journalier, ère adj. Diario, ria. ‖ FIG. Tornadizo, za ; cambiante.

— M. Jornalero, bracero (ouvrier).

journalisme m. Periodismo.

journaliste m. Periodista.

— SYN. *Rédacteur,* redactor. *Publiciste,* publicista. *Nouvelliste,* noticiero, gacetillero. *Reporter,* reportero. *Pamphlétaire,* panfletista. *Folliculaire,* folicularo.

journalistique adj. Periodístico, ca.

journée f. Jornada (période de temps). ‖ Jornal, *m.* (paye). ‖ Día, *m.* : *une journée ensoleillée,* un día soleado ; *passer la journée à chanter,* pasar el día cantando. ‖ — *À la journée,* a jornal : *travailler à la journée,* trabajar a jornal, al día ; *louer une chambre à la journée,* alquilar una habitación al día. ‖ *À longueur de journée* o *toute la sainte journée,* todo el santo día.

— OBSERV. *Jour,* que tiene un sentido absoluto, expresa principalmente una unidad de tiempo empleada en medir la vida del hombre (*la semaine se compose de sept jours*). *Journée,* tiene un sentido relativo y se aplica preferentemente al empleo que se hace de ese día, al conjunto de sucesos que ocurren (*la journée de huit heures*).

journellement adv. Diariamente.

joute f. Justa. ‖ Lidia (combat). ‖ Lucha (lutte). ‖ Torneo, *m.* (tournoi). ‖ FIG. Lucha, lid, rivalidad. ‖ — *Joute oratoire,* torneo oratorio. ‖ *Joute poétique,* justa poética. ‖ *Joute sur l'eau, joute lyonnaise,* justa acuática.

jouter v. intr. Justar, luchar. ‖ FIG. Disputar con, luchar contra.

jouteur m. Justador (p. us.). ‖ FIG. Rival, luchador, contrario, adversario.

jouvence f. (Vx). Juventud.

Jouvence n. pr. f. et m. Juventa, *f.* (déesse de la jeunesse). ‖ Juvencio, *m.* ‖ *Fontaine de Jouvence,* fuente de Juventud.

jouvenceau [ʒuvɑ̃so] m. Jovencito, mozalbete.

jouvencelle f. Jovencita.

jouxte [ʒukst] prép. (Vx). Junto a, lindante con.

jouxter [-te] v. intr. Lindar con, tocar.

jovial, e adj. Jovial : *une personne joviale,* una persona jovial. ‖ Festivo, va : *une histoire joviale,* un chiste festivo.

— OBSERV. El adjetivo *jovial* tiene dos plurales, *jovials* y *joviaux,* pero el primero es mucho más empleado.

jovialité f. Jovialidad.

jovien, enne adj. Jupiterino, na ; joviano, na (de Júpiter).

joyau [ʒwajo] m. Joya, *f.* (bijou).

joyeuseté [ʒwajøzte] f. FAM. Chiste, *m.,* jocosidad.

joyeux, euse [ʒwajø, øːz] adj. et s. Alegre, gozoso, sa. ‖ Feliz : *une nouvelle joyeuse,* una noticia feliz.

jubarte f. Yubarta (cétacé).

jubé m. ARCHIT. Galería (*f.*) que separa el coro del trascoro.

jubilaire adj. Jubilar.

jubilant, e adj. Regocijado, da ; jubiloso, sa.

jubilation f. Fam. Júbilo, *m.*, regocijo, *m.*
jubilé m. Jubileo. ‖ Bodas (*f. pl.*) de oro (cinquantième année de mariage).
jubiler v. intr. Fam. Mostrar júbilo.
jubis [ʒybi] m. Passa, *f.*
juchée f. Percha.
jucher v. intr. Posarse [las aves]. ‖ Fam. Vivir en un piso alto.
— V. tr. Fam. Encaramar (mettre en haut).
— V. pr. Fam. Encaramarse.
juchoir m. Percha, *f.*, palo, aseladero (volailles). ‖ Alcándara, *f.* (fauconnerie).
Juda n. pr. m. Judá.
judaïque adj. Judaico, ca.
judaïsant, e adj. et s. Judaizante.
judaïser v. intr. Judaizar.
judaïsme m. Judaísmo.
judas [ʒyda] m. Judas (traître). ‖ Mirilla, *f.* (de porte).
Judas [ʒyda] n. pr. m. Judas.
Judée n. pr. f. Géogr. Judea.
judéo-christianisme m. Judeocristianismo.
judicature f. Judicatura.
judiciaire adj. Judicial.
judicieux, euse adj. Juicioso, sa. ‖ Atinado, da ; acertado, da ; juicioso, sa : *remarque judicieuse,* observación atinada.
Judith [ʒydit] n. pr. f. Judit.
judo m. Judo, yudo.
judoka m. Judoka, yudoka.
jugal, e adj. Anat. Malar.
juge m. Juez : *juge de paix,* juez de paz ; *juge d'instruction,* juez de instrucción. ‖ — *Juge botté,* juez lego. ‖ *Juge de ligne,* juez de silla (tennis). ‖ *Juge de touche,* juez de línea (football). ‖ *Juge pour enfants,* juez de menores. ‖ *Le Souverain Juge,* el Juez Supremo. ‖ *On ne peut pas être juge et partie,* nadie puede ser juez en causa propia.
— Syn. *Magistrat,* magistrado. *Justicier,* justiciero. *Ministère public,* fiscal.
jugé, e adj. Juzgado, da. ‖ — *Au jugé,* a ojo de buen cubero, al buen tuntún. ‖ *Le bien ou le mal jugé,* lo acertado *ou* desacertado.
jugeable [ʒyʒabl] adj. Juzgable.
jugement m. Juicio (faculté de l'entendement). ‖ Dr. Juicio. ‖ ● Sentencia, *f.*, fallo (sentence). ‖ — *Jugement en premier ressort,* fallo en primera instancia. ‖ *Jugement par défaut,* sentencia en rebeldía. ‖ — *Au jugement de...,* según el parecer de... ‖ *En jugement,* en juicio. ‖ *Le jugement de Dieu,* el juicio de Dios. ‖ *Le jugement dernier,* el juicio final. ‖ *Mettre quelqu'un en jugement,* encausar a uno, enjuiciar. ‖ *Passer en jugement,* ser juzgado. ‖ *Porter un jugement sur quelqu'un,* emitir un juicio sobre alguien. ‖ *Prononcer un jugement,* fallar, sentenciar.
— Syn. ● *Arrêt,* fallo, laudo. *Verdict,* veredicto. *Ordonnance,* ordenanza. *Sentence,* sentence.
jugeote [ʒyʒɔt] f. Fam. Sentido (*m.*) común, entendederas, *pl.*, caletre, *m.*, cacumen, *m.* (fam.).
juger* v. intr. et v. tr. Juzgar : *juger un accusé,* juzgar a un reo ; *juger d'un fait,* juzgar un hecho ; *juger sur les apparences,* juzgar por las apariencias. ‖ ● Sentenciar, fallar (émettre un jugement). ‖ Enjuiciar, juzgar : *juger la conduite de quelqu'un,* enjuiciar la conducta de alguien. ‖ Figurarse, imaginarse, juzgar (imaginer) : *vous pouvez juger de ma joie,* puede usted imaginarse mi alegría. ‖ — *Juger bon,* juzgar oportuno. ‖ — *À en juger d'après,* a juzgar por *ou* según.
— Syn. ● *Décider,* decidir. *Prononcer,* pronunciar. *Statuer,* estatuir. *Arbitrer,* arbitrar.
juger m. *Au juger,* a ojo de buen cubero.
jugeur, euse m. et f. Juez de pocas entendederas. ‖ Fig. Criticón, ona.

juglandacées f. pl. Bot. Yuglandáceas.
jugulaire adj. et s. f. Anat. Yugular (veine). ‖ — F. Mil. Barboquejo, *m.*, carrillera (du casque, képi, etc.).
juguler v. tr. Vencer, yugular.
juif, ive [ʒɥif, i ːv] adj. et s. Judío, a.
— M. Fig. Judío, usurero (usurier).
juillet [ʒɥijɛ] m. Julio (mois) : *Le 7 juillet,* el 7 de julio.
juin m. Junio (mois).
juiverie [ʒɥivri] f. Judería (quartier). ‖ Judiada (action).
jujube m. Azufaifa, *f.* (fruit).
jujubier m. Azufaifo (arbuste).
julep [ʒylɛp] m. Méd. Poción, *f.*, julepe (p. us.).
Jules [ʒyl] n. pr. m. Julio.
Julie n. pr. f. Julia.
julien, enne adj. Juliano, ana : *ère julienne,* era juliana.
Julien, Julienne n. pr. m. et f. Julián, Juliana.
julienne f. Juliana (plante). ‖ Sopa juliana (soupe).
Juliette n. pr. f. Julieta.
jumbo m. Techn. Carro de perforadoras.
jumeau, elle [ʒymo, ɛl] adj. et s. Gemelo, la ; mellizo, za. ‖ — M. pl. Gemelos (muscles).
— Syn. *Besson,* mellizo, mielgo. *Gémeaux,* Géminis (constellation).
jumelage m. Emparejamiento. ‖ Convenio de hermandad, hermanamiento (de villes).
jumelé, e adj. Emparejado, da. ‖ Hermanado, da (villes). ‖ En ajimez (fenêtres). ‖ Mar. Enjimelgado, da. ‖ *Roues jumelées,* ruedas gemelas.
jumeler* v. tr. Emparejar (coupler), acoplar (accoupler), reforzar (renforcer). ‖ Mar. Enjimelgar. ‖ Hermanar (des villes).
jumelles f. pl. Mar. Jimelgas, chapuz, *m. sing.* ‖ Gemelos, *m.* (lorgnette double). ‖ Piernas (de la presse). ‖ Gemelas (blason).
jument f. Zool. Yegua.
— Observ. *Jumento* en espagnol signifie *âne.*
— Syn. *Pouliche,* potra. *Haquenée,* hacanea. Poét. *Cavale,* yegua.
jumentés m. pl. Équidos.
jumping [dʒœmpiŋ] m. Concurso hípico.
jungle [ʒɔ̃ːgl] f. Jungla, selva (forêt de l'Inde).
junior adj. et s. Junior (sports). ‖ Menor (fils).
Junon n. pr. f. Juno.
junonien, enne adj. De Juno.
junte [ʒɔ̃ːt] f. Junta.
jupe f. Falda (femmes) [*Amér.,* pollera]. ‖ Mécan. Faldón, *m.* (piston). ‖ Mil. Faldón, *m.*
jupe-culotte f. Falda pantalón.
jupière f. Costurera que hace faldas.
Jupiter [ʒypitɛːr] n. pr. m. Júpiter.
jupitérien, enne adj. et s. Jupiterino, na ; jupiteriano, na.
jupon m. Enaguas, *f. pl.*, refajo. ‖ Fam. *Coureur de jupons,* mujeriego, aficionado a las faldas.
juponner v. tr. Poner enaguas.
jurande f. Cofradía, gremio (*m.*) de maestros [de un oficio]. ‖ Veeduría, oficio de veedor (*m.*) de un gremio.
jurassien, enne ou **jurassique** adj. et s. Jurásico, ca.
juratoire adj. f. Dr. Juratorio, ria (caution).
juré, e adj. et s. Jurado, da. ‖ *Ennemi juré,* enemigo jurado.
jurement m. Juramento (serment). ‖ (Vx) Voto (juron).
jurer v. tr. Jurar. ‖ — *Jurer ses grands dieux,* jurar por lo más sagrado. ‖ — *Dieu en vain tu ne jureras,* no jurar el santo nombre de Dios en vano. ‖ *Il ne faut jurer de rien,* nadie diga de esta agua no beberé. ‖ *J'en jurerais,* lo juraría.

— V. intr. Renegar, jurar, blasfemar (blasphémer) : *jurer comme un charretier*, blasfemar como un carretero. ‖ Hacer fu (le chat). ‖ Fig. Chocar, no ir, darse patadas : *le vert jure avec le bleu*, lo verde choca con lo azul. ‖ *Pierre ne jure que par son père*, para Pedro no hay más que su padre.

jureur m. Sacerdote juramentado.

juridiction f. Jurisdicción. ‖ *Cela n'est pas de votre juridiction*, esto no es de su incumbencia.

juridictionnel, elle adj. Jurisdiccional.

juridique adj. Jurídico, ca.

jurisconsulte m. Jurisconsulto.

jurisprudence f. Jurisprudencia : *faire jurisprudence*, sentar jurisprudencia.

juriste m. Jurista.

juron m. Juramento, voto, reniego, taco (familier).

jury m. Jurado (justice). ‖ Tribunal (examens).

jus [ʒy] m. Jugo : *jus de viande*, jugo de carne. ‖ Zumo [*Amer.*, jugo) : *jus de citron*, zumo de limón. ‖ Fam. Corriente (*f.*) eléctrica (courant). | Salsa, *f.* : *peu d'idées, beaucoup de jus*, pocas ideas, mucha salsa. ‖ Pop. Café solo. ‖ — Pop. *Jus de chapeau*, aguachirle. | *Jeter du jus*, hacer un efecto bárbaro.

jusant m. Mar. Yusante, *f.*, reflujo, bajamar, *f.*

jusée f. Agua de casca (tanneries).

jusque prép. Hasta : *jusque-là*, hasta ahí. ‖ — *Jusqu'à maintenant*, hasta ahora. ‖ Fam. *J'en ai jusque-là*, estoy hasta la coronilla.

— Observ. La e final se elide delante de una palabra que empieza por vocal : *jusqu'à demain*, hasta mañana. A veces en el mismo caso se agregaba una s : *jusques à quand?*, ¿hasta cuándo?

jusquiame f. Beleño, *m.* (plante).

jussion f. Yusión.

Just [ʒyst] n. pr. m. Justo.

justaucorps [ʒystokɔ:r] m. Casaca, *f.*, jubón. ‖ Ajustador, armador (de femme).

juste adj. Justo, ta (équitable). ‖ Certero, ra ; acertado, da : *trouver le mot juste*, encontrar la palabra acertada. ‖ Entonado, da (voix). ‖ Afinado, da (piano). ‖ Estrecho, cha (serré). ‖ — *Au juste*, exactamente. ‖ *Il est juste que*, justo es que. ‖ *Se tenir dans un juste milieu*, mantenerse en el término medio.

— M. Justo.

— Adv. Justamente, justo. ‖ Exactamente, precisamente, en el momento en que (au moment où). ‖ — *Comme de juste*, como es lógico *ou* debido. ‖ *Tout juste!*, ¡eso es!, ¡exactamente! ‖ — *C'était tout juste!*, poco faltó. ‖ *Être tombé juste*, estar

en lo cierto, haber acertado, haber dado en el clavo. ‖ *Frapper juste*, dar en el blanco.

justement adv. Justamente, precisamente. ‖ Con razón (à juste titre).

juste-milieu m. Justo medio, término medio.

justesse f. Precisión, exactitud. ‖ Rectitud (du jugement des idées). ‖ Justicia (justice). ‖ Afinado, *m.* (d'un instrument). ‖ — *Justesse de la voix*, timbre perfecto de la voz. ‖ — Fam. *De justesse*, por los pelos, por escaso margen : *sauvé de justesse*, salvado por los pelos.

justice f. Justicia : *justice de paix*, justicia de paz. ‖ — *Ministère de la Justice*, Ministerio de Justicia. ‖ — *Aller en justice*, poner pleito, ir a los tribunales, ir por justicia. ‖ *Avoir le sens de la justice*, tener espíritu justiciero. ‖ *Faire justice de quelqu'un*, tratar a uno como se merece. ‖ *Justice est faite*, justicia cumplida, se ha hecho justicia. ‖ *Rendre justice*, hacer justicia. ‖ *Rendre la justice*, administrar justicia. ‖ *Se faire justice*, suicidarse (se suicider) ; tomarse la justicia por su mano (se venger).

justiciable adj. Justiciable. ‖ *Justiciable de la Haute Cour*, sometido a la jurisdicción del Tribunal Supremo.

justicier, ère adj. et s. Justiciero, ra. ‖ *Haut justicier*, señor de horca y cuchillo.

justifiable adj. Justificable.

justifiant, e adj. Justificante.

justificateur, trice adj. et s. Justificador, ra.

justificatif, ive adj. Justificativo, va.

— M. Justificante, justificativo.

justification f. Justificación. ‖ Impr. Justificación, anchura, ancho, *m.*

justifier* v. tr. Justificar.

— V. pr. Justificarse.

— Syn. *Disculper*, disculpar. *Décharger*, declarar en favor, descargar. *Innocenter*, absolver, declarar inocente. *Fam. Blanchir*, limpiar, disculpar. *Laver*, limpiar, disculpar, lavar.

Justinien n. pr. m. Justiniano.

jute m. Yute (plante et fibre).

juter v. intr. Soltar jugo.

juteux, euse [ʒytø, ø:z] adj. Jugoso, sa.

— Mil. et Fam. Brigada (sous-officier).

Jutland [ʒytlɑ̃ :d] n. pr. m. Géogr. Jutlandia, *f.*

juvénile adj. Juvenil.

juvénilité f. Carácter (*m.*) juvenil.

juxtalinéaire [ʒykstalineɛ:r] adj. Yustalineal.

juxtaposé, e [-poze] adj. Yuxtapuesto, ta.

juxtaposer [-poze] v. tr. Yuxtaponer.

juxtaposition [-pozisjɔ̃] f. Yuxtaposición.

k m. K, *f.*

— Observ. Se pronuncia como en español.

kabuki m. Kabuki (drame japonais).

kabyle adj. et s. Cabila.

kaïnite f. Kainita (sel).

kaiser [kaizɛ:r] m. Káiser (empereur allemand).

kakatoès [kakatɔɛ:s] m. Cacatúa, *f.* (oiseau).

kaki adj. inv. et s. m. Caqui, kaki (couleur). ‖ — M. Caqui (fruit).

kala-azar m. Méd. Kala-azar.

kaléidoscope m. Calidoscopio.

kali m. Sosa, *f.*, barrilla, *f.*, kali (plante).

kalmouk adj. et s. Calmuco, ca.

kamala m. Kamala, *f.* (plante).

Kami m. Kami (titre japonais).

kamichi m. Kamichí (oiseau).

kamikaze m. Kamikaze (avion suicide).

kan [kɑ̃] m. Caravasar, kan (lieu). ‖ Kan, mercado público.

kandjar ou **kanglar** m. Canglar (poignard).

kangourou m. Canguro (mammifère).
kantien, enne [kɑ̃tjɛ̃, jɛn] adj. PHILOS. Kantiano, na.
kantisme m. PHILOS. Kantismo.
kaolin m. Caolín.
kaolinisation f. Caolinización.
kapok m. Capoc, miraguano (fibre textile).
kapokier m. Capoquero, miraguano (arbre).
kappa m. Kappa, f. (lettre grecque).
karakul m. Caracul.
karbau ou **karabau** m. Carabao (buffle).
karpatique adj. Carpático, ca.
kart [kart] m. Kart (véhicule).
karting m. Karting, carrera (f.) de karts.
katangais, aise adj. et s. Katangueño, ña.
kayac [kajak] m. Kayac (embarcation).
kéfir ou **kephyr** m. Kéfir (eau-de-vie de lait).
kénotron m. ÉLECTR. Kenotrón (tube).
képi m. Quepis.
kératine f. Queratina.
kératinisé, e adj. Queratinizado, da.
kératite f. MÉD. Queratitis.
kératoplastie f. CHIR. Queratoplastia.
kératose f. Queratosis.
kératotomie f. MÉD. Queratotomía.
kermès [kɛrmɛ :s] m. Quermes (insecte).
kermesse f. Kermesse, quermese.
kérosène m. Queroseno.
Key West [kiwɛst] n. pr. GÉOGR. Cayo Hueso.
khalife m. Califa.
khan [kɑ̃] m. Kan (prince).

— OBSERV. *Khan,* título oriental, no lleva mayúscula.

khanat [kana] m. Kanato.
Khartoum n. pr. GÉOGR. Jartum.
khédive m. Jedive.
kibboutz m. Kibutz.
kick m. Pedal de arranque.
kidnapper v. tr. Secuestrar.
kidnapping m. Secuestro, rapto.
kieselguhr [ki :zɛlgu :r] m. Kieselgur, trípoli silíceo.
kiesérite [kizerit] f. Kieserita (sulfate).
kif m. Kif.
kif kif adv. inv. POP. Lo mismo.
kilo m. Kilo (kilogramme).
kilocalorie f. Caloría grande, kilocaloría.
kilocycle m. Kilociclo.
kilogramme m. Kilogramo.
kilogrammètre m. Kilográmetro.
kilojoule m. Kilojulio.

kilolitre m. Kilolitro.
kilométrage m. Kilometraje.
kilomètre m. Kilómetro.
kilométrer* v. tr. Kilometrar.
kilométrique adj. Kilométrico, ca.
kilovolt m. Kilovoltio.
kilowatt [kilɔwat] m. Kilovatio.
kilowatt-heure [-tœ :r] m. Kilovatio-hora.
kilt m. Falda (f.) escocesa, kilt.
kimono m. Quimono, kimono.
kinésithérapeute m. et f. Kinesiterapeuta, masajista.
kinésithérapie f. Kinesiterapia.
king-charles m. Perrito faldero de lanas, king charles.
kinkajou m. Cuchumbé (mammifère).
kiosque m. Quiosco, kiosco.
kirsch m. Kirsch (eau-de-vie de cerises).
kiwi m. Kiwi (animal).
Klaxon m. Claxon (avertisseur).
klaxonner v. intr. Tocar el claxon.
kleptomane m. Cleptómano.
kleptomanie f. Cleptomanía.
klipper m. MAR. Clíper.
knickerbocker [nikərbɔkər] m. Pantalones (pl.) bombachos *ou* de golf.
knock-out [nɔkaut] m. inv. Fuera de combate, knock-out (boxe).
knout [knu :t] m. Knut (fouet russe).
koala m. Koala (mammifère).
kola m. Cola, kola, f. (plante).
kolkhoze m. Koljoz.
kopeck m. Kopeck (monnaie).
korrigan m. Duende (en Bretagne).
koulak m. Kulak, terrateniente ruso.
koumis ou **koumiss** m. Kumis (boisson).
krach [krak] m. Quiebra, f., crac (financier).

— OBSERV. Pl. *krachs.*

kraft m. Kraft, papel fuerte de embalaje (papier).
kramérie f. BOT. Krameria.
kronprinz [krɔnprints] m. Kronprinz.
krypton m. Criptón, kriptón (gaz).
kummel m. Cúmel, kummel (liqueur).
kurde adj. et s. Curdo, da.
kwas ou **kvas** m. Kwas, kvas (boisson slave).
kyrie [kirje] m. Kirie. ‖ *Kyrie eleison,* kirieleison.
kyrielle f. FAM. Letanía, sarta, retahíla.
kyste m. MÉD. Quiste (tumeur).
kystique adj. Quistoso, sa.

L

l m. L, f.

— OBSERV. Se pronuncia como la *l* española.

la m. MUS. La : « *la » dièse,* la sostenido. ‖ *Donner le « la »,* dar el la, llevar la voz cantante.
là adv. Allí (loin), ahí (près) : *je viens de là,* vengo de allí.

[*Là* suele usarse con los demostrativos *ce, cette, ces, celui, celle, ceux, celles* y se pone después del sustantivo, al que se une por medio de guión : *cet homme-là,* ese hombre; *ces livres-là,* esos libros; *celui-ci* et *celle-là,* éste y ésa.]

‖ Esto, ello (cela) : *restons-en là,* quedemos en esto ; *en venir là,* venir a parar en esto ; *c'est là*

tout ce que vous savez?, ¿es eso todo lo que sabéis ?

[*Là* se junta con varios adverbios y forma en algunos casos una sola palabra : *là-dedans,* ahí dentro ; *là auprès,* ahí al lado.]

‖ — Loc. *Là, là!* interj. ¡ya ! ¡ya !, ¡vaya ! ¡vaya ! ‖ — *À ce moment là,* en aquel momento. ‖ *Çà et là,* aquí y allá, de uno y otro lado. ‖ *De là,* de ahí, de eso. ‖ *D'ici là,* de aquí a entonces, hasta entonces. ‖ *Jusque-là,* hasta aquí, hasta allá, hasta entonces. ‖ *Par-ci par-là,* acá y allá (en divers endroits), de vez en cuando (de temps en

temps). || *Par là,* por ahí, por allí, por allá (par ce
lieu), con eso, de ese modo (par ce moyen). || —
FAM. *Être un peu là,* estar siempre tan campante.
— OBSERV. *Ahí* désigne en espagnol ce qui est plus
près de la personne à qui l'on parle que de celle qui
parle ; *allí* désigne ce qui est éloigné des deux interlocuteurs.
Là se emplea a menudo y abusivamente con el sentido de
ici (aquí).

labadens [labadɛ̃:s] m. FAM. Compañero, amigo
de colegio.
labarum [labarɔm] m. Lábaro.
là-bas [lɑbɑ] loc. adv. Allá lejos (loin).
label m. Label, marca (*f.*) de fábrica, etiqueta, *f.*
labelle f. BOT. Labelo, *m.*
labeur m. Labor, *f.,* trabajo.
labiacées f. pl. BOT. Labiadas.
labial, e adj. et s. f. Labial.
labié, e adj. et s. f. BOT. Labiado, da.
labile adj. CHIM. Lábil.
laborantin, e m. y f. Ayudante de laboratorio.
laboratoire m. Laboratorio.
laborieux, euse adj. Laborioso, sa ; trabajador,
ra : *homme laborieux,* hombre trabajador. || Labo-
rioso, sa ; penoso, sa ; trabajoso, sa (difficile). ||
— *Ça a été laborieux,* le costó trabajo. || —
L'affaire a été laborieuse, la cosa ha sido difícil.
labour m. Labor, *f.,* labranza, *f. : instruments de
labour,* instrumentos de labranza. || — Pl. Tierra
(*f. sing.*) labrada (terre labourée).
labourable adj. Arable, labrantío, tía : *terres
labourables,* tierras arables, de labrantío.
labourage m. Labranza, *f.*
labourer v. tr. Arar (avec la charrue), labrar (la
terre), cavar (avec la bêche). || Socavar, levantar
la tierra : *champ labouré par les taupes,* campo
socavado por los topos. || Lacerar, arañar (le
visage). || MAR. *Labourer le fond,* rastrear el
fondo con la quilla ; garrar (avec l'ancre).
laboureur m. Arador, labrador, labriego.
— OBSERV. El francés *laboureur* designa especialmente
al *arador.* La palabra española *labrador* corresponde al
francés *paysan, cultivateur.*
labour-party [leibərpa:rti] m. Partido laborista.
labradorite f. MIN. Labradorita.
labre m. ANAT. Labro, labio (d'insectes). || Budión,
labro (poisson).
labyrinthe m. Laberinto.
labyrinthique adj. Laberíntico, ca.
labyrinthodonte m. Laberintodonte (fossile).
lac [lak] m. Lago. || — *Lac de barrage,* pantano,
embalse. || *Tomber* o *être dans le lac,* fracasar,
venirse abajo (échouer).
laçage m. Lazo, lazada, *f.,* atadura, *f.*
laccolite ou **laccolithe** f. GÉOL. Lacolito, *m.*
lacé ou **lacer** m. Colgante (des lustres).
Lacédémone n. pr. f. GÉOGR. Lacedemonia.
lacédémonien, enne adj. et s. Lacedemonio, nia.
lacer* v. tr. Atar con lazos *ou* cordones. || MAR.
Abotonar.
lacération f. Laceración, desgarramiento, *m.*
lacérer* v. tr. Lacerar (blesser), desgarrar (déchirer), romper (rompre).
lacerie f. Pleita.
lacertiens ou **lacertiliens** m. pl. ZOOL. Lacértidos, lagartos.
lacet [lasɛ] m. Cordón (cordon). || Lazo (lacs). ||
Curva, *f.,* revuelta, *f.,* recodo, zigzag (d'un che-
min). || Vaivén (mouvement d'oscillation d'un
train). || *Route en lacets,* carretera llena de curvas
ou en zigzag *ou* que serpentea.
laceur, euse m. et f. Redero, ra.
lâchage m. Suelta, *f.* (action de lâcher). || Lanza-
miento : *lâchage de parachutistes,* lanzamiento de
paracaidistas. || FIG. et FAM. Abandono.
lâche adj. Flojo, ja : *nœud lâche,* nudo flojo ; *tissu
lâche,* tela floja. || Sin nervio, poco suelto (style).

|| FIG. Cobarde (poltron). | Vil, ruin : *action
lâche,* acción ruin.
— M. et f. ● Cobarde.
— SYN. ● *Pleutre,* mandria, blanco. *Couard,* cobarde.
Pop. Jean-foutre, pendejo. *Dégonflé,* rajado. *Poule
mouillée,* gallina.
lâché, e adj. Suelto, ta. || Descuidado, da (sans
soin). || Dejado, da, atrás (sports).
lâcher v. tr. Soltar (laisser échapper). || Lanzar
(une bombe). || Aflojar (desserrer). || Fallar (faire
défaut). || Abrir (une vanne). || Dejar atrás a, des-
pegarse de (sports). || FIG. Soltar (une sottise). ||
FIG. et FAM. Abandonar, dejar (un ami). | Disparar
(un coup de feu). || — *Lâcher pied,* huir (s'enfuir) ;
renunciar, abandonar (renoncer). || — *Lâcher prise,*
soltar la presa (animal), soltar prenda (céder). ||
Lâcher une bordée, soltar una andanada. || — *Il
ne faut pas lâcher la proie pour l'ombre,* más vale
pájaro en mano que ciento volando. ||
— V. intr. Soltarse, aflojarse.
lâcher m. Suelta, *f.* (pigeons, ballons, etc.). || Lan-
zamiento (de parachutistes).
lâcheté [lɑʃte] f. Cobardía. || Villanía, bajeza :
commettre une lâcheté, cometer una bajeza.
lâcheur, euse m. et f. FAM. Amigo, amiga infiel.
lacinié, e adj. BOT. Laciniado, da.
laciniure f. BOT. Lacinia.
lacis [lasi] m. Red, *f.,* rejilla (réseau de fils).
Laconie n. pr. f. GÉOGR. Laconia.
laconique adj. Lacónico, ca : *réponse laconique,*
respuesta lacónica.
laconisme m. Laconismo.
lacryma-christi m. Lácrima christi.
lacrymal, e adj. ANAT. Lacrimal, lagrimal : *sac
lacrymal,* saco lagrimal.
lacrymatoire adj. et s. m. Lacrimatorio, ria.
lacrymogène adj. Lacrimógeno, na : *gaz lacrymogène,* gas lacrimógeno.
lacs [lɑ] m. Lazo, nudo corredizo (nœud cou-
lant). || FIG. Trampa, *f.* (piège). || MÉD. Lazo. ||
Tomber dans le lacs, caer en la trampa (dans le
piège).
lactaire adj. Lácteo, a.
— M. Lactario (champignon).
Lactance n. pr. m. Lactancio.
lactarium [laktarjɔm] m. Centro de recogida de
leche materna, gota (*f.*) de leche.
lactase f. Lactasa.
lactate m. CHIM. Lactato.
lactation f. Lactación, lactancia. || Lactancia
(période d'allaitement).
lacté, e adj. Lácteo, a : *régime lacté,* dieta lác-
tea. || Lacteado, da : *farine lactée,* harina lac-
teada. || — ANAT. *Veines lactées,* venas lácteas. ||
ASTR. *Voie lactée,* Vía láctea, camino de Santiago.
lactescence f. Lactescencia.
lactescent, e adj. Lactescente.
lactifère adj. ANAT. Lactífero, ra.
lactique adj. CHIM. Láctico, ca.
lacto-densimètre m. Lactodensímetro, pesaleche.
lactoflavine f. Lactoflavina (vitamine B2).
lactomètre m. Lactómetro.
lactone f. CHIM. Lactona.
lactose m. CHIM. Lactosa, *f.,* lactina, *f.*
lactosurie f. MÉD. Lactosuria.
lactucarium [laktykarjɔm] m. CHIM. Lactucario.
lacune f. Cavidad, hueco, *m.* (dans un corps). ||
Laguna, blanco, *m.* (dans un texte). || Parte infe-
rior del casco de un caballo. || FIG. Laguna : *les
lacunes d'une éducation,* las lagunas de una educación.
lacuneux, euse adj. Lagunoso, sa.
lacustre adj. Lacustre (plante, cité) : *habitation
lacustre,* vivienda lacustre.

lad [lad] m. Mozo de cuadra de carreras.

ladanum [ladanɔm] ou **labdanum** m. Bot. Ládano, resina (f.) de jaro.

là-dessous loc. adv. Debajo de esto, debajo de eso, ahí debajo.

là-dessus loc. adv. Sobre eso ; en esto. || Dicho esto : *là-dessus il partit,* dicho esto se marchó.

ladin m. Ladino, retorromano, romanche (langues).
— Observ. *Ladino* en espagnol a aujourd'hui surtout le sens de « rusé », « madré ».

Ladislas n. pr. m. Ladislao.

ladite adj. (fém. de *ledit*). Susodicha.

ladre adj. et s. Leproso, sa ; gafo, fa (lépreux). || Fig. et Fam. Roñoso, sa ; tacaño, ña (avare). || Vétér. Triquinoso, sa (porc).
— M. *Taches de ladre,* piel del caballo sin color en la nariz y en los ojos.

ladrerie f. Lepra. || Leprosería, malatería (hôpital pour les lépreux). || Fig. et Fam. Roñosería, roñería, cicatería (avarice). || Triquinosis, cisticercosis muscular (maladie du porc ou du bœuf).

lady [leidi] f. Lady.
— Observ. Pl. *ladies.*

Laërte [laɛrt] n. pr. m. Myth. Laertes.

Lætitia [lɛtisja] n. pr. f. Leticia.

lagan m. Dr. Pecio.

lagon m. Laguna, f. (dans un atoll), albufera, f. (entre un récif-barrière et la côte).

lagopède m. Lagópedo, perdiz (f.) blanca.

lagophtalmie f. Méd. Lagoftalmía.

lagothriche ou **lagotriche** m. Caparro (singe laineux d'Amérique du Sud).

laguis [lagi] m. Mar. Balso.

lagunaire adj. Lagunero, ra.

lagune f. Laguna.

là-haut loc. adv. Allá arriba. || En el cielo.

lai, e adj. et s. Eccles. Lego, ga : *frère lai,* hermano lego. || — M. Lay, endecha, f. (petit poème).

laïc [laik] adj. m. et s. m. Laico.
— Observ. Esta palabra francesa se escribe también *laïque* tanto en la forma masculina como en la forma femenina (*habit laïque, les laïques et les religieux*).

laïcat m. Laicado.

laiche f. Bot. Carrizo, m. (carex), cañavera.

laïcisation f. Laicización.

laïciser v. tr. Dar carácter laico, laicizar. || Suprimir la enseñanza religiosa de los programas escolares.

laïcisme m. Laicismo.

laïcité f. Laicidad, laicismo, m.

laid, e [lɛ, lɛd] adj. et s. Feo, a. || Feo, a : *une action laide,* una acción fea. || — *Laid comme un pou* o *comme les sept péchés capitaux,* más feo que Picio. || — *Il est laid de mentir,* es feo mentir.

laideron m. Callo, petardo.
— Observ. Aunque esta palabra francesa sea del género masculino, sólo se emplea para chicas o mujeres, lo mismo que las palabras españolas correspondientes.

laideur f. Fealdad.

laie [lɛ] f. Jabalina (femelle du sanglier). || Vereda, senda (chemin dans la forêt). || Techn. Escoda, martillo de cantero (marteau). | Caja (d'un orgue).

lainage m. Tejido de lana, lana, f. || Prenda (f.) de lana, jersey. || Vellón, lana, f. (toison des moutons). || Cardado, cardadura (f.) del paño.

laine f. Lana. || Tejido (m.) de lana. || — *Laine de verre,* lana de vidrio. || —. *Bêtes à laine,* ganado lanar. || Fig. *Manger la laine sur le dos de quelqu'un,* explotar a uno, esquilmarle a uno.

lainer v. tr. Cardar, carduzar (les étoffes).
— M. Lo afelpado, lo aterciopelado (d'une étoffe).

laineur, euse m. et f. Pelaire, cardador, cardadora de paños. || — F. Cardadora, perchadora (machine).

laineux, euse adj. Lanoso, sa ; lanudo, da (couvert de laine). || Bot. Velloso, sa.

lainier, ère adj. et s. Lanero, ra : *industrie lainière,* industria lanera.

laïque adj. Laico, ca : *école laïque,* escuela laica. || Seglar : *un habit laïque,* un traje seglar.
— M. et f. Laico, ca.

lais [lɛ] m. Resalvo (baliveau). || Tierra (f.) de aluvión, médano.

laisse f. Correa (d'un chien), traílla (chasse). || Espacio (m.) de playa descubierta con la bajamar (espace), línea alcanzada por el mar en una playa (ligne). || Médano, m. (d'une rivière). || Tirada (d'une chanson de geste). || — *En laisse,* atado, da. || *Tenir* o *mener en laisse,* llevar atado (un chien), manejar a su antojo (une personne).

laissées f. pl. Estiércol, m. sing., fimo, m. sing.

laissé-pour-compte m. Deje de cuenta, mercadería (f.) rechazada. || Fam. Persona (f.) despreciada.
— Observ. Pl. *laissés-pour-compte.*

laisser v. tr. ● Dejar : *laisser un objet sur la table,* dejar un objeto en la mesa. || Olvidar, dejar (oublier). || Entregar, confiar (confier à charge de remettre). || Costar : *il y a laissé sa santé,* le ha costado la salud. || — *Laisser à désirer,* dejar que desear, dejar que pensar. || *Laisser de côté,* dar de lado, dejar a un lado. || *Laisser dire,* dejar hablar, no preocuparse de lo que dice el prójimo. || *Laisser entendre,* dar a entender. || *Laisser faire,* dejar. || *Laisser faire le temps,* dejar tiempo al tiempo. || *Laisser pour compte,* dejar de cuenta, rechazar una mercancía pedida. || *Laisser quelqu'un tranquille,* dejarle a uno en paz. || *Laisser sa vie,* costarle a uno la vida. || *Laisser ses illusions,* dejarse de ilusiones. || *Laisser tomber* o *choir,* abandonar, dejar, dar de lado (affaire), dejar plantado, plantar (ami), bajar (la voix). || *Laisser tout aller,* dejar todo de la mano. || *Laisser voir,* dejar ver, mostrar. || — Fam. *Laisse tomber!,* ¡déjalo ! || *Laissez venir à moi les petits enfants,* dejad que los niños se acerquen a mí. || — *Cela ne laisse pas de,* esto no deja de. || *C'est à prendre ou à laisser,* lo toma o lo deja. || *Il faut en prendre ou en laisser* o *il y a à prendre et à laisser,* de dinero y calidad a la mitad de la mitad, hay de todo.
— V. pr. *Se laisser aller,* abandonarse, dejarse llevar por. || *Se laisser dire,* dejarse contar. || *Se laisser entraîner,* dejarse llevar. || *Se laisser faire,* dejarse tentar (tenter), dejarse manejar, ceder.
— Syn. ● *Quitter,* marcharse de, separarse de, alejarse de, dejar. *Prendre congé,* despedirse. Fam. *Planter, plaquer,* plantar, dejar plantado.

laisser-aller m. inv. Abandono, descuido (dans la tenue, les manières).

laisser-courre m. inv. ou **laissé-courre** m. Acto de desatraillar los perros.

laissez-passer m. inv. Pase, salvoconducto.
— Syn. *Passe,* pase. *Sauf-conduit,* salvoconducto. *Passavant,* guía. *Coupe-file,* salvoconducto. *Passeport,* pasaporte. *Visa,* visado.

lait m. Leche, f. : *le lait tourne,* la leche se corta. || — *Lait caillé, cru* o *bourru, condensé, en poudre, homogénéisé,* leche cuajada, sin desnatar, condensada, en polvo, homogeneizada. || *Lait de chaux,* lechada de cal. || *Lait de poule,* yema mejida. || — *Dents de lait,* dientes de leche. || *Frère, sœur de lait,* hermano, hermana de leche. || *Petit-lait,* suero. || — Fam. *Boire du petit-lait,* no caber de contento, bailarle a uno de los ojos. || Fig. *Faire Perrette et le pot au lait,* hacer las cuentas de la lechera. | *Monter comme une soupe au lait,* subirse uno a la parra.

laitage m. Leche, f., producto lácteo.

laitance ou **laite** f. Lecha, lechaza (des poissons).

laité, e adj. Que tiene lecha.
laiterie f. Lechería (magasin). ‖ Central lechera (coopérative).
laiteron m. BOT. Cerraja, f.
laiteux, euse adj. Lechoso, sa. ‖ MÉD. *Maladie laiteuse*, lactumen.
laitier, ère adj. et s. Lechero, ra. ‖ *Produits laitiers*, productos lácteos.
— M. Escoria, f. (scorie). ‖ — F. Vaca lechera (vache laitière).
laiton m. Latón.
laitue [lɛty] f. Lechuga : *laitue romaine*, lechuga romana.
laïus [lajys] m. FAM. Perorata, f., discurso : *faire un laïus*, echar una perorata.
Laïus [lajys] n. pr. m. Layo.
laize f. Ancho (m.) de una tela. ‖ Blonda, encaje, m. (sorte de guipure).
lakiste adj. et s. Lakista.
lama m. Llama, f. (mammifère). ‖ RELIG. Lama (prêtre bouddhiste). ‖ *Grand lama, dalaï-lama*, dalai-lama.
lamaïsme m. RELIG. Lamaísmo.
lamaïste m. RELIG. Lamaísta.
lamanage m. Pilotage práctico.
lamaneur m. Piloto práctico.
lamantin m. Manatí (mammifère).
lamaserie f. Lamasería (couvent de lamas).
lambda m. Lambda f. (lettre grecque).
lambdacisme m. ou **lallation** f. Lambdacismo, m.
lambeau m. Jirón, colgajo. ‖ MÉD. Colgajo. ‖ *Mettre en lambeaux*, despedazar, hacer jirones, trizas, pedazos.
lambel m. BLAS. Lambel.
Lambert [lãbɛ:r] n. pr. m. Lamberto.
lambic m. Cerveza fuerte de Bélgica.
lambin, e adj. et s. FAM. Calmoso, sa ; tardo, da ; remolón, ona.
lambinage m. FAM. Remoloneo.
lambiner v. tr. FAM. Remolonear, ser calmoso, sa [*Amér.*, canchear].
lambourde f. Piedra calcárea, caliza. ‖ BOT. Dardo, m., lombardo, m. ‖ CONSTR. Carrera, travesaño, m. (solive).
lambrequin [lãbrəkɛ̃] m. Friso, frontal. ‖ Penacho (d'un casque). ‖ — Pl. BLAS. Lambrequín.
lambris [lãbri] m. Revestimiento, entablado (d'un mur). ‖ Tendido, capa de yeso (de plâtre). ‖ Artesonado (d'un plafond).
lambrissage m. Revestimiento, artesonado (d'un plafond).
lambrisser v. tr. Revestir. ‖ Estucar, tender, dar una capa de yeso a una pared ou tabique. ‖ Artesonar (un plafond).
lambruche ou **lambrusque** f. Labrusca (vigne).
lame f. Lámina, hoja, plancha delgada (de métal). ‖ Hoja (d'une épée, d'un couteau, d'un ressort, etc.). ‖ Cuchilla (de machines-outils). ‖ Tabla (de parquet). ‖ Ola (vague). ‖ BOT. Lámina. ‖ TECHN. Viadera (contre-lame). ‖ — *Lame de fond*, mar de fondo. ‖ *Lame de rasoir*, hoja ou cuchilla de afeitar. ‖ *Ressort à lames*, ballesta. ‖ — FIG. *Une fine lame*, una buena espada (personne). ‖ *Visage en lame de couteau*, rostro afilado.
lamé, e adj. Laminado, da. ‖ *Tissu lamé d'or, d'argent*, tisú de oro, de plata ; lamé oro, lamé plata.
— M. Lamé.
lamellaire [lamɛlɛ:r] adj. Laminar.
lamelle f. Laminilla, lámina.
lamellé, e ou **lamelleux, euse** adj. Laminoso, sa.
lamellibranches [lamɛllibrãʃ] m. pl. ZOOL. Lamelibranquios.
lamellicornes [-kɔrn] m. pl. ZOOL. Lamelicornios.

lamelliforme [-fɔrm] adj. Lameliforme.
lamellirostre [-rɔstr] adj. et s. m. Lamelirrostro.
lamentable adj. Lamentable.
lamentation f. Lamento, m., lamentación.
lamenter (se) v. pr. Lamentarse : *se lamenter sur*, lamentarse de ou por : *se lamenter sur son sort*, lamentarse de su suerte.
lamento [lamɛto] m. (P. us.). Lamento (chant).
lamie f. Lamia.
lamier m. BOT. Ortiga (f.) muerta.
laminage m. Laminado, laminación, f. : *laminage à froid*, laminado en frío.
laminaire f. Laminaria (algues).
— Adj. Laminar, foliáceo, a.
laminectomie f. MÉD. Laminectomía.
laminer v. tr. TECHN. Laminar. ‖ Estirar (étirer).
lamineur adj. m. et s. m. Laminador.
lamineux, euse adj. ANAT. Laminoso, sa.
laminoir m. Laminador (machine). ‖ FIG. *Passer au laminoir*, someter a duras pruebas, pasar por el tamiz, hacer sudar tinta.
lampadaire m. Lámpara (f.) de pie. ‖ Farol, farola, f. (de rue).
lampant, e adj. Que arde. ‖ Lampante, flamígero, ra (huile, pétrole).
lampas [lãpa ou lãpas] m. VÉTÉR. Haba, f., tolanos, pl., lamparón. ‖ Lampote, china, f. (tissu).
lampe f. Lámpara. ‖ Velón, m. (à huile). ‖ Lámpara de petróleo, quinqué, m. (à pétrole). ‖ TECHN. Lámpara, válvula (radio). ‖ — *Lampe à arc*, lámpara de arco. ‖ *Lampe à grille*, válvula de rejilla. ‖ *Lampe à incandescence*, lámpara de incandescencia. ‖ *Lampe infrarouge*, lámpara de rayos infrarrojos. ‖ *Lampe à souder*, soplete. ‖ *Lampe à ultraviolets*, lámpara de rayos ultravioleta. ‖ *Lampe de poche* ou *portative*, linterna. ‖ *Lampe de sûreté*, lámpara de seguridad ou de minero. ‖ *Lampe électrique*, bombilla (ampoule). ‖ *Lampe témoin*, lámpara indicadora, piloto. ‖ FAM. *S'en mettre plein la lampe*, darse una panzada, ponerse las botas.
lampée f. POP. Trago, m., lingotazo, m. : *une lampée de vin*, un trago de vino.
lamper v. tr. POP. Beber a tragos ou ávidamente.
lampion m. Farolillo (de kermesse). ‖ Lamparilla, f. (d'une lampe). ‖ Sombrero de tres picos (tricorne). ‖ FIG. *Sur l'air des lampions*, clamorosamente.
lampiste m. Lamparista, lamparero, lampista. ‖ FAM. Empleado subalterno ; el último mico.
lampisterie f. Lamparería, lampistería.
lampourde f. BOT. Arzolla, bardana menor.
lamprillon [lãprijɔ̃] m. Lampreílla, larva de lamprea.
lamproie [lãprwa] f. Lamprea (poisson).
Lampsaque n. pr. GÉOGR. Lámpsaco.
lampyre m. ZOOL. Lampíride, f., lampiro, luciérnaga, f. (ver luisant).
Lancastre n. pr. GÉOGR. Lancaster.
lance f. Lanza (arme). ‖ Lancero (lancier). ‖ Lanza, boquilla, boca de la manga (d'un tuyau de pompe). ‖ Asta (d'un drapeau). ‖ *Lance d'arrosage*, manga de riego. ‖ *Lance d'incendie*, manga de incendio. ‖ *Lance en arrêt*, lanza en ristre. ‖ *Coup de lance*, lanzada, lanzazo. ‖ *Fer de lance*, moharra, punta de la lanza. ‖ FIG. *Rompre une lance avec quelqu'un*, romper una lanza con alguien. ‖ *Rompre une lance en faveur de quelqu'un*, romper lanzas por alguien.
lance-bombes m. inv. Lanzabombas.
lancée f. Impulso, m. (élan), arranque. ‖ *Continuer sur sa lancée*, seguir por el impulso adquirido.
lance-flammes m. inv. Lanzallamas.
lance-fusées m. inv. Lanzacohetes.
lance-grenades m. inv. Lanzagranadas.

Lancelot [lãslo] n. pr. m. Lancelote, Lanzarote.

lancement m. Lanzamiento : *lancement du disque*, lanzamiento del disco. ‖ Botadura, *f.*, varadura, *f.* (d'un bateau). ‖ Tendido (pont). ‖ Fɪɢ. Lanzamiento (journal, artiste, etc.).

lance-mines m. inv. Lanzaminas.

lancéolé, e adj. Bᴏᴛ. Lanceolado, da.

lance-pierres m. inv. Tirador, tirachinos, tiragomas, tirabeque (jouet). ‖ Fᴀᴍ. *Manger avec un lance-pierres*, comer a todo correr.

lancer* v. tr. ● Lanzar. ‖ Lanzar, tirar, arrojar. ‖ Botar, varar (un bateau). ‖ Echar, lanzar (regards). ‖ Soltar, dar : *les chevaux lançaient des ruades*, los caballos soltaban coces. ‖ Fɪɢ. Dar a conocer, poner a la moda, lanzar (faire connaître) : *lancer un artiste*, dar a conocer un artista. ‖ Lanzar, poner en marcha : *lancer une affaire*, lanzar un negocio. ‖ Soltar (phrase). ‖ Hacer públicamente (accusation). ‖ Tender (un pont). ‖ Soltar (les chiens). ‖ Lanzar (sports). ‖ Publicar (publier). ‖ — *Lancer une grève*, provocar una huelga. ‖ *Lancer une invitation*, invitar. ‖ *Lancer un mandat d'arrêt*, dar una orden de detención. — V. pr. Lanzarse. ‖ Abalanzarse. ‖ Tirarse. ‖ Empezar (à parler). ‖ — *Se lancer à la poursuite de*, lanzarse en persecución de. ‖ Fɪɢ. *Se lancer dans le monde*, lanzarse en el gran mundo. ‖ *Se lancer dans les affaires*, lanzarse en los negocios. ‖ *Se lancer dans le théâtre*, dedicarse al teatro.
— Sʏɴ. ● *Décocher*, disparar. *Darder*, disparar, asestar.

lancer m. Momento de levantar una pieza (chasse). ‖ Lanzamiento (disque, poids). ‖ Suelta, *f.* (de pigeons). ‖ *Pêche au lancer*, pesca con caña de lanzar, al lanzado.

lance-roquettes m. inv. Lanzaproyectiles, tubo antitanque.

lance-torpilles adj. et s. m. inv. Lanzatorpedos.

lancette f. Lanceta (instrument de chirurgie). ‖ Aʀᴄʜɪᴛ. Ojiva alargada.

lanceur, euse m. et f. Lanzador, ra. ‖ Fɪɢ. Promotor, ra (affaires).

lancier m. Mɪʟ. Lancero. ‖ *Quadrille des lanciers* ou *les lanciers*, lanceros (danse).

lanciforme adj. Lanciforme.

lancinant, e adj. Lancinante, punzante : *douleur lancinante*, dolor lancinante. ‖ Obsesivo, va ; lancinante (musique, pensée). ‖ Fᴀᴍ. Pesado, da ; cargante (ennuyeux).

lanciner v. intr. Dar punzadas, punzar (douleur). ‖ Obsesionar, lancinar (musique, pensée). ‖ Fᴀᴍ. Dar la lata (ennuyer).

lançon m. Zooʟ. Amodita, *f.* (équille).

landais, e adj. et s. Landés, esa (des Landes).

landammann [lãdaman] m. Primer magistrado (Suisse).

landau m. Landó (voiture à cheval). ‖ Landó, coche de niño (voiture d'enfant).
— Oʙsᴇʀᴠ. Pl. *landaus*.

landaulet m. Landó pequeño.

lande f. Landa.
— Sʏɴ. *Garrigue*, carrascal. *Maquis*, monte. *Brousse*, maniqua.

Landes [lãːd] n. pr. f. Géoɢʀ. Landas (France).

landgrave m. Landgrave.

landgraviat [lãdgravja] m. Landgraviato.

landier m. Morillo grande. ‖ Bᴏᴛ. Ambaga, *f.*

langage m. Lenguaje : *langage chiffré*, lenguaje cifrado. ‖ Estilo, lenguaje : *c'est un langage bien à lui*, es un estilo muy suyo. ‖ Lengua, *f.* : *le beau langage*, la lengua culta.

lange m. Mantillas, *f. pl.* ‖ Pañal, *m.* (couche). ‖ *Dans les langes*, en mantillas.

langer v. tr. Poner los pañales, las mantillas.

langoureux, euse adj. Lánguido, da.

langouste f. Langosta (crustacé).
— Oʙsᴇʀᴠ. *Langosta* en espagnol désigne aussi la *sauterelle*.

langoustier m. Langostero (bateau). ‖ Red (*f.*) para pescar langostas.

langoustine f. Cigala.
— Oʙsᴇʀᴠ. *Langostino* en espagnol désigne une grosse crevette.

langue [lãːg] f. Lengua (organe buccal). ‖ Lengua (de terre). ‖ Lengua (glacier). ‖ Lengua, lengüeta [de una balanza]. ‖ ● Lengua, idioma, *m.* (langage). ‖ Lenguaje, *m.* : *la langue des poètes*, el lenguaje de los poetas. ‖ — *Langue de belle-mère*, matasuegras (jouet). ‖ — *Langue de vipère*, *mauvaise langue*, lengua viperina. ‖ *Langue d'oc*, lengua de oc (du Midi de la France). ‖ *Langue d'oïl*, lengua de oil (du Nord de la France). ‖ *Langue maternelle*, lengua materna ou nativa. ‖ *Langue mère*, lengua madre. ‖ *Langue morte*, lengua muerta. ‖ *Langue pâteuse*, lengua pastosa, gorda. ‖ *Langue pendante*, con la lengua fuera ou de un palmo. ‖ *Langue verte*, caló, germanía. ‖ *Langue vivante*, lengua viva. ‖ — *Coup de langue*, lengüetazo ; calumnia (fig.). ‖ — *Avaler sa langue*, tragarse la lengua. ‖ *Avoir la langue bien pendue*, *bien affilée*, tener mucha labia, no tener pelos en la lengua. ‖ *Avoir la langue trop longue*, tener la lengua suelta ou mucha lengua. ‖ *Avoir le don des langues*, tener don de lenguas. ‖ *Avoir un mot sur le bout de la langue* o *sur la langue*, tener una palabra en la punta de la lengua. ‖ *Bien posséder une langue*, dominar una lengua. ‖ Fɪɢ. *Délier* o *dénouer sa langue*, ponerse a hablar, soltar la lengua. ‖ *Donner* o *jeter sa langue aux chats*, darse por vencido, rendirse, renunciar a adivinar una cosa. ‖ *Être mauvaise langue*, tener mala lengua. ‖ *Il faut tourner sept fois sa langue dans sa bouche avant de parler*, hay que darle siete vueltas a la lengua antes de hablar. ‖ *La langue m'a fourché*, se me ha trabado la lengua. ‖ *Lier la langue*, atar la lengua. ‖ *Ne pas avoir la langue dans la poche*, no tener pelillos en la lengua. ‖ *Ne pas savoir tenir sa langue*, no poder guardar silencio, no poder callarse, írsele a uno la lengua. ‖ *Ne pas tenir sa langue*, írsele a uno la lengua. ‖ *Se mordre la langue*, morderse la lengua. ‖ Fɪɢ. *Tenir sa langue*, callarse. ‖ *Tirer la langue*, sacar la lengua (moquerie), estar muy apurado (dans la gêne).
— Sʏɴ. ● *Langage*, lenguaje. *Idioma*, idioma. *Parler*, habla.

langue-de-bœuf [lãgdəbœf] f. Bᴏᴛ. Lengua de buey.
— Oʙsᴇʀᴠ. Pl. *langues-de-bœuf*.

langue-de-chat [-dəʃa] f. Lengua de gato (biscuit).
— Oʙsᴇʀᴠ. Pl. *langues-de-chat*.

Languedoc [lãgdɔk] n. pr. m. Géoɢʀ. Languedoc.

languedocien, enne [lãgdɔsjɛ̃, jɛn] adj. et s. Languedociano, na.

languette f. Lengüeta. ‖ Fiel, *m.*, lengüeta (d'une balance). ‖ Mus. Lengüeta.

langueur f. Languidez, decaimiento, *m.* ‖ *Maladie de langueur*, enfermedad de postración.

langueyer [lãgɛje] v. tr. Vétér. Examinar la lengua de los cerdos. ‖ Poner lengüetas (orgues).

languier [lãgje] m. Lengua (*f.*) ahumada de cerdo.

languir [lãgiːr] v. intr. Languidecer. ‖ Fɪɢ. Consumirse, desperecer (prisonnier). ‖ Marchitarse (fleur, plante). ‖ Fɪɢ. *Faire languir*, hacer esperar, tener en suspenso. — V. tr. *Languir de* o *que*, ansiar, suspirar por : *je languis de la voir*, ansío verla.

languissant, e adj. Lánguido, da.

lanice adj. Lanicio, cia. ‖ *Bourre lanice,* curesca, borra lanicia.

lanière f. Correa, tira de cuero [*Amér.,* guasca].

lanifère ou lanigère adj. Lanífero, ra.

laniste m. HIST. Lanista (à Rome).

lanlaire (envoyer faire) loc. fam. Mandar a paseo, mandar a freir monas *ou* espárragos.

lanoline f. Lanolina.

lansquenet [lɑ̃skənɛ] m. Lansquenete (soldat).

lantanier m. Lantana, *f.* (arbre).

lanterne f. Farol, *m.* ‖ ARCHIT. Linterna, cupulino, *m.* ‖ AUTOM. Faro, *m.* (phare), luz de población (feu de ville). ‖ TECHN. Linterna (pignon). ‖ — Pl. (Vx.) FAM. Necedades, sandeces (sottises). ‖ — ZOOL. *Lanterne d'Aristote,* linterna de Aristóteles. ‖ *Lanterne magique,* linterna mágica. ‖ *Lanterne rouge,* farolillo rojo, colista de una prueba. ‖ *Lanterne sourde,* linterna sorda. ‖ *Lanterne vénitienne,* farolillo de papel *ou* veneciano. ‖ — *Éclairer la lanterne de quelqu'un,* poner a alguien al corriente *ou* al tanto. ‖ *Oublier d'éclairer sa lanterne,* no hacerse comprender. ‖ *Prendre des vessies pour des lanternes,* confundir la gimnasia con la magnesia, confundir la velocidad con el tocino.

lanterneau ou lanternon m. ARCHIT. Linternilla, *f.,* lucernaria, *f.*

lanterner v. intr. FAM. Perder el tiempo.
— V. tr. FAM. Dar largas, entretener (tenir en suspens).

lanternier m. Farolero.

lanthane m. CHIM. Lantano.

lanthanides m. pl. CHIM. Lantánidos.

lanugineux, euse adj. BOT. Lanuginoso, sa.

Laocoon n. pr. m. Laocoonte.

Laodicée n. pr. GÉOGR. Laodicea.

Laomédon n. pr. m. Laomedonte.

Laos [laos] n. pr. m. GÉOGR. Laos.

laotien, ienne adj. et s. Laosiano, na.

lapalissade f. Perogrullada, verdad de Perogrullo.

La Palisse ou La Palice (Monsieur de) n. pr. m. La Palisse [gentilhombre francés muerto en la batalla de Pavía en 1525]. ‖ *Vérité de La Palisse,* perogrullada.

laparotomie f. MÉD. Laparotomía.

lapement m. Lengüetada, *f.,* lengüetazo.

laper v. tr. Beber a lengüetadas.

lapereau [lapro] m. Gazapo (jeune lapin).

lapidaire adj. Lapidario, ria : *style lapidaire,* estilo lapidario.
— M. Lapidario (ouvrier). ‖ Lapidario (meule).

lapidation f. Lapidación, apedreamiento, *m.*

lapider v. tr. Lapidar (Bible), apedrear. ‖ FIG. Vapulear, injuriar, maltratar (maltraiter).

lapidification f. Lapidificación.

lapidifier* v. tr. Lapidificar, petrificar (pétrifier).

lapilli [lapili] m. pl. GÉOL. Lapilli (pierre volcanique).

lapin, e m. et f. Conejo, ja (animal) : *lapin domestique,* conejo casero, doméstico ; *lapin de garenne,* conejo de campo *ou* de monte. ‖ FIG. et FAM. Perro viejo, zorro, a (rusé). ‖ — *Mon petit lapin,* amor mío, mi vida. ‖ — *Courir comme un lapin,* correr como una liebre, como un gamo. ‖ FAM. *Poser un lapin,* dar un plantón.

lapiner v. intr. Parir la coneja.

lapinière f. Conejera.

lapis ou lapis-lazuli [lapis, lapislazyli] m. ou lazulite [-lazylit] f. Lapislázuli, *m.* (pierre bleue).

lapon, e adj. et s. Lapón, ona.

Laponie n. pr. f. GÉOGR. Laponia.

laps, lapse [laps] adj. et s. RELIG. Lapso, sa.
— M. Lapso (espace de temps).

lapsus [lapsys] m. Lapsus. ‖ — *Lapsus calami,*

lapsus calami (erreur d'écriture). ‖ *Lapsus linguae,* lapsus linguae (erreur de parole).

laptot [lapto] m. Marinero senegalés. ‖ Descargador senegalés.

laquage m. Acción de dar laca.

laquais [lakɛ] m. Lacayo. ‖ FIG. Persona servil, lacayo.

laque f. Laca. ‖ Laca (vernis). ‖ — M. Laca, *f.* (vernis). ‖ Laca (meuble, objet laqué).

laquer v. tr. Dar laca, maquear. ‖ Poner laca en (les cheveux).

laqueur m. TECHN. Maqueador, operario que trabaja con laca.

laqueux, euse [lakø, ø:z] adj. De laca : *vernis laqueux,* barniz de laca.

laraire m. Larario.

larbin m. FAM. Criado, sirviente.

larcin m. Hurto, ratería. ‖ FIG. Plagio (plagiat).

lard [la:r] m. Tocino (lard maigre), lardo (gras du lard). ‖ — FAM. *Gros lard,* gordinflón (personne forte). ‖ *Gros lard, lard gras,* tocino gordo. ‖ *Petit lard, lard maigre,* tocino entreverado. ‖ — *Omelette au lard,* tortilla de torreznos. ‖ — *Être ni lard ni cochon,* no ser carne ni pescado. ‖ FAM. *Faire du lard,* echar carne.

larder v. tr. CULIN. Mechar, lardear. ‖ FIG. Acribillar, coser a estocadas (cribler de coups). ‖ Sembrar, llenar de citas (remplir de citations).

lardoire f. Mechera, aguja mechera, mechador, *m.*

lardon m. Mecha, *f.,* lonja (*f.*) de tocino. ‖ POP. Pituso, niño (enfant). ‖ *Lardon frit,* torrezno.

lardonner v. tr. Cortar mechas *ou* lonjas de tocino.

lares [la:r] adj. et s. m. pl. Lares : *les lares paternels,* los lares paternos : *les dieux lares,* los dioses lares.

largable adj. Que se puede largar, soltar. ‖ Eyectable (avion).

largage m. Largamiento.

large adj. Ancho, cha : *une large bouche,* una boca ancha. ‖ Amplio, ia (vaste) : *un large espace,* un amplio espacio. ‖ Amplio, ia ; holgado, da ; ancho, cha (ample) : *un vêtement large,* un vestido holgado. ‖ FIG. Ancho, cha ; tolerante : *avoir la conscience large,* ser ancho de conciencia. ‖ Amplio, ia (idées). ‖ Considerable, grande (grand). ‖ Liberal, espléndido, da (généreux). ‖ *Idées larges,* amplitud de ideas.
— M. Ancho, anchura, *f.* (largeur) : *un mètre de large,* un metro de ancho. ‖ MAR. Mar adentro, en alta mar : *gagner o prendre le large,* hacerse mar adentro, navegar en alta mar. ‖ — *Au large,* con anchura, holgadamente : *être au large dans un endroit,* estar holgadamente en un sitio. ‖ *Au large !,* ¡largo!, ¡fuera ! ‖ *Au large de,* a la altura de. ‖ *De long en large,* de un lado para otro, de acá para allá. ‖ *En long et en large,* a lo largo y a lo ancho, en toda la extensión. ‖ FIG. et FAM. *Prendre le large,* largarse, escaparse (fuir).
— Adv. Holgado. ‖ Generoso, espléndido. ‖ FAM. *Ne pas en mener large,* no llegarle a uno la camisa al cuerpo, no tenerlas todas consigo.

largement adv. Ampliamente, abundantemente, con creces : *avoir largement de quoi vivre,* tener ampliamente con qué vivir. ‖ Generosamente, liberalmente (généreusement). ‖ Con mucho : *vos revenus dépassent largement les miens,* sus ingresos rebasan con mucho los míos.

largesse f. Largueza, esplendidez, generosidad.

largeur f. Anchura, ancho, *m.* ‖ FIG. Amplitud, altura de miras, elevación. ‖ MAR. Manga (d'un bateau). ‖ FAM. *Dans les grandes largeurs,* rotundamente.

larghetto [largɛto] adv. et s. m. MUS. Larghetto.

largo adv. et s. m. MUS. Largo.

largue adj. MAR. Largo, ga ; suelto, ta.
— M. MAR. Largo (allure).

larguer v. tr. AVIAT. et MAR. Largar, soltar, aflojar : *larguer les voiles,* largar las velas : *larguer les amarres,* soltar las amarras. ‖ Lanzar (des parachutistes). ‖ FIG. Dejar, abandonar.

larigot [larigo] m. Chirimía, *f.,* pífano (flûte ancienne). ‖ Nasardo (jeu d'orgue). ‖ *Boire à tire-larigot,* beber sin tasa.

larme f. Lágrima : *verser des larmes,* derramar lágrimas ; *les larmes aux yeux,* con las lágrimas en los ojos. ‖ BOT. Lágrima (de la vigne). ‖ FAM. Gota, lágrima (petite quantité de liqueur). ‖ — *Larme batavique* o *de verre,* lágrima de Batavia. ‖ *Larmes de crocodile,* lágrimas de cocodrilo. ‖ — *En larmes* o *tout en larmes,* lloroso, deshecho en llanto, llorando. ‖ — *Avoir des larmes dans la voix,* tener la voz ahogada en llanto. ‖ *Avoir la lurme à l'œil,* estar a punto de llorar. ‖ *Avoir toujours la larme à l'œil,* ser un llorón. ‖ *Essuyer* o *sécher les larmes de quelqu'un,* enjugar las lágrimas *ou* ser el paño de lágrimas de alguien, consolar a alguien. ‖ *Essuyer ses larmes,* secarse las lágrimas. ‖ *Être ému jusqu'aux larmes,* llorar de emoción. ‖ *Faire venir les larmes aux yeux,* hacer saltar las lágrimas, hacer llorar. ‖ *Fondre en larmes* o *être tout en larmes,* prorrumpir en sollozos, deshacerse en lágrimas. ‖ *Les larmes lui montèrent aux yeux,* se le humedecieron los ojos. ‖ *Pleurer à chaudes larmes,* llorar a lágrima viva. ‖ *Rire aux larmes* o *jusqu'aux larmes,* llorar de risa.

larme-de-Job f. BOT. Lágrima de Job *ou* de David.

larmier m. Lagrimal (de l'œil). ‖ Carúncula lagrimal (cerf). ‖ ARCHIT. Goterón, salidizo.

larmoiement [larmwamɑ̃] m. Lagrimeo.

larmoyant, e [-mwajɑ̃, ɑ̃:t] adj. Lacrimoso, sa ; lagrimoso, sa ; lloroso, sa.

larmoyer* [-mwaje] v. intr. Lagrimear, lloriquear.

larron, onnesse m. et f. Ladrón, ona. ‖ — M. IMPR. Lardón. ‖ Ladrón, ladronera (dans un canal, un ruisseau). ‖ — *Larron d'honneur,* seductor. ‖ *Le bon et le mauvais larron,* el buen y el mal ladrón. ‖ *Le troisième larron,* el tercero en discordia. ‖ *L'occasion fait le larron,* la ocasión hace al ladrón. ‖ *S'entendre comme larrons en foire,* hacer buenas migas, estar a partir un piñón.

larvaire adj. Larval.

larve f. MYTH. Larva. ‖ ZOOL. Larva.

larvé, e adj. Larvado, da.

larvicole adj. Larvícola.

laryngé, e [larɛ̃ʒe] *ou* **laryngien, ienne** [-ʒjɛ̃, jɛn] adj. Laríngeo, a.

laryngectomie [-ʒɛktɔmi] f. Laringectomía.

laryngite [-ʒit] f. MÉD. Laringitis.

laryngologie [-gɔlɔʒi] f. Laringología.

laryngologiste [-gɔlɔʒist] *ou* **laryngologue** [-gɔlɔg] m. Laringólogo.

laryngoscope [-gɔskɔp] m. Laringoscopio.

laryngoscopie [-gɔskɔpi] f. Laringoscopia.

laryngotomie [-gɔtɔmi] f. Laringotomía.

larynx [larɛ̃:ks] m. ANAT. Laringe, *f.*

las ! [lɑ] interj. ¡Ay!

las, asse [lɑ, lɑ:s] adj. ● Cansado, da. ‖ FIG. Cansado, da ; harto, ta : *il est las de vous entendre,* está harto de oírle. ‖ *De guerre lasse,* por agotamiento, por cansancio.

— SYN. ● *Fatigué,* fatigado, cansado. *Harassé,* agobiado. *Brisé,* molido, destrozado. *Fourbu,* despeado. *Rompu,* molido. *Excédé,* cansado. *Rendu,* rendido. *Recru,* molido. *Épuisé,* agotado. *Exténué,* extenuado. *Éreinté,* derrengado. Pop. *Flapi, vanné, claqué, crevé, pompé,* reventado.

lascar m. FAM. Perillán, barbián. ‖ *Un drôle de lascar,* un punto filipino.

lascif, ive [lasif, i:v] adj. Lascivo, va.

lasciveté [lasivte] *ou* **lascivité** [-sivite] f. Lascivia.

lassant, e adj. Cansado, da ; pesado, da ; que cansa.

lasser v. tr. Cansar. ‖ FIG. Agotar (excéder) : *lasser la patience,* agotar la paciencia. ‖ — V. pr. Cansarse. ‖ — *Se lasser à,* cansarse en. ‖ *Se lasser de,* cansarse de.

lassitude f. Lasitud (p. us.), cansancio, *m.* (fatigue). ‖ FIG. Fastidio, *m.,* hastío, *m.* (ennui).

lasso m. Lazo. ‖ *Lasso à boules,* boleadoras (en Amérique).

lastex m. Lástex.

lasting [lastiŋ] m. Tela (*f.*) ligera de lana.

latanier m. Latania, *f.* (palmier).

latence f. Estado (*m.*) latente.

latent, e adj. Latente.

latéral, e adj. Lateral.

latérite f. Laterita (espèce d'argile rougeâtre).

latex m. BOT. Látex.

lathyrisme m. MÉD. Latirismo.

laticifère adj. et s. m. BOT. Laticífero.

laticlave m. Laticlavia, *f.*

latifolié, e adj. BOT. Latifoliado, da ; de hojas anchas.

latifundium [latifɔ̃djɔm] *ou* **latifondo** m. Latifundio.

— OBSERV. Pl. *latifundia* o *latifondi.*

latin, e adj. et s. Latino, na : *la déclinaison latine,* la declinación latina. ‖ *L'Amérique latine,* América Latina. ‖ *Le quartier latin,* el barrio latino [barrio de los estudiantes en París]. ‖ — M. Latín (langue latine). ‖ — *Latin de cuisine,* latín macarrónico, latinajo. ‖ *Latin populaire,* latín vulgar, sermo rusticus. ‖ — *Bas latin,* bajo latín. ‖ *C'est du latin,* es griego. ‖ *En* o *y perdre son latin,* no comprender nada de una cosa. ‖ *Quand les ânes parleront latin,* cuando las ranas críen pelo.

latinisant, e adj. et s. Que practica el culto latino. ‖ Latinista (langue).

latinisation f. Latinización.

latinisé, e adj. Latinizado, da.

latiniser v. tr. Latinizar.

latinisme m. Latinismo.

latiniste m. Latinista.

latinité f. Latinidad. ‖ *Basse latinité,* baja latinidad.

latino-américain, e adj. Latinoamericano, na.

— OBSERV. Pour traduire le mot *latino-américain,* on doit préférer à *latinoamericano,* terme fréquemment employé en Amérique et rarement en Espagne, *iberoamericano ou hispanoamericano.*

latirostre m. Latirrostro (oiseau).

latitude f. Latitud. ‖ Latitud (climat) : *l'homme peut vivre sous toutes les latitudes,* el hombre puede vivir bajo todas las latitudes. ‖ FIG. Libertad : *je vous laisse toute latitude,* le dejo toda libertad.

latitudinaire adj. et s. Latitudinario, ria.

latitudinal, e adj. Latitudinal.

latitudinarisme m. Latitudinarismo (doctrine).

Latium [lasjɔm] n. pr. m. GÉOGR. Lacio.

latomie f. Latomia (prison à Syracuse).

Latone n. pr. f. MYTHOL. Latona.

Latran n. pr. m. GÉOGR. Letrán.

latrie f. Latría.

latrines f. pl. Letrinas.

lattage m. Entablado, enlatado (de bois).

latte f. Lata (p. us.), tabla delgada, listón, *m.* ‖ Traviesa (de toit). ‖ Listón (sports). ‖ Sable (*m.*) de caballería (sabre).

— OBSERV. *Lata* en espagnol signifie *fer-blanc* ou *boîte métallique,* et *ennui.*

latter v. tr. TECHN. Entarimar, entablar [*Amér.,* enlatar].

lattis [lati] m. Armazón (*f.*) de tablas de un tejado. ‖ Encañado, enrejado de listones (pour les plantes).

laudanisé, e adj. Laudanizado, da ; que contiene láudano.

laudanum [lodanɔm] m. Laúdano.
laudateur, trice m. et f. Ensalzador, ora.
laudatif, ive adj. Laudatorio, ria.
laudes [lo:d] f. pl. RELIG. Laudes.
lauracées f. pl. BOT. Lauráceas.
laure f. Laura, monasterio griego.
Laure n. pr. f. Laura.
lauré, e adj. Laureado, da.
lauréat, e [lɔrea, at] adj. et s. Laureado, da; galardonado, da; triunfador, ra.
Laurence n. pr. f. Lorenza.
Laurent [lɔrɑ̃] n. pr. m. Lorenzo.
Laurien n. pr. m. Laureano.
laurier m. BOT. Laurel. || — Pl. FIG. Laureles (gloire). || — *Laurier-cerise,* lauroceraso, laurel cereza *ou* real. || *Laurier-rose,* laurel rosa, adelfa. || *Laurier-tin,* durillo. || — FIG. *Cueillir o moissonner des lauriers,* cosechar laureles *ou* victorias. || *Être chargé de lauriers* o *se couvrir de lauriers,* cargarse de laureles. || *Flétrir ses lauriers,* empañar su gloria, mancillar sus laureles. || *S'endormir* o *se reposer sur ses lauriers,* dormirse en los laureles.
Lausanne n. pr. GÉOGR. Lausana.
lavable adj. Lavable.
lavabo m. Lavabo, lavamanos (appareil sanitaire). || Lavabo, cuarto de aseo (salle d'eau). || ECCLÉS. Lavatorio (prière de la messe). || FAM. *Les lavabos,* los servicios.
lavage m. Lavado. || Fregado (de la vaisselle). || Lava, f. (de métaux). || Lavaje (de laine). || Baldeo (des ponts des navires). || FIG. et FAM. *Lavage de cerveau,* lavado de cerebro.
lavallière f. Chalina (cravate).
— Adj. De color de hoja seca, cobrizo, za.
lavande f. BOT. Lavanda, espliego, m.
— OBSERV. Le mot espagnol *lavanda* est beaucoup plus courant qu'*espliego,* surtout lorsqu'il s'agit d'eau de toilette.
lavandière f. Lavandera (qui lave). || ZOOL. Arandillo, m., aguzanieves (bergeronnette).
lavaret m. Tímalo (poisson).
lavasse f. FAM. Calducho, m., caldo (m.) muy claro; aguachirle, m.
lavatory [lavatɔri] m. Retrete.
lave f. Lava.
lave-glace m. AUTOM. Lavaparabrisas.
lave-mains m. inv. Lavamanos.
lavement m. Lavamiento, lavado (action de laver). || MÉD. Lavativa, ayuda, f. || ECCLÉS. *Lavement des pieds,* lavatorio.
laver v. tr. ● Lavar. || Fregar (la vaisselle). || Limpiar (plaie). || Baldear (un bateau). || Lavar, dar color con aguadas (dessin). || — *Laver à grande eau,* lavar a fondo. || FAM. *Laver la tête à quelqu'un,* dar un jabón a alguien, reprenderle. || *Laver les cheveux,* lavar la cabeza. || FIG. *Laver une injure dans le sang,* lavar una injuria con sangre. || *Machine à laver,* lavadora. || *Machine à laver la vaisselle,* máquina lavaplatos, lavavajillas, lavaplatos.
— V. pr. Lavarse. || FIG. *S'en laver les mains,* lavarse las manos de algo, desentenderse de algo.
— SYN. ● *Lessiver,* lavar con lejía. *Rincer,* aclarar. *Blanchir,* lavar.
laverie [lavri] f. Lavadero, m. || *Laverie automatique,* lavandería.
lavette f. Cepillo (m.) para fregar platos. || FIG. et FAM. Juan Lanas (chiffe).
laveur, euse m. et f. Lavador, ra. || Lavaplatos (plongeur). || — *Laveur de vitres,* lavacristales. || *Laveur de voitures,* lavacoches. || — F. Lavandera (de linge). || — M. Lavador. || Depurador (dépoussiéreur).
lave-vaisselle m. inv. Lavavajillas, lavaplatos.
Lavinie n. pr. f. Lavinia.

lavis [lavi] m. Aguada, f., lavado (dessin). || *Au lavis,* a la aguada, lavado, da : *dessin au lavis,* dibujo a la aguada, lavado.
lavoir m. Lavadero (du linge). || Lavadero (du minerai, du charbon).
lavure f. Lavazas, pl., lavadura, agua sucia (eau sale). || — Pl. Partículas de metales preciosos.
laxatif, ive adj. et s. m. Laxante.
laxisme m. Laxismo.
laxité f. Laxitud, flojedad.
layer* [lɛje] v. tr. Trazar un sendero (en forêt). || Marcar los árboles. || Escodar (la pierre).
layetier [lɛjtje] m. Cofrero, baulero.
layette [lɛjɛt] f. Canastilla, ropita de niño.
layon [lɛjɔ̃] m. Sendero, trocha, f. (en forêt).
Lazare [lazar] n. pr. m. Lázaro.
lazaret [lazarɛ] m. Lazareto.
lazariste m. Lazarista (prêtre).
lazulite f. MIN. Lazulita, lapislázuli (lapis).
lazzarone [ladzarone] m. Lazzarone (vagabond napolitain).
— OBSERV. Pl. *lazzaroni.*
lazzi [ladzi] m. pl. Bromas, f., burlas, f. (plaisanteries) : *sous les lazzis de la foule,* entre las burlas de la muchedumbre.
le, la art. El, la : *le frère et la sœur,* el hermano y la hermana.
— Pron. pers. de 3e pers. Lo, le, la : *je l'ai dénoncé,* lo denuncié; *je l'ai prise,* la he tomado.
— OBSERV. Bien que l'Académie de la langue espagnole conseille l'emploi du pronom *lo* pour traduire le pronom personnel masculin complément direct, le pronom *le* est fréquemment employé en Espagne à sa place (je l'ai vu, *le* he visto ou *lo* he visto).
lé [le] m. Paño, ancho de una tela (largeur d'une étoffe). || Ancho de un rollo de papel pintado (papier peint). || *Une jupe à lés,* una falda de varios paños.
leader [li:dər] m. Líder, jefe (chef de parti). || Editorial, artículo de fondo (d'un journal). || AVIAT. Avión de cabeza. || El primero (sports).
leadership [-ʃip] m. Jefatura, f., liderazgo, liderato.
Léandre n. pr. m. Leandro.
lebel m. Lebel, fusil de repetición del ejército francés.
léchage m. Lamido, lameteo, lamida, f., acción de lamer. || POP. Coba, f., lameteo (adulation).
lèche f. Rebanada (de pain), loncha (de viande). || Lamido, m., lameteo, m. (action de lécher). || POP. *Faire de la lèche,* dar coba, hacer la pelotilla.
léché, e adj. Lamido, da; demasiado bien acabado. || *Ours mal léché,* persona mal educada, grosera.
lèche-bottes m. inv. POP. Pelotillero, cobista.
lèchefrite f. CULIN. Grasera, recipiente (m.) para recoger la grasa.
lécher* v. tr. Lamer. || Pulir, limar, acabar con detalles (finir avec soin). || — FAM. *Lécher les pieds, les bottes de quelqu'un,* hacer la pelotilla, dar coba. || *Lécher les vitrines,* mirar los escaparates.
— V. pr. Lamerse. || *C'est bon à s'en lécher les doigts* o *les babines,* es cosa para chuparse los dedos, es para relamerse.
lécherie [lɛʃri] f. Golosina, gula (gourmandise).
lécheur, euse adj. et s. Goloso, sa (gourmand). || FAM. Cobista, pelotillero, ra; adulador, ra (flatteur). | Besucón, ona (qui aime embrasser).
lèche-vitrine [lɛʃvitrin] m. FAM. *Faire du lèche-vitrines,* mirar los escaparates.
lécithine f. CHIM. Lecitina.
leçon [ləsɔ̃] f. Lección. || — *Leçon particulière,* clase privada *ou* particular. || — *Donner une bonne leçon,* dar una buena lección. || FIG.

Faire la leçon, leer la cartilla (reprendre), alecccionar (expliquer). ‖ *Servir de leçon,* servir de lección *ou* de escarmiento. ‖ *Tirer la leçon de,* sacar fruto *ou* utilizar la experiencia de. ‖ *Tirez-en la leçon,* aplíquese el cuento.

lecteur, trice m. et f. Lector, ra. ‖ — M. Tᴇᴄʜɴ. Lector.

lectionnaire m. Eᴄᴄʟᴇ́s. Leccionario.

lecture f. Lectura. ‖ — *Tête de lecture,* cabeza sonora (magnétophone). ‖ — *Avoir de la lecture,* haber leído mucho, ser instruido.

ledit [lədi] adj. Susodicho.

légal, e adj. Legal.

légalisable adj. Legalizable.

légalisation f. Legalización.

légaliser v. tr. Legalizar.

légalisme m. Legalismo.

légaliste adj. y s. Legalista.

légalité f. Legalidad : *rester dans la légalité,* no salirse de la legalidad.

légat [lega] m. Legado. ‖ Legado pontificio (du pape). ‖ *Légat « a latere »,* legado a látere.

légataire m. et f. Dʀ. Legatario, ria : *légataire universel,* legatario universal.

légation f. Legación.

legato adv. Mᴜs. Ligado.

lège adj. Mᴀʀ. Boyante.

légendaire adj. Legendario, ria.

— M. Autor de leyendas (auteur de légendes). ‖ Colección (*f.*) de leyendas (recueil de légendes).

légende f. ● Leyenda. ‖ Pie, *m.,* texto, *m.* (d'une carte, d'un dessin, etc.).

— Sʏɴ. ● *Mythe,* mito. *Tradition,* tradición.

léger, ère adj. Ligero, ra; liviano, na (très employé en Amérique) : *métal léger,* metal ligero. ‖ Leve (pas grave) : *blessure légère,* herida leve. ‖ Libre, atrevido, da : *propos légers,* palabras atrevidas. ‖ Fino, na : *un drap léger,* una sábana fina. ‖ Ligero, ra (repas, café, etc.). ‖ — Fɪɢ. *Esprit léger,* espíritu superficial. ‖ *Faute légère,* falta leve. ‖ *Femme légère,* mujer ligera, frívola. ‖ *Repas léger,* comida frugal, ligera. ‖ *Un fardeau léger,* un bulto que pesa poco. ‖ — *À la légère,* a la ligera. ‖ *D'un cœur léger,* sin preocupaciones. ‖ *D'un pas léger,* con paso rápido. ‖ — *Avoir la main légère,* tener las manos largas (être prompt à frapper), ser hábil de manos (chirurgien). ‖ *Dessiner d'une main légère,* dibujar con soltura. ‖ *Être plus léger que,* pesar menos que. ‖ *Prendre quelque chose à la légère,* echar algo a humo de pajas. ‖ *Que les heures sont légères en votre compagnie!,* ¡qué pronto pasan las horas en su compañía!

légèrement adv. Ligeramente. ‖ Levemente (blessé).

légèreté f. Ligereza (poids). ‖ Agilidad. ‖ Levedad (d'une blessure, d'une faute, etc.). ‖ Finura (sveltesse). ‖ Soltura (du style). ‖ Fɪɢ. Ligereza, liviandad (de caractère).

legging f. Polaina, legui, *m.* (jambière).

leghorn [lɛgɔrn] f. Leghorn (race de poules).

légiférer* v. intr. Legislar.

légion m. Legión. ‖ — *Légion d'honneur,* Legión de Honor. ‖ *Légion étrangère,* legión extranjera.

légionnaire m. Legionario. ‖ Caballero de la Legión de Honor (de la Légion d'honneur).

législateur, trice adj. et s. Legislador, ra.

législatif, ive adj. Legislativo, va : *Assemblée législative,* Asamblea legislativa.

législation f. Legislación.

législature f. Legislatura. ‖ Cuerpo de legisladores.

légiste m. Legista. ‖ *Médecin légiste,* médico forense.

— Sʏɴ. *Juriste,* jurista. *Jurisconsulte,* jurisconsulto. *Homme de loi,* letrado, hombre de leyes.

légitimaire adj. Legitimario, ria.

légitimation f. Legitimación.

légitime adj. Legítimo, ma. ‖ Fundado, da; justificado, da : *crainte légitime,* temor fundado. — F. Fᴀᴍ. Costilla, mujer, media naranja (épouse).

légitimer v. tr. Legitimar. ‖ Justificar (justifier).

légitimisme m. Legitimismo.

légitimiste adj. et s. Legitimista.

légitimité f. Legitimidad.

legs [lɛ ou lɛg] m. Legado, manda, *f.*

léguer* v. tr. Legar.

légume m. Verdura, *f.,* hortaliza, *f.* (vert). ‖ Legumbre, *f.* (sec). ‖ Vaina, *f.* (cosse). ‖ — F. Pᴏᴘ. *Grosse légume,* pez gordo, personaje (personnage).

légumier, ère adj. Leguminoso, sa.
— M. Fuente (*f.*) para legumbres.

légumine f. Cʜɪᴍ. Legumina.

légumineux, euse adj. et s. f. Leguminoso, sa.

lei m. pl. Lei (monnaie roumaine).

leishmaniose f. Mᴇ́ᴅ. Leishmaniosis.

leitmotiv [lajtmɔtiv] m. Leitmotiv, tema.

lemme m. Mᴀᴛʜ. Lema.

lemming m. Zᴏᴏʟ. Lemming, ratón campestre.

lemnacées f. pl. Bᴏᴛ. Lemnáceas.

lemnien, enne adj. et s. Lemnio, nia.

lemniscate f. Gᴇ́ᴏᴍ. Lemniscata.

lemnisque m. Lemnisco.

lémures [lemy:r] m. pl. Mʏᴛʜ. Lémures (âmes des morts).

lémuriens m. pl. Zᴏᴏʟ. Lemúridos.

lendemain [lɑ̃dmɛ̃] m. El día siguiente, el día después, el otro día : *le lendemain fut un lundi,* el día siguiente fue lunes; *il mourut le lendemain,* se murió al día siguiente. ‖ Fɪɢ. Porvenir, futuro, mañana, *f.* : *se préoccuper du lendemain,* preocuparse por el porvenir. ‖ — *Au lendemain de la guerre,* inmediatamente después de la guerra. ‖ *Du jour au lendemain,* de la noche a la mañana, de un día para otro, de un día a otro. ‖ *Il ne faut pas remettre au lendemain ce qu'on peut faire le jour même,* no hay que dejar para mañana lo que se puede hacer hoy. ‖ *Triste comme un lendemain de fête,* más triste que un entierro.

lendit [lɑ̃di] m. Feria medieval en Saint-Denis (Paris). ‖ Fiesta estudiantil.

lénifiant, e adj. Calmante (calmant).

lénifier* v. tr. Calmar, aliviar, lenificar (p. us.).

Leningrad [leningrad] n. pr. Gᴇ́ᴏɢʀ. Leningrado.

léninisme m. Leninismo.

lénitif, ive adj. et s. m. Lenitivo, va.

lent, e [lɑ̃, lɑ̃:t] adj. Lento, ta. ‖ *Lent à,* lento en *ou* para.

— Sʏɴ. *Tardif,* tardío. *Long,* lento, tardo. *Fam. Lambin,* calmoso. *Gnangnan,* remolón. *Traînard,* tardo.

lente f. Liendre (œuf de pou).

— Oʙsᴇʀᴠ. L'espagnol *lente* signifie *lentille, loupe, lunette.*

lentement adv. Lentamente, despacio. ‖ *Lentement mais sûrement,* poco a poco se va a Roma.
— Sʏɴ. *Insensiblement,* insensiblemente. *Doucement,* despacio. *Piano,* piano.

lenteur f. Lentitud. ‖ Fɪɢ. Lentitud, torpeza de entendimiento (d'esprit).

lenticulaire ou **lentiforme** adj. Lenticular. ‖ *Os lenticulaire,* hueso lenticular.

lentigo m. Mᴇ́ᴅ. Lentigo, peca, *f.,* efélide (taches de rousseur).

lentille [lɑ̃ti:j] f. Lenteja (légume). ‖ Lente (optique). ‖ — Pl. Pecas (taches de rousseur). ‖ — *Lentille cornéenne* o *de contact,* lente *ou* lentilla de contacto. ‖ *Lentille d'eau,* lenteja de agua. ‖ *Lentille de mise au point,* lente de enfoque. ‖

Lentille grossissante, lente de aumento. ‖ — *Champ de lentilles,* lentejar.

lentisque m. Lentisco (arbuste).

lento [lɛnto] adv. Mus. Lento.

Lentulus [lɛ̃tylys] n. pr. m. Léntulo.

Léon [leɔ̃] n. pr. m. León.

Léonard [leɔna:r] n. pr. m. Leonardo.

léonin, e adj. Leonino, na.

léontine f. Leontina, cadena de reloj.

léonure m. Bot. Agripalma, f.

léopard [leɔpa:r] m. Leopardo. ‖ Blas. León heráldico.

léopardé, e adj. Manchado como la piel del leopardo.

Léopold [leɔpɔl(d)] n. pr. m. Leopoldo.

Léopoldine n. pr. f. Leopoldina.

Léovigild [leɔviʒild] n. pr. m. Leovigildo.

Lépante n. pr. Géogr. Lepanto.

Lépide n. pr. m. Lépido.

lépidium [lepidjɔm] m. Bot. Lepidio.

lépidodendron [lepidɔdɛ̃drɔ̃] m. Lepidodendro (arbre fossile).

lépidolite m. Min. Lepidolita, f. (mica).

lépidoptères m. pl. Zool. Lepidópteros.

lépidosirène m. Zool. Lepidosirena, f.

lépidostée m. Lepidosteido (poisson).

lépiote f. Lepiota (champignon).

lépisme m. Lepisma, f. (insecte).

léporide m. Lepórido (hybride de lièvre et de lapin).

lèpre f. Lepra.

lépreux, euse adj. et s. Leproso, sa.

léproserie f. Leprosería, hospital de leprosos.

leptocéphale m. Leptocéfalo.

leptorhiniens m. pl. Zool. Leptorrinos.

leptospire m. Leptospira (protozoaire).

leptospirose f. Méd. Leptospirosis.

lequel, laquelle, lesquels, lesquelles [ləkɛl, lakɛl, lɛkɛl] pr. rel. El cual, la cual, los cuales, las cuales, que, el que, la que, lo que, las que, las que : *la chaise sur laquelle il est assis,* la silla en que está sentado ; *la date à laquelle nous faisons allusion,* la fecha a la que aludimos. ‖ Quien, quienes, el cual (et tous les précédents) : *j'ai vu Françoise, laquelle est très malade,* he visto a Paquita, quien está muy enferma : *ceux avec lesquels je parle,* aquellos con quienes hablo. — Pr. interrog. Cuál, cuáles : *lequel est ton ami ?,* ¿cuál es tu amigo ? ; *à laquelle de ces dames avez-vous parlé ?,* ¿a cuál de estas señoras habló usted ? — Observ. Con las preposiciones *à* y *do,* este pronombre forma en francés los compuestos *auquel, auxquels, auxquelles, duquel, desquels, desquelles* que se traducen al español por la preposición y el pronombre separados (*les livres desquels vous me parlez,* los libros de los que me habla).

lérot [lero] m. Lirón gris (loir gris).

les [lɛ] art. pl. m. y f. Los, las : *les règles et les crayons,* las reglas y los lápices. ‖ *Les uns et les autres,* unos y otros. — Pr. pers. 3e personne du pluriel des deux genres. Los, los, las : *je les ai vus,* los he visto, les he visto ; *je les ai prises,* las he tomado. — Observ. Les pronoms espagnols *les, los* et *las* sont enclitiques lorsqu'ils sont compléments d'un verbe à l'impératif, à l'infinitif ou au gérondif : *donne-les,* dalas ; *les voir,* verlos ; *en les mangeant,* comiéndolos.

lès prép. Junto a, cerca de. — Observ. Esta preposición se emplea únicamente en los nombres toponímicos : *Joué-lès-Tours.*

lesbien, ienne adj. et s. Lesbiano, na ; lesbio, ia, de Lesbos. ‖ — F. Lesbiana.

lesdits, lesdites [lɛdi, dit] adj. pl. Los susodichos, las susodichas.

lèse adj. f. Lesa : *crime de lèse-majesté,* crimen de lesa majestad.

léser* v. tr. Perjudicar, lesionar, dañar.

lésine ou **lésinerie** f. Tacañería, roñería.

lésiner v. intr. Escatimar en (épargner), tacañear, cicatear.

lésineur, euse adj. et s. Tacaño, ña ; roñoso, sa ; cicatero, ra. ‖ Escatimador, ra.

lésion f. Lesión. ‖ Dr. Lesión, perjuicio, m.

lésionnaire adj. Dr. Lesivo, va ; perjudicial.

lésionnel, elle adj. Que se refiere a una lesión.

lessivage m. Colada, f. (de linge), lavado con lejía (lavage à la lessive). ‖ Fig. et Fam. Pérdida de dinero (au jeu). | Jabón, rapapolvo (réprimande).

lessive f. Lejía (liquide). ‖ Colada (du linge) : *faire la lessive,* hacer la colada. ‖ Fig. Limpia, limpieza. ‖ Pop. Pérdida en el juego.

lessivé, e adj. Fam. Hecho polvo, hecho migas (très fatigué). | Puesto de patitas en la calle (expulsé).

lessiver v. tr. Hacer la colada, echar en lejía (le linge). ‖ Lavar, limpiar (nettoyer). ‖ Pop. Poner de patitas en la calle, dar el bote (expulser). ‖ Fig. et Pop. *Être lessivé,* estar hecho polvo (être fatigué).

lessiveuse f. Recipiente (m.) para la colada.

lest [lɛst] m. Lastre. ‖ Fibra, f. (aliment du bétail). ‖ — *Sur lest,* en lastre. ‖ — Fig. *Jeter du lest,* soltar *ou* echar *ou* largar lastre.

lestage m. Lastrado.

leste adj. Ligero, ra ; ágil (agile). ‖ (Vx). Fig. Listo, ta ; decidido, da (décidé). | Libre, ligero, ra (grivois). ‖ *Avoir la main leste,* tener las manos largas, ser ligero de manos.

lestement [lɛstəmɑ̃] adv. Con presteza, con ligereza (promptement). ‖ Ágilmente, diestramente (agilement). ‖ *Agir lestement,* obrar sin escrúpulos.

lester v. tr. Lastrar. — V. pr. Lastrarse. ‖ Fig. et Fam. Llenar el buche.

létal, e adj. Mortífero, mortal, letal (p. us.).

létalité f. Mortalidad, letalidad (p. us.).

léthargie f. Letargo, m. ‖ Fig. Letargo, modorra (torpeur, nonchalance). ‖ *Tomber en léthargie,* caer en estado de letargo.

léthargique adj. Letárgico, ca.

Léthé n. pr. m. Leteo (fleuve).

lette ou **letton, onne** adj. et s. Letón, ona.

Lettonie n. pr. f. Géogr. Letonia.

lettrage m. Acción de marcar con letras.

lettre f. ● Letra : *lettre armoriée, bâtarde, capitale, italique, majuscule, minuscule, moulée, ornée, ronde,* letra blasonada, bastardilla, versalita, itálica, mayúscula, minúscula, de molde, florida, redondilla. ‖ Carácter, m., tipo, m. (imprimerie). ‖ Carta : *poster une lettre,* echar una carta ; *mettre une lettre à la boîte,* echar una carta al buzón. ‖ — *Lettre circulaire,* circular. ‖ *Lettre chargée,* carta de valores declarados. ‖ *Lettre d'avis, ouverte, recommandée,* carta de aviso, abierta, certificada. ‖ *Lettre de cachet,* carta cerrada con el sello real que exigía el encarcelamiento *ou* el destierro de una persona. ‖ *Lettre de change,* letra de cambio (traite). ‖ *Lettre de condoléances,* carta de pésame. ‖ *Lettre de crédit,* carta de crédito. ‖ *Lettre de demande,* instancia. ‖ *Lettre de faire part,* esquela de defunción (décès), parte *ou* participación de boda (avis de mariage). ‖ *Lettre de marque,* patente de corso. ‖ *Lettre de mer,* patente de navegación. ‖ *Lettre de naturalisation,* carta de naturaleza. ‖ *Lettre de remerciement,* carta de agradecimiento (de reconnaissance), carta de despido (de congé). ‖ *Lettre de voiture,* carta de porte, recibo de expedición, resguardo. ‖ *Lettre d'introduction,* carta de presentación. ‖ *Lettre dominicale,* letra dominical. ‖ Fig. *Lettre morte,* letra muerta, papel mojado : *rester lettre morte,* ser papel mojado. ‖ — *À la*

lettre, au pied de la lettre, al pie de la letra, literalmente. ‖ *Avant la lettre,* prueba de un grabado impresa sin pie (imprimerie), antes de tiempo, por adelantado, anticipadamente (figuré). ‖ — *En toutes lettres,* con todas sus letras. ‖ — *La lettre tue mais l'esprit vivifie,* la letra mata, mientras que el espíritu vivifica. ‖ FAM. *Passer comme une lettre à la poste,* pasar fácilmente. ‖ *Protester une lettre de change,* protestar una letra. ‖ *S'attacher à la lettre,* atenerse a la letra.
— Pl. Letras : *Faculté des lettres,* Facultad de Letras. ‖ — *Lettres de créance,* cartas credenciales. ‖ *Lettres de noblesse o d'annoblissement,* cartas de nobleza, ejecutoria. ‖ *Lettres patentes,* real despacho. ‖ — *Homme de lettres, femme de lettres, gens de lettres,* literato, ta, hombre *ou* mujer de letras. ‖ *Les belles-lettres,* las bellas letras.
— SYN. ● *Épître,* epístola. *Missive,* misiva. *Message,* mensaje. *Pli,* pliego. *Billet,* esquela, billete. *Fam. Mot,* cuatro letras, unas letras.

lettré, e adj. et s. Letrado, da ; docto, ta.

lettrine f. IMPR. Letra de llamada (pour indiquer un renvoi). | Letra volada (en haut des pages, d'un dictionnaire). | Letra florida (majuscule décorative).

leu m. (Vx). Lobo (loup). ‖ Leu (monnaie roumaine). ‖ *À la queue leu leu,* en fila india, uno tras otro.

Leucade [løkad] n. pr. f. GÉOGR. Léucade.

leucanie f. Leucania (papillon).

leucémie f. MÉD. Leucemia.

leucémique adj. et s. Leucémico, ca.

leucine f. CHIM. Leucina.

Leucippe n. pr. m. Leucipo.

leucite m. BOT. Leucito, leucoplasto.

leucoblaste m. Leucoblasto (cellule).

leucocyte m. Leucocito (globule blanc).

leucocythémie f. Leucocitemia.

leucocytose f. MÉD. Leucocitosis.

leucoderme adj. Leucodermo, ma.

leucodermie f. Leucoderma.

leucomaïne f. BIOL. Leucomaína.

leucome m. MÉD. Leucoma.

leucopénie f. MÉD. Leucopenia.

leucoplasie f. MÉD. Leucoplasia, leucoplaquia.

leucorrhée f. MÉD. Leucorrea.

leucose f. Leucosis.

Leuctres n. pr. GÉOGR. Leuctras.

leude m. Leude (sous les Mérovingiens).

leur pr. pers. (pl. de *lui* et de *elle*). Les : *il leur dit,* les dijo. ‖ Se (lorsque le verbe a deux compléments) : *je la leur rendrai,* se la devolveré : *je les leur ai demandés,* se los he pedido.
— OBSERV. Les pronoms espagnols *les* et *se* sont enclitiques lorsqu'ils sont compléments d'un verbe à l'impératif, à l'infinitif ou au gérondif (*dis-le-leur,* díselo; *il faut leur apporter quelque chose,* hay que traerles algo; *en leur chantant une berceuse,* cantándoles una nana).

leur, leurs adj. poss. Su, sus : *leur foyer,* su hogar ; *leurs filles,* sus hijas.
— Pr. poss. El suyo, la suya, los suyos (le leur, la leur, les leurs) : *notre vie et la leur,* nuestra vida y la suya : *nos malheurs sont plus graves que les leurs,* nuestras desgracias son más graves que las suyas. ‖ El, la, los, las de ellos *ou* de ellas (lorsqu'il y a dans la même proposition une opposition entre *son* et *leur*) : *il préférait sa situation à la leur,* prefería su situación a la de ellos. — M. Lo suyo : *ils y mettent du leur,* ponen de lo suyo. ‖ — Pl. Los suyos : *ils ont passé une semaine avec tous les leurs,* pasaron una semana con todos los suyos.

leurre [lœːr] m. Señuelo, añagaza, *f.* (chasse). ‖ Cebo artificial, *f.* (pêche). ‖ FIG. Añagaza, *f.,* engañifa, *f.,* cebo.

leurrer v. tr. Adiestrar, amaestrar (le faucon). ‖ Embaucar, engañar (tromper, abuser).

lev m. Lev (unité monétaire bulgare).
— OBSERV. Pl. *leva.*

levage m. Levantamiento. ‖ *Appareil de levage,* torno elevador.

levain m. Levadura, *f.* ‖ FIG. Semilla, *f.,* germen : *levain de haine,* germen de odio.

levant adj. m. Naciente : *maison tournée au soleil levant,* casa orientada al sol naciente.
— M. Levante (l'orient).

levantin, e adj. et s. Levantino, na.

lève f. MÉCAN. Leva, palanca (came).

levé, e adj. Levantado, da. ‖ — *À main levée,* a mano alzada (vote). ‖ *Au pied levé,* sin preparación, de improviso. ‖ *Tête levée,* con la cabeza alta. ‖ *Voter par assis et levés,* votar por « levantados » y « sentados ».

levé m. Levantamiento, trazado (d'un plan).

levée f. Levantamiento, *m.* ‖ Levantamiento, *m.* (d'une séance, d'un siège, des troupes). ‖ Percepción, recaudación (d'impôts). ‖ Baza (aux jeux de cartes) : *levée sûre, de chûte,* baza firme, de menos. ‖ Carrera, recorrido, *m.* (d'un piston). ‖ Marejada (soulèvement des lames). ‖ Dique, *m.* (digue). ‖ Cosecha (de grains). ‖ Recogida (courrier). ‖ Suspensión : *levée de l'immunité parlementaire,* suspensión de la inmunidad parlamentaria. ‖ MIL. Leva, reclutamiento, *m.* ‖ TECHN. Terraplén, *m.* (remblai). ‖ — *Levée d'arrêts,* levantamiento de arresto. ‖ FIG. *Levée de boucliers,* protesta airada contra una autoridad (protestation), ataque violento, oposición (attaque). ‖ *Levée d'écrou,* acto de liberación. ‖ *Levée de jugement,* expedición de testimonio de sentencia. ‖ *Levée des scellés,* desembargo. ‖ *Levée du corps,* levantamiento del cadáver. ‖ — *À la levée de la séance,* al levantarse *ou* acabarse la sesión.

lever* v. tr. ● Levantar (mettre plus haut). ‖ Levantar, erguir (redresser) : *lever la tête,* levantar la cabeza. ‖ Percibir, recaudar (impôts). ‖ Reclutar, hacer una leva (troupes). ‖ Levantar, alzar (un siège). ‖ Levantar, alzar (dessin). ‖ Levantar (gibier). ‖ Levar, alzar (ancre). ‖ Recoger, hacer la recogida (le courrier). ‖ FIG. Cercenar (couper une partie). | Quitar (enlever). | Desaparecer : *les obstacles sont levés,* los obstáculos han desaparecido. ‖ AGRIC. Levantar (terre). ‖ POP. Seducir (une femme). ‖ — *Lever la lettre,* levantar letra, componer (imprimerie). ‖ *Lever la main sur quelqu'un,* levantarle *ou* alzarle la mano a uno (frapper). ‖ *Lever la séance,* levantar la sesión. ‖ FAM. *Lever le coude,* empinar el codo. ‖ *Lever le couvert,* quitar la mesa. ‖ *Lever le masque,* quitarse la máscara. ‖ *Lever le pied,* levantar el campo, poner pies en polvorosa. ‖ *Lever le rideau,* subir *ou* levantar el telón. ‖ *Lever les épaules,* alzar los hombros, encogerse de hombros. ‖ *Lever les yeux, le regard,* levantar *ou* alzar la mirada. ‖ *Lever les yeux au ciel,* levantar los ojos al cielo. ‖ *Lever les yeux sur,* tener miras en, aspirar a, pretender. ‖ *Lever le voile,* descubrir. ‖ *Lever un acte,* levantar acta. ‖ *Lever un corps,* levantar el cadáver. ‖ *Lever une difficulté,* allanar *ou* hacer desaparecer una dificultad. ‖ — *Faire lever,* levantar. ‖ *Je n'ai qu'à lever le petit doigt,* con solo abrir la boca. ‖ *N'oser lever les yeux devant quelqu'un,* no atreverse a mirar de frente a alguien.
— V. intr. BOT. Nacer, brotar. ‖ Fermentar la masa, leudar (fermenter).
— V. pr. Levantarse. ‖ Salir (les astres). ‖ Nacer (le jour). ‖ Aclararse (le temps). ‖ *Se lever de bonne heure, de bon matin,* madrugar, levantarse temprano.
— SYN. ● *Élever,* elevar. *Enlever,* levantar. *Hisser,* izar. *Redresser,* enderezar. *Relever,* alzar. *Soulever,* levantar.

lever m. Levantamiento, subida, *f.* ‖ Momento de levantarse (du lit) : *à son lever,* al levantarse. ‖ Salida, *f.,* aparición, *f.* (d'un astre, du soleil). ‖ Levantamiento, alzado, trazado (d'un plan). ‖ — THÉÂTR. *Lever de rideau,* sainete, juguete, pieza de entrada. ‖ *Lever du jour,* el amanecer. ‖ — THÉÂTR. *Lever du rideau,* subida del telón. ‖ — *Du lever au coucher du soleil,* de sol a sol.

leveur, euse m. et f. Levantador, ra. ‖ IMPR. Cajista, componedor.

Lévi n. pr. m. Leví.

Léviathan m. Leviatán.

levier m. Palanca, *f.* : *levier de commande, de réglage, de vitesse,* palanca de mando, de regulación, de cambio. ‖ FIG. Incentivo : *l'intérêt est un puissant levier,* el interés es un incentivo potente. ‖ FIG. *Levier de commande,* mando.

lévigation f. Levigación.

léviger* v. tr. Levigar.

lévirat [levira] m. Levirato.

lévirostres m. pl. Levirrostros (oiseaux).

lévitation f. Levitación.

lévite m. Levita (de la tribu de Lévi). ‖ — F. Levitón, *m.,* levita (redingote).

lévitique adj. et s. Levítico, ca.

lévogyre adj. CHIM. Levógiro, ra.

levraut [ləvro] m. Lebrato (jeune lièvre).

lèvre f. ● Labio, *m.* ‖ BOT. Labio, *m.* (lobes). ‖ GÉOL. Pared de una falla. ‖ — Pl. Labios, borde (d'une plaie). ‖ Belfo, *m.* (du cheval). ‖ — *Du bout des lèvres,* con la punta de la lengua (boire), con altivez, con desdén (avec dédain), con desgana (à contrecœur). ‖ — *Avoir le cœur sur les lèvres,* tener el estómago revuelto, tener náuseas *ou* ansias, sentir bascas (avoir des nausées) ; tener el corazón que se sale del pecho (être généreux). ‖ *Avoir quelque chose sur le bout des lèvres,* tener algo en la punta de la lengua. ‖ *Être suspendu aux lèvres de,* estar pendiente de los labios de. ‖ *Ne pas desserrer les lèvres,* no despegar los labios, no decir ni pío. ‖ *Pincer les lèvres,* apretar los labios. ‖ *Se mordre les lèvres,* contener la risa, comerse la risa (s'empêcher de rire). ‖ *S'en mordre les lèvres,* morderse los labios *ou* las manos, arrepentirse (se repentir). ‖ *Sourire du bout des lèvres,* sonreír de dientes afuera.

— SYN. ● *Lippe,* jeta. *Labre,* labio.

levrette f. Galga.

levretté, e adj. Agalgado, da ; galgueño, ña.

levretter v. intr. Parir la liebre.

lévrier m. Galgo, lebrel.

levron, onne m. et f. Galgo joven.

lévulose f. CHIM. Levulosa.

levure f. Levadura : *levure de bière,* levadura de cerveza. ‖ Raedura (du lard).

lexical, e adj. Relativo al léxico.

lexicalisation f. Acción de añadir una palabra en un diccionario.

lexicographe m. Lexicógrafo.

lexicographie f. Lexicografía.

lexicographique adj. Lexicográfico, ca.

lexicologie f. Lexicología.

lexicologique adj. Lexicológico, ca.

lexicologue m. Lexicólogo.

lexique m. Léxico.

Leyde n. pr. GÉOGR. Leyden.

lez [le] ou **lès** [lɛ] prép. (Vx). Junto a : *Plessis-lez-Tours,* Plessis junto a Tours.

lézard [leza:r] m. Lagarto. ‖ — *Petit lézard,* lagartija. ‖ — FAM. *Faire le lézard,* tomar el sol.

lézarde f. Grieta, cuarteo, *m.,* resquebrajadura. ‖ MIL. Galón, *m.*

lézardé, e adj. Agrietado, da ; cuarteado, da.

lézarder v. tr. Agrietar, cuartear.

— V. intr. POP. Vaguear, gandulear, holgazanear (flâner).

— V. pr. Agrietarse, cuartearse.

llage m. Ligadura, *f.,* atadura, *f.*

liais [ljɛ] m. GÉOL. Piedra (*f.*) caliza.

liaison [ljɛzɔ̃] f. ● Enlace, *m.,* unión (union). ‖ Relación, conexión, ilación (connexion). ‖ Unión, relación (attachement, union). ‖ Enlace, *m.* (dans la prononciation). ‖ Relaciones (*pl.*) amorosas ilícitas, enredo, *m.* (fam.), lío, *m.* (pop.) : *avoir une liaison avec une femme,* tener relaciones amorosas ilícitas con una mujer. ‖ Ligado, *m.,* perfil, *m.* (en calligraphie). ‖ Contacto, *m.,* conexión : *liaisons radiophoniques,* contactos radiofónicos. ‖ CHIM. Enlace, *m.,* unión de dos átomos en una combinación. ‖ CONSTR. Aparejo, *m.,* juntura. ‖ Tendel, *m.* (mortier). ‖ CULIN. Trabazón (d'un mélange, d'une sauce). ‖ MAR. Ligazón. ‖ MIL. Comunicación, enlace, *m.* : *agent de liaison,* agente de enlace. ‖ MUS. Ligado, *m.,* ligadura. ‖ — Pl. Relaciones, amistades. ‖ *Être en liaison,* estar en comunicación, en conexión, estar conectado.

— SYN. ● *Lien,* lazo. *Affinité,* afinidad. *Connexité,* conexidad. *Connexion,* conexión.

liaisonner v. tr. Enlazar, trabar [los sillares *o* ladrillos de una pared].

liane f. BOT. Bejuco, m.

— OBSERV. *Liana* es un gallicismo très répandu.

liant, e adj. Flexible, elástico, ca ; maleable. ‖ FIG. Comunicativo, va ; sociable (caractère).

— M. Elasticidad, *f.,* flexibilidad, *f.* (élasticité). ‖ CONSTR. Argamasa, *f.* (mortier). ‖ FIG. Afabilidad, *f.,* carácter sociable.

liard [lja:r] m. Ochavo (anc. monnaie). ‖ Álamo negro (peuplier noir). ‖ — FAM. *Couper un liard en quatre,* ser muy tacaño. ‖ *N'avoir pas un rouge liard,* no tener un cuarto, un céntimo, un ochavo, un centavo.

liarder v. intr. Tacañear, regatear (lésiner).

lias [lja:s] m. GÉOL. Liásico, lías (terrain).

liasique adj. GÉOL. Liásico, ca.

liasse f. Fajo, *m.* (de papiers, de billets). ‖ Legajo, *m.,* rollo, *m.*

libage m. Piedra (*f.*) sin labrar, mampuesto.

Liban [libã] n. pr. m. GÉOGR. Líbano.

libanais, e adj. et s. Libanés, esa.

libation f. Libación.

libelle m. Libelo.

libellé, e adj. Redactado, da (rédigé). ‖ Extendido, da : *un chèque mal libellé,* un cheque mal extendido.

— M. Redacción, *f.,* texto (rédaction).

libeller v. tr. Redactar (rédiger). ‖ Extender (un chèque).

libelliste m. Libelista.

libellule f. Libélula, caballito (*m.*) del diablo (insecte).

liber [libɛ:r] m. BOT. Líber.

libérable adj. Redimible, exonerable, que puede ser libertado *ou* eximido. ‖ Licenciable, que puede ser licenciado (soldat).

libéral, e adj. et s. Liberal : *libéraux envers tous,* liberales con todos. ‖ *Profession libérale,* profesión liberal.

libéralisation f. Liberalización.

libéraliser v. tr. Liberalizar, volver liberal.

libéralisme m. Liberalismo.

libéralité f. Liberalidad.

— SYN. *Largesse,* largueza. *Munificence,* munificencia. *Magnificence,* magnificencia. *Prodigalité,* prodigalidad. *Profusion,* profusión.

libérateur, trice adj. et s. Libertador, ra ; liberador, ra.

libération f. Liberación. ‖ Licenciamiento, *m.* (d'un soldat). ‖ Exoneración, exención (d'un impôt). ‖ Desprendimiento, *m.* (de chaleur). ‖ Liberalización : *libération des échanges,* liberalización del comercio. ‖ *Vitesse de libération,* velócidad de escape (pour échapper à l'attraction d'un astre).

libératoire adj. Liberatorio, ria.

Libère n. pr. m. Liberio.

libéré, e adj. Libertado, da ; liberado, da (libre). ‖ Exonerado, da ; exento, ta (exempté). ‖ Licenciado (soldat).

libérer* v. tr. Poner en libertad, libertar (un prisonnier), liberar (d'une domination). ‖ Liberar (d'une dette). ‖ Exonerar, eximir (exempter). ‖ Licenciar (un soldat). ‖ Desprender : *phénomène qui libère de l'énergie,* fenómeno que desprende energía.
— V. pr. Liberarse, libertarse, eximirse.
— SYN. *Se décharger,* descargarse. *Se dégager,* zafarse. *S'acquitter,* cumplir con, satisfacer. *Se délivrer,* librarse.

Libéria n. pr. m. GÉOGR. Liberia, *f.*

libérien, enne adj. BOT. Del líber. ‖ — Adj. et s. Liberiano, na (du Libéria).

libéro-ligneux, euse adj. BOT. Liberoleñoso, sa.

libertaire adj. et s. Libertario, ria.

liberté f. Libertad : *en liberté,* en libertad ; *en toute liberté,* con toda libertad. ‖ — *Liberté sous conditions,* libertad condicional. ‖ *Liberté surveillée,* libertad vigilada. ‖ — *Libertés municipales,* fueros municipales. ‖ *Prendre des libertés,* extralimitarse.
— SYN. *Droit,* derecho. *Licence,* licencia. *Permission,* permiso.

liberticide adj. Liberticida.

libertin, e adj. et s. Libertino, na.

libertinage m. Libertinaje, desenfreno. ‖ (Vx). Incredulidad (*f.*) religiosa.

liberum veto [liberɔmveto] m. Libre veto.

libidineux, euse adj. et s. Libidinoso, sa.

libido f. Libido (désir sexuel).

libouret [libure] m. Palangre (ligne).

librairе m. et f. Librero, ra.

libraire-éditeur m. Editor.

librairie f. Librería (magasin). ‖ Editorial (maison d'édition).

libration f. Libración (de la Lune).

libre adj. Libre. ‖ — *Libre arbitre,* albedrío, libre albedrío, libre arbitrio. ‖ *Libre de taxes,* exento de impuestos. ‖ *Libre pensée,* librepensamiento. ‖ — *Libre à vous de,* es usted libre de, es usted muy libre de, allá usted si. ‖ *Libre comme l'air,* más libre que un pájaro. ‖ *Libre sur parole,* libre bajo palabra. ‖ — *Les cheveux libres,* con el pelo suelto. ‖ *Papier libre,* papel no sellado. ‖ *Place libre,* plaza vacante ; sitio desocupado (véhicule). ‖ — *À l'air libre,* al aire libre. ‖ *Avoir ses entrées libres chez quelqu'un,* tener entrada libre *ou* fácil acceso en casa de alguien. ‖ *Être libre de son temps,* disponer del tiempo que se desea. ‖ *Vous êtes libre d'accepter* ou *de refuser,* es usted muy dueño de *ou* está en su mano aceptar *ou* rehusar.
— SYN. *Franc,* franco. *Autonome,* autónomo. *Indépendant,* independiente. *Léger,* ligero, liviano.

libre-échange [librеʃɑ̃:ʒ] m. Librecambio, libre cambio, libre comercio.

libre-échangisme m. Librecambismo.

libre-échangiste adj. et s. Librecambista : *politique libre-échangiste,* política librecambista.

libre penseur m. Librepensador.

libre-service m. Autoservicio.

librettiste m. MUS. Libretista.

libretto m. MUS. Libreto.

Libye n. pr. f. GÉOGR. Libia.

libyen, enne adj. [libjɛ̃, jɛn] adj. et s. Libio, bia.

libyque adj. Líbico, ca.

lice f. Liza, palestra, palenque, *m.* (champ clos) : *entrer en lice,* entrar en liza, salir a la palestra,

al palanque. ‖ FIG. Lid, combate, *m.,* contienda (combat). ‖ TECHN. Lizo, *m.* (du métier à tisser) : *basse lice,* lizo bajo. ‖ Perra de caza (chienne).

licence f. Licencia, permiso, *m. : licence d'exportation,* licencia de exportación. ‖ Licencia (grande liberté). ‖ COMM. Patente, cédula. ‖ Licenciatura, licencia (grade universitaire). ‖ *Licence poétique,* licencia poética.

licencié, e adj. et s. Licenciado, da : *licencié ès sciences,* licenciado en ciencias.

licenciement [lisɑ̃simɑ̃] m. Despido, licenciamiento.

licencier* v. tr. Despedir, licenciar.

licencieux, euse adj. Licencioso, sa.

lichen [likɛn] m. BOT. Liquen. ‖ MÉD. Liquen.

licher [liʃe] v. tr. POP. Chupar, soplar (boire), jalar, manducar (manger).

lichette [liʃɛt] f. FAM. Poco, *m.*

licitation f. DR. Licitación.

licite adj. Lícito, ta.

liciter v. tr. Vender en subasta.

licol m. V. LICOU.

licorne f. Unicornio, *m.* (animal fabuleux). ‖ ZOOL. *Licorne de mer,* narval.

licou m. Cabestro, ronzal, jáquima, *f.*

licteur m. Lictor.

lido m. Albufera, *f.,* laguna (*f.*) a orillas de la costa.

lie [li] f. Heces, *f. pl.,* poso, *m.* (résidu des liquides). ‖ FIG. Hez, lo más vil y despreciable : *la lie du peuple,* la hez del pueblo. ‖ *Boire le calice jusqu'à la lie,* apurar el cáliz hasta las heces.
— Adj. *Couleur lie-de-vin,* de color de heces de vino.
— SYN. *Sédiment,* sedimento, asiento. *Précipité,* precipitado. *Résidu,* residuo. *Dépôt,* depósito.

lié, e adj. Atado, da (attaché) : *pieds et poings liés,* atado de pies y manos ; *liés deux à deux,* atados de dos en dos. ‖ FIG. Ligado, da. ‖ — *Avoir partie liée avec quelqu'un,* estar de acuerdo con alguien. ‖ *Être très lié avec quelqu'un,* intimar mucho con alguien.

lied [li:d] m. Lied, romanza, *f.*
— OBSERV. Pl. *lieds* o *lieder.*

liège m. Corcho (écorce). ‖ Flotador, boya, *f.* (de filet). ‖ *Chêne-liège,* alcornoque.

Liège n. pr. GÉOGR. Lieja.

liégé, e adj. Acorchado, da ; recubierto de corcho.

liégeois, e [ljeʒwa, wa:z] adj. et s. Liejés, esa ; de Lieja. ‖ *Café liégeois,* café helado con nata.

liégeux, euse adj. Acorchado, da ; corchoso, sa.

liement [limɑ̃] m. Atadura, *f.,* ligamento, ligadura, *f.*

lien [ljɛ̃] m. Ligadura, *f.,* atadura, *f.* (ce qui sert à lier). ‖ FIG. Lazo, vínculo (ce qui unit) : *lien de parenté,* lazo de parentesco. ‖ MAR. Zuncho, abrazadera, *f.* ‖ — Pl. Cadenas, *f. pl.* (d'un prisonnier) : *il brisa ses liens,* rompió sus cadenas.

lier* v. tr. Atar, amarrar (attacher). ‖ Unir, juntar, trabar (joindre). ‖ Vincular, unir (unir). ‖ Enlazar, ligar (relier). ‖ Agavillar (en gerbes). ‖ FIG. Ligar, sujetar (assujettir), comprometer : *lié par un contrat,* ligado por un contrato. ‖ Espesar, ligar, trabar, dar consistencia a (sauce). ‖ Trabar : *lier amitié,* trabar amistad. ‖ Entablar (conversation). ‖ MUS. Ligar (les notes). ‖ — *Lier la langue,* atar la lengua. ‖ *Lier les idées,* encadenar, enlazar las ideas. ‖ *Lier les mains,* atar de manos, maniatar. ‖ *Lier les mots,* hacer el enlace de las palabras. ‖ *Fou à lier,* loco de atar, de remate. ‖ *L'Église a le pouvoir de lier et de délier,* la Iglesia tiene el poder de atar y de desatar.
— V. pr. Atarse. ‖ Espesarse, tomar consistencia (sauce). ‖ Encadenarse (s'enchaîner). ‖ Intimar con (d'amitié). ‖ Liarse, tener relaciones amorosas (avoir une liaison avec quelqu'un). ‖ FIG.

Ligarse, enlazarse, unirse. | Ligarse, comprometerse (s'engager) : *se lier par serment,* comprometerse bajo *ou* con *ou* por juramento.

lierne f. ARCHIT. Nervadura [de la bóveda por arista]. || CONSTR. Entramado, *m.*

lierre m. BOT. Hiedra, *f.,* yedra, *f.*

liesse f. Alborozo, *m.* || *En liesse,* entusiasmado, alborozado, regocijado.

lieu m. Merluza, *f.* (poisson).

lieu m. ● Lugar. || Casa, *f.* (maison) : *sans feu ni lieu,* sin casa ni hogar. || Localidad, *f.,* sitio : *un lieu charmant,* un sitio encantador. || GÉOM. Lugar. || *— Lieu commun,* tópico, lugar común. || *Lieu d'asile,* sagrado. || *Lieu de plaisance,* lugar de recreo. || *— Chef-lieu,* capital de departamento *ou* de provincia. || *Haut lieu,* lugar destacado, sitio privilegiado. || *Mauvais lieu,* lugar de perdición. || *— Au lieu de,* en lugar de, en vez de. || *Au lieu que,* mientras que. || *En dernier lieu,* por último, en último lugar. || *En haut lieu,* en las altas esferas. || *En lieu sûr,* en lugar seguro, a buen recaudo. || *En premier lieu,* en primer lugar. || *En temps et lieu,* en tiempo y lugar oportunos. || *En tout lieu* o *en tous lieux,* en cualquier lugar. || *— Avoir lieu,* efectuarse, verificarse, tener lugar (se tenir), ocurrir, suceder (arriver). || *Avoir lieu de,* tener razones *ou* motivos para. || *Donner lieu à,* dar lugar a, dar motivos para. || *Il n'y a pas lieu de,* no hay por qué. || *Il y a lieu de,* conviene que, es lógico que, es oportuno que. || *S'il y a lieu,* si procede, si es conveniente. || *Tenir lieu de,* hacer las veces de, servir de.

— Pl. FAM. Casa, *f. sing.,* sitio, *sing.* : *vider les lieux,* desocupar la casa, irse de un sitio. || *— Lieux d'aisance,* retrete. || *— Les Lieux saints,* Los Santos Lugares. || *Se rendre sur les lieux,* personarse.

— SYN. ● *Endroit,* sitio. *Place,* puesto, sitio. *Occasion,* ocasión. *Sujet,* motivo.

lieu-dit ou **lieudit** [ljødi] m. El lugar llamado... || *Un lieu-dit,* un lugar.

— OBSERV. Pl. *lieux-dits* o *lieuxdits.*

lieue f. Legua (mesure itinéraire). || FIG. *J'étais à cent lieues de croire,* estaba muy lejos de creer.

lieur, euse m. et f. Agavillador, ra ; gavillero, ra.

lieuse f. Agavilladora, máquina de agavillar, empacadora.

lieutenance f. Tenencia, tenientazgo, *m.* || Lugartenencia.

lieutenant [ljøtnã] m. Teniente (officier au-dessous du capitaine) : *lieutenant de vaisseau,* teniente de navío. || Lugarteniente (celui qui seconde un chef).

lieutenant-colonel m. Teniente coronel.

lièvre m. Liebre, *f.* || ASTRON. Liebre, *f.* || *— Lièvre de mer,* liebre marina. || *Mémoire de lièvre,* memoria mala. || *Ragoût de lièvre,* lebrada. || *— Courir o chasser deux lièvres à la fois,* perseguir dos objetivos al mismo tiempo. || *Lever le lièvre,* levantar la liebre.

lifter v. tr. Cortar (une balle).

liftier [liftje] m. et f. Ascensorista.

liftine m. Estirado (de la peau).

ligament n. Ligamento.

ligamenteux, euse adj. Ligamentoso, sa.

ligature f. Ligadura. || Ligadura (horticulture). || IMPR. Signo (*m.*) doble.

ligaturer v. tr. Hacer una ligadura, ligar.

lige adj. (Vx). Ligio, adicto, ta (féodalité).

lignage m. (Vx). Linaje, alcurnia, *f.,* estirpe, *f.* || IMPR. Número de líneas.

lignager adj. m. *Retrait lignager,* derecho de recuperación, de sucesión.

lignard [liɲa:r] m. FAM. Soldado de infantería.

ligne f. Línea : *ligne droite, brisée,* línea recta, quebrada. || Línea, renglón, *m.* (d'un écrit). ||

Fila, línea (rangée). || Raya, línea (de la main). || Plomada (de maçon, de charpentier). || Sedal, *m.,* cuerda (pour pêcher). || Caña : *pêcher à la ligne,* pescar con caña. || Línea : *ligne de tramways, télégraphique,* línea de tranvías, telegráfica. || Línea, frente, *m.* : *ligne de bataille,* línea de batalla. || FIG. Línea, regla : *ligne de conduite,* línea de conducta. || Línea, esbeltez (silhouette fine). || MAR. Cabo, *m.* || MIL. Infantería de línea.

— La ligne o *la ligne équinoxiale,* la línea equinoccial, el ecuador : *le passage de la ligne,* el paso del ecuador. || *Ligne d'arrivée,* meta, línea de llegada. || TECHN. *Ligne de balayage,* línea de exploración. || *Ligne de but,* línea de gol (sports). || *Ligne de faîte* o *de partage des eaux,* línea divisoria de las aguas, línea de cresta. || *Ligne de flottaison,* línea de flotación. || *Ligne de fond,* espinel (cordée). || *Ligne d'envoi,* línea de saque (sports). || MIL. *Ligne de mire,* línea de mira. || *Ligne de sonde,* sondaleza. || *Ligne de touche,* línea de banda (sports). || *— Bâtiment de ligne,* buque de línea. || *À la ligne,* en párrafo aparte. || *Dans les grandes lignes,* a grandes rasgos. || MIL. *En ligne,* en fila. || *En ligne droite,* en línea recta. || *En ligne sur deux rangs,* en línea de a dos. || *Hors ligne,* fuera de lo corriente, excepcional, extraordinario, sobresaliente. || *Point à la ligne,* punto y aparte. || *Sur toute la ligne,* en toda la línea, en general. || *— Aller à la ligne,* hacer párrafo aparte, poner punto y aparte. || FAM. *Avoir de la ligne,* tener buena facha. || *Entrer en ligne de compte,* entrar en cuenta. || *Faire entrer en ligne de compte,* tener en cuenta. || *Garder la ligne,* conservar la línea. || *Lire entre les lignes,* leer entre líneas.

lignée f. Descendencia, prole. || Casta, raza (des animaux). || FIG. Alcurnia, linaje, *m.* (lignage). || *De haute lignée,* linajudo.

ligner v. tr. Rayar, linear.

lignerolle f. MAR. Cabo delgado, *m.*

lignette f. Hilo delgado para hacer redes.

ligneul m. Cabo de zapatero.

ligneux, euse adj. Leñoso, sa.

lignicole adj. Lignícola.

lignification f. BOT. Lignificación.

lignifier (se)* v. pr. Lignificarse (convertir en bois).

lignine f. CHIM. Lignina.

lignite [liɲit] m. Lignito (charbon).

lignomètre m. Liniómetro (typographie).

ligot [ligo] m. Pequeño haz de astillas para encender el fuego.

ligotage m. Atadura, *f.*

ligoter v. tr. Amarrar, atar. || Maniatar (attacher les mains). || FIG. Atar (empêcher).

ligue f. Liga.

liguer v. tr. Ligar, coaligar.

ligueur, euse m. et f. Miembro de una liga.

ligule f. BOT. Lígula.

ligulé, e adj. Ligulado, da.

liguliflore adj. et s. BOT. Ligulifloro, ra.

ligures [ligy:r] m. pl. Ligures.

Ligurie n. pr. f. GÉOGR. Liguria.

ligurien, ienne adj. et s. Ligur.

lilas [lila] m. Lila, *f. sing.* (arbuste). || *— Adj.* et s. m. Lila (couleur) : *étoffe lilas,* tela lila.

liliacé, e adj. et s. f. BOT. Liliáceo, a.

lilial, e adj. De azucena.

Lille [lil] n. pr. GÉOGR. Lila.

Lilliput [lilipyt] n. pr. m. Liliput.

lilliputien, enne [-pysjɛ̃, jɛn] adj. et s. Liliputiense.

lillois, e [lilwa, wa:z] adj. et s. De Lila.

limace f. Babosa, limaza (mollusque). || POP. Camisa.

limaçon m. Caracol (mollusque). || ANAT. Caracol (de l'oreille). || Caracol (de montre).

limage m. Limado, limadura, *f.* ·

limaille [lima:j] f. Limalla, limaduras, *pl.*

limande f. Gallo, *m.*, platija, acedía (poisson). || CONSTR. Pieza de madera lisa de refuerzo. || MAR. Precinta.

limbaire adj. BOT. Limbario, ria; del limbo.

limbe m. Limbo. || — Pl. Limbo, *sing. : être dans les limbes*, estar en el limbo. || FIG. *Limbes de la pensée*, estado de pensamiento vago.

Limbourg [lɛ̃bu:r] n. pr. m. GÉOGR. Limburgo.

lime f. Lima (outil d'acier). || Lima (fruit). || ZOOL. Variedad de almeja. || — *Lime demi-ronde*, mediacaña. || *Lime sourde*, lima sorda. || — *Passer la lime*, limar.

limer v. tr. Limar. || FIG. Limar, pulir (polir); retocar.

limestre m. Limiste (drap).

limette f. Lima (fruit).

limettier m. Limero (arbre).

limeur, euse adj. et s. Limador, ra.

limier m. Perro rastreador, sabueso (chien). || FIG. Detective, policía, sabueso (détective). | Espía, sabueso (espion).

liminaire adj. Preliminar, liminar.

limitable adj. Limitable.

limitatif, ive adj. Limitativo, va. || *Clause limitative*, cláusula restrictiva.

limitation f. Limitación. || *Limitation des naissances*, limitación de la natalidad, regulación de nacimientos.

limitativement adv. Limitativamente, limitadamente.

limite f. Límite, *m.* || Frontera, límite, *m.* (d'un pays, d'une province, etc.). || Lindero, *m.* (d'un champ, d'une propriété, etc.). || — Adj. Límite *ou* tope, máximo *ou* mínimo : *vitesse, prix limite*, velocidad, precio tope. || *Dates limites*, fechas últimas.

limité, e adj. Limitado, da.

limiter v. tr. Limitar, poner límites. || — SYN. *Restreindre*, restringir.

limitrophe adj. Limítrofe. || Lindante, colindante (une maison, une propriété, etc.).

limnée f. Limnea (mollusque).

limnologie f. Limnología (science relative aux lacs).

limogeage [limɔʒa:ʒ] m. FAM. Destitución, *f.*

limoger v. tr. FAM. Destituir, privar a uno de su cargo, dejar cesante.

limon m. ● Limo, légamo (boue). || Limón, limonera, *f.* (d'une voiture). || Limón (sorte de citron). || Zanca, *f.*, limón (d'un escalier). || — SYN. ● *Vase*, cieno, légamo. *Bourbe*, cieno.

limonade f. Gaseosa. || Comercio (*m.*) de bebidas. || *Limonade gazeuse*, gaseosa.

limonadier, ère m. et f. Cafetero, ra; botillero, ra (qui tient un café). || Vendedor de refrescos. || — Adj. De café. || *Garçon limonadier*, mozo de café, camarero.

limonage [limɔna:ʒ] ou **limonement** [limɔnmɑ̃] AGRIC. Entarquinamiento, abono de las tierras con limo.

limonène m. CHIM. Limoneno.

limoneux, euse adj. Limoso, sa; cenagoso, sa.

limonier m. Limero (arbre). || Caballo de varas, limonero (cheval).

limonière f. Limonera (d'une voiture).

limonite f. Limonita (minerai de fer).

limosinage m. Mampostería, *f.* (maçonnerie).

Limousin n. pr. m. GÉOGR. Lemosín.

limousin, ine adj. et s. Lemosín, ina (du Limousin). || — M. (P. us.). Albañil (maçon).

limousinage m. V. LIMOSINAGE.

limousine m. Capa, *f.*, capote (manteau). || Limusina (automobile).

limousiner v. tr. Mampostear, trabajar en mampostería.

limpide adj. Límpido, da. || FIG. Nítido, da; límpido, da; claro, ra.

limpidité f. Limpidez, nitidez. || FIG. Claridad meridiana, limpidez : *expliquer quelque chose avec limpidité*, explicar algo con claridad meridiana.

lin m. Lino (plante). || *Huile de lin*, aceite de linaza.

Lin n. pr. m. Lino.

linacé, e adj. BOT. Lináceo, a. || Parecido al lino.

linacées f. pl. BOT. Lináceas.

linaigrette f. BOT. Lino silvestre, *m.*

linaire f. Linaria (plante).

linceul m. Mortaja, *f.*, sudario. || FIG. Capa, *f.*, manto : *un linceul de neige*, una capa de nieve.

linçoir [lɛ̃swa:r] f. Viga (*f.*) maestra.

lindor m. Siete de diamante *ou* « carreau » (cartes).

linéaire adj. Lineal.

linéal, e adj. Lineal.

linéament m. Lineamento.

liner m. Transatlántico (paquebot).

linette f. Linaza, simiente de lino (grain de lin).

linge [lɛ̃:ʒ] m. Ropa (*f.*) blanca (d'une maison). || Ropa (*f.*) interior (d'une personne) : *changer de linge*, mudarse de ropa interior. || — *Linge de corps*, ropa interior. || *Linge de maison*, ropa blanca. || *Linge de table*, mantelería. || *Linge sale*, ropa sucia. || — FIG. *Blanc comme un linge*, blanco como el papel. || *Laver son linge sale en famille*, lavar la ropa sucia en casa.

linger, ère adj. et s. Lencero, ra (qui vend du linge). || — F. Costurera, encargada de la ropa blanca. || Ropero donde se guarda la ropa blanca (armoire).

lingerie [lɛ̃ʒri] f. Lencería. || Ropa blanca (de maison), ropa interior (d'une femme).

lingot [lɛ̃go] m. Lingote (barre de métal). || Posta, *f.* (balle cylindrique). || Lingote, blanco (typographie).

lingotière f. Lingotera, rielera.

lingual, e [lɛ̃gwal] adj. et s. Lingual.

linguatule f. Linguátula (arachnide).

linguiforme [lɛ̃gɥifɔrm] adj. Lingüiforme.

linguiste [-gɥist] m. Lingüista.

linguistique [-gɥistik] adj. et s. f. Lingüístico, ca.

linier, ère adj. Del lino : *industrie linière*, industria del lino.

linière f. Linar, *m.*

liniment m. Linimento. || — SYN. *Embrocation*, embrocación. *Onguent*, ungüento.

linine f. Linina.

links [liŋks] m. pl. Campo (*sing.*) de golf.

Linné n. pr. Linneo.

linnéen, enne adj. Relativo a Linneo.

lino f. FAM. Linotipia (machine). || — M. FAM. Linotipista (ouvrier).

linoléum [linɔleɔm] m. Linóleo.

linon m. Linón [batista fina].

linot [lino] m. V. LINOTTE.

linotte f. ZOOL. Pardillo, *m.* || FIG. et FAM. *Tête de linotte*, cabeza de chorlito.

Linotype f. IMPR. Linotipia (machine à composer).

linotypie f. IMPR. Linotipia (travail à la Linotype).

linotypiste m. et f. IMPR. Linotipista.

linteau m. ARCHIT. Dintel.

linter m. Pelusa (*f.*) del algodón.

lion, lionne m. et f. León, ona. || — M. ASTR. Leo, león (constellation). || BLAS. León. || — ZOOL. *Lion de mer* o *marin*, león marino. || — FIG. *Brave comme un lion*, valiente como un león. | *Se* *tailler la part du lion,* llevarse la mejor parte, sacar la mejor tajada.

lionceau m. Cachorro de león.
lipase f. Lipasa (ferment soluble).
lipémie f. Lipemia (graisse).
lipide m. Lípido (gras).
lipoïde adj. Lipoideo, a (graisseux).
— M. Lipoide.
lipomatose f. MÉD. Lipomatosis.
lipome m. MÉD. Lipoma (tumeur).
liposoluble adj. Liposoluble.
lipothymie f. Lipotimia (espèce de syncope).
lipo-vaccin m. MÉD. Lipovacuna, *f.*
lippe f. Belfo, *m.,* bezo, *m.,* morro, *m.* ‖ FAM. *Faire la lippe,* hacer pucheros (les enfants), estar de morros (bouder).
lippée f. (P. us.). Bocado, *m.* (bouchée). ‖ FAM. *Franche lippée,* comilona de gorra.
lippu, e adj. Hocicón, ona ; bezudo, da.
liquater [likwate] v. tr. Licuar.
liquation [-kwasjɔ̃] f. Licuación.
liquéfacteur adj. Licuefactor.
liquéfaction f. Licuefacción.
liquéfiable adj. Licuable, liquidable, licuefactible.
liquéfiant, e adj. Licuante, licuefactivo, va.
liquéfier* v. tr. Licuefacer (rendre liquide). ‖ Licuar (métaux).
liquette f. POP. Camisa (chemise).
liqueur [likœ:r] f. Licor, *m.* (boisson alcoolique). ‖ Líquido, *m.* (liquide). ‖ — *Coffret à liqueur,* licorera. ‖ *Vins de liqueur,* vinos generosos.
liquidable adj. Liquidable.
liquidambar m. Ocozol (arbre). ‖ Liquidámbar (baume).
liquidateur, trice adj. et s. Liquidador, ra.
liquidation f. Liquidación. ‖ *Liquidation judiciaire,* liquidación judicial.
liquide adj. et s. m. Líquido, da. ‖ *Argent liquide,* dinero líquido.
liquider v. tr. Liquidar. ‖ Liquidar (une dette). ‖ Resolver, liquidar : *liquider une situation difficile,* resolver una situación difícil. ‖ FAM. Suprimir, liquidar : *liquider un adversaire politique,* suprimir un adversario político. ‖ Deshacerse de : *liquider un importun,* deshacerse de un importuno.
liquidien adj. m. Líquido.
liquidité f. Liquidez.
liquoreux, euse adj. Licoroso, sa. ‖ Generoso, sa (vin).
liquoriste m. Licorista.
lire f. Lira (monnaie italienne).
lire* v. tr. ● Leer : *lire d'un trait,* leer de un tirón. ‖ Comprender (une langue étrangère). ‖ — *Lire à haute voix, tout haut,* leer en voz alta. ‖ *Lire couramment,* leer de corrido. ‖ *Lire des yeux,* leer con la vista. ‖ *Lire tout bas,* leer en voz baja. ‖ *Lisez,* léase (dans le errata). ‖ *Lu et approuvé,* conforme, leído y conforme.
— SYN. ● *Fam. Dévorer,* devorar. *Parcourir,* recorrer. *Pop. Bouquiner,* leer.
lis [lis] m. Azucena, *f.* (fleur). ‖ BLAS. Lis : *fleur de lis,* flor de lis. ‖ *Blanc comme un lis,* blanco como la nieve *ou* como una azucena.
— OBSERV. Le *lirio* espagnol est l'*iris.* On appelle rarement l'*azucena, lirio blanco.*
lisage m. Paso al cartón de un dibujo para tejido. ‖ Bastidor (métier).
Lisbonne n. pr. GÉOGR. Lisboa.
lisbonnin, e adj. et s. Lisboeta, lisbonense, lisbonés, esa.
lise f. Arena movediza (sable mouvant).
Lise [li:z] n. pr. f. Lisa.
liser v. tr. TECHN. Estirar el paño tundido.
lisérage m. Ribeteado (en broderie).
liséré [lizre] m. Ribete, orla, *f.* (bordure).

lisérer* v. tr. Ribetear.(border d'un liséré).
liseron m. Enredadera, *f.* (plante).
lisette f. Criada de comedia (soubrette). ‖ Tipo de mujer joven del pueblo.
Lisette n. pr. f. Dim. de *Lise,* Lisa.
liseur, euse m. et f. Lector, ra (lecteur). ‖ Aficionado a leer (qui aime à lire). ‖ — F. Plegadera (pour marquer une page). ‖ Lámpara para leer (lampe). ‖ Cubierta (d'un livre). ‖ Mañanita (vêtement féminin d'intérieur).
lisibilité f. Legibilidad.
lisible adj. Legible, leíble.
lisière f. Orillo, *m.,* orilla, vendo, *m.* (bordure d'un tissu). ‖ Lindero, *m.,* linde, *m.* (d'un terrain, d'un bois). ‖ FIG. Límite, *m.,* extremidad (limite). ‖ — Pl. Andadores, *m.* (pour apprendre à marcher). ‖ *Tenir en lisières,* tutelar, mantener a raya.
lissage m. Alisadura, *f.,* alisado.
lisse adj. ● Liso, sa.
— SYN. ● *Uni,* igual, parejo. *Poli,* pulido.
lisse f. MAR. Cinta. | Barandal, *m.,* batayola, *m.,* galón, *m.* (barre d'appui). | *Lisse de bastingage,* costado, borda. | *Lisse de hourdis,* yugo principal.
lisse ou **lice** f. Lizo, *m.* (d'un métier à tisser).
lisser v. tr. Alisar, pulir (polir). ‖ Alisar (cheveux). ‖ Acaramelar (le sucre).
lisseuse f. TECHN. Máquina alisadora.
lissier ou **licier** m. Obrero que monta los lizos.
lissoir m. Alisador, pulidor (outil).
liste f. Lista : *liste noire,* lista negra ; *figurer sur une liste,* figurar en una lista. ‖ — *Liste civile,* presupuesto de la casa real *ou* del jefe del Estado. ‖ *Liste des employés,* nómina de los empleados.
— SYN. *Nomenclature,* nomenclatura. *Rôle,* rol. *Tableau,* cuadro. *Matricule,* matrícula. *État,* estado. *Mémoire,* memoria, relación. *Inventaire,* inventario.
listeau, listel ou **liston** m. Listón, listel (moulure). ‖ Grafila, *f.,* gráfila, *f.* (des monnaies).
lit [li] m. ● Cama, *f.,* lecho (meuble) : *s'allonger sur son lit,* echarse en la cama. ‖ Tálamo nupcial (lit nuptial). ‖ Matrimonio : *enfant du premier lit,* hijo del primer matrimonio. ‖ Lecho (d'une pierre). ‖ Capa, *f.,* lecho, cama, *f.* (couche de sable, de pierres, etc.). ‖ Cauce, lecho, madre, *f.* : *le lit d'un fleuve,* el lecho de un río ; *le fleuve est sorti de son lit,* el río se salió de madre. ‖ MAR. Dirección, *f.* : *lit du vent,* dirección del viento. ‖ — *Lit à deux places* o *grand lit,* cama de matrimonio, cama camera. ‖ *Lit-cage* o *lit pliant,* cama plegable. ‖ *Lit clos,* cama bretona [cerrada]. ‖ *Lit de camp,* cama de campaña, catre de tijera. ‖ TECHN. *Lit de coulée,* lecho de colada. ‖ *Lit de justice,* asiento real en una sesión solemne de las Cortes ; la misma sesión. ‖ *Lit de parade,* lecho mortuorio. ‖ *Lit de plume,* cama con colchón de plumas. ‖ *Lit de repos,* tumbona. ‖ *Lit de sangle,* catre. ‖ *Lit majeur,* extensión del lecho de un río durante la crecida. ‖ *Lit mineur,* extensión del lecho de un río durante el estiaje. ‖ *Lits gigognes,* camas nido. ‖ *Lits jumeaux,* camas separadas. ‖ — *Bois de lit,* armadura de cama. ‖ *Tête du lit,* cabecera de la cama. ‖ — *Sur son lit de mort,* de cuerpo presente. ‖ — *Au saut du lit,* al saltar de la cama. ‖ *Comme on fait son lit on se couche,* como cebas, así pescas. ‖ *Être au lit,* estar en la cama *ou* acostado (couché), estar en cama (malade). ‖ *Faire lit à part,* dormir en camas separadas (couple). ‖ *Garder le lit,* guardar cama, estar enfermo. ‖ *Se mettre au lit,* meterse en la cama.
— OBSERV. *Lecho* est plutôt employé dans le langage figuré.
— SYN. ● *Couche,* lecho, tálamo. *Couchette,* litera (dans un train ou dans un bateau). *Grabat,* camastro. *Fam. Dodo,* cama. *Pop. Pageot, padoque, pieu, plumard,* piltra.

litanies [litani] f. pl. Letanía, *sing.*, letanías. ‖
— Sing. FIG. et FAM. Letanía, retahíla, sarta
(énumération). ‖ *C'est toujours la même litanie,*
es siempre la misma cantinela.

liteau m. Lista, *f.*, raya, *f.* (raie du linge de table).
‖ Listón de madera (baguette de bois). ‖ Lobera,
guarida del lobo (du loup).

litée f. Camada.

literie f. Cama, ropa de cama (tout ce qui compose un lit). ‖ Tienda de camas (magasin).

litharge m. Litargirio (protoxyde de plomb).

lithiase f. MÉD. Litiasis.

lithine f. CHIM. Litina.

lithiné, e adj. et s. m. MÉD. Litinado, da.

lithium [litjɔm] m. Litio (métal).

lithochromie f. Litocromía.

lithoclase f. Litoclasa (fissure).

lithocolle f. Litocola (colle).

lithodome m. Litódomo (mollusque).

lithogenèse f. Litogenesia.

lithographe m. Litógrafo.

lithographie f. Litografía.

lithographier* v. tr. Litografiar.

lithographique adj. Litográfico, ca.

lithologie f. Litología (science des pierres).

lithologique adj. Litológico, ca.

lithophage adj. Litófago, ga (qui ronge la pierre).

lithophanie f. Litofanía.

lithopone m. CHIM. Litopón.

lithosphère f. GÉOL. Litosfera.

lithotritie [litotrisi] f. MÉD. Litotricia.

lithotypographie f. Litotipografía.

Lithuanie. V. LITUANIE.

litière f. Litera (véhicule ancien). ‖ Cama de paja,
pajaza (dans les écuries). ‖ FIG. *Faire litière de,* no
hacer caso de, hacer caso omiso de.

litige m. Litigio. ‖ *Être en litige,* litigar, estar en
litigio.

litigieux, euse adj. Litigioso, sa.

litispendance f. DR. Litispendencia.

litorne f. Zorzal, *m.* (grive).

litote [litɔt] f. Lítote.

litre m. Litro (mesure). ‖ Casco de una botella de
un litro. ‖ — F. Colgadura fúnebre (d'un défunt).

litron m. (Vx.) Medio cuartillo. ‖ POP. Litro de
vino.

littéraire adj. Literario, ria. ‖ *Le monde littéraire,*
el mundo de las letras.

littéral, e adj. Literal.

littéralement adv. Literalmente. ‖ FAM. Completamente, absolutamente, literalmente : *la voiture
était littéralement détruite,* el coche estaba completamente destrozado.

littéralité f. Literalidad.

littérateur m. Literato.

littérature f. Literatura : *la littérature française,*
la literatura francesa. ‖ *Se lancer dans la littérature,* dedicarse a la literatura.

— SYN. *Lettres,* letras. *Philologie,* filología.

littoral, e adj. et s. m. Litoral.

littorine f. Bígaro, *m.*, bígara, *m.* (mollusque).

Lituanie ou **Lithuanie** n. pr. f. GÉOGR. Lituania.

lituanien, enne adj. et s. Lituano, na.

liturgie f. Liturgia.

liturgique adj. Litúrgico, ca.

liure f. Cuerda que ata una carga. ‖ MAR. Ligadura, trincadura.

livarot [livaro] m. Queso de Livarot (Calvados).

livet [livɛ] m. MAR. Línea (f.) de contorno de
cubierta.

livide adj. Lívido, da.

lividité f. Lividez.

living-room [liviŋru:m] m. Cuarto de estar,
sala (f.) de estar.

Livonie n. pr. f. GÉOGR. Livonia.

livonien, enne adj. et s. Livonio, nia.

Livourne n. pr. f. GÉOGR. Liorna.

livrable adj. A entregar, disponible, entregable :
livrable le 2 mai, a entregar el 2 de mayo.

Livrade n. pr. f. Liberata, Librada.

livraison f. Entrega (action de livrer). ‖ Reparto,
m. : *voiture de livraison,* coche de reparto. ‖
Prendre livraison, recoger, recibir. ‖ — *Livraison
à domicile,* servicio *ou* reparto a domicilio. ‖ —
En livraison, por entregas (publication).

livre m. Libro : *livre broché, relié,* libro en rústica,
encuadernado. ‖ — MAR. *Livre de bord,* libro *ou*
registro de a bordo. ‖ *Livre de caisse,* libro de
caja. ‖ *Livre de prières* o *de dévotion,* devocionario. ‖ *Livre d'heures,* libro de horas. ‖ *Livre
d'inventaire,* libro de inventario. ‖ *Livre du
maître,* clave, *f.* ‖ *Livres saints,* libros sagrados. ‖
— *Grand-livre,* libro mayor. ‖ — *À livre ouvert,*
a libro abierto, de corrido, sin preparación. ‖ FIG.
Parler comme un livre, hablar como un libro. ‖
Tenir les livres, llevar los libros, las cuentas.

— SYN. *Volume,* volumen. *Tome,* tomo. *Ouvrage,* obra.
Écrit, escrito. Fam. *Bouquin,* libro.

livre f. Libra (poids et monnaie).

livrée f. Librea (de domestique). ‖ Servidumbre
(classe des domestiques). ‖ FIG. Características,
pl., señales (*pl.*) exteriores, sello, *m.,* signo (*m.*)
distintivo (marques extérieures). ‖ ZOOL. Pelaje,
m. (pelage), plumaje, *m.* (plumage).

livrer v. tr. Entregar (mettre en possession) :
livrer une commande, entregar un pedido. ‖
Remitir, enviar, mandar (envoyer). ‖ Repartir :
livrer le lait, repartir la leche. ‖ Entablar, dar,
librar, presentar (une bataille, etc.). ‖ ● Abandonar (abandonner). ‖ Revelar, confiar (un secret). ‖
— *Livrer bataille pour,* librar combate por, reñir
por, batallar por, defender. ‖ — *Livrer passage,*
dar *ou* abrir paso. ‖ — *Être livré,* recibir un
pedido (recevoir), ser entregado (être remis). ‖
— V. pr. Entregarse. ‖ Entregarse, dedicarse (se
consacrer). ‖ Hacer, llevar a cabo (effectuer). ‖
Echarse en brazos de, entregarse (s'abandonner à). ‖ Confiarse (confier ses sentiments). ‖ Descubrir el pensamiento, traicionarse (trahir sa
pensée).

— SYN. ● *Abandonner,* abandonar. *Céder,* ceder. *Lâcher,* soltar. *Laisser,* dejar.

livresque adj. Libresco, ca.

livret [livrɛ] m. Libreta, *f.,* librito. ‖ Cartilla, *f.* :
livret militaire, de famille nombreuse, cartilla militar, de familia numerosa. ‖ Catálogo de una
colección (catalogue). ‖ MUS. Libreto (d'un
opéra). ‖ — *Livret de caisse d'épargne,* cartilla de
ahorros. ‖ *Livret scolaire,* libro escolar.

livreur, euse m. et f. Repartidor, ra. ‖ *Garçon
livreur,* repartidor.

lixiviation f. CHIM. Lixiviación.

lixivier v. tr. CHIM. Lixiviar.

Lloyd [lɔid] n. pr. m. MAR. Lloyd.

lob m. Volea, *f.,* lob (au tennis).

lobaire adj. Lobular.

lobby m. Camarilla, *f.,* lobby (au Parlement).

lobe m. ANAT. Lóbulo.

lobé, e adj. Lobulado, da.

lobectomie f. MÉD. Lobectomía.

lobéliacées f. pl. BOT. Lobeliáceas.

lobélie f. BOT. Lobelia, quibey, *m.*

lober v. intr. Pasar la pelota por encima del adversario, volear (tennis). ‖ Dar una volea.

lobulaire adj. Lobular.

lobule m. Lobulillo (petit lobe).

— OBSERV. *Lóbulo* est la traduction de *lobe.*

lobulé, e adj. Lobulado, da.

lobuleux, euse adj. Lobuloso, sa.

local, e adj. et s. m. Local : *des locaux bien aérés,*
locales muy aireados.

localisable adj. Localizable.

localisation f. Localización [*Amér.*, ubicación].
localiser v. tr. Localizar (déterminer la place). ‖ Localizar, limitar (circonscrire).
— Syn. *Limiter*, limitar. *Borner*, limitar. *Circonscrire*, circunscribir.
localité f. Localidad, lugar, *m.*
locataire m. et f. Inquilino, na (d'une maison, d'un appartement). ‖ Arrendatario, ria; colono (de terres). ‖ *Sous-locataire*, subarrendatario.
locatif m. GRAMM. Locativo.
locatif, ive adj. Locativo, va; relativo al arrendamiento. ‖ — *Impôt locatif*, impuesto de inquilinato. ‖ *Prix locatif*, precio del alquiler, del arrendamiento. ‖ *Réparations locatives*, reparaciones a cuenta del inquilino. ‖ *Valeur locative*, renta de una finca urbana.
location f. Alquiler, *m.* (d'une maison), arriendo, *m.* (des terres), locación (p. us.). ‖ Reserva (réservation). ‖ THÉÂTR. Contaduría (bureau). ‖ Venta de localidades (vente). ‖ — *Location-vente*, alquiler con opción a compra. ‖ — *En location*, de alquiler (à louer), se alquila (écriteau), en contaduría (théâtre). ‖ *Sous-location*, subarriendo.
locatis m. FAM. Alquilón (cheval, voiture de louage). ‖ Casa, *f.*, habitación (*f.*) amueblada de alquiler.
loch [lɔk] m. MAR. Corredera, *f.* ‖ Lago (Écosse). ‖ — *Bateau de loch*, barquilla de la corredera, guindola. ‖ *Ligne de loch*, cordel de la corredera.
loche f. Locha (poisson). ‖ Babosa (limace).
locher v. intr. Chacolotear (en parlant d'un fer à cheval).
— V. tr. Sacudir (secouer).
lock-out [lɔkaut] m. inv. Cierre patronal de una fábrica, lock-out.
locomobile adj. et s. f. Locomóvil, locomovible.
locomoteur, trice adj. et s.f. Locomotor, ra ou triz.
locomotion f. Locomoción.
locomotive f. Locomotora.
locotracteur m. Locotractor, locomotora (de mines).
Locride n. pr. f. GÉOGR. Lócrida.
locrien, enne adj. et s. Locrense.
loculaire adj. BOT. Locular.
loculé, e ou **loculeux, euse.** BOT. Loculado, da.
locuste f. Langosta (criquet).
Locuste n. pr. f. Locusta.
locution f. Frase, locución.
loden m. Loden, tejido de lana impermeable.
lods [lo] m. pl. (Vx). DR. Laudemio. ‖ *Lods et ventes*, laudemio.
lœss [lœs] m. GÉOL. Loess (limon fin).
lof [lɔf] m. MAR. Barlovento. ‖ *Virer lof pour lof*, virar en redondo, con viento en popa.
lofer [-fe] v. intr. MAR. Orzar.
loganiacées f. pl. BOT. Loganiáceas.
logarithme m. Logaritmo.
logarithmique adj. Logarítmico, ca.
loge f. Galería descubierta, loggia (du Vatican). ‖ Portería, conserjería (du concierge). ‖ Logia (francs-maçons). ‖ Sala, estudio, *m.* (école des Beaux-Arts). ‖ Cabaña, choza (bûcheron). ‖ Casilla (chiens). ‖ BOT. Celdilla (des fruits). ‖ THÉÂTR. Palco, *m.* (spectateurs), camerino, *m.*, camarín, *m.* (acteurs). ‖ — *Loge d'avant-scène*, proscenio, palco de proscenio. ‖ — FIG. *Entrer en loge*, entrar en celda (pour préparer un concours). ‖*Être aux premières loges*, estar en primera fila, bien situado.
logeable [lɔʒabl] adj. Habitable.
logement m. ● Vivienda, *f.*, alojamiento. ‖ MIL. Alojamiento (des troupes) : *billet de logement*, boleta de alojamiento. ‖ — *Logement garni* ou *meublé*, piso amueblado. ‖ — *Crise du logement*, crisis de la vivienda.
— Syn. ● *Appartement*, piso, apartamento. *Studio,*

estudio. *Garçonnière*, piso de soltero. *Pied-à-terre*, apeadero. *Logis*, casa, vivienda. *Fam. Taudis*, tugurio.
loger* v. intr. Vivir, habitar (p. us.). ‖ Vivir, alojarse, hospedarse : *loger à l'hôtel*, vivir en un hotel. ‖ Caber (trouver place), meter, poner (mettre) : *tout logea dans une valise*, cupo todo en una maleta. ‖ — FIG. et FAM. *Loger à la belle étoile*, dormir a campo raso, al raso, dormir al aire libre. ‖ *Loger chez l'habitant*, alojarse en una casa particular. ‖ — FIG. *Être logé à la même enseigne*, estar en el mismo caso, remar en la misma galera.
— V. tr. Alojar, dar alojamiento, hospedar (donner logement). ‖ Meter, poner, colocar (mettre). ‖ Meter (une balle).
logeur, euse m. et f. Aposentador, ra ; hospedero, ra ; posadero, ra. ‖ Inquilino, na (locataire).
loggia [lɔdʒja] f. ARCHIT. Loggia, galería sin columnas.
logiciel m. Logicial (d'ordinateur).
logicien, ienne m. et f. Lógico, ca.
logicisme m. Logicismo (doctrine).
logique adj. Lógico, ca.
— F. Lógica. ‖ Lógica, razonamiento, método (raisonnement). ‖ — *Avoir beaucoup de logique*, ser muy lógico. ‖ *Manquer de logique*, no ser muy lógico ou nada lógico ou poco lógico.
logis [lɔʒi] m. Casa, *f.*, vivienda, *f.* (logement). ‖ Morada (demeure). ‖ — *Corps de logis*, cuerpo de un edificio. ‖ *La folle du logis*, la imaginación. ‖ *Le maître du logis*, el dueño de la casa. ‖ *Un sans-logis*, persona sin vivienda, sin techo.
logiste m. Candidato, opositor a los premios de Roma (Beaux-Arts).
logisticien, enne adj. et s. Lógico que utiliza la lógica matemática.
logistique adj. et s. f. Logístico, ca.
logographe m. Logógrafo.
logogriphe m. Logogrifo.
logomachie [lɔgomaʃi] f. Logomaquia (dispute de mots).
logorrhée f. Verbosidad, verborrea.
logos [lɔgos] m. PHILOS. Logos.
logotype m. IMPR. Bloque de varios signos.
loi f. ● Ley : *se soumettre à la loi*, someterse a la ley ; *loi en vigueur*, ley vigente. ‖ Ley (des monnaies). ‖ Dominación, autoridad : *tenir quelqu'un sous sa loi*, tener a alguien bajo su dominación. ‖ Regla : *les lois de la grammaire*, las reglas de la gramática. ‖ — *Loi agraire, ancienne, civile, de la guerre, divine, martiale, morale, nouvelle*, ley agraria, antigua (de Moïse), civil, de la guerra, divina, marcial, moral, nueva. ‖ *Loi des grands nombres*, ley de los grandes números. ‖ — *Gens de loi*, togados. ‖ *Homme de loi*, jurista. ‖ — *En dehors ou en marge de la loi*, al margen de la ley. ‖ — *Avoir force de loi* ou *faire loi*, tener fuerza de ley. ‖ *C'est la loi et les prophètes*, esto va al cielo, esto es el evangelio. ‖ *Faire la loi*, dictar la ley (la dicter), mandar, llevar la batuta (commander). ‖ *Force est restée à la loi*, la ley acabó por triunfar. ‖ *N'avoir ni foi ni loi*, no temer ni a Dios ni al diablo. ‖ *Nul n'est censé ignorer la loi*, la ignorancia de la ley no excusa su cumplimiento. ‖ *Se faire une loi...*, imponerse como una obligación... hacerse una regla...
— Syn. ● *Décret*, decreto. *Ordonnance*, ordenanza. *Décret-loi*, decreto ley. *Édit*, edicto.
loi-cadre f. DR. Ley de bases.
loin [lwɛ̃] adv. Lejos. ‖ — *Loin de*, lejos de : *loin de Paris*, lejos de París ; *loin de moi l'idée de...*, estoy lejos de pensar en... ; apartado, da ; lejos de : *vivre loin du monde*, vivir apartado del mundo ; fuera de (en dehors de). ‖ *Loin de là*, ni mucho menos. ‖ *Loin d'ici*, lejos de aquí, fuera de aquí. ‖ *Loin des yeux, loin du cœur*, ojos que

no ven, corazón que no siente. ‖ *Loin que,* lejos de, en lugar que. ‖ — *Au loin,* a lo lejos, en la lejanía. ‖ *D'aussi loin que, du plus loin que,* por más lejos que : *d'aussi loin que je puisse voir,* por más lejos que pueda ver ; por mucho que : *du plus loin que je me souvienne,* por mucho que me acuerde. ‖ *De loin,* de lejos (d'une grande distance) ; con gran diferencia, con mucho, de lejos : *il est de loin le meilleur,* es con mucho *ou* de lejos el mejor. ‖ *De loin en loin,* de tarde en tarde. ‖ *Et de loin !,* y con creces, y con mucho : *il a gagné, et de loin !,* ha ganado, ¡y con creces ! ‖ — *Aller au loin,* irse lejos. ‖ Fig. *Aller loin,* ir *ou* llegar lejos, hacer fortuna *ou* situación. ‖ *Aller plus loin que,* ir más lejos *ou* más allá que. ‖ *Aller trop loin,* pasar de castaño oscuro. ‖ *Ça ne va pas plus loin,* y pare usted de contar. ‖ *Il est loin d'être...,* dista mucho de ser, está lejos de ser... ‖ *Il y a loin de... à...,* hay mucho camino entre... y... ; hay una gran diferencia entre... y..., varía mucho... ‖ *Mener loin,* llevar lejos. ‖ *Ne pas aller loin,* no ir *ou* llegar muy lejos. ‖ *Revenir de loin,* librarse de una buena, escapar de una enfermedad *ou* situación grave. ‖ *Tout ceci est déjà loin,* todo esto queda ya atrás. ‖ Fig. *Voir de loin,* ver venir las cosas, ser muy previsor. ‖ *Voir loin,* tener mucha vista, ver muy lejos.
lointain, e [-tɛ̃, ɛ:n] adj. Lejano, na ; remoto, ta. ‖ *Avoir l'air* o *le regard lointain,* parecer ausente, tener la mirada perdida.
— M. Lontananza, *f.,* lejanía, *f.* ‖ *Dans le lointain,* a lo lejos, en la lejanía.
loir m. Zool. Lirón. ‖ *Dormir comme un loir,* dormir como un lirón.
Loir n. pr. m. Géogr. Loir (rivière).
Loire n. pr. f. Géogr. Loira, *m.* (fleuve).
loisible adj. Lícito, ta ; permitido, da (permis). ‖ Posible.
loisir m. Ocio. ‖ Tiempo disponible, tiempo libre, ratos (*pl.*) libres *ou* de ocio (temps libre). ‖ Descanso (repos). ‖ Distracción, *f.* ‖ — *À loisir,* con tiempo, con toda tranquilidad, a gusto. ‖ *Avoir loisir* o *le loisir de,* tener oportunidad *ou* ocasión *ou* tiempo de *ou* para. ‖ *Laisser le loisir de,* dar la oportunidad *ou* la ocasión *ou* el tiempo de *ou* para.
lombago m. V. LUMBAGO.
lombaire adj. Anat. Lumbar.
lombalgie f. Méd. Dolor (*m.*) de riñones.
lombard, e [lɔ̃ba:r, ard] adj. et s. Lombardo, da.
Lombardie n. pr. f. Géogr. Lombardía.
lombes [lɔ̃:b] m. pl. Anat. Lomos.
lombric [lɔ̃brik] m. Lombriz, *f.* (ver de terre).
lombricoïde adj. Lombricoide.
londonien, enne adj. et s. Londinense.
Londres [lɔ̃:dr] n. pr. Géogr. Londres.
long, longue [lɔ̃, lɔ̃:g] adj. Largo, ga : *rue très longue,* calle muy larga (distance) ; *un long voyage,* un viaje largo (durée). ‖ Alto, *à* ; largo, ga (taille). ‖ Tardo, da ; lento, ta : *qu'il est long à s'habiller !,* ¡qué lento es vistiéndose ! ‖ Mucho, cha ; largo, ga : *de longs mois sans nouvelles,* muchos meses sin noticias. ‖ — *Long de,* que tiene de largo : *un pont long de 100 mètres,* un puente que tiene 100 metros de largo. ‖ *Long regard,* mirada detenida. ‖ *Sauce longue,* salsa clara. ‖ *Syllabe, voyelle longue,* sílaba, vocal larga. ‖ — *Être long,* extenderse, ser demasiado extenso.
— Adv. *À la longue,* a la larga, con el tiempo. ‖ *Au long, tout au long, tout du long,* a lo largo ; con todo detalle (en détail). ‖ *De long en large, en long et en large,* de un lado a otro, a lo largo y a lo ancho, en todos los sentidos. ‖ *De longue main,* desde hace tiempo. ‖ *En long,* a lo largo. ‖ Fam. *En long, en large et en travers,* con pelos y

señales (explication), con todo detalle (examiner). ‖ *Tout au long de,* a lo largo de. ‖ — *En dire long,* decirlo todo : *un regard qui en dit long,* una mirada que lo dice todo. ‖ *En dire long sur,* indicar claramente : *cette phrase en dit long sur ses intentions,* esta frase indica claramente sus intenciones. ‖ *En savoir long,* saber un rato. ‖ *Ne pas vouloir en dire plus long,* no querer hablar más. ‖ — M. Largo, longitud, *f.* : *deux mètres de long,* dos metros de largo. ‖ — *De tout son long,* cuan largo es uno. ‖ *Le long de,* a lo largo de. ‖ *Tout le long de,* durante todo el, toda la (pendant), a lo largo (le long de). ‖ — Mil. *Coudes le long du corps,* codos pegados al cuerpo. ‖ *Prendre le plus long,* tomar el camino más largo.
longanime adj. Longánimo, ma (patient).
longanimité f. Longanimidad (patience). ‖ Indulgencia.
long-courrier [lɔ̃kurje] adj. Mar. De altura. ‖ De larga distancia (avión).
— M. Barco de altura. ‖ Avión de larga distancia. ‖ Alumno de náutica.
— Observ. Pl. *long-courriers.*
longe f. Ronzal, *m.,* cabestro, *m.* (courroie). ‖ Correa (petite lanière). ‖ Lomo, *m.* (de veau).
longer* v. tr. Costear, ir por la orilla de, ir a lo largo de (marcher le long de). ‖ Extenderse a lo largo de (s'étendre le long de).
longeron m. Techn. Travesaño, larguero.
longévité f. Longevidad.
longicorne adj. et s. m. Zool. Longicornio, nia.
longiligne adj. Longilíneo, a.
longimétrie f. Longimetría.
Longin n. pr. m. Longino.
longitude f. Longitud : *40° de longitude est,* 40° longitud Este.
longitudinal, e adj. Longitudinal.
long-jointé, e [lɔ̃ʒwɛ̃te] adj. Cuartilludo, da (cheval).
longotte f. Calicó (*m.*) de Ruán (tissu de coton).
longrine f. Traviesa (de chemin de fer). ‖ Larguero, *m.* (poutre).
longtemps [lɔ̃tɑ̃] adv. et s. m. Largo tiempo, mucho tiempo. ‖ — *De longtemps* o *depuis longtemps,* desde hace mucho tiempo. ‖ *Il n'en a pas pour longtemps,* no le queda mucho tiempo (pour terminer), no le queda mucho tiempo de vida. ‖ *Il y a longtemps,* hace mucho tiempo, hace mucho tiempo.
longue f. Gramm. et Mus. Largo, *m.*
longuement adv. Largamente, mucho tiempo (longtemps). ‖ Detenidamente (en détail).
longuet, ette [lɔ̃gɛ, ɛt] adj. Fam. Larguillo, lla ; algo largo.
— M. Pico (pain).
longueur [lɔ̃gœ:r] f. Longitud (dimension). ‖ Largo, *m.* : *deux mètres de longueur,* dos metros de largo. ‖ Extensión : *la longueur d'une lettre,* la extensión de una carta. ‖ Duración, extensión : *la longueur des jours,* la duración de los días. ‖ Mar. Eslora (d'un bateau). ‖ Fig. Lentitud (lenteur). ‖ Cuerpo [de caballo], largo : *gagner d'une demi-longueur,* ganar por medio cuerpo (cheval) ; *à deux longueurs,* a dos largos. ‖ *Longueur de foyer d'une lentille,* distancia focal de una lente. ‖ Rad. *Longueur d'onde,* longitud de onda. ‖ Mar. *Longueur hors tout,* eslora total. ‖ — *Saut en longueur,* salto de longitud [*Amér.,* salto largo]. ‖ — *À longueur de journée,* durante el día entero, todo el santo día. ‖ *En longueur,* a lo largo. ‖ *Avoir des longueurs,* hacerse largo : *ce film, ce roman a des longueurs,* esta película, esta novela, se hace larga. ‖ *Éviter les longueurs,* evitar ser demasiado largo (discours, etc...). ‖ *La longueur des mains passe pour un signe de distinction,* tener las manos largas se considera como un signo de distinción. ‖ *Tirer, traîner en longueur,*

ir para largo, no acabar nunca (progresser peu). ‖ *Traîner* o *faire traîner une affaire en longueur,* dar largas a *ou* ir dilatando un asunto (faire durer).

longue-vue f. Anteojo (*m.*) de larga vista, catalejo, *m.*

Longus [lɔ̃gys] n. pr. m. Longo.

looch [lɔ:k] m. MÉD. Poción.

looping [lupiŋ] m. AVIAT. Looping, rizo (acrobatie aérienne). ‖ *Faire un looping,* rizar el rizo.

lophophore m. ZOOL. Lofóforo.

lopin m. Pedazo, trozo. ‖ *Lopin de terre,* rodal, parcela, haza.

loquace [lɔkwas o lɔkas] adj. Locuaz.

loquacité [-site] f. Locuacidad.

loque f. Andrajo, *m.,* jirón, *m.* (lambeau d'étoffe). ‖ Enfermedad de las abejas. ‖ FIG. Andrajo, *m.,* pingajo, *m.,* pingo, *m.* (personne molle). ‖ *En loques,* hecho jirones.

loquet [lɔkɛ] m. Picaporte, pestillo.

loqueteau [lɔkto] m. Picaporte pequeño, pestillo.

loqueteux, euse [lɔktø, ø:z] adj. Andrajoso, sa ; harapiento, ta ; haraposo, sa.

loran m. MAR. et AVIAT. Loran.

lord [lɔrd] m. Lord : *premier lord de l'Amirauté,* primer lord del Almirantazgo. ‖ *Lord-maire,* alcalde de Londres, lord mayor.

— OBSERV. En espagnol le pluriel s'écrit *lores.*

— En francés, el plural de esta palabra es *lords.*

lordose f. MÉD. Lordosis.

lorette f. (Vx). Dama galante.

Lorette n. pr. f. GÉOGR. Loreto, *m.*

lorgner v. tr. Mirar de reojo, con el rabillo del ojo, de soslayo, echar una ojeada (regarder du coin de l'œil). ‖ Mirar con gemelos *ou* anteojos (regarder avec une lorgnette). ‖ FIG. et FAM. Tener miras a una cosa, echarle el ojo, codiciar (convoiter).

lorgnette f. Anteojos, *m. pl.* ‖ Gemelos, *m. pl.* (jumelle de théâtre). ‖ — FIG. *Regarder par le gros bout de la lorgnette,* verlo todo en pequeño. ‖ *Regarder par le petit bout de la lorgnette,* verlo todo de una manera exagerada.

lorgneur, euse m. et f. FAM. Mirón, ona ; curioso, sa ; impertinente.

lorgnon m. Quevedos, *pl.,* lentes, *pl.*

— SYN. *Pince-nez,* quevedos. *Binocle,* binóculo. *Face-à-main,* impertinente.

lori m. Lori, papagayo (oiseau).

loricaire m. ZOOL. Loricaria, *f.*

loriot m. MÉD. Orzuelo. ‖ ZOOL. Oropéndola, *f.*

loris [lɔris] m. ZOOL. Loris.

lorrain, e adj. et s. Lorenés, esa ; de Lorena.

Lorraine n. pr. f. GÉOGR. Lorena.

lorry [lɔri] m. Vagoneta, *f.* ‖ Cangrejo, zorra, *f.* (chemin de fer).

lors [lɔ:r] adv. Entonces : *depuis lors,* desde entonces. ‖ — *Dès lors,* desde entonces (dès ce temps-là), desde ese momento, y entonces (conséquemment). ‖ *Dès lors que,* desde que, puesto que. ‖ *Lors de,* cuando, en el momento de, durante. ‖ *Lors même que,* aun cuando, aunque.

lorsque conj. Cuando, en el momento que.

— OBSERV. La *e* de *lorsque* se elide delante de *il, elle, en, on, un, une* (*lorsqu'il viendra,* cuando venga).

losange m. GÉOM. Rombo. ‖ BLAS. Losange. ‖ *Figure en losange,* figura romboidal *ou* en forma de rombo.

losangé, e adj. BLAS. Distribuido en losanges.

lot [lo] m. Lote, parte, *f.* (part). ‖ Lote (quantité de choses, terrain). ‖ Partida, *f.* : *un lot de meubles,* una partida de muebles. ‖ Premio (dans une loterie). ‖ FIG. Destino (sort), suerte, *f.* ‖ Patrimonio : *gloires qui sont le lot des vieilles nations,* glorias que son el patrimonio de las naciones antiguas. ‖ *Le gros lot,* el premio

gordo, el gordo. ‖ *Petits lots,* pedrea (loterie).

lote f. V. LOTTE.

loterie f. Lotería (de l'État), rifa (privée). ‖ FIG. Lotería, cosa azarosa (affaire de hasard).

Loth [lɔt] n. pr. m. Lot.

Lothaire [lɔtɛ:r] n. pr. m. Lotario.

loti, e adj. Repartido, da (divisé). ‖ Agraciado, da ; favorecido, da. ‖ — *Bien loti,* favorecido. ‖ *Mal loti,* desfavorecido. ‖ *Nous sommes bien lotis avec ces collaborateurs!,* ¡arreglados estamos con estos colaboradores!, ¡vamos dados con estos colaboradores!, ¡menudos colaboradores nos han caído encima !

lotier m. BOT. Loto.

lotion [losjɔ̃] f. Loción.

lotionner v. tr. Dar una loción. ‖ Lavar (laver).

lotir v. tr. Repartir, distribuir en lotes (partager par lots). ‖ Parcelar (un terrain). ‖ Dar posesión de un lote (mettre en possession d'un lot). ‖ Escoger, seleccionar (trier).

lotissage ou **lotissement** m. Distribución, *f.,* repartición (*f.*) por lotes *ou* parcelas, parcelación, *f.* (d'un terrain).

loto m. Lotería, *f.*

— OBSERV. L'espagnol n'a que *lotería* pour traduire *loterie* et *loto.*

lotos [lotɔs] m. V. LOTUS.

lotte ou **lote** f. Lota, rape, *m.* (poisson). ‖ *Lotte de mer,* pejesapo.

lotus ou **lotos** [lotys] m. BOT. Loto.

louable adj. Laudable, loable : *intention louable,* intención loable.

louage m. Alquiler (maisons, voitures, meubles). ‖ Arrendamiento, arriendo (terres, etc.).

louange [luɑ̃:ʒ] f. Alabanza, loor, *m.,* encomio, *m.* ‖ — *À la louange de,* en loor de, en elogio de. ‖ *Chanter, célébrer les louanges de,* ensalzar, encomiar. ‖ *Combler de louanges,* cubrir de alabanzas.

louanger* v. tr. Alabar, ensalzar.

louangeur, euse adj. Encomiástico, ca ; elogiador, ra (qui loue). ‖ — Adj. et s. Lisonjero, ra ; adulador, ra (flatteur).

loubine f. Lubina (bar).

louche adj. Bizco, ca ; bisojo, ja (p. us.). ‖ FIG. Turbio, bia ; equívoco, ca ; oscuro, ra (trouble). ‖ Sospechoso, sa. ‖ *Hôtel louche,* hotel de mala fama.

— F. Cucharón, *m.,* cacillo, *m.* (pour servir la soupe). ‖ POP. *Serrer la louche,* dar un apretón de manos.

louchement m. ou **loucherie** f. Bizquera, *f.,* estrabismo, *m.*

loucher v. intr. Bizquear, ser bizco. ‖ FIG. et FAM. *Loucher sur,* írsele a uno los ojos tras de (convoiter).

louchet [luʃɛ] m. Laya, *f.* (sorte de bêche).

loucheur, euse adj. et s. Bizco, ca ; bisojo, ja.

louer v. tr. Alquilar (maison, meubles, etc.) : *louer à l'heure,* alquilar por horas. ‖ Arrendar (terres). ‖ Tomar, ajustar (un domestique, un employé). ‖ Reservar (place de théâtre, d'un train). ‖ Alabar, celebrar, elogiar, loar (vanter le mérite). ‖ Alabar (Dieu) : *Dieu soit loué!,* ¡alabado sea Dios ! ‖ *À louer,* se alquila.

— V. pr. Alabarse. ‖ Congratularse, felicitarse por : *nous nous louons du bon résultat,* nos congratulamos del buen resultado. ‖ *Se louer de,* estar satisfecho de.

loueur, euse adj. et s. Alquilador, ra ; arrendador, ra (qui loue).

louf ou **loufoque** [lufɔk] ou **louftingue** [luftɛ̃:g] adj. et s. POP. Chaveta, chiflado, da ; extravagante.

loufoquerie [-fɔkri] f. POP. Chifladura.

lougre m. MAR. Lugre (bateau).

louis m. Luis (monnaie).

Louis [lwi] n. pr. m. Luis.
Louise n. pr. f. Luisa.
louise-bonne f. Cierta pera de agua.
Louisette n. pr. f. Luisita.
Louisiane n. pr. f. GÉOGR. Luisiana.
louis-quatorzien, enne adj. Relativo a Luis XIV y a su época.
Louksor ou **Louxor** [luksɔ:r] n. pr. m. GÉOGR. Luxor.
loukoum [lukum] ou **rahat-loukoum** [raat lukum] m. Lukum, dulce oriental.
loulou m. Lulú, perrito faldero. ‖ FAM. Querido (terme d'affection).
loup [lu] m. Lobo (animal). ‖ Antifaz, máscara, f. (masque). ‖ Error, falta, f., pifia, f. (dans l'industrie). ‖ TECHN. Mazo (outil du relieur). | Sacaclavos (arrache-clous). ‖ — *Loup de mer,* lubina, róbalo (poisson), lobo marino (phoque), lobo marino (vieux marin). ‖ — *Faim de loup,* hambre canina. ‖ *Froid de loup,* frío de perros. ‖ *Le grand méchant loup,* el lobo feroz. ‖ *Tête-de-loup,* escobón, deshollinador. ‖ FIG. *Vieux loup,* perro viejo. ‖ — *À pas de loup,* de puntillas. ‖ FIG. *Entre chien et loup,* entre dos luces, al atardecer, al anochecer. ‖ *Être connu comme le loup blanc,* ser más conocido que la ruda. | *Hurler avec les loups* bailar al son que tocan. | *Le loup mourra dans sa peau,* genio y figura hasta la sepultura. | *Les loups ne se mangent pas entre eux,* un lobo a otro no se muerden. | *Quand on parle du loup on en voit la queue,* hablando del rey de Roma, por la puerta asoma. | *Se mettre dans la gueule du loup,* meterse en la boca del lobo. | *Tenir le loup par les oreilles,* coger al lobo por las orejas.
loup-cervier [lusɛrvje] m. Lince, lobo cerval (lynx).
loupe f. Lupa, lente, m. (lentille) : *regarder à la loupe,* mirar con lupa. ‖ BOT. Nudo, m. (des arbres). ‖ MÉD. Lobanillo, m., lupia (tumeur). ‖ VÉTÉR. Lobado, m.
louper v. tr. POP. Hacer mal, chapucear (mal exécuter), faltar (rater). | Perder (manquer) : *louper un train,* perder un tren. ‖ *Ne jamais rien louper,* no fallar nunca nada, no tener nunca un fallo.
loup-garou m. Fantasma, coco, duende. ‖ FIG. Insociable, huraño.
loupiot [lupjo] m. POP. Chaval, crío, arrapiezo (enfant).
lourd, e [lu:r, lurd] adj. Pesado, da. ‖ FIG. Cargado, da ; bochornoso, sa (temps). | Pesado, da (aliments). | Pesado, da (style, sommeil). | Pesado, da (qui manque de finesse) : *une plaisanterie lourde,* una broma pesada. | Torpe (lourdaud). | Gravoso, sa ; fuerte, excesivo, va (charges). | Cargado (yeux). | Grave : *accident lourd de conséquences,* accidente de consecuencias graves. | Pesado (boxe) : *poids lourd,* peso pesado. | Pesado (terrain). ‖ — *Lourde besogne,* trabajo rudo, difícil, duro. ‖ *Lourde erreur* o *faute,* error grave, falta garrafal. ‖ — *Eau lourde,* agua pesada. ‖ *Franc lourd,* franco fuerte. ‖ — *Avoir la main lourde,* pegar fuerte, tener la mano pesada.
— Adv. Mucho : *il n'y en avait pas lourd,* no había mucho ; *il ne vaut pas lourd,* no vale mucho. ‖ — *Comme il fait lourd !,* ¡qué bochorno hace ! ‖ *Peser lourd,* pesar mucho.
lourdaud, e [lurdo, o:d] adj. Torpe, tosco, ca. — M. et f. Pesado, da ; zafio, fia.
lourde [lurd] f. POP. Puerta, portante, m.
lourdement [-dəmã] adv. Pesadamente : *tomber lourdement,* caer pesadamente. ‖ Gravosamente, excesivamente : *augmenter lourdement les impôts,* aumentar excesivamente los impuestos. ‖ Torpemente : *marcher lourdement,* andar torpemente. ‖ Con demasía, caro : *payer lourdement une faute,* pagar caro una falta.

lourdeur f. Pesadez : *la lourdeur du temps,* la pesadez del tiempo. ‖ Gravedad : *la lourdeur d'une faute,* la gravedad de una falta. ‖ Torpeza (de la marche). ‖ Lo gravoso (des impôts).
loure f. MUS. Gaita. | Danza bailada al son de la gaita.
lourer v. tr. MUS. Ligar.
loustic m. FAM. Gracioso, sa ; chusco, ca.
loutre f. ZOOL. Nutria. ‖ *Loutre marine,* nutria marina, lataz.
Louvain n. pr. GÉOGR. Lovaina.
louve f. Loba (femelle du loup). ‖ Buitrón (filet de pêche). ‖ TECHN. Palanca (levier).
louver v. tr. Apalancar.
louvet, ette [luvɛ, ɛt] adj. Lobuno, na ; bayo oscuro (cheval).
louveteau [luvto] m. Lobezno, cachorro de lobo. ‖ Scout joven, joven explorador.
louveter v. intr. Parir la loba.
louveterie [luvtri] f. Caza de lobos. ‖ *Lieutenant de louveterie,* jefe de loberos.
louvetier m. Cazador de lobos, montero mayor. ‖ Jefe de loberos.
louvoiement m. Rodeos, pl., zigzagueo.
louvoyer* [luvwaje] v. intr. MAR. Bordear, voltejear. ‖ FIG. Andar con rodeos. | Zigzaguear.
lover v. tr. MAR. Adujar (un câble).
— V. pr. Enroscarse, enrollarse (s'enrouler).
loxodromie f. MAR. Loxodromia.
loxodromique adj. Loxodrómico, ca.
loyal, e [lwajal] adj. Leal : *des serviteurs loyaux,* servidores leales. ‖ *À la loyale,* limpiamente.
— SYN. *Droit,* recto. *Vrai,* veraz. *Fidèle,* fiel. *Féal,* leal, fiel.
loyalisme m. Lealtad, fidelidad.
loyaliste adj. et s. Leal. ‖ Legitimista (en Angleterre).
loyauté f. Lealtad : *loyauté au roi,* lealtad al rey. ‖ Honradez, rectitud (honnêteté).
loyer m. Alquiler (logement). ‖ Arriendo (terres, magasin). ‖ Interés (de l'argent). ‖ Vencimiento (terme).
lu, lue adj. Leído, da. ‖ *Lu et approuvé,* conforme, leído y conforme.
lubie f. FAM. Antojo, m., capricho, m., chifladura. ‖ FAM. *Avoir la lubie de,* encapricharse por, antojársele a uno.
lubricité f. Lubricidad.
lubrifiant, e adj. et s. m. Lubrificante, lubricante.
lubrificateur, trice adj. Lubrificador, ra.
lubrification f. Lubrificación, lubricación.
lubrifier* v. tr. Lubrificar, lubricar (graisser).
— OBSERV. *Lubrificar* a été longtemps repoussé comme gallicisme.
lubrique adj. Lúbrico, ca.
Luc n. pr. m. Lucas.
Lucain [lykɛ̃] n. pr. m. Lucano.
lucane m. ZOOL. Lucano.
Lucanie n. pr. f. GÉOGR. Lucania.
lucanien, enne adj. et s. Lucano, na.
lucarne f. ● Tragaluz, m., buhardilla, lumbrera. ‖ Escuadra (dans les buts au football).
— SYN. ● *Œil-de-bœuf,* ojo de buey. *Tabatière,* tragaluz. *Vasistas,* ventanillo.
Lucayes [lyka:j] n. pr. f. pl. GÉOGR. Lucayas.
Luce n. pr. f. Lucía. ‖ — M. Lucio.
lucernaire m. Lucernario, oficio de tinieblas.
Lucerne n. pr. GÉOGR. Lucerna.
lucide adj. Lúcido, da.
lucidement adv. Con lucidez, lúcidamente.
lucidité f. Lucidez.
Lucie n. pr. f. Lucía.
Lucien, enne n. pr. m. et f. Luciano, na.
lucifer m. Lucífero, lucifer (planète Vénus). ‖ FIG. Diablillo, persona soberbia, demonio.
Lucifer n. pr. m. Lucifer, demonio (le démon).

luciférien, enne adj. et s. Luciferino, na.
lucifuge adj. Lucífugo, ga (qui fuit).
Lucile n. pr. f. Lucila.
lucilie f. Moscarda, mosca de la carne.
Lucilius [lysiljys] n. pr. m. Lucilio.
lucimètre m. TECHN. Lucímetro.
luciole f. Luciérnaga (insecte).
Lucques n. pr. GÉOGR. Luca, *sing.* (Italie).
lucquois, e adj. et s. Luqués, esa ; de Luca.
lucratif, ive adj. Lucrativo, va.
lucre m. Lucro (gain).
Lucrèce n. pr. m. et f. Lucrecio, cia.
Lucullus [lykylys] n. pr. m. Lúculo.
lucumon m. Lucumón.
lucumonie f. Lucumonía.
ludion m. PHYS. Ludión.
ludique adj. Lúdicro, cra (relatif au jeu).
Ludovic n. pr. m. Ludovico.
luette f. ANAT. Campanilla, úvula, galillo, *m.*
lueur [lɥœ:r] f. Luz, resplandor, *m.*, fulgor, *m.* (lumière faible). ‖ FIG. Rayo, *m.*, vislumbre, *m.*, viso, *m.*, chispa (légère apparence).
luffa m. Esponja (*f.*) vegetal.
luge f. Pequeño (*m.*) trineo.
luger* v. intr. Ir en trineo.
lugeur, euse m. et f. Patinador, patinadora, en trineo.
lugubre adj. Lúgubre : *plaintes lugubres,* quejas lúgubres. ‖ Tétrico, ca ; lóbrego, ga : *une chambre lugubre,* un cuarto tétrico.
lui [lɥi] pr. pers. 3º personne du singulier des deux genres. Le : *je lui parlerai,* le hablaré ; *parle-lui,* háblale. ‖ Se : *je le lui dirai,* se lo diré ; *dis-le-lui,* díselo ; *je les lui ai donnés,* se los he dado.
— OBSERV. Les pronoms *le* et *se* sont enclitiques lorsqu'ils sont compléments d'un verbe à l'impératif, à l'infinitif ou au gérondif (*donne-lui,* dale ; *le lui dire,* decírselo ; *en lui chantant quelque chose,* cantándole algo).
— Pr. pers. 3e personne du singulier du masculin. Él (sujet) : *lui, il le sait,* él lo sabe. ‖ Él : *je travaille pour lui,* trabajo para él ; *c'est à lui que je parle,* es a él a quien hablo. ‖ Le : *la première occasion qui s'est présentée à lui,* la primera ocasión que se le presentó. ‖ Sí : *ce garçon parle toujours de lui,* este chico siempre está hablando de sí ; *il se dit à part lui,* se dijo entre sí ; *il laisse des enfants derrière lui,* deja hijos tras sí. ‖ — *Lui-même,* él mismo : *il l'a fait lui-même,* lo hizo él mismo. (*Lui* ne se traduit pas s'il accompagne un nom : *le professeur lui-même l'a dit,* el profesor mismo *ou* el mismo profesor lo dijo.) ‖ — *À lui* (possession), suyo, ya : *ce cahier est à lui,* este cuaderno es suyo. ‖ *Avec lui,* consigo : *il m'emmène avec lui,* me lleva consigo. ‖ *Chez lui,* a su casa (mouvement), en su casa (sans mouvement).
luire* v. intr. Alumbrar, dar luz (éclairer). ‖ Relucir, brillar, resplandecer. ‖ FIG. Apuntar, manifestarse. ‖ *Faire luire,* hacer relumbrar.
luisance f. Brillo, *m.,* resplandor, *m.* (éclat).
luisant, e adj. Reluciente, brillante, lustroso, sa. ‖ *Ver luisant,* luciérnaga, gusano de luz [*Amér.,* cocuyo].
— M. Lustre, brillo : *le luisant d'une étoffe,* el lustre de una tela.
lullisme m. Lulismo (système philosophique).
lulliste adj. et s. Lulista (partisan du lullisme).
lumachelle [lymaʃɛl] f. GÉOL. Lumaquela (marbre).
lumbago [lœbago] ou **lombago** [lɔbago] m. MÉD. Lumbago.
lumen [lymɛn] m. Lumen (unité de flux lumineux).
lumière f. ● Luz. ‖ Luz (lampe, etc.). ‖ Luces, *pl.* (intelligence). ‖ FIG. Lumbrera (homme éminent). ‖ Inteligencia, sabiduría (savoir). ‖ Oído,

m., fogón, *m.* (d'une arme). ‖ Lumbrera, canal (*m.*) de vapor (d'une locomotive). ‖ Agujero, *m.,* ojo, *m.* (trou dans un outil). ‖ MUS. Toma de viento (d'un orgue). ‖ TECHN. Lumbrera (du rabot). ‖ — ASTR. *Année-lumière* o *année de lumière,* año luz. ‖ *Habit de lumières,* traje de luces (toréro). ‖ *Le siècle des lumières,* el siglo ilustrado *ou* de la Ilustración. ‖ — *À la lumière de,* a la vista *ou* a la luz de. ‖ FAM. *Ce n'est pas une lumière,* no es una lumbrera. ‖ *Faire la lumière sur,* esclarecer, aclarar. ‖ *Fermer les yeux à la lumière,* cerrar los ojos a la evidencia. ‖ *Mettre en lumière,* poner en evidencia, evidenciar, hacer resaltar, publicar. ‖ *Perdre la lumière,* quedarse ciego, morir. ‖ *Porter la lumière sur* o *dans,* iluminar. ‖ *Que la lumière soit!,* ¡hágase la luz! ‖ *Voir la lumière,* ver la luz, nacer.
— OBSERV. Es pleonástico decir *allumer la lumière* en vez de *donner de la lumière* (encender la luz).
— SYN. ● *Clarté,* claridad. *Lueur,* resplandor. *Rayon,* rayo. *Éclat,* resplandor, brillo. *Splendeur,* esplendor.
lumignon m. Pabilo. ‖ Cabo de vela (bout de bougie).
luminaire m. Luminaria, *f.* (cierge). ‖ Alumbrado (éclairage).
luminescence f. Luminiscencia.
luminescent, e adj. Luminescente.
lumineux, euse adj. Luminoso, sa. ‖ FIG. Luminoso, sa ; excelente : *idée lumineuse,* idea luminosa.
luministe m. Pintor de la luz.
luminosité f. Luminosidad.
Lumitype f. IMPR. Lumitipia (nom déposé).
lunaire adj. Lunar. ‖ Redondo, da ; mofletudo, da : *visage lunaire,* cara mofletuda.
— F. BOT. Lunaria.
lunaison f. ASTR. Lunación.
lunatique adj. et s. Antojadizo, za ; raro, ra (d'humeur changeante).
— OBSERV. *Lunático* s'applique en espagnol à la personne atteinte de folie légère et passagère.
lunch [lœnʃ] m. Lunch, almuerzo.
lundi [lœdi] m. Lunes : *lundi matin,* el lunes por la mañana. ‖ FAM. *Faire le lundi,* no trabajar el lunes, hacer lunes.
lune f. Luna (planète). ‖ FIG. Manía, lunatismo, *m.,* capricho, *m.* (caprice). ‖ POP. Cara redonda *ou* de luna *ou* mofletuda (visage rond). ‖ Trasero, *m.* (postérieur). ‖ — *Lune d'eau,* nenúfar blanco (plante). ‖ *Lune de miel,* luna de miel. ‖ *Lune rousse,* luna de abril. ‖ — *Clair de lune,* claro de luna. ‖ POP. *Comme la lune,* rematado, de capirote. ‖ *Demi-lune,* media luna. ‖ *Nouvelle lune,* luna nueva. ‖ *Pleine lune,* plenilunio, luna llena. ‖ ZOOL. *Poisson-lune,* rueda (poisson). ‖ — *Aboyer à la lune,* ladrar a la Luna. ‖ *Demander la lune,* pedir la Luna. ‖ *Être dans la lune,* estar en la Luna, estar distraído. ‖ *Faire un trou à la lune,* irse sin pagar. ‖ FIG. *Vouloir prendre la lune avec ses dents,* desear lo imposible.
luné, e adj. Lunado, da ; en forma de media luna (en forme de croissant). ‖ — FAM. *Bien* o *mal luné,* de buen *ou* mal humor *ou* talante.
lunetier, ère [lyntje, jɛ:r] adj. et s. Óptico, ca.
lunette f. ● Anteojo, *m.* : *lunette de Galilée,* anteojo de Galileo. ‖ Anteojo (*m.*) de larga vista, catalejo, *m.* (d'approche). ‖ ARCHIT. Luneto, *m.* ‖ Tragaluz, *m.,* ventanillo, *m.* (petite fenêtre dans un toit). ‖ Agujero, *m.* (des waters). ‖ Abertura de la guillotina para pasar la cabeza. ‖ Entrepechuga (bréchet d'oiseau). ‖ Bisel, *m.,* aro (*m.*) de reloj (de montre). ‖ Calibrador, *m.* (de projectiles). ‖ Media luna (fortification). ‖ — *Lunette arrière,* ventanilla posterior, cristal trasero (voiture). ‖ MAR. *Lunette d'étambot,* tubo de codaste. ‖ *Lunette de visée,* visor telescópico.

— Pl. Gafas, lentes, *m.*, anteojos, *m.*, antiparras (p. us.) : *mettre ses lunettes,* ponerse las gafas. ‖ Anteojeras (d'un cheval). ‖ — TECHN. *Lunettes de soufflets,* ventilador doble. ‖ *Serpent à lunettes,* naja.

— SYN. ● *Télescope,* telescopio. *Lorgnette,* catalejo. *Lorgnettes,* gemelos. *Jumelle,* gemelos.

lunetterie f. Tienda de óptico. ‖ Profesión de óptico.

luni-solaire adj. ASTR. Lunisolar.

lunule f. Lúnula (géométrie). ‖ Lúnula, blanco de las uñas (tache blanche à la base de l'ongle). ‖ Viril, *m.* (de l'ostensoir).

lunure f. Nudosidad, resquebrajadura circular (défaut dans le bois).

lupanar m. Lupanar.

lupercales [lypɛrkal] f. pl. Lupercales (fêtes romaines).

lupin m. BOT. Altramuz, lupino (p. us.).

lupulin m. Lupulino.

lupuline f. BOT. Lupulina.

lupus [lypys] m. MÉD. Lupus.

lurette f. *Il y a belle lurette,* hace un siglo, hace muchísimo tiempo.

luron, onne m. et f. FAM. Barbián, ana. ‖ *Un gai luron,* un jaranero, un gran barbián.

— SYN. *Gaillard,* mocetón. *Lascar,* punto filipino, caradura. *Fam. Loustic,* chusco, guasón. *Drille* (bon ou joyeux), buen muchacho, buena persona. *Pop. Bougre,* tunante.

Lusiades (LES) [lɛlyzjad], Los Lusiadas (poèmes).

lusin m. MAR. Piola, *f.,* merlín.

Lusitanie n. pr. f. GÉOGR. Lusitania.

lusitanien, ienne ou **lusitain, e** adj. et s. Lusitano, na ; luso, sa.

lustrage m. Lustrado.

lustral, e adj. Lustral (qui purifie). ‖ *Eau lustrale,* agua lustral (de baptême).

lustration f. Lustración (sacrifice des païens).

lustre m. Lustre, brillo. ‖ Araña, *f.* (lampe suspendue). ‖ Lustro (cinq ans). ‖ FIG. Brillo, esplendor (éclat).

lustré, e adj. Lustroso, sa. ‖ *Vêtement lustré,* traje con brillo.

lustrer v. tr. Lustrar, dar brillo.

lustrerie f. Fabricación de arañas y lámparas.

lustrine f. Lustrina (tissu).

lut [lyt] m. TECHN. Zulaque, betún de estopa y cal.

Lutèce n. pr. f. HIST. Lutecia (París).

lutécium [lytesjɔm] m. CHIM. Lutecio (métal).

lutéine f. BIOL. Luteína.

luter v. tr. Zulacar.

luth [lyt] m. MUS. Laúd. ‖ ZOOL. Laúd, tortuga marina (tortue).

Luther [lytɛ:r] n. pr. m. Lutero.

luthéranisme m. Luteranismo.

lutherie f. Comercio de instrumentos músicos de cuerda.

luthérien, ienne adj. et s. Luterano, na.

luthier m. Fabricante de instrumentos músicos de cuerda.

luthiste m. Tañedor de laúd.

lutin, e adj. Vivo, va ; despabilado, da ; travieso, sa (éveillé, espiègle).

— M. ● Duende, trasgo (démon familier). ‖ FIG. Diablillo, muchacho travieso.

— SYN. ● *Elfe,* elfo. *Gnome,* gnomo. *Farfadet,* trasgo. *Génie,* genio. *Korrigan,* duende (breton).

lutiner v. tr. Bromear, dar bromas, fastidiar.

lutrin m. Atril, facistol. ‖ Coro (ensemble de chanteurs au lutrin).

lutte f. ● Lucha. ‖ FIG. Guerra, conflicto, *m.* ‖ — *Lutte de classes,* lucha de clases. ‖ — *De haute lutte,* en reñida lucha. ‖ *Entrer en lutte avec quelqu'un,* entablar lucha con alguien.

— SYN. ● *Pugilat,* pugilato. *Pancrace,* pancracio. *Jiu-jitsu,* jiu-jitsu, lucha japonesa. *Boxe,* boxeo. *Catch,* catch, lucha libre.

lutter v. intr. ● Luchar. ‖ Disputar, pugnar, combatir.

— SYN. ● *Rivaliser,* rivalizar. *Disputer,* disputar.

lutteur, euse m. et f. Luchador, ra.

lux m. Lux (unité d'éclairement).

luxation f. MÉD. Luxación.

luxe m. Lujo, fasto, suntuosidad, *f.,* boato. ‖ FIG. Lujo, alarde : *un grand luxe de précautions,* un gran alarde de precauciones. ‖ *S'offrir le luxe de,* permitirse el lujo de.

— SYN. *Faste,* fasto, fausto. *Magnificence,* magnificencia. *Somptuosité,* suntuosidad. *Splendeur,* esplendor.

luxé, e adj. MÉD. Dislocado, da.

Luxembourg [lyksɑ̃bu:r] n. pr. m. GÉOGR. Luxemburgués, esa.

luxembourgeois, e [-ʒwa, wa:z] adj. et s. Luxemburgués, sa.

luxer v. tr. Dislocar.

luxmètre m. Instrumento para medir la iluminación.

luxueux, euse adj. Lujoso, sa.

luxure f. Lujuria.

luxuriance f. Frondosidad. ‖ FIG. Exuberancia (du style).

luxuriant, e adj. Frondoso, sa ; lujuriante. ‖ FIG. Exuberante, rico, ca ; fastuoso, sa.

luxurieux, euse adj. Lujurioso, sa.

— SYN. *Lascif,* lascivo. *Voluptueux,* voluptuoso. *Sensuel,* sensual. *Lubrique,* lúbrico. *Fam. Paillard,* cachondo. *Salace,* salaz.

luzerne f. BOT. Alfalfa.

luzernière f. AGRIC. Alfalfar, alfalfal.

luzule f. BOT. Luzula.

lycanthrope m. MÉD. Licántropo.

lycanthropie f. MÉD. Licantropía.

lycaon [likaɔ̃] m. Licaón (mammifère d'Afrique).

Lycaon [likaɔ̃] n. pr. m. MYTH. Licán.

lycée m. Liceo (gymnase hors d'Athènes). ‖ Instituto de segunda enseñanza, liceo (p. us.).

— OBSERV. Le mot *liceo,* inusité en Espagne sauf pour le *Liceo Francés* de quelques villes, est par contre employé dans certains pays latinoaméricains.

lycéen, enne m. et f. Alumno de un instituto de segunda enseñanza.

lychnis [liknis] m. BOT. Licnis, clavellina, *f.,* neguilla, *f.*

Lyciet m. BOT. Cambronera, *f.*

Lycomède n. pr. m. MYTH. Licomedes.

lycope m. BOT. Licopodio.

lycoperdon m. BOT. Licoperdón, licoperdo.

lycopode m. Licopodio.

lycopodinées f. pl. BOT. Licopodíneas.

lycose f. Licosa (araignée).

Lycurgue n. pr. m. Licurgo.

lyddite f. Lidita (explosif).

Lydie n. pr. f. GÉOGR. Lidia.

lydien, ienne adj. et s. Lidio, dia.

lymphangite [lɛ̃fɑ̃ʒit] f. MÉD. Linfagitis.

lymphatique [lɛ̃fatik] adj. et s. Linfático, ca.

lymphatisme m. Linfatismo.

lymphe f. Linfa.

lymphocyte m. Linfocito.

lymphocytose f. MÉD. Linfocitosis.

lymphogranulomatose f. MÉD. Granulomatosis maligna, linfogranuloma, *m.*

lymphoïde adj. Linfoide.

Lyncée n. pr. m. MYTH. Linceo.

lynchage [lɛ̃ʃaːʒ] m. Linchamiento.

lyncher [-ʃe] v. tr. Linchar.

lynx [lɛ̃:ks] m. ZOOL. Lince. ‖ *Yeux de lynx,* ojos de lince.

lyonnais, aise adj. et s. Lionés, esa (de Lyon).

lyophilisation f. Liofilización.

lyre f. Mus. Lira. ‖ Lira (nom usuel du *ménure*). ‖ Fig. Lira, genio poético. ‖ Fam. *Toute la lyre*, toda la gama, toda la pesca.
lyré, e adj. Bot. Lirado, da.
lyrique adj. et s. m. Lírico, ca.
lyrisme m. Lirismo.
lys [lis] m. Lis (fleur héraldique).

Lysandre n. pr. m. Lisandro.
Lysias [lizjas] n. pr. m. Lisias.
lysimaque f. Bot. Lisimaquia.
Lysimaque n. pr. m. Lisímaco.
Lysistrata n. pr. f. Lisístrata.
lythracé, e adj. et s. f. Bot. Litráceo, a; litrarieo, a.

M

m m. M, *f.*

— Observ. La *m* francesa se pronuncia como la *m* española en principio de sílaba : *mari*, marido; *dominer*, dominar. En medio de una palabra y seguida de *b* o *p*, toma el mismo sonido nasal que *n* : *remplir* (pr. răplir), llenar, *sembler* (pr. săble), parecer.
La *m* seguida de *n* conserva su sonido propio salvo en *automne*, *automnal*, *damner*, *damnable*, *damnation* donde la *m* es muda.
La *m* doble se pronuncia generalmente en las palabras cultas y como *m* sola en las palabras muy usuales. Después de *a* no se duplica su pronunciación en los adverbios terminados en *amment* ni en las voces *épigramme*, epigrama; *enflammer*, inflamar. Después de *e* inicial la *m* nasaliza la *e* : *emmener* (an-mener), llevar, pero no en *Emma*, *Emmaüs*. Tras una *i* se pronuncia la primera *m* muy levemente en *immense*, inmenso, *immobile*, inmóvil, etc. Después de *o* se pronuncia una sola *m* en *comment*, como, *hommage*, homenaje, *pommade*, pomada, *somme*, suma, *sommeil*, sueño, *nommer*, nombrar, *sommer* intimar y sus compuestos ; *commotion*, conmoción, *commander*, mandar, *commuer*, conmutar, *communiquer*, comunicar y algunos otros.

ma adj. poss. f. sing. Mi.
maboul, e adj. et s. Pop. Chiflado, da; guillado, da.
maboulisme m. Pop. Chifladura, *f.*, locura, *f.*
macabre adj. Macabro, bra; fúnebre : *danse macabre*, danza macabra.
macadam [makadam] m. Macadán, macadam.
macadamisage m. ou **macadamisation** f. Pavimentado (*m.*) de macadán.
macadamiser v. tr. Macadamizar.
Macaire n. pr. m. Macario.
macaque m. Macaco (singe). ‖ Fig. Macaco, feo.
macareux m. Frailecillo (sorte de pingouin).
macaron m. Mostachón, macarrón (*pâtisserie*). ‖ Insignia *f.* ‖ Rodete (coiffure).
macaronée f. Macarronea.
macaroni m. Inv. Macarrones, *pl.* ‖ Pop. Italiano.
macaronique adj. Macarrónico, ca.
macassar m. Ébano de Macasar (ébène). ‖ Aceite de Macasar (huile).
macchabée [makabe] m. Pop. Fiambre, cadáver (cadavre).
Macchabée [makabe] n. pr. m. Macabeo.
macédoine f. Macedonia, ensaladilla de verduras (de légumes). ‖ Macedonia, ensalada (de fruits). ‖ Fig. Batiborrillo, *m.*, mezcla.
Macédoine n. pr. f. Géogr. Macedonia.
macédonien, enne adj. et s. Macedonio, nia (personnes). ‖ Macedónico, ca (choses).
macérateur adj. et s. m. Macerador.
macération [maserasjɔ̃] f. Maceración, maceramiento, *m.* ‖ — Pl. Fig. Maceración, *sing.* (mortification).
macérer* v. tr. et intr. Macerar, remojar (faire

tremper). ‖ Fig. Macerar, mortificar (mortifier).
maceron m. Bot. Apio caballar.
macfarlane m. Macfarlán, macferlán (manteau sans manches).
mach [mak] m. Phys. Mach.
machaon [makaɔ̃] m. Macaón (papillon).
mâche f. Milamores (plante).
mâche-bouchon ou **mâche-bouchons** m. inv. Aparato para ablandar tapones.
mâchefer m. Cagaferro [escoria de hierro].
mâchelier, ère adj. (P. us.). Maxilar (muscles), molar (dents).
— F. Muela, molar, *m.* (molaire).
machemoure f. Mazamorra (biscuit).
mâcher v. tr. ● Masticar, mascar. ‖ Tascar (le mors). ‖ Cortar groseramente (un outil). ‖ Fig. Mascullar (mal prononcer). ‖ — *Mâcher de haut*, comer sin ganas. ‖ Fig. *Mâcher la besogne à quelqu'un*, darle el trabajo a alguien frito y cocido, dárselo mascado. ‖ *Mâcher o ronger son frein*, contenerse, retenerse. ‖ Fam. *Ne pas mâcher ses mots*, no morderse la lengua, no andarse con rodeos, no tener pelos en la lengua.
— Syn. ● *Mastiquer*, masticar. *Mâchonner*, mascujar.
machette f. Machete, m.
Machiavel [makjavɛl] n. pr. m. Maquiavelo.
machiavélique [-lik] adj. Maquiavélico, ca.
machiavélisme [-lism] m. Maquiavelismo.
mâchicoulis m. Matacán (fortification).
machin, e m. et f. Fam. Éste, ésta; fulano, na (personne) : *j'ai vu ... Machin*, he visto a ... éste.
— M. Fam. Chisme, trasto (objet).
machinal, e adj. Maquinal : *des gestes machinaux*, gestos maquinales.
— Syn. *Automatique*, automático. *Mécanique*, mecánico. *Involontaire*, involuntario. *Instinctif*, instintivo. *Inconscient*, inconsciente.
machinateur, trice m. et f. Maquinador, ra.
machination f. Maquinación.
machine f. ● Máquina : *machine comptable*, máquina contable. ‖ Tramoya (de théâtre). ‖ Fam. Chisme, *m.*, cosa (machin). ‖ — *Machine à coudre*, *à écrire*, *à calculer*, máquina de coser, de escribir, de calcular. ‖ *Machine à laver*, lavadora, máquina de lavar. ‖ *Machine à plier*, plegadora. ‖ *Machine à sous*, tragaperras. ‖ *Machine à vapeur*, *électrique*, máquina de vapor, eléctrica. ‖ *Machine de théâtre*, tramoya. ‖ *Machine infernale*, máquina infernal. ‖ *Machines agricoles*, maquinaria agrícola. ‖ — Fig. *Faire machine arrière*, dar marcha atrás, echarse atrás. ‖ *Tapé à la machine*, escrito a máquina.
— Syn. ● *Mécanique*, maquinaria. *Mécanisme*, mecanismo. *Engin*, artefacto. *Appareil*, aparato.
machine-outil f. Máquina herramienta.

machiner v. tr. Maquinar, tramar, urdir.
machinerie [maʃinri] f. Maquinaria. ‖ Sala de máquinas (d'un navire).
machinisme m. Maquinismo.
machiniste m. ● Maquinista. ‖ Maquinista, tramoyista (théâtre).
— Syn. ● *Conducteur*, conductor. *Mécanicien*, mecánico. Fam. *Mécano*, mecánico.

mâchoire f. Mandíbula, maxilar, *m.* (os). ‖ Quijada. ‖ Zapata (freins). ‖ Techn. Mordaza (d'un étau). | Boca (des pinces, etc.). | Roldana (d'une poulie). ‖ — *Bâiller à se décrocher la mâchoire*, bostezar mucho. ‖ Fam. *Jouer, travailler, remuer les mâchoires*, manducar, comer.
mâchonnement m. Masticación (f.) dificultosa, mascujada, f. ‖ Mascullamiento.
mâchonner v. tr. Mascar, mascujar, masticar mal (mâcher). ‖ Mascullar, hablar entre dientes (parler). ‖ Mordisquear : *mâchonner son crayon*, mordisquear el lápiz.
mâchure f. Chafadura (du velours). ‖ Maca (des lainages). ‖ Magullamiento, *m.* (meurtrissure).
mâchurer v. tr. Tiznar, manchar de negro (barbouiller de noir). ‖ Desgarrar, hacer trizas : *mâchurer son mouchoir*, hacer trizas su pañuelo. ‖ Impr. Mosquear.
macis [masi] m. Macis, *f.* (de la noix muscade).
mackintosh [makintoʃ] m. Trinchera, *f.*
maclage m. Techn. Chocleo (du verre).
macle f. Blas. et Min. Macla. ‖ Bot. Trapa.
maclé, e adj. Min. Con maclas.
macler v. tr. Choclear (le verre).
mâcon m. Vino de Macón.
maçon [masɔ̃] m. Albañil. ‖ Masón (franc-maçon). ‖ — *Aide-maçon*, peón de albañil. ‖ *Maître maçon*, oficial albañil, maestro de obras.
— Adj. f. Albañila : *abeille maçonne*, abeja albañila.
maçonnage [masona:ʒ] m. Albañilería, *f.*
maçonner [-sɔne] v. tr. Mampostear, fabricar, construir : *maçonner un mur*, construir un muro. ‖ Revestir con mampostería : *maçonner les parois d'une citerne*, revestir con mampostería las paredes de una cisterna. ‖ Tapar, tabicar (boucher).
maçonnerie [-sɔnri] f. Fábrica, mampostería, obra de albañilería. ‖ Masonería (franc-maçonnerie).
maçonnique [-sɔnik] adj. Masónico, ca.
macouba m. Macuba, *f.* (tabac).
macque f. Agramadera.
macramé m. Agremán, pasamanería, *f.*
macre ou **macle** f. Bot. Trapa (plante aquatique).
macreuse f. Negreta (oiseau). ‖ Espaldilla (viande).
macrocéphale [makrɔsefal] adj. Méd. Macrocéfalo, la.
macrocéphalie [-fali] f. Méd. Macrocefalia.
macrocosme m. Macrocosmo (univers).
macrodactyle adj. Zool. Macrodáctilo, la.
macromoléculaire adj. Macromolecular.
macromolécule f. Macromolécula.
macrophage [makrɔfa:ʒ] adj. et s. m. Macrófago, ga (destructeur de cellules).
macrophotographie [makrɔfɔtografi] f. Macrofotografía.
macropode adj. et s. m. Zool. Macrópodo, da.
macroscélide [makrɔselid] m. Zool. Macroscélido.
macroscopique adj. Macroscópico, ca.
macrosporange m. Bot. Macrosporangio.
macrospore f. Macrospora.
macroure adj. et s. m. Zool. Macruro, ra.
macula f. Mácula, mancha amarilla (yeux).
maculage m. ou **maculation** f. Acción (f.) y efecto de macular, de manchar.

maculature f. Impr. Maculatura. | Costera (d'une rame de papier).
macule f. Mácula, mancha.
maculer v. tr. et intr. Macular, manchar.
madame f. Señora : *Madame est servie*, la señora está servida. ‖ Título usado en la Corte de Francia por las hijas del rey y del delfín y por la cuñada del rey. ‖ — *Madame Gross*, la señora de Gross. ‖ *Madame Isabelle Ibarra* (*née Martin*), Señora doña Isabel Martín de Ibarra (lettre). ‖ *Madame la comtesse*, la señora condesa. ‖ *Madame une telle*, la señora de tal. ‖ *Mesdames, messieurs*, señoras y señores. ‖ — *Affectueux souvenirs à Madame votre mère*, cariñosos recuerdos a su madre. ‖ *Jouer à la madame*, dárselas de señora.
— Observ. Pl. *mesdames.*

madeleine f. Magdalena (gâteau).
Madeleine n. pr. f. Magdalena. ‖ *Pleurer comme une Madeleine*, estar hecho una Magdalena.
Madelon n. pr. f. (dim. de *Madeleine*). Magdalena.
madelonnette f. Arrepentida (religieuse).
mademoiselle f. Señorita. ‖ Título de la hija mayor del hermano del Rey de Francia. ‖ *Mademoiselle déjeune-t-elle ici?* ¿come aquí la señorita? ‖ *Mademoiselle, on vous demande*, señorita, la llaman. ‖ *Mademoiselle Isabelle Chevalier*, señorita doña Isabel Chevalier. ‖ — *La Grande Mademoiselle*, la duquesa de Montpensier.
— Observ. Pl. *mesdemoiselles.*

madère m. Madera, vino de Madera (vin).
Madère n. pr. f. Géogr. Madera.
madianites m. pl. Madianitas (ancien peuple d'Arabie).
madone f. Madona (la Vierge).
madrague f. Almadraba (pour la pêche du thon).
madras [madras] m. Madrás (étoffe légère).
madré, e adj. Veteado, a (bois). ‖ — Adj. et s. Fig. Lagarto, ta ; ladino, na ; astuto, ta : *un madré compère*, un tío astuto.
madréporaires m. pl. Zool. Madreporarios.
madrépore m. Madrépora, *f.*
madréporique ou **madréporien, enne** adj. Madrepórico, ca.
madréporite f. Madreporita (fossile).
Madrid n. pr. Géogr. Madrid.
madrier m. Madero, tablón (pièce de bois). ‖ Aguilón (de charpente). ‖ *Gros madrier*, alcaceña.
madrigal m. Requiebro : *dire des madrigaux*, decir requiebros. ‖ Poét. Madrigal.
madrigalesque adj. Madrigalesco, ca.
madrigaliser v. intr. Escribir *ou* recitar madrigales.
madrilène adj. et s. Madrileño, ña.
madrure f. Veta (du bois). ‖ Pinta, mancha (d'un animal).
maelström [mɛlstrœm] ou **malstrom** [malstrɔm] m. Maelstrom.
maërl [maɛrl] ou **merl** [mɛrl] m. Arena (f.) calcárea (sable marin).
maestoso [maɛstozo] adv. Mus. Maestoso, majestuoso.
maestria [maɛstrija] f. Maestría.
maestro [maestro] m. Mus. Maestro, compositor. | Músico.
mafflé, e ou **mafflu, e** adj. et s. Mofletudo, da ; carrilludo, da (joufflu).
mafia ou **maffia** f. Mafia.
magasin m. Almacén, tienda, *f.* : *magasin d'antiquités*, tienda de antigüedades. ‖ Almacén, depósito : *magasin à blé*, depósito de trigo. ‖ Carga, *f.* (photographie). ‖ Recámara, *f.*, depósito (d'une arme). ‖ Barrilete (d'un revolver). ‖ *Magasin général*, almacén público. ‖ — *Compagnie magasin*, compañía de intendencia. ‖ *Grands magasins*, grandes almacenes. ‖ — *Courir les*

magasins, ir de tiendas. ‖ *Employé de magasin,* dependiente.
magasinage m. Almacenaje.
magasinier m. Almacenero.
magazine m. Revista, *f.*
magdalénien, enne adj. et s. Magdaleniense.
Magdebourg n. pr. m. GÉOGR. Magdeburgo.
mage m. Mago. ‖ — (Vx) *Juge mage,* Justicia mayor (magistrat). ‖ *Les Rois mages,* los reyes Magos.
Magellan n. pr. HIST. Magallanes.
magellanique adj. Magallánico, ca.
Maghreb n. pr. m. GÉOGR. Magreb.
maghzen [magzɛːn] m. Majzén, gobierno marroquí.
magicien, enne m. et f. ● Mago, ga; hechicero, ra. ‖ Ilusionista (théâtre).
— SYN. ● *Sorcier,* brujo, hechicero. *Thaumaturge,* taumaturgo. *Mage,* mago. *Nécromancien, nécromant,* nigromante. *Devin,* adivino. *Astrologue,* astrólogo.
magie f. Magia : *magie blanche, noire,* magia blanca, negra.
magique adj. Mágico, ca. ‖ *Baguette magique,* varita de las virtudes, encantada *ou* mágica.
magister m. (Vx). Magíster, dómine, maestro de escuela. ‖ FAM. Pedante.
magistère m. Magisterio. ‖ Maestrazgo (d'un ordre religieux).
magistral, e adj. Magistral. ‖ *Cours magistral,* clase ex cáthedra.
magistralement adv. De manera magistral, magistralmente.
magistrat [maʒistra] m. Magistrado.
magistrature f. Magistratura. ‖ — *Magistrature assise o du siège,* los jueces y magistrados. ‖ *Magistrature debout,* los fiscales.
magma m. Magma.
magmatique adj. Magmático, ca.
magnan m. Gusano de seda (ver à soie). ‖ Hormiga (*f.*) africana (fourmi).
magnanarelle f. Criadora de gusanos de seda.
magnanerie [maɲanri] *f.* Criadero (*m.*) *ou* cría de gusanos de seda.
magnanier, ère [-nje, jɛːr] adj. Criador, ra, de gusanos de seda.
magnanime adj. Magnánimo, ma.
magnanimité f. Magnanimidad.
magnat [magna] m. Magnate, prócer.
magnésie f. CHIM. Magnesia.
magnésien, enne adj. Magnesiano, na.
magnésifère adj. Magnesífero, ra.
magnésique adj. Magnésico, ca.
magnésite f. Magnesita, espuma de mar.
magnésium [maɲezjɔm] m. Magnesio (métal).
magnétique adj. Magnético, ca.
magnétisable adj. Magnetizable.
magnétisant, e adj. Magnético, ca.
magnétisation f. Magnetización.
magnétiser v. tr. Magnetizar.
magnétiseur, euse m. et f. Magnetizador, ra.
magnétisme m. Magnetismo. ‖ *Magnétisme animal,* magnetismo animal, hipnotismo.
magnétite f. Magnetita.
magnéto f. Magneto.
magnéto-électrique adj. Magnetoeléctrico, ca.
magnétomètre m. Magnetómetro.
magnétophone m. Magnetófono.
magnicide m. Magnicidio (crime). ‖ Magnicida (auteur).
magnificat [magnifikat] m. Magníficat.
magnificence f. Magnificencia.
magnifier* v. tr. Magnificar.
magnifique adj. Magnífico, ca.
magnitude f. Magnitud.
magnolia m. Magnolia, *f.* (fleur).
magnoliacées f. pl. BOT. Magnoliáceas.

magnolier m. Magnolia, *f.,* magnolio (arbre).
magnum [magnɔm] m. Botella (*f.*) de dos litros.
magot [mago] m. Mona (*f.*) de Gibraltar (singe). ‖ Monigote, figura (*f.*) grotesca de porcelana. ‖ FAM. Gato, hucha, *f.,* ahorros, *pl.* (argent caché). ‖ FIG. Mamarracho, hombre feo.
magyar adj. et s. Magiar.
mahaleb m. Mahaleb (espèce de cerisier).
maharajah ou maharadjah [maaradʒa] m. Maharajá.
mahatma m. Mahatma.
mahdi m. Mahdí, mehedí.
mahdisme adj. Mahdismo, mehedismo.
mahdiste adj. et s. Mahdista, mehedista.
mah-jong m. Mah-jong (jeu chinois).
Mahmoud n. pr. m. Mahmud.
Mahomet [maɔmɛ] n. pr. m. Mahoma.
mahométan, e adj. et s. Mahometano, na.
mahométisme m. Mahometismo.
mahonia m. BOT. Mahonia, *f.*
mahonne f. Mahona, galera turca. ‖ Chalana (péniche). ‖ Barco de cabotaje.
mahratte m. Mahrata.
mai m. Mayo (mois). ‖ Mayo, árbol adornado que se plantaba el primer día de este mes (arbre). ‖ *Le Premier-Mai,* el Primero de Mayo, la Fiesta del Trabajo.
maïa m. Araña (*f.*) de mar.
maie [mɛ] f. Arca, artesa, amasadera (huche, pétrin). ‖ Tabla de prensa (table du pressoir).
maïeur m. Burgomaestre.
maïeutique f. PHILOS. Mayéutica.
maigre adj. ● Flaco, ca; delgado, da : *avoir les jambes maigres,* tener las piernas delgadas. ‖ Magro, gra; sin grasa : *viande maigre,* carne magra. ‖ De vigilia, de viernes : *jour maigre,* día de vigilia. ‖ Poco fértil, seco, ca; árido, da (terre). ‖ Fino, na : *une écriture maigre,* una caligrafía fina. ‖ ARTS. Seco, ca; sin ornamentos. ‖ FIG. Malo, la; pobre : *maigre chère,* mala comida. ‖ Pobre : *un maigre bilan,* un pobre balance. ‖ Escaso, sa; poco abundante : *maigre récompense,* escasa recompensa. ‖ Raquítico, ca; poco frondoso : *un maigre gazon,* un césped raquítico. ‖ — *C'est bien maigre,* es muy poco. ‖ *Rendre un maigre service,* causar perjuicio.
— M. Magro, carne (*f.*) sin grasa. ‖ Estiaje (fleuve). ‖ Comida (*f.*) de vigilia *ou* de viernes. ‖ — *Faire maigre,* comer de vigilia *ou* de viernes. ‖ *Une fausse maigre,* una mujer delgada sólo en apariencia.
— SYN. ● *Décharné,* descarnado. *Étique,* ético. *Fam. Maigrelet,* delgaducho. *Grande bringue,* espingarda.
maigrelet, ette [mɛgrəlɛ, ɛt] adj. et s. Delgaducho, cha; flacucho, cha.
maigrement adj. Pobremente, malamente, mediocremente.
maigreur f. Flacura, delgadez. ‖ FIG. Escasez, poca abundancia (manque d'abondance). ‖ Sequedad, aridez (sécheresse).
maigrichon, onne ou maigriot, otte adj. Delgaducho, cha; flacucho, cha.
maigrir v. intr. Adelgazar, enflaquecer, ponerse delgado (devenir maigre).
— V. tr. Adelgazar, poner delgado (amincir). ‖ Adelgazar, hacer parecer más delgado : *sa barbe le maigrit,* su barba le hace parecer más delgado. ‖ TECHN. Rebajar, desbastar.
— OBSERV. El verbo francés *maigrir* se conjuga con el auxiliar *avoir* cuando expresa la acción (elle a *maigri* en deux mois, y con el auxiliar *être* para expresar el resultado (cet enfant est *bien maigri*).

mail [maj] m. Mazo (maillet). ‖ Mallo (jeu). ‖ Paseo público, explanada, *f.*
mail-coach [meilkoutʃ] m. Mail-coach, berlina (*f.*) inglesa.

maille [ma:j] f. Malla (d'un filet). ‖ Punto, m. (d'un tricot) : *laisser tomber une maille*, escapársele a uno un punto. ‖ Eslabón, m., anillo, m. (d'une chaîne). ‖ Nube, mancha, granizo, m. (dans les yeux). ‖ Mosqueadura, pinta (chasse). ‖ Mancha (d'un melon, d'un oiseau). ‖ Fam. Blanca, cuarto, m. : *ça ne vaut pas une maille*, no vale un cuarto. ‖ — *Maille à côte*, punto de elástico. ‖ *Maille ajoutée*, punto crecido. ‖ *Maille fantaisie*, punto de fantasía. ‖ — *Cotte de mailles*, cota de malla (armure). ‖ — *Avoir maille à partir avec*, andar en dimes y diretes, disputarse con. ‖ *Avoir maille à partir avec la justice*, estar de malas con la justicia. ‖ *Glisser entre les mailles du filet*, escaparse por un boquete, escapar al cerco *ou* a la persecución. ‖ Fam. *N'avoir ni sou ni maille*, no tener blanca. ‖ *Reprendre une maille*, coger un punto.

maillé, e adj. Mallado, da. ‖ Mosqueado, da ; pintado, da ; pinto, ta (perdreau). ‖ Arcilloso, sa : *terre maillée*, tierra arcillosa. ‖ *Oiseau, poisson maillé*, pájaro, pez capturado con red.

maillechort [majʃɔ:r] m. Metal blanco, alpaca, f., plata (f.) alemana (alliage).

mailler [maje] v. tr. Mallar, hacer malla. ‖ Mar. Amarrar (voile).
— V. intr. Mosquearse (perdreaux). ‖ Bot. Echar brotes, abotonar (bourgeonner).
— V. pr. Entrar en la red (poisson).

maillet [majɛ] m. Mazo (marteau en bois). ‖ Malleto (de papetier).

mailletage [majta:ʒ] m. Mar. Claveteado.

mailleter* [-te] v. tr. Mar. Clavetear.

mailleton m. Bot. Esqueje, yema, f., botón.

mailloche [majɔʃ] m. Mazo, machote (gros maillet de bois). ‖ Mus. Maza, f., mazo (de grosse caisse).

maillon m. Malla (f.) pequeña. ‖ Eslabón, anillo (d'une chaîne). ‖ Fig. *Être le maillon d'une chaîne*, ser una parte de un todo.

maillot m. Envoltura, f., mantillas, f. pl. (d'un enfant). ‖ Pañal (lange). ‖ Traje, vestido de punto (vêtement de tricot). ‖ Jersey, camiseta (f.) de punto (tricot). ‖ Camiseta, f. (sports). ‖ Calzón de punto (pantalon en tricot). ‖ — *Maillot de bain*, bañador, traje de baño. ‖ *Maillot de corps*, camiseta. ‖ Fam. *Ne pas être sorti du maillot*, estar todavía en mantillas.

maillotin m. Macillo. ‖ Trujal, prensa, f., molino de aceite (pressoir à olives).

maillure f. Mancha, lunar, m., pinta.

main f. Mano (partie du corps). ‖ Mano, m., el primero que juega (cartes) : *avoir la main*, ser mano. ‖ Baza (levée au jeu). ‖ (Vx). Letra, escritura : *avoir une belle main*, tener buena letra. ‖ Comm. Librador, m. (pelle pour servir certaines denrées). ‖ Fig. Mano, trabajo, m., poder, m., autoridad. Impr. Mano. | Manecilla (signe typographique). — *Main chaude*, adivina quién te dio (jeu). ‖ *Main courante*, borrador (livre de commerce), baranda, pasamano (d'un escalier, d'une rambarde). ‖ *Main de justice*, mano de marfil del cetro real (symbole), mano dura. ‖ *Main gauche*, daga. ‖ — *Coup de main*, golpe de mano (action militaire), mano, ayuda (secours). ‖ *Homme de main*, hombre de armas tomar. ‖ *Petite main*, oficiala de modista (couture). ‖ *Première main*, oficiala de costura, primera obrera (couture). ‖ — *À deux mains*, con las dos manos, con ambas manos. ‖ *À la main*, a mano : *cousu à la main*, cosido a mano. ‖ *À main armée*, mano armada. ‖ *À main levée*, a mano alzada. ‖ *À pleines mains*, a manos llenas. ‖ *Cousu main*, cosido a mano. ‖ *De la main à la main*, de mano a mano. ‖ *De longue main*, desde hace mucho tiempo. ‖ *De main de maître*, con *ou* de mano maestra. ‖ *De main d'homme*, artificial. ‖ *De main en main*, de mano en mano. ‖ *De première, de seconde main*, de primera, de segunda mano. ‖ *De sa main*, de su propia mano, de su puño y letra. ‖ *Des deux mains*, con ambas manos. ‖ *En bonnes mains*, en buenas manos. ‖ *En main propre o en mains propres*, en propia mano. ‖ *En mains tierces*, a un tercero. ‖ *En sous main*, bajo mano, bajo cuerda. ‖ *En un tour de main*, en un periquete, en un santiamén. ‖ *Haut la main*, sin gran trabajo. ‖ *Haut les mains!*, ¡manos arriba! ‖ *La main dans la main*, cogidos de la mano. ‖ *Sous la main*, a mano.
— *Avoir des mains de beurre*, ser torpe, ser manazas. ‖ *Avoir en main*, tener entre manos, conocer bien, gobernar bien su negocio. ‖ *Avoir la haute main sur une affaire*, tener vara alta *ou* mandar en un negocio. ‖ *Avoir la main heureuse*, tener buena mano, buena suerte. ‖ *Avoir la main légère*, ser hábil de manos (chirurgien), tener las manos largas (être prompt à frapper). ‖ *Avoir la main leste*, tener las manos largas. ‖ *Avoir la main lourde*, castigar severamente. ‖ *Avoir la main rompue à...*, estar acostumbrado a... ‖ *Avoir les mains liées*, estar atado de manos, tener las manos atadas. ‖ *Avoir sous la main*, tener a mano. ‖ *Avoir une bonne main*, tener buena mano. ‖ Equit. *Battre à la main*, cabecear. ‖ *Battre des mains*, aplaudir, tocar las palmas. ‖ *Changer de main*, cambiar de manos. ‖ *Demander la main d'une personne*, pedir la mano de una persona. ‖ *Donner à pleines mains*, dar a manos llenas. ‖ *Donner la main o un coup de main*, ayudar, echar una mano. ‖ *Écrire à la main*, escribir de puño y letra. ‖ *En venir aux mains*, llegar *ou* venir a las manos. ‖ *Être entre les mains de quelqu'un*, depender de alguien, estar en sus manos. ‖ *Faire main basse sur*, apoderarse de, meter mano a. ‖ *Faire quelque chose par ses mains o de sa main*, hacer algo por sí mismo. ‖ *Forcer la main*, obligar, forzar. ‖ *Gagner de la main*, ganar por la mano. ‖ *Les mains lui démangent*, no se contiene, se le va la mano. ‖ *Lever la main sur quelqu'un*, alzarle la mano a uno. ‖ Fig. *Lier les mains*, atar las manos. ‖ *Mettre la dernière main*, dar la última mano *ou* el último toque. ‖ *Mettre la main à la pâte*, poner manos a la obra, ponerse a trabajar. ‖ *Mettre la main à la plume*, coger la pluma. ‖ *Mettre la main à l'épée*, echar mano a la espada. ‖ Fig. *Mettre la main au feu*, meter las manos en el fuego. ‖ *Mettre la main sur ce qu'on cherchait*, encontrar lo que se buscaba. ‖ *Mettre la main sur une chose*, echar mano de *ou* el guante a una cosa, apoderarse de una cosa. ‖ *Ne pas y aller de main morte*, no andarse con chiquitas. ‖ *Passer la main*, transmitir sus poderes a otros. ‖ *Perdre la main*, perder la práctica. ‖ *Prendre la main dans le sac*, coger con las manos en la masa. ‖ *Reprendre en main*, coger de nuevo las riendas, restablecer la situación. ‖ *Savoir de bonne main*, saber de buena tinta. ‖ *Se donner la main*, estar de acuerdo (être de connivence), ser tal para cual (se ressembler). ‖ *Se faire la main*, ejercitarse, entrenarse. ‖ *Se frotter les mains*, frotarse las manos. ‖ Fig. *S'en laver les mains*, lavarse las manos como Pilatos. ‖ *Serrer la main*, estrechar la mano. ‖ *Tendre la main*, dar la mano (saluer), pedir limosna, tender la mano (mendier). ‖ *Tenir de première main*, saber de primera mano, de buena tinta. ‖ *Tenir la main à quelqu'un*, ayudar a alguien. ‖ *Tenir un enfant par la main*, coger a un niño de la mano. ‖ *Tomber aux mains de o sous la main de*, caer en las manos de.

Main [mɛ̃] n. pr. m. Géogr. Meno.

main-d'œuvre [mɛ̃dœvr] f. Mano de obra.

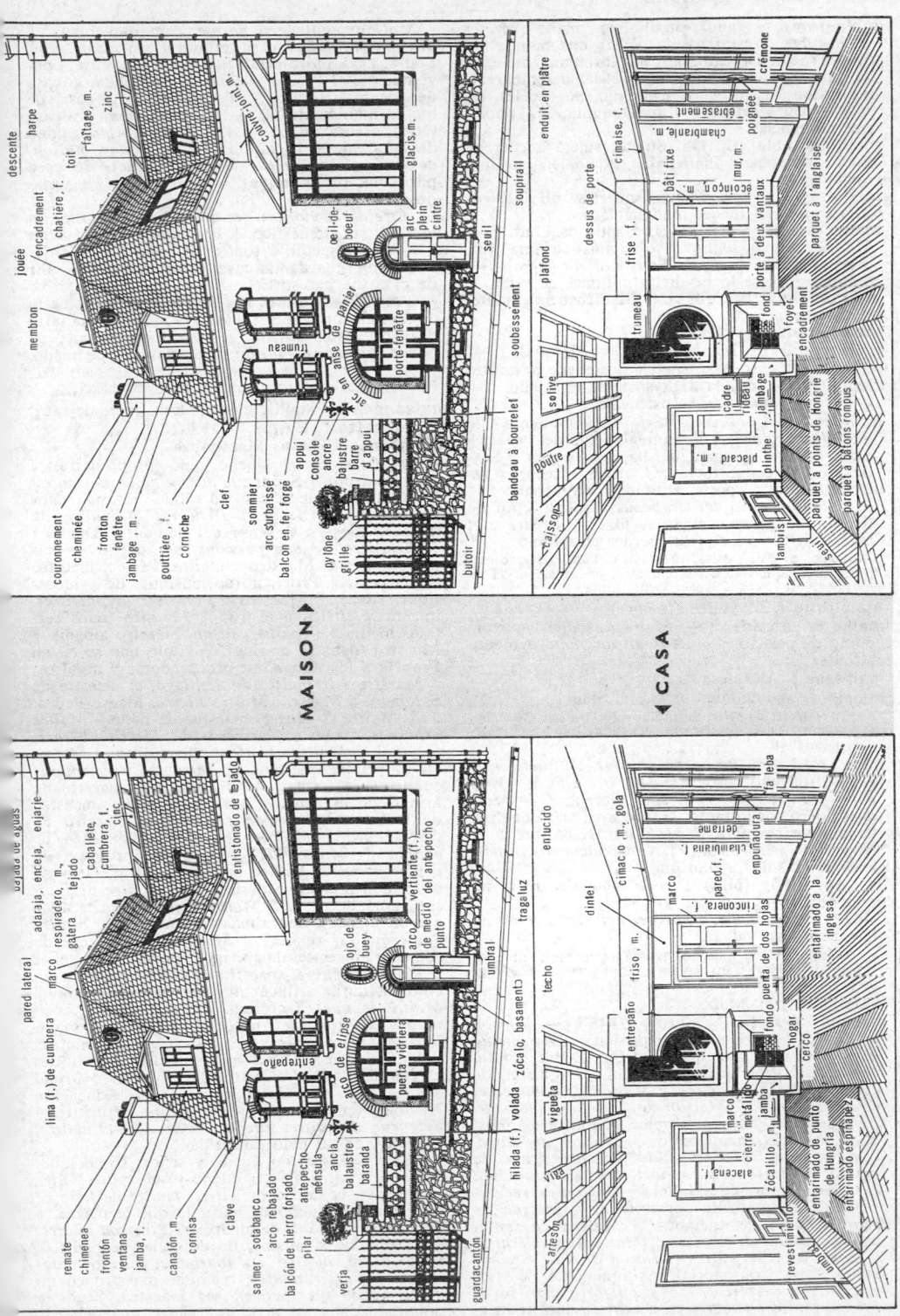

main-forte f. Ayuda, auxilio, *m.*, mano : *prêter main-forte,* prestar ayuda, echar una mano.

mainlevée f. Desembargo, *m.*, levantamiento (*m.*) de embargo. ‖ *Donner mainlevée,* desembargar.

mainmise [mɛ̃miːz] f. Embargo, *m.* (saisie), requisa, confiscación. ‖ Fɪɢ. Dominio, *m.*, poder, *m.*, influencia.

mainmortable adj. Dʀ. Sujeto, sujeta a caer en manos muertas. ‖ Inalienable, no enajenable (inaliénable).

mainmorte f. Dʀ. Manos muertas, *pl.* ‖ *Biens de mainmorte,* bienes inalienables.

maint, e adj. pl. Varios, rias ; muchos, chas. ‖ — *Mainte fois* o *maintes fois,* más de una vez, muchas veces. ‖ — *Je vous l'ai dit maintes et maintes fois,* se lo he dicho millones de veces.

maintenance [mɛ̃tnɑ̃ːs] f. Mantenencia, mantenimiento, *m.*

maintenant adv. Ahora.

mainteneur m. Mantenedor (jeux floraux).

maintenir* v. tr. Mantener. ‖ Sostener : *la poutre maintient le toit,* la viga sostiene el tejado.
— V. pr. Mantenerse, sostenerse.

maintien m. Conservación, *f.*, mantenimiento : *le maintien de l'ordre,* el mantenimiento del orden. ‖ Conservación, *f.*, salvaguardia, *f.* (des lois). ‖ Sostenimiento, conservación, *f.* (d'un niveau). ‖ ● Compostura, *f.*, porte, actitud, *f.* (contenance). ‖ — *Maintien sous les drapeaux,* prolongación de tiempo de permanencia en filas. ‖ *Perdre son maintien,* desconcertarse, perder el aplomo.
— Sʏɴ. ● *Port,* porte, prestancia. *Contenance,* continente. *Tenue,* modales. *Présentation,* presentación. *Tournure,* talante. *Fam. Touche,* facha, pinta.

maïolique f. Mayólica (faïence).

maire m. Alcalde. ‖ — *Maire du palais,* mayordomo de palacio. ‖ — *Adjoint au maire,* teniente alcalde.

mairesse f. Alcaldesa.

mairie f. Ayuntamiento, *m.*, alcaldía.
— Sʏɴ. *Hôtel de ville,* Ayuntamiento. *Maison commune,* Casa Consistorial, consistorio. *Municipalité,* municipalidad, municipio.

mais [mɛ] conj. Pero, mas : *il est joli, mais cher,* es bonito, pero caro. ‖ Sino : *il n'est pas blond mais brun,* no es rubio sino moreno ‖ — *Mais aussi,* pero por lo tanto. ‖ *Mais non,* claro que no, de ninguna manera. ‖ *Mais oui,* claro que sí. ‖ *Non mais,* pero bueno. ‖ *Non seulement ... mais encore,* no sólo ... sino que.
— Adv. Más (plus) : *n'en pouvoir mais,* no poder más.
— M. Pero : *il n'y a pas de mais qui tienne,* no hay pero que valga.
— Oʙsᴇʀv. Il ne faut pas confondre la conjonction de coordination *mais* (sans accent), et l'adverbe *más* (qui porte un accent écrit).

maïs [mais] m. Maíz.

maison f. ● Casa. (V. illustr. p. 445.) ‖ — *Maison d'arrêt* o *de force,* cárcel, prisión. ‖ *Maison de campagne,* casa de campo, hotelito, chalet, quinta. ‖ *Maison de charité,* hospicio. ‖ *Maison de chasse,* pabellón de caza. ‖ *Maison de commerce,* casa comercial. ‖ *Maison de Dieu, du Seigneur,* casa de Dios, iglesia, templo. ‖ *Maison de fous,* casa de locos, manicomio. ‖ *Maison de passe,* casa de citas. ‖ *Maison de plaisance,* casa de recreo. ‖ *Maison de rapport,* casa de vecindad, casa de vecinos, de alquiler. ‖ *Maison de redressement,* reformatorio, correccional. ‖ *Maison de retraite,* asilo de ancianos. ‖ *Maison de santé,* casa de salud, de reposo. ‖ *Maison de tolérance* o *close,* casa de trato. ‖ *Maison de ville* o *commune,* Casa Consistorial, Ayuntamiento. ‖ *Maison du roi,* casa real. ‖ *Maison forte,* casa fortificada. ‖ *Maison mère,* casa central, casa matriz.

‖ *Maison meublée* o *garnie,* casa amueblada. ‖ *Maison militaire,* casa militar. ‖ *Maison mortuaire,* casa mortuoria. ‖ *Maison religieuse,* convento. ‖ — Fᴀᴍ. *La maison du bon Dieu,* la casa de tócame Roque. ‖ *Petites-maisons,* casa de locos, manicomio. ‖ — *À la maison,* en casa (être), a casa (aller). ‖ *Ami de la maison,* amigo de casa *ou* de la familia. ‖ *De bonne maison,* de buena familia (de bonne famille), de casa particular (domestique). ‖ *Gens de maison,* criados, servidumbre.
— *Être de la maison,* ser de la familia. ‖ *Être en maison,* ser doméstico. ‖ Fɪɢ. *Faire maison nette* o *neuve,* despedir a todos los criados. ‖ *Garder la maison,* guardar la casa (la surveiller), no salir de casa (ne pas sortir).
— Adj. Fᴀᴍ. Casero, ra ; propio, pia, de la casa, de fabricación casera : *une tarte maison,* una tarta de fabricación casera. ‖ Pᴏᴘ. Bárbaro, ra ; de miedo : *un exposé maison,* una exposición de miedo.
— Sʏɴ. ● *Foyer,* hogar. *Ménage,* casa. *Intérieur,* casa. *Pénates,* penates. *Lares,* lares. *Home,* casa, hogar.

maisonnée f. Familia, casa, toda la gente de casa.

maisonnette f. Casita.

maistrance f. Mᴀʀ. Maestranza.

maître [mɛːtr] m. Dueño, amo (propriétaire). ‖ ● Amo (patron). ‖ Señor : *le maître de la maison est sorti,* el señor de la casa ha salido. ‖ Amo, señor (souverain). ‖ Señor : *Dieu est le maître du monde,* Dios es el señor del mundo. ‖ Dueño : *être maître de ses passions,* ser dueño de sus pasiones. ‖ ● Maestro : *maître d'école,* maestro de escuela. ‖ Profesor (de musique, de gymnastique, etc...). ‖ Maestro : *s'inspirer des maîtres,* inspirarse en los maestros. ‖ Maestro (dans certains métiers) : *maître maçon,* maestro albañil. ‖ Maestro (dans la marine). ‖ Título que se da en Francia a los abogados, procuradores y notarios. ‖ Maestre : *le maître de Santiago,* el maestre de Santiago. ‖ Maese : *Maître Pierre,* Maese Pedro. ‖ — *Maître à danser,* maestro de baile ‖ *Maître armurier,* maestro armero. ‖ *Maître berger,* mayoral. ‖ *Maître chanteur,* chantajista. ‖ *Maître clerc,* primer pasante. ‖ Mᴀʀ. *Maître couple,* cuaderna maestra. ‖ *Maître d'armes,* maestro de armas, de esgrima. ‖ *Maître de ballet,* maestro de baile. ‖ *Maître de cérémonies,* maestro de ceremonias. ‖ *Maître de chapelle,* maestro de capilla. ‖ *Maître de conférences,* profesor de conferencias. ‖ *Maître de forges,* propietario de un establecimiento siderúrgico. ‖ *Maître de maison,* amo de casa. ‖ *Maître d'équipage,* cazador mayor (chasse), contramaestre (marine). ‖ *Maître des requêtes,* relator. ‖ *Maître d'hôtel,* jefe de comedor, maestresala (p. us.), « maître d'hôtel ». ‖ *Maître d'œuvre,* maestro de obras, capataz (en construction), artífice (d'une réforme, etc.). ‖ *Maître Jacques,* factótum. ‖ *Maître queux,* cocinero. ‖ *Maître valet,* mayoral de labranza, manijero, aparcero (métayer). ‖ — *Coup de maître,* golpe maestro. ‖ *Grand maître,* gran maestro (des cérémonies), gran maestre (d'un ordre). ‖ *Grand Maître de l'Université,* ministro de Educación Nacional (en France). ‖ *Petit-maître,* petimetre. ‖ *Seigneur et maître,* dueño y señor. ‖ *Tel maître, tel valet,* de tal palo tal astilla.
— *En maître,* como dueño y señor, como amo. ‖ *Être le maître de,* ser dueño y señor de. ‖ *Être maître de,* ser dueño de : *il est maître de faire ce qu'il veut,* es dueño de hacer lo que le plazca. ‖ *Être maître de soi,* dominarse. ‖ *Être son maître,* ser dueño de sí mismo, no depender de nadie. ‖ Fᴀᴍ. *Passé maître en fourberie,* pícaro redomado. ‖ *Passer maître,* recibirse maestro en un oficio (dans un métier), ser maestro, llegar a dominar (dans un art). ‖ *Prendre pour maître,*

tomar como ejemplo. | *Se rendre maître*, hacerse dueño, apoderarse (s'emparer), dominar sofocar (étouffer). || *Trouver son maître*, dar con la horma de su zapato.
— Adj. Cabal, todo, capaz, de valor : *un maître homme*, un hombre cabal. || Capital, clave, maestro, tra : *le maître mot des temps modernes*, la palabra clave de los tiempos modernos. || FAM. Grande, consumado, da : *un maître fripon*, un gran bribón. || Dominante, principal, esencial : *sa maîtresse qualité*, su cualidad dominante. || — *Maître de son sort*, dueño de su suerte. || *Atout maître*, triunfo mayor.
— SYN. ● *Instituteur*, maestro de escuela. *Professeur*, profesor, catedrático. *Précepteur*, preceptor. *Gouverneur*, ayo. *Magister*, dómine. *Pédagogue*, pedagogo.

maître-autel [mɛtrotɛl] m. Altar mayor.

maîtresse f. Ama, dueña : *maîtresse de maison*, ama de casa. || Señora : *je vous présente la maîtresse de la maison*, le presento la señora de la casa. || Maestra : *maîtresse de piano*, maestra de piano. || Querida, amante (concubine). || — *Maîtresse d'école*, maestra de escuela. || *Petite-maîtresse*, petimetra.
— Adj. Toda : *une maîtresse femme*, toda una mujer. || *Poutre maîtresse*, viga maestra.

maîtrisable adj. Dominable, reprimible.

maîtrise f. Dominio, *m.* : *maîtrise de ses passions*, dominio de nuestras pasiones; *maîtrise de l'air, de la mer*, dominio del aire, del mar. || Habilidad, (habileté). || Magisterio, *m.* (dignité et autorité de maître). || Maestría (qualité de maître). || Maestrazgo, *m.* (dans certains ordres militaires). || Mandos (*m. pl.*) intermedios, conjunto de los capataces de una empresa. || MUS. Escuela de música sacra. | Coro (*m.*) de una iglesia. | Dignidad de maestro de capilla. || *Agent de maîtrise*, contramaestre.

maîtriser v. tr. Señorear, dominar (dominer) : *maîtriser un incendie*, dominar un incendio. || Dominar, reprimir (une rébellion). || Domar : *maîtriser un cheval*, domar un caballo.
— V. pr. Dominarse, contenerse.

Maixent n. pr. m. Majencio.

majesté f. Majestad. || Majestuosidad : *la majesté de son visage*, la majestuosidad de su cara. || — *Sa Majesté Catholique*, Su Majestad Católica, el rey de España. || *Sa Majesté Très Chrétienne*, Su Majestad Cristianísima, el rey de Francia. || *Très Gracieuse Majesté*, Su Graciosa Majestad, la reina de Inglaterra.

majestueux, euse adj. Majestuoso, sa.

majeur, e adj. Mayor : *cas de force majeure*, caso de fuerza mayor. || Importante, capital : *affaire majeure*, asunto importante. || Superior : *un intérêt majeur*, un interés superior. || Mayor de edad : *une fille majeure*, una muchacha mayor de edad. || *En majeure partie*, en su mayor parte.
— M. Dedo medio *ou* del corazón (doigts). || — F. Mayor (proposition d'un syllogisme).

majolique f. Mayólica (faïence).

ma-jong m. Ma-jong (jeu chinois).

major adj. et s. m. MIL. Mayor, teniente coronel mayor. | Médico militar. || FAM. Alumno primero de una promoción.

majorat [maʒɔra] m. Mayorazgo.

majoration [-rasjɔ̃] f. Aumento, *m.*, recargo, *m.* : *la majoration des impôts*, el recargo de los impuestos. || DR. Sobrestimación, valuación excesiva.

majordome m. Mayordomo.

majorer v. tr. Sobrestimar, valuar una cosa en más de su valor. || ● Aumentar, recargar, subir de precio : *majorer le prix d'une marchandise*, aumentar el precio de una mercancía.
— SYN. ● *Augmenter*, aumentar. *Hausser*, alzar. *Valoriser*, valorizar. *Revaloriser*, revalorizar.

majoritaire adj. Mayoritario, ria. || De la mayoría : *motion majoritaire*, moción de la mayoría. || *Gouvernement majoritaire*, gobierno que se apoya en la mayoría.

majorité f. Mayoría, mayor parte. || Mayoría de edad (âge). || *Majorité absolue, relative*, mayoría absoluta, relativa.

Majorque n. pr. f. GÉOGR. Mallorca.

majorquin, e adj. et s. Mallorquín, ina.

majuscule adj. et s. f. Mayúsculo, la.
— SYN. *Capitale*, mayúscula. *Petite capitale*, versalita. *Initiale*, inicial. *Lettrine*, letra de llamada.

maki m. ZOOL. Ayeaye.

makila f. Maquila (canne).

mal m. Mal. || Dolor : *souffrir de maux de tête*, padecer dolores de cabeza. || Daño : *il s'est fait mal*, se ha hecho daño. || Perjuicio, daño : *les gelées font du mal à la vigne*, las heladas causan perjuicio a los viñedos. || Mal : *dire du mal de quelqu'un*, hablar mal de alguien. || Enfermedad, *f.* (maladie). || Maledicencia, *f.* (médisance). || Pena, *f.* (peine). || Trabajo : *j'ai eu du mal à l'obtenir*, me costó trabajo conseguirlo. || Lo malo : *le mal est qu'il s'absente souvent*, lo malo es que se ausenta a menudo.
— *Mal au cœur*, náuseas, ansias, mareo. || *Mal au ventre*, dolor de vientre. || *Mal blanc o d'aventure*, panadizo. || *Mal de dents*, dolor de muelas. || *Mal de mer*, mareo. || *Mal d'enfant*, dolores de parto. || *Mal de Saint-Lazare*, lepra. || *Mal des ardents*, fuego de San Antón. || *Mal des montagnes*, vértigo [en las ascensiones], soroche, puna (americanismos). || *Mal de tête o à la tête*, dolor de cabeza. || *Mal du pays*, nostalgia, morriña. || — *Chaud mal*, tabardillo. || *Haut mal*, epilepsia. || — *Au plus mal*, muy malo, muy mal, grave. || — *Aller de mal en pis*, ir de mal en peor, cada vez peor. || *Avoir du mal à marcher*, costar trabajo andar, tener dificultad para *ou* en andar. || *Avoir le mal de mer*, marearse. || *Avoir mal à la tête, au ventre, aux dents*, dolerle a uno la cabeza, el vientre, las muelas. || *Avoir mal au cœur*, marearse, revolverse el estómago, tener náuseas. || *Avoir mal aux cheveux*, dolerle a uno la cabeza después de una borrachera, tener resaca. || *Avoir très mal*, dolerle a uno mucho. || *Ce n'est pas la peine de vous donner tant de mal*, no merece la pena molestarse tanto. || *De deux maux il faut choisir le moindre*, del mal el menos. || *Dire du mal de quelqu'un*, hablar mal de alguien. || FAM. *Écouter son mal*, ser aprensivo, escucharse. || *Être en mal de*, tener ganas de. || *Faire du mal*, hacer daño. || *Faire mal*, hacer daño : *cette chaleur me fait mal*, este calor me hace daño ; lastimar : *ces souliers me font mal*, estos zapatos me lastiman ; hacer daño : *vous faites mal en agissant ainsi*, hace usted mal obrando así ; doler : *la tête me fait mal*, me duele la cabeza ; dar pena (faire pitié) : *spectacle qui fait mal*, espectáculo que da pena. || *Mettre à mal*, echar a perder, poner en un estado lastimoso. || *Penser à mal*, pensar mal, tener mala intención. || *Prendre mal*, enfermar. || *Prendre une chose en mal*, tomar a mal, ofenderse. || FAM. *Sans se faire du mal*, sin tomarse mucho trabajo. || *Se donner du mal*, darse *ou* tomarse trabajo. || *Se donner un mal de chien*, darse un trabajo loco, hacer esfuerzos inauditos. || *Se mettre mal*, vestirse sin gusto. || *Tourner, prendre o voir une chose en mal*, tomar en mala parte, dar mal sentido a algo, tomar a mal, ver el lado malo de las cosas. || *Vouloir du mal à quelqu'un*, desear mal *ou* tener entre ojos a alguien, tener ojeriza a uno.
— OBSERV. Cuando el sustantivo francés *mal* se emplea con un artículo o va seguido de un complemento, la preposición usada es necesariamente « de » (avoir un *mal de reins terrible*), pero si se emplea sin artículo,

la preposición que le sigue es forzosamente « *à* » (avoir *mal aux dents*).

mal adv. Mal, malamente (fam.) : *il a mal parlé,* ha hablado mal. ‖ — *Mal à propos,* poco a propósito, inoportunamente. ‖ *Pas mal,* bastante bien (adjectif) : *il a pas mal d'amis,* tiene bastantes amigos. ‖ — FAM. *Être mal en point,* v. MAL-EN-POINT. ‖ *Prendre mal quelque chose,* tomar algo a mal. ‖ *Se mettre mal avec quelqu'un,* ponerse de malas *ou* enfadarse con alguien. ‖ *Se trouver mal,* encontrarse mal, desmayarse. ‖ *Se trouver mal de,* sentir, arrepentirse de. ‖ *Tomber mal,* venir *ou* caer mal. ‖ *Tant bien que mal,* mal que bien, más o menos bien.

mal adj. (P. us.). Malo, la. ‖ — *Bon an, mal an,* un año con otro. ‖ *Bon gré, mal gré,* de grado o por fuerza.

malabar ou **malabre** adj. et s. Malabar. ‖ POP. Grande, fuerte (grand).

Malacca n. pr. GÉOGR. Malaca.

Malachie [malaki] n. pr. m. Malaquías.

malachite [malakit] f. MIN. Malaquita.

malacia ou **malacie** f. MÉD. Malacia (appétit dépravé).

malacoderme adj. et s. m. ZOOL. Malacodermo.

malacologie f. Malacología (étude des mollusques).

malacoptérygien, enne adj. et s. Malacopterigio, gia (poissons).

malade adj. ● Enfermo, ma ; malo, la. ‖ Malo, la : *une dent malade,* un diente malo. ‖ FAM. En mal estado, en mala situación : *une industrie malade,* una industria en mal estado. ‖ Estropeado, da (abîmé). ‖ POP. Chiflado, da ; chalado, da. ‖ — *Malade à mourir,* muy enfermo, muy grave, fatal. ‖ *Malade imaginaire,* enfermo de aprensión. ‖ — *Gravement malade,* enfermo de gravedad. ‖ *Imagination malade,* imaginación enfermiza. ‖ — *Faire le malade,* fingirse enfermo. ‖ *Rendre malade,* poner enfermo. ‖ *Tomber malade,* enfermar, caer *ou* ponerse enfermo.
— M. et f. Enfermo, ma.
— OBSERV. El francés *infirme* tiene el sentido de *achacoso, enfermizo, lisiado, baldado, cojo, manco.*
— SYN. ● *Souffrant,* malo. *Indisposé,* indispuesto. *Dolent,* doliente. *Fam. Mal fichu, mal foutu,* malucho.

maladie f. ● Enfermedad, dolencia. ‖ FIG. Manía, pasión : *avoir la maladie de la vitesse,* tener la manía de la velocidad. ‖ — *Maladie bleue,* enfermedad azul, cianosis. ‖ *Maladie de commande,* enfermedad fingida. ‖ — FAM. *C'est une maladie,* es una manía. ‖ *Faire une maladie,* caer enfermo, tener una enfermedad (être malade), ponerse enfermo, atormentarse, estar muy contrariado, enfadarse mucho (être contrarié). ‖ *Relever de maladie,* salir de una enfermedad, estar en convalecencia.
— SYN. ● *Affection,* afección. *Mal,* mal.

maladif, ive adj. Enfermizo, za.
— SYN. *Infirme,* lisiado, achacoso. *Souffreteux,* achacoso.

maladivement adv. De manera enfermiza.

maladrerie f. Leprosería.

maladresse f. Torpeza.

maladroit, e adj. et s. Torpe, desmañado, da ; inhábil.
— SYN. *Malhabile,* torpe, desmañado. *Inhabile,* inhábil. *Mazette,* porro, ganso. *Gauche,* torpe.

malaga m. Málaga (vin).

malaguette f. Malagueta (espèce de poivre).

malaire adj. ANAT. Malar.

malais, e adj. et s. Malayo, ya.

malaise m. Malestar, indisposición, *f.* ‖ Estrechez, *f.,* falta (*f.*) de medios *ou* de recursos (manque d'argent) : *vivre dans le malaise,* vivir con estrechez. ‖ FIG. Malestar, desazón, *f.,* desasosiego,

inquietud, *f.* (tourment). ‖ *Éprouver un malaise, être pris de malaise,* sentirse indispuesto *ou* mareado.

malaisé, e adj. Difícil, trabajoso, sa ; penoso, sa : *chemin malaisé,* camino penoso. ‖ (Vx). Apurado, da ; escaso ; de medios poco afortunado (gêné, peu fortuné).

Malaisie n. pr. f. GÉOGR. Malasia.

malandre f. Grapa, esparaván, *m.* (des chevaux). ‖ BOT. Nudo (*m.*) podrido (dans le bois).

malandreux, euse adj. BOT. Que tiene nudos podridos.

malandrin m. Malandrín, salteador.

malappris, e adj. et s. Malcriado, da ; grosero, ra ; mal educado, da.

malaria f. MÉD. Malaria, paludismo, *m.*

malart ou **malard** [mala:r] m. Lavanco, pato silvestre.

malavisé, e adj. et s. Imprudente, indiscreto, ta.

malaxage m. ou **malaxation** f. Amasado, *m.,* amasamiento, *m.,* malaxación, *f.*

malaxer v. tr. Amasar, malaxar. ‖ Dar masaje.

malaxeur adj. et s. m. TECHN. Máquina (*f.*) de amasar, amasadora, *f.* | Hormigonera, *f.,* mezcladora, *f.* (de mortier).

malbâti, e adj. Mal hecho, cha ; contrahecho, cha.

malchance f. Mala suerte, desgracia, desventura. ‖ *Jouer de malchance,* tener mala suerte, tener la negra.
— SYN. *Fam. Déveine,* mala suerte. *Pop. Guigne,* mala pata, mala potra.

malchanceux, euse adj. et s. Que tiene mala suerte, desgraciado, da ; desafortunado, da.

malcommode adj. Incómodo, da.

malcontent, e adj. et s. Descontento, ta.

Maldives n. pr. f. pl. GÉOGR. Maldivas.

maldonne f. Cartas mal dadas, error, *m.,* equivocación : *il y a eu maldonne,* ha habido error.

mâle m. Macho (animaux). ‖ Varón (hommes). ‖ TECHN. Macho (pièce entrant dans une autre).
— Adj. Varonil, viril, masculino, na. ‖ FIG. Enérgico, ca ; viril : *une mâle beauté,* una belleza viril.

malédiction f. ● Maldición : *lancer une malédiction,* proferir una maldición. ‖ Desgracia, infortunio, *m.* (malheur).
— SYN. ● *Imprécation,* imprecación. *Exécration,* execración.

maléfice m. Maleficio, encantamiento, embrujo.

maléficié, e adj. Maleficiado, da ; hechizado, da ; embrujado, da.

maléfique adj. Maléfico, ca.

malembouché, e adj. et s. FAM. Malhablado, da.

malemort f. Muerte trágica, muerte cruel.
— OBSERV. *De mala muerte* signifie en espagnol *de rien du tout, insignifiant.*

malencontre f. (P. us.). Desgracia, desventura.

malencontreusement adv. Desgraciadamente, malhadadamente, desdichadamente.

malencontreux, euse adj. Poco afortunado, da ; desgraciado, da ; malhadado, da. ‖ *Un jour malencontreux,* un día aciago.

malendurant, e adj. Malsufrido, da. ‖ Poco resistente.

mal-en-point ou **mal en point** loc. adv. En mal estado, en mala situación. ‖ *Être mal-en-point,* estar malo (malade) ; estar en situación apurada (en difficulté).

malentendu m. ● Error, equivocación, *f.* ‖ Equívoco, quid pro quo, malentendido.
— OBSERV. No confundir *malentendu* con *mal entendido, mal oído.*
— SYN. ● *Mécompte,* equivocación. *Confusion,* confusión.

malepeste! interj. FAM. ¡Caracoles !, ¡caramba ! — F. *La malepeste soit du sot !,* ¡al cuerno este necio !

mal-être m. (P. us.). Malestar (malaise).
malévole adj. Malévolo, la.
malfaçon [malfasõ] f. Defecto (m.) de fabricación. ‖ FIG. Fraude, m.
malfaire* v. intr. (Vx). Obrar mal.
malfaisance [malfəzã:s] f. Maleficencia (p. us.), malignidad, maldad, malos (m. pl.) instintos.
malfaisant, e [-fəzã, ã:t] adj. Maléfico, ca; maligno, na. ‖ Dañino, na; perjudicial (nuisible). ‖ Homme malfaisant, hombre de malos instintos.
malfait, e [-fɛ, ɛ:t] adj. Mal hecho, cha; contrahecho, cha.
malfaiteur, trice m. et f. Malhechor, ra.
— SYN. Rôdeur, merodeador, malhechor. Apache, apache. Gangster, gangster.
malfamé, e ou **mal famé, e** adj. De mala fama, de mala reputación.
malformation f. Malformación, deformación congénita.
malgache adj. et s. Malgache (de Madagascar).
malgracieux, euse adj. Grosero, ra; descortés.
malgré prép. A pesar de. ‖ — Malgré lui, a pesar suyo. ‖ Malgré que, a pesar de que. ‖ Malgré tout, a pesar de todo, así y todo, con todo.
— OBSERV. Sólo es correcto emplear malgré que con el verbo « avoir » (tener).
— SYN. Contre, contra, en contra de. En dépit de, pese a, a despecho de. Nonobstant, no obstante.
malhabile adj. Torpe, inhábil, desmañado, da; poco diestro, tra.
malheur m. Desgracia, f., infortunio, desdicha, f. ‖ tomber dans le malheur, ser perseguido por la desgracia. ‖ — De malheur, dichoso, maldito : cet individu de malheur, ese maldito individuo. ‖ Par malheur, por desgracia, desgraciadamente. ‖ Pour comble de malheur, para colmo de desdichas. ‖ — À quelque chose malheur est bon, no hay mal que por bien no venga. ‖ Faire son propre malheur, labrarse la propia desgracia. ‖ Faire un malheur, ocasionar una desgracia. ‖ Porter malheur, traer mala suerte, tener mala sombra. ‖ Un malheur ne vient jamais seul, las desgracias nunca vienen solas.
— Interj. ¡Maldición!, ¡mal haya!, ¡qué desgracia! ‖ Malheur à o sur...!, ¡ay de...! : malheur aux vaincus!; ¡ay de los vencidos!
— SYN. Adversité, adversidad Détresse, peligro. Disgrâce, desfavor. Épreuve, prueba. Infortune, infortunio. Misère, miseria. Tribulation, tribulación.
malheure f. Mala hora : il est né à la malheure, ha nacido en mala hora.
malheureusement adv. Desgraciadamente, de manera desgraciada : tomber malheureusement, caerse de manera desgraciada. ‖ Por desgracia desgraciadamente : malheureusement il n'est pas venu, por desgracia no vino.
malheureux, euse adj. Desgraciado, da; desdichado, da; infeliz. ‖ Aciago, ga : circonstance malheureuse, circunstancia aciaga. ‖ Desafortunado, da : un joueur malheureux, un jugador desafortunado. ‖ Poco afortunado, da : un mot malheureux, una palabra poco afortunada; une initiative malheureuse, una iniciativa poco afortunada. ‖ Infausto, ta; funesto, ta; desastroso, sa : une nouvelle malheureuse, una noticia infausta. ‖ Pobre, desgraciado, da : ce malheureux député, ese pobre diputado. ‖ Maldito, ta; dichoso, sa : cette malheureuse clef!, ¡esta maldita llave! ‖ Poco agraciado, da : une physionomie malheureuse, una fisonomía poco agraciada. ‖ Mísero, ra; miserable (insignifiant). ‖ — Candidat malheureux, candidato fracasado, vencido ou derrotado (aux élections), suspendido, no ingresado ou no aprobado (à un examen). ‖ Mari malheureux, marido engañado. ‖ — Avoir la main malheureuse, tener poca fortuna. ‖ C'est malheureux!,

¡es lástima! ‖ Être malheureux comme les pierres, ser el rigor de las desdichas.
— M. et f. Desgraciado, da; desdichado, da; infeliz.
malhonnête adj. Sin ou falto de ou con poca probidad; sin ou falto de ou con poca honradez. ‖ Grosero, ra; descortés (grossier). ‖ Deshonesto, ta; indecente. ‖ Procédés malhonnêtes, malas artes.
malhonnêtement adv. Sin honradez, sin probidad. ‖ Groseramente, descortésmente (grossièrement).
malhonnêteté [malɔnɛte] f. Falta de probidad ou de honradez. ‖ Grosería, descortesía (grossièreté).
Mali n. pr. m. GÉOGR. Malí.
malice f. ● Malicia. ‖ FIG. et FAM. Travesura, picardía (espièglerie). ‖ — Entendre malice à, dar sentido torcido a. ‖ Ne pas entendre malice à une chose, hacer una cosa inocentemente.
— SYN. ● Malignité, malignidad. Méchanceté, maldad. Fam. Rosserie, perrería.
malicieux, euse adj. et s. Malicioso, sa. ‖ FAM. Travieso, sa (espiègle).
malignement adv. Malignamente.
malignité f. Malignidad. ‖ Lo maligno, m.
malin, igne [malɛ̃, iɲ] adj. Maligno, na : une fièvre maligne, una fiebre maligna. ‖ FAM. Malicioso, sa; travieso, sa (espiègle). ‖ Listo, ta; vivo, va; astuto, ta (fin, rusé). ‖ FAM. Ce n'est pas bien malin, no es muy difícil que digamos (facile), no es muy inteligente ou astuto (stupide). ‖ Il est malin comme un singe, es más listo que Cardona, sabe más que Merlín.
— M. ● Tunante, taimado, vivo (homme rusé). ‖ À malin, malin et demi, a pícaro, pícaro y medio. ‖ FAM. Faire le malin, echárselas ou dárselas de listo. ‖ Le malin o l'esprit malin, el demonio, el espíritu maligno. ‖ Vouloir être trop malin, pasarse de listo.
— SYN. ● Malicieux, malicioso. Futé, sagaz, taimado. Rusé, astuto, pícaro. Astucieux, astuto. Narquois, socarrón, bellaco. Roué, maulero. Finaud, ladino. Retors, marrullero. Fam. Ficelle, cuco. Madré, matois, lagarto. Renard, zorro. Débrouillard, despabilado, mañoso. Roublard, tunante. Pop. Zigoto, mariole, listo.
malines f. Malinas (dentelle).
Malines n. pr. GÉOGR. Malinas.
malingre [malɛ̃:gr] adj. Enclenque, canijo, ja; encanijado, da.
malintentionné, e adj. Malintencionado, da.
malique adj. m. CHIM. Málico (acide).
mal-jugé m. Fallo injusto. ‖ Juicio erróneo. ‖ Error de juicio, sentencia (f.) no conforme a Derecho.
mallarméen, enne adj. Propio de Mallarmé.
malle f. ● Baúl, m., mundo, m. (à couvercle arrondi), cofre, m. (coffre) [Amér., petaca] (en Espagne, petaca est une blague à tabac). ‖ Mala, valija (de la poste). ‖ Correo, m. (paquebot postal). ‖ FAM. Faire sa malle o ses malles, hacer las maletas, preparar sus bártulos, liar el petate.
— SYN. ● Marmotte, maleta. Valise, maleta, valija (américanisme). Mallette, maletín.
malléabiliser v. tr. Maleabilizar, hacer maleable.
malléabilité f. Maleabilidad. ‖ Lo maleable, m. (caractère).
malléable adj. Maleable.
mallemolle f. Muselina (tissu).
malléolaire adj. Maleolar.
malléole f. ANAT. Maléolo, m. (cheville). ‖ (Vx). Flecha incendiaria (flèche).
malle-poste f. Correo, m., coche (m.) correo.
— OBSERV. Pl. malles-poste.
malletier adj. et s. m. Baulero, maletero, cofrero.
mallette f. Baulito, m. ‖ Maletín, m. (petite valise).

malmener* [malməne] v. tr. ● Maltraer, maltratar, tratar duramente. ‖ Dejar maltrecho : *malmener l'ennemi*, dejar maltrecho al enemigo.
— SYN. ● *Maltraiter*, maltratar. *Houspiller*, zarrandear. *Molester*, molestar. *Lapider*, lapidar, apedrear. *Brutaliser*, brutalizar. *Rudoyer*, atropellar. *Vilipender*, vilipendiar. *Fam. Tarabuster*, molestar. *Étriller*, zurrar.

malnutrition f. Desnutrición.

malodorant, e adj. Maloliente.
— SYN. *Puant*, hediondo, apestoso. *Fétide*, fétido.

malotru, e adj. (Vx). FAM. Tosco, ca; contrahecho, cha (mal bâti). ‖ FIG. Grosero, ra; patán.

malouin, e [malwɛ̃, in] adj. et s. De Saint-Malo.

Malouines [malwin] n. pr. f. pl. GÉOGR. Malvinas.

malpighiacées [malpigjase] f. pl. BOT. Malpigiáceas.

malpighie [-gi] f. Malpigia (plante).

malpropre adj. et s. ● Desaseado, da; sucio, cia (sale). ‖ Grosero, ra; mal hecho, cha : *un travail malpropre*, un trabajo mal hecho. ‖ FIG. Indecente, sucio, cia; indecoroso, sa : *une action malpropre*, una acción indecente. ‖ Sin honradez, indecente (malhonnête) : *une conduite malpropre*, una conducta indecente.
— SYN. ● *Sale*, sucio. *Dégoûtant*, asqueroso. *Sordide*, sórdido. *Immonde*, inmundo. *Crasseux*, mugriento. *Pop. Cochon*, cochino. *Sagouin*, gorrino. *Salaud, saligaud*, puerco.

malpropreté f. Suciedad, desaseo, *m.* ‖ FIG. Indecencia, porquería, deshonestidad.

malsain, e [malsɛ̃, ɛ:n] adj. Malsano, na; nocivo, va; dañino, na. ‖ MAR. Peligroso, sa (dangereux).

malséance f. Inconveniencia, inoportunidad.

malséant, e adj. Inconveniente, inoportuno, na; indecoroso, sa; impropio, pia; incorrecto, ta.

malsonnant, e adj. Malsonante.

malt [malt] m. Malta, *f.* (orge germée).

maltage m. TECHN. Maltaje, malteado, preparación (*f.*) de la malta.

maltais, e adj. et s. Maltés, esa; de Malta.

Malte n. pr. GÉOGR. Malta.

malter v. tr. TECHN. Maltear.

malterie f. Fábrica de malta, maltería.

malteur m. Obrero que fabrica malta, maltero.

malthusianisme m. Maltusianismo.

malthusien, enne adj. et s. Maltusiano, na.

maltose f. CHIM. Maltosa.

maltôte f. (Vx). Exacción, impuesto, *m.* ‖ Percepción *ou* cobro (*m.*) de un impuesto.

maltôtier m. (Vx). Exactor *ou* recaudador de impuestos.

maltraiter v. tr. Maltratar, dejar malparado.

malvacées f. pl. BOT. Malváceas.

malveillamment [malvɛjamɑ̃] adv. Malévolamente.

malveillance [-jɑ̃:s] f. Malevolencia, mala voluntad.

malveillant, e adj. [-jɑ̃, ɑ̃:t] adj. ● Malévolo, la; malintencionado, da.
— M. et f. Persona malévola.
— SYN. ● *Malintentionné*, malintencionado. *Venimeux*, envenenado, venenoso.

malvenu, e *ou* **mal venu, e** adj. Sin derecho *ou* motivo para, inoportuno, na : *il est malvenu à se plaindre*, no tiene motivo para *ou* es inoportuno quejarse.

malversation f. Malversación.

malverser v. intr. (P. us.). Malversar, cometer malversaciones.

malvoisie [malvwazi] f. Malvasía (vin).

mamamouchi m. FAM. Archipámpano (titre ridicule).

maman f. Mamá. ‖ — *Belle-maman*, suegra, madre política. ‖ FAM. *Bonne maman*, grand-

maman, abuelita. ‖ *Maman gâteau*, madraza. ‖ *Petite maman*, mamita, mamaíta [*Amér.*, mamacita].

Mambrin n. pr. m. Mambrino.

mamelé, e adj. Mamífero, ra.

mamellaire adj. Mamilar, mamario, ria.

mamelle f. Mama (mot savant), teta (mot fam.). ‖ Ubre (de la vache). ‖ Pecho, *m.*, seno, *m.* ‖ FIG. Seno (*m.*) nutricio, alimento, *m.* ‖ — *Bout de mamelle*, pezón. ‖ *Enfant à la mamelle*, niño de pecho *ou* de teta. ‖ *Être à la mamelle*, estar mamando.

mamelliforme adj. Mamiforme.

mamelon [maml5] m. Pezón (bout de la mamelle). ‖ Cerro, montecillo (éminence de terrain). ‖ Protuberancia, *f.* : *le mamelon d'une pêche*, la protuberancia de un melocotón.

mamelonné, e adj. Apezonado, da. ‖ Lleno de protuberancias. ‖ Ondulado, da (terrain).

mameluk [mamlyk] *ou* **mamelouk** [mamluk] m. Mameluco.
— OBSERV. No tiene en francés el sentido americano de prenda de vestir de niño que corresponde a *combinaison*, *barboteuse* (en espagnol, *pelele*).

Mamert [mamɛ:r] n. pr. m. Mamerto.

m'amie *ou* **ma mie** f. FAM. Amiga, amiguita.

mamillaire [mamilɛ:r] adj. Mamilar.
— F. BOT. Peyote, *m.*, mamilaria.

mammaire adj. ANAT. Mamario, ria : *glandes mammaires*, glándulas mamarias.

mammalogie f. ZOOL. Mamalogía.

mammée f. Mamey, *m.* (fruit américain).

mammifère adj. et s. m. Mamífero, ra.

mammite f. MÉD. Mamitis.

mammouth m. ZOOL. Mamut (fossile).
— OBSERV. Le mot español *mamut* a deux pluriels : *mamuts*, qui est le plus employé, et *mamutes*.

m'amours *ou* **mamours** m. pl. FAM. Carantoñas, *f.*, caricias, *f.*, arrumacos. ‖ Zalamerías, *f.* (flatteries).

mam'selle *ou* **mam'zelle** f. FAM. Contracción de *mademoiselle*, señorita.

manade f. Manada [en Provenza].

management m. Gestión (*f.*) de empresas.

manager [manedʒər] m. Empresario, gerente (d'un établissement). ‖ Apoderado, empresario (d'un sportif), manager (d'un boxeur).

Managua n. pr. GÉOGR. Managua.

manant m. (Vx). Villano (vilain). ‖ Campesino, palurdo (paysan). ‖ Patán, grosero (grossier).

Manassé *ou* **Manassès** n. pr. m. Manasés.

manceau, celle adj. et s. De Le Mans. ‖ Del Maine [prov. francesa].

mancelle f. Cejador, *m.* (d'un cheval).

mancenille [mɑ̃səni:j] f. Manzanilla (fruit).
— OBSERV. Le mot espagnol *manzanilla* désigne également la *camomille* et un *vin blanc andalou*.

mancenillier [-nilje] m. Manzanillo (arbre).

manche m. Mango : *manche de couteau*, mango de cuchillo. ‖ Esteva, *f.*, mancera, *f.* (d'une charrue). ‖ Hueso (os des côtelettes). ‖ Mástil (de la guitare). ‖ FAM. Zopenco, gaznápiro (stupide). ‖ — *Manche à balai*, palo de escoba (d'un balai), palanca de mando (d'un avion). ‖ *Manche-de-couteau*, navaja (mollusque). ‖ — FIG. *Branler dans le manche*, no estar seguro en su empleo. ‖ *Jeter le manche après la cognée*, tirar la soga tras el caldero. ‖ FAM. *Se débrouiller, s'y prendre comme un manche*, hacer las cosas con los pies. ‖ *Se mettre du côté du manche*, ponerse de parte del que gana, arrimarse al sol que más calienta. ‖ *S'endormir sur le manche*, no dar ni golpe, estar mano sobre mano, no hacer nada. ‖ POP. *Tomber sur un manche*, llevarse un chasco, dar en hueso.
— F. Manga : *en manches de chemise*, en mangas de camisa. ‖ Manga, manguera, tubo, *m.* (tuyau).

‖ Partida, mano, *m.*, manga (au jeu). ‖ GÉOGR. Canal, *m.*, brazo (*m.*) de mar. ‖ — *Manche à air*, manguera de ventilación, manga veleta. ‖ *Manche à vent*, manga. ‖ *Manche d'Hippocrate*, manga (pour filtrer). ‖ *Manche à gigot*, manga de jamón, manga afarolada. ‖ — *Fausse manche*, manguito, mangote. ‖ — *Avoir quelqu'un dans sa manche*, tener a alguien en el bolsillo, tener influencia con alguien. ‖ FAM. *C'est une autre paire de manches*, eso es harina de otro costal, esos son otros López. ‖ *Être dans la manche de quelqu'un*, estar enchufado con alguien, ser santo de la devoción de alguien. ‖ *Être manche à manche*, estar empatados (au jeu). ‖ *Mettre quelque chose dans sa manche*, apoderarse de algo. ‖ *Retrousser ses manches*, arremangarse. ‖ *Tirer la manche à quelqu'un*, tirar a uno de la manga *ou* de la levita, solicitar a uno.

Manche n. pr. f. GÉOGR. Mancha (région d'Espagne). ‖ Mancha, canal (*m.*) de la Mancha [entre Francia e Inglaterra]. ‖ Mancha [departamento francés].

mancheron m. Esteva, *f.*, mancera, *f.* (de charrue).

manchette f. Puño, *m.*, vuelta (d'une chemise). ‖ Manguito, *m.*, mangote, *m.* (pour protéger les manches). ‖ FAM. Esposas, *pl.* (menottes). ‖ Golpe (*m.*) dado con el antebrazo (coup). ‖ IMPR. Ladillo, *m.*, nota marginal (note marginale). | Titular, *m.*, cabecera (titre de journal).

manchon m. Manguito (fourrure pour les mains). ‖ CONSTR. Golilla, *f.* ‖ MÉCAN. Manguito (d'accouplement), embrague. ‖ TECHN. Camisa, *f.*, manguito (gaine incandescente). | Envoltura, *f.* (enveloppe).

manchot, e [mɑ̃ʃo, ɔt] adj. Manco, ca. ‖ FIG. et FAM. *Ne pas être manchot*, no ser manco, ser listo.
— M. ZOOL. Pájaro bobo.

mancipation [mɑ̃sipasjɔ̃] f. DR. Mancipación.

mandant m. Mandante, poderdante.

mandarin, e adj. Mandarino, na.
— M. Mandarín.

mandarinat [mɑ̃darina] m. Mandarinato.

mandarine f. Mandarina (fruit).

mandarinier m. Mandarino, mandarinero (arbre).

mandarinisme m. Mandarinismo.

mandat [mɑ̃da] m. Mandato, poder, procuración, *f.* ‖ Mandato, diputación, *f.* (d'un député). ‖ Mandamiento judicial, auto, orden, *f.; mandat de comparution, d'amener, d'arrêt, de perquisition*, orden de comparecencia, de comparecer, de detención, de registro. ‖ Orden (*f.*) de pago, libranza, *f.* (ordre de payer). ‖ Mandato, misión, *f.*, cometido, función (*f.*) delegada (fonctions déléguées). ‖ Mandato (souveraineté). ‖ Giro : *mandat postal, télégraphique*, giro postal, telegráfico. ‖ — *Mandat de dépôt*, auto de prisión. ‖ *Territoire sous mandat*, territorio bajo fideicomiso *ou* mandato.

mandataire m. Mandatario, representante (intermédiaire). ‖ *Mandataire aux Halles*, asentador.

mandat-carte m. Giro postal en forma de tarjeta postal.
— OBSERV. Pl. *mandats-cartes.*

mandat-contributions m. Giro especial para pagar sus contribuciones.
— OBSERV. Pl. *mandats-contributions.*

mandatement m. Orden (*f.*) de pago, libramiento.

mandater v. tr. Librar una orden de pago (payer). ‖ Dar poder *ou* mandato, comisionar, acreditar (déléguer).

mandatif, ive adj. Relativo al mandato, al poder *ou* a la procuración.

mandat-lettre m. Giro postal.
— OBSERV. Pl. *mandats-lettres.*

mandat-poste m. Giro postal.
— OBSERV. Pl. *mandats-poste.*

mandchou, e adj. et s. Manchú, a, de Manchuria.

Mandchoukouo n. pr. m. GÉOGR. Manchukuo.

Mandchourie n. pr. f. GÉOGR. Manchuria.

mandement [mɑ̃dmɑ̃] m. Mandamiento, orden (*f.*) escrita, instrucción, *f.* (ordre écrit), ‖ Carta (*f.*) pastoral (d'un évêque).

mander v. tr. Mandar, ordenar (ordonner par lettre). ‖ Hacer saber, anunciar (faire savoir par lettre). ‖ Hacer venir, llamar, convocar (donner ordre de venir).
— OBSERV. L'espagnol *mandar* signifie surtout commander, ordonner oralement ou par écrit et *envoyer*.

mandibulaire adj. Mandibular.

mandibule f. Mandíbula, maxilar, *m.* ‖ (P. us.). Pico, *m.* (des oiseaux).

mandille [mɑ̃dij] f. (Vx). Casaca de lacayo.

mandingue adj. et s. m. Mandinga (race africaine).

mandoline f. Mandolina. ‖ *Mandoline espagnole*, bandurria.
— OBSERV. La *mandolina* a quatre cordes doubles, la *bandurria* en a six, également doubles.

mandoliniste m. et f. Persona (*f.*) que toca la mandolina.

mandore f. MUS. Mandora, bandola.

mandorle f. Gloria oval, aureola en forma de almendra colocada en torno de ciertas imágenes de Cristo.

mandragore f. Mandrágora.

mandrill [mɑ̃dril] m. Mandril (singe).

mandrin m. Mandril (de tourneur). | Parahúso, broca, *f.*, taladro (outil pour percer). ‖ FIG. et FAM. Malandrín, bandido (bandit). ‖ *Mandrin à coulisseau*, mandril de ranuras.

manducation [mɑ̃dykasjɔ̃] f. Manducación.

manécanterie f. Escuela de canto de una parroquia ; masa coral, escolanía.

manège m. Doma, *f.*, ejercicios (*pl.*) de equitación, manejo. ‖ Picadero (lieu où l'on dresse les chevaux). ‖ AGRIC. Noria, *f.* ‖ FIG. Manejo, tejemaneje, maniobra, *f.* (conduite artificieuse). ‖ TECHN. Malacate (machine). — *Manège d'avions*, tiovivo volador. ‖ *Manège de chevaux de bois*, tiovivo, caballitos. ‖ *Manège galant*, cortejo, flirteo.

manéger* v. tr. Amaestrar, domar en el picadero (les chevaux).

Manès [manɛs] n. pr. m. Manes, Maniqueo.

mânes [mɑ:n] m. pl. Manes (âmes des morts).

maneton m. TECHN. Manecilla, *f.*, brazo de manivela.

manette f. Palanca, manecilla (petit levier).

Manfred n. pr. m. Manfredo.

manganate m. CHIM. Manganato.

manganèse m. Manganeso (métal).

manganésifère adj. Manganesífero, ra.

manganeux, euse adj. Manganoso, sa ; manganésico, ca.

manganine f. Manganina, aleación de cobre, manganeso y níquel.

manganique adj. m. Mangánico.

manganite f. Manganita.

mangeable [mɑ̃ʒabl] adj. Comible, comestible.

mangeaille [-ɑ:j] f. Pienso, *m.*, comida (des animaux). ‖ FAM. Manduca, jamancia, condumio, *m.* (aliments).

mangeoire [-ʒwa:r] f. Comedero, *m.* ‖ Pesebre, *m.* (pour le gros bétail).

mangeotter [-ʒɔte] v. tr. FAM. Comer sin gana *ou* sin apetito. ‖ Comisquear (grignoter).

manger* v. tr. et intr. ● Comer : *manger à la carte*, comer a la carta. ‖ Comer, comerse : *j'ai mangé un poulet*, me he comido un pollo. ‖ *donner à manger*, dar de comer. ‖ Comer (flétrir). ‖ Devorar (animaux). ‖ FIG. Carcomer (ronger). ‖

Tragarse, consumir, gastar (consumer). | Comerse, disipar : *manger le capital,* comerse el capital. | — *Manger à sa faim,* comer hasta hartarse. | *Manger à tous les râteliers,* sacar partido *ou* tajada de todas partes. || *Manger comme quatre,* tener un buen saque, comer como un regimiento. || *Manger comme un goinfre,* comer a dos carrillos. || *Manger de baisers,* comerse a besos. || *Manger de bon appétit,* comer con muchas ganas. | *Manger de la prison,* estar encarcelado. || FAM. *Manger de la vache enragée,* pasarlas negras, pasar privaciones. || FIG. *Manger des yeux,* comerse con los ojos. || *Manger du bout des dents,* comer sin ganas. || *Manger du curé, du communiste,* ser violamente anticlerical, anticomunista. | FAM. *Manger la consigne,* violar la consigna. || POP. *Manger le morceau,* confesar, irse del pico, delatar a los cómplices. | *Manger les pissenlits par la racine,* estar mascando tierra, criar malvas. || FIG. *Manger quelqu'un,* encolerizarse mucho contra alguien. || *Manger ses mots,* mascullar, comerse las palabras. || *Manger son pain blanc le premier,* empezar por los postres. || — *Bon à manger,* comestible. || *Il y a à boire et à manger,* hay para todos los gustos. || *On en mangerait,* está para comérselo. || POP. *Se manger le nez,* comerse las narices, pelearse, reñir.

— SYN. ● *Dévorer,* devorar. *Fam. S'empiffrer,* apiparse. *Goinfrer,* tragar. *Grignoter,* roer. *Pop. Becqueter, boulotter, bouffer, casser la croûte,* jamar, manducar. *Bâfrer,* zampar, engullir.

manger m. Comida, *f.* (nourriture), comer (action de manger) : *le boire et le manger,* la bebida y la comida. || *Garde-manger,* despensa.

mangerie f. FAM. Gran comida, comilona, banquetazo, *m.*

mange-tout m. inv. FAM. Derrochador, despilfarrador (gaspilleur). || Tirabeque, guisante mollar (pois). || Judía (*f.*) verde crecida (haricot).

mangeur, euse adj. et s. Comedor, ra. || FIG. Derrochador, ra ; manirroto, ta. || — *Gros mangeur,* comilón, tragón. || *Mangeur de feu,* tragafuego. || POP. *Mangeurs de grenouilles,* los franceses. | *Mangeurs de rosbif,* los ingleses.

mangeure [mɑ̃ʒy:r] f. Roedura (partie mangée). || Picadura (des mites).

mangle m. Mangle (fruit).

manglier m. Mangle (arbre).

mangonneau m. (Vx). Manganel, almajaneque (machine de guerre).

mangoustan m. Mangostán (fruit).

mangoustanier m. Mangostán (arbre).

mangouste f. Mangosta (mammifère).

mangrove f. Manglar, *m.*

mangue [mɑ̃:g] f. Mango, *m.* (fruit).

manguier m. Mango (arbre).

maniabilité f. Manejabilidad.

maniable adj. Manejable. || FIG. Tratable, flexible (souple). | Moldeable (malléable).

maniaque adj. et s. Maniático, ca ; maniaco, ca.

manichéen, enne [manikeɛ̃, ɛn] adj. et s. Maniqueo, a.

manichéisme [-keism] m. Maniqueísmo (hérésie).

manicle m. V. MANIQUE.

manicordion [manikɔrdjɔ̃] ou **manicorde** [manikɔrd] m. MUS. Monacordio, manicordio.

manicure m. et f. Manicuro, ra.

manie [mani] f. Manía. || *Manie de la persécution,* manía persecutoria.

— SYN. *Tic,* tic. *Marotte,* capricho, tema. *Fam. Toquade, tocade,* chifladura. *Dada,* manía.

maniement [manimɑ̃] m. Manejo. || Tacto (toucher). || Cordura, *f.,* protuberancia (*f.*) de grasa en ciertos puntos del cuerpo de un animal de carnicería.

manier* v. tr. Manejar. || (Vx). Tocar, apreciar por el tacto. || — *Au manier,* al tacto. || *Manier l'or à la pelle,* apalear el oro. || POP. *Se manier,* darse prisa, apurarse.

— SYN. *Manipuler,* manipular. *Fam. Tripoter,* manosear. *Pop. Tripatouiller, patouiller,* sobar.

manière f. Manera, modo, *m.* || FAM. Especie de, algo así como (sorte de) : *une manière de professeur,* una especie de profesor. || FIG. Estilo, *m.* (d'un écrivain, d'un artiste, etc.). || — *Manière d'être,* manera de ser, modo de ser. || *Manière de parler,* modo de hablar, un decir : *c'est une manière de parler,* es un decir. || — *Adverbe de manière,* adverbio de modo. || *À la manière de,* en el estilo peculiar de, al estilo de, como. || FAM. *De la belle manière,* de mala manera, sin miramiento. || *De manière à,* con objeto de, para. || *De manière ou d'autre,* de una manera o de otra. | *De manière que,* de modo que, de manera que. | *De telle manière que,* de modo que, de tal modo que. || *De toute manière,* de todas maneras, de todos modos. || *En quelque manière,* en cierto sentido. || *En voilà des manières!,* ¡vaya modales! || *La manière dont,* la manera como. || *La manière forte,* la mano dura, la fuerza. || *Par manière d'acquit,* por cumplir. || *Utiliser la manière forte,* forzar.

— Pl. Modales, *m.,* maneras, modos, *m.* : *manières distinguées,* modales distinguidos. || FAM. Remilgos, *m.,* melindres, *m.,* cumplidos, *m.* (compliments affectés, cérémonies) : *faire des manières,* andar con remilgos. || *Belles manières,* modales finos.

maniéré, e adj. Amanerado, da ; rebuscado, da.

maniérer* v. tr. Amanerar.

maniérisme m. Amaneramiento. || Manierismo (art).

maniériste adj. et s. (P. us.). Amanerado, da. || Manierista (art).

manieur m. Manipulador. || El que maneja.

manifestant, e m. et f. Manifestante.

manifestation f. Manifestación. || Manifestación, acto, *m.* (cérémonie).

manifeste adj. Manifiesto, ta. || Manifiesto, ta ; declarado, da : *un menteur manifeste,* un mentiroso declarado. || ● Manifiesto, ta ; claro, ra, | evidente. || MAR. *Manifeste de douane,* declaración de carga, sobordo.
— M. Manifiesto.

— SYN. ● *Évident,* evidente. *Notoire,* notorio. *Public,* público.

manifester v. tr. Manifestar, poner de manifiesto. — V. intr. Manifestar, hacer una manifestación. || Asistir a una manifestación. — V. pr. Manifestarse.

manifold [manifɔld] m. Talonario de facturas con calco.

manigance f. FAM. Manejo, *m.,* artimaña, tejemaneje, *m.*

manigancer* v. tr. FAM. Tramar, maquinar, urdir, trapichear.

maniguette f. Malagueta (piment).

manille f. Argolla, anilla (d'une chaîne). || Manilla, grillete, *m.* (d'un forçat). || Malilla, mala (jeu de cartes). || Trompetilla (cigare de Manille). || Sombrero (*m.*) de paja de Manila, jipijapa, *m.* (chapeau de paille)

Manille [mani:j] n. pr. GÉOGR. Manila.

manilleur m. Jugador de malilla.

manillon m. As (au jeu de manille).

manioc m. Mandioca, *f.,* yuca, *f.* (plante).

manipulateur, trice m. et f. Manipulador, ra. || Ilusionista, *m.* (prestidigitateur).
— M. ÉLECTR. Manipulador.

manipulation f. Manipulación. || FIG. Manejo, *m.,*

manoseo, *m.*, manipulación (tripotage). ‖ Experiencia, trabajo (*m.*) práctico : *cahier de manipulations,* cuaderno de trabajos prácticos. ‖ Ilusionismo, *m.*

manipule m. Manípulo.

manipuler v. tr. Manipular. ‖ FIG. Manejar (tripoter). ‖ Hacer experiencias de química.

manique ou **manicle** f. Guante (*m.*) de cuero, manopla. ‖ Mango, *m.* (manche).

manitou m. Manitú (divinité des Indiens de l'Amérique du Nord). ‖ FAM. *Grand manitou,* gran personaje, mandamás, capitoste.

manivelle f. Manivela, manubrio, *m.* ‖ Biela (de bicyclette).

manne f. Maná, *m.* (aliment). ‖ Canasta (panier). ‖ *Manne d'enfant,* cuna de mimbre, moisés.

mannequin m. Maniquí. ‖ Modelo, *f.*, maniquí, *f.* (personne). ‖ FIG. Pelele, maniquí, muñeco, hombre sin carácter. ‖ Cesto, canasto (panier long). ‖ Espantapájaros (épouvantail).

mannequiner v. tr. ARTS. Colocar [los personajes de una pintura como si fueran maniquíes]

mannette f. Banasta, canasta, cesta.

mannezingue [manzɛ̃:g] m. POP. Tabernero (marchand de vin).

mannite f. CHIM. Manita, azúcar (*m.*) de maná.

manodétendeur m. TECHN. Manodescompresor.

manœuvrabilité [manœvrabilite] f. Maniobrabilidad.

manœuvrable [-vrabl] adj. Maniobrable, manejable.

manœuvre [manœvr] f. Manejo, *m.*, maniobra. ‖ Maniobra : *manœuvres frauduleuses,* maniobras fraudulentas. ‖ FIG. Manejos, *m. pl.*, trapicheo, *m.*, tejemaneje, *m.* (intrigues). ‖ MAR. Jarcia, maniobra, aparejo, *m.* (cordage). ‖ Maniobra, faena (corvée). ‖ MIL. Maniobra, ejercicio (*m.*) táctico : *terrain de manœuvres,* campo de maniobras. ‖ TECHN. Puesta en marcha. ‖ — M. Bracero, peón (ouvrier). ‖ FIG. Chapucero [mal trabajador, mal escritor, mal artista].

manœuvrer [-vre] v. tr. et intr. Maniobrar. ‖ Manejar.

manœuvrier, ère [-vrije, jɛ:r] adj. Maniobrero, ra. ‖ FIG. Político hábil. ‖ FAM. Maniobrista.

manoir m. Casa (*f.*) solariega (d'une famille). ‖ Casa (*f.*) de campo. ‖ (Vx). Morada, *f.*, casa, *f.* (demeure),

manomètre m. Manómetro.

manométrique adj. Manométrico, ca.

manoque f. Manojo, *m.* (de tabac). ‖ MAR. Ovillo (*m.*) de meollar.

manostat [manɔsta] m. Manostato.

manouvrier, ère m. et f. (Vx). Jornalero, ra ; bracero, ra ; peón, *m.*

manquant, e adj. Que falta, faltante : *la somme manquante,* la cantidad que falta.
— M. Ausente. ‖ *Manquant à l'appel,* ausente [al pasar lista].

manque m. ● Falta, *f.* : *le manque de temps,* la falta de tiempo. ‖ Carencia, *f.*, escasez, *f.* : *manque de moyens,* carencia de medios ; *manque de main-d'œuvre,* escasez de mano de obra. ‖ Lo que falta (ce qui manque). ‖ Fallo, insuficiencia, *f.* ‖ — *Manque à gagner,* lucro cesante, beneficio previsto no obtenido. ‖ *Manque de,* por falta de. ‖ *Manque de chance,* mala suerte. ‖ *Manque et passe,* falta y pasa. ‖ — POP. *À la manque,* camelista, de camelo.
— SYN. ● *Absence,* ausencia. *Carence,* carencia. *Défaut,* defecto. *Déficience,* deficiencia. *Disette,* escasez. *Faute,* falta, defecto. *Pénurie,* penuria. *Privation,* privación.

manqué, e adj. Fracasado, da ; malogrado, da ; frustrado, da : *affaire manquée,* asunto fracasado. ‖ Fallido, da ; frustrado, da : *un coup manqué,* un golpe fallido. ‖ Perdido, da : *une occasion*

manquée, una ocasión perdida. ‖ Que ha salido mal : *une glace manquée,* un helado que ha salido mal. ‖ Defectuoso, sa (défectueux). ‖ *Un garçon manqué,* marimacho, muchacha con maneras y aficiones masculinas.
— M. Saboyana, *f.* (sorte de biscuit).

manquement m. Falta, *f.* : *manquement à la charité,* falta de caridad. ‖ Infracción, *f.*, transgresión, *f.* (infraction). ‖ Incumplimiento : *manquement à la parole donnée,* incumplimiento de la palabra dada.

manquer v. intr. Faltar : *un bras lui manque,* le falta un brazo. ‖ Faltar (être absent). ‖ Faltar, incurrir en falta : *manquer à son devoir,* faltar a su deber. ‖ Fallar, fracasar : *affaire qui manque,* negocio que fracasa. ‖ Faltar al respeto : *manquer à la vieillesse,* faltar al respeto a la vejez. ‖ Carecer : *manquer à la politesse,* carecer de cortesía. ‖ Fallar : *manquer à ses amis,* fallar a sus amigos. ‖ Fallar, errar : *le coup manqua,* falló el tiro. ‖ No venir, no acudir, faltar : *manquer à un rendez-vous,* no acudir a una cita. ‖ Omitir, dejar de, olvidar : *ne manque pas de venir,* no dejes de venir. ‖ Carecer de, no tener, estar falto de : *manquer d'argent,* carecer de dinero. ‖ Fallar, flaquear, desfallecer : *le cœur lui a manqué,* el corazón le ha fallado. ‖ Estar a punto de, estar a pique de, faltar poco para : *il a manqué de tomber,* ha estado a punto de caer, faltaba poco para que se cayera. ‖ — *Manquer à sa parole,* faltar a su palabra. ‖ —*Cette personne me manque beaucoup,* echo mucho de menos a esta persona. ‖ *Il s'en manque de peu, de beaucoup,* falta poco, mucho. ‖ *Le pied lui a manqué,* se le han ido los pies. ‖ *Ne pas manquer de,* no dejar de. ‖ *Sans manquer,* sin falta.
— V. tr. Echar a perder, haberle a uno salido mal, fallar : *manquer un plat,* echar a perder un guiso. ‖ Dejar escapar, perder : *manquer une occasion,* perder una ocasión. ‖ No conseguir, no alcanzar, fallar : *manquer le but,* no conseguir el objetivo. ‖ Errar : *manquer son coup,* errar el golpe *ou* el tiro. ‖ Ejecutar mal, hacer mal, no acertar (mal exécuter). ‖ Malograr (sa vie). ‖ No ver, no encontrar : *manquer un voyageur,* no ver a un viajero. ‖ No acudir a, faltar a : *manquer un rendez-vous,* no acudir a una cita. ‖ Perder : *manquer le train,* perder el tren. ‖ Marrar el tiro a : *manquer un lièvre,* marrar el tiro a una liebre. ‖ — *Manquer le coche,* perder una buena ocasión. ‖ — FAM. *Il ne manquait plus que ça !,* ¡sólo faltaba eso !, ¡lo que faltaba ! ‖ *La manquer belle,* perder una buena ocasión (perdre), librarse de una buena (échapper). ‖ *Ne pas manquer quelqu'un,* no olvidar de darle su merecido, no dejar escaparse (châtier). ‖ *Se manquer,* fallar el suicidio, salir rana en el suicidio.
— V. impers. Faltar : *il manque dix élèves,* faltan diez alumnos.

mansarde f. Buhardilla.
— SYN. *Combles,* desván. *Galetas,* sotabanco, zaquizamí. *Grenier, débarras,* desván.

mansardé, e adj. Abuhardillado, da.

mansion f. Mansión.

mansuétude [mãsyetyd] f. Mansedumbre.

mante f. Manto, *m.*, capa. ‖ *Mante religieuse,* predicador, santateresa (insecte).

manteau m. ● Abrigo, gabán (pardessus) [*Amér.*, tapado]. ‖ Abrigo (de femme) : *manteau de fourrure,* abrigo de pieles. ‖ Capote (d'un militaire). ‖ FIG. Manto, capa, *f.* : *le manteau de l'indifférence,* el manto de la indiferencia. ‖ ZOOL. Manto (des mollusques). ‖ Campana, *f.*, manto (de cheminée). ‖ — THÉÂTR. *Manteau d'Arlequin,* segunda embocadura. ‖ — *Le blanc manteau de la neige,* la blanca alfombra de la nieve. ‖ *Se draper*

dans son manteau, embozarse *ou* arrebujarse en un abrigo. || *Sous le manteau,* a escondidas, bajo cuerda, solapadamente (clandestinement).
— Syn. ● *Pardessus,* abrigo, sobretodo. *Paletot,* gabán. *Pelisse,* pelliza. *Cape,* capa. *Capote,* capote. *Caban,* chubasquero.

mantelé, e adj. Zool. Albardado, da. || Blas. Mantelado, da.

mantelet [mᾱtlɛ] m. Manteleta, *f.,* esclavina, *f.* (manteau court). || Mantelete (fortification). || Blas. Mantelete. || Mar. Porta, *f.,* tronera, *f.*

mantelure f. Pelo *(m.)* del lomo de un perro.

mantille [mᾱti:j] f. Mantilla.

Mantinée n. pr. Géogr. Mantinea.

mantique f. Adivinación.

mantisse f. Mantisa (d'un logarithme).

mantouan, e [mᾱtwᾱ, an] adj. Mantuano, na ; de Mantua.

Mantoue n. pr. Géogr. Mantua.

Manuce n. pr. m. Manucio.

manucode m. Manucodiata, *f.* (oiseau).

manucure m. et f. Manicuro, ra.

manuel, elle adj. et s. m. Manual.

manuélin adj. m. Manuelino (style).

manufacturable adj. Manufacturable.

manufacture f. Manufactura. || Fábrica, manufactura.

manufacturé, e adj. Manufacturado, da.

manufacturer v. tr. Manufacturar.

manufacturier, ère adj. Fabril. || — Adj. et s. Manufacturero, ra. || — M. et f. Fabricante.

manuluve m. (Vx). Maniluvio.

manu militari [manymilitari] loc. adv. Manu militari, por la fuerza armada, por la fuerza de las armas.

manumission f. Manumisión.

manuscrit, e [manyskri, it] adj. Manuscrito, ta. — M. Original, manuscrito.

manutention [manytᾱsjɔ̃] f. Manipulación, manutención, manipulado, *m.* (de marchandises). || Intendencia militar (intendance militaire).

manutentionnaire [-sjɔnɛ:r] m. Manipulador.

manutentionner [-sjɔne] v. tr. Manipular. || Confeccionar, preparar.

manuterge m. Ecclés. Cornijal.

maori, e adj. et s. Maorí.
— Observ. Pl. du mot espagnol *maoríes.*

mappemonde f. Mapamundi, *m.*

maque f. Agramadera.

maquereau [makro] m. Caballa, *f.,* sarda, *f.* (poisson). || Pop. Chulo, rufián.

maquerelle [makrɛl] f. Pop. Patrona de una casa de trato.

maquette f. Maqueta, boceto, *m.,* proyecto, *m.* || Impr. Maqueta.

maquettiste m. et f. Proyectista, autor de una maqueta.

maquignon m. Chalán, tratante de caballos. || Fig. et fam. Zurcidor de voluntades.

maquignonnage m. Chalanería, *f.,* chalaneo. || Manejos *(pl.)* comerciales fraudulentos. || Fig. et fam. Intriga, *f.,* manejos, *pl.*

maquignonner v. tr. Chalanear, vender caballos (vendre des chevaux). || Fig. Chalanear con, andarse con trapicheos con.

maquillage [makija:ʒ] m. Maquillaje.

maquillé, e [-je] adj. Maquillado, da ; pintado, da. || Fig. Disfrazado, da : *un crime maquillé en suicide,* un crimen disfrazado de suicidio.

maquiller [-je] v. tr. Maquillar, pintar (farder). || Fig. Alterar, encubrir, disfrazar, maquillar (altérer). | Maquillar, falsificar.
— V. pr. Maquillarse, pintarse.

maquilleur, euse [-jœ:r, ø:z] m. et f. Maquillador, ra (de théâtre). || Fig. Falsario, ria (faussaire). | Tramposo, sa (tricheur).

maquis [maki] m. Monte bajo, matorral (en Corse). || Resistencia *(f.)* de los franceses contra los alemanes en la segunda guerra mundial, maquis (gallicisme), guerrilla, *f.* || Fig. Complicación, *f.,* laberinto inextricable, embrollo. || *Prendre le maquis,* echarse *ou* irse al monte.

maquisard [-za:r] m. Guerrillero, resistente.

marabout [marabu] m. Morabito (religieux musulman). || Hervidor panzudo (bouilloire). || Marabú (oiseau). || Marabú (plume). || Mil. Tienda *(f.)* de campaña cónica.

marabunta f. Marabunta.

maraîchage m. Labores *(f. pl.)* de huerta.

maraîcher, ère adj. Hortense, de huerta. || — *Culture maraîchère,* cultivo de hortalizas. || *Production maraîchère,* productos de la huerta.
— M. et f. Hortelano, na.

maraîchin, e adj. et s. Hortelano, na [de la Vendée].

marais [marɛ] m. ● Pantano, zona *(f.)* pantanosa, ciénaga, *f.* || Marisma, *f.* (en bordure de mer ou de fleuve). || Huerta, *f* (terrain pour la culture des légumes). || — *Marais salant,* salina. || — *Fièvre des marais,* paludismo. || *Gaz des marais,* gas de los pantanos, metano. || *Le Marais,* el Marais [barrio antiguo de París].
— Syn. ● *Marécage,* ciénaga. *Maremme,* marisma. *Palus,* palud, paúl.

maranta f. Maranta (plante d'Amérique).

marasme m. Marasmo.

marasque f. Marasca, cereza amarga.

marasquin m. Marrasquino (liqueur).

marathon m. Maratón (course).

Marathon n. pr. Géogr. Maratón.

maraud, e [maro, o:d] adj. et s. Pícaro, ra ; tunante, bribón, ona.

maraudage m. ou **maraude** f. Merodeo, *m.* || Fig. *Taxi en maraude,* taxi que circula en busca de clientes.

marauder v. intr. Merodear. || Fig. Circular lentamente en busca de clientes (taxi).

maraudeur, euse m. et f. Merodeador, ra.
— Adj. Fig. Que circula lentamente en busca de clientes (chauffeur de taxi).

maravédis m. Maravedí (monnaie).
— Observ. Pl. du mot espagnol : *maravedís, maravedíes ou maravedíes.*

Marbourg [marbu:r] n. pr. Géogr. Marburgo.

marbre m. Mármol (pierre). || Monumento *ou* estatua *(f.)* de mármol (monument). || Fig. Mármol, frialdad, *f.,* dureza, *f.* (froideur). || Impr. Platina, *f.* : *rester sur le marbre,* quedarse en la platina. || Techn. Jaspeado (marbrure d'un livre). || Fig. *Rester de marbre,* quedarse frío como el mármol.

marbré, e adj. Jaspeado, da (jaspé). || Amoratado, da (par le froid).

marbrer v. tr. Jaspear, vetar. || Amoratar, acardenalar (la peau).

marbrerie [marbrəri] f. Marmolería.

marbreur, euse m. et f. Jaspeador, ra.

marbrier, ère [marbrije, jɛ:r] adj. Del mármol, referente a la industria del mármol.
— M. Marmolista. || — F. Cantera de mármol.

marbrure f. Jaspeado, *m.,* jaspeadura (d'un livre). || Mancha amoratada de la piel (de la peau).

marc (mark] m. Marco (ancien poids de 244,75 g). || Marco (monnaie). || *Au marc le franc,* a prorrateo, a prorrata.

marc [ma:r] m. Orujo, pie (du raisin). || Orujo, erraj (des olives pressées). || Hez, *f.,* poso (de lie). || Zurrapa, *f.,* madre, *f.* (du café). || Aguardiente de orujo (eau-de-vie). || *Faire le marc de café,* adivinar el porvenir por los posos del café.

Marc [mark] n. pr. m. Marcos.
marcassin m. Jabato (petit sanglier).
marcassite ou **marcasite** f. Min. Marcasita, marquesita.
Marc Aurèle [markɔrɛl] n. pr. m. Marco Aurelio.
Marcel, elle n. pr. m. et f. Marcelo, Marcela.
marceline f. Tela de seda muy suave.
Marcellin, e n. pr. m. et f. Marcelino, Marcelina.
Marcellus [marsɛlys] n. pr. m. Marcelo.
marcescence [marsɛssɑ̃:s] f. Marchitez, marcescencia.
marcescent, e [-sɑ̃, ɑ̃:t] adj. Bot. Marcescente.
marcescible [-sibl] adj. Marchitable, marcesible (flétrissable).
marchand, e. m. et f. ● Vendedor, ra : *marchand de journaux*, vendedor de periódicos. ‖ Comerciante, mercader, ra : *le Marchand de Venise*, el Mercader de Venecia. ‖ Marchante, ta ; traficante, m., negociante, m. (négociant). ‖ (P. us.). Comprador, ra (acheteur). ‖ — *Marchand ambulant*, vendedor ambulante, buhonero. ‖ *Marchand de bestiaux*, tratante en ganado. ‖ *Marchand de biens*, corredor de fincas. ‖ *Marchand de canons*, fabricante de armas. ‖ *Marchand de sable*, sueño : *le marchand de sable est passé*, se está cayendo de sueño. ‖ *Marchand de sommeil*, hotelero abusivo. ‖ Fam. *Marchand de soupe*, director de un colegio de internos, dueño de restaurante abusivo. ‖ *Marchand d'habits*, ropavejero. ‖ *Marchand d'oriétan*, charlatán. ‖ *Marchand forain*, feriante. ‖ — *Marchande à la toilette*, prendera. ‖ *Marchande de quatre-saisons*, verdulera, vendedora ambulante. ‖ — *Les marchands du Temple*, los mercaderes del Templo. ‖ — *Être le mauvais marchand d'une chose*, no sacar ningún beneficio de una cosa. ‖ *Il y a marchand*, hay comprador.
— Adj. Mercante, mercantil ; *marine marchande*, marina mercante ; *navire, vaisseau marchand*, barco mercante. ‖ Comercial : *valeur marchande*, valor comercial. ‖ Comercial, de mucho tráfico ou comercio : *rue, ville marchande*, calle, ciudad comercial. ‖ — *Denrée marchande*, artículo comercial ou de fácil venta. ‖ *Prix marchand*, precio corriente.
— Syn. ● *Vendeur*, vendedor. *Commerçant*, comerciante. *Négociant*, negociante. *Débitant*, tendero. *Trafiquant*, traficante. Fam. *Margoulin*, mercanti, mercachifle.
marchandage m. Regateo. ‖ Ajuste a destajo (à forfait). ‖ Fig. Negociaciones, f. pl. ‖ Comercio (dans un sens péjoratif).
marchander v. tr. et intr. Regatear, discutir el precio de (débattre). ‖ Ajustar ou hacer a destajo (exécuter à forfait). ‖ Fig. Escatimar, ser avaro de, regatear : *marchander les éloges*, escatimar los elogios.
— V. intr. Vacilar, titubear : *il n'y a pas à marchander*, no hay que vacilar.
marchandeur, euse adj. et s. Regateador, ra (qui marchande). ‖ — M. Constr. Destajista (entrepreneur à forfait).
marchandise f. ● Mercancía, mercadería (p. us.) : *train de marchandises*, tren de mercancías. ‖ Género, m. (se dit surtout des tissus), artículo, m. (denrée). ‖ Fig. *Faire valoir sa marchandise* ou *vanter sa marchandise*, hacer el artículo.
— Syn. ● *Denrée*, producto alimenticio, comestible. *Produit*, producto. Fam. *Camelote*, buhonería. *Pacotille*, pacotilla.
marchant, e adj. En marcha. ‖ Que marcha. ‖ Fig. Activo, va : *aile marchante d'un parti*, el ala activa de un partido.
marche f. Marcha. ‖ Marcha, andar, m., manera de caminar (allure) : *une marche gracieuse*, un andar gracioso. ‖ Camino, m. : *ce village est à une heure de marche*, este pueblo está a una hora

de camino. ‖ Peldaño, m., escalón, m. (degré). ‖ Marcha (sport). ‖ Funcionamiento, m. (fonctionnement). ‖ Paso, m., curso, m. (du temps). ‖ Desarrollo, m., progreso, m. (évolution). ‖ Movimiento, m. (des astres). ‖ (Vx). Marcha, frontera (frontière). ‖ Cárcola (d'un métier de tisserand). ‖ Huella (du pied du cerf). ‖ Fig. Marcha, proceder, m., conducta. ‖ Curso, m., desarrollo, m. : *la marche des événements*, el curso de los acontecimientos. ‖ Impr. Muestra. ‖ Mil. et Mus. Marcha. ‖ — *Marche arrière*, marcha atrás (voiture), retroceso (d'une machine à écrire). ‖ *Marche à suivre*, camino que hay que seguir, método. ‖ *Marche forcée*, marcha forzada. ‖ — *Fausse marche*, marcha fingida. ‖ — *Faire une heure de marche*, andar durante una hora. ‖ *Hâter la marche*, apretar ou apresurar el paso. ‖ *Ralentir la marche*, aflojar el paso. ‖ *Se mettre en marche*, ponerse en marcha.
— Observ. Hay que evitar el uso del pleonasmo *marche à pied*.
Marche n. pr. f. Géogr. Marca.
marché m. ● Mercado, plaza, f. : *aller au marché*, ir a la plaza. ‖ Mercado : *le marché au poisson*, mercado de pescado. ‖ Trato, transacción, f. : *faire un marché avantageux* o *un marché d'or*, hacer un trato ventajoso ; *rompre un marché*, deshacer un trato. ‖ Mercado (débouché). ‖ Contrato, convención, f. (convention). ‖ Fig. Mercado (ville très commerçante). ‖ — *Marché à forfait*, compra ou mercado a tanto alzado. ‖ *Marché à terme*, operación a plazo (en bourse). ‖ *Marché au comptant*, operación al contado. ‖ Fam. *Marché aux puces*, mercado de cosas viejas, el Rastro (à Madrid). ‖ *Marché de dupe*, mal negocio, engañifa, pacto leonino. ‖ *Marché du travail*, bolsa del trabajo. ‖ *Marché ferme*, operación en firme. ‖ *Marché noir*, estraperlo, mercado negro : *au marché noir*, de estraperlo. ‖ *Marché parallèle*, mercado paralelo. ‖ *Marché soutenu, calme, en retrait*, mercado sostenido, encalmado, en retroceso. ‖ — *Bon marché*, barato, a buen precio : *acheter à bon marché*, comprar barato ; poco costoso, barato : *tissus bon marché*, tejidos baratos ; lo barato : *le bon marché coûte toujours cher*, lo barato sale siempre caro. ‖ *Meilleur marché*, más barato. ‖ *Par-dessus le marché*, además, por añadidura, aparte de esto, para colmo. ‖ — *Avoir bon marché de quelque chose*, sacar provecho de algo. ‖ Fig. *Avoir bon marché de quelqu'un*, dar buena cuenta de alguien. ‖ *En être quitte à bon marché*, salir bien librado [de un apuro]. ‖ *Faire bon marché de*, despreciar, hacer poco caso de, tener a menos, tener en poco. ‖ *Faire son marché*, ir al mercado, ir a la compra, hacer la compra. ‖ *Mettre à quelqu'un le marché en main*, obligar a uno a tomar una decisión.
— Syn. ● *Halle*, mercado, plaza. *Foire*, feria. *Braderie*, baratillo. *Bazar*, bazar. *Souk*, zoco.
marchepied [marʃəpje] m. Estribo (d'une voiture). ‖ Grada, f., escalón (degré d'une estrade). ‖ Tarima, f. (estrade). ‖ Escabel, taburete (escabeau). ‖ Fig. Escalón, trampolín (moyen de parvenir). ‖ Mar. Marchapié. ‖ *Servitude de marchepied*, servidumbre de andén (sur le chemin de halage).
marcher v. intr. Pisar : *marcher sur le pied de quelqu'un*, pisar el pie de alguien. ‖ ● Andar, marchar : *marcher sur les mains, sur les genoux*, andar con las manos, de rodillas. ‖ Ir, estar, ocupar : *marcher en tête d'un cortège*, ir a la cabeza de un cortejo. ‖ Ir, caminar : *il marchait au trot*, iba al trote. ‖ Ir, marchar, hacer : *cette voiture marche à 150 km à l'heure*, este coche hace 150 km por hora. ‖ Moverse, desplazarse : *les*

rivières sont des chemins qui marchent, los ríos son caminos que se mueven. ‖ Funcionar, andar, marchar : *auto qui marche bien,* auto que funciona bien. ‖ Transcurrir, pasar (s'écouler) : *les siècles marchent,* los siglos pasan. ‖ Ir, prosperar, marchar : *affaire qui marche,* negocio que prospera. ‖ Ir : *marcher à sa ruine,* ir a su ruina. ‖ Desarrollarse, ir bien : *tout a marché,* todo ha ido bien. ‖ FAM. Cuajar : *si mon projet marche,* si mi proyecto cuaja. ‖ Aceptar, consentir, estar de acuerdo : *il n'a pas marché,* no aceptó. ‖ Creerse, tragarse : *elle a marché,* se lo creyó. ‖ — *Marcher à grands pas,* andar con pasos largos *ou* a zancadas (marcher vite), progresar mucho (prospérer). ‖ *Marcher à quatre pattes,* andar a gatas. ‖ MIL. *Marcher au pas,* ir al paso (en cadence), ser obediente (être discipliné). ‖ *Marcher avec* o *ensemble,* ir bien, ser compatibles. ‖ FIG. et FAM. *Marcher avec quelqu'un,* estar con alguien, estar de acuerdo con alguien. ‖ *Marcher droit,* ir derecho, proceder con rectitud. ‖ *Marcher du même pas,* progresar al mismo tiempo, obrar de concierto. ‖ *Marcher en avant* o *devant,* ir delante : *marcher devant quelqu'un,* ir delante de alguien ; llevar la delantera, ser más importante que. ‖ *Marcher sous,* estar a las órdenes de. ‖ *Marcher sur des œufs,* andar pisando huevos. ‖ *Marcher sur les pas* o *sur les traces de quelqu'un,* seguir a alguien, seguir las huellas *ou* los pasos de alguien, seguir el ejemplo de alguien. ‖ *Marcher sur les pieds de quelqu'un,* pisar a uno (sens propre), pisotear a uno, atropellar (sens figuré). ‖ *Marcher sur les talons de quelqu'un,* pisarle a uno los talones. ‖ FIG. *Marcher sur quelqu'un,* encontrar a alguien a cada paso. ‖ — *Ça marche?,* ¿todo va bien? ‖ *En avant, marche!,* ¡adelante *ou* de frente, mar! ‖ *Faire marcher la maison,* sacar la casa adelante. ‖ *Faire marcher quelqu'un,* hacer obedecer (obtenir l'obéissance), tomar el pelo a uno, pegársela (engañarle (berner), mover a alguien *ou* manejar a alguien a su antojo (manier à son gré). ‖ *Lève-toi et marche!,* ¡levántate y anda! ‖ MIL. *Marche!,* ¡marchen !

— SYN. ● *Arpenter,* andar a grandes zancadas. *Cheminer,* caminar. *Déambuler,* deambular. *Se promener,* pasearse. *Trottiner,* pasear. *Pop. Vadrouiller,* callejar. *Se balader,* darse un garbeo.

marcher m. Andares, *pl.,* modo de andar, paso. ‖ Suelo (sol).

marcheur, euse adj. et s. Andador, ra ; andarín, ina.

— F. Figurante (théâtre). ‖ — M. Marchador (sports).

Marcomans n. pr. m. pl. Marcomanos.

marcottage m. AGRIC. Acodadura, *f.*

marcotte f. AGRIC. Acodo, *m.*

marcotter v. tr. Acodar.

mardi m. Martes : *mardi dernier, prochain,* el martes pasado, próximo *ou* que viene. ‖ *Mardi gras,* martes de carnaval.

— OBSERV. El martes 13 corresponde al viernes 13 en Francia (día de mala o buena suerte).

Mardochée n. pr. m. Mardoqueo.

mare f. Charca. ‖ Charco, *m.* : *mare de sang,* charco de sangre.

marécage m. Ciénaga, *f.,* terreno pantanoso, pantano.

marécageux, euse adj. Pantanoso, sa ; cenagoso, sa.

maréchal m. MIL. Mariscal : *il y a peu de maréchaux,* hay pocos mariscales. ‖ Herrador (maréchal ferrant). ‖ — *Maréchal de camp,* mariscal de campo. ‖ *Maréchal des logis,* sargento de caballería *ou* de artillería *ou* de cuerpo de tren. ‖ *Maréchal des logis-chef,* sargento mayor de caballería.

maréchalat [mareʃala] m. Mariscalato, mariscalía, *f.*

maréchale f. Esposa de un mariscal, mariscala. ‖ Hulla (houille).

maréchalerie f. Herrería.

maréchal-ferrant m. Herrador.

— OBSERV. Pl. *maréchaux-ferrants.*

maréchaussée f. Gendarmería. ‖ (Vx), Jurisdicción de un mariscal de Francia.

marée f. Marea. ‖ Pescado (*m.*) fresco de mar (poisson). ‖ FIG. Oleada, marejada (masse considérable). ‖ — *Marée basse,* marea baja, bajamar. ‖ *Marée descendante,* reflujo, marea saliente. ‖ *Marée haute,* pleamar. ‖ *Marée montante,* flujo, marea entrante. ‖ — *Contre vent et marée,* contra viento y marea. ‖ *Grande marée,* marea viva. ‖ *Raz de marée,* maremoto, marejada alta. ‖ FIG. *Arriver comme marée en carême,* llegar como pedrada en ojo de boticario, venir como el agua de mayo.

marégraphe m. Mareógrafo.

marelle f. Piso, *m.,* infernáculo, *m.,* rayuela, tres (*m.*) en raya (jeu d'enfant).

maremmatique adj. Palúdico, ca (fièvre).

maremme [marɛm] f. Marisma.

marémoteur, trice adj. Maremotor, triz.

marengo [marɛ̃go] adj. et s. m. Marengo (couleur). ‖ *À la marengo,* en pepitoria, a la marengo (cuisine).

mareyage [marɛja:ʒ] m. Trabajo de pescadero *ou* de marisquero.

mareyeur, euse [-jœ:r, ø:z] m. et f. Pescadero, ra ; marisquero, ra.

margarine f. Margarina.

margarinerie f. Fábrica de margarina.

margauder v. intr. Gritar (la caille).

margay [margɛ] m. Marguay, caucel (félin américain).

marge f. Margen, *m.* ‖ Margen (rive). ‖ FIG. Tiempo, *m.,* espacio, *m.* ‖ — *Marge bénéficiaire* o *de bénéfices,* ganancia, beneficio, margen de ganancias. ‖ — *En marge,* al margen.

— OBSERV. Le mot espagnol *margen* est tantôt masculin, tantôt féminin ; il est masc. lorsqu'il correspond à la « marge » d'une feuille, et fém. dans le sens de « rivage ».

margelle f. Brocal, *m.* (d'un puits).

marger* v. tr. IMPR. Marcar. ‖ Marginar (réserver une marge).

margeur, euse adj. et s. m. IMPR. Marcador, ra ; marginador, ra.

marginal, e adj. Marginal.

marginalisme m. Marginalismo.

marginaliste adj. et s. Marginalista.

marginer v. tr. Poner notas marginales.

margis [marʒi] m. POP. Sargento de caballería.

margot [margo] f. FAM. Urraca, picaza (pie). ‖ Cotorra (bavarde).

Margot [margo] n. pr. f. (dim. de *Marguerite*). Margarita.

margoter v. intr. Gritar (la caille).

margotin m. Encendajas, *f. pl.,* manojo de hornija (fagot).

margouillis [marguji] m. FAM. Estercolero (d'ordures), lodazal (de boue).

margoulette f. POP. Quijada, mandíbula (mâchoire). ‖ Boca, jeta, hocico, *m.* (bouche). ‖ POP. *Casser la margoulette à quelqu'un,* romperle la jeta *ou* los hocicos a uno.

margoulin m. POP. Mercachifle.

margrave m. Margrave. ‖ — F. Mujer del margrave.

margraviat [margravja] m. Margraviato.

marguerite f. Margarita (fleur). ‖ MAR. Margarita. ‖ — *Effeuiller la marguerite,* deshojar la margarita.

Marguerite n. pr. f. Margarita.

marguillier [margije] m. Mayordomo [de una parroquia].

mari m. Marido.

mariable adj. Casadero, ra (en âge de se marier).

mariage m. ● Matrimonio (union et sacrement). ‖ Boda, f., casamiento (noce) : *aller au mariage d'un ami*, ir a la boda de un amigo. ‖ Tute (jeu de cartes). ‖ (Vx). Dote, f. (dot). ‖ Fig. Unión, f., asociación, f., maridaje, lazo. ‖ Mar. Ligadura, f. ‖ — *Mariage de raison*, matrimonio de conveniencia *ou* de interés. ‖ *Mariage en détrempe* o *de la main gauche*, matrimonio por detrás de la iglesia. ‖ *Mariage par procuration*, matrimonio por poderes. ‖ *Mariage sous la cheminée*, matrimonio secreto. ‖ — *Acte de mariage*, partida de casamiento. ‖ *Bans de mariage*, amonestaciones. ‖ *Le Mariage de Figaro*, el casamiento de Fígaro (Beaumarchais), Las bodas de Fígaro (Mozart). ‖ — *Faire un mariage*, casar. ‖ *Faire un mariage d'argent*, casarse por interés. ‖ *Promettre le mariage*, dar palabra de casamiento.
— Syn. ● *Alliance*, alianza. *Épousailles*, esponsales. *Hymen*, *hyménée*, himeneo. *Union*, unión.

marial, e adj. Mariano, na ; marial (de la Vierge Marie).

marianisme m. Marianismo.

marianiste adj. et s. m. Marianista (religieux).

Marianne n. pr. f. Mariana. ‖ Fam. La República francesa.

Mariannes [marjan] n. pr. f. pl. Géogr. *Îles Mariannes*, islas Marianas.

Marie n. pr. f. María.

marié, e adj. et s. Casado, da. ‖ Novio, via : *la robe de la mariée*, el traje de la novia. ‖ — *La jeune mariée*, la novia. ‖ *Les mariés*, los novios. ‖ *Les nouveaux* o *jeunes mariés*, los recién casados. ‖ *Rimes mariées*, versos pareados. ‖ *Se plaindre* o *trouver que la mariée est trop belle*, quejarse de vicio *ou* sin motivo.

marier* v. tr. Casar. ‖ Fig. Unir, juntar, maridar (unir). ‖ Casar, armonizar (assortir). ‖ Mar. Unir [dos cabos]. ‖ — *Être bon à marier*, ser casadero. ‖ *Être marié de la main gauche*, estar casado por detrás de la iglesia.
— V. pr. Casarse : *se marier à la mairie, par procuration*, casarse por lo civil, por poderes.

marie-salope f. Gánguil, m. (bateau pour enlever la vase). ‖ Draga de vapor (drague).

marieur, euse m. et f. Casamentero, ra.

marigot [marigo] m. Brazo de río. ‖ Marisma, f. (terre inondable).

marihuana ou **marijuana** f. Marihuana, marijuana, mariguana.

marin, e adj. Marino, na : *brise marine*, brisa marina. ‖ Marinero, ra : *navire marin*, navío marinero. ‖ Naútico, ca : *carte marine*, mapa naútico. ‖ *Avoir le pied marin*, no marearse en los barcos (ne pas être malade), saber navegar (savoir se tirer d'affaire).
— M. ● Marino, marinero : *les Phéniciens étaient un peuple de marins*, los fenicios eran un pueblo de marineros. ‖ — *Costume marin*, traje de marinero. ‖ *Marin d'eau douce*, marinero de agua dulce. ‖ *Marin du commerce*, marino mercante.
— Observ. En espagnol on réserve le terme de *marinero* aux membres de l'équipage subalternes (matelots) ou aux amateurs.
— Syn. ● *Marinier*, lanchero, barquero. *Matelot*, marinero. *Mousse*, grumete. *Loup de mer*, lobo de mar. *Bateleur*, batelero, lanchero.

marinade f. Escabeche, m. (pour le poisson) : *marinade de thon*, atún en escabeche. ‖ Adobo, m., salmuera (pour les viandes). ‖ Conserva (viande marinée).

marinage m. Adobo (viande). ‖ Escabechado (poisson).

marine f. Marina : *marine marchande, militaire*, marina mercante, de guerra. ‖ Marina (peinture). ‖ — M. Soldado de infantería de marina.
— Adj. inv. *Bleu marine*, azul marino.

mariner v. tr. Escabechar, marinar (le poisson). ‖ Adobar (la viande). ‖ Fig. *Laisser mariner*, esperar que madure, dejar en remojo.
— V. intr. Estar en escabeche *ou* en adobo.

maringouin [marēgwē] m. Mosquito (moustique).

marinier, ère adj. (P. us.). Marinero, ra.
— M. Barquero, lanchero. ‖ — F. Blusón, m. (de femme). ‖ Marinera (d'enfant). ‖ Marinera : *thon à la marinière*, atún a la marinera.

marinisme m. Marinismo (style affecté).

mariole ou **mariolle** adj. m. et s. m. Pop. Listo, pillín. ‖ *Faire le mariole*, hacerse el interesante, dárselas de listo.

Marion n. pr. f. Fam. (dim. de *Marie*), Mariquita, Maruja.

marionnette f. Títere, m., marioneta. ‖ Fig. Títere, m., marioneta, pelele, m., muñeco, m. (personne sans caractère). ‖ Techn. Canilla (bobine). ‖ Polea vertical giratoria. ‖ — Pl. Teatro (m. sing.) de marionetas.

mariste adj. et s. m. Marista (religieux).

marital, e adj. Marital : *autorisation maritale*, autorización marital.

maritime adj. Marítimo, ma. ‖ *Arsenal maritime*, arsenal marítimo, astillero.

maritorne f. Fam. Maritornes.

Marius [marjys] n. pr. m. Mario.

marivaudage m. Discreteo, galanteo.

marivauder v. intr. Discretear, galantear. ‖ Andarse con floreos, andarse en exquisiteces.

marjolaine f. Bot. Mejorana.

mark [mark] m. Marco (monnaie).

marketing m. Marketing, investigación (f.) de mercados, mercadotecnia, f., comercialización, f., mercadeo.

marli ou **marly** m. Randa, f. (broderie). ‖ Borde, filete (d'une assiette, d'un plat).

marlou m. Pop. Chulo, rufián.

marmaille [marma:j] f. Fam. Chiquillería, gente menuda, prole.

Marmara n. pr. Géogr. *Mer de Marmara*, mar de Mármara (m.).

marmelade f. Mermelada. ‖ Fig. et Fam. *En marmelade*, hecho papilla, hecho migas.

marmenteau m. Monte que no puede cortarse, arbolado.

marmitage m. Fam. Bombardeo de artillería, lluvia (f.) de obuses (bombardement).

marmite f. Olla, marmita. ‖ Fam. Pepino, m., obús (m.) de grueso calibre. ‖ — *Marmite de Papin*, autoclave. ‖ Fig. *Faire bouillir* o *faire aller la marmite*, pagar el cocido, calentar el puchero, ganar la subsistencia de una familia.

marmitée f. Olla. ‖ Pop. Cascos (m. pl.) de metralla (éclats d'obus).

marmiter v. tr. Fam. Bombardear.

marmiton m. Pop. Pinche, marmitón.

marmonner v. tr. Mascullar, refunfuñar.

marmoréen, enne adj. Marmóreo, a. ‖ Fig. Marmóreo, a ; frío, a ; glacial (froid).

marmoriser v. tr. Transformar en mármol.

marmot [marmo] m. Fam. Crío, chaval, arrapiezo. ‖ Fig. *Croquer le marmot*, estar de plantón, esperar mucho.

marmotte f. Marmota (animal) : *dormir comme une marmotte*, dormir como una marmota. ‖ Pañoleta (coiffure de femme). ‖ Maleta (malle). ‖ Muestrario, m., maletín (m.) de muestras (boîte à échantillons).

marmottement m. Refunfuño, mascullamiento.
marmotter v. tr. Hablar entre dientes, mascullar.
marmotteur, euse adj. et s. Refunfuñador, ra; murmurador, ra; rezongón, ona.
marmouset [marmuzɛ] m. Monigote, mamarracho (figure grotesque). ‖ FAM. Chiquillo, monigote (petit enfant). | Renacuajo, hombre pequeño (homme de petite taille).
marnage m. Subida (f.) del mar con la marea. ‖ AGRIC. Enmargado, abono con marga.
marne f. Marga.
Marne n. pr. f. GÉOGR. Marne, m.
marner v. tr. AGRIC. Margar, abonar con marga. — V. intr. Subir el nivel del mar.
marneur m. Marguero.
marneux, euse adj. Margoso, sa.
marnière f. Margal, m., marguera (carrière).
Maroc n. pr. m. GÉOGR. Marruecos.
marocain, e adj. et s. Marroquí.
maroilles [marwal] m. Queso de Maroilles.
maronite adj. et s. Maronita.
maronner v. intr. FAM. Rabiar. ‖ POP. Rezongar, gruñir.
maroquin m. Marroquín [galicismo corriente], tafilete. ‖ FAM. Cartera (f.) de ministro (portefeuille ministériel).
maroquinage m. Marroquinería, f. [galicismo], tafiletería, f.
maroquiner v. tr. Tafiletear, preparar el tafilete.
maroquinerie f. Marroquinería [galicismo], tafiletería.
maroquinier m. Marroquinero [galicismo], zurrador de tafilete, tafiletero. ‖ Comerciante en artículos de cuero (marchand de maroquinerie).
marotique adj. Marótico, ca; jocoserio, ria [dícese del estilo del poeta francés Marot].
marotte f. Manía, capricho, m., monomanía (idée fixe). ‖ Cetro (m.) de locura (attribut de la Folie). ‖ Fraustina (tête en bois ou en carton). ‖ TECHN. Banco (m.) de tonelero. ‖ FIG. À chacun sa marotte, cada loco con su tema.
marouette f. BOT. Manzanilla hedionda (maroute). ‖ Especie de fúlica (oiseau).
marouflage m. Encolado de una pintura.
maroufle m. Pícaro, pillo (fripon). ‖ Patán, grosero (grossier). — F. Cola fuerte (pour les peintures).
maroufler v. tr. Encolar (une peinture).
maroute f. BOT. Manzanilla hedionda.
marquage m. Acción (f.) de marcar, marca, f., marcación, f., marcado. ‖ Marcaje (sports).
marquant, e adj. Notable, destacado, da. ‖ Que se destaca, que llama la atención, que se señala : *couleurs marquantes,* colores que se destacan. ‖ *Cartes marquantes,* cartas que puntúan.
marque f. Marca, señal. ‖ Marca (d'un produit). ‖ Señal : *mettre une marque dans un livre,* poner una señal en un libro. ‖ Señal (au lieu d'une signature). ‖ ● Sello, m. (cachet). ‖ Marchamo, m. (de la douane). ‖ Mancha, antojo, m. (sur la peau). ‖ Señal, huella (trace d'une lésion, d'un coup). ‖ Rastro, m., huella (empreinte). ‖ Signo, m. : *les marques extérieures de la richesse,* los signos exteriores de riqueza. ‖ Signo (m.) distintivo, insignia. ‖ Señal, cruz (signature). ‖ Hierro, m., marca : *marque au fer chaud,* marca con hierro candente. ‖ Picadura, señal (de la variole). ‖ FIG. Indicio, m., signo, m. (indice). ‖ Prueba, testimonio, m. : *marques d'amitié,* pruebas de amistad. ‖ Estilo, m., sello, m. : *ses œuvres portent sa marque,* sus obras llevan su sello. ‖ Ficha, tanto, m. (jeton au jeu). ‖ Tanteo, m. (score), marcador, m. (sports) : *mener à la marque,* ir por delante en el marcador. ‖ Tarja (de boulanger). ‖ Vitola (des cigares). ‖ — *Marque de fabrique,* marca de fábrica. ‖ *Marque déposée,* marca registrada. ‖

— *De marque,* notable, insigne, relevante, destacado, da : *personne de marque,* persona notable; de marca : *produit de marque,* producto de marca. ‖ — MAR. *Arborer la marque,* enarbolar la insignia.
— SYN. ● *Cachet,* sello. *Timbre,* timbre. *Sceau,* sello. *Estampille,* estampilla. *Poinçon,* contraste, punzón. *Griffe,* firma. *Label,* marca sindical. *Repère,* señal.
marqué, e adj. Marcado, da; señalado, da. ‖ Acentuado, da : *une différence marquée,* una diferencia acentuada. ‖ Gastado, da; desgatado, da; estropeado, da : *marqué par l'âge,* gastado por los años. ‖ Envejecido, da (vieilli). ‖ — *Marqué au bon coin,* de buen cuño, excelente. ‖ *Marqué de petite vérole,* picado de viruelas. ‖ *Papier marqué,* papel sellado. ‖ *Rôles marqués,* papeles de carácter (au théâtre). ‖ — *Être marqué au front, à la joue,* tener una señal en la frente, en la mejilla.
marquer v. tr. Señalar, marcar. ‖ Marcar, poner una marca (le linge), grabar (l'argenterie). ‖ Anotar, inscribir : *marquer ses dépenses,* anotar sus gastos. ‖ Marcar (sports). ‖ Marcar, tantear (au jeu). ‖ Señalar (une pendule). ‖ Sellar (du papier). ‖ Dejar huellas (laisser des traces). ‖ Acentuar, señalar, hacer resaltar (accentuer). ‖ FIG. Indicar, revelar : *ses paroles marquent sa générosité,* sus palabras revelan su generosidad. ‖ Venir a ser, indicar, representar : *ce voyage marque le point culminant de,* ese viaje viene a ser la culminación de. | Señalar : *cet événement marqua le commencement de la révolution,* este suceso señaló el comienzo de la revolución. | Mostrar, dejar ver (témoigner). ‖ — *Marquer d'une pierre blanche,* señalar con una piedra blanca. ‖ *Marquer le coup,* acusar el golpe. ‖ MIL. *Marquer le pas,* marcar el paso. ‖ *Marquer un temps d'arrêt,* hacer una pausa, detenerse, pararse.
— V. intr. Distinguirse, señalarse (se distinguer). ‖ Dejar sus huellas, ser un hito : *fait qui marquera dans l'histoire,* hecho que dejará sus huellas en la historia. ‖ Ser digno de ser señalado : *livre où l'on ne trouve rien qui marque,* libro donde no se encuentra nada digno de ser señalado. ‖ POP. *Marquer mal,* tener mala facha ou mala pinta. ‖ *Crayon qui ne marque pas,* lápiz que no marca ou que no escribe.
marqueter* v. tr. ● Motear, pintar manchas en. ‖ TECHN. Taracear, adornar con marquetería.
— SYN. ● *Diaprer,* matizar. *Jasper,* jaspear. *Moucheter, salpicar. Tacheter,* motear. *Taveler,* manchar.
marqueterie [markɛtri] f. Marquetería, taracea, embutido, m.
marqueteur m. Taraceador.
marqueur, euse adj. et f. Marcador, ra. ‖ — M. Goleador (buteur). ‖ Rotulador (crayon).
marquis [marki] m. Marqués : *monsieur le marquis,* el señor marqués. ‖ *Marquis de Carabas,* falso noble.
marquisat [-za] m. Marquesado.
marquise f. Marquesa (titre de noblesse). ‖ Variedad de pera (poire). ‖ Sortija de lanzadera (bague). ‖ Marquesa (fauteuil). ‖ ARCHIT. Marquesina (auvent). ‖ *Faire la marquise,* dárselas de marquesa, hacer remilgos.
marquoir m. Marcador, letras (f. pl.) para marcar la ropa. ‖ Ruleta, f., rodillo trazador (de tailleur).
marraine f. Madrina.
marrant, e adj. POP. Gracioso, sa; divertido, da. | Sorprendente, extraño. ‖ *Ce n'est pas marrant,* tiene muy poca gracia, menuda gracia tiene. ‖ *Tu n'es pas marrant,* eres un pesado, no tienes ni pizca de gracia.
marre [maːr] f. Especie de azada con dientes.
marre (en avoir) loc. pop. Estar harto, estar hasta la coronilla.

marrer (se) v. pr. POP. Divertirse, desternillarse de risa.

marri, e adj. Pesaroso, sa ; mohíno, na.

marron m. Castaña, *f.* (fruit). || Petardo (pétard). || Ficha (*f.*) para comprobar la presencia de un obrero, de un guarda nocturno, etc. || Marrón [galicismo empleadísimo], castaño, color de castaña. || Castaña, *f.*, moño (cheveux noués par un ruban). || Grumo (grumeau). || POP. Castaña, *f.*, cate, mojicón, puñetazo : *flanquer un marron à quelqu'un*, pegarle un puñetazo a uno. || TECHN. Piedra (*f.*) de cal mal cocida (biscuit). || — *Marron d'eau*, castaña de agua, trapa. || *Marron d'Inde*, castaña de Indias. || *Marron sauvage*, castaña regoldana. || *Marrons glacés*, castañas confitadas. || — *Chauds les marrons!*, ¡castañas calentitas! || FIG. *Tirer les marrons du feu*, sacar las castañas del fuego.
— Adj. inv. Marrón.

marron, onne adj. Cimarrón, ona (animal sauvage). || (Vx). Cimarrón, ona [esclavo refugiado en la selva para recobrar su libertad]. || FIG. Clandestino, na ; falso, sa ; sin título : *avocat marron*, abogado clandestino. || Marrón (sportif). || POP. *Être marron*, quedarse con dos palmos de narices.

marronnier m. Castaño : *marronnier d'Inde*, castaño de Indias. || Tablero donde colocan sus fichas los obreros (tableau).

marrube m. Marrubio (plante).

mars [mars] m. Marzo (mois) : *le 5 mars*, el 5 de marzo. || *Arriver comme mars en carême*, venir como el agua de mayo, llegar como pedrada en ojo de boticario.

Mars [mars] n. pr. m. Marte (dieu, planète).

marsault ou **marseau** [marso] m. Sauce cabruno (saule).

marseillais, e [marsεjε, ε:z] adj. et s. Marsellés, esa. || — F. Marsellesa (hymne national français).

Marseille [marsε:j] n. pr. GÉOGR. Marsella.

marsouin [marswε̃] m. Marsopa, *f.*, marsopla, *f.* (cétacé). || FAM. Soldado de infantería de marina. || MAR. Toldo del castillo de proa. | Lobo de mar (marin).

marsupial, e adj. et s. m. ZOOL. Marsupial.

martagon m. Martagón (plante).

marte f. ZOOL. V. MARTRE.

marteau m. Martillo (outil). || Martillo (osselet de l'oreille). || Macillo, martinete (d'un piano). || Martillo (d'horloge). || Pez martillo, martillo (poisson). || Martillo (sports). || Martillo (d'un président de séance). || Martillo (arme à feu). || Aldaba, *f.*, aldabón (heurtoir). || — *Marteau à dame*, pisón. || *Marteau à dent*, martillo de orejas. || *Marteau à sertir*, tas. || *Marteau brettelé*, escoda, pica. || *Marteau d'armes*, hacha de armas. || *Marteau de forge*, martillo de fragua. || *Marteau piqueur* o *pneumatique*, martillo neumático, perforadora neumática. || — *Coup de marteau*, martillazo. || POP. *Avoir un coup de marteau* o *être marteau*, estar chiflado, faltarle a uno un tornillo (être fou). || *Être entre le marteau et l'enclume*, estar entre la espada y la pared, encontrarse entre dos fuegos.

marteau-pilon m. Martillo pilón.
— OBSERV. Pl. *marteaux-pilons*.

martel m. (Vx). Martillo. || FIG. *Avoir* o *se mettre martel en tête*, quemarse la sangre, preocuparse *ou* inquietarse mucho.

martelage m. Martilleo. || Marca, *f.* [en los árboles por derribar].

martèlement m. Martilleo.

marteler* v. tr. Martillar, martillear, batir (frapper avec le marteau). || Recalcar [las palabras o las sílabas]. || Pulir, limar (des vers). || FIG. Pegar, golpear (frapper). | Inquietar, preocupar. || MUS. Destacar [las notas].

marteleur m. Martillador.

martensite f. Martensita (métal).

Marthe n. pr. f. Marta.

Martial [marsjal] n. pr. m. Marcial.

martial, e [marsjal] adj. Marcial : *des airs martiaux*, portes marciales. || — *Cour martiale*, consejo de guerra, tribunal militar. || *Pyrite martiale*, pirita marcial (qui contient du fer).

martialité [-lite] f. Marcialidad.

martien, enne [marsjε̃, jεn] adj. et s. Marciano, na [del planeta Marte].

martin m. Estornino (oiseau).

Martin, e n. pr. m. et f. Martín, Martina.

martin-bâton m. FAM. Juan Garrote, el garrote, el palo (le bâton).

martin-chasseur m. Martín cazador (oiseau).
— OBSERV. Pl. *martins-chasseurs*.

martinet [martinε] m. Martinete (marteau mécanique). || Vencejo, avión (oiseau). || Disciplinas, *f. pl.* (pour fouetter). || Zorros, *pl.*, sacudidor (pour dépoussiérer). || Palmatoria, *f.* (chandelier). || MAR. Amantillo.

martingale f. Gamarra, amarra (courroie du cheval). || Trabilla, martingala (languette d'étoffe). || Martingala, combinación (au jeu). || MAR. Moco (m.) del bauprés. || *Fausse martingale*, media gamarra.

martiniquais, e adj. et s. Martiniqués, esa.

Martinique n. pr. f. GÉOGR. Martinica (île).

martin-pêcheur m. Martín pescador.
— OBSERV. Pl. *martins-pêcheurs*.

martre f. ZOOL. Marta : *martre zibeline*, marta cibelina.

martyr, e adj. et s. Mártir : *ce fut une martyre*, fue una mártir. || *Le commun des martyrs*, el común de mártires.

martyre m. Martirio. || FIG. *Souffrir le martyre*, sufrir atrozmente.

martyriser v. tr. Martirizar.

martyrium [martirjɔm] m. Capilla (*f.*) de mártires.

martyrologe m. Martirilogio.

marum [marɔm] m. BOT. Maro.

marxisme m. Marxismo : *marxisme-léninisme*, marxismo-leninismo.

marxiste adj. et s. Marxista.

maryland m. Tabaco de Maryland.

mas [mɑ ou mas] m. Masía, *f.*, masada, *f.*

mascara m. *Bâton de mascara*, sombreador.

mascarade f. Mascarada, mojiganga. || Disfraz, *m.* (déguisement). || FIG. Hipocresía, superchería, bufonada, carnavalada, comedia.

mascaret [maskarε] f. MAR. Macareo, *m.*, barra.

mascaron m. Mascarón.

mascotte f. FAM. Mascota, talismán, *m.*

masculin, e adj. et s. m. Masculino, na.

masculiniser v. tr. Masculinizar.

masculinité f. Masculinidad.

masochisme [mazɔʃism] m. Masoquismo.

masochiste [-ʃist] adj. et s. Masoquista.

masque m. Máscara, *f.*, careta, *f.* (faux visage). || Antifaz (loup). || Máscara, *f.* (personne masquée). || Máscara, *f.* (accessoire du théâtre antique). || Mascarilla, *f.* (d'anesthésiste, de beauté, mortuaire). || Careta, *f.*, máscara, *f.* : *masque à gaz*, careta contra gases *ou* antigás. || Careta, *f.* (d'escrime, d'apiculteur, d'ouvrier, de sportif). || FIG. Fisonomía, *f.*, rostro, expresión, *f.* (visage). | Máscara, *f.*, apariencia, *f.*, disfraz (apparence). || MAR. Guardahumo. || — *Masque de la grossesse*, paño. || — FAM. *Je vous connais, beau masque*, ya te veo ; te conozco, bacalao, aunque vengas disfrazado ; que te veo venir. || *Lever* o *jeter le masque*, quitarse la máscara, desenmascararse. || *Ôter* o *arracher le masque*, desenmascarar. || *Sous le masque de*, bajo el disfraz de. || — F. FAM.

Pícara, picaruela (fille malicieuse). | Bruja (sorcière).

masqué, e adj. Enmascarado, da : *bandit masqué,* bandido enmascarado. || Fig. Oculto, ta ; escondido, da : *maison masquée par des buissons,* casa oculta por matorrales. || — *Bal masqué,* baile de máscaras *ou* de disfraces. || Mil. *Tir masqué,* tiro desde una posición oculta.

masquer v. tr. Enmascarar, poner una careta. || Disfrazar (déguiser). || Ocultar, esconder, tapar, encubrir (cacher). || Disimular : *une odeur qui en masque une autre,* un olor que disimula otro. || Rebozar (cuisine).
— V. intr. Mar. Tomar por avante.

massacrant, e adj. Fig. et Fam. Insoportable, atroz : *humeur massacrante,* humor insoportable.

massacre m. Matanza, *f.* (tuerie), carnicería, *f.* (boucherie), degüello (égorgement). || Estrago, destrozo (ravage). || Blas. Cabeza (*f.*) descarnada. || Fig. Mala ejecución (*f.*) : *le massacre d'un opéra,* la mala ejecución de una ópera. | Chapucería, *f.* || — *Jeu de massacre,* pim pam pum (jeu forain). || *Massacre des Innocents,* degollación de los Santos Inocentes.

massacrer v. tr. Degollar (égorger), hacer una carnicería *ou* matanza, matar, exterminar (tuer). || Fig. Destrozar, estropear (abîmer). | Ejecutar mal. | Destrozar : *massacrer un ouvrage,* destrozar una obra.

massacreur, euse m. et f. Degollador, ra (égorgeur), asesino, na (meurtrier). || Fam. Chapucero, ra ; chafallón, ona (mauvais travailleur).

massage m. Masaje.

Massagètes [masaʒɛt] n. pr. m. pl. Masagetas.

massaliote adj. et s. Marsiliense, marsellés, esa.

masse f. Masa. || Masa : *le parti des masses,* el partido de las masas. || Mole, bulto, *m.,* cuerpo (*m.*) informe || Comm. Junta (des créanciers). || Électr. Tierra, masa : *câble de masse,* cable de tierra ; *mettre à la masse,* dar salida a tierra. || Fig. Caudal, *m.,* bienes, *m. pl.* (d'une société, d'une succession). || Mécan. Masa. || Mil. Masita (fonds pour l'habillement). || Maza (de dignitaire). || — *Masse d'eau,* espadaña (massette). || — Pop. *Des masses,* montones : *avoir des masses d'argent,* tener montones de dinero. || *En masse,* en conjunto, en masa, todos juntos (ensemble), a montones (en aluvión [en grande quantité). || Mil. *Formation en masse,* orden cerrado. || Fam. *Il n'y en a pas des masses,* no hay toneladas. || *Levée en masse,* movilización general. || *Production en masse,* producción masiva. || *Tomber comme une masse,* caer como un plomo.

massé m. Massé (billard).

masselotte f. Techn. Mazarota.

massepain [maspɛ̃] m. Mazapán.

masser v. tr. Amontonar (entasser), concentrar, (concentrer), agrupar (grouper). || Dar masaje, frotar (faire un massage). || Picar [la bola verticalmente] (billard). || Mil. Agrupar : *masser les troupes,* agrupar las tropas.
— V. intr. Arts. Combinar las figuras de un cuadro.
— V. pr. Congregarse, agruparse.

masséter [masetɛr] adj. m. et s. m. Anat. Masetero (muscle).

massette f. Espadaña, anea (plante). || Martillo (*m.*) de picapedrero, almádena (marteau pour casser les pierres). || Maza (arme). || Aplanadera (de maçon).

masseur, euse m. et f. Masajista.

massicot [masiko] m. Chim. Masicote. || Techn. Guillotina, *f.* (pour couper le papier).

massier m. Macero.

massif, ive adj. Macizo, za : *de l'or massif,* oro macizo. || En masa, masivo, va : *manifestation massive,* manifestación en masa. || Masivo, va ; máximo, ma : *dose massive,* dosis masiva. || Total : *vente massive,* venta total. || Fig. Pesado, da ; amazacotado, da ; tosco, ca : *esprit massif,* mentalidad tosca.
— M. Macizo (maçonnerie). || Macizo (montagnes). || Macizo (fleurs).

massique m. Másico (vin ancien).

massique adj. Phys. De la masa.

massore ou **massorah** f. Masora (étude biblique).

massorète m. Masoreta (docteur juif).

massue [masy] f. Porra, maza, cachiporra, clava. || — *Argument massue,* argumento contundente. || Fig. *Coup de massue,* mazazo.
— Observ. *Porra* est le mot le plus usuel ; *cachiporra* est familier ; *clava* ne se dit guère que de la massue d'Hercule.

mastaba m. Mastaba (tombeau égyptien).

mastic m. Almáciga, *f.* (résine). || Masilla, *f.* (pour boucher des trous ou des joints). || Impr. Empastelamiento.

masticage m. Enmasillamiento, enmasillado.

masticateur adj. m. et s. m. Masticador.

mastication [mastikasjɔ̃] f. Masticación.

masticatoire adj. et s. Masticatorio, ria.

mastiff [mɛstif] m. Perro dogo.

mastigadour m. Mastigador (harnais).

mastiquer v. tr. Masticar. || Fijar con masilla, poner masilla a, enmasillar (avec du mastic).

mastite f. Méd. Mastitis.

mastoc m. Fam. Mazacote (homme lourd et gauche).
— Adj. inv. Fam. Pesado, da ; tosco, ca ; basto, ta.

mastodonte m. Mastodonte.

mastoïde adj. Anat. Mastoides.

mastoïdien, enne adj. Anat. Mastoideo, a.

mastoïdite f. Méd. Mastoiditis.

mastroquet [mastrɔkɛ] m. Pop. Tabernero.

masturbation [mastyrbasjɔ̃] f. Masturbación.

masturber v. tr. Masturbar.

m'as-tu-vu [matyvy] m. inv. Cómico, actor fatuo. || Presumido (prétentieux).

masure f. Casucha, choza, chabola. || Ruina, casa en ruinas (ruine).

mat [mat] m. Mate (aux échecs) : *faire mat,* dar mate. || *Faire échec et mat,* dar jaque mate.

mât [mɑ] m. Palo, mástil (d'un bateau). || Asta, *f.* (drapeau). || Palo, poste (support). || — Mar. *Mât d'artimon,* palo de mesana, mesana. | *Mât de beaupré,* palo de bauprés. | *Mât de cacatois de hune,* mastelerillo de juanete de popa *ou* mayor. | *Mât de cacatois de misaine,* mastelerillo de juanete de proa. | *Mât de cocagne,* cucaña. | *Mât de fortune,* bandola. | *Mât de misaine,* palo de trinquete. | *Mât de pavillon,* asta de bandera. | *Mât de perroquet de fougue,* mastelero de sobremesana. | *Mât de perroquet de hune,* mastelero de gavia. | *Mât de perruche,* mastelero de perico. | *Mât de rechange,* mastelero de respeto. | *Mât militaire,* mastelero de señales (sur un navire de guerre). || — Mar. *Grand mât,* palo mayor. | *Grand mât de hune,* mastelero mayor *ou* de gavia. | *Petit mât de hune,* mastelero de velacho. | *Un trois-mâts,* un velero de tres palos.

mat, e adj. Mate (sans éclat). || Sentado, da : *pain mat,* pan sentado. || Sordo, da ; apagado, da : *son mat,* sonido sordo.

matador m. Matador, espada, diestro (tauromachie). || Variedad de juego de dominó y del chaquete. || Matador (carte). || (P. us.). Fam. Potentado, capitoste.

matage m. Bruñido.

matamore m. Matamoros.

matassin m. (Vx). Bufón, danzarín.

match [matʃ] m. Partido, encuentro, contienda, *f.,* match (épreuve sportive). || Combate (de boxe).

|| Partida, *f.* (d'échecs, de cartes, de billard). || — *Match nul*, empate (football, etc.), combate nulo (boxe), tablas (échecs). || *Match retour*, partido de vuelta.

— OBSERV. Pl. *matches, matchs.*

matcher v. intr. Disputar un partido, una partida, un combate.

maté m. Mate, hierba (*f.*) mate (plante). || Mate, té del Paraguay (boisson).

— OBSERV. En Amérique de langue espagnole, *mate* désigne surtout la calebasse où l'on fait infuser l'herbe à maté (sorte de houx).

matelas [matla] m. Colchón : *matelas à ressorts*, colchón de muelles. || POP. Fajo de billetes.

matelassé, e adj. Acolchado, da ; acolchonado, da. || Enguatado, da ; guatado, da : *une robe de chambre matelassée*, una bata enguatada.

matelasser v. tr. Acolchar, acolchonar. || Enguatar. || Rellenar : *matelasser un coussin*, rellenar un cojín.

matelassier, ère m. et f. Colchonero, ra.

matelassure f. Relleno (*m.*) de un colchón.

matelot [matlo] m. Marinero. || Matalote, barco de una formación con relación al que precede o le sigue (bateau). || Traje de marinero (vêtement d'enfant).

matelotage m. Marinería, *f.*

matelote f. Caldereta, guiso (*m.*) de pescado (mets de poissons). || *À la matelote*, a la marinera.

mater v. tr. Dar mate (aux échecs). || Remachar (écraser avec un marteau). || Apelmazar (rendre compact). || FIG. Dominar, someter, meter en cintura, hacer entrar por el aro (soumettre).

mâter v. tr. MAR. Arbolar, poner la arboladura.

Mater dolorosa n. pr. f. La Dolorosa, Nuestra Señora de los Dolores, Mater Dolorosa.

mâtereau m. MAR. Mastelerillo.

matérialisation f. Materialización.

matérialiser v. tr. Materializar.

matérialisme m. Materialismo.

matérialiste adj. et s. Materialista.

matérialité f. Materialidad.

matériaux m. pl. Materiales. || Documentos, documentación, *f. sing.* : *rassembler des matériaux pour écrire un livre*, reunir documentación para escribir un libro.

— OBSERV. Úsase en sing. *matériau* para designar un material de construcción.

matériel, elle adj. Material. || (Vx). Pesado, da ; macizo, za (lourd). || FIG. Materialista. || FAM. *Le temps matériel de*, el tiempo necesario *ou* material para.

— M. Material. || Lo esencial, lo indispensable. || AGRIC. *Matériel de labour ou agricole*, aperos de labranza.

maternel, elle adj. Materno, na ; maternal : *langue maternelle*, lengua materna.

— F. Escuela de párvulos.

maternité f. Maternidad. || Casa de maternidad (hôpital). || — Pl. Partos, m. *pl.*, alumbramientos, m. *pl.* : *maternités répétées*, partos repetidos.

mateur m. TECHN. Deslustrador.

mathématicien, enne m. et f. Matemático, ca.

mathématique adj. et s. f. Matemático, ca.

Mathias [matjas] n. pr. m. Matías.

Mathilde n. pr. f. Matilde.

mathurin m. Religioso, redentor de la orden de los trinitarios.

mathurin m. POP. Marinero. || *Mathurin Popeye*, Popeye.

Mathusalem [matyzalɛm] n. pr. m. Matusalén.

matico m. Matico (arbuste).

matière f. Materia. || ● Causa, motivo, *m.*, pretexto, *m.* (cause). || Tema, *m.* (sujet). || Disciplina, asignatura : *le latin est une matière difficile*, el latín es una asignatura difícil ; *les langues*

sont une matière compliquée pour les personnes âgées, los idiomas son una disciplina complicada para los ancianos. || — *Matière à critique*, motivo de crítica. || *Matière fécale*, heces fecales. || *Matière fissible*, materia escindible *ou* fisible. || *Matière grasse*, grasa. || *Matière grise*, materia *ou* sustancia gris. || *Matière imposable*, líquido imponible. || *Matière première*, materia prima. || *Matière purulente*, pus. || *Matières d'or et d'argent*, oro y plata en barras *ou* en lingotes. || DR. *Matière sommaire*, asunto tratado por vía sumaria. || *Table des matières*, índice. || — *En matière de*, en materia de, tratándose de, en lo tocante a. || *Il n'y a pas matière à rire*, no es cosa de risa, no hay motivo para reír.

— SYN. ● *Fond*, fondo. *Sujet*, asunto. *Propos*, propósito. *Chapitre*, capítulo. *Article*, artículo. *Point*, punto. *Chef*, capítulo.

matin m. Mañana, *f.* : *il travaille le matin*, trabaja por la mañana. || Madrugada, *f.*, mañana, *f.* : *à deux heures du matin*, a las dos de la madrugada. || — *De bon* o *de grand matin*, de madrugada, muy de mañana. || *Du matin au soir*, todo el día, de sol a sol, de la mañana a la noche. || *Du soir au matin*, de la noche a la mañana, toda la noche. || *Le matin de la vie*, la juventud. || *Le petit matin*, el alba, la madrugada. || *L'étoile du matin*, el lucero del alba. || *Un beau matin* ou *un de ces matins*, un día, un buen día, uno de estos días.

— Adv. Temprano : *se lever matin*, levantarse temprano. || Por la mañana : *hier matin*, ayer por la mañana ; *demain matin*, mañana por la mañana.

mâtin, e [mɑtɛ̃, in] adj. et s. FAM. Tunante, ta ; bribón, ona (fripon). | Arisco, ca ; desabrido, da (revêche). || — M. Mastín (chien).

— Interj. ¡ Caramba !

matinal, e adj. Matutino, na ; matinal. || Madrugador, ra ; mañanero, ra (qui se lève tôt).

matinalement adv. De mañana, de madrugada.

mâtiné, e adj. Cruzado, da (chien).

matinée f. Mañana : *une belle matinée*, una hermosa mañana. || (Vx). Chambra (vêtement de femme). || Función de la tarde (spectacle d'après-midi). || *Faire la grasse matinée*, pegársele a uno las sábanas, levantarse tarde.

mâtiner v. tr. Cruzar (chien).

matines [matin] f. pl. Maitines, *m.* (office religieux). || *Dès matines*, desde por la mañana.

matineux, cuse adj. et s. (Vx). Madrugador, ra ; mañanero, ra ; madrugón, ona.

matinier ère adj. (Vx). Matutino, na : *étoile matinière*, estrella matutina, lucero del alba (Vénus).

matir v. tr. TECHN. Poner mate, quitar el brillo (rendre mat). | Quitar la rebaba (d'une soudure).

matité f. Falta de brillo, calidad de mate, color (*m.*) mate. || Sonido (*m.*) apagado *ou* sordo (son).

matoir m. TECHN. Cincel para quitar brillo a los metales (ciseau). | Martillo de remachar (marteau).

matois, e adj. et s. Astuto, ta ; lagarto, ta. || *Un fin matois*, un tunante rematado, un perillán, un buen maula. || — M. (Vx). Cicatero (coupeur de bourses).

matou m. Gato, morrongo (chat). || FIG. et FAM. Hombre desagradable, antipático.

matraquage m. Aporreamiento.

matraque f. Garrote, *m.* (gros bâton). || Porra, cachiporra (arme contondante).

— OBSERV. Le mot espagnol *matraca* signifie *crécelle* et familièrement *ennui* ou *raillerie*.

matraquer v. tr. Aporrear. || FIG. Tratar duramente.

matras [matra] m. CHIM. Matraz.

matriarcal, e adj. Matriarcal.

matriarcat [matriarka] m. Matriarcado.
matriçage [matrisa:ʒ] m. Estampado de una pieza en una matriz.
matricaire f. Matricaria (plante).
matrice f. Matriz, molde, *m.* (moule). ‖ Cuño, *m.* (de monnaie). ‖ Matriz, registro (*m.*) original (registre). ‖ ANAT. Matriz, útero, *m.* ‖ IMPR. Matriz. ‖ MATH. Matriz.
matricer v. tr. Estampar, dar forma con una matriz.
matricide adj. et s. Matricida (assassin). — M. Matricidio (crime).
matriciel, elle adj. De las matrices.
matricule f. Matrícula, registro, *m.* (liste). ‖ Matrícula (inscription). ‖ Certificado (*m.*) de inscripción (extrait d'inscription). ‖ — M. Número de registro, número de foliación (numéro d'inscription). ‖ FAM. *En prendre pour son matricule,* oir las verdades del barquero.
— Adj. Matriz. ‖ *Livret matricule,* cartilla militar.
matriculer v. tr. Matricular, registrar.
matrimonial, e adj. Matrimonial.
matrone f. Matrona. ‖ Matrona, comadrona (sage-femme).
matte f. TECHN. Mata.
Matthieu n. pr. m. Mateo.
matthiole f. Alhelí, *m.* (giroflée).
maturation f. Maduración, maduramiento, *m.*
mâture f. MAR. Arboladura.
maturité f. Madurez, sazón.
matutinal, e adj. (Vx). Matutino, na; mañanero, ra.
maubèche f. Becada, chocha (oiseau).
maudire* v. tr. Maldecir.
maudissable adj. Execrable.
maudit, e [modi, it] adj. Maldito, ta. ‖ — *Ce maudit homme,* ese condenado. ‖ *Maudit soit...,* maldito sea..., mal haya...
— M. et f. Persona maldita. ‖ — M. El demonio.
maugréer* [mogree] v. intr. Renegar, echar pestes, votos *ou* reniegos (pester). ‖ Mascullar, refunfuñar (grommeler). ‖ *En maugréant,* a regañadientes, refunfuñando.
Maur n. pr. m. Mauro.
maure [mo:r] ou **more** [mɔ:r] adj. et s. Moro, ra. ‖ *Tête-de-maure,* color pardo oscuro.
maurelle f. Tornasol (*m.*) de tintoreros.
mauresque ou **moresque** adj. et s. Morisco, ca; moruno, na.
Maurice n. pr. m. Mauricio.
Mauricette n. pr. f. Mauricia.
Mauritanie [moritani] n. pr. f. GÉOGR. Mauritania.
mauritanien, enne adj. et s. Mauritano, na.
mauser m. Máuser (fusil).
Mausole n. pr. m. Mausolo.
mausolée m. Mausoleo.
maussade adj. ● Huraño, ña; desapacible (hargneux). ‖ Desagradable, desabrido, da; malhumorado, da (désagréable). ‖ Desapacible (temps).
— SYN. ● *Morose,* taciturno. *Renfrogné,* hosco, ceñudo. *Chagrin,* mohino.
maussaderie f. Aspereza, mal carácter, *m.,* mal humor, *m.,* desabrimiento, *m.*
mauvais, e adj. et s. Malo, la. (OBSERV. On emploie en espagnol *mal* avant un substantif m. et *malo* après celui-ci : *un mal hombre, un hombre malo.*) ‖ — *Mauvaise plaisanterie,* broma pesada. ‖ *Mauvaises herbes,* maleza. ‖ *Mauvais esprit,* mal pensado. ‖ *Mauvaise tête,* cabezón, terco. ‖ *Mauvais sujet,* individuo de cuidado. ‖ *Mauvais vouloir,* mala voluntad. ‖ — *Les mauvais anges,* los ángeles malos. ‖ *Mer mauvaise,* mar agitada. ‖ — *Avoir mauvaise mine,* tener mala cara. ‖ FAM. *Être mauvais comme une teigne,* ser más bravo que un miura. ‖ *Faire mauvais visage à*

quelqu'un, poner mala cara a alguien. ‖ *Faire quelque chose de mauvaise grâce,* hace algo de mal grado *ou* con poca gana. ‖ FAM. *La trouver mauvaise,* no hacerle a uno ninguna gracia. ‖ *Prendre en mauvaise part,* tomar a mal.
— M. Lo malo, el mal.
— Adv. Mal : *sentir mauvais,* oler mal. ‖ *Il fait mauvais,* hace mal tiempo.
mauve f. Malva (plante). ‖ — M. Color malva.
— Adj. Malva, *inv.*
mauvéine f. CHIM. Malveína.
mauviette f. Alondra (alouette). ‖ FIG. et FAM. Alfeñique, *m.,* escuchimizado, da ; persona enclenque *ou* débil (chétif), gallina, *m.* (peureux). ‖ *Manger comme une mauviette,* comer como un pajarito.
mauvis [movi] m. Malvís (espèce de grive).
Max n. pr. m. (abréviation de *Maxime*). Máximo.
Maxence n. pr. m. Majencio.
maxillaire [maksilɛ:r] adj. et s. m. ANAT. Maxilar.
maxille m. Mandíbula, *f.* (des insectes et crustacés).
maxima adj. pl. Máxima : *températures maxima,* temperaturas máximas.
— M. pl. Máxima : *thermomètre à maxima,* termómetro de máxima.
— OBSERV. Aunque muy empleados, el adjetivo y el sustantivo plural francés *maxima* no son correctos y deben por lo tanto ser sustituidos por el adjetivo « maximaux », « maximales » y por el sustantivo « maximums ».
maximal, e adj. Máximo, ma.
maximaliste adj. et s. Maximalista, bolchevique.
maxime f. Máxima.
Maxime n. pr. m. Máximo.
Maximien n. pr. m. Maximiano.
Maximilien n. pr. m. Maximiliano.
Maximin n. pr. m. Maximino.
maximum [maksimɔm] m. Máximo, lo máximo, máximum : *faire le maximum,* hacer lo máximo.
— Adj. Máximo, ma. ‖ *Au maximum,* como máximo.
— OBSERV. V. MAXIMA.
maxwell m. Maxwell, maxvelio.
maya adj. et s. Maya.
maye [maj] f. Pila para recoger el aceite de la prensa.
Mayence n. pr. GÉOGR. Maguncia.
mayonnaise [majɔnɛ:z] f. Mayonesa.
mazagran m. Café frío, mazagrán.
Mazarin n. pr. m. Mazarino.
mazarinade f. Folleto (*m.*) contra Mazarino.
mazdéisme m. Mazdeísmo (religion).
mazette f. Caballejo, *m.,* penco, *m.,* caballo (*m.*) malo (cheval). ‖ FAM. Remolón, ona (peu actif). ‖ FAM. Porro, *m.,* ganso, *m.* (qui manque d'adresse).
— Interj. ¡Caramba !
mazout m. Fuel-oil, fuel, mazut.
mazouter v. intr. Repostarse, llenar los depósitos de fuel-oil *ou* de mazut.
mazurka f. Mazurca (danse, musique).
me [mə] pron. pers. de la 1ʳᵉ pers. du sing. des deux genres. Me : *il me le donna,* me lo dio, diómelo. ‖ *Me voici,* aquí estoy yo, héme aquí.
— OBSERV. Generalmente el pronombre personal francés *me* se pone delante del verbo y sólo va detrás de él cuando éste se encuentra en forma imperativa seguida de *en* o *y* en una oración afirmativa (*donnez-m'en, conduisez-m'y*). De lo contrario se emplea la forma tónica *moi* (*embrassez-moi*).
— Le pronom espagnol *me* est toujours placé devant le verbe dans la langue parlée sauf à l'impératif (*dame*), à l'infinitif (*darme*), au gérondif (*dándome*) et lorsque le verbe vient en tête de la proposition (*seguíame un detective*).
mea-culpa m. inv. Mea culpa. ‖ *Faire son mea-culpa,* arrepentirse, decir su mea culpa.

méandre m. Meandro. ‖ ARCHIT. Meandro. ‖ FIG. Rodeo, artificio (détour).
méandrine f. Meandrina (polypier).
méat [mea] m. ANAT. Meato.
mec m. POP. Gachó, tío, individuo.
mécanicien, enne adj. et s. Mecánico, ca. ‖ Maquinista (d'un train). | Chófer, mecánico (chauffeur).
— F. Costurera a máquina.
mécanique adj. Mecánico, ca.
— F. Mecánica (science). ‖ Mecanismo, *m.*, funcionamiento, *m.*, maquinaria : *la mécanique d'une montre*, la maquinaria de un reloj.
mécanisation f. Mecanización.
mécaniser v. tr. Mecanizar.
mécanisme m. Mecanismo : *mécanisme de détente, d'éjection,* mecanismo de disparo, de expulsión.
mécaniste adj. et s. PHILOS. Mecanicista.
mécano m. FAM. Mecánico.
mécanographe [mekanɔgraf] adj. et s. Mecanógrafo, fa.
mécanographie [-grafi] f. Mecanografía (dactylographie). ‖ Mecanización contable, contabilidad mecanizada. ‖ *Machines de mécanographie,* máquinas computadoras.
— OBSERV. *Mécanographie* designa en francés sobre todo el arte de manipular máquinas de calcular, de establecer estadísticas, de reproducir textos, etc.
mécanographique [-grafik] adj. Mecanizado, da.
mécanothérapie [-terapi] f. MÉD. Mecanoterapia.
mécénat [mesena] m. Mecenazgo.
mécène m. Mecenas.
méchage m. Azufrado (des tonneaux).
méchamment adv. Con maldad, con mala intención.
méchanceté f. Maldad. ‖ Maldad, mala intención : *agir avec méchanceté,* obrar con mala intención. ‖ Jugarreta, mala pasada (tour). ‖ — *Dire des méchancetés,* decir cosas desagradables. ‖ *Faire des méchancetés,* cometer maldades.
méchant, e adj. et s. ● Malo, la ; malvado, da (sens littéraire). ‖ Desagradable (désagréable). ‖ Malintencionado, da (nuisible). ‖ Avieso, sa : *regard méchant,* mirada aviesa. ‖ — *Chien méchant,* cuidado con el perro. ‖ *Un méchant discours* un discurso pobre. ‖ *Un méchant poète,* un poetastro. ‖ — *Être de méchante humeur,* estar de mal talante. ‖ *Faire le méchant,* mostrarse duro.
— SYN. ● *Mauvais,* malo, malvado. *Sans cœur,* desalmado. *Pervers,* perverso. Pop. *Rosse,* malo.
mèche f. Mecha. ‖ Mecha, torcida (d'une lampe). ‖ Mechón, *m.* (de cheveux). ‖ Pabilo, *m.,* mecha (d'une bougie). ‖ Mecha (d'une mine). ‖ Tralla (de fouet). ‖ Raíz, clavo, *m.* (d'un furoncle). ‖ Broca, taladro, *m.,* barrena (pour percer des trous). ‖ MAR. Madre (du gouvernail, du cabestan). ‖ MÉD. Mecha. ‖ TECHN. Eje, *m.* (axe). ‖ — *Mèche lente,* mecha lenta. ‖ *Mèche soufrée,* azufrín, pajuela. ‖ — *Être de mèche,* estar de connivencia, estar conchabado, estar en el ajo. ‖ FIG. et FAM. *Éventer o découvrir la mèche,* descubrir el pastel. ‖ FAM. *Il n'y a pas mèche,* no hay nada que hacer. ‖ *Vendre la mèche,* revelar un secreto, irse de la lengua.
mécher* v. tr. Azufrar (tonneaux).
mécheux, euse adj. Mechoso, sa ; que forma *ou* tiene mecha (laine).
Mecklembourg [meklɛ̃bu:r] n. pr. m. GÉOGR. Mecklemburgo.
mécompte [mekɔ̃:t] m. Equivocación, *f.,* trabacuenta, *f.* (erreur). ‖ FIG. Desengaño, chasco.
méconium [mekɔnjɔm] m. Meconio, alhorre (des bébés).

méconnaissable adj. Irreconocible, imposible de reconocer, desfigurado, da.
méconnaissance f. Desconocimiento, *m.* ‖ Desagradecimiento, *m.,* ingratitud (ingratitude). ‖ Olvido (*m.*) voluntario.
méconnaître* v. tr. Desconocer, ignorar. ‖ No apreciar en su valor, quitar importancia (ne pas apprécier). ‖ Negar, no reconocer (désavouer). ‖ No agradecer, desagradecer (être ingrat).
méconnu, e adj. et s. Desconocido, da ; ignorado, da ; mal apreciado, da : *un génie méconnu,* un genio mal apreciado.
mécontent, e adj. et s. Descontento, ta ; disgustado, da.
mécontentement m. Descontento, disgusto, enojo.
— SYN. *Déplaisir,* disgusto. *Désagrément,* desagrado, sinsabor. *Dépit,* despecho.
mécontenter v. tr. Descontentar, disgustar, enojar (fâcher).
Mecque (La) n. pr. f. GÉOGR. La Meca.
mécréant, e m. et f. Infiel, impío, pía (qui n'est pas chrétien). ‖ Descreído, da ; incrédulo, la (qui ne croit pas).
médaille [medaːj] f. Medalla : *décerner une médaille,* conceder una medalla *ou* premiar con una medalla. ‖ Placa (plaque-insigne de certaines professions). ‖ ARCHIT. Medallón, *m.* ‖ FIG. *Le revers de la médaille,* el reverso de la medalla.
médaillé, e [-je] adj. et s. Condecorado, da ; galardonado, da *ou* premiado, da, con una medalla.
médailler [-je] v. tr. Condecorar con una medalla (militaire), premiar *ou* galardonar con una medalla (sportifs, exposants).
médailleur [-jœ:r] m. Medallista, grabador de medallas.
médaillier [-je] m. Colección (*f.*) de medallas. ‖ Mueble para guardar las medallas (meuble, vitrine).
médailliste [-jist] m. Medallista (graveur de médailles). ‖ Aficionado a las medallas, coleccionista de medallas (amateur). ‖ Numismático (collectionneur).
médaillon [-jɔ̃] m. Medallón (bijou, bas-relief, cuisine).
Médard [medaːr] n. pr. m. Medardo.
mède adj. et s. Medo, da.
médecin [medsɛ̃] m. Médico : *médecin de campagne,* médico rural. ‖ — *Médecin accoucheur,* tocólogo. ‖ *Médecin conseil,* consejero médico. ‖ *Médecin consultant,* médico consultor, de apelación, de consulta. ‖ *Médecin de famille,* de cabecera, de familia. ‖ *Médecin des âmes,* médico espiritual, confesor. ‖ *Médecin légiste,* médico forense. ‖ *Médecin-major,* médico militar *ou* castrense. ‖ *Médecin traitant,* médico de cabecera. ‖ — *Femme médecin,* médica (doctoresse).
— SYN. *Docteur,* doctor. *Chirurgien,* cirujano. *Praticien,* facultativo. *Clinicien,* clínico. *Thérapeute,* terapeuta. Fam. *Médicastre,* medicastro, medicucho. Pop. *Toubib,* galeno.
médecine f. Medicina : *étudiant en médecine,* estudiante de medicina. ‖ — *Médecine de groupe,* medicina de equipo. ‖ *Médecine du travail,* medicina laboral. ‖ *Médecine légale,* medicina forense. ‖ — *Faire sa médecine,* estudiar medicina.
Médée n. pr. f. Medea.
medersa f. Medersa, escuela superior musulmana.
médial, e adj. et s. f. Medio, dia ; medial.
médian, e adj. et s. f. Mediano, na.
— OBSERV. Le mot espagnol *mediano* signifie surtout *moyen, médiocre.*
médianoche m. (Vx). Cena (*f.*) de medianoche.
médiante f. MUS. Mediante.
médiastin m. ANAT. Mediastino.
médiat, e [medja, at] adj. Mediato, ta.

médiateur, trice adj. et s. Mediador, ra.
médiation [medjasjɔ̃] f. Mediación.
médiatiser v. tr. Mediatizar.
médiator m. Púa, f., plectro, pulsador (pour jouer de certains instruments à cordes).
médiatrice f. Géom. Mediatriz.
médical, e adj. Médico, ca; medical (gallicisme). ‖ — *Ordonnance médicale,* receta médica. ‖ *Personnel médical,* cuadro facultativo *ou* médico. ‖ *Visite médicale,* reconocimiento médico.
médicalement adv. Medicalmente.
médicament m. Medicamento, medicina, f. (mot courant).
— Syn. *Remède,* remedio. *Spécifique,* específico. *Potion,* pócima. *Drogue,* droga. *Panacée,* panacea.
médicámenter v. tr. Medicinar.
médicamenteux, euse adj. Medicamentoso, sa.
médicastre m. Medicastro, medicucho.
médication [medikasjɔ̃] f. Medicación.
médicéen, enne adj. De los Médicis.
médicinal, e adj. Medicinal.
medicine-ball m. Sports. Balón medicinal.
— Observ. Pl. *medicine-balls.*
médicinier m. Piñón (arbre).
médico-légal, e adj. Medicolegal.
Médie n. pr. f. Hist. Media.
médiéval, e adj. Medieval, medioeval.
médiévisme m. Medievalismo.
médiéviste adj. et s. Medievalista.
médina f. Medina, morería.
Médine n. pr. Géogr. Medina.
médiocre adj. Mediocre, mediano, na; inferior : *une intelligence médiocre,* una inteligencia mediocre.
— M. Lo mediocre. ‖ *Ouvrage au-dessous du médiocre,* obra menos que mediocre.
— Observ. *Mediocre* a un sens plus négatif que *mediano* (moyen).
médiocrement adv. Mediocremente, medianamente. ‖ *Être médiocrement satisfait,* estar satisfecho a medias (très peu).
médiocrité f. Mediocridad, medianía. ‖ Pobreza (insuffisance d'esprit).
médique adj. Médico, ca; de los medos.
médire* v. intr. Denigrar, murmurar de, hablar mal de.
— Observ. La segunda persona del plural del presente del indicativo es *vous médisez.*
— Syn. *Calomnier,* calumniar. *Fam. Cancaner,* chismear. *Commérer,* comadrear. *Déblatérer,* murmurar. *Ragoter, potiner,* chismorrear. *Pop. Bêcher,* desollar. *Clabauder,* chismear. *Éreinter,* poner por los suelos.
médisance f. Maledicencia, murmuración.
médisant, e adj. et s. Maldiciente, murmurador, ra; mala lengua (fam.).
méditatif, ive adj. Meditabundo, da (mot usuel), meditativo, va.
méditation [meditasjɔ̃] f. Meditación.
méditer v. tr. et intr. Meditar : *méditer sur le passé,* meditar sobre el pasado. ‖ — *Méditer de sortir,* proponerse salir. ‖ *Méditer une évasion,* planear una evasión.
méditerrané, e adj. et s. f. Mediterráneo, a.
Méditerranée n. pr. f. Géogr. *Mer Méditerranée,* mar Mediterráneo (m.).
méditerranéen, enne adj. et s. Mediterráneo, a.
médium [medjɔm] m. Médium, medio (spiritisme). ‖ Mus. Registro intermedio de la voz.
— Observ. Pl. *mediums.*
médiumnique [-nik] adj. Propio de los médiums.
médius [medjys] m. Dedo medio, del corazón *ou* cordial.
médullaire adj. Medular.
médulleux, euse adj. Meduloso, sa.
médullite f. Méd. Medulitis.
méduse f. Zool. Medusa.

Méduse n. pr. f. Myth. Medusa.
médusé, e adj. Fam. Estupefacto, ta; pasmado, da; patidifuso, sa.
méduser v. tr. Fam. Dejar estupefacto *ou* patidifuso, pasmar.
meeting [mitiŋ] m. Mitin, reunión, f. ‖ Festival (d'aviation). ‖ Encuentro, manifestación, f. (sport).
méfaire* v. intr. Obrar mal.
— Observ. Sólo se usa en infinitivo.
méfait [mefɛ] m. Mala (f.) acción, fechoría, f. ‖ Daño, perjuicio (résultat pernicieux).
méfiance f. Desconfianza, recelo, m. : *avec une certaine méfiance,* con cierto recelo.
méfiant, e adj. Desconfiado, da; receloso, sa.
— Syn. *Défiant,* receloso. *Ombrageux,* asustadizo, receloso. *Soupçonneux,* suspicaz, sospechoso. *Cauteleux,* cauteloso.
méfier (se)* v. pr. Desconfiar. ‖ — *Méfiez-vous!* ¡ojo!, ¡cuidado!, ¡no se fíe usted! ‖ *Méfiez-vous des imitations,* desconfíe de las imitaciones.
mégacéros [megaserɔs] m. Megaceros.
mégacôlon m. Méd. Megacolon.
mégacycle m. Megaciclo (unité de fréquence).
mégadyne f. Phys. Megadina (unité de force).
mégajoule m. Électr. Megajulio (unité de travail).
mégalithe m. Megalito.
mégalithique adj. Megalítico, ca.
mégalocéphale adj. et s. Megalocéfalo, la.
mégalomane adj. et s. Megalómano, na.
mégalomanie f. Megalomanía.
mégalosaure m. Megalosaurio (fossile).
mégaphone m. Megáfono.
mégaptère m. Megáptero.
mégarde f. Descuido, m., inadvertencia : *par mégarde,* por inadvertencia. ‖ *Se blesser par mégarde,* herirse por descuido.
Mégare n. pr. f. Géogr. Megara.
mégathérium [megaterjɔm] m. Megaterio (fossile).
mégatonne f. Megatón, m.
mégère [meʒɛ:r] f. Fam. Arpía, furia, tarasca. ‖ *La Mégère apprivoisée,* La Fierecilla domada, la doma de la bravía.
— Syn. *Furie,* furia. *Harpie,* arpía. *Sorcière,* bruja. *Bacchante,* bacante. *Pop. Chipie,* demonio, urraca. *Poison,* mal bicho.
mégie [meʒi] f. Curtimiento, m.
mégir v. tr. Curtir en blanco : *veau, mouton mégis,* becerro, piel de carnero curtida en blanco.
mégis [meʒi] m. Baño para curtir en blanco.
mégisser v. tr. Curtir en blanco.
mégisserie f. Peletería (magasin). ‖ Industria del curtimiento en blanco.
mégissier m. Curtidor en blanco. ‖ Comerciante de artículos curtidos en blanco (marchand).
mégohm [megɔ:m] m. Phys. Megohmio (unité de résistance).
mégot [mego] m. Fam. Colilla, f. ‖ *Ramasseur de mégots,* colillero.
méhalla f. Mil. Mehala.
méhari m. Dromedario blanco.
— Observ. Pl. *méharis ou méhara.*
méhariste m. Meharista, soldado montado en camello.
meilleur, e [mɛjœ:r] adj. Mejor. ‖ — *Bien meilleur,* mucho mejor. ‖ *De meilleure heure,* más temprano, antes. ‖ *La meilleure part,* la mejor parte. ‖ — *Devenir meilleur,* mejorar. ‖ *Il fait meilleur,* hace mejor tiempo (meilleur temps), se está más a gusto (on est mieux), más vale (il est préférable).
— M. et f. Mejor : *le meilleur des hommes,* el mejor de los hombres. ‖ — Fam. *La meilleure de toutes,* lo mejor del caso. ‖ *Pour le meilleur et pour le pire,* para bien y para mal, en el bien y

en el mal, en la suerte y en la desgracia. ‖ —
Avoir le meilleur, tener la mejor parte. ‖ — *Le
meilleur est de se taire,* lo mejor es callarse. ‖
Prendre le meilleur sur, aventajar, llevar la ventaja, ganar.
Mein [mɛ̃] n. pr. m. GÉOGR. V. MAIN.
méiose f. BIOL. Meiosis.
méjanage m. Clasificación (*f.*) de la lana.
méjuger* v. tr. et intr. Juzgar mal *ou* equivocadamente.
Meknès [mɛknɛs] n. pr. GÉOGR. Mequínez.
melaena m. MÉD. Melena, *f.*
mélampyre m. Melampiro (plante).
mélancolie f. Melancolía : *sombrer dans la mélancolie,* caer en un estado de melancolía. ‖ FAM.
Ne pas engendrer la mélancolie, ser más alegre
que unas pascuas.
mélancolique adj. et s. Melancólico, ca.
— SYN. *Neurasthénique,* neurasténico. *Nostalgique,* nostálgico. *Ténébreux,* tenebroso.
Mélanésie n. pr. f. GÉOGR. Melanesia.
mélanésien, enne adj. et s. Melanesio, sia.
mélange m. ● Mezcla, *f.*, mezcolanza, *f.* : *opérer un mélange,* hacer una mezcla. ‖ Mezcla, *f.*
(de races). ‖ *Bonheur sans mélange,* felicidad (*f.*)
sin nubes. ‖ — Pl. Misceláneas (littéraire).
— SYN. ● *Combinaison,* combinación, compuesto. *Composition,* composición, compuesto. *Alliage,* aleación.
Mixture, mixtura. *Mixtion,* mixtión. *Amalgame,* amalgama. *Magma,* magma. *Pêle-mêle,* entrevero. *Promiscuité,* promiscuidad. *Fam. Méli-mélo,* mezcolanza. *Salade,*
ensalada, lío, revoltillo. *Salmigondis,* revoltijo. *Cocktail,*
cóctel. *Macédoine,* batiborrillo. *Pot-pourri,* popurrí.
mélangé, e adj. *Étoffe mélangée,* tela de mezclilla.
mélanger* v. tr. Mezclar. ‖ Barajar (les cartes).
mélangeur, euse m. et f. Mezclador, ra.
Mélanie n. pr. f. Melania.
mélanine f. Melanina (biochimie).
mélanite f. MIN. Melanita.
mélanoderme adj. Melanoderma.
mélanose f. MÉD. Melanosis.
mélaphyre [melafi:r] m. Meláfido (pierre).
mélasse f. Melaza (dans l'industrie). ‖ FIG. ET POP.
Tomber dans la mélasse, caer en la miseria, andar
a la cuarta pregunta, estar en apuros.
mélastomacées f. pl. BOT. Melastomáceas.
Melbourne [mɛlburn] n. pr. GÉOGR. Melbourne.
Melchiado [mɛlkjad] n. pr. m. Melquíades.
Melchior [mɛlkjɔ:r] n. pr. m. Melchor.
Melchisédech [mɛlkisedɛk] n. pr. m. Melquisedec.
melchite *ou* **melkite** [mɛlkit] m. et f. Melquita.
mêlé, e adj. Mezclado, da ; confuso, sa ; entreverado, da. ‖ Confuso, sa : *des sentiments mêlés,*
sentimientos confusos. ‖ Enmarañado, da (cheveux). ‖ *Mêlé de,* mezcla de.
Méléagre n. pr. m. Meleagro.
méléagrine f. Meleagrina, madreperla.
mêlé-cassis [mɛlekasis] *ou* **mêlé-cass** [mɛle-
kas] m. POP. Aguardiente con casis. ‖ POP. *Voix
de mêlé-cass,* voz aguardentosa.
mêlée f. Pelea, refriega, contienda : *se jeter dans
la mêlée,* lanzarse a la pelea. ‖ Barahúnda, desbarajuste, *m.* (confusion). ‖ Melée (au rugby). ‖
FIG. Lucha, conflicto, *m.* : *mêlée d'intérêts,* lucha
de intereses.
mélène m. Melena (paraffine).
mêler v. tr. ● Mezclar. ‖ Entremezclar (entremêler). ‖ ◆ Enredar, enmarañar : *mêler ses cheveux,*
enmarañar sus cabellos. ‖ Unir, juntar : *mêler
l'utile à l'agréable,* unir lo útil a lo agradable. ‖
Mezclar, desordenar, revolver (embrouiller). ‖
FIG. Implicar, complicar, meter : *mêler quelqu'un
dans une accusation,* implicar a uno en una acusación. ‖ Unir : *mêler l'amabilité à la brutalité,*
unir la amabilidad con la brutalidad. ‖ *Mêler le*

ciel à la terre, mezclar lo divino con lo humano.
‖ — V. pr. Mezclarse. ‖ Acompañar, agregarse,
añadirse : *à sa fermeté se mêle une douceur certaine,* a su firmeza se agrega una dulzura indudable. ‖ Unirse a, incorporarse a, juntarse con,
confundirse con : *se mêler à la foule,* confundirse
con la multitud. ‖ — *De quoi te mêles-tu?,* ¿por
qué te metes en lo que no te importa? ‖ *Le diable
s'en mêle,* en ello anda el diablo. ‖ *Se mêler à la
conversation,* echar su cuarto a espadas, meter
baza en la conversación. ‖ FIG. *Se mêler de* o *à,*
meterse en : *se mêler d'une affaire,* meterse en un
asunto. ‖ *Se mêler des affaires d'autrui,* meterse
en las cosas ajenas, inmiscuirse.
— SYN. ● *Mélanger,* mezclar.
— ◆ *Confondre,* confundir. *Brouiller,* embrollar. *Emmêler,* enredar.
mélèze m. Alerce (arbre).
mélia m. Melia, *f.* (arbre).
méliacées f. pl. BOT. Meliáceas.
mélilot [melilo] m. Meliloto (plante).
méli-mélo f. FAM. Mezcolanza, *f.*, revoltillo, batiburrillo.
— OBSERV. Pl. *mélis-mélos.*
mélinite f. Melinita (explosif).
mélique adj. POÉT. Mélico, ca.
mélique f. Especie de mijo, *m.*, mielga.
mélisse f. Toronjil, *m.*, melisa (p. us.). ‖ *Eau de
mélisse,* agua de melisa.
mélitte f. BOT. Melisa silvestre.
mellah f. Barrio (*m.*) judío en Marruecos, judería.
mellifère [mɛl(l)ifɛ:r] adj. Melífero, ra.
mellification [-fikasjɔ̃] f. Melificación.
mellifique [-fik] adj. Melífico, ca.
melliflue [-fly] adj. Melifluo, flua : *un langage
melliflue,* un lenguaje melifluo.
mellite [mɛl(l)it] m. Melito (médicament).
mellivore [-livɔ:r] adj. Melívoro, ra.
mélo m. FAM. Melodrama.
mélodie [melɔdi] f. Melodía.
— SYN. *Romance,* romanza, aria. *Ariette,* arieta. *Cantate,* cantata. *Cantilène,* cantinela. *Complainte,* endecha,
lamento. *Barcarolle,* barcarola. *Lied,* lied.
mélodieux, euse adj. Melodioso, sa.
mélodique adj. Melódico, ca.
mélodiste m. Melodista, compositor de melodías.
mélodium [melɔdjɔm] m. MUS. Melodio, armonio.
mélodramatique adj. Melodramático, ca.
mélodramatiser v. tr. Hacer melodramático.
mélodrame m. Melodrama.
méloé m. Meloe, carraleja, *f.* (insecte).
mélomane adj. et s. Melómano, na.
melon [məlɔ̃] m. Melón (fruit). ‖ — *Melon d'eau*
(pastèque), sandía, melón de agua. ‖ — *Chapeau
melon,* sombrero hongo, bombín [Madrid].
mélongène *ou* **mélongine** f. Berenjena (aubergine).
mélonide adj. BOT. De forma de manzana, manzanil.
melonné, e adj. De forma de melón, amelo-
nado, da.
— F. Calabacino, *m.*
melonnière f. Melonar, *m.*
mélopée f. Melopea, melopeya.
mélophage m. Melófago (parasite des moutons).
mélusine f. Fieltro (*m.*) de largos pelos. ‖ BLAS.
Melusina, sirena con cola de serpiente.
Mélusine n. pr. f. Melusina.
membrane f. Membrana.
membraneux, euse adj. Membranoso, sa.
membraniforme adj. Membraniforme.
membranule f. Membranilla.
membre [mã:br] m. Miembro (du corps). ‖
Miembro (d'une assemblée, etc.). ‖ ● Socio (d'une

société, d'un club). ‖ Componente (d'une organisation). ‖ Individuo (d'une académie). ‖ Vocal : *membre d'un comité, d'une commission*, vocal de un comité, de una comisión. ‖ GRAMM. *Un membre de phrase*, un período de frase. ‖ — Adj. et s. m. Partícipe, miembro : *État membre*, Estado partícipe, Estado miembro.

— SYN. ● *Recrue*, recluta. *Adhérent*, adherente. *Sociétaire*, socio.

membré, e adj. BLAS. Membrado, da. ‖ *Bien o mal membré*, bien *ou* mal conformado *ou* constituido.

membron m. ARCHIT. Lima (*f.*) de cumbrera, mediacaña, *f.*

membru, e adj. Membrudo, da ; fornido, da (robuste).

membrure f. Miembros, *m. pl.* (corps humain). ‖ CONSTR. Larguero, *m.*, armazón, armadura. ‖ MAR. Conjunto (*m.*) de las cuadernas, armazón.

même adj. Mismo, ma : *c'est la même voiture*, es el mismo coche. ‖ *— De lui-même o de soi-même*, por sí mismo, de suyo, espontáneamente. ‖ *En soi-même*, de por sí, en sí mismo. ‖ *Moi-même, toi-même, elle-même*, yo mismo, tú mismo, ella misma. ‖ *Par la même occasion*, aprovechando la ocasión, al mismo tiempo. ‖ *Pour la même raison*, por lo mismo. ‖ *C'est la même chose*, es lo mismo, lo mismo da. ‖ *Voir du même œil*, ver con los mismos ojos.
— Adv. Hasta, incluso, aun : *je vous dirai même*, incluso le diré. ‖ *— À même de*, en condiciones de, en estado de, capaz de : *être à même d'accomplir une tâche*, ser capaz de realizar una tarea. ‖ *À même le sol*, en el mismo suelo. ‖ *De même*, lo mismo, del mismo modo, asimismo, igualmente. ‖ *De même que*, lo mismo que, así como. ‖ *En même temps*, al mismo tiempo. ‖ *Même que o pas même*, ni siquiera. ‖ *Quand même !*, ¡vaya ! (indignation, surprise). ‖ *Quand même, même quand, même si*, aun cuando. ‖ *Quand même o tout de même*, sin embargo, a pesar de todo (malgré tout). ‖ *— Boire à même la bouteille*, beber en *ou* de la botella *ou* en la misma botella. ‖ *Il en est de même*, lo mismo ocurre. ‖ *Il n'en est pas de même pour*, no podríamos decir lo mismo de. ‖ *Manger à même le plat*, comer en la misma fuente. ‖ *Rester soi-même*, no cambiar nada.
— M. et f. Mismo, ma : *être toujours la même*, ser siempre la misma. ‖ *Cela revient au même*, es lo mismo, es exactamente igual, eso viene a ser lo mismo, lo mismo da.

mêmement [mɛmmɑ̃] adv. (Vx). Igualmente, del mismo modo.

mémento [memɛto] m. Agenda, *f.*, libro de apuntes. ‖ Compendio, manual (livre) : *mémento de chimie*, compendio de química. ‖ Señal (*f.*) para recordar algo (marque). ‖ Recordatorio (souvenir d'un mort). ‖ RELIG. Memento.

mémère f. FAM. Vieja, viejecita. ‖ Abuela (grandmère).

mémoire f. ● Memoria. ‖ Recuerdo, *m.* (souvenir). ‖ Memoria (électronique). ‖ *— À la mémoire de*, en memoria de, en recuerdo de. ‖ *De fâcheuse mémoire*, de triste recuerdo. ‖ *De mémoire*, de memoria : *répéter de mémoire*, repetir de memoria. ‖ *De mémoire d'homme*, desde tiempo inmemorial. .‖ *Mise en mémoire de l'information*, almacenamiento de datos. ‖ *Pour mémoire*, a título de indicación *ou* de información. ‖ *— Avoir mémoire de*, acordarse de, recordar. ‖ *Si j'ai bonne mémoire*, si mal no recuerdo, si bien recuerdo, si la memoria no me falla.

— SYN. ● *Ressouvenir*, recordación. *Réminiscence*, reminiscencia. *Souvenance*, recuerdo.

mémoire m. Memoria, *f.*, informe, relación, *f.* :

présenter un mémoire, presentar un informe. ‖ Tesina, *f.* (à l'université). ‖ COMM. Cuenta, *f.*, estado de deudas : *régler un mémoire*, pagar una cuenta. ‖ FAM. *Mémoire d'apothicaire*, las cuentas del Gran Capitán. ‖ — Pl. Memorias, *f.*

mémorable adj. Memorable.

mémorandum [memɔrɑdɔm] m Memorándum. ‖ Anotación, *f.*, reseña, *f.* (note). ‖ Nota, *f.* (diplomatique). ‖ COMM. Memorándum, nota (*f.*) de pedidos.

mémorial m. Memorial. ‖ Libro de asientos (commerce). ‖ Monumento conmemorativo.

mémorialiste m. Memorialista, autor de memorias históricas.

mémorisation f. Memorización, ejercicio (*m.*) de memoria. ‖ Fijación en la memoria.

Memphis [mɛfis] n. pr. GÉOGR. Menfis.

memphite [mɛfit] adj. et s. Menfita, de Menfis.

menable adj. Manejable, conducible.

menaçant, e [mənasɑ̃, ɑ̃ːt] adj. Amenazador, ra.

menace [mənas] f. Amenaza : *user de menaces*, valerse de amenazas. ‖ Amenaza, amago, *m.*, indicio, *m.* : *des menaces de tempête*, amagos de tempestad ‖ *— Agir sous la menace*, obrar bajo *ou* ante la amenaza. ‖ *Menaces en l'air*, amenazas vanas *ou* que se las lleva el viento.

menacé, e adj. Amenazado, da ; en peligro.

menacer* v. tr. Amenazar : *menacer d'une arme*, amenazar con un arma. ‖ Poner en peligro : *sa vie dissolue menace sa santé*, su vida disoluta pone en peligro su salud. ‖ FIG. Amagar. ‖ *La pluie menace*, parece que va a llover. ‖ *Menacer ruine*, amenazar ruina.

ménade f. MYTH. Ménade (bacchante).

ménage m. Gobierno de la casa (direction de la maison). ‖ Menaje, ajuar (meubles et ustensiles). ‖ Limpieza, *f.*, cuidado de la casa, quehaceres (*pl.*) domésticos : *faire le ménage*, hacer la limpieza. ‖ Ahorro, economía, *f.*, arreglo : *vivre de ménage*, vivir con ahorro. ‖ Familia, *f.*, casa, *f.* (famille) : *ménage de sept personnes*, familia de siete personas. ‖ Matrimonio (mari et femme) : *un jeune ménage*, un matrimonio joven. ‖ — FAM. *Ménage à trois*, triángulo. ‖ *— De ménage*, casero, ra ; doméstico, ca. ‖ *Femme de ménage*, asistenta. ‖ *— Bien tenir son ménage*, llevar muy bien la casa y su marido. ‖ *Faire bon o mauvais ménage*, llevarse bien *ou* mal, hacer *ou* no buenas migas, vivir en buena *ou* mala inteligencia. ‖ *L'intelligence peut faire bon ménage avec la beauté*, la inteligencia no está reñida con la belleza. ‖ *Monter son ménage*, comprar su ajuar, montar su casa. ‖ *Se mettre en ménage*, vivir juntos (un couple).

ménagement [menaʒmɑ̃] m. Miramiento, deferencia, *f.*, consideración, *f.*, reserva, *f.* : *il a beaucoup de ménagements pour ses employés*, tiene muchos miramientos con sus empleados. ‖ Precaución, *f.*, tacto, cuidado : *apprendre une mauvaise nouvelle avec ménagement*, dar una mala noticia con cuidado. ‖ *— Sans ménagements*, sin contemplaciones, sin miramientos. ‖ *User de ménagements avec*, tratar con miramientos a.

ménager* v. tr. Tener cuidado con, cuidar, no abusar. ‖ ● Ahorrar, economizar, escatimar (économiser). ‖ FIG. Aprovechar, no perder, emplear bien : *ménager son temps*, no perder el tiempo. ‖ Cuidar de, mirar por, velar por : *ménager sa santé*, cuidar de *ou* mirar por su salud. | Tratar con miramientos, consideración *ou* contemplaciones : *ménager quelqu'un*, tratar con consideración a alguien. | Tratar con tino : *ménager son directeur*, tratar con tino a su director. | Llevar bien, con tiento, con precaución : *ménager une négociation*, llevar con tiento una negociación. ‖

Procurar, facilitar : *ménager une entrevue,* facilitar una entrevista. | Reservar, dejar sitio para : *ménager une sortie,* reservar una salida. | No cansar, no exponer : *ménager ses troupes,* no exponer sus tropas. | No malgastar, no abusar de, no exponer : *ménager ses forces,* no abusar de sus fuerzas. | Regatear, escatimar (efforts). | Preparar, reservar : *ménager une surprise à quelqu'un,* preparar una sorpresa a uno. | No herir, no molestar : *ménager la susceptibilité de quelqu'un,* no herir la susceptibilidad de uno. | — *Ménager la chèvre et le chou,* nadar entre dos aguas. | *Ménager les intérêts de quelqu'un,* velar por los intereses de uno. | *Ménager les petits esprits,* ir con tiento. | *Ménager ses expressions, ses termes,* medir *ou* moderar las expresiones, las palabras. | *Ménager ses paroles,* ser parco en el hablar. | *N'avoir rien à ménager,* no tener cortapisas.
— V. pr. Cuidarse, mirar por la salud, reservarse. |! FIG. Reservarse para una ocasión : *se ménager pour la fin,* reservarse para el fin. | *Ne pas se ménager dans,* darse por entero a.
— SYN. ● *Épargner,* ahorrar. *Économiser,* economizar. *Thésauriser,* atesorar.

ménager, ère adj. Casero, ra ; doméstico, ca : *arts ménagers,* artes domésticas. | (Vx). FIG. Poco pródigo, ga ; parco, ca : *un critique ménager de ses éloges,* un crítico parco en elogios.

ménagère f. Ama de casa (qui s'occupe des soins du ménage). | Servicio (*m.*) de cubiertos, caja de guardar los tenedores, las cucharas y los cuchillos de plata. | *Une très bonne ménagère,* una mujer muy de su casa.

ménagerie f. [menaʒri] f. Casa de fieras (dans un zoo). | Exhibición de fieras (dans un cirque).

Ménandre n. pr. m. Menandro.

mendélévium [mɑ̃delevjɔm] m. CHIM. Mendelevio.

mendélien, enne adj. Mendeliano, na.

mendélisme m. Mendelismo.

mendiant, e adj. et s. Mendigo, ga ; pordiosero, ra. | RELIG. *Ordre mendiant,* orden mendicante.
— M. pl. FIG. *Les quatre mendiants,* higos, pasas, avellanas y almendras.
— SYN. *Gueux,* pordiosero. *Fam. Mendigot,* pordiosero.

mendicité f. Mendicidad, pordioseo, m., pordioseria.

mendier* v. tr. Mendigar, pordiosear.
— V. intr. Mendigar, pordiosear, pedir limosna.

mendigot, e [mɑ̃digo, ɔt] m. et f. POP. Pordiosero, ra ; mendigo, ga.

mendigoter v. tr. et intr. FAM. Pordiosear, mendigar.

meneau m. CONSTR. Crucero (de fenêtre). | Bastidor, montante (châssis). | *Fenêtre à meneau,* ajimez.

menée f. Ida, rastro, *m.,* camino, *m.* (d'un cerf). | FIG. Manejo, *m.,* tejemaneje, *m.* | Intriga (intrigue), ardid, *m.* (astuce). | *Menées secrètes,* maquinación secreta.

Ménélas [menelas] n. pr. m. Menelao.

mener* [məne] v. tr. Conducir, guiar, llevar, acompañar (conduire, guider) : *mener le bétail à l'abreuvoir,* llevar el ganado al abrevadero. | Transportar, llevar (transporter) : *il nous a menés en voiture,* nos transportó en coche. | Dirigir, estar a la cabeza (être à la tête de) : *mener la danse,* dirigir el baile. | GÉOM. Trazar (tracer) : *mener une perpendiculaire,* trazar una perpendicular. | FIG. Llevar : *mener une vie déréglée,* llevar una vida disoluta. | Dirigir, llevar : *bien mener ses affaires,* dirigir bien sus negocios. | Guiar : *l'intérêt le mène,* le guía el interés. | Conducir, manejar (un véhicule). | Llevar a cabo (réaliser). | Ir en cabeza de, encabezar : *mener*

le peloton, ir en cabeza del pelotón. | Llevar la delantera, ir ganando por : *mener par trois buts à un,* ir ganando por tres tantos a uno. | — *Mener à bien,* llevar a bien *ou* a cabo, sacar adelante. | *Mener à bonne fin,* llevar a cabo *ou* a buen término. | *Mener à la baguette,* tratar a la baqueta, tener bajo su férula. | *Mener de front,* llevar conjuntamente, simultanear. | FAM. *Mener en bateau,* liar a uno (tromper). | *Mener en terre,* llevar a enterrar. | *Mener grand bruit,* meter mucho ruido, dar mucho jaleo. | *Mener grand train,* gastar sin contar, llevar un gran tren de vida. | *Mener la bande,* ser el jefe. | *Mener le deuil,* conducir *ou* presidir el duelo. | *Mener loin,* llevar lejos, tener graves consecuencias. | *Mener quelqu'un par le bout du nez,* llevar por las narices, manejar a uno a su antojo. | — *Ne pas en mener large,* no llegarle a uno la camisa al cuerpo. | *Tous les chemins mènent à Rome,* por todas partes se va a Roma, todos los caminos van a Roma.

ménestrel [menɛstrɛl] m. Trovador, ministril.

ménétrier m. Violinista de pueblo.

meneur, euse m. et f. Acompañante (qui accompagne). | FIG. Conductor, ra ; cabecilla, jefe, fa ; dirigente, instigador, ra (chef). | Animador, ra (d'émission de T. S. F.). | *Meneur de jeu,* animador, el que dirige una empresa política *ou* de otra índole.

menhir [meni:r] m. Menhir.

menin m. (Vx). Menino (en Espagne). | Caballero al servicio del delfín de Francia.

ménine f. Menina.

méninge [menɛ̃:ʒ] f. ANAT. Meninge. | FIG. *Se fatiguer les méninges,* devanarse los sesos.

méningé, e adj. Meníngeo, a.

méningite f. MÉD. Meningitis.

méningocoque m. Meningococo (microbe).

Ménippe n. pr. m. Menipo.

ménippée f. Menipea.

ménispermacées f. pl. BOT. Menispermáceas.

ménisque m. PHYS. et ANAT. Menisco.

mennonite m. Menonita (anabaptiste).

ménologe m. Menologio.

menon m. Macho cabrío que hace de guión transhumante. | Cabra (*f.*) de Levante.

ménopause f. MÉD. Menopausia.

ménorragie f. MÉD. Menorragia.

menotte f. FAM. Manita, manecita (petite main). | — Pl. Esposas (des prisonniers) : *ils lui ont passé les menottes,* le pusieron las esposas. | FIG. *Mettre o passer les menottes à quelqu'un,* atar a alguien de manos y pies, maniatar a alguien.

mense [mɑ̃:s] f. Mesa, renta eclesiástica.

mensonge m. Mentira, *f.,* embuste. | Fábula, *f.,* ficción, *f.* (fiction). | FIG. Engaño, falsedad, *f.,* quimera, *f.* (illusion). | — *Pieux mensonge,* mentira piadosa. | *Un tissu de mensonges,* una sarta de embustes.

mensonger, ère adj. Mentiroso, sa. | Falso, sa (faux). | Engañoso, sa ; falaz (décevant).

menstruation f. Menstruación.

menstruel, elle adj. Menstrual.

menstrues [mɑ̃stry] f. pl. Menstruación, sing., menstruo, *m.* sing.
— SYN. *Ménorrhée,* menorrea. *Règles,* reglas.

mensualisation f. Mensualización.

mensualiser v. tr. Mensualizar.

mensualité f. Mensualidad.

mensuel, elle adj. Mensual.
— M. Empleado pagado mensualmente.

mensuration f. Medida, mensuración.

mental, e adj. Mental.

mentalité f. Mentalidad, modo (*m.*) de pensar. | FAM. *Sale mentalité,* manera de pensar canallesca, vergonzosa, desalmada.

menterie f. Fam. Embuste, m.

menteur, euse adj. et s. Mentiroso, sa ; embustero, ra. ‖ Engañoso, sa. ‖ — Argument du menteur, argumento falso (sophisme). ‖ Fam. Il est menteur comme un arracheur de dents, miente mas que la Gaceta, miente más que habla, miente como un sacamuelas.

menthe [mɑ̃:t] f. Menta, hierbabuena (plante).

menthol m. Mentol.

mentholé, e adj. Mentolado, da.

mention [mɑ̃sjɔ̃] f. Mención : mention honorable, mención honorífica. ‖ — Mention assez bien o bien, notable. ‖ Mention passable, aprobado. ‖ Mention très bien, sobresaliente. ‖ — Faire mention de, mencionar, hacer mención de.

mentionner [-sjɔne] v. tr. Mencionar, hacer mención de, mentar.

mentir* v. intr. Mentir. ‖ — Mentir comme un arracheur de dents, mentir como un sacamuelas. ‖ — A beau mentir qui vient de loin, de luengas tierras, luengas mentiras. ‖ Il ment comme il respire, miente más que habla. ‖ Sans mentir o pour ne pas mentir, a decir verdad, sin mentir.

menton m. Barbilla, f., mentón. ‖ Fam. Double menton, papada. ‖ Menton en galoche, barbilla prominente ou muy salida.

mentonnet [mɑ̃tɔnɛ] m. Nariz (f.) de picaporte (du loquet). ‖ Techn. Trinquete, pestaña, f.

mentonnière f. Babera, barbote, m. (d'une armure). ‖ Barbuquejo, m., barboquejo, m. (de casque, de shako, etc.). ‖ Impr. Botador, m., taco, m.

mentor m. Mentor.

menu, e [məny] adj. ● Menudo, da. ‖ — Menu bétail, ganado menor. ‖ Menue monnaie, dinero suelto, calderilla. ‖ Menu gibier, caza menor. ‖ Menu peuple, clase humilde ou modesta. ‖ Menu plomb, mostacilla. ‖ Menus frais, gastos menudos. ‖ Menus plaisirs, caprichos, distracciones.
— M. Carta, f., lista (f.) de platos (carton). ‖ Cubierto : menu touristique, cubierto turístico. ‖ Menú, minuta, f. : faire le menu d'un repas, hacer el menú de una comida. ‖ Comida, f. (repas). ‖ Picón, cisco (charbon).
— Adv. Detalladamente, punto por punto : raconter les choses par le menu, contar las cosas detalladamente. ‖ En pedacitos, en trozos (en morceaux). ‖ Hacher menu, hacer picadillo (viande), picar (oignons, tabac, etc.).
— Syn. ● Fluet, cenceño. Ténu, tenue. Grêle, tenue. Gracile, grácil.

menuaille [mənɥɑ:j] f. (P. us.). Menudencias, pl., minucias, pl. ‖ Morralla (poisson). ‖ Calderilla (argent).

menuet [mənɥɛ] m. Minué (danse).

menuisage m. Carpintería, f.

menuise ou menuisaille [mənɥi:z ou -za:j] f. Perdigones, m. pl., mostacilla (plomb). ‖ Boquerones, m. pl., sardinillas (pl.) inferiores (poissons).

menuiser v. tr. Carpintear, trabajar como carpintero. ‖ Adelgazar, afinar (amincir).

menuiserie f. Carpintería. ‖ Trabajo (m.) de carpintería (ouvrage).

menuisier m. Carpintero.

ménure m. Menuro, ave lira (oiseau-lyre).

menu-vair [mənyvɛ:r] m. Gris ou petigrís. ‖ Blas. Veros, pl. (vair).

ményanthes [menjɑ̃:t] m. pl. Menianto, sing. (plante).

méphistophélique adj. Mefistofélico, ca.

Méphistophélès [mefistofelɛs] n. pr. m. Mefistófeles.

méphitique adj. Mefítico, ca.

méphitisme m. Mefitismo.

méplat, e [mepla, at] adj. Chato, ta; más ancho que grueso ; plano, na.

— M. Cara (f.) plana de un cuerpo plano.

méprendre (se)* [sur] v. pr. Confundirse respecto a, equivocarse en, engañarse en lo tocante a. ‖ — A s'y méprendre, hasta el punto de confundirse. ‖ Se méprendre à, dejarse engañar por.

mépris [mepri] m. Desprecio, menosprecio : encourir le mépris public, ganarse ou granjearse el desprecio general ; avoir du mépris pour, sentir desprecio por. ‖ Au mépris de, sin tener en cuenta, con desprecio ou desdeño de, ignorando voluntariamente.

méprisable adj. Despreciable, menospreciable.

méprisant, e adj. Despreciativo, va : un regard méprisant, una mirada despreciativa.

méprise f. Error, m., equivocación : par méprise, por error, por equivocación; lourde méprise, error mayúsculo.

mépriser v. tr. Despreciar, menospreciar.
— Syn. Dédaigner, desdeñar, menospreciar. Faire fi de, no hacer caso de.

mer [mɛ:r] f. Mar, m. et f. ‖ — Mer démontée, mar enfurecido ou alborotado. ‖ Mer d'huile, balsa de aceite. ‖ Mer houleuse, mar agitado. ‖ Mer moutonnée, mar rizado ou picado. ‖ — Basse mer, bajamar. ‖ Haute mer o pleine mer, alta mar, pleamar. ‖ — Coup de mer, golpe de mar, oleada. ‖ Droit de la mer, derecho marítimo. ‖ Gens de mer, marinos. ‖ Mal de mer, mareo. ‖ Un homme à la mer !, ¡hombre al agua ! ‖ — Fam. Ce n'est pas la mer à boire, no es cosa del otro mundo ou del otro jueves. ‖ Il avalerait la mer et les poissons, tiene un hambre canina (faim), tiene mucha sed (soif). ‖ Mettre à la mer, echar al agua. ‖ Prendre la mer, hacerse a la mar.
— Observ. Mar en espagnol est masculin dans le langage courant (la mer Rouge, el Mar Rojo) mais il est féminin dans le langage des marins et des pêcheurs. Il l'est aussi dans des locutions comme alta mar, bajamar, la mar de cosas (infra).

mercanti m. Mercader (en Orient). ‖ Fam. Mercachifle (commerçant malhonnête).

mercantile adj. Mercantil.

mercantilisme m. Mercantilismo.

mercantiliste m. Mercantilista.

mercenaire adj. et s. Mercenario, ria.

mercerie f. Mercería.

mercerisage m. Mercerización, f., mercerizado.

merceriser v. tr. Mercerizar.

merceriseuse f. Máquina para mercerizar.

merci f. Merced, gracia, favor, m. : demander, crier, implorer merci, pedir gracia, implorar merced. ‖ Merced (ordre). ‖ — Sans merci, sin piedad : homme sans merci, hombre sin piedad; sin cuartel : lutte sans merci, lucha sin cuartel. ‖ — A la merci de, a (la) merced de. ‖ A merci, a discreción, a voluntad.
— M. Gracias, f. pl. ‖ — Merci bien o merci beaucoup !, ¡muchas gracias ! ‖ Merci de o pour, gracias por. ‖ — Dieu merci, a Dios gracias, gracias a Dios. ‖ Grand merci, mil gracias. ‖ — Dire merci, dar las gracias.

mercier, ère adj. et s. Mercero, ra.

mercredi m. Miércoles : mercredi dernier, prochain, el miércoles pasado, que viene. ‖ Mercredi des cendres, miércoles de ceniza.

mercure m. Mercurio, azogue (métal).

Mercure n. pr. m. Myth. et Astron. Mercurio.

mercureux adj. Chim. Mercurioso, sa.

mercuriale f. Mercurial (plante). ‖ Discurso (m.) de apertura de los tribunales. ‖ Reprimenda, reprensión, amonestación (remontrance). ‖ Precio, m., hoja ou lista de precios, cotización, tarifa (état de prix, des denrées sur un marché).

mercuriel, elle adj. Mercurial.

mercurique adj. Mercúrico, ca.

merde f. Pop. Mierda. ‖ Pop. *Merde de chien*, una pura mierda.
— Interj. Pop. ¡Coño!
merdeux, euse adj. Pop. Lleno, na, de mierda ; sucio, cia. ‖ Fam. *Bâton merdeux*, persona desagradable *ou* de trato imposible.
— M. et f. Fig. et pop. Mequetrefe, individuo sin importancia.
merdoie [mɛrdwa] adj. inv. De color verde amarillento.
mère f. ● Madre : *mère de famille*, madre de familia. ‖ Madre (religieuse). ‖ Principal, central, esencial : *maison mère*, casa central. ‖ Puro, ra (pur). ‖ Fam. Tía, seña : *la mère Joséphine*, la tía Josefa. ‖ Techn. Madre (vinaigre). ‖ — *Mère abbesse*, madre superiora, abadesa. ‖ *Mère branche*, rama *ou* ramo principal. ‖ *Mère goutte*, vino de lágrima. ‖ *Mère nourrice*, ama, nodriza. ‖ *Mère patrie*, madre patria. ‖ — *Belle-mère*, suegra (mère du conjoint), madrastra (seconde femme du père). ‖ *Fête des Mères*, día de la Madre. ‖ *Fille-mère*, madre soltera. ‖ *Grand-mère*, abuela. ‖ *Idée mère*, idea central, esencial. ‖ *Langue mère*, lengua madre. ‖ *Maison mère*, sociedad matriz *ou* central. ‖ *Reine mère*, reina madre.
— Syn. ● *Maman*, mamá. *Marâtre*, madrastra.
méreau m. Tejo, ficha, *f.* (pour le jeu de marelle).
mère-grand [mɛrgrɑ̃] f. Fam. Abuela.
mergule m. Pájaro bobo (oiseau marin).
méridien, enne adj. Meridiano, na.
— M. Astron. Meridiano.
— F. Astron. et Géom. Meridiana. ‖ Siesta (sieste). ‖ Tumbona (chaise-longue).
méridional, e adj. et s. Meridional.
meringue f. Merengue, *m.* (pâtisserie).
meringuer v. tr. Cubrir de merengue, merengar.
mérinos [merinos] m. Merino, na (mouton et tissu).
merise f. Bot. Cereza silvestre.
merisier m. Bot. Cerezo silvestre.
méritant, e adj. Meritorio, ria ; merecedor, ra ; benemérito, ta.
mérite m. Mérito : *personne de grand mérite*, persona de gran mérito. ‖ *Se faire un mérite d'une chose*, vanagloriarse de algo, honrarse con algo.
mériter v. tr. Merecer, merecerse : *il l'a bien mérité*, se lo ha merecido. ‖ Valer : *tout cela lui a mérité ce curieux sobriquet*, todo esto le valió este apodo extraño. ‖ — *Avoir ce qu'on mérite*, tener su merecido. ‖ *Bien mériter de sa patrie*, hacerse digno de la patria. ‖ *Mériter de*, merecer la pena de.
méritoire adj. Meritorio, ria.
— Observ. Le *meritorio* est en espagnol le stagiaire sans solde.
merlan m. Pescadilla, *f.* (poisson). ‖ Pop. Peluquero, rapabarbas. ‖ *Faire des yeux de merlan frit*, poner los ojos en blanco.
merle m. Mirlo (oiseau). ‖ — Fig. *Merle blanc*, mirlo blanco, cosa rara. ‖ — Fam. *Fin merle*, hombre fino, astuto. | *Vilain o beau merle*, bicho malo, bicharraco, pajarraco. ‖ — *Faute de grives, on mange des merles*, a falta de pan, buenas son tortas.
merleau m. Mirlo pequeño (oiseau).
merlette f. Mirla (oiseau). ‖ Blas. Merleta.
merlin m. Maza (*f.*) de jifero, hacha (*f.*) para rajar madera (hache). ‖ Mar. Merlín, cuerda, *f.* (corde).
merlon m. Merlón (fortification).
merlu m. ou **merluche** f. Merluza, *f.*, pescada, *f.* (Andalousie) [poisson]. ‖ Bacalao (*m.*) seco sin salar (morue).

— Observ. La *merluche* se vende bajo el nombre de *colin*.
Mérope n. pr. f. Merope.
mérostomes [merɔsto:m] m. pl. Zool. Meróstomos.
mérou m. Mero (poisson).
Mérovée n. pr. m. Meroveo.
mérovingien, enne adj. Merovingio, gia.
merrain m. Tabla (*f.*) de roble *ou* de castaño para duelas (planche). ‖ Asta (*f.*) principal de un ciervo.
Mers el-Kébir n. pr. Géogr. Mazalquivir.
merveille [mɛrvɛ:j] f. ● Maravilla, portento, *m.* ‖ Especie de pestiño, *m.* (pâtisserie). ‖ — *À merveille*, de maravilla, a las mil maravillas, divinamente. ‖ — *Aller à merveille*, ir de maravilla, venir que ni pintado. ‖ *Dire des merveilles de*, decir maravillas de. ‖ *Faire merveille* o *des merveilles*, hacer maravillas (faire des exploits), producir un efecto maravilloso (faire bel effet). ‖ *Promettre monts et merveilles*, prometer el oro y el moro. ‖ *Tomber à merveille*, venir de perlas *ou* de maravilla.
— Syn. ● *Miracle*, milagro. *Prodige*, prodigio, portento.
merveilleux, euse [-jø, ø:z] adj. Maravilloso, sa ; portentoso, sa ; asombroso, sa.
— M. Lo maravilloso, lo asombroso. ‖ Lo sobrenatural (dans un poème).
mérycisme m. Méd. Mericismo (rumination).
mes [mɛ] adj. poss. (pluriel de *mon* et *ma*). Mis (avant un substantif), míos, mías (après le substantif) : *mes frères sont plus âgés que moi*, mis hermanos son mayores que yo ; *mes fils sont allés saluer deux de mes amis*, mis hijos han ido a saludar a dos amigos míos.
mésair ou **mezair** m. Braceo (du cheval).
mésalliance [mezaljɑ̃:s] f. Casamiento (*m.*) desigual, mal casamiento, *m.* ‖ Unión, asociación desacertada.
mésallier* v. tr. Malcasar.
— V. pr. Malcasarse.
mésange f. Paro, *m.* (oiseau). ‖ — *Mésange bleue*, alionín. ‖ *Mésange charbonnière*, paro carbonero.
mésangette f. Jaula con armadijo *ou* trampa.
mésaventure f. Contratiempo, *m.*, desventura, desgracia, malaventura, malandanza.
— Syn. *Déconvenue*, chasco. *Malencontre*, desgracia. *Fam. Tuile*, percance.
mescal m. Mezcal.
mescaline f. Mezcalina, alcaloide (*m.*) de peyote.
mesdames [mɛdam] f. pl. de *madame*. Señoras.
mesdemoiselles [mɛdmwazɛl] f. pl. de *mademoiselle*. Señoritas.
mésentente [mezɑ̃tɑ̃:t] f. Desacuerdo, *m.*, desavenencia, mala inteligencia.
mésentère m. Anat. Mesenterio, redaño.
mésentérique adj. Mesentérico, ca.
mésestimation f. Desestimación, apreciación errónea, infravaloración.
mésestime f. Menosprecio, *m.*, desestimación.
mésestimer v. tr. Menospreciar, desestimar, infravalorar, no apreciar como es debido.
mésintelligence [mezɛ̃teliʒɑ̃:s] f. Desavenencia, mala inteligencia, desacuerdo, *m.*
— Syn. *Désunion*, desunión. *Zizanie*, cizaña. *Désaccord*, desacuerdo. *Dissentiment*, disentimiento. *Dissension*, disensión. *Division*, división. *Discorde*, discordia. *Rupture*, ruptura. *Brouillerie*, disensión. *Fam. Pique*, pique.
mesmérien, enne [mɛsmerjɛ̃, jɛn] adj. et s. Mesmeriano, na ; de Mesmer.
mesmérisme m. Phys. Mesmerismo.
mésocarpe m. Bot. Mesocarpio.
— F. Ova (algue d'eau douce).
mésocéphale adj. Anat. Mesocéfalo, la.
mésoderme m. Anat. Mesodermo.

mésolithique adj. et s. m. GÉOL. Mesolítico, ca.

méson m. CHIM. Mesón, mesotrón.

Mésopotamie [mezɔpɔtami:] n. pr. f. GÉOGR. Mesopotamia.

mésopotamien, enne adj. et s. Mesopotámico, ca ; mesopotamio, mia.

mésosphère f. Mesosfera.

mésothorax m. ZOOL. Mesotórax.

mésothorium [mezotɔrjɔm] m. CHIM. Mesotorio.

mésozoïque adj. GÉOL. Mesozoico, ca.

mesquin, e [mɛskɛ̃, in] adj. Mezquino, na ; ruin.

mesquinerie [-kinri] f. Mezquindad, tacañería, ruindad.

mess [mɛs] m. MIL. Imperio, comedor de oficiales *ou* suboficiales de una misma arma.

message m. Mensaje. || Recado, encargo (commission). || *Message téléphoné,* aviso telefónico.

messager, ère m. et f. ● Mensajero, ra ; enviado, da. || Ordinario, *m.,* cosario, *m.,* recadero, *m.,* trajinero, *m.* (service de marchandises). || — *Les messagères du printemps,* las golondrinas. || *Messager de malheur,* pájaro de mal agüero.

— SYN. ● *Envoyé,* enviado. *Émissaire,* emisario. *Commissionnaire,* recadero, mandadero. *Courrier,* correo, propio. *Exprès,* estafeta. *Estafette,* estafeta.

messageries f. pl. Mensajería, *sing.,* servicio (*m. sing.*) de transporte. || Despacho (*m. sing.*) de diligencias. || *Messageries de presse,* agencia distribuidora.

Messaline n. pr. f. Mesalina. || Mesalina, mujer disoluta.

messe f. Misa : *dire la messe,* decir misa. || — *Messe basse,* misa rezada. || *Messe de funérailles,* misa de cuerpo presente. || *Messe de minuit,* misa del gallo. || *Messe des morts,* misa de difuntos. || *Messe noire,* misa negra. || *Messe pontificale,* misa pontifical. || — *Grand-messe,* misa cantada, misa mayor. || *Honoraires de messe,* estipendio. || *Livre de messe,* devocionario. || — *Dire la première messe,* cantar misa (après l'ordination). || *Entendre la messe,* oir misa. || FIG. *Faire des messes basses,* andar con secreteos. || *Servir la messe,* ayudar a misa.

messéance f. (Vx). Inconveniencia.

Messénie n. pr. f. GÉOGR. Mesenia.

messénien, enne adj. et s. Mesenio, nia.

messeoir* [mɛswa:r] v. intr. et impers. Sentar mal, venir mal, ir mal.

— OBSERV. Se emplea sobre todo en la tercera persona del presente, pretérito imperfecto y futuro de indicativo, así como del potencial simple.

messianique adj. Mesiánico, ca.

messianisme m. Mesianismo.

messidor m. Mesidor (dixième mois du calendrier républicain français).

messie [mɛsi:] m. Mesías.

messieurs [mɛsjø] m. pl. de *monsieur.* Señores.

messin, e [mɛsɛ̃, in] adj. et s. De Metz.

Messine n. pr. GÉOGR. Mesina.

messire m. (Vx). Señor, don (titre d'honneur).

— OBSERV. L'espagnol a employé aussi dans un sens analogue *micer* et *maese* (maître).

mestre m. (Vx). Maestre : *mestre de camp,* maestre de campo.

mesurable adj. Mensurable, que se puede medir.

mesurage m. Medición, *f.,* medida, *f.*

mesure f. Medida : *la mesure du temps,* la medida del tiempo. || Medida : *prendre des mesures draconiennes,* tomar medidas drásticas. || Medida (couture). || Ponderación : *cela dépasse toute mesure,* esto sobrepasa toda ponderación. || Moderación, mesura, reserva, tino, *m.* (retenue) : *parler avec mesure,* hablar con mesura. || MUS. Compás, *m. : aller en mesure, suivre la mesure,* llevar, guardar el compás. || — *Mesure à deux*

temps, compás de dos por cuatro. || *Mesure à quatre temps,* compasillo, compás menor. || *Mesure à trois temps,* compás de tres por cuatro. || — *Commune mesure,* medida común, común rasero. — *À mesure, au fur et à mesure,* a medida que, conforme, al mismo tiempo que. || *Dans la mesure de,* en relación con, según. || *Dans la mesure du possible,* dentro de lo que cabe, en la medida de lo posible. || *Dans la mesure où,* en la medida en que. || *Outre mesure,* más de la cuenta, demasiado. || *Sur mesure,* a la medida : *pantalon sur mesure,* pantalón hecho a la medida. — *Agir sans mesure,* obrar sin moderación, desmedidamente. || *Avoir deux poids et deux mesures,* medir con distinto rasero, aplicar la ley del embudo. || *Battre la mesure,* marcar *ou* llevar el compás. || *Cela passe toute mesure,* esto pasa de la raya *ou* de la medida. || *Combler la mesure,* llegar al último límite, llevar las cosas al extremo. || *Dépasser la mesure,* salirse de los límites, pasarse de la raya. || *Donner sa mesure,* mostrar de lo que uno es capaz. || *Être en mesure de,* hallarse en estado de, estar en condiciones de, poder, ser capaz de. || *Faire bonne mesure,* dar más de la medida. || FIG. *Garder la mesure,* ser comedido. || *Manquer de mesure,* ser descomedido.

mesuré, e adj. Medido, da ; proporcionado, da. || FIG. Mesurado, da ; moderado, da ; comedido, da.

mesurément adv. Mesuradamente, comedidamente, en forma prudente.

mesurer v. tr. Medir : *mesurer au litre,* medir por litros. || Proporcionar, armonizar, ajustar (proportionner). || Escatimar (répartir avec parcimonie). || FIG. Evaluar, hacer estimar, dar valoración (servir à apprécier). || — *Mesurer du regard,* par la pensée, medir con la vista, en la mente. || *Mesurer le sol,* medir el suelo con las espaldas. || *Mesurer son coup,* medir los pasos, calcular bien lo que uno va a hacer.

— V. pr. Medirse. || Ser comedido, moderado. || *Se mesurer avec quelqu'un,* competir, luchar, rivalizar, medirse con uno.

mesureur m. Medidor, mensurador.

mésuser [de] v. intr. (Vx). Abusar, hacer mal uso.

métabolique adj. Metabólico, ca.

métabolisme m. BIOL. Metabolismo.

métacarpe m. ANAT. Metacarpo.

métacarpien, enne adj. ANAT. Metacarpiano, na.

métacentre m. PHYS. Metacentro.

métacentrique adj. PHYS. Metacéntrico, ca.

métairie f. Finca en aparcería. || Alquería, cortijo, *m.,* granja (ferme).

métal m. Metal.

métaldéhyde m. CHIM. Metaldehído.

métalepse f. Metalepsis.

métallier m. Ferrallista.

métallifère adj. Metalífero, ra.

métallique adj. Metálico, ca.

métallisation [metalizasjɔ̃] f. Metalización.

métalliser v. tr. Metalizar.

métallo m. FAM. Obrero metalúrgico, metalúrgico.

métallochromie f. Metalocromía.

métallographie f. Metalografía.

métallographique adj. Metalográfico, ca.

métalloïde m. Metaloide.

métalloscopie f. Metaloscopia.

métallothérapie f. MÉD. Metaloterapia.

métallurgie f. Metalurgia.

métallurgique adj. Metalúrgico, ca.

métallurgiste m. Metalúrgico, metalurgista.

métamère adj. Metámero, ra.

métamorphique adj. GÉOL. Metamórfico, ca.

métamorphiser v. tr. Metamorfosear.

métamorphisme m. GÉOL. Metamorfismo.

MÉTALLURGIE — METALURGIA

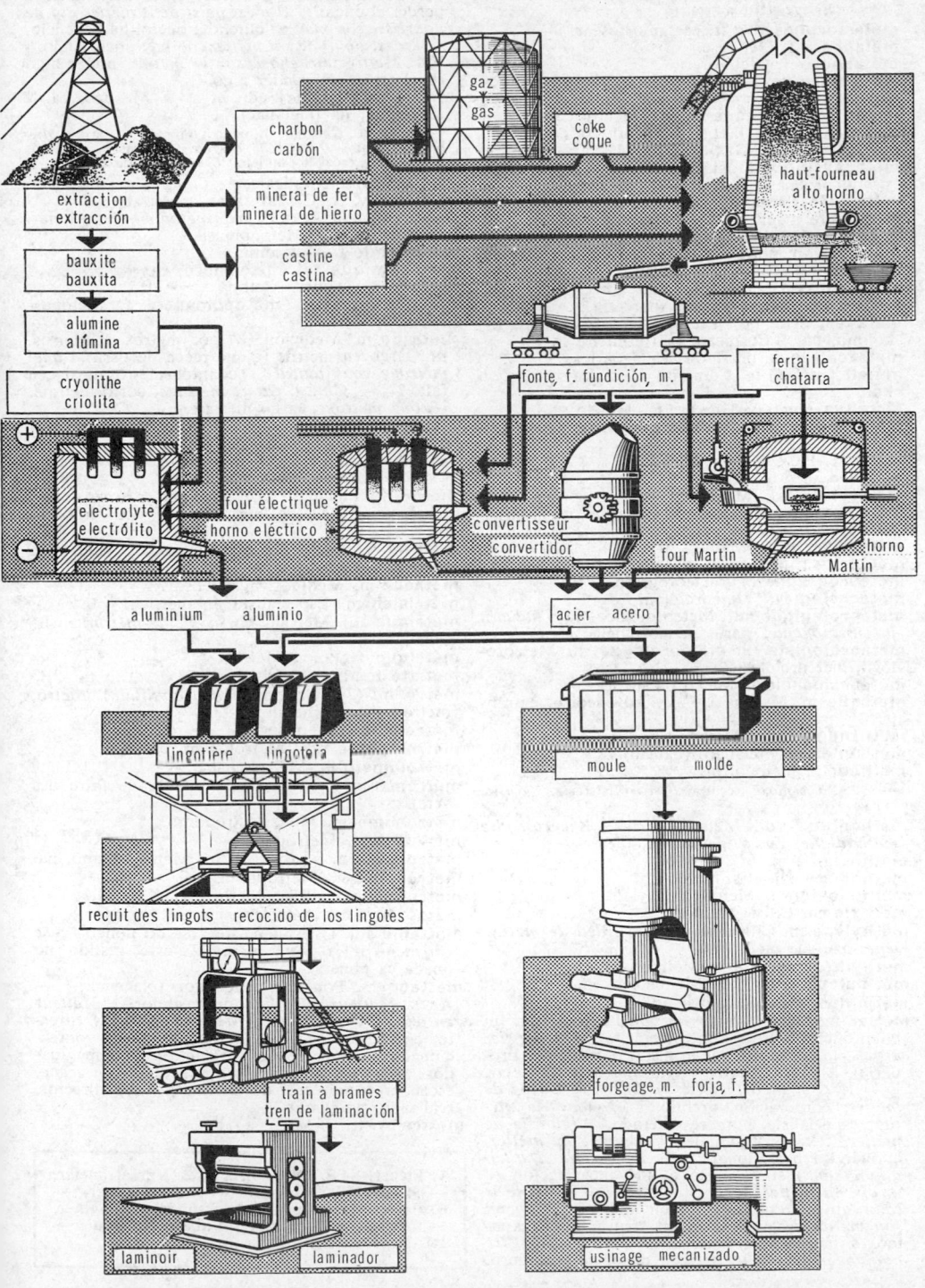

extraction
extracción

charbon
carbón

gaz
gas

coke
coque

haut-fourneau
alto horno

minerai de fer
mineral de hierro

bauxite
bauxita

castine
castina

alumine
alúmina

cryolithe
criolita

fonte, f. fundición, m.

ferraille
chatarra

électrolyte
electrólito

four électrique
horno eléctrico

convertisseur
convertidor

four Martin

horno
Martin

aluminium   aluminio

acier   acero

lingotière   lingotera

moule   molde

recuit des lingots   recocido de los lingotes

train à brames
tren de laminación

forgeage, m.   forja, f.

laminoir   laminador

usinage   mecanizado

métamorphosable adj. Metamorfoseable.

métamorphose f. Metamorfosis, metamórfosis.

— SYN. *Transformation,* transformación. *Avatar,* avatar. *Transmutation,* transmutación.

métamorphoser v. tr. Metamorfosear.

métaphase f. Metafase.

métaphore f. Metáfora.

métaphorique adj. Metafórico, ca.

métaphosphorique adj. CHIM. Metafosfórico, ca.

métaphysicien, enne m. et f. Metafísico, ca.

métaphysique adj. et s. f. Metafísico, ca

métaplasme m. GRAMM. Metaplasmo.

métapsychique [metapsiʃik] adj. et s. f. Metapsíquico, ca.

métastase f. MÉD. Metástasis.

Métastase n. pr. m. Metastasio.

métatarse m. ANAT. Metatarso.

métatarsien, enne adj. et s. Metatarsiano, na.

métathèse f. GRAMM. Metátesis.

métathorax m. Metatórax (des insectes).

métayage [metɛja:ʒ] m. Aparcería, f.

métayer, ère [-je, jɛ:r] m. et f. Aparcero, ra; colono, na. ‖- Cortijero, ra (fermier).

métazoaires m. pl. ZOOL. Metazoarios.

méteil [metɛj] m. Comuña, f., morcajo, tranquillón.

Métellus [metɛlys] n. pr. m. Metelo.

métempsycose ou **métempsychose** [metãpsiko:z] f. Metempsicosis.

météo f. FAM. Meteorología.

météore m. Meteoro.

météorique adj. Meteórico, ca.

météorisation f. ou **météorisme** m. Meteorismo, m.

météoriser v. tr. Meteorizar.

météorite f. Meteorito, m.

météorographe m. Meteorógrafo.

météorologie f. Meteorología.

météorologique adj. Meteorológico, ca : *bulletin météorologique,* parte meteorológico.

météorologiste ou **météorologue** m. Meteorólogo, meteorologista.

météoromancie f. Meteoromancia.

métèque m. Meteco. ‖ FAM. Advenedizo, extranjero.

méthane m. CHIM. Metano.

méthanier m. Metanero (bateau).

méthode f. Método, m.

— SYN. *Technique,* técnica. *Système,* sistema. *Théorie,* teoría.

méthodique adj. Metódico, ca : *Encyclopédie méthodique,* Enciclopedia Metódica.

méthodisme m. Metodismo.

méthodiste adj. et s. Metodista.

méthodologie f. Metodología.

méthyle m. CHIM. Metilo.

méthylène m. CHIM. Metileno. ‖ *Bleu de méthylène,* azul de metileno.

méthylique adj. CHIM. Metílico, ca.

méticuleux, euse adj. Meticuloso, sa.

méticulosité f. Meticulosidad.

métier m. Oficio : *avoir un bon métier,* tener un buen oficio. ‖ Profesión, carrera, f. : *le métier des armes,* la carrera de las armas. ‖ Bastidor (à broderie). ‖ Papel (rôle). ‖ — *Métier à tisser,* telar. ‖ — *Arts et métiers,* artes y oficios. ‖ *Corps de métier,* corporación, gremio. ‖ *Homme de métier,* especialista, hombre enterado. ‖ *Jalousie de métier,* celos profesionales. ‖ *L'armée de métier,* el ejército profesional. ‖ — *Apprendre à quelqu'un son métier,* darle a uno una lección. ‖ *Avoir du métier,* tener mucho oficio. ‖ *Avoir le cœur au métier,* trabajar con ahínco. ‖ *Chacun son métier, et les vaches seront bien gardées,* zapatero a tus zapatos, cada cual a lo suyo. ‖ *Être boulanger de son métier,* ser de oficio panadero.

‖ *Être du métier,* ser del oficio. ‖ *Faire métier de,* tener la profesión de. ‖ *Faire son métier,* cumplir con su obligación. ‖ *Gâcher le métier,* echar a perder el oficio. ‖ *Il n'est de si petit métier qui ne nourrisse son maître,* quien ha oficio, ha beneficio. ‖ *Il n'est point de sot métier,* no hay oficio malo. ‖ FIG. *Mettre une chose sur le métier,* poner algo en el telar, emprender algo.

métis, isse [metis] adj. et s. ● Mestizo, za. ‖ Mezclado, da (mélangé).

— SYN. ● *Hybride,* híbrido. *Bâtard,* bastardo. *Mulâtre,* mulato. *Quarteron,* cuarterón. *Octavon,* ochavón. *Sang-mêlé,* cruzado, mulato. *Créole,* criollo.

métissage m. Mestizaje.

métisser v. tr. Cruzar razas, mestizar.

métonien adj. ASTR. *Cycle métonien,* ciclo lunar.

métonomasie f. Metonomasia.

métonymie f. Metonimia.

métonymique adj. Metonímico, ca.

métope f. ARCHIT. Metopa.

métoposcopie ou **métopomancie** f. Metoposcopia.

métrage m. Medición (f.) por metros. ‖ Metros, pl., largo en metros (d'une pièce de tissu) : *quel métrage vous faut-il?,* ¿cuántos metros le hacen falta ? ‖ — CINÉM. *Court métrage,* corto metraje. ‖ *Long métrage,* largo metraje.

mètre m. Metro : *mètre carré, cube,* metro cuadrado, cúbico. ‖ Metro (en poésie). ‖ — *Mesurer en mètres, au mètre,* medir por metros, con metro. ‖ *Mètre à ruban,* cinta métrica.

métré m. Medición (f.) por metros (mesure). ‖ Descripción (f.) de una obra de construcción (devis).

métrer* v. tr. Medir por metros. ‖ Valuar en metros.

métreur m. Medidor, agrimensor.

métricien m. Especialista en métrica.

métrique adj. Métrico, ca : *système métrique,* sistema métrico.

métrique f. POÉT. Métrica.

métrite f. MÉD. Metritis.

métro m. (abréviation de *métropolitain*). Metro, metropolitano (chemin de fer).

métrologie f. Metrología.

métrologique adj. Metrológico, ca.

métrologiste m. Metrologista.

métromanie f. Metromanía (manie de faire des vers).

métronome m. MUS. Metrónomo.

métropole f. Metrópoli.

métropolitain, e adj. et s. m. Metropolitano, na.

métropolite m. Metropolita.

métrorragie f. MÉD. Metrorragia.

mets [mɛ] m. Plato, manjar.

mettable adj. Que puede llevarse *ou* ponerse : *ce vêtement n'est plus mettable,* este vestido no puede ya ponerse.

metteur m. Ponedor, colocador (placeur). ‖ — ARTS. *Metteur au point,* desbastador. ‖ *Metteur en œuvre,* engastador. ‖ *Metteur en ondes,* director de emisión. ‖ IMPR. *Metteur en pages,* confeccionador, compaginador (rédaction), compaginador, ajustador (imprimerie). ‖ *Metteur en scène,* escenógrafo, director de teatro (théâtre), director, realizador (cinéma).

mettre* v. tr.

---

1. Placer. — 2. Introduire. — 3. Verser, mêler. — 4. Habiller, revêtir. — 5. Dépenser. — 6. Passer du temps. — 7. Supposer, imaginer. — 8. User de. — 9. Suivi d'une préposition. — 10. Expressions.

1. PLACER. — Poner, colocar : *mettre une assiette sur la table,* poner un plato en la mesa ; *mettre un enfant en pension,* poner a un niño interno.

2. INTRODUIRE. — Meter : *mettre la clef dans la serrure,* meter la llave en la cerradura.

3. VERSER, MÊLER. — Echar : *mettre du sel dans la soupe,* echar sal en la sopa.

4. HABILLER, REVÊTIR. — Poner, ponerse : *il met toujours les mêmes vêtements,* siempre se pone la misma ropa : *mettre une robe à une enfant,* poner un vestido a una niña.

5. DÉPENSER. — Gastar : *mettre dix mille francs dans une automobile,* gastar diez mil francos en un automóvil.

6. PASSER DU TEMPS. — Tardar, echar : *mettre une heure pour faire son travail,* tardar una hora en hacer su trabajo.

7. SUPPOSER, IMAGINER. — Suponer, imaginar : *mettons que je n'aie rien dit,* imaginemos que no he dicho nada ; *mettez que vous avez raison,* supongamos que usted tiene razón.

8. USER DE. — Usar de, emplear : *mettre beaucoup de patience dans ce qu'on fait,* usar de mucha paciencia en lo que se hace.

9. SUIVI D'UNE PRÉPOSITION.

À. — *Mettre à bas,* derribar. ‖ *Mettre à bout,* sacar de sus casillas, hacer salir de quicio. ‖ *Mettre à feu et à sang,* poner a fuego y a sangre. ‖ *Mettre à flot,* poner a flote. ‖ *Mettre à jour,* poner al día, actualizar. ‖ *Mettre à l'amende,* imponer una multa. ‖ *Mettre à la porte,* echar a la calle. ‖ *Mettre à la raison,* hacer entrar en razón. ‖ *Mettre à la voile,* hacerse a la vela. ‖ *Mettre à l'épreuve,* poner a prueba. ‖ *Mettre à même de,* poner en condiciones de, dar medios para. ‖ *Mettre à même le sol,* poner en el mismo suelo. ‖ *Mettre à mort,* dar muerte, matar. ‖ *Mettre à pied,* despedir. ‖ *Mettre à sac,* saquear. ‖ *Mettre à sec,* secar, desecar, desaguar. ‖ *Mettre au clair,* poner en claro, sacar en limpio, aclarar. ‖ *Mettre au courant,* poner al corriente *ou* al tanto. ‖ *Mettre au fait,* informar, hacer saber, dar conocimiento. ‖ *Mettre au jour,* dar *ou* sacar a luz, publicar. ‖ *Mettre au lit,* meter en la cama, acostar. ‖ *Mettre au monde,* dar a luz *ou* FIG. et FAM. *Mettre au pas,* meter en cintura *ou* en vereda. ‖ *Mettre au pied du mur,* poner entre la espada y la pared. ‖ *Mettre au point,* ultimar, dar el ultimo toque (perfectionner), desbastar (le marbre), enfocar (photo), puntualizar (préciser). ‖ *Mettre au secret,* aislar, incomunicar. ‖ *Mettre aux voix,* someter, poner a votación. ‖ *Mettre la baïonnette au canon,* calar la bayoneta. ‖ *Mettre pied à terre,* poner pie a tierra, apearse.

DE. — *Mettre de côté,* ahorrar (économiser). ‖ *Mettre de son côté,* poner de su lado, atraer como partidario. ‖ *Mettre du soin à,* tener *ou* poner cuidado en, esmerarse en. ‖ *Y mettre du sien,* poner de su parte.

EN. — *Mettre en batterie,* entrar en posición. ‖ *Mettre en chantier* (un travail), emprender un trabajo. ‖ *Mettre en croix,* crucificar. ‖ *Mettre en déroute,* derrotar. ‖ *Mettre en gage,* empeñar. ‖ *Mettre en joue,* apuntar, encarar. ‖ *Mettre en morceaux o en pièces,* hacer pedazos *ou* trizas. ‖ *Mettre en œuvre,* poner en ejecución *ou* en práctica, emplear (employer), establecer. ‖ *Mettre en ordre,* ordenar. ‖ *Mettre en pages,* confeccionar (rédaction), compaginar, ajustar (imprimerie). ‖ *Mettre en perce,* abrir (tonneau). ‖ *Mettre en question,* poner en tela de juicio. ‖ *Mettre en route,* poner en marcha, dar el impulso. ‖ *Mettre en terre,* enterrar. ‖ *Mettre en train,* poner en marcha.

SUR. — *Mettre sur la voie,* encaminar, encauzar, poner en camino, orientar. ‖ *Mettre sur le dos de quelqu'un,* cargar a uno la responsabilidad de. ‖ *Mettre sur pied,* organizar, poner en pie.

10. EXPRESSIONS. — *Mettre bas,* parir. ‖ *Mettre bas les armes,* deponer las armas. ‖ POP. *Mettre dedans,* engañar. ‖ *Mettre dehors,* echar a la calle. ‖ *Mettre le feu,* prender fuego, incendiar. ‖ POP. *Mettre les voiles* o *les bouts* o *les mettre,* ahuecar el ala. ‖ *Mettre quelqu'un en boîte,* tomar el pelo a alguien, burlarse de alguien. ‖ — *En mettre un coup,* hacer un gran esfuerzo, echar el resto.

— V. pr. Ponerse, colocarse. ‖ — *Se mettre à couvert,* ponerse a cubierto, guardarse de contratiempos. ‖ *Se mettre à genoux,* ponerse *ou* hincarse de rodillas, arrodillarse. ‖ *Se mettre à jour,* ponerse al día. ‖ *Se mettre à la place de quelqu'un,* ponerse en el lugar de uno. ‖ *Se mettre à la raison,* entrar en razón. ‖ *Se mettre à parler,* romper a hablar. ‖ *Se mettre à pleurer,* romper a llorar. ‖ *Se mettre à rire,* echarse a reir. ‖ *Se mettre à son aise,* ponerse cómodo *ou* a sus anchas. ‖ *Se mettre à table,* sentarse a la mesa (pour manger), cantar (un accusé). ‖ *Se mettre au courant,* ponerse al corriente *ou* al tanto. ‖ *Se mettre au régime,* ponerse a régimen. ‖ *Se mettre de la partie,* participar. ‖ *Se mettre en colère,* montar en cólera, enojarse, encolerizarse. ‖ *Se mettre en frais,* meterse en gastos. ‖ *Se mettre en peine de,* inquietarse por, darse el trabajo de. ‖ *Se mettre en quatre,* multiplicarse, desvivirse, hacer todo lo posible. ‖ *Se mettre en rapport,* ponerse en relación *ou* en contacto. ‖ FAM. *Se mettre en rogne, en boule,* enojarse, encolerizarse. ‖ *Se mettre en route,* ponerse en camino. ‖ *Se mettre en tête,* meterse en la cabeza. ‖ FAM. *Se mettre le doigt dans l'œil,* equivocarse. ‖ *Se mettre quelqu'un à dos,* ganarse la enemistad de alguien. ‖ *Se mettre sur son trente et un,* ponerse de tiros largos. ‖ *S'en mettre jusque-là,* hartarse de comer, ponerse como el quico. ‖ *S'y mettre,* ponerse a trabajar. ‖ — *N'avoir rien à se mettre,* no tener qué ponerse, no tener con qué vestirse. ‖ *N'avoir rien à se mettre sous la dent,* no tener qué llevarse a la boca.

meublant, e adj Que amuebla bien, que decora, decorativo, va. ‖ DR. *Meubles meublants,* mobiliario.

meuble [mœbl] adj. Mueble : *biens meubles,* bienes muebles. ‖ *Terre meuble,* tierra blanda, mollar.
— M. Mueble : *meuble en noyer,* mueble de nogal. ‖ BLAS. Mueble. ‖ — Pl. Mobiliario, *sing.,* moblaje, *sing.* (mobilier). ‖ FIG. *Meuble inutile,* trasto viejo. ‖ *Meubles-lits,* muebles cama. ‖ *Être dans ses meubles,* estar en su casa. ‖ *Se mettre dans ses meubles,* poner casa.

meublé, e adj. Amueblado, da. ‖ *Non meublé,* desamueblado.
— M. Piso amueblado (appartement meublé). ‖ *Vivre en meublé,* vivir en una habitación amueblada *ou* en un piso amueblado.

meubler v. tr. Amueblar. ‖ Decorar, adornar (orner). ‖ Producir buen efecto. ‖ FIG. Rellenar, llenar. ‖ FIG. *Meubler sa mémoire,* enriquecer la memoria. ‖ *Meubler son esprit,* enriquecer sus conocimientos.
— V. pr. Instalarse, comprarse muebles.

meuglement m. Mugido, bramido (beuglement).

meugler v. intr. Mugir, bramar (beugler).

meulage m. Amolado, amoladura, *f.*

meule [mœl] f. Almiar, *m.,* hacina (tas de foin, de blé, etc.). ‖ Carbonera (pour faire le charbon). ‖ Rueda, muela (de moulin). ‖ Piedra de afilar *ou* de amolar (pour aiguiser). ‖ AGRIC. Cama (de champignons). ‖ — *Meule courante,* corredera. ‖

Meule de fromage, pan *ou* rueda de queso. ||
Meule gisante, solera, yusera.
meuler v. tr. Amolar, afilar (aiguiser). || Moler
(broyer).
meulier, ère adj. Molar, moleño, ña.
— M. Molero (ouvrier). || — F. Moleña, peder-
nal, *m.* (pierre). || Cantera (carrière).
meulon m. Montón de paja. || Montón *ou* pila de
sal.
meunerie [mønri] f. Molinería.
meunier, ère m. et f. Molinero, ra. || — M. Pez
de río (chevaine). || — F. Paro (*m.*) de cola larga
(oiseau).
meurt–de–faim [mœrdəfɛ̃] m. et f. inv. Muerto
de hambre, hambriento, ta.
meurtre [mœrtr] m. Homicidio, asesinato. ||
Fig. *C'est un meurtre!,* ¡es un crimen *ou* una
atrocidad! || *Crier au meurtre,* pedir auxilio *ou*
socorro.
meurtrier, ère [-trije, jɛːr] m. et f. ● Homicida,
asesino, na.
— Adj. Mortífero, ra; mortal : *épidémie meur-
trière,* epidemia mortífera. || Fig. Sangriento, ta ;
homicida (combat, bataille, etc.). | Destructor, ra ;
dañino, na ; peligroso, sa.
— Syn. ● *Assassin,* asesino. *Criminel,* criminal. *Homicide,* homicida. *Escarpe,* bandido. *Tueur,* pistolero.
Sicaire, sicario. *Scélérat,* desalmado, fascineroso. *Spadassin,* espadachín.
meurtrière f. Tronera, aspillera, saetera (fortification).
meurtrir v. tr. Magullar, contusionar (une per-
sonne). || Dañar, machucar (les fruits). || Fig.
Herir, lastimar, afligir : *meurtri dans son cœur,*
herido en su corazón.
meurtrissant, e adj. Que magulla, magullador,
ra. || Fig. Que hiere el alma *ou* el corazón.
meurtrissure f. Magulladura, contusión, magulla-
miento, *m.,* cardenal, *m.* (bleu). || Machucadura
(des fruits). || Fig. Herida.
Meuse [møːz] n. pr. f. Géogr. Mosa, *m.*
meute f. Jauría : *une meute de chiens, de créan-
ciers,* una jauría de perros, de acreedores. || Ma-
nada, banda : *une meute d'envieux,* una manada
de envidiosos.
mévendre v. tr. Malvender, malbaratar, vender a
bajo precio.
mévente f. Venta inferior en cantidad y precio.
mexicain, e adj. et s. Mexicano, na ; mejicano, na.
— Observ. L'orthographe avec *x,* archaïque en espagnol,
est considérée comme officielle au Mexique. L'orthographe
avec *j* est la forme courante en Espagne. Mais la prononciation de ces deux formes est identique.
Mexico n. pr. Géogr. México, Méjico [la ciudad].
Mexique n. pr. m. Géogr. México, Méjico [el
país].
mézail [mezaj] m. Ventalle (d'armure).
mezzanine [mɛdzanin] f. Entresuelo, *m.* (entre-
sol). || Archit. Tragaluz, *m.,* ventana pequeña
(petite fenêtre).
mezza voce [mɛdzavɔtʃe] loc. adv. Mus. A media voz.
mezzo forte [mɛdzofɔrte] loc. adv. Mus. Moderado.
mezzo–soprano [-sɔprano] m. Mus. Mezzo-
soprano.
mezzo–tinto [-tinto] m. Media tinta, *f.* (gravure
en demi-teinte).
mi prefijo invariable que significa *medio* y se une
con un guión al término siguiente : *étoffe mi-soie,*
tela mezclada de seda ; *à la mi-août,* a mediados
de agosto ; *à mi-jambe,* a media pierna ; *à mi-
chemin,* a la mitad del camino ; *mi-mort,* medio
muerto.
— M. Mus. Mi (note musicale).
miaou m. Miau (cri du chat).
miasmatique adj. Miasmático, ca.

miasme m. Miasma.
— Observ. Le mot espagnol *miasma* est du masculin
bien qu'il soit parfois employé abusivement au féminin.
miaulement [mjolmɑ̃] m. Maullido.
miauler v. intr. Maullar.
miauleur, euse adj. Maullador, ra.
mi–bois [mibwa] m. *Assemblage à mi-bois,* ensamblaje machihembrado de dos piezas de madera
perpendiculares que se prolongan.
mica m. Min. Mica, *f.*
micacé, e adj. Micáceo, a.
mi–carême f. Mediados de cuaresma, jueves (*m.*)
de la tercera semana de cuaresma.
micaschiste [mikaʃist] m. Min. Micacita, *f.*
micellaire adj. Miceliario, ria.
micelle f. Micela.
miche f. Pan, *m.,* hogaza.
Michel, èle n. pr. m. et f. Miguel, Micaela.
micheline f. Automotor, *m.,* autovía, *m.*
mi–chemin (à) loc. adv. A la mitad del camino,
a medio camino.
mi–clos, e [miklo, oːz] adj. Entornado, da ; medio cerrado, da : *les paupières mi-closes,* los párpados entornados.
micmac m. Fam. Intriga, *f.* | Chanchullo, tejema-
neje, enjuague (pratique secrète et blâmable). |
Embrollo, lío (désordre).
micocoule f. Almeza (fruit).
micocoulier m. Almez, almecino (arbre).
mi–corps (à) [amikɔːr] loc. adv. Por la mitad
del cuerpo, a medio cuerpo : *être dans l'eau jusqu'à mi-corps,* estar en el agua hasta medio
cuerpo.
mi–côte (à) loc. adv. A media cuesta *ou* en la
mitad de la cuesta : *s'arrêter à mi-côte,* pararse a
media cuesta.
micro m. Fam. Micro (microphone). || *Au micro
monsieur Vidal,* al habla *ou* al micrófono el
señor Vidal.
microampère m. Microamperio.
microanalyse f. Microanálisis.
microbalance f. Microbalanza.
microbe m. Microbio.
— Syn. *Bactérie,* bacteria. *Bacille,* bacilo.
microbicide adj. et s. m. Microbicida.
microbien, enne adj. Microbiano, na.
microbiologie f. Microbiología.
microbiologique adj. Microbiológico, ca.
microbiologiste m. Microbiólogo.
microcéphale adj. et s. Microcéfalo, la.
microcéphalie f. Microcefalia.
microclimat [mikroklima] m. Microclima.
microcline f. Min. Feldespato (*m.*) potásico.
microcopie f. Microcopia.
micrococque ou **micrococcus** m. Micrococo.
microcosme m. Microcosmo.
microcosmique adj. Microcósmico, ca.
microfarad m. Microfaradio.
microfilm m. Microfilm.
microfilmer v. tr. Fotocopiar, microfilmar.
micrographe m. Micrógrafo.
micrographie f. Micrografía.
microhm [mikroːm] m. Électr. Microhmio,
microhm (unité électrique de résistance).
microlite m. Microlito.
microlitique adj. Microlítico, ca.
micromanipulateur m. Micromanipulador.
micromètre m. Micrómetro.
micrométrique adj. Micrométrico, ca.
micron m. Micra, *f.,* micrón.
Micronésie n. pr. f. Géogr. Micronesia.
micro–onde f. Microonda.
micro–organisme ou **microorganisme** m. Microorganismo.
microphone m. Micrófono.
microphotographie f. Microfotografía.

microphysique f. Microfísica, física del átomo.
micropyle m. Bot. Micrópilo.
microscope m. Microscopio.
microscopie f. Microscopia.
microscopique adj. Microscópico, ca.
microseconde f. Microsegundo, *m.*
microsillon m. Microsurco (disques).
microsporange m. Bot. Microsporangio.
microthermie f. Microtermia, caloría menor.
microtome m. Micrótomo.
miction [miksjɔ̃] f. Micción.
midi m. Mediodía. ‖ Las doce [del día] : *il est midi vingt*, son las doce y veinte ; *midi sonne*, dan las doce. ‖ Mediodía, Sur (sud) : *cet appartement donne au midi*, este piso da al Sur. ‖ Países (*pl.*) meridionales *ou* del Sur. ‖ — *À midi sonnant o juste* a las doce en punto. ‖ Fig. *Chercher midi à quatorze heures*, buscarle tres pies al gato. ‖ *En plein midi*, en pleno día.
midinette f. Fam. Modistilla.
— Syn. *Cousette*, costurerilla. *Petite main*, oficiala de costura.
midshipman [midʃipman] *ou* **midship** [-ʃip] m. Guardia marina, guardiamarina.
mie [mi] f. Miga (du pain). ‖ (Vx). Partícula negativa que significa lo mismo que *point* o *pas* : *je ne veux mie*, no quiero. ‖ (Vx). Fam. Amiga : *ma mie*, amiga mía. ‖ *N'y voir mie*, no ver ni jota *ou* ni pizca.
miel m. Miel, *f.* : *rayon de miel*, panal de miel. ‖ — *Lune de miel*, luna de miel. ‖ *Mouches à miel*, abejas. ‖ *Être tout miel*, ser muy amable *ou* muy meloso.
miellé, e adj. Melado, da ; meloso, sa.
miellée *ou* **meillure** f. Zumo (*m.*) dulce de algunas plantas.
mielleux, euse adj. Meloso, sa ; almibarado, da ; dulzón, ona. ‖ Fig. Meloso, sa ; empalagoso, sa (doucereux, hypocrite).
mien, enne [mjɛ̃, mjɛn] adj. et pron. poss. Mío, mía : *ce n'est pas la mienne*, no es la mía. ‖ *J'y mets du mien*, yo aporto mi esfuerzo, hago lo que puedo.
— M. Lo mío : *je ne demande que le mien*, no pido más que lo mío. ‖ — Pl. Los míos, mi familia *f. sing.*
miette f. Migaja : *une miette de pain*, una migaja de pan. ‖ — *La vitre est en miettes*, el vidrio está hecho trizas, añicos. ‖ *Mettre en miettes*, hacer trizas *ou* pedazos *ou* añicos. ‖ — Pl. Restos, *m.* : *les miettes d'une fortune*, los restos de una fortuna.
mieux [mjø] adv. Mejor : *mieux vivre*, vivir mejor. ‖ — *À qui mieux mieux*, a cual mejor, a cual más. ‖ *D'autant mieux*, con mayor razón, con tanta más razón. ‖ *En attendant mieux*, en espera de algo mejor. ‖ *Faute de mieux*, a falta de otra cosa mejor. ‖ *Tant mieux*, mejor, tanto mejor, mucho mejor. ‖ *Tout au mieux*, en el mejor de los casos. ‖ — *Aimer mieux*, gustarle a uno más, preferir. ‖ *Aller mieux*, estar *ou* encontrarse mejor : *le malade va mieux*, el enfermo está mejor ; ir mejor : *nos affaires vont mieux*, nuestros negocios van mejor. ‖ *Faire mieux*, hacer mejor (mieux agir) ; ser mejor : *je ferais mieux d'y aller*, sería mejor que fuese. ‖ *Ne pas demander mieux*, no pedir *ou* no querer otra cosa. ‖ *Ne pas demander mieux que de...*, no pedir más que..., no querer otra cosa que, no querer más que. ‖ *On ne peut mieux*, no se puede hacer mejor. ‖ *Pour mieux dire*, mejor dicho. ‖ *Trouver mieux*, encontrar algo mejor. ‖ *Valoir mieux*, valer mucho más, ser mejor (avoir plus de valeur) ; valer más : *il vaut mieux s'en aller*, más vale irse ; *mieux vaut tard que jamais*, más vale tarde que nunca.

— Adj. Mejor : *être mieux*, estar mejor.
— M. Lo mejor. ‖ Mejoría, *f.* (amélioration). ‖ — *Au mieux*, lo mejor posible, en las mejores condiciones, en la mejor hipótesis. ‖ *Au mieux de ses intérêts*, de la manera más ventajosa. ‖ *De mieux en mieux*, cada vez mejor. ‖ *De mon mieux, de ton mieux*, etc., *du mieux possible, du mieux qu'on peut*, lo mejor que puedo, lo mejor que puedes, etc., de la mejor manera posible, lo mejor posible. ‖ *La mieux, le mieux, les mieux*, la mejor, el mejor, los mejores. ‖ *Le mieux du monde*, lo mejor del mundo, a las mil maravillas. ‖ — *C'est ce qu'il y a de mieux*, es lo mejor que hay. ‖ *En mettant les choses au mieux*, en el mejor de los casos. ‖ *Être du mieux avec quelqu'un*, estar en relaciones excelentes con alguien. ‖ *Faire de son mieux*, hacer cuanto se pueda *ou* todo lo posible. ‖ *Faire pour le mieux*, obrar lo mejor posible. ‖ *Il y a du mieux*, hay mejoría. ‖ *Tout est pour le mieux*, todo va a pedir de boca.
— Observ. Con *le mieux* el artículo concuerda únicamente si hay una comparación entre varias cosas (elle était *la* mieux habillée).
mieux-être [mjøzɛːtr] m. Mayor bienestar, mejor estado.
mièvre adj. Amanerado, da ; afectado, da ; empalagoso, sa (prétentieux). ‖ Fig. Delicado, da ; débil, enclenque (chétif).
mièvrement adv. Con afectación, amaneradamente, empalagosamente.
mièvrerie f. Afectación, amaneramiento, *m.*, remilgo, *m.*, cursilería.
mignard, e [miɲaːr, ard] adj. Remilgado, da ; melindroso, sa ; afectado, da.
mignarder v. tr. Mimar, tratar con mimo (traiter délicatement).
mignardise f. Gracia, delicadeza, preciosidad (grâce délicate). ‖ Mimo, *m.* : *faire des mignardises*, hacer mimos. ‖ Agremán, *m.* (galon). ‖ Clavellina, clavelito, *m.* (petit œillet). ‖ Fam. Melindres, *m. pl.*, remilgos, *m. pl.*, afectación.
mignon, onne adj. Amable, atento, ta ; mono, na (gentil). ‖ — *Argent mignon*, ahorrillos. ‖ *Péché mignon*, vicio favorito, punto flaco, debilidad.
— Adj. et s. Mono, na ; monín, ina ; bonita, ta ; lindo, da ; gracioso, sa ; precioso, sa ; rico, ca : *une fillette très mignonne*, una niña muy mona. ‖ — M. Hist. Favorito, valido (favori).
mignonnerie [miɲɔnri] f. Delicadeza, monería, monada.
mignonnet, ette adj. et s. Monín, ina ; mono, na.
mignonnette f. Puntilla (dentelle). ‖ Pimienta molida (poivre). ‖ Achicoria silvestre. ‖ Clavellina, clavelito, *m.* (œillet). ‖ Grava fina, guijarros (*m. pl.*) menudos (graviers). ‖ Impr. Miñona.
mignoter v. tr. Fam. Mimar.
migraine f. Jaqueca, dolor (*m.*) de cabeza.
migraineux, euse adj. et s. Que tiene jaqueca. ‖ Referente a la jaqueca.
migrateur, trice adj. et s. m. Migratorio, ria ; que va de paso, emigrante. ‖ *Oiseaux migrateurs*, aves de paso.
migration [migrasjɔ̃] f. Migración.
migratoire adj. Migratorio, ria.
mihrab m. Mihrab (d'une mosquée).
mi-jambe (à) loc. adv. A media pierna.
mijaurée f. Remilgada, cursilona.
mijoter v. tr. et intr. Cocer a fuego lento (cuire doucement). ‖ Fig. Preparar poco a poco, tramar, maquinar.
mikado m. Micado (empereur du Japon).
mil m. Maza (*f.*) de gimnasia. ‖ Bot. Mijo.
mil adj. num. Mil.
milady [mileidi] f. Miladi (dame anglaise).
mi-laine m. Tela (*f.*) mezclada de lana.
— Adj. Mezclado, da, de lana.

milan m. Milano (oiseau).
Milan n. pr. GÉOGR. Milán.
milanais, e adj. et s. Milanés, esa.
Milanais n. pr. m. GÉOGR. Milanesado.
mildiou m. Mildiu, mildeu (de la vigne).
mildiousé, e adj. Atacado por el mildiu.
mile m. Milla (mesure anglaise).
milésien, enne adj. et s. Milesio, sia ; de Mileto.
Milet [milɛ] n. pr. m. GÉOGR. Mileto.
miliaire adj. et s. f. MÉD. Miliar : *fièvre miliaire*, fiebre miliar.
milice f. Milicia. ‖ HIST. *Milices bourgeoises* o *communales*, milicias concejiles.
milicien, enne m. et f. Miliciano, na.
milieu [miljø] m. Medio, centro. ‖ Mitad, *f.* : *au milieu du roman*, en la mitad de la novela. ‖ FIG. Medio, ambiente, medio ambiente (sphère sociale). ‖ Término medio : *il n'y a pas de milieu*, no hay término medio. ‖ Ambiente especial de la gente de mal vivir, hampa (les gens du milieu). ‖ — Pl. Los medios : *les milieux bien informés*, los medios bien informados. ‖ Círculos, centros : *milieux diplomatiques*, círculos diplomáticos. ‖ — *Au beau milieu*, en el mismísimo centro, justo en medio de. ‖ *Au beau milieu de la fête*, en lo mejor de la fiesta, en plena fiesta. ‖ *Au milieu de*, en medio de. ‖ *Au milieu de la foule*, por entre la muchedumbre. ‖ *En plein milieu*, en pleno centro, justo en medio. ‖ *Juste milieu*, justo medio. ‖ *Tenir le milieu entre*, estar equidistante de, estar en el centro (au centre), ser el término medio (moyen terme). ‖ *Vers le milieu de l'année*, hacia mediados de año.
militaire adj. et s. m. Militar : *école militaire*, academia militar.
militairement adv. Militarmente. ‖ Con resolución, rápidamente (résolument).
militant, e adj. et s. Militante.
militantisme m. Militancia, *f.*
militarisation f. Militarización.
militariser v. tr. Militarizar.
militarisme m. Militarismo.
militariste adj. et s. Militarista.
militer v. intr. Militar. ‖ FIG. Combatir, luchar.
milk-bar [milkbɑ:r] m. Cafetería, *f.*
mille [mil] adj. num. inv. Mil : *mille francs*, mil francos. ‖ — FAM. *Des mille et des cents*, miles de millares, a millares. ‖ *Je vous le donne en mille*, me apuesto lo que usted quiera.
— M. Millar : *un mille d'épingles*, un millar de alfileres. ‖ Milla, *f.* (mesure itinéraire). ‖ FAM. *Mettre dans le mille*, acertar, dar en el blanco.
— OBSERV. *Mille* adj. numeral es invariable ; sólo toma la *s* en plural cuando significa medida itineraria. En las fechas se usa en francés tanto *mil* como *mille*.
mille-feuille [milfœ:j] f. Milenrama (plante). ‖ — M. Milhojas (gâteau).
— OBSERV. Pl. *mille-feuilles*.
millénaire adj. Milenario, ria.
— M. Milenario, milenio (mille ans).
millénarisme m. Milenarismo.
mille-pattes [milpat] m. inv. ZOOL. Ciempiés.
millepertuis ou **mille-pertuis** [milpɛrtɥi] m. BOT. Corazoncillo, hipérico.
millépore m. Polípero (hydrozoaire).
mille-raies [milrɛ] m. inv. Milrayas, rayadillo (tissu).
millerandage m. Falta (*f.*) de granazón de la uva.
millésime m. Fecha (*f.*) de acuñación de una moneda. ‖ Año de cosecha de un vino.
millésimé, e adj. Con el año de la cosecha (bouteille de vin).
millet [mijɛ] ou **mil** m. BOT. Mijo.
milli [mili] préf. Mili : *millimètre*, milímetro.
milliaire adj. Miliar (pierre).
milliampère m. ÉLECTR. Miliamperio.

milliampèremètre m. Miliamperímetro.
milliard [milja:r] m. Mil millones.
milliardaire adj. et s. Multimillonario, ria ; archimillonario, ria.
milliardième m. Mil millonésima parte.
milliasse f. (Vx). Millón (*m.*) de millones, billón, *m.* ‖ Sinnúmero, *m.*, gran cantidad. ‖ Torta de maíz.
millibar m. PHYS. Milibar.
millicurie m. PHYS. Milicurie.
millième adj. et s. Milésimo, ma. ‖ — M. Milésima (*f.*) parte.
millier [milje] m. Millar. ‖ *Des milliers et des milliers*, millares y millares, miles de miles.
milligramme m. Miligramo.
millilitre m. Mililitro.
millimètre m. Milímetro.
millimétrique adj. Milimétrico, ca.
millimicron m. Milimicra, *f.*
million m. Millón. ‖ *Riche à millons*, persona llena de millones, muy rica.
millionième adj. Millonésimo, ma.
— M. Millonésima (*f.*) parte.
millionnaire adj. et s. Millonario, ria.
millithermie f. PHYS. Militermia, gran caloría (grande calorie).
millivolt m. PHYS. Milivoltio.
milliwatt m. PHYS. Milivatio.
milord [milɔ:r ou mailɔ:rd] m. Milord (titre anglais). ‖ Milord (voiture). ‖ FIG. et FAM. Ricachón, milord (très riche).
milouin m. Lavanco, pato salvaje (canard).
milreis [milrɛis] m. Milreis (monnaie brésilienne).
Miltiade [miltjad] n. pr. m. Milcíades.
Milvius [milvjy:s] n. pr. m. Milvio.
mime m. Mimo, imitador (acteur). ‖ THÉÂTR. Mimo (pièce bouffonne).
mimer v. tr. Remedar, imitar, mimar (imiter). ‖ Expresar con gestos y ademanes, mimar.
mimétique adj. Mimético, ca.
mimétisme m. Mimetismo.
mimi m. Mino, micho, gato (chat). ‖ FAM. *Mon petit mimi*, cariño mío.
— Adj. FAM. Mono, na ; bonito, ta (mignon).
mimique adj. et s. f. Mímico, ca.
mimodrame m. Mimodrama.
mimographe m. Mimógrafo (auteur de mimes).
mimologie f. Mimología.
mimosa m. Mimosa, *f.* (fleur).
mimosacées f. pl. Mimosáceas (fleurs).
minable adj. FIG. et FAM. Calamitoso, sa ; lastimoso, sa ; lamentable : *avoir un aspect minable*, tener una facha lamentable.
minage m. Minado, colocación (*f.*) de minas. ‖ Barrenado (d'une carrière).
minahouet [minawɛ] m. MAR. Paleta (*f.*) de aforrar.
minaret [minarɛ] m. Alminar, minarete (gallicisme).
minauder v. intr. Hacer melindres, carantoñas ou zalamerías.
minauderie f. Monería, monada ; melindre, *m.*, zalamería, carantoña.
— SYN. *Simagrée*, gatería, mueca. *Mine*, gesto.
minaudier, ère adj. et s. Melindroso, sa ; zalamero, ra. ‖ — F. Polvera.
minbar m. Almimbar, púlpito de mezquita.
mince [mɛ̃:s] adj. ● Delgado, da. ‖ Fino, na ; ligero, ra (étoffe). ‖ FIG. Pobre : *mince consolation*, pobre consuelo. ‖ Escaso, sa ; corto, ta : *un mince salaire*, un salario escaso. ‖ — *Ce n'est pas un mince mérite*, no es poco mérito.
— Interj. FAM. ¡Diablos!, ¡caray!, ¡caramba!
— SYN. ● *Élancé*, espigado, cenceño. *Svelte*, esbelto. *Fam. Flandrin*, larguirucho, cangallo, estantigua.

mincer* v. tr. Cortar en lonjas *ou* rebanadas muy delgadas.

minceur f. Delgadez, esbeltez.

mine [min] f. Cara, semblante, *m.*, aspecto, *m.* (visage, air) : *avoir bonne mine*, tener buena cara (personne), tener buen aspecto (plat). ‖ — POP. *Mine de rien*, como quien no quiere la cosa. ‖ *Mine rébarbative*, cara de pocos amigos. ‖ — *Avoir la mine longue*, tener la cara larga. ‖ *Faire des mines*, hacer caritas, melindres *ou* muecas. ‖ *Faire grise mine*, poner mala cara. ‖ *Faire la mine*, poner mala cara, estar de mal talante. ‖ *Faire mine de...*, hacer como si... ‖ *Juger quelqu'un sur sa mine*, juzgar a uno por su linda cara. ‖ *Ne pas payer de mine*, tener mal aspecto.

mine [min] f. Mina : *une mine de charbon*, una mina de carbón. ‖ Mina (de crayon). ‖ Barreno, *m.* (explosif). ‖ Mina, mineral, *m.* (minerai). ‖ Mina (monnaie grecque ancienne). ‖ MIL. Mina. ‖ — MIL. *Mine antichar, antipersonnel*, mina anticarro, contra personal. ‖ *Mine à retardement*, mina de acción retardada. ‖ FIG. *Mine d'information*, venero de información. ‖ *Mine flottante*, mina flotante. ‖ — *Chambre, fourneau, trou de mine*, cámara de mina, hornillo de mina, barreno. ‖ *Mouilleur o poseur de mines*, minador. ‖ — *Draguer les mines*, rastrear las minas. ‖ FIG. *Être une mine d'or*, ser una mina de oro.

miné, e adj. Minado, da.

miner v. tr. Minar, socavar (creuser). ‖ Minar, poner minas : *miner une plage*, poner minas en una playa. ‖ Poner barrenos, barrenar (pour détruire un édifice). ‖ FIG. Minar, consumir : *la fièvre le mine*, la fiebre le consume. | Destruir, zapar, desbaratar.

minerai [minrɛ] m. Mineral.

minéral, e adj. et s. m. Mineral.

minéralisateur, trice adj. et s. m. CHIM. Mineralizador, ra.

minéralisation f. Mineralización.

minéraliser v. tr. Mineralizar.

minéralogie f. Mineralogía.

minéralogique adj. Mineralógico, ca. ‖ — *Numéro minéralogique*, número de matrícula (d'une auto). ‖ *Plaque minéralogique*, matrícula.

minéralogiste m. Mineralogista.

Minerve f. IMPR. Minerva.

Minerve n. pr. f. Minerva.

minerviste adj. et s. IMPR. Minervista.

minestrone [minɛstro:n] m. Sopa (*f.*) milanesa.

minet, ette [minɛ, ɛt] m. et f. FAM. Gatito, ta ; minino, na (chat). ‖ Monín, ina (personne).

minette f. Mineta, mina de hierro de Lorena. ‖ BOT. Alfalfa lupulina.

mineur m. et adj. m. Minero (ouvrier d'une mine). ‖ Minador zapador (soldat).

mineur, e adj. Menor. ‖ De poca importancia. ‖ RELIG. *Ordres mineurs*, órdenes menores. — Adj. et s. Menor de edad, menor.

mineure f. Menor (d'un syllogisme).

Minho n. pr. m. GÉOGR. Miño.

miniature adj. et s. f. Miniatura.

miniaturer v. tr. Pintar en miniatura.

miniaturisation f. Miniaturización.

miniaturiser v. tr. Miniaturizar.

miniaturiste adj. et s. Miniaturista.

minibus m. Microbús.

minier, ère adj. Minero, ra : *industrie, zone minière*, industria, zona minera.

minière f. Minera, mina a cielo raso poco profunda.

minijupe f. Minifalda.

minima (a) loc. adv. DR. *Appel « a minima »*, apelación fiscal.

— OBSERV. Úsase en francés el latinismo *minima* como femenino de *minimum* en vez de *minimale : température minima*, temperatura mínima.

minimal, e adj. Mínimo, ma (en el grado más ínfimo) : *température minimale*, temperatura mínima.

minime adj. et s. Mínimo, ma. ‖ — M. et f. Infantil (sportif de 13 à 15 ans). — M. Mínimo (religieux franciscain).

minimiser v. tr. Minimizar, reducir al mínimo, quitar importancia. ‖ Menospreciar : *sans minimiser l'importance d'un événement*, sin menospreciar la importancia de un acontecimiento.

minimum [minimɔm] m. Mínimo, mínimum. ‖ — *Au minimum*, a lo mínimo, por lo menos. ‖ *Minimum vital*, salario mínimo vital.

— OBSERV. Pl. *minimums*.

ministère m. Ministerio : *sous le ministère de*, en el ministerio de. ‖ Intervención, *f.*, concurso : *offrir son ministère*, ofrecer su concurso. ‖ — *Ministère de la Construction*, ministerio de la Vivienda. ‖ *Ministère de la Santé publique*, ministerio de Sanidad (en Espagne, Dirección General de Sanidad). ‖ *Ministère de l'Education nationale*, ministerio de Educación Nacional *ou* de Instrucción Pública. ‖ *Ministère de l'Information*, ministerio de Información. ‖ *Ministère de l'Intérieur*, ministerio de la Gobernación. ‖ *Ministère des Affaires étrangères*, ministerio de Asuntos Exteriores (Espagne), ministerio de Relaciones Exteriores (Amérique). ‖ *Ministère des Armées* o *de la Défense nationale*, ministerio del Ejército *ou* de la Guerra. ‖ *Ministère des Finances*, ministerio de Hacienda. ‖ *Ministère des P. et T.*, ministerio de Comunicaciones. ‖ *Ministère des Travaux publics*, ministerio de Obras Públicas. ‖ *Ministère public*, ministerio público, fiscal.

ministériel, elle adj. Ministerial.

ministrable adj. et s. FAM. Ministrable.

ministre m. Ministro. ‖ *Premier ministre*, primer ministro, jefe del Gobierno *ou* presidente del Consejo de ministros.

minium [minjɔm] m. Minio (peinture).

minnesänger [minəzɛngɛ:r] ou **minnesinger** [-zingɛ:r] m. Minnesinger, trovador alemán.

minoen, enne [minɔɛ̃, ɛn] adj. Minoano, na.

minois [minwa] m. FAM. Cara, *f.*, carita, *f.*, palmito.

minorer v. tr. Valorar a bajo precio, infravalorar. ‖ Quitar importancia.

minoritaire adj. Minoritario, ria ; de la minoría.

minorité f. Minoría (dans une assemblée, dans un pays). ‖ Minoría de edad, minoridad [p. us.] (d'âge).

Minorque n. pr. f. GÉOGR. Menorca.

minorquin, e adj. et s. Menorquín, ina.

minot [mino] m. Medida (*f.*) antigua de capacidad y de superficie. ‖ MAR. Arbotante de trinquete.

Minotaure n. pr. m. MYTH. Minotauro.

minoterie f. Almacén, *m.*, fábrica *ou* comercio (*m.*) de harinas.

minotier m. Harinero.

minuit [minɥi] m. Medianoche, *f.* ‖ Las doce de la noche : *il est minuit vingt*, son las doce y veinte de la noche. ‖ *Messe de minuit*, misa del gallo.

minuscule adj. et s. f. Minúsculo, la.

minus habens [minysabɛ̃:s] ou **minus** m. inv. FAM. Retrasado, deficiente, débil mental.

minutage m. Cálculo del tiempo, cronometraje (en minutos).

minutaire adj. Minutario, ria ; en minuta.

minute f. Minuto, *m.* (temps, angle). ‖ — *La minute de vérité*, la hora de la verdad. ‖ — *À la minute*, al instante, en seguida, al minuto. ‖ *D'une minute à l'autre*, de un momento a otro, dentro

de un momento. ‖ *Je reviens dans une minute,* vuelvo dentro de un minuto.
— Interj. ¡Espere un momento!, despacio, poco a poco.

minute f. Minuta (d'un acte).

minuter v. tr. Cronometrar, calcular el tiempo que dura una operación (spectacle, discours). ‖ Minutar.

minuter v. tr. Hacer la minuta *ou* borrador.

minuterie f. Minutero, *m.* (d'une horloge). ‖ Interruptor (*m.*) eléctrico automático, minutería, contacto (*m.*) de tiempo.

minutie [minysi:] f. Minucia, nimiedad, menudencia, minuciosidad.

minutier [-tje] m. Minutario (d'un notaire).

minutieux, euse [-sjø, ø:z] adj. Minucioso, sa; meticuloso, sa.

miocène adj. et s. m. GÉOL. Mioceno.

mioche [mjɔʃ] m. FAM. Chaval, chico, crío.

mi-parti, e adj. Mitad mitad, mitad y mitad, dividido, da, en dos partes iguales y distintas : *robe mi-partie de gris et blanc,* vestido gris y blanco mitad mitad.

mi-partition f. División en dos partes iguales.

mir m. Mir [comunidad agrícola en la Rusia zarista].

mirabelle f. Ciruela mirabel, variedad de ciruela pequeña y amarilla.

mirabellier m. Ciruelo mirabel, ciruelo de fruto amarillo.

mirabilis [mirabilis] m. BOT. Dondiego (belle-de-nuit).

miracle m. Milagro. ‖ THÉÂTR. Milagro (au Moyen Âge). ‖ — *Crier miracle* o *au miracle,* maravillarse, extasiarse. ‖ *Par miracle,* por *ou* de milagro. ‖ *Tenir du miracle,* ser milagroso, sa.

miraculé, e adj. et s. Curado, da, milagrosamente.

miraculeux, euse adj. Milagroso, sa. ‖ FIG. Maravilloso, sa (merveilleux).

mirador m. Mirador, cierro (en Andalousie). ‖ Bienteveo, candelecho (à la campagne). ‖ MIL. Torre (*f.*) de observación.

mirage m. Espejismo. ‖ FIG. Ilusión, *f.,* espejismo. ‖ *Mirage des œufs,* mirado de los huevos al trasluz.

mirbane f. *Essence de mirbane,* esencia de mirbán.

mire f. Mira. ‖ Carta de ajuste (télévision). ‖ Colmillo, *m.* (du sanglier). ‖ — *Cran de mire,* muesca de mira. ‖ FIG. *Point de mire,* punto de mira, blanco de las miradas. ‖ *Point, ligne de mire,* punto, línea de mira.

mire-œufs [mir:ø] m. Aparato *ou* lámpara (*f.*) para mirar los huevos al trasluz, mira-huevos.

mirepoix [mirpwa] f. Salsa de cebollas, zanahorias, hierbas aromáticas y tocino magro.

mirer v. tr. Mirar a través, al trasluz (un œuf). ‖ Apuntar (la cible). ‖ Reflejar (refléter). ‖ FIG. Echar el ojo, codiciar (convoiter). ‖ POP. Diquelar, mirar (regarder). ‖ *Mirer du drap,* mirar paño a contraluz.
— V. pr. Mirarse : *se mirer dans la glace,* mirarse al espejo. ‖ Reflejarse : *la lune se mirait dans la rivière,* la Luna se reflejaba en el río. ‖ FIG. Contemplarse : *Narcisse se mirait dans l'eau,* Narciso se contemplaba en el agua.

mirette f. Nivel, *m.* (de paveur), palustre, *m.* (truelle). ‖ — Pl. POP. Sacáis, *m.* luceros, *m.* (yeux).

mirifique adj. Mirífico, ca; maravilloso, sa.

mirlicoton m. Variedad (*f.*) de melocotón de otoño.

mirliflore m. FAM. Currutaco, lindo don Diego, pisaverde.

mirliton m. Flauta (*f.*) de caña, pito (flûte). ‖ Semáforo de aviso (chemin de fer). ‖ FAM. *Vers de mirliton,* aleluyas.

mirmillon [mirmijɔ̃] m. Mirmillón, gladiador romano.

mirobolant, e adj. FAM. Maravilloso, sa; mirífico, ca; estupendo, da.

miroir [mirwa:r] m. Espejo. ‖ FIG. Espejo, dechado. ‖ MAR. Espejo de popa. ‖ — *Miroir à alouettes,* señuelo, espejuelo, cimbel : *chasser au miroir à alouettes,* cazar con señuelo. ‖ *Miroir ardent,* espejo ustorio. ‖ MIN. *Miroir d'âne,* espejuelo de asno [yeso cristalizado]. ‖ *Miroir d'eau,* estanque cuadrado. ‖ *Miroir rétroviseur,* espejo retrovisor. ‖ — *Œufs au miroir,* huevos al plato. ‖ *Les yeux sont le miroir de l'âme,* los ojos son el espejo del alma.

miroitant, e adj. Reluciente, reverberante, espejeante, que refleja.

miroité, e adj. Atabanado, da (cheval). ‖ Tornasolado, da (tissu).

miroitement m. Espejeo, reflejo, reverberación, *f.,* brillo. ‖ FIG. Espejuelo, atractivo.

miroiter v. tr. Espejear, relucir, resplandecer, reflejar. ‖ POÉT. Rielar. ‖ FIG. *Faire miroiter,* hacer brillar, seducir con, atraer con el señuelo de.

miroiterie f. Taller, *m.,* y tienda de espejos, espejería (magasin).

miroitier, ère m. et f. Fabricante *ou* vendedor de espejos, espejero, ra.

mironton m. Ropa (*f.*) vieja (ragoût).

mis, e [mi, mi:z] adj. (part. pas. de *mettre*). Puesto, ta; colocado, da.

misaine f. MAR. Trinquete, *m.* : *mât de misaine,* palo de trinquete.
— OBSERV. La *misaine* francesa es el *trinquete* español y la *mesana* española es el *artimon* francés.

misanthrope adj. et s. m. Misántropo.

misanthropie f. Misantropía.

misanthropique adj. Misantrópico, ca.

miscellanées [missɛllane] f. pl. Miscelánea, *sing.*

miscibilité [missibilite] f. Miscibilidad.

miscible [missibl] adj. Miscible, mezclable.

mise f. Postura, puesta, apuesta (pari). ‖ Dinero (*m.*) aportado, aportación de fondos (capital placé dans une affaire). ‖ Puja, subasta (enchère). ‖ Colocación, acción de poner. ‖ Porte, *m.,* vestimenta, traje, *m.* (vêtements).
— *Mise à feu,* encendido. ‖ *Mise à jour,* puesta al día *ou* al corriente. ‖ *Mise à la retraite,* jubilación (civil), retiro, *m.* (militaire). ‖ *Mise à l'eau,* botadura (d'un bateau). ‖ *Mise à pied,* suspensión de un empleado, destitución, despido. ‖ *Mise à prix,* tasación, fijación de precio. ‖ RAD. *Mise à terre,* toma de tierra. ‖ *Mise au point,* puesta a punto, preparación esmerada de algo, elaboración (élaboration), enfoque (photographie), acabamiento, arreglo final, última mano *ou* toque (dernière main), aclaración periodística (explication), rectificación. ‖ *Mise au tombeau,* sepultura. ‖ *Mise aux enchères,* subasta, venta pública. ‖ *Mise aux voix,* votación. ‖ *Mise bas,* parto. ‖ *Mise en accusation,* acusación. ‖ MIL. *Mise en batterie,* entrada en posición. ‖ *Mise en bouteilles,* embotellado. ‖ DR. *Mise en cause,* auto de demanda. ‖ *Mise en chantier,* puesta en astillero (maritime), iniciación, apertura *ou* comienzo de obras (d'un travail). ‖ *Mise en chiffre,* cifrado. ‖ *Mise en conserve,* conservación, fabricación de conservas. ‖ *Mise en demeure,* requerimiento, emplazamiento. ‖ *Mise en disponibilité,* cesantía (fonctionnaire), situación de reserva (militaire). ‖ *Mise en garde,* puesta en guardia (escrime), advertencia, aviso (avertissement). ‖ *Mise en jeu,* entrada en el juego, empleo, uso. ‖ *Mise en jugement,* enjuiciamiento. ‖ *Mise en liberté,* liberación, libertad. ‖ *Mise en marche,* arranque, puesta en marcha (démarrage), comienzo (commencement). ‖ *Mise en œuvre,* puesta en marcha (début), aplica-

ción (application), operaciones preliminares de la tirada (imprimerie). ‖ RAD. *Mise en ondes*, realización. ‖ IMPR. *Mise en pages*, compaginación, ajuste (à l'imprimerie), confección (à la rédaction). ‖ *Mise en place*, colocación, montaje. ‖ *Mise en plis*, marcado (coiffure). ‖ DR. *Mise en possession*, ejecución del acto posesorio. ‖ *Mise en pratique*, puesta en marcha. ‖ *Mise en route*, iniciación. ‖ *Mise en scène*, escenificación, escenografía, dirección escénica (au théâtre), dirección, realización (au cinéma), montaje (apparat). ‖ *Mise en service*, puesta en servicio, funcionamiento. ‖ *Mise en terre*, sepultura, enterramiento. ‖ *Mise en train*, comienzo (commencement), animación. ‖ *Mise en valeur*, aprovechamiento, revalorización, mejoramiento (d'une région grâce aux travaux d'aménagement). ‖ *Mise en vente*, venta. ‖ *Mise hors cause*, declaración de no culpabilidad. ‖ *Mise hors la loi*, declaración fuera de la ley. ‖ *Mise sur pied*, creación, establecimiento (création), montaje (préparation). ‖ — *Être de mise*, ser admisible *ou* de recibo (une raison), ser presentable (une personne), estar de moda (un vêtement), ser correcto (un comportement), ser apropiado *ou* oportuno (être opportun).

miser v. tr. et intr. Hacer una postura, una puesta (faire une mise), apostar (parier). ‖ Jugarse : *miser tout sur une carte*, jugárselo todo a una carta. ‖ Depositar (déposer). ‖ Pujar (aux enchères). ‖ — *Miser sur deux tableaux*, jugar con dos barajas. ‖ *Miser sur quelque chose*, especular en algo. ‖ *Miser sur quelqu'un*, contar con uno (se ménager sa faveur), poner las esperanzas en uno (escompter sa réussite).

misérable adj. et s. Miserable.
— SYN. *Pauvre*, pobre. *Indigent*, indigente. *Malheureux*, desgraciado, infeliz, desdichado. *Fig. Piètre*, pobre. *Minable*, lastimoso, lamentable. *Miteux*, mísero. *Pouilleux*, piojoso. *Déshérité*, desheredado. *Besogneux*, necesitado, apurado, menesteroso. *Paria*, paria. *Miséreux*, desvalido, pordiosero. *Pauvre diable*, pobre diablo. *Fauché*, bollado. *Panné*, limpio, sin recursos. *Meurt-de-faim*, *crève-la-faim*, muerto de hambre.

misère f. Miseria. ‖ Desgracia, calamidad (malheur). ‖ — Pl. FAM. Pequeñeces, minucias (choses peu importantes). ‖ Cosas desagradables. ‖ — *Un salaire de misère*, un sueldo miserable. ‖ — *Crier misère*, lamentarse de su pobreza. ‖ *Crier misère sur un tas de blé*, quejarse de vicio. ‖ FAM. *Faire des misères*, contrariar, hacer rabiar, causar dificultades.
— Adj. Miserable.
— Interj. *Misère de ma vie!*, ¡qué vida más desgraciada! ‖ *Misère de moi!*, ¡pobre de mí!, ¡qué desgraciado soy!

miserere m. inv. Miserere. ‖ *Colique de miserere*, cólico miserere.

miséreux, euse adj. et s. Desvalido, da ; menesteroso, sa ; pordiosero, ra.

miséricorde f. Misericordia : *crier miséricorde*, pedir misericordia. ‖ Misericordia, coma (d'une stalle d'église). ‖ (Vx). Puñal, *m.*, misericordia (poignard).

miséricordieux, euse adj. et s. Misericordioso, sa.

misogyne adj. et s. Misógino, na.

misogynie f. Misoginia.

misonéisme m. Misoneísmo (haine de la nouveauté).

misonéiste adj. et s. Misoneísta.

mispickel m. MIN. Mispíquel [sulfarseniuro de hierro].

miss f. Miss, señorita.

missel m. Misal.

missile m. Misil, cohete.

mission f. Misión : *remplir, accomplir une mission*, cumplir, llevar a cabo una misión ; *mission accomplie*, misión cumplida.

missionnaire m. Misionero.
— Adj. Misionero, ra.

Mississippi n. pr. m. GÉOGR. Misisipí.

missive f. Misiva, epístola, carta.

Missouri n. pr. m. GÉOGR. Misuri.

mistelle f. Mistela.

misti ou **mistigri** m. Sota (*f.*) de trébol (valet de trèfle au jeu). ‖ FAM. Micifuz, minino, morrongo (chat).

mistoufle f. POP. Miseria (misère).

mistral m. Mistral (vent).

mitaine f. Mitón, *m.*

mite f. Polilla (teigne). ‖ Arador, *m.*, acárido, *m.* (arachnide microscopique). ‖ Piojillo, *m.* (des oiseaux).

mité, e adj. Apolillado, da.

mi-temps [mitɑ̃] f. Tiempo, *m.* (au football) : *première mi-temps*, *deuxième mi-temps*, primer tiempo, segundo tiempo. ‖ Descanso, *m.* (temps d'arrêt). ‖ *Travailler à mi-temps*, trabajar media jornada.

miter (se) v. pr. Apolillarse.

miteux, euse adj. FAM. Mísero, ra ; lastimoso, sa ; astroso, sa.

Mithra n. pr. m. MYTH. Mitra.

mithracisme ou **mithriacisme** m. Mitracismo.

mithridate m. Mitridato.

Mithridate n. pr. m. HIST. Mitrídates.

mithridatiser v. tr. Mitridatizar, acostumbrar al veneno.

mithridatisme m. ou **mithridatisation** f. Mitridatismo, *m.*

mitigation [mitigasjɔ̃] f. Mitigación.

mitiger* v. tr. Mitigar, moderar. ‖ Suavizar (adoucir). ‖ Alternar con : *elle mitige ses études par la peinture*, alterna los estudios con la pintura.

miton m. (Vx). Manguito. ‖ (Vx). *Onguent mitonmitaine*, la carabina de Ambrosio.

mitonner v. intr. Cocer a fuego lento.
— V. tr. Preparar cuidadosamente : *mitonner une affaire*, preparar cuidadosamente un asunto.

mitose f. BIOL. Mitosis.

mitotique adj. Mitótico, ca.

mitoyen, enne [mitwajɛ̃, jɛn] adj. Medianero, ra ; intermedio, dia. ‖ *Mur mitoyen*, pared medianera, medianería.

mitoyenneté [-jɛnte] f. Medianería (condition).

mitraillade [mitrajad] f. Descarga de metralla, ametrallamiento, *m.*

mitraillage [-ja:ʒ] m. MIL. Ametrallamiento.

mitraille [mitra:j] f. Metralla : *grenade à mitraille*, granada de metralla. ‖ FAM. Calderilla, chatarra (argent).

mitrailler [-je] v. tr. Ametrallar.

mitraillette [-jɛt] f. Pistola ametralladora, metralleta.

mitrailleur [-jœ:r] m. Soldado ametrallador.
— Adj. *Fusil mitrailleur*, fusil ametrallador.

mitrailleuse [-jø:z] f. Ametralladora : *mitrailleuse jumelée*, ametralladora gemela.

mitral, e adj. ANAT. Mitral.

mitre f. Mitra (des prélats). ‖ CONSTR. Capuchón, *m.*, sombrerete, *m.* (de cheminée).

mitré, e adj. Mitrado, da : *abbé mitré*, abad mitrado.

mitron m. Mozo de panadero *ou* de pastelero. ‖ CONSTR. Apoyo del capuchón de una chimenea.

mi-voix (à) [amivwa] loc. adv. A media voz.

mixage m. CINÉM. Mezcla (*f.*) de sonidos [palabras, música, ruidos varios].

mixer [miksɛ:r] ou **mixeur** [miksœ:r] m. Batidora, *f.* (appareil de cuisine).

mixte adj. Mixto, ta : *train mixte*, tren mixto. ‖ Conjunto, ta : *la base mixte de Torrejón*, la base conjunta de Torrejón.
— M. Mixto.

mixtiligne adj. Géom. Mixtilíneo, a.
mixtion [mikstjɔ̃] f. Mixtión, mezcla.
mixtionner [-tjɔne] v. tr. Mixturar, mezclar.
mixture [-ty:r] f. Mixtura, mezcolanza.
Mlle f. (abréviation de *Mademoiselle*). Sta.
Mlles f. pl. (abréviation de *Mesdemoiselles*). Stas.
MM. m. pl. (abréviation de *Messieurs*). Sres.
Mme f. (abréviation de *Madame*). Sra.
mnémonique adj. Mnemónico, ca. ‖ — F. Mnemotecnia, mnemónica.
mnémotechnie f. Mnemotecnia, mnemotécnica.
mnémotechnique adj. et s. f. Mnemotécnico, ca.
moabite adj. et s. Moabita.
mobile adj. Móvil : *fête mobile*, fiesta móvil. ‖ Inestable, cambiante (inconstant). ‖ Suelto, ta (feuille).
— M. Soldado de la guardia móvil. ‖ Fig. Móvil (motif). ‖ Phys. Móvil. ‖ Arts Móvil.
mobilier, ère adj. Mobiliario, ria.
— M. Mobiliario, mueblaje, muebles, *pl.*
mobilisable adj. Movilizable.
mobilisation [mɔbilizasjɔ̃] f. Movilización.
mobiliser v. tr. Movilizar. ‖ Dr. Declarar mueble [un bien inmueble].
mobilité f. Movilidad.
mocassin m. Mocasín (chaussure).
moche adj. Pop. Feo, fea ; feúcho, cha (laid). ‖ Malo, la (mauvais). ‖ *C'est moche*, está mal, está feo (c'est mal), es desagradable *ou* molesto (c'est ennuyeux).
mocheté f. Pop. Fealdad, birria : *quelle mocheté!*, ¡qué birria ! ‖ Asquerosidad.
moco m. Pop. Marinero provenzal.
modal, e adj. Modal.
modalité f. Modalidad. ‖ Modo (*m.*) de ser.
mode m. Modo (manière). ‖ Gramm. et Mus. Modo. ‖ *Mode d'emploi*, instrucciones para el uso, modo de empleo.
— F. Moda : *la mode est capricieuse*, la moda es caprichosa. ‖ Culin. *Bœuf mode*, guiso de carne de vaca con tocino, cebolla y zanahorias. ‖ — *À l'ancienne mode*, a la antigua usanza. ‖ *À la mode*, de moda, a la moda. ‖ *À la mode de Bretagne*, lejano (parents). ‖ *Magasin de modes*, sombrerería de señoras (modiste), tienda de modas (boutique). ‖ — *Il est de mode de*, está de moda. ‖ *Passer o être passé de mode*, no estar de moda.
— Adj. De moda, a la moda : *tissu mode*, tejido de moda.
modelage [mɔdla:ʒ] m. Modelado.
modèle adj. et s. Modelo, *m.* et *f.* ‖ *Un enfant modèle*, un niño modelo.
— Syn. *Type*, tipo. *Prototype*, prototipo. *Patron*, patrón. *Gabarit*, plantilla, *Maquette*, maqueta.
modelé m. Modelado.
modeler* [mɔdle] v. tr. Modelar. ‖ Fig. Amoldar, conformar, ajustar : *modeler sa conduite sur*, ajustar su conducta a. ‖ Moldear : *la vie modèle les hommes*, la vida moldea a los hombres.
— V. pr. Amoldarse, ajustarse : *se modeler sur quelqu'un*, amoldarse a uno.
modeleur, euse adj. et s. Modelista, modelador, ra (artiste). ‖ Fabricante *ou* vendedor de estatuillas. ‖ Techn. Modelista.
modéliste adj. et s. Modelista, diseñador, ra (couture).
modénature f. Archit. Proporción en el modelado de una cornisa.
Modène n. pr. Géogr. Módena.
modérantisme m. Moderantismo.
modérantiste adj. et s. Moderado, da ; partidario del moderantismo.
modérateur, trice adj. et s. Moderador, ra. ‖ *Ticket modérateur*, porcentaje de los gastos de una enfermedad que corresponde pagar al asegu-

rado social. ‖ — M. Regulador (d'un mécanisme).
modération [mɔderasjɔ̃] f. Moderación, comedimiento, *m.* : *parler avec modération*, hablar con comedimiento. ‖ Templanza.
moderato adv. Mus. Moderato.
modéré, e adj. et s. Moderado, da. ‖ Razonable, decente (prix). ‖ Moderado, da ; conservador, ra.
modérer* v. tr. Moderar.
— V. pr. Moderarse.
— Syn. *Tempérer*, templar. *Mitiger*, mitigar. *Atténuer*, atenuar. *Pallier*, paliar. *Amortir*, amortiguar. *Freiner*, frenar.
moderne adj. Moderno, na : *le goût moderne, la littérature moderne*, el arte moderno, la literatura moderna.
— M. Lo moderno : *en art, nous aimons le moderne*, en arte nos gusta lo moderno.
modernisation [mɔdɛrnizasjɔ̃] f. Modernización.
moderniser v. tr. Modernizar.
— V. pr. Modernizarse.
modernisme m. Modernismo.
moderniste adj. et s. Modernista.
modernité f. Modernidad, modernismo, *m.*
modeste adj. Modesto, ta.
— Syn. *Réservé*, reservado, recatado. *Effacé*, oscuro, recatado. *Humble*, humilde. *Bonhomme*, buena persona, bonachón. *Bonasse*, buenazo, bonachón.
Modeste n. pr. m. Modesto.
modestie [mɔdɛsti] f. Modestia.
modicité f. Modicidad.
modifiable adj. Modificable.
modifiant, e adj. Modificante, modificador, ra.
modificateur, trice adj. Modificador, ra.
modification [mɔdifikasjɔ̃] f. Modificación.
modifier* v. tr. Modificar.
modillon [mɔdijɔ̃] m. Archit. Modillón, canecillo.
modique adj. Módico, ca.
modiste f. Sombrerera.
— Observ. L'espagnol *modista* correspond au français *couturier, ère*.
modulaire adj. Archit. Compuesto, ta : *architecture modulaire*, orden compuesto.
modulateur, trice adj. et s. m. Modulador, ra.
modulation [mɔdylasjɔ̃] f. Modulación. ‖ — Rad. *Modulation de fréquence*, frecuencia modulada. ‖ *Taux de modulation*, porcentaje de modulación.
module m. Módulo.
moduler v. tr. Modular. ‖ Matizar (des sons).
— V. intr. Mus. et Rad. Modular.
modus vivendi [mɔdysvivɛdi] m. Modus vivendi.
moelle [mwal] f. Medula *ou* médula : *moelle épinière*, medula espinal. ‖ Tuétano, *m.* (substance comestible). ‖ Bot. Medula *ou* médula, pulpa. ‖ Fig. Medula *ou* médula, meollo, *m.*, lo más substancioso de una cosa. ‖ — *Moelle allongée*, medula oblonga, bulbo raquídeo. ‖ *Moelle de sureau*, medula de saúco. ‖ *Moelle osseuse*, medula ósea. ‖ Fig. *Trempé jusqu'à la moelle des os*, mojado *ou* calado hasta los huesos, hasta los tuétanos.
moelleusement [-lɔzmã] adv. Blandamente, muellemente.
moelleux, euse [-lø, ø:z] adj. Meduloso, sa ; de la naturaleza de la medula. ‖ Fig. Blando, da ; mullido, da : *un lit moelleux*, una cama blanda *ou* mullida. ‖ Suave (tissu, vin).
moellon [mwalɔ̃] m. Morrillo (maçonnerie).
moellonnage [-lɔna:ʒ] m. Construcción (*f.*) con morrillo.
moere [mur] f. Albufera desecada y cultivada (en Belgique).
mœurs [mœ:r *ou* mœrs] f. pl. Costumbres, hábitos, *m.* : *un homme de bonnes mœurs*, un hombre de buenas costumbres. ‖ Conducta, *sing.* (conduite). ‖ — *Attentat aux mœurs*, atentado a las

buenas costumbres. ‖ *Une fille de mauvaises mœurs*, una mujer de la vida.

mofette f. Mofeta (gaz irrespirable). ‖ Mofeta (mammifère).

moghol ou **mogol** adj. et s. Mogol.

mohair m. Mohair, tela (*f.*) de pelo de angora.

mohican, e adj. et s. Mohicano, na (indien).

moi pron. pers. de la 1ʳᵉ pers. du sing. des deux genres. Yo (sujet) : *moi qui vous aime tant*, yo que tanto le quiero ; *moi non plus*, yo tampoco ; *c'est moi qui vous le dis*, soy yo quien se lo digo. ‖ Mí (complément) : *tu me l'as donné à moi*, me lo has dado a mí ; *pour moi*, para mí ; *il nous a accompagnés, mon frère et moi*, nos ha acompañado a mi hermano y a mí. ‖ Me (complément précédé de l'impératif) : *dites-moi*, dígame ; *donnez-moi*, déme. ‖ — *Moi-même*, yo mismo (sujet), mí mismo (complément) : *c'est moi-même*, soy yo mismo ; *par moi-même, de moi-même*, por mí mismo. ‖ — *À moi*, mío, mía : *cette montre est à moi*, este reloj es mío ; *a mí* : *il vint à moi*, vino a mí. ‖ *À moi!*, ¡a mí!, ¡socorro! ‖ *Autour de moi*, a mi alrededor, en derredor mío. ‖ *Avec moi*, conmigo. ‖ *Chez moi*, en mi casa. ‖ *De vous à moi*, entre nosotros. ‖ *En moi-même*, para mis adentros. ‖ *Pour moi*, para mí. ‖ *Quant à moi*, en cuanto a mí, por lo que a mí respecta. ‖ — *C'est à moi*, es mío. ‖ *C'est à moi de*, a mí me toca *ou* me corresponde.

— M. Yo : *le culte du moi*, el culto del yo.

moie [mwa] f. Parte blanda de una piedra.

moignon m. Muñón. ‖ Garrón (de branche).

moindre [mwɛ̃:dr] adj. Menor. ‖ — *La moindre des choses*, la más mínima cosa, lo menos. ‖ — *C'est le moindre mal*, es el mal menor. ‖ *Je n'en ai pas la moindre idée*, no tengo la menor idea.

— M. et f. Último, ma.

moindrement (le) loc. adv. Ni por asomo, de ninguna forma, en lo más mínimo : *je ne suis pas le moindrement surpris*, no estoy sorprendido ni por asomo.

moine m. Fraile, monje. ‖ Calentador, mundillo (bassinoire pour le lit). ‖ IMPR. Fraile [parte mal impresa de un texto]. ‖ ZOOL. Variedad (*f.*) de foca. ‖ — FAM. *Moine bourru*, coco, bu. ‖ — *Gras comme un moine*, sumamente gordo.

moineau m. Gorrión (oiseau). ‖ — FIG. et FAM. *Vilain moineau*, mala persona, bicho malo, pajarraco. ‖ — *Manger comme un moineau*, comer como un pajarito. ‖ *Tirer, brûler sa poudre aux moineaux*, gastar la pólvora en salvas.

moinerie f. Frailería, conjunto (*m.*) de frailes.

moinillon [mwanijɔ̃] m. FAM. Frailecillo, frailezuelo.

moins [mwɛ̃] adv. Menos : *moins bon*, menos bueno ; *moins d'hommes*, menos hombres. ‖ *Le moins, la moins*, el menos, la menos (superlatif de l'adv. *peu*) : *il est le moins intelligent*, es el menos inteligente.

— M. Menos : *le plus et le moins*, el más y el menos. ‖ *Lo moins : c'est le moins qu'on puisse faire*, es lo menos que se puede hacer. ‖ MATH. Signo menos ‖ — *À moins*, por menos : *je ne travaille pas à moins*, no trabajo por menos. ‖ *À moins de*, a ou por menos de, por bajo de (suivi d'un nom : *à moins de cent francs*, a menos de cien francos ; a menos de, excepto si (suivi d'un infinitif) : *à moins d'être fou*, a menos de estar loco, excepto si está loco. ‖ *À moins que*, a menos que, a no ser que : *à moins que vous ne travailliez mieux*, a menos que usted trabaje mejor. ‖ *Au moins, du moins, tout au moins*, al menos, por lo menos. ‖ *D'autant moins que*, menos aun cuando. ‖ *De moins*, menos. ‖ *De moins en moins*, cada vez menos. ‖ *En moins*, menos, excepto, salvo : *je lui paye tout, le transport en moins*, se lo pago todo, excepto el transporte. ‖ *En moins de deux*, en un dos por tres, en un santiamén. ‖ *En moins de rien*, en menos de nada. ‖ *Moins... moins...*, mientras menos..., menos ‖ *Moins... plus...*, mientras menos... más... ‖ *Ne pas moins*, no... sin embargo. ‖ *Ne... pas moins de*, no... menos de. ‖ *Ne... pas moins que...*, no... más que de... ‖ *Ni plus ni moins*, ni más ni menos, poco más o menos. ‖ *Non moins*, también, no menos. ‖ *Pas le moins du monde*, de ningún modo, de ninguna manera, ni por asomo, en lo más mínimo. ‖ *Rien moins que*, todo menos (sens négatif), nada menos que (sens affirmatif). ‖ — FAM. *Il était moins une* o *moins cinq*, por poco, ha faltado muy poquito. ‖ *Il n'en sera ni plus ni moins*, será poco más o menos lo mismo. ‖ *N'en être pas moins...*, no ser por eso menos...

moins-perçu m. Lo cobrado de menos, cantidad no cobrada, lo no percibido.

moins-value [mwɛ̃valy] f. Disminución *ou* pérdida de valor, depreciación.

moirage m. Visos, *pl.*, aguas, *f. pl.*, cambiantes, *pl.*, tornasolado (d'une étoffe). ‖ Reflejos, *pl.* (du fer-blanc *ou* du zinc).

moire f. Muaré, *m.*, moaré, *m.* (tissu). ‖ Reflejo, *m.*, aguas, *pl.*, visos, *m. pl.*

moiré, e adj. Tornasolado, da ; que tiene reflejos *ou* aguas.

— M. Aguas, *f. pl.*, reflejos, *pl.*, visos, *pl.*, cambiantes, *pl.* ‖ Hojalata (*f.*) *ou* zinc con reflejos.

moirer v. tr. Tornasolar, dar [a una tela] reflejos, visos *ou* aguas.

Moires [mwa:r] n. pr. f. pl. MYTH. Las Parcas.

moirure f. Reflejos (*m. pl.*) *ou* aguas (*pl.*) *ou* visos (*m. pl.*) de lo tornasolado.

mois [mwa] m. Mes : *au mois de mai*, en el mes de mayo. ‖ Mensualidad, *f.*, mes, sueldo mensual (salaire) : *toucher son mois*, cobrar la mensualidad. ‖ — COMM. *À trois mois*, a noventa días. ‖ FAM. *Tous les trente-six du mois*, de higos a brevas. ‖ — *Louer une chambre au mois*, alquilar una habitación al *ou* por mes. ‖ *Oublier les mois de nourrice*, dejar los años que se anduvo a gatas. ‖ *Payer toutes les fins de mois*, pagar a fines de mes.

moïse m. Moisés, cuna (*f.*) de mimbre (berceau).

Moïse [mɔi:z] n. pr. m. Moisés.

moise [mwa:z] f. TECHN. Crucero, *m.*, riostra.

moiser v. tr. TECHN. Poner cruceros, apuntalar.

moisi, e adj. Enmohecido, a ; mohoso, sa.

— M. Moho : *avoir un goût de moisi*, saber a moho. ‖ FIG. *Sentir le moisi*, oler a moho, estar [una cosa] pasada de vieja.

moïslaque adj. Mosaico, ca ; de Moisés.

moisir v. tr. et intr. Enmohecer, cubrirse de moho, ponerse mohoso, sa. ‖ FIG. et FAM. *Moisir* (quelque part), criar moho : *il moisit dans ce bureau depuis trois ans*, está criando moho en este despacho desde hace tres años.

moisissure f. Moho, *m.*

moissine f. Cabillo (*m.*) de sarmiento.

moisson f. Mies, siega, cosecha, recolección de las mieses (récolte). ‖ Época de la siega (époque). ‖ — *Faire la moisson*, segar (faucher), cosechar (récolter). ‖ FIG. *Une moisson de lauriers*, una cosecha de laureles.

moissonnage m. Siega, *f.*, recolección, *f.*, cosecha, *f.*

moissonner v. tr. Segar (faucher). ‖ Recoger, recolectar, cosechar (récolter). ‖ FIG. Segar : *la guerre moissonna des millions de vies*, la guerra segó millones de vidas.

moissonneur, euse m. et f. Segador, ra. ‖ — F. Segadora (machine). ‖ — *Moissonneuse-batteuse*, segadora trilladora. ‖ *Moissonneuse-lieuse*, segadora agavilladora.

moite [mwat] adj. Sudoroso, sa : *avoir les mains moites*, tener las manos sudorosas. ‖ Húmedo, da (humide).

moiteur f. Trasudor, *m.* (de la peau). ‖ Humedad.

moitié f. Mitad. ‖ FAM. Costilla, mitad, media naranja (épouse).

— *À moitié*, a la mitad : *à moitié chemin*, a la mitad del camino ; medio : *une bouteille à moitié pleine*, una botella medio llena ; *il est à moitié fou*, está medio loco ; mitad de : *à moitié prix*, a mitad de precio ; a medio : *une porte à moitié fermée*, una puerta a medio cerrar ; a medias : *vous faites toujours les choses à moitié*, usted hace siempre las cosas a medias. ‖ *De moitié*, a medias : *être* o *se mettre de moitié dans une affaire*, ir a medias en un negocio ; doblemente, dos veces : *discours trop long de moitié*, discurso dos veces demasiado largo.

— OBSERV. Cuando se emplea la palabra *moitié* en su sentido colectivo el verbo siguiente se pone en singular si este vocablo representa una cantidad determinada (*la moitié de six est trois*) y en plural en el caso contrario (*la moitié des concurrents abandonnèrent*).

moitir v. tr. Humedecer.

moka m. Moka (café). ‖ Pastel de bizcocho con crema de café.

mol, molle adj. V. MOU.

molaire adj. Molar (des dents). ‖ PHYS. Molecular.

— F. Muela, molar, *m.*

molasse ou **mollasse** f. Asperón, *m.* (pierre).

moldave adj. et s. Moldavo, va.

Moldavie n. pr. f. GÉOGR. Moldavia.

môle m. Malecón, muelle (de port). ‖ Escollera, *f.*, malecón, rompeolas (brise-lames). ‖ — F. Pez (*m.*) luna (poisson-lune). ‖ MÉD. Mola.

moléculaire adj. Molecular.

molécule f. Molécula. ‖ *Molécule-gramme*, molécula gramo.

molène f. BOT. Gordolobo, *m.*, verbasco, *m.*

moleskine f. Moleskín, *m.*, molesquín, *m.*

molestation [molɛstasjɔ̃] f. Molestia.

molester v. tr. Molestar, importunar. ‖ Maltratar, tratar mal.

moletage ou **molettage** [molta:ʒ ou molɛta:ʒ] m. TECHN. Adornado con la moleta.

moleter v. tr. TECHN. Adornar *ou* pulir con la moleta *ou* ruleta estriada, moletear. ‖ Grafilar : *bague moletée*, aro grafilado.

molette f. Estrella, rodaja (d'éperon). ‖ Moleta (pierre pour écraser les couleurs). ‖ TECHN. Ruleta estriada, rueda dentada, moleta. ‖ — *Clef à molette*, llave inglesa. ‖ *Molette d'extraction*, castillete de extracción.

moliéresque adj. De Molière.

moliériste m. Crítico de Molière.

molinisme m. Molinismo (doctrine religieuse de Luis Molina).

moliniste m. et f. Molinista.

molinosisme m. Molinosismo, quietismo (doctrine religieuse de Miguel de Molinos).

molinosiste m. et f. Molinosista, quietista.

mollasse adj. Blanducho, cha ; blandengue, fofo, fa (mou).

— M. et f. FAM. Persona blandengue, de poco carácter. ‖ — F. Asperón, *m.*

mollasserie f. Blanduguería, carácter (*m.*) blandengue, falta de carácter.

mollasson, onne adj. et s. Muy blandengue.

mollé m. BOT. Turbinto, molle.

mollement [molmã] adv. Muellemente, cómodamente : *mollement étendu*, muellemente tendido. ‖ Suavemente. ‖ Tranquilamente. ‖ Blandamente, flojamente. ‖ Con remolonería, flojamente, sin vigor. ‖ Con molicie.

mollesse f. Blandura. ‖ Suavidad (douceur). ‖ Flojera, desidia (paresse). ‖ Molicie (amour de ses

aises). ‖ FIG. Flojedad (du style). | Pastosidad (peinture).

mollet, ette adj. Blando, da. ‖ Mollete (pain). ‖ Pasado por agua (œuf).

— M. Pantorrilla, *f.* (de la jambe).

— OBSERV. El *œuf mollet* tiene la yema blanda y la clara dura, mientras que el *œuf à la coque* tiene la yema y la clara blandas.

molletière [moltjɛ:r] adj. et s. f. Polaina (guêtre). ‖ *Bande molletière*, venda de paño haciendo de media polaina.

molleton [moltɔ̃] m. Muletón (étoffe).

molletonné, e [-tɔne] adj. Forrado, da ; guarnecido, da, con muletón ; enguatado, da.

molletonner v. tr. Forrar con muletón, enguatar.

molletonneux, euse [-tɔnø, ø:z] adj. De aspecto de muletón, enguatado, da.

mollir v. intr. Flojear, flaquear (devenir moins dur). ‖ Reblandecerse, ablandarse (fruits). ‖ Aflojar (devenir moins tendu). ‖ Retroceder, ceder (les troupes). ‖ Flaquear, disminuir, debilitarse : *sa volonté a molli*, su voluntad se ha debilitado. ‖ FIG. Aflojar, ceder. ‖ MAR. Amainar (en parlant du vent).

— V. tr. MAR. Arriar (cordage).

molluscum [molyskɔm] m. MÉD. Tumor fibroso de la piel.

mollusque [molysk] m. ZOOL. Molusco.

moloch m. ZOOL. Moloc.

Moloch [molɔk] n. pr. m. Moloc.

molosse m. Moloso (gros chien de garde).

molto adv. MUS. Molto, mucho.

Moluques [molyk] n. pr. f. pl. GÉOGR. Molucas.

molusson m. Chalana (*f.*) pequeña.

moly m. Variedad (*f.*) de ajo.

molybdène m. Molibdeno (métal).

môme m. et f. POP. Muchacho, cha ; chico, ca ; chaval, la.

moment m. Momento, rato : *je reviens dans un moment*, vuelvo dentro de un momento. ‖ Momento, oportunidad, *f.*, ocasión, *f.* (occasion, instant) : *saisir le moment favorable*, escoger el momento favorable. ‖ PHYS. Momento : *moment d'une force*, momento de una fuerza.

— *À ce moment là*, en aquel momento, entonces (temps), en este caso (conséquence). ‖ *À ses moments perdus*, a sus ratos perdidos. ‖ *À tout moment*, a cada momento. ‖ *Au moment de*, en el acto de, en el momento de, al ir a. ‖ *Bon moment*, momento oportuno. ‖ *Du moment que*, desde el momento (dès que), puesto que, ya que (puisque). ‖ *D'un moment à l'autre*, de un momento a otro, dentro de un momento. ‖ *En ce moment*, ahora, ahora mismo, de momento. ‖ *En un moment*, en un instante. ‖ *Par moments*, a veces, de vez en cuando. ‖ *Pour le moment*, por ahora, por el momento, actualmente. ‖ *Sur le moment*, al principio, en un principio. ‖ *Un bon moment*, un buen rato, un rato libre. ‖ — *Avoir de bons moments*, tener buenos momentos. ‖ *Ne pas avoir un moment à soi*, no tener ni un momento libre.

momentané, e adj. Momentáneo, a.

momentanément adv. Momentáneamente.

momerie f. Mojiganga (mascarade). ‖ FIG. Comedia, falsedad, superchería (comédie).

momie f. Momia. ‖ FIG. *Avoir l'air d'une momie*, estar hecho una momia.

momification f. Momificación.

momifier* v. tr. Momificar.

— V. pr. Momificarse.

momordique f. BOT. Momórdiga.

mon, ma, mes adj. poss. de la 1ʳᵉ pers. du sing. Mi, mis (précède le substantif en espagnol) : *mon livre*, mi libro ; *ma plume*, mi pluma ; *mes amis*, mis amigos. ‖ Mío, mía, míos, mías (vient après le substantif en espagnol) : *mon père !*, ¡padre mío ! ; *mes enfants !*, ¡hijos míos ! ‖ — *Un de mes* *amis*, uno de mis amigos *ou* un amigo mío. ‖ *Mes chers enfants!*, ¡queridos hijos míos! ‖ *Mon Dieu!*, ¡Dios mío!

— OBSERV. En francés, delante de un nombre femenino que empieza por vocal o por *h* muda, se emplea *mon* en vez de *ma* : *mon amie*, mi amiga; *mon heure*, mi hora.

monacal, e adj. Monacal.
monachisme [mɔnaʃism] m. Monacato, monaquismo.
monaco m. Antigua moneda (*f.*) de Mónaco. ‖ POP. Guita, *f.*, moni, pasta, *f.* (argent).
Mónaco n. pr. m. GÉOGR. Mónaco.
monade f. PHILOS. Mónada.
monadelphe adj. BOT. Monadelfo, fa.
monadisme m. PHILOS. Monadismo.
monadiste adj. y s. Monadista.
monadologie f. PHILOS. Monadología.
monandre adj. BOT. Monandro, dra.
monarchie [mɔnarʃi] f. Monarquía.
monarchique [-ʃik] adj. Monárquico, ca.
monarchisme [-ʃism] m. Monarquismo.
monarchiste [-ʃist] adj. et s. Monárquico, ca.
monarque m. Monarca.

— SYN. *Roi*, rey. *Prince*, príncipe. *Potentat*, potentado. *Empereur*, emperador. *César*, césar. *Autocrate*, autócrata. *Dynaste*, dinasta.

monastère m. Monasterio.
monastique adj. Monástico, ca.

— SYN. *Monacal*, monacal. *Monial*, monjil.

monazite f. MIN. Monacita.
monceau m. Montón : *un monceau de documents*, un montón de documentos.
mondain, e adj. et s. Mundano, na ; de sociedad : *vie mondaine*, vida mundana. ‖ Mundanal (terrestre). ‖ — *Demi-mondaine*, mujer galante. ‖ — *Avoir des relations mondaines*, tener relaciones en la alta sociedad.
mondanité f. Mundanalidad, mundanería. ‖ — Pl. Ecos (*m.*) de sociedad (dans les journaux).
monde m. Mundo : *le Nouveau, l'Ancien Monde*, el Nuevo, el Antiguo Mundo. ‖ Gente, *f.* : *se moquer du monde*, burlarse de la gente. ‖ Gente, *f.*, gentío : *il y avait un monde!*, ¡había un gentío! ; ¡había una de gente! ‖ Mundo, sociedad, *f.* : *aimer le monde*, gustarle a uno la sociedad. ‖ Multitud, *f.*, montón, gran número : *se faire un monde d'ennemis*, hacerse una multitud de enemigos. ‖ Personal doméstico : *renvoyer tout son monde*, despedir a todo el personal doméstico. ‖ Gente, *f.*, familia, *f.* : *tout mon monde est là*, toda mi gente está aquí. ‖ FIG. Mundo : *c'est un monde que cette entreprise*, esta empresa es un mundo. ‖ — FAM. *Le beau monde*, la buena sociedad. ‖ *Le grand monde*, la alta sociedad, el gran mundo. ‖ *Le monde des affaires*, el mundo de los negocios. ‖ *Le monde des lettres*, el mundillo literario. ‖ *Le monde savant*, el mundo letrado, los sabios, los escritores *ou* los literatos. ‖ *Le petit monde*, la gente menuda, los niños. ‖ — *Femme du monde*, mujer de mundo. ‖ *Monsieur-tout-le-monde*, el hombre de la calle. ‖ *Tout le monde*, todos, todo el mundo. ‖ *Vieux comme le monde*, más viejo que andar para adelante. ‖ — *Au bout du monde*, al fin del mundo, donde Cristo dio las tres voces. ‖ *De par le monde*, en todas partes, en el mundo entero. ‖ *Pour rien au monde*, por todo el oro del mundo, ni a la de tres. ‖ — *Aller ou passer dans l'autre monde*, irse al otro mundo, *ou* al otro barrio, morir. ‖ *Ce n'est pas le bout du monde*, no es cosa del otro mundo *ou* del otro jueves. ‖ *C'est le monde renversé*, es el mundo al revés. ‖ *Connaître son monde*, conocer muy bien a la gente. ‖ *Mettre au monde*, dar a luz, traer al mundo. ‖ *Passer dans un monde meilleur*, pasar a mejor vida. ‖ *Se faire un monde de*, dar demasiada importancia a, hacerse una montaña de. ‖ *Venir au monde*, ver la luz.

monder v. tr. Mondar : *orge mondé*, cebada mondada. ‖ Limpiar : *monder des amandes*, limpiar almendras.
mondial, e adj. Mundial.
mondialement adv. Por el mundo entero, mundialmente : *produit mondialement connu*, producto conocido por el mundo entero.
mondovision f. Mundovisión.
monégasque adj. et s. Monegasco, ca (de Mónaco).
monel m. Aleación (*f.*) de níquel, hierro y cobre.
monère f. BIOL. Mónera.
moneron m. Calderilla, *f.*, moneda (*f.*) de vellón (Révolution de 1789).
monétaire adj. Monetario, ria.
monétisation [mɔnetizasjɔ̃] f. Monetización.
monétiser v. tr. Monetizar.
mongol, e adj. et s. Mongol, mongólico, ca (de Mongolie).
Mongolie n. pr. f. GÉOGR. Mongolia.
mongolien, enne adj. et s. Mongólico, ca ; que padece mongolismo.
mongolique adj. et s. Mongólico, ca.
mongolisme m. MÉD. Mongolismo.
mongoloïde adj. Mongoloide.
monial, e m. et f. Monje, m., monja, *f.*
monilie f. Moho, *m.* [sobre peras y manzanas].
Monique n. pr. f. Mónica.
monisme m. PHILOS. Monismo.
moniste adj. et s. Monista.
moniteur, trice m. et f. Maestro, tra ; monitor, ra : *moniteur d'escrime*, maestro de esgrima. ‖ Instructor, ra ; monitor, ra (gymnastique). ‖ — M. TECHN. Monitor.
monition [mɔnisjɔ̃] f. DR. Admonición, monición.
monitoire adj. et s. m. Monitorio, ria.
monitor m. MAR. Monitor (navire).
monnaie [mɔnɛ] f. Moneda. ‖ Vuelta : *rendre la monnaie*, dar la vuelta. ‖ Dinero (*m.*) suelto : *je n'ai pas de monnaie*, no tengo dinero suelto. ‖ Cambio, *m.* : *donnez-moi la monnaie de cent francs*, déme el cambio de cien francos. ‖ *Monnaie blanche*, moneda de plata. ‖ *Monnaie de compte*, moneda imaginaria. ‖ *Monnaie de papier*, moneda de papel. ‖ *Monnaie fiduciaire*, moneda fiduciaria. ‖ — *Fausse monnaie*, moneda falsa. ‖ *Hôtel de la Monnaie ou des Monnaies, la Monnaie*, la Casa de la Moneda, la Ceca. ‖ *Papier monnaie*, papel moneda. ‖ *Petite, menue monnaie*, calderilla, dinero suelto, moneda suelta. ‖ — *Battre monnaie*, acuñar moneda. ‖ FIG. *C'est monnaie courante*, es moneda corriente. ‖ *Faire de la monnaie*, cambiar. ‖ *Payer en monnaie de singe*, pagar con promesas vanas. ‖ *Rendre à quelqu'un la monnaie de sa pièce*, pagar a uno en *ou* con la misma moneda.
monnaie-du-pape f. BOT. Lunaria, doblescudo, *m.*
monnayage [mɔnɛja:ʒ] m. Monedaje. ‖ Acuñación (*f.*) de moneda.
monnayer* [-je] v. tr. Amonedar. ‖ FIG. Sacar dinero de (tirer de l'argent de), sacar partido de (tirer parti de).
monnayeur [-jœ:r] m. Monedero. ‖ *Faux-monnayeur*, monedero falso.
monoacide adj. CHIM. Monoácido, da.
monoatomique adj. CHIM. Monoatómico, ca.
monobase adj. et s. f. CHIM. Monobase.
monobloc adj. et s. m. TECHN. Monobloque [de una sola pieza].
monocamérisme ou **monocaméralisme** m. Monocamerismo, sistema unicameral.
monochlamydées [mɔnoklamide] f. pl. BOT. Monoclamídeas.
monochromatique [-kromatik] adj. Monocromático, ca.
monochrome [-kro:m] adj. et s. m. Monocromo, ma ; de un solo color.

monochromie [-kromi] f. Monocromía.
monocle m. Monóculo.
monoclinal, e adj. GÉOL. Monoclinal.
monoclinique adj. m. Monoclínico.
monocoque adj. m. Monocasco (avion, wagon, etc.).
monocorde m. Monocordio.
— Adj. Monocorde, monótono, na.
monocotylédone adj. et s. f. BOT. Monocotiledóneo, a.
monoculaire adj. Monocular.
monoculture f. Monocultivo, m.
monocylindrique adj. Monocilíndrico, ca.
monocyte m. BIOL. Monocito.
monodie f. MUS. Monodia.
monœcie [mɔnesi:] f. BOT. Carácter (m.) monoico, monoecia.
monogame adj. et s. Monógamo, ma.
monogamie f. Monogamia.
monogamique adj. Monógamo, ma.
monogénisme m. Monogenismo.
monogramme m. Monograma.
monographie f. Monografía.
monographique adj. Monográfico, ca.
monoïdéisme m. Monoideísmo.
monoïque adj. BOT. Monoico, ca.
monolingue adj. et s. Monolingüe.
monolithe m. Monolito.
— Adj. Monolítico, ca.
monolithique adj. Monolítico, ca.
monologue m. Monólogo.
— SYN. Soliloque, soliloquio. Aparté, aparte.
monologuer v. intr. Monologar.
monologueur m. THÉÂTR. Recitador de monólogos.
monomane ou monomaniaque adj. et s. Monomaniaco, ca ; monomaniático, ca.
monomanie f. Monomanía.
monôme m. Monomio. || FAM. Manifestación (f.) estudiantil después de un examen.
monomère adj. et s. m. CHIM. Monómero.
monométallisme m. Monometalismo.
monométalliste adj. et s. Monometalista.
monomètre adj. et s. m. POÉT. Monómetro.
monomoteur adj. et s. m. AVIAT. Monomotor.
mononucléaire adj. et s. m. Mononuclear.
mononucléose f. MÉD. Mononucleosis.
monophasé, e adj. ÉLECTR. Monofásico, ca.
monophylle adj. BOT. Monofilo, la.
monophysisme m. Monofisismo.
monophysite m. Monofisita (hérétique).
monoplace adj. et s. m. AVIAT. Monoplaza [de un solo asiento].
monoplan m. AVIAT. Monoplano.
monoplégie f. MÉD. Monoplejía.
monopole m. Monopolio.
monopoleur, euse adj. et s. Monopolizador, ra.
monopolisation f. Monopolización.
monopoliser v. tr. Monopolizar. || FIG. Monopolizar, acaparar.
monoptère adj. et s. m. ARCHIT. Monóptero, ra.
monorail [mɔnɔra:j] adj. et s. Monocarril, monorriel, monorrail.
monorime adj. et s. m. POÉT. Monorrimo, ma.
monosaccharides [mɔnɔsakarid] m. pl. CHIM. Monosacáridos.
monosépale adj. BOT. Monosépalo, la.
monosoc adj. AGRIC. De una sola reja.
monosperme adj. BOT. Monospermo, ma.
monostyle adj. ARCHIT. De fuste único, único de fuste.
monosyllabe adj. et s. Monosílabo, ba.
monosyllabique adj. Monosilábico, ca.
monosyllabisme m. Monosilabismo.
monothéisme m. RELIG. Monoteísmo.
monothéiste adj. et s. Monoteísta.
monothélisme m. Monotelismo (hérésie).
monothélite adj. et s. Monotelita.

monotone adj. Monótono, na.
monotonie f. Monotonía.
monotrèmes m. pl. ZOOL. Monotremas.
Monotype f. IMPR. Monotipo, m. (machine à composer). || — M. Monotipia, f. (procédé d'impression).
monovalent, e adj. et s. m. CHIM. Monovalente.
monseigneur [mɔ̃sɛɲœːr] [abrév. Mᵍʳ.] m. Monseñor. || Su Ilustrísima (en parlant à un évêque). || Ilustrísimo señor (en écrivant à un évêque). || Pince-monseigneur, palanqueta de ladrón, ganzúa.
— OBSERV. En francés se usa el plural messeigneurs para dirigirse a varias personas que tienen este título. En cambio cuando se habla de estas mismas personas sin estar delante de ellas se emplea el plural nosseigneurs.

monsieur [masjø] m. Señor (suivi du nom) : Monsieur Dupont, señor (ou el señor Dupont (style indirect). || Señor Don ou Don (devant un prénom) : Monsieur Louis Durand, Señor Don Luis Durand. (Familièrement on se contente parfois du prénom s'il n'y a pas de confusion possible : Monsieur Louis, Don Luis.) || Señor, caballero (pour appeler quelqu'un sans dire son nom : écoutez, Monsieur, escuche usted, caballero.) || Monseñor [título que se daba en Francia a los príncipes de la familia real.] || El señor [fam. el señorito] (titre qu'emploient les domestiques pour parler à leurs maîtres) : Monsieur veut-il sortir ?, ¿quiere salir el señor ? || Señor : Monsieur le Ministre des Affaires étrangères a la parole, el señor ministro de Asuntos Exteriores tiene la palabra ; qu'en pensez-vous, Monsieur le Ministre ?, ¿qué le parece, señor ministro? || Caballero, señor, señorito [hombre de clase superior a la común] : s'habiller comme un monsieur, vestir como un señorito. || — Ces messieurs, los señores. || Cher monsieur, muy señor mío (correspondance). || Faire le monsieur, dárselas de gran señor. || FAM. Mon petit ou mon beau monsieur, muy señor mío, ¡caballerito ! || FIG. Un gros monsieur, un señorón, un personaje. | Un vilain monsieur, un tío, un pajarraco, un descarado.
— OBSERV. Le mot français monsieur est beaucoup plus employé que son équivalent espagnol señor. Pour les domestiques señorito es el fils du maître, ou même le jeune maître. Ce mot, au sens péjoratif, qualifie le « fils à papa », le jeune bourgeois oisif.

monsignore m. Monseñor, monsignore (prélat italien).
monstrance f. ECCLÉS. Custodia.
monstre m. Monstruo.
— Adj. Un banquet monstre, un banquete monstruo.
monstrueux, euse [mɔ̃stryø, øːz] adj. Monstruoso, sa.
monstruosité f. Monstruosidad.
mont [mɔ̃] m. Monte. || — Par monts et par vaux, por todos lados, de la Ceca a la Meca. || Promettre monts et merveilles, prometer el oro y el moro.
— SYN. Montagne, montaña. Pic, pico, picacho. Puy, cumbre en Auvernia. Ballon, morro, cumbre redondeada.
montage m. Subida, f. (action de monter). || Subida, f. (du lait). || TECHN. Montaje, instalación, f. (d'une machine). | Montaje (d'un film). || THÉÂTR. Montage d'une pièce, escenografía, puesta en escena de una obra.
montagnard, e [mɔ̃taɲaːr, ard] adj. et s. Montañés, esa. || HIST. Perteneciente ou relativo a la Montaña (Révolution française).
— OBSERV. Le montañés est aussi l'homme originaire de La Montaña (Santander).
montagne f. Montaña. || FIG. Montaña, montón, m. : des montagnes de paperasses, montañas de papeluchos. || — Montagne à vache, montaña

poco escarpada. ‖ *Montagnes russes*, montañas rusas. ‖ — *Chaîne de montagnes*, cadena de montañas, sierra, cordillera. ‖ *École de haute montagne*, escuela de montañeros *ou* de montañismo. ‖ *Mal des montagnes*, soroche (americanisme). ‖ — *La montagne accouche d'une souris*, es el parto de los montes. ‖ *Passer ses vacances à la montagne*, pasar las vacaciones en la sierra. ‖ *Se faire une montagne d'une chose*, hacerse una montaña [de algo], imaginarse dificultades insalvables [acerca de algo].

montagneux, euse adj. Montañoso, sa.

Montaigus n. pr. m. pl. Montescos.

montaison f. Viaje río arriba, para el desove, de los salmones. ‖ Época de desove.

montanisme m. Montanismo (hérésie).

montaniste adj. et s. Montanista.

montant, e adj. Montante, cuesta arriba, ascendente : *chemin montant*, camino ascendente, camino cuesta arriba. ‖ *Que viene* : *la génération montante*, la generación que viene. ‖ Ascendente (train). ‖ Mus. Ascendente (gamme). ‖ — Mil. *Garde montante*, guardia entrante. ‖ *Marée montante*, marea creciente. ‖ *Robe montante*, vestido sin escote, alto, cerrado.
— M. Quijera, *f*. (de la bride). ‖ Larguero (d'échelle). ‖ Fuerte sabor de un manjar *ou* de un vino : *ce vin a du montant*, este vino tiene fuerte sabor. ‖ Comm. Importe : *le montant d'une note d'hôtel*, el importe de una cuenta de hotel. ‖ Constr. Larguero, montante. ‖ Techn. Montante, larguero (d'une machine).

mont-blanc [mɔblɑ̃] m. Pastel de puré de castañas con nata.

Mont-Cassin n. pr. m. Géogr. Montecassino.

mont-de-piété [mɔdpjete] m. Monte de piedad, montepío, monte (fam.).
— Observ. Hoy se llama en francés *Crédit municipal*.

mont-dore [mɔdɔ:r] m. Variedad de quesos de Auvernia.

monte f. Monta, manera de montar a caballo. ‖ Apareamiento (*m.*) de caballo y yegua, monta. ‖ Embojo, *m.*, subida de los gusanos de seda a las ramas.

monté, e adj. Provisto, ta : *être bien monté en vêtements*, estar bien provisto de trajes. ‖ Montado, da : *une maison montée*, una casa montada. ‖ Subido, da : *monté en couleur*, subido de color. ‖ Engastado, da ; montado, da (bijoux). ‖ Montado, da (police). ‖ Mus. Acordado, da. ‖ — *Coup monté*, artimaña, golpe preparado. ‖ — Fig. *Être monté contre quelqu'un*, estar irritado contra alguien, tener ojeriza a alguien.

monte-charge m. inv. Montacargas, elevador.

montée f. Subida, ascensión : *une montée difficile*, una ascensión penosa. ‖ Ascensión, elevación (d'un avion). ‖ Subida (des prix). ‖ ● Cuesta (côte). ‖ Archit. Montea (d'un arc). ‖ *La montée de la sève*, la subida de la savia.
— Syn. ● *Rampe*, rampa, pendiente. *Raidillon*, costanilla. *Grimpette*, repecho.

monte-fûts [mɔtfy] m. inv. Elevador de barriles.

monténégrin, e adj. et s. Montenegrino, na.

Monténégro n. pr. m. Géogr. Montenegro.

monte-en-l'air [mɔtɑ̃lɛ:r] m. Pop. Ladrón, caco que escala las casas.

monte-pente [mɔtpɑ̃:t] m. inv. Telesquí, telesilla.

monte-plats [mɔtpla] m. inv. Montaplatos.

monter v. tr. Subir : *monter du bois*, subir leña. ‖ Subir, escalar : *monter la côte*, subir la cuesta. ‖ Subir : *monte un peu le tableau*, sube un poco el cuadro. ‖ Montar, armar (une machine). ‖ Poner, instalar, montar (une maison). ‖ Montar, organizar (une affaire). ‖ Tramar, preparar (un complot). ‖ Montar, estar : *monter la garde*, estar de guardia. ‖ Montar : *monter un cheval*,

montar un caballo. ‖ Engastar, montar : *monter une pierre*, engastar una piedra. ‖ Montar, poner en escena (théâtre). ‖ Soliviantar, poner en contra (exalter). ‖ Batir (une mayonnaise). ‖ Avivar, reforzar (la couleur). ‖ Elevar : *monter le ton*, elevar la voz. ‖ Montar, acaballar (un étalon). ‖ Mus. Acordar. ‖ — Fig. *Monter la tête à quelqu'un*, excitar a uno. ‖ Fam. *Monter le coup à quelqu'un*, pegársela a uno, engañar a uno. ‖ *Monter un coup*, preparar un golpe. ‖ — *Faire monter quelqu'un*, contribuir al ascenso de alguien.
— V. intr. Montar : *monter à cheval, à bicyclette, en auto, en avion, sur un âne*, montar a caballo, en bicicleta, en coche, en avión, en un burro. ‖ Subir : *monter sur la table, sur le trône, en chaire*, subir en la mesa, al trono, al púlpito. ‖ Subir, trepar : *monter sur un arbre*, trepar a un árbol. ‖ Subir : *cet avion monte à 10 000 mètres*, este avión sube a diez mil metros. ‖ Ascender (s'élever). ‖ Crecer (la rivière), subir (la marée). ‖ Llegar : *il est monté plus haut que je ne croyais*, ha llegado más alto de lo que creía. ‖ Crecer (les plantes). ‖ Crecer, aumentar : *leur curiosité montait*, su curiosidad crecía. ‖ Elevarse, importar, alcanzar, ascender : *les frais montaient à 3 millions*, los gastos se elevaban a *ou* importaban tres millones. ‖ Subir, aumentar (les prix). ‖ Elevarse, subir : *le soleil monte à l'horizon*, el sol sube en el horizonte. ‖ Elevarse, tener una altura de : *la tour Eiffel monte à plus de 300 mètres*, la Torre Eiffel se eleva a más de trescientos metros. ‖ Elevarse : *des clameurs montèrent de la foule*, se elevaron clamores de la muchedumbre. ‖ Llegar : *la pitié monte au cœur*, la compasión llega al corazón. ‖ Subir, llegar : *génération qui monte*, generación que llega. ‖ Subir de categoría : *un quartier qui monte*, un barrio que sube de categoría. ‖ Echar una carta superior (au jeu). ‖ Mil. Ir : *monter au front*, ir al frente. ‖ — *Monter à l'assaut*, lanzarse al asalto. ‖ *Monter à la tête*, subirse a la cabeza. ‖ *Monter en grade*, ascender. ‖ *Monter en graine*, granar. ‖ *Monter sur les planches*, pisar las tablas. ‖ — *Le rouge lui monta au visage*, se ruborizó, se puso colorado, enrojeció.
— V. pr. Poner casa, instalarse (un particulier), montar (un médecin, etc.). ‖ Proveerse, equiparse : *se monter en linge*, proveerse de ropa blanca. ‖ Hacer un total de, ascender a, llegar a, importar (une somme). ‖ Subir, elevarse (se hausser). ‖ Encolerizarse, irritarse. ‖ — *Se monter la tête*, forjarse ilusiones (se faire des illusions), montar en cólera, subírsele la sangre a la cabeza (s'irriter). ‖ Fam. *Se monter le coup*, hacerse ideas falsas, forjarse ilusiones.
— Observ. *Monter* se conjuga con el auxiliar *avoir* cuando expresa una acción, y con *être* cuando expresa un estado.

monteur, euse m. et f. Autor, amigo de, aficionado a : *monteur de farces*, amigo de bromas. ‖ Ciném. Montador, ra. ‖ Impr. et Mécan. Montador, ra ; obrero montador, obrera montadora.
— *Monteur d'affaires*, organizador de negocios. ‖ *Monteur de coups*, embustero, trapisondista.

monteur-électricien m. Montador mecánico electricista.
— Observ. Pl. *monteurs-électriciens*.

monteur-mécanicien m. Ajustador, obrero montador.

montgolfière f. Montgolfiera, montgolfier, *m.*

monticole adj. Montícola.

monticule m. Montículo.

mont-joie [mɔ̃ʒwa] f. Hito, *m.*, mojón, *m.*

montmartrois, e adj. et s. De Montmartre.

montmorency [mɔ̃mɔrɑ̃si] f. Variedad de cereza agridulce.

montoir m. Montador, poyo (pour cavaliers). ‖ — *Côté hors du montoir* o *hors montoir*, lado derecho del caballo. ‖ *Côté montoir*, lado izquierdo del caballo.

montrable adj. Mostrable.

montre f. Muestra (action de montrer). ‖ Escaparate, *m.* (étalage, devanture). ‖ — *Pour la montre*, de lucimiento, de adorno. ‖ — *Faire montre de*, mostrar, hacer ver (montrer), hacer alarde de, dar pruebas *ou* muestras de (faire preuve).

montre f. Reloj, *m.* : *montre à répétition*, reloj de repetición ; *montre-bracelet*, reloj de pulsera. ‖ *Contre la montre*, contra reloj (sports).

montrer v. tr. ● Enseñar, hacer ver (faire voir). ‖ Mostrar, manifestar : *montrer de l'intérêt*, mostrar interés. ‖ Mostrar : *montrer la vie en rose*, mostrar la vida de color de rosa. ‖ Demostrar, mostrar : *sa réponse montre qu'il est intelligent*, su contestación demuestra que es inteligente. ‖ Presentar (présenter). ‖ Señalar, indicar : *montrer du doigt*, señalar con el dedo. ‖ Enseñar (apprendre). ‖ Dar a conocer, hacer saber : *je vous montrerai qui je suis*, le haré saber quien soy yo. ‖ Dar : *montrer l'exemple*, dar el ejemplo. ‖ *Montrer les dents*, enseñar los dientes. ‖ *Montrer patte blanche*, demostrar que uno tiene carta blanca, darse a conocer.
— V. pr. Mostrarse : *se montrer généreux*, mostrarse generoso. ‖ Aparecer (paraître). ‖ Hacerse ver, dejarse ver : *le coupable n'ose plus se montrer*, el culpable (ya) no se atreve a hacerse ver. ‖ Exhibirse : *cette personne aime se montrer*, a esta persona le gusta exhibirse.
— Syn. ● *Étaler*, ostentar. *Exhiber*, exhibir. *Exposer*, exponer. *Parader*, fachendear. *Présenter*, presentar. *Prodiguer*, prodigar.

montreur, euse m. et f. Presentador, ra ; exhibidor, ra. ‖ *Montreur de marionnettes*, titiritero.

montueux, euse adj. Montuoso, sa : *terrain montueux*, terreno montuoso.

monture f. Cabalgadura, montura (cheval, etc.). ‖ Montura, engaste, *m.*, engastado, *m.* (d'une pierre fine). ‖ Techn. Armazón, armadura (outil). ‖ Caja (d'un fusil). ‖ *Qui veut voyager loin ménage sa monture*, a camino largo, paso corto.

monument m. Monumento. ‖ Fig. *Un monument d'érudition*, un monumento de erudición.

monumental, e adj. Monumental. ‖ Gigantesco, ca ; colosal. ‖ Fig. et Fam. Fenomenal : *il est d'une bêtise monumentale*, es de una estupidez fenomenal.

moque f. Especie de taza (pot). ‖ Mar. Vigota (poulie).

moquer (se) v. pr. Burlarse, reírse, hacer burla, mofarse. ‖ Importarle a uno poco, traerle a uno sin cuidado, darle igual a uno, reírse : *je me moque de ce qui peut arriver*, me importa poco lo que pueda ocurrir. ‖ — Fam. *S'en moquer*, traerle a uno sin cuidado, darle a uno igual. ‖ *S'en moquer comme de l'an quarante*, importarle a uno un comino *ou* un bledo *ou* un pepino.

moquerie [mɔkri] f. Burla, mofa.

moquette f. Moqueta (tapis). ‖ Reclamo, *m.*, cimbel, *m.* (chasse).

moqueur, euse adj. et s. Burlón, ona : *rire moqueur*, risa burlona. ‖ — M. Sinsonte (oiseau).

moracées f. pl. Bot. Moráceas.

morailles [mɔra:j] f. pl. Vétér. Acial, *m.* sing.

moraillon [mɔrajɔ̃] m. Aldabilla, f. (de coffre ou de malle).

moraine f. Morrena, morena (de glacier).

moral, e adj. Moral : *qualités morales*, cualidades morales.
— M. Espíritu, mentalidad, f. : *le physique influe sur le moral*, el cuerpo influye en el espíritu. ‖

Ánimo, moral, f. : *avoir mauvais moral*, tener la moral baja. ‖ — *Avoir bon moral*, estar animado (plein d'entrain), ser optimista (un malade). ‖ *Remonter le moral à quelqu'un*, levantar el ánimo *ou* la moral a alguien. ‖ — F. Moral. ‖ Moraleja (d'une fable) : *la morale de l'histoire*, la moraleja del asunto. ‖ *Faire la morale à quelqu'un*, dar una lección de moral a uno, reprender, reconvenir, sermonear a uno.

moralisateur, trice adj. et s. Moralizador, ra.

moralisation f. Moralización.

moraliser v. tr. et intr. Moralizar.

moraliseur, euse m. et f. Moralizador, ra ; persona (f.) que finge *ou* predica moralidad, sermoneador, ra (fam.).

moralisme m. Moralismo.

moraliste adj. et s. Moralista.

moralité f. Moralidad : *un homme d'une moralité irréprochable*, un hombre de moralidad irreprochable. ‖ Moraleja (d'une fable). ‖ Moralidad (théâtre du Moyen Âge).

morasse f. Impr. Última prueba de página (d'un journal).

moratoire adj. Moratorio, ria.
— M. Moratoria, f.

morave adj. et s. Moravo, va.

Moravie n. pr. f. Géogr. Moravia.

morbide adj. Mórbido, da.

morbidesse f. Morbidez.

morbidité f. Carácter (*m.*) mórbido. ‖ Morbosidad.

morbifique adj. (Vx). Morbífico, ca.

morbilleux, euse [mɔrbijø, jø:z] adj. Méd. Relativo al sarampión.

morbleu! interj. ¡Demonios!, ¡diantre!, ¡diablos!

morceau m. ● Pedazo, trozo, cacho : *un morceau de pain*, un pedazo de pan ; *un morceau de bois*, un trozo de madera. ‖ Tajada, f. (morceau coupé). ‖ Terrón (sucre). ‖ Trozo, fragmento (d'un ouvrage) : *morceaux choisis*, trozos escogidos ; *un morceau de musique*, un fragmento de música. ‖ Haza, f. (de terre). ‖ — *Bas morceaux*, despojos. ‖ *Pour un morceau de pain*, por un mendrugo de pan. ‖ *Un morceau de bravoure*, una obra efectista. ‖ *Un morceau de prince o de roi*, un bocado de cardenal. ‖ — *Aimer les bons morceaux*, gustarle a uno los trozos escogidos. ‖ *Casser, couper, mettre en morceaux*, hacer pedazos *ou* trizas. ‖ Pop. *Casser le morceau*, descubrir el pastel. ‖ *Emporter le meilleur morceau*, llevarse la mejor tajada. ‖ *Emporter le morceau*, arrancar el bocado, sacar la tajada (mordre), llevarse el gato al agua (enlever une affaire). ‖ *Être fait de pièces et de morceaux*, estar hecho con remiendos. ‖ Fam. *Gober o avaler le morceau*, tragar la píldora. ‖ *Mâcher les morceaux à quelqu'un*, dárselo todo mascado a uno. ‖ Pop. *Manger le morceau*, desembuchar, cantar de plano, denunciar a un cómplice. ‖ Fam. *Manger un morceau*, comer un bocado. ‖ *S'ôter les morceaux de la bouche*, quitarse el pan de la boca. ‖ *Tomber en morceaux*, caerse a pedazos.
— Syn. ● *Bout*, cabo, cacho. *Bribe*, pizca. *Miette*, migaja. *Débris*, restos, sobra. *Tesson*, tiesto, casco. *Pièce*, pedazo, pieza. *Lambeau*, jirón. *Parcelle*, partícula. *Quignon*, mendrugo.

morcelable adj. Troceable, divisible. ‖ Parcelable (terrain).

morcelé, e adj. Dividido en trozos. ‖ Parcelado, da (terrain).

morceler* v. tr. Dividir, partir en trozos. ‖ Parcelar (terrain).

morcellement m. División, f., partición, f. ‖ Parcelación, f. (d'un terrain). ‖ Fragmentación, f.

mordache f. Mordaza, tenaza, boca.

mordacité f. Mordacidad.
mordançage [mɔrdɑ̃sa:ʒ] m. Mordentado, aplicación (f.) de un mordiente (tissu).
mordancer* v. tr. Mordentar, aplicar un mordiente.
mordant, e adj. Que muerde, mordiente. ‖ Cortante (coupant). ‖ Mordiente, penetrante. ‖ FIG. Mordaz, cáustico, ca (satirique).
— M. Mordiente (acide, teinturerie). ‖ Sisa, f. (dorure). ‖ FIG. ● Mordacidad, f. (critique). | Acometividad, f. (des soldats). ‖ MUS. Mordente.
— SYN. ● *Piquant*, punzante, zaheridor. *Cuisant*, acre, que escuece. *Caustique*, cáustico. *Corrosif*, corrosivo. *Satirique*, satírico. *Incisif*, incisivo. *Acéré*, acerado.
mordicus [mɔrdikys] adv. lat. Con tesón, obstinadamente, erre con erre : *soutenir mordicus une opinion*, sostener con tesón una opinión.
mordieu! interj. ¡Demonios!
mordillage [mɔrdijaːʒ] m. Mordisqueo.
mordiller [-je] v. tr. Mordisquear.
mordoré, e adj. Doradillo, lla (châtain doré).
mordorer v. tr. Teñir de doradillo.
mordorure f. Doradillo, m.
mordre v. tr. Morder : *mordre un morceau de pain*, morder un pedazo de pan. ‖ Picar : *les poissons mordent à l'hameçon*, los peces muerden el anzuelo. ‖ Picar : *un insecte m'a mordu*, un insecto me ha picado. ‖ Picar (le froid, le soleil). ‖ Morder (lime). ‖ Corroer (ronger). ‖ Entrar en, penetrar en (vis). ‖ Morder, atacar (critiquer). ‖ FIG. Corroer (tourmenter). ‖ — *Mordre à belles dents*, morder a dentelladas *ou* con toda la boca *ou* con toda la fuerza. ‖ *Mordre la ligne*, pasar la raya (athlétisme). ‖ *Mordre la poussière*, morder el polvo. ‖ — *Je ne sais pas quel chien l'a mordu*, no se qué mosca le ha picado. ‖ *Se faire mordre*, ser mordido.
— V. intr. Morder. ‖ Morder (eau-forte). ‖ Estar superpuesto, cabalgar, imbricarse, ir imbricado : *ardoises qui mordent les unes sur les autres*, pizarras que cabalgan unas sobre otras. ‖ FAM. Picar (se laisser prendre). ‖ FIG. Darse bien, interesarse por : *il mord aux mathématiques*, se le dan bien las matemáticas. ‖ Tomar gusto ou afición (prendre goût à). ‖ MAR. Agarrar al fondo (ancre). ‖ MÉCAN. Engranar, agarrar (un pignon). ‖ — FIG. *Mordre à l'hameçon*, picar al anzuelo. ‖ — FAM. *Ça ne mord pas*, no traga, no pica.
— V. pr. Morderse : *se mordre la langue*, morderse la lengua. ‖ FIG. *S'en mordre les doigts*, morderse las manos *ou* los dedos, roerse los puños.
mordu, e adj. et s. FAM. Chiflado, da; apasionado, da. ‖ FAM. *Être mordu pour quelqu'un, de quelque chose*, estar chalado *ou* entusiasmado por *ou* con alguien, por *ou* con algo.
— M. Hincha, forofo : *les mordus du football*, los hinchas del fútbol.
more adj. et s. V. MAURE.
moreau, elle adj. Negro, gra ; morcillo, lla : *jument morelle*, yegua morcilla.
Morée n. pr. f. GÉOGR. Morea.
morelle f. Patín, m. (oiseau). ‖ BOT. Hierba mora.
moresque adj. et s. V. MAURESQUE.
morfil m. Rebaba, f., filván (d'un rasoir, d'un couteau).
morfondre (se) v. pr. (Vx). Enfriarse. ‖ Aburrirse esperando, cansarse de esperar (s'ennuyer à attendre). ‖ Estar aburrido, aburrirse (s'ennuyer).
morfondure f. VÉTÉR. Pasmo, m.
morganatique adj. Morganático, ca.
morgue f. Altivez, altanería (fierté). ‖ Depósito (m.) de cadáveres, morgue (gallicisme).
morgué! ou **morguenne!** interj. ¡Diantre!
moribond, e [mɔribɔ̃, ɔ̃:d] adj. et s. ● Moribundo, da. ‖ FIG. Mortecino, na (feu, lumière).
— SYN. ● *Agonisant*, agonizante. *Mourant*, moribundo.

moricaud, e [mɔriko, oːd] adj. et s. FAM. Morenillo, lla ; morenucho, cha (très brun).
morigéner* v. tr. Reprender, amonestar.
morille [mɔri:j] f. Cagarría, morilla (champignon).
morillon [mɔrijɔ̃] m. Especie de uva (f.) negra (raisin). ‖ ZOOL. Ganso negro, lavanco negro. ‖ — Pl. Esmeraldas (f.) en bruto.
morion m. Morrión (casque).
morisque adj. et s. Morisco, ca.
mormon, e adj. et s. Mormón, ona.
mormonisme m. Mormonismo.
morne adj. Triste, taciturno, na ; sombrío, a : *un regard morne*, una mirada triste. ‖ Oscuro, ra ; apagado, da (couleur). ‖ Lúgubre, tétrico, ca : *silence morne*, silencio tétrico. ‖ Desapacible (temps).
— M. Morro, cerro (montagne arrondie). ‖ — F. Borne, m. (de lance).
morné, e adj. Provisto de borne (armes de joute). ‖ BLAS. Sin garras, moznado, da.
mornifle f. POP. Revés, m., soplamocos, m.
morose adj. Taciturno, na ; sombrío, a : *humeur morose*, humor taciturno. ‖ Moroso, sa (qui s'attarde).
morosité f. Melancolía, taciturnidad. ‖ DR. Morosidad.
Morphée n. pr. m. MYTH. Morfeo.
morphine f. Morfina.
morphinisme m. Morfinismo.
morphinomane adj. et s. Morfinómano, na.
morphinomanie f. Morfinomanía.
morphologie f. Morfología.
morphologique adj. Morfológico, ca.
morphose f. Morfosis.
morpion [mɔrpjɔ̃] m. FAM. Ladilla, f. (insecte). | Lapa, f. (collant). | Escupitajo, chiquilicuatro (gamin). | Carro (jeu).
mors [mɔːr] m. Bocado, freno (du cheval). ‖ FIG. Freno (gêne). ‖ TECHN. Parte (f.) cortante *ou* sujetadora de las pinzas y tenazas. | Tenazas, f. pl. (d'étau). | Ceja, f., cajo (reliure). ‖ *Prendre le mors aux dents*, desbocarse (le cheval), montar en cólera, perder los estribos (s'emporter), partirse el pecho (faire preuve d'énergie).
morse m. ZOOL. Morsa, f.
morse m. Morse (alphabet télégraphique).
morsure f. Mordedura, mordisco, m., bocado, m. ‖ Picadura (d'un serpent). ‖ Picotazo, m., picadura (d'un insecte).
mort [mɔːr] f. Muerte : *mort subite*, muerte repentina. ‖ Muerte, ruina, desaparición : *la mort du petit commerce*, la ruina del pequeño comercio. ‖ — *Mise à mort*, muerte, estocada (tauromachie). ‖ *Petite mort*, muerte chiquita. ‖ *Silence de mort*, silencio sepulcral. ‖ *Souffle de la mort*, aleteo de la muerte. ‖ — *A la vie et à la mort*, a vida y a muerte, hasta la muerte. ‖ *À mort!*, ¡muera! ‖ *Entre la vie et la mort*, entre la vida y la muerte. ‖ *Mort aux tyrans!*, ¡abajo los tiranos!, ¡mueran los tiranos! ‖ *Avoir la mort dans l'âme*, estar con lágrimas en los ojos *ou* con lágrimas de sangre. ‖ *Ce n'est pas la mort d'un homme*, no es cosa del otro mundo. ‖ *C'est ma mort*, me mata. ‖ *Être à deux doigts de la mort*, estar a dos pasos de la muerte. ‖ *Être à la mort*, estar en peligro de muerte. ‖ *Être à l'article de la mort*, estar in artículo mortis. ‖ *Être à son lit de mort*, estar en su lecho de muerte. ‖ *Être blessé à mort*, estar herido de muerte. ‖ *Être pâle comme la mort* o *plus pâle que la mort*, estar más pálido que un muerto. ‖ *Faire une guerre à mort*, hacer una guerra a muerte. ‖ *La mort n'attend pas*, la muerte está siempre acechando. ‖ *Mourir de sa belle mort*, morir de muerte natural.

mort, e adj. et s. ● Muerto, ta. ‖ — M. Muerto (cartes). ‖ — *Aux morts*, por los caídos. ‖ *Balle morte*, bala fría *ou* muerta. ‖ *Bois mort*, madera seca. ‖ *Eau morte*, agua muerta *ou* mansa *ou* estancada. ‖ *Fête o jour des morts*, día de los difuntos. ‖ *Feuilles mortes*, hojas secas, hojarasca. ‖ *Ivre mort*, borracho perdido. ‖ *Langue morte*, lengua muerta. ‖ *Messe des morts*, misa de difuntos. ‖ *Nature morte*, bodegón, naturaleza muerta. ‖ Mar. *Œuvres mortes*, obra muerta. ‖ *Poids mort*, peso propio, tara. ‖ *Point mort*, punto muerto. ‖ *Sonnerie aux morts*, toque de difuntos. ‖ *Temps mort*, tiempo muerto, horas muertas (moment d'inactivité), tiempo (sports). ‖ *Tête de mort*, calavera. ‖ — Fam. *C'est mort*, se acabó. ‖ *Faire le mort*, hacerse el muerto. ‖ *Rester lettre morte*, ser papel mojado *ou* letra muerta.
— Syn. ● *Défunt*, difunto. *Cadavre*, cadáver. *Dépouille mortelle*, restos mortales. *Charogne*, carroña.

mortadelle f. Mortadela.

mortaisage m. Techn. Escopleadura, *f.*, entalladura, *f.*, ranura, *f.*

mortaise f. Techn. Muesca, mortaja.
— Observ. Le sens habituel espagnol du mot *mortaja* est celui de « suaire ».

mortaiser v. tr. Techn. Escoplear, hacer muesca.

mortaiseuse f. Techn. Escopleadora.

mortalité f. Mortalidad, mortandad : *taux de mortalité*, índice de mortalidad.

mort-aux-rats [mɔrora] f. inv. Matarratas, *m.*

mort-bois [mɔrbwa] m. Zarzas, *f. pl.*, leña (*f.*) menuda (broussailles).

morte-eau [mɔrto] f. Marea baja.

mortel, elle adj. Mortal : *un danger mortel*, un peligro mortal.
— M. y f. Mortal, ser humano : *heureux mortel*, feliz mortal.

mortellement adv. Mortalmente, de muerte : *mortellement blessé*, herido de muerte.

morte-saison f. Comm. Temporada mala, período, *m.*, de venta reducida.

mort-gage m. Deuda (*f.*) inamortizable.

mortier m. Mortero, almirez (récipient). ‖ Birrete (bonnet). ‖ Constr. Mortero (agglomérant), argamasa, *f.* (de chaux et de sable). ‖ Mil. Mortero.

mortifère adj. Mortífero, ra.

mortifiant, e adj. Mortificante.

mortification [mɔrtifikasjɔ̃] f. Mortificación.

mortifier* v. tr. Ablandar (la viande). ‖ Disciplinar, reprimir, mortificar : *mortifier ses passions*, disciplinar sus pasiones. ‖ Fig. Mortificar, humillar.
— Observ. *Mortificar* a aussi le sens d'*ennuyer*.

mortinatalité f. Mortinatalidad, natimortalidad.

mort-né, e [mɔrne] adj. et s. Mortinato, ta ; nacido muerto, nacida muerta.

mortuaire [mɔrtɥɛ:r] adj. Mortuorio, ria : *maison mortuaire*, casa mortuoria. ‖ *Extrait mortuaire*, partida de defunción.

morue [mɔry] f. Bacalao, *m.*, abadejo, *m.* ‖ Pop. Zorra, mujer de mala vida.

morutier, ère adj. et s. m. Bacaladero, ra.

morve f. Moco, *m.* ‖ Muermo, *m.* (du cheval).

morveux, euse adj. et s. Mocoso, sa. ‖ Muermoso, sa (cheval).

mosaïque adj. Mosaico, ca (de Moïse) : *la loi mosaïque*, la ley mosaica.
— F. Mosaico, *m.*

mosaïsme m. Mosaísmo (de Moïse).

mosaïste adj. et s. Que trabaja en mosaicos.

mosan, e adj. Del Mosa.

Moscou n. pr. Géogr. Moscú.

moscouade [mɔskuad] f. Azúcar (*m.*) mascabado, azúcar mascabada.

Moscovie n. pr. f. Géogr. Moscovia.

moscovite adj. et s. Moscovita.

mosellan, e adj. et s. Moselano, na (de Moselle).

Moselle n. pr. f. Géogr. Mosela, *m.*

Moskova n. pr. f. Géogr. Moscova, *m.* (fleuve).

mosquée f. Mezquita.

moss m. Medida (*f.*) de cerveza de dos litros.

mot [mo] m. ● Palabra, *f.* : *un mot de trois syllabes*, una palabra de tres sílabas. ‖ Palabra, *f.* voz, *f.*, vocablo, término : « *ouïr* » *est un mot ancien*, « ouïr » es una voz antigua. ‖ Sentencia, *f.*, dicho, frase, *f.* : *un mot de Socrate*, una sentencia de Sócrates. ‖ Líneas, *f. pl.*, letras, *f. pl.* : *je vous ai écrit un mot*, le he escrito unas líneas *ou* dos letras. ‖ Clave, *f.* (d'une énigme). ‖ — *Mot d'esprit, bon mot, mot pour rire*, ocurrencia, gracia, agudeza, dicho gracioso, chiste. ‖ *Mot d'ordre o de passe*, consigna, santo y seña, contraseña. ‖ *Mots couverts*, medias palabras, palabras encubiertas. ‖ *Mots croisés*, crucigrama, palabras cruzadas. ‖ *Grand mot*, palabra altisonante *ou* rimbombante (terme emphatique), palabra clave (parole capitale). ‖ *Gros mot*, palabrota, taco. ‖ *Jeu de mots*, juego de palabras, retruécano. ‖ *Le fin mot d'une affaire*, la clave *ou* el quid *ou* el busilis de un asunto. ‖ *Maître mot*, palabra clave. ‖ *Un petit mot*, unas líneas *ou* letras, dos palabras. ‖ — *À ce mot o à ces mots*, con estas palabras, dichas estas palabras. ‖ *À demi-mot*, con medias palabras : *entendre à demi-mot*, comprender con medias palabras. ‖ *Au bas mot*, por lo menos, a lo menos, tirando *ou* calculando por bajo. ‖ *Du premier mot*, a las primeras palabras. ‖ *En un mot*, en una palabra, en fin. ‖ *Mot à mot*, palabra por palabra, literalmente. ‖ *Pas un mot !*, ¡ni una palabra ! ‖ *Plus un mot !*, ¡ni una palabra más ! ‖ — *Avoir des mots avec quelqu'un*, tener unas palabras con alguien. ‖ *Avoir le dernier mot*, tener la última palabra, salirse con la suya. ‖ *Avoir le mot*, estar en el ajo. ‖ *Avoir son mot à dire*, tener algo que decir. ‖ *Avoir toujours le mot pour rire*, ser muy ocurrente. ‖ *Ce ne sont que des mots*, esto es hablar por hablar. ‖ *C'est un bien grand mot*, es una expresión grandilocuente, es mucho decir. ‖ *Compter o peser ses mots*, sopesar *ou* medir las palabras. ‖ *Dire, mettre, placer son mot*, tener baza. ‖ *Dire son dernier mot*, decir su última palabra. ‖ *Dire un mot*, decir dos palabras. ‖ *Faire le mot à mot*, traducir literalmente. ‖ *Jouer sur les mots*, jugar del vocablo, andarse con equívocos. ‖ *Ne pas mâcher ses mots*, no tener pelos en la lengua, no morderse la lengua. ‖ *Ne pas savoir le premier mot de*, no saber ni jota de, estar in albis en. ‖ *Ne pas souffler o ne pas dire mot*, no decir palabra, no decir ni pío. ‖ *Prendre quelqu'un au mot*, coger a uno la palabra. ‖ *Qui ne dit mot consent*, quien calla otorga. ‖ *Rapporter mot pour mot*, contar palabra por palabra. ‖ *Sans mot dire*, sin decir esta boca es mía. ‖ *Se donner le mot*, entenderse, ponerse de acuerdo. ‖ *Trancher le mot*, hablar claro.
— Syn. ● *Terme*, término. *Expression*, expresión. *Vocable*, voz, vocablo. *Saillie*, trait, agudeza. *Mot d'esprit*, agudeza. *Pointe*, pulla.

motard [mɔta:r] m. Fam. Motorista de la policía.

motel m. Motel (hôtel).

motet [mɔtɛ] m. Mus. Motete.

moteur, trice adj. et s. Motor, triz. ‖ — *Force motrice*, fuerza motriz. ‖ *Muscles moteurs*, músculos motores.
— M. Motor : *moteur à explosion, à réaction*, motor de explosión, de reacción. ‖ Fig. Causa, *f.*, motor : *le moteur de l'action*, la causa de la acción.

motif m. Motivo. ‖ Motivo, dibujo (peinture). ‖ Mus. Tema, asunto, motivo. ‖ *Agir pour le bon motif*, obrar con buena intención.

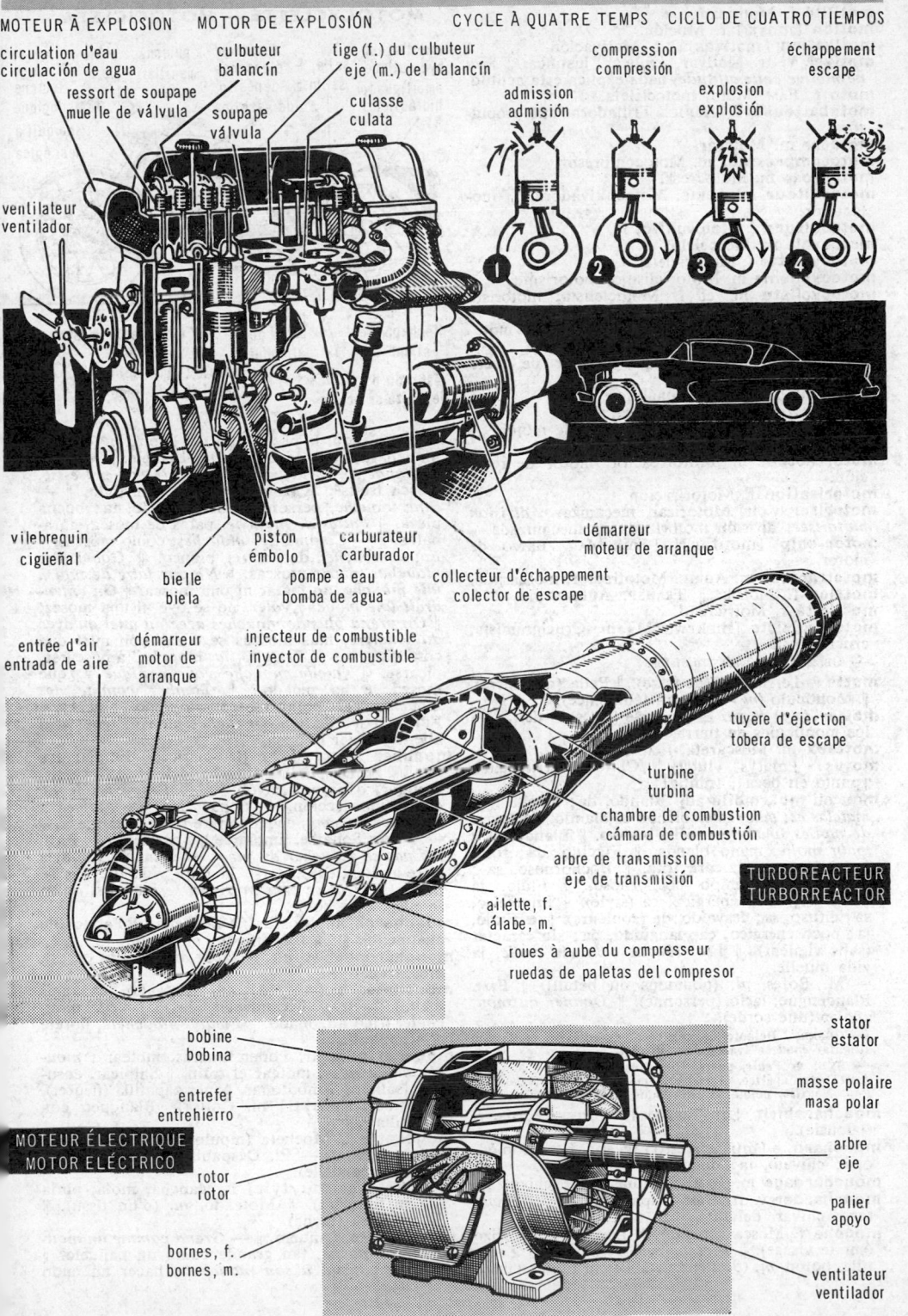

MOTEUR À EXPLOSION   MOTOR DE EXPLOSIÓN

circulation d'eau
circulación de agua

ressort de soupape
muelle de válvula

culbuteur
balancín

soupape
válvula

tige (f.) du culbuteur
eje (m.) del balancín

culasse
culata

ventilateur
ventilador

CYCLE À QUATRE TEMPS   CICLO DE CUATRO TIEMPOS

compression
compresión

échappement
escape

admission
admisión

explosion
explosión

vilebrequin
cigüeñal

bielle
biela

piston
émbolo

pompe à eau
bomba de agua

carburateur
carburador

collecteur d'échappement
colector de escape

démarreur
moteur de arranque

entrée d'air
entrada de aire

démarreur
motor de
arranque

injecteur de combustible
inyector de combustible

tuyère d'éjection
tobera de escape

turbine
turbina

chambre de combustion
cámara de combustión

arbre de transmission
eje de transmisión

ailette, f.
álabe, m.

roues à aube du compresseur
ruedas de paletas del compresor

**TURBOREACTEUR
TURBORREACTOR**

bobine
bobina

entrefer
entrehierro

**MOTEUR ÉLECTRIQUE
MOTOR ELÉCTRICO**

rotor
rotor

bornes, f.
bornes, m.

stator
estator

masse polaire
masa polar

arbre
eje

palier
apoyo

ventilateur
ventilador

motilité f. Motilidad.

motion [mɔsjɔ̃] f. Moción.

motivation [mɔtivasjɔ̃] f. Motivación.

motiver v. tr. Motivar, explicar, justificar : *rien ne motive cette attitude,* nada explica esta actitud.

moto f. FAM. Moto, motocicleta.

motobatteuse f. AGRIC. Trilladora autopropulsora.

motocar m. Motocar.

motocompresseur m. Motocompresor.

motocross m. Motocross.

motoculteur m. AGRIC. Motocultivadora, *f.,* motocultor.

motoculture f. Motocultivo, *m.*

motocycle m. Motociclo.

motocyclette f. Motocicleta.

motocyclisme m. Motociclismo, motorismo.

motocycliste m. et f. Motociclista, motorista (fam.).

motofaucheuse f. AGRIC. Motosegadora, motoguadañadora.

motogodille [mɔtɔgɔdi:j] f. Motor de fuera borda.

motonautique adj. Motonáutico, ca.

motonautisme m. Motonáutica, *f.*

motopompe f. Motobomba, bomba de motor.

motopropulseur m. Motopropulsor.

motoréacteur m. Motorreactor, motor de reacción.

motorisation f. Motorización.

motoriser v. tr. Motorizar, mecanizar : *division motorisée,* división motorizada *ou* mecanizada.

motor-ship [moutərʃip] m. MAR. Barco de motor.

mototracteur m. AGRIC. Mototractor, motoarado.

motrice f. Motriz. ‖ TRANSP. Automotriz.

motricité f. Motricidad.

mots-croisiste [mokrwazist] m. Crucigramista, cruciverbista.

— OBSERV. Pl. *mots-croisistes.*

motte f. Terrón, m. (de terre). ‖ Pella (de beurre). ‖ Montículo (*m.*) de tierra (éminence).

motter (se) v. pr. Esconderse [la caza] detrás de los montículos de tierra.

motteux m. Moscareta, *f.* (oiseau).

motus! [mɔtys] interj. ¡Chitón!, ¡silencio!, ¡punto en boca!, ¡mutis!

mou ou **mol, molle** adj. Blando, da ; muelle : *ce matelas est mou,* este colchón es blando. ‖ Suave : *de molles fourrures,* pieles suaves. ‖ Blando, da : *main molle,* mano blanda. ‖ Flácido, da ; fofo, fa : *visage mou,* cara fofa. ‖ Bochornoso, sa : *temps mou,* tiempo bochornoso. ‖ Flojo, ja (corde). ‖ Poco enérgico, ca (style). ‖ Impreciso, sa ; difuso, sa ; desvaído, da (couleurs). ‖ ● Flojo, ja ; poco enérgico, ca ; lánguido, da ; sin carácter (sans vigueur). ‖ FIG. Muelle : *la vie molle,* la vida muelle.

— M. Bofes, *pl.* (poumons du bétail). ‖ FAM. Blandengue, lacio (personne). ‖ *Donner du mou,* aflojar (une corde).

— OBSERV. Delante de una vocal el adjetivo masculino singular *mou* se transforma en *mol.*

— SYN. ● *Veule,* pasivo, desidioso. *Aboulique,* abúlico. *Apathique,* apático. *Amorphe,* amorfo. *Soliveau,* zoquete. *Pop. Nouille,* pelmazo, alcornoque. *Flandrin,* pasmarote.

moucharabieh [muʃarabje] m. inv. Celosía, *f.* (jalousie).

mouchard, e [muʃa:r, ard] m. et f. FAM. Soplón, ona ; chivato, ta ; delator, ra.

mouchardage m. FAM. Soplonería, *f.,* chivatazo.

moucharder v. tr. FAM. Soplonear, dar el chivatazo, chivar, delatar.

mouche f. Mosca (insecte). ‖ Lunar (*m.*) postizo (sur le visage). ‖ Mosca, perilla (barbe). ‖ Zapatilla, botón, *m.* (de fleuret). ‖ Diana (d'une cible).

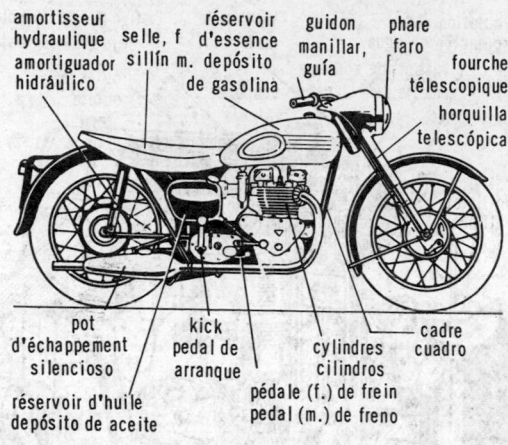

amortisseur hydraulique
amortiguador hidráulico

selle, f
sillín m.

réservoir d'essence
depósito de gasolina

guidon
manillar, guía

phare
faro

fourche télescopique
horquilla telescópica

pot d'échappement
silencioso

kick
pedal de arranque

cylindres
cilindros

cadre
cuadro

réservoir d'huile
depósito de aceite

pédale (f.) de frein
pedal (m.) de freno

‖ Mosca (pour la pêche). ‖ FAM. Espía, *m.* (espion, mouchard). ‖ — *Mouche à miel,* abeja. ‖ *Mouche à viande* o *bleue,* moscón. ‖ *Mouche tsé-tsé,* mosca tse-tsé. ‖ *Mouche volante,* chiribita. ‖ — *Fine mouche,* persona astuta, lagarto, ta ; buena pieza. ‖ *Pattes de mouche,* patas de mosca, garabatos. ‖ — *Comme des mouches,* como moscas. ‖ *Faire mouche,* dar en el blanco. ‖ *Gober des mouches,* papar moscas. ‖ *Ne pas faire de mal à une mouche,* no matar ni una mosca. ‖ *On entendrait une mouche voler,* no se oye ni una mosca. ‖ *On prend plus de mouches avec du miel qu'avec du vinaigre,* más moscas se cazan con miel que con vinagre. ‖ *Prendre la mouche,* amoscarse, picarse. ‖ *Quelle mouche vous a piqué?,* ¿qué mosca le ha picado? ‖ *Tomber comme des mouches,* caer como moscas *ou* como chinches. ‖ FIG. et POP. *Tuer les mouches au vol,* tener mal aliento, heder la boca.

moucher v. tr. Sonar [las narices], limpiar los mocos. ‖ Despabilar (la chandelle). ‖ Corregir, castigar, dar una lección : *je l'ai mouché,* le he dado una lección. ‖ Echar por las narices : *moucher du sang,* echar sangre por las narices.

— V. pr. Sonarse, limpiarse las narices. ‖ — FAM. *Ne pas se moucher du pied,* tener muchos humos (être prétentieux), darse la gran vida (ne pas se priver). ‖ *Qui se sent morveux se mouche,* quien se pica, ajos come.

moucheron m. Mosca (*f.*) pequeña. ‖ Pabilo (de chandelle). ‖ FAM. Monigote, chiquillo.

moucheronner v. intr. Atrapar moscas [los peces], moscardear.

moucheté, e [muʃte] adj Moteado, da (animaux). ‖ BLAS. Mosqueado, da. ‖ — *Blé moucheté,* trigo atizonado. ‖ *Fleuret moucheté,* florete con zapatilla.

moucheter* v. tr. Poner lunares, motear : *moucheter du satin,* motear el satén. ‖ Salpicar, ensuciar (salir). ‖ Embotonar, poner zapatilla (fleuret).

mouchetis [muʃti] m. CONSTR. Blanqueo con escobilla.

mouchette f. Mocheta (moulure). ‖ Cepillo (*m.*) bocel (outil). ‖ — Pl. Despabiladeras (pour moucher la chandelle).

moucheture [muʃty:r] f. Mancha, mota, pinta (d'une fourrure). ‖ Moteado, *m.* (d'un tissu). ‖ Salpicadura (tache).

mouchoir m. Pañuelo. ‖ — *Grand comme un mouchoir de poche,* tan grande como un pañuelo. ‖ *Faire un nœud à son mouchoir,* hacer un nudo en el pañuelo. ‖ *Mouchoir de cou, de tête,* pañuelo del cuello, para la cabeza.

mouchure f. Moco, *m.,* mocarrera (fam.). ‖ Pabilo, *m.* (de chandelle).

moudre* v. tr. Moler.

moue [mu] f. Mohín, *m.,* mueca de displicencia. ‖ *Faire la moue,* hacer hocico, poner mala cara.

mouette [mwɛt] f. Gaviota (oiseau).

mouffette f. Mofeta (animal).

moufle f. Aparejo, *m.* (de poulies). ‖ Manopla (gant). ‖ — M. CHIM. Recipiente de barro para calentar. ‖ TECHN. Mufla, *f.* (sorte de four).

mouflon m. ZOOL. Musmón.

mouflu, e adj. Mofletudo, da.

mouillage [muja:ʒ] m. Remojo (action de tremper). ‖ Aguado, adición (*f.*) de agua. ‖ MAR. Fondeadero (lieu), fondeo (action). ‖ *Être au mouillage,* fondear.

mouillant, e [-jã, ã:t] adj. Que moja.

mouille [mu:j] f. Manantial (*m.*) en un prado. ‖ Mojadura.

mouillé, e [-je] adj. Mojado, da. ‖ Empañado, da ; empapado, da. ‖ Aguado, da (vin). ‖ Palatalizado, da (consonne). ‖ MAR. Fondeado, da. ‖ FIG. et FAM. *Une poule mouillée,* un gallina.

mouillement [-jmã] m. Mojadura, *f.,* acción (*f.*) de mojar.

mouiller [-je] v. tr. Mojar : *mouiller du linge,* mojar la ropa blanca. ‖ Humedecer, rociar, espurrear (humecter). ‖ Bañar : *la figure mouillée de larmes,* con la cara bañada de lágrimas. ‖ Cortar, aguar, bautizar (fam.) [le vin]. ‖ Bañar : *l'Atlantique mouille le littoral portugais,* el Atlántico baña el litoral portugués. ‖ CULIN. Añadir líquido [para componer una salsa]. ‖ GRAMM. Palatizar [pronunciar *ll* o *gn* como la *ll* o la *ñ* españolas]. ‖ — *Mouiller des mines,* sembrar minas. ‖ MAR. *Mouiller l'ancre,* fondear, echar el ancla.

— V. intr. MAR. Fondear.

— V. pr. Mojarse. ‖ FIG. et POP. Comprometerse, liarse, enredarse.

— OBSERV. La pronunciación de la *ll* palatalizada, normal aún en francés a principios del siglo XIX, queda actualmente limitada al sur de Francia.

mouillère [-jɛ:r] f. Prado (*m.*) encharcado, marjal, *m.,* almarjal, *m.*

mouillette [-jɛt] f. Sopita, barquito, *m.,* trozo (*m.*) largo y estrecho de pan para comer los huevos pasados por agua.

mouilleur [-jœ:r] m. Mojador, esponjero, humectador (appareil pour mouiller). ‖ Disparador (d'ancre). ‖ MAR. *Mouilleur de mines,* minador (bâtiment de guerre).

mouilloir [-jwa:r] m. Mojador.

mouillure [-jy:r] f. Mojadura. ‖ GRAMM. Palatalización.

mouise [mui:z] f. FAM. Miseria, apuro, *m.* (gêne). ‖ *Être dans la mouise,* estar a la cuarta pregunta.

moujik m. Mujic, campesino ruso.

moulage m. Moldeado, moldeamiento. ‖ Vaciado (d'une figure en plâtre), fusión, *f.* (en métal). ‖ Molienda, *f.* (mouture).

moule f. Mejillón, *m.* (mollusque). ‖ FIG. et FAM. Zoquete, *m.,* tonto, ta.

moule m. Molde (pour mouler). ‖ Hormilla, *m.* (pour faire les boutons). ‖ *Ils sortent du même moule,* están cortados por el mismo patrón.

moulé, e adj. De molde, hecho en molde : *lettre moulée,* letra de molde. ‖ *Une femme bien moulée,* una mujer bien torneada.

mouler v. tr. Moldear (une statue, un caractère). ‖ Vaciar, echar en molde (couler). ‖ Sacar un molde. ‖ Ajustar, ceñir : *le corsage moule le buste,* la blusa ciñe el busto. ‖ *Un vêtement moulant,* un traje ceñido.

— V. pr. Amoldarse, ajustarse, ceñirse.

mouleur m. TECHN. Vaciador, moldeador.

moulière f. Criadero (*m.*) de mejillones, mejillonera.

moulin m. Molino. ‖ Devanadera, *f.* (textile). ‖ POP. Motor. ‖ Molinillo : *moulin à café, à poivre,* molinillo de café, de pimienta. ‖ — *Moulin à bras,* molino de sangre. ‖ *Moulin à eau,* molino de agua, aceña. ‖ *Moulin à foulon,* batán. ‖ *Moulin à huile,* molino de aceite, almazara. ‖ *Moulin à légumes,* pasapuré. ‖ FIG. et FAM. *Moulin à paroles,* sacamuelas, cotorra (bavard). ‖ *Moulin à vent,* molino de viento. ‖ — *Faire venir l'eau à son moulin,* arrimar el ascua a su sardina, barrer para dentro. ‖ *Jeter son bonnet par-dessus les moulins,* soltarse el pelo, ponerse el mundo por montera. ‖ *Lieu où l'on entre comme dans un moulin,* lugar donde se entra como Pedro por su casa. ‖ *On ne peut être à la fois au four et au moulin,* no se puede repicar y andar en la procesión, no se puede estar en misa y repicando.

moulinage m. Torcedura, *f.* (de la soie).

mouliner v. tr. Torcer (la soie). ‖ Carcomer (ronger le bois). ‖ Moler (moudre). ‖ Pulimentar (polir). ‖ Batir (brasser). ‖ FAM. Dar a los pedales (pédaler). ‖ Cotorrear, charlar (bavarder).

moulinet [mulinɛ] m. Molinete, molinillo. ‖ Carrete (de canne à pêche). ‖ Torniquete (tourniquet). ‖ Molinete (mouvement).

moulineur ou **moulinier** m. Obrero torcedor (soie).

moult [mult] adv. (Vx). Mucho.

moulu, e adj. Molido, da.

moulure f. Moldura. ‖ Ataire, *m.* (de fenêtre). ‖ — *Moulure plate,* listel, filete. ‖ *Pousser une moulure,* sacar una moldura.

moulurer v. tr. Moldurar : *moulurer un plafond,* moldurar un techo.

moulurier m. Moldurero.

mourant, e adj. et s. Moribundo, da. ‖ *Aller en mourant,* ir disminuyendo, menguando. ‖ FIG. *Voix mourante,* voz lánguida, desfallecida.

mourir* v. intr. Morir, morirse. ‖ — *Mourir à la peine* o *à la tâche,* matarse trabajando, morir al pie del cañón. ‖ *Mourir à petit feu,* morir a fuego lento, morir de consunción. ‖ *Mourir dans sa peau,* genio y figura hasta la sepultura. ‖ *Mourir de faim, de fatigue, de peur, de rire, de vieillesse,* morirse de hambre, de cansancio, de miedo, de risa, de viejo. ‖ *Mourir d'envie,* morirse de ganas. ‖ *Mourir de sa belle mort,* morir de muerte natural. ‖ *Mourir sur un tas de fumier,* morir en la miseria. ‖ — *Bien mourir,* morir habiendo recibido los santos sacramentos. ‖ *Être bête à mourir,* ser tonto de remate. ‖ *Faire mourir,* matar, causar la muerte. ‖ *Je veux mourir si...* o *que je meure si...,* que me muera si... *ou* que me maten si...

— V. pr. Morirse, estar muriéndose.

— SYN. *Décéder,* fallecer. *S'éteindre,* fenecer, finar. *Expirer,* expirar. *Périr,* perecer. *Rendre l'âme,* entregar el alma. *Rendre le dernier soupir,* exhalar, dar el último suspiro. *Trépasser,* finar. *Succomber,* sucumbir. POP. *Casser sa pipe,* estirar la pata, diñarla. *Claquer,* liar el petate.

mouron m. Alsine, *f.* (pour les oiseaux). ‖ — *Mouron d'eau,* pamplina de agua. ‖ *Mouron des champs,* murajes. ‖ POP. *Se faire du mouron,* quemarse la sangre.

mourre f. Morra (jeu).

mousmé ou **mousmée** f. Musmé (jeune japonaise).

mousquet [muskɛ] m. Mosquete.

mousquetade f. Mosquetazo, *m.*

mousquetaire m. Mosquetero. ‖ — *A la mousquetaire,* con revés, vuelto, ta (gants, bottes). ‖ *Poignets mousquetaire,* puños vueltos.

mousqueterie [muskɛtri] f. Mosquetería.

mousqueton m. Mosquetón, tercerola, *f.* (de cavalier). ‖ Mosquetón (ressort).

moussaillon [musajɔ̃] m. MAR. FAM. Grumetillo.

mousse adj. Romo, ma ; embotado, da : *pointe mousse*, punta roma.
— M. MAR. Grumete. ‖ — F. Musgo, *m.* ‖ Espuma : *mousse de champagne, de savon*, espuma de champaña, de jabón. ‖ Crema batida : *mousse au chocolat*, crema batida de chocolate. ‖ — *Mousse carbonique*, espuma de gas carbónico líquido. ‖ *Mousse de Nylon*, espuma de nylon. ‖ CHIM. *Mousse de platine*, esponja de platino. ‖ — *Caoutchouc mousse*, goma espuma. ‖ *Se faire de la mousse*, quemarse la sangre.

mousseau adj. De flor de harina (pain).

mousseline [muslin] f. Muselina.
— Adj. inv. *Pommes mousseline*, puré ligero de patatas. ‖ *Sauce mousseline*, salsa holandesa con nata batida. ‖ *Verre mousseline*, vidrio muy fino.

mousser v. intr. Hacer espuma, espumar. ‖ FIG. *Faire mousser*, hacer rabiar (mettre en colère), elogiar, alabar, ensalzar (faire valoir). ‖ FAM. *Se faire mousser*, darse importancia, darse autobombo.

mousseron m. Mucerón, mojardón (champignon).

mousseux, euse [musø, ø:z] adj. et s. m. Espumoso, sa. ‖ *Vin mousseux*, vino espumoso.

moussoir m. Molinillo (de chocolatière).

mousson f. Monzón, *m.* (vent).

moussu, e adj. Musgoso, sa ; cubierto de musgo : *banc moussu*, banco cubierto de musgo.

moustache f. Bigote, *m.*

moustachu, e adj. Bigotudo, da.

moustérien, enne ou **moustiérien, enne** adj. et s. m. Musteriense (préhistoire).

moustiquaire f. Mosquitero, *m.*

moustique m. Mosquito.

moût [mu] m. Mosto. ‖ Jugo [de ciertos vegetales].

moutard [muta:r] m. POP. Crío, chaval, chiquillo.

moutarde f. Mostaza. ‖ FIG. *La moutarde me monte au nez*, se me están hinchando las narices.

moutardier m. Tarro de la mostaza, mostacera, *f.* (pot à moutarde). ‖ Fabricante de mostaza. ‖ FAM. *Se croire le premier moutardier du pape*, creerse el archipámpano de Sevilla (dignité imaginaire), dárselas de gran personaje.

moutier m. (Vx). Monasterio.

mouton m. Carnero, borrego (de 1 à 2 ans) [animal]. ‖ Cordero (viande) : *une côtelette de mouton*, una chuleta de cordero. ‖ Piel (*f.*) de carnero : *veste en mouton*, chaqueta de piel de carnero ‖ FAM. Cordero (personne). ‖ Chivato, soplón [compañero que se da a un preso para que le saque confidencias]. ‖ TECHN. Martinete, maza, *f.* (pour enfoncer des pieux). ‖ Yugo (d'une cloche). ‖ — Pl. Cabrillas, *f.* (des vagues dans la mer). ‖ FAM. Pelotillas (*f.*) de polvo (poussière). ‖ — *Comme des moutons*, como borregos. ‖ — *Chercher un mouton à cinq pattes*, buscar un mirlo blanco. ‖ *Être frisé comme un mouton*, tener el pelo muy rizado. ‖ *Faire comme les moutons de Panurge*, donde va Vicente, ahí va la gente. ‖ *Revenons à nos moutons*, volvamos a nuestro asunto ou a lo que íbamos.

moutonnant, e adj. Que cabrillea (vague). ‖ Encrespado, da (mer, cheveux).

moutonné, e adj. Aborregado : *ciel moutonné*, cielo aborregado. ‖ Muy rizado, sa ; ensortijado, da (cheveux). ‖ *Roches moutonnées*, rocas acanaladas por la erosión.

moutonnement m. Cabrilleo (des vagues).

moutonner v. tr. Rizar, ensortijar (les cheveux).
— V. intr. MAR. Cabrillear (les vagues), encresparse (la mer).

— V. pr. Aborregarse (le ciel).

moutonnerie f. FAM. Aborregamiento, *m.*, espíritu (*m.*) borreguil ou gregario. ‖ Tontería, simpleza (stupidité).

moutonneux, euse adj. Aborregado, da (ciel). ‖ Encrespado, da (mer).

moutonnier, ère adj. Carneruno, na : *profil moutonnier*, perfil carneruno. ‖ Ovejuno, na ; manso, sa (très doux). ‖ Borreguil, imitador, ra ; gregario, ria.

mouture f. Molienda, molturación (action de moudre). ‖ Mezcla de harinas. ‖ FIG. Refrito, *m.* (sujet déjà traité et présenté différemment).

mouvance f. HIST. Dependencia de un feudo.

mouvant, e adj. Motor, ra ; moviente (qui meut). ‖ Movedizo, za : *sables mouvants*, arena movediza. ‖ BLAS. et PHILOS. Moviente. ‖ FIG. Inestable.

mouvement [muvmɑ̃] m. Movimiento : *le mouvement du pendule*, el movimiento del péndulo ; *des mouvements de culture physique*, movimientos de cultura física. ‖ Gesto (du visage). ‖ Arrebato : *il a fait cela dans un mouvement de colère*, hizo esto en un arrebato de cólera. ‖ Tráfico (d'une rue, d'un port). ‖ Movimiento : *un mouvement populaire*, un movimiento popular. ‖ Agrupación, *f.* (de jeunesse). ‖ Accidentes, *pl.* (du sol). ‖ Mecanismo, maquinaria, *f.* (d'une montre). ‖ Variación, *f.* : *le mouvement des prix*, la variación de los precios. ‖ MUS. Movimiento. ‖ — *Mouvement d'affaires*, conjunto de operaciones. ‖ *Mouvement de la population*, evolución demográfica. ‖ *Mouvement perpétuel*, movimiento continuo ou perpetuo. ‖ — *De son propre mouvement*, por su propio impulso. ‖ *Être dans le mouvement*, estar al tanto ou al día.

mouvementé, e [-te] adj. Animado, da ; movido, da. ‖ FIG. Agitado, da ; tormentoso, sa : *une journée mouvementée*, un día agitado. ‖ *Terrain mouvementé*, terreno quebrado ou accidentado.

mouvementer v. tr. Animar, dar movimiento.

mouvoir* v. tr. ● Mover. ‖ Impulsar : *le moteur meut le camion*, el motor impulsa el camión.
— V. pr. Moverse.
— SYN. ● *Actionner*, accionar. *Animer*, animar.

moviola f. Moviola, aparato (*m.*) para montar películas.

moxa m. MÉD. Moxa, *f.*

moye [mwa] f. V. MOIE.

moyen [mwajɛ̃] m. Medio : *au moyen de*, por medio de. ‖ Posibilidad, *f.*, medio (possibilité). ‖ Facultad, *f.* : *cela m'ôtait mes moyens*, eso me restaba facultades. ‖ Medio, recurso : *avoir les moyens*, tener recursos. ‖ DR. Causa, *f.* ‖ MATH. Medio. ‖ — *Dans la mesure de leurs moyens*, en la medida de sus posibilidades. ‖ *Employer les grands moyens*, recurrir a procedimientos decisivos. ‖ *Employer les moyens du bord*, utilizar los medios de que se dispone. ‖ *En pleine possession de ses moyens*, con pleno dominio de sus facultades. ‖ *Il n'y a pas moyen*, no es posible, no hay posibilidad ou medio. ‖ *Il n'y a pas moyen de...*, no hay manera, modo, forma de... ‖ *Manquer de moyens intellectuels*, ser corto de alcances. ‖ *Prendre le moyen pour la fin*, confundir el fin con el medio.

moyen, enne [mwajɛ̃, jɛn] adj. Medio, dia : *un homme de taille moyenne*, un hombre de estatura media. ‖ Mediano, na ; mediocre : *une intelligence moyenne*, una inteligencia mediana. ‖ Común, ordinario, ria. ‖ — PHILOS. *Moyen terme*, término medio. ‖ — *Le Français moyen*, el francés corriente. ‖ *Le Moyen Âge*, la Edad Media.

moyenâgeux, euse [mwajɛnɑʒø, ø:z] adj. Medieval, medioeval.

moyen-courrier [mwajɛ̃kurje] m. Avión de transporte de distancias medias.

moyennant [mwajɛnɑ̃] prép. Mediante, con : *moyennant finances*, mediante dinero, con dinero. ‖ *Moyennant quoi*, mediante lo cual, gracias a lo cual.

moyenne [mwajɛn] f. Media, cantidad media : *moyenne proportionnelle*, media proporcional. ‖ Término (*m.*) medio (moyen terme). ‖ Media, promedio, *m.* : *la moyenne des exportations*, el promedio de las exportaciones. ‖ Nota media, calificación media (note). ‖ — *Moyenne de vitesse*, promedio de velocidad. ‖ — *Au-dessous de la moyenne*, por debajo de lo normal. ‖ *En moyenne*, por término medio, un promedio de.

moyennement [-jɛnmɑ̃] adv. Medianamente. ‖ Por término medio.

moyette [mwajɛt] f. AGRIC. Hacina.

moyeu [mwajø] m. Cubo (de roue). ‖ Yema (*f.*) de huevo (jaune d'œuf). ‖ Cascabelillo en dulce (prune).

mozarabe adj. et s. Mozárabe.

mozette f. Muceta.

mû, mue [my] adj. Movido, da : *être mû par l'intérêt*, estar movido por el interés.

muable adj. (Vx). Mutable, mudable, cambiable.

muance f. Muda (de la voix d'un enfant). ‖ MUS. Mudanza.

mucilage m. BOT. Mucílago.

mucilagineux, euse adj. Mucilaginoso, sa.

mucor m. BOT. Múcor, moho.

mucoracées f. pl. Mucoríneas, mohos, *m.*

mucosité f. Mucosidad.

mucron m. BOT. Mucrón.

mucroné, e adj. Mucronato, ta.

mucus [mykys] m. Mucosidad, *f.*, moco.

mudéjar [mydeʒa:r] adj. et s. Mudéjar.

mue [my] f. Muda (des animaux, de la voix). ‖ Caponera (cage pour les oiseaux à engraisser). ‖ Pollera.

mue [my] adj. (Vx). *Rage mue*, rabia muda.

muer v. intr. Pelechar, mudar (être en mue). ‖ Mudar (changer la voix).
— V. pr. Cambiarse, transformarse.

muet, ette [mɥɛ, ɛt] adj. et s. Mudo, da : *muet de naissance*, mudo de nacimiento. ‖ — *Carte muette*, mapa mudo. ‖ *Cinéma muet*, cine mudo. ‖ *Jeu muet*, mímica. ‖ *Lettre muette*, letra muda. ‖ — *Demeurer muet*, enmudecer, no decir palabra. ‖ *Être muet comme une carpe*, ser más callado que un muerto.

muette f. Pabellón (*m.*) de caza.

muezzin [mɥɛzɛ̃] m. Almuédano, almuecín.

muffin m. Especie de buñuelo.

mufle m. Jeta, *f.*, hocico, morro.
— Adj. m. et s. m. FIG. et FAM. Patán, grosero, chabacano.

muflerie f. Grosería, patanería, chabacanería.

muflier m. BOT. Dragón, becerra, *f.*

mufti ou muphti m. Muftí, jurisconsulto musulmán.

muge m. Mújol (poisson).

mugir v. intr. Mugir, berrear. ‖ FIG. Bramar (le vent, l'océan) : *l'océan mugit*, el océano brama.

mugissant, e adj. Mugiente.

mugissement m. Mugido, bramido.

muguet [mygɛ] m. Muguete, lirio de los valles. ‖ (Vx). Lechuguino, currutaco. ‖ MÉD. Muguete. estomatitis micósica, *f.*

mugueter* v. tr. Galantear, cortejar.
— V. intr. Ser galante.

muid [mɥi] m. (Vx). Moyo (mesure).

muire f. Agua salobre.

mulard, e [myla:r, ard] adj. Cruzado, da.
— M. et f. Pato cruzado, pata cruzada.

mulassier, ère adj. Mulero, ra ; mular. ‖ *Production mulassière*, producción mular.

mulâtre adj. Mulato, ta.

mulâtre, mulâtresse m. et f. Mulato, ta.

mule f. Mula (animal). ‖ Chinela, babucha (chaussure de femme). ‖ Mula (chaussure du pape). ‖ *Têtu comme une mule*, testarudo como una mula.

mule-jenny [mylʒɛni] f. Telar (*m.*) devanador de algodón.

mulet [mylɛ] m. Mulo (bête de somme). ‖ Mújol (poisson).

muletier, ère adj. Muletero, ra. ‖ *Chemin muletier*, camino de herradura.
— M. Arriero, mulero, muletero.

mulette f. Almeja de río (mollusque).

mulon m. Montón de sal (dans les marais salants).

mulot [mylo] m. Ratón campesino.

mulsion f. Ordeño, *m.*

multibroche adj. MÉCAN. De varios árboles *ou* cilindros (tour).

multicaule adj. BOT. Multicaule.

multicellulaire adj. Multicelular.

multicolore adj. Multicolor.

multifilaire adj. De varios hilos.

multiflore adj. Multifloro, ra.

multiforme adj. Multiforme.

multilatéral, e adj. Multilateral.

multilobé, e adj. Multilobulado, da.

multiloculaire adj. BOT. Multilocular.

multimillionnaire adj. et s. Multimillonario, ria.

multinational, e adj. Multinacional.

multipare adj. et s. f. Multípara.

multiparité f. Multiparidad.

multiplace adj. De varios asientos.

multiple adj. Múltiple : *système multiple*, sistema múltiple. ‖ MATH. Múltiplo, pla.
— M. MATH. Múltiplo : *9 est un multiple de 3*, 9 es un múltiplo de 3 ; *le plus petit commun multiple*, el mínimo común múltiplo. ‖ Cuadro (télécommunications).

multiplex adj. et s. m. inv. Múltiplex (télégraphe).

multipliable adj. Multiplicable.

multiplicande m. MATH. Multiplicando.

multiplicateur, trice adj. et s. m. Multiplicador, ra.

multiplicatif, ive adj. Multiplicativo, va.

multiplication [myltiplikasjɔ̃] f. Multiplicación. ‖ *Table de multiplication*, tabla de multiplicar.

multiplicité f. Multiplicidad.

multiplier v. tr. Multiplicar.
— V. intr. et pr. Multiplicarse.

multipolaire adj. Multipolar.

multitube adj. Multitubular : *un canon multitube*, un cañon multitubular.

multitubulaire adj. Multitubular.

multitude f. ● Multitud, muchedumbre (foule). ‖ ◆ Multitud : *une multitude d'événements*, una multitud de acontecimientos.
— OBSERV. Después de *la multitude de* se pone el verbo en singular, y después de *une multitude de* en plural.
— SYN. ● *Légion*, legión. *Masse*, masa. *Régiment*, regimiento.
◆ *Multiplicité*, multiplicidad, tropel. *Concours*, concurso. *Affluence*, afluencia. *Fig. Nuée*, nube. *Essaim*, enjambre. *Fourmilière*, hormiguero.

multivalve adj. et s. m. Multivalvo, va ; polivalvo, va ; plurivalvo, va.

munichois, e [mynikwa, wa:z] adj. et s. Muniqués, esa ; de Munich.

municipal, e adj. Municipal. ‖ *Conseiller municipal*, concejal.
— M. Guardia municipal de París.

municipaliser v. tr. Municipalizar.

municipalité f. Municipalidad, municipio, *m.*

municipe m. Municipio.

munificence f. Munificencia.

munificent, e adj. Munífico, ca.
— OBSERV. Le mot *munificente* est un barbarisme en español.

munir v. tr. Proveer, suministrar (pourvoir). ‖ Abastecer, pertrechar (fournir de munitions). ‖

Dar (donner). ‖ Poner, guarnecer : *munir sa canne d'un bout de fer*, guarnecer su bastón con una punta de hierro. ‖ — ECCLÉS. *Munir des sacrements*, administrar los santos sacramentos. ‖ — *Être muni de*, estar provisto de, contar con. ‖ *Il est mort muni des derniers sacrements*, murió habiendo recibido los santos sacramentos. — V. pr. Proveerse. ‖ *Se munir de patience*, armarse de paciencia.

munition [mynisjɔ̃] f. Munición, municionamiento, *m.* : *munitions de guerre*, municiones de guerra. ‖ — *Dépôt de munitions*, pañol (d'un navire). ‖ *Pain de munition*, pan de munición.

munitionnaire m. Proveedor, abastecedor, suministrador.

munster [mœstɛ:r] m. Munster, queso de Munster.

muphti m. V. MUFTI.

muqueux, euse [mykø, ø:z] adj. et s. f. Mucoso, sa.

mur m. Pared, f. (d'une maison) : *mur de briques*, pared de ladrillos. ‖ Muro : *mur en ailes, coupefeu*, muro de ala, cortafuegos. ‖ Tapia, f. : *mur en pisé*, tapia de adobes. ‖ Muralla, f., muro (de fortification, d'une ville). ‖ FIG. Obstáculo, barrera, f. ‖ Barrera (football) : *faire le mur*, formar barrera. ‖ — *Mur d'appui*, pretil. ‖ *Mur de clôture*, tapia. ‖ *Mur d'enceinte*, recinto. ‖ *Mur de refend*, pared intermedia. ‖ *Mur de soutènement*, muro de contención. ‖ *Mur du son*, barrera del sonido. ‖ *Mur mitoyen*, medianería, pared medianera. ‖ — *Entre quatre murs*, entre cuatro paredes. ‖ *Gros mur*, pared maestra. ‖ — *Coller au mur*, llevar al paredón, fusilar. ‖ *Être dans ses murs*, estar en casa propia. ‖ *Faire le mur*, formar una barrera (football), saltar la tapia, escaparse de noche (pensionnat, caserne). ‖ *L'ennemi est dans nos murs*, el enemigo está en nuestra ciudad. ‖ *Les murs ont des oreilles*, las paredes oyen. ‖ *Mettre quelqu'un au pied du mur*, ponerle a uno entre la espada y la pared. ‖ *Se cogner la tête contre les murs*, darse contra las paredes. ‖ *Se heurter à un mur*, estrellarse contra la resistencia de alguien. ‖ *Se mettre le dos au mur*, ponerse entre la espada y la pared.

mûr, e adj. Maduro, ra (fruits, etc.). ‖ Detenido, da : *après mûre délibération*, después de una deliberación detenida. ‖ Pasado, da ; gastado, da (usé, en parlant d'une étoffe, etc.). ‖ FIG. A punto : *la situation n'est pas encore mûre*, las cosas no están aún a punto. ‖ — *Un esprit mûr*, una inteligencia madura. ‖ *Un homme d'âge mûr*, un hombre de edad madura.

murage m. Tapiado, amurallamiento.

muraille [myrɑ:j] f. Muralla. ‖ — Pl. Murallas, recinto (m. sing.) amurallado. ‖ Parte superior del casco del caballo. ‖ Parte del casco de un barco encima de la línea de flotación.

mural, e adj. Mural : *carte murale*, mapa mural. ‖ *Peinture murale*, mural, pintura mural.

Murcie n. pr. GÉOGR. Murcia.

mûre f. Mora (fruit). ‖ *Mûre sauvage*, mora silvestre, zarzamora (muron).

murène f. Morena, murena (poisson).

murer v. tr. Amurallar, murar (entourer de murs). ‖ Tapiar, tabicar : *murer une fenêtre*, tapiar una ventana. ‖ Emparedar (une personne). ‖ FIG. Aislar, encerrar.

muret [myrɛ] m. ou **murette** [-rɛt] f. ou **muretin** [myrtɛ̃] m. Murete, *m.*, tapia (f.) muy baja.

murex m. Múrice (mollusque).

muriate m. CHIM. (Vx). Muriato.

muriatique adj. CHIM. (Vx). Muriático, ca ; clorhídrico, ca.

muridés m. pl. Múridos (rongeurs).

mûrier m. Morera, f.

mûrir v. intr. et tr. Madurar.

mûrissage ou **mûrissement** m. Maduración, f., maduramiento.

mûrissant, e adj. Que madura.

murmurant, e adj. Murmurante, murmurador, ra.

murmure m. Murmullo (des personnes), susurro, susurreo (du vent).

murmurer v. tr. et intr. Murmurar, susurrar: *le vent murmure entre les feuilles*, el viento susurra entre las hojas. ‖ *Murmurer contre quelqu'un*, hablar mal de alguien.

— SYN. *Chuchoter*, cuchichear. *Grogner*, gruñir. *Gronder*, rezongar. *Bougonner*, refunfuñar. *Grommeler, marmonner*, mascullar. *Maugréer*, mascullar. Pop. *Maronner*, rabiar. *Ronchonner, grognasser*, refunfuñar.

mûron m. Mora (f.) silvestre, zarzamora, f. (fruit).

murrhin, e [myrɛ̃, in] adj. Múrrino, na (vases).

musacées f. pl. BOT. Musáceas.

musagète adj. m. Musageta.

musaraigne f. Musaraña (mammifère).

musard, e [myzaːr, ard] adj. et s. FAM. Distraído, da ; remolón, ona : *un écolier musard*, un alumno distraído.

musarder v. intr. FAM. Distraerse *ou* entretenerse con tonterías, perder el tiempo. ‖ Vagar, callejear distraídamente, zascandilear (vagabonder).

musardise f. FAM. Distracción, entretenimiento, *m.* ‖ Vagabundeo, *m.*, zascandileo, *m.*, callejeo, *m.*

musc m. Almizcle. ‖ Almizclero (animal). ‖ *Musc végétal*, abelmosco.

muscade adj. et s. f. Moscada : *noix muscade*, nuez moscada. ‖ Bolita (de prestidigitateur). ‖ *Passez muscade !*, fórmula de los escamoteadores al realizar un juego.

muscadelle f. Pera mosqueruela.

muscadet [myskadɛ] m. Tipo de vino blanco seco francés.

muscadier m. Mirística, f. (arbre).

muscadin m. Petimetre [en tiempos de la Revolución francesa].

muscardin m. Muscardino, lirón almizclero (rongeur).

muscardine f. Muscardina (maladie du ver à soie).

muscari m. BOT. Muscari, almizcleña, f.

muscarine f. CHIM. Muscarina (alcaloïde).

muscat [myska] adj. et s. m. Moscatel : *raisin muscat*, uva moscatel.

muscidés [mysside] m. pl. ZOOL. Múscidos.

muscinées [myssine] f. pl. BOT. Muscíneas.

muscle m. ANAT. Músculo. ‖ FIG. *Avoir du muscle*, tener músculos, tener musculatura.

musclé, e adj. Musculoso, sa.

muscler v. tr. Desarrollar los músculos, la musculatura.

muscoïde adj. Muscoideo, a ; musciforme.

musculaire adj. Muscular.

musculature f. Musculatura.

musculeux, euse adj. Musculoso, sa.

muse f. Musa.

museau m. ● Hocico. ‖ POP. Jeta, f. ‖ *Museau de veau*, morros de ternera (cuisine).

— SYN. ● *Mufle*, morro. *Boutoir*, hocico (du sanglier).

musée m. Museo.

— SYN. *Muséum*, museo. *Cabinet*, gabinete. *Galerie*, galería. *Pinacothèque*, pinacoteca. *Glyptothèque*, gliptoteca. *Conservatoire*, conservatorio.

museler* v. tr. Poner bozal, abozalar (mettre une muselière). ‖ Tapar la boca, amordazar (faire taire).

muselet [myzlɛ] m. Precinto de alambre [champaña, etc.].

muselière [myzəljɛ:r] f. Bozal, *m.*

musellement [-zɛlmɑ̃] m. Amordazamiento, abozalamiento.

muséographie ou **muséologie** f. Museografía, museología.

muser v. intr. Vagar, barzonear.

muserolle f. Muserola (harnais).

musette f. Gaita (instrument de musique). ‖ Morral, *m.* (sac). ‖ Cartera (d'écolier). ‖ ZOOL. Musaraña. ‖ *Bal musette,* baile popular, de candil.

muséum [myzeɔm] m. Museo. ‖ *Muséum d'histoire naturelle,* museo de Historia Natural.

musical, e adj. Musical.

musicalité f. Musicalidad.

music-hall [muziko:l] m. Music-hall, espectáculo de variedades.

musicien, enne adj. et s. Músico, ca.
— SYN. *Compositeur,* compositor. *Maestro,* maestro. *Virtuose,* músico consumado, virtuoso (gallicisme).

musicographe m. y f. Musicógrafo, fa.

musicographie f. Musicografía.

musicologie f. Musicología.

musicologue m. et f. Musicólogo, ga.

musique f. Música. ‖ Banda (fanfare). ‖ — *Musique de chambre,* música de cámara. ‖ — *Boîte à musique,* caja de música. ‖ *Chef de musique,* director de banda. ‖ *Papier musique,* papel pautado. ‖ — *En avant la musique,* adelante con los faroles. ‖ — FIG. et FAM. *C'est une autre musique,* eso es otro cantar. | *Je connais la musique,* conozco el paño *ou* el percal *ou* el asunto. ‖ *Jouer sans musique,* tocar sin partitura. ‖ *Mettre en musique,* poner música a.

musiquer v. intr. FAM. Tocar música.
— V. tr. Poner música.

musiquette f. Musiquilla.

musmon m. ZOOL. Musmón.

musoir m. Morro ou rompeolas.

musqué, e adj. Almizclado, da (parfumé au musc). ‖ Almizcleño, ña (fruits). ‖ Almizclero, ra (rat).

musquer v. tr. Almizclar.

musse-pot (à) loc. adv. V. MUCHE-POT (À).

musser (se) v. pr. (Vx). Agazaparse.

mussif, ive adj. CHIM. Musivo, va (or).

mussitation f. Musitación.

mustang [mœstãg] m. Mustango, mustang, mesteño (cheval).

mustélidés [mystelide] m. pl. ZOOL. Mustélidos.

musulman, e adj. et s. Musulmán, ana.

mutabilité f. Mutabilidad.

mutable adj. Mudable.

mutage m. Azufrado de los toneles de vino.

mutation f. Mudanza, cambio, *m.,* permuta, traslado, *m* : *mutation de personnel,* cambio de personal. ‖ BIOL. Mutación. ‖ *Droits de mutation,* derechos de transmisión de herencia.

mutationnisme [mytasjɔnism] m. BIOL. Mutacionismo, teoría de las mutaciones de De Vries.

mutationniste [-sjɔnist] adj. et s. Mutacionista, partidario de la teoría de las mutaciones.

muter v. tr. Cambiar de destino, trasladar : *muter un fonctionnaire,* trasladar a un funcionario. ‖ *Être muté,* ser destinado.

mutilant, e adj. Mutilador, ra.

mutilateur m. Mutilador.

mutilation f. Mutilación. ‖ Deterioro, *m.* (d'une œuvre d'art).

mutilé, e adj. et s. Mutilado, da.

mutiler v. tr. Mutilar.
— SYN. *Amputer,* amputar. *Estropier,* estropear, lisiar. *Tronquer,* truncar.

mutin, e adj. Travieso, sa ; revoltoso, sa (espiègle). ‖ FAM. Picaresco, ca ; vivaracho, cha (vif, éveillé) : *un regard mutin,* una mirada picaresca.
— M. Amotinado, rebelde.

mutiner (se) v. pr. Amotinarse : *les prisonniers se mutinèrent,* los prisioneros se amotinaron.

mutinerie [mytinri] f. Motín, *m.,* sublevación. ‖ Insubordinación, desobediencia (désobéissance). ‖ Gracia, picardía (d'un visage).

mutisme m. ou **mutité** f. Mutismo, *m.,* silencio, *m.* : *garder un complet mutisme,* guardar un silencio absoluto.

mutualisme m. Mutualismo.

mutualiste adj. et s. Mutualista.

mutualité f. Mutualidad.

mutuel, elle adj. Mutuo, tua.
— F. Mutualidad.

mutule f. ARCHIT. Mútula.

myalgie f. MÉD. Miodinia, mialgia.

myasthénie f. MÉD. Miastenia.

myatonie f. MÉD. Miatonía.

mycélien, enne adj. BOT. Micelial, miceliano, na.

mycélium [miseljɔm] m. BOT. Micelio.

Mycènes [misɛ:n] n. pr. GÉOGR. Micenas.

mycénien, enne adj. Micénico, ca.

mycoderme m. Micodermo.

mycologie f. Micología.

mycologique adj. Micológico, ca.

mycologue m. et f. Micólogo, ga.

mycorhize f. Micorriza.

mycose f. MÉD. Micosis.

mydriase f. MÉD. Midriasis.

mydriatique adj. Midriático, ca.

mye [mi] f. Coquina (mollusque).

myéline f. Mielina.

myélite f. MÉD. Mielitis.

mygale f. ZOOL. Migala, migale.

mylord [mailɔ:rd] m. Milord.

myocarde m. ANAT. Miocardio.

myocardite f. MÉD. Miocarditis.

myodinie f. MÉD. Miodinia, mialgia.

myogramme m. Miograma, gráfico de miógrafo.

myographe m. Miógrafo.

myographie f. Miografía.

myologie f. BIOL. Miología.

myome m. MÉD. Mioma.

myopathie f. MÉD. Miopatía.

myope [mjɔp] adj. et s. Miope, corto, corta de vista. ‖ FIG. et FAM. *Être myope comme une taupe,* no ver tres en un burro.

myopie f. MÉD. Miopía.

myopotame m. Coipo, coipu (rongeur).

myosis m. MÉD. Miosis.

myosotis [mjɔzɔtis] m. BOT. Miosota, *f.,* raspilla, *f.*

myriade f. Miríada.

myriagramme m. Miriagramo.

myriamètre m. Miriámetro.

myriapode adj. et s. m. ZOOL. Miriápodo.

myriophylle m. BOT. Miriófilo.

myrmidon m. Mirmidón. ‖ FAM. Chisgarabís, hombrezuelo, chiquilicuatro.

myrobalan ou **myrobolan** m. BOT. Mirobálano.

myrosine f. Mirosina, diástasis de la mostaza.

myrrhe f. Mirra.

myrtacées [mirtase] f. pl. BOT. Mirtáceas.

myrtaie [mirtɛ] f. BOT. Arrayanal, *m.,* plantación de arrayanes.

myrte m. BOT. Mirto, arrayán.

myrtiforme adj. Mirtiforme.

myrtille [mirti.j] f. Arándano, *m.,* mirtillo, *m.*

mystagogie f. RELIG. Mistagogia, actividad del mistagogo.

mystagogue m. RELIG. Mistagogo.

mystère m. Misterio. ‖ THÉÂTR. Auto sacramental, misterio.

mystérieux, euse adj. Misterioso, sa.

mysticisme m. Misticismo.

mysticité f. Carácter (*m.*) místico.

mystifiable adj. Que puede ser engañado, da ; burlable.

mystificateur, trice adj. et s. Bromista, embaucador, ra.

mystification f. Engaño, *m.,* mixtificación (tromperie), broma (plaisanterie), burla (moquerie).

mystifier* v. tr. Burlar, engañar, pegársela.

mystique adj. et s. Místico, ca.
— F. Mística.

mythe m. Mito.

mythique adj. Mítico, ca.
mythographe m. Mitógrafo.
mythologie f. Mitología.
mythologique adj. Mitológico, ca.
mythologue m. Mitólogo.
mythomane adj. et s. Mitómano, na.
mythomanie f. Mitomanía.
Mytilène n. pr. GÉOGR. Mitilene.

mytiliculteur m. Mitilicultor, criador de mejillones.
mytiliculture f. Mitilicultura, cría de los mejillones *ou* las almejas.
myxœdème m. MÉD. Mixedema, *f.*
myxomatose f. VÉTÉR. Mixomatosis.
myxomycètes [miksɔmisɛ:t] m. pl. BOT. Mixomicetos.

N

n m. N, *f.*
— OBSERV. La *n* en final de palabra no es en francés más que el signo de la nasalización de la vocal que la precede. Hacen excepción las palabras de forma latina : *lichen,* liquen, *pollen,* polen, *hymen,* himen, *spécimen, abdomen,* etc., salvo *examen,* en que hay nasalización. Tampoco existe ésta en los nombres propios extranjeros : *Aden, Barmen, Niemen,* etc. Las finales en *n* seguida de *c, g, t, d, s,* son nasales, excepto las terceras personas del plural (en que es muda la *t*) y las palabras inglesas en *ing* (marketing).
En el cuerpo de una palabra, la *n,* seguida de consonante, tiene sonido nasal : *sentier,* sendero, *contenter,* contentar, *néanmoins,* sin embargo, *infini,* infinito.
En *année,* año, *solennel,* solemne, *anniversaire,* aniversario, *anneau,* anillo, *innocent;* inocente, se oye una sola *n;* se dejan sentir dos en *annale,* anal, *biennal,* bienal, *connivence,* connivencia, *innover,* innovar, *innombrable,* innumerable, *inné,* innato.
La *n* final de dicción enlaza con la voz siguiente que principia por vocal o *h* muda : *mon ami, un homme.* Las voces terminadas por *an* o *ein* no enlazan nunca, con excepción de *plein,* lleno : *plein air* (plener), aire libre. Tampoco hay en general enlace con las palabras terminadas en *en, ien, in, ion, ain, oin, on.*

na! interj. FAM. ¡Qué no!, ¡pues sí! [sirve para afirmar o negar y es de uso infantil].
nabab m. Nabab.
nabatéen, enne adj. et s. Nabateo, a.
nabi m. Nabí, profeta.
nable f. MAR. Orificio (*m.*) de desagüe (d'un canot). | Tapón, (*m.*) del orificio, espiche, *m.*
nabot, e [nabo, ɔ:t] m. et f. Retaco, *m.,* enano, na; tapón, *m.*
Nabuchodonosor n. pr. m. Nabucodonosor.
nacarat [nakara] adj. inv. et s. m. Nacarado, da.
— OBSERV. *Nacarat* adjetivo es invariable : *des robes nacarat.*
nacelle f. Navecilla, barquilla (petit bateau). ‖ Barquilla (d'un ballon). ‖ Barco, *m.* (de vaisseau spatial). ‖ ARCHIT. Nacela (moulure).
nacre f. Nácar, *m.*
nacré, e adj. Nacarado, da; anacarado, da.
nacrer v. tr. Nacarar, anacarar.
nadir m. ASTR. Nadir.
nævus [nevys] m. Nevo, antojo.
nafé m. Nafé.
naffe f. *Eau de naffe,* agua de nafa (fleur d'oranger).
nage f. Natación, nado, *m.* : *doué pour la nage,* dotado para la natación; *se sauver à la nage,* salvarse a nado. ‖ Modo (*m.*) de nadar : *une nage rapide,* un modo de nadar rápido. ‖ MAR. Boga. ‖ SPORTS. Equipo (*m.*) de remeros. ‖ — *Nage libre,* estilo libre. ‖ — *Chef de nage,* patrón (aviron). ‖ *Les quatre cents mètres quatre nages,* los cuatrocientos metros estilos (natation). ‖ —

À la nage, a nado, nadando. ‖ FIG. *En nage,* sudando a mares.
nageant, e adj. BOT. Flotante.
nageoire f. ZOOL. Aleta. ‖ Tapadera (d'un seau). ‖ AVIAT. Flotador, *m.* (d'un hydravion). ‖ POP. Remo, *m.* (bras).
nageoter v. intr. FAM. Nadar como los perros.
nager* v. intr. Nadar : *nager sur le dos,* nadar de espalda. ‖ Flotar, nadar : *le bois nage sur l'eau,* la madera flota en el agua. ‖ FAM. Bailar, nadar : *mes pieds nagent dans ces chaussures,* mis pies bailan en los zapatos. ‖ MAR. Bogar, remar (ramer). ‖ — POP. *Nager complètement,* estar pez. ‖ FIG. *Nager dans la joie,* rebosar de alegría. ‖ *Nager dans l'opulence,* nadar en la opulencia. ‖ *Nager entre deux eaux,* nadar entre dos aguas, jugar con dos barajas. ‖ *Savoir nager,* saber nadar y guardar la ropa *ou* bandearse, ser habilidoso, astuto.
— V. tr. Nadar : *nager le crawl,* nadar el crawl.
nageur, euse m. et f. Nadador, ra. ‖ MAR. Remero, ra (rameur). ‖ — *Nageur de combat,* hombre rana. ‖ — *Maître nageur,* bañero (d'une piscine, d'une plage).
— Adj. Nadador, ra (oiseaux).
naguère [nagɛ:r] adv. (abrév. de *il n'y a guère,* no hace mucho). Poco ha, hace poco, no hace mucho.
naïade [najad] f. MYTH. Náyade. ‖ BOT. Náyade.
naïf, ive [naif, i:v] adj. et s. Ingenuo, nua ; simple, inocente, cándido, da : *faire le naïf,* hacerse el ingenuo.
nain, e [nɛ̃, nɛ:n] adj. et s. Enano, na.
— SYN. *Nabot,* retaco. *Gnome,* gnomo. *Pygmée,* pigmeo. *Mirmidon,* mirmidón. *Lilliputien,* liliputiense.
naissain m. Ostra (*f.*) *ou* mejillón nuevo.
naissance f. ● Nacimiento, *m.* : *lieu de naissance,* lugar de nacimiento; *contrôle des naissances,* regulación de nacimientos. ‖ Linaje, *m.,* cuna, extracción, condición : *de basse naissance,* de baja condición. ‖ ARCHIT. Arranque, *m.* (d'un arc, d'une voûte). ‖ ◆ FIG. Nacimiento, *m.,* comienzo, *m.,* origen, *m.* ‖ *Acte de naissance,* partida de nacimiento. ‖ *Donner naissance,* dar origen (provoquer), dar a luz (enfanter). ‖ *Prendre naissance,* nacer [un río].
— SYN. ● *Nativité,* natividad, navidad.
◆ *Origine,* origen. *Extraction,* extracción.
naissant, e adj. Naciente : *jour naissant,* día naciente. ‖ Reciente, nuevo, va (récent). ‖ *En naissant,* al nacer.
naître* v. intr. Nacer (une personne, un fleuve, une plante). ‖ *Être né coiffé* o *sous une bonne*

étoile, haber nacido de pie *ou* con buena estrella. ‖ *Être né de,* ser hijo de. ‖ *Être né pour être poète,* haber nacido para poeta. ‖ Fig. *Faire naître,* provocar, producir, originar (causer), engendrar. ‖ *N'être pas né d'hier,* no haber nacido ayer.

— Observ. El verbo *naître* se conjuga siempre con el auxiliar « être » en los tiempos compuestos (*je suis né, il était né,* etc.).

naïveté [naivte] f. Ingenuidad, candidez.

naja m. Zool. Naja, *f.,* cobra, *f.,* serpiente (*f.*) de anteojos.

nanan m. Fam. Golosina, *f.* (friandise) [voz del lenguaje infantil]. ‖ Fam. *C'est du nanan,* es canela fina, es de rechupete.

nancéien, enne adj. et s. De Nancy.

nandou m. Zool. Ñandú.

nanisme m. Méd. Enanismo.

nankin m. Nanquín (tissu).

nanoseconde f. Nanosegundo, *m.*

nansouk m. Nansú (tissu).

nantais, e adj. et s. Nantés, esa.

nantir v. tr. Garantizar, dar una garantía (garantir). ‖ Fig. Proveer (pourvoir) : *nanti d'une fortune,* provisto de una fortuna.
— V. pr. Proveerse, procurarse : *se nantir de garanties,* procurarse garantías.

nantissement m. Fianza, *f.,* prenda, *f.,* garantía, *f.*

napalm m. Napalm.

Napée n. pr. f. Napea (nymphe).

napel m. Bot. Anapelo, acónito, matalobos.

naphtalène m. ou **naphtaline** f. Chim. Naftalina, *f.*

naphte [naft] m. Nafta, *f.* (pétrole brut).

naphtol [-tɔl] m. Chim. Naftol.

Naples n. pr. Géogr. Nápoles.

napoléon m. Napoleón (monnaie).

Napoléon n. pr. m. Napoleón.

napoléonien, enne adj. et s. Napoleónico, ca.

napolitain, e adj. et s. Napolitano, na. ‖ *Tranche napolitaine,* helado al corte. ‖ — F. Tela lisa de lana (tissu).

nappage m. Mantelería, *f.*

nappe f. Mantel, *m.* (de table). ‖ Géol. Estrato, *m.,* capa. ‖ Capa (d'eau, de gaz). ‖ Géom. Casco, *m.* (surface courbe). ‖ — *Nappe d'autel,* sabanilla. ‖ — *Mettre la nappe,* poner la mesa.

napper v. tr. Cubrir con un mantel, poner un mantel en. ‖ Culin. *Napper de sauce,* cubrir con una salsa.

napperon [naprɔ̃] m. Mantel individual (petite nappe). ‖ Salvamanteles (pour les verres). ‖ Tapete : *il faut mettre un napperon sous le vase,* hay que poner un tapete debajo del florero.

narbonnais, e adj. et s. Narbonense.

Narbonne n. pr. Géogr. Narbona.

narcéine f. Chim. Narceína.

narcisse m. Bot. Narciso. ‖ Fig. Narciso.

Narcisse n. pr. m. Narciso.

narcissisme m. Narcisismo.

narcissiste adj. et s. Narcisista.

narco-analyse f. Méd. Narcoanálisis, *m.*

narcolepsie f. Méd. Narcolepsia.

narcose f. Méd. Narcosis.

narcotine f. Chim. Narcotina.

narcotique adj. et s. m. Méd. Narcótico, ca.
— Syn. *Soporifique,* soporífico. *Somnifère,* somnífero. *Hypnotique,* hipnótico.

narcotiser v. tr. Méd. Narcotizar.

narcotisme m. Méd. Narcotismo.

nard [na:r] m. Bot. Nardo (plante et parfum).
— Observ. *Nardo* significa también *tubéreuse.*

narghilé ou **narguilé** m. Narguile (pipe orientale).

narguer v. tr. Provocar con insolencia, dar en los ojos, mofarse de, hacer befa de.

narine f. Ventana de la nariz (orifice). ‖ Aleta (aile).

narquois, e [narkwa, wa:z] adj. et s. Burlón, ona ; socarrón, ona : *sourire narquois,* sonrisa socarrona.

narrateur, trice m. et f. Narrador, ra ; relator, ra.

narratif, ive adj. Narrativo, va.

narration f. Narración, relato, *m.* ‖ *Présent de narration,* presente histórico.

narrer v. tr. Narrar, relatar, describir.

narthex [nartɛks] m. Archit. Nártex.

narval m. Zool. Narval.
— Observ. Pl. *narvals.*

nasal, e adj. et s. f. Nasal : *os nasaux,* huesos nasales. ‖ — Gramm. *Consonne, voyelle nasale,* consonante, vocal nasal. ‖ Anat. *Fosses nasales,* fosas nasales.

nasalisation f. Nasalización.

nasaliser v. tr. Nasalizar, dar sonido nasal.

nasalité f. Nasalidad.

nasard, e [naza:r, ard] adj. Gangoso, sa (nasillard).
— M. Mus. Nasardo (jeu d'orgue). ‖ — F. Fam. Papirotada, papirotazo, *m.,* pulgarada en las narices (chiquenaude). ‖ Fig. Pulla indirecta : *recevoir une nasarde,* sufrir una pulla.

nase m. Pop. Napias, *f. pl.* (nez).

naseau m. Ollar, ventana (*f.*) de la nariz (de certains quadrupèdes).

nasillant, e [nazijã, ã :t] et **nasillard, e** [-ja :r, jard] adj. Gangoso, sa.

nasillement [-zijmã] m. Nasalización, *f.,* gangueo.

nasiller [-zije] v. intr. Ganguear, nasalizar. ‖ Parpar (le canard). ‖ Hozar, arruar (le sanglier).

nasilleur, euse [-zijœ:r, ø :z] adj. et s. Gangoso, sa.

nasique m. Násico (singe).

nasitort [nazitɔ:r] m. Bot. Mastuerzo.

nasonnement m. Gangueo.

nasse f. Nasa, garlito, *m.* (panier). ‖ Buitrón, *m.* (filet de chasse). ‖ Fig. Trampa, ratonera, garlito, *m.* : *tomber dans la nasse,* caer en la trampa.

natal, e adj. Natal.
— Observ. Pl. *natals.*

natalité f. Natalidad : *taux de natalité,* índice de natalidad.

natation f. Natación.

natatoire adj. Natatorio, ria.

Nathalie n. pr. f. Natalia.

Nathan n. pr. m. Natán.

natif, ive adj. et s. Nativo, va ; natural.
— Syn. *Originaire,* oriundo. *Né,* nacido.

nation [nasjɔ̃] f. Nación.
— Syn. *État,* estado. *Patrie,* patria.

national, e [nasjɔnal] adj. Nacional.
— F. Carretera nacional.

nationalisation [-lizasjɔ̃] f. Nacionalización.

nationaliser [-lize] v. tr. Nacionalizar.

nationalisme [-lism] m. Nacionalismo.

nationaliste [-list] adj. et s. Nacionalista.

nationalité [-lite] f. Nacionalidad.

national-socialisme [nasjɔnalsɔsjalism] m. Nacionalsocialismo.

national-socialiste [-list] adj. et s. Nacionalsocialista.

nativement adv. Por naturaleza.

nativisme m. Nativismo, innatismo.

nativiste adj. et s. Nativista.

nativité f. Natividad. ‖ Navidad (Noël).

natron ou **natrum** [natrɔm] m. Chim. Natrón.

nattage m. Esterado. ‖ Trenzado (tressage).

natte f. Estera (tissu). ‖ Pleita (tresse de fibres). ‖ Trenza (cheveux, soie, etc.). ‖ Coleta (des Chinois, etc.).

natter v. tr. Entretejer. ‖ Cubrir con esteras, esterar (couvrir d'une natte). ‖ Hacer pleita (tresser des nattes). ‖ Trenzar (tresser).

nattier, ère m. et f. Esterero, ra.

naturalisation f. Naturalización (personnes, mots). ‖ Aclimatación (de plantes, d'animaux). ‖ Disecación (empaillage).

naturalisé, e adj. et s. Naturalizado, da.

naturaliser v. tr. Naturalizar. ‖ Aclimatar (plantes). ‖ Disecar, embalsamar (animaux).
— V. pr. Naturalizarse (se faire naturaliser).

naturalisme m. Naturalismo.

naturaliste m. et f. Naturalista (versé en histoire naturelle). ‖ Taxidermista, disecador, ra (empailleur).
— Adj. Naturalista.

nature f. Naturaleza : *les trois règnes de la nature*, los tres reinos de la naturaleza; *nature divine*, naturaleza divina. ‖ ● Naturaleza, temperamento, *m.*, natural, *m.* : *une nature bilieuse*, un temperamento bilioso. ‖ Especie : *payer en nature*, pagar en especie. ‖ Clase, naturaleza : *objets de différente nature*, objetos de naturaleza diferente. ‖ — *Nature morte*, bodegón, naturaleza muerta (peinture). ‖ *Une petite nature*, un debilucho, una debilucha. ‖ — *De nature*, innato. ‖ *De nature à*, encaminado, da; que pueda, con miras a. ‖ *De toute nature*, de toda clase : *des intérêts de toutes natures*, intereses de todas clases. ‖ *Payer son tribut à la nature*, fallecer, morir. ‖ *Peindre d'après nature*, pintar del natural.
— Adj. inv. Al natural, solo : *café nature*, café solo. ‖ FAM. Natural, francote, ta; sin artificio : *personne très nature*, persona muy natural. ‖ *Grandeur nature*, tamaño natural : *portrait grandeur nature*, retrato de tamaño natural.
— OBSERV. No debe confundirse la expresión francesa *en espèces*, en metálico, con la española *en especie*, que se traduce al francés por *en nature*. *Nature* empleado como adjetivo es invariable : *des cafés nature, des pommes nature*.
— SYN. ● *Constitution, Complexion*, complexión. *Tempérament*, temperamento. *Trempe*, temple.

naturel, elle adj. Natural : *phénomène naturel*, fenómeno natural : *bonté naturelle*, bondad natural. ‖ — *Besoins naturels*, necesidades. ‖ *Enfant, père naturel*, hijo, padre natural. ‖ MATH. *Logarithme naturel*, logaritmo natural *ou* neperiano.
— M. ● Natural, temperamento, naturaleza, *f.*, índole, *f.* : *un homme de bon naturel*, un hombre de buen natural. ‖ Naturalidad, *f.* : *langage qui manque de naturel*, lengua falta de naturalidad. ‖ — Pl. Nativos, naturales (d'un pays). ‖ — *Au naturel*, al natural : *thon au naturel*, atún al natural. ‖ *Chassez le naturel il revient au galop*, genio y figura hasta la sepultura. ‖ *Trouver tout naturel*, parecerle a uno muy natural *ou* lo más natural del mundo.
— SYN. ● *Caractère*, carácter. *Nature*, naturaleza.

naturisme m. Naturalismo (système, littérature). ‖ Naturismo, desnudismo.

naturiste adj. Naturalista (système, littérature). ‖ Naturista.
— M. et f. Naturalista. ‖ Naturista, nudista.

naucore f. Naucóride (insecte).

naufrage m. Naufragio. ‖ FIG. Hundimiento, ruina, *f.* ‖ *Faire naufrage*, naufragar.

naufragé, e adj. et s. Náufrago, ga. ‖ — Adj. Naufragado, da (bateau).

naufrager* v. intr. Naufragar.

naufrageur, euse m. et f. Provocador, ra, de naufragios.
— OBSERV. Aplícase a quienes desde la costa y con falsas señales provocaban un naufragio para adueñarse de los restos.

naumachie [nomaʃi] f. Naumaquia (combat naval).

nauplius [noplijys] m. ZOOL. Nauplio.

nauséabond, e [nozeabɔ̃, ɔ:d] adj. Nauseabundo, da. ‖ FIG. Repugnante, nauseabundo, da.

nausée f. Náusea, arcada, basca. ‖ FIG. Asco, *m.* : *cela donne la nausée*, eso da asco.
— OBSERV. En espagnol ce mot s'emploie presque toujours au pluriel : *sentir náuseas*.

nauséeux, euse adj. Nauseabundo, da.

nautile m. Nautilo (mollusque).

nautique adj. Náutico, ca. ‖ *Ski nautique*, esquí acuático.

nautonier m. POÉT. Nauta, barquero.

navaja [navaʒa] f. Navaja.

naval, e adj. Naval. ‖ *Chantier naval*, astillero.
— OBSERV. Pl. *navals*.

navarin m. Guisado de carnero y nabos *ou* patatas.

navarque m. MAR. Navarca, nearca.

navarrais e adj. et s. Navarro, rra.

Navarre n. pr. f. GÉOGR. Navarra.

navarrin, e adj. et s. Navarro, rra (chevaux).

navet [navɛ] m. BOT. Nabo. ‖ FAM. Birria, *f.*, churro, mamarracho (livre, tableau). toston (film). ‖ Primo (niais). ‖ *Avoir du sang de navet*, tener sangre de horchata.

navette f. Naveta (pour l'encens). ‖ Lanzadera (de tisserand). ‖ Canilla (de machine à coudre). ‖ Vehículo (*m.*) que va y viene de un punto a otro. ‖ — FIG. *Faire la navette*, ir y venir entre dos puntos. ‖ *Navette aérienne*, puente aéreo.

navicert [navisɛrt] m. Navicert, licencia (*f.*) de navegación en tiempo de guerra.

naviculaire adj. Navicular.

navicule f. Navícula (algue).

navigabilité f. Navegabilidad. ‖ *Certificat de navigabilité*, certificado de navegación.

navigable adj. Navegable.

navigant, e adj. et s. Navegante. ‖ AVIAT. *Personnel navigant*, personal de vuelo.
— OBSERV. *Navigant* es adjetivo verbal de *naviguer*, y *naviguant*, el participio presente.

navigateur m. Navegante. ‖ *Navigateur aérien*, navegante.

navigation [navigasjɔ̃] f. Navegación. ‖ — *Navigation aérienne, fluviale o intérieure, sous-marine*, navegación aérea, fluvial, submarina. ‖ *Navigation au long cours*, navegación de altura. ‖ *Navigation côtière*, navegación de cabotaje *ou* costera. ‖ *Navigation estimée o observée*, navegación de estima. ‖ — *École de navigation*, escuela de náutica.

naviguer v. intr. Navegar. ‖ Pilotar (un avion).

navire m. Buque, navío : *navire amiral*, buque insignia *ou* almirante.

navire-citerne m. Buque cisterna, aljibe, tanque.

navire-convoyeur m. Barco de escolta.

navire-école m. Buque escuela.

navire-jumeau [-ʒymo] m. MAR. Buque gemelo.

navire-usine m. Buque factoría.

navrant, e adj. Lastimoso, sa; desconsolador, ra.

navré, e adj. Afligido, da; desconsolado, da.

navrement m. Aflicción, *f.*, desconsuelo.

navrer v. tr. Afligir, desconsolar. ‖ *Je suis navré*, lo siento muchísimo, lo siento en el alma.

nazaréen, enne adj. et s. Nazareno, na.

Nazareth n. pr. GÉOGR. Nazaret.

nazi [nazi] adj. et s. Nazi, naci.

nazisme [-zism] m. Nazismo, nacismo.

ne [nə] adv. No : *ne dire ni oui ni non*, no decir que sí ni que no. ‖ No [ante un adverbio de negación : *ne vient jamais*, no viene nunca (si l'adverbe de négation précède le verbe, l'adverbe *ne* ne se traduit pas : *jamais je n'irai*, nunca iré). ‖ Si no : *n'eût été son grand âge*, si no hubiese sido por su edad avanzada. ‖ — *Ne... guère*, no... casi : *ne parler guère*, no hablar casi. ‖ *Ne... pas*, no... :

il ne parle pas beaucoup, no habla mucho. || *Ne... que,* no... más que : *il ne veut que son plaisir,* no quiere más que su placer; no... sino : *il ne fait que des sottises,* no hace sino tonterías; sólo : *je ne veux que votre bien,* sólo quiero su bien. || *Que ne,* por qué no : *que ne l'avez-vous dit hier ?* ¿por qué no lo dijo ayer ?

— OBSERV. Cuando la negación *ne* se emplea en una proposición subordinada de manera únicamente explicativa, no se traduce en español : *je crains qu'il ne vienne,* me temo que venga; *il faut éviter qu'il ne le dise,* hay que evitar que lo diga; *il est moins intelligent qu'il n'en a l'air,* es menos inteligente de lo que parece; *avant qu'on ne vous appelle,* antes de que le llamen. El imperativo francés con negación se traduce por el subjuntivo : *ne dis rien,* no digas nada.

né, e adj. Nacido, da : *être né à Paris,* haber nacido en París. || De nacimiento : *aveugle-né,* ciego de nacimiento. || Nato, ta : *ennemi-né,* enemigo nato. || Originado, da : *une crise née de...,* una crisis originada por... || — *Dernier-né,* benjamín. || *Nouveau-né,* recién nacido. || *Premier-né,* primogénito. || — *Être né coiffé,* haber nacido de pie. || *Mme Boidin, née Leblanc,* la señora de Boidin, nacida Leblanc [*ou* de soltera Leblanc].

néanmoins [neãmwẽ] loc. adv. Sin embargo, con todo, no obstante : *ce sacrifice est pénible, néanmoins il est nécessaire,* este sacrificio es doloroso, sin embargo es necesario.

néant [neã] m. Nada, *f.* : *tirer du néant,* sacar de la nada. || Poco valor : *le néant de la gloire,* el poco valor de la gloria. || Nulidad, *f.* (nullité). || Ninguno, na : *signes particuliers, néant,* señales particulares, ninguna. || *Réduire à néant,* deshacer, reducir a nada, venirse abajo, aniquilar.

nébuleuse f. Nebulosa.

nébuleux, euse adj. Nebuloso, sa. || FIG. Oscuro, ra; nebuloso, sa.

nébulosité f. Nebulosidad. || FIG. Nebulosidad, oscuridad.

nécessaire adj. Necesario, ria; preciso, sa. || — M. Lo necesario, lo indispensable : *manquer du nécessaire,* carecer de lo necesario, de lo indispensable. || Neceser (trousse). || — *Nécessaire d'armes,* caja de útiles y accesorios. || *Nécessaire de couture,* costurero. || *Nécessaire de toilette,* neceser, estuche de tocador. || — *Le strict nécessaire,* lo estrictamente necesario.

nécessitant, e adj. Necesitado, da. || Necesitante (grâce).

nécessité f. Necesidad : *articles de première nécessité,* artículos de primera necesidad. || — *Nécessité fait loi,* la necesidad carece de ley. || — *De toute nécessité,* necesariamente, forzosamente. || *Par nécessité,* forzosamente, por necesidad. || — *Faire de nécessité vertu,* apechugar de buena gana con lo que se impone, hacer de la necesidad virtud. || — F. pl. Necesidades (besoins naturels).

nécessiter v. tr. Necesitar.

nécessiteux, euse adj. et s. Necesitado, da; menestoroso, sa.

nécrobie f. Necrobia (insecte).

nécrologe m. Necrología, *f.* (liste).

nécrologie f. Necrología.

nécrologique adj. Necrológico, ca.

nécrologue m. Autor de necrologías.

nécromancie f. Nigromancia.

nécromancien, enne *ou* **nécromant, e** m. et f. Nigromante, nigromántico, ca.

— SYN. *Devin,* adivino. *Magicien,* mago, mágico.

nécrophage adj. Necrófago, ga.

nécrophilie f. Necrofilia.

nécrophobie f. MÉD. Necrofobia.

nécrophore m. Necróforo, enterrador (insecte).

nécropole f. Necrópolis.

nécropsie f. Necropsia, autopsia.

nécrose f. MÉD. Necrosis.

nécroser v. tr. MÉD. Producir necrosis.

nectaire m. BOT. Nectario.

nectar m. Néctar.

nectarifère adj. Nectáreo, a.

nectarine f. Nectarina (fruit).

néerlandais, e adj. et s. Neerlandés, esa; holandés, esa.

nef [nɛf] f. Nave, nao (navire). || ARCHIT. Nave.

néfaste adj. Nefasto, ta. || Fatal, aciago, ga; funesto, ta.

nèfle f. Níspero, *m.* (fruit). || FAM. *Des nèfles !* ¡naranjas de la China !

néflier [neflije] m. Níspero (arbre).

négateur, trice adj. et n. Negador, ra.

négatif, ive adj. Negativo, va.
— M. PHOT. Negativo. || — F. Negativa, denegación (refus). || Proposición negativa. || *Répondre par la négative,* responder negativamente.

négation [negasjõ] f. Negación.

négativisme m. Negativismo.

négaton m. PHYS. Negatón, electrón.

négligé, e adj. Descuidado, da; desaliñado, da (tenue, style). || Desatendido, da.
— M. Descuido, desaliño. || Traje *ou* bata (*f.*) de casa (costume d'intérieur). || *Être en négligé,* estar poco arreglado, de trapillo.

négligeable [negliʒabl] adj. Despreciable, desdeñable. || Despreciable : *une erreur négligeable,* un error despreciable.

négligemment [-ʒamã] adv. Descuidadamente. || Con indiferencia, con desidia.

négligence [-ʒã:s] f. Negligencia, desidia, descuido, *m.,* dejadez. || Desaliño, *m.* (style).
— SYN. *Laisser-aller,* abandono, descuido. *Abandon,* abandono. *Incurie,* incuria.

négligent, e [-ʒã, ã:t] adj. et s. Negligente, descuidado, da; dejado, da.

négliger* v. tr. et intr. Descuidar, desatender : *négliger ses études,* desatender sus estudios. || Ignorar : *on ne peut négliger la force matérielle de ce pays,* no se puede ignorar la fuerza material de ese país. || Desperdiciar, pasar : *négliger l'occasion,* desperdiciar la ocasión. || Despreciar, desdeñar, hacer poco caso de : *négliger les conseils,* despreciar los consejos. || MATH. Despreciar || *Négliger une personne,* hacer poco caso de una persona.
— V. pr. Descuidarse.

négoce [negos] m. Negocio.

négociabilité f. Negociabilidad.

négociable adj. Negociable.

négociant, e m. et f. Negociante.

négociateur, trice m. et f. Negociador, ra. || Intermediario, ria.

négociation [negosjasjõ] f. Negociación.

négocier* [-sje] v. tr. Negociar : *négocier un traité,* negociar un tratado. || *Négocier un virage,* tomar un viraje *ou* una curva, sortear una curva.
— V. intr. Negociar, comerciar, traficar : *négocier avec l'Amérique,* negociar con América.

nègre adj. Negro, gra : *tribu nègre,* tribu negra.

nègre, négresse m. et f. Negro, gra. || M. FAM. Negro (collaborateur). || *Parler petit nègre,* hablar como los indios *ou* como los moros.
— OBSERV. Le mot *negro, negra* n'a aucune valeur péjorative.

négrerie f. Negrería, mercado de negros.

négrier adj. et s. m. Negrero.

négrillon, onne [negrijõ, ɔn] m. et f. Negrito, ta.

négrito(s) m. Negrito (pygmée océano-asiatique).

négritude f. Negritud, condición de las personas de raza negra.

négro m. POP. Negro.

négroïde adj. Negroide.

negundo *ou* **négondo** m. Negundo (érable).

négus [negys], **négous** *ou* **négoush** m. Negus.

neige [nɛ:ʒ] f. Nieve : *flocon de neige*, copo de nieve. ‖ POP. Mandanga, cocaína. ‖ — *Chute de neige*, nevada. ‖ *Neige fondue*, aguanieve. ‖ — *Blanc comme neige*, blanco como la nieve. ‖ — *Œufs en neige*, huevos a punto de nieve.

neiger* v. impers. Nevar.

neigeux, euse adj. Nevoso, sa ; nevado, da.

nélombo ou nelumbo m. BOT. Nelumbio.

némathelminthes m. pl. Nematelmintos (vers).

nématocyste m. Nematocisto.

nématodes m. pl. ZOOL. Nematodos.

Némée n. pr. GÉOGR. Nemea.

néméens adj. m. pl. Nemeos (jeux).

némoral, e adj. (P. us.). Nemoroso, sa.

ne-m'oubliez-pas [nəmubliepa] m. BOT. Nomeolvides, miosota, *f.*

nénies [neni] f. pl. Nenias (chants funèbres).

nenni adv. FAM. No, nones, ¡qué no !

nénuphar [nenyfa:r] m. Nenúfar (plante).

néo-calédonien, enne adj. et s. Neocaledonio, nia.

néo-catholicisme m. Neocatolicismo.

néo-celtique adj. et s. m. Neocéltico, ca.

néo-chrétien, enne adj. et s. Neo-cristiano, na.

néo-christianisme m. Neocristianismo.

néo-classicisme m. Neoclasicismo.

néo-classique adj. et s. Neoclásico, ca.

néo-colonialisme m. Neocolonialismo.

néo-colonialiste adj. et s. Neocolonialista.

néocomien adj. et s. m. GÉOL. Neocomiense.

néo-criticisme m. Neocriticismo.

néo-criticiste adj. et s. Neocriticista.

néo-culture f. Neocultivo, *m.*

néo-darwinisme [neodarwinism] m. Neodarwinismo.

néodyme m. GÉOL. Neodimio.

néo-fascisme m. Neofascismo.

néogène m. GÉOL. Neógeno.

néo-gothique adj. et s. Neogótico, ca.

néo-grec, ecque adj. Neogriego, ga. — M. Griego moderno.

néo-hébreu m. Hebreo moderno.

néo-hégélianisme m. Neohegelianismo.

néo-impressionnisme m. Neoimpresionismo.

néo-kantien, enne adj. et s. Neokantiano, na.

néo-kantisme m. Neokantismo.

néo-latin, e adj. Neolatino, na.

néo-libéralisme m. Neoliberalismo.

néolithique adj. et s. m. Neolítico, ca.

néologisme m. Neologismo.

néologue ou néologiste m. et f. Neólogo, ga.

néo-malthusianisme m. Neomaltusianismo.

néoménie ou nouménie f. Neomenia (de la lune).

néomycine f. Neomicina (antibiotique).

néon m. Neón (gaz).

néophyte [neofit] m. et f. Neófito, ta.

néoplasme m. MÉD. Neoplasma.

néoplasie f. BIOL. Neoplasia.

néoplasme m. BIOL. Neoplasma.

néo-platonicien, enne adj. et s. Neoplatónico, ca.

néo-platonisme m. Neoplatonismo.

néo-positivisme m. Neopositivismo.

néoprène m. Neopreno (caoutchouc).

néo-pythagorisme m. Neopitagorismo.

néo-réalisme m. Neorrealismo.

néo-réaliste adj. et s. Neorrealista.

néo-romantique adj. et s. Neorromántico, ca.

néo-romantisme m. Neorromanticismo.

néo-scolastique adj. et s. f. Neoescolástica.

néoténie f. BIOL. Neotenia.

néo-thomisme m. Neotomismo.

néo-vitalisme m. Neovitalismo.

néo-zélandais, e adj. et s. Neocelandés, esa.

néozoïque adj. GÉOL. Neozoico, ca.

népalais, e adj. et s. Nepalés, esa.

ɴèpe f. Escorpión (*m.*) de agua, nepa.

népenthès [nepɛ̃tɛs] m. Nepente (boisson).

népérien, enne adj. Neperiano, na.

néphélémétrie f. CHIM. Nefelometría.

néphélion [nefeljɔ̃] m. MÉD. Nefelión (à l'œil).

néphrectomie [nefrɛktɔmi] f. MÉD. Nefrectomía.

néphrétique [nefretik] adj. MÉD. Nefrítico, ca.

néphrite [nefrit] f. MÉD. Nefritis.

néphrose [nefro:z] f. MÉD. Nefrosis.

népotisme m. Nepotismo.

Neptune n. pr. m. Neptuno.

neptunien, enne adj. Neptúnico, ca.

neptunium [nɛptynjɔm] m. CHIM. Neptunio.

néréide f. MYTH. Nereida. ‖ ZOOL. Nereida, escolopendra (néréis).

nerf [nɛ:r] m. Nervio ‖ ARCHIT. Nervadura, *f.* (moulure). ‖ FAM. Tendón. ‖ FIG. Nervio, factor preponderante : *l'argent est le nerf de la guerre*, el dinero es el nervio de la guerra. ‖ Nervio, fuerza, *f.*, energía, *f.* : *avoir du nerf*, tener energía. ‖ TECHN. Nervura, *f.*, nervio (reliure). ‖ *Nerf de bœuf*, vergajo. ‖ — *Avoir les nerfs à vif, en boule, en pelote*, estar hecho un manojo de nervios. ‖ *Avoir une crise de nerfs*, tener un ataque de nervios. ‖ *Taper* o *porter sur les nerfs*, atacar los nervios, poner nervioso.

nerf-férure m. Alcanzadura, *f.* (du cheval).

nérite f. Nerita (mollusque).

néritique adj. GÉOL. Nerítico, ca.

néroli m. Esencia (*f.*) de azahar.

Néron n. pr. m. Nerón

néronien, enne adj. MÉD. Neroniano, na.

nerprun [nɛrprœ̃] m. Aladierna, *f.* (arbuste).

nervation f. BOT. Nervadura.

nerveux, euse adj. Nervioso, sa. ‖ FIG. Vigoroso, sa ; enérgico, ca : *style nerveux*, estilo vigoroso. — OBSERV. Ponerse o estar nervioso se dice *s'énerver* o *être énervé*.

nervin [nɛrvɛ̃] adj. m. MÉD. Nervino.

nervosisme m. Nerviosismo.

nervosité f. Nerviosismo, *m.*, nerviosidad. — SYN. *Fébrilité*, febrilidad. *Agitation*, agitación.

nervure f. Nervadura. ‖ Vivo, *m.* (couture). ‖ ARCHIT. Nervadura (moulure). ‖ TECH. Nervio, *m.* (reliure).

nestorianisme m. Nestorianismo.

nestorien, enne adj. et s. Nestoriano, na.

net, nette [nɛt] adj. Nítido, da : *un teint net*, una tez nítida. ‖ Limpio, pia : *linge net*, ropa limpia. ‖ Límpido, da (limpide). ‖ Neto, ta ; claro, ra : *une victoire nette*, una victoria clara. ‖ Neto, ta : *prix net*, precio neto ; *revenu net*, renta neta ; *poids net*, peso neto. ‖ Claro, ra : *écriture, idée nette*, escritura, idea clara. ‖ Puro, ra ; nítido, da (voix). ‖ Nítido, da (image). ‖ Bueno, na : *vue nette*, buena vista. ‖ FIG. Sin dudas, preciso, sa : *réponse nette*, respuesta precisa. ‖ Limpio, pia (conscience). ‖ — *Net de*, exento de (impôts). ‖ — *En avoir le cœur net*, saber a qué atenerse. ‖ *Être net*, ser muy claro. ‖ *Faire place nette*, despejar. — M. Limpio : *mettre au net*, poner en limpio. ‖ « Net » (tennis). — Adv. De un golpe, de una vez : *casser net*, romper de un golpe. ‖ Limpio : *gagner un million net*, ganar un millón limpio. ‖ En seco, de pronto : *s'arrêter net*, pararse en seco. ‖ FIG. Francamente, rotundamente : *refuser net*, negarse rotundamente. ‖ — *Tout net*, rotundamente, categóricamente. ‖ — *Parler net*, hablar claro, con claridad.

nettement [nɛtmɑ̃] adv. Distintamente, claramente : *apercevoir nettement un objet*, percibir distintamente un objeto. ‖ Claramente, con toda sinceridad *ou* franqueza (sans détours). ‖ De lejos : *il est nettement le plus fort*, es de lejos el más fuerte. ‖ Mucho : *il chante nettement mieux*, canta mucho mejor.

netteté [net(ə)te] f. Limpieza, nitidez. ‖ Franqueza, claridad.

nettoiement [nɛtwamɑ̃] m. Limpieza, f.

nettoyage [-ja :ʒ] m. Limpieza, f. ‖ Limpiado (d'un costume). ‖ *Nettoyage à sec*, limpieza en seco.

nettoyer* [je] v. tr. Limpiar. ‖ FAM. *Nettoyer quelqu'un*, dejar a uno limpio, desplumado, sin dinero.

— SYN. *Décrasser*, desengrasar. *Essuyer*, limpiar. *Balayer*, barrer. *Curer*, mondar. *Écurer*, limpiar. *Récurer*, fregar. *Pop. Torcher*, limpiar.

nettoyeur, euse [-jœ:r, ø:z] m. et f. Limpiador, ra.

neuf [nœf] adj. et s. m. inv. Nueve. ‖ Noveno : *Charles IX (neuvième)*, Carlos IX [noveno]. ‖ — *Pie IX*, Pío IX [nono]. ‖ — *Il était 9 heures*, eran las nueve.

neuf, euve [nœf, nœ:v] adj. Nuevo, va : *maison neuve*, casa nueva. ‖ — *Tout battant* o *flambant neuf*, flamante. ‖ *Tout neuf*, completamente nuevo. ‖ — *Être neuf dans les affaires*, ser novato en los negocios.
— M. Nuevo : *être habillé de neuf*, estar vestido de nuevo. ‖ — *Quoi de neuf ?*, ¿qué hay de nuevo ? ‖ *Y a-t-il du neuf ?*, ¿hay algo de nuevo ? ‖ *Mettre à neuf*, renovar. ‖ *Remettre à neuf*, dejar como nuevo.

neume m. MUS. Neuma.

neurasthénie f. MÉD. Neurastenia.

neurasthénique adj. et s. Neurasténico, ca.

neurochirurgie f. MÉD. Neurocirugía.

neurologie f. MÉD. Neurología.

neurologiste ou **neurologue** m. et f. MÉD. Neurólogo, m.

neurone m. ANAT. Neurona, f.

neuropathie f. MÉD. Neuropatía.

neuropathologie f. MÉD. Neuropatología.

neurotropisme m. MÉD. Neurotropismo.

neuro-végétatif, ive adj. Neurovegetativo, va.

neutralisant, e adj. et s. m. Neutralizador, ra ; neutralizante.

neutralisation f. Neutralización.

neutraliser v. tr. Neutralizar.

neutralisme m. Neutralismo.

neutraliste adj. et s. Neutralista.

neutralité f. Neutralidad. ‖ *Rester dans la neutralité*, permanecer neutral, mantener la neutralidad.

neutre adj. et s. Neutro, tra : *couleur neutre*, color neutro. ‖ Neutral : *nation neutre*, nación neutral.

neutrino m. PHYS. Neutrino.

neutron m. PHYS. Neutrón.

neuvaine f. Novena.

neuvième adj. et s. Noveno, na. ‖ — M. *Le neuvième*, la novena parte.

neuvièmement [nœvjɛmmɑ̃] adv. En noveno lugar.

névé m. Nevero.

neveu m. Sobrino. ‖ *Neveu à la mode de Bretagne*, sobrino segundo.

névralgie f. MÉD. Neuralgia.

névralgique adj. Neurálgico, ca.

névrite f. MÉD. Neuritis.

névritique adj. MÉD. Neurítico, ca.

névrome m. MÉD. Neuroma.

névropathe adj. et s. MÉD. Neurópata.

névropathie f. MÉD. Neuropatía.

névroptères m. pl. Neurópteros.

névrose f. MÉD. Neurosis.

névrosé, e adj. et s. MÉD. Neurótico, ca.

névrosique adj. MÉD. Neurótico, ca.

névrotomie f. MÉD. Neurotomía.

new-deal [njudi:l] m. New-deal, nueva (f.) organización.

new-look [-luk] m. Nuevo aspecto ou estilo.

newton [nœtɔ̃] m. PHYS. Newton, neutonio.

newtonien, enne [njutɔnjɛ̃, jɛn] adj. Neutoniano, na ; newtoniano, na.

New York [njujɔrk] n. pr. GÉOGR. Nueva York.

new-yorkais, e [-kɛ, ɛ:z] adj. et s. Neoyorquino. na.

nez [ne] m. Nariz, f. : *nez aquilin, retroussé, camus, écrasé*, nariz aquilina ou aguileña, respingona, chata, aplastada. ‖ Pico, punta, f. (angle). ‖ Olfato : *ce chien a du nez*, ese perro tiene buen olfato. ‖ Proa, f. (d'un navire, d'un avion), morro (d'un avion). ‖ GÉOGR. Cabo, promontorio (cap). ‖ — *Nez à nez*, cara a cara. ‖ — *Au nez de*, en las narices de. ‖ *À vue de nez*, a ojo de buen cubero. ‖ MAR. *Sur le nez*, inclinado sobre la proa. ‖ — *Allonger le nez, avoir le nez long* o *faire un nez*, poner cara larga. ‖ *Avoir le nez fin* o *creux*, ser un lince, tener buen olfato. ‖ *Avoir quelqu'un dans le nez*, tener a alguien entre ceja y ceja, entre ojos. ‖ *Baisser le nez*, bajar la cabeza. ‖ *Jeter quelque chose au nez de quelqu'un*, echar algo en cara a alguien. ‖ FAM. *Mener par le bout du nez*, dominar, manejar a su antojo *ou* como un títere. ‖ *Mettre* o *fourrer le nez dans une affaire*, meter las narices en un negocio. ‖ *Montrer son nez*, asomarse, hacer acto de presencia. ‖ FIG. *Ne pas voir plus loin que le bout de son nez*, no ver más allá de sus narices. ‖ *Parler du nez*, nasalizar, ganguear. ‖ *Passer sous le nez*, pasar por debajo de las narices. ‖ *Piquer du nez*, hocicar (tomber). ‖ *Rire au nez de quelqu'un*, reírse en las barbas *ou* en las narices de uno. ‖ *Saigner du nez*, echar 'sangre por las narices. ‖ FAM. *Se casser le nez*, encontrar cerrada la puerta (la porte close), romperse las narices, quedarse con dos palmos de narices (échouer). ‖ POP. *Se manger le nez*, tirarse de los pelos (disputer). ‖ *Se piquer le nez*, coger una pítima. ‖ *Tirer les vers du nez*, sonsacar, tirar de la lengua. ‖ *Vous l'avez sous le nez !*, lo tiene delante de sus narices.

ni conj. Ni : *ni pauvre ni riche*, ni pobre ni rico.
— OBSERV. Después de *ni... ni* el verbo se pone en singular si sólo uno de los sujetos puede realizar la acción (ni Pierre ni Paul ne *devait* être le premier) ; en los demás casos se puede poner en singular o en plural (ni Pierre ni Paul ne *savaient* o ne le *savait*.)

niable [njabl] adj. Negable.

niais, e [njɛ, njɛ:z] adj. et s. Bobo, ba ; necio, cia : *faire le niais*, hacer el necio.
— SYN. *Naïf*, simple, inocente *Simple*, simple. *Innocent*, inocente. *Nigaud*, memo. *Dadais*, pavitonto, pasmarote. *Bébête*, tontaina, lila. *Jobard*, tonto, pánfilo. *Dindon*, pavitonto. *Serin*, papanatas. *Pop. Cornichon*, mastuerzo. *Gourde*, roquete. *Pigeon*, palomino. *Poire*, primo.

niaiserie [njɛzri] f. Necedad, bobería.

nib adv. POP. Nada. ‖ *Nib d'argent*, nada de dinero, ni un cuarto.

Nibelungen [nibəluŋən] m. pl. MYTH. Nibelungos.

Nicaise n. pr. m. Nicasio.

Nicaragua n. pr. m. GÉOGR. Nicaragua, f.

nicaraguayen, enne adj. et s. Nicaragüense.

Nice [nis] n. pr. GÉOGR. Niza.

Nicée n. pr. GÉOGR. Nicea.

niche f. Hornacina, nicho, m. ‖ Perrera, casilla (chiens). ‖ FAM. Travesura, diablura.

nichée f. Nidada, pollada (oiseaux). ‖ FAM. Camada (autres animaux). ‖ FAM. Chiquillos, m. pl., prole, grupo (m.) de niños de la misma familia.

nicher v. intr. Anidar (oiseaux). ‖ FAM. Vivir (habiter).
— V. tr. Meter, colocar (placer) : *qui vous a niché là ?*, ¿quién le ha colocado ahí ?
— V. pr. Anidar (les oiseaux). ‖ Meterse (se placer), esconderse (se cacher).

nichet [niʃɛ] m. Nidal (de pondoir).

nicheur, euse adj. Anidador, ra.

nichoir m. Nidal, pollera, f.

nichons m. pl. POP. Limones (seins).

Nichrome m. Nicromo (alliage).

nickel m. Níquel (métal).

nickelage [nikla:ʒ] m. Niquelado.
nickeler* [-kle] v. tr. Niquelar. ‖ Pop. *Avoir les pieds nickelés*, ser un holgazán.
nickelure [-kly:r] f. Niquelado, *m.*, niqueladura.
Nicodème n. pr. m. Nicodemo. ‖ Fam. Bobo, memo.
niçois, e [niswa, -wa:z] adj. et s. De Niza, nizardo, da.
nicol m. Nicol.
Nicolas [nikɔla] n. pr. m. Nicolás.
Nicole n. pr. f. Nicolasa.
Nicomède n. pr. m. Nicomedes.
Nicosie n. pr. Géogr. Nicosia.
nicotiane [nikɔsjan] f. Bot. Nicociana (p. us.), tabaco, *m.*
nicotine f. Nicotina.
nicotinique adj. Nicotínico, ca.
nicotinisme m. Nicotismo, nicotinismo.
nictation ou **nictitation** f. Nictación, parpadeo, *m.* (clignotement).
nictitant, e adj. Parpadeante. ‖ Nictitante (paupière).
nid [ni] m. Nido. ‖ Nidada, *f.* (nichée). ‖ *Nid d'abeilles*, nido de abejas (tissu). ‖ — *Nid d'ange*, nana. ‖ *Nid de guêpes*, avispero. ‖ Mil. *Nid de mitrailleuses*, nido de ametralladoras. ‖ *Nid-de-pie*, nido de urraca (fortification). ‖ *Nid-de-poule*, bache, hoyo. ‖ — Techn. *En nid d'abeilles*, en forma de panal. ‖ *Petit à petit l'oiseau fait son nid*, poco a poco hila la vieja el copo.
nidation f. Biol. Nidación.
nidification f. Nidificación.
nidifier* v. intr. Nidificar, hacer nidos.
nièce f. Sobrina. ‖ *Nièce à la mode de Bretagne*, sobrina segunda [de primo hermano].
nielle f. Bot. Neguilla (nigelle). ‖ Añublo, *m.*, tizón, *m.* (maladie du blé). ‖ — M. Techn. Niel (incrustation).
nieller v. tr. Techn. Nielar (incruster).
— V. pr. Atizonarse (les céréales).
nielleur m. Grabador de nieles.
niellure f. Agric. Añublo, *m.*, atizonamiento, *m.* (maladie). ‖ Techn. Nielado, *m.* (incrustation).
nier*[nje] v. tr. Negar : *nier un fait*, negar un hecho.
— Observ. El verbo que sigue « nier que » se pone en subjuntivo si la negación es categórica y en indicativo si no lo es.
— Syn. *Dénier*, denegar. *Refuser*, rehusar. *Contester*, impugnar, contestar. *Contredire*, contradecir. *Réfuter*, refutar.
nietzschéen, enne adj. et s. Nietzscheano, na.
nifé m. Géol. Nife.
nigaud, e [nigo, o:d] adj. et s. Memo, ma ; bobo, ba ; lelo, la.
nigauderie [-dri] f. Necedad, bobada, memez.
nigelle [niʒel] f. Bot. Arañuela.
nigérien, enne adj. et s. Nigeriano, na.
nigritique adj. Relativo a los negros.
nigua f. Nigua (insecte).
nihilisme m. Nihilismo.
nihiliste adj. et s. Nihilista.
Nil [nil] n. pr. m. Géogr. Nilo (fleuve).
nilgaut [nilgo] m. Nilgó, nilgáu (antilope).
nille [ni:j] f. Techn. Manija (de manivelle).
nilotique adj. Relativo al Nilo.
nimbe [nɛ̃:b] m. Nimbo (auréole).
— Syn. *Auréole*, aureola. *Gloire*, gloria. *Diadème*, diadema.
nimbé, e adj. Nimbado, da ; aureolado, da.
nimber v. tr. Nimbar, aureolar.
nimbo-stratus [nɛ̃bostratys] m. Nimboestrato.
nimbus [nɛ̃by:s] m. Nimbo (nuage).
Nimègue n. pr. Géogr. Nimega.
Nîmes n. pr. Géogr. Nimes.
nîmois, e adj. et s. De Nimes.
ninas [ninas] m. inv. Purito (cigare).

Ninive n. pr. Hist. Nínive.
ninivite adj. et s. Ninivita.
niobite f. Niobita, columbita.
niobium [njɔbjɔm] m. Niobio (métal).
nipper v. tr. Fam. Trajear, ataviar : *être bien nippé*, estar bien trajeado.
nippes [nip] f. pl. Fam. Ropa vieja, pingos, *m.*, trapos, *m.* (vêtements usés).
nippon, e adj. et s. Nipón, ona.
nique f. Gesto, *m.*, mueca. ‖ *Faire la nique*, hacer una mueca de desdén, burlarse (se moquer).
nirvâna m. Relig. Nirvana.
nitouche f. Hipócrita. ‖ *Sainte nitouche*, mosquita muerta : *avoir des airs sainte nitouche*, parecer una mosquita muerta.
nitratation [nitratasjɔ̃] f. Nitratación.
nitrate m. Chim. Nitrato.
nitrater v. tr. Chim. Nitratar.
nitration [nitrasjɔ̃] f. Chim. Nitración.
nitre m. Nitro, salitre (salpêtre).
nitré, e adj. Nitrado, da.
nitreux, euse adj. Nitroso, sa.
nitrière f. Nitrería, salitral, *m.*
nitrifiant, e adj. Nitrificador, ra.
nitrification f. Chim. Nitrificación.
nitrifier v. tr. Nitrificar.
nitrile m. Chim. Nitrilo.
nitrique adj. Chim. Nítrico, ca.
nitrite m. Chim. Nitrito.
nitrobacter m. ou **nitrobactérie** f. Nitrobacteria, *f.*
nitrobenzène [nitrobɛ̃zɛ:n] m. Nitrobenceno.
nitrocellulose f. Nitrocelulosa.
nitrogène m. Nitrógeno.
nitroglycérine f. Nitroglicerina.
nitrophile [nitrofil] adj. Bot. Nitrófilo, la.
nitrosation [-zasjɔ̃] f. Chim. Nitrosación.
nitrosomonas m. Chim. Nitrosomonas.
nitrosyle m. Chim. Nitrosilo.
nitrotoluène m. Chim. Nitrotolueno.
nitruration [nitryrasjɔ̃] f. Techn. Nitruración.
nitrure m. Chim. Nitruro.
nitruré, e adj. Nitrurado, da.
nival, e adj. De las nieves.
nivéal, e adj. Bot. Que florece en invierno.
niveau m. Nivel. ‖ — *Niveau à bulle d'air*, nivel de aire. ‖ *Niveau d'eau*, nivel de agua. ‖ *Niveau de vie*, nivel de vida. ‖ — *Angle à niveau*, ángulo de nivel. ‖ *De niveau, au niveau*, de nivel, a nivel. ‖ *Passage à niveau*, paso a nivel.
nivéen, enne [nivéɛ̃, ɛn] adj. Níveo, a.
nivelage [nivla:ʒ] m. Nivelación, *f.*
nivélateur, trice adj. Nivelador, ra.
niveler* v. tr. Nivelar. ‖ Explanar (un terrain). ‖ Fig. Nivelar, igualar (égaliser).
nivelette f. Techn. Niveleta, tablilla de mira, mira de disco (voyant).
niveleur, euse adj. et s. Nivelador, ra.
— F. Niveladora, motoniveladora.
nivelle f. Nivel (*m.*) de aire.
nivellement [nivɛlmɑ̃] m. Nivelación, *f.* ‖ Nivelación, *f.*, explanación, *f.* (terrains). ‖ Fig. Nivelación, *f.*, nivelamiento.
nivéole f. Bot. Nevadilla (perce-neige).
nivernais, e adj. et s. De Nevers, del Nivernais *ou* Neversado.
nivôse m. Nivoso [mes del calendario republicano francés].
nivostat m. Nivelostato.
nixe f. Nix, ninfa de las aguas.
nizam [nizam] m. Nizam [soberano indio].
nizeré m. Esencia (*f.*) de rosas blancas.
nô m. No [drama lírico japonés].
nobélium [nɔbɛljɔm] m. Nobelio (métal).
nobiliaire adj. et s. m. Nobiliario, ria.
noblaillon, onne [noblajɔ̃, ɔn] m. et f. Hidalgüelo, la.

noble adj. et s. Noble. ‖ Fig. Grande, elevado : *style noble*, estilo elevado. ‖ *Père noble*, barba (théâtre).

noblesse f. Nobleza. ‖ Fig. Elevación (du style). ‖ *— Noblesse de robe*, nobleza de toga. ‖ *Noblesse oblige*, nobleza obliga. ‖ *— Avoir ses quartiers de noblesse*, ser de rancio abolengo, tener sus títulos de nobleza.

nobliau m. Hidalgüelo, hidalgo de gotera.

noce f. Boda : *le jour des noces*, el día de la boda. ‖ Nupcias, *pl.* : *se marier en secondes noces*, contraer segundas nupcias. ‖ Fam. Juerga (bombance). ‖ *— Noces d'argent, d'or*, bodas de plata, de oro. ‖ *Premières noces*, primeras nupcias. ‖ *Repas de noce*, banquete de bodas. ‖ *— Aller à la noce*, ir a una boda (festin). ‖ Fam. *Faire la noce*, ir de juerga *ou* francachela, andar de picos pardos. ‖ *Ne pas être à la noce*, estar pasándolas negras *ou* canutas.

noceur, euse m. et f. Fam. Juerguista.

nocher m. Poét. Nauclero. ‖ *Le nocher des Enfers*, Caronte.

nocif, ive adj. Nocivo, va ; dañino, na.

nocivité f. Nocividad.

noctambule adj. et s. Noctámbulo, la ; trasnochador, ra.

noctanbulisme m. Noctambulismo.

noctiluque f. Zool. Noctiluca.

noctuelle f. Zool. Noctua (papillon).

noctuidés m. pl. Noctuidos (insectes).

noctule f. Noctilio, *m.* (chauve-souris).

nocturne adj. Nocturno, na, *match de football en nocturne*, partido de fútbol por la noche *ou* partido nocturno. — M. Mus. Nocturno.

nodal, e adj. Nodal.

nodosité f. Nudosidad.

nodulaire adj. Nodular.

nodule m. Nódulo.

noduleux, euse adj. Noduloso, sa.

noël [nɔɛl] m. Navidad, *f.*, Pascua (*f.*) de Navidad, Natividad (*f.*) del Señor. ‖ Mus. Villancico, canción (*f.*) de Navidad (cantique). ‖ *— Arbre de Noël*, árbol de Navidad. ‖ *Carte de Noël*, christmas, tarjeta de felicitación de Navidad. ‖ *Fête de Noël*, Navidad. ‖ *Joyeux Noël*, felices Pascuas. ‖ *Nuit de Noël*, nochebuena, noche de Navidad (fête). ‖ *Père Noël*, Papá Noël. ‖ *Petit Noël*, regalo de Navidad. ‖ *— De Noël*, navideño, ña, de Navidad : *vacances de Noël*, vacaciones navideñas. ‖ *Présenter ses vœux à Noël*, felicitar las Pascuas.

— Observ. Aunque *Noël* sea masculino se dice *à la Noël*, pour la Noël, formas elípticas de *à la fête de Noël*, pour la fête de Noël.

nœud [nø] m. Nudo (de corde, de cravate, d'un arbre). ‖ Nudo (d'un roman, d'une pièce de théâtre). ‖ Anat. Nudo, nódulo. ‖ Nudillo (articulations des doigts). ‖ Astron. Nodo. ‖ Fig. Lazo, vínculo : *les nœuds du mariage*, los lazos del matrimonio. ‖ Mar. Nudo (unité de vitesse). ‖ Zool. Anillo : *les nœuds de la couleuvre*, los anillos de la culebra. ‖ *— Nœud coulant*, nudo corredizo. ‖ *Nœud de communications* o *ferroviaire*, nudo de communicaciones *ou* ferroviario. ‖ *Nœud gordien*, nudo gordiano. ‖ *— Le nœud de la question*, el nudo de la cuestión. ‖ *— Avoir un nœud à la gorge*, tener un nudo en la garganta.

noir, e adj. Negro, gra : *cheveux noirs*, cabellos negros ; *race noire*, raza negra. ‖ Fig. Oscuro, ra : *nuit noire*, noche oscura. ‖ Negro, gra ; sucio, cia : *mains noires*, manos sucias. ‖ Perverso, sa : *âme noire*, alma perversa. ‖ Profundo, da ; negro, gra : *misère noire*, miseria profunda. ‖ Magullado, da (meurtri). ‖ *— Noir comme un four*, oscuro como boca de lobo. ‖ *Bête noire*, pesadilla. ‖ *Cham-*

bre noire, cámara oscura. ‖ *Liste noire*, lista negra. ‖ *Marché noir*, mercado negro, estraperlo. ‖ *— Pop. Être noir*, estar morado *ou* ciego (ivre). ‖ *Il fait noir*, está oscuro, ya es de noche. — M. et f. Negro, gra (individu de race noire). — M. Negro (couleur) : *teindre en noir*, teñir de negro. ‖ Oscuridad, *f.* : *avoir peur du noir*, tener miedo a *ou* de la oscuridad. ‖ Chim. Negro : *noir de fumée*, negro de humo. ‖ Mil. Blanco (centre de la cible). ‖ Pop. Café solo. ‖ *— Noir sur blanc*, con pelos y señales, con todo detalle. ‖ *Sous des couleurs noires*, con negros colores. ‖ *— Fig. Broyer du noir*, tener ideas negras. ‖ *Mettre noir sur blanc*, poner por escrito. ‖ *Porter du noir*, vestir de luto. ‖ *Voir tout en noir*, verlo todo negro. — F. Mus. Negra (note). — Adv. *Peindre noir*, pintar en *ou* de negro.

noirâtre adj. Negruzco, ca.

noiraud, e [nwaro, o:d] adj. et s. Moreno, na.

noirceur [nwarsœːr] f. Negrura. ‖ Mancha negra (tache). ‖ Fig. Maldad, perfidia (méchanceté).

noircir v. tr. Ennegrecer, tiznar : *noircir une étoffe*, ennegrecer una tela. ‖ Fig. Manchar la reputación de, calumniar, difamar (diffamer). ‖ Ensombrecer, hacer más negro : *noircir la situation*, ensombrecer la situación. ‖ *Noicir du papier*, emborronar papel. — V. intr. et pr. Ennegrecerse (devenir noir). ‖ Oscurecerse (s'obscurcir).

noircissement m. Ennegrecimiento.

noircissure f. Tiznón, *m.*, mancha negra.

noise f. Camorra, pelea, gresca : *chercher noise*, buscar camorra.

noiseraie [nwazrɛ] f. Nogueral, *m.*, avellanal, *m.*, avellaneda.

noisetier [nwaztje] m. Avellano (arbre).
— Syn. *Coudrier*, nochizo. *Coudre*, avellano silvestre.

noisette f. Avellana (fruit). — Adj. inv. Color de avellana (couleur).

noix [nwa] f. Nuez (fruit) : *écaler des noix*, cascar nueces. ‖ Anat. Rótula (rotule). ‖ Techn. Engranaje, *m.*, piñon, m. (moulin à café). ‖ Aislador (*m.*) de porcelana *ou* vidrio. ‖ Mediacaña (rainure). ‖ Llave, nuez (d'un fusil). ‖ *— Noix de coco*, coco. ‖ *Noix de cyprès*, agalla de ciprés. ‖ *Noix de galle*, agalla. ‖ *Noix de veau*, landrecilla de ternera. ‖ *Noix muscade*, nuez moscada. ‖ *Noix vomique*, nuez vómica. ‖ *Une noix de beurre*, una cucharadita de mantequilla. ‖ Fam. *Vieille noix*, lila, mamarracho. ‖ *— À la noix* o *à la noix de coco*, de chicha y nabo, de tres al cuarto.

noli-me-tangere m. Noli me tángere. ‖ Bot. Hierba (*f.*) de Santa Catalina, balsamina, *f.* (balsamine).

nolis [noli] m. Mar. Flete.

nolisement [-lizmã] m. Mar. Fletamento, flete (affrètement).

noliser v. tr. Mar. Fletar (affréter).

nom [nɔ̃] m. ● Nombre, sustantivo : *nom commun, propre*, nombre común, propio. ‖ Apellido (nom de famille) : *donnez-moi vos nom et prénom*, déme su nombre y apellido. ‖ Nombre (prénom). ‖ Fig. Título : *d'architecte il n'a que le nom*, de arquitecto sólo tiene el título. ‖ *— Nom de guerre*, apodo, sobrenombre. ‖ Pop. *Nom de nom!, nom d'une pipe!, nom d'un chien!*, ¡caramba!, ¡canastos!, ¡caracoles! ‖ *— Au nom de*, en nombre de, de parte de. ‖ *De nom*, de nombre : *roi de nom*, rey de nombre. ‖ *Du nom*, de este nombre : *Philippe, quatrième du nom*, Felipe, cuarto de este nombre. ‖ Fam. *Le petit nom* o *nom de baptême*, el nombre *ou* nombre de pila. ‖ *Sans nom*, incalificable : *un crime sans nom*, un crimen incalificable. ‖ *— Appeler les choses par leur nom*, llamar las cosas por su nombre. ‖

C'est un grand nom, es un apellido célebre. ‖ *Décliner son nom*, decir su nombre. ‖ *Mettre un nom sur un visage*, caer en el nombre de una persona. ‖ *Se faire un nom*, hacerse un nombre.
— Syn. ● *Appellation*, apelación. *Dénomination*, denominación. *Substantif*, sustantivo.

nomade adj. et s. Nómada.
— Syn. *Romanichel*, gitano. *Forain*, feriante, forastero.

nomadisme m. Nomadismo.

no man's land [nomansland] m. Tierra (*f.*) de nadie.

nomarchie f. Hist. Nomarquía.

nomarque m. Hist. Nomarca.

nombrable adj. Numerable.

nombre m. ● Número : *nombre abstrait, concret*, número abstracto, concreto. ‖ Gramm. Número : *nombre singulier, pluriel*, número singular, plural. ‖ — Phys. *Nombre atomique*, número atómico. ‖ *Nombre cardinal*, número cardinal. ‖ *Nombre décimal*, número decimal. ‖ Aviat. *Nombre de Mach*, número de Mach. ‖ Archit. *Nombre d'or*, áureo número. ‖ *Nombre entier*, número entero. ‖ *Nombre fractionnaire*, número mixto. ‖ *Nombre ordinal*, número ordinal. ‖ *Nombre premier*, número primo. ‖ *Nombre simple*, número dígito. ‖ *La loi des grands nombres*, la ley de los grandes números. ‖ — *Le grand nombre, le plus grand nombre*, la mayoría, la mayor parte de la gente (personnes), la mayor parte *ou* el mayor número de las cosas (choses). ‖ *Le pouvoir du nombre*, el gobierno *ou* el poder de los más. ‖ — *Au nombre de*, en total (en tout), entre : *mettre quelqu'un au nombre de ses amis*, contar a alguien entre sus amigos. ‖ *Bon nombre de* o *nombre de*, numerosos, sas ; muchos, chas. ‖ *Dans le nombre*, en el conjunto, entre ellos. ‖ *En nombre*, en gran número. ‖ *Sans nombre*, innumerable, sin número, sin cuento. ‖ — *Avoir le nombre pour soi*, tener la mayoría consigo. ‖ *Être du nombre de*, formar parte de, pertenecer a la categoría de. ‖ *Faire nombre*, hacer bulto.
-- Observ. L'espagnol *nombre* correspond à *nom* ou *prénom*. *Número* correspond à *nombre*, mais aussi à *chiffre*. Con « *le plus grand nombre* » *ou* « *un petit nombre* » se pone el verbo en singular, con « *un grand nombre de* » se pone el verbo sea en singular sea en plural.
— Syn. ● *Numéro*, número. *Chiffre*, cifra, guarismo, número.

nombrer v. tr. (Vx). Enumerar, contar.

nombreux, euse adj. Numeroso, sa.

nombril [nɔbri] m. Ombligo. — *Nombril-de-Vénus*, ombligo de Venus (plante). ‖ *Nombril marin*, ombligo marino (coquillage). ‖ *Se prendre pour le nombril du monde*, creerse el ombligo del mundo.

nome m. Nomo.

nomenclateur m. Nomenclátor, nomenclador.

nomenclature f. Nomenclatura.

nominal, e adj. Nominal : *valeur nominale*, valor nominal.

nominalisme m. Philos. Nominalismo.

nominaliste adj. et s. Nominalista.

nominatif, ive adj. et s. m. Nominativo, va.

nomination [nɔminasjɔ̃] f. Nombramiento, m.

nommé, e adj. et s. Nombrado, da. ‖ Llamado, da ; tal (appelé) : *le nommé Michel*, el llamado Miguel. ‖ — *Bien ou mal nommé*, bien *ou* mal llamado. ‖ — *À jour nommé*, el día convenido, el día señalado. ‖ *À point nommé*, a propósito, en el mejor momento, muy oportunamente.

nommément adv. Señaladamente, especialmente. ‖ *Citer nommément*, llamar por su nombre.

nommer v. tr. Nombrar, designar (à un poste). ‖ Llamar : *comment vous nommez-vous?*, ¿cómo se llama usted? ‖ Llamar, poner de nombre : *mes parents m'ont nommé Michel*, mis padres me pusieron de nombre Miguel. ‖ Dar un nombre : *nommer un golfe récemment découvert*, dar un

nombre a un golfo recién descubierto. ‖ Designar : *nommer ses héritiers*, designar sus herederos. ‖ Llamar, dar un nombre (appeler) : *nommer par son nom*, llamar por su nombre. ‖ Decir el nombre : *il a nommé ses complices*, ha dicho el nombre de sus cómplices. ‖ Llamar, calificar : *on ne peut nommer une telle action*, no se puede calificar una acción parecida.

nomogramme m. Nomograma, ábaco (abaque).

nomographie [nɔmɔgrafi] f. Nomografía.

non adv. No. ‖ — *Non certes*, no por cierto. ‖ *Non pas*, pero no. ‖ *Non pas que*, no es que. ‖ *Non plus*, tampoco. ‖ *Non que*, no porque. ‖ *Non seulement*, no sólo. ‖ — *Dire non*, decir que no : *je ne dis pas non*, no digo que no. ‖ *Répondre par oui ou par non*, contestar sí o no.
— M. No : *répondre par un non*, contestar con un no.

non-activité [nɔnaktivite] f. Cesantía, excedencia (fonctionnaire). ‖ Situación de disponible, reemplazo, m. (militaires). ‖ *En non-activité*, cesante, excedente (fonctionnaire), diponible (militaire).

nonagénaire adj. et s. Nonagenario, ria,

non-agression [nɔnagrɛsjɔ̃] f. No agresión : *pacte de non-agression*, pacto de no agresión.

non-aligné, e [nɔnaliɲe] adj. et s. No alineado, da.

non-alignement [-ɲəmɑ̃] m. No alineación, *f.*

nonante adj. Noventa.
— Observ. Esta voz, de uso corriente en Suiza, Bélgica y Canadá, ya no se emplea en Francia, donde ha sido reemplazada por *quatre-vingt-dix*.

nonantième [nɔnɑ̃tjɛ:m] adj. Nonagésimo, ma.

non-assistance [nɔnasistɑ̃:s] f. Falta de asistencia.

non-belligérance f. No beligerancia.

non-belligérant, e adj. et s. No beligerante.

nonce m. Nuncio.

nonchalamment adv. Indolentemente.

nonchalance f. Indolencia, dejadez, descuido, *m.*

nonchalant, e adj. et s. Indolente, descuidado, da.

nonciature f. Nunciatura.

non-combattant m. No combatiente.

non-comparant, e m. et f. Dr. No compareciente.

non-comparution f. Dr. Incomparecencia.

non-conciliation f. Dr. Falta de conciliación.

non-conformisme m. No conformismo.

non-conformiste adj. et s. No conformista.

non-conformité f. No conformidad, disconformidad.

non-convertibilité f. Inconvertibilidad.

none f. Nona (heure canonique). ‖ — Pl. Nonas (du calendrier romain).

non-engagé, e adj. et s. No comprometido, da.

non-engagement m. Neutralidad, *f.*, actitud *ou* política sin compromisos.

non-être [nɔnɛ:tr] m. No ser, lo que no tiene existencia.

non-exécution [nɔnɛgzekysjɔ̃] f. No ejecución, incumplimiento, *m.*

non-existence [-ɛgzistɑ̃:s] f. No existencia, inexistencia.

nonidi m. Noveno día de la década [en el calendario republicano francés].

non-intervention f. No intervención.

non-interventionniste adj. et s. No intervencionista.

nonius [nɔnjys] m. Nonio.

non-jouissance f. Dr. Privación de un derecho *ou* de un usufructo.

non-lieu m. Dr. Sobreseimiento : *ordonnance de non-lieu*, auto de sobreseimiento.

non-moi m. Philos. El no yo, lo que es distinto de mí.

nonne f. Monja (religieuse).

nonnette f. Monjita (religieuse). ‖ Pastelillo (*m.*) redondo de alajú (pain d'épice).
nonobstant prép. No obstante, a pesar de (malgré). — Adv. Sin embargo, no obstante.
non-paiement ou **non-payement** [nɔ̃pɛmɑ̃] m. Falta (*f.*) de pago.
nonpareil, eille adj. Sin igual, sin par, impar.
non-recevoir m. Dr. *Fin de non-recevoir,* denegación ou desestimación de demanda (droit), negativa categórica (négative).
non-sens m. Disparate, absurdo, sinrazón, *f.*
non-usage [nɔ̃nyza:ʒ] m. Desuso.
non-valeur f. Valor (*m.*) improductivo (qui ne rapporte rien). ‖ Deuda incobrable (dette). ‖ Fig. Persona inútil, nulidad : *c'est une non-valeur,* es una nulidad.
non-viabilité f. Falta de viabilidad.
non-violence f. Acción sin violencia.
nopal m. Nopal, chumbera, *f.* (plante grasse).
Norbert n. pr. m. Norberto.
nord [nɔ:r] adj. et s. m. Norte. ‖ Mar. *Nord du compas,* norte de brújula. ‖ *Du nord,* del Norte, norteño, ña. ‖ *Perdre le nord,* perder el rumbo, desorientarse (s'écarter), perder el norte ou la brújula ou la cabeza (s'affoler).
nord-africain, e [nɔrafrikɛ̃, ɛ:n] adj. et s. Norteafricano, na.
nord-américain, e [-amerikɛ̃, ɛ:n] adj. et s. Norteamericano, na; estadounidense.
nord-est [nɔrɛst o nɔrdɛst] m. Nordeste.
nordique adj. et s. Nórdico, ca.
nordir v. intr. Mar. Nortear (le vent).
nordiste adj. et s. Hist. Nordista (guerre de Sécession américaine).
nord-ouest [nɔrwɛst o nɔrdwɛst] adj. et s. m. Noroeste.
noria f. Noria.
normal, e et adj. Normal : *être dans son état normal,* estar en su estado normal. ‖ — *École normale primaire,* Escuela Normal del Magisterio Primario. ‖ — *C'est normal,* es lógico ou normal. — N. f. Math. Normal, perpendicular. ‖ Lo normal : *supérieur à la normale,* superior a lo normal.
normalien, enne m. et f. Normalista (élève).
normalisation [nɔrmalizasjɔ̃] f. Normalización.
normaliser v. tr. Normalizar,
normalité f. Normalidad.
normand, e [nɔrmɑ̃, ɑ̃:d] adj. et s. Normando, da. ‖ Fig. Marrajo, ja; astuto, ta. ‖ Fam. *Faire une réponse normande,* dar una respuesta ambigua, evasiva, no decir ni sí ni no.
Normandie n. pr. f. Géogr. Normandía.
normatif, ive adj. Normativo, va.
norme f. Norma.
norois ou **norrois** m. Normánico [lengua noruega antigua].
noroît ou **norois** [nɔrwa] m. Viento noroeste.
Norvège n. pr. f. Géogr. Noruega.
norvégien, enne adj. et s. Noruego, ga.
— F. Mar. Bote (*m.*) de proa alta y puntiaguda.
nos [no] adj. poss. Nuestros, tras : *nos soucis,* nuestras preocupaciones.
nosographie f. Méd. Nosografía.
nosologie f. Méd. Nosología.
nostalgie f. Nostalgia, añoranza.
nostalgique adj. Nostálgico, ca.
nostoc m. Nostoc (algue).
nostras [nɔstras] adj. Méd. Nostras.
nota ou **nota bene** m. inv. Nota bene, *f.*
notabilité f. Notabilidad.
notable adj. Notable.
— M. Notable, ciudadano importante : *assemblée des notables,* asamblea de notables.
notaire m. Notario. ‖ — *Clerc de notaire,* pasante de notario. ‖ *Étude de notaire,* notaría.
notairesse f. Mujer del notario.

notamment adv. Particularmente, especialmente, entre otras cosas. ‖ Sobre todo, principalmente.
notarial, e et adj. Notarial : *actes notariaux,* actas notariales.
notariat [nɔtarja] m. Notaría, *f.* (charges). ‖ Notariado (corporation).
notarié, e adj. Notariado, da.
notation [nɔtasjɔ̃] f. Notación.
note f. ● Nota : *prendre note d'un rendez-vous,* tomar nota de una cita. ‖ Apunte, *m.,* nota : *prendre des notes,* tomar apuntes. ‖ Cuenta, factura : *une note élevée,* una cuenta crecida. ‖ Nota : *ces fleurs donnent une note de gaieté,* estas flores ponen una nota de alegría. ‖ Nota, calificación : *élève qui a de bonnes notes,* alumno que tiene buenas notas. ‖ Mus. Nota : *fausse note,* nota falsa. ‖ — *Note diplomatique,* nota diplomática. ‖ — *Changer de note,* mudar de canción, mudar de tono. ‖ *Chanter toujours sur la même note,* repetir siempre la misma canción. ‖ *Être o rester dans la note,* estar a tono. ‖ *Forcer la note,* pasarse de la raya, forzar la nota, cargar las tintas.
— Syn. ● *Annotation,* apunte, anotación. *Glose,* glosa. *Apostille,* apostilla. *Scolie,* escolio.
noter v. tr. Tomar nota, anotar, apuntar (sur un calepin). ‖ Calificar, poner nota a (un devoir). ‖ Señalar, marcar : *noter un passage d'une croix,* señalar un trozo con una cruz. ‖ Observar, advertir, notar (remarquer). ‖ Decir : *notons en passant que,* de paso diremos que. ‖ Mus. Anotar, escribir. ‖ — *Noter d'infamie,* poner una nota infamante. ‖ *Il est à noter que,* mencionemos.
notice f. Reseña, nota, noticia : *notice biographique,* reseña biográfica. ‖ — *Notice d'entretien,* instrucciones [para el uso y conservación de aparatos diversos]. ‖ *Notice explicative,* folleto explicativo. ‖ *Notice nécrologique,* nota necrológica.
notificatif, ive adj. Informativo, va; notificativo, va.
notification f. Notificación.
notifier* v. tr. Notificar.
— Syn. *Signifier,* significar. *Intimer,* intimar.
notion f. Noción.
notoire adj. Destacado, da; notorio, ria.
notonecte m. Notonecta (insecte).
notoriété f. Notoriedad. ‖ *Être de notoriété publique,* ser público y notorio.
notre adj. poss. Nuestro, tra : *notre pays,* nuestro país.
— Observ. Pl. *nos.*
nôtre (le, la) pron. poss. Nuestro, tra : *leurs droits et les nôtres,* sus derechos y los nuestros.
— M. Nuestra parte, *f.* ‖ — M. et f. pl. Nuestros, tras : *êtes-vous des nôtres?,* ¿es usted de los nuestros?
Notre-Dame f. inv. Nuestra Señora.
notule f. Notita, apostilla.
notus [noty:s] m. Noto (vent).
nouage m. Anudamiento.
nouba f. Nuba (musique des tirailleurs nord-africains). ‖ Fam. Jaleo, *m.,* juerga : *faire la nouba,* estar de juerga.
noue [nu] f Agric. Prado (*m.*) pantanoso, almarjal, *m.* ‖ Archit. Lima hoya (angle du toit). ‖ Canal (tuile).
noué, e adj. Anudado, da. ‖ Encogido, da : *avoir l'estomac noué,* tener el estómago encogido. ‖ Agric. Cuajado, da (fruits). ‖ Fig. Raquítico, ca.
nouement [numɑ̃] m. Anudamiento.
nouer v. tr. Anudar (faire des nœuds), atar, trabar (lier). ‖ Agarrotar (les muscles). ‖ Fig. Trabar, contraer (amitié, rapports). ‖ Tramar, urdir : *nouer une intrigue,* tramar una intriga. | Trabar, entablar (relations).
nouet [nuɛ] m. Muñequilla (*f.*) para infusiones.

noueux, euse [nuø, ø:z] adj. et s. Nudoso, sa; sarmentoso, sa : *des mains noueuses*, manos sarmentosas.

nougat [nuga] m. Especie de turrón francés.

nouille [nu:j] f. Tallarín, *m.*, cinta. ‖ FAM. Ganso, *m.*, lelo, *m.*

noulet [nulɛ] m. Canalón del tejado.

noumène m. PHILOS. Nóumeno.

nounou f. FAM. Ama, nodriza.

nourrain m. Freza, *f.*, alevín (fretin). ‖ Lechón, cochinillo (jeune porc).

nourri, e adj. Alimentado, da; nutrido, da. ‖ Criado, da (allaité). ‖ FIG. Criado, da; educado, da (élevé). | Alimentado, da; nutrido, da; fortificado, da. | Hermoso, sa (fruits). | Granado, da : *blé nourri*, trigo granado. | Nutrido, da (abondant) : *applaudissements nourris*, aplausos nutridos. | Graneado, da : *feu nourri*, fuego graneado. | Denso, rico : *style nourri*, estilo rico.

nourrice f. Nodriza, ama de cría *ou* de leche. ‖ TECHN. Nodriza (automobile). ‖ — *Mère nourrice*, madre que cría. ‖ *Mettre en nourrice*, dar a criar fuera. ‖ *Nourrice sèche*, ama seca.

nourricerie [nurisri:] f. (P. us.). Establecimiento (*m.*) donde se crían niños.

nourricier, ère adj. Nutricio, cia; alimenticio, cia; nutritivo, va. ‖ Que asegura la subsistencia (père, terre). ‖ *Père nourricier*, padre putativo.

nourrir v. tr. ● Alimentar, nutrir : *le sang nourrit le corps*, la sangre nutre el cuerpo. ‖ Criar, amamantar, dar el pecho (allaiter) : *nourrir un enfant*, amamantar a un niño; *nourrir au biberon*, criar con biberón. ‖ Alimentar, dar de comer (donner à manger). ‖ FIG. Alimentar, nutrir (l'esprit). | Conservar, abrigar, acariciar, mantener : *nourrir de grands espoirs*, abrigar muchas esperanzas. ‖ *Nourrir au sein*, amamantar, criar al pecho.
— SYN. ● *Alimenter*, alimentar. *Sustenter*, sustentar. *Restaurer*, restaurar.

nourrissage m. Cría (*f.*) de ganado.

nourrissant, e adj. Alimenticio, cia; nutritivo, va.
— SYN. *Nutritif*, nutritivo. *Nourricier*, nutricio. *Substantiel*, substancial.

nourrisseur m. Encargado de cebar el ganado.

nourrisson m. Niño de pecho.

nourriture f. Alimento, *m.*, comida (aliment), sustento, *m.* ‖ FIG. Alimento : *la nourriture de l'esprit*, el alimento del espíritu.

nous [nu] pron. pers. pl. Nosotros, tras (sujet) : *nous sommes bons*, nosotros somos buenos; *nous sommes belles*, nosotras somos hermosas. ‖ Nos (complément direct ou indirect) : *il nous voit et il nous parle*, nos ve y nos habla. ‖ Nos (sujet, désignant un haut personnage) : *Nous, archevêque de Paris*, Nos, arzobispo de París. ‖ — *Nous autres*, nosotros, tras. ‖ — *À nous*, nuestro, tra : *cette maison est à nous*, esta casa es nuestra. ‖ *Chez nous*, en nuestro país (pays), en nuestra casa (maison), en nuestra sociedad *ou* entre nosotros (parmi nous). ‖ — *C'est nous*, somos nosotros *ou* nosotras. ‖ *C'est nous qui*, somos nosotros *ou* nosotras quienes *ou* los que *ou* las que.
— OBSERV. En espagnol on n'emploie le pronom sujet que si l'on veut insister (*nous partons demain*, nos vamos mañana; *nous, nous partons demain*, nosotros nos vamos mañana).

nouveau ou **nouvel, elle** adj. Nuevo, va : *un film nouveau*, una nueva película. ‖ Novicio, cia; novato, ta : *nouveau dans les affaires*, novicio en los negocios. ‖ — *Nouveaux visages*, caras nuevas. ‖ *Nouvel an, nouvelle année*, Año Nuevo. ‖ *Nouvelle lune*, luna nueva. ‖ — *De nouvelle date*, reciente. ‖ *Il y a du nouveau*, hay algo nuevo, hay novedad.
— M. Lo nuevo : *le nouveau plaît toujours*, lo nuevo gusta siempre. ‖ Novato, ta (dans une école).

— Adv. Recién : *nouveau-né, nouveaux mariés*, recién nacido, recién casados. ‖ — *À nouveau*, de nuevo : *reprendre à nouveau un projet*, comenzar de nuevo un proyecto. ‖ *De nouveau*, de nuevo, otra vez.
— OBSERV. *Nouvel* se emplea en francés ante palabras que empiezan con vocal o *h* muda (*un nouvel avion*). *Nouveau* cambia de sentido según vaya colocado antes o después del sustantivo: *robe nouvelle*, traje de modelo reciente; *nouvelle robe*, comprada hace poco.

nouveau-né adj. et s. Recién nacido, da.

nouveauté f. Novedad : *magasin de nouveautés*, almacén de novedades. ‖ Obra nueva (livre).

nouvelle f. Noticia (mot le plus courant), nueva : *apporter des nouvelles*, traer noticias. ‖ Novela corta (récit). ‖ — *Nouvelles à la main*, gacetilla. ‖ — *Fausse nouvelle*, bulo. ‖ *La Bonne Nouvelle*, la Buena Nueva. ‖ *Pas de nouvelles, bonnes nouvelles*, las malas noticias llegan las primeras. ‖ *Première nouvelle!*, ¡ahora me entero! ‖ — *Demander o prendre des nouvelles de*, preguntar por. ‖ *Envoyer quelqu'un aux nouvelles*, enviar alguien a buscar noticias. ‖ *Vous aurez de mes nouvelles*, ya oirá hablar de mí. ‖ *Vous m'en direz des nouvelles*, ya me dirá usted, ya verá lo que es bueno.

nouvellement adv. Desde hace poco, recientemente, recién.

nouvelliste m. Autor de novelas cortas.

nova f. ASTR. Nova.

novateur, trice adj. et s. Novador, ra; innovador, ra.

novation f. DR. Novación.

novatoire m. DR. Novatorio, ria.

novelle f. DR. Novela.

novembre [nɔvɑ̃:br] m. Noviembre.

nover v. tr. DR. Novar.

novice adj. et s. Novicio, cia (religieux). ‖ ● Novato, ta; novel (débutant). ‖ MAR. Grumete.
— SYN. ● *Néophyte*, neófito. *Débutant*, principiante. *Apprenti*, aprendiz. *Fam. Béjaune*, pipiolo, novato. *Blanc-bec*, mocoso. *Bleu*, quinto, recluta, bisoño.

noviciat [nɔvisja] m. Noviciado (religieux). ‖ FIG. Aprendizaje (apprentissage).

novocaïne [nɔvokain] f. PHARM. Novocaína.

noyade [nwajad] f. Ahogamiento, *m.* ‖ *Noyade de trois enfants*, tres niños se ahogan.

noyau [nwajo] m. Hueso (d'un fruit). ‖ Núcleo : *noyau atomique*, núcleo atómico. ‖ Noyó (liqueur). ‖Macho, alma, *f.* (fonderie). ‖ ARCHIT. Nabo, eje (d'escalier). ‖ BIOL. et CHIM. Núcleo (de cellule). ‖ ÉLECTR. Núcleo (d'une bobine). ‖ FIG. Núcleo (d'une association).

noyautage [-ta:ʒ] m. Infiltración, *f.*, organización (*f.*) de células de partidarios entre las fuerzas adversas.

noyauter [-te] v. tr. Establecer núcleos *ou* células en el seno de una colectividad.

noyé, e [nwaje] adj. et s. Ahogado, da. ‖ Sumergido, da (immergé), anegado, da. ‖ — FIG. *Noyé dans la multitude*, sumergido entre la muchedumbre. | *Noyé de larmes*, bañado *ou* anegado en llanto.

noyer [nwaje] m. Nogal (arbre et bois).

noyer* [nwaje] v. tr. Ahogar : *noyer un chien*, ahogar un perro. ‖ Anegar, inundar (un terrain). ‖ Inundar, ahogar (le carburateur). ‖ Diluir (les couleurs). ‖ Remachar (un clou). ‖ Cubrir, envolver : *une épaisse brume noie la vallée*, una espesa niebla cubre el valle. ‖ FIG. Anegar, bañar (les larmes). | Aclarar : *noyer une sauce*, aclarar una salsa. | Aguar (le vin). | Ahogar, acallar : *noyer son chagrin dans le vin*, ahogar su pena embriagándose. | Despistar (un candidat). ‖ FIG. et FAM. *Noyer le poisson*, dar largas a un asunto.
— V. pr. Ahogarse : *se noyer dans un lac*, ahogarse en un lago. ‖ FIG. Perderse : *se noyer dans*

les détails, perderse en detalles. | Ahogarse : *se noyer dans un verre d'eau*, ahogarse en un vaso de agua.

nu m. Desnudo (peinture, sculpture). ‖ ARCHIT. Alineación, *f.*

nu. m. Ny, *f.* (lettre grecque).

nu, nue adj. Desnudo, da. ‖ Desnudo, da ; sin adornos (sans ornements). ‖ Yermo, ma (sans végétation). ‖ Escueto, ta ; llano, na (style). ‖ Desenvainado, da (épée). ‖ — *Arbre nu*, árbol sin hojas. ‖ *Cheval nu*, caballo no enjaezado. ‖ *La vérité toute nue*, la verdad escueta. ‖ *Roche à nu*, roca viva. ‖ *Tout nu*, en cueros, totalmente desnudo. ‖ — *À l'œil nu*, a simple vista. ‖ *À nu*, al descubierto. ‖ *Nu comme un ver*, completamente desnudo, en cueros vivos. ‖ — *Mettre à nu*, desnudar. ‖ *Mettre son cœur à nu*, hablar con toda franqueza, abrir el corazón. ‖ *Monter à nu*, montar a pelo (équitation).

— OBSERV. *Nu* es invariable cuando precede a un sustantivo y se une con éste mediante un guión para formar una palabra compuesta : *nu-tête*, con la cabeza descubierta ; *nu-pieds*, descalzo, con los pies desnudos. Pero se escribe : *tête nue*, y *pieds nus*, pues en este caso el adjetivo sigue al nombre. (Excepciones : *nue-propriété*, nuda propiedad y *nus-propriétaires*, nudos propietarios.)

nuage [nɥa:ʒ] m. Nube, *f.* ‖ FIG. Sombra (*f.*) de tristeza, nube, *f.*, pena, *f.* (trouble, chagrin). ‖ — *Nuage de lait*, gota de leche [en café o té]. ‖ *Nuage de poussière*, nube de polvo, polvareda. ‖ — FIG. *Être dans les nuages*, estar en las nubes, en Babia. | *Mon avenir est chargé de nuages*, mi porvenir se presenta negro, mi porvenir está lleno de amenazas.

— OBSERV. *Nuage* es la palabra usual ; *nue* pertenece a la lengua literaria.

— SYN. *Nuée*, nublado, nubarrón. *Nue*, nube.

nuageux, euse adj. Nublado, da : *le ciel est nuageux*, el cielo está nublado. ‖ Nubloso, sa : *une journée nuageuse*, un día nubloso. ‖ FIG. Nebuloso, sa ; vago, ga ; oscuro, ra : *une pensée nuageuse*, un pensamiento nebuloso.

nuance [nɥɑ̃:s] f. Matiz, *m.* (couleur, son, opinion). ‖ Rasgo, *m.*, un algo, *m.*, matiz, *m.* : *il n'y a pas de génie sans une nuance de folie*, no hay genio sin un rasgo de locura.

nuancement m. Matización, *f.*

nuancer v. tr. Matizar (couleurs, opinions).

Nubie n. pr. f. GÉOGR. Nubia.

nubien, enne adj. Nubiense.

nubile adj. Núbil.

nubilité f. Nubilidad.

nucelle m. BOT. Nucela, *f.*

nucléaire adj. Nuclear : *physique nucléaire*, física nuclear.

nucléé, e adj. Nucleado, da.

nucléole m. BIOL. Nucléolo.

nucléon m. PHYS. Nucleón.

nucléonique adj. et s. f. Nucleónico, ca.

nucléoprotéine f. Nucleoproteína.

nudisme m. Nudismo, desnudismo.

nudiste adj. et s. Nudista, desnudista.

nudité f. Desnudez.

nue [ny] f. Nube (nuage). ‖ FIG. *Porter aux nues*, poner por las nubes. | *Tomber des nues*, caer de las nubes.

nuée [nɥe] f. Nubarrón, *m.* (gros nuage). ‖ Nube. ‖ FIG. Nube, bandada : *nuée de sauterelles*, nube de langostas. | Vaguedad (idée obscure). ‖ *Nuée ardente*, nube ardiente *ou* peleana (volcan).

nue-propriété f. DR. Nuda propiedad.

nuer v. tr. Armonizar los colores al tejer.

nuire* v. tr. Perjudicar, ser nocivo, hacer daño. ‖ *Ne pas nuire*, no venir nada mal, no estar nada mal.

— OBSERV. El participio pasado *nui* es siempre invariable : *ils se sont nui.*

— SYN. *Desservir*, causar perjuicio. *Léser*, lesionar.

nuisance f. Ruido (*m.*) ambiental.

nuisette f. Camisón (*m.*) corto, picardía.

nuisibilité f. Nocividad.

nuisible adj. Perjudicial, dañino, na ; nocivo, va ; *un oiseau nuisible*, un pájaro dañino.

— SYN. *Malfaisant*, dañino. *Pernicieux*, pernicioso. *Dangereux, périlleux*, peligroso. *Nocif*, nocivo, dañino. *Délétère*, deletéreo. *Méphitique*, mefítico. *Mauvais*, malo.

nuit [nɥi] f. Noche : *il fait nuit*, es de noche ; *nuit blanche*, noche toledana, noche en blanco, en claro ou en vela ; *nuit noire*, noche cerrada. ‖ *La nuit dernière*, anoche, la noche anterior. ‖ *Les oiseaux de nuit*, las aves nocturnas. ‖ — *À la nuit tombante* o *à la tombée de la nuit*, al anochecer, a la caída de la tarde. ‖ *Bonne nuit*, buenas noches. ‖ *C'est le jour et la nuit*, es la noche y el día. ‖ *Être de nuit*, trabajar por la noche. ‖ *Il se fait nuit*, anochece. ‖ *La nuit porte conseil*, es conveniente consultar con la almohada. ‖ *La nuit tous les chats sont gris*, de noche todos los gatos son pardos.

nuitamment adv. Durante la noche, por la noche.

nuitée f. Noche pasada en un hotel por una persona [por oposición a *journée*, día].

nul, nulle adj. indéf. [antes del nombre]. Ninguno, na : *nul espoir*, ninguna esperanza. ‖ *Nulle part*, en ninguna parte.

— Adj. qualif. [después del nombre]. Nulo, la ; sin valor : *testament nul*, testamento nulo ; *homme nul*, hombre nulo. ‖ — *Nul et non avenu*, nulo y sin valor. — *Match nul*, empate (sports), combate nulo (boxeo). ‖ — *Être nul*, ser una nulidad, estar pez ; *être nul en géographie*, estar pez en geografía. ‖ *Faire partie nulle*, hacer tablas.

— Pr. indéf. Nadie : *nul n'est prophète en son pays*, nadie es profeta en su tierra.

— OBSERV. L'adjectif indéfini *ninguno* s'apocope en *ningún* devant un nom masculin singulier (*ningún hombre*).
Nul, pronombre, exige la partícula negativa *ne* en la construcción de la frase.

nullement adv. De ningún modo, en modo alguno, de ninguna manera.

nullité f. Nulidad. ‖ FAM. Nulidad, cero (*m.*) a la izquierda (personne).

nûment adv. Desnudamente, lisa y llanamente : *dire nûment la vérité*, decir la verdad lisa y llanamente.

numéraire adj. Numerario, ria.

— M. Numerario, metálico (argent).

numéral, e adj. Numeral.

numérateur m. MATH. Numerador.

numération [nymerasjɔ̃] f. Numeración : *numération décimale*, numeración decimal. ‖ MÉD. Numération globulaire, recuento de glóbulos.

numérique adj. Numérico, ca.

numéro m. Número (chiffre, revue, loterie, spectacle) : *numéro gagnant*, número premiado. ‖ Matrícula, *f.* (d'une voiture). ‖ Ejemplar, número suelto (revue). ‖ FIG. Tipo curioso, tipo raro. ‖ — *L'ennemi public numéro un*, el enemigo público número uno. ‖ — FIG. *Avoir tiré le bon numéro*, haber nacido de pie. | *C'est un numéro*, es un caso.

numérotage m. Numeración, *f.*

numéroter v. tr. Numerar.

— SYN. *Folioter*, foliar. *Paginer*, paginar. *Coter*, acotar.

numéroteur m. Numerador (appareil).

numide adj. et s. Númida.

Numidie n. pr. f. GÉOGR. Numidia.

numismate m. et f. Numismático, ca.

numismatique adj. et s. f. Numismático, ca.

nummulite f. Numulita (fossile).

nummulitique adj. et s. m. Numulítico, ca.

nuncupatif, ive adj. DR. Nuncupativo, va.

nuncupation f. DR. Nuncupación.

nu-propriétaire m. DR. Nudo propietario.
nuptial, e [nypsjal] adj. Nupcial. ‖ *Lit nuptial*, tálamo.
nuptialité [-lite] f. Nupcialidad.
nuque f. ANAT. Nuca, cogote, *m.* (fam.).
nurse [nœrs] f. Niñera, nurse.
nursery [-səri] f. Cuarto (*m.*) *ou* guardería de los niños.
nutation [nytasjɔ̃] f. ASTR. et BOT. Nutación. ‖ Cabeceo, *m.* (oscillation de la tête).
nutricier, ère adj. Nutritivo, va; nutricio, cia.
nutritif, ive adj. Nutritivo, va.
nutrition [nytrisjɔ̃] f. Nutrición.
nyctaginacées f. pl. BOT. Nictagináceas.
nyctalope adj. et s. MÉD. Nictálope.
nyctalopie f. MÉD. Nictalopía.

Nylon [nilɔ̃] m. Nylon, nilón, nailón.
nymphal, e [nɛ̃fal] adj. Ninfal.
nymphe [nɛ̃:f] f. Ninfa.
— SYN. *Naïade*, náyade. *Dryade*, dríade, dríada. *Hamadryade*, hamadríade, hamadríada. *Oréade*, oréade.
nymphéa [nɛ̃fea] m. BOT. Ninfea, nenúfar.
nymphéacé, e [-se] adj. et s. BOT. Ninfeáceo, a.
nymphée [nɛ̃fe] m. MYTH. Lugar consagrado a las ninfas.
nymphomane [nɛ̃fɔman] f. MÉD. Ninfómana, ninfomaniaca.
nymphomanie [-ni] f. MÉD. Ninfomanía.
nymphose [nɛ̃fo:z] f. Ninfosis.
nystagmus [nistagmys] m. MÉD. Nistagmo, parpadeo espasmódico.

O

o m. O, *f.*
— OBSERV. La *o* es muda en *paon* (pavón), *faon* (cervato), *taon* (tábano) y *Laon*. La letra doble *œ* equivale a *e* y el diptongo *œu* a *eu*.
ô! interj. ¡Oh! [Úsase sólo como vocativo : *ô mon Dieu!*, ¡oh, Dios mío!].
oasien, enne adj. Relativo a los oasis.
— M. et f. Habitante de los oasis.
oasis [oazis] f. Oasis, *m.*
obédience f. Obediencia. ‖ *Lettres d'obédience*, letras obedenciales.
obédiencier m. Obedienciario (religieux).
obédientiel, elle adj. Obedencial.
obéir [ɔbei:r] v. intr. Obedecer : *obéir à un ordre*, obedecer a una orden ; *obéir à la force*, obedecer a la fuerza.
— SYN. *Se soumettre*, someterse. *Obtempérer*, obtemperar.
obéissance f. Obediencia : *obéissance du navire au gouvernail*, obediencia del barco al timón.
— SYN. *Soumission*, sumisión. *Obédience*, obediencia. *Servilité*, servilismo.
obéissant, e adj. Obediente.
obélisque m. Obelisco.
obérer* v. tr. Endeudar (endetter). ‖ Abrumar *ou* cargar de deudas (surcharger de dettes).
obèse adj. et s. Obeso, sa.
obésité f. Obesidad.
obi f. Faja de seda japonesa.
obier m. BOT. Mundillo, sauquillo.
obit [ɔbit] m. Misa (*f.*) de aniversario.
obituaire adj. et s. m. Obituario (registre d'une église). ‖ Depósito de cadáveres (morgue).
objecter v. tr. Objetar. ‖ Reprochar, echar en cara : *on lui objecte son jeune âge*, se le echa en cara su poca edad.
objecteur m. Objetante. ‖ *Objecteur de conscience*, objetor de conciencia.
objectif, ive adj. et s. m. Objetivo, va. ‖ *Objectif à immersion*, objetivo de inmersión.
objection f. Objeción, reparo, *m.* : *il fait toujours des objections à tout*, pone siempre reparos a todo.
objectivation f. Objetivación.
objectiver v. tr. Objetivar, hacer objetivo.
objectivisme m. Objetivismo.

objectivité f. Objetividad.
objet [ɔbjɛ] m. Objeto. ‖ — *Bureau des objets trouvés*, depósito de objetos perdidos. ‖ GRAMM. *Complément d'objet*, complemento directo. ‖ — *Avoir pour objet*, tener por objeto. ‖ *Être l'objet*, *faire l'objet*, ser objeto de. ‖ *Remplir son objet*, conseguir su propósito.
objurgation [ɔbʒyrgasjɔ̃] f. Censura, reproche, *m.*, reprobación.
oblat, e [ɔbla, at] m. et f. Oblato, ta (religieux).
oblation f. Oblación.
obligataire m. et f. Obligacionista.
obligation f. Obligación (devoir). ‖ Obligación (titre). ‖ Compromiso, *m.* : *contracter, s'acquitter d'une obligation*, contraer un compromiso, deshacerse de un compromiso. ‖ Deuda de gratitud (motif de reconnaissance). ‖ — *D'obligation*, obligatorio, ria ; de obligación. ‖ *Fête d'obligation*, fiesta de precepto, de guardar. ‖ — *Faire honneur à ses obligations*, cumplir con sus obligaciones *ou* con sus compromisos.
obligatoire adj. Obligatorio, ria.
obligé, e adj. Obligado, da : *être obligé de sortir*, estar obligado a salir. ‖ Agradecido, da (reconnaissant). ‖ Necesario, ria : *c'est une conséquence obligée*, es una consecuencia necesaria. ‖ FAM. Inevitable. ‖ *Je vous serais très obligé de*, le estaría muy agradecido por, le agradecería mucho que.
— M. et f. Agradecido, da. ‖ — *Il est mon obligé en cette affaire*, me tiene que estar muy reconocido *ou* agradecido en este asunto.
obligeamment [ɔbliʒamɑ̃] adv. Complacientemente, servicialmente, atentamente.
obligeance [-ʒɑ̃:s] f. Complacencia, cortesía. ‖ — *Un homme d'une extrême obligeance*, un hombre extremadamente cortés. ‖ — *Ayez l'obligeance de...*, haga el favor de, tenga la bondad *ou* la amabilidad de.
obligeant, e [-ʒɑ̃, ɑ̃:t] adj. Complaciente, servicial. ‖ Atento, ta; amable : *dire des paroles obligeantes*, decir palabras amables.
obliger v. tr. Obligar (à faire quelque chose). ‖ ● Forzar : *tu vas l'obliger à partir*, le vas a forzar a que se vaya. ‖ Servir, complacer (rendre service) : *obliger ses amis*, complacer a sus amigos.

‖ — *Être obligé de*, tener que, verse obligado a. ‖ *Vous m'obligeriez beaucoup en me laissant votre voiture*, le estaría muy agradecido si me dejara el coche. ‖ *Vous n'obligerez pas un ingrat*, sabré reconocerle *ou* agradecerle lo que usted haga por mí.
— Observ. Es preferible emplear *obliger à* en la forma activa y *obliger de* en la pasiva: *je vous oblige à faire cela*, y *je suis obligé de le faire.*
— Syn. ● *Astreindre*, obligar, astringir. *Contraindre*, compeler, constreñir. *Forcer*, forzar. *Violenter*, violentar.

oblique adj. Oblicuo, cua. ‖ Fig. Torcido, da.
— M. Anat. Oblicuo (muscle). ‖ — F. Math. Oblicua.

obliquer v. intr. Torcer a un lado.

obliquité f. Oblicuidad.

oblitérateur, trice adj. Méd. Obliterador, ra.
— M. Matasellos (pour les timbres).

oblitération f. Matado, *m.*, inutilización (d'un timbre). ‖ Matasellos, *m.* (marque). ‖ Méd. Obliteración.

oblitérer* v. tr. Méd. Obliterar, obstruir. ‖ Matar, poner el matasellos (timbre). ‖ Borrar (effacer). ‖ Anular (annuler).

oblong, gue [ɔblɔ̃, ɔ̃:g] adj. Oblongo, ga.

obnubilation f. Obnubilación.

obnubiler v. tr. Obnubilar, obsesionar.

obole f. Óbolo, *m.* : *verser son obole*, dar su óbolo.

obombrer v. tr. (P. us.). Dar sombra. ‖ Fig. Cobijar, proteger.

obscène adj. Obsceno, na.
— Syn. *Indécent*, indecente. *Impudique*, impúdico. *Impur*, impuro. *Licencieux*, licencioso. *Graveleux*, *ordurier*, indecente. *Grivois*, picaresco, verde. *Pornographique*, pornográfico. *Pimenté*, salado. *Sale*, sucio.

obscénité f. Obscenidad.

obscur adj. Oscuro, ra ; sombrío, ía.
— Observ. L'Académie espagnole admet aussi l'orthographe *obscuro*.
— Syn. *Nébuleux*, nebuloso. *Confus*, confuso. *Embrouillé*, enredado, embrollado. *Inextricable*, inextricable. *Entortillé*, enmarañado. *Touffu*, embrollado. *Ténébreux*, tenebroso. *Mystérieux*, misterioso. *Hermétique*, hermético. *Fumeux*, borroso.

obscurantisme m. Oscurantismo.

obscurantiste adj. et s. Oscurantista.

obscurcir [ɔbskyrsi:r] v. tr. ● Oscurecer.
— V. pr. Oscurecerse, nublarse (temps).
— Syn. ● *Offusquer*, ofuscar. *Éclipser*, eclipsar. *Obnubiler*, obnubilar.

obscurcissement m. Oscurecimiento.

obscurité f. Oscuridad, obscuridad.
— Syn. *Ténèbres*, tinieblas. *Nuit*, noche.

obsécration f. Obsecración.

obsédant, e adj. Obsesivo, va.

obsédé, e adj. et s. Obseso, sa ; obsesionado, da. ‖ *Maniaco, ca : les obsédés du volant*, los maniacos del volante.

obséder* v. tr. Atormentar, importunar, asediar (importuner). ‖ Fig. Obsesionar (occuper l'esprit).

obsèques [ɔbsɛk] f. pl. Exequias, funerales, *m.*
— Observ. Ne pas confondre avec l'espagnol *obsequio* qui signifie *cadeau, présent.*

obséquieux, euse [ɔbsekjø, ø:z] adj. Obsequioso, sa.

obséquiosité [-kjozite] f. Obsequiosidad.

observable adj. Observable.

observance f. Observancia. ‖ Acatamiento, *m.*, respeto (*m.*) y aplicación de las reglas.

observant, e m. et f. Observante (religieux).

observantin m. Franciscano de estricta observancia.

observateur, trice adj. et s. Observador, ra. ‖ Cumplidor, ra (des lois, des règles).

observation f. Observación. ‖ Advertencia (réprimande). ‖ Observancia, cumplimiento, *m.* (des

règles). ‖ *Malade en observation*, enfermo en observación.

observatoire m. Observatorio. ‖ Mil. Puesto de observación.

observer v. tr. Observar. ‖ ● Cumplir, observar (la loi, une règle). ‖ *Faire observer*, hacer notar, advertir (avertir).
— V. pr. Ser circunspecto, dominarse. ‖ Observarse, espiarse (des ennemis).
— Syn. ● *Garder*, guardar. *Accomplir*, cumplir.

obsession f. Obsesión.
— Syn. *Psychose*, psicosis.

obsessionnel, elle adj. Obsesivo, va.

obsidienne f. Min. Obsidiana.

obsidional, e adj. Obsidional : *couronne obsidionale*, corona obsidional (dans l'armée romaine).

obsolète adj. Obsoleto, ta (p. us.) ; anticuado, da ; arcaico, ca.

obstacle m. Obstáculo : *course d'obstacles*, carrera de obstáculos. ‖ — *Entreprise semée d'obstacles*, empresa llena de obstáculos. ‖ *Faire obstacle à* o *mettre un obstacle à*, obstaculizar, poner obstáculos a.
— Syn. *Barrage*, vallado. *Barrière*, barrera. *Barricade*, barricada. *Cordon* (police), cordón.

obstétrical, e adj. Méd. De obstetricia : *procédé obstétrical*, procedimiento de obstetricia.

obstétrique adj. Obstétrico, ca.
— F. Méd. Obstetricia.

obstination f. Obstinación, empeño, *m.*

obstiné, e adj. Obstinado, da ; terco, ca.

obstiner (s') v. pr. Obstinarse en, empeñarse en, empecinarse en : *s'obstiner à parler*, obstinarse *ou* empeñarse en hablar.

obstructif, ive adj. Méd. Obstructor, ra.

obstruction f. Obstrucción.

obstructionnisme m. Obstruccionismo.

obstructionniste adj. et s. Obstruccionista.

obstruer [ɔbstrɥe] v. tr. Obstruir.

obtempérer* v. intr. Obtemperar (p. us.), obedecer (obéir) : *obtempérer à un ordre*, obedecer una orden.

obtenir* v. tr. Obtener, conseguir, lograr (parvenir à) : *obtenir des résultats*, conseguir *ou* lograr resultados ; *obtenir un diplôme*, conseguir un diploma. ‖ *Obtenir gain de cause*, salirse con la suya.
— Syn. *Acquérir*, adquirir. *Gagner*, ganar. *Conquérir*, conquistar. *Soutirer*, sonsacar. *Décrocher*, descolgar.

obtention f. Obtención, consecución, logro, *m.*

obturant, e adj. Obturante.

obturateur, trice adj. Obturador, ra.
— M. Phot. et Techn. Obturador. ‖ *Obturateur à iris, à rideau*, obturador iris, de cortina (photographie).

obturation f. Obturación. ‖ Méd. Empaste, *m.* (dents).

obturer v. tr. Obturar. ‖ Méd. Empastar, obturar.

obtus, e [ɔbty, y:z] adj. Math. Obtuso, sa. ‖ Fig. Obtuso, sa ; tardo, da, de comprensión.

obtusangle [-zɑ̃gl] adj. m. Géom. Obtusángulo : *triangle obtusangle*, triángulo obtusángulo.

obus [oby] m. Obús, granada, *f.* (projectile). ‖ *Trou d'obus*, embudo de granada.

obusier m. Obús (canon).

obvenir* v. intr. Corresponder a alguien una sucesión.

obvers [ɔbvɛ:r] m. Anverso de moneda, medalla, etc. (avers).

obvie adj. (P. us.). Obvio, via.

obvier* v. intr. Obviar, evitar : *obvier à un inconvénient*, obviar un inconveniente.
— Observ. *Obvier* se construye siempre con la preposición *à.*

oc m. Oc. || *Langue d'oc,* lengua de oc, el provenzal.

ocarina m. Ocarina, *f.*

occase f. ASTR. Amplitud, occidua. || POP. Chollo, *m.,* ganga, ocasión.

occasion f. Ocasión, oportunidad : *à la première occasion,* en la primera ocasión ; *profiter de l'occasion,* aprovechar la oportunidad. || Mercancía de lance, ocasión. || Motivo, *m.,* causa : *occasion de dispute,* motivo de disputa. || — *À l'occasion,* si llega el caso, si se tercia. || *À l'occasion de,* con motivo de. || *Dans les grandes occasions,* en los casos excepcionales, en las grandes ocasiones. || *D'occasion,* de lance, de segunda mano, de ocasión (voiture, livres, etc.). || — *L'occasion fait le larron,* la ocasión hace al ladrón. || *Ne pas laisser passer l'occasion,* no dejar escapar la oportunidad. || *Perdre l'occasion,* no aprovechar la oportunidad. || *Prendre* o *saisir l'occasion aux* o *par les cheveux,* a la ocasión la pintan calva, asir la ocasión por los cabellos.

occasionnalisme ou **occasionalisme** m. Ocasionalismo.

occasionnaliste adj. et s. Ocasionalista.

occasionnel, elle adj. Ocasional.

occasionner v. tr. Ocasionar, causar.

— SYN. *Causer,* causar. *Entraîner,* acarrear. *Déterminer,* determinar. *Procurer,* procurar. *Amener,* engendrar. *Créer,* crear. *Produire,* producir. *Attirer,* atraer. *Provoquer,* provocar. *Susciter,* suscitar. *Déchaîner,* desencadenar.

occident [ɔksidã] m. Occidente.

-- SYN. *Ouest,* oeste. *Ponant, couchant,* poniente.

occidental, e [-tal] adj. et s. Occidental. || — M. pl. Los pueblos occidentales.

occidentalisation [-talizasjɔ̃] f. Occidentalización.

occidentaliser [-talize] v. tr. Occidentalizar.

occidentalisme m. Occidentalismo.

occidentaliste adj. et s. Occidentalista.

occipital, e [ɔksipital] adj. et s. m. ANAT. Occipital.

occiput m. ANAT. Occipucio. || FAM. Cogote.

occire* [ɔksi:r] v. tr. (Vx). Matar.

— OBSERV. Hoy sólo se usan el infinitivo, el participio *occis, e,* y con sentido más bien irónico.

occlure* v. tr. MÉD. Ocluir.

occlus, e [ɔkly, y:z] adj. Ocluido, da.

occlusif, ive adj. Oclusivo, va : *consonne occlusive,* consonante oclusiva.

occlusion f. MÉD. Oclusión (obstruction).

occlusionner v. tr. Ocluir.

occultation [ɔkyltasjɔ̃] f. ASTR. Ocultación. || Oscurecimiento, *m.* (d'une source de lumière).

occulte adj. Oculto, ta : *sciences occultes,* ciencias ocultas.

occulter v. tr. ASTR. Ocultar.

occultisme m. Ocultismo.

occultiste adj. et s. Ocultista.

occupant, e adj. et s. Ocupante. || Inquilino, na (locataire).

occupation f. Ocupación (place, emploi), trabajo, *m.* (travail). || Quehacer, *m.,* ocupación (affaire). || Ocupación (d'un pays, d'un logement, etc.).

occuper v. tr. ● Ocupar, emplear : *occuper ses heures creuses à,* ocupar sus horas libres en. || Ocupar, tener, desempeñar : *occuper un poste important,* ocupar un puesto importante. || Ocupar, apoderarse de (un pays). || Ocupar : *cela occupe beaucoup de place,* esto ocupa mucho sitio. || Emplear, dar trabajo, ocupar (des employés). || Ocupar, vivir en (un appartement). || Tomar : *les démarches ont occupé une journée,* las gestiones han tomado un día. || Dedicar, consagrar (consacrer). || Entretener (distraire). || Llenar : *elle lisait pour occuper ses heures d'attente,* leía para llenar sus horas de espera. ||

C'est occupé, está comunicando (téléphone). || *La ligne est occupée,* la línea está ocupada (téléphone).

— V. intr. DR. Correr con la defensa.

— V. pr. ◆ Ocuparse en, dedicarse a. || Hacer, dedicarse a : *de quoi t'occupes-tu?,* ¿qué haces?, ¿a qué te dedicas? || Encargarse de, estar encargado : *je m'occupe de la bibliothèque,* me encargo de la biblioteca. || Dedicarse a : *s'occuper d'œuvres charitables, de politique,* dedicarse a obras de caridad, a la política. || Atender : *on s'occupe de vous?,* ¿le atienden? (vendeuse). || Entretenerse en (se distraire). || Hacer algo, estar ocupado : *j'aime bien m'occuper,* me gusta estar ocupado. || Hacer caso de : *ne t'occupe pas de ce qu'il dit,* no hagas caso de lo que dice. || Tomarse interés por, preocuparse por : *il s'occupe beaucoup de son travail,* se toma mucho interés por su trabajo. || Tratar : *la botanique s'occupe de l'étude des plantes,* la botánica trata del estudio de las plantas. || — POP. *Je vais m'occuper de lui!,* ¡ya me encargaré yo de él! | *Occupe-toi de tes oignons,* no te metas en camisa de once varas *ou* en lo que no te importa.

— OBSERV. *Occuper avec es* un barbarismo. No debe decirse: *je suis occupé avec quelqu'un,* sino *je suis avec quelqu'un.*

— SYN. ● *Remplir,* llenar. *Employer,* emplear.

— ◆ *S'adonner à,* dedicarse a.

occurrence f. Caso, *m.,* circunstancia, coyuntura. || *En l'occurrence,* en este caso.

occurrent, e [ɔkyrã, ã:t] adj. ECCLÉS. *Fêtes occurrentes,* fiestas coincidentes.

océan [ɔseã] m. Océano : *l'océan Indien,* el océano Índico. || FIG. Océano : *un océan de sable, de lumière,* un océano de arena, de luz.

océane adj. (Vx). *La mer océane,* el mar océano.

océanide f. Oceánida.

Océanie n. pr. f. GÉOGR. Oceanía.

océanien, enne adj. et s. De Oceanía.

océanique adj. Oceánico, ca.

océanographe m. et f. Oceanógrafo.

océanographie f. Oceanografía.

océanographique adj. Oceanográfico, ca.

ocelle m. Ocelo (œil simple des insectes). || Pinta, *f.* (du pelage, du plumage).

ocellé, e [ɔsɛlle] adj. Ocelado, da ; de piel manchada.

ocelot [ɔslo] m. Ocelote (félin).

ochracé, e [ɔkrase] adj. De color amarillo pálido, de color ocre.

ocre [ɔkr] f. MIN. Ocre, *m. : ocre jaune,* ocre amarillo. || *Ocre rouge,* ocre rojo, almagre.

— Adj. inv. De color ocre, ocre.

ocrer v. tr. Dar color ocre a.

ocreux, euse adj. De la naturaleza *ou* del color del ocre.

octaèdre m. GÉOM. Octaedro.

octaédrique adj. Octaédrico, ca.

octandre adj BOT. Octandro, dra.

octandrie f. Octandria.

octane m. CHIM. Octano : *indice d'octane,* índice de octano.

octant [ɔktã] m. MAR. et GÉOM. Octante.

octante adj. (Vx). Ochenta.

— OBSERV. Hoy sólo se emplea esta voz en Suiza. En Francia se emplea *quatre-vingts.*

octave f. Octava (musique).

Octave n. pr. m. Octavio.

Octavie n. pr. f. Octavia.

octavien, enne adj. HIST. Octaviano, na : *paix octavienne,* paz octaviana.

octavier* v. tr. et intr. MUS. Octavar.

octavin m. MUS. Octavín, flautín.

octavo adv. En octavo lugar, octavo.

octavon, onne m. et f. Octavón, ona (métisse).

octidi m. Octavo día del calendario republicano francés.

octocoralliaires [ɔktokɔraljɛ:r] m. pl. ZOOL. Octocoralarios, alcionarios.

octobre m. Octubre : *Paris le 17 octobre 1971,* París a 17 de octubre de 1971.

octogénaire adj. et s. Octogenario, ria.

octogonal, e adj. GÉOM. Octogonal.

octogone adj. et s. m. GÉOM. Octógono, na.

octopode adj. et s m. ZOOL. Octópodo.

octostyle adj. ARCHIT. Octóstilo, la (à huit colonnes).

octosyllabe ou **octosyllabique** adj. et s. Octosílabo, ba; octosilábico, ca.

octroi m. Concesión, *f.,* otorgamiento (concession) : *l'octroi d'un privilège,* la concesión de un privilegio. ‖ Consumos, *pl.,* arbitrios *(pl.)* municipales (droit d'entrée). ‖ Fielato, oficina *(f.)* de arbitrios (bureau). ‖ *Employé d'octroi,* consumero.

octroyer* [ɔktrwaje] v. tr. Conceder, otorgar.

octuor [ɔktyɔ:r] m. MUS. Octeto.

oculaire adj. et s. m. Ocular : *témoin oculaire,* testigo ocular. ‖ *Oculaire de visée,* visor.

oculariste m. Especialista en prótesis ocular.

oculi m. ECCLÉS. Tercer domingo de cuaresma.

oculiste adj. et s. m. Oculista.

oculistique f. MÉD. Oftalmología.
— Adj. Oftalmológico, ca.

oculus [ɔkylys] m. Ojo de buey (œil-de-bœuf).

odalisque f. Odalisca.

ode f. Oda (poésie).

odelette [ɔdlɛt] f. Oda corta.

odéon m. Odeón.

odeur f. Olor, *m. : en odeur de sainteté,* en olor de santidad. ‖ — Pl. (Vx). Perfumes, *m.,* buenos olores, *m.*

— SYN. *Senteur,* olor. *Parfum,* perfume. *Relent,* tufo.

odieux, euse [ɔdjø, ø:z] adj. Odioso, sa : *se rendre odieux,* hacerse odioso.
— M. Lo odioso.

odomètre m. Odómetro (compteur de parcours).

odontalgie f. MÉD. Odontalgia (mal de dents).

odontalgique adj. MÉD. Odontálgico, ca.

odontologie f. MÉD. Odontología.

odontologiste m. et f. Odontólogo.

odorant, e adj. Oloroso, sa. ‖ Odorífero, ra; fragante.

odorat [ɔdɔra] m. Olfato.

— SYN. *Olfaction,* olfación. *Nez,* nariz. *Flair,* olfato.

odorer v. tr. (Vx). Oler.

odoriférant, e adj. Odorífero, ra.

odyssée f. Odisea.

œcuménicité [ekymenisite] f. Ecumenicidad, carácter (*m.*) ecuménico.

œcuménique [-nik] adj. Ecuménico, ca : *concile œcuménique,* concilio ecuménico.

œcuménisme [-nism] m. Ecumenismo.

œdémateux, euse [edematø, ø:z] adj. MÉD. Edematoso, sa.

œdème [edɛ:m] m. MÉD. Edema.

Œdipe [edip] n. pr. m. Edipo.

œil [œ:j] m. (pl. *les yeux*). Ojo : *des yeux bleus,* ojos azules ; *les yeux fermés,* con los ojos cerrados. ‖ Ojo, mirada, *f.* (regard). ‖ Vista, *f. : avoir l'œil à,* echar la vista a. ‖ Mirada, *f.,* ojo : *jeter les yeux sur,* echar una mirada a, poner el ojo en. ‖ Ojo (pain, fromage, bouillon). ‖ Oriente, aguas, *f. pl.* (éclat des pierreries). ‖ Mirilla, *f.* (judas). ‖ AGRIC. Botón, yema, *f.* (bourgeon). ‖ IMPR. Ojo. ‖ MAR. Gaza, *f.* (boucle d'un filin). ‖ TECHN. Ojo (ouverture pour recevoir le manche d'un outil, d'une aiguille).

— FAM. *Œil au beurre noir* o *poché,* ojo a la funerala (hématome). ‖ *Œil de verre,* ojo de cristal. ‖ RAD. *Œil magique,* ojo mágico. ‖ *Yeux cernés,* ojeras. ‖ *Yeux creux,* ojos hundidos. ‖ — *Coup*

d'œil, ojeada, vistazo (regard rapide) ; vista, perspectiva (panorama). ‖ *Mauvais œil,* aojo, aojamiento. ‖ — *À l'œil,* a ojo. ‖ POP. *À l'œil,* de balde, de gorra, gratis. ‖ *À l'œil nu,* a simple vista. ‖ *Au doigt et à l'œil,* sin chistar. ‖ *Aux yeux de,* a los ojos de, para. ‖ *À vue d'œil,* a ojos vistas. ‖ FAM. *Entre quatre yeux,* entre dos, a solas, mano a mano. ‖ *En un clin d'œil,* en un abrir y cerrar de ojos, en un santiamén. ‖ *Loin des yeux, loin du cœur,* ojos que no ven, corazón que no siente. ‖ FAM. *Mon œil!,* ¡quia!, ¡narices!, ¡ni hablar! ‖ *Œil pour œil, dent pour dent,* ojo por ojo, diente por diente. ‖ FAM. *Pour ses beaux yeux,* por su linda cara. ‖ — *Avoir bon œil,* tener buena vista. ‖ *Avoir bon pied bon œil,* estar más sano que una manzana, estar a las mil maravillas. ‖ *Avoir de bons yeux,* tener muy buen ojo. ‖ *Avoir de l'œil,* tener buena pinta *ou* presentación. ‖ POP. *Avoir le compas dans l'œil* o *l'œil américain,* tener ojo de buen cubero, tener buen ojo. ‖ *Avoir le mauvais œil,* atraer la mala suerte, ser gafe, hacer mal de ojo. ‖ *Avoir les yeux bouchés,* tener los ojos vendados. ‖ *Avoir les yeux de travers,* tener mala vista, tener muy poca vista. ‖ *Avoir les yeux plus grands que le ventre,* llenar antes el ojo que la tripa. ‖ *Avoir l'œil,* tener cuidado. ‖ *Avoir l'œil aux aguets,* estar ojo avizor. ‖ *Avoir l'œil sur quelqu'un,* vigilar a alguien, no quitar ojo a alguien. ‖ *Avoir* o *tenir quelqu'un à l'œil,* no quitarle los ojos de encima a uno. ‖ POP. *Avoir un œil qui dit zut à l'autre,* ser bizco, tener un ojo aquí y el otro en Pekín. ‖ *Coûter les yeux de la tête,* costar un ojo de la cara *ou* un riñón. ‖ *Couver* o *dévorer* o *manger quelqu'un des yeux,* comerse a alguien con los ojos. ‖ *Crever les yeux* o *sauter aux yeux,* saltar a la vista, ser evidente. ‖ *Être tout yeux,* ser todo ojos. ‖ FAM. *Faire de l'œil,* guiñar. ‖ *Faire les gros yeux,* mirar con ojos terribles. ‖ *Faire les yeux doux,* echar miradas cariñosas, mirar con ternura. ‖ *Fermer les yeux sur,* hacer la vista gorda. ‖ *Jeter les yeux sur,* echar el ojo a. ‖ *Lever les yeux au ciel,* alzar los ojos al cielo. ‖ *Mettre sous les yeux,* poner delante de los ojos. ‖ FIG. *Ne dormir que d'un œil,* ser muy vigilante, nadar y guardar la ropa. ‖ *Ne pas avoir froid aux yeux,* tener más valor que un torero. ‖ *Ne pas avoir les yeux dans sa poche,* no tener telarañas en los ojos, ver todo muy claro. ‖ *Ne pas en croire ses yeux,* no dar crédito a sus ojos. ‖ *Ne pas fermer l'œil,* no pegar ojo. ‖ *Ne pas oser lever les yeux,* no atreverse a levantar la vista. ‖ *Ouvrez l'œil!,* ¡ojo! ‖ *Ouvrir de grands yeux,* mirar con asombro. ‖ FIG. *Ouvrir* o *dessiller les yeux,* abrir los ojos, quitar la venda de los ojos. ‖ *Ouvrir l'œil et le bon,* tener mucho cuidado. ‖ *Regarder avec des yeux de merlan frit,* mirar con ojos de carnero degollado. ‖ *Regarder du coin de l'œil,* mirar de reojo, de soslayo, con el rabillo del ojo. ‖ *Regarder quelqu'un dans les yeux* o *dans le blanc des yeux,* mirar en los ojos, fijamente. ‖ POP. *Se faire de l'œil,* timarse. ‖ *Se mettre le doigt dans l'œil* o *jusqu'au coude,* tirarse una plancha, meter la pata hasta el corvejón, cogerse los dedos. ‖ *S'en battre l'œil,* importarle a uno un pepino. ‖ *Se rincer l'œil,* regodearse, recrearse viendo algo. ‖ *Taper dans l'œil,* hacer tilín, caer en gracia (personnes), entrar por los ojos (choses). ‖ *Tourner de l'œil,* darle a uno un patatús, desmayarse (s'évanouir), hincar el pico, estirar la pata (mourir). ‖ *Voir du même œil,* abundar en la misma opinión, ver del mismo modo. ‖ *Voir d'un bon* o *d'un mauvais œil,* ver con buenos *ou* malos ojos. ‖ *Voir d'un certain œil,* ver de cierta forma *ou* cierto modo.

— OBSERV. El plural es *yeux,* pero los compuestos de *œil* forman su plural con *œils: œil-de-bœuf, œils-de-bœuf.*

œil-de-bœuf [œjdəbœf] m. Ojo de buey, tragaluz ou claraboya (f.) circular.

œil-de-chat [-ʃa] m. Ojo de gato (variété de quartz).

œil-de-perdrix [-pɛrdri] m. Ojo de gallo (cor). || Ojo de perdiz (tissu).

œil-de-pie [-pi] m. MAR. Ollao (des voiles).

œillade [œjad] f. Guiñada, mirada.

œillard [-ja:r] m. Ojo de muela.

œillère [-jɛ:r] f. Anteojera (harnais). || Lavaojos (coupe pour baigner l'œil). || ANAT. Canino (m.) superior (dent). || FAM. Avoir des œillères, no ver más que lo que se quiere, tener anteojeras.

œillet [œjɛ] m. Clavel (plante et fleur). || Ojete (pour lacet d'une chaussure, etc.). || MAR. Gaza, f., ollao. || — Œillet de poète, clavellina. || Œillet d'Inde, cempoal, clavel de las Indias.

œilleton [œjtɔ̃] m. BOT. Retoño, renuevo (rejeton). || Borde del ocular (dans une lunette au microscope). || Œilleton de hausse, orificio de mira del alza.

œilletonnage [œjtɔna:ʒ] m. AGRIC. Multiplicación (f.) de las plantas por división de los retoños.

œilletonner [-ne] v. tr. AGRIC. Plantar por retoños.

œillette [œjɛt] f. BOT. Adormidera (pavot). || Aceite (m.) de adormidera.

œkoumène m. Ecumene.

œnanthe [enɑ̃:t] f. BOT. Enante.

œnanthique [-tik] adj. CHIM. Enántico, ca.

œnilisme [enilism] m. Enilismo, alcoholismo producido por el vino.

œnolique [enɔlik] adj. Enólico, ca.

œnologie [-lɔʒi] f. Enología.

œnologique [-lɔʒik] adj. Enológico, ca.

œnométrie [enɔmetri] f. Enometría, determinación de la graduación alcohólica de un vino.

œnophile [enɔfil] adj. et s. Aficionado al vino.

œnothère [enɔtɛ:r] m. BOT. Onagra, f.

œrsted [œrsted] m. PHYS. Œrsted, oerstedio.

œsophage [ezɔfa:ʒ] m. ANAT. Esófago.

œsophagien, enne [-ʒjɛ̃, jɛn] ou œsophagique [ʒik] adj. ANAT. Esofágico, ca.

œsophagisme [-ʒism] m. Esofagismo.

œsophagite [-ʒit] f. MÉD. Esofagitis.

œsophagoscopie [-gɔskɔpi] f. MÉD. Esofagoscopia.

œsophagostomie [-gɔstɔmi] f. MÉD. Esofagostomia.

œstral, e [ɛstral] adj. BIOL. Cycle œstral, ciclo menstrual ou oestral.

œstre [ɛstr] m. Rezno, estro (insecte).

œstrogène [ɛstrɔʒɛ:n] adj. et s. m. Estrógeno, na.

œstrus [ɛstrys] m. Estro, celo (chez los animaux).
— OBSERV. Estro en espagnol a surtout le sens figuré d'inspiration poétique.

œuf [œf, plur. : ø] m. Huevo. || Hueva, f. (de poisson). || POP. Bobo, mentecato. || — Œuf à la coque, huevo pasado por agua (trois minutes). || Œufs à la neige, monte nevado, natilla con claras de huevo. || Œuf à repriser, huevo de madera para zurcir. || Œuf de Pâques, huevo de Pascuas. || Œuf dur, huevo duro. || Œuf mollet, huevo pasado por agua (six minutes). || Œuf poché, huevo escalfado. || — Œufs brouillés, huevos revueltos. || Œufs en neige, huevos batidos a punto de nieve. || Œufs sur le plat, huevos al plato ou estrellados. || — L'œuf de Colomb, el huevo de Colón. || Plein comme un œuf, repleto, ta ; de bote en bote (une chose), ahíto, ta ; atiborrado, da (repu). || — FIG. Étouffer ou tuer dans l'œuf, cortar de raíz, hacer abortar. || Être encore dans l'œuf, estar aún en proyecto. || Marcher sur des œufs, andar pisando huevos. || Mettre tous ses œufs dans le même panier, jugárselo todo a una carta. || Qui vole un œuf vole un bœuf, quien hace un

cesto hace ciento. || FIG. Sortir de l'œuf, salir del cascarón.

œufrier [œfrije] m. Huevero, huevera, f.

œuvre [œ:vr] f. Obra, trabajo, m. : entreprendre une œuvre délicate, emprender una obra delicada. || Obra : les œuvres de Molière, las obras de Molière || Obra, buena acción : les œuvres de miséricorde, las obras de misericordia. || Engaste, m. (d'une pierre précieuse). || — Œuvre de bienfaisance o pie, obra de beneficencia ou pía. || MAR. Œuvres vives, mortes, obras vivas, muertas. || — Bonnes œuvres, buenas obras, obras pías. || L'exécuteur des hautes œuvres, el verdugo. || — À chacun selon ses œuvres, a cada uno su merecido. || À l'œuvre!, ¡manos a la obra! || À l'œuvre on connaît l'artisan, por la muestra se conoce el paño. || Être à l'œuvre o en œuvre, estar manos a la obra. || Faire œuvre de, obrar como. || Faire œuvre de ses dix doigts, no estar mano sobre mano, no estar con las manos cruzadas. || Mettre à l'œuvre, emplear, poner a trabajar (des personnes). || Mettre en œuvre, poner en práctica ou en ejecución, emplear (des moyens), establecer : mettre en œuvre la coopération économique, establecer la cooperación económica. || Mettre tout en œuvre, poner todos los medios. || Se mettre à l'œuvre, ponerse manos a la obra.
— M. Obra, f. (ensemble des ouvrages) : l'œuvre peint de Michel-Ange, la obra pictórica de Miguel Ángel. || CONSTR. Obra, f. || MUS. Obra, f. (opus). || — Gros œuvre, conjunto de paredes maestras. || Hors-d'œuvre, entremeses (repas). || Le grand œuvre, la piedra filosofal. || Maître d'œuvre, maestro de obras, sobrestante. || — À pied d'œuvre, a pie de obra. || Dans œuvre, hors d'œuvre, en el cuerpo del edificio, al exterior. || En sous-œuvre, por debajo de los cimientos.

œuvrer [œvre] v. intr. Trabajar, laborar, obrar : œuvrer pour le bien public, laborar por el bien público.

offensant, e [ɔfɑ̃sɑ̃, ɑ̃:t] adj. Ofensivo, va ; injurioso, sa.

offense f. Ofensa, agravio, m. || DR. Injuria. || Faire une offense, ofender.
— SYN. Insulte, insulto. Outrage, ultraje. Affront, afrenta. Avanie, afrenta. Camouflet, desaire. Blessure, herida. Brimade, novatada.

offensé, e adj. et s. Ofendido, da.

offenser v. tr. Ofender : offenser quelqu'un, ofender a alguien. || FIG. Maltratar : offenser la grammaire, maltratar la gramática. | Lastimar, herir : ce spectacle offense la vue, ese espectáculo lastima los ojos. || — Offenser Dieu, ofender a Dios, pecar. || Offenser le goût, la morale, faltar a las reglas del gusto, de la moral. || Soit dit sans vouloir vous offenser, perdone la expresión, sin que le sirva de molestia, con perdón sea dicho. || — V. pr. ◆ Ofenderse, picarse (fam.) : s'offenser d'un rien, ofenderse por poca cosa.
— SYN. ● Blesser, zaherir. Froisser, ofender. Vexer, vejar, molestar, mosquear. Scandaliser, escandalizar. || — ◆ Se formaliser, molestarse, picarse.

offenseur m. Ofensor.

offensif, ive adj. Ofensivo, va : arme, alliance offensive, arma, alianza ofensiva. || — F. Ofensiva : prendre l'offensive, pasar a la ofensiva.

offertoire m. Ofertorio (messe).

office m. Oficio, función, f., cargo : remplir l'office de secrétaire, desempeñar las funciones de secretario. || Oficio, cargo (d'avoué). || Oficina f. delegación, f. (bureau) : office de tourisme, oficina ou delegación de turismo : office de la main-d'œuvre, oficina de colocación. || Oficio, servicio (service) : les bons offices, los buenos oficios. || ECCLÉS. Oficio : office des morts, oficio de difuntos. || —

Office des changes, Instituto de Moneda Extranjera. ‖ *Office du blé,* Servicio Nacional del Trigo. ‖ *Office du logement,* Instituto de la Vivienda. ‖ *Petit office,* oficio parvo. ‖ *Saint-Office,* Santo Oficio. ‖ — *D'office,* de oficio. ‖ *Faire office d'interprète,* hacer las veces de intérprete.
— F. Antecocina, *f.* oficio, office (local attenant à la cuisine).

official [ɔfisjal] m. Provisor, oficial (juge ecclésiastique).
officialisation f. Oficialización.
officialiser v. tr. Oficializar, dar carácter oficial.
officialité f. Provisorato (siège).
officiant, e adj. y s. Celebrante.
officiel, elle adj. Oficial : *le « Journal officiel »,* el « Diario Oficial » (en Espagne, Boletín Oficial del Estado).
— M. Funcionario : *un officiel du Ministère a déclaré,* un funcionario del Ministerio declaró... ‖ *Les officiels qui accompagnent le chef de l'Etat,* las autoridades que acompañan al Jefe del Estado.
officier [ɔfisje] m. MIL. Oficial : *officier général,* oficial general. ‖ — *Officier à la retraite, d'active, de réserve, subalterne,* oficial retirado, de la escala activa, de complemento, subalterno. ‖ *Officier de l'état civil,* alcalde ou teniente alcalde. ‖ *Officier de santé,* oficial de Sanidad. ‖ MAR. *Officier marinier,* suboficial del cuerpo de auxiliares. ‖ *Officier ministériel,* curial, escribano. ‖ *Officier supérieur,* jefe.
officier* v. intr. ECCLÉS. Oficiar, celebrar.
officière f. Oficiala (de l'Armée du Salut).
officieux, euse adj. Servicial (serviable). ‖ Oficioso, sa (sans caractère officiel).
officinal, e adj. MÉD. Oficinal : *composition, plante officinale,* composición, planta oficinal.
officine f. Oficina, laboratorio, *m.*
— OBSERV. *Oficina* s'emploie surtout dans l'acception de *bureau.* Pour les autres acceptions, on dira plutôt *farmacia* et *laboratorio,* comme en France.

offrande f. Ofrenda.
offrant adj. m. et s. m. Postor : *vendre au plus offrant,* vender al mayor ou mejor postor.
offre f. Oferta : *la loi de l'offre et de la demande,* la ley de la oferta y la demanda ; *offre ferme,* oferta en firme. ‖ Ofrecimiento, m. : *j'accepte votre offre désintéressée,* acepto su ofrecimiento desinteresado. ‖ Proposición (de paix).
offrir* v. tr. Regalar, ofrecer : *offrir un livre,* regalar un libro. ‖ Ofrecer, obsequiar con : *offrir un vin d'honneur,* ofrecer un vino de honor ; *on a offert un souvenir à chaque visiteur,* cada visitante ha sido obsequiado con un recuerdo. ‖ Ofrecer (une cigarette). ‖ Convidar a, invitar a : *je t'offre un verre,* te convido a tomar una copa. ‖ Ofrecer (sa maison, un emploi). ‖ Presentar, ofrecer : *cette situation offre des avantages,* esta situación presenta ventajas ; *cette région offre des paysages variés,* esta región presenta paisajes variados. ‖ Presentar : *offrir des nouveautés,* presentar novedades. ‖ Ofrecer (une récompense, un sacrifice, des holocaustes). ‖ Ofrendar : *offrir son âme à Dieu,* ofrendar su alma a Dios. ‖ Proponer (un prix, une augmentation, de faire quelque chose). ‖ Brindar : *je vous offre la possibilité de,* le brindo la oportunidad de. ‖ Deparar : *offrir l'occasion,* deparar la ocasión. ‖ — *Offrir de* (suivi de l'infinitif), proponer : *offrir de se rendre à Madrid,* proponer ir a Madrid. ‖ *Offrir ses hommages,* saludar respetuosamente. ‖ *Offrir ses vœux,* felicitar. ‖ *Offrir son bras,* ofrecer el brazo. ‖ *Offrir un exemple de,* ser un ejemplo de.
— V. pr. Ofrecerse. ‖ Comprarse : *s'offrir une voiture,* comprarse un coche. ‖ Presentarse (l'occasion). ‖ Ofrecerse, proponer : *s'offrir à faire un travail,* ofrecerse para hacer un trabajo. ‖ —

S'offrir à la vue de, ofrecerse a la vista de. ‖ *S'offrir aux regards,* exponerse a las miradas. ‖ *S'offrir de belles vacances,* costearse ou tirarse unas buenas vacaciones. ‖ *S'offrir la satisfaction de,* darse el gusto de. ‖ POP. *S'offrir un gueuleton,* darse una comilona. ‖ — *Pouvoir s'offrir quelque chose,* permitirse el lujo de comprar algo.
offset [ɔfsɛt] m. IMPR. Offset.
offusquer v. tr. Chocar, ofender. ‖ (Vx). Ofuscar, deslumbrar.
— V. pr. Ofenderse, disgustarse.
ogival, e adj. Ojival.
ogive f. ARCHIT. Ojiva. ‖ MIL. Ojiva (d'un projectile). ‖ *En ogive,* ojival.
ognette [ɔɲɛt] f. Uñeta (oiseau).
ogre, esse m. et f. Ogro, ogresa. ‖ FIG. Malvado, da ; cruel (personne méchante). ‖ *Manger comme un ogre,* comer como un ogro, como un caballó, como una lima.
oh ! interj. ¡Oh !
ohé ! interj. ¡Eh ! (sert à appeler)
ohm [o:m] m. ÉLECTR. Ohmio, ohm (unité).
ohmique [omik] adj. ÉLECTR. Óhmico, ca.
ohmmètre [omɛ:tr] m. ÉLECTR. Ohmiómetro.
oïdium [oidjɔm] m. BOT. Oidio.
oie [wa] f. ZOOL. Ganso, *m.,* ánade, *m.,* oca, ánsar, *m.* ‖ FIG. et FAM. Ganso (stupide). ‖ — *Oie blanche,* pavitonta, pava (jeune fille candide). ‖ — *Jeu de l'oie,* juego de la oca. ‖ *Les oies du Capitole,* los gansos del Capitolio. ‖ *Pas de l'oie,* paso de la oca (pas de parade dans l'armée allemande). ‖ *Patte-d'oie,* encrucijada (carrefour), pata de gallo (aux yeux). ‖ — *Bête comme une oie,* más tonto que una mata de habas.
— OBSERV. El ganso macho se llama *jars* y el ansarón *oison.*

oignon [ɔɲɔ̃] m. BOT. Cebolla, *f.* : *un chapelet d'oignons,* una ristra de cebollas. ‖ Juanete (durillon). ‖ *Reloj de bolsillo antiguo.* ‖ Bulbo (des fleurs). ‖ — *Pelure d'oignons,* tela de cebolla (pellicule du bulbe), clarete (vin). ‖ — FAM. *Aux petits oignons,* a cuerpo de rey, a las mil maravillas. | *En rang d'oignons,* en fila, uno tras otro. ‖ — POP. *Ce n'est pas tes oignons* u *occupe-toi de tes oignons,* no te metas en casa de once varas. | *C'est ses oignons,* con su pan se lo coma.
oignonade [ɔɲɔnad] f. CULIN. Encebollado, *m.*
oignonière [ɔɲɔnjɛ:r] f. AGRIC. Cebollar, *m.* (champ).
oïl [ɔil] adv. (Vx). Sí. ‖ *Langue d'oïl,* lengua de oïl [la que se habla en el norte de Francia, por oposición a la lengua de *oc,* que se habla en el Sur o Languedoc].
oille [ɔj] f. CULIN. Olla a la española.
oindre* [wɛ̃:dr] v. tr. Untar (frotter d'huile). ‖ Ungir (d'huile consacrée).
oint [wɛ̃] adj. et s. m. Ungido (consacré).
oiseau [wazo] m. Ave, *f.* : *les oiseaux appartiennent à l'embranchement des vertébrés,* las aves pertenecen al subtipo de los vertebrados. ‖ Ave, *f.* (grand) : *le vautour est un oiseau,* el buitre es un ave. ‖ ● Pájaro (petit) : *le moineau est un oiseau,* el gorrión es un pájaro. ‖ CONSTR. Artesilla (*f.*) para llevar la argamasa. | Caballetes (de couvreur). ‖ — *Oiseau chanteur,* ave canora. ‖ FIG. *Oiseau de malheur* o *de mauvais augure,* ave de mal agüero. ‖ *Oiseau de nuit,* ave nocturna. ‖ *Oiseau de passage,* ave de paso. ‖ *Oiseau de proie,* ave de rapiña. ‖ *Oiseau du paradis,* ave del paraíso. ‖ *Oiseau migrateur,* ave migratoria. ‖ *Oiseau nageur,* palmípedo. ‖ FIG. *Oiseau rare,* mirlo blanco, rara flor. ‖ FIG. et FAM. *Un vilain oiseau, un drôle d'oiseau,* un pájaro de cuenta, un pajarraco, un bicho raro. ‖ — *À vol d'oiseau,* en línea recta. ‖ *Être comme l'oiseau sur la branche,* estar en el aire, estar por poco

tiempo en un sitio. ‖ *La belle plume fait le bel oiseau,* el hábito hace al monje. ‖ FAM. *L'oiseau s'est envolé,* el pájaro voló. ‖ *Manger comme un oiseau,* comer como un pajarito. ‖ *Petit à petit, l'oiseau fait son nid,* poco a poco hila la vieja el copo.
— SYN. ● *Oisillon, oiselet,* pajarillo. *Volatile,* volátil.

oiseau-lyre m. Ave (*f.*) lira, menuro.

oiseau-moqueur m. Sinsonte.

oiseau-mouche m. Pájaro mosca, colibrí (colibri).

oiseler* [wazle] v. intr. Pajarear con redes y trampas (chasser).

oiselet [-lɛ] m. ZOOL. Pajarito, pajarillo.

oiseleur [-lœːr] m. Pajarero, cazador de pájaros. ‖ *Henri Ier l'Oiseleur,* Enrique I el Pajarero.

oiselier [wazəlje] m. Pajarero (éleveur ou vendeur d'oiseaux).

oisellerie [wazɛlri] f. Pajarería.

oiseux, euse adj. Ocioso, sa (inutile) : *des propos oiseux,* palabras ociosas.

oisif, ive adj. et s. Ocioso, sa ; desocupado, da (désœuvré). ‖ Improductivo, va : *capitaux oisifs,* capitales improductivos.

oisillon [wazijɔ̃] m. ZOOL. Pajarillo, avecilla, *f.,* cría (*f.*) de pájaro.

oisivement [wazivmɑ̃] adv. Ociosamente.

oisiveté [-vte] f. Ociosidad, ocio, *m.* : *l'oisiveté est la mère de tous les vices,* la ociosidad es madre de todos los vicios.

oison m. Ansarón. ‖ FIG. et FAM. Ganso, estúpido.

O. K.! [oké] interj. FAM. ¡Muy bien!, ¡de acuerdo! [*Amér.,* oqué.]

okapi m. Okapí (mammifère).

okoumé m. Okume, ocume (arbre africain).

Olaf [olaf] n. pr. m. Olao.

olé! interj. FAM. ¡Olé!, ¡ole! ‖ — Adj. FAM. *Olé olé,* ligero, ra (qui manque de retenue) : *une femme olé olé,* una mujer ligera.

oléacées f. pl. BOT. Oleáceas.

oléagineux, euse adj. et s. m. Oleaginoso, sa.

oléandre m. BOT. Adelfa, *f.,* laurel rosa.

oléate m. CHIM. Oleato.

olécrane m. ANAT. Olécranon.

oléfiant, e adj. Oleífero, ra : *une plante oléfiante,* una planta oleífera.

oléfines m. pl. Hidrocarburos etilénicos.

oléicole adj. Oleícola.

oléiculteur m. Oleicultor, olivicultor.

oléiculture f. Oleicultura, olivicultura.

oléifère adj. Oleífero, ra.

oléiforme adj. Oleiforme.

oléine f. CHIM. Oleína.

oléique adj. CHIM. Oleico, ca.

oléoduc m. Oleoducto.
— OBSERV. El término normalmente utilizado en francés es *pipe-line.*

oléographie f. Oleografía.

oléolat [ɔleɔla] m. CHIM. Oleolato.

oléomètre m. Oleómetro, elaiómetro.

oléonaphte m. Oleonafta, *f.*

oléorésine f. Oleorresina.

oléum [ɔleɔm] m. CHIM. Óleum, ácido sulfúrico de Nordhausen, ácido sulfúrico deshidratado.

olfactif, ive adj. Olfativo, va ; olfatorio, ria : *le nerf olfactif,* el nervio olfativo.

olfaction f. Olfacción (p. us.), olfateo, *m.*

oliban m. Olíbano (encens).

olibrius [ɔlibrijys] m. FAM. Excéntrico, figurón.

olifant m. Olifante (cor).

oligarchie f. Oligarquía : *l'oligarchie financière,* la oligarquía financiera.

oligarchique adj. Oligárquico, ca.

oligarque m. Oligarca.

oligiste adj. et s. m. MIN. Oligisto.

oligocène adj. et s. GÉOL. Oligoceno, na.

oligochètes [ɔligɔkɛːt] m. pl. Oligoquetos (annélides).

oligoclase f. MIN. Oligoclasa.

oligo-élément m. BIOL. Oligoelemento.

oligophrénie f. Oligofrenia.

oligurie f. MÉD. Oliguria.

olivacé, e adj. Aceitunado, da ; oliváceo, a.

olivaie [ɔlivɛ] f. Olivar, *m.*

olivaire adj. Olivario, ria.

olivaison f. Cosecha de la aceituna.

olivâtre adj. Aceitunado, da.

olive f. Aceituna, oliva (fruit) : *olive farcie,* aceituna rellena ; *huile d'olive,* aceite de oliva. ‖ ARCHIT. Oliva (motif).
— Adj. inv. Color verde oliva, aceitunado, da (couleur).

oliveraie [ɔlivrɛ] f. Olivar, *m.*

oliverie [-ri] f. Almazara, molino (*m.*) de aceite (moulin).

olivétain m. Olivetano (religieux).

olivette f. Olivar, *m.* (plantation). ‖ Uva (*f.*) de grano en forma de oliva (raisin). ‖ Perla (*f.*) falsa en forma de oliva.

olivier m. Olivo, aceituno (arbre). ‖ Olivo (bois). ‖ — *Olivier sauvage,* acebuche. ‖ — *Jardin des Oliviers,* Huerto de los Olivos. ‖ *Mont des Oliviers,* Monte Oliveto, Monte de los Olivos. ‖ *Rameau d'olivier,* ramo de olivo.

Olivier [ɔlivje] n. pr. m. Oliverio.

olivine f. MIN. Peridoto, *m.,* olivina, olivino, *m.*

ollaire adj. Ollar : *pierre ollaire,* piedra ollar.

olographe adj. Ológrafo, fa (testament).

Olympe [ɔlɛ̃ːp] n. pr. m. MYTH. Olimpo (ensemble des dieux). ‖ FIG. El Cielo.

olympiade [-pjad] f. Olimpiada.

Olympie [-pi] n. pr. f. HIST. Olimpia.

olympien, enne [-pjɛ̃, jɛn] adj. Olímpico, ca (de l'Olympe) : *Zeus Olympien,* Júpiter Olímpico ; *regard olympien,* mirada olímpica.

olympique [-pik] adj. Olímpico, ca : *jeux Olympiques,* Juegos Olímpicos.

Olynthe [ɔlɛ̃ːt] n. pr. m. Olinto.

omasum [ɔmazɔm] ou **omasus** [-zys] m. Libro (troisième ventricule de l'estomac des ruminants).

ombelle f. BOT. Umbela.

ombellé, e adj. BOT. Umbelado, da.

ombelliféracées f. pl. BOT. Umbeliferáceas.

ombellifère adj. et s. f. BOT. Umbelífero, ra.

ombelliforme adj. BOT. Umbeliforme.

ombellule f. BOT. Umbélula.

ombilic m. Ombligo (nombril). ‖ FIG. Ombligo (point central). ‖ BOT. Ombligo de Venus.

ombilical, e adj. ANAT. Umbilical : *cordon ombilical,* cordón umbilical.

ombiliqué, e adj. Umbilicado, da.

omble [ɔ̃ːbl] ou **omble-chevalier** m. Farra, *f.,* variedad (*f.*) sedentaria de salmón (poisson).

ombrage m. Umbría, *f.,* enramada, *f.* ‖ FIG. Desconfianza, *f.,* sospecha, *f.,* sombra, *f.* : *porter, faire, donner ombrage,* hacer sombra, inspirar desconfianza. ‖ *Prendre ombrage,* sentirse celoso, quedar resentido.

ombragé, e adj. Umbrío, a ; sombreado, da ; umbroso, sa.

ombrageant, e [ɔ̃braʒɑ̃, ɑ̃ːt] adj. Umbroso, sa ; que da sombra.

ombrager* [-ʒe] v. tr. Sombrear, dar sombra (faire de l'ombre). ‖ Cubrir (recouvrir).
— V. pr. Ponerse a la sombra.

ombrageusement [-ʒøzmɑ̃] adv. Con desconfianza, en forma recelosa.

ombrageux, euse [-ʒø, øːz] adj. Espantadizo, za (chevaux). ‖ FIG. Desconfiado, da ; receloso, sa (personnes).

ombrant, e adj. Sombreador, ra (en peinture).

ombre f. Sombra : *l'ombre d'un arbre,* la sombra

de un árbol. ‖ Fig. Apariencia, sombra : *l'ombre d'un doute,* la sombra de una duda. | ● Oscuridad, tinieblas, *pl.* ‖ Sombreado, *m.* (d'un dessin). ‖ Poét. Alma : *l'ombre d'Achille,* el alma de Aquiles. ‖ — *Ombre portée,* esbatimento, sombra proyectada. ‖ *Ombres chinoises,* sombras chinescas. ‖ *Terre d'ombre,* tierra de Siena (couleur). ‖ — Pop. *À l'ombre,* a la sombra, en chirona (en prison). ‖ *À l'ombre de,* al amparo de. ‖ *Pas l'ombre de,* ni pizca de, ni sombra de. ‖ *Sans l'ombre d'un doute,* sin duda alguna, sin la menor duda, sin el menor asomo de duda. ‖ *Sous l'ombre, sous ombre de,* so pretexto de. ‖ — *Avoir peur de son ombre,* tener miedo hasta de la sombra de sí mismo. ‖ *Courir après son ombre,* soñar con quimeras. ‖ *Il n'y a pas l'ombre d'un doute,* no cabe la menor duda. ‖ *Il y a une ombre au tableau,* en este asunto hay un punto oscuro *ou* negro. ‖ *Les causes restent dans l'ombre,* las causas no están todavía muy claras. ‖ *N'être que l'ombre de soi-même,* no ser más que la sombra de sí mismo. ‖ *Passer comme une ombre,* pasar como una nube de verano. ‖ *Rester* o *se tenir dans l'ombre,* mantenerse apartado.

— Syn. ● *Pénombre,* penumbra, media luz.

ombre m. Tímalo (poisson).
ombré, e adj. Sombreado, da.
ombrelle f. Sombrilla, quitasol, *m.* ‖ Umbrela (des méduses). ‖ Umbrela (mollusque).
ombrer v. tr. Arts. Sombrear. ‖ Poner a la sombra, cubrir (mettre à l'ombre).
ombrette f. Ombreta (oiseau).
ombreux, euse adj. Umbroso, sa; umbrío, a.
Ombrie n. pr. f. Géogr. Umbría.
ombrien, enne [ɔ̃brijɛ̃, jɛn] adj. y s. Umbrío, a [de Umbría]. ‖ — M. Dialecto de Umbría.
ombrine f. Ombrina (poisson).
ombu m. Bot. Ombú (arbre d'Amérique).
oméga m. Omega, *f.* (lettre grecque). ‖ *L'alpha et l'oméga,* el principio y el fin.
omelette f. Tortilla : *omelette au jambon, aux pommes de terre* o *parmentier,* tortilla de jamón, de patatas; *omelette nature,* tortilla a la francesa.
omettre* v. tr. Omitir. ‖ *Omettre une formalité,* pasar por alto *ou* hacer caso omiso de un trámite.
Omeyyades n. pr. m. pl. Omeyas (dynastie).
omicron m. Ómicron, *f.* (lettre grecque).
omis, e [ɔmi, iːz] adj. et s. Omitido, da; olvidado, da.
— M. Mozo no alistado por omisión.
omission f. Omisión.
— Syn. *Prétérition,* preterición. *Lacune,* laguna, blanco.
omnibus [ɔmnibys] m. Ómnibus.
— Adj. inv. *Train omnibus,* tren ómnibus.
omnicolore adj. Multicolor.
omnidirectionnel, elle adj. Rad. Omnidireccional.
omnipotence f. Omnipotencia.
omnipotent, e adj. Omnipotente; todopoderoso, sa.
omniprésence f. Omnipresencia.
omniprésent, e adj. Omnipresente.
omniscience f. Omnisciencia.
omniscient, e adj. Omnisciente.
omnisports adj. inv. *Salle omnisports,* polideportivo.
omnium [ɔmnjɔm] m. Comm. Ómnium, compañía (*f.*) que se dedica a toda clase de negocios. ‖ Ómnium, carrera (*f.*) en la que se admiten todos los caballos (course). ‖ Ómnium ciclista.
omnivore adj. Omnívoro, ra.
omophagie f. Omofagia.
omoplate f. Anat. Omóplato *ou* omoplato, *m.*
on [ɔ̃] pr. indéf. Ce pronom n'ayant pas d'équivalent en espagnol, il faut le traduire par différentes tournures :
1. *Par la forme pronominale*

— quand le complément est un nom de chose qui devient alors sujet du verbe : *on dit tant de choses!,* ¡se dicen tantas cosas!
— quand le complément est un nom de personne indéterminé ou que le verbe ne permet pas l'équivoque : *on demande bonnes à tout faire,* se necesitan criadas.
2. *Par « se »*
— quand le complément représente une personne déterminée : *on remercia l'organisateur,* se dieron las gracias al organizador; *on les appellera,* se les llamará.
— quand le verbe est intransitif : *on y mange très bien,* allí se come muy bien.
3. *Par « uno », « una »*
— lorsque l'emploi de « se » peut donner à la phrase un sens ambigu : *on a ses petites habitudes,* uno tiene sus costumbres; *on n'entend pas ce qu'on dit,* no oye uno lo que se dice.
4. *Par la 3ᵉ personne du pluriel ou par la forme pronominale*
— quand le sujet représente une collectivité : *au siècle dernier on voyageait peu,* en el siglo pasado viajaban poco (ici on pourrait également employer la forme pronominale).
— dans certaines locutions : *on dit,* dicen, se dice; *on raconte,* cuentan, se cuenta.
5. *Par la 3ᵉ personne du pluriel*
— quand le sujet est indéfini : *on frappe à la porte,* llaman a la puerta.
6. *Par « uno », « una »*
— si le pronom « on » représente en réalité la première personne du singulier : *on se porte encore bien,* uno *ou* una se encuentra todavía bien.
7. *Par le verbe à la 1ʳᵉ personne du pluriel*
— si le pronom « on » représente le pronom français « nous » : *on est tous allé en vacances,* todos hemos ido de vacaciones.
8. *Par un nom collectif*
— s'il précède un verbe pronominal de sens réciproque : *on s'entraide dans cette ville,* la gente se ayuda mutuamente en esta ciudad.
— Observ. Por razones de eufonía, *on* puede ser sustituido por *l'on* cuando viene después de *et, ou, où, que, à, qui, quoi, si: si l'on nous voit, à l'heure où l'on ne voit plus rien.*
onagraire f. ou **onagre** m. Bot. Onagra, *f.*
onagrariacées f. pl. Bot. Onagrariáceas, enoteráceas.
onagre m. Onagro (âne sauvage). ‖ Mil. Onagro (machine). ‖ Bot. Onagra, *f.,* enotera, *f.*
onanisme m. Onanismo.
onaniste adj. Onanista.
onc, oncques ou **onques** [ɔ̃ːk] adv. (Vx). Nunca, jamás.
once f. Onza (poids). ‖ Zool. Onza.
— Observ. L'espagnol *onza* correspond au français *guépard;* en Amérique on donne parfois ce nom au *jaguar.*
oncial, e adj. et s. f. Uncial (écriture).
oncle m. Tío. ‖ — *Oncle à la mode de Bretagne,* tío segundo. ‖ — *Grand-oncle,* tío abuelo. ‖ *L'oncle Sam,* el Tío Sam (les États-Unis).
— Observ. El femenino es *tante,* tía.
oncologie f. Méd. Oncología.
onction [ɔ̃ksjɔ̃] f. Unción (application d'huile). ‖ Fervor, *m.,* unción. ‖ *Extrême-onction,* extremaunción.
onctueusement adv. Con unción.
onctueux, euse adj. Untuoso, sa : *liquide onctueux,* líquido untuoso. ‖ Lleno de unción.
onctuosité f. Untuosidad.
ondatra m. Zool. Rata (*f.*) almizclera, ondatra.
onde f. Onda. ‖ Ola (vague). ‖ — *Onde de choc,* onda de choque. ‖ *Onde sonore, amortie, porteuse,* onda acústica, amortiguada, portadora. ‖

— RAD. *Grandes ondes*, onda larga; *ondes courtes*, onda corta; *petites ondes*, onda media. | *Longueur d'ondes*, longitud de onda. || POÉT. *L'onde amère*, el mar. || FAM. *Ne pas être sur la même longueur d'onde*, estar mal conectados.

ondé, e adj. Ondeado, da. || Ondulado, da (cheveux). || De aguas, con visos (tissus).

ondée f. Aguacero, *m.*, chaparrón, *m.*

ondemètre m. Ondímetro.

ondine f. MYTH. Ondina.

on-dit [ɔ̃di] m. inv. Habladuría, *f.*, hablilla, *f.*

ondoiement [ɔ̃dwamɑ̃] m. Ondeo, ondulación, *f.* (des vagues). || ECCLÉS. Agua (*f.*) de socorro (baptême).

ondoyant, e [ɔ̃dwajɑ̃, ɑ̃:t] adj. Ondeante, ondulante. || FIG. Tornadizo, za (inconstant).

ondoyer* [-je] v. intr. Ondear, ondular.
— V. tr. Dar el agua de socorro (baptiser).

ondulant, e adj. Oudulante.

ondulation f. Ondulación : *ondulation permanente*, ondulación permanente.

ondulatoire adj. Ondulatorio, ria : *mécanique ondulatoire*, mecánica ondulatoria.

ondulé, e adj. Ondulado, da.
— SYN. *Ondulant*, ondulante. *Onduleux*, onduloso. *Ondoyant*, ondeante.

onduler v. intr. Ondular (les moissons).
— V. tr. Ondular, hacer ondas en (les cheveux).

onduleux, euse adj. Onduloso, sa; sinuoso, sa (qui forme des ondulations).

onéreux, euse adj. Oneroso, sa (p. us.); costoso, sa; muy caro. || *À titre onéreux*, pagando de su propio bolsillo.

onérosité f. Carácter (*m.*) oneroso.

ongle [ɔ̃:gl] m. Uña, *f.* (du doigt) : *il ronge ses ongles*, se muerde las uñas. || ● Garra, *f.* (des animaux). || — *Ongle incarné*, uñero. || *Ongles en deuil*, uñas de luto, sucias. || — *Coup d'ongle*, arañazo. || *Jusqu'au bout des ongles*, hasta el tuétano, de la cabeza a los pies. || — *À l'ongle on connaît le lion*, por la uña se conoce al león, por el hilo se saca el ovillo. || *Rogner les ongles à quelqu'un*, cortarle a uno los vuelos. || *Se faire les ongles*, arreglarse las uñas, hacerse la manicura.
— SYN. ● *Griffe*, garra. *Serre*, garra. *Ergot*, espolón.

onglé, e adj. Armado de uñas.

onglée f. Entumecimiento (*m.*) de los dedos. || *Avoir l'onglée*, tener los dedos helados.

onglet [ɔ̃glɛ] m. Inglete, bisel (biseau). || GÉOM. Inglete (angle). | BOT. Base (*f.*) de pétalo. || TECHN. Cartivana, *f.* (reliure). | Uñero (d'une page). | Uña, *f.*, muesca, *f.* (couteaux). || MÉD. Uña, *f.* (de l'œil).

onglette f. Uñeta, punzón (*m.*) de grabador.

onglier m. Estuche de uñas (nécessaire). || — M. pl. Tijeras (*f.*) para las uñas (ciseaux).

onglon m. Pesuño, carnicol (sabot).

onguent [ɔ̃gɑ̃] m. Ungüento.

onguicule m. Uña (*f.*) pequeña, uñita, *f.*

onguiculé, e adj. Unguiculado, da.

onguiforme adj. En forma de uña.

ongulé, e adj. et s. m. ZOOL. Ungulado, da.

onirique adj. Onírico, ca (du rêve).

onirisme m. Onirismo.

oniromancie f. Oniromancia.

oniromancien, enne adj. De la oniromancia.
— M. et f. Especialista en oniromancia.

onocentaure m. Onocentauro (centaure à corps d'âne).

onomastique adj. et s. f. Onomástico, ca.
— OBSERV. Le *día onomástico* ou la *onomástica* est le jour de la fête d'une personne.

onomatopée f. Onomatopeya.

ontogenèse ou **ontogénie** f. Ontogenia.

ontologie f. Ontología.

ontologique adj. Ontológico, ca.

ontologisme m. Ontologismo.

ontologiste m. Ontólogo.

onychophagie [ɔnikɔfaʒi] f. Onicofagia.

onyx [ɔniks] m. Ónice.

onyxis [-sis] m. Uñero.

onzain [ɔ̃zɛ̃] m. Estrofa (*f.*) de once versos.

onze [ɔ̃:z] adj. num. et s. m. Once. || POP. *Prendre le train onze*, coger el cochecito de San Fernando. || — M. Once (équipe de football).
— OBSERV. El artículo que precede a *onze* no se elide (le *onze*), salvo en la expresión *bouillon d'onze heures* (jicarazo).

onzième adj. num. ord. et s. Undécimo, ma; onceno, na. || Onzavo, va (fraction).

onzièmement adv. En undécimo lugar.

oogone [ɔɔgɔn] f. BOT. Oogonio, *m.*

oolithe [ɔɔlit] m. GÉOL. Oolito.

oolithique [-tik] adj. GÉOL. Oolítico, ca.

oosphère [ɔɔsfɛr] f. BOT. Oosfera.

oospore [ɔɔspɔ:r] f. BOT. Oospora.

oothèque [ɔɔtɛk] f. Ooteca (des insectes).

opacifier* v. tr. Volver opaco.

opacité f. Opacidad. || Sombra oscura.

opale f. MIN. Ópalo, *m.* || Color (*m.*) de ópalo.
— Adj. Opalino, na.

opalescence [ɔpalɛsɑ̃:s] f. Opalescencia.

opalescent, e [-sɑ̃, ɑ̃:t] adj. Opalescente.

opalin, e adj. et s. f. Opalino, na.

opaliser v. tr. Opalizar, desvitrificar.

opaque adj. Opaco, ca.

ope m. CONSTR. Mechinal (trou).

opéra m. MUS. Ópera, *f.*
— SYN. *Opéra-comique*, ópera cómica. *Opéra bouffe*, ópera bufa. *Opérette*, opereta.

opérable adj. Operable.

opéra-comique m. Ópera (*f.*) cómica.

opérateur, trice m. et f. Operador, ra.

opération f. Operación : *opération d'arithmétique*, operación aritmética ; *opération chirurgicale*, operación quirúrgica ; *opération de bourse*, operación de Bolsa. || — FAM. *Par l'opération du Saint-Esprit*, por obra y gracia del Espíritu Santo, por arte de magia. || *Salle d'opération*, quirófano. || *Théâtre d'opérations*, teatro de operaciones, campo de batalla.

opérationnel, elle adj. Operacional, operativo, va (stratégie).

opératoire adj. Operatorio, ria. || — *Bloc opératoire*, bloque quirúrgico. || *Choc opératoire*, choque quirúrgico ou operatorio. || *Médecine opératoire*, cirugía.

operculaire adj. Opercular.

opercule m. Opérculo.

operculé, e adj. Operculado, da.

opéré, e adj. et s. Operado, da.

opérer* v. tr. Operar, producir (produire). || Operar : *opérer un cancéreux*, operar a un canceroso. || Hacer, realizar, efectuar : *opérer des miracles*, hacer milagros ; *opérer une soustraction*, hacer, efectuar una resta. || *Opérer une arrestation*, efectuar una detención, detener.
— V. intr. Obrar, operar, producir su efecto : *le remède commence à opérer*, el remedio empieza a obrar.
— V. pr. Producirse : *il s'est opéré un profond changement*, se ha producido un profundo cambio.

opérette f. Opereta.
— OBSERV. La *zarzuela* est également un genre dramatique où les couplets chantés alternent avec le parlé mais on réserve ce terme aux œuvres espagnoles, comme *La Revoltosa*, *La Verbena de la Paloma*, etc. Lorsque l'on cite des opérettes étrangères, de Jacques Offenbach, de Strauss ou de Franz Lehar par exemple, on emploie toujours le terme *opereta*.

Ophélie [ɔfeli:] n. pr. f. Ofelia.

ophicléide m. Mus. Figle (instrument).
ophidien, enne adj. et s. m. Ofidio, dia (serpent).
ophioglosse m. Bot. Ofioglosa, f.
ophiolâtrie f. Ofiolatría.
ophiologie ou **ophiographie** f. Ofiología.
ophite m. Ofita, f. (secta). || Ofita, f. (marbre).
ophiucus [ɔfjykys] m. Astr. Ofiuco, serpentario.
ophiure f. Zool. Ofiuro, m.
ophrys [ɔfris] m. Bot. Ofris.
ophtalmie f. Méd. Oftalmía.
ophtalmique adj. Oftálmico, ca.
ophtalmologie f. Méd. Oftalmología.
ophtalmologique adj. Oftalmológico, ca.
ophtalmologiste ou **ophtalmologue** m. Oftalmólogo.
ophtalmomètre m. Oftalmómetro.
ophtalmoscope m. Oftalmoscopio.
ophtalmoscopie f. Oftalmoscopia.
opiacé, e adj. Opiáceo, a ; opiado, da.
opiacer* v. tr. Mezclar con opio.
opiat [ɔpja] m. Méd. Opiata, f.
opilation f. Méd. Opilación (obstruction).
opilon m. Zool. Segador (faucheur).
opime adj. Opimo, ma. || Dépouilles opimes, despojos opimos, rico botín.
opinant m. Opinante.
opiner v. tr. et intr. Opinar. || Opiner du bonnet, asentir con la cabeza.
opiniâtre adj. Pertinaz, porfiado, da ; obstinado, da : des combattants opiniâtres, combatientes pertinaces. || Tesonero, ra : travail opiniâtre, labor tesonera. || Rebelde, tenaz : toux opiniâtre, tos rebelde.
opiniâtrer (s') v. pr. Obstinarse, empeñarse, emperrarse (fam.) : s'opiniâtrer dans son erreur, obstinarse en el error.
opiniâtreté f. Tesón, m., porfía, obstinación (fermeté, constance), tenacidad, testarudez (entêtement).
opinion f. Opinión : braver l'opinion publique, desafiar a la opinión pública. || ● Parecer, m., juicio, m., opinión : mon opinion est que, mi parecer es que ; dire son opinion, expresar su juicio. || — Opinion préconçue, prejuicio. || Partage d'opinions, división de opiniones, desacuerdo. || Sondage d'opinion, sondeo de la opinión pública.
— Syn. ● Sentiment, sentimiento. Pensée, pensamiento. Avis, parecer. Thèse, tesis.
opiomane adj. et s Opiómano, na.
opiomanie f. Opiomanía.
opisthobranches m. pl. Zool. Opistobranquios.
opisthodome m. Archit. Opistódomo.
opium [ɔpjɔm] m. Opio.
opobalsamum [ɔpɔbalzamɔm] m. Méd. Opobálsamo, bálsamo de Judea.
oponce ou **opuntia** [ɔpɔ̃:s, ɔpɔ̃sja] m. Opuncia, f., chumbera, f. (cactacée).
opopanax [ɔpɔpanaks] ou **opoponax** [-pɔnaks] m. Bot. Opopanax, opopónace, f., pánace, f. || Opopónaco, opopanax (gomme-résine).
opossum [ɔpɔsɔm] m. Zool. Zarigüeya, f. (sarigue).
opothérapie f. Méd. Opoterapia.
opportun, e [ɔpɔrtœ̃, yn] adj. Oportuno, na : arrivée opportune, llegada oportuna. || Conveniente : il est opportun de partir d'ici, es conveniente irnos de aquí. || Acertado, da ; oportuno, na ; pertinente : réflexion très opportune, reflexión muy acertada.
opportunisme m. Oportunismo.
opportuniste adj. y s. Oportunista. || Pancista (fam.) [en politique].
opportunité f. Oportunidad : saisir l'opportunité, aprovechar la oportunidad. || Conveniencia, oportunidad : l'opportunité d'une démarche, la conveniencia de una gestión.

opposabilité f. Oponibilidad.
opposable adj. Oponible.
opposant, e adj. et s. Opositor, ra. || Oposicionista (membre de l'opposition).
opposé, e adj. ● Opuesto, ta. || Contrario, ria (intérêts). || Bot. et Géom. Opuesto, ta. — M. Lo contrario, lo opuesto : c'est tout à fait à l'opposé, es todo lo contrario. || — À l'opposé, al contrario. || À l'opposé de, en oposición con, por el contrario.
— Syn. ● Adverse, adverso. Inverse, inverso. Contraire, contrario. Contradictoire, contradictorio. À l'opposite, enfrente.
opposer v. tr. Oponer (de bonnes raisons, une résistance). || Poner frente a frente.
— V. pr. Oponerse : s'opposer à un mariage, oponerse a una boda.
opposite m. À l'opposite, enfrente (vis-à-vis).
opposition f. Oposición : l'opposition politique, la oposición política. || Astr. Oposición. || Faire opposition à un paiement, oponerse legalmente a un pago.
— Syn. Contraste, contraste. Antithèse, antítesis. Antagonisme, antagonismo.
oppressant, e adj. Oprimente.
oppresser v. tr. Oprimir. || Fig. Atormentar. || — Respiration oppressée, respiración ahogada. || — Être oppressé, respirar con ahogo.
oppresseur adj. et s. m. Opresor.
oppressif, ive adj. Opresivo, va.
oppression f. Opresión.
opprimant, e adj. Opresivo, va ; oprimente.
opprimé, e adj. et s. Oprimido, da : les peuples opprimés, los pueblos oprimidos.
opprimer v. tr. Oprimir.
— Syn. Subjuguer, subyugar. Asservir, avasallar. Soumettre, someter. Oppresser, oprimir. Assujettir, sujetar. Courber, doblar, doblegar. Fouler, pisotear. Tyranniser, tiranizar. Dominer, dominar.
opprobre m. Oprobio.
optatif, ive adj. et s. m. Optativo, va.
optation f. Optación.
opter v. intr. Optar.
opticien m. Óptico.
optimal, e adj. Óptimo, ma
optime adv. (Vx). Fam. Óptimamente.
optimisme m. Optimismo.
optimiste adj. et s. Optimista.
optimum [ɔptimɔm] adj. et s. m. Óptimo, ma.
option [ɔpsjɔ̃] f. Opción. || Matière à option, asignatura facultativa.
optique adj. et s. Óptico, ca. || — F. Óptica. || Fig. Enfoque, m., óptica. || — Illusion d'optique, ilusión óptica || — Avoir une autre optique, tener distinto punto de pista, enfocar las cosas de distinta manera.
optométrie f. Phys. Optometría.
opulemment [ɔpylamɑ̃] adv. Opulentamente.
opulence f. Opulencia. || Vivre dans l'opulence, vivir en la opulencia, nadar en la abundancia.
opulent, e adj. Opulento, ta.
opuntia [ɔpɔ̃sja] m. Bot. V. oponce.
opus [ɔpys] m. Mus. Opus.
opuscule m. Opúsculo.
or conj. Ahora bien.
or m. Oro : une montre en or, un reloj de oro ; cheveux d'or, cabellos de oro. || — Or blanc, oro blanco. || Or en feuilles, oro en panes. || Or moulu, oro molido. || — Affaire d'or, negocio magnífico. || Dollar, franc-or, dólar, franco oro. || L'âge d'or, la edad de oro. || Livre d'or, libro de oro. || Personne en or, pedazo de pan. || Pour tout l'or du monde, por todo el oro del mundo. || Règle d'or, regla de oro. || — Acheter à prix d'or, comprar carísimo, a peso de oro. || Avoir

un cœur d'or, tener un corazón de oro. ‖ *C'est de l'or en barre,* es oro en barras. ‖ *Cette affaire est une mine d'or,* este negocio es una mina de oro. ‖ *Être cousu d'or, marcher o rouler sur l'or,* apalear el oro. ‖ *Faire un pont d'or,* hacer *ou* tender un puente de plata. ‖ *Parler d'or,* hablar en plata. ‖ *Payer au poids de l'or,* pagar a peso de oro. ‖ *Rouler o marcher sur l'or,* estar forrado. ‖ *Tout ce qui brille n'est pas or,* no es oro todo lo que reluce. ‖ *Valoir son pesant d'or,* valer su peso en oro.
— OBSERV. *Or* se emplea en plural únicamente cuando se trata de diferenciar dos matices de oro: *une boîte de deux ors.*

oracle m. Oráculo. ‖ *Ton d'oracle,* tono sentencioso.

orage m. Tormenta, *f.,* tempestad, *f.* ‖ FIG. Borrasca, *f.,* tormenta, *f.* (colère). | Revés, calamidad, *f. : les orages de la vie,* los reveses de la vida. ‖ — *Pluie d'orage,* aguacero. ‖ FIG. *Tenir tête à l'orage,* hacer frente a la tormenta, capear el temporal.

orageux, euse adj. Tempestuoso, sa; borrascoso, sa. ‖ Bochornoso, sa : *une chaleur orageuse,* un calor bochornoso. ‖ FIG. Borrascoso, sa; agitado, da; movido, da.

oraison f. Oración. ‖ — *Oraison dominicale,* oración dominical, padre nuestro. ‖ *Oraison funèbre,* oración fúnebre. ‖ — *Être en oraison* o *faire oraison,* orar, rezar.

oral, e adj. et s. m. Oral : *tradition orale,* tradición oral; *examens oraux,* exámenes orales.

Oran n. pr. GÉOGR. Orán.

Oranais n. pr. m. GÉOGR. Oranesado.

orange [ɔrɑ̃:ʒ] f. Naranja : *un jus d'orange,* un zumo de naranja. ‖ *Orange amère,* naranja agria. — Adj. inv. et s. m. Anaranjado, da; naranja (couleur) : *un orange clair, un tissu orange,* un naranja claro, un tejido anaranjado.

Orange n. pr. GÉOGR. Orange.

orangé, e adj. et s. m. Anaranjado, da (couleur).

orangeade [ɔrɑ̃ʒad] f. Naranjada.

orangeat [-ʒa] m. Mermelada (*f.*) de naranjas.

oranger [-ʒe] m. BOT. Naranjo. ‖ — *Eau de fleur d'oranger,* agua de azahar. ‖ *Fleur d'oranger,* azahar.

orangeraie [-ʒrɛ] f. Naranjal, *m.*

orangerie [-ʒri] f. Invernadero (*m.*) de naranjos (serre).

orangette [-ʒɛt] f. Naranjilla.

orangiste [ɔrɑ̃ʒist] m. HIST. Orangista, partidario de un príncipe de la casa de Orange.

orang-outan [ɔrɑ̃utɑ̃] m. ZOOL. Orangután.

orant, e m. et f. Estatua (*f.*) orante.

orateur m. Orador.
— OBSERV. *Orateur* se emplea tanto para los hombres como para las mujeres: *sa mère est un grand orateur.* El femenino *oratrice* se emplea muy poco.
— SYN. *Tribun,* tribuno. *Rhéteur,* retórico. *Déclamateur,* declamador. *Prédicateur,* predicador. *Prédicant,* predicante. *Prêcheur,* predicador.

oratoire adj. Oratorio, ria : *geste oratoire,* gesto oratorio. ‖ *L'art oratoire,* la oratoria. — M. Oratorio (petite chapelle).

oratorien m. Oratoriano (religieux).

oratorio m. Oratorio (musique).

orbe m. Orbe (surface).

orbe adj. ARCHIT. Sin aberturas [una pared].

orbicole adj. Orbícola, universal.

orbiculaire adj. Orbicular.

orbière f. Anteojera.

orbitaire adj. Orbitario, ria.

orbital, e adj. Orbital : *vol orbital,* vuelo orbital.

orbite f. ANAT. Órbita, cuenca (des yeux). ‖ ASTR. Órbita : *mise sur orbite,* puesta en órbita. ‖ *Placer* o *mettre sur orbite,* poner en órbita.

Orcades n. pr. f. pl. GÉOGR. Orcadas (îles).

orcanette f. BOT. Orcaneta, onoquiles.

orchestral, e [ɔrkɛstral] adj. MUS. Orquestal.

orchestration [-trasjɔ̃] f. MUS. Orquestación.

orchestre [ɔrkɛstr] m. MUS. Orquesta, *f.* ‖ Patio de butacas (théâtre). ‖ *Fauteuil d'orchestre,* butaca de patio.

orchestrer [-tre] v. tr. MUS. Orquestar : *orchestrer une partition,* orquestar una partitura.

orchidacées [ɔrkidase] f. pl. BOT. Orquidáceas.

orchidée [-de] f. BOT. Orquídea.

orchis [ɔrkis] m. BOT. Órquide.

orchite [ɔrkit] f. MÉD. Orquitis.

ord, e [ɔr, ɔrd] adj. (Vx). Sucio, cia.

ordalie f. Ordalías, *pl.,* juicio (*m.*) de Dios.

ordinaire adj. ● Ordinario, ria (conforme à l'ordre établi). ‖ Común (commun). ‖ Habitual, ordinario, ria; corriente (habituel). ‖ Ordinario, ria; del montón, vulgar (médiocre). ‖ Corriente : *du vin ordinaire,* vino corriente.
— M. Lo corriente, lo ordinario, lo común : *un film qui sort de l'ordinaire,* una película que se sale de lo corriente *ou* que es fuera de lo común. ‖ Ordinario (autorité ecclésiastique, courrier). ‖ — *Ordinaire de la messe,* ordinario de la misa. ‖ — *À l'ordinaire, d'ordinaire,* comúnmente, de ordinario, generalmente.
— SYN. ● *Accoutumé,* acostumbrado. *Habituel,* habitual, acostumbrado. *Courant,* corriente.

ordinal, e adj. Ordinal : *adjectifs numéraux ordinaux,* adjetivos numerales ordinales.

ordinand m. Ordenando (religieux).

ordinant adj. et s. m. Ordenante.

ordinariat [ɔrdinarja] m. Jurisdicción (*f.*) del obispo ordinario.

ordinateur m. TECHN. Ordenador, computador, computadora, *f.*

ordination f. ECCLÉS. Ordenación.

ordo m. ECCLÉS. Añalejo, ordo (calendrier).

ordonnable adj. Ordenable.

ordonnance f. ● Ordenación, disposición (arrangement). ‖ ARCHIT. Ordenación, orden, *m.* ‖ COMM. Orden de pago, libramiento, *m.* ‖ DR. Mandato (*m.*) *ou* mandamiento (*m.*) judicial (du juge), ordenanza (de l'exécutif). ‖ MÉD. Prescripción facultativa (prescription), receta (écrit). ‖ MIL. Ordenanza, reglamento, *m.* (règlement). | Asistente, *m.;* ordenanza, *m.* (d'un officier). ‖ *Ordonnance royale,* real orden. ‖ — *Officier d'ordonnance,* ayudante de campo.
— OBSERV. *Ordonnance* en el sentido de *asistente, ordenanza* (militar) se emplea también en masculino.
— SYN. ● *Arrangement,* arreglo. *Disposition,* disposición.

ordonnancement m. Orden (*f.*) de pago, libramiento. ‖ *Ordonnancement du travail,* planificación del trabajo, programa de trabajo.

ordonnancer* v. tr. Dar orden de pago.

ordonnateur, trice adj. et s. Ordenador, ra. ‖ — M. Ordenador de pago. ‖ Maestro de ceremonias (dans une fête).

ordonné, e adj. Ordenado, da. — F. MATH. Ordenada.

ordonner v. tr. Ordenar, disponer (ranger). ‖ Ordenar, mandar (imposer). ‖ Prescribir, recetar (un médecin). ‖ ECCLÉS. Ordenar (un prêtre). ‖ FAM. *J'ordonne* (Monsieur, Madame, Mademoiselle), mandón, mandona. — V. intr. Disponer de.
— OBSERV. *Ordonner* se construye generalmente con el subjuntivo: *ordonner qu'il vienne.* Pero cuando no se puede discutir la orden se puede emplear el indicativo o el condicional: *la cour a ordonné que ce témoin serait entendu.*

ordre m. Orden, *f.* : *mettre des papiers en ordre,* poner papeles en orden. ‖ Orden, *f.* (commandement). ‖ Orden (discipline, calme) : *troubler l'ordre,* alterar el orden. ‖ Orden, *f.* (des Templiers, de la Légion d'honneur). ‖ Colegio (des avocats, des médecins, etc.). ‖ Categoría, *f.*, orden : *un écrivain de premier ordre*, un escritor de primer orden. ‖ ARCHIT., BOT. et ZOOL. Orden : *ordre dorique*, orden dórico ; *ordre des coléoptères*, orden de los coleópteros. ‖ COMM. Orden, *f.*, pedido (commande). ‖ ECCLÉS. Orden (sacrement), orden, *f.* (institut religieux). ‖ Orden (hiérarchie entre les anges). ‖ — *Ordre chronologique*, orden cronológico. ‖ *Ordre de bataille*, orden de batalla. ‖ *Ordre de succession*, orden de sucesión. ‖ *Ordre dispersé*, formación abierta. ‖ *Ordre du jour*, orden del día. ‖ MIL. *Ordre serré*, orden cerrado. ‖ ECCLÉS. *Ordres majeurs, mineurs*, órdenes mayores, menores. ‖ — *Billet à ordre*, pagaré. ‖ *Clause à ordre*, endoso. ‖ *Mot d'ordre*, consigna, santo y seña. ‖ *Rappel à l'ordre*, llamada de atención *ou* al orden. ‖ *Sous-ordre*, subalterno. ‖ — *À l'ordre du jour*, al orden del día. ‖ MIL. *À vos ordres!*, ¡a sus órdenes!, ¡a la orden! ‖ *Jusqu'à nouvel ordre*, hasta nuevo aviso. ‖ *Sans aucun ordre*, sin orden ni concierto. ‖ — *Avoir de l'ordre*, ser ordenado. ‖ MIL. *Citer à l'ordre du jour*, citar en la orden del día. ‖ *Être à l'ordre du jour*, ser de actualidad. ‖ *Mettre de l'ordre*, ordenar. ‖ *Payer à l'ordre de*, páguese a la orden de...

— OBSERV. *Orden* est masculin en espagnol dans le sens d'*arrangement, disposition, style architectural* et *sacrement*. Dans les autres cas il est féminin.

ordure f. ● Basura : *boîte à ordures*, cubo de la basura. ‖ Porquería (immondices). ‖ FIG. Indecencia, porquería, grosería. ‖ Tipo (*m.*) asqueroso, marrano, *m.*, guarro, *m.* (personne abjecte). ‖ — *Ordures ménagères*, basura. ‖ *Tas d'ordures*, muladar.

— SYN. ● *Immondice*, inmundicia. *Détritus*, detrito. *Balayures*, barreduras.

ordurier, ère adj. Indecente, puerco, ca ; licencioso, sa.

oréades f. pl. MYTH. Oréades.

orée f. Lindero, *m.*, linde, *m.* et *f.* : *à l'orée d'un bois*, en la linde de un bosque.

oreillard, e [ɔrɛjaːr, ard] adj. et s. Orejudo, da. ‖ — M. Orejudo (chauve-souris).

oreille [ɔrɛːj] f. ANAT. Oreja (partie externe) : *avoir de grandes oreilles*, tener grandes orejas ; *oreilles dressées, tombantes*, orejas tiesas, gachas. ‖ Oído, *m.* (ouïe) : *j'ai mal aux oreilles*, me duele el oído. ‖ Oído, *m.* (aptitude à apprécier les sons) : *avoir l'oreille fine*, tener buen oído. ‖ Asa (anse). ‖ Oreja (d'ancre). ‖ Orejera (de charrue, de fauteuil) : *fauteuil à oreilles*, sillón de orejeras. ‖ — *À l'oreille*, al oído. ‖ *Avoir l'oreille basse* o *baisser l'oreille*, tener las orejas gachas. ‖ *Avoir les oreilles délicates*, tener el oído delicado. ‖ *Avoir les oreilles rebattues* o *battues d'une chose*, estar harto de oír una cosa *ou* estar hasta la coronilla. ‖ *Avoir l'oreille de quelqu'un*, ser escuchado por alguien. ‖ *Avoir l'oreille fine*, ser fino de oídos. ‖ *Casser les oreilles à quelqu'un*, dar la lata *ou* el tostón a alguien. ‖ FAM. *Cela me sort par les oreilles*, estoy hasta la coronilla de esto. ‖ *Dire deux mots à l'oreille de quelqu'un*, decirle a uno cuatro palabras. ‖ *Dormir sur ses deux oreilles*, dormir a pierna suelta *ou* tranquilo. ‖ *Dresser, ouvrir, tendre l'oreille*, aguzar el oído, escuchar con interés. ‖ *Echauffer les oreilles*, calentar los cascos, quemar la sangre. ‖ *Écorcher l'oreille* o *les oreilles*, lastimar el oído. ‖ *Écouter de toutes ses oreilles*, ser todo oídos. ‖ *Être toujours pendu aux oreilles de quelqu'un*, estar siempre pendiente de lo que dice uno. ‖ *Faire la sourde oreille* o *se boucher les oreilles*, hacerse el sordo, no darse por enterado, hacer oídos de mercader. ‖ *Fermer l'oreille à*, no querer escuchar a, no dar oídos a (refuser d'écouter), negarse

a (refuser d'accéder). ‖ *Frotter, couper* o *tirer les oreilles de quelqu'un*, calentarle a uno las orejas, pegarle. ‖ *Les murs ont des oreilles*, las paredes oyen. ‖ *Montrer, laisser passer* o *laisser voir le bout de l'oreille*, enseñar la oreja, vérsele a uno el plumero. ‖ *N'écouter que d'une oreille*, escuchar a medias. ‖ *Ne pas en croire ses oreilles*, no dar crédito a nuestros oídos. ‖ *Ne pas entendre de cette oreille-là*, no ver de la misma manera. ‖ *Ne pas tomber dans l'oreille d'un sourd*, no caer en saco roto. ‖ *Prêter l'oreille*, prestar oído, estar atento. ‖ *Se faire tirer l'oreille*, hacerse de rogar. ‖ *Tendre l'oreille*, prestar oídos. ‖ *Ventre affamé n'a point d'oreilles*, al buen hambre no hay pan duro.

oreille-de-mer f. ZOOL. Oreja de mar.

oreille-de-souris [ɔrɛjdəsuri] f. BOT. Nomeolvides, *m.* (myosotis).

oreille-d'ours [-durs] f. BOT. Oreja de oso.

oreiller [ɔrɛje] m. Almohada, *f.*

oreillette [-jɛt] f. ANAT. Aurícula (du cœur). ‖ Orejera (d'un bonnet).

oreillons [-jɔ̃] m. pl. Orejeras, *f.* (d'un casque, d'une casquette). ‖ MÉD. Paperas, *f.*, parotiditis, *f. sing.*

orémus [ɔremys] m. Oración, *f.*

Orénoque n. pr. m. GÉOGR. Orinoco.

ores [ɔːr] adv. (Vx). Ahora. ‖ *D'ores et déjà*, desde ahora, de aquí en adelante.

Oreste n. pr. m. Orestes.

Orestie n. pr. f. Orestia.

orfèvre m. Platero (mot le plus usité), orfebre, orífice (qui travaille l'or). ‖ *Être orfèvre en la matière*, estar ducho en la materia.

orfèvrerie f. Orfebrería, platería.

orfraie f. Quebrantahuesos, *m.*, pigargo, *m.* (oiseau). ‖ *Pousser des cris d'orfraie*, chillar como una rata, gritar como un descosido.

orfroi m. Orifrés (ruban).

organdi m. Organdí (mousseline).

organe m. Órgano. ‖ Voz, *f.* : *avoir un bel organe*, tener buena voz.

— OBSERV. *órgano* a aussi en espagnol le sens d'*orgue*.

organeau m. Arganeo (de l'ancre).

organicien, enne adj. et s. Organicista.

organicisme m. MÉD. et PHILOS. Organicismo.

organiciste adj. et s. Organicista.

organier m. Organero (facteur d'orgues).

organigramme m. Organigrama (graphique).

organique adj. Orgánico, ca.

organisable adj. Organizable.

organisant, e adj. Organizador, ra.

organisateur, trice adj. et s. Organizador, ra.

organisation f. Organización : *Organisation des Nations Unies* (O. N. U.), Organización de las Naciones Unidas. ‖ ANAT. Constitución.

organisé, e adj. Organizado, da.

organiser v. tr. Organizar.

— V. pr. Organizarse.

organisme m. Organismo.

organiste m. et f. MUS. Organista.

organite m. Organito (élément de la cellule).

organologie f. Organología.

organothérapie f. Organoterapia.

organsin [ɔrgãsɛ̃] m. Seda (*f.*) torcida dos veces.

organsinage m. Retorcido de la seda.

organsiner v. tr. Retorcer la seda.

orgasme m. Orgasmo.

orge [ɔrʒ] f. BOT. Cebada, *f.* : *eau d'orge*, agua de cebada. ‖ — *Champ d'orge*, cebadal. ‖ MÉD. *Grain d'orge*, orzuelo (orgelet). ‖ *Sucre d'orge*, pirulí, caramelo largo en forma de palito.

— M. *Orge mondé, orge perlé*, cebada mondada, cebada perlada.

— OBSERV. Sólo es masculino en estos dos casos.

orgeat [ɔrʒa] m. Horchata, *f.*

— OBSERV. En Francia se suele hacer con almendras (amandes) y en España con chufas (souchets).

orgelet [ɔrʒəlɛ] m. MÉD. Orzuelo.
orgiaque adj. Orgiaco, ca ; orgiástico, ca.
orgie f. Orgía.
orgue [ɔrg] m. MUS. Órgano : *souffler l'orgue*, entonar el órgano. ‖ MAR. Cañería (*f.*) de desagüe. ‖ MIL. Cañon multitubular (canon), rastrillo (fortification). ‖ — GÉOL. *Orgues basaltiques*, basaltos prismáticos. ‖ *Orgue de Barbarie*, organillo. ‖ *Buffet d'orgue*, caja de órgano. ‖ MUS. *Point d'orgue*, calderón.
— OBSERV. *Orgue* es masculino en el singular y en el plural (si designa varios instrumentos). En cambio es femenino en el plural cuando designa un solo instrumento.
orgueil [ɔrgœ:j] m. ● Orgullo : *cet enfant est l'orgueil de la famille*, ese niño es el orgullo de la familia. ‖ Soberbia, *f.* : *l'orgueil est un péché*, la soberbia es un pecado. ‖ (P. us.) Fulcro (d'un levier). ‖ *Crever d'orgueil*, no caber en sí de orgullo, reventar de orgullo.
— SYN. ● *Amour-propre*, amor propio. *Superbe*, soberbia. *Morgue*, altivez, altanería. *Vanité*, vanidad. *Gloriole*, ufanía. *Présomption*, presunción. *Prétention*, pretensión. *Fatuité*, fatuidad. *Suffisance*, suficiencia. *Outrecuidance*, presunción. *Ostentation*, ostentación.
orgueilleux, euse [-jø, ø:z] adj. et s. Orgulloso, sa.
oribus [ɔribys] m. Vela (*f.*) de resina.
orichalque [ɔrikalk] m. Auricalco, latón.
orient [ɔrjɑ̃] m. ● Oriente (point cardinal). ‖ Oriente (d'une perle). ‖ — *Extrême-Orient*, Extremo *ou* Lejano Oriente. ‖ *Grand-Orient*, Gran Oriente [institución central masónica]. ‖ *Moyen-Orient*, Oriente Medio. ‖ *Proche-Orient*, Próximo *ou* Cercano Oriente.
— SYN. ● *Levant*, levante. *Est*, este.
orientable adj. Orientable.
oriental, e adj. et s. Oriental : *des pays orientaux*, países orientales.
orientaliser v. tr. Orientalizar.
orientalisme m. Orientalismo.
orientaliste adj. et s. Orientalista.
orientation f. Orientación : *orientation professionnelle*, orientación profesional.
orientement m. MAR. Orientación, *f.*
orienter v. tr. Orientar. ‖ FIG. Dirigir, guiar.
— V. pr. Orientarse, dirigirse.
orienteur, trice adj. et s. Orientador, ra.
orifice m. Orificio.
oriflamme f. Oriflama.
origan m. Orégano (plante).
Origène n. pr. m. Orígenes.
originaire adj. Oriundo, da ; originario, ria ; natural. ‖ Originario, ria.
originairement adv. Originariamente, primitivamente.
original, e adj. et s. ● Original : *textes originaux*, textos originales. ‖ ◆ Extravagante, estrafalario, ria.
— OBSERV. *Original* signifie aussi en espagnol *manuscrit* (copie, en terme d'imprimerie).
— SYN. ● *Inédit*, inédito.
— ◆ *Excentrique*, excéntrico. *Type*, tipo. *Olibrius*, excéntrico.
originalité f. Originalidad. ‖ Extravagancia, singularidad.
origine f. Origen, *m.* : *d'origine française*, de origen francés. ‖ — *À l'origine*, al principio. ‖ *Dans l'origine*, en su origen, en el principio. ‖ *D'origine*, de origen, genuino (produit), nativo, va : *professeur d'origine*, profesor nativo. ‖ *Tirer son origine de*, proceder de.
— SYN. *Provenance*, procedencia. *Germe*, germen. *Racine*, raíz.
originel, elle adj. Original : *péché originel*, pecado original.
orignal m. Alce del Canadá (élan).
orillon [ɔrijɔ̃] m. Asa, *f.* (d'écuelle). ‖ Orejón (de bastion).

orin m. MAR. Orinque.
Orion n. pr. m. Orión.
oripeau m. Oropel, relumbrón.
orle m. ARCHIT. et BLAS. Orla, *f.*
orléanisme m. Orleanismo.
orléaniste adj. et s. Orleanista.
Orléans [ɔrleɑ̃] n. pr. Orleáns.
ormaie *ou* **ormoie** [ɔrmɛ, ɔrmwa] f. Olmeda, olmedo, *m.*
orme m. BOT. Olmo. ‖ FAM. *Attendez-moi sous l'orme*, espérame sentado.
ormeau m. *ou* **ormille** f. Olmo (*m.*) pequeño.
ormoie f. V. ORMAIE.
orne f. AGRIC. Surco (*m.*) de viñedo. ‖ BOT. Fresno (*m.*) del maná (frêne).
ornemaniste m. CONSTR. Adornista, estuquista.
ornement m. Ornamento, adorno, ornato (architecture, style, etc.). ‖ Ornamento, paramento (habit sacerdotal).
ornemental, e adj. Ornamental.
ornementation f. Ornamentación, ornato, *m.*, adorno, *m.*
ornementer v. tr. Ornamentar, adornar.
orner v. tr. Adornar, ornar. ‖ Enriquecer (l'esprit).
— SYN. *Parer*, engalanar. *Décorer*, decorar. *Embellir*, embellecer. *Enjoliver*, adornar. *Garnir*, guarnecer.
ornière f. Carril, *m.*, carrilada, rodada (des roues). ‖ FIG. Hábito, *m.*, costumbre inveterada, camino (*m.*) trillado, carril, *m.* ‖ *Sortir de l'ornière*, salir del atolladero.
ornithogale f. BOT. Ornitógala, leche de gallina.
ornithologie f. Ornitología.
ornithologique adj. Ornitológico, ca.
ornithologiste *ou* **ornithologue** m. et f. Ornitólogo, *m.*
ornithomancie f. Ornitomancia.
ornithorynque m. Ornitorrinco (animal).
orobanchacées [ɔrɔbɑ̃kase] f. pl. BOT. Orobancáceas.
orobanche f. BOT. Orobanca, hierba tora.
orogenèse f. Orogénesis.
orogénie f. Orogenia.
orogénique adj. Orogénico, ca.
orographie f. Orografía.
orographique adj. Orográfico, ca.
oronge f. BOT. Oronja. ‖ — *Oronge vineuse*, oronja vinosa *ou* rojiza. ‖ *Oronge vraie*, amanita. ‖ — *Fausse oronge*, falsa oronja, matamoscas.
Orose n. pr. m. Orosio.
orpaillage [ɔrpaja:ʒ] m. Lavado del oro.
orpailleur [-jœ:r] m. Buscador de pepitas de oro.
Orphée n. pr. m. Orfeo.
orphelin, e [ɔrfəlɛ̃, in] m. et f. Huérfano, na.
orphelinage m. Orfandad, *f.*
orphelinat [-lina] m. Orfanato, asilo de huérfanos, orfelinato (gallicisme). ‖ Inclusa, *f.* (enfants abandonnés).
orphéon m. MUS. Orfeón.
orphéonique adj. MUS. Orfeónico, ca.
orphéoniste m. Orfeonista.
orphique adj. et s. Órfico, ca.
orphisme m. Orfismo.
orpiment m. MIN. Oropimente.
orpin m. BOT. Telefio.
orque f. ZOOL. Orca (épaulard).
orseille [ɔrsɛ:j] f. BOT. Urchilla, orchilla.
orteil [ɔrtɛ:j] m. Dedo del pie.
orthiconoscope m. Orticonoscopio (télévision).
orthocentre m. GÉOM. Ortocentro.
orthochromatique adj. PHOT. Ortocromático, ca.
orthoclase f. MIN. Ortosa.
orthodontie f. MÉD. Ortodoncia.
orthodoxe adj. et s. Ortodoxo, xa.
orthodoxie f. Ortodoxia.
orthodromie f. Ortodromia (navigation).
orthodromique adj. Ortodrómico, ca.
orthoépie [ɔrtoepi:] f. Ortoepía.

orthogenèse [-ʒənɛ:z] f. Ortogénesis.
orthognathisme [-gnatism] m. Ortognatismo.
orthogonal, e adj. GÉOM. Ortogonal.
orthographe f. Ortografía : *faire une faute d'orthographe*, cometer una falta de ortografía.
orthographie f. ARCHIT. Ortografía.
orthographier* v. tr. Ortografiar.
orthographique adj. Ortográfico, ca (signe, dessin).
orthopédie f. Ortopedia.
orthopédique adj. Ortopédico, ca.
orthopédiste adj. et s. Ortopédico, ca. ‖ — M. et f. Ortopedista, ortopédico, ca.
orthophonie f. Ortofonía.
orthoptère adj. et s. m. ZOOL. Ortóptero.
orthorhombique adj. GÉOM. Ortorrómbico, ca.
orthoscopique adj. Ortoscópico, ca.
orthose f. MIN. Ortosa.
orthostatique adj. MÉD. Ortoestático, ca.
orthotrope adj. BOT. Ortotropo.
ortie f. BOT. Ortiga. ‖ — *Ortie blanche*, ortiga muerta (lamier). ‖ ZOOL. *Ortie de mer*, ortiga de mar. ‖ — FIG. et FAM. *Jeter son froc aux orties*, ahorcar *ou* colgar el hábito.
ortolan m. Hortelano (oiseau).
orvale f. BOT. Orvalle, *m.*, gallocresta.
orvet [ɔrvɛ] m. Lución (reptile).
orviétan m. Antídoto, electuario, ‖ Droga (f.) de charlatán. ‖ *Marchand d'orviétan*, charlatán.
oryctérope m. ZOOL. Orictéropo.
os [ɔs] [plur. : o] m. ANAT. Hueso. ‖ — *Os à moelle*, hueso con tuétano *ou* médula. ‖ *Os de seiche*, jibión. ‖ — *En chair et en os*, en carne y hueso, en persona. ‖ — *Casser les os à quelqu'un*, romper a uno las costillas. ‖ POP. *Il y a un os*, hay un pero *ou* una pega. | *L'avoir dans l'os*, salirle a uno el tiro por la culata. ‖ *N'avoir que les os et la peau*, estar en los huesos. ‖ *Ne pas faire de vieux os*, no llegar a viejo. ‖ POP. *Tomber sur un os*, dar en hueso. | *Trempé jusqu'aux os*, calado hasta los huesos.
— OBSERV. En el plural no se pronuncia la s final.
oscabrion m. Quitón, chitón (mollusque).
oscar m. Oscar (récompense).
oscillant, e [ɔsilɑ̃, ɑ̃:t] adj. Oscilante.
oscillateur [-latœ:r] m. PHYS. Oscilador.
oscillation [-lasjɔ̃] f. Oscilación.
oscillatoire [-latwa:r] adj. Oscilatorio, ria.
osciller [-le] v. intr. Oscilar.
oscillogramme [-lɔgram] m. Oscilograma.
oscillographe [-lɔgraf] m. ÉLECTR. Oscilógrafo.
oscillomètre [-lɔmɛ:tr] m. Oscilómetro.
osculateur, trice [ɔskylatœ:r, -tris] adj. GÉOM. Osculador, ra.
osculation [-lasjɔ̃] f. GÉOM. Osculación.
oscule [ɔskyl] m. ZOOL. et BOT. Poro.
osé, e adj. Osado, da ; atrevido, da.
Osée n. pr. m. Oseas.
oseille [ozɛ:j] f. BOT. Acedera. ‖ POP. Parné, *m.*, mosca, pasta (argent). ‖ — *Oseille-épinard*, hierba de la paciencia. ‖ CHIM. *Sel d'oseille*, sal de aceras. ‖ — POP. *La faire à l'oseille*, dar el pego, engañar.
oser v. tr. et intr. Atreverse, osar : *je n'ose pas le faire*, no me atrevo a hacerlo. ‖ *Si j'ose dire* o *si j'ose m'exprimer ainsi*, y perdone la expresión.
— OBSERV. En forma negativa y seguido de un infinitivo *oser* puede emplearse sin *pas*: *je n'ose venir* o *je n'ose pas venir*.
oseraie f. Mimbreral, *m.*, mimbral, *m.*
osier m. Mimbre. ‖ *Osier blanc*, sarga.
osiériculture f. Cultivo (*m.*) del mimbre.
Osiris [oziris] n. pr. m. MYTH. Osiris.
osmique adj. CHIM. Ósmico, ca.
osmium [ɔsmjɔm] m. Osmio (métal).
osmomètre m. Osmómetro.
osmonde f. Osmunda, helecho (*m.*) real (fougère).

osmose f. PHYS. Ósmosis.
osmotique adj. Osmótico, ca.
osque adj. et s. Osco, ca (peuple d'Italie).
ossature f. Esqueleto, *m.*, osamenta (squelette). ‖ FIG. Armazón.
osséine f. Oseína.
osselet [ɔslɛ] m. Huesecillo (petit os). ‖ Taba, f. (jeu). ‖ VÉTÉR. Porrilla, f. (tumeur du cheval).
ossements [ɔsmɑ̃] m. pl. Huesos, osamenta, f. sing.
osseux, euse adj. Óseo, a (tissu) ; huesoso, sa (relatif à l'os). ‖ Huesudo, da : *des mains osseuses*, manos huesudas.
Ossian n. pr. m. Osián.
ossianisme m. Osianismo.
ossification f. Osificación.
ossifier* v. tr. Osificar.
— V. pr. Osificarse.
ossu, e adj. Huesudo, da.
ossuaire [ɔsɥɛ:r] m. Osario.
ost [ɔst] m. (Vx). Hueste (armée). ‖ Correría, f., expedición (f.) militar.
ostéalgie f. MÉD. Ostealgia.
ostéologique adj. Osteológico, ca.
ostéine f. Oseína.
ostéite f. MÉD. Osteítis.
ostensible adj. Ostensible.
ostensoir m. Custodia, f.
ostentateur, trice adj. (Vx). Ostentador, ra.
ostentation f. Ostentación.
ostentatoire adj. Ostentatorio, ria.
ostéoblaste m. Osteoblasto.
ostéocolle f. Gelatina.
ostéogenèse f. Osteogénesis, osificación.
ostéolithe m. Osteolito.
ostéologie f. Osteología.
ostéologique adj. Osteológico, ca.
ostéologue m. et f. Osteólogo, ga.
ostéome m. MÉD. Osteoma (tumeur).
ostéomyélite f. MÉD. Osteomielitis.
ostéoplastie f. MÉD. Osteoplastia.
ostéosarcome m. MÉD. Osteosarcoma.
ostéosynthèse f. MÉD. Osteosíntesis, *m.*
ostéotomie f. MÉD. Osteotomía.
ostiaque ou **ostyak** m. Ostiaco (langue finno-ougrienne).
Ostie n. pr. GÉOGR. Ostia.
ostracé, e adj. En forma de concha.
ostraciser v. tr. (P. us.). Condenar al ostracismo.
ostracisme m. Ostracismo.
ostréicole adj. Ostrícola.
ostréiculteur m. Ostricultor.
ostréiculture f. Ostricultura.
ostrogoth ou **ostrogot, e** [ɔstrɔgo, ɔ:t] adj. et s. Ostrogodo, da. ‖ FIG. Bárbaro, ra ; animal, salvaje (sauvage). ‖ FAM. *Un drôle d'ostrogoth*, un tipo curioso.
otage m. Rehén.
otalgie f. MÉD. Otalgia.
otalgique adj. Otálgico, ca.
otarie f. ZOOL. León (*m.*) marino, otaria.
ôté prép. Excepto, salvo : *livre excellent, ôté deux ou trois pages*, libro excelente, salvo dos o tres páginas.
ôter v. tr. ● Quitar : *ôter un rideau, une tache*, quitar una cortina, una mancha. ‖ Quitarse, despojarse de : *ôter son chapeau*, quitarse el sombrero. ‖ Restar, quitar : *ôter un de trois* : quitar uno de tres. ‖ Sacar (tirer du doute, de l'inquiétude). ‖ Suprimir : *ôtez deux paragraphes à cet article*, suprima dos párrafos a este artículo.
— V. pr. Quitarse : *ôtez-vous de là*, quítese de ahí.
— SYN. ● *Enlever*, quitar, remover. *Retirer*, retirar. *Confisquer*, confiscar. *Supprimer*, suprimir.
Othon n. pr. m. Otón.
otique adj. Del oído.

otite f. Méd. Otitis.

otolithe f. Otolito, *m.* (concrétion minérale).

otologie f. Méd. Otología.

oto-rhino-laryngologie [ɔtorinolarɛ̃gɔlɔʒi] f. Méd. Otorrinolaringología.

oto-rhino-laryngologiste [-ʒist] m. Méd. Otorrinolaringólogo.

otorrhagie f. Méd. Otorragia.

otorrhée f. Méd. Otorrea.

otoscope m. Otoscopio.

otoscopie f. Méd. Otoscopia.

ottoman, e adj. et s. Otomano, na. ‖ — M. Otomán (tissu). ‖ — F. Otomana (canapé).

ou conj. O, u.

— Observ. En espagnol *u* remplace *o* devant les mots commençant par *o* (*blanc ou noir,* blanco o negro; *l'un ou l'autre,* uno u otro), même lorsqu'il s'agit de chiffres qui ne sont pas écrits en toutes lettres (7 u 8). O portait autrefois un accent aigu, *ó,* qu'il a conservé uniquement lorsqu'il sépare deux chiffres afin d'éviter la confusion possible avec un zéro (3 ó 4).

où adv. interrog. Dónde, en dónde : *où habites-tu?,* ¿dónde vives? ‖ Adónde, a dónde : *où allez-vous?,* ¿adónde va usted? ‖ Por dónde : *je ne sais pas où j'en suis,* no sé por dónde voy. ‖ — *D'où,* de dónde. ‖ *Jusqu'où,* hasta dónde. ‖ *Par où,* por dónde. ‖ — *Où en est l'affaire?,* ¿cómo van las cosas?, ¿cómo va el asunto? ‖ *Où en sont les choses?,* ¿cómo van las cosas?
— Adv. Donde : *là où tu es,* allí donde estás. ‖ Adonde, a donde : *là où nous allons,* ahí adonde vamos. ‖ — *D'où,* de donde : *d'où il s'ensuit que,* de donde resulta que. ‖ *N'importe où,* donde sea, en cualquier sitio. ‖ *Par où,* por donde.
— Pron. rel. Donde, en donde, en que, en el cual, en la cual, en los cuales, en las cuales : *la ville où je suis né,* la ciudad en que nací. ‖ Adonde, a donde, al que, al cual, a la cual, a los cuales, a las cuales : *l'endroit où je vais,* el sitio adonde voy. ‖ En que : *le jour où tu es venu,* el día en que viniste. ‖ *Au cas où* o *pour le cas où,* en caso de que.
— Observ. *Donde* et *adonde* prennent un accent aigu dans les phrases interrogatives ou exclamatives.

ouailles [wa:j] f. pl. Relig. Fieles, *m.,* grey, *sing.*

ouais! [wɛ] interj. Fam. ¡Bueno!, ¡hombre!

ouate [wat] f. Algodón (*m.*) en rama, guata.
— Observ. Se dice *de l'ouate* o *de la ouate,* pero siempre *d'ouate: je n'ai pas d'ouate.*

ouater v. tr. Enguatar.

ouatine [-tin] f. Forro (*m.*) algodonado.

ouatiner v. tr. Poner forro de algodón a.

Oubangui n. pr. m. Géogr. Ubangui.

oubli m. Olvido : *tomber dans l'oubli,* caer en el olvido. ‖ *Oubli de soi,* desprendimiento, abnegación.

oubliable adj. Olvidable.

oublie f. (Vx). Barquillo, *m.* ‖ *Marchand d'oublies,* barquillero.

oublié, e adj. et s. Olvidado, da.

oublier* v. tr. Olvidar. ‖ — *Oublier de,* olvidarse, descuidarse de. ‖ — *Feindre d'oublier,* hacerse el olvidadizo. ‖ *Le passé est oublié,* el pasado pasado está.
— V. pr. Olvidarse. ‖ Olvidarse de uno mismo : *s'oublier, c'est penser aux autres,* olvidarse de sí mismo es pensar en los demás. ‖ Faltar al respeto, desmandarse (être insolent). ‖ *Ne pas s'oublier,* no descuidar sus intereses.

oubliette f. Mazmorra.

oublieux, euse adj. Olvidadizo, za.

ouche f. Agric. Vergel (*m.*) casero, huerto, *m.* (verger). | Tierra propia para cultivos variados.

oued [wɛd] m. Curso de agua, ued [en el desierto].
— Observ. El plural de esta palabra árabe es *ouadi,* pero se suele escribir *des oueds.*

ouest [wɛst] adj. et s. m. Oeste.

ouest-allemand, e [wɛstalmɑ̃, ɑ̃:d] adj. et s. Alemán, alemana del Oeste.

ouf! interj. ¡Uf!

Ouganda n. pr. m. Géogr. Uganda.

ougrien, enne adj. et s. Ugriano, na.

oui [wi] adv. Sí : *ne dire ni oui ni non,* no decir ni que sí ni que no. ‖ *Mais oui,* claro que sí, sí hombre (fam.).
— M. Sí. ‖ *Pour un oui, pour un non,* por una pequeñez, por un quítame allá esas pajas.
— Observ. *Sí,* adverbe ou pronom, porte un accent écrit en espagnol pour le distinguer de *si* conjonction.
— El español *sí* se traduce en francés por *si* cuando responde a una interrogación, una pregunta interrogativa, una duda : *vous ne voyez pas?* — *Si, je vois.* | *Il ne sera pas au rendez-vous.* — *Si, il y sera.*

ouiche! interj. Fam. ¡Ca!, ¡quia!, ¡bah!

oui-da adv. Ya lo creo, claro que sí, ¡que sí!

ouï-dire m. inv. Rumor, voz (*f.*) que corre. ‖ *Par ouï-dire,* de oídas.

ouïe [wi:] f. Oído, *m.* (le sens) : *être tout ouïe,* ser todo oídos. ‖ — Pl. Agallas (des poissons). ‖ Eses, efes (d'un violon). ‖ Autom. Persiana, abertura para la aeración.

ouillage [uja:ʒ] m. Relleno, atestamiento (d'un tonneau de vin).

ouiller [uje] v. tr. Atestar, rellenar (les tonneaux).

ouïr* [wi:r] v. tr. Oír.
— Observ. Sólo se emplea en el infinitivo, en el participio pasado y en los tiempos compuestos, y aun en estos tiempos es poco corriente, salvo en la locución *ouï-dire;* en los demás casos se emplea el verbo *entendre.*

ouistiti m. Zool. Tití.
— Observ. Es preferible decir *le ouistiti* que *l'ouistiti.*

oukase m. Ucase.

ouléma m. Ulema.

oullière [uljɛ:r] f. Agric. Almanta, entreliño, *m.*

ouragan m. Huracán. ‖ Fig. *Arriver comme un ouragan,* llegar en tromba.

Oural n. pr. m. Géogr. Ural (fleuve), Urales, *pl.* (monts).

ouralien, enne adj. et s. Uraliano, na; urálico, ca.

ouralo-altaïque adj. Uraloaltaico, ca.

ourdir v. tr. Urdir. ‖ Fig. Urdir, tramar.
— Syn. *Tramer,* tramar. *Machiner,* maquinar. *Brasser,* manejar, tratar. *Manigancer,* trapichear. *Combiner,* combinar.

ourdissage m. Urdidura, *f.,* urdidumbre, *f.*

ourdisseur, euse m. et f. Urdidor, ra.

ourdissoir m. Techn. Urdidera, *f.,* urdidora, *f.* (machine).

ourler v. tr. Dobladillar.

ourlet [urlɛ] m. Dobladillo (couture). ‖ Borde.

ourlien, enne adj. De la parótida. ‖ *Fièvre ourlienne,* paperas.

ours [urs] m. Zool. Oso : *ours blanc, brun, fourmilier, marin, noir,* oso blanco, pardo, hormiguero, marino, negro. ‖ Fig. Oso, cardo setero, persona (*f.*) insociable. ‖ Fam. *Un ours mal léché,* un oso, un hurón.

ourse f. Zool. Osa. ‖ Astr. *Grande Ourse,* Osa Mayor. *Petite Ourse,* Osa Menor.

oursin m. Zool. Erizo de mar. ‖ Piel (*f.*) de oso.

ourson m. Zool. Osezno.

oust! ou **ouste!** [ust] interj. Fam. ¡Fuera!, ¡oxte! (p. us.), ¡largo de aquí! (pour chasser quelqu'un). ‖ ¡De prisa!, ¡pronto! (pour obliger à se hâter).

outarde f. Avutarda (oiseau).

outardeau m. Pollo de la avutarda.

outil [uti] m. Herramienta, *f.,* útil (p. us.). ‖ Fig. Instrumento, herramienta, *f.* : *la langue est l'outil de l'écrivain,* la lengua es el instrumento del escritor. ‖ *Outils agricoles* o *aratoires,* aperos de labranza *ou* agrícolas.

outillage [-ja:ʒ] m. Herramientas, *f. pl.,* herramental (outils), aperos, *pl.* (surtout agricoles). ‖ Maquinaria, *f.,* utillaje.

OUTILLAGE — HERRAMIENTAS

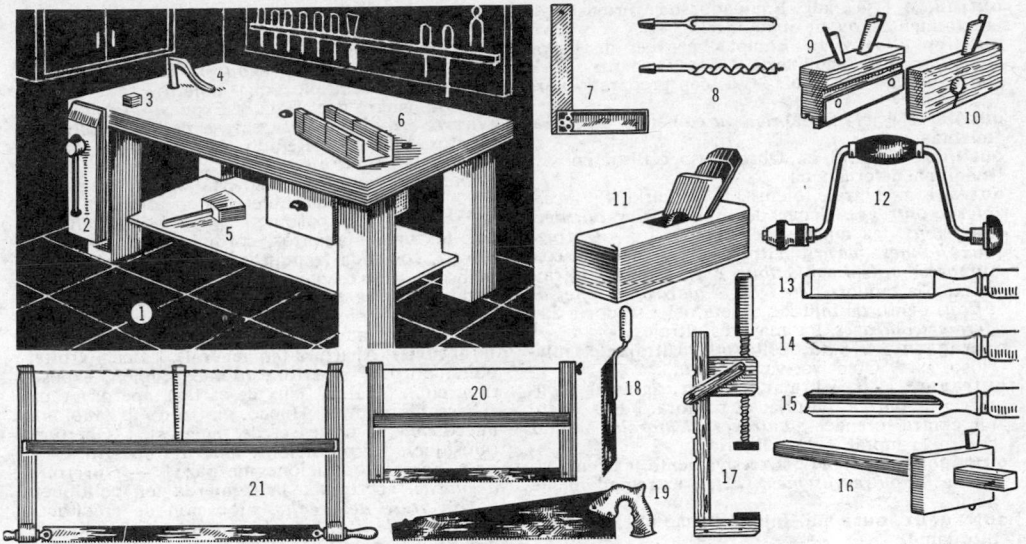

1. *Etabli* : Banco. — 2. *Presse*, f. : Tornillo (m.) de banco. — 3. *Griffe*, f. : Tope (m.) del banco. — 4. *Valet* : Barrilete. — 5. *Maillet* : Mazo. — 6. *Boîte à onglets* : Caja de ingletes. — 7. *Equerre* : Escuadra. — 8. *Mèche* : Barrena. — 9. *Bouvet* : Acanalador. — 10. *Guillaume* : Guillame, cepillo de moldear. — 11. *Rabot* : Cepillo. — 12. *Vilebrequin* : Berbiquí. — 13. *Ciseau à bois* : Escoplo. — 14. *Bédane* : Escoplo de fijas, formón, bédano. — 15. *Gouge* : Gubia. — 16. *Trusquin* : Gramil. — 17. *Serre-joint*, m. : Cárcel, f. — 18. *Scie à araser* : Sierra de contornear. — 19. *Scie égoïne*, f. : Serrucho, m. — 20. *Scie à tenon* : Sierra de contornear. — 21. *Scie à refendre* : Sierra de arco.

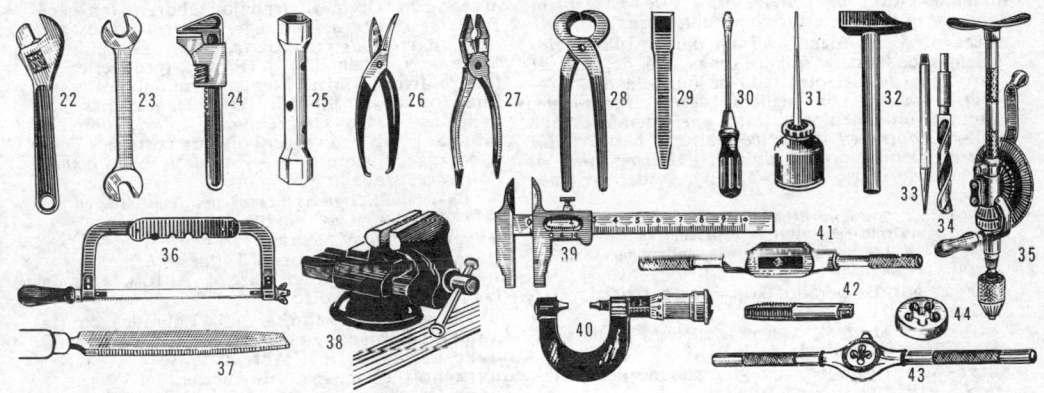

22. *Clef anglaise* : Llave inglesa. — 23. *Clef plate* : Llave fija de doble boca. — 24. *Clef à molette* : Llave inglesa de cremallera. — 25. *Clef à tube* : Llave de tubo recta. — 26. *Cisailles* : Cizallas. — 27. *Pince* (f) *universelle* : Alicates (m.) universales. — 28. *Tenailles* : Tenazas. — 29. *Burin* : Buril, cincel plano, cortafrío. — 30. *Tournevis* : Destornillador. — 31. *Burette à huile* : Aceitera. — 32. *Marteau* : Martillo. — 33. *Pointeau* : Punzón. — 34. *Foret*, m. : Broca, f. — 35. *Chignole* : Taladradora *ou* taladro de mano. — 36. *Scie à métaux* : Sierra para metales. — 37. *Lime* : Lima. — 38. *Etau* : Torno. — 39. *Pied à coulisse* : Pie de rey. — 40. *Palmer* : Palmer. — 41. *Tourne-à-gauche* : Llave de tubo. — 42. *Taraud* : Macho de aterrajar *ou* roscar. — 43. *Porte-filière*, m. : Terraja, f. — 44. *Filière* : Matriz de terraja.

45. *Niveau* : Nivel de burbuja de aire. — 46. *Truelle à plâtre* : Llana, palustre. — 47. *Truelle triangulaire* : Llana *ou* palustre triangular. — 48. *Taloche* : Esparavel. — 49. *Pelle* : Pala. — 50. *Coin* (m.) *à pierre* : Cuña, f. — 51. *Auge* (f.) *à plâtre* : Artesa, cuezo, m. — 52. *Fil* (m.) *à plomb* : Plomada, f. — 53. *Brosse à blanchir* : Brocha de blanquear. — 54. *Tamis à sable* : Cedazo para la arena, tamiz. — 55. *Ciseau à pierre* : Escoplo de cantería.

outillé, e [-je] adj. Equipado, da ; provisto de herramientas *ou* de maquinaria.

outiller [-je] v. tr. Equipar, proveer de herramientas *ou* de maquinaria. ‖ Fig. Preparar : *il est bien outillé pour la vie*, está bien preparado para la vida.

outillerie [-jri] f. Fábrica *ou* comercio de herramientas.

outilleur [-jœ:r] m. Obrero especialista en una máquina determinada.

outrage m. Ultraje, ofensa, *f.* ‖ Injuria, *f.* : *accabler d'outrages*, llenar de injurias ; *les outrages du temps*, las injurias del tiempo. ‖ *— Outrage aux bonnes mœurs*, ultraje a las buenas costumbres. ‖ *Outrage public à la pudeur*, ultraje público al pudor. ‖ *— Délit d'outrage au chef de l'Etat*, delito de injurias al jefe del Estado. ‖ *Les derniers outrages*, los mayores ultrajes.

outrageant, e [-ʒɑ̃, ɑ̃ :t] adj. Ultrajante, injurioso, sa. ‖ Ofensivo, va (propos).

outrager* v. tr. Ultrajar, injuriar, agraviar : *outrager en paroles*, ultrajar de palabra. ‖ Fig. Atentar contra, ofender : *outrager la morale*, atentar contra la moral. ‖ Dr. Injuriar.

outrageusement adv. Excesivamente, extremadamente : *outrageusement bête*, extremadamente necio.

outrageux, euse adj. Injurioso, sa ; ultrajoso, sa ; ultrajante.

outrance f. Exageración, exceso, *m.*, ‖ *À outrance*, a ultranza, hasta el extremo (jusqu'au bout), sin tregua, a muerte (combat).

outrancier, ère adj. et s. Exagerado, da ; excesivo, va ; desmedido, da (démesuré).

outre f. Odre, *m.*, pellejo, *m.* ‖ Pop. *Etre plein comme une outre*, estar como una cuba.

outre prép. ● Además de (en plus) : *outre cela*, además de esto. ‖ Allende, más allá de, tras al otro lado de, del otro lado de (au-delà de). ‖ *— Outre mesure*, sin medida, desmesuradamente, fuera de toda medida. ‖ *Outre que*, además de que. ‖ *— D'outre en outre*, de parte a parte. ‖ *En outre*, además, por añadidura. ‖ *Passer outre à*, hacer caso omiso de, no hacer caso de, no tener en cuenta.

— Observ. *En outre* debe emplearse sin complemento ; por lo tanto conviene evitar la expresión *en outre de*.
— Syn. ● *Indépendamment*, independientemente. *Pardessus*, por encima.

outré, e adj. Exagerado, da. ‖ Fig. ● Irritado, da ; indignado, da.

— Syn. ● *Indigné*, indignado. *Révolté*, sublevado. *Scandalisé*, escandalizado.

outre-Atlantique loc. adv. Al otro lado del Atlántico.

outrecuidance [utrəkɥidɑ̃ :s] f. Suficiencia, presunción, fatuidad, desfachatez.

outrecuidant, e [-dɑ̃, ɑ̃ :t] adj. Presuntuoso, sa ; petulante, fatuo, tua (fat).

outre-Manche loc. adv. Más allá de la Mancha.

outremer [utrəmɛ:r] m. Lapislázuli (pierre). ‖ Azul de ultramar (couleur).

outre-mer loc. adv. Ultramar : *aller outre-mer*, ir a ultramar. ‖ *Produits d'outre-mer*, ultramarinos.

outre-monts [utrəmɔ̃] loc. adv. Allende los montes, tras los montes.

outrepasser v. tr. Sobrepasar, extralimitarse en. — V. intr. Salirse los perros del coto de caza.

outrer v. tr. Extremar, desmedir (exagérer). ‖ Irritar, indignar : *vos paroles l'ont outré*, sus palabras le han indignado.

outre-Rhin [utrərɛ̃] loc. adv. Allende el Rin.

outre-tombe loc. adv. Ultratumba.

outsider [autsaidər] m. Outsider, posible vencedor, no favorito.

ouvert, e adj. Abierto, ta : *fenêtre ouverte*, ven-

tana abierta ; *voyelle ouverte*, vocal abierta. ‖ Fig. Abierto, ta ; franco, ca ; comunicativo, va : *caractère ouvert*, carácter comunicativo. ‖ Inteligente, despejado, da : *un esprit ouvert*, un espíritu inteligente. ‖ Declarado, da ; abierto, ta : *guerre ouverte*, guerra declarada. ‖ Expuesto, ta : *maison ouverte à tous les vents*, casa expuesta a todos los vientos. ‖ Sports. Reñido, da ; duro, ra (compétition). ‖ *— Lettre ouverte*, carta abierta. ‖ *Porte grande ouverte*, puerta abierta de par en par. ‖ *Ville ouverte*, ciudad abierta (non fortifiée). ‖ *Visage ouvert*, rostro franco. ‖ *— À bras ouverts*, con los brazos abiertos, cordialmente. ‖ *À cœur ouvert*, con toda franqueza, con el corazón en la mano. ‖ *À livre ouvert*, sin preparación, de corrido : *traduire à livre ouvert*, traducir de corrido. ‖ *Tenir table ouverte*, tener mesa franca.

ouvertement adv. Abiertamente, francamente.

ouverture f. Abertura (en général). ‖ Boca (grotte, puits, port). ‖ Apertura (d'une réunion, exposition, etc.). ‖ Salida (jeux de cartes), apertura (aux échecs, au rugby). ‖ Hueco, *m.* (trou). ‖ Vano, *m.*, hueco, *m.* (de portes et de fenêtres). ‖ Obertura (musique). ‖ Proposición : *faire des ouvertures de paix*, hacer proposiciones de paz. ‖ *— Ouverture à gauche*, apertura a la izquierda (en politique). ‖ *Ouverture de crédits*, alocación de crédito. ‖ *Ouverture de la chasse*, levantamiento de la veda, desvede. ‖ *Ouverture d'esprit*, anchura de miras. ‖ *Séance d'ouverture*, sesión inaugural *ou* de apertura.

ouvrable adj. Laborable, hábil, de trabajo : *jour ouvrable*, día laborable. ‖ Labrable, laborable : *matière ouvrable*, materia labrable.

ouvrage m. Obra, *f.*, trabajo, labor, *f.* (en général) : *se mettre à l'ouvrage*, ponerse manos a la obra ; *ouvrage de menuiserie*, labor de carpintería. ‖ Labor, *f.* (d'aiguille). ‖ Obra, *f.* (production littéraire, livre). ‖ Mil. Elemento autónomo de una línea fortificada. ‖ *— Mil. Ouvrage à cornes*, hornabeque. ‖ Constr. *Ouvrage d'art*, obra de fábrica. ‖ *Sac à ouvrage*, bolso de costura. ‖ *Table à ouvrage*, costurero. ‖ *— Avoir le o du cœur à l'ouvrage*, trabajar con ganas.

— Observ. En algunas expresiones familiares *ouvrage* es femenino : *c'est de la belle ouvrage*.

ouvragé, e adj. V. OUVRÉ.

ouvrager* v. tr. Labrar. ‖ Tallar (bois).

ouvrant, e adj. Que se abre. ‖ Autom. *Toit ouvrant*, techo corredizo.

ouvré, e o ouvragé, e adj. Labrado, da (façonné). ‖ Bordado, da (brodé), calado, da (ajouré).

ouvre-boîtes m. inv. Abrelatas.

ouvre-huîtres m. inv. Abreostras.

ouvre-lettres m. inv. Abrecartas, plegadera, *f.*

ouvrer v. tr. et intr. Labrar.

ouvreur, euse m. et f. Abridor, ra (qui ouvre). ‖ Artífice, artesano, *m.* ‖ Mano, *f.* (jeux de cartes), declarante (au bridge). ‖ *— F.* Acomodadora (dans un théâtre ou cinéma).

ouvrier, ère [uvrije, jɛ:r] m. et f. Obrero, ra : *les ouvriers se plaignent*, los obreros se quejan. ‖ Obrero, ra ; operario, ria : *ouvrier électricien*, operario electricista. ‖ *— Ouvrier agricole*, trabajador agrícola *ou* del campo. ‖ *Ouvrier saisonnier*, obrero temporero, estacional. ‖ *Ouvrier spécialisé*, obrero especializado. ‖ *— F.* Obrera (abeille). — Adj. Obrero, ra : *classe ouvrière*, clase obrera. ‖ *Cheville ouvrière*, clavija maestra. ‖ Fig. *Être la cheville ouvrière*, ser el alma.

ouvriérisme m. Obrerismo.

ouvriériste adj. et s. Obrerista.

ouvrir* v. tr. Abrir (en général). ‖ Fig. Inaugurar, abrir : *ouvrir le bal*, abrir el baile. ‖ Fundar, abrir : *ouvrir une école*, fundar una escuela. ‖ Poner : *ouvrir la radio*, poner la radio. ‖ Entablar (des négociations). ‖ *— Ouvrir la chasse*, levantar

la veda. ‖ Fig. *Ouvrir la porte à,* dejar paso a (aux abus). ‖ *Ouvrir le dialogue,* abrir el diálogo. ‖ Mil. *Ouvrir le feu,* romper el fuego. ‖ *Ouvrir les oreilles,* aguzar el oído. ‖ *Ouvrir les yeux à quelqu'un,* abrir los ojos a alguien. ‖ *Ouvrir un compte,* abrir una cuenta.
— V. intr. Dar, dar acceso : *cette porte ouvre sur le jardin,* esta puerta da al jardín. ‖ Abrir : *le magasin ouvre le dimanche,* el almacén abre el domingo. ‖ Abrir, ser mano (jeux de cartes).
— V. pr. Abrirse. ‖ Dar : *porte qui s'ouvre sur la rue,* puerta que da a la calle. ‖ Abrirse (fleurs). ‖ Comenzar, iniciarse : *l'année s'ouvre sur un grave événement,* el año comienza con un grave suceso. ‖ Explayarse (s'expliquer). ‖ Fig. *S'ouvrir à quelqu'un,* confiarse a alguien.

ouvroir m. Obrador (pour des travaux de lingerie). ‖ Ropero (d'une paroisse).

ovaire m. Ovario.

ovalbumine f. Albúmina de la clara de huevo.

ovale adj. ● Oval, ovalado, da.
— M. Géom. Óvalo.
— Syn. ● *Ovoïde,* ovoideo. *Oviforme,* oviforme.

ovalisation f. Mécan. Desgaste (*m.*) desigual en las paredes de un cilindro, ovalización.

ovaliser v. tr. Mécan. Desgastar, ovalizar : *cylindre ovalisé,* cilindro desgastado.

ovariectomie f. Méd. Ovariectomía.

ovarien, enne adj. Ovárico, ca.

ovariotomie f. Méd. Ovariotomía.

ovarique adj. Ovárico, ca.

ovarite f. Méd. Ovaritis.

ovation f. Ovación. ‖ *Faire une ovation,* ovacionar.

ovationner v. tr. Ovacionar, aclamar.

ove m. Archit. Óvolo, ovo (moulure). ‖ Géom. Óvalo.

ové, e adj. Ovado, da ; aovado, da.

ovibos [ovibɔs] m. Zool. Buey almizclero.

Ovide n. pr. m. Ovidio.

ovidés [ovide] m. pl. Zool. Óvidos.

oviducte m. Oviducto. ‖ Huevera, *f.* (des ovipares).

oviforme adj. Oviforme.

ovin, e adj. et s. m. Ovino, na.

ovinés m. pl. Zool. Ovinos.

ovipare adj. et s. Ovíparo, ra.

oviparité f. Oviparidad.

ovipositeur ou **oviscapte** m. Oviscapto.

ovogonèse f. Ovogénesis.

ovoïde adj. Ovoide.

ovovivipare adj. et s. Ovovivíparo, ra.

ovulaire adj. Ovular.

ovulation f. Ovulación.

ovule m. Óvulo.

oxacide ou **oxyacide** m. Chim. Oxácido.

oxalate m. Chim. Oxalato.

oxalide [ɔksalid] f. ou **oxalis** [ɔksalis] m. Bot. Oxálida, *f.,* acederilla, *f.,* aleluya, *f.*

oxalique adj. Chim. Oxálico, ca.

oxford [ɔksfɔːd] m. Oxford (tissu).

oxhydrique adj. Chim. Oxhídrico, ca : *chalumeau oxhydrique,* soplete oxhídrico.

oxhydryle m. Chim. Oxhidrilo.

oxyacétylénique adj. Oxiacetilénico, ca.

oxycarboné, e adj. Oxicarbonado, da.

oxychlorure m. Chim. Oxicloruro.

oxycoupage m. Techn. Corte de los metales con soplete oxhídrico, oxicorte.

oxycoupeur m. Soplete oxiacetilénico.

oxycrat [ɔksikra] m. Vinagrada, *f.* (boisson).

oxydable adj. Oxidable.

oxydant, e adj. et s. m. Oxidante.

oxydase f. Chim. Oxidasa.

oxydation f. Oxidación.

oxyde m. Óxido.

oxyder v. tr. Oxidar.
— V. pr. Oxidarse.

oxydoréduction f. Oxidorreducción.

oxygénation f. Oxigenación.

oxygène m. Oxígeno.

oxygéné, e adj. Oxigenado, da : *eau oxygénée,* agua oxigenada.

oxygéner* v. tr. Oxigenar.
— V. pr. Oxigenarse (prendre l'air).

oxygénothérapie f. Oxigenoterapia.

oxyhémoglobine f. Oxihemoglobina.

oxylithe f. Chim. Oxilita.

oxymel m. Ojimiel.

oxymétrie f. Oximetría.

oxypetalum m. Bot. Oxipétalo.

oxysulfure m. Oxisulfuro.

oxyton m. Gramm. Oxítono.

oxyure m. Oxiuro, lombriz, *f.* (parasite de l'intestin).

oyat [ɔja] m. Bot. Carrizo.

ozène m. Méd. Ocena, *f.*

ozokérite ou **ozocérite** f. Ozokerita, parafina.

ozonateur m. V. ozoniseur.

ozone m. Chim. Ozono.

ozoné, e adj. Ozonado, da.

ozonisation f. Ozonización, ozonificación.

ozoniser v. tr. Ozonar, ozonificar.

ozoniseur ou **ozonateur** m. Ozonador, ozonizador.

ozonomètre m. Ozonómetro.

P

p m. P. *f.*
— Observ. La *p,* cuyo sonido es igual al de la *p* española, es muda en algunas palabras como *baptême, baptistère, exempt, exempter, sculpter, sculpteur, compte, promptitude, sept, septième.* La *p* final no se pronuncia en *camp, champ, drap, sirop, loup, sparadrap, galop, trop, beaucoup, coup.*

paca m. Paca, *f.* (rongeur américain).

pacage m. Pasto, pastizal, pastura, *f.* ‖ Pasturaje (communal). ‖ Agric. Pastoreo. ‖ *Droit de pacage,* derecho de pasto.

pacager* v. tr. et intr. Hacer pastar, apacentar.

pacane f. Pacana (fruit).

pacanier m. Pacana, *f.* (arbre).

pacfung [pakfuŋ] m. Alpaca, *f.,* metal blanco.

pacha m. Bajá, pachá (gallicisme). ‖ *Vivre comme un pacha,* vivir como un pachá.

pachalik m. Bajalato.

pachanga f. Pachanga (danse).
pachyderme adj. et s. m. ZOOL. Paquidermo.
pachydermie f. MÉD. Paquidermia.
pacifiant, e adj. (P. us.). Pacificador, ra.
pacificateur, trice adj. et s. Pacificador, ra. ‖ FIG. Apaciguador, ra.
pacification f. ˉPacificación. ‖ FIG. Apaciguamiento, m.
pacifier* v. tr. Pacificar : *pacifier les peuples*, pacificar a los pueblos. ‖ FIG. Apaciguar : *pacifier les esprits*, apaciguar los ánimos.
pacifique adj. Pacífico, ca.
Pacifique n. pr. m. GÉOGR. Pacífico.
pacifisme m. Pacifismo.
pacifiste adj. et s. Pacifista.
pack m. Pack (banquise et rugby).
pacotille [pakɔti:j] f. Pacotilla. ‖ MAR. Pacotilla, ancheta. ‖ *Vendeur de pacotille*, pacotillero.
pacquage m. Embarrilado [del pescado].
pacquer v. tr. Embarrilar [el pescado].
pacte m. Pacto : *pacte de non-agression*, pacto de no agresión.
pactiser v. intr. Pactar, hacer un pacto. ‖ FIG. Transigir, contemporizar (transiger). ‖ FIG. *Pactiser avec sa conscience*, acallar la conciencia.
Pactole n. pr. m. Pactolo. ‖ FIG. Pactolo, mina, *f.* (source de richesses).
paddock m. Paddock, potrero (enclos). ‖ Paddock, recinto reservado en los hipódromos para pasear de la brida a los caballos (hippodrome).
padine f. Alga marina en forma de abanico.
padischah ou **padichah** [padiʃa] m. Sultán turco.
padou m. Hiladillo, cinta (*f.*) de hilo y seda (ruban). ‖ Cinta (*f.*) roja (faveur).
padouan, e adj. et s. Paduano, na ; patavino, na.
Padoue n. pr. GÉOGR. Padua.
pæan [peã] m. Peán.
Paestum [pɛstɔm] n. pr. GÉOGR. Pesto.
paf adj. POP. Borracho perdido, curda, trompa.
paf! interj. ¡Paf!, ¡zas!
pagaie [pagɛ] f. MAR. Zagual, *m.*, canalete, *m.*, pagaya (aviron court).
pagaille ou **pagaïe** [paga:j] f. FAM. Desorden, *m.*, follón, *m.* ‖ *En pagaille*, en desorden (en désordre), a espuertas, a porrillo (en quantité).
paganiser v. tr. et intr. Paganizar.
paganisme m. Paganismo.
pagayer* [pagɛje] v. intr. Remar con zagual *ou* pagaya.
pagayeur, euse [-jœ:r, ø:z] m. et f. Persona que rema con zagual.
page f. Página. ‖ Plana (d'un journal). ‖ FIG. Página, episodio, *m.* ‖ Cuartilla, hoja (feuillet). ‖ Carilla (d'écriture ou de papier à lettres). ‖ — *Page de garde*, guarda. ‖ — *Belle page*, recto. ‖ *Fausse page*, verso. ‖ *Metteur en pages*, compaginador (d'imprimerie), confeccionador (dans la salle de rédaction). ‖ *Mise en pages*, compaginación, confección. ‖ FAM. *Être à la page*, estar al día, al tanto, al corriente. ‖ *Mettre en pages*, compaginar, confeccionar. ‖ FIG. *Tournons la page*, borrón y cuenta nueva.
page m. Paje. ‖ — *Effronté comme un page*, muy fresco, muy descarado.
pagel m. Pagel (poisson).
pageot [paʒo] m. POP. Catre, piltra, *f.* (lit).
pagination f. Paginación, foliación.
paginer v. tr. Paginar, foliar.
pagne m. Taparrabo.
pagnon m. Paño negro fino de Sedán (tissu).
pagnoter (se) v. pr. POP. Acostarse, meterse en la piltra.
pagode f. Pagoda. ‖ Figura chinesca de cabeza móvil (figurine). ‖ Ídolo, *m.* (idole). ‖ Moneda de oro de India (monnaie). ‖ *Manche pagode*, manga

estrecha hasta el codo y acampanada hasta el puño.
pagodon m. Pequeña pagoda, *f.*
pagre m. Pagro (poisson).
pagure m. Paguro, ermitaño (bernard-l'ermite).
pahouins m. pl. Pahuinos (tribu du Congo).
paie ou **paye** [pɛ, pɛj] f. Paga : *feuille de paie*, hoja de paga. ‖ FAM. Deudor, *m.* (débiteur). ‖ — *Double paie*, paga extraordinaria. ‖ *Haute paie*, sobresueldo, gratificación. ‖ *Faire la paie*, pagar, dar la paga.
paiement ou **payement** [pɛmã] m. Pago : *paiement comptant*, pago al contado.
païen, enne [pajɛ̃, jɛn] adj. et s. Pagano, na.
— SYN. *Idolâtre*, idólatra. *Mécréant*, descreído. *Infidèle*, infiel.
paierie [pɛri] f. Pagaduría, caja.
paillage [paja:ʒ] m. Empajado.
paillard, e [paja:r, ard] adj. et s. Lascivo, va ; verde, libertino, na (débauché). ‖ (Vx). Que duerme sobre paja.
paillarder [-de] v. intr. (P. us.). Entregarse al libertinaje, vivir disolutamente.
— V. pr. POP. Pasárselo en grande.
paillardise [-di:z] f. Libertinaje, *m.*, lujuria. ‖ Verdulería, chiste (*m.*) verde (mot ou récit grivois).
paillasse [pajas] f. Jergón, *m.*, colchón (*m.*) de paja (matelas). ‖ POP. Panza, barriga (ventre).
paillasse m. Payaso, bufón. ‖ POP. Camaleón (homme changeant).
paillasserie [-sri] f. Payasada.
paillasson m. Felpudo, esterilla, *f.* ‖ AGRIC. Estera, *f.*, pajote (pour protéger les plantes).
paillassonnage [pajasɔna:ʒ] m. Cubrimiento con esteras *ou* pajotes.
paillassonner [-sone] v. tr. AGRIC. Esterar, cubrir con esteras ou pajotes.
paille [pɑ:j] f. Paja. ‖ TECHN. Quebraza, defecto, *m.*, pelo, *m.* ‖ — *Paille de fer*, estropajo metálico, de acero. ‖ — *Chaise de paille*, silla de enea. ‖ *Feu de paille*, llamarada. ‖ *Homme de paille*, testaferro, hombre de paja. ‖ *Une paille!*, ¡una bicoca! ‖ *Vin de paille*, vino de paja. ‖ — FIG. *Être sur la paille*, no tener ni donde caerse muerto, estar en la miseria. ‖ *Mettre sur la paille*, dejar en la ruina, arruinar, dejar sin un cuarto. ‖ *Rompre la paille*, romper un acuerdo, enfadarse. ‖ *Tirer à la courte paille*, echar pajas. ‖ *Voir la paille dans l'œil du prochain et ne pas voir la poutre que l'on a dans le sien*, ver la paja en el ojo del vecino y no la viga en el nuestro.
— Adj. Pajizo, za ; color de paja : *un ruban paille*, una cinta pajiza.
paillé m. AGRIC. Estiércol en el que la paja no está aún descompuesta.
paillé, e adj. Pajizo, za ; de color de paja. ‖ TECHN. Que tiene quebrazas *ou* pelos (métaux).
paille-en-queue m. Faetón, rabo de junco (oiseau).
— OBSERV. Pl. *pailles-en-queue*.
pailler m. Pajar (grenier). ‖ Almiar, montón de paja (meule de paille).
pailler v. tr. Cubrir de paja, empajar. ‖ Poner asiento y respaldo de enea (chaise).
paillès m. pl. Tufo (*sing.*) de pelo [de los judíos].
paillet [pɑjɛ] adj. m. et s. m. Claro (vin). ‖ MAR. Pallete.
pailletage [pajta:ʒ] m. Bordado, recamado con lentejuelas.
pailleté, e [-te] adj. Bordado *ou* recamado con lentejuelas.
pailleter* v. tr. Bordar, recamar con lentejuelas.. ‖ Salpicar (parsemer).
pailleteur m. Lavador de oro.
paillette [pajɛt] f. Lentejuela (sur une étoffe). ‖ Pepita (d'or). ‖ Hojuela de soldadura (soudure).

‖ Laminilla, hoja (de mica). ‖ Jardín, *m.* (dans une pierre précieuse). ‖ Muelle, *m.* (ressort). ‖ *Savon en paillettes,* jabón en escamas.

pailleur, euse m. et f. Pajero, ra (vendeur de paille). ‖ Sillero, ra (rempailleur).

pailleux, euse adj. Que tiene quebrazas *ou* pelos (métal). ‖ *Fumier pailleux,* estiércol pajoso.

paillis [paji] m. AGRIC. Capa (*f.*) de paja, pajote (couche de paille). ‖ Montón de paja (tas de paille).

paillon m. Cascarilla, *f.,* laminilla (*f.*) de cobre (mince feuille de cuivre). ‖ Lentejuela (*f.*) grande (grosse paillette). ‖ Funda (*f.*) de paja (pour les bouteilles). ‖ Eslabón (maille). ‖ Cesto de panadero (paneton). ‖ Filtro de paja (filtre).

paillot [pajo] m. Jergón pequeño.

paillote f. Choza de paja.

pain m. Pan : *Morceau de pain,* pedazo de pan ; *pain frais, rassis, grillé, frit,* pan tierno, duro, tostado, frito. ‖ Pastilla, *f.* (de savon). ‖ Librillo (de cire). ‖ FIG. Pan, sustento : *gagner son pain,* ganarse el pan. ‖ — *Pain à cacheter,* oblea, lacre. ‖ *Pain à chanter,* hostia no consagrada. ‖ *Pain anglais, viennois,* pan de flor, de Viena. ‖ *Pain au lait,* bollo de leche. ‖ *Pain azyme,* pan ázimo. ‖ *Pain bénit,* pan bendito. ‖ *Pain bis,* pan bazo, moreno. ‖ *Pain blanc,* pan blanco *ou* candeal. ‖ *Pain complet,* pan integral. ‖ *Pain de fantaisie,* pan de lujo. ‖ *Pain de Gênes,* pan genovés. ‖ *Pain de glace,* barra de hielo. ‖ *Pain de gruau,* pan de flor. ‖ *Pain de maïs,* borona. ‖ *Pain de ménage,* pan casero. ‖ *Pain de mie,* pan de molde *ou* francés. ‖ *Pain d'épice,* alajú. ‖ *Pain-de-pourceau,* pamporcino (plante). ‖ *Pain de sucre,* pilón *ou* pan de azúcar. ‖ *Pain mollet,* mollete. ‖ *Pain noir,* pan de centeno. ‖ *Pain perdu,* torrija. ‖ — *Arbre à pain,* árbol del pan. ‖ *Notre pain quotidien,* el pan nuestro de cada día. ‖ *Petit pain,* panecillo. ‖ — *En pain de sucre,* en forma de cono. ‖ *Pour une bouchée de pain,* por un mendrugo de pan. ‖ — FIG. ET FAM. *Avoir du pain sur la planche,* tener trabajo para rato, tener tela para cortar, haber tela de que cortar. ‖ *C'est pain bénit,* le está bien empleado, para que aprenda. ‖ *Être au pain et à l'eau* o *au pain sec,* estar a pan y agua. ‖ *Être bon comme du pain* o *comme du bon pain,* ser más bueno que el pan, ser bueno como un pedazo de pan. ‖ *L'homme ne vit pas seulement de pain,* no sólo de pan vive el hombre. ‖ *Manger son pain blanc le premier,* dejar el rabo por desollar. ‖ *Se vendre comme des petits pains,* venderse como rosquillas *ou* como panecillos.

pair m. Par (noble).

— OBSERV. El femenino es *pairesse.*

pair, e adj. Par : *nombre pair,* número par. ‖ — M. Par, *f.,* paridad, *f.,* igualdad (*f.*) en el cambio ; *change au pair,* cambio a la par. ‖ — Pl. Pares, iguales, semejantes : *jugé par ses pairs,* juzgado por sus iguales. ‖ — *Aller de pair avec,* correr parejas con, ir a la par de, correr paralelos. ‖ *Être au pair dans une maison,* prestar algunos servicios domésticos a cambio de la comida y el alojamiento. [En España se dice más bien vivir con una familia para cuidar a los niños o dar clases de idiomas, etc.] ‖ *Hors de pair* ou *hors pair,* sin igual, sin par, sin rival.

paire f. Par, *m.* : *une paire de chaussures,* un par de zapatos. ‖ Pareja : *une paire de pigeons,* una pareja de palomas. ‖ Yunta (*f.*) de bueyes), tronco, *m.* (de chevaux). ‖ Pareja, par, *m.* (d'amis). ‖ Pareja (poker) : *deux paires,* doble pareja. ‖ — FAM. *C'est une autre paire de manches,* eso es harina de otro costal, eso es otro cantar. ‖ FIG. *Les deux font la paire,* allá se van, son tal para cual.

pairement adv. De manera par, doblemente. ‖

Nombre pairement pair, número cuya mitad es par.

pairesse f. Paresa, mujer de un par de Inglaterra.

pairie f. Dignidad, título (*m.*) de par.

pairle m. BLAS. Palio, perla, *f.*

paisible adj. ● Apacible, pacífico. ‖ Sosegado, da ; tranquilo, la (tranquille).

— SYN. ● *Pacifique,* pacífico. *Pacifiste,* pacifista. *Pantouflard,* casero.

paissance f. Apacentamiento, *m.*

paissant, e adj. Que pace.

paisseau m. Rodrigón (échalas).

paisson m. Pastura, *f.,* pasto (pâture). ‖ Apacentamiento, pastoreo (paissance).

paître* v. tr. Apacentar, llevar [los animales] a pacer. ‖ — V. intr. Pacer, pastar (brouter). ‖ FIG et FAM. *Envoyer paître,* mandar a paseo, a la porra, a hacer gárgaras.

paix [pɛ] f. Paz. ‖ Tranquilidad, calma. ‖ Portapaz. ‖ — *Paix fourrée,* paz fingida. ‖ *Paix romaine,* paz octaviana. ‖ — FIG. *Avoir la conscience en paix,* tener la conciencia tranquila. ‖ *Faire la paix,* hacer las paces. ‖ FAM. *Ficher la paix,* dejar en paz. ‖ *Laisser en paix,* dejar en paz. ‖ *Pour avoir la paix,* para estar tranquilo. ‖ — Interj. ¡Silencio !, ¡chitón !, ¡paz !

Pakistan n. pr. m. GÉOGR. Paquistán, Pakistán.

pakistanais, e adj. et s. Pakistaní, paquistaní.

pal m. Palo, estaca, *f.* ‖ Empalamiento (supplice). ‖ BLAS. Palo.

— OBSERV. Pl. *pals.*

palabre f. (Vx). Conferencia con un jefe negro. ‖ Palabrería, verborrea, palabreo, *m.*

palabrer v. intr. Charlotear, palabrear (discourir).

palace m. Hotel de gran lujo.

paladin m. Paladín.

palafitte m. Palafito (construction lacustre).

palais [palɛ] m. Palacio. ‖ Curia, *f.* : *style de palais,* estilo de curia ; *gens du palais,* gente de curia. ‖ ANAT. Paladar, cielo de la boca. ‖ FIG. Paladar, gusto : *avoir le palais fin,* tener paladar delicado. ‖ — *Palais de justice,* palacio de justicia, audiencia. ‖ *Petit palais,* palacete.

palan m. Aparejo, polipasto (système de poulies).

palanche f. Palanca.

palançon m. CONSTR. Aguja (*f.*) de los tapiales.

palancre ou **palangre** f. Palangre, *m.,* espinel, *m.* (pêche).

palanque f. Palanca, estacada.

palanquée f. MAR. Carga de eslinga.

palanquer v. intr. Maniobrar con un aparejo. ‖ — V. tr. Proveer de una estacada.

palanquin m. Palanquín.

palastre ou **palâtre** m. Palastro (d'une serrure).

palatal, e adj. et s. f. GRAMM. Palatal, paladial.

palatalisation f. Palatalización.

palataliser v. tr. Palatalizar.

palatin, e adj. et s. Palatino, na. ‖ — F. Palatina (fourrure).

Palatinat [palatina] n. pr. m. GÉOGR. Palatinado.

pale f. Compuerta de molino. ‖ Álabe, *m.,* paleta (d'une roue à aubes). ‖ Pala (d'hélice). ‖ ECCLÉS. Hijuela, palia. ‖ MAR. Pala (de l'aviron).

pâle adj. Pálido, da. ‖ — *Pâle comme un linge* o *comme la mort,* blanco como el papel. ‖ *Style pâle,* estilo descolorido, apagado. ‖ — FAM. *Se faire porter pâle,* darse de baja.

— SYN. *Blafard,* macilento. *Blême,* descolorido. *Livide,* lívido. *Terreux,* terroso. *Hâve,* macilento.

palé, e adj. BLAS. Palado, da.

pale-ale [peil-eil] m. Pelel, cerveza (*f.*) inglesa clara.

— OBSERV. On trouve l'orthographe *pelel,* critiquable, dans le Dictionnaire de l'Académie espagnole.

palée f. Zampeado, *m.*
palefrenier [palfrənje] m. Palafrenero, mozo de caballerizas.
palefroi [-frwa] m. Palafrén (cheval de parade).
palémon m. Palemón, gamba, *f.*
paléobotanique f. Paleobotánica.
paléogène adj. et s. Peleógeno, na.
paléogéographie f. Paleogeografía.
paléographe m. Paleógrafo.
paléographie f. Paleografía.
paléographique adj. Paleográfico, ca.
paléolithique adj. et s. m. Paleolítico, ca.
paléologue m. Paleólogo.
paléontologie f. Paleontología.
paléontologique adj. Paleontológico, ca.
paléontologiste ou **paléontologue** m. Paleontólogo.
paléothérium [paleoterjɔm] m. Paleoterio (fossile).
paléozoïque adj. et s. m. GÉOL. Paleozoico, ca.
Palerme n. pr. GÉOGR. Palermo.
palermitain, e adj. et s. Palermitano, na; panormitano, na.
paleron m. Paletilla, *f.* (du bétail). ‖ Espaldilla, *f.* (boucherie).
Palestine n. pr. f. GÉOGR. Palestina.
palestinien, enne adj. et s. Palestino, na.
palestre f. Palestra.
palestrique adj. Paléstrico, ca.
palet [palɛ] m. Chito, chita, *f.* (jeu). ‖ Tejo (disque pour le jeu de palet).
paletot [palto] m. Gabán, abrigo, paletó (p. us.).
palette f. Paleta (d'un peintre). ‖ Álabe, *m.*, pala, paleta (d'une roue hydraulique). ‖ Espaldilla (boucherie). ‖ Pala (raquette). ‖ FAM. Paletón, *m.*, paleta (dent). ‖ (Vx). Palmeta (férule). ‖ TECHN. Paleta.
palétuvier m. Mangle (arbre).
pâleur f. Palidez.
pâli, e adj. et s. Pali (langue de l'Inde).
pâlichon, onne adj. FAM. Paliducho, cha.
palier m. Descansillo, rellano, meseta, *f.* (d'un escalier). ‖ Parte (*f.*) plana *ou* nivel de una carretera, de una vía férrea. ‖ FIG. Grado, escalón, nivel (échelon). ‖ MÉCAN. Apoyo, cojinete, « palier » (support). ‖ — *Par palier,* escalonadamente, gradualmente. ‖ *Vol en palier,* vuelo a altura constante. ‖ — *Habiter sur le même palier,* vivir en el mismo piso.
palière adj. f. A nivel del descansillo.
palification f. Fortificación con pilotes, zampeado, *m.*
palifier* v. tr. Zampear.
palikare m. Palikar (soldat grec).
palimpseste [palɛpsɛst] m. Palimpsesto.
palindrome adj. et s. m. Palíndromo, capicúa.
palingénésie f. Palingenesia.
palingénésique adj. Palingenésico, ca.
palinodie f. Palinodia. ‖ *Chanter la palinodie,* cantar la palinodia, retractarse.
pâlir v. intr. Palidecer. ‖ — *Pâlir sur ses livres,* quemarse las pestañas estudiando, no levantar (la) cabeza de los libros. ‖ — *Faire pâlir,* infundir temor (inspirer de la crainte), hacer palidecer (éclipser). ‖ *Son étoile pâlit,* su poder disminuye, su ocaso se acerca.
— V. tr. Descolorar : *le soleil pâlit les rideaux,* el sol descolora las cortinas.
palis [pali] m. Estaca, *f.* (pieu). ‖ Estacada, *f.,* empalizada, *f.* (enceinte de pieux).
palissade f. Empalizada, estacada, vallado, *m.*
palissadement m. Empalizado.
palissader v. tr. Empalizar, vallar, cercar.
palissadique adj. BOT. Parenquimatoso, sa.
palissage m. Colocación (*f.*) en espaldera.
palissandre m. Palisandro.
pâlissant, e adj. Que palidece.

palisser v. tr. Poner en espaldera.
palisson m.˙ Suavizador de gamucero.
palissonner v. tr. Sobar, suavizar las pieles.
palissonneur adj. et s. m. Obrero que suaviza las pieles.
pallure m. Espina (*f.*) santa (arbrisseau).
palladium [paladjɔm] m. Paladio (métal). ‖ Paladión (statue de Pallas). ‖ FIG. Defensa, *f.,* resguardo, salvaguardia, *f.,* paladión.
Pallas [palas] n. pr. f. Palas.
palléal, e adj. Del manto de moluscos.
palliatif, ive adj. et s. m. Paliativo, va.
palliation f. Paliación.
pallier* v. tr. Paliar. ‖ Mitigar, calmar momentáneamente, paliar (calmer).
pallium [paljɔm] m. Palio.
palma-christi m. BOT. Palmacristi, *f.,* ricino (ricin).
palmaire adj. Palmar : *muscle palmaire,* músculo palmar.
palmarès m. Lista (*f.*) de premios (école). ‖ Lista (*f.*) de los resultados (sport, concours). ‖ Historial, hoja (*f.*) de servicios.
palmarium [palmarjɔm] m. Invernadero para palmeras.
palmatifide adj. Palmatífido, da.
palmature f. Palmeado, *m.* (des objets). ‖ Membrana interdigital de los palmípedos.
palme f. BOT. Palma. ‖ Palmera (palmier). ‖ Palmo, *m.* (mesure). ‖ Palma (insigne). ‖ Aleta (de nageur). ‖ FIG. *Remporter la palme,* llevarse la palma.
palmé, e adj. Palmeado, da; palmado, da.
palmer [palmɛ:r] m. Palmer, tornillo micrométrico, calibrador.
palmer [palme] v. tr. TECHN. Aplanar cabezas de agujas.
palmeraie f. Palmeral, *m.,* palmar *m.*
palmette f. ARCHIT. Palmeta. ‖ Árbol (*m.*) frutal en espaldar.
palmier m. Palmera, *f.* ‖ Palmera, *f.* (gâteau). ‖ *Palmier-dattier,* palma datilera, palmera. ‖ *Palmier nain,* palmito.
palmifide adj. Palmífido, da; palmatífido, da.
palmilobé, e adj. Palmilobulado, da.
palmiparti, ite adj. Palmipartido, da.
palmipède adj. et s. m. Palmípedo, da.
palmiséqué, e adj. Palmisecado, da.
palmiste m. Palmito.
palmitate m. CHIM. Palmitato.
palmite m. Palmita, *f.* (moelle de palmier).
palmitine f. Palmitina (cire).
palmitique adj. m. CHIM. Palmítico.
palmure f. Membrana interdigital de los palmípedos.
Palmyre n. pr. GÉOGR. Palmira.
palois, e [palwa,wa:z] adj. et s. De Pau.
palombe f. Paloma torcaz (pigeon ramier).
palonnier m. Balancín (d'une voiture). ‖ Barra (*f.*) de carga *ou* de acoplamiento de cargas. ‖ AVIAT. Barra (*f.*) de mando del timón. Palanca (*f.*) de mando del timón.
palot [palo] m. Estaca, *f.* (pour pêcher). ‖ Pala (*f.*) estrecha (pêche).
pâlot, otte [palo, ɔt] adj. Paliducho, cha; descolorido, da.
palourde f. Almeja (clovisse).
palpabilité f. Palpabilidad.
palpable adj. Palpable.
palpation f. MÉD. Palpación, palpadura, palpamiento, *m.*
palpe m. Palpo.
palpébral, e adj. Palpebral : *muscles palpébraux,* músculos palpebrales.
palper v. tr. Palpar (toucher). ‖ FIG. et FAM. Meterse en el bolsillo, embolsarse, cobrar, recibir dinero (toucher de l'argent).
palpeur m. Barra (*f.*) calibradora; pie de rey; palpador.

palpitant, e adj. Palpitante. ‖ FIG. et FAM. Palpitante (gallicisme), emocionante. — M. POP. Corazón.

palpitation f. Palpitación.

palpiter v. intr. Palpitar.

palplanche f. Tablestaca.

palsambleu! interj. (P. us.) ¡Pardiez!, ¡cáspita!

paltoquet [paltokɛ] m. FAM. Patán, palurdo.

palu m. FAM. Paludismo.

palud ou **palude** [palyd] m. Pantano (marais).

paludarium [palydarjɔm] m. Criadero de animales anfibios.

paludéen, enne [palydeɛ̃, ɛn] adj. Palúdico, ca : *fièvre paludéenne,* fiebre palúdica.

paludier m. Salinero.

paludine f. Paludina (mollusque).

paludisme m. MÉD. Paludismo, malaria, f. (malaria).

palus [palys] m. Tierra (f.) de aluvión bordelesa. ‖ Vino de la región bordelesa.

palustre adj. Palustre. ‖ MÉD. Palúdico, ca.

pâmer v. intr. et pr. Pasmarse, desfallecer. ‖ Extasiarse (s'émerveiller). ‖ TECHN. Destemplarse (acier). ‖ *— Se pâmer de joie,* volverse loco de alegría. ‖ *Se pâmer de rire,* desternillarse de risa.

pâmoison f. Pasmo, *m.* ‖ Soponcio, *m.,* patatús, *m.* (mots familiers). ‖ *Tomber en pâmoison,* desmayarse, dar un patatús *ou* un soponcio.

pampa f. Pampa.

Pampelune n. pr. GÉOGR. Pamplona.

pampéro m. Pampero (vent de la pampa).

Pamphile n. pr. m. Pánfilo.

pamphlet [pɑ̃flɛ] m. Libelo, panfleto (gallicisme).

pamphlétaire m. Libelista, autor de libelos, panfletista (gallicisme).

pampille [pɑ̃pi:j] f. Adorno (*m.*) de pasamanería.

pamplemousse m. Pomelo (fruit).

pamplemoussier m. Pomelo (arbre).

pampre m. Pámpano (rameau de vigne).

pan m. Faldón (d'un vêtement). ‖ Pañal (d'une chemise). ‖ Lienzo de pared (de mur). ‖ Cara, *f.,* lado (face). ‖ Palmo, cuarta, *f.* (empan). ‖ Batea, *f.* (batée). ‖ *Pan coupé,* chaflán.

pan! interj. ¡Zas!, ¡pum!

panabase f. MIN. Panabasa.

panacée f. Panacea (remède).

panachage m. Mezcla, *f.,* mezcolanza, *f.* (mélange).

panache m. Penacho (d'un casque). ‖ FIG. et FAM. Brillo, brillantez, *f.,* lustre (ce qui a de l'éclat). ‖ Corona, *f.* (d'une lampe). ‖ ARCHIT. Pechina, *f.* (d'une voûte). ‖ FIG. *Faire panache,* apearse por las orejas (cavalier); volcar, dar una vuelta de campana (voiture).

panaché, e adj. Empenachado, da (orné d'un panache). ‖ Abigarrado, da (de diverses couleurs). ‖ Mezclado, da (mélangé). ‖ FAM. Hétérogéneo, a ; variado, da (style). ‖ *— Bière panachée,* cerveza con gaseosa. ‖ *Glace panachée,* helado de varios gustos. ‖ *Haricots panachés,* judías blancas y verdes. ‖ *Légumes panachés,* verduras mezcladas.

panacher v. tr. Empenachar, poner un penacho (orner d'un panache). ‖ Abigarrar (orner de couleurs variées). ‖ Mezclar, entremezclar (mélanger). ‖ FIG. Inscribir en una papeleta de voto candidatos de listas diferentes (élections). — V. pr. Tomar colores variados.

panachure f. Mancha (tache d'une couleur différente).

panade f. Sopa de pan. ‖ POP. Miseria (misère).

panafricain, e adj. Panafricano, na.

panafricanisme m. Panafricanismo.

panais [panɛ] m. BOT. Pastinaca, *f.,* chirivía, *f.*

panama m. Jipijapa, panamá (chapeau).

Panama n. pr. GÉOGR. Panamá.

Paname n. pr. POP. París.

panaméen, enne adj. et s. Panameño, ña.

panaméricain, e adj. Panamericano, na.

panaméricanisme m. Panamericanismo.

panaméricaniste adj. et s. Panamericanista.

panarabisme m. Panarabismo.

panard, e adj. Patizambo, ba ; zambo, ba (cheval). — M. POP. Pinrel, queso (pied).

panaris m. MÉD. Panadizo, uñero, panarizo.

panatela m. Panetela, *f.* (cigare).

panathénaïque ou **panathénien, enne** adj. Panatenaico, ca ; relativo a las panateneas.

panathénées f. pl. Panateneas (fêtes grecques).

panax [panaks] m. BOT. Aralia, *f.,* pánace, *f.*

panca, panka ou **punka** m. Abano, abanico colgado del techo.

pancalisme m. PHILOS. Pancalismo.

pancarte f. Cartel, *m.,* pancarta.

panchromatique adj. PHOT. Pancromático, ca.

panclastite f. Panclastita (explosif).

pancosmisme m. PHILOS. Pancosmismo.

Pancrace n. pr. m. Pancracio.

pancratiaste m. Pancraciasta.

pancréas [pɑ̃kreas] m. ANAT. Páncreas.

pancréatine f. Pancreatina.

pancréatique adj. Pancreático, ca.

pancréatite f. MÉD. Pancreatitis, inflamación del páncreas.

panda m. Panda (mammifère de l'Himalaya).

pandanus [pɑ̃danys] m. BOT. Pandano.

pandectes [pɑ̃dɛkt] f. pl. DR. Pandectas.

pandémie f. MÉD. Pandemia.

pandémique adj. Pandémico, ca.

pandémonium [pɑ̃demɔnjɔm] m. Pandemónium, pandemonio.

pandiculation f. MÉD. Pandiculación (mot savant), desperezo, *m.* (mot usuel) [action de s'étirer].

pandion m. Halieto (oiseau rapace).

pandit [pɑ̃dit] m. Pandit, sabio brahmán.

pandore m. FAM. Gendarme, guiri. ‖ *— F.* Bandola (instrument à cordes).

Pandore n. pr. f. MYTH. Pandora.

pandour m. (Vx). Panduro, soldado húngaro. ‖ FIG. Hombre brutal, bandido.

pané, e adj. Empanado, da : *côtelette panée,* chuleta empanada. ‖ *Eau panée,* agua panada.

panégyrique m. Panegírico.

panégyriste m. Panegirista.

paner v. tr. Empanar.

panerée f. Cestada, cesta (contenu d'un panier).

paneterie f. Panetería (dans un palais). ‖ Depósito (*m.*) de pan.

panetier m. (Vx). Panetero (d'un palais). ‖ Panadero.

panetière f. (Vx). Zurrón, *m.* (gibecière). ‖ Armario (*m.*) del pan (armoire pour le pain). ‖ Panera (corbeille). ‖ Bolsa del pan (sac).

paneton m. Cestillo de boulanger).

paneuropéen, enne adj. et s. Paneuropeo, a.

pangermanisme m. Pangermanismo.

pangermaniste adj. et s. Pangermanista.

pangolin m. Pangolín (mammifère).

panhellénisme m. Panhelenismo.

panic m. Panizo (plante).

panicaut [paniko] m. Cardo borriquero, cardo corredor (chardon).

panicule f. BOT. Panícula.

paniculé, e adj. BOT. Paniculado, da.

panier m. ● Cesta, *f.,* cesto. ‖ Canasta, *f.* (à linge). ‖ Cesta (*f.*) de la compra (à provisions). ‖ Papelera, *f.,* cesto de los papeles (corbeille à papier). ‖ Enceste, cesto, punto (but) [basket-ball]. ‖ (Vx). Miriñaque (crinoline). ‖ *— Panier à bouteilles,* botellero. ‖ *Panier à ouvrage,* costurero, cesta de labores. ‖ *Panier à salade,* cesto para escurrir la

ensalada (pour la salade), coche celular (pour prisonniers). ‖ FIG. *Panier de crabes,* nido de víboras, jaula de grillos. ‖ *Panier percé,* manirroto, ta ; despilfarrador, ra ; saco roto. ‖ — *Le dessus du panier,* lo mejorcito, la flor y nata. ‖ *Faire danser l'anse du panier,* sisar. ‖ *On peut tous les mettre dans le même panier,* están todos cortados con el mismo patrón *ou* con la misma tijera.
— SYN. ● *Corbeille,* canasto, canasta. *Bannette,* canastilla. *Manne, mannette,* canasta.

panière f. Canasta, cesta para el pan.
panifiable adj. Panificable.
panification f. Panificación.
panifier* v. tr. Panificar.
paniquard adj. et s. m. FAM. Alarmista.
panique adj. Pánico, ca. ‖ *Peur panique,* pavor, miedo cerval.
— F. Pánico, *m.* : *jeter o semer la panique,* sembrar el pánico.
panislamisme m. Panislamismo.
panka m. Abano.
panlexique m. Panléxico (dictionnaire).
panlogisme m. PHILOS. Panlogismo.
panne f. Pana (tissu). ‖ Avería (de voiture). ‖ Apagón, *m.,* corte, *m.* (d'électricité). ‖ Teja cumbrera (tuile). ‖ Manteca, grasa de cerdo, pella (graisse du porc). ‖ Banda, faja (de nuages). ‖ Atasco, *m.,* parada, detención (arrêt). ‖ ARCHIT. Viga, correa (d'un comble). ‖ TECHN. Boca (du marteau). ‖ THÉÂTR. Embolado, *m.,* papel (*m.*) malo (mauvais rôle). ‖ — FAM. *Avoir une panne o être o rester o tomber en panne,* tener una avería (auto). ‖ *Avoir une panne sèche,* quedarse sin gasolina (auto). ‖ POP. *Être dans la panne,* estar en la miseria, estar a dos velas. ‖ MAR. *Être en panne,* pairar, estar al pairo *ou* en facha. ‖ FIG. *Rester en panne,* quedarse plantado. ‖ MAR. *Se mettre en panne,* ponerse al pairo, ponerse en facha.
panné, e adj. et s. POP. Tronado, da ; sin dinero.
panneau m. ARCHIT. Tablero, entrepaño. ‖ Panel, cuarterón (d'une porte). ‖ Cartel, cartelera, *f.* (affiche), tablero (tableau). ‖ Tabla, *f.* (peinture). ‖ MAR. Cuartel de escotilla. ‖ Tabla, *f.* (couture). ‖ Cubierta (*f.*) de un cristal (horticulture). ‖ Red (*f.*) de caza (chasse). ‖ Almohadilla, *f.,* baste de la albarda. ‖ AVIAT. Pantalla, *f.* ‖ — *Panneau de signalisation,* señal de tráfico. ‖ *Panneau d'interdiction de stationner,* señal de prohibido de estacionar. ‖ *Panneau indicateur,* disco (rond), placa (de formes diverses). ‖ *Panneau publicitaire,* valla publicitaria. ‖ FIG. *Tomber o donner dans le panneau,* caer en la trampa, dejarse engañar, tragar el anzuelo.
panneautage [panota:3] m. Caza (*f.*) con redes.
panneauter [-te] v. intr. Cazar con redes.
panneauteur adj. et s. m. Cazador con red.
panneton m. TECHN. Paletón (d'une clef).
pannicule m. ANAT. Panículo.
panonceau m. Escudo que señalaba la jurisdicción señorial. ‖ Rótulo, placa, *f.* (à la porte de certains établissements).
panoplie f. Panoplia.
panoptique adj. et s. m. Panóptico, ca.
panorama m. Panorama.
panoramique adj. Panorámico, ca : *écran panoramique,* pantalla panorámica.
— M. CINÉM. Panorámica, *f.* (prise de vue).
panoufle f. Adorno (*m.*) de piel de carnero (de sabot).
panpsychisme m. PHILOS. Panpsiquismo.
pansage m. Limpieza (*f.*) de un animal.
panse f. FAM. Panza, barriga. ‖ Herbario, *m.,* panza (des ruminants). ‖ Panza (d'une cruche).
pansement m. Cura, *f.,* apósito : *faire un pansement,* hacer una cura *ou* poner un apósito.

panser v. tr. Curar (une blessure). ‖ Vendar (bander). ‖ Almohazar, limpiar (un cheval).
panslavisme m. Paneslavismo.
panslaviste adj. et s. Paneslavista.
pansu, e adj. et s. Panzudo, da ; barrigón, ona ; barrigudo, da (ventru). ‖ — Adj. Panzudo, da (renflé).
pantagruélique adj. Pantagruélico, ca.
pantagruélisme m. Pantagruelismo.
pantagruéliste m. et f. Pantagruelista.
pantalon m. Pantalón, pantalones, *pl.* : *pantalon de golf,* pantalón bombacho.
Pantalon n. pr. m. Pantalón [bufón de la comedia italiana].
pantalonnade f. Bufonada, payasada (bouffonnerie). ‖ FIG. Farsa, hipocresía (hypocrisie).
pantalonnier, ère m. et f. Pantalonero, ra.
pante m. POP. Tío, gachó (homme).
pantelant, e adj. Palpitante (palpitant). ‖ Jadeante (haletant).
panteler* v. intr. Jadear (haleter).
pantenne ou **pantène** f. Red para cazar pájaros (filet). ‖ — MAR. *En pantenne,* en desorden. ‖ *Vergues en pantenne,* vergas terciadas en señal de duelo.
panthéisme m. Panteísmo.
panthéiste adj. et s. Panteísta.
panthéistique adj. Panteístico, ca.
panthéon m. Panteón de hombres ilustres.
— OBSERV. Le *panteón* désigne surtout le caveau de famille.
panthère f. Pantera.
pantière f. Red de caza (filet de chasse).
pantin m. Pelele, títere, muñeco, monigote.
— SYN. *Marionnette,* marioneta, títere. *Fantoche,* fantoche. *Polichinelle,* polichinela. *Guignol,* guiñol.
pantographe m. Pantógrafo.
pantoire f. MAR. Brazalote, *m.*
pantois [pɑ̃twa] adj. m. (Vx). Jadeante (haletant). ‖ FIG. et FAM. Estupefacto, atónito, patidifuso (déconcerté).
pantomètre m. Pantómetra, *f.*
pantomime f. Pantomima.
— M. (Vx). Pantomimo.
pantouflard m. FAM. Casero (casanier).
pantoufle f. Zapatilla, pantufla, pantuflo, *m.* (chaussure d'intérieur). ‖ — FIG. et FAM. *En pantoufles,* con toda comodidad, a sus anchas. ‖ FAM. *Raisonner comme une pantoufle,* pensar con los pies, hablar a tontas y a locas.
pantouflier, ère m. et f. Zapatillero, ra.
pantoum m. Poema de origen malayo.
panure f. Pan (*m.*) rallado.
panurge f. Engallador, *m.* (harnais).
panzer [pantsɛr] m. Carro (blindé).
panzerdivision f. División acorazada.
paon [pɑ̃] m. Pavo real, pavón. ‖ Pavón (papillon) ‖ FIG. Hombre vanidoso. ‖ — *Être fier comme un paon,* hincharse como un pavo. ‖ *Se parer des plumes du paon,* vestirse *ou* engalanarse con plumas ajenas.
paonne [pan] f. Pava real.
paonneau [-no] m. Pavipollo real.
papa m. Papá. ‖ — FAM. *Papa gâteau,* padrazo. ‖ — FAM. *Bon papa,* abuelito (grand-père), buen hombre. ‖ *Mon petit papa,* papaíto. ‖ — POP. *À la papa,* a la pata la llana, simplemente ; cachazudamente, con calma. ‖ *De papa,* de otra época, de antes, de la otra generación.
papable adj. Papable, que puede ser elegido Papa.
papaïne f. CHIM. Papaína.
papal, e adj. Papal : *pouvoirs papaux,* poderes papales.
papalin, e adj. FAM. Del papa, papal.
— M. Papalino (soldat du pape).
papas [papas] m. Papas, sacerdote griego.
papauté f. Papado, *m.,* pontificado, *m.*

papayer [papavɛ:r] m. Adormidera, *f.* (pavot).
papavéracées f. pl. Bot. Papaveráceas.
papavérine f. Chim. Papaverina.
papaye [papaj] f. Papaya (fruit).
papayer [-je] m. Papayo (arbre).
pape m. Papa.
papegai ou **papegeai** m. (Vx). Papagayo (perroquet). | Pájaro que sirve de blanco.
papelard, e adj. Hipócrita, camandulero, ra.
— M. Camandulero, santurrón (faux dévot). ‖ Pop. Papelucho.
papelardise f. Hipocresía, camandulería.
papelonné, e adj. Blas. Papelonado, da.
paperasse f. Papelucho, *m.*, papelote, *m.*
paperasser v. intr. Papelear, revolver papeles.
paperasserie [paprasri] f. Papeleo, *m.* : *paperasserie administrative,* papeleo administrativo.
paperassier, ère adj. et s. Amigo, amiga de papeleo.
papesse f. Papisa.
papeterie [papɛtri] f. Papelería (commerce). ‖ Papelera, fábrica de papel (fabrique). ‖ Recado (*m.*) de escribir (nécessaire pour écrire).
papetier, ère [paptje, jɛ:r] adj. et s. Papelero, ra ; vendedor, vendedora *ou* fabricante de papel.
papier m. Papel : *papier ordinaire,* papel corriente. ‖ Letra, *f.,* documento de comercio, efecto (lettre de commerce). ‖ Fam. Artículo periodístico, papel. ‖ — Pl. Documentación, *f. sing.,* documentos, papeles (d'identité, etc.).
— *Papier à cigarettes,* papel de fumar. ‖ *Papier à dessin,* papel de dibujo. ‖ *Papier à lettres,* papel de cartas *ou* de escribir. ‖ *Papier à musique,* papel pautado. ‖ *Papier autographique,* papel autográfico. ‖ *Papier bible,* papel biblia. ‖ *Papier bulle,* papel de pruebas. ‖ *Papier buvard,* papel secante. ‖ *Papier-calque,* papel de calcar. ‖ *Papier carbone,* papel de carbón. ‖ *Papier collant,* papel engomado *ou* de pegar. ‖ *Papier couché,* papel cuché. ‖ *Papier couronne,* papel de marca. ‖ *Papier-cuir,* cartón cuero. ‖ *Papier d'argent, d'étain,* papel de plata, de estaño. ‖ *Papier d'Arménie,* papel de Armenia. ‖ *Papier d'emballage,* papel de envolver. ‖ *Papier de soie,* papel de culebrilla *ou* de seda. ‖ *Papier de verre,* papel de lija. ‖ *Papier écolier,* papel de marca, papel de cuartillas. ‖ *Papier-émeri,* papel esmerilado. ‖ *Papier-filtre,* papel de filtro. ‖ *Papier glacé,* papel glaseado *ou* de brillo. ‖ *Papier gommé,* papel engomado. ‖ *Papier gris,* papel de estraza *ou* de añafea. ‖ *Papier hygiénique,* papel higiénico, sánico *ou* de retrete. ‖ *Papier Joseph,* papel tela. ‖ *Papier journal,* papel de periódico. ‖ *Papier kraft,* papel kraft (papier d'emballage). ‖ *Papier libre,* papel sin sellar. ‖ *Papier non rogné,* papel de barba. ‖ *Papier-parchemin,* pergamino vegetal. ‖ *Papier peint,* papel pintado. ‖ *Papier pelure,* papel cebolla. ‖ *Papier quadrillé,* papel cuadriculado. ‖ *Papier rayé,* papel pautado. ‖ *Papiers de bord,* papeles de a bordo. ‖ *Papier sulfurisé,* papel vegetal. ‖ *Papier timbré,* papel sellado *ou* de pagos. ‖ *Papier toile,* papel tela. ‖ *Papier vélin,* papel vitela. ‖ *Papier vergé,* papel vergé *ou* verjurado. ‖ — *Petit papier,* papeleta (examen). ‖ *Sans papiers d'identité,* indocumentado. ‖ — Fig. *Avoir une figure* o *une mine de papier mâché,* tener cara de pan mascado *ou* de acelga. ‖ Fig. y Fam. *Être dans les petits papiers de quelqu'un,* estar bien con uno, tener buenas aldabas con uno. ‖ *Être réglé comme du papier à musique,* ser un cronómetro (exact), ser automático. ‖ *Mettre ou coucher sur le papier,* poner por escrito. ‖ *Mettre les papiers en règle,* arreglar los papeles. ‖ *Noircir du papier,* emborronar papel *ou* cuartillas. ‖ *Tirer un petit papier,* sacar una papeleta (examen).
papier-monnaie m. Papel moneda.

papilionacé, e adj. et s. f. pl. Bot. Papilionáceo, a.
papillaire [papilɛ:r] adj. Anat. Papilar.
papille [papi:j] f. Anat. Papila.
papilleux, euse [-jø, jø:z] adj. Papiloso, sa ; cubierto de papilas.
papillifère [papilifɛ:r] adj. Papilífero, ra.
papillome [papijo:m] m. Méd. Papiloma.
papillon [papijõ] m. Mariposa, *f.* ‖ Fig. Mariposón, veleta, *f.* (homme volage). ‖ Mapa pequeño que se pone en una esquina de uno grande. ‖ Cartel pequeño de anuncio (affiche). ‖ Comunicado a la prensa. ‖ Quemador de gas (bec de gaz). ‖ Palometa, *f.,* mariposa, *f.* (écrou). ‖ Impr. Banderilla, *f.* ‖ Techn. Válvula, *f.,* mariposa, *f.* (soupape). ‖ — *Brasse papillon,* mariposa. ‖ Fam. *Minute, papillon!,* ¡un momento, rico! ‖ *Nœud papillon,* corbata de pajarita. ‖ — *Avoir des papillons noirs,* tener ideas negras. ‖ *Courir après les papillons,* distraerse con naderías.
papillonnage ou **papillonnage** m. Mariposeo.
papillonner v. intr. Fam. Mariposear.
papillotage m. Pestañeo, parpadeo (des yeux). ‖ Deslumbramiento (éblouissement). ‖ Mariposeo (peinture). ‖ Espejeo (miroitement). ‖ Impr. Remosqueo.
papillotant, e [papijotã, ã:t] adj. Deslumbrador, ra.
papillote [-jɔt] f. Papillote, *m.* (pour les cheveux). ‖ Caramelo (*m.*) envuelto en papel rizado (bonbon). ‖ *En papillote,* a la papillote (cuisine).
papillotement [-jɔtmã] m. Deslumbramiento.
papilloter* v. tr. Poner papillotes.
— V. intr. Pestañear, parpadear (les yeux).
Papinien n. pr. m. Papiniano.
papion m. Papión, cinocéfalo (singe).
papisme m. Papismo.
papiste m. et f. Papista.
papotage m. Fam. Parloteo, charloteo, cháchara, *f.* (bavardage frivole).
papoter v. intr. Fam. Parlotear, charlotear, chacharear, estar de cháchara.
papou, e adj. et s. m. Papú.
— Observ. Pl. *papúes.*
Papouasie n. pr. f. Géogr. Papuasia.
paprika m. Paprika, *f.,* pimiento picante molido.
papule f. Pápula.
papuleux, euse adj. Papuloso, sa ; cubierto de pápulas.
papyrologie f. Papirología.
papyrologue m. et f. Papirólogo, ga.
papyrus [papirys] m. Papiro (plante).
pâque f. Pascua (fête juive).
— Observ. En este sentido, *pâque* se emplea con un artículo, y se escribe con minúscula : *célébrer la pâque, immoler la pâque.*
paquebot [pakbo] m. Paquebote, buque transatlántico [*Amér.,* paquete].
pâquerette [pakrɛt] f. Margarita, maya (fleur).
pâques [pɑ:k] m. Pascua, *f.* [de Resurrección] (jour) : *il viendra à Pâques,* vendrá por Pascua. ‖ Semana (*f.*) Santa (période). ‖ — *Pâques closes,* domingo de Cuasimodo. ‖ — *Dimanche de Pâques,* domingo de Resurrección, Pascua Florida. ‖ *Les vacances de Pâques,* vacaciones de Semana Santa. ‖ *À Pâques ou à la Trinité,* cuando las ranas críen pelos. ‖ *Faire ses pâques,* comulgar por Pascua Florida, cumplir con la Iglesia.
— Observ. *Pascua* a en espagnol un sens plus étendu qu'en français. La fête de Pâques est la *Pascua de Resurrección* ou *Florida,* la *Pascua del Espíritu Santo* est la Pentecôte, *Pascuas* (pl.) désigne la période entre Noël et l'Epiphanie (*¡Felices Pascuas!,* joyeux Noël!). Pour désigner les fêtes relatives à l'anniversaire de la résurrection du Christ on emploie plus volontiers en espagnol *Semana Santa* que *Pascua* qui est ambigu (*en Semana Santa iremos a la sierra,* à Pâques nous irons à la montagne).

paquet [pakɛ] m. ● Paquete : *un paquet de*

livres, un paquete de libros. ‖ Bulto : *un paquet de linge*, un bulto de ropa. ‖ (Vx). Correo de un transatlántico (*courrier*). ‖ FAM. Adefesio, persona (*f.*) mal trajeada. | Persona (*f.*) pesada (importun). ‖ — *Paquet de cigarettes*, cajetilla *ou* paquete de cigarillos. ‖ MAR. *Paquet de mer*, golpe de mar. ‖ *Paquet de nerfs*, manojo de nervios. ‖ *Par petits paquets*, poco a poco. ‖ — FIG. et FAM. *Faire son paquet*, liar el petate, marcharse. ‖ FAM. *Mettre le paquet*, jugar el todo por el todo (ne pas lésiner), echar toda la carne al asador, echar el resto (fournir un gros effort). | *Recevoir son paquet*, recibir una bronca. | *Risquer le paquet*, jugárselo todo a una carta.

— SYN. ● *Colis*, bulto, fardo, paquete. *Balle*, bala, fardo. *Ballot*, bulto, fardo. *Pop. Balluchon*, hatillo, lío.

paquetage m. Empaquetado, empaque (action de paqueter). ‖ MIL. Impedimenta, *f.*, equipo completo de un soldado.

paqueter* v. tr. Empaquetar, empacar.

paqueteur, euse m. et f. Empacador, ra ; empaquetador, ra.

paquetier m. IMPR. Paquetero.

pâquis [pɑki] m. Pasto (pâturage).

par prép. Por (lieu, moyen, instrument, cause, manière, auteur, ordre). ‖ Con : *prouver par des exemples*, demostrar con ejemplos. ‖ En : *arriver par bateau*, llegar en barco ; *par une chaude après-midi*, en una tarde calurosa. ‖ A : *gagner tant par mois*, ganar tanto al mes. ‖ De : *prendre par la main*, coger de la mano. ‖ Por *ou* gérondif : *il commença par rire*, empezó por reírse ou riéndose. ‖ — *Par-ci, par-là*, aquí y allá. ‖ *Par conséquent*, por consiguiente. ‖ *Par contre*, en cambio. ‖ *Par-dedans*, en el interior. ‖ *Par-dehors*, por fuera. ‖ *Par-delà*, más allá. ‖ *Par-derrière*, por detrás. ‖ *Par-devant*, por delante, ante. ‖ *Par ici*, por aquí. ‖ *Par là*, por allí (direction), así (de cette manière). ‖ — *De par*, por *ou* en : *de par le monde*, por el mundo ; en nombre de : *de par le roi*, en nombre del rey ; en virtud de : *de par la loi*, en virtud de la ley.

para m. Para (monnaie turque). ‖ FAM. Paracaidista militar.

parabase f. Parábasis.

parabellum [parabɛlɔm] m. Parabellum (pistolet).

parabole f. Parábola.

parabolicité f. Forma parabólica, parabolicidad.

parabolique adj. et s. f. Parabólico, ca.

paraboloïdal, e adj. Paraboloidal.

paraboloïde m. GÉOM. Paraboloide.

paracentèse [parasɛ̃tɛ:z] f. MÉD. Paracentesis.

parachèvement m. Acabamiento, remate, perfeccionamiento.

parachever* v. tr. Acabar, rematar, concluir.

parachimique adj. Paraquímico, ca.

parachronisme m. Paracronismo.

parachutage m. Lanzamiento en paracaídas.

parachute m. Paracaídas.

parachuter v. tr. Lanzar en paracaídas. ‖ FIG. et FAM. Nombrar de improviso (nommer).

parachutisme m. Paracaidismo.

parachutiste adj. et s. Paracaidista.

paraclet [paraklɛ] m. RELIG. Paráclito, paracleto.

parade f. Parada (du cheval). ‖ FIG. ● Alarde, *m.*, ostentación, gala (ostentation). ‖ MIL. Desfile, *m.*, parada. ‖ Quite, *m.*, parada (escrime). ‖ Parada (football). ‖ Escena burlesca de presentación, exhibición (dans un théâtre forain). ‖ — *De parade*, de gala, de lujo : *tenue de parade*, uniforme de gala. ‖ *Lit de parade*, lecho mortuorio. ‖ — *Faire parade*, hacer alarde.

— SYN. ● *Étalage*, alarde. *Montre*, muestra. *Ostentation*, ostentación.

parader v. intr. Desfilar (troupes). ‖ Manejar (un cheval). ‖ FIG. Pavonearse, darse postín (se pavaner).

paradeur m. Ostentoso, presuntuoso, postinero.

paradière f. Paradera (red para pescar).

paradigme m. Paradigma (exemple).

paradis [paradi] m. Paraíso : *paradis terrestre*, paraíso terrenal. ‖ Gloria, *f.*, cielo (ciel). ‖ Variedad (*f.*) de manzana. ‖ THÉÂTR. Paraíso, gallinero. ‖ — *Graine de paradis*, malagueta, amomo. ‖ *Oiseau de paradis*, ave del paraíso. ‖ — *C'est le paradis sur terre*, es el Paraíso terrenal, es Jauja. ‖ FIG. *Être au paradis*, estar en la gloria. ‖ *Il ne l'emportera pas en paradis*, ya las pagará.

paradisiaque adj. Paradisiaco, ca *ou* paradisíaco, ca : *bonheur paradisiaque*, felicidad paradisiaca.

paradisier m. Ave (*f.*) del paraíso (oiseau).

parados [parado] m. Través (fortification).

paradoxal, e adj. Paradójico, ca : *des esprits paradoxaux*, espíritus paradójicos.

paradoxe [paradɔks] m. Paradoja, *f.*

paraétatique adj. Paraestatal.

parafe m. Rúbrica, *f.*

parafer v. tr. Rubricar.

paraffinage m. Parafinado.

paraffine f. CHIM. Parafina.

paraffiner v. tr. Parafinar.

parafiscal, e adj. Parafiscal : *organismes parafiscaux*, organismos parafiscales.

parafiscalité f. Parafiscalidad.

parafoudre m. Pararrayos.

parage m. (Vx). Alcurnia, *f.*, linaje (noblesse). ‖ Laboreo de las viñas en otoño (vignes). ‖ MAR. Aguas, *f. pl.*, paraje. ‖ TECHN. Pulimento (polissage). ‖ — Pl. Parajes (endroit).

paragoge f. GRAMM. Paragoge.

paragogique adj. Paragógico, ca.

paragraphe m. Párrafo (mot usuel), parágrafo (p. us.) [*Amér.*, acápite]. ‖ Apartado (de loi, d'article).

paragrêle adj. Contra el granizo, paragranizo.

Paraguay [paragwɛ] n. pr. m. GÉOGR. Paraguay.

paraguayen, enne [-jɛ̃, jɛn] adj. et s. Paraguayo, ya.

paraison m. TECHN. Trabajo del vidrio sobre el mármol. | Masa (*f.*) de vidrio (masse vitreuse).

paraître* v. intr. ● Aparecer, salir, surgir : *dès que le soleil parut*, en cuanto salió el sol. ‖ Mostrarse : *paraître en public*, mostrarse en público. ‖ Parecer : *il paraît malade*, parece enfermo. ‖ Publicarse, salir a luz : *vient de paraître*, acaba de publicarse. ‖ Parecer tener, representar, aparentar : *il ne paraît pas son âge*, no representa la edad que tiene. ‖ Manifestarse (se manifester). ‖ Presentarse, comparecer (comparaître). ‖ FIG. Distinguirse, aparentar, brillar (briller). ‖ — *Paraître sur la scène*, salir al escenario (un acteur), aparecer en escena (faire son apparition). ‖ — *Chercher à paraître*, darse postín. ‖ *Faire paraître*, dejar ver, mostrar (montrer), aparentar (simuler), publicar (publier), hacer comparecer (en justice).

— V. imp. Parecer : *à ce qu'il paraît*, según parece. ‖ — *Il paraît que*, parece ser que, parece que. ‖ *Il y paraît*, se ve, se conoce, se nota.

— SYN. ● *Apparaître*, aparecer. *Surgir*, surgir. *Poindre*, despuntar.

Paralipomènes n. pr. m. pl. Paralipómenos (Bible).

parallactique adj. ASTR. Paraláctico, ca.

parallaxe f. ASTR. Paralaje.

parallèle adj. Paralelo, la. ‖ — *Barres parallèles*, barras paralelas (gymnastique). ‖ *Les « Vies parallèles », de Plutarque*, las « Vidas paralelas », de Plutarco. ‖ *Marché parallèle*, mercado paralelo. ‖ — M. Paralelo : *le seizième parallèle*, el paralelo dieciséis. ‖ — F. Paralela. ‖ ÉLECTR. *En parallèle*, en derivación.

parallélépipède ou **parallélipipède** m. Paralelepípedo.

parallélisme m. Paralelismo.

paralléliste adj. et s. Relativo al paralelismo.

parallélogramme m. Paralelogramo.

paralogisme m. Paralogismo (raisonnement faux).

paralysant, e adj. Paralizador, ra ; paralizante.

paralyser v. tr. Paralizar.

paralysie f. Parálisis. ‖ *Paralysie infantile,* parálisis infantil, poliomielitis.

— SYN. *Parésie,* paresia. *Hémiplégie,* hemiplejía. *Paraplégie,* paraplejía. *Engourdissement,* embotamiento, adormecimiento. *Catalepsie,* catalepsia.

paralytique adj. et s. Paralítico, ca.

— SYN. *Paralysé,* paralizado. *Perclus,* baldado. *Impotent,* impotente.

paramagnétique adj. ÉLECTR. Paramagnético, ca.

paramécie f. Paramecio, *m.*

paramètre m. GÉOM. Parámetro.

paramétrique adj. Paramétrico, ca.

paramidophénol m. Paramidofenol.

paramilitaire adj. Paramilitar.

paramnésie f. MÉD. Paramnesia.

Parana n. pr. m. GÉOGR. Paraná.

parangon m. Prototipo, modelo, parangón (modèle). ‖ Diamante *ou* perla (*f.*) sin defecto.

parangonnage m. IMPR. Acción (*f.*) de parangonar.

parangonner v. tr. et intr. IMPR. Parangonar.

paranoïa f. Paranoia.

paranoïaque adj. et s. Paranoico, ca.

paranymphe m. Paraninfo. ‖ Padre, padrino. ‖ (Vx). Discurso de elogio a un recién licenciado.

parapet [parapε] m. Parapeto. ‖ Pretil, antepecho, parapeto (garde-fou).

paraphe ou **parafe** m. Rúbrica, *f.* (trait accompagnant la signature).

parapher ou **parafer** v. tr. Rubricar.

paraphernal, e adj. DR. Parafernal : *biens paraphernaux,* bienes parafernales.

paraphrase f. Paráfrasis. ‖ FIG. Perorata, discurso (*m.*) largo y confuso.

paraphraser v. tr. Parafrasear. ‖ FIG. Amplificar, exaltar (amplifier).

paraphraseur, euse m. et f. Parafraseador, ra.

paraphrastique adj. Parafrástico, ca.

paraphyse f. Paráfisis.

paraplégie f. MÉD. Paraplejía.

paraplégique adj. et s. Parapléjico, ca.

parapluie [paraplчi] m. Paraguas.

parapsychologie f. Parasicología.

parasange f. Parasanga (mesure perse).

parascève [parasε:v] f. Parasceve, Viernes (*m.*) Santo. ‖ Víspera del sábado para los judíos.

paraschiste [paraʃist] m. Embalsamador [egipcio].

parasélène f. ASTR. Paraselene.

parasitaire adj. Parasitario, ria ; parasítico, ca.

parasite adj. Parásito, ta.

— M. Parásito. ‖ — Pl. Parásitos (radio).

parasiter v. tr. Vivir en parásito sobre (animal *ou* végétal).

parasiticide adj. et s. m. Parasiticida.

parasitique adj. Parasítico, ca.

parasitisme m. Parasitismo.

parasol m. Quitasol, parasol.

parasoleil [parasɔlεj] m. PHOT. Parasol.

parasympathique adj. et s. m. Parasimpático, ca.

parathymone ou **parathormone** f. Tiroxina.

parathyroïdes adj. et s. f. pl. Paratiroides.

paratonnerre m. Pararrayos.

paratuberculeux, euse adj. MÉD. Paratuberculoso, sa.

paratyphique adj. et s. Paratífico, ca.

parathyphoïde adj. et s. f. Paratifoideo, a.

paravent m. Biombo (meuble mobile). ‖ Tapadera, *f.,* pantalla, *f.*

parbleu ! interj. ¡Pues claro !

parc [park] m. Parque. ‖ Majada, *f.,* cercado (pour le bétail). ‖ Aprisco, redil (pour les moutons). ‖ Vivero, criadero (de poissons). ‖ Coto (de chasse). ‖ Estacionamiento, aparcamiento (pour les voitures). ‖ Jaula, *f.,* parque (pour bébé). ‖ MIL. Parque : *parc d'artillerie,* parque de artillería. ‖ — *Parc à huîtres,* ostrero, ostral, criadero de ostras. ‖ *Parc automobile,* parque automóvil. ‖ *Parc national,* parque nacional.

parcage m. Encierro en la majada *ou* el redil, redileo. ‖ Sirle (engrais). ‖ Aparcamiento (de voitures).

parcellaire adj. Parcelario, ria.

parcelle f. Parcela (de terre). ‖ Partícula, ápice, *m.* (petite quantité).

parcellement m. Parcelación, *f.,* división (*f.*) en parcelas.

parce que loc. adv. ● Porque. ‖ FAM. Porque sí *ou* porque no (pour affirmer, pour nier catégoriquement).

— SYN. ● *À cause de,* a causa de. *Puisque,* puesto que, *Vu que,* en vista de que. *Attendu que,* dado que. *Car,* pues, puesto que.

parchemin m. Pergamino. ‖ *Papier-parchemin,* papel pergamino, pergamino vegetal.

parcheminé, e adj. Apergaminado, da.

parcheminer v. tr. Apergaminar.

parcheminerie f. Arte, *m.,* comercio (*m.*) y fabricación de pergaminos.

parchemineux, euse adj. Apergaminado, da.

parcheminier, ère m. et f. (Vx). Pergaminero, ra.

parcimonie f. Parsimonia.

— OBSERV. Remarquez le *s* qui remplace le *c* français.

parcimonieusement adv. Parsimoniosamente, con parsimonia.

parcimonieux, euse adj. Parsimonioso, sa.

parcmètre ou **parcomètre** m. Parquímetro.

parcourir* v. tr. Recorrer : *parcourir une ville,* recorrer una ciudad. ‖ Hojear (un livre). ‖ *Parcourir des yeux,* recorrer con la vista.

parcours [parku:r] m. Recorrido, trayecto. ‖ *Libre parcours,* libre tránsito.

pardessus [pardəsy] m. Abrigo, gabán.

pardi ! ou **pardieu !** interj. ¡Pues claro !, ¡naturalmente !, ¡ya lo creo !

pardon m. ● Perdón (d'une faute, d'une offense). ‖ Romería, *f.,* peregrinación, *f.* (en Bretagne). ‖ — Pl. RELIG. Indulgencias, *f.* ‖ — *Demander pardon,* pedir perdón, disculparse. ‖ *Je vous demande pardon,* usted perdone *ou* perdone *ou* dispense *ou* disculpe.

— Interj. ¡Perdón !, ¡usted dispense, perdone usted !

— SYN. ● *Rémission,* remisión. *Absolution,* absolución.

pardonnable adj. Perdonable, disculpable.

pardonner v. tr. Perdonar.

— V. intr. Perdonar : *une maladie qui ne pardonne pas,* una enfermedad que no perdona. ‖ Perdonar, dispensar, disculpar : *pardonnez-moi d'arriver si tard,* dispénseme por llegar tan tarde.

— SYN. *Excuser,* excusar. *Absoudre,* absolver. *Acquitter,* absolver.

paré, e adj. Adornado, da ; engalanado, da : *paré de fleurs,* adornado con *ou* de flores. ‖ — *Bal paré,* baile de etiqueta. ‖ MAR. *Paré !,* ¡listo ! ‖ *Titre paré,* título ejecutorio.

pare-balles m. inv. Abrigo a prueba de balas (abri). ‖ Chaleco de protección contra las balas (vêtement).

pare-boue [parbu] m. inv. Guardabarros (garde-boue).

pare-brise [-bri:z] m. inv. Parabrisas.

pare-chocs [-ʃɔk] m. inv. Parachoques.

pare-clous [-klu] m. inv. Corbata (*f.*) de neumático.

PARENTÉ (Degrés de)
PARENTESCO (Grados de)

arbre généalogique	árbol genealógico
parenté (avec quelqu'un)	parentesco, m.
proche parent	pariente cercano
aïeux, ancêtres	antepasados
descendance	descendencia
origine, f.	origen, m.
progéniture	progenie
lignage	linaje
le père et la mère	
o les parents	los padres
les autres parents	los parientes
grands-parents	abuelos
arrière-grand-père	bisabuelo
trisaïeul	tatarabuelo
petits-neveux	sobrinos nietos
petits-enfants	nietos
frère, sœur	hermano, hermana
cousin, cousine	primo, prima
neveu, nièce	sobrino, sobrina
beau-frère, belle-sœur	cuñado, cuñada
petit-fils, petite-fille	nieto, nieta
oncle, tante	tío, tía
grand-père, grand-mère	abuelo, abuela
cousin germain	primo hermano
issu de germain	primo segundo
beau-père	suegro, padre político
beaux-parents	suegros, padres políticos
gendre	yerno
bru, belle-fille	nuera
parent par alliance	pariente político
chef de famille	cabeza de familia
beau-père (2e père)	padrastro
fils d'un 2e lit (beau-fils)	hijastro
tuteur	tutor
parrain, filleul	padrino, ahijado
père nourricier	marido de la nodriza, padre putativo (S. José)
frère de lait	hermano de leche
aîné	primogénito
aînesse	primogenitura
puîné	menor
branche cadette	rama segunda

pare-éclats [-ekla] m. inv. MIL. Parapeto [contra la metralla].

pare-étincelles m. inv. Parachispas.

pare-feu m. inv. Cortafuego.

parégorique adj. Paregórico, ca.

pareil, eille [parɛj] adj. Igual, parecido, da; semejante, similar. ‖ Tal, semejante : *un pareil ouvrage*, semejante *ou* tal obra. ‖ — *Sans pareil*, sin igual, sin par. ‖ — FAM. *C'est du pareil au même*, es exactamente igual, lo mismo da, es lo mismo. ‖ *C'est toujours pareil*, siempre pasa lo mismo, es siempre lo mismo. ‖ *N'avoir jamais rien vu de pareil*, no haber visto nunca cosa semejante.
— M. Igual, semejante. ‖ *N'avoir pas son pareil*, ser de lo que no hay. ‖ — F. *Rendre la pareille*, pagar con la misma moneda.

pareillement adv. Igualmente, de la misma manera. ‖ También, asimismo (aussi). ‖ Igualmente (de même).

parélie m. ASTR. Parhelio, parhelia, *f.*

parement m. Paramento, ornamento. ‖ Bocamanga, *f.* (revers). ‖ ECCLÉS. Frontal (d'un autel). ‖ Paramento (maçonnerie, menuiserie). ‖ Bordillo (d'un chemin). ‖ *Épée de parement*, espada de gala *ou* de ceremonia.

parementer v. tr. Revestir de un paramento, paramentar.

parémiologie f. Paremiología (traité sur les proverbes).

parencéphale m. Parencéfalo.

parenchymateux, euse adj. Parenquimatoso, sa.

parenchyme m. ANAT. et BOT. Parénquima.

parénèse f. Parénesis (exhortation).

parent, e m. et f. Pariente, ta. ‖ — *Parent éloigné*, pariente lejano. ‖ *Parent par alliance*, pariente

político. ‖ *Parents spirituels*, padrinos. ‖ — *Grands-parents*, abuelos.
— M. pl. Padres (le père et la mère). ‖ Ascendientes (ancêtres).

parentales [parɑ̃tal] ou **parentalies** [-tali], f. pl. Parentales (fêtes en l'honneur des morts).

parenté f. Parentesco, *m.* ‖ Parentela, parientes, *m. pl.* (ensemble des parents). ‖ Similitud (d'opinions). ‖ *Parenté spirituelle*, parentesco espiritual.

parentèle f. (Vx.) Parentela (plus usité que le français *parentèle*).

parenthèse f. Paréntesis, *m.* ‖ *Entre parenthèse o par parenthèse*, entre paréntesis.

paréo m. Pareo (pagne).

parer v. tr. ● Engalanar, adornar (orner). ‖ Parar, evitar (détourner). ‖ Limpiar (la viande, les légumes). ‖ CONSTR. Descafilar, agramilar (les briques). ‖ Aderezar (un plat). ‖ MAR. Aparejar (l'ancre). ‖ TECHN. Chiflar (amincir les peaux). ‖ VÉTÉR. Despalmar, rebajar el casco (du cheval). ‖ *Parer de bijoux*, alhajar.
— V. intr. Precaverse : *parer à un danger*, precaverse de un peligro. ‖ Remediar : *parer à un inconvénient*, remediar un inconveniente. ‖ Prevenirse, prever : *parer à toute éventualité*, prevenirse contra toda eventualidad, prever toda eventualidad.
— V. pr. Engalanarse (s'orner). ‖ Hacer alarde (se vanter). ‖ Precaverse : *se parer contre la misère*, precaverse contra la miseria.
— SYN. ● *Arranger*, arreglar. *Endimancher*, endomingar. *Fam. Attifer*, emperifollar. *Pomponner*, emperejilar.

parère m. DR. Parecer, dictamen.

parésie m. MÉD. Paresia.

pare-soleil m. inv. Quitasol, parasol.

paresse f. Pereza, holgazanería. ‖ *Paresse d'esprit*, pereza mental.

paresser v. intr. FAM. Holgazanear, hacer el vago.

paresseux, euse adj. et s. ● Perezoso, sa.
— M. Pl. ZOOL. Perezosos.
— SYN. ● *Fainéant*, haragán. *Fam. Flemmard*, gandul. *Pop. Cossard*, haragán. *Feignant*, vago. *Cancre*, calamidad.

paresthésie f. Parestesia.

pareur, euse m. et f. Obrero, obrera que da la última mano a una obra. ‖ Encargado de chiflar los curtidos. ‖ — F. Aprestadora (encolleuse).

parfaire* v. tr. Perfeccionar, pulir, dar los últimos toques (achever). ‖ Completar : *parfaire une somme*, completar una cantidad.
— SYN. *Finir, achever*, acabar. *Parachever*, consumar, rematar. *Châtier*, limar, pulir. *Fignoler*, esmerar, refinar. *Perler*, bordar. *Limer*, limar. *Ciseler*, cincelar.

parfait, e adj. ● Perfecto, ta. ‖ Absoluto, ta : *un silence parfait*, un silencio absoluto. ‖ Perfecto, ta; consumado, da : *un parfait imbécile*, un imbécil consumado. ‖ *C'est parfait!, parfait!*, ¡está bien!, ¡muy bien! ‖ *Voilà qui est parfait*, esto está muy bien *ou* perfecto.
— M. GRAMM. Pretérito perfecto. ‖ Helado de café (glace). ‖ Perfección, *f.*
— SYN. ● *Bien*, bien. *Impeccable*, impecable.

parfaitement adv. Perfectamente. ‖ FAM. Sí, seguro, ya lo creo (oui).

parfilage m. Deshiladura, *f.* [de los hilos de oro].

parfiler v. tr. Deshilar [hilos de oro].

parfilure f. Hilo (*m.*) de oro o de plata deshilachado. ‖ Hilo (*m.*) de oro o de plata tejido con seda.

parfois |parfwa| adv. A veces, algunas veces, de vez en cuando.

parfondre v. tr. TECHN. Fundir los colores con igualdad (terme d'émailleur).

parfum [parfœ̃] m. ● Perfume. ‖ Gusto (de glace). ‖ POP. *Être au parfum*, estar en el ajo.
— SYN. ● *Arôme*, aroma. *Aromate*, aroma. *Bouquet*,

buqué (gallicisme), aroma. *Fumet*, husmo, tufo. *Fragance*, fragancia.

parfumer v. tr. Perfumar : *parfumé à la violette*, perfumado a la violeta.
— V. pr. Perfumarse.

parfumerie f. Perfumería : *acheter de la parfumerie*, comprarse perfumería.

parfumeur, euse m. et f. Perfumista, perfumero, ra.
— Adj. De perfumes.

parhélie ou **parélie** m. ASTR. Parhelio, parhelia, *f.*

pari m. Apuesta, *f.* : *faire un pari*, hacer una apuesta. ‖ — *Paris mutuels*, apuestas mutuas (courses de chevaux), quinielas (football). ‖ *Tenir un pari*, hacer una apuesta, apostar.

paria m. Paria.

pariade f. Pareo, *m.* (accouplement des oiseaux). ‖ Pareja de aves.

pariage m. Condominio (association féodale).

parian m. Porcelana (*f.*) que imita el mármol de Paros.

paridés m. pl. Páridos (oiseaux).

paridigité adj. et s. m. Paridígito, ta.

parier* v. tr. Apostar, hacer una apuesta. ‖ — *Parier à coup sûr*, apostar sobre seguro. ‖ *Parier tout l'or du monde*, apostar la cabeza. ‖ — *Il y a gros o beaucoup o tout à parier*, mucho apostaría que. ‖ — *Combien paries-tu que...?*, ¿cuánto va que...?, ¿cuánto te apuestas que...?

pariétaire f. Parietaria (plante).

pariétal, e adj. et s. m. ANAT. Parietal : *les os pariétaux*, los huesos parietales.

parieur, euse m. et f. Apostante. ‖ Quinielista (football).

parigot, e adj. et s. POP. Parisiense.

paripenné, e adj. BOT. Pinado, da.

Paris [pari] n. pr. GÉOGR. París. ‖ *Paris ne s'est pas fait en un jour*, no se ganó Zamora en una hora.

Pâris [paris] n. pr. m. París.

parisette f. Uva de raposa (plante).

parisianisme m. Parisianismo, costumbre (*f.*) ou locución (*f.*) parisiense.

parisien, enne adj. et s. Parisiense, parisién, parisino, na.
— OBSERV. *Parisino* et *parisién*, bien que très employés, sont considérés comme des gallicismes.

parisis [parizis] adj. inv. Acuñado en París (monnaie).

parisyllabe ou **parisyllabique** adj. et s. m. GRAMM. Parisílabo, ba ; parisilábico, ca.

paritaire adj. Paritario, ria ‖ *Commission paritaire*, tribunal mixto, comité paritario.

parité f. Paridad.

parjure adj. et s. Perjuro, ra (personne). ‖ — M. Perjurio (faux serment).

parjurer (se) v. pr. Perjurar, jurar en falso.

parkérisation f. TECHN. Parkerización.

parking [parkiŋ] m. Aparcamiento de coches (parcage).

parlant, e adj. Que habla, parlante. ‖ FIG. Expresivo, va (regard). ‖ Muy parecido, da ; que está hablando (portrait). ‖ — BLAS. *Armes parlantes*, armas parlantes. ‖ *Cinéma parlant*, cine sonoro. ‖ *Témoignages parlants*, testimonios convincentes.

parlé, e adj. Hablado, da : *l'anglais parlé*, el inglés hablado. ‖ Oral.
— M. Parte (*f.*) hablada (d'une opérette).

parlement m. Parlamento.

parlementaire adj. Parlamentario, ria : *régime parlementaire*, régimen parlamentario.
— M. Diputado, parlamentario.

parlementarisme m. Parlamentarismo.

parlementer v. intr. Parlamentar.

parler v. tr. ● Hablar : *parler le français*, hablar el francés. ‖ Hablar de : *parler affaire*, hablar de

negocios. ‖ Sonar (résonner). ‖ Hablar, mandar : *l'honneur parle*, el honor manda.
— *Parler à bâtons rompus*, hablar sin ton ni son ou sin orden ni concierto. ‖ *Parler à haute voix*, hablar en voz alta. ‖ *Parler à mots couverts*, hablar a medias palabras. ‖ *Parler à son bonnet*, hablar para su coleto ou para el cuello de su camisa. ‖ *Parler à tort et à travers*, hablar a tontas y a locas. ‖ *Parler au cœur*, emocionar, hablar al alma. ‖ *Parler au hasard*, hablar sin ton ni son. ‖ *Parler clair et net*, hablar clara y llanamente. ‖ *Parler d'abondance*, improvisar. ‖ *Parler de choses et d'autres*, hablar de todo un poco. ‖ *Parler de la pluie et du beau temps*, hablar de cosas sin importancia. ‖ *Parler de sang-froid*, hablar serenamente. ‖ *Parler d'or*, hablar de perlas. ‖ *Parler du nez*, hablar gangoso, ganguear. ‖ *Parler en l'air*, hablar sin reflexión ou con ligereza. ‖ *Parler en maître*, hablar como maestro. ‖ *Parler français comme une vache espagnole*, hablar el francés muy mal. ‖ *Parler gras*, hablar con la garganta ou groseramente. ‖ *Parler petit nègre*, hablar comos los indios. ‖ *Parler pour ne rien dire*, hablar por hablar. ‖ *Parler pour rire*, hablar en broma. ‖ *Parler raison*, hablar razonablemente ou sensatamente. ‖ *Parlons peu, mais parlons bien*, pocas palabras, pero buenas. ‖ — *Cela ne vaut pas la peine d'en parler*, no vale ou no merece la pena que se hable de eso. ‖ *C'est une façon de parler*, es un decir. ‖ *Faire parler de soi*, dar que decir, dar que hablar. ‖ *Moi qui vous parle*, aquí donde usted me oye. ‖ *On en parle*, la gente lo dice, lo dicen. ‖ *Quand on parle du loup on en voit la queue*, hablando del rey de Roma, por la puerta asoma. ‖ *Sans parler de*, sin hablar de, sin mencionar a. ‖ *Tout parle pour lui*, todo habla en su favor. ‖ *Trouver à qui parler*, encontrar la horma de su zapato. ‖ POP. *Vous parlez!*, tu parles!, ¡qué va! ou ¡que se cree usted, que te crees tú eso!, ¡y tú que lo digas!
— OBSERV. El participio *parlé* es siempre invariable : *ils se sont parlé longtemps*.
— SYN. ● *Causer*, charlar. *Bavarder*, charlar. *Converser*, conversar. *Deviser*, platicar. *Conférer*, conferenciar, conferir. *Consulter*, consultar. *S'entretenir*, conversar.

parler m. Habla, *f.* (langage). ‖ Dialecto, lenguaje. ‖ — *Avoir son franc parler*, no tener pelos en la lengua. ‖ *Jamais beau parler n'écorche la langue*, hablar bien no cuesta dinero ou no cuesta nada.

parleur, euse m. et f. Hablador, ra ; parlanchín, ina. ‖ — *Beau parleur*, pico de oro, hombre de labia. ‖ *Haut-parleur*, altavoz.

parloir m. Locutorio, sala (*f.*) de visitas.

parlote f. (P.us.). FAM. Reunión en la que los abogados jóvenes ejercitan su oratoria. ‖ Conversación, parleta, cháchara (conversation).

parme adj. inv. Color de malva.

Parme n. pr. GÉOGR. Parma.

parmélie f. Parmelita, género (*m.*) de liquen.

Parménide n. pr. m. Parménides.

parmesan, e adj. et s. Parmesano, na.
— M. Queso parmesano.

parmi prép. Entre. ‖ *Parmi nous*, entre nosotros.
— OBSERV. *Parmi* se utiliza delante de un sustantivo en plural o de un nombre colectivo, mientras que *entre* sólo se emplea con dos personas o cosas.

Parnasse n. pr. m. Parnaso. ‖ FIG. Parnaso (poésie, poètes).

parnassien, enne adj. et s. POÉT. Parnasiano, na.

parodie f. Parodia.

parodier* v. tr. Parodiar.

parodique adj. Paródico, ca.

parodiste m. Parodista, autor de parodias.
— Adj. Relativo a la parodia.

paroi f. Pared. ‖ Tabique, *m.* (cloison). ‖ Casco, *m.* (d'un tuyau).

paroisse f. Parroquia (église et juridiction). ‖ Parroquia, feligresía (juridiction). ‖ *Coq de paroisse,* gallito del pueblo, cacique.

paroissial, e adj. Parroquial : *services paroissiaux,* servicios parroquiales.

paroissien, enne m. et f. Feligrés, esa. ‖ — M. FAM. *Un drôle de paroissien,* un tipo raro. ‖ Devocionario (livre de messe).

parole f. Palabra. ‖ Voz, habla, *m.* (ton de la voix) : *avoir la parole douce,* tener una voz suave. ‖ Dicho, *m.*, frase (sentence) : *parole mémorable,* dicho memorable. ‖ Paso, *m.* (cartes). ‖ — Pl. Letra, *sing.* (d'une chanson). ‖ — *Parole,* paso (bridge). ‖ *Parole d'honneur,* palabra de honor. ‖ *Paroles en l'air,* palabras al viento. ‖ *Paroles tendres,* ternezas. ‖ — *Homme de parole,* hombre de palabra. ‖ *Ma parole,* palabra, palabra de honor. ‖ *Ma parole!,* ¡por Dios! ‖ *Sur parole,* bajo palabra. ‖ — *Adresser la parole,* dirigir la palabra. ‖ *Avoir la parole brève,* gastar pocas palabras, hablar poco. ‖ *Avoir la parole facile,* tener la lengua suelta. ‖ *Bercer de belles paroles,* entretener con buenas palabras. ‖ *C'est un moulin à paroles,* habla como una cotorra. ‖ *Couper la parole,* cortar la palabra, interrumpir. ‖ *Donner la parole,* conceder la palabra. ‖ *Je vous crois sur parole,* me basta con su palabra. ‖ *La parole est à M...,* tiene la palabra el señor... ‖ *La parole est d'argent, le silence d'or,* en boca cerrada no entran moscas. ‖ *Les paroles s'envolent, les écrits restent,* las palabras se las lleva el viento. ‖ *Manquer à sa parole,* faltar a su palabra. ‖ *Passer parole,* pasar (au bridge). ‖ *Porter la parole,* hablar en nombre de otros, ser el portavoz. ‖ *Prendre la parole,* tomar la palabra, hacer uso de la palabra. ‖ *Tenir parole,* cumplir con su palabra.

paroli m. Pároli, paroli (jeux).

parolier m. Libretista (d'un opéra, d'une opérette, etc.). ‖ Autor de la letra (d'une chanson).

paronomase f. Paronomasia, aliteración.

paronyme m. GRAMM. Parónimo.

paronymie m. GRAMM. Paronimia.

paronymique adj. Paronímico, ca ; parónimo, ma.

paronyque f. Nevadilla (plante herbacée).

paroptique adj. Paróptico, ca.

paros [parɔs] m. Mármol de Paros.

parotide adj. et s. f. ANAT. Parótida.

parotidien, enne adj. De las parótidas.

parotidite f. Parotiditis.

parousie f. RELIG. Parusía.

paroxysme m. Paroxismo.

paroxysmique adj. MÉD. Paroxismal.

paroxystique adj. Paroxístico, ca.

paroxyton adj. GRAMM. Paroxítono, na ; grave. — M. Vocablo paroxítono.

parpaillot, e [parpajo, ɔt] m. et f. Calvinista. ‖ FAM. Protestante.

parpaing [parpɛ̃] m. CONSTR. Perpiaño, piedra (f.) sillar.

parquement m. Acorralamiento, encierro (du bétail).

parquer v. tr. Acorralar, encerrar (les animaux). ‖ Establecer (un parc d'artillerie). ‖ Aparcar (une voiture). — V. intr. Redilear, amajadar (mettre le bétail dans un parc).

Parques f. pl. MYTH. Parcas.

parquet [parkɛ] m. (Vx.) Estrado (d'un tribunal). ‖ Autoridades (*f. pl.*) judiciales. ‖ Ministerio fiscal (ministère public). ‖ Corro de Bolsa (en Bourse). ‖ CONSTR. Entarimado, parquet *ou* parqué (du sol). ‖ — *Parquet à bâtons rompus,* entarimado en espinapez. ‖ MAR. *Parquet de chargement,* compartimiento de una bodega donde se carga el grano. ‖ *Parquet de chauffe,* suelo de caldeo. ‖ *Parquet d'élevage,* corral (pour volailles). ‖ *Par-*

quet en point de Hongrie, entarimado de punto de Hungria.

parquetage [-kəta:ʒ] m. CONSTR. Entarimado, ensamblaje.

parqueter [-kəte] v. tr. Entarimar.

parqueterie [-kɛtri] f. Oficio (*m.*) del entarimador.

parqueteur [-kətœ:r] adj. et s. m. Entarimador.

parqueur, euse m. et f. Persona que guarda el ganado en el corral. ‖ Ostrero, ra (huîtres).

parrain [parɛ̃] m. Padrino.

parrainage m. Padrinazgo.

parrainer v. tr. Apadrinar.

parricide adj. et s. Parricida (personne). ‖ — M. Parricidio (crime du parricide).

parse adj. et s. V. PARSI.

parsec m. ASTR. Parsec.

parsemer* v. tr. Sembrar, esparcir (répandre). ‖ Constelar (d'étoiles). ‖ Salpicar : *un texte parsemé de citations latines,* un texto salpicado de citas latinas.

parsi, e ou **parse** adj. et s. Parsi.

parsisme m. Parsismo [religión de Zoroastro].

part [pa:r] m. Parto (accouchement des animaux). ‖ DR. Recién nacido. ‖ — *Supposition de part,* parto supuesto. ‖ *Suppression de part,* ocultación de parto.

— OBSERV. Le mot espagnol *parto* est le terme courant pour désigner l'*accouchement* aussi bien des personnes que des animaux.

part [pa:r] f. Parte. ‖ — *À part,* aparte : *c'est une enfant à part,* es una niña aparte ; aparte, excepto : *à part cela tout va bien,* excepto eso todo va bien. ‖ *À part soi,* para sus adentros. ‖ *D'autre part,* por otra parte. ‖ *De la part de,* de parte de. ‖ *De part en part,* de parte a parte. ‖ *De part et d'autre,* de una y otra parte, por ambas partes. ‖ *De toutes parts,* de *ou* por todas partes. ‖ *La part du lion,* la mejor parte. ‖ *Lettre* o *billet de faire part,* esquela (décès), participación (mariage). ‖ *Membre à part entière,* miembro de pleno derecho. ‖ *Mis à part,* aparte. ‖ *Nulle part,* en ninguna parte. ‖ *Pour ma part,* por mi parte, en cuanto a mí. ‖ *Quelque part,* en alguna parte. ‖ — FIG. et FAM. *Avoir part au gâteau,* sacar tajada. ‖ *Faire bande à part,* hacer rancho aparte. ‖ *Faire la part belle à,* dedicar la mayor parte a. ‖ *Faire la part de,* tener en cuenta. ‖ *Faire la part du feu,* abandonar una parte para no perderlo todo. ‖ *Faire part à deux,* ir a medias. ‖ *Faire part de,* dar parte de, dar conocimiento de. ‖ *Mettre à part,* poner de lado *ou* aparte. ‖ *Prendre en bonne* o *mauvaise part,* tomar en buen *ou* en mal sentido. ‖ *Prendre part aux bénéfices,* participar *ou* tener parte en los beneficios de un negocio. ‖ *Savoir de bonne part,* saber de buena tinta.

— SYN. *Contingente,* contingente. *Lot,* lote. *Partage,* reparto.

partage m. Reparto, partición, *f.*, repartición, *f.* ‖ Parte, *f.*, porción, *f.* (portion). ‖ Partición, *f.* (d'une succession). ‖ Empate, repartición (*f.*) de votos (égalité). ‖ — *Partage d'opinions,* división de opiniones. ‖ — Acte, extrait de partage, hijuela, *f.* ‖ GÉOGR. *Ligne de partage des eaux,* línea divisoria de las aguas. ‖ *Sans partage,* por completo, exclusivamente, enteramente. ‖ — *Avoir en partage,* tocar *ou* caer en suerte en un reparto : *il a eu cette ferme en partage,* le ha tocado esta finca en el reparto.

partagé, e adj. Partido, da ; repartido, da ; compartido, da. ‖ Correspondido, da (amour). ‖ *Bien partagé du sort,* favorecido por la suerte.

partageable [partaʒabl] adj. Divisible, partible, repartible.

partageant [-ʒɑ̃] m. Partícipe, participante.

partager* v. tr. ● Partir, repartir, dividir (diviser). ‖ Compartir : *partager le pouvoir,* compartir el

poder. ‖ Dotar (douer) : *la nature l'a bien partagé*, la naturaleza lo ha dotado bien. ‖ Dividir (séparer en parties opposées). ‖ Fɪɢ. Tomar parte en, participar de (participer à). ‖ *Partager en deux*, partir por la mitad. ‖ *Partager en frères*, partir como hermanos. ‖ *Partager entre*, distribuir entre. ‖ Fɪɢ. *Partager la joie de quelqu'un*, asociarse a la alegría de uno, tomar parte en ella. ‖ *Partager la poire en deux*, partir la diferencia por igual. ‖ *Partager le même sort qu'un autre*, seguir la suerte de otro. ‖ *Partager les voix*, salir empatados (vote). ‖ *Partager l'opinion de quelqu'un*, compartir la opinión de alguien, ser de la misma opinión que alguien.
— V. pr. Partirse, repartirse. ‖ Dividirse (routes).
— Sʏɴ. ● *Diviser*, dividir. *Fragmenter*, fragmentar. *Morceler*, dividir en trozos.

partageux, euse adj. et s. Partidario del reparto y la comunidad de bienes.
partance f. Mᴀʀ. Leva, partida, salida. ‖ Mᴀʀ. *En partance*, en franquía, a punto de salir.
partant m. Que parte, persona (*f.*) que se va. ‖ Competidor (concurrent).
partant conj. Por consiguiente, por lo tanto.
partenaire m. et f. Compañero, ra ; pareja, *f.* (au jeu). ‖ Pareja, *f.* (cavalier). ‖ Socio, cia (affaires, etc.). ‖ Asociado, da ; miembro asociado (d'une organisation). ‖ Firmante (signataire). ‖ Interlocutor, ra (dans un entretien).
parterre m. Cuadro, arriate (de jardin). ‖ Tʜᴇ́ᴀᴛʀ. Patio de butacas (lieu et spectateurs). ‖ — Fᴀᴍ. *Prendre un billet de parterre*, coger una liebre, dar con los huesos en el suelo (tomber).
parthe adj. et s. Parto, ta : *la flèche du Parthe*, la flecha del parto.
parthénogenèse f. Partenogénesis.
parthénogénétique adj. Partenogenético, ca.
Parthénon n. pr. m. Partenón.
parti m. Partido (politique). ‖ ● Bando (faction). ‖ Decisión, *f.*, determinación, *f.* : *prendre un parti*, tomar una decisión. ‖ Partido (personne à marier) : *un beau parti*, un buen partido. ‖ Mɪʟ. Partida, *f.*, comando. ‖ — *Parti pris*, prejuicio, idea preconcebida. ‖ — *Esprit de parti*, partidismo, espíritu de partido. ‖ — *À parti pris, point de conseil*, a decisión tomada, es inútil el consejo. ‖ *En prendre son parti*, resignarse. ‖ *Faire un mauvais parti à*, hacer pasar un mal rato a. ‖ *Prendre le parti de quelqu'un*, declararse a favor de alguien. ‖ *Prendre parti pour*, tomar partido por. ‖ *Prendre son parti d'une chose*, resignarse a una cosa, aguantarse con ella : *j'en prends mon parti*, me resigno a ello. ‖ *Tirer parti*, sacar partido, provecho.
— Sʏɴ. ● *Faction*, facción. *Clan*, clan. *Secte*, secta.

parti, e ou ite adj. Bʟᴀѕ. Partido, da. ‖ Fᴀᴍ. Achispado, da ; ligeramente borracho, cha.
partiaire [parsjɛ:r] adj. *Colon partiaire*, aparcero.
partial, e [-sjal] adj. Parcial : *des juges partiaux*, jueces parciales.
partialité [-sjalite] f. Parcialidad.
participant, e adj. et s. Participante, partícipe. ‖ Concursante (à un concours). ‖ — Adj. Participonero, ra.
participation f. Participación : *participation à un crime*, participación en un crimen. ‖ Asistencia, participación : *conférence avec la participation de*, conferencia con asistencia de.
participe m. Gʀᴀᴍᴍ. Participio. ‖ — *Participe passé*, participio pasivo *ou* de pretérito. ‖ *Participe présent*, participio de presente *ou* activo.
participer v. intr. Participar, tomar parte : *participer aux bénéfices*, participar en las ganancias. ‖ Participar : *le mulet participe de l'âne et du cheval*, el mulo participa del burro y del caballo.

‖ Intervenir, participar : *à combien de films as-tu participé?*, ¿en cuántas películas has intervenido ?
— Sʏɴ. *Avoir part*, tener parte. *Prendre part*, tomar parte. *Se mêler*, meterse, mezclarse. *Partager*, compartir.
participial, e adj. Participial : *des emplois participiaux*, empleos participiales.
particularisation f. Particularización.
particulariser v. tr. Particularizar.
— V. pr. Particularizarse, distinguirse, singularizarse.
particularisme m. Particularismo.
particulariste adj. et s. Particularista.
particularité f. Particularidad.
particule f. Partícula.
— Sʏɴ. *Molécule*, molécula. *Atome*, átomo. *Corpuscule*, corpúsculo. *Electron*, electrón. *Proton*, protón. *Neutron*, neutrón.
particulier, ère adj. Particular : *chambre particulière*, habitación particular. ‖ Particular, especial : *dans certains cas particuliers*, en ciertos casos especiales. ‖ Particular, personal : *l'intérêt particulier doit s'effacer devant l'intérêt général*, el interés personal debe desaparecer ante el interés general. ‖ Peculiar, particular (caractéristique). ‖ *Cours particulier*, clase particular.
— M. Particular. ‖ Fᴀᴍ. Individuo, quídam (individu). ‖ — *En particulier*, en particular, particularmente. ‖ *En son particulier*, en su fuero interno.
particulièrement adv. Particularmente, sobre todo, especialmente.
partie f. ● Parte. ‖ Partida (jeux, chasse, etc.). ‖ Ramo, *m.* : *être très fort dans sa partie*, ser muy fuerte en su ramo. ‖ Parte, parte litigante (dans un procès). ‖ Cᴏᴍᴍ. Partida : *comptabilité en partie double, simple*, contabilidad por partida doble, simple. ‖ Mᴜѕ. Parte. ‖ — Pl. Órganos (*m. pl.*) genitales, las partes (organes génitaux). ‖ — *Partie adverse*, parte contraria. ‖ Dʀ. *Partie civile*, parte civil. ‖ *Partie de campagne*, jira campestre, partida de campo, excursión al campo. ‖ *Partie de plaisir*, excursión (divertissement) ; placer (chose agréable, amusante). ‖ *Partie nulle*, tablas (échecs, dames). ‖ — *En partie*, en parte. ‖ *En parties égales*, por partes iguales, mitad por mitad. ‖ — *Avoir affaire à forte partie*, tener que habérselas con un adversario temible. ‖ *Avoir la partie belle*, llevar las de ganar, ponérselo todo a uno como a Felipe II. ‖ *Avoir partie gagnée*, dar la partida por ganada. ‖ *Ce n'est que partie remise*, es cosa diferida. ‖ *Être juge et partie*, ser juez y parte. ‖ *Faire partie de*, formar parte de, integrar. ‖ *Prendre quelqu'un à partie*, tomarla con uno, atacar a uno. ‖ *Quitter la partie*, abandonar el juego (jeu), renunciar, abandonar (renoncer).
— Sʏɴ. ● *Portion*, porción. *Pièce*, pieza. *Morceau*, pedazo. *Fraction*, fracción. *Fragment*, fragmento. *Éclat*, astilla. *Parcelle*, partícula. *Lambeau*, jirón. *Bribe*, pizca, migaja.
partiel, elle [parsjɛl] adj. Parcial.
partir* v. intr. ● Salir, partir : *partir pour l'Espagne*, salir para España ; *trois routes partent du village*, tres carreteras salen del pueblo. ‖ Marcharse, irse (s'en aller). ‖ Salir : *il partit comme un trait*, salió disparado. ‖ Saltar : *le bouchon est parti*, el tapón ha saltado. ‖ Arrancar, ponerse en marcha : *un moteur qui part difficilement*, un motor que arranca difícilmente. ‖ Fᴀᴍ. Lanzarse : *partir dans une longue explication*, lanzarse a una larga explicación. ‖ Salir (cartes). ‖ Dispararse (une arme). ‖ Salir, proceder (émaner, provenir). ‖ Partir : *partir d'une hypothèse*, partir de una hipótesis. ‖ — *Partir d'un éclat de rire*, soltar una carcajada. ‖ — *À partir de*, a partir de. ‖ *À partir d'ici*, desde aquí. ‖ *Avoir maille à*

partir avec quelqu'un, tener que ver con uno, habérselas con uno. ‖ FAM. *Être parti*, estar achispado. ‖ *Être parti de rien*, haber empezado con nada. ‖ FAM. *La voilà partie!*, ¡ya está!, ¡ya ha empezado! (à rire, etc.).

— OBSERV. En francés *partir* se emplea siempre con el auxiliar *être*.

— SYN. ● *S'en aller*, irse. *Se retirer*, retirarse. *S'en retourner*, volverse. *Filer*, largarse. Fam. *Décamper*, poner pies en polvorosa. *Déguerpir*, largarse. *Prendre le large*, largarse, fletarse (americanismo). Pop. *Se débiner*, pirarse, najarse. *Se carapater*, pirarse. *Prendre ses cliques et ses claques*, liar el petate. *Mettre les voiles*, levantar el vuelo.

partisan, e adj. et s. Partidario, ria (adepte). ‖ Seguidor, ra; partidario, ria (d'une doctrine). ‖ *Querelles partisanes*, querellas partidistas. ‖ — M. MIL. Guerrillero. ‖ — *Guerre de partisans*, guerrilla.

— SYN. *Adepte*, adepto. *Recrue*, recluta. *Prosélyte*, prosélito. *Militant*, militante. *Sectaire*, sectario. *Satellite*, satélite. *Adhérent*, adherente. *Affilié*, afiliado.

partiteur m. Partidor.

partitif, ive adj. et s. m. GRAMM. Partitivo, va.

partition f. Partición, división (division d'un territoire, d'un écu). ‖ MUS. Partitura.

partout [partu] adv. Por todas partes, en todas partes. ‖ — *Partout ailleurs*, en cualquier otra parte. ‖ *Partout où*, en cualquier parte donde, donde quiera que. ‖ — *De partout*, de todas partes. ‖ *Deux partout*, empatados *ou* empate a dos (football). ‖ *Quinze partout*, quince iguales a quince (tennis).

parturiente f. Parturienta.

parturition [partyrisjɔ̃] f. Parto, *m.*

parulie f. MÉD. Párulis, *m.*, flemón, *m.* (inflammation des gencives).

parure f. Adorno, *m.*, ornato, *m.* ‖ Aderezo, *m.*, juego, *m.* : *une parure de diamants*, un aderezo de diamantes. ‖ Juego (*m.*) de ropa interior femenina (lingerie). ‖ Juego (*m.*) de mangas y cuello. ‖ TECHN. Caedura, recortes, *m. pl.* (rognure). ‖ *Parure de berceau de lit*, juego de cuna, de cama.

— SYN. *Ajustement*, ajuste, compostura. *Parement*, ornamento. *Atours*, galas.

parurerie f. Bisutería.

parurier, ère m. et f. Fabricante *ou* venderor, ra, de bisutería.

parution [parysjɔ̃] f. Publicación, aparición, salida (d'un livre).

parvenir* v. intr. Llegar (arriver). ‖ Hacer fortuna. ‖ Medrar (s'élever). ‖ Alcanzar, conseguir : *parvenir aux honneurs*, alcanzar los honores.

— OBSERV. Se conjuga con el auxiliar *être*.

parvenu, e m. et f. Nuevo rico, nueva rica, advenedizo, za.

parvis [parvi] m. Atrio (atrium). ‖ Plaza, *f.* (esplanade devant une église). ‖ Pórtico *ou* nártex.

pas [pa] m. Paso : *faire un pas en arrière*, dar un paso hacia atrás. ‖ Umbral (seuil). ‖ Escalón, paso (marche). ‖ Precedencia, *f.*, preeminencia, *f.* (préséance). ‖ Diligencia, *f.*, paso (démarche). ‖ Paso (danse). ‖ MUS. Marcha, *f.* ‖ — *Pas allongé*, paso castellano (chevaux). ‖ MIL. *Pas accéléré, cadencé, sans cadence, de charge, de route, de l'oie*, paso acelerado, acompasado, ligero *ou* ordinario, de carga *ou* de ataque, de maniobra, de la oca. ‖ *Pas de course*, carrera, paso de carga. ‖ *Pas d'hélice, de vis*, paso de hélice, de rosca. ‖ *Pas de quatre*, paso de cuatro. ‖ *Pas en arrière*, paso hacia atrás. ‖ *Pas gymnastique o de gymnastique*, paso ligero *ou* gimnástico. ‖ — *À grands pas*, a paso largo, a zancadas. ‖ *À pas comptés*, con pasos contados. ‖ *À pas de géant*, a pasos agigantados, con pasos de gigante. ‖ *À pas de loup*, de puntillas, sin meter ruido. ‖ *Au*

pas, al paso. ‖ *De ce pas*, ahora mismo. ‖ *D'un bon pas*, a buen paso. ‖ *Faux pas*, tropezón, paso en falso, desliz, traspiés. ‖ *Pas à pas*, paso a paso. ‖ *Traces de pas*, huellas de pasos, pisadas. ‖ — *Aller bon pas*, ir a buen paso. ‖ *Allonger le pas*, alargar el paso. ‖ *Avancer de quatre pas*, adelantar cuatro pasos. ‖ *Être dans un mauvais pas*, estar en un mal paso. ‖ *Faire les cent pas*, rondar la calle. ‖ FIG. *Faire les premiers pas*, dar los primeros pasos. ‖ *Faire un faux pas*, dar un paso en falso, dar un tropezón. ‖ *Faire un pas*, dar un paso. ‖ *Faire un pas de clerc*, cometer una pifia. ‖ FIG. *Il n'y a que le premier pas qui coûte*, lo difícil es el primer paso, todo es empezar. ‖ FIG. *Franchir o sauter le pas*, decidirse. ‖ *Marcher à pas comptés*, ir a pasos contados. ‖ *Marcher sur les pas de quelqu'un*, pisar las huellas de alguien. ‖ *Marquer le pas*, marcar el paso. ‖ *Mettre quelqu'un au pas*, meter en cintura, meter en vereda. ‖ *Prendre le pas sur quelqu'un*, ganar por la mano a uno. ‖ *Revenir o retourner sur ses pas*, desandar lo andado, volverse atrás. ‖ *Tirer d'un mauvais pas*, sacar de un apuro, de un mal paso.

pas [pa] adv. No. ‖ — *Pas beaucoup*, no mucho. ‖ *Pas du tout*, en absoluto, de ningún modo. ‖ *Pas encore*, aún no, todavía no. ‖ *Pas mal*, regular, no está mal. ‖ *Pas un*, ni uno. ‖ *Pas vrai*, no es verdad. ‖ *Pas vrai?*, ¿verdad? ‖ *Même pas*, ni siquiera. ‖ *Presque pas*, casi nada, apenas.

— OBSERV. En *ne... pas* no se traduce *pas* : *ne viens pas*, no vengas; *ne pas venir*, no venir.

pascal m. Pascal (unité de pression).

Pascal n. pr. m. Pascual.

pascal, e adj. Pascual : *agneau pascal*, cordero pascual.

— OBSERV. Pl. *pascals* y *pascaux*.

Pascale n. pr. f. Pascuala.

pascalien, enne adj. Referente *ou* adicto a Pascal.

pas-d'âne [padɑ:n] m. inv. BOT. Tusilago. ‖ Gavilán, guardamano (d'épée). ‖ Escalerilla, *f.* (escalier).

Pas-de-Calais n. pr. m. GÉOGR. Paso de Calais.

pas-de-porte m. COMM. Traspaso, llave, *f.*

Pasiphaë n. pr. f. Pasifae.

paso doble m. MUS. Pasodoble.

pasquin m. THÉÂTR. Gracioso (bouffon). ‖ (Vx.) Pasquín (pamphlet).

pasquinade f. Pasquín, *m.* (pamphlet). ‖ Pasquinada (plaisanterie).

passable adj. Pasable, pasadero, ra; regular. ‖ Aprobado, da (note).

passablement adv. Medianamente, pasaderamente (moyennement). ‖ Algo, un poco : *une plaisanterie passablement risquée*, una broma un poco arriesgada.

passacaille [pasaka:j] f. MUS. Pasacalle, *m.*

passade f. Capricho (*m.*) pasajero, antojo, *m.* (caprice). ‖ Breve estancia. ‖ Zambullida, ahogadilla (natation). ‖ Pasada (passage). ‖ ÉQUIT. Pasada.

passage m. Paso : *le passage de la ligne*, el paso del ecuador. ‖ Paso : *ôtez-vous de mon passage*, quítese de mi paso. ‖ Travesía, *f.* (traversée). ‖ Pasaje (prix d'une traversée). ‖ Tránsito (droit qu'on paie por un passer). ‖ Servidumbre (*f.*) de paso, paso (droit de passer). ‖ Pasaje, pasadizo, callejón (ruelle). ‖ Alfombra (*f.*) estrecha, estera, *f.* (tapis étroit). ‖ Paso, transición, *f.* (transition). ‖ Paso de costado (cheval). ‖ Pasaje (d'un livre). ‖ CINÉM. Pase (projection). ‖ — *Passage à niveau*, paso a nivel. ‖ POP. *Passage à tabac*, paliza, zurra. ‖ *Passage clouté*, paso de peatones. ‖ *Passage interdit*, prohibido el paso. ‖ *Passage protégé*, paso protegido. ‖ — *De passage*, de paso.

Oiseaux de passage, aves de paso *ou* migratorias.
‖ *Prendre au passage*, coger al paso. ‖ *Se frayer un passage*, abrirse paso.

passager, ère adj. ● Pasajero, ra : *un malaise passager*, un malestar pasajero. ‖ *Oiseau passager*, ave de paso *ou* migratoria.
— M. y f. Pasajero, ra (voyageur) : *les passagers d'un avion*, los pasajeros de un avión. ‖ *Passager clandestin*, polizón, pasajero clandestino.
— SYN. *Provisoire*, provisional, provisorio (américanisme). *Momentané*, momentáneo. *Éphémère*, efímero. *Fugitif*, fugitivo. *Fugace*, fugaz. *Transitoire*, transitorio. *Précaire*, precario. *Temporaire*, temporal. *Intérimaire*, interino.

passant, e adj. De mucho tráfico *ou* tránsito, concurrido, da : *rue très passante*, calle de mucho tránsito.
— M. Presilla, *f.* (de ceinture). ‖ — M. et f. Transeúnte.

passation [pasasjɔ̃] f. Otorgamiento (*m.*) de una escritura *ou* de un contrato, asiento contable. ‖ Entrega *ou* transmisión de poderes.

passavant m. Pasamano, paso de popa a proa. ‖ COMM. Pase, guía, *f.*

passe [pɑs] f. Paso, *m.* (des oiseaux migrateurs). ‖ Pase, *m.* (sports, magnétisme). ‖ Vuelta (d'un câble). ‖ Pasa (jeux). ‖ Parte delantera de un sombrero (d'un chapeau). ‖ IMPR. Perdido, *m.* ‖ MAR. Paso, *m.*, pasaje, *m.* (chenal). ‖ TECHN. Pasada. ‖ — *Maison de passe*, casa de citas. ‖ *Mauvaise passe*, mal paso. ‖ *Mot de passe*, contraseña, santo y seña. ‖ *Volumes de passe*, libros fuera de tirada. ‖ — *Être en passe de*, estar en trance de.

passé, e adj. Pasado, da. ‖ Descolorido, da ; pasado, da (décoloré). ‖ — *Passé maître*, maestro consumado. ‖ — *Ces jours passés*, los días pasados. ‖ *Il a dix ans passés*, tiene diez años cumplidos. ‖ *Il est 9 heures passées*, son más de las nueve, son las nueve y pico, son las nueve dadas.
— M. Pasado. ‖ GRAMM. Pretérito : *passé antérieur*, pretérito anterior ; *passé composé*, pretérito perfecto ; *passé simple*, pretérito indefinido. ‖ *Le passé est le passé, n'en parlons plus*, lo pasado pasado.

passé prép. Después de (après) : *passé dix heures*, después de las diez.

passe-boules m. inv. Tragabolas.

passe-carreau m. Medio queso (fer de tailleur).
— OBSERV. Pl. *passe-carreaux*.

passe-crassane f. inv. Variedad de pera de invierno.

passe-debout m. inv. COMM. Guía, *f.*, permiso de tránsito de bebidas *ou* otras mercancías.

passe-droit [pɑsdrwa] m. Favor, atropello.
— OBSERV. Pl. *passe-droits*.

passée f. Pasada (bécasses). ‖ Pisada, huella (trace d'un animal).

passefiler [pɑsfile] v. tr. Zurcir (repriser).

passefilure f. Zurcido, *m.* (reprise).

passe-lacet [pɑslasɛ] m. Pasador, pasacintas (aiguille).
— OBSERV. Pl. *passe-lacets*.

passe-lait [pɑslɛ] m. inv. Colador para la leche.

passement m. Pasamano.

passementer v. tr. Pasamanar.

passementerie [pɑsmɑ̃tri] f. Pasamanería.

passementier, ère m. et f. Pasamanero, ra.

passe-montagne m. Pasamontañas.
— OBSERV. Pl. *passe-montagnes*.

passe-partout [pɑspartu] m. inv. Llave (*f.*) maestra (clef). ‖ Orla, *f.*, marco (cadre). ‖ Tronzador, sierra, *f.* (scie).
— Adj. Que sirve para todo. ‖ *Phrase, formule, mot passe-partout*, comodín.

passe-passe m. inv. *Tour de passe-passe*, juego

de manos, pasapasa (du prestidigitateur). ‖ FIG. Jugarreta, *f.* (mauvaise plaisanterie). ‖ *Faire des tours de passe-passe*, hacer juegos malabares.

passe-pied [pɑspje] m. inv. Paspié, baile de Bretaña.

passe-pierre f. BOT. Hinojo (*m.*) marino.
— OBSERV. Pl. *passe-pierres*.

passepoil m. Ribete, vivo, cordoncillo (couture).

passepoiler v. tr. Ribetear.

passeport [pɑspɔːr] m. Pasaporte.

passe-purée m. inv. Pasapuré.

passer v. intr. ● Pasar : *passer devant quelqu'un*, pasar ante alguien ; *passer chez quelqu'un*, pasar por casa de alguien ; *passer sur un pont*, pasar por un puente. ‖ Representarse (une pièce). ‖ Ponerse, proyectarse, echarse (un film). ‖ Salir, pasar : *passer au tableau*, salir a la pizarra. ‖ Pasar, transcurrir (s'écouler), *quinze jours sont passés*, han transcurrido quince días. ‖ Pasar (perdre son tour). ‖ Ascender a : *passer capitaine*, ascender a capitán. ‖ Comerse, irse (la couleur). ‖ Pasarse : *passer à l'ennemi*, pasarse al enemigo. ‖ Aprobarse, adoptarse : *la loi est passée*, la ley ha sido aprobada. ‖ Digerirse (un mets). ‖ Marchitarse (se faner). ‖ Ser admitido, introducirse : *ce mot a passé dans notre langue*, esta palabra ha sido admitida en nuestro idioma. ‖ FAM. Morir, desaparecer, pasar a mejor vida. ‖ — *Passer à côté de la question*, salirse del tema. ‖ *Passer au rouge, au vert*, pasar con el disco cerrado, abierto. ‖ *Passer de bouche en bouche*, ir de boca en boca. ‖ *Passer de mode*, pasar de moda, quedarse anticuado. ‖ *Passer de vie à trépas*, pasar de vida a muerte. ‖ *Passer mal*, sentar mal : *ce repas passe mal*, me ha sentado mal la comida. ‖ *Passer outre*, hacer caso omiso de. ‖ *Passer par-dessus bord*, caerse al agua. ‖ *Passer par la tête*, pasar por la cabeza, occurrírsele a uno. ‖ *Passer par les armes*, pasar por las armas. ‖ *Passer pour*, pasar por. ‖ FAM. *Passer sous le nez*, pasar por debajo de las narices. ‖ FIG. *Passer sur*, pasar por alto. ‖ — *En passant*, de paso. ‖ *En passer par*, resignarse a. ‖ FAM. *Faire passer l'envie, le goût de*, quitarle a uno las ganas *ou* la costumbre de. ‖ *Passe !*, ¡está bien ! ‖ *Passe pour des médisances, mais...*, que sean maledicencias, pase, pero... ‖ *Passez-moi le mot*, válgame la palabra. ‖ *Y passer*, pasar por ello (en faire l'expérience), gastarse, irse en ello (être dépensé).
— V. tr. ● Pasar : *passer une rivière*, pasar un río. ‖ Sobrepasar, pasar : *passer la limite d'âge*, sobrepasar el límite de edad. ‖ Adelantar, pasar (dépasser). ‖ Ponerse (un vêtement). ‖ Colar, pasar (filtrer). ‖ Pasar, poner en circulación (de la monnaie). ‖ Pasar por alto : *passer une faute*, pasar por alto una falta. ‖ Satisfacer (une envie). ‖ Seguir, pasar : *passez votre chemin*, siga su camino. ‖ Hacer, firmar (un contrat). ‖ Concertar : *passer un marché*, concertar un negocio. ‖ COMM. Pasar (en compte). ‖ Pasar, entrar (de la contrebande). ‖ Representar (une pièce). ‖ Echar, poner (un film). ‖ — THÉÂTR. *Passer la rampe*, tener cierto éxito. ‖ FAM. *Passer l'arme à gauche*, estirar la pata, palmar. ‖ *Passer l'éponge*, hacer borrón y cuenta nueva. ‖ *Passer maître dans l'art de*, ser maestro en. ‖ *Passer quelque chose en revue*, analizar, examinar, estudiar algo, pasar revista a algo. ‖ *Passer quelqu'un à tabac*, molerle a uno a golpes, zurrarle la badana, sacudirle el polvo. ‖ *Passer quelqu'un au fil de l'épée*, pasar a alguien a cuchillo. ‖ *Passer son chemin*, pasar de largo. ‖ *Passer son temps à*, pasarse el tiempo en. ‖ *Passer sous silence*, pasar por alto, pasar en silencio, silenciar. ‖ *Passer un examen*, examinarse. ‖ *Passer un mauvais quart d'heure*, pasar un mal rato. ‖ *Passer un régiment en revue*, pasar revista a un

regimiento. ‖ *Passer un savon,* echar un jabón, un rapapolvo, una bronca. ‖ — *Comme si rien ne s'était passé,* como si nada. ‖ Fam. *Je l'ai senti passer,* me ha hecho la pascua. ‖ *J'en passe et des meilleurs,* y me quedo corto. ‖ *Qu'est-ce que je lui ai passé!,* ¡menuda bronca se ha llevado! — V. pr. Pasar, transcurrir (s'écouler) : *le temps se passe à ne rien faire,* el tiempo transcurre sin hacer nada. ‖ Arreglárselas sin : *nous nous passons de femme de ménage,* nos arreglamos sin asistenta. ‖ Ocurrir, suceder, pasar (avoir lieu) : *que se passe-t-il?,* ¿qué pasa? ‖ Prescindir, privarse, abstenerse (se priver de). ‖ (Vx). Pasarse (s'altérer). ‖ *Je me serais bien passé de cette grippe,* menuda gracia me ha hecho esta gripe.
— Syn. ● *Dépasser,* rebasar, pasar, sobrepujar, dejar atrás, superar. *Outrepasser,* sobrepasar. *Excéder,* exceder.

passerage f. Mastuerzo, *m.* (cresson des prés).
passereau [pasro] m. Pájaro.
passerelle f. Pasarela. ‖ — *Passerelle de manœuvre* o *de commandement,* puente de mando. ‖ Aviat. *Passerelle télescopique,* pasarela de acceso.
passerine f. Paserino, *m.* (oiseau).
passerinette f. Curruca (fauvette).
passe-rivière m. Cuerda (*f.*) suspendida para franquear los cursos de agua.
— Observ. Pl. *passe-rivières.*
passerose f. Bot. Malvarrosa [*Amér.,* varita de San José].
passe-temps [pɑstɑ̃] m. inv. Pasatiempo, entretenimiento.
passe-thé m. inv. Colador para el té.
passeur, euse m. et f. Barquero, ra. ‖ Pasador, ra (à la frontière).
passe-velours m. inv. Bot. Amaranto.
passe-volant m. Mil. Soldado (figurado), hombre de paja.
— Observ. Pl. *passe-volants.*
passible adj. Pasible, punible, merecedor de (condamnation). ‖ Sujeto, ta : *passible de droits de douane,* sujeto a derechos aduaneros.
passif, ive adj. et s. m. Pasivo, va. ‖ — M. Gramm. Voz (*f.*) pasiva : *mettre une phrase au passif,* poner una frase en voz pasiva.
passifloracées f. pl. Bot. Pasifloráceas.
passiflore f. Pasionaria, pasiflora (fleur).
passim [pasim] adv. Aquí y allá, en diferentes sitios, pássim.
passing-shot [pasiŋʃɔt] m. Passing-shot (tennis).
passion f. Pasión : *avoir la passion de la musique,* tener pasión por la música. ‖ Relig. Pasión : *la Passion selon saint Matthieu,* la Pasión según San Mateo. ‖ Bot. *Fleur* o *arbre de la Passion,* pasionaria. ‖ *Se laisser emporter par la passion,* dejarse llevar por las pasiones.
passioniste m. Pasionista.
passionnaire m. Pasionario (livre).
passionnant, e adj. Apasionante : *une histoire passionnante,* una historia apasionante.
passionné, e adj. et s. Apasionado, da.
passionnel, elle adj. Pasional.
passionner v. tr. Apasionar.
— V. pr. Apasionarse.
passionnette f. Fam. Pasioncilla.
passivement adv. Pasivamente.
passivité f. Pasividad.
passoire f. Colador, *m.,* pasador, *m.* (ustensile de cuisine).
pastel m. Pastel, lápiz de pastel (crayon). ‖ Dibujo al pastel (dessin). ‖ Pastel, hierba (*f.*) pastel, glasto (plante).
— Observ. Le mot espagnol *pastel* signifie également *pâté* et *gâteau.*
pastellage m. Alcorza, *f.* (cuisine).
pasteller v. tr. Pintar *ou* dibujar al pastel.

pastelliste m. et f. Pastelista (peintre).
pastenague f. Pastinaca (poisson).
pastèque f. Sandía.
pasteur m. Pastor : *le Bon Pasteur,* el Buen Pastor.
— Observ. En el sentido de pastor de ganado se dice generalmente en francés *berger.*
pasteurien ou **pastorien, enne** adj. Pasteuriano, na ; de Pasteur.
pasteurisation f. Pasterización, pasteurización.
pasteurisé, e adj. Pasterizado, da ; pasteurizado, da : *lait pasteurisé,* leche pasterizada.
pasteuriser v. tr. Pasterizar, pasteurizar.
pastiche ou **pastichage** m. Imitación, *f.,* plagio, remedo, pastiche (gallicisme).
pasticher v. tr. Remedar, imitar, plagiar.
pasticheur, euse m. et f. Plagiario, ria ; imitador, ra.
pastillage [pastija:ʒ] m. Figurilla (*f.*) de alcorza (pâtisserie). ‖ Terracota, *f.* (ouvrage d'argile).
pastille [pasti:j] f. Pastilla. ‖ Pebete, *m.* (parfum).
pastilleur, euse [-jœ:r, jø:z] m. et f. Confitero, ra, que hace pastillas. ‖ Máquina (*f.*) para hacer pastillas.
pastis [pastis] m. Anisado (liqueur anisée). ‖ Fig. et Fam. Follón, lío (gâchis).
pastoral, e adj. Pastoral, pastoril. ‖ *La Symphonie pastorale,* la Sinfonía pastoral.
— F. Pastoral.
— Syn. *Églogue,* égloga. *Idylle,* idilio. *Bucolique,* bucólica.
pastorat m. Pastoría, *f.* (fonction de pasteur spirituel).
pastoriser v. tr. Pasterizar, pasteurizar.
pastoureau m. Pastorcillo, zagal : *les pastoureaux de Provence,* los pastorcillos de Provenza.
pastourelle f. Pastorcilla, zagala (jeune bergère). ‖ Pastorela (composition poétique, danse).
pat [pat] adj. m. Ahogado (aux échecs).
patache f. Galera, diligencia (voiture). ‖ Patache, *m.* (bateau). ‖ Lancha, falúa (de la douane). ‖ Fam. Coche (*m.*) malo, cacharro, *m.* (mauvaise voiture).
patachon m. Patrón de un patache. ‖ Fam. *Vie de patachon,* vida de juerga continua.
patagon, onne adj. et s. Patagón, ona.
Patagonie n. pr. f. Géogr. Patagonia.
patapouf m. Fam. Hombre gordo, gordinflón (homme). ‖ Caída (*f.*) ruidosa *ou* ridícula, batacazo (chute). ‖ ¡Cataplum! (bruit).
pataquès [patakɛs] m. Lapsus linguae, gazapo.
pataras [patara] m. Mar. Patarráez (hauban supplémentaire).
patarasse f. Mar. Pitarrasa.
patard ou **patar** [pata:r] m. (Vx). Cuarto, ochavo (petite monnaie).
patate f. Bot. Batata, boniato, *m.* ‖ Fam. Patata, papa (pomme de terre). ‖ — *Patate douce,* batata. ‖ Pop. *Quelle patate!,* ¡qué cernícalo!
patati, patata onomatopée. Patatín, patatán ; que patatín, que patatán.
patatras! [patatrɑ] interj. ¡Cataplum!
pataud, e [pato, o:d] adj. et s. Fam. Palurdo, da ; patán, tolondro, dra (rustre).
— M. et f. Patón, ona ; patudo, da (chiens). ‖ Fam. Persona regordeta.
pataugeage ou **pataugement** m. Chapoteo.
patauger* v. intr. Chapotear. ‖ Fig. et Fam. Enredarse, atascarse (s'embrouiller).
— Syn. *Barboter,* chapotear. *Patrouiller,* chapotear.
pataugeur, euse adj. et s. Que chapotea.
patchouli [patʃuli] m. Pachulí (parfum, plante).
pâte f. Pasta. ‖ Masa (du pain). ‖ Fig. et Fam. Madera, carácter, *m.,* índole, *m.* (caractère). ‖ — *Pâte à frire,* albardilla. ‖ *Pâte de bois,* pulpa

de madera. ‖ *Pâte de coing,* carne de membrillo. ‖ *Pâte de fruit,* dulce de fruta. ‖ *Pâte dentifrice,* pasta dentífrica, crema dental. ‖ *Pâtes alimentaires,* pastas alimenticias. ‖ — FAM. *Bonne pâte,* buena persona, buen hombre, hombre de buena pasta. ‖ FIG. *Mettre la main à la pâte,* poner manos a la obra. ‖ IMPR. *Tombé en pâte,* empastelado.

pâté m. Pasta (*f.*) de hígado, « foie gras », (charcuterie). ‖ Pastel (de viande ou poisson) : *pâté de lièvre,* pastel de liebre. ‖ FIG. et FAM. Borrón, mancha (*f.*) de tinta (d'encre). ‖ Manzana, *f.* [*Amér.*, cuadra] (de maisons). ‖ IMPR. Pastel, conjunto de letras mezcladas. ‖ — *Pâté de sable,* flan de arena. ‖ *Pâté en croûte,* empanada.

— OBSERV. *Pâté* no tiene el sentido de *pastel* [dulce]. Il faut remarquer qu'en espagnol on emploie le terme *foie gras* pour n'importe quel pâté, que ce soit du foie gras véritable ou non.

pâtée f. Cebo, *m.* (pour engraisser la volaille). ‖ Comida (pour les animaux). ‖ FAM. Comida. Papas, *pl.* (soupe épaisse).

patelin, e adj. et s. Zalamero, ra. ‖ — M. POP. Pueblo, pueblucho (village).

patelinage m. ou **patelinerie** f. Zalamería, *f.*

pateliner v. intr. Hacer zalamerías.

— V. tr. Tratar con zalamería.

patelle f. Lapa (mollusque). ‖ Fuente (plat). ‖ ANAT. Rótula, patela (rotule).

patène f. ECCLÉS. Patena.

patenôtre f. (Vx). Padrenuestro, *m.* (oraison dominicale). ‖ FAM. Rezo, *m.* (prière). ‖ — Pl. Cuentas de rosario (grains de chapelet). ‖ Rosario, *m.* *sing.* (chapelet). ‖ Letanía,, *sing.,* palabras sin sentido (paroles inintelligibles).

patenôtrier m. (Vx). Rosariero, fabricante *ou* vendedor de rosarios.

patent, e [patɑ̃, ɑ̃:t] adj. Patente (évident). ‖ *Lettres patentes,* letras patentes.

patentable adj. Sujeto a patente.

patentage m. TECHN. Temple especial.

patente f. Patente. ‖ — MAR. *Patente de santé, nette, suspecte,* patente de sanidad, limpia, sucia.

patenté, e adj. et s. Patentado, da. ‖ Competente, titular (attitré). ‖ FIG. et FAM. De marca mayor, absoluto, ta ; total.

patenter v. tr. Patentar, conceder patente.

pater m. inv. Padrenuestro (oraison). ‖ — M. Diez, cuenta (*f.*) gruesa del rosario (d'un chapelet).

patère f. Pátera (coupe ancienne). ‖ Alzapaño, *m.* (de rideau). ‖ Percha, colgador, *m.,* gancho, *m.* (pour chapeaux, vêtements).

paternalisme m. Paternalismo.

paternaliste adj. Paternalista.

paterne adj. Almibarado, da (doucereux).

paternel, elle adj. Paterno, na : *grand-père paternel,* abuelo paterno. ‖ Paternal : *autorité paternelle,* autoridad paternal.

— M. POP. Padre, viejo (père).

paternellement adv. Paternalmente.

paternité f. Paternidad. ‖ *Recherche de la paternité,* investigación de la paternidad.

pâteux, euse adj. Pastoso, sa. ‖ *Avoir la bouche o la langue pâteuse,* tener la lengua estropajosa *ou* pastosa.

pathétique adj. Patético, ca. ‖ — Adj. et s. m. ANAT. Patético, ca. ‖ — M. El género patético.

pathétisme m. Patetismo.

pathogène adj. Patógeno, na.

pathogénie f. MÉD. Patogenia.

pathogénique adj. Patogénico, ca.

pathognomonique [patognomɔnik] adj. Patognomónico, ca.

pathologie f. Patología.

pathologique adj. Patológico, ca.

pathologiste adj. et s. Patólogo, ga.

pathos [pato:s] m. FAM. Énfasis, *f.*

patibulaire adj. Patibulario, ria : *fourches patibulaires,* horcas patibularias. ‖ FIG. *Mine, air patibulaire,* rostro patibulario.

patiemment [pasjamɑ̃] adv. Pacientemente, con paciencia.

patience [-sjɑ̃:s] f. Paciencia. ‖ Solitario, *m.* (jeu de cartes). ‖ Romaza (plante). ‖ MIL. Tablilla con una ranura para limpiar varios botones del uniforme al mismo tiempo. ‖ — *Patience!,* ¡paciencia! ‖ — *Être à bout de patience,* estar hasta la coronilla, habérsele agotado a uno la paciencia. ‖ *La patience vient à bout de tout,* con paciencia todo se alcanza *ou* se gana el cielo. ‖ *Mettre la patience à rude épreuve,* probar la paciencia. ‖ *Perdre patience,* perder la paciencia. ‖ *Prendre en patience,* llevar con paciencia. ‖ *Prendre patience,* tener paciencia. ‖ *S'armer de patience,* armarse de paciencia.

patient, e [-sjɑ̃, ɑ̃:t] adj. et s. Paciente.

patienter [-sjɑ̃te] v. intr. Tener paciencia, armarse de paciencia. ‖ Esperar (attendre).

patin m. Patín : *patins à roulettes,* patines de ruedas ; *patins à glace,* patines de cuchilla. ‖ Solera, *f.* (rail). ‖ AVIAT. Patín. ‖ TECHN. Zapata, *f.* (d'un frein). ‖ Zapata, *f.,* eslabón (de chenille). ‖ Calzo (construction). ‖ Suela, *f.* (semelle).

patinage m. Patinaje : *patinage à roulettes,* patinaje sobre ruedas. ‖ Patinazo (de roues).

patine f. Pátina.

patiner v. intr. Patinar.

— V. tr. Dar pátina.

patinette f. Patineta (trottinette).

patineur, euse m. et f. Patinador, ra.

patinoire f. Patinadero, *m.,* pista de patinar.

patio [patjo] m. Patio.

pâtir v. intr. Padecer, sufrir. ‖ Resentirse, sufrir las consecuencias (supporter les conséquences). ‖ Vivir pobremente. ‖ *Pâtir de,* padecer.

patiras [patirɑ] m. FAM. Cabeza (*f.*) de turco.

pâtis [pɑti] m. Apacentadero, dehesa, *f.*

pâtisser v. intr. Hacer pasteles.

— V. tr. Amasar (la farine).

pâtisserie f. Pastelería, repostería (art et boutique). ‖ Pastel, *m.,* dulce, *m.* (gâteau).

pâtissier, ère m. et f. Pastelero, ra ; repostero, ra ‖ *Crème pâtissière,* crema.

pâtissoire f. Amasadera (table pour faire la pâtisserie).

pâtisson m. Calabaza (*f.*) bonetera (courge).

patoche f. FAM. Manaza, mano grande (grosse main).

patois, e [patwa, wa:z] adj. Dialectal, provincial : *chanson patoise,* cantar dialectal.

— M. Habla (*f.*) regional y popular, patois. ‖ FAM. Jerga, *f.* (charabia).

patoisant, e adj. Referente a un habla regional.

— M et f. Persona que habla un lenguaje regional.

patoiser v. intr. Hablar un lenguaje regional.

pâton m. Pedazo de pasta.

patouillard [patuja:r] m. MAR. et FAM. Carraca, *f.* (bateau).

patouille [patu:j] f. FAM. Masa casi líquida.

patouiller [-je] v. intr. FAM. Chapotear.

— V. tr. Manosear (tripoter).

patraque f. FAM. Cacharro, *m.,* cascajo, *m.,* máquina que anda mal.

— Adj. FAM. Achacoso, sa ; pachucho, cha.

pâtre m. Pastor [de ganado].

patriarcal, e adj. Patriarcal : *régimes patriarcaux,* regímenes patriarcales.

patriarcat [patriarka] m. Patriarcado.

patriarche [-arʃ] m. Patriarca.

patrice m. Patricio.

Patrice n. pr. m. Patricio.

patricial, e adj. Patricio, cia.

patriciat [patrisja] m. Patriciado.
patricien, enne [-sjɛ̃, -jɛn] adj. et s. Patricio, cia.
patrie f. Patria : *la mère patrie*, la madre patria ; *céleste patrie*, patria celestial.
patrimoine m. Patrimonio.
patrimonial, e adj. Patrimonial : *biens patrimoniaux*, bienes patrimoniales.
patriotard, e adj. et s. FAM. Patriotero, ra.
patriote adj. et s. Patriota.
— SYN. *Nationaliste*, nacionalista. *Patriotard*, patriotero. *Chauvin*, patriotero. *Cocardier*, patriotero.
patriotique adj. Patriótico, ca.
patriotisme m. Patriotismo.
patristique adj. et s. f. Patrístico, ca.
Patrocle n. pr. m. Patroclo.
patrologie f. Patrología.
patron, onne m. et f. Dueño, ña ; amo, ma (chef). ‖ Patrono, na (protecteur, saint). — M. Patrono, empresario [*Amér.*, empleador]. ‖ Jefe (d'un bureau). ‖ Patrón (modèle). ‖ MAR. Patrón.
patronage m. Patrocinio (protection). ‖ Patronato (société). ‖ Círculo recreativo juvenil (d'une paroisse, d'une école). ‖ *Sous le patronage de*, patrocinado por.
patronal, e adj. Patronal : *syndicats patronaux*, sindicatos patronales. ‖ Empresarial : *des initiatives patronales*, iniciativas empresariales.
patronat [patrɔna] m. Empresariado, empresarios, *pl.*, patronato (p.us.).
patronner v. tr. Patrocinar. ‖ TECHN. Calcar *ou* cortar sobre un patrón.
patronnesse adj. f. Patrocinadora, protectora (de bienfaisance).
patronyme m. Patronímico, nombre patronímico.
patronymique adj. Patronímico, ca.
patrouille [patruj] f. Patrulla.
patrouiller [-je] v. intr. MIL. Patrullar. ‖ FAM. Chapotear (patauger).
— V. tr. (Vx). FAM. Manosear, sobar (manier).
patrouilleur [-jœːr] m. Patrullero (bateau). ‖ Avión de reconocimiento (avion). ‖ Soldado que patrulla.
patte f. Pata (des animaux). ‖ Pabellón, *m.* (d'un instrument). ‖ Grapa, clavo, *m.* (clou). ‖ Garabato, *m.*, garfio, *m.* (crochet). ‖ Presilla, trabilla (de pantalon). ‖ Lengüeta, oreja (d'un portefeuille). ‖ Cartera, golpe, *m.* (des poches). ‖ Rabillo, *m.* (attache). ‖ Garra : *pattes d'astrakan*, garras de astracán. ‖ FAM. Pata (jambe). ‖ Mano (main). ‖ FIG. et FAM. Mano (adresse) : *avoir de la patte*, tener buena mano. ‖ MAR. Uña (de l'ancre). ‖ MIL. Charretera, hombrera (d'épaule). ‖ MUS. Pauta (de papier à musique). ‖ — MÉCAN. *Patte d'araignée*, pata de araña, ranura de engrase. ‖ *Patte de derrière*, pie. ‖ *Patte de devant*, mano. ‖ *Patte de lièvre*, difumino. ‖ *Pattes de lapin*, patillas cortas. ‖ FAM. *Pattes de mouche*, patas de mosca, garabatos (écriture). ‖ FIG. et FAM. *Coup de patte*, indirecta. ‖ — POP. *À patte*, a pata, a patita. ‖ *Bas les pattes !*, ¡manos quietas ! *Bas sur patte*, paticorto. ‖ *Haut sur patte*, patilargo. ‖ — *Avoir un fil à la patte !*, estar cogido. ‖ *Donne la patte !*, ¡da la mano ! (chien). ‖ FIG. *Faire patte de velours*, esconder las garras, tratar con suavidad y dulzura. ‖ FAM. *Graisser la patte*, untar la mano, sobornar. ‖ *Marcher à quatre pattes*, andar a gatas. ‖ *Montrer patte blanche*, darse a conocer, demostrar que uno tiene carta blanca. ‖ *Ne remuer ni pied ni patte*, no mover ni pie ni mano. ‖ FIG. *Tomber entre* o *sous les pattes de quelqu'un*, caer en las garras de uno, caer en poder de uno.
patté, e adj. BLAS. Pate.
patte-d'oie f. Encrucijada (carrefour). ‖ Pata de gallo (rides). ‖ MAR. Pata de ganso : *en patte d'oie*, a pata de ganso.
— OBSERV. Pl. *pattes-d'oie*.

patte-fiche f. TECHN. Clavo (*m.*) de ala de mosca.
— OBSERV. Pl. *pattes-fiches*.
pattemouille [patmuːj] f. Sarga, almohadilla, trapo (*m.*) mojado para planchar.
pattinsonage m. Procedimiento de Pattinson para separar la plata del plomo.
pattu, e adj. Patudo, da (qui a de grosses pattes). ‖ Calzado, da ; gabacho, cha (pigeon).
pâturable adj. Pacedero, ra.
pâturage m. Pasto, pasturaje, dehesa, *f.* : *de gros pâturages*, pastos feraces. ‖ Pastoreo, pasto (action). ‖ *Pâturage communal*, pasto comunal, dula.
— SYN. *Prairie*, pradera. *Pré*, prado. *Embouche*, dehesa, engordadero. *Pâtis*, apacentadero. *Parc*, aprisco. *Pâture*, dehesa. *Pacage*, pasturaje.
pâture f. Pasto, *m.*, pienso, *m.*, forraje, *m.* (fourrage). ‖ Dehesa (pâturage). ‖ FAM. Pitanza, comida. ‖ FIG. Pasto, *m.*, comidilla : *incident qui a servi de pâture aux journaux*, incidente que ha sido la comidilla de los periódicos. ‖ *Droit de pâture*, derecho de pasturaje, de pastoreo. ‖ — *Vaine pâture*, pasto en lugar inculto, pasto libre, dula. ‖ — FIG. *Donner en pâture*, entregar.
pâturer v. intr. Pacer, pastar, pastorear.
pâturin m. Poa, *f.* (plante graminée).
pâturon m. Cuartilla, *f.* (des chevaux).
pauciflore adj. Paucífloro, ra ; de pocas flores.
Paul n. pr. m. Pablo. ‖ Paulo (Pape).
— OBSERV. Contrairement à l'usage, on appelle le pape Paul VI, *Pablo VI*.
Paule n. pr. f. Paula.
paulette f. HIST. Impuesto (*m.*) anual de la Hacienda y Justicia.
Paulette n. pr. f. Paulita.
paulicien m. Pauliciano.
paulien, enne adj. DR. Revocatorio, ria.
Pauline n. pr. f. Paulina.
paulinisme m. Paulinismo.
pauliste m. Paulista.
paulownia [polɔnja] m. BOT. Paulonia, *f.*
paume f. Palma (de la main). ‖ Pelota (jeu). ‖ Frontón, *m.* [*Amér.*, cancha] (terrain). ‖ Palmo, *m.* (mesure). ‖ CONSTR. Lengüeta.
paumelle f. Rempujo, *m.* (gant de cuir). ‖ BOT. Ladilla. ‖ TECHN. Pulidor, *m.* (pour polir). ‖ Pernio, *m.* (penture).
paumer v. tr. (Vx). Golpear con la palma de la mano. ‖ POP. Perder.
paumier m. Pelotero, fabricante de pelotas. ‖ Dueño de un frontón.
paumoyer [pomwaje] v. tr. Tirar de un cable con las manos. ‖ Medir a palmos. ‖ Coser con rempujo.
— V. pr. MAR. Palmearse.
paumure f. Candil, *m.* (d'un cerf).
paupérisation f. Pauperización, empobrecimiento, *m.* (appauvrissement).
paupérisme m. Pauperismo.
paupière f. ANAT. Párpado, *m.* ‖ FIG. *Ouvrir, fermer les paupières*, abrir, cerrar los ojos.
paupiette f. CULIN. Pulpeta.
pause f. Pausa. ‖ Parada, detención, alto, *m.* (arrêt). ‖ MUS. Pausa, silencio, *m.* ‖ SPORTS. Descanso, *m.* (repos). ‖ MIL. *Faire la pause*, descansar un rato.
— SYN. *Station*, estancia. *Halte*, alto.
pauser v. intr. Hacer una pausa, descansar.
pauvre adj. Pobre. ‖ Triste : *un pauvre salaire*, un triste sueldo. ‖ — *Pauvre homme*, pobre hombre, infeliz. ‖ — *Mon pauvre ami !*, ¡hombre ! ‖ FAM. *Un pauvre type*, un desgraciado.
— M. Pobre. ‖ *Pauvre d'esprit*, mentecato.
pauvresse f. Pobre, mendiga (femme pauvre).
pauvret, ette adj. et s. Pobrete, pobrecillo, lla.

pauvreté f. Pobreza : *pauvreté n'est pas vice*, pobreza no es vileza.
— SYN. *Besoin*, necesidad. *Gêne*, escasez. *Nécessité*, necesidad. *Dénuement*, indigencia, inopia. *Indigence*, indigencia. *Misère*, miseria. *Pénurie*, penuria. *Impécuniosité*, escasez, falta de dinero. *Paupérisme*, pauperismo. *Pop. Débine*, *dèche*, miseria, pobreza. *Mouise*, necesidad un apuro. *Panade*, miseria. *Purée*, estrechez, miseria.

pavage [pava:ʒ], ou **pavement** [pavmɑ̃] m. Empedrado (de pierres). ‖ Adoquinado (de pavés). ‖ Pavimento (surface portante). ‖ Empedramiento (action). ‖ *Pavage en bois*, entarugado.

pavane f. Pavana (danse).

pavaner (se) v. pr. Pavonearse.

pavé m. Adoquín (pierre taillée). ‖ Tarugo (pavé de bois). ‖ Empedrado, adoquinado, pavimento (sol pavé). ‖ Calle, *f.*, arroyo (la rue). ‖ FIG. et FAM. Golpe (coup). ‖ Ladrillo (livre illisible). — FIG. *Le pavé de l'ours*, elogio torpe. ‖ — *Battre le pavé*, callejear. ‖ *Être sur le pavé*, estar en la calle (être à la rue), no tener colocación (être sans emploi). ‖ *Mettre sur le pavé*, poner a uno en la calle *ou* en el arroyo. ‖ FIG. *Tenir le haut du pavé*, estar en el candelero *ou* en primera fila.

pavée f. BOT. Purpúrea.

paver v. tr. Solar, pavimentar (recouvrir) : *paver en mosaïque*, solar con *ou* de mosaico. ‖ Empedrar (empierrer). ‖ Adoquinar (de pavés). ‖ Entarugar (en bois). ‖ FIG. Cubrir, llenar de (remplir). ‖ *L'enfer est pavé de bonnes intentions*, el infierno está lleno de buenas intenciones.

pavesade f. MAR. Empavesada.

pavesan, anne adj. y s. Paviano, na (de Pavie).

paveur m. Empedrador, solador.

pavie m. Pavía (pêche).

Pavie n. pr. GÉOGR. Pavía.

pavillon [pavijɔ̃] m. Pabellón (drapeau). ‖ Chalet (petit), hotelito (grand). ‖ Pabellón (dans une exposition). ‖ Pabellón, bocina, *f.* (tube acoustique). ‖ Techo (d'une voiture). ‖ ANAT. Pabellón (oreille externe). ‖ ARCHIT. Pabellón. ‖ ECCLÉS. Palia, *f.* (du tabernacle). ‖ MIL. Tienda (*f.*) de campaña (tente). ‖ — MAR. *Amener pavillon*, arriar bandera, rendirse. ‖ FIG. et FAM. *Baisser pavillon*, arriar pabellón, dar su brazo a torcer, ceder. ‖ *Mettre le pavillon en berne*, poner la bandera a media asta.

pavillonnerie f. Fábrica de banderas (atelier). ‖ Cuarto (*m.*) de banderas (magasin).

pavimenteux, euse adj. Pavimentoso, sa.

pavois [pavwa] m. MAR. Empavesada, *f.*, pavesada, *f.* ‖ Pavés, escudo grande (bouclier). ‖ FIG. *Élever sur le pavois*, poner por las nubes.

pavoisé, e adj. Empavesado, da.

pavoisement m. MAR. Empavesado.

pavoiser v. tr. Empavesar (un bateau). ‖ Engalanar, poner colgaduras en (un édifice).
— V. intr. Poner colgaduras. ‖ FIG. et FAM. Echar las campanas al vuelo (manifester une grande joie). | Echar sangre por las narices (boxeur).

pavot [pavo] m. Adormidera, *f.* (plante).
— SYN. *Coquelicot*, amapola. *Œillette*, adormidera. *Ponceau*, amapola.

payable [pɛjabl] adj. Pagadero, ra ; pagable : *payable en trente jours*, pagadero en treinta días. ‖ *Payable à la livraison*, a pagar a la recepción.

payant, e [-jɑ̃, ɑ̃:t] adj. Que paga (spectateur). ‖ De pago (que l'on paie). ‖ FAM. Rentable, provechoso, sa. ‖ Que compensa : *des résultats payants*, resultados que compensan.
— M. El que paga.

paye ou **paie** [pɛj o pɛ] f. Paga : *bulletin de paye*, hoja de paga ; *double paye*, paga extraordinaria. ‖ FAM. Deudor, *m.* (débiteur). ‖ — *Haute paye*, sobresueldo, gratificación. ‖ *Faire la paye*, pagar, dar la paga.

payé, e [pɛje] adj. Pagado, da : *payé d'un sourire*, pagado con una sonrisa. ‖ *Être payé de retour*, ser correspondido.

payement [-jmɑ̃] m. Pago (paiement).

payer* [-je] v. tr. ● Pagar : *payer un employé*, pagar a un empleado. ‖ Pagar, abonar : *payer ses dettes*, abonar sus deudas. ‖ Recompensar : *être payé de ses efforts*, encontrarse recompensado por sus esfuerzos. ‖ — *Payer comptant*, pagar al contado. ‖ *Payer de*, dar pruebas de, mostrar : *payer d'audace*, dar pruebas de atrevimiento. ‖ *Payer de mine*, tener buena apariencia. ‖ *Payer de retour*, corresponder. ‖ *Payer de sa personne*, dar la cara, exponerse (s'exposer), darse por entero (se consacrer). ‖ *Payer de sa poche*, poner de su bolsillo. ‖ *Payer de sa vie, de ses deniers*, pagar con su vida, con su dinero. ‖ *Payer d'ingratitude*, ser ingrato. ‖ *Payer en espèces*, pagar en metálico, en efectivo. ‖ *Payer les pots cassés*, pagar los vidrios rotos, pagar el pato. ‖ *Payer quelqu'un avec la monnaie de sa pièce*, pagar con la misma moneda. ‖ *Payer rubis sur l'ongle*, pagar a tocateja. ‖ — *Être payé de sa personne*, ser muy creído de sí mismo. ‖ *Être payé pour le savoir*, tener la experiencia desgraciada de saberlo. ‖ *Il me le paiera*, me las pagará.
— V. intr. FAM. Rentar, ser productivo, va. | Compensar, dar resultado : *la générosité ne paie pas*, la generosidad no compensa.
— V. pr. Pagarse. ‖ Darse : *je vais me payer une vie de roi*, me voy a dar una vida de rey. ‖ Obsequiarse, darse el gusto de, permitirse el capricho de. ‖ Cobrar, cobrarse (toucher) : *paie-toi ce que je te dois*, cóbrate lo que te debo. ‖ — *Se payer de*, contentarse con, arreglárselas con. ‖ FAM. *Se payer la tête* o *la figure de quelqu'un*, tomar el pelo a uno, pitorrearse de uno.
— SYN. ● *Acquitter*, satisfacer. *Défrayer*, costear. *Financer*, financiar. *Régler*, satisfacer, pagar. *Rémunérer*, remunerar. *Solder*, saldar, liquidar. *Verser*, abonar. *Pop. Casquer*, soltar la mosca, cascar. *Cracher*, escupir.

payeur, euse [-jœ:r, jø:z] adj. et s. Pagador, ra. ‖ Habilitado (des traitements, etc.).

pays [pɛi] m. País : *les pays européens*, los países europeos. ‖ ● Tierra, *f.*, terruño, patria (*f.*) chica (terroir) ; *provincial qui regrette son pays*, provinciano que echa de menos su tierra. ‖ Tierra, *f.* (contrée) : *Montreuil est le pays des pêches*, Montreuil es tierra de melocotones. ‖ FAM. Paisano, na (du même village) : *c'est mon pays*, es paisano mío. ‖ — *Pays de cocagne*, tierra de Jauja. ‖ — *De mon pays*, de mi tierra. ‖ *Du pays*, de la región. ‖ *Mal du pays*, nostalgia, morriña. ‖ — *Arriver de son pays o être bien de son pays*, acabar de llegar de su tierra, ser provinciano. ‖ *Être en pays de connaissance*, estar entre amigos. ‖ *Voir du pays*, ver mundo.
— SYN. ● *Région*, región. *Contrée*, comarca. *Lieu*, lugar. *Climat*, clima. *Terroir*, terruño. *Parage*, paraje. *Pop. Patelin*, pueblo.

paysage [-za:ʒ] m. Paisaje. ‖ FAM. *Cela fait bien dans le paysage*, hace buen efecto, adorna.

paysagiste [-zaʒist] adj. et s. Paisajista.

paysan, anne [-zɑ̃, an] adj. et s. Campesino, na.
— SYN. *Campagnard*, campesino. *Rural*, rural. *Villageois*, aldeano, lugareño. *Cultivateur*, labrador. *Rustre*, palurdo, cateto. *Terrien*, hombre del campo. *Serf*, siervo. *Vilain*, villano. *Roturier*, plebeyo. *Manant*, palurdo. *Pop. Croquant*, cateto. *Cul-terreux*, destripaterrones. *Pedzouille*, cateto.

paysannat [-zana] m. Los campesinos, *pl.*, la clase (*f.*) de los campesinos, la clase (*f.*) agraria [*Amér.*, campesinado].

paysannerie [-zanri] f. Naturaleza campesina. Gente campesina. ‖ Rusticidad (grossièreté). ‖ Escenas (*pl.*) de costumbres campesinas.

PRINCIPAUX PAYS — PRINCIPALES PAÍSES

I. Afrique. — África.

Algérie	Argelia
Egypte	Egipto
Ethiopie	Etiopía
Libye	Libia
Maroc	Marruecos
Soudan	Sudán
Tunisie	Túnez
République d'Afrique du S.	República Sudafricana

II. Amérique. — América.

Argentine	Argentina
Bolivie	Bolivia
Brésil	Brasil
Canada	Canadá
Chili	Chile
Colombie	Colombia
Dominicaine (république)	Dominicana (República)
Equateur	Ecuador
Etats-Unis d'Amérique (U. S. A.)	Estados Unidos de América (EE. UU.)
Haïti	Haití
Mexique	México
Panama	Panamá
Pérou	Perú
Porto Rico	Puerto Rico
Salvador	El Salvador

III. Asie et Océanie. — Asia y Oceanía.

Arabie Saoudite	Arabia Saudita
Australie	Australia
Birmanie	Birmania
Cambodge	Camboya
Chine	China
Corée (du Nord, du Sud)	Corea (del Norte, del Sur)
Inde	India
Indonésie	Indonesia
Iran	Irán

Israël	Israel
Japon	Japón
Jordanie	Jordania
Liban	Líbano
Mongolie	Mongolia
Philippines	Filipinas
Syrie	Siria

IV. Europe. — Europa.

Albanie	Albania
Allemagne	Alemania
République fédérale d'Allemagne	República Federal Alemana
République démocratique allemande	República Democrática Alemana
Autriche	Austria
Belgique	Bélgica
Bulgarie	Bulgaria
Danemark	Dinamarca
Espagne	España
Finlande	Finlandia
France	Francia
Grande-Bretagne	Gran Bretaña
Grèce	Grecia
Hongrie	Hungría
Irlande	Irlanda
Islande	Islandia
Italie	Italia
Luxembourg	Luxemburgo
Pays-Bas	Holanda
Norvège	Noruega
Pologne	Polonia
Portugal	Portugal
Roumanie	Rumania
Suède	Suecia
Suisse	Suiza
Tchécoslovaquie	Checoslovaquia
Turquie	Turquia
U. R. S. S. (Union des républ. soc. sov.)	U.R.S.S. (Unión soviética)
Yougoslavie	Yugoslavia

Pays-Bas [pɛibα] n. pr. m. pl. GÉOGR. Países Bajos (nom historique), Holanda (nom actuel).

— OBSERV. Le terme *Países Bajos* a un contenu historique pour l'Espagne. Il correspond aux territoires qui étaient sous sa domination au siècle d'or et comprenaient la Hollande, la Belgique et une partie du nord de la France.

payse [pɛi:z] f. Paisana (compatriote).

P. C. Voir POSTE.

P. C. B. m. Certificado preuniversitario de física, química y biología.

péage m. Peaje.

péager, ère m. et f. Peajero, ra.

péan ou **pæan** m. Peán (hymne).

peau [po] f. ● Piel (d'homme). ‖ Cutis, *m.* (du visage). ‖ Piel, pellejo, *m.* (d'animal). ‖ Pellejo, *m.* (peau flasque). ‖ Piel (d'un fruit). ‖ Pellejo, *m.* (des raisins). ‖ Monda, mondadura (des pommes de terre). ‖ Piel, cáscara (d'orange, de banane). ‖ FAM. Nata (du lait). ‖ FIG. et FAM. Pellejo, *m.,* pelleja : *défendre sa peau,* defender el pellejo. ‖ — *Peau d'âne,* diploma, pergamino. ‖ *Peau de chagrin,* piel de zapa. ‖ *Peau d'Espagne,* piel de olor. ‖ *Peau de tambour,* parche de tambor. ‖ POP. *Une vieille peau,* un vejestorio. ‖ — FAM. *Avoir la peau de quelqu'un,* cargarse a uno. ‖ *Avoir le diable dans la peau,* ser de la piel del diablo. ‖ *Avoir quelqu'un dans la peau,* tener a alguien en la masa de la sangre. ‖ *Crever dans sa peau,* reventar de gordo (obèse), reventar de rabia (de dépit). ‖ *Entrer dans la peau de son personnage,* identificarse con el personaje (acteur). ‖ *Être dans la peau de quelqu'un,* estar en el pellejo de alguien. ‖ *Faire bon marché de sa peau,* jugarse el pellejo. ‖ *Faire peau neuve,* cambiar de vida (de vie), de conducta (de conduite), de traje (de vêtements). ‖ *Il mourra dans sa peau o il ne changera jamais de peau,* genio y figura hasta la sepultura. ‖ *Il ne faut pas vendre la peau de l'ours avant de l'avoir tué,* eso es el cuento de la lechera. ‖ *Je ne voudrais pas être dans sa peau,* no quisiera estar en su pellejo. ‖ *Le loup mourra dans sa peau,* muda el lobo los dientes, mas no las mientes. ‖ *N'avoir que la peau et les os,* estar en los huesos, estar hecho un esqueleto. ‖ *Ne pas tenir dans sa peau,* no llegarle a uno la camisa al cuerpo (de peur), no caber en el pellejo (de joie, etc.). ‖ *Risquer sa peau,* jugarse el pellejo. ‖ *Sauver sa peau,* salvar el pellejo. ‖ *Se mettre dans la peau de quelqu'un,* ponerse en el lugar de alguien. ‖ *Vendre cher sa peau,* vender cara su vida.

— SYN. ● *Épiderme,* epidermis. *Derme,* dermis. *Tégument,* tegumento. *Cuir,* cuero.

peaucier adj. et s. m. Cutáneo (muscle).

peaufiner v. tr. Pasar con una gamuza (passer une peau de chamois).

peau-rouge m. Piel roja (indien).

peausserie [posri] f. Pellejería.

peaussier adj. et s. m. Pellejero, zurrador.

pébrine f. Pebrina del gusano de seda (maladie des vers à soie).

pec [pɛk] adj. Recién salado (hareng).

pécari m. Pecarí, pécari, saíno (animal).

peccabilité f. Pecabilidad.

peccable adj. Pecable.

peccadille f. Pecadillo, *m.,* peccata minuta.

pechblende [pɛʃblɛ̃:d o -blɑ̃:d] f. Pecblenda.

pêche f. Pesca : *la pêche du saumon,* la pesca del salmón; *la pêche à la ligne,* la pesca con caña ; *pêche côtière, en haute mer,* pesca de bajura *ou* de litoral, de altura. ‖ BOT. Melocotón, *m.* [*Amér.,* durazno.] (fruit). ‖ *Port de pêche*, puerto pesquero.

péché m. Pecado : *péché mortel, véniel, originel*, pecado mortal, venial, original. ‖ — *Péché mignon*, flaco, debilidad, vicio favorito. ‖ — *À tout péché miséricorde*, toda falta merece perdón ; no hay pecado sin remisión.

pécher* v. intr. Pecar. ‖ — *Pécher en paroles, par ignorance*, pecar de palabra, por ignorancia. ‖ *Pécher par bêtise*, pecar de necio.

pêcher m. Melocotonero [*Amér.*, duraznero] (arbre).

pêcher v. intr. Pescar : *pêcher à la ligne*, pescar con caña. ‖ FIG. et FAM. Pescar : *où as-tu pêché cette nouvelle?*, ¿dónde has pescado esta noticia ? ‖ *Pêcher en eau trouble*, pescar en río revuelto.

pechère! ou **peuchère!** interj. ¡Caramba !

pécheresse adj. et s. f. Pecadora.

pêcherie f. Pesquería, pesquera. ‖ Explotación de la pesca.

pêchette f. Cangrejera, red pequeña.

pêcheur, eresse adj. et s. Pecador, ra.

pêcheur, euse adj. et s. Pescador, ra : *pêcheur à la ligne*, pescador de caña. ‖ — Adj. Pesquero, ra : *bateau pêcheur*, barco pesquero.

pécoptéris [pekɔpteris] m. Pecopteris (fougère).

pécore f. [P. us. en sentido propio.] Pécora, bestia. ‖ FIG. et FAM. Tonta, mema (stupide).

pecque f. FAM. Marisabidilla.

pecten [pɛktɛn] m. ZOOL. Pectén.

pectine f. CHIM. Pectina.

pectiné, e adj. Pectíneo, a (muscle).

pectique adj. CHIM. Péctico, ca.

pectoral, e adj. Pectoral : *muscles pectoraux*, músculos pectorales ; *pâte pectorale*, pasta pectoral.

— M. Pectoral. ‖ Racional, pectoral (des juifs).

pectose m. CHIM. Pectosa, f.

péculat [pekyla] m. DR. Peculado.

pécule m. Peculio.

pécune f. (Vx). Pecunia.

pécuniaire adj. Pecuniario, ria : *peine pécuniaire*, pena pecuniaria.

pécunieux, euse adj. (Vx). Adinerado, da.

pédagogie f. Pedagogía.

pédagogique adj. Pedagógico, ca.

pédagogue m. Pedagogo.

pédale f. Pedal, m. : *les pédales d'une bicyclette*, los pedales de una bicicleta. ‖ FIG. et FAM. Ciclismo, m. (sports). ‖ POP. Marica, m. (homosexuel). ‖ — *Pédale de l'orgue*, contra. ‖ *Perdre les pédales*, perder los estribos.

pédaler v. intr. Pedalear, dar a los pedales. ‖ Ir en bicicleta. ‖ POP. Correr.

pédaleur, euse m. et f. FAM. Ciclista.

pédalier m. Piñón mayor, plato [néol.] (bicyclette). ‖ Teclado, pedal (de l'orgue).

pédalo m. Hidropedal.

pédant, e adj. et s. Pedante.

— SYN. *Magister*, magíster. *Pédagogue*, pedagogo. *Savantasse*, sabihondo. *Pontife*, pontífice. *Cuistre*, pedante.

pédanterie f. ou **pédantisme** m. Pedantería, f., pedantismo, m.

pédantesque adj. Pedantesco, ca.

pédantiser v. intr. Pedantear, hacer el pedante.

pédéraste m. Pederasta.

pédérastie f. Pederastia.

pédestre adj. Pedestre.

pédestrement adv. Pedestremente, andando.

pédiatre m. Pediatra, pediátra (médecin pour enfants).

pédiatrie f. Pediatría.

pédicellaire m. Pedicelario.

pédicelle m. Pedunculillo, pedicelo.

pédicellé, e adj. Pedicelado, da ; pedunculado, da.

pédiculaire adj. Pedicular (des poux).

— F. Algarabía, hierba piojera (herbe aux poux).

pédicule m. ANAT. Pedúnculo. ‖ BOT. Pedículo, pedúnculo.

pédiculé, e adj. Pedunculado, da.

pédiculose f. MÉD. Pediculosis (phtiriase).

pédicure m. et f. Pedicuro, ra ; callista (fam.).

pédieux, euse adj. ANAT. Del pie.

pedigree [pedigri] m. Pedigree, pedigrí, carta (f.) de origen, genealogía (f.) de un animal de raza.

pédimane adj. et s. ZOOL. Pedimano, na.

pédologie ou **paidologie** f. Pedología, paidología, estudio del niño.

pédologie f. Pedología, edafología (science du sol).

pédologue m. Pedólogo, paidólogo.

pédonculaire adj. Peduncular.

pédoncule m. Pedúnculo.

pédonculé, e adj. Pedunculado, da.

pédzouille m. POP. Paleto, cateto.

pégamoïd [pegamɔid] m. Pegamoide.

pégase m. Pegaso (poisson).

Pégase n. pr. m. Pegaso.

pegmatite f. MIN. Pegmatita.

pègre f. Hampa.

pehlvi m. Pelvi (langue perse).

peignage m. Peinado, cardadura, f. ‖ Taller de cardadura, f. (lieu).

peigne [pɛɲ] m. Peine. ‖ Peineta, f. (peigne haut), ‖ Carda, f. (pour la laine). ‖ Rastrillo (pour le lin et le chanvre). ‖ Venera, f., peine (mollusque). ‖ Plantilla, f. (des décorateurs). ‖ — BOT. *Peigne-de-Vénus*, quijones. ‖ *Peigne fin*, peine espeso, lendrera. ‖ — FAM. *Sale comme un peigne*, más sucio que un palo de gallinero. ‖ — FIG. *Passer un quartier au peigne fin*, registrar un barrio a fondo. ‖ *Se donner un coup de peigne*, pasarse el peine.

peigné m. Tejido peinado.

peignée f. POP. Paliza, zurra : *flanquer une peignée*, dar una paliza. ‖ Cardada (textile).

peigner v. tr. Peinar. ‖ TECHN. Cardar, peinar (textile). ‖ Rastrillar (le lin, le chanvre).

— V. pr. Peinarse.

peigneur, euse adj. et s. Cardador, ra ; rastrillador, ra ; pelaire. ‖ — F. Carda (machine).

peignier adj. et s. m. Peinero, peinetero, fabricante *ou* vendedor de peines.

peignoir [pɛɲwar] m. Bata, f. (robe de chambre). ‖ Peinador (pour se coiffer). ‖ Albornoz (sortie de bain).

peignures f. pl. Peinaduras.

peille f. Trapo (m.) para hacer papel.

peinard, e [pɛnaːr, ard] adj. POP. Tranquilo, la.

peindre* v. tr. Pintar : *peindre en rouge*, pintar de rojo ; *peindre à fresque, à la brosse, à l'huile, en détrempe*, pintar al fresco, con brocha, al óleo, al temple. ‖ FIG. Pintar, describir (décrire).

— SYN. *Brosser*, bosquejar. *Décrire*, describir. *Dépeindre*, describir, pintar. *Fam. Barbouiller*, pintarrajear. *Portraiturer*, retratar.

peine f. ● Pena : *peine capitale, afflictive, infamante*, pena capital, aflictiva, infamante. ‖ Trabajo, m., esfuerzo, m. (travail). ‖ Pesar, m. (chagrin). ‖ Dificultad : *avoir de la peine à marcher*, tener dificultad para andar. ‖ — *À grand-peine*, a duras penas. ‖ *À peine*, apenas. ‖ *Avec peine*, difícilmente, con pena. ‖ *Comme une âme en peine*, como un alma en pena, con mucho trabajo. ‖ *Homme de peine*, peón, azacán, mozo. ‖ *Pour la peine*, en premio. ‖ *Sous peine de*, so pena de, bajo pena de. ‖ — *À chaque jour suffit sa peine*, cada día trae su afán. ‖ *Ce n'est pas la peine*, no merece ou no vale la pena. ‖ *Donnez-vous la peine de vous asseoir*, tome asiento por favor. ‖ *Est-ce bien la peine de?*, ¿de qué sirve...? ‖ *Être dans la peine*, estar afligido. ‖ *Être o se mettre en peine de*, inquietarse por, preocuparse por. ‖ *Faire de la peine*, dar pena. ‖ *Faire peine*, dar lástima, dar pena. ‖ *J'ai peine à le dire*, me cuesta trabajo decirlo. ‖ *Mourir à la peine*, morir trabajando. ‖ *On n'a rien sans peine,* no hay atajo sin trabajo. ‖ *Perdre sa peine,* perder el tiempo. ‖ *Se donner de la peine,* hacer grandes esfuerzos. ‖ *Se donner o prendre la peine de,* tomarse el trabajo *ou* la molestia de. ‖ *Valoir la peine,* merecer *ou* valer la pena.

— SYN. ● *Mal,* daño, mal. *Douleur,* dolor. *Crève-cœur,* desconsuelo. *Souffrance,* sufrimiento, padecimiento. *Amertume,* amargura. *Tourment,* tormento. *Affliction,* aflicción, cuita. *Désolation,* desolación. *Tribulation,* tribulación. *Croix,* cruz.

peiné, e [pɛne] adj. Apenado, da; pesaroso, sa.
peiner [pɛne] v. tr. Afligir, apenar. ‖ (Vx). Cansar, dar que hacer, fatigar.
— V. intr. Penar, padecer, sufrir. ‖ Tener dificultad *ou* trabajo : *peiner pour faire un travail,* tener dificultad para hacer un trabajo.
— V. pr. (Vx). Cansarse, darse mucho trabajo.
peint, e [pɛ̃, ɛ̃:t] adj. Pintado, da.
peintre m. Pintor. ‖ — *Peintre en bâtiment,* pintor de brocha gorda. ‖ — *Artiste peintre,* pintor de cuadros. ‖ *Femme peintre,* pintora.

— SYN. *Fam. Barbouilleur,* pintamonas, mamarrachista. *Badigeonneur,* pintor de brocha gorda. *Rapin,* pintorzuelo, pintor bohemio.

peintre-graveur m. Grabador.
peinture f. Pintura : *peinture à l'huile,* pintura al óleo. ‖ — *Peinture à la détrempe,* pintura al temple. ‖ *Peinture à l'eau,* acuarela. ‖ — *En peinture,* en apariencia. ‖ FAM. *Ne pas pouvoir voir quelqu'un en peinture,* no poder ver a alguien ni en pintura *ou* ni pintado.
peinturer v. tr. Pintar.

— OBSERV. *Peinturer* es pintar de brocha gorda y *peindre* pintar como artista.

peinturlurage m. FAM. Pintarrajo, mamarracho.
peinturlurer v. tr. et intr. FAM. Pintarrajear, pintorrear.
péjoratif, ive adj. Despectivo, va; peyorativo, va.
pékan m. Pecán, marta (f.) del Canadá.
pékin m. Pequín (tissu). ‖ FAM. Paisano, el que no es militar.
Pékin n. pr. GÉOGR. Pequín.
pékinois, e adj. et s. Pekinés, esa; pequinés, esa. ‖ — M. Pekinés, pequinés (chien).
pelade f. MÉD. Peladera, alopecia.
pelage m. Pelaje (les poils). ‖ Peladura, f., pelado (action).
Pélage n. pr. m. Pelayo.
pélagianisme m. Pelagianismo (hérésie).
Pélagie n. pr. f. Pelagia.
pélagien, enne adj. et s. Pelagiano, na.
pélagique adj. Pelágico, ca (de la haute mer) : *faune pélagique,* fauna pelágica.
pelain m. Pelambre (bain de chaux).
pélamyde ou **pélamyde** f. Pelámide (poisson).
pelaner v. tr. Pelambrar.
pelard adj. m. *Bois pelard,* madera descortezada.
pélargonium [pelargɔnjɔm] m. Pelargonio (fleur).
pelasge adj. et s. HIST. Pelasgo, ga.
pélasgien, enne ou **pélasgique** adj. Pelásgico, ca (relatif aux Pélasges).
pelé, e adj. Pelado, da. ‖ Pelado, da; mondado, da (pommes de terre, etc.).
— M. et f. Pelón, ona; calvo, va (chauve). ‖ FIG. et FAM. *Quatre pelés et un tondu,* cuatro pelagatos, cuatro gatos.
pélécypodes m. pl. ZOOL. Pelecípodos.
Pelée n. pr. f. GÉOGR. *Montagne Pelée,* monte (m.) Pelado.
péléen, enne adj. et s. Peleano, na.
pêle-mêle adv. Confusamente, en desorden, en barullo.
— M. inv. Revoltijo, desorden, mescolanza, f., batiborrillo (mélange). ‖ Marco para varias fotografías (cadre).

peler* v. tr. Pelar, apelambrar, quitar el pelo (ôter le poil). ‖ Pelar, mondar, quitar la piel (fruits, légumes). ‖ Descortezar (un arbre).
— V. intr. Mudar la piel.
pèlerin, e [pɛlrɛ̃, in] m. et f. Peregrino, na. ‖ (Vx). Viajero, ra; viajante (voyageur). ‖ — M. Halcón (faucon). ‖ Langosta, f. (criquet). ‖ Tiburón (requin).
pèlerinage [pɛlrina:ʒ] m. Peregrinación, f. : *pèlerinage à Saint-Jacques-de-Compostelle,* peregrinación a Santiago de Compostela. ‖ Romería, f. : *aller en pèlerinage à un ermitage,* ir de romería a una ermita. ‖ Lugar de peregrinación (lieu).
pèlerine f. Esclavina (vêtement).
pélican m. ZOOL. Pelícano, alcatraz (d'Amérique). ‖ Pelícano (outil de dentiste).
pelisse f. Pelliza. ‖ MIL. Pelliza, dormán, m.
pellagre f. MÉD. Pelagra.
pellagreux, euse adj. et s. Pelagroso, sa.
pelle f. ● Pala. ‖ Pala, hoja (d'aviron). ‖ Paleta (à gâteaux). ‖ Recogedor, m. (à balayures). ‖ *Pelle mécanique,* pala mecánica *ou* cargadora, excavadora. ‖ FAM. *À la pelle,* a patadas, en abundancia, a espuertas, a porrillo, a punta de pala. ‖ POP. *Ramasser une pelle,* coger una liebre, caerse (tomber), fracasar (échouer). ‖ FIG. et FAM. *Remuer l'argent à la pelle,* apalear el dinero.

— SYN. ● *Bêche,* laya. *Houe,* azada.

pelle-bêche f. Pala de zapador.
pelle-pioche f. MIL. Zapapico, m.
pellet [pɛlɛ] m. Tableta (f.) destinada a ser introducida bajo la piel.
pelletage m. TECHN. Apaleo, paleo.
pelletée f. Palada, paletada, pala. ‖ FIG. Multitud, carretada (grande quantité).
pelleter* v. tr. Apalear : *pelleter des grains,* apalear los granos. ‖ Palear, remover con la pala.
pelleterie [pɛltri] f. Peletería.
pelleteur m. Paleador, obrero que trabaja con la pala.
pelleteur [pɛltœ:r] m. ou **pelleteuse** [-tø:z] f. TECHN. Excavadora, f., pala (f.) cargadora. ‖ *Pelleteuse chargeuse,* pala cargadora.
pelletier, ère adj. et s. Peletero, ra.
pelliculage m. PHOT. Peliculado.
pelliculaire adj. Pelicular.
pellicule f. Pellejo, m. (du raisin). ‖ Caspa (du cuir chevelu). ‖ PHOT. Película.
pelliculeux, euse adj. Peliculoso, sa. ‖ Casposo, sa (cheveu).
pellucide adj. Translúcido, da.
pélobate m. Especie (f.) de sapo (crapaud).
pélodyte m. Especie (f.) de sapo pequeño.
Péloponnèse ou **Péloponèse** n. pr. m. GÉOGR. Peloponeso.
péloponnésien, enne adj. et s. Peloponesio, sia.
pelotage [plɔta:ʒ] m. Ovillado (laine). ‖ Devanado (fil). ‖ POP. Sobo, manoseo, magreo.
pelotari m. Pelotari (joueur de pelote basque).
pelote [plɔt] f. Pelota, bola (boule). ‖ Pelota (jeu). ‖ Ovillo, m., madeja (de laine, de fil). ‖ Acerico, m., almohadilla (pour piquer les épingles). ‖ Estrella (tache blanche sur le front des chevaux). ‖ — *Avoir les nerfs en pelote,* tener los nervios de punta. ‖ FIG. et FAM. *Faire sa pelote,* hacer su agosto, ahorrar.
peloter [-te] v. tr. Ovillar (laine). ‖ Enrollar (ficelle). ‖ Pescar con cebo (pêche). ‖ POP. Sobar, manosear, magrear (caresser). ‖ POP. et FIG. Dar coba, hacer la pelotilla (aduler).
peloteur, euse [-tœ:r, ø:z] adj. et s. Devanador, ra. ‖ POP. Sobón, ona (qui caresse). ‖ Cobista, pelotillero, ra (flatteur). ‖ — F. Devanadera (machine).
peloton [-tɔ̃] m. Pelotón (groupe). ‖ Ovillo pequeño, ovillejo (petite pelote). ‖ (Vx). Ace-

rico. ‖ MIL. Pelotón : *peloton d'exécution,* pelotón de ejecución.

pelotonnement m. Ovillado, devanado (laines, fil). ‖ Apelotonamiento, acurrucamiento.

pelotonner v. tr. Ovillar, devanar, hacer ovillos (faire des pelotes).
— V. pr. Ovillarse, hacerse un ovillo. ‖ FIG. Acurrucarse, arrebujarse, apelotonarse (se blottir).

pelouse f. Césped, *m.* ‖ Cuadro (*m.*) de césped en un jardín. ‖ Entrada (d'un champ de course).

peltaste m. Peltasta.

pelte f. Pelta, adarga (bouclier).

pelté, e adj. BOT. Peltado, da (feuille).

peluche f. Felpa (étoffe). ‖ Pelusa.

peluché, e adj. Afelpado, da; felpudo, da.

pelucher v. intr. Soltar pelusa, deshilacharse (les étoffes).

pelucheux, euse adj. Que se deshilacha.

pelure f. Piel (des fruits). ‖ Mondadura, monda (d'orange, de pomme de terre). ‖ Pellejo, *m.* (de raisin). ‖ Tintillo (vin). ‖ POP. Gabán, *m.,* abrigo, *m.* ‖ — *Pelure d'oignon,* binza, tela de cebolla (pellicule). ‖ — *Papier pelure,* papel cebolla.

pélusiaque adj. De Pelusio.

pelvien, enne adj. ANAT. Pelviano, na; de la pelvis.

pelvis [pɛlvis] m. ANAT. Pelvis, *f.*
— OBSERV. En francés la palabra usual es *bassin.*

pemmican m. Carne (*f.*) seca.

pemphigus [pɛ̃figys] m. MÉD. Pénfigo.

pénal, e adj. Penal : *codes pénaux,* códigos penales.

pénalisation f. Castigo, *m.,* falta, penalidad (sports). ‖ Multa (bridge).

pénaliser v. tr. Señalar una falta, infligir un castigo (sports).

pénalité f. Penalidad.

penalty [penalti] m. Penalty, castigo máximo (football).
— OBSERV. Pl. *penaltys.*

pénates [penat] m. pl. Penates.

penaud, e [pᴀno, oːd] adj. Corrido, da; confuso, sa; avergonzado, da.

penchant m. (Vx). ● Inclinación, *f.,* pendiente, *f.* (pente). ‖ FIG. Inclinación, *f.,* propensión, *f.* : *avoir un penchant pour la musique,* tener inclinación hacia la música.
— SYN. ● *Pente,* pendiente, cuesta. *Déclivité,* declive. *Inclination,* inclinación. *Tendance,* tendencia, propensión. *Faible,* debilidad, predilección. *Disposition,* disposición. *Aptitude,* aptitud. *Goût,* afición. *Propension,* propensión. *Vocation,* vocación. *Inclinaison,* inclinación.

penché, e adj. Inclinado, da : *la tour penchée de Pise,* la torre inclinada de Pisa; *penché en avant,* inclinado hacia adelante. ‖ FAM. *Airs penchés,* ademanes afectados.

pencher v. tr. Inclinar.
— V. intr. Inclinarse, ladearse, estar ladeado. ‖ FIG. Propender a, ser propenso a, inclinarse a (être porté à). ‖ Estar en declive (terrain). ‖ Correr : *État qui penche vers sa ruine,* Estado que corre a la ruina. ‖ — *Pencher pour,* inclinarse a. ‖ — *Faire pencher la balance,* inclinar el fiel de la balanza.
— V. pr. Inclinarse. ‖ — *Se pencher au dehors,* asomarse. ‖ *Se pencher sur,* estudiar, examinar.

pendable adj. Que merece la horca. ‖ Condenable, digno de castigo. ‖ *Tour pendable,* mala pasada, jugarreta, fechoría, barrabasada.

pendage m. GÉOL. Buzamiento (d'un filon).

pendaison f. Horca : *mériter la pendaison,* merecer la horca. ‖ Acción de colgar. ‖ *Pendaison de crémaillère,* inauguración [con festejo] de una casa.

pendant prép. Durante : *pendant une semaine,* durante una semana. ‖ *Pendant ce temps-là,* mien-

tras tanto, entretanto, durante ese tiempo. ‖ *Pendant que,* mientras, mientras que.
— SYN. *Durant,* durante, mientras. *Tandis que,* mientras que.

pendant, e adj. Colgante, que cuelga, pendiente. ‖ FIG. Pendiente, por resolver (affaire).
— M. Pareja, *f.,* compañero, ra (objet semblable). ‖ FIG. Semejante, igual (semblable) : *l'un est le pendant de l'autre,* el uno es el igual del otro. ‖ MIL. Tirante (de l'épée). ‖ — *Pendants d'oreilles,* pendientes, zarcillos. ‖ — *Faire pendant,* hacer juego *ou* pareja. ‖ *Fruits pendants par branches et par racines,* cosechas sin hacer.

pendard, e m. et f. FAM. Granuja, pillo, lla.

pendeloque f. Almendra, colgante, *m.* (d'un lustre). ‖ Colgante, *m.* (de boucle d'oreilles). ‖ Dije, *m.* (breloque).

pendentif m. ARCHIT. Pechina, *f.* ‖ Colgante, dije, « pendentif » (bijou).

penderie f. Guardarropa, *m.,* ropero, *m.*

pendiller [pᾱdije] v. intr. Balancearse, colgar.

pendillon [-jɔ̃] m. Horquilla, *f.* (de pendule). ‖ Dije (breloque).

pendoir m. Colgadero (crochet).

pendouiller [pᾱduje] v. intr. POP. Balancearse (pendre mollement). ‖ Colgar ridículamente.

pendre v. tr. Colgar, suspender : *pendre un jambon,* colgar un jamón. ‖ Ahorcar, colgar (un criminel).
— V. intr. Colgar, estar colgado, pender : *pendre à,* colgar de. ‖ Colgar : *une robe qui pend d'un côté,* un vestido que cuelga de un lado. ‖ — FAM. *Cela lui pend au nez,* eso le amenaza. ‖ *Dire pis que pendre de quelqu'un,* desollar vivo a alguien, echar pestes de alguien. ‖ FIG. *Être pendu à,* estar pendiente de. ‖ *Il est bon à pendre,* merece la horca. ‖ POP. *Va te faire pendre!,* ¡que te parta un rayo!
— V. pr. Colgarse : *se pendre à une branche,* colgarse de una rama. ‖ Ahorcarse (se donner la mort).

pendu, e adj. Colgado, da; suspendido, da (suspendu). ‖ Ahorcado, da (par pendaison). ‖ — FAM. *Avoir la langue bien pendue,* tener la lengua muy suelta, no tener pelos en la lengua. ‖ *Je veux bien être pendu si...,* que me ahorquen si...
— M. Ahorcado. ‖ POP. *Veine de pendu,* suerte loca, potra. ‖ — *Il ne faut pas parler de corde dans la maison d'un pendu,* no hay que mentar la soga en casa del ahorcado.

pendulaire adj. Pendular (mouvement).

pendule m. Péndulo, péndola, *f.* ‖ *Pendule compensateur,* péndola compensadora. ‖ — F. Reloj, *m.* [de pared, de chimenea].

pendulette f. Reloj (*m.*) pequeño.

pêne m. Pestillo (d'une serrure). ‖ *Pêne dormant,* pestillo de golpe.

Pénélope n. pr. f. MYTH. Penélope.

pénéplaine f. GÉOGR. Penillanura.

pénétrabilité f. Penetrabilidad.

pénétrable adj. Penetrable.

pénétrant, e adj. Penetrante.

pénétration f. Penetración.

pénétré, e adj. Penetrado, da. ‖ Convencido, da : *d'un ton pénétré,* con tono convencido. ‖ Lleno, na : *pénétré de repentir,* lleno de arrepentimiento.

pénétrer* v. tr. et intr. Penetrar. ‖ FIG. Calar, penetrar, entrar : *pénétrer à fond dans l'âme humaine,* calar hondamente en el alma humana.
— V. pr. Convencerse : *se pénétrer d'une vérité,* convencerse de una verdad.

pénible adj. Penoso, sa. ‖ FAM. Pesado, da (ennuyeux).

péniche f. MAR. Gabarra, chalana (bateau). ‖ *Péniche de débarquement,* barcaza de desembarco.

pénicillé, e adj. En forma de pincel.

péniclline f. MÉD. Penicilina.
pénicillium [penisiljɔm] m. Penicillium (moisissure).
pénil [penil] m. ANAT. Pubis.
péninsulaire adj. Peninsular.
péninsule f. Península : *la péninsule Ibérique*, la península Ibérica.
pénis [penis] m. ANAT. Pene.
pénitence f. Penitencia : *en o pour pénitence*, como penitencia. ‖ Castigo, *m.* (punition). ‖ — *Faire pénitence*, hacer penitencia. ‖ *Mettre en pénitence*, castigar.
pénitencerie f. Penintenciaría. ‖ *La Sacrée Pénitencerie*, la Penitenciaría (tribunal à Rome).
pénitencier m. Penitenciario (prêtre). ‖ Penitenciaría, *f.*, penal.
pénitent, e adj. et s. Penitente.
pénitentiaire [penitɑ̃sjɛːr] adj. Penintenciario, ria.
pénitentiaux ou **pénitentielles** [-sjo, sjɛl] adj. pl. Penitenciales (psaumes).
pénitentiel [-sjɛl] m. Penitencial.
pennage m. Plumaje.
penn-baz [pɛnbas] m. Cayado bretón.
pennatifide adj. BOT. Pinatífido, da.
penne f. Pena, pluma grande (plume). ‖ Barbas, *pl.*, plumas, *pl.* (d'une flèche). ‖ Pezuelo (d'une étoffe). ‖ MAR. Pena, penol, *m.* (d'antenne).
penné, e adj. Pinado, da (feuille).
penniforme adj. Peniforme, en forma de pluma.
Pennines n. pr. f. pl. GÉOGR. Peninos, *m.*
pennon m. Pendón.
Pennsylvanie n. pr. f. GÉOGR. Pensilvania.
pennsylvanien, enne adj. et s. Pensilvano, na.
penny [pɛni] m. Penique.
pénombre f. Penumbra.
penon m. MAR. Cataviento.
pensant, e adj. Pensante, que piensa. ‖ — *Homme bien pensant*, hombre de bien. ‖ *Journal bien pensant*, periódico tradicionalista.
pense-bête m. Recordatorio.
pensée f. ● Pensamiento, *m.* ‖ Parecer, *m.* (opinion). ‖ Idea : *la pensée de la mort*, la idea de la muerte. ‖ Recuerdo, *m.* (souvenir). ‖ BOT. Pensamiento, *m.*, trinitaria (fleur). ‖ — *Arrière-pensée*, segunda intención, reserva mental. ‖ *Libre pensée*, librepensamiento. ‖ — *Il me vient à la pensée*, me viene a las mientes, se me ocurre.
— SYN. ● *Imagination*, imaginación. *Sentence*, sentencia. *Maxime*, máxima. *Aphorisme*, aforismo. *Axiome*, axioma. *Apophtegme*, apotegma. *Devise*, divisa. *Adage*, adagio. *Proverbe*, proverbio. *Dicton*, refrán, dicho. *Dit*, dicho. *Réflexion*, reflexión. *Remarque, observation*, observación. *Considération*, consideración.
penser v. intr. et tr. Pensar, creer : *je pense que*, creo que. ‖ — *Penser à*, pensar en : *penser à tout*, pensar en todo. ‖ *Penser à mal*, tener malas intenciones. ‖ — *Au moment où l'on y pense le moins*, cuando menos se piensa. ‖ *Donner o laisser à penser*, dar que pensar. ‖ *Je n'en pense pas moins*, creo que se queda usted corto. ‖ *Je ne pense pas*, no creo. ‖ *Je pense, donc je suis*, pienso, luego existo. ‖ *Liberté de penser*, libertad de pensamiento. ‖ *N'y pensons plus*, olvidemos eso. ‖ *Penses-tu!*, ¡ni hablar!, que te crees tú eso !, ¡qué va! ‖ *Qu'en pensez-vous?*, ¿qué le parece?, ¿qué opina? ‖ *Tout bien pensé*, pensándolo bien, mirándolo bien. ‖ *Tu n'y penses pas!*, ¡ni lo sueñes!
— SYN. *Rêver*, soñar. *Rêvasser*, soñar vagamente, desvariar. *Songer*, pensar. *Réfléchir*, reflexionar, discurrir. *Méditer*, meditar, cavilar. *Spéculer*, especular. *Se recueillir*, recogerse, ensimismarse. *Délibérer*, deliberar. *Fam. Ruminer*, rumiar. *Cogiter*, cavilar.
penser m. POÉT. Pensamiento.
penseur, euse m. et f. Pensador, ra. ‖ *Libre penseur*, librepensador.
pensif, ive adj. Pensativo, va.
pension f. ● Pensión. ‖ Pensionado, *m.*, colegio

(*m.*) de internos, internado, *m.* (maison d'éducation). ‖ Pensión pasiva (de l'État). ‖ — *Pension de famille*, casa de huéspedes. ‖ — *Pension de retraite, alimentaire*, pensión de retiro, alimenticia. ‖ — *Élève à demi-pension*, alumno mediopensionista. ‖ — *Être en pension*, estar interno en un colegio. ‖ *Prendre pension*, hospedarse.
— SYN. ● *Pensionnat*, colegio de internos. *Internat*, internado. *Institution*, institución.
pensionnaire m. et f. Huésped, da (hôte), pensionista, interno, na (dans un collège). ‖ Pensionado, da ; pensionista (qui reçoit une pension). ‖ Actor fijo y a sueldo del Teatro Francés (Comédie-Française). ‖ *Demi-pensionnaire*, medio pensionista (dans un lycée).
pensionnat m. Internado, colegio de internos, pensionado.
pensionné, e adj. et s. Pensionado, da. ‖ *Les pensionnés de l'État*, las clases pasivas.
pensionner v. tr. Pensionar.
pensivement adv. Pensativamente.
pensum [pɛ̃sɔm] m. Pensum, castigo.
— OBSERV. Pl. *pensums*.
pentacle m. Estrella (*f.*) de cinco puntas, pentáculo.
pentacorde [pɛ̃takɔrd] m. MUS. Pentacordio.
pentadactyle [-daktil] adj. Pentadáctilo, la ; de cinco dedos.
pentadécagone [-dekagɔn] m. GÉOM. Pentedecágono.
pentaèdre [-ɛdr] m. GÉOM. Pentaedro.
— Adj. Pentaédrico, ca.
pentagonal, e [-gɔnal] adj. Pentagonal : *prismes pentagonaux*, prismas pentagonales.
pentagone [-gɔn] m. Pentágono.
— Adj. Pentagonal, pentágono, na.
pentamère [-mɛːr] adj. et s. m. Pentámero, ra (insecte).
pentaméthylène [-metylɛn] m. CHIM. Pentametileno.
pentamètre [-mɛtr] m. POÉT. Pentámetro.
pentane [pɛ̃tan] m. CHIM. Pentano.
pentapétale [pɛ̃tapetal] adj. Pentapétalo, la ; pentepétalo, la.
Pentapole [-pɔl] n. pr. f. HIST. Pentápolis.
pentapolitain, e adj. et s. Pentapolitano, na.
pentarchie [pɛ̃tarʃi] f. Pentarquía.
pentasyllabe [pɛ̃tasillab] adj. et s. m. Pentasílabo, ba.
pentateuque [-tøːk] m. Pentateuco (livre sacré).
pentathlon [-tlɔ̃] m. Pentatlón (épreuve athlétique).
pentatome [-tɔm] m. Pentatoma (punaise).
pentatonique [-tɔnik] adj. MUS. Pentatónico, ca.
pente [pɑ̃ːt] f. Pendiente, cuesta : *pente douce, raide*, pendiente suave, pronunciada *ou* empinada. ‖ Inclinación, declive, *m.* (inclination). ‖ FIG. Inclinación, propensión (penchant). ‖ — *À deux pentes*, de dos aguas (toiture). ‖ *En pente*, inclinado, da ; en pendiente. ‖ — POP. *Avoir le gosier en pente*, beber como una cuba. ‖ *Être sur la mauvaise pente*, andar por mal camino.
Pentecôte n. pr. f. Pentecostés, *m. : à la Pentecôte*, por Pentecostés.
pentélique adj. Pentélico, ca.
penthiobarbital [pɛ̃tjobarbital] ou **pentothal** [pɛ̃tɔtal] m. Pentotal (barbiturique).
pentode ou **penthode** [pɛ̃tɔd] f. Pentodo, *m.*
pentose f. CHIM. Pentosa.
penture [pɑ̃tyːr] f. Pernio, *m.* (d'un gond). ‖ MAR. Herrajes (*m. pl.*) del timón (du gouvernail).
pénultième adj. et s. f. Penúltimo, ma.
— OBSERV. *Penúltimo* est plus courant en espagnol que *pénultième* en français.
pénurie f. Penuria, escasez.
péotte f. Góndola ligera del Adriático.

pépée f. Pop. Gachí.

pépère m. Fam. Abuelito (grand-père). ‖ Abuelo (homme d'un certain âge).
— Adj. Fam. Tranquilo, la; comodón, ona : *une vie pépère*, una vida tranquila. | Macanudo, da (formidable).

pépettes f. pl. Pop. Monises, *m. pl.*, perras.

pépie f. Moquillo, *m.*, pepita (des oiseaux). ‖ Fig. et Fam. *Avoir la pépie*, tener mucha sed, estar seco.

pépiement [pepimᾶ] m. Pío, piar (des oiseaux).

pépier* v. intr. Piar (oiseaux).

pépin m. Pipa, *f.*, pepita, *f.* (des fruits). ‖ Fam. Paraguas (parapluie). ‖ Pop. Engorro, lío (difficulté).
— Observ. Le mot espagnol *pepino* signifie *concombre*.

Pépin n. pr. m. Pipino.

pépinière f. Vivero, *m.*, semillero, *m.*, almáciga, plantario, *m.* (d'arbres). ‖ Fig. Cantera, vivero, *m.* : *c'est une pépinière d'artistes*, es una cantera de artistas.

pépiniériste adj. et s. Arbolista, encargado de un vivero.
— Syn. *Arboriculteur*, arboricultor. *Sylviculteur*, silvicultor.

pépite f. Pepita (de métal).

péplum [peplɔm] ou **péplos** [-los] m. Peplo.
— Observ. Pl. *péplums*.

pépon m. ou **péponide** f. Bot. Pepónide, *f.*

peppermint m. Pipermín, licor de menta.

pepsine f. Chim. Pepsina.

peptique adj. Péptico, ca.

peptone f. Chim. Peptona.

péquenot [pɛkno] m. Pop. Paleto, cateto.

péquin m. Fam. Paisano, el que no es militar.

perborate m. Chim. Perborato.

perçage m. Agujereamiento, taladro, perforación, *f.*, horadación, *f.*

percale f. Percal, *m.* (tissu).

percaline f. Percalina (tissu).

perçant, e adj. Horadante, puntiagudo, da (outil). ‖ Fig. Agudo, da (vue, douleur, voix). ‖ Perspicaz, penetrante (esprit).

perce f. Taladro, *m.* (outil). ‖ Agujero, *m.* (trou). ‖ — *En perce*, abierto (tonneau). ‖ *Mettre en perce*, abrir (tonneau).

perce-bois m. inv. Carcoma, *f.*

percée f. Abertura, boquete, *m.* (ouverture). ‖ Paso, *m.* (dans une forêt). ‖ Claro, *m.* (en peinture). ‖ Archit. Luz, vano, *m.* (porte, fenêtre). ‖ Mil. Brecha, ruptura, penetración. ‖ — *Faire une percée*, abrirse paso. ‖ *Ouvrir une percée*, abrir una calle.

percement m. Abertura, *f.*, perforación, *f.* ‖ Apertura, *f.* (d'une rue).

perce-muraille f. Bot. Parietaria.
— Observ. Pl. *perce-murailles*.

perce-neige f. Inv. Narciso (*m.*) de las nieves (fleur).

percentage m. Recaudación (*f.*) de un derecho basado en el porcentaje.

perce-oreille [pɛrsɔrɛj] m. Tijereta, *f.*, cortapicos (forficule).
— Observ. Pl. *perce-oreilles*.

perce-pierre f. Hinojo (*m.*) marino.
— Observ. Pl. *perce-pierres*.

percepteur, trice adj. Perceptor, ra.
— M. Recaudador de contribuciones (d'impôts).

perceptibilité f. Perceptibilidad.

perceptible adj. Perceptible.

perceptif, ive adj. Philos. Perceptivo, va.

perception f. ● Percepción (sens). ‖ Recaudación (d'impôts). ‖ Oficina del recaudador (bureau). ‖ *Recette et perception*, depositaría-pagaduría.
— Syn. ● *Sensation*, sensación. *Sentiment*, sentimiento.

perceptionisme ou **perceptionnisme** m. Percepcionismo.

percer* v. tr. ● Horadar, taladrar, agujerear (trouer). ‖ Abrir (rue, fenêtre). ‖ Perforar, abrir : *percer un tunnel*, perforar un túnel. ‖ Atravesar, hender : *percer la foule*, hender la muchedumbre. ‖ Atravesar : *le soleil perce les nuages*, el sol atraviesa las nubes. ‖ Traspasar (transpercer) : *percer le cœur*, traspasar el corazón. ‖ Calar (l'eau). ‖ Abrir (mettre en perce). ‖ Fig. Penetrar, adivinar : *percer un secret*, penetrar un secreto. ‖ *Percer ses dents*, echar los dientes.
— V. intr. Abrirse, reventarse (un abcès). ‖ Manifestarse, traslucirse (se déceler). ‖ Fig. Hacer carrera, abrirse camino : *cet homme percera*, este hombre se abrirá camino. ‖ Mil. Abrirse paso. ‖ — *Percer à jour*, calar de parte a parte.
— Syn. ● *Transpercer*, talar. *Cribler*, acribillar. *Forer*, barrenar. *Perforer*, perforar. *Piquer*, punzar. *Trouer*, agujerear. *Tarauder*, taladrar.

percerette f. Taladro, *m.*, barrena.

perceur, euse m. et f. Taladrador, ra; perforador, ra.

percevable adj. Percibible, cobrable, recaudable. ‖ Perceptible (visible).

percevoir* v. tr. Percibir, cobrar, recaudar (de l'argent). ‖ Fig. ● Percibir : *percevoir un bruit*, percibir un ruido.
— Syn. ● *Remarquer*, notar, observar. *Distinguer*, distinguir. *Discerner*, discernir. *Saisir*, captar, entender.

perche f. ● Vara, garrocha (gaule). ‖ Trole, *m.* (de tramway). ‖ Estaca (à houblon). ‖ Pértiga : *saut à la perche*, salto con pértiga. ‖ Pértica (mesure agraire). ‖ Perca (poisson). ‖ Asta (du cerf). ‖ Alcándara (fauconnerie). ‖ — *Perche du microphone*, brazo ou pértiga del micrófono. ‖ Fig. *Tendre la perche à quelqu'un*, echar un cable a uno, ayudar a alguien. | *Une grande perche*, una espingarda.
— Syn. ● *Gaule*, vara. *Gaffe*, bichero.

perchée f. Surco (*m.*) de viña.

percher v. intr. et pr. Posarse, encaramarse. ‖ Fig. et Fam. Vivir, alojarse (loger).
— V. tr. Encaramar, colocar en un sitio elevado.

percheron, onne adj. et n. Del Perche.
— M. et f. Percherón, ona (grand cheval robuste).

percheur, euse adj. Que se posa (oiseaux).

perchis [pɛrʃi] m. Monte de árboles de diez a veinte años. ‖ Estacada, *f.* (clôture).

perchiste m. Saltador de pértiga.

perchlorate [pɛrklɔrat] m. Chim. Perclorato.

perchlorique [-rik] adj. Chim. Perclórico, ca.

perchlorure [-ry:r] m. Chim. Percloruro.

perchoir m. Percha, *f.*, vara, *f.* (des oiseaux). ‖ Palo (de poulailler). ‖ Alcándara, *f.*, percha, *f.* (en fauconnerie). ‖ Varilla, *f.* (dans une cage).

perclus, e [pɛrkly ; y:z] adj. Baldado, da ; tullido, da.

percnoptère m. Abanto, alimoche (vautour).

perçoir m. Techn. Taladro, barrena, *f.*

percolateur m. Percolador, cafetera (*f.*) de filtro muy grande.

perçu, e [pɛrsy] adj. Percibido, da. ‖ Cobrado, da (argent).

percussion f. Percusión : *arme à percussion*, arma de percusión; *instrument à percussion*, instrumento de percusión.

percutant, e adj. Percutiente. ‖ Fig. y Fam. Contundente (frappant).

percuter v. tr. Percutir.
— V. intr. Chocar (heurter).

percuteur m. Percutor, percusor.

percuti-réaction f. Méd. Cutireacción.

perdable adj. Perdible.

perdant, e adj. et s. Perdedor, ra. ‖ — *Les numé-ros perdants*, los números no agraciados *ou* no premiados. ‖ *Partir perdant*, no salir favorito (un cheval), ir vendido (à un examen).

per diem m. Dietas, *f. pl.*

perditance f. ÉLECTR. Conductividad *ou* conductancia total.

perdition f. Perdición. ‖ *En perdition*, en peligro de naufragio.

perdre v. tr. Perder : *perdre beaucoup d'argent au jeu*, perder mucho dinero en el juego. ‖ Echar a perder, estropear, perder (abîmer) : *chapeau perdu par la pluie*, sombrero estropeado por la lluvia. ‖ — *Perdre au change*, perder en el cambio. ‖ *Perdre courage*, desanimarse, descorazonarse. ‖ *Perdre de vue*, perder de vista. ‖ FAM. *Perdre la tête* o *le nord* o *la tramontane* o *les pédales*, perder la cabeza, los estribos. ‖ *Perdre le fil d'un discours*, perder el hilo de un discurso. ‖ *Perdre l'esprit*, perder la razón *ou* el juicio. ‖ *Perdre pied*, perder pie. ‖ *Perdre ses moyens*, perder sus facultades. ‖ *Perdre son temps*, perder el tiempo. ‖ — *À perdre haleine*, hasta perder el aliento *ou* la respiración. ‖ *Tu ne perds rien pour attendre*, ya verás lo que es bueno.
— V. intr. Perder. ‖ Perder valor, valer menos (valoir moins). ‖ Salirse (fuir). ‖ MAR. Bajar. ‖ *Navire qui perd*, barco que no avanza *ou* que avanza poco.
— V. pr. Perderse. ‖ *Je m'y perds*, no comprendo nada, estoy hecho un lío.

perdreau m. Perdigón (oiseau).

perdrigon m. Pernigón (prune).

perdrix [pɛrdri] f. Perdiz (oiseau). ‖ — *Perdrix blanche, grise*, perdiz blanca, pardilla.

perdu, e adj. Perdido, da. ‖ Desahuciado, da (malade). ‖ Invisible : *reprise perdue*, remiendo invisible. ‖ Esfumado, da (peinture) : *contours perdus*, contornos esfumados. ‖ — *Perdu de dettes*, agobiado *ou* acribillado de deudas. ‖ — *À corps perdu*, temerariamente, impetuosamente, a cuerpo descubierto. ‖ *À fonds perdus*, a fondo perdido *ou* muerto *ou* vitalicio. ‖ *À vos moments perdus*, en sus ratos libres, a ratos perdidos. ‖ *Peine perdue*, trabajo inútil, trabajo perdido. ‖ *Sentinelle perdue*, centinela avanzada. ‖ *Se sentir tout perdu*, no hallarse. ‖ *Un de perdu, dix de retrouvés*, cuando una puerta se cierra ciento se abren.
— M. FAM. Loco : *comme un perdu*, como un loco.

père m. Padre. ‖ FAM. Tío : *le père François*, el tío Paco. ‖ — *Père conscrit*, padre conscripto, senador de la antigua Roma. ‖ *Père noble*, barba (au théâtre). ‖ *Père Noël*, Papá Noel. ‖ *Père nourricier*, padre nutricio, marido de la nodriza. ‖ *Père spirituel*, director *ou* padre espiritual. ‖ — *Beau-père*, suegro, padre político. ‖ *De père en fils*, de padres a hijos. ‖ *Dieu le Père*, Dios Padre. ‖ *Grand-père*, abuelo. ‖ FAM. *Gros père*, gordinflón. ‖ *Le Père éternel*, el Padre Eterno. ‖ *Le Saint-Père*, el Padre Santo, el Santo Padre, el Papa (suele criticarse como galicismo la forma *Santo Padre*). ‖ *Les Pères de l'Église*, los Santos Padres, los Padres de la Iglesia. ‖ *Les père et mère*, los padres. ‖ *Mon père*, padre (à un prêtre). ‖ *Petits pères*, padres mínimos. ‖ *Placement de père de famille*, inversión segura. ‖ *Tel père tel fils*, de tal palo tal astilla. ‖ *C'est bien le fils de son père*, de casta. le viene al galgo.

pérégrination f. Peregrinación.
— OBSERV. *Peregrinación* en el sentido de romería se traduce por *pèlerinage* o por *pardon* en Bretaña.

pérégriner v. intr. (P. us.). Peregrinar.

péremption [perãpsjɔ̃] f. Caducidad de la instancia, perención (p. us.).

péremptoire [perãptwa:r] adj. Perentorio, ria.

pérennant, e adj. BOT. Que puede ser perenne.

pérenne adj. (P. us.) Perenne.

pérenniser v. tr. Perpetuar, hacer perenne.

pérennité f. Perennidad.

péréquation f. Perecuación, reparto (*m.*) por igual, distribución equitativa, compensación.

perfectibilité f. Perfectibilidad.

perfectible adj. Perfectible.

perfection [pɛrfɛksjɔ̃] f. Perfección. ‖ *À la perfection*, a la perfección, perfectamente.

perfectionnement [-sjɔnmɑ̃] m. Perfeccionamiento.

perfectionner [-sjɔne] v. tr. Perfeccionar.

perfide adj. et s. Pérfido, da.

perfidie f. Perfidia.

perfolié, e adj. BOT. Perfoliado, da.

perforage m. (P. us.). Perforación, *f.*

perforant, e adj. Perforante. ‖ *Ulcère perforant*, úlcera perforada.

perforateur, trice adj. et s. Perforador, ra.

perforation f. Perforación.

perforatrice f. Perforadora (machine).

perforer v. tr. Perforar.

perforeuse f. Perforadora (machine). ‖ Perforista (personne).

performance f. Resultado, *m.*, marca. ‖ Cualidades (*pl.*) técnicas, prestación (d'un véhicule, etc.). ‖ Hazaña, hecho (*m.*) fuera de lo corriente.

perfusion f. MÉD. Perfusión.

Pergame n. pr. GÉOGR. Pérgamo.

pergola f. Pérgola.

perhydrol m. Perhidrol (eau oxygénée).

péri f. Peri [genio persa].

périanthe m. BOT. Periantio.

périarthrite f. MÉD. Periartritis.

péribole m. Períbolo (des temples grecs).

péricarde m. ANAT. Pericardio.

péricardite f. MÉD. Pericarditis.

péricarpe m. BOT. Pericarpio.

péricliter v. intr. Periclitar, decaer.

péricrâne m. ANAT. Pericráneo.

péricycle m. BOT. Periciclo.

péridot [perido] m. MIN. Peridoto.

périgée m. ASTR. Perigeo.

périgone m. BOT. Perigonio.

Périgord n. pr. m. GÉOGR. Perigord.

périgourdin, e adj. et s. Del Perigord *ou* de Périgueux.

périgueux m. Piedra (*f.*) negra del Perigord.

périhélie m. ASTR. Perihelio.

péril [peril] m. Peligro, riesgo (risque) : *braver le péril*, arrostrar el peligro ; *en péril de mort*, en peligro de muerte. ‖ — *À ses risques et périls*, por su cuenta y riesgo. ‖ *Au péril de sa vie*, con riesgo de la vida, a costa de su vida. ‖ *Il n'y a pas péril en la demeure*, nada se pierde por esperar.

périlleux, euse [perijø, jø:z] adj. Peligroso, sa. ‖ *Saut périlleux*, salto mortal.

périmé, e adj. Caducado, da ; sin vigencia, prescrito, ta. ‖ FIG. Anticuado, da. ‖ Superado, da ; caduco, ca (dépassé).

périmer (se) v. pr. Caducar (document), prescribir (un procès). ‖ *Être périmé*, estar caducado (document), estar prescrito (procès), estar fuera de moda (démodé).

périmètre m. Perímetro.

périnéal, e adj. ANAT. Perineal.

périnée m. ANAT. Perineo.

périnéorraphie f. MÉD. Perineorrafia.

période f. Período, *m.*, periodo, *m.*

périodicité f. Periodicidad.

périodique adj. Periódico, ca.
— M. Publicación (*f.*) periódica (revue). ‖ *Département de périodiques*, hemeroteca.
— OBSERV. Ne pas confondre le mot français *périodique* avec le mot espagnol *periódico* qui signifie *journal*.

périœciens m. pl. Periecos.
périoste m. ANAT. Periostio.
periostite f. MÉD. Periostitis.
périostose f. MÉD. Periostosis.
péripatéticien, enne adj. et s. Peripatético, ca.
— F. Carrerista (prostituée).
péripatétique adj. Peripatético, ca.
péripatétisme m. Peripatetismo.
péripétie [peripesi] f. Peripecia.
périphérie f. Periferia. ‖ Extrarradio, m. (d'une ville).
périphérique adj. Periférico, ca. ‖ *Boulevard périphérique*, carretera de circunvalación (d'une ville).
périphlébite f. MÉD. Periflebitis.
périphrase f. Perífrasis.
périphraser v. intr. Perifrasear.
périphrastique adj. Perifrástico, ca.
périple m. Periplo.
periploca m. BOT. Cornicabra, f.
péripneumonie f. MÉD. Perineumonía, pulmonía.
péripneumonique f. Perineumónico, ca.
périptère adj. et s. m. ARCHIT. Períptero, ra.
périr v. intr. Perecer (mourir). ‖ Naufragar (faire naufrage). ‖ Tener su fin, desaparecer (disparaître). ‖ FIG. *Périr d'ennui*, morirse de aburrimiento.
périsciens [perissjẽ] m. pl. Periscios.
périscope m. Periscopio.
périscopique adj. Periscópico, ca.
périsperme m. Perisperma.
périsplénite f. MÉD. Perisplenitis, peritonitis.
périsprit [perispri] m. Periespíritu.
périssable adj. Perecedero, ra : *denrées périssables*, productos *ou* artículos perecederos. ‖ Caduco, ca.
périssodactyles m. pl. ZOOL. Perisodáctilos.
périssoire f. Esquife, m., piragua (embarcation).
périssologie f. Perisología (pléonasme).
péristaltique adj. ANAT. Peristáltico, ca.
péristome m. Peristoma.
péristyle m. ARCHIT. Peristilo.
périsystole f. MÉD. Perisístole.
périthèce m. BOT. Peritecio.
péritoine m. ANAT. Peritoneo.
péritonéal, e adj. Peritoneal.
péritonite f. Peritonitis.
pérityphlite f. Peritiflitis, pericecitis.
perle f. Perla : *perle de culture*, perla cultivada. ‖ Cuenta, perla (ornement sphérique de verre, de métal, etc.). ‖ FAM. Gazapo, m. ‖ FIG. Perla, alhaja (très beau). ‖ IMPR. Perla, tipo (m.) de cuatro puntos. ‖ — *Gris perle*, gris perla. ‖ — *Enfiler des perles*, ensartar perlas (unir), perder el tiempo. ‖ *Jeter des perles aux pourceaux*, echar margaritas a los puercos.
perlé, e adj. Perlado, da ; en forma de perla. ‖ Adornado con perlas, aljofarado, da. ‖ Perlado, da ; « perlé » (tissu). ‖ FIG. Primoroso, sa ; de perlas (soigné). ‖ — *Grève perlée*, huelga intermitente, obstrucción concertada a la producción. ‖ *Orge perlé*, cebada perlada.
perlèche ou **pourlèche** f. Boquera (maladie de la commissure des lèvres).
perler v. tr. Adornar con perlas. ‖ Mondar, pelar (le riz, l'orge). ‖ FIG. Bordar, hacer de perlas, ejecutar con primor.
— V. intr. Cubrirse de gotas, gotear (le front, etc.).
perlier, ère adj. Perlero, ra : *industrie perlière*, industria perlera. ‖ *Huître perlière*, madreperla.
perlimpinpin m. *Poudre de perlimpinpin*, polvos de la madre Celestina.
permalloy [pɛrmalwa] m. Aleación (f.) de hierro y níquel.
permanence f. Permanencia. ‖ Comisaría central

(commissariat). ‖ Servicio (m.) permanente. ‖ Estudio, m. (lycée). ‖ *En permanence*, sin interrupción, permanentemente.
permanent, e adj. y s. Permanente. ‖ *Cinéma permanent*, cine de sesión continua.
— F. Permanente (des cheveux).
permanganate m. CHIM. Permanganato.
perme f. POP. Permi, m., permiso, m. : *être en perme*, estar con permiso ; *j'ai eu une perme d'un mois*, he conseguido un permi de un mes.
perméabilité f. Permeabilidad.
perméable adj. Permeable. ‖ FIG. Permeable, influenciable.
perméance f. TECHN. Conductibilidad magnética.
permettre* v. tr. Permitir. ‖ Permitir, autorizar : *permettre de prendre*, permitir tomar, autorizar tomar. ‖ *Il me permet de venir*, me permite venir *ou* que venga.
— V. pr. Permitirse. ‖ *On peut se permettre de dire*, no es aventurado decir, cabe decir.
permien, enne adj. et s. m. GÉOL. Pérmico, ca ; permiano, na.
permis [pɛrmi] m. Permiso, licencia, f. ‖ — *Permis de chasse, de pêche*, licencia de caza, de pesca. ‖ *Permis de circulation*, billete de libre circulación, pase. ‖ *Permis de conduire*, carnet de conducir (expression courante), permiso de conducción *ou* de conducir (dénomination officielle).
permis, e [pɛrmi, i:z] adj. Permitido, da ; lícito, ta. ‖ — *Il se croit tout permis*, el cree que todo le está permitido, se cree que todo el monte es orégano. ‖ *S'il m'était permis*, si me fuera permitido, si se me permitiera.
— SYN. *Licite*, lícito. *Loisible*, lícito. *Légitime*, legítimo. *Légal*, legal.
permission f. Permiso, m. : *demander la permission de*, pedir permiso para. ‖ — MIL. *Permission libérable*, permiso limitado. ‖ — *Avec votre permission*, con permiso *ou* con su permiso. ‖ *En permission*, con *ou* de permiso.
— SYN. *Autorisation*, autorización. *Permis*, permiso. *Congé*, permiso. *Licence*, licencia.
permissionnaire m. Militar con permiso.
permissivité f. Permisividad.
permutabilité f. Permutabilidad.
permutable adj. Permutable.
permutant, e m. et f. Permutante, que permuta.
permutation f. Permuta (d'employés), permutación (action). ‖ MATH. Permutación.
permuter v. tr. et intr. Permutar.
permuteur m. Permutador.
pernicieux, euse adj. Pernicioso, sa.
perniciosité f. Calidad de pernicioso.
péroné m. ANAT. Peroné (os).
péronier, ère adj. et s. m. Peroneo, a.
péronnelle f. FAM. Bachillera, parlanchina.
péronosporacées f. pl. BOT. Peronosporáceas.
péroraison f. Peroración.
pérorer v. intr. Perorar.
péroreur, euse m. et f. Perorador, ra ; discurseante.
Pérou n. pr. m. GÉOGR. Perú. ‖ FIG. *Ce n'est pas le Pérou*, no vale un Perú *ou* un Potosí, no es cosa del otro jueves, no es Jauja.
peroxyde m. CHIM. Peróxido.
peroxyder v. tr. CHIM. Peroxidar.
perpendiculaire adj. et s. f. GÉOM. Perpendicular.
perpendicularité f. Perpendicularidad.
perpète (à) ou **perpette (à)** loc. adv. POP. Por siempre jamás (jamais). ‖ En el quinto pino (très loin).
perpétration f. Perpetración.
perpétrer* v. tr. Perpetrar, cometer.
perpette. V. PERPÈTE.
perpétuation f. Perpetuación.

perpétuel, elle [pɛrpetɥɛl] adj. Perpetuo, tua. ‖ Perenne (éternel). ‖ *Mouvement perpétuel*, movimiento continuo.

perpétuer v. tr. Perpetuar.

perpétuité f. Perpetuidad. ‖ *Travaux forcés à perpétuité*, cadena perpetua.

Perpignan n. pr. GÉOGR. Perpiñán.

perplexe adj. Perplejo, ja.

perplexité f. Perplejidad.

perquisiteur, trice adj. Pesquisidor, ra; indagador, ra.

perquisition f. Pesquisa, indagación.

perquisitionner v. intr. Indagar, perquirir, hacer pesquisas.

perquisitionneur m. Pesquisidor.

perré m. Revestimiento de piedras, muro de contención (maçonnerie).

Perrette n. pr. f. *Perrette et le pot au lait*, el cuento de la lechera.

perrière f. Balista.

perron m. Escalinata, *f.*

perroquet m. Loro, papagayo (oiseau). ‖ FIG. Loro, papagayo. ‖ MAR. Juanete, perroquete. ‖ *Perroquet de fougue*, sobremesana. ‖ — *Grand perroquet*, juanete mayor. ‖ *Petit perroquet*, juanete de proa.

perruche f. Cotorra (oiseau). ‖ MAR. Perico, *m.*

perruque f. Peluca, bisoñé, *m.* ‖ FIG. et FAM. *Vieille perruque*, hombre de ideas rancias *ou* anticuadas.

perruquier m. Peluquero. ‖ FAM. Rapabarbas.

pers, e [pɛr, pɛrs] adj. Garzo, za : *yeux pers*, ojos garzos. ‖ De color azul verdoso.

persan, e adj. et s. Persa.

perse adj. et s. Persa. ‖ — F. Persiana (tissu).

Perse n. pr. f. GÉOGR. Persia.

persécutant, e adj. Perseguidor, ra; que persigue. ‖ Importuno, na; molesto, ta (qui importune).

persécuté, e adj. et s. Perseguido, da.

persécuter v. tr. Perseguir. ‖ Acosar (harceler) : *être persécuté par les créanciers*, ser acosado por los acreedores.

persécuteur, trice adj. et s. Perseguidor, ra. ‖ Importuno, na.

persécution f. Persecución. ‖ *Manie de la persécution*, manía persecutoria.

Persée n. pr. m. MYTH. Perseo.

perséides f. pl. ASTR. Perseidas.

persel [pɛrsɛl] m. CHIM. Persal.

Perséphone n. pr. f. Perséfone.

persévérance f. Perseverancia.

persévérant, e adj. et s. Perseverante.

persévérer* v. intr. Perseverar.

persicaire f. Persicaria, duraznillo, *m.* (plante).

persicot m. (P. us.). Rosolí de albérchigo.

persienne f. Persiana.

persiflage m. Burla, *f.*, guasa, *f.*, chifla, *f.*, chunga, *f.*, tomadura (*f.*) de pelo. ‖ *Avec persiflage*, con retintín.

persifler v. tr. Burlarse de, guasearse de, tomar el pelo a.

persifleur, euse adj. et s. Burlón, ona; zumbón, ona; guasón, ona.

persil [pɛrsi] m. Perejil (plante). ‖ FIG. et FAM. *Faire son persil*, hacer su agosto.

persillade [-jad] f. Lonchas (*pl.*) de vaca frías con perejil, emperejilado, *m.*

persillé, e [-je] adj. De pasta verde (fromage). ‖ Entreverada (viande).

persiller [-je] v. tr. Manchar de puntitos verdes.

persillère [-jɛːr] f. Tarro (*m.*) de perejil.

persique adj. Pérsico, ca.

persistance f. Persistencia : *mettre de la persistance à*, tener persistencia en.

persistant, e adj. Persistente. ‖ Perenne (feuille).

persister v. intr. Persistir : *il persiste à le croire*, persiste en creérselo. ‖ Perseverar : *il persiste à travailler*, persevera en trabajar.

personé, e adj. f. BOT. Personada.

personnage m. Personaje. ‖ Figura (*f.*) de Belén *ou* de Nacimiento (de crèche). ‖ Individuo : *triste personnage*, pobre individuo. ‖ — *Quel grossier personnage!*, ¡qué tipo más grosero! ‖ — *Faire le grand personnage*, dárselas de importante.

personnalisation f. Personalización.

personnaliser v. tr. Personalizar, personificar.

personnalisme m. Personalismo.

personnaliste adj. et s. Personalista.

personnalité f. ● Personalidad. ‖ (Vx). Alusión personal.

— SYN. ● *Personnage*, personaje. *Notable*, personaje notable. *Notabilité*, notabilidad. *Grand*, grande. *Célébrité*, celebridad. *Sommité*, *notabilité*, lumbrera. *Fam. Quelqu'un*, alguien. *Huile*, *grosse légume*, pez gordo.

personne f. ● Persona. ‖ — *Personne civile*, persona civil. ‖ — *En personne*, en persona, personalmente (par soi-même); personificado, da : *c'est l'avarice en personne*, es la avaricia personificada. ‖ *Grande personne*, persona mayor. ‖ *Jeune personne*, señorita, joven. ‖ *Les grandes personnes*, los mayores. ‖ — *Être bien fait de sa personne*, tener buena facha. ‖ *Être content de sa personne*, estar satisfecho de sí mismo. ‖ *Être personne à*, ser capaz de. ‖ *Être satisfait de sa (petite) personne*, estar muy satisfecho de sí mismo. ‖ *Il aime sa personne*, es muy comodón. ‖ *Répondre de la personne de quelqu'un*, responder de alguien.

— Pron. indéf. m. : Nadie : *personne n'est venu*, nadie ha venido; *personne d'autre*, nadie más. ‖ — *Personne ne dit mieux?*, ¿no vale más?, ¿nadie da más? ‖ *Y aller de sa personne*, poner de su parte.

— OBSERV. *Personne*, pronombre, exige la partícula negativa *ne* en la construcción de la frase.

— SYN. ● *Homme*, hombre. *Femme*, mujer. *Personnage*, personaje. *Individu*, individuo. *Être*, ser. *Mortel*, mortal. *Quidam*, quidam. *Créature*, criatura.

personnel, elle adj. ● Personal.

— M. Personal. ‖ Plantilla, *f.* : *faire partie du personnel d'une entreprise*, estar en plantilla en una empresa. ‖ *Personnel enseignant*, cuerpo docente.

— SYN. ● *Propre*, propio. *Particulier*, particular. *Égoïste*, egoísta. *Egocentrique*, egocéntrico.

personnification f. Personificación.

personnifier* v. tr. Personificar.

perspectif, ive adj. Perspectivo, va.

— F. Perspectiva. ‖ — *Perspective aérienne*, *cavalière*, perspectiva aérea, caballera. ‖ — *En perspective*, en perspectiva.

perspectivisme m. Perspectivismo.

perspicace adj. Perspicaz.

perspicacité f. Perspicacia.

perspiration f. Perspiración, transpiración insensible.

persuader v. tr. Persuadir : *persuader quelqu'un de venir*, persuadir a uno que venga.

persuasif, ive adj. Persuasivo, va.

persuasion f. Persuasión.

persulfate m. CHIM. Persulfato.

persulfure m. CHIM. Persulfuro.

persulfuré, e adj. CHIM. Persulfurado, da.

perte f. Pérdida. ‖ FIG. Perdición, ruina (ruine). ‖ Condenación, perdición (d'une âme). ‖ MIL. Baja (mort), pérdidas, *pl.* (quantité perdue). ‖ — *Perte de connaissance*, pérdida del sentido *ou* del conocimiento. ‖ MÉD. *Perte de sang*, hemorragia, flujo de sangre. ‖ *Pertes blanches*, leucorrea. ‖ *Perte sèche*, pérdida total. ‖ COMM. *Profits et pertes*, pérdidas y ganancias. ‖ — *À perte*, con pérdida. ‖ *À perte de vue*, hasta perderse de vista, muy lejos. ‖ *À perte d'haleine*, hasta perder la respiración. ‖ *En pure perte*, para nada, sin provecho alguno. ‖ *Renvoyer avec pertes et fracas,* despedir con cajas destempladas.

pertinemment [pɛrtinamã] adv. Pertinentemente, oportunamente, como conviene. ‖ A ciencia cierta, positivamente.

pertinacité f. Pertinacia, obstinación.

pertinence f. Pertinencia.

pertinent, e adj. Pertinente. ‖ *Une requête pertinente,* una demanda que procede, procedente, pertinente.

pertuis [pɛrtɥi] m. Angostura, *f.,* estrechamiento de un río (d'un fleuve). ‖ Paso, brazo de mar estrecho (détroit). ‖ Ojo (d'une clef). ‖ Puerto, alfoz (dans les montagnes).

pertuisane f. Partesana (arme).

pertuisanier m. Partesanero (soldat).

perturbateur, trice adj. et s. Perturbador, ra.

perturbation f. Perturbación : *jeter la perturbation,* sembrar la perturbación.

perturber v. tr. Perturbar.

pérugin, e adj. et s. Perusino, na.

péruvien, enne adj. et s. Peruano, na.

pervenche f. Hierba doncella, vincapervinca.

pervers, e [pɛrvɛr, vɛrs] adj. et s. Perverso, sa. ‖ — Adj. Depravado, da.

perversion f. Perversión, pervertimiento, *m.*

perversité f. Perversidad.

pervertir v. tr. Pervertir (rendre mauvais). ‖ Desnaturalizar, alterar (dénaturer).

pervertissement m. Perversión, *f.,* pervertimiento.

pervertisseur, euse adj. et s. Pervertidor, ra ; corruptor, ra.

pesade f. ÉQUIT. Corveta, encabritamiento, *m.* (cheval).

pesage [pəza:ʒ] m. Peso : *une méthode de pesage,* un método de peso. ‖ Peso, pesaje [gallicisme très employé] (des jockeys, boxeurs, etc.).

pesant, e [-zɑ̃, ɑ̃ :t] adj. ● Pesado, da : *un pesant fardeau,* un bulto pesado. ‖ Grave (attiré vers la terre). ‖ Fuerte : *des coups pesants,* golpes fuertes. ‖ Pesado, da : *atmosphère pesante,* atmósfera pesada. ‖ Pesado, da ; lento, ta (lent, pénible). ‖ Duro, ra ; penoso, sa : *un esclavage pesant,* una penosa esclavitud. ‖ Torpe, poco suelto (style), pesado, da ; poco entretenido, da (auteur). ‖ — *Avoir la main pesante,* no ser ágil de manos ; tener la mano dura (être fort). ‖ *Avoir la tête pesante,* tener la cabeza pesada.

— Adv. De peso : *dix kilogrammes pesant,* diez kilogramos de peso.

— M. Peso (poids). ‖ *Il vaut son pesant d'or,* vale su peso en oro, vale un Perú *ou* un Potosí.

— SYN. ● *Lourd,* pesado. *Massif,* macizo.

pesanteur f. PHYS. Gravedad, fuerza de atracción de la tierra, pesantez (p. us.) : *lois de la pesanteur,* leyes de la gravedad. ‖ Peso, *m. : sentir la pesanteur de son bras,* hacer sentir el peso de su brazo. ‖ Torpeza en los movimientos, pesadez (lourdeur dans les mouvements). ‖ Poca vivacidad. ‖ Pesadez (d'estomac). ‖ *Absence de pesanteur o non-pesanteur,* ingravidez.

pèse ou pèze m. POP. Pasta, *f.,* moni (argent).

pèse-acide [pɛzasid] m. CHIM. Pesaácidos, areómetro.

— OBSERV. Pl. *pèse-acide o pèse-acides.*

pèse-alcool [-alkɔl] m. CHIM. Alcoholímetro.

— OBSERV. Pl. *pèse-alcool o pèse-alcools.*

pèse-bébé m. Pesabebés, peso *ou* balanza (f.) para niños.

— OBSERV. Pl. *pèse-bébé o pèse-bébés.*

pesée [pəze] f. Peso, *m.* (poids). ‖ Pesada, peso, *m.* ‖ Palancada, empuje, *m.,* esfuerzo, *m.* (effort fait avec un levier). ‖ Añadidura (du pain). ‖ Pesaje, *m.* (gallicisme) ; peso, *m.* (des boxeurs, etc.).

pèse-esprit [pɛzɛspri] m. Alcoholímetro.

— OBSERV. Pl. *pèse-esprit o pèse-esprits.*

pèse-lait m. Galactómetro, pesaleche.

— OBSERV. Pl. *pèse-lait o pèse-laits.*

pèse-lettre m. Pesacartas.

— OBSERV. Pl. *pèse-lettre o pèse-lettres.*

pèse-liqueur m. Pesalicores.

— OBSERV. Pl. *pèse-liqueur o pèse-liqueurs.*

pèse-moût m. CHIM. Glucómetro.

— OBSERV. Pl. *pèse-moût o pèse-moûts.*

pèse-personnes m. Peso de baño.

peser* v. tr. Pesar. ‖ FIG. Examinar, sopesar, ponderar : *peser mûrement les choses,* examinar con atención las cosas. ‖ Pesar, medir, calcular : *peser ses paroles,* medir sus palabras ; *peser le pour et le contre,* pesar el pro y el contra.

— V. intr. Pesar : *peser lourd,* pesar mucho. ‖ Bajar (levier). ‖ Pesar en (la conscience). ‖ — *Peser sur,* hacer fuerza en. ‖ *Peser sur les épaules,* abrumar, recaer, ser *ou* constituir un peso. ‖ *Peser sur l'estomac,* ser de digestión pesada. ‖ — *Ne pas peser lourd,* no tener mucho peso, ser cosa de poco peso, tener poca consistencia.

pèse-sel m. Pesasales, areómetro de sales.

— OBSERV. Pl. *pèse-sel o pèse-sels.*

pèse-sirop m. Areómetro para jarabes.

— OBSERV. Pl. *pèse-sirop o pèse-sirops.*

peseta f. Peseta (monnaie).

pesette [pəzɛt] f. Pesillo (*m.*) de precisión, balanza pequeña.

peseur, euse m. et f. Pesador, ra.

peso m. Peso (monnaie).

peson [pəzɔ̃] m. Dinamómetro, peso.

pessaire m. MÉD. Pesario.

pesse f. BOT. Picea.

pessimisme m. Pesimismo.

pessimiste adj. et s. Pesimista.

— SYN. *Alarmiste,* alarmista. *Paniquard,* alarmista. *Défaitiste,* derrotista.

peste f. Peste : *peste bubonique,* peste bubónica. ‖ FIG. Peste (chose mauvaise). ‖ — *Petite peste,* demonio, persona maliciosa. ‖ — *Fuir quelqu'un comme la peste,* huir de uno como de la peste. — Interj. ¡Diablo!, ¡maldita sea! ‖ *Peste soit de lui !,* ¡mala peste se lo lleve!

pester v. intr. Echar pestes [contra], echar sapos y gusarapos, tronar contra.

pesteux, euse et **pestifère** adj. Pestífero, ra.

pestiféré, e adj. et s. Apestado, da (malade de la peste).

pestilence f. Pestilencia.

pestilent, e adj. Pestilente.

pestilentiel, elle adj. Pestífero, ra ; pestilencial.

pet [pɛ] m. FAM. Pedo : *lâcher un pet,* tirarse un pedo.

pétale m. BOT. Pétalo.

pétalé, e adj. BOT. Con pétalos.

pétalisme m. Petalismo (ostracisme à Syracuse).

pétaloïde adj. BOT. Petaloideo, a.

pétanque f. Petanca [especie de juego de bolos].

pétarade f. Pedorrera (suite de pets). ‖ Detonaciones, *pl.,* traquidos, *m. pl.,* explosión (suite de détonations). ‖ FIG. Ruido, *m.*

pétarader v. intr. Producir una serie de traquidos *ou* detonaciones *ou* explosiones.

pétard [peta:r] m. Petardo, cohete. ‖ FAM. Revólver. ‖ FIG. et FAM. Escándalo, tremolina, *f. : faire du pétard,* armar la tremolina. ‖ POP. Trasero, asentaderas, *f. pl.* ‖ — *Petit pétard,* buscapiés. ‖ — FAM. *Il va y avoir du pétard,* se va a armar la gorda *ou* un bollo *ou* la de Dios es Cristo. ‖ *Nom d'un pétard !,* ¡caramba!, ¡canastos!

pétase m. Capacete de Mercurio, petaso.

Pétaud n. pr. m. *La cour du roi Pétaud,* la casa de tócame Roque.

pétaudière f. FAM. Casa de Tócame Roque.

pétauriste m. ZOOL. Ardilla (*f.*) de Australia.

pet-de-loup m. FAM. Dómine, profesor viejo.

pet-de-nonne [pɛdnɔn] m. Buñuelo de viento, suspiro de monja.

pétéchial, e [peteʃjal] adj. Petequial.

pétéchie [-ʃi] f. MÉD. Petequia.

pet-en-gueule [pɛtãɡœːl] m. Quebrantahuesos (jeu).

pet-en-l'air [pɛtãlɛːr] m. inv. FAM. Batín corto.

péter* v. intr. POP. Peer, peerse, ventosear (faire un pet). | Estallar, reventar (crever), romper (rompre). | Chisporrotear, chasquear (dans le feu). || *Il faut que ça pète,* tiene que ir volando.

pète-sec adj. et s. m. inv. FAM. Mandón, ona ; persona autoritaria.

péteux, euse m. et f. FAM. Cagueta (lâche).

pétillant, e adj. Chispeante. || Burbujeante, espumoso, sa (vin). || Chisporroteante (feu). || FIG. Chispeante, centelleante (spirituel). | Vivo, va ; chispeante : *yeux pétillants,* ojos vivos. || *Personne pétillante d'esprit,* persona chispeante de ingenio.

pétillement m. Chisporroteo. || Viveza, *f.,* chispas, *f. pl.* (d'esprit). || Burbujeo (du vin). || Brillo (des yeux).

pétiller v. intr. ● Chisporrotear. || Ser espumoso, burbujear (vin). || FIG. Chispear, brillar. || — *Pétiller de joie, de colère, d'impatience,* saltar, chispear de alegría, de cólera, de impaciencia. || *Pétiller d'esprit,* tener un ingenio chispeante. || — FIG. *Le sang lui pétille dans les veines,* la sangre le hierve en las venas.

— SYN. ● *Crépiter,* crepitar. *Péter,* chisporrotear, chasquear.

pétiole [pesjɔl] m. BOT. Peciolo, pecíolo.

pétiolé, e [-le] adj. BOT. Peciolado, da.

petiot, e [pətjo, -tjɔt] adj. et s. FAM. Pequeñín, ina ; chiquitín, ina.

petit, e [pəti, it] adj. ● Pequeño, ña. || Bajo, ja : *un homme petit,* un hombre bajo. || FIG. Humilde : *petites gens,* gente humilde. | Mezquino, na ; ruin (mesquin). | Insignificante : *un petit historien,* un historiador insignificante. || — *Petite heure,* hora escasa. || *Petite main,* oficiala de modista. || *Petite santé,* salud delicada. || *Petite vérole,* viruela. || *Petit pois,* guisante. || *Petits soins,* atenciones delicadas. || — *Le petit monde,* los niños, la gente menuda. || *Mon petit monsieur,* señor mío. || — *Au petit bonheur,* a lo que salga, a la buena de Dios, a ojo, por las buenas, al buen tuntún. || *En petit,* en resumen, en pequeño. || *Petit à petit,* poco a poco. || — *Cet enfant est déjà un petit homme,* este niño es ya un hombrecito. || *Être aux petits soins avec,* cuidar mucho a, tener atenciones delicadas con. || *Petit à petit l'oiseau fait son nid,* poco a poco hila la vieja el copo. || *Se faire petit* o *tout petit,* hacerse chiquito (très discret), humillarse (se rabaisser).

— M. et f. Pequeño, ña ; niño, ña ; crío, cría ; peque : *apporter des bonbons aux petits,* traer caramelos a los niños. || *Mon petit, ma petite,* hijo, hijito ; hija, hijita ; chiquillo, chiquilla. || — M. Cría, *f.* (des animaux). || Pollo, polluelo (des oiseaux). || Cachorro (du chien, du loup, etc.). || Pequeño (de petite taille). || Humilde, pobre (humble). || Lo pequeño (sens abstrait). || — *Les infiniment petits,* los infinitamente pequeños. || *Les tout petits,* los pequeñuelos, los pequeñines, la gente menuda. || — *Faire des petits,* parir (les animaux), tener cola (avoir des suites), multiplicarse (augmenter).

— OBSERV. En général le français *petit* placé devant un nom qu'il qualifie se traduit par un diminutif qui varie selon qu'il a un contenu péjoratif ou non. Ainsi l'on

dira *un petit livre,* un librito, et *un petit fonctionnaire,* un funcionarucho.

— SYN. ● *Exigu,* exiguo. *Minuscule,* minúsculo. *Infime,* ínfimo.

petit-beurre m. Galleta, *f.* (gâteau sec).

— OBSERV. Pl. *petits-beurre.*

petit-bois m. Marco (d'une fenêtre).

— OBSERV. Pl. *petits-bois.*

petit-bourgeois adj. De la clase media inferior, de la pequeña burguesía.

— M. et f. Pequeño burgués, pequeña burguesa.

petite-fille f. Nieta.

petitement adv. En corta cantidad, poquito. || Pobremente, modestamente, con estrechez (pauvrement). || Mezquinamente : *vivre petitement,* vivir mezquinamente. || Con bajeza, bajamente : *se venger petitement,* vengarse con bajeza. || *Être logé petitement,* vivir en un piso pequeño.

petite-nièce f. Sobrina segunda, sobrina nieta.

petites-maisons f. pl. Casa (*sing.*) de locos, manicomio, *m. sing.*

petitesse f. ● Pequeñez. || FIG. Bajeza, pequeñez. || *Ne pas s'arrêter à des petitesses,* no reparar en pequeñeces, no andarse con chiquitas.

— SYN. ● *Etroitesse,* estrechez. *Mesquinerie,* mezquinería.

petit-fils [pətifis] m. Nieto.

— OBSERV. Pl. *petits-fils.*

petit-foc m. MAR. Petifoque.

petit-grain m. Petit-grain (fruit).

petit-gris [pətigri] m. Gris, ardilla, *f.,* petigrís (fourrure). || Especie (*f.*) de caracol.

— OBSERV. Pl. *petits-gris.*

pétition f. Petición, instancia, solicitud (requête). || *Pétition de principe,* petición de principio.

pétitionnaire m. et f. Solicitante, peticionario, ria.

pétitionnement m. Petición, *f.*

pétitionner v. intr. Presentar una petición, solicitar.

petit-lait m. Suero.

— OBSERV. Pl. *petits-laits.*

petit-maître m. Petimetre.

— OBSERV. Pl. *petits-maîtres.*

petit-nègre m. FAM. Jerga (*f.*) de algunos negros que consiste principalmente en hablar siempre en infinitivo. || *Parler petit-nègre,* hablar como los indios.

petit-neveu m. Sobrino segundo, sobrino nieto.

pétitoire adj. Petitorio, ria.

— M. Pedimento.

petits-enfants [pətizãfã] m. pl. Nietos.

petit-suisse m. Queso blanco, « petit-suisse ».

— OBSERV. Pl. *petits-suisses.*

pétoche f. POP. Canguelo, *m.,* mieditis.

pétoire f. Cerbatana. || FAM. Escopeta mala.

peton m. FAM. Piececito.

pétoncle m. Pechina, *f.* (mollusque).

Pétrarque n. pr. m. Petrarca.

pétrarquisme m. Petrarquismo.

pétrarquiste adj. et s. Petrarquista.

pétré, e adj. Pétreo, a ; de piedra. || *L'Arabie Pétrée,* Arabia Pétrea.

pétrel m. Petrel (oiseau). || *Grand pétrel,* pájaro diablo.

pétreux, euse adj. Pétreo, a ; petroso, sa. || ANAT. Petroso, sa ; relativo al peñasco.

pétri, e adj. Amasado, da. || FIG. Lleno, na ; hinchado, da (d'orgueil). | Formado, da ; modelado, da ; torneado, da.

pétrifiant, e adj. Petrificante.

pétrification f. Petrificación.

pétrifié, e adj. Petrificado, da (ébahi).

pétrifier* v. tr. Petrificar. || FIG. Petrificar, dejar atónito (méduser).

pétrin m. Artesa, *f.*, amasadera, *f.* ‖ Fig. et Fam. Aprieto, apuro, atolladero : *être dans le pétrin,* estar en un apuro.

pétrir*v. tr. Amasar (la farine, etc.). ‖ Dar masajes (les muscles). ‖ Fig. Formar, modelar (façonner). ‖ Llenar (remplir) : *pétri d'orgueil,* lleno de orgullo.

pétrissable adj. Amasable (la pâte). ‖ Moldeable (l'esprit).

pétrissage ou **pétrissement** m. Amasamiento. ‖ Masaje.

pétrisseur, euse adj. et s. Amasador, ra. ‖ — F. Amasadora (machine).

pétrochimie f. Petroquímica.

pétrogale m. Petrogale, canguro pequeño.

pétrographie f. Petrografía.

pétrographique adj. Petrográfico, ca.

pétrolage m. Petroleado.

pétrole m. Petróleo : *pétrole brut, lampant,* petróleo crudo *ou* bruto, lampante *ou* flamígero. ‖ *Bleu pétrole,* azul verdoso.

pétrolette f. Fam. Velomotor, *m.*

pétroleur, euse m. et f. Petrolero, ra (incendiaire).

pétrolier, ère adj. Petrolero, ra. — M. Petrolero (navire). ‖ Técnico del petróleo.

pétrolifère adj. Petrolífero, ra [*Amér.,* petrolero, ra].

Pétrone n. pr. m. Petronio.

Pétronille n. pr. f. Petronila.

petto (in) loc. ital. Para sí, para sus adentros, para su coleto.

pétulance f. Impetuosidad, viveza (vivacité).

— Observ. Le mot espagnol *petulancia* n'a pas le sens de « pétulance » mais celui d' « affection », « insolence ».

pétulant, e adj. et s. Vivo, va; impetuoso, sa (impétueux).

pétunia m. Bot. Petunia, *f.*

peu adv. et s. m. Poco : *manger peu,* comer poco ; *attendez un peu,* espere un poco. ‖ — *Peu à peu,* poquito a poco, poco a poco. ‖ *Peu après,* poco después. ‖ *Peu de,* poco, poca ; pocos, pocas : *peu de personnes,* pocas personas. ‖ *Peu de chose,* poca cosa. ‖ *Peu importe,* ¡qué más da !, poca importancia tiene. ‖ *Peu ou point,* casi nada, ningún, ninguna. ‖ *Peu ou prou,* poco o mucho. ‖ *Peu souvent,* pocas veces, rara vez. ‖ — *À peu de chose près* o *à peu près,* poco más o menos, cosa de, aproximadamente. ‖ *Dans peu de temps,* dentro de poco. ‖ *Depuis peu,* hace poco tiempo, desde hace poco. ‖ *Fort peu,* muy poco. ‖ *Pour peu que,* a poco que, por poco que. ‖ *Pour un peu,* por poco, poco ha faltado para. ‖ *Quelque peu,* un poco, algo. ‖ *Si peu que ce soit,* por muy poco que sea. ‖ *Si peu que rien,* poquísimo, apenas nada. ‖ *Sous peu, avant peu* o *dans peu,* dentro de poco. ‖ Fam. *Un petit peu* o *un tout petit peu,* un poquitín, un poquito. ‖ *Un peu,* ya lo creo (certainement). ‖ *Un peu bien* o *un peu beaucoup,* demasiado. ‖ — *C'est un peu fort !,* ¡esto es demasiado ! ‖ *Excusez du peu !,* ¡poca cosa ! ‖ *Ou peu s'en faut,* o poco menos. ‖ *Peu s'en est fallu* o *il s'en est fallu de peu,* por poco, poco faltó : *peu s'en est fallu que je ne vinsse,* por poco venía, poco faltó para que viniera. ‖ *Peu s'en faut,* poco falta. ‖ *Tant soit peu* o *un tant soit peu,* un poquito, un poquitín, por poco que sea. ‖ *Vivre de peu,* vivir con poco. ‖ Fam. *Y aller un peu fort,* exagerar, pasarse de la raya.

— Observ. Lorsque *peu de* signifie *quelques* il se traduit en espagnol par l'adjectif *poco, poca,* qui s'accorde en genre et en nombre avec le mot auquel il se rapporte.

— Después de *peu* el verbo concuerda con el complemento. Cuando *le peu* significa *la falta* de el participio queda invariable. En cambio si es el equivalente de *cierta cantidad* el verbo concuerda con el sustantivo que sigue *peu*.

peucédan m. Bot. Peucédano, servato.

peuh! [pø] interj. ¡Bah !, ¡pchs !

peuplade f. Pueblo (*m.*) primitivo, tribu.

peuple [pœpl] m. ● Pueblo. ‖ Fam. Muchedumbre, *f.* (foule). ‖ — *Le bas peuple,* el pueblo bajo, el vulgo. ‖ *Le menu* o *petit peuple,* el pueblo humilde. — Adj. inv. Populachero, ra ; vulgar (vulgaire) : *cela fait peuple* o *c'est peuple,* eso es populachero.

— Syn. ● *Population,* población. *Habitants,* habitantes.

peuplé, e adj. Poblado, da.

peuplement m. Población, *f.,* asentamiento (colonisation). ‖ Plantación, *f.,* repoblación, *f.* (sur un terrain).

peupler v. tr. Poblar. — V. intr. Multiplicarse, proliferar.

peupleraie f. Alameda.

peuplier m. Álamo (arbre). ‖ — *Peuplier blanc,* álamo blanco. ‖ *Peuplier noir,* álamo negro, chopo. ‖ *Peuplier tremble,* álamo temblón.

peur f. Miedo, *m.,* temor, *m.,* susto, *m.* : *avoir grand peur,* tener mucho miedo. ‖ — *Peur bleue,* miedo cerval, pavor. ‖ — *De peur de,* por miedo a, por temor a. ‖ *De peur que,* por temor de que. ‖ — *À faire peur,* que mete miedo, que asusta. ‖ *Avoir peur,* temer, tener miedo : *avoir peur de la foudre,* temer al rayo. ‖ *Avoir peur de son ombre,* tener miedo hasta de la sombra de sí mismo. ‖ *Avoir peur d'un rien,* asustarse por nada. ‖ *En être quitte pour la peur,* pasar un buen susto. ‖ *Faire peur,* dar miedo, asustar (effrayer). ‖ *Il y a eu plus de peur que de mal,* fue mayor el miedo que el daño, tuvo más miedo que otra cosa. ‖ *J'ai bien peur de,* me temo que, tengo miedo de que. ‖ *J'ai peur qu'il ne vienne,* temo que venga. ‖ *J'en ai bien peur,* me lo temo. ‖ *Laid à faire peur,* más feo que Picio, de un feo que asusta, que mete miedo, que da un susto al miedo. ‖ *Mourir de peur,* morirse de miedo. ‖ *Prendre peur,* asustarse. ‖ *Sans peur et sans reproche,* sin miedo y sin tacha. ‖ *Trembler de peur,* temblar de miedo.

peureux, euse adj. et s. Miedoso, sa ; temeroso, sa ; asustadizo, za.

peut-être [pøtɛtr] adv. Puede ser, quizá, tal vez, acaso : *peut-être le sait-il,* quizá lo sepa. ‖ *Peut être bien,* es muy posible, quizá.

peyotl [pejotl] m. Peyote (plante).

pèze m. Pop. Parné, pasta, *f.,* moni (argent).

pfennig [pfɛnic] m. inv. Pfennig (monnaie allemande).

phacochère m. Facoquero (sanglier).

phacomètre m. Facómetro.

phaéton m. Faetón (voiture). ‖ Cochero, carretero (cocher). ‖ Faetón (oiseau).

phagédénique adj. Méd. Fagedénico, ca.

phagédénisme m. Méd. Fagedenismo.

phagocytaire adj. Fagocitario, ria.

phagocyte m. Fagócito.

phagocytose f. Fagocitosis.

phalange f. Falange.

phalanger m. Zool. Falangero.

phalangette f. Falangeta (doigts).

phalangien, enne adj. Anat. Falangiano, na.

phalangine f. Falangina (doigts).

phalangiste adj. et s. Falangista.

phalanstère m. Falansterio.

phalanstérien, enne adj. et s. Falansteriano, na.

phalène f. Falena (papillon).

phalère f. Falera (insecte).

phalline f. Chim. Falina.

phalloïde adj. Faloide.

phallique adj. Fálico, ca.

phallus [falys] m. Falo.

phanère m. Fánero.

phanérogame adj. et s. f. Bot. Fanerógamo, ma.

phanérogamie f. Bot. Fanerogamia.

phantasme m. Ilusión (*f.*) óptica, visión, *f.*
pharamineux, euse adj. FAM. V. FARAMINEUX.
pharaon m. Faraón.
pharaonien, enne ou **pharaonique** adj. Faraónico, ca.
phare m. Faro. ‖ AUTOM. Faro. ‖ — *Phare-code,* luz de cruce (autom.). ‖ — *Mettre les phares, rouler en phares,* llevar la luz de carretera.
pharillon m. Lámpara, *f.* (de pêche). ‖ Pesca (*f.*) con lámpara.
pharisaïque adj. Farisaico, ca.
pharisaïsme m. Fariseísmo, farisaísmo.
pharisien m. Fariseo.
pharmaceutique adj. Farmacéutico, ca.
pharmacie f. Farmacia, botica (fam.). ‖ Botiquín, *m.* (trousse ou armoire). ‖ *Exercer la pharmacie,* ser farmacéutico.
pharmacien, enne m. et f. Farmacéutico, ca ; boticario, ria (fam.). ‖ *Pharmacien capitaine,* capitán de Farmacia.
pharmacodynamie f. Farmacodinamia.
pharmacologie f. Farmacología.
pharmacologique adj. Farmacológico, ca.
pharmacologiste ou **pharmacologue** m. et f. Farmacólogo, ga.
pharmacopée f. Farmacopea.
Pharnace n. pr. m. Farnaces.
Pharsale n. pr. f. GÉOGR. Farsalia.
pharyngé, e adj. ANAT. Faríngeo, a.
pharyngien, enne adj. ANAT. Faríngeo, a.
pharyngite f. MÉD. Faringitis.
pharyngo-laryngite f. Faringolaringitis.
pharyngoscope m. MÉD. Faringoscopio.
pharyngotomie f. Faringotomía.
pharynx [farɛ̃:ks] m. ANAT. Faringe, *f.*
phase f. Fase.
— SYN. *Période,* período. *Degré,* grado. *Échelon,* escalón. *Palier,* grado. *Étape,* etapa. *Stade,* estadio.
phasianidés m. pl. Fasiánidos (oiseaux).
phasme m. Fasmo (insecte).
phéaciens m. pl. Feacios.
phébus m. FAM. Prosopopeya, *f.,* estilo ampuloso y oscuro, galimatías (style).
Phébus [febys] n. pr. m. Febo.
Phèdre n. pr. f. MYTH. Fedra. ‖ — M. Fedro (disciple de Socrate).
phelloderme m. BOT. Felodermo.
phellogène adj. Felógeno, na.
phénakistiscope m. PHYS. Fenakistiscopio.
phénanthrène m. CHIM. Fenantreno.
phénate m. CHIM. Fenato.
Phénicie n. pr. f. GÉOGR. Fenicia.
phénicien, enne adj. et s. Fenicio, cia. ‖ — M. Fenicio (langue).
phénique adj. CHIM. Fénico, ca.
phéniqué, e adj. Fenicado, da.
phénix [feniks] m. Fénix.
phénol m. CHIM. Fenol.
phénolique adj. CHIM. Fenólico, ca.
phénoménal, e adj. Fenomenal : *des vols phénoménaux,* robos fenomenales.
phénomène m. Fenómeno.
— SYN. *Monstre,* monstruo. *Prodige,* prodigio.
phénoménisme m. Fenomenismo.
phénoméniste m. Fenomenista.
phénoménologie f. Fenomenología.
phénoménologique adj. Fenomenológico, ca.
phénoménologue m. Fenomenólogo.
phénoplaste m. Fenoplasta.
phénotype m. Fenotipo.
phénylamine f. CHIM. Fenilamina.
phényle m. CHIM. Fenilo.
phéophycées f. pl. Feofíceas (algues).
phi m. Fi, *f.,* phi, *f.* (lettre grecque).
Phidias n. pr. m. Fidias.
Philadelphie n. pr. GÉOGR. Filadelfia.
philante m. Avispón (insecte).

philanthrope adj. et s. Filántropo, pa.
philanthropie f. Filantropía.
philanthropique adj. Filantrópico, ca.
philanthropisme m. Filantropismo.
philatélie f. Filatelia.
philatéliste m. et f. Filatelista.
Philémon n. pr. m. Filemón.
philharmonie f. Filarmonía.
philharmonique adj. MUS. Filarmónico, ca.
philhellène adj. et s. Filheleno, na (ami des grecs).
philhellénique adj. Filhelénico, ca.
philhellénisme m. Filhelenismo, helenofilia, *f.*
philibeg ou **filiberg** m. Faldellín escocès.
Philibert [filibɛ:r] n. pr. m. Filiberto.
Philippe n. pr. m. Felipe. ‖ Filipo (roi de Macédoine).
Philippines n. pr. f. pl. GÉOGR. Filipinas.
philippique f. Filípica (discours).
philistin m. Filisteo (peuple). ‖ FAM. Filisteo, bárbaro, ostrogodo (ignorant).
Philoctète n. pr. m. Filoctetes.
philodendron [filɔdɛ̃drɔ̃] m. BOT. Filodendro.
philologie f. Filología.
philologique adj. Filológico, ca.
philologue m. Filólogo.
philomèle f. Filomela (rossignol).
Philomène n. pr. f. Filomena.
philosophale adj. f. Filosofal : *pierre philosophale,* piedra filosofal.
philosophe adj. et s. Filósofo, fa : *vivre en philosophe,* vivir como un filósofo.
philosopher v. intr. Filosofar.
philosophie f. Filosofía. ‖ *Faire sa philosophie,* estudiar el bachillerato de letras.
philosophique adj. Filosófico, ca.
Philostrate n. pr. m. Filóstrato.
philotechnie f. Filotecnia (amour des arts).
philotechnique adj. Filotécnico, ca (ami des arts).
philtre m. Filtro, brebaje mágico, bebedizo.
phimosis [fimozis] m. MÉD. Fimosis, *f.*
phlébite f. MÉD. Flebitis.
phléborragie f. MÉD. Fleborragia.
phlébotome m. Flebótomo, lanceta, *f.* (insecte).
phlébotomie f. MÉD. Flebotomía, sangría.
phlegmasie f. MÉD. Flegmasía, inflamación interna.
phlegmon m. MÉD. Flemón, flegmón.
phlegmoneux, euse adj. MÉD. Flemonoso, sa.
phléole f. Fleo, *m.* (plante).
phlogiste m. CHIM. Flogisto.
phlogose f. MÉD. Flogosis.
phlomis m. BOT. Aguavientos.
phlox m. Flox (plante).
phlyctène f. MÉD. Flictena.
phobie f. Fobia.
Phocée n. pr. f. GÉOGR. Focea.
Phocide n. pr. f. GÉOGR. Fócida.
phocidien, enne adj. et s. Focense.
phocomélie f. MÉD. Focomelia.
phœnix ou **phénix** [feniks] m. Fénix (palmier).
pholade f. Fólade (mollusque).
phonation f. Fonación.
phone m. Fono, fonio, fon (unité de sonorité).
phonème m. Fonema.
phonendoscope m. Fonendoscopio.
phonéticien, enne m. et f. Fonetista.
phonétique adj. et s. Fonético, ca.
phonétisme m. Fonetismo.
phoniatre m. et f. Foniatra.
phoniatrie f. Foniatría.
phonie [fɔni] f. Fonía.
phonique adj. Fónico, ca.
phono m. FAM. Fonógrafo.
phonocontrôle m. Fonocontrol.
phonogénique adj. Fonogénico, ca.

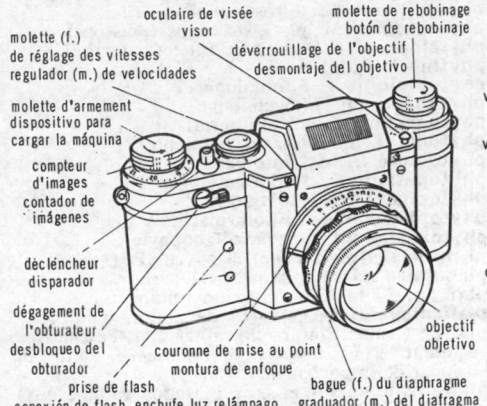

molette (f.)
de réglage des vitesses
regulador (m.) de velocidades

oculaire de visée
visor

molette de rebobinage
botón de rebobinaje

déverrouillage de l'objectif
desmontaje del objetivo

molette d'armement
dispositivo para
cargar la máquina

compteur
d'images
contador de
imágenes

déclencheur
disparador

dégagement de
l'obturateur
desbloqueo del
obturador

couronne de mise au point
montura de enfoque

objectif
objetivo

prise de flash
conexión de flash, enchufe luz relámpago

bague (f.) du diaphragme
graduador (m.) del diafragma

compteur métrique
contador métrico

manivelle de remontage
palanca de rebobinaje

oculaire du
viseur direct
visor óptico directo

poignée
asa

déclencheur
disparador

viseur réflex
visor
reflex

tourelle à trois objectifs
torreta para tres
objetivos

compteur
d'images
contador
de
imágenes

levier (m.)
de manœuvre
de l'obturateur variable

manivelle de marche AR
manivela de
marcha atrás

index réglant le nombre d'images-seconde
regulador de velocidad de imágenes por segundo

palanca (f.) de maniobra del
obturador
variable

---

phonogramme m. Fonograma.
phonographe m. Fonógrafo.
phonographie f. Fonografía.
phonographique adj. Fonográfico, ca.
phonolite ou **phonolithe** f. Fonolita (roche).
phonolitique ou **phonolithique** adj. GÉOL. Fonolítico, ca.
phonologie f. Fonología.
phonomètre m. Fonómetro.
phonométrie f. Fonometría.
phonothèque f. Fonoteca.
phoque m. Foca, f. (animal).
phormium [fɔrmjɔm] m. Lino de Nueva Zelanda.
phosgène m. CHIM. Fosgeno.
phosphatage m. Fosfatado.
phosphate m. CHIM. Fosfato.
phosphaté, e adj. CHIM. Fosfatado, da.
phosphater v. tr. Fosfatar.
phosphatique adj. Fosfático, ca.
phosphaturie f. MÉD. Fosfaturia, exceso (m.) de fósforo en la orina.
phosphène m. Fosfeno.
phosphines f. pl. CHIM. Fosfinas.
phosphite m. CHIM. Fosfito.
phosphore m. CHIM. Fósforo. || *Projectile au phosphore*, proyectil de fósforo.
phosphoré, e adj. Fosforado, da.
phosphorescence f. Fosforescencia.
phosphorescent, e adj. Fosforescente.
phosphoreux, euse adj. Fosforoso, sa.
phosphorique adj. Fosfórico, ca.
phosphorisation f. Fosforización.
phosphorisme m. MÉD. Fosforismo.
phosphorite f. MIN. Fosforita.
phosphoroscope m. Fosforoscopio.
phosphure m. CHIM. Fosfuro.
phot [fɔt] m. PHYS. Foto (unité d'éclairage).
photo f. FAM. Foto : *faire* o *prendre des photos*, hacer ou sacar fotos.
photocalque m. Fotocalco.
photochimie f. Fotoquímica.
photochimique adj. Fotoquímico, ca.
photochromie f. Fotocromía.
photoconducteur, trice adj. Fotoconductor, ra.
photocopie f. Fotocopia.
photocopier v. tr. Fotocopiar. || *Machine à photocopier*, fotocopiadora.
photo-élasticimétrie f. Fotoelasticimetría.
photo-élasticité f. Fotoelasticidad.
photo-électricité f. Fotoelectricidad.
photo-électrique adj. Fotoeléctrico, ca.

photo-finish [fɔtɔfiniʃ] f. Cámara en los finales de carrera.
photogène adj. Fotógeno, na.
photogénie f. Fotogenia.
photogénique adj. Fotogénico, ca.
photoglyptie [fɔtɔglipsi] f. Huecograbado, *m.*
photogramme m. Fotograma.
photogrammétrie f. Fotogrametría.
photographe m. et f. Fotógrafo, fa.
photographie f. Fotografía.
photographier* v. tr. Hacer una fotografía, fotografiar, sacar una foto de. || *Se faire photographier*, sacarse una fotografía.
photographique adj. Fotográfico, ca. || *Appareil photographique*, máquina fotográfica ou de fotografiar.
photograveur [fɔtɔgravœːr] m. Fotograbador.
photogravure f. Fotograbado, *m.*
photolithographie f. Fotolitografía.
photolithographier v. tr. Fotolitografiar.
photolithographique adj. Fotolitográfico, ca.
photoluminescence f. Fotoluminiscencia.
photomécanique adj. Fotomecánico, ca.
photomètre m. Fotómetro.
photométrie f. Fotometría.
photométrique adj. Fotométrico, ca.
photomicrographie f. Fotomicrografía.
photomontage m. Fotomontaje.
photon m. PHYS. Fotón.
photonique adj. PHYS. Del fotón.
photopériodisme m. BOT. Fotoperiodismo.
photophobe adj. et s. MÉD. Fotófobo, ba.
photophobie f. MÉD. Fotofobia.
photophone m. PHYS. Fotófono.
photophore m. Fotóforo, lámpara (f.) fijada al casco (mineurs).
photophorèse f. Fotoforesis.
photopile f. Fotopila.
photo-robot [fɔtɔrɔbo] f. Foto robot.
photosculpture [-skyltyːr] f. Fotoescultura.
photosensible adj. Fotosensible.
photosphère [fɔtɔsfɛːr] f. ASTR. Fotosfera.
photostat [-sta] m. Fotostato.
photosynthèse f. Fotosíntesis.
photosynthétique adj. Fotosintético, ca.
phototactisme m. Fototactismo.
phototélégraphe m. Fototelégrafo.
photothèque f. Fototeca, archivo (m.) fotográfico.
photothérapie f. MÉD. Fototerapia.
phototropisme m. Fototropismo.
phototype m. Fototipo.
phototypie f. IMPR. Fototipia.
phototypographie f. IMPR. Fototipografía.

phrase f. Frase. ‖ GRAMM. Oración, frase. ‖ — *Phrase toute faite,* frase estereotipada *ou* hecha *ou* acuñada. ‖ *Sans phrases,* sin ambigüedades, sin rodeos. ‖ — FAM. *Faire des phrases,* hacer frases, hablar enfáticamente *ou* con prosopopeya.

phraséologie f. Fraseología.

phraséologique adj. Fraseológico, ca.

phraser v. intr. Frasear, hacer frases.

phraseur, euse m. et f. Hablador, ra ; fabricante de frases.

phratrie f. Fratría (antiquité grecque).

phréatique adj. Subterráneo, a ; freático, ca.

phrénique adj. ANAT. Frénico, ca.

phrénologie f. Frenología.

phrénologique adj. Frenológico, ca.

phrygane f. Frígano, *m.* (insecte).

Phrygie n. pr. f. GÉOGR. Frigia.

phrygien, enne adj. et s. Frigio, gia : *bonnet phrygien,* gorro frigio.

phtaléine f. CHIM. Ftaleína.

phtalique adj. m. CHIM. Ftálico, ca.

phtiriasis m. ou **phtiriase** f. MÉD. Ftiriasis, *f.,* pediculosis, *f.*

phtisie [ftizi] f. MÉD. Tisis.

phtisiologie [-zjɔlɔgi] f. Tisiología.

phtisiologue [-zjɔlɔg] m. Tisiólogo.

phtisique [-zik] adj. et s. Tísico, ca.

phycoïdées f. pl. BOT. Ficoideas.

phycomycètes m. pl. BOT. Ficomicetos.

phylactère m. Filacteria, *f.*

phylarque m. Filarca (chef de tribu).

phylétique adj. Filético, ca.

phyllade ou MIN. Filado.

phyllanter m. Sarandí (arbre d'Amérique).

phyllie f. Filia (insecte).

phyllode m. BOT. Filodio.

phyllopodes m. pl. BOT. Filópodos (crustacés).

phylloxéra ou **phylloxera** m. Filoxera, *f.*

phylloxéré, e adj. Filoxerado, da ; con la filoxera.

phylloxérien, enne adj. Filoxérico, ca.

phylloxérique adj. Filoxérico, ca.

phylum [filɔm] m. BIOL. Filo.

physalie f. ZOOL. Fisalia.

physalis [fizalis] m. BOT. Alquequenje.

physicien, enne m. et f. Físico, ca.

physico-chimie f. Fisicoquímica.

physico-chimique adj. Fisicoquímico, ca.

physico-mathématique adj. Fisicomatemático, ca : *sciences physico-mathématiques,* ciencias fisicomatemáticas.

physico-théologique adj. Fisicoteológico, ca.

physiocrate adj. et s. Fisiócrata.

physiocratie f. Fisiocracia.

physiognomonie [fizjɔgnɔmɔni] f. Fisiognomonía.

physiognomonique [-nik] adj. Fisiognomónico, ca ; de la fisiognomonía.

physiognomoniste [-nist] m. et f. Fisiognomonista.

physiographe m. Fisiógrafo.

physiographie f. Fisiografía.

physiologie f. Fisiología.

physiologique adj. Fisiológico, ca.

physiologiste m. et f. Fisiólogo, ga.

physionomie f. Fisonomía, fisionomía (moins courant) : *physionomie malheureuse,* fisonomía poco agraciada.

physionomique adj. Fisonómico, ca.

physionomiste adj. et s. Fisonomista.

physiopathologie f. Fisiopatología.

physiothérapie f. Fisioterapia.

physique adj. Físico, ca.

— F. Física : *physique nucléaire,* física nuclear. ‖ — M. Físico (physionomie) : *avoir un beau physique,* tener un físico agradable. ‖ *Avoir le physique de l'emploi,* irle a uno muy bien un papel *ou* un oficio, encajar muy bien en un papel.

physoïde adj. Fisoideo, a (en forme de vessie).

physostigma m. Fisostigma, haba (*f.*) de Calabar.

physostigmine f. Fisostigmina, eserina.

physostomes m. pl. Fisóstomos (poissons).

phytéléphas [fitelefas] m. Fitelefas (arbre).

phytine f. Fitina.

phytobiologie f. Fitobiología.

phytogène adj. Fitógeno, na.

phytographie f. BOT. Fitografía.

phytolaque m. Fitolaca, *f.* (plante).

phytologie f. BOT. Fitología.

phytopathologie f. Fitopatología.

phytophage adj. Fitófago, ga.

phytopharmacie f. Fitofarmacia.

phytozoaire m. Fitozoario (zoophyte).

pi m. Pi (lettre grecque). ‖ MATH. Pi (3,1416).

piaculaire adj. Expiatorio, ria.

piaf [pjaf] m. POP. Gorrión (moineau).

piaffement m. Acción (*f.*) de piafar, pataleo.

piaffer v. intr. Piafar (cheval). ‖ FIG. Pavonearse, ostentar. ‖ FIG. *Piaffer d'impatience,* saltar *ou* brincar de impaciencia.

piaffeur, euse adj. et s. m. Piafador, ra (chevaux).

piaillard, e [pjɑjaːr, ard] adj. et s. FAM. Pión, ona (oiseaux). ‖ Chillón, ona (personnes).

piaillement [-jmɑ̃] m. Chillido, piada, *f.* (oiseaux). ‖ Gritería, *f.,* griterío, chillido (personnes).

piailler [-je] v. intr. Piar (les oiseaux). ‖ FAM. Chillar (les personnes).

— SYN. *Crier,* gritar.

piaillerie [-jri] f. FAM. Pío, *m.* (oiseaux). ‖ Gritería, griterío, *m.,* chillido, *m.* (personnes).

piailleur, euse m. et f. FAM. Pión, ona (oiseaux). ‖ Chillón, ona ; pión, ona (personnes).

pian m. Pián (maladie).

pianino m. Pianino, piano vertical pequeño.

pianissimo adv. Mus. Pianísimo.

pianiste m. et f. Pianista.

pianistique adj. Pianístico, ca ; del piano.

piano m. Mus. Piano. ‖ — *Piano à queue,* piano de cola. ‖ *Piano demi-queue,* piano de media cola. ‖ *Piano droit,* piano vertical. ‖ FAM. *Piano du pauvre,* acordeón. ‖ *Pianoforte,* pianoforte, piano. ‖ *Piano mécanique,* organillo. ‖ *Piano oblique,* piano diagonal.

piano adv. Mus. Piano.

pianola m. Mus. Pianola, *f.*

pianotage m. FAM. Mus. Tecleo.

pianoter v. intr. Mus. Teclear.

piassava m. Piasava, *f.* (plante).

piastre f. Piastra.

piat [pja] m. Picazo (oiseau).

piaule f. POP. Habitación, cuarto *m.* (chambre).

piaulement [pjolmɑ̃] m. POP. Pío.

piauler v. intr. Piar (les poulets). ‖ Chillar (les enfants).

piauleur, euse m. et f. Piador, ra ; pión, ona (oiseaux). ‖ Chillón, ona (personnes).

piaulis [pjoli] m. FAM. Gorjeo de las aves.

pibale f. ZOOL. Angula (civelle).

pible (à) loc. adv. MAR. Tiple, palo de una sola pieza (mât).

pibrock [pibrɔk] m. Gaita (*f.*) escocesa. ‖ Música (*f.*) para gaita.

pic m. Pico (outil). ‖ Pico, picacho (montagne). ‖ MAR. Perilla (*f.*) de mesana. ‖ Pájaro carpintero, pico (pivert). ‖ — *Abîme à pic,* abismo vertical. ‖ *Couler à pic,* irse a pique. ‖ FIG. et FAM. *Tomber à pic,* venir de primera *ou* de perilla, caer como pedrada en ojo de boticario.

pica m. MÉD. Pica, *f.,* malacia, *f.*

picador m. Picador (corrida).

picaduros m. Purito (petit cigare).

picaillons [pikajɔ̃] m. pl. POP. Cuartos, parné, *sing.,* pasta, *f. sing.* (argent).

picard, e adj. et s. Picardo, da (de Picardie). ‖ — M. Dialecto picardo.

picardan m. Vino moscatel.
Picardie n. pr. f. GÉOGR. Picardía.
picarel m. Esmarrido (poisson).
picaresque adj. Picaresco, ca.
pícaro m. Pícaro.
piccolo m. FAM. Vino corriente y flojo. ‖ MUS. Flautín.
picéa m. Picea, f. (arbre).
pichenette f. FAM. Papirotazo, m., capón (chiquenaude).
pichet [piʃɛ] m. Jarro, pichel (petit broc).
picholine [pikɔlin] f. Aceituna verde aliñada.
pickles [pikls] m. pl. Encurtidos.
pickpocket [pikpɔkɛt] m. Ratero (voleur).
pick-up [pikœp] m. inv. Fonocaptor (d'un poste de radio). ‖ Tocadiscos, pick-up (phonographe électrique).
pic-nic m. V. PIQUE-NIQUE.
picoler v. intr. POP. Pimplar, soplar, empinar el codo (boire).
picolet [pikɔlɛ] m. Picolete (serrure).
picoline f. CHIM. Picolina.
picolo m. V. PICCOLO.
picorer v. intr. Picotear, picar, buscar alimentos (les oiseaux). ‖ (Vx). Merodear, pecorear (marauder).
— V. tr. Picar, picotear, comer poco.
picot [piko] m. Garrancho, pico (d'un morceau de bois). ‖ Cuña (f.) de madera (coin de bois). ‖ Pico (marteau des carriers). ‖ Puntilla, f., piquillo (d'une dentelle). ‖ Red, f. (filet). ‖ Paja (f.) fina (paille).
picotage m. Picoteo. ‖ Picor, picazón, f. (picotement).
picote f. (P. us.). Picote, m. (tissu). ‖ (P. us.). MÉD. Viruelas, pl. (variole).
picoté, e adj. Picado, da; picoteado, da.
picotement m. Picor, picazón, f., comezón, f.
picoter v. tr. Picotear (becqueter). ‖ Picar, causar picazón (démanger). ‖ Picar (un papier). ‖ Poner cuñas (mines). ‖ FIG. Picar, zaherir (taquiner).
picoterie f. Pulla, dicho (m.) picante.
picotin m. Picotín (mesure). ‖ Pienso (pour les chevaux).
picpouille ou **picpoul** m. Vino del sur de Francia.
picrate m. CHIM. Picrato. ‖ POP. Vino peleón (vin ordinaire), vinate, mollate, pirriaque (vin).
picrique adj. m. CHIM. Pícrico (acide).
Pictes n. pr. m. pl. Pictos.
pictographie f. Pictografía.
pictural, e adj. Pictórico, ca : des ornements picturaux, ornamentos pictóricos.
pie [pi] f. Urraca, picaza (oiseau). ‖ FAM. Cotorra : jaser comme une pie, hablar como una cotorra. ‖ Pío, pía (couleur des chevaux) : des chevaux pie, caballos píos. ‖ — Voleur comme une pie, más ladrón que siete. ‖ FIG. Trouver la pie au nid, hacer un descubrimiento maravilloso.
— OBSERV. Pie, adjetivo de color, es invariable.
pie [pi] adj. Pío, pía ; piadoso, sa (pieux) : œuvres pies, obras pías.
Pie [pi] n. pr. m. Pío : Pie Neuf, Pío Nono.
pièce f. Pieza : les pièces d'une machine, las piezas de una máquina. ‖ Habitación, cuarto m. (d'un appartement). ‖ Remiendo, m., pieza (raccommodage) : mettre une pièce à un pantalon, poner una pieza a un pantalón ; mettre une pièce à une chaussure, poner un remiendo a un zapato. ‖ Pedazo, m. (morceau). ‖ Cada uno, m., unidad (chaque) : cent francs pièce, cien francos cada uno ; vendu à la pièce, vendido por unidades. ‖ Pieza (chasse, tissu). ‖ Moneda, pieza (monnaie). ‖ Documento, m. : pièce d'identité, documento de identidad. ‖ Pieza (échecs, héraldique). ‖ Obra : pièce de vers, obra en verso ; pièce de musique, obra de música. ‖ Obra de teatro : pièce en cinq

actes, obra de teatro en cinco actos. ‖ MIL. Pieza (bouche à feu). ‖ Escuadra de arma colectiva (d'un canon). ‖ — Pièce à o de conviction, cuerpo del delito, pieza de convicción. ‖ Pièce à l'appui, comprobante. ‖ Pièce d'eau, estanque. ‖ Pièce de bétail, cabeza de ganado, res. ‖ Pièce de charpente, viga. ‖ Pièce de rechange, détachée, pieza de recambio, de repuesto. ‖ Pièce de résistance, plato fuerte ou de resistencia. ‖ Pièce de terre, haza. ‖ Pièce de vin, tonel de vino. ‖ Pièce justificative, comprobante, documento justificativo, justificante. ‖ Pièce montée, plato montado. ‖ — De toutes pièces, completamente. ‖ En pièces détachées, desarmado. ‖ Pièce à pièce, pieza por pieza. ‖ Tout d'une pièce, de un solo bloque, de una sola pieza ; envarado, rígido, tieso : marcher tout d'une pièce, andar envarado, rígido (sans souplesse) ; de un tirón (d'un trait) : faire sa nuit tout d'une pièce, dormir de un tirón. ‖ Un deux-pièces, un bañador de dos piezas ou de dos cuerpos (maillot de bain), un dos piezas (vêtement), un piso de dos habitaciones (appartement). ‖ — Armé de toutes pièces, armado de pies a cabeza. ‖ FAM. Donner la pièce, dar una propina. ‖ Faire pièce à quelqu'un, ir en contra de uno (s'opposer). ‖ Fait de pièces et de morceaux, hecho de retazos. ‖ Juger sur pièce, juzgar de viso. ‖ Mettre en pièces, hacer pedazos ou añicos (briser), despedazar, destrozar (par des médisances), desbaratar, hacer trizas (l'ennemi). ‖ FAM. Nous ne sommes pas aux pièces, lo que hacemos no corre prisa. ‖ Tomber en pièces, caerse a pedazos. ‖ Travailler à la pièce o aux pièces, trabajar a destajo.
piécette f. Moneda pequeña, monedilla. ‖ Obrita de teatro. ‖ — Pl. ARCHIT. Rondelas.
pied [pje] m. Pie (en général). ‖ Pata, f. (support) : une table à quatre pieds, una mesa de cuatro patas. ‖ Pies, pl. : elle était au pied du lit, estaba a los pies de la cama. ‖ Pata, f. (cuisine). ‖ — Pied à coulisse, pie de rey, compás de corredera. ‖ Pied de devant, mano (du cheval). ‖ Pied de fonte, horma (cordonnier). ‖ Pied de montoir, pie de cabalgar. ‖ Pied de nez, palmo de narices. ‖ Pied de porc, mano de cerdo. ‖ Pied de vigne, cepa. ‖ Pied fourchu, pata hendida. ‖ Pieds nus o nu-pieds, descalzo, za : elle marche pieds nus, anda descalza. ‖ Pieds plats, pies planos. ‖ — A pied, a pie (en marchant), pie a tierra (militaire). ‖ À pied d'œuvre, sobre el terreno, al pie del cañon. ‖ À pied sec, a pie enjuto. ‖ À pieds joints, a pie juntillas, con los pies juntos. ‖ Au petit pied, de poca monta. ‖ Au pied de la lettre, al pie de la letra. ‖ Au pied du mur, entre la espada y la pared. ‖ Au pied levé, de repente, improvisadamente, de improviso. ‖ Aux pieds de quelqu'un, a los pies de alguien. ‖ Coup de pied, puntapié, patada. ‖ De la tête aux pieds o des pieds à la tête, de pies a cabeza. ‖ De pied en cap, de pies a cabeza. ‖ De pied ferme, a pie firme. ‖ De plain-pied, al mismo nivel. ‖ En pied, de cuerpo entero (portrait). ‖ Le pied à l'étrier, con el pie en el estribo. ‖ Pied à pied, paso a paso. ‖ Sur le même pied o sur un pied d'égalité, en un pie de igualdad. ‖ Sur le pied de, a razón, en plan de. ‖ Sur le pied de guerre, en pie de guerra. ‖ Sur pied, en pie, levantado, da (guéri), preparado, da ; listo, ta (prêt), establecido, da (établi), en pie, antes de la cosecha (avant la récolte), en vivo (animal). ‖ Sur un grand pied, en plan grande, a lo grande, a lo grand señor (magnifiquement). ‖ Sur un pied d'intimité, en un plan de intimidad.
— Attendre de pied ferme, esperar a pie firme. ‖ Avoir bon pied bon œil, estar más sano que una manzana, ser fuerte como un roble. ‖ Avoir le pied marin, ser muy marinero, no marearse. ‖ Avoir pied, hacer pie (dans l'eau). ‖ Avoir toujours un pied en l'air, estar siempre con un pie en

el aire. ‖ *Avoir un pied dans la fosse* o *dans la tombe*, tener un pie en el sepulcro. ‖ *Avoir un pied quelque part*, meter un pie *ou* tener entrada en algún sitio. ‖ POP. *Casser les pieds de quelqu'un*, dar la lata *ou* fastidiar a alguien. ‖ *Cela lui fait les pieds*, lo tiene bien merecido (c'est bien fait), le da una lección, es un buen escarmiento. | *Envoyer son pied quelque part*, largar una patada en el trasero. ‖ *Être bête comme ses pieds*, ser tonto de capirote. ‖ *Être sur un bon pied*, estar en buena situación. ‖ *Faire des pieds et des mains*, revolver Roma con Santiago, hacer todo lo posible. ‖ FAM. *Faire du pied à quelqu'un*, dar con el pie a alguien. ‖ *Faire le pied de grue*, estar de plantón, esperar en vano. ‖ *Faire un pied de nez*, hacer burla con la mano, hacer un palmo de narices (pour se moquer). ‖ *Fouler aux pieds*, pisotear. ‖ *Lâcher pied*, perder pie, perder terreno, cejar. ‖ FAM. *Lever le pied*, largarse, fugarse. ‖ *Marcher sur les pieds de quelqu'un*, pisotear, apabullar. ‖ *Mettre le pied* o *les pieds à*, poner los pies en. ‖ *Mettre les pieds dans le plat*, meter la pata. ‖ *Mettre pied à terre*, poner pie en tierra, apearse. ‖ *Mettre quelqu'un à pied*, poner a uno en la puerta de la calle, despedir. ‖ *Mettre sur pied*, poner en pie. ‖ *Ne pas se donner de coups de pied*, no tener abuela, ser muy engreído. ‖ *Ne plus mettre les pieds dans un endroit*, no poner más los pies en un sitio. ‖ *Ne pouvoir mettre un pied devant l'autre*, no tenerse de pie. ‖ *Ne savoir sur quel pied danser*, no saber a qué son bailar, no saber a qué atenerse, no saber a qué carta quedarse. ‖ *Partir du bon pied*, entrar con buen pie. ‖ *Perdre pied*, no hacer pie, perder pie. ‖ *Pieds et poings liés*, atado de pies y manos. ‖ *Prendre pied*, asentarse. ‖ *Prendre quelqu'un au pied levé*, coger a uno de improviso. ‖ *Remettre quelqu'un sur pied*, levantar a alguien (relever), hacer a alguien levantar cabeza (rétablir). ‖ *Retomber sur ses pieds*, caer de pie. ‖ FAM. *Se casser les pieds*, aburrirse como una ostra. | *Se lever du pied gauche* o *du mauvais pied*, levantarse con el pie izquierdo. ‖ *Taper du pied*, golpear el suelo con el pie (frapper le sol), patalear (les enfants), patear (en signe de désapprobation). ‖ *Travailler comme un pied*, trabajar con los pies.

pied-à-terre [pjetatɛːr] m. inv. Apeadero, vivienda (*f.*) de paso.

pied-bot [pjebo] m. Patizambo.
— OBSERV. Pl. *pieds-bots*.

pied-d'alouette m. BOT. Espuela (*f.*) de caballero.
— OBSERV. Pl. *pieds-d'alouette*.

pied-de-biche [pjedbiʃ] m. Sacaclavos, uña, *f.* (pour extraire des clous). ‖ Pie prensatelas, prensilla, *f.* (couture). ‖ Pinzas (*f. pl.*) de dentista (de dentiste). ‖ Empuñadura, *f.*, llamador (de sonnette).
— OBSERV. Pl. *pieds-de-biche*.

pied-de-cheval m. Ostión, ostra (*f.*) portuguesa.
— OBSERV. Pl. *pieds-de-cheval*.

pied-de-chèvre m. TECHN. Palanqueta, *f.*, pie de cabra (levier). ‖ Armazón (*f.*) de cabria, travesaño.
— OBSERV. Pl. *pieds-de-chèvre*.

pied-de-lièvre m. BOT. Pie de liebre.
— OBSERV. Pl. *pieds-de-lièvre*.

pied-de-loup m. BOT. Licopodio (lycopode).
— OBSERV. Pl. *pieds-de-loup*.

pied-de-mouche m. IMPR. Calderón.
— OBSERV. Pl. *pieds-de-mouche*.

pied-de-poule [pjedpul] m. Pata (*f.*) de gallo.
— OBSERV. Pl. *pieds-de-poule*.

pied-de-veau [pjedvo] m. BOT. Aro pie de becerro.
— OBSERV. Pl. *pieds-de-veau*.

pied-d'oiseau m. Serradella, *f.* (plante).
— OBSERV. Pl. *pieds-d'oiseau*.

pied-droit ou **piédroit** [pjedrwa] m. ARCHIT. Macho (pilier). ‖ Larguero, montante, jambas, *f. pl.* (jambage d'une porte o d'une fenêtre).
— OBSERV. Pl. *pieds-droits*.

piédestal m. Pedestal : *des piédestaux de marbre*, pedestales de mármol. ‖ FIG. *Mettre quelqu'un sur un piédestal*, poner a alguien por las nubes *ou* en los altares.

pied-fort ou **piéfort** m. Moneda (*f.*) más gruesa que la ordinaria y que sirve de modelo para acuñar, patrón de moneda.

pied-noir [pjenwar] m. et f. FAM. Europeo, europea de Argelia.

piédouche m. Basa (*f.*) de un busto.

piège m. Trampa, *f.*, cepo : *tendre un piège*, tender una trampa. ‖ — *Piège explosif*, mina con trampa. ‖ — *Donner* o *tomber dans le piège*, caer en la trampa. ‖ *Dresser un piège*, armar una trampa. ‖ *Se laisser prendre à son propre piège*, caer en las propias redes.
— SYN. *Traquenard*, armadijo. *Embuscade*, emboscada. *Embûche*, celada. *Attrape*, trampa. *Chausse-trape*, trampa. *Guêpier*, avispero.

piégeage [pjeʒaːʒ] m. Caza (*f.*) con trampa. ‖ MIL. Colocación (*f.*) de trampas explosivas.

piéger v. tr. Coger en la trampa. ‖ Colocar minas en (des engins explosifs). ‖ Colocar un explosivo en (une voiture, etc.). ‖ *Piéger une mine*, colocar una trampa en una mina.

piégeur m. Cazador con trampas.

pie-grièche [pigriɛʃ] f. Alcaudón, *m.*, pega reborda, desollador, *m.* (oiseau). ‖ FAM. Arpía (femme acariâtre).

pie-mère [pimɛːr] f. ANAT. Piamadre, piamáter.

piémont ou **piedmont** m. Llanura (*f.*) un poco inclinada al pie de una montaña.

Piémont n. pr. m. GÉOGR. Piamonte.

piémontais, e adj. et s. Piamontés, sa.

piéride f. Piéride (papillon).

pierraille [pjɛraːj] f. Grava, cascajo, *m.*

pierre f. Piedra. ‖ Terrón, *m.* (morceau de sucre). ‖ MÉD. Piedra, cálculo, *m.* ‖ — *Pierre à aiguiser*, piedra de amolar *ou* de afilar, amoladera. ‖ *Pierre à bâtir*, piedra de construcción. ‖ *Pierre à briquet*, piedra de mechero, de encendedor. ‖ *Pierre à feu* ou *à fusil*, pedernal, piedra de chispa. ‖ *Pierre angulaire* o *fondamentale*, piedra angular, fundamental. ‖ *Pierre d'achoppement*, escollo. ‖ *Pierre d'aimant*, piedra imán. ‖ *Pierre d'attente*, adaraja. ‖ *Pierre d'autel*, ara. ‖ *Pierre de taille*, sillar, cantería, piedra de sillería. ‖ *Pierre de touche*, piedra de toque. ‖ *Pierre d'évier*, pila. ‖ *Pierre infernale*, piedra infernal, nitrato de plata. ‖ *Pierre levée*, menhir. ‖ *Pierre météorique*, piedra meteórica. ‖ *Pierre philosophale*, piedra filosofal. ‖ *Pierre plate*, piedra plana, lancha. ‖ *Pierre ponce*, piedra pómez. ‖ *Pierre précieuse*, piedra preciosa. ‖ *Pierre tombale*, lápida sepulcral. ‖ — *Coup de pierre*, pedrada. ‖ *Fusil à pierre*, escopeta de chispa. ‖ *Tailleur de pierre*, picapedrero, cantero. ‖ — *Dur comme la pierre*, duro como un pedernal *ou* como la piedra. ‖ — *Ce jour est marqué d'une pierre blanche*, es un día señalado, es un día señalado con piedra blanca. ‖ FAM. *Être malheureux comme les pierres*, ser el rigor de las desdichas. ‖ FIG. *Faire d'une pierre deux coups*, matar dos pájaros de un tiro. | *Geler à pierre fendre*, helarse las piedras. ‖ *Jeter des pierres dans le jardin de quelqu'un*, tirar piedras al tejado ajeno. ‖ *Jeter la pierre et cacher le bras*, tirar la piedra y esconder la mano. ‖ *N'avoir pas une pierre où reposer sa tête*, no tener donde caerse muerto. ‖ *Pierre qui roule n'amasse pas mousse*, piedra movediza nunca moho cobija. ‖ *Poser la première pierre*, poner la primera piedra.

Pierre n. pr. m. Pedro.

pierrée f. Tarjea, atarjea, canal (*m.*) de desagüe hecho con piedras.

pierreries [pjɛrri] f. pl. Pedrerías, piedras preciosas.

pierrette f. Piedrecilla, china (caillou). ‖ Mujer disfrazada de Pierrot.

Pierrette n. pr. f. Petra.

pierreux, euse adj. Pedregoso, sa (rempli de pierres). ‖ Pétreo, a (comme la pierre).

pierrier m. (Vx). MIL. Pedrero.

pierrot [pjɛro] m. Pierrot (masque). ‖ Gorrión (moineau).

Pierrot [pjɛro] n. pr. m. Perico, Pedrito.

pietà f. inv. Piedad (peinture, sculpture).

piétaille f. MIL. FAM. Infantería, pipis, *m. pl.*

piété f. Piedad. ‖ — *Piété filiale*, amor filial. ‖ — *Œuvres de piété*, obras pías.

piétement m. TECHN. Travesaños, *pl.* (d'un meuble).

piéter* v. intr. Tener el pie en la raya (au jeu de boules). ‖ Correr, corretear (les oiseaux).
— V. pr. Ponerse de puntillas (sur la pointe des pieds).

piétin m. Reblandecimiento (des céréales). ‖ VÉTÉR. Despeadura, *f.*

piétinement m. Pisoteo. ‖ Pataleo (gigotement). ‖ FIG. Poco adelanto, estancamiento (d'une conférence).

piétiner v. tr. ● Pisotear.
— V. intr. ◆ Patear, patalear : *piétiner de colère*, patalear de cólera. ‖ FIG. Estancarse, no haber ningún adelanto, atascarse (ne pas avancer). ‖ *Piétiner sur place*, marcar el paso.
— SYN. ● *Fouler*, hollar.
— ◆ *Piaffer*, piafar. *Trépigner*, patear, patalear.

piétisme m. Pietismo (doctrine religieuse).

piétiste adj. et s. Pietista.

piéton m. Peatón, transeúnte. ‖ *Passage pour piétons*, paso de peatones.

piétonnier, ère adj. Peatonal.

piètre adj. Pobre, ruin, de poco valor, sin valor, malo, la. ‖ *Faire piètre figure*, hacer un pobre papel.

pieu m. ● Estaca, *f.* ‖ POP. Piltra, *f.*, catre (lit).
SYN. ● *Poteau*, poste. *Piquet*, estaca. *Pal*, palo.

pieuter (se) v. pr. POP. Meterse en la piltra, acostarse (se coucher).

pieuvre f. Pulpo, *m.* (poulpe). ‖ Pulpo, *m.* (pour fixer). ‖ FIG. Persona exigente.

pieux, euse [pjø, jø:z] adj. Piadoso, sa. ‖ Respetuoso, sa : *un fils pieux*, un hijo respetuoso. ‖ Devoto, ta : *soins pieux*, cuidados devotos. ‖ *Pieux mensonge*, mentira piadosa.

pièze f. Pieza (unité de pression).

piézo-électricité f. Piezoelectricidad.

piézo-électrique adj. Piezoeléctrico, ca.

piézomètre m. PHYS. Piezómetro.

pif [pif] m. POP. Napias, *f. pl.*, naripa, *f.* (nez).

piffer v. tr. POP. Tragar : *ne pas pouvoir le piffer*, no poder tragarle.

piffomètre m. POP. *Mesurer au piffomètre*, medir a ojo de buen cubero.

pif, paf ! onomatopéa ¡Zis!, ¡zas!

pige f. Medida de longitud, escala. ‖ IMPR. Regla de calibre. | Tarea normal (tâche). | Trabajo (*m.*) por líneas (journal). ‖ POP. Año, *m.* (année). ‖ POP. *Faire la pige à quelqu'un*, pasar *ou* adelantar a uno, ir más de prisa que él (aller plus vite), dar ciento y raya (faire mieux).

pigeon [piʒõ] m. ● Palomo (oiseau). ‖ Pella (*f.*) de yeso (plâtre). ‖ FIG. et FAM. Primo, palomino, bobalicón (dupe). ‖ — *Pigeon ramier*, paloma torcaz. ‖ *Pigeon vole*, juego de prendas. ‖ *Pigeon voyageur*, paloma mensajera. ‖ — *Gorge-de-*

---

pigeon, color tornasolado (couleur). ‖ *Tir au pigeon*, tiro de pichón. ‖ *Tir au pigeon d'argile*, tiro al plato.
— SYN. ● *Colombe*, paloma. *Palombe*, paloma silvestre. *Tourterelle*, tórtola. *Biset*, paloma zurita.

pigeonnant, e [piʒonã, ã:t] adj. FAM. *Gorge pigeonnante*, pechos subidos.

pigeonne f. Paloma, pichona (femelle du pigeon).

pigeonneau m. Pichón (jeune pigeon). ‖ FIG. et FAM. Primo, inocentón (que l'on dupe).

pigeonnier m. Palomar. ‖ FAM. Desván, buhardilla, *f.* (mansarde).

piger* v. tr. POP. Chanelar, comprender, entender (comprendre). | Mirar, fijarse en (regarder). | Pescar (attraper). ‖ POP. *Ne rien piger*, no entender ni jota, quedarse en ayunas *ou* in albis.

pigment m. Pigmento.

pigmentaire adj. Pigmentario, ria.

pigmentation f. Pigmentación.

pigmenter v. tr. Pigmentar.

pignade f. Pinar, *m.* (forêt de pins maritimes).

pigne f. Piña (pomme de pin). ‖ Piñón, *m.* (graine).

pignocher v. tr. Mordisquear (manger par petits morceaux). ‖ Pintar con pequeñas pinceladas (peindre).

pignon m. ARCHIT. Aguilón. ‖ BOT. Piñón (graine de la pomme de pin). ‖ TECHN. Piñón, ruedecilla (*f.*) dentada : *pignon de renvoi*, piñón de cambio. ‖ — *Pin pignon*, pino piñonero *ou* real. ‖ — *Avoir pignon sur rue*, tener casa propia.

pignoratif, ive [piɲɔratif, i:v] adj. DR. Pignoraticio, cia.

pignouf [piɲuf] m. POP. Patán (homme grossier).

pilaf, pilau *ou* **pilaw** m. Arroz blanco (riz).

pilage m. Machacado, trituración, *f.*

pilaire adj. Piloso, sa.

pilastre m. Pilastra, *f.*

pile f. Pila. ‖ Pila, rimero, *m.* : *une pile de bois*, una pila de leña. ‖ Machón, *m.*, pila, pilar, *m.* (d'un pont). ‖ Cruz, reverso, *m.* (d'une monnaie). ‖ BLAS. Pila. ‖ PHYS. Pila : *pile électrique, atomique*, pila eléctrica, atómica. ‖ — *Pile ou face*, cara o cruz. ‖ — POP. *Arriver pile* o *tomber pile*, llegar justo (arriver juste), venir al pelo (bien tomber). ‖ FAM. *S'arrêter pile*, pararse en seco *ou* justo.

pilée f. Pilada.

piler v. tr. ● Majar, machacar, triturar. ‖ POP. Moler a palos (battre). ‖ FAM. *Se faire piler*, sufrir un fracaso aplastante.
— SYN. ● *Pulvériser*, pulverizar. *Moudre*, moler.

pilet [pilɛ] m. Pato bravío, lavanco (canard sauvage).

pileur, euse adj. y s. Moledor, ra ; triturador, ra.

pileux, euse adj. Piloso, sa.

pilier m. Pilar. ‖ Poste (poteau). ‖ FIG. Sostén, soporte, apoyo (soutien). | Asiduo (de cabaret), elemento básico, pilar (de société). ‖ Pilar (rugby).

pilifère adj. Pilífero, ra.

piliforme adj. Piliforme.

pillage [pijaʒ] m. Pillaje, saqueo (mot le plus usuel). ‖ Plagio. ‖ *Mettre au pillage*, saquear.
— SYN. *Saccage*, saqueo. *Sac*, saco.

pillard, e [-jaːr, ard] adj. et s. Saqueador, ra ; pillador, ra (p. us.). ‖ Ladrón, ona (voleur). ‖ Plagiario, ria (plagiaire).

piller [-je] v. tr. Saquear (s'emparer par la violence). ‖ Robar, despojar (voler). ‖ Plagiar, copiar (plagier).

pilleur, euse [-jœːr, jø:z] adj. et s. Saqueador, ra. ‖ Plagiario, ria. ‖ MAR. *Pilleur d'épave*, raquero.

pilocarpe m. BOT. Pilocarpo, jaborandi.

pilocarpine f. Pilocarpina.

pilon m. Mano, *f.*, maja, *f.* (du mortier). ‖ Mazo (de moulin à foulon). ‖ Pisón (pour les terres). ‖

FAM. Muslo, pata, *f.* (de volaille). | Pata (*f.*) de palo, pierna (*f.*) de madera (jambe de bois). ‖ — *Marteau-pilon,* martillo pilón. ‖ *Mettre un ouvrage au pilon,* destruir la edición de una obra.

pilonnage m. Apisonamiento (de la terre), machacado, majamiento. ‖ MIL. Machaqueo, bombardeo intensivo, martilleo (bombardement intense).

pilonner v. tr. Apisonar (la terre), machacar, majar. ‖ MIL. Machacar, martillear a cañonazos.

pilori m. Picota, *f.* ‖ FIG. *Mettre o clouer au pilori,* poner en la picota, señalar a la vergüenza pública.

pilo-sébacé, e adj. Pilosebáceo, a.

piloselle f. Vellosilla (plante).

pilosité f. Pilosidad, vellosidad.

pilot [pilo] m. Pilote, estaca, *f.* (pieu). ‖ Montón de sal (tas de sel). ‖ Trapos, *pl.* (pour faire du papier).

pilotage m. AVIAT. Pilotaje, vuelo : *pilotage sans visibilité,* vuelo sin visibilidad. ‖ MAR. Pilotaje, practicaje. ‖ CONSTR. Pilotaje, estacado.

pilote m. AVIAT. Piloto : *pilote de ligne,* piloto de línea *ou* civil. ‖ FIG. Guía, piloto. ‖ MAR. ● Práctico, piloto. ‖ ZOOL. Pez piloto. ‖ — *Pilote côtier,* piloto práctico. ‖ *Pilote d'essai,* piloto de pruebas. ‖ *Pilote hauturier,* piloto de altura. ‖ *Pilote lamaneur,* piloto de puerto.
— Adj. Piloto, modelo : *usine pilote,* fábrica piloto ; *ferme pilote,* granja modelo. ‖ — *Bateau pilote,* barco de práctico.
— SYN. ● *Timonier,* timonel. *Nautonier,* nauta. *Nocher,* nauta.

piloter v. tr. Pilotar, conducir (une auto, un avion, etc.). ‖ CONSTR. Zampear, poner estacas *ou* pilotes. ‖ FIG. et FAM. Guiar, dirigir.

pilotin m. MAR. Aprendiz de piloto, pilotín (p. us.).

pilotis [piloti] m. Pilotes, *pl.,* zampas, *f. pl.* : *bâti sur pilotis,* construido sobre pilotes.

pilou m. Felpa (*f.*) de algodón.

pilpoul m. Discusión (*f.*) sobre un tema hebraico.

pilulaire adj. De píldoras, pilular.

pilule f. Píldora. ‖ — FIG. et FAM. *Avaler la pilule,* tragarse la píldora. | *Dorer la pilule,* dorar la píldora.

pilulier m. Pildorero.

pilum [pilɔm] m. Pilo, venablo (javelot romain).

pimbêche adj. et s. FAM. Marisabidilla, tontivana, impertinente. ‖ — Adj. et s. f. Cursi, cursilona.
— SYN. *Mijaurée,* pamplinosa. *Fam. Chipie,* arpía, pécora. *Pop. Chichiteuse,* amanerada, cursi. *Pécore,* pécora.

piment m. Guindilla, *f.,* pimiento chile (plante). ‖ FIG. Sal (*f.*) y pimienta, *f.,* sabor. ‖ — *Piment carré,* pimiento morrón (poivron). ‖ *Piment d'Amérique,* ají.

pimentade f. Salsa de guindilla.

pimenté, e adj. Salpimentado, da. ‖ FIG. Picante.

pimenter v. tr. Sazonar con guindilla. ‖ FIG. Hacer picante, salpimentar, sazonar (un récit).

pimpant, e adj. Pimpante, peripuesto, ta; rozagante.

pimperneau ou **pimpeneau** m. Anguila (*f.*) de agua salada.

pimprenelle f. BOT. Pimpinela.

pin m. Pino (arbre). ‖ — *Pin d'Alep,* pincarrasco, pino carrasco. ‖ *Pin Laricio,* pino negro *ou* negral. ‖ *Pin maritime,* pino marítimo. ‖ *Pin pignon o parasol,* pino piñonero, pino real. ‖ *Pin sylvestre,* pino albar *ou* silvestre. ‖ *Pomme de pin,* piña.

pinacle m. Pináculo. ‖ Pináculo (cartes). ‖ — FIG. *Au pinacle,* en el pináculo, en la cumbre. | *Porter quelqu'un au pinacle,* poner a alguien en el pináculo *ou* por las nubes.

pinacoline f. CHIM. Pinacolina.

pinacothèque f. Pinacoteca.

pinailler v. intr. FAM. Ser minucioso, meticuloso, quisquilloso.

pinailleur, euse adj. et s. FAM. Quisquilloso, sa.

pinard [pinaːr] m. POP. Mollate, vinate, pirriaque (vin).

pinasse f. Pinaza (embarcation).

pinastre m. Pino marítimo, pinastro, pino rodeno.

pinçade [pɛsad] f. (Vx). Pellizco, *m.*

pinçage m. Desmoche (des bourgeons).

pinçard, e adj. et s. Estacado, da; topino, na.

pince f. Garra, presa. ‖ Pinza (couture) : *pinces lâchées,* pinzas sueltas. ‖ Lumbre (d'un fer à cheval). ‖ Mano, garras, *pl.* (du pied des animaux). ‖ Tenazas, *pl.* (d'une cheminée des forgerons). ‖ Boca, pata (des langoustes, des homards). ‖ POP. Mano : *serrer la pince,* dar la mano. | Pata, patita (pied). ‖ TECHN. Pinza (outil). | Palanca, alzaprima (levier). ‖ — *Pince à dessin,* pinza sujetapapeles. ‖ *Pince à gaz,* mordaza de gas. ‖ *Pince à linge,* alfiler de la ropa. ‖ *Pince à sucre,* tenacillas para el azúcar. ‖ — Pl. Palas, pinzas (dents de devant). ‖ Alicates, *m.,* pinzas (outil). ‖ — *Pinces à épiler,* pinzas, pinzas de depilar. ‖ *Pinces à ongles,* alicates.

pincé m. MUS. Punteado.

pincé, e adj. Ajustado, da; entallado, da (couture). ‖ Encogido, apretado (lèvre). ‖ FIG. Afectado, da (manière).

pinceau m. Pincel (d'artiste peintre), brocha, *f.* (gros pinceau de peintres en bâtiment). ‖ Pequeño haz luminoso (faisceau lumineux). ‖ POP. Pinrel (pied). ‖ — *Coup de pinceau,* pincelada (d'un tableau), brochazo (de bâtiment).

pincée f. Pizca : *une pincée de sel,* una pizca de sal. ‖ Pulgarada : *une pincée de tabac,* una pulgarada de tabaco.

pincelier m. Pincelero (pour laver les pinceaux).

pince-maille [pɛsmɑːj] m. Tacaño, agarrado.
— OBSERV. Pl. *pince-mailles.*

pincement m. Pellizco. ‖ Desmoche (des bourgeons). ‖ Encogimiento (des lèvres). ‖ AUTOM. Convergencia (*f.*) de las ruedas delanteras (des roues d'une auto). ‖ FIG. Escozor, picor (de jalousie). ‖ MUS. Punteado. ‖ *Avoir un pincement au cœur,* tener encogido el corazón.

pince-monseigneur m. Palanqueta, *f.,* ganzúa, *f.*
— OBSERV. Pl. *pinces-monseigneur.*

pince-nez [pɛsne] m. inv. Quevedos, *pl.,* lentes, *pl.*
— OBSERV. *Pince-nez* se emplea en singular : *porter un pince-nez.*

pincer* v. tr. Pellizcar, dar pellizcos (avec les doigts). ‖ Coger (prendre). ‖ Coger con las tenazas (avec des pinces). ‖ Apretar (les lèvres). ‖ Despuntar, desmochar (les plantes). ‖ Ajustar (ajuster), entallar (à la taille). ‖ FIG. et FAM. Coger, pescar (surprendre, arrêter). ‖ MAR. Puntear. ‖ MUS. Puntear, pisar.
— V. intr. FIG. Picar : *le froid pince,* el frío pica. ‖ POP. *En pincer pour,* estar colado por.

pince-sans-rire m. et f. inv. Persona (*f.*) graciosa *ou* chistosa que tiene un aspecto serio.

pincette f. Pinza pequeña. ‖ — Pl. Tenazas (pour le feu). ‖ POP. Remo, *m. sing.,* piernas (jambes). ‖ FAM. *N'être pas à prendre avec des pincettes,* no haber por donde cogerlo.

pinceur, euse adj. et s. Pellizcador, ra.

pinchard, e adj. et s. Gris (cheval).

pinçon [pɛsɔ̃] m. Pellizco. ‖ Cardenal (marque sur la peau).

pinçure [-syːr] f. Pellizco, *m.* ‖ Arruga, pliegue, *m.* (plissement).

Pindare n. pr. m. Píndaro.

pindarique adj. Pindárico, ca.

pindariser v. intr. Gongorizar, hablar *ou* escribir ampulosa *ou* oscuramente.

pindarisme m. Pindarismo.

Pinde n. pr. m. GÉOGR. Pindo.

pinéal, e adj. ANAT. Pineal : *corps pinéaux,* cuerpos pineales.
pineau m. Uva (*f.*) tintilla de Borgoña. ‖ Vino generoso des Charentes.
pinède ou **pineraie** f. Pinar, *m.,* pineda.
pinène m. CHIM. Pineno.
pingouin [pɛ̃gwɛ̃] m. Pingüino (oiseau).
Ping-Pong [piŋ pɔ̃ŋ] m. Tenis de mesa, ping pong.
pingre adj. et s. FAM. Agarrado, da ; roñica : *mon oncle est un pingre,* mi tío es un roñica.
pingrerie f. Roñosería, tacañería.
pinière f. Pinar, *m.,* pineda (pinède).
pinifère adj. Pinífero, ra.
pinique adj. CHIM. Pínico (acide).
pinnatifide adj. Pinatífido, da (feuille).
pinne f. Ostraperla (mollusque).
pinnée adj. Pinada (feuille).
pinnipède adj. et s. ZOOL. Pinnípedo, da.
pinnothère m. Cangrejo pequeño de mar.
pinnule f. Pínula (topographie).
pinot [pino] m. Uva (*f.*) tintilla de Borgoña.
pinque f. MAR. Pingue, *m.* (navire ancien).
pinsapo m. BOT. Pinsapo.
pinson m. Pinzón (oiseau). ‖ *Gai comme un pinson,* alegre como unas castañuelas *ou* unas Pascuas.
pintade f. Pintada, gallineta [en Argentine] (oiseau).
pintadeau m. Pollo de pintada.
pintadine f. Madreperla, ostra perlífera.
pinte f. Pinta (mesure).
pinter v. intr. et tr. POP. Trincar de lo lindo, empinar el codo (boire).
pin-up [pinœp] f. Pin-up, joven guapa y escultural.
piochage m. Cava, *f.* ‖ Trabajo con el pico.
pioche f. Piocha, pico, *m.,* zapapico, *m.,* piqueta.
piochement m. Cava, *f.*
piocher v. tr. Cavar (creuser). ‖ Robar (les cartes). ‖ FIG. et FAM. Empollar, estudiar : *piocher la chimie,* empollar química.
piocheur, euse adj. et s. Cavador, ra. ‖ FIG. et FAM. Empollón, ona ; estudiante aplicado, da. ‖ FAM. Trabajador, ra. ‖ — F. Excavadora (machine).
piochon m. Pico, piqueta, *f.*
piolet [pjɔlɛ] m. Piolet, bastón de montañero (en Espagne), piqueta, *f.* (en Amérique).
pion m. Peón (aux échecs), ficha, *f.* (aux dames). ‖ FAM. Vigilante (maître d'étude). ‖ FIG. et FAM. *Damer le pion à quelqu'un,* ganarle a uno por la mano, ganar la partida a uno.
pioncer* v. intr. POP. Dormir.
pionne f. FAM. Vigilanta (d'école).
pionner v. intr. Comerse peones (échecs) *ou* fichas (dames).
pionnier m. MIL. Zapador, gastador (sapeur). ‖ FIG. Precursor, adelantado ; explorador, colonizador.
— OBSERV. On emploie souvent le gallicisme *pionero.*
piouplou m. POP. Guripa, sorche (soldat).
pipa m. Pipa (crapaud).
pipe f. ● Pipa : *fumer la pipe,* fumar en pipa. ‖ Pipa, barrica (tonneau). ‖ Tubo, *m.* (tuyau). ‖ — POP. *Casser sa pipe,* estirar la pata, hincar el pico (mourir). ‖ FAM. *Fumer sa pipe,* rabiar. ‖ *Par tête de pipe,* por barba, por persona.
— SYN. ● Pop. *Bouffarde,* cachimba. *Narguilé,* narguile.
pipeau m. Caramillo (flûte). ‖ Reclamo para cazar (pour imiter le cri des oiseaux). ‖ Trampa (*f.*) para cazar pájaros. ‖ — Pl. Varillas (*f.*) enligadas (chasse). ‖ FIG. et FAM. Artimañas, *f.,* añagazas, *f.,* trampas, *f.*
pipée f. Caza con reclamo. ‖ FIG. Artimañas, pl.
pipelet, ette m. et f. FAM. Portero, ra.

pipe-line [pajplain] m. Oleoducto.
— OBSERV. Pl. *pipe-lines.*
piper v. tr. Cazar con reclamo. ‖ (Vx.) FIG. Engañar (tromper). | Hacer fullerías [con los dados *ou* las cartas] (tricher). ‖ — FAM. *Il s'est fait piper,* lo trincaron. | *Ne pas piper* o *ne pas piper mot,* no decir ni pío, no decir esta boca es mía.
pipéracées f. pl. BOT. Piperáceas.
pipérazine f. CHIM. Piperacina.
piper-cub [pajpərkœb] m. MIL. Avión de observación.
— OBSERV. Pl. *piper-cubs.*
pipéridine f. CHIM. Piperidina.
piperie f. Fullería, trampa (tromperie au jeu). ‖ Engaño, *m.,* fraude, *m.* (fourberie).
piperine f. Piperina.
pipéronal m. CHIM. Piperonal.
pipette f. Pipeta (tube). ‖ Pipa pequeña.
pipeur m. Fullero (tricheur).
pipi m. Pipí : *faire pipi,* hacer pipí.
pipier, ère adj. Pipero, ra.
— M. et f. Fabricante de pipas.
pipistrelle f. Pipistrelo, *m.* (chauve-souris).
pipit m. Pitpit (oiseau).
pipo m. FAM. Alumno de la Escuela Politécnica.
piquage m. Picado (des pierres). ‖ Costura, *f.,* cosido a máquina.
piquant, e adj. Punzante, en punta (qui pique). ‖ Picante : *sauce piquante,* salsa picante. ‖ Agudo, da ; penetrante : *froid piquant,* frío penetrante. ‖ FIG. Picante, mordaz, punzante (satirique). | Excitante (excitant).
— M: Espina, *f.,* pincho, púa, *f.* ‖ FIG. Lo chistoso, lo curioso, lo interesante (ce qu'il y a de curieux).
pique f. Pica (arme). ‖ Pica, puya (dans les courses de taureaux). ‖ Regatón, *m.* (de canne de skieur). ‖ FIG. Indirecta : *envoyer, lancer des piques,* tirar indirectas. ‖ MUS. Púa. ‖ — M. Picos, *pl.* (carte). ‖ *Être fichu comme l'as de pique,* ir hecho un adefesio, estar mal vestido.
piqué, e adj. Picado, da ; echado a perder (boisson). ‖ Picado, da (fruit, etc.). ‖ Cosido a máquina (cousu). ‖ FAM. Picado, da ; disgustado, da (offensé). | Chiflado, da (fou). ‖ MUS. Picado, da. ‖ *N'être pas piqué des vers,* no ser moco de pavo, no ser manco.
— M. Piqué (tissu). ‖ AVIAT. Picado : *en piqué,* en picado.
pique-assiette [pikasʃɛt] m. inv. FAM. Gorrón.
pique-bœuf m. Boyero (charretier). ‖ Espulgabuey (oiseau).
— OBSERV. Pl. *pique-bœufs.*
pique-bois m. Pico carpintero, pájaro carpintero.
pique-feu m. inv. TECHN. Atizador (tisonnier).
pique-nique m. Comida (*f.*) campestre, jira (*f.*) campestre.
— OBSERV. Pl. *pique-niques.*
pique-niquer v. intr. Comer en el campo, ir de jira campestre.
pique-niqueur, euse m. et f. Excursionista que va a comer al campo.
— OBSERV. Pl. *pique-niqueurs, euses.*
pique-notes m. inv. Gancho para colgar papeles.
piquepouille ou **pique-pou** ou **pique-pout** m. Vino del sur de Francia.
piquer v. tr. Pinchar : *les épines piquent,* las espinas pinchan. | Picar (insecte). ‖ Morder : *se faire piquer par un serpent,* ser mordido por una serpiente. ‖ Poner una inyección (faire une piqûre), vacunar (vacciner). ‖ Picar, apolillar (ronger, se dit des insectes). | Picar (le vent, le froid, etc.). ‖ Coser, pespuntear (coudre). ‖ Coser a máquina. ‖ Puntear, estarcir (un dessin). ‖ Mechar (larder de la viande). ‖ Tirarse de cabeza : *piquer une*

tête dans l'eau, tirarse de cabeza al agua. ‖ Embastar (matelas). ‖ Picar (au billard). ‖ Dar : *piquer les heures,* dar las horas. ‖ Fig. Picar (l'amour-propre). ‖ Picar, mover : *piquer la curiosité,* mover la curiosidad. ‖ Escocer, picar (une réflexion). ‖ Lastimar, picar, molestar (fâcher). ‖ Mus. Picar. ‖ Pop. Birlar, robar (voler). ‖ Taurom. Picar. ‖ — *Piquer au vif,* herir en carne viva. ‖ *Piquer du nez,* caerse de narices. ‖ *Piquer quelqu'un d'honneur,* picarle a uno en el amor propio. ‖ *Piquer un fard,* ponerse como un tomate, subírsele a uno el pavo. ‖ *Piquer une crise,* coger una rabieta. ‖ *Piquer un cent mètres,* salir pitando. ‖ *Piquer un somme,* dar una cabezada, echar un sueñecito, descabezar un sueño. ‖ — V. intr. Pinchar. ‖ Aviat. Descender en picado, picar. ‖ Fam. *Se faire piquer,* ser cogido, coger. ‖ — V. pr. Pincharse. ‖ Picarse (le bois, etc.). ‖ Agriarse, echarse a perder (une boisson). ‖ Presumir, dárselas de (se vanter). ‖ Picarse, enfadarse : *il se pique d'un rien,* se pica por nada. ‖ — *Se piquer au jeu,* empicarse en el juego. ‖ *Se piquer d'honneur,* poner todo su amor propio.
piquet m. Estaca, *f.,* jalón, poste (pieu). ‖ Piquete, jalón (jalon). ‖ Penitencia, *f.,* poste, castigo de pie [en las escuelas]. ‖ Monis (au croquet). ‖ Juego de los cientos (jeu de cartes). ‖ Mil. Piquete (escorte) ; retén (troupe dans la caserne, pompiers). ‖ Pelotón, piquete : *piquet d'exécution,* pelotón de ejecución. ‖ — *Piquet de grève,* piquete de huelga. ‖ — Fam. *Être planté comme un piquet,* estar cuajado como un poste. ‖ *Être raide comme un piquet,* más tieso que un huso *ou* que el palo de la escoba *ou* que un ajo.
piquetage [pikta:ʒ] m. Jalonado, jalonamiento.
piqueter* v. tr. Jalonar, señalar con estacas *ou* piquetes. ‖ Puntear (marquer par des points).
piquette f. Aguapié. ‖ Pirriaque, *m.,* vino (*m.*) peleón, vinucho, *m.* (mauvais vin).
piqueur m. Montero de caza (chasse). ‖ Criado que precedía al coche de su señor. ‖ Encargado, capataz (surveillant des maçons). ‖ Sobrestante (des ponts et chaussées). ‖ *Piqueur de vin,* catavinos, catador de vinos.
piqueur, euse adj. Chupador, ra (insecte).
— M. et f. Techn. Obrero, obrera que cose a máquina.
piqueux m. Montero de caza (chasse à courre).
piquier m. Piquero, pica, *f.* (soldat).
piquoir m. Punzón (dessin).
piqûre [piky:r] f. Picadura (d'un insecte), pinchazo, *m.* (d'un objet). ‖ Pespunte, *m.,* costura (couture). ‖ Puntada : *3 500 piqûres à la minute,* 3 500 puntadas por minuto. ‖ Inyección (injection) : *faire des piqûres,* poner inyecciones. ‖ Basta (d'un matelas).
piranha [pirana] ou **piraya** [piraja] m. Piraña.
pirate m. ● Pirata. ‖ Barco pirata (bateau). ‖ *Édition, émission pirate,* edición, emisión pirata. ‖ *Pirate de l'air,* secuestrador [de avión], pirata del aire.
— Syn. ● *Forban,* pirata. *Corsaire,* corsario. *Flibustier,* filibustero. *Boucanier,* bucanero.
pirater v. intr. Piratear.
piraterie f. Piratería.
pire adj. Peor.
— M. Lo peor, lo más malo. ‖ *En mettant les choses au pire,* en el peor de los casos.
— Observ. *Pire* como adjetivo es corrientemente sustituido por *moins bien* (*ce film est moins bien que l'autre,* esta película es peor que la otra).
Pirée (Le) n. pr. Géogr. El Pireo.
piriforme adj. Piriforme.
pirogue f. Piragua (canot).
piroguier m. Piragüero.
pirouette [pirwɛt] f. Pirueta, voltereta. ‖ Peonza, perinola (tonton). ‖ Fig. Cambio (*m.*) brusco,

cambiazo, *m.* (changement brusque). ‖ Fam. *Répondre par des pirouettes,* salirse por la tangente. responder por peteneras.
pirouettement m. Pirueteo, sucesión (*f.*) de piruetas.
pirouetter v. intr. Piruetar. ‖ Fig. Cambiar de opinión.
pis [pi] m. Ubre, *f.,* teta, *f.* (mamelle d'un animal).
pis [pi] adv. Peor : *il est pis que jamais,* está peor que nunca. ‖ — *Au pis aller,* en el peor de los casos, por mal que venga, poniéndose en lo peor. ‖ *De mal en pis,* de mal en peor. ‖ *De pis en pis,* cada vez peor. ‖ *Tant pis,* mala suerte. ‖ *Tant pis pour toi, pour lui,* peor para ti, para él. ‖ *Tant pis pour moi, pour nous!,* ¡qué le vamos a hacer ! ‖ *Un pis-aller,* remedio para salir del paso. ‖ — *Dire que pendre de quelqu'un,* desollar vivo a alguien, echar pestes de alguien. ‖ *Mettre les choses au pis,* ponerse en el peor de los casos.
— Adj. Peor : *c'est encore pis,* es aún peor. ‖ *Qui pis est,* y lo que es peor.
— M. Lo peor. ‖ *Pis-aller,* mal menor. ‖ *Le pis-aller,* lo peor que puede suceder.
pisan, e adj. et s. Pisano, na.
piscicole [pissikɔl] adj. Piscícola.
pisciculteur m. Piscicultor.
pisciculture f. Piscicultura.
pisciforme adj. Pisciforme.
piscine f. Piscina [*Amér.,* pileta].
piscivore adj. et s. Piscívoro, ra.
Pise n. pr. Géogr. Pisa.
pisé m. Constr. Adobe.
pisiforme adj. et s. m. Anat. Pisiforme (os).
pisolithe f. Min. Pisolita.
pisolithique adj. Min. Pisolítico, ca.
pison m. Techn. Pisón, apisonador.
pissat [pisa] m. Orines, *pl.*
pisse f. Orina.
pissement m. Meada, *f.* ‖ *Pissement de sang,* orina de sangre.
pissenlit m. Bot. Cardillo, tagarnina, *f.,* diente de león (dent de lion). ‖ Fam. *Manger les pissenlits par la racine,* estar mascando tierra, criar malvas.
pisser v. intr. et tr. Pop. Mear. ‖ *Laisser pisser le mérinos,* dejar el agua correr.
pissette f. Matraz (*m.*) de lavabo.
pisseur, euse m. et f. Meón, ona.
pisseux, euse adj. Meado, da ; orinado, da : *linge pisseux,* ropa meada. ‖ *Couleur pisseuse,* color amarillo sucio.
pissoir m. Pop. Meadero (urinoir).
pissoter v. intr. Pop. Mear.
pissotière f. Fam. Meadero, *m.*
pistache f. Pistacho, *m.,* alfóncigo, *m.* (fruit). ‖ — *Pistache de terre,* cacahuete, maní.
— Adj. *Couleur pistache,* color verde claro.
pistachier m. Pistachero, alfóncigo (arbuste).
pistage m. Rastreo, acción (*f.*) de seguir la pista.
pistard m. Corredor en pista (cycliste).
piste f. Pista, huella. ‖ Pista (de courses, d'avions, etc.). ‖ — *Piste cendrée,* pista de ceniza. ‖ Techn. *Piste sonore,* banda sonora (cinéma). ‖ *Tour de piste,* vuelta : *faire un tour de piste,* dar una vuelta. ‖ — Fig. *Être à la piste de quelqu'un,* estar buscando a, buscar la pista de. ‖ *Mettre sur une fausse piste,* despistar. ‖ *Suivre à la piste,* seguir la pista *ou* el rastro *ou* los pasos.
pister v. tr. Fam. Seguir la pista, rastrear.
pisteur m. Gancho, empleado de un hotel para atraer a los viajeros.
pistil m. Bot. Pistilo.
pistole f. Doblón, *m.* (monnaie d'or). ‖ (Vx). Moneda de diez francos. ‖ Celda de pago (prison).
pistolet [pistɔlɛ] m. ● Pistola, *f.* (arme). ‖ Plantilla, *f.,* regla (*f.*) de curvas (de dessinateur). ‖ Pis-

tola, *f.*, pulverizador, aerógrafo (pour peindre). ‖ Bollo de pan (en Belgique). ‖ FAM. Orinal. ‖ FIG. et FAM. Tipo, pájaro, persona (*f.*) curiosa : *quel drôle de pistolet!*, ¡vaya un tipo! ‖ MAR. Pescante. ‖ — *Pistolet mitrailleur*, subfusil, pistola ametralladora. ‖ — *Coup de pistolet*, tiro de pistola, pistoletazo.
— SYN. ● *Revolver*, revólver. *Browning*, browning. *Colt*, colt.

piston m. Émbolo, pistón. ‖ Muelle, botón (ressort). ‖ FAM. Enchufe (recommandation). ‖ MUS. Cornetín de pistón *ou* de llaves. ‖ Pistón, llave, *f.* (de certains instruments). ‖ — TECHN. *Piston plongeur*, chupón. ‖ — FIG. et FAM. *Avoir du piston*, estar enchufado, tener enchufe, estar recomendado.

pistonnage m. FAM. Enchufe, recomendación, *f.*

pistonner v. tr. FAM. Enchufar, recomendar. ‖ Proteger. ‖ FAM. *Se faire pistonner*, tener un enchufe, conseguir una recomendación.

pitance f. Pitanza.

pitancier m. Pitancero (de couvent).

pitchpin [pit∫pɛ̃] m. BOT. Pitchpín, pino de Virginia.

pite f. Pita (plante).

piteux, euse adj. Lastimoso, sa ; lamentable : *il est en piteux état*, ha quedado en un estado lastimoso. ‖ FAM. *Mine piteuse*, cara triste.

pithécanthrope m. Pitecántropo, antropopiteco.

pithiatique adj. et s. Pitiático, ca.

pithiatisme m. Pitiatismo.

pitié f. ● Piedad (invocation). ‖ Lástima : *avoir pitié de*, tener lástima de. ‖ — *À faire pitié*, que da lástima *ou* pena : *il chante à faire pitié*, canta que da lástima. ‖ *Faire pitié*, dar lástima. ‖ *Prendre quelqu'un en pitié*, tener lástima de alguien, compadecer a uno.
— OBSERV. *Piedad* a aussi en espagnol le sens de « piété ».
— SYN. ● *Miséricorde*, misericordia. *Compassion*, compasión. *Commisération*, conmiseración.

piton m. Armella, *f.*, cáncamo (clou à tête d'anneau). ‖ Escarpia, alcayata (crochet). ‖ Pico, cresta, *f.* (d'une montagne). ‖ Pitón, clavija (*f.*) de escala (alpinisme).

pitoyable [pitwajabl] adj. ● Lastimoso, sa (qui fait pitié). ‖ Lamentable (mauvais). ‖ Piadoso, sa ; compasivo, va (qui u de la pitié).
— SYN. ● *Piteux*, lastimoso, triste. *Déplorable*, deplorable. *Lamentable*, lamentable.

pitre m. Payaso, bufón : *faire le pitre*, hacer el payaso.

pitrerie f. Payasada, bufonada.

pittoresque adj. Pintoresco, ca. ‖ Pictórico, ca (de la peinture).
— M. Lo pintoresco, pintoresquismo.

pituitaire adj. Pituitario, ria.

pituite f. Pituita.

pituiter v. intr. Cantar la codorniz.

pityriasis [pitirjazis] m. MÉD. Pitiriasis, *f.*

pivert [pivɛ:r] m. ZOOL. Picamaderos.

pivoine f. Peonía, saltaojos, *m.* (plante). ‖ FAM. *Rouge comme une pivoine*, rojo como una amapola, colorado como una tomate.

pivot [pivo] m. Gorrón, pivote (axe). ‖ FIG. Eje, soporte, base, *f.*, elemento principal (agent principal). ‖ Pivote (basket). ‖ BOT. Nabo, raíz (*f.*) vertical (racine).

pivotant, e adj. BOT. Pivotante, nabiforme. ‖ Giratorio, ria ; que gira (qui pivote).

pivoter v. intr. Girar sobre su eje, dar vueltas sobre su eje (tourner). ‖ BOT. Penetrar verticalmente (une racine).

pizza [pidza] f. Pizza.

pizzicato [pidzikato] adv. MUS. Pizzicato, punteado.

placage m. Enchapado, chapeado. ‖ Placaje (rugby).

placard [plaka:r] m. Armario empotrado (armoire encastrée), alacena, *f.* ‖ Capa (*f.*) espesa (de peinture). ‖ Cartel (affiche). ‖ IMPR. Galerada, *f.*, prueba (*f.*) de imprenta.

placarder v. tr. Fijar carteles. ‖ Satirizar, zaherir (railler dans des écrits). ‖ Sacar galeradas, pruebas de imprenta (imprimerie).

placardeur m. Fijador de carteles.

place f. Sitio, *m.*, lugar, *m.* (endroit). ‖ Plaza (dans une ville). ‖ Colocación, cargo, *m.*, puesto, *m.* (emploi). ‖ Puesto, *m.* (d'un écolier). ‖ Asiento, *m.* (dans une voiture, en train). ‖ Localidad, entrada (dans un théâtre, un cinéma, etc.). ‖ Plaza (ville de garnison). ‖ Importancia : *ce pays accorde une grande place aux arts*, este país da una gran importancia a las artes. ‖ Espacio, *m.* : *article qui occupe beaucoup de place* (*dans les journaux*), artículo que ocupa mucho espacio [en los periodicos]. ‖ — *Place d'armes*, plaza de armas, armería. ‖ *Place de choix*, lugar preferente. ‖ *Place forte*, plaza fuerte. ‖ — *Homme en place*, hombre bien colocado. ‖ *Voiture de place*, coche de plaza.
— *À la place de*, en lugar de, en vez de. ‖ *À ta place*, en tu lugar. ‖ *Au o en lieu et place de*, en su lugar. ‖ *Sur place*, en el mismo lugar, sobre el propio terreno, in situ. ‖ — *Ce n'est pas ma place*, no pinto nada. ‖ *Demeurer en place*, no moverse. ‖ *Être en place*, estar empleado. ‖ *Faire du sur place*, seguir a máquina parada (cyclisme). ‖ *Faire la place*, ser corredor de comercio. ‖ *Faire place à*, hacer *ou* dejar sitio a, dar paso a. ‖ *Faire place nette*, despejar un lugar, dejar el terreno libre. ‖ *Faire une place*, dejar un sitio. ‖ *Je ne voudrais pas être à sa place!*, ¡no me gustaría estar en su pellejo! ‖ *Moi, à votre place, je...*, yo, que usted... ‖ *Ne pas se sentir à sa place*, no sentirse cómodo. ‖ *Ne pas tenir o rester en place*, no poder estarse quieto. ‖ *Prendre place*, colocarse, tomar sitio. ‖ *Remettre quelqu'un à sa place*, poner a uno en su sitio, llamar a uno al orden. ‖ *Se mettre à la place de quelqu'un*, ponerse en el lugar de alguien. ‖ *Se rendre sur place*, ir sobre el terreno *ou* personarse en un lugar. ‖ *Tenir sa place*, tener su puesto.
— Interj. ¡Paso libre!, ¡Despejen!

placement m. Colocación, *f.* ‖ Colocación, *f.*, empleo (emploi). ‖ Inversión, *f.* (d'un capital). ‖ Venta, *f.*, colocación, *f.* (vente). ‖ — *Bureau de placement*, agencia de colocaciones, oficina de colocación.

placenta [plasɛ̃ta] m. ANAT. et BOT. Placenta, *f.*

placentaire [-tɛ:r] adj. Placentario, ria.
— M. pl. Placentarios (mammifères).

placentation [-tasjɔ̃] f. BOT. Placentación.

placer* v. tr. ● Colocar, poner (établir). ‖ Vender, colocar (vendre). ‖ Invertir (de l'argent). Acomodar (dans un spectacle public). ‖ FIG. Colocar (dans un emploi). ‖ — *Placer la balle*, colocar el balón. ‖ *Placer son coup*, colocar un directo (boxe). ‖ — *Je n'ai pu placer un mot*, no he podido meter baza en la conversación, no he podido decir esta boca es mía.
— V. pr. Colocarse.
— SYN. ● *Situer*, situar. *Installer*, instalar. *Loger*, alojar. *Fam. Caser*, colocar. *Nicher*, meter.

placer m. MIN. Placer (d'or).

placet [plasɛ] m. Petición, *f.*, memorial, instancia, *f.* ‖ Plácet (diplomatique). ‖ DR. Súplica, *f.*, demanda, *f.*

placeur, euse m. et f. Acomodador, ra (dans un théâtre). ‖ Agente de colocaciones (qui procure un emploi). ‖ Corredor, ra ; representante (commercial).

placide adj. Plácido, da.

Placide n. pr. m. Plácido.
placidité f. Placidez.
placier, ère m. et f. Corredor, ra (commerce). ‖ Placero (de marché). ‖ Acomodador, ra (au cinéma).
plafond m. Techo (d'une chambre). ‖ Pintura (f.) de un techo. ‖ Altura, f. (de nuages). ‖ Aviat. Altura (f.) máxima. ‖ Fig. Tope, límite. ‖ Mécan. Velocidad (f.) máxima. ‖ Pop. Chola, f. (tête). ‖ — Faux plafond, cielo raso. ‖ Prix plafond, precio tope. ‖ — Crever le plafond, rebasar el tope, el límite. ‖ Sauter au plafond, saltar ou dar brincos de alegría.
plafonnage m. Techado.
plafonnement m. Tope, límite.
plafonner v. tr. Techar (garnir d'un plafond). — V. intr. Llegar al límite, al tope, al máximo (faire le maximum). ‖ Volar lo más alto posible (avion). ‖ Ir a la velocidad máxima (voiture, etc.).
plafonneur adj. et s. Techador.
plafonnier m. Luz (f.) del techo, lámpara (f.) de techo, luz (f.) cenital (voitures).
plagal, e adj. et s. m. Mus. Plagal : mouvements plagaux, movimientos plagales.
plage f. Playa (rivage marin). ‖ Clima, m. (climat). ‖ Mar. Puente, m., cubierta corrida. ‖ Zona. ‖ Plage arrière, bandeja (d'une voiture).
plagiaire m. Plagiario.
plagiat [plaʒja] m. Plagio.
plagier* [-ʒje] v. tr. Plagiar.
plagiostomes m. pl. Zool. Plagióstomos.
plaid [plɛd] m. Manta (f.) de viaje (couverture de voyage). ‖ Gabán escocés (manteau).
plaid [plɛ] m. (P. us.). Dr. Alegato, informe, defensa, f. (plaidoyer). ‖ (P. us.). Audiencia, f. ‖ Hist. Asamblea, f. (au temps des Mérovingiens).
plaidable adj. Dr. Defendible.
plaidant, e adj. Litigante, pleiteante : les parties plaidantes, las partes litigantes. ‖ Avocat plaidant, abogado demandante.
plaider v. intr. Litigar, pleitear. ‖ Informar, abogar, defender (défendre). ‖ Hablar en favor de, abogar por (influencer en faveur de). ‖ Plaider coupable, solicitar la declaración de culpabilidad, declararse culpable. — V. tr. Defender. ‖ Hablar en favor de, sostener (soutenir). ‖ — Plaider le faux pour savoir le vrai, decir mentira para sacar verdad. ‖ Plaider une cause, defender una causa. ‖ Plaider un fait, hacer valer un hecho.
plaideur, euse m. et f. Litigante, pleiteante (d'un procès). ‖ Pleitista (qui aime les procès).
plaidoirie f. Dr. Alegato, m., defensa, informe, m. ‖ Abogacía (art de plaider).
plaidoyer m. Alegato, defensa (f.) en favor. ‖ Dr. Alegato, defensa, f., informe.
plaie [plɛ] f. Herida (blessure). ‖ Llaga, úlcera (ulcère). ‖ Cicatriz (cicatrice). ‖ Plaga (fléau). ‖ Fig. Herida, llaga (morale). ‖ — Quelle plaie !, ¡qué lata ! ‖ Fig. Mettre le doigt sur la plaie, poner el dedo en la llaga. ‖ Ne rêver que plaies et bosses, buscar camorra, soñar siempre con peleas. ‖ Retourner le couteau dans la plaie, hurgar en la herida, renovar la herida, herir en carne viva.
plaignant, e adj. et s. Dr. Demandante, querellante.
plain, e adj. Llano, na ; plano, na. ‖ De plain-pied, al mismo nivel, a igual altura, en la misma planta.
plain-chant m. Mus. Canto llano.
— Observ. Pl. plains-chants.
plaindre* v. tr. Compadecer a, tener lástima de : plaindre les malheureux, compadecer a los desgraciados. ‖ — Être à plaindre, ser digno de compasión. ‖ N'être pas à plaindre, no tener por qué quejarse, no ser digno de lástima.

— V. pr. Quejarse : se plaindre de quelqu'un, quejarse de uno. ‖ Presentar una denuncia, denunciar, querellarse (en justice).
plaine f. Llano, m., llanura, planicie. ‖ — Plaine du ciel o céleste, los espacios celestes. ‖ Plaine littorale, planicie litoral. ‖ — Haute plaine, altiplanicie, altillanura. ‖ Poét. La plaine liquide, el mar.
plainte f. ● Queja : ses plaintes sont mal fondées, sus quejas están mal fundadas. ‖ Quejido, m., lamento, m. : les plaintes d'un blessé, los quejidos de un herido. ‖ Dr. Denuncia, querella, demanda. ‖ — Déposer une plainte, presentar una denuncia. ‖ Porter plainte, denunciar, querellarse.
— Syn. ● Gémissement, gemido. Geignement, gimoteo. Lamentation, lamentación, lamento. Jérémiade, jeremiada. Doléances, queja.
plaintif, ive adj. Quejumbroso, sa ; lastimero, ra.
plaire* v. intr. Gustar, agradar, placer : cela me plaît, eso me gusta. ‖ Avoir le don de plaire, tener don de gente.
— V. impers. Querer, desear, gustar : je ferai qu'il vous plaira, haré lo que desee. ‖ — À Dieu ne plaise, no lo quiera Dios. ‖ Comme il vous plaira, como Ud. quiera, como le guste. ‖ Il plaît à, le gusta a. ‖ Plaît-il?, ¿cómo?, ¿qué desea? ‖ ¿decía Ud.? ‖ Plaise à Dieu !, plût à Dieu que !, ¡ojalá !, ¡Dios lo quiera !, ¡quiera Dios ! ‖ S'il plaît à Dieu, si Dios quiere, Dios mediante. ‖ S'il vous plaît, por favor.
— V. pr. Complacerse en, estar a gusto con (prendre plaisir à). ‖ Gustarse, agradarse : ils se plaisent, se gustan. ‖ Estar a gusto, encontrarse a gusto : il se plaît à la campagne, está a gusto en el campo. ‖ Darse bien (plantes). ‖ Vivir bien (les animaux).
— Syn. Satisfaire, satisfacer. Convenir, convenir. Agréer, agradar. Sourire, sonreír. Complaire, complacer. Fam. Botter, gustar.
plaisamment adv. Agradablemente, con gracia (agréablement). ‖ Ridículamente.
Plaisance n. pr. Géogr. Plasencia.
plaisance (de) loc. adv. De recreo : bateau, maison de plaisance, barco, casa de recreo. ‖ Navigation de plaisance, navegación deportiva ou de recreo.
plaisant, e adj. Agradable, grato, ta (agréable). ‖ Gracioso, sa ; divertido, da (qui fait rire). — M. Gracioso, chistoso : faire le plaisant, hacerse el gracioso. ‖ Lo gracioso, lo divertido, lo gracioso del caso (le côté curieux). ‖ Mauvais plaisant, bromista pesado, persona de mala sombra.
plaisanter v. intr. Bromear, chancearse. ‖ Fig. Bromear, no hablar en serio. ‖ — Il ne plaisante pas, no se anda con chiquitas, no gasta bromas. ‖ Je ne plaisante pas, no estoy bromeando, hablo en serio. ‖ Pour plaisanter, en broma. ‖ Fam. Vous plaisantez !, ¡usted está hablando en broma !, ¡no será verdad ! — V. tr. Burlarse, dar broma, tomar el pelo (railler).
plaisanterie f. ● Broma, chanza. ‖ Chiste, m. (jeu de mots). ‖ — Plaisanterie à part, broma aparte, hablando en serio. ‖ — Mauvaise plaisanterie, broma pesada, broma de mal gusto. ‖ Par plaisanterie, de broma. ‖ Trêve de plaisanterie, dejémonos de bromas. ‖ Fam. Entendre o comprendre la plaisanterie, admitir bromas, tener correa. ‖ Tourner en plaisanterie, tomar a broma, quitar importancia.
— Syn. ● Boutade, ocurrencia. Facétie, chiste, gracia. Badinage, badinerie, broma, chanza. Gaudriole, chocarrería. Blague, broma. Galéjade, burla, cuchufleta. Bouffonnerie, bufonada. Quolibet, pulla, rechifla, chirigota. Lazzi, burla. Canular, novatada, broma. Goguenarderie, sorna, guasa. Mise en boîte, tomadura de pelo.

plaisantin m. Bromista, guasón.

plaisir m. ● Placer : *les plaisirs de la vie*, los placeres de la vida. ‖ Gusto : *tu as beaucoup de plaisir à le faire*, tienes mucho gusto en hacerlo. ‖ Goce : *les plaisirs de l'âme*, los goces del alma. ‖ Favor : *faites-moi le plaisir de dîner avec nous*, hágame el favor de cenar con nosotros. ‖ Recreo : *voyage de plaisir*, viaje de recreo. ‖ Diversión, *f.* (divertissement). ‖ Barquillo (oublie). ‖ — *Bon plaisir*, capricho, voluntad arbitraria. ‖ *Menus plaisirs*, gastos menudos para cosas agradables. ‖ *Partie de plaisir*, jira, excursión de recreo, diversión. ‖ — *À plaisir*, sin motivo. ‖ *Avec plaisir*, con gusto, con mucho gusto. ‖ *Pour ton plaisir*, por tu gusto. ‖ — *Au plaisir de vous revoir*, hasta la vista. ‖ *Faire le plaisir de*, hacer el favor de, tener la bondad de. ‖ *Faire plaisir à quelqu'un*, dar gusto, agradar, ser agradable a uno (plaire). ‖ *Gâcher son plaisir à quelqu'un*, aguarle la fiesta a alguien. ‖ *Prendre plaisir à*, complacerse en, gustar de. ‖ *Se faire un plaisir de*, tener mucho gusto en. ‖ *Tel est notre plaisir, notre bon plaisir*, esta es nuestra voluntad.
— SYN. ● *Agrément*, encanto. *Joie*, alegría. *Délice*, delicia. *Délectation*, deleite. *Régal*, regalo. *Volupté*, voluptuosidad. *Sensualité*, sensualidad. *Jouissance*, goce, fruición.

plamer v. tr. TECHN. Apelambrar (les peaux).

plan m. Plano (surface). ‖ Plano (tracé). ‖ Plano : *le plan de Paris*, el plano de París. ‖ Plano (cinéma). ‖ Plan (projet) : *arrêter un plan*, fijar un plan. ‖ Plan : *plan quinquennal*, plan quinquenal : *plan d'aménagement*, plan de ordenación. ‖ Terreno, orden, punto de vista, plan : *sur le plan économique*, en el terreno económico, desde el punto de vista económico. ‖ Planta, *f.* (d'une maison). ‖ Plano (aviation). ‖ ARCHIT. Plano. ‖ FIG. Plano. ‖ Término, plano (d'un tableau) : *au premier plan*, en primer plano. ‖ — *Plan américain*, plano americano (cinéma). ‖ *Plan d'attaque, de campagne*, plan de ataque, de campaña. ‖ *Plan de queue*, timón. ‖ *Plan de tir*, plano de tiro. ‖ *Plan de travail*, superficie de trabajo (cuisine). ‖ *Plan général* o *d'ensemble*, plano largo *ou* de conjunto. ‖ — *Arrière-plan*, segundo término, plano de fondo (peinture), segundo plano (cinéma). ‖ *Gros plan* o *premier plan*, primer plano. ‖ — *Être en premier plan*, estar en primer término. ‖ FAM. *Laisser en plan*, dejar plantado *ou* en la estacada, abandonar. ‖ *Rester en plan*, quedarse en suspenso *ou* parado. ‖ *Sur tous les plans*, en todos los aspectos.
— OBSERV. Il faut remarquer que *plano* correspond à quelque chose de concret (tracé, surface), alors que *plan* est en quelque sorte l'équivalent de « projet ».

plan, e adj. Plano, na.

planage m. TECHN. Cepillado, doladura, *f.* (bois). ‖ Aplanamiento (d'une tôle). ‖ Planeo, vuelo planeado (vol plané).

planche f. Tabla, tablón, *m.* (de bois). ‖ Plancha (de métal). ‖ Lámina (gravure). ‖ Hondón, *m.* (sole, grille). ‖ AGRIC. Arriate, *m.*, tabla (jardinage). ‖ — Pl. Tablas (théâtre) : *monter sur les planches*, pisar las tablas. ‖ — TECHN. *Planche à découper*, tajo, tabla de cortar. ‖ *Planche à dessin*, tablero de dibujo. ‖ *Planche à repasser*, mesa de planchar. ‖ FIG. *Planche de salut* o *la dernière planche*, tabla de salvación, el último recurso. ‖ — MAR. *Jour de planches*, tiempo de que dispone un barco para descargar. ‖ — *Avoir du pain sur la planche*, tener trabajo para rato, tener tela que cortar, haber tela que cortar. ‖ *Faire la planche*, hacer el muerto, hacer la plancha (dans l'eau).

planchéiage [plɑ̃ʃeja:ʒ] m. CONSTR. Entarimado, entablado.

planchéier* [-je] v. tr. Entarimar, entablar.

planchéieur [-jœ:r] m. Entarimador.

plancher m. Piso, suelo. ‖ FIG. Nivel, base, *f.* ‖ — FAM. *Le plancher des vaches*, la tierra firme. ‖ — POP. *Débarrasser le plancher*, largarse, ahuecar el ala.

planchette f. Tablilla. ‖ Plancheta (topographie). ‖ *Planchette de bord*, tablero de instrumentos (d'avion).

plançon m. AGRIC. Estaca, *f.*, plantón.

plan-concave adj. Planocóncavo, va.

plan-convexe adj. Planoconvexo, xa.

plancton m. Plancton.

plane f. Plana (outil pour dégrossir le bois). ‖ Cuchilla (de pelletier).

planéité f. Lo plano, *m.*

planement m. Planeo, vuelo planeado.

planer v. intr. Cernerse (les oiseaux). ‖ Planear (un avion) : *vol plané*, vuelo planeado. ‖ Dominar (voir de haut). ‖ FIG. Cernerse, pesar (menacer). ‖ Estar en las nubes (être distrait). ‖ *Il plane des doutes sur sa conduite*, hay sospechas sobre su conducta.
— V. tr. Alisar, cepillar (le bois). ‖ Pulir, aplanar (les métaux). ‖ Pelar, quitar los pelos (enlever les poils).

planétaire adj. et s. m. Planetario, ria. ‖ TECHN. *Planétaire de différentiel*, piñón planetario.

planétarium [planetarjɔm] m. Planetarium, planetario.

planète f. Planeta, *m.*

planétoïde m. Planetoide, asteroide.

planeur m. Planador (ouvrier). ‖ Planeador, avión sin motor : *vol en planeur*, vuelo sin motor.

planeuse f. Cepilladora mecánica.

planèze f. Meseta basáltica triangular.

planificateur m. Comisario de un plan económico.

planification f. Planificación.

planifier v. tr. Planificar, planear.

planimètre m. Planímetro.

planimétrie f. Planimetría.

planisme m. Plan de conjunto.

planisphère m. Planisferio.

planning [planiŋ] m. Plan de trabajo, planificación, *f.*, programación, *f.*, planning.

planoir m. TECHN. Aplanador, cincel (ciseau).

planorbe f. ZOOL. Planorbis.

planque f. POP. Escondite, *m.* (endroit caché). ‖ Enchufe, *m.*

planqué, e adj. et s. POP. Enchufado, da [en un buen puesto], emboscado, da (pendant la guerre).

planquer v. tr. POP. Esconder (cacher).
— V. pr. POP. Esconderse, ponerse a cubierto (mettre à couvert). ‖ MIL. y POP. Emboscarse (à l'abri), enchufarse (à une bonne place).

plant [plɑ̃] m. Planta, *f.*, plantón (jeune tige). ‖ Plantío, plantel (terrain planté).

plantage m. Plantación, *f.*

plantaginacées f. pl. BOT. Plantagináceas.

plantain m. BOT. Llantén, plantaina, *f.* ‖ *Plantain d'eau*, llantén de agua, alisma.

plantaire adj. ANAT. Plantar.

plantard m. Estaca, *f.*, madero (plançon).

plantation f. Plantación (action). ‖ Plantación, plantío, *m.* (résultat). ‖ Instalación de un decorado (théâtre).

plante f. Planta. ‖ — *Plante fourragère*, planta forrajera. ‖ *Plante grasse*, planta carnosa. ‖ *Plante grimpante*, planta trepadora. ‖ *Plante potagère*, hortaliza. ‖ *Jardin des plantes*, jardín botánico.

planter v. tr. Plantar. ‖ Clavar en tierra, hincar (enfoncer en terre). ‖ Poner : *planter un clou*, poner un clavo. ‖ Fijar, montar (des tentes). ‖ Izar, enarbolar (arborer) : *planter un drapeau*,

izar una bandera. ‖ Fig. Colocar, poner (dresser). ‖ — *Planter quelqu'un là*, dejar plantado a uno. ‖ — Fam. *Aller planter ses choux*, retirarse al campo. ‖ *Être bien planté*, ser bien plantado, tener buena planta. ‖ *Tout planter là*, dejar todo plantado.
— V. pr. Fam. Plantarse (se poster).

planteur m. Plantador. ‖ Propietario de una plantación.

planteuse f. Plantadora (machine agricole).

plantigrade adj. et s. Zool. Plantígrado, da.

plantoir m. Plantador, almocafre (outil).

planton m. Mil. Ordenanza, plantón (p. us.).

plantule f. Bot. Plántula.

plantureux, euse adj. Abundante, copioso, sa (repas, etc.). ‖ Fértil (sol). ‖ Corpulento, ta ; relleno, na ; metido en carnes (gros). ‖ Fig. Enjundioso, sa ; fértil, lleno de ideas (style).

planure f. Viruta.

plaque f. Placa. ‖ Plancha, lámina, placa (lame). ‖ Chapa, placa (d'identité). ‖ Placa (décoration). ‖ Placa (photographique). ‖ Plataforma (de machine). ‖ Fig. Centro, *m.*, eje, *m.*, nudo, *m.* ‖ — *Plaque commémorative*, lápida conmemorativa. ‖ *Plaque de couche*, cantonera (d'arme). ‖ *Plaque de police* o *minéralogique*, matrícula (d'une voiture). ‖ *Plaque tournante*, placa *ou* plataforma giratoria (chemins de fer), pivote, centro (axe).

plaqué, e adj. Chapado, da ; chapeado, da ; enchapado, da : *plaqué or*, chapado de oro. ‖ Pegado, da ; adherido, da (collé) : *des cheveux plaqués*, pelo pegado.
— M. Techn. Madera (*f.*) contrachapada (bois). ‖ Plaqué (métal).

plaquer v. tr. Chapar, contrachapar, contrachapear, enchapar (couvrir d'une feuille). ‖ Pegar, adherir (coller). ‖ Trasplantar (du gazon). ‖ Sujetar para detener, hacer un placaje (rugby), poner las espaldas en el suelo (lutte). ‖ Pop. Plantar, dejar plantado, abandonar. ‖ — *Plaquer des accords*, tocar acordes simultáneamente. ‖ *Se plaquer par terre*, pegarse al suelo.

plaquette f. Placa, medalla conmemorativa (médaille de souvenir). ‖ Opúsculo, *m.*, librito, *m.*, folleto, *m.* (petit livre). ‖ Plaqueta (du sang).

plaqueur m. Techn. Chapista, chapeador. ‖ Laminador, dorador (métaux).

plasma m. Biol. Plasma (sang).

plasmatique adj. Plasmático, ca.

plasmodium [plasmɔdjɔm] m. Plasmodio.

plasmolyse f. Biol. Plasmólisis (cellule).

plastic m. Plástico, explosivo plástico.

plasticité f. Plasticidad.

plastifiant, e adj. et s. m. Plastificante.

plastification f. Plastificado, *m.*, plastificación.

plastifier v. tr. Plastificar.

plastiquage ou **plasticage** m. Voladura (*f.*) con plástico.

plastique adj. Plástico, ca.
— M. Materia (f.) plástica, plástico (matière). ‖ Plástico (explosif). ‖ — F. Plástica.

plastiquer v. tr. Volar, agredir con plástico.

plastiqueur m. Agresor que emplea el plástico.

plastron m. Pechera, *f.* (de chemise). ‖ Plastrón (cravate). ‖ Peto (de la cuirasse, de tortue). ‖ Peto (d'escrime). ‖ Mil. Enemigo figurado.

plastronner v. intr. Tirarse a fondo (escrime). ‖ Fam. Sacar el pecho. ‖ Fig. Gallear, darse importancia. ‖ Dárselas de guapo (faire le beau).

plastronneur, euse adj. et s. Fam. Presumido, da ; farolero, ra.

plat [pla] m. Fuente, *f.* : *plat allant au four*, fuente de horno. ‖ Lo llano (d'un pays). ‖ Lo plano, hoja, *f.* (d'une épée). ‖ Batea, *f.* (wagon). ‖ Cara, *f.* (d'un brillant). ‖ Plato (repas) : *déjeuner composé de trois plats*, almuerzo com-

puesto de tres platos. ‖ Pletina, *f.* (métallurgie). ‖ Tapa, *f.* (reliure). ‖ Platillo (d'une balance). ‖ — *Plat à barbe*, bacía (pour le rasage). ‖ *Plat à hors-d'œuvre*, entremesero. ‖ *Plat à poisson*, besuguera. ‖ *Plat d'aviron*, pala del remo. ‖ *Plat de côtes*, falda (viande). ‖ *Plat de résistance*, plato fuerte. ‖ *Plat du jour*, plato del día. ‖ — *Coup de plat d'épée*, cintarazo. ‖ *Sur le plat*, al plato (œufs). ‖ *Sur un plat d'argent*, en bandeja de plata. ‖ — *En faire tout un plat*, hacerse una montaña *ou* hacerse un mundo de algo. ‖ Pop. *Faire du plat*, dar la coba (flatter), camelar (baratiner). ‖ *Mettre les petits plats dans les grands*, tirar la casa por la ventana. ‖ *Mettre les pieds dans le plat*, meter la pata.

plat, e [pla, at] adj. Llano, na : *terrain plat*, terreno llano. ‖ Sereno, na ; tranquilo, la : *mer plate*, mar tranquilo. ‖ Liso, sa : *poitrine plate*, pecho liso. ‖ Aplastado, da : *un visage plat*, una cara aplastada. ‖ Llano, na : *assiette plate*, plato llano. ‖ Chato, ta : *bateau plat*, barco chato. ‖ Lacio, cia : *cheveux plats*, pelos lacios. ‖ Rastrero, ra (vil). ‖ Liso (sports) : *cent mètres plats*, cien metros lisos. ‖ Fig. Sin sabor, insulso, sa ; insípido, da ; anodino, na (sans attrait), sin relieve, sosaina (sans relief). ‖ Vacío, a (bourse). ‖ *Plat personnage*, persona anodina. ‖ — *Angle plat*, ángulo plano. ‖ *Calme plat*, calma chicha. ‖ *Chaussures plates*, zapatos planos *ou* sin tacones. ‖ *Courses plates*, carreras sin obstáculos. ‖ *Eau plate*, agua natural (eau du robinet). ‖ *Nez plat*, nariz chata. ‖ *Nœud plat*, nudo de envergue *ou* de rizo. ‖ *Pieds plats*, pies planos. ‖ *Rimes plates*, versos pareados. ‖ *Teinte plate*, color uniforme, liso. ‖ — *À plat ventre*, boca abajo, cuerpo a tierra. ‖ *Être plat comme une galette*, quedar como si lo hubiesen planchado.
— Adv. *À plat*, de plano, a todo lo largo (en largeur) ; desinflado, da (pneus) ; descargado, da (batterie) ; agotado, da ; rendido, da (fatigué) ; muy bajo, ja (moral). ‖ *Tomber à plat*, no hacer gracia.

platanaie [platanɛ] f. Platanar, *m.*, platanal, *m.*

platane m. Plátano (arbre). ‖ *Faux platane*, sicomoro, plátano falso, arce blanco.
— Observ. *Plátano* signifie aussi (et surtout) *banane, bananier.*

plat-bord [plabɔːr] m. Mar. Borda, *f.*, regala, *f.*, falca, *f.* ‖ Maderos de un barco desguazado.
— Observ. Pl. *plats-bords.*

plate f. Chata, barco (*m.*) chato, batea (bateau).

plateau m. Bandeja, *f.* (plat). ‖ Platillo (d'une balance). ‖ Banco (de sable, roches). ‖ Escena, *f.*, escenario, tablado (théâtre). ‖ Plató (de cinéma). ‖ Batea, *f.* (wagon). ‖ Plato giratorio (de tournedisques). ‖ Pista, *f.* (gymnastique). ‖ Plato (de bicyclette). ‖ Plato (d'embrayage). ‖ Géogr. Meseta, *f.*, planicie, *f.* ‖ *Haut plateau*, altiplanicie [*Amér.*, altiplano].

plate-bande f. Arriate, *m.*, platabanda (d'un parterre). ‖ Archit. Platabanda, moldura plana (moulure). ‖ *Marcher sur les plates-bandes de quelqu'un*, meterse en el terreno de uno.

platée f. Fuente, plato, *m.* (contenu). ‖ Constr. Cimientos, *m. pl.*

plate-forme f. Plataforma. ‖ Azotea (toit plat uni). ‖ Batea, vagón (*m.*) descubierto (wagon plat). ‖ Viga (solive). ‖ Fig. et fam. *Plate-forme électorale*, programa electoral.
— Observ. Pl. *plates-formes.*

platelage m. Entarimado. ‖ Enrejado (de pont).

plate-longe f. Ronzal, *m.* ‖ Traba (entrave).
— Observ. Pl. *plates-longes.*

platement adv. Llanamente, con sencillez. ‖ Vulgarmente, prosaicamente, sin brillantez.

plateresque adj. ARCHIT. Plateresco, ca.

plathelminthes m. pl. ZOOL. Platelmintos.

platière f. Arroyo, m. (de rue).

platinage m. Platinado.

platine m. Platino (métal) : *mousse de platine,* esponja de platino.
— F. Chapa (d'une serrure). ‖ Llave (d'une arme à feu). ‖ Platina (d'une montre, d'une machine pneumatique). ‖ Muelle, *m.* (de couteau). ‖ Cuadro, *m.*, platina (d'une presse). ‖ Plato, *m.* (d'un tourne-disque).

platiner v. tr. Platinar. ‖ Teñir de rubio platino, platinar (cheveux). ‖ *Blonde platinée,* rubia platino.

platinifère adj. Platinífero, ra.

platinite f. Platinita (métal).

platinoïde m. CHIM. Platinoide.

platinotypie f. Platinotipia.

platitude f. Banalidad, simpleza. ‖ Bajeza, vileza, carácter (*m.*) rastrero (ce qui est avilissant). ‖ Insipidez, sosería (sans force ni saveur). ‖ Lugar común, *m.*, tópico, *m.* (lieu commun). ‖ *Faire des platitudes,* dar coba.

Platon n. pr. m. Platón.

platonicien, enne adj. et s. Platónico, ca.

platonique adj. Platónico, ca.

platonisme m. Platonismo.

plâtrage m. Enyesado. ‖ Escayolado (chirurgie).

plâtras [platra] m. Cascote (débris).

plâtre m. Yeso. ‖ Escayola, *f.* (pour la chirurgie). ‖ Estatua (*f.*) de yeso. ‖ — *Carrière de plâtre,* yesera, yesar. ‖ *Dans le plâtre,* escayolado, da (membre). ‖ — FIG. *Battre comme plâtre,* dar una paliza soberana, moler a palos. ‖ *Essuyer les plâtres,* estrenar una casa *ou* un local (d'une maison), pagar la novatada *ou* ser el primero en sufrir los inconvenientes de algo (de quelque chose de nouveau), ser telonero (au théâtre).

plâtré, e adj. Enyesado, da. ‖ Escayolado, da (chirurgie). ‖ FIG. Pintado, da (fardé). ‖ Fingido, da ; simulado, da (feint). ‖ *Vin plâtré,* vino enyesado.

plâtrer v. tr. Enyesar. ‖ Escayolar (chirurgie). ‖ Enlucir, revocar (couvrir de plâtre). ‖ Enyesar, clarificar con yeso (les vins). ‖ AGRIC. Abonar con yeso (amender avec plâtre). ‖ FIG. Fingir, simular, solapar (feindre). ‖ Enharinar, pintar, componer (farder).

plâtrerie f. Obra en yeso (ouvrage). ‖ Yesería (usine).

plâtreux, euse adj. Yesoso, sa.

plâtrier adj. et s. m. Yesero, ra.

plâtrière f. Yescra, yesar, *m.* (carrière). ‖ Yesería (usine).

platyrrhiniens ou **platyrhiniens** m. pl. ZOOL. Platirrinos.

plausibilité f. Plausibilidad.

plausible adj. Plausible.
— SYN. *Vraisemblable,* verosímil. *Probable,* probable.

Plaute n. pr. m. Plauto.

play back [pleibak] m. Play back (cinéma).

plèbe f. Plebe.

plébéien, enne adj. et s. Plebeyo, ya.

plébiscitaire adj. Plebiscitario, ria.

plébiscite m. Plebiscito.

plébisciter v. tr. Plebiscitar.

plectognathes [plɛktɔgnat] m. pl. ZOOL. Plectognatos.

plectre m. MUS. Plectro, púa, *f.*

pléiade f. Pléyade.

plein, e adj. ● adj. Lleno, na : *sac plein de farine,* saco lleno de harina. ‖ Pleno, na (mot recherché) : *en pleine possession de...,* en plena posesión de... ‖ Pleno, na : *pleins pouvoirs,* plenos poderes. ‖ Macizo, za ; compacto, ta : *mur plein,* pared maciza. ‖ Completo, ta ; entero, ra (entier).

‖ Lleno, na ; relleno, na (gros) : *visage plein,* cara rellena. ‖ Preñada, llena (enceinte) : *chatte pleine,* gata preñada. ‖ Que sólo piensa en (entièrement occupé) : *auteur plein de son sujet,* escritor que sólo piensa en su tema. ‖ FAM. Repleto, ta (gavé) : *plein de nourriture,* repleto de comida. ‖ FIG. Lleno, na : *plein de joie,* lleno de alegría. ‖ — FIG. *Plein aux as,* que tiene muchos cuartos, más rico que Creso. ‖ ARCHIT. *Plein cintre,* medio punto : *arc (en o de) plein cintre,* arco de medio punto. ‖ FIG. *Plein de soi-même,* poseído de su persona, creído de sí mismo. ‖ *Plein de vin,* ebrio. ‖ *Pleine lune,* luna llena. ‖ *Pleine mer,* pleamar (marée), alta mar (le large). ‖ — *Bois plein,* espesura. ‖ *Voix pleine,* voz llena.
— *À plein,* de lleno. ‖ *À pleines mains,* a manos llenas. ‖ *À pleines voiles,* a toda vela. ‖ *À plein gaz,* a todo gas. ‖ — *À plein temps,* de dedicación exclusiva, de plena dedicación (travail), la jornada completa : *travailler à plein temps,* trabajar la jornada completa. ‖ *De plein droit,* con pleno derecho. ‖ *En plein,* en pleno, en medio de : *en plein désert,* en medio del desierto ; completamente, de lleno (entièrement). ‖ *En plein air,* al aire libre. ‖ *En plein hiver,* en pleno invierno. ‖ *En plein jour,* a la luz del día, en pleno día. ‖ — *Plein à craquer,* abarrotado, atestado, lleno de bote en bote. ‖ FAM. *Tout plein,* muchísimo, muchísima : *il a tout plein d'argent,* tiene muchísimo dinero ; muy, sumamente : *joli tout plein,* muy lindo. ‖ — *Avoir le cœur plein,* tener el corazón acongojado. ‖ *En avoir plein la tête,* estar hasta los pelos. ‖ POP. *En avoir plein le dos,* estar hasta la coronilla. ‖ *En avoir plein les pattes,* estar derrengado *ou* extenuado.
— SYN. ● *Rempli,* lleno, relleno. *Complet,* completo, lleno. *Comble,* colmado. *Bondé,* atestado. *Imbu,* imbuido. Fam. *Bourré,* atestado.
— Adv. Lleno, na (adj.), completamente : *avoir de l'argent plein les poches,* tener los bolsillos llenos de dinero.
— M. Lo lleno : *le plein et le vide,* lo lleno y lo vacío. ‖ Lo grueso, trazo grueso (écriture). ‖ Máximo (maximum). ‖ Macizo (d'un mur). ‖ MAR. Marea (*f.*) alta (marée haute) ; Cargamento completo. ‖ *Le plein de la lune,* la luna llena. ‖ — FIG. *Battre son plein,* estar en marea alta (mer), estar en pleno apogeo *ou* en su punto culminante (à son point culminant). ‖ *Faire le plein,* llenar completamente, repostar a tope (d'essence) ; llenarse completamente, estar abarrotado ; *ce théâtre fait le plein à chaque représentation,* este teatro se llena completamente en cada función.

pleinement adv. Plenamente, enteramente.

plein-emploi ou **plein emploi** m. Pleno empleo.

plein-vent m. Árbol sin espaldera.
— OBSERV. Pl. *pleins-vents.*

pléistocène adj. et s. m. GÉOL. Pleistoceno, na.

plénier, ère adj. Plenario, ria : *indulgence plénière,* indulgencia plenaria ; *cour plénière,* asamblea plenaria. ‖ *Séance plénière,* pleno, sesión plenaria.
— F. Pleno, *m.* (séance).

plénipotentiaire adj. et s. m. Plenipotenciario.

plénitude f. plenitud.

pléonasme m. GRAMM. Pleonasmo (répétition).
— SYN. *Battologie,* batología. *Tautologie,* tautología.

pléonastique adj. Pleonástico, ca.

pleroma m. BOT. Pleroma.

plésiosaure m. ZOOL. Plesiosauro (fossile).

plet [plɛ] m. Aduja, *f.*

pléthore f. Plétora.

pléthorique adj. Pletórico, ca.

pleur [plœːr] m. Llanto, lloro. ‖ — Pl. Lágrimas, *f.*, llanto, *sing.* (larmes). ‖ BOT. Lágrimas (de la vigne). ‖ — *Essuyer les pleurs de quelqu'un*, enjugar el llanto de alguien, ser el paño de lágrimas de alguien. ‖ *Être (tout) en pleurs*, llorar a lágrima viva. ‖ *Être noyé de pleurs*, estar anegado en llanto. ‖ *Il y aura des pleurs et des grincements de dents*, allí será el llorar y el crujir de dientes. ‖ *Répandre des pleurs*, derramar lágrimas.

— OBSERV. Se emplea casi exclusivamente la forma plural: *pleurs*.

pleural, e adj. Pleural, pleurítico, ca : *épanchements pleuraux*, derrames pleuríticos.

pleurant, e adj. Lloroso, sa.
— M. Estatua llorante.

pleurard, e m. et f. Llorón, ona.
— Adj. Lloroso, sa ; plañidero, ra (plaintif).

pleure-misère m. et f. inv. Quejumbroso, sa ; quejicoso, sa ; lloraduelos.

pleurer v. intr. et tr. Llorar : *pleurer un père, ses fautes*, llorar a su padre, llorar sus faltas. ‖ — *Pleurer à chaudes larmes*, llorar a lágrima viva. ‖ *Pleurer auprès d'un chef*, llorarle al jefe. ‖ *Pleurer comme un veau*, berrear. ‖ *Pleurer toutes les larmes de son corps*, estar hecho un mar de lágrimas. ‖ — *Bête à pleurer*, tonto que da lástima (personne), de llorar (chose). ‖ *Ne pleurez pas sur moi*, no lloréis por mí.

— SYN. *Sangloter*, sollozar. *Larmoyer*, lagrimear. *Pleurnicher*, lloriquear. *Fam. Chialer*, llorar.

pleurésie f. MÉD. Pleuresía.

pleurétique adj. et s. Pleurético, ca.

pleureur, euse adj. et s. Llorón, ona. ‖ *Saule pleureur*, sauce llorón. ‖ — F. Plañidera (dans les funérailles).

pleurite f. MÉD. Pleuritis.

pleurnichage ou **pleurnichement** m. ou **pleurnicherie** f. Lloriqueo, m.

pleurnichard, e adj. FAM. Lacrimoso, sa (voix).

pleurnicher v. intr. Lloriquear.

pleurnicheur, euse adj. et s. Llorón, ona.

pleurodynie f. MÉD. Pleurodinia.

pleuronecte m. Pleuronecto (poisson).

pleuronectidés m. pl. Pleuronéctidos.

pleuropneumonie f. MÉD. Pleuroneumonía.

pleurote m. Pleuroto (champignon).

pleutre [plø:tr] m. Vil, cobarde.

pleutrerie f. Vileza, bajeza, cobardía.

pleuvasser ou **pleuviner** ou **pleuvoter** v. intr. FAM. Lloviznar, chispear.

pleuvoir* [plœvwa:r] v. impers. Llover : *il pleut sans cesse*, no para de llover. ‖ — *Pleuvoir à torrents, à seaux, à verse, des hallebardes*, llover a cántaros, a chuzos, diluviar. ‖ — *Cesser de pleuvoir*, escampar, dejar ou parar de llover. ‖ *Qu'il pleuve ou qu'il vente*, aunque llueva, llueva o truene.
— V. intr. Llover : *les coups pleuvaient*, los golpes llovían.

plèvre f. ANAT. Pleura.

plexiglas m. Plexiglás.

plexus [plɛksys] m. ANAT. Plexo : *plexus solaire*, plexo solar.

pleyon [plɛjɔ̃] m. Rama (f.) arqueada. ‖ Tomiza, f. (pour attacher).

pli m. Pliegue, doblez, f. ‖ Sobre (enveloppe). ‖ Pliego, carta, f. ‖ Raya, f. : *le pli du pantalon*, la raya del pantalón. ‖ Tabla, f., pliegue : *les plis d'une jupe*, las tablas de una falda. ‖ Arruga, f. : *cette robe fait des plis*, este vestido hace arrugas. ‖ Alforza (pour raccourcir une manche de chemise). ‖ Arruga, f. (ride). ‖ Baza, f. (levée au jeu de cartes). ‖ Fuelle : *les plis d'un accordéon*, los fuelles de un acordeón. ‖ FIG. Hábito, costumbre, f. (habitude). ‖ GÉOL. Pliegue, repliegue. ‖ — *Pli chargé*, carta con valores declarados. ‖ *Pli de terrain*, hondonada. ‖ *Plis du bras*, coyuntura. ‖ *Pli du jarret*, corva. ‖ — *Faux pli*, arruga. ‖ *Mise*

en plis, marcado (coiffure). ‖ — FIG. et FAM. *Cela ne fait pas un pli*, eso no ofrece la menor duda, no hay problema. ‖ *Faire une mise en plis*, marcar el pelo (coiffure). ‖ *Prendre son pli*, asentarse (vêtement). ‖ FIG. *Prendre un mauvais pli*, tomar una mala costumbre.

pliable adj. Plegable, flexible. ‖ FIG. Manejable, dócil (docile).

pliage m. Doblado, plegado.

pliant, e adj. Flexible. ‖ Plegable (qui peut être plié) : *lit pliant*, cama plegable. ‖ FIG. Dócil, manejable.
— M. Silla (f.) de tijera (siège).

plie [pli] f. Platija, acedía (poisson).

plié m. Flexión, f.

pliement [plimã] m. Doblado, plegado.

plier* v. tr. ● Doblar, plegar. ‖ Cerrar (un éventail). ‖ Desmontar (une tente). ‖ FIG. Doblegar, someter (assujettir). ‖ MAR. Recoger (les voiles). ‖ FAM. *Plier bagage*, tomar las de Villadiego (s'enfuir), liar el petate, irse al otro barrio (mourir).
— V. intr. ◆ Ceder, curvarse (s'affaisser). ‖ FIG. Doblegarse (se soumettre). ‖ MIL. Replegarse, retroceder, ceder (reculer) : *l'armée pliait*, el ejército se replegaba. ‖ — *Plier sous le poids des années*, estar abrumado por la edad. ‖ — FAM. *Être plié en deux*, doblarse por la cintura, partirse de risa. ‖ *Il vaut mieux plier que rompre*, antes doblar que quebrar. ‖ IMPR. *Machine à plier à poches, à couteaux*, plegadora de bolsas, de cuchillas.

— OBSERV. *Doblar* a surtout le sens de *plier en deux* : *plier une branche*, doblar una rama ; *plegar* signifie au propre *plisser*, *faire des plis* : *plier un papier*, plegar un papel.

— SYN. ● *Ployer*, plegar. *Courber*, encorvar. *Fléchir*, cimbrear.
— ◆ *Succomber*, sucumbir.

plieur, euse adj. et s. Plegador, ra. ‖ — F. Máquina plegadora, plegadora.

Pline n. pr. m. Plinio.

plinthe f. ARCHIT. Plinto, m. (d'une colonne). | Zócalo, m., cenefa (planche de mur).

pliocène adj. et s. m. GÉOL. Plioceno.

plioir [plijwar] m. Plegadera, f., cortapapeles (couteau à papier). ‖ Carretel (pêche).

plissage m. Plegado. ‖ Plisado (étoffes) [gallicisme].

plissé m. Plegado (papier), tableado (étoffes), plisado (gallicisme).

plissement m. Plegado (action). ‖ GÉOL. Plegamiento, pliegue.

plisser v. tr. ● Plegar (faire des plis à). ‖ Hacer tablas, plisar (étoffes) [gallicisme]. ‖ Fruncir, arrugar : *plisser le front*, fruncir el ceño.
— V. intr. Tener pliegues, formar tablas (avoir des plis), arrugarse.

— SYN. ● *Froncer*, fruncir. *Chiffonner*, arrugar.

plisseur, euse m. et f. Que hace pliegues. ‖ — F. Máquina de hacer pliegues ou tablas.

plissure f. Plegado, m., conjunto (m.) de pliegues.

pliure [plijy:r] f. Plegado, m. (action). ‖ Taller (m.) de tableado ou de plisado (étoffe), de plegado (papier).

ploc m. Borra, f. (de draps). ‖ MAR. Masilla, f. (calfat).

ploiement [plwamã] m. Doblado, vencimiento, doblamiento. ‖ Hundimiento.

plomb [plɔ̃] m. Plomo (métal). ‖ Plomo, perdigón (de chasse). ‖ Vertedero, pila,. f. (évier). ‖ Precinto, marchamo (sceau de plomb). ‖ Tufo (gaz méphitique). ‖ ÉLECTR. Plomo (coupe-circuit). ‖ MAR. Escandallo, sonda, f. (sonde). ‖ — *Plomb de chasse*, perdigón. ‖ — *Fil à plomb*, plomada. ‖ *Menu plomb*, mostacilla. ‖ — *À plomb*, a plomo (verticalement). ‖ *Avoir du plomb dans l'aile*, estar alicaído, estar para el arrastre, estar al borde de la ruina. || *Avoir un sommeil de plomb,* tener un sueño de plomo, muy pesado. || *Mettre les plombs,* precintar. || *N'avoir pas de plomb dans la tête,* no tener la cabeza bien sentada, ser ligero de cascos.

plombage m. Emplomado (action de plomber). || Empaste (d'une dent). || Precintado, precinto (d'un colis, etc.).

plombaginacées f. pl. BOT. Plombagináceas.

plombagine f. MIN. Plombagina, grafito, *m.*

plombé, e adj. Emplomado, da. || Empastado, da (dent). || Precintado, da ; marchamado, da (colis). || Plomizo, za ; de color de plomo (couleur).

plombée f. Arma emplomada. || Plomada (filet, linge). || Plomo, *m.* (ligne).

plomber v. tr. Emplomar. || Precintar, marchamar (un colis). || Bollar (une pièce d'étoffe). || Empastar (une dent). || Aplomar (vérifier la verticalité).
— V. pr. Tomar color plomizo.

plomberie f. Fontanería (métier de plombier).

plombeur m. Precintador, marchamador.

plombier m. Fontanero (ouvrier qui installe l'eau, le gaz). || Plomero (ouvrier qui travaille le plomb).

plombières f. Helado (*m.*) de frutas confitadas.

plombifère adj. Plomífero, ra.

plombure f. Emplomado, *m.* (d'un vitrail).

plommée f. Maza de plomo. || Mangual, *m.* (fléau d'armes). || Espada corta y pesada.

plonge f. Inmersión, zambullida. || *Faire la plonge,* lavar *ou* fregar los platos (dans un restaurant).

plongeant, e adj. Que se sumerge, que se hunde en el agua (qui plonge). || De arriba abajo (de haut en bas). || Desde lo alto : *vue plongeante,* vista desde lo alto. || — *Capot plongeant,* morro bajo. || MIL. *Tir plongeant,* tiro oblicuo.

plongée f. Talud, *m.,* declive, *m.* (d'un parapet). || Inmersión, sumersión (action de submerger). || Vista desde lo alto (point de vue). || Plano (*m.*) tomado de arriba abajo, picado, *m.* (cinéma). || — *Plongée sous-marine,* submarinismo. || — *En plongée,* sumergido (sous-marin).

plongement m. Inmersión, *f.*

plongeoir [plɔ̃ʒwa:r] m. Trampolín, tablón (tremplin).

plongeon m. Zambullida, *f.,* chapuzón (action de plonger dans l'eau). || Buceo (sous l'eau). || Salto de trampolín (saut). || Estirada, *f.* (sports). || Caída, *f.* (chute). || Somorgujo (oiseau). || *Plongeon de haut vol,* salto de palanca. || — *Faire un plongeon,* zambullirse, chapuzarse, tirarse de cabeza, saltar (sauter d'un tremplin), hacer una estirada, tirarse (football), escabullirse (disparaître), hacer una reverencia (révérence).

plonger* v. tr. Sumergir (submerger). || Hundir, bañar (enfoncer dans un liquide). || FIG. Sumir, hundir (dans la tristesse, dans la misère, etc.). || Hundir, clavar (un poignard). || Hundir, meter (dans sa poche, etc.). || Echar (jeter profondément). || — *Plonger dans l'obscurité,* dejar a oscuras. || *Plonger ses regards,* mirar de arriba abajo. || — *Plongé dans l'obscurité,* a oscuras. || — *Être plongé dans de profondes réflexions,* estar ensimismado en hondas reflexiones.
— V. intr. Zambullirse, chapuzarse (dans l'eau). || Buccar (travailler sous l'eau). || Saltar, tirarse (sauter d'un plongeoir). || Dominar (regarder de haut en bas) : *le regard plonge dans l'abîme,* la mirada domina el abismo. || FIG. Desaparecer, hundirse (disparaître).
— V. pr. Sumirse, abismarse, hundirse (se livrer entièrement).

plongeur, euse m. et f. SP. Submarinista. | Saltador, ra (qui saute d'un tremplin). || Lavaplatos (dans un restaurant).

— M. Buzo (scaphandrier). || Émbolo de sumersión (piston).

plot [plo] m. Transmisor eléctrico (d'un tramway). || Plataforma (*f.*) de salida (natation). || ÉLECTR. Contacto : *plots de contact,* contactos del interruptor.

plouf ! onomatopée ¡Pluf !

ploutocrate m. Plutócrata.

ploutocratie f. Plutocracia.

ploutocratique adj. Plutocrático, ca.

ployable [plwajabl] adj. Flexible, plegable.

ployage [-ja:ʒ] m. Plegado, encorvamiento.

ployer* [-je] v. tr. Doblar, encorvar, plegar (plier). || FIG. Doblegar.
— V. intr. Ceder bajo el peso, vencerse, hundirse, cimbrear (fléchir). || FIG. Doblegarse, someterse (céder). || MIL. Replegarse, ceder terreno.

plu part. p. de *plaire* et de *pleuvoir.*

pluie [plɥi] f. Lluvia. || — *Après la pluie, le beau temps,* después de la tempestad, viene la calma. || *Ennuyeux comme la pluie,* muy pesado, muy cargante, más pesado que un saco de plomo. || — *Faire la pluie et le beau temps,* ser el amo, ser el que hace y deshace. || *Le temps est à la pluie,* el tiempo anuncia lluvia, parece que va a llover. || *Parler de la pluie et du beau temps,* hablar de cosas sin importancia *ou* indiferentes. || *Petite pluie abat grand vent,* causas pequeñas suelen traer grandes efectos. || FAM. *Ne pas être tombé de la dernière pluie,* no haber nacido ayer.
— SYN. *Bruine,* llovizna, cernidillo. *Crachin,* orvallo, sirimiri. *Ondée,* chaparrón. *Grain,* turbonada. *Giboulée,* chubasco. *Averse,* aguacero. *Déluge,* diluvio. POP. *Flotte,* lluvia. *Saucée,* chaparrón.

plumage m. Plumaje.

plumaison f. Desplumadura.

plumard [plyma:r] m. (P. us.). Plumero (plumeau). || POP. Piltra, *f.* (lit).

plumasseau m. Plumerillo.

plumasserie f. Plumajería.

plumassier, ère adj. et s. Plumajero, ra.

plum-cake [plœm keik] m. Bizcocho de pasas.

plume f. Pluma. || Pluma, plumilla (d'un stylo). || — *Plume stylographique,* pluma estilográfica *ou* estilográfica (stylo). || — *Guerre de plume,* diatriba escrita. || *Homme de plume,* escritor. || *Lit de plume,* colchón de plumas. || *Poids plume,* peso pluma (boxe). || *Trait de plume,* plumazo. || *À la plume,* con pluma *o* de pluma : *dessin à la plume,* dibujo de pluma. || — *Écrire au courant de la plume,* escribir a vuela pluma *ou* al correr de la plume. || FIG. *Laisser des plumes,* salir desplumado *ou* trasquilado. || *Prendre la plume,* tomar la pluma, ponerse a escribir. || *Se parer des plumes du paon,* engalanarse con plumas ajenas. || POP. *Voler dans les plumes à quelqu'un,* arremeter contra alguien.

plumeau m. Plumero.

plumée f. Plumada (encre). || Plumazón, *m.* (plume d'un oiseau). || Desplume, *m.* (action de plumer).

plumer v. tr. Desplumar. || FIG. et FAM. Desplumar, pelar (dépouiller).

plumet [plymɛ] m. MIL. Plumero, penacho de plumas.

plumeté, e adj. BLAS. Mosqueado, da.

plumetis [plymti] m. Bordado de realce, plumetís.

plumeur, euse m. et f. Desplumador, ra ; persona (*f.*) que pela las aves.

plumeux, euse adj. Plumoso, sa ; cubierto de plumas. || Hecho con plumas.

plumier m. Plumero, estuche de plumas.
— OBSERV. Se emplea a veces el galicismo *plumier.*

plumitif m. DR. Registro de audiencia, papel de oficio. || FAM. Plumífero, escribiente.

plum-pudding [plœmpœdiɳ] m. Pudín, budín.
plumule f. Bot. Plúmula. ‖ Zool. Plumón, *m.* (petites plumes).
plupart (la) [laplypa:r] f. La mayor parte, la mayoría. ‖ — *La plupart du temps*, la mayoría de las veces, casi siempre. ‖ *Pour la plupart*, la inmensa mayoría, la mayor parte.
— Observ. El verbo debe ir en plural cuando *la plupart* significa *la magoría de los hombres*, y cuando va seguido de un nombre en plural : *la plupart écrivent ce mot ainsi*, *la plupart des gens sont partis ;* debe ir en singular cuando el nombre tambien es singular : *la plupart du peuple est mécontent.*
plural, e adj. Plural : *votes pluraux*, votaciones plurales.
pluraliser v. tr. Pluralizar.
pluralisme m. Pluralismo.
pluraliste adj. Pluralista.
pluralité f. Pluralidad.
pluricellulaire adj. Pluricelular.
pluriel, elle adj. et s. m. Plural.
plurivalent, e adj. Chim. Polivalente.
plus [ply o plys] adv. Más (davantage) : *j'ai plus de temps que toi*, tengo más tiempo que tú. ‖ Más : *deux plus cinq font sept*, dos más cinco son siete. ‖ — *Plus de*, más de (davantage), basta de, no más, ya no hay (assez), no hay (manque). ‖ *Plus d'une fois*, más de una vez. ‖ *Plus grand*, mayor, más grande. ‖ *Plus mauvais*, peor. ‖ *Plus... moins*, cuanto más *ou* mientras más... menos : *plus je le vois, moins je le comprends*, cuanto más le veo, menos le comprendo. ‖ *Plus ou moins*, más o menos. ‖ *Plus petit*, menor, más pequeño. ‖ *Plus... plus*, cuanto más ... más : *plus je le connais, plus je l'aime*, cuanto más le conozco más le quiero. ‖ *Plus qu'il n'en faut*, más de la cuenta. ‖ *Plus tôt*, antes, más temprano. ‖ — *Au plus o tout au plus*, a lo sumo, cuando más, a lo más. ‖ *Au plus tard*, lo más tarde, a más tardar. ‖ *Au plus tôt*, cuanto antes. ‖ *Bien plus*, mucho más (beaucoup), más aún (plus encore). ‖ *D'autant plus que*, toda vez que, tanto más cuanto que. ‖ *De plus*, además (en outre), de más, de sobra (en trop), más aún (encore). ‖ *De plus en plus*, cada vez más, más y más. ‖ *En plus*, además (en outre), aparte, no comprendido (prix). ‖ *Le plus*, el más : *le plus joli*, el más bonito (lorsque cette locution est accompagnée d'un substantif, celui-ci se place en espagnol entre *el* et *más*) : *l'enfant le plus intelligent*, el niño más inteligente ; más ; *celui qui travaillera le plus*, el que más trabaje. ‖ *Ne plus*, no más ; basta de. ‖ *Ne ... plus*, no ... más, ya no : *il ne travaille plus ici*, ya no trabaja aquí. ‖ *Ne... plus que*, no ... ya más que : *il ne me reste plus qu'un livre*, no me queda ya más que un libro. ‖ *Ni plus ni moins*, ni más ni menos, nada más y nada menos. ‖ *Non plus*, tampoco. ‖ *Pas plus*, no más. ‖ *Pas plus que*, como tampoco. ‖ *Sans plus*, sin más. ‖ *Tant et plus*, tanto y más, mucho. ‖ *Tout au plus*, todo lo más, a la sumo, a lo más. ‖ — *À n'en pouvoir plus*, a más no poder. ‖ *Il n'est plus*, ha dejado de existir. ‖ *Qui peut le plus peut le moins*, el que puede lo más puede lo menos. ‖ *Qui plus est*, y lo que es más, y además. ‖ *Qui plus qui moins*, quien más quien menos, el que más y el que menos, cual más cual menos. ‖ *Sans plus parler*, sin decir más.
— M. Lo más. ‖ Math. Más (signe).
— Observ. *Pronunciación :* En plus no se pronuncia la *s* final delante de una consonante y en las loc. negativas *ne plus y non plus : il est plu(s) fort que moi ; je ne vais plu(s)*. No obstante, en terminología de matemática, la *s* se pronuncia siempre (2 plus 2) y también ha de hacerse el enlace cuando la palabra siguiente empieza por vocal. La *s* se pronuncia normalmente en la palabra compuesta *plus-que-parfait* y también se hace generalmente cuando significa *davantage* (*il en a plus que moi*).

Plus grand et *plus petit* ont deux traductions en espagnol, *mayor, más grande* et *menor, más pequeño*, respectivement, mais les plus correctes sont *mayor* et *menor*.

plusieurs [plyzjœ:r] adj. et pr. indéf. pl. Varios, rias ; algunos, nas.
plus-payé [plypɛje] m. Lo pagado de más *ou* en demasía.
plus-pétition [-petisjɔ̃] f. Petición de más, reclamación excesiva, pluspetición.
plus-que-parfait [plyskəparfɛ] m. Gramm. Pluscuamperfecto.
plus-value [plyvaly] f. Plusvalía, aumento (*m.*) de valor (augmentation de valeur). ‖ Superávit, *m.*, excedente, *m.* (impôts).
Plutarque n. pr. m. Plutarco.
Pluton n. pr. m. Plutón.
plutonien, enne ou **plutonique** adj. Géol. Plutónico, ca ; plutoniano, na.
plutonisme m. Géol. Plutonismo.
plutonium [plytɔnjɔm] m. Plutonio (métal).
plutôt [plyto] adv. Antes, antes bien, primero : *plutôt mourir que céder*, antes morir que ceder. ‖ Más bien : *il est plutôt bavard*, es más bien parlanchín. ‖ Un tanto : *il est plutôt extraordinaire*, es un tanto extraordinario. ‖ Mejor dicho, más bien : *grand ou plutôt gigantesque*, alto o mejor dicho gigantesco. ‖ Si no : *essayez plutôt vous-même*, intente si no usted mismo.
— Observ. Evítese la confusión con *plus tôt*, antes, más temprano.
Plutus [plytys] n. pr. m. Pluto.
pluvial, e adj. Pluvial, de lluvia : *régimes pluviaux*, regímenes pluviales.
pluviale m. Capa (*f.*) pluvial (ecclésiastique).
pluvier m. Chorlito real (oiseau).
pluvieux, euse adj. Lluvioso, sa ; pluvioso, sa.
pluviographe m. Pluviógrafo.
pluviomètre m. Pluviómetro.
pluviométrie f. Pluviometría.
pluviométrique adj. Pluviométrico, ca.
pluviôse m. Pluvioso [quinto mes del calendario republicano francés].
pluviosité f. Pluviosidad.
pneu [pnø] m. Neumático (pneumatique). ‖ Cubierta, *f.* (sans chambre à air). ‖ — *Pneu à plat*, neumático desinflado. ‖ *Pneu increvable*, neumático contra pinchazos.
— Observ. Pl. *pneus.*
pneumatique adj. Neumático, ca.
— M. Neumático (de roue). ‖ Continental (lettre). ‖ — F. Phys. Neumática (science).
— Observ. El *pneumatique* es una carta que, en ciertas grandes ciudades, es expedida rápidamente gracias a una red urbana de tubos de aire comprimido. Por lo tanto el equivalente español propuesto, *continental*, es bastante impreciso.
pneumatologie f. Neumatología.
pneumo m. Fam. Neumo, neumotórax.
pneumocoque m. Neumococo.
pneumogastrique adj. et s. m. Neumogástrico, ca.
pneumographie f. Neumografía.
pneumologie f. Neumología.
pneumologue m. Tisiólogo.
pneumonectomie ou **pneumectomie** f. Neumotomía.
pneumonie f. Méd. Neumonía, pulmonía.
pneumonique adj. Neumónico, ca.
pneumothorax m. Neumotórax.
Pô n. pr. m. Po (fleuve).
pochade f. Boceto, *m.*, bosquejo, *m.*, apunte, *m.* (peinture). ‖ Improvisación, obra escrita rápidamente, entretenimiento, *m.* (littérature).
pochard, e [pɔʃa:r, ard] adj. et s. Pop. Borracho, cha (ivrogne).
pocharder (se) v. pr. Pop. Emborracharse.
pochardise f. Pop. Borrachera.

poche f. Bolsillo, *m.* : *poche de veste,* bolsillo de chaqueta. ‖ Bolsa, buche, *m.* (faux pli d'un vêtement), rodillera (aux genoux). ‖ Bolsa, cartera (serviette). ‖ Costal, *m.,* saco, *m.* (sac). ‖ Buche, *m.* (jabot des oiseaux). ‖ Bolsa (sac de papier). ‖ Copo, *m.,* manga, bolsa (d'un filet de pêche). ‖ Capucha, capuchón, *m.* (du poulpe). ‖ Red (filet pour chasser). ‖ Bolsa : *des poches sous les yeux,* bolsas bajo los ojos. ‖ MÉD. Bolsa (d'un abcès). ‖ MIN. et MIL. Bolsa. ‖ — *Poche de coulée,* caldero de colada (sidérurgie). ‖ *Poche plaquée,* bolsillo de parche. ‖ *Poches à revers* o *à rabat,* bolsillos con cartera. ‖ — *Argent de poche,* dinero para gastos menudos. ‖ *De poche,* de bolsillo (livre, sous-marin). ‖ *Format de poche,* de bolsillo. ‖ FIG. *Les mains dans les poches,* con las manos en los bolsillos. ‖ — *Avoir quelqu'un dans sa poche,* tener a alguien en el bolsillo *ou* en el bote. ‖ *Connaître comme sa poche,* conocer como la palma de la mano. ‖ *Mettre en poche,* meterse en el bolsillo. ‖ FIG. *N'avoir pas sa langue dans sa poche,* no tener pelos en la lengua. ‖ *Ne pas avoir les yeux dans sa poche,* no tener telarañas en los ojos. ‖ *Y être de sa poche,* poner de su bolsillo.

pochée f. Bolsillo, *m.,* contenido (*m.*) del bolsillo.

pocher v. tr. Escalfar (œufs). ‖ Esbozar, hacer un apunte (ébaucher). ‖ *Pocher l'œil à quelqu'un,* poner a uno un ojo a la funerala.
— V. intr. Formar bolsas *ou* buches (un vêtement).

pochet [pɔʃɛ] m. Morral (sacoche). ‖ AGRIC. Hoyo en que se siembra.

pochetée f. Bolsillo, *m.,* contenido (*m.*) de un bolsillo. ‖ POP. Majadería, sandez (bêtise). ‖ Majadero, *m.,* gilí *ou* jilí, *m.* (niais).

pocheter v. tr. Llevar en el bolsillo.

pochette f. Bolsillito, *m.* (petite poche). ‖ Redecilla (petit filet). ‖ Violín de bolsillo (petit violon). ‖ Pañuelo (*m.*) que se pone en el bolsillo superior de la chaqueta (mouchoir). ‖ Estuche, *m.* (de compas). ‖ Librillo, *m.,* carterilla : *une pochette de papier à fumer,* un librillo de papel de fumar ; *une pochette d'allumettes,* una carterilla de cerillas. ‖ Sobre, *m.* (enveloppe). ‖ Bolso (*m.*) de mano (sac). ‖ Funda (de disque). ‖ *Pochette-surprise,* sorpresa [cucurucho].

pocheuse f. Escalfador, *m.*

pochoir m. Plantilla (*f.*) *ou* chapa (*f.*) de estarcir, patrón estarcido (pour colorier).

pochon m. Cucharón (cuiller à pot).

poco a poco loc. MUS. Poco a poco.

podagre adj. et s. Gotoso, sa. ‖ — F. MÉD. Podagra, gota en el pie.

podaire f. MATH. Podaria.

podestat [pɔdɛsta] m. Podestá, alcalde italiano.

podium [pɔdjɔm] m. Podio.

podomètre m. Podómetro.

podzol [pɔdzɔl] m. Podzol.

podzolique adj. Relativo al podzol.

poêle [pwal] m. Estufa, *f.* (de chauffage). ‖ Velo nupcial, yugo (dans les mariages). ‖ Palio (dais). ‖ Paño mortuorio (du cercueil). ‖ *Tenir les cordons du poêle,* llevar las cintas del féretro.
— F. Sartén (plat de cuisine). ‖ Tostador, *m.* (à marrons). ‖ — *Poêle à frire,* sartén. ‖ — FIG. et FAM. *Tenir la queue de la poêle,* tener la sartén por el mango.

poêlée [-le] f. Sartenada (contenu).

poêlier [-lje] m. Fumista, estufista, calefactor.

poêlon [pwalɔ̃] m. Cazo, sartén (*f.*) sin mango.

poêlonnée [-lɔne] f. Contenido (*m.*) de un cazo.

poème m. Poema. ‖ Libreto (d'un opéra). ‖ FIG. Poema.

poésie f. Poesía.

poète adj. et s. Poeta.
— SYN. *Chantre,* cantor. *Barde,* bardo. *Aède,* aedo. *Rhapsode,* rapsoda. *Versificateur,* versificador. *Rimeur,* rimador. *Rimailleur,* poetastro.

poétereau [pɔetro] m. FAM. Poetastro.

poétesse f. Poetisa.

poétique adj. et s. f. Poético, ca.

poétiser v. intr. Poetizar.

pognon m. POP. Parné, pasta, *f.* (argent).

pogrom ou **pogrome** m. Pogrom, pogromo.

poids [pwa] m. Peso : *le poids d'un corps,* el peso de un cuerpo. ‖ Pesa *f.* (pour peser) : *une balance et ses poids,* una balanza y sus pesas. ‖ Pesa, *f.* (d'une horloge). ‖ Peso (sports). ‖ Pesa, *f.* (en gymnastique). ‖ FIG. Peso, fuerza, *f.* (force). | Peso, carga, *f.,* lastre : *le poids des affaires,* el peso de los negocios. ‖ *Poids atomique, moléculaire, spécifique,* peso atómico, molecular, específico. ‖ *Poids et mesures,* pesas y medidas. ‖ *Poids lourd,* camión de carga pesado (camion), peso pesado (boxe). ‖ *Poids milourd,* peso semipesado (boxe). ‖ *Poids mort,* peso muerto, lastre. ‖ *Poids vif,* peso en vivo (boucherie). ‖ — *Au poids,* al peso. ‖ *Au poids de l'or,* a peso de oro. ‖ *De poids,* de peso : *argument de poids,* argumento de peso. ‖ — *Avoir deux poids et deux mesures,* aplicar la ley del embudo. ‖ *Faire bon poids,* pesar corrido, dar buen peso. ‖ FIG. *Faire le poids,* tener talla, tener las cualidades requeridas. ‖ *Prendre du poids,* engordar. ‖ *Tomber de tout son poids,* desplomarse.

poignant, e adj. Punzante (douleur). ‖ FIG. Desgarrador, ra (déchirant). | Angustioso, sa (angoissant).

poignard [pwaɲa:r] m. Puñal. ‖ Puntilla, *f.* (pour achever le taureau). ‖ — *Coup de poignard,* puñalada. ‖ FIG. *Mettre le poignard sur la gorge,* poner un puñal en el pecho.
— SYN. *Dague,* daga. *Stylet,* estilete. *Baïonnette,* bayoneta.

poignarder v. tr. Apuñalar, dar de puñaladas, acuchillar. ‖ FIG. Causar dolor profundo.

poignardeur, euse adj. et s. Apuñalador, ra ; persona que mata a puñaladas.

poigne [pwaɲ] f. Fuerza en los puños. ‖ FAM. Energía, fuerza, vigor, *m.* ‖ — FAM. *Homme à poigne,* hombre enérgico ou de autoridad férrea.

poignée f. Puñado, *m.* : *une poignée de sable,* un puñado de arena. ‖ Empuñadura, puño, *m.* : *la poignée d'un sabre,* la empuñadura de un sable. ‖ Mango, *m.* (manche). ‖ Asa (d'une valise, etc.). ‖ Picaporte, *m.,* manilla, manija, tirador, *m.* (des portes et fenêtres). ‖ Agarrador, *m.* (de fer à repasser). ‖ Tirador, *m.* (d'un tiroir). ‖ Palanca (du frein). ‖ Garganta (de la crosse d'une arme). ‖ Llave, llavín, *m.* (d'un robinet). ‖ FIG. Puñado, *m.* (petit nombre) : *une poignée de soldats,* un puñado de soldados. ‖ — *À poignée,* a puñados, a manos llenas. ‖ *Donner une poignée de main,* dar un apretón de manos.

poignet [pwaɲɛ] m. Muñeca, *f.* (de la main). ‖ Puño (d'une chemise). ‖ *À la force du poignet,* a pulso.

poignon m. POP. V. POGNON.

poil [pwal] m. Pelo. ‖ — *Poil à gratter,* picapica. ‖ *Poil de carotte,* pelirrojo. ‖ *Poil follet,* bozo. ‖ — FAM. *À poil,* en cueros, en pelota (nu). ‖ *À trois* o *à quatre poils,* de pelo en pecho (courageux). | *À un poil près,* por poco, por el pelo de una hormiga. | *Au poil,* macanudo, ¡magnífico! ‖ *Au quart de poil,* al pelo, con gran precisión. ‖ *De tout poil,* de toda calaña. ‖ — FAM. *Avoir un poil dans la main,* ser más vago que la chaqueta de un guardia, no mover ni un dedo. ‖ FAM. *Être de mauvais poil,* estar de mal humor. ‖ *Monter à* *poil*, montar a pelo (un cheval). ‖ *Reprendre du poil de la bête*, remontar la pendiente.

— Syn. *Pelage*, pelaje. *Robe* (d'un animal), pelaje. *Fourrure*, piel. *Laine*, lana. *Toison*, vellón.

poilant, e adj. Pop. De mondarse de risa, mondante.

poiler (se) v. pr. Pop. Mondarse de risa.

poilu, e adj. ● Peludo, da ; velludo, da.

— M. Soldado francés de la Primera Guerra mundial, veterano. ‖ Hombre de pelo en pecho, valiente.

— Syn. ● *Velu*, velludo. *Barbu*, barbudo. *Moustachu*, bigotudo. *Pubescent*, pubescente.

poinçon [pwɛ̃sɔ̃] m. Techn. Punzón (pour percer). ‖ Buril (de graveur). ‖ Troquel, cuño (médailles, monnaies). ‖ Contraste (marque sur l'or ou l'argent). ‖ Sacabocados, taladro, taladrador (emporte-pièce). ‖ Lezna, *f.* (de sellier). ‖ Rompedera, *f.*, martillo (pour la pierre). ‖ Tonel, barrica, *f.* (tonneau). ‖ Puntero (forge). ‖ Archit. Pendolón, cuchillo, péndola, *f.*, pie derecho (d'un comble). ‖ *Poinçon de garantie*, sello de contraste.

poinçonnage ou **poinçonnement** m. Contraste, marca, *f.*, sello. ‖ Taladro, perforación, *f.* ‖ Picado (d'un billet de métro, etc.).

poinçonner v. tr. Contrastar (l'or, l'argent). ‖ Picar (les billets de transport). ‖ Taladrar, perforar.

poinçonneur, euse adj. et s. Empleado que pica los billetes. — F. Techn. Perforadora, taladradora. ‖ Máquina de ojetear (couture).

poindre* v. tr. Punzar, pinchar (piquer).

— V. intr. Despuntar, asomar, rayar (le jour, la lumière). ‖ Brotar, comenzar a salir (les plantes). ‖ Fig. Despuntar, aparecer.

— Observ. Este verbo se conjuga casi únicamente en el presente de infinitivo y en las terceras personas del singular del presente, imperfecto y futuro de indicativo.

poing [pwɛ̃] m. Puño. ‖ — *Poing américain*, anillo de hierro. ‖ — *Coup de poing*, puñetazo. ‖ *Les poings sur les hanches*, con los brazos en jarras. ‖ — Fig. *Dormir à poings fermés*, dormir a pierna suelta. ‖ *Faire le coup de poing*, andar a puñetazos. ‖ *Montrer le poing à quelqu'un*, amenazar a alguien con el puño. ‖ *Pieds et poings liés*, atado de pies y manos. ‖ *Se mordre, se ronger les poings*, morderse, comerse los nudillos ou los puños.

point [pwɛ̃] m. Punto. ‖ Puntada, *f.*, punto (couture) : *faire de gros points*, dar grandes puntadas. ‖ Punto (dentelle) : *point de Venise*, punto de Venecia. ‖ Punto (écriture). ‖ Punto, extremo : *on a traité différents points*, se han tratado varios puntos. ‖ Punto, tanto (jeux, sports). ‖ Nota, *f.*, punto (note d'un écolier). ‖ Punzada, *f.* (douleur). ‖ Agujero, punto (trou). ‖ Pinta, *f.*, mancha, *f.* (tache). ‖ Entero (Bourse) : *ces actions ont perdu beaucoup de points*, esas acciones han perdido muchos enteros. ‖ Impr. Punto. ‖ Mus. Puntillo, punto.

— *Point à l'aiguille*, punto de aguja. ‖ *Point à la ligne*, punto y aparte [Amér., punto acápite]. ‖ *Point arrière*, pespunte. ‖ *Point d'appui*, punto de apoyo. ‖ *Point d'arrivée*, punto de llegada, conclusión. ‖ *Point de chaînette*, punto de cadeneta. ‖ *Point d'éclair, d'écoulement, de rosée*, punto de inflamación, de flujo, de rocío (pétrole). ‖ *Point de côté*, dolor de costado ou punzada en el costado. ‖ *Point de croix*, punto de cruz. ‖ *Point de départ*, punto de partida. ‖ *Point de mire*, punto de mira, mira. ‖ *Point de non retour*, situación irreversible. ‖ *Point d'épine* o *point russe*, punto ruso. ‖ *Point de repère*, punto de referencia. ‖ *Point de reprise*, zurcido. ‖ *Point de vue*, punto de vista. ‖ *Point d'exclamation*, admiración, signo de admiración. ‖ *Point d'honneur*, pundonor, amor propio. ‖ *Point d'interrogation*,

interrogación, signo de interrogación. ‖ Mus. *Point d'orgue*, calderón. ‖ *Point d'ourlet*, punto de dobladillo. ‖ *Point du jour*, aurora, amanecer. ‖ *Point mort*, punto muerto, estancamiento. ‖ *Point natte*, punto de trencilla. ‖ *Point noué*, nudo. ‖ *Point-virgule* o *point et virgule*, punto y coma. ‖ *Points cardinaux*, puntos cardinales. ‖ *Points de suspension*, puntos suspensivos. ‖ *Points de suture*, puntos de sutura. ‖ — *Bon point*, buena nota (écoles). ‖ — *À point*, en su punto (cuisine), a punto, a propósito (à propos). ‖ *À point nommé*, a punto, en el momento preciso ou oportuno. ‖ *À tel point que*, hasta tal punto que. ‖ *Au dernier point* o *au plus haut point*, en sumo grado, en grado máximo, extremadamente. ‖ *Au point*, a punto. ‖ *De point en point*, punto por punto. ‖ *De tout point* o *en tout point*, de todo punto, enteramente, en todo. ‖ *Du point de vue*, desde el punto de vista. ‖ *Mal en point*, en mal estado. ‖ *Sur le point de*, a punto de.

— *Donner des points*, dar puntos ou tantos de ventaja. ‖ *Donner un bon point*, dar una buena nota. ‖ *Faire le point*, señalar el punto, tomar la estrella (mer), encontrar el punto de estación (topographie), analizar la situación, hacer el balance, concretar, recapitular (faire le bilan). ‖ *Jouer en cent points*, jugar una partida a cien puntos. ‖ *Marquer des points*, puntuar (sports), apuntarse ou marcarse unos tantos (figuré). ‖ *Marquer un point*, apuntarse un tanto (succès), marcar un tanto ou un gol (football), marcar una cesta (basket), marcar un punto. ‖ *Mettre au point*, poner en su punto, acabar, dar el último toque (perfectionner), poner a punto (un projet, une machine), desbastar (le marbre), enfocar (photo), puntualizar (préciser). ‖ *Rendre des points*, dar ventaja (au jeu). ‖ *Tout vient à point à qui sait attendre*, con el tiempo todo se consigue. ‖ *Un point, c'est tout*, y ya está, nada más, y sanseacabó. ‖ *Venir à point*, venir a punto ou al pelo ou como anillo al dedo.

point [pwɛ̃] adv. (Vx). No : *vous mentez*. — *Point*, usted miente. — No. ‖ — *Point aussi*, tampoco. ‖ *Point de*, no hay : *point d'argent, point d'amis*, no hay dinero, no hay amigos ; *point de peuple qui n'aime l'indépendance*, no hay pueblo a quien no guste la independencia. ‖ *Point du tout*, de ningún modo, de ninguna manera, en absoluto. ‖ — *Ne ... point*, no : *je ne partirai point*, no me iré. ‖ *Peu ou point*, poco a nada.

pointage m. Puntería, *f.* (d'une arme) : *pointage en hauteur*, puntería en alcance. ‖ Enfoque (du télescope). ‖ Anotación, *f.*, control (pour signaler). ‖ Recuento (des voix). ‖ Control de entrada y salida (des usines). ‖ Tanteo (jeu). ‖ Mar. Apunte.

pointe f. Punta. ‖ Punta, puntilla (clou). ‖ Remate, *m.*, extremo, *m.* : *pointe d'un clocher*, remate de un campanario. ‖ Aguja, punzón, *m.*, buril, *m.* (de graveur). ‖ Pico, *m.* (d'un col). ‖ Guía : *les pointes d'une moustache*, las guías del bigote. ‖ Nesga (couture). ‖ Pizca, poco, *m.* (un peu). ‖ Máximo (*m.*) de intensidad (de vitesse, etc.). ‖ Pañuelo, *m.*, pico, *m.* (fichu). ‖ Pico, *m.* (lange). ‖ Géogr. Punta. ‖ Mil. Punta (d'avant-garde). ‖ — Techn. *Pointe à tracer*, puntilla. ‖ *Pointe d'asperge*, cabeza de espárrago. ‖ Techn. *Pointe de diamant*, punta de diamante. ‖ *Pointe de feu*, botón de fuego. ‖ *Pointe sèche*, punta seca. ‖ — *Coup de pointe*, estocada. ‖ *Heures de pointe*, horas punta. ‖ *La pointe du jour*, el alba, la aurora, el amanecer. ‖ *Une pointe d'ironie*, cierta ironía, cierto tono de burla. ‖ — *À la pointe de l'épée*, con la punta de la espada, por la fuerza de las armas, a viva fuerza. ‖ *En pointe*, en punta. ‖ — *Être à la pointe du progrès*, ser el más adelantado. || *Faire des pointes*, bailar de puntas. || *Industrie de pointe*, industria de vanguardia. || MIL. *Lancer des pointes*, lanzar incursiones. || *Sur la pointe des pieds*, de puntillas. || *Pousser une pointe jusqu'à...*, llegar hasta...

pointeau m. TECHN. Punzón. || Aguja (*f.*) de válvula (pour régler le débit). || Listero (d'un chantier). || *Pointeau de carburateur*, punzón *ou* aguja de la cuba del carburador.

pointement m. V. POINTAGE.

pointer v. tr. Herir con la punta de una espada, de un sable, dar una estocada. || Apuntar (avec une arme). || Enfocar (avec des jumelles). || Apuntar, anotar (noter). || Marcar, señalar (marquer). || Puntear, hacer puntos (faire des points). || Puntear (sur une liste). || Poner de punta, levantar, enderezar (dresser en pointe). || Aguzar (les oreilles). || Tantear (jeux). || Fichar (les heures de travail). || Hacer el recuento de (un scrutin). || MUS. Puntear.
— V. intr. Despuntar, empezar a salir (commencer à pousser). || Despuntar (le jour, l'aube). || Remontarse, alzarse, elevarse en el aire (s'élever en l'air). || Encabritarse (le cheval). || Picar, fichar (dans une usine).
— V. pr. FAM. Apostarse (se poster). || Llegar (arriver).

pointer m. Perro de muestra inglés.

pointerolle f. MIN. Punterola.

pointe-sèche m. Grabado con punta seca.
— OBSERV. Pl. *pointes-sèches*.

pointeur m. Apuntador (qui pointe une arme). || Listero (qui pointe, qui note). || Apuntador, arrimador (pétanque).

pointillage [pwɛtija:ʒ] m. Punteado.

pointillé [-je] m. Punteado. || Grabado punteado. || Línea (*f.*) de puntos, trepado (coupon). || *Découper suivant le pointillé*, cortar siguiendo la línea de puntos *ou* el punteado.

pointillement [-jmɑ̃] m. Punteado.

pointiller* [-je] v. tr. Puntear, dibujar puntos (tracer par points).
— V. intr. Puntear, hacer puntos (faire des points). || FIG. Discutir por menudencias, ser quisquilloso (chicaner).

pointillerie [-iri] f. Quisquilla, tiquismiquis, *m.*, tiquis miquis, *m. pl.*, minucia.

pointilleux, euse [-jø, ø:z] adj. Puntilloso, sa ; quisquilloso, sa.

pointillisme [-jism] m. Puntillismo (peinture).

pointilliste [-jist] adj. et s. Puntillista (peintre).

pointu, e adj. Puntiagudo, da ; picudo, da. || FIG. Agudo, da (voix).
— SYN. *Aigu*, agudo. *Acéré*, acerado. *Piquant*, punzante.

pointure f. Número, *m.*, medida (des chaussures, des gants, des cols, etc.). || IMPR. Puntura (organe de la presse). || Puntizón, *m.* (trou). || MAR. Empuñidura.

poire f. Pera (fruit). || Pera, perilla (électrique, etc.). || FAM. Primo, *m.* (naïf). || POP. Jeta, cara, rostro, *m.* (visage). || — *Poire à poudre*, polvorín, cebador (poudrière de chasse). || *Poire d'avocat*, aguacate. || *Poire fondante*, pera de agua. || — *En poire*, en forma de pera. || *Entre la poire et le fromage*, a los postres, al final de la comida. || — *Couper la poire en deux*, partir la diferencia. || POP. *Faire sa poire*, presumir, darse importancia. || FIG. *Garder une poire pour la soif*, ahorrar *ou* guardar algo para después.

poiré m. Sidra (*f.*) de peras, perada, *f.*

poireau m. Puerro (plante). || FIG. Verruga, *f.* (verrue). || POP. *Faire le poireau*, estar de plantón, esperar mucho.

poireauter v. intr. POP. Esperar mucho. || POP. *Faire poireauter*, dar un plantón.

poirée f. BOT. Acelga (bette).

poirier m. Peral (arbre). || — *Poirier sauvage*, guadepero (arbre). || — *Faire le poirier*, hacer el pino (gymnastique).

pois [pwa] m. Guisante. || — *Pois chiche*, garbanzo. || *Pois de senteur*, guisante de olor. || *Pois mange-tout*, tirabeque, guisante mollar. || — *Petits pois*, guisantes. || *Tissus à pois*, tejido de lunares.

poise m. Poise (unité de viscosité).

poiseuille m. Poiseuille (unité de viscosité).

poison m. Veneno (mot usuel), ponzoña, *f.* (mot littéraire). || FAM. Mala persona, *f.*, peste, *f.*, mal bicho, lengua (*f.*) viperina (personne méchante), rollo, persona (*f.*) pesada (personne ennuyeuse).
— OBSERV. *Veneno* équivaut aussi en espagnol à « venin ».
— SYN. *Venin*, ponzoña. *Toxique*, tóxico. *Toxine*, toxina. *Virus*, virus.

poissard, e adj. Populachero, ra ; grosero, ra (grossier).
— F. Pescadera, verdulera.

poisse f. POP. Mala pata, la negra (déveine). || POP. *Porter la poisse*, ser gafe.

poisser v. tr. Untar con pez, empegar (coller avec de la poix). || FIG. Embadurnar : *poisser de miel*, embadurnar con miel. | Dejar pegajoso (coller). || POP. Birlar (voler). | Trincar (arrêter).

poisseux, euse adj. Pegajoso, sa ; peguntoso, sa (qui poisse). || Pringoso, sa (poissé).

poisson m. ZOOL. Pez, pescado. (OBSERV. *Pez*, tant qu'il est dans l'eau ; *pescado*, une fois qu'il a été pêché pour l'alimentation.) || — *Poisson-chat*, siluro (silure). || FIG. *Poisson d'avril*, inocentada. || *Poisson-épée*, pez espada (espadon). || *Poisson-lune*, pez luna. || *Poisson-scie*, pez sierra. || *Poissons rouges*, peces de colores. || *Poisson volant*, pez volador. || — *Comme un poisson dans l'eau*, como el pez en el agua. || *Ni chair ni poisson*, ni carne ni pescado, ni chicha ni limonada. || — *Avoir du sang de poisson*, tener sangre de horchata. || *C'est l'histoire du poisson qui se mord la queue*, es la pescadilla mordiéndose la cola. || *Finir en queue de poisson*, quedarse en agua de borrajas. || *Le gros poisson mange le petit*, el pez grande se come al chico.
— OBSERV. En Francia se dan las inocentadas el 1º de abril, y no el 28 de diciembre, día de los Santos Inocentes, como en España.

poissonnerie f. Pescadería.

poissonneux, euse adj. Abundante en peces.

poissonnier, ère m. et f. Pescadero, ra (vendeur). || — F. Besuguera (ustensile).

Poissons m. pl. ASTR. Piscis.

poitevin, e adj. et s. Del Poitou *ou* de Poitiers.

poitrail [pwatra:j] m. Pecho (du cheval). || Antepecho (harnais). || ARCHIT. Dintel.

poitrinaire adj. et s. MÉD. Enfermo, enferma del pecho.
— OBSERV. Esta palabra y su sinónimo *phtisique* (tísico, ca) van cayendo en desuso, reemplazadas por *tuberculeux*.

poitrine f. Pecho, *m.* : *maladie de poitrine*, enfermedad del pecho. || Pecho (de femme). || Costillar, *m.* (boucherie).

poitrinière f. Petral, *m.* (harnais).

poivrade f. Pebrada, pebre, *m.* (sauce).

poivre m. Pimienta, *f.* || — FAM. *Poivre et sel*, entrecano (cheveux). || *Poivre long*, pimiento de cornetilla. || — *Cher comme poivre*, carísimo.

poivré, e adj. Sazonado con pimienta (assaisonné). || Picante, licencioso, sa (licencieux). || POP. Por las nubes (très cher).

poivrer v. tr. Sazonar con pimienta. || FIG. Salpimentar (récit).

poivrette f. Neguilla.

poivrier m. Pimentero.

poivrière f. Pimentero, *m.* (ustensile). || Pimental, *m.* (plantation). || Atalaya (d'une forteresse).

poivron m. Pimiento morrón (fruit).
poivrot, e m. et f. Pop. Borracho empedernido, borracha empedernida (ivrogne).
poix [pwa] f. Pez. ‖ *Coller comme poix,* pegarse como la pez.
poker [pokε:r] m. Póker, póquer (jeu). ‖ *Poker dice* o *poker d'as,* póker de dados.
polacre f. Mar. Polacra (embarcation).
polaire adj. Polar : *cercle polaire, terres polaires,* círculo polar, tierras polares. ‖ *L'étoile Polaire* o *la Polaire,* la [estrella] Polar.
polarimètre m. Phys. Polarímetro.
polarisateur, trice adj. Polarizador, ra.
polarisation f. Polarización.
polariscope m. Phys. Polariscopio.
polarisé, e adj. Polarizado, da. ‖ Fam. *Être complètement polarisé par,* no pensar más que en.
polariser v. tr. Polarizar.
— V. pr. Polarizarse.
polariseur m. Polarizador.
polarité f. Polaridad.
polatouche m. Guiguí, ardilla (*f.*) voladora (écureuil volant).
polder m. Pólder.
pôle m. Polo : *pôle Nord, Sud,* polo Norte, Sur. ‖ Électr. *Pôle négatif, positif,* polo negativo, positivo.
polémarque m. Polemarca.
polémique adj. et s. f. Polémico, ca.
polémiquer v. intr. Polemizar.
polémiste m. et f. Polemista.
polémologie f. Polemología.
polémoniacées f. pl. Bot. Polemoniáceas.
polémonie f. Bot. Polemonio, *m.*
polenta [pɔlɛnta] f. Polenta, gachas (*pl.*) de maíz *ou* de castañas.
poli, e adj. Pulido, da ; liso, sa (lisse). ‖ Fig. Pulido, da ; esmerado, da (fini). | Pulido, da ; refinado, da (élégant). | ● Educado, da ; fino, na; cortés (courtois).
— M. Pulimento, bruñido.
— Syn. ● *Affable,* afable. *Gracieux,* gracioso. *Courtois,* cortés. *Galant,* caballeroso. *Obséquieux,* obsequioso. *Civil,* civil. *Honnête,* honesto. *Civilisé,* civilizado.
police f. Policía. ‖ Póliza : *police d'assurance,* póliza de seguro. ‖ — *Police de la route,* policía de tráfico. ‖ *Police secours,* servicio urgente de policía. ‖ — *Agent de police,* agente de policía, guardia urbano, guardia. ‖ Mil. *Bonnet de police,* gorro de cuartel. ‖ — *Faire la police,* vigilar.
policer* v. tr. Civilizar. ‖ Mejorar las costumbres de (adoucir les mœurs). ‖ Dictar leyes prudentes y sensatas.
polichinelle m. Polichinela. ‖ — *Secret de Polichinelle,* secreto a voces. ‖ — *Mener une vie de polichinelle,* llevar una vida de juerguista.
policier, ère adj. Policiaco, ca : *film, roman policier,* película, novela policiaca.
— M. ● Policía.
— Syn. ● *Détective,* detective. *Limier,* sabueso. *Sbire,* esbirro. *Roussin,* chapa. *Pop. Flic,* poli, polizonte.
policlinique f. Policlínica.
poliment adv. Con educación, educadamente, finamente, cortésmente.
polio f. Fam. Polio (poliomyélite).
poliomyélite f. Méd. Poliomielitis, parálisis infantil.
poliomyélitique adj. et s. Poliomielítico, ca.
poliorcétique f. Mil. Poliorcética.
polir v. tr. Pulir, pulimentar (une surface), bruñir (un métal). ‖ Ciclar (joaillerie). ‖ Fig. Pulir.
— Syn. *Poncer,* dar con piedra pómez, apomazar. *Lisser,* alisar. *Frotter,* frotar. *Fourbir,* acicalar. *Astiquer,* lustrar.
polissable adj. Que puede pulirse o bruñirse.
polissage m. Pulimento, pulido. ‖ Bruñido (métal).

polisseur, euse m. et f. Pulidor, ra ; bruñidor, ra. ‖ — F. Pulidora (machine).
polissoir m. Pulidor, bruñidor (outils).
polisson, e m. et f. Tunantuelo, la ; bribonzuelo, la (enfant malpropre, mal élevé). ‖ Chiquillo travieso (espiègle). ‖ Perdido, da ; truhán, ana ; pillo, lla (débauché). ‖ Pícaro, ra ; granujilla (coquin).
— Adj. Fam. Verde, libre, licencioso, sa (licencieux).
polissonner v. intr. Bribonear, golfear. ‖ Hacer travesuras.
polissonnerie f. Pillería, bribonada. ‖ Diablura, travesura (enfants). ‖ Indecencia, dicho (*m.*) verde (propos libre).
polissure f. Pulimento, *m.,* bruñido, *m.*
poliste f. Polista (guêpe).
politburo m. Politburó.
politesse f. Cortesía, urbanidad (comportement). ‖ Delicadeza, cumplido, *m.,* atención (action). ‖ — *Marques de politesse,* atenciones. ‖ *Par politesse,* por cumplir. ‖ — Fig. *Brûler la politesse,* despedirse a la francesa, marcharse bruscamente (partir), faltar a una cita (manquer à un rendez-vous). ‖ *C'est la moindre des politesses,* es lo menos que se puede hacer. ‖ *Faire assaut de politesse,* rivalizar en cortesía. ‖ *Je lui apprendrai la politesse,* va a saber quien soy yo. ‖ *Pour lui faire une politesse,* para quedar bien. ‖ *Rendre la politesse,* devolver el cumplido. ‖ *Se confondre en politesses,* deshacerse en cumplidos.
politicard, e adj. et s. Politicastro, tra.
politicien, enne m. et f. Político, ca. ‖ Politicastro, tra (en mauvaise part).
politique adj. et s. Político, ca. ‖ — F. Política.
politiquer v. intr. Politiquear.
politisation f. Politización, imposición de un carácter político.
politiser v. intr. Politizar, dar un carácter político.
poljé m. Géol. Poljé.
polka f. Polca (danse et air). ‖ *Pain polka,* pan adornado con cuadritos.
pollakiurie f. Méd. Polaquiuria, angurria.
pollen [pɔllɛn] m. Bot. Polen.
pollicitation f. Dr. Policitación.
pollinique adj. Bot. Polínico, ca.
pollinisation f. Bot. Polinización.
polluant, e adj. et s. m. Contaminante.
polluer v. tr. (Vx). Manchar, mancillar, profanar. ‖ Contaminar (l'eau, l'air, l'atmosphère) : *polluer une rivière,* contaminar un río.
pollution f. (Vx). Profanación, mancha. ‖ Polución. ‖ Contaminación (de l'air, de l'eau) : *pollution atmosphérique,* contaminación del ambiente.
Pollux n. pr. m. Pólux.
polo m. Polo (jeu et vêtement). ‖ *Joueur de polo,* polista.
polochon m. Fam. Almohada (*f.*) larga, travesaño, travesero (traversin).
Pologne n. pr. f. Géogr. Polonia.
polonais, e adj. et s. Polaco, ca. ‖ — M. Polaco (langue). ‖ — F. Polaca (redingote et danse). ‖ Mus. Polonesa.
polonium [pɔlɔnjɔm] m. Polonio (métal).
poltron, onne adj. et s. Cobarde.
— Syn. *Peureux,* miedoso. *Couard,* capon, cobarde. *Fam. Poule mouillée,* gallina. *Froussard,* mandria. *Foireux,* cagón. *Péteux,* cagueta. *Trouillard,* miedoso, cagueta.
poltronnerie f. Cobardía.
polyacide adj. et s. m. Poliácido.
polyakène m. Bot. Poliaquenio.
polyalcool m. Chim. Polialcohol.
polyandre adj. f. Poliandra.
polyandrie f. Poliandria.
polyarchie f. Poliarquía.
polyarthrite f. Poliartritis.

polybase f. Polibase.
Polycarpe n. pr. m. Policarpo.
polycéphale adj. Policéfalo, la.
polychroïsme m. Policroísmo.
polychrome adj. Policromo, ma.
polychromie f. Policromía.
polyclinique f. Policlínica.
polycopie f. Copia hecha con multicopista.
polycopier* v. tr. Multicopiar, tirar ou hacer a multicopista. ‖ Machine à polycopier, multicopista.
polyculture f. AGRIC. Policultivo, m., cultivo (m.) de plantas diferentes en la misma tierra.
polycyclique adj. Policíclico, cà.
polydactylie f. Polidactilia.
polydipsie f. MÉD. Polidipsia.
polyèdre adj. m. et s. m. GÉOM. Poliedro.
polyédrique adj. Poliédrico, ca.
polyembryonie f. Formación de varios embriones.
polyéthylène m. CHIM. Polietileno.
Polyeucte n. pr. m. Polieucto, Poliuto.
polygala ou polygale m. Polígala, f. (plante).
polygalacées adj. f. et s. f. pl. BOT. Poligaláceas.
polygame adj. et s. m. Polígamo, ma.
polygamie f. Poligamia.
polygénisme m. Poligenismo.
polyglotte adj. et s. Políglото, ta ; poligloto, ta.
polygonacées f. pl. BOT. Poligonáceas.
polygonal, e adj. GÉOM. Poligonal.
polygonation f. Poligonación.
polygone m. GÉOM. et MIL. Polígono.
polygraphe m. et f. Polígrafo.
polygraphie f. Poligrafía.
polymère adj. et s. m. CHIM. Polímero, ra.
polymérisation f. CHIM. Polimerización.
polymériser v. tr. CHIM. Polimerizar.
polymètre m. Polímetro.
polymorphe adj. Polimorfo, fa.
polymorphisme m. Polimorfismo.
Polynésie n. pr. f. GÉOGR. Polinesia.
polynésien, enne adj. et s. Polinesio, sia.
polynévrite f. Polineuritis.
polynôme m. MATH. Polinomio.
polynucléaire adj. Polinuclear.
— M. Leucocito de núcleo lobulado.
polype m. Pólipo.
polypeptide m. CHIM. Polipéptido.
polypétale adj. BOT. Polipétalo, la.
polypeux, euse adj. Poliposo, sa ; polipoideo, a.
polyphagie f. Polifagia.
polyphasé, e adj. ÉLECTR. Polifásico, ca.
Polyphème n. pr. m. Polifemo.
polyphonie f. MUS. Polifonía.
polyphonique adj. Polifónico, ca.
polypier m. Polipero.
polyploïde adj. Poliploide.
polypode m. BOT. Polipodio.
polypore m. BOT. Políporo.
polyptère m. Políptero (poisson).
polyptyque m. Políptico.
polysaccharide m. Polisacárido.
polysarcie f. MÉD. Polisarcia.
polysémie f. Polisemia.
polysoc adj. AGRIC. Polisurco, de varias rejas (charrue).
polystyle adj. ARCHIT. Polistilo, la.
polystyrène m. CHIM. Poliestireno.
polysyllabe ou polysyllabique adj. Polisílabo, ba ; polisilábico, ca.
polysyndète m. GRAMM. Polisíndeton, m.
polysynthétique adj. Polisintético, ca (langue).
polytechnicien m. Politécnico, alumno ou antiguo alumno de la Escuela Politécnica de París.
polytechnique adj. Politécnico, ca. ‖ — École Polytechnique, Escuela Politécnica [París]. ‖ Entrer à, sortir de Polytechnique, ingresar en, salir de la Escuela Politécnica.

polythéisme m. Politeísmo.
polythéiste adj. et s. Politeísta.
polytric [politrik] m. Musgo (mousse).
polyurie f. MÉD. Poliuria.
polyurique adj. et s. MÉD. Poliúrico, ca.
polyvaccin [polivaksɛ̃] m. Polivacuna, f., vacuna (f.) compuesta.
polyvalent, e adj et s. m. Polivalente.
Poméranie n. pr. f. GÉOGR. Pomerania.
poméranien, enne adj. et s. Pomerano, na.
pomiculteur m. Pomicultor.
pommade f. Pomada. ‖ FIG. et FAM. Passer de la pommade à quelqu'un, dar coba a alguien, pasar la mano por el lomo a alguien.
pommader v. tr. Untar de pomada ou cosmético (cheveux).
— V. pr. Untarse pomada ou cosmético (cheveux).
pommard [pɔmaːr] m. Vino de Pommard [Borgoña].
pomme f. Manzana (fruit) : pomme à couteau, manzana de mesa. ‖ Cogollo, m., repollo, m. (de chou ou salade). ‖ Pomo, m. (d'une canne). ‖ Pera, perilla (ornement). ‖ POP. Jeta, hocico, m. (tête). ‖ — Pomme cuite, manzana asada. ‖ ANAT. Pomme d'Adam, nuez. ‖ Pomme d'amour, tomate. ‖ Pomme d'arrosoir, alcachofa [de regadera]. ‖ FIG. Pomme de discorde, manzana de la discordia. ‖ Pomme de mât, perilla de palo, tope de mastelero. ‖ Pomme de pin, piña. ‖ Pomme de raquette, higo chumbo. ‖ Pomme de terre, patata, papa (américanisme). ‖ Pomme de terre nouvelle, patata temprana. ‖ Pommes chips, patatas fritas a la inglesa. ‖ — POP. Aux pommes, macanudo. de rechupete. | Ma pomme, mi menda (moi). | Tomber dans les pommes, darle a uno un sopitipando, darle a uno un patatús, caerse redondo, desmayarse.
pommé, e adj. Repolludo, da (chou, salade). ‖ Rematado, da ; de remate : sot pommé, tonto de remate.
pommeau m. Pomo, empuñadura, f. (de l'épée). ‖ Perilla, f. (de la selle).
pommelé, e [pɔmle] adj. Aborregado (ciel). ‖ Tordo, da (cheval).
pommeler (se)* v. pr. Aborregarse (le ciel)
pommelle f. Rallo, m., rejilla para evitar los atoramientos (à l'entrée d'un tuyau).
pommer v. intr. AGRIC. Repollarse, acogollarse (choux, etc.).
pommeraie f. AGRIC. Manzanar, m., pomar, m.
pommette f. Perilla, bolilla (ornement). ‖ ANAT. Pómulo, m.
pommier m. BOT. Manzano (arbre).
pomologie f. AGRIC. Pomología.
pomologique adj. Pomológico, ca.
pomologue ou pomologiste m. Pomólogo.
Pomone n. pr. f. MYTH. Pomona.
pompadour m. Estilo Pompadour.
pompage m. Aspiración (f.) con la bomba, extracción (f.) por medio de una bomba. ‖ Station de pompage, estación de bombeo.
pompe f. Bomba (machine) : pompe aspirante et foulante, bomba aspirante e impelente. ‖ Pompa, pomposidad, fausto, m. (apparat) : en grande pompe, con gran pompa. ‖ — Pl. FIG. Pompas, placeres (m.) frívolos. ‖ Pompas : pompes funèbres, pompas fúnebres. ‖ POP. Zapatos, m. (chaussures). ‖ — Pompe à chapelets o à godets, noria. ‖ Pompe à essence, surtidor de gasolina. ‖ Pompe à graisser, bomba de engrase. ‖ Pompe à incendie, bomba de incendios. ‖ Pompe à injection, bomba de inyección. ‖ Pompe à pneumatique, bomba neumática ou de aire. ‖ — POP. Château la pompe, agua. | FIG. et FAM. Coup de pompe, cansancio repentino, desfallecimiento. ‖ Serrure à pompe, cerradura de bombilla. ‖ —

Pop. *À toute pompe,* a todo gas. ‖ *En grande pompe,* con gran pompa.

Pompée n. pr. m. Pompeyo.

Pompéi [pɔ̃pei] n. pr. Géogr. Pompeya.

pompéien, enne adj. et s. m. Pompeyano, na.

pomper v. tr. Dar a la bomba, sacar con la bomba. ‖ Aspirar (l'éléphant, etc.). ‖ Empapar, absorber (absorber). ‖ Fam. Copiar (copier). ‖ Pop. Trincar, pimplar, beber (boire). ‖ Cansar (fatiguer), agotar (épuiser). ‖ Chupar (l'argent).

pompette adj. Fam. Achispado, da (ivre).

pompeux, euse adj. Pomposo, sa.

pompier m. Bombero (pour éteindre le feu). ‖ Oficial de sastre retocador (tailleur).
— Adj. Fam. Vulgar, ramplón, ona ; sin mérito.

pompile m. Abeja (*f.*) albañila (insecte).

pompiste m. Encargado de un surtidor de gasolina. ‖ Mar. Encargado de las bombas.

pompon m. Borla, *f.* (ornement). ‖ Borla, *f.* (de coiffure de marin, etc.). ‖ — *Rose pompon,* rosa de pitiminí. ‖ — Fam. *Avoir le pompon,* llevarse la palma, ser mejor que ninguno. ‖ Pop. *Avoir son pompon,* estar achispado, estar entre dos luces.

pomponner v. tr. Adornar con borlas *ou* madroños (avec des pompons). ‖ Ataviar, emperejilar (parer). ‖ Fig. Adornar con afectación. ‖ Engalanar (parer). ‖ *Pomponner un cheval,* enjaezar un caballo.
— V. pr. Emperejilarse, vestirse con esmero, acicalarse.

ponant m. Poniente.

ponantais, e adj. et s. De Poniente (de l'Occident).

ponçage [pɔ̃sa:ʒ] m. Pulimento, acción (*f.*) de apomazar. ‖ Acuchillado (du parquet).

ponce f. Piedra pómez (pierre ponce). ‖ Cisquero, *m.* (pour dessins piqués).

ponceau m. Puentecillo (petit pont). ‖ Bot. Amapola, *f.* (coquelicot).
— Adj. inv. Punzó (couleur).

Ponce Pilate n. pr. m. Poncio Pilato.

poncer* v. tr. Dar *ou* pulimentar con piedra pómez, apomazar (polir). ‖ Acuchillar (le parquet). ‖ Estarcir (dessin).

ponceux, euse adj. De la naturaleza de la piedra pómez.
— F. Pulidora (machine). ‖ Acuchillador, *m.* (pour le parquet).

poncho m. Poncho.

poncif m. Estarcido, dibujo picado. ‖ Tópico, vulgaridad, *f.*, trivialidad, *f.* (littérature, beaux-arts).

poncirue m. Ponci, poncidre, poncil (variété de citron).

ponction [pɔ̃ksjɔ̃] f. Méd. Punción. ‖ Fig. *Faire une ponction sur,* hacer una sangría en.

ponctionner [-sjɔne] v. tr. Méd. Hacer punciones, puncionar.

ponctualité [pɔ̃ktɥalite] f. Puntualidad.

ponctuation f. Puntuación.

ponctué, e adj. Marcados los signos de puntuación. ‖ Punteado, da ; marcado con puntos. ‖ Moteado, da (plumage).

ponctuel, elle adj. Puntual. ‖ Constituido por un punto.

ponctuer v. tr. Puntuar. ‖ Fig. Subrayar, acentuar, marcar : *ponctuer chaque mot d'un geste,* subrayar cada palabra con un ademán.

pondaison f. Puesta, postura (des animaux).

pondérable adj. Ponderable.

pondéral, e adj. Ponderal : *titres pondéraux,* títulos ponderales.

pondérateur, trice adj. Ponderador, ra ; ponderativo, va.

pondération f. Ponderación.

pondéré, e adj. Ponderado, da.

pondérer* v. tr. Ponderar, sopesar.

pondéreux, euse adj. Ponderoso, sa ; pesado, da.

pondeur, euse adj. et s. Ponedora, ponedera (oiseaux). ‖ Fig. et Fam. Prolífico, ca ; fecundo, da : *un pondeur de prose,* un prosista prolífico *ou* fecundo.

pondoir m. Ponedero, nidal.

pondre v. tr. Poner (oiseaux). ‖ Aovar (autres animaux). ‖ Fig. et Fam. Parir, escribir : *pondre une tragédie,* escribir una tragedia.

poney [pɔnɛ] m. Poney (cheval).

pongé m. Pongis (tissu).

pongo m. Pongo (orang-outan).

pont [pɔ̃] m. ● Puente. ‖ Cubierta, *f.* (d'un bateau). ‖ Fullería, *f.* (tricherie aux cartes). ‖ Puente (entre deux jours de fêtes). ‖ Électr. Puente : *pont de Wheatstone,* puente de Wheatstone. ‖ Mus. Puente metódico, trozo de transición. ‖ — *Pont à bascule,* puente basculante. ‖ *Pont aérien,* puente aéreo. ‖ *Pont arrière,* puente trasero (automobile). ‖ *Pont aux ânes,* demostración del teorema del cuadrado de la hipotenusa (géométrie), puente de los asnos, escollo en el que sólo tropiezan los ignorantes (difficultés). ‖ *Pont biais,* puente en esviaje. ‖ *Pont de bateaux,* puente de pontones *ou* barcos. ‖ *Pont d'envol,* cubierta de vuelos. ‖ *Pont élévateur,* elevador. ‖ *Pont rail,* puente ferroviario. ‖ *Pont roulant,* puente grúa de corredera. ‖ *Pont-route o pont routier,* puente vial *ou* de carretera. ‖ *Ponts et chaussées,* caminos, canales y puertos. ‖ *Pont suspendu,* puente colgante. ‖ *Pont tournant,* puente giratorio. ‖ *Pont transbordeur,* puente transbordador. ‖ — Mar. *Faux pont,* sollado. ‖ *Tête de pont,* cabeza de puente, de desembarco. ‖ *Couper dans le pont,* cortar en la carta abarquillada (jeu), caer en la trampa (se laisser tromper). ‖ *Couper les ponts derrière soi,* quemar las naves. ‖ *Depuis lors beaucoup d'eau est passée sous les ponts,* ¡pues no ha llovido poco desde entonces ! ‖ *Faire le pont,* hacer puente. ‖ *Faire le pont avec une carte,* abarquillar una carta. ‖ *Faire un pont d'or,* hacer un puente de plata. ‖ *Jeter un pont sur,* tender un puente sobre. ‖ *Servir de pont,* servir de intermediario.
— Syn. ● *Ponceau,* puentecillo. *Passerelle,* pasarela. *Viaduc,* viaducto.

pontage m. Construcción (*f.*) de un puente militar.

ponte f. Puesta, postura (oiseaux). ‖ Punto, *m.* (jeux). ‖ Cargamento (*m.*) de cubierta. ‖ — M. Pop. Mandamás, personaje importante.

ponté, e adj. Mar. Cubierto, ta ; con puente.

pontédéria m. Bot. Aguapé, camalote.

ponter v. intr. Hacer una puesta, apuntar (jeux).
— V. tr. Tender un puente (établir un pont).

pontet [pɔ̃tɛ] m. Guardamonte (armes à feu).

pontier m. Conductor de un puente-grúa de corredera.

pontife m. Pontífice (ecclésiastique) : *souverain pontife o pontife romain,* sumo pontífice *ou* pontífice romano (le pape). ‖ Fig. et Fam. Mandón, mandamás.

pontifiant, e adj. Fam. Enfático, ca ; sentencioso, sa.

pontifical, e adj. et s. m. Pontifical : *ornements pontificaux,* ornamentos pontificales.

pontificat [pɔ̃tifika] m. Pontificado.

pontifier* v. intr. Pontificar. ‖ Fig. et Fam. Perorar enfáticamente (parler avec emphase), actuar pomposamente, poner cátedra.

pontil m. Techn. Puntel (verrerie).

pontique adj. et s. Póntico, ca.

pont-l'évêque m. inv. Cierto queso blando de Normandía.

pont-levis [pɔ̃lvi] m. Puente levadizo.

Pontoise n. pr. Géogr. Pontoise. ‖ Fam. *Revenir de Pontoise,* caer de un nido.

ponton m. Mar. Pontón.

pontonnier m. Pontonero (militaire). ‖ Jefe de embarcadero (service de bateaux).
pontuseau m. TECHN. Puntizón (du papier).
pool [pul] m. Pool, comunidad, *f.* (entente). ‖ *Pool dactylographique,* servicio de mecanografía.
pop-corn m. Roseta, *f.,* palomita, *f.* (maïs grillé).
pope m. Pope (prêtre).
popeline f. Popelín, *m.,* popelina (tissu).
popelinette f. Popelineta (tissu).
poplité, e adj. ANAT. Poplíteo, a.
popote f. FAM. Cocina, comida : *faire la popote,* hacer la comida. ‖ Imperio, *m.* (restaurant d'officiers).
— Adj. FAM. Casero, ra (casanier). | Prosaico, ca; vulgar.
popotier m. FAM. Cantinero, ranchero. ‖ MIL. Emperador (gérant de popote).
populace f. Populacho, *m.*
— SYN. *Commun,* común. *Vulgaire,* vulgo. *Masse,* masa. *Plèbe,* plebe. *Tourbe,* turba, turbamulta. *Canaille,* canalla. *Pègre,* hampa. *Racaille,* chusma. *Vermine,* escoria.
populacier, ère adj. Populachero, ra.
populage m. Botón de oro (plante).
populaire adj. Popular.
— F. pl. Entradas de general.
populariser v. tr. Popularizar.
popularité f. Popularidad.
population f. Población. ‖ Población, vecindario, *m.* (d'une ville).
— OBSERV. La palabra francesa *population* no tiene el sentido de *pueblo, ciudad.*
populéum [populɔm] m. Populeón (pharmacie).
populeux, euse adj. Populoso, sa.
populisme m. Partido de tendencia popular. ‖ Popularismo (littérature).
populiste adj. et s. Populista. ‖ Popularista (littérature).
populo m. POP. Plebe, *f.,* pueblo, populacho.
poquer v. intr. Poquer, arrojar la bola con efecto para que se quede donde cae.
poquet [pɔkɛ] m. AGRIC. Hoyo de siembra.
porc [pɔ:r] m. ● Cerdo, puerco (cochon). ‖ Carne de cerdo (viande) : *manger du porc,* comer carne de cerdo. ‖ FIG. Puerco (homme sale).
— SYN. ● *Pourceau,* cochino. *Cochon,* cochino. *Verrat,* verraco, cerdo macho. *Goret,* gorrino. *Truie,* cerda.
porcelaine [pɔrsəlɛ:n] f. Porcelana (poterie). ‖ ZOOL. Margarita (coquillage).
porcelainier, ère adj. et s. m. Porcelanista.
porcelet [pɔrsəlɛ] m. Lechón, cochinillo. ‖ *Porcelet rôti,* cuchifrito.
porc-épic [pɔrkepik] m. Puerco espín.
— OBSERV. Pl. *porcs-épics.*
porchaison f. Época en que el jabalí está cebado.
porche m. Porche (d'église, de pavillon), portal, soportal (d'un immeuble).
porcher, ère m. et f. Porquerizo, za; porquero, ra.
porcherie f. Pocilga, porqueriza, cochinera.
porcin, e adj. Porcino, na ; porcuno, na ; de cerda.
— Pl. Porcinos.
pore [pɔ:r] m. Poro.
poreux, euse adj. Poroso, sa.
porion m. Capataz de mina.
pornographe m. Pornógrafo.
pornographie f. Pornografía.
pornographique adj. Pornográfico, ca.
porosité f. Porosidad.
porphyre m. MIN. Pórfido, pórfiro.
porphyrique adj. Porfírico, ca.
porphyriser v. tr. Porfirizar.
porphyrogénète adj. et s. Porfirogéneto.
porphyroïde adj. Porfídico, ca.
porque f. MAR. Bulárcama.
porracé, e adj. Porráceo, a ; verdoso, sa (couleur).
porrection f. ÉCCLES. Porrección.

port [pɔ:r] m. ● Puerto : *port franc,* puerto franco. ‖ Puerto (col des Pyrénées). ‖ Porte (action de porter). ‖ Porte (prix du transport) : *franco de port,* franco de porte. ‖ Posición, *f.,* aspecto. ‖ Porte, continente (maintien). ‖ FIG. Puerto, refugio (asile, refuge). ‖ — *Port d'armes,* tenencia de armas. ‖ *Port d'attache,* puerto de amarre *ou* de matrícula (bateau), domicilio, residencia (personne). ‖ *Port de plaisance,* puerto deportivo. ‖ *Port de salut,* puerto de salvación. ‖ MAR. *Port en lourd,* carga máxima, peso muerto. ‖ *Port illégal,* uso indebido. ‖ *Port marchand,* puerto de carga. ‖ — FIG. *Arriver à bon port,* llegar felizmente, llegar a buen puerto.
— SYN. ● *Rade,* rada. *Havre,* abra.
portable adj. Transportable. ‖ Que puede llevarse (vêtement).
portage m. Transporte, porte. ‖ Transporte por tierra (d'une embarcation).
portail [pɔrta:j] m. Pórtico.
portance f. AVIAT. Fuerza de sustentación (avions).
portant, e adj. TECHN. Que lleva *ou* sostiene, sustentador, ra (qui porte). ‖ — *À bout portant,* a quemarropa, a boca de jarro. ‖ *Bien portant,* con buena salud. ‖ *Mal portant,* con mala salud.
— M. Asa, *f.* (anse). ‖ Bastidor (théâtre).
portatif, ive adj. Portátil.
Port-au-Prince n. pr. GÉOGR. Puerto Príncipe.
porte f. ● Puerta. ‖ Puerta (skis). ‖ Compuerta (d'écluse). ‖ — *Porte à claire-voie,* cancilla. ‖ *Porte à glissière,* puerta corredera. ‖ TECHN. *Porte d'agrafe,* hembra de corchete. ‖ *Porte de derrière,* puerta trasera. ‖ *Porte de secours,* salida de emergencia. ‖ *Porte vitrée,* puerta con cristales, puerta vidriera. ‖ — *Fausse porte,* puerta falsa *ou* excusada. ‖ *Le pas de la porte,* el umbral. ‖ — *De porte en porte,* de puerta en puerta, de casa en casa. ‖ *Porte à porte,* pared por medio (à côté). ‖ — *Écouter aux portes,* escuchar detrás de las puertas. ‖ FIG. *Enfoncer une porte ouverte,* descubrir el Mediterráneo, hacer algo que ya está hecho. ‖ *Être aimable comme une porte de prison,* ser un oso. ‖ FIG. *Fermer la porte au nez,* dar con la puerta en las narices. ‖ *Frapper à la porte,* llamar a la puerta. ‖ FIG. *Frapper à toutes les portes,* tocar todos los registros. ‖ *Il faut qu'une porte soit ouverte ou fermée,* no hay término medio, hay que decidirse. ‖ *Laisser la porte ouverte à,* dejar la posibilidad de. ‖ FIG. *Mettre à la porte,* echar a la calle. | *Mettre la clef sous la porte,* marcharse furtivamente. ‖ *Ouvrir la porte à,* dar lugar a, dar paso a, abrir la puerta a, hacer posible. ‖ FAM. *Prendre la porte,* coger la puerta, tomar el portante. ‖ *Refuser sa porte,* negarse a recibir. ‖ *Se ménager une porte de sortie,* dejar *ou* reservarse una puerta abierta *ou* una puerta de escape.
— Adj. ANAT. Porta (veine).
— SYN. ● *Portail,* portique, pórtico. *Huis,* puerta. *Poterne,* poterna. *Pop. Lourde,* puerta.
porté, e adj. Inclinado, da ; predispuesto, ta (enclin). ‖ Transportado, da (transporté). ‖ Anotado, da ; apuntado, da (noté). ‖ — *C'est bien porté,* es lo que se estila. ‖ *Être porté sur,* ser muy dado a, ser muy aficionado a.
porte-à-faux [pɔrtafo] m. inv. Voladizo. ‖ *En porte à faux,* en vilo, en falso.
porte-affiches [-afiʃ] m. inv. Tablón de anuncios, cartelera, *f.*
porte-aigle [-ɛgl] m. inv. (Vx.) Abanderado.
porte-aiguille [pɔrtɛgɥi:j] m. inv. MÉD. et TECHN. Portaagujas.
porte-aiguilles m. inv. Alfiletero, acerico.
porte-allumettes [pɔrtalymɛt] m. inv. Fosforera, *f.,* cerillera, *f.*
porte-amarre [-ama:r] m. inv. et adj inv. MAR. Lanzacabos.

porte-à-porte [pɔrtapɔrt] m. Venta (*f.*) directa. ‖ *Faire du porte-à-porte*, vender a domicilio.

porte-assiette [-asjɛt] m. Salvamanteles (pour protéger la nappe).

— OBSERV. Pl. *Porte-assiettes.*

porte-avions m. inv. Portaviones, portaaviones.

porte-bagages [pɔrtbaga:ʒ] m. inv. Portaequipaje.

porte-baïonnette m. MIL. Tahalí de bayoneta *ou* de machete.

— OBSERV. Pl. *porte-baïonnette o baïonnettes.*

porte-balais m. inv. Funda (*f.*) de escobilla.
porte-bannière m. inv. Abanderado.
porte-bât m. inv. Acémila, *f.*
porte-billets [pɔrtbijɛ] m. inv. Billetero.
porte-bonheur m. inv. Amuleto, mascota, *f.* ‖ Pulsera (*f.*) de una pieza (bracelet).
porte-bouquet [pɔrtbukɛ] m. inv. Florero.
porte-bouteilles [-butɛ:j] m. inv. Botellero, portabotellas.
porte-brancard m. inv. Sufra (*f.*) de camilla.
porte-carabine m. inv. Portacarabina.
porte-carnier m. inv. Portamorral.
porte-cartes m. inv. Tarjetero (cartes de visite), portadocumentos (pour papiers d'identité), portaplanos (de cartes et plans).
porte-chapeaux m. inv. Percha (*f.*) para sombreros.
porte-cigares m. inv. Cigarrera, *f.*, petaca (*f.*) para puros.
porte-cigarettes m. inv. Pitillera, *f.*
porte-clefs [pɔrtəkle] m. inv. Llavero.
porte-copie m. inv. Atril de mecanógrafa.
porte-couteau m. inv. Salvamantel para cuchillos.
porte-crayon [pɔrtkrɛjõ] m. inv. Portalápiz.
porte-croix [pɔrtəkrwa] m. inv. Crucero.
porte-crosse m. inv. Portabáculo.
porte-documents m. inv. Portadocumentos, cartera, *f.* [*Amér.*, porta-folio.]
porte-drapeau m. inv. Abanderado. ‖ *Être le porte-drapeau de*, abanderar *ou* ser el abanderado de.
portée f. Camada, cama (d'animaux). ‖ Alcance, *m.* (d'une arme, d'une phrase, etc.) : *à portée de la main*, al alcance de la mano ; *à longue portée*, de largo alcance. ‖ Alcance, *m.*, capacidad, comprensión : *ceci est hors de sa portée*, esto está por encima de sus capacidades. ‖ Alcance, *m.*, fuerza : *théorie d'une grande portée*, teoría de mucho alcance. ‖ MUS. Pentagrama, *m.* ‖ TECHN. Tramo, *m.*, luz, arco, *m.* (d'un arc, de pont). ‖ *À portée de fusil*, a tiro de fusil.
porte-enseigne [pɔrtãsɛɲ] m. inv. Abanderado.
porte-épée [-epe] m. inv. Portaespada.
porte-étendard [-etɑ̃da:r] m. inv. Portaestandarte (officier). ‖ Cuja, *f.* (étui).
porte-étriers [-etrije] m. inv. Ación (*f.*) de estribo.
porte-étrivière [-etrivjɛ:r] m. Estribera.

— OBSERV. Pl. *porte-étrivières.*

portefaix [pɔrtəfɛ] m. Mozo de cuerda *ou* de cordel.

— SYN. *Fort*, cargador. *Déchargeur, débardeur*, descargador. *Docker*, docker, cargador de muelle. *Porteur*, mozo de equipajes.

porte-fanion m. inv. MIL. Portaguión, guión, banderín [individuo].
porte-fenêtre f. Puerta vidriera, ventana vidriera.

— OBSERV. Pl. *portes-fenêtres.*

portefeuille [pɔrtəfœ:j] m. Cartera, *f.* (de poche). ‖ COMM. Cartera, *f.* (effets). ‖ FIG. Cartera, *f.* (ministère) : *ministre sans portefeuille*, ministro sin cartera. ‖ *Lit en portefeuille*, petaca.
porte-fort m. inv. DR. Fiador. ‖ Estipulación (*f.*) por otro.
porte-greffe ou **porte-greffes** m. inv. BOT.

Árbol silvestre que lleva un injerto, patrón de injerto.
porte-hauban ou **porte-haubans** m. inv. MAR. Mesa (*f.*) de guarnición.
porte-jupe m. inv. Enfaldador, prendero (pince).
porte-jarretelles m. inv. Liguero.
porte-malheur m. inv. Persona (*f.*) *ou* cosa (*f.*) de mal agüero, gafe, cenizo : *un oiseau porte-malheur*, un pájaro de mal agüero.
portemanteau m. Percha, *f.*, perchero. ‖ Portamantas (de voyage). ‖ MIL. Maletín de grupa. ‖ MAR. Pescante (bossoir).
portement m. *Portement de croix*, Cristo con la cruz a cuestas.
porte-menu m. inv. Soporte de menú *ou* de minuta.
porte-mine m. inv. Lapicero, portaminas.
porte-mire m. Portamira (topographie).
porte-monnaie [pɔrtmɔnɛ] m. inv. Portamonedas, monedero.
porte-montre m. inv. Relojera, *f.*
porte-mors [pɔrtəmɔ:r] m. inv. Quijera, *f.*
porte-mousqueton m. inv. Anilla (*f.*) portamosquetón *ou* portafusil (support de l'arme). ‖ Mosquetón (agrafe de chaîne de montre).
porte-musc m. inv. ZOOL. Almizclero.
porte-musique m. inv. Musiquero.
porte-objet m. inv. Platina, *f.*, portaobjeto.
porte-outil [pɔrtuti] m. inv. Portaherramientas.
porte-parapluie m. inv. Paragüero.
porte-parole m. inv. Portavoz [*Amér.*, vocero].
porte-photo m. Portarretrato.
porte-plat [pɔrtəpla] m. inv. Salvamanteles, portaplatos (de table).
porte-plume m. inv. Palillero, portaplumas.
porte-queue m. inv. Caudatario (d'un prélat).
porte-revues m. inv. Revistero.

porter v. tr. ● Llevar (soutenir et transporter). ‖ Llevar (vêtement) : *porter la robe*, la soutane, llevar toga, sotana. ‖ Llevar : *il ne porte plus le deuil*, ya no lleva luto. ‖ Llevar (tenir) : *porter la tête haute*, llevar la cabeza alta. ‖ Dirigir, fijar : *porter les regards sur*, fijar la mirada en. ‖ Poner, fijar (l'attention). ‖ Manifestar : *porter intérêt à quelqu'un*, manifestar interés por alguien. ‖ Producir : *argent qui porte intérêt*, dinero que produce interés. ‖ Inducir, incitar : *porter un jeune au mal*, inducir a un joven a obrar mal. ‖ Dar, traer : *porter malheur*, dar mala suerte. ‖ Producir, dar : *un arbre qui porte beaucoup de fruits*, árbol que produce muchas frutas. ‖ Llevar en su seno (avoir en gestation). ‖ Poner en, apuntar en, inscribir en, anotar en : *porter un nom sur une liste*, poner un nombre en una lista. ‖ Poner : *porter une somme en compte*, poner una cantidad en cuenta. ‖ Apuntar : *porter présent*, apuntar presente. ‖ Asentar (commerce) : *porter sur les livres*, asentar en los libros. ‖ Dar, asestar (un coup). ‖ MAR. Arrastrar, llevar : *le courant porte au large*, la corriente arrastra mar adentro. ‖ MIL. Terciar (l'arme).
— *Porter à croire*, hacer creer. ‖ *Porter amitié à quelqu'un*, tener cariño a alguien. ‖ *Porter atteinte*, causar perjuicio, ir contra. ‖ *Porter aux nues*, poner por las nubes. ‖ *Porter bien le vin*, aguantar bebiendo. ‖ *Porter bien son âge*, representar la edad que se tiene. ‖ *Porter en avant*, adelantar. ‖ *Porter en compte*, acreditar en cuenta. ‖ *Porter envie à quelqu'un*, envidiar a alguien. ‖ *Porter la culotte*, llevar los pantalones. ‖ *Porter la main sur quelqu'un*, levantar la mano a alguien. ‖ *Porter les armes*, ser soldado. ‖ *Porter plainte*, denunciar. ‖ *Porter préjudice*, causar perjuicio. ‖ *Porter quelqu'un dans son cœur*, llevar a alguien en el corazón. ‖ *Porter respect à*, respetar a, tener respeto a. ‖ *Porter ses pas vers un lieu*, ir a un lugar. ‖ *Porter sur le*

dos, llevar a cuestas. ‖ *Porter témoignage*, ser testigo de. ‖ *Porter un coup à*, perjudicar, menoscabar, reducir. ‖ *Porter un jugement*, emitir un juicio. ‖ *Porter un toast à*, brindar por, ofrecer un brindis por. ‖ *Se faire porter malade*, declararse enfermo, darse de baja.
— V. intr. Descansar en, apoyarse en : *l'édifice porte sur une colonne*, el edificio se apoya en una columna. ‖ Alcanzar (arme) : *porter loin*, alcanzar lejos. ‖ Surtir efecto, causar impresión, dar resultado (avoir son effet) : *son allusion a porté*, su alusión surtió efecto. ‖ Alcanzar (la vue). ‖ Tratar de, referirse a, tener por objeto : *sur quoi porte votre critique?*, ¿de qué trata su crítica? ‖ Referirse a, abarcar, cubrir (englober). ‖ Estar preñada : *la chatte porte huit semaines*, la gata está preñada durante ocho semanas. ‖ Mar. Dirigirse. ‖ — *Porté à*, dado a, inclinado a, predispuesto a : *porté à la générosité*, dado a la generosidad. ‖ *Porter à faux*, estar en falso (construction), no ser concluyente *ou* fundado (jugement), estar hecho en vano (action). ‖ *Porter à la tête*, subirse a la cabeza. ‖ *Porter sur*, referirse a. ‖ *Porter sur les nerfs*, crispar, atacar los nervios. ‖ — *Être porté sur*, ser aficionado a. ‖ *L'eau de mer porte mieux que l'eau douce*, el agua de mar sostiene más que el agua dulce.
— V. pr. Dirigirse : *se porter vers quelqu'un*, dirigirse hacia uno. ‖ Estar, encontrarse (santé) : *se porter bien, mal*, estar bien, mal; *comment vous portez-vous?*, ¿cómo está usted? ‖ Entregarse, abandonarse (se livrer) : *se porter à des excès*, entregarse a excesos. ‖ Presentarse como : *se porter candidat*, presentarse como candidato. ‖ Llevarse, estilarse (un vêtement) : *ces chapeaux ne se portent plus*, esos sombreros ya no se llevan. ‖ Llevarse (être porté). ‖ Dejarse llevar (se laisser emporter). ‖ Estar orientado hacia, recaer en (soupçons). ‖ — *Se porter fort pour*, salir fiador de. ‖ *Se porter garant pour*, responder por, garantizar a, salir fiador de, avalar a. ‖ Dr. *Se porter partie*, constituirse parte.
— Observ. *Portarse* en espagnol signifie *se conduire, se tenir, se comporter* : *portarse bien*, se tenir bien, se bien conduire.
— Syn. ● *Transporter*, transportar, trasladar. *Reporter*, volver a llevar. *Coltiner*, cargar. *Trimbaler*, acarrear, llevar a cuestas. *Transférer*, transferir. *Arborer*, enarbolar.

porter [portə:r] m. Pórter (bière).
porte-respect [portrɛspɛ] m. inv. Arma (*f.*) defensiva (arme). ‖ Insignia (*f.*) de una dignidad (marque). ‖ Rodrigón (personne).
porterie f. Portería.
porte-savon [portsavɔ̃] m. inv. Jabonera, *f.*
porte-selle m. inv. Caballete de guadarnés.
porte-serviettes m. inv. Toallero.
porte-trait m. inv. Alzatirantes.
porteur, euse adj. Portador, ra.
— M. et f. Portador, ra (qui porte). ‖ — M. Mozo de equipajes (gares). ‖ — *Porteur d'eau*, aguador. ‖ *Porteur de contraintes*, comisionado de apremios. ‖ *Porteur de mauvaises nouvelles*, correo de malas nuevas. ‖ *Porteur d'une obligation*, tenedor de una obligación. ‖ — *Au porteur*, al portador.
porte-vent m. inv. Tubo conductor de viento (d'orgue).
porte-voix [portəvwa] m. inv. Megáfono, bocina, *f.*, portavoz.
portier, ère m. et f. Portero, ra (d'une maison). ‖ — M. Portero (gardien de but). ‖ Ostiario (clerc). ‖ *Portier robot*, portero eléctrico.
— Adj. *Frère portier*, hermano portero.
portière f. Portezuela (de voiture). ‖ Puerta (de train). ‖ Cortina (de porte), portier, *m.* (gallicisme). ‖ Mil. Compuerta *ou* balsa (franchissement de cours d'eau).

portière adj. f. Paridera.
— Observ. Aplícase solamente a los animales.
portillon m. Portillo. ‖ *Portillon automatique*, puerta automática, portillera automática (métro).
portion [porsjɔ̃] f. ● Porción. ‖ Ración (au restaurant). ‖ *Mettre à la portion congrue*, poner a régimen, poner a media ración.
— Syn. ● *Ration*, ración. *Part*, parte.
Portioncule [porsjɔ̃kyl] n. pr. f. Porciúncula.
portionnaire [porsjɔnɛ:r] adj. et s. Partícipe, porcionero (p. us.).
portique m. Pórtico. ‖ Cuadro sueco (de gymnastique). ‖ *Grue à portique* o *portique roulant*, grúa pórtico.
— Syn. *Porche*, portal. *Péristyle*, peristilo. *Narthex*, nártex.
portland [portlɑ̃] m. Cemento portland.
porto m. Vino de Oporto.
Porto n. pr. Géogr. Oporto.
portor m. Mármol negro veteado de amarillo.
portoricain, e adj. et s. Puertorriqueño, ña ; portorriqueño, ña.
Porto-Rico n. pr. m. Géogr. Puerto Rico.
portrait [portrɛ] m. ● Retrato : *portrait en pied*, retrato de cuerpo entero; *portrait en buste*, retrato de medio cuerpo. ‖ Fig. Semblanza, *f.* ‖ Descripción (d'une personne). ‖ Descripción, *f.* ‖ Fig. et Fam. Cara, *f.* ‖ — Fig. *C'est le portrait de*, es el retrato de, se parece mucho a (personne). ‖ *C'est tout le portrait de son père*, es el vivo retrato de su padre, es su padre clavado.
— Syn. ● *Effigie*, efigie. *Image*, imagen. *Figure*, figura.
portraitiste m. et f. Retratista.
portraiturer v. tr. Retratar.
Port-Salut [porsaly] m. inv. Port-Salut, cierto queso francés de la región del Maine.
portuaire adj. Portuario, ria.
portugais, e adj. et s. Portugués, esa ; luso, sa ; lusitano, na. ‖ — M. Portugués (langue). ‖ — F. Variedad de ostra de concha grande e irregular.
Portugal n. pr. m. Géogr. Portugal.
portulan m. Mar. Portulano (carte).
portune m. Cámbaro mazorgano (étrille).
posage m. Instalación, *f.*, colocación, *f.* : *posage d'une sonnette*, instalación de un timbre eléctrico.
pose f. Colocación, instalación : *pose de la première pierre*, colocación de la primera piedra. ‖ Sesión (du modèle). ‖ Exposición (photographie) : *temps de pose*, tiempo de exposición. ‖ Foto : *rouleau de 36 poses*, carrete de 36 fotos. ‖ Actitud, postura (attitude) : *prendre une pose indolente*, tomar una postura indolente. ‖ Tendido, *m.*, instalación (voie ferrée, électricité, gaz). ‖ Archit. Asiento, *m.* (tuiles, briques). ‖ Fig. Afectación, actitud estudiada.
posé, e adj. Puesto, ta ; colocado, da (placé, mis). ‖ ● Tranquilo, la ; comedido, da ; sosegado, da (tranquille). ‖ Fig. Sentado, da ; admitido, da (admis) : *ceci posé*, sentado esto. ‖ — *À main posée*, pausadamente y con aplicación, tranquilamente. ‖ Mus. *Voix posée*, voz segura *ou* que no vacila.
— Syn. ● *Réfléchi*, reflexivo, juicioso. *Rassis*, sereno, aleccionado, sentado.
Poséidon n. pr. m. Myth. Poseidón.
posément adv. Pausadamente, lentamente, tranquilamente.
posemètre m. Fotómetro, exposímetro (photographie).
poser v. tr. Poner, colocar (placer) : *poser un objet sur la table*, poner un objeto encima de la mesa. ‖ Escribir, poner : *je pose 6 et je retiens 3*, pongo 6 y llevo 3. ‖ Plantear : *poser un problème*, plantear un problema. ‖ Desembarazarse, dejar

(se débarrasser). ‖ Establecer, asentar (établir). ‖ Hacer : *poser une question*, hacer una pregunta. ‖ Deponer, abandonar : *poser les armes*, deponer las armas. ‖ Enunciar, poner (énoncer) : *poser ses conditions*, poner sus condiciones. ‖ Presentar : *poser sa candidature*, presentar su candidatura. ‖ Poner, instalar (l'électricité, le gaz). ‖ Hacer el tendido de, tender (ligne télégraphique, voie de chemin de fer). ‖ ARCHIT. Asentar, echar (pierre, brique) : *poser les fondements*, asentar los cimientos. ‖ FIG. Dar fama *ou* notoriedad *ou* categoría, procurar consideración. ‖ MATH. Enunciar (un théorème). ‖ POP. *Poser un lapin*, dar un plantón. — V. intr. Descansar en, apoyarse en (s'appuyer). ‖ Posar, servir de modelo (en peinture). ‖ Posar, tomar postura conveniente para retratarse. ‖ FIG. Darse tono, presumir, fardar (affecter). ‖ *Poser à*, dárselas de. — V. pr. Ponerse, colocarse, posarse (les oiseaux). ‖ Aterrizar, posarse, tomar tierra (les avions). ‖ FIG. Erigirse en, dárselas de, echárselas de : *se poser en vainqueur*, dárselas de vencedor. ‖ POP. *Comme idiot, tu te poses là*, a idiota no hay quien te gane.

— SYN. ● *Plastronner*, gallear. *Pop. Crâner*, fanfarronear, chulearse. *Faire le beau*, dárselas de guapo.

poseur, euse adj. et s. FAM. Presumido, da ; vanidoso, sa ; postinero, ra ; fardón, ona. ‖ — M. Instalador. ‖ — MAR. *Poseur de mines*, minador (bateau). ‖ *Poseur de parquets*, entarimador. ‖ *Poseur de voies ferrées*, asentador de vías.

positif, ive adj. et s. m. Positivo, va. ‖ — M. PHOT. Positiva, *f*.

position f. ● Posición, postura : *changer de position*, cambiar de postura. ‖ FIG. Empleo, *m.*, cargo, *m.* : *avoir une position chez...*, tener un empleo en la casa... ‖ MIL. Posición (défensive) ; situación. ‖ — Pl. Partidas (d'un tarif de douane).

— SYN. ● *Disposition*, disposición. *Situation*, situación.

positivisme m. Positivismo.
positiviste adj. et s. Positivista.
positivité f. Carácter (*m.*) positivo, positividad.
positon m. PHYS. Positrón, positón (électron positif).
posologie f. MÉD. Posología.
possédé, e adj. Poseído, da (dominé). ‖ — Adj. et s. Endemoniado, da (mot usuel), poseso, sa (mot savant) [démoniaque]. ‖ Energúmeno, na (personne violente). ‖ *Crier comme un possédé*, gritar como un endemoniado *ou* un energúmeno.
posséder* v. tr. Poseer, tener (avoir). ‖ Dominar (maîtriser). ‖ — FIG. Dominar, conocer a fondo *ou* bien : *posséder les mathématiques*, dominar las matemáticas. ‖ FAM. *Posséder quelqu'un*, dársela a uno con queso, pegársela a uno. — V. pr. Dominarse, ser dueño de sí mismo.
possesseur m. Poseedor, ra ; posesor, ra.
possessif, ive adj. et s. m. Posesivo : *adjectif*, *pronom possessif*, adjetivo, pronombre posesivo.
possession f. Posesión. ‖ *En pleine possession de ses moyens*, con pleno dominio de sus facultades.
possessionnel, elle adj. Posesional.
possessoire adj. DR. Posesorio, ria. — M. Derecho posesorio.
possibilité f. Posibilidad. ‖ Posibilidad, eventualidad.
possible adj. ● Posible. ‖ — *Aussitôt que possible*, tan pronto como sea posible. ‖ *Autant que possible*, en *ou* dentro de lo posible, dentro de lo que cabe. ‖ *Si possible*, si es posible. ‖ — *Rendre possible*, hacer posible. — M. Lo posible : *dans la mesure du possible*, en la medida de lo posible. ‖ *Faire (tout) son possible*, hacer (todo) lo posible. — Adv. Es posible, quizás (peut-être). ‖ — *Au possible*, en sumo grado, a más no poder : *être*

avare au possible, ser avaro en sumo grado. ‖ *Pas possible !*, ¡no me digas!, ¡no es verdad!
— SYN. ● *Faisable*, factible, hacedero. *Réalisable*, realizable. *Praticable*, practicable.

postage m. Remisión (*f.*) *ou* expedición (*f.*) al correo.
postal, e adj. Postal : *colis postal*, paquete postal ; *carte postale*, tarjeta postal ; *mandats postaux*, giros postales.
postcombustion f. TECHN. Postcombustión.
postcommunion f. RELIG. Poscomunión.
postdate f. Posfecha, fecha posterior a la verdadera.
— OBSERV. Ce terme ne doit pas être confondu avec l'espagnol *posdata* ou *postdata*, qui signifie *post-scriptum*.
postdater v. tr. Poner fecha posterior a la verdadera, posfechar.
— OBSERV. V. remarque ci-dessus.
poste f. Posta (de chevaux). ‖ Correo, *m*, correos, *m. pl.*, casa de correos (administration, bureau) : *aller à la poste*, ir a correos. ‖ — *Poste restante*, lista de correos [*Amér.*, poste restante] : *écrire poste restante*, escribir a la lista de correos. ‖ *Bureau de poste d'un quartier*, estafeta de correos de un barrio. ‖ FAM. *C'est passé comme une lettre à la poste*, se lo ha *ou* se lo han tragado. ‖ *Mettre une lettre à la poste*, echar una carta al correo.
— M. Puesto : *le poste du pilote*, el puesto del piloto. ‖ MIL. Puesto : *poste avancé*, puesto avanzado. ‖ Empleo, cargo, puesto (emploi). ‖ Aparato de radio *ou* aparato de televisión. ‖ Asiento, partida, *f.* (d'un compte). ‖ Extensión, *f.* (téléphone). ‖ *Poste d'aiguillage*, caseta *ou* cabina de cambio de agujas. ‖ *Poste d'eau*, boca de riego *ou* de agua. ‖ *Poste de combat*, puesto avanzado. ‖ *Poste de commandement* (P. C.), puesto de mando [P. M.] ; cuartel general : *il a établi son P. C. à Paris*, ha establecido su cuartel general en París. ‖ *Poste de police*, cuerpo de guardia (militaire), puesto de policía. ‖ *Poste de ravitaillement*, puesto de abastecimiento. ‖ *Poste de secours*, puesto de socorro (le long d'une route), casa de socorro (dans une ville). ‖ *Poste d'essence*, surtidor de gasolina. ‖ *Poste de surveillance*, avanzadilla. ‖ *Poste d'incendie*, boca de incendio. ‖ *Poste émetteur*, emisora. ‖ *Poste tarifaire*, partida arancelaria. ‖ — *Conduire quelqu'un au poste*, llevar a alguien a la prevención *ou* al cuartelillo.
poster v. tr. Apostar, poner (placer). ‖ Echar al correo *ou* al buzón (courrier).
postérieur, e adj. Posterior.
— M. FAM. Trasero.
posteriori (a) loc. adv. A posteriori.
postériorité f. Posterioridad.
postérité f. Posteridad.
— SYN. *Descendance*, descendencia. *Enfants*, hijos. *Progéniture*, progenitura.
postes f. pl. ARCHIT. Postas (ornements).
postface f. Nota final de un libro, advertencia final.
posthume adj. Póstumo, ma.
posthypophyse f. Posthipófisis.
postiche adj. Postizo, za : *cheveux postiches*, cabellos postizos. ‖ FIG. Falso, sa ; artificial, simulado, da (faux) : *douleur postiche*, dolor simulado.
— M. Adorno artificial (ornement). ‖ Postizo (cheveux).
postier, ère m. et f. Empleado, empleada de correos. ‖ Caballo (*m.*) de posta (cheval).
postillon [pɔstijɔ̃] m. Postillón (conducteur). ‖ Delantero (d'un équipage). ‖ FAM. Partícula (*f.*) de saliva que salta al hablar, cura, *f.*, perdigón (salive) : *envoyer des postillons*, echar perdigones.

postillonner [-jɔne] v. intr. FAM. Espurrear saliva al hablar, echar perdigones.
postméridien, enne adj. Postmeridiano, na.
postopératoire adj. Postoperatorio, ria.
postposer v. tr. Posponer.
postscolaire adj. Postescolar.
post-scriptum [pɔstskriptɔm] m. inv. Posdata, f., post scriptum.
postsynchronisation f. CINÉM. Postsincronización, grabación posterior del sonido.
postsynchroniser v. tr. CINÉM. Postsincronizar, grabar posteriormente el sonido.
postulant, e adj. et s. Postulante.
— SYN. *Prétendant,* pretendiente. *Candidat,* candidato. *Poursuivant,* demandante. *Aspirant,* aspirante. *Impétrant,* impetrante.
postulat [pɔstyla] m. Postulado.
postulateur m. Postulador.
postulation f. Postulación. ‖ DR. Procuración.
postuler v. tr. Postular.
posture f. Postura. ‖ FIG. Situación, posición, postura : *être en mauvaise posture,* hallarse en una mala posición *ou* situación.
pot [po] m. Vasija, f., cacharro (en général). ‖ Tarro, bote (de conserves, médicaments, etc.). ‖ Jarro (pot avec une anse et un bec), orza, f. (pot sans anse ni bec). ‖ Maceta, f., tiesto (à fleurs). ‖ Olla, f. (large ouverture, deux anses), puchero (ouverture étroite, une anse) [marmite]. ‖ FAM. Vaso, copa, f. : *payer un pot à un ami,* invitar a tomar un vaso a un amigo. ‖ — *Pot à eau,* jarra de agua. ‖ *Pot au lait,* lechera (domestique), cántara, cántaro (pour le transport). ‖ *Pot de chambre,* orinal [*Amér.,* bacín, orinal, escupidera]. ‖ FAM. *Pot de colle,* pelmazo (importun). ‖ *Pot d'échappement,* silencioso. ‖ — *À la fortune du pot,* a la pata la llana, sin cumplidos, en confianza. ‖ FAM. *Manque de pot!,* ¡mala pata!, ¡mala suerte! ‖ FIG. *Sourd comme un pot,* más sordo que una tapia. ‖ — POP. *Avoir du pot,* tener potra *ou* suerte. ‖ FIG. *C'est un pot à tabac,* es un tapón de alberca. ‖ *Découvrir le pot aux roses,* descubrir el pastel, descubrir el secreto, tirar de la manta. ‖ *Payer les pots cassés,* pagar los vidrios rotos, pagar el pato. ‖ *Tourner autour du pot,* andar con rodeos, andarse por las ramas.
potable adj. Potable. ‖ FIG et FAM. Potable, pasable, aceptable, regular.
potache m. FAM. Colegial.
potage m. Sopa, f. ‖ FIG. *Pour tout potage,* en todo y por todo, por junto, todo junto.
— OBSERV. Il ne faut pas confondre le *potage* français (sopa) et le *potaje* espagnol, plat de légumes (haricots, lentilles, pois chiches, etc.).
potager, ère adj. Hortense, hortelano, na. ‖ — *Jardin potager,* huerto, huerta. ‖ *Plante potagère,* hortaliza.
— M. Huerta, f., huerto.
potamochère m. Potamoquero (porc).
potard m. POP. Boticario.
potasse m. CHIM. Potasa.
potasser v. tr. et intr. FAM. Empollar (étudier).
potassique adj. Potásico, ca.
potassium [pɔtasjɔm] m. Potasio (métal).
pot-au-feu [pɔtofø] m. inv. Olla, f., puchero (marmite), cocido, puchero (mets), carne (f.) para el cocido (viande).
— Adj. FAM. Casero, ra ; de su casa (attaché à son ménage).
pot-de-vin [podvɛ̃] m. Gratificación, f., guante, mamelas, f. pl., soborno.
— OBSERV. Pl. *pots-de-vin.*
pote m. POP. Amigacho.
poteau m. Poste : *poteau télégraphique,* poste telegráfico ; *poteau indicateur,* poste indicador. ‖ Línea (f.) de llegada, llegada, f., meta, f. (ligne

d'arrivée), línea (f.) de salida (ligne de départ). ‖ Poste (football). ‖ *Au poteau,* al paredón (à mort).
potée f. Olla, jarro, m. (contenu) : *une potée de vin,* un jarro de vino. ‖ Guiso (m.) de nabos, coles y carne, pote, m. (mets). ‖ TECHN. Arcilla para moldes (pour moules). ‖ *Potée d'émeri,* polvos de esmeril.
potelé, e adj. Rollizo, za ; regordete.
potence f. Horca (supplice et instrument). ‖ Jabalcón, m. ‖ BLAS. Potenza. ‖ CONSTR. Pescante, m. (pour suspendre). ‖ MAR. Guindaste, m. ‖ FIG. *Gibier de potence,* carne de horca.
potencé, e adj. BLAS. Potenzado, da.
potentat [pɔtɑ̃ta] m. Potentado.
potentialité [pɔtɑ̃sjalite] f. Potencialidad.
potentiel, elle [-sjɛl] adj. et s. m. Potencial.
potentille [pɔtɑ̃ti:j] f. Potentila (plante).
potentiomètre [pɔtɑ̃sjɔmɛ:tr] m. ÉLECTR. Potenciómetro.
poterie [pɔtri] f. Vasija de barro *ou* de metal (récipient). ‖ Alfarería (fabrique, art). ‖ Cañería de barro (tuyaux).
poterne f. Poterna, portillo, m., postigo, m.
potestatif, ive adj. DR. Potestativo, va.
potiche f. Jarrón, m., jarro (m.) de porcelana.
potier m. Alfarero. ‖ Fabricante *ou* vendedor de vasijas.
potin m. FAM. Cotilleo, chisme (cancan). ‖ Jaleo, alboroto (tapage). ‖ TECHN. Aleación (f.) de cobre, estaño y plomo (alliage).
potiner v. intr. FAM. Chismorrear, cotillear.
potinier, ère adj. et s. FAM. Chismoso, sa ; cotilla. ‖ — F. FAM. Mentidero, m., lugar (m.) donde se chismorrea.
potion f. Poción.
potiron m. BOT. Calabaza, f.
potomètre m. BOT. Potómetro.
pot-pourri [popuri] m. FAM. Olla (f.) podrida, especie (f.) de puchero (mets). ‖ FIG. Popurrí (musique).
— OBSERV. Pl. *pots-pourris.*
potron-jaquet (dès) [dɛpɔtrɔ̃ʒakɛ] ou **potron-minet (dès)** [-minɛ] loc. adv. Al amanecer, de mañanita.
pou m. Piojo (insecte). ‖ — *Laid comme un pou,* más feo que Picio, más feo que un coco. ‖ — FAM. *Chercher des poux à quelqu'un,* buscar las cosquillas a uno.
— OBSERV. Pl. *Poux.*
pouacre adj. et s. FAM. Marrano, na ; suclo, cia.
pouah! interj. ¡Uf!, ¡fo! [indica repugnancia].
poubelle f. Cubo (m.) de la basura.
pouce m. Pulgar (doigt de la main), dedo gordo del pie (du pied). ‖ Pulgada, f. pulgarada, f. (mesure). ‖ FIG. Pulgada, f., ápice. ‖ — FAM. *Donner un coup de pouce,* echar un cable *ou* una mano, dar un empujón. ‖ *Manger sur le pouce,* comer de pie y de prisa. ‖ FIG. *Mettre les pouces,* darse por vencido, acabar por ceder. ‖ *Ne pas quitter d'un pouce,* no dejar un solo instante. ‖ FIG. *Se mordre les pouces,* comerse los nudillos, morderse las manos *ou* los dedos, roerse los puños. ‖ *Se tourner les pouces,* estar mano sobre mano, estar con los brazos cruzados. ‖ FIG. *Sucer son pouce,* chuparse el dedo.
— Interj. ¡Para!, ¡un momento! (aux jeux).
pouce-pied [puspje] m. Percebe (molusco).
Poucet (le petit) [ləpətipusɛ] n. pr. m. Pulgarcito.
poucettes f. pl. Empulgueras.
poucier m. Dedil para el pulgar. ‖ Palanqueta (f.) de picaporte.
pou-de-soie ou **poult-de-soie** ou **pout-de-soie** m. Pul de seda (tissu).
pouding [pudiŋ] m. Budín, pudín (mets).
poudingue m. GÉOL. Pudinga, f.

poudrage m. Empolvado, espolvoreado. ‖ AGRIC. Espolvoreado.

poudre f. Pólvora (explosif) : *poudre à canon*, pólvora de cañón. ‖ Polvo, *m.* (matière pulvérisée) : *sucre en poudre*, azúcar en polvo. ‖ Polvos, *m. pl.* (composition médicinale, cosmétique, etc.) : *poudre de riz*, polvos de arroz. ‖ Arenilla (pour l'écriture). ‖ — *Poudre de perlimpinpin*, polvos de la madre Celestina. ‖ *Poudre sans fumée*, pólvora sin humo. ‖ — *Coton-poudre*, algodón pólvora. ‖ *En poudre*, en polvo, molido. ‖ — FIG. *Il n'a pas inventé la poudre*, no ha inventado la pólvora. ‖ *Jeter de la poudre aux yeux*, engañar con falsas apariencias. ‖ FIG. *Mettre en poudre*, pulverizar, reducir a polvo. ‖ *Mettre le feu aux poudres*, hacer estallar *ou* saltar (une affaire). ‖ FAM. *Prendre la poudre d'escampette*, poner pies en polvorosa, tomar las de Villadiego. ‖ *Se répandre comme une traînée de poudre*, propagarse como un reguero de pólvora. ‖ *Tirer sa poudre aux moineaux*, gastar la pólvora en salvas.

poudrer v. tr. Empolvar.
— V. pr. Empolvarse.

poudrerie f. Fábrica de pólvora y explosivos.

poudrette f. Polvo (*m.*) fino (poudre fine). ‖ AGRIC. Excremento (*m.*) seco pulverizado (engrais).

poudreux, euse adj. Polvoroso, sa (couvert de poudre). ‖ Polvoriento, ta (couvert de poussière). ‖ En polvo : *neige poudreuse*, nieve en polvo.
— F. Mesa de tocador (toilette). ‖ Nieve en polvo. ‖ AGRIC. Espolvoreadora. ‖ Talquera.

poudrier m. Salvadera, *f.* (pour l'écriture). ‖ Azucarero (sucrier). ‖ Polvera, *f.* (pour poudre de riz). ‖ Pirotécnico, polvorista (ouvrier).

poudrière f. Polvorín, *m.* ‖ FIG. *Ce pays est une poudrière*, este país es un barril de pólvora *ou* un polvorín.

poudroiement [pudrwamã] m. Polvareda, *f.* ‖ Empolvamiento (action).

poudroyer* [-drwaje] v. intr. Empolvar. ‖ Levantarse una polvareda.

pouf m. Taburete bajo de asiento relleno, puf (gallicisme). ‖ Ahuecador (pour les jupes). ‖ Anuncio enfático *ou* engañoso (annonce).

pouf! interj. ¡Zas!, ¡puf!, ¡paf!

pouffer v. intr. Reventar de risa.

pouh! interj. ¡Zas!, ¡puf!, ¡paf!

pouillard [puja:r] m. Perdigón (perdreau), pollo del faisán (faisandeau).

pouillé [puje] m. Estado *ou* inventario de los beneficios de una diócesis.

pouillerie [pujri] f. POP. Pordiosería (pauvreté). ‖ Avaricia (avarice). ‖ Pocilga (lieu malpropre).

pouilles [pu:j] f. pl. *Chanter pouilles*, cantar las cuarenta.

pouilleux, euse [-jø, jø:z] adj. et s. Piojoso, sa.

pouillot [pujo] m. Lúgano (oiseau).

pouillouse f. MAR. Vela de estay mayor.

poulaille [pula:j] f. Volatería (volaille).

poulailler [-je] m. Gallinero (pour les poules). ‖ Paraíso, gallinero (théâtre).

poulaillerie [-jri] f. Pollería.

poulain m. Potro, jaco (cheval). ‖ Piel (*f.*) de potro (fourrure). ‖ Carretilla, *f.* (chariot). ‖ FIG. Pupilo, apadrinado (protégé).

poulaine f. MAR. Beque, *m.*, enjaretado (*m.*) de proa (proue). ‖ Zapato (*m.*) de punta retorcida.

poularde ♣ Polla cebada, capón, *m.*

poule f. Gallina. ‖ Liga, grupo, *m.*, campeonato, *m.* (sports). ‖ Puesta, polla (au jeu). ‖ Guerra (billard). ‖ POP. Zorra (prostituée). ‖ — *Poule d'eau*, polla de agua. ‖ *Poule de Barbarie*, gallina de Guinea. ‖ *Poule de bois*, ganga (gélinotte). ‖ *Poule des sables*, perdiz de mar (glaréole). ‖ *Poule d'Inde*, pava. ‖ *Poule faisane*, faisana. ‖ FIG. *Poule mouillée*, gallina, cobarde. ‖ *Poule*

sultane, calamón. ‖ — *La poule aux œufs d'or*, la gallina de los huevos de oro. ‖ *Mère poule*, clueca (sens propre), madraza (sens figuré). ‖ — FIG. et FAM. *Avoir la chair de poule*, tener carne de gallina. ‖ *Mettre la poule au pot*, echar la gallina en la olla. ‖ *Quand les poules auront des dents*, cuando las ranas críen pelos.

poulet [pulɛ] m. Pollo : *poulet de grain, de chair*, pollo tomatero, de cría. ‖ FAM. Pichón (terme affectueux). ‖ POP. Poli, policía.

poulette f. Pollita, polla. ‖ FAM. Pichona (terme affectueux).
— Adj. *Sauce poulette*, salsa blanca [mantequilla, huevo y vinagre].

pouliche f. Potra, potranca (jument).

poulie f. MAR. Motón, *m.* : *poulie à fouet*, motón de rabiza. ‖ TECHN. Polea, garrucha.

poulinement m. Parto de la yegua.

pouliner v. intr. Parir [la yegua].

poulinière adj. et s. f. Yegua de vientre.

pouliot [puljo] m. BOT. Poleo. ‖ TECHN. Torno de un carro (treuil).

poulot, otte m. et f. FAM. Monín, ina; pichón, ona (terme affectueux).

poulpe m. Pulpo (pieuvre).

pouls [pu] m. ANAT. Pulso. ‖ — *Se tâter le pouls*, pensarlo bien. ‖ *Tâter* o *prendre le pouls*, tomar el pulso.

poumon m. ANAT. Pulmón. ‖ — MÉD. *Poumon d'acier*, pulmón de acero. ‖ — *Crier à pleins poumons*, gritar con todas las fuerzas de los pulmones.

poupard, e m. et f. Rorro, a; niño (*m.*) en pañales (bébé). ‖ — M. Pepona, *f.* (poupée).
— Adj. FAM. Aniñado, da; mofletudo, da.

poupart [pupa:r] m. Cangrejo de mar.

poupe f. MAR. Popa. ‖ *Avoir le vent en poupe*, ir viento en popa.

poupée f. Muñeca (jouet) : *poupée de chiffon, de son*, muñeca de trapo, de serrín. ‖ Cabezal, *m.*, soporte, *m.*, contrapunta (d'un tour). ‖ Copo, *m.*, husada (pour quenouille). ‖ Muñeca (mannequin). ‖ Dedil, *m.* (pansement au doigt). ‖ POP. Muchacha, chica, gachí.

poupin, e adj. Frescote, ta; rubicundo, da; sonrosado, da.

poupon, onne m. et f. Nene, na; rorro, *m.* ‖ Angelote, *m.* (enfant potelé) [niño rollizo].

pouponner v. intr. FAM. Cuidar a un nene.

pouponnière f. Guardería infantil (crèche).

poupoule f. POP. Querida, novia (terme affectueux).

pour prép. Para (indiquant le but, la destination) : *cette cravate est pour toi*, esta corbata es para ti ; *je pars pour Madrid*, salgo para Madrid. ‖ Para (par rapport à) : *grand pour son âge*, crecido para su edad. ‖ Para (deux actions successives) : *il tomba pour ne plus se relever*, cayó para no volverse a levantar. ‖ Por (à cause de, parce que) : *on l'a puni pour avoir menti*, lo han castigado por haber mentido. ‖ Por (au prix de, en échange de) : *prendre une chose pour une autre*, tomar una cosa por otra. ‖ Por (pour une durée, une quantité, une somme de) : *un engagement pour un an*, un contrato por un año ; *donner treize objets pour douze*, dar trece objetos por doce ; *vendre pour mille francs de marchandises*, vender por mil francos de mercancías. ‖ Por (en faveur de, en défense de) : *mourir pour la patrie*, morir por la patria ; *l'amour d'une mère pour son fils*, el amor de una madre por su hijo. ‖ Por (comme, en qualité de) : *prendre pour domestique*, tomar por criado ; *laisser pour mort*, dejar por muerto. ‖ ● Por (quant à) : *pour ma part, j'y consens*, por mi parte consiento en ello. ‖ Por (à la place de) : *je le fais pour toi*, lo hago por ti.

‖ Por (en échange) : *dent pour dent,* diente por diente. ‖ — *Pour autant,* por eso. ‖ *Pour cent,* por ciento. ‖ *Pour de bon,* de verdad, de veras, en serio. ‖ *Pour le moins,* por lo menos. ‖ *Pour lors,* entonces. ‖ *Pour peu que,* por poco que. ‖ *Pour que...,* para que...
— M. Pro : *le pour et le contre,* el pro y el contra.
— Syn. ● *Quant à,* en cuanto a. *Afin de,* a fin de. *Dans le but,* con objeto. *En vue de,* con objeto de.

pourboire m. Propina, *f.*

pourceau m. Cerdo, puerco, cochino.

pour-cent m. inv. Tanto por ciento, porcentaje.

pourcentage m. Porcentaje, tanto por ciento.

pourchasser v. tr. Perseguir, ir a la caza de, hostigar.

pourchasseur m. Perseguidor. ‖ *Pourchasseur de dots,* cazador de dotes.

pourfendeur m. Perdonavidas, matasiete.

pourfendre v. tr. Partir de un tajo, atravesar de una estocada.

pourlécher* v. tr. Relamer.
— V. pr. Relamerse. ‖ *S'en pourlécher les babines,* chuparse los dedos, relamerse.

pourparlers m. pl. Conversación, *f. sing.,* negociaciones, *f.,* trato, *sing.* ‖ — *Engager les pourparlers,* entablar las negociaciones. ‖ *Être en pourparlers,* estar al habla, estar en tratos.

pourpier m. Bot. Verdolaga, *f.*

pourpoint [purpwɛ̃] m. Jubón, justillo (vêtement). ‖ Farseto (pour armure). ‖ *À brûle-pourpoint,* a quema ropa, a quemarropa.

pourpre f. Púrpura (étoffe et dignité). ‖ — M. Púrpura, *f.* (couleur, maladie, mollusque).
— Adj. Púrpura.

pourpré, e adj. Purpúreo, a. ‖ Méd. *Fièvre pourprée,* urticaria.

pourprin, e adj. Purpurino, na.
— M. Color purpurino (couleur).

pourquoi conj. et adv. Por qué : *pourquoi vous fâchez-vous?,* ¿por qué se enfada usted? ‖ Para qué, por qué (but) : *pourquoi a-t-il pris cela?,* ¿para qué ha tomado esto? ‖ A qué, por qué (but immédiat) : *pourquoi es-tu venu?,* ¿a qué has venido? ‖ *C'est pourquoi,* por esta razón, por eso.
— M. Porqué : *savoir le pourquoi de chaque chose,* saber el porqué de cada cosa.
— Observ. Ne pas confondre avec l'espagnol *porque* (parce que) en un mot.

pourri, e adj. Podrido, da. ‖ *Temps pourri,* tiempo asqueroso.
— M. Lo podrido. ‖ *Sentir le pourri,* oler a podrido.

pourrir v. tr. Podrir, pudrir.
— V. intr. et pr. ● Podrirse, pudrirse.
— Syn. ● *Se décomposer,* descomponerse. *Se corrompre,* corromperse. *Se gâter,* echarse a perder. *Croupir,* encenagarse. *Se putréfier,* podrirse. *Se faisander,* manirse.

pourrissable adj. Corruptible, putrescible.

pourrissoir m. Pudridero, podridero.

pourriture f. Podredumbre, *f.* ‖ Caquexia (cachexie). ‖ Fig. Corrupción. ‖ — Méd. *Pourriture d'hôpital,* gangrena. ‖ *Quelle pourriture!,* ¡qué porquería!, ¡qué asco!

poursuite f. Persecución, perseguimiento, *m.* (p. us.) : *la poursuite d'un voleur,* la persecución de un ladrón. ‖ Prosecución, continuación : *la poursuite d'une affaire,* la prosecución de un negocio. ‖ Carrera de persecución (courses). ‖ Mil. Persecución del enemigo. ‖ — Pl. Diligencias, gestiones (démarches). ‖ Dr. Diligencias. ‖ — *À la poursuite de,* en persecución de. ‖ *Être o se mettre à la poursuite de,* perseguir a.

poursuiteur m. Fam. Perseguidor.

poursuivant, e adj. et s. Perseguidor, ra. ‖ Pretendiente (d'une femme). ‖ Dr. Demandante, querellante.

poursuiveur m. Perseguidor.

poursuivre* v. tr. ● Perseguir : *poursuivre un voleur,* perseguir a un ladrón. ‖ Proseguir (continuer) : *poursuivre son chemin,* proseguir su camino. ‖ Buscar : *poursuivre la gloire,* buscar la gloria. ‖ Acosar, hostigar : *poursuivre quelqu'un de ses menaces,* acosar a uno con amenazas. ‖ Dr. Perseguir judicialmente. ‖ Demandar (en justice).
— V. pr. Seguirse, proseguirse.
— Syn. ● *Pourchasser,* perseguir. *Talonner,* pisar los talones. *Traquer,* acosar.

pourtant conj. Sin embargo, a pesar de ello, no obstante, con todo.
— Observ. Por lo tanto veut dire *par conséquent.*

pourtour m. Contorno, perímetro.

pourvoi m. Dr. Apelación, *f.,* recurso. ‖ — *Pourvoi à une vacance,* provisión de una vacante. ‖ *Pourvoi en cassation,* recurso de casación. ‖ *Pourvoi en grâce,* petición de indulto.

pourvoir* v. intr. Subvenir a, atender a, ocuparse de : *pourvoir à ses besoins,* subvenir a sus necesidades ; *pourvoir à son éducation,* atender a su educación.
— V. tr. Proveer, suministrar, abastecer (fournir). ‖ Colocar a (établir). ‖ Cubrir : *pourvoir une vacance,* cubrir una vacante. ‖ Fig. Dotar, ornar : *pourvu de grandes qualités,* dotado de grandes cualidades.
— V. pr. Proveerse. ‖ Dr. Interponer recurso de, recurrir, apelar.

pourvoyeur, euse [purwajœːr, jøːz] m. et f. Proveedor, ra ; abastecedor, ra. ‖ — M. Mil. Proveedor (de pièce).

pourvu, e adj. Provisto, ta. ‖ *Pourvu que...,* con tal que (du moment que), ojalá : *pourvu qu'il fasse beau!,* ¡ojalá haga buen tiempo!

poussah m. Dominguillo, tentempié (magot). ‖ Fam. Tonel, retaco (obèse).

pousse f. Brote, *m.,* retoño, *m.* (des plantes). ‖ Salida, crecimiento, *m.* (des dents). ‖ Torcedura (du vin). ‖ Vétér. Huélfago, *m.*

pousse-café m. inv. Fam. Copita (*f.*) después del café, poscafé (p. us.).

pousse-cailloux [puskaju] m. inv. Pop. Soldado de infantería, pipiolo.

poussée f. Empujón, *m.* ‖ Empuje, *m.* (d'avion). ‖ Fig. Acceso, *m.* : *poussée de fanatisme,* acceso de fanatismo. ‖ Ola : *poussée inflationniste,* ola inflacionista. ‖ Estirón, *m.* (de croissance). ‖ Archit. Empuje, *m.* (pression). ‖ Méd. Acceso, *m.* ‖ Phys. Empuje, *m.* (d'un fluide).

pousse-pied [puspje] m. Percebe (mollusque).

pousse-pousse m. inv. Cochecillo chino tirado por un hombre.

pousser v. tr. ● Empujar. ‖ Lanzar, dar (cri, soupir, etc.). ‖ Hacer adelantar, favorecer (favoriser). ‖ Estimular (stimuler). ‖ Llevar (entraîner). ‖ Impulsar, dar un impulso, impeler (donner une impulsion). ‖ Correr (déplacer). ‖ Extender (étendre). ‖ Echar (poils, cheveux, dents, etc.). ‖ Activar, avivar (le feu). ‖ Hacer avanzar : *pousser un troupeau,* hacer avanzar un rebaño. ‖ Hacer más profundo, examinar a fondo, llevar muy lejos (approfondir). ‖ Pujar (aux enchères). ‖ Trabajar (une œuvre d'art). ‖ Dar, tirar : *pousser une estocade,* tirar una estocada. ‖ Bot. Echar, producir (plantes). ‖ Fig. Incitar, mover a, inducir : *pousser à la dépense,* incitar al gasto. ‖ Extremar : *pousser le zèle à,* extremar su celo hasta. ‖ — Fig. *Pousser à bout,* sacar de sus casillas (énerver), forzar a fondo, apurar (forcer à

fond). | *Pousser au noir,* cargar de tinta. || *Pousser du coude,* dar codazos ou con el codo. || *Pousser la fenêtre,* entornar ou cerrar un poco la ventana. || *Pousser une chanson,* echar una canción. || *Pousser un élève,* hacer adelantar a un alumno. — V. intr. Empujar. || Nacer, salir (les dents, les pousses d'une plante, etc.). || Crecer (croître). || Llegar, seguir (poursuivre son chemin). || — *Pousser à la roue,* dar un empujón, echar una mano. || *Pousser comme de la mauvaise herbe,* crecer como la cizaña. || *Pousser comme des champignons,* crecer como hongos. — V. pr. Empujarse. || Echarse a un lado, correrse (faire de la place). || Abrirse camino (faire son chemin).
— SYN. ● *Repousser,* rechazar, repeler. *Rejeter,* rechazar, rehusar. *Chasser,* echar fuera, expulsar. *Refouler,* hacer retroceder, rechazar. *Bouter,* botar, arrojar, expulsar.

poussette f. Cochecito (*m.*) de niños, coche silla, *m.* (voiture). || Empujón, *m.* (cyclisme). || Carrito, *m.* (pour les provisions).

poussier m. Polvo de carbón, carbonilla, *f.*, carbón en polvo.

poussière f. Polvo, *m.* : *faire de la poussière,* levantar polvo. || Mota : *avoir une poussière dans l'œil,* tener una mota en el ojo. || — BOT. *Poussière fécondante,* polen. || *Poussières radio-actives,* cenizas radiactivas. || — *Coup de poussière,* explosión en una mina. || FAM. *Et des poussières,* y pico (somme). || *Faire mordre la poussière à un ennemi,* abatir a un enemigo. || FIG. *Mordre la poussière,* morder el polvo. || *Réduire en poussière,* hacer añicos, hacer polvo. || *Tomber en poussière,* hacerse polvo.
— SYN. *Poudre,* polvo, polvos. *Poussier,* carbonilla.

poussiéreux, euse adj. Polvoriento, ta.

poussif, ive adj. Que padece huélfago. || FAM. Que se ahoga (voiture). || MÉD. Asmático, ca.

poussin m. Polluelo, pollito. || FIG. Nene (enfant). || MIL. Cadete, novato del ejército del aire, gurripato.

poussinière f. Pollera.

poussoir m. Botón, pulsador.

poutrage m. CONSTR. Viguería, *f.*

poutre f. Viga.

poutrelle f. Vigueta.

pouture f. AGRIC. Engorde (*m.*) en el establo.

pouvoir* v. tr. Poder. || — *N'en pouvoir mais,* no poder más (être épuisé), no poderlo remediar (n'y rien pouvoir). || *N'en pouvoir plus,* no poder más. || *Ne pas pouvoir s'empêcher de,* no poder menos de ou sino. || — *Il se peut que,* puede ser que, es posible que. || *On ne peut plus,* no puede ser más. || *On peut dire que,* cabe decir que, podemos decir que. || *Puis-je entrer?,* ¿se puede?, ¿puedo pasar? || *Puissiez-vous réussir!,* ¡ojalá lo consiga usted! || *Qui peut le plus peut le moins,* quien puede lo más, puede lo menos.

pouvoir m. Poder : *pouvoir législatif, exécutif, judiciaire,* poder legislativo, ejecutivo, judicial. || — *Pouvoir d'achat,* poder adquisitivo. || *Pouvoir par-devant notaire,* poder ante notario. || — *Fondé de pouvoir,* apoderado. || *Pleins pouvoirs,* plenos poderes. || — *Au pouvoir de,* bajo el poder de.

pouzzolane [puzɔlan] f. Puzolana.

prœsidium [prezidjɔm] m. Presidium (en U. R. S. S.).

pragmatique adj. et s. f. Pragmático, ca.

pragmatisme m. Pragmatismo.

pragmatiste adj. et s. Pragmatista.

Prague n. pr. GÉOGR. Praga.

praire f. Almeja grande (mollusque).

prairial [prɛrja] m. Pradial (mois du calendrier républicain français).

prairie f. Prado, *m.* (pré), pradera (naturelle).

prâkrit m. Pracrito, prácrito (de l'Inde).

pralin m. Abono mezclado con tierra. || Garapiña, *f.* (sucre cuit).

pralinage m. Garapiñado.

praline f. Almendra garapiñada.

praliné m. Chocolate con almendras garapiñadas.

praliner v. tr. Garapiñar.

prase m. MIN. Prasio.

praséodyme m. Praseodimio (métal).

prasme f. Prasma.

praticabilité f. Practicabilidad, carácter (*m.*) transitable.

praticable adj. Practicable. || Transitable (chemin). || (Vx). Tratable, sociable (personnes). — M. Practicable (théâtre), grúa (*f.*) móvil (cinéma).

praticien [pratisjɛ̃] m. MÉD. Práctico facultativo. || DR. Escribano, procurador.

pratiquant, e adj. et s. Practicante.

pratique adj. Práctico, ca. || *Travaux pratiques,* prácticas, clases prácticas. — F. Práctica : *mettre en pratique,* poner en práctica. || Procedimiento, *m.,* práctica (procédé). || Costumbre, uso, *m.* (coutume). || Trato, *m.* (fréquentation). || Pito, *m.* (pour marionnettes). || Parroquiano, *m.* (client). || MAR. Plática. || — F. pl. Prácticas, devociones (religieuses). || — M. MAR. Práctico (piloto).

pratiquer v. tr. ● Practicar. || Tratar (fréquenter). Abrir, practicar (exécuter). — V. intr. Practicar (une religion). — V. pr. Practicarse. || Existir : *la politique qui se pratique ici,* la política que existe aquí.
— SYN. ● *Exercer,* ejercer. *Professer,* profesar.

praxis f. Praxis.

Praxitèle n. pr. m. Praxiteles.

pré m. Prado. || FIG. *Aller sur le pré,* tener un desafío.

préadamisme m. Preadamismo.

préadamite adj. et s. Preadamítico, ca ; preadamita.

préalable adj. Previo, via : *question préalable,* cuestión previa. — M. Condición (*f.*) previa. || Cuestión (*f.*) previa. || *Au préalable,* previamente, de antemano.

Préalpes [prealp] n. pr. f. pl. Prealpes, *m.*

préalpin, e adj. Relativo a los Prealpes.

préambule m. Preámbulo.

préamplificateur m. Preamplificador (radio).

préau m. Patio (de monastère, de prison). || Cobertizo del patio de recreo (écoles), sala (*f.*) grande en las escuelas.

préavertir v. tr. Advertir previamente, prevenir.

préavis [preavi] m. Aviso previo. || Notificación (*f.*) previa de despido. || *Avec préavis,* con aviso (communication téléphonique).

préaviser v. tr. Avisar anticipadamente, prevenir.

prébende [prebɑ̃:d] f. Prebenda.

prébendé, e adj. et s. Prebendado, da.

prébendier m. Prebendado.

précaire adj. Precario, ria.

précambrien adj. et s. m. Precámbrico, ca ; precambriano, na.

précarité f. Estado (*m.*) precario, lo precario, *m.,* el carácter (*m.*) precario, precariedad.

précaution f. Precaución. || *Précautions oratoires,* advertencias.

précautionner v. tr. Precaver, prevenir. — V. pr. Precaverse, prevenirse.

précautionneux, euse adj. Precavido, da.

précédemment [presedamɑ̃] adv. Anteriormente.

précédent, e adj. Precedente, anterior. — M. Antecedente, precedente.

précéder* v. tr. Preceder.

préceinte f. MAR. Cinta.

précellence f. Preeminencia, excelencia.
précelitique adj. Precéltico, ca.
précepte m. Precepto.
précepteur, trice m. et f. Preceptor, ra.
préceptoral, e adj. Preceptoril.
préceptorat [preseptɔra] m. Preceptorado.
précession f. Astr. Precesión : *précession des équinoxes*, precesión de los equinoccios.
préchambre f. Antecámara (de moteur Diesel).
préchauffage m. Calentamiento previo, precalentamiento.
prêche m. Prédica, *f.* (sermon protestant).
prêcher v. tr. Predicar. ‖ Fig. Recomendar : *prêcher l'économie*, recomendar la economía. ‖ *Prêcher le faux pour savoir le vrai*, decir mentira para sacar verdad.
— V. intr. Predicar : *prêcher d'exemple*, predicar con el ejemplo ; *prêcher dans le désert*, predicar en el desierto. ‖ *Prêcher pour son saint, pour sa paroisse*, barrer hacia dentro. ‖ *Prêcher un converti*, gastar saliva en balde, hablar inútilmente.
prêcheur, euse m. et f. Predicador, ra.
prêchi-prêcha m. Fam. Sermoneo, letanía, *f.*
précieusement adv. Preciosamente. ‖ Afectadamente, con afectación, amaneradamente.
précieux, euse adj. Precioso, sa : *métaux précieux*, metales preciosos. ‖ Fam. Amanerado, da (manière) ; afectado, da (affecté). ‖ Culterano, na ; rebuscado, da (langage) : *style précieux*, estilo rebuscado.
— M. Amaneramiento (affectation). ‖ — F. Marisabidilla, preciosa.
— Observ. La palabra francesa *précieux* no tiene el sentido de « charmant », « joli ».
préciosité f. Afectación, amaneramiento, *m.* ‖ Preciosidad, culteranismo, *m.* (du style).
— Observ. La palabra francesa *préciosité* no tiene el sentido de cosa valiosa o muy mona.
précipice m. Precipicio.
précipitation f. Precipitación.
précipité, e adj. et s. m. Precipitado, da.
précipiter v. tr. et intr. Precipitar.
— V. pr. Precipitarse.
préciput [presipy] m. Dr. Mejora, *f.*
préciputaire adj. Dr. De la mejora.
précis, e [presi, i ːz] adj. Preciso, sa. ‖ Conciso, sa ; preciso, sa : *style précis*, estilo conciso. ‖ En punto : *trois heures précises*, las tres en punto. ‖ Fijo, ja ; determinado, da : *date précise*, fecha fija. ‖ Mil. Preciso (tir).
— M. Compendio (livre) : *précis de géométrie*, compendio de geometría.
précisément adv. Precisamente.
préciser v. tr. Precisar. ‖ Especificar (un point).
— Observ. La palabra francesa *préciser* no tiene los sentidos de « obligar » y de « necesitar » que tiene el verbo español *precisar*.
précision f. Precisión : *instrument de précision*, instrumento de precisión.
précité, e adj. Precitado, da ; antes citado, da ; susodicho, cha.
précoce adj. Precoz (personnes, saisons). ‖ Temprano, na, precoz (végétaux).
précocité f. Precocidad.
précolombien, enne adj. Precolombino, na.
précombustion f. Precombustión (de moteur Diesel).
précompression f. Techn. Precompresión.
précompte [prekɔ̃ːt] m. Descuento anticipado, suma (*f.*) a deducir.
précompter [-te] v. tr. Descontar.
préconception f. Idea preconcebida.
préconcevoir* v. tr. Preconcebir.
préconçu, e [prekɔ̃sy] adj. Preconcebido, da.
préconisation f. Preconización.

préconiser v. tr. Preconizar. ‖ Postular, preconizar (des mesures).
préconiseur ou **préconisateur** m. Preconizador.
précontraindre* v. tr. Constr. Pretensar.
précontraint, e adj. Constr. Pretensado, da ; recomprimido, da (béton).
— F. Pretensado, *m.* (béton).
précordial, e adj. Anat. Precordial : *troubles précordiaux*, trastornos precordiales.
précurseur adj. et s. Precursor, ra. ‖ Mil. *Détachement précurseur*, partida aposentadora.
prédateur, trice adj. De rapiña (animal).
prédécédé, e adj. (P. us.). Premoriente.
prédécesseur m. Predecesor, ra ; antecesor, ra.
— Observ. *Prédécesseur* no tiene femenino correspondiente en francés. Se dice: *elle fut son prédécesseur.*
prédelle f. Parte inferior de un cuadro.
prédestination f. Predestinación.
prédestiné, e adj. et s. Predestinado, da.
prédestiner v. tr. Predestinar.
prédéterminant, e adj. Predeterminante.
prédétermination f. Predeterminación.
prédéterminer v. tr. Predeterminar.
prédial, e adj. Predial.
prédicable adj. Predicable.
prédicant m. Predicante, pastor protestante.
prédicat [predika] m. Predicado.
— Observ. La palabra francesa *prédicat* no se emplea ; se le prefiere el sinónimo *attribut*.
prédicateur, trice m. et f. Predicador, ra.
prédicatif, ive adj. Gramm. Predicativo, va.
prédication f. Predicación.
prédiction f. Predicción.
prédigéré, e adj. Predigerido, da.
prédilection f. Predilección.
prédire* v. tr. Predecir, vaticinar.
prédisposer v. tr. Predisponer.
prédisposition f. Predisposición. ‖ Méd. Propensión.
prédominance f. Predominio.
prédominant, e adj. Predominante.
prédominer v. intr. Predominar.
prédorsal, e adj. Predorsal.
prééminence f. Preeminencia.
prééminent, e adj. Preeminente.
préemption [preãpsjɔ̃] f. Derecho (*m.*) preferente de compra, derecho (*m.*) de retracto.
préétabli, e adj. Preestablecido, da.
préétablir v. tr. Preestablecer.
préexcellence f. Excelencia suma, preexcelencia.
préexistant, e adj. Preexistente.
préexistence f. Preexistencia.
préexister v. intr. Preexistir.
préfabrication f. Prefabricación.
préfabriqué, e adj. Prefabricado, da.
préface f. Prefacio, *m.*
— Syn. *Discours préliminaire*, discurso preliminar. *Introduction*, introducción. *Avant-propos*, advertencia. *Préambule*, preámbulo. *Avertissement*, advertencia. *Avis*, aviso. *Prologue*, prólogo.
préfacer* v. tr. Prologar, hacer un prefacio.
préfacier m. Prologuista.
préfectoral, e adj. Prefectoral. ‖ *Arrêtés préfectoraux*, órdenes gubernativas.
préfecture f. Prefectura. ‖ — *Préfecture de police*, jefatura de policía. ‖ *Préfecture maritime*, departamento marítimo.
— Observ. *Préfecture* es, respecto al departamento francés, lo que el gobierno civil es a la provinvia española.
préférable adj. Preferible.
préférablement adv. Preferentemente, preferiblemente.
préféré, e adj. et s. Preferido, da ; predilecto, ta.
préférence f. Preferencia. ‖ — *De préférence*, preferentemente, con preferencia. ‖ *Ordre de préférence*, orden de prelación.

préférentiel, elle adj. Preferencial, preferente : *traitement préférentiel,* trato preferente.

préférer* v. tr. Preferir : *je préfère de beaucoup cette solution,* prefiero con mucho esta solución.

préfet [prefɛ] m. Prefecto. || — *Préfet de police,* uno de los prefectos de París, encargado exclusivamente de la policía. || *Préfet maritime,* jefe de un departamento marítimo.

— OBSERV. Las funciones del *prefecto* corresponden a las del gobernador civil en España.

préfète f. FAM. Mujer del prefecto, gobernadora.

préfiguration f. Prefiguración.

préfigurer v. tr. Prefigurar.

préfinir v. tr. Prefinir.

préfix, e [prefiks] adj. Prefijado, da.

préfixation f. GRAMM. Prefijación.

préfixe m. GRAMM. Prefijo.

préfixer v. tr. Fijar antes, prefijar. || Poner un prefijo.

préfixion f. DR. Prefinición.

préfloraison f. BOT. Prefloración.

préfoliation ou **préfoliaison** f. BOT. Prefoliación.

préformation f. Preformación.

préformer v. tr. Preformar, formar con anterioridad.

pré-gazon m. Prado artificial.

préglaciaire adj. GÉOL. Preglaciar.

prégnance f. Imposición.

prégnant, e adj. Que se impone.

préhenseur [preɑ̃sœːr] adj. m. Prensor.

préhensible [-sibl] adj. Prensible.

préhensile [-sil] adj. Prensil : *singe à queue préhensile,* mono de cola prensil.

préhension [-sjɔ̃] f. Prensión.

préhistoire f. Prehistoria.

préhistorien, enne m. et f. Tratadista de prehistoria, especialista en prehistoria, prehistoriador, ra.

préhistorique adj. Prehistórico, ca.

préhominidés ou **préhominiens** m. pl. Prehomínidos (primates de l'ère quaternaire).

préjudice m. Perjuicio. || *Au préjudice de,* en detrimento de, con menoscabo de, en perjuicio de. || *Sans préjudice de,* sin perjuicio de. || — *Porter préjudice à,* perjudicar a.

— SYN. *Dommage,* daño. *Tort,* perjuicio. *Détriment,* detrimento, menoscabo. *Lésion,* lesión. *Dam,* daño, perjuicio.

préjudiciable adj. Perjudicial.

préjudiciaux m. pl. DR. Prejudiciales.

préjudiciel, elle adj. DR. Prejudicial.

— OBSERV. L'espagnol *perjudicial* correspond au français *préjudiciable.*

préjugé m. Prejuicio.

— SYN. *Prévention,* prevención. *Parti pris,* perjuicio.

préjuger* v. tr. Prejuzgar, implicar. || Juzgar de antemano. || DR. Fallar provisionalmente.

prélart [prela:r] m. MAR. Cubrecarga, encerado, lona (*f.*) impermeable.

prélasser (se) v. pr. Descansar cómodamente : *se prélasser dans un fauteuil,* descansar cómodamente en un sillón.

prélat [prelɑ] m. Prelado.

prélature f. Prelatura.

prèle, prêle ou **presle** f. BOT. Cola de caballo.

prélegs [prelɛ] m. DR. Manda, *f.,* ou legado que debe satisfacerse antes de la partición.

prélèvement m. Deducción, *f.,* descuento previo (déduction). || Toma, *f.* (prise) : *prélèvement de sang,* toma de sangre. || Muestra, *f.* : *faire un prélèvement sur le lait,* sacar una muestra de la leche. || DR. Extracción, *f.*

prélever* [prelve] v. tr. Deducir, descontar previamente (déduire). || Tomar, sacar muestras [de una cosa]. || *Prélever du sang,* tomar ou sacar sangre.

préliminaire adj. et s. m. pl. Preliminar.

— SYN. *Prélude,* preludio. *Prodrome,* pródromo. *Préface,* prefacio. *Prologue,* prólogo. *Exorde,* exordio. *Préambule,* preámbulo.

prélude m. Preludio.

préluder v. intr. Preludiar. || FIG. Preludiar, preparar, iniciar.

prématuré, e adj. et s. Prematuro, ra : *retraite prématurée,* retiro prematuro. || Precoz. || Prematuro, ra (né avant terme). || BOT. Temprano, na (précoce).

préméditation f. Premeditación.

préméditer v. tr. Premeditar.

prémices [premis] f. pl. Primicias.

premier, ère adj. ● Primero, ra. (OBSERV. Le masculin *primero* perd le *o* final lorsqu'il est suivi d'un nom : *le premier livre,* el primer libro, mais on dira *el libro primero.*) || — MIL. *Premier bureau d'état-major,* Primera Sección de Estado Mayor. || MAR. *Premier maître,* contramaestre de segunda. || *Le premier étage,* el primer piso, el principal. || *Le premier venu,* un cualquiera, el primero que llega. || *Matières premières,* materias primas. || MATH. *Nombre premier,* número primo. || — *De premier choix,* de primera calidad.

— M. Primero : *le premier de tous,* el primero de ou entre todos. || Primer piso. || Primera, *f.* (dans les charades). || — *Jeune premier,* galán joven. || *Il vaut mieux être le premier dans son village que le second à Rome,* más vale ser cabeza de ratón que cola de león.

— F. Primera : *voyager en première,* viajar en primera. || Encargada de un taller de costura. || Clase que corresponde al sexto año del bachillerato español. || Primera ascensión (alpinisme). || IMPR. Galerada, primera prueba. || THÉÂTR. Estreno, *m.,* primera representación. || — *Première classe,* soldado de primera. || — POP. *De première,* de primera. || *Jeune première,* primera actriz.

— SYN. ● *Primitif,* primitivo. *Primordial,* primordial. *Initial,* inicial. *Prime,* primero.

premier-né adj. et s. m. Primogénito.

— OBSERV. Pl. *premiers-nés.* Se puede decir en femenino, aunque sea poco empleado, *fille premier-née* o *fille première-née* (primogénita).

prémilitaire adj. Premilitar.

prémisse f. Premisa.

prémolaire f. Premolar, *m.* (dent).

prémonition f. Premonición.

prémonitoire adj. Premonitorio, ria.

prémontré m. Premonstratense (religieux).

prémourant m. DR. Premoriente.

prémunir v. tr. Prevenir, precaver. || — V. pr. Prevenirse.

prémunition f. Prevención.

prenable adj. Conquistable, expugnable (ville). || FIG. Seductible, conquistable (personnes).

prenant, e adj. Prensil : *queue prenante,* cola prensil. || Adherente (collant). || DR. Que recibe ou cobra : *partie prenante,* el que cobra ou percibe. || FIG. Sobrecogedor, ra (voix).

prénatal, e adj. Prenatal. || *Allocations prénatales,* subsidios familiares percibidos por la futura madre antes de nacer el niño.

— OBSERV. Pl. *prénatals* o *prénataux.*

prendre* v. tr. ● Tomar, coger : *prendre un livre,* tomar un libro. || Tomar : *prendre son déjeuner,* tomar el almuerzo. || Recoger : *je vous prendrai à une heure,* le recogeré a la una. || Dar : *un frisson m'a pris,* me dio un escalofrío. || Agarrarse : *la fumée me prend à la gorge,* el humo se me agarra a la garganta. || Cobrar, llevar : *vous prenez trop cher,* usted cobra demasiado. ||

Llevar : *prenez-moi dans votre voiture,* lléveme en su coche. ‖ Sacar, tomar : *prendre des places,* sacar entradas. ‖ Coger : *prendre froid,* coger frío. ‖ Tomar : *prendre une ville,* tomar una ciudad. ‖ Requerir, tomar : *prendre beaucoup de temps,* requerir mucho tiempo. ‖ Prender, coger, detener, atrapar (arrêter) : *prendre un voleur,* prender a un ladrón. ‖ Comer (échecs, dames) : *prendre un cavalier,* comer un caballo. ‖ Ocupar : *être très pris,* estar muy ocupado. ‖ Tomar : *prendre une commande,* tomar un pedido. ‖ Sacar, tomar : *prendre une photo,* sacar una foto. ‖ Pescar, capturar (du poisson). ‖ Cobrar : *prendre son importance,* cobrar su importancia. ‖ Fam. Recibir : *prendre une gifle,* recibir una bofetada. ‖ — *Prendre acte,* levantar acta. ‖ *Prendre à l'écart,* llevar aparte. ‖ *Prendre au dépourvu,* coger ou pillar desprevenido ou descuidado. ‖ *Prendre au mot,* coger la palabra. ‖ *Prendre au pied de la lettre,* tomar al pie de la letra. ‖ *Prendre au sérieux, au tragique,* tomar en serio, trágicamente. ‖ *Prendre congé,* despedirse. ‖ *Prendre contact,* entrar en contacto. ‖ *Prendre courage,* animarse. ‖ *Prendre de l'âge,* entrar en años. ‖ *Prendre de la place,* coger ou ocupar sitio. ‖ *Prendre de l'intérêt à,* interesarse por. ‖ *Prendre des cartes,* robar cartas. ‖ *Prendre des nouvelles de,* preguntar por. ‖ *Prendre des renseignements,* informarse. ‖ *Prendre deux kilos,* engordar dos kilos. ‖ *Prendre du ventre,* echar barriga. ‖ *Prendre en main une affaire,* encargarse de un negocio. ‖ *Prendre exemple sur,* tomar como ejemplo a. ‖ *Prendre fait et cause pour,* declararse en favor de. ‖ *Prendre femme,* casarse. ‖ *Prendre feu,* incendiarse (s'enflammer), encenderse (s'emporter). ‖ *Prendre garde à,* tener cuidado con. ‖ *Prendre la défense de,* salir en defensa de. ‖ *Prendre la mer,* hacerse a la mar. ‖ *Prendre la mouche,* picarse, enfadarse. ‖ *Prendre la place de quelqu'un,* sustituir a alguien (remplacer), quitar el puesto a alguien (enlever). ‖ *Prendre l'avis de,* pedir consejo a. ‖ *Prendre l'eau,* calarse. ‖ *Prendre le jour,* dejar pasar la luz. ‖ *Prendre le large,* irse mar adentro (un bateau) ; largarse (s'en aller). ‖ *Prendre les armes,* tomar las armas. ‖ *Prendre les choses comme elles viennent,* aceptar las cosas como vengan, resignarse. ‖ *Prendre mal,* coger un resfriado (s'enrhumer), tomar a mal (se fâcher). ‖ *Prendre naissance,* tener origen. ‖ *Prendre note,* tomar nota. ‖ *Prendre par la main,* coger de la mano. ‖ *Prendre part à,* participar en. ‖ *Prendre parti pour,* tomar partido por, decidirse a favor de. ‖ *Prendre pitié de,* tener lástima de. ‖ *Prendre place,* sentarse. ‖ *Prendre plaisir à,* tener gusto en. ‖ *Prendre quelque chose sur soi,* llevar algo consigo. ‖ *Prendre quelqu'un de vitesse,* ser más rápido que uno. ‖ *Prendre quelqu'un en amitié,* cobrarle cariño a uno. ‖ *Prendre quelqu'un en grippe,* tener ojeriza ou inquina a uno, tomarlas con uno. ‖ *Prendre quelqu'un par les sentiments,* sacar partido de las debilidades de alguien. ‖ *Prendre racine,* echar raíces. ‖ *Prendre sa source,* nacer (rivière). ‖ *Prendre ses fonctions,* asumir sus funciones. ‖ *Prendre son bien où on le trouve,* cada cual se defiende como puede. ‖ *Prendre son temps,* no precipitarse. ‖ *Prendre son vol,* despegar (avion). ‖ *Prendre sous son aile,* coger bajo su manto. ‖ *Prendre sous son bonnet,* cargar con la responsabilidad de. ‖ *Prendre sur le fait,* coger in fraganti. ‖ *Prendre un engagement,* comprometerse. ‖ *Prendre une personne pour une autre,* tomar una persona por otra. ‖ *Prendre un rendez-vous avec,* citarse con. ‖ — *À tout prendre,* mirándolo bien, después de todo. ‖ *C'est à prendre ou à laisser,* lo toma o lo

deja. ‖ *Il faut en prendre et en laisser,* de dinero y calidad la mitad de la mitad. ‖ *Je vous y prends,* le sorprendo. ‖ *Le prendre de haut,* hablar con altanería. ‖ *Le prendre sur tel ton,* hablar con cierto tono. ‖ *Mal prendre une observation,* tomar a mal una observación. ‖ *On ne m'y prendra plus,* no me cogerán otra vez. ‖ *On ne sait par quel bout le prendre,* no se sabe por donde cogerle. ‖ *Pour qui me prenez-vous ?,* ¿por quién me toma usted ? ‖ *Qu'est-ce qui lui prend ?,* ¿qué le pasa ? ‖ *Qu'est-ce qu'il va prendre !,* ¡la que se va a ganar ! ‖ *Un mal de dents le prend,* tiene de repente un dolor de muelas.

— V. intr. Agarrar, echar raíces : *ces plantes ont bien pris,* estas plantas han agarrado bien. ‖ Espesarse (chocolat, etc.), trabarse (mayonnaise), tomar consistencia (crème), helarse, congelarse, cuajarse (glace, fleuve). ‖ Cuajarse (lait). ‖ Agarrar (vaccin). ‖ Agarrar, aferrar (l'ancre). ‖ Prender (feu). ‖ Cuajar : *cette mode ne prend pas,* esta moda no cuaja. ‖ Tener éxito ou aceptación (avoir du succès). ‖ Fijarse (couleur). ‖ Pasar por la cabeza, ocurrir, antojar : *cela m'a pris de partir,* se me ocurrió irme. ‖ Arrancar de, empezar en : *les Champs Élysées prennent à la place de la Concorde,* los Campos Elíseos arrancan de la plaza de la Concordia. ‖ Dar, entrar : *l'envie lui prit de chanter,* le dieron ganas de cantar. ‖ Coger, tomar : *prendre à droite,* coger a la derecha. ‖ Fraguar (ciment). ‖ Encenderse, arder : *l'allumette prend,* se enciende ou arde la cerilla. ‖ Fam. Ser creído ou aceptado : *votre mensonge n'a pas pris,* su mentira no ha sido creída. ‖ — *Prendre au plus court,* coger ou tomar el camino más corto. ‖ *Prendre du bon côté,* tomar bien. ‖ *Prendre sur soi,* dominarse. ‖ *Prendre sur soi de,* comprometerse a. ‖ — *Ça ne prend pas,* estos no pasa, esto no hay quien se lo trague, de eso nada. ‖ *Être bien pris,* estar bien proporcionado.

— V. impers. Ocurrir, suceder (arriver). ‖ — *Bien, mal lui en prend,* tuvo una buena, mala idea. ‖ *S'il vous en prend envie,* si le da gana de hacerlo.

— V. pr. Ponerse, echarse, comenzar : *il se prit à pleurer,* se puso a llorar. ‖ Cogerse (laisser saisir). ‖ Helarse : *la Seine se prend,* el Sena se hiela. ‖ Atacar : *se prendre à plus fort que soi,* atacar a alguien más fuerte que uno. ‖ Tomarse (remède). ‖ Engancharse : *se prendre à un clou,* engancharse a un clavo. ‖ Méd. Estar afectado. ‖ — *Se prendre au jeu,* tomarlo en serio. ‖ *Se prendre d'amitié pour,* cobrar cariño a. ‖ *Se prendre pour,* dárselas de, creerse. ‖ — *Comment s'y prendre ?,* ¿cómo hacerlo ? ‖ *Savoir comment s'y prendre avec quelqu'un,* saber manejar a alguien. ‖ *S'en prendre à quelqu'un,* echar la culpa a uno, tomarla con uno. ‖ *S'y prendre à deux fois,* intentar dos veces. ‖ *S'y prendre à l'avance,* tomarlo por anticipación ou anticipadamente. ‖ *S'y prendre à temps,* hacer las cosas a su debido tiempo. ‖ *S'y prendre bien, mal,* hacerlo ou arreglárselas bien, mal.

— Observ. *Coger* a, dans quelques pays d'Amérique latine, un sens inconvenant. On le remplace soit par *tomar,* soit par *agarrar: prendre le tramway,* agarrar el tranvía.

— Syn. ● *Saisir,* agarrar. *S'emparer,* adueñarse. *Se saisir,* apoderarse. *Arrêter,* detener. *Appréhender,* aprehender. *Colleter,* apercollar. *Empoigner, harponner,* echar el guante. ‖ Fam. *Agrafer,* echar el guante.

preneur, euse adj. et s. Tomador, ra. ‖ Arrendador, ra (à bail). ‖ Comprador, ra (acheteur). ‖ *Benne preneuse,* pala mecánica.

prénom [prenɔ̃] m. Nombre, nombre de pila.

— Observ. *Nombre* désigne aussi bien en espagnol le prénom seul que le prénom suivi du nom de famille ou *apellido.*

PRÉNOMS — NOMBRES

I. Prénoms masculins. — Nombres masculinos.
(Entre parenthèses, leurs diminutifs familiers.)

Albert	Alberto
Alexandre	Alejandro
André	Andrés
Antoine	Antonio
Baudoin	Balduino
Bernard	Bernardo
Charles	Carlos
Denis	Dionisio
Emmanuel	Manuel (Manolo)
Etienne	Esteban
Fernand, Ferdinand	Fernando
François	Francisco (Paco, Paquito, Pancho, Frasquito)
Frédéric	Federico
Georges	Jorge
Guillaume	Guillermo
Henri	Enrique
Jacques	Jaime, Jacobo, Santiago
Jean	Juan
Jérôme	Jerónimo
Joseph	José (Pepe)
Laurent	Lorenzo
Louis	Luis
Maurice	Mauricio
Michel	Miguel
Paul	Pablo
Philippe	Felipe
Pierre	Pedro (Perico)
Raoul	Raúl
Raymond	Raimundo
René	Renato
Sebastien	Sebastián
Thomas	Tomás
Vincent	Vicente
Xavier	Javier

II. Prénoms féminins. — Nombres femeninos.

Anne	Ana (Anita)
Brigitte	Brígida
Catherine	Catalina
Charlotte	Carlota
Claire	Clara
Elisabeth	Isabel
Françoise	Francisca (Paca, Paquita, Frasquita)
Hélène	Elena
Henriette	Enriqueta
Isabelle	Isabel
Jeanne	Juana
Joséphine	Josefa (Pepa, Pepita)
Louise	Luisa
Madeleine	Magdalena
Marie	María
Thérèse	Teresa

III. Prénoms espagnols sans équivalents français.

Ángel. Angustias. Caridad. Carmen. Concepción (Concha, Conchita). Dolores (Lola, Lolita). Encarnación. Jesús (Chucho). Lurdes. Luz. Mercedes. Pilar. Sol. Soledad.

---

prénommé, e adj. et s. Llamado, da : *le prénommé Pierre*, el llamado Pedro. ‖ DR. Arriba nombrado *ou* mencionado, el susodicho : *le prénommé*, el arriba nombrado, el susodicho.
prénommer v. tr. Llamar, dar nombre de pila.
prénotion f. Prenoción.
prénuptial, e [prenypsjal] adj. Prenupcial.
préoccupant, e adj. Que preocupa.
préoccupation f. Preocupación.
préoccuper v. tr. Preocupar.
— V. pr. Preocuparse.
prépaiement [prepɛmã] m. Pago anticipado.
préparateur, trice m. et f. Preparador, ra. ‖ Practicante (en pharmacie). ‖ Auxiliar (de laboratoire).
préparatif m. Preparativo.
— SYN. *Apprêts*, aprestos. *Appareil*, aparato.
préparation f. Preparación.
préparatoire adj. Preparatorio, ria.
préparer v. tr. Preparar.
— V. pr. Prepararse : *se préparer à partir*, prepararse para salir.
— SYN. *Disposer*, dispôner. *Apprêter*, aprestar. *Organiser*, organizar. *Élaborer*, elaborar. *Concerter*, concertar. *Combiner*, combinar. *Mûrir*, madurar. *Mijoter*, cocer a fuego lento.
prépondérance f. Preponderancia.
prépondérant, e adj. Preponderante.
préposé, e m. et f. Encargado, da. ‖ — *Préposé des douanes*, aduanero. ‖ *Préposé des postes*, cartero.
préposer v. tr. Encargar de : *préposer quelqu'un au téléphone*, encargar a alguien del teléfono.
prépositif, ive adj. GRAMM. Prepositivo, va.
préposition f. GRAMM. Preposición.
prépositivement adv. Con carácter prepositivo.
prépotence f. Prepotencia.
prépuce m. ANAT. Prepucio.
préraphaélisme m. Prerrafaelismo.
préraphaélite adj. et s. Prerrafaelista, prerrafaelita.
prérogative f. Prerrogativa.

préromantisme m. Prerromanticismo.
près [prɛ] adv. Cerca. ‖ — *Près de*, cerca de. ‖ — *À beaucoup près*, ni con mucho. ‖ *À cela près*, excepto eso. ‖ *À cette somme près*, poco más o menos, casi, aproximadamente. ‖ *De près*, de cerca (peu éloigné), al raso (à ras). ‖ *Tout près*, muy cerca, cerquita. ‖ — FAM. *Être près de ses sous*, ser agarrado *ou* roñica. ‖ *Je ne suis pas à mille francs près*, mil francos no significan mucho para mí. ‖ *Ne pas y regarder de près*, no ser exigente. ‖ *Serrer de près*, seguir de cerca.
— Prép. Cerca de : *ambassadeur près le Saint-Siège*, embajador cerca de la Santa Sede.
présage m. Presagio. ‖ *Tirer un présage de*, presagiar algo de.
présager* v. tr. Presagiar.
présalaire m. Gratificación (*f.*) dada a un meritorio.
pré-salé m. Carnero cebado con pastos salados [a orillas del mar]. ‖ Carne (*f.*) de este carnero.
présanctifié, e adj. et s. Presantificado, da.
presbyte adj. et s. Présbita.
presbytéral, e adj. Presbiteral.
presbytère m. Rectoral, *f.*, casa (*f.*) del cura *ou* parroquial.
— OBSERV. *Presbítero* en espagnol est synonyme de *sacerdote*, prêtre, et *presbiterio* est le sanctuaire (espace clos devant l'autel).
presbytérianisme m. Presbiterianismo.
presbytérien, enne adj. et s. Presbiteriano, na.
presbytérium [prɛsbiterjɔm] m. RELIG. Presbiterio.
presbytie [prɛsbisi] f. MÉD. Presbicia.
prescience [presjã:s] f. Presciencia.
prescient, e [-sjã, ã:t] adj. Presciente.
prescriptible adj. Prescriptible.
prescription f. Prescripción.
prescrire* v. tr. Prescribir. ‖ MÉD. Recetar.
préséance f. Precedencia, prelación.
présélecteur m. Preselector (radio).
présélection f. Preselección.
présence f. Presencia : *en présence*, en presencia.

‖ — *Présence d'esprit,* presencia de ánimo. ‖ — *Faire acte de présence,* hacer acto de presencia, hacerse ver.

présent, e adj. Presente.
— M. Obsequio, presente (cadeau). ‖ Presente (temps actuel). ‖ Asistente (personne). ‖ GRAMM. Presente. ‖ *Un présent des dieux,* un don del cielo. ‖ — *À présent,* ahora. ‖ *Dès à présent,* desde ahora. ‖ *Être présent à tout* o *partout,* estar en todo. ‖ *Faire présent de,* regalar.

présentable adj. Presentable.

présentateur, trice m. y f. Presentador, ra (dans un cabaret, théâtre, etc.). ‖ Locutor, ra (radio et télévision).

présentation f. Presentación.

présentement adv. Ahora, actualmente, en la actualidad.

présenter v. tr. Presentar. ‖ MIL. *Présenter les armes,* presentar armas.
— V. pr. Presentarse : *l'affaire se présente bien,* el negocio se presenta bien. ‖ *Se présenter en personne,* personarse.

préservateur, trice adj. Preservador, ra.

préservatif, ive adj. et s. m. Preservativo, va.

préservation f. Preservación.

préserver v. tr. Preservar.

préside m. Presidio colonial.

présidence f. Presidencia.

président m. Presidente. ‖ *Président-directeur général,* director gerente.

présidente f. Presidenta.

présidentiel, elle adj. Presidencial.

présider v. tr. Presidir.
— V. intr. Cuidar de, dirigir : *présider aux préparatifs de la fête,* dirigir los preparativos de la fiesta.

présidial, le adj. (Vx). De un Tribunal de Primera Instancia.
— M. (Vx). Tribunal de Primera Instancia.

présidialité (Vx). f. Jurisdicción de un Tribunal de Primera Instancia.

présidium [prezidjom] m. Presidium (présidence du Conseil suprême des Soviets).

présomptif, ive [prezɔ̃ptif, iːv] adj. Presunto, ta (héritier).

présomption [-psjɔ̃] f. Presunción. ‖ DR. *Présomption légale,* presunción de ley *ou* de solo derecho.

présomptueux, euse [-ptɥø, ɥøːz] adj et s. Presuntuoso, sa ; presumido, da.

presque [prɛsk] adv. Casi. ‖ *Presque pas,* apenas.
— OBSERV. La *e* final sólo se elide en *presqu'île.*

presqu'île f. Península.

pressage m. Prensado.

pressant, e adj. Urgente, acuciante : *besoin pressant,* necesidad urgente. ‖ Apremiante : *un ordre pressant,* una orden apremiante. ‖ Perentorio, ria : *sur un ton pressant,* con un tono perentorio.

presse f. Prensa (machine) : *presse à copier,* prensa de copiar ; *presse hydraulique,* prensa hidráulica. ‖ Prensa (imprimerie et journaux). ‖ Tropel, *m.,* gentío, *m.* (fonte). ‖ Prisa, urgencia : *il n'y a pas presse,* no corre prisa. ‖ Tornillo (*m.*) de banco (en menuiserie). ‖ — IMPR. *Presse à platine,* minerva. ‖ — *Liberté de la presse,* libertad de imprenta (livres), libertad de prensa (journaux). ‖ *Ouvrage sous presse,* libro en prensa *ou* que ha entrado en máquina. ‖ *Service de presse,* servicio de información. ‖ — FIG. *Avoir bonne, mauvaise presse,* tener buena, mala prensa ; tener buen, mal cartel. ‖ *Mettre sous presse,* poner en prensa.

pressé, e adj. Prensado, da (avec une presse). ‖ Exprimido, da ; estrujado, da (comprimé). ‖ Apre-

tado, da (serré). ‖ Acosado, da ; perseguido, da (poursuivi). ‖ Apremiado, da ; acuciado, da : *pressé par la soif,* acuciado por la sed. ‖ Ansioso, sa ; deseoso, sa ; impaciente : *pressé de sortir,* ansioso de salir. ‖ Presuroso, sa ; que tiene prisa : *pressé de partir,* presuroso de marcharse. ‖ Urgente : *le plus pressé,* lo más urgente ; *affaire pressée,* negocio urgente. ‖ Repetido, da : *frapper à coups pressés,* llamar con golpes repetidos. ‖ — *Citron pressé,* limón natural. ‖ *Être pressé,* tener prisa (personne), correr prisa (chose). ‖ *N'avoir rien de plus pressé que de,* lo que más urge *ou* lo más interesante es (le plus urgent) ; faltarle tiempo a uno para (s'empresser de).

presse-citron m. inv. Exprimelimones, exprimidor de limones.

pressée f. Prensada.

presse-étoffe m. inv. Prensilla (de machine à coudre).

presse-étoupe m. inv. TECHN. Prensaestopa.

presse-fruits [prɛsfrɥi] m. inv. Licuador, exprimidor.

pressentiment m. Presentimiento, corazonada, *f.*
— SYN. *Intuition,* intuición. *Prémonition,* premonición.

pressentir* v. tr. ● Presentir. ‖ FIG. Sondear : *pressentir quelqu'un sur ses intentions,* sondear las intenciones de uno. ‖ Proponer (proposer).
— SYN. ● *Se douter,* presumir. *Soupçonner,* sospechar. *Deviner,* adivinar. *Flairer,* olfatear, oler. *Subodorer,* barruntar. *Prévoir,* prever.

presse-papiers m. inv. Pisapapeles.

presse-purée m. inv. Pasapuré.

presser v. tr. ● Apretar (serrer) : *presser les rangs,* apretar las filas. ‖ Estrechar (entre los bras). ‖ Prensar (avec une presse). ‖ Exprimir, estrujar (un fruit). ‖ Ejercer una presión. ‖ Apretar, pulsar (un bouton). ‖ Acosar, hostigar (harceler) : *presser l'ennemi,* acosar *ou* hostigar al enemigo. ‖ Acuciar : *presser quelqu'un de questions,* acuciar a alguien con preguntas. ‖ Acuciar, obligar, apurar, forzar (obliger) : *pressé par le besoin,* acuciado por la necesidad. ‖ Atormentar (tourmenter). ‖ Apresurar (hâter). ‖ Apretar (le pas). ‖ *Presser sur la gachette,* oprimir el gatillo. ‖ *Presser le mouvement,* acelerar.
— V. intr. Urgir, correr prisa, ser urgente : *l'affaire presse,* el asunto urge. ‖ — FIG. et FAM *Presser quelqu'un comme un citron,* sacarle el jugo a alguien. ‖ — *Le temps presse,* el tiempo apremia. ‖ *Pressons!,* ¡de prisa!.
— V. pr. Apresurarse, darse prisa (se hâter) : *se presser de manger,* apresurarse a comer. ‖ Apretujarse, apiñarse (venir en grand nombre).
— SYN. ● *Serrer,* apretar. *Comprimer,* comprimir. *Tasser,* apretujar. *Fouler,* hollar. *Pressurer,* estrujar.

presseur, euse adj. et s. Prensador, ra.

pressier m. Prensista (imprimeur).

pressing [prɛsiŋ] m. Planchado (repassage). ‖ Taller de planchado (atelier).

pression f. Presión : *pression atmosphérique,* presión atmosférica. ‖ — *Bouton-pression,* automático. ‖ *Faire pression,* ejercer presión.

pressoir m. Lagar (raisins, olives, pommes), prensa, *f.* (fruits et graines).

pressurage m. Prensado, prensadura, *f.* (action de presser). ‖ Mosto (moût).

pressurer v. tr. Prensar. ‖ Pisar (le raisin), prensar (les pommes). ‖ Estrujar, sacar el jugo (fruits). ‖ FIG. Oprimir, abrumar (d'impôts, d'exigences). ‖ Sacar el dinero, exprimir, estrujar (tirer de l'argent).

pressureur m. Lagarero. ‖ FIG. Explotador, aprovechón (exploiteur).

pressurisation f. Presurización.

pressurisé, e adj. Comprimido a la presión normal (air). ‖ Sobrecomprimido, da (surcomprimé).

pressuriser v. tr. Presurizar, sobrecomprimir.

prestance f. Buena presencia, empaque, *m.*, prestancia.

prestant m. Flautado (de l'orgue).

prestataire m. Contribuyente en especies.

prestation f. Prestación (de capitaux). ‖ Prestación personal (impôt pour certains services). ‖ — *Prestation de serment*, jura, prestación de juramento. ‖ *Prestations familiales*, subsidios familiares.

preste adj. Pronto, ta (rapide). ‖ Hábil, ágil. — Interj. ¡Pronto!, ¡vivo!

prestement adv. Prontamente, pronto.

prestesse f. Presteza, prontitud.

prestidigitateur m. Prestidigitador.
— SYN. *Illusionniste*, ilusionista. *Escamoteur*, escamoteador.

prestidigitation f. Prestidigitación.

prestige m. Prestigio.

prestigieux, euse adj. Prestigioso, sa.

presto, prestissimo adv. MUS. Presto, prestísimo.

présumable adj. Presumible.

présumé, e adj. Presunto, ta.
— OBSERV. L'adjectif espagnol *presumido* a le sens de « présomptueux », « prétentieux ».

présumer v. tr. et intr. Presumir (supposer).

présupposer v. tr. Presuponer.

présupposition f. Presuposición.

présure f. Cuajo, *m.*

présurer v. tr. Cuajar.

prêt, e [prɛ, prɛːt] adj. Presto, ta ; pronto, ta ; dispuesto, ta : *prêt à partir*, dispuesto para la marcha. ‖ Dispuesto, ta : *être prêt à tout*, estar dispuesto a todo. ‖ Listo, ta : *être prêt*, estar listo. ‖ *Se tenir prêt*, estar preparado.
— M. (Vx). *Préstamo* : *prêt sur gages*, préstamo sobre prendas. ‖ MIL. Haberes (*pl.*) de un soldado. ‖ *Prêt franc*, rebaje de rancho y sobras.

prêtable adj. Prestable.

pretantaine ou **pretentaine (courir la).** FAM. Andar de picos pardos.

prêt-à-porter [prɛtapɔrte] m. Ropa (*f.*) de confección, « prêt-à-porter ».

prêt-bail [prɛbaːj] m. Préstamo y arriendo.

prêté, e adj. Prestado, da.
— M. (Vx). *Prêté rendu*, represalia justificada. ‖ — *C'est un prêté pour un rendu*, donde las dan las toman, es pagar con la misma moneda. ‖ *Un prêté vaut un rendu*, una buena obra se paga con otra.

prétendant, e m. et f. Pretendiente, ta.

prétendre v. tr. Pretender.
— V. intr. Aspirar, pretender : *prétendre aux honneurs*, aspirar a los honores, pretender honores.

prétendu, e adj. Presunto, ta ; supuesto, ta : *un prétendu gentilhomme*, un supuesto hidalgo.
— M. et f. FAM. Prometido, da.

prête-nom m. Testaferro.
— OBSERV. Pl. *prête-noms*.

prétentieusement [pretɑ̃sjøzmɑ̃] adv. Presuntuosamente.

prétentieux, euse [-sjø, jøːz] adj. et s. Presuntuoso, sa ; presumido, da.

prétention [-sjɔ̃] f. Pretensión. ‖ *Avoir beaucoup de prétentions*, tener muchas pretensiones *ou* muchos humos.

prêter v. tr. Prestar : *prêter à intérêt*, prestar con interés. ‖ — *Prêter attention*, prestar atención. ‖ *Prêter la main*, ayudar, echar una mano. ‖ *Prêter l'oreille*, prestar oídos. ‖ FIG. *Prêter main forte*, ayudar con todas sus fuerzas, echar una mano. ‖ *Prêter secours*, prestar socorro, socorrer. ‖ *Prêter serment*, prestar juramento, jurar. ‖ *Si Dieu lui prête vie*, si Dios le guarda.
— V. intr. Prestar, dar de sí (s'étendre) : *cette étoffe prête*, esta tela da de sí. ‖ — *Prêter à*, dar motivo a. ‖ *Prêter à rire*, hacer reír.
— V. pr. Prestarse, consentir.

prétérit [preterit] m. GRAMM. Pretérito indefinido e imperfecto inglés.

prétérition f. Preterición.

préteur m. Pretor (magistrat romain).

prêteur, euse adj. Aficionado a prestar.
— M. et f. Prestador, ra (occasionnel). ‖ Prestamista (de profession).

prétexte adj. et s. f. Pretexta (toge). ‖ — M. Pretexto : *sous prétexte que*, so *ou* con el pretexto de que. ‖ *Servir de prétexte pour*, servir de pretexto para, dar pie para.

prétexter v. tr. Pretextar.
— SYN. *Alléguer*, alegar. *Objecter*, objetar. *Opposer*, oponer.

pretintaille [prətɛ̃taːj] f. Faralá, *m.*

prétoire m. Pretorio (romain). ‖ DR. Sala (*f.*) de audiencias.

prétorial, e adj. Pretorial : *droits prétoriaux*, derechos pretoriales.

prétorien, enne adj. et s. m. Pretoriano, na.

prêtraille [prɛtraːj] f. Clerigalla.

prêtre m. Sacerdote.
— SYN. *Ecclésiastique*, eclesiástico. *Abbé*, abad, padre. *Vicaire*, vicario. *Pasteur*, pastor. *Prédicant*, predicador. *Curé*, párroco, cura. *Chapelain*, capellán.

prêtresse f. Sacerdotisa.

prêtrise f. Sacerdocio, *m.*

préture f. Pretura, pretoría.

preuve [prœːv] f. Prueba. ‖ — *Preuves à l'appui*, pruebas al canto. ‖ — *À preuve*, damos como prueba. ‖ *En être la meilleure preuve*, ser la mejor prueba de algo, ser buena muestra de algo. ‖ *Faire preuve de*, dar pruebas *ou* muestras de, manifestar, demostrar. ‖ *Faire ses preuves*, dar prueba de sus aptitudes. ‖ *La preuve en est que*, prueba de ello es que.
— OBSERV. Le mot espagnol *prueba* a aussi le sens d' « épreuve » et d' « essai ».
— SYN. *Démonstration*, demostración. *Argument*, argumento.

preux [prø] adj. et s. m. inv. (Vx). Valiente, hombre de pro.

prévaloir* v. intr. Prevalecer, prevaler : *son opinion prévalut*, su parecer prevaleció.
— V. pr. Prevalerse, prevalecerse : *se prévaloir de sa naissance*, prevalerse de su alcurnia. ‖ Invocar : *se prévaloir d'un article pour*, invocar un artículo para.
— SYN. *Prédominer*, predominar. *L'emporter sur*, sobrepujar.

prévaricateur, trice adj. et s. Prevaricador, ra.

prévarication f. Prevaricación.

prévariquer v. intr. Prevaricar.

prévenance f. Atención, deferencia, obsequio, *m.*

prévenant, e adj. Atento, ta ; solícito, ta.

prévenir* [prevnir] v. tr. Prevenir : *Prévenir un malheur*, prevenir una desgracia. ‖ Prevenir, avisar : *prévenir quelqu'un de son arrivée*, avisar a uno de su llegada. ‖ Prevenir, precaver, prever (une maladie). ‖ FIG. Anticiparse a (devancer). ‖ — *Être prévenu contre quelqu'un* o *en sa faveur*, tener malos *ou* buenos informes de una persona, estar mal *ou* bien dispuesto para con alguien. ‖ *Mieux vaut prévenir que guérir*, más vale prevenir que curar.

préventif, ive adj. Preventivo, va : *détention préventive*, prisión *ou* detención preventiva ; *mesure préventive*, medida preventiva.

prévention f. Prevención (préjugé). ‖ Prevención (des accidents). ‖ *En prévention*, en prisión preventiva (justice).

préventorium [prevɑ̃tɔrjɔm] m. Preventorio.
— OBSERV. Pl. *préventoriums*.

prévenu, e adj. Prevenido, da. ‖ Dispuesto, ta : *être prévenu contre* o *en faveur de*, estar mal *ou* bien dispuesto para con.
— M. et f. Acusado, da ; procesado, da ; reo, rea.

préverbe m. Prefijo que va delante del verbo.
prévisible adj. Previsible.
prévision f. Previsión.
prévisionnel, elle adj. Preventivo, va.
prévisionniste adj. et s. Previsionista.
prévoir* v. tr. Prever.
prévôt [prevo] m. Preboste (officier seigneurial). ‖ Ayudante de maestro de esgrima (escrime).
prévôtal, e adj. Prebostal : *des tribunaux prévô-taux,* tribunales prebostales.
prévôtalement adv. Sin apelación, prebostalmente : *juger prévôtalement,* juzgar sin apelación.
prévôté f. (Vx). Prebostazgo, *m.* ‖ Mɪʟ. Cuerpo (*m.*) de Policía Militar.
prévoyance f. Previsión. ‖ — *Avec prévoyance,* precavidamente. ‖ *Caisse de prévoyance,* caja de previsión.
prévoyant, e adj. Previsor, ra ; precavido, da.
prévu, e adj. Previsto, ta.
Priam n. pr. m. Príamo.
priant, e adj. Orante, rogante.
priapée f. Priapea.
priapisme m. Mᴇ́ᴅ. Priapismo.
prie-Dieu m. inv. Reclinatorio.
prier* v. tr. ● Orar, rezar : *prier Dieu,* rezar a Dios. ‖ Rogar (demander) : *je vous prie de venir,* le ruego que venga. ‖ Invitar, convidar : *prier quelqu'un à dîner,* invitar a alguien a cenar. ‖ — *Prier de,* rogar que. ‖ — *Je vous en prie,* se lo ruego, por favor *ou* por Dios. ‖ *Je vous prie d'agréer, Monsieur, mes salutations distinguées,* queda de Ud. su affmo. y s. s. *ou* le saluda atentamente. ‖ *Je vous prie de bien vouloir,* le ruego si a bien lo tiene, le ruego tenga la amabilidad de. ‖ *Je vous prie de vouloir bien,* le ruego tenga a bien. ‖ *Se faire prier,* hacerse rogar.
— Sʏɴ. ● *Conjurer,* conjurar. *Adjurer,* adjurar. *Supplier,* suplicar. *Implorer,* implorar. *Invoquer,* invocar.
prière f. ● Ruego, *m.,* súplica : *à ma prière,* a ruego mío. ‖ — ◆ Oración, plegaria (prière religieuse). ‖ — *Prières publiques,* rogativas. ‖ *Livre de prières,* devocionario, libro de oraciones. ‖ — *Prière de,* se ruega. ‖ *Prière d'insérer,* se ruega la publicación. ‖ — *Faire des prières pour demander quelque chose,* hacer rogativas para pedir algo. ‖ *Faire sa prière, être en prière,* rezar.
— Sʏɴ. ● *Supplique,* súplica. *Supplication,* suplicación. — ◆ *Litanie,* letanía. *Patenôtre,* padrenuestro. *Oraison,* oración.
prieur, e m. et f. Prior, ra.
prieuré m. Priorato.
prima donna f. Prima donna.
primage m. Mᴀʀ. Prima (*f.*) de flete.
primaire adj Primario, ria. ‖ Fɪɢ. et Fᴀᴍ. De cortos alcances. ‖ — *École primaire,* escuela primaria, escuela de primera enseñanza. ‖ *Enseignement primaire,* primera enseñanza. ‖ Gᴇ́ᴏʟ. *Terrains primaires,* terrenos primarios.
— M. Éʟᴇᴄᴛʀ. Primario (circuit).
primarité f. Carácter (*m.*) primario.
primat [prima] m. Primado (prélat). ‖ Prioridad, *f.,* primacía, *f.* (philosophie).
primates m. pl. Zᴏᴏʟ. Primates.
primatial, e adj. Primacial, primado, da.
primauté f. Primacía, preeminencia.
prime adj. Primo, ma. ‖ *Prime jeunesse,* tierna infancia.
— F. Prima (heure canonique). ‖ Primera posición (escrime). ‖ Prima : *prime à l'exportation,* prima a la exportación ; *prime d'assurance,* prima de seguro. ‖ Sobresueldo, *m.* (d'un salaire). ‖ — *De prime abord,* en el primer momento. ‖ *Faire prime,* ser buscado, ser apreciado.
primer v. intr. Sobresalir, ser el primero (surpasser). ‖ Tener prelación : *la générosité devrait primer sur l'égoïsme,* haría falta que la generosidad tuviese prelación sobre el egoísmo.

— V. tr. Ser más importante que, superar a (l'emporter sur). ‖ Recompensar, premiar, conceder un premio (récompenser).
primerose [primro:z] f. Bᴏᴛ. Malvarrosa.
primesautier, ère adj. Espontáneo, a ; vivo, va.
primeur f. Primicia. ‖ Fɪɢ. Principio, *m.* (commencement). ‖ — Pl. Frutas *ou* verduras tempranas (horticulture). ‖ *Avoir la primeur de,* tener las primicias de.
primeuriste m. Productor de frutas *ou* verduras tempranas.
primevère f. Primavera, prímula (plante).
primicier m. Primicerio, chantre.
primidi m. Primidi [primer día de la década en el calendario republicano francés].
primipare adj. et s. f. Primeriza, primípara.
primitif, ive adj. et s. Primitivo, va. ‖ — M. Primitivo (peintre). ‖ — F. Mᴀᴛʜ. Primitiva.
primitivisme m. Primitivismo.
primo adv. Primero, en primer lugar, primeramente.
primogéniture f. Primogenitura.
primo-infection f. Primoinfección.
primordial, e adj. Primordial : *principes primordiaux,* principios primordiales.
primordialité f. Primordialidad.
primulacées f. pl. Bᴏᴛ. Primuláceas.
prince m. Príncipe : *prince héritier,* príncipe heredero. ‖ — *Prince charmant,* príncipe azul. ‖ Fɪɢ. *Prince de la science,* príncipe de la ciencia. ‖ — Fᴀᴍ. *Être bon prince,* ser acomodaticio. ‖ *Vivre en prince,* vivir a lo príncipe.
princeps adj. Princeps, príncipe (édition).
princesse f. Princesa. ‖ Fɪɢ. El Estado : *voyager aux frais de la princesse,* viajar a costa del Estado. ‖ — *Faire la princesse,* dárselas de princesa.
princier, ère adj. Principesco, ca ; de príncipe.
princièrement adv. A lo príncipe, principescamente.
principal, e adj. et s. ● Principal : *les points principaux,* los puntos principales. ‖ — M. Lo principal. ‖ El principal. ‖ Director de colegio. ‖ Capital : *principal et intérêts,* capital e intereses. ‖ Dʀ. Lo esencial de una acción judicial.
— Sʏɴ. ● *Capital,* capital. *Cardinal,* cardinal. *Essentiel,* esencial. *Fondamental,* fundamental. *Dominant,* dominante.
principalat [prɛ̃sipala] m. Rectorado, dirección (*f.*) de un colegio.
principat [prɛ̃sipa] m. Principado.
principauté f. Principado, *m.*
principe m. Principio. ‖ Norma, *f.* : *principe essentiel,* norma esencial. ‖ *Partir du principe que,* dar por sentado que.
— Sʏɴ. *Élément,* elemento. *Rudiment,* rudimento.
printanier, ère adj. Primaveral. ‖ Fɪɢ. Juvenil, primaveral : *grâce printanière,* gracia juvenil.
printemps [prɛ̃tɑ̃] m. Primavera, *f.* (saison). ‖ Abril (année) : *une jeune fille de quinze printemps,* una muchacha de quince abriles. ‖ Temperatura (*f.*) clemente (température douce). ‖ Fɪɢ. Juventud, *f.* (jeunesse).
priodonte m. Zᴏᴏʟ. Priodonte.
priorat [prɩɔra] m. Priorato.
priori (a) loc. adv. A priori.
prioritaire adj. et s. Prioritario, ria.
priorité f. Prioridad. ‖ Preferencia de paso, prioridad, mano (code de la route).
pris, e [pri, i:z] adj. Tomado, da. ‖ Cogido, da ; agarrado, da. ‖ Sacado, da (du grec, du latin). ‖ Prendido, da (saisi). ‖ Lleno, na : *pris de peur,* lleno de miedo. ‖ Atacado, da (d'une maladie). ‖ Helado, da (gelé). ‖ Cuajado, da (caillé). ‖ Fɪɢ. Prendado, da ; seducido, da (séduit). ‖ — *Pris dans un piège,* cogido en la trampa. ‖ *Pris de vin,* ebrio. ‖ — *Parti pris,* prejuicio. ‖ *Taille bien prise,* talle proporcionado. ‖ — *C'est autant de pris!,*

¡que me quiten lo bailado! || *Tel est pris qui croyait prendre*, ir por lana y volver trasquilado.

priscillianisme m. Priscilianismo.

priscillianiste adj. et s. Priscilianista, prisciliano, na.

prise f. Toma : *prise de contact, de possession, d'habit*, toma de contacto, de posesión, de hábito. || Toma, conquista (conquête). || Presa, botín, *m.* (butin). || Agarradero, *m.*, presa, asidero, *m.* (pour saisir). || Toma (de tabac). || Coagulación (caillemente). || Solidificación (de l'eau). || Fraguado, *m.*, (du ciment). || Llave, presa (lutte). || Posición (de raquette). || Toma (d'eau, d'air). || Presa (alpinisme). || Presa, captura (de poissons). || MÉD. Toma : *prise de sang*, toma de sangre ; *administrer un antibiotique en six prises*, administrar un antibiótico en seis tomas. || ÉLECTR. Enchufe, *m.*, toma, conexión. || MAR. Apresamiento, *m.* (d'un navire), presa (le navire pris). || — DR. *Prise à partie*, acción judicial contra un juez. || *Prise d'armes*, acto militar con armas. || *Prise d'eau*, presa (déviation), caz (d'un moulin). || FAM. *Prise de bec*, agarrada, riña. || *Prise de commandement*, toma de mando. || *Prise de conscience*, conciencia. || *Prise de corps*, captura, prisión. || *Prise de fonction*, toma de posesión. || *Prise de position*, postura, posición. || *Prise de son*, grabación, registro del sonido, toma de sonido. || *Prise de tabac*, toma de rapé, de polvo de tabaco. || *Prise de terre*, toma de tierra. || *Prise de vues*, toma de vistas. || *Prise directe*, directa : *se mettre en prise directe*, poner la directa. || — *Avoir prise sur quelqu'un*, tener mucho ascendiente sobre uno (influence), hacer mella en alguien (impression). || *Donner prise à*, dar pábulo a, dar pie a, dar motivo a. || *En venir aux prises*, llegar a las manos, estar en conflicto. || *Être ou se trouver aux prises avec*, enfrentarse con, luchar contra. || *Faire prise*, cuajarse (le lait), fraguarse (le plâtre, le mortier). || *Lâcher prise*, soltar prenda *ou* la presa, ceder. || *Mettre aux prises*, poner frente a frente, enfrentar. || *Mettre en prise*, poner una velocidad (un automóvil). || *N'offrir aucune prise*, no dar pie.

prisée f. Tasación, estimación (aux enchères).

priser v. tr. Valuar, apreciar, tasar (mettre un prix). || Celebrar, ponderar (faire cas de). || Tener en gran estima (aimer). || Tomar (aspirer par le nez) : *priser du tabac*, tomar rapé.

priseur, euse m. et f. Tasador, ra : *commissaire-priseur*, tasador de subastas. || Tabaquista, tomador de rapé.

prismatique adj. Prismático, ca.

prisme m. Prisma.

prison f. ● Cárcel, prisión. || MIL. Calabozo, *m.* || — *Prison à perpétuité*, cadena perpetua. || — *Être aimable comme une porte de prison*, ser un oso. || *Être triste comme une porte de prison*, ser triste como un día sin pan. || *Mettre en prison*, meter en la cárcel, encarcelar.

— SYN. ● *Pénitencier*, penitenciaría. *Cellule*, celda. *Cachot*, calabozo. *Cabanon*, jaula. *Geôle*, cárcel. *Basse-fosse*, mazmorra. *Oubliettes*, mazmorra. *Pop. Violon*, casilla. *Tôle*, chirona.

prisonnier, ère adj. et s. ● Preso, sa ; encarcelado, da (en prison). || Prisionero, ra (de guerre).

— SYN. ● *Détenu*, detenido. *Captif*, cautivo. *Interné*, internado. *Bagnard*, presidiario. *Réclusionnaire*, recluso. *Condamné*, condenado.

privatif, ive adj. GRAMM. Privativo, va.

privation f. Privación.

privauté f. Familiaridad excesiva, confianza excesiva.

privé, e adj. Particular (sans fonctions publiques). || Particular (correspondance, propriété). || Privado, da (intime) : *la vie privée*, la vida privada.

|| (Vx). Amaestrado, da : *oiseau privé*, pájaro amaestrado.

— M. Privado, intimidad, *f.* (vie intime) : *en public et dans le privé*, en público y en privado.

priver v. tr. Privar. || Castigar (de dessert, de récréation, etc.) : *être privé de dessert*, estar castigado sin postre. || — V. pr. Privarse.

privilège m. Privilegio.

— SYN. *Prérogative*, prerrogativa. *Monopole*, monopolio. *Passe-droit*, favor.

privilégié, e adj. et s. Privilegiado, da.

prix [pri] m. Precio (coût). || Premio (récompense) : *distribution des prix*, reparto de premios. || Pago, castigo (punition) : *recevoir les prix de ses fautes*, recibir el pago de sus faltas. || — *Prix courant*, tarifa, lista de precios (liste des prix), precio corriente (prix du moment). || *Prix coûtant*, precio de fábrica. || *Prix d'encouragement*, premio de estímulo. || *Prix de revient*, precio de coste. || *Prix doux*, precio arreglado. || *Prix fixe*, precio fijo. || *Prix fort*, precio fuerte. || *Prix marchand*, precio corriente. || *Prix taxé*, precio de tasa. || — *À bas prix*, barato. || *Juste prix*, precio moderado. || — *À aucun prix*, por nada del mundo. || *À prix d'or*, a precio de oro. || *À prix unique*, de precio fijo. || *À tout prix*, a todo coste, cueste lo que cueste. || *Au prix de*, a costa de : *au prix d'un effort*, a costa de un esfuerzo ; en comparación con : *ce n'est rien au prix de*, no es nada en comparación con. || *De prix*, de mucho valor, de precio. || *Hors de prix*, carísimo. || *Pour prix de*, en premio de. || — *À quelque prix que ce soit*, a cualquier precio, cueste lo que cueste. || *Au prix où est le beurre*, en los tiempos que estamos. || *Coûter les yeux de la tête, un prix fou*, costar un ojo de la cara, un riñón, un sentido. || *Mettre à prix la tête de quelqu'un*, poner a precio la cabeza de uno. || *Remporter le prix*, llevarse el premio, llevarse la palma.

probabilisme m. Probabilismo.

probabiliste adj. et s. Probabilista.

probabilité f. Probabilidad : *calcul des probabilités*, cálculo de probabilidades.

probable adj. Probable.

probant, e adj. Convincente.

probation f. Probación (de religieux).

probatique adj. f. Probática (piscine).

probatoire adj. Probatorio, ria.

probe adj. Probo, ba.

probité f. Probidad.

problématique adj. Problemático, ca.

problème m. Problema : *poser, résoudre un problème*, plantear, resolver *ou* solucionar un problema. || — FAM. *Il n'y a pas de problème*, no hay problema : *pour ce qui est de l'appartement, il n'y a pas de problème*, por lo del piso, no hay problema ; *cueste lo que cueste* : *cette année, il n'y a pas de problème, il doit réussir son examen*, este año, cueste lo que cueste, tiene que aprobar.

proboscidiens [prɔbɔsidjɛ̃] m. pl. Proboscidios.

procaïne f. Procaína.

procédé m. ● Proceder, conducta, *f.*, modo : *bons ou mauvais procédés*, buenos *ou* malos modos. || Procedimiento, método (méthode). || Suela, *f.* (queues de billard). || *C'est un échange de bons procédés*, amor con amor se paga.

— SYN. ● *Conduite*, conducta. *Comportement*, comportamiento.

procéder* v. tr. et intr. Proceder. || — *Procéder de*, proceder de, provenir de. || *Procéder par recoupements*, atar cabos.

procédure f. DR. Procedimiento, *m.* (forme). || Proceso, *m.* (instruction). || Actuación (ensemble d'actes juridiques). || Trámite, *m.*, gestión (tramitation). || — *Code de procédure civile*, ley de enjuiciamiento civil. || *La Procédure,* el derecho procesal.

procédurier, ère adj. DR. Sumarial. || Adj. et s. Pleitista, picapleitos (chicanier).

procès [prɔsɛ] m. DR. ● Proceso, causa, *f.* (mot le plus courant) : *gagner, perdre un procès,* ganar, perder un proceso. | Sumario (ensemble de pièces produites). || MÉD. Proceso (ciliaire). || — FIG. *Sans autre forme de procès,* sin pararse en barras, sin más ni menos. || *Sans forme de procès,* sin forma de juicio. || — *Faire le procès de,* acusar, procesar, sentar en el banquillo a. || *Faire un procès à,* tener un pleito con. || FIG. *Gagner* o *perdre son procès,* tener éxito *ou* fracasar.
— SYN. ● *Affaire,* causa. *Débat,* debate.

processif, ive adj. Pleitista, picapleitos.

procession f. Procesión.

processionnaire adj. f. et s. f. ZOOL. Procesionaria (chenille).

processionnal m. Procesionario (livre).

processionnel, elle adj. Procesional.

processus [prɔsɛsys] m. Proceso, desarrollo.

procès-verbal m. Atestado : *dresser procès-verbal,* hacer un atestado. || Acta, *f.* (d'une séance) : *dresser le procès-verbal,* levantar acta. || Boletín *ou* notificación (*f.*) de denuncia *ou* de multa (amende).
— OBSERV. Pl. *procès-verbaux.*

prochain, e adj. Próximo, ma ; que viene : *la semaine prochaine,* la semana próxima. || Cercano, na (endroit).
— M. Prójimo : *on doit assister son prochain,* hay que ayudar al prójimo.

prochainement adv. Próximamente, pronto, en breve, dentro de poco.
— OBSERV. *Prochainement* no tiene en francés el sentido de « poco más o menos ».

proche adj. ● Cercano, na (lieu) : *maison proche de l'église,* casa cercana a la iglesia. || Próximo, ma (temps). || Cerca : *il est proche du sol,* está cerca del suelo. || Cercano, na (famille) : *proche parent,* pariente cercano. || Allegado, da : *dans les milieux proches de la présidence,* en los círculos allegados a la presidencia. || — *De proche en proche,* poco a poco, progresivamente. || *L'heure est proche,* se acerca la hora.
— M. pl. Parientes, deudos, allegados.
— Prép. Cerca : *proche de la gare,* cerca de la estación.
— SYN. ● *Prochain,* próximo. *Voisin,* vecino. *Avoisinant,* vecino. *Immédiat,* inmediato. *Contigu,* contiguo, inmediato. *Attenant,* lindante, contiguo. *Adjacent,* adyacente. *Limitrophe,* limítrofe.

Proche-Orient n. pr. m. GÉOGR. Cercano Oriente, Próximo Oriente.

proclamateur, trice m. et f. Proclamador, ra.

proclamation f. Proclamación (action), proclama (écrit).

proclamer v. tr. Proclamar.

proclitique adj. et s. m. GRAMM. Proclítico, ca.

proconsul m. Procónsul.

proconsulaire adj. Proconsular.

proconsulat [prɔkõsyla] m. Proconsulado.

procordés ou **prochordés** m. pl. ZOOL. Procordados.

procréateur, trice adj. et s. Procreador, ra.

procréation f. Procreación.

procréer* v. tr. Procrear.

proctite f. MÉD. Proctitis.

proctologie f. MÉD. Proctología.

procurateur m. (Vx.) Procurador.

procuratie [prɔkyrasi] f. Procuraduría.

procuration f. Poder, *m.,* procuración. || — *Donner procuration,* dar poderes. || *Se marier par procuration,* casarse por poderes.

procuratrice f. (Vx.) Procuradora.

procure f. RELIG. Procura, procuraduría.

procurer v. tr. Proporcionar, procurar.
— OBSERV. *Procurar* a en outre le sens de « tâcher de ».
— SYN. *Fournir,* proporcionar. *Munir de,* suministrar. *Nantir de,* proveer de.

procureur m. Procurador. || DR. Fiscal, acusador público. || — *Procureur de la République,* fiscal, ministerio público, procurador de la República. || *Procureur général,* fiscal del Tribunal Supremo.

prodigalité f. Prodigalidad.

prodige m. Prodigio, portento. || *Tenir du prodige,* parecer prodigioso, ser portentoso.

prodigieux, euse adj. Prodigioso, sa ; portentoso, sa : *réussite prodigieuse,* éxito prodigioso.

prodigue adj. et s. Pródigo, ga : *l'Enfant prodigue,* el Hijo pródigo.

prodiguer v. tr. Prodigar.
— V. pr. Prodigarse.

prodrome m. Pródromo.

producer [prɔdjusər] m. CINÉM. Productor.

producteur, trice adj. et s. Productor, ra. || — M. CINÉM. Productor.

productibilité f. Productibilidad.

productible adj. Productible.

productif, ive adj. Productivo, va.

production f. Producción. || Presentación, exhibición : *production d'une pièce,* presentación de un documento.

productivité f. Productividad.

produire* v. tr. ● Producir. || Enseñar, exhibir : *produire un passeport,* enseñar un pasaporte. || Presentar : *produire des témoins,* presentar testigos. || *Produire de l'effet,* producir *ou* surtir efecto.
— V. pr. Producirse. || Darse a conocer. || Presentarse (spectacle, acteur).
— SYN. ● *Composer,* componer. *Faire,* hacer. *Fabriquer,* fabricar.

produit, e adj. Producido, da.
— M. Producto. || MATH. Producto. || *Produit national brut,* producto nacional bruto.
— SYN. *Résultat,* resultado. *Fruit,* fruto.

proème m. Proemio (préface).

proéminence f. Prominencia.

proéminent, e adj. Prominente.

profanateur, trice adj. et s. Profanador, ra.

profanation f. Profanación. || FIG. Prostitución, profanación.

profane adj. et s. Profano, na. || *Profane en la matière,* lego en la materia.

profaner v. tr. Profanar. || FIG. Prostituir, profanar.

profectif, ive adj. DR. Profecticio, cia (biens).

proférer* v. tr. Proferir.

profès, esse [prɔfɛ, ɛs] adj. et s. Profeso, sa (religieux).

professer v. tr. Profesar (des opinions). || Ejercer (exercer). || Enseñar (enseigner).

professeur m. Profesor, ra. || Catedrático, ca (de lycée, d'université). || — *Les professeurs,* el profesorado, el cuerpo de profesores (corps). || *Professeur suppléant,* profesor auxiliar.
— OBSERV. La palabra *professeur* no tiene forma femenina (*elle est professeur de piano*).

profession f. Profesión (métier). || *Faire profession de,* hacer profesión de.
— SYN. *Métier,* oficio. *Art,* arte. *Carrière,* carrera. *Partie,* ramo.

professionnalisme m. Profesionalismo.

professionnel, elle adj. et s. Profesional.

professoral, e adj. Profesoral : *travaux professoraux,* trabajos profesorales.

professorat [prɔfɛsɔra] m. Profesorado.

profil [prɔfil] m. Perfil. || Línea, *f.* (d'une voiture). || Sección, *f.,* corte (coupe). || TECHN. Perfil.

profilé, e adj. Perfilado, da. ‖ Estilizado, da; aerodinámico, ca (avion, voiture).
— M. TECHN. Perfil.
profilée f. Serie de objetos de perfil.
profiler v. tr. Perfilar.
— V. pr. Perfilarse.
profit [prɔfi] m. Provecho : *lire avec profit*, leer con provecho. ‖ Ganancia, *f.* : *ses profits pécuniers*, sus ganancias pecuniarias. ‖ — COMM. *Pertes et profits*, pérdidas y ganancias. ‖ — *Au profit de*, en beneficio de, en provecho de. ‖ *Faire du profit*, ser ventajoso. ‖ *Faire son profit de, mettre à profit*, aprovechar. ‖ *Tirer profit*, sacar provecho, aprovecharse.
— SYN. *Avantage*, ventaja. *Utilité*, utilidad. *Parti*, partido. *Aubaine*, ganga.
profitable adj. Provechoso, sa; útil.
profitant, e adj. FAM. Provechoso, sa; de uso económico (avantageux). ‖ Aprovechado, da : *il est très profitant*, es muy aprovechado.
profiter v. intr. Sacar provecho de (tirer un gain). ‖ Aprovechar (tirer une utilité) : *profiter de l'occasion*, aprovechar la ocasión. ‖ Ser provechoso (être utile). ‖ Crecer (grandir), engordar (grossir) : *enfant qui profite*, niño que crece (grandit) *ou* que engorda (grossit).
profiterole f. Petisú, *m.* (gâteau).
profiteur, euse m. et f. Aprovechado, da; aprovechón, ona; logrero, ra.
profond, e adj. Profundo, da; hondo, da. ‖ FIG. Profundo, da. ‖ Redomado, da; acabado, da (consommé). ‖ Oscuro, ra : *bleu profond*, azul oscuro. ‖ *Voix profonde*, voz ahuecada.
profondeur f. Profundidad. ‖ FIG. Hondura, profundidad (difficile). ‖ MIL. Fondo (d'une colonne). ‖ — *De la profondeur de*, de dentro de, del fondo de. ‖ *En profondeur*, a fondo. ‖ *Passe en profondeur*, pase adelantado (sports).
profus, e [prɔfy, y:z] adj. Profuso, sa.
profusion f. Profusión.
progéniteur m. Progenitor.
progéniture f. Progenitura, progenie, prole.
progestérone f. Progesterona.
proglottis m. Segmento de cestodo.
prognathe [prɔgnat] adj. et s. Prognato, ta.
prognathisme [-tism] m. Prognatismo.
programmateur, trice adj. et s. Programador, ra.
programmation f. Programación, fijación de un programa.
programme m. Programa.
programmer v. tr. Programar, establecer un programa.
programmeur m. Programador.
progrès [prɔgrɛ] m. Progreso, adelanto. ‖ — *Être en progrès*, estar adelantado. ‖ *Faire des progrès*, adelantar, hacer adelantos.
progresser v. intr. Progresar. ‖ MIL. Avanzar.
progressif, ive adj. Progresivo, va.
progression f. Progresión. ‖ MIL. Avance, *m.* ‖ MATH. *Progression arithmétique, géométrique*, progresión aritmética, geométrica.
progressisme m. Progresismo.
progressiste adj. et s. Progresista.
progressivement adv. Progresivamente.
— SYN. *Graduellement*, gradualmente. *Peu à peu*, poco a poco. *Petit à petit*, poquito a poco.
progressivité f. Progresividad.
prohibé, e adj. Prohibido, da.
prohiber v. tr. Prohibir.
prohibitif, ive adj. Prohibitivo, va.
prohibition f. Prohibición.
prohibitionnisme m. Prohibicionismo.
prohibitionniste adj. et s. Prohibicionista.
proie [prwa] f. Presa : *le renard et sa proie*, la zorra y su presa. ‖ FIG. Botín, *m.*, presa (butin). ‖ — *Oiseau de proie*, ave de rapiña *ou* rapaz. ‖

— *Être en proie à* o *la proie de*, ser presa de *ou* víctima de. ‖ *Être la proie des flammes*, ser pasto de las llamas.
projecteur m. Proyector, reflector, foco (source lumineuse). ‖ Proyector (photo, cinéma).
projectif, ive adj. Proyectivo, va.
projectile m. Proyectil. ‖ — *Projectile atomique, brisant*, proyectil atómico, rompedor. ‖ *Projectile téléguidé*, proyectil teledirigido *ou* teleguiado.
— Adj. Propulsor, ra.
projection f. Proyección. ‖ Proyección, exhibición (dans un cinéma).
projecture f. ARCHIT. Proyectura.
projet [prɔʒe] m. Proyecto : *ce n'est encore qu'un projet*, no es más que un proyecto. ‖ Plan : *n'avoir aucun projet pour cet après-midi*, no tener ningún plan para esta tarde.
projeter* v. tr. ● Proyectar. ‖ Planear. ‖ Proyectar, exhibir (au cinéma). ‖ *Être projeté hors de*, salir despedido *ou* disparado fuera de.
— SYN. ● *Méditer*, meditar. *Préméditer*, premeditar.
projeteur, euse m. et f. Proyectista.
prolactine f. Prolactina.
prolan m. Prolán.
prolapsus [prolapsys] m. MÉD. Prolapso.
prolégomènes m. pl. Prolegómenos.
prolepse f. Prolepsis.
prolétaire adj. et s. Proletario, ria.
prolétariat [prɔletarja] m. Proletariado.
prolétarien, enne adj. Proletario, ria; del proletariado.
prolétarisation f. Proletarización.
prolétariser v. tr. Proletarizar.
prolifération f. Proliferación.
prolifère adj. Prolífero, ra.
proliférer* v. intr. Proliferar.
prolifique adj. Prolífico, ca.
prolixe adj. Prolijo, ja.
prolixité f. Prolijidad.
prologue m. Prólogo.
prolongation f. Prolongación, prórroga. ‖ Prórroga (d'un match).
prolonge f. Armón, *m.*, prolonga.
prolongement m. Prolongamiento. ‖ Repercusión, *f.* : *cette affaire a eu des prolongements en Europe*, este asunto ha tenido repercusiones en Europa.
prolonger* v. tr. Prolongar.
— V. pr. Prolongarse.
— SYN. *Allonger*, alargar. *Proroger*, prorrogar.
promenade [prɔmnad] f. Paseo, *m.* (action et lieu) : *faire une promenade*, dar un paseo.
— SYN. *Excursion*, excursión. *Randonnée*, paseata, caminata. *Tournée*, gira, vuelta. *Balade*, paseo. *Vadrouille*, callejeo.
promener* [-ne] v. tr. Pasear. ‖ FIG. et FAM. *Envoyer promener*, mandar a paseo. ‖ *Envoyer tout promener*, echarlo todo a rodar.
— V. pr. Pasearse.
promeneur, euse m. et f. Paseante.
promenoir [-nwa:r] m. Paseo cubierto (promenade). ‖ Pasillo [localidades de pie] (théâtre).
promesse f. Promesa : *tenir sa promesse*, cumplir su promesa. ‖ *Promesse de mariage*, desposorios.
Prométhée n. pr. m. MYTH. Prometeo.
prométhéum [prɔmeteɔm] m. CHIM. Prometeo.
prometteur, euse adj. et s. Prometedor, ra.
promettre* v. tr. et intr. ● Prometer : *promettre de faire une chose*, prometer hacer una cosa. ‖ — *Promettre et tenir c'est deux*, del dicho al hecho hay mucho trecho. ‖ *Promettre monts et merveilles*, prometer el oro y el moro. ‖ — FAM. *Cela promet!*, ¡lo que nos espera! (c'est mal parti), empieza bien, tiene un buen arranque (cela commence bien). ‖ *Cette personne promet*, esta

persona llegará (sens positif), buen camino lleva, pronto empieza ése (sens négatif).
— V. pr. Prometerse. ‖ Proponerse, tomar la resolución de. ‖ *S'en promettre de belles,* prometérselas felices.
— SYN. ● *Donner sa parole,* dar su palabra. *S'engager,* comprometerse. *Jurer,* jurar.

promis, e adj. Prometido, da. ‖ — *Chose promise, chose due,* lo prometido es deuda. ‖ *Terre promise,* tierra de promisión.
— M. et f. Prometido, da; novio, via (fiancé).

promiscue [promisky] adj. f. DR. Promiscua.

promiscuité [-kɥite] f. Promiscuidad.

promission f. Promisión : *terre de promission,* tierra de promisión.

promontoire m. Promontorio.

promoteur, trice m. et f. Promotor, ra.

promotion f. Promoción. ‖ Promoción, ascenso, m. (militaires).

promouvoir* v. tr. Promover. ‖ Elevar (à une dignité ou fonction). ‖ Promover, ascender (militaires). ‖ Llevar a cabo (mettre à exécution).
— OBSERV. Este verbo se usa solamente en el infinitivo, en los tiempos compuestos y en la voz pasiva.

prompt, e [prɔ̃, prɔ̃:t] adj. Pronto, ta. ‖ Rápido, da. ‖ — *Avoir la main prompte,* tener las manos largas. ‖ *Avoir l'esprit prompt,* ser vivo de genio.

promptitude [-tityd] f. Prontitud.

promu, e adj. Promovido, da. ‖ Elevado, da (dignitaire). ‖ Promovido, ascendido (militaire).

promulgation f. Promulgación.

promulguer v. tr. Promulgar.

pronaos [pronaɔs] m. ARCHIT. Pronaos.

pronateur, trice adj. et s. m. ANAT. Pronador, ra.

pronation f. ANAT. Pronación.

prône m. Plática, *f.,* sermón dominical. ‖ FIG. et FAM. *Recommander quelqu'un au prône,* quejarse de uno ante sus superiores.

prôner v. tr. Predicar (prêcher). ‖ Preconizar, recomendar (recommander). ‖ FIG. Celebrar, defender, ensalzar, encomiar (vanter).

prôneur, euse m. et f. Encomiador, ra; ponderador, ra.

pronom m. GRAMM. Pronombre.

pronominal, e adj. GRAMM. Pronominal : *adjectifs pronominaux,* adjetivos pronominales.

pronominalement adv. Con carácter pronominal.

prononçable adj. Pronunciable.

prononcé, e adj. Pronunciado, da. ‖ Señalado, da; saliente, abultado, da; marcado, da; pronunciado, da (gallicisme) : *traits bien prononcés,* rasgos muy marcados. ‖ Firme, formal (arrêté). ‖ FIG. Resuelto, ta; decidido, da (décidé) : *caractère prononcé,* carácter resuelto.
— M. DR. Fallo, pronunciamiento (d'un jugement).

prononcer* v. tr. ● Pronunciar.
— V. intr. DR. Fallar, sentenciar, pronunciar (la sentence).
— V. pr. Pronunciarse. ‖ Decidirse.
— SYN. ● *Articuler,* articular. *Proférer,* proferir. *Énoncer,* enunciar.

prononciation f. Pronunciación. ‖ DR. Fallo, *m.,* sentencia (d'un jugement), declaración (d'un arrêt).

pronostic [pronɔstik] m. Pronóstico. ‖ *Concours de pronostics,* quiniela.

pronostique adj. MÉD. Relativo al pronóstico; sintomático, ca.

pronostiquer v. tr. Pronosticar.

pronostiqueur, euse m. et f. Pronosticador, ra.

pronunciamiento m. Pronunciamiento.

propagande f. Propaganda.

propagandiste adj. et s. Propagandista.

propagateur, trice adj. et s. m. Propagador, ra. ‖ Propalador, ra (des bruits).

propagation f. Propagación.
— SYN. *Expansion,* expansión. *Diffusion,* difusión.

propager* v. tr. ● Propagar (communiquer). ‖ Propalar (divulguer).
— SYN. ● *Répandre,* esparcir. *Diffuser,* difundir. *Colporter,* divulgar. *Vulgariser,* vulgarizar. *Semer,* sembrar. *Populariser,* popularizar.

propagule f. BOT. Propágulo, *m.*

propane m. CHIM. Propano (gaz).

proparoxyton adj. et s. m. GRAMM. Proparoxítono.

propédeutique adj. Propedéutico, ca.
— F. Curso, *m.,* y examen (*m.*) preuniversitario.

propension f. Propensión. ‖ *Avoir de la propension à,* ser propenso a.

propergol m. Propergol.

prophase f. Profase.

prophète m. Profeta : *nul n'est prophète en son pays,* nadie es profeta en su tierra. ‖ *Prophète de malheur,* pájaro de mal agüero.

prophétesse f. Profetisa.

prophétie [profesi] f. Profecía.

prophétique adj. Profético, ca.

prophétiser v. tr. Profetizar.

prophylactique adj. MÉD. Profiláctico, ca.

prophylaxie f. MÉD. Profilaxis, profilaxia, profiláctica.

propice adj. Propicio, cia : *circonstances propices,* circunstancias propicias.

propitiateur, trice adj. et s. Propiciador, ra.

propitiation f. Propiciación.

propitiatoire adj. et s. m. Propiciatorio, ria.

propolis [propolis] f. Propóleos, *m.*

proportion f. Proporción : *observer les proportions,* guardar las proporciones. ‖ *Toute proportion gardée,* guardando las proporciones, teniéndolo todo en cuenta.

proportionnable adj. Proporcionable.

proportionnalité f. Proporcionalidad.

proportionné, e adj. Proporcionado, da.

proportionnel, elle adj. Proporcional.

proportionner v. tr. proporcionar.
— OBSERV. *Proportionner* n'a pas le sens espagnol de « fournir », « procurer ».

propos [propo] m. ● Palabras, *f. pl.,* declaración, *f.* : *tenir des propos subversifs,* hacer declaraciones subversivas, pronunciar palabras subversivas. ‖ Conversación, *f.,* charla, *f.* (causerie). ‖ Propósito, intención, *f.* (but). ‖ Tema : *changeons de propos,* cambiemos de tema. ‖ — *Propos galants,* piropos, requiebros. ‖ *Propos injurieux,* injurias. ‖ — *À ce propos,* a propósito de eso, a este respecto. ‖ *À propos,* a propósito, oportunamente. ‖ *À propos de,* a propósito de. ‖ *À propos de rien,* sin motivo. ‖ *À quel propos?* o *à propos de quoi?,* ¿por qué razón? ‖ *À tout propos,* a cada paso. ‖ *De propos délibéré,* de intento, adrede, deliberadamente. ‖ *Ferme propos,* firme propósito. ‖ *Hors de propos,* que no es del caso, que no viene a cuento, fuera de lugar. ‖ *Mal à propos,* poco a propósito, inoportunamente, intempestivamente. ‖ *Venir à propos,* venir al caso, venir a cuento.
— SYN. ● *Discours,* discurso. *Boniment,* charla, perorata.

proposable adj. Que puede proponerse.

proposer v. tr. Proponer : *proposer un achat,* proponer una compra.
— V. pr. Proponerse : *il se propose de partir,* se propone marcharse. ‖ Ofrecerse : *se proposer pour un emploi,* ofrecerse para un empleo.

proposition f. Proposición, propuesta : *sur proposition de,* a propuesta de. ‖ Propuesta (avancement). ‖ GRAMM. Oración.

propre adj. Propio, pia (qui appartient) : *son propre fils,* su propio hijo. ‖ Propio, pia ; con su

mismo *ou* misma : *écrire de sa propre main*, escribir con su propia mano. ‖ Mismo, ma ; propio, pia : *ce furent ses propres paroles*, éstas fueron sus mismas palabras. ‖ Limpio, pia (net) : *un mouchoir propre*, un pañuelo limpio. ‖ Propio, pia (approprié pour). ‖ Exacto, ta ; justo, ta : *expression propre*, expresión exacta. ‖ FIG. Limpio, pia (décent). ‖ — *Au propre*, en sentido propio (sens au propre), en limpio (net). ‖ *En main propre*, personalmente, en propias manos. ‖ *Sens propre*, *nom propre*, sentido propio, nombre propio.
— M. Lo propio. ‖ — *De son propre*, de su cosecha. ‖ *Me voilà propre!*, ¡buena la he hecho!, ¡estoy listo!, ¡estoy aviado! ‖ *Propre à rien*, inútil, inutilidad, incapaz. ‖ — *C'est du propre!*, ¡buena la ha hecho Vd.! ‖ — Pl. *Propres* o *biens propres*, bienes propios, parafernales.
proprement adv. Propiamente (exactement). ‖ Limpiamente (avec propreté). ‖ Convenientemente, decentemente (convenablement). ‖ — *Proprement dit*, propiamente dicho, dicho con propiedad. ‖ — *À proprement parler*, hablando con propiedad, mejor dicho.
propret, ette adj. Limpito, ta ; aseadito, ta.
propreté f. Limpieza. ‖ *Soins de propreté*, aseo, aseo corporal.
propréteur m. Propretor (magistrat romain).
propréture f. Propretura.
propriétaire m. et f. ● Propietario, ria. ‖ Casero, ra ; propietario, ria ; dueño, ña (d'un immeuble). ‖ — *Propriétaire foncier*, propietario de bienes inmuebles. ‖ — *Gros propriétaire terrien*, latifundista, gran terrateniente. ‖ *Nu-propriétaire*, nudo propietario.
— SYN. ● *Possesseur*, poseedor. *Maître*, dueño.
propriété f. Propiedad. ‖ Casa de campo (maison de campagne), finca (exploitation agricole), casa de recreo (d'agrément). ‖ Posesiones, *pl.*, : *il est mort dans sa propriété*, ha muerto en sus posesiones. ‖ *Nue-propriété*, nuda propiedad.
propulser v. tr. Propulsar.
propulseur adj. m. et s. m. Propulsor.
propulsif, ive adj. Propulsivo, va.
propulsion f. Propulsión : *propulsion à réaction*, propulsión a chorro.
propylée m. Propileo.
proquesteur [prokɛstœ:r] m. Procuestor.
prorata m. inv. Prorrata, *f.*, parte, *f.* ‖ *Au prorata*, a prorrata, a prorrateo.
prorogatif, ive adj. Prorrogativo, va.
prorogation f. Prórroga.
proroger* v. tr. Prorrogar.
prosaïque adj. Prosaico, ca : *considérations prosaïques*, consideraciones prosaicas.
prosaïsme m. Prosaísmo.
prosateur m. Prosista.
proscenium [prosenjom] m. Proscenio (théâtre).
proscripteur m. Proscriptor.
proscription f. Proscripción (exil). ‖ FIG. Abolición.
proscrire* v. tr. Proscribir (frapper de proscription). ‖ FIG. Abolir.
proscrit, e m. et f. Proscrito, ta.
prose f. Prosa.
prosecteur m. Prosector, preparador de las disecciones.
prosectorat [prosɛktora] m. Prosectorado.
prosélyte m. Prosélito.
prosélytique adj. Proselitista.
prosélytisme m. Proselitismo.
Proserpine n. pr. f. Proserpina.
prosimiens m. pl. ZOOL. Prosimios (lémuriens).
prosobranches m. pl. Prosobranquios (mollusques).
prosodie f. GRAMM. Prosodia.

prosodique adj. GRAMM. Prosódico, ca.
prosopopée f. Prosopopeya.
prospecter v. tr. Hacer una prospección, prospectar (minéraux). ‖ Buscar clientes nuevos, prospectar (clientèle).
prospecteur m. Prospector.
prospectif, ive adj. Del futuro.
— F. Prospectiva.
prospection f. Prospección. ‖ Investigación, prospección (du marché).
prospectus [prospɛktys] m. Prospecto.
— SYN. *Tract*, octavilla. *Programme*, programa.
Prosper [prospɛ:r] n. pr. m. Próspero.
prospère adj. Próspero, ra.
prospérer* v. intr. Prosperar.
prospérité f. Prosperidad.
prostate f. ANAT. Próstata.
prostatique adj. MÉD. Prostático, ca.
prostatite f. MÉD. Prostatitis.
prosternation f. ou **prosternement** m. Prosternación, *f.*
prosterner* v. tr. Hacer prosternarse.
— V. pr. Prosternarse.
prosthèse ou **prothèse** f. GRAMM. Prótesis.
prostituée f. Prostituta.
— SYN. *Courtisane*, cortesana. *Femme galante*, mundana. *Poule*, zorra. *Hétaïre*, hetaira. *Grue*, zorra. *Catin*, ramera, buscona. *Gourgandine*, pelandusca. *Raccoleuse*, buscona. *Péripatéticienne*, carrerista.
prostituer v. tr. Prostituir.
— V. pr. Prostituirse.
prostitution f. Prostitución.
prostration f. Postración.
prostré, e adj. Postrado, da.
prostyle m. ARCHIT. Próstilo.
protactinium m. CHIM. Protactinio (métal).
protagoniste m. Protagonista.
protargol m. CHIM. Protargol.
protase f. Prótasis.
prote m. Regente de imprenta.
protéase f. CHIM. Proteasa.
protecteur, trice adj. et s. Protector, ra. ‖ — M. Protector (d'Angleterre).
— SYN. *Providence*, providencia. *Mécène*, mecenas.
protection f. Protección. ‖ *Prendre un air de protection*, tomar aire protector.
— SYN. *Appui*, apoyo. *Auspices*, auspicio. *Sauvegarde*, salvaguardia. *Tutelle*, tutela. *Patronage*, patronato, patronazgo. *Égide*, égida.
protectionnisme m. Proteccionismo.
protectionniste adj. et s. m. Proteccionista.
protectorat [protɛktora] m. Protectorado.
protée m. Proteo.
Protée n. pr. m. Proteo.
protégé, e m. et f. Protegido, da.
protège-bas m. inv. Protector (para las medias).
protège-cahier [protɛʒkaje] m. Forro de cuaderno.
— OBSERV. Pl. *protège-cahiers*.
protège-dents [-dã] m. inv. Protector (boxe).
protège-jambe m. Defensa, *f.* (moto). ‖ Espinillera, *f.* (hockey).
— OBSERV. Pl. *protège-jambes*.
protéger* v. tr. Proteger, amparar. ‖ Proteger (les lettres, un candidat).
— SYN. *Défendre*, defender. *Soutenir*, sostener. *Garantir*, garantizar. *Préserver*, preservar. *Abriter*, abrigar. *Immuniser*, inmunizar. *Prémunir*, precaver. *Sauver*, salvar.
protège-tibia m. Espinillera, *f.*
— OBSERV. Pl. *protège-tibias*.
protéide m. CHIM. Proteido.
protéiforme adj. Proteiforme.
protéine f. CHIM. Proteína.
protéique adj. Proteico, ca. ‖ CHIM. Proteínico, ca.
protèle m. Proteles (hyène).

protéolytique adj. Proteolítico, ca.
protérandrie f. Bot. Protandria.
protestable adj. Dr. Protestable.
protestant, e adj. et s. Protestante.
— Syn. *Réformé*, reformado. *Huguenot*, hugonote. *Parpaillot*, hereje.
protestantisme m. Protestantismo.
protestataire adj. et s. Protestador, ra ; protestante.
protestation f. Protesta, protestación.
protester v. intr. ● Protestar (réclamer). ‖ Protestar de, asegurar : *protester de son innocence*, protestar de su inocencia.
— V. tr. Comm. Protestar (faire un protêt).
— Syn. ● *Récrier (se)*, prote*s*tar. *Râler*, rouspéter, refunfuñar. *Grogner*, gruñir.
protêt [prɔtɛ] m. Comm. Protesto.
prothalle m. Protalo.
prothèse f. Méd. Prótesis : *prothèse dentaire*, prótesis dental. ‖ Gramm. Prótesis.
prothétique adj. Gramm. Protético, ca. ‖ Méd. Relativo a la prótesis.
prothorax m. Protórax (des insectes).
prothrombine f. Chim. Protrombina.
protides m. pl. Chim. Prótidos.
protistes m. pl. Protistas.
protococcales f. pl. Bot. Protocales.
protocolaire adj. Protocolar.
protocole m. Formulario (formulaire). ‖ Protocolo (procès-verbal diplomatique). ● Protocolo [ceremonial]. ‖ Dr. Estatuto formal, formulario.
— Syn. ● *Cérémonial*, ceremonial. *Étiquette*, etiqueta.
protocordés m. pl. Zool. Protocordados, procordados.
protogine f. Min. Protogina.
protogynie f. Bot. Protoginia.
protohistoire f. Protohistoria.
protomartyr m. Protomártir.
protomédecin m. Protomédico.
proton m. Phys. Protón.
protonéma m. Bot. Protonema.
protonique adj. Protónico, ca.
protonotaire m. Protonotario.
protophytes m. pl. Bot. Protofitos.
protoplasme ou protoplasma m. Protoplasma.
protoplasmique adj. Protoplásmico, ca ; protoplasmático, ca.
protoptère m. Protopterus (poisson).
protosulfure m. Chim. Protosulfuro.
prototype m. Prototipo.
protoxyde m. Chim. Protóxido.
protozoaires m. pl. Zool. Protozoos, protozoarios.
protractile adj. Protráctil.
protubérance f. Protuberancia.
— Syn. *Bosse*, joroba, bulto, chichón.
protubérant, e adj. Protuberante. ‖ *Yeux protubérants*, ojos saltones.
protuteur, trice m. et f. Dr. Protutor, ra.
prou adv. (P. us.). Mucho (beaucoup). ‖ — *Ni peu ni prou*, ni poco ni mucho, de ningún modo. ‖ *Peu ou prou*, más o menos (plus ou moins).
proudhonien, enne adj. Relativo a Proudhon.
proue [pru] f. Mar. Proa. ‖ Mar. *Figure de proue*, mascarón de proa.
prouesse [pruɛs] f. Proeza, hazaña.
prouvable adj. Demostrable, probable.
— Observ. *Prouvable* no tiene el sentido de « verosímil ».
prouver v. tr. Probar, demostrar (démontrer) : *cela ne prouve rien*, eso no demuestra nada.
— Observ. *Probar* a aussi en espagnol le sens de « éprouver », « essayer » et de « goûter ».
— Syn. *Démontrer*, demostrar. *Montrer*, mostrar. *Établir*, establecer. *Justifier*, justificar.

provenance f. Procedencia. ‖ *En provenance de*, procedente de.
provençal, e adj. et s. Provenzal : *des chants provençaux*, cantos provenzales. ‖ *À la provençale*, a lo provenzal. ‖ — M. Provenzal (langue).
Provence n. pr. f. Géogr. Provenza.
provencialisme m. Provenzalismo.
provende f. Pienso, m. (pour les bestiaux). ‖ (P. us.). Provisión de víveres (vivres).
provenir* [prɔvni:r] v. intr. Proceder, provenir.
— Observ. *Procéder* francés tiene sobre todo el sentido de « efectuar », « obrar ».
proverbe m. Proverbio, refrán. ‖ *Passer en proverbe*, hacerse proverbial.
proverbial, e adj. Proverbial : *des dictons proverbiaux*, dichos proverbiales.
providence f. Providencia.
providentialisme m. Providencialismo.
providentialiste adj. Providencialista.
providentiel, elle adj. Providencial.
provignage ou provignement m. Agric. Amugronamiento (marcottage).
provigner v. tr. Agric. Amugronar (la vigne).
— V. intr. Echar renuevos (se multiplier).
provin m. Agric. Mugrón, provena, *f*.
province f. Provincia, región. ‖ — *En province*, en provincias, fuera de la capital. ‖ *La province*, los provincianos : *la province est mécontente*, los provincianos están descontentos.
— Observ. À l'ancienne *province* française correspond l'actuelle *región* espagnole, tandis que la *provincia* espagnole équivaut au *département* français. En Amérique latine, *provincia* équivaut, suivant les pays, à *département*, *province* ou même *canton*.
provincial, e adj. Provincial : *des tribunaux provinciaux*, tribunales provinciales. ‖ Provinciano, na (qui est gauche, emprunté).
— M. et f. Provinciano, na. ‖ — M. Relig. Provincial (supérieur).
provincialat [prɔvɛ̃sjala] m. Relig. Provincialato.
provincialisme m. Provincialismo.
proviseur m. Director de un Instituto de enseñanza media.
provision f. ● Provisión, abastecimiento, *m.* ‖ Comm. Provisión de fondos (couverture). ‖ Dr. Anticipo (*m.*) sobre los honorarios (d'un avoué). ‖ — *Chèque sans provision*, cheque sin fondos. ‖ *Par provision*, provisionalmente. ‖ — *Faire ses provisions*, abastecerse.
— Syn. ● *Approvisionnement*, abasto. *Victuaille*, vitualla. *Provende*, pienso.
provisionnel, elle adj. Provisional. ‖ *Versement provisionnel*, desembolso a cuenta.
provisoire adj. Provisional. [*Amér.*, provisorio, ria].
— M. Lo provisional.
provisoirement adv. Provisionalmente, provisoriamente.
provisorat [prɔvizɔra] m. Dirección (*f.*) de un instituto.
provitamine f. Chim. Provitamina.
provocant, e adj. Provocante.
provocateur, trice adj. et s. Provocador, ra.
provocation f. Provocación.
provoquer v. tr. Provocar.
proxène m. Proxeno (magistrat grec).
proxénète m. et f. Proxeneta, alcahuete, ta.
proxénétisme m. Proxenetismo, alcahuetería, *f.*
proximité f. Proximidad. ‖ *À proximité de*, en las cercanías de, junto a, cerca de.
proyer [prwaje] m. Emberiza (oiseau).
prude adj. et s. f. Gazmoño, ña ; mojigato, ta. ‖ Solapado, da.
— Syn. *Pudique*, púdico, pudoroso. *Puritain*, puritano. *Fam. Pudibond*, pudibundo. *Collet monté*, encopetado. *Pop. Bégueule*, gazmoño.

prudemment [prydamã] adv. Prudentemente.
prudence f. Prudencia.
prudent, e adj. et s. Prudente.
— SYN. *Sage,* cuerdo. *Raisonnable,* razonable. *Avisé,* avisado. *Circonspect,* circunspecto, cauto. *Prévoyant,* previsor. *Précautionneux,* precavido (vx).
pruderie f. Gazmoñería, mojigatería.
prud'homal, e adj. De la magistratura del trabajo : *juges prud'homaux,* jueces de la Magistratura del Trabajo.
prud'homie [prydɔmi] f. Probidad (probité).
prud'homme m. (Vx). Hombre bueno (probe). ‖ Hombre experimentado y de buen consejo (expérimenté). ‖ Miembro de la Magistratura del Trabajo. ‖ — *Conseil de prud'hommes,* Magistratura del Trabajo, tribunal de conciliación laboral. ‖ FAM. *Monsieur Prudhomme,* burgués necio.
prudhommerie f. Vanidad necia.
prudhommesque adj. Necio, cia.
pruine f. Polvillo (*m.*) que cubre algunas frutas.
prune f. Ciruela (fruit). ‖ — *Prune de Damas,* ciruela damascena. ‖ *Prune reine-claude,* ciruela claudia. ‖ — FIG. *Pour des prunes,* por *ou* para nada, en balde.
pruneau m. Ciruela (*f.*) pasa. ‖ POP. Peladilla, *f.* (projectile).
prunelée f. Mermelada de ciruelas.
prunelle f. Endrina (fruit). ‖ Licor (*m.*) de endrina (liqueur). ‖ Niña, pupila : *comme la prunelle de ses yeux,* como la niña de sus ojos.
prunellier m. Endrino (arbre).
prunier m. Ciruelo (arbre).
prurigineux, euse adj. MÉD. Pruriginoso, sa.
prurigo m. MÉD. Prurigo.
prurit [pryrit] m. MÉD. Prurito.
Prusse n. pr. f. GÉOGR. Prusia. ‖ *Travailler pour le roi de Prusse,* trabajar para el obispo.
prussiate m. CHIM. Prusiato.
prussien, enne adj. et s. Prusiano, na. ‖ *À la prussienne,* con regularidad automática.
prussique adj. m. CHIM. Prúsico.
prytane m. Prítane (magistrat).
prytanée m. Pritaneo. ‖ *Prytanée militaire,* academia militar preparatoria en Francia (école).
psallette f. Coro (*m.*) de iglesia.
psalliote f. Salioto (champignon).
psalmiste m. Salmista.
psalmodie f. Salmodia.
psalmodier* v. tr. et intr. Salmodiar.
psaltérion m. MUS. Salterio.
psaume m. Salmo.
psautier m. Salterio.
pseudarthrose f. MÉD. Seudoartritis.
pseudo-fécondation f. BOT. Partenogénesis.
pseudo-névroptères m. pl. ZOOL. Seudoneurópteros.
pseudonyme adj. et s. m. Seudónimo, ma.
pseudonymie f. Seudonimia.
pseudopode m. Seudópodo (des protozoaires).
psi m. Psi, *f.*
psittacidés m. pl. Psitácidos (perroquets).
psittacisme m. Psitacismo.
psittacose f. Psitacosis.
psoas [psɔɑ:s] m. Psoas (muscle).
psoque m. ZOOL. Psoco, psocóptero.
psora ou **psore** f. MÉD. Psora.
psoriasis [psɔrjazis] f. MÉD. Psoriasis.
psoriasique adj. MÉD. Psórico, ca.
psychadélique adj. Psicodélico, ca ; sicodélico, ca.
psychanalyse f. Psicoanálisis, *m.,* sicoanálisis, *m.*
psychanaliser v. tr. Hacer un psicoanálisis *ou* un sicoanálisis.
psychanalyste adj. et s. m. Psicoanalista, sicoanalista.
psychanalytique adj. Psicoanalítico, ca ; sicoanalítico, ca.

psychasthénie f. Psicastenia, sicastenia.
psychasthénique adj. Psicasténico, ca ; sicasténico, ca.
psyché [psi∫e] f. Psique, espejo, *m.* (miroir). ‖ Psique (âme).
Psyché [psi∫e] n. pr. f. MYTH. Psique, Psiquis.
psychiatre [psikja:tr] m. MÉD. Psiquiatra, siquiatra.
psychiatrie [-tri] f. MÉD. Psiquiatría, siquiatría.
psychiatrique [-trik] adj. Psiquiátrico, ca ; siquiátrico, ca.
psychique [psi∫ik] adj. Psíquico, ca ; síquico, ca.
psychisme [-∫ism] m. Psiquismo, siquismo.
psychochirurgie f. MÉD. Psicocirugía, sicocirugía.
psychodrame m. MÉD. Psicodrama, sicodrama.
psychologie f. Psicología, sicología.
psychologique adj. Psicológico, ca ; sicológico, ca : *guerre psychologique,* guerra psicológica.
psychologisme m. PHILOS. Psicologismo, sicologismo.
psychologiste adj. et s. Psicologista, sicologista.
psychologue adj. et s. Psicólogo, ga ; sicólogo, ga.
psychométrie f. Psicometría, sicometría.
psychonévrose f. Psiconeurosis, siconeurosis.
psychopathe adj. Psicopático, ca ; sicopático, ca. — M. et f. Psicópata, sicópata.
psychopathie f. Psicopatía, sicopatía.
psychopathologie f. Psicopatología, sicopatología.
psychopédagogie f. Psicopedagogía, sicopedagogía.
psychophysiologie f. Psicofisiología, sicofisiología.
psychophysique f. Psicofísica, sicofísica.
psychopompe adj. Psicopompo.
psychose f. Psicosis, sicosis.
psychosomatique adj. Psicosomático, ca ; sicosomático, ca.
psychotechnicien, enne m. et f. Psicotécnico, ca ; sicotécnico, ca.
psychotechnique f. Psicotecnia, sicotecnia.
psychothérapie f. Psicoterapia, sicoterapia.
psychromètre [psikrɔmɛtr] m. Psicrómetro.
psychrométrie [-metri] f. Psicrometría (mesure de l'hygrométrie de l'air).
psylle m. Encantador de serpientes.
psyllium [psiljɔm] m. Semilla (*f.*) de zaragatona.
ptéranodon m. Pteranodon (reptile volant).
ptéridophytes m. pl. BOT. Pteridofitas, *f.*
ptéridospermées f. pl. Pteridospermas.
ptérodactyle m. Pterodáctilo (fossile).
ptéropodes m. pl. ZOOL. Pterópodos.
ptérosauriens m. pl. Pterosaurios.
ptérygoïdien, enne adj. et s. m. ANAT. Pterigoideo, a.
ptérygotes m. pl. ZOOL. Pterigotos.
ptolémaïque adj. Ptolemaico, ca ; tolemaico, ca.
Ptolémée n. pr. m. Ptolomeo, Tolomeo.
ptomaïne f. CHIM. Ptomaína, tomaína.
ptôse f. MÉD. Ptosis (descente d'un organe).
ptyaline f. CHIM. Ptialina.
ptyalisme m. MÉD. Ptialismo.
puant, e [pɥɑ̃, ɑ̃:t] adj. Hediondo, da ; apestoso, sa. ‖ FIG. Insoportable. | Vanidoso, sa ; fatuo, tua. ‖ *Boules puantes,* bombas fétidas, bolillas pestosas.
puanteur f. Hediondez, mal olor, *m.,* peste, pestazo, *m.*
pubère adj. et s. Púber, a : *jeune fille pubère,* joven púbera.
puberté f. Pubertad.
pubescence f. Pubescencia.
pubescent, e adj. Pubescente.
pubien, enne adj. Pubiano, na.
pubis [pybis] m. ANAT. Pubis.

publiable adj. Publicable.

public, ique adj. et s. m. Público, ca. ‖ — *En public*, en público. ‖ — *Biens publics*, bien común. ‖ *Le grand public*, el público en general. ‖ *Ministère public*, ministerio fiscal. ‖ — *Être tombé dans le domaine public*, ser del dominio público.

publicain m. Publicano. ‖ FAM. Hombre de negocios, negociante.

publication f. Publicación.

— SYN. *Edition*, edición. *Apparition*, aparición. *Lancement*, lanzamiento.

publiciste m. et f. Publicista.

publicitaire adj. Publicitario, ria.

— M. et f. Que se ocupa de publicidad, anunciante, agente publicitario, publicista.

publicité f. Publicidad, propaganda.

— SYN. *Réclame*, reclamo. *Propagande*, propaganda. *Battage*, propaganda exagerada. *Fam. Tam-tam*, ruido, bombo.

publier* v. tr. Publicar. ‖ Pregonar (proclamer).

publiquement adv. Públicamente.

puccinie [pyksini] f. Puccinia (champignon).

puce [pys] f. Pulga (insecte). ‖ — *Marché aux puces*, Rastro [en Madrid]. ‖ — FIG. *Avoir la puce à l'oreille*, tener la mosca detrás de la oreja. ‖ *Chercher les puces à quelqu'un*, buscarle a uno las cosquillas. ‖ *Secouer les puces à quelqu'un*, sacudirle las pulgas a alguien.

— Adj. inv. De color pardo (on emploie parfois le gallicisme *pus*).

puceau, elle adj. et s. Virgen, virgo (fam.). ‖ *La Pucelle*, Juana de Arco, la Doncella de Orleáns.

pucelage m. POP. Doncellez, virginidad.

puceron [pysrɔ̃] m. ZOOL. Pulgón.

puche f. Camaronera (filet).

pucheux m. Cazo (raffinage du sucre).

pucier m. POP. Piltra, f.

pudding [pudiŋ] m. Pudín, budín, pudding (gâteau).

puddlage [pœdlaʒ] m. TECHN. Pudelado, pudelaje, pudelación, f.

puddler v. tr. TECHN. Pudelar.

puddleur adj. et s. m. TECHN. Pudelador.

pudeur f. Pudor, m.

— SYN. *Timidité*, timidez. *Honte*, vergüenza. *Vergogne*, vergüenza.

pudibond, e adj. Pudibundo, da; pudoroso, sa.

pudibonderie f. Pudibundez.

pudicité f. Pudicicia, castidad.

pudique adj. Púdico, ca.

puer* [pɥe] v. intr. et tr. Heder, apestar. ‖ *Puer le tabac*, apestar a tabaco.

— SYN. *Empester*, apestar. *Sentir mauvais*, oler mal.

puériculture f. Puericultura.

puéril, e adj. Pueril.

puérilisme m. Puerilismo, retraso mental.

puérilité f. Puerilidad.

puerpéral, e adj. Puerperal : *fièvre puerpérale*, fiebre puerperal.

puerpéralité f. Puerperalidad.

puffin m. Fardela, f. (oiseau).

pugilat [pyʒila] m. Pugilato.

pugiliste m. Pugilista, púgil, boxeador.

puîné, e adj. et s. Menor (dernier), segundo, da; segundón, ona (second).

puis [pɥi] adv. Después, luego. ‖ — *Et puis*, además, y además, por otra parte (en outre, d'ailleurs). ‖ *Et puis?*, ¿bueno y qué?, ¿y qué?

— SYN. *Après*, después. *Ensuite*, luego, a continuación.

puisage ou **puisement** m. Acción (f.) de sacar ou de extraer, saca, f., extracción, f. ‖ *Servitude de puisage*, servidumbre de sacar agua.

puisard m. Pozo negro (puits). ‖ Sumidero (égout). ‖ TECHN. Sumidero (de mine).

puisatier adj. et s. m. Pocero.

puiser v. tr. et intr. Sacar, tomar : *puiser de l'eau à une rivière*, sacar agua de un río. ‖ — *Puiser aux sources*, beber en las fuentes. ‖ FIG. *Puiser des forces*, sacar fuerzas.

— SYN. *Tirer*, sacar. *Extraire*, extraer. *Pomper*, dar a la bomba.

puisette f. Cazo, m.

puisoir m. Cazo, vasija (f.) para extraer líquidos.

puisque conj. Puesto que, ya que, pues : *viens puisqu'il le faut*, ven, ya que es preciso.

puissamment adv. Poderosamente. ‖ Sumamente, extremadamente.

puissance f. Poder, m. (pouvoir, autorité). ‖ Fuerza (force). ‖ PHYS., MATH. et PHILOS. Potencia : *élever un nombre à la puissance quatre*, elevar un número a la cuarta potencia; *la puissance d'un moteur*, la potencia de un motor; *puissance au frein*, potencia al freno ou efectiva. ‖ Potencia (État). ‖ Capacidad : *avoir une grande puissance de travail*, tener una gran capacidad de trabajo. ‖ Facilidad : *puissance d'oubli*, facilidad para olvidar. ‖ Pl. Potencias. ‖ — *Puissance paternelle*, potestad paternal, patria potestad. ‖ — *En puissance*, en potencia. ‖ — *Être en puissance de*, estar bajo el poder de. ‖ MATH. *Trois puissance quatre*, tres elevado a la cuarta potencia, tres elevado a cuatro.

puissant, e adj. Poderoso, sa (qui a du pouvoir). ‖ Potente : *une machine puissante*, una máquina potente. ‖ Poderoso, sa : *remède puissant*, remedio poderoso. ‖ Corpulento, ta.

— M. Poderoso. ‖ *Le Tout-Puissant*, el Todopoderoso.

puits [pɥi] m. Pozo : *puits artésien*, pozo artesiano; *puits perdu*, pozo negro. ‖ MAR. et MIN. Pozo. ‖ — FIG. *Puits de science*, pozo de ciencia, persona muy sabia. ‖ *Puits sans fond*, pozo airón.

pulicaire f. BOT. Pulicaria.

pullman m. Pullman.

pullorose f. Pulorosis.

pull-over m. Jersey.

— OBSERV. Pl. *pull-overs*.

pullulant, e adj. Pululante.

pullulation f ou **pullulement** m. Pululación, f.

pulluler v. intr. Pulular.

pulmonaire adj. Pulmonar (du poumon).

— F. BOT. Pulmonaria.

pulmoné, e adj. et s. m. pl. Pulmonado, da.

pulpaire adj. Pulpario, ria.

pulpe f. Pulpa : *pulpe dentaire*, pulpa dental; *pulpe d'un fruit*, pulpa de un fruto.

pulpeux, euse adj. Pulposo, sa.

pulpite f. MÉD. Pulpitis.

pulque m. Pulque (boisson).

pulsatif, ive adj. Pulsativo, va.

pulsation f. Pulsación.

pulsion f. Impulsión.

pulsomètre m. TECHN. Pulsómetro (pompe).

pulsoréacteur m. AVIAT. Pulsorreactor (moteur).

pultacé, e adj. Pultáceo, a.

pulvérin m. (P. us.). Polvorín (poudre).

pulvérisable adj. Pulverizable.

pulvérisateur m. Pulverizador.

pulvérisation f. Pulverización. ‖ AUTOM. Petroleado, m.

pulvériser v. tr. Pulverizar. ‖ AUTOM. Petrolear.

pulvériseur m. AGRIC. Desterronador.

pulvérulence f. Pulverulencia.

pulvérulent, e adj. Pulverulento, ta.

puma m. ZOOL. Puma (cougouar).

puna f. MÉD. Soroche m., puna. ‖ Puna (haute plaine).

punais, e adj. et s. De nariz fétida.

punaise f. Chinche (insecte). ‖ Chinche, chincheta

(clou). ‖ — *Punaise d'eau*, garapito. ‖ *Punaise des bois*, mariquita.

punch [pɔ̃:ʃ] m. Ponche (boisson). ‖ SPORTS. Pegada, *f.* ‖ *Bol à punch*, ponchera.

puncheur [pœnʃœ:r] m. Pegador (boxeur).

punching-ball [pœntʃiŋbo:l] m. Punching ball.

punctum [pɔ̃ktɔm] m. PHYS. Punto : *punctum remotum*, punto remoto.

puni, e adj. et s. Castigado, da (écoles). ‖ Arrestado, da (militaire).

punicacées f. pl. BOT. Punicáceas.

punique adj. Púnico, ca. ‖ FIG. *Foi punique*, mala fe, fe púnica.

punir v. tr. ● Castigar : *puni de sa témérité*, castigado por su temeridad. ‖ Condenar : *punir de prison, de mort*, condenar a la cárcel, a muerte. ‖ *On est toujours puni par où l'on a péché*, en el pecado va la penitencia.
— SYN. ● *Châtier*, castigar. *Corriger.* corregir. *Frapper*, castigar. *Sévir*, castigar.

punissable adj. Castigable.

punisseur, euse adj. et s. Castigador, ra.

punitif, ive adj. Punitivo, va.

punition f. ● Castigo, *m.* ‖ DR. Pena. ‖ MIL. Castigo, *m.*, arresto, *m.* ‖ *En punition*, como castigo.
— SYN. ● *Pénitence*, penitencia. *Peine*, pena. *Sanction*, sanción. *Pensum*, castigo. *Pénalité*, penalidad. *Pénalisation*, penalización.

pupillaire [pypilɛ:r] adj. Pupilar.

pupillarité [-larite] f. DR. Pupilaje, *m.*

pupille [pypil] m. et f. DR. Pupilo, la (orphelin). ‖ — *Pupille de la nation*, huérfano de guerra. ‖ *Pupille de l'État*, hospiciano, inclusero. ‖ — F. Pupila, niña (de l'œil).

pupinisation f. ÉLECTR. Pupinización.

pupipare adj. ZOOL. Pupíparo, ra.

pupitre m. Pupitre. ‖ MUS. Atril. ‖ Consola, *f.* (d'un ordinateur).

pur, e adj. Puro, ra. ‖ Limpio, pia : *pur de tout crime*, limpio de cualquier crimen. ‖ — *Cheval pur sang*, caballo pura sangre. ‖ *En pure perte*, en balde, inútilmente, en vano.

pureau m. Parte (*f.*) limpia de una pizarra, de una teja.

purée f. Puré, *m.* (mets). ‖ POP. Estrechez, miseria (pauvreté). ‖ FIG. et POP. *Être dans la purée*, estar a dos velas, estar sin un céntimo.

purement adv. Puramente, meramente. ‖ *Purement et simplement*, pura y simplemente, lisa y llanamente.

pureté [pyrte] f. Pureza. ‖ FIG. *Pureté de sang*, limpieza de sangre.

purgatif, ive adj. Purgativo, va.
— M. Purga, *f.*, purgante.

purgation f. MÉD. Purgación.
— OBSERV. Le terme espagnol est au singulier moins usité que *purga*; au pluriel, il désigne la blennorragie.

purgatoire m. Purgatorio.

purge f. Purga, purgante, *m.* (médication). ‖ Desagüe, *m.*, conducto (*m.*) de evacuación. ‖ DR. Cancelación. ‖ FIG. Purga (politique).

purgeoir [pyrʒwa:r] m. Estanque de depuración de agua con filtro de arena.

purger* v. tr. MÉD. Purgar. ‖ Purificar, depurar (purifier), acrisolar (les métaux). ‖ Limpiar, librar de : *purger une mer des pirates*, limpiar de piratas un mar. ‖ Purgar, expiar : *purger une peine*, expiar una pena. ‖ DR. Cancelar, redimir (hypothèque). ‖ TECHN. Limpiar, purgar. ‖ *Purger sa contumace*, constituirse prisionero.
— V. pr. Purgarse.

purgeur m. TECHN. Purgador.

purifiant, e adj. Purificante.

purificateur, trice adj. et s. Purificador, ra.

purification f. Purificación.

purificatoire m. Purificador.
— Adj. Purificatorio, ria ; purificador, ra.

purifier* v. tr. Purificar.
— SYN. *Épurer*, depurar. *Purger*, purgar. *Assainir*, sanear. *Clarifier*, clarificar.

purin m. Aguas (*f. pl.*) de estiércol, jugo de estiércol.

purisme m. Purismo.

puriste adj. et s. Purista.

puritain, e adj. et s. Puritano, na.

puritanisme m. Puritanismo.

puron m. Suero de leche sin cuajo.

purot [pyro] m. Foso que recoge las aguas del estiércol.

purotin m. POP. Pobretón, pobre.

purpura m. MÉD. Púrpura, *f.*

purpuracé, e adj. Purpúreo, a.

purpurin, e adj. Purpúreo, a.

purpurine f. Purpurina.

pur-sang [pyrsɑ̃] m. inv. Caballo de pura sangre.

purulence f. MÉD. Purulencia.

purulent, e adj. MÉD. Purulento, ta.

pus [py] m. MÉD. Pus.

puseyisme m. Puseyismo [de Pusey].

pusillanime [pyzilanim] adj. Pusilánime.

pusillanimité [-mite] f. Pusilanimidad.

pustule f. MÉD. Pústula.

pustulé, e adj. Pustuloso, sa.

pustuleux, euse adj. Pustuloso, sa.

putain f. POP. Puta, ramera.

putatif, ive adj. Putativo, va (supposé).

putiet ou **putier** [pytje] m. Cerezo silvestre (merisier).

putois [pytwa] m. Turón (animal). ‖ Pincel de alfarero. ‖ FAM. *Crier comme un putois*, gritar desaforadamente.

putréfactif, ive adj. Putrefactivo, va.

putréfaction f. Putrefacción, pudrición.

putréfiable adj. Putrescible.

putréfier* v. tr. Pudrir.

putrescence f. Putrescencia (p. us.), putrefacción.

putrescent, e adj. Putrescente.

putrescibilité f. Putridez, corruptibilidad.

putrescible adj. Putrescible.

putride adj. Pútrido, da.

putridité f. Putridez.

putsch [putʃ] m. Alzamiento, putsch.

puy [pɥi] m. Monte, montaña, *f.*

puzzle [pœzl] m. Rompecabezas (jeu).

pycnomètre m. Picnómetro.

pyélite f. MÉD. Pielitis.

pyélo–néphrite f. Pielonefritis.

pygargue m. Pigargo (oiseau).

pygmée m. et f. Pigmeo, a.

pygméen, enne adj. De pigmeo. ‖ (P. us.). FIG. Mezquino, na ; insignificante.

pyjama m. Pijama.

Pylade n. pr. m. Pílades.

pylône m. Pilón (en Égypte). ‖ Pilar (pilier). ‖ TECHN. Poste (poteau).

pylore m. ANAT. Píloro.

pylorique adj. Pilórico, ca.

pyogène adj. MÉD. Piógeno, na.

pyorrhée f. MÉD. Piorrea.

pyrale f. Pirausta, piral (insecte).

pyramidal, e adj. Piramidal : *objets pyramidaux*, objetos piramidales. ‖ FIG. Enorme, garrafal (énorme).

pyramide f. Pirámide. ‖ — *Pyramide des âges*, pirámide de las edades [estructura por edades]. ‖ *Tronc de pyramide*, tronco de pirámide.

pyramidé, e adj. Piramidal.

pyramidion m. ARCHIT. Piramidión.

pyrène m. CHIM. Pireno.

pyrénéen, enne adj. et s. Pirenaico, ca.

Pyrénées n. pr. f. pl. GÉOGR. Pirineos, *m.*
pyrénéite f. Pireneita (grenat).
pyrénomycètes m. pl. Pirenomicetos.
pyrèthre m. BOT. Pelitre.
pyrétothérapie f. MÉD. Piretoterapia.
Pyrex m. Pirex [vidrio que resiste al fuego].
pyrexie f. MÉD. Pirexia.
pyrhéliomètre m. Pirheliómetro.
pyridine f. CHIM. Piridina.
pyrite f. MIN. Pirita.
pyriteux, euse adj. Piritoso, sa.
pyrocellulose f. Pirocelulosa.
pyrogallique adj. m. Pirogálico, ca.
pyrogénation f. Pirogenación.
pyrogéné, e adj. CHIM. Pirogenado, da.
pyrographe m. Pirógrafo.
pyrograver v. tr. Pirograbar.
pyrograveur m. Obrero que hace pirograbados.
pyrogravure f. Pirograbado, *m.*
pyrole f. BOT. Pírola.
pyroligneux, euse adj. CHIM. Piroleñoso, sa.
pyrolusite f. MIN. Pirolusita.
pyrolyse f. Pirolisis.
pyromancie f. Piromancia.
pyromane m. Pirómano.
pyromètre m. Pirómetro (thermomètre).
pyrométrie f. Pirometría.
pyrométrique adj. Pirométrico, ca.
pyrophore m. CHIM. Piróforo.
pyrophorique adj. CHIM. Pirofórico, ca.
pyrophosphate m. CHIM. Pirofosfato.
pyrophosphorique adj. Pirofosfórico, ca.

pyroscaphe m. Piróscafo [barco de vapor].
pyrosis [pirɔzis] m. MÉD. Pirosis, *f.*
pyrosphère f. GÉOL. Pirosfera.
pyrosulfurique adj. Pirosulfúrico, ca.
pyrotechnicien m. Pirotécnico.
pyrotechnie f. Pirotecnia.
pyrotechnique adj. Pirotécnico, ca.
pyroxène m. MIN. Piroxeno.
pyroxyle m. CHIM. Piróxilo.
pyroxilé, e adj. Piroxilado, da.
pyroxyline f. CHIM. Piroxilina.
pyrrhique adj. et s. Pírrico, ca. ‖ — M. POÉT. Pirriquio.
Pyrrhon n. pr. m. Pirrón.
pyrrhonien, enne adj. et s. Pirrónico, ca (sceptique).
pyrrhonisme m. Pirronismo (scepticisme).
pyrrole ou **pyrrol** m. Pirrol.
Pyrrhos [pirɔs] ou **Pyrrhus** [-rys] n. pr. m. Pirro. ‖ *Victoire à la Pyrrhus,* victoria pírrica.
pyruvique adj. CHIM. Pirúvico, ca.
Pythagore n. pr. m. Pitágoras.
pythagoricien, enne adj. et s. Pitagórico, ca.
pythagorique adj. Pitagórico, ca.
pythagorisme m. Pitagorismo.
Pythias [pitjas] n. pr. m. Pitias.
pythie f. Pitonisa, pitia.
pythien, enne adj. MYTH. Pitio, tia.
pythiques adj. m. pl. Píticos (jeux).
python m. Pitón (serpent).
pythonisse f. Pitonisa.
pyurie f. MÉD. Piuria.
pyxide f. BOT. Pixidio, *m.* ‖ ECCLÉS. Píxide.

q [ky] m. Q, *f.*
— OBSERV. Esta letra tiene igual sonido en español que en francés. Generalmente va seguida de *u,* excepto en final de palabra. En las combinaciones *que, qui* la *u* es muda en francés, excepto en algunas voces como *questeur, questure, quetsche.* Los grupos *qua* y *quo* se pronuncian en general *cua, cuo,* salvo algunas excepciones que se señalan en la pronunciación figurada.

quadragénaire [kwadraʒenɛ:r] adj. et s. Cuadragenario, ria; cuarentón, ona (fam.).
quadragésimal, e adj. (P. us.). Cuaresmal : *sermons quadragésimaux,* sermones cuaresmales.
quadragésime f. (Vx.). Cuaresma. ‖ *Dimanche de la quadragésime,* domingo de la cuadragésima.
quadrangle m. GÉOM. Cuadrángulo.
quadrangulaire adj. GÉOM. Cuadrangular.
quadrant [kwadrã, ou kadrã] m. GÉOM. Cuadrante.
quadratin m. IMPR. Cuadratín.
quadratique adj. Relativo al cuadrado. ‖ — MATH. *Équation quadratique,* ecuación de segundo grado. ‖ PHYS. *Système quadratique,* sistema tetragonal (cristallographie).
quadrature f. GÉOM. Cuadratura.
quadrette f. Equipo (*m.*) de cuatro jugadores (au jeu de boules).

quadriceps adj. et s. m. Cuadriceps (muscle).
quadriennal, e adj. Cuadrienal, cuatrienal.
quadrifide adj. Cuadrífido, da (feuille).
quadrifolié, e adj. Cuadrifolio, lia.
quadrige m. Cuadriga, *f.*
quadrijumeaux adj. m. pl. ANAT. Cuadrigéminos.
quadrilatéral, e adj. Cuadrilátero, ra : *terrains quadrilatéraux,* terrenos cuadriláteros.
quadrilatère adj. et s. m. GÉOM. Cuadrilátero.
quadrillage [kadrija:ʒ] m. Cuadrícula, *f.* ‖ Cuadriculado. ‖ MIL. División (*f.*) en zonas.
quadrille [-dri:j] m. Contradanza, *f.* (danse); lanceros, *pl.* ‖ Grupo de jinetes (dans un carrousel).
quadriller [-drije] v. tr. Cuadricular. ‖ MIL. Dividir en zonas.
quadrillion [kwadriljɔ̃ o kwadrijɔ̃] m. Cuatrillón.
quadrimoteur adj. et s. m. AVIAT. Cuatrimotor, tetramotor.
quadripale adj. De cuatro palas (hélice).
quadripartite adj. Cuadripartito, ta.
quadripétale adj. BOT. Cuadripétalo, la.
quadripolaire adj. De cuatro polos.

quadriréacteur adj. et s. m. AVIAT. Cuatrirre-actor.

quadrisyllabe m. Cuatrisílabo.

quadrisyllabique adj. Cuatrisílabo, ba.

quadrivalence f. CHIM. Tetravalencia.

quadrivalent, e adj. CHIM. Tetravalente.

quadrivium [kwadrivjɔm] m. Cuadrivio.

quadrumane adj. et s. m. ZOOL. Cuadrumano, na.

quadrupède adj. m. et s. m. Cuadrúpedo.

quadruple adj. Cuádruple. ‖ MUS. *Quadruple croche*, semifusa.

— M. Cuádruplo.

quadruplement m. Cuadruplicación, f.

quadrupler v. tr. et intr. Cuadruplicar.

quadruplets, ettes [kwadryplɛ, ɛt] m. et f. pl. Cuatrillizos, zas (enfants).

quadruplex m. Cuádruplex (télégraphe).

quadruplication f. Cuadruplicación.

quai [kɛ] m. Muelle (d'un cours d'eau, au bord de la mer) : *se mettre à quai*, atracar al muelle. ‖ Avenida, f., paseo (entre l'eau et les maisons). ‖ Andén (chemin de fer). ‖ — FIG. *Le Quai d'Orsay* o *le Quai*, el ministerio de Asuntos Exteriores [de Francia].

quaker, eresse [kwɛkər, ərɛs] m. et f. Cuáquero, ra.

quakerisme [-rism] m. Cuaquerismo.

qualifiable [kalifjabl] adj. Calificable.

qualificateur [-fikatœ:r] m. Calificador (du Saint Office).

qualificatif, ive [-fikatif, i:v] adj. et s. m. Calificativo, va.

qualification [-fikasjɔ̃] f. Calificación (attribution). ‖ Calificación (pour une épreuve sportive). ‖ Capacitación, cualificación (d'un ouvrier).

qualifié, e [-fje] adj. Calificado, da. ‖ Capacitado, da : *il n'est pas très qualifié pour faire ce travail*, no está muy capacitado para efectuar esa labor. ‖ — *Ouvrier qualifié*, obrero cualificado *ou* especializado. ‖ DR. *Vol qualifié*, robo con agravantes.

qualifier* [-fje] v. tr. Calificar. ‖ Cualificar (un ouvrier).

— V. pr. Calificarse.

qualitatif, ive adj. Cualitativo, va.

qualité [kalite] f. Cualidad (propriété caractéristique) : *la vitesse, qualité essentielle d'un avion*, la velocidad, cualidad esencial de un avión. ‖ Calidad (ensemble des qualités) : *un avion de qualité*, un avión de calidad. ‖ Calidad : *préférer la qualité à la quantité*, preferir la calidad a la cantidad. ‖ Aptitud, cualidad, disposiciones, *pl.*, dotes, *pl.* : *cet enfant a de bonnes qualités*, este niño manifiesta buenas disposiciones. ‖ Calidad (condition) : *qualité de citoyen*, calidad de ciudadano. ‖ — Pl. DR. Apuntamiento, *m. sing.* ‖ — *Homme de qualité*, hombre de calidad. ‖ *En qualité de*, en calidad de, como. ‖ — *Avoir qualité pour*, tener autoridad para, estar autorizado para.

quand [kɑ̃] adv. Cuándo : *quand partez-vous?*, ¿cuándo sale usted?

— Conj. Cuando ; en el momento en que : *quand il est arrivé, il m'a salué*, cuando llegó, me saludó ; *quand vous serez vieux*, cuando sea usted viejo. ‖ Aun cuando : *quand je le saurais, je me tairais*, aun cuando lo supiese, me callaría ; *quand bien même je parlerais, ils ne feraient taire*, cuando hablase, me harían callar. ‖ — FAM. *Quand même*, a pesar de todo, con todo y con eso : *on me l'a défendu, mais je le ferai quand même*, me lo han prohibido, pero lo haré a pesar de todo. ‖ *Quand même* o *quand bien même*, aun cuando, incluso si. ‖ FAM. *Quand même!*, ¡vamos!, ¡lo que faltaba!

— OBSERV. *Cuando* porte un accent écrit sur le *a* lorsque c'est un adverbe interrogatif. Lorsque la conjonction *quand* introduit une préposition subordonnée au futur en français, la conjonction équivalente *cuando* doit être suivie du présent du subjonctif en espagnol.

quant, e [kɑ̃, ɑ̃:t] adj. (Vx.) Cuanto, ta : *quantes fois*, cuantas veces. ‖ *Toutes et quantes fois que*, todas las veces que.

quant à [kɑ̃ta] loc. prép. En cuanto a, con respecto a, por lo que se refiere a.

quanta [kwɑ̃ta] m. pl. PHYS. Quanta, cuanta.

— OBSERV. El singular de *quanta* es *quantum*.

quant-à-moi [kɑ̃tamwa] m. inv. et **quant-à-soi** [-swa] m. inv. Reserva, f., actitud (f.) de reserva : *il reste sur son quant-à-soi*, él guarda reserva.

quantième [kɑ̃tjɛm] m. Día : *ne pas savoir le quantième du mois où l'on est*, no saber el día del mes en que estamos.

quantification [kɑ̃tifikasjɔ̃] f. Cuantificación, determinación de la cantidad.

quantifier [-fje] v. tr. Determinar la cantidad de algo. ‖ PHYS. Cuantificar, aplicar a un fenómeno la teoría de los quanta.

quantique [kɑ̃tik] adj. Cuántico, ca : *mécanique quantique*, mecánica cuántica.

quantitatif, ive [kɑ̃titatif, i:v] adj. Cuantitativo, va. ‖ CHIM. *Analyse quantitative*, análisis cuantitativo.

quantité [kɑ̃tite] f. Cantidad : *mesurer une quantité*, medir una cantidad. ‖ Una gran cantidad, un gran número, *m.* : *quantité de gens disent*, una gran cantidad de gente dice. ‖ ÉLECTR. Cantidad. ‖ *Adjectif, adverbe de quantité*, adjetivo, adverbio de cantidad.

— OBSERV. El verbo (o adjetivo) puede concordar con el complemento : *une quantité d'enfants parut*, o *quantité de gens en sont sûrs*.

quantum [kwɑ̃tɔm] m. Cantidad, f. (dans une répartition). ‖ Cuantía, f. (montant d'une indemnisation). ‖ PHYS. Quantum (pl. *quanta*).

quarantaine [karɑ̃tɛ:n] f. Cuarentena (âge). ‖ Cuarentena, unos (m.) cuarenta : *une quarantaine de soldats*, unos cuarenta soldados. ‖ Cuarentena (navire, malade). ‖ — *Mettre quelqu'un en quarantaine*, poner a alguien en cuarentena.

quarante [karɑ̃:t] adj. num. card. et s. m. Cuarenta. ‖ — FAM. *Les Quarante*, los miembros de la Academia Francesa. ‖ *Se moquer d'une chose comme de l'an quarante*, importarle a uno algo un bledo.

quarantenaire [-tnɛ:r] adj. de cuarentena, cuarentenal : *mesures quarantenaires*, medidas de cuarentena.

— M. Lugar de cuarentena, lazareto.

quarantième [-tjɛ:m] adj. num. ord. et s. Cuadragésimo, ma. ‖ Cuarentavo, va (fraction).

quarderonner [kardərɔne] v. tr. ARCHIT. Redondear un ángulo en cuarto bocel.

quart, e [ka:r, kart] adj. MÉD. *Fièvre quarte*, cuartana.

— M. Cuarto (heure). ‖ Cuarto, cuarta (f.) parte : *un quart de mètre*, un cuarto de metro : *trois est le quart de douze*, tres es la cuarta parte de doce. ‖ Botella (f.) de a cuarto : *un quart d'eau minérale*, una botella de a cuarto de agua mineral. ‖ MAR. Guardia, f., cuarto : *être de quart*, estar de guardia. ‖ MIL. Taza metálica (gobelet). ‖ — MUS. *Quart de soupir*, silencio de semicorchea. ‖ — *Les trois quarts du temps*, la mayor parte del tiempo. ‖ *Portrait de trois quarts*, retrato de medio perfil. ‖ — *Aux trois quarts*, en gran parte, casi totalmente. ‖ *Pour le quart d'heure*, por el momento, por ahora. ‖ — *Passer un mauvais quart d'heure*, pasar un mal rato. ‖ MAR. *Prendre le quart*, entrar de guardia.

quartager [kartaʒe] v. tr. AGRIC. Cuartar, dar una cuarta labor.

quartannier [kartanje] m. Jabalí de cuatro años.

quartaut [karto] m. Cuarterola, f., pequeño tonel

para vino *ou* cerveza, *f.* [de capacidad variable según las regiones].

quart-de-brie [kardəbri:] m. Pop. Narizota, nariz de Pinocho.

quart-de-cercle [-sɛrkl] m. Astr. (Vx). Segmento graduado.

— Observ. Pl. *quarts-de-cercle.*

quart-de-pouce [-pus] m. Cuentahílos.

— Observ. Pl. *quarts-de-pouce.*

quart-de-rond [-rɔ̃] m. Archit. Cuarto bocel.

— Observ. Pl. *quarts-de-rond.*

quarte [kart] f. Cuartillo, *m.* (unité de mesure). ‖ Cuarta (parade d'escrime).

quartefeuille [kartəfœ:j] f. Blas. Florón (*m.*) de cuatro hojas.

quartelette [kartəlɛt] f. Pizarra pequeña.

quartenier [kartənje] m. (Vx). Jefe de la policía en un barrio (sous l'Ancien Régime).

quarteron [kartərɔ̃] m. Cuarterón (mesure de poids). ‖ Fig. Puñado, pequeño número : *un quarteron d'officiers,* un puñado de oficiales.

quarteron, onne [kartərɔ̃, ɔn] adj. et s. Cuarterón, ona (métis).

quartette m. Mus. Cuarteto.

quartidi m. Cuarto día de la década en el calendario republicano francés.

quartier [kartje] m. Cuarta (*f.*) parte, cuarto (en général). ‖ Gajo, casco (d'orange). ‖ Trozo, porción, *f.* (d'une tarte). ‖ Cuarto (d'un bœuf). ‖ Barrio (d'une ville). ‖ Contrafuerte (de chaussure). ‖ Faldón (de selle). ‖ Trimestre. ‖ Cuarto (degré de descendance dans une famille). ‖ Astr. Cuarto : *premier, dernier quartier,* cuarto creciente, menguante. ‖ Blas. Cuartel. ‖ Fig. Gracia, *f.,* perdón. ‖ Mil. Acuartelamiento (lieu occupé par la troupe). ‖ — Constr. *Quartier de pierre,* bloque de piedra. ‖ Mil. *Quartier d'hiver, quartier général,* cuartel ou refugio de invierno, cuartel general. ‖ — *Pas de quartier!,* ¡guerra sin cuartel ! ‖ — *Avoir quartier libre,* estar ou dejar libre. ‖ *Avoir ses quartiers de noblesse,* ser de alta alcurnia, de rancio abolengo. ‖ *Donner, faire quartier,* dar cuartel, acordar gracia.

quartier-maître m. Mar. Cabo de la Marina.

— Observ. Pl. *quartiers-maîtres.*

quarto [kwarto] adv. Cuarto, en cuarto lugar.

quartz [kwarts] m. Min. Cuarzo.

quartzeux, euse [-sø, ø:z] adj. Géol. Cuarzoso, sa.

quartzifère [-sifɛ:r] adj. Cuarcífero, ra.

quartzite [-sit] m. Cuarcita, *f.*

quasi [kazi] m. Trozo de pierna (de bœuf ou de veau).

quasi [kazi] adv. Casi.

quasi-contrat [kasikɔ̃tra] m. Dr. Cuasicontrato.

— Observ. Pl. *quasi-contrats.*

quasi-délit [-deli] m. Dr. Cuasidelito.

— Observ. Pl. *quasi-délits.*

quasiment [-mɑ̃] adv. Fam. Casi.

quasimodo [kasimodo] f. Ecclés. Domingo (*m.*) de Cuasimodo.

quassia [kasja] ou **quassier** m. Bot. Cuasia.

quassine [kasin] f. Chim. Cuasina, cuasita.

quater '[kwatɛ:r] adv. Por cuarta vez. ‖ En cuarto lugar.

quaternaire [-nɛ:r] adj. Que vale cuatro *ou* es divisible por cuatro. ‖ Chim. et Math. Cuaternario, ria. ‖ — Adj. et s. m. Cuaternario, ria : *ère quaternaire, le quaternaire,* era cuaternaria, el cuaternario.

quaterne f. Cuaterna (à la loterie).

quaternion m. Math. Cuaternio, cuaternión.

quatorze [katɔrz] adj. et s. m. Catorce. ‖ — Adj. ord. Catorce, decimocuarto, ta : *chapitre quatorze,* capítulo catorce *ou* decimocuarto. ‖ *Louis XIV* (quatorze), *Luis XIV* [catorce].

quatorzième [-zjɛ:m] adj. ord. et s. Decimocuarto, ta. ‖ Catorzavo, va (fraction). ‖ *Le quatorzième siècle,* el siglo catorce.

quatorzièmement [-zjɛmmɑ̃] adv. En decimocuarto lugar.

quatrain [katrɛ̃] m. Cuarteto (vers de onze syllabes). ‖ Cuarteta, *f.* (vers octosyllabe).

quatre [katr] adj. num. et s. m. Cuatro : *quatre à quatre,* de cuatro en cuatro. ‖ — Adj. ord. Cuarto : *Henri IV* (quatre), Enrique IV [cuarto]. ‖ — *Couper, fendre un cheveu en quatre,* hilar muy fino, cortar un pelo en el aire. ‖ Fam. *Se mettre en quatre pour quelqu'un,* desvivirse por alguien, deshacerse en atenciones con alguien, tratar a cuerpo de rey. ‖ *Se tenir à quatre,* dominarse, contenerse, aguantarse.

quatre-cent-vingt-et-un [katrəsɑ̃vɛ̃teœ̃] m. Cuatrocientos veintiuno [juego de dados].

quatre-de-chiffre [katrədəʃifr] m. inv. Trampa (*f.*) para pájaros *ou* ratones.

quatre-épices [katrepis] m. inv. Bot. Neguilla, *f.*

quatre-feuilles [katrəfœ:j] m. inv. Archit. Cuatrifolio.

quatre-huit [katrəɥit] m. inv. Mus. Compás de cuatro por ocho.

quatre-mâts [katrəmɑ] m. inv. Mar. Velero de cuatro palos.

quatre-saisons [katrəsɛzɔ̃] f. inv. Bot. Variedad de fresa. ‖ *Marchande des quatre-saisons,* verdulera ambulante.

quatre-temps m. pl. Ecclés. Témporas, *f.*

quatre-vingtième [katrəvɛ̃tjɛ:m] adj. et s. Octogésimo, ma. ‖ Ochentavo, va (fraction).

quatre-vingts [katrəvɛ̃] adj. num. et s. m. Ochenta.

— Observ. Pierde la *s* cuando precede a otro número: *quatre-vingt-quatre,* ochenta y cuatro; y cuando es empleado como adjetivo numeral: *page quatre-vingt, année mille huit cent quatre-vingt.*

quatre-vingt-dix [-dis] adj. et s. m. Noventa.

quatre-vingt-dixième [-dizjɛ:m] adj. et s. Nonagésimo, ma. ‖ Noventavo, va (fraction).

quatrième [katrijɛm] adj. ord. et s. Cuarto, ta. ‖ — F. Cuarta (jeu de cartes). ‖ Tercer curso (*m.*) de bachillerato. ‖ Math. *Quatrième proportionnelle,* cuarta proporcional.

quatrièmement [-mɑ̃] adv. En cuarto lugar, cuarto.

quatrillion [kwatriljɔ̃] ou **quadrillion** [kwadriljɔ̃] m. Cuatrillón.

quattrocentiste [kwatrosɑ̃tist] adj. et s. Cuatrocentista.

quattrocento [-to] m. Siglo XV, quattrocento.

quatuor [kwatɥɔr] m. Mus. Cuarteto.

que [kə] pron. rel. Que : *le livre que je lis,* el libro que estoy leyendo. ‖ A quien, al que, a la que, al cual, a la cual : *la personne que j'aime,* la persona a quien quiero.
— Pron. interr. Qué : *que dis-tu?,* ¿qué dices? ‖ De qué, para qué : *que lui sert de parler s'il ne peut rien prouver?,* ¿de qué le sirve hablar si no puede demostrar nada? ‖ *Qu'est-ce que...?,* ¿qué es lo que... ?, ¿qué?
— Conj. Que : *je veux que tu viennes,* quiero que vengas. ‖ Para que : *venez que l'on vous félicite,* venga para que le felicitemos. ‖ Antes que : *je n'irai pas que tout ne soit prêt,* no iré antes que todo esté listo. ‖ Ya que (puisque). ‖ Que (pour exprimer un souhait, un ordre, une imprécation) : *qu'il s'en aille,* que se vaya [quelquefois le « que » peut être supprimé : *que je meure si...,* muera yo si...]. (*Que* ne se traduit pas lorsqu'il remplace certaines conjonctions ou adverbes déjà exprimés : *quand on est riche et qu'on est généreux,* cuando se es rico y se es generoso; *s'il*

m'écrit et qu'il me demande de l'argent..., si me escribe y me pide direno. *Que de*, ne se traduit pas : *c'est une faute que de s'obstiner*, es un error obstinarse.) ‖ — *Que non!*, ¡ca!, ¡claro que no! ‖ *Que si!*, ¡claro que sí! ‖ — *À peine... que*, a penas... cuando. ‖ *Aussi bien que*, tan bien como. ‖ *Aussi ... que*, tan ... como. ‖ *Autant ... que*, tanto ... como. ‖ *C'est ... que*, es ... donde (lieu), es ... cuando (temps), es ... como (manière), es ... a quien (personne). ‖ *D'autant plus que*, tanto más cuanto que. ‖ *Il n'est que de...*, no hay más que... ‖ *Moins, plus ... que*, menos, más ... que. ‖ *Si ... que*, tan ... que ‖ *Tout autre que*, cualquier otro que no fuese.
— Adv. *Qué* : *que vous êtes jolie!*, ¡qué guapa está! ‖ *Por qué* : *que ne le disiez-vous?*, ¿por qué no lo decía? ‖ — *Que de*, cuánto, ta : *que d'hommes!*, ¡cuántos hombres! ‖ *Que ne ... je*, quién : *que ne puis-je aller en vacances!*, ¡quién pudiera irse de vacaciones! ‖ — *Cruel que vous êtes!*, ¡qué cruel es usted!

quebracho m. Quebracho (arbre).

quel, elle adj. interr. et exclamat. Qué (devant un nom ou un adjectif) : *quelle chance!*, ¡qué suerte! ; *quelle personne sympathique!*, ¡qué persona más simpática! ‖ Cuál (devant un verbe) : *quel est votre but?*, ¿cuál es su propósito? ‖ Quién : *quel est cet homme?*, ¿quién es este hombre? ‖ *Quel que*, cualquiera que : *quels que soient les dangers, je les affronterai*, cualesquiera que sean los peligros, los arrostraré.

quelconque adj. indéf. Cualquiera, cualquier : *donner un prétexte quelconque*, dar cualquier pretexto. ‖ FAM. Mediocre, del montón : *un livre quelconque*, un libro mediocre.
— OBSERV. *Cualquiera* perd l'*a* final placé immédiatement devant le nom ou l'adjectif : *un jour quelconque*, cualquier día; *un pauvre homme quelconque*, cualquier pobre hombre. Le pluriel de *cualquiera* est *cualesquiera*: *des choses quelconques*, cualesquiera cosas.

quelque [kɛlk] adj. indéf. Alguno, na : *as-tu quelque livre à me prêter?*, ¿tienes algún libro que dejarme? ‖ — Pl. Algunos, nas ; unos, unas : *il a quelques amis*, tiene unos amigos. ‖ Unos pocos, unos cuantos, alguno que otro, uno que otro : *il a écrit quelques pièces de théâtre*, ha escrito unas cuantas obras *ou* alguna que otra obra de teatro. ‖ — *Quelque chose*, algo : *je vais vous montrer quelque chose de beau*, le voy a enseñar algo bonito. ‖ *Quelque part*, en algún sitio : *ce livre doit être quelque part*, este libro tiene que estar en algún sitio ; en cierto sitio (coup de pied). ‖ *Quelque ... que*, por mucho, por más : *quelque effort qu'il fasse il n'arrive à rien*, por mucho esfuerzo que haga no consigue nada. ‖ *Quelque ... que, quelque ... qui*, cualquiera que sea... que : *quelques sujets que l'on discute*, cualesquiera que sean los temas que se discuten. ‖ *Quelques autres*, otros pocos. ‖ *Quelque temps*, algún tiempo. ‖ — *Cent francs et quelques*, cien francos y pico. ‖ *Ce mot me dit quelque chose*, esta palabra me suena, me dice algo. ‖ *Ce visage me dit quelque chose*, esta cara me suena, me resulta conocida *ou* me recuerda algo.
— OBSERV. *Alguno* s'apocope en *algún* devant un substantif masculin singulier (*quelque jour*, algún día).
— La *e* final del adjetivo *quelque* no se elide nunca excepto delante de *un* o *une* (*quelqu'un*, alguien ; *quelqu'una*, alguna).
— Adv. Cerca de, unos, unas, aproximadamente : *il y a quelque six semaines*, hace unas seis semanas. ‖ Por, por muy, por más : *quelque habile qu'il soit*, por muy hábil que sea. ‖ *Quelque peu*, un poco, algo.

quelquefois adv. Algunas veces, a veces.
— OBSERV. No se confunda *quelquefois*, a veces, con *quelques fois*, varias veces.

— SYN. *Parfois*, a veces. *De temps en temps*, de vez en cuando, de cuando en cuando.

quelqu'un, e [kɛlkœ̃, yn] pron. indéf. Alguien : *quelqu'un est-il venu?*, ¿ha venido alguien? ‖ Alguno, na ; uno, una : *quelqu'un de mes amis*, alguno de mis amigos. ‖ FAM. *Il se croit quelqu'un*, se cree alguien.

quelques-uns, unes [kɛlkəzœ̃, yn] pron. indéf. pl. Varios, varias ; algunos, algunas.

quémander v. tr. et intr. Mendigar : *quémander un emploi*, mendigar un empleo.

quémandeur, euse m. et f. Pedigüeño, ña.

qu'en-dira-t-on (le) m. inv. El qué dirán.

quenelle [kənɛl] f. Especie de croqueta [con pescado o carne].

quenotte f. FAM. Dientecillo, m. (d'enfant).

quenouille [kənu:j] f. Rueca (pour filer). ‖ Copo, m., husada, rocada : *filer deux quenouilles*, hilar dos copos. ‖ Árbol (m.) cortado en forma de huso. ‖ Tope (m.) de obturación (obturateur pour le métal fondu). ‖ AGRIC. Tallo, m. (tige). ‖ *Tomber en quenouille*, recaer en hembra (un héritage).

quenouillée [-je] f. Copo, m., rocada, husada.

Quentin [kɑ̃tɛ̃] n. pr. m. Quintín.

quérable adj. DR. Requerible (un certificat, une créance).

quercitrine f. CHIM. Quercitrina.

quercitron m. Quercitrón (teinture).

querelle [kərɛl] f. Disputa, pendencia, camorra (rixe) : *chercher querelle*, buscar camorra. ‖ (Vx). Querella (contestation). ‖ — *Querelle d'Allemand*, disputa sin fundamento. ‖ — *Épouser la querelle de quelqu'un*, ponerse de parte de alguien.

quereller [-le] v. tr. Reñir, regañar.
— V. pr. Pelearse.

querelleur, euse [-lœ:r, ø:z] adj. et s. Pendenciero, ra ; camorrista.

quérir ou **querir*** v. tr. Buscar, traer (chercher) : *envoyer quérir le médecin*, mandar buscar al médico.
— OBSERV. Úsase solamente el infinitivo después de los verbos *aller, envoyer* y *venir*.

questeur [kɛstœ:r] m. Cuestor (à Rome). ‖ Administrador de una asamblea legislativa.

question [kɛstjɔ̃] f. Pregunta : *poser une question*, hacer una pregunta. ‖ Cuestión (sujet à discuter) : *mettre une question sur le tapis*, poner una cuestión sobre el tapete. ‖ (Vx). Tormento, m. (torture) : *soumettre à la question*, dar tormento. ‖ Cuestión, cosa : *c'est une question de vie ou de mort*, es cuestión de vida o muerte. ‖ Tema, m., asunto, m. : *des questions d'ordre général*, asuntos de orden general. ‖ Problema, m. : *c'est là une question économique*, eso es un problema económico ; *questions sociales*, problemas sociales. ‖ — *Question de confiance*, voto de confianza. ‖ — *La personne ou le type en question*, la persona *ou* el tipo de marras. ‖ — *En question*, de que se trata : *l'affaire en question*, el asunto de que se trata. ‖ *Pas question!*, ¡ni hablar!, ¡ni pensarlo! ‖ *Quelle question!*, ¡vaya pregunta! ‖ — *Être en question*, estar puesto en tela de juicio. ‖ *Il en est question*, así parece. ‖ *Il est question de*, se trata de (il s'agit), parece que (il semble). ‖ *Il n'est pas question d'y aller*, ni hablar de ir. ‖ *Mettre en question*, poner en duda *ou* en tela de juicio (examiner), someter a discusión (discuter). ‖ *Poser la question de confiance*, plantear *ou* presentar la cuestión de confianza. ‖ *Qu'il n'en soit plus question*, que no se vuelva a hablar más de esto. ‖ *Remettre en question*, volver a discutir. ‖ *Sortir de la question*, salirse del tema.

questionnaire m. Cuestionario (recueil de questions). ‖ (Vx). Verdugo.

questionner v. tr. Preguntar, interrogar. ‖ (Vx). Torturar, dar tormento.

questionneur, euse adj. et s. Preguntón, ona : *un enfant questionneur*, un niño preguntón.

questure [kɛsty:r] f. HIST. Cuestura. ‖ Oficina administrativa (d'une assemblée).

quête [kɛ:t] f. (Vx). Busca, búsqueda (recherche). ‖ Colecta (à l'église) : *faire la quête*, hacer una colecta. ‖ Cuestación (sur la voie publique). ‖ MAR. Inclinación (d'un mât). | Ángulo (m.) entre la quilla y el codaste. ‖ *En quête de*, en busca de, en pos de.

quêter v. tr. Buscar (chercher). ‖ Ventear (chasse). — V. intr. Hacer la colecta, pedir (à l'église), postular (sur la voie publique).

quêteur, euse adj. et s. Limosnero, ra (religieux). ‖ Postulante, ta (sur la voie publique). ‖ Ventor (chien). ‖ *Quêteur d'honneurs*, buscador de honores.

quetsche [kwɛtʃ] f. Ciruela damascena. ‖ Aguardiente (m.) de ciruelas.

queue [kø:] f. Cola (poissons, oiseaux, chevaux, animaux en général, robe). ‖ Rabo, m. (chiens, taureaux, souris, chats, quadrupèdes). ‖ Mango, m. (d'un ustensile). ‖ FIG. Cola (file d'attente, dernière partie d'un cortège). ‖ Coleta, cola (de cheveux). ‖ Taco (m.) de billar. ‖ Faldón, m. (d'une jaquette). ‖ Fin, m., final, m. ‖ Cola (d'une comète, d'un avion). ‖ BOT. Pecíolo, m. (des (feuilles), rabillo, m. (des fleurs et des fruits). ‖ IMPR. Rabo, m. (d'une lettre), birlí, m. (fin de page en blanc). ‖ *— Coup de queue*, coletazo. ‖ *Fausse queue*, pifia (au billard). ‖ *Piano à queue*, piano de cola. ‖ *Tête à queue*, tornillazo (dérapage d'une voiture). ‖ *— À la queue leu leu*, en fila india, uno tras otro. ‖ *En queue*, en la cola (d'un train, d'un métro, etc.). ‖ *Sans queue ni tête*, sin pies ni cabeza. ‖ *— Faire la queue*, hacer cola. ‖ *Finir en queue de poisson*, quedar en agua de borrajas. ‖ POP. *N'en avoir pas la queue d'un*, estar sin un cuarto, estar pelado. ‖ *Prendre la queue* o *se mettre à la queue*, ponerse en cola. ‖ *Remuer, battre la queue*, colear, dar coletazos. ‖ *Tenir la queue de la poêle*, tener la sartén por el mango. ‖ FAM. *Tirer le diable par la queue*, estar a la cuarta pregunta.

queue-d'aronde f. TECHN. Cola de milano, cola de pato (assemblage).
— OBSERV. Pl. *queues-d'aronde*.

queue-de-cheval [kødʃəval] f. Cola de caballo.
— OBSERV. Pl. *queues-de-cheval*.

queue-de-cochon f. TECHN. Barrena de gusanillo.
— OBSERV. Pl. *queues-de-cochon*.

queue-de-morue f. Pincel (m.) plano (pinceau). ‖ FAM. Frac, m. (habit).
OBSERV. Pl. *queues-de-morue*.

queue-de-pie [kødpi] f. FAM. Chaqué, m. (habit).
— OBSERV. Pl. *queues-de-pie*.

queue-de-poisson f. *Faire des queues-de-poisson*, cerrarse : *le camion m'a fait une queue-de-poisson*, el camión se me ha cerrado.
— OBSERV. Pl. *queues-de-poisson*.

queue-de-rat [kødra] f. TECHN. Cola de rata, limatón, m. (lime). ‖ MAR. Rabo (m.) de rata.
— OBSERV. Pl. *queues-de-rat*.

queue-de-renard [kødrəna:r] f. BOT. Cola de zorra. ‖ Formón, m. (outil).
— OBSERV. Pl. *queues-de-renard*.

queue-rouge m. Payaso [coleta roja]. ‖ FIG. Bufón.
— OBSERV. Pl. *queues-rouges*.

queusot m. Tubo de vidrio para hacer el vacío.

queuter v. intr. Retacar (au billard). ‖ Arrastrar (au croquet).

queux [kø] f. Afiladera, piedra de afilar oblonga. — M. (Vx). Cocinero : *un maître queux*, un buen cocinero (cuisinier).

qui pron. rel. Que : *l'homme qui vient*, el hombre que viene. ‖ Quien : *qui trop embrasse mal étreint*, quien mucho abarca poco aprieta. ‖ Quien, quienes, el que, los que, la que, las que, el cual, los cuales, la cual, las cuales (précédé d'une préposition) : *ceux pour qui je parle*, aquellos para quienes hablo. ‖ *— Qui... qui*, quién... quién. ‖ *— Celui qui*, el que, quien. ‖ *Ce qui*, lo que. ‖ *Chez qui*, en cuya casa, en casa de quien. ‖ *— C'est moi qui*, soy yo quien. ‖ *C'est... qui*, es... quien *ou* el que : *c'est son père qui parle*, es su padre el que habla. ‖ *Il n'y a personne qui*, no hay quien, no hay nadie que. ‖ *Qui pis est*, lo que es peor. ‖ *Qui que ce soit*, quienquiera *ou* cualquiera que sea.
— Pron. interr. Quién, quiénes : *qui sont ces deux garçons?*, ¿quiénes son estos dos chicos? ; *dis-moi qui va venir*, dime quién va a venir ; *pour qui voterons-nous?*, ¿por quién votaremos? ‖ A quién : *qui as-tu rencontré?*, ¿a quién has encontrado?

quia (à) [akɥija] loc. adv. Sin saber qué hacer, qué responder. ‖ *Être réduit à quia*, estar en la mayor miseria. ‖ *Mettre à quia*, dejar chafado *ou* cortado.

quiche [kiʃ] f. Tarta con tocino y jamón [entremés de Lorena].

Quichotte n. pr. m. Quijote.

quiconque pron. rel. indéf. Quienquiera que, cualquiera que : *quiconque le verra*, quienquiera que le vea. ‖ Cualquiera, cualquier otro, cualquier : *vous le faites mieux que quiconque*, lo hace mejor que cualquiera.
— OBSERV. El pronombre *quiconque* no tiene ni plural ni forma femenina y mientras en francés va seguido del indicativo, en español va siempre seguido del subjuntivo (*quiconque est mère*, cualquiera que sea madre).

quidam [kɥidam ou kidam] m. FAM. Quídam, fulano.

quiètement [kjɛtmã] adv. Tranquilamente, sosegadamente.

quiétisme [kɥietism] m. Quietismo.

quiétiste [-tist] adj. et s. Quietista.

quiétude [-tyd ou kjetyd] f. Quietud, sosiego, m. ‖ *En toute quiétude*, con toda tranquilidad.

quignon [kiɲɔ̃] m. Mendrugo, zoquete de pan.

quille [ki:j] f. Bolo, m. (jeu). ‖ MAR. Quilla (de bateau). ‖ MIL. POP. Licencia.‖ — POP. Zancas, pl. (jambe). ‖ *— Quille de roulis*, quilla de balance. ‖ *Recevoir quelqu'un comme un chien dans un jeu de quilles*, recibir a alguien como perros en misa, de mala manera.

quiller [-je] v. intr. Plantar los bolos (redresser les quilles). ‖ Sortear la salida (déterminer le premier).

quillette [-jɛt] f. Rama de mimbre que se planta.

quillier [-je] m. Plataforma (f.) donde se plantan los bolos. ‖ Juego de bolos (ensemble des quilles).

quillon [kijɔ̃] m. Gavilán (d'épée).

quinaire adj. et s. m. Quinario, ria.

quinaud, e [kino, o:d] adj. Confuso, sa ; avergonzado, da.

quincaille [kɛ̃kαj] f. (Vx). Quincalla.

quincaillerie [-jri] f. Quincalla (marchandise métallique). ‖ Ferretería, quincallería (magasin). ‖ FAM. Chatarra (objets sans valeur).

quincaillier, ère [-je, jɛ:r] m. et f. Ferretero, ra ; quincallero, ra.

quinconce [kɛ̃kɔ̃:s] m. AGRIC. Tresbolillo : *plantation en quinconce*, plantación al tresbolillo.

quindecemvirs [kɥɛ̃desɛmvi:r] m. pl. Quinde-cenviros (à Rome).

quine [kin] m. Quinterno, *m.* (au jeu du loto).

quiné, e adj. Dispuesto de cinco en cinco.

quinine f. Quinina.

quinoa m. Quinua, quinoa (plante).

quinola m. Jota *ou* « valet » de corazones (au jeu de reversi).

quinoléine f. CHIM. Quinoleína.

quinone f. CHIM. Quinona.

quinquagénaire [kɥɛ̃kwaʒenɛ:r] adj. et s. Quin-cuagenario, ria; cincuentón, ona (fam.).

quinquagésime [-ʒesim] f. ECCLÉS. Quincuagé-sima.

quinquennal, e [kɥɛ̃kɥɛnal] adj. Quinquenal : *jeux quinquennaux*, juegos quinquenales.

quinquennalité [-nalite] f. Quinquenio, *m.*

quinquennat [-na] m. Quinquenio.

quinquerce m. Pentatlón romano.

quinquet [kɛ̃kɛ] m. Quinqué (lampe). ‖ — Pl. POP. Clisos, sacáis (yeux).

quinquina [kɛ̃kina] m. Quino, quina, *f.* (arbre). ‖ MÉD. Quina, *f.*, quinquina, *f.* ‖ Vino quinado (vin).

quint, e [kɛ̃, ɛ̃:t] adj. ord. Quinto : *Charles Quint*, Carlos V [quinto].

quintaine f. Estafermo, *m.* (mannequin). ‖ FIG. *Servir de quintaine*, ser cabeza de turco.

quintal m. Quintal (poids).

— OBSERV. Le *quintal métrique* pèse 100 kg. L'ancien *quintal* espagnol (non métrique) pesait 100 livres.

quinte [kɛ̃:t] f. MUS. Quinta. ‖ Escalera (au poker) : *quinte au roi*, *quinte flush* o *floche*, escalera al rey, escalera de color ; *quinte majeure*, escalera máxima. ‖ Quinta (escrime). ‖ MÉD. Acceso (*m.*), ataque (*m.*) de tos (toux). ‖ FAM. Ca-pricho, *m.*, humorada (caprice).

quintefeuille [kɛ̃tfœ:j] f. BOT. Quinquefolio, *m.*, cincoenrama. ‖ — M. ARCHIT. Quinquefolio (ornement).

quintessence f. Quintaesencia.

— SYN. *Suc*, zumo, jugo. *Moelle*, médula, medula. *Extrait*, extracto.

quintessencié, e adj. Quintaesenciado, da.

quintessencier* v. tr. Quintaesenciar.

quintette [kɛ̃tɛt o kɥɛtɛt] m. MUS. Quinteto.

quinteux, euse adj. Intermitente, por accesos (toux). ‖ FIG. Caprichoso, sa ; malhumorado, da.

quintidi [kɥɛ̃tidi] m. Quintidi [quinto día del calendario republicano francés].

quintil [-til] m. Quintilla, *f.* (strophe de cinq vers).

quintillion [-ljɔ̃] m. Quintillón.

Quintin n. pr. m. Quintín.

quinto [kɥɛ̃to] adv. (P. us.). Quinto [en quinto lugar].

quintuple [kɛ̃typl] adj. et s. m. Quíntuplo, pla.

quintupler v. tr. et intr. Quintuplicar.

quintuplés, ées m. et f. pl. Quintillizos, zas.

quinzaine [kɛ̃zɛ:n] f. Quincena, dos semanas. ‖ Unos quince, quincena (environ quinze).

quinze [kɛ̃:z] adj. num. et ord. s. Quince : *Louis XV* (quinze), Luis XV [quince]. ‖ — M. Quince (équipe de rugby).

Quinze-vingts [kɛ̃zvɛ̃] n. pr. m. pl. Hospicio de París para ciegos.

quinzième [kɛ̃zjɛ:m] adj. ord. et s. Decimo-quinto, ta. ‖ Quinzavo, va (fraction).

quinzièmement [-mɑ̃] adv. En decimoquinto lugar.

quipos [kipo] m. pl. Quipos (cordelettes des Qui-chuas).

quiproquo [kiprɔko] m. Quid pro quo, equivo-cación, *f.*

quirite m. Quirite, ciudadano de Roma.

quiscale m. Quiscal (oiseau).

quittance f. Recibo, *m.* ‖ FIG. *Donner quittance de*, liberar de (une obligation), pagar (une dette).

quittancer* v. tr. Dar recibo.

quitte adj. Libre : *reconnaître un débiteur quitte de sa dette*, reconocer a un deudor libre de su deuda ; *être quitte de soucis*, estar libre de preo-cupaciones. ‖ Exento, ta : *être quitte d'impôts*, estar exento de impuestos. ‖ — *Quitte à*, con riesgo de, con peligro de : *quitte à perdre sa place*, con riesgo de perder su puesto ; sin per-juicio que, a reserva de : *un système nommé aujourd'hui libéralisme, quitte à prendre demain un autre nom*, un sistema llamado hoy liberalismo sin perjuicio que tome mañana otro nombre ; aunque tenga, incluso si : *je veux le renvoyer, quitte à lui payer une indemnité*, quiero echarle, incluso si tengo que pagarle una indemnización. ‖ *Quitte ou double*, doble o nada, lo toma o lo deja (jeu). ‖ — *En être quitte à bon marché*, salir bien parado. ‖ *En être quitte pour*, librarse con : *en être quitte pour un avertissement*, librarse con una advertencia ; costarle a uno : *j'en suis quitte pour un million*, me cuesta un millón. ‖ *En être quitte pour la peur*, no haber sido más que el susto. ‖ *Être quitte avec quelqu'un*, estar en paz con alguien. ‖ *Être quitte de*, haberse librado de : *être quitte d'une visite*, haberse librado de una visita. ‖ *Jouer à quitte ou double*, jugar a doble o nada (jeu), jugarse el todo por el todo (tout risquer).

— OBSERV. *Quitte à* es invariable.

quitter v. tr. Dejar, abandonar : *quitter la partie*, abandonar la partida ; *quitter sa famille*, dejar su familia ; *quitter ses fonctions*, abandonar sus funciones. ‖ Irse de, marcharse de : *quitter un lieu, son pays*, irse de un sitio, de su país. ‖ Quitarse, despojarse de : *quitter son pardessus*, quitarse el abrigo. ‖ Separarse de : *ne pas quitter quelqu'un d'un pas*, no separarse de uno ni un paso. ‖ Salirse de : *fleuve qui a quitté son lit*, río que se ha salido de su cauce. ‖ (Vx). Liberar, dispensar : *quitter quelqu'un d'une dette*, dis-pensar a uno de una deuda. ‖ — *Quitter la chambre*, salir de la habitación (malade). ‖ *Quitter la route* (voiture), salirse de la carretera, despis-tarse. ‖ *Quitter le droit chemin*, apartarse del buen camino. ‖ *Quitter le lit*, levantarse. ‖ *Quitter l'habit religieux*, salirse del convento, renunciar al hábito. ‖ *Quitter un chemin*, apartarse de un camino. ‖ — *La vie l'a quitté*, la vida se le ha ido. ‖ *Ne pas quitter*, acompañar siempre, no dejar en paz : *un désir qui ne nous quitte jamais*, un deseo que nos acompaña siempre ; *la maladie ne la quitte plus*, la enfermedad no la deja en paz ; estar siempre presente : *son souvenir ne me quitte pas*, su recuerdo está siempre presente en mí. ‖ *Ne pas quitter des yeux*, no quitar la vista *ou* los ojos de encima, no apartar la vista de. ‖ *Ne pas quitter quelqu'un d'une semelle*, pisar los talones de uno, no dejarle a uno. ‖ *Quand l'âme quitte le corps*, cuando el alma se separa del cuerpo.

— V. intr. Irse, marcharse (s'en aller). ‖ *Ne quittez pas*, no se retire (téléphone).

— V. pr. Separarse : *ils se sont quittés définiti-vement*, se separaron definitivamente. ‖ Separarse, despedirse : *nous nous sommes quittés à l'aéro-port*, nos despedimos en el aeropuerto.

quitus [kitys ou kɥitys] m. Finiquito, descargo.

qui-vive ? interj. ¿Quién vive ? ‖ — M. *Être sur le qui-vive*, estar en alerta con-tinua, estar muy atento.

quoi [kwa] pron. rel. Que, lo que : *c'est à quoi je pensais*, es en lo que pensaba ; *il n'y a pas de quoi se vanter*, no hay de que estar orgulloso. ‖ — *Quoi que*, por más que : *quoi que vous disiez*, por más que usted diga. ‖ — *À cause de quoi*, por cuya causa. ‖ *En vue de quoi*, con cuyo objeto. ‖ *N'importe quoi*, cualquier cosa. ‖ *Sans quoi*, si no, sin lo cual : *j'ai la fièvre, sans quoi je serais venu*, tengo fiebre, sino hubiera ido. ‖ — *Il n'y a pas de quoi*, de nada, no hay de qué. ‖ *Il y a de quoi*, no es para menos : *je me suis fâchée, mais il y avait de quoi*, me he enfadado pero no era para menos. ‖ *Quoi qu'il en soit*, sea lo que sea, sea lo que fuere. ‖ *Quoi qu'on en dise*, a pesar de lo que se diga, dígase lo que se diga. ‖ *Un je ne sais quoi*, un no sé qué. — Pron. interr. Qué : *à quoi pensez-vous?*, ¿en qué piensa usted?, ¿en qué está usted pensando? ; *je ne sais pas de quoi il s'agit*, no sé de qué se trata. ‖ — *À quoi bon?*, ¿para qué? ‖ *Quoi de plus normal que...*, es muy lógico que... — Interj. *Quoi!*, *eh quoi!*, ¡cómo! (comment) : *quoi! vous partez?*, ¡cómo! ¿se marcha usted?, ¡vamos!, ¡vaya!, ¡hombre! (à la fin d'une phrase) : *c'est un bon garçon, quoi!*, es un buen chico, ¡vaya! ; *soyez poli, quoi!*, sea usted correcto, ¡vamos!

quoique conj. Aunque.
— OBSERV. La conjunción *quoique* va siempre seguida del subjuntivo. La *e* final se elide solamente delante de *il, elle, on, un, une.*

— La conjonction *aunque* est suivie de l'indicatif si le fait qu'elle introduit est présenté comme réel, et du subjonctif si ce fait est hypothétique.
— SYN. *Bien que, encore que,* aunque.

quolibet [kɔlibɛ] m. Pulla, *f.*, pullazo, rechifla, *f.*, chirigota, *f.*

quorum [kɔrɔm] m. Quórum (d'une assemblée).

quota [kɔta] m. Cuota, *f.*, cupo, contingente : *quota d'importation*, cuota de importación.

quote-part [kɔtpa:r] f. Cuota, parte proporcional.
— OBSERV. *Quote-part* no se emplea en plural.
— SYN. *Quotité*, cuota. *Contribution*, contribución. *Cotisation*, cotización. *Écot*, escote. *Prorata*, prorrateo.

quotidien, enne [kɔtidjɛ̃, jɛn] adj. Diario, ria ; cotidiano, na.
— M. Diario, periódico (journal) : *le quotidien du soir*, el periódico de la tarde.

quotidiennement adv. Diariamente, a diario, cotidianamente.

quotient [kɔsjɑ̃] m. MATH. Cociente, razón, *f.* ‖ *Quotient intellectuel*, cociente intelectual.

quotité [kɔtite] f. Cuota, parte. ‖ DR. *Quotité disponible*, tercio de libre disposición en una herencia.

quottement [kɔtmɑ̃] m. TECHN. Engranaje.

quotter [kɔte] v. intr. Engranar.

R

r m. R. *f.*
— OBSERV. La letra *r* tiene sonido más gutural en francés que en español. El sonido de la *rr* doble no se distingue en general del de la *r*, excepto en las voces que empiezan por los prefijos *ir..., inter..., sur...*, como *irréqulier*, irregular ; *interrègne*, interregno ; *surrénal*, suprarrenal, en que suenan dos *r*. La *r* es muda al final de los polisílabos en *er* o *ier*, v. gr. *portier* (pɔrtje), portero ; *aimer* (ɛme), amar, así como en los sustantivos *monsieur* (məsjø), señor, *messieurs* (mɛsjø), señores. En los monosílabos en *er* o *ier* se pronuncia la *r*, excepto en el caso de los verbos, como *lier* (lje), liar, *atar*, etc.

ra m. inv. Ra, rataplán, [redoble del tambor].

rab ou **rabe** m. POP. V. RABIOT.

rabâchage ou **rabâchement** m. FAM. Machaqueo, machaconería, *f.* repetición, *f.*

rabâcher v. tr. Machacar, machaconear, repetir.
— V. intr. Repetirse.

rabâcheur, euse adj. et s. FAM. Machacón, ona.

rabais [rabɛ] m. Rebaja, *f.*, descuento. ‖ Baja, *f.* (des eaux). ‖ — *Adjuger au rabais*, adjudicar al mejor postor. ‖ *Mettre au rabais*, rebajar. ‖ *Vendre au rabais*, vender con rebaja.

rabaissant, e adj. Humillante.

rabaissement m. Rebaja, *f.*, disminución, *f.* (diminution). ‖ Descenso, bajada, *f.* (descente). ‖ FIG. Rebajamiento (humiliation).

rabaisser v. tr. Bajar (descendre). ‖ Bajar, rebajar (prix). ‖ FIG. Rebajar (abaisser). ‖ FIG. et FAM. *Rabaisser le caquet de quelqu'un*, bajar los humos a alguien.
— V. pr. Rebajarse.

raban m. MAR. Rebenque.

rabane m. Tejido (*m.*) de rafia.

rabanter v. tr. MAR. Sujetar con rebenques.

rabat [raba] m. Alzacuello, collarín (des ecclésiastiques). ‖ Golilla, *f.* (des magistrats). ‖ Rebote (d'une balle). ‖ Birla, *f.* (quilles). ‖ Ojeo (chasse). ‖ Campana, *f.* (cheminée). ‖ Rebaja, *f.*, baja, *f.* (prix). ‖ Carterilla, *f.* (d'une poche). ‖ Solapa, *f.* (livre).

rabat-joie [-ʒwa] adj. et s. m. inv. Aguafiestas.

rabattable adj. Abatible.

rabattage m. Ojeo (chasse). ‖ Rebaja, *f.*, baja, *f.* (rabais). ‖ AGRIC. Poda, *f.*, desmoche (des arbres).

rabattement m. Doblamiento, doblez, *f.* (action de plier). ‖ GÉOM. Proyección, *f.*

rabatteur m. Ojeador. ‖ FAM. Gancho (pour attirer des clients).

rabattoir m. Doblador, instrumento para doblar los bordes. ‖ Martillo de pizarrero (d'un ardoisier).

rabattre* v. tr. Bajar : *rabattre les bords d'un chapeau*, bajar las alas de un sombrero. ‖ Abatir (faire tomber). ‖ Doblar, plegar (replier). ‖ Rebajar, descontar : *rabattre dix mille francs*, rebajar diez mil francos. ‖ Volver : *col rabattu*, cuello vuelto. ‖ Planchar, sentar : *rabattre un pli*, planchar una arruga. ‖ Ojear (chasse). ‖ Allanar (la terre). ‖ Remachar (un clou). ‖ Rebajar (la couleur). ‖ Pulimentar (le marbre). ‖ Enganchar, pescar (des clients). ‖ Rechazar, parar (un coup). ‖ Birlar (au jeu de quilles). ‖ AGRIC. Podar, chapodar, desmochar (élaguer). ‖ GÉOM. Proyectar, abatir. ‖ FIG. Rebajar, abatir (l'orgueil, etc.). ‖

FAM. *Rabattre le caquet*, cerrar el pico (faire taire), bajar los humos (humilier).
— V. intr. Torcer, tirar : *rabattre sur le bord de la mer*, tirar hacia orillas del mar. ‖ Cerrar (tricot). ‖ — *Rabattre de*, rebajar. ‖ — *Il faut en rabattre*, hay que ceder, hay que bajar sus pretensiones.
— V. pr. Recaer (retomber). ‖ Volverse, echarse : *se rabattre vers o sur*, volverse hacia. ‖ Conformarse : *n'ayant plus de viande, il se rabattit sur les légumes*, como ya no le quedaba carne se conformó con las verduras.

rabattu, e adj. Vuelto, ta : *un chapeau à bords rabattus*, un sombrero con las alas vueltas. ‖ *Chapeau rabattu sur les yeux*, sombrero inclinado hacia adelante.

rabbi m. Rabí (titre).

rabbin m. Rabino.

rabbinat [rabina] m. Rabinato, dignidad (*f.*) de rabino.

rabbinique adj. Rabínico, ca.

rabbinisme m. Rabinismo (doctrine des rabbins).

rabbiniste m. y f. Rabinista.

rabdologie f. Rabdología.

rabdomancie f. Rabdomancia.

rabelaisien, enne adj. et s. Rabelesiano, na.

rabêtir v. tr. (Vx). Embrutecer, atontar.
— V. intr. Embrutecerse, volverse tonto.

rabibocher v. tr. FAM. Arreglar, componer, apañar (raccommoder). ‖ FIG. y FAM. Hacer las paces entre, reconciliar : *rabibocher deux amis*, hacer las paces entre dos amigos.

rabiot [rabjo] m. MIL. y POP. Sobras (*f. pl.*) de rancho (de vivres). ‖ Recargo en el servicio (temps de service supplémentaire). ‖ Suplemento, excedente, sobras, *f. pl.* (de nourriture). ‖ Trabajo suplementario, suplemento (de travail).

rabioter v. tr. POP. Mangar, hurtar, birlar, hacerse con.

rabique adj. MÉD. Rábico, ca : *virus rabique*, virus rábico.

râble m. Lomo, solomillo, rabada, *f.* ‖ Rabadilla, *f.* (d'un lapin, d'un lièvre). ‖ TECHN. Hurgón (pour fourgonner). ‖ Paleta (*f.*) de fundidor. ‖ — Pl. MAR. Costillas, *f.*, cuadernas, *f.* (du bateau).

râblé, e adj. FIG. Fornido, da ; recio, cia ; robusto, ta. ‖ Lomudo, da (un lièvre).

râblure f. MAR. Alefriz, *m.* (du bordage).

rabonnir v. tr. Mejorar : *les bonnes caves rabonnissent le vin*, las bodegas buenas mejoran el vino.
— V. intr. Mejorarse.

rabot [rabo] m. TECHN. Cepillo, garlopa, *f.* (de menuisier). ‖ Batidera, *f.* (de maçon). ‖ Raspador (de mine). ‖ — *Rabot à diamant*, diamante de vidriero. ‖ TECHN. *Rabot à moulures*, repasadera. ‖ — FIG. *Passer le rabot*, cepillar, pulir, dar el último toque.

rabotage ou **rabotement** m. Cepillado, cepilladura, *f.*

raboter v. tr. Cepillar, acepillar (le bois). ‖ FIG. Pulir, limar, corregir (polir).

raboteur m. Obrero que cepilla, acepillador.

raboteuse f. Acepilladora, laminadora (machine).

raboteux, euse adj. Áspero, ra ; rasposo, sa. ‖ Desigual, escabroso, sa (inégal) : *chemin raboteux*, camino escabroso. ‖ FIG. TOSCO, ca ; desigual, áspero, ra (style).

rabougri, e adj. Desmirriado, da ; desmedrado, da ; canijo, ja ; encanijado, da (chétif).
— SYN. *Rachitique*, raquítico. *Ratatiné*, arrugado, acartonado, apergaminado.

rabougrir v. intr. Desmedrar, no crecer, encanijarse, ponerse canijo.
— V. tr. Desmedrar, impedir el desarrollo, retrasar el crecimiento (retarder la croissance de) : *le froid rabougrit les arbres*, el frío impide el desarrollo de los árboles.

— V. pr. Encogerse, achicarse (se recroqueviller). ‖ FIG. Embotarse, perder sus cualidades (perdre ses qualités).

rabougrissement m. Desmedro, desmejora, *f.* ‖ Encogimiento, achicamiento. ‖ FIG. Embotamiento, pérdida (*f.*) de facultades.

rabouiller [rabuje] v. tr. (Vx). Enturbiar el agua para pescar más fácilmente.

rabouillère [-jɛ:r] f. Gazapera, madriguera (terrier de lapins).

rabouilleur, euse [-jœ:r, ø:z] m. et f. (Vx). Pescador que enturbia el agua.

rabouilloir m. ou **rabouilloire** f. [-jwar] Palo (*m.*) para enturbiar el agua (pêche).

rabouter ou **raboutir** v. tr. Empalmar, unir, ensamblar (des pièces de bois, de fer). ‖ Coser dos telas, hacer añadidos (des étoffes).

rabrouer v. tr. Acoger, tratar con aspereza. ‖ Regañar, reprender ásperamente (gronder rudement).

rabroueur, euse adj. et s. Regañón, ona ; persona de mal genio (grondeur).

raca m. MAR. Racamento, racamenta, *f.*

racage m. MAR. Racamento, racamenta, *f.* ‖ *Crier raca à quelqu'un*, decir injurias a uno.

racahout [rakau] m. Racahut (fécule alimentaire arabe).

racaille [raka:j] f. Chusma, gentuza, canalla (rebut de la société). ‖ Deshecho, *m.*, sobra, escoria (rebut).

raccommodable adj. Componible, reparable, que puede componerse *ou* arreglarse (réparable). ‖ Remendable (avec une pièce), que puede zurcirse (avec une reprise). ‖ FIG. Que tiene arreglo, que puede arreglarse.

raccommodage m. Compostura, *f.*, arreglo (réparation). ‖ Remiendo (pièce), zurcido (reprise).

raccommodement m. Reconciliación, *f.*, arreglo.

raccommoder v. tr. Componer, arreglar, reparar (réparer). ‖ ● Remendar (rapiécer), zurcir (repriser), reparar (remette en état). ‖ Lañar, remendar (la vaisselle). ‖ FIG. Reconciliar, hacer las paces. ‖ Rehacer, echar un remiendo a (sa fortune). ‖ Arreglar, reparar (une gaffe).
— V. pr. FIG. Reconciliarse, hacer las paces.
— SYN. ● *Repriser, stopper*, zurcir. *Rapiécer, rapetasser*, remendar. *Ravauder*, remendar, zurcir.

raccommodeur, euse m. et f. Reparador, ra. ‖ Lañador, ra (de vaisselle).

raccompagner v. tr. Acompañar a, despedir a (des visites).

raccord [rako:r] m. Racor, empalme, enlace, unión, *f.* ‖ Empalme, boquilla, *f.*, acoplamiento, enchufe flexible (de deux tuyaux). ‖ Unión, *f.*, manguito, racor. ‖ Retoque, parte (*m.*) restaurada (peinture). ‖ Retoque (maquillage). ‖ CINÉM. Ajuste. ‖ TECHN. *Raccord fileté*, manguito de unión.

raccordé, e adj. Enlazado, da. ‖ Enchufado, da [tubos].

raccordement m. Empalme, conexión, *f.*, enlace. ‖ Empalme (chemin de fer). ‖ — *Bretelle de raccordement*, carretera de enlace. ‖ *Voie de raccordement*, vía de maniobra.

raccorder v. tr. Empalmar, enlazar (joindre par un raccord). ‖ Enlazar (relier). ‖ Retocar, restaurar, reparar (réparer). ‖ Ajustar. ‖ Retocar (maquillage). ‖ Casar (tissus). ‖ ÉLECTR. Conectar, enchufar.

raccourci, e adj. Abreviado, da (texte). ‖ Acortado, da (vêtement). ‖ *À bras raccourcis*, a brazo partido.
— M. Reducción, *f.* ‖ Atajo, trocha, *f.* (chemin plus court). ‖ ARTS. Escorzo. ‖ Expresión (*f.*) concisa. ‖ *En raccourci*, en resumen, en pocas palabras, en síntesis.

raccourcir v. tr. Acortar. ‖ Abreviar (abréger). ‖

Encoger (rétrécir). ‖ Pop. Guillotinar, decapitar, cortar la cabeza *ou* el cuello (guillotiner). — V. intr. et pr. Acortarse. ‖ Menguar (les jours). ‖ Encoger (rétrécir). ‖ Acortar el camino (chemin).

raccourcissement m. Acortamiento. ‖ Encogimiento (rétrécissement).

raccoutrer v. tr. Remendar, componer (raccommoder).

raccoutumer (se) v. pr. Volverse a acostumbrar.

raccroc [rakro] m. Chiripa, *f.*, chamba, *f.* (au billard). ‖ *Par raccroc*, por *ou* de chiripa, por casualidad.

raccrochage m. Chiripa, *f.* ‖ Pesca, *f.* (des passants). ‖ Recuperación, *f.* (rattrapage).

raccrocher v. tr. et intr. Volver a colgar : *raccrocher un tableau*, volver a colgar un cuadro. ‖ Volver a enganchar : *raccrocher une remorque*, volver a enganchar un remolque. ‖ Colgar (le téléphone). ‖ Agarrar, recuperar, pescar, coger (ce qui s'échappe). ‖ Fig. Detener, parar (arrêter). ‖ Cazar, enganchar (raccoler). ‖ *Ne raccrochez pas*, no cuelgue, no se retire (le téléphone). — V. pr. Agarrarse, aferrarse.

raccrocheur, euse m. et f. Chambón, ona ; chiripero, ra (au jeu).

raccrocheuse f. Fam. Buscona, carrerista.

race f. Raza : *race jaune*, raza amarilla. ‖ Fig. Casta : *chien de bonne race*, perro de buena casta. ‖ *Bon chien chasse de race*, de casta le viene al galgo el ser rabilargo.
— Syn. *Sang*, sangre. *Acabit*, índole. *Maison*, casa. *Engeance*, ralea. *Souche*, tronco, cepa. *Lignée*, linaje, estirpe. *Lignage*, alcurnia.

racé, e adj. De raza (animal). ‖ Con clase, fino, na (une femme).

racémique adj. Chim. Racémico, ca (acide).

racer m. Caballo de carreras (cheval). ‖ Yate *ou* balandro de regatas (yacht).

raceur, euse adj. et s. Semental de raza.

rachat [raʃa] m. ● Rescate, redención, *f.* : *le rachat des captifs*, el rescate de los cautivos. ‖ Nueva (*f.*) compra. ‖ Dr. Retroventa, *f.* ‖ Perdón, remisión, *f.*, indulto (pardon).
— Syn. ● *Rédemption*, redención. *Salut*, salvación.

Rachel n. pr. f. Raquel.

rachetable adj. Rescatable, redimible. ‖ Que se puede volver a comprar. ‖ Perdonable, redimible (une faute).

racheter* v. tr. Rescatar, redimir : *racheter des captifs*, rescatar cautivos. ‖ Volver a comprar, comprar de nuevo (acheter de nouveau). ‖ Comprar (acheter). ‖ Liberarse (d'une obligation). ‖ Fig. Compensar, salvar : *racheter ses défauts par ses qualités*, compensar sus defectos con sus cualidades ; *sa gentillesse rachète tout*, su simpatía lo salva todo. ‖ Ganar el perdón por, redimir : *racheter ses péchés*, ganar el perdón por sus pecados.
— V. pr. Rescatarse, redimirse. ‖ Fig. Desquitarse (se rattraper).

racheteur, euse m. et f. Comprador, ra. ‖ Redimidor, ra ; rescatador, ra (de captifs).

rachialgie [raʃjalʒi] f. Méd. Raquialgia, dolor (*m.*) en el raquis.

rachianesthésie, rachi-anesthésie [raʃjanɛstezi :] ou **rachianalgésie** [raʃjanalʒezi] f. Méd. Raquianestesia.

rachidien, enne [raʃidjɛ̃, jɛn] adj. Raquídeo, a (bulbe).

rachis [-ʃis] m. Anat. Raquis.

rachitique [-ʃitik] adj. et s. Raquítico, ca.

rachitisme [-ʃitism] m. Raquitismo.

rachitome [-ʃito:m] m. Méd. Raquítomo.

racial, e adj. Racial : *troubles raciaux*, trastornos raciales.

racinage m. Raíces (*f. pl.*) alimenticias. ‖ Coci-

miento de raíz y hojas de nogal (décoction). ‖ Dibujo que imita raíces, jaspeado (reliure).

racinal m. Viga (*f.*) maestra.

racine f. ● Raíz : *racines adventives*, raíces adventicias. ‖ Raigón, *m.*, raíz (des dents). ‖ Math. Raíz. ‖ Gramm. Raíz. ‖ Sedal, *m.* (de ligne de pêche). ‖ — Math. *Racine carrée, cubique*, raíz cuadrada, cúbica. ‖ — Bot. *Racine pivotante*, raíz columnar *ou* nabiforme *ou* pivotante. ‖ — Fig. *Couper le mal dans sa racine* o *à la racine*, cortar de raíz, extirpar, arrancar el mal de raíz. ‖ *Prendre racine*, arraigar, echar raíces, enraizar.
— Syn. ● *Radicelle*, raicilla. *Souche*, tocón.

racinement m. Enraizamiento.

raciner v. tr. Teñir de color de nogal. ‖ Pintar *ou* dibujar raíces, jaspear (sur un livre).

racinien, enne adj. Raciniano, na ; propio de Racine.

racisme m. Racismo.

raciste adj. et s. Racista.

racket [rakɛt] m. Chantaje, extorsión, *f.*

racketteur ou **racketter** m. Chantajista.

raclage m. Raspado, raspadura, *f.*, raedura, *f.* ‖ Poda, *f.*, limpia, *f.* (des taillis).

racle f. Mar. Rasqueta. ‖ Raspador, *m.*, rascador, *m.* (grattoir).

raclée f. Pop. Paliza, palizón, *m.*, tunda, vapuleo, *m.*

raclement m. V. raclage.

racler v. tr. Raspar, rascar. ‖ Rastrillar (les terres). ‖ Rasar, pasar el rasero (rader). ‖ Fam. Rascar, tocar mal (un instrument). ‖ Fig. *Racler les fonds de tiroir*, rascarse los bolsillos.
— V. pr. *Se racler la gorge*, aclararse la voz, carraspear.

raclette f. Raspador, *m.*, rascador, *m.*, raedera, rasqueta.

racleur m. Fam. Rascatripas (mauvais joueur de violon). ‖ Autom. *Racleur d'huile*, rascador de aceite.

racloir m. Rascador, raedera, *f.* (outil). ‖ Mar. Rasqueta, *f.*

racloire m. Rasero (radoire).

raclure f. Raspadura, raedura.

racolage m. (Vx). Mil. Enganche, reclutamiento. ‖ Provocación, *f.* (de fille de la rue).

racoler v. tr. (Vx). Mil. Enganchar, reclutar. ‖ Echar el gancho, enganchar, pescar. ‖ Hacer la buscona (prostituée).

racoleur, euse adj. et s. (Vx). Mil. Enganchador, reclutador. ‖ Gancho (recruteur de clients). ‖ — F. Pop. Buscona, carrerista, fulana.

racontable adj. Contable, narrable.

racontage ou **racontar** m. Fam. Chisme, cotilleo, comadreo, habladuría, *f.* (cancan).

raconter v. tr. Contar, relatar, referir : *raconter une histoire*, contar una historia. ‖ — Fam. *En raconter*, hablar mucho y exageradamente. ‖ *Ne me raconte pas d'histoires*, no me vengas con cuentos. ‖ *Raconter des histoires*, meter cuentos.
— Syn. *Rapporter*, referir. *Rendre compte*, dar cuenta. *Relater*, relatar.

raconteur, euse m. et f. Cuentista.

racoon [raku:n] m. Zool. Mapache (raton laveur).

racornir v. tr. Endurecer, acartonar, poner duro (endurcir).
— V. pr. Endurecerse, resecarse, ponerse duro (devenir dur). ‖ Fam. Apergaminarse, acartonarse, amojamarse (devenir maigre et sec). ‖ Fig. Perder la sensibilidad, endurecerse.

racornissement m. Endurecimiento, arrugamiento. ‖ Fig. Pérdida (*f.*) de la sensibilidad, endurecimiento (durcissement).

radar m. Radar.

radariste m. Radarista, operador de radar.

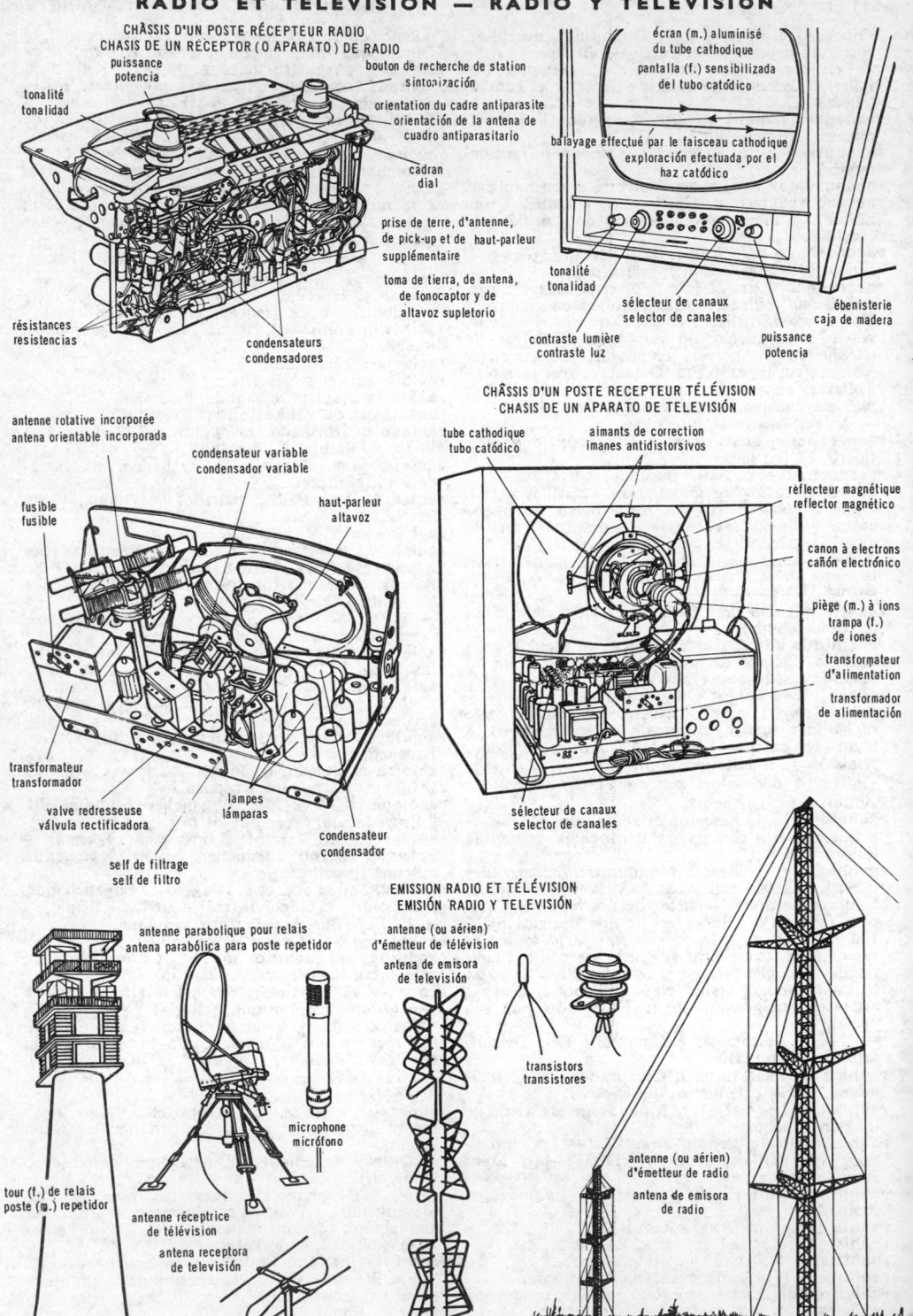

CHÂSSIS D'UN POSTE RÉCEPTEUR RADIO
CHASIS DE UN RECEPTOR (O APARATO) DE RADIO

puissance
potencia

bouton de recherche de station
sintonización

tonalité
tonalidad

orientation du cadre antiparasite
orientación de la antena de
cuadro antiparasitario

cadran
dial

prise de terre, d'antenne,
de pick-up et de haut-parleur
supplémentaire

toma de tierra, de antena,
de fonocaptor y de
altavoz supletorio

résistances
resistencias

condensateurs
condensadores

écran (m.) aluminisé
du tube cathodique
pantalla (f.) sensibilizada
del tubo catódico

balayage effectué par le faisceau cathodique
exploración efectuada por el
haz catódico

tonalité
tonalidad

sélecteur de canaux
selector de canales

ébenisterie
caja de madera

contraste lumière
contraste luz

puissance
potencia

CHÂSSIS D'UN POSTE RECEPTEUR TÉLÉVISION
CHASIS DE UN APARATO DE TELEVISIÓN

antenne rotative incorporée
antena orientable incorporada

condensateur variable
condensador variable

fusible
fusible

haut-parleur
altavoz

tube cathodique
tubo catódico

aimants de correction
imanes antidistorsivos

réflecteur magnétique
reflector magnético

canon à electrons
cañón electrónico

piège (m.) à ions
trampa (f.)
de iones

transformateur
d'alimentation
transformador
de alimentación

transformateur
transformador

valve redresseuse
válvula rectificadora

lampes
lámparas

condensateur
condensador

sélecteur de canaux
selector de canales

self de filtrage
self de filtro

EMISSION RADIO ET TÉLÉVISION
EMISIÓN RADIO Y TELEVISIÓN

antenne parabolique pour relais
antena parabólica para poste repetidor

antenne (ou aérien)
d'émetteur de télévision
antena de emisora
de televisión

transistors
transistores

microphone
micrófono

tour (f.) de relais
poste (m.) repetidor

antenne réceptrice
de télévision

antena receptora
de televisión

antenne (ou aérien)
d'émetteur de radio

antena de emisora
de radio

rade f. Rada, ensenada. ‖ FAM. *Laisser, rester en rade*, dejar, quedarse plantado *ou* en la estacada.
radeau m. Balsa, *f.* : *radeau de sauvetage*, balsa salvavidas. ‖ Armadía, *f.* (train de bois).
Radegonde n. pr. f. Radegunda.
rader v. tr. Pasar el rasero, rasar (mesure). ‖ MAR. (P. us.). Anclar, meter un barco en una rada.
radiaire adj. et s. m. ZOOL. Radiado, da.
radial, e adj. Radial.
radian m. MATH. Radián.
radiance f. Brillo, *m.*, resplandor, *m.* ‖ Irradiación. ‖ Difusión, expansión.
radiant, e adj. Radiante.
radiateur m. Radiador.
radiatif, ive adj. Radiativo, va.
radiation f. PHYS. Radiación. ‖ Cancelación (action de rayer). ‖ Exclusión, supresión (d'une liste).
radical, e adj. et s. m. Radical.
radicalisme m. Radicalismo (politique radicale).
radical-socialisme m. Radicalsocialismo.
radical-socialiste adj. et s. Radicalsocialista.
radicant, e adj. Radicante, de muchas raíces.
radication f. Radicación.
radicelle f. Raicilla.
radicicole adj. BOT. Radicícola.
radiciflore adj. BOT. Radicifloro, ra.
radicivore adj. Radicívoro, ra.
radicotomie f. MÉD. Radicotomía.
radiculaire adj. Radicular.
radicule f. BOT. Radícula, rejo, *m.*
radié, e adj. et s. BOT. Radiado, da.
radier m. TECHN. Encachado, solera, *f.* ‖ Pilar (d'un pont, etc.).
radier* v. tr. Tachar, rayar, borrar (rayer). ‖ Excluir, descartar (exclure). ‖ MÉD. Radiar, tratar con rayos X. ‖ MIL. Dar de baja, expulsar de las filas militares.
radiesthésie f. Radiestesia.
radiesthésiste m. et f. Radiestesista.
radieux, euse adj. Radiante (rayonnant). ‖ Rebosante, resplandeciente (de joie).
radifère adj. Radífero, ra ; que contiene radio.
radin adj. y s. FAM. Roñoso, sa ; avaro, ra ; tacaño, ña ; roñica.
radiner (se) v. pr. POP. Llegar, plantarse (arriver), ir (aller).
— OBSERV. Úsase tambien como intransitivo.
radio f. Radio. ‖ FAM. Radio, aparato de radio. ‖ Abrev. de *radiotelegrafía, radiotelefonía, radiografía.* ‖ — M. Abrev. de *radiotelegrafista* y *radiotelefonista.* ‖ *Poste de radio*, aparato de radio, radio.
radio-actif, ive ou **radioactif, ive** adj. Radiactivo, va ; radioactivo, va.
radio-activité ou **radioactivité** f. Radiactividad, radioactividad.
radio-alignement ou **radioalignement** m. Radioalineación, *f.*
radio-altimètre ou **radioaltimètre** m. Radioaltímetro.
radio-amateur ou **radioamateur** m. Radioaficionado, da.
radio-astronomie ou **radioastronomie** f. Radioastronomía.
radiobalisage m. Señalización (*f.*) por medio de la radio, radiobaliza, radioconducción.
radiobaliser v. tr. Señalar por radio.
radiobiologie f. Radiobiología.
radio-carpien, enne adj. ANAT. Radiocarpiano, na (muscle).
radiochimie f. Radioquimica.
radiochroïsme m. Radiocroísmo.
radiocinématographie f. Radiocinematografia.
radiocobalt m. Radiocobalto.
radiocommande f. Dirección por radio.

radiocommunication f. Radiocomunicación.
radiocompas [radjokɔ̃pa] m. Radiocompás, radiogoniómetro.
radioconducteur m. Radioconductor, cohesor.
radio-cubital, e adj. ANAT. Radiocubital.
radiodermite f. Radiodermatitis, radiodermitis.
radiodétection f. Detección con la radio, radiolocalización.
radiodiagnostic m. Radiodiagnosis, *f.*
radiodiffuser v. tr. Radiar, radiodifundir.
radiodiffusion f. Radiodifusión. ‖ *Station de radiodiffusion*, estación de radiodifusión, radiodifusora, radioemisora.
radio-électricien ou **radioélectricien** m. Técnico de radio.
radio-électricité ou **radioélectricité** f. Radioelectricidad.
radio-électrique ou **radioélectrique** adj. Radioélectrico, ca.
radio-élément ou **radioélément** m. Cuerpo radiactivo, radioelemento.
radiofréquence f. Radiofrecuencia.
radiogène adj. Radiógeno, na.
radiogoniomètre m. Radiogoniómetro.
radiogoniométrie f. Radiogoniometría.
radiogoniométrique adj. Radiogoniométrico, ca.
radiogramme m. Radiograma.
radiographie ou **radio** f. Radiografía. ‖ *Passer à la radio*, hacerse una radiografía.
radiographier* v. tr. Radiografiar.
radiographique adj. Radiográfico, ca.
radioguidage m. Dirección (*f.*) por radio.
radioguider v. tr. Dirigir por radio.
radio-isotope m. Radioisótopo.
radio-journal ou **radiojournal** m. Diario hablado.
radiolaires m. pl. ZOOL. Radiolarios.
radiolocation ou **radiolocalisation** f. Radiolocalización.
radiologie f. Radiología.
radiologue ou **radiologiste** m. y f. Radiólogo, ga.
radiométallographie f. Radiometalografía.
radiomètre m. Radiómetro.
radiométrie f. Radiometría.
radiométrique adj. Radiométrico, ca.
radiomicromètre m. Radiomicrómetro.
radionavigant m. Radionavegante.
radionavigation f. Radionavegación.
radiophare m. Radiofaro.
radiophone m. Radiófono.
radiophonie f. Radiofonía.
radiophonique adj. Radiofónico, ca.
radiophotographie f. Radiofotografía.
radiorécepteur m. Radiorreceptor.
radioreportage m. Reportaje radiofónico.
radioreporter m. Reportero de la radio.
radioscopie f. Radioscopia.
radioscopique adj. Radioscópico, ca.
radiosensibilité f. Radiosensibilidad.
radiosignalisation f. Radioseñalización.
radiosondage m. Radiosondeo.
radiosonde f. Radiosonda.
radiotechnicien m. Radiotécnico.
radiotechnie f. Radiotécnica.
radiotechnique adj. et s. f. Radiotécnico, ca.
radiotélégramme m. Radiotelegrama, radiograma, despacho radiotelegráfico.
radiotélégraphie f. Radiotelegrafía.
radiotélégraphier v. tr. Radiotelegrafiar.
radiotélégraphique adj. Radiotelegráfico, ca.
radiotélégraphiste m. Radiotelegrafista.
radiotéléphonie f. Radiotelefonía.
radiotéléphonique adj. Radiotelefónico, ca.
radiotéléphoniste m. et f. Radiotelefonista.
radiotélescope m. Radiotelescopio.
radiothérapie f. Radioterapia.
radiothérapique adj. Radioterápico, ca.

radiothorium [radjotɔrjɔm] m. Radiotorio.

radis [radi] m. Rábano (plante). ‖ FAM. Cuarto, blanca, ƒ., perra, ƒ. (argent) : *n'avoir pas un radis,* estar sin blanca, no tener una perra. ‖ FAM. *Ça ne vaut pas un radis,* esto no vale un pito *ou* un real *ou* un comino.

— OBSERV. La palabra *radis,* con el sentido de « dinero », sólo puede emplearse con una negación.

radium [radjɔm] m. Radio (métal).

radiumthérapie [-terapi] f. Radiumterapia, radioterapia.

radius [radjy:s] m. ANAT. Radio (os).

radjah [radʒa] m. Rajá.

radoire f. Rasero, *m.*

radon m. Radón, emanación del radio.

radotage m. Chochez, ƒ., chochera, ƒ. ‖ Desatino, necedad, ƒ. (niaiserie).

radoter v. intr. Chochear, desatinar, decir tonterías. ‖ Repetirse (rabâcher).

— M. et f. Viejo chocho, vieja chocha.

radoub [radu] m. MAR. Carena, ƒ. ‖ MAR. *Bassin o cale de radoub,* carenero, dique de carena.

radouber v. tr. MAR. Carenar, reparar.

radoucir v. tr. Suavizar, ablandar. ‖ Suavizar, templar, dulcificar (le temps). ‖ FIG. Aplacar, sosegar (apaiser), suavizar, ablandar (rendre traitable).

— V. pr. Templarse (le temps). ‖ Aplacarse, ablandarse.

radoucissement m. Suavización, ƒ. (du caractère). ‖ Mejora, ƒ., mejoría, ƒ., mejoramiento (du temps).

rafale f. Ráfaga, racha (de vent). ‖ Ráfaga (d'armes à feu). ‖ *Tir par rafales,* tiro de ametralladora.

raffermir v. tr. Fortificar, fortalecer (renforcer) : *raffermir les gencives,* fortificar las encías. ‖ Endurecer (durcir). ‖ Consolidar (consolider). ‖ FIG. Afianzar, consolidar, afirmar, asegurar (établir solidement).

— V. pr. Endurecerse. ‖ Fortalecerse. ‖ Afianzarse.

raffermissement m. Robustecimiento, fortalecimiento. ‖ Endurecimiento : *raffermissement du sol,* endurecimiento del suelo. ‖ Consolidación, ƒ. (consolidation).

raffinage m. Refinado, refinación, ƒ., refino.

raffiné, e adj. Refinado, da ; fino, na.

— M. et f. Persona de gusto refinado.

raffinement [rafinmɑ̃] m. Refinamiento.

raffiner [-ne] v. tr. Refinar.

— V. intr. Sutilizar, afinar (subtiliser).

raffinerie [-nri] f. Refinería.

raffineur, euse adj. et s. Refinador, ra.

raffoler v. intr. Estar loco *ou* chiflado por, tener mucha afición a, pirrarse por : *je raffole de la musique,* estoy loco por la música.

raffut [rafy] m. FAM. Jaleo, follón : *faire du raffut,* armar jaleo. ‖ *Il va y avoir du raffut,* se va a armar la gorda *ou* la de Dios es Cristo.

raffûter v. tr. Afilar, sacar filo a (affûter).

rafiau *ou* **rafiot** [rafjo] m. Barca (ƒ.) velera. ‖ Carraca, ƒ., barcucho, carcamán.

rafistolage m. FAM. Remiendo, chapucería, ƒ., chapuza, ƒ.

rafistoler v. tr. FAM. Remendar, hacer una chapuza (raccommoder).

rafistoleur, euse m. et f. FAM. Remendón, ona ; chapucero, ra.

rafle f. Saqueo, *m.* (action de tout emporter). ‖ Redada, batida, razzia (de la police). ‖ Carozo, *m.* (du maïs). ‖ Escobajo, *m.* (de raisin). ‖ Red (filet).

rafler v. tr. Saquear, robar. ‖ Arramblar con, llevarse, cargar con (tout emporter). ‖ *Rafler tout,* alzarse con el santo y la limosna.

rafraîchir v. tr. Enfriar, refrescar : *rafraîchir de l'eau,* enfriar agua. ‖ Retocar, poner como nuevo : *rafraîchir une robe,* retocar un vestido. ‖ Remozar : *rafraîchir un vêtement,* remozar un vestido. ‖ Cortar las puntas, igualar, recortar (un taillis, etc.). ‖ Descansar (reposer). ‖ AGRIC. Labrar por segunda vez. ‖ ARTS. Avivar. ‖ — FIG. *Rafraîchir la mémoire,* refrescar la memoria. ‖ *Rafraîchir les cheveux,* arreglar el cuello (homme), cortar *ou* entresacar el pelo (femme).

— V. intr. Refrescar, enfriarse (liquide).

— V. pr. Tomar un refrigerio *ou* un refresco, tomar *ou* beber algo fresco. ‖ Refrescar : *le temps se rafraîchit,* el tiempo refresca.

rafraîchissant, e adj. Refrescante, refrigerante.

rafraîchissement m. Enfriamiento (baisse de température). ‖ Restauración, ƒ. (d'un tableau). ‖ Retoque (d'un vêtement, des cheveux). ‖ Refresco (boisson fraîche). ‖ Remozamiento (rajeunissement). ‖ — Pl. Refrescos (boissons).

rafraîchissoir *ou* **rafraîchisseur** m. Enfriadera, ƒ., fresquera, ƒ.

ragaillardir [ragajardi:r] v. tr. FAM. Remozar, revigorizar.

rage f. Rabia. ‖ Pasión, afición violenta (passion violente). ‖ MÉD. Rabia. ‖ Dolor, *m.* : *rage de dents,* dolor de muelas. ‖ — *À la rage,* rabiosamente. ‖ *Écumer de rage,* echar espumarajos de cólera. ‖ *Faire rage,* causar estragos, asolar (tempête), hacer furor (une mode, une danse), tener violencia extrema.

rageant, e [raʒɑ̃, ɑ̃:t] adj. FAM. Que da rabia. ‖ *C'est rageant,* es para indignarse.

rager* v. intr. FAM. Rabiar, encoraginarse.

— SYN. *Enrager,* dar rabia. *Écumer,* echar espumarajos. *Endêver,* rabiar. *Pop. Fumer,* bufar de cólera.

rageur, euse adj. et s. FAM. Rabioso, sa ; iracundo, da ; colérico, ca.

raglan m. Raglán (pardessus).

— Adj. Raglán : *manches raglan,* mangas raglán.

ragondin m. ZOOL. Coipo, quiyá.

ragot, e [rago, ɔt] adj. et s. Recogido, da ; corto de patas y grueso (cheval).

— M. FAM. Chisme, cuento, cotilleo, hablilla, ƒ. (cancan). ‖ Jabato de dos años (sanglier).

ragoter v. intr. Cotillear, chismorrear, comadrear (cancaner).

ragotin m. Mequetrefe.

ragoût [ragu] m. Guisado, guiso. ‖ FIG. Salsa, ƒ., incentivo, atracción, ƒ.

ragoûtant, e adj. Apetitoso, sa ; sabroso, sa (mets) : *peu ragoûtant,* poco apetitoso. ‖ Agradable, grato, ta (spectacle).

— OBSERV. *Ragoûtant* se emplea únicamente en formas negativas: *peu ragoûtant, pas très ragoûtant.*

ragréer* v. tr. Revocar (une façade). ‖ Reconstruir, restaurar (remettre à neuf).

ragrément *ou* **ragréement** m. Revoque (d'une façade). ‖ Reconstrucción, ƒ., restauración, ƒ. (d'un bâtiment).

raguer v. intr. MAR. Desgastarse, rozarse (s'user).

rahat-loukoum *ou* **rahat-lokoum** m. Rahat lokum, dulce oriental.

rai [rɛ] m. Rayo (de lumière). ‖ Radio (d'une roue).

raïa *ou* **raya** m. Súbdito turco que no es musulmán.

raid [rɛd] m. Raid, incursión, ƒ., correría, ƒ. ‖ Carrera (ƒ.) de resistencia (sports). ‖ *Raids aériens,* incursiones aéreas.

raide adj. Tieso, sa ; rígido, da : *jambe raide,* pierna rígida. ‖ Tenso, sa ; tirante (tendu). ‖ Empinado, da ; duro, ra (pente). ‖ Lacio (cheveux). ‖ Estirado, da ; tieso, sa ; envarado, da : *marcher raide,* andar estirado. ‖ FIG. Rígido, da ; inflexible : *des principes raides,* principios inflexibles. ‖ FAM. Fuerte (fort). ‖ Violento, ta : *un argument un peu* *raide,* un argumento algo violento. ‖ — *Raide comme la justice,* más tieso que un huso. ‖ *Raide comme un manche à balai,* más tieso que un ajo. ‖ — *Corde raide,* cuerda floja. ‖ POP. *C'est* (un peu) *raide,* eso es el colmo, eso pasa de castaño oscuro, no hay quien se lo crea. ‖ FAM. *Être raide* o *raide comme un passe-lacet,* estar sin un cuarto *ou* sin una perra *ou* dinero, estar pelado. ‖ *Être tué raide,* quedarse en el sitio. ‖ *Tomber raide mort,* caer muerto en redondo, quedarse en el sitio.

rai-de-cœur m. ARCHIT. Corazón.
— OBSERV. Pl. *rais-de-cœur.*

raidement adv. Con tiesura. ‖ FIG. Rígidamente, inflexiblemente.

raideur f. Rigidez, tiesura. ‖ Tiesura, falta de soltura *ou* de flexibilidad, envaramiento, *m.* (manque de souplesse). ‖ Pendiente, inclinación (d'un escalier, d'un chemin). ‖ FIG. Rigidez, severidad. ‖ Tirantez, tensión (tension). ‖ Firmeza, tenacidad, dureza (fermeté).

raidillon [rɛdijɔ̃] m. Repecho, costanilla, *f.*

raidir v. tr. Atiesar, poner tieso (rendre raide). ‖ ● Estirar, atirantar, poner tirante (tendre). ‖ MAR. Tesar. ‖ FIG. Endurecer, curtir.
— V. intr. Ponerse tieso *ou* rígido.
— V. pr. Ponerse tieso *ou* rígido. ‖ Envararse, ponerse tieso (devenir raide). ‖ FIG. Resistir, mantenerse firme.
— SYN. ● *Tendre,* estirar. *Bander,* tensar, atirantar.

raidissement m. Rigidez, *f.,* tiesura, *f.* ‖ FIG. Tirandez, *f.,* endurecimiento (relations).

raidisseur m. TECHN. Tensor, templador.

raie [rɛ] f. Raya (trait). ‖ Raya (des cheveux). ‖ AGRIC. Entresurco, *m.,* surco (*m.*) de arado. ‖ ZOOL. Raya (poisson). ‖ — *Raies du spectre,* líneas del espectro. ‖ *Raie tachetée,* escrita (poisson).

raifort [rɛfɔːr] m. Rábano blanco. ‖ *Raifort sauvage,* rábano silvestre.

rail [rɑːj] m. Riel, raíl, carril. ‖ Ferrocarril : *transport par rail,* transporte por ferrocarril. ‖ *Rail à gorge,* raíl guía.

railler [-je] v. tr. Burlarse de, hacer burla de, chancear, meterse con.
— V. intr. Burlarse, bromear (se moquer).
— SYN. *Se moquer,* burlarse, mofarse. (Vx) *Se gausser,* guasearse. *Bafouer,* mofarse. *Persifler,* rechiflar. *Fam. Blaguer,* bromear. *Fam. Chiner,* chunguearse, burlarse. *Fam. Se payer la tête, mettre en boîte,* tomar el pelo. *Pop. Charrier,* pitorrearse.

raillerie [-jri] f. Burla, broma. ‖ *Entendre la raillerie,* aguantar bromas, tener correa.
— SYN. *Moquerie,* burla, mofa. *Dérision,* irrisión. *Mise en boîte,* tomadura de pelo. *Persiflage,* rechifla. *Ironie,* ironía. *Risée,* risa. *Sarcasme,* sarcasmo. *Gouaille,* guasa, chunga. *Goguenardise,* sorna.

railleur, euse [-jœːr, jøːz] adj. et s. Burlón, ona; chancero, ra; bromista.

rainer v. tr. Acanalar, hacer una ranura en.

rainette f. Rubeta, rana de zarzal.

rainure f. Ranura, canal, *m.*

raiponce f. Rapónchigo, *m.,* ruiponce, *m.* (plante).

raire v. intr. Bramar (cerfs, chevreuils).

rais [rɛ] m. Pl. de *rai.*

raisin m. Uvas, *f. pl.* (fruit de la vigne) : *grappe de raisins,* racimo de uvas. ‖ *j'aime le raisin,* me gustan las uvas. ‖ Uva, *f.* (grain ou collectif). ‖ Papel de marquilla (0,50 × 0,65). ‖ — *Raisin de table,* uva de mesa. ‖ *Raisin d'ours,* gayuba (busserole). ‖ *Raisin muscat,* uva moscatel. ‖ *Raisins de Corinthe, de Malaga,* pasas *ou* uvas pasas de Corinto, de Málaga. ‖ *Raisins secs,* pasas, uvas pasas.

raisiné m. Arrope, uvate.

raisinier m. Uvero (arbre d'Amérique).

raison f. Razón. ‖ Razón, motivo, *m.* : *avoir toutes*

les raisons de, tener sobrados motivos para; *ce n'est pas une raison pour,* no es motivo para. ‖ Razón, juicio, *m.* : *perdre la raison,* perder el juicio; *âge de raison,* edad del juicio. ‖ — *Raison d'État,* razón de Estado. ‖ *Raison d'être,* razón de ser. ‖ MATH. *Raison directe* o *inverse d'une progression,* razón directa *ou* inversa de una progresión. ‖ *Raison sociale,* razón social, firma. ‖ — *Mariage de raison,* matrimonio de conveniencia *ou* de interés.
— *À plus forte raison,* con mayor motivo *ou* razón, máxime, cuanto más. ‖ *À raison de,* a razón de. ‖ *Ce que de raison,* lo que es justo, lo razonable. ‖ *Comme de raison,* como es justo, como se debe, como es lógico. ‖ *En raison de,* en razón a, con motivo de (à l'occasion de), dado, da; debido, da a; a causa de (étant donné). ‖ *Plus que de raison,* más de lo conveniente, de lo debido *ou* de lo justo. ‖ *Pour quelle raison,* por qué motivo, por qué. ‖ *Pour une raison ou pour une autre,* por A o por B,, por una razón o por otra. ‖ *Raison de plus pour,* razón de más para. ‖ *Sans rime ni raison,* sin ton ni son, sin motivo u ocasión.
— *Avoir raison,* tener razón : *vous avez tout à fait raison,* tiene usted toda la razón. ‖ *Avoir raison de,* hacer bien en : *il a raison de partir,* hace bien en marcharse. ‖ *Avoir raison de quelqu'un,* vencer a uno, poder más que uno. ‖ *Avoir toujours de bonnes raisons,* tener excusas para todo. ‖ *Demander raison,* pedir satisfacción. ‖ *Donner raison à,* dar razón a. ‖ *Entendre raison,* avenirse a razones. ‖ *Faire entendre raison,* hacer entrar en razón, meter en razón. ‖ *Faire raison,* justificar. ‖ *Il y a raison en tout* o *pour tout,* todo tiene un límite *ou* un tope. ‖ *La raison du plus fort est toujours la meilleure,* el más fuerte siempre lleva las de ganar. ‖ *La raison vient avec l'âge,* con los años viene el juicio. ‖ FIG. *Mettre à la raison,* poner *ou* meter en razón. ‖ *Parler raison,* hablar razonablemente *ou* con sentido común. ‖ DR. *Pour valoir ce que de raison,* y para que conste (certificats). ‖ *Rendre raison,* justificar, explicar (justifier), luchar en combate singular (par un duel). ‖ *Se faire une raison,* conformarse, darse un motivo, aguantarse. ‖ *Se rendre à la raison,* reducirse a la razón, avenirse a razones.

raisonnable adj. Racional (doué de raison) : *être raisonnable,* ser racional. ‖ Razonable (conforme à la raison) : *prétention raisonnable,* pretensión razonable. ‖ Razonable, módico (prix).

raisonnant, e adj. Razonante.

raisonné, e adj. Razonado, da; pensado, da. ‖ Racional : *méthode raisonnée,* método racional.

raisonnement m. Raciocinio (faculté, action ou manière de raisonner) : *manquer de raisonnement,* carecer de raciocinio. ‖ Razonamiento (enchaînement d'idées) : *raisonnement fondé,* razonamiento fundado. ‖ FAM. *Raisonnement cornu,* razón de pie de banco.
— SYN. *Argument,* argumento. *Raison,* razón.

raisonner v. intr. Razonar, raciocinar. ‖ Discutir, hacer reflexiones (discuter). ‖ Pensar. ‖ Reflexionar sobre, pensar en : *tu raisonnes toujours trop sur tout,* tú piensas siempre demasiado en todo.
— V. tr. Razonar. ‖ Hablar de (converser sur) : *raisonner politique,* hablar de política. ‖ Hacer entrar en razón, procurar convencer (faire entendre raison). ‖ — *Raisonner comme une pantoufle,* pensar con los pies. ‖ *Raisonner juste,* razonar bien.

raisonneur, euse adj. et s. Razonador, ra; filosofador, ra. ‖ Respondón, ona; discutidor, ra (qui discute les ordres).

raja ou **rajah** [raʒa] m. Rajá (prince hindou).

Rajasthan n. pr. m. Rayastán, Rajastán.

rajeunir v. tr. et intr. Rejuvenecer. ‖ Remozar : *rajeunir une décoration*, remozar un decorado. ‖ Hacer más joven, rejuvenecer : *cette coiffure vous rajeunit*, este peinado le hace más joven. ‖ Renovar (le personnel). ‖ *Cela ne nous rajeunit pas!*, ¡esto nos envejece ! — V. pr. Rejuvenecerse. ‖ Remozarse. ‖ Quitarse años (se dire plus jeune) : *se rajeunir de cinq ans*, quitarse cinco años.

rajeunissant, e adj. Rejuvenecedor, ra.

rajeunissement m. Rejuvenecimiento. ‖ Remozamiento.

rajeunisseur, euse m. y f. (P. us.). Rejuvenecedor, ra ; regenerador, ra.

rajout [raʒu] m. Añadido, añadidura, f.

rajouter v. tr. Añadir (ajouter). ‖ Volver a añadir (ajouter de nouveau). ‖ FAM. *En rajouter*, cargar las tintas, exagerar.

rajustement ou **réajustement** m. Reajuste : *le rajustement des salaires*, el reajuste de los sueldos. ‖ Arreglo, compostura, f.

rajuster ou **réajuster** v. tr. Reajustar, volver a ajustar (ajuster de nouveau). ‖ Componer, arreglar (remettre en état). ‖ Ajustar, encajar bien (adapter).

raki m. Aguardiente de arroz fermentado.

râlant, e adj. Estertoroso, sa ; con el estertor (un moribond). ‖ FAM. Gruñon, ona. ‖ FAM. *C'est râlant*, es molesto *ou* engorroso.

râle m. ZOOL. *Râle d'eau*, rascón, polla de agua (poule d'eau). ‖ *Râle des genêts*, rey de codornices.

râle m. Estertor : *le râle de la mort*, el estertor de la muerte.

râlement m. Estertor (râle). ‖ FAM. Protesta, f.

ralenti m. Ralentí, marcha lenta, f. : *marcher au ralenti*, funcionar al ralentí (un moteur). ‖ Cámara lenta (cinéma). ‖ *Au ralenti*, a marcha lenta, al ralentí (moteur), a cámara lenta (prise de vues), lentamente, lento, despacio (lentement).

ralentir v. tr. Aminorar, disminuir, moderar : *ralentir le pas*, aminorar el paso. ‖ FIG. Reducir, disminuir. ‖ Aminorar la velocidad de, retrasar : *la neige ralentit les voitures*, la nieve retrasa los coches. ‖ (Vx). FIG. Amortizar (émousser). — V. intr. et pr. Ir más despacio (modérer la marche). ‖ Disminuir (diminuer).

ralentissement m. Disminución (f.) de la velocidad. ‖ Disminución, f.

ralentisseur m. Decelerador, moderador.

râler v. intr. Estar con el estertor de la agonía (moribond). ‖ Tener un estertor (un enrhumé). ‖ Mugir, bramar (le tigre, le faon). ‖ FAM. Gruñir, refunfuñar, protestar (grogner).

râleur, euse adj. et s. FAM. Gruñón, ona ; protestón, ona.

ralingue f. MAR. Relinga.

ralinguer v. tr. et intr. MAR. Relingar (une voile).

rallié, e adj. Adherido, da ; adicto, ta. — M. Adherente, adicto. ‖ En Francia, los monárquicos o bonapartistas que se adhirieron a la República.

ralliement [ralimã] m. Reunión, f. ‖ — MIL. Toque de llamada (sonnerie pour rallier). ‖ Adhesión, f. ‖ — *Point de ralliement*, punto *ou* lugar de reunión. ‖ *Signe de ralliement*, señal de reunión.

rallier* [-lje] v. tr. Reunir [lo disperso]. ‖ Ganar, captar (ramener à une cause). ‖ Incorporarse, reintegrar, volver a (rejoindre) : *rallier son poste*, incorporarse a su cargo. ‖ Regresar, volver (rentrer). ‖ Poner de acuerdo. ‖ — *Rallier la terre*, acercarse a tierra. ‖ *Rallier le bord*, regresar a bordo. ‖ *Rallier un port*, ganar un puerto. — V. pr. Reunirse (se réunir). ‖ Adherirse, suscribirse (à une opinion). ‖ Unirse, adscribirse (à un parti). ‖ Fusionarse (s'unir deux partis).

rallonge f. Añadido, *m.*, añadidura. ‖ Ampliación (élargissement). ‖ Alargadera (d'un compas, d'un goniomètre). ‖ Larguero, *m.* (d'une table). ‖ POP. Guante, *m.*, gratificación (dessous de table). ‖ — FAM. *Nom à rallonge*, apellido que no se acaba nunca (très long). ‖ *Table à rallonges*, mesa con largueros *ou* extensible.

rallongement m. Alargamiento.

rallonger* v. tr. Alargar. — V. intr. Alargarse.

rallumer v. tr. Volver a encender. ‖ FIG. Avivar, reanimar.

rallye [rali] m. Rallye.

ramadan m. Ramadán (neuvième mois musulman).

ramage m. Ramaje. ‖ Gorjeo, canto (des oiseaux). ‖ FIG. Gorjeo (des enfants). ‖ Habla, lenguaje, manera (f.) de expresarse (langage). ‖ *À ramages*, rameado, da : *tissu à ramages*, tejido rameado.

ramager* v. tr. Ramear (tissus). — V. intr. Gorjear, cantar (les oiseaux).

ramarder v. tr. Reparar (un filet).

ramas m. Montón, hacina, *f.*, revoltijo (d'objets). ‖ Hato, pandilla, *f.*, banda, *f.* : *ramas de voleurs*, pandilla de ladrones.

ramassage m. Recogida, *f.* : *le ramassage des papiers*, la recogida de los papeles. ‖ Reunión, *f.* (groupement). ‖ *Service de ramassage*, transporte escolar (d'enfants), transporte del personal (d'employés).

ramassé, e adj. Recogido, da (animal). ‖ FAM. Rechoncho, cha (personne).

ramassement m. Recogida, f. ‖ Recogimiento.

ramasse-miettes m. inv. Recogemigas.

ramasser v. tr. Recoger : *ramasser du bois*, recoger leña. ‖ Recoger (recueillir). ‖ Aunar, reunir : *ramasser ses forces*, aunar sus fuerzas. ‖ Condensar, resumir (résumer). ‖ Reunir (rassembler). ‖ Encoger (pelotonner). ‖ FAM. Llevarse, ganarse : *ramasser une gifle*, llevarse una bofetada. ‖ POP. Pescar, agarrar, trincar : *ramasser un voleur*, pescar a un ladrón. ‖ POP. *Ramasser une pelle*, coger una liebre, dar con los huesos en el suelo — V. pr. Acurrucarse, encogerse (se pelotonner) ‖ POP. Levantarse (se relever).

ramasseur, euse m. et f. Recogedor, ra. ‖ Coleccionista (collectionneur). ‖ — *Ramasseur de balles*, recogepelotas. ‖ *Ramasseur de mégots*, colillero. ‖ — F. AGRIC. Recogedor, *m.* ‖ *Ramasseuse de gerbes*, portagavillas.

ramassis [ramɑsi] m. Montón, hacina, *f.*, revoltijo (de choses). ‖ Hato, pandilla, *f.* : *ramassis d'escrocs*, pandilla de estafadores.

rambarde f. MAR. Batayola, barandilla.

rambour ou **rambures** m. Manzano asperiego (variété de pommier). ‖ Manzana (*f.*) asperiega (variété de pomme).

ramdam [ramdam] m. POP. Alboroto, escándalo (vacarme) : *faire du ramdam*, armar escándalo *ou* alboroto.

rame f. ● MAR. Remo, *m.* (aviron). ‖ Resma (de papier). ‖ Tren, *m.*, unidad (métro, train). ‖ AGRIC. Rodrigón, *m.* ‖ MIL. Escalón, *m.* (de convoi automobile). ‖ — *Être à la rame*, andar al remo. ‖ *Faire force de rame*, forzar de remos. ‖ POP. *Ne pas en fiche une rame*, no dar golpe, estar mano sobre mano. — SYN. ● *Aviron*, remo. *Pagaie*, pagaya. *Godille*, espadilla.

ramé, e adj. Encañado, da ; rodrigado, da. (plantes). ‖ *Boulets ramés*, palanquetas.

rameau m. Ramo (petite branche). ‖ ANAT. Ramificación, *f.* ‖ Ramal (d'une mine, d'une montagne, etc.). ‖ FIG. Rama, *f.* (d'une famille). ‖ *Dimanche des Rameaux*, Domingo de Ramos.

ramée f. Enramada (abri). ‖ Ramaje, *m.*, ramada, ramas (*pl.*) cortadas (branches coupées).

ramendage m. Remiendo.

ramender v. tr. AGRIC. Mejorar, volver a abonar (fumer de nouveau). ‖ TECHN. Resanar (les dorures). ‖ Remendar, componer (les filets).

ramendeur, euse m. et f. Remendón, ona.

ramener* [ramne] v. tr. Traer de nuevo, volver a traer, devolver : *je vous ramènerai votre livre demain*, le devolveré su libro mañana. ‖ Llevar de nuevo, volver a llevar : *je dois ramener l'enfant chez le médecin*, debo llevar de nuevo al niño al médico. ‖ Traer consigo : *je ramène un ami à dîner*, traigo conmigo un amigo a cenar. ‖ FIG. Hacer volver : *ramener l'abondance*, hacer volver la abundancia. ‖ Restablecer : *ramener la paix*, restablecer la paz. ‖ Volver : *la charité sort de l'austérité et y ramène*, la caridad sale de la austeridad y vuelve a ella. ‖ Hacer volver : *ramener sur le droit chemin*, hacer volver al buen camino. ‖ Reducir : *la surtaxe a été ramenée de 15 % à 10 %*, la sobretasa ha sido reducida de 15 % a 10%. ‖ Volver a poner, reponer (remettre). ‖ Poner, echarse (mettre) : *ramener ses cheveux en avant*, echarse los pelos hacia adelante. ‖ Echar : *ramener les bras en arrière*, echar los brazos hacia atrás. ‖ Llevar (amener). ‖ Acompañar, llevar (reconduire) : *je vous ramènerai chez vous en voiture*, le llevaré a su casa en coche. ‖ — *Ramener tout à soi*, pensar sólo en sí mismo, hacerlo girar todo alrededor suyo. ‖ — POP. *La ramener*, farolearse, darse tono. ‖ *Tout ramener à*, relacionarlo todo con.
— V. pr. *Se ramener à*, reducirse a.

ramener m. EQUIT. Engallamiento (dressage).

ramequin m. Pastelillo de queso. ‖ Recipiente en el cual se sirve este pastel.

ramer v. intr. Remar : *ramer contre le courant*, remar contra corriente. ‖ POP. Apencar, currelar (travailler beaucoup).
— V. tr. AGRIC. Encañar, rodrigar (les plantes). ‖ FAM. *Il s'y entend comme à ramer les choux*, no sabe donde tiene las narices.

ramereau ou **ramerot** m. Pichón de paloma torcaz.

ramescence [ramɛssã:s] f. (P. us.). Ramificación.

ramette f. Resmilla (de papier). ‖ IMPR. Rama.

rameur, euse m. et f. Remero, ra.

rameuter v. tr. Volver a amotinar. ‖ Atraillar, juntar en jauría (chiens).

rameux, euse adj. Ramoso, sa (qui a beaucoup de branches). ‖ Ramificado, da (qui a beaucoup de ramifications).

rami m. Rami (jeu de cartes).

ramie f. Ramio, *m.* (plante).

ramier m. Paloma (*f.*) torcaz *ou* zurita.

ramification f. Ramificación.

ramifier* v. tr. Ramificar.
— V. pr. Ramificarse.

ramilles [rami:j] f. pl. Ramiza, *sing.*, ramitos, *m. pl.*, támaras.

raminagrobis [raminagrɔbis] m. Micifuz (chat).

ramingue adj. Repropio, pia (cheval).

Ramire n. pr. m. Ramiro.

ramoindrir v. tr. Achicar, volver a disminuir.

ramolli, e adj. et s. FAM. Imbécil, alelado, da; con el cerebro reblandecido.

ramollir v. tr. Reblandecer, ablandar. ‖ FIG. Aflojar, debilitar.
— V. pr. Reblandecerse, ablandarse. ‖ FAM. Volverse imbécil.

ramollissant, e adj. Que ablanda *ou* reblandece. ‖ — Adj. et s. m. Emoliente.

ramollissement m. Reblandecimiento. ‖ FIG. Entontecimiento. ‖ MÉD. Reblandecimiento.

ramonage m. Deshollinamiento. ‖ Escalada (*f.*) de chimenea (escalade).

ramoner v. tr. Deshollinar. ‖ Escalar de chimenea (alpinisme).

ramoneur m. Deshollinador.

rampant, e adj. Rastrero, ra : *animal rampant*, animal rastrero. ‖ FIG. Rastrero, ra; servil : *caractère rampant*, carácter rastrero. ‖ BLAS. Rampante : *lion rampant*, león rampante. ‖ BOT. Rastrero, ra (plantes). ‖ ARCHIT. Inclinado, da; en declive, por tranquil : *arc rampant*, arco por tranquil. ‖ — Adj. et s. m. MIL. FAM. Personal de tierra *ou* que no vuela (dans l'aviation).

rampe f. Barandilla, baranda, pasamanos, *m.* (balustrade d'un escalier). ‖ Rampa (plan incliné). ‖ Rampa, declive, *m.*, pendiente (pente douce). ‖ THÉÂTR. Candilejas, *pl.*, batería de luces (lumières de scène). ‖ Fila de proyectores, batería (aviation). ‖ — *Rampe de lancement*, rampa *ou* plataforma de lanzamiento (de fusées). ‖ — *Feux de la rampe*, candilejas. ‖ POP. *Lâcher la rampe*, hincar el pico, espichar (mourir).

rampeau m. Desquite, revancha, *f.* (revanche). ‖ *Faire o être rampeau*, empatar, quedar empatados *ou* iguales (jeux).

rampement m. Arrastramiento, deslizamiento.

ramper v. intr. Arrastrarse, reptar. ‖ Trepar (le lierre). ‖ FIG. Arrastrarse, rebajarse (s'humilier).

ramponneau m. FAM. Porrazo, metido, empujón.

ramure f. Enramada, ramaje, *m.* (branchage). ‖ Cornamenta (d'un animal).

ranatre f. Chinche de agua.

rancard ou **rencard** [rãka:r] m. POP. Chivateo, soplo (renseignement). ‖ Cita, *f.* (rendez-vous). ‖ POP. *Donner un rancard*, citar.

rancart [rãka:r] **(mettre au)** loc. FAM. Arrinconar, arrumbar.

rance adj. Rancio, cia.
— M. Lo rancio. ‖ *Sentir le rance*, oler a rancio.

rancescible adj. Que puede enranciarse.

ranch [rãʃ] ou **rancho** [rãtʃo] m. Rancho (ferme).

ranche f. Clavija que sirve de peldaño.

rancher m. Ranchero (fermier). ‖ Telero (de charrette).

rancidité f. Ranciedad, rancidez.

rancio m. Vino rancio.

rancir v. intr. Ponerse rancio, enranciarse.

rancissement m. Ranciedad, *f.*, rancidez, *f.*

rancœur f. Rencor, *m.*, resentimiento, *m.*, rencilla.

rançon [rãsɔ̃] f. Rescate, *m.* ‖ FIG. Precio, *m.*, tributo, *m.*, pago, *m.*, contrapartida : *la rançon de la gloire*, el precio de la gloria. ‖ *Mettre à rançon*, exigir *ou* imponer rescate.

rançonnement m. Rescate. ‖ FIG. Robo, exacción, *f.* (extorsion).

rançonner v. tr. Exigir rescate, poner a precio. ‖ Robar, despojar. ‖ FIG. Clavar, desollar (demander un prix excessif).

rançonneur, euse m. et f. Persona (*f.*) que exige un rescate. ‖ Desollador, ra; ladrón, ona; abusón, ona.

rancune f. Rencor, *m.* ‖ FAM. *Sans rancune*, olvidémoslo, hagamos las paces.

rancunier, ère adj. et s. Rencoroso, sa.

randonnée f. Revuelta (chasse). ‖ FAM. Caminata, marcha larga (à pied) : *il fit une longue randonnée*, se dio una larga caminata. ‖ Vuelta, circuito, *m.* (en automobile).

rang [rã] m. Fila, *f.* ‖ Puesto, lugar (place). ‖ ● Categoría, *f.*, clase, *f.*, rango (classe). ‖ Chibalete (d'imprimerie). ‖ Hilada, *f.* (des briques). ‖ Vuelta, *f.* (tricot, collier). ‖ MIL. *Rang d'ancienneté*, orden de antigüedad. ‖ THÉÂTR. *Premier rang*, primera fila, fila delantera. ‖ — MIL. *À vos rangs! fixe!*, ¡firmes! ‖ *De haut rang*, de mucha categoría, de alto rango, de alta condición. ‖ *En rang*, en fila. ‖ FAM. *En rang d'oignons*, en ristra, en hilera. ‖ MIL. *En rangs serrés*, en

orden cerrado. ‖ *Hors rang*, sin par, extraordinario. ‖ MIL. *Par rang de taille*, por estatura. ‖ — *Avoir rang de*, tener rango de, tener el grado de. ‖ — *Garder son rang*, conservar su categoría (sa classe), conservar la formación (militaire). ‖ *Mettre au rang de*, colocar entre. ‖ *Ouvrir, serrer les rangs*, abrir, cerrar las filas. ‖ MIL. *Rompre les rangs*, romper filas. ‖ *Se mettre sur les rangs*, ponerse entre los candidatos *ou* pretendientes. ‖ *Sorti du rang*, oficial procedente de suboficial, patataro (fam.). ‖ *Tenir son rang*, mantener *ou* conservar su rango. ‖ *Tenir un rang honorable*, ocupar una posición honorable.
 — SYN. ● *Classe*, clase. *Catégorie*, categoría. *Condition*, condición. *Caste*, casta.

range f. Hilera de adoquines.
rangé, e adj. Ordenado, da : *une vie rangée*, una vida ordenada. ‖ Comedido, da ; formal, serio, ria. ‖ — *Bataille rangée*, batalla campal. ‖ *Être rangé* o *être rangé des voitures*, estar encajado.
rangée f. Hilera, fila : *une rangée d'arbres*, una hilera de árboles. ‖ Ordenación (tricot).
rangement m. Arreglo, colocación (*f.*) en orden.
ranger* v. tr. ● Ordenar, arreglar, poner en orden : *ranger une pièce*, arreglar un cuarto. | FIG. Colocar, poner : *ranger parmi les meilleurs*, colocar entre los mejores. | Incluir, clasificar : *ranger un auteur parmi les classiques*, clasificar a un autor entre los clásicos. ‖ Guardar, meter : *ranger un livre dans un tiroir*, guardar un libro en un cajón. ‖ Poner en su sitio (mettre à sa place). ‖ Apartar (mettre de côté). ‖ Aparcar (voiture). ‖ Poner en fila (mettre en rang). ‖ FIG. Hacer adoptar, hacer compartir : *il les a tous rangés à son avis*, les ha hecho a todos adoptar su opinión. ‖ MAR. Arranchar, costear (longer) : *ranger une côte*, arranchar una costa, costear.
 — V. pr. Colocarse. ‖ Ponerse en fila (se mettre en rang). ‖ Adoptar, adherirse a : *se ranger à une opinion*, adoptar una opinión. ‖ Echarse *ou* ponerse a un lado, apartarse, dejar paso (s'écarter pour faire place). ‖ FIG. Sentar cabeza, encajarse, llevar una vida ordenada (mener une vie rangée). ‖ — *Se ranger du côté de*, ponerse del lado de, adoptar *ou* tomar el partido de. ‖ *Se ranger sous la bannière de*, alistarse en las filas de.
 — SYN. ● *Aligner*, alinear, poner en fila. *Arranger*, arreglar. *Ordonner*, ordenar. *Classer*, clasificar. *Sérier*, disponer en series.
rangeur, euse m. et f. Ordenador, ra.
rani f. Reina *ou* princesa india. ‖ Mujer de un rajá.
ranidés [ranide] m. pl. ZOOL. Ránidos.
ranimable adj. Reanimable.
ranimation ou **réanimation** f. Reanimación.
ranimer v. tr. Reanimar, animar. ‖ Avivar (le feu).
 — SYN. *Raviver*, reavivar. *Réveiller*, despertar. *Revivifier*, revivificar. *Rafraîchir*, refrescar.
ranz des vaches [rɑ̃:sdɛvaʃ] m. Melodía (*f.*) pastoril suiza.
Raoul n. pr. m. Raúl.
raout [raut] m. Fiesta, *f.*, reunión, *f.*, sarao (fête).
rapace adj. y s. Rapaz. ‖ — M. pl. ZOOL. Rapaces, *f.*
rapacité f. Rapacidad. ‖ FIG. Ávidez, codicia.
râpage m. Raspadura, *f.*, rallado.
rapatrié, e adj. et s. Repatriado, da.
rapatriement [rapatrimɑ̃] m. Repatriación, *f.* ‖ (Vx). Reconciliación, *f.* (réconciliation).
rapatrier* v. tr. Repatriar. ‖ (Vx). Reconciliar (réconcilier).
 — V. pr. Repatriarse.
râpe f. Rallador, *m.*, rallo, *m.* (ustensile de cuisine). ‖ TECHN. Escofina (grosse lime).
râpé, e adj. Raído, da ; gastado, da : *costume*

râpé, traje raído. ‖ Rallado, da : *fromage râpé*, queso rallado.
 — M. Queso rallado. ‖ Rapé, tabaco en polvo (tabac).
râper v. tr. Rallar (le pain, le fromage). ‖ Raspar (user la surface d'un corps). ‖ Limar, escofinar (limer). ‖ FAM. Raer, usar, gastar (les vêtements).
rapetassage m. FAM. Remiendo.
rapetasser v. tr. FAM. Remendar.
rapetasseur, euse m. et f. FAM. Remendón, ona.
rapetissement m. Achicamiento, empequeñecimiento, reducción, *f.*
rapetisser v. tr. Empequeñecer, achicar, reducir.
 — 'V. intr. Disminuir, achicarse. ‖ Acortarse. ‖ Encoger (rétrécir).
 — V. pr. Achicarse.
râpeux, euse adj. Rasposo, sa ; áspero, ra.
Raphaël [rafaɛl] n. pr. m. Rafael.
raphaélesque (rafaelɛsk] adj. Rafaelesco, ca.
raphé m. ANAT. Rafe.
raphia m. Rafia, *f.* (plante et fibre).
rapiat, e [rapja, at] adj. FAM. Roñoso, sa ; roñica.
rapide adj. Rápido, da. ‖ Muy pendiente, muy empinado (très incliné) : *côte rapide*, cuesta muy pendiente.
 — M. Rápido (train, fleuve).
rapidité f. Rapidez.
rapiéçage ou **rapiècement** m. Remiendo.
rapiécer* v. tr. Remendar, poner *ou* echar una pieza.
rapiécetage m. Remiendo.
rapiéceter* v. tr. (Vx). Remendar (rapiécer).
rapière f. Espada, estoque, *m.*
rapin m. Alumno de una escuela de pintura (élève). ‖ Pintorzuelo, pintorcillo (mauvais peintre).
rapine f. Rapiña. ‖ Botín, *m.* (ce qui est ravi).
 — SYN. *Brigandage*, bandidaje, bandolerismo. *Déprédation*, depredación.
rapiner v. intr. Rapiñar, robar, pillar.
 — V. tr. Rapiñar.
rapinerie f. Rapiña.
rapineur, euse m. et f. Ladrón, ona ; ratero, ra.
ra-pla-pla loc. *Être un peu ra-pla-pla*, estar un poco decaído, estar aplatanado, no encontrarse muy católico *ou* pocho *ou* pachucho.
raplatir v. tr. Aplastar de nuevo.
rapointir v. tr. Sacar punta a, afilar la punta de.
rappareillement [raparɛjmɑ̃] m. Emparejamiento, apareamiento.
rappareiller [-je] v. tr. Emparejar de nuevo, aparejar.
rappariement m. Nuevo emparejamiento.
rapparier* v. tr. Emparejar de nuevo.
rappel m. Llamamiento, llamada, *f.* [*Amér.*, llamado]. ‖ Retirada, *f.*, revocación, *f.* (d'un ambassadeur). ‖ THÉÂTR. Llamada (*f.*) a escena. ‖ MIL. Llamada, *f.*, llamamiento : *battre* o *sonner le rappel*, tocar llamada [con tambor o trompeta]. ‖ Notificación, *f.* ‖ FIG. Recuerdo, evocación, *f.* : *le rappel du passé*, el recuerdo del pasado. ‖ Atrasos, *pl.* (paiement). ‖ Canto de las perdices (chant des perdreaux). ‖ TECHN. Retroceso (retour en arrière). ‖ — *Rappel à l'ordre*, llamamiento *ou* llamada al orden. ‖ *Rappel de compte*, pago de un resto de cuenta. ‖ *Rappel d'impôt*, notificación de liquidación de impuestos. ‖ *Rappel d'un vaccin*, revacunación, dosis de recuerdo. ‖ — *Lettre de rappel*, carta de llamada (ambassadeur). ‖ MÉD. *Piqûre de rappel*, revacunación. ‖ TECHN. *Ressort de rappel*, muelle antagonista.
rappelable adj. Susceptible de ser llamado.
rappelé, e adj. et s. Llamado a filas, movilizado (soldat, réserviste).
rappeler* v. tr. Volver a llamar, llamar nuevamente. ‖ Llamar : *rappeler à l'ordre*, llamar al orden. ‖ Volver : *rappeler à la vie*, volver a la

vida. ‖ ● Recordar (faire revenir à la mémoire) : *rappeler un fait*, recordar un hecho. ‖ Retirar, hacer volver : *rappeler un ambassadeur*, retirar un embajador. ‖ Recordar a, parecerse a : *il me rappelle sa mère*, me recuerda a su madre. ‖ THÉÂTR. Llamar a escena. ‖ — *Rappeler ses esprits*, recobrar el sentido, volver en sí. ‖ *Rappeler sous les drapeaux*, llamar a filas. ‖ — *Pour autant que je me rappelle*, si mal no recuerdo, si mi memoria no me engaña. ‖ *Veuillez me rappeler au bon souvenir de*, dele recuerdos a.
— V. pr. Recordar, acordarse de : *se rappeler quelque chose*, recordar una cosa.
— OBSERV. El verbo pronominal francés va seguido de un complemento directo (*se rappeler une chose*, recordar una cosa) y no es correcto emplear la preposición de excepto con un infinitivo (*je me rapelle de l'avoir vu*, recuerdo haberle visto). Es incorrecto decir *je m'en rappelle* en lugar de *je me le rappelle* o de *je m'en souviens*. La expresión *je m'en rappelle* es correcta solamente si *en* es complemento del nombre y no del verbo: *cet événement est arrivé, je m'en rappelle toutes les circonstances*, ese acontecimiento sucedió y recuerdo todas sus circunstancias.
— SYN. ● *Retracer*, retrazar. *Évoquer*, evocar. *Se souvenir*, acordarse. *Se remémorer*, rememorar.

rappliquer v. intr. Volver a aplicar. ‖ POP. Presentarse, acudir (venir).

rappointis m. Clavo para sostener el yeso.

rapport [rapɔːr] m. Producto, rendimiento : *le rapport d'une terre*, el producto de una tierra ; *terre en plein rapport*, tierra en pleno rendimiento. ‖ Renta, f. : *immeuble de rapport*, inmueble de renta. ‖ Analogía, f., similitud, f. : *le rapport de deux caractères*, la similitud de dos caracteres. ‖ ● Relación, f. : *le rapport entre deux choses*, la relación entre dos cosas. ‖ Relación, f., trato : *être en bons rapports*, estar en buenas relaciones. ‖ Relación, f., relato (récit). ‖ Informe : *présenter un rapport au directeur*, presentar un informe al director. ‖ Informe, ponencia, f. : *le rapport de la commission*, el informe de la Comisión. ‖ DR. Dictamen, informe (d'experts). ‖ Relación, f. (d'un juge). ‖ Reintegro, restitución, f., colación, f. (dans une succession). ‖ Rendición, f. (des comptes). ‖ Contacto sexual. ‖ MIL. Informe, parte. ‖ MATH. Razón, f. ‖ — MATH. *Rapport des masses*, relación de las masas. ‖ *Terres de rapport*, tierras de acarreo. ‖ — *En rapport avec*, en relación con, conforme a. ‖ *Par rapport à*, con relación a, en comparación con, respecto a (en comparaison). ‖ *Sous le rapport de*, desde el punto de vista de, con respecto a. ‖ *Sous tous les rapports*, en todos los aspectos, desde cualquier punto de vista. ‖ — *Avoir rapport à*, tener relación con, referirse a. ‖ *Entretenir des rapports d'amitié*, mantener relaciones amistosas. ‖ *Être sans rapport avec* o *n'avoir aucun rapport avec*, no tener nada que ver con. ‖ *Faire le rapport entre*, relacionar con. ‖ *Mettre en rapport*, poner en relación o en contacto.
— SYN. ● *Correspondance*, correspondencia. *Relation*, relación. *Corrélation*, correlación.

rapportable adj. Relacionable, imputable. ‖ Acarreable, transportable.

rapporté, e adj. Vuelto a traer, traido de nuevo. ‖ Adicional : *morceaux rapportés*, trozos adicionales.

rapporter v. tr. Volver a traer, traer de nuevo (apporter de nouveau). ‖ Traer : *rapporter des cigares de La Havane*, traer cigarros puros de La Habana. ‖ Devolver, restituir, traer (restituer). ‖ Producir, dar : *cette terre rapporte beaucoup de blé*, esta tierra da mucho trigo. ‖ Proporcionar : *rapporter du profit*, proporcionar provecho. ‖ Acarrear, transportar, traer. ‖ Relacionar (rapprocher). ‖ Relatar, referir : *rapporter des faits intéressants*, relatar hechos interesantes. ‖ Infor-

mar de, hacer un informe de : *rapporter les décisions d'une commission*, informar de las decisiones de una Comisión. ‖ Contar, decir, acusar (redire indiscrètement) : *personne qui rapporte tout*, persona que lo cuenta todo. ‖ FAM. Acusar, chivarse (moucharder). ‖ Alegar, citar. ‖ FIG. Atribuir (rattacher à). ‖ Añadir, agregar (ajouter). ‖ Hacer remontar, trasladar (faire remonter). ‖ Revocar, anular (une loi, un décret, etc.). ‖ GÉOM. Transportar, llevar al papel, trasladar. ‖ DR. Colacionar, traer a colación (dans une succession). ‖ Informar, exponer, dictaminar (un procès). ‖ Comparar, convertir (des mesures, des monnaies étrangères). ‖ Cobrar (à la chasse). ‖ *Rapporter tout à soi*, hacerlo girar todo alrededor suyo.
— V. intr. Dar beneficio *ou* dinero, rentar. ‖ FAM. Chivarse. ‖ Cobrar : *chien qui rapporte bien*, perro que cobra bien.
— V. pr. Corresponder, estar relacionado con, relacionarse, referirse. ‖ Adaptarse, ajustarse (se joindre). ‖ GRAMM. Referirse. ‖ *S'en rapporter à*, remitirse a (s'en remettre), fiarse de, confiar en, atenerse a.

rapporteur, euse adj. et s. Soplón, ona ; chivato, ta ; acusica, acusón, ona. ‖ — M. Ponente (d'une assemblée) [*Amér*., informador, relator]. ‖ GÉOM. Transportador (dessin).

rapprendre *ou* **réapprendre*** v. tr. Aprender de nuevo.

rapproché, e adj. Vecino, na ; cercano, na (proche, voisin). ‖ FIG. Parecido, da ; similar (peu différent). ‖ Seguido, da : *enfants rapprochés*, niños seguidos.

rapprochement m. Acercamiento, aproximación, f. ‖ Comparación, f., paralelo, cotejo (comparaison). ‖ FIG. Reconciliación, f., acercamiento (réconciliation).

rapprocher v. tr. Acercar a, aproximar a, arrimar a : *rapprocher un fauteuil de la table*, acercar un sillón a la mesa. ‖ Comparar, cotejar (comparer, confronter). ‖ Acortar, disminuir, hacer desaparecer (des distances). ‖ FIG. Reconciliar. ‖ Unir : *le malheur rapproche ceux qui souffrent*, la desdicha une a los que sufren.
— V. pr. Acercarse. ‖ Parecerse, asemejarse, ser similar : *son éducation se rapprochait de la mienne*, su educación se parecía a la mía. ‖ Unirse : *ses sourcils noirs se rapprochaient légèrement*, sus negras cejas casi se unían.

rapsode m. et ses dérivés, v. RHAPSODE.

rapt [rapt] m. Rapto.

râpure f. Raspadura, ralladura.

raquer v. intr. POP. Soltar la mosca, pagar.

raquette f. Raqueta (jeux). ‖ Penca (feuille du nopal). ‖ Raqueta, barajón, *m.* (patin pour la neige).

rare adj. ● Raro, ra (peu fréquent). ‖ Escaso, sa ; poco abundante (végétation). ‖ Ralo, la : *barbe rare*, barba rala. ‖ PHYS. Raro (gaz). ‖ — *Les vivres sont rares*, los víveres son escasos *ou* escasean. ‖ *Oiseau rare*, mirlo blanco. ‖ FAM. *Vous devenez bien rare* o *vous vous faites bien rare*, se le ve a usted muy poco.
— SYN. ● *Exceptionnel*, excepcional. *Inaccoutumé*, desacostumbrado, inacostumbrado. *Unique*, único. *Curieux*, curioso. *Extraordinaire*, extraordinario.

raréfaction f. Rarefacción, enrarecimiento, *m.* ‖ *Raréfaction des naissances*, disminución de la natalidad.

raréfiant, e adj. Rarificativo, va ; rarificante.

raréfier* v. tr. Rarificar, rarefacer (mots savants), enrarecer (mot courant).

rarement [rarmɑ̃] adv. Rara vez, raramente, en muy pocas ocasiones, muy pocas veces.

rarescent, e adj. Enrarecido, da ; que se rarifica.

rareté f. Rareza. ‖ Enrarecimiento, *m.*, rarefacción (de l'air).

— OBSERV. Le mot espagnol a surtout le sens d' « étrangeté », « excentricité ».

rarissime adj. Rarísimo, ma.

ras, e [rɑ, rɑːz] adj. Corto, ta (court) : *chien à poil ras*, perro de pelo corto. ‖ Afeitado, da ; apurado, da (rasé) : *barbe rase*, barba afeitada. ‖ Raso, sa. ‖ Liso, sa : *velours ras*, terciopelo liso. ‖ — *À ras bord*, colmado. ‖ *Au ras de*, *à ras de*, al nivel de, a ras de, ras con ras. ‖ *Rase campagne*, campo raso. ‖ — *Couper les cheveux ras*, cortar el pelo al rape, rapar. ‖ *Faire table rase*, hacer tabla rasa.

rasade f. Vaso (*m.*) lleno. ‖ Gran trago, *m.*, tragantada : *boire une rasade de*, echarse *ou* beber un gran trago de.

rasage m. Tundido (tissus). ‖ Afeitado (barbe).

rasance f. MIL. Rasancia.

rasant, e adj. MIL. Rasante : *tir rasant*, tiro rasante. ‖ FAM. Pesado, da ; latoso, sa (ennuyeux). ‖ *Rasant le sol*, rasando el suelo.

rascasse f. Rescaza (poisson).

rasement m. Arrasamiento.

rase-mottes (en) loc. adv. AVIAT. A ras de tierra, rasando el suelo, rasante (vol).

raser v. tr. Afeitar, rasurar (p. us.) : *raser la barbe*, afeitar la barba. ‖ Rapar : *raser le crâne*, rapar la cabeza. ‖ Arrasar, derribar (démolir). ‖ Descolmar (rader). ‖ TECHN. Tundir (tissus), apelambrar (peau). ‖ FIG. Rozar (frôler), rasar (mot techn.). ‖ MAR. Desarbolar (un navire). ‖ MIL. Desmantelar : *raser un fort*, desmantelar un fuerte. ‖ FAM. Dar la lata *ou* el tostón, ser pesado : *cette personne me rase*, esta persona me da la lata. ‖ Fastidiar, molestar, ser una lata (déranger). ‖ Ser una lata : *ce livre me rase*, este libro es una lata para mí. ‖ — *Raser le mur*, pasar rozando la pared. ‖ *Se faire raser*, afeitarse.

— V. pr. Afeitarse. ‖ FAM. Aburrirse (s'ennuyer). ‖ *Se raser de près*, apurar bien.

rasette f. Rajeta (tissu). ‖ AGRIC. Cuchilla delantera, escarda del arado.

raseur, euse m. et f. Rapador, ra. ‖ Tundidor, ra (de tissu). ‖ — Adj. y s. FAM. Pesado, da ; pelma, pelmazo, za (personne ennuyeuse).

rash [raʃ] m. Sarpullido, erupción, *f.*

rasibus [razibys] adv. Ras con ras, a ras de, rasando.

rasoir m. Navaja (*f.*) de afeitar, navaja (*f.*) barbera (à lame non protégée). ‖ Maquinilla (*f.*) de afeitar (avec lame de sûreté). ‖ — *Coupe au rasoir*, corte de pelo a la navaja. ‖ *Lame de rasoir*, hoja de afeitar. ‖ *Rasoir électrique*, afeitadora, maquinilla de afeitar eléctrica, rasurador. ‖ — Adj. POP. Pesado, da ; molesto, ta.

rassasiant, e adj. Que sacia, que harta.

rassasié, e adj. Harto, ta ; saciado, da.

— SYN. *Repu*, ahíto. *Saturé*, saturado.

rassasiement [rasazimɑ̃] m. Saciedad, *f.*, hartura, *f.*

rassasier* [-zje] v. tr. Saciar, hartar.

rassemblement m. Reunión, *f.* ‖ Concentración, *f.*, aglomeración, *f.* ‖ Grupo, agrupación, *f.* ‖ Recolección, *f.* (obtention). ‖ MIL. Formación, *f.* — Interj. MIL. ¡A formar !

rassembler v. tr. Juntar. ‖ Reunir, agrupar (grouper). ‖ FIG. Concentrar (concentrer). ‖ Poner en orden (remettre en ordre). ‖ Recoger el caballo (équitation). ‖ MIL. Formar. ‖ — *Rassembler ses forces*, reunir sus fuerzas. ‖ *Rassembler ses idées*, poner en orden sus ideas.

rasseoir* [raswaːr] v. tr. Sentar de nuevo. ‖ (P. us.). Volver a poner (replacer).

— V. pr. Sentarse de nuevo.

rassérénement m. Serenamiento, sosiego.

rasséréner* v. tr. Serenar, sosegar (rendre le calme). ‖ Despejar : *ciel rasséréné*, cielo despejado.

rassir v. intr. Eudurecerse (pain).

rassis, e adj. Vuelto a sentar. ‖ Sentado, da (réfléchi) : *esprit rassis*, cabeza sentada. ‖ Sereno, na ; tranquilo, la (calme). ‖ *Pain rassis*, pan sentado, pan duro.

rassortiment ou **réassortiment** m. Nuevo surtido.

rassurant, e adj. Tranquilizador, ra.

rassurer v. tr. Tranquilizar, calmar (rendre la tranquillité).

rasta m. FAM. Rastacuero.

rastaquouère m. Rastacuero, advenedizo, vividor.

rastel m. Reunión (*f.*) para beber.

rat [ra] adj. FIG. Roñoso, sa ; roñica, tacaño, ña (avare).

— M. ZOOL. Rata, *f.* ‖ — *Rat de bibliothèque*, ratón de biblioteca. ‖ *Rat-de-cave*, torcida de cera, cerilla larga (bougie), inspector de contribuciones. ‖ FAM. *Rat d'église*, chupacirios, beato. ‖ *Rat d'hôtel*, rata *ou* ratero de hotel. ‖ *Rat musqué*, ratón almizclero. ‖ — *Mort-aux-rats*, matarratas. ‖ *Petit rat*, joven bailarina de la Ópera de París. ‖ — *Être fait comme un rat*, estar más perdido que Carracuca. ‖ *S'ennuyer comme un rat mort*, aburrirse como una ostra.

rata m. POP. Guisote, rancho. ‖ MIL. Rancho.

ratafia m. Ratafía, *f.* (liqueur).

ratage m. Fallo. ‖ Fracaso (échec).

ratanhia m. Ratania, *f.* (plante).

rataplan ! interj. ¡Rataplán ! (du tambour).

ratapoil m. FAM. Militarista.

ratatiné, e adj. FAM. Arrugado, da ; avellanado, da ; acartonado, da ; apergaminado, da (ridé).

ratatiner v. tr. FAM. Hacer añicos, hacer polvo (abîmer). ‖ Encoger (rapetisser).

— V. pr. Arrugarse, apergaminarse (se rider).

ratatouille [ratatuj] f. FAM. Guisote, *m.*, comistrajo, *m.*, rancho, *m.* (ragoût grossier). ‖ *Ratatouille niçoise*, pisto.

rate f. ANAT. Bazo, *m.* ‖ Rata (femelle du rat).

— FIG. *Ne pas se fouler la rate*, no matarse trabajando, no dar golpe, ser un vago. ‖ FIG. et FAM. *Se dilater* ou *se désopiler la rate*, reírse a carcajadas, desternillarse de risa.

raté, e adj. Fallado, da. ‖ Mal hecho, cha : *une robe ratée*, un vestido mal hecho. ‖ Fracasado, da ; frustrado, da.

— M. Fallo (de coup de feu, d'allumage). ‖ FIG. Fracasado (écrivain, acteur, etc.). ‖ — *Avoir des ratés*, fallar, ratear (moteur).

— Interj. ¡Por poco !

râteau m. AGRIC. Rastrillo (à main), rastro (à cheval). ‖ TECHN. Rastrillo (de serrures). ‖ Raqueta, *f.* (croupier). ‖ *Râteau faneur*, rastro henificador.

ratel m. Ratel (sorte de blaireau).

râtelage m. Rastrillado, rastrillaje.

râtelée f. Rastrillada.

râteler* v. tr. Rastrillar.

râteleur, euse m. y f. Rastrillador, ra.

râtelier m. Pesebre, comedero (pour les animaux). ‖ FIG. et FAM. Dentadura, *f.* (rangées de dents). ‖ Dentadura (*f.*) postiza (fausses dents). ‖ Herramental (d'un menuisier). ‖ Portabobinas, *f. pl.* (cantre). ‖ Percha, *f.* (outils). ‖ Taquera, *f.* (billard). ‖ MAR. Cabillero. ‖ — MIL. *Ratelier d'armes*, armero. ‖ FIG. et FAM. *Manger à tous les râteliers*, servir a Dios y al diablo, sacar partido *ou* tajada de todas partes.

râtelures f. pl. Rastrilladas.

rater v. intr. Fallar, errar, marrar (une arme). ‖ Fallar (un moteur). ‖ FIG. Fracasar (échouer).

— V. tr. Fallar, marrar, errar el tiro. ‖ Perder : *rater le train*, perder el tren. ‖ FAM. No ver, no encontrar : *je l'ai raté hier à la sortie du théâtre,* ayer no le encontré a la salida del teatro. ‖ FIG. Dejar escapar (laisser échapper) : *rater une place,* dejar escapar una colocación. ‖ Hacer mal (un travail). ‖ — *Rater sa vie,* malograr la vida, fracasar. ‖ FIG. et FAM. *Rater un examen,* ser suspendido en un examen.

ratiboiser v. tr. FAM. Limpiar, afanar, mangar (rafler), pelar (prendre l'argent). ‖ POP. Apiolar, cargarse (tuer). ‖ Arruinar.

raticide m. Raticida.

ratier adj. De las ratas. — M. Perro ratero. ‖ — F. Ratonera (piège).

ratification f. Ratificación.

ratifier* v. tr. Ratificar.

ratinage m. TECHN. Frisado de las telas.

ratine f. Ratina (tissu).

ratiner v. tr. Frisar (les étoffes).

ratineuse f. Frisadora.

ratio m. Ratio (en comptabilité).

ratiocination f. (P. us.). Raciocinio, *m.*

ratiociner v. intr. Raciocinar.

— OBSERV. Dícese más *raisonner* (razonar).

ration f. Ración. ‖ *Mettre à la ration,* racionar.

rational m. Racional (des juifs).

rationalisation f. Racionalización.

rationaliser v. tr. Racionalizar.

rationalisme m. Racionalismo.

rationaliste adj. et s. Racionalista.

rationalité f. Racionalidad.

rationnaire adj. et s. Racionado, da ; racionista.

rationnel, elle adj. Racional. ‖ — M. Lo racional.

rationnement m. Racionamiento : *carte de rationnement,* cartilla de racionamiento.

rationner v. tr. Racionar.

ratissage m. AGRIC. Rastrillaje, rastrillado. ‖ MIL. Operación (*f.*) de limpieza.

ratisser v. tr. Rastrillar, pasar el rastrillo (avec un râteau). ‖ FAM. Limpiar, birlar, pelar (ratiboiser). ‖ MIL. Hacer una operación de limpieza. ‖ FAM. *Je me suis fait ratisser au casino,* me limpiaron *ou* me pelaron en el casino.

ratissoire f. ou **ratissoir** m. Rastrillo, *m.*

ratissure f. Rastrillada.

ratites [ratit] m. pl. Aves (*f.*) corredoras.

raton m. Ratoncillo (petit rat). ‖ Pastel de queso (gâteau). ‖ *Raton laveur,* mapache, oso lavador.

rattachement m. Atadura, *f.* ‖ FIG. Relación, *f.,* conexión, *f.,* enlace (rapport). ‖ Incorporación, *f.,* unión, *f.,* integración, *f.* (territoire). ‖ Adhesión, *f.* (à un parti).

rattacher v. tr. Atar (attacher). ‖ Atar de nuevo (attacher de nouveau). ‖ Incorporar, unir : *rattacher la Savoie à la France,* incorporar Saboya a Francia. ‖ FIG. Relacionar, ligar (relier) : *rattacher un fait à un autre,* relacionar un hecho con otro. ‖ Unir, vincular ; *elle seule me rattachait au pays,* solamente ella me vinculaba al país. ‖ *Être rattaché à,* depender de : *service rattaché au Ministère,* servicio que depende del Ministerio. — V. pr. Atarse, sujetarse. ‖ FIG. Apegarse, cobrar apego a. ‖ Tener conexión, relacionarse. ‖ Relacionarse, ligarse (se lier à).

rattrapage m. Desquite (d'un dommage). ‖ Recuperación, *f.* (du retard). ‖ Alcance (d'une voiture). ‖ *Cours de rattrapage,* clase atrasada.

rattraper v. tr. Volver a coger, coger (attraper). ‖ Alcanzar, coger (atteindre). ‖ Recobrar, recuperar : *rattraper le temps perdu,* recuperar el tiempo perdido. ‖ Arreglar, reparar (une bêtise, une gaffe). ‖ — FIG. *On ne m'y rattrapera plus,* no me cogerán en otra. ‖ *Si je le rattrape !...,* ¡si cae en mis manos !

— V. pr. Desquitarse (d'une perte, d'un échec). ‖ Recuperarse, recobrarse (se remettre). ‖ Aga-

rrarse, asirse : *se rattraper à une branche,* agarrarse de *ou* a una rama.

raturage m. Tachadura, *f.* ‖ Raspadura, *f.,* raspado (action de raturer).

rature f. Tachadura, tachón, *m.* (trait de plume).

raturer v. tr. Tachar, rayar, borrar (effacer). ‖ Raspar (gratter).

raucheur m. Minero.

raucité f. (P. us.). Ronquera (de la voix).

rauque adj. ● Ronco, ca. ‖ POÉT. Rauco, ca.

— OBSERV. Le mot espagnol *ronco* a aussi le sens d' « enroué ».

— SYN. ● *Enroué,* ronco. *Guttural,* gutural.

rauquement m. Rugido (du tigre).

rauquer v. intr. Rugir (le tigre).

ravage m. Estrago, destrozo, devastación, *f.* : *faire des ravages,* causar estragos, *f.* ‖ FIG. Estrago : *les ravages de la peur,* los estragos del miedo. ‖ Achaque : *les ravages du temps,* los achaques de la vejez.

ravagé, e adj. Asolado, da ; devastado, da. ‖ FIG. Descompuesto, ta ; destrozado, da ; desfigurado, da : *visage ravagé par la douleur,* cara descompuesta por el dolor.

ravager* v. tr. Asolar, causar estragos, destrozar, devastar.

— SYN. *Dévaster,* devastar. *Infester,* infestar. *Ruiner,* arruinar. *Saccager,* saquear.

ravageur m. Devastador, estragador. ‖ (Vx). Raquero [el que busca despojos de barcos en las costas].

ravageuse f. FAM. Fulana, furcia.

raval m. Ahondamiento (d'un puits).

ravalement m. Revoque, enlucido (enduit). ‖ Ángulo entrante en una obra (enfoncement). ‖ TECHN. Rebajo, rebajamiento (du bois). ‖ FIG. Hundimiento (affaissement).

ravaler v. tr. Volver a tragar (avaler de nouveau), tragar (avaler). ‖ FIG. Contener, reprimir (colère, larmes). ‖ AGRIC. Desmochar (un arbre). ‖ Rebajar (le bois). ‖ FIG. Rebajar, disminuir, quitar valor, poner por los suelos (le mérite, la valeur). ‖ Revocar (une façade). ‖ *Je lui ferai bien ravaler ses paroles,* se acordará mucho de lo que ha dicho.

— V. pr. Rebajarse, envilecerse.

ravaleur adj. et s. m. Revocador (ouvrier).

ravaudage m. Zurcido (reprise). ‖ Remiendo (raccommodage).

ravauder v. tr. Zurcir (repriser), remendar (raccommoder).

ravaudeur, euse m. et f. Remendón, ona.

rave f. Naba (radis).

ravelin m. Revellín. ‖ (Vx). Zapato viejo.

ravenala m. BOT. Ravenala, *f.*

ravenelle f. BOT. Rabanillo, *m.* (radis). ‖ Mostaza silvestre.

ravi, e adj. Encantado, da (charmé). ‖ Arrebatado, da. ‖ Embelesado, da (extasié). ‖ *Ravi de vous connaître,* encantado de conocerle.

ravier m. Fuente (*f.*) *ou* platillo para los entremeses.

ravière f. Nabar, *m.,* plantío (*m.*) de nabos.

ravigote f. Salsa verde.

ravigoter v. tr. FAM. Vigorizar, reanimar, entonar (remettre en forme).

ravilir v. tr. Envilecer (avilir), rebajar (rabaisser).

ravin m. Barranco. ‖ Hondonada, *f.* (vallée encaissée).

ravine f. Avenida, torrente, *m.* (cours d'eau). ‖ Torrentera, arroyada, barranco, *m.* (ravin).

raviné, e adj. Cortado, da ; quebrado, da (terrain).

ravinement [ravinmã] m. Abarrancamiento.

raviner v. tr. Abarrancar, formar barrancos, arroyar. ‖ FIG. Arrugar, surcar de arrugas : *visage*

raviné par les soucis, cara surcada de arrugas a causa de las preocupaciones.
ravineux, euse adj. Abarrancado, da.
ravioli m. pl. Ravioles, raviolis.
ravir v. tr. Arrebatar, quitar (enlever de force). ‖ Raptar, robar (une personne). ‖ Fig. Encantar : *sa façon de chanter me ravit,* su manera de cantar me encanta ; *je suis ravi de vous voir,* estoy encantado de verle. ‖ *À ravir,* a las mil maravillas, de maravilla, que es un primor.
raviser (se) v. pr. Cambiar de opinión, echarse atrás, mudar de parecer.
ravissant, e adj. Fig. Encantador, ra (charmant) : *beauté ravissante,* belleza encantadora. ‖ Arrebatador, ra (qui s'empare). ‖ Raptor, ra ; rapaz : *animal ravissant,* animal rapaz. ‖ Blas. Rampante.
ravissement m. Arrobamiento, arrebato (extase). ‖ Rapto : *le ravissement d'Hélène,* el rapto de Helena. ‖ Encanto (enchantement). ‖ *Être dans le ravissement,* estar encantado *ou* arrobado.
ravisseur, euse adj. et s. Raptor, ra. ‖ Rapaz : *les loups ravisseurs,* los lobos rapaces. ‖ Arrebatador, ra (qui prend de force). ‖ Ladrón, ona (voleur).
ravitaillement [ravitajmã] m. Abastecimiento, suministro. ‖ Mil. Avituallamiento, aprovisionamiento. ‖ Compra, f. : *s'occuper du ravitaillement,* ocuparse de la compra. ‖ *Ravitaillement en vol,* abastecimiento en vuelo.
ravitailler [-je] v. tr. Abastecer, aprovisionar, suministrar. ‖ Mil. Avituallar, aprovisionar.
— V. pr. Repostarse (essence).
ravitailleur [-jœ:r] adj. et s. m. Abastecedor. ‖ Mar. Barco nodriza. ‖ Aviat. Avión nodriza.
ravivage m. Decapado, desoxidación, f. (des métaux). ‖ Avivamiento (des couleurs).
raviver v. tr. Reavivar, avivar (couleur). ‖ Atizar, avivar : *raviver le feu,* atizar el fuego. ‖ Reanimar : *liqueur qui ravive les forces,* licor que reanima las fuerzas. ‖ Fig. Refrescar, reavivar (des souvenirs). ‖ Techn. Decapar, desoxidar.
ravoir* v. tr. Recobrar, recuperar.
— Observ. Este verbo sólo se usa en infinitivo.
rayage [rɛja:ʒ] ou **rayement** [-rɛmã] m. Rayado, estriado (d'un canon).
rayé, e [rɛje] adj. Rayado, da. ‖ Listado, da ; de rayas (tissu). ‖ Estriado, da (un canon).
rayer* v. tr. Rayar. ‖ Listar (étoffe). ‖ Tachar, borrar (effacer). ‖ Quitar (enlever). ‖ Estriar (un canon). ‖ Fig. Excluir, radiar, eliminar : *rayer des listes,* excluir de las listas. ‖ — *Rayer quelqu'un de ce monde ou du nombre des vivants,* suprimirle a uno (tuer), echar a uno en el olvido (oublier). ‖ *Rayez cela de vos papiers, de vos tablettes,* eso, quíteselo usted de la cabeza.
rayère f. (P. us.). Tronera, aspillera (ouverture étroite).
ray-grass [rɛgras] m. Césped inglés, ballico, vallico (plante).
Raymond [rɛmɔ̃] n. pr. m. Raimundo, Ramón.
rayon [rɛjɔ̃] m. Rayo (de lumière, du soleil) : *darder des rayons,* arrojar rayos. ‖ Géom. Radio : *rayon de courbure,* radio de curvatura. ‖ Radio, rayo (d'une roue). ‖ Agric. Surco (sillon). ‖ Bot. Radio (d'écorce). ‖ Anaquel, tabla, f., estante, plúteo (étagère). ‖ Sección, f., departamento (partie d'un magasin) : *le rayon des cravates,* la sección de corbatas. ‖ Fig. Rayo, viso, destello (lueur). ‖ Resquicio : *un rayon d'espoir,* un resquicio de esperanza. ‖ Radio : *rayon d'action,* radio de acción ; *dans un rayon de vingt kilomètres,* en un radio de veinte kilómetros. ‖ — *Rayon de braquage,* radio de giro (d'un véhicule). ‖ *Rayon de miel,* panal. ‖ *Rayons cathodiques, cosmiques, X,* rayos catódicos, cósmicos, X. ‖

Rayon visuel, visual. ‖ — *Chef de rayon,* jefe de sección *ou* de departamento. ‖ — Fam. *Ce n'est pas mon rayon,* no es asunto mío. | *Il en connaît un rayon,* sabe un rato de eso.
rayonnage m. Agric. Trazado de surcos. ‖ Estantería, f., anaquelería, f. (d'une bibliothèque).
rayonnant, e adj. Radiante (radieux). ‖ Resplandeciente (resplendissant). ‖ — *Chaleur rayonnante,* calor radiante *ou* por irradiación. ‖ *Pouvoir rayonnant,* poder de radiación. ‖ — *Être rayonnant de bonheur,* no caber en sí de gozo, estar loco de contento, rebosar de alegría.
rayonne f. Rayón, *m.*, rayona, seda artificial.
rayonné, e adj. Radiado, da.
— M. pl. Zool. Radiados.
rayonnement m. Brillo, resplandor. ‖ Radiación, f., irradiación, f. : *le rayonnement de la chaleur,* la radiación del calor. ‖ Difusión, f., expansión, f. (propagation). ‖ Fig. Proyección, f., irradiación, f., influencia, f. : *le rayonnement de la culture,* la proyección de la cultura. ‖ *Surface de rayonnement d'un radiateur,* superficie radiante de un radiador.
rayonner v. intr. Radiar, irradiar (émettre des rayons). ‖ Brillar. ‖ Resplandecer de felicidad, de alegría : *son visage rayonne,* su rostro resplandece de felicidad. ‖ Ir a diferentes puntos [desde un centro]. ‖ Agric. Trazar surcos. ‖ Fig. Influir, tener proyección *ou* ascendiente. ‖ Phys. Irradiar, emitir radiaciones. ‖ — *Rayonner de bonheur,* no caber en sí de gozo, estar loco de contento, rebosar de alegría.
rayure f. Rayado, *m.*, rayadura (trace). ‖ Raya (raie). ‖ Lista, raya (de couleur). ‖ Estría (d'arme à feu).
raz [rɑ] m. Mar. Paso, estrecho (chenal). | Corriente (f.) marina (courant). ‖ *Raz de marée,* maremoto.
— Observ. La expresión *raz de marée,* es invariable.
razzia [ra(d)zja] f. Correría, razzia.
razzier* [-(d)zje] v. tr. Efectuar una correría en.
ré m. inv. Mus. Re.
réa m. Mar. Roldana, f. (poulie).
réabonnement m. Nueva (f.) suscripción, renovación (f.) de suscripción (à un journal), nuevo abono, renovación (f.) de abono (au théâtre).
réabonner v. tr. Renovar la suscripción de (journal) *ou* el abono de (théâtre).
réabsorber v. tr. Reabsorber, absorber de nuevo.
réabsorption f. Reabsorción.
réaccoutumer v. tr. Acostumbrar nuevamente, volver a acostumbrar.
réacheminer v. tr. Encaminar de nuevo, volver a mandar.
réactance f. Électr. Reactancia.
réacteur m. Phys. et Mécan. Reactor.
réactif, ive adj. et s. m. Reactivo, va.
réaction f. Reacción : *avion à réaction,* avión de reacción. ‖ *Réaction en chaîne,* reacción en cadena.
réactionnaire adj. et s. Reaccionario, ria.
réactivation f. Reactivación.
réactiver v. tr. Reactivar. ‖ Avivar (une flamme).
réactivité f. Reactividad.
réadaptation f. Readaptación.
réadapter v. tr. Readaptar, adaptar de nuevo.
réadjudication f. Nueva adjudicación.
réadmission f. Readmisión, nueva admisión.
ready [redi] adj. Preparado, listo (tennis).
réaffirmation f. Reafirmación, nueva afirmación.
réaffirmer v. tr. Reafirmar, volver a afirmar.
réagir v. tr. Reaccionar : *il a réagi rapidement,* ha reaccionado rápidamente. ‖ Chim. Reaccionar.
réajourner v. tr. Aplazar de nuevo.
réajuster v. tr. V. Rajuster.

réal, e adj. (Vx). Real.
— M. ou f. Real, *m.* (monnaie espagnole).
— OBSERV. El plural de la palabra francesa *réal* es *réales.*
réalésage m. MÉCAN. Rectificado (de cylindre).
réaléser v. tr. MÉCAN. Rectificar.
réalgar m. MIN. Rejalgar.
réalisable adj. Realizable.
réalisateur, trice adj. et s. Realizador, ra. ‖ — M. Realizador (cinéma, télévision). ‖ Realizador (œuvre).
réalisation f. Realización.
réaliser v. tr. Realizar, hacer : *impossible à réaliser,* imposible de realizar. ‖ Hacer : *réaliser des bénéfices,* hacer beneficios. ‖ Llevar a cabo *ou* a bien, ejecutar, realizar : *réaliser un projet,* llevar a cabo un proyecto. ‖ Darse cuenta de, percatarse de : *réaliser l'importance des difficultés,* darse cuenta de la importancia de las dificultades. ‖ Cumplir, realizar (un vœu). ‖ Dirigir, realizar (un film). ‖ DR. Realizar : *réaliser ses biens,* realizar sus bienes.
— V. pr. Realizarse. ‖ Cumplirse, realizarse (un vœu).
réalisme m. Realismo.
réaliste adj. et s. Realista.
réalité f. Realidad. ‖ — *En réalité,* en realidad. ‖ *Être bien dans la réalité,* tener los pies en la tierra. ‖ *Prendre ses désirs pour des réalités,* figurársele a uno huéspedes los dedos.
réanimation ou **ranimation** f. Reanimación.
réannexer v. tr. Anexionar *ou* anexar de nuevo.
réannexion f. Nueva anexión.
réapparaître* v. intr. Reaparecer, volver a aparecer.
réapparition f. Reaparición, nueva aparición.
réapprendre v. tr. Aprender otra vez *ou* de nuevo, volver a aprender (étudier). ‖ Enseñar otra vez, volver a enseñar (enseigner).
réapprovisionnement [reaprɔvizjɔnmɑ̃] m. Reabastecimiento, nuevo abastecimiento.
réapprovisionner [-ne] v. tr. Reabastecer, abastecer de nuevo.
réargenter v. tr. Platear de nuevo.
— V. pr. FAM. Ponerse uno las botas (s'enrichir).
réarmement [rearmǝmɑ̃] m. Rearme.
réarmer v. tr. Rearmar, armar de nuevo.
— V. pr. Rearmarse.
réassignation f. DR. Nueva citación, nueva convocatoria.
réassigner v. tr. DR. Citar de nuevo, convocar nuevamente.
réassortiment m. Nuevo surtido.
réassortir v. tr. Surtir de nuevo.
réassurance f. Reaseguro, *m.*
réassurer v. tr. Reasegurar.
réassureur m. Reasegurador.
rebaptiser [rebatize] v. tr. Rebautizar.
rébarbatif, ive adj. Ingrato, ta ; repelente (rebutant). ‖ Poco atractivo, va : *un sujet rébarbatif,* un tema poco atractivo. ‖ Árido, da : *un problème rébarbatif,* un problema árido. ‖ *Mine rébarbative,* cara de pocos amigos, cara huraña *ou* hosca.
rebâtir v. tr. Reedificar, reconstruir.
rebattre* v. tr. Vencer de nuevo (battre de nouveau). ‖ Apalear (un tapis, un matelas). ‖ FIG. Remachar, repetir demasiado, machacar (répéter). ‖ Barajar de nuevo (les cartes). ‖ Varear (la laine d'un matelas). ‖ *Rebattre les oreilles de quelqu'un, de quelque chose,* machacar los oídos de uno con algo, calentar los cascos de uno con algo, machaconear a alguien con algo.
rebattu, e adj. FIG. Trillado, da ; sobado, da ; manoseado, da ; manido, da : *un sujet rebattu,* un tema trillado. ‖ *Avoir les oreilles rebattues*

de quelque chose, estar harto de oir una cosa.
— SYN. *Usé,* gastado. *Trivial,* trivial.
rebec [rǝbɛk] m. Rabel (instrument de musique).
Rebecca n. pr. f. Rebeca.
rebelle adj. et s. Rebelde.
rebeller (se) v. pr. Rebelarse.
rébellion [rebɛljɔ̃] f. Rebelión. ‖ *Être en rébellion ouverte contre,* rebelarse abiertamente contra.
rebéquer (se) v. pr. (Vx). FAM. Responder mal, engallarse, faltar al respeto.
rebiffer (se) v. pr. FAM. Resistirse : *se rebiffer contre une proposition,* resistirse a una propuesta. ‖ POP. Rebelarse, tirar coces : *se rebiffer contre,* rebelarse contra, tirar coces a.
rebinage m. AGRIC. Tercia, *f.,* rebina, *f.*
reblanchir v. tr. Blanquear nuevamente, volver a blanquear. ‖ Lavar de nuevo, volver a lavar (laver).
— V. intr. Ponerse blanco *ou* blanquear otra vez.
reblochon m. Cierto queso de Saboya.
rebobinage m. Rebobinado.
rebobiner v. tr. Rebobinar.
reboisement m. Repoblación (*f.*) forestal.
reboiser v. tr. Repoblar [un monte].
rebond [rǝbɔ̃] m. Rebote (d'une balle). ‖ Salto (de l'eau). ‖ Salto atrás (bond en arrière).
rebondi, e adj. FAM. Rollizo, za ; rechoncho, cha ; repleto, ta (gros).
rebondir v. intr. Rebotar (une balle). ‖ FIG. Volver a animarse (se ranimer). ‖ Volver a cobrar actualidad, volver a ponerse sobre el tapete, reaparecer (réapparaître). ‖ Reanudarse (reprendre).
rebondissant, e adj. Que rebota.
rebondissement m. Rebote, rechazo. ‖ FIG. Vuelta (*f.*) al primer plano de la actualidad, vuelta (*f.*) a la actualidad (d'une affaire). ‖ Repercusión, *f.,* secuela, *f.*
rebonjour m. FAM. Buenos días otra vez.
rebord [rǝbɔːr] m. Borde, reborde (bord). ‖ Resalto (bord saillant). ‖ TECHN. Pestaña, *f.* (d'une serrure).
rebot [rǝbo] m. Rebote (jeu de pelote basque).
reboucher v. tr. Volver a tapar, taponar nuevamente.
— V. pr. Atascarse *ou* atorarse de nuevo (tuyau).
rebouillir* [rǝbujiːr] v. intr. Rehervir, hervir de nuevo.
rebours, e [rǝbuːr, urs] adj. (P. us.). Intratable, arisco, ca. ‖ (P. us.). Revirado, da (bois).
— M. Contrapelo, revés (tissu). ‖ (Vx.) FIG. Lo contrario, lo opuesto (le contraire) : *le rebours du bon sens,* lo contrario del sentido común. ‖ — *À rebours,* al revés (à l'envers), a contrapelo (à contre-poil). ‖ *Compte à rebours,* cuenta hacia atrás (lancement de fusée).
rebouteur ou **rebouteux** m. Ensalmador.
reboutonner v. tr. Abrochar de nuevo, volver a abrochar *ou* a abotonar.
rebras [rǝbra] m. Doblez, *f.,* bocamanga, *f.* (d'une manche). ‖ TECHN. Brazo (de gant).
rebroder v. tr. Volver a bordar. ‖ Recamar (broder en relief).
rebroussement m. Rebotadura, *f.* (des étoffes).
rebrousse-poil (à) [arǝbruspwal] loc. A contrapelo, al revés.
rebrousser v. tr. Levantar hacia atrás (poil, plume). ‖ *Rebrousser chemin,* desandar lo andado, dar media vuelta, volver sobre sus pasos, dar marcha atrás.
— V. intr. Retroceder, dar media vuelta, volver hacia atrás.
rebuffade f. Bufido, *m.,* sufión, *m.,* feo, *m.,* desaire, *m.* (affront). ‖ Negativa (refus).
rébus [rebys] m. Jeroglífico.
rebut [rǝby] m. Desecho, desperdicio (chose dédaignée). ‖ FIG. Hez, *f.,* lo peor : *le rebut de la*

société, lo peor de la sociedad. ‖ *— De rebut,* de desecho. ‖ *Mettre au rebut,* desechar, arrumbar, dar al traste con, archivar.

rebutant, e adj. Repelente, repulsivo, va (qui repousse). ‖ Engorroso, sa ; cargante (travail).

rebuter v. tr. Repeler (repousser). ‖ Desechar (mettre au rebut). ‖ Desanimar, desalentar, descorazonar, asquear.

— V. pr. Cansarse, hartarse.

recacheter* v. tr. Volver a cerrar, volver a sellar (une lettre). ‖ Volver a lacrar (à la cire).

recalcification f. Recalcificación.

récalcitrant, e adj. et s. Recalcitrante, reacio, cia ; rebelde, obstinado, da.

recalé, e adj. et s. FAM. Suspendido, da ; cateado, da (à un examen).

recaler v. tr. FAM. Suspender, catear, cepillar, cargar, dar calabazas (dans un examen). | Poner en su sitio (remettre à sa place).

recalescence f. Recalamiento, recalescencia.

recaoutchoutage m. Recauchutado.

recaoutchouter v. tr. Recauchutar.

récapitulateur, trice m. et f. Recapitulador, ra.

récapitulatif, ive adj. Recapitulativo, va.

récapitulation f. Recapitulación.

récapituler v. tr. Recapitular.

Reccared n. pr. m. Recaredo.

recarrelage m. (Vx). Compostura, *f.,* remiendo de los zapatos. ‖ Nuevo enladrillado, nuevo enlosado.

recarreler* v. tr. (Vx). Componer, remendar (des souliers). ‖ Enlosar, enladrillar de nuevo (carreler).

recéder* v. tr. Ceder de nuevo, devolver.

recel [rəsɛl] m. Encubrimiento, ocultación, *f.*

recelé ou **recèlement** m. Encubrimiento, ocultación, *f.*

receler* v. tr. Encubrir, ocultar (personnes, choses). ‖ FIG. Contener, encerrar, entrañar (renfermer).

— OBSERV. L'espagnol *recelar* a le sens de « soupçonner », « craindre ».

receleur, euse m. et f. Encubridor, ra ; ocultador, ra.

récemment [resamã] adv. Recientemente, hace poco.

— SYN. *Depuis peu,* desde hace poco. *Fraîchement,* recién. *Naguère,* no hace mucho.

recensement m. Empadronamiento, censo (de la population). ‖ Inspección (*f.*) de mercancías (vérification de marchandises). ‖ Inventario, recuento (inventaire). ‖ Recuento (des voix). ‖ MIL. Alistamiento (d'une classe).

recenser v. tr. Empadronar, hacer el censo. ‖ Recontar, enumerar (compter). ‖ MIL. Alistar.

recenseur, euse adj. et s. Empadronador, ra ; encargado del censo.

recension f. Comparación, cotejo, *m.* (comparaison). ‖ Recensión, reseña (d'un critique).

récent, e adj. Reciente.

— SYN. *Frais,* fresco. *Moderne,* moderno.

recepage ou **recépage** m. Corta (*f.*) a ras de tierra [de un árbol].

receper ou **recéper*** v. tr. Desmochar, podar (élaguer). ‖ Rozar, talar (couper des arbres dans un bois). ‖ Igualar (des pilotis).

récépissé m. Recibo, resguardo.

réceptacle m. Receptáculo.

récepteur, trice adj. Receptor, ra.

— M. Receptor (T.S.F.). ‖ Auricular (de téléphone). ‖ Colector (d'eaux). ‖ *Récepteur universel,* receptor universal (de sang).

réceptif, ive adj. Receptivo, va.

réception f. Recepción. ‖ Recibimiento, *m.,* acogida (accueil). ‖ Ingreso, *m.* (dans une école, un groupe). ‖ Recepción (radio). ‖ Recepción, fiesta (réunion). ‖ Caída (d'un saut). ‖ MIL. Presentación (d'un officier). ‖ Comprobación, prueba (d'un pont). ‖ *— Accuser réception de,* acusar recibo de (lettre). ‖ *Réception d'un appartement,* entrega de las llaves de un piso.

réceptionnaire adj. et s. Receptor, persona que recibe. ‖ Verificador (de travaux).

réceptionner v. tr. Recibir dando la conformidad.

réceptionniste m. et f. Recepcionista.

réceptivité f. Receptividad.

réceptrice f. Receptora, máquina receptora.

recercler v. tr. Poner nuevos aros ou cercos.

récessif, ive adj. Recesivo, va.

récession f. Recesión.

recette f. Ingresos, *m. pl.,* entradas, *pl.* (argent reçu) : *compter la recette et la dépense,* contar los ingresos y los gastos, las entradas y salidas. ‖ Recaudación, entradas, *pl.,* taquilla, taquillaje, *m.* (d'une salle de spectacles). ‖ Cobro, *m.,* recaudación : *faire la recette,* efectuar el cobro. ‖ Recaudación de contribuciones (du percepteur). ‖ Receta (de cuisine). ‖ Taquilla (guichet). ‖ FIG. Receta, fórmula : *avoir une recette pour faire fortune,* tener una receta para hacer fortuna. ‖ MIN. Cargadero, *m.* ‖ Recepción (de produits). ‖ *— Garçon de recette,* cobrador, recaudador. ‖ *Recette buraliste,* expendeduría de tabaco. ‖ *Recette de bonne femme,* receta ou conseja de vieja. ‖ *— Faire de bonnes recettes,* hacer una buena recaudación, tener buenos ingresos. ‖ *Faire recette,* ser taquillero, tener mucha taquilla : *un auteur qui fait recette,* un autor que es taquillero ; ser un éxito de taquilla : *cette pièce a fait recette,* esta obra ha sido un éxito de taquilla.

recevabilité f. DR. Admisibilidad, procedencia.

recevable adj. Admisible, procedente. ‖ Válido, da : *candidature recevable,* candidatura válida.

receveur, euse m. et f. Recaudador, ra (de contributions). ‖ Cobrador, ra (dans les autobus, etc.). ‖ Jefe (d'un bureau de poste). ‖ M. MÉD. Receptor : *receveur universel,* receptor universal.

recevoir* v. tr. Recibir. ‖ Cobrar (toucher) : *recevoir sa pension,* cobrar su pensión. ‖ Aprobar (à un examen) ; ingresar (à une grande école).

— V. intr. ● Recibir, tener visitas, tener reunión en casa : *nous recevons souvent,* tenemos visitas a menudo. ‖ *Être reçu,* ser recibido (sens général), haber aprobado (à un examen), haber ganado unas oposiciones (à un concours), haber ingresado (à une grande école). ‖ *— Recevoir à bras ouverts,* recibir con los brazos abiertos. ‖ *Être reçu comme un chien dans un jeu de quilles,* ser recibido como los perros en misa.

réchampir v. tr. Destacar ou hacer resaltar los contornos de.

réchampissage m. Resalte (action). ‖ Resalto (résultat).

rechange m. Repuesto, recambio : *roue de rechange,* rueda de recambio. ‖ COMM. Recambio (d'une traite). ‖ *— De rechange,* de repuesto, de recambio (sens général), de respeto (sens militaire). ‖ *Pièce de rechange,* recambio, pieza de recambio ou de repuesto. ‖ *Vêtements de rechange,* vestidos para cambiarse.

rechanter v. tr. Volver a cantar. ‖ (P. us.). FAM. Repetir (répéter).

rechapage m. Recauchutado (pneu).

rechaper v. tr. Recauchutar (un pneu).

réchapper v. intr. Escaparse, librarse, salvarse. ‖ *— Il n'en réchappera pas,* no tiene salvación. ‖ *Réchapper à un accident,* librarse ou salvarse de un accidente.

recharge f. Recargo, *m.,* recarga (action). ‖ Recarga (d'un accumulateur, etc.). ‖ Recambio, *m.* (rechange). ‖ MIL. Nueva carga ou ataque.

rechargeable adj. Recargable, recambiable.

rechargement m. Nueva carga, *f.* || Recebo (d'une route).
recharger* v. tr. Recargar, volver a cargar (arme, batterie). || Cargar (un appareil photo). || (P. us.). Atacar de nuevo (attaquer). || Recebar, empedrar (une route).
rechasser v. tr. Volver a echar, despedir nuevamente. || Rechazar (repousser).
réchaud [re*ſo*] m. Infiernillo, cocinilla, *f.* (à alcool). || Hornillo : *réchaud à gaz, électrique,* hornillo de gas, eléctrico. || Calientaplatos (pour chauffer les plats). || *Réchaud à charbon,* anafe.
réchauffage ou **réchauffement** m. Recalentamiento.
réchauffé m. Cosa (*f.*) *ou* comida (*f.*) recalentada (chose réchauffée). || FIG. et FAM. Refrito, cosa (*f.*) sabida : *cette pièce est du réchauffé,* esta obra de teatro es un refrito.
réchauffement m. Recalentamiento. || Subida, *f.* [de la temperatura]. || AGRIC. Abono *ou* estiércol nuevo (fumier neuf).
réchauffer v. tr. Recalentar. || Calentarse : *réchauffer ses mains,* calentarse las manos. || FIG. Reanimar, animar. | Excitar (le zèle).
— V. pr. Entrar en calor, calentarse. || Subir : *la température se réchauffe,* sube la temperatura.
réchauffeur m. Recalentador, calentador de agua.
réchauffoir m. Calientaplatos.
rechaussement m. AGRIC. et ARCHIT. Recalzo.
rechausser v. tr. Recalzar. || Volver a poner los zapatos, volver a calzar.
rêche adj. Áspero, ra (au goût et au toucher). || FIG. Rudo, da ; áspero, ra.
recherche f. Busca, búsqueda. || Averiguación, indagación (enquête). || Investigación (scientifique) : *Centre national de la recherche scientifique,* Consejo Superior de Investigaciones Científicas. || FIG. Refinamiento, *m.,* rebuscamiento, *m.,* afectación, atildamiento, *m.* : *habillé avec recherche,* vestido con atildamiento. || — *Recherche de paternité,* investigación de la paternidad. || — *À la recherche de,* en busca de, en pos de. || *Faire des recherches,* investigar, hacer investigaciones.
recherché, e adj. Buscado, da : *recherché par la police,* buscado por la policía. || Atildado, da ; afectado, da ; rebuscado, da ; refinado, da ; *style recherché,* estilo atildado. || Raro, ra ; escaso, sa (rare). || Solicitado, da : *une personne très recherchée,* una persona muy solicitada (à cause de ses qualités).
rechercher v. tr. Volver a buscar (chercher de nouveau). || Buscar, rebuscar (chercher avec soin). || Investigar, averiguar (sciences, etc.). | ● Indagar, investigar (enquêter). || Perseguir, buscar. || Buscar : *rechercher l'amitié de,* buscar la amistad de.
— SYN. ● *Perquisitionner,* hacer una pesquisa, pesquisar. *Enquêter,* inquirir, investigar.
rechercheur, euse m. et f. Investigador, ra.
rechigné, e adj. Ceñudo, da ; malhumorado, da.
rechignement m. Ceño, mal humor, mala cara, *f.*
rechigner v. intr. ● Refunfuñar, poner mala cara, fruncir el ceño, rechinar. || Hacer con mala cara *ou* a regañadientes. || *Obéir en rechignant,* obedecer a regañadientes.
— SYN. ● *Renâcler,* refunfuñar, rezongar. *Bouder,* estar de morros.
rechristianiser v. tr. Volver a cristianizar.
rechute f. Recaída.
rechuter v. intr. Recaer, tener una recaída (un malade). || Reincidir (récidiver).
récidivant, e adj. Reincidente.
récidive f. DR. Reincidencia. || MÉD. Recidiva. || FIG. Reiteración.
récidiver v. intr. Reincidir. || MÉD. Reproducirse

(maladie), recaer (malade). || Rehacer, repetir (refaire).
récidiviste adj. et s. Reincidente.
récidivité f. Reincidencia. || MÉD. Reproducción, propensión a reproducirse, recaída.
récif [resif] m. Arrecife.
récipé m. (Vx). MÉD. Récipe, receta, *f.*
récipiendaire m. Recipiendario [nuevo electo].
récipient [resipjã] m. Recipiente.
— SYN. *Vase,* jarro, florero. *Pot,* jarro, tiesto.
réciprocité f. Reciprocidad. || GRAMM. Reciprocación.
réciproque adj. ● Recíproco, ca.
— F. Recíproca. || *Rendre la réciproque,* pagar con la misma moneda (mauvaise action), proceder en justa reciprocidad (sens général).
— SYN. ● *Mutuel,* mutuo. *Bilatéral,* bilateral. *Synallagmatique,* sinalagmático.
récit [resi] m. Relato, narración, *f.* || MUS. Recitado.
récital m. MUS. Recital.
— OBSERV. Pl. *récitals.*
récitant, e adj. et s. THÉÂTR. Recitador, ra. || M. et f. MUS. Solista.
récitatif m. MUS. Recitativo.
récitation f. Recitación (action). || Poesía (texte).
réciter v. tr. ● Recitar : *il récite comme un perroquet,* recita como un papagayo. || Contar, referir (raconter). || Rezar (une prière). || — *Réciter les leçons,* dar las lecciones. || — *Faire réciter les leçons,* tomar las lecciones
— SYN. ● *Débiter,* recitar. *Déclamer,* declamar. *Psalmodier,* salmodiar.
réclamant, e adj. et s. DR. Reclamante.
réclamateur m. DR. Reclamador.
réclamation f. Reclamación.
réclame m. Reclamo (chasse).
— F. Publicidad, propaganda, reclamo, *m.* (publicité). || Reclamo, *m.* (objet). || FIG. *Faire de la réclame,* hacer propaganda *ou* publicidad.
réclamer v. tr. ● Reclamar. || Requerir, exigir (avoir besoin de). || FAM. Llamar (appeler).
— V. intr. Reclamar (protester).
— V. pr. *Se réclamer de,* valerse de (invoquer), apelar a (faire appel).
— SYN. ● *Demander,* pedir. *Redemander,* volver a pedir. *Exiger,* exigir. *Revendiquer,* reivindicar.
reclassement m. Nueva clasificación, *f.* || Readaptación, *f.,* rehabilitación, *f.* (de trabajadores).
reclasser v. tr. Volver a clasificar. || Readaptar, rehabilitar.
reclouer v. tr. Volver a clavar, clavar de nuevo.
reclure* v. tr. Recluir.
— V. pr. Recluirse.
— OBSERV. *Reclure* sólo se conjuga para formar los tiempos compuestos y en infinitivo.
reclus, e [rəkly, y :z] m. et f. Recluso, sa.
— Adj. Recluido, da ; encerrado, da.
— OBSERV. La forme *recluido, da,* s'emploie pour former les temps composés et comme adjectif. La forme *recluso, sa,* s'emploie comme substantif.
réclusion f. Reclusión.
réclusionnaire m. et f. Recluso, sa ; condenado a la reclusión.
recognitif adj. m. DR. De reconocimiento.
recognition f. Reconocimiento, *m.*
recoiffer v. tr. Volver a peinar, peinar otra vez.
— V. pr. Volverse a peinar, peinarse otra vez (les cheveux). || Volver a cubrirse la cabeza (avec un chapeau).
recoin m. Rincón, escondrijo. || FIG. Recoveco, repliegue, lo más íntimo.
récolement m. Comprobación, *f.,* cotejo (vérification). || Ratificación, *f.* (des témoins).

récoler v. tr. Comprobar (vérifier). ‖ DR. Ratificar.

recollage ou **recollement** m. Nueva pegadura, f.

récollection f. RELIG. Retiro, m.

recoller [rəkɔle] v. tr. Volver a pegar ou encolar.

récollet [rəkɔlɛ] m. Recoleto (religieux).

récollette f. Recoleta (religieuse).

recoloration f. Nueva coloración.

recolorer v. tr. Colorear de nuevo.

récoltable adj. Cosechable.

récolte f. Cosecha : *récolte sur pied,* cosecha sin recoger ; *récolte stockée,* cosecha en granero. ‖ Extracción (sel). ‖ Recolección (action). ‖ FIG. Cosecha, acopio, m.

récolter v. tr. ● Cosechar. ‖ Recolectar, recoger cosechas (recueillir). ‖ Extraer (du sel). ‖ FAM. Cobrar, ganarse : *tu vas récolter une gifle,* vas a cobrar ou vas a ganarte una torta. ‖ Ganarse : *récolter une punition,* ganarse un castigo. ‖ *Qui sème le vent récolte la tempête,* quien siembra vientos, recoge tempestades.

— SYN. ● *Recueillir,* recoger. *Moissonner,* segar. *Ramasser,* recoger. *Cueillir,* coger.

recommandable adj. Recomendable.

recommandation f. ● Recomendación. ‖ Certificación, certificado, m. (du courrier).

— SYN. ● *Apostille,* apostilla. *Pop. Piston,* enchufe. *Appui,* apoyo.

recommandé, e adj. Recomendado, da. ‖ Encomendado, da (à Dieu ou aux saints). ‖ Certificado, da (lettres).

recommander v. tr. ● Recomendar. ‖ Encomendar (à Dieu ou aux saints). ‖ Certificar (les lettres).

— V. pr. Encomendarse (à Dieu ou aux saints). ‖ *Se recommander de quelqu'un,* valerse de la recomendación de alguien.

— SYN. ● *Conseiller,* aconsejar. *Préconiser,* preconizar. *Prêcher,* predicar.

recommandeur m. Recomendante. ‖ Certificador (d'une lettre).

recommencement m. Repetición, f., vuelta (f.) a empezar, nuevo comienzo. ‖ *La vie est un perpétuel recommencement,* la vida es un eterno comenzar.

recommencer* v. tr. Volver a empezar, empezar de nuevo, volver a hacer : *recommencer un travail,* volver a empezar un trabajo. ‖ Volver a : *recommencer à chanter,* volver a cantar. ‖ Repetir : *recommencer une expérience,* repetir un experimento.

— V. intr. Volver a hacerlo : *je ne t'aimerai plus si tu recommences,* no te querré más si lo vuelves a hacer. ‖ — *C'est toujours à recommencer,* es el cuento de nunca acabar. ‖ *La pluie recommence,* vuelve a llover. ‖ *Recommencer de plus belle,* vuelve a las andadas.

recomparaître v. intr. Volver a comparecer.

récompense f. Recompensa : *en récompense,* como recompensa.

— SYN. ● *Prix,* premio. *Prime,* prima, regalo. *Rétribution,* retribución. *Tribut,* tributo. *Rémunération,* remuneración.

récompenser v. tr. Recompensar. ‖ Compensar (dédommager). ‖ Galardonar, premiar : *ses œuvres ont été récompensées,* sus obras han sido premiadas. ‖ *Récompenser d'un travail,* recompensar por un trabajo.

recomposable adj. Que puede recomponerse ou arreglarse ou reorganizarse.

recomposer v. tr. Recomponer, componer de nuevo. ‖ Arreglar (arranger). ‖ Reorganizar.

recomposition f. Recomposición.

recompression f. TECHN. Recompresión.

recompter [rəkɔte] v. tr. Recontar, volver a contar.

réconciliable adj. Reconciliable.

réconciliateur, trice m. et f. Reconciliador, ra.

réconciliation f. Reconciliación.

réconcilier* v. tr. Reconciliar.

— V. pr. Reconciliarse.

recondamner v. tr. Volver a condenar, condenar de nuevo.

reconduction f. Reconducción, prórroga, renovación (d'un bail, d'un contrat).

reconduire* v. tr. Despedir, acompañar a la salida. ‖ Acompañar : *je vais vous reconduire chez vous,* le voy a acompañar a su casa. ‖ DR. Reconducir, prorrogar. ‖ Echar, despedir (chasser). ‖ *Être reconduit,* prorrogarse, continuar su existencia ou su vigencia ou su aplicación.

reconfirmer v. tr. Reconfirmar, volver a confirmar.

réconfort [rekɔfɔːr] m. Consuelo, confortación, f. (p. us.).

réconfortant, e adj. Tónico, ca ; reconfortante. ‖ FIG. Alentador, ra ; reconfortante : *nouvelle réconfortante,* noticia alentadora.

— M. Tónico, reconstituyente (médicament).

réconforter v. tr. Reconfortar, confortar, tonificar, fortificar, entonar (fortifier). ‖ FIG. Reconfortar, confortar. ‖ Consolar, alentar.

reconnaissable adj. Reconocible.

reconnaissance f. Reconocimiento, m. : *la reconnaissance d'une erreur,* el reconocimiento de un error ; *la reconnaissance d'un enfant,* el reconocimiento de un niño. ‖ Agradecimiento, m., reconocimiento, m., gratitud : *la reconnaissance d'un protégé,* el agradecimiento de un protegido. ‖ Confesión, reconocimiento, m. (aveu). ‖ Resguardo, m., vale, m. (reçu d'un dépôt). ‖ Papeleta del Monte de Piedad (reçu du mont-de-piété). ‖ MIL. Reconocimiento, m. : *avion de reconnaissance,* avión de reconocimiento. ‖ Exploración : *faire une reconnaissance en Afrique,* hacer una exploración en África. ‖ — *Reconnaissance de dette,* reconocimiento de deuda. ‖ — MIL. *Faire une reconnaissance,* reconocer el terreno.

reconnaissant, e adj. Agradecido, da ; reconocido, da : *je vous suis très reconnaissant de vos paroles,* le estoy muy agradecido por sus palabras ; *être reconnaissant envers ses parents,* estar agradecido a sus padres.

reconnaître* v. tr. ● Conocer, reconocer : *avec ce chapeau je ne t'ai pas reconnu,* con este sombrero no te he conocido. ‖ Reconocer (un objet, gouvernement, enfant). ‖ (Vx). Agradecer, mostrar gratitud por : *reconnaître un service,* agradecer un favor. ‖ ◆ Reconocer, admitir (admettre). ‖ Reconocer, confesar : *reconnaître ses torts,* reconocer sus faltas (avouer). ‖ MIL. Reconocer. ‖ Reconocer (le terrain, les lieux). ‖ *Se faire reconnaître,* darse a conocer.

— V. pr. Conocerse, reconocerse. ‖ Orientarse : *impossible de se reconnaître dans ce bois,* imposible orientarse en este bosque. ‖ Reconocerse : *se reconnaître coupable,* reconocerse culpable. ‖ Conocerse : *l'âge se reconnaît à la fatigue des yeux,* la edad se conoce por el cansancio de los ojos. ‖ Verse : *il se reconnaît dans ses enfants,* se ve en sus hijos. ‖ — FAM. *Ne pas s'y reconnaître,* no entender nada. ‖ *S'y reconnaître,* dar en el clavo.

— SYN. ● *Identifier,* identificar. *Remettre,* reconocer.
— ◆ *Convenir,* convenir, reconocer.

reconquérir* v. tr. Reconquistar. ‖ FIG. Recobrar, recuperar (recouvrer).

reconquête f. Reconquista. ‖ *La Reconquête,* la Reconquista (contre les Maures).

reconsidérer v. tr. Volver a considerar, reconsiderar.

reconsolidation f. Consolidación.

reconsolider v. tr. Consolidar de nuevo.
reconstituant, e adj. et s. m. Reconstituyente.
reconstituer v. tr. Reconstituir.
reconstitution f. Reconstitución.
reconstruction f. Reconstrucción.
reconstruire* v. tr. Reconstruir.
reconvention f. Reconvención.
reconventionnel, elle adj. Reconvencional.
reconversion f. Readaptación.
reconvertir v. tr. Readaptar.
recopier* v. tr. Volver a copiar. ‖ Poner *ou* sacar en limpio (un brouillon).
recoquillement [rəkɔkijmɑ̃] m. Enroscamiento, abarquillamiento.
recoquiller [-je] v. tr. Enroscar, abarquillar, retorcer.
record [rəkɔ:r] m. Récord, marca, *f.*, plusmarca, *f.* ‖ *Battre, détenir, établir un record*, batir, tener, establecer un récord. ‖ FAM. *En un temps record*, en un tiempo récord.
recordage m. Encordado (de raquette, d'un instrument).
recorder v. tr. (P. us.). Volver a amarrar con una cuerda (un paquet). ‖ Volver a poner las cuerdas (d'une raquette). ‖ (Vx). Repetir [una cosa] para recordarla.
recorder m. Magistrado inglés.
recordman [rəkɔrdman] m. et **recordwoman** [rəkɔrdwuman] f. Recordman, recordwoman, plusmarquista.
— OBSERV. Pl. *recordmen* y *recordwomen*.
recorriger* v. tr. Corregir otra vez, volver a corregir.
recors [rəkɔ:r] m. (Vx). Alguacil, corchete.
recoucher v. tr. Volver a acostar.
— V. pr. Volver a acostarse.
recoudre* v. tr. Recoser, volver a coser. ‖ (Vx). Reunir.
recouler v. tr. Volver a fundir, refundir : *recouler un canon*, refundir un cañón.
— V. intr. Volver a correr *ou* a manar *ou* a salir (un liquide).
recoupage m. Acción (*f.*) de recortar, recorte. ‖ Nueva mezcla, *f.* (vins).
recoupe f. Recorte, *m.* (métaux, tissus). ‖ Tasquil, *m.* (de pierres précieuses). ‖ Cabezuela (farine). ‖ Renadío, *m.* [prados].
recoupement m. ARCHIT. Rebajo, derrame del basamento. ‖ Comprobación (*f.*) de un hecho (vérification). ‖ Intersección, *f.* (topographie). ‖ *Par recoupements*, atando cabos, por diversos conductos.
recouper v. tr. Recortar, volver a cortar. ‖ Mezclar (les vins). ‖ Retocar (un vêtement). ‖ FIG. Confirmar, coincidir con : *l'explication de son père recoupait la sienne*, la explicación de su padre confirmaba la suya.
— V. intr. Cortar de nuevo (aux cartes).
recoupette f. Cabezuela, tercera harina.
recouponner v. tr. Añadir nuevos cupones a.
recourbé, e adj. Encorvado, da : *nez recourbé*, nariz encorvada. ‖ Encorvado, da ; doblado, da : *fil de fer recourbé*, alambre encorvado.
recourbement m. Encorvamiento.
recourber v. tr. Encorvar, doblar.
recourbure f. (Vx). Encorvadura.
recourir* v. intr. Recurrir a, apelar a, echar mano de (avoir recours à). ‖ Correr de nuevo (courir de nouveau). ‖ Volver corriendo (revenir en courant).
recours [rəku:r] m. Recurso (appel). ‖ — *Recours en cassation*, recurso de casación. ‖ *Recours en grâce*, petición de indulto. ‖ — *En dernier recours*, en *ou* como último recurso. ‖ — *Avoir recours à*, recurrir a, valerse de, echar mano de.
recousu, e adj. Recosido, da.
recouvert, e adj. Cubierto, ta ; recubierto, ta.

recouvrable adj. Recobrable, recuperable.
recouvrage m. Acción (*f.*) de poner nueva tela a un paraguas *ou* nuevo asiento a una silla.
Recouvrance (Notre-Dame de). RELIG. La Virgen de los Remedios.
recouvré, e adj. Recobrado, da ; recuperado, da.
recouvrement m. Recubrimiento (action de recouvrir). ‖ Recuperación, *f.*, recobro (action de recouvrer). ‖ Recuperación, *f.* (santé, force). ‖ Recaudación, *f.*, cobranza, *f.*, cobro (argent, impôt).
recouvrer v. tr. Recobrar, recuperar : *recouvrer la vue*, recobrar la vista. ‖ Recaudar, cobrar (toucher).
recouvrir* v. tr. ● Recubrir, cubrir. ‖ Retejar (une toiture). ‖ Revestir, cubrir : *recouvrir de métal*, revestir con metal. ‖ Volver a tapizar (un fauteuil). ‖ Tapar (un lit). ‖ FIG. Ocultar, encubrir, tapar (masquer).
— V. pr. Cubrirse.
— SYN. ● *Joncher,* cubrir. *Parsemer,* esparcir, sembrar.
recracher v. intr. Volver a escupir.
— V. tr. Echar, arrojar de la boca, escupir.
récréance f. Percepción anticipada y provisional de los frutos de un beneficio en litigio. ‖ *Lettres de récréance*, cartas con que se llama a un embajador.
récréatif, ive adj. Recreativo, va.
récréation f. Recreo, *m.*, recreación (p. us.). ‖ — *Cour de récréation*, patio. ‖ *Être en récréation*, estar en el recreo (école).
— SYN. *Amusement,* entretenimiento. *Passe-temps,* pasatiempo. *Distraction,* distracción. *Divertissement,* diversión. *Réjouissance,* regocijo. *Partie,* partida. *Jeu,* juego.
recréer* v. tr. Crear de nuevo, volver a crear.
récréer* v. tr. Recrear.
— V. pr. Recrearse.
récrément m. MÉD. Recremento.
recrépi, e adj. Revocado, revocada de nuevo.
recrépir v. tr. Revocar de nuevo, volver a revocar.
recrépissage m. Nuevo revoque.
recreuser v. tr. Ahondar, cavar más (creuser plus profond). ‖ Cavar de nuevo, volver a cavar (creuser de nouveau).
récrier (se)* v. pr. Exclamar (d'étonnement). ‖ Clamar, protestar : *se récrier contre une injustice*, clamar contra una injusticia.
récriminateur, trice adj. Recriminador, ra.
récrimination f. Recriminación.
récriminatoire adj. Recriminatorio, ria.
récriminer v. intr. Recriminar.
récrire* v. tr. Escribir de nuevo, volver a escribir. ‖ Contestar por carta (répondre par lettre).
recristallisation f. Recristalización.
recroiser v. tr. Volver a cruzar.
recroître* v. intr. Crecer de nuevo, volver a crecer.
recroquevillé, e [rəkrɔkvije] adj. Acurrucado, da ; encogido, da (ramassé). ‖ Abarquillado, da.
recroqueviller (se) v. pr. Abarquillarse (se tordre). ‖ Acurrucarse, encogerse (se pelotonner).
recru, e adj. Molido, da ; cansado, da ; reventado, da : *cheval recru*, caballo cansado.
recrû m. Resalvo, renuevo (arbre).
recrudescence [rəkrydɛssɑ̃:s] f. Recrudecimiento, *m.* : *recrudescence du froid, d'une maladie*, recrudecimiento del frío, de una enfermedad. ‖ Recrudescencia : *la recrudescence de la criminalité*, la recrudescencia de la criminalidad. ‖ *Être en recrudescence*, recrudecer.
recrudescent, e [-sɑ̃, ɑ̃:t] adj. Recrudescente.
recrue [rəkry] f. MIL. Recluta, *m.* ‖ Quinto, *m.* (conscrit). ‖ Neófito, ta ; nuevo adherente (d'un groupe).
recrutement m. Reclutamiento (soldats).

recruter v. tr. MIL. Reclutar. ‖ Contratar (personnel).
— V. pr. Contratarse (être recruté). ‖ Encontrarse (se trouver).

recruteur m. MIL. Reclutador.

recta adv. lat. FAM. A toca teja, puntualmente : *payer recta,* pagar a toca teja.

rectal, e adj. ANAT. Rectal.

rectangle m. GÉOM. Rectángulo.

rectangulaire adj. GÉOM. Rectangular.

recteur, trice adj. Rector, ra.
— M. Rector (université, religieux). ‖ Cura (en Bretagne). ‖ — F. Timonera (plume de la queue d'un oiseau).

rectifiable adj. Rectificable.

rectificateur, trice adj. et s. m. Rectificador, ra.

rectificatif, ive adj. et s. m. Rectificativo, va.

rectification f. Rectificación.

rectifier v. tr. Rectificar. ‖ MIL. Corregir (le tir).

rectifieuse f. Rectificadora (machine).

rectiligne adj. Rectilíneo, a.

rectilinéaire adj. Rectilineal.

rectite f. MÉD. Rectitis.

rectitude f. Rectitud.

recto m. Anverso, recto (d'un papier).

recto-colite f. MÉD. Rectocolitis, proctocolitis.

rectoral, e adj. Rectoral.

rectorat [rɛktɔra] m. Rectoría, f. (maison du recteur). ‖ Rectorado (charge, dignité, durée).

rectoscope m. MÉD. Rectoscopio.

rectoscopie f. MÉD. Rectoscopia.

rectum [rɛktɔm] m. ANAT. Recto (intestin).

reçu, e adj. Recibido, da. ‖ Ingresado, da ; aprobado, da (admis).
— M. ● Recibo. ‖ *Acquitter un reçu,* poner el recibí.
— SYN. ● *Acquit,* recibo. *Reconnaissance,* reconocimiento. *Récépissé,* recibo. *Quittance,* recibo.

recueil [rəkœ:j] m. Libro, colección, f. : *un recueil de poèmes,* un libro de poemas.

recueillement [-jmɑ̃] m. Recogimiento.

recueilli, e [-ji] adj. FIG. Recogido, da (homme, attitude). ‖ Reunido, da ; juntado, da (réuni).

recueillir* [-ji:r] v. tr. Recoger. ‖ Juntar, reunir : *recueillir des renseignements,* reunir datos. ‖ Recoger, acoger (donner asile). ‖ Conseguir, obtener, llevarse : *recueillir la majorité,* conseguir la mayoría. ‖ Allegar (des fonds). ‖ Adquirir (un héritage).
— V. pr. Recogerse, ensimismarse, concentrar sus ideas *ou* su atención.

recuire* v. tr. et intr. Recocer, volver a cocer.

recuisson f. Recocido, *m.,* segunda cochura.

recuit, e [rəkɥi, ɥit] adj. et s. m. Recocido, da.

recul [rəkyl] m. ● Retroceso : *le recul d'un canon,* el retroceso de un cañón. ‖ Espacio (place). ‖ Alejamiento, distancia, f. : *ne pas avoir assez de recul pour juger un tableau,* no tener suficiente distancia para juzgar un cuadro. ‖ FIG. Perspectiva, f. (dans le temps). ‖ Regresión, f. : *recul des exportations,* regresión de las exportaciones. ‖ Culatazo (d'une arme). ‖ — FIG. *Manquer de recul,* carecer *ou* estar falto de perspectiva. ‖ *Prendre du recul,* retroceder, alejarse (reculer), tener perspectiva.
— SYN. ● *Rétrogradation,* retrogradación. *Régression,* regresión. *Repli,* repliegue.

reculade f. Reculada. ‖ Retirada (retraite).

reculé, e adj. Lejano, na ; alejado, da (lointain). ‖ Remoto, ta (temps).

reculée f. Espacio (*m.*) para recular.

reculement m. (Vx). Retroceso (recul). ‖ *Courroie de reculement,* correa de la retranca (harnais).

reculer v. tr. Echar hacia atrás, alejar : *reculer sa chaise,* echar su silla hacia atrás. ‖ Aplazar, dife-

rir (retarder) : *reculer un paiement,* aplazar un pago. ‖ Alejar : *reculer ses frontières,* alejar sus fronteras.
— V. intr. Retroceder, recular : *reculer d'un pas,* retroceder un paso. ‖ Vacilar (hésiter). ‖ ● Echarse atrás : *reculer devant une difficulté,* echarse atrás ante una dificultad. ‖ Ir para atrás. ‖ Retrasar. ‖ Dar culatazo (un fusil). ‖ — *Ne pas reculer d'un pouce,* no retroceder de una pulgada. ‖ *Ne reculer devant rien,* no asustarse de nada, no reparar en nada, no arredrarse por nada. ‖ *Reculer pour mieux sauter,* esperar el mejor momento.
— V. pr. Recular, echarse atrás.
— SYN. ● *Lâcher pied,* renunciar, abandonar. *Pop. Caler,* rajarse. *Flancher,* flaquear.

reculons (à) loc. adv. Andando hacia atrás. ‖ FIG. Andando para atrás como los cangrejos.

récupérable adj. Recuperable.

récupérateur adj. m. et s. m. Recuperador : *ressort récupérateur,* muelle recuperador.

récupération f. Recuperación.
— OBSERV. Bien que le mot *recobro* existe c'est *recuperación* qui est le plus courant.

récupérer* v. tr. Recuperar (objet, matériel). ‖ Recobrar (santé, forces). ‖ Recuperar : *récupérer une heure de travail,* recuperar una hora de trabajo (rattraper).
— V. intr. Recuperarse (reprendre des forces).

récurage m. Fregado.

récurer v. tr. Limpiar los cacharros de cocina con estropajo de aluminio.

récurrence f. MÉD. Recurrencia.

récurrent, e adj. MÉD. Recurrente.

récursoire adj. DR. Que entabla recurso.

récusable adj. Recusable.

récusation f. Recusación.

récuser v. tr. Recusar (un jugement, un tribunal). ‖ Rechazar (rejeter).
— V. pr. DR. Declararse incompetente.

recyclage m. Reconversión, *f.,* reciclaje, reciclado.

recycler v. tr. Reconvertir, reciclar.

rédacteur, trice m. et f. Redactor, ra. ‖ *Rédacteur en chef,* redactor jefe.

rédaction f. ● Redacción (l'action, la chose rédigée). ‖ Redacción (le personnel, le bureau des rédacteurs).
— SYN. ● *Composition,* composición. *Dissertation,* disertación. *Narration,* narración.

rédactionnel, elle adj. De la redacción, redaccional.

redan ou **redent** m. Rediente, estrella, f. (fortifications). ‖ ARCHIT. Resalto.

redarguer v. tr. Redargüir.

reddition f. Rendición.

redécouvrir* v. tr. Descubrir de nuevo, volver a descubrir.

redéfaire* v. tr. Deshacer de nuevo.

redemander v. tr. Volver a pedir, pedir otra vez (pétition). ‖ Volver a preguntar, preguntar otra vez. ‖ Pedir la devolución de [lo prestado].

rédempteur, trice adj. et s. Redentor, ra.

rédemption f. Redención.

rédemptoriste m. Redentorista.

redent m. V. REDAN.

redescendre v. tr. et intr. Bajar de nuevo, volver a bajar. ‖ Bajar después de haber subido.

redevable adj. *Être redevable de : il m'est redevable d'une somme de 100 francs,* me debe una suma de cien francos. ‖ FIG. *Je lui suis redevable de la vie,* le debo la vida.

redevance f. Canon, *m.,* censo, *m.* ‖ *Redevances téléphoniques,* recibos de teléfono.

redevenir* v. intr. Volver a ser, ser de nuevo.

redevoir* v. tr. Quedar debiendo.

rédhibition f. Dr. Redhibición.
rédhibitoire adj. Dr. Redhibitorio, ria.
rédiger* v. tr. Redactar.
rédimer v. tr. (P. us.). Redimir, rescatar.
redingote f. Levita, redingote, m.
redire* v. tr. Repetir : *redire toujours la même chose*, repetir siempre lo mismo. || *Ne pas se le faire redire*, no hacérselo decir dos veces, no vacilar en hacer algo.
— V. intr. Censurar, criticar (blâmer) : *trouver quelque chose à redire*, tener algo que criticar. || *Trouver à redire à tout*, tener siempre que decir algo, buscar pelos en la sopa.
rediscuter v. tr. Discutir de nuevo, volver a discutir.
rediseur, euse m. et f. Machacón, ona ; discutidor, ra.
redistribuer v. tr. Volver a distribuir *ou* a repartir.
redistribution f. Nueva distribución.
redite f. Repetición inútil.
redondance f. Redundancia.
redondant, e adj. Redundante.
redonder v. intr. (P. us.). Redundar : *redonder de citations*, redundar en citas.
redonner v. tr. Dar de nuevo, volver a dar. || Devolver (rétablir, restituer) : *redonner la santé*, devolver la salud.
— V. intr. Reincidir, recaer, volver a caer (retomber) : *redonner dans le même vice*, recaer en el mismo vicio. || Volver a la carga *ou* a atacar (revenir à la charge).
redorer v. tr. Volver a dorar, redorar. || Fam. *Redorer son blason*, redorar su blasón *ou* su escudo.
redormir* v. intr. Volver a dormir.
redoublant, e adj. et s. Repetidor, ra (d'une année scolaire).
redoublé, e adj. Redoblado, da. || *Pas redoublé*, pasodoble (musique), paso redoblado (militaire). || *À coups redoublés*, con violencia.
redoublement m. Redoblamiento, redoble. || Aumento, incremento (augmentation). || Repetición, f. (d'une année scolaire).
redoubler v. intr. Redoblar (réitérer) : *redoubler d'efforts*, redoblar sus esfuerzos. || Arreciar (pluie, vent). || Aumentar : *la fièvre redouble*, la fiebre aumenta.
— V. tr. Poner otro forro (doublure). || Repetir : *redoubler une classe*, repetir curso. || Aumentar, incrementar (accroître). || Redoblar, repetir : *redoubler une consonne*, repetir una consonante.
redoul m. Bot. Roldón.
redoutable adj. Temible.
redoute f. Mil. Reducto, m. || Baile, m. (salon de danse).
redouter v. tr. et intr. Temer. || — *C'est à redouter*, es de temer, es temible. || *Redouter de parler*, no atreverse a hablar.
redressage m. Enderezamiento.
redresse f. Pop. *À la redresse*, enérgico, ca : *un type à la redresse*, un tío enérgico.
redressement m. Enderezamiento : *le redressement d'un clou*, el enderezamiento de un clavo. || Enderezamiento (d'un tort). || Restablecimiento (remise en état, en marche). || Resurgimiento, recuperación, f. (d'un pays). || Rectificación, f. (du courant, d'un compte). || *Maison de redressement*, reformatorio.
redresser v. tr. Erguir, enderezar (élever). || Enderezar, deshacer, reparar (des torts). || Hacer resurgir (la nation). || Enderezar, poner en su cauce, restablecer (rétablir). || Corregir (l'image). || Enderezar, poner derecho : *redresser une poutre*, enderezar una viga. || Électr. Rectificar (courant).

— V. pr. Erguirse, enderezarse, ponerse derecho. || Incorporarse (dans le lit). || Fig. Erguirse.
redresseur m. Electr. Rectificador (de courant). || *Redresseur de torts*, desfacedor de entuertos, deshacedor de agravios. || — Adj. m. Rectificador.
redû m. Pico *ou* resto de cuenta.
réducteur, trice adj. Techn. Reductor, ra. || — Adj. m. et s. m. Chim. Reductor. || Phot. Rebajador. || — M. Reductor (de vitesse).
réductibilité f. Reducibilidad.
réductible adj. Reducible, reductible.
réductif, ive adj. Reductivo, va.
réduction f. Reducción, aminoración (d'impôts, etc.). || Rebaja (de prix).
réduire* v. tr. ● Reducir : *réduire en poussière*, reducir a polvo ; *réduire d'un quart*, reducir en una cuarta parte ; *réduire au silence*, reducir al silencio. || Sofocar (une émeute), reducir (une résistance). || Disminuir (diminuer). || Méd. et Math. Reducir. || — *Réduire à néant*, aniquilar, dar por tierra. || *Réduire à sa plus simple expression*, reducir a su más mínima expresión. || *Réduire au silence*, reducir al silencio, acallar. || *Réduire en esclavage*, esclavizar. || *Réduire en poudre ou en poussière ou en miettes*, hacer polvo *ou* añicos *ou* trizas. || — *En être réduit à*, no tener más remedio que.
— V. intr. Reducirse.
— Syn. ● *Amoindrir*, aminorar, amenguar. *Diminuer*, disminuir. *Restreindre*, restringir. *Raréfier*, rarefacer. *Minimiser*, apocar.
réduit, e [redɥi, ɥit] adj. Reducido, da.
— M. Cuarto pequeño, cuartucho, cuchitril (péjoratif). || Mil. Reducto. || — F. Math. Reducida.
réduplicatif, ive adj. Reduplicativo, va.
réduplication f. Reduplicación.
réduve m. Zool. Reduvio.
réédification f. Reedificación.
réédifier* v. tr. Reedificar.
rééditer v. tr. Reeditar.
réédition f. Reedición.
rééducation f. Reeducación. || Méd. Reeducación, rehabilitación.
rééduquer v. tr. Reeducar.
réel, elle [reɛl] adj. ● Real. || Efectivo, va.
— M. Lo real.
— Syn. ● *Tangible*, tangible. *Concret*, concreto. *Positif*, positivo. *Effectif*, efectivo. *Certain*, cierto.
réélection f. Reelección.
rééligibilité f. Reelegibilidad.
rééligible adj. Reelegible.
réélire* v. tr. Reelegir.
réélu, e adj. et s. Reelegido, da ; reelecto, ta.
réembarquer v. tr. Reembarcar.
réembaucher v. tr. Contratar de nuevo (ouvriers).
réemploi m. Nuevo empleo.
réengager* v. tr. V. Rengager.
réenroulement m. Techn. Rebobinado.
réensemencement m. Resiembra, f.
réensemencer* v. tr. Sembrar nuevamente, volver a sembrar.
réescompte [reɛskɔ̃:t] m. Comm. Redescuento.
réescompter [-te] v. tr. Descontar de nuevo.
réévaluation f. Revaluación.
réévaluer v. tr. Revaluar.
réexaminer v. tr. Volver a examinar [un asunto].
réexpédier* v. tr. Reexpedir.
réexpédition f. Reexpedición.
réexportation f. Reexportación.
réexporter v. tr. Reexportar.
refaçonner v. tr. Labrar de nuevo.
réfaction f. Refacción.
refaire* v. tr. ● Rehacer. || Fam. Engañar, pegársela *ou* dársela [a uno].
— V. intr. Volver a dar las cartas.
— V. pr. Rehacerse, reponerse. || Restablecerse

(rétablir sa santé). ‖ Volver a habituarse. ‖ Fam. *Se refaire une beauté,* arreglarse.

— Syn. ● *Recommencer,* volver a empezar. *Répéter,* repetir. *Renouveler,* renovar. *Récidiver,* reincidir. *Réitérer,* reiterar.

refait, e adj. Rehecho, cha. ‖ Fam. *Il a été refait,* le han dado el pego.

refaucher v. tr. Segar de nuevo, hacer una segunda siega.

réfection f. (Vx). Refección (repas). ‖ Reparación, refacción, refección (remise en état).

réfectoire m. Refectorio, comedor.

refend [rəfã] m. Archit. Pared (f.) divisoria. ‖ — *Bois de refend,* madera para tablas. ‖ *Élément de refend,* elemento divisorio. ‖ *Mur de refend,* tabique (cloison).

refendre v. tr. Hender de nuevo.

référé m. Dr. Recurso de urgencia.

référence f. Referencia. ‖ — Pl. Referencias, informes, *m.* ‖ — *Ayant des références,* informado, da (employé). ‖ *Ouvrage de référence,* libro de consulta.

référendaire m. Refrendario.

référendum [referɛ̃dɔm] m. Referéndum. ‖ Encuesta, *f.* (enquête de journal).

référer* v. tr. (Vx). Referir. ‖ Remitir (remettre). — V. intr. Informar : *en référer à la direction,* informar a la dirección. — V. pr. Referirse. — Observ. Le verbe espagnol *referir* a le sens de « raconter ».

refermer v. tr. Cerrar, volver a cerrar (fermer) : *refermer une porte,* cerrar una puerta. — V. pr. Cerrarse, volver a cerrarse.

refiler v. tr. Pop. Colar, pasar : *refiler une pièce fausse,* colar una moneda falsa. ‖ Colgar, cargar, endosar (un travail).

réfléchi, e adj. Reflejado, da : *rayon réfléchi,* rayo reflejado. ‖ Gramm. Reflexivo, va (verbe, forme). ‖ Reflexivo, va (raisonnable, sérieux) : *un garçon réfléchi,* un chico reflexivo. ‖ Pensado, da ; meditado, da ; cuerdo, da (idée, etc.).

réfléchir v. tr. Reflejar. — V. intr. Reflexionar, pensar : *il faut que j'y réfléchisse,* tengo que pensarlo. ‖ — *Donner à réfléchir,* dar que pensar. ‖ *Il faut réfléchir avant d'agir,* mirar antes de saltar, antes que te cases mira lo que haces. ‖ *Tout bien réfléchi* o en *réfléchissant bien,* pensándolo bien, mirándolo bien, bien mirado todo. — V. pr. Reflejarse.

réfléchissant, e adj. Reflejante, reflectante : *surface réfléchissante,* superficie reflejante. ‖ Reflectante, reflectorizado, da (plaque).

réflecteur trice adj. et s. m. Phys. Reflector, ra. — M. Reflector.

reflet m. Reflejo. ‖ Fig. Reflejo, imagen, *f.*

refléter* v. tr. Reflejar : *la glace reflète les rayons lumineux,* el espejo refleja los rayos luminosos. — V. pr. Reflejarse.

refleurir v. intr. Reflorecer.

refleurissement m. Reflorecimiento.

réflexe adj. Reflejo, ja : *mouvement réflexe,* movimiento reflejo. — M. Reflejo : *réflexe conditionné,* reflejo condicionado.

réflexibilité f. Reflexibilidad.

réflexible adj. Reflexible.

réflexif, ive adj. Reflexivo, va (psychologie).

réflexion f. Phys. Reflexión. ‖ Reflexión (action de réfléchir). ‖ Idea, pensamiento, *m.* ‖ — *Réflexion faite* o *à la réflexion,* mirándolo bien, pensándolo bien, bien mirado. ‖ — *Faire des réflexions,* llamar la atención, reprender.

refluer [rəflye] v. intr. Refluir. ‖ Retroceder, volver : *la foule reflua vers la sortie,* la muchedumbre

retrocedió hacia la salida. ‖ Volver a (pensées, souvenirs).

reflux [-fly] m. ● Reflujo (marée). ‖ Fig. Reflejo, retroceso. — Syn. ● *Marée,* marea baja, bajamar. *Jusant,* reflujo, yusante.

refondre v. tr. Refundir. ‖ Reestructurar (reorganizar).

refonte f. Refundición. ‖ Reestructuración, reforma : *la refonte des institutions,* la reestructuración de las instituciones. ‖ Refundición (d'un livre).

reforger* v. tr. Forjar de nuevo.

réformable adj. Reformable.

réformateur, trice adj. et s. Reformador, ra.

réformation f. Reformación.

réforme f. Reforma : *réforme agraire,* reforma agraria. ‖ Mil. Baja, licencia absoluta (position). ‖ Reforma (église). ‖ *Cheval de réforme,* caballo de desecho.

réformé, e adj. y s. Reformado, da. ‖ — Adj. y s. m. Declarado inútil por enfermo (conscrit), dado de baja (militaire en service).

réformer v. tr. Reformar. ‖ Mil. Declarar inútil por enfermo, dar de baja. ‖ Desechar (un cheval). — V. pr. Reformarse, corregirse.

réformisme m. Reformismo.

réformiste adj. et s. Reformista.

refouillement [rəfujmã] m. Cavidad, *f.* ‖ Calado, hueco (creux).

refouiller [-je] v. tr. Ahondar un hueco (sculpture).

refoulé, e adj. et s. Inhibido, da.

refoulement m. Rechazo, retroceso. ‖ Impulsión, *f.,* descarga, *f.* (pompe). ‖ Compresión (d'un gaz). ‖ Inhibición, *f.,* tendencia (f.) reprimida, represión, *f.* (d'un désir, d'un sentiment). ‖ Enfurtido (des étoffes), curtido (du cuir). ‖ Expulsión, *f.*

refouler v. tr. Rechazar, hacer retroceder. ‖ Echar, expulsar. ‖ Comprimir (gaz, etc.). ‖ Atacar (la poudre d'une arme à feu). ‖ Enfurtir (les étoffes), curtir (le cuir). ‖ Fig. Ahogar, contener : *refouler ses pleurs,* ahogar el llanto. ‖ Inhibir, reprimir, contener, comprimir (un désir, une sensation).

refouloir m. (Vx). Atacador.

réfractaire adj. Refractario, ria. ‖ Rebelde, refractario, ria (rebelle).

réfracter v. tr. Refractar.

réfracteur m. Refractor.

réfractif, ive adj. Refractivo, va.

réfraction f. Phys. Refracción.

réfractomètre m. Refractómetro.

refrain [rəfrɛ̃] m. Estribillo (de chanson). ‖ Canción, *f.,* cantinela, *f.* (répétition, rengaine). — Observ. Le mot espagnol *refrán* a le sens de « proverbe », « dicton ».

réfrangibilité [refrãʒibilite] f. Refrangibilidad.

réfrangible adj. Refrangible.

refrapper v. tr. Golpear nuevamente. ‖ Volver a golpear. ‖ Acuñar de nuevo (monnaie).

refrènement m. Refrenamiento.

refréner* v. tr. Refrenar.

réfrigérant, e adj. Refrigerante. ‖ Fig. No muy caluroso, sa : *accueil réfrigérant,* acogida no muy calurosa. — M. Enfriador.

réfrigérateur, trice adj. Refrigerador, ra. — M. Refrigerador, frigorífico, nevera, *f.*

réfrigération f. Refrigeración.

réfrigérer * v. tr. Refrigerar.

réfringence [refrɛ̃ʒãːs] f. Phys. Refringencia.

réfringent, e [-ʒã, ãːt] adj. Phys. Refringente.

refrognement m. (Vx). Ceño, sobrecejo, mala cara, *f.*

refroidir v. tr. ● Enfriar : *refroidir l'eau,* enfriar

el agua. ‖ — Fig. Aplacar, apagar, enfriar : *refroidir l'enthousiasme*, aplacar el entusiasmo. ‖ Pop. Apilar, cargarse, dejar fiambre (tuer). ‖ Techn. Refrigerar.
— V. intr. Enfriarse : *la soupe refroidit*, la sopa se enfría.
— V. pr. Méd. Enfriarse, resfriarse.
— Syn. ● *Tiédir*, templar. *Attiédir*, entibiar. *Rafraîchir*, refrescar.

refroidissement m. Enfriamiento. ‖ Méd. Enfriamiento, resfriado. ‖ Refrigeración, *f.* (moteur). ‖ Fig. Enfriamiento (relations).

refroidisseur m. Enfriador.

refroidissoir m. Enfriadero, enfriador.

refuge m. Refugio. ‖ Amparo (protection, surtout morale). ‖ Isleta, *f.*, refugio (trottoir).

réfugié, e adj. et s. Refugiado, da.

réfugier (se)* v. pr. Refugiarse.

refus [rəfy] m. ● Negativa, *f.*, negación, *f.* ‖ Rechazamiento, rechazo, repulsa, *f.* (rejet) : *refus d'une offre*, rechazamiento de una oferta. ‖ Equit. Parón. ‖ — *Refus d'obéissance*, desobediencia. ‖ — *Ce n'est pas de refus*, con mucho gusto, no es como para despreciarlo. ‖ *Essuyer un refus*, recibir una negativa.
— Syn. ● *Rebuffade*, bufido, feo. *Dénégation*, denegación. *Rejet*, rechazamiento.

refusable adj. Rehusable, rechazable, que se puede negar.

refuser v. tr. Negar, rehusar, rechazar (rejeter) : *refuser un service*, rehusar un favor. ‖ Negarse a : *refuser de sortir*, negarse a salir. ‖ Negar : *la nature lui a refusé la beauté*, la naturaleza le ha negado la belleza. ‖ Suspender (à un examen), dar calabazas (fam.). ‖ — *Refuser la priorité*, no respetar la prioridad. ‖ *Refuser sa porte à quelqu'un*, cerrar la puerta a alguien.
— V. intr. Pararse (cheval). ‖ Ser contrario (vent).
— V. pr. Negarse : *se refuser à parler*, negarse a hablar. ‖ Privarse (se priver) : *se refuser tout repos*, privarse de todo descanso. ‖ Resistirse : *il se refuse à penser que*, se resiste a pensar que. ‖ *Ne rien se refuser*, no privarse de nada.

réfutable adj. Refutable.

réfutation f. Refutación.

réfuter v. tr. Refutar, rechazar.

regagner v. tr. Recobrar : *regagner la confiance*, recobrar la confianza. ‖ Fig. Recuperar : *regagner le temps perdu*, recuperar el tiempo perdido. ‖ Volver a ganar : *regagner de l'argent*, volver a ganar dinero. ‖ Alcanzar, juntarse con. ‖ Volver (revenir) : *regagner son pays*, volver a su país. ‖ *Regagner du terrain*, recuperar el terreno perdido.

regain [rəgɛ̃] m. Renadío, segundo corte, hierba (*f.*) de segundo corte (d'un pré). ‖ Fig. Renuevo. ‖ — *Regain de jeunesse*, remozamiento. ‖ *Regain de popularité*, nuevo período de popularidad.

régal m. Regalo, placer, delicia, *f.* (plaisir) : *cette musique est un régal pour l'oreille*, esta música es un regalo para el oído. ‖ Festín, regalo.
— Observ. En espagnol *regalo* signifie surtout *cadeau*.

régalade f. Regalo, *m.*, festín, *m.* ‖ (Vx.) Fogata (flambée). ‖ Fam. *Boire à la régalade*, beber a chorro.

régale f. Regalía (droit royal). ‖ — M. Realejo (petit orgue).
— Adj. f. Chim. *Eau régale*, agua regia.

régaler v. tr. Fam. Invitar, pagar (payer) : *c'est moi qui régale*, invito yo. ‖ Amenizar, obsequiar (agrémenter). ‖ Nivelar, allanar (aplanir).
— V. pr. Regalarse (d'un repas). ‖ Fig. Disfrutar, gozar : *je vais me régaler*, la voy a gozar.

régalia f. Regalía.

régalien, enne adj. Dr. De regalía. ‖ Real (royal).

regard [rəga:r] m. ● Mirada, *f.* : *foudroyer du regard*, fulminar con la mirada. ‖ Techn. Registro, trampilla, *f.* (égout, machine). ‖ — *Regard noir*, mirada dura. ‖ *Regard perçant*, mirada aguda *ou* penetrante. ‖ — *Droit de regard*, derecho de fiscalización. ‖ *Long regard*, mirada penetrante. ‖ — *Au regard de*, respecto a. ‖ *En regard*, en frente. ‖ *Jeter* o *lancer un regard*, echar una mirada *ou* una ojeada. ‖ *Jeter ses regards sur*, poner los ojos en (choisir). ‖ *Ne pas avoir un regard pour*, no dignarse mirar a, no hacer caso de. ‖ *Se dérober aux regards de*, huir de las miradas de. ‖ *Tourner ses regards vers*, volver la mirada *ou* los ojos a.
— Syn. ● *Coup d'œil*, ojeada, vistazo. *Œillade*, guiño. *Vue*, vista.

regardant, e adj. Roñoso, sa ; tacaño, ña.

regarder v. tr. Mirar a : *se contenter de regarder les gens qui passent*, contentarse con mirar a la gente que pasa ; *la maison regarde le sud*, la casa mira al Sur. ‖ Fig. Mirar, considerar (considérer). ‖ Competer a, interesar a, corresponder a, atañer a : *affaire qui regarde le pays*, asunto que compete el país. ‖ — *Regarder à la dérobée* o *du coin de l'œil*, mirar con el rabillo del ojo, mirar de soslayo. ‖ *Regarder avec des yeux ronds*, mirar con los ojos abiertos como platos. ‖ *Regarder comme*, considerar como. ‖ *Regarder dans le blanc des yeux* o *droit dans les yeux*, mirar de hito en hito, fijar la mirada. ‖ *Regarder de biais* o *de travers*, mirar con recelo. ‖ *Regarder de haut*, mirar por encima del hombro *ou* de arriba abajo. ‖ *Regarder d'un bon* o *d'un mauvais œil*, mirar con buenos *ou* malos ojos. ‖ *Regarder en face*, mirar frente a frente *ou* cara a cara *ou* a la cara *ou* a los ojos (dans les yeux), enfrentarse, afrontar, encararse (affronter). ‖ *Regarder quelqu'un du haut de sa grandeur*, mirar a alguien por encima del hombro. ‖ *Regarder quelqu'un d'un bon* o *mauvais œil*, mirar a alguien con buenos *ou* malos ojos. ‖ *Regarder quelqu'un sous le nez* o *entre les yeux*, mirar provocativamente. ‖ — *Ça me regarde*, esto es asunto mío. ‖ *Ça ne me regarde pas*, esto no es asunto mío (ce n'est pas mon affaire), no me importa (ça m'est égal). ‖ *Ça vous regarde*, esto es cosa suya, allá usted. ‖ *Ça vous regarde?*, ¿y a usted qué le importa?, ¿y a usted qué más le da? ‖ Fam. *Mêlez-vous de ce qui vous regarde*, no se meta en lo que no le llaman *ou* en lo que no le importa. ‖ *Non, mais tu ne m'as pas regardé!*, ¡ que te crees !
— V. intr. Reparar, poner reparo : *ne pas y regarder de si près*, no reparar en detalles. ‖ — *Sans regarder à la dépense*, sin mirar *ou* reparar en gastos. ‖ *Sans y regarder*, sin reparar en los detalles. ‖ *Y regarder à deux fois*, pensarlo mucho antes de obrar.
— V. pr. Mirarse. ‖ — *Se regarder en chiens de faïence*, mirarse de hito en hito y con hostilidad. ‖ *Se regarder face à face*, estar frente por frente.

regarnir v. tr. Reguarnecer, guarnecer de nuevo.

régate f. Mar. Regata. ‖ Corbatita de nudo (cravate).

regel [rəʒɛl] m. Nueva helada, *f.*

regeler* [rəʒle] v. tr. et intr. Helar de nuevo.

régence f. Regencia.
— Adj. inv. Regencia : *style Régence*, estilo Regencia.
— Observ. El adj. *Régence* se refiere a las costumbres y las modas, los muebles, etc., del tiempo de la regencia, en Francia, de Felipe de Orleáns (en esta acepción lleva mayúscula).

régénérateur, trice adj. et s. Regenerador, ra.

régénération f. Regeneración.

régénérer* v. tr. Regenerar. ‖ Techn. Regenerar (caoutchouc).

régénérescence f. Regeneración.

régent, e adj. et s. Regente.
— OBSERV. Le féminin *regenta* désigne en espagnol seulement la femme du *regente* (prote) d'une imprimerie.

régenter v. tr. Regentar. ‖ FIG. Regentar, dirigir.

régicide adj. et s. Regicida (assassin). ‖ — M. Regicidio (crime).

régie f. Administración de rentas, estanco (de l'État). ‖ Control, *m.* (télévision, cinéma). ‖ — *En régie*, en administración. ‖ *La Régie des tabacs*, la Compañía Arrendataria de Tabacos.

regimber v. intr. Respingar (animaux). ‖ FIG. Respingar, forcejear.
— V. pr. Hacer la contra, enfrentarse a, ir contra, oponerse a.

regimbeur, euse adj. et s. Respingón, ona ; díscolo, la (indocile).

régime m. Régimen (gouvernement). ‖ Racimo (bananes). ‖ MÉCAN. Régimen. ‖ MÉD. Régimen, dieta, *f.* : *régime lacté*, dieta láctea. ‖ Régimen (droit, géographie, etc.). ‖ *Être au régime*, estar a régimen *ou* a plan, seguir un plan.

régiment m. MIL. Regimiento. ‖ FIG. Multitud, *f.* ‖ — FAM. *Faire son régiment*, hacer el servicio militar, hacer la mili. ‖ *Inconnu au régiment*, ilustre desconocido.

régimentaire adj. Regimental.

reginglette [rəʒɛ̃glɛt] f. Lazo, *m.* (piège).

région f. Región. ‖ MIL. Región. ‖ MAR. *Région maritime*, Departamento marítimo.

régional, e adj. Regional.
— M. Red (*f.*) telefónica regional.

régionalisation f. Regionalización.

régionaliser v. tr. Regionalizar.

régionalisme m. Regionalismo.

régionaliste adj. et s. Regionalista.

régir v. tr. Regir. ‖ Dirigir, gobernar (gouverner). ‖ GRAMM. Regir.

régisseur m. Regidor, administrador. ‖ THÉÂTR. Traspunte, regidor de escena. ‖ Regidor, director de producción (cinéma). ‖ Jefe de control (du son).

registre m. Registro (livre). ‖ Llave, *f.* [de un fogón, de una caldera de vapor]. ‖ Control (de tonalité). ‖ MUS. Registro. ‖ *Registre foncier*, Registro de la propiedad.

réglage m. Arreglo. ‖ Reglaje, ajuste (d'un appareil) : *bague de réglage*, anillo de ajuste. ‖ Rayado, pautado (du papier). ‖ Corrección, *f.*, reglaje (du tir). ‖ Control (de tonalité). ‖ Graduación, *f.*, regulación, *f.* (d'une quantité).

règle f. Regla (règlement). ‖ Pauta, regla, norma (norme). ‖ Norma : *règles de la concurrence*, normas de la competencia. ‖ Regla (pour tirer des traits). ‖ Iguala (du maçon). ‖ — Pl. Reglas, período, *m. sing.* (menstrues). ‖ — *Règle à calcul*, regla de cálculo. ‖ *Règle de conduite*, norma de conducta. ‖ *Règle de mélange*, regla de aligación. ‖ *Règle de trois*, regla de tres. ‖ — *À la règle*, con regla. ‖ *Dans les règles* o *dans les règles de l'art*, con todas las reglas del arte, con todas las de la ley. ‖ *En règle*, en regla, en forma debida, como Dios manda : *bataille en règle*, batalla en regla. ‖ *En règle générale*, por regla general. ‖ *Être de règle*, ser requisito indispensable, ser imperativo *ou* obligatorio. ‖ *Être en règle*, estar en regla. ‖ *Être en règle avec sa conscience*, tener la conciencia tranquila.

réglé, e adj. ● Ordenado, da ; regulado, da. ‖ Regulado, da (appareil). ‖ Corregido (tir). ‖ Reglado, da ; moderado, da. ‖ Determinado, da ; fijado, da : *dispositions réglées d'avance*, disposiciones determinadas de antemano. ‖ Regular (pouls). ‖ De reglas normales (femmes). ‖ Concluido, da ; resuelto, ta : *c'est une question réglée*, es asunto concluido. ‖ — MATH. *Surface réglée*, superficie reglada. ‖ — FAM. *Être réglé comme du papier à musique*, ser como un cronómetro (exact), ser automático.
— SYN. ● *Rangé*, ordenado. *Ordonné*, ordenado. *Méthodique*, metódico. *Systématique*, sistemático.

règlement m. ● Reglamento. ‖ MIL. Reglamento, ordenanzas, *f. pl.* ‖ Liquidación, *f.*, pago (argent). ‖ Arreglo, solución, *f.* : *règlement d'un différend*, arreglo de una controversia. ‖ *Règlement de compte*, ajuste de cuenta (assassinat).
— SYN. ● *Prescription*, prescripción. *Loi*, ley. *Arrêté*, decisión. *Code*, código. *Statut*, estatuto. *Charte*, carta. *Constitution*, constitución. *Canon*, canon. *Décret*, decreto.

réglementaire adj. Reglamentario, ria. ‖ *Ce n'est pas très réglementaire*, no está de acuerdo con los cánones, no es de ley.

réglementarisme m. Reglamentarismo.

réglementation f. Reglamentación. ‖ *Réglementation des marchés*, organización *ou* regulación del mercado.

réglementer v. tr. Someter a un reglamento, reglamentar, regular.

régler* v. tr. Pautar, reglar, rayar (papier). ‖ Regular, ajustar (un mécanisme). ‖ FIG. Arreglar, ordenar, regular : *régler sa vie*, ordenar su vida. ‖ Reglamentar, determinar (décider). ‖ Zanjar, arreglar, solucionar : *régler un problème*, zanjar un problema. ‖ Resolver, solventar, dirimir (un différend). ‖ Terminar con, concluir (mettre fin à). ‖ Liquidar, abonar (compte). ‖ Pagar : *régler le boulanger*, pagar al panadero. ‖ Graduar, ajustar : *régler en hauteur*, ajustar en altura. ‖ — *Régler le tir*, ajustar el tiro. ‖ *Régler sa conduite sur*, amoldar *ou* arreglar la conducta a. ‖ *Régler son compte à quelqu'un*, pagarle (le payer), ajustarle a uno las cuentas (se venger), quitarse a uno de encima (s'en débarrasser). ‖ *Régler son pas sur*, ponerse al compás de. ‖ *Régler une montre*, poner en hora un reloj.
— V. pr. Fijarse, determinarse.

réglet [reglɛ] m. IMPR. et ARCHIT. Filete. ‖ Regla, *f.*, regleta, *f.* (petite règle).

réglette f. Regleta.

régleur, euse adj. et s. Ajustador, ra. ‖ — M. Corrector (tir). ‖ Válvula (*f.*) de expansión (détendeur). ‖ — F. IMPR. Rayadera.

réglisse f. Regaliz, *m.* ‖ — *Bâton de réglisse*, paloduz (racine), barra de regaliz (bonbon). ‖ *Jus de réglisse* o *réglisse*, regaliz.

régloir m. Costa, *f.* (de cordonnier). ‖ MIL. Graduador de espoletas (fusées).

réglure f. Rayado, *m.*, pauta (du papier).

régnant, e adj. Reinante. ‖ FIG. Reinante, dominante.

règne [rɛɲ] m. Reinado : *sous le règne de Néron*, durante el reinado de Nerón. ‖ Reino : *règne animal*, reino animal. ‖ FIG. Reinado.

régner* v. intr. Reinar. ‖ — *Diviser pour régner*, divide y vencerás. ‖ *Le roi règne et ne gouverne pas*, el rey reina pero no gobierna.

regonfler v. tr. Rehenchir. ‖ Inflar de nuevo. ‖ FIG. et FAM. Levantar el ánimo, entonar.

regorger* v. intr. Rebosar, salirse (liquides). ‖ Rebosar (abonder). ‖ — *Regorger de santé*, rebosar salud. ‖ *Regorger de biens*, nadar en la abundancia.

regoûter v. intr. Volver a probar.

regrat [rəgra] m. (Vx.) Venta al por menor.

regratter v. tr. Raspar de nuevo (un mur).

regrattier, ère adj. et s. (Vx.) FAM. Regatón, ona ; detallista.

regreffer v. tr. Injertar de nuevo.

régresser v. intr. Retroceder, perder, experimentar una regresión.

régressif, ive adj. Regresivo, va.

régression f. Regresión, retroceso.

regret [rəgrɛ] m. Pesar, disgusto. ‖ Queja, *f.*

(plainte). ‖ Pena, *f.*, pesadumbre, *f.* (chagrin). ‖ — *À mon vif regret,* con mi mayor sentimiento. ‖ *À regret,* con pesar, a disgusto. ‖ *Avec tous mes regrets,* sintiéndolo en el alma. ‖ *Avoir le regret de* o *être au regret de,* lamentar *ou* sentir mucho. ‖ *En être aux regrets,* arrepentirse, estar arrepentido.

regrettable adj. Lamentable, deplorable, triste. ‖ — *Il est regrettable que,* es una pena que. ‖ *Perte regrettable,* dolorosa pérdida.

regretté, e adj. Sentido, da ; lamentado, da. ‖ Llorado, da (défunt). ‖ Echado de menos.

regretter v. tr. ● Lamentar, sentir, deplorar. ‖ Sentir la pérdida de (d'une personne). ‖ Echar de menos (une personne ou une chose perdue) : *regretter ses camarades,* echar de menos a sus compañeros. ‖ — *Je le regrette beaucoup,* lo siento mucho *ou* en el alma. ‖ *Je regrette de ne pas l'avoir vu,* siento no haberlo visto.
— Syn. ● *Déplorer,* deplorar. *Geindre,* gemir, gimotear. *Se plaindre,* quejarse.

regroupement m. Reagrupamiento, reagrupación, *f.*

regrouper v. tr. Reagrupar.

régulage m. Revestimiento de metal antifricción.

régularisation f. Regularización. ‖ Regulación : *régularisation d'un cours d'eau,* regulación de un curso de agua.

régulariser v. tr. Regularizar.

régularité f. Regularidad.

régulateur, trice adj. Regulador, ra.
— M. Regulador. ‖ *Régulateur cardiaque,* marcapasos, regulador cardiaco, marcador de paso.

régulation f. Regulación.

régule m. Techn. Régulo, metal antifricción.

réguler v. tr. Revestir de metal antifricción.

régulier, ère adj. Regular. ‖ Puntual (exact). ‖ Regular (religieux). ‖ Fam. Leal.
— M. Mil. Regular. ‖ — F. Pop. Costilla, parienta (épouse).
— Observ. La palabra francesa *régulier* no tiene nunca el sentido de « mediano » o « así así », que puede tener la palabra española *regular.*

régurgitation f. Regurgitación.

régurgiter v. tr. Regurgitar.

réhabilitable adj. Rehabilitable.

réhabilitant, e adj. Rehabilitador, ra.

réhabilitation f. Rehabilitación.

réhabilité, e adj. et s. Rehabilitado, da.

réhabiliter v. tr. Rehabilitar.

réhabiter v. tr. Habitar de nuevo.

réhabituer v. tr. Acostumbrar de nuevo.

rehaussement [rəosmɑ̃] m. Realce. ‖ Levantamiento.

rehausser [-se] v. tr. Realzar. ‖ Levantar (élever).

rehaut [rəo] m. Resalto (peinture, etc.).

réimperméabiliser v. tr. Volver a impermeabilizar.

réimportation f. Reimportación.

réimporter v. tr. Comm. Reimportar.

réimpression f. Reimpresión.

réimprimer v. tr. Reimprimir.

rein [rɛ̃] m. Anat. ● Riñón : *avoir mal aux reins,* tener dolor de riñones. ‖ Archit. Riñón. ‖ — Pl. Riñones, lomos. ‖ — *Tour de reins,* dolor de cintura. ‖ — *Avoir les reins solides,* tener el riñón bien cubierto, ser pudiente (être puissant). ‖ *Casser les reins,* deslomar (rouer de coups), cargarse (un adversaire). ‖ Fam. *Se casser les reins,* cargársela.
— Syn. ● *Lombes,* lomos. *Râble,* lomo. *Rognon,* riñón.

réincarnation f. Reencarnación.

réincarner (se) v. pr. Reencarnar.

réincorporer v. tr. Reincorporar.

reine f. Reina : *la reine douairière,* la reina viuda. ‖ Reina, abeja maestra (abeille). ‖ Reina, dama (aux échecs, aux cartes).

reine-claude f. Ciruela claudia, reina claudia (fruit).
— Observ. Pl. *reines-claudes.*

reine-des-prés f. Reina de los prados (fleur).
— Observ. Pl. *reines-des-prés.*

reine-marguerite f. Bot. Aster (*m.*) de la China.
— Observ. Pl. *reines-marguerites.*

reinette f. Reineta (pomme).

réinscription f. Nueva inscripción.

réinscrire* v. tr. Inscribir de nuevo.

réinstallation f. Reinstalación. ‖ Reasentamiento, *m.* : *réinstallation des réfugiés,* reasentamiento de los refugiados.

réinstaller v. tr. Reinstalar. ‖ Reasentar.

réintégrable adj. Reintegrable.

réintégration f. Reintegración.

réintégrer* v. tr. Reintegrar. ‖ Volver a : *réintégrer le domicile conjugal,* volver al domicilio conyugal. ‖ Volver a poner : *réintégrer quelqu'un en prison,* volver a poner a uno en la cárcel. ‖ Volver a dar, devolver (redonner) : *réintégrer quelqu'un dans ses biens,* devolver a uno sus bienes. ‖ Rehabilitar (un fonctionnaire).

réintroduire* v. tr. Introducir de nuevo, volver a introducir.

réinvestir v. tr. Volver a investir (un député). ‖ Volver a investir (des capitaux). ‖ Mil. Sitiar *ou* cercar de nuevo.

reis [reis] m. pl. Reis (monnaie).

réitératif, ive adj. Reiterativo, va.

réitération f. Reiteración.

réitérer* v. tr. et intr. Reiterar.

reitre [rɛtr] m. Reitre (soldat allemand). ‖ Fig. Militarote. ‖ *Vieux reître,* perro viejo.

rejaillir [rəʒaji:r] v. intr. Saltar (liquides). ‖ Reflejarse (lumière). ‖ (Vx). Rebotar (rebondir). ‖ Fig. *Rejaillir sur,* recaer sobre, repercutir sobre.

rejaillissement [-jismɑ̃] m. Salto (d'un liquide). ‖ (Vx). Rebote (d'une balle). ‖ Reflejo (de la lumière). ‖ Fig. Repercusión, *f.*

rejet [rəʒɛ] m. Desestimación, *f.*, rechazo : *le rejet de sa demande,* la desestimación de su petición. ‖ Bot. Renuevo, retoño. ‖ Joven enjambre (d'abeilles). ‖ Tierra (*f.*) sacada (d'un fossé). ‖ Poét. Encabalgamiento. ‖ Méd. Rechazo.

rejetable adj. Rechazable.

rejeter* v. tr. Echar de nuevo, volver a echar, tirar de nuevo, volver a tirar : *rejeter un poisson à l'eau,* volver a echar un pez al agua. ‖ Rechazar, arrojar : *rejeter l'ennemi hors d'un pays,* arrojar al enemigo fuera de un país. ‖ Rechazar : *rejeter une demande,* rechazar una petición. ‖ Vomitar, devolver (vomir). ‖ Achacar, echar : *rejeter la faute sur quelqu'un,* achacar *ou* echar la culpa a alguien.
— V. intr. Bot. Retoñar.
— V. pr. Echarse : *se rejeter en arrière,* echarse atrás. ‖ Volverse a meter : *se rejeter sur l'étude,* volverse a meter en el estudio. ‖ Recurrir (se reporter).

rejeton m. Bot. Retoño, brote, renuevo, vástago. ‖ Fig. Retoño, vástago (descendant).

rejoindre* v. tr. Reunir, volver a juntar : *rejoindre les lèvres d'une plaie,* volver a juntar los bordes de una llaga. ‖ Reunirse con, juntarse con : *rejoindre ses amis,* reunirse con sus amigos. ‖ Ir a dar : *chemin qui rejoint la route,* camino que va a dar a la carretera. ‖ ● Alcanzar, coger (rattraper). ‖ Mil. Incorporarse a. ‖ Fig. Acercarse a : *cela rejoint ma pensée,* esto se acerca a mis ideas.
— V. pr. Juntarse, reunirse. ‖ Encontrarse, verse (se retrouver).
— Syn. ● *Rattraper,* dar alcance. *Atteindre,* alcanzar. *Regagner,* recobrar, recuperar. *Rallier,* juntarse.

rejointoyer* [rəʒwĕtwaje] v. tr. ARCHIT. Rellenar las juntas.

rejouer v. tr. et intr. Volver a jugar (jeu). ‖ Volver a representar (théâtre). ‖ Volver a tocar (musique).

réjoui, e adj. Regocijado, da ; alegre, jovial ; gozoso, sa.

réjouir v. tr. Regocijar, alegrar.
— V. pr. Alegrarse, regocijarse.

réjouissance f. Regocijo, m., alegría, júbilo, m. (joie). ‖ (Vx). Porción de hueso (boucherie). ‖ — Pl. Festejos, m., fiestas.

réjouissant, e adj. Divertido, da ; alegre.

relâchant, e adj. Relajante.

relâche m. Descanso (repos). ‖ Día de descanso (théâtre). ‖ — Sans relâche, sin tregua, sin descanso. ‖ — Faire relâche, no haber función : ce théâtre fait relâche, no hay función en este teatro. ‖ — F. MAR. Escala.

relâché, e adj. Relajado, da.

relâchement [relɑʃmɑ̃] m. Relajamiento, relajación, f. (des mœurs, de la discipline, de l'activité). ‖ Aflojamiento, flojedad, f. (d'une corde). ‖ Relajación, f., disminución, f., aflojamiento (de la tension). ‖ MÉD. Relajación, f. ‖ FAM. Relajación, f., soltura (f.) de vientre (diarrhée).

relâcher v. tr. Aflojar : relâcher un câble, aflojar un cable. ‖ Relajar : relâcher la discipline, relajar la discipline. ‖ Soltar, liberar, libertar, devolver la libertad a (un prisonnier). ‖ Relâcher de, ceder en, reducir, disminuir.
— V. intr. MAR. Hacer escala, entrar de arribada.
— V. pr. Aflojarse (corde). ‖ Relajarse : la morale s'est relâchée, la moralidad se ha relajado. ‖ Aflojar, disminuir los esfuerzos : cet élève s'est relâché en mathématiques, este alumno ha aflojado en matemáticas.

relais [relɛ] m. Parada, f., posta, f., relevo (endroit). ‖ Caballos (pl.) de relevo, posta, f. (chevaux). ‖ Albergue (auberge). ‖ Relevo : course de relais, carrera de relevos. ‖ Descubierto (dans les fleuves). ‖ Multiplicador (d'explosifs). ‖ ÉLECTR. Relé. ‖ RAD. Repetidor, estación (f.) de enlace, relé. ‖ Relais quatre nages, relevo estilos (sports). ‖ FIG. Prendre le relais, tomar el relevo, relevar.

relance f. Envite, m. (au poker). ‖ FIG. Reactivación, nuevo impulso, m. (de l'économie). ‖ Resurgimiento, m. : relance européenne, resurgimiento europeo. ‖ De relance, de insistencia (lettre).

relancer* v. tr. Lanzar de nuevo, volver a lanzar (lancer de nouveau). ‖ Dejar partir, dejar marcharse (faire repartir). ‖ Reenvidar (au poker). ‖ FIG. Reactivar, dar nuevo impulso (l'économie). ‖ FIG. et FAM. Acosar, perseguir, hostigar, no dejar en paz : relancer quelqu'un, acosar a uno. ‖ Volver a hablar de, volver a poner sobre el tapete, discutir de nuevo (une question). ‖ Reprender, regañar (réprimander). ‖ — Relancer la conversation, reanimar ou reanudar la conversación. ‖ Relancer un client, insistir de nuevo con ou dar otro toque a un cliente.

relancis [relɑ̃si] m. Reposición, f., sustitución (f.) de materiales viejos por nuevos.

relaps, e [relaps] adj. et s. Relapso, sa.

rélargir v. tr. Ensanchar de nuevo.

rélargissement m. Nuevo ensanchamiento ou ensanche.

relater v. tr. Relatar.

relatif, ive adj. Relativo, va. ‖ Relatif à, relativo a ou sobre : étude relative aux liens existants, estudio sobre las relaciones existentes.
— M. Lo relativo.
— OBSERV. Il est souvent possible en espagnol de remplacer l'expression relativo a (suivi d'un complément) par ce complément auquel on ajoute le suffixe ero, era : relatif au blé, à la maison, triguero, casero.

relation f. Relación. ‖ Relación, contacto, m. : entrer en relation avec quelqu'un, ponerse en relación con alguien. ‖ ● Relato, m., narración (récit). ‖ Enlace, relación (liaison). ‖ MATH. Razón, relación. ‖ — Pl. Relaciones, trato, m. sing. ‖ Relaciones (personnes connues). ‖ Relations publiques, relaciones públicas.
— SYN. ● Compte rendu, informe. Exposé, exposición. Procès-verbal, acta. Historique, reseña histórica, historial.

relativement adj. Relativamente (par rapport à). ‖ Relativement à, respecto a, en lo relativo a (au sujet de), comparado con, en comparación a (par comparaison).

relativisme m. PHILOS. Relativismo.

relativiste adj. et s. Relativista.

relativité f. Relatividad.

relaver v. tr. Volver a lavar.

relaxation f. Relajación, relajamiento, m. ‖ Puesta en libertad, liberación (libération).

relaxe f. Puesta en libertad, liberación.

relaxer v. tr. Poner en libertad, liberar, soltar (mettre en liberté).
— V. pr. FAM. Relajarse (muscles, esprit).

relayer* [relɛje] v. tr. Relevar, sustituir (remplacer). ‖ Hacer el relevo, relevar (sports).
— V. pr. Alternar, turnarse, relevarse (se remplacer) : se relayer au volant, turnarse en el volante ; se relayer auprès d'un malade, turnarse para cuidar a un enfermo.

relayeur [-jœːr] m. Miembro de un equipo de relevos (sports).

relégation f. Relegación, confinamiento, m.

reléguer* v. tr. Relegar, confinar.

relent [relɑ̃] m. Resabio (mauvais goût). ‖ Tufo, mal olor (mauvaise odeur). ‖ FIG. Resabio, resto.
— OBSERV. L'espagnol relente correspond en français à serein (humidité).

relevage m. Levantamiento.

relevailles f. pl. Ceremonia (sing.) religiosa de purificación después del parto.

relève f. Relevo, m. (action et troupe). ‖ Prendre la relève, tomar el relevo, relevar, reemplazar.

relevé, e [relve] adj. Levantado, da. ‖ FIG. Elevado, da ; noble (élevé). ‖ Relevante, sobresaliente (remarquable). ‖ Picante (épicé). ‖ Realzado, da (mis en valeur). ‖ Peraltado, da (virage).
— M. Lista, relación (f.) detallada (dépenses, gains). ‖ Lectura, f., apunte (d'un compteur). ‖ Estado, estadística, f. (statistique). ‖ ARCHIT. Trazado, levantamiento (d'un plan). ‖ Relevé de comptes, extracto de cuentas.

relèvement m. Reedificación, refección (d'un mur). ‖ Levantamiento (d'une chose tombée). ‖ FIG. Rehabilitación, f. (d'un délinquant). ‖ Mejora, f. : relèvement de la qualité, mejora de la calidad. ‖ Determinación (f.) de la posición de un punto (topographie). ‖ ANAT. et MAR. Marcación, f. ‖ MAR. Arrufo (tonture). ‖ FIG. Renacimiento, levantamiento (d'un peuple). ‖ Aumento, subida, f. (augmentation). ‖ Aumento : relèvement du niveau de vie, des droits de douane, aumento del nivel de vida, de los derechos arancelarios.

relever* v. tr. Levantar, poner de pie (remettre debout). ‖ Reedificar, rehacer, reconstruir (reconstruire). ‖ Poner a flote (remettre à flot). ‖ Levantar, remangar (retrousser). ‖ Alzar, levantar (redresser). ‖ FIG. Levantar, sacar a flote (rétablir la prospérité). | Elevar (élever) : le travail relève l'homme, el trabajo eleva al hombre. | Rehabilitar (un délinquant). ‖ Realzar (rehausser). ‖ Dar, levantar, animar : relever le courage, levantar el ánimo ; relever la conversation, animar la conversación. ‖ Reprender, regañar (reprendre). ‖ Señalar, hacer notar, marcar : relever une faute, señalar una falta. ‖ Notar, darse cuenta (se rendre compte). ‖ Responder a, contestar a : relever une

impertinence, contestar a una impertinencia. ‖ Retener (une date). ‖ Tomar nota, apuntar, sacar notas (prendre note). ‖ Determinar la posición (déterminer la position). ‖ Peraltar (un virage). ‖ Levantar un plano de (topographie). ‖ Aumentar, subir (augmenter) : *relever les salaires*, subir los sueldos. ‖ Mejorar : *relever le niveau de vie*, mejorar el nivel de vida. ‖ Relevar, reemplazar en un trabajo (relayer). ‖ Relevar, revocar (révoquer). ‖ Relevar, liberar, eximir de un deber (libérer). ‖ Sazonar, poner picante (épicer). ‖ Coger (tricot). ‖ Recogerse : *relever les cheveux*, recogerse el pelo. ‖ Mar. Marcar : *relever sa position*, marcar su posición. | Levar (l'ancre). ‖ — *Relever la tête*, alzar la cabeza. ‖ *Relever le gant* o *le défi*, recoger el guante, aceptar el desafío *ou* el reto.
— V. intr. Depender. ‖ — *Relever de*, competer a (être du ressort de), ser muestra *ou* signo de (être signe de), convalecer de, salir de (se remettre de). ‖ *Relever de couches*, levantarse después de un parto. ‖ *Relever de maladie*, salir de una enfermedad.
— V. pr. Levantarse, ponerse de pie. ‖ Salir de la cama. ‖ Recuperarse, reponerse (se remettre). ‖ Relevarse, turnarse (se relayer). ‖ *Il ne s'en relèvera pas*, no se repará.
releveur [rəlvœːr] adj. et s. m. Anat. Elevador (muscle).
relief m. Relieve : *carte en relief*, mapa en relieve. ‖ Fig. Realce, lustre. ‖ — Pl. Sobras, restos de comida. ‖ — *Bas-relief*, bajorrelieve, bajo relieve. ‖ *Demi-relief*, medio relieve. ‖ *Haut-relief*, alto relieve. ‖ — *Broder en relief*, bordar de realce, recamar. ‖ *Mettre en relief*, poner de relieve, hacer resaltar.
relier* v. tr. Atar de nuevo, volver a atar, atar otra vez (lier de nouveau). ‖ Poner en comunicación, comunicar, enlazar, unir, reunir (établir des communications). ‖ Conectar (télécommunications). ‖ Empalmar, juntar (câbles, fils électriques, etc.). ‖ Unir, reunir (rattacher). ‖ Enlazar, relacionar. ‖ Encuadernar (un livre). ‖ Poner aros *ou* cercos (à un tonneau).
relieur, euse adj. et s. Encuadernador, ra.
religieux, euse adj. et s. ● Religioso, sa ; monje *ou* fraile, monja. ‖ — F. Pastelillo (m.) de crema.
— Observ. *Religioso, religiosa* (substantifs) s'emploient moins en espagnol qu'en français. Les mots usuels sont les synonymes *monje, monja, fraile.*
— Syn. ● *Moine*, monje, fraile. *Clerc*, clérigo. *Congréganiste*, congregante. *Cénobite*, cenobita. Pop. *Frocard*, frailuco.
religion f. Religión. ‖ — *Entrer en religion*, profesar, entrar en religión, hacerse religioso. ‖ *Se faire une religion de*, imponerse el deber de.
— Syn. *Piété*, piedad. *Dévotion*, devoción.
religionnaire m. (Vx). Religionario, protestante.
religiosité f. Religiosidad.
reliquaire m. Relicario.
reliquat [rəlika] m. Resto, saldo (d'un compte). ‖ Secuelas, f. pl., restos, pl. (d'une maladie).
relique [rəlik] f. Reliquia. ‖ *Garder comme une relique*, guardar como oro en paño.
relire* v. tr. Releer, leer de nuevo. ‖ Leer, descifrar. ‖ — V. pr. Releer (sa propre écriture).
reliure f. Encuadernación (de livre). ‖ Cubierta (pour fascicules).
relouer v. tr. Realquilar, subarrendar (sous-louer).
réluctance f. Électr. Reluctancia.
reluire* v. intr. Relucir, brillar.
reluisant, e adj. Reluciente, brillante. ‖ Fig. et Fam. Brillante, lucido, da : *situation pas très reluisante*, situación no muy lucida.
— Observ. *Reluisant* en su acepción familiar se emplea generalmente en forma negativa.
reluquer v. tr. Fam. Echar el ojo, diquelar.

remâchement m. Rumia, f.
remâcher v. tr. Volver a mascar, rumiar. ‖ Fig. Rumiar (une idée).
remaillage ou **remmaillage** [rəmɑjaːʒ] m. Cogida (f.) de puntos *ou* de carreras (de bas).
remailler ou **remmailler** [-je] v. tr. Remallar (les peaux). ‖ Coger puntos [a las medias] (bas).
remake [rimeik] m. Nueva versión, f. (d'un film).
rémanence f. Électr. Remanencia.
rémanent, e adj. Remanente.
remaniable adj. Modificable (modifiable).
remaniement [rəmanimɑ̃] m. Revisión, f., arreglo (révision). ‖ Modificación, f., transformación, f. (modification). ‖ Cambio, reforma, f. ‖ Reorganización, f., cambio en la composición (d'un gouvernement) : *remaniement ministériel*, reorganización ministerial. ‖ Impr. Recorrido.
remanier* v. tr. Rehacer, retocar (retoucher). ‖ Modificar, arreglar, transformar (modifier). ‖ Cambiar, reformar (changer). ‖ Reorganizar (un gouvernement). ‖ Impr. Recorrer.
remanieur, euse m. et f. Retocador, ra.
remariage m. Segundas nupcias, f. pl., nuevo casamiento.
remarier* v. tr. Volver a casar.
— V. pr. Volver a casarse.
remarquable adj. Notable : *remarquable par sa taille*, notable por su estatura. ‖ Extraordinario, ria ; excelente : *un chanteur remarquable*, un cantor extraordinario. ‖ Señalado, da : *il a fait un travail remarquable*, ha hecho un trabajo señalado. ‖ Relevante : *il lui a rendu un service remarquable*, le ha prestado un servicio relevante.
remarquablement adv. Sumamente : *il est remarquablement intelligent*, es sumamente inteligente.
remarque f. Nota, advertencia. ‖ Observación : *une remarque intéressante, désagréable*, una observación interesante, desagradable.
remarqué, e adj. Señalado, da : *une absence remarquée*, una ausencia señalada.
remarquer v. tr. Observar, notar, ver : *il enleva des taches qu'il avait remarquées*, quitó unas manchas que había observado. ‖ Notar, darse cuenta de : *remarquer la différence*, notar la diferencia ; *remarquer l'absence de quelqu'un*, darse cuenta de la ausencia de uno ; *remarquer quelque chose au premier coup d'œil*, notar algo a primera vista. ‖ Fijarse en : *as-tu remarqué l'air qu'il a?*, ¿te has fijado en el aspecto que tiene? ; *remarquer quelqu'un*, fijarse en uno. ‖ Señalar, notar : *le journaliste remarque dans son article l'importance de la question*, el periodista señala en su artículo la importancia del problema. ‖ Ver : *j'ai remarqué une très jolie robe*, he visto un vestido muy bonito. ‖ Decir : *et pourtant, remarqua la duchesse*, y sin embargo, dijo la duquesa. ‖ Marcar de nuevo, volver a marcar (marquer de nouveau). ‖ — *Remarque bien que*, mira que, ahora que, te advierto que. ‖ — *Être remarqué*, ser visto. ‖ *Faire remarquer*, hacer ver, hacer notar, señalar. ‖ *Je vous ferai remarquer que*, le advierto que. ‖ *Se faire remarquer*, llamar la atención.
— V. pr. Notarse, verse.
remballage m. Nuevo embalaje.
remballer v. tr. Embalar (emballer). ‖ Volver a embalar (emballer de nouveau). ‖ Fig. et Fam. Pasaportar, despachar, mandar a paseo.
rembarquement m. Reembarco (personnes), reembarque (choses).
rembarquer v. tr. Reembarcar.
— V. intr. et pr. Reembarcarse.
rembarrer v. tr. Fam. Reñir, echar una bronca a (reprendre).
remblai m. Terraplén (masse de matière pour

élever un terrain). ‖ Terraplenado (action). ‖ *Terres de remblai*, tierras de acarreo.

remblaver v. tr. Volver a sembrar, resembrar.

remblayage [rɑ̃blεja:ʒ] m. Terraplenado.

remblayer* [-je] v. tr. Terraplenar, rellenar.

remblayeuse [-jø:z] f. Máquina de rellenar (pour remblayer).

remboîtage ou **remboîtement** m. Encaje, reducción, *f.* (d'un os). ‖ Reencuadernación, *f.* (d'un livre).

remboîter v. tr. MÉD. Encajar, reducir (un os). ‖ Reencuadernar (un livre).

rembourrage m. Relleno (d'un siège). ‖ Hombrera (d'une veste). ‖ Paja, *f.*, relleno (remblissage).

rembourré, e adj. Relleno, na (rempli). ‖ Blando, da : *siège bien rembourré*, asiento muy blando. ‖ — FAM. *Bien rembourré*, rellenito, metido en carnes (grassouillet). ‖ *Être rembourré de noyaux de pêches*, ser duro como la piedra.

rembourrer v. tr. Rellenar.

rembourrure f. Relleno, *m.*, borra, *f.*

remboursable adj. Reembolsable. ‖ Reintegrable (loterie).

remboursé, e adj. Reembolsado, da.

remboursement m. Reembolso. ‖ Reintegro (loterie). ‖ Devolución (*f.*) del importe (d'une place). ‖ *Envoyer contre remboursement*, enviar contra reembolso.

rembourser v. tr. Reembolsar, devolver el dinero. ‖ Resarcir, reintegrar. ‖ — *Être remboursé à la loterie*, cobrar el reintegro. ‖ *Rembourser des billets*, devolver el importe de las entradas.

rembranesque adj. Propio *ou* relativo a Rembrandt.

rembruni, e adj. Oscurecido, da. ‖ FIG. Entristecido, da (attristé).

rembrunir v. tr. Oscurecer, poner más oscuro (rendre plus foncé). ‖ FIG. Entristecer, contristar (attrister).

— V. pr. Entristecerse. ‖ Nublarse, entoldarse (le temps).

rembrunissement m. Oscurecimiento. ‖ FIG. Entristecimiento.

rembuchement ou **rembucher** m. Emboscamiento (d'un animal).

rembucher v. tr. Emboscarse (un animal).

remède m. Remedio, medicamento, medicina, *f.* ‖ — *Remède de bonne femme*, remedio casero. ‖ *À chose faite point de remède*, a lo hecho pecho. ‖ *Être sans remède*, no haber remedio. ‖ *Le remède est pire que le mal*, el remedio es peor que la enfermedad. ‖ *Porter remède à*, remediar. ‖ — SYN. *Panacée*, panacea. *Antidote*, antídoto.

remédiable adj. Remediable.

remédier* v. intr. Remediar, poner remedio. ‖ *Remédier aux abus*, terminar con los abusos. ‖ — SYN. *Suppléer*, suplir. *Pallier*, paliar.

remembrement [rəmɑ̃brəmɑ̃] m. Concentración (*f.*) parcelaria.

remembrer v. tr. Concentrar, reunir, llevar a cabo la concentración parcelaria (terres).

remémoratif, ive adj. Rememorativo va.

remémoration f. Rememoración.

remémorer v. tr. Rememorar, recordar.

remerciement [rəmεrsimɑ̃] m. Agradecimiento : *lettre de remerciements*, carta de agradecimiento. ‖ — Pl. Gracias, *f.* : *adresser des remerciements*, dar las gracias.

remercier* [-sje] v. tr. Dar las gracias, agradecer (rendre grâce). ‖ Rehusar cortésmente (refuser). ‖ Despedir (renvoyer). ‖ — *En vous remerciant*, agradeciéndole, le agradezco, le doy las gracias, dándole las gracias. ‖ *Je vous remercie*, muchas gracias, se lo agradezco. ‖ *Je vous remercie de vos bontés*, le agradezco sus amabilidades.

réméré m. DR. Retroventa, *f.* ‖ *Vendre à réméré*, retrovender. ‖ *Vente à réméré*, venta con pacto de retro.

rémérer v. tr. (P. us.). Retraer, retrovender.

remettage m. TECHN. Remetido de la urdidumbre.

remettre* v. tr. Volver a poner, volver a meter : *remettre un enfant dans son lit*, volver a meter un niño en su cama. ‖ Volver a ponerse, ponerse de nuevo : *remettre sa veste*, volver a ponerse la chaqueta. ‖ Volver a poner, restablecer (ramener). ‖ Reponer (une pièce de théâtre). ‖ Imponer (décoration). ‖ Reconocer, acordarse de : *je vous remets à présent*, ahora le reconozco. ‖ Devolver : *remettre un enfant à sa famille*, devolver un niño a su familia. ‖ Dar, entregar (donner). ‖ Entregar : *remettre une lettre, les pouvoirs, un prix, un devoir au professeur*, entregar una carta, los poderes, un premio, un deber al profesor. ‖ Confiar, poner en manos de (une affaire). ‖ Dejar en manos de : *remettre les choses au hasard*, dejar las cosas en manos del azar. ‖ Remitir, condonar (faire grâce de). ‖ Rebajar (une peine). ‖ Aplazar, dejar para más adelante (différer). ‖ Reponer, restablecer : *l'air de la campagne l'a remis*, el aire del campo le ha restablecido. ‖ Arreglar, componer (en état). ‖ Encajar (une luxation). ‖ — *Remettre à flot*, sacar *ou* poner a flote. ‖ *Remettre à neuf*, reparar, dejar como nuevo. ‖ *Remettre au pas*, meter en cintura. ‖ POP. *Remettre ça*, volver a empezar. ‖ *Remettre en état une machine*, revisar una máquina. ‖ FIG. *Remettre quelqu'un à sa place*, parar los pies a alguien, poner a uno en su sitio. ‖ *Remettre quelqu'un d'aplomb*, poner a uno como nuevo. ‖ *Remettre ses pouvoirs à*, pasar *ou* entregar los poderes a. ‖ *Remettre une coutume en usage*, hacer renacer una costumbre. ‖ FAM. *Remettez la même chose*, vuelva a llenar (au bar). ‖ — *En remettre*, exagerar, camelar, cargar la mano. ‖ *Il ne faut pas remettre au lendemain ce que l'on peut faire le jour même*, no dejes para mañana lo que puedas hacer hoy.

— V. pr. Reponerse, restablecerse, recuperarse (d'une maladie, d'une émotion). ‖ Mejorar, aclararse, despejarse (le temps). ‖ Volver a sentarse : *se remettre à table*, volver a sentarse en la mesa. ‖ Volver a, volver a empezar (recommencer) : *se remettre à jouer*, volver a jugar. ‖ Tranquilizarse, sosegarse (se calmer). ‖ Rehacerse (d'une perte). ‖ — *Se remettre à flot*, ponerse a flote. ‖ *Se remettre en selle*, volver a montar a caballo (à cheval), recuperarse (dans une affaire). ‖ *Se remettre entre les mains de Dieu*, encomendarse a Dios. ‖ *Se remettre entre les mains de quelqu'un*, ponerse en manos de alguien, encomendarse a alguien. ‖ — *Remettez-vous!*, ¡tranquilícese! ‖ *S'en remettre à quelqu'un*, contar con alguien, remitirse a alguien.

remeubler v. tr. Amueblar de nuevo.

Remi n. pr. m. Remigio.

rémige f. Remera (plume).

remilitarisation f. Remilitarización.

remilitariser v. tr. Remilitarizar.

réminiscence f. Reminiscencia.

remis, e [rəmi, i:z] adj. Aplazado, da ; diferido, da. (V. REMETTRE.) ‖ *C'est partie remise*, será para otra vez.

remisage m. Encierro de un coche en la cochera.

remise f. Reposición. ‖ Remisión (action d'envoyer). ‖ Entrega (livraison). ‖ Remesa, envío, *m.* (envoi). ‖ Remesa (d'un chèque, des fonds). ‖ Entrega (d'un prix). ‖ Remisión, perdón, *m.* (d'une peine). ‖ Descuento, *m.*, rebaja (escompte). ‖ Condonación, cancelación (d'une dette). ‖ Comisión (d'un représentant). ‖ Demora, dilación, aplazamiento, *m.* (délai). ‖ Cochera, cobertizo, *m.* (pour les voitures). ‖ — *Remise à neuf*, renovación. ‖ *Remise en état,* arreglo, revisión. ‖ *Remise en jeu,* saque (sports). ‖ *Remise en place,* colocación. ‖ *Voiture de remise* o *de grande remise,* coche de alquiler.

remiser v. tr. Encerrar en la cochera. ‖ Guardar (ranger). ‖ FAM. Echar con cajas destempladas (renvoyer), parar los pies (remettre à sa place). ‖ Volver a hacer una puesta (au jeu).
— V. pr. Posarse, ocultarse (le gibier à plume).

remisier m. Corredor de agente de bolsa.

rémissibilité f. Remisibilidad.

rémissible adj. Remisible.

rémission f. Remisión, perdón, m. ‖ Alivio, m. (d'une maladie). ‖ *Sans rémission,* sin remisión, sin remedio (implacablement), sin interrupción.

rémittence f. MÉD. Remitencia.

rémittent, e adj. MÉD. Remitente.

rémiz [remi:z] m. Pájaro moscón.

reinmaillage [rãmɑja:ʒ] m. Remalladura, *f.,* remiendo de una red (d'un filet). ‖ Cogida (*f.*) de los puntos *ou* de las carreras (d'un bas).

remmailler [-je] v. tr. Remallar, componer las mallas [de una red] (d'un filet). ‖ Coger los puntos *ou* las carreras [de una media] (d'un bas).

remmailleur, euse [-jœ:r, jø:ʒ] m. et f. Zurcidor, ra. ‖ — F. Remalladora (machine), zurcidora (ouvrière).

remmailloter [-jote] v. tr. Cambiar de nuevo los pañales a un niño.

remmancher [rãmãʃe] v. tr. Poner nuevo mango.

remmener* [rãmne] v. tr. Volver a llevar.

remmoulage m. Moldeado (fonderie).

remmouler v. tr. Moldear (fonderie).

rémois, e adj. et s. Remense, de Reims.

rémolade f. V. REMOULADE.

remontage m. Remonta, *f.,* colocación (*f.*) de suelas nuevas (de chaussures). ‖ Armado (d'une arme). ‖ Nuevo montaje (d'une machine). ‖ Subida, *f.* (montée).

remontant, e adj. Ascendente, que sube. ‖ Estimulante, tónico, ca.
— M. Tónico, estimulante.

remonte f. MIL. Remonta. ‖ Subida (rivière).

remontée f. Subida, ascenso, *m.* ‖ *Remontée mécanique,* instalaciones de subida (ski).

remonto-ponto m. inv. Telesquí, telearrastre.

remonter v. intr. Volver a subir, subir de nuevo : *remonter dans la chambre,* volver a subir a su cuarto. ‖ Volver a montar (à cheval). ‖ Volver a subir (baromètre, fièvre, prix). ‖ Levantar (jupe). ‖ Subir (s'élever). ‖ Remontarse, elevarse : *remonter à l'Antiquité,* remontarse a la Antigüedad. ‖ Remontar, navegar río arriba. ‖ *Remonter à,* tener su origen en. ‖ *Remonter à la surface,* salir a flote. ‖ FAM. *Remonter au déluge,* ser del año de Maricastaña. ‖ MAR. *Remonter au vent,* remontar, ganar barlovento. ‖ — FAM. *Être remonté,* estar muy animado. ‖ *Ses actions remontent,* sus acciones se cotizan más.
— V. tr. Volver a subir : *remonter la côte,* volver a subir la cuesta. ‖ Elevar, levantar (un mur). ‖ Subir más (un tableau). ‖ Levantar : *remonter son col,* levantar el cuello. ‖ Dar cuerda (montre). ‖ Montar de nuevo, volver a armar (machine, etc.). ‖ Reponer, montar de nuevo (pièce de théâtre). ‖ Reponer, renovar, reconstruir (regarnir). ‖ Echar suelas (aux chaussures). ‖ Subirse (ses chaussettes). ‖ ● FIG. Estimular, animar, entonar (réconforter). ‖ MIL. Remontar. ‖ — FIG. *Remonter la pente* o *le courant,* subir la cuesta. ‖ *Remonter le courant,* ir a contracorriente. ‖ *Remonter le moral,* levantar el ánimo. ‖ *Remonter un fleuve,* subir un río, ir contracorriente, ir río arriba.
— V. pr. Reponerse, fortificarse, cobrar fuerzas.
— SYN. ● *Réconforter,* confortar. *Revigorer, ravigoter,* vigorizar. *Ragaillardir,* remozar. *Fortifier,* fortificar.

remonteur, euse m. et f. Montador, ra (d'une machine).

remontoir m. Corona, *f.* (montre).

remontrance f. Amonestación, reprimenda, reconvención. ‖ *Faire une remontrance,* amonestar.

remontrer v. tr. Volver a enseñar *ou* mostrar. ‖ (Vx). Advertir, hacer ver (faire voir). ‖ *En remontrer à quelqu'un,* dar una lección a uno, darle cien vueltas a uno.

rémora m. Rémora, *f.* (poisson). ‖ (P. us.). FIG. Rémora, *f.,* obstáculo.

remordre v. tr. et intr. Remorder, volver a morder.

remords [rəmɔ:r] m. Remordimiento.

remorquage m. Remolque.

remorque f. Remolque, *m.* : *remorque basculante,* remolque volquete. ‖ — *À la remorque,* a remolque. ‖ *Se mettre* o *être à la remorque de quelqu'un,* ir a remolque de alguien.

remorquer v. tr. Remolcar. ‖ FIG. Arrastrar, remolcar. ‖ MAR. *Remorquer à couple,* remolcar abarloado.

remorqueur, euse adj. et s. m. Remolcador, ra.

remoudre* v. tr. Volver a moler.

rémoudre* v. tr. Volver a afilar.

remouillage [rəmuja:ʒ] m. Remojo, acción (*f.*) de mojar de nuevo. ‖ Fondeo (d'un bateau).

remouiller [-je] v. tr. Remojar (des étoffes). ‖ Fondear de nuevo (un bateau).

rémoulade f. Salsa mayonesa con mostaza.

remoulage m. Moyuelo, afrecho (son). ‖ Remoldeado, nuevo moldeado. ‖ Segunda (*f.*) molienda.

rémoulage m. Nuevo afilado *ou* amolado.

remouler v. tr. Volver a moldear.

rémouleur m. Afilador, amolador (aiguiseur).

remous [rəmu] m. Remolino. ‖ FIG. Remolino, alboroto, agitación, *f.*

rempaillage [rãpɑja:ʒ] m. Asiento nuevo puesto a una silla.

rempailler [-je] v. tr. Poner asiento nuevo a una silla.

remparer v. tr. (Vx). Fortificar, amurallar (défendre par un rempart).
— V. pr. (Vx). Parapetarse.

rempart [rãpa:r] m. Muralla, *f.* (fortification). ‖ FIG. Defensa, *f.,* amparo, escudo.

rempiétement m. Consolidación (*f.*) de los cimientos (d'un mur, d'un édifice).

rempiéter* v. tr. Soletar, echar soletas (refaire le pied d'un bas).

rempiler v. tr. Volver a amontonar.
— V. intr. MIL. POP. Reengancharse.

remplaçable adj. Reemplazable *ou* remplazable, sustituible *ou* substituible.

remplaçant, e m. et f. Sustituto, ta *ou* substituto, ta; reemplazante *ou* remplazante. ‖ Suplente, reserva (sports).

remplacement m. Reemplazo, sustitución *ou* substitución, *f.*
— SYN. *Substitution,* sustitución. *Subrogation,* subrogación. *Commutation,* conmutación.

remplacer* v. tr. Reemplazar *ou* remplazar, sustituir *ou* substituir, suplir : *remplacer une chose par une autre,* reemplazar una cosa por otra. ‖ Reemplazar, cambiar (renouveler). ‖ — *Je me suis fait remplacer,* me han sustituido. ‖ *Remplacer au pied levé,* reemplazar de improviso *ou* en el último momento.
— SYN. *Relayer,* relevar. *Relever,* relevar. *Succéder,* suceder. *Suppléer,* suplir. *Supplanter,* suplantar. *Substituer,* sustituir.

remplage m. Ripio, cascote, relleno (maçonnerie).

rempli m. Alforza, *f.,* pliegue, doblez (couture).

rempli, e adj. Lleno, na; relleno, na. ‖ FIG. *Être rempli de soi-même,* estar muy creído *ou* pagado de sí mismo, darse tono.

remplier* v. tr. Echar una alforza.

remplir v. tr. Llenar de nuevo, rellenar. ‖ Completar (compléter). ‖ Rellenar : *remplir un formulaire,* rellenar un formulario. ‖ Ejercer, desempeñar, ocupar (une fonction). ‖ Responder a, satisfacer a (répondre à). ‖ Emplear (employer) : *bien remplir son temps,* emplear bien el tiempo. ‖ Ocupar (occuper). ‖ Reparar (dentelle). ‖ Cumplir con (un devoir, une promesse). ‖ *Remplir les conditions requises,* cumplir con los requisitos, satisfacer todos los requisitos. — V. pr. Llenarse. ‖ POP. Hartarse, llenarse (se rassasier).

remplissage m. Relleno. ‖ FIG. Relleno, broza, *f.,* paja, *f.,* inutilidades, *f. pl.* : *faire du remplissage,* meter broza. ‖ Reparación (*f.*) de encajes. ‖ MAR. Tarugo (pièce de bois). ‖ *Matériau de remplissage,* material de relleno.

remplisseuse adj. et s. f. Encajera, zurcidora de encajes.

remploi ou **réemploi** m. Nuevo empleo (de fonds), reinversión, *f.* ‖ DR. Adquisición (*f.*) de un inmueble con el producto de los bienes dotales.

remployer* [rãplwaje] v. tr. Volver a emplear, emplear de nuevo.

remplumer v. tr. Cubrir de plumas (technique). — V. pr. Echar plumas, cubrirse de plumas, pelechar. ‖ FIG. et FAM. Engordar (grossir), reponerse (santé), recobrarse, recuperarse (affaires).

rempocher v. tr. Volver a embolsar, volver a cobrar.

rempoissonnement m. Repoblación (*f.*) con peces.

rempoissonner v. tr. Repoblar (un étang, etc.).

remporter v. tr. Llevarse. ‖ FIG. Conseguir, lograr, obtener. | Ganar (gagner). ‖ *Remporter la palme,* llevarse la palma.

rempotage m. Trasplante.

rempoter v. tr. Trasplantar de una maceta a otra.

remprunter v. tr. Tomar *ou* pedir prestado de nuevo.

remuable adj. Removible.

remuage m. Acción (*f.*) de mover *ou* remover, meneo. ‖ Trasiego (du vin). ‖ Apaleo (du blé).

remuant, e adj. Inquieto, ta ; bullicioso, sa. ‖ Revoltoso, sa (enfant).

remue [rəmy] f. Trashumación (bétail).

remué, e adj. Emocionado, da.

remue-ménage [rəmymena:3] m. inv. (Vx). Trastorno, mudanza, *f.* ‖ Trajín, barullo. ‖ *Il y a un grand remue-ménage,* está todo patas arriba.

remuement [-mã] m. Movimiento, meneo. ‖ (Vx). FIG. Disturbios, *pl.,* revuelta, *f.,* agitación, *f.* (troubles).

remuer v. tr. Mover, menear : *remuer la main,* mover la mano. ‖ Cambiar de sitio, mudar (changer de place). ‖ Remover, mover (le café, les liquides). ‖ FIG. Conmover, mover (émouvoir). | Poner en movimiento : *remuer beaucoup de monde,* poner en movimiento a mucha gente. ‖ Agitar : *le scandale a remué la ville,* el escándalo ha agitado la ciudad. ‖ — *Remuer ciel et terre,* revolver Roma con Santiago. ‖ *Remuer l'argent à la pelle,* apalear oro, estar forrado. ‖ *Remuer la terre,* remover la tierra. — V. intr. Moverse, menearse. — V. pr. ● Moverse. ‖ FIG. Moverse. — SYN. ● *Bouger,* menearse, moverse. *Pop. Grouiller,* moverse. *Gigoter,* patalear.

remueur, euse adj. et s. Bullicioso, sa ; inquieto, ta ; bullidor, ra.

remugle m. Olor a humedad.

rémunérateur, trice adj. et s. Remunerador, ra.

rémunération f. Remuneración : *rémunération en nature,* remuneración en especie.

rémunératoire adj. Remuneratorio, ria.

rémunérer* v. tr. Remunerar.

Rémus [remys] n. pr. m. Remo.

renâcler v. intr. Resoplar. ‖ FIG. et FAM. Rezongar, refunfuñar.

renaissance f. ● Renacimiento, *m.* ‖ FIG. Renovación. — Adj. inv. Renacentista, renacimiento : *style Renaissance,* estilo renacentista. — SYN. ● *Résurrection,* resurrección, *Régénération,* regeneración.

renaissant, e adj. Renaciente. ‖ Renacentista (art).

renaître* v. intr. Renacer. ‖ Reaparecer : *les fleurs renaissent au printemps,* las flores reaparecen en primavera. ‖ FIG. Reponerse, cobrar fuerzas (reprendre des forces). ‖ *Renaître à,* volver a tener, estar animado de nuevo por.

rénal, e adj. ANAT. Renal.

renard [rəna:r] m. Zorro. ‖ FIG. Zorro (rusé). ‖ Fisura, *f.,* grieta, *f.* (d'un réservoir). ‖ « Renard », piel de zorro (fourrure). ‖ *Vieux renard,* viejo zorro *ou* zorrastrón, perro viejo.

renarde f. Zorra.

renardeau m. Zorrillo.

renardière f. Zorrera.

renardite f. MIN. Renardita.

Renaud [rəno] n. pr. m. Reinaldo.

renauder v. intr. POP. Gruñir, refunfuñar (grogner).

rencaissage ou **rencaissement** m. Nuevo ingreso en caja.

rencaisser v. tr. Volver a ingresar en caja, reintegrar.

rencard [rãka:r] m. POP. Información, *f.,* soplo.

rencarder v. tr. POP. Informar, soplar.

rencart ou **rancart** [rãka:r] m. POP. Cita, *f.*

renchaîner v. tr. Encadenar nuevamente.

renchéri, e adj. et s. (Vx). Desdeñoso, sa ; orgulloso, sa.

renchérir v. intr. Encarecerse, ponerse más caro. ‖ FIG. Ponderar, encarecer.

renchérissement m. Encarecimiento.

renchérisseur, euse m. et f. Encarecedor, ra.

rencogner v. tr. FAM. Arrinconar. — V. pr. Arrinconarse. ‖ Acurrucarse (se pelotonner).

rencontre f. Encuentro, *m.* (personnes ou choses). ‖ Casualidad, coincidencia. ‖ Ocasión, coyuntura (occasion). ‖ Choque, *m.,* refriega (choc imprévu de troupes). ‖ Reunión. ‖ Entrevista (entrevue). ‖ Desafío, *m.,* duelo, *m.* ‖ Encuentro, *m.,* partido, *m.* (match). ‖ — *De rencontre,* de ocasión. ‖ *Point de rencontre,* punto de confluencia. ‖ *Un ami de rencontre,* un conocido. ‖ — *Aller à la rencontre,* ir *ou* salir al encuentro. ‖ *Faire de mauvaises rencontres,* topar con mala gente. ‖ *Faire une rencontre,* encontrarse con alguien.

rencontrer v. tr. Encontrar. ‖ Dar con, dar en, topar con, tropezar (heurter). ‖ Entrevistarse con (avoir une entrevue). ‖ Enfrentarse con (match). — V. pr. Encontrarse, coincidir. ‖ Conocerse. ‖ Verse : *où allons-nous nous rencontrer ?,* ¿dónde nos vamos a ver ? ‖ Existir, encontrarse : *cela ne se rencontre guère,* esto apenas existe. ‖ Confluir (cours d'eau, chemins, etc.). ‖ Enfrentarse (deux équipes, armées).

rendement m. ● Rendimiento. ‖ Producto (produit). — SYN. ● *Production,* producción. *Rapport,* producto, renta.

rendez-vous m. inv. Cita, *f.* ‖ Lugar de la cita, sitio de la reunión. ‖ Cita, *f.,* encuentro (spatial). ‖ — *Consultation sur rendez-vous,* consulta previa petición de hora. ‖ *Donner rendez-vous,* citar, dar cita. ‖ *Fixer un rendez-vous,* citarse, darse cita. ‖ *Prendre rendez-vous,* citarse, quedar (deux amis). ‖ *Prendre rendez-vous* o *demander un rendez-vous,* pedir hora (chez le docteur).

rendormir* v. tr. Volver a dormir.
— V. pr. Dormirse de nuevo.

rendosser v. tr. Volver a ponerse (un vêtement).

rendre v. tr. Devolver, restituir : *rendre un livre emprunté,* devolver un libro prestado. ‖ Rendir, entregar : *rendre une place, les armes,* rendir una plaza, las armas. ‖ Producir, rendir, dar (rapporter). ‖ Devolver : *rendre un article défectueux,* devolver un artículo defectuoso. ‖ Devolver, hacer recobrar : *rendre la santé,* devolver la salud. ‖ Volver : *le succès l'a rendu fou,* el éxito le ha vuelto loco. ‖ Poner : *cet examen me rend malade,* este examen me pone enfermo. ‖ Hacer : *cela te rendrait heureux,* esto te haría feliz. ‖ Expresar, reflejar : *cela rend sa pensée,* esto refleja su pensamiento. ‖ Reproducir : *copie qui rend parfaitement l'original,* copia que reproduce perfectamente el original. ‖ Traducir (traduire). ‖ Rendir, tributar : *rendre hommage,* rendir homenaje. ‖ Pronunciar, fallar, dictar : *rendre un verdict,* pronunciar un veredicto. ‖ Emitir, producir, dar : *rendre un son,* emitir un sonido. ‖ Exhalar, desprender : *rendre une bonne odeur,* exhalar buen olor. ‖ Corresponder, devolver (une invitation). ‖ Devolver, arrojar, vomitar (vomir). ‖ Decir, expresar : *une photographie qui ne rend rien,* una fotografía que no dice nada. ‖ (Vx.) Entregar, llevar (porter). ‖ Llevar, conducir (amener). ‖ *Rendre compte,* dar cuenta, dar parte. ‖ *Rendre des comptes,* rendir *ou* dar cuentas. ‖ *Rendre des points à,* sacar puntos a. ‖ *Rendre gloire,* glorificar. ‖ *Rendre gorge,* devolver a la fuerza. ‖ *Rendre grâce o grâces,* dar las gracias, agradecer. ‖ *Rendre justice,* hacer justicia, reconocer los méritos. ‖ *Rendre la justice,* administrar la justicia. ‖ *Rendre l'âme o l'esprit,* entregar el alma, exhalar el último suspiro *ou* el postrer aliento. ‖ *Rendre la monnaie,* dar la vuelta. ‖ *Rendre la pareille o la monnaie de sa pièce,* pagar con la misma moneda. ‖ *Rendre la parole,* devolver la palabra. ‖ *Rendre le bien pour le mal,* devolver bien por mal. ‖ MIL. *Rendre les armes,* rendir, entregar las armas, declararse vencido. ‖ *Rendre plus petit,* achicar, hacer más pequeño. ‖ *Rendre raison de,* dar razón de, explicar. ‖ *Rendre réponse,* dar una contestación, contestar, responder. ‖ *Rendre sa visite à quelqu'un,* devolver la visita a alguien. ‖ *Rendre service,* hacer un favor, prestar ayuda *ou* servicio. ‖ *Rendre témoignage,* dar *ou* prestar testimonio. ‖ POP. *Rendre tripes et boyaux,* echar las entrañas, vomitar. ‖ *Rendre visite,* hacer una visita, visitar. ‖ *— Dieu vous le rende!,* ¡Dios se lo pague! ‖ *Il faut rendre à César ce qui est à César,* hay que dar al César lo que es de César.
— V. intr. Devolver, arrojar, vomitar : *avoir envie de rendre,* tener ganas de devolver. ‖ Tener éxito (réussir). ‖ Rendir, dar un rendimiento (machine), ser productivo (une affaire).
— V. pr. Ir, trasladarse, dirigirse (aller). ‖ Acudir : *se rendre à un endroit,* acudir a un lugar. ‖ Rendirse, someterse, entregarse (capituler). ‖ Darse, entregarse (une femme). ‖ Ponerse, volverse : *se rendre malade,* ponerse enfermo. ‖ Traducirse (un mot). ‖ FIG. Hacerse, mostrarse (se montrer): *se rendre utile,* hacerse útil. ‖ Someterse, acceder, estar de acuerdo (accéder). ‖ Reconocer : *se rendre à l'évidence,* reconocer la evidencia. ‖ Admitir : *se rendre aux raisons de quelqu'un,* admitir las razones de uno. ‖ *— Se rendre compte,* darse cuenta. ‖ *Se rendre coupable,* ser culpable. ‖ *Se rendre maître,* hacerse dueño (propriétaire), hacerse maestro (savoir).

rendu m. COMM. Devolución, *f.*

rendu, e adj. Devuelto, ta. ‖ Conducido, da ; transportado, da. ‖ Llegado, da (arrivé) : *enfin, nous voilà rendus,* por fin hemos llegado. ‖ Ren-

dido, da ; cansado, da (fatigué). ‖ FIG. Expresado, da (exprimé). ‖ *C'est un prêté pour un rendu,* donde las dan las toman, eso es pagar con la misma moneda.

rêne f. Rienda (plus usité au pluriel). ‖ FIG. Rienda : *les rênes du gouvernement,* las riendas del gobierno. ‖ *Fausse rêne,* falsa rienda, engallador.
— SYN. *Guide,* rienda. *Bride,* brida. *Licou,* cabestro. *Licol,* cabestro, ronzal.

René n. pr. m. Renato.

Renée [rəne] n. pr. f. Renata.

renégat, e [rənega, at] adj. et s. Renegado, da.

rénette f. Legra, legrón, *m.,* pujavante, *m.* (pour rogner le sabot du cheval).

rénetter v. tr. Legrar, rebajar el casco (des chevaux).

renfaîtage m. Retejo.

renfaîter v. tr. Retejar.

renfermé, e adj. Encerrado, da. ‖ Reservado, da ; poco comunicativo, va (peu communicatif).
— M. *Sentir le renfermé,* oler a cerrado.

renfermer v. tr. Encerrar (enfermer). ‖ Volver a encerrar (enfermer de nouveau). ‖ FIG. Encerrar, contener, entrañar (contenir). ‖ Resumir, compendiar, sintetizar (restreindre). ‖ Mantener oculto, ocultar, esconder (cacher).
— V. pr. Encerrarse. ‖ FIG. Ensimismarse, concentrarse. ‖ Limitarse, reducirse (se limiter).

renfiler v. tr. Enhebrar de nuevo, volver a ensartar.

renflammer v. tr. Inflamar de nuevo.

renflé, e adj. Hinchado, da ; abultado, da. ‖ ARCHIT. *Colonne renflée,* columna con éntasis.

renflement m. Abultamiento, hinchazón, *f.* ‖ Dilatación, *f.*

renfler v. tr. Hinchar, inflar (gonfler). ‖ Dilatar, abultar.
— V. intr. Hincharse, aumentar de volumen.

renflouage [rɑ̃flua:ʒ] ou **renflouement** [-mɑ̃] m. MAR. Desencalladura, *f.*

renflouer v. tr. MAR. Desencallar, poner a flote. ‖ FIG. Poner *ou* sacar a flote, sacar de apuros, sacar adelante.

renfoncé, e adj. Hundido, da : *des yeux renfoncés,* ojos hundidos.

renfoncement m. Hueco, oquedad, *f.* (creux). ‖ Hundimiento (enfoncement). ‖ IMPR. Cuadratín.

renfoncer* v. tr. Hundir más. ‖ Calarse, encasquetarse (le chapeau). ‖ FIG. Ocultar, no dejar ver (larmes, chagrin).

renforçage [rɑ̃forsa:ʒ] m. Refuerzo.

renforçateur [-satœ:r] m. Reforzador (photo).

renforcé, e adj. Reforzado, da.

renforcement m. Refuerzo (action). ‖ Fortalecimiento : *le renforcement de l'économie,* el fortalecimiento de la economía.

renforcer* v. tr. Reforzar. ‖ Extremar (la surveillance). ‖ Dar mayor intensidad a (un son). ‖ Intensificar, acentuar. ‖ Fortalecer.
— V. pr. Reforzarse. ‖ Intensificarse : *les relations se renforceront,* las relaciones se intensificarán.

renforcir v. tr. FAM. Fortalecer.
— V. intr. Fortalecerse, robustecerse.

renformir v. tr. Reparar un muro.

renfort m. Refuerzo. ‖ MIL. Refuerzo : *arriver en renfort,* llegar de refuerzo. ‖ *— À grand renfort de,* con gran acompañamiento de, con gran cantidad de. ‖ *À grand renfort de trompettes,* a bombo y platillos. ‖ *Envoyer des renforts,* enviar refuerzos.

renfrogné, e adj. et s. Enfadado, da ; ceñudo, da.

renfrognement m. Hosquedad, *f.*

renfrogner (se) v. pr. Ponerse ceñudo, enfadarse, enfurruñarse.

rengagé m. Reenganchado (soldat).

rengagement ou **réengagement** m. Nuevo empeño (pignoration). ‖ Nuevo contrato (contrat). ‖ Nuevo compromiso (nouvel engagement). ‖ MIL. Reenganche.

rengager ou **réengager*** v. tr. Empeñar de nuevo (emprunter). ‖ Contratar de nuevo, volver a contratar (contrat). ‖ MIL. Reenganchar.
— V. pr. MIL. Reengancharse. ‖ Comprometerse de nuevo.

rengaine f. Canción muy oída (chanson). ‖ FIG. et FAM. Estribillo, *m.*, cantinela, canción (paroles) : *la même rengaine,* la eterna cantinela, la misma canción.

rengainer v. tr. Envainar, volver a envainar. ‖ FIG. Tragarse *ou* comerse uno lo que se iba a decir.

rengorgement m. Pavoneo, engallamiento.

rengorger (se)* v. pr. Pavonearse, sacar el pecho. ‖ FIG. Pavonearse, darse importancia, engallarse.

rengraisser v. tr. Volver a cebar (engraisser de nouveau).
— V. intr. Volver a engordar (redevenir gras).

rengrènement m. Resello (des monnaies). ‖ MÉCAN. Nuevo engranaje.

rengréner ou **rengrener*** v. tr. Resellar (les monnaies). ‖ Remoler (la farine). ‖ MÉCAN. Engrenar nuevamente.

renhardir v. tr. Alentar de nuevo, volver a envalentonar.
— V. pr. Recobrar valor, envalentonarse.

reniable adj. Negable. ‖ Que puede *ou* que debe renegarse.

reniement [rənimɑ̃] m. Negación, *f.* : *le reniement de saint Pierre,* la negación de San Pedro. ‖ (P. us.). Reniego, blasfemia, *f.* (blasphème).

renier* v. tr. Negar (nier). ‖ Renegar de : *renier sa famille,* renegar de su familia. ‖ Renegar, blasfemar (blasphémer). ‖ Desdecirse : *renier ses opinions,* desdecirse de sus opiniones. ‖ No reconocer (sa signature). ‖ Repudiar (abjurer).

renieur, euse m. et f. (P. us.). Blasfemador, ra ; renegador, ra.

reniffe f. POP. La poli.

reniflant m. POP. Napias, *f. pl.* (nez).

reniflard [rəniflaːr] m. MÉCAN. Válvula (*f.*) de escape. ‖ Grifo de purga, ventilador del cárter (du carter).

reniflement [-flɑ̃mɑ̃] m. Sorbo. ‖ Resoplido.

renifler [-fle] v. intr. Sorber, aspirar con la nariz (aspirer par le nez), resoplar. ‖ FIG. et FAM. *Renifler sur,* hacer asco a, poner cara de asco ante.
— V. tr. Aspirar por la nariz (aspirer par le nez). ‖ FIG. Oler, tener viento, husmear (flairer).

renifleur, euse adj. et s. FAM. Sorbedor, ra.

réniforme adj. Reniforme, arriñonado, da.

rénitence f. Renitencia.

rénitent, e adj. et s. Renitente.

renne [rɛn] m. ZOOL. Reno.

renom m. Renombre, fama, *f.* (célébrité).

renommé, e adj. Famoso, sa ; afamado, da ; reputado, da ; renombrado, da (célèbre). ‖ Reelegido, da (élu de nouveau).

renommée f. Fama, renombre, *m.*, celebridad (célébrité). ‖ Fama, reputación. ‖ Voz pública (voix publique).

renommer v. tr. Reelegir, elegir de nuevo (élire de nouveau). ‖ Volver a nombrar, nombrar de nuevo (nommer de nouveau). ‖ Afamar, dar fama *ou* celebridad (donner de la célébrité).

renonce f. Fallo, *m.,* renuncio, *m.* (jeux).

renoncement [rənɔ̃smɑ̃] m. Renuncia, *f.,* renunciamiento, renunciación, *f.*
— SYN. *Renonciation,* renuncia. *Abandon,* abandono. *Cession,* cesión. *Concession,* concesión. *Désistement,* desistimiento.

renoncer v. intr. ● Renunciar. ‖ Fallar, renunciar (au jeu de cartes). ‖ — *Renoncer à ses droits,*

renunciar a sus derechos. ‖ *Renoncer à soi-même,* hacer renuncia de sí mismo.
— V. tr. Repudiar (répudier).
— SYN. ● *Abandonner,* abandonar. *Abdiquer,* abdicar. *Se désister,* desistir. *Se départir,* abandonar. *Déclarer forfait,* renunciar, retirarse.

renonciataire m. et f. Renunciatario, ria.

renonciateur, trice m. et f. Renunciante.

renonciation f. Renuncia, renunciación.
— OBSERV. *Renoncement* representa un renunciamiento moral; *renonciation* tiene un sentido material o legal.

renonculacées f. pl. BOT. Ranunculáceas.

renoncule f. BOT. Ranúnculo, *m.*

renouée f. Centinodia (plante).

renouement [rənumɑ̃] m. Reanudación, *f.,* reanudamiento.

renouer v. tr. Reanudar. ‖ Renovar : *renouer une alliance,* renovar una alianza. ‖ Volver a anudar *ou* a atar (nouer de nouveau). ‖ *Renouer le fil de ses pensées,* encontrar la idea que se había ido de la cabeza.
— V. intr. Reconciliarse, reanudar una amistad, una relación. ‖ Restablecer : *renouer avec une tradition,* restablecer una tradición.

renouveau m. Primavera, *f.* (printemps). ‖ FIG. Renovación, *f.,* renacimiento, vuelta, *f.,* renuevo, rebrote.

renouvelable [rənuvlabl] adj. Renovable.

renouvelant, e [-vlɑ̃, ɑ̃ːt] m. et f. Niño, niña que hace la segunda comunión.

renouveler* [-vle] v. tr. Renovar. ‖ Cambiar. ‖ Volver a empezar, repetir (recommencer). ‖ Traer de nuevo, resucitar (faire renaître). ‖ Dar nueva vida a.
— V. intr. Renovar los votos, etc.
— V. pr. Renovarse. ‖ Reaparecer, repetirse, volver a producirse.

renouvellement [-vɛlmɑ̃] m. Renovación, *f.* ‖ Cambio (changement). ‖ Aumento, desarrollo, incremento (accroissement). ‖ Reposición, *f.* : *renouvellement des stocks,* reposición de existencias. ‖ Renovación, *f.* (des vœux).

rénovateur, trice adj. et s. Renovador, ra.

rénovation f. Renovación (des vœux, d'un passeport). ‖ Cambio, *m.* (changement). ‖ Mejora (changement en mieux).

rénover v. tr. Renovar.

renseigné, e [rɑ̃seɲe] adj. Informado, da.

renseignement [-ɲmɑ̃] m. Información, *f.* : *service de renseignements,* servicio de información. ‖ Informe : *fournir des renseignements,* dar informes. ‖ Dato : *par manque de renseignements,* por falta de datos. ‖ — Pl. Oficina (*f. sing.*) de información : *s'adresser aux renseignements,* dirigirse a la oficina de información. ‖ Informaciones (téléphone). ‖ — *Renseignements techniques,* características técnicas. ‖ — *À titre de renseignements,* a título de información. ‖ — *Aller aux renseignements* o *prendre des renseignements,* tomar informes, informarse.

renseigner [-ɲe] v. tr. Informar, dar informes (donner des renseignements).
— V. pr. Informarse.
— SYN. *Apprendre,* enterar, enseñar. *Initier,* iniciar. *Faire savoir,* dar a conocer. *Fam. Tuyauter,* informar.

rensemencement m. Resiembra, *f.,* nueva (*f.*) siembra.

rensemencer* v. tr. Resembrar, volver a sembrar.

rentabiliser v. tr. Rentabilizar.

rentabilité f. Rentabilidad.

rentable adj. Rentable, productivo, va ; que puede producir beneficios.

rentamer v. tr. Volver a empezar (un discours).

rente f. Renta. ‖ — *Rente foncière,* renta de bienes raíces, del suelo. ‖ *Rente sur l'État,* renta pagada por el Estado. ‖ *Rente viagère,* renta vitalicia. ‖ *Vivre de ses rentes,* vivir de renta.

renté, e adj. Rentado, da ; acaudalado, da. ‖ *Être bien, mal renté,* tener buenas, malas rentas.

renter v. tr. Asignar una renta a (assigner une rente).

rentier, ère m. et f. Rentista.

rentoilage m. Traslado de una pintura a un lienzo nuevo.

rentoiler v. tr. Pegar un lienzo nuevo a una pintura para conservarla. ‖ Cambiar la tela de una prenda.

rentoileur, euse m. et f. Reparador, ra de cuadros.

rentrage m. Recogida, *f.,* entrada, *f.*

rentraîner v. tr. Arrastrar de nuevo.
— V. pr. Entrenarse de nuevo (sports).

rentraire v. tr. Zurcir (stopper).

rentraiture f. Zurcido, *m.*

rentrant, e adj. et s. Entrante. ‖ — M. Jugador que sustituye a otro que sale (joueur).

rentrayage [rɑ̃trɛja:ʒ] f. (P. us.). Zurcido, *m.*

rentrayeur, euse m. et f. Zurcidor, ra.

rentré, e adj. Entrado, da (entré). ‖ Entrado de nuevo. ‖ Encajado, da (emboîté). ‖ Reconcentrado, da ; contenido, da : *colère rentrée,* ira contenida. ‖ Interior (intérieur). ‖ Hundido, da : *avoir les yeux rentrés,* tener los ojos hundidos. ‖ Vuelto, ta (revenu) : *il est déjà rentré,* ya ha vuelto.
— M. Metido (couture).

rentrée [rɑ̃tre] f. Reapertura, reanudación de la actividad, apertura : *la rentrée scolaire,* la reapertura del curso escolar. ‖ Vuelta, regreso, *m.,* retorno, *m.* (retour). ‖ Ingreso, *m.,* entrada (perception d'un revenu). ‖ Recaudación (impôts). ‖ Robo, *m.* (au jeu de cartes). ‖ AGRIC. Recogida, recolección. ‖ THÉÂTR. Reaparición, vuelta a escena (d'un acteur). ‖ — *Rentrée des vacances,* vuelta de las vacaciones. ‖ *Rentrée politique,* reanudación de las tareas parlamentarias. ‖ *Rentrée théâtrale,* comienzo de la temporada *ou* nueva temporada de teatro. ‖ — *Faire sa rentrée,* reaparecer, volver a escena.

rentrer v. intr. Entrar (entrer). ‖ Volver a entrar, entrar de nuevo (rentrer de nouveau). ‖ Recogerse, volver : *rentrer tard le soir,* recogerse tarde por la noche. ‖ Encajar (s'emboîter). ‖ Penetrar (pénétrer). ‖ Entrar, estar comprendido (être compris). ‖ Ingresar en caja, cobrar (être payé). ‖ Quedarse : *à minuit, la ville rentre dans le silence,* a medianoche, la ciudad se queda silenciosa. ‖ Regresar, volver (revenir) : *rentrer de son bureau,* volver de su oficina. ‖ FIG. Entrar : *cela rentre dans mes attributions,* esto entra en mis atribuciones. ‖ Encajar, entrar : *cela rentre dans mes projets,* esto encaja en mis proyectos. ‖ Reanudar sus sesiones (un tribunal). ‖ Reanudar las clases (élèves). ‖ FAM. Estrellarse contra : *la voiture est rentrée dans un arbre,* el coche se estrelló contra un árbol. ‖ Reaparecer (un acteur). ‖ Volver a la pantalla (au cinéma). ‖ — *Rentrer dans,* recuperar, recobrar : *Rentrer dans la compétence de,* ser de la competencia de. ‖ *Rentrer dans les bonnes grâces de quelqu'un,* obtener de nuevo el favor de alguien. ‖ *Rentrer dans l'ordre,* volver a la normalidad *ou* a lo normal. ‖ FAM. *Rentrer dans sa coquille,* meterse en su cascarón. ‖ *Rentrer dans ses droits,* recobrar sus derechos. ‖ *Rentrer dans son argent, dans son bien,* recuperar su dinero, sus bienes. ‖ *Rentrer en grâce,* recuperar la confianza, ser perdonado. ‖ *Rentrer en lice,* salir a la palestra, entrar en liza. ‖ *Rentrer en soi-même,* reconcentrarse, ensimismarse.
— V. tr. Recoger, guardar, poner al abrigo : *rentrer la moisson,* recoger las mieses. ‖ Meter. ‖ Meter hacia dentro : *rentrer l'estomac,* meter hacia dentro el estómago. ‖ IMPR. Hacer un cuadratín. ‖ Ocultar (cacher). ‖ — *Rentrer les joues,*

hundir las mejillas. ‖ *Rentrer ses larmes,* reprimir el llanto, tragarse las lágrimas.

renvenimer v. tr. Volver a enconar.

renversable adj. Invertible, que puede invertirse. ‖ Derribable, que puede derribarse.

renversant, e adj. FAM. Asombroso, sa.

renverse f. MAR. Viento (*m.*) contrario. ‖ — *À la renverse,* de espaldas, boca arriba. ‖ FIG. *Tomber à la renverse,* quedarse patidifuso *ou* con la boca abierta (d'étonnement), caerse (de rire).

renversé, e adj. Derribado, da ; volcado, da. ‖ Atropellado, da (par une voiture). ‖ Invertido, da : *image renversée,* imagen invertida. ‖ Echado para atrás : *la tête renversée,* la cabeza echada hacia atrás *ou* para atrás. ‖ Descompuesto, ta ; trastornado, da (troublé) : *figure renversée,* cara descompuesta. ‖ Sorprendido, da ; estupefacto, ta. ‖ — *Crème renversée,* natillas. ‖ — *C'est le monde renversé,* es el mundo al revés.

renversement m. Caída, *f.,* vuelco. ‖ Trastorno, cambio profundo (bouleversement). ‖ FIG. Caída, *f.,* derrumbamiento. ‖ Derrocamiento (d'un régime). ‖ MÉCAN. Inversión, *f.* ‖ MUS. Transposición, *f.* ‖ Inversión, *f.,* alteración, *f.* : *renversement des alliances,* inversión de las alianzas. ‖ — *Renversement de l'esprit,* trastocamiento de las ideas. ‖ *Renversement de marche,* cambio de marcha.

renverser v. tr. Invertir : *renverser une image,* invertir una imagen. ‖ Trastocar, cambiar completamente : *la situation a été renversée à la dernière minute,* la situación ha cambiado completamente en el último minuto. ‖ FAM. Dejar estupefacto, asombrar (étonner). ‖ Derribar, echar abajo (abattre) : *renverser un mur,* derribar una pared. ‖ Volcar (un verre). ‖ Derramar (un liquide). ‖ Volcar, tirar al suelo (jeter à terre). ‖ Atropellar, arrollar : *il a été renversé par une voiture,* ha sido atropellado por un coche. ‖ Echar para atrás : *renversant la tête,* echando la cabeza para atrás. ‖ FIG. Derribar, echar abajo, derrocar : *renverser un gouvernement,* derribar un gobierno. ‖ — FIG. *Renverser la vapeur,* cambiar radicalmente. ‖ — *Cette histoire m'a renversé,* esa historia me ha tirado de espaldas. ‖ *Les rôles sont renversés,* se han cambiado los papeles.
— V. pr. Volcarse (une barque). ‖ Caerse (un verre). ‖ Derramarse (un liquide). ‖ Invertirse. ‖ *Se renverser sur le dos,* recostarse, echarse de espaldas. ‖ *Se renverser sur une chaise,* retreparse, respaldarse.

renverseur m. Derribador.

renvi m. Reenvite, envite.

renvidage m. Devanado, enrollamiento.

renvider v. tr. Devanar, enrollar en un carrete.

renvideur, euse adj. et s. m. Devanador, ra.

renvier v. intr. Reenvidar, envidar (au jeu).

renvoi m. Devolución, *f.* : *renvoi de marchandises,* devolución de mercancías. ‖ Reexpedición, *f.* (expédition). ‖ Destitución, *f.* (destitution) : *le renvoi d'un ministre,* la destitución de un ministro. ‖ Despido (congé). ‖ Expulsión, *f.* (d'un élève). ‖ DR. Remisión, *f.* (devant un juge, une commission). ‖ Aplazamiento (ajournement). ‖ Licencia, *f.* (des soldats). ‖ Remisión, *f.,* llamada, *f.* (dans un livre). ‖ Eructo (éructation). ‖ MUS. Signo de repetición. ‖ PHYS. Reflexión, *f.* (de la lumière, du son). ‖ *Avoir des renvois,* eructar.

renvoyer* [rɑ̃vwaje] v. tr. Devolver (rendre). ‖ Volver a enviar (envoyer de nouveau). ‖ Devolver (une balle). ‖ Reexpedir : *renvoyer une lettre,* reexpedir una carta. ‖ Reflejar (lumière). ‖ ● FIG. Reflejar. ‖ Destituir : *renvoyer un fonctionnaire,* destituir a un funcionario. ‖ Despedir, echar (congédier). ‖ Expulsar (un élève). ‖ Licenciar (un soldat). ‖ Hacer volver (faire retourner). ‖ Absolver, declarar inocente (décharger d'une

accusation). ‖ DR. Remitir, enviar al juez competente. ‖ Aplazar, diferir (ajourner). ‖ Remitir (à
un document). ‖ Restar (tennis). ‖ *Renvoyer
quelqu'un avec pertes et fracas,* despedir con
cajas destempladas.
— SYN. ● *Réfléchir,* reflejar. *Répercuter,* repercutir.
Faire écho, hacer eco. *Répéter,* repetir.

renvoyeur [-jœ:r] m. Restón (tennis).
réoccupation f. Nueva ocupación.
réoccuper v. tr. Ocupar nuevamente, volver a
ocupar.
réordonnancement m. Nueva orden (*f.*) de pago.
réordonnancer* v. tr. Volver a ordenar un pago.
réordonner v. tr. Reordenar, ordenar de nuevo
(un ecclésiastique). ‖ Mandar de nuevo.
réorganisateur, trice adj. et s. Reorganizador,
ra.
réorganisation f. Reorganización.
réorganiser v. tr. Reorganizar.
réorientation f. Nueva orientación.
réouverture f. Reapertura.
repaire m. Guarida, *f.*
repairer v. intr. Guarecerse, estar en la guarida.
repaître* v. tr. Alimentar, mantener.
— V. intr. Pacer, pastar (paître). ‖ Comer (manger).
— V. pr. Alimentarse, mantenerse, sustentarse. ‖
— *Se repaître de chimères,* alimentarse *ou* vivir
de quimeras. ‖ *Se repaître de sang, de carnage,*
ser sanguinario, encarnizarse.
répandage m. Derramamiento.
répandeuse f. TECHN. Distribuidora.
répandre v. tr. Derramar, verter (verser un liquide,
du sel, etc.). ‖ Echar, esparcir, desparramar
(étaler des choses non liquides). ‖ Infundir,
inspirar : *répandre la terreur,* infundir terror. ‖
Dar, proporcionar : *répandre la joie,* dar alegría. ‖
Desprender, difundir : *le soleil répand sa lumière,*
el sol difunde su luz. ‖ FIG. Propagar, difundir,
propalar (propager) : *répandre une nouvelle,*
difundir una noticia. ‖ Emanar, desprender, despedir (exhaler). ‖ Distribuir, repartir (distribuer).
— V. pr. Derramarse. ‖ Aparecer, pintarse, reflejarse : *le bonheur se répandait sur son visage,*
la felicidad se reflejaba en su rostro. ‖ Manifestarse (se montrer). ‖ Propalarse, esparcirse, difundirse (se propager). ‖ Cundir : *l'inquiétude se
répand,* cunde la inquietud. ‖ FIG. Deshacerse (en
compliments). ‖ Prorrumpir (en injures, en récri-
minations).
répandu, e adj. Derramado, da; vertido, da. ‖
FIG. Difundido, da; esparcido, da; propalado, da
(propagé). ‖ Generalizado, da; admitido comúnmente : *l'opinion la plus répandue,* la opinión
más generalizada. ‖ Mundano, na (mondain).
réparable adj. Reparable. ‖ Remediable (une
affaire).
reparaître* [rəparɛ:tr] v. intr. Reaparecer.
réparateur, trice adj. et s. Reparador, ra.
réparation f. Reparación. ‖ Restablecimiento, *m.*
(de la santé). ‖ Reparo, *m.* (édifice). ‖ FIG. Reparación, satisfacción (d'une offense). ‖ — *Réparation par les armes,* duelo, desafío. ‖ — *Coup de
pied de réparation,* penalty, castigo máximo (football). ‖ *En réparation,* no funciona (ascensor). ‖
Point de réparation, punto de penalty (football).
‖ *Surface de réparation,* área de castigo (football).
réparer v. tr. ● Reparar, arreglar. ‖ Mejorar,
poner orden (améliorer). ‖ Reponer, reparar,
restablecer (rétablir). ‖ Reparar, expiar (une
offense). ‖ — *Réparer une perte,* compensar una
pérdida. ‖ *Réparer un oubli,* subsanar un olvido.
— SYN. ● *Restaurer,* restaurar. *Arranger,* arreglar.
Raccommoder, remendar. *Fam. Retaper,* apañar. *Reviser,*
revisar. *Fam. Rabibocher,* arreglar, componer.
reparler v. intr. Volver a hablar, hablar otra vez.

repartager* v. tr. Repartir de nuevo.
répartement m. (Vx). Repartimiento (de l'impôt).
repartie f. Réplica, salida : *avoir la repartie facile,*
tener la réplica viva.
repartir* v. tr. Replicar (répliquer).
— V. intr. Volver a marcharse, volver a irse.
répartir v. tr. Repartir, distribuir.
répartiteur m. Repartidor, partidor.
répartition f. Reparto, *m.,* repartición, distribución. ‖ Derrama (impôts). ‖ Distribución :
répartition géographique de la population, distribución geográfica de la población.
repas [rəpα] m. Comida, *f.*
— SYN. *Déjeuner,* almuerzo, comida. *Petit déjeuner,*
desayuno. *Dîner,* cena. *Souper,* cena. *Dînette,* comidita. *Lunch,* lunch. *Banquet,* banquete. *Agape,* ágape.
Réfection, refección, refacción. *Collation,* colación. *Goûter,* merienda.
repassage m. Nuevo paso (nouveau passage). ‖
Afilado, *f.,* amoladura, *f.* (aiguisage). ‖ Vaciado
(d'une lame). ‖ Planchado (du linge). ‖ Repaso
(leçon).
repasse f. Cabezuela, harina gruesa (grosse farine).
repasser v. tr. et intr. Pasar de nuevo, volver a
pasar (passer de nouveau). ‖ FAM. *Tu repasseras!,*
¡puedes esperar sentado!, ¡vas dado!
— V. tr. Afilar (aiguiser). ‖ Vaciar (une lame). ‖
Planchar (le linge) : *un pantalon bien repassé,*
un pantalón bien planchado. ‖ Volver a pasar,
pasar (passer de nouveau). ‖ Volver a pasar (un
plat). ‖ Dar, dejar (laisser). ‖ FIG. Repasar (une
leçon, un rôle, etc.). ‖ Repasar, examinar de nuevo
(examiner de nouveau). ‖ Evocar, recapacitar
(évoquer). ‖ — *Fer à repasser,* plancha. ‖ *Pierre
à repasser,* amoladera, piedra de afilar.
— OBSERV. *Repasar,* en parlant du linge, signifie en
espagnol l'*examiner* et le *repriser* s'il y a lieu.
repasseur m. Afilador, amolador (rémouleur).
repasseuse f. Planchadora.
repavage ou **repavement** m. Nuevo empedrado,
nueva (*f.*) pavimentación.
repaver v. tr. Adoquinar, empedrar de nuevo.
repayer* [rəpɛje] v. tr. Volver a pagar.
repêchage m. Acción (*f.*) de sacar del agua. ‖
Examen suplementario, repesca, *f.* ‖ FAM. Ayuda,
f., socorro (secours). ‖ Repesca, *f.* (sports). ‖
Recuperación, *f.,* rescate (d'un astronaute).
repêcher v. tr. Volver a pescar. ‖ Sacar del agua
(retirer de l'eau). ‖ FIG. et FAM. Sacar de un mal
paso, de un apuro. ‖ Aceptar, admitir, aprobar a
un candidato después de una nueva deliberación
ou examen, repescar ‖ Rescatar, recuperar (un
astronaute). ‖ Repescar (sports).
repeindre* v. tr. Repintar, pintar de nuevo.
repeint, e [rəpɛ̃, ɛ̃:t] adj. Pintado, pintada de
nuevo.
— M. Retoque (dans un tableau).
rependre v. tr. Colgar de nuevo.
repenser v. tr. et intr. Repensar, pensar de nuevo.
repentance f. (Vx). Arrepentimiento, *m.*
repentant, e adj. Arrepentido, da.
repenti, e adj. et s. Arrepentido, da.
repentir m. Arrepentimiento. ‖ *Avoir le repentir de,* arrepentirse de, tener arrepentimiento por.
repentir (se)* v. pr. Arrepentirse. ‖ FAM. *Vous
vous en repentirez!,* ¡ya se arrepentirá!, ¡me las
pagará!
repérable adj. Localizable, reconocible.
repérage m. Punto de referencia. ‖ Marcación, *f.*
[señalamiento de marcas o puntos]. ‖ Localización, *f.* ‖ Descubrimiento. ‖ *Repérage par le son,*
fonolocalización.
repercer* v. tr. Horadar, perforar de nuevo. ●
Calar (ajourer).
répercussion f. Repercusión. ‖ FIG. Repercusión,
impacto, *m.,* consecuencia.

répercuter v. tr. Repercutir.
— V. pr. FIG. Reflejarse (sur quelque chose).
reperdre v. tr. Volver a perder.
repère m. Señal, *f.*, marca, *f.* (marque). ‖ Indicación, *f.* ‖ Placa, *f.* (indiquant l'altitude d'un lieu). ‖ *Point de repère*, punto de referencia.
repérer* v. tr. Marcar, señalar (marquer). ‖ Identificar (identifier). ‖ Descubrir, localizar (découvrir). ‖ MIL. Localizar. ‖ FAM. Ver, notar (remarquer). ‖ *Si tu continues tu vas te faire repérer!*, ¡si sigues te van a fichar!
— V. pr. Orientarse. ‖ Darse cuenta de donde se está.
répertoire m. Repertorio. ‖ Agenda, *f.*, librito (carnet). ‖ FIG. Enciclopedia, *f.*, archivo (personne). ‖ Fichero (fichier). ‖ Listín (de téléphone). ‖ THÉÂTR. Repertorio : *mettre au répertoire*, poner en el repertorio.
répertorier* v. tr. Establecer un repertorio de. ‖ Inscribir en un repertorio. ‖ Catalogar.
repeser* v. tr. Repesar, pesar de nuevo. ‖ FIG. Examinar cuidadosamente.
répéter* v. tr. ● Repetir. ‖ THÉÂTR. Ensayar. ‖ Repasar, volver a explicar un curso (donner des répétitions). ‖ Reflejar, reproducir (réfléchir). ‖ DR. Reclamar. ‖ *Répéter sur tous les tons*, repetir en todos los tonos.
— V. pr. Repetirse.
— SYN. ● *Redire*, decir de nuevo. *Réitérer*, reiterar. *Bisser*, bisar. *Ressasser*, machacar, repetir. *Rabâcher*, machaconear, repetir en forma pesada. *Radoter*, chochear.
répéteur m. Repetidor (téléphone).
répétiteur, trice m. et f. Profesor particular. ‖ Pasante (de collège).
répétition f. Repetición. ‖ Clase particular, repaso, *m.* (leçon particulière). ‖ THÉÂTR. Ensayo, *m.* : *répétition générale*, ensayo general. ‖ *Arme à répétition*, arma de repetición.
— SYN. *Redite*, repetición inútil. *Refrain*, estribillo. *Ritournelle*, ritornelo. *Leitmotiv*, leitmotiv. *Allitération*, aliteración. *Rengaine*, cantinela. *Scie*, lata.
répétitorat [repetitora] m. Pasantía, *f.*
repétrir v. tr. Amasar de nuevo. ‖ FIG. Rehacer, refundir.
repeuplement [rəpœpləmã] m. Repoblación, *f.*
repeupler [-ple] v. tr. Repoblar.
repic [rəpik] m. Repique (cartes).
repincer v. tr. Pellizcar de nuevo. ‖ FAM. Detener de nuevo (arrêter de nouveau).
repiquage ou **repiquement** m. Reparación (*f.*) de un empedrado. ‖ AGRIC. Trasplante.
repiquer v. tr. Repicar, picar de nuevo. ‖ Reparar un empedrado. ‖ Coser nuevamente a máquina. ‖ AGRIC. Trasplantar, replantar.
— V. intr. Volver a la carga, volver a empezar.
— OBSERV. *Repicar* significa surtout en espagnol *sonner les cloches*.
répit [repi] m. Tregua, *f.*, respiro, descanso. ‖ — *Sans répit*, sin tregua, sin cesar. ‖ *Un instant de répit*, un momento de tranquilidad.
replacement m. Reposición, *f.*, acción (*f.*) de reponer. ‖ Nueva colocación, *f.*
replacer* v. tr. Reponer, colocar de nuevo. ‖ Colocar de nuevo (un fonctionnaire).
replanir v. tr. Cepillar, alisar (le bois).
replanissage m. Cepillado, aplanamiento.
replantage m. Replantación, *f.*
replanter v. tr. Replantar.
replat [rəpla] m. Rellano (sur un versant).
replâtrage m. Revoque, repellado, enlucido. ‖ FIG. Chapuza, *f.*, mala compostura, *f.* (rafistolage).. ‖ Arreglo, parches, *pl.* (arrangement).
replâtrer* v. tr. Revocar, repellar. ‖ FIG. Hacer chapuzas (rafistoler). ‖ Arreglar, poner parches.
replet, ète [rəplε, ε:t] adj. Rechoncho, cha.
réplétif, ive adj. Repletivo, va.
réplétion f. Repleción.

repleuvoir* v. intr. Volver a llover.
repli m. Doblez, *f.*, pliegue, repliegue. ‖ FIG. Recoveco : *les replis du cœur*, los recovecos del corazón. ‖ MIL. Repliegue. ‖ Debilitación, *f.*, repliegue (de la Bourse). ‖ — Pl. Ondulaciones, *f.* (terrain).
repliable adj. Replegable, plegable.
repliement [rəplimã] m. MIL. Repliegue. ‖ Plegadura, *f.*, repliegue.
replier* v. tr. Replegar. ‖ Doblar.
— V. pr. Replegarse. ‖ Doblarse, enroscarse (se courber). ‖ MIL. Replegarse, retroceder. ‖ Retroceder (la Bourse). ‖ *Se replier sur soi-même*, recogerse en sí mismo.
réplique f. Réplica, contestación. ‖ ARTS. Réplica, copia. ‖ THÉÂTR. Entrada. ‖ *Argument sans réplique*, argumento terminante.
répliquer v. tr. et intr. Replicar.
replisser v. tr. Replegar, doblar de nuevo. ‖ Volver a plisar (une jupe).
reploiement [rəplwamã] m. V. REPLIEMENT.
replonger* v. tr. Sumergir de nuevo. ‖ FIG. Sumir.
— V. intr. Zambullirse de nuevo, tirarse de nuevo al agua. ‖ Volver a sumergirse, sumergirse otra vez.
— V. pr. Volver a sumirse : *se replonger dans les études*, volver a sumirse en los estudios.
reployer* [rəplwaje] v. tr. V. REPLIER.
repointage [rəpwɛta:ʒ] m. MIL. Comprobación (*f.*) de puntería, nueva puntería, *f.*
repolir v. tr. Repulir, pulir nuevamente.
repolissage m. Repulido.
répondant m. Fiador, garante (garant). ‖ Crédito, solvencia, *f.* : *commerçant qui a du répondant*, comerciante que tiene crédito. ‖ Asistente, el que ayuda a la misa (à la messe).
répondeur, euse adj. (Vx). Respondón, ona.
— M. Contestador automático (téléphone).
répondre v. tr. ● Contestar, responder (faire une réponse). ‖ Asegurar (affirmer) : *je vous réponds qu'il en est ainsi*, le aseguro que es así. ‖ *Répondre la messe*, ayudar a misa.
— V. intr. Contestar, responder : *il est difficile de vous répondre*, es difícil contestarle. ‖ Responder, contestar : *répondre à un appel*, responder a un llamamiento. ‖ FIG. Responder, corresponder : *répondre aux vœux*, responder a los favores. ‖ Responder, salir fiador, garantizar (se porter garant). ‖ Responder, replicar, ser respondón (répliquer). ‖ Responder (moteur). ‖ Contestar (téléphone). ‖ Ayudar (à la messe). ‖ *Répondre aux besoins*, satisfacer ou cubrir las necesidades. ‖ *Répondre de quelqu'un*, responder de uno. ‖ *Répondre du tac au tac*, contestar ou responder sin titubear ou en el acto. ‖ — *Je ne réponds plus de rien*, no me hago responsable de nada, yo no quiero saber nada. ‖ *J'en réponds*, respondo de ello, se lo garantizo. ‖ *Ne pas daigner répondre*, dar la callada por respuesta, no dignarse contestar. ‖ *Tu pourrais bien répondre!*, por lo menos, ¡contesta!
— V. pr. Corresponderse.
— SYN. *Repartir*, replicar. *Riposter*, responder. *Répliquer*, replicar. *Objecter*, objetar. *Rétorquer*, contestar. *Récriminer*, recriminar.
répons [repɔ̃] m. Responsorio. ‖ Responso (pour les défunts) : *dire un répons*, rezar un responso.
réponse f. Respuesta, contestación. ‖ — *Réponse de Normand*, contestación ambigua. ‖ — *Avoir réponse à tout*, no quedarse nunca callado, tener siempre respuesta.
repopulation f. Repoblación.
report m. COMM. Suma (*f.*) anterior, suma (*f.*) y sigue, saldo (dans une facture, un livre de commerce, etc.). ‖ Aplazamiento, postergación, *f.*

(d'une question). ‖ Doble prórroga, *f.* (en Bourse). ‖ IMPR. Reporte (lithographie).

reportage m. Reportaje.

reporter [rəpɔrtɛ:r] m. Reportero, reporter.

reporter [-te] v. tr. Volver a llevar, llevar de nuevo. ‖ Transportar, trasladar, situar (transporter). ‖ Llevar, poner (à la page suivante). ‖ Reportar (lithographie). ‖ Aplazar, diferir (réunion, question). ‖ Doblar (en Bourse). ‖ Volver : *reporter son affection sur les malheureux,* volver su cariño hacia los desgraciados.

— V. pr. Transportarse con el pensamiento a [un tiempo anterior]. ‖ Referirse, remitirse (se référer). ‖ Compararse (considérer). ‖ Recordar, traer a colación (faire retour sur). ‖ *À reporter,* suma y sigue.

reporteur m. Vendedor de valores a plazos (Bourse). ‖ IMPR. Reportista.

repos [rəpo] m. Descanso, reposo : *travailler sans repos,* trabajar sin descanso. ‖ Paz, *f.* : *avoir la conscience en repos,* tener la conciencia en paz. ‖ Tranquilidad, *f.,* quietud, *f.,* sosiego (tranquillité). ‖ Sueño : *perdre le repos,* perder el sueño. ‖ Pausa, *f.* (dans la lecture, en musique). ‖ Cesura, *f.* (en poésie). ‖ Descansillo, descanso (palier). ‖ — *Repos éternel,* descanso eterno. ‖ — *Champ de repos,* cementerio, campo santo, camposanto. ‖ *De tout repos,* muy fácil, tirado, descansado (aisé), seguro (sûr). ‖ *Être au repos,* estar descansando. ‖ *Jouir d'un repos bien gagné,* gozar de un bien merecido reposo. ‖ *Prendre un peu de repos,* descansar un poco.

— Interj. MIL. En su lugar ¡descanso!

reposant, e adj. Que descansa *ou* reposa, descansado, da : *vie reposante,* vida descansada.

reposé, e adj. Descansado, da ; reposado, da. ‖ Fresco, ca : *teint reposé,* tez fresca. ‖ Reposado, da (liquides). ‖ *À tête reposée,* con toda tranquilidad, con reflexión, con calma.

reposée f. Cama [lugar de descanso de un animal durante el día].

repose-pied m. inv. Reposapiés (d'une moto, etc.).

reposer v. tr. ● Descansar (mot courant), reposar (mot littéraire). ‖ Volver a poner (poser de nouveau). ‖ Calmar, sosegar (procurer du calme). ‖ — MIL. *Reposer les armes,* descansar las armas. ‖ *Reposer ses yeux, sa vue sur,* detener la mirada en, fijarse en. ‖ MIL. *Reposez, armes!,* ¡descansen armas!

— V. intr. Descansar, dormir. ‖ Reposarse, sentarse (un liquide). ‖ Descansar : *ici repose...,* aquí descansa... ‖ Estar depositado, encontrarse (être déposé). ‖ Descansar (s'appuyer sur). ‖ FIG. Apoyarse, *f.,* fundarse (être fondé). ‖ Fundamentarse : *cela repose sur des principes solides,* esto se fundamenta en principios sólidos. ‖ Estar puesto (être placé).

— V. pr. Descansar, reposar : *se reposer sur un lit,* descansar en una cama. ‖ FIG. Apoyarse en. ‖ *Se reposer sur ses lauriers,* dormirse en los laureles.

— SYN. ● *S'arrêter,* detenerse. *Se relâcher,* aflojar. *Reprendre haleine,* recobrar aliento. *Se délasser,* descansar, solazarse. *Se relaxer,* relajarse. *Faire trêve,* dar tregua. *Soulager,* aliviar.

reposoir m. (Vx). Lugar de descanso. ‖ Monumento, estación, *f.* (du Saint Sacrement).

reposséder v. tr. Poseer de nuevo.

repoussage m. Repujado, repulsado (des métaux).

repoussant, e adj. Repulsivo, va ; repelente.

repousse f. Crecimiento, *m.* (cheveux). ‖ AGRIC. Brote, *m.,* rebrote, *m.,* retoño, *m.*

repoussé m. TECHN. Repujado.

repoussement m. Culatazo (d'un fusil), retroceso (d'un canon).

repousser v. tr. ● Rechazar : *repousser une offre,*

la tentation, rechazar una oferta, la tentación. ‖ Repeler, rechazar (une attaque). ‖ Rechazar, rehusar (refuser). ‖ Repeler (répugner). ‖ Volver a empujar, empujar : *repousser une chaise,* empujar una silla. ‖ Aplazar, diferir (reporter). ‖ TECHN. Repujar (travailler en relief). ‖ *Repousser une pensée,* ahuyentar un pensamiento.

— V. intr. Echar renuevos, brotar, echar brotes (une plante). ‖ Volver a crecer, a salir (les cheveux, les dents, etc.). ‖ Dar culatazo (fusil), retroceder (canon).

— SYN. ● *Refouler,* rechazar. *Rejeter,* arrojar. *Répudier,* repudiar. *Écarter,* apartar. *Éliminer,* évincer, eliminar. *Exclure,* excluir. *Bannir,* desterrar. *Proscrire,* proscribir. *Refuser,* rehusar. *Dédaigner,* desdeñar. *Récuser,* recusar. *Décliner,* declinar. *Rebuter,* desechar.

repoussoir m. TECHN. Botador (menuisier). ‖ Cincel, cercador (de tailleur). ‖ Bajapieles (manucure). ‖ FAM. Petardo, birria, *f.* (femme laide).

répréhensible [repreãsibl] adj. Reprensible.

répréhensif, ive [-sif, i:v] adj. Reprensivo, va.

répréhension f. Reprensión. ‖ Censura (blâme).

reprendre* v. tr. Volver a tomar : *reprendre une ville,* volver a tomar una ciudad. ‖ Volver a coger : *reprendre un prisonnier,* volver a coger un prisionero. ‖ Repetir : *reprendre du potage,* repetir de sopa. ‖ Recuperar, recobrar : *reprendre son souffle,* recobrar aliento. ‖ Reintegrar, volver a ocupar : *reprendre sa place,* reintegrar su puesto. ‖ Readmitir (un employé). ‖ Volver a ponerse : *reprendre ses habits d'été,* volver a ponerse la ropa de verano. ‖ Estrechar : *reprendre une robe,* estrechar un vestido. ‖ Recoger : *je viendrai vous reprendre,* vendré a recogerle. ‖ Reprender, censurar (blâmer). ‖ Corregir (les fautes). ‖ Proseguir, reemprender, reanudar : *reprendre un travail, une conversation,* proseguir un trabajo, reanudar una conversación. ‖ Volver a examinar *ou* a estudiar (un problème). ‖ Volver a hacer, rehacer (refaire). ‖ Reparar : *reprendre un mur,* reparar una pared. ‖ THÉÂTR. Repetir (recommencer). ‖ Reponer, reestrenar (une pièce). ‖ Recomprar (racheter). ‖ — *Reprendre connaissance,* recuperar el conocimiento. ‖ *Reprendre courage,* recobrar ánimo. ‖ *Reprendre des forces,* tomar fuerzas, recobrar las fuerzas. ‖ *Reprendre du poil de la bête,* remontar la pendiente, recobrar ánimo. ‖ *Reprendre en main,* volver a ocuparse de. ‖ *Reprendre goût à,* volver a interesarse por. ‖ *Reprendre haleine,* recobrar aliento. ‖ *Reprendre la mer,* hacerse a la mar. ‖ *Reprendre le dessus,* rehacerse, volver a tomar ventaja. ‖ *Reprendre sa parole,* retirar su palabra. ‖ *Reprendre ses esprits,* volver en sí, recuperar *ou* recobrar el sentido (revenir à soi), recobrar el dominio de sí mismo (se remettre). ‖ *Reprendre ses habitudes,* volver a sus costumbres. ‖ *Reprendre son cours,* reanudarse. ‖ — *On ne m'y reprendra plus,* no me cogerán otra vez, no me volverá a pasar. ‖ *Pour reprendre la formule de mon père,* para decirlo con las palabras de mi padre. ‖ *Que je ne vous y reprenne plus,* no lo vuelva a hacer.

— V. intr. Proseguir, contestar (répondre). ‖ Proseguir, decir : *je reconnais, reprit-il, que vous avez raison,* reconozco, prosiguió, que tiene usted razón. ‖ AGRIC. Agarrar, arraigar (une plante). ‖ Reanudarse : *les relations économiques ont repris,* se han reanudado las relaciones económicas. ‖ Reactivarse, recuperarse (les affaires). ‖ Recuperarse (un malade). ‖ Volver : *la pluie a repris,* vuelve a llover ; *le froid reprend,* el frío vuelve. ‖ *Reprendre du poids,* ganar peso. ‖ *Reprendre le collier,* volver al trabajo.

— V. pr. Ser tomado de nuevo. ‖ Empezar de nuevo, volver a empezar (recommencer). ‖ Recu-

perar *ou* recobrar el dominio de sí mismo. ‖
Corregirse, rectificarse, retractarse (se rétracter).
‖ — *Se reprendre à espérer,* recobrar la esperanza. ‖ *S'y reprendre à plusieurs fois,* no hacer
una cosa a la primera.

représailles [rəprezɑːj] f. pl. Represalias : *user
de représailles,* tomar *ou* ejercer represalias.

représentable adj. Representable.

représentant, e adj. et s. Representante. ‖ —
M. DR. Heredero por representación. ‖ Representante (qui a un mandat). ‖ ● Representante,
agente comercial : *représentant de commerce,*
representante comercial.
— SYN. ● *Placier,* corredor. *Voyageur,* viajante. *Courtier,* corredor.

représentatif, ive adj. Representativo, va.

représentation f. Nueva presentación. ‖ Representación, imagen. ‖ Representación, función
(théâtre). ‖ FIG. Representación. ‖ *Frais de représentation,* gastos de representación.

représentativité f. Calidad de representativo.

représenter v. tr. Representar (présenter de nouveau). ‖ Representar (reproduire). ‖ Representar a : *représenter un ministre,* representar a un
ministro. ‖ Representar, constituir. ‖ Representar
(théâtre). ‖ Representar, suponer, significar, equivaler a : *œuvre qui représente dix ans de travail,*
obra que representa diez años de trabajo.
— V. intr. Representar.
— V. pr. Representarse. ‖ Volver a presentarse
(examen). ‖ Figurarse, imaginarse. ‖ Darse
cuenta de : *vous représentez-vous ce que cela
signifie pour moi ?,* ¿se da usted cuenta de lo que
eso significa para mí?

répressible adj. Reprimible.

répressif, ive adj. Represivo, va.

répression f. Represión.

reprêter* v. intr. Prestar de nuevo.

réprimable adj. Reprimible, refrenable.

réprimandable adj. Reprensible.

réprimande f. Reprimenda, reprensión.

réprimander v. tr. Reprender.
— SYN. *Reprendre,* reprender. *Gronder,* regañar. *Blâmer,* censurar. *Attraper,* echar una bronca, regañar.
Houspiller, zarandear. *Morigéner,* reprender. *Fustiger,*
fustigar. *Admonester,* amonestar. *Chapitrer,* echar una
bronca, sermonear. *Sermonner,* sermonear. *Disputer,*
reñir, echar una bronca. *Fam. Savonner,* dar un jabón. *Moucher,*
dar una lección. *Semoncer,* reconvenir. *Pop. Engueuler,*
poner de vuelta y media, echar una bronca.

réprimer v. tr. Reprimir (enrayer).

repris, e [rəpri, iːz] adj. Vuelto a tomar, a
coger, etc. ‖ Continuado, da.
— M. *Repris de justice,* persona con antecedentes
penales.

reprisage m. Zurcido.

reprise f. Recuperación, nueva toma (nouvelle
prise). ‖ Reanudación : *reprise des relations diplomatiques,* reanudación de las relaciones diplomáticas. ‖ Reactivación, recuperación
(Bourse). ‖ Nuevo incremento, *m.,* nuevo desarrollo, *m.* (essor). ‖ AUTOM. Poder (*m.*) de aceleración, « reprise ». ‖ Zurcido, *m.,* remiendo, *m.* (à
une étoffe). ‖ Reestreno, *m.,* reposición (théâtre,
cinéma). ‖ Asalto, *m.* (escrime, boxe, etc.). ‖
Empalme, *m.* (football). ‖ MUS. Vuelta, repetición. ‖ Estribillo, *m.* (d'une chanson). ‖ Reparación (réparation). ‖ Traspaso, *m.* (d'un appartement). ‖ TECHN. Represa (hydraulique). ‖ — Pl.
Bienes (*m.*) propios de cada uno de los esposos
que se retiran antes de repartir los bienes gananciales *ou* de la comunidad. ‖ — *À deux, trois,* etc.,
reprises, dos, tres, etc., veces. ‖ *À plusieurs
reprises,* repetidas veces, en varias ocasiones,
varias veces. ‖ *Reprise économique,* recuperación
económica, expansión.

repriser v. tr. Zurcir (raccommoder).

repriseuse f. Zurcidora.

réprobateur, trice adj. Reprobador, ra.

réprobation f. Reprobación.

reprochable adj. Reprochable, censurable. ‖ DR.
Recusable.

reproche m. ● Reproche. ‖ Crítica, *f.* : *quel
reproche peux-tu me faire ?,* ¿qué crítica puedes
hacerme ? ; *le seul reproche que je fasse à ce
film c'est son manque de réalisme,* la única crítica
que hago a esta película es su falta de realismo.
‖ Defecto : *je peux faire un reproche à ta robe,*
puedo encontrar un defecto en tu vestido. ‖
Pega, *f.* : *tu ne peux faire qu'un reproche à ma
voiture,* sólo puedes encontrar una pega en mi
coche. ‖ Cargo, reproche : *le seul reproche à
faire à ta mère est de ne pas savoir être mère,*
el único cargo que se puede hacer a tu madre
es el de no saber ser madre. ‖ Recriminación, *f.* :
les reproches d'un pays à un autre, las recrimi-
naciones de un país a otro. ‖ Queja, *f.* : *les
reproches d'une personne lésée,* las quejas de una
persona perjudicada. ‖ Reparo : *tu ne cesses
de faire des reproches à la cuisine de ce pays,*
estás siempre poniendo reparos a la cocina de este
país. ‖ DR. Razón (*f.*) de una acusación. ‖ —
Sans reproche, sin tacha : *le Chevalier sans peur
et sans reproche,* el Caballero sin miedo y sin
tacha. ‖ — *Faire le reproche de,* echar en cara :
tu m'en fais toujours le reproche, siempre me lo
estás echando en cara. ‖ *Se faire le reproche de,*
acusarse de : *je ne peux pas me faire le reproche
de quoi que ce soit,* no me puedo acusar de nada.
— SYN. ● *Remontrance,* amonestación, reprimenda,
reconvención. *Réprimande,* reprimenda. *Semonce,* sermón.
Observation, observación. *Grief,* queja. *Récrimination,*
recriminación. *Accusation,* acusación. *Imputation,* imputación.

reprocher v. tr. Reprochar. ‖ Echar en cara,
reprochar : *je lui reproche sa négligence,* le echo
en cara su negligencia ; *on lui reproche sa richesse,*
le echan en cara su riqueza. ‖ Criticar, censurar :
je lui reproche sa façon de faire, le critico su
manera de obrar ; *je ne reproche rien au système,*
no critico nada del sistema *ou* en el sistema :
reprocher un défaut, censurar un defecto. ‖ Acusar de : *je lui reproche tous nos malheurs,* le
acuso de todas nuestras desdichas. ‖ Culpar de,
echar la culpa de : *je lui reproche notre défaite,*
le culpo de nuestra derrota. ‖ Reprobar, recriminar : *reprocher à quelqu'un sa conduite,* reprobar a alguien su comportamiento. ‖ DR. Recusar.
‖ FAM. Repetir : *l'ail me reproche,* el ajo me
repite. ‖ *Je ne vous reproche rien,* no le digo
nada.
— V. pr. Reprocharse.

reproducteur, trice adj. Reproductor, ra :
organes reproducteurs, órganos reproductores.
— M. et f. Reproductor, ra (animal employé à
la reproduction). ‖ — M. Semental (animal mâle).
‖ — F. Máquina reproductora.

reproductibilité f. Reproductibilidad.

reproductible adj. Reproductible.

reproduction f. Reproducción.

reproductivité f. Reproductividad.

reproduire* v. tr. Reproducir : *reproduire un
tableau,* reproducir un cuadro. ‖ Presentar de
nuevo (présenter de nouveau).
— V. pr. Reproducirse.

reproduit, e adj. Reproducido, da.

reprographie f. Reprografía.

reprographique adj. Reprográfico, ca.

reprometre v. tr. Prometer de nuevo.

réprouvable adj. Reprobable, censurable.

réprouvé, e adj. Reprobado, da.
— M. et f. Réprobo, ba.

reprouver v. tr. Volver a demostrar.

réprouver v. tr. Reprobar (condamner).
reps [rɛps] m. Reps (étoffe).
reptation f. Reptación.
reptatoire adj. Reptante.
reptile adj. et s. m. Reptil.
repu, e adj. Ahíto, ta ; harto, ta.
républicain, e adj. et s. Republicano, na.
républicaniser (se) v. pr. Republicanizarse, hacerse republicano.
républicanisme m. Republicanismo (qualité, sentiments de républicain).
republier* v. tr. Publicar de nuevo, volver a publicar.
république f. República.
répudiable adj. Repudiable.
répudiation f. Repudiación, repudio, *m.*
répudier* v. tr. Repudiar.
repue [rəpy] f. (Vx). Hartazgo, *m.* ‖ *Franche repue,* comilona gratis.
répugnance f. Repugnancia.
— SYN. *Répulsion,* repulsión. *Dégoût,* asco, hastío. *Nausée,* náusea. *Antipathie,* antipatía. *Aversion,* aversión.
répugnant, e adj. Repugnante.
répugner v. intr. Repugnar, repeler : *les araignées me répugnent,* las arañas me repugnan : *je répugne à faire ce travail,* el hacer este trabajo me repele.
répulsif, ive adj. Repulsivo, va ; repelente.
répulsion f. Repulsión.
réputation f. Reputación, fama : *avoir une bonne réputation,* tener buena reputación, buena fama.
— SYN. *Considération,* consideración. *Célébrité,* celebridad. *Notoriété,* notoriedad. *Renom, renommée,* fama, renombre. *Popularité,* popularidad.
réputé, e adj. Famoso, sa ; reputado, da.
réputer v. tr. Reputar. ‖ *Être réputé pour,* ser reputado por.
requérable adj. Requerible, exigible.
requérant, e adj. et s. DR. Demandante.
requérir* v. tr. Requerir. ‖ Pedir, solicitar (demander). ‖ DR. Demandar (en justice).
requestionner v. tr. Volver a preguntar.
requête f. Demanda, solicitud, petición (prière). ‖ DR. Demanda, requerimiento, *m.* ‖ — *À la requête de,* a instancia de, a petición de. ‖ *Chambre des requêtes,* sala del Tribunal Supremo francés que estatuye sobre la admisión de los recursos de casación. ‖ *Maître des requêtes,* relator del Consejo de Estado.
— SYN. *Pétition,* petición. *Supplique,* súplica.
requiem (rekµiɛm] m. inv. Réquiem. ‖ FAM. *Avoir une face* o *un visage* o *un air de requiem,* tener cara de cuaresma *ou* de muerto.
requin m. Tiburón.
requinquer v. tr. FAM. Vestir de pies a cabeza, vestir bien (une personne). | Dar buen aspecto a, poner como nuevo, dejar nueva (une chose). ‖ FIG. Entonar, animar, poner como nuevo.
— V. pr. FAM. Recobrar la salud, reponerse (se rétablir). | Entonarse (se remonter). | Emperejilarse (s'attifer).
requis, e adj. Requerido, da ; necesario, ria.
réquisition f. DR. Requerimiento, *m.,* alegato, *m.,* demanda (demande). | Informe, *m.* (du procureur de la République). ‖ Requisición, requisa (embargo).
réquisitionner v. tr. Requisar (biens). ‖ Militarizar (grévistes).
réquisitoire m. DR. Pedimento del fiscal, requisitoria, *f.,* informe. ‖ FIG. Acusación, *f.,* inculpación, *f.* (requête).
réquisitorial, e adj. Acusatorio, ria.
resaler [rəsale] v. tr. Volver a salar.
resalir [rəsali:r] v. tr. Volver a ensuciar.
resaluer [rəsalµe] v. tr. Saludar de nuevo.
resarcelé, e adj. BLAS. Ribeteado, da.

rescapé, e adj. et s. Superviviente.
resceller [rəsɛle] v. tr. Resellar.
rescindable [rɛsɛ̃dabl] adj. Rescindible.
rescindant, e [-dɑ̃, ɑ̃:t] adj. DR. Rescisorio, ria.
— M. DR. Demanda (*f.*) de rescisión.
rescinder [-de] v. tr. (P. us.) Rescindir (annuler).
rescision f. Rescisión.
rescisoire adj. Rescisorio, ria.
— M. Acción (*f.*) rescisoria.
rescousse f. Auxilio, *m.,* socorro, *m. : aller à la rescousse,* ir en auxilio. ‖ *Venir à la rescousse de,* acudir en ayuda de.
rescription [rɛskripsjɔ̃] f. (P. us.). Pagaré, *m.,* orden de pago.
rescrit [rɛskri] m. DR. Rescripto.
réseau m. Red., *f.* (filet). ‖ Red, *f.* (de chemin de fer, routier, téléphonique, de distribution). ‖ Redecilla, *f.* (pour les cheveux). ‖ Randa, *f.* (fond d'une dentelle). ‖ Redecilla, *f.* (des ruminants). ‖ *Réseau de barbelés,* alambrada.
résection f. Resección (amputation).
réséda m. Reseda, *f.* (plante).
résédacées f. pl. BOT. Resedáceas.
réséquer* [reseke] v. tr. Resecar, practicar una resección.
réservataire m. Heredero con derecho a legítima.
réservation f. Reserva (de place).
réserve f. Reserva (chose réservée). ‖ Reserva, comedimiento, *m.,* discreción. ‖ Reserva, excepción, restricción. ‖ Complemento, *m.* (complément). ‖ Reserva, salvedad : *un règlement sans réserve,* un reglamento sin salvedad. ‖ Reservado, *m.* (espace réservé). ‖ Coto (*m.*) vedado, vedado (*m.*) de caza (chasse), reserva (pêche). ‖ Reservado (liturgie). ‖ MIL. Reserva. ‖ — MIL. *Officier de réserve,* oficial de complemento. ‖ DR. *Réserve légale,* reserva legal *ou* legítima. ‖ — *À la réserve de,* a excepción de, excepto. ‖ *À la réserve que,* salvo que. ‖ *En réserve,* de reserva. ‖ *Sans réserve,* sin reserva, sin excepción, sin salvedades. ‖ *Sous réserve de,* a reserva de. ‖ *Sous toute réserve,* sin garantía, con muchas reservas. ‖ — *Faire des réserves sur,* poner en duda, reservarse el juicio acerca de. ‖ *Se tenir sur la réserve,* estar sobre aviso, estar en guardia.
réservé, e adj. Reservado, da. ‖ Comedido, da (retenu).
réserver v. tr. Reservar.
— V. pr. Reservarse.
réserviste m. MIL. Reservista.
réservoir m. Reserva, *f.* (d'objets). ‖ Depósito (de gaz), depósito, tanque (d'essence). ‖ Vivero (pour le poisson). ‖ ● Alberca, *f.,* arca (*f.*) de agua, tanque (hydraulique). ‖ FIG. Cantera, *f.* (pépinière) : *réservoir d'hommes,* cantera humana.
— SYN. ● *Citerne,* cisterna, aljibe. *Château d'eau,* arca de agua, depósito.
résidant, e adj. et s. Residente. ‖ — Adj. Radicado, da ; residente : *résidant à Paris,* radicado en París.
résidence f. Residencia. ‖ *Résidence générale,* Alta Comisaría (dans un protectorat).
résident m. Residente. ‖ Ministro residente (diplomate). ‖ *Résident général,* Alto Comisario.
résidentiel, elle adj. Residencial. ‖ *Unité résidentielle,* unidad residencial.
résider v. intr. Residir (demeurer). ‖ Residir, radicarse (s'établir). ‖ FIG. Residir, estribar, radicar : *la difficulté réside en ceci,* la dificultad radica en esto.
résidu m. Residuo.
résiduaire [rezidµɛ:r] adj. Residual : *eaux résiduaires,* aguas residuales.
résiduel, elle [-dµɛl] adj. Residual.
résignataire m. Resignatario.
résignation f. Resignación. ‖ DR. Renuncia.

résigné, e adj. et s. Resignado, da.
résigner v. tr. Resignar, renunciar.
— V. pr. Resignarse. ‖ Resignarse a, conformarse con.
résiliable adj. Rescindible, anulable.
résiliation f. Rescisión, anulación.
résilience f. PHYS. Resistencia de un material al choque, resiliencia.
résilier* v. tr. Rescindir, invalidar, anular.
résille [rezi:j] f. Redecilla (pour les cheveux). ‖ Rejilla (d'un vitrail).
résine f. Resina.
— SYN. *Gemme*, resina. *Baume*, bálsamo. *Laque*, laca.
résiner v. tr. Resinar : *résiner un pin*, resinar un pino. ‖ Untar de resina (enduire de résine).
résineux, euse adj. Resinoso, sa.
— M. Árbol acucifolio, conífera, *f.*
résingle [rezɛ̃:gl] f. TECHN. Desabollador, *m.*
résinier, ère adj. et s. Resinero, ra.
résinifère adj. Resinífero, ra.
résipiscence [resipissɑ̃:s] f. Arrepentimiento, *m.* ‖ *Recevoir à résipiscence*, perdonar.
résistance f. Resistencia (endurance). ‖ Resistencia (électrique). ‖ — MIL. *Centre de résistance*, centro de resistencia. ‖ *La Résistance*, la Resistencia a la ocupación alemana [1940-1945]. ‖ *Pièce* o *plat de résistance*, plato fuerte.
résistant, e adj. ● Resistente.
— M. et f. Miembro (*m.*) de la Resistencia, resistente.
— SYN. ● *Solide*, sólido. *Tenace*, tenaz. *Fam. Dur à cuire*, duro de pelar.
résister v. intr. ● Resistir : *résister à l'ennemi*, resistir al enemigo. ‖ FIG. Ser difícil de cortar, ser muy duro : *cette viande résiste*, esta carne es muy dura. ‖ *Résister à la tentation*, resistir la tentación.
— SYN. ● *Se défendre*, defenderse. *Réagir*, reaccionar. *Regimber*, respingar. *Se rebiffer*, resistirse, rebelarse.
résistivité f. ÉLECTR. Resistividad, resistencia específica.
résolu, e adj. Resuelto, ta ; decidido, da : *un homme résolu*, un hombre decidido. ‖ Solucionado, da ; concluido, da (question).
résoluble adj. Resoluble. ‖ DR. Rescindible (contrat).
résolument adv. Resueltamente, enérgicamente, decididamente.
résolutif, ive adj. et s. m. Resolutivo, va.
résolution f. Resolución. ‖ DR. Rescisión, resolución (d'un contrat). ‖ Solución, resolución (d'un problème). ‖ Resolución (texte).
résolutoire adj. Resolutorio, ria.
résonance f. Resonancia.
résonateur, trice adj. et s. m. Resonador, ra.
résonnant, e adj. Resonante, sonoro, ra : *une salle trop résonnante*, una sala demasiado resonante. ‖ Retumbante, resonante (voix).
résonnement [rezɔnmɑ̃] m. Resonancia, *f.*
résonner v. intr. Resonar. ‖ FIG. *Résonner du bruit de*, proclamar.
résorbant, e adj. Reabsorbente.
résorber v. tr. Reabsorber, resorber. ‖ FIG. Enjugar, reabsorber : *résorber un déficit*, enjugar un déficit. ‖ Acabar con, suprimir : *résorber le chômage*, acabar con el desempleo.
— V. pr. Reabsorberse, resorberse.
résorcine f. ou **résorcinol** m. CHIM. Resorcina, *f.*
résorption [rezɔrpsjɔ̃] f. Resorción, reabsorción.
résoudre* v. tr. ● Resolver (décomposer). ‖ Resolver, solucionar : *résoudre un problème*, resolver un problema. ‖ MÉD. Resolver. ‖ DR. Rescindir, anular (annuler). ‖ — *Résoudre de*, decidir, resolver : *il résolut de venir*, decidió venir. ‖ *Résoudre quelqu'un à*, decidirle a uno o para.

— V. impers. *Il a été résolu que*, han resuelto que, resolvieron que.
— V. pr. Resolverse. ‖ Reducirse, convertirse : *tout cela se résout à rien*, todo se reduce a ou se convierte en nada. ‖ Conformarse, decidirse : *il s'est résolu à partir*, se ha decidido a ou se conformó con irse. ‖ MÉD. Resolverse.
— SYN. ● *Régler*, resolver, solucionar, liquidar. *Solutionner*, solucionar.
respect [rɛspɛ] m. ● Respeto : *inspirer du respect*, infundir respeto. ‖ Acatamiento, respeto (d'une loi). ‖ — Pl. Saludos respetuosos. ‖ — *Respect humain*, respeto humano. ‖ — *Mes respects*, saludos respetuosos (en général), a sus órdenes (militaires). ‖ *Sauf votre respect*, con perdón de usted. ‖ — *Manquer de respect à*, faltarle el respeto a. ‖ *Présenter ses respects*, dirigir sus saludos respetuosos. ‖ *Tenir en respect*, tener a raya, contener.
— SYN. ● *Vénération*, veneración. *Révérence*, reverencia.
respectabilité f. Respetabilidad.
respectable adj. Respetable.
respecter v. tr. Respetar. ‖ Acatar, respetar (une loi). ‖ *Faire respecter ses droits*, hacer respetar sus derechos.
— V. pr. Respetarse. ‖ Preciarse : *comme tout Espagnol qui se respecte*, como cualquier español que se precia.
respectif, ive adj. Respectivo, va.
respectueux, euse adj. Respetuoso, sa.
— F. FAM. Ramera, prostituta.
respirable adj. Respirable.
respirateur adj. m. et s. m. Respirador.
respiration f. Respiración : *respiration artificielle*, respiración artificial.
respiratoire adj. Respiratorio, ria.
respirer v. tr. et intr. ● Respirar : *respirer à pleins poumons*, respirar a todo pulmón. ‖ FIG. Reflejar : *un visage qui respire la bonté*, una cara que refleja la bondad. ‖ *Je respire!*, ¡qué peso se me ha quitado de encima!, ¡qué alivio !
— SYN. ● *Soupirer*, suspirar. *S'ébrouer*, resoplar. *Haleter, panteler*, jadear.
resplendir v. intr. Resplandecer.
resplendissant, e adj. Resplandeciente.
resplendissement m. Resplandor, resplandecimiento.
responsabilité f. Responsabilidad.
responsable adj. et s. Responsable. ‖ *Rendre responsable de*, echar la culpa de, hacer responsable de.
— M. et f. Encargado, da (d'un service). ‖ *Responsable syndical*, enlace ou delegado sindical.
responsorial m. RELIG. Responsorio.
resquille [rɛski:j] f. FAM. Sisa (argent). ‖ *C'est de la resquille*, esto es colarse.
resquiller [-je] v. intr. FAM. Colarse (se glisser). | Sisar (de l'argent).
resquilleur, euse [-jœ:r, jø:z] m. et f. FAM. Colón, ona. | Persona que sisa, sisador, ra.
ressac [rəsak] m. Resaca.
ressaigner v. tr. et intr. Volver a sangrar, sangrar de nuevo.
ressaisir v. tr. Asir de nuevo. ‖ Coger de nuevo, volver a coger (reprendre). ‖ Reconquistar (reconquérir). ‖ DR. Reembargar (saisir de nouveau). ‖ Recobrar (reprendre possession).
— V. pr. Apoderarse de nuevo (s'emparer de nouveau). ‖ Volver a coger, coger de nuevo (reprendre). ‖ FIG. Rehacerse, serenarse, reponerse (se maîtriser).
ressassage m. Machaconería, *f.*
ressasser v. tr. Tamizar, cerner de nuevo. ‖ FIG. Machacar, repetir (répéter).
ressasseur, euse adj. et s. Machacón, ona.

ressaut [rəso] m. Resalto (saillie). ‖ Salto de agua (différence de niveau). ‖ Desnivel (de terrain).

ressauter v. intr. Resaltar, sobresalir (faire ressaut). ‖ Saltar de nuevo, volver a saltar (sauter de nouveau).

resseller v. tr. Ensillar de nuevo.

ressemblance f. Parecido, *m.*, semejanza (similitude).

ressemblant, e adj. Parecido, da : *portrait ressemblant*, retrato parecido.

ressembler v. intr. Parecerse a : *cela ressemble à un avion*, esto se parece a un avión. ‖ Parecerse a, haber salido a : *cet enfant ressemble à sa mère*, este niño ha salido a su madre. ‖ — *Cela ne vous ressemble pas*, esto no parece cosa suya. ‖ *Cela ne ressemble à rien*, esto no vale nada.

— V. pr. Parecerse. ‖ *Qui se ressemble s'assemble*, cada oveja con su pareja.

— OBSERV. El participio pasado *ressemblé* es invariable : *elles se sont ressemblé longtemps*.

ressemelage [rəsəmla:ʒ] m. Remonta, *f.* (ressemelage complet). ‖ Media suela, *f.* (demi-semelle).

ressemeler* [-le] v. tr. Remontar (ressemeler entièrement). ‖ Echar medias suelas (poser une demi-semelle).

ressemer* v. tr. Sembrar de nuevo.

ressentiment m. Resentimiento.

— SYN. *Rancune*, rencor. *Malveillance*, malevolencia. *Animosité*, animosidad. *Inimitié*, enemistad. *Hostilité*, hostilidad. *Haine*, odio.

ressentir* v. tr. Sentir : *ressentir un choc*, sentir un choque. ‖ Experimentar (éprouver) : *ressentir de l'amitié*, experimentar amistad.

— V. pr. Resentirse : *se ressentir de la conduite de quelqu'un*, resentirse por la conducta de uno. ‖ FAM. *Je ne m'en ressens pas*, no me apetece, no estoy para eso.

resserre [rəsɛ:r] f. Cuarto (*m.*) trastero.

resserré, e adj. Estrecho, cha ; angosto, ta (étroit). ‖ Apretado, da (serré). ‖ Cerrado, da (pores). ‖ FIG. Limitado, da.

resserrement m. Apretamiento (d'une vis). ‖ FIG. Estrechamiento, fortalecimiento : *resserrement des liens économiques*, estrechamiento de lazos económicos.

resserrer v. tr. Apretar : *resserrer une vis*, apretar un tornillo. ‖ Estrechar (rendre plus étroit). ‖ Guardar : *resserrer un objet dans un tiroir*, guardar un objeto en un cajón. ‖ Cerrar (les pores). ‖ Encerrar : *des montagnes resserrent cette ville*, unas montañas encierran esta ciudad. ‖ FIG. Estrechar, afianzar : *resserrer les liens de l'affection*, estrechar los lazos del cariño. ‖ Abreviar (abréger).

— V. pr. Estrecharse (devenir plus étroit). ‖ Encerrarse (se renfermer). ‖ FIG. Encogerse (le cœur).

resservir* v. tr. et intr. Servir de nuevo, volver a servir. ‖ FIG. et FAM. Sacar a colación (redire).

ressort [rəsɔ:r] m. Resorte, muelle (terme usuel) : *ressort à boudin*, muelle en espiral. ‖ Incumbencia, *f.*, competencia, *f.* : *ceci n'est pas de mon ressort*, esto no es de mi incumbencia. ‖ DR. Instancia, *f.* : *juger en dernier ressort*, juzgar en última instancia. ‖ FIG. Nervio, energía, *f.*, fuerza, *f.* (force). ‖ Dinamismo. ‖ Motor (d'une œuvre). ‖ — *Ressort à lames*, ballesta, resorte de láminas. ‖ *Ressort de rappel*, muelle de retorno.

ressortir* v. intr. Resaltar, destacarse : *cet ornement ne ressort pas sur le fond*, este adorno no resalta sobre el fondo. ‖ Volver a salir (sortir de nouveau). ‖ Resultar, deducirse : *de ceci il ressort que...*, de esto resulta que... ‖ *Faire ressortir*, destacar, hacer resaltar.

— V. tr. DR. *Ressortir à un tribunal*, ser de la

jurisdicción de un tribunal. ‖ FIG. Salir a (ressembler).

ressortissant, e adj. De la jurisdicción de [un tribunal].

— M. et f. Natural, nacional, súbdito : *les ressortissants d'un pays*, los naturales *ou* nacionales de un país.

ressouder v. tr. Soldar de nuevo.

ressource f. Recurso, *m.* : *homme de ressource*, hombre de recursos. ‖ AVIAT. Enderezamiento, *m.* ‖ — *Les ressources économiques*, los recursos económicos. ‖ — *Être à bout de ressource*, haber agotado todos los recursos.

ressouvenance f. (Vx). Recuerdo, *m.*, remembranza.

ressouvenir (se)* v. pr. Acordarse de, recordar.

ressouvenir m. Recuerdo.

ressuage [rəsɥa:ʒ] m. Nuevo sudor. ‖ Rezumo (d'un vase, d'un mur). ‖ Licuación, *f.* (alliage). ‖ Batido (du fer).

ressuer* [-sɥe] v. intr. Rezumar (un mur). ‖ Batir (l'acier).

ressui m. Querencia, *f.* (vénerie).

ressuscitation f. MÉD. Resucitación.

ressuscité, e adj. et s. Resucitado, da.

ressusciter v. tr. et intr. Resucitar.

ressuyer* [rɛsɥije] v. tr. Secar (sécher). ‖ Secar de nuevo, volver a secar.

restant, e adj. Restante.

— M. Resto. ‖ *Poste restante*, lista de correos : *écrire poste restante*, escribir a la lista de correos.

restaurant m. Restaurante, restaurant, restorán, casa (*f.*) de comidas. ‖ Comedor (d'un hôtel, universitaire).

— SYN. *Brasserie*, cervecería. *Buffet*, fonda. *Buvette*, cantina. *Grill-room*, parrilla. *Gargote*, figón, tasca.

restaurateur, trice m. et f. Restaurador, ra (de tableaux). ‖ — M. Encargado *ou* dueño de un restaurante (patron d'un restaurant).

restauration f. Restauración.

restaurer v. tr. Restaurar.

— V. pr. Comer.

reste m. ● Resto : *le reste de sa fortune*, el resto de su fortuna. ‖ Resto, remanente (d'une somme). ‖ MATH. Resto. ‖ — Pl. Restos. ‖ Despojos mortales (dépouille mortelle). ‖ Sobras, *f.* : *les restes d'un repas*, las sobras de una comida. ‖ — *Reste d'accent*, deje, dejo. ‖ — *Au reste, du reste*, además, por lo demás. ‖ *De reste*, de sobra : *avoir de l'argent de reste*, tener dinero de sobra. ‖ *Et le reste, et tout le reste*, y lo demás, y todo lo demás. ‖ — FAM. *Avoir de beaux restes*, quedarle a una [mujer] algo. ‖ *Demeurer en reste*, ser deudor, quedar debiendo. ‖ *Jouer son reste*, echar el resto. ‖ *N'être jamais en reste*, no ir a la zaga. ‖ *Ne pas demander son reste*, no pedir más explicaciones, marcharse sin decir nada. ‖ *Ne pas demeurer en reste*, pagar con la misma moneda (rendre la pareille), no ir a la zaga.

— SYN. ● *Restant*, resto. *Solde*, saldo. *Reliquat*, resto, saldo. *Rogatons*, sobras.

rester v. intr. Quedar, quedarse : *rester bouche bée*, quedarse boquiabierto. ‖ Ser todavía (continuer à être) : *elle reste belle, malgré son âge*, a pesar de su edad es todavía guapa. ‖ Tardar : *rester trop longtemps à faire quelque chose*, tardar demasiado en hacer algo. ‖ Quedarse, permanecer : *elle est restée trois ans à Madrid*, ella se quedó tres años en Madrid. ‖ *Rester court*, quedarse cortado. ‖ FAM. *Rester en carafe*, quedarse plantado. ‖ *Rester en route*, quedarse en el camino. ‖ *Rester soi-même*, ser siempre el mismo. ‖ *Rester sur le carreau*, quedarse en el sitio. ‖ *Rester sur sa faim*, quedarse con las ganas. ‖ *Rester sur une impression*, quedarse con una impresión. ‖ *Restons-en là*, no insistamos,

dejémoslo. || — *En rester à*, no llegar más lejos que. || *En rester là*, no pasar de ahí. || *Y rester*, quedarse ahí, morir.
— V. impers. *Il reste*, queda, quedan. || *Il reste à*, queda *ou* quedan por. || *Il n'en reste pas moins que*, sin embargo, lo cual no quiere decir que. || *Reste à savoir si*, queda por saber si.
— OBSERV. Il ne faut pas confondre avec le verbe espagnol *restar*, qui a le sens de « soustraire ».

restituable adj. Restituible. || DR. Rehabilitable, que puede ser rehabilitado.
restituer v. tr. Restituir. || DR. Rehabilitar. || FAM. Devolver (vomir).
restituteur adj. m. et s. m. Restituidor.
restitution f. Restitución.
restitutoire adj. Restitutorio, ria.
restoroute m. Albergue de carretera.
restreindre* v. tr. Restringir. || Limitar, reducir : *restreindre la production*, limitar la producción.
— V. pr. Restringirse.
restreint, e [rɛstrɛ̃, ɛ:t] adj. Limitado, da.
restrictif, ive adj. Restrictivo, va.
restriction f. Restricción : *restrictions à l'importation*, restricciones a las importaciones.
restringent, e adj. Restringente.
résultant, e adj. et s. f. Resultante.
résultat [rezylta] m. ● Resultado. || Resultado, logro, éxito (réussite). || — Pl. Saldo, *sing*. (solde).
— SYN. ● *Dénouement*, desenlace. *Conclusion*, conclusión. *Solution*, solución. *Issue, aboutissement*, resultado, desenlace. *Résultante*, resultante. *Fin*, fin, final.
résulter v. intr. Resultar, derivarse, provenir : *la révolte résulta du mécontentement*, el motín provino del descontento. ● Resultar, deducirse : *il en résulte*, de ello se deduce.
— OBSERV. *Résulter* se emplea únicamente en la tercera persona, en el infinitivo y en los participios.
— SYN. ● *S'ensuivre*, seguirse, resultar. *Ressortir*, deducirse.
résumé, e adj. Resumido, da.
— M. Resumen : *un résumé d'histoire*, un resumen de historia. || Compendio (précis). || *En résumé*, en resumen.
résumer v. tr. Resumir, hacer un resumen de, extractar, compendiar.
— V. pr. Resumirse. || Decir en pocas palabras. || *Résumons-nous*, concretemos.
resurchauffeur m. TECHN. Recalentador.
résurgence f. Resurgencia, resurgimiento, *m*.
resurgir v. intr. Resurgir.
résurrection f. Resurrección. || FIG. Reaparición.
retable m. Retablo.
rétablir v. tr. ● Restablecer : *rétablir la vérité*, restablecer la verdad.
— V. pr. Restablecerse.
— SYN. ● *Relever*, levantar. *Restituer*, restituir. *Restaurer*, restaurar. *Replacer*, colocar de nuevo. *Remettre*, volver a poner. *Réhabiliter*, rehabilitar. *Réintégrer*, reintegrar.
rétablissement m. Restablecimiento.
rétaille [rətɑ:j] f. Recorte, *m*. (morceau). || Nueva talla (pierre précieuse). || Estría (meule).
retailler [-je] v. tr. Recortar, volver a cortar. || Volver a sacar punta a (crayon).
étamage m. Restañadura, *f*. (p. us.), estañado.
étamer v. tr. Restañar (p. us.), estañar. || POP. Ajumar (enivrer). | Hacer polvo (démolir).
étameur m. Estañador.
etapage m. FAM. Arreglo, compostura, *f*.
etape f. POP. *Faire la retape*, hacer la carrera (une prostituée).
etaper v. tr. FAM. Componer, apañar, arreglar : *retaper un vieux vêtement*, arreglar un vestido viejo. | *Retaper un lit*, hacer la cama a la inglesa.
— V. pr. FAM. Remontar la pendiente, restablecerse.

retard [rəta:r] m. Retraso, tardanza : *avoir du retard dans son travail*, tener retraso en su trabajo. || Retardo (d'une fusée). || — *Arriver en retard*, llegar tarde, llegar con retraso *ou* con atraso. || *Prendre du retard*, atrasarse, retrasarse, tomar *ou* coger retraso. || AUTOM. *Retard à l'admission*, retardo de la admisión.
retardataire adj. et s. Retrasado, da. || Rezagado, da (courses).
retardateur, trice adj. Que retrasa.
retardé, e adj. et s. Atrasado, da (mental). || Retardado, da : *mouvement retardé*, movimiento retardado.
retardement m. (Vx). Retraso. || *Bombe à retardement*, bomba de retardo *ou* con mecanismo de relojería.
retarder v. tr. ● Demorar, retrasar : *retarder son voyage*, demorar el viaje. || Diferir, aplazar (conférence, etc.). || Retardar, retrasar : *la pluie nous a retardés*, la lluvia nos ha retrasado ; *j'ai été retardé*, me he retrasado.
— V. tr. et intr. Atrasar : *ma montre retarde de dix minutes*, mi reloj atrasa diez minutos. || FAM. *Tu retardes!*, no estás al tanto.
— SYN. ● *Tarder*, tardar. *Différer*, diferir. *Temporiser*, contemporizar. *Remettre*, posponer, aplazar. *Surseoir*, sobreseer. *Ajourner*, aplazar.
reteindre* [rətɛ̃:dr] v. tr. Reteñir.
retéléphoner v. tr. Telefonear de nuevo, volver a telefonear.
retendre v. tr. Volver a tender (piège). || Volver a tensar (câble).
retenir* v. tr. Retener (garder) : *retenir une somme d'argent*, retener una cantidad de dinero. || Retener, detener : *la peur le retint*, el miedo le detuvo. || Retener, deducir, descontar (déduire) : *retenir une partie du salaire*, descontar parte del salario ; *retenir sur le salaire*, deducir del salario. || ● Contener (ne pas laisser passer). || Contener, reprimir : *retenir l'envie de rire*, contener las ganas de reir. || Sujetar (attacher). || Recordar (se souvenir) : *retenir une date*, recordar una fecha. || MATH. Llevarse (dans une soustraction). || Reservar : *retenir une chambre*, reservar una habitación. || Seleccionar (choisir). || Apalabrar (des domestiques). || *Retenir à dîner*, retener a cenar. || *Retenir sa langue*, cerrar los labios, guardar la lengua. || *Retenir son haleine*, retener el aliento. || — *Je ne vous retiens pas*, usted puede marcharse. || FAM. *Je vous retiens!*, ¡me las pagará usted!, ¡ya te lo ajustaré las cuentas! || *Votre demande a retenu toute notre attention*, su solicitud ha merecido nuestro mayor interés.
— V. pr. Contenerse, retenerse, moderarse (se contenir). || Agarrarse (s'accrocher) : *se retenir à une branche*, agarrarse de una rama. || FAM. Aguantarse.
— SYN. ● *Maintenir*, mantener. *Contenir*, contener. *Réserver*, reservar. *Arrêter*, fijar.
rétention f. Retención.
rétentionnaire m. et f. DR. Detentor, ra.
retentir v. intr. Resonar, sonar. || Repercutirse.
retentissant, e adj. Resonante. || Ruidoso, sa ; estrepitoso, sa ; fragoso, sa (bruyant). || Sonoro, ra : *une voix retentissante*, una voz sonora. || Retumbante (tonnerre). || Clamoroso, sa ; aparatoso, sa ; rotundo, da : *succès retentissant*, éxito clamoroso.
retentissement m. Resonancia, *f*. || Ruido (bruit). || Estruendo, retumbo (tonnerre). || FIG. Repercusión, *f*., consecuencia, *f*. | Resonancia, *f*. : *ce discours a eu un grand retentissement*, este discurso ha tenido gran resonancia.
retenu, e adj. Retenido, da. || Detenido, da (arrêté). || Moderado, da (prudent, circonspect). || Descontado, da ; deducido, da ; retenido, da

(déduit). ‖ Contenido, da ; reprimido, da (réprimé). ‖ Reservado, da (chambre d'hôtel).
retenue [rətəny] f. Descuento, *m.*, deducción : *retenue sur le salaire*, deducción del salario. ‖ Retención : *la retenue des marchandises à la douane*, la retención de las mercancías en la aduana. ‖ MAR. Retenida (câble). ‖ ● FIG. Moderación, discreción, comedimiento : *agir avec retenue*, obrar con moderación. ‖ Castigo (*m.*) sin salir (à l'école). ‖ MATH. Lo que se lleva. ‖ Represa (d'un bief). ‖ — *Retenue d'eau*, embalse. ‖ — *Être en retenue*, estar castigado sin salir (un élève).
— SYN. ● *Modération*, moderación. *Pondération*, ponderación. *Tempérance*, templanza.

reterser ou **retercer*** v. tr. AGRIC. Binar, rebinar.
rétiaire [resjɛ:r] m. Reciario (gladiateur).
réticence f. Reticencia (omission, rhétorique). ‖ Reparo, *m.* : *approuver quelque chose avec certaines réticences*, aprobar algo con ciertos reparos. ‖ Resistencia.
réticent, e adj. Reticente. ‖ Reacio, cia : *à sa proposition il se montra réticent*, ante su propuesta, se mostró reacio.
réticulaire adj. Reticular.
réticule m. Redecilla, *f.* (pour les cheveux). ‖ Retículo (optique). ‖ Bolso ridículo (sac).
réticulé, e adj. Reticulado, da.
rétif, ive adj. Repropio, pia (un cheval). ‖ FIG. Reacio, cia.
rétine f. ANAT. Retina.
rétinien, enne adj. ANAT. Retiniano, na.
rétinite f. MÉD. Retinitis.
retirade f. MIL. (Vx.) Reducto, *m.*
retiration f. IMPR. Retiración : *presse à retiration*, prensa de retiración.
retiré, e adj. Retirado, da. ‖ Apartado, da ; alejado, da ; aislado, da ; retirado, da (isolé).
retirer v. tr. Tirar de nuevo, volver a tirar (tirer de nouveau). ‖ Retirar, apartar (écarter). ‖ Retirar. ‖ Sacar : *retirer ses mains de ses poches*, sacar las manos de los bolsillos. ‖ Sacar : *retirer de l'argent d'une banque*, sacar dinero de un banco ; *retirer un enfant d'une pension*, sacar un niño de una pensión. ‖ Sacar, recoger : *retirer son passeport*, sacar su pasaporte ; *retirer les billets de théâtre*, recoger las entradas de teatro. ‖ Quitar : *retire ta main*, quita la mano ; *il m'a retiré les clés de la maison*, me ha quitado las llaves de la casa. ‖ Quitarse : *retirer ses chaussures*, quitarse los zapatos. ‖ Retirar : *je retire ce que j'ai dit*, retiro lo dicho. ‖ Sacar (extraire) : *on retire du sucre de la betterave*, se saca azúcar de la remolacha. ‖ Sortear de nuevo [la lotería]. ‖ FIG. Retirar, privar de : *retirer sa confiance à quelqu'un*, retirar la confianza a uno. ‖ Quitar : *son échec ne lui retire rien*, su fracaso no le quita nada. ‖ *Retirer du profit, un bénéfice*, sacar provecho, un beneficio.
— V. pr. Retirarse, irse, marcharse : *se retirer dans sa chambre*, retirarse a su cuarto. ‖ Recogerse : *il se retire toujours à neuf heures*, se recoge siempre a las nueve. ‖ Retirarse, jubilarse (prendre sa retraite). ‖ Volver a su cauce (cours d'eau). ‖ Retirarse : *se retirer à la campagne*, retirarse al campo ; *se retirer des affaires*, retirarse de los negocios. ‖ Retirarse (la mer). ‖ Encoger (rétrécir).
retissage m. Retejido.
retisser v. tr. Retejer.
rétivité f. Carácter (*m.*) reacio.
retombe f. ARCHIT. Arranque, *m.* (d'une voûte).
retombée f. ARCHIT. Arranque, *m.* (d'une voûte). ‖ Caída (d'une draperie). ‖ — Pl. Lluvia, *sing.* (radio-active). ‖ FIG. Consecuencias.
retomber v. intr. Recaer, volver a caer. ‖ Caer : *ses cheveux lui retombent sur les épaules*, su pelo

le cae sobre los hombros. ‖ Volver a caer : *retomber malade*, volver a caer enfermo. ‖ Volver a bajar (fièvre, avion). ‖ FIG. Caer : *retomber dans les mêmes erreurs*, caer en los mismos errores. ‖ — *Retomber sur*, caer encima : *la poutre retomba sur lui*, la viga le cayó encima ; recaer sobre : *la faute retombe toujours sur moi*, la culpa recae siempre sobre mí ; *la conversation retombe toujours sur la même question*, la conversación recae siempre sobre el mismo tema. ‖ FIG. *Retomber sur la tête* o *le nez de quelqu'un*, salirle a uno el tiro por la culata. | *Retomber sur ses pieds*, salir siempre con la suya.
retondre v. tr. Esquilar nuevamente. ‖ ARCHIT. Tallar de nuevo.
retordage ou **retordement** m. Retorcido, retorcedura, *f.*
retordoir m. Retorcedor.
retordre v. tr. Retorcer. ‖ FAM. *Donner du fil à retordre*, dar mucha guerra, dar que hacer.
rétorquer v. tr. Redargüir. ‖ Contestar, replicar (répondre).
retors, e [rətɔr:, ɔrs] adj. Retorcido, da. ‖ FIG. Marrullero, ra ; ladino, na.
— M. Retor (tissu). ‖ Marrullero, ladino.
rétorsion f. Retorsión. ‖ FIG. Retorsión, represalia.
retorte f. (P. us.). Retorta (cornue).
retortiller [rətɔrtije] v. tr. Retortijar.
retouche f. Retoque, *m.*
retoucher v. tr. et intr. Retocar.
retoucheur, euse m. et f. Retocador, ra.
retour m. Vuelta, *f.*, regreso : *un retour facile*, un regreso fácil ; *être de retour*, estar de vuelta. ‖ Vuelta, *f.*, retorno : *le retour du printemps*, la vuelta de la primavera. ‖ Retorno : *retour à la terre*, retorno al campo. ‖ Vuelta, *f.* : *billet aller-retour*, billete de ida y vuelta. ‖ Embozo (du drap du lit). ‖ Reciprocidad, *f.* : *l'amitié demande du retour*, la amistad requiere reciprocidad. ‖ ARCHIT. Vuelta, *f.*, esconce, ángulo : *retour d'équerre*, vuelta a escuadra. ‖ DR. Reintegro. ‖ — *Retour à l'envoyeur*, devuélvase al remitente. ‖ *Retour d'âge*, menopausia. ‖ *Retour de flamme*, retorno de llama. ‖ AUTOM. *Retour de manivelle*, retroceso de manivela. ‖ FIG. *Retours en arrière*, miradas atrás. ‖ — FAM. *Cheval de retour*, reincidente. ‖ FAM. *Choc en retour*, choque de rechazo. ‖ *Esprit de retour*, añoranza. ‖ *Match de retour*, partido de vuelta. ‖ *Par retour du courrier*, a vuelta de correo. ‖ *Par un juste retour des choses*, en justa compensación. ‖ *Retour de* o *au retour de*, de regreso de, de vuelta de. ‖ *Sans retour*, sin remisión, definitivamente. ‖ — *Être le retour* o *sur son retour*, envejecer (vieillir), estar para volver (revenir). ‖ *Faire un retour sur soi-même*, examinar retrospectivamente su conducta. ‖ *Payer de retour*, corresponder, pagar con la misma moneda.
retournage m. Vuelta (*f.*) del revés (vêtement).
retourne f. Vuelta (carte). ‖ Continuación de un artículo en otra plana (dans un journal).
retournement m. Vuelta, *f.*, cambio total (d'une situation). ‖ Inversión, *f.* : *retournement des alliances*, inversión de las alianzas. ‖ AVIAT. Vuelta, (*f.*) de campana, vuelta (*f.*) sobre el ala.
retourner v. tr. Volver *ou* dar la vuelta a, volver del revés (tourner à l'envers). ‖ Volver, dar vueltas a (tourner dans tous les sens). ‖ Reexpedir (une lettre). ‖ Devolver (rendre). ‖ Volver : *retourné contre lui ses propres arguments*, haber vuelto contra él sus propios argumentos. ‖ Volver boca arriba (carte). ‖ FIG. Dar vueltas a : *retourner une idée dans sa tête*, dar vueltas a una idea en la cabeza. ‖ — *Retourner la salade*, mover la ensalada. ‖ *Retourner le foin*, voltear el heno.

Retourner la terre, labrar la tierra, roturar, voltear la tierra. ‖ *Retourner quelqu'un,* hacer cambiar de opinión, volver del revés (influencer), emocionar, conmover, trastornar (émouvoir). ‖ FAM. *Retourner quelqu'un comme une crêpe,* manejar a uno a su antojo, hacer con uno lo que se quiere. ‖ FAM. *Retourner sa veste,* chaquetear, volver la casaca. ‖ *Retourner son compliment à quelqu'un,* devolver el cumplido a alguien. ‖ *Retourner sur le dos, sur le ventre,* volver boca arriba, boca abajo. ‖ *Retourner une gifle,* pegar una bofetada. ‖ *Retourner une situation,* cambiar por completo una situación. ‖ *Retourner un vêtement,* volver un vestido. ‖ *Ne retourne pas cette histoire dans la tête,* no le des más vueltas a este asunto.
— V. intr. Volver, regresar : *retourner à la maison,* volver a casa. ‖ Volver : *retourner à la mer,* volver al mar. ‖ Devolver (être restitué). ‖ — *Retourner en arrière,* volver hacia atrás. ‖ *Retourner sur ses pas,* desandar lo andado. ‖ *Savoir de quoi il retourne,* saber de qué se trata *ou* lo que pasa.
— V. pr. Volverse (pour regarder). ‖ Dar vueltas (s'agiter).‖ Acogerse a (revenir à). ‖ FIG. Arreglar las cosas (prendre ses dispositions). ‖ — *Je n'ai même pas le temps de me retourner,* no tengo tiempo para nada. ‖ *S'en retourner,* volver, regresar, irse. ‖ *S'en retourner comme on était venu,* irse como se había venido. ‖ *Se retourner contre,* volverse en contra.

retracer* v. tr. Trazar de nuevo. ‖ FIG. Describir (décrire). | Recordar (rappeler).
rétractable adj. Retractable : *concession rétractable,* concesión retractable.
rétractation f. Retractación.
— SYN. *Désaveu,* desaprobación, desautorización.
rétracter v. tr. Retraer (contracter). ‖ FIG. Retractar (désavouer) : *rétracter une opinion,* retractar una opinión.
— V. pr. Retraerse. ‖ FIG. Retractarse.
rétracteur adj. m. Retractor.
— M. Separador (instrument).
rétractibilité f. Retractibilidad.
rétractif, ive adj. Retractivo, va.
rétractile adj. Retráctil.
rétractilité f. Retractilidad.
rétraction f. Retracción.
retraduire* v. tr. Traducir de nuevo, volver a traducir.
retraire* v. tr. DR. Retraer.
retrait [rətrɛ] m. Contracción, *f.,* disminución, *f.,* encogimiento (des matériaux). ‖ Suspensión, *f.* : *retrait d'emploi,* suspensión de empleo. ‖ Suspensión, *f.,* retirada, *f.* (d'un permis). ‖ Retirada, *f.* : *le retrait des troupes,* la retirada de las tropas ; *le retrait de la mer,* la retirada del mar. ‖ Retirada, *f.* (d'un projet de loi). ‖ Salida, *f.* (d'un compte). ‖ ARCHIT. Releje. ‖ Retractación, *f.* (de la Bourse). ‖ DR. Retracto. ‖ — DR. *Retrait d'autorisation,* retracto de autorización. ‖ — *En retrait,* hacia atrás. ‖ *Maison construite en retrait de la rue,* casa retranqueada. ‖ *Passe en retrait,* pase hacia atrás (sports).
retraitant, e m. et f. Persona (*f.*) que hace un retiro espiritual.
retraite f. Jubilación (fonctionnaire). ‖ Retiro, *m.* (militaire). ‖ Retirada : *la retraite de l'armée d'occupation,* la retirada del ejército de ocupación. ‖ Retirada, retreta, toque, *m.* (sonnerie) : *battre la retraite,* tocar retreta. ‖ Retiro, *m.,* pensión (solde) : *toucher sa retraite,* cobrar la pensión *ou* el retiro. ‖ Retiro, *m.* : *une retraite agréable,* un agradable retiro. ‖ Retiro, *m.* (religion). ‖ ARCHIT. Releje, *m.* ‖ COMM. Resaca (effet de commerce). ‖ — *Maison de retraite,* asilo para ancianos. ‖

Retraite aux flambeaux, desfile con antorchas. ‖ — *En retraite,* jubilado (fonctionnaire), retirado (militaire). ‖ — *Battre en retraite,* batirse en retirada (armée), retirarse (se retirer), retroceder, cejar, echarse atrás (céder). ‖ *Couvrir une retraite,* cubrir la retirada. ‖ *Faire une retraite,* hacer un retiro. ‖ *Mettre à la retraite,* retirar, jubilar. ‖ *Mettre un objet à la retraite,* arrinconar, arrumbar un objeto. ‖ *Prendre sa retraite,* retirarse (militaire), jubilarse (fonctionnaire). ‖ *Sonner la retraite,* tocar retreta (chasse).
retraité, e adj. et s. Retirado, da (commerçant, militaire). ‖ Jubilado, da (fonctionnaire).
retranchement m. Supresión, *f.* ‖ Disminución, *f.* (diminution). ‖ Substracción, *f.* (d'un chiffre). ‖ MIL. Atrincheramiento. ‖ FIG. Baluarte, reducto. ‖ FIG. *Pousser quelqu'un dans ses derniers retranchements,* acorralar a uno.
retrancher v. tr. Suprimir. ‖ (Vx). Cercenar (diminuer). ‖ ● Restar, substraer (soustraire) : *retrancher de* o *sur,* restar *ou* substraer de.
— V. pr. Parapetarse : *se retrancher derrière un mur,* parapetarse tras un muro. ‖ Encerrarse : *se retrancher dans sa chambre,* encerrarse en su habitación. ‖ FIG. Escudarse, ampararse.
— SYN. ● *Soustraire,* sustraer, restar. *Déduire,* deducir. *Défalquer,* descontar, deducir. *Rogner,* cercenar, recortar.
retranscrire* v. tr. Transcribir nuevamente.
retransmetteur m. TECHN. Retransmisor.
retransmettre* v. tr. Retransmitir, radiar (radio), televisar (télévision).
retransmission f. Retransmisión.
retravailler [rətravaje] v. tr. et intr. Trabajar de nuevo, volver a trabajar.
retraverser v. tr. Atravesar de nuevo, volver a atravesar.
retrayant, e [rətrɛjɑ̃, ɑ̃ːt] adj. et s. DR. Retrayente.
rétréci, e adj. Estrechado, da. ‖ Encogido, da ; achicado, da (tissu). ‖ FIG. Limitado, da (idée). ‖ Cerrado, da (esprit). ‖ *Chaussée rétrécie,* estrechamiento de carretera.
rétrécir v. tr. Estrechar : *rétrécir un vêtement,* estrechar un traje. ‖ Encoger : *le lavage rétrécit certains tissus,* el lavado encoge ciertos tejidos.
— V, intr. et pr. Estrecharse : *ici, la route se rétrécit,* aquí la carretera se estrecha. ‖ Encoger (un tissu). ‖ FIG. Limitarse.
rétrécissement m. Estrechamiento (de la route). ‖ Encogimiento (d'un tissu). ‖ MÉD. Estrechamiento, constricción.
rétreindre [retrɛ̃ːdr] v. tr. (P. us.). Labrar a martillo.
retrempe [rətrɑ̃ːp] f. TECHN. Nuevo temple, *m.*
retremper v. tr. Remojar (mouiller de nouveau). ‖ Dar un nuevo temple (donner une nouvelle trempe). ‖ FIG. Fortalecer.
— V. pr. FIG. Fortalecerse, cobrar nuevo vigor. ‖ *Se retremper dans l'atmosphère familiale,* meterse de nuevo en el ambiente familiar.
retresser v. tr. Trenzar de nuevo, volver a trenzar.
rétribuer v. tr. Retribuir.
rétribution f. Retribución.
— SYN. *Rémunération,* remuneración. *Appointements,* sueldo. *Salaire,* salario. *Paye,* paga. *Traitement,* sueldo. *Honoraires,* honorarios. *Émoluments,* émolumentos. *Vacation,* dietas.
rétro m. Retroceso (billard).
rétroactif, ive adj. Retroactivo, va.
rétroaction f. Retroacción.
rétroactivité f. Retroactividad. ‖ *La non-rétroactivité d'une loi,* la irretroactividad de una ley.
rétroagir v. intr. Tener efecto retroactivo.
rétrocéder* v. tr. DR. Hacer la retrocesión de.
rétrocessif, ive adj. DR. Retrocesivo, va.
rétrocession f. DR. Retrocesión.
— OBSERV. L'espagnol *retroceso* a le sens de « recul ».

rétroflexion f. MÉD. Retroversión, retroflexión.
rétrofusée f. Retrocohete, m.
rétrogradation f. Retrogradación. ‖ MIL. Degradación.
rétrograde adj. et s. Retrógrado, da. ‖ *Effet rétrograde*, retroceso (billard).
rétrograder v. tr. MIL. Degradar. — V. intr. Retroceder, retrogradar. ‖ AUTOM. Retroceder.
rétrogression f. Retrogresión, retroceso, m.
rétropropulsion f. Retropropulsión.
rétrospectif, ive adj. et s. f. Retrospectivo, va.
rétrospection f. Retrospección.
retroussage m. IMPR. Impresión (f.) al agua fuerte.
retroussé, e adj. Arremangado, da (manches). ‖ *Nez retroussé*, nariz respingona.
retroussement m. Arremango, remango.
retrousser v. tr. Remangar, arremangar (manches). ‖ Retorcer (moustaches). ‖ Levantar, alzar (soulever). ‖ Recoger (sa jupe). — V. pr. Recogerse.
retroussis [rətrusi] m. Vuelta, f. (d'un chapeau). ‖ Enfaldo (d'un vêtement). ‖ Bocamanga, f. (d'une manche). ‖ Campana, f. (d'une botte).
retrouvailles [rətruvɑ:j] f. pl. FAM. Reencuentro, m. sing., encuentro, m. sing.
retrouver v. tr. ● Encontrar : *j'ai retrouvé ma montre*, he encontrado mi reloj; *retrouver un coupable*, encontrar a un culpable. ‖ Volver a encontrar, recobrar : *retrouver la bonne humeur*, recobrar el buen humor. ‖ Recobrar, recuperar (la santé, la parole). ‖ Volver a encontrar (chemin, direction). ‖ Reunirse : *j'irai vous retrouver*, me reuniré con usted. ‖ Reunirse con, volver a encontrarse con : *il est heureux de retrouver ses parents*, se alegra de reunirse con sus padres. ‖ FIG. Reconocer (reconnaître). ‖ Acordarse de : *j'ai retrouvé son nom*, me acuerdo de su apellido. ‖ — *Je vous retrouverai!*, ¡nos volveremos a encontrar! ‖ *Un de perdu, dix de retrouvés*, cuando una puerta se cierra, ciento se abren. — V. pr. Encontrarse : *se retrouver seul*, encontrarse solo. ‖ Reunirse : *ils se retrouveront à Paris*, se reunirán en París. ‖ Coincidir (se rencontrer par hasard). ‖ Encontrarse a sí mismo. ‖ Volver a encontrar el camino, orientarse. ‖ — FIG. *Ne pas s'y retrouver*, estar perdido. | *S'y retrouver*, no perder dinero.
— SYN. ● *Recouvrer*, recobrar. *Récupérer*, recuperar. *Reprendre*, volver a tomar. *Ressaisir*, reconquistar.
rétroversion f. Retroversión.
rétroviseur m. Retrovisor.
rets [rɛ] m. Red, f. (filet). ‖ FIG. Red, f., trampa, f. (ruse).
reuchlinien, enne adj. Reucliniano, na.
réuni, e adj. Reunido, da.
réunion f. Reunión.
— SYN. *Assemblée*, asamblea. *Congrès*, congreso. *Meeting*, mitin. *Comice*, comicio. *Conciliabule*, conciliábulo. *Consistoire*, consistorio.
réunir v. tr. Reunir : *réunir les troupes*, reunir las tropas. ‖ Convocar : *réunir le Sénat*, convocar el Senado. ‖ Unir (mettre en communication). ‖ Juntar (rapprocher). ‖ Sumar : *trois pays qui réunissent cent millions d'habitants*, tres países que suman cien millones de habitantes. ‖ FIG. Reunir. — V. pr. Reunirse : *les députés vont se réunir*, los diputados van a reunirse. ‖ Congregarse, reunirse (se grouper).
réussi, e adj. Acertado, da; atinado, da (bien trouvé). ‖ Logrado, da; conseguido, da (bien exécuté). ‖ Que ha tenido éxito (qui a eu du succès).
réussir [reysi:r] v. tr. Conseguir, lograr : *réussir un but*, conseguir un gol. ‖ Llevar a bien : *réussir une entreprise*, llevar a bien una empresa. ‖

Sacar : *réussir un problème*, sacar un problema. ‖ Salirle bien a uno : *réussir un tableau*, salirle bien a uno un cuadro. — V. intr. Ser un éxito : *ce film a réussi*, esta película ha sido un éxito. ‖ Tener éxito : *un écrivain qui commence à réussir*, un escritor que empieza a tener éxito. ‖ ● Triunfar : *pour réussir il faut avoir de l'audace*, para triunfar hace falta tener osadía. ‖ Ir bien, sentar bien : *ce médicament lui réussit*, esta medicina le sienta bien. ‖ Salir bien : *tout lui réussit*, todo le sale bien. ‖ Ir bien, marchar : *ses affaires réussissent*, sus negocios van bien. ‖ Salir adelante : *mes enfants ont tous réussi*, todos mis hijos han salido adelante. ‖ Tener resultado satisfactorio : *cette opération chirurgicale a réussi*, esta operación quirúrgica ha tenido resultado satisfactorio. ‖ Darse bien : *la vigne réussit dans cette région*, la vid se da bien en esta región. ‖ Acertar : *réussir un concours radiophonique*, acertar un concurso radiofónico. ‖ Aprobar : *réussir son examen d'entrée*, aprobar el examen de ingreso. ‖ — *Réussir à*, llegar a, conseguir, lograr : *il a réussi à faire ce qu'il voulait*, ha conseguido hacer lo que quería; conseguir : *j'ai réussi à me ruiner*, he conseguido arruinarme. ‖ *Réussir du premier coup*, conseguirlo a la primera. ‖ — *Faire réussir*, sacar adelante, llevar a bien, conseguir ou lograr realizar : *il a fait réussir ce projet*, ha sacado adelante este proyecto.
— SYN. ● *Percer*, hacer carrera. *Parvenir*, hacer fortuna. *Arriver*, triunfar en la vida. *Prospérer*, prosperar. *Fleurir*, florecer.
réussite f. Éxito, m. : *la réussite d'un ouvrage, d'une entreprise*, el éxito de una obra, de una empresa. ‖ Triunfo, m. : *ce garçon est certain de sa réussite*, este chico está seguro de su triunfo. ‖ Acierto, m. : *ce titre est une réussite*, este título es un acierto. ‖ Logro, m., consecución : *c'est une des réussites du régime*, es uno de los logros del régimen. ‖ Solitario, m. (jeu de cartes).
revaccination [rəvaksinasjɔ̃] f. Revacunación, revacuna.
revacciner [-ne] v. tr. Revacunar.
revalidation f. DR. Reválida, revalidación.
— OBSERV. *Reválida* a surtout en espagnol le sens d' « examen final ».
revalider v. tr. Revalidar.
revaloir* v. tr. Pagar (payer en mal) : *je lui revaudrai cela*, ya me lo pagará. ‖ Devolver (rendre l'équivalent en bien).
revalorisation f. Revalorización.
revaloriser v. tr. Revalorar, revalorizar.
revanchard, e [rəvɑ̃ʃa:r, ard] adj. et s. Revanchista.
revanche f. Desquite, m., revancha (gallicisme très employé). ‖ — *À charge de revanche*, en desquite, como revancha. ‖ *En revanche*, en cambio, en compensación. ‖ *Prendre sa revanche*, desquitarse, tomar la revancha.
revancher (se) (Vx.) v. pr. Desquitarse.
rêvasser v. intr. Soñar despierto.
rêvasserie f. Ensueño, m. ‖ FIG. Desvarío, m., quimera, divagación.
rêvasseur, euse adj. Soñador, ra.
rêve m. ● Sueño : *passer comme un rêve*, pasar como un sueño. ‖ Ensueño : *un pays de rêve*, país de ensueño. ‖ — *Le rêve de sa vie*, su sueño dorado. ‖ *Il a fait un beau rêve*, ha sido como un sueño.
— SYN. ● *Songe*, sueño. *Cauchemar*, pesadilla. *Rêverie*, ensueño. *Rêvasserie*, divagación, desvarío.
revêche adj. Arisco, ca; áspero, ra. ‖ FIG. Áspero, ra; brusco, ca.
rêve-creux m. (Vx.) Soñador.
réveil m. Despertar : *le réveil du printemps*, el despertar de la primavera. ‖ Despertador (pen-

dule). ‖ Mil. Diana, *f.* : *sonner le réveil,* tocar diana.

réveille-matin [revɛjmatɛ̃] m. inv. ou **réveil** [revɛ:j] m. Despertador (pendule).

réveiller [-je] v. tr. Despertar.
— V. pr. Despertarse : *se réveiller en sursaut,* despertarse sobresaltado. ‖ Espabilarse, despabilarse (se réveiller complètement).

réveillon [-jɔ̃] m. Cena (*f.*) de medianoche [en Nochebuena o en Nochevieja], « réveillon » (gallicisme).

réveillonner [-jɔne] v. intr. Cenar [a medianoche] en Nochebuena o en Nochevieja.

révélateur, trice adj. Revelador, ra.
— M. Phot. Revelador.

révélation f. Revelación.

révéler* v. tr. Revelar.
— V. pr. Revelarse. ‖ Demostrarse, aparecer.

revenant, e adj. (Vx). Ameno, na ; placentero, ra (qui plaît).
— M. Aparecido, espectro (spectre). ‖ Fig. Resucitado (personne que l'on ne voyait depuis longtemps).

revenant-bon m. (Vx). Provecho, ganancia, *f.,* alcance.

revendeur, euse adj. et s. Revendedor, ra.

revendicateur, trice adj. Reivindicador, ra.

revendicatif, ive adj. Reivindicativo, va.

revendication f. Reivindicación : *revendications sociales,* reivindicaciones sociales.

revendiquer v. tr. Reivindicar, reclamar (réclamer). ‖ Asumir : *revendiquer la responsabilité d'un acte,* asumir la responsabilidad de una acción.

revendre v. tr. Revender. ‖ — *Avoir de l'esprit à revendre,* tener toda la gracia, sobrarle a uno la gracia. ‖ *En avoir à revendre,* tener de sobra [de una cosa].

revenez-y [rəvnezi] m. inv. Fam. Recuerdo de lo pasado. ‖ Gustillo (recuerdo de una cosa gustosa). ‖ Fig. Vuelta, *f.,* repetición, *f.*

revenir* [rəvni:r] v. intr. Volver, regresar : *revenir à la maison,* volver a casa. ‖ Volver : *revenons à notre sujet,* volvamos a nuestro tema. ‖ Recobrar (santé, etc.). ‖ Volver (reparaître) : *le temps passé ne revient pas,* el tiempo pasado no vuelve. ‖ Volver : *produit qui fait revenir les cheveux à leur couleur naturelle,* producto que vuelve el pelo a su color natural. ‖ Volver a hacer *ou* a emplear : *revenir aux mêmes procédés,* volver a emplear los mismos procedimientos. ‖ Salir, resultar : *cela me revient cher, à vingt francs,* eso me sale caro, a veinte francos. ‖ Sonar (se souvenir) : *son nom me revient,* su nombre me suena. ‖ Acordarse de : *mes jeunes années me reviennent,* me acuerdo de mis años mozos. ‖ Repetir : *le goût de la sardine me revient,* la sardina me repite. ‖ Gustar, hacer gracia, caer simpático (plaire) : *cet homme ne me revient pas,* este hombre no me cae simpático. ‖ Retractarse. ‖ Corresponder, tocar, pertenecer : *cela vous revient,* eso le corresponde. ‖ Repetirse, volver a plantearse : *cette question revient toujours,* esta cuestión se repite siempre. ‖ Repetirse : *fête qui revient toujours à la même date,* fiesta que se repite siempre en la misma fecha. ‖ Volverse como era : *ce tissu est bien revenu au lavage,* este tejido se ha vuelto como era después de haberlo lavado. ‖ Llegar a los oídos de (venir aux oreilles). ‖ Fam. Dar el primer paso para una reconciliación. ‖ Aparecerse : *les fantômes reviennent la nuit au château,* los fantasmas se aparecen en el castillo por la noche.
— *Revenir à,* venir a ser : *cela revient au même,* viene a ser lo mismo. ‖ *Revenir à dire,* querer decir. ‖ *Revenir à la charge,* volver al ataque *ou*

a la carga. ‖ *Revenir à quelqu'un,* reconciliarse con (se réconcilier), resultarle simpático a uno. ‖ *Revenir à soi,* volver en sí, recobrar el sentido. ‖ *Revenir au bercail,* volver al redil, volver a la querencia. ‖ *Revenir au même,* venir a ser lo mismo. ‖ *Revenir bredouille,* volver con las manos vacías. ‖ *Revenir de,* reponerse (maladie), estar de vuelta de : *il est revenu de tout,* está de vuelta de todo ; cambiar : *revenir d'une opinion,* cambiar de opinión ; hartarse, cansarse : *c'est une mode dont on est revenu,* es una moda de la cual nos hemos cansado. ‖ *Revenir de loin,* haberse librado de una buena. ‖ *Revenir de Pontoise,* caerse de un nido. ‖ *Revenir de ses fautes,* enmendarse. ‖ *Revenir d'une erreur,* caer en la cuenta de una equivocación, salir de un error. ‖ *Revenir en arrière,* volverse para atrás. ‖ *Revenir sur,* volver a hablar de. ‖ *Revenir sur le compte de quelqu'un,* cambiar de opinión respecto a alguien. ‖ *Revenir sur le tapis,* volver a ponerse sobre el tapete, plantearse de nuevo (question). ‖ *Revenir sur sa parole,* retirar la palabra. ‖ *Revenir sur ses pas,* desandar lo andado, volverse atrás. ‖ *Revenir sur une question,* echarse atrás. ‖ *Revenons à nos moutons,* volvamos a nuestro tema *ou* al grano *ou* a lo mismo *ou* al asunto. ‖ — *À chacun ce qui lui revient,* a cada cual lo suyo. ‖ *Cela revient à dire,* lo que quiere decir. ‖ *En revenir,* librarse, escaparse (danger, maladie). ‖ *En revenir à,* volver a : *pour en revenir à nos problèmes,* para volver a nuestros problemas. ‖ *Faire revenir,* pasar por el fuego, rehogar (viande). ‖ *Il n'y a pas à y revenir,* no hay que hablar más del asunto, no hay que darle más vueltas. ‖ *Inutile de revenir là-dessus,* no vale la pena insistir. ‖ *Je n'en reviens pas!,* ¡aún no me lo creo !, ¡no doy crédito a mis ojos !, ¡me he quedado viendo visiones !, ¡no salgo de mi asombro! ‖ Fam. *S'en revenir,* volver, regresar. ‖ *Y revenir,* volver a lo de siempre.

revente f. Reventa.

revenu m. Renta, *f.* : *revenu brut,* renta bruta. ‖ Provecho (profit). ‖ Ingreso, ganancias, *f. pl.* : *revenus accessoires, secondaires,* ingresos adicionales, accesorios. ‖ — *Revenu imposable,* líquido imponible. ‖ *Revenu national brut,* producto nacional bruto. ‖ *Revenu net, ingreso, renta.* ‖ *Revenu par habitant,* renta per cápita. ‖ — *Impôt sur le revenu,* impuesto de utilidades *ou* impuesto sobre la renta.

revenu, e adj. Decepcionado, da ; desengañado, da ; desilusionado, da ; de vuelta.

revenue [rəvny] f. Bot. Reveno, *m.*

rêver v. tr. Soñar con : *rêver la gloire,* soñar con la gloria.
— V. tr. et intr. Soñar : *rêver de quelqu'un,* soñar con alguien ; *rêver de richesses,* soñar con riquezas. ‖ Pensar : *il y a un an qu'il rêve à ce projet,* hace un año que piensa en este proyecto. ‖ Imaginarse : *je n'ai jamais dit cela, vous l'avez rêvé,* no dije nunca esto, usted se lo ha imaginado. ‖ — *Rêver de,* soñar con. ‖ *Rêver tout éveillé,* soñar despierto. ‖ — *Ne rêver que plaies et bosses,* soñar siempre con peleas. ‖ Fam. *Tu rêves!,* ¡qué te crees !, ¡ni pensarlo !

réverbérant, e adj. Reverberante.

réverbération f. Reverberación.

réverbère m. Reverbero : *four à réverbère,* horno de reverbero. ‖ Farol, reverbero (pour l'éclairage public). ‖ *Allumeur de réverbères,* farolero.

réverbérer* v. tr. Reverberar.
— V. pr. Reverberar, reflejarse.

reverdir v. intr. Reverdecer. ‖ Fig. Reverdecer, remozarse.
— V. tr. Volver verde. ‖ Volver a pintar de verde.

reverdissant, e adj. Reverdeciente. ‖ Fig. Remozado, da.

reverdissement m. Reverdecimiento. ‖ FIG. Remozamiento.
révéremment [reveramɑ̃] adv. (Vx). Reverentemente.
révérence f. Reverencia. ‖ — (Vx) *Révérence parler* o *sauf révérence*, con perdón, con perdón sea dicho. ‖ *Tirer sa révérence*, saludar (saluer), irse (s'en aller), decir que ni hablar (refuser).
révérenciel, elle adj. Reverencial.
révérencieux, euse adj. Reverente.
révérend, e [reverɑ̃, ɑ̃:d] adj. et s. Reverendo, da.
révérendissime adj. Reverendísimo, ma.
révérer* v. tr. Reverenciar (honorer).
rêverie [rɛvri] f. Ensueño, m. ‖ Ensueño, m., ilusión. ‖ — *Être perdu dans ses rêveries*, estar en las nubes. ‖ *Les rêveries du promeneur solitaire*, reflexiones de un paseante solitario.
revérifier v. tr. Comprobar de nuevo.
revernir v. tr. Barnizar de nuevo.
revers [rəvɛ:r] m. Revés (envers). ‖ Vuelta, f. (de vêtement). ‖ Reverso (d'une médaille). ‖ Solapa, f. (de col). ‖ Revés, desgracia, f. (malheur). ‖ Dorso (main). ‖ Cruz, f. (monnaie). ‖ Revés (tennis). ‖ Campana, f. (botte). ‖ — FIG. *Revers de fortune*, reveses de fortuna. | *Revers de la médaille*, la otra cara, el lado malo [de un asunto]. ‖ *Revers de main*, revés, manotazo. ‖ — *À revers*, de revés : *prendre à revers*, tomar de revés. ‖ *De revers*, de costado, de flanco.
reversal, e adj. De garantía.
reversement m. Transferencia, f. (fonds).
reverser v. tr. Echar de nuevo. ‖ Volver a verter : *reverser de l'eau sur le sol*, volver a verter agua por el suelo. ‖ DR. Imputar.
reversi ou **reversis** [rəvɛrsi] m. Revesino (jeu de cartes).
réversibilité f. Reversibilidad.
réversible adj. Reversible. ‖ De dos caras (tissu).
réversif, ive adj. Reversivo, va.
réversion f. Reversión.
reversoir m. Presa, f. (barrage).
revêtement m. Revestimiento (du sol, du mur). | Cubierta, f. (câble).
revêtir* v. tr. Revestir.   Ponerse, vestirse (un vêtement). | Cubrir (envelopper). ‖ Asumir.
rêveur, euse adj. et s. Soñador, ra. ‖ *Ça me laisse rêveur*, eso me deja pensativo, eso me da que pensar.
— SYN. *Pensif*, pensativo. *Penseur*, pensador. *Méditatif*, meditabundo, meditativo.
revient [rəvjɛ̃] m. Coste. ‖ *Prix de revient*, precio de coste, precio de fábrica.
revigorer v. tr. Vigorizar, vigorar.
revirade f. MAR. Revirada.
revirement m. Mudanza, f. (changement). ‖ FIG. Cambio brusco, viraje. ‖ MAR. Virada, f.
réviser ou **reviser** v. tr. Revisar (examiner à nouveau). ‖ Repasar (leçon).
réviseur ou **reviseur** m. Revisor.
révision ou **revision** f. Revisión, ‖ Repaso, m. (leçon). ‖ *Conseil de révision*, junta de clasificación (conscrits).
révisionnisme m. Revisionismo.
révisionniste adj. et s. m. Revisionista.
revisiter v. tr. Visitar de nuevo.
revitaliser v. tr. Revitalizar.
revivification f. Revivificación.
revivifier* v. tr. Revivificar.
reviviscence f. Reviviscencia.
reviviscent, e adj. Reviviscente.
revivre* v. intr. Revivir. ‖ — *Faire revivre*, resucitar. ‖ *Faire revivre un mort*, resucitar a un muerto : *ce vin est capable de faire revivre un mort*, este vino es capaz de resucitar a un muerto.
révocabilité f. Revocabilidad.
révocable adj. Revocable.

révocatif, ive adj. Revocativo, va.
révocation f. Revocación. ‖ MIL. Expulsión.
révocatoire adj. Revocatorio, ria.
revoici adv. FAM. Aquí otra vez. ‖ *Nous revoici*, henos aquí de nuevo, aquí nos tiene otra vez.
revoilà adv. FAM. Ahí de nuevo. ‖ *Les revoilà*, helos ahí de nuevo, aquí les tiene otra vez.
revoir* v. tr. Ver de nuevo. ‖ ● Reexaminar, revisar (reviser). ‖ Repasar (leçon). ‖ Representarse (imaginer).
— V. pr. Volverse a ver, verse otra vez. ‖ Verse, imaginarse : *je me revois à Paris en 1942*, me veo en París en 1942.
— M. Adiós, despedida, f. ‖ *Au revoir*, hasta la vista, adiós (moins précis que le français *adieu*), hasta luego (à tout à l'heure).
— SYN. ● *Retoucher*, retocar. *Remanier*, modificar. *Corriger*, corregir. *Reviser*, revisar. *Rectifier*, rectificar. *Reconsidérer*, reconsiderar.
revoler v. tr. Revolar, volver a volar. ‖ Robar de nuevo (dérober de nouveau).
révolin m. MAR. Remolino.
révoltant, e adj. Escandaloso, sa ; indignante.
révolte f. Rebelión, revuelta.
révolté, e adj. et s. Rebelde, sublevado, da ; revoltoso, sa. ‖ Indignado, da.
révolter v. tr. (Vx). Rebelar, sublevar. ‖ FIG. Escandalizar, indignar. | Chocar.
— V. pr. Rebelarse, sublevarse. ‖ FIG. Sublevarse.
révolu, e adj. Cumplido, da : *vingt ans révolus*, veinte años cumplidos. ‖ Pasado, da ; caduco, ca ; anticuado, da (périmé).
révoluté, e adj. BOT. Enrollado, da.
révolutif, ive adj. Revolvedor, ra.
révolution f. Revolución.
— SYN. *Rébellion*, rebelión. *Insurrection*, insurrección. *Soulèvement*, sublevación.
révolutionnaire adj. et s. Revolucionario, ria.
révolutionner v. tr. Revolucionar. ‖ FIG. Alborotar (mettre en effervescence). | Agitar.
revolver [revɔlvɛ:r] m. Revólver (arme).
revomir v. tr. Vomitar de nuevo.
révoquer v. tr. Revocar (annuler). ‖ Despedir (congédier un employé, etc.), revocar (un fonctionnaire). ‖ *Révoquer en doute*, poner en duda.
— OBSERV. En espagnol *revocar* a aussi le sens de « blanchir à la chaux ».
revouloir v. tr. Querer de nuevo.
revu, e adj. Revisado, da. ‖ Vuelto a ver. ‖ *Revu et corrigé*, corregido y aumentado.
revue [rəvy] f. Revista. ‖ — *Revue de presse*, revista de prensa. ‖ — POP. *Être de la revue*, quedarse con dos palmos de narices. ‖ *Passer en revue*, pasar revista a (troupes), analizar, pasar revista, examinar, estudiar (des problèmes).
revuiste m. THÉÂTR. Autor de revistas.
révulsé, e adj. Descompuesto, ta ; trastornado, da (le visage). ‖ En blanco (les yeux).
révulser (se) v. pr. Descomponerse.
révulsif, ive adj. et s. m. MÉD. Revulsivo, va.
révulsion f. MÉD. Revulsión.
rez [re] prép. (P. us.). A raíz de, al nivel de.
rez-de-chaussée [redʃose] m. inv. Bajo, planta (f.) baja, piso bajo.
rhabillage [rabija:ʒ] ou **rhabillement** [-jmɑ̃] m. Compostura, f. (d'une montre).
rhabiller [-je] v. tr. Vestir de nuevo. ‖ Componer (raccommoder), reparar, ajustar. ‖ FIG. Renovar, remozar (des idées).
— V. pr. Vestirse de nuevo, vestirse otra vez.
rhabilleur, euse [-jœ:r, jø:z] m. et f. Reparador, ra ; ajustador, ra.
Rhadamante n. pr. m. MYTH. Radamanto.
rhamnacées f. pl. BOT. Ramnáceas.
rhamnus [ramnys] m. BOT. Ramno, cambrón.
rhapsode m. Rapsoda
rhapsodie f. Rapsodia

rhapsodiste m. Compositor de rapsodias.
Rhéa n. pr. f. MYTH. Rea.
rhénan, e adj. et s. Renano, na.
Rhénanie n. pr. f. GÉOGR. Renania.
rhénium [renjɔm] m. Renio (métal).
rhéomètre m. Reómetro.
rhéophore m. Reóforo.
rhéostat [reɔsta] m. PHYS. Reóstato, reostato.
rhéostatique adj. PHYS. Reostático, ca.
rhéotome m. PHYS. Reótomo.
rhésus [rezys] m. Macaco. ‖ *Facteur Rhésus* (Rh), factor Rhesus.
rhéteur m. Retórico.
Rhétie [reti] n. pr. f. Recia, Retia.
rhétien, enne [retjɛ̃, -jɛn] adj. et s. Recio, cia.
rhétique ou **rétique** adj. et s. m. Rético, ca.
rhétoricien, enne adj. et s. Retórico, ca.
rhétorique f. Retórica. ‖ (Vx). Última clase del bachillerato francés (jusqu'à 1885).
rhéto-roman, e ou **réto-roman, e** adj. et s. m. Retorromano, na.
Rhin n. pr. m. GÉOGR. Rin.
rhinalgie f. MÉD. Rinalgia.
rhinanthe m. BOT. Rinanto.
rhingrave m. HIST. Ringrave.
rhingraviat [rɛ̃gravja] m. HIST. Ringraviato.
rhinite f. MÉD. Rinitis.
rhinocéros m. Rinoceronte.
rhino-laryngite f. MÉD. Rinolaringitis.
rhinologie f. MÉD. Rinología.
rhino-pharyngite f. MÉD. Rinofaringitis.
rhino-pharynx [rinofarɛ̃ks] m. Rinofaringe, f.
rhinoplastie f. MÉD. Rinoplastia.
rhinoscopie f. MÉD. Rinoscopia.
rhizocarpacées f. pl. BOT. Rizocarpáceas.
rhizome m. BOT. Rizoma.
rhizophage adj. Rizófago, ga.
rhizophore m. BOT. Rizófora, f., mangle.
rhizopodes m. pl. Rizópodos (protozoaires).
rhodamine f. CHIM. Rodamina.
rhodanien, enne adj. Rodaniano, na; del Ródano.
Rhodes [rɔd] n. pr. GÉOGR. Rodas.
Rhodésie n. pr. f. GÉOGR. Rodesia, Rhodesia.
rhodique adj. CHIM. Ródico, ca.
rhodium [rɔdjɔm] m. CHIM. Rodio.
rhododendron [rɔdɔdɛ̃drɔ̃] m. BOT. Rododendro.
rhodophycées f. pl. Rodofíceas, algas rojas.
rhombe m. (Vx). Rombo (losange).
rhombique adj. Rómbico, ca.
rhomboèdre m. Romboedro.
rhomboédrique adj. Romboédrico, ca.
rhomboïdal, e adj. Romboidal.
rhomboïde adj. Romboideo, a. ‖ — M. Romboide.
Rhône n. pr. m. GÉOGR. Ródano.
rhotacisme m. Rotacismo (phonétique).
rhubarbe f. BOT. Ruibarbo, m.
rhum [rɔm] m. Ron.
rhumatisant, e adj. et s. Reumático, ca : *vieillard rhumatisant,* anciano reumático.
rhumatismal, e adj. Reumático, ca : *douleur rhumatismale,* dolor reumático.
rhumatisme m. Reumatismo, reúma, reuma.
rhumb [rɔ̃:b] m. MAR. Rumbo.
rhume m. Resfriado, constipado, catarro. ‖ — *Rhume de cerveau,* catarro nasal, coriza. ‖ *Rhume de poitrine,* catarro. ‖ *Rhume des foins,* rinitis alérgica, polinosis.
— OBSERV. L'espagnol *constipado* n'a rien à voir avec le français *constipé,* qui correspond en espagnol à *estreñido.*
rhumerie [rɔmri] f. Destilería de ron.
rhus [rys] m. BOT. Zumaque.
rhynchite [rɛ̃kit] m. ZOOL. Gorgojo (charançon).
rhytidome m. BOT. Ritidoma.
rhyton m. Ritón (vase ancien).
ria f. Ría.

riant, e [rijɑ̃, ɑ̃:t] adj. Risueño, ña; riente.
ribambelle f. Sarta, retahíla : *une ribambelle d'enfants,* una retahíla de niños.
ribaud, e [ribo, o:d] adj. et s. (Vx). Ribaldo, da.
ribaudequin m. Ribadoquín.
riblette f. Filete a la parrilla.
riblon m. Chatarra, f.
ribord [ribɔ:r] m. MAR. Tablón de forro.
ribote f. FAM. Jarana, francachela. ‖ *Être en ribote,* estar de juerga.
riboter v. intr. POP. Andar de jarana ou de juerga.
ribouis [ribɥi] m. POP. Zapato viejo.
ribouldingue f. POP. Juerga, jarana : *faire la ribouldingue,* irse ou estar de juerga.
ribouler v. intr. POP. *Ribouler des yeux,* volver los ojos a todos lados.
ricanement m. Risa (f.) burlona ou socarrona.
ricaner v. intr. Reir burlonamente, reir sarcásticamente.
ricanerie f. Risa burlona ou socarrona.
ricaneur, euse adj. et s. Burlón, ona; socarrón, ona.
ric-à-rac ou **ric-rac** loc. adv. Con exactitud, a toca teja : *payer ric-rac,* pagar con exactitud.
Richard [riʃa:r] n. pr. m. Ricardo.
richard, e m. et f. Ricacho, cha; ricachón, ona.
riche adj. et s. ● Rico, ca. ‖ — Adj. FAM. Estupendo, da; magnífico, ca : *une riche idée,* una idea estupenda. ‖ — RELIG. *La parabole du mauvais riche,* la parábola del rico avariento. ‖ *Nouveau riche,* nuevo rico. ‖ — *Cela fait riche,* eso viste bien. ‖ FAM. *C'est une riche nature,* es una persona excelente. ‖ *Être riche de,* poseer. ‖ *Être riche de possibilités,* ofrecer muchas posibilidades.
— SYN. ● *Aisé,* acomodado. *Cossu,* acaudalado. *Fortuné,* afortunado. *Richissime,* riquísimo. *Nabab,* nabab. *Parvenu,* advenedizo. *Capitaliste,* capitalista. *Ploutocrate,* plutócrata. *Pop. Richard, rupin,* ricachón.
richesse f. Riqueza.
— SYN. *Aisance, aise,* desahogo, buena posición, acomodo. *Fortune,* fortuna. *Opulence,* opulencia. *Prospérité,* prosperidad. *Abondance,* abundancia.
richissime adj. Riquísimo, ma.
ricin m. BOT. Ricino. ‖ *Huile de ricin,* aceite de ricino.
riciné, e adj. Ricinado, da.
ricocher v. intr. Rebotar.
ricochet m. Rebote. ‖ — Pl. Cabrillas, f., pijotas, f. (jeu). ‖ FIG. *Par ricochet,* por carambola, de rebote.
rictus [riktys] m. Rictus, risilla, f. : *rictus sardonique,* risa sardónica.
ridage m. MAR. Acolladura, f.
ride f. Arruga : *des rides sillonnaient son front,* tenía la frente surcada de arrugas. ‖ Onda, pliegue, m. (pli).
ridé, e adj. Arrugado, da : *front ridé,* frente arrugada.
rideau m. Cortina, f. (de porte), visillo (de fenêtre) : *tirer le rideau,* correr la cortina. ‖ Cortina, f. (de fumée, etc.). ‖ Pantalla, f. (de cheminée). ‖ THÉÂTR. Telón : *lever le rideau,* levantar el telón; *le baisser du rideau,* la caída del telón. ‖ — *Double rideau,* cortina. ‖ *Lever de rideau,* piececilla que empieza un espectáculo, combate, partido telonero (boxe, foot-ball). ‖ *Rideau de fer,* telón metálico (au théâtre), telón de acero (frontière fermée). ‖ *Rideau de scène,* telón de boca. ‖ *Rideau métallique,* cierre metálico (de magasin). ‖ *Tirer le rideau sur,* correr un velo sobre.
ridée f. Red para cazar alondras.
ridelle f. Adral, m. (de voiture).
ridement m. Arrugamiento.

rider v. tr. Arrugar. ‖ Fig. Rizar (les flots). ‖ Mar. Acollar.

ridicule adj. ● Ridículo, la : *tourner en ridicule*, poner en ridículo, ridiculizar.
— M. Ridiculez, *f.*, lo ridículo. ‖ — *Braver le ridicule*, importarle a uno poco quedar en ridículo. ‖ *Couvrir de ridicule*, ridiculizar. ‖ *Se rendre ridicule*, hacer el ridículo.
— Syn. ● *Risible*, risible. *Grotesque*, grotesco. *Burlesque*, burlesco.

ridiculiser v. tr. Ridiculizar.

ridoir m. Mar. Acollador.

rien [rjɛ̃] pron. indéf. Nada : *ne rien faire*, no hacer nada ; *qu'avez-vous répondu? — Rien*, ¿qué respondió usted? — Nada. ‖ Algo : *est-il rien de plus beau?*, ¿hay algo más bonito? ‖ — *Rien de*, nada : *il n'a rien fait de nouveau*, no ha hecho nada nuevo ; nada de : *ce roman n'a rien d'extraordinaire*, esta novela no tiene nada de extraordinario. ‖ *Rien de rien, rien du tout*, nada de nada. ‖ *Rien moins que*, nada menos que. ‖ *Rien que cela*, nada más que eso. ‖ *Rien qu'un moment*, sólo un momento. ‖ — *De rien*, de nada, no hay de qué (réponse à merci). ‖ *Pour rien*, por nada : *je ne le ferais pour rien au monde*, no lo haría por nada en el mundo ; en balde : *faire un effort pour rien*, hacer un esfuerzo en balde. ‖ *Un bon à rien*, un inútil. ‖ — *Ça ne fait rien*, no importa. ‖ *Cela ne me dit rien*, no me dice nada, no me apetece (ne pas en avoir envie), no me suena (ne pas connaître). ‖ *Ce n'est pas rien*, no es moco de pavo. ‖ *Comme si de rien n'était*, como si nada, como si tal cosa. ‖ *Compter pour rien*, no hacer caso de. ‖ *Il n'en est rien*, no hay nada de eso. ‖ *Je n'y suis pour rien*, no tengo nada que ver con eso. ‖ *Ne servir à rien*, no servir para nada. ‖ *N'être rien*, no ser nadie, ser un Don Nadie. ‖ *N'être rien à quelqu'un*, no tocarle nada a uno (parenté). ‖ *Qui ne risque rien n'a rien*, el que no se aventura no pasa el mar. ‖ *Rien à faire*, ni pensarlo. ‖ *Rien que d'y penser, d'y songer*, sólo con pensarlo. ‖ *Sans avoir l'air de rien*, como quien no quiere la cosa.
— Observ. Le pronom espagnol *nada* peut être placé avant ou après le verbe. S'il est placé avant, il exclut toute autre négation (*il ne fait rien*, nada hace) ; s'il est placé après, la négation est nécessaire (*il ne dit rien*, no dice nada).
— M. ● Pequeñez, *f.*, nadería, *f.* : *un rien lui fait peur*, una pequeñez le asusta. ‖ Cero : *quarante à rien*, cuarenta a cero (tennis). ‖ — Pl. Bagatelas, *f.*, naderías, *f.*, cosas (*f.*) sin importancia : *s'amuser à des riens*, entretenerse con cosas sin importancia. ‖ — *En moins de rien, en un rien de temps*, en un santiamén, en menos que canta un gallo. ‖ *Un rien-du-tout*, un Don Nadie. ‖ *Un tout petit rien*, una nimiedad, una nadería.
— Adv. Pop. Tampoco (ironique) : *il fait rien froid ce matin!*, ¡tampoco hace frío esta mañana !
— Syn. ● *Babiole*, friolera, fruslería. *Bagatelle, foutaise, vétille*, bagatela, fruslería. *Minutie*, nimiedad, minucia. *Misère*, miseria. *Niaiserie*, bobería. *Broutille*, nadería, pamplina. *Fifrelin*, pito.

rieur, euse [rijœ:r, jø:z] adj. et s. Reidor, ra ; el que ríe.

rifain, e adj. et s. Rifeño, ña, del Rif.

riflard m. Garlopín (de menuisier). ‖ Pop. Gran paraguas. ‖ Techn. Lima (*f.*) gruesa.

rifle m. Rifle : *rifle à six coups*, rifle de seis tiros.

rifler v. tr. (P. us.) Arañar (égratigner). ‖ Techn. Limar con una escofina.

rifloir m. Lima (*f.*) curva *ou* encorvada (lime).

rigide adj. Rígido, da. ‖ Fig. Rígido, da.

rigidifier v. tr. Volver *ou* hacer rígido, da.

rigidité f. Rigidez.

rigodon m. Rigodón (danse).

rigolade f. Pop. Risa, broma, guasa, chirigota :
prendre quelque chose à la rigolade, tomar algo en broma, a guasa *ou* a chirigota ; *aimer la rigolade*, ser amigo de bromas *ou* estar siempre de guasa. ‖ Fam. Tontería, cosa muy fácil.

rigolage m. Agric. Riego.

rigolard, e adj. et s. m. Pop. Guasón, ona ; chusco, ca ; bromista (drôle).

rigole f. ● Reguero, *m.*, reguera. ‖ Acequia, reguera (pour l'arrosage). ‖ Zanja (tranchée). ‖ Arroyuelo, *m.* (ruisseau). ‖ *Rigole de décharge*, canal de desagüe, desaguadero.
— Syn. ● *Caniveau*, arroyo, cuneta [de la calle]. *Ruisseau*, arroyo. *Fossé*, zanja, cuneta [carretera]. *Cassis*, badén.

rigoler v. intr. Pop. Reírse. | Pasarlo en grande, divertirse mucho. | Hablar en broma, bromear guasearse. ‖ Pop. *Histoire de rigoler*, en plan de broma.
— V. tr. Agric. Abrir regueros en.

rigolo, ote adj. et s. Pop. Gracioso, sa ; chusco, ca. ‖ — M. Pop. Revólver. ‖ — Pop. *Ce n'est pas rigolo*, no tiene ni pizca de gracia. | *Je ne trouve pas ça rigolo*, no le veo la gracia.

rigoleur, euse adj. Pop. Bromista, cachondo, da.

rigorisme m. Rigorismo.

rigoriste adj. et s. Rigorista.

rigoureux, euse adj. Riguroso, sa. ‖ ● Crudo, da ; riguroso, sa (temps).
— Syn. ● *Inclément*, inclemente. *Âpre*, áspero.

rigueur f. Rigor, *m.* ‖ Crudeza, rigor, *m.* (du temps). ‖ — *À la rigueur*, si acaso, como máximo (tout au plus), más o menos (plus ou moins), si no hay más remedio, si es necesario (si c'est indispensable). ‖ *De rigueur*, de rigor. ‖ *Tenir rigueur*, guardar rencor, no perdonar.

rillettes [rijɛt] f. pl. Chicharrones (*m.*) finos.

rillons [rijɔ̃] m. pl. Chicharrones.

rimailler [rimɑje] v. intr. Hacer versos malos.

rimaillerie [-jri] f. Fam. Versos (*m. pl.*) malos.

rimailleur [-jœ:r] m. Fam. Poetastro, coplero, rimador (mauvais poète).

rimaye [rimɛ] f. Rimaya (d'un glacier).

rime f. Rima. ‖ — *Sans rime ni raison*, sin ton ni son. ‖ *N'avoir ni rime ni raison*, no tener pies ni cabeza.

rimer v. intr. Rimar. ‖ — Fig. *À quoi cela rime-t-il?*, ¿y eso a qué viene ? | *Cela ne rime à rien*, eso no viene a cuento. | *N'entendre ni rime ni raison*, no atender a razones.
— V. tr. Versificar.

rimeur m. Fam. Poetastro.

rimmel m. Rimel, cosmético para las pestañas.

rinçage [rɛ̃sa:ʒ] m. Aclarado (du linge). ‖ Enjuague.

rinceau m. Follaje (ornement).

rince-bouche m. inv. Enjuagadientes, enjuague.

rince-bouteilles [rɛ̃sbutɛ:j] m. inv. Escobilla (*f.*) para lavar las botellas.

rince-doigts [-dwa] m. inv. Enjuague, lavafrutas.

rincée f. Pop. Paliza (volée).

rincer* v. tr. Enjuagar. ‖ Aclarar (les cheveux, le linge). ‖ Fam. Calar (mouiller) : *je me suis fait rincer*, me he calado. ‖ Pop. Dar un rapapolvo.
— V. pr. Fam. *Se rincer la dalle*, echarse un trago, mojar la canal maestra. | *Se rincer l'œil*, regodearse (spectacle licencieux).

rincette f. Fam. Trago (*m.*) de aguardiente [que se echa en la taza después de bebido el café].

rinceur, euse m. et f. Enjuagador, ra (personne). ‖ — F. Lavadora (de bouteilles).

rinçoir m. Barreño para enjuagar, fregadero.

rinçure f. Enjuagadura, agua de aclarado.

ring [riŋ] m. Ring, cuadrilátero (boxe).

ringard [rɛ̃ga:r] m. Hurgón, atizador.

ringardage [-da:ʒ] m. Atizamiento (d'un foyer).

riole ou riolle f. (Vx.) Fam. Juerga, jarana.

ripage ou **ripement** m. Raído (grattage). ‖ Mar. Corrimiento [carga]. ‖ Desplazamiento lateral, deslizamiento : *poussoir de ripage,* empujador de deslizamiento.

ripaille f. Fam. Francachela, comilona : *faire ripaille,* estar de francachela.

ripailler [ripαje] v. intr. Fam. Estar de francachela, de comilona.

ripailleur, euse [-jœ:r, jø:3] m. et f. Amigo, amiga de francachelas *ou* de comilonas.

ripaton m. Pop. Zapato (chaussure). | Pinrel, pie (pied). ‖ *Jouer des ripatons,* poner pies en polvorosa.

ripe f. Raedera.

riper v. tr. Raer, raspar (gratter). ‖ Desplazar (une voie ferrée). ‖ Mar. Lascar (la chaîne de l'ancre). — V. intr. Patinar (déraper). ‖ Fig. et pop. Pirárselas.

Ripolin m. Ripolín (peinture émail).

riposte f. Réplica. ‖ Respuesta (escrime, lutte).

riposter v. intr. Replicar. ‖ Parar atacando (escrime).

ripuaire adj. et s. Ripuario, ria.

Riquet [rikɛ] n. pr. m. Riquete. ‖ *Riquet à la Houppe,* Riquete el del Copete.

riquiqui adj. et s. Fam. Chiquitín, ina. — M. Pop. Aguardiente.

rire m. Risa, *f.* ‖ — *Fou rire,* risa nerviosa *ou* loca, ataque de risa. ‖ *Rire forcé,* risa de conejo. — Syn. *Sourire,* sonrisa. *Risée,* burla. *Rictus,* rictus. *Risette,* risita.

rire* v. intr. Reír, reírse : *il n'y a pas de quoi rire,* no hay de qué reírse. ‖ — *Rire à la barbe* o *au nez de quelqu'un,* reírse de uno en su cara. ‖ *Rire aux éclats, à gorge déployée,* reírse a carcajadas *ou* a mandíbula batiente. ‖ *Rire dans sa barbe,* reír para su coleto. ‖ *Rire du bout des lèvres, des dents, jaune,* reír sin ganas, reír de dientes afuera. ‖ *Rire sous cape,* reír para sus adentros. ‖ — *Rira bien qui rira le dernier,* quien ríe el último, ríe mejor ; al freír será el reír. ‖ — *Avoir le mot pour rire,* ser chistoso. ‖ Fam. *Étouffer* o *pouffer* o *crever de rire,* reventar de risa. ‖ *Il n'y a pas là de quoi rire,* no tiene ninguna gracia. ‖ *Mourir de rire,* morirse de risa : *c'est à mourir de rire,* es para morirse de risa. *Ne pas avoir envie de rire* o *ne pas avoir le cœur à rire,* no estar para bromas. ‖ *Pour rire,* en broma, en son de burla (pour plaisanter), de mentirijillas (ce n'est pas vrai). ‖ *Prêter à rire,* dar que reír. ‖ *Se tordre de rire,* desternillarse de risa. ‖ *Vous voulez rire,* usted bromea, no habla usted en serio.

— V. pr. Reírse.

— Syn. *Sourire,* sonreír. *S'esclaffer,* reír a carcajadas. *Pouffer,* reventar de risa. *Glousser,* reír ahogadamente. *Ricaner,* reír sarcásticamente. Fam. *Rigoler,* reírse. *Se gondoler, se tordre, se dilater la rate, se marrer,* desternillarse de risa.

ris [ri] m. (Vx). Poét. Risa. ‖ Mar. Rizo : *prendre des ris,* tomar rizos. ‖ *Ris de veau,* molleja.

risban m. Fortín de puerto.

risberme f. Mil. Reparo (*m.*) de fajinas y estacas.

risée f. Risotada. ‖ Burla, mofa (moquerie). ‖ Irrisión (objet de moquerie). ‖ Hazmerreír, *m.* (personne dont se moque) : *il est la risée de tout le voisinage,* es el hazmerreír de todo el barrio. ‖ Ráfaga (vent).

risette f. Risita, sonrisita (d'un enfant). ‖ *Faire risette,* sonreír (se dit des enfants).

risible adj. Risible.

risorius [rizɔrjys] m. Músculo risorio.

risque m. Riesgo. ‖ — *Assurance tous risques,* seguro todo riesgo. ‖ *À ses risques et périls,* por su cuenta y riesgo. ‖ *Au risque de,* a riesgo de. ‖ *Prendre des risques,* arriesgarse.

risquer v. tr. Arriesgar. ‖ Arriesgar, jugarse : *risquer sa vie,* arriesgar la vida. ‖ Amenazar : *cela risquait de ne pas lui être favorable,* eso amenazaba con no serle favorable. ‖ Atreverse a hacer : *il a risqué une allusion,* se atrevió a hacer una alusión. ‖ Aventurar : *risquer une nouvelle théorie,* aventurar una nueva teoría. ‖ — *Risquer de,* correr peligro de. ‖ *Risquer le coup* o *le paquet,* probar ventura. ‖ *Risquer le tout pour le tout,* jugarse el todo por el todo, poner toda la carne en el asador. ‖ *Risquer sa peau,* jugarse el tipo *ou* el pellejo. ‖ *Risquer un regard,* echar una mirada furtiva. ‖ — *Qui ne risque rien n'a rien,* quien no se arriesga no pasa la mar. — V. pr. Arriesgarse.

risque-tout [riskǝtu] s. inv. Temerario, ria.

rissole f. Empanadilla rellena (pâtisserie). ‖ Red para pescar boquerones (filet).

rissoler v. tr. et intr. Culin. Dorar.

rissolette f. Tostada rellena de carne.

ristourne f. Comisión (représentant). ‖ Bonificación anual (coopératives, assurances). ‖ Rebaja, descuento, *m.* (réduction). ‖ Mar. Anulación.

ristourner v. tr. Bonificar (coopératives, etc.). ‖ Hacer una rebaja *ou* un descuento (faire une réduction). ‖ Pagar una comisión (représentant). ‖ Mar. Anular.

rite m. Rito.

ritournelle f. Ritornelo, *m.* ‖ Fam. *Toujours la même ritournelle,* siempre la misma canción *ou* la misma cantinela.

ritualisme m. Ritualismo.

ritualiste adj. et s. Ritualista.

rituel, elle adj. Ritual. — M. Ritual, Libro Ritual.

rivage m. Orilla, *f.,* ribera, *f.* : *sur le rivage,* en la orilla.

rival, e adj. et s. Rival : *l'emporter sur ses rivaux,* vencer a sus rivales. — Syn. *Concurrent,* competidor. *Compétiteur,* competidor, contendiente.

rivaliser v. intr. Rivalizar, competir : *rivaliser de politesse,* rivalizar en cortesía.

rivalité f. Rivalidad.

rive f. Orilla, ribera. ‖ Entrada (d'un four).

rivelaine f. Pico (*m.*) de minero.

river v. tr. Remachar, roblar. ‖ Fig. Clavar : *il avait les yeux rivés sur le revolver,* tenía la mirada clavada en el revólver. ‖ Fam. *River son clou à quelqu'un,* dejar parado *ou* seco a alguien (faire taire).

riverain, e adj. et s. Ribereño, ña (d'un cours d'eau). ‖ *Les riverains d'une rue,* los habitantes *ou* los vecinos de una calle.

riveraineté f. Derecho (*m.*) de los ribereños.

rivet [rivɛ] m. Remache, roblón : *rivet à tête plate, fraisée, ronde,* roblón de cabeza plana, fresada, redonda. ‖ Clavillo (d'un éventail, etc.).

rivetage m. Remache, robladura, *f.*

riveter* [rivte] v. tr. Remachar, roblar.

riveteuse ou **riveuse** f. Máquina remachadora.

riveur m. Remachador.

rivière f. Río, *m.* [corriente de agua de mediana importancia afluente de otra]. ‖ Équit. Ría (obstacle). ‖ *Une rivière de diamants,* un collar de brillantes.

riviérette f. Riachuelo, *m.*

rivoir m. Remachadora, *f.* (machine). ‖ Martillo para remachar (marteau).

rivure f. Remache, *m.,* robladura (rivetage). ‖ Remache, *m.* (rivet). ‖ Pasador, *m.* (de charnière).

rixdale f. Rixdal, *m.* (monnaie).

rixe f. Riña.

riz [ri] m. Arroz : *riz décortiqué,* arroz descascarillado *ou* sin cáscara. ‖ — *Riz à la créole,*

arroz blanco. ‖ *Riz au lait,* arroz con leche. ‖
— *Poudre de riz,* polvos (cosmétique).
rizerie [rizri] f. Molino (*m.*) arrocero.
riziculteur m. Cultivador de arroz, arrocero.
riziculture f. Cultivo (*m.*) del arroz.
rizier, ère adj. Arrocero, ra.
— F. Arrozal, *m.* (champ de riz).
riz-pain-sel m. inv. FAM. Oficial del economato
de víveres (militaire).
roast-beef [rɔstbif] m. Rosbif.
rob [rɔb] m. Arrope. ‖ Rob, robre, rubber (au
bridge).
robage m. Puesta (*f.*) de la capa al cigarro puro.
robe f. Vestido, *m.* [especialmente de mujer], traje,
m. : *robe de laine,* vestido de lana. ‖ Hábito, *m.*
(de religieux, de religieuse). ‖ Toga (des gens de
loi). ‖ Pelo, *m.,* pelaje, *m.* (d'un animal). ‖ Capa
(du cheval). ‖ Capa (enveloppe du cigare). ‖ Piel,
telilla (de l'oignon). ‖ — *Robe de chambre,* bata.
‖ *Robe du soir, de soirée,* traje de noche. ‖ *Robe
montante,* vestido cerrado. ‖ — *Pommes de terre
en robe de chambre* o *de champs,* patatas hervidas
ou asadas con su piel.
Robert [rɔbɛːr] n. pr. m. Roberto.
robeuse f. Encapadora de cigarros puros.
robin m. FAM. Golilla (homme de loi).
robinet [rɔbinɛ] m. Grifo, llave, *f.* ‖ Canilla, *f.,*
espita, *f.* (de tonneau). ‖ — *Robinet d'arrêt,* llave
de paso. ‖ *Robinet d'évacuation,* llave de purga.
robinetier [-tje] m. Fabricante de grifos.
robinetterie [-tri] f. Fontanería, grifería (ensemble). ‖ Fábrica de grifos.
robinier m. Robinia, *f.,* falsa acacia, *f.*
robot [rɔbo] m. Robot, autómata.
robotisation f. Automatización.
robre m. Robre, rubber, rob (au bridge).
roburite f. Roburita (explosif).
robuste adj. Robusto, ta. ‖ Sólido, da.
robustesse f. Robustez. ‖ Solidez (solidité).
roc [rɔk] m. Roca, *f.* peña, *f.* (grosse masse ro-
cheuse). ‖ *Dur comme un roc,* duro como la roca.
— SYN. *Roche,* roca. *Rocher,* peñasco.
rocade f. MIL. Circunvalación, carretera paralela
al frente. ‖ Carretera de circunvalación (route).
rocaille [rɔkɑːj] f. Rocalla.
— Adj. ARTS. Grutesco, ca : *architecture rocaille,*
arquitectura grutesca.
rocailleur [-jœːr] m. Fabricante de rocalla.
rocailleux, euse [-jø, jøːz] adj. Rocalloso, sa ;
pedregoso, sa. ‖ FIG. Áspero, ra ; duro, ra (style).
rocambole f. Chalote, *m.,* rocambola (espèce
d'ail). ‖ Chiste (*m.*) muy visto (plaisanterie). ‖ Cachivache, *m.* (objet sans valeur).
rocambolesque adj. Fantástico, ca.
Roch [rɔk] n. pr. m. Roque.
rochage m. Galleo (métallurgie). ‖ Espolvoreado
con bórax (deux pièces métalliques).
roche f. Roca, peña. ‖ — *Eau de roche,* agua de
manantial. ‖ *Noblesse de vieille roche,* nobleza de
rancio abolengo. ‖ — FIG. *Clair comme de l'eau
de roche,* más claro que el agua, de una claridad
meridiana. ‖ *Il y a anguille sous roche,* hay gato
encerrado.
rocher m. Peñasco, peñón, peña, *f.* : *escalader un
rocher,* escalar una peña. ‖ ANAT. Peñasco (de
l'oreille). ‖ ZOOL. Peñasco (coquillage). ‖ *Le rocher de Gibraltar,* el peñón de Gibraltar.
rocher v. intr. TECHN. Gallear (argent fondu). ‖
Echar giste, espumar (bière).
— V. tr. Cubrir con bórax (soudure).
rochet [rɔʃɛ] m. Roquete (vêtement ecclésiastique). ‖ Bobina, *f.* (pour la soie). ‖ *Roue à rochet,* rueda de trinquete.
rocheux, euse adj. Rocoso, sa. ‖ *Montagnes Rocheuses,* montañas Rocosas *ou* Rocallosas.
rochier m. Halcón roqués (faucon).

rock [rɔk] m. Rocho (oiseau fabuleux).
rocking-chair [rɔkiŋtʃɛə] m. Mecedora, *f.*
rococo m. Rococó (style).
— Adj. inv. Charro, rra ; recargado, da : *ornement rococo,* adorno charro. ‖ Anticuado, da
(vieilli).
rocou m. Bija, *f.* (peinture).
rocouer v. tr. Embijar.
rocouyer [rɔkuje] m. Bija, *f.,* achiote (arbre).
rodage m. TECHN. Esmerilado (de soupapes). ‖
Rodaje (moteur, voiture).
rôdailler [rodɑje] v. intr. FAM. Vagabundear.
roder v. tr. Esmerilar (les soupapes). ‖ Rodar (une
voiture, un moteur). ‖ FIG. Experimentar : *c'est
une méthode bien rodée,* es un método muy experimentado.
— OBSERV. Le verbe espagnol *rodar* a surtout le sens de
« rouler ».
rôder v. intr. Vagabundear. ‖ Merodear (marauder).
rôdeur, euse m. et f. Vagabundo, da.
Rodolphe n. pr. m. Rodolfo.
rodomont m. Baladrón.
rodomontade f. Baladronada.
Rodrigue n. pr. m. Rodrigo.
rogations f. pl. Rogativas (prières publiques).
rogatoire adj. Rogatorio, ria.
rogaton m. FAM. Sobra, *f.* resto.
Roger n. pr. m. Roger, Rogelio.
rognage m. Recorte, recortadura, *f.* ‖ AGRIC. Cercenadura, *f.* ‖ IMPR. Refilado (action).
rogne f. IMPR. Refilado, *m.* (coupe au massicot).
‖ POP. Rabia, berrinche, *m.* ‖ — POP. *Être en
rogne,* estar rabiando. ‖ *Se mettre en rogne,* rabiar,
coger un berrinche.
rogne-pied [rɔɲpje] m. VÉTÉR. Legrón.
rogner v. tr. Recortar (découper). ‖ AGRIC. Cercenar (enlever en coupant). ‖ FAM. Rebajar :
rogner le traitement de quelqu'un, rebajarle el
sueldo a uno. ‖ IMPR. Refilar. ‖ VÉTÉR. Rebajar
(le sabot).
— V. intr. POP. Gruñir, murmurar, rabiar.
rogneur, euse adj. et s. Cortador, ra. ‖ IMPR.
Guillotinador, ra.
rognon m. CULIN. Riñón : *rognons au Xérès,*
riñones al Jerez.
rognonner v. tr. FAM. Refunfuñar, gruñir.
rognure [rɔɲyːr] f. Recorte, *m.* (métal, cuir,
papier). ‖ Refilado, *m.* (action de rogner).
rogomme m. POP. Aguardiente. ‖ *Voix de rogomme,* voz aguardentosa.
rogue adj. Arrogante, altanero, ra.
rogue f. Raba (œufs de morue pour la pêche).
‖ Huevas, *pl.* (de poisson, en général).
rogué, e adj. Que tiene huevas (poissons).
rohart [roaːr] m. Marfil de hipopótamo o de
morsa.
roi m. Rey. ‖ Rey (jeux). ‖ FIG. Rey : *le roi de
la jungle, de l'acier,* el rey de la selva, del acero.
‖ — *Roi des cailles,* rey de codornices (oiseau). ‖
Roi des harengs, achagual (poisson). ‖ *Roi Soleil,*
Rey Sol. ‖ — *De par le roi,* en nombre del rey. ‖
Le jour, la fête des Rois, el día de Reyes. ‖ *Morceau de roi,* bocado de cardenal. ‖ *Tirer les Rois,*
distribuir el roscón de Reyes. ‖ *Travailler pour
le roi de Prusse,* trabajar para el obispo.
roide adj., **roideur** f., **roidir** v. tr. V. RAIDE, RAI-
DEUR, RAIDIR.
roitelet m. Reyezuelo, reyecillo (roi). ‖ Reyezuelo,
abadejo, régulo (oiseau).
rôlage m. Enrollado (du tabac).
Roland [rɔlɑ̃] n. pr. m. Rolando, Roldán,
Orlando.
rôle m. Cometido, función, *f.,* finalidad, *f.* (d'un
médecin, d'un militaire, etc.). ‖ Nómina, *f.,* lista,
f., rol (liste). ‖ DR. Turno de causas y pleitos. ‖

Foja, *f.* (feuillet). ‖ Registro, estado (registre). ‖ Rollo (de tabac). ‖ THÉÂTR. Papel. ‖ — MAR. *Rôle d'équipage,* rol. ‖ — *À tour de rôle,* por turno, uno tras otro. ‖ *Avoir le beau rôle,* lucirse, quedar bien. ‖ *Jouer, tenir un rôle,* representar, interpretar un papel (au théâtre). ‖ *Jouer un grand rôle,* desempeñar un gran papel. ‖ *Les rôles sont renversés,* se cambiaron los papeles.

rôlet [rolɛ] m. (Vx). Papel corto, papelillo (théâtre).

rollier m. Rabilargo, gálgulo (oiseau).

rollmops [rolmɔps] m. Arenque escabechado.

Romagne n. pr. f. GÉOGR. Romaña.

romaillet [romαjɛ] m. MAR. Tarugo de madera.

Romain [romɛ̃] n. pr. m. Román.

romain, e adj. et s. Romano, na. ‖ — *Chiffres romains,* números romanos. ‖ *Travail de Romains,* obra de romanos. ‖ — M. IMPR. Letra (*f.*) redonda, letra (*f.*) romanilla.

romaine f. Romana (balance). ‖ Lechuga romana (laitue).

roman m. Novela, *f.* : *roman à l'eau de rose,* novela rosa. ‖ (Vx). Romance, narración (*f.*) en lengua romance. ‖ *Roman policier, de cape et d'épée,* novela policiaca, de capa y espada.

roman, e adj. et s. m. Romance (langue) : *les langues romanes,* las lenguas romances. ‖ Románico, ca (architecture).

romance f. Romanza (musique).

romancer v. tr. Novelar : *une biographie romancée,* una biografía novelada.

romancero m. Romancero.

romanche m. Romanche, rético, retorromano (langue).

romancier, ère m. et f. Novelista.

romand, e adj. *La Suisse romande,* Suiza de lengua francesa.

romanesque adj. Novelesco, ca. ‖ Fabuloso, sa (fabuleux). ‖ Romanticón, ona : *avoir un esprit romanesque,* tener un espíritu romanticón.
— M. Lo novelesco : *les femmes aiment le romanesque,* a las mujeres les gusta lo novelesco.

romanesquement adv. De una manera novelesca.

roman-feuilleton [romɑ̃fœjtɔ̃] m. Folletín, novela (*f.*) por entregas.

roman-fleuve m. Novela (*f.*) muy larga, novelón, « novela (*f.*) río ».

romani ou **romanichel, elle** m. et f. Gitano, na ; cíngaro, ra (tzigane).

romaniser v. tr. Romanizar.
— V. intr. Abrazar la religión católica.

romaniste m. et f. Romanista.

romantique adj. et s. Romántico, ca : *poeta romántico,* poète romantique.

romantisme m. Romanticismo.

romarin m. BOT. Romero.

rombière f. POP. Gachí, mujer (femme). | Vieja pretenciosa (vieille).

Rome n. pr. GÉOGR. Roma. ‖ *Tous les chemins mènent à Rome,* por todas partes se va a Roma.

roméique adj. et s. m. Romaico, ca.

Roméo n. pr. m. Romeo.

romestecq [romɛstɛk] m. Juego de naipes parecido al de los cientos.

rompement [rɔpmɑ̃] m. (P. us.). Rompimiento. ‖ (Vx). *Rompement de tête,* quebradero de cabeza.

rompis [rɔ̃pi] m. Árbol roto por el viento.

rompre v. tr. Romper, quebrar (briser). ‖ Romper, cortar, interrumpir : *rompre les relations avec quelqu'un,* romper las relaciones con uno. ‖ Partir (le pain). ‖ Hacer añicos, romper (déchirer). ‖ Dominar, domeñar : *rompre la résistance de quelqu'un,* domeñar la resistencia de uno. ‖ FIG. Romper : *rompre la tête à quelqu'un,* romper la cabeza a uno. ‖ Domar, desbravar (un cheval). ‖ AGRIC. Roturar, romper. ‖ — MIL. Romper :

rompez les rangs!, ¡rompan filas! ‖ — *Rompre le fil de son discours,* cortar el hilo del discurso. ‖ *Rompre le jeûne,* quebrantar, romper el ayuno. ‖ *Rompre son ban,* quebrantar el destierro. ‖ — *À tout rompre,* ruidosamente, a rabiar : *applaudir à tout rompre,* aplaudir ruidosamente.
— V. intr. Ceder, romperse : *cette poutre finira par rompre,* esta viga acabará cediendo. ‖ Reñir, romper, terminar : *Frédéric et Isabelle ont rompu,* Federico e Isabel han reñido. ‖ FIG. Romper : *rompre avec son passé,* romper con el pasado.
— V. pr. Romperse, quebrarse. ‖ *Se rompre le cou,* desnucarse, romperse la crisma.
— SYN. *Se fendre,* henderse, agrietarse. *Éclater,* estallar, reventar. *Crever,* reventar. *Claquer,* crujir. *Péter,* estallar, reventar.

rompu, e adj. Roto, ta (cassé). ‖ FIG. Rendido, da ; molido, da ; extenuado, da ; roto, ta ; deshecho, cha (harassé). | Molido, da : *avoir les jambes rompues,* tener las piernas molidas. | Ducho, cha ; avezado, da ; curtido, da ; diestro, tra : *un homme rompu aux affaires,* un hombre curtido en los negocios ; *être rompu aux affaires,* ser diestro *ou* estar avezado en los negocios. ‖ BLAS. Rompido, da. ‖ *Parler à bâtons rompus,* hablar sin ton ni son *ou* sin orden ni concierto.

romsteck [romstɛk] m. Lomo de vaca (boucherie).

Romulus [romylys] n. pr. m. Rómulo.

ronce [rɔ̃:s] f. Zarza, espino, *m.* ‖ FIG. Espina, abrojo, *m.,* escollo, *m.* (difficulté). ‖ Veta redondeada (dans certains bois). ‖ *Ronce artificielle,* alambre espinoso, espino artificial, alambrada.

ronceraie f. Zarzal, *m.*

ronceux, euse adj. Zarzoso, sa ; lleno de zarzas. ‖ De vetas redondeadas (bois).

Roncevaux n. pr. GÉOGR. Roncesvalles.

ronchon, onne adj. et f. FAM. Refunfuñón, ona ; gruñón, ona ; rezongador, ra.

ronchonnement m. FAM. Queja, *f.,* refunfuño.

ronchonner v. intr. FAM. Refunfuñar, rezongar, gruñir.

ronchonneur, euse adj. et s. FAM. Gruñón, ona ; rezongón, ona ; refunfuñón, ona.

roncier m. ou **roncière** f. Zarzal, *m.*

rond, e n [rɔ̃, rɔ̃:d] adj. Redondo, da : *une pomme ronde,* una manzana redonda. ‖ FIG. Claro, ra ; decidido, da : *être rond en affaires,* ser claro en los negocios. | Importante, grande : *gagner une somme assez ronde,* ganar una cantidad bastante importante. ‖ FAM. Regordete, ta ; rechoncho, cha (gros). ‖ POP. Trompa, borracho, cha (ivre). ‖ Redonda (lettre). ‖ — *Compte, nombre rond,* cuenta, número redondo. ‖ *Mille francs, tout ronds,* mil francos justos. ‖ POP. *Être rond comme une barrique,* estar borracho como una cuba.
— M. ● Redondel, círculo, anillo (cercle). ‖ Raja, *f.,* rodaja, *f.* (de saucisson). ‖ Rosquilla, *f.* (de fumée). ‖ POP. Blanca, *f.,* cuarto, perra, *f.* (argent). ‖ — *Rond de serviette,* servilletero, aro para la servilleta. ‖ — *Faire des ronds de jambe,* hacer zalamerías. ‖ POP. *Rester comme deux ronds de flan,* quedarse con la boca abierta.
— Adv. *En rond,* formando un círculo : *s'asseoir en rond,* sentarse formando un círculo. ‖ FAM. *Ne pas tourner rond,* estar chiflado, no estar bueno de la cabeza. ‖ *Tourner en rond,* estar dando vueltas. ‖ *Tourner rond,* marchar bien (moteur, affaires).
— SYN. ● *Circonférence,* circunferencia. *Cercle,* círculo. *Orbite,* órbita. *Cerne,* cerco.

rondache f. Rodela (bouclier).

rondachier [rɔ̃daʃje] m. Rodelero (soldat).

rondade f. Carrerilla (prise d'élan).

rond-de-cuir m. FAM. Chupatintas, cagatinta.
— OBSERV. Pl. *ronds-de-cuir.*

ronde f. Ronda (inspection). || Redondilla, letra redonda (lettre). || MIL. Ronda : *chemin de ronde,* camino de ronda. || MUS. Semibreve, redonda (note). | Corro, *m.* (danse). || *À la ronde,* a la redonda (alentour), por turno, en corro (chacun son tour).

rondeau m. Letrilla, *f.,* rondel (poème). || MUS. Rondó. || Rulo, rodillo (rouleau).
— OBSERV. En música es más corriente escribir esta palabra francesa *rondo.*

ronde-bosse f. ARTS. Alto relieve, *m.*

rondel m. Rondel.

rondelet, ette [rɔ̃dlɛ, ɛt] adj. Regordete, ta ; rollizo, za ; metido en carne. || — *Bourse rondelette,* bolsa repleta. || *Somme rondelette,* buena cantidad, cantidad importante.

rondelette f. MAR. Lona, lienzo, *m.* (toile à voiles). || Seda de clase inferior (soie). || Lino, *m.* (lin).

rondelle f. Arandela : *rondelle d'arrêt,* arandela de retención. || Rodaja (de cuir). || Cincel (*m.*) pequeño (de sculpteur). || Rodaja (de citron, de saucisson). || Rodela (bouclier). || Arandela (de lance).

rondement adv. Sin rodeos (franchement). || Con decisión (avec détermination). || Prontamente, rápidamente (promptement).

rondeur f. Redondez : *la rondeur de la Terre,* la redondez de la Tierra. || FIG. Armonía, elegancia (du style). || Franqueza, naturalidad (franchise). || FAM. Curva (du corps).

rondier m. BOT. Palmito, palma (*f.*) de abanico.

rondin m. Leño (bois à brûler). || Palo, garrote (gourdin). || TECHN. Mandril, rodillo (mandril). || Rollizo (de toit). || Chaquetilla, *f.* (de garçon de café). || Rollizo (de fortification).

rondir v. tr. Cortar [pizarras] (les ardoises). V. intr. Redondearse (s'arrondir).

rondo m. MUS. Rondó.

rondouillard, e [rɔ̃duja:r, ard] adj. FAM. Regordete, ta ; rollizo, za (gros).

rond-point [rɔ̃pwɛ̃] m. Glorieta, *f.,* plaza (*f.*) circular, rotonda, *f.* (place). || Encrucijada, *f.* (carrefour).

ronflant, e adj. Sonoro, ra ; ruidoso, sa (sonore). || FIG. Rimbombante, retumbante (style).

ronflement m. Ronquido. || Ronquido, zumbido (du moteur). || FIG. Zumbido, rugido.

ronfler v. intr. Roncar (respirer bruyamment). || FIG. Zumbar, resonar. | Retumbar (le canon).

ronfleur, euse m. et f. Roncador, ra. || — M. TECHN. Zumbador.

rongeant, e [rɔ̃ʒɑ̃, ɑ̃:t] adj. Corrosivo, va (corrosif). || Roedor, ra (animal). || FIG. Atormentador, ra ; que carcome.

rongement m. Roedura, *f.* || FIG. Remordimiento.

ronger* v. tr. ● Roer. || Carcomer : *les vers rongent le bois,* los gusanos carcomen la madera. || Carcomer, apolillar (les mites). || Socavar, minar (miner). || Corroer (un métal). || Minar, consumir (une maladie). || FIG. Consumir, atormentar, carcomer (tourmenter). || *Ronger son frein,* tascar el freno.
— V. pr. FIG. Atormentarse, devorarse, carcomerse (d'impatience, d'inquiétude). || *Se ronger les ongles, les poings,* morderse las uñas, los puños.
— SYN. ● *Grignoter,* roer. *Corroder,* corroer.

rongeur, euse adj. et s. m. Roedor, ra. (mammifère). || Que corroe (qui corrode). || FIG. Atormentador, ra ; devorador, ra (tourmenteur). || *Ver rongeur,* gusanillo de la conciencia (remords), carcoma (cause de ruine).

ronron ou **ronronnement** m. Ronroneo (du chat). || FIG. Ruido monótono (bruit).

ronronner v. intr. Ronronear.

ronsardiser v. intr. Escribir a imitación de Ronsard.

röntgen [rœntgən] m. Roentgen (unité de rayonnement).

röntgenthérapie [-terapi] f. Roentgenoterapia, radioterapia (radiothérapie).

roque m. Enroque (aux échecs) : *petit, grand roque,* enroque corto, largo.

roquefort [rɔkfɔ:r] m. Roquefort (fromage).

roquentin ou **rocantin** m. Viejo ridículo, viejo verde (vieillard).

roquer v. intr. Enrocar (aux échecs).

roquet [rɔkɛ] m. Gozque (chien). || FIG. Mequetrefe, chisgarabís.

roquette f. Jaramago, *m.,* oruga (plante). || Roqueta (fortification). || MIL. Cohete, *m.*

rorqual m. ZOOL. Rorcual (baleine).

ros [ro] m. Peine de tejedor.
— OBSERV. Le *ros* est en espagnol un *shako* militaire.

rosace f. Rosetón, *m.,* rosa.

rosacé, e adj. Rosáceo, a.
— F. MÉD. Acné rosácea. || — Pl. BOT. Rosáceas.

rosage m. BOT. Rododendro. || TECHN. Avivamiento (teinture).

rosaire m. Rosario. (OBSERV. V. CHAPELET.)

rosalbin m. Cacatúa, *f.* (cacatois).

Rosalie n. pr. f. Rosalía.

rosaniline f. CHIM. Rosanilina.

rosat [roza] adj. inv. Rosado, da (miel, pommade).

rosâtre adj. de Color que tira a rosáceo.

rosbif m. Rosbif.

rose f. Rosa : *bouquet de roses,* ramo de rosas. || ARCHIT. Rosetón, *m.,* rosa (rosace). || — *Rose de chien,* escaramujo. || *Rose de Jéricho,* rosa de Jericó. || *Rose de Noël,* eléboro negro. || MAR. *Rose des vents,* rosa de los vientos *ou* náutica. || *Rose pompon,* rosa de pitimini. || *Rose sauvage,* escaramujo. || *Rose trémière,* alcea, malva loca, malvarrosa. || — *Diamant en rose,* diamante rosa. || *Eau de rose,* agua de rosa. || *Roman à l'eau de rose,* novela rosa. || — *Découvrir le pot aux roses,* descubrir el pastel. || FAM. *Envoyer sur les roses,* mandar a paseo *ou* a la porra. || *Être sur des roses,* vivir en un lecho de rosas, rodeado de placeres. || *Il n'y a pas de rose sans épines,* no hay rosa sin espinas, no hay miel sin hiel.
— Adj. et s. m. Rosa, *inv.* (couleur) : *des étoffes roses,* tejidos rosa ; *un rose clair,* un rosa claro. || *Tout n'est pas rose dans la vie,* la vida no es senda de rosas. || *Voir tout en rose,* verlo todo color de rosa.
— OBSERV. L'adjectif espagnol *rosa* ne s'accorde jamais en genre (*un libro rosa*) et ne devrait jamais prendre la marque du pluriel (*libros rosa*) bien que l'usage courant tende à ne pas appliquer cette règle.

Rose n. pr. f. Rosa.

rosé, e adj. Rosado, da. || — Adj. et s. m. Clarete, rosado (vin).

roseau m. BOT. Caña, *f.* || FIG. Persona (*f.*) frágil *ou* débil. || *Roseau commun,* caña común, carrizo.

rose-croix m. inv. Rosa (*f.*) cruz.

rosée [roze] f. Rocío, *m.* || — *Point de rosée,* punto de condensación. || FIG. *Tendre comme la rosée,* muy tierno.

roséine f. CHIM. Roseína.

roselier, ère adj. Que produce cañas.
— M. Cañaveral, cañar, cañizar.

Rosemonde n. pr. f. Rosamunda.

roséole f. MÉD. Roséola.

roser v. tr. Teñir de rosa, dar color de rosa. || Sonrosar (le teint).

roseraie [rozrɛ] f. Rosaleda, rosalera.

rosette f. Roseta. ‖ Lazada (nœud). ‖ Botón (m.) de condecoración (décoration). ‖ Tinta encarnada (encre rouge). ‖ Cobre (m.) rojo (cuivre). ‖ Rodaja (d'éperon).

roseur f. Lo rosado, m. (de la peau).

rosier m. Rosal. ‖ *Rosier muscat,* mosqueta.

rosière f. Doncella virtuosa.

rosiériste m. Jardinero que cultiva rosas.

rosir v. intr. Sonrosarse, tomar color de rosa.

rossard [rɔsa:r] m. Pop. Penco, jamelgo (mauvais cheval). ‖ Fam. Vago, haragán (mauvais sujet).

rosse f. Matalón, m., rocín, m., caballejo, m. ‖ Fam. Vago, ga; haragán, ana (fainéant). ‖ Mala persona, marrajo, ja (méchant).
— Adj. Fam. Malvado, da; malo, la; marrajo, ja. ‖ — *Chanson rosse,* canción irónica *ou* mordaz. ‖ *Un coup rosse,* una mala pasada, una mala jugada.

rossée f. Fam. Paliza, vapuleo, m., mano (m.) de palos.

rosser v. tr. Fam. Dar una tunda, vapulear, dar una mano de palos.

rosserie f. Fam. Mala pasada, faena, mala jugada, jugarreta, perrería (action rosse). ‖ Impertinencia, grosería (parole).

rossignol m. Ruiseñor (oiseau). ‖ Ganzúa, *f.* (crochet pour ouvrir les serrures). ‖ Mercancía (*f.*) invendible, cosa (*f.*) pasada de moda.

rossinante f. Rocinante, m., rocín, m.

rossolis [rɔssɔli] m. Rosoli (liqueur). ‖ Bot. Drósera, *f.*

rostral, e adj. Rostrado, da; rostral, en forma de espolón de barco : *colonne, couronne rostrale,* columna, corona rostrada.

rostre m. Mar. Espolón, rostro (éperon). ‖ Boca, *f.* (insectes, crustacés).
— Observ. Le mot espagnol *rostro,* dans son acception la plus courante, signifie *visage.*

rot [ro] m. Fam. Regüeldo (éructation), flato (de nourrisson).

rôt [ro] m. Asado (rôti).

rotacé, e adj. Bot. Rotáceo, a.

rotang [rɔtɑ̃:g] m. Rota, *f.*, roten (planta).

rotarien m. Rotario.

rotateur, trice adj. Rotador, ra; rotatorio, ria.
— M. Zool. Rotífero.

rotatif, ive adj. Rotativo, va.
— F. Impr. Rotativa.

rotation f. Rotación. ‖ Rotación, sucesión [de cultivos] (assolement). ‖ Rotación, movimiento, m. : *rotation des stocks,* movimiento de existencias.

rotativiste m. Impr. Maquinista de rotativa.

rotatoire adj. Rotatorio, ria.

rote [rɔt] f. Rota (tribunal romain). ‖ Cítara (instrument de musique).

roter v. intr. Fam. Regoldar. ‖ Eructar (terme poli). ‖ Echar flatos (nourrisson).

rôti m. Asado : *un rôti de mouton,* un asado de cordero.

rôtie f. Tostada.

rotifères m. pl. Zool. Rotíferos.

rotin m. Rota, *f.* (plante). ‖ Bastón de caña, bejuco (canne). ‖ Pop. Blanca, *f.*, gorda, *f.* (sou).

rôtir v. tr. Asar.
— V. intr. et pr. Asarse (viande). ‖ Tostarse (personne au soleil).
— Syn. *Griller,* tostar, asar. *Brûler,* quemar.

rôtissage m. Asado.

rôtisserie f. Establecimineto donde se sirven asados.

rôtisseur, euse m. et f. Dueño de un establecimiento de asados. ‖ Persona que asa.

rôtissoire f. Asador, m. (appareil), horno (m.) de asados (four).

roto f. Impr. Fam. Rotativa.

rotogravure f. Rotograbado, *m.,* heliograbado (*m.*) tramado.

rotonde f. Rotonda. ‖ Depósito (*m.*) de locomotoras, rotonda.

rotondité f. Redondez. ‖ Fam. Obesidad, gordura.

rotor m. Mécan. Rotor : *rotor entraîneur,* rotor conductor. ‖ Aviat. Rotor (d'hélicoptère).

rotule f. Anat. et Mécan. Rótula.

rotulien, enne adj. Rotular, rotuliano, na.

roture f. Estado (*m.*) llano, plebe.

roturier, ère adj. et s. Plebeyo, ya. ‖ Pechero, ra (au Moyen Âge).

rouable m. Rastro, rastrillo sin dientes (râteau). ‖ Hurgón de panadero (de boulanger).

rouage m. Rueda, *f.* ‖ Fig. Mecanismo, engranaje : *le rouage administratif,* el mecanismo administrativo. ‖ — Pl. Rodaje, *sing.,* conjunto (*sing.*) *ou* juego (*sing.*) de ruedas.

rouan, anne adj. et s. m. Ruano, na; roano, na (cheval).

rouanne f. Gubia (gouge) [outil à bois]. ‖ Barrena, taladro, *m.* (grosse vrille).

roublard, e adj. et s. Fam. Tunante, astuto, ta (rusé).

roublarder v. intr. Fam. Usar de astucias, ser marrullero.

roublardise f. Fam. Tunantería, picardía, marrullería, astucia.

rouble m. Rublo (monnaie russe).

roucou m. Bot. Bija, *f.* (rocou).

roucoulade f. ou **roucoulement** m. Arrullo, *m.*

roucoulant, e adj. Arrullador, ra.

roucouler v. intr. Arrullar. ‖ Fig. Arrullar, hacer caritas *ou* arrumacos (deux amoureux). ‖ Cantar melancólicamente, hacer gorgoritos.

roue [ru] f. Rueda : *véhicule à deux roues,* vehículo de dos ruedas. ‖ Rueda (supplice). ‖ Mar. Aduja (d'un câble). ‖ — *Roue à aubes,* rueda de paletas *ou* de álabes. ‖ *Roue à rochet,* rueda de trinquete. ‖ *Roue arrière,* rueda trasera. ‖ *Roue à sabots,* noria (élévation d'eau). ‖ *Roue d'échappement,* rueda catalina (montre). ‖ *Roue de fromage,* pan de queso. ‖ *Roue de secours* o *de rechange,* rueda de repuesto *ou* de recambio (auto). ‖ *Roue libre,* rueda libre. ‖ Fam. *La cinquième roue du carrosse,* el último mono, el último mico. ‖ *La grande roue,* la noria (fête foraine). ‖ Fig. *La roue de la fortune,* la rueda de la fortuna. ‖ — *Faire la roue,* hacer la rueda (le paon), pavonearse (se pavaner). ‖ *Mettre des bâtons dans les roues,* poner trabas *ou* estorbos, entorpecer. ‖ Fig. *Pousser à la roue,* ayudar, echar una mano, empujar el carro.

roué, e adj. Molido, da; apaleado, da (battu). ‖ Vivales, lagartón, ona; taimado, da (rusé).
— M. et f. Enrodado, da, que ha sufrido el tormento de la rueda (Vx). ‖ Elegante, libertino [del tiempo de la Regencia en Francia]. ‖ Vivales, lagartón, ona; taimado, maulón (rusé). ‖ Persona (*f.*) sin principios.

rouelle f. Rueda, rodaja.

Rouen n. pr. Géogr. Ruán.

rouennais, e [ruanɛ, ɛ:z] adj. et s. Ruanés, esa; de Ruán.

rouennerie [ruanri] f. Ruán, *m.* (étoffe).

rouennier [-nje] m. Vendedor de telas de ruán.

rouer v. tr. Enrodar, atormentar en la rueda. ‖ *Rouer de coups,* apalear, moler a palos, vapulear.
— V. intr. Hacer la rueda (un oiseau).

rouerie [ruri] f. Astucia, pillería, marrullería.

rouet [rwɛ] m. Torno (machine à filer). ‖ Rueda, *f.* (d'arquebuse). ‖ Techn. Roldana, *f.* (d'une poulie). ‖ Rodete (de serrure).

rouf [ruf] m. Mar. Carroza, *f.*, camareta (*f.*) alta.

rouflaquette f. Garceta, patilla.

rouge adj. ● Rojo, ja; encarnado, da; colorado,

da. ‖ Candente : *fer rouge,* hierro candente. ‖ *Être rouge comme une écrevisse* o *comme un coq* o *comme une pivoine* o *comme une tomate,* estar más rojo que un cangrejo (par le soleil), estar *ou* ponerse más colorado que un tomate (de honte). ‖ — Adj. et s. m. Tinto (vin). ‖ FAM. Rojo (communiste).

— M. Rojo, encarnado, colorado. ‖ Rubor, colores, *pl.* ‖ Carmín, rojo de labios (fard). ‖ Tinto (vin). ‖ Mingo (au billard). ‖ — *Rouge blanc,* rojo blanco. ‖ *Rouge cerise,* rojo cereza. ‖ *Rouge feu,* rojo candente, color de fuego. ‖ *Rouge vif,* rojo vivo. ‖ FAM. *Petit rouge,* tintorro. ‖ *Tube de rouge à lèvres,* lápiz de labios. ‖ — *Chauffer au rouge,* poner al rojo. ‖ *Devenir rouge,* ponerse colorado, subirse los colores a la cara, ruborizarse. ‖ *Le feu est au rouge,* el disco está en rojo. ‖ *Le rouge lui monte au visage,* se le suben los colores a la cara, se le sube el pavo. ‖ *Se mettre du rouge,* pintarse los labios.

— Adv. *Se fâcher tout rouge,* ponerse furioso, ponerse rojo de ira, echar chiribitas, echar rayos y centellas. ‖ *Voir rouge,* ponerse furioso.

— OBSERV. En espagnol *rojo* est le terme général (*la Croix Rouge,* la Cruz Roja) ; *encarnado* et *colorado* sont plutôt du langage familier (*un œillet rouge,* un clavel encarnado ; *rouge de honte,* colorado de vergüenza).

— SYN. ● *Incarnat,* encarnado. *Vermeil,* bermejo. *Écarlate,* escarlata. *Vermillon,* bermellón. *Pourpre,* púrpura. *Cramoisi,* carmesí. *Rubicond,* rubicundo. *Fam. Rougeaud,* coloradote.

Rouge (mer) n. pr. f. GÉOGR. Mar (*m.*) Rojo.
rougeâtre [ruʒɑ:tr] adj. Rojizo, za.
rougeaud, e [-ʒo, o:d] adj. et s. FAM. Coloradote, ta.
rouge-gorge m. Petirrojo (oiseau).
rougeoiement [ruʒwamɑ̃] m. Resplandor *ou* reflejo rojo.
rougeole [-ʒɔl] f. MÉD. Sarampión, *m.* ‖ BOT. Melampiro (*m.*) silvestre.
rougeoleux, euse adj. et s. Que tiene sarampión.
rougeoyer* [ruʒwaje] v. intr. Enrojecer.
rouge-queue m. Colirrojo (oiseau).
rougeron m. Tierra (*f.*) ferruginosa.
rouget [ruʒɛ] m. Salmonete (poisson). ‖ VÉTÉR. *Rouget du porc,* mal rojo, erisipela porcina. ‖ *Rouget grondin,* rubio (poisson).
rougeur f. Color (*m.*) rojo : *la rougeur des lèvres,* el color rojo de los labios. ‖ FIG. Rubor, *m.* (d'émotion ou honte). ‖ — Pl. Manchas rojas (sur la peau).
rougir v. tr. Enrojecer, poner rojo. ‖ Poner al rojo (le fer).

— V. intr. Enrojecer, ponerse rojo. ‖ FIG. Ruborizarse, sonrojarse, ponerse colorado. ‖ Ponerse al rojo (fer). ‖ — *Eau rougie,* agua con un poco de vino tinto. ‖ *Faire rougir,* ruborizar. ‖ *Rougir jusqu'à la racine des cheveux,* ponerse como un pavo, subírsele a uno el pavo.
rougissant, e adj. Enrojecido, da. ‖ FIG. Sonrojado, da ; ruborizado, da (d'émotion).
rouille [ru:j] f. Herrumbre, orín, *m.,* moho, *m.* ‖ BOT. Roya : *rouille brune du blé,* roya parda del trigo.
rouillé, e [-je] adj. Herrumbroso, sa ; mohoso, sa ; enmohecido, da. ‖ BOT. Dañado de roya.
rouiller [-je] v. tr. Enmohecer, poner mohoso, oxidar. ‖ FIG. Embotar, entorpecer (l'esprit). ‖ AGRIC. Producir la roya, el tizón (sur les céréales).

— V. intr. et pr. Enmohecerse, ponerse mohoso, oxidarse.
rouillure [-jy:r] f. Enmohecimiento, *m.,* oxidación.
rouir v. tr. Enriar (le lin, le chanvre).
rouissage [rwisa:ʒ] m. Enriamiento.
rouissoir [-swar] m. Alberca, *f.,* poza, *f.* [para enriar].

roulade f. Voltereta (galipette). ‖ CULIN. Filete (*m.*) relleno. ‖ MUS. Trino, *m.,* gorgorito, *m.*
roulage m. Rodaje, rodadura, *f.* ‖ Apisonamiento (avec un rouleau). ‖ Acarreo (transport). ‖ Agencia (*f.*) de transportes (entreprise). ‖ AGRIC. Rulado. ‖ AVIAT. *Piste de roulage,* pista de despegue.
roulant, e adj. Que rueda bien (qui roule bien). ‖ Carretero (chemin). ‖ POP. Para partirse de risa : *une histoire roulante,* un chiste para partirse de risa. ‖ — *Cuisine roulante* o *roulante,* cocina móvil de campaña. ‖ *Escalier roulant,* escalera mecánica. ‖ *Fauteuil roulant,* cochecito de inválidos, sillón de ruedas (des invalides). ‖ *Feu roulant,* fuego graneado. ‖ *Matériel roulant,* material móvil (chemin de fer).
roule m. Rodillo (de tailleur de pierres).
rouleau m. Rodillo (cylindre de bois, etc.). ‖ Rollo (de papier). ‖ Paquete cilíndrico, cartucho (de pièces de monnaie). ‖ Rodillo (encreur, de pâtisserie, etc.). ‖ Rulo (coiffure). ‖ — *Rouleau compresseur,* apisonadora. ‖ FIG. et FAM. *Être au bout de son rouleau,* no saber ya qué decir, acabársele a uno la cuerda (se taire), no poder más (être épuisé), estar en las últimas (près de mourir).
roulement m. Rodadura, *f.* (mouvement de ce qui roule). ‖ Circulación, *f.* ‖ MUS. Gorjeo, trino. ‖ Redoble (du tambour). ‖ Fragor (du tonnerre). ‖ FIG. Turno, relevo. ‖ — *Fonds de roulements,* fondo de operaciones. ‖ *Roulement à billes,* rodamiento *ou* cojinete de bolas. ‖ *Service par roulement,* servicio por turno *ou* rotación.
rouler v. tr. Hacer rodar, rodar : *rouler un tonneau,* hacer rodar un tonel. ‖ Mover, desplazar (un fauteuil). ‖ Enrollar (un tissu, du papier). ‖ Envolver : *roulé dans une couverture,* envuelto en una manta. ‖ Pasar el rodillo por : *rouler la pâte,* pasar el rodillo por la pasta. ‖ Apisonar (passer le rouleau compresseur). ‖ FAM. Timar, dársela, pegársela (tromper) : *rouler quelqu'un,* timar a uno. ‖ Arrastrar : *la rivière roule des cailloux,* el río arrastra piedras. ‖ FIG. Tener en la cabeza (dans l'esprit). ‖ — *Rouler les « r »,* pronunciar fuerte las erres. ‖ *Rouler les yeux,* hacer juegos de ojos. ‖ *Rouler sa bosse,* rodar por el mundo, correr mundo. ‖ *Rouler une cigarette,* liar un cigarrillo.

— V. intr. Rodar, marchar, avanzar : *l'automobile roule bien,* el automóvil rueda bien. ‖ FIG. Correr, rodar : *ce jeune homme a beaucoup roulé,* este muchacho ha corrido mucho. ‖ Caerse rodando : *l'enfant a roulé du haut de l'escalier,* el niño se ha caído rodando desde lo alto de la escalera. ‖ Dar vueltas : *mille projets roulaient dans sa tête,* mil proyectos daban vueltas en su cabeza. ‖ Circular : *l'argent roule beaucoup en Amérique,* el dinero circula mucho en América. ‖ Girar, tratar de : *la conversation a roulé sur la politique,* la conversación ha girado sobre la política. ‖ Turnarse (se relayer). ‖ IMPR. Marchar, funcionar (une rotative). ‖ MAR. Balancearse. ‖ — FAM. *Ça roule,* todo marcha bien, la cosa va pitando. ‖ *Rouler sur l'or,* apalcar los millones, estar forrado. ‖ *Tout roule là-dessus,* todo gira sobre eso.

— V. pr. Revolverse. ‖ Revolcarse : *se rouler sur le gazon, par terre,* revolcarse sobre el césped, en el suelo. ‖ FIG. et FAM. *Se rouler par terre,* tirarse al suelo de risa.
roulette f. Ruedecilla (petite roue). ‖ Ruleta, rodillo (*m.*) trazador (de tailleur). ‖ Ruleta (jeu). ‖ Torno, *m.,* fresa (du dentiste). ‖ — *Patins à roulettes,* patines de ruedas. ‖ — FIG. *Aller comme sur des roulettes,* ir como sobre ruedas, ir como una seda.
rouleur, euse m. et f. FAM. Obrero que cambia a menudo de taller. ‖ — M. Llanista, corredor de

llano (cycliste). || — F. FAM. Zorra (femme publique). || Máquina de liar cigarrillos.

roulier m. (Vx). Carretero (voiturier).

roulière f. Blusón (*m.*) de carretero (blouse).

roulis [ruli] m. Balanceo, balance (d'un bateau, d'un avion). || MAR. *Quille de roulis*, quilla de balance.

roulotte f. Carromato, *m.*, carro (*m.*) de feriante (des forains). || Remolque (*m.*) habitable, caravana (de tourisme).

roulotter v. tr. Hacer un dobladillo (ourler).

roulure f. BOT. Acebolladura. || FIG. et POP. Suripanta, mujer de la vida (prostituée).

roumain, e adj. et s. Rumano, na.

Roumanie n. pr. f. GÉOGR. Rumania.

Roumélie n. pr. f. GÉOGR. Rumelia.

roumi adj. Rumí (nom que les arabes donnent aux chrétiens).

round [raund] m. Asalto, « round » (boxe) : *combat en 15 rounds*, combate en quince asaltos.

roupie f. FAM. Velas, *f. pl.* (humeur du nez). || Rupia (monnaie de l'Inde).

roupiller [rupije] v. intr. POP. Dormir, echar un sueño.

roupilleur, euse [-jœ:r, jø:z] adj. et s. POP. Dormilón, ona.

roupillon [-jõ] m. POP. Sueño (sommeil). || POP. *Piquer un roupillon*, echar una cabezada.

rouquin, e adj. et s. POP. Pelirrojo, ja. || — M. POP. Tintorro, morapio (vin rouge).

rouscaille [ruskα:j] f. POP. Reclamación.

rouscailler [-je] v. intr. POP. Protestar, rajar.

rouscailleur, euse [-jœ:r, jø:z] m. et f. Protestón, ona ; quejica.

rouspétance f. FAM. Protesta, gruñonería.

rouspéter v. intr. FAM. Protestar, rajar, gruñir, refunfuñar. || *Sans rouspéter*, sin chistar.

rouspéteur, euse adj. et s. FAM. Protestón, ona ; gruñón, ona.

roussâtre adj. Rojizo, za.

rousse f. POP. La policía, la poli.

rousseau m. (Vx). Pelirrojo. || Besugo (dorade).

rousselet [ruslɛ] m. Cermeña, *f.* (poire).

rousseline m. Pitpit (oiseau).

rousserolle f. Curruca (oiseau).

roussette f. Lija (squale). || Panique, *m.* (grande chauve-souris).

rousseur f. Color (*m.*) rojo, rubicundez. || *Tache de rousseur*, peca.

roussi, e adj. Tostado, da ; quemado, da ; chamuscado, da. || — M. Olor a quemado, chamusquina, *f.* || FIG. *Sentir le roussi*, oler a chamusquina.

roussiller [rusije] v. tr. Chamuscar.

Roussillon [-jõ] n. pr. m. GÉOGR. Rosellón.

roussin m. Rocín. || POP. Policía, poli. || *Un roussin d'Arcadie*, un asno.

roussir v. tr. Enrojecer (rendre roux). || Chamuscar, quemar (brûler légèrement). || CULIN. Hacer dorar, dar una vuelta (dans un corps gras). || — V. intr. Enrojecer (devenir roux). || Chamuscarse, quemarse ligeramente.

roussissement m. ou **roussissure** f. Chamusquina, *f.*, quemadura, *f.* || CULIN. Dorado, *m.*

routage m. Envío, expedición, *f.*, transporte.

routailler [rutaje] v. tr. Asenderear (le gibier).

route f. Carretera (voie carrossable). || Ruta, vía (voie de communication). || FIG. Camino, *m.*, senda, vía : *suivre la bonne route*, seguir el buen camino. || Curso, *m.*, recorrido, *m.* : *la route du soleil*, el curso del Sol. || MAR. Derrota, rumbo, *m.* || MIL. Itinerario, *m.* || — *Route aérienne, maritime*, vía aérea, marítima. || *Route à grande circulation*, carretera general, de primer orden. || *Route départementale, nationale*, carretera secundaria ou comarcal, nacional. || *Route glissante*, firme resbaladizo. || (Vx). *Route royale*, camino real. || *Route stratégique*, pista militar. || — *Code de la route*, código de circulación. || *Feuille de route*, hoja de ruta. || *Grand-route*, carretera general. || — *Bonne route !*, ¡buen viaje ! || MIL. *En colonne de route*, en columna de viaje. || *En cours de route*, en el camino. || *En route !*, ¡en marcha ! || FAM. *En route, mauvaise troupe !*, ¡adelante ! || — *Barrer la route à quelqu'un*, cortar el paso ou interceptar el camino a uno. || *Faire de la route*, conducir por carretera. || *Faire fausse route*, ir descaminado, errar el camino, equivocarse. || *Faire route avec quelqu'un*, ir acompañado por. || *Faire route vers*, ir en dirección a, seguir el camino hacia. || *Laisser en route*, dejar en el camino. || *Se mettre en route*, ponerse en marcha.

router v. tr. Expedir (la correspondance). || Cursar (un document).

routier, ère adj. De camino, de carreteras : *carte routière*, mapa de carreteras. || — *Gare routière*, estación de autobuses ou de autocares. || *Relais routier*, albergue de carretera. || — M. Corredor de carretera (cycliste). || Guía (scout). || Camionero, conductor de camiones. || MAR. Portulano, atlas marítimo. || — Pl. (Vx). Salteadores de caminos, forajidos. || FAM. *Vieux routier*, perro viejo, hombre de mucha experiencia. || — F. Automóvil (*m.*) para carretera.

routine f. Rutina : *s'affranchir de la routine*, apartarse de la rutina.

routinier, ère adj. Rutinario, ria ; rutinero, ra.

routoir m. Bolsa, *f.*, poza, *f.* (pour rouir le chanvre).

rouverin ou **rouverain** adj. m. Quebradizo.

rouvieux m. VÉTÉR. Sarna (*f.*) perruna, sarna (*f.*) caballar. || — Adj. et s. m. Sarnoso (cheval).

rouvraie [ruvrɛ] f. Robledal, *m.*

rouvre ou **chêne rouvre** m. Roble.

rouvrir* v. tr. et intr. Volver a abrir. || — V. pr. Volverse a abrirse.

roux, rousse [ru, rus] adj. Rojizo, za. || Pelirrojo, ja : *une femme rousse*, una mujer pelirroja. || *Lune rousse*, luna de abril. || — M. et f. Pelirrojo, ja : *une rousse*, una pelirroja. || — M. Color rojizo, *m.* || CULIN. Salsa (*f.*) rubia.

royal, e [rwajal] adj. Real : *famille royale*, familia real. || FIG. Regio, gia : *un luxe royal*, un lujo regio. || — *Aigle royal*, águila real. || *Prince royal*, príncipe heredero. || — OBSERV. *Real* en espagnol a aussi le sens de « réel ».

royale f. Perilla (barbe).

royalement adv. Regiamente, como a un rey. || FAM. *S'en moquer royalement*, importarle a uno un comino, traer sin cuidado.

royalisme m. Monarquismo, realismo.

royaliste adj. et s. Monárquico, ca ; realista. || *Être plus royaliste que le roi*, ser más papista que el papa. || — SYN. *Monarchiste*, monárquico. *Légitimiste*, legitimista.

royalty [rɔjalti] f. Royalty, derechos (*m. pl.*) de autor ou de inventor.

royaume [rwajo:m] m. Reino. || — *Le royaume des cieux*, el reino de los cielos. || *Le royaume des morts, le sombre royaume*, los infiernos. || *Pas pour un royaume*, por nada en el mundo, por todo el oro del mundo. || — *Au royaume des aveugles les borgnes sont rois*, en el país de los ciegos ou en tierra de ciegos el tuerto es rey.

Royaume-Uni n. pr. m. GÉOGR. Reino Unido.

royauté [rwajote] f. Realeza, dignidad real. || Monarquía : *les erreurs de la royauté*, los errores de la monarquía.

ru m. Arroyuelo.

ruade f. Coz : *lancer une ruade,* dar una coz. ‖ Fig. Embestida, embate, *m.*

ruban m. Cinta, *f.* : *ruban adhésif,* cinta adhesiva. ‖ Condecoración, *f.* (décoration). ‖ Archit. Cinta, *f.* (ornement). ‖ — Pl. Culin. Cintas, *f.,* tallarines. ‖ — *Ruban magnétique,* cinta magnetofónica. ‖ *Ruban pour machine à écrire,* cinta de máquina de escribir. ‖ — *Mètre à ruban,* cinta métrica. ‖ *Porter le ruban rouge,* pertenecer a la Legión de Honor.

rubané, e adj. Encintado, da. ‖ *Canon rubané,* cañón fabricado con hierro retorcido.

rubaner v. tr. Encintar. ‖ Dar la forma de una cinta (aplatir en ruban).

rubanerie f. Cintería.

rubaneur, euse adj. Encintador, ra.

rubanier, ère adj. Cintero, ra.
— M. Bot. Platanaria, *f.*

rubéfaction f. Méd. Rubefacción.

rubéfiant, e adj. et s. m. Méd. Rubefaciente.

rubéfier* v. tr. Rubificar.

rubellite f. Min. Turmalina roja.

rubéole f. Méd. Rubéola.

rubéoleux, euse ou **rubéolique** adj. et s. Que tiene la rubéola.

rubescent, e adj. Rubescente.

rubiacées f. pl. Bot. Rubiáceas.

rubican adj. m. et s. m. Rubicán (cheval).

rubicelle f. Rubicela, rubí (*m.*) claro.

Rubicon n. pr. m. Géogr. Rubicón : *franchir le Rubicon,* atravesar el Rubicón.

rubicond, e [rybikɔ̃, ɔ̃:d] adj. Rubicundo, da.

rubidium [rybidjɔm] m. Rubidio (métal).

rubiette f. Pelirrojo, *m.* (oiseau).

rubigineux, euse adj. Herrumbroso, sa ; mohoso, sa.

rubis [rybi] m. Rubí (pierre). ‖ — (Vx) *Rubis balais,* rubí balaje. ‖ *Rubis spinelle,* espinela. ‖ — Fig. *Faire rubis sur l'ongle,* apurar un vaso de vino. ‖ *Payer rubis sur l'ongle,* pagar a toca teja *ou* hasta el último céntimo.

rubrique f. Rúbrica (titre). ‖ Sección, rúbrica (dans un journal). ‖ *Rubrique des chiens écrasés,* sucesos, noticias diversas.

rubriquer v. tr. Adornar con rúbricas.

ruche f. Colmena (d'abeilles). ‖ Nasa (pêche). ‖ Encañonado de tul *ou* encaje. ‖ Fig. Enjambre, *m.,* hormiguero, *m.* (grande agglomération).

ruché m. Banda (*f.*) de encaje *ou* tul.

ruchée f. Enjambre, *m.* (essaim). ‖ Panal de miel.

rucher m. Colmenar (endroit). ‖ Conjunto de colmenas (ensemble).

rucher v. tr. Encañonar, plisar. ‖ Poner una banda de encaje *ou* tul.

rude adj. Áspero, ra ; basto, ta : *peau rude,* piel áspera. ‖ Áspero, ra ; desigual (raboteux) : *chemin rude,* camino desigual. ‖ Bronco, ca : *voix rude,* voz bronca. ‖ Rudo, da ; duro, ra ; penoso, sa ; fatigoso, sa (pénible) : *une rude épreuve,* una ruda prueba. ‖ Duro, ra ; riguroso, sa : *un caractère rude,* un carácter riguroso. ‖ Duro, ra ; riguroso, sa ; crudo, da : *un hiver rude,* un invierno riguroso. ‖ Áspero, ra : *un vin rude,* un vino áspero. ‖ Temible (redoutable) : *rude adversaire,* adversario temible. ‖ Fam. *Un rude gaillard,* un mozo con toda la barba.

rudement adv. Bruscamente, duramente, rudamente. ‖ Fam. Un rato, muy, mucho, cha : *c'est rudement bon,* es un rato bueno.

rudenté, e adj. Archit. Adornado con molduras.

rudenter v. tr. Archit. Adornar con molduras.

rudenture f. Archit. Junquillo, *m.,* moldura (moulure).

rudéral, e adj. Bot. Que crece entre los escombros.

rudération f. Empedrado, *m.*

rudesse f. Aspereza, dureza, tosquedad. ‖ Rudeza (dureté). ‖ Rigor, *m.* (du climat). ‖ *Traiter quelqu'un avec rudesse,* tratar duramente a uno.

rudiment m. Rudimento.

rudimentaire adj. Rudimentario, ria.

rudoiement [rydwamɑ̃] m. Maltrato, maltratamiento.

rudoyer* [-je] v. tr. Maltratar, tratar duramente.

rue f. ● Calle. ‖ Théâtr. Bastidores, *m. pl.* ‖ Ruda (plante). ‖ — *À tous les coins de rue,* a la vuelta de la esquina. ‖ *Grand-rue,* calle mayor. ‖ *Homme de la rue,* hombre de la calle. ‖ *Les rues en sont pavées,* hay por todas partes. ‖ — *Ça court les rues,* hasta los tontos lo saben, es archisabido (connu), es corriente, se encuentra a la vuelta de la esquina (courant). ‖ *Descendre dans la rue,* echarse a la calle.
— Syn. ● *Avenue,* avenida. *Boulevard,* bulevar. *Boulevard extérieur,* camino de circunvalación *ou* de ronda. *Voie publique,* vía pública. *Chemin,* camino. *Artère,* artería. *Ruelle,* callejuela, callejón. *Passage,* pasaje. *Impasse, cul-de-sac,* callejón sin salida.

ruée f. Riada, oleada, avalancha : *la ruée des touristes vers l'Espagne,* la riada de turistas hacia España. ‖ Embestida, acometida.

ruelle f. Callejuela, callejón, *m.* ‖ Espacio (*m.*) entre la cama y la pared (de lit). ‖ (Vx). Alcoba.

ruer v. intr. Cocear, dar coces (le cheval).
— V. pr. Arrojarse, abalanzarse, precipitarse.

rueur, euse adj. et s. Coceador, ra.

ruffian, rufian ou **rufien** m. Rufián.

Rufin n. pr. m. Rufino.

rugby m. Rugby.

rugination f. Méd. Legradura, raspado, *m.*

rugine f. Méd. Legra, raspador, *m.*

ruginer v. tr. Méd. Legrar, raspar.

rugir v. intr. Rugir (le lion, le tigre). ‖ Himplar, rugir (la panthère, l'once). ‖ Fig. Rugir, bramar (de colère).
— V. tr. Proferir : *rugir des menaces,* proferir amenazas.

rugissant, e adj. Rugiente, que ruge.

rugissement m. Rugido. ‖ Fig. Bramido.

rugosité f. Rugosidad, aspereza.

rugueux, euse [rygø, ø:z] adj. ● Rugoso, sa.
— M. Rascador (d'un artifice).
— Syn. ● *Raboteux,* rasposo. *Rêche,* áspero.

ruiler v. tr. Repellar con yeso.

ruine f. Ruina. ‖ — *En ruine,* ruinoso. ‖ *Être, tomber en ruine,* estar, caer en ruinas.
— Syn. *Décombres,* escombros. *Débris,* restos. *Plâtras, gravats, gravois,* cascotes. *Vestiges,* vestigios.

ruiné, e adj. Arruinado, da.

ruiner v. tr. Arrasar, asolar : *la grêle a ruiné les vignes,* el granizo ha asolado las viñas. ‖ Fig. Arruinar, echar a perder : *la débauche a ruiné sa santé,* los excesos han arruinado su salud. ‖ Echar por tierra, anular, invalidar (infirmer) : *objection qui ruine un raisonnement,* objeción que echa por tierra un razonamiento.
— V. pr. Arruinarse.

ruineux, euse adj. Ruinoso, sa.

ruisseau m. Arroyo. ‖ Lecho, cauce de un arroyo (lit). ‖ Arroyo, cuneta, *f.* (dans une rue). ‖ Fig. Río (de larmes). ‖ — *Tirer du ruisseau,* sacar del arroyo. ‖ *Traîner dans le ruisseau,* ser muy corriente *ou* vulgar (être commun), poner por los suelos *ou* de vuelta y media *ou* como los trapos (avilir).

ruisselant, e adj. Chorreando, que chorrea. ‖ Fig. Rutilante, brillante : *ruisselant de pierreries,* rutilante de pedrerías. ‖ *Ruisselant de sueur,* chorreando sudor, sudando la gota gorda.

ruisseler* v. intr. Chorrear. ‖ Fig. Brillar.

ruisselet [rɥislɛ] m. Arroyuelo, regato.

ruissellement [rɥisɛlmɑ̃] m. Chorreo, chorro. ‖

Brillo, resplandor, destellos, *pl.* (de lumière). ||
Arroyada, *f.* (écoulement des eaux).

ruisson m. Canal de desagüe, desagüadero.

rumb [rɔ:b] m. MAR. Rumbo (rhumb).

rumba f. Rumba (danse). || *Danser la rumba*, bailar la rumba, rumbearse.

rumen m. Panza, *f.*

rumeur f. Rumor, *m.* || *Rumeur publique*, vox populi, rumor general.

rumex m. BOT. Rúmex, romaza, *f.*

ruminant, e adj. et s. m. Rumiante.

rumination f. ou **ruminement** m. Rumia, *f.*

ruminer v. tr. Rumiar. || FIG. Rumiar, dar vueltas a un asunto.

rumsteck [romstek] m. V. ROMSTECK.

runes f. pl. Runas (écriture).

runique adj. Rúnico, ca.

ruolz [ryɔls] m. Ruolz, metal blanco.

Rupert [rypɛ:r] n. pr. m. Ruperto.

rupestre adj. Rupestre.

rupicole m. Gallo de roca (oiseau).

rupin, e adj. et s. POP. Ricachón, ona ; pudiente. || Adj. POP. Elegantón, ona.

rupteur m. ÉLECTR. Ruptor, interruptor.

rupture f. Rotura (d'un câble, d'une poutre). || Quebrantamiento, *m.* (du jeûne). || Ruptura (d'un contrat, des hostilités, des relations diplomatiques). || Rotura, fractura (d'un os). || *— Rupture de ban*, quebrantamiento de destierro. || ÉLECTR. *Courant de rupture*, corriente de ruptura. || MIL. *Projectile de rupture*, proyectil perforante.

rural, e adj. Rural, del campo, agrícola : *les problèmes ruraux*, los problemas rurales. — M. pl. Campesinos, aldeanos.

ruse f. Astucia, ardid, *m.*, artimaña, añagaza : *user de ruse*, valerse de astucias.

— SYN. *Artifice*, artificio. *Finesse*, ardid, triquiñuela. *Stratagème*, estratagema. *Astuce*, astucia. *Perfidie*, perfidia. *Machiavélisme*, maquiavelismo. *Finasserie*, trapacería. *Rouerie*, astucia, pillería. Pop. *Roublardise*, marrullería, picardía.

rusé, e adj. et s. Astuto, ta ; artero, ra.

ruser v. intr. Usar de ardides, obrar con astucia.

rush [rœʃ] m. Esfuerzo final, « sprint » (dans une course). || Riada, *f.*, oleada, *f.*, avalancha, *f.* (ruée).

russe adj. et s. Ruso, sa. || — M. Ruso (langue).

Russie n. pr. f. GÉOGR. Rusia.

russification f. Rusificación.

russifier* v. tr. Rusificar.

russophile adj. et s. Rusófilo, la.

russule f. Rúsula (champignon).

rustaud, e [rysto, o:d] adj. et s. Rústico, ca ; patán ; tosco, ca ; palurdo, da.

rustauderie f. Rusticidad, grosería, patanería.

rusticage m. CONSTR. Mezcla muy clara.

rusticité f. Rusticidad.

Rustine f. Parche, *m.* (de caoutchouc).

rustique adj. Rústico, ca.
— M. Escoda, *f.* (marteau de tailleur de pierre).

rustiquer v. tr. Escodar, tallar rústicamente (tailler). || Revocar una pared en estilo rústico (crépir).

rustre adj. Grosero, ra (grossier). || Zafio, fia ; basto, ta (sans éducation).
— M. Patán.

rustrerie f. Grosería, zafiedad.

rut [ryt] m. Celo (des animaux).

rutabaga m. Colinabo, nabo sueco.

rutacées f. pl. BOT. Rutáceas.

Ruth [ryt] n. pr. f. Rut.

ruthène adj. et s. Ruteno, na.

Ruthénie n. pr. f. GÉOGR. Rutenia.

ruthénium [rytenjɔm] m. Rutenio (métal).

rutilance f. ou **rutilement** m. Brillo, *m.*, aspecto (*m.*) rutilante.

rutilant, e adj. Rutilante.

rutile m. MIN. Rutilo, crispita, *f.*

rutiler v. intr. Rutilar. || FIG. Resplandecer, brillar.

rythme m. Ritmo.
— SYN. *Mesure*, compás. *Cadence*, cadencia.

rythmé, e adj. Rítmico, ca ; cadencioso, sa.

rythmer v. tr. Ritmar, dar ritmo, hacer rítmico.

rythmique adj. et s. f. Rítmico, ca.

S

s m. S, *f.*

— OBSERV. La *s* francesa se pronuncia como la española : 1º en principio de palabras, como *savoir* (saber) ; 2º al final de algunas voces, sobre todo de origen extranjero, como *atlas*, *pancreas*, particularmente en nombres propios (*Damas*, *Caracas*, *Texas*) ; 3º en medio de dicción cuando está duplicada, como en *passage*, pasaje ; *lasser*, cansar, o cuando va seguida de consonante, como en *presque*, casi ; *pastèque*, sandía.
Se pronuncia como *z* francesa : 1º entre dos vocales, como en *rose*, rosa ; *friser*, rizar ; 2º en final de dicción enlazada con palabra que empiece por vocal o *h* muda, como *ses amis*, sus amigos ; *trois hommes*, tres hombres. No se suele pronunciar al final de las palabras (*pas*) excepto en algunos casos mencionados anteriormente.
Exceptúanse ciertos compuestos con prefijos, como *parasol*, *monosyllabe*, *antiseptique*, en los que la *s* francesa se pronuncia como la *s* española.
En los compuestos que empiezan con *les*, *des*, *mes*, la *s* es muda : *lesquels*, los cuales ; *mesdames*, señoras ;

desquels, de los cuales. También es muda en varios nombres propios que empiezan por *des* seguidos de consonante, como *Descartes*, *Despréaux*.

sa adj. poss. f. Su. (V. SON.)

sabayon m. Especie de natillas.

sabbat [saba] m. RELIG. Sábado (jour de repos pour les juifs). || Aquelarre (des sorciers). || FIG. et FAM. Algazara, *f.*, escandalera, *f.* (vacarme).

sabbathien, enne [sabatjɛ̃, jɛn] m. et f. Sabatino, na.

sabbatine adj. f. et s. f. Sabatina.

sabbatique adj. Sabático, ca.

sabéen, enne [sabeɛ̃, ɛn] adj. et s. Sabeo, a.

sabéisme m. RELIG. Sabeísmo (hérésie).

sabelle f. ZOOL. Sabela (ver marin).

sabellianisme m. Sabelianismo (hérésie).

sabellien, enne adj. et s. Sabeliano, na (hérétique).
sabin, e adj. et s. Sabino, na. ‖ — F. Bot. Sabina.
Sabine n. pr. f. Sabina.
Sabinien n. pr. m. Sabiniano.
sabir m. Lengua (f.) franca utilizada antiguamente en los puertos del Mediterráneo. ‖ Fam. Jerigonza, f.
sablage m. Enarenamiento. ‖ Arenado, limpieza (f.) con chorro de arena.
sable m. Arena, f. : *sables mouvants,* arenas movedizas. ‖ Méd. Arenilla, f. (calcul). ‖ Blas. Sable (noir). ‖ Zool. Cibelina, f. (martre). ‖ — Fig. *Avoir du sable dans les yeux,* tener los ojos cargados de sueño. | *Bâtir sur le sable,* edificar sobre arena.
— Syn. *Gravier,* grava. *Sablon,* arenilla. *Gravillon,* gravilla.
sablé, e adj. Enarenado, da.
— M. Galleta (f.) parecida al polvorón (pâtisserie).
sabler v. tr. Enarenar (un jardin, une voie ferrée). ‖ Techn. Arenar, limpiar con chorro de arena (décaper). ‖ Fig. Beber de un golpe (vins). ‖ *Sabler le champagne,* celebrar algún acontecimiento con champaña.
sableur m. Obrero que moldea con arena. ‖ Obrero que limpia con arena.
sableux, euse adj. Arenoso, sa.
— F. Techn. Arenador, m.
sablier m. Ampolleta, f., reloj de arena (horloge). ‖ Salvadera, f., arenillero (pour sécher l'encre). ‖ Azufrador (de vignes).
sablière f. Arenal, m. (carrière). ‖ Constr. Solera (charpente). ‖ Techn. Arenero, m. (locomotive).
sablon m. Arenilla, f.
sablonner v. tr. Limpiar con arena, arenar.
sablonneux, euse adj. Arenoso, sa.
sablonnière f. Arenal, m. (lieu).
sabord [sabɔːr] m. Mar. Porta, f.
sabordage ou **sabordement** m. Mar. Barreno. ‖ Fig. Suspensión (f.) voluntaria (d'un journal).
saborder v. tr. Mar. Dar barreno, barrenar. ‖ Fig. Dar barreno, hacer fracasar (faire échouer).
— V. pr. Suspender voluntariamente (une entreprise financièrement viable). ‖ Mar. Hundir voluntariamente un navío.
sabot [sabo] m. Casco (chevaux), pezuña, f. (ruminants). ‖ ● Zueco, almadreña, f. (chaussure de bois). ‖ Peonza, f. (toupie). ‖ Techn. Zapata, f. (de frein). | Azuche (de pieu). ‖ Pop. Cacharro, trasto. ‖ Polibán (baignoire-sabot). ‖ Carrito (au baccara). ‖ — Fig. et fam. *Avoir du foin dans les sabots,* estar forrado (paysan). | *Dormir comme un sabot,* dormir como un tronco. | *Je te vois venir avec tes gros sabots,* te conozco mascarita aunque vengas disfrazada. ‖ *Sabot de Denver,* cepo (pour bloquer une voiture).
— Syn. ● *Galoche,* galocha. *Socque,* chanclo.
sabotage m. Sabotaje (détérioration).
saboter v. intr. Hacer ruido con los zuecos. ‖ Fabricar zuecos. ‖ Jugar a la peonza.
— V. tr. Techn. Poner azuche a. ‖ Fig. Sabotear, deteriorar : *saboter une entreprise,* sabotear una empresa. | Chapucear, frangollar (bâcler).
saboterie [sabɔtri] f. Fábrica de zuecos.
saboteur, euse m. et f. Saboteador, ra. ‖ Chapucero, ra (qui travaille mal).
sabotier, ère m. et f. Almadreñero, ra (qui fait des sabots). ‖ — F. Danza rústica (danse).
sabouler v. tr. Fam. Zamarrear, sacudir (réprimander).
sabre m. Sable : *mettre sabre au clair,* desenvainar el sable. ‖ — *Sabre-baïonnette,* cuchillo bayoneta. ‖ *Sabre d'abattis,* machete. ‖ Fam.

Sabre de bois!, ¡caramba!, ¡canastos! ‖ — *Coup de sabre,* sablazo. ‖ *Traîneur de sabre,* perdonavidas, militarote fanfarrón. ‖ — *Faire du sabre,* tirar el sable (escrime).
sabrer v. tr. Acuchillar, dar sablazos a (frapper avec le sabre). ‖ Fig. et fam. Chapucear, frangollar (bâcler). | Tachar (biffer). | Criticar.
sabretache [sabrataʃ] f. (Vx). Mil. Portapliegos, m.
sabreur m. (Vx). Esgrimidor de sable. ‖ Fig. et fam. Chapucero (mauvais ouvrier).
saburral, e adj. Méd. Saburral.
sac [sak] m. ● Saco (pour marchandises). ‖ Bolso (sac à main). ‖ Bolsa, f. (en papier fin), cartucho (en papier fort). ‖ Talego, talega, f. (de toile). | Costal (pour les céréales). ‖ Bolsa, f. : *le sac du plombier,* la bolsa del fontanero. ‖ Sayal (de moine). ‖ Mar. Saco. ‖ Pop. Panza, f., andorga, f. (ventre). ‖ — *Sac à dos,* mochila, f. (de soldat ou de camping). ‖ *Sac à malice,* saco de prestidigitador. ‖ *Sac à ouvrage,* bolsa de labores. ‖ *Sac à pain, à linge,* talega de pan, de ropa sucia. ‖ *Sac à provisions,* bolsa para la compra. ‖ Mil. *Sac à terre,* saco terrero. ‖ Fam. *Sac à vin,* zaque, borracho. ‖ *Sac de couchage,* saco de dormir. ‖ *Sac de voyage,* bolso de viaje. ‖ *Sac postal,* saca de correspondencia. ‖ — *Course en sac,* carrera de sacos. ‖ *Homme de sac et de corde,* bandido. ‖ *Robe sac,* vestido saco. ‖ — *Ils sont à mettre dans le même sac,* son de la misma ralea. ‖ Fam. *L'affaire est dans le sac,* el negocio es cosa hecha *ou* está en el bote *ou* está chupado. ‖ Fig. *Prendre quelqu'un la main dans le sac,* coger a alguien con las manos en la masa *ou* infraganti. ‖ Fam. *Vider son sac,* desahogarse, vaciar el saco (de gré), desembuchar (de force).
— Syn. ● *Bissac,* bizaza (p. us.), alforja. *Besace,* alforjas. *Havresac,* mochila, morral.
sac [sak] m. Saqueo, saco (pillage). ‖ *Mettre à sac,* saquear, entrar a saco en.
saccade f. Sofrenada, sobarbada (chevaux). ‖ Tirón, m. : *arracher une dent d'une saccade,* arrancar una muela de un tirón.
saccadé, e adj. Brusco, ca ; a tirones (mouvement). ‖ Entrecortado, da (voix). ‖ Irregular (pouls, etc.). ‖ Nervioso, sa (rire). ‖ Fig. Cortado, da (style).
saccage m. Saqueo, saco.
saccager* v. tr. Saquear, asolar (mettre à sac). ‖ Destrozar, hacer polvo (détériorer). ‖ Fam. Revolver, trastornar (bouleverser).
saccageur, euse adj. et s. Saqueador, ra.
saccharase f. Invertina (invertine, sucrase).
saccharate m. Chim. Sacarato.
saccharifère adj. Sacarífero, ra.
saccharification f. Sacarificación.
saccharifier* v. tr. Sacarificar.
saccharimètre m. Techn. Sacarímetro.
saccharimétrie f. Techn. Sacarimetría.
saccharin, e adj. Sacarino, na.
saccharine f. Chim. Sacarina.
saccharoïde adj. Sacaroideo, a.
saccharol m. Sacarol.
saccharolé m. Sacarolado.
saccharomyces [sakarɔmisɛs] m. Sacaromicetos.
saccharose m. Chim. Sacarosa, f.
saccharure m. Sacaruro.
saccule m. Anat. Sáculo.
sacculine f. Especie parásita de cirrópodo.
sacerdoce [sasɛrdɔs] m. Sacerdocio.
sacerdotal, e adj. Sacerdotal.
sachée f. Saco, m., talegada (contenu).
sachem [saʃɛm] m. Sachem.
sachet [saʃɛ] m. Saquito, bolsita, f. (petit sac). ‖ Almohadilla (f.) perfumada. ‖ Sobrecito (de safran), sobre (soupe, thé). ‖ Méd. Papelillo (de bismuth). ‖ Mil. Saquete (de canon).

sacoche f. Bolso, *m.*, morral, *m.*, talego, *m.* (bourse). ‖ Cartera (de bicyclette, d'écolier, du facteur). ‖ Bolsa, zurrón, *m.* (du harnais). ‖ *Sacoche à outils*, bolsa de herramientas.

sacolève f. ou **sacoléva** m. MAR. Sacoleva, *f.*

sacquer v. tr. V. SAQUER.

sacramentaire m. RELIG. Sacramentario, misal (livre). ‖ — Pl. Sacramentarios (secte).

sacramental m. Sacramental.

sacramentel, elle adj. Sacramental.

sacre m. Consagración, *f.* (d'un évêque). ‖ Coronación, *f.* (d'un roi). ‖ ZOOL. Sacre (gerfaut). ‖ *Le sacre du printemps*, la consagración de la primavera.

sacré, e adj. ● Sagrado, da : *feu sacré*, fuego sagrado. ‖ FAM. Maldito, ta ; dichoso, sa : *sacré menteur!*, ¡maldito embustero! ; *ce sacré monde*, este maldito mundo. ‖ Imponente, fenomenal : *il a un sacré talent!*, ¡tiene un talento imponente ! ‖ — ECCLÉS. *Le Sacré Collège*, el Sacro Colegio. ‖ FAM. *Une sacrée chance*, una chamba, una chiripa. ‖ *Un sacré temps*, un tiempo horrible, un asco de tiempo. ‖ *Voie sacrée*, vía sacra.
— M. Lo sagrado.
— SYN. ● *Inviolable*, inviolable. *Intangible*, intangible. *Tabou*, tabú.

sacré, e adj. ANAT. Sacro, cra (du sacrum).

sacrebleu! interj. !Diantre!, ¡rediez!

Sacré-Cœur [sakrekœ:r] m. Sagrado Corazón.

sacrement m. RELIG. Sacramento. ‖ — *Le saint sacrement*, el Santísimo Sacramento. ‖ *Recevoir les derniers sacrements*, recibir los sacramentos.

sacrément adv. FAM. De lo más, en grado sumo.

sacrer v. tr. Consagrar (consacrer). ‖ Coronar (un roi).
— V. intr. Jurar, blasfemar (jurer). ‖ Soltar tacos (dire des gros mots).

sacret [sakrε] m. ZOOL. Sacre, terzuelo (faucon).

sacrifiable adj. Sacrificable.

sacrificateur, trice m. et f. Sacrificador, ra.

sacrificatoire adj. Sacrificatorio, ría.

sacrifice m. Sacrificio. ‖ *Faire le sacrifice de*, sacrificar.
— SYN. *Dévouement*, abnegación. *Abnégation*, abnegación. *Holocauste*, holocausto. *Renonciation*, renunciación. *Altruisme*, altruismo.

sacrifier* v. tr. Sacrificar.
— V. intr. Ofrecer un sacrificio : *sacrifier aux dieux*, ofrecer un sacrificio a los dioses. ‖ *Sacrifier à la mode*, seguir la moda. ‖ *Sacrifier à une passion*, entregarse a una pasión.
— V. pr. Sacrificarse : *se sacrifier sur l'autel de l'amitié*, sacrificarse en aras de la amistad.

sacrilège adj. et s. Sacrílego, ga.
— M. Sacrilegio (acte).

sacripant m. Bribón, tuno, pillo.

sacristain m. ECCLÉS. Sacristán.

sacristi! ou **sapristi!** interj. FAM. ¡Caramba !

sacristie f. Sacristía.

sacristine f. Sacristana (religieuse).

sacro-saint, e adj. Sacrosanto, ta.

sacrovertébral, e adj. Sacrovertebral.

sacrum [sakrɔm] m. ANAT. Sacro, hueso sacro.

sadique adj. et s. Sádico, ca.

sadisme m. Sadismo.

saducéen ou **sadducéen, enne** [sadyseε̃, εn] adj. et s. Saduceo, a.

safran m. Azafrán (plante et gouvernail). ‖ *Safran bâtard*, azafrán bastardo, alazor, romí.

safrané, e adj. Azafranado, da.

safraner v. tr. Azafranar.

safranier m. Azafranero.

safranière f. Azafranal, *m.*

safre m. MIN. Zafre.

saga f. Saga.

sagace adj. Sagaz.

sagacité f. Sagacidad.

sagaie [sagε] f. Azagaya (javelot).

sagard [saga:r] m. Aserrador.

sage adj. Prudente, cuerdo, da : *un sage conseiller*, un consejero prudente ; *tu es fou, il est sage*, estás loco, él es cuerdo. ‖ Moderado, da (modéré). ‖ Sensato, ta : *de sages paroles*, palabras sensatas. ‖ Honesto, ta (conduite, mœurs). ‖ Tranquilo, la ; bueno, na : *les enfants doivent être sages*, los niños tienen que ser buenos *ou* quedarse tranquilos. ‖ Seria, formal, casta (femme). ‖ *Être sage comme une image*, ser bueno como un santo.
— M. Sabio. ‖ Consejero técnico. ‖ *Les sept sages de la Grèce*, los siete sabios de Grecia.

sage-femme f. Comadrona, partera.
— OBSERV. Pl. *sages-femmes*.

sagesse f. Sabiduría, cordura, prudencia : *agir avec sagesse*, obrar con sabiduría, con cordura. ‖ Buena conducta, docilidad, obediencia (d'un enfant) : *prix de sagesse*, premio de buena conducta. ‖ Sensatez : *la sagesse d'une réponse*, la sensatez de una contestación. ‖ Formalidad, seriedad (femme). ‖ Sabiduría (connaissance). ‖ RELIG. Sabiduría, sapiencia : *le livre de la Sagesse*, el libro de la Sabiduría. ‖ *Dent de sagesse*, muela del juicio.
— OBSERV. *Sabiduría*, en espagnol, a surtout le sens de *science*, de même que *sabio* a celui de *savant*.

sagittaire f. BOT. Sagitaria.
— M. Sagitario (archer). ‖ ASTR. Sagitario.

sagittal, e adj. Sagital.

sagitté, e adj. Sagitado, da.

Sagonte n. pr. GÉOGR. Sagunto.

sagou m. Sagú (fécule).

sagouin m. ZOOL. Zagüí, sagüí.

sagouin, e [sagwε̃, in] adj. et s. FAM. Marrano, na ; gorrino, na ; cochino, na (malpropre).

sagoutier ou **sagouier** m. BOT. Sagú.

Sahara n. pr. m. GÉOGR. Sahara, Sáhara.

saharien, enne adj. et s. Sahariano, na ; sahárico, ca ; del Sahara.

saie f. Sayo, *m.* (manteau). ‖ Sedera (d'orfèvres).

saietter [sεjεte] v. tr. Sedear.

saïga m. ZOOL. Saiga.

saignant, e [sεɲɑ̃, ɑ̃:t] adj. Sangriento, ta ; sangrante : *blessure saignante*, herida sangrante. ‖ FIG. *Plaie encore saignante*, herida no cicatrizada (douleur récente). ‖ *Viande saignante*, carne poco hecha.

saignée [-ɲe] f. MÉD. Sangría. ‖ ANAT. Sangría, sangradura (pli du coude). ‖ Sangría (d'un arbre). ‖ Sangradera, sangradura (rigole). ‖ FIG. et FAM. Sangría (sacrifice d'argent).

saignement [-ɲəmɑ̃] m. Desangramiento. ‖ *Saignement de nez*, hemorragia nasal.

saigner v. tr. Sangrar : *saigner un malade*, sangrar a un enfermo. ‖ Desangrar : *saigner un agneau*, desangrar un cordero. ‖ Desangrar (terrain). ‖ FIG. et FAM. Chupar la sangre a, sangrar a, sacar todo el dinero a (quelqu'un). ‖ *Saigner quelqu'un à blanc*, desangrarle a uno (médecine), esquilmarle a uno (dépouiller).
— V. intr. Echar sangre, sangrar : *saigner du nez*, echar sangre por la nariz, sangrar por la nariz. ‖ — *Saigner comme un bœuf*, sangrar como un cochino ou un toro. ‖ — FIG. *La plaie saigne encore*, la herida está aún abierta.
— V. pr. Sangrarse. ‖ FIG. et FAM. Sacrificarse, dar más de lo que se puede. ‖ FIG. et FAM. *Se saigner aux quatre veines*, dar cuanto se tiene.

saigneur m. Sangrador.

saigneux, euse adj. Ensangrentado, da ; sangriento, ta.

saillant [sajɑ̃] m. Saliente.

saillant, e [sajɑ̃, ɑ̃:t] adj. Saliente, saledizo, za ; voladizo, za (qui fait saillie). ‖ Saltón, ona : *yeux*

saillants, ojos saltones. ‖ FIG. Destacado, da ;
notable : *les événements les plus saillants d'une
époque*, los acontecimientos más destacados de
una época. | Agudo, da ; sobresaliente : *idée sail-
lante*, idea aguda.

saillie f. ARCHIT. Vuelo, *m.*, voladizo, *m.*, saliente,
m., saledizo, *m.* ‖ Bulto, *m.* (relief) : *en saillie*,
de bulto. ‖ Relieve, *m.* (peinture). ‖ Protuberancia, prominencia (protubérance). ‖ Ímpetu, *m.*,
arranque, *m.*, arrebato, *m.* (élan). ‖ FIG. Agudeza,
detalle, *m.*, ocurrencia (trait d'esprit). ‖ ZOOL.
Cubrición, monta (accouplement). ‖ *Faire saillie*,
emerger, salir.

saillir [sajiːr] v. intr. Saltar, manar, brotar
(jaillir). ‖ ARCHIT. Sobresalir, volar (un balcón).
— V. tr. ZOOL. Cubrir, montar (couvrir).
— OBSERV. Este verbo sólo se conjuga en la 3ª persona del singular y del plural de tiempos simples y
compuestos, y en el participio.

saïmiri m. ZOOL. Saimirí.

sain, e [sɛ̃, sɛːn] adj. ● Sano, na. ‖ Saneado,
da : *des finances saines*, hacienda saneada. ‖ —
Sain de corps et d'esprit, sano de cuerpo y alma.
‖ *Sain et sauf*, sano y salvo ; ileso. ‖ — *Être sain
d'esprit*, estar en su sano juicio.
— SYN. ● *Salubre*, salubre. *Salutaire*, saludable.

sainbois ou **sain-bois** [sɛ̃bwa] m. BOT. Torvisco
(garou).

saindoux [sɛ̃du] m. Manteca (*f.*) de cerdo.

sainement [sɛnmɑ̃] adv. Sanamente (d'une manière saine). ‖ FIG. Juiciosamente (judicieusement).

sainfoin m. BOT. Esparceta, *f.*, pipirigallo, gallocresta, *f.*

saint, e adj. Santo, ta : *une vie sainte*, una vida
santa ; *la semaine sainte*, la Semana Santa. ‖ Sagrado, da : *l'Écriture sainte*, la Sagrada Escritura ;
la Sainte Famille, la Sagrada Familia ; *l'histoire
sainte*, la historia sagrada. ‖ — *La Saint-Jean*, el
día de San Juan. ‖ *La Saint-Sylvestre*, el día de
Nochevieja. ‖ *La (Très) Sainte Vierge*, la Virgen
Santísima. ‖ *Le Saint Empire romain germanique*, el Sacro Imperio Romano Germánico. ‖
Les Lieux saints o *la Terre sainte*, Tierra Santa.
‖ *Toute la sainte journée*, todo el santo día. ‖ *Un
saint homme*, un santo varón.
— M. et f. ● Santo, ta. ‖ — *Saint des saints*,
sanctasanctórum. ‖ — *Ne savoir à quel saint se
vouer*, no saber a qué santo encomendarse. ‖ *Prêcher pour son saint*, alabar a su santo, barrer
hacia adentro.
— OBSERV. *Saint* se escribe con minúscula delante de
un nombre propio : *saint Paul*. Se escribe con mayúscula
para designar una fiesta : *la Saint-Sylvestre*.
— Devant les noms des saints *Domingo, Tomé, Tomás
et Toribio*, on met *santo* au lieu de *san*.
— SYN. ● *Bienheureux*, bienaventurado. *Élu*, elegido.

Saint-Barthélemy (la) f. HIST. La noche de San
Bartolomé.

saint-bernard [sɛ̃bɛrnaːr] m. inv. ZOOL. Perro
de San Bernardo.

saint-crépin m. inv. Herramientas (*f. pl.*) de zapatero. ‖ FIG. Bártulos, *pl.* (objets).

saint-cyrien m. Cadete de la Academia General Militar de Saint Cyr [actualmente en Coët-
quidan].
— OBSERV. Pl. *saint-cyriens*.

Saint-Domingue [sɛ̃dɔmɛ̃ːg] n. pr. GÉOGR.
Santo Domingo.

sainte-barbe f. inv. MAR. Santabárbara.

Saint-Esprit [sɛ̃tɛspri] m. Espíritu Santo. ‖ *Par
l'opération du Saint-Esprit*, por arte de magia,
por arte de birlibirloque, por obra y gracia del
Espíritu Santo.

sainteté f. Santidad. ‖ *Sa Sainteté*, su Santidad.

saint-frusquin m. inv. POP. Bártulos, *pl.*

saint-germain m. inv. Variedad de pera de agua.

Saint-Glinglin (à la) loc. adv. FAM. Cuando
las ranas críen pelo, dentro de mucho tiempo,
nunca.

saint-honoré m. inv. Pastel con nata (gâteau).

Saint-Jacques-de-Compostelle n. pr. GÉOGR.
Santiago de Compostela.

Saint-Marin n. pr. m. GÉOGR. San Marino.

Saint-Office [sɛ̃tɔfis] m. Santo Oficio.

Saint-Père m. Santo Padre (le pape).

Saint-Pétersbourg n. pr. San Petersburgo.

saint-pierre m. Pez de san Pedro.

Saint-Quentin n. pr. GÉOGR. et HIST. San Quintín.

Saint-Sébastien n. pr. GÉOGR. San Sebastián.

Saint-Siège m. Santa Sede, *f.*

saint-simonien, enne adj. et s. PHILOS. Sansimoniano, na.

saint-simonisme m. PHILOS. Sansimonismo.

saisi e adj. et s. DR. Embargado, da. ‖ Recogido,
da ; retirado, retirada de la circulación (journal).
‖ Decomisado, da (à la douane).

saisie f. DR. Embargo, *m.* incautación : *saisie
conservatoire*, embargo preventivo. ‖ Recogida,
secuestro, *m.*, retirada de la circulación (d'un
journal). ‖ MAR. Embargo, *m.* (d'un navire). ‖ Decomiso, *m.* (à la douane). ‖ *Saisie des données*,
toma de datos (en informatique).

saisie-arrêt f. DR. Embargo (*m.*) de retención.
— OBSERV. Pl. *saisies-arrêts*.

saisie-brandon f. DR. Embargo (*m.*) de la cosecha
en pie.
— OBSERV. Pl *saisies-brandons*.

saisie-exécution f. DR. Ejecución de embargo.
— OBSERV. Pl. *saisies-exécutions*.

saisie-gagerie f. DR. Embargo (*m.*) provisional.
— OBSERV. Pl. *saisies-gageries*.

saisie-revendication f. DR. Embargo (*m.*) de
bienes litigiosos.
— OBSERV. Pl. *saisies-revendications*.

saisine f. DR. Toma de posesión. ‖ MAR. Trapa
(cordage).

saisir v. tr. Agarrar, asir, coger : *saisir par le poignet*, agarrar por la muñeca. ‖ Coger, prender :
saisir un bandit, prender a un bandido. ‖ CULIN.
Soasar (exposer à feu vif). ‖ FIG. Captar, comprender : *saisir une pensée*, captar un pensa-
miento. | Aprovechar : *saisir l'occasion*, aprove-
char la ocasión. | Sobrecoger (le froid, la
peur, etc.). | Sorprender, pasmar, dejar estupe-
facto *ou* pasmado (surprendre). ‖ DR. Embargar :
saisir un mobilier, embargar un mobiliario. | In-
cautarse de : *l'État a saisi ses biens*, el Estado se
ha incautado de sus bienes. | Decomisar (à la
douane). ‖ Someter a : *saisir une commission d'un
projet de loi*, someter un proyecto de ley a una
comisión. | Recoger, secuestrar, retirar de la
circulación. ‖ Apoderarse de : *saisir les rênes de
l'État*, apoderarse de las riendas del Estado. ‖ Ver
(voir). ‖ Oír, sentir (entendre). ‖ — *Le comité est
saisi d'un rapport*, el comité tiene ante sí un
informe. ‖ *Saisir les tribunaux*, apelar a la justicia.
— V. pr. DR. Hacerse cargo de. ‖ Coger, agarrar : *se saisir d'une carabine*, coger una carabina.

saisissable adj. DR. Embargable. ‖ Que se puede
coger. ‖ Comprensible.

saisissant, e adj. Sorprendente, que deja pasmado,
pasmoso, sa (surprenant). ‖ Penetrante, que sobre-
coge (froid). ‖ DR. Que embarga. | Que recoge
ou retira de la circulación (un journal).
— M. Embargante.

saisissement m. Sobrecogimiento (de froid, un
frayeur). ‖ FIG. Pasmo, sobrecogimiento (émotion).

saison f. Estación. ‖ Tiempo, *m.*, época : *saison
des semailles*, época de siembras. ‖ Tiempo, *m.* :

fruit de saison, fruta del tiempo. ‖ Temporada (dans une station thermale ou autre). ‖ Temporada (de théâtre, sports, etc.). ‖ — *La belle saison,* la buena temporada. ‖ *La saison nouvelle,* la primavera. ‖ — *De demi-saison,* de entretiempo. ‖ *Hors de saison,* inoportuno, na. ‖ *Marchand des quatre-saisons,* verdulero ambulante. ‖ *Morte-saison,* temporada de calma *ou* de poca venta. ‖ *Tarif hors saison,* tarifa de fuera de temporada (hôtel), de temporada baja (avion). ‖ — *Faire la saison,* hacer su agosto (un commerçant).

saisonnier, ère adj. Estacional. ‖ De la temporada, temporal.
— M. Obrero estacional, temporero.

sajou [saʒu] m. ZOOL. Sajú, mono capuchino.

saké ou **saki** m. Sakí (boisson).

saki m. ZOOL. Sakí (singe).

salace adj. Salaz.

salade f. Ensalada : *salade de tomates,* ensalada de tomates. ‖ Ensaladilla : *salade russe,* ensaladilla rusa. ‖ Escarola (scarole), lechuga (laitue). ‖ FAM. Follón, *m.,* mezcolanza (mélange). | Lío, *m.,* cuento, *m.* (boniment). ‖ FAM. Celada (casque). ‖ — *Salade de fruits,* macedonia de frutas. ‖ — FAM. *Panier à salade,* coche celular. ‖ — FAM. *Faire une salade,* enredar, confundirlo todo.

saladero m. Saladero (où l'on sale de la viande en Amérique du Sud).

saladier m. Ensaladera, *f.*

salage m. Salazón, *f.,* saladura, *f.*

salaire m. Salario, jornal (journalier), sueldo (mensuel). ‖ FIG. Recompensa, *f.* (récompense), castigo, merecido (châtiment). ‖ — *Salaire de base,* sueldo base. ‖ *Salaire de misère,* sueldo de hambre.

salaison f. Salazón, saladura. ‖ Salazón (denrée alimentaire salée).

salamalec [salamalɛk] m. FAM. Zalema, *f.*

salamandre f. ZOOL. Salamandra. ‖ Salamandra (poêle).

Salamanque n. pr. GÉOGR. Salamanca.

salami m. Especie (*f.*) de salchichón. [*Amér.,* salame.]

salangane f. Salangana (oiseau).

salanque f. Saladar, *m.,* marisma.

salant adj. Salino, na. ‖ *Marais salant,* salina.
— M. Marisma, *f.*

salarial, e adj. Salarial.

salariat [salarja] m. Salariado.

salarié, e adj. et s. Asalariado, da.

salarier* v. tr. Asalariar.

salaud, e [salo, o:d] m. et f. POP. Puerco, ca ; cochino, na ; sucio, cia (sale). ‖ FIG. Sinvergüenza, canalla, indecente.

sale adj. Sucio, cia (malpropre). ‖ Sucio, cia : *un blanc sale,* un blanco sucio. ‖ FIG. Sucio, cia ; inmundo, da ; indecente (qui blesse la pudeur). | Sucio, cia (contraire à l'honneur). ‖ FAM. Malo, la : *une sale affaire,* mal negocio, asunto malo ; *un sale tour,* una mala jugada (très désagréable) ‖ — *Un sale type,* una mala persona. — *Être sale comme un peigne,* estar más sucio que el palo de un gallinero. ‖ *Quel sale temps!,* ¡vaya un tiempo de perros !

salé, e adj. Salado, da. ‖ FIG. et FAM. Picante (piquant), subido, da de tono, verde (grivois). ‖ FAM. Excesivo, va ; disparatado, da : *une note salée,* una cuenta disparatada.
— M. Carne (*f.*) de cerdo salada. ‖ *Petit salé,* saladillo.

salègre m. Piedra de sal (pour le bétail).

salep [salɛp] m. Salep (farine).

saler v. tr. Salar : *saler du porc,* salar carne de cerdo. ‖ Echar *ou* poner sal (dans un plat). ‖ FIG. et FAM. Clavar : *ce restaurateur sale ses clients,* el dueño de este restaurante clava a sus clientes. ‖

‖ Cargar : *aujourd'hui il a salé sa note,* hoy ha cargado la cuenta. | Castigar severamente (punir). ‖ *Saler et épicer,* sazonar (cuisine).

saleron m. Tacita (*f.*) del salero.

salésien, enne m. et f. Salesiano, na.

saleté [salte] f. Suciedad : *la saleté d'une rue,* la suciedad de una calle. ‖ Basura, suciedad, inmundicia : *balayer des saletés,* barrer basuras. ‖ Mota (dans l'œil). ‖ FIG. et FAM. Guarrería, perrería, marranada : *faire une saleté,* hacer una marranada. | Marranada, porquería, verdulería : *dire des saletés,* decir verdulerías. | Porquería (personne).

saleur, euse m. et f. Salador, ra.

salicacées f. pl. BOT. Salicáceas, salicíneas.

salicaire f. BOT. Salicaria (plante).

salicine f. Salicina.

salicole adj. Salinero, ra : *industrie salicole,* industria salinera.

salicoque f. ZOOL. Camarón, *m.,* quisquilla (crevette).

salicorne f. BOT. Barrilla, salicor, *m.*

salicylate m. CHIM. Salicilato.

salicylique adj. CHIM. Salicílico, ca.

salien, ienne adj. et s. HIST. Salio, lia.

salière f. Salero, *m.* (à sel). ‖ Fosa supraorbitaria (des chevaux). ‖ FAM. Hoyuelo (*m.*) de la clavícula (creux).

salifiable adj. CHIM. Salificable.

salification f. CHIM. Salificación.

salifier* v. tr. CHIM. Salificar.

saligaud, e [saligo, o:d] m. et f. POP. Marrano, na ; cochino, na (sale). | Sinvergüenza, canalla (malhonnête).

salignon m. Pan de sal.

salin, e adj. Salino, na.
— M. Salina, *f.* (d'eau salée). ‖ — F. Salina (du sous-sol). ‖ Salón, *m.* (p. us.), carne salada (viande), pescado salado (poisson).

salinage m. TECHN. Salero, salín, espumero.

salinier m. Salinero.

salinité f. Salinidad.

salique adj. Sálico, ca : *loi salique,* ley sálica.

salir v. tr. ● Manchar, ensuciar, macular : *il a sali la nappe,* ha manchado el mantel. ‖ Mancillar (souiller). ‖ FIG. Manchar (rendre impur.) | Mancillar, manchar ; *salir la réputation de quelqu'un,* manchar la reputación de uno. ‖ *Salir du papier,* emborronar cuartillas.
— SYN. ● *Polluer,* manchar. *Tacher,* manchar. *Encrasser,* enmugrecer. *Graisser,* pringar. *Maculer,* macular. *Barbouiller,* embadurnar. *Culotter,* ennegrecer.

salissant, e adj. Sucio, cia : *un travail salissant,* un trabajo sucio. ‖ Poco sufrido, da : *le blanc est une couleur salissante,* el blanco es un color poco sufrido. ‖ Que se mancha *ou* ensucia mucho.

salisson f. FAM. Porcachona (souillon).

salissure f. Mancha (tache), suciedad (saleté).

salivaire adj. ANAT. Salival, salivar. ‖ *Glandes salivaires,* glándulas salivales.

salivant, e adj. Salivoso, sa.

salivation f. Salivación.

salive f. Saliva. ‖ — FAM. *Avaler o ravaler sa salive,* tragar saliva. | *Dépenser beaucoup de salive,* gastar saliva, hablar por los codos. | *Perdre sa salive,* hablar inútilmente, gastar saliva en balde.
— SYN. *Écume,* espuma. *Bave,* baba.

saliver v. intr. Salivar.

salle f. Sala. ‖ — *Salle à manger,* comedor. ‖ *Salle d'armes,* sala de esgrima. ‖ *Salle d'attente,* sala de espera (d'une gare). ‖ *Salle d'eau,* aseo. ‖ *Salle de bains,* cuarto de baño. ‖ *Salle de classe,* aula. ‖ *Salle de police,* cuarto de prevención. ‖ *Salle de séjour,* cuarto de estar. ‖ *Salle des fêtes,* salón de actos. ‖ *Salle des machines,* sala de máquinas. ‖ *Salle des pas perdus,* antesala, vestíbulo, salón de espera (tribunaux), pasillos (parlement). ‖ *Salle d'exclusivité,* cine de estreno. ‖ *Salle d'opérations,* quirófano. ‖ — *Faire salle comble,* tener un lleno (théâtre).

salmigondis [salmigɔ̃di] m. CULIN. Ropa (*f.*) vieja (mets). ‖ FIG. Revoltijo, mezcolanza, *f.* (mélange).

salmis [salmi] m. CULIN. Guiso de caza menor.

salmonellose f. VÉTÉR. et MÉD. Salmonelosis.

salmoniculture f. Cría de salmones.

salmonidés m. pl. ZOOL. Salmónidos.

saloir m. Saladero.

salol m. CHIM. Salol.

Salomon n. pr. m. Salomón.

salon m. Salón, sala, *f.* ‖ Salón, tertulia, *f.* (littéraire, etc.). ‖ Exposición, *f.* (de peinture, sculpture, etc.) ‖ — *Salon de coiffure,* salón de peluquería, peluquería. ‖ *Salon de l'automobile,* salón del automóvil.

Salonique n. pr. GÉOGR. Salónica.

salonnier m. (P. us.). Crítico de arte, cronista de exposiciones.

salopard [salɔpaːr] m. POP. Cochino, guarro.

salope f. POP. Puerca, marrana (femme).

saloper v. tr. POP. Chapucear, chafallar.

saloperie f. POP. Porquería, mamarrachada, marranada, cochinada.

salopette f. Peto (*m.*) de trabajo, mono, *m.* (de travail). ‖ Babero, *m.* delantal, *m.* (d'enfant).

salpêtrage m. Salitral industrial.

salpêtre m. Salitre, nitro, nitrato. ‖ *Salpêtre du Chili,* nitrato de Chile.

salpêtrer v. tr. Mezclar con salitre (mélanger). ‖ Cubrir de salitre (un mur).

salpêtreux, euse adj. Salitroso, sa.

salpêtrier m. Salitrero (ouvrier).

salpêtrière f. TECHN. Salitral, *m.,* salitrera (gisement). ‖ Salitrería (fabrique).

salpêtrisation f. Mezcla con salitre. ‖ Transformación en salitre.

salpicon m. CULIN. Salpicón.

salpingite f. MÉD. Salpingitis.

salse f. Volcán (*m.*) de lava salada.

salsepareille [salsparɛjˈ] f. BOT. Zarzaparrilla.

salsifis [salsifi] m. BOT. Salsifí (plante). ‖ *Salsifis d'Espagne* o *noir,* escorzonera.

salsolacées f. pl. BOT. Salsoláceas.

saltarelle f. Saltarelo, *m.* (danse).

saltimbanque m. Saltimbanqui.

— SYN. *Bateleur,* titiritero. *Baladin,* farsante. *Banquiste,* saltimbanqui. *Forain,* feriante. *Bouffon,* bufón.

salubre adj. Salubre, saludable.

salubrité f. Salubridad.

saluer v. tr. Saludar : *saluer de la main un ami,* saludar con la mano a un amigo. ‖ FIG. Proclamar, declarar por aclamación : *l'armée le salua empereur,* el ejército le proclamó emperador. ‖ Acoger : *saluer avec faveur une élection,* acoger favorablemente una elección.

salut [saly] m. Salvación, *f.* : *devoir son salut à la fuite,* deber su salvación a la huida. ‖ RELIG. Salvación (*f.*) [del alma] : *prier pour son salut,* rogar por la salvación de su alma. ‖ Bendición, *f.* ‖ MIL. ● Saludo (salutation). ‖ — *Armée du Salut,* Ejército de Salvación.

— Interj. FAM. ¡Hola! (bonjour); ¡adios! (au revoir).

— SYN. ● *Salutation,* saludo, salutación. *Révérence,* reverencia. *Courbette,* inclinación, cabezada. *Salamalec,* zalema.

salutaire adj. Saludable.

salutation f. Saludo, *m.,* salutación. ‖ RELIG. *Salutation angélique,* salutación angélica. ‖ — Pl. Recuerdos, *m.*

salutiste adj. et s. Salutista (de l'Armée du Salut).

salvateur, trice adj. et s. Salvador, ra.

salve f. Salva. ‖ FIG. *Salve d'applaudissements,* salva de aplausos.

salvé m. RELIG. Salve, *f.* (prière).

salvia m. BOT. Salvia, *f.*

samare f. Sámara (fruit).

samaritain, e adj. et s. Samaritano, na.

samarium [samarjɔm] m. Samario (métal).

samba f. Samba (danse).

samedi m. Sábado : *samedi saint,* Sábado Santo *ou* de Gloria.

samnite adj. et s. HIST. Samnita.

samole m. BOT. Pamplina (*f.*) de agua.

Samothrace n. pr. f. GÉOGR. Samotracia.

samouraï m. Samurai.

samovar m. Samovar.

samoyède adj. et s. Samoyedo, da.

sampan ou **sampang** m. MAR. Sampán.

Samson [sɑ̃sɔ̃] n. pr. m. Sansón.

sana m. Abreviatura de *sanatorium.*

sanatorium [-jɔm] m. Sanatorio antituberculoso.

— OBSERV. Pl. *sanatoriums.*

— SYN. *Préventorium,* preventorio. *Solarium,* solario.

san-benito ou **sambenito** [sanbenito] m. (Vx). Sambenito, *m.* (casaque).

— OBSERV. Pl. *san-benitos.*

sanctifiant, e [sɑ̃ktifjɑ̃, ɑ̃ːt] adj. Sanctificante.

sanctificateur, trice adj. et s. Santificador, ra.

sanctification f. Santificación.

sanctifier* v. tr. Santificar.

sanction [sɑ̃ksjɔ̃] f. Sanción (approbation ou peine).

sanctionner v. tr. ● Sancionar : *sanctionner une loi,* sancionar una ley. ‖ FAM. Sancionar, castigar (punir).

— SYN. ● *Approuver,* aprobar. *Confirmer,* confirmar. *Ratifier,* ratificar. *Entériner,* ratificar, confirmar. *Homologuer,* homologar.

sanctuaire [sɑ̃ktɥɛːr] m. Santuario.

sanctus [-tys] m. RELIG. Sanctus.

sandal m. BOT. Sándalo.

sandale f. Sandalia.

sandaraque f. Sandáraca (résine).

sanderling [sɑ̃dɛrlɛ̃] m. ZOOL. Sanderling (échassier).

sandix ou **sandyx** m. Sandix.

sandow [sɑ̃doːv] m. Extensor, tensores, *pl.* (gymnastique). ‖ AVIAT. Cable elástico (pour planeurs).

sandwich [sɑ̃dwitʃ] m. Bocadillo. ‖ Emparedado, sandwich (de pain de mie). ‖ — *Homme sandwich,* hombre anuncio. ‖ *Prendre en sandwich,* hacer obstrucción (sports).

— OBSERV. Pl. *sandwichs* o *sandwiches.*

sang [sɑ̃] m. Sangre, *f.* ‖ FIG. Sangre, *f.,* linaje, parentesco (descendance). ‖ — *Coup de sang,* hemorragia (*f.*) cerebral, apoplejía, *f.* ‖ *Demi-sang,* caballo cruzado. ‖ *Donneur de sang,* donante de sangre. ‖ *La voix du sang,* la voz de la sangre. ‖ *Pur-sang,* pura sangre. ‖ — FIG. et FAM. *Avoir du sang dans les veines,* tener sangre en las venas, no tener sangre de horchata. ‖ *Avoir du sang de navet,* tener sangre de horchata. ‖ *Avoir du sang de poulet,* ser un gallina. ‖ *Avoir du sang sur les mains,* tener las manos manchadas de sangre. ‖ *Avoir le sang chaud,* tener la sangre caliente, ser ardoroso. ‖ *Avoir quelque chose dans le sang,* tener algo en la masa de la sangre, llevar algo en la sangre. ‖ *Avoir quelqu'un dans le sang,* estar por los huesos de alguien. ‖ *Être tout en sang,* estar bañado en sangre. ‖ *Faire couler le sang,* derramar sangre. ‖ *Fouetter quelqu'un jusqu'au sang,* azotar a alguien hasta hacerle sangre. ‖ *Laver un affront dans le sang,* lavar una afrenta con sangre. ‖ *Mon sang n'a fait qu'un tour,* se me heló la sangre en las venas. ‖ *Ne pas se faire de*

mauvais sang, tomar las cosas con tranquilidad. ‖
Se faire du bon sang, darse buena vida, pasarlo
bien. ‖ *Se faire du mauvais sang,* quemarse la
sangre, preocuparse mucho.

sang-dragon ou **sang-de-dragon** m. inv. Sangre
(*f.*) de drago.

sang-froid [sɑ̃frwa] m. inv. Sangre (*f.*) fría. ‖ —
De sang-froid, a sangre fría. ‖ *Perdre son sang-
froid,* perder la sangre fría, perder los estribos.

sanglant, e [sɑ̃glɑ̃, ɑ̃:t] adj. Sangriento, ta ; ensangrentado, da. ‖ FIG. Sangriento, ta : *de sanglants reproches,* reproches sangrientos.

sangle f. Cincha (harnais). ‖ Banda (de parachute).
‖ Francalete, *m.,* correa (courroie). ‖ MAR.
Pallete, *m.* ‖ *Lit de sangle,* catre de tijera.

sangler [sɑ̃gle] v. tr. Ceñir (ceindre), ajustar,
apretar (serrer). ‖ Cinchar (un cheval). ‖ Azotar a, dar cintarazos a (frapper). ‖ Asestar : *sangler un coup de fouet à quelqu'un,* asestar un
latigazo a alguien.

sanglier m. ZOOL. Jabalí.
— OBSERV. Le pluriel du mot *jabalí* est *jabalíes.*

sanglot m. Sollozo : *éclater en sanglots,* prorrumpir en sollozos.

sangloter v. intr. Sollozar.

sang-mêlé m. et f. inv. Mestizo, za.

sangsue [sɑ̃sy] f. ZOOL. Sanguijuela. ‖ FIG. Chupón, ona (personne qui soutire de l'argent).

sanguin, e [sɑ̃gɛ̃, in] adj. Sanguíneo, a (tem-
pérament). ‖ — *Groupe sanguin,* grupo sanguíneo.
‖ *Orange sanguine,* naranja sanguina *ou* de sangre.
‖ *Vaisseaux sanguins,* vasos sanguíneos.

sanguinaire adj. Sanguinario, ria : *un tyran sanguinaire,* un tirano sanguinario.
— F. BOT. Sanguinaria.

sanguine f. Sanguina (crayon et dessin). ‖ Sanguina (orange). ‖ Sanguinaria (pierre).

sanguinolent, e [sɑ̃ginɔlɑ̃, ɑ̃:t] adj. Sanguinolento, ta.

sanguisorbe f. BOT. Pimpinela, sanguisorba.

sanhédrin [sanedrɛ̃] m. Sanedrín.

sanicle ou **sanicule** f. BOT. Sanícula.

sanie f. MÉD. Sanie, sanies.

sanieux, euse adj. MÉD. Sanioso, sa.

sanitaire adj. Sanitario, ria : *cordon sanitaire,*
cordón sanitario.

sans [sɑ̃] prep. Sin. ‖ — *Sans cela* o *sans quoi,*
si no. ‖ *Sans cesse,* sin cesar. ‖ *Sans doute,* sin
duda. ‖ *Sans inconvénient,* sin inconvenientes. ‖
— *Non sans peine,* con mucha dificultad.

sans-abri [sɑ̃zabri] m. et f. inv. Desalojado, da ;
sin hogar.

sanscrit, e [sɑ̃skri, it] adj. et s. m. Sánscrito, ta.

sans-culotte m. Sans-culotte [revolucionario
francés de 1792].

sans-culottide f. Día complementario en el calendario republicano francés.

sansevière [sɑ̃s(ə)vjɛ:r] f. BOT. Sansevieria.

sans-façon m. inv. Descaro.

sans-fil m. inv. RAD. Telefonía *ou* telegrafía sin
hilos.

sans-filiste m. Radioaficionado, da.

sans-gêne m. inv. Descaro, desparpajo, familiaridad (*f.*) excesiva, frescura, *f.* ‖ — M. et f. FAM.
Fresco, ca ; descarado, da.

sanskrit, e adj. et s. m. Sánscrito, ta.

sanskritiste m. et f. Sanscritista.

sans-le-sou [sɑ̃lsu] m. et f. inv. Pobretón, ona ;
pelado, da.

sans-logis [sɑ̃lɔʒi] m. et f. Desalojado, da.

sansonnet [sɑ̃sɔnɛ] m. ZOOL. Estornino.

sans-souci m. adj. et s. inv. Indiferente, despreocupado, da ; descuidado, da.

sans-travail [sɑ̃travaj] m. inv. Parado ; desocupado.

santal m. BOT. Sándalo.

santaline f. Santalina.

santé f. Salud : *recouvrer la santé,* recobrar la
salud. ‖ — *Maison de santé,* sanatorio psiquiátrico, casa de reposo. ‖ *Petite santé,* salud delicada, poca salud. ‖ *Service de santé,* Cuerpo de
Sanidad Militar. ‖ — *À votre santé,* a su salud. ‖
Boire à la santé de, brindar por, beber a la salud
de.

santoline f. BOT. Santolina, abrótano, *m.*

santon m. Santón (religieux musulman). ‖ Figurita (*f.*) de nacimiento (personnage de crèche).

santonine f. BOT. Santónico, *m.* ‖ Santonina (médicament).

sanve f. BOT. Mostaza silvestre.

Saône [so:n] n. pr. f. GÉOGR. Saona, *m.*

saoul, e [su, sul] adj. V. SOÛL.

saouler [-le] v. tr. V. SOÛLER.

sapajou m. ZOOL. Sajú, mono capuchino. ‖ FIG.
Mico, mequetrefe (petit homme laid).

sape f. Zapa (tranchée). ‖ FAM. Arma (*m.*) de
ingenieros. ‖ FIG. *Travail de sape,* labor de zapa.

sapement [sapmɑ̃] m. Zapa, *f.*

saper v. tr. Zapar, minar. ‖ FIG. Socavar (détruire
sournoisement). ‖ POP. *Être bien sapé,* estar bien
maqueado, ir de tiros largos.

saperde f. ZOOL. Saperda.

saperlipopette! interj. FAM. ¡Canastos !, ¡caracoles !

sapeur m. MIL. Zapador.

sapeur-pompier m. Bombero.

saphène adj. et s. f. ANAT. Safena : *veine saphène,*
vena safena.

saphique adj. Sáfico, ca : *vers saphique,* verso
sáfico.

saphir m. Zafiro.

saphisme m. Safismo, lesbianismo.

Sapho n. pr. f. Safo.

sapide adj. Sápido, da.

sapidité f. Sapidez.

sapience [sapjɑ̃:s] f. (Vx). Sapiencia. ‖ — *Livre
de la Sapience,* libro sapiencial. ‖ (Vx) *Pays de
sapience,* Normandía.

sapientiaux [-sjo] adj. m. pl. Sapienciales (livres).

sapin m. BOT. Abeto (arbre). ‖ Pino (bois). ‖
Sapin blanc o *argenté,* abeto común, pinabete. ‖
FAM. *Sentir le sapin,* oler a difunto.

sapindacée f. pl. BOT. Sapindáceas.

sapine f. Cuartón, *m.,* listón (*m.*) de abeto (bois).
‖ Cubeta de pino (baquet). ‖ TECHN. Grúa para
la construcción de edificios (grue).

sapinette f. BOT. Picea. ‖ Cerveza de yemas de
abeto (boisson).

sapinière f. BOT. Abetal, *m.,* abetar, *m.*

saponacé, e adj. Saponáceo, a ; jabonoso, sa.

saponaire f. BOT. Saponaria, jabonera.

saponifiable adj. Saponificable.

saponification f. CHIM. Saponificación.

saponifier* v. tr. CHIM. Saponificar.

saponine f. CHIM. Saponina.

sapotacées f. pl. BOT. Sapotáceas.

sapote ou **sapotille** f. BOT. Zapote.

sapotier ou **sapotillier** m. BOT. Chicozapote, zapotillo (arbre).

sappan m. BOT. Sibucao, sapan.

sapristi! interj. ¡Caramba !, ¡caracoles !, ¡cáspita !

saprophage adj. et s. m. ZOOL. Saprófago, ga.

saprophyte adj. et s. m. BOT. Saprófito, ta.

saquer ou **sacquer** v. tr. POP. Poner de patitas en
la calle, echar (chasser). ‖ FAM. Calificar bajo,
tirar al degüello (dans un examen).

sarabande f. MUS. Zarabanda. ‖ FAM. Jaleo, *m.,*
zarabanda.

Saragosse n. pr. GÉOGR. Zaragoza.

Sarah n. pr. f. Sara.

sarbacane f. Cerbatana.

sarcasme m. Sarcasmo.
sarcastique adj. Sarcástico, ca.
sarcelle f. ZOOL. Cerceta.
sarclage m. AGRIC. Escarda, *f.*, escardadura, *f.*, sachadura, *f.*, salladura, *f.*
sarcler v. tr. AGRIC. Escardar, sachar.
sarcleur m. AGRIC. Escardador, sachador.
sarcloir m. AGRIC. Escardillo, sacho, sallete.
sarclure f. AGRIC. Hierba escardada.
sarcoïde f. MÉD. Sarcoma (*m.*) benigno.
sarcomateux, euse adj. MÉD. Sarcomatoso, sa.
sarcome m. MÉD. Sarcoma.
sarcophage m. Sarcófago.
sarcoplasme m. Sarcoplasma.
sarcopte m. ZOOL. Sarcopto, arador.
sarcotique adj. MÉD. Sarcótico, ca.
Sardaigne n. pr. f. GÉOGR. Cerdeña.
Sardanapale n. pr. m. Sardanápalo.
sardanapalesque adj. De un lujo excesivo, de rajá.
sardane f. Sardana (danse).
sarde adj. et s. Sardo, da.
sardine f. Sardina (poisson). || FAM. Sardineta (galon).
sardinerie f. Conservería de sardinas.
sardinier, ère adj. et s. Sardinero, ra. || — M. ou f. Barco (*m.*) sardinero, sardinera, *f.* (bateau). || Sardinal, *m.* (filet).
sardoine [sardwan] f. Sardónice (pierre).
sardonique adj. Sardónico, ca.
sargasse f. BOT. Sargazo, *m.*
Sargasses n. pr. f. pl. GÉOGR. *Mer des Sargasses,* mar (*m.*) de los Sargazos.
sari m. Sari [traje nacional femenino de la India].
sarigue f. ZOOL. Zarigüeya.
— OBSERV. La palabra francesa *sarigue* se usa frecuentemente como masculino.
sarisse f. Sarisa, lanza macedónica.
sarmate adj. et s. Sármata.
Sarmatie [sarmati] n. pr. f. GÉOGR. Sarmacia.
sarment m. BOT. Sarmiento.
sarmenteux, euse adj. BOT. Sarmentoso, sa.
sarong m. Sarong, faldilla (*f.*) de los malayos.
sarracénie f. BOT. Sarracena.
sarracénique adj. Sarracénico, ca.
sarrasin, e adj. et s. Sarraceno, na (musulman). || — M. Alforfón, trigo sarraceno (plante). || — F. Rastrillo, *m.* (herse).
sarrau m. Blusa, *f.*, blusón.
— OBSERV. Pl. *sarraus* ou *sarraux.*
Sarre n. pr. f. GÉOGR. Sarre, *m.*
sarrette f. BOT. Serrátula.
sarriette f. BOT. Ajedrea.
sarrois, e adj. et s. Del Sarre.
sarrussophone m. MUS. Sarrusófono.
sas [sα] m. TECHN. Cedazo, tamiz (crible). | Cámara (*f.*) de la esclusa (d'une écluse). | Esclusa (*f.*) de aire, compartimiento estanco (écluse d'air).
sassafras [sasafras] m. BOT. Sasafrás.
sassement m. Cernido.
sasser v. tr. Cerner (cribler). || Hacer pasar por la esclusa (un bateau). || FIG. *Sasser et ressasser une affaire,* dar cien vueltas a un asunto.
sasseur, euse adj. et s. Cernador, ra. || — M. Cedazo, tamiz.
Satan n. pr. m. Satán, Satanás.
satané, e adj. FAM. Endiablado, da ; endemoniado, da : *il fait un satané temps,* hace un tiempo endemoniado. || Maldito, ta : *satané coquin!,* ¡maldito pillo!
satanique adj. Satánico, ca.
satanisme m. Satanismo.
satellisation [satεllizasjɔ̃] f. Satelización.
satelliser v. tr. Satelizar, poner en órbita (un satélite artificial).
satellite m. ASTR. Satélite. || MÉCAN. Satélite (pignon). || *Satellite artificiel,* satélite artificial. ||

— Adj. et s. m. Satélite : *pays satellite,* país satélite.
satiété [sasjete] f. Saciedad. || *Jusqu'à satiété,* hasta la saciedad, hasta más no poder.
satin m. Raso, satén (étoffe). || FIG. *Peau de satin,* piel aterciopelada.
satinage m. Satinado.
satiné, e adj. Satinado, da. || Arrasado, da (tissus). — M. Lustre, brillo.
satiner v. tr. Satinar.
satinette f. Rasete, *m.* (tissu).
satineur, euse adj. et s. Satinador, ra.
satire f. Sátira.
— SYN. *Épigramme,* epigrama. *Diatribe,* diatriba. *Pamphlet,* panfleto. *Libelle,* libelo. *Pasquin,* pasquín.
satirique adj. et s. m. Satírico, ca.
satiriser v. tr. Satirizar.
satisfaction f. Satisfacción.
satisfactoire adj. Satisfactorio, ria.
satisfaire* v. tr. Satisfacer : *satisfaire sa curiosité,* satisfacer su curiosidad. || Atender, satisfacer (une demande). || *Satisfaire à ses devoirs,* cumplir con su deber.
— SYN. *Exaucer,* satisfacer a. *Combler,* colmar. *Contenter,* contentar.
satisfaisant, e adj. Satisfactorio, ria.
satisfait, e adj. Satisfecho, cha.
satisfecit [satisfesit] m. inv. Testimonio, certificado de satisfacción.
satrape m. Sátrapa (gouverneur). || FIG. Sátrapa, déspota.
satrapie f. Satrapía.
satrapique adj. Del sátrapa.
saturabilité f. CHIM. Saturabilidad.
saturable adj. CHIM. Saturable.
saturant, e adj. CHIM. Saturante.
saturation f. Saturación.
saturé, e adj. Saturado, da. || FIG. Saturado, da ; harto, ta (rassasié).
saturer v. tr. Saturar. || FIG. Saturar, saciar, colmar (rassasier).
saturnales f. pl. HIST. Saturnales.
Saturne n. pr. m. MYTH. et ASTR. Saturno.
saturnie f. ZOOL. Pavón (*m.*) nocturno.
saturnien, enne adj. Saturnio, nia (de Saturne).
saturnin, e adj. Saturnino, na (du plomb) : *colique saturnine,* cólico saturnino.
Saturnin, e n. pr. m. et f. Saturnino, Saturnina.
saturnisme m. MÉD. Saturnismo.
satyre m. MYTH. Sátiro (demi-dieu). || FIG. Sátiro (débauché). || ZOOL. Sátiro.
satyriasis m. MÉD. Satiriasis, *f.*
satyrique adj. Satírico, ca.
sauce [so:s] f. Salsa : *lier une sauce,* trabar una salsa. || Carboncillo, *m.* (fusain). || FIG. Complemento, *m.*, accesorios, *m. pl.* — *Sauce blanche, blonde,* salsa blanca, rubia. || *Sauce tomate,* salsa de tomate. — FIG. *À toutes sauces,* bueno para todo, en todas las formas. | *Mettre à toutes les sauces,* estar siempre con : *elle met cette robe à toutes les sauces,* está siempre con este vestido (choses) ; servir para todo, ser el comodín (personne).
— OBSERV. Le mot *sauce* existe en espagnol, mais il signifie *saule.*
saucé, e adj. Plateado, da (une monnaie).
saucée f. POP. Chubasco, *m.*, chaparrón *m.* (averse). || Paliza (correction).
saucer* v. tr. Mojar en salsa, rebañar : *saucer son pain,* rebañar el pan. || FIG. et FAM. Calar, empapar : *l'averse nous a saucés,* el chaparrón nos ha empapado (tremper). | Echar una bronca a (réprimander).
saucier m. Encargado de las salsas.
saucière f. Salsera.

saucisse f. Salchicha, longaniza (charcuterie). ‖ MIL. et FAM. Salchicha (ballon d'observation). ‖ POP. Majadero, *m.*, bobo, *m.* ‖ FIG. *Ne pas attacher ses chiens avec des saucisses,* ser tacaño *ou* roñoso.

saucisson m. Salchichón (charcuterie). ‖ MIL. Salchicha, *f.* (de mine).

sauf [sof] prép. Salvo, excepto : *sauf erreur ou omission,* salvo error u omisión. ‖ — *Sauf à,* a reserva de. ‖ *Sauf que,* salvo que, excepto que : *tout s'est bien passé, sauf qu'il a plu toute la journée,* todo fue bien salvo que llovió todo el día. ‖ *Sauf votre respect,* con perdón de usted.

sauf, sauve [sof, so:v] adj. Salvado, da : *l'honneur est sauf,* el honor está salvado. ‖ — *Sain et sauf,* sano y salvo. ‖ — *Avoir la vie sauve,* salir ileso.

sauf-conduit [sofkɔ̃dɥi] m. Salvoconducto.
— OBSERV. Pl. *sauf-conduits.*

sauge f. Salvia (plante).

saugrenu, e [sogrəny] adj. Descabellado, da ; estrafalario, ria ; ridículo, la.

Saül [sayl] n. pr. m. Saúl.

saulaie ou **saussaie** [solɛ, sosɛ] f. BOT. Salceda, saucedal, *m.*

saule m. BOT. Sauce, salce. ‖ *Saule pleureur,* sauce llorón.

saulée f. BOT. Hilera de sauces.

saumâtre adj. Salobre. ‖ FIG. Desagradable, molesto, ta ; pesado, da : *plaisanterie saumâtre,* broma desagradable. ‖ *Je l'ai trouvé saumâtre,* me ha hecho poquísima gracia.

saumon m. ZOOL. Salmón. ‖ TECHN. Galápago (fonderie).
— Adj. inv. Asalmonado, da (couleur).

saumoné, e adj. Salmonado, da ; asalmonado, da : *truite saumonée,* trucha salmonada.

saumoneau m. Salmoncillo.
— OBSERV. L'espagnol *salmonete* désigne le *rouget barbet.*

saumurage m. Salazón (*f.*) en salmuera.

saumure f. Salmuera.

saumuré, e adj. Curado, curada en salmuera.

saumurer v. tr. Curar en salmuera.

sauna [sona] m. Sauna, *f.*

saunage m. ou **saunaison** [sona:ʒ, sonɛzɔ̃] f. Extracción (*f.*) y venta (*f.*) de la sal. ‖ Época (*f.*) de extracción de la sal. ‖ (Vx) *Faux saunage,* contrabando de sal.

sauner v. intr. Extraer sal (extraire). ‖ Producir sal (produire).

saunier m. Salinero. ‖ *Faux saunier,* antiguo contrabandista de sal (sous l'Ancien Régime).

saupiquet m. Salmorejo, salsa (*f.*) picante.

saupoudrage m. Espolvoreamiento.

saupoudrer v. tr. Espolvorear. ‖ FIG. Salpicar, entreverar : *saupoudrer son discours de citations latines,* salpicar su discurso de citas latinas.

saupoudroir m. Espolvoreador.

saur [sɔ:r] adj. Ahumado, da (fumé) : *hareng saur,* arenque ahumado.

saurage m. TECHN. Ahumado, cura (*f.*) al humo.

saurel m. ZOOL. Jurel (poisson).

saurer v. tr. Ahumar (poisson).

sauret ou **soret** [sɔrɛ] adj. Ahumado, da (hareng).

sauriens [sɔrjɛ̃] m. pl. ZOOL. Saurios.

saurin m. Arenque recién ahumado.

saurissage m. TECHN. Ahumado, cura (*f.*) al humo.

saurisseur adj. et s. Curador de conservas al humo.

saussaie [sosɛ] f. BOT. Salceda, saucedal, *m.*

saut [so] m. ● Salto : *faire un saut,* dar un salto. ‖ Brinco (bond). ‖ Salto de agua, cascada, *f.* (chute d'eau). ‖ Cubrición, *f.* (étalon). ‖ FIG. Cambio brusco, salto. ‖ — *Saut à ouverture retardée,* salto con apertura retardada (parachute). ‖

Saut de carpe, salto de la carpa. ‖ *Saut de mouton,* salto de carnero (cheval). ‖ SPORTS. *Saut en hauteur, en longueur, à la perche,* salto de altura, de longitud, con pértiga. ‖ *Saut périlleux,* salto mortal. ‖ — *Au saut du lit,* al salir de la cama, al levantarse. ‖ *De plein saut,* de pronto, súbitamente. ‖ — FIG. et FAM. *Faire le grand saut,* estirar la pata (mourir). ‖ FIG. *Faire le saut,* pasar el Rubicón. ‖ *Faire un saut chez quelqu'un,* dar *ou* pegar un salto a casa de uno. ‖ *Ne faire qu'un saut jusqu'à,* ponerse de un salto en.
— SYN. ● *Bond,* brinco, bote. *Sautillement,* saltito. *Soubresaut,* sobresalto. *Sursaut,* sobresalto, repullo. *Ricochet,* rebote.

sautage m. Voladura, *f.* (d'une mine).

saut-de-lit [sodli] m. Salto de cama, bata, *f.*
— OBSERV. Pl. *sauts-de-lit.*

saut-de-loup [-lu] m. Salto de lobo (fossé).
— OBSERV. Pl. *sauts-de-loup.*

saut-de-mouton [-mutɔ̃] m. Cruce superpuesto, paso superior (route, chemin de fer).
— OBSERV. Pl. *sauts-de-mouton.*

saute f. MAR. *Saute de vent,* salto (*m.*) de viento. ‖ FIG. *Saute d'humeur,* cambio (*m.*) brusco de humor.

sauté m. CULIN. Salteado.

sautée f. Salto, *m.*, tranco, *m.*

sautelle f. AGRIC. Mugrón, *m.*, acodo, *m.*

saute-mouton m. Pídola, *f.* (jeu).

sauter v. intr. Saltar : *sauter de bas en haut,* saltar de abajo arriba. ‖ Echarse, lanzarse : *sauter au cou de quelqu'un,* echarse en brazos de uno. ‖ Pasar, saltar : *sauter d'un sujet à l'autre,* pasar de un tema a otro : *élève qui saute de troisième en première,* alumno que salta de cuarto a sexto. ‖ Estallar : *la poudrière a sauté,* el polvorín ha estallado. ‖ Cubrir (étalon). ‖ FAM. Pegar un salto (aller). ‖ FIG. Hundirse, arruinarse (la banque). | Caer (un gouvernement). | Saltar, brincar (de joie). ‖ MAR. Cambiar bruscamente de dirección (le vent). ‖ — FIG. *Sauter aux nues, en l'air, jusqu'au plafond,* ponerse hecho una fiera. | *Sauter aux yeux,* saltar a la vista. ‖ FAM. ... *Et que ça saute !,* ... ¡y volando ! ‖ — *Faire sauter,* saltear (cuire à feu vif), asaltar, atracar (une caisse), forzar, violar (une serrure), desbancar (la banque), volar (une poudrière), derribar (un gouvernement), quitar de en medio, suprimir (quelqu'un). ‖ *Se faire sauter la cervelle,* saltarse *ou* levantarse la tapa de los sesos.
— V. tr. Saltar, franquear, salvar (une haie, un fossé). ‖ Saltarse, omitir (une ligne, un repas). ‖ CULIN. Saltear. ‖ POP. *La sauter,* morirse de hambre.

sautereau [sotro] m. MUS. Macillo.

sauterelle [sotrɛl] f. ZOOL. Saltamontes, *m.* (petite), langosta (grosse). ‖ TECHN. Falsa escuadra (équerre). | Cinta transportadora elevadora (bande transporteuse).
— OBSERV. *Langosta* significe également en espagnol la *langouste* et, abusivement, le *homard.*

sauterie f. FAM. Guateque, *m.*

sauternes m. Vino bordelés de Sauternes.

saute-ruisseau m. inv. (Vx) FAM. Mandadero.

sauteur, euse adj. et s. Saltador, ra. ‖ FIG. et FAM. Veleta, *f.*, persona (*f.*) inconstante (personne peu sérieuse). ‖ — M. Caballo de saltos (cheval). ‖ Saltador (insecte).

sauteuse f. Sartén para saltear (casserole).

sautillant, e [sotijɑ̃, ɑ̃:t] adj. Brincador, ra. ‖ FIG. Descosido, da ; cortado, da (style).

sautillement [-tijmɑ̃] m. Saltillo, saltito.

sautiller [-tije] v. intr. Brincar, dar saltitos. ‖ FIG. Ser descosido (style).

sautoir m. Aspa, *f.* (croix). ‖ Sartén (*f.*) para

saltear. ‖ Saltadero (endroit pour sauter). ‖ Collar muy largo (collier). ‖ BLAS. Sotuer. ‖ *En sautoir*, en forma de aspa (deux épées), al pecho (ruban d'un ordre).

sauvage adj. et s. ZOOL. Salvaje, bravío, a (animaux). ‖ BOT. Silvestre, borde. ‖ FIG. Salvaje (non civilisé). ‖ Huraño, ña; arisco, ca (solitaire). ‖ Bárbaro, ra (brute).

sauvageon [sovaʒõ] m. AGRIC. Arbolillo silvestre *ou* borde.

sauvageon, onne [-ʒõ, ɔn] m. et f. Insociable (adulte), salvaje (enfant).

sauvagerie [-ʒri] f. Salvajismo, m. (état). ‖ Salvajada (action). ‖ Insociabilidad, huraña.

sauvagin, e [-ʒɛ̃, in] adj. et s. m. Salvajino, na. ‖ — F. Salvajina (p. us.).

sauvegarde f. Salvaguardia, salvaguarda : *les lois sont la sauvegarde de la liberté*, las leyes son la salvaguardia de la libertad. ‖ MAR. Varón, m.

sauvegarder v. tr. Salvaguardar, proteger, salvar.

sauve-qui-peut [sovkipø] m. inv. Desbandada, f.

sauver v. tr. Salvar : *sauver un naufragé*, salvar a un náufrago. ‖ Salvar, preservar : *sauver son honneur*, preservar su honor. ‖ *Sauver les apparences*, cubrir las apariencias.
— V. pr. Salvarse. ‖ Escaparse, largarse (s'enfuir). ‖ Irse (partir). ‖ Salirse (liquide). ‖ *Sauve qui peut!*, ¡sálvese quien pueda!

sauvetage m. Salvamento. ‖ MAR. *Bouée de sauvetage*, guíndola, salvavidas. ‖ *Canot de sauvetage*, bote de salvamento, bote salvavidas. ‖ *Ceinture, gilet de sauvetage*, cinturón, chaleco salvavidas. ‖ *Société de sauvetage*, sociedad de salvamento de náufragos.

sauveteur adj. et s. Salvador (celui qui sauve). ‖ Salvadidas (qui sert à sauver).

sauvette (à la) loc. adv. FIG. et FAM. De prisa y corriendo, precipitadamente. ‖ *Marchand à la sauvette*, vendedor ambulante no autorizado.

sauveur adj. et s. Salvador : *le sauveur de son père*, el salvador de su padre. ‖ Salvador, libertador (libérateur). ‖ RELIG. *Le Sauveur*, el Salvador.
— OBSERV. El femenino de la palabra *sauveur* es *salvatrice*.

savamment adv. Sabiamente. ‖ Sabiendo a qué atenerse, con conocimiento de causa (en connaissance de cause).

savane f. Sabana (dans la zone tropicale).
— OBSERV. Ne pas confondre avec le mot *sábana* qui porte un accent et signifie *drap de lit*.

savant, e adj. ● Sabio, bia; erudito, ta. ‖ Hábil : *une manœuvre savante*, una maniobra hábil. ‖ Amaestrado, da; sabio, bia : *chien savant*, perro amaestrado. ‖ *Femme savante*, marisabidilla. ‖ *Mot savant*, palabra culta. ‖ *Société savante*, sociedad cultural.
— M. et f. Sabio, bia. ‖ Científico, m.
— SYN. ● *Érudit*, erudito. *Docte*, docto. *Lettré*, letrado. *Omniscient*, omnisciente.

savantasse m. FAM. Sabihondo, sabidillo.

savarin m. Saboyana, f., bizcocho borracho (gâteau).

savate f. Chancla (soulier usé). ‖ Chancleta (soulier sans talon) : *en savates*, en chancletas. ‖ Boxeo (m.) francés (sports). ‖ FIG. Torpe, m. (maladroit). ‖ MAR. Anguila. ‖ FAM. *Traîner la savate*, estar en la miseria, andar a la cuarta pregunta.

savetier m. Zapatero remendón (cordonnier).

saveur f. Sabor, m. ‖ *Avoir la saveur de*, tener sabor a, saber a.
— SYN. *Sapidité*, sapidez. *Goût*, gusto.

Savoie n. pr. f. GÉOGR. Saboya.

savoir* v. tr. Saber : *je le sais bien*, ya lo sé. ‖

Poder (seulement avec le verbe au conditionnel) : *rien ne saurait m'en empêcher*, nada me lo podría impedir. ‖ — *Savoir de bonne source*, saber de buena tinta. ‖ *Savoir gré*, agradecer. ‖ *Savoir par cœur*, saber de memoria. ‖ *Savoir sur le bout du doigt*, saber de corrido, al dedillo, de carretilla. ‖ *Savoir y faire*, saber arreglárselas. ‖ — *À savoir o savoir*, a saber. ‖ *Comme chacun sait*, como es sabido. ‖ *Dieu sait, Dieu seul le sait*, sabe Dios. ‖ *En savoir bien d'autres*, ser capaz de eso y de mucho más. ‖ *En savoir long*, saber un rato de eso, tener mucha letra menuda. ‖ *Faire savoir*, dar a conocer (informer), hacer saber (une autorité). ‖ *Ne pas être sans savoir que*, no ignorar que. ‖ *Ne pas savoir où se mettre*, no saber dónde meterse. ‖ *Ne savoir à quel saint se vouer*, no saber a qué santo encomendarse. ‖ *Ne savoir sur quel pied danser*, no saber a qué carta quedarse. ‖ *Ne vouloir rien savoir*, no querer saber nada. ‖ *On ne saurait dire*, no podemos decir. ‖ *Reste à savoir*, queda por saber, sólo queda por saber. ‖ *Un je-ne-sais-quoi*, un no sé qué.
— V. intr. Saber.
— V. pr. Saberse : *tout finit par se savoir*, todo acaba sabiéndose, todo llega a saberse. ‖ *Cette fille se sait jolie*, esta muchacha sabe que es guapa.

savoir m. Saber, sabiduria, f., cultura, f. : *homme de grand savoir*, hombre de gran cultura.
— SYN. *Science*, ciencia. *Érudition*, erudición. *Connaissance*, conocimiento. *Culture*, cultura. *Doctrine*, doctrina. *Cognition*, cognición. *Omniscience*, omnisciencia.

savoir-faire m. inv. Tacto, tino, mano (f.) izquierda.

savoir-vivre m. inv. Mundología, f., usos sociales, m. pl., trato social.
— SYN. *Politesse*, cortesía, urbanidad. *Éducation*, educación. *Correction*, corrección, buenos modales.

savoisien, enne adj. et s. Saboyano, na.

savon m. Jabón : *savon de toilette*, jabón de tocador; *savon en paillettes*, jabón en escamas. ‖ FIG. et FAM. Jabón, bronca, f., rapapolvo (réprimande) : *passer un savon à quelqu'un*, dar un jabón *ou* echar una bronca a alguien. ‖ — *Savon à barbe*, jabón de afeitar. ‖ *Savon de toilette*, jabón de tocador *ou* de olor. ‖ — *Boîte à savon*, jabonera. ‖ *Bulle de savon*, burbuja *ou* pompa de jabón.

savonnage m. Enjabonado, jabonadura, f., enjabonadura, f.

savonner v. tr. Enjabonar, jabonar. ‖ FIG. et FAM. Dar un jabón, echar una bronca.

savonnerie f. Jabonería. ‖ *La Savonnerie*, la Savonnerie, antigua manufactura real de tapices en Francia.

savonnette f. Pastilla de jabón. ‖ *Montre à savonnette*, reloj de bolsillo con tapa, saboneta.

savonneux, euse adj. Jabonoso, sa.

savonnier, ère adj. et s. Jabonero, ra. ‖ — M. BOT. Jaboncillo (arbre). ‖ — F. BOT. Jabonera, saponaria (plante).

savourer v. tr. Saborear.

savoureux, euse adj. Sabroso, sa.

savoyard, e [savwajaːr, ard] adj. et s. Saboyano, na.

saxatile adj. BOT. Saxátil.

saxe m. Porcelana (f.) de Sajonia : *un service de vieux saxe*, un servicio de vieja porcelana de Sajonia.

Saxe n. pr. f. GÉOGR. Sajonia. ‖ *Basse Saxe*, Baja Sajonia.

saxhorn [saksɔrn] m. MUS. Bombardino (instrument).

saxicole adj. Saxátil.

saxifrage f. BOT. Saxífraga.

saxifragacées f. pl. BOT. Saxifragáceas.

saxon, onne adj. et s. Sajón, ona.

saxophone m. Mus. Saxofón, saxófono.
sayette [sɛjɛt] f. (Vx). Saya.
saynète [sɛnɛt] f. Théâtr. Sainete, m.
— Syn. *Intermède,* entremés. *Sketch,* sketch.
sayon [sɛjõ] m. Sayo.
sbire m. Esbirro, polizonte.
scabieux, euse [skabjø, jø:z] adj. Méd. Escabioso, sa.
— F. Bot. Escabiosa.
scabreux, euse adj. Escabroso, sa : *un sujet scabreux,* un tema escabroso.
scaferlati [skaferlati] m. Tabaco de hebra.
scalaire adj Escalar.
scalde m. Escaldo.
scalène adj. m. Géom. Escaleno.
scalp m. Cuero cabelludo, cabellera, f. (trophée chez les Amérindiens).
scalpe m. Escalpe, escalpo.
scalpel m. Méd. Escalpelo.
scalper v. tr. Escalpar, despojar del cuero cabelludo.
scandale m. Escándalo : *faire un o du scandale,* armar un escándalo. || *Pierre de scandale,* piedra de escándalo.
— Syn. *Esclandre, éclat,* escándalo. *Fam. Pétard,* rebumbio, tremolina.
scandaleux, euse adj. Escandaloso, sa.
scandaliser v. tr. Escandalizar : *scandaliser ses voisins,* escandalizar a los vecinos.
— V. pr. Escandalizarse : *se scandaliser de,* escandalizarse con.
scander v. tr. Poét. Escandir, medir. || Mus. Acompasar.
scandinave adj. et s. Escandinavo, va.
Scandinavie n. pr. f. Géogr. Escandinavia.
scandium [skãdjɔm] m. Chim. Escandio.
scansion f. Poét. Escansión.
scaphandre m. Escafandra, f., escafandro.
scaphandrier m. Buzo.
scaphites m. Escafites (ammonite du crétacé).
scaphoïde adj. et s. m. Anat. Escafoides.
scapin m. Criado de teatro italiano. || Fam. Intrigante.
scapulaire m. Relig. Escapulario.
— Adj. Anat. Escapular [del hombro].
scapulo-huméral, e adj. Escopulohumeral.
scarabée m. Zool. Escarabajo.
scarabéidés m. pl. Escarabeidos, coleópteros con antenas.
scare m. Zool. Escaro.
scarieux, euse adj. Bot. Escarioso, sa.
scarificateur m. Agric. et Méd. Escarificadora, f.
scarification f. Méd. Escarificación.
scarifier* v. tr. Agric. et Méd. Escarificar.
scarlatine f. Méd. Escarlatina.
scarlatiniforme adj. Escarlatiniforme.
scarole f. Bot. Escarola.
scatologie f. Escatología [broma soez].
— Observ. Il existe également en espagnol le mot *escatología,* qui n'a pas la même racine que le précédent et qui signifie en français *eschatologie,* c'est-à-dire ce qui a trait à la vie d'outre-tombe.
scatologique adj. Escatológico, ca.
scatophile adj. Zool. Escatófilo, la.
sceau [so] m. Sello. || *Garde des Sceaux,* ministro de Justicia. || Fig. *Sous le sceau du secret,* bajo secreto.
— Observ. L'espagnol *sello* a en outre le sens très courant de « timbre » (vignette postale, fiscale) et de « cachet » (pharmaceutique).
sceau-de-Salomon m. Bot. Sello de Salomón.
scélérat, e [selera, at] adj. et s. Malvado, da (méchant, criminel), perverso, sa ; alevoso, sa (perfide). || Fig. et Fam. Bribonzuelo, la ; pillo, lla.
scélératesse [-tɛs] f. Maldad, perversidad.
scellage [sɛla:ʒ] m. Empotramiento.

scellé [-le] adj. Sellado, da ; precintado, da. || Autom. *Circuit scellé,* circuito precintado.
— M. pl. Sello, *sing.,* precinto (*sing.*) sellado. || Dr. *Bris de scellés,* violación de sello, quebrantamiento de sello. || *Mettre les scellés,* precintar.
scellement [-lmã] m. Techn. Empotramiento.
sceller [-le] v. tr. Sellar : *sceller d'un cachet de cire,* sellar con sello de lacre. || Fig. Poner el sello a, confirmar (confirmer). || Precintar (une porte). || Techn. Empotrar (fixer). | Tapar (boucher). || Fig. Sellar, asegurar, consolidar : *sceller l'amitié,* sellar la amistad.
scénario [senarjo] m. Argumento (canevas d'une pièce). || Ciném. Guión.
— Observ. Ne pas confondre avec l'espagnol *escenario,* qui signifie en français *scène.*
scénariste [-rist] m. Ciném. Guionista. || Théâtr. Autor de argumentos.
scène [sɛ:n] f. Théâtr. Escena, escenario, *m. : être sur scène,* estar en el escenario. || Escena (subdivision d'un acte). || Tablas, *pl.* (dramatique). || Escena : *c'est une scène attendrissante,* es una escena conmovedora. || Teatro : *cette pièce a été la scène du crime,* este cuarto ha sido el teatro del crimen. || Fam. Riña, disputa, altercado, *m. : une scène de ménage,* una riña conyugal. || — *Entrer en scène,* salir a escena. || *Faire une scène à quelqu'un,* hacer una escena *ou* armar un escándalo a uno. || *Mettre en scène,* dirigir (cinéma, théâtre). || *Mettre sur o porter à la scène,* llevar a la escena. || *Monter sur scène,* pisar el escenario. || *Sortir de scène,* hacer mutis.
scénique [senik] adj. Escénico, ca.
scepticisme [sɛptisism] m. Escepticismo.
sceptique [-tik] adj. et s. Escéptico, ca.
sceptre [sɛptr] m. Cetro. || Fig. *Sceptre de fer,* gobierno de hierro *ou* despótico.
schah, shah ou **chah** [ʃa] m. Cha, chah, shah (roi d'Iran).
schako [ʃako] m. Chacó.
schappe [ʃap] m. Borra (*f.*) de seda, seda (*f.*) azache.
schapska [ʃapska] m. Mil. Chascás.
scheidage [ʃɛda:ʒ] m. Selección, *f.,* apartado (du minerai).
schéma [ʃema] m. Esquema (dessin). || Fig. Esquema, plan (d'un projet, d'un ouvrage).
schématique adj. Esquemático, ca.
schématiser v. tr. Esquematizar.
schématisme m. Esquematismo.
schème m. Philos. Esquema.
schéol [skeɔl] m. El más allá (chez les juifs).
schérif [ʃerif] m. Cherif.
scherzo [skɛrtzo] ou **scherzando** [-tzãdo] adv. et s. m. Mus. Scherzo.
schiedam [skidam] m. Aguardiente holandés y belga.
schilling [ʃiliŋ] m. Schilling (monnaie de l'Autriche).
schismatique [ʃismatik] adj. et s. Relig. Cismático, ca.
schisme m. Relig. Cisma.
schiste m. Min. Esquisto. || Pizarra, *f. : schiste bitumineux,* pizarra bituminosa.
schisteux, euse adj. Esquistoso, sa ; laminar, pizarroso, sa.
schistoïde adj. Esquistoideo, a.
schizoïde adj. Méd. Esquizoide.
schizophrène [skizofrɛ:n] m. et f. Esquizofrénico, ca.
schizophrénie [-freni] f. Méd. Esquizofrenia.
schizothymie [skizɔtimi] f. Méd. Esquizotimia.
schlague [ʃlag] f. Mil. Carrera de baquetas en el ejército alemán (punition).
schlamm [ʃlam] m. Techn. Residuos (*m. pl.*) procedentes de la trituración.

schlich [ʃliç] m. Mineral triturado.

schlittage [ʃlita:ʒ] m. Arrastre de maderas en trineo [en los Vosgos franceses].

schlitte [ʃlit] f. Trineo (m.) para arrastrar maderas.

schlitter [-te] v. tr. Transportar en trineo.

schlitteur [-tœ:r] adj. et s. m. Maderero que conduce el trineo.

schnaps [ʃnaps] m. FAM. Aguardiente.

schnauzer [ʃnautzɛ:r] m. Especie de perro grifo.

schnorchel [ʃnɔrkɛl] m. MAR. Schnorchel, doble tubo para alimentar de aire a un submarino.

schooner [skunœr] m. MAR. Escuna, f., goleta, f.

schupo [ʃupo] m. Agente de policía alemán.

schuss [ʃus] m. Descenso directo (ski).

sciable [sjabl] adj. Aserradizo, za ; serradizo, za.

sciage m. Aserradura, f. (action). ‖ Bois de sciage, madera serradiza.

Scialytique m. Dispositivo de alumbrado sin sombra.

sciatique adj. et s. f. Ciático, ca.

scie [si] f. TECHN. Sierra : scie à métaux, sierra para metales. ‖ Pez sierra, m. (poisson). ‖ FAM. Lata, tabarra, pesadez (chose ennuyeuse), tostón, m. (personne ennuyeuse). | Estribillo, m. (rengaine). ‖ — Scie à contourner, à découper, segueta. ‖ Scie à ruban, sierra de cinta. ‖ Scie à tronçonner, tronzador. ‖ Scie de long, sierra abrazadera. ‖ Scie égoïne o à main, serrucho. ‖ En dent de scie, en forma de sierra.

sciemment [sjamɑ̃] adv. A sabiendas.

science f. Ciencia : sciences naturelles, ciencias naturales. ‖ De science certaine, a ciencia cierta.

science-fiction f. Ciencia ficción.

sciène f. ZOOL. Esciena.

scientifique adj. et s. Científico, ca.

scientisme m. Cientificismo.

scientiste adj. et s. Partidario, ria del cientificismo.

scier* [sje] v. tr. Serrar, aserrar. ‖ FIG. et FAM. Dejar de una pieza (étonner vivement) : cette nouvelle m'a scié, esta noticia me ha dejado de una pieza. ‖ MAR. Ciar. ‖ FIG. et FAM. Scier le dos à quelqu'un, dar la lata ou el tostón a alguien.

scierie [siri] f. Aserradero, m., serrería.

scieur [sjœ:r] m. Aserrador, serrador. ‖ Scieur de long, chiquichaque.

scieuse [sjø:z] f. TECHN. Aserradora, máquina aserradora.

scille [sil] f. BOT. Cebolla albarrana, escila.

scincidés m. pl. ZOOL. Escíncidos.

scindement [sɛ̃dmɑ̃] m. Escisión, f., división, f.

scinder [-de] v. tr. Escindir, separar, dividir.

scinque [sɛ̃:k] m. ZOOL. Escinco.

scintillant, e [sɛtijɑ̃, ɑ̃:t] adj. Centelleante. ‖ Titilante (une étoile). ‖ Brillante, chispeante (le style).

scintillation [-jasjɔ̃] f. ou scintillement [-jmɑ̃] m. Centelleo, m.

scintiller [-je] v. intr. Centellear, cintilar. ‖ Titilar (les étoiles). ‖ FIG. Brillar.

scion [sjɔ̃] m. AGRIC. Retoño, renuevo, pimpollo (pousse). ‖ Púa, f. (pour greffer). ‖ Rabiza, f. (de la canne à pêche).

sciotte [sjɔt] f. Sierra de marmolista.

Scipion [sipjɔ̃] n. pr. m. Escipión.

scirpe [sirp] m. BOT. Castañuela, f.

scissile [sisil] adj. MIN. Hendible.

scission [sisjɔ̃] f. Escisión.

scissionnaire adj. Escisionista.

scissionniste adj. et s. Escisionista.

scissipare adj. ZOOL. Escisíparo, ra ; fisíparo, ra.

scissiparité f. Escisiparidad, fisiparidad.

scissure f. ANAT. Hendidura.

sciure [sjy:r] f. Serrín, m., aserrín, m. (de bois).

sciuridés m. pl. ZOOL. Esciúridos.

scléranthe [sklerɑ̃:t] m. BOT. Escleranto.

sclérenchyme m. BOT. Esclerénquima, f.

scléreux, euse adj. MÉD. Escleroso, sa.

sclérophylle adj. BOT. Esclerófilo, la.

scléroprotéine f. Escleroproteína.

sclérose f. MÉD. Esclerosis.

sclérosé, e adj. MÉD. Escleroso, sa.

scléroser (se) v. pr. Endurecerse. ‖ FIG. Estancarse, padecer esclerosis (habitudes, institutions, etc.).

sclérotique f. ANAT. Esclerótica.

scolaire adj. Escolar : année scolaire, curso escolar.

scolarisation f. Escolarización. ‖ Asistencia a las escuelas.

scolariser v. tr. Escolarizar, dar instrucción.

scolarité f. Escolaridad.

scolasticat m. Seminario de teología, escolasticado.

scolastique adj. Escolástico, ca.
— M. Escolástico (écrivain). ‖ — F. Escolástica (enseignement).

scolex m. ZOOL. Escólex.

scoliaste m. Escoliasta, escoliador.

scolie ou scholie m. MATH. Escolio. ‖ — F. GRAMM. Escolio, m.

scoliose f. MÉD. Escoliosis.

scolopendre f. ZOOL. Escolopendra, ciempiés. ‖ BOT. Escolopendra, lengua de ciervo.

scolyte m. ZOOL. Escólito.

sombre m. Escombro (poisson).

scombridés m. pl. Escómbridos (poissons).

sconse [skɔ̃:s] m. Piel (f.) de mofeta.

scooter [skutœr] m. Scooter.

scootériste [-terist] m. et f. Conductor, conductora de scooter.

scopolamine f. Escopolamina.

scorbut [skɔrbyt] m. MÉD. Escorbuto.

scorbutique adj. et s. MÉD. Escorbútico, ca.

score m. Tanteo (sports). ‖ Ouvrir le score, abrir ou hacer funcionar el marcador.

scorie f. Escoria.

scorification f. Escorificación.

scorifier* v. tr. Escorificar.

scorpène f. Escorpina, escorpena (poisson).

scorpion m. ZOOL. Escorpión, alacrán. ‖ ASTR. et MIL. Escorpión.

scorsonère f. Escorzonera (salsifis).

scotie f. ARCHIT. Escocia.

scotisme m. PHILOS. Escotismo.

scottish [skɔtiʃ] f. Chotis, m. (danse).

scottish-terrier [skɔtiʃtɛrje] m. Perro zarcero de pelo duro.

scout [skut] m. Scout, explorador.

scout, e [skut] adj. De los exploradores.

scoutisme [-tism] m. Escutismo, organización (f.) de exploradores.

scramasaxe m. HIST. Cuchilla (f.) de guerra de los francos.

scraper [skrɛpœr] m. TECHN. Traílla, f., excavadora, f.

scratch [skratʃ] adj. et s. m. SPORTS. Scratch.

scratcher [-ʃər] v. tr. Eliminar, descalificar (d'une épreuve sportive).

scribe m. Escriba (dans l'Antiquité). ‖ Escribiente (qui fait des écritures). ‖ FAM. Chupatintas, plumífero.

scribouillard m. FAM. Chupatintas, plumífero.

script [skript] m. Escrito.

scripteur [-tœ:r] m. Escriptor, escritor.

script-girl [-tgœl] ou scripte f. CINÉM. Script-girl, secretaria de rodaje.

scriptural, e ou scripturaire adj. Escriturario, ria.

scrofulaire f. BOT. Escrofularia.

scrofulariacées f. pl. BOT. Escrofulariáceas.

scrofule f. Méd. Escrófula.
scrofuleux, euse adj. et s. Escrofuloso, sa.
scrotum [skrɔtɔm] m. Anat. Escroto.
scrubber m. Techn. Depurador.
scrupule m. Escrúpulo : *être sans scrupule,* no tener ningún escrúpulo.
scrupuleux, euse adj. Escrupuloso, sa.
scrutateur, trice adj. et s. m. Escrutador, ra ; escudriñador, ra.
scruter v. tr. Escudriñar, escrutar. || *Scruter l'horizon,* otear el horizonte.
scrutin m. Escrutinio, recuento de votos : *dépouiller le scrutin,* efectuar el escrutinio, hacer el recuento de votos. || *Scrutin de ballotage,* votación de desempate, votación adicional.
scull [skœːl] m. Skull (embarcation).
sculpter [skylte] v. tr. Esculpir : *sculpter sur marbre,* esculpir en mármol.
sculpteur [-tœːr] m. Escultor, tallista.
— Syn. *Statuaire,* estatuario. *Modeleur,* modelador. *Imagier,* imaginero.
sculptural, e [-tyral] adj. Escultural.
sculpture [-tyːr] f. Escultura. || — Pl. Dibujos, *m.,* ranuras, resaltos, *m.* (pneus).
scutellaire f. Bot. Escutelaria.
scutiforme adj. Escutiforme.
scyphozoaires m. pl. Zool. Acalefos.
scythe adj. et s. Escita.
Scythie n. pr. f. Géogr. Escitia.
scythique adj. Escítico, ca.
se [sə] pron. pers refl. Se.
— Observ. Lorsque le pronom espagnol *se* accompagne un verbe à l'infinitif ou au gérondif, il est obligatoirement enclitique (*se faire,* hacerse ; *en se promenant,* paseándose).
sea-line m. Oleoducto submarino.
séance f. Sesión : *ouvrir, lever la séance,* abrir, levantar la sesión. || — *Séance plénière,* pleno, sesión plenaria. || *Séance tenante,* acto continuo, sobre la marcha. || — *En séance publique,* en sesión pública.
séant, e adj. Decente, decoroso, sa (décent). || Que celebra sus sesiones (siégeant).
— M. Postura (*f.*) del que está sentado. || — *Être sur son séant,* estar sentado. || *Se mettre sur son séant,* incorporarse, sentarse.
seau [so] m. Cubo. || Fam. *Il pleut à seaux,* llueve a cántaros.
sébacé, e adj. Sebáceo, a : *glandes sébacées,* glándulas sebáceas.
sébaste m. Zool. Escorpina, *f.,* rescaza, *f.*
Sébastien n. pr. m. Sebastián.
sébile f. Platillo, *m.,* escudilla.
sebkha f. Lago (*m.*) salado (en Afrique du Nord).
séborrhée f. Méd. Seborrea.
sébum [sebɔm] m. Sebo.
sec, sèche [sɛk, sɛʃ] adj. Seco, ca : *terrain, temps sec,* terreno, tiempo seco. || Paso, sa ; seco, ca (fruits). || Enjuto, ta (malgre). || Fig. Seco, ca : *un bruit sec,* un ruido seco ; *une réponse sèche,* una respuesta seca. || — *Nourrice sèche,* ama seca. || *Pain, vin sec,* pan, vino seco. || *Perte sèche,* pérdida completa. || *Raisins secs,* pasas, uvas pasas. || — *À pied sec,* a pie enjuto. || Fam. *En cinq sec,* en un dos por tres.
— M. Seco, lo seco. || Pienso seco (pour les bestiaux). || — *Au sec,* en seco. || *Tenir au sec,* guárdese en sitio seco (médicament). || — F. Pop. Pitillo, *m.* (cigarette) : *griller une sèche,* echar un pitillo.
— Adv. Secamente : *parler sec,* hablar secamente. || Rotundamente, tajantemente, sin rodeos : *il m'a dit non tout sec,* me dijo no rotundamente. || — *Boire sec,* ser un gran bebedor. || — *À sec,* en seco : *nettoyer à sec,* limpiar en seco ; pelado, da ; tronado, da (sans argent) ; vacío, a (vide) ; ago-

tado, da : *ce poète est à sec,* este poeta está agotado. || Mar. *À sec de voile,* a palo seco. || Fam. *Mettre quelqu'un à sec,* dejarle a uno limpio (ruiner).
sécable adj. Divisible, cortable.
sécant, e adj. et s. f. Géom. Secante.
sécateur m. Agric. Podadera, *f.,* tijera (*f.*) para podar.
sécession [sesɛsjɔ̃] f. Secesión.
sécessionniste adj. et s. Secesionista.
séchage m. Secado, secamiento.
sèche-cheveux [sɛʃʃəvø] m. Secador [de pelo].
sèchement adv. Secamente : *répondre sèchement,* contestar secamente.
sécher* v. tr. ● Secar. || Fig. Fumarse [la clase] (argot scolaire).
— V. intr. Secarse. || Estar pez *ou* pegado (argot scolaire). || Hacer novillos (faire l'école buissonnière). || — Fig. *Sécher de dépit,* reventar de despecho. | *Sécher sur pied,* consumirse de tristeza.
— Syn. ● *Dessécher,* desecar. *Racornir,* endurecer, apergaminar, encoger. *Tarir,* agotar. *Deshydrater,* deshidratar. *Parcheminer,* apergaminar.
sécheresse [seʃrɛs] f. Sequedad. Agric. Sequía. || Fig. Sequedad, esterilidad (absence d'images). | Sequedad, aridez (de l'âme). | Aridez (du style). | Sequedad (du ton).
sécherie [-ʃri] f. Secadero, *m.*
sécheur m. Secadero.
sécheuse f. Secadora.
séchoir m. Secadero (lieu). || Secador (appareil). || Tendedero (pour étendre le linge).
second, e [səgɔ̃, ɔ̃ːd] adj. Segundo, da. || Secundario, ria : *un ouvrage de second intérêt,* una obra de interés secundario. || *De seconde main,* de segunda mano, de lance.
— M. Segundo (personne ou chose en deuxième rang). || Suplente, segundo (suppléant). || Segundo piso. || Padrino (duel). || Subcampeón (dans un championnat). || Mar. *Capitaine en second,* el segundo de a bordo. || Mil. *Commandant en second,* segundo jefe. || — F. Autom. Segunda (boîte de vitesses). || Segunda (qui vient en deuxième rang). || *Seconde* o *classe de seconde,* quinto año de bachillerato (lycée).
secondaire [-dɛːr] adj. Secundario, ria. || *Enseignement secondaire,* segunda enseñanza *ou* enseñanza media.
— M. Secundario.
— Syn. *Accessoire,* accesorio. *Subsidiaire,* subsidiario. *Concomitant,* concomitante.
seconde [səgɔ̃ːd] f. Segundo, *m.* (angle et temps). || Segunda (de devinette, d'escrime).
secondement [-dmɑ̃] adv. Segundamente, en segundo lugar.
seconder [səgɔ̃de] v. tr. Secundar.
— Syn. *Aider,* ayudar. *Assister,* asistir. *Servir,* servir.
secouement [səkumɑ̃] m. Sacudida, *f.*
secouer v. tr. ● Sacudir : *secouer un torchon,* sacudir un trapo. || Zarandear (agiter très fort). || Agitar : *secouer la tête,* agitar la cabeza. || Fig. Trastornar : *sa maladie l'a secoué,* su enfermedad lo ha trastornado. | Impresionar, trastornar : *cette nouvelle m'a secoué,* esta noticia me ha impresionado. || Fig. et fam. Reñir, sacudir (réprimander). || — *Secouer le joug,* sacudir el yugo. || Fig. et fam. *Secouer les puces,* sacudir el polvo.
— V. pr. Sacudirse. || Fam. Reaccionar (ne pas se laisser aller).
— Syn. ● *Balloter,* bambolear, tambalear. *Cahoter,* traquetear.
secourable adj. Caritativo, va ; compasivo, va.
secourir* v. tr. Socorrer : *secourir les pauvres,* socorrer a los pobres.

secourisme m. Socorrismo.

secouriste m. et f. Socorrista.

secours [səku:r] m. Socorro, auxilio : *appeler au secours*, pedir socorro ; *porter secours*, prestar socorro. ‖ — Pl. Refuerzos (troupes). ‖ Donativos (dons). ‖ — *Premiers secours*, primeros auxilios. ‖ *Roue de secours*, rueda de repuesto. ‖ *Sortie de secours*, salida de emergencia. ‖ — *Au secours !*, ¡auxilio !, ¡socorro !

secousse f. Sacudida : *secousse tellurique*, sacudida telúrica. ‖ FIG. Commoción : *une secousse politique*, una commoción política.

secret [səkrɛ] m. Secreto : *le secret de Polichinelle*, el secreto a voces. ‖ — *Serrure à secret*, cerradura de secreto. ‖ — *En secret*, en secreto. ‖ *Être tenu au secret professionnel*, estar obligado *ou* vinculado por el secreto profesional. ‖ *Garder un secret, observer le secret*, guardar un secreto. ‖ *Mettre au secret*, incomunicar, dejar incomunicado. ‖ *Parler en secret*, secretear.

secret, ète [səkrɛ, ɛ:t] adj. Secreto, ta.

secrétaire m. et f. Secretario, ria : *secrétaire de mairie*, secretario municipal. ‖ *Secrétaire d'État*, ministro (ministre) ; secretario de Estado (aux Etats-Unis et au Vatican). ‖ — M. Escritorio, secreter (meuble). ‖ ZOOL. Serpentario.

secrétairerie [səkretɛrri] f. Secretaría.

secrétariat [-tarja] m. Secretaría, *f.* (bureau). ‖ Secretariado (emploi).

secrète f. RELIG. Secreta.

secrètement adv. Secretamente.

— SYN. *En secret*, en secreto. *En cachette*, a escondidas. *À la dérobée*, a hurtadillas. *Furtivement*, furtivamente. *Sourdement*, sordamente. *En sous-main*, bajo mano. *En tapinois*, de tapadillo. *En catimini*, de callada, callandito.

sécréter* v. tr. Segregar, secretar.

sécréteur, euse ou **trice** adj. Secretor, ra ; secretorio, ria.

sécrétine f. Secretina.

sécrétion f. ANAT. Secreción.

sécrétoire adj. ANAT. Secretorio, ria.

sectaire adj. et s. Sectario, ria.

sectarisme m. Sectarismo.

sectateur, trice m. et f. Sectador, ra ; sectario, ria.

secte f. Secta.

secteur m. GÉOM. Sector : *secteur circulaire, sphérique*, sector circular, esférico. ‖ MIL. Sector. ‖ ÉLECTR. Red, *f.* : *brancher sur le secteur*, conectar con la red. ‖ FIG. Sector : *le secteur économique*, el sector económico.

section f. Sección.

sectionnement m. Seccionamiento, corte. ‖ División, *f.*

sectionner v. tr. Seccionar, cortar, partir.

— SYN. *Fractionner*, fraccionar. *Segmenter*, segmentar. *Fragmenter*, fragmentar. *Scinder*, escindir.

sectionneur m. ÉLECTR. Seccionador.

sectoriel, elle adj. Sectorial.

séculaire adj. Secular.

sécularisation f. Secularización.

séculariser v. tr. Secularizar.

séculier, ère adj. Secular (du siècle, du monde) : *clergé séculier*, clero secular. ‖ *Bras séculier*, brazo secular.

— M. Seglar, lego. ‖ Laico (laïque).

secundo [səkɔ̃do] adv. En segundo lugar, segundamente.

sécurité f. Seguridad. ‖ Seguro, *m.* (d'une arme). ‖ *Sécurité sociale*, Seguridad Social (législation et organisme) ; seguros (*m. pl.*) sociales (assurances). ‖ *Remboursé par la Sécurité sociale* (médicament), incluido en el petitorio del Seguro de Enfermedad.

sedan m. Paño de Sedán.

sédatif, ive adj. et s. m. MÉD. Sedativo, va, sedante : *ordonner un sédatif*, recetar un sedante.

sédation f. MÉD. Sedación.

sédentaire adj. et s. Sedentario, ria.

sédentarité f. Estado sedentario.

sedia gestatoria [sedjaʒɛstatɔrja] f. Silla gestatoria (du pape).

sédiment m. Sedimento.

sédimentaire adj. Sedimentario, ria.

sédimentation f. Sedimentación.

séditieux, euse adj. et s. Sedicioso, sa.

sédition f. Sedición.

séducteur, trice adj. et s. Seductor, ra.

séduction f. Seducción. ‖ Atractivo, *m.* (attrait irrésistible).

séduire* v. tr. Seducir, cautivar : *séduire par de belles promesses*, seducir con hermosas promesas. ‖ Seducir (une femme). ‖ Sobornar, corromper : *séduire un témoin*, sobornar a un testigo.

séduisant, e adj. Seductor, ra ; atractivo, va.

sédum [sedɔm] m. BOT. Telefio.

ségala m. AGRIC. Centenal.

segment [sɛgmɑ̃] m. GÉOM. et MÉCAN. Segmento.

segmentaire adj. Segmentario, ria.

segmentation f. Segmentación.

segmenter v. tr. Segmentar.

Ségovie n. pr. GÉOGR. Segovia.

ségrairie f. Bosque (*m.*) en condominio (bois). ‖ Condominio (*m.*) de un bosque (possession).

ségrais m. Bosque aislado.

ségrégation f. Segregación : *ségrégation raciale*, segregación racial.

ségrégationisme m. Segregacionismo, segregación (*f.*) racial.

ségrégationiste adj. et s. Segregacionista.

séguedille [segədi:j] f. MUS. Seguidilla.

séguia f. Acequia (en Afrique du Nord).

seiche f. Sepia, jibia. ‖ GÉOGR. Variación del nivel, sesnivel, *m.* (d'un lac).

séide [seid] m. Secuaz, satélite.

seigle [sɛ:gl] m. BOT. Centeno : *seigle ergoté*, centeno atizonado.

seigneur [sɛɲœ:r] m. ● Señor. ‖ — *Le Seigneur*, Dios, el Señor. *Notre-Seigneur*, Nuestro Señor, Jesucristo. ‖ *Seigneur !* o *Seigneur Dieu !*, ¡Dios mío ! ‖ *Seigneur et maître*, dueño y señor. ‖ — *À tout seigneur tout honneur*, a tal señor, tal honor. ‖ *Faire le seigneur*, tener muchos humos, dárselas de señor. ‖ *Vivre en grand seigneur*, vivir a lo grande.

— OBSERV. La palabra francesa *seigneur* no tiene nunca el sentido de « caballero » que tiene la palabra española *señor*.

— SYN. ● *Suzerain, souverain*, soberano. *Sire*, señor.

seigneuriage [-rja:ʒ] m. Señorío (droit d'un seigneur). ‖ Señoreaje (droit du roi).

seigneurial, e [-rjal] adj. Señoril, señorial.

seigneurie [-ri] f. Señorío, *m.* (autorité et territoire). ‖ Señoría (titre) : *votre seigneurie*, su señoría.

seille [sɛ:j] f. Herrada (en bois). ‖ Cubo (*m.*), balde (*m.*) de lona [en toile].

seillon [-jɔ̃] m. Cubeta, *f.*

seime [sɛ:m] f. Cuarto, *m.* (du sabot du cheval).

sein [sɛ̃] m. ANAT. ● Pecho : *donner le sein à un nourrisson*, dar el pecho a un nene. ‖ FIG. Pecho, seno : *presser contre son sein*, apretar contra su pecho. ‖ Seno, centro : *dans le sein de la terre*, en el seno de la Tierra. ‖ — *Le sein d'Abraham*, el seno de Abrahán. ‖ — *Au sein de*, dentro de, en el mismo, en el seno de.

— SYN. ● *Mamelle*, teta, mama. *Téton*, pezón. *Mamelon*, pezón. *Gorge, poitrine*, pecho. *Giron*, regazo.

Seine n. pr. f. GÉOGR. Sena, *m.*

seine ou **senne** f. Jábega, traíña.

seing [sɛ̃] m. Dʀ. Firma, *f.* ‖ — *Blanc-seing*, firma en blanco. ‖ *Sous seing privé*, sin legalizar.
— Oʙsᴇʀᴠ. El español *firma* se traduce en general por *signature*.

séisme m. Seísmo, sismo, terremoto.
— Sʏɴ. *Tremblement de terre*, terremoto. *Cataclysme*, cataclismo.

séismicité ou **sismicité** f. Frecuencia de seísmos.

séismique ou **sismique** adj. Sísmico, ca.

séismographe ou **sismographe** m. Sismógrafo.

séismologie ou **sismologie** f. Sismología.

seize [sɛːz] adj. et s. m. Dieciséis, diez y seis.

seizième [-zjɛːm] adj. Decimosexto, ta (ordre, rang). ‖ — Adj. et s. m. Dieciseisavo, va (fraction).

séjour m. Estancia, *f.*, permanencia, *f.* (dans un lieu) : *un court séjour à Paris*, una breve estancia en París. ‖ Temporada (temps) : *faire un séjour à*, pasar una temporada en. ‖ Fɪɢ. Morada, *f.* (demeure), mansión, *f.* (résidence). ‖ — *Carte de séjour*, tarjeta de résidencia. ‖ *Salle de séjour*, cuarto de estar.

séjourner v. intr. Permanecer, residir (résider). ‖ Estarse, quedarse (rester). ‖ ● Estancarse, remansarse (eau).
— Sʏɴ. ● *Stagner*, estancarse. *Croupir*, estancarse. *Arrêter (s')*, detenerse.

sel [sɛl] m. Sal, *f.* : *sel marin*, sal marina ; *sel gemme*, sal gema, sal pedrés. ‖ Cʜɪᴍ. Sal, *f.* ‖ Fɪɢ. Sal, *f.* (finesse d'esprit). ‖ — Fɪɢ. *Sel attique*, sal ática, aticismo. ‖ *Sel d'Angleterre*, *d'Epsom*, *de magnésie* o *de Sedlitz*, sal de Higuera (sulfate de magnésie). ‖ *Sel de Glauber*, sulfato de sosa. ‖ *Sel de Saturne*, sal de plomo *ou* de Saturno. ‖ *Sel de Vichy*, bicarbonato de sosa. ‖ *Sel d'oseille*, sal de acederas. ‖ *Sel gris* o *de cuisine*, sal morena *ou* de cocina. ‖ — M. pl. Sales, *f.* (pour ranimer).

sélaciens m. pl. Zᴏᴏʟ. Selacios.

sélaginelle f. Bᴏᴛ. Selaginella.

select [selɛkt] adj. m. et f. Fᴀᴍ. Selecto, ta.

sélecteur m. Selector.

sélectif, ive adj. Selectivo, va.

sélection f. Selección.

sélectionné, e adj. et s. Seleccionado, da (joueur).

sélectionner v. tr. Seleccionar, escoger.

sélectionneur, euse adj. et s. Seleccionador, ra.

sélectivité f. Rᴀᴅ. Selectividad.

séléniate m. Cʜɪᴍ. Seleniato.

sélénieux adj. m. Cʜɪᴍ. Selcnioso.

sélénique adj. m. Cʜɪᴍ. Selénico.

sélénite f. Selenita.

séléniteux, euse adj. Cʜɪᴍ. Selenitoso, sa.

sélénium [selenjɔm] m. Cʜɪᴍ. Selenio.

séléniure m. Cʜɪᴍ. Seleniuro.

sélénographie f. Aꜱᴛʀ. Selenografía.

sélénographique adj. Selenográfico, ca.

séleucides m. pl. Hɪꜱᴛ. Seleúcidas.

Séleucos n. pr. Hɪꜱᴛ. Seleuco.

self [sɛlf] f. Éʟᴇᴄᴛʀ. Self, *m.*, carrete (*m.*) de self-inducción.

self-government [sɛlfɡɔvɛrnmɛnt] m. Autogobierno.

self-inductance [-ɛ̃dyktɑ̃ːs] f. Éʟᴇᴄᴛʀ. Autoinductancia.

self-induction [-ɛ̃dyksjɔ̃] f. Éʟᴇᴄᴛʀ. Autoinducción, selfinducción.

selle f. Silla *ou* silla de montar (pour cavalier). ‖ Sillín, *m.* (de bicyclette). ‖ Banco, *m.* (de sculpteur). ‖ Faldilla, cuarto (*m.*) trasero (viande). ‖ Deposición (évacuation par les voies naturelles). ‖ — *Selle anglaise*, silla inglesa, galápago. ‖ — *Cheval de selle*, caballo de silla. ‖ — *Aller à la selle*, ir al retrete, hacer sus necesidades. ‖ Fɪɢ. *Être bien en selle*, estar bien amarrado [en su

empleo]. | *Remettre quelqu'un en selle*, sacarle a uno adelante.
— Oʙsᴇʀᴠ. Le mot espagnol *silla* signifie principalement *chaise*.

seller v. tr. Ensillar.

seller v. intr. ou **se seller** v. pr. Endurecerse (un terrain).

sellerie f. Guarnicionería, talabartería (profession). ‖ Guarniciones, *pl.*, arreos, *m. pl.* (harnais). ‖ Guarnés, *m.*, guadarnés, *m.* (magasin de harnais).

sellette f. Banquillo, *m.* (de l'accusé). ‖ Banco, *m.* (de sculpteur). ‖ Asiento (*m.*) suspendido (maçons et peintres). ‖ Sillín, *m.* (harnais). ‖ Asiento (*m.*) abatible (de stalle). ‖ Fɪɢ. *Mettre* o *tenir quelqu'un sur la sellette*, agobiar a preguntas.

sellier m. Guarnicionero, talabartero.

selon [salɔ̃] prép. Según : *selon les cas*, según los casos ; *selon cet auteur*, según este autor. ‖ Conforme a, según : *j'ai agi selon vos désirs*, he actuado conforme a sus deseos. ‖ — *Selon lui* o *moi...*, a su *ou* a mi modo de ver. ‖ *Selon que*, según que. ‖ Fᴀᴍ. *C'est selon*, según, depende.
— Sʏɴ. *D'après*, con arreglo a. *Conformément à*, conforme a.

semailles [samaːj] f. pl. Siembra, *sing.*, sementera, *sing.*

semaine f. Semana : *la semaine des quatre jeudis*, la semana que no tenga viernes. ‖ Salario semanal, semana (des ouvriers). ‖ — *Semaine anglaise*, semana inglesa. ‖ *Semaine sainte*, Semana Santa. ‖ — *En semaine*, durante la semana. ‖ *Être de semaine*, estar de semana. ‖ *Il y a plus de jours que de semaines*, hay más días que longanizas. ‖ *Prêter à la petite semaine*, prestar a dita.

semainier, ère m. et f. Semanero, ra. ‖ — M. Semanario (boîte à rasoirs). ‖ Semanario (bracelet).

sémantique adj. et s. f. Semántico, ca.

sémaphore m. Semáforo (chemin de fer, maritime).

sémaphorique adj. Semafórico, ca.

semblable [sɑ̃blabl] adj. et s. Semejante. ‖ *Il n'a pas son semblable pour*, no hay quien le gane a.
— Sʏɴ. *Ressemblant*, parecido. *Analogue*, análogo. *Équivalent*, equivalente. *Adéquat*, adecuado. *Similaire*, similar. *Conforme*, conforme. *Pareil*, igual. *Tel*, tal, como. *Identique*, idéntico. *Kif kif*, igualito.

semblant m. Apariencia, *f.* : *un semblant d'amitié*, una apariencia de amistad. ‖ — *Faire semblant de*, hacer como si *ou* que, fingir, hacer el paripé de, simular que. ‖ *Faire semblant de ne pas voir*, hacer la vista gorda. ‖ Fᴀᴍ. *Ne faire semblant de rien*, disimular, aparentar indiferencia.

sembler v. intr. ● Parecer : *cela me semble bon*, eso me parece bueno.
— V. impers. Parecer : *il semble que*, parece que. ‖ — *Ce me semble*, a mi parecer, en mi opinión, a mi juicio. ‖ *Comme bon vous semblera*, como le parezca. ‖ *Il me semble*, me parece. ‖ *Que vous semble-t-il de cela?*, ¿qué le parece a usted esto? ‖ *Si bon vous semble*, si le parece bien.
— Sʏɴ. ● *Paraître*, parecer. *Avoir l'air*, parecer.

séméiologie ou **sémiologie** f. Mᴇᴅ. Semiología, semiótica.

séméiologique ou **sémiologique** adj. Mᴇᴅ. Semiológico, ca.

séméiologue ou **sémiologue** m. Mᴇᴅ. Semiólogo.

semelle [samɛl] f. Suela (sous les chaussures). ‖ Plantilla (dans les chaussures). ‖ Soleta (d'un bas). ‖ Solera (poutre). ‖ Zapata (d'ancre). ‖ Pie, *m.* (mesure). ‖ — *Battre la semelle*, golpear el suelo con los pies para calentarlos. ‖ Fɪɢ. *Ne pas avancer d'une semelle*, no avanzar ni un paso. | *Ne pas quitter quelqu'un d'une semelle*, no dejar a uno a sol ni a sombra, pisarle los talones a uno. ‖ *Ne pas reculer d'une semelle*, no ceder un ápice.

semence f. AGRIC. Simiente, semilla (graine). ‖ ANAT. Semen, *m.* ‖ Tachuela (petit clou). ‖ Perlitas, *pl.*, aljófar, *m.* (perles). ‖ FIG. Semilla, germen, *m.*

semen-contra [semɛnkɔ̃tra] m. inv. MÉD. Semencontra, santónico.

semer* [səme] v. tr. Sembrar : *semer des céréales*, sembrar cereales. ‖ Sembrar, esparcir (disséminer) : *semer des fleurs sur son passage*, sembrar flores al pasar. ‖ FIG. Sembrar, propagar, esparcir (répandre) : *semer la discorde*, sembrar la discordia. ‖ POP. Dejar tirado, muy atrás a (un concurrent). ‖ Librarse de : *semer un importun*, librarse de un majadero. ‖ Despistarse de : *les bandits ont semé la police*, los bandidos se han despitado de la policía ‖ — *Semer à tous vents*, sembrar a los cuatro vientos. ‖ *Semer son argent*, distribuir dinero a manos llenas.

semestre m. Semestre.

semestriel, elle adj. Semestral.

semeur, euse m. et f. Sembrador, ra. ‖ FIG. Propagador, ra : *semeur de faux bruits*, propagador de noticias falsas.

semi-aride adj. Semiárido, da ; casi árido, da.

semi-automatique adj. MIL. Semiautomático, ca.

semi-chenillé [səmiʃənije] adj. Semioruga : *véhicule semi-chenillé*, vehículo semioruga.

semi-circulaire adj. Semicircular.

semi-coke m. Semicoque.

semi-conducteur m. ÉLECTR. Semiconductor.

semi-direct, e adj. Semidirecto, ta.

semi-double adj. RELIG. et BOT. Semidoble.

sémillant, e [semijã, ã:t] adj. Vivaracho, cha (vif). ‖ Vivo, va (spirituel).

sémillon [semijɔ̃] m. Cepa blanca de Burdeos (raisin).

semi-lunaire adj. ANAT. Semilunar.

séminaire m. Seminario (école, groupe, réunion). ‖ *Petit séminaire*, seminario menor.

séminal, e adj. Seminal.

séminariste m. Seminarista.

semi-nomade adj. et s. Seminómada.

semi-nomadisme m. Seminomadismo.

sémiologie f. Semiología, semiótica.

sémiotique f. Semiótica.

semi-ouvré, e adj. Semimanufacturado, da.

semi-perméable adj. PHYS. Semipermeable.

semi-remorque f. Semirremolque, *m.*

semi-rigide adj. Semirrígido, da.

semis [səmi] m. Siembra, *f.*, sembradura, *f.* (semailles). ‖ Sembrado, sementera, *f.* (champ ensemencé). ‖ Almáciga, *f.*, semillero (plant).

sémite adj. et s. Semita.

sémitique adj. Semítico, ca.

semitisant, e ou **semitiste** m. et f. Semitista.

sémitisme m. Semitismo.

semi-ton m. MUS. Semitono.

semi-voyelle [səmivwajɛl] f. GRAMM. Semivocal.

semnopithèque m. ZOOL. Semnopiteco.

semoir m. AGRIC. Sembradora, *f.* (machine). ‖ Sementero (sac).

semonce f. Amonestación, reprimenda, reconvención. ‖ MAR. *Coup de canon de semonce*, disparo de advertencia *ou* de aviso.

semoncer* v. tr. (Vx). Amonestar, reprender, reconvenir.

— OBSERV. La palabra francesa *reconvenir* sólo tiene un sentido jurídico.

semoule f. Sémola. ‖ *Sucre semoule*, azúcar en polvo.

semper virens [sɛ̃pɛrvirɛ̃:s] m. inv. BOT. Planta (*f.*) perenne.

sempervivum [-vivɔm] m. BOT. Brusco, jusbarba, *f.*

sempiternel, elle adj. Sempiterno, na.

sen [sɛn] m. Sen (unité monétaire).

sénat [sena] m. Senado.

sénateur m. Senador. ‖ FAM. *Train de sénateur*, paso lento, aire grave.

sénatorerie f. Senaduría.

sénatorial, e adj. Senatorial, senatorio, ria.

sénatus-consulte [senatyskɔ̃sylt] m. Senadoconsulto.

séné m. BOT. Sen, sena, *f.* ‖ *Faux séné*, espantalobos.

sénéchal m. Senescal.

sénéchaussée f. Senescalía, senescalado, *m.*

séneçon m. BOT. Hierba (*f.*) cana, pan de pájaros, auzón.

sénégalais, e adj. et s. Senegalés, esa.

Sénèque n. pr. Séneca.

sénescence [senɛssã:s] f. BIOL. Senescencia.

sénescent, e [-sã, ã:t] adj. Senescente. ‖ BLAS. Senestrado, da.

senestre f. Siniestra.

senestré ou **sénestré, e** adj. BLAS. Siniestrado, da.

sénevé m. BOT. Mostaza (*f.*) negra. ‖ *Le grain de sénevé*, el grano de mostaza (Bible).

sénile adj. Senil.

sénilité f. Senilidad.

senior [seɲo:r] adj. et s. SPORTS. Senior.

senne f. Jábega.

sénousiste adj. et s. Senusista.

sens [sã:s] m. Sentido : *le sens de la vue*, el sentido de la vista ; *sens commun*, sentido común. ‖ ● Sentido, razón : *perdre l'usage des sens*, perder uno el sentido. ‖ — *Sens unique, interdit*, dirección única, prohibida (circulation). ‖ — *Bon sens*, sensatez, buen sentido. ‖ — *À double sens*, de doble sentido (mot), de dirección doble (circulation). ‖ *À mon sens*, a mi entender, a mi juicio. ‖ *En ce sens que*, en el sentido de que. ‖ *En dépit du bon sens*, en contra del sentido común, sin sentido común. ‖ *Sens dessus dessous*, trastornado, da (moralement) ; en desorden, patas arriba (en désordre). ‖ *Sens devant derrière*, del revés. ‖ — *Abonder dans le sens de quelqu'un*, abundar en la opinión ou en las ideas de uno, ser del mismo parecer que otro. ‖ *Tomber sous le sens*, ser evidente, caer de su peso.

— SYN. ● *Raison*, razón. *Discernement*, discernimiento. *Jugeotte*, caletre.

sensation f. Sensación. ‖ — *Nouvelle à sensation*, noticia sensacional. ‖ — FIG. *Faire sensation*, impresionar, causar sensación.

sensationnel, elle adj. Sensacional.

sensé, e adj. Sensato, ta ; cuerdo, da.

sensibilisateur adj. et s. m. Sensibilizador, ra.

sensibilisation f. PHOT. Sensibilización.

sensibiliser v. tr. PHOT. Sensibilizar. ‖ Despertar *ou* aguzar la sensibilidad. ‖ Tocar en : *sensibiliser l'amour propre*, tocar en el amor propio. ‖ Conmover : *sensibiliser l'opinion publique*, conmover la opinión pública.

sensibilité f. Sensibilidad.

— SYN. *Sensiblerie*, sensiblería. *Émotivité*, emotividad.

sensible adj. ● Sensible. ‖ Apreciable, notable, sensible : *progrès sensibles*, progresos notables.

— SYN. ● *Douillet*, delicado. *Impressionnable*, impresionable.

sensiblerie f. Sensiblería.

sensitif, ive adj. Sensitivo, va.

— M. et f. Persona excesivamente susceptible. ‖ — F. BOT. Sensitiva.

sensoriel, elle adj. Sensorial, sensorio, ria.

sensorimétrique adj. Que mide las sensaciones.

sensorium [sãsɔrjɔm] m. Sensorio.

sensualisme m. Sensualismo.

sensualiste adj. et s. Sensualista.

sensualité f. Sensualidad.

sensuel, elle adj. et s. Sensual.

sente f. Senda, sendero, *m.*

sentence f. Sentencia (phrase et jugement).

sentencieux, euse adj. Sentencioso, sa.

senteur f. Olor, *m.* ‖ Bot. *Pois de senteur,* guisante de olor.

senti, e adj. Sentido, da. ‖ Fig. Claro, ra : *observation bien sentie,* observación bien clara.

sentier m. Sendero, senda, *f.* ‖ Fig. Camino : *hors des sentiers battus,* fuera de los caminos trillados.

sentiment m. Sentimiento : *avoir de bons sentiments,* tener buenos sentimientos. ‖ Sentir, sentimiento : *le sentiment de la nation,* el sentir de la nación. ‖ *Avoir le sentiment que,* darle a uno la impresión que, parecerle a uno que.

sentimental, e adj. Sentimental.

sentimentalisme m. Sentimentalismo.

sentimentalité f. Sentimentalismo, *m.*

sentine f. Mar. Sentina.

sentinelle f. Centinela, *m.* ‖ Pop. Catalina (excrément).

sentir* v. tr. ● Sentir : *sentir une violente douleur,* sentir un dolor violento. ‖ ◆ Oler : *sentir un parfum,* oler un perfume. ‖ Oler a (dégager une odeur) : *ce mouchoir sent la lavande,* este pañuelo huele a lavanda. ‖ Saber (avoir le goût de). ‖ Apreciar, sentir : *sentir la poésie,* sentir la poesía. ‖ Notar : *on sent de la gaieté sous chacun de ses mots,* se nota alegría en cada una de sus palabras. ‖ Fig. Oler a, tener trazas de : *cela sent le roman,* esto tiene trazas de novela. ‖ — Fam. *Sentir le roussi,* oler a chamusquina. ‖ *Sentir le sapin,* oler a difunto. ‖ — *Cela sent la fin,* está en las últimas. ‖ Fig. et Fam. *Ne pouvoir sentir quelqu'un,* no poder sufrir, no tragar a alguien, atragantársele a uno alguien. ‖ *Se faire sentir,* sentirse, notarse : *le froid commence à se faire sentir,* comienza a sentirse el frío.

— V. intr. Oler : *sentir bon* o *mauvais,* oler bien *ou* mal ; *ce poisson sent,* este pescado huele.

— V. pr. Sentirse : *je me sens mal,* me siento mal.

— Syn. ● *Ressentir,* sentir. *Éprouver,* experimentar. — ◆ *Fleurer,* oler a. *Subodorer,* barruntar. *Flairer,* olfatear.

seoir* [swa:r] v. intr. Sentar, ir bien, favorecer (convenir). ‖ Estar sito : *maison sise dans le centre,* casa sita en el centro. ‖ Celebrar sesiones : *la cour séant à Paris,* el tribunal celebrando sus sesiones en París. ‖ Estar sentado : *Jésus-Christ sied à la droite du Père,* Jesucristo está sentado a la diestra de Dios Padre.

— V. impers. Convenir. ‖ *Comme il sied,* como conviene.

— Observ. Seoir no se emplea en infinitivo y únicamente en la tercera persona de los tiempos simples.

sep m. Dental (de charrue).

sépale m. Bot. Sépalo.

sépaloïde adj. Sepaloideo, a.

séparable adj. Separable.

séparateur, trice adj. et s. m. Separador, ra.

séparation f. Separación. ‖ Dr. *Séparation de corps,* separación [matrimonial].

séparatisme m. Separatismo.

séparatiste adj. et s. Separatista.

séparé, e adj. Separado, da. ‖ Diferente, distinto, ta : *des intérêts séparés,* intereses diferentes.

séparer v. tr. ● Separar : *séparer les bons d'avec les méchants,* separar los buenos de los malos. ‖ Dividir : *séparer une chambre en trois,* dividir una habitación en tres.

— V. pr. Separarse. ‖ Separarse, despedirse (prendre congé). ‖ Dividirse. ‖ Dr. Separarse, no vivir juntos los esposos.

— Syn. ● *Diviser,* dividir. *Dissocier,* disociar. *Disjoindre, désunir,* desunir. *Détacher,* apartar.

sépia f. Zool. Jibia, sepia. ‖ Sepia, *m.* (couleur). ‖ Dibujo (*m.*) hecho con sepia (dessin).

seps [sɛps] m. Zool. Seps, eslizón.

sept [sɛt] adj. num. et s. inv. Siete. ‖ Séptimo : *Charles VII* (septième), Carlos VII [séptimo].

septain [setɛ̃] m. Estrofa (*f.*) de siete versos.

septante [sɛptɑ̃ :t] adj. num. et s. inv. Setenta (en Belgique et en Suisse).

septembral, e [sɛptɑ̃bral] adj. De septiembre.

septembre [sɛptɑ̃:br] m. Septiembre, setiembre.

septemvir [sɛptɛmvi:r] m. Septenviro.

septénaire [sɛptenɛ:r] adj. et s. m. Septenario, ria.

septennal, e adj. Septenal.

septennalité f. Calidad de septenal.

septennat m. Septenio. ‖ Septenio (mandat de sept ans).

septentrion m. Septentrión.

septentrional, e adj. Septentrional.

septicémie f. Septicemia.

septicémique adj. Septicémico, ca.

septicité f. Septicidad.

septidi m. Séptimo día de la década en el calendario republicano francés.

septième [sɛtjɛ:m] adj. Séptimo, ma. ‖ Fig. *Septième ciel,* séptimo cielo.

— M. La séptima (*f.*) parte. — F. Curso (*m.*) de ingreso en Bachillerato. ‖ Mus. Séptimo, *m.*

septièmement [sɛtjɛmmɑ̃] ou **septimo** [sɛptimo] adv. En séptimo lugar.

septique adj. Séptico, ca.

septuagénaire adj. et s. Septuagenario, ria.

septuagésime f. Septuagésima.

septuor m. Mus. Septeto.

septuple adj. et s. m. Séptuplo, pla.

septupler v. tr. Septuplicar.

— V. intr. Septuplicarse, septuplicar.

sépulcral, e adj. Sepulcral. ‖ Fig. *Voix sépulcrale,* voz sepulcral.

sépulcre m. Sepulcro. ‖ *Le saint sépulcre,* el Santo Sepulcro.

sépulture f. Sepultura.

séquanais, e [sekwanɛ, ɛ:z] adj. Sécuano, na.

séquelle [sekɛl] f. Pandilla, caterva (suite de gens méprisables). ‖ Fig. Sarta, retahíla, cáfila (des questions, de remarques). ‖ Secuela (suites d'une maladie).

séquence [sekɑ̃:s] f. Relig. Secuencia. ‖ Ciném. Secuencia, escena. ‖ Escalera (jeux).

séquestration [sekɛstrasjɔ̃] f. Secuestro, *m.,* secuestración.

séquestre [-kɛstr] m. Secuestro, embargo (saisie). ‖ — *Séquestre judiciaire,* depósito judicial. ‖ — *Lever le séquestre,* desembargar. ‖ *Mettre sous séquestre,* embargar.

séquestrer [-kɛstre] v. tr. Secuestrar, embargar (saisir). ‖ Fig. Secuestrar (isoler une personne).

— V. pr. Fig. Encerrarse, aislarse del trato social.

sequin m. Cequí (monnaie arabe).

séquoia [sekɔja] m. Secoya, *f.* (arbre).

sérac m. Géol. Sérac, aglomeración (*f.*) de bloques de hielo en un glaciar. ‖ Queso blanco de los Alpes.

sérail [seraj] m. Serrallo (harem). ‖ Palacio.

sérançage m. Rastrillado.

sérancer* v. tr. Rastrillar (le chanvre, le lin).

sérapéum [serapeɔm] m. Serapeo (temple dans l'Antiquité).

séraphin m. Serafín (esprit céleste).

Séraphin n. pr. m. Serafín.

séraphique adj. Seráfico, ca. ‖ *Le Docteur séraphique,* el Doctor Seráfico [San Buenaventura].

serbe adj. et s. Serbio, bia ; servio, via.

Serbie n. pr. f. Géogr. Serbia, Servia.

serbo-croate adj. et s. Serbocroata, servocroata.

serdeau m. Sauseria, *f.* (office). ‖ Sausier (officier de bouche).

serein, e [sərɛ̃, ɛ:n] adj. Sereno, na : *temps*

serein, tiempo sereno. ‖ Sereno, na ; apacible (tranquille).
— M. Sereno, relente (humidité nocturne).
— OBSERV. Le mot espagnol *sereno* désigne aussi le *veilleur de nuit.*

sérénade f. Serenata.

sérénissime adj. Serenísimo, ma (titre).

sérénité f. Serenidad (del cielo). ‖ FIG. Serenidad, calma. ‖ Serenidad (titre).

séreux, euse adj. et s. f. Seroso, sa.

serf, serve [sɛrf, sɛrv] adj. Esclavo, va ; servil. ‖ FIG. Servil.
— M. et f. Siervo, va.

serfouette f. AGRIC. Binador, *m.*, escardillo, *m.*

serfouir v. tr. AGRIC. Binar, escardillar.

serfouissage m. Escarda, *f.*

serge f. ou **sergé** m. Sarga (tissu).

Serge n. pr. m. Sergio.

sergent m. MIL. Sargento. ‖ TECHN. Cárcel, *f.* (serre-joint). ‖ — *Sergent-chef, sergent-major,* sargento primero. ‖ *Sergent de ville,* agente de policía, guardia municipal.

sergette f. Jerguilla, sargueta (tissu).

séricicole adj. Sericícola.

sériciculteur m. Sericicultor, sericultor.

sériciculture f. Sericicultura, sericultura.

séricigène adj. Sericígeno, na.

série f. ● Serie : *en série,* en serie. ‖ Serie (au billard). ‖ Categoría (sports). ‖ *Hors série,* excepcional, fuera de serie.
— OBSERV. Cuando *série* va seguido por un complemento en plural, el verbo se suele poner también en plural : *la série de crimes qui ont été commis ;* con *une série* se puede emplear tanto el singular como el plural : *une série d'articles qui traite de ce sujet.*
— SYN. ● *Succession,* sucesión. *Séquelle,* sarta, cáfila. *Kyrielle,* retahíla. *Ribambelle,* runfla.

sériel, elle adj. Relativo, relativa a una serie.

sérier* v. tr. Seriar, disponer en serie.

sérieusement adv. Seriamente, en serio : *parler sérieusement,* hablar seriamente. ‖ Gravemente, de gravedad : *être sérieusement malade,* estar gravemente enfermo.

sérieux, euse adj. Serio, ria : *il est trop sérieux, il ne rit jamais,* es demasiado serio, no se ríe nunca. ‖ Serio, ria ; formal (sage). ‖ Grave : *une maladie sérieuse,* una enfermedad grave. ‖ Importante : *de sérieuses modifications,* modificaciones importantes.
— M. Seriedad, *f.*, gravedad, *f.* ‖ *Manque de sérieux,* informalidad, falta de seriedad. ‖ *Manquer de sérieux,* no tener fundamento (argument). ‖ *Prendre au sérieux,* tomar en serio. ‖ *Tenir son sérieux,* contener la risa.

sérigraphie f. Serigrafía.

serin, e [sərɛ̃, in] m. et f. ZOOL. Canario, *m.*, canaria, *f.* ‖ FIG. et FAM. Primo, ma ; tonto, ta.

sérine f. CHIM. Serina.

seriner v. tr. (P. us.). Enseñar a cantar por medio de un organillo [a un pájaro]. ‖ FIG. et FAM. Machacar (répéter pour apprendre), estar siempre con (répéter).

serinette f. Organillo (*m.*) para enseñar a los canarios a cantar.

seringa ou **seringat** m. BOT. Jeringuilla, *f.*

seringage m. Riego en forma de lluvia fina.

seringue f. Jeringa (à lavements). ‖ Jeringuilla (à injections).

sérique adj. Seroso, sa (du sérum).

serment m. ● Juramento, *f.* ‖ FIG. Promesa (*f.*) solemne. ‖ FAM. *Serment d'ivrogne,* promesa de borracho. ‖ *Serment judiciaire,* juramento judicial. ‖ *Sous la foi du serment,* bajo juramento. ‖ *Faire o prêter serment,* prestar juramento, jurar. ‖ *Faire un faux serment,* jurar en falso.
— SYN. ● *Vœu,* voto. *Jurement,* juramento.

sermon m. ● RELIG. Sermón. ‖ FAM. Sermón, prédica, *f.*
— SYN. ● *Prédication,* predicación. *Prêche,* prédica. *Exhortation,* exhortación. *Homélie,* homilía.

sermonnaire m. Sermonario (recueil). ‖ Predicador, autor de sermones.

sermonner v. tr. Sermonear.
— V. intr. FAM. Sermonear, predicar.

sermonneur, euse m. et f. Sermoneador, ra.

sérodiagnostic m. MÉD. Serodiagnóstico.

sérosité f. Serosidad.

sérothérapie f. MÉD. Sueroterapia, seroterapia.

sérovaccination f. Vacuna con suero.

serpe f. Hocino, *m.*, podadera, podón, *m.* ‖ FIG. et FAM. *Taillé à la serpe,* hecho muy groseramente *ou* a patadas.

serpent [sɛrpɑ̃] m. ZOOL. Serpiente, *f.* ‖ FIG. Víbora, *f.*, serpiente, *f.* (personne perfide). ‖ MUS. Serpentón. ‖ — *Serpent à lunettes,* serpiente de anteojo, naja. ‖ *Serpent à sonnettes,* serpiente de cascabel, crótalo. ‖ FIG. *Serpent de mer,* serpiente de verano (nouvelle). ‖ FIG. *Langue de serpent,* lengua de víbora *ou* viperina. | *Réchauffer un serpent dans son sein,* criar cuervos.

serpentaire f. BOT. Serpentario, dragontea. ‖ — M. ZOOL. Serpentario.

serpenteau m. ZOOL. Serpezuela, *f.*, sierpecilla, *f.* ‖ Buscapiés (fusée).

serpentement m. Serpenteo.

serpenter v. intr. Serpentear, culebrear.

serpentin m. Serpentín (tuyau). ‖ Serpentina, *f.* (ruban de papier). ‖ MIL. Serpentín (pièce d'artillerie).

serpentine f. MIN. et MIL. Serpentina.

serpette f. AGRIC. Podadera pequeña, navaja jardinera.

serpigineux, euse adj. MÉD. Serpiginoso, sa.

serpillière [sɛrpijɛːr] f. Arpillera (pour emballage). ‖ Aljofifa, bayeta (pour le nettoyage). ‖ Delantal (*m.*) basto (tablier).

serpolet [sɛrpɔlɛ] m. BOT. Serpol, tomillo.

serrage m. Presión, *f.* ‖ Ajuste (assemblage).

serran m. ZOOL. Raño, perca (*f.*) de mar.

serratule f. BOT. Serratula.

serre f. Invernadero, *m.*, invernáculo, *m.*, estufa (pour plantes). ‖ Presión (pression). ‖ — Pl. Garras (d'oiseau).

serré, e adj. Apretado, da. ‖ Ceñido, da ; estrecho, cha (robe). ‖ FIG. Oprimido, da ; encogido, da ; en un puño : *avoir le cœur serré,* tener el corazón en un puño. ‖ FAM. Agarrado, da (avare). | Reñido, da (combat, lutte). | Porfiado, da (discussion). | Conciso, sa (style) ; riguroso, sa (raisonnement, logique). ‖ *Avoir le gosier serré,* atravesársele a uno un nudo en la garganta.
— Adv. *Jouer serré,* jugar sobre seguro, con tiento (jeux), obrar con cautela (agir avec prudence).

serre-file m. inv. MIL. Cabo de fila. ‖ Buque cierra filas.

serre-fils [sɛrfil] m. inv. ÉLECTR. Borne, contacto para alambres eléctricos.

serre-frein ou **serre-freins** m. inv. TECHN. Guardafrenos (*m.*).

serre-joint ou **serre-joints** [sɛrʒwɛ̃] m. inv. TECHN. Cárcel, *f.*

serre-livres m. inv. Sujetalibros.

serrement m. Estrechamiento, apretón : *serrement de mains,* apretón de manos. ‖ Barrera (*f.*) de madera (de mine). ‖ FIG. *Serrement de cœur,* angustia, congoja.

serre-nez [sɛrne] m. inv. Acial.

serre-papiers m. inv. Papelera, *f.* (meuble).

serrer v. tr. ● Apretar : *serrer les dents,* apretar los dientes ; *serrer un nœud,* apretar un nudo. ‖

Dar, estrechar (la main). ‖ Estrechar (étreindre). ‖ Ceñir : *serrer la taille avec une bande*, ceñir la cintura con una faja. ‖ Guardar, encerrar : *serrer quelque chose dans un tiroir*, guardar algo en un cajón. ‖ Ceñirse, pegarse : *serrer à droite*, ceñirse a la derecha ; *serrer le trottoir*, pegarse a la acera. ‖ Apretar (chaussure). ‖ Estar estrecho : *cette robe me serre*, este vestido me está estrecho. ‖ Ceñirse a : *serrer le sujet*, ceñirse al tema. ‖ Cerrar, estrechar (joindre, rapprocher) : *serrer les rangs*, estrechar filas. ‖ Mar. Aferrar, cargar (les voiles). ‖ Fig. Oprimir : *serrer le cœur*, oprimir el corazón. ‖ — *Serrer de près*, perseguir de cerca, acosar. ‖ *Serrer la gorge, le cou*, estrangular. ‖ *Serrer la queue*, ir con el rabo entre las piernas. ‖ Fig. *Serrer la vis*, apretar las clavijas. ‖ *Serrer le style*, escribir concisamente. ‖ *Serrer son jeu*, jugar sobre seguro. ‖ — *Être serré comme des sardines* o *comme des harengs*, estar como sardinas en lata *ou* como arenques en banasta. — V. pr. Estrecharse, apretujarse (les uns contre les autres). ‖ Ceñirse (la taille). ‖ Fig. et Fam. *Se serrer la ceinture*, apretarse el cinturón. ‖ *Son cœur se serre*, se le encoge el corazón.

— Syn. ● *Bloquer*, apretar a fondo. *Brider*, apretar, sujetar. *Étreindre*, apretar, abrazar. *Embrasser*, abarcar (comprendre), abrazar (avec les bras).

serre-tête m. inv. Pañuelo para la cabeza (carré). ‖ Casco (pour écouteurs). ‖ Cinta (*f.*) elástica para el pelo, diadema, *f.*

serrure f. Cerradura. ‖ *Forcer une serrure*, descerrajar, forzar una cerradura.

serrurerie [sɛr(r)yri] f. Cerrajería.

serrurier m. Cerrajero.

sertão [sɛrtau] m. Sertao (région semi-aride du nord-est du Brésil).

serte f. Engaste, *m.* (enchâssement).

sertir v. tr. Engastar (des pierres précieuses). ‖ Rebordear, embutir, engastar, unir (des tôles).

sertissage m. Engaste (action). ‖ Techn. Rebordeo, engarce, embutido (des tôles).

sertisseur, euse adj. et s. Engastador, ra.

sertissure f. Engaste, *m.* (d'une pierre).

Sertorius [sɛrtoriys] n. pr. m. Sertorio.

sérum [serɔm] m. Méd. Suero : *sérum antidiphtérique*, suero antidiftérico.

servage m. Servidumbre, *f.* ‖ Fig. Vasallaje.

serval m. Zool. Gato cerval.

— Observ. Pl. *servals*.

servant adj. m. Sirviente. ‖ *Cavalier servant*, escudero (écuyer). ‖ *Chevalier servant*, galán. ‖ Relig. *Frère servant*, donado, hermano lego.

— M. Mil. Sirviente (d'une arme). ‖ Jugador que saca, saque, sacador (sports).

servante f. ● Criada, sirvienta, moza de servicio (domestique). ‖ Trinchero, *m.* (table de service). ‖ Tentemozo, *m.* (support). ‖ (Vx). Servidora. ‖ *Servante de Jésus-Christ*, monja.

— Syn. ● *Domestique*, criada. *Fille de service*, criada, moza. *Femme de chambre*, doncella, camarera. *Femme de ménage*, asistenta. *Soubrette*, doncella. *Chambrière, camériste, camérière*, camarera. *Bonne*, criada, *Souillon*, fregona. *Bonniche*, criada joven, marmota.

serveur, euse m. et f. Camarero, ra (restaurant). ‖ — M. Saque, sacador (jeux).

serviabilité f. Obsequiosidad.

serviable adj. Servicial : *un homme très serviable*, un hombre muy servicial.

service m. Servicio (public, domestiques). ‖ Servicio, vajilla, *f.* (vaisselle) : *service de faïence*, vajilla de loza. ‖ Servicio (linge de table). ‖ ● Favor : *rendre un service*, prestar *ou* hacer un favor. ‖ Servicio (dans un restaurant). ‖ Turno, servicio : *le policier de service*, el policía de turno. ‖ Juego, servicio (thé, café). ‖ Relig. Oficio (office), funeral (funérailles). ‖ Saque (sports) : *être au service*, tener el saque ; *enlever le service*, romper el saque. ‖ — *Service militaire*, servicio militar. ‖ — *À votre service*, servidor de usted, a su disposición. ‖ *Mort au service de la patrie*, muerto en acto de servicio. ‖ *Qu'y a-t-il pour votre service ?*, ¿qué se le ofrece ?, ¿en qué puedo servirle ? ‖ *Rendre de grands services à*, prestar un gran servicio *ou* mucha ayuda a (personne), servir mucho a, ser muy útil para, tener gran utilidad para (chose). ‖ *Rendre un mauvais service*, causar perjuicio.

— Syn. ● *Bienfait*, beneficio, favor. *Bons offices*, buenos oficios. *Plaisir*, favor.

serviette f. Servilleta (de table). ‖ Toalla (de toilette). ‖ Cartera (pour documents), cartapacio, *m.* (d'écoliers). ‖ *Serviette hygiénique* o *périodique*, paño higiénico.

serviette-éponge f. Toalla de felpa.

— Observ. Pl. *serviettes-éponges*.

servile adj. Servil.

— Syn. *Rampant*, rastrero. *Obséquieux*, obsequioso. *Pied-plat*, persona vil.

servilité f. Servilismo, *m.*

servir* v. tr. Servir a : *servir un prince*, servir a un príncipe. ‖ Servir : *servir le dessert*, servir el postre ; *servir à table*, servir en la mesa. ‖ Ayudar a (messe). ‖ Atender (un client) : *on vous sert ?*, ¿le atienden ? ‖ Favorecer, servir : *les circonstances m'ont servi*, las circunstancias me han favorecido. ‖ Rematar (un animal). ‖ Pagar (rente). ‖ Servir, asistir con naipe del mismo palo (cartes). ‖ Fam. Sacar, venir con : *il nous sert toujours la même histoire*, siempre nos viene con la misma historia. ‖ (Vx). *Servir une dame*, hacer la corte a una dama.

— V. intr. Servir : *servir à*, servir para. ‖ Ser, hacer de : *servir de mère à quelqu'un*, ser una madre para alguien ; *il lui sert d'interprète*, es su intérprete. ‖ Servir, hacer el servicio militar. ‖ Hacer el saque, sacar, servir (tennis). ‖ *Servir de*, ser utilizado como, servir de : *cet imperméable me sert de manteau*, utilizo este impermeable como abrigo.

— V. pr. Servirse, valerse, usar, utilizar (d'un instrument). ‖ Servirse (de la viande, du vin). ‖ Aprovecharse, servirse, valerse : *se servir des circonstances*, aprovecharse de las circunstancias.

servites m. pl. Servitas (ordre religieux).

serviteur m. ● Servidor. ‖ — Fig. *Serviteur de Dieu*, siervo de Dios. ‖ *Serviteur de l'État*, funcionario. ‖ — *Je suis votre serviteur*, servidor de usted. ‖ *Votre très humble serviteur*, su seguro servidor.

— Syn. ● *Domestique*, criado. *Valet*, criado. *Laquais*, lacayo. *Larbin*, criado.

servitude f. Servidumbre. ‖ Dr. *Servitude de passage*, servidumbre de paso. ‖ — Mar. *Bâtiment de servitude*, barco de servicio (dans un port).

— Syn. *Esclavage*, esclavitud. *Servage*, servidumbre.

servocommande f. Servomando, *m.*

servofrein m. Mécan. Servofreno.

servomécanisme m. Servomecanismo.

servomoteur m. Mécan. Servomotor.

ses pl. de l'adj. poss. *son, sa*. Sus : *ses livres*, sus libros.

sésame m. Bot. Sésamo, alegría, *f.*

sésamoïde adj. Anat. Sesamoideo, a.

sesbanie f. Bot. Sesbania.

sesquialtère [sɛskɥialtɛːr] adj. Sesquiáltero, ra.

sesquioxyde [-ɔksid] m. Chim. Sesquióxido.

sessile adj. Bot. Sésil, sentado, da.

session f. Período (*m.*) de sesiones, reunión (d'une assemblée). ‖ Sesión (d'un concile). ‖ Vistas, *pl.* (de la cour d'assises). ‖ Exámenes, *m. pl.*

sesterce m. Sestercio (monnaie).

set [sɛt] m. Set (tennis). ‖ Plató (cinéma).
sétacé, e adj. Cerdoso, sa.
Seth [sɛt] n. pr. m. Set.
setier m. Sextario (mesure ancienne).
séton m. MÉD. Sedal. ‖ *Plaie en séton*, herida de refilón.
setter [sɛtɛ:r] m. ZOOL. Setter (chien).
seuil m. Umbral (d'une porte). ‖ FIG. Umbral : *le seuil de la vie*, el umbral de la vida. | Puertas, *f. pl.* : *être au seuil d'un conflit*, estar a las puertas de un conflicto. ‖ GÉOGR. Paso bajo [por el que comunican dos regiones]. ‖ MAR. Fondo elevado del mar. ‖ *Seuil d'excitation*, umbral de excitación (physiologie).
seul, e adj. Solo, la : *vivre seul*, vivir solo. ‖ Único, ca : *le seul coupable*, el único culpable. ‖ Sólo : *seule une femme le sait*, sólo lo sabe una mujer. ‖ Simple : *le seul consentement suffit*, el simple consentimiento basta. ‖•— *Seul à seul* o *tout seul*, a solas. ‖ — *Comme un seul homme*, como un solo hombre. ‖ *Pas un seul*, ni uno, ni siquiera uno. ‖ — *Cela va tout seul*, eso marcha solo, no hay problema
— M. et f. Único, ca : *c'est le seul qui me reste*, es el único que me queda. ‖ *Un seul, une seule*, uno, una.
seulement adv. Solamente, sólo. ‖ Pero, sólo que : *il consent, seulement il demande que...*, consiente, pero pide que... ‖ — *Non seulement*, no solamente, no sólo. ‖ *Pas seulement*, ni aun, ni siquiera. ‖ *Si seulement...*, si al menos..., si por lo menos... ‖ — *Il vient d'arriver seulement*, acaba sólo *ou* justo de llegar.
seulet, ette [sœlɛ, ɛt] adj. POÉT. Solito, ta.
sève f. BOT. Savia. ‖ FIG. Vigor, *m.*, energía, savia.
sévère adj. Severo, ra : *regard sévère*, mirada severa. ‖ Grave, importante (pertes). ‖ Sobrio, bria ; severo, ra : *lignes sévères*, líneas sobrias.
Séverin n. pr. m. Severino.
sévérité f. Severidad.
sévices m. pl. Sevicia, *f. sing.*, malos tratos.
sévillan, e adj. et s. Sevillano, na.
Séville [sevi:j] n. pr. GÉOGR. Sevilla.
sévir v. intr. Obrar con severidad, actuar con rigor. ‖ Castigar sin consideración (punir). ‖ FIG. Reinar, hacer estragos (épidémie, calamité) : *le froid sévit*, reina el frío.
sevrage m. Destete (enfant). ‖ AGRIC. Corte (d'une marcotte).
sevrer* v. tr. Destetar (enfants). ‖ FIG. Privar (priver). ‖ AGRIC. Cortar (une marcotte).
sèvres m. Porcelana (*f.*) de Sevres.
Sèvres n. pr. GÉOGR. Sevres.
sévrienne f. Alumna de la Escuela Normal de Sèvres.
sexagénaire adj. et s. Sexagenario, ria.
sexagésimal, e adj. Sexagesimal.
sexagésime f. RELIG. Sexagésima.
sex-appeal [sɛksapi:l] m. Sex-appeal.
sexe m. Sexo. ‖ — FAM. *Le sexe faible* o *le beau sexe*, el sexo débil, el bello sexo. | *Le sexe fort*, el sexo fuerte.
sexologie f. Sexología.
sexologue m. Sexólogo.
sextant m. Sextante.
sexte f. RELIG. Sexta.
sextidi m. Sextidi (sixième jour de la décade dans le calendrier républicain).
sextine f. POÉT. Sextina.
sexto adv. Sexto, en sexto lugar.
sextolet [sɛkstɔlɛ] m. MUS. Sextillo.
sextuor [sɛkstµɔ:r] m. MUS. Sexteto.
sextuple adj. et s. Séxtuplo, pla.
sextupler v. tr. et intr. Sextuplicar.
sexualité f. Sexualidad.
sexué, e adj. Sexuado, da.

sexuel, elle adj. Sexual.
seyant, e adj. Que sienta bien, que favorece (vêtement, coiffure).
sforzando [sfɔrtsando] adv. MUS. Sforzando.
sgraffite m. Esgrafito, esgrafiado (fresque).
shah [ʃa] m. Shah, chah (souverain).
shaker [ʃeikœ:r] m. Shaker, coctelera, *f.*
shakespearien, enne [ʃɛkspirjɛ̃, jɛn] adj. Shakespeariano, na.
shako [ʃako] m. Chacó, shakó.
shampooing [ʃɑ̃pwɛ̃] m. Champú.
shaving [ʃeiviŋ] m. Acabado y ajuste [de las piezas mecánicas].
shérif [ʃerif] m. Sheriff.
sherry [ʃɛri] m. Sherry, vino de Jerez.
shilling [ʃiliŋ] m. Chelín.
shimmy [ʃimi] m. Shimmy (danse). ‖ AUTOM. Trepidación (*f.*) oscilante, « shimmy ».
shinto ou **shintoïsme** [ʃɛ̃to, -ism] m. Sintoísmo.
shintoïste [-ist] adj. et s. Sintoísta.
shocking ! [ʃɔkiŋ] interj. ¡Qué barbaridad !
shogoun m. Taicún.
shoot [ʃu:t] m. Chut, tiro, disparo (football).
shooter [-te] v. intr. Chutar (football).
short [ʃɔrt] m. Pantalón corto, « short ».
shrapnel [ʃrapnɛl] m. MIL. Shrapnel (projectile).
shunt [ʃœ̃nt] m. ELECTR. Shunt, derivación, *f.*
shuntage m. Shuntado (chemin de fer).
shunter [-te] v. tr. Poner una derivación.
si conj. Si : *si tu viens, tu seras reçu*, si vienes serás recibido. ‖ ¡Ojalá ! (souhait, regret) : *si je pouvais le faire*, ¡ojalá pudiese hacerlo ! ‖ — *Si ce n'est*, sino. ‖ *Si ce n'est que*, excepto que, salvo que. ‖ *Si seulement*, si por lo menos, ojalá. ‖ *Si tant est que*, si es cierto que.
— OBSERV. Delante de *il*, si pierde su vocal ; por lo tanto se escribe *s'il vient* (y no *si il vient*).
— Lorsque la proposition subordonnée introduite par *si* est à l'imparfait ou au plus-que-parfait de l'indicatif, en français, elle doit être à l'imparfait ou au plus-que-parfait du subjonctif en espagnol : *j'irais si tu le désirais*, iría si tú lo desearas.
si adv. Tan (tellement, aussi) : *pas si tôt*, no tan pronto *ou* temprano ; *c'est un si gentil garçon !*, ¡es tan buen chico ! ‖ Sí (affirmation à une interrogative négative) : *mais si, que si*, claro que sí. ‖ Por : *si pressé qu'il soit*, por mucha prisa que tenga ; *si peu que ce soit*, por poco que sea. ‖ *Si bien que*, tanto que, de tal modo *ou* manera que, así que.
si m. inv. El sí : *avec lui il y a toujours des si et des mais*, con él siempre hay los sí y los pero. ‖ MUS. Si.
sial m. GÉOL. Sial.
sialis [sjalis] m. ZOOL. Sialis.
sialisme m. MÉD. Sialismo.
sialorrhée f. Sialorrea, salivación excesiva.
siamois, e adj. et s. Siamés, esa. ‖ *Frères siamois*, hermanos siameses. ‖ M. Siamés (langue).
Sibérie n. pr. f. GÉOGR. Siberia.
sibérien, enne adj. et s. Siberiano, na.
sibilant, e adj. MÉD. Sibilante, silbante.
sibylle [sibil] f. Sibila.
sibyllin, e adj. Sibilino, na.
sic adv. Sic.
sicaire m. Sicario.
siccatif, ive [sikatif, i:v] adj. et s. m. Secante : *huile siccative*, aceite secante. ‖ MÉD. Desecativo, va.
siccité [siksite] f. Desecación, sequedad.
Sicile n. pr. f. GÉOGR. Sicilia.
sicilien, enne adj. et s. Siciliano, na.
sicle m. Siclo (poids et monnaie).
side-car [saidkα:] m. Sidecar.
sidéral, e adj. ASTR. Sideral, sidéreo, a.
sidérant, e adj. FAM. Apabullante.

sidéré, e adj. FIG. et FAM. Atónito, ta; estupefacto, ta; anonadado, da.

sidérer* v. tr. FAM. Dejar estupefacto, ta; quitar el hipo.

sidérite f. MIN. Siderita, siderosa (sidérose).

sidéritis [sideritis] m. BOT. Siderita, f.

sidérolithique adj. GÉOL. Siderolítico, ca.

sidérose f. MIN. Siderosa.

sidérostat [siderɔsta] m. Sideróstato.

sidéroxylon m. BOT. Sideroxilón.

sidérurgie f. Siderurgia.

sidérurgique adj. Siderúrgico, ca.

sidérurgiste m. Especialista en siderurgia.

sidi m. FAM. Moro, morángano [radicado en Francia].

siècle m. Siglo. ‖ Mundo, siglo (le monde). ‖ — *Au cours des siècles*, al correr de los siglos. ‖ *Dans tous les siècles des siècles*, por los siglos de los siglos. ‖ *Le XXᵉ siècle*, el siglo XX.

siège m. Asiento (meuble) : *prenez un siège*, tome asiento. ‖ Asiento (d'un juge ou tribunal). ‖ Escaño, puesto [*Amér.*, banco] (d'une assemblée). ‖ Pescante (du cocher). ‖ Capital, f. (d'un empire). ‖ Oficina (f.) central, residencia, f., sede, f. (d'une administration). ‖ Domicilio social (d'une société). ‖ MÉCAN. Asiento (de soupape). ‖ MÉD. Centro, foco (d'une maladie). ‖ MIL. Sitio, cerco. ‖ — *Siège épiscopal*, sede *ou* silla episcopal. ‖ — *Bain de siège*, baño de asiento. ‖ *État de siège*, estado de sitio. ‖ *Le Saint-Siège*, la Santa Sede. ‖ *Lever le siège*, levantar el sitio (militaire), levantar el vuelo, ahuecar el ala (s'en aller).

siéger* v. intr. Ocupar un escaño : *siéger au Sénat*, ocupar un escaño en el Senado. ‖ Celebrar sesión, reunirse (se réunir). ‖ Tener su domicilio *ou* sede, residir (résider). ‖ FIG. Residir, estar, radicar, hallarse : *c'est là que siège le mal*, ahí es donde reside el mal.

Siegfried n. pr. m. Sigfrido.

siemens [simɛns] m. Siemens (unité de conductance).

sien, sienne [sjɛ̃, sjɛn] adj. et pron. poss. Suyo, ya : *cette valise est la sienne*, esta maleta es la suya.
— M. Lo suyo : *à chacun le sien*, a cada cual lo suyo. ‖ *Y mettre du sien*, contribuir personalmente, poner de su lado. ‖ — Pl. Los suyos (les parents). ‖ — F. pl. *Faire des siennes*, hacer de las suyas.

Sienne n. pr. GÉOGR. Siena. ‖ *Terre de Sienne*, siena (ocre).

siennois, e adj. et s. Sienés, esa.

sierra f. GÉOGR. Sierra.

Sierra Leone n. pr. f. GÉOGR. Sierra Leona.

sieste f. Siesta : *faire la sieste*, dormir la siesta.

sieur [sjœr] m. Señor. ‖ *Le sieur Joseph*, el tal José [despectivo].

sifflage m. VÉTÉR. Huélfago.

sifflant, e adj. Sibilante, silbante.

sifflement m. Silbido. ‖ Silbido, pitido (du train).

siffler v. tr. et intr. Silbar : *siffler son chien*, silbar al perro. ‖ Pitar (avec un sifflet) : *siffler la fin d'un match*, pitar el final de un partido. ‖ FIG. Silbar, pitar, abuchear : *siffler une pièce*, silbar una obra de teatro. ‖ POP. Soplarse, echarse al coleto : *siffler un verre*, soplarse un vaso.

sifflet [siflɛ] m. Pito, silbato (instrument). ‖ POP. Frac, smocking. ‖ — Pl. FIG. Silbidos, silba, f., pita, f. (désapprobation). ‖ — *Coup de sifflet*, silbido, pitido. ‖ *En sifflet*, en bisel : *tailler en sifflet*, cortar en bisel. ‖ — FIG. et POP. *Couper le sifflet*, degollar, cortar la garganta (tuer), dejar a uno cortado, achantar (mettre hors d'état de répondre).

siffleur, euse adj. et s. Silbador, ra.

sifflotement m. Silbido ligero.

siffloter v. intr. et tr. Silbotear, silbar ligeramente.

sifilet [sifilɛ] m. ZOOL. Ave (f.) del paraíso, sifilete.

sigillaire [siʒilɛ:r] adj. et s. f. Sigilario, ria.

sigillé, e [-le] adj. Sigilado, da (scellé).

sigillographie [-lɔgrafi] f. Sigilografía.

sigillographique [-lɔgrafik] adj. Sigilográfico, ca.

sigisbée m. (Vx). Chichisbeo (ironique).

Sigismond n. pr. m. Segismundo.

sigle m. Sigla, f.

sigma m. Sigma, f. (lettre grecque).

sigmoïde adj. ANAT. Sigmoideo, a; sigmoides.

signal m. Señal, f. : *signaux de la circulation*, señales de tráfico; *signal d'alarme*, señal de alarma. ‖ Signo : *signaux en morse*, signos Morse. ‖ — *Donner le signal*, dar la señal. ‖ *Donner le signal du départ*, dar la salida.

signalé, e adj. Señalado, da.

signalement m. Filiación, f., señas, f. pl., descripción, f. (d'un individu). ‖ *Prendre le signalement*, filiar.

signaler v. tr. Señalar. ‖ Dar a conocer, mostrar. ‖ Advertir, apuntar : *signaler quelques oublis*, advertir algunos olvidos. ‖ *Rien à signaler*, sin novedad, nada de nuevo.
— V. pr. Señalarse, distinguirse.

signalétique adj. Que contiene la filiación, descriptivo, va.

signaleur m. Encargado de hacer señales [*Amér.*, señalero].

signalisation f. Señalización (trafic). ‖ Señalamiento, m. (utilisation des signaux). ‖ *Panneau de signalisation*, señal de tráfico.

signaliser v. tr. Señalizar.

signataire adj. et s. Firmante, signatario, ria.

signature f. ● Firma (nom). ‖ IMPR. Signatura (d'une feuille imprimée).
— SYN. ● *Paraphe*, rúbrica. *Griffe*, estampilla. *Émargement*, firma al margen. *Seing*, seña. *Contre-seing*, contraseña.

signe [siɲ] m. Signo : *signe de ponctuation*, signo de puntuación. ‖ Señal, f., seña, f. : *parler par signes*, *faire des signes*, hablar por señas, hacer señas. ‖ Señal, f. : *bon signe*, buena señal. ‖ Muestra, f. : *il donne des signes de faiblesse*, da muestras de debilidad. ‖ ASTR. Signo (zodiaque). ‖ MATH. Signo (symbole). ‖ — *Signe de la Croix*, señal de la Cruz. ‖ *Signe de ralliement*, seña de reunión, contraseña. ‖ *Signe distinctif*, señal. ‖ *Signes extérieurs*, signos exteriores. ‖ — *En signe de*, en señal de. ‖ *Sous le signe de*, bajo la influencia de (astrologie). ‖ — *Faire le signe de la Croix*, santiguarse, persignarse. ‖ *Faire signe*, avisar. ‖ *Ne pas donner signe de vie*, no dar señales de vida.

signer v. tr. Firmar : *signer d'un pseudonyme*, firmar con un seudónimo. ‖ *Signer de son sang*, sellar con su sangre (les martyrs). ‖ *Signer son nom*, firmar, poner su firma.
— V. pr. Santiguarse, persignarse.

signet m. Registro (pour marquer les pages).

signifiant m. Significante.

significatif, ive adj. Significativo, va.

signification f. Significado, m., significación. ‖ DR. Notificación (d'un acte, d'un jugement).

signifier* v. tr. Significar. ‖ DR. Notificar (par voie judiciaire).

sil m. Sil (ocre).

silence m. Silencio. ‖ MUS. Silencio, pausa, f. ‖ — *Faire silence* o *garder le silence*, guardar silencio, callar. ‖ *Passer sous silence*, pasar en silencio, pasar por alto, callar, silenciar.

silencieux, euse adj. ● Silencioso, sa.
— M. Silenciador, silencioso (automobiles). ‖ Silenciador (arme à feu).
— SYN. ● *Taciturne*, taciturno. *Muet*, mudo, callado.

silène f. Bot. Silene, *m.*
Silène n. pr. m. Myth. Sileno.
Silésie n. pr. f. Géogr. Silesia.
silésien, enne adj. et s. Silesio, sia ; silesiano, na. ‖ — F. Silesiana (étoffe).
silex [silɛks] m. Sílex, pedernal.
silhouette f. Silueta.
silhouetter v. tr. Siluetear. — V. pr. Perfilarse.
silicate m. Chim. Silicato.
silice f. Chim. Sílice.
siliceux, euse adj. Chim. Silíceo, a.
silicique adj. Silícico, ca.
silicium [silisjɔm] m. Chim. Silicio.
siliciure m. Chim. Siliciuro.
silicone m. Chim. Silicona, *f.*
silicose f. Méd. Silicosis.
silicule f. Bot. Silícula.
silique f. Bot. Silicua.
siliqueux, euse adj. Bot. Silicuoso, sa.
sillage [sijaːʒ] m. Mar. Estela, *f.* ‖ Fig. *Marcher dans le sillage de quelqu'un,* seguir las huellas *ou* los pasos de alguien.
sillet [sijɛ] m. Mus. Ceja, *f.,* cejilla, *f.*
sillon [sijɔ̃] m. Surco. ‖ Fig. Estela, *f.,* rastro (trace). ‖ — Pl. Arrugas, *f.* (rides). ‖ Fig. *Faire o creuser son sillon,* labrarse un camino.
sillonner [-ɔne] v. tr. Hacer surcos en (tracer des sillons). ‖ Fig. Surcar, atravesar : *de belles routes sillonnent la France,* buenas carreteras surcan Francia. ‖ *Visage sillonné de rides,* rostro surcado de arrugas.
silo m. Silo.
silotage m. Agric. Ensilaje.
silphe m. Zool. Silfo.
silure m. Siluro, bagre (poisson).
silurien, enne adj. et s. m. Géol. Silúrico, ca ; siluriano, na.
silves f. pl. Silva.
sima m. Géol. Sima, *f.*
simagrées f. pl. Melindres, *m.,* remilgos, *m.*
simarre f. Especie de sotana bajo la toga.
simaruba m. Bot. Simaruba, *f.*
simarubacées f. pl. Bot. Simarubáceas.
simbleau m. Compás de cuerda (de charpentier).
Siméon n. pr. m. Simeón.
simien, enne adj. Zool. Símico, ca. — M. pl. Simios.
simiesque adj. Simiesco, ca.
similaire adj. Similar.
similarité f. Similitud, semejanza.
simili préf. Símili, imitación de, artificial : *similimarbre,* similimármol, imitación de mármol ; *similicuir,* cuero artificial. — M. Fam. Imitación, *f.*
similigravure f. Impr. Autotipia, similigrabado, *m.*
similisage m. Techn. Mercerizado (du coton).
similisé, e adj. Mercerizado, da.
similiste m. Especialista en similigrabado.
similitude f. Similitud, semejanza. ‖ Símil, *m.* (analogie). ‖ Math. Semejanza : *rapport de similitude,* relación de semejanza.
Simon n. pr. m. Simón.
simoniaque adj. et s. Simoniaco, ca ; simoniático, ca.
simonie f. Simonía.
simoun m. Simún.
simple adj. ● Simple (pur) : *corps simple,* cuerpo simple. ‖ Simple (seul) : *un simple geste,* un simple gesto. ‖ Sencillo ; fácil : *un procédé tout simple,* un procedimiento muy sencillo. ‖ Sencillo, lla (sans ornement). ‖ Llano, na ; sencillo, lla ; campechano, na (sans façon). ‖ Simple (naïf). ‖ Solo, la : *souliers à simple semelle,* zapatos con una sola suela. ‖ Bot. Simple. ‖ — Fam.

Simple comme bonjour, tirado, muy fácil. ‖ *Simple d'esprit,* inocente, simple. ‖ *Simple soldat,* soldado raso. ‖ — Gramm. *Passé simple,* pretérito indefinido. ‖ *Un simple particulier,* un particular. — M. Simple (niais). ‖ Simple (tennis). — Pl. Méd. Simples (plantes). ‖ Gente (*f. sing.*) sencilla. ‖ *Passer du simple au double,* multiplicarse por dos, duplicarse.
— Syn. ● *Sommaire,* somero. *Rudimentaire,* rudimentario. *Élémentaire,* elemental. *Primitif,* primitivo.
simplement adv. Simplemente, sencillamente. ‖ — *Purement et simplement,* pura y simplemente, pura y llanamente. ‖ *Tout simplement,* nada menos que : *il risque tout simplement sa vie,* arriesga nada menos que su vida.
simplet, ette [sɛplɛ, ɛt] adj. Simplón, ona.
simplicité f. Sencillez, naturalidad, llaneza (de mœurs). ‖ Sencillez : *un mécanisme d'une grande simplicité,* un mecanismo de gran sencillez. ‖ Simpleza (niaiserie). ‖ Simplicidad (absence de mélange).
simplifiable adj. Simplificable.
simplificateur, trice adj. et s. Simplificador, ra.
simplification f. Simplificación.
simplifier* v. tr. Simplificar.
simplisme m. Simplismo.
simpliste adj. et s. Simplista.
simulacre m. Simulacro.
simulateur, trice adj. et s. Simulador, ra. ‖ : *un habile simulateur,* un hábil simulador. ‖ — M. Aviat. Aparato de instrucción para el vuelo.
simulation f. Simulación.
simulé, e adj. Simulado, da.
simuler v. tr. Simular : *simuler une maladie,* simular una enfermedad.
simulie f. Zool. Simúlido, *m.*
simultané, e adj. Simultáneo, a.
simultanéisme m. Simultaneísmo (procédé de narration).
simultanéité f. Simultaneidad.
Sinaï n. pr. m. Géogr. Sinaí.
sinanthrope m. Sinántropo.
sinapisé, e adj. Con polvo de mostaza : *un cataplasme sinapisé,* una cataplasma con polvo de mostaza.
sinapisme m. Méd. Sinapismo.
sincère adj. Sincero, ra. ‖ Sentido, da : *émotion sincère,* sentida emoción. ‖ — *Sincères condoléances,* sentido pésame. ‖ — *Agréez mes sincères salutations,* reciba un atento saludo (lettre).
sincérité f. Sinceridad. ‖ Franqueza : *pardonnez à ma sincérité,* dispense mi franqueza.
sinciput [sɛsipyt] m. Anat. Sincipucio.
sindon m. Santo sudario (linceul).
sinécure f. Sinecura, canonjía.
sine die [sinedie] loc. adv. Sine die, sin fijar fecha *ou* día.
sine qua non [sinekwanɔn] loc. adv. Sine qua non, indispensable.
Singapour [sɛgapuːr] n. pr. Géogr. Singapur.
singe [sɛːʒ] m. Zool. Mono, mona, *f.* ‖ Fig. Imitamonos, imitador, remedador (imitateur). | Macaco, hombre feo (laid). ‖ Pop. Patrono [entre obreros]. ‖ Mil. Fam. Carne (*f.*) en lata (viande). ‖ — *Malin comme un singe,* astuto como un zorro. ‖ — *Faire le singe,* hacer el tonto. ‖ *Payer en monnaie de singe,* pagar con promesas vanas.
— Observ. *Singe* se aplica a ambos géneros. La hembra se llama también *guenon.*
— En espagnol le mot *mona* est des deux genres quand on l'applique au singe du Maroc et de Gibraltar. Familièrement *mono, na* adj. signifie aussi *mignon, onne.*
singer* v. tr. Remedar, imitar.
singerie f. Jaula de monos (ménagerie). ‖ Fig.

Mueca, gesto, *m.*, visaje, *m.* (grimace). ‖ Remedo, *m.*, imitación (imitation). ‖ FAM. Carantoña.
single [siŋgl] m. Single, simple (tennis).
singleton m. Semifallo, singleton (au bridge).
singulariser v. tr. Singularizar.
— V. pr. Singularizarse, distinguirse (se faire remarquer).
singularité f. Singularidad. ‖ — Pl. Rarezas, extravagancias (extravagances).
singulier, ère adj. et s. m. Singular. ‖ *Combat singulier,* duelo.
sinistre adj. Siniestro, tra : *spectacle sinistre,* espectáculo siniestro.
— M. Siniestro (fait dommageable).
sinistré, e adj. et s. Siniestrado, da ; víctima de un siniestro ; afectado, da ; damnificado, da.
sinologie f. Sinología.
sinologue m. et f. Sinólogo, ga.
sinon conj. Si no (autrement) : *obéis, sinon tu seras puni,* obedece, si no serás castigado. ‖ Sino (excepté) : *personne ne le sait sinon toi,* nadie lo sabe, sino tú. ‖ *Sinon que,* sino que.
— OBSERV. *Sino* espagnol a aussi le sens de *mais : ce n'est pas lui, mais toi,* no es él, sino tú.
sinople m. BLAS. Sinople.
sinoque adj. et s. POP. Guillado, da ; locatis.
sinueux, euse [sinɥø, ø :z] adj. Sinuoso, sa.
sinuosité f. Sinuosidad.
sinus [sinys] m. MATH. et ANAT. Seno.
sinusite f. MÉD. Sinusitis.
sinusoïdal, e adj. GÉOM. Sinusoidal.
sinusoïde adj. GÉOM. Sinusoide.
sionisme m. Sionismo.
sioniste adj. et s. Sionista.
Sioux [sju] m. Siux (Indiens d'Amérique).
siphoïde adj. En forma de sifón.
siphomycètes m. pl. Ficomicetos (champignons).
siphon m. Sifón (tube recourbé, bouteille). ‖ Bombillo, sifón (d'évier, tout-à-l'égout, etc.).
siphonné, e adj. POP. Majareta, chiflado, da.
siphonner v. tr. Trasegar con sifón.
siphonophores m. pl. ZOOL. Sifonóforos.
sire m. Señor (titre). ‖ Majestad, *f.* (roi). ‖ FAM. *Un pauvre sire,* un pobre diablo. ‖ *Un triste sire,* un hombre vil.
sirène f. Sirena (monstre). ‖ Sirena (signal acoustique). ‖ FIG. Sirena, ninfa.
siréniens m. pl. ZOOL. Sirénidos, sirenios.
sirex m. ZOOL. Sirex.
Sirius [sirjys] m. ASTR. Sirio.
sirocco m. Siroco.
sirop [siro] m. Jarabe, sirope (pharmacie). ‖ Almíbar.
siroper v. tr. Bañar en almíbar.
siroter v. tr. et intr. FAM. Beber a sorbitos, beborrotear (boire en savourant).
siroteur, euse m. et f. Persona que bebe a sorbitos.
sirupeux, euse adj. Almibarado, da. ‖ De consistencia de jarabe.
sirventes m. Serventesio (poésie).
sis, e [si, si:z] adj. (part. pass. du verbe *seoir*). Sito, ta ; situado, da : *une maison sise à Paris,* una casa sita en París.
sisal m. BOT. Sisal, pita, *f.*, agave.
sismique adj. Sísmico, ca.
sismographe m. Sismógrafo.
sismologie f. Sismología.
sister-ship [sistəʃip] m. Barco gemelo.
sistre m. MUS. Sistro (instrument).
sisymbre m. BOT. Sisimbrio, jaramago.
site m. Paraje, vista, *f.*, perspectiva, *f.* : *un site sauvage,* un paraje salvaje. ‖ MIL. Ángulo de situación. ‖ *Site archéologique,* emplazamiento arqueológico.
sitôt [sito] adv. Tan pronto. ‖ Tan pronto como,

en cuanto : *sitôt ce dictionnaire fini, j'en ferai un autre,* tan pronto como acabe este diccionario haré otro, en cuanto acabe este diccionario haré otro. ‖ — *Sitôt que,* tan pronto como, luego que, al instante que. ‖ — *De sitôt,* tan pronto. ‖ *Sitôt dit, sitôt fait,* dicho y hecho.
sittelle f. Herrerillo, *m.* (oiseau).
situation f. Situación. ‖ Empleo, *m.*, colocación, puesto, *m.* (emploi) : *avoir une bonne situation,* tener un buen empleo. ‖ Posición : *situation sociale,* posición social ‖ FAM. *Situation intéressante,* estado interesante.
situé, e adj. Situado, da ; colocado, da. ‖ Situado, da ; localizado, da.
situer v. tr. Situar. ‖ Situar, localizar [*Amér.,* ubicar].
sium [sjom] m. BOT. Berrera.
six [sis ; siz (delante de una vocal o *h* muda) ; si (delante de una consonante)] adj. num. et s. m. inv. Seis. ‖ Sexto, ta : *Alphonse VI* (sixième), Alfonso VI [sexto].
six-huit [sizɥit] m. MUS. Compás de seis por ocho.
sixième [sizjɛ:m] adj. et s. Sexto, ta. ‖ — M. Sexto (la sixième partie). ‖ Sexto piso (étage). ‖ — F. Primer (*m.*) curso de bachillerato [francés]. ‖ *Examen d'entrée en sixième,* examen de ingreso de bachillerato.
sixièmement adv. En sexto lugar.
six-quatre-deux (à la) [alasiskatdø] loc. adv. FAM. Sin cuidado, por las buenas, a la buena de Dios.
sixte f. MUS. Sexta (intervalle).
Sixte n. pr. m. Sixto.
sizain ou **sixain** m. Sextilla, *f.* (poème). ‖ Paquete de seis barajas (cartes).
sizerin m. ZOOL. Pardillo (linotte).
skating [skeitiŋ] m. Patinaje.
skeleton [skelitn] m. Tobogán metálico articulado.
sketch m. CINÉM. et THÉÂTR. Sketch, escena (*f.*) corta de carácter generalmente cómico.
— OBSERV. Pl. *sketches.*
ski m. Esquí. ‖ — *Ski nautique,* esquí acuático. ‖ — *Faire du ski,* esquiar.
skiable adj. Apto para practicar el esquí (piste).
skier* v intr. Esquiar.
skieur, euse m. et f. Esquiador, ra. ‖ MIL. *Éclaireur skieur,* esquiador escalador.
skiff m. MAR. Esquife.
skunks [skɔ:s] m. Piel (*f.*) de mofeta (fourrure).
skye-terrier [skaitɛrje] m. ZOOL. Perro terrier de Skye.
slalom [slalɔm] m. Slalom, prueba (*f.*) de habilidad (en ski).
slang [slaŋ] m. Slang (argot anglais).
slave adj. et s. Eslavo, va.
slavisant, e m. et f. Especialista en estudios eslavos.
slaviser v. tr. Eslavizar.
slavisme m. Eslavismo (panslavisme).
slavon, onne adj. et s. Eslavo, va ; eslavón, ona. — M. Eslavo (langue).
Slavonie n. pr. f. GÉOGR. Eslavonia.
slavophile adj. et s. Eslavófilo, la.
sleeping-car [slipiŋka:] m. Coche cama.
slip m. Slip, calzoncillos, *pl.*
slogan m. Lema publicitario, « slogan ».
sloop [slu:p] m. MAR. Balandra, *f.*, « sloop ».
sloughi [slugi] m. ZOOL. Galgo de África.
slovaque adj. et s. Eslovaco, ca.
Slovaquie n. pr. f. GÉOGR. Eslovaquia.
slovène adj. et s. Esloveno, na.
Slovénie n. pr. f. GÉOGR. Eslovenia.
smala ou **smalah** f. Casa y equipo de un jefe árabe. ‖ FAM. Familión, *m.* (famille nombreuse).

smalt m. Esmalte (couleur).
— OBSERV. Le sens courant de *esmalte* est « émail ».
smaltine f. MIN. Esmaltina.
smaragdin, e adj. Esmeraldino, na.
smart adj. FAM. Elegantón, ona ; elegante.
smash [smaʃ ou smatʃ] m. « Smash », mate (tennis, volley-ball).
smasher [-tʃe] v. intr. Dar un mate.
smectique adj. Esméctico, ca.
smilax m. BOT. Zarzaparrilla, f.
smillage [smija:ʒ] m. TECHN. Escodadura, f.
smille [smi:j] f. TECHN. Escoda.
smiller [-je] v. tr. TECHN. Escodar.
smocks m. pl. Pliegues fruncidos y bordados.
smoking [smokiŋ] m. « Smoking », esmoquin.
Smyrne n. pr. GÉOGR. Esmirna.
snack-bar m. Snack-bar, cafetería, f.
snipe m. Snipe.
snob adj. et s. « Snob », esnob.
— OBSERV. *Snob no tiene forma femenina, se dice* elle est snob, il est snob.
snobinard m. FAM. Snob, lechuguino.
snobinette f. Niña repipi.
snobisme m. « Snobismo », esnobismo.
sobre adj. Sobrio, bria.
sobriété f. ● Sobriedad. ‖ FIG. Moderación.
— SYN. ● *Frugalité*, frugalidad. *Tempérance*, templanza.
sobriquet [sɔbrikɛ] m. Apodo, mote.
soc m. Reja, f. (de la charrue).
sociabilité f. Sociabilidad.
sociable adj. Sociable. ‖ *Être très sociable*, ser muy sociable, tener don de gentes.
social, e adj. Social.
social-démocrate adj. et s. Socialdemócrata.
social-démocratie f. Socialdemocracia.
socialisant, e adj. et s. Que tiende hacia el socialismo, socialistoide.
socialisation f. Socialización.
socialiser v. tr. Socializar.
socialisme m. Socialismo.
socialiste adj. et s. Socialista.
socialité f. Carácter (m.) social.
sociétaire adj. et s. Socio, cia (d'une société ou association). ‖ Societario, ria ; miembro (d'une corporation). ‖ *Sociétaire de la Comédie-Française*, actor de esta compañía que participa en la distribución de los beneficios del teatro.
sociétariat [sɔsjetarja] m. Cualidad (f.) de actor de la « Comédie-Française » que participa en la distribución de beneficios.
société f. ● Sociedad : *société anonyme, en commandite*, sociedad anónima, en comandita. ‖ — *Société de Jésus*, Compañía de Jesús. ‖ *Société mère*, sociedad matriz. ‖ — *La bonne société, la haute société*, la buena, la alta sociedad. ‖ MATH. *Règle de société*, regla de compañía.
— SYN. ● *Compagnie*, compañía. *Cartel*, cártel. *Consortium*, consorcio. *Trust*, trust. *Holding*, holding. *Pool*, pool.
Socin n. pr. m. Socino.
socinianisme m. RELIG. Socinianismo.
socinien, enne adj. et s. Sociniano, na.
sociologie f. Sociología.
sociologique adj. Sociológico, ca.
sociologisme m. Sociologismo.
sociologiste adj. et s. Sociologista.
sociologue m. et f. Sociólogo, ga.
sociométrie f. Sociometría.
socle m. ARCHIT. et GÉOL. Zócalo. ‖ Pedestal, peana, f. (piédestal).
socque m. Chanclo, zoclo.
socquette f. Calcetín (m.) bajo.
Socrate n. pr. m. Sócrates.
socratique adj. Socrático, ca.
soda m. Soda, f. (boisson gazeuse).

sodé, e adj. Que contiene sodio o sosa.
sodique adj. Sódico, ca.
sodium [sodjom] m. Sodio (métal).
sodoku m. MÉD. Sodoku.
sodomie f. Sodomía.
sodomite adj. et s. Sodomita.
sœur [sœ:r] f. Hermana : *sœur consanguine*, hermana de padre. ‖ RELIG. Hermana. | Sor (devant un nom propre) : *sœur Marie*, sor María. ‖ — *Sœur de lait*, hermana de leche. ‖ — *Belle-sœur*, cuñada. ‖ FAM. *Bonne sœur*, monja, hermana. ‖ *Demi-sœur*, hermanastra. ‖ POP. *Et ta sœur!*, ¡tu tía! ‖ *Les Neuf Sœurs*, las Musas. ‖ *Les Petites Sœurs des pauvres*, las Hermanitas de los pobres.
sofa m. Sofá.
soffite m. ARCHIT. Sofito.
software m. Software, logicial (d'un ordinateur).
soi [swa] pron. pers. Sí, sí mismo : *parler de soi*, hablar de sí mismo. ‖ Sí mismo, sí misma : *il faut oser être soi*, hay que atreverse a ser sí mismo. ‖ — *À part soi*, para sí, para sus adentros. ‖ *Avec soi*, consigo. ‖ *Chez soi*, en su casa ; en su país. ‖ *En soi*, consigo : *ce qui est sincère porte en soi son charme*, lo que es sincero lleva consigo su encanto ; en sí, de por sí : *une chose bonne en soi*, una cosa buena en sí. ‖ *Soi-même*, uno mismo. ‖ *Sur soi*, consigo : *porter sur soi*, llevar consigo. ‖ — *Avoir un chez-soi*, tener casa propia. ‖ *Cela va de soi*, eso cae de su peso, ni que decir tiene. ‖ *Prendre quelque chose sur soi*, tomar la responsabilidad de algo. ‖ *Rentrer en soi*, adentrarse en uno mismo. ‖ *Revenir à soi*, volver en sí.
soi-disant adj. inv. Supuesto, ta ; titulado, da. ‖ *Un soi-disant peintre*, un supuesto pintor.
— Adv. Por lo que dicen, aparentemente.
— OBSERV. El adjetivo *soi-disant*, por su etimología, tendría que aplicarse únicamente a personas, pero se emplea frecuentemente también para las cosas (*ce soi-disant défaut*).
soie [swa] f. Seda (matière et tissu) : *soie crue* o *grège*, seda cruda. ‖ Cerda (poil dur du porc, du sanglier). ‖ Espiga (d'arme blanche).
soierie [-ri] f. Sedería (tissu et fabrique).
soif f. Sed : *avoir grand-soif*, tener mucha sed. ‖ FIG. Sed : *la soif de l'or*, la sed del oro. ‖ — FAM. *Jusqu'à plus soif*, hasta hartarse. ‖ — *Boire à sa soif*, beber hasta hartarse.
soigné, e adj. Esmerado, da ; curioso, sa ; aseado, da ; arreglado, da.
soigner [swaɲe] v. tr. ● Cuidar a : *soigner un vieillard*, cuidar a un anciano. ‖ Asistir a, atender a : *le médecin soigne le malade*, el médico asiste al enfermo. ‖ Esmerarse : *soigner sa diction*, esmerarse al hablar. ‖ Pulir : *soigner son style*, pulir el estilo. ‖ Tratar (une dent, une affection), curar (guérir). ‖ Someter a tratamiento. ‖ FIG. et FAM. *Soigner quelqu'un*, ocuparse de alguien.
— V. pr. Cuidarse.
— SYN. ● *Choyer, dorloter, chouchouter*, mimar.
soigneur m. Entrenador, cuidador (sports).
soigneux, euse adj. Cuidadoso, sa. ‖ Esmerado, da (travail).
soin [swɛ̃] m. ● Cuidado : *travailler avec soin*, trabajar con cuidado. ‖ Esmero : *écrire avec soin*, escribir con esmero. ‖ Solicitud, f., cuidado : *entourer quelqu'un de soins*, rodear a alguien de cuidados. ‖ — Pl. Curas, f. (à l'infirmerie). ‖ — *Soins médicaux*, curas médicas, asistencia facultativa. ‖ *Soins tout particuliers*, especiales atenciones. ‖ — *Manque de soin*, abandono. ‖ — *Avoir soin de*, ocuparse de. ‖ *Confier le soin de*, encargar. ‖ *Donner des soins à quelqu'un*, prestar asistencia a uno (médicaux), cuidar a uño. ‖ *Être aux petits soins avec*, tener mil delicadezas con,

tratar con mucho miramiento a. || *Madame Dupuy* *(aux bons soins de M. Martin)*, Señor Martín (para entregar a la señora de Dupuy) [lettres]. || *Prendre soin de,* ocuparse en (s'occuper), esforzarse en. || *Soins du visage,* tratamiento facial.

— SYN. ● *Attention,* atención. *Application,* aplicación. *Diligence,* diligencia. *Minutie,* minucia. *Vigilance,* vigilancia. *Sollicitude,* solicitud.

soir m. Tarde, *f.* (avant le coucher du soleil) : *six heures du soir,* las seis de la tarde. || Noche, *f.* (à partir de huit heures environ) : *à dix heures du soir,* a las diez de la noche. || MIL. *Appel du soir,* lista de retreta. || *Demain soir,* mañana por la noche. || *Hier soir o hier au soir,* anoche, ayer por la noche. || FIG. *Le soir de la vie,* el ocaso de la vida, la vejez. || *Robe du soir,* traje de noche. || *— À ce soir,* hasta la noche.

soirée f. Noche [hasta la hora de acostarse] : *dans la soirée,* por la noche. || Reunión, tertulia nocturna. || Velada, fiesta de noche, sarao, *m.* || *— Soirée dansante,* baile de noche. || *Soirée de gala,* función de gala (théâtre), baile de gala. || *— En soirée,* de noche (spectacle).

soit [swa *o* swat] adv. Sea, bien está (acceptation) : *vous aimez cela, soit,* a usted le gusta eso, bien está.

— Conj. Es decir, o sea, cosa de : *il a perdu une forte somme, soit un million,* ha perdido una fuerte suma, es decir un millón. || Sea, supongamos (supposition) : *soit 4 à multiplier par 3,* sea que 4 se multiplique por 3. || *Soit que,* ya sea. || *Soit ... soit,* ya ... ya ; sea ... sea : *soit l'un soit l'autre,* ya uno, ya otro. || *Un tant soit peu,* un poquito.

soixantaine [swasãtɛ:n] f. Sesenta (soixante), unos sesenta, sesenta poco más o menos (environ soixante). || *La soixantaine,* los sesenta, la edad de sesenta años (âge).

soixante [swasã:t] adj. num. et s. m. inv. Sesenta.

soixantième [-tjɛ:m] adj. et s. Sexagésimo, ma ; sesentavo, va. || — M. Sesentavo, sesentava (*f.*) parte (fraction).

soja ou **soya** [sɔʒa *o* sɔja] m. BOT. Soja, *f.*

sol m. Suelo : *sol fertile,* suelo fértil. || Terreno : *sol argileux,* terreno arcilloso. || CHIM. Sol (colloïde) || MUS. Sol (note) || *à même le sol,* en el santo suelo.

solaire adj. Solar : *système solaire,* sistema solar. || *— Cadran solaire,* reloj de sol. || ANAT. *Plexus solaire,* plexo solar.

solanacées f. pl. BOT. Solanáceas.

solarium [sɔlarjɔm] m. Solario.

soldanelle f. BOT. Soldanella.

soldat [sɔlda] m. Soldado. || *— Soldat de plomb,* soldadito de plomo. || *Soldat de première classe,* soldado de primera. || *Soldat de deuxième classe o simple soldat,* soldado raso. || *— Le Soldat inconnu,* el Soldado Desconocido.

— SYN. *Militaire,* militar. *Recrue,* recluta. *Conscrit,* quinto. *Bleu,* novato. *Grognard,* veterano. *Combattant,* combatiente. *Mercenaire,* mercenario. *Reître,* reitre. *Soudard,* traîneur de sabre, militarote. *Fantassin,* infante.

soldatesque adj. et s. f. Soldadesco, ca.

solde f. Sueldo, *m.* : *être à la solde de...,* estar a sueldo de... || MIL. Sueldo (*m.*) base. || Paga (de gradé, d'officier) : *demi-solde,* media paga. || — M. COMM. Saldo (d'un compte) : *solde débiteur, créditeur,* saldo deudor, acreedor. | Saldo, liquidación, *f.* (de marchandises).

solder v. tr. COMM. Saldar, liquidar (un compte, des marchandises). || MIL. Pagar (la troupe).

— V. pr. Resultar : *les négociations se sont soldées par un échec,* las negociaciones resultaron un fracaso.

soldeur, euse m. et f. Saldista (commerçant).

sole f. Lenguado, *m.* (poisson). || Palma (du che-

val). || AGRIC. Añojal, *m.,* parcela de cultivo (pièce de terre). || MAR. Fondo (*m.*) de un barco plano. || TECHN. Solera (fours).

soléaire adj. ANAT. *Muscle soléaire,* sóleo.

solécisme m. GRAMM. Solecismo.

soleil [sɔlɛj] m. Sol : *la lumière du soleil,* la luz del Sol. || Girándula, *f.,* rueda, *f.* (feu d'artifice). || BOT. Girasol. || *— Soleil levant, couchant,* sol naciente, poniente. || *— Au grand soleil,* a plena luz del día. || *Au lever du soleil,* al salir el sol. || *Au soleil,* bajo el sol. || *Au soleil couchant,* al ponerse el sol. || *Coup de soleil,* quemadura de sol (brûlure), insolación. || *Le Roi-Soleil,* el Rey Sol [Luis XIV]. || FIG. *Sous le soleil,* bajo el Sol, en el mundo : *rien de nouveau sous le soleil,* no hay nada nuevo bajo el Sol. || *— Avoir des biens au soleil,* tener bienes inmuebles. || *Avoir sa place au soleil,* tener una buena situación. || FAM. *Piquer un soleil,* ruborizarse, ponerse colorado. || FIG. *Se tenir près du soleil,* arrimarse al sol que más calienta *ou* a buen árbol (près d'un personnage important).

solen [sɔlɛ:n] m. Solen, cuchillo, muergo (mollusque).

solennel, elle [sɔlanɛl] adj. Solemne.

solenniser [sɔlanize] v. tr. Solemnizar.

solennité [-nite] f. Solemnidad.

solénoïdal, e adj. Del solenoide.

solénoïde m. PHYS. Solenoide.

soleret ou **solleret** [sɔlrɛ] m. Escarpe (armure).

solfatare f. Solfatara.

solfège m. MUS. Solfeo.

solfier* v. tr. MUS. Solfear.

solidago m. BOT. Solidago.

solidaire adj. Solidario, ria.

solidariser v. tr. Solidarizar.

— V. pr. Solidarizarse : *se solidariser avec les grévistes,* solidarizarse con los huelguistas.

solidarité f. Solidaridad.

solide adj. Sólido, da. || Resistente (matériel). || FIG. Firme, asentado, da ; consistente, sólido, da (des connaissances). | Sustancial, consistente (argument, discours). | Auténtico, ca ; verdadero, ra : *de solides avantages,* verdaderas ventajas. || *Un solide gaillard,* un chicarrón, un motetón. || *Avoir les nerfs solides,* tener los nervios bien templados.

— M. MATH. et PHYS. Sólido.

solidification f. Solidificación.

solidifier* v. tr. Solidificar.

— V. pr. Solidificarse.

solidité f. Solidez (résistance). || FIG. Firmeza, consistencia (esprit, jugement).

soliloque m. Soliloquio.

soliloquer v. intr. Soliloquiar (p. us.), hablar a solas.

solin m. CONSTR. Bovedilla, *f.* | Relleno (de plâtre).

solipède adj. et s. m. Solípedo, da.

solipsisme m. PHILOS. Solipsismo.

soliste adj. et s. MUS. Solista.

solitaire adj. Solitario, ria. || MÉD. *Ver solitaire,* solitaria.

— M. Anacoreta, ermitaño (moine). || Solitario (diamant). || Solitario (jeux). || Viejo jabalí macho (sanglier).

solitude f. Soledad.

solivage m. CONSTR. Viguería, *f.,* envigado.

solive f. CONSTR. Viga, vigueta.

soliveau m. CONSTR. Vigueta, *f.* || FIG. et FAM. Zoquete, leño (homme sans caractère).

solleret [sɔlrɛ] m. V. SOLERET.

sollicitation f. Solicitación, ruego, *m.* (prière) : *des sollicitations émouvantes,* ruegos conmovedores. || FIG. Tentación : *les sollicitations de l'amour,* las tentaciones del amor.

solliciter v. tr. ● Solicitar, pedir : *solliciter un*

emploi, solicitar un empleo. ‖ Fɪɢ. Incitar, tentar, excitar : *solliciter à la révolte,* incitar a la revuelta.

— Sʏɴ. ● *Postuler,* postular. *Quêter,* pedir. *Mendier, quémander,* mendigar. *Mendigoter,* pordiosear.

solliciteur, euse m. et f. Solicitador, ra ; solicitante.

sollicitude f. Solicitud.

— Oʙsᴇʀv. En espagnol *una solicitud* est aussi une *lettre de demande.*

solo adj. et s. m. Mᴜs. Solo.

— Oʙsᴇʀv. Pl. *solos* ou *soli.*

solstice m. Solsticio : *solstice d'été, d'hiver,* solsticio de verano, de invierno.

solsticial, e adj. Solsticial.

solubiliser·v. tr. Solubilizar, hacer soluble.

solubilité f. Solubilidad.

soluble adj. Soluble.

soluté m. Solución, *f.,* disolución, *f.* (dans un liquide).

solution f. Solución, disolución (dans un liquide). ‖ Solución (d'un problème, d'une équation). ‖ Solución (dénouement). ‖ Dʀ. Fin, *m.,* terminación (d'un procès). ‖ — *Solution de continuité,* solución de continuidad (interruption). ‖ Mᴀᴛʜ. *Solution étrangère,* solución extraña.

solutionner v. tr. Solucionar, resolver.

solutréen, enne adj. et s. m. Solutrense (préhistoire).

solvabilité f. Solvencia.

solvable adj. Solvente.

solvant m. Disolvente.

soma m. Bɪᴏʟ. Soma.

Somalie n. pr. f. Gᴇ́ᴏɢʀ. Somalia.

somatique adj. Somático, ca.

somatologie f. Somatología.

sombre adj. Sombrío, a : *une maison sombre,* una casa sombría. ‖ Oscuro, ra (couleur). ‖ Tenebroso, sa (ténébreux) ; lóbrego, ga (mot poétique) : *nuit sombre,* noche tenebrosa. ‖ Fɪɢ. Sombrío, a ; negro, gra (inquiétant) : *un sombre avenir,* un porvenir sombrío. ‖ Sombrío, a ; melancólico, ca ; taciturno, na ‖ — *Il fait sombre,* está oscuro, hay poca luz. ‖ Fɪɢ. *Une sombre brute,* un tío bestia.

sombrer v. intr. Mᴀʀ. Zozobrar, hundirse, irse a pique (un bateau). ‖ Fɪɢ. Venirse abajo, hundirse : *entreprise qui sombre,* empresa que se viene abajo. ‖ Caer : *sombrer dans l'oubli,* caer en el olvido. ‖ — Fɪɢ. *Sombrer dans le vice,* hundirse en el vicio. ‖ — *Sa fortune a sombré,* perdió su fortuna.

sombrero m. Sombrero de ala ancha [cordobés o mejicano].

— Oʙsᴇʀv. Los franceses sólo aplican la palabra española a los sombreros anteriormente indicados. En los demás casos *un sombrero* es *un chapeau.*

sommaire [sᴏmɛːr] adj. Sumario, ria (bref) : *justice sommaire,* justicia sumaria. ‖ Somero, ra ; escueto, ta (superficiel). ‖ *Exposé sommaire,* resumen.

— M. Sumario.

sommairement adv. Sumariamente (brièvement), someramente (superficiellement).

sommation f. Intimación, conminación : *sommation par huissier,* intimación judicial. ‖ Dʀ. Requirimiento, *m.* ‖ Orden *ou* mandato (*m.*) conminatorio (appel). ‖ Aviso, *m.,* advertencia (avertissement). ‖ (P. us.). Mᴀᴛʜ. Suma.

somme [sᴏm] f. ● Suma (addition). ‖ Cantidad, suma (d'argent) : *emprunter une grosse somme,* pedir prestada una cantidad crecida. ‖ — *Somme théologique,* suma teológica. ‖ *Somme toute* o *en somme,* en resumidas cuentas, en resumen, en suma. ‖ — *Bête de somme,* bestia de carga, acémila (mot le plus usité). ‖ *Faire la somme,* sumar, hacer la suma.

— M. Sueño : *faire un somme,* echar un sueño. ‖ *Faire un petit somme,* echar una cabezada. ‖

— Sʏɴ. ● *Total,* total. *Montant,* importe.

sommeil [sᴏmɛj] m. Sueño : *sommeil de plomb, lourd,* sueño de plomo, pesado. ‖ — Fɪɢ. *Le sommeil éternel,* el descanso eterno. ‖ Mᴇ́ᴅ. *Maladie du sommeil,* enfermedad del sueño. ‖ — *Dormir du sommeil du juste,* dormir el sueño de los justos. ‖ Fɪɢ. *Mettre en sommeil une affaire,* aplazar un asunto. ‖ *Tomber de sommeil,* caerse de sueño.

— Oʙsᴇʀv. Le mot espagnol signifie à la fois *somme, sommeil, songe* et *rêve.*

— Sʏɴ. *Somme,* sueño. *Sieste,* siesta. *Méridienne,* siesta. Pop. *Roupillon,* siesta.

sommeiller [-je] v. intr. Dormitar (d'un sommeil léger). ‖ Fɪɢ. Descansar, estar en calma : *la nuit, quand tout sommeille,* por la noche cuando todo descansa *ou* está en calma.

sommelier [sᴏməlje] m. Sumiller (ancien fonctionnaire royal). ‖ Sumiller (nom officiel mais p. us.), « sommelier », bodeguero, botillero (chargé· du service des vins).

sommellerie [-mɛlri] f. (Vx.). Sumillería. ‖ Servicio (*m.*) del « sommelier », bodeguero *ou* sumiller (restaurant).

sommer v. tr. Intimar, conminar, mandar (commander), requerir, ordenar (ordonner) : *je vous somme de répondre,* le ordeno que conteste. ‖ Mᴀᴛʜ. Sumar, adicionar.

sommet [sᴏmɛ] m. ● Cumbre, *f.,* cima, *f.,* cúspide, *f.* (d'une montagne, d'un édifice, etc.). ‖ Gᴇ́ᴏᴍ. Vértice (d'un angle), cúspide, *f.* (d'une pyramide, d'un cône). ‖ *Conférence au sommet,* conferencia [internacional] de alto nivel *ou* en la cumbre (chefs d'État).

— Sʏɴ. ● *Sommité,* cúspide. *Cime,* cima. *Comble,* colmo. *Pinacle,* pináculo. *Crête,* cresta. *Couronnement, remate. Faîte,* techumbre, remate. *Tête,* copa, cima. *Mamelon,* cerro. *Haut,* alto. *Pointe,* punta. *Aiguille,* pico. *Piton,* picacho. *Culmen,* culmen (mot latin).

sommier m. Somier (de lit). ‖ Dintel (d'une porte). Yugo (d'une cloche). ‖ Secreto (d'un orgue). ‖ Travesaño (d'une grille). ‖ Aʀᴄʜɪᴛ. Sotabanco, salmer (de voûte d'arc). ‖ Cᴏᴍᴍ. Libro de caja (registre). ‖ *Sommiers judiciaires,* fichero central.

sommité [sᴏmmite] f. Cúspide, cumbre, cima. ‖ Fɪɢ. Notabilidad, eminencia, lumbrera (personnage).

somnambule adj. et s. Sonámbulo, la.

somnambulisme m. Sonambulismo.

somnifère adj. et s. m. Somnífero, ra ; soporífero, ra. ‖ Fᴀᴍ. Soporífero, ra : *lecture somnifère,* lectura soporífera.

somnolence f. Somnolencia.

somnolent, e adj. Soñoliento, ta.

somnoler v. intr. Dormitar.

somptuaire adj. Suntuario, ria.

somptueux, euse adj. Suntuoso, sa.

somptuosité f. Suntuosidad.

son m. ● Sonido : *son aigu,* sonido agudo. ‖ Son (son agréable) : *au son de la guitare,* al son de la guitarra. ‖ Salvado, afrecho (des céréales). ‖ — *Son et lumière,* luz y sonido. ‖ — Mɪʟ. *Boule de son,* pan de munición. ‖ *Prise de son,* grabación. ‖ Fᴀᴍ. *Tache de son,* peca.

— Sʏɴ. ● *Bruit,* ruido. *Ton,* tono. *Tonalité,* tonalidad. *Timbre, timbre. Éclat,* fragor.

son, sa (pl. *ses*) adj. poss. de la 3e pers. Su (pl. *sus*) : *son père,* su padre ; *sa maison,* su casa ; *ses valises,* sus maletas. ‖ — *Faire son malin,* hacer el pillo, dárselas de pillo. ‖ *Sentir son* o *sa,* oler a.

sonar m. Mᴀʀ. Sonar (appareil de détection par le son).

sonate f. Mᴜs. Sonata.

sonatine f. Mᴜs. Sonatina.

sondage m. Sondeo.

sonde f. MAR. et MÉD. Sonda. ‖ TECHN. Sonda, barrena (pour forages). ‖ Pincho, *m.*, aguja (de douanier). ‖ Cala (pour le fromage).

sonder v. tr. Sondar, sondear (un terrain, un puits). ‖ MÉD. Sondar. ‖ FIG. Sondear, tantear (la pensée, les intentions). ‖ *Sonder l'opinion publique*, sondear, tantear, pulsar la opinión pública, tomar el pulso a la opinión pública.

sondeur m. Sondeador (celui qui sonde). ‖ Sonda, *f.* (appareil).

sondeuse f. Sonda pequeña (pour le forage des petits puits).

songe [sɔ̃:ʒ] m. Sueño. ‖ FIG. Ensueño (illusion). ‖ — *En songe*, en sueños. ‖ *Faire un songe*, tener un sueño, soñar.

songe-creux [-krø] m. inv. Visionario, soñador, chiflado.

songer* v. intr. Soñar (rêver). ‖ Pensar : *songer à son avenir*, pensar en el porvenir. ‖ — *Songez que*, considere que. ‖ *Songez-y !*, ¡piénselo bien !, ¡tenga cuidado ! ‖ — *N'y songez pas !* ¡ni lo sueñe !, ¡ni lo piense !

songerie [sɔ̃ʒri] f. Ensueño, *m.* (rêverie).

songeur, euse m. et f. Soñador, ra.
— Adj. Ensimismado, da ; pensativo, va : *un air songeur*, un aire ensimismado.

sonique adj. Del sonido : *vitesse sonique*, velocidad del sonido.

sonnaille [sɔna:j] f. Cencerro, *m.*, esquila.

sonnailler [-je] m. Cabestro, guía (animal de tête).

sonnailler [-je] v. intr. FAM. Llamar constantemente sin motivo.

sonnant, e adj. Sonante, sonoro, ra. ‖ En punto : *à midi sonnant*, a las doce en punto. ‖ *Espèces sonnantes et trébuchantes*, moneda contante y sonante. ‖ *Horloge sonnante*, reloj que da las horas.

sonné, e adj. Dada (heure) : *il est dix heures sonnées*, son las diez dadas. ‖ Cumplido, da : *il a cinquante ans sonnés*, tiene cincuenta años cumplidos. ‖ POP. Guillado, da ; chiflado, da (fou). ‖ Castigado, da (boxeur). ‖ Que ha recibido una buena solfa.

sonner v. intr. Sonar (rendre un son). ‖ Tañer (les cloches). ‖ Tocar : *sonner du clairon*, tocar la corneta. ‖ Tocar el timbre (à la porte). ‖ Tocar la campanilla (le sacristain) ‖ Dar : *midi sonne*, dan las doce. ‖ Sonar, llegar : *la dernière heure a sonné*, la última hora ha llegado. ‖ — *Sonner creux*, sonar a hueco. ‖ — *Faire sonner*, recalcar, ponderar. ‖ FIG. *Mot qui sonne mal*, palabra malsonante.
— V. tr. ● Tocar, tañer (tirer des sons) : *sonner la cloche*, tocar la campana. ‖ Tocar a (annoncer) : *sonner la messe*, tocar a misa ; *sonner le tocsin*, tocar a rebato. ‖ Tocar el timbre, llamar (au moyen d'une sonnette) : *sonner la bonne*, llamar a la criada. ‖ POP. Dar un palizón (frapper). ‖ *Sonner le creux*, sonar a hueco. ‖ MIL. *Sonner la retraite*, tocar retreta. ‖ POP. *Sonner les cloches à quelqu'un*, echarle una bronca a uno.
— SYN. ● *Tinter*, tocar, tañer. *Carillonner*, repicar. *Tintinnabuler*, tintinear, cascabelear.

sonnerie [sɔnri] f. Campaneo, *m.*, repique, *m.* (des cloches). ‖ Timbre, *m.* (de réveil, du téléphone, de la porte), campana (de pendule). ‖ MIL. Toque (*m.*) de trompeta.

sonnet [sɔnɛ] m. POÉT. Soneto : *sonnet estrambot*, soneto con estrambote.

sonnette f. Campanilla. ‖ Cascabel, *m.* (grelot). ‖ Timbre, *m.* : *appuyer sur la sonnette*, tocar el timbre. ‖ TECHN. Martinete, *m.* (de mouton). ‖ *Serpent à sonnette*, serpiente de cascabel (crotale).

sonneur m. Campanero.

sonomètre m. PHYS. Sonómetro.

sonore adj. Sonoro, ra.
— SYN. *Ronflant*, sonoro. *Retentissant*, retumbante, fragoso. *Résonnant*, resonante. *Vibrant*, vibrante. *Sonnant*, sonante. *Tonitruant*, estruendoso.

sonorisation f. Sonorización. ‖ Megafonía (d'une salle de conférence, etc.).

sonoriser v. tr. Sonorizar.

sonorité f. Sonoridad.

Sophie n. pr. f. Sofía.

sophisme m. Sofisma.

sophiste adj. et s. Sofista.

sophistication f. Sofisticación. ‖ Adulteración (d'une substance).

sophistique adj. et s. f. Sofístico, ca.

sophistiqué, e adj. Sofisticado, da. ‖ Arreglado, da ; falsificado, da.

sophistiquer v. tr. Adulterar (frelater).

Sophocle n. pr. m. Sófocles.

sophora m. BOT. Sófora, *f.*

sophrologie f. Sofrología.

soporifique adj. et s. m. Soporífico, ca.

sopraniste m. Eunuco con voz de soprano.

soprano m. MUS. Soprano, tiple.
— OBSERV. Pl. *sopranos* o *soprani*.

sorbe f. Serba (fruit du sorbier).

sorbet [sɔrbɛ] m. Sorbete.

sorbetière f. Sorbetera, heladera.

sorbier m. BOT. Serbal.

sorbonique adj. Relativo a la Sorbona.

sorbonnard [sɔrbɔna:r] m. FAM. Estudiante *ou* profesor de la Sorbona.

Sorbonne (la), la Sorbona [Universidad de París].

sorcellerie [sɔrsɛlri] f. Brujería, hechicería.

sorcier, ère [-sje, jɛ:r] m. et f. Brujo, ja ; hechicero, ra. ‖ — FAM. *Une vieille sorcière*, una bruja, una vieja malvada. ‖ FIG. et FAM. *Ce n'est pas sorcier*, no es nada del otro jueves. ‖ *Il ne faut pas être grand sorcier pour*, no hay que ser una lumbrera para. ‖ *Ne pas être grand sorcier*, no ser un mago.

sordide adj. Sórdido, da.

sordidité f. Sordidez.

sore m. BOT. Soro (fougère).

sorgho m. BOT. Sorgo, zahína, *f.*

sorite m. Sorites (logique).

sornette f. Cuento, *m.*, camelo, *m.* ‖ *Laissez là toutes ces sornettes !*, ¡déjese de cuentos !, ¡basta de pamplinas !
— SYN. *Calembredaine*, cuchufleta, chirigota. *Baliverne*, pamplina. *Faribole*, *billevesée*, pamplina, cuento.

sort [sɔ:r] m. Suerte, *f.* : *le sort en a décidé*, así lo ha querido la suerte. ‖ Fortuna, *f.* : *braver les coups du sort*, arrostrar las veleidades de la fortuna. ‖ Destino : *notre sort en dépend*, nuestro destino depende de ello. ‖ Aojo, sortilegio, maleficio (maléfice). ‖ — *Tirage au sort*, sorteo. ‖ *Jeter au sort* o *jeter le sort*, echar suertes. ‖ *Jeter un sort*, hechizar, aojar. ‖ *Le sort en est jeté*, la suerte está echada. ‖ *Tirer au sort*, sortear (une chose), entrar en suerte, quintar (les conscrits).

sortable adj. Adecuado, da ; conveniente. ‖ FAM. Presentable, decente. ‖ *Ne pas être sortable*, ser impresentable.

sortant, e adj. et s. Saliente, que sale.

sorte f. Suerte, clase (espèce) : *toutes sortes de bêtes*, toda clase (*au singulier*) de animales. ‖ Clase, tipo, *m.* : *couleurs de diverses sortes*, colores de diversos tipos. ‖ Clase, índole : *impôts de toutes sortes*, impuestos de toda índole. ‖ Especie : *une sorte de...*, una especie de... ‖ Modo, *m.*, manera (façon) : *il faut vous y prendre de cette sorte*, tiene que hacerlo de este modo. ‖ — *De la sorte*, de este modo. ‖ *De sorte que* o *en sorte que*, de modo que. ‖ *De telle sorte*, de tal modo. ‖ *En quelque sorte*, en cierto modo, por decirlo así. ‖ *Faire en sorte que*, procurar que.

sortie f. ● Salida : *à la sortie*, a la salida. ‖ Invectiva, salida. ‖ THÉÂTR. Mutis, *m*. ‖ — *Sortie de bain*, salida de baño (peignoir). ‖ *Sortie de bal*, salida de teatro (manteau). ‖ *Sortie de secours*, salida de incendio *ou* de emergencia. ‖ — *Bulletin de sortie*, alta (à l'hôpital). ‖ — *Faire sa sortie*, estrenarse (un film). ‖ FIG. *Faire une sortie à quelqu'un*, armar bruscamente una bronca a alguien. ‖ *Se ménager une porte de sortie*, prepararse una salida *ou* una puerta de escape.
— SYN. ● *Issue*, salida, escape. *Débouché*, salida.

sortilège m. Sortilegio.

sortir* v. intr. Salir : *sortir de chez soi*, salir de casa. ‖ Salirse : *sortir de l'ordinaire*, salirse de lo corriente. ‖ Ser, proceder (d'une école) : *il sort de Saint-Cyr*, procede de Saint-Cyr. ‖ Despedir, desprenderse (une odeur). ‖ Estrenarse (un film). ‖ Librarse : *sortir d'une difficulté*, librarse de una dificultad. ‖ — FAM. *Sortir de*, acabar de : *il sort d'être malade*, acaba de estar enfermo. ‖ *Sortir de bonne famille*, proceder, descender de buena familia. ‖ *Sortir de la coquille*, salir del cascarón. ‖ *Sortir de la tête, de l'esprit*, irse de la cabeza. ‖ *Sortir de rien*, salir de la nada. ‖ *Sortir des bornes*, rebasar los límites. ‖ *Sortir de ses gonds*, salirse de sus casillas. ‖ *Sortir de table*, levantarse de la mesa. ‖ MIL. *Sortir du rang*, ser patatero (fam.), proceder de la tropa. ‖ *Sortir du sujet*, apartarse *ou* salirse del tema. ‖ *Sortir quelqu'un d'embarras*, sacar a uno de apuro. ‖ — *Ne pas sortir de là*, mantenerse en sus trece.
— V. tr. Sacar : *sortir la voiture*, sacar el coche ; *sortir un nouveau modèle*, sacar un nuevo modelo. ‖ Publicar (un livre). ‖ COMM. Poner en venta (mettre en vente). ‖ FAM. Echar, expulsar, poner de patitas en la calle : *sortir un importun*, echar a un importuno. | Echar, decir (dire). ‖ *Au sortir de*, a la salida de, al salir de.
— V. impers. Desprenderse, exhalarse : *il sort de ces fleurs une douce odeur*, se desprende de estas flores un olor agradable.
— V. pr. FAM. *S'en sortir*, arreglárselas, componérselas, conseguir salir del apuro.

sosie [sɔzi:] m. Sosia.

sot, sotte [so, sɔt] adj. et s. ● Tonto, ta ; necio, cia ; bobo, ba. ‖ Ridículo, la ; absurdo, da.
— SYN. ● *Imbécile*, imbécil. *Fam. Pauvre d'esprit*, pobre diablo. *Bête*, tonto, bobo. *Béta*, bobalicón, simplón. *Buse*, cernícalo. *Béjaune*, pipiolo, novato. *Pop. Cornichon*, bobo. *Moule*, zoquete. *Tourte*, zopenco. *Ballot*, ceporro. *Cruche*, porro, bodoque, alma de cántaro.

sot-l'y-laisse m. inv. Rabadilla (*f.*) de ave.

sottie ou **sotie** [sɔti] f. « Sotie », farsa, sátira [género dramático francés del siglo XIV y XV].

sottise f. Tontería, necedad (défaut d'esprit, action sotte). ‖ Disparate, *m.*, sandez (bêtise). ‖ Majadería : *dire des sottises*, decir majaderías.

sottisier m. Repertorio de sandeces, disparatorio.

sou m. Perra chica, *f.*, cinco céntimos. ‖ FAM. Perra, *f.*, cuarto (argent) : *avoir des sous*, tener perras. ‖ — *Sou du franc*, rebaja de 5 % hecha al criado del comprador. ‖ — *Appareil ou machine à sous*, máquina tragaperras. ‖ *Gros sou, petit sou*, perra gorda, perra chica [monedas de 5 y 10 céntimos]. ‖ *Un sans-le-sou*, un pelado. ‖ — *Au sou la livre*, proporcionalmente, a prorrateo. ‖ FAM. *De quatre sous*, de cuatro cuartos. ‖ *Jusqu'au dernier sou*, hasta el último céntimo. ‖ — FAM. *Être belle comme un sou neuf*, ser bella como el Sol. ‖ *Être près de ses sous*, ser un agarrado. ‖ *Être propre comme un sou neuf*, estar limpio como un chorro de oro. ‖ FIG. *N'avoir pas le sou, être sans le sou* o *sans un sou vaillant*, no tener un real, no tener ni una lata, estar sin blanca. ‖ *N'avoir pas un sou de* o *pas pour un sou de*, carecer de, no tener ni pizca de.

soubassement m. ARCHIT. Basamento, zócalo. ‖ Rodapié (d'un lit).

soubresaut [subrəso] m. Sobresalto (émotion). ‖ Repullo, estremecimiento (sursaut). ‖ FIG. Coletazo : *les derniers soubresauts du régime*, los últimos coletazos del régimen. ‖ Corcovo, espantada, *f.* (d'animal).

soubrette f. Confidenta, graciosa (de théâtre). ‖ FIG. Doncella, criada (servante).

souche [suʃ] f. Cepa, tocón, *m.* (d'un arbre). ‖ Tronco, *m.*, origen, *m.* (d'une famille). ‖ Origen, *m.* : *mot de souche indo-européenne*, palabra de origen indoeuropeo. ‖ Raíz (racine). ‖ Matriz (d'un registre). ‖ Cepa (d'un virus). ‖ FIG. Tarugo, *m.*, zoquete, *m.*, mastuerzo, *m.* (bûche). ‖ — *Registre à souche*, talonario. ‖ *De vieille souche*, de rancio abolengo. ‖ *Dormir comme une souche*, dormir como un tronco. ‖ *Faire souche*, tener descendencia.

souchet [suʃɛ] m. BOT. Juncia, *f.* ‖ *Souchet comestible*, chufa, cotufa.

souci m. ● Preocupación, *f.*, cuidado : *vivre sans souci*, vivir sin preocupaciones. ‖ Deseo (désir). ‖ Objeto de desvelo *ou* de preocupaciones (objet de soins). ‖ BOT. Maravilla, *f.*, caléndula, *f.* ‖ *C'est là le moindre ou le cadet de mes soucis*, es lo que menos me preocupa.
— SYN. ● *Contrariété*, contrariedad. *Ennui*, disgusto. *Désagrément*, desagrado. *Préoccupation*, preocupación. *Sollicitude*, solicitud. *Tracas*, molestia. *Tracasserie*, enredo, molestia. *Tourment*, tormento. *Soin*, aflicción, cuita. *Embêtement*, fastidio. *Empoisonnement*, engorro, lata. *Tintouin*, mareo.

soucier (se)* v. pr. Preocuparse, inquietarse : *je ne m'en soucie guère*, no me preocupo mucho por ello. ‖ *S'en soucier comme de l'an quarante*, importarle a uno un comino.

soucieux, euse adj. Cuidadoso, sa ; atento, ta (attentif) : *soucieux de bien parler*, atento a hablar bien. ‖ Inquieto, ta ; preocupado, da ; desasosegado, da (inquiet).

soucoupe f. Platillo, *m.* (de tasse). ‖ *Soucoupe volante*, platillo volante.

soudable adj. Soldable.

soudage m. Soldadura, *f.*

soudain adv. Súbitamente, de repente : *soudain il se leva*, de repente se levantó.

soudain, e adj. Súbito, ta ; repentino, na : *mort soudaine*, muerte repentina.
— SYN. *Subit*, súbito. *Foudroyant*, fulminante.

soudaineté f. Lo súbito, *m.*, lo repentino, *m.*

Soudan n. pr. m. GÉOGR. Sudán.

soudanais, e ou **soudanien, enne** adj. et s. Sudanés, esa.

soudant, e adj. Listo para la soldadura (fer).

soudard [suda:r] m. (Vx). Soldadote, militarote. ‖ Individuo tosco y grosero.

soude f. Sosa, barrilla. ‖ CHIM. Sosa : *soude caustique*, sosa cáustica.

souder v. tr. TECHN. Soldar.
— V. pr. Soldarse. ‖ FIG. Agruparse, apiñarse (autour d'un chef).

soudeur, euse m. et f. Soldador, ra.

soudier, ère adj. *Industrie soudière*, industria de la sosa.
— M. Fabricante *ou* obrero que trabaja la sosa.
— F. Fábrica de sosa.

soudoyer* [sudwaje] v. tr. Asalariar (avoir à solde). ‖ Sobornar (suborner).

soudure f. Soldadura (métal, os). ‖ — *Soudure autogène*, soldadura autógena. ‖ — FIG. *Faire la soudure avec*, hacer durar hasta, empalmar con (entre deux récoltes, deux livraisons, etc.).

soue [su] f. Pocilga, porqueriza, zahúrda (porcherie).

soufflage m. Sopladura, *f.* (action de souffler). ‖ Soplado (du verre). ‖ MAR. Embono (revêtement de la coque).

soufflant, e adj. *Machine soufflante,* termo soplante. ‖ FAM. *Record soufflant,* récord que quita el hipo.

soufflante f. TECHN. Ventilador, *m.,* inyector (*m.*) de aire.

soufflard [sufla:r] m. Geiser toscano (vapeur volcanique).

souffle m. Soplo (de l'air). ‖ Soplo (avec la bouche). ‖ Onda (*f.*) de choque (d'explosion). ‖ Soplo (cardiaque). ‖ Hálito, aliento (haleine) : *perdre le souffle,* perder el aliento. ‖ FIG. Soplo, inspiración, *f.* ‖ *Dernier souffle,* último respiro. ‖ *En avoir le souffle coupé,* quitarle a uno el hipo. ‖ *Manquer de souffle,* no poder respirar, faltar la respiración. ‖ *— À bout* o *hors de souffle,* sin aliento. ‖ *N'avoir plus que le souffle,* estar agonizando. ‖ *Ne tenir qu'à un souffle,* estar pendiente de un hilo.

soufflé, e adj. Abuñuelado, da ; inflado, da ; hinchado, da. ‖ *Omelette soufflée,* tortilla de viento. — M. CULIN. « Soufflé ».

soufflement m. Soplo, soplido.

souffler v. intr. Soplar : *le vent souffle,* el viento sopla ; *souffler avec le bouche,* soplar con la boca. ‖ Resoplar : *souffler comme un bœuf,* resoplar como un buey. ‖ Respirar : *laisser les chevaux souffler,* dejar respirar a los caballos. — V. tr. Soplar, aventar (le feu). ‖ Apagar, soplar : *souffler une chandelle,* apagar una vela. ‖ Hinchar (gonfler). ‖ FIG. Inspirar, sugerir (une idée), sembrar (la discorde, la haine, etc.). ‖ Apuntar, soplar (une leçon), apuntar (théâtre). ‖ Soplar (jeu de dames). ‖ Volar (par une explosion). ‖ TECHN. Soplar (le verre). ‖ POP. Dejar patitieso (étonner). ‖ *— Souffler le chaud et le froid,* jugar con dos barajas. ‖ *Souffler quelques mots dans l'oreille de quelqu'un,* susurrar unas palabras en el oído de alguien. ‖ *Souffler un emploi à quelqu'un,* birlar *ou* quitar un empleo a alguien. ‖ *— Ne pas souffler mot,* no decir ni pío, no chistar, no rechistar.

soufflerie f. Fuelles, *m. pl.* (d'orgue, de forge). ‖ Soplador (de gaz carbonique). ‖ TECHN. *Soufflerie aérodynamique,* túnel aerodinámico.

soufflet [suflɛ] m. Fuelle (pour souffler). ‖ Fuelle (d'un vêtement, d'appareil photographique). ‖ Fuelle (entre deux voitures de chemin de fer). ‖ Bofetón, bofetada, *f.,* guantazo (gifle).

souffleter* v. tr. Abofetear. ‖ FIG. Insultar, dar un bofetón.

souffleur, euse m. et f. Soplador, ra (qui souffle). ‖ Que respira con dificultad (qui respire mal). — M. Soplador (de verre). ‖ Entonador (orgues). ‖ Apuntador (théâtre). ‖ ZOOL. Delfín grande. *Trou du souffleur,* concha del apuntador (théâtre). ‖ — F. Sopladora (appareil à air comprimé pour la manutention de produits pulvérulents).

soufflure f. TECHN. Sopladura, venteadura (dans le métal).

souffrance f. Sufrimiento, *m.,* padecimiento, *m.* (douleur). ‖ — FIG. *En souffrance,* en suspenso, en retardo, detenido, da (objet non réclamé). ‖ *Jour de souffrance,* luz de medianería.

souffrant, e adj. Indispuesto, ta ; enfermo, ma ; malo, la (malade). ‖ Doliente, paciente (qui souffre). ‖ RELIG. *Église souffrante,* Iglesia purgante.

souffre-douleur m. inv. Macho *ou* burro de carga, sufrelotodo, víctima, *f.* (celui qui fait tout le travail). ‖ Hazmerreír, juguete (tête de Turc).

souffreteux, euse adj. Miserable, necesitado, da ; falto, falta de todo (misérable). ‖ Achacoso, sa (malade).

souffrir* v. tr. et intr. ● Sufrir, padecer (une douleur physique ou morale) : *souffrir d'une rage de dents,* padecer un dolor de muelas ; *souffrir le martyre,* sufrir como un condenado. ‖ Soportar, aguantar, tolerar : *ne pas pouvoir souffrir quelqu'un,* no poder aguantar a alguien. ‖ Permitir : *souffrez que je revienne sur...,* permita que le hable de nuevo de... ‖ Pasar, sentir : *souffrir la soif,* pasar sed. — V. pr. Sufrirse (se supporter mutuellement). — SYN. ● *Endurer,* aguantar. *Supporter,* soportar, sobrellevar. *Subir,* sufrir. *Pâtir,* pasar, padecer. *Digérer,* digerir. *Tolérer,* tolerar. *Permettre,* permitir.

soufrage m. Azuframiento, azufrado.

soufre m. Azufre (métalloïde) : *fleur d'une rage de soufre,* flor de azufre.

soufrer v. tr. Azufrar.

soufreur, euse m. et f. Azufrador, ra (celui qui soufre). ‖ — F. Sulfatador, *m.,* azufrador, *m.* (appareil).

soufrière f. Azufrera, azufral, *m.* (gisement).

soufroir m. TECHN. Azufrador.

souhait [swɛ] m. Anhelo, deseo, antojo (désir). ‖ Voto (vœu). ‖ — *Souhaits de bonne année,* felicitaciones de Año Nuevo. ‖ — *À souhait,* a pedir de boca, a medida del deseo. ‖ *À vos souhaits!,* ¡Jesús, María y José! (à celui qui éternue).

souhaitable [-tabl] adj. Deseable.

souhaiter [-te] v. tr. Desear (désirer) : *il serait à souhaiter,* sería de desear que ; *je vous souhaite une bonne et heureuse année,* le deseo un feliz Año Nuevo. ‖ Hacer votos por (formuler des vœux). ‖ — *Souhaiter la bonne année,* felicitar el día de Año Nuevo. ‖ *Souhaiter le bonjour, le bonsoir,* dar los buenos días, las buenas tardes. ‖ *Souhaiter sa fête à quelqu'un,* felicitar a alguien por su santo. ‖ — FAM. *Je vous en souhaite,* se va usted a divertir (ironique).

souillard [suja:r] m. Desaguadero, sumidero.

souillarde [sujard] f. Fregadero, *m.*

souille [suj] f. Baña, bañadero, *m.* bañil, *m.* (bourbier de sangliers). ‖ Huella en el suelo de un obús que rebota. ‖ MAR. Cama, hoyo, *m.* (de la coque dans le sable).

souiller [suje] v. tr. Manchar, ‖ FIG. Manchar (mot usuel), deshonrar, mancillar (mot littéraire) : *souiller son nom,* mancillar su nombre. ‖ *Souiller ses mains de sang,* mancharse las manos de sangre. — SYN. *Polluer,* contaminar. *Salir,* ensuciar. *Tacher,* manchar. *Profaner,* profanar.

souillon [-jɔ̃] m. et f. FAM. Puerco, ca ; porcachón, ona (malpropre). ‖ Fregona, *f.* (femme de ménage).

souillure [-jy:r] f. Mancha : *veston couvert de souillures,* chaqueta cubierta de manchas. ‖ FIG. Mancha, mancilla (mot littéraire), deshonra (déshonneur) : *une souillure dans son passé,* una mancha en su pasado.

souïmanga ou **souï-manga** [suimãga] m. ZOOL. Suimanga.

souk [suk] m. Zoco (marché).

soûl, e [su, sul] adj. Harto, ta ; saciado, da ; repleto, ta (rassasié). ‖ FAM. Borracho, cha ; embriagado, da. ‖ FIG. Harto, ta : *être soûl de musique,* estar harto de música. — M. *En avoir tout son soûl,* tener todo lo necesario, tener todo cuanto se quiere.

soulagement m. Alivio (physique et moral) : *soupir de soulagement,* suspiro de alivio. ‖ Consuelo (moral).

soulager* v. tr. Aligerar, aliviar, descargar : *soulager un portefaix,* aligerar a un mozo de cuerda. ‖ ● Aliviar : *soulager un chagrin,* aliviar una pena. ‖ Socorrer : *soulager les pauvres,*

socorrer a los menesterosos. ‖ CONSTR. Poner un contrafuerte. ‖ POP. Birlar, mangar (voler).
— V. pr. Aliviarse. ‖ FAM. Hacer una necesidad.
— SYN. ● *Alléger*, aligerar, suavizar. *Calmer*, calmar. *Apaiser*, apaciguar, aplacar.

soulane f. Solana (adret).

soûlard, e [sula:r, ard] ou **soûlaud, e** [sulo, o :d] adj. et s. POP. Borrachín, ina, pellejo, *m.*

soûler [sule] v. tr. Emborrachar, embriagar (enivrer). ‖ Hartar, atracar (gorger). ‖ FIG. Hartar, saciar (un désir, etc.).
— V. pr. Hartarse, atracarse (se gorger). ‖ Emborracharse, embriagarse (s'enivrer).

soûlerie f. Borrachera (partie de débauche).

soulevé m. Levantamiento (haltérophilie).

soulèvement m. Levantamiento. ‖ GÉOL. Levantamiento (du sol). ‖ Agitación, *f.* : *le soulèvement des flots*, la agitación de las olas. ‖ FIG. Sublevación, *f.*, alzamiento, motín (révolte). ‖ Sublevación, *f.* (indignation). ‖ MÉD. *Soulèvement du cœur*, basca, náuseas, arcadas.

soulever* [sulve] v. tr. Levantar : *soulever un fardeau*, levantar un bulto ; *le vent soulève de la poussière*, el viento levanta polvo. ‖ Indignar : *son insolence souleva l'assemblée*, su insolencia indignó a la asamblea. ‖ ● FIG. Sublevar, alzar, levantar (exciter à la révolte). ‖ Promover, provocar (une dispute), plantear (un problème, une question), ocasionar. ‖ *Soulever le cœur*, revolver el estómago, asquear.
— V. pr. Levantarse (s'élever). ‖ FIG. Sublevarse, alzarse, rebelarse (se révolter).
— SYN. ● *Ameuter*, amotinar. *Agiter*, agitar. *Déchaîner*, desencadenar.

soulier m. Zapato (chaussure). ‖ FIG. et FAM. *Être dans ses petits souliers*, estar incómodo.

soulignement m. Subrayado.

souligner v. tr. Subrayar (d'un trait). ‖ ● FIG. Recalcar, subrayar, hacer hincapié en (insister).
— SYN. ● *Relever*, hacer resaltar. *Noter*, notar.

soulographie f. FAM. Borrachera, orgía.

souloir v. intr. (Vx). Soler (avoir coutume).

soulte f. DR. Compensación [que se da para igualar una cuenta]. ‖ Comisión bajo cuerda (dessous-de-table).

soumettre* v. tr. Someter : *soumettre les rebelles*, someter a los rebeldes. ‖ FIG. Dominar : *soumettre ses passions*, dominar sus pasiones. ‖ Subordinar, supeditar : *soumettre la raison à la foi*, subordinar la razón a la fe. ‖ Someter (au jugement de quelqu'un) : *soumettre un projet à*, someter un proyecto a. ‖ Exponer (exposer).
— V. pr. Someterse, conformarse : *je me soumets à votre décision*, me someto a su decisión.

soumis, e [sumi, i:z] adj. Sumiso, sa : *soumis aux lois*, sumiso a la ley. ‖ Sumiso, sa ; obediente : *un enfant soumis*, un niño obediente.

soumission f. Sumisión. ‖ Licitación, oferta.

soumissionnaire m. Postor, licitador.

soumissionner v. tr. Licitar (dans une adjudication, un marché, etc.).

soupape f. TECHN. Válvula : *soupape de sûreté o de sécurité*, válvula de seguridad. ‖ *Réglage, rodage de soupapes*, reglaje, esmerilado de válvulas.

soupçon [supsõ] m. Sospecha, *f.* : *j'ai des soupçons...*, tengo sospechas... ‖ FAM. Pizca, *f.*, un poquito, gota, *f.* : *un soupçon de poivre*, una pizca de pimienta ; *un soupçon de vin*, una gota de vino.

soupçonnable adj. Sospechoso, sa.

soupçonner v. tr. Sospechar : *nous le soupçonnons de mentir*, sospechamos que miente.
— SYN. *Suspecter*, recelar.

soupçonneux, euse adj. Suspicaz, receloso, sa ; desconfiado, da.

soupe f. Sopa : *soupe à l'oignon*, sopa de cebollas. ‖ MIL. et FAM. Rancho, *m.*, comida, fajina (sonnerie). ‖ — *Soupe populaire*, comedor de beneficencia. ‖ — *S'emporter comme une soupe au lait*, irritarse de pronto. ‖ FIG. et FAM. *Trempé comme une soupe*, hecho una sopa, calado hasta los huesos (mouillé).

soupente f. Sobradillo, *m.*, caramanchón, *m.* (d'un escalier). ‖ Conjunto (*m.*) de correas para la suspensión de los coches antiguos, sopanda.

souper v. intr. Cenar. ‖ POP. *Avoir soupé d'une chose*, estar harto *ou* hasta la coronilla de una cosa.
— M. Cena, *f.* [en los medios rurales o después de una función de noche].

soupeser* v. tr. Sopesar.

soupeur, euse m. et f. Persona que cena [después de un espectáculo de noche].

soupier, ère adj. FAM. Aficionado, aficionada a la sopa.

soupière f. Sopera (récipient).

soupir m. Suspiro : *il poussa un soupir*, dio un suspiro. ‖ MUS. Suspiro (silence). ‖ — *Soupir de soulagement*, respiro de alivio. ‖ — *Jusqu'au dernier soupir*, hasta la muerte. ‖ *Rendre le dernier soupir*, exhalar el último suspiro.

soupirail [supiraj] m. Tragaluz.

soupirant m. Pretendiente, adorador, el que suspira por una mujer.

soupirer v. intr. Suspirar. ‖ *Soupirer pour, vers, après*, suspirar por : *soupirer pour une femme*, suspirar por una mujer.
— V. tr. POÉT. Cantar lastimeramente, suspirar. ‖ *Soupirer* (exprimer par des soupirs) : *soupirer ses peines*, suspirar de pena.

souple adj. ● Flexible : *l'osier est souple*, el mimbre es flexible. ‖ Ágil, flexible, suelto, ta (des membres). ‖ ◆ FIG. Flexible, dócil. ‖ FIG. *Avoir l'échine souple*, mostrarse servil. ‖ *Être souple comme un gant*, ser suave como un guante.
— SYN. ● *Flexible*, flexible. *Maniable*, manejable. *Élastique*, elástico. ‖ ◆ *Obéissant*, obediente. *Docile*, dócil.

souplesse f. Flexibilidad (flexibilité). ‖ Agilidad, soltura (agilité). ‖ Suavidad (douceur). ‖ Tacto, *m.* (habileté). ‖ *En souplesse*, con soltura.

souquenille [sukni:j] f. Guardapolvo (*m.*) basto, blusón, *m.* ‖ FIG. Guiñapo, *m.*, harapo, *m.* (vêtement usé).

souquer v. tr. MAR. Azocar (serrer).
— V. intr. Hacer algo con todas sus fuerzas (faire effort).

source f. Fuente, manantial, *m.* : *les sources du Nil*, las fuentes del Nilo. ‖ Fuente, origen, *m.*, principio, *m.* : *une source de profits*, una fuente de ingresos. ‖ FIG. Fuente (document où l'on puise). ‖ — FIG. *De bonne source*, de buena tinta. ‖ *De source certaine*, de ciencia cierta. ‖ *De sources dignes de foi*, de fuentes fidedignas. ‖ — *Chose qui coule de source*, cosa fácil, natural, que se desprende naturalmente, que cae de su peso. ‖ *Tenir une nouvelle de bonne source*, saber algo de buena tinta.

sourcier m. Zahorí (prospecteur de sources).

sourcil [sursi] m. ANAT. Ceja, *f.* ‖ FIG. *Froncer le sourcil*, fruncir el ceño, arrugar el entrecejo.

sourcilier, ère [-silje, jɛ:r] adj. Ciliar, superciliar.

sourciller [-sije] v. intr. Fruncir las cejas. ‖ FIG. *Ne pas sourciller*, quedarse impasible *ou* sin pestañear.

sourcilleux, euse [-sijø, ø:z] adj. Altivo, va ; altanero, ra (hautain).

sourd, e [su:r, surd] adj. Sordo, da. ‖ FIG.

Sordo, da (insensible). ‖ ● Sordo, da : *bruit sourd,* ruido sordo; *voix sourde,* voz sorda. ‖ — FAM. *Sourd comme un pot,* sordo como una tapia. ‖ — *Faire la sourde oreille,* hacerse el sordo, hacer oídos de mercader, no darse por enterado. — M. et f. Sordo, da : *un sourd de naissance,* un sordo de nacimiento. ‖ — *Crier comme un sourd,* gritar como un loco, muy fuerte. ‖ *Frapper comme un sourd,* golpear con brutalidad. ‖ *Il n'est pire sourd que celui qui ne veut pas entendre,* no hay peor sordo que el que no quiere oír.

— SYN. ● *Caverneux,* cavernoso. *Sépulcral,* sepulcral.

sourdement adv. Sordamente. ‖ Secretamente (en secret).

sourdine f. MUS. Sordina. ‖ — FIG. *Mettre une sourdine,* moderar, poner sordina (prétentions, plaintes). ‖ — *En sourdine,* a la sordina, a la sorda.

sourd-muet [surmɥɛ], **sourde-muette** [surdmɥɛt] adj. et s. Sordomudo, da.

sourdre v. intr. Brotar, manar (l'eau). ‖ FIG. Surgir, resultar.

— OBSERV. Sólo se usa en infinitivo y a veces en la 3ª persona del presente de indicativo.

souriant, e adj. Sonriente, risueño, ña.

souriceau m. Ratoncillo.

souricier m. Ratonero.

souricière f. Ratonera. ‖ *Tomber dans une souricière,* caer en la ratonera.

souriquois, e [surikwa, wa:z] adj. FAM. Ratonesco, ca; ratonil.

sourire* v. intr. Sonreír, sonreírse. ‖ Agradar, convenir (plaire) : *ce projet me sourit,* este proyecto me agrada. ‖ FIG. *La vie lui sourit,* la vida le sonríe.

sourire m. Sonrisa, f. : *il avait le sourire aux lèvres,* estaba con la sonrisa en los labios.

souris [suri] f. Ratón, m. ‖ Carne pegada al hueso (de gigot). ‖ — *Souris d'hôtel,* rata de hotel. ‖ *Souris qui n'a qu'un trou est bientôt prise,* quien no tiene más que un recurso, pronto está apurado. ‖ FIG. *On entendrait trotter une souris,* se oiría volar una mosca.

sournois, e adj. et s. ● Hipócrita, solapado, da. ‖ Socarrón, ona.

— SYN. ● *Dissimulé,* disimulado. *Rusé,* astuto. *Fourbe,* trapacista, pérfido. *Sycophante,* sicofante.

sournoiserie [surnwazri] f. Disimulación, hipocresía.

sous [su] prép. Debajo de, bajo : *sous la table,* debajo de la mesa; *marcher sous la pluie,* andar bajo la lluvia. ‖ Bajo : *sous clef,* bajo llave; *sous la tutelle de,* bajo la tutela de; *sous le feu de l'ennemi,* bajo el fuego del enemigo; *sous enveloppe,* bajo sobre; *sous serment,* bajo juramento. ‖ Con : *sous une forme humaine,* con forma humana; *sous le titre de,* con el título de. ‖ Dentro de : *sous huitaine,* dentro de ocho días; *sous peu,* dentro de poco. ‖ Durante el reinado de : *sous Louis XIII,* durante el reinado de Luis XIII. ‖ So : *sous couleur,* so color; *sous cape,* so capa; *sous prétexte,* so pretexto; *sous peine,* so pena. ‖ A : *sous les ordres de,* a las órdenes de; *sous réserve de,* a reserva de. ‖ — *Sous le coup de,* movido por. ‖ *Sous les yeux,* ante los ojos. ‖ — *Être sous le vent,* estar a sotavento. ‖ *Passer sous silence,* silenciar.

sous-acétate [suzasetat] m. Subacetato.

sous-agent [suzaʒɑ̃] m. Subagente.

sous-aide [suzɛd] m. Segundo ayudante.

sous-alimentation [suzalimɑ̃tasjɔ̃] f. Subalimentación, desnutrición.

sous-alimenter [-te] v. tr. Subalimentar.

sous-amendement [suzamɑ̃dmɑ̃] m. Modificación (f.) en una enmienda.

sous-barbe f. Barbada. ‖ MAR. Barboquejo, m.

sous-bois m. Maleza, f. ‖ Paisaje de un bosque.

sous-brigadier m. Subrigadier.

sous-calibré, e adj. MIL. Subcalibrado, da.

sous-carbonate m. Subcarbonato.

sous-chef [suʃɛf] m. Subjefe, segundo jefe (d'un bureau).

sous-classe f. BOT. et ZOOL. Subclase.

sous-clavier, ère adj. ANAT. Subclavio, via.

sous-commission f. Subcomisión : *sous-commission parlementaire,* subcomisión parlamentaria.

sous-consommation f. Subconsumo, m., consumo (m.) anormalmente bajo.

souscripteur m. Suscriptor. ‖ Firmante (signataire).

souscription f. Suscripción, firma. ‖ Despedida y firma (d'une lettre).

souscrire* v. tr. Suscribir, firmar. — V. intr. Suscribir, convenir (adhérer à un avis). ‖ Suscribirse (s'engager à payer).

sous-cutané, e adj. Subcutáneo, a : *piqûre sous-cutanée,* inyección subcutánea.

sous-délégué, e m. et f. Subdelegado, da.

sous-développé, e adj. Subdesarrollado, da; poco desarrollado, da.

sous-développement m. Subdesarrollo.

sous-diaconat [sudjakɔna] m. Subdiaconado.

sous-diacre m. Subdiácono.

sous-directeur, trice m. et f. Subdirector, ra.

sous-division f. Subdivisión.

sous-dominante f. MUS. Subdominante.

sous-économe [suzekɔnɔm] m. Adjunto del administrador.

sous-emploi m. Subempleo, paro encubierto.

sous-entendre v. tr. Sobrentender, sobreentender. — V. pr. Sobrentenderse, sobreentenderse.

sous-entendu, e adj. Sobrentendido, da; sobreentendido, da : *une phrase sous-entendue,* una frase sobrentendida. — M. Supuesto, segunda (f.) intención. ‖ *Parler par sous-entendus,* hablar con segundas.

sous-entente f. Lo sobrentendido, m., lo supuesto, m.

sous-entrepreneur m. Ayudante de contratista.

sous-épidermique adj. Subepidérmico, ca.

sous-équipé, e adj. Equipado, equipada insuficientemente.

sous-estimer ou **sous-évaluer** v. tr. Subestimar, infravalorar, tener en menos.

sous-exposer [suzɛkspoze] v. tr. PHOT. Subexponer, exponer insuficientemente.

sous-faîte [sufɛt] m. CONSTR. Parhilera, f.

sous-fifre m. FAM. Subalterno. ‖ Empleaducho.

sous-garde f. Guardamonte, m. (arme à feu).

sous-genre m. Subgénero.

sous-gorge f. inv. Ahogadero, m. (bride de cheval).

sous-gouverneur m. Subgobernador.

sous-ingénieur [suzɛ̃ʒenjœ:r] m. Ayudante de ingeniero.

sous-inspecteur m. Subinspector.

sous-intendant m. Subintendente.

sous-jacent, e [suʒasɑ̃, ɑ̃:t] adj. Subyacente.

sous-jupe f. Falda bajera.

sous-lieutenant m. (Vx). MIL. Subteniente. ‖ Alférez.

sous-locataire m. et f. Subarrendatario, ria.

sous-location f. Subarriendo, m.

sous-louer v. tr. Subarrendar, realquilar.

sous-main m. inv. Carpeta, f., cartapacio (pour écrire). ‖ *En sous-main,* bajo mano, en secreto.

sous-marin, e adj. Submarino, na. — M. MAR. Submarino (bâtiment).

sous-marinier m. MAR. Submarinista.

sous-maxillaire [sumaksilɛ:r] adj. ANAT. Submaxilar.

sous-mentonnière f. Barboquejo, *m.* (bride).

sous-multiple adj. et s. m. MATH. Submúltiplo, pla.

sous-nappe f. Mantel (*m.*) bajero, muletón, *m.*

sous-normale f. GÉOM. Subnormal.

sous-œuvre (en) [ãsuzœvr] loc. adv. CONSTR. De recalce. || *Reprendre en sous-œuvre,* recalzar.

sous-off m. FAM. Suboficial.

sous-officier m. MIL. Suboficial.

sous-orbitaire adj. Suborbitario, ria.

sous-ordre m. Subordinado, subalterno (subordonné). || BOT. et ZOOL. Suborden. || *En sous-ordre,* bajo las órdenes de otro.

sous-palan (en) loc. adv. COMM. Preparado para el embarque (marchandises).

sous-peuplé, e adj. Subpoblado, da.

sous-pied [supje] m. Trabilla, *f.* (de guêtre, de pantalon).

sous-préfectoral, e adj. Subprefectoral.

sous-préfecture f. Subprefectura.

sous-préfet [suprefɛ] m. Subprefecto.

sous-préfète f. FAM. Mujer del subprefecto.

sous-production f. Subproducción, producción deficitaria.

sous-produit [suprɔdɥi] m. Subproducto.

sous-secrétaire m. Subsecretario : *sous-secrétaire d'État,* subsecretario de Estado.

sous-secrétariat m. Subsecretaría, *f.*

sous-seing [susɛ̃] ou **sous-seing privé** m. DR. Contrato *ou* escritura (*f.*) privada.

soussigné, e adj. et s. Infrascrito, ta. || — *Le soussigné,* el abajo firmante, el infrascrito. || — *Je soussigné,* el que suscribe.

soussigner v. tr. Firmar [al pie de un escrito].

sous-sol m. Subsuelo (du terrain). || Sótano (d'un bâtiment).

sous-station f. Subestación.

sous-tangente f. GÉOM. Subtangente.

sous-tendre v. tr. GÉOM. Subtender.

sous-tension f. MÉD. Hipotensión.

sous-titre m. Subtítulo.

sous-titrer v. tr. Poner subtítulo a, subtitular.

soustractif, ive adj. Relativo a la sustracción.

soustraction f. Sustracción, substracción (détournement). || MATH. Sustracción, resta.

— OBSERV. L'orthographe *sustracción* (sans *b*) est actuellement la plus courante. Il en est ainsi de tous les mots espagnols commençant par *subst.*

soustraire* v. tr. Sustraer, substraer, robar (voler). || MATH. Sustraer, restar.

— V. pr. Sustraerse, apartarse (se dérober).

sous-traitant m. Segundo contratista, subcontratista, contratista subsidiario.

sous-traité m. Subcontrato.

sous-traiter v. tr. Ceder en subcontrato. || Tomar en subcontrato.

sous-ventrière f. Barriguera, zambarco, *m.* (harnais).

sous-verge m. inv. MIL. Caballo de derecha en un tiro de artillería (cheval). || FAM. Ayudante de un jefe, segundo.

sous-verre m. Cuadrito montado a la inglesa.

sous-vêtement m. Prenda (*f.*) interior. || — Pl. Ropa, *f. sing.,* ropa (*f. sing.*) interior.

sous-voltage m. ÉLECTR. Baja (*f.*) de voltaje.

soutache f. Trencilla, sutás, *m.* (de passementerie).

soutacher v. tr. Guarnecer con trencilla, trencillar.

soutane f. Sotana.

soutanelle f. Sotanilla.

soute f. MAR. Pañol, *m.* || Cala de equipaje, bodega, *f.* (avion). || — *Soute à charbon,* carbonera. || *Soute à munitions,* polvorín.

soutenable adj. Sustentable, sostenible (opinion). || Soportable (supportable).

soutenance f. Defensa *ou* mantenimiento de una tesis.

soutenant m. Sustentante (d'une thèse).

soutènement m. Sostenimiento. || Sostén (soutien). || *Mur de soutènement,* muro de contención.

souteneur m. Sostenedor, el que sostiene. || Rufián, chulo.

soutenir* [sutnir] v. tr. ● Sostener : *soutenir une poutre,* sostener una viga ; *soutenir une attaque,* sostener un ataque. || Mantener (prix). || Mantener, sustentar, sostener (opinion). || Amparar : *soutenir une famille,* amparar una familia. || Afirmar : *je vous soutiens que...,* le afirmo que. || MIL. Apoyar. || — *Soutenir la gageure,* mantenerse en sus trece. || *Soutenir une thèse en Sorbonne,* presentar y defender una tesis en la Sorbona.

— V. pr. Sostenerse : *se soutenir en l'air,* sostenerse en el aire. || Ampararse, sostenerse, ayudarse : *se soutenir mutuellement,* sostenerse mutuamente.

— SYN. ● *Supporter,* soportar. *Étayer,* apuntalar. *Maintenir,* mantener. *Étançonner,* apuntalar, jabalconar. *Épauler,* respaldar, proteger.

soutenu, e adj. Constante, persistente. || Noble, elevado, da (style). || Sostenido, da (à la Bourse).

souterrain, e adj. Subterráneo, a : *chemin souterrain,* camino subterráneo. || FIG. *Voies souterraines,* vías ocultas, caminos secretos.

— M. ● Subterráneo.

— SYN. ● *Tunnel,* túnel. *Galerie,* galería.

soutien m. ● Sostén. || Sostenimiento : *pour le soutien de la communauté,* para el sostenimiento de la comunidad. || Mantenimiento (des prix). || Amparo, protección, *f.* || MIL. Apoyo. || *Soutien de famille,* sostén de familia, mozo exento de servicio militar por cargas de familia.

— SYN. ● *Support,* soporte. *Appui,* apoyo.

soutien-gorge m. Sostén, sujetador.

— OBSERV. Pl. *soutiens-gorge.*

soutier m. MAR. Pañolero.

soutirage m. Trasiego (d'un liquide).

soutirer v. tr. Trasegar (un liquide). || FIG. Sonsacar, sacar con maña (obtenir par adresse).

soûtra m. Sutra.

souvenir (se)* [səsuvni:r] v. pr. Acordarse : *souvenez-vous de moi,* acuérdese de mí. || — *Je m'en souviendrai,* no se me olvidará. || *Vous souvient-il ?,* ¿se acuerda usted de que ?

souvenir m. Memoria, *f.* (mémoire) : *échapper au souvenir,* irse de la memoria. || Recuerdo (impression précédente) : *souvenir confus,* recuerdo confuso. || Recuerdo (cadeau). || *Bons souvenirs, meilleurs souvenirs,* muchos recuerdos.

souvent adv. Frecuentemente, a menudo, muchas veces. || *Le plus souvent,* las más de las veces, la mayoría de las veces.

souverain, e [suvrɛ̃, ɛ:n] adj. et s. Soberano, na : *puissance souveraine,* poder soberano ; *remède souverain,* remedio soberano. || Sumo, ma ; supremo, ma : *le souverain pontife,* el sumo pontífice ; *cour souveraine,* tribunal supremo. || — M. Soberano, libra (*f.*) esterlina [moneda de oro inglesa].

souveraineté [-rɛnte] f. Soberanía : *la souveraineté de la nation,* la soberanía de la nación. || Supremacía : *la souveraineté de la raison,* la supremacía de la razón. || FIG. Autoridad moral.

soviet [sɔvjɛt] m. Soviet.

soviétique adj. et s. Soviético, ca.

soviétisation f. Sovietización.

soviétiser v. tr. Sovietizar.

sovkhoze [sɔvko:z] m. Sovjoz, granja (f.) modelo soviética (ferme).
soya [sɔja] m. Soja, soya (plante).
soyer [swaje] m. Copa (f.) de champán helado que se bebe con paja.
soyeux, euse [swajø, ø:z] adj. Sedoso, sa.
— M. Negociante en seda.
spacieusement adv. Ampliamente.
spacieux, euse adj. Espacioso, sa.
spadassin m. Espadachín, pendenciero (bretteur). ‖ Fig. Asesino a sueldo (assassin à gages).
spadice m. Bot. Espádice.
spadille [spadi:j] m. As de picos (cartes).
spaghetti [spagɛti] m. pl. Espaguetis.
spagirie f. (Vx). Espagírica.
spahi [spai] m. Espahí (soldat français d'Afrique).
spalax m. Zool. Rata (f.) topo.
spallation f. Espalación (éclatement du noyau d'un atome).
spalt m. Espalto (couleur).
spalter [spaltɛ:r] m. Brocha (f.) de vetear.
sparadrap [sparadra] m. Esparadrapo.
spart ou **sparte** [spart] m. Bot. Esparto.
Spartacus [spartakys] n. pr. m. Espartaco.
Sparte n. pr. Géogr. et Hist. Esparta.
spartéine f. Méd. Esparteína.
sparterie f. Espartería.
spartiate [sparsjat] adj. et s. Espartano, na; esparciata. ‖ À la spartiate, espartanamente, severamente. ‖ — F. Sandalia.
spasme m. Espasmo.
spasmodique adj. Espasmódico, ca.
spatangue m. Variedad de erizo de mar.
spath [spat] m. Min. Espato : spath d'Islande, espato de Islandia ; spath fluor, espato flúor.
spathe [spat] f. Bot. Espata.
spathique adj. Min. Espático, ca.
spatial, e [spasjal] adj. Espacial : engins spatiaux, vehículos espaciales.
spatule f. Espátula.
spatulé, e adj. Espatulado, da (doigt).
speaker [spikœ:r] m. Presidente de la Cámara de los Comunes, en Inglaterra. ‖ Locutor.
— Observ. Speaker hace el femenino speakerine solamente cuando significa locutora de radio o televisión.
spécial, e adj. Especial.
— F. Clase de matemáticas superiores (classe).
spécialisation f. Especialización.
spécialisé, e adj. Especializado, da.
spécialiser v. tr. Especializar : spécialiser un ouvrier, especializar a un obrero. ‖ Particularizar, especificar (spécifier).
— V. pr. Especializarse : se spécialiser dans l'électronique, especializarse en electrónica.
spécialiste adj. et s. Especialista.
spécialité f. Especialidad. ‖ Méd. Específico, m. (médicament).
spécieux, euse adj. Especioso, sa ; aparente.
spécificatif, ive adj. Especificativo, va.
spécification f. Especificación.
spécifité f. Especifidad, carácter (m.) específico.
spécifier* v. tr. Especificar.
spécifique adj. Específico, ca : poids spécifique, peso específico.
— M. Específico : un spécifique contre le paludisme, un específico contra el paludismo.
spécimen [spesimɛn] m. Muestra, f., espécimen (échantillon). ‖ Ejemplar : un spécimen magnifique de scarabée, un ejemplar magnífico de escarabajo.
spéciosité f. Especiosidad.
spectacle m. Espectáculo. ‖ Spectacle permanent, sesión continua (cinéma). ‖ Se donner en spectacle, servir de spectacle, ser el espectáculo, servir de diversión.
— Syn. Scène, escena. Séance, función.

spectaculaire adj. Espectacular. ‖ Espectacular ; aparatoso, sa : accident spectaculaire, accidente aparatoso.
spectateur, trice m. et f. Espectador, ra : en spectateur, como espectador.
spectral, e adj. Espectral (fantomatique). ‖ Phys. Espectral : analyse spectrale, análisis espectral.
spectre [spɛktr] m. Espectro.
spectrogramme m. Espectrograma.
spectrographe m. Phys. Espectrógrafo.
spectrographie f. Phys. Espectrografía.
spectrohéliographe m. Espectroheliógrafo.
spectroscope m. Phys. Espectroscopio.
spectroscopie f. Phys. Espectroscopia.
spectroscopique adj. Espectroscópico, ca.
spéculaire adj. Especular, especulario, ria.
— F. Bot. Especularia, espejo (m.) de Venus (miroir-de-Vénus).
spéculateur, trice m. et f. Especulador, ra.
spéculatif, ive adj. Especulativo, va.
spéculation f. Especulación.
— Syn. Agiotage, agio. Boursicotage, pequeña especulación en la Bolsa.
spéculer v. intr. Especular : spéculer sur, especular con.
spéculum [spekulɔm] m. Espéculo.
speech [spi:tʃ] m. Fam. Discurso.
spéléologie f. Espeleología.
spéléologique adj. Espeleológico, ca.
spéléologue ou **spéléologiste** m. Espeleólogo.
spergule f. Espérgula, esparcilla (plante).
spermacéti m. Esperma (f.) de ballena, espermaceti.
spermatique adj. Espermático, ca.
spermatogenèse f. Espermatogénesis.
spermatophytes ou **spermaphytes** f. pl. Espermatofitas, fanerógamas.
spermatozoïde m. Espermatozoide.
sperme m. Esperma, m. et f.
spermophile m. Zool. Espermófilo.
sphacèle m. Méd. Esfacelo.
sphaigne [sfɛɲ] f. Bot. Esfagno.
sphénoïdal, e adj. Anat. Esfenoidal.
sphénoïde adj. et s. m. Anat. Esfenoides.
sphère f. Géom. et Astr. Esfera : sphère armillaire, esfera armilar ; sphère céleste, esfera celeste. ‖ Fig. Esfera (milieu) : sphère d'activité, esfera de acción. ‖ Bombo, m. (de la loterie).
sphéricité f. Esfericidad.
sphérique adj. Esférico, ca.
sphéroïdal, e adj. Esferoidal.
sphéroïde m. Esferoide.
sphéromètre m. Esferómetro.
sphex [sfɛks] m. Esfexa, f. (insecte).
sphincter [sfɛktɛ:r] m. Anat. Esfínter.
sphinx [sfɛks] m. Esfinge, f.
— Observ. El femenino es sphinge.
sphygmogramme m. Esfigmograma.
sphygmographe m. Méd. Esfigmógrafo.
sphygmomanomètre ou **sphygmotensiomètre** m. Esfigmomanómetro.
sphyrène f. Esfirena (poisson).
spic m. Bot. Espliego (lavande). ‖ Huile de spic o d'aspic, esencia de espliego.
spiciforme adj. Bot. Espiciforme.
spicilège m. Espicilegio (recueil).
spicule m. Espícula, f.
spider [spidɛ:r] m. Autom. Spider.
spiegel [ʃpigɛ:l] m. Techn. Arrabio especular.
spin [spin] m. Phys. Espín (moment cinétique de l'électron).
spinal, e adj. Anat. Espinal.
spinelle m. Espinela, f. (rubis).
spinozisme ou **spinosisme** m. Espinosismo.
spinule f. Espinita.

LE SPORT (vocabulaire) — EL DEPORTE (vocabulario)

I. Généralités. — Generalidades.

moniteur	monitor
manager	manager
guide	guía
entraîneur	entrenador
arbitre	árbitro
forme	forma
amateur	aficionado
professionnel	profesional
favori	favorito
outsider	outsider, no favorito
« crack »	favorito
champion	campeón
champion olympique	campeón olímpico
championnat	campeonato; liga (football)
jeux Olympiques	Juegos Olímpicos, Olimpiada
as	as
record	récord, plusmarca
recordman	recordman, plusmarquista
stade	estadio
piste	pista
ring	ring, cuadrilátero
terrain	terreno [Amér. cancha, f.]

II. Athlétisme. — Atletismo.

course	carrera
saut	salto
lancer	lanzamiento
relais	relevo
course de vitesse	carrera de velocidad
sprint (100, 200, 400 m)	sprint
course de demi-fond (800, 1 500 m)	carrera de medio fondo
course de fond (5 000, 10 000 m)	carrera de fondo
marathon	maratón
course de steeple (3 000 m)	carrera de obstáculos
course de haies (110, 400 m)	carrera de vallas
cross-country; cross	campo a través, cross
saut en hauteur	salto de altura
saut en longueur	salto de longitud
saut à la perche	salto con pértiga
triple saut	triple salto
lancement du poids	lanzamiento de peso
lancement du disque	lanzamiento de disco
lancement du javelot	lanzamiento de jabalina
lancement du marteau	lanzamiento de martillo
décathlon	decatón
marche (50 km)	marcha

III. Autres sports individuels. — Otros deportes individuales.

gymnastique	gimnasia
agrès	aparatos de gimnasia
barre fixe	barra fija
barres parallèles	paralelas
anneaux m. pl.	anillas f. pl.
trapèze	trapecio
perche	pértiga
corde à nœuds	cuerda de nudos
cheval-arçons	potro con arzón
haltères m. pl.	pesos f. pl., halteras, f. pl.
boxe f.	boxeo m.
catégorie poids lourd	categoría peso pesado
poids mi-lourd	peso medio
poids coq	peso gallo
poids mouche	peso mosca
lutte gréco-romaine	lucha grecorromana
lutte libre	lucha libre
judo	judo
escrime	esgrima

IV. Jeux et compétitions. — Juegos y competiciones.

football	fútbol
rugby	rugby
hand-ball	balonmano
basket-ball	baloncesto
volley-ball	balonvolea
hockey	hockey
golf	golf
tennis	tenis
simple (au tennis)	individual
double (au tennis)	doble
patinage à roulettes	patinaje sobre ruedas

V. Les sports de l'eau. — Los deportes acuáticos.

piscine	piscina
nage libre	estilo libre
crawl	crawl
brasse	braza
nage sur le dos	estilo espalda
style papillon	estilo mariposa
relais quatre nages	relevo estilos
concours de plongeons	concurso de saltos
water-polo	waterpolo
ski nautique	esquí náutico
kayak	kayac
canoë m.	canoa f.
skiff	esquife
hors-bord	fuera borda
régate	regata
yachting; yacht	deporte de vela; yate

VI. Sports d'hiver. — Deportes de invierno.

ski	esquí
course de descente	carrera de descenso
slalom	slalom, habilidad
concours de sauts	concurso de saltos
tremplin	trampolín
combiné	pruebas mixtas
patinage	patinaje
patinage artistique	patinaje artístico
patinage de vitesse	patinaje de velocidad
bobsleigh	bobsleigh
luge	luge
traîneau	trineo
hockey sur glace	hockey sobre hielo

VII. Vélo, moto, auto. — Bicicleta, moto, auto.

bicyclette; vélo m.	bicicleta; bici f.
vélodrome	velódromo
course cycliste sur route	carrera ciclista en carretera
course de vitesse	carrera de velocidad
course de poursuite	carrera de persecución
course derrière moto	carrera tras moto
les « Six-Jours »	los « Seis Días »
motocyclette	motocicleta
voiture de course f.	coche (m.) de carreras
autodrome	autódromo
rallye	rallye
pilote de course	piloto de carreras

VIII. Équitation. — Equitación.

hippodrome	hipódromo
manège	picadero
jockey	jockey
haute école	alta escuela
steeple-chase m.	carrera (f.) de obstáculos
polo	polo
trotteur	trotón

spiral, e adj. Espiral.
— M. Espiral, *f.*, muelle real (de montre).
spirale f. GÉOM. Espiral (courbe). ‖ AVIAT. Espiral.
spiralé, e adj. En forma de espiral.
spirant, e adj. et s. f. Espirante (fricative).
spire f. Espira.
Spire n. pr. GÉOGR. Espira.
spirée f. BOT. Espirea.
spirifer [spirifɛ:r] m. Espirífero (brachiopode).
spirille [spiri:j] m. Espirilo (bactérie).
spirillose [spirilo:z] f. Espirilosis.
spirite adj. et s. Espiritista.
spiritisme m. Espiritismo.
spiritualisation f. Espiritualización.
spiritualiser v. tr. Espiritualizar.
spiritualisme m. Espiritualismo.
spiritualiste adj. et s. Espiritualista.
spiritualité f. Espiritualidad.
spirituel, elle adj. Espiritual (incorporel). ‖ Sacro, cra ; religioso, sa : *concert spirituel,* concierto de música sacra *ou* religiosa. ‖ Ingenioso, sa ; inteligente, agudo, da : *une réplique spirituelle,* una réplica ingeniosa, aguda. ‖ — *Directeur spirituel,* director espiritual. ‖ *Être spirituel,* tener gracia, ser gracioso.
— M. Lo espiritual.
spirituellement adv. Espiritualmente (en esprit). ‖ Ingeniosamente, con agudeza (avec esprit) : *répondre spirituellement,* contestar con agudeza.
spiritueux, euse adj. et s. m. Espiritoso, sa ; espirituoso, sa (alcoolique).
spirochète [spirokɛ:t] m. ZOOL. Espiroqueta, *f.*
spirochétose [-keto:z] f. MÉD. Espiroquetosis.
spiroïdal, e adj. Espiroidal ; espiroideo, a.
spiromètre m. MÉD. Espirómetro.
splanchnique [splɑ̃knik] adj. ANAT. Esplácnico, ca.
splanchnologie [-knɔlɔʒi] f. ANAT. Esplacnología.
spleen [spli:n] m. Esplín (ennui, hypocondrie).
splendeur f. Esplendor, *m.*
splendide adj. Espléndido, da.
splénite f. MÉD. Esplenitis.
splénius [splenjys] m. Esplenio (muscle).
spoliateur, trice adj. et s. Espoliador, ra ; expoliador, ra.
spoliation f. Expoliación, despojo, *m.*
spolier* v. tr. Expoliar, espoliar, despojar (déposséder).
spondaïque adj. POÉT. Espondaico, ca.
spondée m. POÉT. Espondeo.
spondias [spɔ̃djas] m. Jobo (arbre).
spondyle m. ANAT. Espóndilo, espóndil.
spongiaires [spɔ̃ʒjɛ:r] m. pl. ZOOL. Espongiarios.
spongiculture [-ʒikylty:r] f. Cultivo (*m.*) de esponjas, esponjicultura.
spongieux, euse [-ʒjø, jø:z] adj. Esponjoso, sa.
spongiosité [-ʒiozite] f. Esponjosidad.
spontané, e adj. Espontáneo, a.
— SYN. *Naturel,* natural. *Impulsif,* impulsivo. *Primesautier,* espontáneo, irreflexivo.
spontanéité f. Espontaneidad.
Sporades n. pr. f. pl. GÉOGR. *Îles Sporades,* islas Espóradas *ou* Espórades.
sporadicité f. MÉD. Esporadicidad.
sporadique adj. Esporádico, ca.
sporange m. BOT. Esporangio.
spore f. BOT. Espora.
sporidie f. BOT. Esporidio, *m.*
sporozoaires m. pl. ZOOL. Esporozoarios.
sport [spɔ:r] m. Deporte : *sports d'hiver,* deportes de invierno. ‖ *Faire du sport,* practicar los deportes.
— Adj. inv. De sport, deportivo, va : *une veste*

sport, una chaqueta de sport. ‖ FAM. *Être sport,* portarse como un caballero.
sportif, ive adj. Deportivo, va.
— M. et f. Deportista.
sportivement adv. Deportivamente, con deportividad.
sportivité f. Deportividad.
sportsman [spɔrtsman] m. Deportista, sportsman.
sportule f. Espórtula.
sporulation f. BOT. Esporulación.
sporuler v. intr. Formarse las esporas.
spot [spɔt] m. Punto luminoso. ‖ Foco (projecteur). ‖ Espacio (publicitaire). ‖ *Spot d'exploration,* punto de exploración (télévision).
Spoutnik [sputnik] « Sputnik », satélite artificial.
sprat [sprat] m. Sprat, especie de arenque.
sprint [sprint] m. SPORTS. « Sprint », esfuerzo final.
sprinter [-tœ:r] m. SPORT. « Sprinter », velocista.
sprinter v. intr. Esprintar.
spumescent, e adj. Espumecente.
spumeux, euse adj. Espumoso, sa.
spumosité f. Espumosidad.
sputation f. MÉD. Esputación, esputo, *m.*
squale [skwal] m. ZOOL. Escualo.
squame [skwam] f. Escama.
squameux, euse [-mø, ø:z] adj. Escamoso, sa.
squamule [-myl] f. Escamilla.
square [skwa:r] m. Jardinillo (cour), plazoleta, *f.* plaza (*f.*) ajardinada.
squatine m. Angelote (requin).
squatter [skwɔtər] m. El que ocupa un local de habitación vacío sin consentimiento del dueño.
squelette [skəlɛt] m. Esqueleto.
squelettique adj. Esquelético, ca.
squille [ski:j] f. ZOOL. Esquila, camarón, *m.*
squirre ou **squirrhe** [skir] m. MÉD. Cirro, escirro.
squirreux, euse [-rø, ø:z] adj. MÉD. Cirroso, sa ; escirroso, sa.
stabilisant m. Estabilizador.
stabilisateur, trice adj. et s. m. Estabilizador, ra.
stabilisation f. Estabilización.
stabiliser v. tr. Estabilizar.
— V. pr. Estabilizarse.
stabilité f. Estabilidad.
stable adj. Estable : *équilibre stable,* equilibrio estable ; *paix stable,* paz estable.
stabulation f. Estabulación.
staccato [stakato] adv. et s. m. MUS. Staccato.
stade m. Estadio (mesure). ‖ Estadio (sports) : *un stade olympique,* un estadio olímpico. ‖ FIG. Fase, *f.,* grado, estadio : *les différents stades d'une évolution,* las diferentes fases de una evolución.
stadia m. Estadía, *f.* (topographie).
staff [staf] m. CONSTR. Estaf, estuco.
staffeur [-fœ:r] m. Estucador.
stage m. Pasantía, *f.* (avocat). ‖ Período de prácticas (pratique). ‖ Cursillo (théorique) : *un stage sur le vol sans visibilité,* un cursillo de vuelo sin visibilidad. ‖ FIG. Preparación, *f.* ‖ *Stage de formation,* cursillo de capacitación.
stagiaire adj. et s. Que está de prueba, de prácticas (à l'essai). ‖ *Professeur stagiaire,* profesor cursillista. ‖ — M. et f. Pasante (d'avocat). ‖ Cursillista.
stagnant, e [stagɑ̃, ɑ̃:t] adj. Estancado, da : *eaux stagnantes,* aguas estancadas. ‖ FIG. Estancado, da : *affaire stagnante,* asunto estancado.
stagnation [-gasjɔ̃] f. Estancamiento, *m.,* estancación : *stagnation de l'eau, des affaires,* estancamiento del agua, de los negocios.
— SYN. *Marasme,* marasmo. *Stase,* éstasis.
stagner [-ge] v. intr. Estancarse.

stakhanovisme m. Stajanovismo.
stakhanoviste m. et f. Stajanovista.
stalactite f. Estalactita.
stalagmite f. Estalagmita.
stalagmomètre m. Estalagmómetro.
stalagmométrie f. Estalagmometría.
stalinien, enne adj. Stalinista, staliniano, na.
stalinisme m. Stalinismo.
stalle f. Silla de coro (église). ‖ Luneta, butaca (théâtres). ‖ Compartimiento (*m.*) para un caballo en las cuadras (pour chevaux).
Stamboul n. pr. GÉOGR. Estambul.
staminal, e adj. BOT. Estamíneo, a.
staminé, e et **staminifère** adj. BOT. Estaminífero, ra.
stance f. POÉT. Estancia (strophe).
— SYN. *Strophe,* estrofa. *Couplet,* cuplé, estrofa.
stand [stã:d] m. Stand, caseta, *f.* (d'exposition). ‖ Barraca (*f.*) de tiro al blanco (de tir). ‖ Puesto de avituallamiento (d'un coureur sur piste). ‖ MIL. *Stand de tir,* galería de tiro.
standard [stãda:r] adj. Standard, tipo (type) : *modèle standard,* modelo standard. ‖ De serie, standard : *une voiture standard,* un coche de serie.
— M. Centralita (*f.*) telefónica. ‖ FIG. *Standard de vie,* tren *ou* nivel de vida.
standardisation f. Standardización, normalización, tipificación.
standardiser v. tr. Standardizar, normalizar, tipificar.
standardiste m. Telefonista.
standing [standiɲ] m. Nivel de vida. ‖ Categoría : *un appartement de grand standing,* un apartamento de gran categoría.
Stanislas [stanislas] n. pr. m. Estanislao.
stannate m. Estannato.
stanneux adj. m. Estañoso.
stannifère adj. Estannífero, ra.
stannique adj. Estánnico, ca.
staphisaigre f. BOT. Estafisagria, hierba piojera (herbe aux poux).
staphylin, e adj. et s. ANAT. Estafilino, na (relatif à la luette). ‖ — M. Estafilino, asnillo (insecte).
staphylococcie [stafilokɔksi] f. Estafilococia.
staphylocoque m. Estafilococo.
staphylome m. Estafiloma (tumeur).
star f. Estrella de cine, « star » (étoile).
starie f. MAR. Estadía (estarie).
starlette f. Actriz de cine principiante.
starter [startɛ:r] m. Juez de salida (courses). ‖ AUTOM. Estrangulador, starter.
stase f. MÉD. Éstasis.
stathouder [stɑ:thu:dər] m. Estatúder.
stathoudérat [-dera] m. Estatuderato.
statice m. BOT. Statice.
station [stasjɔ̃] f. Posición, postura : *station verticale,* posición vertical. ‖ Pausa, parada (pause). ‖ Estación (de métro). ‖ Parada (de taxis, d'autobus). ‖ Estación (archéologique, météorologique, de villégiature, etc.). ‖ Emisora, estación emisora (radio). ‖ RELIG. Estación. ‖ — *Station de poursuite,* estación de seguimiento (de fusées). ‖ *Station thermale,* balneario.
stationnaire adj. Estacionario, ria.
— M. MAR. Barco vigía (à l'entrée d'un port, d'une rade).
stationnale adj. f. Estacional.
stationnement m. Estacionamiento, aparcamiento. ‖ *Stationnement interdit,* prohibido el estacionamiento.
stationner v. intr. Estacionarse, aparcar. ‖ *Défense de stationner,* prohibido aparcar.
station-service f. Estación de servicio.
— OBSERV. Pl. *stations-service.*
statique adj. et s. f. Estático, ca.

statisticien, enne m. et f. Estadista, estadístico, ca.
statistique adj. et s. f. Estadístico, ca.
stator m. TECHN. Estator.
statoréacteur m. TECHN. Estatorreactor.
statoscope m. AVIAT. Estatoscopio.
statuaire adj. Estatuario, ria.
— M. Estatuario (sculpteur). ‖ — F. Estatuaria (art).
statue f. Estatua.
statuer v. tr. et intr. Estatuir. ‖ *Statuer à l'unanimité,* resolver por unanimidad.
statuette f. Figurina, estatuilla.
statufier v. tr. FAM. Levantar una estatua a.
statu quo [statykwo] m. Statu quo.
stature f. Estatura.
statut [staty] m. Estatuto.
statutaire adj. Estatutario, ria.
statutairement adv. Según los estatutos.
stauffer [stɔfɛr] m. TECHN. Engrasador (graisseur).
staurotide f. MIN. Estaurótida (pierre de croix).
stayer [stɛjœ.r] m. Corredor ciclista tras moto de medio fondo (coureur).
steamer [sti:mər] m. MAR. Vapor (bateau).
stéarate m. Estearato.
stéarine f. Estearina.
stéarinerie f. Fábrica de estearina.
stéarique adj. Esteárico, ca.
stéatite f. MIN. Esteatita.
stéatome m. MÉD. Esteatoma.
stéatose f. Esteatosis.
steeple-chase [stiplt.ʃeiz] m. Steeple-chase, carrera (*f.*) de obstáculos.
stégomye f. ZOOL. Estegomía, mosquito (*m.*) de la fiebre amarilla.
stèle f. Estela (monument).
stellage m. COMM. Operación (*f.*) con doble opción (à la Bourse).
stellaire adj. ASTR. Estelar (des étoiles). ‖ Estrellado, da (rayonné en étoile).
— F. BOT. Estelaria, pie (*m.*) de león.
stellérides m. pl. ZOOL. Estrellas (*f. pl.*) de mar.
stellionat [stɛljɔna] m. DR. Estelionato.
stellionataire adj. et s. Culpable de estelionato.
stemmate m. ZOOL. Ocelo, estema.
stencil [stɛnsil] m. Cliché *ou* clisé de multicopista, stencil.
stenciliste [-list] adj. et s. Mecanógrafo, mecanógrafa, que hace el stencil.
sténodactylographe ou **sténodactylo** m. et f. Taquimecanógrafo, fa.
sténodactylographie f. Taquimecanografía.
sténogramme m. Estenograma, texto taquigrafiado.
sténographe m. et f. Taquígrafo, fa ; estenógrafo, fa.
sténographie f. Taquigrafía, estenografía.
sténographier* v. tr. Taquigrafiar, estenografiar.
sténographique adj. Taquigráfico, ca ; estenográfico, ca.
sténosage m. TECHN. Tratamiento para endurecer las fibras celulósicas.
sténose f. MÉD. Estenosis.
sténotype f. Estenotipo, *m.,* máquina de taquigrafía.
sténotyper v. tr. Taquigrafiar con máquina.
sténotypie f. Estenotipia, taquigrafía mecánica.
sténotypiste m. et f. Taquígrafo, taquígrafa a máquina, estenotipista.
stentor [stãtɔ:r] m. ZOOL. Esténtor. ‖ *Voix de stentor,* voz estentórea.
stéphanois, e adj. et s. De Saint-Etienne [ciudad].
steppe f. Estepa.
stepper ou **steppeur** m. Caballo trotón.
steppique adj. Estepario, ria.

stéradian m. Estereorradián (unité d'angle solide).
stérage m. Medición (*f.*) por estéreos (mesurage).
stercoraire m. Gaviota (*f.*) ladrona (mouette).
stercoral, e adj. Estercóreo, a.
sterculiacées f. pl. Bot. Esterculiáceas.
stère m. Estéreo (mesure pour bois).
stéréobate m. Archit. Estereóbato.
stéréochimie f. Estereoquímica.
stéréochromie f. Techn. Estereocromía.
stéréogramme m. Estereograma.
stéréographie f. Estereografía.
stéréographique adj. Estereográfico, ca.
stéréomètre m. Estereómetro.
stéréométrie f. Estereometría.
stéréométrique adj. Estereométrico, ca.
stéréophonie f. Estereofonía.
stéréophonique adj. Estereofónico, ca.
stéréophotographie f. Estereofotografía.
stéréoscope m. Estereoscopio.
stéréoscopie f. Estereoscopia.
stéréoscopique adj. Estereoscópico, ca.
stéréostatique f. Phys. Estereostática.
stéréotomie f. Estereotomía.
stéréotomique adj. Estereotómico, ca.
stéréotypage m. Estereotipado.
stéréotype m. Estereotipo (cliché).
stéréotyper v. tr. Estereotipar (clicher). ‖ Fig. Estereotipar, repetir maquinalmente *ou* inexpresivamente. ‖ *Un sourire stéréotypé,* una sonrisa estereotipada *ou* maquinal.
stéréotypie f. Estereotipia.
stérer v. tr. Medir por estéreos.
stérile adj. Estéril.
— Syn. *Infécond,* infecundo. *Infructueux,* infructuoso. *Infertile,* estéril. *Ingrat,* ingrato. *Pauvre,* pobre.
stérilisant, e adj. Esterilizador, ra.
stérilisateur, trice adj. et s. m. Esterilizador, ra.
stérilisation f. Esterilización.
stérilisé, e adj. Esterilizado, da.
stériliser v. tr. Esterilizar.
stérilité f. Esterilidad.
sterlet [stɛrlɛ] m. Esturión (esturgeon).
sterling [stɛrliŋ] adj. inv. Esterlina : *livre sterling,* libra esterlina. ‖ *Zone sterling,* zona de la libra esterlina.
sternal, e adj. Del esternón.
sterno f. Esterna, golondrina de mar (hirondelle de mer).
sterno-cléido-mastoïdien adj. m. et s. m. Anat. Esternocleidomastoideo.
sternum [stɛrnɔm] m. Anat. Esternón.
sternutatif, ive adj. Estornutativo, va.
sternutation f. Estornudo, *m.*
sternutatoire adj. Estornutatorio, ria.
stérol m. Chim. Esterol.
stertoreux, euse adj. Méd. Estertoroso, sa.
stéthomètre m. Estetómetro.
stéthoscope m. Estetoscopio.
stethoscopie f. Estetoscopia.
steward [stjuwəd] m. Camarero, auxiliar [de barco o de avión].
sthène m. Estenio (unité de force).
stibié, e adj. Antimonial, que contiene antimonio.
stibine f. Min. Estibina.
stick [stik] m. Bastoncillo, vara, *f.* ‖ Stick, bastón (hockey). ‖ Patrulla, *f.* (de parachutistes).
stigmate m. Estigma. ‖ Llaga, *f.* (d'un saint).
stigmatisation f. Estigmatización.
stigmatiser v. tr. Estigmatizar. ‖ Fig. Estigmatizar, condenar.
stigmatisme m. Estigmatismo (optique).
stilbène m. Chim. Estilbeno.
stillation [stillasjɔ̃] f. Goteo, *m.,* estilicidio (p. us.) [écoulement goutte à goutte].
stillatoire [-latwa:r] adj. Que cae gota a gota.

stilligoutte [-ligut] m. Cuentagotas (comptegouttes).
stimulant, e adj. Estimulante.
— M. Estimulante. ‖ Fig. Estimulante, acicate.
stimulateur, trice m. et f. Estimulador, ra.
stimulation f. Estímulo, *m.,* estimulación.
stimuler v. tr. Estimular : *stimuler un enfant,* estimular a un niño.
stipe f. Bot. Estípite.
stipendié, e adj. et s. Estipendiado, da ; asalariado, da.
— Observ. En francés esta palabra tiene un sentido despectivo.
stipendier* v. tr. Estipendiar, asalariar : *stipendier des assassins,* asalariar asesinos.
stipulaire adj. Bot. Referente a la estípula.
stipulation f. Estipulación.
stipule f. Bot. Estípula.
stipuler v. tr. Estipular.
stock m. Existencias, *f. pl.,* provisión, *f.,* « stock ». ‖ Reservas, *f. pl.,* depósito.
stockage m. Almacenamiento (réserves), abastecimiento (approvisionnement).
stock-car [stɔkkɑ:r] m. Stock-car, automóvil que participa en carreras donde se permiten choques y obstrucciones. ‖ Carrera (*f.*) de estos automóviles (course).
stocker v. tr. Almacenar.
stockfisch [stɔkfiʃ] m. Estocafís, pejepalo (poisson sec).
Stockholm [stɔkɔlm] n. pr. Géogr. Estocolmo.
stockiste m. Comm. Almacenista, distribuidor, depositario.
stoïcien, enne adj. et s. Estoico, ca.
stoïcisme m. Estoicismo.
stoïque adj. Estoico, ca : *il est stoïque,* es estoico. ‖ — Adj. et s. Estoico, ca : *l'école stoïque,* la escuela estoica.
stolon m. Bot. Estolón, latiguillo.
stolonifère adj. Bot. Estolonífero, ra.
stomacal, e adj. Estomacal.
stomachique adj. et s. m. Estomacal.
stomate m. Bot. Estoma.
stomatique adj. Méd. Estomático, ca.
stomatite f. Méd. Estomatitis.
stomatologie f. Méd. Estomatología.
stomatologue m. et f. Méd. Estomatólogo, ga.
stomatoscope m. Estomatoscopio.
stomoxe m. Mosca (*f.*) de los establos.
stop m. Stop (route). ‖ Stop, punto (télégrammes). ‖ Autom. Luz (*f.*) de faro (feux arrière).
— Interj. ¡Alto!, ¡pare! (ordre d'arrêter).
stoppage m. Zurcido (d'une déchirure).
stopper v. tr. Parar, detener (arrêter). ‖ Zurcir (repriser).
— V. intr. Pararse, detenerse. ‖ Zurcir.
stoppeur, euse et f. Zurcidor, ra.
storax ou **styrax** m. Estoraque (résine).
store [stɔ:r] m. Persiana, *f.* (à lamelles), toldo (en toile). ‖ Cortinilla, *f.* (intérieur). ‖ *Store vénitien,* persiana veneciana.
stovaïne f. Méd. Estovaína.
strabisme m. Estrabismo.
stradivarius [stradivarjys] m. Estradivario (violon).
stramoine f. Estramonio, *m.* (plante).
strangulation f. Estrangulación.
strapontin m. Traspuntín, trasportín, traspontín, asiento plegable.
Strasbourg n. pr. Géogr. Estrasburgo.
strass m. Estrás [cristal]. ‖ Fig. Oropel (faux éclat).
strasse f. Adúcar, *m.* (p. us.), borra de la seda (de soie). ‖ Papel (*m.*) de estraza (papier).

stratagème m. Estratagema, *f.* : *user de strata-gèmes*, emplear estratagemas.
strate f. Géol. Estrato, *m.*
stratège m. Mil. Estratega, estratego (p. us.).
stratégie f. Mil. Estrategia.
stratégique adj. Estratégico, ca.
stratégiste m. Estratega, estratego (p. us.).
stratification f. Géol. Estratificación.
stratifié, e adj. et s. Estratificado, da.
stratifier* v. tr. Géol. Estratificar.
stratigraphie f. Géol. Estratigrafía.
stratigraphique adj. Estratigráfico, ca.
strato-cumulus [stratokymylys] m. inv. Estra-tocúmulo.
stratopause f. Estratopausa.
stratosphère f. Estratosfera.
stratosphérique adj. Estratosférico, ca : *ballon stratosphérique*, globo estratosférico.
stratus [stratys] m. Estrato (nuage).
streptococcie [strɛptokɔksi] f. Méd. Estrepto-cocia.
streptocoque m. Estreptococo.
streptomycine f. Méd. Estreptomicina.
striation [striasjɔ̃] f. Estriación.
strict, e [strikt] adj. Estricto, ta.
striction [striksjɔ̃] f. Méd. Constricción, estric-ción.
stridence f. Estridencia.
strident, e adj. Estridente.
stridulant, e adj. Estridulante.
stridulation f. Estridor, *m.*, chirrido, *m.* (du gril-lon).
striduler v. tr. Estridular, chirriar.
strie [stri] f. Estría.
strié, e adj. Estriado, da.
strier* v. tr. Estriar.
strige ou **stryge** f. Estriga [vampiro fabuloso].
strigidés m. pl. Zool. Estrígidos.
strigile m. Frotador para la piel (dans l'Anti-quité).
strip-tease m. Strip-tease.
stripteaseuse f. Mujer que hace strip-tease.
striure [strijy:r] *f.* Estriado, *m.* (état). || Estría (strie).
strix m. Estrige, *f.* (chouette).
strobile m. Bot. Estróbilo.
stroboscope m. Estroboscopio.
stroboscopie f. Estroboscopia.
strombe m. Estrombo (mollusque).
Stromboli n. pr. m. Géogr. Estrómboli.
strombolien, enne adj. Estromboliano, na. || Géol. Estromboliano, estromboliense (volcan).
strongle ou **strongyle** m. Estróngilo (ver).
strongylose f. Vétér. Estrongilosis, infección causada por estróngilos.
strontiane [strɔ̃sjan] f. Min. Estronciana.
strontium [strɔ̃sjɔm] m. Chim. Estroncio (mé-tal).
strophante ou **strophantus** m. Bot. Estrofanto.
strophantine f. Méd. Estrofantina.
strophe f. Estrofa.
structural, e adj. Estructural.
structuralisme m. Estructuralismo.
structuration f. Estructuración.
structure f. Estructura.
structurer v. tr. Estructurar, dar una estructura a.
strume m. (Vx). Méd. Escrófula, *f.*
strumeux, euse adj. Méd. Escrofuloso, sa.
strychnine f. Estricnina.
strychnos [striknɔs] m. Bot. Estricno.
Stuart [stjuart] n. pr. Estuardo.
stuc m. Estuco.
stucage m. Estucado.
stucateur m. Estuquista.
stud-book [stœdbu:k] m. Libro con la genea-logía de un caballo.

studieux, euse adj. Estudioso, sa : *un élève stu-dieux*, un alumno estudioso.
studio m. Estudio : *studio de peintre*, estudio de pintor ; *studio radiophonique, cinématographique*, estudio radiofónico, cinematográfico. || Aparta-mento de una sola habitación.
stupa m. Stupa (monument funéraire indien).
stupéfaction f. Estupefacción. || *Être frappé de stupéfaction*, quedarse estupefacto.
stupéfait, e adj. Estupefacto, ta : *demeurer stupé-fait*, quedarse estupefacto.
stupéfiant, e adj. Estupefaciente, estupefactivo, va (remède). || Fig. Estupefaciente : *nouvelle stupé-fiante*, noticia estupefaciente.
— M. Estupefaciente (médicament).
stupéfier* v. tr. Méd. Entorpecer, pasmar. || Fig. Pasmar, dejar estupefacto : *sa réponse m'a stu-péfié*, su respuesta me ha dejado estupefacto.
stupeur f. Estupor, *m.*
stupide [stypid] adj. ● Estúpido, da : *un homme stupide*, un hombre estúpido. || Estupefacto, ta ; atónito, ta : *demeurer stupide devant un malheur*, quedarse estupefacto ante una desgracia.
— Syn. ● *Abruti*, embrutecido, atontado. *Idiot*, idiota. *Inepte*, inepto. *Incapable*, incapaz. *Fam. Crétin*, cretino. *Niais*, bobo. *Sot*, tonto.
stupidité f. Estupidez.
stupre m. Estupro.
stuquer v. tr. Estucar.
stygien, enne adj. Myth. Estigio, gia ; infernal.
style m. Estilo. || Bot. Estilo. || Techn. Estilete (d'appareil enregistreur). || *De grand style*, bri-llante : *une offensive de grand style*, una ofensiva brillante.
stylé, e adj. Con clase, que tiene mucho estilo.
styler v. tr. Enseñar a servir, adiestrar, acostum-brar : *styler la nouvelle bonne*, enseñar a servir a la nueva criada. || Fig. Formar, dar un estilo.
— Observ. Le verbe *styler* ne doit jamais être traduit par le verbe *estilarse*, qui signifie *être en vogue, à la mode*.
stylet [stilɛ] m. Estilete.
stylisation f. Estilización.
styliser v. tr. Estilizar.
stylisme m. Estilismo, rebuscamiento.
styliste m. et f. Estilista.
stylisticien, enne m. et f. Especialista en esti-lística.
stylistique f. Estilística.
stylite m. Estilita (ermite).
stylo m. Fam. Estilográfica, *f.* || *Stylo à bille*, bolígrafo.
stylobate m. Archit. Estilóbato.
stylographe m. Pluma (*f.*) estilográfica.
stylographique adj. Estilográfico, ca.
styptique adj. et s. m. Méd. Estíptico, ca (astrin-gent).
styrax [stiraks] m. Bot. Estoraque.
styrène ou **styrolène** m. Chim. Estireno, esti-roleno.
Styrie n. pr. f. Estiria.
Styx n. pr. m. Myth. Laguna (*f.*) Estigia.
su, e part. pass. de *savoir*. Sabido, da : *il l'a su aujourd'hui*, lo ha sabido hoy. || — M. *Au vu et au su de tous*, a vista y ciencia de todos.
suage m. Agua (*f.*) que resuda el leño al arder. || Reborde (d'un plat). || Base de candelabro (de flambeau).
suaire m. Sudario : *le saint suaire*, el santo sudario.
suave [sɥav] adj. Suave.
suavité f. Suavidad.
subaigu, ë adj. Subagudo, da.
subalpin, e adj. Subalpino, na.
subalterne adj. et s. Subalterno, na.
subconscience f. Subconsciencia.
subconscient, e adj. et s. m. Subconsciente.

subcontraire adj. Subcontrario, ria.
subcutané, e adj. Subcutáneo, a.
subdélégation f. Subdelegación.
subdélégué m. Subdelegado.
subdéléguer* v. tr. Subdelegar.
subdiviser v. tr. Subdividir.
subdivision f. ● Subdivisión. ‖ Mil. Circunscripción.
— Syn. ● *Ramification,* ramificación. *Embranchement,* ramo.
subdivisionnaire adj. Subdivisionario, ria.
subéreux, euse adj. Suberoso, sa.
subérine f. Bot. Suberina.
subintrant, e adj. Méd. Subintrante.
subir v. tr. Sufrir : *subir des revers,* sufrir reveses ; *subir un examen,* sufrir un examen. ‖ Experimentar : *subir une rénovation totale,* experimentar una renovación completa.
— Observ. Le verbe espagnol *subir* signifie *monter.*
subit, e [sybi, it] adj. Súbito, ta ; repentino, na. ‖ Repentino, na : *mort subite,* muerte repentina.
subitement [-tmã] adv. Súbitamente, de repente.
subito adv. Fam. Súbitamente.
subjacent, e adj. Subyacente.
subjectif, ive adj. Subjetivo, va.
— M. Lo subjetivo.
subjectivisme m. Subjetivismo.
subjectiviste adj. et s. Subjetivista.
subjectivité f. Subjetividad.
subjonctif, ive [sybʒõktif, -tiv] adj. et s. m. Gramm. Subjuntivo, va.
subjugation f. Subyugación.
subjuguer v. tr. Subyugar.
sublimation f. Sublimación.
sublime adj. Sublime.
— M. Lo sublime.
sublimé m. Chim. Sublimado : *sublimé corrosif,* sublimado corrosivo.
sublimer v. tr. Sublimar.
subliminal, e adj. Subconsciente.
sublimiser v. tr. (Vx.). Sublimar.
sublimité f. Sublimidad.
sublingual, e [syblɛ̃gwal] adj. Anat. Sublingual.
sublunaire adj. Sublunar. ‖ Fig. *Le monde sublunaire,* la Tierra.
submerger* v. tr. Sumergir. ‖ Inundar.
submersible adj. et s. m. Sumergible.
submersion f. Sumersión.
subodorer v. tr. Olfatear (sentir). ‖ Fig. Olerse, barruntar (pressentir) : *subodorer une intrigue,* olerse una intriga.
subordination f. Subordinación.
— Syn. *Dépendance,* dependencia. *Sujétion,* sujeción. *Assujettissement,* sometimiento. *Servitude,* servidumbre. *Esclavage,* esclavitud. *Joug,* yugo. *Vassalité,* vasallaje.
subordonné, e adj. et s. Subordinado, da. ‖ Gramm. *Proposition subordonnée,* oración subordinada.
subordonner v. tr. Subordinar. ‖ Subordinar, supeditar : *nos réussites sont subordonnées à nos efforts,* nuestros éxitos están supeditados a nuestros esfuerzos.
subornation f. Soborno, *m.,* sobornación.
suborner v. tr. Sobornar.
suborneur, euse adj. et s. Sobornador, ra.
subrécargue m. Mar. Sobrecargo.
subreptice [sybrɛptis] adj. Subrepticio, cia.
subreption [-sjõ] f. Subrepción.
subrogateur adj. et s. m. Dr. Subrogador.
subrogatif, ive adj. Dr. Subrogativo, va.
subrogation f. Dr. Subrogación.
subrogatoire adj. Subrogatorio, ria.
subrogé, e adj. Dr. Subrogado, da. ‖ *Subrogé tuteur,* protutor.
subroger* v. tr. Dr. Subrogar.

subséquemment [sybsekamã] adv. Subsiguientemente. ‖ Fam. Por consiguiente.
subséquent, e [-kã, ã:t] adj. Subsecuente, subsiguiente.
subside m. Subsidio.
— Syn. *Subvention,* subvención. *Allocation,* subsidio, socorro. *Secours,* socorro.
subsidence f. Géol. Subsidencia.
subsidiaire adj. Subsidiario, ria.
subsistance [sybzistã:s] f. Subsistencia.
subsistant, e [-tã, ã:t] adj. et s. m. Subsistente.
subsister [-te] v. intr. Subsistir.
— Syn. *Durer,* durar. *Demeurer,* permanecer. *Rester,* quedar. *Surnager,* sobrenadar.
subsolaire adj. Subsolar.
subsonique adj. Subsónico, ca : *avion subsonique,* avión subsónico.
substance f. Sustancia, substancia. ‖ *En substance,* en sustancia.
— Observ. L'orthographe *sustancia* (sans *b*) est actuellement la plus courante. Cela s'applique aussi à tous les mots espagnols commençant par *subst.*
— Syn. *Corps,* cuerpo. *Élément,* elemento.
substantiel, elle adj. Sustancial, substancial, sustancioso, sa ; substancioso, sa (un aliment). ‖ Sustancial, substancial, esencial (un livre). ‖ Fam. Considerable : *obtenir des avantages substantiels,* obtener ventajas considerables.
substantialisme m. Philos. Sustancialismo, substancialismo.
substantialiste adj. Sustancialista, substancialista.
substantialité f. Sustancialidad, substancialidad.
substantif, ive adj. et s. m. Sustantivo, va. ‖ Gramm. Substantivo, va.
substantiver v. tr. Sustantivar, substantivar.
substituable adj. Sustituible, substituible.
substituer v. tr. Sustituir, substituir : *Jean a substitué une voiture à sa bicyclette,* Juan ha sustituido su bicicleta por un coche.
— Observ. Nótese la inversión de términos en la construcción española y francesa.
— V. pr. Sustituir, substituir, ponerse en el sitio de, reemplazar : *la République se substitue à la Monarchie,* la República sustituye a la Monarquía.
substitut [sybstity] m. Sustituto, substituto.
substitution f. Sustitución, substitución. ‖ Dr. *Substitution d'enfant,* sustitución de hijo.
substrat [sybstra] ou **substratum** [-tɔm] m. Philos. et Géol. Substrato.
subterfuge m. Subterfugio.
subtil, e adj. Sutil.
— M. Lo sutil.
subtilisation f. Sutilización.
subtiliser v. tr. Sutilizar, pulir : *subtiliser son style,* pulir su estilo. ‖ Fam. Birlar, limpiar, hurtar (dérober).
— V. intr. Sutilizar : *il ne faut pas trop subtiliser,* no conviene sutilizar con exceso. ‖ Obrar con sutilezas.
subtilité f. Sutileza, sutilidad.
subtropical, e adj. Subtropical.
subulé, e adj. Puntiagudo, da.
suburbain, e adj. Suburbano, na.
suburbicaire adj. Suburbicario, ria.
subvenir* v. intr. Subvenir, atender, satisfacer : *subvenir à ses besoins,* satisfacer sus necesidades.
— Observ. Subvenir sólo admite el auxiliar *avoir :* *j'ai subvenu à ses besoins.*
subvention f. Subvención.
subventionnel, elle adj. Subvencional.
subventionner v. tr. Subvencionar.
subversif, ive adj. Subversivo, va.
subversion f. Subversión.

suc m. Jugo (en général) : *suc gastrique*, jugo gástrico ; *suc de viande*, jugo de carne. ‖ Zumo (jus de plante ou de fruits). ‖ FIG. Esencia, *f.*
succédané, e adj. et s. m. Sucedáneo, a.
succéder v. intr. Suceder : *les vivants succèdent aux morts*, los vivos suceden a los muertos. ‖ FIG. Heredar.
— V. pr. Sucederse.
— OBSERV. *Succéder* no tiene en francés la acepción española de « ocurrir ».

succès [syksɛ] m. Éxito : *avoir du succès*, tener éxito. ‖ — *Succès fou, éclatant*, éxito clamoroso. ‖ *Une pièce à succès*, un éxito teatral.
— OBSERV. La palabra española *suceso* significa en francés *événement*. On emploie fréquemment et à tort le gallicisme *suceso* avec le sens de « succès ».
— SYN. *Réussite*, acierto. *Avantage*, ventaja. *Victoire*, victoria. *Triomphe*, triunfo.
successeur m. Sucesor, ra.
— OBSERV. La palabra francesa *successeur* no tiene forma femenina, se dice : *Elisabeth II a été le successeur de George VI*, Isabel II fue la sucesora de Jorge VI.
successibilité f. DR. Derecho de sucesión.
successible adj. DR. Sucesible.
successif, ive adj. Sucesivo, va. ‖ *Droits successifs*, derechos de sucesión.
succession f. Sucesión : *la succession des événements*, la sucesión de los acontecimientos. ‖ DR. ● Sucesión, herencia (héritage).
— SYN. ● *Héritage*, herencia. *Hérédité*, herencia. *Patrimoine*, patrimonio.
successoral, e adj. DR. Sucesorio, ria : *loi successorale*, ley sucesoria.
succin [syksɛ̃] m. Succino (ambre jaune).
succinct, e [syksɛ̃, ɛ̃ :t] adj. Sucinto, ta : *récit succinct*, relato sucinto ; *réponse succincte*, respuesta sucinta. ‖ FAM. Escaso, sa ; poco abundante : *repas succinct*, comida escasa.
succinique [syksinik] adj. m. CHIM. Succínico.
succion [syksjɔ̃] f. Succión.
succomber v. intr. Sucumbir. ‖ FIG. Sucumbir, ceder : *succomber à la tentation*, ceder a la tentación.
succube m. Súcubo (démon).
succulence f. Suculencia.
succulent, e adj. Suculento, ta.
succursale adj. et s. f. Sucursal.
— SYN. *Filiale*, filial. *Annexe*, anejo.
succussion f. MÉD. Sacudimiento, *m.* (secousse).
sucement m. Chupadura, *f.*
sucer* v. tr. Chupar. ‖ FAM. Chuparse : *sucer son doigt*, chuparse el dedo. ‖ FAM. *Sucer avec le lait*, mamarlo (recevoir dès l'enfance).
— SYN. *Téter*, mamar. *Suçoter*, chupetear.
sucette f. Chupete, *m.* (tétine). ‖ Chupón, *m.*, pirulí, *m.* [*Amér.*, chupete, *m.*] (bonbon).
suceur, euse adj. et s. Chupador, ra ; chupón, ona (fam.).
suçoir [syswa :r] m. BOT. Chupón. ‖ ZOOL. Trompa, *f.* (d'insectes).
suçon [-sɔ̃] m. FAM. Chupetón, chupendo.
suçoter [-sɔte] v. tr. Chupetear.
sucrage m. Azucarado, azucaramiento.
sucrant, e adj. Endulzante, edulcorante.
sucrase f. CHIM. Invertina.
sucrate m. Sacarato.
sucre m. Azúcar, *f.* ou *m.* : *sucre de canne, de betterave*, azúcar de caña, de remolacha. ‖ — *Sucre brut*, azúcar mascabado *ou* moscabado. ‖ *Sucre candi*, azúcar cande *ou* candi. ‖ *Sucre de lait*, lactosa. ‖ *Sucre de pomme*, caramelo de manzana. ‖ *Sucre d'orge*, pirulí, caramelo largo en forma de palito. ‖ *Sucre en morceaux*, azúcar de cortadillo *ou* en terrones. ‖ *Sucre en poudre*, azúcar en polvo. ‖ *Sucre raffiné*, azúcar refinada. ‖ *Sucre roux*, azúcar morena. ‖ — *Pain de sucre*,

pilón *ou* pan de azúcar. ‖ *Un morceau de sucre o un sucre* (fam.), un terrón de azúcar. ‖ — *En pain de sucre*, en forma de cono. ‖ — FIG. et FAM. *Casser du sucre sur le dos de quelqu'un*, cortar un traje, murmurar contra *ou* criticar a alguien. ‖ *Être tout sucre et tout miel*, ser meloso y amable.
— OBSERV. En espagnol le féminin est plus courant que le masculin. Par contre, le pluriel est toujours du genre masculin : *los azúcares finos*.

sucré, e adj. Azucarado, da. ‖ FIG. Meloso, sa ; melindroso, sa (d'une douceur affectée).
— F. Melindrosa : *faire la sucrée*, hacer la melindrosa.
sucrer v. tr. Azucarar, echar azúcar en : *sucrer le café*, echar azúcar en el café. ‖ Endulzar : *sucrer avec du miel*, endulzar con miel. ‖ FIG. et FAM. *Sucrer les fraises*, tener las manos temblonas.
— V. pr. FAM. Echarse azúcar. ‖ POP. Aprovecharse de todo, ponerse las botas.
sucrerie f. Azucarera, fábrica de azúcar, ingenio (*m.*) de azúcar. ‖ — Pl. Golosinas, dulces, *m.* (friandises).
sucrier, ère [sykrije, jɛ :r] adj. Azucarero, ra : *industrie sucrière*, industria azucarera.
— M. Azucarero (récipient).
sucrin adj. m. et s. m. Melón muy dulce, como la miel.
sud adj. et s. m. Sur (point cardinal). ‖ Sud (préfixe) : *sud-ouest*, sudoeste.
sud-africain, e adj. et s. Sudafricano, na.
sud-américain, e adj. et s. Sudamericano, na.
sudation f. Sudación.
sudatoire adj. Sudatorio, ria.
sud-coréen, enne [sydkoreɛ̃, ɛn] adj. et s. Surcoreano, na ; de Corea del Sur.
sud-est adj. et s. m. Sudeste, sureste.
sudètes m. pl. Sudetes (population allemande de la Bohême).
sudiste adj. et s. Sudista (pendant la guerre de Sécession aux Etats-Unis).
sudorifique adj. et s. m. MÉD. Sudorífico, ca.
sudoripare *ou* **sudorifère** adj. Sudoríparo, ra.
sud-ouest adj. et s. m. Sudoeste, suroeste. ‖ — M. MAR. Sudoeste (vent).
suède m. Piel (*f.*) de Suecia, suecia, *f.* (peau).
Suède [syɛd] n. pr. f. GÉOGR. Suecia.
suédé m. Imitación de piel de Suecia.
suédine f. Tejido (*m.*) que imita la gamuza (étoffe).
suédois, e adj. et s. Sueco, ca ; de Suecia. ‖ *Allumettes suédoises*, fósforos que no se encienden sino con un rascador especial. ‖ — M. Sueco (langue).
suée [syɛ] f. Sudación abundante (action de suer). ‖ FIG. et FAM. Sudor, *m.* (peine). ‖ Canguelo, *m.*, susto, *m.*, mal rato, *m.* (peur).
suer v. intr. Sudar (transpirer). ‖ Rezumarse (suinter) : *le mur sue*, la pared se rezuma. ‖ — *Suer à grosses gouttes*, sudar la gota gorda ‖ — FIG. et POP. *Faire suer*, cargar, jorobar, jeringar. ‖ FAM. *Faire suer le burnous*, sacar todo el jugo.
— V. tr. Sudar. ‖ Rezumar. ‖ FAM. *Suer sang et eau*, sudar a chorros, sudar tinta.
Suétone n. pr. m. Suetonio.
suette f. MÉD. Enfermedad con sudor abundante.
sueur f. Sudor, *m.* ‖ — *À la sueur de son front*, con el sudor de su frente. ‖ *Être tout en sueur*, estar bañado en sudor.
suffète m. Sufete (magistrat suprême de Carthage).
suffire* v. intr. Bastar, ser suficiente : *ce qu'il possède lui suffit*, lo que posee le basta. ‖ *Cela suffit*, basta, es bastante, ya está bién.
— V. pr. Bastarse a sí mismo.
— V. impers. *Il suffit o suffit*, basta, es bastante, ya está bién. ‖ — *Il suffit de*, basta con. ‖ *Il suffit que*, basta (con) que.
suffisance f. Cantidad suficiente : *avoir sa suffisance de pain*, tener cantidad suficiente de pan. ‖

Suficiencia, presunción (présomption). ‖ *À suffisance, en suffisance,* suficientemente, bastante.
suffisant, e adj. Suficiente.
— Adj. et s. Presumido, da ; engreído, da ; suficiente (vaniteux).
suffixal, e adj. Por sufijos : *dérivation suffixale,* derivación por sufijos.
suffixation f. Formación de palabras mediante sufijos.
suffixe m. GRAMM. Sufijo.
suffocant, e adj. Sofocante, sofocador, ra.
suffocation f. Sofocación, sofoco, *m.*
suffoquer v. tr. Sofocar. ‖ FIG. Sofocar (émouvoir). ‖ Dejar sin respiración, quitar el hipo (étonner).
— V. intr. Ahogarse (étouffer).
suffragant adj. et s. m. Sufragáneo, a.
suffrage m. Sufragio : *suffrage universel,* sufragio universal. ‖ — *Suffrage capacitaire,* sufragio restringido. ‖ *Suffrages valablement exprimés,* votos válidos.
suffragette f. Sufragista.
suffusion f. MÉD. Sufusión.
suggérer* [syg3ere] v. tr. Sugerir : *on lui suggéra de parler,* le sugirieron que hablase.
suggestif, ive [-3ɛstif, i:v] adj. Sugestivo, va ; sugerente.
suggestion [-3ɛstjɔ̃] f. Sugerencia (action de suggérer). ‖ Sugestión (action de suggestionner) : *suggestion hypnotique,* sugestión hipnótica.
suggestionner v. tr. Sugestionar.
suggestivité f. Lo sugestivo.
suicidaire adj. Suicida.
suicide m. Suicidio.
suicidé, e m. et f. Suicida.
suicider (se) v. pr. Suicidarse.
suidés m. pl. ZOOL. Suidos (porcins).
suie [syi] f. Hollín, *m.*
suif [syif] m. Sebo. ‖ POP. Jabón, bronca, *f.*
suiffer v. tr. Ensebar. ‖ MAR. Embrear (un bateau).
suiffeux, euse adj. Sebáceo, a.
suint [syɛ̃] m. Grasa (*f.*) de la lana, churre. ‖ Escoria, *f.* (du verre).
suintement [-tmɑ̃] m. Rezumamiento, chorreo (d'un liquide). ‖ Supuración, *f.* (d'une plaie).
suinter [-te] v. intr. ● Rezumarse, chorrear. ‖ MÉD. Supurar.
— SYN. ● *Exonder,* exsudar. *Transsuder,* trasudar.
suisse adj. Suizo, za : *montre suisse,* reloj suizo.
Suisse n. pr. f. GÉOGR. Suiza.
suisse, suissesse m. et f. Suizo, za (habitant de la Suisse). ‖ — M. Pertiguero (d'église). ‖ Quesito blanco, « petit suisse » (fromage).
suite f. Séquito, *m.,* cortejo, *m.* (d'un souverain). ‖ Comitiva, acompañantes, *m. pl. : le ministre et sa suite,* el ministro y sus acompañantes. ‖ Serie, sucesión (de nombres, de succès). ‖ « Suite », apartamento, *m.* (dans un hôtel). ‖ Continuación : *attendons la suite du récit,* esperemos la continuación del relato. ‖ MUS. « Suite ». ‖ ● Consecuencia, resultado, *m. : son discours aura des suites,* su discurso tendrá consecuencias. ‖ Orden, *m.,* ilación : *paroles sans suite,* palabras sin orden. ‖ — *Esprit de suite,* perseverancia. ‖ — *À la suite,* a continuación. ‖ *De suite,* seguidamente, seguido, sin interrupción : *faire dix kilomètres de suite,* andar diez kilómetros seguidos. ‖ *Par la suite,* más tarde, luego. ‖ *Par suite,* a consecuencia, como consecuencia. ‖ *Suite à votre lettre du,* en contestación a su carta del. ‖ *Tout de suite,* de ou en seguida : *venez tout de suite,* venga en seguida. ‖ — *Donner suite à,* dar curso, cursar. ‖ *Faire suite à,* ser continuación de. ‖ *Faire suite à une lettre,* responder a una carta.
— SYN. ● *Conséquence,* consecuencia. *Effet,* efecto.
suitée adj. f. Dícese de la yegua con su potro.

suivant prép. Según : *suivant les mérites de chacun,* según los méritos de cada cual : *suivant Homère,* según Homero. ‖ Siguiendo, en la misma dirección que (dans la direction de). ‖ *Suivant que,* según que, conforme.
suivant, e adj. ● Siguiente : *chapitre suivant,* capítulo siguiente.
— F. Doncella (servante). ‖ THÉÂTR. Doncella. ‖ — M. pl. Acompañantes.
— SYN. ● *Subséquent,* subsiguiente. *Postérieur,* posterior. *Ultérieur,* ulterior.
suiveur m. FAM. Hombre que sigue a las mujeres en la calle. ‖ Seguidor (course cycliste).
suivi, e adj. Seguido, da. ‖ Ordenado, da : *raisonnement bien suivi,* razonamiento bien ordenado. ‖ Continuo, nua : *correspondance suivie,* correspondencia continua. ‖ Concurrido, da (théâtre). ‖ COMM. De producción continua.
suivre* v. tr. Seguir : *suivre les prescriptions du médecin,* seguir las prescripciones del médico. ‖ Oir, escuchar, seguir (un discours). ‖ Asistir a, dar : *suivre des cours de langues,* dar clases de idiomas. ‖ Comprender : *bien suivre un cours de mathématiques,* comprender bien una lección de matemáticas. ‖ Comprender : *suivez-moi bien,* compréndame. ‖ Enterarse : *tu me suis?,* ¿te enteras? ‖ Prestar atención a (être attentif). ‖ Dejarse guiar por, seguir : *suivre son imagination,* dejarse guiar por la imaginación. ‖ Hacer caso a, seguir los consejos de, escuchar a : *s'il m'avait suivi, il aurait réussi,* si me hubiese hecho caso hubiera logrado su propósito. ‖ Ocuparse de : *suivre ses élèves,* ocuparse de los alumnos. ‖ Seguir produciendo (un article). ‖ Perseguir : *des soucis qui nous suivent,* preocupaciones que nos persiguen ; *suivre un but,* perseguir un objetivo. ‖
— FAM. *Suivre le mouvement,* bailar al son que tocan. ‖ *Suivre quelqu'un de près,* seguir a uno de cerca, vigilar a uno estrechamente (surveiller), pisarle a uno los talones. ‖ *Suivre quelqu'un des yeux,* seguir a uno con los ojos, no perder de vista a uno. ‖ *Suivre sa destinée,* conformarse con el propio destino. ‖ *Suivre son cours,* seguir su curso.
— V. intr. Seguir : *c'est à vous de suivre,* a usted le toca seguir ; *ce qui suit,* lo que sigue. ‖ Estar atento (élève). ‖ — *À suivre,* continuará (article de journal, histoire, etc.). ‖ *Faire suivre,* remítase al destinatario *ou* a las nuevas señas (lettre).
— V. impers. Resultar, inferirse, desprenderse, implicar : *il suit de là que...,* de ello se desprende que..., esto implica que...
— V. pr. Seguirse. ‖ Sucederse, seguirse : *les jours se suivent,* los días se suceden. ‖ Encadenarse, eslabonarse : *ces raisonnements se suivent,* estos razonamientos se encadenan.
sujet [sy3ɛ] m. Motivo, causa, *f. : sujet d'espoir,* motivo de esperanza. ‖ Asunto, tema (matière) : *le sujet d'une conférence,* el tema de una conferencia. ‖ Sujeto, persona (personne) : *mauvais sujet,* mala persona. ‖ GRAMM. et PHILOS. Sujeto. ‖ MÉD. Paciente (malade), sujeto (cadavre). ‖ MUS. Tema. ‖ ZOOL. et BOT. Sujeto (animal ou végétal). ‖ — *Sujet porte-greffe,* porta injerto, patrón. ‖ — *À ce sujet,* referente a esto. ‖ *Au sujet de,* a propósito de, respecto a, relativo a. ‖ *Donner sujet,* dar motivo *ou* pie. ‖ *Rentrer dans le vif du sujet,* entrar en el meollo del asunto. ‖ *Sortir du sujet,* salirse del tema.
sujet, ette [sy3ɛ, ɛt] adj. Sujeto, ta (astreint); sometido, da (soumis); expuesto, ta (exposé). ‖ Propenso, sa (enclin). ‖ *Être sujet à caution,* que hay que poner en tela de juicio, estar en entredicho *ou* poco seguro.
— M. Súbdito, ta (d'un souverain).
sujétion f. Sujeción.

sulcature f. Surco, *m.*, acanaladura.
sulciforme adj. En forma de surco, acanalado, da.
sulfamide m. Sulfamida, *f.*
sulfatage m. Sulfatado.
sulfate m. CHIM. Sulfato.
sulfaté, e adj. CHIM. Sulfatado, da.
sulfater v. tr. Sulfatar.
sulfhydrique adj. CHIM. Sulfhídrico, ca.
sulfinisation f. TECHN. Cementación al azufre.
sulfitage m. TECHN. Sulfitado.
sulfite m. Sulfito.
sulfocarbonate m. Sulfocarbonato.
sulfocarbonique adj. Sulfocarbónico, ca.
sulfonal m. Sulfonal.
sulfonate m. Sulfonato.
sulfosel m. Sulfosal, *f.*
sulfovinique adj. Sulfovínico, ca.
sulfurage m. AGRIC. Sulfurado.
sulfuration f. Sulfuración.
sulfure m. CHIM. Sulfuro.
sulfuré, e adj. Sulfurado, da. || *Hydrogène sul-furé,* ácido sulfhídrico.
sulfurer v. tr. CHIM. Sulfurar.
sulfureux, euse adj. Sulfuroso, sa.
sulfurique adj. CHIM. Sulfúrico, ca.
sulfuriser v. tr. Sulfurizar.
sulky [sœlki] m. Sulky (voiture).
Sulpice n. pr. m. Sulpicio.
sultan m. Sultán (souverain).
sultanat [syltana] m. Sultanía, *f.*, sultanato.
sultane f. Sultana (femme du sultan).
sumac m. BOT. Zumaque.
sumérien, enne adj. et s. Sumerio, ria.
summum [sɔmɔm] m. Súmmum, lo sumo.
sunlight [sœnlait] m. CINÉM. Foco potente para la toma de vistas.
sunna [sœna] f. Sunna (loi mahométane).
sunnite m. Sunnita (musulman).
super m. FAM. Súper, *f.*, supercarburante, plomo.
superbe adj. Soberbio, bia (orgueilleux). || Sober-bio, bia; magnífico, ca : *un cadeau superbe,* un regalo soberbio.
— F. Soberbia, orgullo, *m.* || — M. Orgulloso, soberbio.
supercarburant m. Supercarburante, gasolina plomo.
supercherie f. Superchería.
superciment m. Supercemento.
supère adj. BOT. Súpero, ra.
superfétation f. Redundancia. || BIOL. Superfeta-ción.
superfétatoire adj. Redundante.
superficie f. Superficie.
superficiel, elle adj. Superficial.
superfin, e adj. Superfino, na.
superfinition f. Último (*m.*) acabado.
superflu, e adj. Superfluo, flua.
— M. Lo superfluo.
superfluité f. Superfluidad.
superforteresse f. Superfortaleza (avion).
superhétérodyne adj. Superheterodino, na.
supérieur, e adj. ● Superior. || — *L'Autorité supérieure,* la superioridad. || MIL. *Officiers supé-rieurs,* jefes.
— M. et f. Superior, ra : *obéir à un supérieur,* obedecer a un superior; *le supérieur du couvent,* el superior del convento.
— OBSERV. L'adjectif espagnol *superior* est des deux genres, mais le nom a· aussi la forme féminine.
— SYN. ● *Extra,* extra, de primera. *Fameux,* famoso.
supériorité f. Superioridad.
— SYN. *Préexcellence,* preexcelencia. *Prééminence,* pree-minencia. *Primauté,* primacía. *Prépotence,* prepotencia. *Prépondérance,* preponderancia. *Suprématie,* supremacía. *Hégémonie,* hegemonía.

superlatif, ive adj. et s. m. Superlativo, va : *ter-minaison superlative,* terminación superlativa. || *Au superlatif,* en grado superlativo, en sumo grado.
supermarché m. Supermercado.
supernova f. ASTR. Supernova.
superovarié, e adj. BOT. Superovárico, ca; supe-rovariado, da.
superphosphate m. CHIM. Superfosfato.
superposable adj. Superponible, que puede super-ponerse.
superposé, e adj. Superpuesto, ta; sobrepuesto, ta. || *Lits superposés,* literas.
superposer v. tr. Superponer, sobreponer.
— V. pr. Superponerse, sobreponerse.
superposition f. Superposición.
superproduction f. Superproducción (film).
supersonique adj. Supersónico, ca : *vitesse super-sonique,* velocidad supersónica.
superstitieux, euse adj. et s. Supersticioso, sa.
superstition f. Superstición.
superstructure f. Superestructura.
superviser v. tr. Supervisar.
supervision f. Supervisión.
supin m. GRAMM. Supino.
supinateur adj. et s. m. ANAT. Supinador.
supination f. Supinación.
supplantation f. Suplantación.
supplanter v. tr. Suplantar.
suppléance [sypleɑ̃:s] f. Suplencia.
suppléant, e [-pleɑ̃, ɑ̃:t] adj. et s. Suplente.
suppléer* [-plee] v. tr. et intr. Suplir (compléter). || Suplir, reemplazar (remplacer) : *suppléer une chose par une autre,* suplir una cosa con otra. || *Suppléer au manque d'instruction,* suplir la falta de instrucción.
supplément m. Suplemento. || DR. *Supplément d'enquête,* nuevas diligencias en el sumario.
— SYN. *Complément,* complemento. *Rabiot,* sobrante, excedente.
supplémentaire adj. Suplementario, ria; adicio-nal. || Extraordinario, ria : *heures supplémen-taires,* horas extraordinarias. || *Lit supplémen-taire,* cama supletoria.
supplétif, ive adj. MIL. Dícese de las tropas indí-genas alistadas temporalmente en las tropas regu-lares francesas.
supplétoire adj. DR. Supletorio, ria.
suppliant, e adj. et s. Suplicante.
supplication f. Súplica, suplicación.
supplice m. Suplicio, tormento, tortura, *f.* || FIG. *Être au supplice,* estar atormentado.
— SYN. *Tourment,* tormento. *Torture,* tortura. *Martyre,* martirio.
supplicié, e. m. et f. Ajusticiado, da.
supplicier* v. tr. Ejecutar, ajusticiar (exécuter). || FIG. Atormentar, torturar (tourmenter).
supplier* v. tr. Suplicar, rogar : *je vous en sup-plie,* se lo ruego; *supplier quelqu'un de venir,* suplicar a uno que venga.
supplique f. Súplica, petición por escrito. || Sú-plica, ruego, *m.*
support [sypɔ:r] m. Soporte. || FIG. Apoyo, sos-tén (soutien). || BLAS. Soporte.
supportable adj. Soportable.
supporter m. Partidario, ria; seguidor, ra (d'une personne, d'une idée). || SPORTS. Hincha (fam.).
supporter v. tr. Sostener (soutenir) : *colonnes supportant une voûte,* columnas que sostienen una bóveda. || Sufragar : *supporter les frais du voyage,* sufragar los gastos del viaje. || Soportar : *supporter le froid,* soportar el frío. || Soportar, aguantar : *ne pas supporter les enfants,* no sopor-tar a los niños. || Resistir : *ce livre ne supporte pas la critique,* este libro no resiste la crítica.
— V. pr. Soportarse, tolerarse mutuamente.

supposable adj. Que se puede suponer.

supposé, e adj. Supuesto, ta.
— Prép. Suponiendo, dando por supuesto, si se supone. || *Supposé que*, en el supuesto de que.

supposer v. tr. ● Suponer. || Indicar.
— Syn. ● *Présupposer*, presuponer. *Poser*, admitir. *Présumer*, presumir.

suppositif, ive adj. Supositivo, va.

supposition f. Suposición, supuesto, m. || — Dr. *Supposition d'enfant*, suposición de parto. || Fam. *Une supposition que*, supongamos que.
— Syn. *Hypothèse*, hipótesis. *Conjecture*, conjetura. *Présomption*, presunción.

suppositoire m. Méd. Supositorio.

suppôt [sypo] m. Agente. || Fig. Secuaz. || *Suppôt de Bacchus*, borracho. || *Suppôt de Satan*, satélite de Satán, mala persona.

suppression f. Supresión. || Dr. *Suppression de part* o *d'enfant*, ocultación de parto.

supprimer v. tr. Suprimir. || Fam. Exterminar, suprimir (tuer).
— V. pr. Suicidarse, quitarse de en medio.

suppurant, e adj. Méd. Supurante.

suppuration f. Méd. Supuración.

suppurer v. intr. Supurar.

supputation f. Suputación.

supputer v. tr. Suputar (calculer).

supraconduction f. Supraconductividad.

supranational, e adj. Supranacional.

supranationalité f. Supranacionalidad.

suprasensible adj. Suprasensible.

supraterrestre adj. Supraterrestre.

suprématie f. Supremacía.

suprême adj. Supremo, ma : *chef suprême*, jefe supremo. || Sumo, ma : *au suprême degré*, en sumo grado. || — *Cour suprême*, Tribunal Supremo. || *Volontés suprêmes*, últimas voluntades. || — Fam. *C'est une bêtise suprême*, es una solemne tontería.
— M. Culin. Partes (f.) más delicadas de un ave servidas con su salsa, suprema, f.

sur [syr] prép. En : *s'asseoir sur une chaise*, sentarse en una silla ; *sur le boulevard*, en el bulevar ; *lire sur un journal*, leer en un periódico ; *frapper sur le visage*, golpear en el rostro ; *il y a un bon programme sur la première chaîne*, hay un buen programa en el primer canal ; *graver sur bois*, grabar en madera ; *sur 2 km*, en dos km ; *sur toute la ligne*, en toda la línea. || Sobre, encima de : *le livre est sur la table*, el libro está sobre la mesa. || Encima de : *les nuages sont sur nos têtes*, las nubes están encima de nuestras cabezas. || Sobre : *avoir une grande influence sur quelqu'un*, tener mucha influencia sobre alguien. || En, sobre : *nous ne sommes pas d'accord sur cela*, no estamos de acuerdo en esto. || Acerca de, sobre : *on peut parler longtemps sur ce sujet*, se puede hablar mucho tiempo acerca de este tema. || Por : *6 m de long sur 4 de large*, seis metros de largo por cuatro de ancho ; *juger quelqu'un sur les apparences*, juzgar a uno por las apariencias ; *sur l'honneur*, por el honor ; *sur l'ordre de*, por mandato de. || De, entre : *sur cent invités il en est venu cinq*, de cien invitados vinieron cinco ; *trois fois sur dix*, tres veces de diez. || De cada : *un sur deux*, uno de cada dos. || De : *prendre sur son capital*, tomar de su capital ; *Francfort-sur-le-Main*, Francfort del Meno. || Con : *parler sur un ton tragique*, hablar con un tono trágico ; *compter sur quelqu'un*, contar con alguien. || A, hacia : *tourner sur la droite*, torcer a la derecha ; *se diriger sur Le Havre*, dirigirse hacia El Havre. || Hacia, sobre : *sur les trois heures*, sobre las tres. || A : *sur sa demande*, a petición suya ; *mes fenêtres donnent sur la rue*, mis ventanas dan a

la calle ; *gagner du terrain sur l'ennemi*, ganar terreno al enemigo. || Bajo : *sur la recommandation de*, bajo la recomendación de. || Mediante : *sur présentation de la carte*, mediante presentación de la tarjeta. || Tras : *écrire lettre sur lettre*, escribir carta tras carta. || — *Sur ce*, en esto. || *Sur le tard*, bastante tarde. || *Sur l'heure*, sin demora, inmediatamente, acto seguido. || — *Aller sur les lieux*, personarse (la police). || Fig. *Avoir les deux pieds sur terre*, no andar por las nubes. || *Je vous crois sur parole*, me basta con su palabra. || *Prendre quelque chose sur soi*, tomar la responsabilidad de algo. || *Rester sur son appétit*, quedarse con las ganas. || *Revenir sur ses pas*, desandar lo andado.

sur, e adj. Ácido, da ; agridulce, acedo, da : *pomme sure*, manzana agridulce.

sûr, e adj. Seguro, ra : *j'en suis sûr*, estoy seguro de ello ; *remède sûr*, remedio seguro. || — *À coup sûr*, con toda seguridad, seguramente. || *Bien sûr!*, ¡claro!, ¡desde luego!, ¡naturalmente ! || — Fam. *Pour sûr*, de seguro, por cierto. || — *Avoir la main sûre*, tener la mano firme. || *Avoir le coup d'œil sûr*, tener mucho ojo, ser un lince. || Fam. *J'en suis sûr et certain*, estoy convencido de ello. || *Mettre en lieu sûr*, poner a buen recaudo.

surabondamment adv. Superabundantemente.

surabondance f. Superabundancia.

surabondant, e adj. Superabundante (abondant). || Superfluo, flua : *détails surabondants*, detalles superfluos.

surabonder v. intr. Superabundar.

suractivité f. Superactividad.

surah m. Surá (étoffe).

suraigu, ë adj. Sobreagudo, da ; muy agudo, da.

surajouter v. tr. Sobreañadir.

suralimentation f. Sobrealimentación.

suralimenter v. tr. Sobrealimentar.

suranné, e adj. Caduco, ca ; prescrito, ta (prescrit). || Anticuado, da (démodé).

surarbitre m. Árbitro supremo.

surate f. Surata (Coran).

surbaissé, e adj. Rebajado, da.

surbaissement m. Rebajamiento.

surbaisser v. tr. Archit. Rebajar.

surboum [syrbum] f. Fam. Guateque, m., asalto, m.

surcapitalisation f. Supercapitalización.

surcharge f. Sobrecarga (de poids). || Recargo, m. (impôts). || Sobrecarga (sur un timbre-poste). || Enmienda, corrección [sobre un escrito].

surcharger* v. tr. Sobrecargar. || Recargar, cargar excesivamente. || Enmendar (corriger). || Abrumar (charges, impôts).

surchauffe f. Recalentamiento, m.

surchauffer v. tr. Calentar demasiado. || Techn. Recalentar, sobrecalentar (la vapeur).

surchauffeur m. Techn. Recalentador, calentador.

surchoix [syrʃwa] m. Primera (f.) calidad.

surclasser v. tr. Dominar, patentizar una superioridad manifiesta sobre.

surcomposé, e adj. Gramm. Doblemente compuesto.

surcompressé, e et **surcomprimé, e** adj. Techn. *Moteur surcomprimé*, motor con supercompresión.

surcompression f. Supercompresión.

surcomprimer v. tr. Supercomprimir.

surcontre m. Redoble (au bridge).

surcontrer v. tr. Redoblar, hacer redoble (au bridge).

surcostal, e adj. Anat. Supercostal.

surcoupe f. Contrafallo, m. (jeux).

surcouper v. tr. Contrafallar (jeux).

surcroît [syrkrwa] m. Aumento, acrecentamiento. ‖ — *De* o *par surcroît,* además, por añadidura. ‖ *Pour surcroît de bonheur,* para colmo de felicidad.

surcuire v. tr. Recocer.

surdent f. Sobrediente, *m.* (dent de lait). ‖ VÉTÉR. Diente (*m.*) del caballo más largo que los otros.

surdi-mutité f. Sordomudez.

surdité f. Sordera.

surdon m. Deje de cuenta.

surdorer v. tr. Sobredorar.

surdorure f. Sobredorado, *m.*

surdos [syrdo] m. Lomera, *f.* (harnais).

surdoué, e adj. Superdotado, da.

sureau m. BOT. Saúco.

surélévation f. Alzamiento, *m.* ‖ Mayor elevación añadida a una fábrica. ‖ Subida, aumento, *m.*

surélever* [syrelve] v. tr. Sobrealzar, realzar, dar mayor altura. ‖ Aumentar, subir.

suréminent, e adj. Supereminente.

surémission f. Emisión excesiva.

surenchère f. Sobrepuja. ‖ FIG. Afán (*m.*) de emulación. ‖ Demagogia (électorale). ‖ Sobremarca (bridge).

surenchérir v. intr. Sobrepujar. ‖ FIG. Prometer más que otro.

surenchérissement m. Sobrepuja, *f.* ‖ Nuevo aumento de precio.

surenchérisseur, euse m. et f. Pujador, ra; persona que sobrepuja.

surentraînement m. Exceso de entrenamiento, sobreentrenamiento.

surentraîner v. tr. Entrenar con exceso, sobreentrenar.

suréquipé, e adj. Equipado, equipada con exceso.

surérogation f. Supererogación.

surérogatoire adj. Supererogatorio, ria.

surestarie f. MAR. Sobrestadía.

surestimation f. Sobrestimación, supervaloración.

surestimer v. tr. Sobrestimar, supervalorar.

suret, ette [syrɛ, ɛt] adj. Agrillo, lla; agrete.

sûreté [syrte] f. Seguridad : *serrure de sûreté,* cerradura de seguridad. ‖ MIL. Seguro, *m.* (d'une arme); seguridad (des troupes). ‖ — *La Sûreté nationale* o *la Sûreté,* la Policía. ‖ — *En sûreté,* seguro, en seguridad, a salvo.

surévaluer v. tr. Sobrestimar, supervalorar.

surexcitable adj. Sobreexcitable.

surexcitant, e adj. et s. m. Sobreexcitante.

surexcitation f. Sobrexcitación, sobreexcitación.

surexciter v. tr. Sobrexcitar, sobreexcitar.

surexposé, e adj. PHOT. Sobreexpuesto, ta.

surexposer v. tr. PHOT. Sobreexponer, exponer demasiado.

surexposition f. PHOT. Sobreexposición, exceso (*m.*) de exposición.

surfaçage m. TECHN. Refrentado, pulido de una superficie.

surface f. ● Superficie : *la surface de la terre,* la superficie de la Tierra. ‖ GÉOM. Superficie, área. ‖ — *Surface de réparation,* área de castigo (football). ‖ AVIAT. *Surface portante,* superficie sustentadora. ‖ — MAR. *Faire surface,* salir a la superficie.

— SYN. ● *Étendue,* extensión. *Superficie,* superficie. *Aire,* área. *Contenance,* contenido.

surfacer v. tr. TECHN. Refrentar, pulir una superficie.

surfaire* v. tr. Encarecer, pedir muy caro (un prix). ‖ Sobrestimar, alabar mucho (vanter à l'excès).

surfait, e adj. Sobrestimado, da.

surfaix [syrfɛ] m. Sobrecincha, *f.,* cinchuela, *f.* (harnais).

surfil [syrfil] m. Sobrehilado.

surfilage [-la:ʒ] m. Sobrehilado.

surfiler [-le] v. tr. Sobrehilar.

surfin, e [syrfɛ̃, in] adj. Superfino, na; sobrefino, na.

surfusion f. PHYS. Sobrefusión.

surgélation f. Congelación.

surgeler v. tr. Congelar (à température très basse).

surgeon [surʒɔ̃] m. BOT. Retoño, vástago.

surgir v. intr. Surgir.

surgissement m. Surgimiento.

surglacer v. tr. TECHN. Vidriar.

surhaussé, e [syrose] adj. ARCHIT. Realzado, da; peraltado, da (arc, voûte).

surhaussement [-smɑ̃] m. ARCHIT. Alzamiento (d'une construction). ‖ Peralte (arcs, voûtes).

surhausser [-se] v. tr. ARCHIT. Sobrealzar, realzar (augmenter la hauteur). ‖ Peraltar (arcs, voûtes). ‖ FIG. Encarecer (prix).

surhomme [syrɔm] m. Superhombre.

surhumain, e [-ymɛ̃, ɛ:n] adj. Sobrehumano, na.

suricate m. ZOOL. Suricata, *f.*

surimposer v. tr. Recargar, aumentar (impôt).

surimposition f. Recargo, *m.,* aumento (*m.*) de impuesto.

surimpression f. PHOT. Sobreimpresión, doble impresión.

surin m. Manzano borde. ‖ POP. Navaja, *f.,* cuchillo.

suriner v. tr. POP. Acuchillar, apuñalar.

surinfection f. MÉD. Segunda infección.

surintendance f. Superintendencia.

surintendant, e m. et f. Superintendente, ta.

surintensité f. ÉLECTR. Superintensidad.

surir v. intr. Acedarse, agriarse.

surjaler et **surjauler** v. tr. MAR. Enceparse (ancre).

surjet [syrʒɛ] m. Punto por encima, rebatido (couture).

surjeter* v. tr. Coser a punto por encima, rebatir.

sur-le-champ adv. En el acto : *obéir sur-le-champ,* obedecer en el acto. ‖ En seguida : *arriver sur-le-champ,* llegar en seguida.

surlendemain m. Dos días después, a los dos días.

surlonge f. Lomo (*m.*) de la vaca.

surmenage m. Agotamiento por cansancio excesivo, « surmenaje ».

surmener* v. tr. Hacer trabajar demasiado, agotar por cansancio excesivo.

sur-moi m. PHILOS. Super ego.

surmontable adj. Superable.

surmonter v. tr. Coronar, rematar : *une statue surmonte l'édifice,* una estatua remata el edificio. ‖ Rebasar (dépasser). ‖ FIG. ● Superar, vencer : *surmonter les difficultés,* superar las dificultades.

— SYN. ● *Vaincre,* vencer. *Triompher de,* triunfar de. *Dompter,* domar. *Maîtriser,* dominar. *Réduire,* reducir. *Mater,* someter.

surmoulage m. Segundo vaciado.

surmoule m. Segundo molde.

surmouler v. tr. Moldear de nuevo, sacar segundo molde.

surmulet [syrmylɛ] m. Salmonete (rouget).

surmulot [-mylo] m. ZOOL. Rata (*f.*) de campo.

surmultiplié, e adj. *Vitesse surmultipliée,* superdirecta, directa multiplicada (automobile).

surnager* v. intr. Sobrenadar (flotter). ‖ FIG. Subsistir, sobrevivir, perdurar.

surnaturel, elle adj. Sobrenatural. ‖ FIG. Prodigioso, sa; extraordinario, ria : *adresse surnaturelle,* destreza prodigiosa. ‖ — M. Lo sobrenatural.

surnom [syrnɔ̃] m. Sobrenombre, apodo, mote.

— SYN. *Sobriquet,* apodo. *Pseudonyme,* seudónimo.

surnombre m. Excedente, demasía, *f.* ‖ *Être en surnombre,* estar de sobra ou de más, sobrar.

surnommer v. tr. Apodar, dar un sobrenombre

(donner un sobriquet). ‖ Denominar, llamar (appeler).

surnuméraire adj. et s. m. Supernumerario, ria.

suroffre f. Oferta mejor.

suroit [syrwa] m. MAR. Sudeste (vent). ‖ Impermeable con capucha. ‖ Sueste (chapeau).

suros [syro] m. Sobrecaña, f. (du cheval).

suroxyder v. tr. Superoxidar.

suroxygéné, e adj. Superoxigenado, da.

surpasser v. tr. ● Sobrepasar, superar, rebasar (dépasser). ‖ Aventajar, estar por encima de (être supérieur) : *surpasser tous les élèves*, estar por encima de todos los alumnos.
— V. pr. Superarse, sobrepasarse a sí mismo (faire encore mieux).
— SYN. ● *Dépasser*, superar. *Devancer*, adelantarse a. *Primer*, superar. *Pop. Enfoncer*, derrotar.

surpaye [syrpɛ:j] f. Sobrepaga, gratificación (salaire).

surpayer* [-je] v. tr. Pagar con sobreprecio (payer cher).

surpeuplé, e adj. Superpoblado, da.

surpeuplement m. Exceso de población, superpoblación, f.

surplace m. « Surplace », « standing », inmovilidad (f.) de un ciclista en equilibrio.

surplis [syrpli] m. Sobrepelliz (vêtement d'église).

surplomb [syrplɔ̃] m. ARCHIT. Desplome, vuelo.

surplombement [-bmɑ̃] m. Desplome, inclinación, f. (d'un mur).

surplomber [-be] v. intr. Estar inclinado *ou* fuera de la vertical (un mur).
— V. tr. Dominar, estar suspendido sobre.

surplus [syrply] m. Demasía, f. (excès). ‖ Excedente, sobrante (excédent). ‖ — M. pl. Material (*sing.*) militar sobrante de una campaña. ‖ *Au surplus*, por lo demás.

surpopulation f. Excedente (*m.*) de población, superpoblación.

surprenant, e adj. Sorprendente.

surprendre* v. tr. Sorprender. ‖ Interceptar, descubrir (un secret).

surpression f. TECHN. Superpresión.

surprime f. Sobreprima (assurance).

surpris, e adj. Sorprendido, da.
— SYN. *Étonné*, asombrado. *Stupéfait*, estupefacto. *Saisi*, sobrecogido. *Renversé*, estupefacto.

surprise f. Sorpresa : *il m'a fait une surprise*, me dio una sorpresa.

surprise-partie f. Guateque, *m.*, asalto, *m.*

surproduction f. Superproducción.

surproduire v. tr. Producir excesivamente.

surréalisme m. Surrealismo.

surréaliste adj. et s. Surrealista.

surrénal, e adj. ANAT. Suprarrenal.

sursalaire m. Subsidio familiar.

sursaturation f. Supersaturación, sobresaturación.

sursaturer v. tr. Supersaturar, sobresaturar. ‖ FIG. Hartar.

sursaut [syrso] m. Sobresalto, repullo (fam.). ‖ Arranque : *sursaut d'énergie*, arranque de energía. ‖ FIG. Coletazo : *les derniers sursauts du régime*, los ultimos coletazos del régimen. ‖ *En sursaut*, sobresaltado, súbitamente : *s'éveiller en sursaut*, despertarse sobresaltado.

sursauter v. intr. Sobresaltarse. ‖ *Faire sursauter*, sobresaltar.

surséance f. DR. Prórroga, aplazamiento, *m.*

sursemer* v. tr. AGRIC. Sobresembrar.

surseoir* [syrswa:r] v. intr. Aplazar, diferir : *surseoir à une exécution*, aplazar una ejecución. ‖ DR. Sobreseer.

sursis [syrsi] m. Plazo, prórroga, f. ‖ — DR. *Avec sursis*, con la sentencia en suspenso (condamnation). ‖ MIL. *Sursis d'incorporation*, prórroga.

sursitaire m. et f. Persona que beneficia de una prórroga.

surtaux [syrto] m. Imposición (f.) excesiva.

surtaxe f. Recargo, *m.* ‖ Sobretasa : *surtaxe postale*, sobretasa postal.

surtaxer v. tr. Poner una sobretasa, gravar, recargar (taxe, impôt).

surtension f. ÉLECTR. Supertensión, sobretensión.

surtout [syrtu] adv. Sobre todo, principalmente, especialmente.
— M. Sobretodo, capote, gabán (vêtement). ‖ Centro de mesa (de table).

surveillance [syrvɛjɑ̃:s] f. Vigilancia. ‖ *Sous surveillance*, sometido a vigilancia, vigilado. ‖ *Sous la surveillance de*, al cuidado de.

surveillant, e adj. et s. Vigilante. ‖ Inspector (d'études).

surveiller [-je] v. tr. ● Vigilar.
— V. pr. Vigilarse. ‖ Observarse (soi-même). ‖ Cuidarse (après une maladie).
— SYN. ● *Observer*, observar. *Suivre*, seguir.

survenance f. Sobrevenida (arrivée soudaine). ‖ DR. Supervención (venue après coup).

survenir* v. intr. Sobrevenir, venir *ou* ocurrir de improviso.

survente f. Venta con alto margen de beneficio.

survenue f. Sobrevenida, venida inesperada.

survêtement m. Chandal (vêtement de sport).

survie [syrvi] f. Supervivencia.

survivance f. Supervivencia (fait de survivre). ‖ Futura (droit à la succession d'une charge).

survivant, e adj. et s. Superviviente.

survivre* v. tr. et intr. Sobrevivir.

survol m. AVIAT. Vuelo por encima de.

survoler v. tr. AVIAT. Sobrevolar, volar sobre *ou* por encima de. ‖ FIG. Tocar por encima : *survoler une question*, tocar por encima un asunto.

survoltage m. ÉLECTR. Aumento de voltaje, sobrevoltaje, sobretensión, f.

survolté, e adj. Sobrevoltado, da : *lampe survoltée*, lámpara sobrevoltada.

survolter v. tr. Aumentar el voltaje. ‖ FIG. Electrizar, sobreexcitar.

survolteur m. ÉLECTR. Elevador de voltaje. ‖ *Survolteur-dévolteur*, elevador-reductor.

sus [sy o sys] adv. Sobre, encima. ‖ — *En sus*, encima, además, por añadidura. ‖ *En sus de*, además de. ‖ — *Courir sus à quelqu'un*, echarse sobre uno.
— Interj. ¡Vamos!, ¡anda!, ¡dale!

susbande [sysbɑ̃:d] f. Sobremuñonera (du canon).

susceptibilité f. Susceptibilidad.

susceptible adj. ● Susceptible (très sensible). ‖ Capaz de, apto, apta para (capable).
— SYN. ● *Ombrageux*, desconfiado, receloso. *Irritable*, irritable. *Chatouilleux*, quisquilloso.

susciter v. tr. Suscitar. ‖ Crear.

suscription f. Sobrescrito, *m.*
— OBSERV. En espagnol *suscripción* a le sens de « abonnement » et de « souscription ».

susdit, e [sysdi, it] adj. et s. Susodicho, cha ; antedicho, cha.

sus-dominante [sysdɔminɑ̃:t] f. MUS. Superdominante.

sus-hépatique adj. ANAT. Suprahepático, ca.

sus-maxillaire [sysmaksilɛ:r] adj. et s. m. ANAT. Supramaxilar.

susmentionné, e [sysmɑ̃sjɔne] adj. Susodicho, cha ; arriba citado.

susnommé, e [sysnɔme] adj. et s. Susodicho, cha ; arriba nombrado.

suspect, e [syspɛ, ɛkt] adj. et s. Sospechoso, sa.
— SYN. *Douteux*, dudoso. *Équivoque*, equívoco. *Louche*, equívoco, sospechoso.

suspecter v. tr. Sospechar de (soupçonner) : *on suspecte Pierre,* se sospecha de Pedro. ‖ Poner en duda : *suspecter l'honnêteté de quelqu'un,* poner en duda la honradez de uno.

suspendre v. tr. Colgar, suspender : *suspendre au plafond,* colgar del techo. ‖ Suspender, interrumpir (interrompre). ‖ Suspender, privar temporalmente de sus funciones (un fonctionnaire). ‖ Suspender (un journal, des paiements).

suspendu, e adj. Suspendido, da ; colgado, da. ‖ Suspendido, da ; con suspensión (voiture). ‖ Cesante : *fonctionnaire suspendu,* funcionario cesante. ‖ — TECHN. *Pont suspendu,* puente colgante. ‖ — *Être suspendu aux lèvres de quelqu'un,* estar pendiente de los labios de alguien.

suspens [syspɑ̃] adj. Suspenso. ‖ — *En suspens,* en suspenso. ‖ *Problèmes en suspens,* problemas pendientes.

suspense [-pɑ̃:s] f. ECCLÉS. Suspensión (peine).

suspense [sœspɛns *o* syspɑ̃:s] m. « Suspense » (d'un film, d'un roman, etc.).

suspenseur adj. m. et s. m. ANAT. Suspensorio.

suspensif, ive adj. Suspensivo, va : *points suspensifs,* puntos suspensivos.

suspension f. Suspensión. ‖ Lámpara colgante, colgante, *m.* (lustre). ‖ *Points de suspension,* puntos suspensivos.

suspensoir m. MÉD. Suspensorio (bandage).

suspente f. Cuerda *ou* cordón (*m.*) de suspensión (ballon, etc.).

suspicion f. Sospecha, recelo, *m.*

sustentation f. Sustentación.

sustenter v. tr. Sustentar, mantener (le corps, l'esprit). ‖ AVIAT. Sustentar.

susurrement [sysyrmɑ̃] m. Susurro.

susurrer [-re] v. tr. et intr. Susurrar.

sutural, e adj. Sutural.

suture f. Sutura.

suturer v. tr. Suturar.

Suzanne n. pr. f. Susana.

suzerain, e adj. Soberano, na.
— M. Señor feudal.

suzeraineté f. Soberanía feudal, señorío (*m.*) feudal.

svastika [svastika] f. Svástica, cruz gamada.

svelte adj. Esbelto, ta.

sveltesse f. Esbeltez.

S. V. P., abreviatura de *s'il vous plaît,* por favor.

sweater [switə] m. Suéter, jersey (gilet).

swing [swiŋ] m. « Swing » (boxe et musique de jazz).

sybarite adj. et s. Sibarita.

sybaritique adj. Sibarítico, ca.

sybaritisme m. Sibaritismo.

sycomore m. BOT. Sicómoro, sicomoro.

sycophante m. Sicofanta (vx), denunciador.

syénite f. GÉOL. Sienita.

syllabaire m. Cartilla, *f.,* silabario.

syllabation f. Silabeo, *m.*

syllabe f. Sílaba.

syllabique adj. Silábico, ca.

syllabisme m. Silabismo.

syllabus [silabys] m. Syllabus, lista (*f.*) de errores referentes a la fe.

syllepse f. GRAMM. Silepsis.

sylleptique adj. Referente a la silepsis.

syllogisme m. Silogismo.

syllogistique adj. Silogístico, ca.

sylphe m. MYTH. Silfo.

sylphide f. Sílfide.

sylvain m. Silvano (divinité des forêts). ‖ — Adj. et s. Selvático, ca (qui habite les forêts).

sylvanite f. MIN. Silvanita.

sylve f. (P. us.). Selva.

sylvestre adj. Silvestre.

Sylvestre n. pr. m. Silvestre. ‖ — *La nuit de la Saint-Sylvestre,* la Nochevieja. ‖ *Le dîner de la Saint-Sylvestre,* la cena de fin de año *ou* de Nochevieja.

sylvicole adj. Silvícola.

sylviculteur m. Silvicultor.

sylviculture f. Silvicultura.

Sylvie n. pr. f. Silvia.

sylvinite f. Silvinita.

symbiose [sɛ̃bjo:z] f. Simbiosis.

symbiote m. Simbionte.

symbiotique adj. Simbiótico, ca.

symbole m. Símbolo.
— SYN. *Emblème,* emblema. *Attribut,* atributo.

symbolique adj. Simbólico, ca.

symbolisation f. Simbolización.

symboliser v. tr. Simbolizar.

symbolisme m. Simbolismo.

symboliste adj. et s. Simbolista.

symétrie f. Simetría.

symétrique adj. Simétrico, ca.

sympa adj. FAM. Simpaticón, ona.

sympathie f. Simpatía. ‖ — *Témoignages de sympathie,* muestras de simpatía (d'estime), pésame (deuil), felicitación, enhorabuena (félicitation). ‖ — *Exploser par sympathie,* explotar por simpatía.
— SYN. *Estime,* estima, estimación, aprecio. *Intérêt,* interés.

sympathique adj. Simpático, ca : *je le trouve sympathique,* me cae simpático. ‖ *Encre sympathique,* tinta simpática.
— M. ANAT. Simpático.

sympathisant, e adj. et s. Simpatizante.

sympathiser v. intr. Simpatizar.

symphonie f. Sinfonía.

symphonique adj. Sinfónico, ca.

symphoniste m. Sinfonista.

symphyse f. ANAT. Sínfisis.

symposion [sɛ̃pozjɔ̃] ou **symposium** [-zjɔm] m. Simposio, simposium.

symptomatique [sɛ̃ptɔmatik] adj. Sintomático, ca.

symptomatologie [-tɔlɔʒi] f. Sintomatología.

symptôme [-to:m] m. Síntoma.
— SYN. *Syndrome,* síndrome. *Prodrome,* pródromo.

synagogue f. Sinagoga.

synalèphe f. GRAMM. Sinalefa.

synallagmatique adj. Sinalagmático, ca.

synanthérées f. pl. BOT. Sinantéreas.

synarchie f. Sinarquía.

synarthrose f. ANAT. Sinartrosis.

synchrocyclotron [sɛ̃krosiklɔtrɔ̃] m. Sincrociclotrón.

synchrone adj. Sincrónico, ca ; síncrono, na : *moteur synchrone,* motor síncrono.

synchronique adj. Sincrónico, ca.

synchronisation f. Sincronización.

synchroniser v. tr. Sincronizar.

synchroniseuse f. CINÉM. Sincronizador, *m.*

synchronisme m. Sincronismo.

synchrotron m. Sincrotrón.

synclinal, e adj. et s. m. GÉOL. Sinclinal.

syncopal, e adj. Sincopal.

syncope f. Síncope, *m.* ‖ GRAMM. et MUS. Síncopa.

syncoper v. tr. GRAMM. et MUS. Sincopar.

syncrétisme m. Sincretismo.

syndactile adj. Sindáctilo, la.

syndic m. Síndico. ‖ Presidente, delegado de la comunidad de propietarios.

syndical, e adj. Sindical.

syndicalisme m. Sindicalismo.

syndicaliste adj. et s. Sindicalista.

syndicat [sɛ̃dika] m. Sindicato : *syndicat ouvrier,* sindicato obrero. ‖ — *Syndicat de propriétaires,*

comunidad de propietarios. ‖ *Syndicat d'initiative*, oficina de turismo.
— Syn. *Union*, unión. *Mutuelle*, *mutualité*, mutualidad. *Association*, asociación. *Compagnonnage*, gremio.
syndicataire m. Sindicado.
syndiqué, e adj. et s. Sindicado, da.
syndiquer v. tr. Sindicar.
— V. pr. Sindicarse, afiliarse a un sindicato.
syndrome m. Méd. Síndrome.
synecdoque f. Sinécdoque.
synérèse f. Gramm. Sinéresis.
synergie f. Sinergia.
synergique adj. Sinérgico, ca.
synesthésie f. Sinestesia.
synodal, e adj. Sinodal.
synode m. Sínodo.
synodique adj. Astr. et Relig. Sinódico, ca.
synonyme adj. et s. m. Sinónimo, ma.
synonymie f. Sinonimia.
synonymique adj. Sinonímico, ca.
synopsis [sinɔpsis] f. Sinopsis. ‖ — M. Ciném. Guión.
synoptique adj. Sinóptico, ca.
synovial, e adj. Anat. Sinovial : *épanchement synovial*, derrame sinovial. ‖ — Adj. et s. f. *Bourse synoviale* o *synoviale*, cápsula sinovial *ou* articular.
synovie f. Sinovia.
sinovite f. Méd. Sinovitis.
syntactique [sɛ̃taktik] ou **syntaxique** [-taksik] adj. et s. f. Gramm. Sintáctico, ca.

syntaxe f. Gramm. Sintaxis.
synthèse f. Síntesis : *synthèse chimique*, síntesis química.
synthétique adj. Sintético, ca.
synthétiser v. tr. Sintetizar.
syntonie f. Électr. Sintonía.
syntonique adj. Mus. Sintónico, ca.
syntonisation f. Sintonización.
syntoniser v. tr. Sintonizar.
syphilide f. Méd. Sifílide.
syphilis [sifilis] m. Méd. Sífilis.
syphilitique adj. et s. Méd. Sifilítico, ca.
Syracuse n. pr. Géogr. Siracusa.
syriaque adj. Siriaco, ca.
Syrie n. pr. f. Géogr. Siria.
syrien, enne adj. et s. Sirio, ria ; siriaco, ca (de Syrie).
systématique adj. et s. f. Sistemático, ca.
systématiquement adv. Sistemáticamente, por sistema.
systématisation f. Sistematización.
systématiser v. tr. Sistematizar.
système m. Sistema : *système nerveux*, sistema nervioso ; *système métrique*, sistema métrico. ‖ — Pop. *Système D* (abrév. de *débrouillard*), maña, habilidad para salir de un apuro. ‖ — *Par système*, por sistema, de propósito deliberado. ‖ Pop. *Taper sur le système*, quemar la sangre.
systole f. Anat. Sístole.
systyle adj. et s. m. Archit. Sístilo.
syzygie [siziʒi] f. Astr. Sicigia.

T

t m. T, *f*.
— Observ. En medio de dicción, seguida de una *i* y otra vocal que no sea *e* cerrada o abierta, se pronuncia la *t* como la *s* española : *patience* [pasjɑ̃:s]. Esta regla tiene algunas excepciones. La *t* final no se pronuncia salvo delante de las palabras que empiezan por vocal o *h* muda. Suena, sin embargo, aun delante de una consonante o *h* aspirada, en *accessit, chut, but, scorbut, granit*.

ta adj. poss. f. Tu : *ta cravate*, tu corbata.
tabac m. Tabaco. ‖ Fam. Estanco (bureau de tabac) : *passer devant le tabac*, pasar delante del estanco. ‖ — Pl. Tabacalera, *f. sing.* (administration des tabacs). ‖ — *Tabac à chiquer*, tabaco de mascar. ‖ *Tabac à priser*, tabaco en polvo. ‖ — *Blague à tabac*, petaca. ‖ *Bureau de tabac*, estanco, expendeduría de tabaco (nom officiel). ‖ Fig. et Fam. *Pot à tabac*, tapón de alberca, retaco, persona regordeta. ‖ — *Du même tabac*, de la misma clase. ‖ — Fam. *C'est le même tabac*, es lo mismo. | *Passer à tabac*, sacudir el polvo, zurrar la badana, dar una paliza.
— Adj. De color tabaco.
tabagie f. (Vx). Fumadero, *m*. (lieu où l'on fume). ‖ Lugar (*m.*) que huele a tabaco.
tabagisme m. Méd. Nicotismo, nicotinismo.
tabard ou **tabar** [taba:r] m. Tabardo (manteau).
tabarinade m. Bufonada, *f.*, payasada, *f.*, farsa, *f.*

tabasser v. tr. Pop. Sacudir el polvo, zurrar la badana, dar una tunda.
tabatière f. Tabaquera [caja para rapé]. ‖ Tragaluz, *m.* (fenêtre). ‖ *Fenêtre à tabatière*, lumbrera *ou* ventanillo de buhardilla.
tabellaire adj. *Impression tabellaire*, impresión con planchas grabadas.
tabellion m. Tabelión (p. us.), escribano. ‖ Fam. Notario.
tabernacle m. Tabernáculo (chez les hébreux). ‖ Sagrario, tabernáculo (liturgie catholique).
tabès [tabɛs] m. Méd. Tabes, *f.*, ataxia (*f.*) locomotriz.
tabétique adj. et s. Enfermo, enferma de tabes.
tablature f. Tabladura (ancienne notation musicale). ‖ (Vx). Fig. *Donner de la tablature*, marear, suscitar dificultades.
table f. Mesa (meuble). ‖ Fig. Comida, mesa, yantar, *m.* (p. us.) : *chez Durand la table est excellente*, en casa de Durand la comida es excelente. ‖ Comensales, *m. pl.* (convives). ‖ Placa (plaque). ‖ Géogr. Mesa, meseta. ‖ Math. Tabla (de multiplication, de logarithmes). ‖ — *Table à dessin*, tablero de dibujo, mesa de dibujante. ‖ *Table de communion* o *sainte table*, comulgatorio, sagrada mesa. ‖ *Table de nuit*, mesilla de

noche. || *Table de rotation*, mesa rotatoria. || *Table des matières*, índice (d'un livre). || Mus. *Table d'harmonie*, tabla de armonía. || *Table d'hôte*, mesa redonda (dans une pension de famille). || Méd. *Table d'opération*, mesa de operaciones. || Sports. *Table finlandaise*, tabla finlandesa. || *Table ronde*, mesa redonda (pour discuter). || *Table roulante*, carrito. || *Tables de la loi*, tablas de la ley. || *Tables gigognes*, mesas de nido. || — *À table!*, a comer, ¡a la mesa! || — *Aimer la table*, gustarle a uno la buena comida. || *Dresser, mettre la table*, poner la mesa. || *Faire table rase*, hacer tabla rasa. || *Se mettre à table*, sentarse en la mesa (pour manger), confesar, cantar de plano (avouer). || *Sortir de table, quitter la table, se lever de table*, levantarse de la mesa. || *Tenir table ouverte*, tener mesa franca. || *Traîner à table*, quedarse de sobremesa.

tableau m. ● Cuadro (peinture) : *un tableau de Goya*, un cuadro de Goya. || Cuadro (de contrôle). || Cuadro, tabla, ƒ. (historique, chronologique). || Fig. Cuadro, descripción, ƒ., panorama. || Tablero, encerado, pizarra, ƒ. (dans les écoles). || Lista, ƒ. (des membres d'une compagnie). || Paño (cartes). || Théâtr. Cuadro. || — *Tableau d'affichage*, tablón ou tablilla de anuncios (pour annoncer), marcador (sports). || Mar. *Tableau arrière*, espejo de popa. || *Tableau d'avancement*, lista de ascenso, escalafón (du personnel). || *Tableau de bord*, salpicadero, tablero de mandos (automobile), tablero ou cuadro de instrumentos (avion). || *Tableau de chasse*, piezas cobradas. || *Tableau de l'effectif*, plantilla. || *Tableau d'honneur*, cuadro de honor. || *Tableau horaire*, indicador de horarios (trains). || *Tableau vivant*, cuadro viviente. || — Pop. *Vieux tableau*, vejestorio, vieja pelleja. || — *Quel tableau!*, ¡ vaya un cuadro!, ¡ qué espectáculo! || *Jouer* o *miser sur deux tableaux*, jugar a dos paños. || Fam. *Vous voyez d'ici le tableau*, ¡ imagínese qué escena!

— Syn. ● *Toile*, lienzo. *Peinture*, pintura. *Pochade*, boceto. *Esquisse*, esbozo. *Pop. Croûte*, mamarracho.

tableautin m. Cuadrito.

tablée f. Conjunto (*m.*) de comensales.

tabler v. intr. Contar con : *tabler sur quelque chose*, contar con algo.

tabletier, ère m. et f. Fabricante *ou* vendedor de piezas de ajedrez, damas, etc.

tablette f. Tabla, anaquel, *m.*, entrepaño, *m.* (rayon). || Antepecho (d'un balcon), alféizar (d'une fenêtre). || Repisa (d'une cheminée, de salle de bains, de radiateur). || Tableta, pastilla (d'un médicament, de chocolat). || — Pl. (Vx). Tablillas (pour écrire). || — Fig. et Fam. *Mettez cela sur vos tablettes*, métaselo en la cabeza, tome buena nota de eso. || *Rayer quelque chose de ses tablettes*, borrar algo de la lista, no contar más con algo.

tablier [tablie] m. Delantal, mandil (pour préserver les vêtements), babero, baby (d'enfant). || Tablero (d'échecs, de dames). || Tablero, piso (d'un pont). || Cortina, ƒ., pantalla, ƒ. (d'une cheminée). || Salpicadero (de voiture). || — Fam. *Rendre son tablier*, devolver los trastos, tomar el portante.

tabor m. Tabor (bataillon de tirailleurs marocains).

tabou adj. Tabú, sagrado, da.
— M. Tabú (objet sacré).

tabouret [taburɛ] m. Taburete, banqueta, ƒ. (siège). || Escabel, tarima, ƒ. (pour les pieds).

tabulaire adj. Tabular.

tabulateur m. Tabulador.

tabulatrice f. Techn. Tabuladora.

tac m. Tac, zas (coup, bruit sec). || Fig. *Répondre*

o *riposter du tac au tac*, responder inmediatamente en los mismos términos.

tacaud [tako] m. Gado (poisson).

tacet [tasɛt] m. Mus. Silencio, pausa, ƒ.

tache f. ● Mancha. || Fig. Tacha, defecto, *m.* : *une vie sans tache*, una vida sin tacha. || — *Taches de rousseur*, pecas. || — Fig. *Faire tache*, desentonar (dans une réunion). | *Faire tache d'huile*, extenderse como mancha de aceite (une nouvelle).

— Syn. ● *Souillure*, mancha, mancilla. *Macule*, mácula. *Bavure*, tinta corrida. *Pâté*, borrón.

tâche f. Tarea, labor. || — *À la tâche*, a destajo. || — *Mourir à la tâche*, morir con las botas puestas, al pie del cañón. || Fig. *Prendre à tâche de*, poner empeño en, esforzarse en. || *Remplir sa tâche*, cumplir su cometido. || *Se tuer à la tâche*, matarse trabajando.

tachéographe [takeɔgraf] m. (Vx). Taqueógrafo (topographie).

tachéomètre [-mɛtr] m. Taquímetro (topographie).

tachéométrie [-metri] f. Taquimetría.

tacher v. tr. Manchar. || Fig. Mancillar, manchar, macular.

tâcher v. intr. Tratar de, hacer por, procurar : *il tâche de se faire connaître*, trata de darse a conocer.

tâcheron m. Destajista, obrero a destajo.

tacheter* v. tr. Motear, salpicar de manchas.

tachisme m. Tachismo (peinture).

tachiste m. et f. Tachista (peintre).

tachycardie [takikardi] f. Taquicardia.

tachygraphie [-grafi] f. (P. us.). Taquigrafía (sténographie).

tachygraphique [-grafik] adj. (P. us.). Taquigráfico, ca.

tachymètre [-mɛtr] m. Techn. Tacómetro. || Autom. Cuentarrevoluciones.

tacite adj. Tácito, ta.

Tacite n. pr. m. Tácito.

taciturne adj. Taciturno, na.

taciturnité f. Taciturnidad.

tacon m. Esguín (jeune saumon).

tacot [tako] m. Fam. Cacharro, cafetera, ƒ. (vieux véhicule).

tact [takt] m. ● Tacto (sensation). || Fig. Tacto, discreción, ƒ. : *manque de tact*, falta de tacto.

— Syn. ● *Toucher*, tacto. *Attouchement*, toque. *Contact*, contacto.

tacticien m. Táctico.

tactile adj. Táctil.

tactique adj. Táctico, ca : *l'emploi tactique des avions*, el uso táctico de los aviones.
— F. Táctica : *tactique navale*, táctica naval.

tactisme m. Tactismo, tropismo.

Tadée n. pr. m. Tadeo.

tadorne m. Lavanco, ánade silvestre (oiseau).

tael [taɛl] m. Tael (monnaie chinoise).

tænia [tenja] m. Tenia, ƒ., solitaria, ƒ.

taffetas [tafta] m. Tafetán.

tafia m. Tafia, ƒ., aguardiente de caña.

tagal m. Tagalo (langue). || Cáñamo de Manila, abacá.

Tage n. pr. m. Géogr. Tajo.

tagète m. Clavelón (œillet d'Inde).

taïaut! ou **tayaut!** [tajo] interj. ¡Hala! [grito del cazador para lanzar los perros a la caza]

taie [tɛ] f. Funda [de almohada]. || Méd. Nube, mancha en la córnea.

taïga f. Taiga (forêt).

taillable [tɑjabl] adj. et s. Pechero, ra (sujet à l'impôt de la taille).

taillade [-jad] f. Tajo, *m.*, sajadura, cortadura (dans la chair). || Cuchillada, abertura (dans une étoffe).

taillader [-jade] v. tr. Acuchillar, hacer corta-duras en (la chair). ‖ Acuchillar (une étoffe).
taillage [-ja:ʒ] m. Corte, labra, ƒ. (d'un engre-nage).
taillanderie [-jãdri] f. Cuchillería, herrería de corte.
taillandier m. Cuchillero, herrero de corte.
taillant [-jã] m. Filo, corte.
taille [tɑ:j] f. Corte, m. (action de tailler). ‖ Filo, m., corte, m. (tranchant). ‖ Talla, estatura (sta-ture). ‖ Tamaño, m. : *animaux de grande taille,* animales de gran tamaño. ‖ Dimensión, extensión (grandeur) : *la taille d'un pays,* las dimensiones de un pais. ‖ Talle, m., cintura (partie du corps) : *avoir une taille de guêpe,* tener una cintura de avispa. ‖ Talla, número, m., medida (d'un vête-ment). ‖ Talla, pecho, m. (impôt sur les rotu-riers). ‖ Talla (gravure du diamant). ‖ Tarja (pour les ventes à crédit). ‖ Juego, m. (au baccara). ‖ AGRIC. Poda, tala (des arbres). ‖ MÉD. Litotomía, cistotomía, talla (opération de la vessie). ‖ — *Taille de pierres,* labra de piedras. ‖ *Taille fine, taille bien prise,* talle esbelto. ‖ — *Basse taille,* bajo profundo (voix). ‖ *Pierre de taille,* sillar. ‖ — *De taille,* enorme, inmenso. ‖ *En taille,* a cuerpo gentil (sans manteau). ‖ *Par rang de taille,* por orden de estatura. ‖ — *Être de taille à,* ser capaz de, tener talla para, ser de talla para.
taillé, e [-je] adj. Tallado, da ; cortado, da (coupé). ‖ Listo, ta ; preparado, da ; presto, ta (préparé). ‖ Hecha para, propio para, idóneo (fait pour). ‖ Hecho, cha : *un homme est bien taillé,* un hombre bien hecho. ‖ Tajado, da (blason). ‖ FIG. Pro-porcionado, da. ‖ — *Taillés sur le même patron,* cortados por el mismo patrón. ‖ — *Être taillé pour,* tener disposición para, ser capaz de, tener talla para.
taille-buissons m. inv. Podaderas, ƒ. pl.
taille-crayon m. Sacapuntas.
— OBSERV. Pl. *taille-crayon* o *taille-crayons.*
taille-douce f. TECHN. Grabado (m.) en dulce.
— OBSERV. Pl. *tailles-douces.*
taille-légumes m. inv. Cortalegumbres.
taille-mer m. inv. Tajamar (de navire).
taille-ongles [tɑjɔ̃:gl] m. inv. Cortaúñas.
tailler [tɑje] v. tr. Cortar. ‖ Podar, talar (les arbres). ‖ Afilar, sacar punta (un crayon). ‖ Tajar (une plume). ‖ Tallar, labrar (la pierre, les dia-mants). ‖ Cortar, arreglar (façonner). ‖ Ser ban-quero, tallar (au baccara). ‖ MÉD. Hacer la ope-ración de la talla *ou* litotomía. ‖ (Vx). Gravar con impuestos. ‖ — *Tailler dans le vif,* cortar en carne viva. ‖ *Tailler en pièces,* destrozar, hacer trizas. ‖ *Tailler la soupe,* cortar pan para la sopa. ‖ FAM. *Tailler une bavette,* echar un párrafo, charlar.
— V. pr. POP. Largarse, pirárselas (partir). — ‖ *Se tailler une place de choix,* obtener una situa-ción envidiable. ‖ *Se tailler un succès,* lograr un éxito.
taillerie [-jri] f. Talla (des pierres fines). ‖ Taller (m.) de diamantista.
tailleur [-jœ:r] m. Cantero (de pierres). ‖ Sastre (couture). ‖ Traje sastre *ou* de chaqueta, sastre (costume tailleur). ‖ *Tailleur pour dames,* mo-dista.
— OBSERV. Le barbarisme *modisto* est assez répandu pour traduire *tailleur pour dames.*
taillis [-ji] m. Bosquecillo, monte bajo.
— Adj. Tallar : *bois taillis,* monte tallar.
tailloir [-jwa:r] m. ARCHIT. Ábaco. ‖ Tajo (pour couper la viande).
tain m. Azogue (amalgame appliqué à une glace).
taire* v. tr. ● Callar. ‖ *Faire taire,* mandar callar, acallar, imponer silencio.

— V. pr. Callarse. ‖ — *Se taire sur* o *de,* no decir nada de. ‖ *Taisez-vous!,* ¡cállese !, ¡cá-llense ! (à plusieurs). ‖ *Tais-toi!,* ¡cállate !
— OBSERV. El participio pasado de *se taire* concuerda siempre con el sujeto : *elles se sont tues, ils se sont tus.*
— SYN. ● *Cacher,* ocultar. *Celer,* celar, ocultar. *Dissi-muler,* disimular. *Voiler,* velar.
talaire adj. Talar : *robe talaire,* vestido talar.
talapoin m. Sacerdote budista siamés.
talc [talk] m. Talco.
talcaire adj. Talcoso, sa.
taled [taled] m. Taled.
talégalle m. Talegallo (oiseau d'Océanie).
talent [talã] m. Talento (monnaie, poids). ‖ Ta-lento (aptitude). ‖ — *Un peintre de talent,* un pintor de valor. ‖ — *Forcer son talent,* pasarse de la raya.
talentueux, euse adj. FAM. Talentoso, sa ; talen-tudo, da.
taler v. tr. Golpear (meurtrir les fruits).
taleth [talɛt] m. Taled (voile des juifs).
talion m. Talión : *loi du talion,* ley del talión.
talisman m. Talismán.
talismanique adj. Talismánico, ca.
talitre m. ZOOL. Pulga (ƒ.) de mar.
tallage m. BOT. Amacollamiento.
talle f. BOT. Retoño, m., vástago, m.
taller v. intr. BOT. Retoñar.
tallipot m. BOT. Burí.
talmouse f. Quesadilla, pastel (m.) de hojaldre (pâtisserie). ‖ POP. Sopapo, m., soplamocos, m. (gifle).
Talmud [talmyd] n. pr. m. Talmud.
talmudique adj. Talmúdico, ca.
talmudiste m. et f. Talmudista.
taloche f. FAM. Pescozón, m., capón, m., capiro-tazo, m. (coup sur la tête). ‖ Llana, esparavel, m. (de maçon).
talocher v. tr. FAM. Dar un pescozón.
talon m. Talón (du pied, d'un bas). ‖ Tacón (d'une chaussure). ‖ Pulpejo (des chevaux). ‖ Extremidad, ƒ. (d'un pain). ‖ Montón, paquete (aux cartes). ‖ Talón (d'un pneumatique). ‖ Maza, ƒ. (billard). ‖ Cazoleta, ƒ. (d'une pipe). ‖ Matriz, ƒ. (d'un carnet). ‖ ARCHIT. Talón (moulure). ‖ MAR. Talón (extrémité postérieure de la quille). ‖ MUS. Talón del arco. ‖ — *Talon d'Achille,* talón de Aquiles. ‖ *Talon de collier,* aguja (boucherie). ‖ (Vx). *Talon rouge,* corte-sano. ‖ — *Assis sur les talons,* en cuclillas. ‖ *Avoir l'estomac dans les talons,* tener el estó-mago en los pies, ladrarle a uno el estómago. ‖ *Être toujours aux talons, sur les talons de quel-qu'un,* estar pegado a los talones de uno. ‖ *Mar-cher sur les talons de quelqu'un,* seguir de cerca a uno, pisarle a uno los talones. ‖ *Tourner les talons,* volver las espaldas, dar media vuelta.
talonnage m. Talonaje, envío del balón hacia atrás (rugby).
talonner v. tr. Seguir de cerca, pisar los talones. ‖ Espolear, picar con la espuela (un cheval). ‖ FIG. Acosar, acuciar, hostigar, perseguir (presser vivement). ‖ Talonar, enviar [el balón] hacia atrás (rugby).
— V. intr. Dar con el fondo el talón de un barco.
talonnette f. Talón (m.) reforzado (bas, chaus-sette). ‖ Talonera, refuerzo (m.) en los bajos (pantalon). ‖ Plantilla, talonera (à l'intérieur de la chaussure).
talonneur m. Talonador (rugby).
talonnières f. pl. Talares, m. (ailes de Mercure).
talpack m. Especie de ros [de la caballería fran-cesa del siglo XIX].
talquer v. tr. Espolvorear con talco.
talqueux, euse adj. Talcoso, sa.

talus [taly] m. ● Talud, declive. ‖ MIL. Escarpa, f. ‖ *Tailler, couper en talus,* cortar oblicuamente, al sesgo.
— SYN. ● *Remblai,* terraplén. *Glacis,* glacis.

talweg ou **thalweg** [talvɛg] m. Vaguada, f.

tamandua m. Tamanduá (mammifère).

tamanoir m. Oso hormiguero (grand fourmilier).

tamarin m. Tamarindo (arbre et fruit). ‖ Tití (singe).

tamarinier m. Tamarindo (arbre).

tamaris [tamaris] m. Taray, tamariz, tamarisco (arbre).

tambouille [tɑ̃buj] f. POP. Guisote, m. ‖ *Faire la tambouille,* guisar.

tambour m. ● Tambor : *battre le tambour,* tocar el tambor ; *être le tambour du régiment,* ser tambor del regimiento. ‖ Cancel (à l'entrée d'un édifice). ‖ Bastidor, tambor (pour broder). ‖ ARCHIT. Tambor (d'une colonne, d'une coupole). ‖ TECHN. Tambor (de frein, de machine à laver), cilindro (de treuil). ‖ — *Tambour de basque,* pandero, pandereta. ‖ — *Sans tambour ni trompette,* sin bombos ni platillos. ‖ — FIG. et FAM. *Mener tambour battant,* llevar a la baqueta (quelqu'un), llevar a buen paso (quelque chose).
— SYN. ● *Tambourin,* tamboril. *Timbale,* timbal. *Tamtam,* tam-tam, tantán.

tambourin m. Tamboril, pandereta, f.

tambourinage ou **tambourinement** m. Tamborileo.

tambourinaire m. Tamborilero (en Provence).

tambouriner v. intr. Tamborilear (avec les doigts). ‖ Repiquetear : *la pluie tambourinait sur le toit,* la lluvia repiqueteaba en el tejado. ‖ Tocar el tambor (battre du tambour).
— V. tr. Tocar con el tambor. ‖ Anunciar al son del tambor. ‖ Pregonar, anunciar a bombo y platillo.

tambourineur m. Tamborilero.

tambour-major m. Tambor mayor.

tamier m. BOT. Nueza (f.) negra.

tamil adj. et s. m. V. TAMOUL.

tamis [tami] m. Tamiz, cedazo : *tamis vibrant,* tamiz vibratorio. ‖ FIG. *Passer au tamis,* cribar, pasar por la criba.

tamisage m. Cernido, cribado, tamizado.

tamise m. Estameña, f. (étoffe).

Tamise n. pr. f. GÉOGR. Támesis, m.

tamiser v. tr. et intr. ● Tamizar, cerner. ‖ Tamizar, dejar pasar (laisser passer).
— SYN. ● *Cribler,* cribar. *Sasser,* cerner. *Vanner,* ahechar, cribar. *Bluter,* cerner.

tamiseur, euse adj. et s. Cernedor, ra.

tamoul ou **tamil** adj. et s. m. Tamul (langue).

tampico m. Ixtle, pita, f. (agave).

tampon m. Tapón (bouchon). ‖ Tampón, almohadilla, f. (pour encrer). ‖ Tampón, sello (cachet). ‖ Matasellos (de la poste). ‖ Muñequilla, f., muñeca, f. (pour frotter ou imprégner). ‖ Tope (chemin de fer). ‖ Tapaboca (d'un canon). ‖ Taco (cheville). ‖ Tapadera, f. (d'un égout, un puisard). ‖ FIG. Amortiguador, tapón. ‖ MÉD. Tapón (pour pansement). ‖ (Vx). MIL. Asistente, ordenanza. ‖ — POP. *Coup de tampon,* porrazo, trompazo. ‖ *État tampon,* Estado tapón. ‖ *Servir de tampon,* amortiguar los golpes.

tamponnement m. Choque, topetazo (de deux trains). ‖ MÉD. Taponamiento.

tamponner v. tr. Taponar (boucher). ‖ Dar con la muñequilla (un meuble). ‖ Topar (des trains). ‖ Poner un taco (dans un mur). ‖ Sellar (apposer un cachet).
— V. pr. Chocar (deux véhicules).

tamponneur, euse adj. Que choca. ‖ *Autos tamponneuses,* coches que chocan [atracción de feria].

tamponnoir m. Taladro, cortafrío (outil).

tam-tam [tamtam] m. Gong, batintín. ‖ Tantán, tam-tam (en Afrique). ‖ FAM. Publicidad, f., bombo (publicité) : *faire beaucoup de tam-tam,* dar mucho bombo. | Escándalo (vacarme).
— OBSERV. Pl. *tam-tams.*

tan [tɑ̃] m. Casca, f., corteza (f.) de la encina (pour le tannage des peaux).

tanaisie f. Tanaceto, m. (plante).

tancer* v. tr. Reprender, increpar.

tanche f. Tenca (poisson).

Tancrède n. pr. m. Tancredo.

tandem [tɑ̃dɛm] m. Tándem.

tandis [tɑ̃di] adv. (Vx). Mientras. ‖ *Tandis que,* mientras que.

tangage m. MAR. Cabeceo.

tangara m. Tanagra, f., tangará (oiseau).

tangence f. GÉOM. Tangencia.

tangent, e adj. Tangente. ‖ FAM. Por los pelos, justo.

tangente f. GÉOM. Tangente. ‖ POP. Bedel, m. (appariteur de faculté). ‖ FIG. et FAM. *S'échapper par* o *prendre la tangente,* salirse por la tangente.

tangentiel, elle adj. Tangencial.

Tanger n. pr. GÉOGR. Tánger.

tangibilité f. Tangibilidad.

tangible adj. Tangible.

tango m. Tango (danse).
— Adj. inv. Color anaranjado (couleur orangée).

tangon m. MAR. Tangón, botalón.

tangue f. Limo, m., cieno (m.) marino.

tanguer v. intr. MAR. Cabecear, arfar. ‖ Bambolearse (vaciller).

tanguière f. Ciénaga marina.

tanière f. Guarida, cubil, m., madriguera (des animaux). ‖ Cuchitril, m. (taudis).

tanin ou **tannin** m. Tanino.

taniser v. tr. V. TANNISER.

tank [tɑ̃:k] m. Tanque, carro de combate (char de combat). ‖ Depósito, tanque (réservoir).

tanker m. MAR. Petrolero.

tannage m. Curtido, curtimiento (du cuir).

tannant, e adj. Curtiente. ‖ FIG. et FAM. Cargante, pesado, da (ennuyeux).

tanne f. Barro, m., barrillo, m. (dans les pores de la peau).

tanné, e adj. Curtido, da (cuirs). ‖ Bronceado, da ; tostado, da ; curtido, da (peau humaine).
— M. Color bronceado.

tannée f. Casca (pour tannage). ‖ POP. Zurra, paliza, palizón, m., tunda, manta de palos.

tanner v. tr. Curtir, zurrar (les cuirs). ‖ FIG. et FAM. Dar la lata, cargar, molestar. ‖ POP. Zurrar, pegar. ‖ *Tanner le cuir,* zurrar la badana.

tannerie f. Curtiduría, tenería.

tanneur adj. et s. m. Curtidor.

tannin ou **tanin** m. Tanino.

tannique adj. Tánico, ca.

tanniser ou **taniser** v. tr. Echar tanino en (un vin). ‖ Echar casca a (une poudre ou un liquide).

tanrec [tɑ̃rek] ou **tenrec** m. ZOOL. Tanrec.

tan-sad [tɑ̃sad] m. Sillín para el pasajero (d'une motocyclette).

tant adv. Tanto, ta ; tantos, tas : *il a tant d'argent,* tiene tanto dinero ; *j'ai tant d'amies,* tengo tantas amigas. ‖ Tanto, hasta tal punto : *il a tant mangé,* ha comido tanto. ‖ De tan, de, por lo : *je ne pouvais dormir, tant j'étais soucieux,* no podía dormir de tan preocupado como estaba *ou* de preocupado que estaba *ou* por lo preocupado que estaba. ‖ — *Tant bien que mal,* mal que bien, más o menos bien. ‖ *Tant et plus,* muchísimo, tanto y más. ‖ *Tant mieux,* tanto mejor, mejor que mejor, mejor. ‖ *Tant pis !,* ¡tanto peor !, ¡qué le vamos a hacer ! ‖ *Tant pour cent,* tanto por ciento. ‖ *Tant qu'à faire* (fam.), de camino, de paso : *je dois aller à Rouen* *et tant qu'à faire j'irai voir ma famille,* tengo que ir a Ruán y de camino iré a ver mi familia. ‖ *Tant que,* mientras : *tant qu'il pleuvra je ne sortirai pas,* mientras llueva no saldré ; hasta donde : *tant que la vue peut s'étendre,* hasta donde alcanza la vista ; tanto como, todo el tiempo que : *garde-le tant que tu voudras,* quédatelo todo el tiempo que quieras ; tanto que : *il pleura tant qu'il s'endormit,* lloró tanto que se durmió. ‖ *Tant ... que,* tanto ... como : *tant ici qu'ailleurs,* tanto aquí como en otra parte. ‖ *Tant s'en faut,* ni con mucho, ni mucho menos. ‖ *Tant soit peu* o *un tant soit peu,* un tanto, algo, por poco que sea. ‖ — *En tant que,* como, en calidad de. ‖ — *Comme il y en a tant,* como hay tantos. ‖ *Si tant est que,* suponiendo que, si es cierto que, si es que. ‖ *Tous tant que nous sommes,* nosotros todos.

tantale m. Tantalio (métal). ‖ Tántalo (oiseau).

Tantale n. pr. m. Tántalo : *supplice de Tantale,* suplicio de Tántalo.

tantaliser v. tr. Someter al suplicio de Tántalo.

tante f. Tía : *grand-tante,* tía abuela. ‖ POP. Marica, *m.,* mariquita (pédéraste). ‖ — *Tante à la mode de Bretagne,* tía segunda. ‖ — POP. *Chez ma tante,* en Peñaranda, en el Monte de Piedad.

tantième adj. Enésimo, ma : *la tantième partie d'un tout,* la enésima parte de un todo. — M. Tanto por ciento, porcentaje, tanto, parte (*f.*) proporcional (pourcentage).

tantine f. FAM. Tita.

tantinet [tătinɛ] m. Poquito, pizca, *f.* : *un tantinet de sucre,* una pizca de azúcar. ‖ *Un tantinet,* algo, un poco : *il est un tantinet malin,* es un poco malicioso.

tantôt [tăto] adv. Luego, dentro de poco : *je vous verrai tantôt,* le veré luego. ‖ Hace poco, hace un rato, antes (avant) : *je suis venu tantôt,* vine hace un rato. ‖ Por la tarde (l'après-midi) : *je reviendrai tantôt,* volveré por la tarde. ‖ — *Tantôt ... tantôt,* tan pronto... como, tan pronto..., tan pronto, ya... ya, unas veces... otras veces, ora... ora : *tantôt il est d'un avis, tantôt d'un autre,* unas veces es de un parecer, otras de otro. ‖ — *À tantôt,* hasta pronto, hasta luego (à bientôt), hasta la tarde (à cet après-midi). — M. Tarde, *f.* (l'après-midi) : *je sortirai le tantôt,* saldré por la tarde.

taoïsme m. Taoísmo.

taoïste adj. et s. Taoísta.

taon [tã] m. Tábano, tabarro.

tapage m. ● Alboroto, jaleo. ‖ FIG. Ruido, escándalo. ‖ FAM. Sablazo (emprunt). ‖ — *Cette nouvelle fera du tapage,* esta noticia dará mucho que hablar. ‖ — *Faire du tapage,* alborotar, armar jaleo.
— SYN. ● *Tintamarre,* batahola, estruendo. *Bruit,* ruido. *Fracas,* estrépito. *Vacarme,* tumulto. FAM. *Boucan,* bochinche. *Charivari,* jaleo, cencerrada. *Rumeur,* rumor. *Brouhaha,* algazara, guirigay. *Tam-tam,* publicidad, bombo. POP. *Sérénade,* serenata. *Pétard,* gresca. *Potin,* barahunda. *Raffut,* algazara, bochinche.

tapager v. intr. Hacer ruido, alborotar.

tapageur, euse adj. et s. Alborotador, ra ; ruidoso, sa. ‖ — Adj. FIG. Llamativo, va ; chillón, ona (criard). ‖ Escandaloso, sa (qui fait scandale). ‖ *Publicité tapageuse,* publicidad a bombo y platillos.

tapageusement adv. Con alboroto, escandalosamente.

tapant, e adj. FAM. En punto : *midi tapant,* las doce en punto.

tape f. Palmada, cachete, *m.,* sopapo, *m.* (gifle). ‖ Tapón, *m.* (bouchon). ‖ Mandilete, *m.,* tapabocas, *m.* (du canon).

tapé, e adj. Mecanografiado, da (dactylographié).

‖ FIG. et FAM. Chiflado, da ; tocado, da (fou). ‖ Bien hecho, bien dicho, oportuno, na ; fetén, de primera : *réponse bien tapée,* contestación oportuna.

tape-à-l'œil [tapalœːj] adj. FAM. Llamativo, va ; vistoso, sa.
— M. inv. FAM. Camelo, farfolla, *f.,* bambolla, *f.*

tapecul [tapky] m. Tílburi [de dos asientos]. ‖ Cacharro, carraca, *f.* (vieille voiture). ‖ Balancín (balançoire). ‖ MAR. Ala (*f.*) de cangreja (voile).

tapée f. FAM. Porrada, la mar de, gran cantidad : *une tapée d'enfants,* la mar de niños.

tapement m. (P. us.). Golpe, porrazo, choque.

taper v. tr. Pegar, dar un cachete, dar un sopapo (battre). ‖ Dar : *taper deux coups à la porte,* dar dos golpes en la puerta. ‖ Golpear, dar golpes : *taper un enfant avec un balai,* golpear a un niño con una escoba. ‖ Dar un sablazo, sablear (emprunter de l'argent). | Mecanografiar, escribir a máquina (dactylographier). | Aporrear, tocar (sur le piano).
— V. intr. Subirse a la cabeza (le vin). ‖ Pegar, apretar : *le soleil tape dur,* el sol pega fuerte. ‖ — *Taper à côté,* fallar el golpe. ‖ *Taper dans les réserves,* echar mano a las reservas. ‖ *Taper dans le tas,* escoger a bulto *ou* al buen tuntún. ‖ *Taper dans l'œil,* entrar por los ojos (choses), hacer tilín, caer en gracia (personnes). ‖ *Taper de,* golpear con. ‖ *Taper du pied,* patear. ‖ *Taper sur,* golpear. ‖ *Taper sur l'épaule,* tocar *ou* dar una palmadita en el hombro. ‖ *Taper sur les nerfs,* poner nervioso, crispar los nervios. ‖ *Taper sur le ventre à quelqu'un,* tratar a alguien con mucha familiaridad. ‖ *Taper sur quelqu'un,* poner como un trapo *ou* criticar a alguien.
— V. pr. POP. Cargarse, chuparse (une corvée). | Zamparse, soplarse (manger, boire). ‖ — POP. *Se taper dessus,* zurrarse la badana. | *Se taper la cloche,* darse una comilona, llenarse el buche. | *Tu peux te taper,* espérate sentado. | *Une histoire à se taper le derrière par terre,* una historia para desternillarse de risa.

tapette f. Golpecito, *m.,* palmadita, cachete, *m.* ‖ Macillo, *m.* (outil). ‖ Muñequilla de grabador. ‖ POP. Marica, *m.* (pédéraste). | Parlanchín, *m.,* hablador, *m.* ‖ POP. *Avoir une fière tapette,* gustarle mucho a uno el charloteo.

tapeur, euse m. et f. Persona (*f.*) aficionada a pegar, pegón, ona (frappeur). ‖ FAM. Sablista, *m.* (emprunteur).

tapin m. MIL. FAM. Tambor (tambour et soldat).

tapinois (en) loc. adv. FAM. A escondidas, a la chita callando, de tapadillo, de ocultis.

tapioca m. Tapioca, *f.* ‖ Sopa (*f.*) de tapioca.

tapir m. Tapir (mammifère).

tapir (se) v. pr. Agazaparse, agacharse. ‖ FIG. Encerrarse, retirarse.

tapis [tapi] m. ● Alfombra, *f.* (pour le parquet). ‖ Tapete (pour un meuble). ‖ Tapiz (tapisserie). ‖ Paño, tapete (de billard). ‖ FAM. Lona, *f.* (boxe) : *envoyer au tapis,* hacer besar la lona. ‖ — *Tapis-brosse,* felpudo, estera. ‖ *Tapis de selle,* manta sudadera. ‖ *Tapis roulant,* transportador, cinta transportadora (para mercancías), pasillo rodante (para personas). ‖ *Tapis vert,* tapete verde (table de jeu). ‖ — *Aller au tapis,* besar la lona, caer derribado (en boxe). ‖ *Amuser le tapis,* divertir la concurrencia. ‖ *Être sur le tapis* o *tenir quelqu'un sur le tapis,* estar sobre el tapete, ser objeto de la conversación. ‖ *Mettre sur le tapis,* poner sobre el tapete (une question).
— SYN. ● *Tapisserie,* tapiz, *Tenture,* colgadura. *Carpette,* alfombrilla. *Moquette,* moqueta.

tapis-franc m. (Vx). Garito, tasca, *f.*

tapisser v. tr. Tapizar (les murs, les fauteuils). ‖ Empapelar (mettre du papier sur les murs). ‖

Adornar con colgaduras (orner de tentures). ‖ Cubrir, revestir (une surface).

tapisserie f. Tapicería (pour les meubles). ‖ Tapiz, *m.* (pour les murs). ‖ Tapicería (art de tapisser). ‖ Colgadura (tenture). ‖ Empapelado, *m.* (papier). ‖ — *Tapisserie de haute, de basse lisse,* tapiz de alto, de bajo lizo. ‖ — FIG. *Faire tapisserie,* quedarse en el poyete, comer pavo (au bal).

tapissier, ère m. et f. Tapicero, ra. ‖ Empapelador, ra (personne qui tapisse les murs). ‖ — F. (Vx). Coche (*m.*) abierto de mudanza. | Jardinera, *f.* (omnibus).

tapon m. Rebujo (bouchon d'étoffe).

taponnage m. Ensortijado, encrespado (des cheveux).

taponner v. tr. (Vx). Encrespar, ensortijar (les cheveux).

tapotage ou **tapotement** m. Golpeteo. ‖ FAM. Aporreamiento, aporreo (du piano).

tapoter v. tr. Golpetear, dar golpecitos. ‖ *Tapoter au piano,* aporrear el piano.

taquage m. IMPR. Igualado (des feuilles).

taque f. MÉCAN. Taca (plaque de fonte).

taquer v. tr. IMPR. Nivelar con el tamborilete (une forme), igualar (des feuilles).

taquet [takɛ] m. Taco, cuña, *f.* ‖ Estaca, *f.* (piquet de bois). ‖ Uña, *f.,* tope, taqué (d'un mécanisme). ‖ IMPR. Uña, *f.* ‖ MAR. Cornamusa, *f.* (pour amarrer). | *Taquet de pont,* prensacabos.

taquin, e adj. et s. Guasón, ona.

taquiner v. tr. ● Hacer rabiar, pinchar. ‖ FIG. Inquietar ligeramente. ‖ FIG. et FAM. *Taquiner la dame de pique,* tirar de la oreja a Jorge. | *Taquiner le goujon,* pescar con caña.

— SYN. ● *Agacer,* provocar. *Impatienter,* impacientar. *Contrarier,* contrariar.

taquinerie f. Broma, pulla, guasa (action). ‖ Guasa (caractère).

taquoir m. Tamborilete (de typographe).

tarabiscot [tarabisko] m. Avivador (moulure et outil).

tarabiscoter v. tr. Adornar con avivadores (moulures). ‖ FIG. Recargar, alambicar, rebuscar (orner).

tarabuster v. tr. FAM. Molestar, dar la lata.

tarage m. Destara, *f.*

tarare! interj. FAM. ¡Quia!, ¡ca! (marque l'incrédulité).

tarare m. AGRIC. Aventadora, *f.,* tarara, *f.*

tarasque f. Tarasca (animal monstrueux).

taratata! interj. FAM. ¡Ni hablar!, ¡vamos anda!, ¡anda ya! (interj. de dédain).

taraud [taro] m. TECHN. Terraja, *f.,* macho de aterrajar *ou* roscar.

taraudage m. Aterrajado, roscado.

tarauder v. tr. Aterrajar (fileter). ‖ Perforar (percer).

taraudeuse f. Aterrajadora, máquina de aterrajar.

tarbouch ou **tarbouche** m. Fez con borla, tarbuch (gorro turco y griego).

tard [ta:r] adv. Tarde : *mieux vaut tard que jamais,* más vale tarde que nunca. ‖ — *Au plus tard,* lo más tarde, a más tardar. ‖ *Tôt ou tard,* tarde o temprano.

— M. Anochecer, atardecer : *sur le tard,* al anochecer. ‖ FIG. *Sur le tard,* en el ocaso de la vida.

tarder v. intr. Tardar : *pourquoi avez-vous tant tardé?,* ¿por qué ha tardado usted tanto? ‖ — *Tarder à,* tardar en. ‖ — *Il me tarde de,* espero con impaciencia, estoy impaciente por.

tardif, ive adj. Tardío, a.

tardigrade adj. et s. m. ZOOL. Tardígrado, da.

tardillon, onne [tardijɔ̃, ɔn] m. et f. FAM. Hijo tardío, hija tardía.

tardiveté f. Desarrollo (*m.*) tardío (des plantes).

tare f. Tara (poids de l'emballage). ‖ Defecto, *m.,* vicio, *m.* (du bétail). ‖ FIG. Tara, tacha, defecto, *m.* | Deterioro, *m.,* avería (perte de valeur). ‖ *Faire la tare,* equilibrar los platillos de una balanza.

taré, e adj. Averiado, da ; deteriorado, da (marchandise). ‖ FIG. Viciado, da ; corrompido, da (corrompu). | Tarado, da (qui a un défaut).

Tarente n. pr. GÉOGR. Tarento.

tarentelle f. Tarantela (danse et musique).

tarentin, e adj. et s. Tarentino, na.

tarentule f. Tarántula. ‖ *Piqué, mordu de la tarentule,* picado por la tarántula.

tarer v. tr. Destarar (emballage). ‖ Deteriorar, estropear, causar merma. ‖ FIG. Manchar, mancillar : *tarer la réputation,* manchar la reputación.

taret [tarɛ] m. Taraza, *f.* (mollusque).

targe f. Tarja (bouclier).

targette f. Pestillo, *m.,* pasador, *m.* colanilla.

targuer (se)* v. pr. Hacer alarde, jactarse.

targui, e adj. et s. Targui (touareg).

targum [targɔm] m. Tárgum (Bible).

taricheute [tarikø:t] m. Embalsamador egipcio.

tarière f. Taladro, *m.* (outil pour percer). ‖ ZOOL. Oviscapto, *m.*

tarif [tarif] m Tarifa, *f.,* lista (*f.*) de precios (tableau des prix). ‖ Arancel (droit de douane).

tarifaire adj. Arancelario, ria.

tarifer v. tr. Tarifár.

tarification f. Fijación de tarifa.

tarin m. Verderón, chamariz (oiseau). ‖ POP. Napias, *f. pl.,* narizota, *f.* (nez).

tarir v. tr. Agotar, secar (mettre à sec). ‖ Hacer cesar, parar (faire cesser). ‖ Terminar *ou* acabar con (en finir avec).

— V. intr. Agotarse, secarse : *la source a tari tout à coup,* el manantial se ha agotado de repente. ‖ FIG. Cesar *ou* pararse *ou* parar de hablar : *ne pas tarir sur un problème,* no parar de hablar de un problema. ‖ *Ne pas tarir d'éloges sur,* hacerse lenguas de.

tarissable adj. Agotable.

tarissement m. Agotamiento, desecación, *f.* (d'une source). ‖ FIG. Agotamiento.

tarlatane f. Tarlatana (tissu).

tarmacadam m. Macadam alquitranado.

tarot [taro] m. Naipe [diferente de los ordinarios y a los que se atribuye poder adivinatorio].

taroté, e adj. Con el dorso rayado (cartes).

tarpan m. Tarpán (cheval sauvage d'Asie).

Tarpeia n. pr. f. Tarpeya.

Tarpéienne n. pr. f. *Roche Tarpéienne,* roca Tarpeya.

tarpon m. Tarpón (poisson).

Tarquin n. pr. m. Tarquino.

Tarraconaise n. pr. f. HIST. Tarraconense.

Tarragone n. pr. GÉOG. Tarragona.

tarse m. Tarso.

tarsectomie f. MÉD. Tarsectomía.

tarsien, enne adj. ANAT. Del tarso.

— M. Pl. ZOOL. Társidos.

tarsier m. Tarsio (mammifère).

tartan m. Tartán, tela (*f.*) escocesa.

tartane f. Tartana (bateau).

tartare adj. et s. Tártaro, ra.

Tartarie n. pr. f. GÉOGR. Tartaria.

tartarin m. Fanfarrón, baladrón.

tartarinade f. Fanfarronada, baladronada.

tarte f. Tarta (pâtisserie). ‖ FAM. Guantada, tortazo, *m.,* torta (gifle).

— Adj. FAM. Cursi.

tartelette f. Tartita, pastelillo, *m.*

Tartempion m. Fulano.

tartine f. ● Rebanada de pan con mantequilla, miel, mermelada, etc. ‖ FIG. et FAM. Rollo, *m.*, escrito (*m.*) *ou* discurso (*m.*) pesado.
— SYN. ● *Beurrée*, rebanada de pan con mantequilla. *Rôtie*, tostada (grillé). *Croûton*, cuscurro. *Toast*, tostada.

tartiner v. tr. Untar una rebanada de pan con mantequilla, miel *ou* mermelada.
— V. intr. FAM. Dar el rollo.

tartrate m. CHIM. Tartrato.

tartre m. Tártaro (dépôt que laisse le vin). ‖ Sarro (des dents). ‖ Incrustación, *f.*, sarro (des chaudières, des canalisations, etc.). ‖ *Crème de tartre*, crémor tártaro.

tartré, e adj. Con tártaro.

tartreux, euse adj. Tartaroso, sa.

tartrique adj. CHIM. Tártrico, ca.

tartufe m. Tartufo, hipócrita, mojigato, ta.

Tartufe ou **Tartuffe** n. pr. m. Tartufo.

tartuferie f. Hipocresía, mojigatería.

tas [tα] m. Montón, pila, *f.*, (monceau). ‖ FIG. et FAM. Partida, *f.*, banda, *f.* : *tas de paresseux*, partida de holgazanes. | La mar, *f.*, un montón : *un tas de choses à dire*, la mar de cosas que contar. ‖ Tas, yunque pequeño (petite enclume). ‖ — CONSTR. *Tas de charge*, hilada. ‖ *Tas de fumier*, estercolero, montón de estiércol. ‖ — *Apprentissage sur le tas*, aprendizaje en el taller. ‖ *Grève sur le tas*, huelga de brazos caídos. ‖ — *Être sur le tas*, coger in fraganti, con las manos en la masa. ‖ *Taper dans le tas*, dar palos de ciego (frapper au hasard), coger en el montón *ou* a bulto (prendre dans la masse).

Tasmanie n. pr. f. GÉOGR. Tasmania.

tasmanien, enne adj. et s. Tasmanio, nia.

tasse f. Taza. ‖ — FAM. *La grande tasse*, el mar, el charco. | — *Boire la tasse*, tragar agua (au cours d'une baignade). | *Faire boire la tasse*, dar una ahogadilla.

tassé, e adj. Apretado, da ; comprimido, da (serré). ‖ Encogido, da ; achaparrado, da : *vieillard tassé*, viejo encogido. ‖ FAM. Bien servido, da ; cargado, da : *un whisky bien tassé*, un whisky bien servido.

tasseau m. Cuña, *f.*, calzo (cale de bois). ‖ Tas (enclume). ‖ CONSTR. Punto de apoyo de un andamio.

tassement m. Asiento, asentamiento (d'une construction). ‖ Apisonado, apisonamiento (de la terre).

tasser v. tr. Apilar, amontonar (mettre en tas). ‖ Apisonar (aplatir). ‖ Apretujar, aplastar, comprimir (réduire de volume). ‖ Apiñar, amontonar (des personnes, des groupes).
— V. intr. Crecer (une plante).
— V. pr. Hundirse (s'affaisser). ‖ Achaparrarse (l'homme). ‖ Apretujarse, apiñarse, apretarse (se serrer). ‖ FIG. et FAM. Calmarse, arreglarse (une affaire).

tassette f. Escarcela (d'armure).

tassili m. Meseta (au Sahara).

Tatars ou **Tartares** n. pr. m. pl. Tátaros *ou* Tártaros.

tâtement m. Tiento (action de tâter).

tâter v. tr. Tentar, tocar (toucher). ‖ Tantear, sondear : *tâter le terrain*, tantear el terreno. ‖ FIG. Probar (essayer) : *tâter d'un métier*, probar un oficio. ‖ (Vx). Probar, gustar, catar (d'un mets). ‖ — FIG. *Tâter le pavé*, ir a tientas. ‖ *Tâter le pouls*, tomar el pulso.
— V. pr. Tentarse, palparse. ‖ Reflexionar, pensarlo bien (réfléchir).

tâte-vin [tαtvɛ̃] ou **taste-vin** m. inv. Catavinos (tasse). ‖ Pipeta, *f.* (tube).

tatillon, onne [tatijɔ̃, ɔn] adj. et s. FAM. Puntilloso, sa ; reparón, ona.

tatillonnage m. Minuciosidad, *f.*, meticulosidad, *f.*

tatillonner v. intr. Reparar en minucias, pararse en pequeñeces.

tâtonnement m. Marcha (*f.*) a tientas. ‖ FIG. Tanteo, sondeo, titubeo (recherche hésitante).

tâtonner v. intr. Buscar a tientas (chercher en tâtant). ‖ FIG. Tantear, titubear (hésiter). ‖ *Marcher en tâtonnant*, andar a tientas.

tâtonneur, euse adj. et s. Persona que busca *ou* anda a tientas. ‖ FIG. Vacilante, titubeante (hésitant).

tâtons (à) [atatɔ̃] loc. adv. A tientas, a ciegas.

tatou m. ZOOL. Tatú.

tatouage m. Tatuaje.

tatouer v. tr. Tatuar.

tatoueur adj. et s. m. Tatuador, persona (*f.*) que tatúa.

tatouille f. POP. Tortazo, *m.* (gifle).

tau m. Tau (lettre grecque). ‖ Tau, tao, cruz (*f.*) de San Antonio (figure héraldique).

taud [to] m. ou **taude** [to:d] f. MAR. Toldo (*m.*) de lona embreada.

taudis [todi] m. Cuchitril, tugurio, zaquizamí.

taule f. V. TÔLE.

taupe f. Topo, *m.* (animal). ‖ FAM. Clase preparatoria para la Escuela Politécnica. ‖ — POP. *Vieille taupe*, carcamal, vejestorio. ‖ — *Noir comme une taupe*, negro como el carbón, como el azabache. ‖ — FAM. *Aller au royaume des taupes*, irse al otro barrio, morir. ‖ *Il est myope comme une taupe*, no ve tres en un burro.

taupé, e adj. Parecido a la piel de topo.

taupe-grillon m. ZOOL. Cortón, grillo real.

taupier m. Cazador de topos.

taupière f. Trampa para coger topos.

taupin m. Elátero (insecte). ‖ (Vx). MIL. Zapador. ‖ POP. Opositor a la Escuela Politécnica.

taupinière f. Topera, topinera (d'une taupe). ‖ FIG. Montículo, *m.*, collado, *m.* (élévation).

taure f. Ternera, becerra.

taureau m. Toro (animal) : *taureau de combat*, toro de lidia. ‖ FIG. Toro, roble (personne vigoureuse). ‖ Tauro (constellation). ‖ *Prendre le taureau par les cornes*, coger al toro por los cuernos.

Tauride n. pr. GÉOGR. Táuride.

taurillon [tɔrijɔ̃] m. Becerro, añojo.

taurin, e adj. Taurino, na.

taurobole m. Tauróbolo (sacrifice).

tauromachie f. Tauromaquia.

tauromachique adj. Tauromáquico, ca.

Taurus [torys] n. pr. m. ASTR. et GÉOGR. Tauro.

tautologie f. Tautología (répétition inutile).

tautologique adj. Tautológico, ca.

taux [to] m. Tasa, *f.* (prix fixé). ‖ Tipo de interés, tanto por ciento, rédito (intérêt annuel). ‖ Porcentaje, proporción, *f.* (proportion). ‖ Índice, coeficiente, tasa *f.* (de natalité, d'augmentation) : *taux d'accroissement*, índice *ou* coeficiente de incremento. ‖ Coeficiente, grado : *taux d'invalidité*, coeficiente de invalidez. ‖ Nivel, precio (prix). ‖ — *Taux de change*, cambio. ‖ MÉCAN. *Taux de compression*, relación de compresión. ‖ *Taux d'escompte*, tipo de descuento.

tavaillon [tavajɔ̃] m. CONSTR. Listón, tablilla, *f.*

tavaïole ou **tavaïolle** f. Paño, *m.* (liturgie).

taveler* v. tr. Manchar, salpicar.

tavellage m. Devanado (de la soie).

tavelle f. Devanadera (dévidoir pour la soie). ‖ Palanca (de charrette).

taveller v. tr. Devanar [la seda].

tavelure f. Mancha (sur la peau, sur les fruits).

taverne f. (Vx). Taberna. ‖ Restaurante (*m.*) de lujo, hostería.

tavernier, ère n. et f. Tabernero, ra.

taxacées f. pl. BOT. Taxáceas.

taxateur adj. m. et s. m. Tasador.

taxatif, ive adj. Que puede ser tasado.

taxation f. Tasación (action). ‖ Fijación (des prix, des salaires).

taxativement adv. Taxativamente, de modo determinado.

taxe f. Tasa, tarifa (prix officiellement fixé). ‖ Impuesto, *m.*, contribución : *taxe de luxe,* impuesto de lujo. ‖ Tasación de las costas judiciales. ‖ Arancel, *m.* (de douane).

taxer v. tr. Tasar (fixer les prix). ‖ Gravar, poner un impuesto a, imponer una carga a (mettre un impôt sur). ‖ Fijar las costas judiciales. ‖ FIG. Tachar, acusar : *taxer quelqu'un d'avarice,* tachar a uno de avaricia.

— OBSERV. *Taxer de* se construye siempre con un sustantivo, y se dice *taxer quelqu'un de sottise,* pero *traiter quelqu'un de sot.*

taxi m. Taxi (auto de location). ‖ *Chauffeur de taxi,* taxista.

taxiarchie [taksjarki] f. ou **taxiarchat** [-ka] m. Taxiarquía (unité tactique).

taxiarque m. Comandante de una taxiarquía (en Grèce ancienne).

taxidermie f. Taxidermia.

taxidermique adj. Taxidérmico, ca.

taxidermiste m. et f. Taxidermista.

taximètre m. Taxímetro.

taxinomie f. V. TAXONOMIE.

taxiphone m. Teléfono público con fichas.

taxonomie ou **taxinomie** f. Taxonomía.

taylorisation [tɛlɔrizasjɔ̃] f. Taylorización [organización metódica del trabajo].

tayloriser [-rize] v. tr. Aplicar el sistema de Taylor.

taylorisme [-rism] m. Taylorismo.

Tchad n. pr. m. GÉOGR. Chad.

tchécoslovaque adj. et s. Checoslovaco, ca.

Tchécoslovaquie n. pr. f. GÉOGR. Checoslovaquia.

tchèque adj. et s. Checo, ca. ‖ — M. Checo (langue).

te pron. pers. Te : *je te donne,* te doy.

— OBSERV. Lorsque le pronom est complément d'un verbe à l'infinitif ou au gérondif il est proclitique en français et enclitique en espagnol (*je vais te le donner,* voy a dártelo ; *en te voyant,* viéndote).

té m. Te, *f.* (lettre). ‖ Te, *f.* (équerre).

té! interj. FAM. ¡Hombre !, ¡vaya ! [empleada en el sur de Francia].

tea-room [tiru:m] m. Salón de té.

technétium [tɛknesjɔm] m. CHIM. Tecnecio.

technicien, enne [tɛknisjɛ̃, jɛn] m. et f. Técnico, *m.,* especialista.

technicité f. Tecnicismo, *m.,* tecnicidad.

technique adj. Técnico, ca : *expression technique,* expresión técnica. ‖ *Enseignement technique,* enseñanza laboral.

— F. Técnica : *la technique d'un peintre,* la técnica de un pintor.

technocrate m. et f. Tecnócrata.

technocratie f. Tecnocracia.

technographie f. Tecnografía.

technographique adj. Tecnográfico, ca.

technologie f. Tecnología.

technologique adj. Tecnológico, ca.

technologue ou **technologiste** m. Tecnólogo.

teck ou **tek** m. Teca, *f.* (arbre).

tectonique adj. et s. f. Tectónico, ca.

Te Deum [tedeɔm] m. Tedéum, te deum.

tégénaire f. Tegenaria (araignée).

tégument m. Tegumento.

tégumentaire adj. Tegumentario, ria.

teigne [tɛɲ] f. Polilla (insecte). ‖ FIG. et FAM. Bicho (*m.*) malo, bicharraco, *m.* (personne méchante). ‖ MÉD. Tiña (du cuir chevelu). ‖ VÉTÉR. Arestín, *m.*

teigneux, euse adj. et s. Tiñoso, sa.

teillage [tɛjaʒ] ou **tillage** [tija:ʒ] m. Agramado.

teille [tɛ:j] ou **tille** [ti:j] f. Agramiza (du chanvre). ‖ Líber, *m.* (du tilleul).

teiller ou **tiller** [-je] v. tr. Agramar.

teilleur, euse [-jœ:r, ø:z] m. et f. Agramador, ra. ‖ — F. Agramadera (machine).

teindre* v. tr. Teñir : *teindre en bleu marine,* teñir de azul marino.

teint [tɛ̃] m. Tinte, colorido (d'un tissu). ‖ Tez, *f.,* color (du visage). ‖ — FIG. *Bon teint,* cien por cien, convencido. ‖ *Bon teint, grand teint,* color sólido (tissu). ‖ — *Avoir un teint de papier mâché,* estar pálido como la cera.

teint, e adj. Teñido, da.

teinte f. Tinte, *m.,* color, *m.* : *teinte plate,* tinte uniforme. ‖ FIG. Matiz, *m.,* tinte, *m.,* visos, *m. pl.,* tono, *m.,* un poco : *une teinte d'ironie,* un poco de ironía.

teinté, e adj. Teñido, da. ‖ Ahumado, da (verres). ‖ Moreno, na (peau).

teinter v. tr. Teñir.

teinture f. Tintura, tinte, *m.* ‖ Tintura (pharmacie). ‖ FIG. Barniz, *m.,* baño, *m.* (connaissance superficielle).

teinturerie [tɛ̃tyrri] f. Tintorería, tinte, *m.*

teinturier, ère adj. et s. Tintorero, ra.

tel, telle adj. indéf. Tal, semejante. ‖ Tal, este : *tel est mon avis,* este es mi parecer. ‖ Tal, tan grande (si grand). ‖ — *Tel père, tel fils,* de tal palo tal astilla. ‖ *Tel que,* tal como (comme), tal cual, tal y como (ainsi). ‖ — *De telle sorte que,* de tal manera que. ‖ *Il n'y a rien de tel pour,* no hay nada como eso para.

— Pron. indéf. Quien, alguien : *tel rit aujourd'hui qui pleurera demain,* quien ríe hoy llorará mañana. ‖ *Un tel, Une telle,* Fulano, Fulana [de Tal].

— OBSERV. *Tel* concuerda con el nombre o pronombre que viene después : *tel homme, telles femmes ; tel que* con el nombre que precede : *les bêtes féroces telles que le lion, le tigre... ; comme tel* con el nombre que se sobreentiende : *la musique est un art international et comme tel refuse les frontières.*

— En français, on ne dispose que d'un mot pour designar divers individus : *j'ai rencontré Un tel, Un tel et Un tel,* he encontrado a Fulano, Mengano, Zutano y Perengano.

télamon m. ARCHIT. Telamón, atlante.

télautographe m. Telautógrafo.

télé f. FAM. Tele (télévision).

télécabine ou **télébenne** f. Teleférico (*m.*) monocable.

télécinématographe ou **télécinéma** m. Telecinematógrafo, telecine.

télécommande f. Telemando, *m.,* mando (*m.*) a distancia.

télécommander v. tr. Teledirigir.

télécommunication f. Telecomunicación.

télédynamie f. Teledinamia.

télédynamique adj. Teledinámico, ca.

téléférique adj. et s. m. V. TÉLÉPHÉRIQUE.

téléfilm m. Telefilme.

télégramme m. Telegrama. ‖ *Télégramme téléphoné,* telefonema.

télégraphe m. Telégrafo.

télégraphie f. Telegrafía : *télégraphie sans fil,* telegrafía sin hilos.

télégraphier* v. tr. et intr. Telegrafiar.

télégraphique adj. Telegráfico, ca.

télégraphiste adj. et s. Telegrafista.

téléguidage m. Dirección (*f.*) a distancia.

téléguidé, e adj. Teleguiado, da ; teledirigido, da.

téléguider v. tr. Teleguiar, teledirigir.

téléimprimeur m. Teleimpresor.

télékinésie f. Telequinesia.

Télémaque n. pr. m. Telémaco.

télémécanicien m. Especialista en telecomunicaciones.

télémécanique f. Telemecánica.

télémesure f. Telemedición.
télémètre m. Telémetro.
télémétreur m. Especialista en el empleo del telémetro.
télémétrie f. Telemetría.
télémétrique adj. Telemétrico, ca.
téléobjectif m. Teleobjetivo.
téléologie f. Teleología.
téléologique adj. Teleológico, ca.
téléosaure m. Teleosaurio (crocodile fossile).
téléostéens [teleɔsteɛ̃] m. pl. Zool. Teleósteos.
télépathe adj. et s. Telépata. ‖ Médium.
télépathie f. Telepatía.
télépathique adj. Telepático, ca.
téléphérage m. Transporte por cables aéreos.
téléphérique adj. et s. m. Teleférico, ca.
téléphonage m. Transmisión (f.) de telegramas por teléfono.
téléphone m. Teléfono. ‖ Fam. Coup de téléphone, llamada telefónica, telefonazo.
téléphoner v. tr. et intr. Telefonear.
téléphonie f. Telefonía : téléphonie sans fil, telefonía sin hilos.
téléphonique adj. Telefónico, ca.
téléphoniste m. et f. Telefonista.
téléphotographie ou **téléphoto** f. Telefotografía, telefoto.
télépointage m. Puntería (f.) a distancia.
téléradiographie f. Telerradiografía.
télescopage m. Choque de frente [vehículos].
télescope m. Telescopio.
télescoper v. tr. Chocar de frente.
    — V. pr. Chocar de frente [dos vehículos].
télescopique adj. Telescópico, ca : tube télescopique, tubo telescópico.
téléscripteur m. Teleimpresor.
télésiège m. Telesilla.
télésignalisation f. Teleseñalización.
téléski m. Telesquí.
téléspectateur, trice m. et f. Telespectador, ra ; televidente.
télesthésie f. Telestesia, telepatía.
télétraitement m. Teleproceso.
télétype m. Teletipo.
télévisé, e adj. Televisado, da. ‖ Journal télévisé, telediario.
téléviser v. tr. Televisar.
téléviseur adj. m. et s. m. Televisor.
télévision f. Televisión. ‖ Poste de télévision, televisor.
télex m. Telex.
tell m. Colina (f.) artificial (au Proche-Orient).
tellement adv. De tal suerte, de tal manera (de telle sorte). ‖ Tan : il est tellement idiot, es tan idiota. ‖ Tanto : tu n'es pas méchant, mais Pierre l'est tellement, no eres malo, pero Pedro lo es tanto. ‖ Tanto, ta : il est venu tellement de fois, ha venido tantas veces. ‖ — Tellement que, de tal modo que, de tal suerte que ‖ (Vx). Tellement quellement, así así. ‖ — Fam. Pas tellement, no mucho, no tanto : aimes-tu la musique? Pas tellement, ¿te gusta la música?, no tanto ; nous ne nous amusons pas tellement, no nos divertimos mucho ; no muy, no tan : il n'est pas tellement sympathique, no es tan simpático ; il ne travaille pas tellement bien, no trabaja muy bien.
tellière m. et adj. Marca francesa de papel (34 × 44 cm).
tellure m. Telurio (métal).
tellureux, euse adj. Chim. Teluroso, sa.
tellurhydrique adj. Chim. Telurhídrico, ca.
tellurique ou **tellurien, enne** adj. Telúrico, ca.
tellurisme m. Telurismo.
tellurure m. Chim. Telururo.
télophase f. Biol. Telofase.
telson m. Zool. Telson.

téméraire adj. et s. Temerario, ria.
témérité f. Temeridad.
témoignage m. Testimonio. ‖ Fig. Muestra, f., prueba, f. : témoignage de sympathie, muestras de simpatía. ‖ — Être appelé en témoignage, ser llamado como testigo. ‖ Porter un faux témoignage, levantar falso testimonio. ‖ Rendre témoignage à quelqu'un, rendir homenaje a alguien. ‖ Rendre témoignage de, dar fe de.
    — Syn. Marque, muestra. Preuve, prueba. Signe, señal. Témoin, testigo.
témoigner v. intr. Testimoniar, atestiguar, testificar. ‖ Declarar como testigo (porter témoignage). ‖ Témoigner pour, contre, declarar a favor, en contra.
    — V. tr. Manifestar, mostrar : témoigner de la joie, manifestar alegría. ‖ Demostrar, ser prueba de, dar prueba de : gestes qui témoignent une vive surprise, gestos que demuestran una viva sorpresa. ‖ — Témoigner quelque chose pour, contre, declarar algo a favor, en contra.
témoin [temwɛ̃] m. Testigo, m. et f. ‖ Padrino (d'un duel). ‖ Prueba, f. : il est ici, témoin ses traces, está aquí, prueba de ello sus huellas. ‖ Testigo (dans une course de relais). ‖ Techn. Testigo, muestra, f. ‖ — Témoin à charge, à décharge, testigo de cargo, de descargo. ‖ Témoin d'un mariage, padrino ou madrina de una boda. ‖ Témoin oculaire, testigo de vista ou ocular. ‖ — Appartement témoin, piso de muestra, piso piloto. ‖ Lampe témoin, lámpara indicadora ou testigo. ‖ — Dieu m'est témoin, Dios es testigo. ‖ Prendre à témoin, tomar por testigo.
    — Observ. Témoin no tiene forma femenina en francés : se dice cette femme est un témoin sûr.
tempe f. Sien.
tempérament m. Temperamento. ‖ Fig. Carácter, genio, índole, f. ‖ Templanza, f., moderación, f. ‖ Mus. Temperamento. ‖ Vente à tempérament, venta a plazos.
tempérance f. Templanza.
tempérant, e adj. Temperante (qui modère). ‖ Mesurado, da ; moderado, da ; templado, da (sobre).
température f. Temperatura. ‖ Fiebre, calentura (fièvre).
tempéré, e adj. Templado, da [Amér., temperado, da] (température).
tempérer * v. tr. Temperar, templar. ‖ Fig. Templar, moderar, calmar (calmer).
tempête f. ● Tempestad, temporal, m. (en mer), tormenta (à terre). ‖ Fig. Torrente, m. (d'injures). ‖ Braver la tempête, capear el temporal.
    — Syn. ● Tourmente, tormenta. Bourrasque, borrasca. Raz de marée, maremoto.
tempêter v. intr. Echar pestes, vociferar.
tempétueux, euse adj. Tempestuoso, sa.
temple m. Templo.
templier m. Templario.
tempo [tɛmpo] m. Mus. Tiempo, movimiento.
temporaire adj. Temporal, temporario, ria. ‖ Temporero, ra (saisonnier).
temporal, e adj. et s. m. Temporal (de la tempe).
temporalité f. Temporalidad.
temporel, elle adj. Temporal : pouvoir temporel, poder temporal ; existence temporelle, existencia temporal.
    — M. Lo temporal. ‖ Temporalidades, f. pl. (ecclésiastique).
temporisateur, trice adj. et s. Contemporizador, ra, transigente.
temporisation f. Contemporización.
temporiser v. intr. Contemporizar.
temporiseur m. Contemporizador, temporizador.
temps [tɑ̃] m. Tiempo (durée, atmosphère). ‖ Época, f., estación, f., tiempo (saison). ‖ Autom.,

GRAMM., MUS. et SPORTS. Tiempo. ‖ — *Temps d'arrêt*, parada, detención momentánea. ‖ *Temps de chien*, tiempo de perros. ‖ *Temps de pose*, tiempo de exposición (photographie). ‖ — *Beau temps*, buen tiempo. ‖ *Gros temps*, temporal, mar gruesa. ‖ *La plupart du temps*, la mayoría de las veces, en muchas ocasiones. ‖ *Le bon vieux temps*, los buenos tiempos.
— *À plein temps*, de dedicación exclusiva, de plena dedicación. ‖ *Après la pluie, le beau temps*, después de la tempestad viene la calma. ‖ *À temps*, a tiempo, con tiempo (assez tôt), temporal, por tiempo limitado (durée limitée) ‖ *À temps perdu*, a ratos perdidos. ‖ *Au temps de*, en tiempos de. ‖ *Au temps jadis*, antaño. ‖ *Au temps où les bêtes parlaient*, en tiempos de Maricastaña *ou* del rey que rabió. ‖ *Avant le temps*, antes de tiempo, prematuramente. ‖ *Dans ce temps*, hoy día. ‖ *Dans la nuit des temps*, en la noche de los tiempos. ‖ *Dans le temps*, antiguamente, antaño. ‖ *Dans le temps que*, en el tiempo que, mientras. ‖ *De o en tout temps*, siempre, toda la vida. ‖ *De mon temps*, en mis tiempos, en mi época. ‖ *Depuis le temps*, desde entonces (depuis lors), desde. ‖ *De temps à autre o de temps en temps*, de vez en cuando, de cuando en cuando. ‖ *En ce temps-là*, por aquel tiempo. ‖ *En deux temps, trois mouvements*, en un dos por tres, en dos patadas (très vite). ‖ *En même temps*, al mismo tiempo, a la vez. ‖ *En son temps*, en su momento, a su tiempo. ‖ *En temps ordinaire*, corrientemente. ‖ *En temps utile*, en tiempo hábil *ou* oportuno, a su debido tiempo. ‖ *En temps voulu*, a tiempo. ‖ *Entre-temps*, entre tanto.
— FAM. *Avoir fait son temps*, haber cumplido el tiempo de su servicio [militar], estar fuera de uso (être hors d'usage). ‖ *Avoir le temps*, tener tiempo. ‖ *Être de son temps*, ser muy de su época. ‖ *Gagner du temps*, ganar tiempo. ‖ *Il est grand temps que o il est plus que temps que*, ya es hora que. ‖ *Il est temps de*, ya es hora de. ‖ *Il est toujours temps de*, siempre se está a tiempo de. ‖ *Il n'y a pas de temps à perdre*, no hay tiempo que perder. ‖ *Il y a beau temps*, hace mucho tiempo. ‖ *Laisser faire le temps*, dar tiempo al tiempo. ‖ *Le temps c'est de l'argent*, el tiempo es oro. ‖ *Le temps me dure*, el tiempo se me hace largo. ‖ *Le temps presse*, urge. ‖ *Par le temps qui court*, hoy en día. ‖ *Passer son temps à lire*, pasarse el tiempo leyendo. ‖ *Perdre son temps*, perder el tiempo. ‖ *Prendre le temps comme il vient*, tomar las cosas como vienen. ‖ *Prendre son temps*, tomarse tiempo, tomarlo con tiempo. ‖ *Rester un bon bout de temps*, quedarse mucho tiempo. ‖ *Se donner du bon temps*, pegarse una buena vida. ‖ *Travailler à plein temps*, trabajar la jornada completa. ‖ *Tromper o tuer o faire passer le temps*, matar el tiempo.

tenable adj. Defendible (défendable) : *cette situation n'est pas tenable*, esa situación no es defendible.
— OBSERV. Se emplea sobre todo con la negación y entonces se traduce por *insostenible*.

tenace adj. Tenaz, resistente a la ruptura (résistant à la rupture). ‖ Pegajoso, sa ; tenaz (qui adhère). ‖ FIG. Terco, ca ; tenaz (têtu).

ténacité f. Tenacidad.

tenaille f. ou **tenailles** [tǝna:j] f. pl. Tenazas, pl. ‖ MIL. Tenaza, *sing.* (fortification).

tenaillement [-jmɑ̃] m. Atenazamiento, tortura (f.) con las tenazas.

tenailler [-je] v. tr. Atenacear, atenazar (torturer avec des tenailles). ‖ FIG. Atormentar, hacer sufrir.

tenaillon [-jɔ̃] m. MIL. Tenallón.

tenancier, ère m. et f. Colono, *m.*, cortijero, ra ; arrendatario, ria (d'une métairie). ‖ Gerente, encargado, da (d'un hôtel, d'une maison de jeu). ‖ (Vx). Terrazguero, *m.*

tenant, e adj. *Séance tenante*, en el acto.
— M. Mantenedor (dans un tournoi). ‖ FIG. Paladín, defensor, partidario (d'une opinion). ‖ Poseedor (d'un titre, d'un record). ‖ BLAS. Tenante. ‖ — *Les tenants et les aboutissants d'une terre*, las tierras colindantes *ou* confines. ‖ — *D'un seul tenant o tout d'un tenant*, de una sola pieza. ‖ — *Connaître les tenants et les aboutissants d'une affaire*, conocer los pormenores *ou* el intríngulis de un asunto.

tendance f. Tendencia. ‖ FIG. Inclinación *ou* propensión, signo, *m.*

tendancieux, euse adj. Tendencioso, sa.

tendant, e adj. Tendente, que tiende.

tende f. Trozo (*m.*) de pierna de vaca.

tendelet [tɑ̃dǝlɛ] m. Tendal, toldilla, *f.*

tendelle f. Trampa para cazar tordos.

tender [tɑ̃dɛ:r] m. Ténder (de locomotive).

tenderie f. Caza con trampas. ‖ Sitio (*m.*) sembrado de trampas.

tendeur m. Tensor. ‖ Cazador con trampas (chasseur).

tendineux, euse adj. Tendinoso, sa. ‖ *Viande tendineuse*, carne fibrosa, con tendones.

tendoir m. Tendedero (de linge).

tendon m. Tendón : *tendon d'Achille*, tendón de Aquiles.
— SYN. *Ligament*, ligamento. *Nerf*, nervio.

tendre adj. Tierno, na ; blando, da. ‖ Tierno, na (jeune) : *dès l'âge le plus tendre*, desde la más tierna edad. ‖ FIG. ● Tierno, sensible : *cœur tendre*, corazón tierno. ‖ Cariñoso, sa (affectueux) : *paroles tendres*, palabras cariñosas. ‖ Tierno, na ; suave (couleur). ‖ Sentimental, dulce (touchant) : *une chanson tendre*, una canción sentimental. ‖ — FIG. *Avoir la peau tendre*, ser muy susceptible.
— M. (Vx). Amor, ternura, *f.*
— SYN. ● *Sensible*, sensible. *Sentimental*, sentimental. *Romanesque*, romántico.

tendre v. tr. Tender ‖ Estirar, poner tirante, atirantar, tensar (tirer). ‖ Alargar : *tendre le bras*, alargar el brazo. ‖ Tapizar, empapelar (tapisser). ‖ Armar (dresser) : *tendre une tente*, armar una tienda de campaña. ‖ Tender, preparar : *tendre un piège*, tender un lazo. ‖ — *Tendre la main*, pedir limosna (demander l'aumône), ayudar, tender la mano (aider). ‖ *Tendre la perche à quelqu'un*, echar un capote a uno. ‖ *Tendre les bras*, abrir los brazos (s'offrir). ‖ *Tendre son esprit*, aguzar el entendimiento.
— V. intr. Encaminarse, dirigirse, tender : *tendre à la perfection*, tender a la perfección.

tendresse f. Ternura, cariño, *m.* ‖ — Pl. Caricias, pruebas de afecto.

tendreté f. Blandura, ternura (de la viande).

tendron m. Retoño, pimpollo (rejeton). ‖ Ternillas, *f. pl.* (viande). ‖ FIG. et FAM. Pimpollo, guayabo, jovencita, *f.* (très jeune personne).

tendu, e adj. Tenso, sa ; tirante (en état de tension). ‖ Tenso, sa : *esprit tendu*, espíritu tenso. ‖ FIG. Tirante : *rapports tendus*, relaciones tirantes. ‖ MIL. Tenso, sa (tir, trajectoire). ‖ — *Caractère tendu*, tirantez. ‖ *Situation tendue*, situación tirante *ou* crítica. ‖ *Style tendu*, estilo forzado.

ténèbres f. pl. Tinieblas.

ténébreux, euse adj. Tenebroso, sa. ‖ *Un beau ténébreux*, una belleza melancólica.

ténébrion m. Tenebrión (insecte).

tènement m. (Vx). Terrazgo.

ténesme m. MÉD. Tenesmo, pujo.

teneur f. Tenor, *m.*, contenido, *m.*, texto, *m.* (texte littéral). ‖ Proporción, cantidad (dose).

teneur, euse m. et f. Poseedor, ra ; tenedor, ra (qui a une chose). ‖ — IMPR. *Teneur de copie,* atendedor. ‖ *Teneur de livres,* tenedor de libros. — OBSERV. *Tenedor* a surtout en espagnol le sens de « fourchette ».

ténia m. Tenia, *f.*, solitaria, *f.* (ver).

ténifuge adj. et s. m. MÉD. Tenífugo, ga.

tenir* v. tr.

---

1. Sens général. — 2. Retenir. — 3. Diriger.
— 4. Entretenir. — 5. Contenir, renfermer. —
6. Soutenir. — 7. Occuper. — 8. Faire honneur à. — 9. Émettre. — 10. Considérer. —
11. S'emparer de. — 12. Loc. diverses.

---

1. SENS GÉNÉRAL. — Tener, tener cogido (à la main, dans les bras) : *tenir un enfant dans ses bras,* tener un niño en brazos ; *tenir un chapeau à la main,* tener un sombrero en la mano. ‖ Mante-ner : *tenir les yeux fermés,* mantener los ojos cerrados ; *tenir quelqu'un éveillé,* mantener despierto a uno. ‖ Tener, poseer : *tenir un emploi,* tener un empleo. ‖ Tener : *le médecin m'a tenu longtemps dans la salle d'attente,* el médico me ha tenido mucho tiempo en la sala de espera. ‖ Tener, poner : *tiens-le droit,* ponlo derecho. ‖ FAM. Haber agarrado *ou* pescado : *tenir une bonne grippe,* haber agarrado una buena gripe. ‖ — *Tenir quelque chose de,* provenir algo de : *je tiens cette montre de mon père,* este reloj pro-viene de mi padre ; saber algo por : *il tient cette nouvelle du roi,* sabe esta noticia por el rey.

2. RETENIR. — Retener : *tenir par le bras,* retener por el brazo ; *tenir son souffle,* retener la respira-ción. ‖ Sujetar : *ce tableau est tenu par un clou,* este cuadro está sujeto por un clavo. ‖ — *Tenir sa langue,* retener la lengua, callarse. ‖ *Tenir ses élèves,* tener en mano a sus alumnos.

3. DIRIGER. — Llevar, estar encargado de : *tenir un hôtel,* llevar un hotel. ‖ Regentar (un bureau de tabac).

4. ENTRETENIR. — Mantener, cuidar : *bien tenir une maison,* cuidar bien una casa. ‖ Tener, man-tener : *tenir en bon état,* tener en buen estado.

5. CONTENIR, RENFERMER. — Contener, tener ca-pacidad para : *cette bouteille tient un litre,* esta botella contiene un litro ; *un stade qui contient cent mille personnes,* un estadio que tiene capa-cidad para cien mil personas.

6. SOUTENIR. — Sostener, soportar : *des colonnes qui tiennent le fronton,* columnas que sostienen el frontón.

7. OCCUPER. — Ocupar, coger : *ces livres tiennent beaucoup de place,* estos libros ocupan mucho sitio ; *ce travail m'a tenu toute la matinée,* este trabajo me ha cogido toda la mañana. ‖ Ocu-par, estar en : *tenir le premier rang,* ocupar la primera fila.

8. FAIRE HONNEUR À. — Cumplir : *tenir sa pro-messe, sa parole,* cumplir (con) su promesa, cum-plir su palabra.

9. ÉMETTRE. — Proferir : *tenir des propos inju-rieux,* proferir palabras injuriosas. ‖ Pronunciar : *tenir un discours,* pronunciar un discurso. ‖ Decir : *tenir des propos déplacés,* decir palabras fuera de lugar. ‖ Sostener : *tenir une conversation,* sostener una conversación. ‖ Hacer, sostener : *tenir un raisonnement absurde,* hacer un razona-miento absurdo.

10. CONSIDÉRER. — *Tenir comme,* dar por : *je tiens l'affaire comme faite,* doy por hecho el nego-cio. ‖ *Tenir pour,* tener por, considerar como :

tenir quelqu'un pour intelligent, tener a alguien por inteligente.

11. S'EMPARER DE. — Apoderarse de, dominar : *quand la colère le tient,* cuando la cólera se apodera de él.

12. LOC. DIVERSES. — *Tenir à jour,* tener al día. ‖ *Tenir au courant,* tener al corriente. ‖ *Tenir au frais* (un produit), consérvese en lugar fresco. ‖ *Tenir compagnie,* hacer compañía, acompañar. ‖ *Tenir compte de,* tener en cuenta. ‖ *Tenir con-seil,* tener *ou* celebrar un consejo (réunir), delibe-rar. ‖ *Tenir de bonne source,* saber de buena tinta. ‖ *Tenir en échec,* hacer fracasar (l'ennemi), empatar (une équipe). ‖ *Tenir en grande estime,* tener en mucho. ‖ *Tenir garnison,* estar de guar-nición. ‖ *Tenir la droite, la gauche,* ir *ou* circu-lar por la derecha, por la izquierda. ‖ *Tenir l'affiche,* continuar en cartel (un film, une pièce). ‖ *Tenir la mer,* navegar bien. ‖ *Tenir la route,* agarrarse, tener buena adherencia *ou* estabilidad (une voiture). ‖ *Tenir la tête,* estar en cabeza. ‖ *Tenir le lit,* guardar cama. ‖ *Tenir le pouvoir,* ejercer el poder. ‖ *Tenir les livres, la caisse,* llevar *ou* tener los libros, la caja. ‖ FAM. *Tenir le vin,* ser una esponja, aguantar mucho (pouvoir boire beaucoup). ‖ *Tenir lieu de,* hacer las veces de, reemplazar. ‖ *Tenir quelqu'un à distance,* mantener alguien a distancia *ou* a raya. ‖ *Tenir quelqu'un en respect,* hacerse respetar por alguien. ‖ *Tenir sa classe* (un professeur), mantener el orden en su clase. ‖ *Tenir secret,* guardar secreto. ‖ *Tenir son rang,* mantener su puesto. ‖ *Tenir son sérieux,* mantenerse *ou* quedarse serio. ‖ *Tenir sur les fonts baptismaux,* sacar de pila. ‖ *Tenir tête,* resistir, hacer frente. ‖ *Tenir tout de quel-qu'un,* deberlo todo a alguien. ‖ MIL. *Tenir une position,* defender una posición. ‖ *Tenir une réu-nion,* celebrar una reunión. ‖ *Tenir un pari,* hacer una apuesta, apostar. ‖ *Tenir un rôle,* desempeñar un papel. ‖ *Tiens, tenez,* toma *ou* tome, tomad : *tiens, voici ton livre,* toma, aquí tienes tu libro ; *mira, mire, mirad* (écoute, regarde). ‖ *Tiens!,* ¡hombre!, ¡vaya! (exprime la surprise) : *tiens!... que c'est drôle!,* ¡hombre!, ¡qué divertido! ‖ — *Faire tenir,* entregar.

— V. intr. Tocar con, estar contiguo, a : *ma maison tient à la sienne,* mi casa toca con la suya. ‖ Sostenerse : *tenir sur ses jambes,* sostenerse de pie. ‖ Estar unido : *la corde tient au mur,* la cuerda está unida al muro. ‖ Estar sujeto : *armoire qui tient au mur,* armario que está sujeto a la pared. ‖ Durar, subsistir : *cette mode ne tiendra pas,* esta moda no durará. ‖ Resistir, aguantar : *les soldats tiennent,* los soldados resisten ; *ce mur tient bon,* este muro resiste bien. ‖ Agarrar (une couleur, une chose collée). ‖ Cuajar (la neige). ‖ Caber : *ce livre tient dans ma poche,* este libro cabe en mi bolsillo ; *on tient huit à cette table,* en esta mesa cabemos ocho personas. ‖ Deberse a, obedecer a, ser el resultado de : *cela tient à plu-sieurs raisons,* esto se debe a varias razones. ‖ Tener algo de, parecer : *cela tient du roman,* esto tiene algo de novela ; *cela tient du miracle,* esto parece un milagro. ‖ Tener algo de, salir a, pare-cerse a : *cet enfant tient de son père,* este niño tiene algo de su padre. ‖ Tener empeño en, tener interés por : *il tient à nous voir,* tiene empeño en vernos. ‖ Querer : *nous tenons à vous remercier de,* queremos agradecerle por. ‖ Apreciar, tener apego : *il tient à sa réputation,* él aprecia su repu-tación. ‖ Relacionarse, referirse : *tout ce qui tient à lui,* todo lo que se refiere a él. ‖ Depen-der : *cela tient à vous,* eso depende de usted. ‖ Aceptar el envite (aux cartes). ‖ Poder soste-nerse : *une affirmation qui ne tient pas,* una afir-mación que no puede sostenerse. ‖ Mantenerse, seguir en pie : *notre marché tiendra,* nuestro trato se mantendrá. ‖ Resistir : *tenir contre les pleurs,* resistir a las lágrimas. ‖ — *Tenir à cœur,* preocupar enormemente (inquiéter), interesar muchísimo (intéresser). ‖ *Tenir à sa peau,* apreciar su pellejo. ‖ *Tenir bon, ferme,* sujetarse bien (clou), resistir mucho, aguantar, mantenerse firme (résister). ‖ *Tenir en haleine,* tener en vilo. ‖ *Tenir pour,* ser partidario de. ‖ — *Cela ne tient pas debout,* esto no tiene ni pies ni cabeza. ‖ *Cela ne tient qu'à un fil,* esto está pendiente de un hilo. ‖ *C'est à n'y pas tenir,* esto es algo inaguantable *ou* no hay quien lo aguante. ‖ FAM. *En tenir pour,* estar por los huesos de, estar chalado por (amoureux), estar por (en faveur de). ‖ *Être tenu de,* estar obligado a. ‖ *Il a de qui tenir!,* ¡tiene a quién salir!, ¡de casta le viene al galgo el ser rabilargo! ‖ *Je n'y tiens pas,* no me interesa nada, no tengo ningún interés por ello, no me apetece. ‖ *Ne pas pouvoir tenir en place,* no poder estarse quieto. ‖ *Ne plus tenir,* no poder más. ‖ *Ne tenir à rien,* no importarle a uno nada. ‖ *Y tenir,* tener mucho interés por ello, apetecer. ‖ *Y tenir comme à la prunelle de ses yeux,* quererlo más que a las niñas de sus ojos. — V. impers. *Il ne tient qu'à lui,* sólo depende de él, no depende más que de él, en sus manos está. ‖ *Il n'y a pas de mais qui tienne,* no hay pero que valga. ‖ *Il vaut mieux tenir que courir,* más vale pájaro en mano que ciento volando. ‖ *Qu'à cela ne tienne,* que no quede por eso. — V. pr. Agarrarse, cogerse : *tenez-vous par la main,* cójanse de la mano. ‖ Estar cogido, tenerse, estar agarrado : *ils se tenaient par la main,* estaban cogidos de la mano. ‖ Estar : *il se tenait derrière lui,* estaba detrás de él ; *se tenir à la disposition de,* estar a la disposición de. ‖ Quedarse, permanecer : *tenez-vous là,* quédese ahí. ‖ Estarse : *se tenir tranquille,* estarse quieto. ‖ Mantenerse : *tenez-vous droit,* manténgase derecho. ‖ Comportarse, portarse : *se tenir bien,* comportarse bien. ‖ Considerarse, darse por : *il se tient pour battu,* se considera vencido. ‖ Tener lugar, celebrarse : *la fête se tient sur la place,* la fiesta tiene lugar en la plaza. ‖ Estar unido : *deux planches qui se tiennent,* dos tablas que están unidas. ‖ Ser lógico, ser coherente (un raisonnement). ‖ Estar íntimamente relacionado : *dans le monde tout se tient,* en el mundo todo está íntimamente relacionado. ‖ Retenerse, contenerse (se retenir). ‖ — *Se tenir mal,* tener una mala postura *ou* una postura viciosa (position) ; portarse mal (conduite). ‖ *Se tenir mal à table,* guardar mala compostura en la mesa. ‖ *Se tenir prêt,* estar listo. ‖ *Se tenir prêt à,* estar dispuesto a, prepararse a. ‖ *Se tenir sur le qui-vive,* estar sobreaviso. ‖ *Se tenir sur ses gardes,* estar alerta. ‖ — *Ne pas se tenir de joie,* no caber en sí de gozo. ‖ *Savoir à quoi s'en tenir,* saber a qué atenerse. ‖ *Se le tenir pour dit,* darse por enterado *ou* avisado. ‖ *S'en tenir à* o *se tenir à,* atenerse a, limitarse a. ‖ *S'en tenir là,* no ir más allá, parar en eso. ‖ *Tenez-vous bien!,* ¡mucho ojo!, ¡cuidado! (avertissement, menace). ‖ *Tiens-toi bien,* ponte bien (redresse-toi).

tennis [tɛnis] m. Tenis : *court de tennis,* campo de tenis. ‖ — *Tennis de table,* tenis de mesa, ping pong. ‖ — *Joueur de tennis,* tenista.

tenon m. TECHN. Espiga, f., macho.

ténor m. Tenor.

ténorino m. Tenorino, tenor ligero.

ténorisant, e adj. Atenorado, da.

ténoriser v. intr. Tener voz de tenor.

ténotomie f. MÉD. Tenotomía.

tenseur adj. et s. m. ANAT. Tensor.

tensiomètre m. Tensiómetro.

tension f. Tensión : *tension artérielle,* tensión arterial. ‖ Tirantez, tensión : *tension entre deux pays,* tirantez entre dos países. ‖ *Tension d'esprit,* esfuerzo mental, atención.

tenson m. POÉT. Tensón.

tentaculaire adj. Tentacular.

tentacule m. Tentáculo.

tentant, e adj. Tentador, ra (chose qui tente).

tentateur, trice adj. et s. Tentador, ra (qui tente).

tentation f. Tentación.

tentative f. Tentativa. ‖ DR. Intento, *m.*
— SYN. *Essai,* intento, ensayo.

tente f. ● Tienda de campaña [*Amér.,* carpa] : *dresser une tente,* armar una tienda de campaña. ‖ Toldo, *m.* (bâche). ‖ MÉD. *Tente à oxygène,* cámara *ou* tienda de oxígeno.
— SYN. ● *Chapiteau,* lona de circo. *Tabernacle,* tabernáculo. *Tendelet,* tendal, toldilla. *Vélum,* toldo. *Vélarium,* velario.

tente-abri [tɑ̃tabri] f. Tienda de campaña ligera.

tenter v. tr. Intentar (essayer) : *tenter une entreprise,* intentar una empresa. ‖ ● Tentar (chercher à séduire) : *le serpent tenta Ève,* la serpiente tentó a Eva. ‖ — *Tenter de,* tratar de, intentar, procurar. ‖ *Tenter sa chance,* probar fortuna.
— SYN. ● *Séduire,* seducir. *Allécher,* atraer.

tenthrède f. Tentredo, *m.* (insecte).

tenture f. Colgadura (tapisserie). ‖ Papel (*m.*) pintado (pour tapisser les murs). ‖ Colgadura negra, paño (*m.*) fúnebre (étoffe noire).

tenu, e adj. Obligado, da : *être tenu de venir,* estar obligado a venir. ‖ Sostenido, da ; firme (valeurs en Bourse). ‖ — *Bien tenu,* bien cuidado, bien atendido. ‖ *Compte tenu du fait que,* habida cuenta de que. ‖ *Mal tenu,* descuidado.
— M. Retención, *f.* (de la balle au basket, etc.).

ténu, e adj. Tenue.

tenue f. Modales, *m. pl.,* porte, *m.,* buenos (*m. pl.*) modos (comportement). ‖ Vestimenta, manera de vestirse (manière de se vêtir). ‖ Celebración, sesión (réunion). ‖ Tenida (assemblée des francs-maçons). ‖ Dignidad (dignité). ‖ Tónica, firmeza (des valeurs en Bourse). ‖ Asiento, *m.* (du cavalier). ‖ Uniforme, *m.* (military), traje, *m.* (civil). ‖ FIG. Dirección, cuidado, *m.,* orden, *m.* (d'une maison, classe, etc.). ‖ Presentación : *il a toujours une tenue impeccable,* su presentación es siempre impecable. ‖ Corrección (de style). ‖ MUS. Prolongación. ‖ — *Tenue de cérémonie* o *grande tenue,* uniforme de gala. ‖ COM. *Tenue de livres,* teneduría de libros. ‖ *Tenue de parade,* uniforme de gala, de formación. ‖ *Tenue de route,* adherencia, estabilidad (d'un véhicule). ‖ *Tenue de soirée,* traje de etiqueta. ‖ *Tenue de soirée de rigueur,* se ruega etiqueta. ‖ *Tenue de sortie, de travail,* uniforme de paseo, de diario. ‖ *Tenue de ville,* traje de calle. ‖ — *En tenue,* de uniforme. ‖ FAM. *En tenue légère* o *en petite tenue,* en paños menores. ‖ *Tout d'une tenue* o *d'une seule tenue,* todo seguido. ‖ — *Manquer de tenue,* no saber comportarse, no tener buenos modales.

ténuirostre m. ZOOL. Tenuirrostro.

ténuité f. Tenuidad.

téorbe ou **théorbe** m. MUS. Tiorba, *f.* (luth).

téphillim [tefilim] m. pl. Filacteria, *f. sing.*

tepidarium [tepidarjɔm] m. Tepidario.

ter adv. Tres veces (trois fois). ‖ Por tercera vez (pour la troisième fois). ‖ Triplicado (numéro).

tératogène adj. Teratógeno, na.

tératologie f. Teratología.

tératologique adj. Teratológico, ca.

tératologiste m. Teratólogo.

terbium [tɛrbjɔm] m. Terbio (métal).

tercer ou **terser*** v. tr. AGRIC. Terciar.

tercet [tɛrsɛ] m. Terceto (vers).

térébelle f. Terebella (ver marin).
térébenthène m. Terebenteno.
térébenthine f. Trementina. ‖ *Essence de térébenthine*, esencia de trementina, aguarrás.
térébinthacées f. pl. BOT. Terebintáceas.
térébinthe m. Terebinto (arbre).
térébrant, e adj. MÉD. Terebrante (douleur).
térébratule f. Terebrátula.
Térence n. pr. m. Terencio.
Tergal m. (nom déposé). Tergal (tissu synthétique).
tergal, e adj. Dorsal.
tergiversation f. Vacilación, titubeo, m. (hésitation).
tergiverser v. intr. Vacilar, titubear (hésiter).
— OBSERV. Il existe en espagnol les mots *tergiversar* et *tergiversación*, mais ils n'ont que le sens de « mal interpréter » et de « mauvaise interprétation ».
terme m. ● Término. ‖ Término, plazo (délai) : *à terme échu*, a plazo vencido. ‖ Alquiler trimestral (loyer trimestriel). ‖ Término, vocablo, palabra, f. (mot). ‖ COMM. Vencimiento. ‖ MATH. Término. ‖ — *Terme de rigueur*, término *ou* plazo perentorio. ‖ — *Moyen terme*, término medio. ‖ *Opération à long terme*, operación a largo plazo. ‖ *Vente à terme*, venta a plazos. ‖ — *Aux termes de la loi*, según la ley. ‖ *Avant terme*, antes de tiempo, prematuramente. ‖ *En termes propres*, con los términos adecuados. ‖ — *Arriver à son terme*, terminar, llegar a su fin. ‖ *Enfant né à terme*, nacido a los nueve meses. ‖ *Être en bons termes*, estar en buenos términos, mantener buenas relaciones. ‖ *Être o toucher à son terme*, estar acabándose, estar en las últimas. ‖ *Être sur son terme*, estar fuera de cuenta (une femme). ‖ *Mettre un terme à*, dar por terminado, poner término *ou* punto final a. ‖ *Peser o mesurer ses termes*, medir sus palabras. ‖ *Venir à terme*, vencer (une dette).
— SYN. ● *Limite*, límite. *Borne*, límite, mojón. *Confins*, confines.
Terme n. pr. m. MYTH. Término.
terminaison f. Terminación.
terminal, e adj. Terminal. ‖ *Classes terminales*, últimos cursos del bachillerato.
— M. TECHN. Terminal.
terminatif, ive adj. Terminativo, va.
terminer v. tr. Terminar (achever) : *terminer ses études*, terminar sus estudios. ‖ Limitar, delimitar : *mur qui termine un jardin*, muro que limita un jardín. ‖ Acabar, rematar (finir avec soin).
— V. pr. Terminarse, acabarse.
terminologie f. Terminología.
terminologique adj. Terminológico, ca.
terminus [tɛrminys] m. Término, final de línea (d'une ligne de transport).
termite m. Comején, termes (fourmi blanche).
— OBSERV. On emploie le gallicisme *termita*.
termitière f. Comejenera, termitero, m. (nid de termites).
ternaire adj. Ternario, ria.
terne m. Terna, f. (au jeu de dés). ‖ Terno (à la loterie).
terne adj. Apagado, da ; sin brillo.
— SYN. *Effacé*, borroso. *Mat*, mate.
ternir v. tr. Empañar. ‖ Deslustrar (une étoffe).
ternissement m. Empañamiento.
ternissure f. Empañadura, falta de brillo.
terpène m. CHIM. Terpeno.
terpine f. CHIM. Terpina.
terpinéol ou **terpinol** m. CHIM. Terpinol.
Terpsichore n. pr. f. Terpsícore.
terrage m. Terrazgo (droit feudal). ‖ Blanqueo (du sucre). ‖ AGRIC. Abono.
terrain m. Terreno. ‖ Campo (de sports) : *terrain de football*, campo de fútbol. ‖ — *Terrain*

à bâtir, solar. ‖ *Terrain d'aviation*, campo de aviación. ‖ *Terrain de culture*, tierra de cultivo *ou* de labranza. ‖ *Terrain d'en-but*, área de gol (rugby). ‖ *Terrain de sport*, campo de deportes *ou* deportivo. ‖ *Terrain vague*, solar. ‖ — *Véhicule tout terrain*, vehículo todo terreno. ‖ — *Sur le terrain*, en el mismo sitio. ‖ — FIG. *Abandonner le terrain*, dejar el campo libre, huir. ‖ *Aller sur le terrain*, tener un desafío. ‖ *Déblayer le terrain*, zanjar las dificultades. ‖ *Être sur son terrain*, estar en su elemento. ‖ *Tâter, sonder, reconnaître le terrain*, tantear, reconocer el terreno.
terraqué, e adj. Terráqueo, a.
terrarium [tɛrarjɔm] m. Terrario.
terrasse f. Terraza, bancal, m., arriate, m. (levée de terre) : *champ en terrasse*, campo de bancales. ‖ Terraza, terrado, m., azotea (toiture plate). ‖ Terraza (de café).
terrassement m. Excavación, f., movimiento de tierras, remoción (f.) de tierras (travail du terrassier). ‖ Explanación, f., desmonte, nivelación, (d'un terrain).
terrasser v. tr. Cavar (creuser la terre). ‖ Nivelar, terraplenar (égaliser un terrain). ‖ Derribar, tirar al suelo (jeter par terre). ‖ FIG. Vencer (vaincre). ‖ Abatir, consternar (abattre). ‖ *Terrassé par la maladie*, fulminado por la enfermedad.
terrassier m. Terraplenador, jornalero que trabaja en desmontes.
terrasson m. Terrado pequeño, terradillo.
terre f. Tierra. ‖ Suelo, m. : *se coucher par terre*, acostarse en el suelo. ‖ Barro, m. : *pot en terre*, jarro de barro. ‖ — *Terre à blé*, tierra paniega *ou* de pan llevar. ‖ *Terre à foulon*, tierra de batán. ‖ *Terre à potier*, barro de alfareros. ‖ *Terre cuite*, barro cocido, terracota. ‖ *Terre de bruyère*, mezcla de arena y mantillo. ‖ *Terre de Sienne*, tierra de Siena. ‖ *Terre d'ombre*, sombra de Venecia, de viejo. ‖ *Terre forte o grasse*, tierra de miga. ‖ *Terre glaise*, barro, greda. ‖ *Terre promise*, tierra prometida *ou* de Promisión. ‖ *Terre réfractaire*, talque. ‖ *Terre sainte*, Tierra Santa. ‖ *Terres rares*, tierras raras. ‖ — *Esprit terre à terre*, espíritu prosaico. ‖ *Fonds de terre*, finca rústica. ‖ — *À terre o par terre*, en el suelo, al suelo, por tierra. ‖ FIG. *Avoir les deux pieds sur terre*, tener la cabeza sobre los hombros. ‖ *Être sur la terre*, existir. ‖ *Flanquer par terre*, desbaratar, tirar por tierra (projet). ‖ *Jeter par terre*, tirar al suelo, derribar. ‖ *Mettre par terre*, poner en el suelo. ‖ *Mettre pied à terre*, poner pie en tierra, apearse. ‖ *Mettre o porter en terre*, enterrar, sepultar. ‖ *Remuer ciel et terre*, remover Roma con Santiago. ‖ *Tomber par terre*, caerse al suelo.
— SYN. *Monde*, mundo. *Globe*, globo. *Terrain*, terreno. *Terreau*, mantillo. *Terroir*, terruño. *Sol*, suelo. *Glèbe*, gleba. *Humus*, humus. *Champ*, campo. *Clos*, cercado, finquita. *Closeau*, *closerie*, cercado, finquita.
terreau m. Mantillo.
terreautage m. AGRIC. Abono con mantillo.
terreauter v. tr. Abonar *ou* fertilizar con mantillo.
terre-neuve m. inv. Terranova (chien).
Terre-Neuve n. pr. f. GÉOGR. Terranova.
terre-neuvien ou **terre-neuvas** m. Pescador de bacalao en los bancos de Terranova (pêcheur). ‖ Bacaladero que va a Terranova (bateau).
terre-plein [tɛrplɛ̃] m. Terraplén. ‖ Explanada, f. (fortification).
— OBSERV. Pl. *terre-pleins*.
terrer v. tr. AGRIC. Acollar, echar tierra (mettre de la nouvelle terre). ‖ Cubrir de tierra, enterrar (couvrir de terre).
— V. pr. Meterse en una madriguera (un lapin). ‖ FIG. Esconderse, apartarse (une personne).

terrestre adj. Terrestre : *animaux terrestres,* animales terrestres. ‖ Terrenal : *paradis terrestre,* paraíso terrenal. ‖ Terreno, na : *les intérêts terrestres,* los intereses terrenos. ‖ Terráqueo : *le globe terrestre,* el globo terráqueo.

terreur f. Terror, *m.* ‖ *Terreur panique,* pánico, pavor.

terreux, euse adj. Terroso, sa.

terri m. V. TERRIL.

terrible adj. Terrible.

— SYN. *Formidable,* formidable. *Redoutable,* temible.

terricole adj. Terrícola.

terrien, enne adj. et s. Terrateniente (qui possède plusieurs terres). ‖ Habitante de la tierra (qui habite la terre). ‖ Rural. ‖ FAM. Hombre de tierra adentro (qui n'est pas marin). ‖ *Propriétaire terrien,* terrateniente.

terrier m. Madriguera, f. (trou dans la terre). ‖ FIG. Madriguera, f., guarida, f. (lieu retiré). ‖ Terrier, zarcero, ra (chien de chasse). ‖ *Fox-terrier,* fox-terrier.

— Adj. *Livre terrier,* libro becerro.

terrifiant, e adj. Terrorífico, ca ; aterrador, ra.

terrifié, e adj. Aterrado, da.

terrifier* v. tr. Aterrar, aterrorizar.

terrigène adj. Terrígeno, na.

terril ou **terri** [tɛri] m. Escorial, terreno (amas de déblais).

terrine f. Lebrillo, *m.,* barreño, *m.* (vase de terre). ‖ Conserva de carnes en tarro, terrina (gallicisme).

terrir v. intr. Tocar tierra (un bateau).

territoire m. Territorio.

territorial, e adj. Territorial. ‖ MIL. *Armée territoriale* o *la territoriale,* segunda reserva.

— M. Soldado de la segunda reserva.

territorialité f. Territorialidad.

terroir m. Terruño, tierra, f., patria (f.) chica : *sentir le terroir,* recordar *ou* traer a la memoria el terruño.

terroriser v. tr. Aterrorizar, asustar.

terrorisme m. Terrorismo.

terroriste adj. et s. Terrorista.

tertiaire [tɛrsjɛ:r] adj. et s. Terciario, ria. ‖ *Ère tertiaire* o *le tertiaire,* era terciaria *ou* el Terciario.

tertio [tɛrsjo] adv. Tercero, en tercer lugar.

tertre m. Cerro, colina, f. ‖ *Tertre funéraire,* túmulo funerario.

Tertullien n. pr. m. Tertuliano.

terzetto [tɛrtsɛto] m. MUS. Terceto.

tes [tɛ] adj. poss. pl. Tus : *tes amis et tes amies,* tus amigos y tus amigas.

tessiture f. Tesitura.

tesson m. Casco, tiesto.

test [tɛst] m. Test, prueba, f. ‖ Caparazón, concha, f. [de moluscos y tortugas].

testacé, e adj. Testáceo, a.

testament m. Testamento : *Ancien, Nouveau Testament,* Antiguo, Nuevo Testamento. ‖ — *Testament authentique,* testamento abierto. ‖ *Testament mystique* o *secret,* testamento cerrado. ‖ *Testament olographe,* testamento ológrafo.

testamentaire adj. Testamentario, ria. ‖ *Exécuteur testamentaire,* albacea.

testateur, trice m. et f. Testador, ra.

tester v. intr. Testar, hacer testamento. ‖ — V. tr. Someter a una prueba *ou* a un test.

testiculaire adj. Testicular.

testicule m. ANAT. et ZOOL. Testículo.

testimonial, e adj. Testimonial, testifical.

teston m. Testón (ancienne monnaie d'argent).

testostérone f. Testosterona.

têt ou **test** [tɛ] m. CHIM. Copela (f.) de ensayos. ‖ ZOOL. Testuz.

tétanie f. ou **tétanisme** m. Tetania, *f.,* tetanismo, *m.*

tétanique adj. Tetánico, ca.

tétaniser v. tr. Causar tétanos, tetanizar.

tétanos [tetanɔs] m. MÉD. Tétanos.

têtard m. Renacuajo (première forme de la grenouille). ‖ Árbol desmochado (arbre).

tête [tɛ:t] f. ANAT. et ZOOL. ● Cabeza : *la tête de l'homme, cinquante têtes de bétail,* la cabeza del hombre, cincuenta cabezas de ganado. ‖ Cara (visage). ‖ FAM. Cara (expression du visage) : *faire la mauvaise tête,* poner mala cara. ‖ Cabeza : *cela nous revient à tant par tête,* tocamos a tanto por cabeza. ‖ FIG. Cabeza (esprit, raison, imagination, volonté, caractère, etc.) : *avoir une chose en tête,* tener una cosa en la cabeza ; *perdre la tête,* perder la cabeza. ‖ Cabeza (extrémité renflée d'un objet, commencement) : *tête d'épingle, d'ail, d'un chapitre, d'un convoi,* cabeza de alfiler, de ajo, de un capítulo, de un convoy. ‖ Cabecera (de lit). ‖ Copa (d'un arbre). ‖ Cotillo, *m.* (d'un marteau).

— *Tête atomique,* cabeza atómica. ‖ FIG. *Tête baissée,* con los ojos cerrados, de cabeza, sin pensarlo, ciegamente : *les soldats attaquèrent tête baissée,* los soldados atacaron ciegamente ; sin reflexionar. ‖ *Tête brûlée,* bala rasa, cabeza loca. ‖ *Tête carrée,* cabezón, cabezotas, terco. ‖ *Tête chaude,* impulsivo, brusco. ‖ *Tête chercheuse,* cabeza buscadora (fusée). ‖ *Tête couronnée,* testa coronada. ‖ *Tête d'affiche,* cabecera del reparto (théâtre). ‖ *Tête de...,* pedazo de..., so. ‖ *Tête de bétail,* cabeza de ganado, res. ‖ *Tête d'éruption,* árbol de Navidad (mines). ‖ *Tête de ligne,* cabeza de línea. ‖ *Tête de linotte,* cabeza de chorlito. ‖ *Tête de mort,* calavera (squelette humain), queso de bola (fromage de Hollande). ‖ ÉLECTR. *Tête d'enregistrement, de lecture, d'effacement,* cabeza sonora, auditiva, supresora (magnétophone). ‖ POP. *Tête de pipe,* barba : *à tant par tête de pipe,* a tanto por barba. ‖ MIL. *Tête de pont, de plage,* cabeza de puente, de playa. ‖ *Tête de turc,* cabeza de turco. ‖ *Tête nue,* descubierto, sin sombrero, a pelo. ‖ — *Coup de tête,* cabezazo, testarazo (coup avec la tête), cabezonada, capricho (action peu réfléchie). ‖ *Forte tête,* carácter fuerte. ‖ *Homme de tête,* hombre muy entero. ‖ *Mal de tête,* dolor de cabeza. ‖ *Mauvaise tête,* mala cabeza. ‖ *Voix de tête,* voz de falsete.

— *À la tête de,* al frente de. ‖ *À tête reposée,* con toda tranquilidad, con sosiego. ‖ *De la tête aux pieds,* de la cabeza a los pies, de arriba abajo. ‖ *De tête,* mentalmente : *faire une multiplication de tête,* hacer una multiplicación mentalmente. ‖ *En tête (de),* delante (de). ‖ *En tête à tête,* a solas, mano a mano, frente a frente, cara a cara. ‖ *La tête haute, basse,* con la cabeza alta, cabizbajo. ‖ *La tête la première,* de cabeza : *il tomba la tête la première,* cayó de cabeza. ‖ *Sur la tête de,* a nombre de (sous le nom), por la salud de (serment).

— *Avoir en tête de,* tener en la cabeza, tener la intención de. ‖ *Avoir la tête dure,* ser duro de mollera. ‖ *Avoir la tête près du bonnet,* tener un genio vivo, ser irascible. ‖ *Avoir la tête qui tourne,* marearse. ‖ *Avoir la tête sur les épaules,* tener la cabeza encima de los hombros. ‖ *Avoir sa tête* o *toute sa tête,* estar en sus cabales, conservar la cabeza. ‖ *Avoir ses têtes,* tener sus manías. ‖ *Avoir une bonne tête,* tener una cara simpática. ‖ *Casser la tête,* poner la cabeza bomba. ‖ *Couper la tête d'un arbre,* desmochar un árbol. ‖ *Courber la tête,* bajar la cabeza. ‖ *Coûter les yeux de la tête,* costar un ojo de la cara. ‖ *Donner sa tête à couper,* jugarse la cabeza *ou* el cuello. ‖ *En avoir par-dessus la tête,*

estar hasta la coronilla *ou* hasta los pelos *ou* hasta las narices. ‖ *En faire à sa tête*, obrar a su antojo. ‖ *(En) faire une tête*, poner una (mala) cara. ‖ *Faire la tête*, estar de morros (bouder), poner mala cara. ‖ *Faire une tête*, dar un cabezazo (au football). ‖ *Faire une tête de*, poner cara de. ‖ *Gagner d'une tête*, ganar por una cabeza (turf). ‖ *Garder toute sa tête*, tener sangre fría. ‖ *Jeter à la tête*, echar en cara. ‖ *Jurer sur la tête de quelqu'un*, jurar por *ou* por la salud de alguien. ‖ *Laver la tête à quelqu'un*, echar una bronca a alguien. ‖ *Marcher sur la tête*, estar tarumba. ‖ *Mettre sur la tête de*, poner a nombre de. ‖ *Monter à la tête*, subirse a la cabeza. ‖ *Monter la tête à quelqu'un*, hincharle a uno la cabeza contra alguien *ou* contra algo. ‖ *N'avoir ni queue ni tête*, no tener ni pies ni cabeza. ‖ *N'avoir pas de tête*, no tener cabeza. ‖ *N'en faire qu'à sa tête*, hacer uno lo que le da la gana. ‖ FAM. *Ne pas se casser la tête*, no quebrarse, no herniarse. ‖ *Ne savoir où donner de la tête*, andar de cabeza. ‖ *Passer par la tête une idée*, ocurrírsele a uno una idea. ‖ *Payer de sa tête*, pagar con la cabeza *ou* con su vida. ‖ *Payer tant par tête o par tête de pipe* (fam.), pagar tanto por cabeza *ou* por barba (fam.). ‖ *Piquer une tête*, tirarse de cabeza. ‖ *Prendre la tête*, encabezar. ‖ *Se jeter à la tête de quelqu'un*, insinuarse (faire des avances). ‖ *Se mettre dans la tête o en tête*, meterse en la cabeza. ‖ *Se monter la tête*, hacerse ilusiones. ‖ *Se payer la tête de quelqu'un*, tomarle el pelo a uno. ‖ *Se rompre, se creuser, se casser la tête*, quebrarse la cabeza. ‖ *Se taper la tête contre les murs*, darse de cabeza contra la pared. ‖ *Tenir tête*, resistir, hacer frente. ‖ *Tourner la tête*, subir a la cabeza.
— SYN. ● (Vx). *Chef*, cabeza. *Pop. Caboche, ciboulot*, chola.

tête-à-queue [tɛtakø] m. inv. Vuelta (*f.*) completa de dirección, tornillazo (voiture, cheval).

tête-à-tête [tɛtatɛt] m. inv. Entrevista (*f.*) *ou* conversación (*f.*) a solas, mano a mano. ‖ Confidente (canapé à deux places). ‖ Tú y yo, servicio de café para dos personas.

têteau m. Extremidad (*f.*) de una rama.

tête-bêche adv. Pies contra cabeza.

têtebleu! interj. ¡Pardiez!, ¡caramba!

tête-chèvre m. FAM. Chotacabras (engoulevent)

tête-de-loup [tɛtdəlu] f. Escobón, *m.*, deshollinador, *m.*, cabeza de fraile.

tête-de-nègre adj. inv. et s. f. Castaño oscuro (couleur).

tétée f. FAM. Mamada.

téter* v. tr. Mamar. ‖ — *Donner à téter*, dar de mamar, dar el pecho. ‖ *Téter sa mère*, tomar el pecho.

téterelle f. Sacaleche, *m.*, mamadera.

têtière f. Cabezada (de la bride d'un cheval). ‖ Cabezal, *m.*, funda (d'un fauteuil). ‖ MAR. Gratil, *m.* (de la voile).

tétin m. Pezón.

tétine f. Teta, ubre (des femelles des mammifères). ‖ Tetina, boquilla (d'un biberon).

téton m. FAM. Pecho, teta, *f.* (de la femme). ‖ TECHN. Tetón, espiga, *f.* (saillie).

Tétouan n. pr. GÉOGR. Tetuán.

tétracorde m. Tetracordio.

tétradactyle adj. ZOOL. Tetradáctilo, la.

tétraèdre m. GÉOM. Tetraedro.

tétraédrique adj. GÉOM. Tetraédrico, ca.

tétragone adj. GÉOM. Tetrágono, na.

tétragonia m. ou **tétragone** f. BOT. Tetragonio, *m.* (sorte d'épinard).

tétralogie f. Tetralogía.

tétramère adj. ZOOL. Tetrámero, ra.

tétramètre adj. De cuatro metros.
— M. Verso de cuatro metros.

tétrapode adj. et s. m. ZOOL. Tetrápodo, da.

tétraptère adj. ZOOL. Tetráptero, ra.

tétrarchat [tetrarka] m. Tetarquía, *f.*

tétrarchie [tetrarʃi] f. Tetrarquía.

tétrarque m. Tetrarca.

tétras [tetrα] m. Urogallo (oiseau).

tétrastyle adj. et s. m. ARCHIT. Tetrástilo.

tétrasyllabe ou **tétrasyllabique** adj. Tetrasílabo, ba ; cuatrisílabo, ba.

tétrasyllabique adj. Tetrasilábico, ca.

tétravalent, e adj. CHIM. Tetravalente.

tétrode m. RAD. Tetrodo.

tette f. Pezón, *m.*, teta (des animaux).

têtu, e adj. et s. Testarudo, da ; terco, ca ; cabezón, ona : *être têtu comme une mule*, ser terco como un aragonés.
— SYN. *Entêté*, terco. *Entier*, inflexible. *Obstiné*, obstinado. *Opiniâtre*, pertinaz, porfiado. *Acharné*, encarnizado. *Persévérant*, perseverante. *Tenace*, tenaz. *Fam. Buté*, porfiado. *Cabochard*, cabezota, cabezón.

teuf-teuf [tœftœf] m. inv. FAM. Cacharro, cafetera, *f.* (automobile).

teuton, onne adj. et s. Teutón, ona.

teutonique adj. Teutónico, ca.

Texas [tɛksas] n. pr. GÉOGR. Tejas.

texte m. Texto : *restituer un texte*, restablecer un texto.
— SYN. *Contexte*, contexto. *Teneur*, tenor. *Manuscrit*, manuscrito. *Original, copie*, original.

textile adj. Textil : *industrie textile*, industria textil.
— M. Tejido : *textile artificiel*, tejido artificial.

textuel, elle adj. Textual.

texture f. Textura, contextura, tejido, *m.*

Thabor n. pr. m. GÉOGR. Tabor.

Thadée n. pr. m. Tadeo.

thaï, ïe [tai] adj. et s. m. Thai (langue du Sud-Est asiatique).

thaïlandais, e adj. et s. Tailandés, esa.

Thaïlande n. pr. f. GÉOGR. Tailandia.

thalamus m. ANAT. Tálamo.

thalassothérapie f. MÉD. Talasoterapia.

thaler m. (Vx). Tálero, taler (monnaie allemande).

Thalès n. pr. m. Tales.

Thalie n. pr. f. Talía.

thalle m. BOT. Talo (des lichens).

thallium [taljɔm] m. Talio (métal).

thallophytes m. pl. BOT. Talofitas, *f.*

thalweg [talvɛ:g] m. V. TALWEG.

thapsia m. Tapsia (plante).

thaumaturge m. Taumaturgo.

thaumaturgie f. Taumaturgia.

thé m. Té. ‖ *Thé dansant*, té baile.

théatin m. Teatino.

théâtral, e adj. Teatral : *groupes théâtraux*, grupos teatrales.

théâtre m. Teatro (lieu, littérature, profession). ‖ FIG. Teatro, escenario : *cette ville fut le théâtre d'un grand événement*, esta ciudad fue teatro de un gran suceso. ‖ — *Théâtre boulevardier*, teatro ligero. ‖ MIL. *Théâtre d'opérations*, teatro de operaciones. ‖ — *Coup de théâtre*, lance imprevisto, sorpresa. ‖ *Pièce de théâtre*, obra de teatro *ou* teatral. ‖ *Travailler au théâtre*, trabajar en el teatro. ‖ *Mettre un roman au théâtre*, poner una novela en escena, adaptar una novela al teatro.
— SYN. *Fam. Boui-boui*, teatrucho, teatrillo. *Scène*, escenario. *Planches*, tablas. *Plateau*, tablado.

théâtreuse f. Comedianta mala.

thébaïde f. Tebaida (solitude).

Thébaïde n. pr. f. GÉOGR. Tebaida.

thébain, e adj. et s. Tebano, na.

thébaïne f. Tebaína (alcaloïde).

thébaïque adj. Tebaico, ca (d'opium).

thébaïsme m. Tebaísmo (empoisonnement par l'opium).

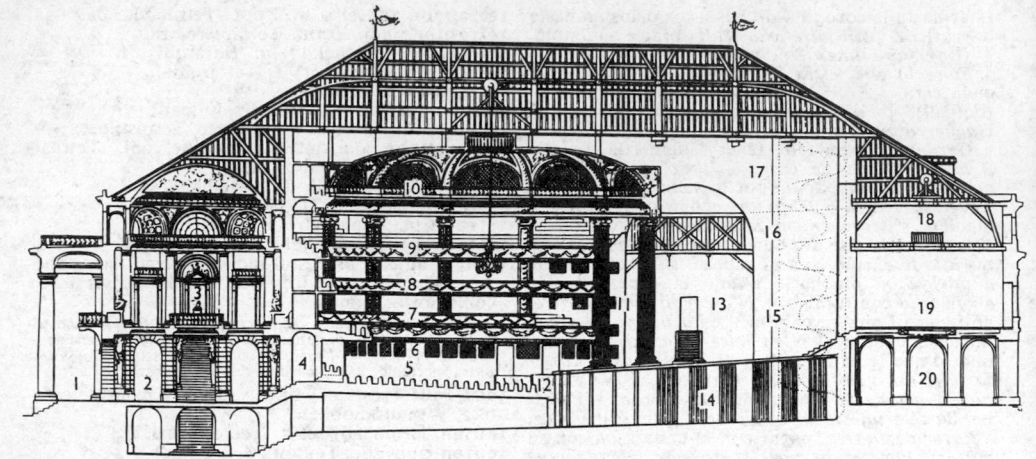

THÉÂTRE — TEATRO

1. *Entrée*, entrada. — 2. *Hall*, vestíbulo. — 3. *Foyer du public*, saloncillo, « foyer ». — 4. *Promenoir*, pasillo [alrededor del patio de butacas]. — 5. *Fauteuils (m. pl.) d'orchestre*, butacas (f.) de patio. — 6. *Baignoires o loges, f. pl.*, palcos (m.) de platea *ou palcos, m.* — 7. *Premier balcon, mezzanine, f.*, piso principal, entresuelo, m. — 8. *Second balcon*, segundo piso. — 9. *Amphithéâtre o galerie*, anfiteatro ou galería. — 10. *Second amphithéâtre o paradis o poulailler* (fam.), segundo anfiteatro ou paraíso ou gallinero (fam.). — 11. *Loge (f.) d'avant-scène*, palco (m.) de proscenio. — 12. *Fosse (f.) d'orchestre*, foso (m.) de orquesta. — 13. *Scène, f. o plateau*, escenario, m. — 14. *Dessous*, foso del escenario. — 15. *Coulisses, f. pl. o dégagements, m. pl.*, bastidores, m. — 16. *Administration*, administración. — 17. *Magasin des costumes, des accessoires, coiffeur*, vestuario de artistas, accesorios, peluquero. — 18. *Loge (f.) des artistes*, camerino, m. — 19. *Foyer des artistes, salle des répétitions*, saloncito de artistas, sala de ensayos. — 20. *Entrée des artistes*, entrada de artistas.

1. *Scène, f.*, escenario, m. — 2. *Avant-scène, f.*, proscenio, m. — 3. *Rampe*, candilejas, pl. — 4. *Trou, m. o boîte du souffleur*, concha (f.) del apuntador. — 5. *Trappillons*, escotillones. — 6. *Costières, f.*, escotillones, m. — 7. *Lointain*, fondo. — 8. *Rue, f.*, bastidores, m. pl. — 9 à 12. *Dessous*, foso del escenario. — 13. *Monte-charge (m.) pour apparitions*, plataforma (f.) elevadora para apariciones. — 14. *Fosse (f.) d'orchestre*, foso (m.) de orquesta. — 15. *Côté cour et côté jardin*, lado de la escena a la derecha del espectador y lado de la escena a la izquierda del espectador. — 16. *Rideau de fer (en avant : rideau de scène)*, telón metálico *(delante : telón de boca)*. — 17. *Herses, f. pl.*, rastrillos, m. — 18. *Toile (f.) de fond o lointain*, telón (m.) de fondo. — 19. *Cintres*, telares. — 20. *Gril*, telar.

Thèbes [tɛ:b] n. pr. Géogr. Tebas.
théier [teje] m. Té (arbuste).
théière [-jɛ:r] f. Tetera.
théine f. Teína (alcaloïde).
théisme m. Teísmo (doctrine). ‖ Intoxicación (f.) mediante el té.
théiste adj. et s. Teísta.
thématique adj. Temático, ca.
thème m. Tema. ‖ Traducción (f.) inversa. ‖ Gramm. Tema, radical. ‖ Mil. et Mus. Tema. ‖ Fam. Fort en thème, empollón (étudiant).
Thémis [temis] n. pr. f. Myth. Temis.
Thémistocle n. pr. m. Temístocles.
thénar m. Anat. Tenar.
théobromine f. Teobromina (alcaloïde du cacao).
théocratie f. Teocracia.
théocratique adj. Teocrático, ca.
Théocrite n. pr. m. Teócrito.
théodicée f. Teodicea.
théodolite m. Teodolito.
Théodora n. pr. f. Teodora.
Théodore n. pr. m. Teodoro.
Théodoric n. pr. m. Teodorico.
Théodose n. pr. m. Teodosio.
théodosien, enne adj. Teodosiano, na.
théogonie f. Teogonía.
théogonique adj. Teogónico, ca.
théologal, e adj. Teologal.
théologie f. Teología.
théologien [teɔlɔ3jɛ̃] m. Teólogo.
théologique adj. Teológico, ca.
théologiser v. intr. Teologizar.
Théophane n. pr. m. Teófanes.
théophilanthrope m. et f. Teofilántropo, pa.
théophilanthropie f. Teofilantropía.
Théophile n. pr. m. Teófilo.
Théophraste n. pr. m. Teofrasto.
théophylline f. Teofilina.
théorbe m. Tiorba, f.
théorématique adj. Teoremático, ca.
théorème m. Teorema.
théorétique adj. Teorético, ca.
théoricien, enne m. et f. Teórico, ca.
théorie f. Teoría. ‖ En théorie, teóricamente, en teoría.
théorique adj. Teórico, ca.
théosophe m. Teósofo.
théosophie f. Teosofía.
théosophique adj. Teosófico, ca.
thèque f. Bot. Teca.
thérapeute m. et f. Terapeuta.
thérapeutique adj. et s. f. Terapéutico, ca.
thérapie f. Terapia, terapéutica.
Thérèse n. pr. f. Teresa.
thériacal, e adj. Triacal, teriacal.
thériaque f. Triaca, teriaca.
thermal, e adj. Termal. ‖ Station thermale, estación termal, balneario, caldas.
thermalisme m. Estado termal. ‖ Organización (f.) y explotación (f.) de las fuentes termales.
thermalité f. Termalidad.
thermes [tɛrm] m. pl. Termas, f., caldas, f.
thermicité f. Termicidad.
thermidor m. Termidor [undécimo mes del calendario republicano francés].
thermidorien, enne adj. et s. Termidoriano, na.
thermie f. Phys. Termia.
thermique adj. Térmico, ca.
thermite f. Termita (soudure autogène).
thermocautère m. Termocauterio.
thermochimie f. Termoquímica.
thermochimique adj. Termoquímico, ca.
thermocouple m. Termopar, par termoeléctrico.
thermodurcissable adj. Termoestable, que se endurece con el calor.
thermodynamique f. Termodinámica.
thermo-électricité f. Termoelectricidad.

thermo-électrique adj. Termoeléctrico, ca : couple thermo-électrique, par termoeléctrico.
thermogène adj. Termógeno, na.
thermographe m. Termógrafo.
thermoïonique ou **thermo-ionique** adj. Termoiónico, ca.
thermologie f. Termología.
thermologique adj. Termológico, ca.
thermomagnétisme m. Termomagnetismo.
thermomètre m. Termómetro : thermomètre à maximum et à minimum, médical, termómetro de máxima y mínima, clínico.
thermométrie f. Termometría.
thermométrique adj. Termométrico, ca.
thermonucléaire adj. Termonuclear.
thermopile f. Électr. Termopila.
thermoplastique adj. Termoplástico, ca.
thermoplongeur m. Calentador a inmersión.
thermopompe f. Termobomba.
thermopropulsion f. Termopropulsión.
Thermopyles n. pr. f. pl. Géogr. Termópilas.
thermorégulation f. Termorregulación, regulación térmica.
Thermos [tɛrmɔs] f. Termo, m., termos, m. (nom déposé). ‖ Termo (récipient isolant).
thermoscope m. Termoscopio (thermomètre différentiel).
thermoscopique adj. Termoscópico, ca.
thermosiphon m. Termosifón.
thermostat [tɛrmɔsta] m. Termostato.
thermothérapie f. Termoterapia.
thésaurisation f. Atesoramiento, m., acumulación de riquezas.
thésauriser v. tr. Atesorar.
thésauriseur, euse adj. et s. Atesorador, ra.
thèse f. Tesis (proposition, opinion) : roman à thèse, novela de tesis. ‖ Tesis (de doctorat). ‖ — En thèse générale, generalmente hablando, de manera general. ‖ — Fig. Cela change la thèse, eso es otro cantar, esto cambia el problema.
Thésée n. pr. m. Teseo.
thesmophories f. pl. Tesmoforias (fêtes à Athènes).
thesmothète m. Tesmóteta.
Thespiades f. pl. Tespíades (les muses).
thespien, enne adj. et s. Tespio, pia.
Thespies [tɛɔpi] n. pr. Géogr. Tespia.
Thespis [tɛspis] n. pr. m. Tespis.
Thessalie n. pr. f. Géogr. Tesalia.
thessalien, enne adj. et s. Tesaliense, tesalio, lia.
Thessalonique n. pr. f. Géogr. Tesalónica.
thêta m. Theta, f. (lettre grecque).
Thétis n. pr. f. Tetis.
théurgie [teyr3i] f. Teúrgia.
théurgique adj. Teúrgico, ca.
théurgiste m. Teúrgo, mago.
thiamine f. Tiamina, vitamina B1.
thibaude f. Arpillera, harpillera (étoffe).
Thibaut [tibo] n. pr. m. Teobaldo.
thiol m. Chim. Tiol.
thionine f. Méd. Tionina.
thionique adj. Chim. Tiónico, ca.
thixotropie f. Tixotropía.
thlaspi [tlaspi] m. Tlaspi, carraspique (plante).
Thomas [tɔma] n. pr. m. Tomás.
thomise m. Tomisa, f. (araignée).
thomisme m. Tomismo.
thomiste adj. et s. Tomista.
thon m. Atún (poisson).
thonaire ou **thonnaire** m. Almadraba, f. (filet).
thonidés m. pl. Túnidos.
thonier m. Barco atunero.
thonine f. Tonina [atún del Mediterráneo].
thoracentèse f. Méd. Toracentesis, toracocentesis.
thoracique adj. Torácico, ca.
thoracoplastie f. Méd. Toracoplastia, plastia.

thorax m. ANAT. Tórax.
thorite f. MIN. Torita.
thorium [tɔrjɔm] m. Torio (métal).
Thot ou **Thoth** [tɔt] n. pr. m. Tot (dieu égyptien).
thrace adj. et s. Tracio, cia.
Thrace n. pr. f. GÉOGR. Tracia.
Thrasybule n. pr. m. Trasíbulo.
thrène m. Treno, canto fúnebre.
thridace f. Tridacio, m.
thrombine f. Trombina.
thrombocyte m. Trombocito.
thrombose f. MÉᴅ. Trombosis.
thrombus [trɔbys] m. MÉᴅ. Trombo, coágulo de sangre.
Thucydide n. pr. m. Tucídides.
thulium [tyljɔm] m. Tulio (terre rare).
thuriféraire m. Turiferario. || FIG. Adulón, ona ; cobista (flatteur).
Thuringe n. pr. f. GÉOGR. Turingia.
thuringien, enne adj. et s. Turingio, gia.
thuya [tyja] m. Tuya, f. (arbre).
thyade f. Bacante.
thylacine m. Tilacino (marsupial).
thym [tɛ̃] m. Tomillo (plante).
thyméléacées f. pl. BOT. Timeleáceas.
thymique adj. ANAT. Tímico, ca.
thymol m. CHIM. Timol.
thymus [timys] m. Timo (glande de la gorge).
thyratron m. ÉLECTR. Tiratrón.
thyroïde adj. ANAT. Tiroideo, a.
— F. Tiroides, m.
thyroïdectomie f. MÉᴅ. Tiroidectomía.
thyroïdien, enne adj. ANAT. Tiroideo, a.
thyroïdine f. Tiroidina.
thyroïdite f. MÉᴅ. Tiroiditis.
thyroxine f. Tiroxina.
thyrse m. Tirso. || BOT. Tirso, panoja, f.
thysanoures [tizanu:r] m. pl. ZOOL. Tisanuros.
tiare f. Tiara.
Tibère n. pr. m. Tiberio.
Tibériade n. pr. GÉOGR. Tiberíades.
Tibet n. pr. m. GÉOGR. Tíbet.
tibétain, e adj. et s. Tibetano, na.
tibia m. ANAT. Tibia, f.
tibial, e adj. Tibial, de la tibia.
Tibre n. pr. m. GÉOGR. Tíber.
Tibulle n. pr. m. Tibulo.
Tiburce n. pr. m. Tiburcio.
tic m. Tic (contraction nerveuse chez l'homme). || FIG. Tic, manía, f. || Muletilla, f. (de langage). || VÉTÉR. Tiro.
ticket [tikɛ] m. Billete (d'autobus, de chemin de fer). || Entrada, f. (de cinéma). || Ticket (anglicisme). || Cupón (d'une carte de rationnement).
tic-tac m. inv. Tictac (onomatopée du bruit de l'horloge).
tictaquer v. intr. Hacer tictac.
tiède adj. Tibio, bia ; templado, da : un bain tiède, un baño tibio.
— Adv. Boire tiède, beber cosas templadas.
tiédeur f. Tibieza.
tiédir v. tr. Entibiar, templar.
— V. intr. Entibiarse.
tien, tienne adj. et pron. poss. Tuyo, ya.
— M. et f. Lo tuyo, la tuya. || — Les tiens, los tuyos, tus parientes. || — FAM. Tu fais des tiennes, haces de las tuyas. || Un tiens vaut mieux que deux tu l'auras, más vale un toma que dos te daré, más vale pájaro en mano que ciento volando.
tiens! [tjɛ̃] interj. ¡ Hombre !, ¡vaya ! (du verbe tenir).
tierciaire ou **tertiaire** [tjɛrsɛ:r] m. Terciario (religieux).
tierce f. Escalerilla (série de trois cartes de même couleur). || Tercera (escrime). || Tercia (office divin). || BLAS. Tercia. || IMPR. Última prueba.

tiercé, e adj. BLAS. Terciado, da : tiercé en fasce, terciado en faja.
— M. Apuesta (f.) triple gemela (pari aux courses de chevaux).
tiercefeuille f. BLAS. Trifolio, m., flor de tres pétalos.
tiercelet [tjɛrsəlɛ] m. Terzuelo (oiseau de proie mâle).
tiercement m. AGRIC. Tercia, f.
tiercer* v. tr. AGRIC. Terciar [dar la tercera labor].
tierceron m. ARCHIT. Arco tercelete.
tiers, tierce [tjɛ:r, tjɛrs] adj. Tercer (devant un nom masculin singulier), tercero, ra : un tiers parti un tercer partido ; une tierce personne, una tercera persona. || — DR. Tierce opposition, tercería. || Tiers État, el Estado llano. || Tiers monde, tercer mundo. || REL. Tiers ordre, orden tercera. || — Fièvre tierce, fiebre terciana.
— M. Tercio, tercera (f.) parte : le tiers d'une pomme, la tercera parte de una manzana. || Tercero, tercera (f.) persona : porter tort à un tiers, causar daño a un tercero. || — Assurance au tiers, seguro contra tercera persona. || Être en tiers, ser tercero (dans une réunion).
tiers-point m. ARCHIT. Vértice (f.) de una ojiva, terciario. || MAR. Vela (f.) latina. || TECHN. Lima (f.) triangular. || Voûte en tiers-point, bóveda ojival.
tif [tif] m. POP. Pelo (cheveu). || — Pl. Pelambrera, f. sing.
tige [ti:ʒ] f. BOT. ● Tallo, m., tronco, m. | Caña (graminées). || Tronco, m. (ancêtre dont provient une famille). || ARCHIT. Caña, fuste, m. (d'une colonne). || Caña (d'une botte). || Tija (de la clef). || Varilla, barra (barre). || MÉC. Vástago, m. (d'un piston, de perforation). || FAM. Vieille tige, aviador veterano.
— SYN. ● Souche, cepa. Stipe, estípite. Tronc, tronco. Chaume, caña. Pédicule, pedículo. Hampe, bohordo.
tigelle f. BOT. Plúmula.
tigette f. ARCHIT. Caulículo, m. (de chapiteau).
tiglon m. V. TIGRON.
tignasse f. FAM. Greñas, pl., pelambrera (chevelure).
Tigre n. pr. m. GÉOGR. Tigris.
tigre, esse m. et f. Tigre (animal). || — F. FIG. Mujer muy celosa, fiera.
— OBSERV. Le féminin de tigre (tigresse) se traduit en espagnol par tigre hembra. Le tigre américain, ou jaguar, fait au féminin tigra.
tigré, e adj. Atigrado, da.
tigrer v. tr. Atigrar (rayer comme la peau du tigre).
tigridie f. Flor de la maravilla (plante).
tigron ou **tiglon** m. Cruce de tigre y león.
tilbury m. Tílburi.
tilde f. Tilde, f.
tiliacées f. pl. Tiliáceas.
tillac [tijak] m. (Vx.) MAR. Tilla, f., cubierta (f.) del puente.
tillage [tija:ʒ] m. V. TEILLAGE.
tillandsie [tijɑ̃dsi] ou **tillandsia** [-sja] f. BOT. Tillandsia.
tilleul [tijœl] m. Tilo, tila, f. (arbre). || Tila, f. (fleur, infusion).
timbale f. Timbal, m. || Cubilete, m., vaso (m.) metálico (pour boire). || Molde (m.) de cocina cilíndrico (cuisine). || Timbal, m. (mets). || FIG. et FAM. Décrocher la timbale, ganar el premio, llevarse la palma.
timbalier m. Timbalero.
timbrage m. Timbrado, sellado.
timbre m. Sello [Amér., estampilla, f.] (timbre-poste). || Timbre (timbre fiscal). || Timbre, campanilla, f. (sonnerie). || Timbre, metal (de la voix).

‖ Sello, estampilla, f. (cachet). ‖ Sello (instrument servant à apposer des marques). ‖ BLAS. Timbre. ‖ MUS. Timbre (son caractéristique d'un instrument). ‖ TECHN. Presión (f.) máxima (d'une chaudière). ‖ FIG. *Avoir le timbre fêlé*, estar algo tocado, andar mal de la cabeza.

timbré, e adj. Sellado, da (enveloppe), timbrado, da (document). ‖ FIG. et FAM. Tocado de la cabeza : *il est un peu timbré*, está tocado de la cabeza. ‖ *Papier timbré*, papel timbrado.

timbre-poste m. Sello de correos [*Amér.*, estampilla, f.].
— OBSERV. Pl. *timbres-poste*.

timbre-quittance m. Timbre móvil (sur les quittances, reçus, etc.), póliza, f. (sur les actes civils et judiciaires).

timbrer v. tr. Sellar, timbrar (p. us.) ‖ Poner un sello, franquear (lettre).

timbreuse f. Máquina de timbrar.

timide adj. et s. Tímido, da.

timidité f. Timidez.

timocratie f. Timocracia.

timon m. Lanza, f., pértigo (d'une voiture). ‖ FIG. Timón, dirección, f. ‖ MAR. Caña (f.) del timón (barre de gouvernail).

timonerie f. MAR. Timonera, cámara del timón. ‖ AUTOM. Mandos, m. pl. (de la direction ou des freins).

timonier m. Timonel, timonero (qui tient le gouvernail). ‖ Caballo de tronco (cheval).

timoré, e adj. et s. Timorato, ta ; indeciso, sa.

Timothée n. pr. m. Timoteo.

tin m. MAR. Picadero.

tinamou m. Tinamú (oiseau).

tincal m. (P. us.). Atíncar, bórax.

tinctorial, e adj. Tintóreo, a

tine f. Tina, cuba.

tinette f. Barril, m., barrilete, m. (pour la graisse). ‖ Tonel (m.) de poceros.

tintamarre m. Estruendo, batahola, f.

tintement m. Tintineo. ‖ — *Tintement des cloches*, tañido de las campanas. ‖ *Tintement d'oreilles*, zumbido de oídos.

tinter v. tr. et intr. Tocar, tañer (cloche). ‖ Zumbar (bourdonner) : *les oreilles me tintent*, me zumban los oídos.

tintinnabuler v. tr. Tintinear, cascabelear (un grelot).

Tintoret (le) [lə tɛtɔrɛ] n. pr. m. Tintoreto.

tintouin [tɛ̃twɛ̃] m. FAM. Mareo, inquietud, f., preocupación, f. (souci).

tipule f. Típula (insecte).

tique f. Garrapata (parasite).

tiquer v. intr. Tener un tic (avoir un tic). ‖ FIG. et FAM. Poner mala cara, poner cara de pocos amigos. ‖ VÉTÉR. Padecer tiro. ‖ FAM. *Il n'a pas tiqué*, no ha chistado, no ha dicho esta boca es mía.

tiqueté, e adj. Moteado, da ; salpicado, da (tacheté).

tiqueture f. Moteado, m., salpicado, m.

tiqueur, euse m. et f. Persona que tiene un tic. ‖ VÉTÉR. Caballo que padece tiro.

tir m. Tiro : *tir à blanc, à boulet, d'écharpe*, tiro de fogueo, con bola, oblicuo. ‖ — *Tir à la cible*, tiro al blanco. ‖ *Tir au but*, tiro a gol, remate (football). ‖ *Tir aux pigeons*, tiro de pichón. ‖ *Tir aux pigeons d'argile*, tiro al plato. ‖ — *Ligne de tir*, línea de tiro.

tirade f. Perorata (discours). ‖ Tirada (de vers). ‖ Parlamento, m. (théâtre). ‖ Sarta, ristra, retahíla (d'injures).

tirage m. Emisión, f., libranza, f. (d'une traite). ‖ Tiro (d'une cheminée). ‖ Camino de sirga (halage). ‖ Sorteo (loterie). ‖ FIG. et FAM. Dificultad, f. : *il y a du tirage*, hay dificultad. ‖ IMPR. Tirada, f.

‖ PHOT. Copia, f., prueba, f. (épreuve), positivado, tiraje (action). ‖ TECHN. Tirado (de métaux), devanado (de la soie). ‖ — IMPR. *Tirage à part*, separata. ‖ *Tirage au sort*, sorteo. ‖ *Tirage d'une loterie*, sorteo de una lotería. ‖ IMPR. *Tirage en creux* o *en hélio*, huecograbado. ‖ *Tirage sur papier*, positivado (photos). ‖ — COMM. *Droits spéciaux de tirage*, derechos especiales de giro.

tiraillement [tirɑjmɑ̃] m. Tirón, estirón. ‖ Retortijón (d'estomac). ‖ — Pl. FIG. Dificultades, f., disensiones, f., desavenencias, f., tirantez, f. sing.

tirailler [-je] v. tr. Dar tirones. ‖ FIG. Importunar, molestar (importuner). ‖ Atraer en dos sentidos diferentes.
— V. intr. Tirotear.

tirailleur [-jœːr] m. MIL. Tirador, cazador. ‖ — *Régiment de tirailleurs* (vx), regimiento de tropas indígenas. ‖ — *Marcher en tirailleur*, marchar en orden disperso *ou* en guerrilla.

tirant m. Cordón de bolsa (d'une bourse). ‖ Tirante de bota (ganse servant à tirer la tige d'une chaussure). ‖ Tendón, nervio (dans la viande). ‖ ARCHIT. Tirante (d'un toit). ‖ — *Tirant d'air*, altura que media entre un puente y el nivel del agua. ‖ *Tirant d'eau*, calado (d'un bateau).

tirasse f. Red para cazar codornices *ou* perdices, percha. ‖ MUS. Pedal (m.) de acoplamiento (d'un orgue).

tire f. Tirada, tirón, m. ‖ *Voleur à la tire*, carterista, ratero, descuidero.

tiré, e adj. Tirado, da. ‖ Sacado, da (extrait). ‖ Cansado, da ; descompuesto, ta (visage). ‖ — FAM. *Tiré par les cheveux*, traído por los pelos, sin venir a cuento. ‖ — FIG. *Etre tiré à quatre épingles*, estar de punta en blanco *ou* muy compuesto *ou* peripuesto.
— M. Monte de caza, matorral (taillis). ‖ Caza, f. (gibier). ‖ COMM. Librado, da [persona contra quien se gira una letra].

tire-au-flanc [tiroflɑ̃] m. inv. FAM. Vago, holgazán.

tire-balle m. (Vx). Sacabalas. ‖ MÉD. Sacabala, tirafondo.

tire-bonde m. Sacatapón (pour les tonneaux).

tire-botte m. Sacabotas, tirabotas.

tire-bouchon m. Sacacorchos. ‖ Tirabuzón (cheveux). ‖ SPORTS. Tirabuzón (plongeon). ‖ *En tire-bouchon*, en espiral.

tire-bouchonné, e adj. En forma de tirabuzón.

tire-bouchonner v. tr. Dar forma de tirabuzón.

tire-bourre m. inv. Sacatrapos, sacatacos.

tire-bouton m. Abotonador, abrochador.

tire-braise m. inv. Hurgón (de boulanger).

tire-cendre m. inv. MIN. Turmalina, f.

tire-clou m. Sacaclavos, desclavador.

tire-d'aile (à) loc. adv. A aletazos, con vuelo rápido, a todo vuelo.

tire-douille [tirduːj] m. Sacavainas (d'une arme à feu).

tirée f. POP. Tirada (longue distance).

tire-feu m. inv. Botafuego.

tire-fond m. inv. Tirafondo (chemin de fer). ‖ Anilla, f. (d'un plafond).

tire-laine m. inv. (Vx). Capeador, ladrón de capas.

tire-lait [tirlɛ] m. inv. Mamadera, f., sacaleche.

tire-larigot (à) FAM. Úsase en la loc. *Boire à tire-larigot*, beber como una esponja.

tire-ligne m. Tiralíneas.

tirelire f. Alcancía, hucha. ‖ POP. Buche, m. (estomac).

tire-pied [tirpje] m. Tirapié.

tirer v. tr. ● Tirar de (amener vers soi) : *cheval qui tire une voiture*, caballo que tira de un coche. ‖ Sacar : *tirer de l'argent, l'épée*, sacar dinero, la espada ; *tirer profit*, sacar provecho. ‖ Sacar : *tirer des conclusions*, sacar conclusiones. ‖ Sacar, hacer salir (faire sortir une personne) : *tirer quelqu'un de prison, d'embarras,* sacar a alguien de prisión, de apuros. ‖ Sacar, coger (de l'eau). ‖ Tirar (de la bière). ‖ Tirar, trazar (une ligne, un plan). ‖ Estirar (bas, jupe). ‖ Tirar, imprimir (une estampe, un livre). ‖ ◆ Tirar, disparar : *tirer un lièvre,* tirar a una liebre; *tirer un coup de canon,* tirar un cañonazo. ‖ Tomar, sacar : *tirer un mot du latin,* tomar una palabra del latín. ‖ Extraer, sacar (extraire) : *on tire le sucre de la betterave,* el azúcar se saca de la remolacha. ‖ Correr : *tirer les rideaux,* correr las cortinas. ‖ Ordeñar (traire). ‖ Quitar (ôter). ‖ Sortear (loterie). ‖ (Vx). Tirar (l'or). ‖ Chutar, tirar, rematar (football). ‖ COMM. Extender, librar (un chèque), girar, librar (une traite). ‖ FAM. Tirarse, chuparse : *tirer six mois de prison,* tirarse seis meses de cárcel. ‖ PHOT. Revelar. ‖ — *Tirer à blanc,* disparar con munición de fogueo. ‖ *Tirer à soi,* barrer para adentro. ‖ *Tirer au clair,* poner en claro, sacar en limpio. ‖ *Tirer avantage de,* sacar provecho de, aprovecharse de. ‖ FIG. *Tirer des plans,* trazar planes. ‖ *Tirer la jambe,* renquear. ‖ *Tirer la langue,* sacar la lengua (moquerie), tener la lengua fuera (fatigue). ‖ *Tirer la porte,* cerrar la puerta. ‖ *Tirer les cartes,* echar las cartas (prédire la destinée). ‖ *Tirer les larmes des yeux,* hacer saltar las lágrimas. ‖ *Tirer les rois,* repartir el roscón de Reyes. ‖ *Tirer les vers du nez,* tirar de la lengua, sonsacar. ‖ *Tirer parti,* sacar partido. ‖ *Tirer quelqu'un de la boue,* sacar del arroyo. ‖ *Tirer sa révérence,* decir adiós, despedirse. ‖ *Tirer sa source, son origine,* proceder, descender, tener su origen. ‖ *Tirer son chapeau à quelqu'un,* quitarse el sombrero, descubrirse (pour saluer), descubrirse (pour admirer). ‖ *Tirer son épingle du jeu,* arreglárselas, salir bien de un mal paso. ‖ *Tirer une affaire au clair,* poner en claro un asunto. ‖ *Tirer une courroie,* estirar *ou* tensar una correa. ‖ *Tirer une épine du pied,* quitar un peso de encima. ‖ *Tirer une épreuve,* hacer una copia (photo). ‖ *Tirer un feu d'artifice,* quemar una colección de fuegos artificiales. ‖ *Tirer vanité de,* hacer alarde de, vanagloriarse de, envanecerse de. ‖ *Tirer vengeance de,* vengarse de. ‖ — *Navire qui tire six mètres d'eau,* barco de seis metros de calado. — V. intr. Tirar : *tirer sur la bride,* tirar de la brida. ‖ Tirar, disparar : *tirer sur quelqu'un,* disparar a alguien. ‖ Tirar : *tirer à l'arc,* tirar con arco. ‖ Tirar : *cette cheminée tire bien,* esta chimenea tira bien. ‖ Tirar a (sur une couleur) : *ce manteau tire sur le bleu,* este abrigo tira a azul. ‖ — *Tirer à la courte paille,* echar pajas. ‖ *Tirer à sa fin,* tocar a su fin, llegar al final. ‖ *Tirer au but,* tirar a gol (football). ‖ FAM. *Tirer au flanc,* hacerse el remolón. ‖ *Tirer au jugé o au hasard,* tirar a bulto. ‖ *Tirer au sort,* sortear. ‖ *Tirer des armes,* esgrimir. ‖ *Tirer juste,* tirar con precisión. ‖ — *Cela ne tire pas à conséquence,* esto no tiene importancia. — V. pr. Salir, librarse, zafarse : *se tirer d'un trou,* salir de un boquete; *se tirer d'une situation délicate,* salir de una situación delicada. ‖ Cumplir : *il s'est bien tiré de sa mission,* ha cumplido bien su misión. ‖ POP. Largarse, pirárselas (s'en aller). ‖ — *Se tirer d'affaire,* salir adelante, salir bien de un apuro. ‖ *S'en tirer,* salir, salir bien : *l'opération était grave, mais le malade s'en est (bien) tiré,* la operación era grave pero el enfermo ha salido bien ; tirar : *il s'en tire avec 300 francs par mois,* tira con 300 francos al mes. ‖ *S'en tirer par une pirouette,* salir por la tangente. ◆

— SYN. ● *Tirailler,* dar tirones. *Haler,* halar.

— *Fam. Canarder,* tirar a cubierto. *Mitrailler,* ametrallar. *Tirailler,* tirotear.

tiret [tirɛ] m. Raya, *f.* ‖ (Vx). Guión (trait d'union).

— OBSERV. El *tiret* (raya) se utiliza para separar oraciones incidentales, para indicar el diálogo, y equivale a un paréntesis. Gráficamente es algo más largo que el *trait d'union,* usado en los nombres compuestos.

tiretaine f. Tiritaña (tissu).

tirette f. Cordón (*m.*) de cortinas (de rideaux). ‖ Tablero (*m.*) que sirve de mesa. ‖ Presilla (pour suspendre les robes). ‖ *Table à tirette,* mesa extensible.

tireur, euse m. et f. Tirador, ra. ‖ Librador, girador de una letra de cambio. ‖ — *Tireur d'armes,* maestro de esgrima. ‖ *Tireur, tireuse de cartes,* echador, echadora de cartas. ‖ *Tireur d'élite,* tirador de primera. ‖ *Tireur d'or,* tirador de oro. ‖ — F. PHOT. Tiradora, máquina para sacar copias.

tire-veilles m. inv. MAR. Guarda de escala. | Guardín del timón.

tiroir m. Cajón (boîte). ‖ MÉCAN. Corredera, *f.,* distribuidor (d'une machine à vapeur). ‖ — *Tiroir-caisse,* caja (d'un commerçant). ‖ THÉÂTR. *Pièce à tiroirs,* folla.

tironien, enne adj. *Notes tironiennes,* notas tironianas (sténographie).

tisane f. Tisana. ‖ *Tisane de Champagne,* champaña suave.

tison m. Tizón, ascua, *f.* ‖ Cerilla (*f.*) que el viento no puede apagar (allumette). ‖ FIG. Rescoldo (d'une passion).

tisonné, e adj. Rodado, da (cheval).

tisonner v. intr. et tr. Atizar, tizonear (le feu).

tisonnier m. Atizador, hurgón (pour le feu).

tissage m. Tejido (action et ouvrage). ‖ Fábrica (*f.*) de tejidos.

tisser v. tr. Tejer.

tisserand [tisrɑ̃] m. Tejedor.

tisseranderie [-rɑ̃dri] f. Tejeduría.

tisserin [-rɛ̃] m. Tejedor (oiseau).

tisseur adj. m. et s. m. Tejedor.

tissu m. Tejido, tela, *f.* ‖ ANAT. Tejido. ‖ FIG. Tejido, sarta, *f.* : *un tissu de mensonges,* una sarta de embustes.

tissu, e adj. Tejido, da.

tissu-éponge m. Felpa, *f.,* tela (*f.*) de rizo.

— OBSERV. Pl. *tissus-éponges.*

tissulaire adj. Relativo a los tejidos orgánicos.

tissure f. Textura, trama.

tissuterie f. Pasamanería.

tissutier m. Pasamanero.

titan m. Titán. ‖ *De titan,* titánico, ca : *un travail de titan,* un trabajo titánico.

titane m. Titanio (métal).

titanesque ou **titanique** adj. Titánico, ca.

Tite-Live n. pr. m. Tito Livio.

tithymale m. Titímalo (plante).

titi m. POP. Golfillo de París.

Titien [tisjɛ̃] n. pr. m. Ticiano.

titillant, e [titilɑ̃, ɑ̃:t ou titilɑ, ɑ̃:t] adj. Titilante.

titillation [-lasjɔ̃ ou -jasjɔ̃] f. Titilación. ‖ Cosquilleo, *m.,* cosquilla (chatouillement).

titiller [-le ou -je] v. intr. Titilar, titilear. — V. tr. Cosquillear.

titrage m. Graduación, *f.* (de l'alcool).

titre m. Título (inscription, subdivision, de propriété, qualification, dignité). ‖ Ley, *f.* (d'un métal), dosificación, *f.* (d'une solution). ‖ Grado, graduación, *f.* (d'alcool). ‖ Tratamiento : *on donne aux rois le titre de Votre Majesté,* los reyes tienen tratamiento de Su Majestad. ‖ *Titre au porteur,* título al portador. ‖ *Titre coté,* título cotizable. ‖ *Titre courant,* titulillo, folio explicativo. ‖ *Titre de paiement,* título de pago. ‖ *Titre de transport,* billete. ‖ PHOT. *Dépôt de titres,* depósito de valores. ‖ IMPR. *Faux titre,* anteportada, portadilla. ‖ *Recrutement sur titres,* selección por méritos. ‖ — *À des titres différents,* por razones distintas. ‖

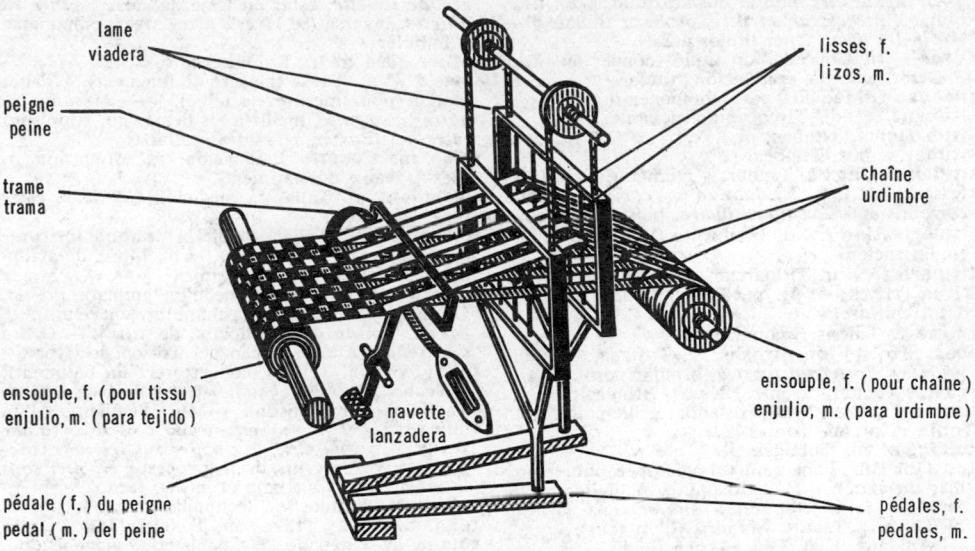

lame
viadera

peigne
peine

trame
trama

lisses, f.
lizos, m.

chaîne
urdimbre

ensouple, f. (pour tissu)
enjulio, m. (para tejido)

navette
lanzadera

ensouple, f. (pour chaîne)
enjulio, m. (para urdimbre)

pédale (f.) du peigne
pedal (m.) del peine

pédales, f.
pedales, m.

TISSUS — TEJIDOS

I. Tissus de laine. — Tejidos de lana.

alpaga, *m.*	alpaca, *f.*
bure, *f.*	sayal, *m.*
cardé	cardado
cheviotte, *f.*	cheviot, *m.*
croisé	cruzado
drap	paño
feutre	fieltro
flanelle	franela
gabardine	gabardina
jersey	jersey
mérinos	merino
mohair	mohair
peignée (laine)	peinada (lana)
popeline	popelín
ratine	ratina
serge	sarga
shetland	shetland
tapis, *m.*	alfombra, *f.*
tapisserie de haute lisse	tapiz de alto lizo
tapisserie de basse lisse	tapiz de bajo lizo
tiretaine	tiritaña
tricot	género de punto
tweed	tweed

II. Tissus de fil et de coton. Tejidos de hilo y de algodón.

batiste	batista
calicot	calicó
coutil	dril
cretonne	cretona
étamine	estameña
futaine, *f.*	fustán, *m.*
indienne	indiana
linon	linón
longotte	calicó de Ruán
lustrine	lustrina
madapolam	madapolán
nansouk	nansú
organdi	organdí
percale, *f.*	percal, *m.*
piqué	piqué
repu	reps
satinette, *f.*	rasete, *m.*
tissu-éponge, *m.*	felpa, *f.*, rizo, ruso, esponja, *f.*
toile de lin	tela de lino
tulle	tul
velours (*m.*) côtelé o à côte	pana (*f.*) de canutillo *ou* bordón
velours de coton	pana, *f.*

III. Tissus de soie. — Tejidos de seda.

bourrette	adúcar, *m.*
brocart	brocado
broché	brochado
crêpe	crespón
damas	damasco
filoselle, *f.*	filadiz, *m.*
foulard	fular
gaze	gasa
jacquard	telar de Jacquard
lampas	china ; lampote
mousseline	muselina
peluche	felpa
satin	raso, satén
soie grège	seda cruda
toile de soie	tela de seda
tussor	tusor
velours	terciopelo
voile	velo

IV. Textiles artificiels. — Textiles artificiales.

fibranne	fibrana
Nylon	nilón ; nylon
rayonne, *f.*	rayón, *m.*

À divers titres, por distintos conceptos. ‖ *À juste titre,* de derecho, con toda la razón, con mucha razón. ‖ *À quel titre?,* ¿con qué título? ‖ *À titre de* o *au titre de,* como, en concepto de, en calidad de. ‖ *À titre gracieux* o *gratuit,* graciosamente, gratis. ‖ *À très juste titre,* con razón que le sobra. ‖ *Au même titre,* con el mismo título. ‖ *En titre,* titular : *professeur en titre,* profesor titular. ‖ — *Avoir des titres,* tener títulos para.

titrer v. tr. Conceder un título (donner un titre). ‖ Determinar la graduación, titular.

titreuse f. Máquina para componer títulos.

titubant, e adj. Titubeante, vacilante.

titubation f. Titubeo, *m.*

tituber v. intr. Titubear.

titulaire adj. et s. Titular. ‖ Numerario, ria (professeur, etc.). ‖ *Titulaire d'un compte,* cuentacorrentista. ‖ *Évêque titulaire,* obispo titular.

titularisation f. Nombramiento (*m.*) como titular, titularización,

titulariser v. tr. Titularizar, hacer titular.

Titus [tity:s] n. pr. m. Tito. ‖ *À la Titus,* a lo Tito (coiffure).

tmèse f. Tmesis (grammaire).

toast [to:st] m. Brindis. ‖ Tostada, *f.* (pain grillé). ‖ *Porter un toast à,* brindar por.

toaster [toster] v. intr. (P. us.). Brindar por.

toasteur [-tœ:r] m. Tostador (grille-pain).

Tobie n. pr. m. Tobías.

toboggan m. Tobogán.

toc [tɔk] m. Pam pam (onomatopée pour exprimer un choc). ‖ Fam. Bisutería, *f.,* imitación, *f.,* joya (*f.*) falsa : *un bijou en toc,* una joya de bisutería. ‖ Techn. Mandril (d'un tour).
— Adj. inv. Fam. Feúcho, cha (laid).

tocade f. Fam. Capricho, *m.* chifladura.

tocante f. Pop. Reloj, *m.*

tocard, e adj. Pop. Feo, a (laid) ; malo, la ; de tres al cuarto (mauvais).
— M. Fam. Caballo de carrera malo.

toccata [tɔkata] f. Mus. Tocata.

tocsin m. Rebato, toque de alarma. ‖ *Sonner le tocsin,* tocar a rebato, dar la alarma.

toc-toc adj. inv. Fam. Chiflado, da ; guillado, da.

toge f. Toga.

tohu-bohu [tɔybɔy] m. inv. Fam. Confusión, *f.,* barullo, caos.

toi pron. pers. Tú (sujet), te (complément direct), ti (complément indirect) : *c'est toi,* eres tú ; *toi, tu mens,* tú mientes ; *il travaille mieux que toi,* trabaja mejor que tú ; *tais-toi,* cállate ; *on dit de toi,* se dice de ti ; *c'est à toi qu'il parle,* a ti es a quien habla. ‖ — *À toi,* tuyo, ya. ‖ *Avec toi,* contigo (pléonasme de construction, d'après le latin *cumte-cum*). ‖ *Idiot toi-même!,* ¡tonto tú! ‖ — *À toi de jouer,* a ti te toca jugar.
— Observ. Il faut remarquer qu'avec l'impératif le pronom est enclitique.

toilage m. Fondo de un encaje.

toile f. Tela : *toile de coton,* tela de algodón. ‖ Lienzo, *m.* (tissu de lin). ‖ Lienzo, *m.* (peinture). ‖ Lona (à voile, à bâche). ‖ Théâtr. Telón, *m.* (rideau). ‖ — *Toile à bâches,* lona. ‖ *Toile à sacs* o *de jute,* tela de saco. ‖ *Toile cirée,* hule. ‖ *Toile d'araignée,* telaraña. ‖ *Toile de fond,* telón de foro (au théâtre). ‖ *Toile de sauvetage,* lona de salvamento (pompiers). ‖ *Village de toile,* ciudad de lona. ‖ — *Dormir* o *coucher sous la toile,* dormir en tienda de campaña.
— Observ. *Tela* en espagnol a surtout le sens d' «étoffe».

toilerie f. Lienzo, *m.,* lona (tissu de lin ou de chanvre). ‖ Lencería (commerce de toiles).

toilette f. Aseo, *m.,* limpieza personal (action de se laver). ‖ Tocador, *m.,* lavabo, *m.* (meuble). ‖ Traje, *m.,* vestido, *m.* (vêtements de femme). ‖ Holandilla, lienzo (*m.*) fino (toile fine). ‖ Paño

(*m.*) para envolver (pour envelopper). ‖ Limpieza, lavado, *m.* (d'une auto). ‖ — Pl. Servicios, *m. pl.* (cabinet d'aisances). ‖ — *Cabinet de toilette,* aseo, cuarto de aseo. ‖ *Nécessaire de toilette* o *toilette,* neceser de aseo, fin de semana. ‖ *Objets de toilette,* artículos de tocador. ‖ — *Être en grande toilette,* estar en traje de gala. ‖ *Faire sa toilette,* lavarse (se laver), arreglarse, componerse (s'habiller).

toilier, ère m. et f. Lencero, ra.

toise f. (Vx). Toesa (mesure de longueur). ‖ Talla, marca (pour mesurer la taille). ‖ — *Mesurer les autres à sa toise,* medir a los demás por su mismo rasero. ‖ *Passer à la toise,* tallarse.

toisé m. Constr. Estimación, *f.,* evaluación, *f.* (des travaux du bâtiment).

toisement m. Talla, *f.,* medición (*f.*) de la estatura.

toiser v. intr. Tallar, medir la estatura (mesurer les hommes avec la toise). ‖ Fig. Mirar de arriba abajo (regarder avec dédain).

toison f. Vellón, *m.* (laine d'un animal). ‖ Fam. Greñas, *pl.,* melena, pelambre (chevelure). ‖ Myth. *Toison d'or,* vellocino de oro. ‖ — *Ordre de la Toison d'or,* orden del Toisón de Oro.

toit [twa] m. Tejado (couverture d'un bâtiment). ‖ Techo : *toit de chaume,* techo de paja. ‖ Fig. Techo, hogar (maison). ‖ Min. Pendiente (d'un filon). ‖ — *Toit ouvrant,* techo corredizo (d'une voiture). ‖ Fig. *Crier* o *publier sur les toits,* pregonar a voz en grito, decir a voces. ‖ *Habiter sous le même toit,* vivir bajo el mismo techo.

toiture f. Tejado, *m.,* techumbre, techado, *m.*

tokai ou **tokay** [tɔkɛ] m. Tokai (vin).

tôlage m. Chapado. ‖ Chapistería, planchistería.

tôle f. Chapa, palastro, *m.* : *tôle ondulée,* chapa ondulada. ‖ Pop. Chirona, cárcel (prison).

Tolède n. pr. Géogr. Toledo.

tolérable adj. Tolerable.

tolérance f. Tolerancia : *tolérance religieuse,* tolerancia religiosa. ‖ *Maison de tolérance,* casa de trato, mancebía.

tolérant, e adj. Tolerante.

tolérantisme f. Tolerantismo.

tolérer* v. tr. Tolerar.

tôlerie f. Fabricación de chapas de hierro. ‖ Objeto (*m.*) de chapa. ‖ Taller (*m.*) del chapista, chapistería.

tolet [tɔlɛ] m. Mar. Escálamo, tolete.

tolétière f. Mar. Chumacera, escalamera.

tôlier adj. et s. Chapista.

tolite f. Tolita, trilita (explosif).

tollé m. Tole, clamor de indignación.

toltèque adj. et s. Tolteca.

tolu m. Bálsamo de Tolú.

toluène m. Chim. Tolueno.

toluidine f. Chim. Toluidina.

toluol m. Chim. Toluol.

tomahawk [tɔmao:k] m. Tomahawk, hacha (*f.*) de guerra [de los pieles rojas].

tomaison f. Impr. Indicación de tomo, signatura (livres).

tomate f. Tomate, *m.,* tomatera (plante). ‖ Tomate, *m.* (fruit).

tombac m. Tumbaga (*f.*) amarilla (alliage).

tombal, e adj. Sepulcral, tumbal : *pierre tombale,* lápida sepulcral.

tombant, e adj. Caído, da ; que se cae, caedizo, za (qui tombe). ‖ Lacio, cia (cheveux). ‖ Bot. Inclinado : *tige tombante,* tallo inclinado. ‖ *À la nuit tombante,* al anochecer, al caer la noche. ‖ *Jour tombant,* el atardecer.

tombe f. Tumba, sepulcro, *m.* ‖ — *Avoir un pied dans la tombe,* tener un pie en el sepulcro. ‖ *Descendre dans la tombe,* bajar al sepulcro.
— Syn. *Fosse,* fosa. *Caveau,* panteón. *Sépulture,* sepultura. *Sépulcre,* sepulcro. *Tombeau,* tumba. *Mausolée,*

mausoleo. *Cénotaphe,* cenotafio. *Hypogée,* hipogeo. *Sarcophage,* sarcófago.

tombeau m. Tumba, *f.* ‖ — *À tombeau ouvert,* a toda velocidad, a todo correr, a tumba abierta. ‖ Fig. *Se creuser un tombeau,* labrarse su propia ruina.

tombée f. Caída. ‖ *À la tombée de la nuit,* o *à la tombée du jour,* al atardecer, a la caída de la tarde.

tombelle f. Túmulo, *m.*

tomber* v. intr. ● Caer, caerse : *le livre est tombé par terre,* el libro cayó al suelo ; *Pierre est tombé par terre,* Pedro se cayó al suelo. ‖ Fig. Caer : *tomber dans l'indigence, en disgrâce,* caer en la indigencia, en desgracia ; *nos illusions tombent une à une,* nuestras ilusiones caen una tras otra ; *style qui tombe dans le ridicule,* estilo que cae en lo ridículo. ‖ Arrojarse : *tomber aux pieds de quelqu'un,* arrojarse a los pies de alguien. ‖ Caer (le jour, la nuit). ‖ Caer : *cette fête tombe un jeudi,* esa fiesta cae en jueves. ‖ Ponerse, caer : *tomber malade,* ponerse enfermo. ‖ Caer, morir : *le capitaine est tombé à la tête de ses hommes,* el capitán cayó al frente de sus hombres. ‖ Caer : *le gouvernement tombera,* el gobierno caerá. ‖ Caer : *une robe qui tombe bien,* un vestido que cae bien ; *les cheveux lui tombent sur les épaules,* el pelo le cae sobre los hombros. ‖ Caerse : *mes cheveux tombent,* se me cae el pelo. ‖ Decaer : *la conversation tombe,* la conversación decae. ‖ Decaer, perder fuerza : *l'intérêt de la pièce tombe pendant le deuxième acte,* el interés de la pieza decae durante el segundo acto. ‖ Amainar, calmarse : *le vent est tombé,* el viento ha amainado. ‖ Bajar : *sa fièvre est tombée,* le ha bajado la fiebre. ‖ Recaer : *la conversation tomba sur lui,* la conversación recayó sobre él. ‖ Recaer, caer : *tout tombe toujours sur moi,* todo me cae siempre encima. ‖ Encontrar, dar con (trouver). ‖ Dar a, desembocar en : *rue qui tombe dans une avenue,* calle que da a una avenida. ‖ Coincidir con : *mon anniversaire tombe en même temps que le tien,* mi cumpleaños coincide con el tuyo. ‖ Fig. Caerse : *tomber de sommeil,* caerse de sueño. ‖ — *Tomber à la renverse,* caerse de espaldas. ‖ *Tomber amoureux,* enamorarse. ‖ *Tomber à pic* o *bien tomber,* venir de perilla, venir al pelo, llegar como pedrada en ojo de boticario. ‖ *Tomber aux mains de* o *entre les mains de,* caer en manos de. ‖ *Tomber bien, mal,* venir *ou* caer bien, mal. ‖ *Tomber bien bas,* venir a menos. ‖ *Tomber comme des mouches,* caer como moscas. ‖ *Tomber comme une masse,* caer como muerto. ‖ *Tomber d'accord,* ponerse de acuerdo. ‖ *Tomber dans l'erreur,* incurrir en *ou* cometer un error. ‖ *Tomber dans les pommes,* darle a uno un patatús *ou* un soponcio. ‖ *Tomber de son haut, des nues,* caer de las nubes, quedarse atónito. ‖ *Tomber dessus,* echarse encima. ‖ *Tomber en arrêt,* ponerse (chien). ‖ *Tomber en désuétude,* caer en desuso. ‖ *Tomber en pièces,* caerse a pedazos. ‖ *Tomber en lambeaux,* caer hecho jirones. ‖ *Tomber en poussière,* convertirse en polvo. ‖ *Tomber en ruine,* caerse en ruinas, desmoronarse. ‖ *Tomber raide mort,* quedarse en el sitio, morir en el acto. ‖ *Tomber sous la main de,* llegar a las manos de. ‖ *Tomber sous le sens,* caer de su peso, ser evidente. ‖ *Tomber sur l'ennemi,* precipitarse contra el enemigo. ‖ *Tomber sur quelqu'un,* encontrarse a alguien (rencontrer par hasard), emprenderla con alguien (attaquer vivement en paroles). ‖ — *Tombé à l'eau,* malogrado [proyecto]. ‖ — *C'est tombé à l'eau!,* ¡mi gozo en un pozo! ‖ *Laisser tomber,* dejar, abandonar, dar de lado (une affaire), dejar plantado, plantar (un amou-

reux), bajar (la voix). ‖ Fam. *Laisse tomber!,* ¡déjalo! ‖ *Les bras m'en tombent,* me he quedado de una pieza, me extraña muchísimo. ‖ *Ne pas tomber dans l'oreille d'un sourd,* no caer en saco roto.
— V. impers. *Il est tombé de la grêle,* ha caído granizo.
— V. tr. Pop. Tumbar, derribar : *tomber un adversaire,* tumbar un adversario. ‖ *Tomber la veste,* quitarse la chaqueta.
— Syn. ● *S'abattre,* abatirse, desplomarse. *S'affaisser,* desplomarse. *Basculer,* voltear. Fam. *Dégringoler,* caer rodando. *Rouler,* rodar. *Débouler,* rodar abajo. *Choir,* caer. *S'étaler,* caer de bruces. *Se flanquer par terre,* dar un guarrazo. *Chuter,* caer. *S'affaler,* desplomarse.

tomber m. Puesta (*f.*) de espalda (lutte).

tombereau m. Volquete. ‖ Carretada, *f.* (contenu). ‖ Carreta, *f.* (pour les condamnés à mort).

tombeur m. Luchador que derriba a sus adversarios. ‖ *Tombeur de femmes,* seductor, don Juan, conquistador, tenorio.

tombola f. Tómbola, rifa.

tombolo m. Cordón litoral, tómbolo.

tome m. Tomo.

tomenteux, euse adj. Bot. Tomentoso, sa.

tomer v. tr. Dividir en tomos (livres). ‖ Poner la signatura (feuilles).

tomme f. Queso (*m.*) de Saboya.

tommy [tɔmi] m. Fam. Soldado inglés.

tomographie f. Tomografía.

tom-pouce [tɔmpus] m. inv. Fam. Enano, hombrecillo. ‖ Paraguas corto de señora.

ton, ta, tes [tɔ̃, ta, tɛ] adj. poss. Tu, tus : *ton frère,* tu hermano ; *ta cousine,* tu prima ; *tes amis,* tus amigos ; *ton âme,* tu alma.

ton m. Tono (de la voix, d'un instrument, d'une couleur, etc.). ‖ — *De bon* o *mauvais ton,* de buen *ou* mal tono *ou* estilo. ‖ *Changer de ton,* mudar de tono. ‖ *Donner le ton,* marcar la tónica, llevar la voz cantante. ‖ *Se donner un ton,* darse tono. ‖ *Si vous le prenez sur ce ton,* si lo toma usted así.

ton f. Tonelada inglesa (1 016 kg).

tonal, e adj. Mus. Tonal : *systèmes tonals,* sistemas tonales.

tonalité f. Arts. Tonalidad. ‖ Señal de llamada (téléphone).

tondage m. Esquileo (des animaux). ‖ Tundido, tundidura, *f.* (des draps).

tondaille [tɔ̃dɑ:j] f. Esquileo, *m.,* esquila (des bêtes).

tondaison f. V. TONTE.

tondeur, euse m. et f. Esquilador, ra. ‖ — F. Tundidora (pour les étoffes). ‖ Esquiladora (pour tondre les animaux). ‖ Maquinilla de cortar el pelo (pour les cheveux de l'homme). ‖ Cortacéspedes, *m.,* cortadora de césped (pour le gazon).

tondre v. tr. Esquilar (des animaux). ‖ Pelar, cortar el pelo (les personnes). ‖ Fam. Rapar, cortar (couper les cheveux ras). ‖ Techn. Tundir (les étoffes). ‖ Cortar el césped, igualar (le gazon). ‖ Podar, recortar (tailler ras). ‖ Fam. Pelar, desplumar (exploiter). ‖ Fig. Cargar con fuertes impuestos, esquilmar. ‖ *Tondre sur un œuf,* ser muy avaro.

tondu, e adj. Esquilado, da (un animal). ‖ Tundido, da (étoffes). ‖ Pelado, da (qui a les cheveux coupés). ‖ Rapado, da (tondu ras). ‖ Igualado, da (pré).
— M. et f. Pelado, da ; rapado, da. ‖ Fam. *Le Petit Tondu,* Napoleón I.

tonicardiaque adj. et s. Tónico cardiaco.

tonicité f. Tonicidad.

tonifiant, e adj. Tónico, ca ; tonificante.

tonification f. Tonificación.

tonifier* v. tr. Tonificar, entonar.

tonique adj. Tónico, ca : *accent tonique,* acento tónico. ‖ — Adj. et s. m. Tónico, ca : *remède tonique,* remedio tónico ; *le quinquina est un tonique,* la quina es un tónico. ‖ — F. Mus. Tónica.

tonitruant, e adj. Atronador, ra ; estruendoso, sa.

tonitruer v. intr. Atronar.

tonka f. Bot. Haba tonca.

Tonkin n. pr. m. Géogr. Tonquín, Tonkín.

tonkinois, e adj. et s. Tonquinés, esa.

tonlieu m. Dr. Peaje (impôt sur les marchandises transportées au Moyen Âge).

tonnage m. Mar. Tonelaje, arqueo (capacité d'un navire).

tonnant, e adj. Tonante : *Jupiter tonnant,* Júpiter tonante. ‖ Estruendoso, sa. ‖ Fig. *Voix tonnante,* voz de trueno.

tonne f. Tonelada (unité de poids). ‖ Cuba (récipient de bois). ‖ Mar. Boya (bouée). ‖ *Armure à tonne,* armadura de tonelete.

tonneau m. ● Tonel (récipient). ‖ Mar. Tonelada, f. (mesure). ‖ Rana, f. (jeu). ‖ Vuelta (f.) de campana : *la voiture fit un tonneau,* el coche dio una vuelta de campana. ‖ Cochecito de paseo (voiture légère et découverte). ‖ Aviat. Tonel (acrobatie).
— Syn. ● *Baril, caque,* barril. *Tine,* tina. *Tinette,* barril. *Fût,* pipa. *Futaille,* tonel. *Barrique,* barrica. *Quartaut,* cuarterola. *Foudre,* cuba. *Boucaut,* bocoy. *Cercle,* casco.

tonnelage m. Tonelería, f.

tonnelet [tɔnlɛ] m. Tonelete, barrilito.

tonnelier [tɔnəlje] m. Tonelero.

tonnelle f. Cenador, m. (dans un jardin). ‖ Manga (de chasse). ‖ Archit. Bóveda de medio punto (voûte).

tonnellerie f. Tonelería (profession).

tonner v. intr. Tronar, atronar. ‖ Retumbar (le canon). ‖ Fig. *Tonner contre,* echar pestes contra, tronar contra.
— V. impers. Tronar.

tonnerre m. Trueno : *le roulement du tonnerre,* el fragor del trueno. ‖ Rayo (foudre). ‖ (Vx). Recámara, f. (d'une arme). ‖ Salva, f. : *un tonnerre d'applaudissements,* una salva de aplausos. ‖ — *Coup de tonnerre,* trueno (bruit), acontecimiento fatal *ou* imprevisto (événement fatal). ‖ ‖ *Voix de tonnerre,* voz de trueno, voz atronadora. ‖ — Fam. *Du tonnerre,* bárbaro, ra ; chanchi ; macanudo, da. ‖ *Tonnerre de Dieu !,* ¡ira de Dios !

tonsille [tõsi:j] f. Anat. Tonsila (amygdale).

tonsure f. Tonsura (cérémonie religieuse). ‖ Tonsura, coronilla (couronne sur la tête).

tonsuré, e adj. et s. m. Tonsurado.

tonsurer v. tr. Tonsurar.

tonte ou **tondaison** f. Esquila, esquileo, m. (action et époque). ‖ Lana esquilada (laine tondue). ‖ Corte, m., igualado (du gazon).

tontine f. Tontina (groupement mutualiste). ‖ Envoltura de paja (pour transporter un arbre).

tontinier, ère m. et f. Suscriptor, suscriptora de una tontina.

tontisse adj. et s. f. Que queda de la tundidura. ‖ *Bourre tontisse,* tundizno, borra de la tunda.

tonton m. Fam. Tío, tito (oncle).

tonture f. Tundido, m., tunda (des draps). ‖ Lana de esquileo, tundizno, m. (bourre). ‖ Mar. Arrufo, m.

tonturer v. tr. Mar. Arrufar.

tonus [tɔnys] m. Tono (contraction permanente du muscle). ‖ Fig. Vigor.

top ! interj. ¡Top ! [voz que indica el comienzo o el fin de una maniobra].
— M. *Au troisième top il sera exactement 8 heures 6 minutes,* al oir la tercera señal serán exactamente las ocho y seis minutos.

toparchie f. Toparquía.

topaze f. Topacio, m.

toper v. intr. Darse la mano, chocarla (se serrer la main). ‖ Consentir, aceptar. ‖ Fam. *Tope-là,* chócala, vengan esos cinco.

topette f. Frasco, m.

tophus [tɔfys] m. Méd. Nodo, tofo.

topinambour m. Bot. Topinambur, aguaturma, f., pataca, f.

topique adj. et s. Méd. Tópico, ca.
— Observ. *Topique* no tiene el sentido de « lugar común » (lieu commun) que tiene el español *tópico.*

topo m. Fam. Plano, croquis (plan). | Exposición, f., explicación, f.

topographe m. Topógrafo.

topographie f. Topografía.

topographique adj. Topográfico, ca.

topologie f. Topología.

toponyme m. Topónimo.

toponymie f. Toponimia.

toponymique adj. Toponímico, ca.

toquade f. Fam. Capricho, m., chifladura.

toquante ou **tocante** f. Pop. Reloj, m.

toquard, e [tɔka:r, ard] adj. et s. V. tocard.

toque f. Birrete, m., bonete, m. (de magistrat). ‖ Gorra, visera (de jockey). ‖ Gorro, m. (de cuisinier). ‖ Toca, casquete, m. (chapeau de femme). ‖ Montera (sports).

toqué, e adj. et s. Fam. Chiflado, da ; guillado, da (fou). ‖ Loco por, enamorado perdido de (très épris).

toquer (se) [de] v. pr. Chiflarse por, encapricharse por.

toquet [tɔkɛ] m. Cofia, f. (petite toque). ‖ Gorrita (de niño).

torche f. Antorcha, tea, hachón, m. ‖ Tapón (m.) de paja (bouchon de paille). ‖ Rodete, m. (pour porter une charge sur la tête). ‖ *Parachute en torche,* paracaídas que no se despliega completamente.

torché, e ! adj. Pop. *C'est torché !,* ¡bien empleado lo tiene ! | *Ouvrage mal torché,* chapuza. | *Personne mal torchée,* persona mal trajeada.

torcher v. tr. Limpiar (avec un linge, papier, etc.). ‖ Tapiar con adobe. ‖ Pop. Chapucear, hacer mal y de prisa (faire à la hâte). ‖ Rebañar (une assiette). | Zurrar, pegar (battre).
— V. pr. Limpiarse.

torchère f. Hachón, m., hachero, m., tedero, m.

torchis [tɔrʃi] m. Adobe.

torchon m. Paño, trapo de cocina. ‖ Fig. et Fam. Fregona, f. ‖ — Pop. *Coup de torchon,* gresca, pendencia. ‖ *Papier-torchon,* papel para acuarela. ‖ — Fig. *Le torchon brûle,* la cosa está que arde.

torchonner v. tr. Limpiar con un trapo. ‖ Fig. et pop. Chapucear (mal faire une chose).

torcol m. Torcecuello (oiseau).

tordage m. Techn. Torcido (de la soie).

tordant, e adj. Fam. De caerse de risa, desternillante.

tord-boyaux [tɔrbwajo] m. inv. Pop. Matarratas [aguardiente fuerte y malo].

tordeur, euse m. et f. Torcedor, ra (de la laine, de la soie, etc.). ‖ — F. Piral, pirausta (insecte).

tord-nez [tɔrne] m. inv. Vétér. Acial.

tordoir m. Torcedero, torcedor (pour tordre les fils). ‖ Tortor (garrot pour tordre).

tordre v. tr. Torcer (une corde, etc.). ‖ Retorcer, estrujar (le linge). ‖ Retorcer (tourner violemment) : *tordre le cou,* retorcer el pescuezo.
— V. pr. Torcerse, retorcerse, doblarse. ‖ Retorcerse (les mains, la moustache, etc.), mesarse (le cheveux). ‖ Fam. *Se tordre de rire,* desternillarse, partirse de risa.

tordu, e adj. ● Torcido, da. ‖ — Adj. et s. POP. Idiota, majadero.
— SYN. ● *Tors,* torcido. *Tortu,* torcido. *Tortueux,* tortuoso. *Sinueux,* sinuoso. *Tortillé,* retorcido.

tore m. ARCHIT. Toro, bocel (moulure). ‖ GÉOM. Toro.

toréador m. Torero.

toréer v. intr. Torear. ‖ *Toréer à cheval,* rejonear.

toreutique f. (P. us.). Escultura en madera, marfil *ou* metal.

torgnole f. POP. Torniscón, *m.,* manotazo, *m.*

toril m. Toril, chiquero.

tormentille [tɔrmɑ̃ti:j] f. Tormentila (plante).

tornade f. Tornado, *m.* (cyclone).

toron m. Cable trenzado, cabo (assemblage de fils). ‖ ARCHIT. Bocel, toro (moulure).

toronneuse f. Trenzadora, máquina para trenzar cables y maromas.

torpédo f. AUTOM. Torpedo, *m.*

torpeur f. Torpor, *m.,* entorpecimiento, *m.*

torpide adj. Entorpecido, da ; entumecido, da. ‖ Tórpido, da (maladie, plaie).

torpillage [tɔrpija:ʒ] m. Torpedeamiento, torpedeo.

torpille [-pi:j] f. Torpedo, *m.* (poisson). ‖ Torpedo, *m.* (engin de guerre).

torpiller [-pije] v. tr. Torpedear. ‖ FIG. Torpedear, hacer fracasar (un projet).

torpillerie [-pijri] f. Almacén (*m.*) de torpedos.

torpilleur [-pijœ:r] m. Torpedero (bateau). ‖ Torpedista (marin).

torque [tɔrk] f. Alambre (*m.*) enrollado (fil de fer). ‖ Rollo (*m.*) de tabaco de mascar (tabac). ‖ BLAS. Rodete, *m.* ‖ — M. Torques, *f.* (collier gaulois).

torréfacteur m. Torrefactor, tostador de café.

torréfaction f. Torrefacción, tostadura, tostado, *m.*

torréfié adj. Torrefacto, ta ; tostado, da (le café).

torréfier* v. tr. Torrefactar, tostar (mot usuel).

torrent m. Torrente. ‖ FIG. Torrente, gran cantidad, *f.* ‖ — *À torrents,* a torrentes, a cántaros. ‖ *Lit d'un torrent,* torrentera.

torrentiel, elle adj. Torrencial.

torrentueux, euse adj. Torrencial, torrentoso, sa.

torride adj. Tórrido, da.

tors, e [tɔ:r, tɔrs] adj. Torcido, da ; retorcido, da. ‖ ARCHIT. *Colonne torse,* columna salomónica.
— M. Torsión, *f.,* torcedura, *f.* (des fils). ‖ Torzal, cordón de seda (de soie).

torsade f. Franja de cadeneta (pour tapissiers). ‖ Canelón, *m.,* entorchado, *m.* (passementerie). ‖ ARCHIT. Espirales. ‖ TECHN. Empalme, *m.* (joint de deux fils). ‖ *Torsade d'épaulette,* entorchado de charretera.

torsader v. tr. Retorcer. ‖ Entorchar, hacer entorchados (passementerie).

torse m. Torso. ‖ ARCHIT. Salomónica.

torsion f. ● Torsión. ‖ Retorcimiento. ‖ MÉCAN. Torsión : *barre de torsion,* barra de torsión.
— SYN. ● *Tortillement,* retorcimiento. *Contorsion,* contorsión. *Distorsion,* distorsión.

tort [tɔ:r] m. Culpa, *f.,* sinrazón, *f.* : *reconnaître ses torts,* reconocer su culpa. ‖ Daño, perjuicio (préjudice) : *réparer le tort qu'on a fait,* reparar el daño que se ha hecho. ‖ Error (erreur). ‖ — *À tort,* sin razón, sin ningún motivo, injustamente. ‖ *À tort et à travers,* a tontas y a locas, a diestro y siniestro. ‖ *À tort ou à raison,* con razón o sin ella, con derecho o sin él. ‖ — *Avoir tort,* tener la culpa (être coupable), no tener razón (soutenir une chose fausse), hacer mal en, no deber, cometer un error en : *il a tort de rire,* hace mal en

reírse ; ir descaminado : *il n'avait pas tort d'écrire que,* no iba descaminado al escribir que. ‖ *Donner tort à quelqu'un,* quitarle la razón a alguien. ‖ *Faire tort à,* perjudicar, hacer daño. ‖ *Mettre quelqu'un dans son tort,* hacer caer en falta a alguien. ‖ *Redresser des torts,* deshacer entuertos *ou* agravios.

torte adj. f. Torcida (torse).

tortelle f. BOT. Jaramago, *m.*

torticolis m. MÉD. Tortícolis, *f* ou *m.* (douleurs au cou).

tortil m. BLAS. Tortillo (de la couronne de baron). ‖ Rodete (de tête de Maure).

tortillard [tɔrtija:r] adj. m. Retorcido, nudoso (qui se tord). ‖ *Orme tortillard,* olmo nudoso.
— M. FAM. Tren carreta (chemin de fer secondaire).

tortille [-ti:j] f. ou **tortillère** [-tijɛ:r] f. Sendero tortuoso (sentier).

tortillé, e [-tije] adj. Retorcido, da ; enroscado, da.

tortillement [-tijmɑ̃] m. Retorcimiento. ‖ FIG. et FAM. Disculpa, *f.,* rodeo, subterfugio. | Contoneo, meneo de caderas (des hanches).

tortiller v. tr. Retorcer, torcer (une corde).
— V. intr. FIG. et FAM. Andar con rodeos. ‖ — FAM. *Il n'y a pas à tortiller,* no hay que darle vueltas. | *Tortiller des hanches,* contonearse.
— V. pr. Enroscarse, retorcerse (se replier).

tortillon [-tijõ] m. Moño, coco (coiffure). ‖ Rodete (pour porter un fardeau sur sa tête). ‖ Difumino, esfumino (dessin). ‖ Ropa retorcida (de linge).

tortionnaire [tɔrsjɔnɛ:r] adj. De tortura, de tormento : *appareil tortionnaire,* aparato de tortura.
— M. Verdugo.

tortis [tɔrti] m. Torzal, cuerda, *f.*

tortoir m. Torcedor, tortor.

tortu, e adj. Torcido, da ; de través : *arbre tortu,* árbol torcido. ‖ FIG. Falso, sa ; torcido, da ; *raisonnement tortu,* razonamiento falso.

tortue f. Tortuga (reptile). ‖ Testudo, *m.,* tortuga (abri formé par boucliers). ‖ *Tortue caret,* carey. ‖ *Tortue marine,* galápago, tortuga de mar. ‖ — FIG. *À pas de tortue,* a paso de tortuga. | *Marcher comme une tortue,* andar a paso de tortuga.

tortueux, euse adj. Tortuoso, sa.

tortuosité f. Tortuosidad.

torturant, e adj. Que atormenta, que tortura.

torture f. Tortura, tormento, *m.* ‖ — *Mettre à la torture,* dar tormento (torturer), poner en un brete, en un aprieto. ‖ FIG. *Mettre son esprit à la torture,* devanarse los sesos.

torturer v. tr. Torturar, atormentar. ‖ *Torturer un texte,* alterar, desfigurar un texto.
— V. pr. Torturarse, atormentarse. ‖ *Se torturer l'esprit,* devanarse los sesos.

torve adj. Torvo, va ; avieso, sa.

tory [tɔri] adj. et s. m. Tory (conservateur).

torysme m. Torismo.

toscan, e adj. et s. Toscano, na : *ordre toscan,* orden toscano. ‖ — M. Toscano (dialecte).

Toscane n. pr. f. GÉOGR. Toscana.

tôt [to] adv. Temprano, pronto (de bonne heure) : *se coucher tôt,* acostarse temprano. ‖ ● Presto, pronto (vite). ‖ — *Au plus tôt,* cuanto antes, lo más pronto (le plus rapidement possible), no antes de (sûrement pas avant). ‖ *Le plus tôt possible,* lo antes posible. ‖ *Tôt ou tard,* tarde o temprano, más tarde o más temprano. ‖ — *Avoir tôt fait de,* no tardar nada en. ‖ *Ce n'est pas trop tôt !,* ¡a buena hora ! ‖ *Le plus tôt sera le mieux,* cuanto antes mejor.
— SYN. ● *Vite,* pronto. *Promptement,* prontamente. *Rapidement,* rápidamente. Fam. *Dare-dare,* en seguida.

total, e adj. et s. m. Total. ‖ — *Au total,* en resumen, en resumidas cuentas, total. ‖ *Ce fut un triomphe total,* fue un triunfo total.
totalisateur, trice adj. Totalizador, ra.
— M. Máquina (*f.*) de sumar, totalizador.
totalisation f. Totalización.
totaliser v. tr. Totalizar, sumar.
totaliseur m. Máquina (*f.*) de sumar, totalizador.
totalitaire adj. Totalitario, ria.
totalitarisme m. Totalitarismo.
totalité f. Totalidad. ‖ *En totalité,* totalmente, completamente.
totem [tɔtɛm] m. Tótem.
totémique adj. Totémico, ca.
totémisme m. Totemismo.
toto m. POP. Piojo, cáncano (pou). ‖ FAM. Chacho, titi (terme d'affection pour un enfant).
toton m. Perinola, *f.* ‖ FIG. *Faire tourner quelqu'un comme un toton,* hacer bailar a alguien como un trompo, traer al retortero.
touage m. MAR. Atoaje, remolque.
touaille [twɑ:j] f. (Vx). Toalla.
touareg m. Tuareg.
toubib [tubib] m. POP. Médico, galeno.
toucan m. Tucán (oiseau).
touchant prép. Tocante a, con respecto a.
touchant, e adj. Conmovedor, ra : *discours touchant,* discurso conmovedor.
touchau ou **toucheau** m. Parragón, piedra (*f.*) de toque.
touche f. Toque, *m.* (action de toucher). ‖ Toque, *m.* (essai de l'or). ‖ Tecla (d'un piano, d'une machine à écrire). ‖ Traste, *m.* (d'une guitare). ‖ Diapasón, *m.* (d'un violon). ‖ Mordida, picada (à la pêche). ‖ Pincelada (peinture). ‖ Estilo, *m.* (d'un écrivain). ‖ Tocado, *m.* (escrime). ‖ Pica, vara para conducir los bueyes (gaule). ‖ POP. Facha, pinta (aspect) ‖ SPORTS. Línea de banda (ligne), fuera de banda (sortie), saque (*m.*) de banda (remisc en jeu), toque, *m.* (façon de frapper la balle). ‖ — *Touche de but,* lateral de gol (rugby). ‖ — *Juge de touche,* juez de línea *ou* de banda (sports). ‖ *Pierre de touche,* piedra de toque. ‖ — FAM. *Avoir une touche avec une femme,* timarse con una mujer. ‖ *Faire une touche,* timarse. ‖ *Mettre en touche,* echar fuera por la línea de banda (sports). ‖ *Rester sur la touche,* quedarse en la banda (sports).
touche-à-tout [tuʃatu] adj. et s. FAM. Metomentodo, entremetido, da ; entrometido, da.
toucher v. tr. ● Tocar : *toucher un objet,* tocar un objeto. ‖ Tocar, estar a la vera (être proche de). ‖ (Vx). Tocar (jouer d'un instrument de musique). ‖ ◆ Cobrar (recevoir) : *toucher de l'argent,* cobrar dinero. ‖ Afectar : *être touché par des mesures,* ser afectado por medidas. ‖ Abordar : *toucher un problème,* abordar un problema. ‖ Tocar (escrime). ‖ Dar : *toucher la cible,* dar en el blanco. ‖ Conducir, guiar con la pica (les bœufs). ‖ Tocar, ser pariente : *il me touche de près,* es un pariente cercano. ‖ Pisar : *enfin il a touché la terre espagnole,* al fin pisó tierra española. ‖ FAM. Decir (dire) : *je lui en toucherai un mot,* le diré dos palabras sobre ello. ‖ FIG. Atañer, concernir (regarder) : *cela ne me touche en rien,* eso no me concierne. ‖ Conmover, impresionar : *son malheur me touche,* su desgracia me conmueve. ‖ Entrar en relación con, tomar contacto con (prendre contact avec). ‖ MAR. Tocar en, hacer escala en. ‖ — *Toucher au but* o *le but,* llegar a la meta. ‖ *Toucher au vif,* tocar en lo vivo. ‖ *Toucher de près,* interesar personalmente (intéresser), ser muy allegado (très lié). ‖ *Touchez-là,* vengan esos cinco, chóquela.
— V. intr. Tocar (porter la main sur). ‖ Lindar con, estar junto a (être contigu) : *maison qui*

touche un rempart, casa que linda con las murallas. ‖ — *Toucher à sa fin,* ir acabándose, tocar a su fin, acercarse al fin. ‖ *Toucher de près à* o *toucher à,* ser casi igual que, parecerse mucho a. ‖ *Toucher juste,* dar en el quid, en el clavo. ‖ — *Il n'a pas l'air d'y toucher,* parece que en su vida ha roto un plato. ‖ *Sans avoir l'air d'y toucher,* como quien no quiere la cosa.
— SYN. ● *Palper,* palpar. *Tâter,* tentar. *Manier,* manejar.
— ◆ *Recouvrer,* cobrar. *Encaisser,* cobrar. *Retirer,* sacar. *Pop. Palper,* cobrar.
toucher m. Tacto (sens). ‖ MÉD. Palpación, *f.* ‖ MUS. Ejecución, *f.* (doigté).
touchette f. Traste (d'une guitare).
toucheur m. Vaquero, boyero (conducteur de bestiaux).
touée f. MAR. Atoaje, *m.* (touage). ‖ Longitud de la estacha.
touer v. tr. MAR. Atoar, llevar a remolque (remorquer).
toueur, euse adj. et s. MAR. Remolcador, ra.
touffe f. Mata : *touffe d'herbe,* mata de hierba. ‖ Manojo, *m.* (bouquet), poignée de brins, de fleurs). ‖ ● Mechón, *m.* (de cheveux). ‖ Copo, *m.* (de laine).
— SYN. ● *Toupet,* tupé. *Houppe,* copete. *Huppe,* moño. *Aigrette,* aigrón.
touffeur f. Tufo, *m.,* tufarada.
touffu, e adj. ● Tupido, da (serré). ‖ Frondoso, sa (arbre). ‖ FIG. Farragoso, sa ; prolijo, ja.
— SYN. ● *Epais,* espeso. *Dru,* tupido, apretado.
touillage [tuja:ʒ] m. Mezcla, *f.*
touille [tu:j] f. Lija (poisson).
touiller v. tr. FAM. Remover : *touiller la salade,* remover la ensalada.
toujours [tuʒu:r] adv. ● Siempre : *toujours pareil,* siempre lo mismo. ‖ Todavía, aún (encore) : *êtes-vous toujours là?,* ¿está usted todavía ahí? (au sens de «continuer à», se rend par *seguir* avec un participe prés. : *je suis toujours content de lui,* sigo estando contento con él). ‖ Por ahora, mientras tanto : *payez toujours et nous verrons après,* por ahora pague, veremos después. ‖ — *Pour toujours,* para siempre. ‖ *Toujours est-il...,* en todo caso..., lo cierto es que... ‖ *Toujours plus, toujours moins,* cada vez más, cada vez menos.
— SYN. ● *Continuellement,* continuamente. *Constamment,* constantemente. *Assidûment,* asiduamente. *Sans cesse,* sin cesar. *Sans relâche,* sin descanso.
touline f. MAR. Cabo, *m.,* calabrote, *m.* (pour haler).
Toulon n. pr. GÉOGR. Tolón.
toulonnais, e adj. et s. Tolonés, esa (de Toulon).
toulousain, e adj. et s. Tolosano, na.
Toulouse n. pr. GÉOGR. Tolosa [de Francia].
toundra [tundra] f. Tundra (steppe).
toupet [tupɛ] m. Mechón, tufo (touffe de cheveux). ‖ Tupé, copete (cheveux relevés sur le front). ‖ FIG. et FAM. Caradura, *f.,* frescura, *f.* rostro : *il a un toupet!,* ¡tiene una caradura ! ‖ *Faux toupet,* peluca que cubre sólo la parte superior de la cabeza.
toupie f. Trompo, *m.,* peonza (jouet). ‖ Torno, *m.,* fresa (outil). ‖ *Tourner comme une toupie,* dar vueltas como una peonza.
toupiller [tupije] v. tr. Tornear, fresar.
— V. intr. Dar vueltas como un trompo.
toupilleuse [-jø:z] f. Torno, *m.,* fresa (toupie). ‖ IMPR. Tupís.
toupillon [-jɔ̃] m. Mechón de pelo. ‖ Grupo de ramas mal dispuestas.
toupin m. Galapo, cerrador (outil du cordier).
touque f. Lata, bidón, *m.* (récipient de fer-blanc). ‖ Damajuana, garrafón, *m.* (grande bouteille).

tour f. Torre (bâtiment élevé, pièce du jeu des échecs). ‖ — ARCHIT. *Tour d'angle*, torre de ángulo. ‖ *Tour d'échelle*, almizcate. ‖ *Tour de contrôle*, torre de mando *ou* de control (aérodrome). ‖ MIN. et CHIM. *Tour de dégazolinage*, torre de desgasolinado. ‖ TECHN. *Tour de fractionnement*, columna de fraccionamiento. ‖ *Tour de guet*, atalaya. ‖ *Tour flanquante*, torre flanqueante. ‖ *Tour de relais*, poste repetidor (radio).

tour m. Torno (machine-outil). ‖ Torno (dans les monastères et hospices). ‖ Vuelta, f. : *un tour de roue*, una vuelta de rueda ; *faire le tour de la ville*, dar la vuelta a la ciudad. ‖ Revolución, f. : *cinq cents tours à la minute*, quinientas revoluciones por minuto. ‖ Vuelta, f., paseo (promenade) : *faire un tour le matin*, dar una vuelta por la mañana. ‖ Rodeo (détour). ‖ Faena, f., jugada, f., pasada, f. : *jouer un mauvais tour à quelqu'un*, jugar una mala pasada a uno. ‖ Vuelta, f. : *élu au premier tour*, elegido en la primera vuelta. ‖ ● Circunferencia, f., perímetro : *avoir cent mètres de tour*, tener cien metros de circunferencia. ‖ Perímetro : *tour de poitrine*, perímetro torácico. ‖ Sesgo, cariz, carácter, aspecto : *cette affaire prend un mauvais tour*, este asunto toma mal sesgo. ‖ Giro (locution). ‖ Vez, f., turno : *parler à son tour*, hablar a su vez. ‖ Número, suerte, f. : *faire un tour d'équilibre, de prestidigitation*, hacer un número de equilibrio, de prestidigitación. ‖ Torre (jeux). ‖ Vuelta, f., « tour » (unité d'angle). ‖ — *Tour de chant*, actuación (d'un chanteur). ‖ *Tour de cou*, cuello (pièce d'habillement). ‖ *Tour de faveur*, turno preferente. ‖ *Tour de force*, proeza, hazaña, cosa difícil. ‖ *Tour de France*, vuelta a Francia. ‖ *Tour de main*, habilidad manual. ‖ *Tour de passe-passe*, juego de manos. ‖ *Tour de reins*, lumbago, derrengadura. ‖ *Tour de scrutin*, vuelta de escrutinio. ‖ *Tour d'horizon*, examen general de la situación, panorama, ojeada, vista de conjunto. ‖ — *Mauvais tour*, mala pasada, broma pesada, jugarreta. ‖ *Un tour pour rien*, una vuelta de favor, gratis. ‖ *À tour de bras*, con todas las fuerzas. ‖ *À tour de rôle*, por turno, en su orden. ‖ *Chacun son tour*, a cada cual su turno. ‖ *En un tour de main*, en un santiamén, en un abrir y cerrar de ojos. ‖ *Tour à tour*, por turno (l'un après l'autre), a veces, a ratos : *il est tour à tour souriant et sérieux*, a veces está sonriente y otras veces serio. ‖ — *Avoir plus d'un tour dans son sac*, tener siempre salida para todo. ‖ *Donner un tour de vis*, apretar un tornillo. ‖ *Faire le tour de*, dar la vuelta a. ‖ *Faire le tour du cadran*, dormir doce horas de un tirón. ‖ *Faire un tour d'horizon*, examinar la situación. ‖ *Fait au tour*, bien hecho, bien torneado. ‖ *Fermer à double tour*, cerrar con dos vueltas, con siete llaves. ‖ FAM. *Jouer un sale tour à quelqu'un*, jugar una mala pasada a uno. — SYN. ● *Circonférence*, circunferencia. *Circuit*, circuito. *Pourtour*, contorno, vuelta. *Périmètre*, perímetro. *Contour*, contorno.

touraillage [turɑja:ʒ] m. TECHN. Desecación (f.) de la malta (bière).

touraille [-rɑ:j] f. Estufa de cervecero. ‖ Grano (m.) de cebada tratado en la estufa.

touraillon [-rɑjɔ̃] m. Germen de cebada secado en la estufa.

Touraine n. pr. f. GÉOGR. Turena.

tourangeau, elle adj. et s. Turonense.

touranien, enne adj. et s. Turanio, nia.

tourbe f. Turba (charbon). ‖ (P. us.). Turbamulta, turba (foule).

tourbeux, euse adj. Turboso, sa ; que contiene turba.

tourbier m. Propietario *ou* obrero de una turbera.

tourbière f. Turbera, turbal, m.

tourbillon [turbijɔ̃] m. Torbellino (d'air), remolino (d'eau). ‖ FIG. Torbellino. ‖ *Tourbillon de poussière*, polvareda, tolvanera.

tourbillonnant, e adj. Remolinante. ‖ FIG. Turbulento, ta ; impetuoso, sa.

tourbillonnement m. Remolino, torbellino.

tourbillonner v. intr. Arremolinarse, remolinar, remolinear. ‖ FIG. Girar, dar vueltas : *le monde tourbillonne autour de lui*, el mundo gira a su alrededor.

tourd [tu:r] m. (Vx). Tordo (oiseau).

tourélie f. ARCHIT. Torreta.

tourelle f. Torrecilla, garita. ‖ MIL. Torreta (d'un char, d'un avion, etc.). | Torre (de bateau de guerre). ‖ *Tourelle à trois objectifs* (caméra), torreta para tres objetivos, plataforma con tres objetivos (tomavistas).

touret [turɛ] m. Torno (à meuler, à polir, des cordiers, de gravier). ‖ Carrete (de ligne à pêcher). | *Touret de nez*, antifaz (loup).

tourie f. Damajuana, bombona (grande bouteille).

tourier, ère adj. et s. Tornero, ra. ‖ *Sœur tourière*, hermana tornera.

tourillon [turijɔ̃] m. Gorrón, eje, espiga, f. (axe). ‖ Gozne, espiga, f. (d'une porte, d'une grille). ‖ TECHN. Muñón giratorio. ‖ Muñón (du canon).

tourisme m. Turismo.

touriste m. et f. Turista.

touristique adj. Turístico, ca.

tour-lanterne f. Cimborio, m.

tourlourou m. POP. Guripa, sorche (soldat).

tourmaline f. Turmalina.

tourment m. Tormento.

tourmentant, e adj. Atormentador, ra.

tourmente f. Tormenta.

tourmenté, e adj. Atormentado, da. ‖ FIG. Penoso, sa ; trabajoso, sa ; hecho con dificultad. | Rebuscado, da (style). | Desigual, escabroso, sa ; accidentado, da (terrain). | Agitado, da (mer).

tourmenter v. tr. ● Atormentar, hacer sufrir : *la goutte le tourmente*, la gota le hace sufrir. ‖ Agitar violentamente, sacudir. ‖ FIG. Acosar, importunar (harceler). — V. pr. Atormentarse, inquietarse (s'inquiéter). — SYN. ● *Inquiéter*, inquietar, intranquilizar. *Préoccuper*, preocupar. *Travailler*, molestar. *Poursuivre*, perseguir. *Harceler*, hostigar. *Assiéger*, asediar. *Obséder*, obsesionar. *Torturer*, torturar, atormentar. *Tenailler*, atenazar. *Molester*, molestar. *Vexer*, vejar. *Mortifier*, mortificar. FAM. *Asticoter*, *exciter*, excitar. *Tarabuster*, molestar.

tourmenteur, euse adj. et s. Atormentador, ra.

tourmenteux, euse adj. MAR. Tormentoso, sa ; borrascoso, sa.

tourmentin m. MAR. Tormentín (voile).

tournage m. Torneado, torneadura, f. (travail au tour). ‖ Rodaje (d'un film).

tournailler [turnɑje] v. intr. FAM. Dar vueltas, andar de acá para allá.

tournant m. Vuelta, f., recodo, revuelta, f. ‖ Rueda (f.) de molino (roue de moulin). ‖ FIG. Viraje decisivo, hito, momento crucial : *la Révolution française marque un tournant dans l'histoire*, la Revolución francesa marca un viraje decisivo en la historia. ‖ Rodeo, vuelta, f. (moyen détourné). ‖ MAR. Remolino (tourbillon). ‖ FIG. *Je t'attends au tournant!*, ¡te espero en la esquina !

tournant, e adj. Giratorio, ria : *pont tournant*, puente giratorio. ‖ Giratorio, ria ; de revolución : *machine tournante*, máquina de revolución. ‖ Sinuoso, sa, que da vueltas : *rue tournante*, calle sinuosa. ‖ — *Escalier tournant*, escalera de caracol. ‖ *Grève tournante*, huelga escalonada *ou* alternativa *ou* por turno. ‖ MIL. *Mouvement tournant*, movimiento envolvente.

tourné, e adj. Torneado, da ; labrado a torno (objeto). || Echado a perder, rancio, cia (abîmé en général), agriado, da ; avinagrado, da (vin) ; pintado, da (fruits) ; cortado, da (lait) ; enverado, da (raisin). || Orientado, da (orienté). || — FIG. *Bien tourné, mal tourné*, bien, mal formado, bien, mal hecho : *un compliment fort bien tourné*, un cumplido muy bien hecho. || *Phrase bien tournée*, frase bien construida. || — FIG. *Avoir l'esprit mal tourné*, ser un malpensado.

tourne-à-gauche m. inv. TECHN. Triscador (pour les scies), llave de tubos. || Palanca (*f.*) para atornillar, volvedor (levier). || Terraja, *f.* (du serrurier).

tournebouler v. tr. FAM. Hacer perder la chaveta, volver tarumba (rendre fou).

tournebride m. (Vx). Mesón para los criados.

tournebroche m. Asador.

tourne-disque ou **tourne-disques** m. Tocadiscos.

— OBSERV. Pl. *tourne-disques.*

tournedos [turnədo] m. Filete de vaca grueso, « tournedós » (gallicisme).

tournée f. Viaje (*m.*) *ou* visita de inspección (d'un fonctionnaire). || Viaje (*m.*) de negocios (voyage d'affaires). || Ronda (du facteur). || Gira (de théâtre). || POP. Paliza, soba. || FAM. Ronda, convidada (à boire).

tourne-feuille [turnəfœ:j] m. MUS. Aparato para pasar las hojas (d'un cahier de musique).

— OBSERV. Pl. *tourne-feuilles.*

tourne-fil m. inv. Chaira, *f.*

tournemain m. (Vx). Acción (*f.*) de volver la mano. || *En un tournemain*, en un abrir y cerrar de ojos, en un periquete, en un santiamén.

tournement m. (P. us.). Vuelta, *f.*, giro.

tourne-pierre m. Revuelvepiedras (oiseau).

— OBSERV. Pl. *tourne-pierres.*

tourner v. tr. ● Dar vueltas a, girar : *tourner une broche*, dar vueltas a un asador. || Enrollar, liar : *tourner un fil autour d'un bâton*, enrollar un hilo alrededor de un palo. || Volver, girar, tornar (p. us.) : *tourner la tête*, volver la cabeza. || Pasar : *tourner les pages d'un livre*, pasar las páginas de un libro. || Dirigir, volver, tornar (p. us.) : *tourner les yeux vers quelqu'un*, dirigir los ojos hacia alguien. || Rodear, dar un rodeo, a : *tourner une montagne*, rodear una montaña. || FIG. Eludir, evitar, sortear : *tourner une difficulté*, eludir una dificultad. || Tornear, labrar : *tourner un pied de table*, tornear una pata de mesa. || Redactar (une lettre), construir, componer (une phrase). || Examinar, dar vueltas a (une affaire). || Tomar a *ou* por lo, echarse a, interpretar : *il tourne tout au tragique*, toma todo por lo trágico ; *il tourne tout en plaisanterie*, se lo echa todo a broma. || Volver, poner : *tourner une phrase à la forme passive*, poner una frase en forma pasiva. || Rodar (un film). || — FIG. *Tourner la page*, hacer borrón y cuenta nueva. || *Tourner la tête à quelqu'un*, volver loco *ou* trastornar a alguien. || *Tourner le dos à quelqu'un*, dar la espalda a uno. || *Tourner le sang* o *les sangs* o *les sens*, dejar helada la sangre, dejar helado, trastornar. || *Tourner les pieds*, torcer los pies (en marchant). || *Tourner les talons*, volver las espaldas, dar media vuelta. || || *Tourner quelqu'un en ridicule*, ridiculizar a uno. || *Tourner ses armes contre*, tomar las armas contra. || *Tournez, s'il vous plaît*, (abrév. T. S. V. P.), véase al dorso *ou* a la vuelta. || — V. intr. ◆ Girar, dar vueltas : *la Terre tourne autour du Soleil*, la Tierra gira alrededor del Sol. || Torcer, doblar : *le chemin tourne à gauche*, el camino tuerce a la izquierda. || Tomar la curva : *le chauffeur a tourné trop court*, el chófer ha

tomado la curva demasiado cerrada. || Cambiar : *le vent a tourné*, el viento ha cambiado. || Echarse a perder, ponerse rancio (s'abîmer en général), cortarse (le lait), agriarse, avinagrarse (le vin), pintarse (fruits), enverarse (raisin). || Serpentear (être sinueux). || Redundar en : *cela tournera à sa gloire*, esto redundará en su gloria. || Volverse : *cette couleur tourne au bleu*, este color se vuelve azul. || Funcionar : *tourner à vide*, funcionar en balde. || FIG. Inclinarse hacia : *elle tourne à la dévotion*, ella se inclina hacia la devoción. || Volverse, ponerse : *cette affaire tourne au tragique*, este asunto se pone trágico. | Ponerse, volverse, tornarse : *le temps tourne à la pluie*, el tiempo se está volviendo lluvioso. || Girar : *conversation qui tourne autour d'un seul sujet*, conversación que gira alrededor de un solo tema. || Trabajar (dans un film). || Acogollarse (chou). || — *Tourner à la graisse*, ahilarse (vin). || *Tourner à l'aigre*, agriarse. || *Tourner à tous les vents*, ser un veleta, cambiar a menudo de opinión. || *Tourner autour de quelqu'un*, andar rondando a uno. || *Tourner autour du pot*, andarse con rodeos. || *Tourner bride*, volver sobre sus pasos. || *Tourner casaque*, chaquetear (fam.). || *Tourner court*, cambiar, desviarse (une conversation), malograrse (un projet), une affaire). || FAM. *Tourner de l'œil*, darle a uno un patatús, desmayarse. || *Tourner du côté de quelqu'un*, ponerse de parte de. || *Tourner en dérision*, ridiculizar. || *Tourner en rond*, estar dando vueltas, ir de un lado para otro. || *Tourner rond*, marchar bien, carburar, pitar (moteur, affaire). || — *Bien tourner*, salir bien, tomar buen rumbo (une affaire), salir bueno (une personne). || *Faire tourner en bourrique*, volver tarumba. || *La chance a tourné*, ha cambiado la suerte. || *La tête lui tourne*, la cabeza le da vueltas (il a des vertiges). || *Mal tourner*, echarse a perder : *ce jeune homme a mal tourné*, ese muchacho se ha echado a perder ; tomar mal sesgo *ou* mal cariz : *cette entreprise a mal tourné*, esta empresa ha tomado mal sesgo. || *Ne pas tourner rond*, no marchar bien (moteur, affaire), no andar bien de la cabeza (personne). || *Silence, on tourne*, acción (cinéma). — V. pr. Tornarse, volverse : *leur doute s'était tourné en admiration*, su duda se había tornado en *ou* vuelto admiración. || — *Se tourner contre quelqu'un*, volverse contra alguien. || *Se tourner le dos*, darse de espaldas. || FIG. *Se tourner les pouces*, estar con los brazos cruzados, estar mano sobre mano. || — *Ne savoir où se tourner*, no saber con qué carta quedarse (quel parti prendre), no saber a quién acudir (à qui s'adresser).

— SYN. ● *Rouler*, rodar. *Tordre*, torcer. *Tortiller*, retorcer. *Tortillonner*, enroscar.
— ◆ *Pivoter*, girar. *Tourbillonner*, remolinar, remolinear. *Tournoyer*, dar vueltas. *Virer*, virar. *Virevolter*, voltejear. Fam. *Tournailler*, dar vueltas.

tournerie f. Tornería, taller (*m.*) de tornero.

tournesol m. Girasol, tornasol, mirasol (plante). || Tornasol (colorant).

tournette f. Devanadera (dévidoir). || Jaula de ardilla (cage). || Plataforma giratoria (de potier). || IMPR. Torniquete, *m.*

tourneur m. Tornero.

tourneuse f. Devanadora de seda (ouvrière).

tourne-vent m. inv. Sombrerete (d'une cheminée).

tournevire m. MAR. Virador.

tournevis [turnəvis] m. Destornillador.

tourniller [-nije] v. intr. Serpentear (un chemin).

tourniole f. Panadizo, *m.* (panaris).

tourniquer v. intr. FAM. Dar vueltas, andar de acá para allá (tournailler).

tourniquet [turnikɛ] m. Torniquete, molinete (porte). || Torniquete (garrot). || Rueda, *f.*, ruleta, *f.* (jeu). || MAR. Molinete. || (Vx). FAM. *Passer au tourniquet*, comparecer en Consejo de Guerra.

tournis [-ni] m. VÉTÉR. Modorra, *f.*, tornada, *f.*
tournisse f. CONSTR. Travesaño (*m.*) de refuerzo.
tournoi m. HIST. Torneo. ‖ SPORTS. Torneo, competición, *f.* (de tennis, de bridge).
tournoiement [turnwamã] m. Remolino (d'un liquide, de l'air, de la poussière). ‖ FIG. Torbellino : *le tournoiement des passions,* el torbellino de las pasiones. ‖ Vahído (vertige).
tournois adj. inv. Tornés, esa (monnaie) : *une livre tournois,* una libra tornesa.
tournoyant, e adj. Que gira, que da vueltas, que hace *ou* forma remolinos.
tournoyer* v. intr. Arremolinarse, hacer *ou* formar remolinos : *les feuilles mortes tournoient,* las hojas muertas se arremolinan. ‖ FIG. Dar vueltas : *ces pensées tournoyaient dans sa tête,* estos pensamientos daban vueltas en su cabeza. ‖ Serpentear : *sentiers qui tournoient entre les montagnes,* sendas que serpentean entre las montañas. ‖ Ir de acá para allá, vagar (errer çà et là).
tournure f. Giro, *m.,* sesgo, *m.,* cariz, *m.* : *cette affaire a pris une mauvaise tournure,* este asunto ha tomado mal cariz. ‖ Carácter, *m.,* manera de ser : *tournure d'esprit poétique,* carácter poético. ‖ Porte, *m.* (d'une personne). ‖ Giro, *m.* (d'une phrase). ‖ Torneadura, viruta (déchet métallique). ‖ Miriñaque, *m.* (bouffant élastique). ‖ *Tournure d'esprit,* manera de ver las cosas.
touron m. Turrón (sucrerie).
tourte f. Tortada (tarte). ‖ Hogaza redonda (pain). ‖ Borujo, *m.,* torta de orujo. ‖ FIG. et FAM. Mentecato, *m.,* zoquete, *m.* (imbécile).
tourteau m. Hogaza (*f.*) redonda (pain). ‖ Borujo, torta (*f.*) de orujo. ‖ Masera, *f.* (gros crabe). ‖ BLAS. Roel, tortillo.
tourtelette f. Torta pequeña.
tourtereau m. Tortolillo (jeune tourterelle). ‖ FIG. Tórtolo, hombre amartelado. ‖ — Pl. FIG. Tórtolos, enamorados.
tourterelle f. Tórtola.
tourtière f. Tortera (récipient).
tous [tus] pl. de *tout.* V. TOUT.
touselle f. Trigo (*m.*) chamorro (blé).
Toussaint n. pr. m. Santos. ‖ *La Toussaint,* fiesta de Todos los Santos.
tousser v. intr. Toser.
tousserie f. Golpe (*m.*) de tos, tosidura.
tousseur, euse adj. et s. FAM. Tosígoso, sa ; tosedor, ra.
toussotement m. Tosiqueo.
toussoter v. intr. Tosiquear.
tout, e [tu, tųt] (pl. *tous, toutes*) adj. indéf. Todo, da ; cualquier : *tout travail mérite salaire,* todo trabajo merece salario. ‖ Todo, da : *toute la ville en parle,* toda la ciudad habla de esto ; *tous les hommes,* todos los hombres. ‖ Único, ca : *cet enfant est toute ma joie,* este niño es mi única alegría. ‖ — *Tout autre,* cualquier otro. ‖ *Tout ce qui,* todo lo que : *tout ce qui naît doit mourir,* todo lo que nace ha de morir. ‖ *Tout ce qu'il y a de,* todo lo que hay : *tout ce qu'il y a de mieux,* todo lo mejor que hay ; todos los : *tout ce qu'il y a d'artistes en France,* todos los artistas de Francia. ‖ *Tout ce qu'il y a de plus,* de lo más : *tout ce qu'il y a de plus satisfaisant,* de lo más satisfactorio. ‖ *Tout le monde,* todo el mundo. ‖ *Tout seul,* solo. ‖ FAM. *Tout un chacun,* cada quisque, cada hijo de vecino. ‖ — *Tous autant que vous êtes,* todos ustedes. ‖ *Tous ceux qui,* todos los que, cuantos. ‖ *Tous les deux, trois,* etc., los dos *ou* ambos, los tres, etc. ‖ *Tous les jours,* todos los días, cada día. ‖ *Tous les ... qui,* todos los ... que, cuantos : *tous les peintres qui réussissent,* cuantos pintores tienen éxito ; *tous les hommes que tu connais ne sont pas intelligents,* todos los hombres que conoces no son inteligentes. ‖ *Tous les trois*

jours, cada tres días. ‖ *Tous risques* (assurance), a todo riesgo (seguro). ‖ — *À tout hasard,* por si acaso, a todo evento. ‖ *De toute façon,* de todas formas *ou* maneras, de todos modos. ‖ *De toutes ses forces,* con todas sus fuerzas. ‖ *De tout mon cœur,* con toda mi alma, de todo corazón. ‖ *En tout cas,* de todas formas, en todo caso. ‖ — *Faire tout son possible,* hacer todo lo posible. ‖ *Il est tout le portrait de son père,* es el verdadero retrato de su padre. ‖ *Une femme de toute beauté,* una mujer de una belleza perfecta.
— Pron. indéf. Todo, da : *tout est prêt,* todo está preparado ; *toutes sont venues,* todas han venido. ‖ — *Tout compris,* todo incluido. ‖ *Tout compté,* considerándolo todo. ‖ *Après tout,* después de todo, al fin y al cabo. ‖ *Comme tout,* sumamente, muy : *il est gentil comme tout,* es muy simpático. ‖ *En tout,* en conjunto, en total. ‖ *En tout et pour tout,* en total. ‖ *Une fois pour toutes,* de una vez para siempre. ‖ — *À tout prendre,* mirándolo bien, considerándolo todo. ‖ *Avoir tout de,* parecerse mucho a, salir a : *il a tout de son père,* se parece mucho a su padre. ‖ *C'est tout,* ya está, nada más, eso es todo. ‖ *C'est tout ce qu'il y a de plus beau,* esto es lo más hermoso que hay. ‖ *C'est tout dire,* qué más puede decirse, con eso queda todo dicho. ‖ *Pour tout aller,* para *ou* de diario (robe).
— Adv. Se puede traducir por *muy* seguido del adverbio o adjetivo español correspondiente o por el adjetivo con el sufijo superlativo *ísimo* : *tout nettement,* muy claramente, clarísimo ; *ils sont partis tout contents,* salieron muy contentos, contentísimos. ‖ Todo, da ; completamente : *elle était toute couverte de boue,* estaba toda cubierta de lodo. ‖ *Tout en* (devant un gérondif) no se traduce, basta poner el verbo en gerundio o en pret. imp. precedido de *mientras* (para indicar simultaneidad), o se traduce por *aunque* (quoique) y el verbo se pone en pret. imp. o gerundio : *travailler tout en chantant,* trabajar cantando, trabajar mientras cantaba ; *il accepta cette situation tout en regrettant la précédente,* aceptó esta situación aunque echaba de menos *ou* echando de menos la anterior. ‖ — *Tout à coup,* de repente, de pronto. ‖ *Tout à fait,* del todo, completamente. ‖ *Tout à la fois,* de una vez. ‖ *Tout à l'heure,* hace un rato (il y a un instant), dentro de poco, luego (plus tard). ‖ *Tout au moins* o *à tout le moins,* al menos, por lo menos. ‖ *Tout au plus,* todo lo más, a lo sumo. ‖ *Tout autant,* lo mismo. ‖ *Tout autre,* completamente *ou* muy distinto. ‖ *Tout à vous,* le saluda atentamente (dans une lettre). ‖ *Tout bas,* bajito, en voz baja. ‖ *Tout compte fait,* mirándolo bien, en resumidas cuentas. ‖ *Tout court,* a secas. ‖ *Tout de go,* inmediatamente. ‖ *Tout de même,* sin embargo, a pesar de todo. ‖ *Tout de suite,* en seguida. ‖ *Tout doucement* o *tout doux,* muy despacito, con cuidado. ‖ *Tout d'un coup,* de golpe, de una vez. ‖ *Tout en bas, tout en haut,* abajo del todo, arriba del todo. ‖ *Tout fait,* preparado (repas), de confección (vêtements). ‖ *Tout juste,* justo, justito : *avoir tout juste de quoi vivre,* tener justo para vivir. ‖ *Tout ... que,* por muy ... que, por más ... que, por aunque : *tout savants qu'ils sont,* por muy sabios que sean, aunque sean muy sabios. ‖ — *À tout à l'heure,* hasta luego, hasta ahora. ‖ *Avant tout,* antes que nada. ‖ *Du tout, pas du tout,* de ningún modo, de ninguna manera, en absoluto. ‖ *Du tout au tout,* totalmente, completamente. ‖ *Et tout et tout,* y toda la pesca. ‖ *Et voilà tout,* y con eso se acabó, y eso es todo. ‖ *Le tout premier, la toute première,* el primero de todos, la primera de todas. ‖ *Pas du tout,* nada : *il ne s'arrêta pas du tout,* no se detuvo nada. ‖ *Pour tout de bon,* de

una vez, seriamente. ‖ *Rien du tout*, nada absolutamente. ‖ *Un tout petit peu*, un poquito. ‖ — *Allez tout droit*, siga recto, vaya seguido (direction). ‖ *Avoir tout du*, tener pinta de. ‖ *C'est tout autre chose*, eso es otra cosa. ‖ *C'est tout un* o *c'est tout comme*, da lo mismo, es la misma cosa, es lo mismo. ‖ Fam. *Elle est mignonne tout plein*, ella es muy linda. ‖ *Être tout en larmes*, estar bañado de lágrimas. ‖ *Être tout yeux, tout oreilles*, ser todo ojos, todo oídos. ‖ *Tomber de tout son long*, caer cuan largo se es.

— Observ. *Tout* adverbio es generalmente invariable. Pero a veces por razones de eufonía varía cuando precede un adjetivo femenino que empieza por una consonante o una *h* aspirada : *elle est toute surprise, toute honteuse ; des carafes toutes pleines.*

— M. Todo, el todo : *je prends le tout*, lo tomo todo. ‖ — *Le tout*, lo importante : *le tout est de réussir*, lo importante es conseguirlo. ‖ *Le tout ensemble*, el conjunto. ‖ *Le Tout Paris*, lo mejor *ou* lo más selecto de París. ‖ *Monsieur Tout le monde*, el hombre de la calle. ‖ — *Pas du tout*, de ningún modo, de ninguna manera. ‖ — *Ce n'est pas le tout* o *pas tout ça, mais...*, con todo y con eso. ‖ *Former un tout*, formar un conjunto. ‖ *Il faut de tout pour faire un monde*, de todo hay en la viña del señor. ‖ *Risquer* o *jouer le tout pour le tout*, jugarse el todo por el todo, poner toda la carne en el asador. ‖ *Tout est là*, eso es la madre del cordero, eso es el busilis.

— Observ. El plural de *tout* empleado como nombre es *touts* : *plusieurs touts distincts.*

tout-à-l'égout [tutalegu] m. Sistema (*m.*) de evacuación directa a la cloaca, caño.

toute-bonne f. Todabuena (plante). ‖ Variedad de pera (poire).

toute-épice f. Bot. Arañuela.

toutefois [tutfwa] adv. Sin embargo, no obstante. ‖ *Si toutefois*, si es que.

toute-puissance f. Omnipotencia.

toutou m. Fam. Perro, guauguau (dans le langage des enfants).

tout-puissant, toute-puissante adj. et s. Todopoderoso, sa ; omnipotente. ‖ — M. *Le Tout-Puissant*, el Todopoderoso, Dios.

— Observ. Pl. *tout-puissants, toutes-puissantes.*

tout-venant m. Min. Hulla (*f.*) en bruto. ‖ Mercancía (*f.*) no seleccionada.

toux [tu] f. Tos.

toxémie ou **toxhémie** f. Toxemia : *toxémie gravidique*, toxemia del embarazo.

toxicité f. Toxicidad.

toxicologie f. Toxicología.

toxicologique adj. Toxicológico, ca.

toxicologue m. Toxicólogo.

toxicomane adj. et s. Toxicómano, na.

toxicomanie f. Toxicomanía.

toxicose f. Toxicosis.

toxine f. Toxina.

toxique adj. et s. m. Tóxico, ca.

traban m. (Vx). Alabardero.

trabe f. Asta (hampe).

trabée f. Trábea (toge romaine).

trac [trak] m. Fam. Nerviosismo, miedo (au moment de paraître en public). ‖ — Fam. *Tout à trac*, sin reflexión, bruscamente. ‖ — *Avoir le trac*, ponerse nervioso.

traçage m. Trazado.

traçant, e adj. Bot. Rastrero, ra (racine). ‖ Mil. *Balle traçante*, bala trazadora.

tracas [traka] m. Preocupación, *f.*, inquietud, *f.* : *les tracas d'un père*, las preocupaciones de un padre. ‖ Molestia, *f.* (embarras). ‖ (Vx). Ajetreo, tráfago. ‖ Constr. Trampa, *f.* (ouverture dans le plancher).

tracassant, e adj. Inquietante. ‖ Molesto, ta : *des affaires tracassantes*, asuntos molestos.

tracasser v. tr. Inquietar, preocupar : *sa santé me tracasse*, su salud me inquieta. ‖ Molestar (embarrasser).
— V. intr. Ajetrearse, ir de un lado para otro.

tracasserie f. Preocupación, fastidio, *m.* ‖ Molestia, enredo, *m.* : *les tracasseries de la vie*, las molestias de la vida. ‖ Pesadez, molestia (importunité).

tracassier, ère adj. et s. Molesto, ta : *un enfant tracassier*, un niño molesto. ‖ Enredador, ra ; lioso, sa.

tracassin m. Fam. Desazón, *f.* ‖ *Avoir le tracassin*, moverse más que el rabo de una lagartija.

trace f. ● Rastro, *m.*, huella (empreinte). ‖ Fig. Huella (dans l'esprit). ‖ Señal, marca (cicatrice). ‖ Indicio, *m.* : *déceler des traces d'albumine*, descubrir indicios de albúmina. ‖ Rodada (des roues). ‖ Géom. Traza. ‖ — *À la trace*, por las huellas. ‖ *Être sur la trace de*, estar sobre la pista de. ‖ Fig. *Marcher sur* o *suivre les traces de quelqu'un*, seguir las huellas *ou* el ejemplo de uno, imitarle. ‖ *Ne pas trouver trace de*, no encontrar rastro *ou* huellas de.

— Syn. ● *Empreinte*, huella. *Marque*, señal. *Ornière*, carril. *Piste*, pista. *Sillon*, surco. *Stigmate*, estigma. *Traînée*, reguero. *Vestige*, vestigio.

tracé m. Trazado.

tracement m. Trazado.

tracer* v. tr. Trazar (des lignes, des lettres). ‖ Fig. Pintar : *tracer un tableau sinistre*, pintar un cuadro siniestro.
— V. intr. Rastrear (les plantes). ‖ Socavar la tierra (les taupes). ‖ Fam. Ir a todo gas *ou* a toda mecha (aller vite).

traceret m. Punzón.

traceur, euse adj. et s. Trazador, ra.

trachéal, e [trakeal] adj. Traqueal.

trachée [traʃe] f. Anat. Tráquea.

trachée-artère [-artɛːr] f. Traquearteria, tráquea.

trachéen, enne [trakeɛ̃, ɛn] adj. Traqueal.

trachéite [-keit] f. Traqueítis.

trachéotomie [-keɔtɔmi] f. Traqueotomía.

trachome [-kɔːm] m. Tracoma (conjonctivite).

trachyte [-kit] m. Traquita, *f.* (roche).

traçoir m. Punzón.

tract [trakt] m. Octavilla, *f.*, pasquín, libelo.

tractation f. Trato, m.

tracté, e adj. Arrastrado por un tractor.

tracteur m. Tractor : *tracteur sur chenilles*, tractor oruga. ‖ *Conducteur de tracteur*, tractorista.

tractif, ive adj. Tractivo, va.

traction f. Tracción. ‖ Autom. Propulsión total, doble tracción. ‖ *Traction avant* o *traction*, tracción delantera (d'une voiture). ‖ *Traction toutes roues*, propulsión total.

tractoriste m. et f. Agric. Tractorista.

tractus [traktys] m. Anat. Tracto : *tractus génital*, tracto genital.

tradescantia m. Bot. Tradescantia.

trade-union [treidjunən] f. Trade unión.

traditeur m. Traditor.

tradition f. Tradición. ‖ Théâtr. Morcilla (palabra o frase añadida por el actor). ‖ — *Aux vieilles traditions*, de mucha solera, de rancio abolengo. ‖ *Il est de tradition que*, es tradicional que.

traditionalisme m. Tradicionalismo.

traditionaliste adj. et s. Tradicionalista.

traditionnaire adj. et s. Tradicionario, ria.

traditionnel, elle adj. Tradicional.

traducteur, trice m. et f. Traductor, ra.
— Syn. *Interprète*, intérprete. *Truchement*, truchimán. *Drogman*, trujamán.

traduction f. Traducción.
— Syn. *Version*, traducción directa, versión. *Thème*, traducción inversa.

traduire* v. tr. Traducir : *traduire un texte de l'espagnol en français,* traducir un texto del español al francés. ‖ DR. Citar en *ou* ante la justicia, citar, hacer comparecer : *traduire en conseil de guerre,* hacer comparecer *ou* citar ante un consejo de guerra. ‖ FIG. Expresar, manifestar, traducir, reflejar : *nos yeux traduisent nos sentiments,* nuestros ojos expresan nuestros sentimientos. ‖ — *Traduire à livre ouvert,* traducir directamente *ou* de corrido.
— V. pr. Manifestarse, traducirse.

traduisible adj. Traducible.

Trafalgar n. pr. GÉOGR. Trafalgar. ‖ FAM. *Coup de Trafalgar,* desastre, descalabro.

trafic [trafik] m. Circulación, *f.,* tráfico (des véhicules). ‖ Tráfico, comercio. ‖ FAM. Trapicheo, tejemaneje, trapisonda, *f.* ‖ *Trafic automobile,* tránsito rodado.

trafiquant, e ou **trafiqueur, euse** m. et f. Traficante.

trafiquer v. intr. Traficar, comerciar. ‖ FAM. Trapichear, trapisondar.

tragacanthe f. Tragacanto, *m.* (arbuste).

tragédie f. Tragedia.

tragédien, enne m. et f. Actor, actriz, trágico, ca.

tragi-comédie f. Tragicomedia.

tragi-comique adj. Tragicómico, ca.

tragique adj. Trágico, ca : *situation tragique,* situación trágica.
— M. Tragedia, *f.,* el género trágico. ‖ Trágico (auteur de tragédies). ‖ Lo trágico : *le tragique de certaines situations,* lo trágico de ciertas situaciones. ‖ — *Prendre au tragique,* tomar por lo trágico. ‖ *Tourner au tragique,* tomar mal aspecto, ponerse trágico.

tragopan m. Tragopán, faisán de la India.

tragus [tragys] m. ANAT. Trago (de l'oreille).

trahir [trai:r] v. tr. Traicionar : *trahir sa patrie,* traicionar la patria ; *trahir la pensée d'un écrivain,* traicionar el pensamiento de un escritor. ‖ Faltar a : *trahir sa promesse,* faltar a su palabra. ‖ Revelar, descubrir : *trahir un secret,* descubrir un secreto. ‖ Defraudar : *trahir la confiance d'un ami,* defraudar la confianza de un amigo.

trahison f. Traición, *f.* : *haute trahison,* alta traición. ‖ *Par trahison,* a traición.
— SYN. *Déloyauté,* deslealtad. *Félonie,* felonía. *Forfaiture,* felonía. *Prévarication,* prevaricación, prevaricato.

traille [tra:j] f. Balsa transbordadora (bac). ‖ Andarivel (câble). ‖ Traína, red barredera (chalut).

train m. Paso, marcha, *f.* (d'une bête). ‖ Tren : *train express, mixte, omnibus, rapide,* tren expreso, mixto, ómnibus, rápido. ‖ Tren, convoy : *un train de camions,* un convoy de camiones. ‖ FAM. Jaleo, alboroto (vacarme). ‖ POP. Trasero. ‖ TECHN. Carro, juego, tren. ‖ — *Train à brames,* tren de laminación. ‖ AUTOM. *Train avant, arrière,* tren delantero, trasero. ‖ *Train d'atterrissage,* tren de aterrizaje. ‖ *Train de bois flotté,* armadía, almadía. ‖ *Train de ceinture,* tren de circunvalación. ‖ *Train de devant, de derrière,* cuartos delanteros, traseros (d'un cheval). ‖ TECHN. *Train dégrossisseur,* tren desbastador. ‖ *Train de laminoir,* tren de laminador. ‖ *Train d'engrenages,* tren de engranajes. ‖ *Train de plaisir,* tren de recreo, tren botijo (pop.). ‖ *Train de pneus,* juego de neumáticos. ‖ (Vx). MIL. *Train des équipages,* tren de equipajes. ‖ *Train de vie,* tren de vida, modo de vivir. ‖ TECHN. *Train finisseur,* tren de acabado. ‖ *Train omnibus,* tren ómnibus *ou* correo. ‖ *Train onze,* coche de San Fernando. ‖ *L'arme du train o le train,* servicio de automovilismo. ‖ — *À ce train là,* al paso que vamos. ‖ *À fond de train,* a todo correr,

a toda marcha. ‖ *En train de,* se traduit en espagnol par le gérondif du verbe correspondant : *en train de manger,* comiendo. ‖ — *Aller bon train,* ir a buen paso. ‖ *Aller son petit train,* ir poquito a poco. ‖ *Aller son train,* seguir su camino, su curso. ‖ *Aller un train d'enfer,* ir a todo correr. ‖ FAM. *Être dans le train,* vivir con su tiempo. ‖ *Être en train,* estar en forma, estar animado (plein d'allant), estar en curso (en cours). ‖ *Être en train de* (suivi de l'infinitif), estar (suivi du gérondif) : *être en train de lire,* estar leyendo. ‖ *Mener grand train,* llevar una vida por todo lo alto, vivir a todo tren. ‖ *Mener quelqu'un bon train,* tratar a alguien a la baqueta. ‖ *Mener une affaire bon train,* llevar un asunto a buen paso *ou* a buena marcha. ‖ *Mettre en train,* animar, excitar (animer) ; poner en marcha, empezar, principiar (commencer), imponer en la prensa (imprimerie).

traînage m. Arrastre. ‖ Transporte por trineo.

traînailler [trɛnɑje] v. tr. V. TRAÎNASSER.

traînant, e adj. Que arrastra, rastrero, ra. ‖ FIG. Monótono, na ; lánguido, da ; cansino, na : *voix traînante,* voz cansina.

traînard, e m. et f. FAM. Rezagado, da (resté en arrière). ‖ FIG. Persona pesada, posma. ‖ — M. Carro de bancada (du tour).

traînasser v. tr. FAM. Prolongar, dar largas a, hacer durar : *traînasser une affaire,* dar largas a un asunto. ‖ Arrastrar : *marcher en traînassant ses pantoufles,* andar arrastrando las zapatillas.
— V. intr. FAM. Corretear, vagar, callejear (errer).

traîne f. Arrastre, *m.* (action de traîner). ‖ Rastra (chose que l'on traîne). ‖ Cola (d'une robe, d'une comète). ‖ Traína, red barredera (filet). ‖ — *À la traîne,* a remolque. ‖ *À traîne,* de cola (robe). ‖ FIG. *Être à la traîne,* ir atrasado *ou* rezagado.

traîneau m. Trineo.

traîne-buches m. inv. Larva (*f.*) del frígano.

traînée f. Reguero, *m.* : *traînée de poudre,* reguero de pólvora. ‖ Estela (d'une comète). ‖ AVIAT. Resistencia aerodinámica (d'un avion). ‖ FAM. Mujer tirada, perdida (femme de mauvaise vie). ‖ MAR. Fondo, *m.*

traîne-malheur ou **traîne-misère** m. inv. FAM. Desdichado, da ; desgraciado, da ; miserable.

traînement m. Arrastramiento, arrastre.

traîner v. tr. Tirar de, arrastrar, remolcar : *cheval qui traîne une charrette,* caballo que tira de una carreta. ‖ Arrastrar, acarrear : *les égouts traînent des immondices,* las alcantarillas acarrean inmundicias. ‖ Traer : *il traîne avec lui toute sa famille,* trae consigo toda su familia. ‖ FIG. Arrastrar, llevar : *traîner une misérable existence,* arrastrar una miserable existencia. ‖ — *Traîner les pieds,* arrastrar los pies. ‖ *Traîner quelqu'un dans la boue,* hablar pestes de uno, poner a uno como los trapos *ou* como un tapo, cubrir a uno de oprobio. ‖ *Traîner o faire traîner une affaire en longueur,* dar largas a un asunto ; ir dilatando un asunto.
— V. intr. Rezagarse, quedarse atrás : *coureur qui traîne derrière le peloton de tête,* corredor que se queda atrás del pelotón de cabeza. ‖ Arrastrar, colgar : *manteau qui traîne,* abrigo que arrastra. ‖ FAM. Ir tirando : *il est très malade et peut traîner encore longtemps,* está muy enfermo y puede todavía ir tirando mucho tiempo. ‖ Andar rodando, no estar en su sitio : *des livres qui traînent sur une table,* libros que andan rodando por encima de la mesa. ‖ Callejear, vagabundear (flâner). ‖ *Traîner en longueur,* no acabar nunca, ir para largo.
— V. pr. Andar a gatas, arrastrarse : *les enfants aiment à se traîner,* a los niños les gusta andar a gatas. ‖ Andar con dificultad. ‖ Hacerse largo : *ce film se traîne,* esta película se hace larga.

traînerie f. Callejeo, *m.,* paseo, *m.* (flânerie).

traîneur, euse m. et f. Vagabundo, da (flâneur). ‖ (Vx). Rezagado, da (qui reste en arrière). ‖ FAM. *Traîneur de sabre,* militarote.

trainglot ou **tringlot** [trɛ̃glo] m. FAM. Soldado del servicio de automovilismo.

train-train ou **tran-tran** m. Marcha (*f.*) normal, rutina, *f.*

traire* v. tr. Ordeñar. ‖ *Machine à traire,* ordeñadora.

trait [trɛ] m. Tiro : *bêtes de trait,* animales de tiro. ‖ Tiro, tirante (des chevaux). ‖ ● Raya, *f.,* trazo (ligne). ‖ Raya, *f.* (alphabet morse). ‖ Trago : *avaler d'un trait,* beber de un trago. ‖ Saeta, *f.,* dardo (arme). ‖ Tiro, alcance de un arma (portée) : *à un trait d'arbalète,* a tiro de ballesta. ‖ Corte (de scie). ‖ Derecho de apertura (jeux). ‖ Rasgo, característica, *f.* : *c'est un trait de notre époque,* es una característica de nuestra época. ‖ Pullazo, pulla, *f.* (de satire). ‖ ECCLÉS. Tracto. ‖ — Pl. Rasgos, facciones, *f.* (du visage). ‖ — FIG. *Trait de flamme,* palabras inflamadas, apasionadas. ‖ *Trait de génie,* rasgo de ingenio. ‖ *Trait de lumière,* rayo de luz. ‖ *Trait de plume,* plumazo. ‖ *Trait d'esprit,* agudeza. ‖ *Trait d'union,* guión (v. Observ. à TIRET), lazo, vínculo, nexo (lien). ‖ — *À grands traits,* a grandes rasgos. ‖ *D'un trait* o *tout d'un trait,* de un tirón. ‖ *Trait pour trait,* igualito, clavado (semblable) ; punto por punto : *copier trait pour trait,* copiar punto por punto. ‖ — *Avoir les traits tirés,* tener la cara cansada. ‖ *Avoir trait à,* referirse a, tener relación con. ‖ *Partir comme un trait,* salir disparado, salir como un rayo *ou* una flecha. — SYN. ● *Barre,* barra. *Bâtons,* palotes. *Ligne,* línea. *Linéament,* lineamento. *Raie,* raya.

trait, e adj. Tirado, da ; reducido, da ; a hilo : *de l'or trait,* oro tirado. ‖ Ordeñado, da (vache).

traitable adj. Tratable, de fácil trato, fácil de tratar (personne). ‖ *Sujet facilement traitable,* tema fácil de tratar.

traitant, e adj. *Médecin traitant,* médico de cabecera *ou* habitual.

traite f. Tráfico, *m.* (de marchandises). ‖ Tirada, tirón, *m.,* trecho, *m.* (parcours). ‖ Ordeño, *m.* (des vaches, etc.). ‖ COMM. Letra de cambio, orden de pago. ‖ — *Traite des blanches,* trata de blancas. ‖ *Traite des Noirs* o *des Nègres,* la trata, trata de negros. ‖ — *D'une traite,* de una tirada, de un tirón.

traité m. ● Tratado : *traité de mathématiques,* tratado de matemáticas. ‖ ◆ Tratado, convenio : *conclure un traité de commerce,* concertar un tratado de comercio. — SYN. ● *Cours,* curso. *Dissertation,* disertación. *Essai,* ensayo. *Étude,* estudio. *Mémoire,* memoria. — ◆ *Accord,* acuerdo. *Pacte,* pacto. *Alliance,* alianza. *Protocolo,* protocole.

traitement m. Tratamiento, trato (manière d'agir). ‖ Sueldo, paga, *f.* (d'un fonctionnaire). ‖ Tratamiento : *le traitement des matières premières,* el tratamiento de materias primas. ‖ MÉD. Tratamiento, método de curación. ‖ — Pl. *Mauvais traitements,* malos tratamientos *ou* tratos, vía de hechos. ‖ TECHN. *Traitement de l'information,* proceso de datos, tratamiento de la información (en informatique).

traiter v. tr. Tratar : *traiter un sujet,* tratar un asunto : *traiter quelqu'un splendidement,* tratar a uno espléndidamente ; *traiter un métal,* tratar un metal. ‖ Asistir (un malade). ‖ Tratar (une maladie). ‖ — *Traiter comme un chien,* tratar como a un perro. ‖ *Traiter de,* tratar de, calificar de : *traiter quelqu'un de voleur,* tratar a uno de ladrón. ‖ *Traiter de haut* o *de haut en bas,* tratar con desdén. ‖ *Traiter d'une façon cavalière* o *par-dessous la jambe,* tratar por encima del hombro.

— V. intr. Negociar : *traiter de la paix,* negociar la paz. ‖ Hablar, tratar (parler de). ‖ Hacer un tratado : *traiter de la métallurgie,* hacer un tratado de metalurgia.

— V. pr. Negociarse : *les blés se traitent cher cette année,* los trigos se negocian caro este año.

traiteur m. Casa (*f.*) de comidas de encargo.

traître, esse adj. et s. Traidor, ra. ‖ — *En traître,* a traición, traidoramente. ‖ *Pas un traître mot,* ni una palabra.

traîtreusement adv. Traidoramente.

traîtreux, euse adj. Traidor, ra ; traicionero, ra.

traîtrise f. Traición, perfidia, alevosía.

Trajan n. pr. m. Trajano.

trajectoire f. Trayectoria. ‖ MIL. *Trajectoire tendue,* trayectoria tensa.

trajet [traʒɛ] m. Trayecto, recorrido (parcours). ‖ Travesía, *f.* (traversée). — SYN. *Chemin,* camino. *Parcours,* recorrido. *Traite,* tirón. *Traversée,* travesía. *Fam. Trotte,* caminata.

tralala m. FAM. Aparato, pompa, *f.* ‖ *En grand tralala,* vestido de tiros largos.

tram [tram] m. FAM. Tranvía.

tramail ou **trémail** m. Trasmallo (filet).

trame f. Trama (des fils). ‖ Trama, retícula (en photogravure). ‖ TECHN. Trama. ‖ FIG. ● Trama, enredo, *m.* (d'une tragédie). ‖ POÉT. *La trame de nos jours,* la vida. — SYN. ● *Affabulation, fabulation,* fabulación. *Intrigue,* intriga. *Scénario,* guión. *Synopsis,* guión.

tramer v. tr. Tramar, urdir.

— V. pr. Tramarse.

trameur, euse m. et f. Tramador, ra (ouvrier). ‖ — F. Tramadora (appareil).

traminot [tramino] m. Tranviario.

tramontane f. Tramontana. ‖ FIG. *Perdre la tramontane,* perder la cabeza, la tramontana.

tramp [trɛmp] m. MAR. Carguero de servicio irregular.

tramway [tramwei] m. Tranvía.

tranchage m. Corte (action de couper). ‖ Chapeado, corte de la madera en chapas (du bois).

tranchant m. ● Corte, filo, tajo : *épée à deux tranchants,* espada de dos filos. ‖ Cortadera, *f.* (d'apiculteur). ‖ FIG. *Arme à double tranchant,* arma de dos filos. — SYN. ● *Fil,* filo. *Taillant,* corte.

tranchant, e adj. ● Cortante, afilado, da (qui coupe). ‖ FIG. Decisivo, va ; resuelto, ta ; tajante : *ton tranchant,* tono decisivo. ‖ *Couleurs tranchantes,* colores que contrastan *ou* contrastados. — SYN. ● *Aiguisé, affilé,* afilado. *Coupant,* cortante.

tranche f. ● Rebanada (de pain), loncha, lonja (de jambon), tajada (de viande), rodaja, raja (de saucisson), raja (de poisson, de fromage). ‖ Raja, tajada (de pastèque, de melon). ‖ Canto, *m.* (d'un livre, d'une monnaie, d'une planche). ‖ Placa, plancha (de marbre, de pierre). ‖ Grupo (de chiffres). ‖ Serie (d'une émission financière). ‖ Sorteo, *m.* : *tranche spéciale de Noël,* sorteo extraordinario de Navidad. ‖ TECHN. Cortadera. ‖ — *Tranche à froid,* cortafrío. ‖ FIG. *Tranche de vie,* episodio de la vida real. ‖ *Tranche grasse,* babilla (bœuf). ‖ *Dorure sur tranche,* canto dorado (reliure). ‖ *Pain de mie coupé en tranches,* pan de molde cortado. ‖ — *Se payer une tranche de rire* o *s'en payer une tranche,* desternillarse de risa. — SYN. ● *Rondelle,* rodaja. *Rouelle,* rodaja. *Tronçon,* trozo.

tranché, e adj. Tajante (péremptoire). ‖ FIG. Marcado, da ; contrastado, da (couleur). ‖ BLAS. Partido en banda, tronchado, da.

tranchée f. Zanja (excavation). ‖ MIL. ● Trinchera. ‖ *Tranchée d'écoulement,* desagüe. ‖ —

Pl. MÉD. Cólicos (*m*.) agudos. ‖ *Tranchées uté-rines*, entuertos. ‖ — *Voie en tranchée*, trinchera (chemin de fer).
— SYN. ● *Approches*, aproches. *Boyau*, ramal de trinchera. *Cheminement*, trabajo de zapa. *Sape*, zapa.

tranchée-abri f. MIL. Trinchera con abrigo.
— OBSERV. Pl. *tranchées-abris*.

tranchefile f. Cabezada, cabecera, cadeneta (reliure).

tranchefiler v. tr. Poner cabecera *ou* cadenetas, cabecear [un libro].

tranchelard [trɑʃla:r] m. Cuchillo de cocina.

tranche-montagne m. FAM. Fanfarrón, matasiete.

trancher v. tr. Cortar, cercenar. ‖ Cortar, trinchar (la viande). ‖ FIG. Zanjar, resolver, dilucidar : *trancher la difficulté*, zanjar la dificultad. ‖ ● *Trancher le cou, la gorge, la tête*, degollar, pasar a cuchillo.
— V. intr. Decidir, resolver. ‖ FIG. Resaltar, contrastar (les couleurs). ‖ Contrastar : *cela tranche sur sa modération habituelle*, esto contrasta con su moderación habitual. ‖ — *Trancher dans le vif*, cortar por lo sano. ‖ *Trancher net*, cortar en seco.

tranchet [trɑʃɛ] m. Chaira, *f.*, cuchilla de zapatero.

trancheur m. Cortador. ‖ Trinchador (de viande).

trancheuse f. Cortadora.

tranchoir m. Tajo, tajadero.

tranquille [trɑkil] adj. Tranquilo, la ; quieto, ta : *se tenir tranquille*, quedarse quieto. ‖ Recoleto, ta : *une place tranquille*, una plaza recoleta. ‖ — *Être tranquille comme Baptiste*, quedarse tan tranquilo. ‖ *Soyez tranquille*, no se preocupe.

tranquillisant, e adj. Tranquilizador, ra.
— M. MÉD. Calmante, tranquilizante, sedante.

tranquilliser v. tr. Tranquilizar : *tranquilliser l'esprit par de bonnes paroles*, tranquilizar el espíritu con buenas palabras.
— V. pr. Tranquilizarse.

tranquillité f. Tranquilidad. ‖ *En toute tranquillité*, con toda tranquilidad, sin ninguna preocupación.
— SYN. *Bonace*, bonanza. *Calme*, calma. *Paix*, paz. *Quiétude*, quietud. *Sérénité*, serenidad

transaction [trɑzaksjɔ̃] f. Transacción.
— SYN. *Affaire*, negocio. *Marché*, trato.

transactionnel, elle adj. Transaccional.

transafricain, e adj. Transafricano, na.

transalpin, e adj. Transalpino, na.

transandin, e adj. Transandino, na.

transat m. FAM. Tumbona, *f*.

transatlantique adj. Transatlántico, ca.
— M. Transatlántico (paquebot). ‖ Tumbona, *f*. (fauteuil pliant).

transbordement m. Transbordo.

transborder v. tr. Transbordar.

transbordeur adj. et s. m. Transbordador : *pont transbordeur*, puente transbordador.

transcaspien, enne adj. et s. m. Transcaspiano, na.

Transcaucasie n. pr. f. GÉOGR. Transcaucasia.

transcaucasien, enne adj. et s. m. Transcaucásico, ca.

transcendance f. Trascendencia.

transcendant, e adj. Trascendental, trascendente, transcendental, transcendente. ‖ Sobresaliente, transcendente (supérieur). ‖ MATH. *Nombre transcendant*, número transcendente.

transcendantal, e adj. Trascendental, transcendental.

transcendantalisme m. Transcendentalismo.

transcender v. tr. PHIL. Transcender, trascender.

transcontinental, e adj. et s. m. Transcontinental.

transcripteur m. Transcriptor (appareil). ‖ Copista (personne qui transcrit).

transcription f. Copia, transcripción. ‖ DR. Registro, *m*., copia en un registro. ‖ MUS. Transcripción.

transcrire* v. tr. Copiar, transcribir (musique, écriture).

transe f. Ansia, ansiedad, congoja, zozobra. ‖ Trance, *m*. (d'un médium). ‖ — *Entrer en transes*, extasiarse, enajenarse. ‖ *Être en transes*, estar transportado.

transenne f. Reja de capilla en las catacumbas romanas.

transept [trɑsɛpt] m. ARCHIT. Crucero (d'une église) : *bras du transept*, nave del Crucero.

transférable adj. Transferible.

transfèrement m. Traslado.

transférer* v. tr. Transferir. ‖ Trasladar : *transférer un prisonnier*, trasladar a un prisionero. ‖ Traspasar (un fonds de commerce, un joueur professionnel).

transfert [trɑsfɛ:r] m. Transferencia, *f*. (de fonds). ‖ Traslado : *transfert de reliques*, traslado de reliquias. ‖ Traspaso (d'un fonds de commerce, d'un joueur professionnel). ‖ Transmisión, *f*. (de biens immobiliers).

transfiguration f. Transfiguración.

transfigurer v. tr. Transfigurar.
— V. pr. Transfigurarse.

transfilage m. MAR. Amarradura, *f*.

transfiler v. tr. MAR. Amarrar [con un cabo].

transfini, e adj. Transfinito, ta.

transfixion f. Transfixión.

transformable adj. Transformable.

transformateur, trice adj. Transformador, ra. ‖ *Transformateur-élévateur*, elevador.

transformation f. Transformación. ‖ Transformación de ensayo (rugby).

transformée f. MATH. Transformada.

transformer v. tr. ● Transformar.
— V. pr. Transformarse.
— SYN. ● *Changer*, cambiar. *Convertir*, convertir. *Muer*, mudar. *Transmuer*, transmutar.

transformisme m. Transformismo.

transformiste adj. et s. Transformista.

transfuge m. Tránsfuga.

transfuser v. tr. Transfundir. ‖ Hacer una transfusión de (du sang). ‖ FIG. Transfundir.

transfusion f. Transfusión : *transfusion de sang*, tranfusión de sangre.

transgresser v. tr. Transgredir, quebrantar, infringir. ‖ *Transgresser la loi*, quebrantar *ou* transgredir la ley.

transgresseur m. Transgresor, infractor.

transgressif, ive adj. Transgresivo, va.

transgression f. Transgresión, infracción. ‖ GÉOL. *Transgression marine*, transgresión marina.

transhumance [trɑzymɑ̃:s] f. Trashumancia, trashumación.

transhumant, e [-mɑ̃, ɑ̃:t] adj. Trashumante.

transhumer [-me] v. intr. Trashumar.
— V. tr. Hacer trashumar.

transi, e adj. Transido, da. ‖ Aterido, da ; transido, da (de froid). ‖ FAM. *Amoureux transi*, enamorado perdido.
— SYN. *Figé*, paralizado. *Frissonnant*, tiritando. *Gelé*, helado. *Grelottant*, tiritando. *Glacé*, helado.

transigeance f. Transigencia.

transiger* [trɑ̃ziʒe] v. intr. Transigir. ‖ FIG. *Transiger avec son devoir, sa conscience, son honneur*, no cumplir estrictamente con su deber, ir en contra de su conciencia, faltar a su honor.

transir [trɑ̃si:r *o* trɑ̃zi:r] v. tr. Helar, pasmar (de froid). ‖ FIG. Estremecer, pasmar (de peur).
— V. intr. (Vx). Aterirse, helarse, tiritar (de froid).

transissement [-zismã] m. Aterimiento (de froid). ‖ FIG. Estremecimiento (frisson), angustia, f. (angoisse).

transistor m. RAD. Transistor. ‖ Poste à transistors, radio de transistores.

transistorisé, e adj. Transistorizado, da.

transit [trãzit] m. Tránsito : marchandises en transit, mercancías en tránsito.

transitaire [-tɛ:r] adj. De tránsito : la France est un pays transitaire, Francia es un país de tránsito.
— M. Agente de tránsito.

transiter [-te] v. tr. Llevar en tránsito.
— V. intr. Estar en tránsito.

transitif, ive [-tif, i:v] adj. et s. m. Transitivo, va.

transition [-sjõ] f. Transición.

transitivité [-tivite] f. Carácter (m.) transitivo.

transitoire [-twa:r] adj. Transitorio, ria.

Transjordanie n. pr. f. GÉOGR. Transjordania.

translatif, ive adj. Traslativo, va.

translation f. ● Traslado, m. (transfert). ‖ GÉOM. Traslación.
— SYN. ● Transfert, transfèrement, transferencia. Transport, transporte.

translitération ou **translittération** f. Transcripción (d'un alphabet dans un autre).

translucide adj. Translúcido, da.

translucidité f. Translucidez.

transmetteur m. Transmisor.

transmettre* v. tr. Transmitir.
— SYN. Communiquer, comunicar. Passer, pasar.

transmigration f. Transmigración.

transmigrer v. intr. Transmigrar.

transmissibilité f. Transmisibilidad.

transmissible f. Transmisible.

transmission f. Transmisión. ‖ — Transmission par chaîne, transmisión por cadena. ‖ Transmission par friction, transmisión por fricción.

transmuable ou **transmutable** adj. Transmutable.

transmuer v. tr. Transmutar, transmudar (p. us.).

transmutabilité f. Transmutabilidad.

transmutation f. Transmutación.

transmuter v. tr. Transmutar.

transocéanique [trãzɔseanik] adj. Transoceánico, ca.

transpadan, e adj. Transpadano, na (au-delà du Pô).

transparaître* v. intr. Transparentarse, traslucirse.

transparence f. Transparencia.

transparent, e adj. ● Transparente.
— M. Falsilla, f. (guide-âne). ‖ Transparente (décoration).
— SYN. ● Clair, claro. Cristallin, cristalino. Limpide, límpido.

transpercement m. Horadación, f., perforación, f. (d'une montagne).

transpercer* v. tr. Atravesar, traspasar (avec une arme), ‖ Atravesar, traspasar, calar : la pluie ne peut transpercer un imperméable, la lluvia no puede atravesar un impermeable. ‖ Traspasar, horadar (une montagne).

transpiration f. Sudor, m., transpiración. ‖ BOT. Transpiración.

transpirer v. intr. Sudar, transpirar. ‖ FIG. Traslucirse (un secret).

transplantable adj. Trasplantable.

transplantation f. ou **transplantement** m. Trasplante, m., trasplantación, f.

transplanter v. tr. Trasplantar.

transport [trãspɔ:r] m. Transporte (de marchandises). ‖ Traspaso, transferencia, f., cesión, f. (cession). ‖ DR. Inspección (f.) ocular, visita, f. ‖ Transporte (bateau). ‖ FIG. ● Transporte, arre-

bato (sentiment violent). ‖ MÉD. Transport au cerveau, delirio (délire), congestión (congestion). ‖ — Pl. Transportes (ensemble).
— SYN. ● Extase, éxtasis. Ravissement, arrobamiento.

transportable adj. Transportable, trasladable.

transportation f. DR. Deportación, destierro, m.

transporté, e adj. Transportado, da ; arrebatado, da.
— M. Deportado, desterrado.

transporter v. tr. ● Transportar : transporter des voyageurs, transportar viajeros. ‖ Trasladar : transporter sur la scène un fait historique, trasladar a la escena un hecho histórico. ‖ Deportar, desterrar (déporter). ‖ DR. Transmitir, ceder. ‖ Transferir (une somme). ‖ FIG. Arrebatar (ravir), poner fuera de sí, sacar de quicio (mettre hors de soi).
— V. pr. Trasladarse, pasar de un lugar a otro. ‖ FIG. Trasladarse.
— SYN. ● Déménager, mudar. Transiter, transitar. Véhiculer, vehicular. Voiturer, transportar en coche.

transporteur, euse adj. Transportador, ra.
— M. Transportista : la responsabilité du transporteur, la responsabilidad del transportista. ‖ — Transporteur à bande, cinta transportadora. ‖ Transporteur aérien o à câbles, transportador aéreo, teleférico industrial.

transposable adj. MUS. Transportable, que se puede poner en otro tono.

transposer v. tr. Transponer. ‖ MUS. Transportar.

transpositeur adj. m. MUS. Instrument transpositeur, instrumento que transporta ou transportador.

transposition f. Transposición. ‖ MUS. Transporte, m.

transpyrénéen, enne adj. Transpirenaico, ca.

transsaharien, enne adj. et s. m. Transahariano, na.

transsibérien, enne adj. et s. m. Transiberiano, na.

transsonique adj. Transónico, ca (vitesse).

transsubstantiation f. RELIG. Transubstanciación.

transsudation f. Trasudor, m., trasudación.

transsuder v. intr. Trasudar, rezumarse.

transtévérin, e adj. et s. Transtiberino, na.

transuranien, enne adj. CHIM. Transuránico, ca.

transvaluation f. Cambio (m.) de valor.

transvasement m. Trasiego, transvase.

transvaser v. tr. Trasegar, transvasar (un liquide).

transvaseur m. Trasegador.

transverbération f. Transverberación, transfixión.

transverbérer v. tr. Transverberar, traspasar (le cœur).

transversal, e adj. Transversal.
— F. MATH. Transversal.

transverse adj. Transverso, sa.

transvider v. tr. Transvasar, trasegar.

transylvain, e ou **transylvanien, enne** adj. et s. Transilvano, na.

Transylvanie n. pr. f. GÉOGR. Transilvania.

tran-tran m. V. TRAIN-TRAIN.

trapèze m. ANAT. et GÉOM. Trapecio. ‖ Trapecio (appareil de gymnastique).
— Adj. inv. Trapecio : robe trapèze, muscle trapèze, vestido trapecio, músculo trapecio.

trapéziste m. et f. Trapecista.

trapézoèdre m. Trapezoedro.

trapézoïdal, e adj. Trapezoidal.

trapézoïde adj. Trapezoidal.
— M. Trapezoide.

trappe f. Trampa, trampilla (porte au niveau du sol). ‖ Puerta ou ventana de corredera (à coulisse). ‖ Trampa (piège). ‖ FIG. Trampa, artimaña, ardid, m. (ruse). ‖ MAR. Escotilla, escotillón, m.

Trappe (LA), la Trapa [abbaye et ordre relig.].

trappeur m. Trampero (chasseur).

trappillon [trapijɔ̃] m. Cierre (d'une trappe). ‖ Escotillón (théâtre).

trappiste m. Trapense (religieux).

trappistine f. Monja trapense. ‖ Licor (*m.*) de las monjas trapenses.

trapu, e adj. Rechoncho, cha ; achaparrado, da.
— SYN. *Râblé*, fornido. *Fam. Courtaud*, cachigordo. *Nabot*, retaco, tapón.

traque f. Batida, ojeo, *m.* (à la chasse).

traqué, e adj. Acosado, da ; acorralado, da. ‖ Cercado, da (entouré).

traquenard [trakna:r] m. Cepo, trampa, *f.* ‖ FIG. Lazo, emboscada, *f.*, trampa, *f.* ‖ Pasitrote, paso cansino (allure des chevaux).

traquer v. tr. Acosar, acorralar (encercler le gibier). ‖ Ojear, batir (rabattre le gibier). ‖ FIG. Acosar, acorralar (quelqu'un).

traquet [trakɛ] m. Cítola, *f.*, tarabilla, *f.* (du moulin). ‖ Moscareta, *f.* (oiseau).

traqueur m. Ojeador, batidor (à la chasse).

Trasimène n. pr. GÉOGR. Trasimeno.

trauma m. Trauma.

traumatique adj. Traumático, ca.

traumatisme m. Traumatismo, trauma.

traumatologie f. Traumatología.

travail [trava:j] m. ● Trabajo : *travail manuel, intellectuel*, trabajo manual, intelectual. ‖ Faena, *f.* : *les travaux des champs*, las faenas del campo. ‖ Obra, *f.* (ouvrage). ‖ Labor, *f.* : *un bijou d'un beau travail*, una joya de primorosa labor. ‖ Alabeo, pandeo, arqueamiento (du bois). ‖ Hozadero (du sanglier). ‖ PHYS. Trabajo. ‖ — MÉD. *En travail*, de parto. ‖ *Travail à la chaîne*, producción en línea *ou* en cadena. ‖ *Travail noir*, trabajo clandestino. ‖ *Travail saisonnier*, trabajo estacional. ‖ — *Accident du travail*, accidente del trabajo. ‖ *Un travail de cheval*, un trabajo de negros. ‖ *Un travail de Romains*, una obra de romanos. ‖ — Pl. Obras, *f.* : *travaux publics*, obras públicas. ‖ Trabajos. ‖ — *Travaux de dames*, labores femeninos. ‖ *Travaux d'Hercules*, trabajos de Hércules. ‖ *Travaux forcés*, trabajos forzados *ou* forzosos. ‖ *Travaux forcés à perpétuité*, cadena perpetua. ‖ *Travaux pratiques*, prácticas (étude).
— SYN. ● *Besogne*, tarea, faena. *Corvée*, faena, carga. *Labeur*, labor. *Mission*, misión, *Occupation*, ocupación *Œuvre*, obra. *Ouvrage*, labor, obra. *Tâche*, tarea. *Pop. Boulot*, trabajo. *Turbin*, tajo.

travail [travaj] m. Potro (pour maintenir les animaux domestiques).
— OBSERV. Pl. *travails*.

travaillé, e [-je] adj. Trabajado, da. ‖ Obsesionado, da : *travaillé par une idée*, obsesionado por una idea. ‖ Atormentado, da : *travaillé par la maladie*, atormentado por la enfermedad. ‖ Trabajado, da ; pulido, da : *style travaillé*, estilo trabajado. ‖ Labrado, da (bois).

travailler [-je] v. intr. ● Trabajar : *travailler à un ouvrage*, trabajar en una obra. ‖ Producir, rentar (l'argent). ‖ Fermentar (le vin). ‖ Estudiar : *il ne travaille pas à l'école*, no estudia en el colegio. ‖ Alabearse, arquearse, combarse (le bois). ‖ Alterarse (couleurs). ‖ — *Travailler à l'heure*, *à la tâche*, trabajar por horas, a destajo. ‖ FIG. et FAM. *Travailler du chapeau*, estar chiflado, faltarle a uno un tornillo. ‖ *Travailler pour des prunes*, trabajar para el obispo *ou* en balde.
— V. tr. Labrar, trabajar (façonner). ‖ Trabajar, pulir, hacer con esmero (s'appliquer à). ‖ FIG. Agitar, excitar. ‖ Atormentar. ‖ Preocupar (inquiéter). ‖ Adulterar (le vin).
— SYN. ● *Besogner*, afanarse. *Pop. Bosser*, carrelar. *Boulonner*, apencar. *Fam. Bûcher*, trabajar intensamente. *Bricoler*, chapucear. *Gratter*, *turbiner*, *façonner*, trabajar. *Ouvrager*, *ouvrer*, labrar.

travailleur, euse [-jœ:r, ø:z] adj. et s. ● Trabajador, ra ; productor, ra. ‖ Obrero, ra : *parti des travailleurs*, partido obrero. ‖ Estudioso, sa : *garçon très travailleur*, muchacho muy estudioso.
— F. Mesita de costura.
— SYN. ● *Journalier*, jornalero. *Manœuvre*, bracero. *Ouvrier*, obrero. *Prolétaire*, proletario. *Salarié*, asalariado.

travaillisme [-jism] m. Laborismo.

travailliste [-jist] adj. et s. Laborista.

travée f. Tramo, *m.* (espace entre deux supports). ‖ Bovedilla (d'un toit). ‖ Fila (de bancs).

travelage m. Separación (*f.*) entre las traviesas (chemin de fer).

travelling [travliŋ] m. CINÉM. Travelling, travelín.

travers [travɛ:r] m. Defecto (défaut). ‖ Ancho, anchura, *f.* : *un travers de doigt*, el ancho de un dedo. ‖ MAR. Través. ‖ — *À tort et à travers*, a tontas y a locas, a troche y moche. ‖ *À travers*, a través. ‖ *À travers champs*, a campo traviesa. ‖ *Au travers de*, por en medio, por entre. ‖ *De travers, en travers*, de través. ‖ — *Aller de travers*, ir al revés. ‖ *Avaler de travers*, atragantarse. ‖ *Avoir l'esprit de travers*, tener mal genio, tener el genio atravesado. ‖ *Chacun a ses travers*, de cuerdo y loco todos tenemos un poco. ‖ *Comprendre de travers*, comprender al revés. ‖ *Entendre de travers*, oir al revés. ‖ *Faire tout de travers*, no hacer nada a derechas. ‖ *Mettre en travers*, atravesar, poner atravesado. ‖ *Passer au travers*, librarse de. ‖ *Regarder de travers*, mirar con mala cara *ou* de lado. ‖ *Se regarder de travers*, mirarse de reojo.

traversable adj. Atravesable.

traverse f. Travesaño, *m.*, larguero, *m.* (pièce de bois). ‖ Atajo, *m.*, trocha (chemin plus court). ‖ Traviesa (d'une voie ferrée). ‖ Través, *m.* (parapet). ‖ FIG. *Se mettre à la traverse*, obstaculizar. ‖ — Pl. Contratiempos, *m.*, obstáculos, *m.*, reveses, *m.*

traversée f. Travesía. ‖ *Traversée de voie*, cruces de vías (chemin de fer).

traverser v. tr. Atravesar, cruzar (un pays, la rue). ‖ Traspasar, calar : *la pluie traverse son manteau*, la lluvia traspasa su abrigo. ‖ FIG. Atravesar, pasar : *traverser des temps malheureux*, atravesar malos tiempos. ‖ — *Traverser de part en part*, atravesar de parte a parte. ‖ *Traverser l'esprit*, pasar por la cabeza, cruzar por la imaginación.

traversier, ère adj. Transversal : *un chemin traversier*, un camino transversal. ‖ *Flûte traversière*, flauta travesera.

traversin m. Travesaño, cabezal, almohada (*f.*) larga (oreiller). ‖ Astil (d'une balance). ‖ Tabla (*f.*) del fondo (d'un tonneau).

traversine f. Travesaño, *m.* (reliant des pilotis, d'un grillage). ‖ Cierre, *m.* (d'une écluse).

travertin m. Travertino, toba (*f.*) calcárea.

travesti, e adj. et s. m. Disfrazado, da. ‖ *Bal travesti*, baile de disfraces. ‖ — M. Disfraz, traje de máscara (déguisement).
— OBSERV. El sustantivo francés *travesti* no tiene forma femenina.

travestir v. tr. Disfrazar. ‖ Parodiar (imiter en style burlesque). ‖ Interpretar torcidamente, desnaturalizar, tergiversar (donner une fausse interprétation).
— V. pr. Disfrazarse : *se travestir en Pierrot*, disfrazarse de Pierrot.

travestissement m. Disfraz. ‖ FIG. Alteración, *f.*, interpretación (*f.*) torcida.

travestisseur, euse adj. et s. Parodista.

traviole (de) loc. adv. POP. De través.

travon m. Sotabanco (d'un pont).

travouil [travuj] ou **travoul** [-vul] m. Devana-dera, f.

travure f. Soporte (m.) de una bóveda.

trayeur, euse m. et f. Ordeñador, ra. ‖ — F. Ordeñadora, máquina de ordeñar.

trayon [trɛjɔ̃] m. Pezón (d'animaux).

trébuchant, e adj. Que tropieza. ‖ Trabucante (monnaie). ‖ *Espèces sonnantes et trébuchantes,* dinero contante y sonante.

trébuchement m. Traspié, tropezón, tropiezo.

trébucher v. intr. Tropezar, dar un traspié : *trébucher sur une pierre,* tropezar con ou contra ou en una piedra. ‖ FIG. Tropezar (commettre une faute). ‖ Caer, dar en tierra (tomber). ‖ Correr el peso (dans une balance).
— V. tr. (P. us.). Pesar (les monnaies).

trébuchet [trebyʃɛ] m. Pesillo (petite balance). ‖ Armadijo (pièce). ‖ Trabuco (machine de guerre au Moyen Âge).

tréfilage m. Trefilado.

tréfiler v. tr. Trefilar, estirar (un métal).

tréfilerie f. Trefilería, fábrica de alambre.

tréfileur m. Trefilador, tirador (de métaux).

trèfle m. Trébol (plante) : *trèfle incarnat,* trébol encarnado. ‖ Trébol [uno de los palos de que se compone la baraja francesa]. ‖ ARCHIT. Ornamento trilobulado. ‖ POP. Parné, moni (argent). ‖ *Croisement en trèfle,* trébol de cambio de dirección (autoroute).

tréflé, e adj. BLAS. Trebolado, da.

tréflière f. Trebolar, m., campo (m.) de trébol.

tréfonds [trefɔ̃] m. Subsuelo (propriété). ‖ FIG. *Le fonds et le tréfonds,* lo más recóndito, los pormenores : *le fonds et le tréfonds d'une affaire,* los pormenores de un asunto.

treillage [trɛja:ʒ] m. Enrejado, reja, f., encañado. ‖ Emparrado (pour la vigne).

treillager* v. tr. Enrejar, poner enrejado. ‖ Emparrar (une vigne).

treillageur m. Constructor de enrejados.

treille f. Emparrado, m., parra. ‖ *Le jus de la treille,* el vino.

treillis [trɛji] m. Enrejado (treillage). ‖ Cuadrícula, f. (dessin). ‖ Terliz, arpillera, f. (toile grossière). ‖ FIG. Traje de faena. ‖ *Treillis en bois,* entramado.

treillisser v. tr. Poner un enrejado a.

treize [trɛ:z] adj. num. et s. m. Trece. ‖ Decimotercio : *Louis XIII* (treizième), Luis XIII (decimotercio). ‖ *Treize à la douzaine,* trece por docena.

treizième adj. num. ord. Decimotercio, cia ; decimotercero, ra. ‖ *Treizième siècle,* siglo trece.
— M. Trezavo (fraction).

treizièmement adv. En decimotercer lugar.

tréma m. GRAMM. Diéresis, f., crema, f.

trémail [tremɑj] m. Trasmallo (tramail).

trématage m. Adelanto (d'un bateau).

trémater v. tr. et intr. Adelantar [a un buque].

trématode adj. et s. m. ZOOL. Trematodo, da.

tremblaie [trɑ̃blɛ] f. Alameda.

tremblant, e adj. Tembloroso, sa ; trémulo, la. ‖ Vacilante, poco firme : *pont tremblant,* puente vacilante. ‖ FIG. Temeroso, sa (craintif).
— F. VÉTÉR. Trembladera (du mouton).

tremble m. Tiemblo, álamo temblón (peuplier).

tremblé, e adj. Tremblón, ona (écriture). ‖ MUS. Tremolado, da : *sons tremblés,* sonidos tremolados. ‖ IMPR. *Filet tremblé* o *tremblé,* filete ondulado.

tremblement m. Temblor (agitation). ‖ Trepidación, f. (d'un corps matériel). ‖ FIG. Temblor, temor (crainte), estremecimiento. ‖ MUS. Trémolo. ‖ — *Tremblement de terre,* terremoto, temblor de tierra. ‖ — FAM. *Et tout le tremblement,* y toda la pesca (choses).

trembler v. intr. Temblar. ‖ ● Estremecerse, trepidar. ‖ Tiritar (de froid, de fièvre). ‖ FIG. Temer, estremecerse (avoir peur). ‖ Vacilar (la lumière). ‖ Ser temblorosa (voix). ‖ — *Trembler comme une feuille,* temblar como un azogado. ‖ *Trembler pour,* tener miedo por. ‖ — *À faire trembler,* que mete miedo. ‖ *Faire trembler,* asustar, espantar.
— SYN. ● *Frémir,* estremecerse. *Frissonner,* tiritar, estremecerse, sentir escalofríos. *Grelotter,* tiritar. *Trépider,* trepidar. *Fam. Trembloter,* temblequear.

trembleur, euse adj. et s. Temblador, ra. ‖ FIG. Medroso, sa ; tembloroso, sa (craintif). ‖ — F. Mancerina, platillo (m.) con su jícara. ‖ — M. ÉLECTR. Interruptor automático. ‖ Cuáquero (quaker).

tremblotant, e adj. FAM. Tembloroso, sa ; vacilante.

tremblote f. POP. *Avoir la tremblote,* tener mieditis ou canguelo (peur), tener una tiritona (de froid).

tremblotement m. Temblequeo, temblor.

trembloter v. intr. FAM. Temblequear.

trémelle f. Tremella (champignon).

trémie f. Tolva de molino. ‖ Comedero, m. (mangeoire).

trémière f. Malvarrosa (rose).

trémois m. Trigo tremés ou tremesino.

trémolo m. MUS. Trémolo. ‖ FIG. Temblor (de la voix).

trémoussement m. Zarandeo, meneo. ‖ Aleteo, (des oiseaux).

trémousser v. intr. Aletear (en parlant des oiseaux).
— V. pr. Agitarse, menearse (se remuer). ‖ FIG. Moverse mucho (se donner du mal).

trempage m. Remojo.

trempe f. Remojo, m. (action de tremper dans un liquide). ‖ Agua de fermentación (bière). ‖ TECHN. Temple, m. (de l'acier, du verre, etc.). ‖ FIG. Temple, m. (caractère). ‖ FAM. Paliza, zurra, solfa.

trempé, e adj. Mojado, da ; remojado, da ; empapado, da (mouillé, imbibé). ‖ Aguado, da (mêlé d'eau). ‖ Cubierto, ta ; bañado, da : *trempé de sueur,* bañado en sudor. ‖ Templado, da (métal, verre). ‖ FIG. Enérgico, ca ; vigoroso, sa. ‖ FAM. *Trempé comme une soupe,* hecho una sopa, calado hasta los huesos.

trempée f. Mojada, remojo, m. (mouillement).

tremper v. tr. ● Mojar, bañar, meter en un líquido : *tremper la plume dans l'encre,* mojar la pluma en tinta. ‖ Empapar, remojar : *tremper du pain dans la soupe,* remojar pan en la sopa. ‖ Aguar, bautizar (fam.) : *tremper son vin,* aguar el vino. ‖ TECHN. Templar (un métal, le verre, etc.). ‖ FIG. Templar, dar temple. ‖ — *Tremper la soupe,* echar caldo a las sopas. ‖ FIG. *Tremper ses mains dans le sang,* ensangrentar las manos, mancharse las manos de sangre. ‖ — *Être trempé,* estar empapado, estar hecho una sopa.
— V. intr. Estar en remojo, remojarse : *pain trempe dans l'eau,* pan que se remoja en el agua. ‖ FAM. Participar en, estar pringado en : *il a trempé dans ce crime,* está pringado en este crimen. ‖ *Faire tremper,* poner en remojo (aliments), remojar (le linge).
— V. pr. Remojarse, darse un remojo.
— SYN. ● *Arroser,* regar, rociar. *Baigner,* bañar. *Délaver,* deslavar. *Doucher,* duchar. *Imbiber,* empapar. *Inonder,* inundar. *Mouiller,* mojar. *Rincer,* poner como una sopa. *Pop. Saucer,* calar.

trempette f. Sopita, rebanadita de pan. ‖ — *Faire la trempette,* mojar una sopita. ‖ FAM. *Faire trempette,* darse un chapuzón, darse un baño.

trempeur adj. m. et s. m. Templador, obrero que templa el acero. ‖ IMPR. Mojador, operario que moja el papel de impresión.

tremplin m. Trampolín (à la piscine, en montagne). ‖ Fig. Trampolín, base, *f.* ‖ *Tremplin de haut vol,* palanca (piscine).

trémulation f. Temblor (*m.*) rápido.

trenail [trənaj] m. Clavija, *f.* (de tire-fond).

trench–coat [trɛnʃkɔːt] m. Trinchera, *f.*

trentain m. Empate a treinta (à la pelote). ‖ Ecclés. Misas (*f. pl.*) gregorianas (série de trente messes pour un défunt).

trentaine f. Treintena, unos (*m. pl.*) treinta.

trente adj. num. et s. m. Treinta. ‖ — *Trente-et-quarante,* treinta y cuarenta (jeu). ‖ *Trente-et-un,* treinta y una (jeu). ‖ — *Tous les trente-six du mois,* de higos a brevas. ‖ — Fam. *Se mettre sur son trente et un,* estar vestido de punta en blanco.

Trente n. pr. Géogr. Trento.

trentenaire adj. Treintañal, que dura treinta años.

trentième [trɑ̃tjɛːm] adj. num. ord. Trigésimo, ma.
— M. et f. Treintavo, va. ‖ — M. La trigésima (*f.*) parte (fraction). ‖ .*Le trentième du mois,* el treinta del mes.

trentièmement adv. En trigésimo lugar.

tréou m. Mar. Treo, vela (*f.*) cuadrada.

trépan m. Méd. Trépano (instrument). ‖ Méd. Trepanación, *f.* (opération). ‖ Techn. Taladro, trépano (pour percer). | Perforadora, *f.,* trépano (outil de sondage).

trépanation f. Méd. Trepanación.

trépaner v. tr. Trepanar.

trépang [trepɑ̃] m. V. tripang.

trépas [trepɑ] m. Óbito, tránsito (vx). ‖ Fam. *Passer de vie à trépas,* pasar a mejor vida, morir.

trépassé, e adj. et s. Muerto, ta; difunto, ta; finado, da. ‖ *La fête des Trépassés,* el día de los Difuntos.

trépasser v. intr. Fallecer, morir.

trépidant, e adj. Trepidante.

trépidation f. Trepidación (des vitres, du sol). ‖ Agitación (des membres, des nerfs).

trépider v. intr. Trepidar.

trépied [trepje] m. Trébedes, *f. pl.* (ustensile de cuisine). ‖ Trípode (d'Apollon). ‖ Phot. Trípode.

trépignée f. Pop. Palizón, *m.,* zurra.

trépignement m. Pataleo.

trépigner v. intr. Patalear, patear.
— V. tr. Pisar, pisotear (fouler aux pieds).

trépointe f. Vira (de soulier).

tréponème m. Méd. Treponema.

très adv. Muy : *très vite,* muy pronto. ‖ Muy, ísimo, ma [suffixe] : *très vieux,* muy viejo, viejísimo ; *très agréable,* muy agradable, agradabilísimo. ‖ Fam. Mucho, cha : *j'ai très froid, très faim,* tengo mucho frío, mucha hambre. ‖ Fam. *Très grand,* grandísimo.
— Syn. *Fort,* sumamente. *Bien,* muy, bastante.

trésaille [trezɑːj] f. Tabla, travesaño, *m.* (de charrette).

trésaillé, e [-je] adj. Agrietado, da; resquebrajado, da (tableau, faïence).

trésaillure [-jyːr] f. Grieta, resquebrajadura (faïence).

trescheur [trɛʃœːr] ou **trécheur** [treʃœːr] m. Blas. Trechor.

très-haut [trɛo] m. Altísimo, Dios.

trésor m. Tesoro. ‖ *Trésor public,* tesoro, erario público.

trésorerie [trezɔrri] f. Tesorería. ‖ Ministerio (*m.*) de Hacienda (en Grande-Bretagne).

trésorier, ère m. et f. Tesorero, ra. ‖ — M. Mil. Cajero, pagador.

tressage m. Trenzado.

tressaillement [trɛsɑjmɑ̃] m. Estremecimiento, sobresalto.

tressailli [-ji] adj. m. *Nerf, tendon tressailli,* nervio, tendón salido de su sitio.

tressaillir* [-jiːr] v. intr. Estremecerse, vibrar (de joie, d'émotion).
— Syn. *Sursauter, tressauter,* sobresaltarse.

tressaut [trɛso] m. Sobresalto (sursaut).

tressauter v. intr. Sobresaltarse : *tressauter devant un danger,* sobresaltarse ante un peligro.

tresse f. Trenza. ‖ Soga (cordage).

tresser v. tr. Trenzar.

tresseur, euse m. et f. Trenzador, ra.

tréteau m. Caballete. ‖ — Pl. Tablado, *sing.,* tablas, *f.* ‖ Fig. *Monter sur les tréteaux,* pisar las tablas (devenir comédien).

treuil [trœːj] m. Torno de mano.

trêve f. Tregua : *faire trêve,* dar tregua. ‖ — *Trêve de Dieu,* Tregua de Dios. ‖ *Trêve de railleries, de compliments,* basta de bromas, de cumplidos. ‖ — *Ne pas donner de trêve,* no dar el menor descanso, no dar tregua.
— Syn. *Cessez-le-feu,* alto el fuego. *Suspension d'armes,* suspensión de armas. *Armistice,* armisticio.

Trèves n. pr. Géogr. Tréveris.

trévire f. Mar. Tiravira.

trévirer v. tr. Arriar con la tiravira.

tri m. Selección, *f.,* clasificación, *f.* (triage). ‖ *Bureau de tri* o *tri,* sala de batalla (à la Poste).

triacide m. Triácido.

triade f. Tríada.

triage m. Selección, *f.,* clasificación, *f.* (des charbons). ‖ Apartado, clasificación, *f.* (du courrier). ‖ Limpia, *f.,* expurgo (des grains). ‖ Baza (*f.*) extra (cartes). ‖ *Gare de triage,* estación de apartado *ou* de clasificación.

triangle m. Géom. Triángulo. ‖ Mar. Guindola, *f.* ‖ Mus. Triángulo.

triangulaire adj. Triangular : *pyramide triangulaire,* pirámide triangular ; *tournoi triangulaire,* torneo triangular.
— M. Anat. Triangular.

triangulateur m. Triangulador.

triangulation f. Triangulación.

trianguler v. tr. Triangular.

triaire m. Triario (soldat romain).

trias [triaːs] m. Géol. Triásico, trías (période).

triasique [-zik] adj. Géol. Triásico, ca.

triatomique adj. Triatómico, ca.

tribal, e adj. Tribal.

triballe f. Techn. Debó, *m.* (pour battre les peaux).

triballer v. tr. Suavizar con el debó (les peaux).

tribart [tribaːr] m. Tramojo, horca, *f.* (pour les porcs, les veaux, etc.). ‖ Trangallo (pour les chiens).

tribasique adj. Chim. Tribásico, ca.

tribo–électricité f. Electricidad estática por frotamiento.

tribomètre m. Phys. Tribómetro.

tribométrie f. Phys. Tribometría.

tribord [tribɔːr] m. Mar. Estribor.

tribordais m. Mar. Marinero de estribor.

triboulet [tribulɛ] m. Varilla (*f.*) de joyero para medir el diámetro de los anillos.

tribraque m. Poét. Tribraquio.

tribu f. Tribu.

tribulation f. Tribulación.

tribulus [tribylys] m. Tríbulo (plante).

tribun m. Tribuno : *tribun du peuple, militaire,* tribuno de la plebe, militar.

tribunal m. Tribunal : *tribunal de Dieu,* Tribunal de Dios ; *tribunal de la pénitence,* Tribunal de la penitencia ; *tribunal pour enfants,* tribunal de menores.
— Syn. *Cour,* sala. *Conseil,* consejo.

tribunat [tribyna] m. Tribunado.

tribune f. Tribuna. ‖ *Tribune sacrée,* púlpito.

tribunitien, enne adj. Tribunicio, cia.

tribut [triby] m. Tributo. ‖ Fig. Retribución, *f.,* pago (rétribution).

tributaire adj. Tributario, ria. ‖ Afluente, tributario, ria (cours d'eau).

tricalcique adj. Tricálcico, ca.

tricennal, e adj. Tricenal.

tricentenaire m. Tricentenario.

tricéphale adj. Tricéfalo, la ; tricípite.

triceps [trisεps] adj. et s. m. Tríceps (muscle).

tricératops m. Triceratops (fossile).

trichalcite [trikalsit] f. MIN. Tricalcita.

triche f. FAM. Trampa, fullería. ‖ À la triche, trampeando, haciendo trampas.

tricher v. tr. et intr. Hacer trampas ou fullerías, trampear : tricher au jeu, hacer trampas en el juego. ‖ Engañar (tromper). ‖ FIG. Tapar, disimular un defecto del mejor modo posible.

tricherie f. Fullería, trampa (au jeu) : gagner par tricherie, ganar con trampas. ‖ FIG. Trampa, ardid, m.

tricheur, euse m. et f. Tramposo, sa ; fullero, ra.

trichine [triʃin o trikin] f. Triquina.

trichineux, euse [-nø, ø:z] adj. Triquinoso, sa.

trichinose [-no:z] f. MÉD. Triquinosis.

trichite [trikit] f. MIN. Triquito, m.

trichocéphale [trikosefal] m. ZOOL. Tricocéfalo.

trichoma [trikoma] ou trichome [-ko:m] m. MÉD. Plica, f.

trichomonas [-mɔnas] m. Tricomonas (protozoaire).

trichophyton [-fitɔ̃] m. Tricófito (champignon).

trichrome adj. Tricromo, ma.

trichromie f. Tricromía.

trick ou tri m. Tresillo (jeu). ‖ Baza, f. (au bridge).

triclinium [triklinjɔm] m. Triclinio.

tricoises f. pl. Tenazas de herrador.

tricolore adj. Tricolor. ‖ Le drapeau tricolore, la bandera francesa.

tricorne adj. Tricorne, tricornio.
— M. Sombrero de tres picos, tricornio.

tricot [triko] m. Punto, tejido de punto : elle faisait du tricot, hacía punto. ‖ Prenda (f.) de punto. ‖ Jersey, chaleco de punto (pull-over). ‖ Género de punto (tissu). ‖ Tricot de corps, camiseta.

tricotage m. Punto de aguja, labor (f.) de punto.

tricoté, e adj. De punto : bas tricotés, medias de punto.

tricoter v. tr. et intr. Hacer punto : elle tricote toute la journée, hace punto todo el día. ‖ Hacer medias, tricotar. ‖ FAM. Dar una tunda. ‖ POP. Bailar (danser). ‖ Andar muy de prisa (marcher vite). ‖ — POP. Tricoter des jambes, irse uno que se las pela, correr mucho (courir). ‖ — Aiguille à tricoter, aguja de hacer punto. ‖ Machine à tricoter, máquina de tricotar, tricotosa.

tricoteur, euse m. et f. Persona que hace punto, calcetero, ra. ‖ — M. Telar de tejidos de punto.
‖ — F. Máquina de hacer punto, máquina de tricotar, tricotosa.

tricotoir m. Canutero.

Tricouni m. Clavo de los zapatos de alpinista.

trictrac m. Tablas (f. pl.) reales, chaquete (jeu).

tricuspide adj. Tricúspide.

tricycle m. Triciclo.

tridacne m. Tridacna, f. (mollusque).

tridactyle adj. Tridáctilo, la.

trident m. Tridente (sceptre de Neptune). ‖ Tridente, fisga, f. (pour pêcher). ‖ AGRIC. Azadón de tres dientes.

tridenté, e adj. Tridente.

tridimensionnel, elle adj. Tridimensional.

triduum [tridyɔm] m. Triduo.

trièdre adj. et s. m. GÉOM. Triedro, dra.

triennal, e adj. Trienal.

triennat [triεna] m. Trienio.

triennium [triεnjɔm] m. Trienio (de séminariste).

trier* v. tr. Escoger, separar, clasificar, seleccionar. ‖ Limpiar, expurgar (les grains). ‖ Desborrar, quitar la borra (la laine). ‖ Apartar (le minerai). ‖ Clasificar (le courrier). ‖ Trier sur le volet, escoger con cuidado.

triérarque m. Cómitre (d'un trirème).

trière ou trirème f. Trirreme, m. (galère ancienne)

trieur, euse m. et f. Escogedor, ra. ‖ — M. Clasificadora, f., seleccionador, separador (des grains, du charbon). ‖ — F. Máquina para limpiar la lana, desborradora.

trifacial adj. m. et s. m. Trigémino.

trifide adj. Trífido, da.

trifolié, e adj. BOT. Trifoliado, da.

triforium [trifɔrjɔm] m. ARCHIT. Triforio.

trifouiller [trifuje] v. tr. FAM. Revolver, hurgar, manosear.

trigémellaire adj. MÉD. Triple : grossesse trigémellaire, embarazo triple.

trigéminé, e adj. Trigémino, na.

trigle f. Trigla, trilla (poisson).

triglyphe m. ARCHIT. Triglifo.

trigone adj. Trígono, na ; triangular.

trigonelle f. BOT. Alholva, fenogreco, m.

trigonocéphale m. ZOOL. Trigonocéfalo.

trigonométrie f. Trigonometría : trigonométrie rectiligne, sphérique, trigonometría plana, esférica.

trigonométrique adj. Trigonométrico, ca.

trihebdomadaire adj. Trisemanal.

trijumeau adj. m. et s. m. ANAT. Trigémino (nerf).

trilatéral, e adj. Trilateral, trilátero, ra.

trilingue adj. Trilingüe.

trilitère ou trilittère adj. Trilítero, ra.

trille [tri:j] m. MUS. Trino.

triller v. intr. MUS. Hacer trinos, trinar.

trillion [triljɔ̃] m. Trillón.

trilobé, e adj. Trilobulado, da ; trebolado, da.

trilobites m. pl. ZOOL. Trilobites.

triloculaire adj. BOT. Trilocular.

trilogie f. Trilogía.

trilogique adj. Trilógico, ca.

trimard [trima:r] m. POP. Carretera, f., camino.

trimarder v. intr. Vagabundear.

trimardeur m. POP. Vagabundo.

trimbalage ou trimbalement m. FAM. Acarreo.

trimbaler v. tr. FAM. Acarrear, cargar con, llevar a cuestas.

trimer v. intr. POP. Ajetrearse, trajinar, andar sin descanso, matarse (se fatiguer). ‖ Pringar, currelar, apencar (travailler).

trimestre m. Trimestre.

trimestriel, elle adj. Trimestral.

trimestriellement adv. Trimestralmente, por trimestre.

triméthylamine f. CHIM. Trimetilamina.

trimètre adj. et s. m. Trímetro (vers).

trimorphe adj. Trimorfo, fa.

trimorphisme m. Trimorfismo.

trimoteur adj. m. et s. m. Trimotor (avion).

trinervé, e adj. BOT. Trinervado, da.

tringle f. Varilla, barra (des rideaux). ‖ Vástago, m. (tige). ‖ ARCHIT. Filete, m., moldura. ‖ — Tringle chemin de fer, riel (pour les rideaux). ‖ — POP. Se mettre la tringle, apretarse el cinturón.

tringlette f. Varilla. ‖ Tingle (outil des vitriers).

tringlot [trε̃glo] m. V. TRAINGLOT.

trinitaire adj. et f. Trinitario, ria.

trinité f. Trinidad. ‖ À Pâques ou à la Trinité, cuando las ranas crien pelos.

Trinité n. pr. f. GÉOGR. Trinidad.

trinitrotoluène m. Trinitrotolueno.

trinôme m. MATH. Trinomio.

trinquart [trε̃ka:r] m. Barco de pesca [de arenques].

trinqueballe [trɛ̃kbal] m. V. TRIQUEBALLE.
trinquer v. intr. Brindar (choquer les verres). ‖
FAM. Beber, trincar (boire). ‖ POP. Pagar el pato.
trinquet [trɛ̃kɛ] m. MAR. Trinquete (mât).
trinquette f. MAR. Trinquetilla.
trinqueur m. FAM. Bebedor.
trio m. MUS. Terceto, trío (composition et musiciens). ‖ Trío (réunion de trois personnes ou
choses). ‖ TECHN. Laminador de tres cilindros.
triode adj. RAD. Tríodo, da.
— F. Tríodo, m.
triolet [triɔlɛ] m. MUS. Tresillo. ‖ Letrilla, f.
(composition poétique). ‖ BOT. Trébol (trèfle).
triomphal, e adj. Triunfal.
triomphalisme m. Triunfalismo.
triomphaliste adj. et s. Triunfalista.
triomphant, e adj. Triunfante.
triomphateur, trice adj. et s. Triunfador, ra.
triomphe m. Triunfo. ‖ Acto de fin de curso (à
l'école de Saint-Cyr). ‖ *Porter en triomphe,* aclamar triunfalmente, llevar a *ou* en hombros.
triompher v. intr. Triunfar. ‖ Sobresalir, distinguirse (exceller). ‖ Hacer alarde, vanagloriarse
(tirer vanité de). ‖ *Triompher de,* triunfar sobre.
trionyx m. Trionyx (tortue).
trioxyde m. CHIM. Trióxido.
tripaille [tripα:j] f. Mondongo, m., tripas, pl.
tripale adj. De tres palas (hélice).
tripang [tripα̃] ou **trépang** m. ZOOL. Tripang,
trepang (holothurie comestible).
triparti, e ou **tripartite** adj. Tripartito, ta.
tripartisme m. Tripartismo, asociación (f.) de
tres partidos.
tripartition f. Tripartición.
tripatouillage [tripatuja:ʒ] m. FAM. Retoque
burdo (d'une œuvre littéraire). ‖ Manoseo.
tripatouiller [-je] v. tr. FAM. Retocar burda-
mente (une œuvre littéraire). ‖ Manosear.
tripe f. Tripa, mondongo, m. (boyau). ‖ FAM. Tripa
(de l'homme). ‖ Tripa (d'un cigare). ‖ — Pl.
Callos, m., tripicallos (mets) : *tripes à la mode
de Caen,* especie de callos a la madrileña. ‖ —
Œufs à la tripe, huevos duros en salsa de cebollas. ‖ FAM. *Rendre tripes et boyaux,* echar las
tripas.
tripe-madame f. V. TRIQUE-MADAME.
triperie f. Casquería, tripería, mondonguería.
tripétale adj. BOT. Tripétalo, la.
tripette f. Tripilla, tripa pequeña. ‖ FIG. et POP.
Cela ne vaut pas tripette, eso no vale un comino
ou un pito.
triphasé, e adj. Trifásico, ca (courant).
triphénylméthane m. CHIM. Trifenilmetano.
triphtongue f. GRAMM. Triptongo, m.
tripier, ère m. et f. Casquero, ra ; tripero, ra ;
mondonguero, ra.
triplace adj. Triplaza, de tres plazas *ou* asientos.
triplan m. Triplano (avion).
triple adj. et s. m. Triple. ‖ — MUS. *Triple croche,*
fusa. ‖ *Triple saut,* triple salto. ‖ — *En triple
exemplaire,* por triplicado.
triplement m. Triplicación, f.
triplement adv. Triplemente, tres veces más.
tripler v. tr. Triplicar.
— V. intr. Triplicarse.
triplés, ées m. et f. pl. Trillizos, zas.
triplet [triplɛ] m. Triplete, objetivo de tres lentes.
triplette f. Bicicleta de tres plazas.
Triplex m. (nom déposé). Triplex (verre, acier).
triplicata m. inv. Triplicado, copia (f.) por triplicado.
triplure f. Entretela (étoffe).
tripode adj. MAR. Trípode (mât).
tripodie f. Verso (m.) de tres pies.
tripoli m. Trípoli (roche).
tripolitain, e adj. et s. Tripolitano, na.

Tripolitaine n. pr. f. GÉOGR. Tripolitania.
triporteur m. Triciclo de reparto, carrillo. ‖
Motocarro (avec moteur).
tripot [tripo] m. Garito, timba, f. (maison de
jeu). ‖ FIG. Garito, antro (maison mal fré-
quentée).
tripotage m. FAM. Manoseo, toqueteo, sobadura, f.
‖ Chanchullo, tejemaneje (opération malhonnête).
tripotée f. POP. Paliza, soba (rossée). ‖ Montón,
m., pila, caterva (tas).
tripoter v. tr. FAM. Manosear, sobar : *tripoter un
tissu,* manosear una tela. ‖ Toquetear, manosear
(un mécanisme).
— V. intr. Trapichear, hacer chanchullos, hacer
negocios sucios (spéculer).
tripoteur, euse m. et f. FAM. Sobón, ona ; manoseador, ra. ‖ FIG. Persona que hace negocios
sucios, chanchullero, ra ; especulador, ra.
triptyque m. Tríptico.
trique f. FAM. Garrote, m., tranca, estaca. ‖
Coup de trique, garrotazo, palo.
triqueballe ou **trinqueballe** f. Carromato, m.,
carreta. ‖ MIL. Furgón (m.) de artillería.
trique-madame ou **tripe-madame** f. BOT. Telefio, m.
triquer v. tr. Apalear, dar palos.
triquet [trikɛ] m. Pala, f. (pour jouer à la
paume). ‖ Andamio (échafaudage). ‖ Escalera
(f.) doble (échelle).
trirectangle adj. m. GÉOM. Trirrectángulo.
trirègne m. Tiara (f.) del Papa.
trirème f. Trirreme, m.
trisagion m. Trisagio.
trisaïeul, e [trizajœl] m. et f. Tatarabuelo, la.
trisannuel, elle adj. Trienal.
trisecteur, trice adj. GÉOM. Trisector, triz.
trisection f. GÉOM. Trisección.
triséquer* v. tr. Trisecar, dividir en tres partes.
trismus ou **trisme** [trismys] ou [trism] m.
MÉD. Trismo, contracción (f.) tetánica.
trisoc [trisɔk] m. Arado de tres rejas.
trisser v. tr. Hacer repetir por tercera vez.
— V. intr. Chirriar, gritar (hirondelle).
— V. pr. POP. Pirárselas, largarse (s'en aller).
triste adj. Triste : *un souvenir triste,* un recuerdo
triste. ‖ *Triste comme un lendemain sans fête,*
más triste que un entierro de tercera, más triste
que un velatorio. ‖ *Une triste réputation,* una
reputación infame. ‖ *Un triste individu,* un sinvergüenza. ‖ *Un triste repas,* una comida floja. ‖
— *Faire triste figure* o *mine à,* poner mala cara a.
— OBSERV. *Triste* tiene en francés un sentido diferente
según va colocado antes o después del nombre : *un
repas triste,* una comida triste ; *un triste repas,* una
comida floja ; *une femme triste,* una mujer triste ; *une
triste femme,* una mujer despreciable.
— SYN. *Morne,* triste, sombrío. *Sombre,* sombrío, lúgubre. *Funèbre,* fúnebre. *Sinistre,* siniestro.
tristesse f. Tristeza.
trisyllabe adj. et s. m. GRAMM. Trisílabo, ba.
trisyllabique adj. Trisilábico, ca.
tritium [trisjɔm] m. CHIM. Tritio.
triton m. ZOOL. et MYTH. Tritón. ‖ MUS. Trítono.
triturable adj. Triturable.
triturateur m. Triturador.
trituration f. Trituración.
triturer v. tr. Triturar.
triumvir m. Triunviro.
triumviral, e adj. Triunviral.
triumvirat [triɔmvira] m. Triunvirato.
trivalent, e adj. et s. m. CHIM. Trivalente.
trivelin m. (Vx). Bufón, payaso.
trivial, e adj. Grosero, ra ; malsonante (expression, mot). ‖ (Vx). Trivial.
— OBSERV. Les mots espagnols *trivial* et *trivialidad*
n'ont que le sens de « banal » et « banalité », qu'ils ont
perdu en français.

trivialité f. Grosería. ‖ (Vx). Trivialidad.
trivium [trivjɔm] m. Trivio, trivium.
troc m. Trueque, permuta, ƒ. ‖ *Troc pour troc*, pelo a pelo.
trocart [trɔka:r] m. MÉD. Trocar.
trochaïque [trɔkaik] adj. et s. m. POÉT. Trocaico, ca.
trochanter [trɔkãter] m. ANAT. Trocánter.
trochantérien, enne [-terjɛ̃, jɛn] adj. Del trocánter.
troche f. Ristra, manojo, *m.*
trochée m. Troqueo (poésie). ‖ — F. Retoño, *m.* (d'un arbre).
trochet [trɔʃɛ] m. Racimo.
trochilidés [trɔkilide] m. pl. ZOOL. Troquílidos.
trochisque [trɔʃisk] m. Trocisco.
trochiter [trɔkitɛ:r] m. Troquiter (de l'humérus).
trochlée [trɔkle] f. ANAT. Tróclea.
trochure f. Cuarta asta del ciervo.
troène m. Alheña, ƒ. (arbuste).
troglodyte m. Troglodita.
troglodytique adj. Troglodítico, ca.
trogne f. Cara coloradota (visage enluminé).
trognon m. Troncho (d'un légume). ‖ Corazón (d'un fruit). ‖ POP. Cara, ƒ., jeta, ƒ. (visage). ‖ POP. *Ils m'auront jusqu'au trognon*, me sacarán hasta la médula.
Troie [trwa] n. pr. HIST. Troya.
troïka f. Troica.
trois [trwa] adj. num. et s. m. Tres. ‖ Tercero, ra : *Henri III* (troisième), Enrique III [tercero]. ‖ — *Le trois janvier*, el tres de enero. ‖ *Les trois quarts du temps*, la mayoría de las veces. ‖ MATH. *Règle de trois*, regla de tres. ‖ — *En formation par trois o trois par trois*, en formación de a tres (avions). ‖ *En trois exemplaires*, por triplicado, en ejemplar triplicado.
trois-deux m. MUS. Compás de tres por dos (mesure).
trois-huit m. MUS. Compás de tres por ocho.
troisième adj. num. ord. et s. Tercero, ra. ‖ — F. Cuarto (*m.*) curso del Bachillerato francés.
— OBSERV. On emploie *tercer* avant un s. m. : *le troisième jour*, el tercer día.
troisièmement adv. En tercer lugar, tercero.
trois-mâts [trwamɑ] m. MAR. Buque de tres palos.
trois-pieds [-pje] m. Trébedes, ƒ. pl. ‖ Trípode.
trois-points [-pwɛ̃] adj. inv. et s. m. inv. FAM. Franc-masón, masón.
trois-ponts [-pɔ̃] m. inv. Navío de tres puentes.
trois-quarts [-ka :r] m. inv. Berlina (ƒ.) grande (coupé). ‖ Violín pequeño (violon). ‖ Tres cuartos (vêtements). ‖ Tres cuartos (rugby).
trois-quatre m. inv. MUS. Compás de tres por cuatro.
trois-six [trwasis] m. Alcohol de 85 grados.
troll m. Gnomo, geniecillo (scandinave).
trolley [trɔlɛ] m. Trole : *tramway à trolley*, tranvía con trole. ‖ Vagoneta (ƒ.) que se desliza por un cable.
trolleybus [-bys] m. Trolebús.
trombe f. Tromba, manga (colonne d'eau). ‖ *En trombe*, en tromba.
trombidion m. Trombidio (acarien).
trombidiose f. MÉD. Trombidiosis.
trombine f. POP. Jeta, cara (visage).
tromblon m. Trabuco naranjero (espingole). ‖ Bocacha, ƒ. (de fusil lance-grenades).
trombone m. MUS. Trombón. | Trombón, caño de lengüeta (orgue). ‖ Clip (agrafe). ‖ — *Trombone à coulisse*, trombón de varas, sacabuche. ‖ *Trombone à pistons*, trombón de llaves.
tromboniste m. Trombón (musicien).

trommel m. Criba (ƒ.) giratoria para clasificar los minerales, tromel.
trompe f. Trompa. ‖ Bocina (d'une auto). ‖ ARCHIT. Trompa. ‖ ANAT. *Trompe d'Eustache*, trompa de Eustaquio.
trompé, e adj. Engañado, da.
trompe-la-mort m. et f. inv. FAM. Persona que sale bien de todas las enfermedades.
trompe-l'œil [trɔ̃plœj] m. inv. Engañifa, ƒ., apariencia (ƒ.) engañosa. ‖ Efecto (beaux-arts).
tromper v. tr. ● Engañar : *tromper un client*, engañar a un cliente. ‖ Burlar (se soustraire à) : *tromper la vigilance*, burlar la vigilancia. ‖ Ser infiel a, engañar a (son mari, sa femme). ‖ Matar : *tromper le temps, la faim*, matar el tiempo, el hambre.
— V. pr. ◆ Equivocarse (faire erreur). ‖ Equivocarse, engañarse (s'abuser). ‖ — *Se tromper de peu*, equivocarse por muy poco. ‖ *Si je ne me trompe*, si no me equivoco.
— SYN. ● *Donner le change*, engañar. *Abuser*, abusar de. *Attraper*, engañar. *Enjôler*, engatusar. *Décevoir*, desengañar. *Frustrer*, defraudar, frustrar. *Leurrer*, embaucar. *Bluffer*, blufar. *Frauder*, defraudar. *Duper*, embaucar. *Trahir*, traicionar. *Tricher*, trampear, hacer trampas. *Surprendre*, sorprender, engañar. *Fam. Empaumer, embobiner, embobeliner*, liar, embaucar. *Monter le coup, monter un bateau*, pegársela a uno. *Blouser*, engañar. *Rouler*, pegarlá, dársela. *Pop. Carotter*, timar. *Refaire*, dar gato por liebre.
— ◆ *S'abuser*, engañarse, equivocarse. *Se méprendre*, equivocarse, confundirse. *Errer*, errar. *Faillir*, faltar, fallar. *Aberrer*, aberrar, equivocarse. *Se ficher dedans*, colarse. *Pop. Se gourer*, colarse, columpiarse.
tromperie f. Engaño, *m.*, engañifa.
— SYN. *Fourberie*, engaño, trapacería. *Supercherie*, superchería.
trompeter* v. intr. Tocar la trompeta, trompetear (jouer la trompette). ‖ Chillar (en parlant de l'aigle, le cygne, la grue).
— V. tr. FAM. Cacarear, pregonar (une nouvelle).
trompeteur m. Trompetero (qui sonne de la trompette). ‖ Buccinador (muscle).
trompette f. ● Trompeta (instrument musical). FAM. Cara (visage). ‖ — M. Trompeta (musicien). ‖ — *Trompette à clefs*, corneta de llaves. ‖ *Trompette marine*, trompa marina. ‖ — *Nez en trompette*, nariz respingona. ‖ FIG. et FAM. *Sans tambour ni trompette*, sin ruido, sin bombo ni platillos.
— SYN. ● *Clairon*, clarín. *Trompe*, trompa.
trompettiste m. Trompeta.
trompeur, euse adj. et s. Engañoso, sa ; engañador, ra. ‖ — M. y f. Embustero, ra.
— SYN. *Fallacieux*, falaz. *Insidieux*, insidioso. *Captieux*, capcioso. *Menteur*, mentiroso, embustero. *Mensonger*, engañoso.
trompillon [trɔ̃pijɔ̃] m. ARCHIT. Trompillón.
tronc [trɔ̃] m. Tronco (arbre, homme, colonne, famille). ‖ Cepillo (dans une église). ‖ — *Tronc de cône*, cono truncado. ‖ *Tronc de pyramide*, pirámide truncada.
troncature f. Truncamiento, *m.*
tronche ou **tronce** f. Leño, *m.*, tronco, *m.* ‖ POP. Cabezota (tête), jeta (visage).
tronchet [trɔ̃ʃɛ] m. Tajo.
tronçon m. Trozo. ‖ Maslo (de queue de cheval). ‖ Ramal, tramo (de chemin de fer, de route).
tronconique adj. Troncónico, ca ; en forma de cono truncado.
tronçonnage m. División en trozos.
tronçonner v. tr. Hacer trozos, cortar en trozos, trocear. ‖ Tronzar (le bois).
tronçonneuse f. Máquina de tronzar, tronzador, *m.*
trône m. Trono : *monter sur le trône*, subir al trono. ‖ Silla, ƒ. (des évêques). ‖ FAM. Orinal (vase de nuit). ‖ — Pl. Tronos (chœur des anges).

trôner v. intr. FIG. Darse importancia, pavonearse (faire l'important). | Dominar, reinar (occuper la première place).
— OBSERV. *Tronar* en espagnol signifie *tonner*.

trônière f. Tronera (pour les canons).

tronqué, e adj. Truncado, da.

tronquer v. tr. Truncar (un texte, une colonne). ‖ ‖ Mutilar (une statue).

trop adv. Demasiado : *trop manger*, comer demasiado. ‖ Muy : *vous êtes trop gentil*, es usted muy amable. ‖ — *De trop* o *en trop*, de sobra, de más : *être de trop*, estar de sobra. ‖ *Ni trop ni trop peu*, ni tanto ni tan calvo. ‖ FAM. *Par trop*, demasiado. ‖ *Pas trop*, no mucho. ‖ *Trop de*, demasiado, da. ‖ — *C'en est trop*, ya es demasiado, eso pasa de la raya. ‖ *Ne pas avoir trop de*, no tener demasiado, no estar sobrado de. ‖ *Si ce n'est pas trop demander*, si no es molestia, si no es abuso.
— M. Exceso, demasía, *f.*

trope m. Tropo (rhétorique).

tropéolées f. pl. BOT. Tropeoleas.

trophée m. Trofeo.

trophique adj. Trófico, ca.

tropical, e adj. Tropical.

tropicalisation f. Tropicalización.

tropicalisé, e adj. Tropicalizado, da.

tropique adj. et s. m. Trópico, ca.

tropisme m. Tropismo.

tropologie f. Tropología.

tropologique adj. Tropológico, ca.

tropopause f. Tropopausa.

troposphère f. Troposfera.

trop-perçu m. Lo cobrado de más, el cobro indebido.

trop-plein m. Exceso, sobrante (d'un récipient). ‖ Rebosadero, desagüe (système d'écoulement). ‖ AUTOM. Tubo de desagüe.
— OBSERV. Pl. *Trop-pleins.*

troque m. Caracola, *f.* (mollusque).

troquer v. tr. Trocar : *troquer une chose contre une autre*, trocar una cosa por otra.

troqueur, euse m. et f. FAM. Cambalachero, ra (qui aime à faire des échanges).

trot [tro] m. Trote (allure du cheval). ‖ — *Trot allongé* o *grand trot*, trote largo. ‖ *Trot assis*, trote a la española *ou* sentado. ‖ *Trot enlevé*, trote a la inglesa. ‖ *Trot raccourci* o *petit trot*, trote corto. ‖ — *Au trot*, al trote, de prisa, vivamente.

trotte f. FAM. Trecho, *m.*, tirada, caminata (distance). ‖ *Tout d'une trotte*, de un tirón.

trotte-menu adj. Que lleva un trote menudo. ‖ *La gent trotte-menu*, la raza ratonil.

trotter v. intr. Trotar, ir al trote. ‖ FAM. Corretear, callejear. ‖ *Trotter par* o *dans la cervelle de quelqu'un*, dar vueltas en la cabeza de uno, preocuparle.
— V. pr. POP. Largarse (se sauver).

trotteur, euse adj. et s. Trotón, ona ; trotador, ra (cheval). ‖ Persona que anda rápido. ‖ — F. Segundero, *m.* (aiguille d'une montre).

trottinement m. Trotecillo.

trottiner v. intr. Trotar corto (un cheval). ‖ Andar a paso cortito y muy de prisa, corretear.

trottinette f. Patineta (patinette).

trottoir m. Acera, *f.* (de rue). ‖ Andén (dans une gare). ‖ — *Trottoir cyclable*, pista para ciclistas. ‖ *Trottoir roulant*, plataforma móvil. ‖ — *Faire le trottoir*, hacer la carrera, dedicarse a la prostitución callejera.

trou m. ● Agujero, orificio, boquete (fam.). ‖ Hoyo (cavité faite dans le sol). ‖ Bache (route). ‖ Agujero, roto, tomate [fam.] (aux chaussettes). ‖ Madriguera, *f.* (des animaux), ratonera (de souris). ‖ Ojo (de la serrure). ‖ Piquera, *f.* (de la

fonte), bigotera, *f.* (du laitier). ‖ Picadura, *f.* (de variole). ‖ FIG. et FAM. Rincón, poblacho, villorrio (petite localité). | Fallo, bache (de la mémoire). ‖ POP. Chirona, *f.* (prison). ‖ THÉÂTR. Concha (du souffleur). ‖ — AVIAT. *Trou d'air*, bache (dépression), chimenea (de parachute). ‖ TECHN. *Trou de coulée*, piquera, colada (hauts fourneaux). ‖ MAR. *Trou d'écoute*, escotera. ‖ *Trou de loup*, pozo de lobo (fortification). ‖ *Trou d'obus*, embudo de granada. ‖ — FAM. *Boire comme un trou*, beber como una cuba. ‖ *Boucher un trou*, tapar un agujero, pagar una deuda. ‖ FIG. et FAM. *Faire un trou à la lune*, irse sin pagar. ‖ FIG. *Faire son trou*, hacerse un hueco, colocarse bien, establecerse.
— SYN. ● *Vide*, vacío. *Ouverture*, abertura. *Orifice*, orificio. *Trouée*, boquete, brecha (mil.). *Percée*, paso. *Brèche*, brecha. *Creux*, hueco. *Enfoncement*, hundimiento.

troubadour m. ● Trovador.
— Adj. Trovadoresco, ca.
— SYN. ● *Trouvère*, trovador. *Jongleur*, juglar. *Ménestrel*, ministril. *Félibre*, felibre.

troublant, e adj. Turbador, ra. ‖ FIG. Inquietante, sorprendente.

trouble m. Disturbio, desorden, desconcierto (agitation tumultueuse). ‖ Desavenencia, *f.*, disensión, *f.* (désunion). ‖ Turbación, *f.*, confusión, *f.*, rubor. ‖ — Pl. Disturbios, revueltas, *f.* (soulèvement populaire). ‖ Trastornos : *des troubles mentaux*, trastornos mentales.

trouble f. V. TRUBLE.

trouble adj. Turbio, bia. ‖ Confuso, sa ; empañado, da (pas clair). ‖ Movido, da ; desenfocado, da (photo). ‖ FIG. *Pêcher en eau trouble*, pescar en río revuelto.
— Adv. Confusamente, poco claro : *voir trouble*, ver poco claro.

troublé, e adj. Turbado, da.

trouble-fête m. et f. inv. Aguafiestas.

troubler v. tr. Enturbiar (rendre trouble). ‖ Turbar, agitar, revolver (agiter). ‖ ● Perturbar, impresionar (inquiéter, intimider). ‖ ● Perturbar, trastornar (causer du désordre). ‖ Desunir, sembrar la discordia (causer la mésintelligence). ‖ Trastornar, turbar : *troubler la raison*, trastornar la razón. ‖ Aguar, turbar (une fête).
— V. pr. Enturbiarse, ponerse turbio. ‖ Cubrirse de nubes, entoldarse (le ciel). ‖ FIG. Turbarse, perder la serenidad, embrollarse (s'embarrasser).
— SYN. ● *Perturber*, perturbar. *Dérégler*, descomponer, desarreglar. *Détraquer*, trastornar. *Désorganiser*, desorganizar. *Déranger*, desordenar.

trouée f. Portillo, *m.*, abertura, boquete, *m.* (dans une haie). ‖ Boquete, *m.*, tala (dans un bois). ‖ MIL. Brecha, ruptura (du front). ‖ *Faire une trouée*, abrirse paso.

trouer v. tr. Agujerear, horadar. ‖ MIL. Abrir una brecha *ou* paso.

troufion m. POP. Sorche, guripa (soldat).

trouillard, e [truja:r, ard] adj. et s. POP. Miedoso, sa ; cagueta.

trouille [tru:j] f. POP. Canguelo, *m.*, jindama, mieditis (peur).

trou-madame m. Boliche (jeu).

troupe f. ● Tropa (de soldats) : *troupes aéroportées*, tropas aerotransportadas. ‖ Cuadrilla, banda, tropel, *m.* (réunion de gens). ‖ Bandada (d'oiseaux). ‖ Compañía (de théâtre). ‖ — *Troupe de choc*, fuerzas de choque, de asalto. ‖ *Troupe de ligne*, tropa de línea. ‖ *Troupe d'élite*, tropas escogidas. ‖ — *Homme de troupe*, clase de tropa. ‖ — *En troupe*, en grupo, en tropel (personnes), en manada (animaux).
— SYN. ● *Compagnie*, compañía. *Bande*, banda, bandada. *Caravane*, caravana. *Armée*, ejército. *Régiment*, regimiento. *Bataillon*, batallón. *Légion*, legión. *Milice*,

milicia. *Phalange,* falange. *Horde,* horda. *Gang,* gang. *Cohorte,* cohorte.

troupeau m. Rebaño, manada, *f.* (d'animaux). ‖ Piara (de porcs). ‖ FIG. Rebaño, grey, *f.,* feligreses, *pl.* (d'un diocèse, d'une paroisse). ‖ Hato, multitud, *f.*

troupiale m. Trupial, turpial (oiseau).

troupier m. FAM. Soldado. ‖ — *Vieux troupier,* veterano. ‖ — *Fumer comme un troupier,* fumar como una chimenea.

troussage m. CULIN. Atado de un ave.

trousse f. Estuche, *m.,* maletín, *m.* (de chirurgien, de vétérinaire, etc.). ‖ Estuche, *m.* (de dessin). ‖ — Pl. Trusas, gregüescos, *m.* (des pages). ‖ — *Courir comme s'il avait le diable à ses trousses,* ir como alma que lleva el diablo. ‖ *Être aux trousses de quelqu'un,* ir pisando los talones a alguien.

troussé, e adj. Hecho, cha; arreglado, da; dispuesto, ta (préparé) : *troussé à la diable,* hecho a la diabla, muy mal arreglado. ‖ — FAM. *Compliment bien troussé,* cumplido hecho con gracia. ‖ *Un gaillard bien troussé,* un mocetón bien plantado.

trousseau m. Manojo : *trousseau de clefs,* manojo de llaves. ‖ Ajuar, equipo, ropa, *f.* (d'une fiancée, d'un collégien, etc.). ‖ Canastilla, *f.* (d'un nouveau-né).

trousse-galant m. inv. MÉD. Cólera morbo (choléra-morbus).

trousse-pied [truspje] m. inv. Traba (*f.*) para los caballos.

trousse-queue m. inv. Baticola, *f.* (de cheval).

troussequin [truskɛ̃] m. Borrén trasero (d'une selle). ‖ TECHN. Gramil (outil).

trousser v. tr. Arremangar, levantar, recoger (les vêtements). ‖ Remangar, arremangar (les manches). ‖ — *Trousser un compliment,* expresar bien un cumplido. ‖ *Trousser une affaire,* despachar rápidamente un negocio. ‖ *Trousser une volaille,* atar un ave para asarla.
— V. pr. Remangarse, arremangarse, recogerse.

troussis [trusi] m. Alforza, *f.* (pli).

trou-trou m. Pasacintas (ornement de lingerie).

trouvable adj. Que se puede hallar *ou* encontrar.

trouvaille f. Hallazgo, *m.,* descubrimiento, *m.* (découverte). ‖ Acierto, *m.* : *le titre de ce livre est une trouvaille,* el título de este libro es un acierto.

trouvé, e adj. Encontrado, da; hallado, da. ‖ Feliz, oportuno, na; acertado, da : *expression trouvée,* expresión feliz. ‖ — *Bureau des objets trouvés,* oficina de objetos perdidos. ‖ *Enfant trouvé,* niño expósito. ‖ *Tout trouvé,* fácil, lógico, natural (qui s'offre naturellement).

trouver v. tr. ● Encontrar, hallar, dar con : *trouver un appartement,* encontrar un piso. ‖ Sorprender, coger : *trouver en faute,* coger en falta. ‖ FIG. Descubrir, inventar : *trouver un procédé,* descubrir un procedimiento. ‖ Sentir, experimentar : *trouver du plaisir,* sentir placer. ‖ Ver, encontrar : *je vous trouve bonne mine,* le encuentro a usted buena cara. ‖ Acertar (deviner). ‖ — *Trouver à qui parler,* encontrar con quien hablar. ‖ *Trouver à redire,* tener algo que decir, poner peros, criticar. ‖ *Trouver bon, mauvais,* encontrar bien, mal. ‖ *Trouver chaussure à son pied,* encontrar la horma de su zapato. ‖ *Trouver grâce aux yeux de,* caer en gracia. ‖ *Trouver la mort,* encontrar la muerte, resultar muerto. ‖ *Trouver le temps long,* hacérsele a uno el tiempo muy largo. ‖ *Trouver quelqu'un sur son chemin,* tropezarse con alguien. ‖ — *Aller o venir trouver quelqu'un,* ir a ver a alguien. ‖ *Je le trouve sympathique,* me cae simpático. ‖ *La trouver mauvaise,* hacerle a uno poca gracia, parecerle

mal a uno una cosa. ‖ *Ne pas pouvoir trouver le sommeil,* no poder conciliar el sueño. ‖ *Ne trouver rien de mieux que,* no ocurrírsele a uno otra cosa que.
— V. pr. Encontrarse, hallarse : *je me trouve à Paris depuis un an,* me encuentro en París desde hace un año. ‖ Sentirse, encontrarse : *le malade se trouve mieux,* el enfermo se encuentra mejor. ‖ — *Se trouver bien, mal,* encontrarse bien, mal. ‖ *Se trouver nez à nez avec quelqu'un,* toparse *ou* tropezarse con alguien.
— V. impers. *Il se trouve que,* sucede que, ocurre que, resulta que.
— SYN. ● *Découvrir,* descubrir. *Rencontrer,* encontrar, topar con. Fam. *Dénicher,* descubrir. *Pêcher,* pescar.

trouvère m. Trovero.

trouveur, euse m. et f. Descubridor, persona que encuentra un objeto perdido.

troyen, enne [trwajɛ̃, jɛn] adj. et s. Troyano, na.

truand, e [tryɑ̃, ɑ̃:d] m. et f. Truhán, ana; pícaro, ra.

truanderie [-dri] f. Truhanería, hampa.

truble ou **trouble** f. Buitrón, *m.,* manga (pour la pêche).

trublion m. Perturbador, agitador (qui sème le trouble).

truc [tryk] m. Habilidad, *f.,* maña, *f.* (adresse). ‖ Máquina, *f.* (théâtre). ‖ Truco, suerte, *f.* (tour de main). ‖ Cosa, *f.* : *tu fais toujours des trucs bizarres,* siempre haces cosas extrañas. ‖ Tranquillo : *trouver le truc,* dar con el tranquillo. ‖ Mecanismo, sistema, añagaza (moyen), mengano (personne). ‖ FAM. Chisme, cosa, *f.,* cacharro, chirimbolo (objet dont on ne se rappelle pas le nom).

truc ou **truck** [tryk] m. Batea, *f.* (wagon en plate-forme).

trucage ou **truquage** m. Falsificación, *f.* [de objetos antiguos]. ‖ Fullería, *f.,* trampa, *f.* (cartes). ‖ CINÉM. Efectos especiales, trucaje. ‖ *Sans trucage,* sin trampa ni cartón.

truchement m. Intérprete, intermediario. ‖ (Vx). Trujamán, truchimán. ‖ *Par le truchement de,* por intermedio de, mediante, por mediación de, a través de.

trucider v. tr. FAM. Cargarse, trucidar (vx) [tuer].

truculence f. Truculencia.

truculent, e adj. Truculento, ta.

trudgeon [trœdʒən] m. Trudgeon, tijera, *f.* (natation).

truelle f. TECHN. Llana, palustre, *m.,* trulla (outil de maçon). ‖ Pala, paleta (pour servir le poisson).

truellée f. Pellada, paletada (de mortier).

truffage m. CULIN. Trufado.

truffe f. Trufa (champignon). ‖ POP. Napias, *pl.* (nez). ‖ Percebe, zoquete (niais).

truffé, e adj. Trufado, da.

truffer v. tr. Trufar (garnir de truffes). ‖ FIG. Rellenar, atiborrar.

truffier, ère adj. Que produce trufas. ‖ Referente a las trufas.

truffière f. Trufera (terrain à truffes).

truie [trɥi] f. Cerda, marrana (femelle du porc).

truisme m. Truismo, perogrullada, *f.*

truite f. Trucha (poisson). ‖ *Truite saumonée,* trucha asalmonada.

truité, e adj. Atruchado, da (fer). ‖ Agrietada (poterie). ‖ Salpicado, da; manchado, da; moteado, da (tacheté).

trumeau m. Entreventana, *f.,* entrepaño (mur entre deux fenêtres). ‖ Tremó, tremol (glace). ‖ Pierna de vaca, jarrete.

truquage m. V. TRUCAGE.

truquer v. tr. Falsificar [objetos antiguos]. ‖ Falsear (les comptes). ‖ Amañar (préparer à l'avance).

— V. intr. Andarse con trucos, con tejemanejes, trapichear.

truqueur, euse m. et f. Falsificador, ra.

trusquin ou **troussequin** m. TECHN. Gramil.

trusquiner v. tr. TECHN. Trazar líneas con el gramil.

trust [trœst] m. Trust.

truste ou **trustis** f. Mesnada (chez les Francs).

truster [trœste] v. tr. Acaparar, monopolizar.

trusteur [-tœ:r] m. Organizador de un trust.

trypanosome m. MÉD. Tripanosoma.

trypanosomiase f. Tripanosomiasis (maladie).

trypsine f. BIOL. Tripsina.

tryptophane m. CHIM. Triptófano.

tsar [tsar] m. Zar (empereur de Russie).

tsarévitch m. Zarevitz.

tsarien, enne adj. Zariano, na; del zar.

tsarine f. Zarina (épouse du tsar).

tsarisme m. Zarismo.

tsariste adj. et s. Zarista.

tsé-tsé f. inv. Tse-tsé, mosca del sueño.

T. S. F., abreviatura de *Télégraphie* ou *téléphonie sans fils*, T. S. H. ‖ *Un poste de T. S. F.*, un aparato de radio.

tsigane [tsigan] m. et f. V. TZIGANE.

tsunami m. Maremoto en los mares de Extremo Oriente.

T. S. V. P., abreviatura de *tournez s'il vous plaît*, véase al dorso.

tu pron. pers. sing. de la 2e pers. Tú : *tu le connais, moi non*, tú le conoces, yo no. ‖ FAM. *Être à tu et à toi*, tutearse, tratarse de tú por tú.

— OBSERV. En général le pronom *tu* ne se traduit pas en espagnol, il est rendu par le verbe à la 2e personne du singulier (*tu viens?*, ¿vienes?), il n'est exprimé que lorsque l'on veut insister.

tuable adj. Que se puede matar.

tuage m. (P. us.). Matanza, *f.* (d'un animal). ‖ Matanza, *f.*, carnicería, *f.* (massacre).

tuant, e adj. FAM. Matador, ra; agotador, ra; que mata (pénible). ‖ Insoportable, intolerable, cargante (assommant).

tub [tyb] m. Bañera, *f.*, especie (*f.*) de barreño (baignoire). ‖ Baño (bain qu'on y prend).

tuba m. MUS. Tuba, *f.* (instrument). ‖ Tubo respiratorio (de plongeur).

tubage m. Entubado (médecine et travaux publics). ‖ MIN. et CHIM. Tubería (*f.*) de revestimiento. ‖ *Tubage de la trachée*, intubación.

tube m. ● Tubo. ‖ ANAT. Tubo : *le tube digestif*, el tubo digestivo. ‖ (P. us.). Cañón (d'une arme). ‖ Respirador (pêche sous-marine). ‖ FAM. Éxito (chanson). ‖ POP. Chistera, *f.*, sombrero de copa (chapeau). ‖ TECHN. Válvula, *f.* (radio). ‖ *Tube à essais*, tubo de ensayo. ‖ *Tube d'aspersion*, roseta. ‖ *Tube lance-fusées, lance-torpilles*, tubo lanzacohetes, lanzatorpedos. ‖ TECHN. *Tubes d'irradiation*, tubos de carga.

— SYN. ● *Tuyau*, tubo, cañería. *Conduit*, canal.

tuber v. tr. Entubar. ‖ Lavar en una bañera (dans un tub).

tubéracé, e adj. et s. f. BOT. Tuberáceo, a.

tubercule m. Tubérculo.

tuberculeux, euse adj. et s. Tuberculoso, sa.

tuberculination ou **tuberculinisation** f. Tuberculinación.

tuberculine f. MÉD. Tuberculina.

tuberculiniser v. tr. Tuberculinizar, practicar la tuberculización.

tuberculisation f. MÉD. Tuberculización.

tuberculiser v. tr. MÉD. Tuberculizar.

tuberculose f. MÉD. Tuberculosis.

tubéreux, euse adj. et s. Tuberoso, sa.

— F. BOT. Tuberosa (mot savant), nardo, *m.* (mot usuel).

tubériforme adj. Tuberiforme.

tubérisation f. Tuberización.

tubérisé, e adj. En tubérculo : *racine tubérisée*, raíz en tubérculo.

tubérosité f. Tuberosidad.

tubicole adj. Tubícola : *annélides tubicoles*, anélidos tubícolas.

tubipore m. ZOOL. Tubíporo.

tubiste adj. et s. m. Obrero que trabaja en campana neumática.

tubitèle ou **tubitélaire** adj. ZOOL. Tubítelo, la.

tubulaire adj. Tubular. ‖ *Chaudière tubulaire*, caldera tubular.

tubulé, e adj. Tubulado, da.

tubuleux, euse adj. Tubuloso, sa.

tubuliflore adj. BOT. De flores tubulares.

tubulure f. Abertura de frasco ou matraz. ‖ Tubería, conducto, *m.* (conduit). ‖ AUTOM. *Tubulure d'admission*, colector de admisión.

tudesque adj. et s. Tudesco, ca.

tudieu! interj. (Vx.). ¡Por vida de!, ¡vive Dios!

tué, e adj. et s. Muerto, ta.

tue-chien [tyʃjɛ̃] m. inv. Hierba (*f.*) mora.

tue-diable [-djabl] m. inv. Arte de pesca.

tue-mouche [-muʃ] m. inv. BOT. Falsa oronja.

— Adj. *Papier tue-mouches*, papel para matar moscas.

tuer v. tr. ● Matar. ‖ Sacrificar (boucherie). ‖ — *Tuer le temps*, matar el tiempo. ‖ *Tuer le ver*, matar el gusanillo. ‖ — *Être tué sur le coup*, morir en el acto.

— V. pr. Matarse. ‖ *Se tuer à*, matarse (suivi du gérondif).

— SYN. ● *Abattre*, matar. *Descendre*, cargarse. *Assommer*, acogotar, matar a palos. *Assassiner*, asesinar. *Supprimer*, suprimir, eliminar. *Massacrer, exterminer*, exterminar. *Décimer*, diezmar. *Empaler*, empalar. *Éventrer*, destripar, despanzurrar. *Électrocuter*, electrocutar. *Égorger*, degollar. *Empoisonner*, envenenar. *Étrangler*, estrangular. *Poignarder*, apuñalar. (*Vx*) *Occire*, matar. *Trucider*, trucidar. *Exécuter*, ejecutar. *Achever*, rematar, finiquitar. *Lyncher*, linchar. *Décapiter*, decapitar. *Guillotiner*, guillotinar. *Fusiller*, fusilar. *Passer par les armes*, pasar por las armas. *Lapider*, lapidar, apedrear. *Pendre*, ahorcar, colgar. *Tuer raide*, dejar en el sitio, dejar seco. *Couper la gorge o le cou*, degollar, cortar el pescuezo. *Trancher la gorge*, degollar. Fam. *Brûler la cervelle*, levantar la tapa de los sesos. *Casser la tête*, romper la crisma, desnucar. *Tordre le cou*, retorcer el pescuezo *Ratiboiser*, despachar. *Zigouiller*, apiolar, escabechar. *Estourbir*, despenar.

tuerie [tyri] f. Matanza, carnicería, degollina (massacre).

tue-tête (à) [atytɛ:t] loc. adv. A voz en grito, a grito pelado : *chanter à tue-tête*, cantar a voz en grito. ‖ *Crier à tue-tête*, desgañitarse gritando.

tueur, euse m. et f. Asesino, na (de personnes), pistolero (à gages), matador, ra (d'animaux).

— M. Matarife, jifero (dans les abattoirs).

tuf m. Toba, *f.* (pierre).

tuffeau ou **tufeau** m Toba, *f.* (tuf).

tufier, ère adj. Tobáceo, a.

tuile f. Teja. ‖ FIG. et FAM. Calamidad, follón, *m.*, contratiempo, *m.* ‖ — *Tuile cornière*, teja acanalada. ‖ *Tuile de croupe*, teja de copete. ‖ *Tuile faîtière*, teja cumbrera. ‖ *Tuile femelle*, teja de canalón. ‖ *Tuile mâle*, teja de caballete.

tuileau m. Tejotleta, *f.*, pedazo de teja.

tuilerie f. Tejar, *m.*, tejería.

Tuileries (LES), las Tullerías [jardín en París].

tuilette f. Tejuela, teja pequeña.

tuilier adj. et s. m. Tejero.

tularémie f. Tularemia (maladie).

tulipe f. Tulipán, *m.* (fleur). ‖ Tulipa (abat-jour).

tulipier m. Tulipero, tulipanero (arbre). ‖ Cultivador de tulipanes.

tulle m. Tul (tissu).

tullerie f. Fábrica de tul (fabrique). ‖ Comercio de tul (commerce).

tullier, ère adj. Del tul : *industrie tullière,* industria del tul.

tulliste m. et f. Fabricante *ou* vendedor de tul.

tuméfaction f. MÉD. Tumefacción, hinchazón (enflure).

tuméfié, e adj. Tumefacto, ta ; hinchado, da.

tuméfier v. tr. MÉD. Tumefacer (p. us.), producir tumefacción, hinchar.

tumescence [tymɛssɑ̃:s] f. Tumescencia.

tumescent, e [-sɑ̃, ɑ̃:t] adj. Tumescente, tumefacto, ta.

tumeur f. MÉD. Tumor, *m.*

— SYN. *Kyste,* quiste. *Fibrome,* fibroma. *Apostème,* apostema.

tumulaire adj. Tumulario, ria ; sepulcral.

tumulte m. Tumulto.

— SYN. *Pop. Barouf,* jollín. *Foin,* jaleo.

tumultuaire adj. Tumultuario, ria.

tumultueux, euse adj. Tumultuoso, sa.

tumulus [tymylys] m. Túmulo.

— OBSERV. Pl. *tumulus* o *tumuli.*

tungar [tœga:r] m. ÉLECTR. Tungar.

tungstate [tœgstat] m. CHIM. Tungstato.

tungstène [tœgstɛ:n] m. CHIM. Tungsteno, volframio.

tunicelle f. Tunicela.

tuniciers m. pl. ZOOL. Tunicados.

tunique f. Túnica. ‖ Dalmática (de sous-diacre). ‖ ANAT. et BOT. Túnica. ‖ MIL. Guerrera (vareuse d'uniforme).

tuniqué, e adj. Tunicado, da.

Tunis [tynis] n. pr. GÉOGR. Túnez (ville).

Tunisie n. pr. f. GÉOGR. Túnez (pays).

tunisien, enne adj. et s. Tunecino, na (de la Tunisie).

tunisois, e adj. et s. Tunecino, na [de la ciudad de Túnez].

tunnel m. Túnel : *tunnel aérodynamique,* túnel aerodinámico.

tupa m. BOT. Tupa, *f.*

tupaïa ou **tupaja** m. ZOOL. Tupaya, *f.*

tupi m. Tupí (langue).

turban m. Turbante. ‖ CULIN. Corona, *f.*

turbe f. DR. *Enquête par turbe,* investigación de la costumbre, del derecho consuetudinario.

turbellariés m. pl. Turbelarios (vers).

turbidité f. Turbiedad.

turbin m. POP. Tajo (travail) : *aller au turbin,* ir al tajo. ‖ *Après le turbin,* después de currelar.

turbinage m. Centrifugación (*f.*) del jarabe.

turbine f. MÉCAN. Turbina : *turbine à vapeur,* turbina de vapor. ‖ AVIAT. *Turbine-compresseur,* turbina compresor.

turbiner v. intr. POP. Currelar.

turbith m. Turbit (plante). ‖ *Turbith minéral,* turbit mineral, sulfato mercurial.

turbo m. Turbo (mollusque).

turbo-alternateur m. Turboalternador.

turbocompresseur m. Turbocompresor.

turbodynamo f. Turbodinamo, *m.*

turbohélice m. Turbohélice.

turbomoteur m. Turbomotor.

turbopompe f. Turbobomba.

turbopropulseur m. Turbopropulsor.

turboréacteur m. Turborreactor.

turbosoufflante f. Turbosoplante, sobrealimentador, *m.*

turbot [tyrbo] m. Rodaballo (poisson).

turbotière f. Besuguera.

turbotin m. Rodaballo pequeño.

turbulence f. Turbulencia.

turbulent, e adj. ● Turbulento, ta : *esprit turbulent,* espíritu turbulento. ‖ — Adj. et s. Revoltoso, sa.

— SYN. ● *Pétulant,* impetuoso. *Tumultueux,* tumultuoso. *Trépidant,* trepidante.

turc, turque adj. et s. Turco, ca. ‖ — M. ZOOL. Gusano blanco, larva (*f.*) de abejorro. ‖ TECHN. Cazarremaches. ‖ — *Le Grand Turc,* el gran turco. ‖ *Tête de Turc,* cabeza de turco. ‖ — *À la turque,* a la turca (à la manière turque), violentamente. ‖ *Fort comme un Turc,* más fuerte que un roble, fuerte como un toro. ‖ — *Traiter de Turc à Maure,* tratar a la baqueta, a palos.

turcique adj. f. ANAT. *Selle turcique,* silla turca.

turco m. FAM. Turco [soldado del cuerpo de tiradores argelinos].

turcoman m. Turcomano (langue).

turdétans m. pl. Turdetanos.

turdidés m. pl. Túrdidos (oiseaux).

turf [tœrf *o* tyrf] m. Turf, hipódromo (terrain de courses). ‖ Deporte hípico, hipismo.

— OBSERV. La palabra francesa *turf* sólo se emplea en singular.

turfiste [-fist] m. et f. Aficionado, aficionada a las carreras de caballos, turfista.

turgescence f. MÉD. Turgencia, hinchazón.

turgescent, e adj. MÉD. Turgente, hinchado, da.

turion m. BOT. Turión, yema, *f.*

Turkestan n. pr. m. GÉOGR. Turquestán.

turkmène m. Turcomano.

turlupin m. Chocarrero, bufón.

turlupinade f. Chocarrería, chiste (*m.*) grosero : *débiter des turlupinades,* decir chocarrerías.

turlupiner v. tr. FAM. Atormentar : *cette idée me turlupine,* esta idea me atormenta.

turlurette f. Estribillo, *m.* (refrain).

turlutaine f. FAM. Muletilla, coletilla (répétition). ‖ Manía, capricho, *m.*

turlutte f. Anzuelo (*m.*) de varias puntas.

turlututu m. FAM. Flauta, *f.,* mirlitón (mirliton). — Interj. A otro perro con ese hueso, ya ya, sí sí (exclamation négative).

turne f. POP. Cuarto, *m.* (chambre).

turonien, enne adj. et s. m. GÉOL. Turonense, turoniense.

turpitude f. Infamia, bajeza, torpeza. ‖ Torpeza, liviandad, impureza.

turquerie f. FAM. Brutalidad, crueldad (cruauté). ‖ Cuadro (*m.*) *ou* obra literaria de asunto turco.

turquet [tyrkɛ] m. (P. us.). Maíz.

turquette f. BOT. Herniaria.

Turquie n. pr. f. GÉOGR. Turquía.

turquin adj. m. Turquí. ‖ — *Bleu turquin,* azul turquí. ‖ *Marbre turquin,* mármol azul veteado de blanco.

turquoise f. Turquesa (pierre).

turriculé, e adj. Turriculado, da (mollusques).

turritelle f. Turritela (mollusque).

tusculanes f. pl. Tusculanas (œuvres de Cicéron).

tussilage m. Tusilago, fárfara, *f.* (plante).

tussor ou **tussore** ou **tussah** m. Tusor, seda (*f.*) de bómbice.

tutélaire adj. Tutelar.

tutelle f. Tutela. ‖ Tutoría (charge). ‖ *Territoire sous tutelle,* fideicomiso.

tuteur, trice m. et f. Tutor, ra. ‖ *Subrogé tuteur,* protutor. ‖ — M. Tutor, rodrigón (pour les plantes).

tuteurage m. Rodrigazón, *f.*

tuteurer v. tr. Rodrigar, enrodrigonar.

tuthie ou **tutie** f. Atutía, tutía, tucía, óxido (*m.*) de cinc.

tutoiement [tytwamɑ̃] m. Tuteo.

tutoyer* [-je] v. tr. Tutear.

tutrice f. V. TUTEUR.

tutu m. Tonelete, faldilla (*f.*) de bailarina.

tuyau [tɥijo] m. Tubo (pour le passage d'un fluide). ‖ Caño (en terre cuite). ‖ Cañón (d'une plume d'oiseau, d'une cheminée, d'orgue). ‖ Caña, *f.* (tige creuse). ‖ Cañón, pliegue (pli du linge). ‖ FAM. Informe, noticia (*f.*) confidencial.

‖ — *Tuyau d'arrosage,* manga *ou* manguera de riego. ‖ *Tuyau d'échappement,* tubo de escape. ‖ *Tuyau de décharge,* desaguadero. ‖ — FAM. *Dire dans le tuyau de l'oreille,* decir al oído.

tuyautage [-ta:ʒ] m. Encañonado, acción (*f.*) de encañonar (du linge). ‖ Tubería, *f.* (tuyauterie), colocación (*f.*) de tubos. ‖ FAM. Informe confidencial.

tuyauté, e [-te] adj. Encañonado, da (linge).

tuyauter [-te] v. tr. Encañonar (le linge). ‖ FAM. Informar, dar noticias *ou* datos confidenciales.

tuyauterie [-tri] f. Cañería. ‖ Tubería (ensemble des tuyaux). ‖ Cañonería (d'orgue).

tuyère [tɥijɛ:r] f. Tobera (de fourneau, de moteur à réaction) : *tuyère à air comprimé,* tobera de aire comprimido ; *tuyère d'éjection,* tobera de escape.

tweed [twi:d] m. Tweed, lana (*f.*) escocesa (étoffe).

twin-set [twinsɛt] m. Conjunto (chandail et cardigan).

tympan [tɛ̃pɑ̃] m. ANAT. et ARCHIT. Tímpano. ‖ IMPR. Tímpano, bastidor (d'une presse). ‖ MÉCAN. Piñón de engranaje. ‖ TECHN. Rueda (*f.*) hidráulica elevadora. | Panel (menuiserie).

tympanique adj. Timpánico, ca.

tympaniser v. tr. (Vx). Desacreditar públicamente.

tympanisme m. MÉD. Timpanismo.

tympanite f. MÉD. Timpanitis.

tympanon m. MUS. Tímpano (instrument).

tyndallisation f. Tyndalización.

Tyndare n. pr. m. MYTH. Tíndaro.

type m. Tipo. ‖ FAM. Tipo (personnage original). ‖ IMPR. Tipo. ‖ POP. Tipo, tío (individu). ‖ — FAM. *Chic type,* un tío estupendo. ‖ *Pauvre type,* pobre tipo. ‖ *Sale type,* tiparraco, bicharraco, bicho malo.

typer v. tr. Caracterizar, representar, diseñar, reproducir perfectamente el tipo de. ‖ *Personne très typée,* persona con un tipo muy acusado.

typesse f. POP. Tiparraca, gachí.

typha m. BOT. Tifa, *f.,* espadaña, *f.*

typhacé, e adj. et s. f. Tifáceo, a.

Typhée n. pr. m. MYTH. Tifeo.

typhique adj. et s. Tífico, ca.

typhlite f. MÉD. Tiflitis, cecitis.

typho-bacillose ou **typho-tuberculose** f. Tifobacilosis, tifoideobacilosis.

typhoémie f. Tifoemia.

typhogène ad. Tifogénico, ca.

typhoïde adj. et s. f. MÉD. Tifoideo, a : *fièvre typhoïde,* fiebre tifoidea.

typhoïque ou **typhoïdique** adj. Tifoídico, ca ; relativo a la fiebre tifoidea.

typhomanie f. MÉD. Tifomanía.

typhon m. Tifón (ouragan).

typhose f. Tifosis.

typhotoxine f. Tifotoxina.

typhus [tifys] m. MÉD. Tifus.

typique adj. Típico, ca.

typifié, e adj. Tipificado, da.

typo m. FAM. Tipógrafo. ‖ — F. FAM. Tipografía.

typographe adj. et s. Tipógrafo, fa. ‖ *Ouvrier typographe,* cajista tipógrafo.

typographie f. Tipografía.

typographique adj. Tipográfico, ca.

typologie f. Tipología.

typomètre m. Tipómetro.

typométrie f. Tipometría.

typtologie f. Tiptología (spiritisme).

Tyr n. pr. m. GÉOGR. Tiro.

tyran m. Tirano, na. ‖ Bienteveo, pitirre (oiseau).

— OBSERV. La palabra francesa *tyran* se aplica tanto a una mujer como a un hombre (*cette femme est un tyran*).

tyranneau m. FAM. Tiranuelo.

tyrannicide m. et f. Tiranicida (meurtrier d'un tyran). ‖ — M. Tiranicidio (meurtre d'un tyran).

tyrannie f. Tiranía.

tyrannique adj. Tiránico, ca.

tyranniser v. tr. Tiranizar.

tyrannosaure m. Tiranosaurio (reptile).

tyrien, enne adj. et s. Tirio, ria.

Tyrol n. pr. m. GÉOGR. Tirol.

tyrollen, enne adj. et s. Tirolés, esa. ‖ — F. Música y baile del Tirol.

tyrosine f. CHIM. Tirosina.

tyrothricine f. CHIM. Tirotricina.

Tyrrhénienne n. pr. f. *Mer Tyrrhénienne,* mar (*m.*) Tirreno.

tzar [tsar] et ses dérivés. V. TSAR, etc.

tzigane ou **tsigane** [tsigan] m. et f. Cíngaro, ra ; gitano, na.

U

u m. U, *f.*

— OBSERV. Se pronuncia la *u* frunciendo los labios en ademán de silbar y dejando oir un sonido entre el sonido de *u* español y de *i.* Después de *g* y *q* no se pronuncia, como en *quantité* (cantidad), *que, quoi* (que), *qui* (quien), *prodigue* (pródigo), *guitare* (guitarra) ; pero suena en algunas voces derivadas del latín : *aquatique* [akwatik], *quantum,* quantum. Para indicar que la *u* se pronuncia separadamente de la vocal precedente se la señala con la diéresis, como en *Esaü, Saül, aigüe.*

ubac m. Vertiente (*f.*) norte de una montaña, umbría, *f.*

ubiquiste [ybikɥist] adj. Ubicuo, cua.
— M. RELIG. Ubiquitario.

ubiquité [-kɥite] f. Ubicuidad.

uhlan m. Ulano.

uitlander m. Inmigrante británico establecido en el Transvaal.

ukase [ykɑ:z] m. Ucase, ukase (décret du tsar). ‖ FIG. Ukase, decisión (*f.*) autoritaria.

Ukraine n. pr. f. GÉOGR. Ucrania.

ukrainien, enne adj. et s. Ucranio, nia.

ulcératif, ive adj. Ulcerante, ulcerativo, va.

ulcération f. Ulceración.
— SYN. *Ulcère,* úlcera. *Exulcération,* exulceración.

ulcère m. MÉD. Úlcera, *f.*

ulcéré, e adj. Ulcerado, da. ‖ FIG. Lastimado, da ; dolorido, da : *vos critiques l'ont ulcéré*, sus críticas le han lastimado.

ulcérer v. tr. Ulcerar. ‖ FIG. Ulcerar, lastimar, herir (blesser moralement).

ulcéreux, euse adj. Ulceroso, sa.

ulcéroïde adj. Ulceroso, sa.

uléma m. Ulema (docteur musulman).

ulex m. BOT. Aulaga, f.

uliginaire ou **uligineux, euse** adj. Uliginoso, sa.

ulluque [ylyk] m. Ulluco, melloco (plante).

ulmacées f. pl. BOT. Ulmáceas.

ulmaire f. BOT. Ulmaria, reina de los prados.

Ulpien n. pr. m. Ulpiano.

Ulric ou **Ulrich** n. pr. m. Ulrico.

ultérieur, e adj. Ulterior. ‖ Posterior.

ultimatum [yltimatɔm] m. Ultimátum : *signifier un ultimatum*, dirigir un ultimátum.

— OBSERV. Pl. *ultimatums.*

ultime adj. Último, ma.

ultra adj. et s. Extremista, ultra.

ultracentrifugeuse f. Ultracentrifugadora.

ultra-court, e adj. Ultracorto, ta.

ultrafiltration f. Ultrafiltración.

ultramicroscope m. Ultramicroscopio.

ultramicroscopie f. Ultramicroscopia.

ultramontain, e adj. et s. Ultramontano, na.

ultramontanisme m. Ultramontanismo.

ultrapression f. Ultrapresión.

ultraroyaliste adj. et s. Ultrarrealista.

ultrason ou **ultra-son** m. Ultrasonido.

— OBSERV. Pl. *ultrasons* o *ultra-sons.*

ultraviolet, ette ou **ultra-violet, ette** adj. et s. m. Ultravioleta, ultraviolado, da.

ultravirus [yltravirys] m. Ultravirus.

ululation f. ou **ululement** m. Ululación, *m.*, alarido, *m.*, aullido, *m.*

ululer ou **hululer** v. intr. et tr. Ulular.

ulve f. Ova, ulva (algue).

Ulysse n. pr. m. MYTH. Ulises.

un, une adj. num. ord. Uno, una. (*Uno* perd sa dernière lettre devant un substantif masculin : *un homme,* un hombre.) ‖ — *Un à un* o *un par un,* uno por uno, uno a uno. ‖ — FAM. *Comme pas un,* como nadie, como ninguno. ‖ *Encore un,* uno más. ‖ *Pas un,* ni uno, ninguno. ‖ — FAM. *Ne faire ni une ni deux,* no pararse en barras. ‖ *Ne faire qu'un,* no ser más que uno. ‖ — Adj. qualificat. Uno, una (indivisible) : *la patrie est une,* la patria es una. ‖ *C'est tout un,* es lo mismo, es todo uno. ‖ — Adj. ordinal. Primero, a : *page un,* página primera. ‖ — Art. indéf. Un, uno : *un de mes amis,* un amigo mío. ‖ *Un de ces jours,* un día de éstos.

— M. Uno (une unité) : *un et un font deux,* uno y uno son dos. ‖ Primera, *f.* (charade). ‖ — F. FAM. *La une,* la primera plana, la primera página de un periódico. ‖ *Cinq colonnes à la une,* a toda plana.

un, une, uns, unes pron. indéf. Uno, una, unos, unas : *l'un est grand, l'autre petit,* uno es grande, el otro pequeño. ‖ — *Un de o l'un de,* uno de. ‖ — *De deux choses l'une,* una de dos. ‖ FAM. *Et d'une !,* ¡y va una ! ‖ *L'un après l'autre,* uno tras otro. ‖ *L'un dans l'autre,* uno con otro. ‖ *L'un de l'autre,* uno de otro. ‖ *L'un et l'autre,* uno y otro, ambos, los dos. ‖ *L'un l'autre* o *l'un à l'autre* o *les uns les autres,* uno a otro, recíprocamente. ‖ *Ni l'un ni l'autre,* ni uno ni otro, ninguno de los dos.

— OBSERV. Por razones de eufonía se dice *à l'un des élèves* (a uno de los alumnos) y no *à un des élèves.*

unanime adj. Unánime.

unanimisme m. Unanimismo.

unanimiste adj. et s. Unanimista.

unanimité f. Unanimidad : *approuver à l'unanimité,* aprobar por unanimidad.

unáu m. ZOOL. Perico ligero, perezoso, unáu.

uncia m. ZOOL. Onza, f.

unciforme adj. ANAT. Unciforme.

unciné, e adj. Ganchudo, da.

unguéal, e [ɔ̃geal] adj. Ungular (de l'ongle).

unguifère [ɔ̃gɥifɛr] adj. Con uña.

unguis [ɔ̃gɥis] m. ANAT. Unguis (os de l'orbite).

uni, e adj. Unido, da : *amis très unis,* amigos muy unidos. ‖ Llano, na ; liso, sa (plat) : *chemin uni,* camino llano. ‖ Liso, sa ; de un solo color, sin adornos : *chemise unie,* camina lisa. ‖ Igual (sans inégalité). ‖ FIG. Sencillo, lla ; uniforme (sans variété). ‖ *Uni à,* unido con. ‖ — *Galop uni,* galope sostenido, regular. ‖ *Rendre uni,* igualar, unificar. ‖ — M. Tela (*f.*) lisa, de un solo color (étoffe).

uniate adj. et s. Uniato (secte).

uniaxe adj. Monoaxial (un minéral).

unicaméral, e adj. Unicameral.

unicaméralisme m. Sistema unicameral.

unicellulaire adj. Unicelular.

unicisme m. Unicismo.

unicité f. Unicidad.

unicolore adj. Unicolor, monocromo.

unicorne m. Unicornio.

unidirectionnel, elle adj. RAD. Unidireccional.

unième adj. num. ordin. Primero : *vingt et unième,* vigésimo primero.

— OBSERV. Se emplea sólo a continuación de las decenas y centenas.

unièmement adj. *Vingt et unièmement,* en vigésimo primer lugar.

unificateur, trice adj. et s. Unificador, ra.

unification f. Unificación.

unifier v. tr. Unificar.

unifilaire adj. De un solo hilo.

uniforme adj. Uniforme.

— SYN. *Égal,* igual. *Monotone,* monótono. *Monocorde,* monocorde.

uniforme m. Uniforme : *port de l'uniforme,* uso del uniforme. ‖ — *Uniforme de parade,* uniforme de gala. ‖ — *Endosser* o *prendre l'uniforme,* abrazar la carrera de las armas. ‖ *Quitter l'uniforme,* volver a la vida civil, retirarse de la carrera militar (soldat de carrière), licenciarse (simple soldat).

uniformisation f. Uniformación.

uniformiser v. tr. Uniformar, uniformizar.

uniformité f. Uniformidad.

unijambiste adj. De una sola pierna. ‖ — M. et f. Persona de una sola pierna.

unilatéral, e adj. Unilateral.

uniloculaire adj. BOT. Unilocular.

uniment adv. Igualmente, con igualdad. ‖ Sostenidamente (cheval). ‖ FIG. Sencillamente, lisa y llanamente, sin rodeos.

uninominal, e adj. Uninominal.

union f. Unión : *l'union de l'âme et du corps,* la unión del alma y del cuerpo; *union douanière,* unión aduanera. ‖ *L'union fait la force,* la unión hace la fuerza.

— SYN. *Alliance,* alianza. *Accord,* acuerdo. *Entente,* acuerdo, convenio. *Intelligence,* inteligencia. *Collusion,* colusión.

unionisme m. Unionismo.

unioniste adj. et s. Unionista.

uniovulé, e adj. De un solo óvulo.

unipare adj. Uníparo, ra.

unipersonnel, elle adj. GRAMM. Unipersonal, impersonal.

unipolaire adj. Unipolar.

unique adj. Unico, ca.

uniquement adv. Únicamente.

— SYN. *Seulement,* solamente, sólo. *Exclusivement,* exclusivamente. *Purement,* puramente. *Simplement,* simplemente.

unir v. tr. ● Unir : *unir une chose à une autre,* unir una cosa con otra. ‖ Igualar, allanar (égaliser). ‖ Fig. Unir : *unir deux familles par un mariage,* unir dos familias por un matrimonio.
— V. pr. Unirse, casarse (se marier).
— ● Syn. *Associer,* asociar. *Allier,* aliar. *Fédérer,* federar. *Confédérer,* confederar. *Liguer,* ligar. *Coaliser,* coaligar.
uniréfringent, e adj. Phys. Unirrefringente.
unisexué, e ou **unisexuel, elle** adj. Bot. Unisexual.
unisson m. Mus. Unísono, unisón. ‖ Fig. Acuerdo, unísono : *se mettre à l'unisson,* ponerse de acuerdo *ou* al unísono.
unitaire adj. et s. m. Unitario, ria.
unitarien, enne adj. et s. Relig. Unitario, ria.
unitarisme m. Relig. Unitarismo.
unité f. Unidad : *unité d'action, de lieu, de temps,* unidad de acción, de lugar, de tiempo.
unitif, ive adj Unitivo, va.
univalve adj. Univalvo, va.
univers [ynivε:r] m. Universo.
universalisation f. Universalización.
universaliser v. tr. Universalizar.
universalisme m. Universalismo.
universaliste m. et f. Universalista.
universalité f. ● Universalidad. ‖ Dr. Totalidad : *l'universalité de ses biens,* la totalidad de sus bienes.
universel, elle adj. Universal.
— M. Philos. Lo universal.
— Syn. ● *Mondial,* mundial. *Général,* general. *Commun,* común.
universitaire adj. Universitario, ria.
— M. et f. Catedrático, catedrática de universidad.
université f. Universidad : *l'Université de Paris,* la Universidad de París.
— Syn. *Académie,* academia.
univitellin, e adj. Méd. Univitelino, na.
univocation ou **univocité** f. Philos. Univocación, carácter (*m.*) de unívoco.
univoque adj. Philos. Unívoco, ca.
upas [ypas] m. Upas (arbre).
uppercut [œpəkətɔypεrkyt] m. Uppercut (boxe).
upsilon [ypsilɔn] m. Ypsilon, *f.,* ípsilon, *f.*
uranate m. Chim. Uranato.
urane m. Urano, óxido de uranio.
uranie f. Urania (papillon).
uranifère adj. Uranífero, ra.
uranique adj. Uránico, ca.
uranite f. Uranita.
uranium [yranjɔm] m. Uranio (métal).
uranographe m. Uranógrafo, cosmógrafo.
uranographie f. Uranografía, cosmografía.
uranoplastie f. Méd. Uranoplastia.
uranus [yranys] m. Urano.
urate m. Chim. Urato.
urbain, e adj. Urbano, na.
urbanisation f. Urbanización.
urbaniser v. tr. Urbanizar.
urbanisme m. Urbanismo.
urbaniste adj. et s. Urbanista.
urbanité f. Urbanidad, cortesía.
urcéole m. Bot. Urcéolo.
urcéolé, e adj. Bot. Urceolado, da.
ure. V. urus.
urédinales f. pl. Bot. Uredinales, uredíneas.
urédospore f. Bot. Uredospora.
urée f. Urea.
uréide m. Ureida, *f.,* ureido.
urémie f. Méd. Uremia.
urémique adj. Urémico, ca.
urétéral, e adj. Ureteral.
uretère m. Anat. Uréter.
urétérite f. Méd. Ureteritis.

urétral, e adj. Uretral.
urètre m. Anat. Uretra, *f.*
urétrite f. Méd. Uretritis.
urgemment [yrӡamᾶ] adv. Urgentemente.
urgence f. Urgencia. ‖ *D'urgence,* urgentemente, con toda urgencia.
urgent, e adj. Urgente. ‖ *Être urgent,* urgir : *il est urgent d'agir,* urge obrar.
urgonien adj. et s. m. Géol. Urgoniense.
uricémie f. Méd. Uricemia.
urinaire adj. Urinario, ria : *voies urinaires,* vías urinarias.
urinal m. Orinal [para enfermos].
— Observ. El *orinal* ordinario se llama en francés *vase de nuit* y *pot de chambre.*
urine f. Orina.
uriner v. intr. Orinar.
— Syn. *Fam. Pisser,* mear. *Lâcher de l'eau,* hacer aguas menores, verter aguas. *Faire pipi,* hacer pipí.
urinifère adj. Méd. Urinífero, ra.
urinoir m. Urinario.
— Syn. *Vespasienne,* urinario público. *Fam. Pissotière, pissoir,* meadero.
urique adj. Úrico, ca.
urne f. Urna. ‖ *Aller aux urnes,* votar.
urobiline f. Urobilina.
urochrome m. Urocromo.
urocystite f. Urocistitis.
urodèles m. pl. Zool. Urodelos.
urodynie f. Urodinia.
urogénital, e adj. Urogenital.
urographie f. Urografía.
urologie f. Urología.
urologue m. Urólogo.
uromètre ou **uréomètre** m. Urómetro.
uropode m. Urópodo.
uropygial, e adj. Uropigal.
uropygienne adj. f. Uropigal : *glande uropygienne,* glándula uropigal.
ursidés m. pl. Zool. Úrsidos.
Ursule n. pr. f. Úrsula.
ursuline f. Ursulina (religieuse).
urticacées f. pl. Bot. Urticáceas.
urticaire f. Méd. Urticaria.
urticant, e adj. Urticante.
urubu m. Urubú, aura, *f.* (vautour).
Uruguay [yrygwε, -gε] n. pr. m. Géogr. Uruguay.
uruguayen, enne [-gwajε̃, jεn, -gεε̃, εn] adj. et s. Uruguayo, ya.
urus [yrys] ou **ure** m. Uro (bison d'Europe).
us [ys] m. pl. Usos : *us et coutumes,* usos y costumbres.
us, terminación de muchas voces latinas. ‖ Fam. *Mot en us,* latinajo, palabra técnica derivada del latín.
usage m. Uso, empleo : *le bon usage des richesses,* el buen uso de las riquezas. ‖ Uso, costumbre : *aller contre l'usage établi,* ir contra la costumbre establecida. ‖ Uso, disfrute (jouissance). ‖ *Usage du monde,* mundología. ‖ — À *l'usage de,* para uso de. ‖ *D'usage,* usual, de costumbre. ‖ *Hors d'usage,* desusado, fuera de uso, inservible. ‖ *Selon l'usage,* al uso, según costumbre. ‖ — *Être en usage,* estilarse. ‖ *Faire usage de,* hacer uso de, emplear : *faire un bon usage de,* hacer buen uso de ; ejercer : *faire usage du droit de vote,* ejercer el derecho de voto. ‖ *Mettre en usage,* valerse de.
— Pl. Bienes de propios.
usagé, e adj. Usado, da (vêtements).
usager, ère m. et f. Usuario, ria : *les usagers de la route,* los usuarios de la carretera.
usé, e adj. ● Usado, da : *un manteau usé,* un abrigo usado. ‖ Desgastado, da ; gastado, da (affaibli). ‖ Manoseado, da ; trillado, da (banal). ‖

— *Usé jusqu'à la corde,* raído. ‖ — *Les eaux usées,* las aguas residuales.
— SYN. ● *Élimé,* raído. *Râpé,* raído.

user v. tr. Gastar, desgastar (détériorer). ‖ Gastar, consumir (consommer). ‖ Debilitar, agotar, destruir (la santé).
— V. intr. ● Usar, emplear, valerse de : *user de la force,* emplear la fuerza. ‖ Usar, hacer uso, valerse de : *user d'un droit,* hacer uso de un derecho. ‖ — *En user,* comportarse, obrar, portarse : *en user bien avec quelqu'un,* portarse bien con uno. ‖ *Mal user de,* usar mal de.
— V. pr. Gastarse, desgastarse, deteriorarse.
— SYN. ● *Employer,* emplear. *Se servir,* servirse, valerse. *Utiliser,* utilizar.

usinage m. Fabricación, *f.* ‖ Mecanizado, operación (*f.*) de mecanizado (à l'aide d'une machineoutil) : *usinage par abrasion,* mecanizado con abrasivos.

usine f. Fábrica.
— OBSERV. En Amérique on emploie le gallicisme *usina.*
— SYN. *Fabrique,* fábrica. *Manufacture,* manufacture.

usiner v. tr. Mecanizar, trabajar con una máquina herramienta. ‖ Fabricar.

usinier, ère adj. Fabril.
— M. Industrial.

usité, e adj. Usado, da ; empleado, da ; en uso.

usnée f. Usnea (lichen).

ustensile m. Utensilio.

ustilaginales f. pl. BOT. Ustilagíneos, as.

usucapion f. DR. Usucapión.

usuel, elle [yzчɛl] adj. Usual.
— M. Manual, libro de uso corriente.

usufructuaire adj. Usufructuario, ria.

usufruit [yzyfrчi] m. DR. Usufructo. ‖ *Avoir l'usufruit de,* usufructuar.

usufruitier, ère adj. et s. Usufructuario, ria.

usuraire adj. Usurario, ria : *bénéfice usuraire,* beneficio usurario.

usure f. Usura (intérêt). ‖ Desgaste, *m.,* deterioro, *m.* (détérioration). ‖ FIG. Debilitación. ‖ — FIG.

Guerre d'usure, guerra de desgaste. ‖ FIG. *Rendre avec usure,* devolver con creces.

usurier, ère adj. et s. Usurero, ra.
— SYN. *Pop. Tire-sou,* tacaño. *Vautour,* rapaz.

usurpateur, trice adj. et s. Usurpador, ra.

usurpation f. Usurpación.

usurpatoire adj. Usurpatorio, ria.

usurper v. tr. et intr. Usurpar.

ut [yt] m. inv. MUS. Do, ut (vx).

utérin, e adj. et s. Uterino, na.

utéromanie f. Furor (*m.*) uterino.

utérus [yterys] m. ANAT. Útero.

utile adj. Útil. ‖ *Se présenter en temps utile,* presentarse a su debido tiempo.
— M. Lo útil, lo que es útil. ‖ *Joindre l'utile à l'agréable,* unir lo útil con lo agradable.

utilisable adj. Utilizable, aprovechable.

utilisateur, trice adj. et s. Utilizador, ra ; usuario, ria.

utilisation f. Utilización, aprovechamiento, *m.*

utiliser v. tr. Utilizar, aprovechar. ‖ *Utiliser au maximum,* apurar.

utilitaire adj. et s. Utilitario, ria.

utilitarisme m. Utilitarismo.

utilitariste adj. et s. Utilitarista.

utilité f. Utilidad. ‖ — Pl. THÉÂTR. Figurantes, *m.,* comparsas, *m.* et *f.*

Utique n. pr. GÉOGR. Utica.

utopie f. Utopía.

utopique adj. et s. Utópico, ca.

utopiste adj. et s. Utopista.

utraquiste [ytrakчist] m. RELIG. Utraquista (hussite).

utriculaire adj. Utricular.

utricule m. Utrículo, utrícula, *f.*

utriculeux, euse adj. Utriculoso, sa.

uval, e adj. Uval, de uva.

uvéal, e adj. Úveo, a.

uvée f. ANAT. Úvea. ‖ (Vx). Coroides.

uvéite f. MÉD. Uveitis.

uvulaire adj. Uvular.

uvule f. ANAT. Úvula, campanilla, galillo, *m.* (luette).

v m. V, *f.*
— OBSERV. La *v* francesa (fricativa sonora) se diferencia claramente de la *b* (labial sonora).

va! interj. ¡Anda! ‖ FAM. Vale, bueno (je consens). ‖ *Va pour cette somme!,* ¡vaya por esta cantidad!

vacance f. Vacante : *en cas de vacance de siège,* en caso de producirse una vacante. ‖ — Pl. Vacaciones : *être en vacances,* estar de vacaciones. ‖ — *Vacances d'été,* veraneo, vacaciones de verano. ‖ — *Grandes vacances,* vacaciones de verano. ‖ FIG. *La vacance du pouvoir,* el vacío del poder. ‖ *Passer les vacances d'été à,* veranear en.

vacancier m. Persona (*f.*) de vacaciones. ‖ Veraneante (en été).

vacant, e adj. ● Vacante (non occupé). ‖ Vacío, a ; desocupado, da : *logement vacant,* vivienda vacía, desocupada. ‖ DR. Vacante (succession). ‖ Desierto, ta : *prix déclaré vacant,* premio declarado desierto. ‖ — *Biens vacants,* bienes mostrencos. ‖ *Succession vacante,* herencia yacente.
— SYN. ● *Inoccupé,* inhabitado. *Disponible,* disponible. *Libre,* libre. *Vide,* vacío.

vacarme m. Jaleo, estrépito : *faire du vacarme,* armar jaleo, formar un estrépito.

vacation [vakasjɔ̄] f. Diligencia (temps consacré à une affaire). ‖ *Dietas, pl.,* derechos, *m. pl.* (honoraires). ‖ — Pl. Vacaciones (d'un tribunal).

vaccaire f. BOT. Jabonera.

vaccin [vaksɛ̄] m. MÉD. Vacuna, *f.*

vaccinable [vaksinabl] adj. Vacunable.

vaccinal, e [-nal] adj. Vaccíneo, a : *moyens vaccinaux,* medios vaccíneos.

vaccinateur, trice [-natœ:r, tris] adj. et s. MÉD. Vacunador, ra.

vaccination [-nasjɔ̃] f. MÉD. Vacunación.

vaccine [vaksin] f. VÉTÉR. Viruela de la vaca. ‖ Vacuna.

vaccinelle [-nɛl] f. MÉD. Vaccinela.

vacciner [-ne] v. tr. Vacunar.

vaccinide [-nid] f. MÉD. Vaccínide.

vaccinier [vaksinje] m. BOT. Arándano, airela.

vaccinifère [vaksinifɛ:r] adj. MÉD. Vaccinífero, ra.

vaccinogène [-nɔʒɛ:n] adj. MÉD. Vaccinógeno, na.

vaccinoïde [-noi:d] adj. et s. f. MÉD. Vaccinoide.

vaccinostyle [-nɔstil] m. MÉD. Lanceta (f.) para vacunar, vaccinostilo.

vaccinothérapie [-nɔterapi] f. MÉD. Vaccinoterapia.

vache f. Vaca : *une vache laitière,* una vaca lechera. ‖ POP. Hueso, *m.,* persona severa *ou* malintencionada. ‖ — *Vache à eau,* bolsa de agua. ‖ POP. *Vache à lait,* mina. ‖ FAM. *Vache à roulettes,* guardia, polizonte. ‖ *Vache marine,* vaca marina, manatí. ‖ FIG. *Vaches maigres, grasses,* vacas flacas, gordas. ‖ — *Coup de pied en vache,* patada alevosa. ‖ *Coup en vache,* mala jugada. ‖ FAM. *La vache!,* ¡cochino!, ¡cochina! (en parlant d'une personne). ‖ *Le plancher des vaches,* la tierra firme. ‖ POP. *Oh la vache!,* ¡córcholis! ‖ — POP. *Il pleut comme vache qui pisse,* llueve a mares. ‖ *Manger de la vache enragée,* pasar las de Caín. ‖ *Parler français comme une vache espagnole,* hablar francés muy mal.
— Adj. POP. Hueso, severo, ra; malintencionado, da : *ce professeur est vache,* este profesor es un hueso ; *question vache,* pregunta mal intencionada. ‖ POP. *Être vache,* tener mala leche.

vachement adv. POP. Terriblemente, enormemente, estupendamente : *cette affaire est vachement compliquée,* este asunto es terriblemente complicado.

vacher, ère m. et f. Vaquero, ra.

vacherie f. Vaquería. ‖ POP. Cochinada, cabronada, faena, mala jugada (mauvais tour).

vacherin m. Pastel de nata y merengue (gâteau). ‖ Nombre del queso Gruyère en el Franco-Condado (fromage).

vachette f. Vaqueta (cuir).

vacillant, e [vasljɑ̃, ɑ̃:t] adj. Vacilante.

vacillation [-jasjɔ̃] f. Vacilación, balanceo, *m.* (mouvement). ‖ FIG. Vacilación (irrésolution).

vacillement [-jmɑ̃] m. Vacilación, f., balanceo.

vaciller [-je] v. intr. ● Vacilar. ‖ FIG. Dudar, vacilar.
— SYN. ● *Trembler,* temblar. *Trembloter,* temblequear. *Papilloter,* titilar.

va-comme-je-te-pousse (à la) loc. adv. A la buena de Dios.

vacuité f. Vacuidad.

vacuolaire adj. Vacuolar.

vacuole f. ANAT. Vacuola.

vacuome m. Vacuoma.

vacuum [vakyɔm] m. PHYS. Vacío (le vide).

vade f. Puesta (jeu).

vade-mecum [vademekɔm] m. inv. Vademécum.

vadrouille [vadruj] f. MAR. Escobón, *m.,* lampazo, *m.* (tampon). ‖ POP. *En vadrouille,* de picos pardos, de paseo.

vadrouiller [-je] v. intr. POP. Andar de picos pardos, callejear, vagabundear, pasearse.

vadrouilleur, euse [-jœ:r, ø:z] adj. et s. POP. Callejero, ra.

va-et-vient m. inv. Vaivén (mouvement). ‖ FIG. Intercambio (échange). ‖ Muelle (d'une porte). ‖ MAR. Andarivel, estacha, f. (cordage). ‖ ÉLECTR. Conmutador, interruptor (de lampe).

vagabond, e adj. Vagabundo, da. ‖ FIG. Errabundo, da : *imagination vagabonde,* imaginación errabunda.
— M. et f. ● Vagabundo, da (sans domicile). ‖ DR. Vago, ga.
— SYN. ● *Chemineau,* vagabundo. *Errant,* errante. errático. *Va-nu-pieds,* descamisado, desharrapado. *Fam. Galvaudeux,* gandul. *Pop. Clochard,* mendigo.

vagabondage m. Vagabundeo. ‖ Vagancia, f. (délit). ‖ *Vagabondage spécial,* proxenetismo.

vagabonder v. intr. Vagabundear. ‖ FIG. Mariposear (errer). ‖ DR. Vagar.

vagin m. ANAT. Vagina, f.

vaginal, e adj. Vaginal.

vaginalite f. MÉD. Vaginalitis.

vaginisme m. Vaginismo.

vaginite f. MÉD. Vaginitis.

vagir v. intr. Llorar, dar vagidos (le nouveau-né). ‖ Chillar (le lièvre).

vagissant, e adj. Lloroso, sa. ‖ Plañidero, ra (plaintif).

vagissement m. Vagido. ‖ Chillido (du lièvre).

vagotomie f. MÉD. Vagotomía.

vagotonie f. MÉD. Vagotonía.

vagotonique adj. MÉD. Vagotónico, ca.

vague adj. ● Vago, ga : *de vagues promesses,* promesas vagas. ‖ Baldío, a (non cultivé). ‖ MÉD. Vago (nerf). ‖ *Terrain vague,* solar.
— M. Vacío (vide). ‖ FIG. Vaguedad, f. : *le vague de ses propos,* la vaguedad de sus palabras. ‖ — *Avoir du vague à l'âme,* sentir nostalgia ou morriña. ‖ *Avoir les yeux dans le vague,* tener la mirada perdida. ‖ *Rester dans le vague,* decir vaguedades, no precisar mucho. ‖ *Se perdre dans le vague,* andarse con vaguedades. ‖ — F. Ola (lame). ‖ FIG. Oleada, ola. ‖ FIG. et FAM. *La nouvelle vague,* la nueva ola, la nueva generación.
— SYN. ● *Indéterminé,* indeterminado. *Indéfini,* indefinido. *Incertain,* incierto. *Indécis,* indeciso. *Imprécis,* impreciso. *Timide,* tímido. *Vaporeux, flou,* vaporoso.

vaguelette f. Ola pequeña.

vaguement [vagmɑ̃] adv. Algo, un tanto, más o menos, vagamente. ‖ Apenas, poco : *connaissez-vous Saint-Jean-de-Luz?* — Très vaguement, ¿conoce usted San Juan de Luz? — Apenas.

vaguemestre m. Vaguemaestre. ‖ Suboficial, cartero (postier militaire).

vaguer v. intr. Vagar.

vahiné f. Tahitiana.

vaicya m. Casta (f.) hindú.

vaigrage m. MAR. Forro interior.

vaigre f. MAR. Tabla de forro, vagra.

vaillamment [vajamɑ̃] adv. Valientemente.

vaillance [-jɑ̃:s] f. Valentía, valor, *m.* (valeur). ‖ Ánimo, *m.* (courage).

vaillant, e [-jɑ̃, ɑ̃:t] adj. Valiente, valeroso, sa. ‖ Animoso, sa (courageux). ‖ Trabajador, ra. ‖ — *À cœur vaillant, rien d'impossible,* el mundo es de los audaces. ‖ *Pas un sou vaillant,* ni un cuarto.

vain, e adj. Vano, na : *vaines excuses,* vanas excusas. ‖ — *Vaine pâture,* pastos libres, pasto comunal. ‖ — *En vain,* en vano, en balde.

vaincre* v. tr. ● Vencer : *vaincre l'ennemi,* vencer al enemigo. ‖ FIG. Salvar, vencer : *vaincre les obstacles,* salvar los obstáculos.
— V. pr. Vencerse, dominarse.
— SYN. ● *Battre,* batir, derrotar. *Défaire,* deshacer. *Déconfire,* desbaratar. *Culbuter,* arrollar. *Écraser,* aplastar. *Anéantir,* aniquilar. *Tailler en pièces,* destrozar. *Rouler,* revolcar. *Brosser,* zurrar, sacudir el polvo. *Rosser,* dar una tunda.

vaincu, e adj. et s. Vencido, da : *s'avouer vaincu*, darse por vencido. ‖ *Malheur aux vaincus!*, ¡ay de los vencidos !

vainement adv. Vanamente, en vano.

vainqueur m. Vencedor. ‖ *En vainqueur*, en plan de vencedor.
— Adj. ● Vencedor, ra (qui a vaincu) ; victorioso, sa ; triunfante, triunfador, ra. ‖ *Air vainqueur*, aire arrogante *ou* de suficiencia.
— Observ. Esta palabra no tiene forma femenina en francés, se dice « elle fut *le vainqueur* », « elle sortit *vainqueur* de ce concours ».
— Syn. ● *Victorieux*, victorioso. *Gagnant*, ganador, premiado.

vair m. (P. us.). Vero, marta cebellina, f. (fourrure). ‖ Blas. Vero.

vairé, e adj. Blas. Verado, da.

vairon m. Gobio (poisson).

vairon adj. m. De color diferente (yeux).

vaisseau m. Mar. Buque, navío, nave, f. (navire) : *capitaine de vaisseau*, capitán de navío ; *vaisseau amiral, fantôme*, buque insignia, fantasma. ‖ Anat. Vaso : *vaisseaux sanguins*, vasos sanguíneos. ‖ Archit. Nave, f. (nef). ‖ Bot. Vaso. ‖ *Un vaisseau spatial*, una nave espacial. ‖ — Fig. *Brûler ses vaisseaux*, quemar las naves.

vaisseau-école m. Buque escuela.
— Observ. Pl. *vaisseaux-écoles*.

vaisselier m. Vasar, platero.

vaisselle f. Vajilla. ‖ — *Vaisselle plate*, vajilla de oro o plata. ‖ — *Eau de vaisselle*, agua de fregar. ‖ *Faire o laver la vaisselle*, fregar los platos. ‖ *S'envoyer la vaisselle à la tête*, tirarse los trastos a la cabeza.

vaissellerie f. Conjunto (m.) de utensilios de cocina. ‖ Fabricación de ustensilios de cocina.

val m. Val (vx), valle. ‖ *Par monts et par vaux*, por montes y por valles (partout).
— Observ. Pl. *vals o vaux*.

valable adj. Valedero, ra ; válido, da : *quittance valable*, recibo válido. ‖ Admisible, aceptable : *excuse valable*, excusa admisible. ‖ De valor (personne, œuvre). ‖ *Que sirve, que vale : des conseils valables pour toute une vie*, consejos que sirven para toda la vida.

valablement adv. Válidamente, legítimamente.

Valachie n. pr. f. Géogr. Valaquia.

valaque adj. et s. Valaco, ca.

valence f. Naranja de Valencia (orange). ‖ Chim. Valencia.

Valence n. pr. Géogr. Valencia.

valencien, enne ou **valentien, enne** adj. et s. Valenciano, na.

valenciennes f. Encaje (m.) de Valenciennes.

Valentin, e n. pr. m. et f. Valentín, ina.

valentinite f. Min. Valentinita.

Valère n. pr. m. Valerio.

valérianacées f. pl. Bot. Valerianáceas.

valérianate m. Chim. Valerianato.

valériane f. Valeriana (plante).

valérianelle f. Bot. Valerianela.

valérianique ou **valérique** adj. Chim. Valeriánico, ca.

Valérie n. pr. f. Valeria.

Valérien n. pr. m. Valeriano.

valet [valɛ] m. Criado, sirviente. ‖ Fig. Lacayo. ‖ Valet, jota, f. (jeu de cartes français) : *valet de trèfle*, valet de trébol ; sota, f. (jeu de cartes espagnol). ‖ Pesa (f.) suspendida de un cordel para cerrar una puerta (contrepoids). ‖ Techn. Barrilete, siete (de menuisier). ‖ — *Valet de chambre*, ayuda de cámara (chez soi), camarero, mozo de habitación (dans un hôtel). ‖ *Valet de charrue, de ferme*, mozo de labranza, gañán. ‖ *Valet de comédie*, criado de comedia, gracioso. ‖ *Valet d'écurie*, mozo de cuadra. ‖ *Valet d'établi*, so-

porte de banco de carpintero. ‖ *Valet de nuit*, galán de noche (meuble). ‖ *Valet de pied*, lacayo. ‖ — *Maître valet*, manijero, capataz agrícola. ‖ *Tel maître tel valet*, a tal amo tal criado.

valetage m. Servilismo.

valetaille [valtɑ:j] f. Conjunto (m.) de criados, gente de librea. ‖ Lacayo, m.
— Observ. Esta palabra tiene hoy en francés un sentido muy despectivo.

valétudinaire adj. Valetudinario, ria.

valeur f. Valor, m., valía : *artiste de valeur*, artista de valor ; *objet de valeur*, objeto de valor. ‖ Intensidad (d'une couleur). ‖ Valentía, valor, m. (vaillance). ‖ Equivalencia, lo equivalente a (quantité). ‖ Comm. Valor, m. : *valeur en compte*, valor en cuenta. ‖ Math. Valor, m. : *valeur absolue, relative*, valor absoluto, relativo. ‖ Mus. Valor, m. (des notes). ‖ — Comm. *Valeur fournie*, valor recibido. ‖ *Valeur marchande*, valor comercial. ‖ *Valeur or*, valor en oro. ‖ *Valeurs déclarées*, valores declarados. ‖ *Valeurs immobilières*, valores inmuebles. ‖ — *Attacher de la valeur à*, dar mucha importancia a. ‖ *Donner de la valeur*, dar valor, avalorar. ‖ *Mettre en valeur*, dar valor, avalorar (valoriser), hacer fructificar, aprovechar, beneficiar (des terres), hacer resaltar, poner de relieve (des qualités).

valeureux, euse adj. Valeroso, sa.

validation f. Validación.

valide adj. Sano, na ; válido, da (personne). ‖ Fig. Válido, da : *contrat valide*, contrato válido. ‖ — M. et f. Persona válida, sana.

valider v. tr. Validar.

validité f. Validez.

valine f. Chim. Valina.

valise f. Maleta. ‖ Valija : *valise diplomatique*, valija diplomática. ‖ *Petite valise*, maleta pequeña, maletín.

valkyrie f. Myth. Valkiria.

vallée f. ● Valle, m. ‖ Cuenca (d'une mine). ‖ Fig. *Vallée de larmes*, valle de lágrimas.
— Syn. ● *Vallon*, vallejo. *Val*, val, nava. *Combe*, abra. *Cluse*, corte, hoz.

valleuse f. Pequeño valle (m.) sin agua y con paredes abruptas.

vallon m. Pequeño valle, vallejo.

vallonné, e adj. Ondulado, da (terrain).

vallonnement m. Ondulación, f. (du terrain).

valoir* v. intr. Valer : *cette montre vaut trois cents francs*, este reloj vale trescientos francos. ‖ Sentar : *le vin ne me vaut rien*, el vino no me sienta bien. ‖ — *Autant vaut*, lo mismo da. ‖ *À valoir sur*, a cuenta de. ‖ *Cela ne me dit rien qui vaille*, eso me da mala espina. ‖ *Faire valoir*, hacer valer (appliquer), beneficiarse de (tirer parti), aprovechar, beneficiar (des terres), realzar (mettre en relief), ensalzar (vanter), valerse de, esgrimir (se prévaloir de). ‖ *Ils se valent*, son tal para cual (personnes), vienen a ser lo mismo (choses). ‖ *L'un vaut l'autre*, allá se van los dos. ‖ *Ne pas valoir cher*, no valer un comino. ‖ *Se faire valoir*, darse a valer, lucirse. ‖ *Un rien-qui-vaille*, un inútil. ‖ *Vaille que vaille*, mal que bien.
— V. tr. Valer : *la gloire que ses exploits lui ont value*, la gloria que le han valido sus hazañas. ‖ Equivaler a : *une blanche en musique vaut deux noires*, una blanca en música equivale a dos negras. ‖ Merecer : *le paysage vaut une visite*, el paisaje merece una visita ; *valoir la peine*, merecer la pena. ‖ Dar, proporcionar (donner). ‖ Ser equiparable *ou* equivalente a : *rien ne vaut ce pays*, nada es equiparable a este país.
— V. impers. Valer : *il vaut mieux*, más vale, es mejor.
— Observ. El participio pasado del verbo *valoir, valu*, es variable cuando significa *proporcionar* (la gloire que

cette action lui a *value*) pero queda invariable cuando tiene el sentido de « tener el valor » (il ne vaut plus la somme qu'il a *valu*).

valorisation f. Valorización.

valoriser v. tr. Valorizar.

valse f. Vals, *m.*

valser v. intr. Bailar un vals, valsar (danser). ‖ FIG. et FAM. *Faire valser quelqu'un*, traer a alguno al retortero.

— V. tr. Bailar como vals.

valseur, euse m. et f. Valsador, ra; que baila el vals.

valvaire adj. Valvar.

valve f. Valva (de mollusque). ‖ Valva, ventalla (d'un fruit). ‖ MÉCAN. Válvula. ‖ RAD. Válvula, lámpara.

valvé, e adj. Valvado, da; con valvas.

valvulaire adj. Valvular.

valvule f. ANAT. Válvula (des veines).

vamp [vã:p] f. CINÉM. Mujer fatal, vampiresa.

vampire m. Vampiro (spectre). ‖ FIG. Sanguijuela, *f.* ‖ Vampiro (chauve-souris).

vampirisme m. Vampirismo.

van m. Harnero (pour le grain). ‖ Furgón para el transporte de caballos (voiture).

vanadinite f. CHIM. Vanadinita.

vanadique adj. Vanádico, ca.

vanadium [vanadjɔm] m. Vanadio (métal).

vandale adj. et s. Vándalo, la.

vandalisme m. Vandalismo.

vandoise f. Dardo, *m.*, albur, *m.* (poisson).

vanesse f. Vanesa (papillon).

vanille [vani:j] f. Vainilla (fruit). ‖ — *À la vanille*, de vainilla. ‖ *Glace à la vanille*, helado mantecado *ou* de vainilla.

vanillé, e [-je] adj. Aromatizado, aromatizada con vainilla.

vanillerie [-jri] ou **vanillière** [-jɛ:r] f. Plantación de vainilla.

vanillier [-je] m. Vainilla, *f.* (plante).

vanilline [-jin] f. CHIM. Vanilina, vainillina.

vanillon [-jɔ̃] m. Variedad de vainilla.

vanisé, e adj. TECHN. Mezclado, mezclada con seda, nylon, etc. (laine).

vanité f. Vanidad. ‖ — *Sans vanité*, sin jactancia. ‖ *Tirer vanité de*, vanagloriarse de, envanecerse con.

vaniteux, euse adj. et s. Vanidoso, sa.

— SYN *Vain*, vano. *Important*, importante. *Superbe*, soberbio. *Présomptueux*, presuntuoso. *Prétentieux*, pretencioso. *Poseur*, fachendoso. *Fat*, fatuo. *Plastronneur*, fachendoso. *Snob*, snob. *Suffisant*, presumido. *Crâneur*, fanfarrón. *Faraud*, guapo, majo, orondo.

vannage m. Ahecho, cribado (du grain). ‖ Conjunto de compuertas de una acequia o presa (vannes).

vanne f. TECHN. Compuerta, alza (sur un cours d'eau). ‖ Válvula (sur une tuyauterie). ‖ FAM. Pulla : *lancer des vannes à quelqu'un*, tirar pullas a uno.

vanneau m. Avefría, *f.* (oiseau).

vannelle ou **vantelle** f. Compuerta pequeña (cours d'eau). ‖ Válvula (valve).

vanner v. tr. Ahechar, cribar (le grain). ‖ Batir (une crème). ‖ POP. Reventar (fatiguer). ‖ Poner compuertas (à un cours d'eau).

vannerie f. Cestería.

vannet [vanɛ] m. Red (*f.*) de parada (filet).

vanneur, euse adj. et s. Ahechador, ra; obrero, ra; cribador, ra.

vannier, ère m. y f. Cestero, ra.

vannure ou **vannée** f. AGRIC. Ahechaduras, *pl.*, granzas, *pl.*

vantail m. Hoja, *f.*, batiente (de porte ou fenêtre).

— OBSERV. Pl. *vantaux*.

vantard, e adj. et s. Jactancioso, sa.

vantardise f. Jactancia, vanagloria.

vanter v. tr. ● Alabar, ponderar el mérito de. ‖ *Ses mérites ne sont pas assez vantés*, sus méritos no están bien ponderados.

— V. pr. ◆ Jactarse, vanagloriarse, presumir.

— SYN. ● *Célébrer*, celebrar. *Rehausser*, realzar. *Porter au pinacle*, poner por las nubes, encomiar desmedidamente. *Aduler*, adular. *Louer*, alabar, elogiar. *Prôner*, pregonar.

— ◆ *Se vanter*, alabarse, vanagloriarse.

vanterie f. Jactancia. ‖ Autobombo, *m.* (à soi-même).

va-nu-pieds [vanypje] m. et f. inv. Descamisado, da; desharrapado, da.

vapeur f. Vapor, *m.* : *vapeur d'eau*, vapor de agua. ‖ FIG. *À toute vapeur*, a todo vapor, a toda máquina. ‖ *Bateau, machine à vapeur*, barco, máquina de vapor. ‖ *Les vapeurs du vin*, los vapores del vino. ‖ *Pommes vapeur*, patatas al vapor.

vapeur m. MAR. Vapor (navire).

vaporeux, euse adj. Vaporoso, sa (ciel, lumière, tissu). ‖ FIG. Nebuloso, sa; oscuro, ra (style, etc.).

vaporisage m. Vaporización (des tissus).

vaporisateur m. Vaporizador, pulverizador.

vaporisation f. Vaporización.

— SYN. *Evaporation*, evaporación. *Volatilisation*, volatilización. *Pulvérisation*, pulverización.

vaporiser v. tr. Vaporizar.

vaporiste m. Maquinista (chemin de fer).

vaquer v. intr. Vacar, estar vacante, estar disponible (être vacant). ‖ Interrumpir sus funciones. ‖ Dedicarse a, consagrarse a, ocuparse en (s'appliquer à) : *vaquer à ses affaires*, dedicarse a sus negocios.

var m. ÉLECTR. Var.

varaigne f. Portillo (*m.*) de salinas.

varan m. ZOOL. Varano.

varangue f. MAR. Varenga.

varappe f. Escalamiento (*m.*) de peñascos (alpinisme).

varech [varɛk] m. BOT. Varec (algue).

vareuse f. Marinera (de marin). ‖ Guerrera (veste d'uniforme). ‖ Chaquetón, *m.* (veste).

variabilité f. Variabilidad.

variable adj. et s. f. Variable.

variant, e adj. Vario, ria.

— F Variante.

variateur m. MÉCAN. Variador.

variation f. Variación.

varice f. Varice.

varicelle f. Varicela, viruelas (*pl.*) locas.

varicocèle f. Varicocele, *m.*

varié, e adj. Variado, da : *hors-d'œuvre variés*, entremeses variados.

varier* v. tr. Variar : *varier son alimentation*, variar la alimentación.

— V. intr. Variar : *ses réponses varient*, sus respuestas varían. ‖ Cambiar, diferir : *les mœurs varient d'un pays à l'autre*, las costumbres cambian de un país a otro. ‖ MATH. Variar.

variété f. Variedad. ‖ Variedad, tipo, *m.* : *il existe de nombreuses variétés d'arbres*, existen numerosos tipos de árboles. ‖ — Pl. Variedades.

— OBSERV. S'emploie surtout au pl. en espagnol.

variolé, e adj. et s. Picado de viruelas, virolento, ta.

varioleux, euse adj. et s. Varioloso, sa; virolento, ta.

variolique adj. Variólico, ca; varioloso, sa.

variolisation f. MÉD. Variolización.

varioloïde f. Varioloide (variole bénigne).

variqueux, euse adj. Varicoso, sa.

varlet [varlɛ] m. Doncel (jeune noble au service d'un seigneur). ‖ TECHN. Barrilete.

varlopage m. Cepillado con la garlopa.

varlope f. TECHN. Garlopa (rabot).
varloper v. tr. TECHN. Cepillar, acepillar.
varron m. Larva (f.) de hipoderma, rezno (parasite).
Varsovie n. pr. GÉOGR. Varsovia.
varsovienne f. Varsoviana (danse).
vasard, e adj. Cenagoso, sa.
— M. Fondo cenagoso.
Vascons [vaskɔ̃] n. pr. m. pl. Vascones.
vasculaire adj. Vascular.
vascularisation f. Vascularización.
vascularisé, e adj. Vascularizado, da.
vase m. Vaso (récipient). ‖ Jarrón (d'art). ‖ Florero (fleurs). ‖ — *Vase de nuit,* orinal. ‖ PHYS. *Vases communicants,* vasos comunicantes. ‖ RELIG. *Vases sacrés,* vasos sagrados. ‖ — FIG. *En vase clos,* aislado, da.
— F. Limo, m., cieno, m., fango, m.
vaseline [vazlin] f. Vaselina.
vaseux, euse adj. Cenagoso, sa ; fangoso, sa ; limoso, sa. ‖ FIG. et FAM. Hecho polvo, molido, da ; desfallecido, da (fatigué). | Mediocre, deslucido, da (médiocre), con muy poca gracia (astuce).
vasière f. Cenagal, *m.* ‖ Criadero (*m.*) de mejillones.
vasistas [vazistas] m. Montante (porte), tragaluz, ventanilla, f. ‖ (mansarde).
vaso-constricteur adj. et s. m. Vasoconstrictor.
vaso-constriction f. Vasoconstricción.
vaso-dilatateur adj. et s. m. Vasodilatador.
vaso-moteur, trice adj. et s. m. Vasomotor, ra (nerfs).
vasotomie f. MÉD. Vasotomía.
vasque f. Pilón, *m.*, pila (de fontaine). ‖ Centro (*m.*) de mesa.
vassal, e adj. et s. Vasallo, lla : *états vassaux,* estados vasallos.
vassaliser v. tr. Avasallar.
vassalité f. ou **vasselage** m. Avasallamiento, *m.* ‖ Vasallaje, *m.*
vassiveau m. Añal, cordero de menos de dos años.
vaste adj. Vasto, ta ; extenso, sa ; grande, amplio, mayor : *des ensembles industriels plus vastes,* conjuntos industriales mayores. ‖ FAM. Enorme, mayúsculo, la : *une vaste bêtise,* una tontería mayúscula.
Vatican n. pr. m. GÉOGR. Vaticano.
vaticane adj. f. Vaticana : *politique vaticane,* política vaticana.
vaticinateur, trice m. et f. Vaticinador, ra.
vaticination f. Vaticinio, *m.*
vaticiner v. intr. Vaticinar, pronosticar, adivinar.
va-tout [vatu] m. inv. Resto (mise de tout l'argent des jeux). ‖ FIG. *Jouer son va-tout,* jugar el todo por el todo, echar *ou* envidar el resto.
vauclusien, enne adj. Del departamento francés de Vaucluse. ‖ *Source vauclusienne,* resurgimiento de un río subterráneo.
vaudeville m. Vodevil, vaudeville (gallicismes), comedia (f.) ligera.
vaudevillesque adj. Vodevilesco, ca ; vaudevillesco, ca (gallicismes).
vaudevilliste m. Vodevilista, vaudevillista.
vaudois, e m. et f. et RELIG. Valdense (secte). ‖ Natural de Vaud (Suisse).
vau-l'eau (à) [avolo] loc. adv. Río abajo, siguiendo la corriente, aguas abajo. ‖ *S'en aller à vau-l'eau,* salir mal, irse a pique, fracasar (aller mal).
vaurien, enne m. et f. Golfo, fa.
— SYN. *Voyou,* golfo. *Garnement,* bribón. *Gredin,* pillo. *Canaille,* canalla. *Crapule,* tipo crapuloso. *Sacripant,* tuno, pícaro. *Dévoyé,* perdido. *Arsouille,* chulo, truhán. *Chenapan,* granuja, pillo. *Galvaudeux,* golfo. *Fripouille,* granuja. *Goujat, gouape,* granuja.
vautoir m. Peine distribuidor (textile).

vautour m. ZOOL. Buitre. ‖ FIG. Hombre rapaz, usurero, logrero (usurier).
vautré, e adj. Echado, da ; tendido, da.
vautrer (se) v. pr. Revolcarse en, tenderse en : *se vautrer sur l'herbe,* tenderse en la hierba. ‖ Repantigarse, arrellanarse (dans un fauteuil).
vau-vent (à) [avovɑ̃] loc. adv. A favor del viento.
vavassal ou **vavasseur** m. HIST. Valvasor (féodalité).
veau m. Ternero, becerro (animal) : *veau de lait,* ternero lechal. ‖ Ternera, *f.* (viande) : *un rôti de veau,* un asado de ternera. ‖ Becerro (peau) ‖ FAM. Cacharro (voiture). ‖ — ZOOL. *Veau marin,* becerro marino, foca (phoque). ‖ — FIG. *Adorer le veau d'or,* adorar el becerro de oro. | *Faire le veau o s'étendre comme un veau,* tenderse a la bartola. ‖ *Pleurer comme un veau,* berrear. ‖ *Tuer le veau gras,* echar la casa por la ventana.
vecteur adj. m. et s. m. Vector : *rayon vecteur,* radio vector.
vectoriel, elle adj. Vectorial : *calcul vectoriel,* cálculo vectorial.
vécu, e adj. Vivido, da.
véda m. Veda (livre sacré de l'Inde).
vedette f. MAR. Lancha motora, motora. ‖ Primera figura, estrella (artiste). ‖ Divo, va ; astro (acteur connu). ‖ Figura : *la grande vedette sera le président de la République,* la gran figura será el presidente de la República. ‖ Divo, va (opéra). ‖ — *Vedette de sauvetage,* lancha salvadidas. ‖ *Vedette lance-torpilles,* lancha torpedera. ‖ *Un combat vedette,* un combate estelar. ‖ — IMPR. *En vedette,* en un solo renglón. ‖ *Mettre en vedette,* poner en primer plano, en evidencia, destacar. ‖ *Tenir, avoir la vedette,* estar en la primera plana de la actualidad.
védique adj. et s. m. RELIG. Védico, ca.
védisme m. RELIG. Vedismo.
végétal, e adj. et s. m. Vegetal : *médicaments végétaux,* medicinas vegetales.
végétalisme m. Vegetalismo, vegetarianismo.
végétarien, enne adj. et s. Vegetariano, na.
— SYN. *Herbivore,* herbívoro. *Frugivore,* frugívoro.
végétarisme m. Vegetarianismo.
végétatif, ive adj. Vegetativo, va.
végétation f. Vegetación : *la végétation des tropiques,* la vegetación de los trópicos. ‖ — Pl. MÉD. Vegetaciones.
végéter* v. intr. Vegetar. ‖ FIG. Vegetar, ir tirando (fam.).
véhémence f. Vehemencia.
véhément, e adj. Vehemente.
véhiculaire adj. *Langue véhiculaire,* lengua de relación.
véhicule m. Vehículo.
véhiculer v. tr. Transportar en vehículo. ‖ FIG. Comunicar, transmitir.
veille [vɛj] f. Insomnio, *m.*, desvelo, *m.* (insomnie). ‖ Vela, vigilia (temps de la nuit que l'on passe sans dormir). ‖ Víspera (jour précédent). ‖ Vigilia (d'une fête). ‖ — Pl. Vigilias (études, travaux, de nuit). ‖ *À la veille de,* en vísperas de (près de).
veillée [-je] f. Velada. ‖ Vela (d'un malade). ‖ Velatorio, *m.* (d'un défunt). ‖ *Faire sa veillée d'armes,* velar las armas.
veiller [-je] v. intr. Velar (ne pas dormir). ‖ Vigilar : *le concierge veille à la sortie de l'établissement,* el conserje vigila a la salida del establecimiento. ‖ Quedarse sin dormir : *elle dut veiller toute la nuit pour achever sa robe,* tuvo que quedarse sin dormir toda la noche para acabar su vestido. ‖ Tener cuidado con (prendre garde à). ‖ FIG. Cuidar, velar : *veiller à la sécurité de quelqu'un,* cuidar de la seguridad de alguien. ‖ Hacer

guardia : *deux soldats veillaient aux portes du palais,* dos soldados hacían guardia en las puertas del palacio. ‖ — *Veiller à ce que,* procurar que. ‖ *Veiller au grain,* vigilar los golpes de viento (maritime), estar ojo avizor, estar preparado para una eventualidad (être vigilant). — V. tr. Velar, cuidar : *veiller un malade,* velar a un enfermo.

veilleur, euse [-jœ:r, ø:z] m. et f. Vigilante. ‖ *Veilleur de nuit,* sereno (des rues), guarda nocturno *ou* de noche (d'une usine).

veilleuse [-jø:z] f. Mariposa (à huile). ‖ Lamparilla de noche (lampe). ‖ Piloto, *m.,* llama auxiliar (pour allumer un appareil). ‖ — FAM. *La mettre en veilleuse,* poner punto en boca. ‖ *Mettre en veilleuse,* poner a media luz (une lumière) ; disminuir, limitar alguna actividad (restreindre une activité). ‖ AUTOM. *Mettre les phares en veilleuse,* poner luces de población.

veillotte [-jɔt] f. Pequeño (*m.*) haz de heno.

veinard, e adj. et s. FAM. Potroso, sa ; chambón, ona ; suertudo, da.

veine f. ANAT. Vena. ‖ MIN. Vena, veta (filon). ‖ TECHN. Vena, veta (d'une pierre, bois, etc.). ‖ POP. et FAM. Chamba, potra (chance). ‖ — POP. *Veine de pendu,* suerte loca. ‖ *Veine poétique,* vena poética. ‖ — *En veine de,* en vena de. ‖ *Pas de veine!,* ¡qué mala pata! ‖ — FIG. et FAM. *Être en veine,* estar uno en vena.

veiné, e adj. Veteado, da.

veiner v. tr. Vetear.

veinette f. Brocha de vetear.

veineux, euse adj. Venoso, sa (des veines) : *sang veineux,* sangre venosa. ‖ Veteado, da ; que tiene vetas : *pierre veineuse,* piedra veteada.

veinule f. ANAT. Venilla.

veinure f. TECHN. Veteado, *m.*

vêlage m. Parición, *f.,* parto de la vaca.

vélaire adj. et s. f. GRAMM. Velar.

vélani m. Roble asiático (chêne).

vélar m. BOT. Sisimbrio, jaramago.

vélarium [velarjɔm] m. Velario.

velche ou welsch [vɛlʃ] adj. et s. Extranjero, ra. ‖ — M. Patán, hombre ignorante.

veld m. Meseta (*f.*) esteparia del África meridional.

vêlement m. Parición, *f.,* parto de la vaca.

vêler v. intr. Parir la vaca.

vélie f. Tejedor, *m.* (araignée de mer).

vélin m. Vitela, *f.* (parchemin). — Adj. et s. *Papier vélin o velin,* papel vitela.

vélique adj. MAR. Vélico, ca ; relativo a las velas : *point, centre vélique,* punto, centro vélico.

vélite m. MIL. Vélite (soldado romano).

vélivole adj. et s. Aficionado a los vuelos sin motor.

velléitaire adj. et s. Veleidoso, sa.

velléité [veleite] f. Veleidad.

vélo m. FAM. Bici, *f.,* bicicleta, *f.*

véloce adj. Veloz.

vélocifère m. Celerífero.

vélocipède m. Velocípedo.

vélocité f. (P. us.). Velocidad. — OBSERV. La palabra usual para traducir *velocidad* al francés es *vitesse.*

vélodrome m. Velódromo.

vélomoteur m. Velomotor.

velot [velo] m. Piel (*f.*) de becerro nonato.

velours [velu:r] m. Terciopelo, velludillo, veludillo (de coton). ‖ FIG. Lo aterciopelado : *le velours d'une pêche,* lo aterciopelado de un melocotón. ‖ — *Velours côtelé,* pana, pana de canutillo. ‖ — *Patte de velours,* pata de gato con las uñas escondidas. ‖ FAM. *Sur le velours,* fácilmente, sobre seguro (avec certitude). ‖ — FIG. *C'est comme un velours,* es puro terciopelo. ‖ *Faire*

patte de velours, esconder las uñas, ocultar la mala intención con palabras agradables. ‖ *Faire un velours,* hacer mal un enlace de palabras.

velouté, e adj. Aterciopelado, da. ‖ FIG. Suave (vin), untuoso, sa (crème). — M. Lo aterciopelado : *le velouté d'une étoffe,* lo aterciopelado de una tela.

veloutement m. Aterciopelado (action).

velouter v. tr. Aterciopelar.

veloutier m. Terciopelero.

veloutine f. Velludillo, *m.* (étoffe).

velte f. (Vx). Vara para aforar toneles.

velter v. tr. Aforar toneles.

velu, e adj. Velludo, da ; velloso, sa.

vélum [velɔm] m. Entoldado, toldo. — OBSERV. Pl. *Vélums.*

velvet [vɛlvit] m. Velludillo (tissus).

velvote f. BOT. Linaria.

venaison f. Caza (gibier).

vénal, e adj. Venal. ‖ FIG. Venal, interesado, da.

vénalité f. Venalidad.

venant, e adj. et s. Viniente, que llega, que viene. — M. Viniente. ‖ — *Allants et venants,* yentes y vinientes, los que van y vienen. ‖ *À tout venant,* al primero que llega. ‖ *Bien venant,* que viene bien (qui vient bien) ; que crece con vigor (qui profite).

Venceslas [vɛsɛslas] n. pr. m. Wenceslao.

vendable adj. Vendible.

vendange f. Vendimia.

vendangeoir [vãdãʒwa:r] m. Cuévano (panier).

vendanger* v. tr. et intr. Vendimiar.

vendangerot [vãdãʒro] m. Cuévano (panier).

vendangette f. Tordo, *m.* (grive).

vendangeur, euse m. et f. Vendimiador, ra.

Vendée n. pr. f. GÉOGR. Vandea.

vendéen, enne adj. et s. Vendeano, na.

vendémiaire m. Vendimiario [mes del calendario revolucionario francés].

vendetta f. Venganza, vendetta [guerra entre dos familias en Córcega y en algunas regiones de Italia].

vendeur, euse m. et f. Vendedor, ra (marchand). ‖ Dependiente, ta (employé).

vendre v. tr. ● Vender : *vendre des oranges,* vender naranjas ; *vendre un tableau cent mille francs,* vender un cuadro en *ou* por cien mil francos. ‖ FIG. Vender : *vendre sa conscience,* vender la conciencia. ‖ Traicionar, denunciar, vender : *vendre ses complices,* denunciar a sus cómplices. ‖ — *Vendre à perte,* vender con pérdida. ‖ *Vendre à terme o à tempérament,* vender a plazos. ‖ *Vendre aux enchères,* vender en pública subasta. ‖ *Vendre comptant,* vender al contado. ‖ FIG. et FAM. *Vendre la mèche,* dar el soplo, descubrir el pastel, revelar un secreto. ‖ *Vendre la peau de l'ours avant de l'avoir tué,* vender la piel del oso antes de haberlo matado. ‖ *Vendre quelque chose pour rien,* vender algo por nada. — V. pr. Venderse, dejarse sobornar. ‖ *Il s'est vendu par cette réflexion,* esta reflexión le ha vendido [delatado].

— SYN. ● *Aliéner,* enajenar. *Céder,* ceder. *Se défaire,* deshacerse. *Débiter,* despachar, expender. *Brocanter,* chamarilear. *Bazarder,* pulir. *Liquider,* liquidar. *Réaliser,* realizar. *Brader,* expender, liquidar.

vendredi m. Viernes : *vendredi prochain,* el viernes próximo.

vendu, e adj. et s. Vendido, da.

venelle f. Callejón, *m.,* callejuela.

vénéneux, euse adj. Venenoso, sa : *champignon vénéneux,* seta venenosa.

vénérable adj. et s. Venerable : *vieillard vénérable,* anciano venerable.

vénération f. Veneración.

vénérer* v. tr. Venerar.

vénéricarde f. Zool. Venericardia.

vénerie [venri] f. Montería.

vénérien, enne adj. Venéreo, a : *maladie véné-rienne*, enfermedad venérea.

Vénétie n. pr. f. Géogr. Venecia.

venet [vənɛ] m. Red (*f.*) de parada (filet).

venette f. Fam. Jindama, mieditis.

veneur m. Montero : *grand veneur*, montero mayor.

vénézuélien, enne adj. et s. Venezolano, na.

vengeance [vᾶʒᾶ :s] f. Venganza. ‖ — *Crier, de-mander vengeance*, clamar venganza. ‖ *Tirer vengeance*, vengarse.

— Syn. *Représailles*, represalias. *Vindicte*, vindicta. *Vendetta*, vendetta, venganza.

venger* v. tr. Vengar : *venger une offense grave*, vengar una ofensa grave.

— V. pr. Vengarse. ‖ *Se venger par des bienfaits*, devolver bien por mal.

vengeur, eresse adj. et s. Vengador, ra.

véniel, elle adj. Venial : *péché véniel*, pecado venial. ‖ Sin gravedad.

venimeux, euse adj. Venenoso, sa (animaux) : *un serpent venimeux*, una serpiente venenosa. ‖ Fig. Venenoso, sa (méchant). ‖ *Langue venimeuse*, lengua viperina.

— Observ. L'espagnol *venenoso* correspond à la fois à *vénéneux* et *venimeux*.

venimosité f. Venenosidad.

venin m. Veneno, ponzoña, *f.* (p. us.) : *le venin d'un serpent*, el veneno de una serpiente.

venir* v. intr. Venir : *il va venir*, él va a venir. ‖ Venir, proceder : *ce thé vient de Ceylan*, este té viene de Ceilán ; *ce mot vient du latin*, esta palabra procede del latín. ‖ Venir, seguir (succéder) : *le printemps vient après l'hiver*, la primavera viene después del invierno ou sigue al invierno. ‖ Venir : *le pouvoir vient du peuple*, el poder viene del pueblo. ‖ Llegar, venir : *la mort vient sans qu'on s'en doute*, la muerte viene cuando menos se espera. ‖ ● Llegar : *un malheur ne vient jamais seul*, una desgracia nunca llega sola ; *l'heure est venue*, ya llegó la hora. ‖ Llegar : *l'eau ne venait pas au robinet*, el agua no llegaba al grifo. ‖ Llegar (arriver). ‖ Entrar : *il vient de l'air par la porte*, entra aire por la puerta. ‖ Fig. Llegar : *il me vient à l'épaule*, me llega al hombro. ‖ Darse, salir (plantes). ‖ Crecer (pousser) : *cet arbre vient bien*, este árbol crece bien. ‖ Acercarse : *venir à lui*, acercarse a él. ‖ Caer, salir : *le vin vient goutte à goutte*, el vino cae gota a gota. ‖ Formar : *il lui est venu une tumeur*, se le ha formado un tumor. ‖ — *Venir à bout de*, terminar, llevar a cabo. ‖ *Venir à l'idée*, ocurrírsele a uno. ‖ *Venir à point*, venir de perlas ou a punto. ‖ *Venir à rien*, venir a menos, quedarse en nada. ‖ *Venir au monde*, nacer. ‖ *Venir bien, mal* (épreuve), salir bien, mal. ‖ *Venir de*, acabar de : *je viens d'arriver*, acabo de llegar. ‖ — *À venir*, venidero, ra ; futuro, ra. ‖ *En venir à*, venir a, llegar a (arriver à) ; pasar a, llegar a : *j'en viens à votre question*, paso ahora a su pregunta. ‖ *En venir aux faits*, ir al grano. ‖ *En venir aux mains*, llegar a las manos, pelearse. ‖ *Faire venir*, llamar (personne), mandar traer (chose). ‖ *Laisser venir*, esperar antes de obrar. ‖ *Ne faire qu'aller et venir*, irse sólo un momento. ‖ Fig. *Voir venir quelqu'un*, verle venir a uno, adivinar las intenciones de uno. ‖ *Vouloir en venir à*, tener como objetivo. ‖ — Fam. *Ça vient?*, ¿estamos? ¿listo? ‖ *Garçon? — Je viens, Madame*, ¿Camarero? — Voy, señora. ‖ *Où voulez-vous en venir?*, ¿a dónde quiere usted ir a parar?, ¿qué quiere usted decir? ‖ *S'il venait à pleuvoir*, si lloviera. ‖ *Tout vient à point à qui sait attendre*, todo llega

a su debido tiempo. ‖ Pop. *Viens-y pour voir!*, ¡ven acá y nos veremos!

— Observ. Cuando se trata de un lugar que no es el mismo que el sitio en que se encuentra la persona que habla, se emplea el verbo *ir* : *sa mère lui écrit de venir près d'elle*, su madre le escribe que vaya junto a ella ; *je viens!*, ¡voy!

— Syn. ● *Arriver*, llegar, *Survenir*, sobrevenir. *S'amener*, llegar. *Surgir*, surgir. *Naître*, nacer.

Venise n. pr. Géogr. Venecia.

vénitien, enne adj. et s. Veneciano, na.

vent [vᾶ] m. ● Viento : *vent arrière, debout*, viento en popa, en contra. ‖ Viento, aire : *il y a beaucoup de vent*, hace mucho aire. ‖ Aire : *faire du vent avec un éventail*, hacer aire con un abanico. ‖ Gas, ventosidad, *f.* : *avoir des vents*, tener ventosidades. ‖ Olor (vénerie). ‖ Viento (direction) : *je sème à tout vent*, siembro a los cuatro vientos. ‖ Mus. Viento : *instruments à vent*, instrumentos de viento. ‖ — *Contre vents et marées*, contra viento y marea. ‖ *Coup de vent*, ráfaga de viento. ‖ Pop. *Du vent!*, ¡lárguese!, ¡aire! ‖ *En coup de vent*, de prisa y corriendo. ‖ *En plein vent*, en lugar expuesto al viento. ‖ — *Aller au vent*, ganar el viento. ‖ *Aller contre le vent*, hurtar el viento. ‖ *Aller le nez au vent*, ir muy tieso. ‖ Fig. *Aller plus vite que le vent*, ir como el viento. ‖ *Aller selon le vent*, ir al amparo del viento, ir con la corriente. ‖ *Allez, et bon vent!*, ¡váyase con Dios! ‖ *Autant en emporte le vent*, lo que el viento se llevó. ‖ *Avoir bon vent*, tener viento favorable. ‖ Fam. *Avoir du vent dans les voiles*, estar achispado ou calamocano. ‖ *Avoir vent de quelque chose*, llegar algo a los oídos de uno, barruntar. ‖ Fam. *Ce que vous dites, c'est du vent*, lo que dice son palabras al aire. ‖ Mar. *Être au vent*, estar a barlovento. ‖ *Être dans le vent*, seguir la moda ou el movimiento. ‖ Mar. *Être sous le vent*, estar a sotavento. ‖ *Fendre le vent*, cortar el aire. ‖ *Le vent a tourné*, el viento ha cambiado (temps), se han vuelto las tornas (chance). ‖ *Le vent est tombé*, amainó el viento. ‖ *Quel bon vent vous amène?*, ¿qué le trae por aquí? ‖ *Qui sème le vent récolte la tempête*, quien siembra vientos recoge tempestades. ‖ *Tourner à tout vent*, moverse a todos los vientos. ‖ Mar. *Venir au vent*, orzar.

— Syn. ● *Brise*, brisa. *Zéphir*, céfiro. *Aquilon*, aquilón, norte. *Bise*, cierzo. *Autan*, altano. *Noroît*, noroeste. *Auster*, austro. *Mistral*, mistral. *Tramontane*, tramontana. *Mousson*, monzón. *Sirocco*, siroco. *Simoun*, simún. *Blizzard*, blizzard.

ventage m. Cribado, ahecho (des grains).

ventail m. ou **ventaille** f. Ventalle, *m.*

— Observ. Pl. *ventaux*.

vente f. Venta : *la vente du lait*, la venta de leche. ‖ Corte, *m.*, tala (de árboles). ‖ — *Vente à crédit*, venta a crédito. ‖ *Vente à tempérament, à terme*, venta a plazos. ‖ *Vente au comptant*, venta al contado. ‖ *Vente au détail*, venta al por menor. ‖ *Vente aux enchères*, subasta, almoneda. ‖ *Vente en gros*, venta al por mayor.

venté, e adj. Venteado, da.

venteaux [vᾶto] m. pl. Respiraderos.

venter v. imp. Ventear, soplar el viento.

venteux, euse adj. Ventoso, sa : *mars est venteux*, marzo es ventoso. ‖ Ventoso, sa ; flatulento, ta : *légumes venteux*, legumbres flatulentas.

ventilateur m. Ventilador.

ventilation f. Ventilación (aération). ‖ Distribución, desglose, *m.* (sur différents comptes) : *ventilation des frais généraux*, desglose de los gastos generales. ‖ Clasificación.

ventiler v. tr. Ventilar (aérer). ‖ Desglosar, distribuir (les articles d'un compte). ‖ Clasificar.

ventileuse f. Zool. Abeja ventiladora.

ventis [vᾶti] m. Árboles derribados por el viento.

ventôse m. Ventoso [mes del calendario revolucionario francés].
ventosité f. Ventosidad.
ventouse f. Ventosa. ‖ Techn. Respiradero, *m.* (ouverture).
ventouser v. tr. Poner ventosas.
ventrailles [vɑ̃trɑ:j] f. pl. Tripas.
ventral, e adj. Ventral.
ventre m. Anat. ● Vientre. ‖ Fam. Barriga, *f.,* tripa, *f.* (pop.). ‖ Vientre, barriga, *f.,* panza, *f.* (d'un vase, d'un bateau). ‖ Archit. Pandeo, panza, *f.* ‖ Antinodo (acoustique). ‖ — Fig. *Ventre à terre,* a galope tendido, a todo escape. ‖ — *À plat ventre,* boca abajo. ‖ Fam. *À ventre déboutonné,* a dos carrillos, hasta reventar. ‖ *Bas ventre,* hipogastrio, bajo vientre. ‖ *Sur le ventre,* boca abajo. ‖ — *Avoir* o *prendre du ventre,* tener ou echar barriga. ‖ *Avoir dans le ventre,* tener dentro de sí, tener en las entrañas. ‖ *Avoir du cœur au ventre,* tener mucho valor. ‖ Fig. *Avoir le ventre creux,* tener un vacío en el estómago. ‖ *Avoir le ventre plein,* estar harto. ‖ *Donner un coup de ventre,* dar un barrigazo. ‖ Fig. et Fam. *En avoir dans le ventre,* tener muchas agallas *ou* hígado. ‖ *Savoir ce que quelqu'un a dans le ventre,* saber lo que piensa uno (sa pensée), saber lo que vale uno (ce qu'il vaut). ‖ *Taper sur le ventre de quelqu'un,* tratarlo con familiaridad. ‖ *Ventre affamé n'a point d'oreilles,* el hambre es mala consejera.
— Syn. ● *Abdomen,* abdomen. *Fam. Panse,* panza. *Bedaine,* barriga, curva de la felicidad. *Bedon,* panza, andorga.
ventrebleu! interj. Fam. ¡Voto a Judas! ‖ ¡Cáspita!
ventrée f. Ventregada (portée). ‖ Pop. Panzada, atracón, *m.*
ventriculaire adj. Anat. Ventricular.
ventricule m. Anat. Ventrículo.
ventriculographie f. Méd. Ventriculografía.
ventrière f. Ventrera, barriguera (harnais).
ventriloque adj. et s. Ventrílocuo, a.
ventriloquie f. Ventriloquia.
ventripotent, e ou **ventru, e** adj. Fam. Ventrudo, da; panzudo, da; barrigudo, da; tripudo, da.
venturi m. Pulverizador de gasolina.
venu, e adj. Conseguido, da; realizado, da . *une estampe bien venue,* una estampa bien realizada. ‖ Venido, da : *bien venu,* bien venido. ‖ — *Venu de,* que viene de, procedente de. ‖ *Être mal venu,* ser poco oportuno. ‖ — Adj. et s. Llegado, da : *nouveau venu,* recién llegado. ‖ — M. et f. El que llega *ou* la que llega : *écouter le premier venu,* escuchar al primero que llega.
venue f. Llegada, venida : *allées et venues,* idas y venidas. ‖ Crecida, desarrollo, *m. : arbre d'une belle venue,* árbol de gran desarrollo. ‖ *Un conte d'une belle venue,* un cuento escrito con acierto *ou* con talento.
Vénus [venys] f. Venus. ‖ Venus (mollusque).
vénusté f. Venustidad, elegancia.
vêpres [vɛ:pr] f. pl. Vísperas (partie de l'office). ‖ Hist. *Vêpres siciliennes,* vísperas sicilianas.
ver m. Zool. Gusano. ‖ Méd. Verme. ‖ — *Ver à soie,* gusano de seda. ‖ *Ver blanc,* larva de abejorro. ‖ *Ver de terre,* lombriz. ‖ *Ver luisant,* luciérnaga (luciole). ‖ *Ver solitaire,* solitaria. ‖ *Vers intestinaux,* lombrices intestinales. ‖ — *Écrasé comme un ver,* aplastado como una cucaracha. ‖ *Nu comme un ver,* en cueros vivos. ‖ — Fig. *Avoir le ver solitaire,* tener la solitaria. ‖ Fig. et Fam. *Tirer les vers du nez,* tirar de la lengua, sonsacar. ‖ Fam. *Tuer le ver,* matar el gusanillo.
véracité f. Veracidad.
véraison f. Envero, *m.* (des fruits).

véranda f. Veranda. ‖ Mirador, *m.,* cierro de cristales, *m.* (galerie).
vératre m. Veratro (plante). ‖ *Vératre blanc,* vedegambre.
vératrine f. Chim. Veratrina.
verbal, e adj. Verbal. ‖ *Procès verbal,* atestado, denuncia escrita, información sumaria (constat de délit), acta (compte rendu).
verbalisateur adj. et s. m. Encargado de redactar una denuncia.
verbalisation f. Formalización de un atestado (délit). ‖ Levantamiento (*m.*) de acta (compte rendu).
verbaliser v. intr. Formalizar el atestado (dresser le procès verbal), proceder contra (poursuivre). ‖ Levantar acta (faire le compte rendu).
verbalisme m. Verbalismo.
verbe m. Palabra, *f.,* voz, *f.* ‖ Relig. Verbo (deuxième personne de la sainte Trinité). ‖ Gramm. Verbo. ‖ *Avoir le verbe haut,* hablar fuerte.
verbénacées f. pl. Bot. Verbenáceas.
verbeux, euse adj. Verboso, sa.
verbiage m. Palabrería, *f.,* verborrea, *f.*
verboquet [vɛrbɔkɛ] m. Braga, *f.* (cordage).
verbosité f. Verbosidad.
ver-coquin m. Cenuro (ver). ‖ Vétér. Modorra, *f.* (maladie des moutons).
verdage m. Agric. Abono vegetal.
verdâtre adj. Verdusco, ca; verdoso, sa.
verdelet, ette adj. Verde aún, poco maduro. ‖ *Vin verdelet,* vino agrillo.
verdet [vɛrdɛ] m. Chim. Verdete, cardenillo.
verdeur f. Acidez, agrura (du vin). ‖ Falta de madurez (fruits). ‖ Humedad de la madera verde (du bois). ‖ Fig. Verdor, *m.,* vigor, *m.* (jeunesse, vigueur). | Carácter licencioso, *m.,* lo verde, lo licencioso : *la verdeur de ses propos,* lo licencioso de sus palabras.
verdict [vɛrdikt] m. Dr. Veredicto : *verdict d'acquittement,* veredicto de inculpabilidad.
verdier m. Verderón (oiseau). ‖ Antiguo jefe de guardias forestales.
verdir v. tr. Pintar de verde.
— V. intr. Verdecer, verdear, reverdecer (la terre, les arbres). ‖ Verdear (devenir vert). ‖ Ponerse verde (de peur, colère, etc.). ‖ Criar cardenillo (le cuivre).
verdissage m. Pintura de verde.
verdissement [vɛrdismɑ̃] ou **verdoiement** [-dwamɑ̃] m. El verdear.
verdoyant, e [-dwajɑ̃, ɑ̃:t] adj. Verde, verdoso, sa ; que verdece.
verdoyer* [-dwaje] v. intr. Verdecer, verdear. ‖ Reverdecer.
verdunisation f. Adición de cloro al agua en pequeñas dosis.
verduniser v. tr. Adicionar cloro al agua en pequeña cantidad.
verdure f. Verde, *m.,* verdor, *m.* (des plantes). ‖ Hierba, césped, *m.,* plantas que cubren un terreno, como las de los prados, etc. ‖ Verdura, hortalizas, pl. (herbe, feuillages, plantes potagères).
— Observ. Le mot *verduras* désigne surtout les légumes verts.
vérétille [vereti:j] m. Zool. Veretílido.
véreux, euse adj. Agusanado, da (qui a des vers). ‖ Fig. Dudoso, sa (douteux). ‖ Sospechoso, sa (suspect). ‖ Poco limpio, pia ; turbio, bia (malhonnête).
verge f. Vara (de bois). ‖ Varilla (de métal). ‖ Mar. Caña (de l'ancre). ‖ Anat. Verga. ‖ Techn. Astil, *m.* (de fléau). ‖ Eje (*m.*) de áncora (d'une horloge). ‖ — Pl. Varas, azotes, *m.* ‖ *Donner des*

verges pour se faire fouetter, dar armas al enemigo.

vergé, e adj. Acanillado, da (tissu). ‖ *Papier vergé,* papel vergé.

vergeoise f. Azúcar mascabado (sucre).

verger m. Vergel, huerto (jardin).

vergeté, e adj. BLAS. Vergeteado, da. ‖ Listado, da ; veteado, da.

vergetier, ère m. et f. Fabricante de verguetas.

vergette f. Vergueta, varilla (petite verge). ‖ Cepillo, *m.* (brosse). ‖ BLAS. Vergueta.

vergetures f. pl. MÉD. Estrías, veteaduras, vetas (de la peau). ‖ Verdugones, *m.* (de coups).

vergeure [vɛrʒœːr] f. Veta, raya [en relieve del papel]. ‖ Alambres de latón que se ponen en la forma para señalar vetas en el papel.

verglacé, e adj. Cubierto de hielo, helado, da (chaussée).

verglacer v. impers. Formarse hielo en el pavimento.

verglas [vɛrgla] m. Hielo en el pavimento.

vergne m. Aliso (arbre).

vergogne f. Vergüenza : *sans vergogne,* sin vergüenza.

vergue f. MAR. Verga.

véridique adj. Verídico, ca.

vérifiable adj. Comprobable.

vérificateur, trice adj. et s. Verificador, ra ; comprobador, ra ; perito (expert). ‖ *Vérificateur des comptes,* interventor de cuentas.

vérificatif, ive adj. Verificativo, va.

vérification f. Comprobación, verificación. ‖ Examen, *m.,* revisión. ‖ Contraste, *m.* (des poids et mesures). ‖ *Vérification des comptes,* intervención de cuentas.

vérifier* v. tr. ● Comprobar, verificar. ‖ Examinar, revisar. ‖ Confirmar, justificar.

— SYN. ● *Constater,* comprobar. *Avérer,* comprobar. *Contrôler,* controlar.

vérin m. TECHN. Gato, elevador : *vérin à vis,* gato de rosca, de tornillo ; *vérin hydraulique,* gato hidráulico.

vérine ou **verrine** f. MAR. Cabo, *m.* | Lámpara, farol, *m.* (au gouvernail).

vérisme m. Verismo.

vériste adj. et s. Verista.

véritable adj. Verdadero, ra. ‖ Legítimo, ma : *cuir véritable,* cuero legítimo. ‖ Legítimo, ma ; de ley (métal).

vérité f. ● Verdad. ‖ Naturalidad (portrait). ‖ — *Vérité de La Palisse,* perogrullada. ‖ *Minute de vérité,* hora de la verdad. ‖ — *À la vérité,* a decir verdad, la verdad sea dicha. ‖ *En vérité,* en ou de verdad, verdaderamente. ‖ — FAM. *Dire ses vérités à quelqu'un,* decir a uno cuatro verdades. ‖ *Il n'y a que la vérité qui blesse,* sólo la verdad ofende. ‖ *Toutes les vérités ne sont pas bonnes à dire,* no todas las verdades son para dichas.

— SYN. ● *Axiome,* axioma. *Truisme,* truísmo. *Lapalissade,* perogrullada. *Véracité,* veracidad.

verjus [vɛrʒy] m. Agraz.

verjuté, e adj. Agraceño, ña.

vermée f. Pesca con gusanos.

vermeil, eille [vɛrmɛj] adj. Bermejo, ja (rouge). — M. TECHN. Corladura, *f.* (argent doré).

vermet [vɛrmɛ] m. ZOOL. Vermeto.

vermicelier, ère m. et f. Fideero, ra ; fabricante de fideos.

vermicelle m. Fideos, *pl.* (pâtes alimentaires). ‖ Sopa de fideos (potage).

vermicellerie f. Fábrica ou fabricación de fideos.

vermiculaire adj. Vermicular.

vermiculé, e adj. Vermiculado, da.

vermiculure f. Adorno vermiculado.

vermidiens m. pl. ZOOL. Vermídeos.

vermiforme adj. Vermiforme.

vermifuge adj. et s. m. MÉD. Vermífugo, ga ; vermicida.

vermille [vɛrmi :j] f. Palangre (*m.*) de río (ligne de fond).

vermiller v. intr. Hozar (le sanglier).

vermillon [vɛrmijɔ̃] m. Bermellón (couleur).

vermillonner [-jɔne] v. tr. Pintar con bermellón.

vermine f. Miseria (parasites). ‖ FIG. Chusma, gentuza.

vermineux, euse adj. MÉD. Verminoso, sa (maladie). ‖ Piojoso, sa (pouilleux).

vermis [vɛrmis] m. ANAT. Vermis.

vermisseau m. Gusanillo.

vermivore adj. ZOOL. Vermívoro, ra.

vermouler (se) v. pr. Carcomerse.

vermoulu, e adj. Carcomido, da (bois).

vermoulure f. Carcoma (du bois).

vermouth m. Vermut, vermú (apéritif).

vernaculaire adj. Vernáculo, la.

vernal, e adj. Vernal (du printemps).

vernalisation f. AGRIC. Vernalización.

vernier m. TECHN. Nonio, vernier.

vernir v. tr. Barnizar. ‖ Charolar (chaussures). ‖ — *Souliers vernis,* zapatos de charol. ‖ — POP. *Être verni,* tener chamba, potra.

vernis [vɛrni] m. Barniz (enduit). ‖ Vidriado, barniz vítreo (pour la porcelaine). ‖ Charol (pour les cuirs). ‖ FIG. Baño, barniz, capa, *f.* : *un vernis d'éducation,* un barniz de educación. ‖ BOT. Barniz. ‖ *Vernis à ongles,* laca ou esmalte para uñas.

vernissage m. Barnizado. ‖ FIG. Inauguración (*f.*) de una exposición de arte, apertura, *f.*

vernissé, e adj. Barnizado, da (verni). ‖ Vidriado, da (céramique). ‖ Lustroso, sa (brillant). ‖ Acharolado, da (cuir).

vernisser v. tr. Vidriar (la poterie).

vernisseur, euse m. et f. Barnizador, ra ; laqueador, ra (qui vernit). ‖ Fabricante de barnices.

vérole f. Sífilis. ‖ MÉD. *Petite vérole,* viruelas : *marqué de petite vérole,* picado de viruelas.

véronique f. Verónica (plante). ‖ Verónica (tauromachie).

Véronique n. pr. f. Verónica.

Vérone n. pr. GÉOGR. Verona.

Veronèse n. pr. m. Veronés.

verrat [vɛra] m. Verraco (porc).

verre m. Vidrio : *verre à vitres,* vidrio de ventanas. ‖ Cristal (verre fin) : *verre à glaces,* cristal de lunas. ‖ Vaso (pour l'eau), copa, *f.* (pour le vin, l'alcool). ‖ Copa, *f.* : *je t'offre un verre,* te invito a una copa. ‖ Cristal (d'un tableau). ‖ Casco (bouteille vide). ‖ Lente, cristal de gafas. ‖ — Pl. FAM. Gafas, *f.* (lunettes) : *porter des verres,* llevar gafas. ‖ — *Verre à pied,* copa. ‖ *Verre cathédrale,* cristal amartillado. ‖ *Verre de contact,* lente de contacto. ‖ *Verre de lampe,* tubo. ‖ *Verre de montre,* cristal de reloj. ‖ *Verre dépoli,* vidrio deslustrado, esmerilado. ‖ *Verre dormant* o *châssis de verre,* vidriera, vidrio armado. ‖ *Verre grossissant,* cristal de aumento. ‖ *Verres fumés,* cristales ahumados. ‖ — *Fibre de verre,* fibra de vidrio. ‖ *Papier de verre,* papel de lija. ‖ *Petit verre,* copita. ‖ — FAM. *Casser son verre de montre,* romperse la rabadilla. ‖ *Choquer les verres,* brindar. ‖ *Mettre sous verre,* poner en un cuadro. ‖ *Prendre un verre,* tomar una copa.

— OBSERV. L'espagnol *cristal* désigne le verre ordinaire (carreau), ou *vidrio,* et le cristal proprement dit.

verré, e adj. Salpicado, salpicada de vidrio molido. ‖ *Papier verré,* papel de lija.

verrerie [vɛrri] f. Vidriería (fabrique où l'on fait le verre). ‖ Cristalería (fabrique et objets en verre).

verrier m. Vidriero. ‖ Vasera, *f.* (pour les verres à boire).

verrière f. Vasera (pour placer les verres). ‖ Vidriera (d'église). ‖ Cristalera (toit).
verrine f. Globo (*m.*) de cristal [de relicario]. ‖ Lámpara, farol, *m.* (au gouvernail).
verroterie f. Abalorio, *m.*, bujería de vidrio.
verrou m. Cerrojo, pestillo : *tirer, ouvrir le verrou,* echar, descorrer el cerrojo. ‖ Cerrojo (d'une arme). ‖ Fig. Cerrojo (foot-ball). ‖ — *Verrou de sûreté,* pasador de seguridad. ‖ — Fig. *Être sous les verrous,* estar en chirona.
verrouillage [vɛruja:ʒ] m. Bloqueo (d'une arme). ‖ El cerrar (fermeture). ‖ Enclavamiento.
verrouiller [-je] v. tr. Echar el cerrojo, cerrar con cerrojo. ‖ Bloquear (une arme). ‖ Encerrar (un prisonnier).
— V. pr. Encerrarse, echar el cerrojo a su puerta.
verrucosité f. Verrugosidad.
verrue [vɛry] f. Méd. Verruga. ‖ Lunar, *m.*, mancha, defecto, *m.*
verruqueux, euse adj. Verrugoso, sa.
vers [vɛr] m. Verso : *vers libres,* versos libres. ‖ *Vers blanc,* verso blanco *ou* suelto.
vers [vɛr] prép. Hacia, con dirección a (en direction de) : *aller vers le nord,* ir hacia el norte. ‖ A : *il m'a envoyé vers vous,* me envió a usted. ‖ Hacia, alrededor de, sobre las, a eso de : *vers midi,* hacia el mediodía, a eso de las doce.
versaillais, e [vɛrsajɛ, ɛ:z] adj. et s. Versallesco, ca.
Versailles [vɛrsɑ:j] n. pr. Versalles.
versant m. Vertiente, *f.*, ladera, *f.* (pente). ‖ Fig. Lado, semblante, aspecto.
versatile adj. Versátil.
versatilité f. Versatilidad.
verse f. Encamado, caída (*f.*) de las mieses (moissons). ‖ *Pleuvoir à verse,* llover a cántaros, a mares.
versé, e adj. Versado, da.
verseau m. Astr. Acuario. ‖ Constr. Pendiente.
versement m. Pago, entrega, *f.* (d'argent). ‖ Desembolso (déboursement). ‖ Ingreso, imposición, *f.* (à un compte courant). ‖ — *Versements échelonnés,* pago a plazos. ‖ — *Premier versement,* desembolso inicial, entrada.
verser v. tr. ● Verter, derramar (répandre) : *verser son sang,* derramar la sangre. ‖ Echar : *verser de l'eau, du sel dans une casserole,* echar agua, sal en un cazo. ‖ Dar : *verser à boire,* dar de beber. ‖ Escanciar, echar (du vin). ‖ Entregar, dar, abonar (de l'argent), ingresar (à un compte courant). ‖ Pagar, abonar (une cotisation). ‖ Desembolsar (débourser). ‖ Volcar (un véhicule). ‖ Encamar, tumbar (moissons). ‖ Cubrir (le ridicule), sembrar (la paix, la haine). ‖ *Verser des pleurs, des larmes,* derramar lágrimas.
— V. intr. Volcarse (une voiture). ‖ Inclinarse por (avoir un penchant). ‖ Fig. Caer (tomber). ‖ Encamarse, acostarse (les céréales).
— V. pr. Echarse : *se verser à boire,* echarse de beber. ‖ Servirse : *se verser un verre,* servirse una copa.
— Syn. ● *Répandre,* derramar. *Épandre,* esparcir. *Renverser,* volcar.
verset [vɛrsɛ] m. Versículo.
verseur, euse adj. et s. m. Echador, vertedor.
verseuse f. Jarra, cafetera.
versiculet [vɛrsikylɛ] m. Verso pequeño.
versificateur, trice m. et f. Versificador, ra.
versification f. Versificación.
versifier* v. intr. Versificar.
— V. tr. Poner en verso, versificar.
version f. Versión : *version originale,* versión original. ‖ Versión, traducción directa : *version espagnole,* traducción directa del español.
verso m. Vuelta, *f.*, verso, dorso, reverso (dos d'un feuillet).

versoir m. Vertedera, *f.* (charrue).
verste f. Versta (mesure).
vert, e [vɛ:r, vɛrt] adj. ● Verde (couleur) : *espaces verts,* zonas verdes. ‖ Bot. Verde (pas mûr, pas sec) : *raisins verts, bois vert,* uva verde, leña verde. ‖ Fam. Lozano, na ; vigoroso, sa : *une verte vieillesse,* una vejez lozana. ‖ Fuerte, severo, ra : *une verte réprimande,* una severa reprimenda. ‖ Verde, licencioso, sa : *en raconter de vertes,* contar cosas verdes. ‖ — *Langue verte,* germanía. ‖ *Légumes verts,* verduras, hortalizas. ‖ *Un vert galant,* un Don Juan, un mujeriego. ‖ *Vin vert,* vino agraz. ‖ *Volée de bois vert,* tunda de palos, paliza. ‖ — Fig. *Donner le feu vert,* dejar paso libre.
— M. Verde : *aimer le vert,* gustarle a uno el verde. ‖ Agric. Forraje verde. ‖ Disco verde (signal). ‖ — Fig. et Fam. *En voir des vertes et des pas mûres,* pasar las negras *ou* las moradas. ‖ *Se mettre au vert,* irse a descansar al campo.
— Observ. El adjetivo *vert* queda invariable si va seguido de un adjetivo o de un nombre que lo modifica (*des robes vert foncé, des chapeaux vert bouteille*).
— Syn. ● *Glauque,* glauco. *Céladon,* verdeceledón.
vert-de-gris [vɛrdəgri] m. inv. Cardenillo, verdín.
vert-de-grisé, e adj. Con cardenillo.
vertébral, e adj. Anat. Vertebral : *disques vertébraux,* discos vertebrales.
vertèbre f. Anat. Vértebra.
vertébré, e adj. et s. m. Vertebrado, da.
vertement adv. Agriamente, severamente, con aspereza : *tancer vertement,* amonestar agriamente.
vertical, e adj. Vertical : *cercles verticaux,* círculos verticales.
— F. Géom. Vertical (ligne). ‖ — M. Astr. Vertical.
verticalité f. Verticalidad.
verticille [vɛrtisil] m. Bot. Verticilo.
verticillé, e [-sile] adj. Bot. Verticilado, da.
vertige m. Vértigo : *avoir le vertige,* tener vértigo. ‖ Fig. Vértigo, extravío (étourdissement).
— Syn. *Étourdissement,* mareo. *Tournis,* mareo. *Enivrement,* embriaguez.
vertigineux, euse adj. Vertiginoso, sa.
vertiginosité f. Vertiginosidad.
vertigo m. Vétér. Vértigo.
vertu f. Virtud (d'une personne). ‖ Virtud, propiedad (d'une plante). ‖ Castidad, honra, honestidad (chasteté féminine). ‖ — *En vertu de,* en virtud de, conforme a. ‖ *Faire de nécessité vertu,* hacer de tripas corazón.
vertueux, euse adj. Virtuoso, sa.
vertugadin m. Verdugado. ‖ Césped en explanada (pelouse).
verve f. Inspiración, numen, *m.* (force de l'imagination). ‖ *Être en verve,* estar inspirado *ou* locuaz.
verveine f. Bot. Verbena.
verveux m. Garlito (filet).
vésanie f. Méd. Vesania.
vesce [vɛs] f. Vicia, arveja (plante).
vésical, e adj. Anat. Vesical : *organes vésicaux,* órganos vesicales.
vésicant, e adj. et s. m. Méd. Vesicante.
vésication f. Méd. Vesicación.
vésicatoire adj. et s. m. Méd. Vejigatorio, ria ; vesicatorio, ria.
vésiculaire adj. Vesicular.
vésicule f. Vesícula.
vésiculeux, euse adj. Vesiculoso, sa.
vesou m. Guarapo (de canne à sucre).
Vespasien n. pr. m. Vespasiano.
vespasienne f. Urinario (*m.*) público.
vespéral, e adj. Vespertino, na (du soir).

vespertilion m. Vespertilio (chauve-souris).

vespidés [vɛspide] m. pl. Zool. Véspidos.

Vespucci n. pr. m. Vespucio.

vesse f. Pop. Pedo (*m.*) sin ruido, zullón, *m.*, follón, *m.*, ventosidad sin ruido. | Jindama, mieditis.

vesse-de-loup [vɛsdəlu] f. Bot. Bejín, pedo de lobo.

vesser v. tr. Pop. Ventosear, peerse.

vessie [vɛsi] f. Anat. Vejiga. ‖ — *Vessie natatoire*, vejiga natatoria. ‖ — Fig. *Prendre des vessies pour des lanternes*, confundir Roma con Santiago, confundir la gimnasia con la magnesia.

vessigon m. Vétér. Alifafe, corvaza, *f.* (tumeur).

vestale f. Vestal.

vestalies f. pl. Vestalias.

veste f. Chaqueta, americana [*Amér.*, saco] (vêtement). ‖ — Pop. *Remporter* o *prendre une veste*, llevar calabazas, llevarse un chasco. ‖ Fam. *Retourner sa veste*, cambiarse la chaqueta, chaquetear. ‖ Fam. *Tomber la veste*, quitarse la chaqueta.

vestiaire m. Guardarropa, *f.*, vestuario.

vestibulaire adj. Anat. Vestibular.

vestibule m. Anat. Vestíbulo. ‖ Archit. ● Vestíbulo, zaguán.

— Syn. ● *Entrée*, entrada. *Galerie*, galería. *Hall*, hall. *Antichambre*, antesala.

vestige m. Vestigio.

vestimentaire adj. De ropa, de indumentaria.

veston m. Chaqueta, *f.*, americana, *f.* ‖ — *Veston d'intérieur*, batín. ‖ — *En veston*, con chaqueta.

Vésuve n. pr. m. Géogr. Vesubio.

vêtement m. ● Traje : *vêtement d'homme*, traje de hombre. ‖ Ropa, *f.* : *le manteau est un vêtement d'hiver*, el abrigo es ropa de invierno. ‖ Fig. Vestidura, *f.* ‖ *Vêtements de dessous*, ropa interior.

— Syn. ● *Habit*, traje. *Costume*, indumentaria. *Habillement*, ropa. *Complet*, traje, terno, flux. *Accoutrement*, traje, vestido ridículo. *Toilette*, vestido, atavío. *Robe*, vestido. *Uniforme*, tenue, uniforme. *Livrée*, librea. *Frac*, frac. *Défroque*, vestido viejo. *Effets*, prendas. *Fam. Affaires*, ropa. *Hardes*, trapos. *Nippes*, pingos. *Pop. Fringues*, *frusques*, pingos.

vétéran m. Veterano.

vétérinaire adj. et s. Veterinario, ria. ‖ *Médecine vétérinaire*, veterinaria.

vétillard, e [vetija:r, ard] adj. et s. Quisquilloso, sa.

vétille [veti:j] f. Fruslería, bagatela, pamplina. ‖ *Pour une vétille*, por un quítame allá esas pajas.

vétiller [-je] v. intr. Entretenerse en bagatelas, en pamplinas. ‖ Reparar en todo (critiquer). ‖ Buscarle tres pies al gato (être pointilleux).

vétilleux, euse [-jø, ø:z] adj. Puntilloso, sa ; quisquilloso, sa (personnes), minucioso, sa (choses).

vêtir* v. tr. Vestir. ‖ *Vêtir une robe*, ponerse un vestido.

— V. pr. Vestirse.

— Syn. *Revêtir*, revestir. *Habiller*, vestir, poner. *Costumer*, trajear. *Affubler de*, envolver, encubrir con, poner. *Fam. Fagoter*, poner como un adefesio. *Accoutrer*, ataviar. *Fig. Harnacher*, ataviar. *Pop. Nipper*, vestir. *Déguiser*, disfrazar.

vétiver m. Espicanardo, vetiver (plante).

veto [veto] m. inv. Veto (opposition). ‖ *Mettre* o *opposer son veto*, vetar, poner el veto.

vêtu, e adj. Vestido, da : *toute de noir vêtue*, toda vestida de negro.

vêture f. Relig. Toma de hábito (prise d'habit).

vétuste adj. Vetusto, ta.

vétusté f. Vetustez.

veuf, veuve adj. et s. Viudo, da : *veuve Dubois*, la viuda de Dubois. ‖ — F. Pop. La guillotina. ‖ *Pension de la veuve*, viudedad.

veule [vø:l] adj. Fam. Apático, ca ; abúlico, ca ; pasivo, va (sans énergie). ‖ Pusilánime (lâche).

veulerie [-lri] f. Apatía, pasividad, abulia, falta de energía. ‖ Pusilanimidad (lâcheté).

veuvage [vœva :ʒ] m. Viudez, *f.*

veuve f. V. veuf.

vexant, e adj. Molesto, ta ; cargante, vejatorio, ria ; que contraría.

vexateur, trice adj. et s. Vejatorio, ria (qui vexe).

vexation [vɛksasjɔ̃] f. Vejación, molestia.

vexatoire [-twa:r] adj. Vejatorio, ria.

vexer v. tr. Vejar, molestar, picar.

— V. pr. Molestarse, incomodarse, amoscarse, picarse.

via prép. Por, vía : *Madrid Londres « via » Paris*, Madrid Londres vía París.

viabilité f. Viabilidad (d'un enfant). ‖ Calidad de transitable (chemin).

viable adj. Viable (qui peut vivre). ‖ Transitable (chemin). ‖ Factible (projet).

— Observ. Lorsqu'il s'agit d'un chemin, les gallicismes *viable* et *practicable* sont souvent employés.

viaduc m. Viaducto.

viager, ère adj. Vitalicio, cia. ‖ *Pension viagère*, pensión vitalicia, vitalicio.

— M. Renta vitalicia, *f.* ‖ *Mettre en viager*, hacer un vitalicio.

viande f. Carne : *viande de bœuf*, carne de vaca ; *viande garnie*, carne con guarnición ; *viande hachée*, *saignante*, carne picada, poco hecha. ‖ — *Viande blanche*, ternera, conejo, aves. ‖ *Viande noire*, caza. ‖ *Viande rouge*, vaca, cordero.

— Observ. *Vianda* en español significa solamente *nourriture*.

viander v. intr. Pastar, pacer (pâturer).

viatique m. Viático.

vibices f. pl. Manchas moradas en la piel.

vibord m. Mar. Antepecho.

vibrage m. Vibración, vibrado, *m.* (du béton).

vibrant, e adj. Vibrante.

vibratile adj. Vibrátil.

vibration f. Vibración.

vibrato m. Mus. Vibrato (corde), trémolo (voix).

vibratoire adj. Vibratorio, ria.

vibré adj. m. Vibrado (béton).

vibrer v. intr. Vibrar.

vibreur m. Vibrador.

vibrion m. Vibrión.

vibrisse f. Pelo, *m.* [del interior de las narices]. ‖ Pluma filiforme (plume).

vicaire m. Vicario.

vicairie f. V. vicariat.

vicarial, e adj. Vicarial : *pouvoirs vicariaux*, poderes vicariales.

vicariant, e adj. Physiol. Supletorio, ria.

vicariat [vikarja] m. ou **vicairie** [vikɛri] f. Vicariato, *m.*, vicaría, *f.*

vice m. Vicio. ‖ Resabio (d'un cheval).

vice-amiral [visamiral] m. Vicealmirante.

— Observ. Pl. *vice-amiraux*.

vice-amirauté [-rote] f. Vicealmirantazgo.

— Observ. Pl. *vice-amirautés*.

vice-chancelier m. Vicecanciller.

— Observ. Pl. *vice-chanceliers*.

vice-consul m. Vicecónsul.

— Observ. Pl. *vice-consuls*.

vice-consulat m. Viceconsulado.

— Observ. Pl. *vice-consulats*.

vice-légat m. Vicelegado.

— Observ. Pl. *vice-légats*.

vice-légation f. Vicelegación.

— Observ. Pl. *vice-légations*.

Vicence n. pr. Géogr. Vicenza.

vicennal, e adj. Vicenal : *jeux vicennaux*, juegos vicenales.

vice-présidence f. Vicepresidencia.
— OBSERV. Pl. *vice-présidences.*

vice-président, e m. ct f. Vicepresidente, ta.
— OBSERV. Pl. *vice-présidents.*

vice-recteur m. Vicerrector.
— OBSERV. Pl. *vice-recteurs.*

vice-reine f. Virreina.
— OBSERV. Pl. *vice-reines.*

vice-roi m. Virrey.
— OBSERV. Pl. *vice-rois.*

vice-royauté f. Virreinato, *m.*
— OBSERV. Pl. *vice-royautés.*

vicésimal, e adj. Vigesimal : *nombres vicésimaux,* números vigesimales.

vice versa [visevɛrsa] loc. adv. Viceversa.

vichy m. Vichy (étoffe).

viciable adj. Viciable.

viciateur, trice adj. Viciador, ra.

viciation f. Enviciamiento, *m.*

vicier* v. tr. Viciar. ‖ Enviciar (une personne).
— V. pr. Viciarse.

vicieux, euse adj. et s. ● Vicioso, sa. ‖ Falso, sa ; resabiado, da (chevaux). ‖ *Cercle vicieux,* círculo vicioso.
— SYN. ● *Corrompu,* corrompido. *Dépravé,* depravado. *Pervers,* perverso. *Dissolu,* disoluto.

vicinal, e adj. Vecinal : *chemins vicinaux,* caminos vecinales.

vicinalité f. Cualidad de vecinal (chemins).

vicissitude f. Vicisitud.

vicomtal, e adj. Vizcondal : *droits vicomtaux,* derechos vizcondales.

vicomte m. Vizconde.

vicomté m. Vizcondado.

vicomtesse f. Vizcondesa.

victimaire m. Victimario (sacrificateur).

victime f. Víctima. ‖ *Être la victime de,* ser la víctima de (celui qui souffre de), ser el perjudicado por (celui à qui nuit).
— SYN. *Martyr,* mártir. *Proie,* presa. *Souffre-douleur,* burro de carga, cabeza de turco.

victoire f. Victoria, triunfo, *m.* (triomphe). ‖ — *Victoire à la Pyrrhus,* victoria pírrica. ‖ — *Chanter* o *crier victoire,* cantar victoria.

victoria f. Victoria (voiture).

victoria regia m. BOT. Victoria regia [*Amér.,* aguapé, maíz del agua].

victorien, enne adj. Victoriano, na.

victorieux, euse adj. Victorioso, sa.

victuailles [viktɥɑːj] f. pl. Vituallas.

vidage m. Vaciamiento.

vidange f. Vaciado, *m.* (action de vider). ‖ Limpieza (des égouts). ‖ — *En vidange,* empezado, da ; medio lleno (tonneaux, bouteilles). ‖ *Faire la vidange,* cambiar el aceite (d'une automobile).

vidanger* v. tr. Vaciar, limpiar (les fosses d'aisances). ‖ Vaciar (un récipient). ‖ Cambiar el aceite (d'une voiture).

vidangeur m. Pocero.

vide adj. Vacío, cía : *un tiroir vide,* un cajón vacío ; *salle vide,* sala vacía. ‖ FIG. Falto, ta ; vacío, cía : *un esprit vide d'idées,* un espíritu falto de ideas. ‖ Vacío, cía : *avoir la tête vide,* tener la cabeza vacía. ‖ Desprovisto, ta : *mot vide de sens,* palabra desprovista de sentido. ‖ Vacante : *laisser un siège de député vide,* dejar un escaño vacante.
— M. PHYS. Vacío : *faire le vide,* hacer el vacío. ‖ ARCHIT. Hueco. ‖ Hueco (de temps). ‖ Vacío : *sa mort fait un grand vide,* su muerte deja un gran vacío. ‖ Vacante, *f.* : *combler les vides dans une administration,* cubrir las vacantes en una administración. ‖ Interrupción, *f.,* vacío. ‖ — *À vide,* vacío. ‖ PHYS. *Cloche à vide,* campana

neumática. ‖ *Sous vide,* en vacío. ‖ — *Faire le vide autour de quelqu'un,* hacer el vacío a uno. ‖ *Tourner à vide,* girar loco (un moteur).

vide-bouteille [vidbutɛj] ou **vide-bouteilles** m. inv. (Vx). Casita (*f.*) de campo (maison). ‖ Sifón de botella.

vide-cave m. inv. Bomba (*f.*) para achicar agua.

videlle f. Cuchillo (*m.*) para vaciar frutas (couteau). ‖ Zurcido (*m.*) sin pieza (reprise).

vidéo adj. inv. RAD. Video.

vidéofréquence f. Videofrecuencia.

vide-ordures [vidɔrdyːr] m. inv. Colector *ou* vertedero de basuras.

vide-poches m. inv. Canastillo *ou* cajita, *f.* [para poner lo que se lleva en los bolsillos].

vide-pomme m. inv. Utensilio para vaciar las manzanas.

vider v. tr. ● Vaciar : *vider un tonneau,* vaciar un tonel. ‖ Beber : *vider une bouteille,* beber una botella. ‖ Desocupar, desalojar : *vider les lieux,* desocupar una casa. ‖ Terminar, liquidar (une question). ‖ Destripar, vaciar (volailles). ‖ Limpiar (poissons). ‖ FAM. Echar, poner de patitas en la calle. ‖ FIG. Agotar, reventar (épuiser). ‖ — *Vider les arçons* o *les étriers,* apearse por las orejas, caerse del caballo. ‖ FIG. et FAM. *Vider les lieux* o *le plancher,* largarse. ‖ FAM. *Vider son sac,* desembuchar (de force), vaciar el saco, desahogarse (de gré). | *Se faire vider,* ser echado.
— V. pr. Vaciarse. ‖ Liquidarse, arreglarse.
— SYN. ● *Evacuer,* evacuar. *Vidanger,* vaciar. *Nettoyer,* limpiar.

videur, euse m. et f. Destripador, ra. ‖ Vaciador, ra.

vide-vite [vidvit] m. inv. TECHN. Vaciador de urgencia [de un depósito de combustible].

vidimer v. tr. Cotejar, confrontar [una copia con su original].

vidoir m. Basurero, vertedero.

vidrecome m. Velicomen.

viduité f. Viudez.
— OBSERV. *Viduité* se aplica sobre todo a la viudez de las mujeres.

vidure f. Vaciadura.

vie [vi] f. Vida · *assurance sur la vie,* seguro de vida ; *changer de vie,* mudar de vida. ‖ — *Vie de bâton de chaise* o *de patachon* o *de Polichinelle,* vida de juerguista. ‖ *Vie de bohème,* vida bohemia. ‖ — *Gens de mauvaise vie,* gente de mal vivir. ‖ *Niveau de vie,* nivel de vida. ‖ — *À la vie, à la mort,* hasta la muerte, para siempre jamás. ‖ *À vie,* vitalicio, cia ; *pension à vie,* pensión vitalicia ; perpetuo, tua : *secrétaire à vie,* secretario perpetuo. ‖ *De ma vie,* en mi vida. ‖ *En vie,* tout en vie, vivo, va. ‖ *Jamais de la vie,* nunca jamás (à aucun moment), en modo alguno (nullement). ‖ *La vie durant,* durante toda la vida. ‖ *Pour la vie,* para toda la vida, de por vida. ‖ *Sur ma vie,* por mi vida.
— *Avoir la vie dure,* tener siete vidas como los gatos. ‖ *C'est la vie !,* ¡la vida ! ‖ *Donner la vie à,* dar vida a. ‖ *Donner sa vie,* dar la vida. ‖ *Faire bonne vie,* darse buena vida. ‖ FAM. *Faire la vie,* juerguearse (vivre dans la débauche). ‖ *Faire une vie,* armar un escándalo *ou* la de Dios es Cristo. ‖ *Gagner sa vie,* ganarse la vida. ‖ *Jouer avec sa vie* o *la vie,* jugarse la vida. ‖ *Passer à une vie meilleure,* pasar a mejor vida. ‖ *Passer de vie à trépas,* irse al otro mundo. ‖ *Rendre la vie,* reanimar. ‖ FAM. *Rendre la vie dure* o *impossible à quelqu'un,* hacerle a uno la vida imposible, dar mala vida a uno. ‖ *Sa vie ne tient qu'à un fil,* su vida está pendiente de un hilo.
— SYN. *Existence,* existencia. *Jours,* días. *Destinée,* vida, existencia. *Destin,* destino.

vieil [vjɛj] adj. m. Viejo. ‖ — *Vieil ivoire*, marfil cansado. ‖ *Vieil or*, oro viejo.
— OBSERV. Este adjetivo se emplea en vez de *vieux* delante de las palabras que empiezan con vocal o h muda : *un vieil arbre*, un árbol viejo; *un vieil homme*, un hombre viejo.

vieillard [-ja:r] m. Anciano, viejo.
— SYN. *Patriarche*, patriarca, *Barbon*, vejete. *Géronte*, vejestorio. *Baderne*, vejestorio, carcamal, viejo.

vieille [vjɛj] adj. f. et s. f. V. VIEUX.
vieille f. Budión (poisson).

vieillerie [-jri] f. Antigualla (vieilles choses). ‖ FIG. Chochez, vejez (propos).

vieillesse [-jɛs] f. Vejez : *bâton de vieillesse*, báculo de la vejez. ‖ *Mourir de vieillesse*, morir de viejo.
— SYN. *Caducité*, caducuez. *Décrépitude*, decrepitud. *Vieillerie*, vejestorio.

vieilli, e [-ji] adj. Envejecido, da ; avejentado, da. ‖ FIG. Anticuado, da (suranné).

vieillir [-ji:r] v. intr. Envejecer (devenir vieux), avejentarse (paraître vieux). ‖ FIG. Anticuarse (se démoder).
— V. tr. Envejecer, avejentar (faire paraître vieux).
— V. pr. Avejentarse, envejecerse.

vieillissant, e [-jisɑ̃, ɑ̃:t] adj. Que envejece.

vieillissement [-jismɑ̃] m. Envejecimiento, avejentamiento.

vieillot, otte [-jo, ɔt] adj. Avejentado, da. ‖ Anticuado, da.

vièle f. MUS. Vihuela de arco.

vielle f. MUS. Zanfonía, viella (instrument).

vielleur, euse m. et f. Tocador, tocadora de zanfonía.

Vienne n. pr. GÉOGR. Viena.

viennois, e adj. et s. Vienés, esa (d'Autriche). ‖ Vienense (de France).

vierge f. Virgen. ‖ ASTR. Virgo (Zodiaque). ‖ *La Sainte Vierge Marie* o *la Sainte Vierge*, la Virgen Santísima, María Santísima.
— Adj. Virgen : *forêt vierge*, selva virgen. ‖ FIG. Limpio, pia : *casier judiciaire vierge*, registro de antecedentes penales limpio. ‖ *Film vierge*, película virgen, no impresionada.

vietnamien, enne adj. et s. Vietnamita.

vieux [vjø] ou **vieil, vieille** [vjɛj] adj. Viejo, ja : *un vieil homme*, un hombre viejo; *je suis plus vieux que vous*, yo soy más viejo que usted. ‖ Veterano, na : *un vieux journaliste*, un periodista veterano. ‖ Inveterado, da ; de toda la vida, de siempre : *un vieil ivrogne*, un borracho de siempre. ‖ Antiguo, gua ; de toda la vida (ami). ‖ Anticuado, da (mot). ‖ Rancio, cia : *vieille tradition*, rancia tradición. ‖ Añejo, ja (vin). ‖ Viejo, ja ; usado, da : *un vieux chapeau*, un sombrero usado. ‖ — *Vieille branche*, compañero, amigote. ‖ — *Vieux beau*, viejo coquetón. ‖ *Vieux garçon*, *vieille fille*, solterón, ona. ‖ *Vieux jeu*, chapado a la antigua. ‖ — *Le bon vieux temps*, los buenos tiempos. ‖ *Les vieux jours*, la vejez, los últimos días. ‖ — *Être vieux comme Hérode* o *comme Mathusalem*, ser más viejo que Matusalén.
— M. Lo viejo. ‖ — M. et f. Viejo, ja ; anciano, na : *les jeunes et les vieux*, los jóvenes y los viejos. ‖ Viejo, ja (parents). ‖ — *Mon vieux, ma vieille !*, ¡hombre!, ¡mujer! : *ravi de te voir, mon vieux !*, encantado de verte ¡hombre! ‖ *Un vieux de la vieille*, un viejo experimentado, un veterano. ‖ — *Avoir un coup de vieux*, envejecer de golpe.

vif, ive [vif, vi:v] adj. Vivo, va (vivant). ‖ FIG. Vivo, va ; pronto, ta ; raudo, da (brillant, prompt) : *avoir l'imagination vive*, ser vivo de imaginación. ‖ Vivo, va ; impetuoso, sa ; impulsivo, va : *un enfant très vif*, un niño muy impe-

tuoso. ‖ Agudo, da ; fino, na : *odorat très vif*, olfato muy fino. ‖ Mordaz, incisivo, va : *de vifs reproches*, reproches mordaces. ‖ Gran, intenso, sa : *vif intérêt*, gran interés. ‖ Intenso, sa : *froid vif, douleur vive*, frío, dolor intenso. ‖ Subido, da ; vivo, va (couleur, odeur) : *rouge vif*, rojo subido. ‖ — MAR. *Eaux vives*, aguas vivas. ‖ *Haie vive*, seto vivo. ‖ — *De vive force*, a viva fuerza. ‖ *De vive voix*, de viva voz, de palabra. ‖ *Être vif comme la poudre*, ser un fuguillas *ou* un polvorilla.
— M. Lo importante : *le vif d'un sujet*, lo importante de un tema. ‖ — *Entrer dans le vif du sujet*, entrar en el meollo del tema. ‖ *Mettre à vif*, poner en carne viva. ‖ *Piquer au vif*, herir en lo vivo. ‖ *Prendre sur le vif*, reproducir del natural. ‖ *Toucher au vif*, tocar en la herida *ou* en el punto sensible. ‖ *Trancher dans le vif*, cortar por lo sano.

vif-argent m. Azogue, mercurio. ‖ FIG. *Avoir du vif-argent dans les veines*, tener azogue en las venas.

vigie f. Vigía, *m.* ‖ Atalaya, *m.* ‖ Garita (wagon).

vigilamment adv. Vigilantemente.

vigilance f. Vigilancia.

vigilant, e adj. Vigilante.

vigile m. HIST. Vigilante (à Rome). ‖ Guarda nocturno (de nuit). ‖ — F. RELIG. Vigilia.

vigne f. Vid (plante). ‖ ● Viña (vignoble). ‖ — *Vigne vierge*, viña loca. ‖ — *Feuille de vigne*, hoja de parra *ou* de vid, pámpano. ‖ *Jeune vigne*, majuelo. ‖ *Pied de vigne*, cepa. ‖ — FIG. *Être dans les vignes du seigneur*, estar borracho.
— SYN. ● *Vignoble*, viñedo. *Clos*, pago.

vigneau m. BOT. Aliaga, *f.*, aulaga, *f.* (ajonc). ‖ Bígaro, bigarro (bigorneau).

vigneron, onne m. et f. Viñador, ra ; viñatero, ra.
— SYN. *Viticulteur*, viticultor. *Vendangeur*, vendimiador.

vignette f. Viñeta. ‖ Mercurial (plante). ‖ Timbre, *m.*, precinto, *m.*, estampilla (de paiements des droits). ‖ Patente (de voiture).

vignettiste m. et f. El que hace viñetas.

vigneture f. Viñatura [adorno de hojas de vid].

vignoble m. Viñedo.
— Adj. Vinícola : *région vignoble*, región vinícola.

vigogne f. Vicuña.

vigoureux, euse adj. Vigoroso, sa.

viguerie f. Veguería.

vigueur f. Vigor, *m.* ‖ — *En vigueur*, en vigor, vigente. ‖ — *Cesser d'être en vigueur*, dejar de surtir efectos, dejar de estar vigente. ‖ *Être en vigueur*, estar en vigor *ou* vigente, regir.

viguier m. Veguer (magistrat).

viking [vikiŋ] m. Vikingo.

vil, e adj. Vil. ‖ FIG. Abyecto, ta. ‖ *Acheter à vil prix*, comprar a bajo precio.

vilain, e adj. ● Feo, a (laid). ‖ Malo, la ; despreciable, ruin : *une vilaine action*, una acción despreciable. ‖ Desagradable, malo, la : *un vilain chemin*, un camino malo. ‖ — *Le vilain Monsieur*, el coco, el bu. ‖ — *Il fait vilain*, hace mal tiempo.
— M. et f. Villano, na (personne infâme). ‖ Villano, na (vx) ; campesino, na. ‖ — M. POP. Escándalo, disputa, *f.* : *il y a eu du vilain*, se ha armado un escándalo.
— SYN. ● *Laid*, feo. *Affreux*, espantoso. *Horrible*, horrible. *Hideux*, horroroso. *Moche*, feúcho. *Tocard*, feo.

vilainement adv. Villanamente, despreciablemente. ‖ Feamente, de un modo feo (désagréable).

vilayet m. Vilayato.

vilebrequin [vilbrəkɛ̃] m. TECHN. Berbiquí. ‖ MÉCAN. Cigüeñal.

vilenie [vilni] f. ● Bajeza, villanía.
— Syn. ● *Méchanceté*, maldad. *Saleté*, porquería. *Crasse*, charranada. *Pop. Saloperie*, marranada. *Vacherie*, cochinería, cochinada.

vilipender v. tr. Vilipendiar.

villa f. Chalet, *m.*, chalé, *m.*, hotelito, *m.*, villa, quinta (maison).
— Syn. *Pavillon*, pabellón. *Cottage*, cottage. *Chalet*, chalet.

village m. Aldea, *f.*, pueblo, lugar. ‖ — *Village de toile*, ciudad de lona. ‖ — *L'idiot du village*, el tonto del pueblo.

villageois, e [vilaʒwa, wa:z] adj. et s. Lugareño, ña ; aldeano, na.

villanelle f. Villanesca (petite chanson et danse). ‖ Villancejo, *m.*, villancico, *m.* (de Noël).

ville f. Ciudad, villa (p. us.) : *aller en ville*, ir a la ciudad. ‖ — *Ville d'eau*, estación balnearia. ‖ *Ville forte*, plaza fuerte. ‖ — *En ville*, ciudad, interior (lettres). ‖ *Tenue de ville*, traje de calle. ‖ *Hôtel de ville*, Ayuntamiento. ‖ *Sergent de ville*, guardia urbano. ‖ — *Déjeuner, dîner en ville*, almorzar, cenar fuera de casa.
— Observ. *Ciudad* (cité) était un titre accordé jadis seulement à de grandes villes jouissant de certains privilèges. Il s'est étendu depuis à toute ville de quelque importance. Cependant Madrid se nomme toujours *la villa del oso y el madroño*, comme la désignent ses armoiries. *Villa* s'applique couramment à toute petite ville qui n'est ni port ni place forte. *Urbe*, terme littéraire, désigne toutes les grandes agglomérations.
— Syn. *Cité*, ciudad. *Localité*, lugar. *Agglomération*, aglomeración.

villégiateur m. Persona (*f.*) de vacaciones en el campo, la montaña, etc., veraneante (en été).

villégiature f. Veraneo, *m.* (en été), temporada de descanso y vacaciones. ‖ *Aller en villégiature*, ir de veraneo.

villégiaturer v. intr. Veranear (en été), descansar, pasar una temporada, estar de vacaciones fuera de casa.

villeux, euse [vilø, ø:z] adj. Velloso, sa.

villosité f. Vellosidad.

vin m. Vino. ‖ — *Vin blanc*, vino blanco. ‖ *Vin coupé*, vino aguado. ‖ *Vin de dessert*, vino de postre, vino generoso. ‖ *Vin de goutte*, vino de lágrima. ‖ *Vin de messe*, vino de consagrar. ‖ *Vin de table*, vino de mesa. ‖ *Vin d'honneur*, vino de honor. ‖ *Vin doux*, vino dulce. ‖ *Vin en fût*, vino a granel. ‖ *Vin généreux*, vino generoso. ‖ *Vin mousseux*, vino espumoso. ‖ *Vin rosé*, vino clarete *ou* rosado. ‖ *Vin rouge*, vino tinto. ‖ *Vin vieux*, vino añejo. ‖ — *Gros vin*, vino peleón, pirriaque. ‖ *Tache de vin*, mancha en la piel. ‖ — *Dans le vin*, borracho. ‖ — *Avoir le vin gai*, ponerse alegre. ‖ *Avoir le vin mauvais*, tener mal vino. ‖ Fam. *Cuver son vin*, dormir la mona. ‖ *Être entre deux vins*, estar entre Pinto y Valdemoro. | *Être pris de vin*, estar borracho. ‖ *Le vin est tiré, il faut le boire*, a lo hecho pecho. ‖ Fig. *Mettre de l'eau dans son vin*, bajar de *ou* el tono, moderar las pretensiones.

vinage m. Encabezado (des vins).

vinaigre m. Vinagre. ‖ Fam. *Faire vinaigre*, aligerar, darse prisa.
— Interj. ¡Tocino! (au jeu de la corde pour demander que l'on tourne plus vite).

vinaigrer v. tr. Echar vinagre, envinagrar.

vinaigrerie f. Fábrica de vinagre.

vinaigrette f. Vinagreta (sauce). ‖ Carricoche antiguo [con dos ruedas].

vinaigrier m. Vinagrero (qui fait et vend du vinaigre). ‖ Vinagrera, *f.* (burette à vinaigre). ‖ Bot. Zumaque (sumac des corroyeurs).

vinaire adj. Vinario, ria.

vinasse f. Vinaza (vin tiré des lies et des marcs). ‖ Vinote, *m.*, residuos (*m. pl.*) de la destilación de

licores alcohólicos. ‖ Fam. Vinazo, *m.*, vino (*m.*) peleón.

Vincent n. pr. m. Vicente.

vindicatif, ive adj. Vindicativo, va ; vengativo, va.

vindicte f. Vindicta, venganza : *vindicte publique*, vindicta pública.

vinée f. Cosecha de vino. ‖ Sarmiento, *m.*

viner v. tr. Encabezar (les vins).

vineux, euse adj. Vinoso, sa (de vin, semblable au vin) : *couleur vineuse*, color vinoso. ‖ Fuerte, espirituoso (vin). ‖ Vinícola (pays).

vingt [vɛ̃] adj. num. Veinte : *vingt personnes*, veinte personas. ‖ Vigésimo, ma ; veinte : *page vingt*, página vigésima.
— M. Veinte.
— Observ. Cuando se multiplica *vingt* se pone en plural (*quatre-vingts*, ochenta). Sin embargo es invariable cuando va seguido de otro número (*quatre-vingt-un*, ochenta y uno).

vingtaine [-tɛ:n] f. Veintena, unos veinte.

vingtième [-tjɛm] adj. num. ord. et s. m. Vigésimo, ma. ‖ *La vingtième partie*, la veinteava parte.

vingtièmement adv. En vigésimo lugar.

vinicole adj. Vinícola, vitivinícola.

viniculture f. Vinicultura.

vinifère adj. Vinífero, ra.

vinification f. Vinificación.

vinique adj. Vínico, ca.

vinosité f. Vinosidad.

vinyle m. Chim. Vinilo.

vinylique adj. Vinílico, ca.

viol m. Violación, *f.*

violacé, e adj. Violáceo, a ; violado, da ; cárdeno, na.
— F. Bot. Violácea.

violacer* v. intr. Tirar a violado.

violat [vjɔla] adj. m. (P. us.). De violeta : *miel violat*, miel de violetas.

violateur, trice m. et f. Violador, ra.

violation f. ● Violación (d'un secret). ‖ Profanación, violación (de chose sainte).
— Syn. ● *Infraction*, infracción. *Manquement*, falta.

violâtre adj. Violáceo, a ; amoratado, da.

viole [vjɔl] f. Mus. Viola.

violemment [vjɔlamɑ̃] adv. Violentamente.

violence f. Violencia. ‖ — *Faire violence à*, forzar, violentar (contraindre), violentar (violer). ‖ *Se faire violence*, contenerse. ‖ *User de violence*, ser violento.

violent, e adj. Violento, ta. ‖ Fam. Violento, excesivo (exagéré).
— Observ. *Violento* en español a aussi le sens de « gêne » (*estar violento*, ne pas être à l'aise, être gêné). — *Violent* en francés no tiene el sentido de « molestia » como en la expresión *ponerse violento* o *estar violento en un lugar*, no estar a gusto.

violenter v. tr. Violentar.

violer v. tr. Violar.

violet, ette adj. et s. Violado, da ; morado, da : *devenir violet de colère*, ponerse morado de ira.
— M. Violeta, morado (couleur). ‖ — F. Violeta (fleur).

violine adj. Violeta púrpura (couleur).

violiste m. Viola (joueur de viole).

violon m. Violín (instrument musical). ‖ Violín, violinista (musicien). ‖ Fig. et pop. Chirona, *f.* : *mettre au violon*, meter en chirona (arrêter). ‖ — *Violon d'Ingres*, pasatiempo favorito. ‖ — Fig. *Payer les violons*, pagar los gastos de una fiesta.
— Observ. Ne pas confondre le *violon* français (en español *violín*), avec le *violón* espagnol qui est la contrebasse.

violoncelle m. Mus. Violonchelo, violoncelo (instrument à cordes). ‖ Violonchelista, violoncelista (artiste qui en joue).

violoncelliste m. Violonchelista, violoncelista.
violone f. Mus. Violón, *m.*
violoneux m. Fam. Rascatripas, violinista malo.
violoniste m. et f. Violinista.
viorne f. Viburno, *m.* (arbrisseau).
vipère f. Víbora (serpent venimeux). ‖ Fam. Víbora (personne médisante). ‖ *Langue de vipère,* lengua viperina.
vipereau, vipéreau ou **vipériau** m. Viborezno.
vipéridés m. pl. Zool. Vipéridos.
vipérin, e adj. Viperino, na.
virage m. Curva, *f.,* vuelta, *f.,* viraje : *virage dangereux, en épingle à cheveux,* curva peligrosa *ou* muy cerrada. ‖ Phot. Viraje. ‖ Mar. Virada, *f.* ‖ Fig. Viraje : *politique qui prend un virage dangereux,* política que toma un viraje peligroso. ‖ — Méd. *Virage de la cuti-réaction,* momento en que la cutirreacción pasa de negativa a positiva. ‖ *Virage relevé, non relevé,* curva peraltada, muy abierta. ‖ — *Prendre un virage à la corde,* ceñirse mucho a la curva, tomar la curva muy cerrada.
virago f. Virago, *m.,* marimacho, *m.*
vire f. Cornisa rocosa (montagne).
virée f. Fam. Vuelta, garbeo, *m.* (promenade) : *faire une virée dans les bois,* darse una vuelta por los bosques. ‖ *Tournées et virées,* idas y venidas.
virelai m. Poét. Balada (*f.*) francesa con estribillo [siglo XIII].
virement m. Mar. Virada, *f.* ‖ Comm. Transferencia, *f.* ‖ *Virement postal,* giro postal.
virer v. intr. Girar, dar vueltas. ‖ Torcer : *virez à gauche,* tuerza a la izquierda. ‖ Tomar la curva (une voiture) : *virer court,* tomar la curva demasiado cerrada. ‖ Cambiar (de couleur). ‖ Chim. Virar. ‖ Phot. Rebajar, virar. ‖ Méd. Volverse positiva (cuti). ‖ Mar. Virar. ‖ — *Virer à* o *vers,* volverse hacia. ‖ *Virer de bord,* virar de bordo (bateau), chaquetear, cambiar de camisa, volverse la casaca (d'opinion).
— V. tr. Comm. Hacer una transferencia de, transferir. ‖ Girar (virement postal). ‖ Fam. Tirar (jeter bas). ‖ Pop. Poner de patitas en la calle, echar (expulser). ‖ Méd. *Virer sa cuti-réaction* o *sa cuti,* ser sensible a la cutirreacción *ou* dermorreacción, virar la dermorreacción, volverse positiva la cutirreacción.
virescence [virɛssɑ̃:s] f. Virescencia.
vireton m. Viratón, virote, vira, *f.* (flèche).
vireur m. Virador.
vireux, euse adj. Venenoso, sa ; nocivo, va (plante). ‖ Nauseabundo, da ; mal diente (odeur).
virevolte f. Escarceos, *m. pl.,* caracoleos, *m. pl.* (d'un cheval).
virevolter v. intr. Hacer escarceos (un cheval). ‖ Dar vueltas y revueltas, dar vueltas, girar.
Virgile n. pr. m. Virgilio.
virginal, e adj. Virginal.
Virginie n. pr. f. Virginia.
virginité f. Virginidad.
virgule f. Gramm. Coma. ‖ *Bacille virgule,* vírgula, vibrión del cólera.
virguler v. tr. Poner comas a.
viril, e adj. Viril, varonil.
viriliser v. tr. Virilizar, dar carácter viril.
virilisme m. Virilismo.
virilité f. Virilidad.
virolage m. Colocación (*f.*) de la virola.
virole f. Techn. Virola, abrazadera de mango (anneau de métal). ‖ Troquel, *m.* (monnaie). ‖ Junta (pour réunir). ‖ Contera (de canne).
viroler v. tr. Poner virolas.
virtualité f. Virtualidad.
virtuel, elle adj. Virtual.
virtuose m. et f. Virtuoso, sa.
virtuosité f. Virtuosidad.

virulence f. Virulencia.
virulent, e adj. Virulento, ta.
virure f. Mar. Traca, hilada, trancanil, *m.*
virus [virys] m. Méd. Virus. ‖ Fig. Microbio, virus, contagio. ‖ *Virus filtrant,* virus filtrable, ultravirus.
vis [vis] f. Tornillo, *m. : vis sans fin,* tornillo sin fin. ‖ — *Vis calante,* tornillo de calce. ‖ *Vis femelle,* tuerca. ‖ *Vis mère,* tuerca matriz *ou* partida. ‖ *Vis platinée,* platino, contacto del ruptor. ‖ — *Escalier à vis,* escalera de caracol. ‖ *Pas de vis,* paso de rosca. ‖ Fig. et Pop. *Serrer la vis à quelqu'un,* apretar las clavijas *ou* los tornillos a alguien.
visa m. Comm. Visto bueno, refrendo. ‖ Visado [*Amer.,* visa, *f.*] (de passeport).
visage m. Rostro, cara, *f.,* faz, *f.* (figure). ‖ Semblante (aspect) : *un visage sévère,* un semblante severo. ‖ — *Faux visage,* mascarilla. ‖ — *À deux visages,* de dos caras. ‖ *À visage découvert,* a cara descubierta. ‖ *Changer de visage,* cambiar de cara, cambiarse los colores de la cara. ‖ *Faire bon* o *mauvais visage,* poner buena *ou* mala cara, recibir bien *ou* mal. ‖ *Se composer un visage,* poner cara de circunstancias.
Visagisme m. (nom déposé). Técnica (*f.*) facial.
Visagiste m. (nom déposé). Visajista, técnico facial, especialista de la belleza de la cara.
vis-à-vis [vizavi] prép. ● Enfrente de, frente a frente : *vis-à-vis de la Mairie,* enfrente de la alcaldía. ‖ *Être sincère vis-à-vis de lui-même,* ser sincero consigo mismo *ou* hacia sí mismo.
— M. Fam. Persona colocada enfrente de *ou* frente a otra : *mon vis-à-vis à table,* la persona colocada frente a mí en la mesa. ‖ Confidente (canapé). ‖ — *Vis-à-vis de,* con respecto a, referente a, con relación a (en ce qui concerne), con, para con (envers).
— Syn. ● *En face,* enfrente. *Face à face,* cara a cara. *À l'opposite,* al lado opuesto. *En regard,* enfrente.
viscache f. Vizcacha (rongeur).
viscéral, e [viseral] adj. Anat. Visceral : *arcs viscéraux,* arcos viscerales.
viscère [-sɛ:r] m. Anat. Víscera, *f.*
viscose f. Chim. Viscosa.
viscosimètre m. Viscosímetro.
viscosité f. Viscosidad.
visée f. Mirada. ‖ Puntería (direction). ‖ Fig. Objetivo, *m.,* mira, intención (but) : *des visées ambitieuses,* objetivos ambiciosos. ‖ — *Ligne de visée,* línea de mira. ‖ — *Avoir de hautes visées,* picar muy alto. ‖ *Faire des visées,* tirar visuales (topographie).
viser v. tr. et intr. Apuntar a : *viser un oiseau,* apuntar a un pájaro. ‖ Apuntar, dirigir la puntería. ‖ Phot. Enfocar. ‖ Fig. Poner la mira en, aspirar a, no buscar más que, dirigir sus esfuerzos a : *viser la popularité,* no buscar más que la popularidad. ‖ Tender, intentar, pretender (tendre) : *il vise à me nuire,* tiende a perjudicarme. ‖ Fam. Echar un ojo (regarder). ‖ — *Ceci vise à,* el objeto es, se pretende. ‖ *Qui vise à,* encaminado a. ‖ *Se sentir visé,* darse por aludido.
— V. tr. Visar, poner el visado (passeport). ‖ Refrendar, poner el visto bueno (document).
viseur m. Visor (optique). ‖ Mira, *f.* (armes). ‖ Phot. Enfocador.
visibilité f. Visibilidad : *pilotage sans visibilité,* vuelo sin visibilidad.
visible adj. ● Visible. ‖ Fam. Visible, que puede recibir visitas. ‖ Fig. Patente, evidente.
— Syn. ● *Perceptible,* perceptible. *Apercevable,* visible. *Apparent,* aparente. *Ostensible,* ostensible.
visière f. Visera (du casque, de casquette, d'auto). ‖ Fig. *Rompre en visière,* atacar *ou* contradecir abierta y violentamente.

visigoth, e [vizigo, ɔ:t] adj. et s. Visigodo, da.
vision f. Visión.
— Syn. *Apparition*, aparición. *Mirage*, espejismo. *Hallucination*, alucinación. *Phantasme* et *fantasme*, fantasma.
visionnaire adj. et s. Visionario, ria.
— Syn. *Illuminé*, iluminado.
visionner v. tr. Ver [una película] antes de su distribución.
visionneuse f. Phot. Visionadora.
visitandine f. Relig. Salesa [monja].
visitation f. Relig. Visitación.
visitatrice f. Relig. Visitadora.
visite f. Visita : *visite de condoléance*, visita de pésame ; *avoir* o *recevoir de la visite*, recibir visitas. ‖ Inspección (d'un appareil). ‖ Mar. Fondeo, *m.* (inspection d'un bateau). ‖ Mil. Revista. ‖ — *Visite de politesse*, visita de cumplido. ‖ *Visite médicale*, examen *ou* reconocimiento médico. ‖ — *Carte de visite*, tarjeta de visita. ‖ *Rendre à quelqu'un sa visite*, devolver a alguien una visita. ‖ *Rendre visite*, visitar.
visiter v. tr. Visitar. ‖ Visitar, inspeccionar : *l'évêque visite son diocèse*, el obispo inspecciona su diócesis.
visiteur, euse adj. et s. Visitador, ra ; visitante, visita, *f.* (qui est en visite). ‖ Visitador, ra (inspecteur). ‖ Vista, *m.* (inspecteur de la douane).
vison m. Zool. Visón.
visqueux, euse adj. Viscoso, sa ; pegajoso, sa.
vissage m. Atornillamiento.
visser v. tr. Atornillar (fixer avec des vis). ‖ Apretar, enroscar (serrer). ‖ Fig. et Fam. Apretar las clavijas *ou* los tornillos a alguien.
visserie f. Tornillos, *m. pl.*, pernos, *m. pl.*, tuercas, *pl.* ‖ Fábrica de tornillos y artículos similares (usine). ‖ *Choix de visserie*, surtido de tornillos, pernos y tuercas (vis, écrous, etc.).
vistavision f. Vistavisión (cinéma).
Vistule n. pr. f. Géogr. Vistula, *m.*
visualisation f. Visualización.
visualiser v. tr. Hacer visible, visualizar.
visuel, elle adj. Visual.
— M. Diana, *f.* (cible).
Vital n. pr. m. Vidal.
vital, e adj. Vital : *les organes vitaux*, órganos vitales. ‖ Fig. Vital, fundamental.
vitalisation f. Vitalización.
vitaliser v. tr. Dar vitalidad a, vitalizar, vivificar.
vitalisme m. Vitalismo.
vitalité f. Vitalidad.
vitamine f. Vitamina.
vitaminé, e adj. Vitaminado, da.
vitaminique adj. Vitamínico, ca.
vitaminisation f. Vitaminación.
vite adj. Rápido, da ; veloz : *les coureurs les plus vites*, los corredores más rápidos.
— Adv. De prisa, deprisa, rápidamente : *parler vite*, hablar de prisa. ‖ — *Au plus vite*, lo más pronto *ou* de prisa posible. ‖ — *Aller vite, un peu vite*, ir demasiado de prisa. ‖ *Aller vite en besogne*, despachar el trabajo (être expéditif), imaginar ya las cosas hechas (imaginer). ‖ *Faire vite*, ir de prisa, apresurarse. ‖ *Travailler à la va vite*, trabajar a la ligera.
— Interj. ¡Pronto !, ¡de prisa !, ¡a toda prisa !
vitellin, e adj. Biol. Vitelino, na.
Vitellius [vitɛljys] n. pr. m. Vitelio.
vitellus [vitɛlys] m. Biol. Vitelo (de l'œuf).
vitelot [vitlo] m. Masa (*f.*) cocida con leche y servida con salsa picante.
vitelotte f. Patata larga y encarnada.
vitesse f. Velocidad : *la vitesse de la lumière*, la velocidad de la luz. ‖ Rapidez, celeridad (promptitude). ‖ Autom. Velocidad : *changer de vitesse*, cambiar la velocidad. ‖ — *Vitesse moyenne*, velo-

cidad media. ‖ — Autom. *Boîte de vitesses*, caja de cambios. ‖ *Grande, petite vitesse*, gran, pequeña velocidad (chemin de fer). ‖ — *À toute vitesse*, a toda velocidad, a todo correr, a escape. ‖ Fam. *En quatrième vitesse*, a todo gas, volando, zumbando. ‖ *En vitesse*, con rapidez, velozmente, pronto. ‖ — *Engager une vitesse*, meter una velocidad. ‖ *Gagner de vitesse*, tomar la delantera, ganar por la mano. ‖ *Prendre de vitesse*, ganar por la mano.
— Syn. *Rapidité*, rapidez. *Célérité*, celeridad. *Promptitude*, prontitud. *Vivacité*, vivacidad. *Diligence*, diligencia. *Prestesse*, presteza. *Hâte*, prisa. *Vélocité*, velocidad.
viticole adj. Vitícola.
viticulteur m. Viticultor.
viticulture f. Viticultura.
vitiligo m. Méd. Vitíligo, despigmentación (*f.*) de la piel.
vitrage m. Encristalado (action de vitrer). ‖ Conjunto de cristales de un edificio. ‖ Vidriera, *f.* (porte, châssis vitré). ‖ Transparente, visillo (rideau).
vitrail [vitra:j] m. Vidriera, *f.*, vitral : *des vitraux splendides*, vidrieras espléndidas.
vitre f. Cristal, *m.* (de fenêtre). ‖ Fig. et Fam. *Casser les vitres*, armar un escándalo, formar la tremolina.
— Syn. *Glace*, luna. *Carreau*, cristal. *Cristal*, cristal.
vitré, e adj. Con cristales, cerrado con vidrieras, guarnecido de vidrios. ‖ Vítreo, a : *électricité vitrée*, electricidad vítrea. ‖ Anat. *Humeur vitrée*, humor vítreo. ‖ *Porte vitrée*, vidriera.
vitrer v. tr. Poner cristales, cerrar con vidrieras.
vitrerie f. Cristalería, vidriería.
vitreux, euse adj. Vítreo, a (de verre). ‖ Vidrioso, sa (œil, regard).
vitrier m. Vidriero.
vitrière f. Cuadrado (*m.*) de varillas de hierro.
vitrifiable adj. Vitrificable.
vitrificateur, trice adj. Vitrificador, ra.
vitrification f. Vitrificación.
vitrifier* v. tr. Vitrificar.
— V. pr. Vitrificarse.
vitrine f. Escaparate, *m.* [Amer., vidriera, vitrina] (sur la rue). ‖ Vitrina (armoire).
vitriol m. Chim. Vitriolo. ‖ *Huile de vitriol*, aceite de vitriolo, ácido sulfúrico concentrado.
vitriolage m. Acción de vitriolar. ‖ Baño de vitriolo.
vitriolé, e adj. Vitriolado, da. ‖ Quemado *ou* desfigurado con vitriolo.
vitrioler v. tr. Echar vitriolo, vitriolar.
vitrioleur, euse m. et f. Agresor con vitriolo.
Vitruve n. pr. m. Vitruvio.
vitulaire adj. Vétér. Puerperal de las vacas [fiebre].
vitupérateur, trice adj. Vituperador, ra.
vitupération f. Vituperación.
vitupérer* v. tr. Vituperar (blâmer).
vivable adj. Fam. Soportable, tolerable.
vivace adj. Vivaz. ‖ Mus. Vivace.
vivacité f. Vivacidad, viveza. ‖ Violencia : *la vivacité d'une critique*, la violencia de una crítica.
vivandier, ère m. et f. Mil. Vivandero, ra.
vivant, e adj. ● Vivo, va ; viviente. ‖ Fig. Vivo, va : *langue vivante*, lengua viva. ‖ Lleno de vida : *roman vivant*, novela llena de vida. ‖ Animado, da : *une rue vivante*, una calle animada. ‖ Muy parecido, da ; vivo, va (portrait) : *c'est le portrait vivant de son père*, es el vivo retrato de su padre. ‖ — *Dieu vivant*, Dios vivo. ‖ *Moi vivant*, mientras yo viva. ‖ *Tableau vivant*, cuadro viviente.
— M. Vivo, viviente, que vive : *les vivants et les morts*, los vivos y los muertos. ‖ — Fam. *Bon*

vivant, hombre regalón. ‖ *De son vivant o du vivant de,* en vida de [cuando vivía]. ‖ *En son vivant,* en vida suya.
— SYN. ● *Viable,* viable. *Vivace,* vivaz. *Vital,* vital.

vivarium [vivarjɔm] m. ZOOL. Vivero.

vivat! [viva *o* vivat] interj. ¡Viva! (pour applaudir).
— M. Viva, vítor, aclamación, *f.* : *pousser des vivats,* dar vivas.

vive f. Peje (*m.*) araña (poisson).
— Interj. ¡Viva!

vive-la-joie m. inv. FAM. Viva la virgen.

vivement adv. Vivamente. ‖ Pronto, rápidamente. ‖ Enérgicamente. ‖ Profundamente, grandemente : *vivement touché,* profundamente afectado.
— Interj. Que llegue(n) pronto.

viverridés n. pl. ZOOL. Vivérridos.

viveur, euse m. et f. Vividor, ra.

vividité f. Viveza.

vivier m. Vivero de peces.

vivifiant, e adj. Vivificante.

vivificateur, trice adj. Vivificador, ra.

vivification f. Vivificación.

vivifier* v. tr. Vivificar.

vivipare adj. et s. ZOOL. Vivíparo, ra.

viviparité f. ZOOL. Viviparidad.

vivisection f. Vivisección.

vivoter v. intr. FAM. Ir viviendo, ir tirando, ir pasando, vivir con trabajo.

vivre* v. intr. Vivir : *les perroquets vivent longtemps,* los loros viven muchos años. ‖ Vivir (habiter) : *vivre à la campagne,* vivir en el campo. ‖ Alimentarse (se nourrir) : *vivre de légumes,* alimentarse con legumbres. ‖ Vivir (subvenir à ses besoins) : *vivre de son travail,* vivir de su trabajo. ‖ Durar : *sa gloire vivra éternellement,* su gloria durará eternamente. ‖ — *Vivre au jour le jour,* vivir al día. ‖ *Vivre avec,* convivir con. ‖ *Vivre d'amour et d'eau fraîche,* vivir con pan y cebollas. ‖ *Vivre de rien,* vivir con poco. ‖ — FAM. *Apprendre à vivre à quelqu'un,* meter a uno en cintura, ponerle a uno, las peras a cuarto. ‖ — *Cette coutume a vécu,* esta costumbre ha muerto. ‖ *Être facile à vivre,* tener buen carácter. ‖ *Être sur le qui-vive,* estar alerta *ou* ojo avizor. ‖ *Il fait bon vivre,* se vive bien. ‖ *Ne pas vivre,* no vivir de inquietud. ‖ *Qui vive?,* ¿quién vive? (sentinelle). ‖ *Qui vivra verra,* vivir para ver.

vivre m. Alimento. [Ú. en sing. sólo en la frase : *avoir le vivre et le couvert,* tener casa y comida.] ‖ — Pl. Víveres. ‖ *Couper les vivres à quelqu'un,* cortarle los víveres a alguien, dejar a uno sin recursos.

vivrier, ère adj. Alimenticio, cia. [Ú. principalmente en la locución *cultures vivrières,* huerta, cultivo de plantas comestibles.]
— M. Abastecedor, ra (fournisseur).

vizir m. Visir.

vizirat [vizira] m. Visirato.

Vladimir n. pr. m. Vladimiro.

vlan! ou **v'lan!** interj. ¡Zas!, ¡paf!

vocable m. Vocablo, palabra, *f.* ‖ Advocación, *f.* (d'une église).

vocabulaire m. Vocabulario.

vocal, e adj. Vocal : *organes vocaux,* órganos vocales.

vocalique adj. Vocálico, ca.

vocalisateur, trice m. et f. Vocalizador, ra.

vocalisation f. Vocalización.

vocalise f. Vocalización.

vocaliser v. intr. et tr. Vocalizar.

vocalisme m. Vocalismo.

vocatif m. GRAMM. Vocativo.

vocation f. Vocación.

voceratrice f. Plañidera de voceros.

vocero m. Canto fúnebre corso (chant).

vociférant, e adj. Vociferante.

vociférateur, trice m. et f. Vociferador, ra.

vociférations f. pl. Vociferaciones.

vociférer* v. tr. et intr. Vociferar.

vodka f. Vodka, *m.*

vœu [vø] m. Voto : *prononcer ses vœux,* pronunciar sus votos ; *faire vœu de chasteté,* hacer voto de castidad. ‖ Deseo : *c'est mon vœu le plus cher,* es mi mayor deseo. ‖ — *Vœux de bonheur,* votos de felicidad. ‖ *Vœux de nouvel an,* felicitación por Año Nuevo. ‖ — *Faire vœu de,* prometer, jurar. ‖ *Faire o former des vœux pour,* hacer *ou* formular votos por. ‖ *Mes meilleurs vœux,* muchas felicidades, enhorabuena. ‖ *Présenter ses vœux,* felicitar (nouvel an, anniversaire, etc.), dar la enhorabuena (mariage). ‖ *Tous mes vœux,* mi más cordial enhorabuena.

vogue f. Boga (action de voguer). ‖ FIG. Boga, fama, moda (mode) : *être en vogue,* estar en boga, estar de moda.

voguer v. intr. MAR. Bogar, remar (ramer). ‖ Navegar (naviguer). ‖ — *Voguer à pleines voiles,* ir viento en popa. ‖ — *Vogue la galère!,* ¡y ruede la bola!, ¡venga lo que viniere!

voici prép. He aquí (p. us.), aquí está : *me voici,* aquí estoy ; *te voici,* hete aquí, aquí estás. ‖ Aquí : *le voici qui vient,* aquí viene. ‖ Este [esta, esto] es ; estos [estas] son : *voici mes enfants,* estos son mis hijos ; *la table que voici,* esta mesa. ‖ Aquí tiene, aquí está : *voici ce que vous m'avez demandé,* aquí tiene lo que mes ha pedido. ‖ Hace : *voici une heure que j'attends,* hace una hora que espero. ‖ Ya : *nous voici arrivés,* ya hemos llegado. ‖ Será : *voici bientôt le jour de ta fête,* pronto será el día de tu santo. ‖ Hará, harán : *voici bientôt trois mois que je ne l'ai pas vu,* pronto hará tres meses que no le he visto. ‖ — *Voici Monsieur,* tenga Sr. ‖ *Voici que,* ya : *voici qu'il pleut,* ya está lloviendo. ‖ *Nous y voici,* ya estamos.
— OBSERV. Dans les expressions *he aquí* et *he ahí* les pronoms personnels *me, te, le, lo, la, los, las, nos, os* sont obligatoirement enclitiques (ex. : *heos aquí,* vous voici).

voie [vwa] f. ● Vía, ruta : *voie publique,* vía pública ; *par la voie des airs,* por vía aérea. ‖ Vía (chemin de fer). ‖ FIG. Camino, *m.,* senda (chemin), medio, *m.* (moyen) : *par la voie de la persuasion,* por medio de la persuasión. | Conducto, *m.* : *par voie de presse,* por conducto de la prensa. ‖ Calle, vía, carril, *m.* (d'autoroute). ‖ Huella, pista (du gibier). ‖ ANAT. Vías *urinaires,* vías urinarias. ‖ ASTR. Vía : *voie lactée,* vía láctea. ‖ TECHN. Vía (automobile). | Triscadura (d'une scie). | Carga (de bois de chauffage). ‖ — MAR. *Voie d'eau,* vía de agua. ‖ *Voie de communication,* vía de comunicación. ‖ DR. *Voie de droit,* procedimiento jurídico. ‖ *Voie de garage,* vía muerta. ‖ *Voie de salut,* camino de salvación. ‖ *Voies de fait,* vías de hecho. ‖ — *Par des voies détournées,* indirectamente. ‖ *Par la voie hiérarchique,* por conducto regular *ou* reglamentario. ‖ *Pays en voie de développement,* países en vías *ou* en trance de desarrollo. ‖ — *Être en bonne voie,* ir por buen camino. ‖ *Être en voie de,* estar en vías de, en curso de, en trance de. ‖ *Mettre sur la voie,* encaminar, encauzar. ‖ FIG. *Ouvrir la voie,* dejar *ou* dar el paso, dar lugar.
— SYN. ● *Route,* carretera, camino, ruta, estrada (vx). *Chaussée,* calzada, arrecife (p. us.). *Artère,* arteria.

voilà prép. He ahí (p. us.), ahí está : *la voilà,* hela ahí, ahí está. ‖ Ahí : *le voilà qui vient,* ahí viene. ‖ Ese [esa, eso] es ; esos, esas son : *voilà ses raisons,* esas son sus razones ; *la maison que voilà,* esa casa. ‖ Hace : *voilà trois heures que je suis là,* hace tres horas que estoy aquí. ‖

Ya : *nous voilà arrivés,* ya hemos llegado. ‖ Eso sí que es : *voilà une bonne action,* eso sí que es una buena acción. ‖ — *Voilà que,* ya. ‖ *Voilà tout,* eso es todo. ‖ — *Nous y voilà,* ya estamos. ‖ — FAM. *En veux-tu, en voilà,* a porrillo. | *Ne voilà-t-il pas que* o *voilà-t-il pas que,* resulta que, héteme aquí que... | *Nous voilà bien!,* ¡estamos arreglados *ou* aviados! — Interj. ¡Toma!, ¡ya está bien! ‖ *En voilà assez!,* ¡basta!, ¡ya está bien!

voilage m. Adorno transparente en un vestido. ‖ Cortinaje, visillos, *pl.* (des fenêtres).

voile m. Velo : *voile de mariée,* velo de novia. ‖ FIG. ● Manto. ‖ PHOT. Veladura, *f.* ‖ — ANAT. *Voile du palais,* velo del paladar, cielo de la boca. ‖ — FIG. *Sous le voile de,* so capa de, con apariencia de, con el pretexto de : *sous le voile de l'amitié,* so capa de amistad. ‖ — FIG. *Avoir un voile sur* o *devant les yeux,* tener los ojos vendados *ou* una venda ante los ojos. | *Jeter, mettre un voile sur,* correr un tupido velo sobre, tapar con un manto, correr un velo sobre. ‖ RELIG. *Prendre le voile,* profesar, tomar el velo. — SYN. ● *Manteau,* manto. *Masque,* disfraz.

voile f. MAR. Vela. ‖ FIG. Vela (bateau à voiles). ‖ Regata. ‖ — *Voile carrée, à livarde, de cape, d'étai,* vela cangreja, de abanico *ou* tarquina, de capa, de estay. ‖ — *Bateau à voiles,* barco de vela, velero. ‖ *Grand-voile,* vela mayor. ‖ *À pleines voiles,* a toda vela, a todo trapo. ‖ *Toutes voiles dehors,* a toda vela. ‖ AVIAT. *Vol à voile,* vuelo sin motor. ‖ — *Faire de la voile,* practicar el deporte de la vela. ‖ *Faire voile sur,* navegar rumbo a. ‖ *Mettre à la voile,* hacerse a la vela, alzar velas (s'embarquer). ‖ POP. *Mettre les voiles,* ahuecar el ala, largarse.

voilé, e adj. Velado, da. ‖ Con velo, con manto (avec un voile). ‖ FIG. Oculto, ta; tapado, da. | Tomada, velada, empañada (voix). ‖ Alabeado, da (bois). ‖ Torcido, da (métal, roue de vélo). ‖ Aparejado, da (bateau). ‖ PHOT. Velado, da.

voilement m. Alabeo.

voiler v. tr. Poner las velas, aparejar (bateau). ‖ Cubrir, tapar, ocultar (cacher). ‖ FIG. Velar, disimular. ‖ PHOT. Velar. — V. intr. Alabearse, combarse, torcerse (se courber, se gauchir). — V. pr. Velarse (se mettre un voile). ‖ *Se voiler la face,* cubrirse *ou* taparse la cara.

voilerie f. Velería, taller (*m.*) de velas para barcos.

voilette f. Velo, *m.* (des dames).

voilier m. Velero (qui fait des voiles). ‖ MAR. Velero (bateau à voiles) : *fin voilier,* buen velero. ‖ Ave de alto vuelo.

voilure f. MAR. Velamen, *m.* ‖ TECHN. Alabeo, *m.* (bois, roues). ‖ AVIAT. Planos (*m. pl.*) sustentadores del avión. ‖ MAR. *Centre de voilure,* centro vélico.

voir* v. tr. ● Ver.

> 1. Percevoir. — 2. Distinguer, observer. — 3. Examiner. — 4. Visiter, rencontrer. — 5. Connaître, découvrir, savoir. — 6. Concevoir, imaginer. — 7. MÉD. — 8. LOC.

1. PERCEVOIR. — Ver : *je l'ai vu de mes propres yeux,* lo he visto con mis propios ojos. ‖ Ver, leer : *je l'ai vu dans le journal,* lo he leído en el periódico. ‖ Ver, comprender : *je ne vois pas ce que vous voulez dire,* no comprendo lo que quiere usted decir. ‖ Ver, prever : *je ne vois pas la fin de nos problèmes,* no veo el fin de nuestros pro-

blemas. ‖ Apreciar, ver : *sa façon de voir les choses,* su manera de ver las cosas. ‖ — *Il ne voit pas plus loin que le bout de son nez,* no ve más allá de sus narices. ‖ *Voir page deux,* véase la página dos.

2. DISTINGUER, OBSERVER. — Ver, observar, mirar : *voir au microscope,* observar al microscopio. ‖ Distinguir, ver : *je vois des arbres à l'horizon,* veo árboles en el horizonte.

3. EXAMINER. — Examinar, ver : *voir de plus près,* examinar de más cerca. ‖ Ver : *je vais voir si je peux,* voy a ver si puedo. ‖ Ver, experimentar : *il a vu bien des malheurs,* ha visto muchas desgracias. ‖ *Nous verrons ça,* ya veremos.

4. VISITER, RENCONTRER. — Ver, visitar : *aller voir quelqu'un,* ir a ver a alguien. ‖ — *Je l'ai vu par hasard,* lo he visto por casualidad. ‖ *On ne te voit plus,* no hay quien te vea.

5. CONNAÎTRE, DÉCOUVRIR, SAVOIR. — Ver : *je n'ai jamais vu une chose pareille,* nunca he visto cosa igual *ou* tal cosa. ‖ Ver, saber : *je vais voir s'il y a quelqu'un,* voy a ver si hay alguien. ‖ *C'est à voir,* es digno de verse, hay que verlo (valoir la peine), esto habría que verlo (douteux).

6. CONCEVOIR, IMAGINER. — Ver : *à ce que je vois,* por lo que veo. ‖ Imaginarse, ver : *je ne le vois pas homme d'affaires,* no me lo imagino hombre de negocios.

7. MÉD. — Ver, cuidar : *voir un malade,* ver a un enfermo ; consultar : *voir son médecin,* consultar al médico.

8. LOC. — *Voir d'un bon, d'un mauvais œil,* ver con buenos, con malos ojos. ‖ *Voir le jour,* salir a luz, publicarse (un livre). ‖ FIG. *Voir mal* o *difficilement que,* ver pocas posibilidades de que. ‖ *Voir trente-six chandelles,* ver las estrellas. ‖ *Voir venir quelqu'un,* conocer las intenciones de alguien. ‖ FAM. *Voyez vous?,* ¿comprende usted? ‖ *Voyons voir,* a ver, veamos. ‖ — *À ce que je vois,* por lo que veo, por lo visto. ‖ FAM. *Dites voir,* dígame a ver. ‖ *Écoutez voir,* oiga. ‖ *En avoir vu bien d'autres,* estar curado de espanto. ‖ *En faire voir à quelqu'un,* hacer pasar las negras a alguien, dar mucho trabajo *ou* mucha guerra a alguien. ‖ *En voir de toutes les couleurs,* pasarlas negras *ou* moradas. ‖ FAM. *Essayez voir,* mire a ver. ‖ *Être beau à voir,* ser digno de verse. ‖ FAM. *Faire voir,* manifestar (montrer), llevar (conduire). ‖ *Je le vois d'ici!,* ¡como si lo viera! ‖ *Laissez voir,* manifestar, mostrar (faire preuve). ‖ FAM. *Montrez voir,* deje que vea. ‖ *N'avoir rien à voir avec,* no tener nada que ver con. ‖ *Ne pas pouvoir voir quelqu'un,* tener a uno entre ceja y ceja, no poder ver a uno. ‖ *N'y voir goutte,* no ver ni jota (rien voir), quedarse en ayunas o in albis (ne rien comprendre). ‖ FAM. *Regardez voir,* mire. ‖ *Se faire bien voir,* ser bien mirado. ‖ FAM. *Tu vas voir ce que tu vas voir,* ya verás lo que es bueno. ‖ POP. *Va te faire voir!,* ¡vete a paseo! — V. intr. Ver. ‖ Mirar : *voyez à ce qu'il ne manque de rien,* mire a que no le falte nada. ‖ *Voir de loin,* ver de lejos. ‖ *Vois-tu, voyez-vous,* ya ves, ya ve usted. ‖ *Voyons!,* ¡veamos!, ¡vamos! ‖ — *Avoir à voir à,* tener que ver en. ‖ *On verra,* ya veremos. ‖ *Pour voir,* para ver, para probar. — V. pr. Verse : *cela se voit tous les jours,* esto se ve todos los días. ‖ Verse, tratarse (se fréquenter).

— OBSERV. Las expresiones corrientes *dites voir, écoutez voir, essayez voir, voyons voir* son barbarismos y no deben usarse. El participio pasado *vu* seguido de un infinitivo concuerda sólo si va precedido del complemento directo del infinitivo (*je les ai vus bâtir,* les he visto construir ; *la maison que j'ai vu bâtir,* la casa que he visto edificar). No se debe decir *il y a longtemps que je ne l'ai pas vu* sino *il y a longtemps que je ne l'ai vu.*

— SYN. ● *Apercevoir,* divisar. *Aviser,* notar. *Entrevoir,* entrever. *Découvrir,* descubrir. *Repérer,* observar. *Remarquer,* observar. *Surprendre,* sorprender.

voire adv. (Vx). Ciertamente, en verdad. ‖ Incluso *ou* hasta *ou* aún : *il est probable, voire certain que...,* es probable, incluso seguro que...

voirie f. Servicio (*m.*) de vías públicas, vialidad (administration). ‖ Red de comunicaciones (voies de communication). ‖ Servicios (*m. pl.*) municipales de limpieza. ‖ Servicio (*m.*) de vías y obras. ‖ Vertedero, *m.* (d'ordures).

voisin, e adj. et s. Vecino, na. ‖ — Adj. Vecino, na ; próximo, ma ; cercano, na (proche). ‖ Semejante, parecido, da. ‖ — M. et f. Persona que está al lado. ‖ Prójimo (prochain). ‖ *Voisin de palier,* vecino que vive en la misma planta.

voisinage m. Vecindad, *f.* (proximité). ‖ Vecindario (habitants, voisins). ‖ Cercanía, *f.* (environs). ‖ *Politique de bon voisinage,* política de buena vecindad.

voisiner v. intr. Ser vecinos de. ‖ Estar cerca de *ou* al lado de. ‖ FAM. Tratar con los vecinos.

voiturage m. Transporte, porte, acarreo.

voiture f. ● Carruaje, *m.* (véhicule à roues). ‖ Coche, *m.* [*Amér.,* carro, *m.*] (automobile). ‖ Coche, *m.* (chemin de fer, à cheval). ‖ Carro, *m.* (grosse voiture de transport hippomobile). ‖ — *Voiture à bras,* carro con varales. ‖ *Voiture d'enfant,* cochecito de niño. ‖ *Voiture de place,* coche de punto. ‖ *Voitures-couchettes,* coches literas (train). ‖ *Voiture tous terrains,* vehículo para todo terreno. ‖ — *Messieurs les voyageurs, en voiture!,* señores viajeros, ¡al tren! ‖ *Toute la voiture jeta de hauts cris,* todas las personas que iban en el coche gritaron con fuerza.

— SYN. ● *Véhicule,* vehículo. *Patache,* carrucho. *Guimbarde,* carricoche. *Bagnole,* cafetera (auto). *Tacot,* cacharro. *Teuf-teuf,* coche antiguo.

voiturée f. Carro, *m.,* carretada (de marchandises). ‖ Todo un coche, un coche lleno (de personnes).

voiture-lit [vwatyrli] f. Coche (*m.*) cama.

— OBSERV. Pl. *voitures-lits.*

voiturer v. tr. Transportar en coche (des personnes). ‖ Acarrear (des marchandises).

voiture-restaurant f. Coche (*m.*) restaurante.

— OBSERV. Pl. *voitures-restaurants.*

voiturette f. Cochecillo, *m.*

voiturier m. Carretero (de marchandises). ‖ Cochero (de personnes).

voïvode [vɔjvɔd] ou **voïévode** [vɔjevɔd] m. Voivoda (titre).

voïvodie [-di] ou **voïévodie** [-di] f. Voivodato, *m.,* división administrativa de Polonia.

voix [vwa] f. Voz : *voix de crécelle,* voz chillona ; *voix creuse,* voz cavernosa ; *avoir une belle voix,* tener buena voz. ‖ *Voto, m. : donner sa voix,* dar su voto ; *motion approuvée par douze voix contre neuf,* moción aprobada por doce votos a favor y nueve en contra. ‖ GRAMM. *Voz : voix passive,* voz pasiva. ‖ *Consejo, m.* (conseil), advertencia, mandato, *m.* (ordre). ‖ — *Voix claironnante,* voz atiplada, estridente *ou* clara y aguda. ‖ *Voix de dessus,* tiple. ‖ *Voix prépondérante,* voto de calidad. ‖ — *Grosse voix,* vozarrón. ‖ *La voix du sang,* la llamada de la sangre. ‖ — *À haute voix,* en voz alta. ‖ *À voix basse,* en voz baja. ‖ *De vive voix,* de palabra, de viva voz. ‖ — *Aller aux voix,* votar. ‖ *Avoir voix délibérative,* tener voz y voto. ‖ *Baisser la voix,* bajar la voz. ‖ *Élever la voix,* levantar la voz. ‖ *Mettre aux voix,* poner a votación. ‖ *Ne pas avoir voix au chapitre,* no tener vela en el entierro, no tener voz ni voto.

vol m. Vuelo. ‖ Bandada, *f.* (groupe d'oiseaux). ‖ — *Vol à voile,* vuelo a vela *ou* sin motor. ‖ *Vol*

de nuit, vuelo nocturno. ‖ *Vol en rase-mottes, d'essai, en palier,* vuelo a ras de tierra, de prueba, horizontal. ‖ *Vol plané,* vuelo planeado. ‖ — *Au vol,* al vuelo. ‖ *À vol d'oiseau,* en línea recta (distance), a vuelo de pájaro (vue). ‖ FIG. *De haut vol,* de mucho vuelo. ‖ *Prendre son vol,* emprender el vuelo. ‖ *Saisir l'occasion au vol,* coger la ocasión por los pelos.

vol m. Robo. ‖ — *Vol à la tire,* ratería. ‖ *Vol à main armée,* atraco. ‖ *Vol qualifié,* robo con agravantes.

— SYN. *Escroquerie,* estafa. *Maraudage,* merodeo. *Volerie,* ratería, ladronería. *Larcin,* hurto.

volage adj. Voluble, versátil, veleidoso, sa ; cambiante (changeant). ‖ Infiel (infidèle).

volaille [vɔlaːj] f. Aves (*pl.*) de corral, volatería : *donner à manger à la volaille,* dar de comer a las aves de corral. ‖ Ave de corral.

— OBSERV. En espagnol on préfère nommer la volaille dont il s'agit : *manger une volaille,* comer una gallina (une poule), un pato (un canard), etc.

volailler ou **volailleur** m. Vendedor de aves, recovero, gallinero (marchand). ‖ (P. us.). Gallinero (poulailler).

volant m. Volante (ornement, jouet). ‖ TECHN. Volante (roue). ‖ AUTOM. Volante. ‖ COMM. Reservas, *f. pl.* (réserve). ‖ Talón (de registre).

volant, e adj. Volante, volador, ra (qui vole). ‖ Volante, itinerante (qui se déplace). ‖ Flotante, ondeante (agité par le vent). ‖ — *Feuille volante,* hoja suelta, volante. ‖ *Fusée volante,* cohete. ‖ *Table volante,* velador. ‖ MÉD. *Petite vérole volante,* varicela.

volapük m. Volapuk (langue).

volatil, e adj. Volátil.

volatile m. Volátil (qui vole).

volatilisable adj. Volatilizable.

volatilisation f. Volatilización.

volatiliser v. tr. Volatilizar.

volatilité f. CHIM. Volatilidad.

vol-au-vent [vɔlovã] m. inv. Volován « vol-au-vent », pastel relleno de pescado o carne.

volcan m. Volcán.

volcanique adj. Volcánico, ca.

volcaniser v. tr. Volcanizar.

volcanisme m. Volcanismo.

volcanologie f. Vulcanología.

vole f. Bola, bolo, *m.* (cartes).

volée f. Vuelo, *m.* (vol). ‖ Bandada (d'oiseaux) : *une volée de moineaux,* una bandada de gorriones. ‖ Repique, *m.,* tañido, *m.,* campanada (de cloches). ‖ ARCHIT. Tramo, *m.,* tiro, *m.* (d'escalier). ‖ MAR. Andanada (décharge). ‖ MIL. Caña, bolada (du canon). ‖ POP. ● Paliza (coups). ‖ SPORTS. Voleo, *m.* (de la balle). ‖ TECHN. Aguilón, *m.* (de grue). ‖ Volea (de voiture). ‖ — *Demi-volée,* de rebote. ‖ — *À la volée,* al vuelo : *saisir à la volée,* coger al vuelo. ‖ FIG. *De haute volée,* de alto rango, de alto copete. ‖ *Prendre sa volée,* alzar ou emprender el vuelo (partir), emanciparse, volar con sus propias alas (s'émanciper). ‖ AGRIC. *Semer à la volée,* sembrar al voleo. ‖ *Sonner à grande, à toute volée,* echar ou tocar a vuelo (les cloches).

— SYN. ● *Bastonnade,* tunda de palos, apaleo. *Correction,* paliza. *Fessée,* azotina, azotaina. *Pop. Dégelée,* tannée, zurra. *Frottée,* friega. *Peignée,* zurribanda. *Pile,* tripotée, tollina. *Raclée,* tunda. *Rossée,* solfa. *Trempe,* solfa.

voler v. intr. Volar (oiseaux, avions). ‖ FIG. Volar, correr (courir). ‖ — *Voler au secours de,* volar en socorro de. ‖ *Voler de ses propres ailes,* volar con sus propias alas. ‖ *On entendrait voler une mouche,* se podría oír el vuelo de una mosca.

— V. tr. Cazar : *autour volant un lièvre,* azor cazando una liebre.

voler v. tr. Robar. || FAM. *Il ne l'a·pas volé,* le está bien empleado, lo tiene bien merecido.
— SYN. *Exploiter,* explotar. *Piller,* saquear. *Déposséder,* desposeer. *Enlever,* quitar. *Priver,* privar. *Escroquer,* estafar. *Extorquer,* arrancar. *Dérober,* hurtar, robar. *Dépouiller,* despojar. *Détrousser,* saltear. *Dévaliser,* desvalijar. *Approprier (s'),* apropiarse. *Cambrioler,* robar en las casas. *Fam. Barboter,* birlar. *Chiper,* mangar, limpiar. *Empiler,* estafar. *Faucher,* mangar. *Carotter,* estafar. *Estamper,* timar. *Piquer,* picar, limpiar. *Filouter,* ratear, hurtar sutilmente.

volerie f. (Vx). Volatería (chasse). || FAM. Latrocinio, *m.,* robo, *m.,* rapiña (vol).

volet [vɔlɛ] m. ● Postigo (de fenêtre). || Tabla (*f.*) de cierre (de boutique). || Hoja, *f.,* parte, *f.* (d'un triptyque). || Tabla, *f.* (planche pour trier). || AVIAT. Flaps, alerón. || MÉCAN. Válvula, *f.* || FIG. *Trié sur le volet,* muy escogido.
— SYN. ● *Contrevent,* contraventana. *Jalousie,* celosía. *Persienne,* persiana.

voleter* [vɔlte] v. intr. Revolotear.

volettement [-lɛtmɑ̃] m. Revoloteo.

voleur, euse adj. et s. Ladrón, ona. || — *Voleur à la roulotte,* ladrón que opera en los coches estacionados. || *Voleur à la tire,* carterista. || *Voleur à l'étalage,* mechero. || *Voleur de bestiaux,* cuatrero. || *Voleur de cœurs,* ladrón de corazones. || *Voleur de grand chemin,* bandolero, salteador de caminos. || *Voleur d'enfants,* raptador de niños. || — *Au voleur!,* ¡ladrón!, ¡ladrones!
— SYN. *Cleptomane,* cleptómano. *Pickpocket,* carterista. *Filou,* ratero.

volière f. Pajarera.

volige f. CONSTR. Chilla, ripia (planche).

voligeage [vɔliʒa:ʒ] m. CONSTR. Chillado, entarimado.

voliger* v. tr. Enripiar, entarimar.

volis [vɔli] m. Copa rota de un árbol.

volitif, ive adj. Volitivo, va.

volition f. Volición.

volley-ball [vɔlɛbol] m. SPORTS. Balonvolea.

volleyeur, euse [-jœ:r, ø:z] m. et f. Jugador, jugadora de balonvolea.

volontaire adj. et s. Voluntario, ria (de son gré). || Voluntarioso, sa; voluntario, ria (entêté).

volontairement adv. Voluntariamente (de son gré). .|| Voluntariosamente (avec entêtement).
— SYN. *De bon gré,* voluntariamente, de buen grado. *Volontiers,* con gusto, gustoso. *Bénévolement,* benévolamente. *De bonne grâce,* amablemente.

volontariat m. MIL. Voluntariado.

volonté f. Voluntad. || — Pl. Caprichos, antojos. || — *À volonté,* a discreción, a gusto de uno. || *De bonne volonté,* de buena voluntad, con gusto. || FAM. *Faire ses quatre volontés,* hacer su santa voluntad. || MIL. *Feu à volonté,* fuego a discreción. || *N'en faire qu'à sa volonté,* no hacer más que su capricho, salirse siempre con la suya.
— SYN. *Dessein,* designio. *Intention,* intención. *Vouloir,* voluntad.

volontiers [vɔlɔ̃tje] adv. Gustoso, sa; con gusto, de buena gana, de buen grado, gustosamente. || Fácilmente, naturalmente (naturellement).

Volsques [vɔlsk] m. pl. Volscos.

volt [vɔlt] m. ÉLECTR. Voltio.

voltage m. ÉLECTR. Voltaje.

voltaïque adj. ÉLECTR. Voltaico, ca.

voltaire m. Sillón de respaldo alto (fauteuil), silla (*f.*) poltrona.

voltairianisme m. Volterianismo.

voltairien, ienne adj. et s. Volteriano, na.

voltaïsation f. MÉD. Voltaización.

voltamètre adj. ÉLECTR. Voltámetro.

voltampère m. ÉLECTR. Voltamperio.

volte f. Volteo, *m.,* vuelta (mouvement du cheval). || SPORTS. Esquiva, parada.

volte-face f. inv. Media vuelta : *faire volte-face,* dar media vuelta. || FIG. Cambio (*m.*) súbito de opinión, cambiazo, *m.*

volter v. intr. Dar media vuelta, girar sobre sí mismo. || Voltear (équitation).

voltige f. Cuerda floja (corde). || Ejercicios (*m. pl.*) de trapecio (au cirque). || Volteo, *m.* (équitation). || Acrobacia aérea. || FIG. *Haute voltige,* acrobacia, malabarismo.

voltigement m. Revoloteo.

voltiger* v. intr. Revolotear (voler). || Voltear (à la corde raide). || Caracolear (un cheval). || Flotar, ondear (un drapeau). || FIG. Mariposear (papillonner).

voltigeur m. Volatinero, ra (cirque), volteador, ra. || MIL. Tirador, cazador (soldat). || Cigarro puro.

voltmètre m. ÉLECTR. Voltímetro.

volubile adj. BOT. Voluble. || FIG. Locuaz.

volubilis [vɔlybilis] m. BOT. Enredadera (*f.*) de campanillas (liseron).

volubilité f. Locuacidad, volubilidad.

volucelle f. ZOOL. Volucella.

volume m. Volumen (livre, grosseur, mathématiques). || Caudal (débit d'eau). || Espacio, bulto : *pour qu'il fasse moins de volume,* para que ocupe menos espacio, para que haga menos bulto. || Fuerza, *f.* (des sons). || Volumen (de la voix).

volumètre m. Volúmetro.

volumétrie f. Volumetría.

volumétrique adj. Volumétrico, ca.

volumineux, euse adj. Voluminoso, sa.

volupté f. Voluptuosidad.

voluptueux, euse adj. et s. Voluptuoso, sa.

volute f. ARCHIT. Voluta. || FIG. Voluta, espiral (de fumée).

voluter v. intr. Hacer, formar volutas.

volvaire f. Volvaria (champignon).

volvulus [vɔlvylys] m. MÉD. Vólvulo, íleo (occlusion intestinale).

vomer [vɔmɛ:r] m. ANAT. Vómer.

vomérien, enne adj. Vomeriano, na.

vomi m. Vómito, vomitona, *f.*

vomi-purgatif, ive adj. et s. m. MÉD. Vomipurgante.

vomique adj. et s. f. Vómica : *noix vomique,* nuez vómica.

vomiquier m. Árbol que produce la nuez vómica.

vomir v. tr. Vomitar : *vomir son repas,* vomitar la comida. || FIG. *Vomir des injures,* vomitar injurias. || — *Cela fait vomir, cela ferait vomir* o *c'est à faire vomir,* da náuseas.
— SYN. *Rendre,* devolver. *Regorger,* rebosar. *Regurgiter,* regurgitar.

vomissement m. Vómito.

vomissure f. Vomitona, vómito, *m.*

vomitif, ive adj. et s. m. MÉD. Vomitivo, va.

vomito ou **vomito negro** m. MÉD. Vómito negro, fiebre (*f.*) amarilla.

vomitoire m. Vomitorio.

vorace adj. Voraz.

voracité f. Voracidad. || FIG. Avidez, codicia (avidité).

vorticelle f. ZOOL. Vorticela.

vos [vo] adj. poss. pl. de *votre.* Vuestros, tras : *vos fils et vos filles,* vuestros hijos y vuestras hijas. (Quand il s'agit d'une ou plusieurs personnes qui ne se tutoient pas, on traduit en espagnol par *sus,* ou *de usted* ou *de ustedes* : *vos enfants,* sus hijos *ou* los hijos *de Vd.* ou *de Vds.* On dit aussi pléonastiquement *sus hijos de Vd.*)

Vosges [vo:ʒ] n. pr. f. pl. GÉOGR. Vosgos, *m.*

vosgien, enne adj. et s. De los Vosgos.

votant, e adj. et s. m. Votante.

votation f. Votación (action).

vote m. Voto : *motiver son vote,* explicar el voto. || Votación, *f.* (action) : *vote à mains levées,* votación a mano alzada; *vote par appel nominal* : votación nominal.

— SYN. *Suffrage*, sufragio. *Scrutin*, escrutinio. *Référendum*, referéndum. *Plébiscite*, plebiscito.

voter v. intr. et tr. Votar : *voter par assis et levés*, votar puestos en pie.

votif, ive adj. Votivo, va.

votre [vɔtr] adj. poss. Vuestro, vuestra : *votre livre*, vuestro libro; *votre maison*, vuestra casa. (Quand il s'agit d'une ou de plusieurs personnes qui ne se tutoient pas, on traduit par *su* ou *de Vd.* ou *de Vds.* : *votre maison*, su casa, la casa de Vd. On dit aussi *su casa de Vd.* ou *de Vds.*)

— OBSERV. Pl. *vos*.

vôtre [votr] **(le, la)** pron. poss. sing. El vuestro, la vuestra, lo vuestro. (S'il s'agit de personnes qui ne se tutoient pas, on traduit par *el suyo, la suya, lo suyo, el de Vd., la de Vd., lo de Vd.* : *notre pays et le vôtre*, nuestro país y el suyo.) ‖ — Pl. Los vuestros, las vuestras, los suyos, las suyas, los, las de Vd. *ou* los, las de Vds.

vouer [vwe] v. tr. Consagrar, dedicar (consacrer). ‖ Poner bajo la advocación (d'un saint). ‖ Profesar : *vouer un amour profond à*, profesar un amor profundo a. ‖ Prometer por voto (promettre). ‖ *Être voué à l'échec*, estar condenado al fracaso, no poder ser sino un fracaso.

— V. pr. Consagrarse. ‖ *Ne savoir à quel saint se vouer*, no saber a qué santo encomendarse.

vouge m. Guja, *f.* (arme ancienne). ‖ AGRIC. Podadera, *f.* (serpe).

vouivre f. BLAS. Bicha, sierpe (guivre).

vouloir* v. tr. Querer : *voulez-vous me prêter de l'argent?*, ¿quiere dejarme dinero? ‖ Querer, desear : *faites ce que vous voudrez*, haga usted lo que quiera. ‖ Requerir, necesitar : *la vigne veut de grands soins*, la viña requiere muchos cuidados. ‖ Exigir (exiger). ‖ Mandar : *comme le veut l'histoire*, como lo manda la historia. ‖ Esperar, querer : *que veut-il de moi?*, ¿qué espera de mí? ‖ Querer, hacer el favor de : *voulez-vous vous taire*, haga usted el favor de callarse. ‖ Querer ver : *je ne vous veux plus ici*, no quiero verle más por aquí. ‖ *Vouloir bien*, consentir. ‖ *Vouloir du bien o du mal à quelqu'un*, desear bien *ou* mal a alguien. ‖ — *Veuillez...*, sírvase Vd., tenga a bien, dígnese Vd. ‖ *Veuillez agréer, Monsieur, l'expression de mes sentiments dévoués*, le saluda atentamente su seguro servidor. ‖ — *Qu'on le veuille ou non*, quiérase o no. ‖ *Sans le vouloir*, sin querer. ‖ *Savoir ce que parler veut dire*, comprender el sentido oculto de ciertas palabras. ‖ *Si je mens, je veux être pendu*, si miento que me ahorquen. ‖ · *Bien vouloir*, tener a bien. ‖ *Dieu le veuille!*, ¡Dios lo quiera! ‖ *Je veux bien*, no veo inconveniente, no veo nada en contra. ‖ *Je veux bien admettre*, reconozco.

— V. intr. Querer : *je ne veux pas de ses excuses*, no quiero sus excusas. ‖ — *En vouloir à quelqu'un*, tener algo contra alguien, estar resentido con alguien. ‖ *S'en vouloir de*, sentir, estar avergonzado por : *je m'en veux d'avoir fait cela*, siento haber hecho esto, estoy avergonzado por haber hecho esto.

vouloir m. Voluntad, *f.* (volonté) : *bon, mauvais vouloir*, buena, mala voluntad.

vous [vu] pron. pers. de la 2e pers. du pl. des deux genres.

1. — PRONOM SUJET. Vosotros, vosotras (quand il s'agit de personnes qui se tutoient) : *vous êtes*, vosotros sois. ‖ Ustedes (quand il s'agit de personnes qui ne se tutoient pas) : *vous êtes*, ustedes son. ‖ Usted (par politesse lorsqu'on s'adresse à une seule personne) : *vous êtes trop bon*, es usted demasiado bueno. ‖ — *C'est à vous*, es suyo, de

usted, de ustedes. ‖ *C'est à vous de*, a usted le toca, usted debe. ‖ *De vous à moi*, de usted a mí, entre nosotros dos. ‖ Vos (appartient au style soutenu et ne s'emploie que pour s'adresser à Dieu ou aux Saints) : *Vous êtes tout-puissant*, vos sois todopoderoso.

2. — PRONOM COMPLÉMENT. Os (personnes qui se tutoient) : *je vous vois*, os veo; *je vous le dirai*, os lo diré. ‖ Les, las [a ustedes] (personnes qui ne se tutoient pas) : *je vous connais*, les conozco; se (avec un double complément) : *je vous le dirai*, se lo diré. ‖ Le, la [a usted] (marque de politesse) : *je vous vois*, le veo; se (avec un double complément) : *je vous l'apporterai*, se lo traeré.

— OBSERV. Généralement en espagnol n'exprime le pronom sujet que pour insister : *vous mangez*, coméis; *vous, vous mangez*, vosotros coméis.
— Les pronoms compléments sont obligatoirement enclitiques avec le gérondif, l'impératif et l'infinitif : *j'irai vous voir*, iré a verles.
Les pronoms *usted* et *ustedes* s'écrivent en abrégé *Ud., Uds.* ou *Vd., Vds.*

voussoiement [-swamã] m. V. VOUVOIEMENT.

voussoir ou **vousseau** m. ARCHIT. Dovela, *f.*

voussoyer* [vuswaje] v. tr. V. VOUVOYER.

voussure f. ARCHIT. Superficie abovedada. ‖ Dovelaje, *m.*

voûte f. ARCHIT. Bóveda. ‖ MAR. Bovedilla. ‖ TECHN. Copa, bóveda (du fourneau). ‖ — *Voûte à tonnelle*, bóveda de cañón. ‖ *Voûte d'arête*, bóveda por aristas. ‖ *Voûte d'ogive*, bóveda ojival. ‖ ANAT. *Voûte du crâne, du palais*, bóveda craneal, palatina *ou* cielo de la boca. ‖ *Voûte en arc de cloître*, bóveda en rincón de claustro, bóveda claustral. ‖ *Voûte en berceau*, bóveda de medio punto *ou* de cañón. ‖ *Voûte en plein cintre*, bóveda de medio punto. ‖ *Voûte lambrissée*, bóveda con casetones. ‖ — *Clef de voûte*, clave de bóveda. ‖ *La voûte du ciel*, la bóveda celeste.

voûté, e adj. Abovedado, da (en voûte). ‖ Encorvado, da (courbé). ‖ *Avoir le dos voûté*, ser cargado de espaldas.

voûter v. tr. ARCHIT. Abovedar (couvrir avec une voûte). ‖ FIG. Encorvar (courber).

— V. pr. Encorvarse (se courber).

vouvoiement [vuvwamã] m. Tratamiento de usted *ou* de vos.

vouvoyer [-je] v. tr. Hablar *ou* tratar de usted *ou* de vos a alguien.

voyage [vwaja:ʒ] m. Viaje : *bon voyage!*, ¡buen viaje! ‖ — *Voyage à forfait*, viaje todo comprendido. ‖ *Voyage au long cours*, gran viaje. ‖ *Voyage de noces*, viaje de novios. ‖ — *Les gens du voyage*, los saltimbanquis. ‖ — *Aller en voyage*, ir de viaje. ‖ *Être en voyage*, estar de viaje. ‖ FIG. *Faire le grand voyage*, irse al otro barrio, irse de este mundo *ou* al otro mundo, morir.

— SYN. *Déplacement*, traslado, desplazamiento (gallicisme). *Tournée*, gira. *Expédition*, expedición. *Exploration*, exploración. *Croisière*, crucero. *Pérégrination*, peregrinación. *Pèlerinage*, romería. *Périple*, periplo.

voyager* [-ʒe] v. intr. Viajar : *voyager en Espagne*, viajar por España.

voyageur, euse [-ʒœ:r, ø:z] m. et f. Viajero, ra.
— Adj. *Commis voyageur, voyageur de commerce*, viajante [de comercio]. ‖ *Pigeon voyageur*, paloma mensajera.

voyance f. Videncia.

voyant, e adj. Vidente. ‖ FIG. Llamativo, va; vistoso, sa (qui se remarque); chillón, ona; vivo, va (couleur).
— M. Vidente (illuminé). ‖ MAR. Señal (*f.*) de boya *ou* baliza. ‖ TECHN. Indicador luminoso de un aparato, chivato. ‖ — F. Vidente, adivina, pitonisa.

voyelle f. GRAMM. Vocal.

voyer [vwaje] m. (Vx). Veedor (des routes).
— Adj. *Agent voyer,* veedor de caminos, inspector de carreteras (ingénieur du service vicinal).
voyeur, euse m. et f. Mirón, ona.
voyou m. Golfo, gamberro, granuja.
— Adj. De golfo : *prendre des airs voyous,* dárselas de golfo.
vrac (en) loc. adv. A granel, en montón. ‖ En desorden.
vrai, e adj. ● Verdadero, ra ; cierto, ta : *un vrai diamant,* un diamante verdadero. ‖ — *Vrai de vrai,* de verdad de las buenas. ‖ *Vrai, quel travail!,* ¡vaya trabajo! ‖ — *Aussi vrai que,* tan verdad como. ‖ *Pas vrai?,* ¿verdad? ‖ — *C'est si vrai que,* tan es así que, es tan verdad que. ‖ *C'est vrai,* es verdad. ‖ *Dire vrai,* decir la verdad. ‖ *Est-ce vrai?* o *vrai?,* ¿de verdad? ‖ *Il est vrai,* verdad es. ‖ *Il n'en est pas moins vrai que,* si bien es verdad que. ‖ *Il n'est que trop vrai que,* por desgracia es demasiado cierto que *ou* es la pura verdad que. ‖ *S'il est vrai que,* si es cierto que. ‖ *Toujours est-il vrai que* o *il est vrai que,* también es verdad que, si bien es verdad que, es verdad que. ‖
— M. Verdad, *f.,* lo verdadero (vérité). ‖ — M. et f. Auténtico, ca : *les parfums, les vrais, sont chers,* los perfumes, los auténticos, son caros. ‖ ‖ — *Au vrai, de vrai,* en verdad, en realidad, la verdad sea dicha. ‖ *A vrai dire,* a decir verdad, en realidad, la verdad sea dicha, lo cierto es que. ‖ FAM. *Pour de vrai,* de veras. ‖ FAM. *Un vrai de vrai,* uno de verdad. ‖ — *Être dans le vrai,* tener razón, estar en lo cierto.
— SYN. ● *Véritable,* verdadero, cierto. *Avéré,* comprobado. *Exact,* exacto. *Authentique,* auténtico. *Juste,* justo. *Véridique,* verídico.
vraiment adv. Verdaderamente, de verdad, de veras (véritablement). ‖ — *Vraiment?,* ¿de verdad?, ¿de veras? ‖ — *Oui vraiment,* realmente, sin duda.
vraisemblable adj. Verosímil. ‖ Probable.
— M. Lo verosímil, la verosimilitud, *f.*
vraisemblance f. Verosimilitud. ‖ Probabilidad.
vrillage [vrija:ʒ] m. Retorcimiento (des matières textiles). ‖ AVIAT. Torsión (d'une hélice, d'une aile).
vrille [vri:j] f. BOT. Tijereta, zarcillo, *m.* (filament). ‖ TECHN. Barrena (pour percer). ‖ Barrena (d'avion).
vrillé, e [-je] adj. Barrenado, da (percé). ‖ Retorcido, da (enroulé en vrille). ‖ BOT. Que tiene zarcillos *ou* tijeretas. ‖ AVIAT. *Tomber en vrille,* hacer la barrena.
vrillée [-je] f. BOT. Correhuela.
vriller [-je] v. tr. Barrenar (percer).
— V. intr. Ensortijarse, enroscarse (se tordre). ‖ Elevarse en espiral. ‖ Hacer la barrena (un avion).
vrillette [-jɛt] f. Carcoma (coléoptère).
vrombir v. intr. Zumbar.
vrombissement m. Zumbido (d'un moteur).
vu, e adj. Visto, ta. ‖ FIG. Visto, ta ; considerado, da : *être bien, mal vu,* estar bien, mal visto *ou* considerado. ‖ Estudiado, da (étudié). ‖ — *C'est tout vu,* todo está visto. ‖ *Ni vu ni connu,* ni visto ni oído.
— Prép. En vista de, a la vista de : *vu les circonstances,* en vista de las circunstancias. ‖ Dado, da ; considerando, teniendo en cuenta, a causa de (en raison de). ‖ — *Vu et approuvé,* visto bueno, conforme. ‖ *Vu que,* visto que, en vista de que. ‖ *Vu l'article 2,* teniendo en cuenta, dado *ou* según el artículo 2. ‖ *Au vu et au su de tous,* a la vista y conocimiento de todos, a cara descubierta.
vue [vy] f. Vista : *vue perçante,* vista aguda *ou* penetrante. ‖ ● Vista (panorama) : *offrir une*

belle vue, tener una vista magnífica. ‖ Impresión : *échange de vues,* cambio de impresiones. ‖ Opinión, punto (*m.*) de vista : *je ne partage pas vos vues,* no comparto sus opiniones. ‖ Proyecto, *m.,* designio, *m. : seconder les vues de quelqu'un,* secundar los proyectos de uno. ‖ Examen, *m.* ‖ ARCHIT. Luz, hueco, *m.* ‖ — *Vue d'ensemble,* visión de conjunto. ‖ *Vue faible,* poca vista. ‖ *Vue imprenable,* sin servidumbre de luces. ‖ — *Dessin à vue,* dibujo hecho a ojo. ‖ CINÉM. *Prise de vues,* toma de vistas. ‖ *Servitude de vue,* servidumbre de luces. ‖ — *À la vue de,* al ver, viendo. ‖ *À perte de vue,* hasta perderse de vista. ‖ *À première vue,* a primera *ou* simple vista. ‖ *Au o du point de vue,* desde el punto de vista. ‖ *À vue,* a la vista : *payable à vue,* pagadero a la vista. ‖ *À vue de nez,* a ojo, a ojo de buen cubero. ‖ *À vue d'œil,* a ojos vistas. ‖ *En vue,* a la vista : *mettre en vue,* poner a la vista. ‖ *En vue de,* con vistas *ou* miras a, con objeto de (pour), a la vista de (près). ‖ — *Avoir des vues élevées,* tener altas miras. ‖ *Avoir des vues sur,* echar el ojo, poner las miras en. ‖ *Avoir en vue,* tener a la vista (projet), tener presente, tener en cuenta (tenir compte). ‖ *Avoir la vue basse* o *courte,* ser corto de vista. ‖ *Avoir une vue longue,* ser largo de vista. ‖ *Avoir vue sur,* dar a : *avoir vue sur la mer,* dar al mar. ‖ *Détourner la vue,* apartar la vista. ‖ FAM. *En mettre plein la vue,* dar en las narices, deslumbrar. ‖ *Être très en vue,* estar muy a la vista *ou* en primer plano. ‖ *Garder à vue,* vigilar (suspect). ‖ *Ne pas perdre quelque chose de vue,* no perder algo de vista.
— SYN. ● *Paysage,* paisaje. *Site,* lugar bonito, paisaje. *Panorama,* panorama. *Perspective,* perspectiva.

Vulcain n. pr. m. Vulcano.
vulcanales f. pl. Vulcanales.
vulcanien, ienne adj. et s. Vulcanio, nia (appartenant à Vulcain ou au feu).
vulcanique adj. V. VOLCANIQUE.
vulcanisateur m. TECHN. Vulcanizador.
vulcanisation f. TECHN. Vulcanización.
vulcanisé, e adj. TECHN. Vulcanizado, da : *caoutchouc vulcanisé,* caucho vulcanizado.
vulcaniser v. tr. TECHN. Vulcanizar.
vulcanisme m. GÉOL. Vulcanismo, plutonismo.
vulcanologie f. Vulcanología.
vulcanologiste ou **vulcanologue** m. Vulcanologista, vulcanólogo.
vulgaire adj. ● Vulgar.
— M. Vulgo *m.* (le commun). ‖ Vulgaridad, *f.,* lo vulgar : *tomber dans le vulgaire,* caer en la vulgaridad.
— SYN. ● *Populaire,* popular. *Commun,* común. *Trivial,* trivial. *Prosaïque,* prosaico. *Bas,* bajo.
vulgarisateur, trice adj. et s. Vulgarizador, ra.
vulgarisation f. Vulgarización, divulgación.
vulgariser v. tr. Vulgarizar.
vulgarisme m. Vulgarismo.
vulgarité f. Vulgaridad.
Vulgate f. Vulgata (Bible).
vulgo adv. Vulgarmente, vulgo.
vulnérabilité f. Vulnerabilidad.
vulnérable adj. Vulnerable.
vulnéraire adj. MÉD. Vulnerario, ria.
— F. BOT. Vulneraria.
vulnération f. Vulneración.
vulpin m. BOT. Cola (*f.*) de zorra.
vultueux, euse adj. MÉD. Vultuoso, sa.
vultuosité f. MÉD. Vultuosidad.
vulvaire f. BOT. Vulvaria (plante).
— Adj. Vulvar.
vulve f. ANAT. Vulva.
vulvite f. MÉD. Vulvitis.

W · X · Y · Z

w [dubləve] m. W, *f.*, v doble.
— OBSERV. Se pronuncia como *u* en las palabras que vienen del inglés y el holandés, y como *v* en las que proceden del alemán. Hacen excepción las palabras *wagon* y *warrant* de origen inglés, en las que la *w* se pronuncia como *v*.

wagage [vaga:ʒ] m. Tarquín, limo de río.
wagnérien, enne [vagnerjɛ̃, jɛn] adj. et s. Wagneriano, na.
wagon [vagɔ̃] m. Vagón (marchandises) : *wagon à bestiaux,* vagón para ganado. ‖ Coche (voyageurs). ‖ ARCHIT. Conducto de humos. ‖ *Wagon plat,* batea.
wagon-bar [-bar] m. Coche bar.
— OBSERV. Pl. *wagons-bars.*
wagon-citerne [-sitɛrn] m. Vagón cisterna.
— OBSERV. Pl. *wagons-citernes.*
wagon-foudre [-fudr] m. Vagón cuba.
— OBSERV. Pl. *wagons-foudres.*
wagon-lit [-li] m. Coche cama.
— OBSERV. Pl. *wagons-lits.*
wagonnée [vagɔne] f. Vagón, *m.* [contenido].
wagonnet [-nɛ] m. Vagoneta, *f.*
wagonnier [-nje] m. Vagonero.
wagon-poste [vagɔ̃pɔst] m. Coche de correo.
— OBSERV. Pl. *wagons-poste.*
wagon-réservoir [-rezɛrvwa:r] m. Vagón cisterna.
— OBSERV. Pl. *wagons-réservoirs.*
wagon-restaurant [-rɛstɔrɑ̃] m. Coche *ou* vagón restaurante, coche comedor.
— OBSERV. Pl. *wagons-restaurants.*
wagon-salon [-salɔ̃] m. Coche salón.
— OBSERV. Pl. *wagons-salons.*
wagon-tombereau [-tɔ̃bro] m. Vagón basculante, volquete.
— OBSERV. Pl. *wagons-tombereaux.*
wahhabite [wahabit] adj. et s. Wahabita, uahabita.
walhalla [valhala] m. Walhalla.
walkie-talkie m. Radioteléfono portátil.
walkirie [valkiri] f. Walkiria (divinité).
walk over m. Incomparecencia, *f.* (sports).
wallon, onne [walɔ̃, ɔn] adj. et s. Valón, ona.
wapiti [wapiti] m. Uapití, wapití (cerf).
warrant [warɑ̃] m. COMM. Warrant, recibo de depósito. ‖ *Warrant agricole,* título prendario.
warranter [-te] v. tr. COMM. Garantizar mercancías con un warrant.
washingtonia [waʃɛ̃gtɔnja] f. BOT. Washingtonia (palmier).
wassingue [vasɛ̃:g] f. Arpillera, aljofifa.
water-ballast [watɛrbalast] m. Water ballast, tanque de agua, aljibe para lastre en barcos y submarinos.

water-closet [-klɔzɛt] m. Retrete, water (fam.).
watergang [-gaŋ] m. Canal que bordea un pólder en Holanda.
water-polo [-polo] m. Polo acuático, water-polo.
waterproof [-pruf] m. Abrigo impermeable.
watt [wat] m. ÉLECTR. Vatio (unité).
watt-heure [-œ:r] m. ÉLECTR. Vatio-hora.
wattman [watman] m. Conductor de tranvía (de tramway), maquinista (d'une locomotrice).
— OBSERV. Pl. *wattmen.*
wattmètre [watmɛtr] m. ÉLECTR. Vatímetro.
weber [vebɛ:r] m. ÉLECTR. Wéber, weberio.
week-end [wikɛnd] m. Fin de semana, week-end.
wellingtonia [wɛliŋtɔnja] f. BOT. Secoya.
welter [wɛltɛ:r] m. Peso semimedio, welter (boxe).
Wenceslas [vɛ̃sɛslas] n. pr. m. Venceslao.
western [wɛstɛrn] m. Película del Oeste (film).
Westphalie [vɛsfali] n. pr. f. GÉOGR. Westfalia.
wharf [warf] m. Embarcadero, muelle de madera *ou* hierro que avanza en el mar.
whig [wig] adj. et m. Whig (libéral).
whisky [wiski] m. Whisky (liqueur).
whist [wist] m. Whist (jeu de cartes).
wigwam [wigwam] m. Wigwam [aldea india en Norteamérica].
winch [wintʃ] m. MAR. Chigre, maquinilla, *f.*
winchester [wintʃɛstər] m. Winchester, fusil de repetición.
wintergreen [wintərgrin] m. Wintergreen, gaulteria.
wisigoth, e [vizigo, ɔt] adj. et s. Visigodo, da.
wisigothique [-tik] adj. Visigótico, ca.
wolfram [vɔlfram] m. Volframio, tungsteno.
wolframine f. Volframina.
wolframite f. Volframita.
wormien [vɔrmjɛ̃] adj. m. MÉD. Wormiano (os).
wurtembergeois, oise [vyrtɛ̃bɛrʒwa, wa:z] adj. et s. Wurtemburgués, esa.
wyandotte [viɑ̃dɔt] adj. et s. ZOOL. Wyandotte [raza mixta de gallináceas].

X

x [iks] m. X, *f.* ‖ Math. X (inconnue). ‖ — *L'x* la Escuela Politécnica. ‖ *Monsieur X,* el señor X. ‖ *Rayons x,* rayos x. ‖ *Un x,* un alumno de la Escuela Politécnica.
— OBSERV. La *x* se pronuncia : 1º como la *x* española (cs) : *extrême,* extremo; 2º como *gs* suave : *examen,* examen; 3º como *s* : *Bruxelles,* Bruselas, *Auxerre;* 4º como la *s* suave francesa : *deuxième,* segundo; 5º como *k* : *exception,* excepción.

xanthène m. CHIM. Xanteno.
xanthine f. CHIM. Xantina.
Xanthippos n. pr. m. Jantipo.

xanthome m. Méd. Xantoma.
xantophylle f. Bot. Xantófila.
Xavier [gzavje] n. pr. m. Javier.
xénon m. Chim. Xenón (gaz).
xénophile adj. et s. Xenófilo.
xénophilie f. Xenofilia.
xénophobe adj. et s. Xenófobo, ba.
xénophobie f. Xenofobia.
Xénophon [gzenɔfɔ̃] n. pr. m. Jenofonte.
xéranthème m. Bot. Xeranthemum.
Xérès [kerɛs] n. pr. Jerez. ‖ Vino de Jerez.
xérodermie f. Méd. Xerodermia.
xérographie f. Xerografía.
xérophile adj. Xerófilo, la.
xérophtalmie f. Méd. Xeroftalmía.
xérose f. Méd. Xerosis.
xérus [kserys] m. Zool. Roedor africano.
Xerxès n. pr. m. Hist. Jerjes.
xi m. Xi (lettre grecque).
xiphoïde adj. Anat. Xifoides.
xiphoïdien, enne adj. Anat. Xifoideo, a.
xylène m. Chim. Xileno (hydrocarbure).
xylocope m. Xilócopo.
xylographe m. et f. Xilógrafo, fa.
xylographie f. Xilografía.
xylographique adj. Xilográfico, ca.
xyloïdine f. Chim. Xiloidina.
xylol m. Xilol.
xylophage adj. et s. m. Zool. Xilófago, ga.
xylophone m. Mus. Xilófono (instrument).
xyste [ksist] m. (Vx). Xisto (gymnase).
xystre m. Méd. Legra (f.) de dentista.

Y

y m. Y, f.
— Observ. Nunca se usa la y como consonante y su sonido es siempre el de la i. Entre dos vocales equivale a dos íes, como en pays, royaume.

y adv. Allí, ahí : il y est, está allí o ahí ; j'y vais, voy ; allez-y !, ¡hala !, ¡venga ! ; il y a, hay. ‖ Pronombre personal de ambos géneros y números. Equivale según los casos a : a él, a ella, a ello, a ellas, a ellos, de él, en él, etc. : ne vous y fiez pas, no se fíe Ud. de él, de ella, etc. ‖ J'y suis, aquí estoy (lieu), ya caigo, comprendo (je comprends). ‖ ·Y compris, incluido, comprendido.
yacht [jak, jɔt] m. Mar. Yate (bateau). ‖ Balandro (à voile).
yachting [-tiŋ] m. Navegación (f.) a vela, navegación (f.) de recreo (sport).
yachtman [-man] ou **yachtsman** m. Propietario de un yate. ‖ Que se dedica al yachting.
yack ou **yak** m. Yac (buffle).
yankee [jaŋki] adj. et s. Yanqui.
yaourt [jaurt] m. V. yogourt.
yard [jard] m. Yarda, f. (mesure).
yatagan m. Yatagán (sabre).
yèble f. Yezgo, m. (plante).
yéménite adj. y s. Yemení, yemenita.
yen [jɛn] m. Yen (monnaie).
yeoman m. Yeoman, alabardero de la Torre de Londres.
yeuse f. Encina (chêne).
yeux [jø] m. pl. Ojos. V. œil.
yiddish m. Judeoalemán.
ylang-ylang [ilãilã] m. Ilang ilang (plante).
yod m. Yod.
yoga m. Yoga.
yogi [jɔgi] m. Yogui (ascète).
yogourt [jɔgurt] m. Yogur.
yohimbine f. Chim. Yohimbina.
yole f. Mar. Yola (canot).
yougoslave adj. et s. Yugoslavo, va.

Yougoslavie n. pr. f. Géogr. Yugoslavia.
youpin, e adj. et s. Pop. Judío, a.
yourte f. Cabaña de los pastores mongoles.
youyou m. Mar. Chinchorro, yuyú, bote ligero.
yo-yo m. inv. Yoyo (jouet).
ypérite f. Yperita (gaz).
ypréau m. Álamo blanco (peuplier).
Yseult [isø] n. pr. f. Isolda, Iseo.
ysopet [izɔpɛ] m. Colección de fábulas en la Edad Media.
ytterbium [itɛrbjɔm] m. Iterbio (métal).
yttria m. Chim. Itria, f.
yttrialite f. Itrialita.
yttrifère adj. Que contiene itrio.
yttrium [itrijɔm] m. Itrio (métal).
yucca [juka] m. Yuca, f. (plante).

Z

z m. Z, f.
— Observ. El sonido de la z francesa, consonante sibilante sonora, no tiene equivalente en español.

zabre m. Zabro (insecte).
Zacharie [zakari] n. pr. m. Zacarías.
zagaie f. Azagaya (sagaie).
zain [zɛ̃] adj. m. Zaíno (cheval).
zakouski m. pl. Entremeses rusos.
zambo m. Zambo.
zancle m. Zanclo (poisson).
zanzibar ou **zanzi** m. Juego de dados.
zaouïa f. Escuela musulmana. ‖ Mezquita con derecho de asilo.
zazou m. Fam. Nombre dado en París durante la segunda guerra mundial a la juventud excéntrica.
zèbre m. Cebra, f. (mammifère). ‖ Pop. Elemento, individuo : drôle de zèbre !, ¡vaya elemento ! ‖ Fam. Courir comme un zèbre, correr como un gamo.
Zébédée n. pr. m. Zebedeo.
zébré, e adj. Cebrado, da. ‖ Rayado, con listas (tissu).
zébrer* v. tr. Rayar.
zébrure f. Rayado, m., listado (m.) de la piel.
zóbu m. Cebú (mammifère).
Zélande n. pr. f. Géogr. Zelanda.
zélateur, trice m. et f. Defensor, ra ; celador, ra.
zèle m. Celo, interés. ‖ Faire du zèle, mostrar demasiado celo, propasarse.
zélé, e adj. et s. Celoso, sa ; afanoso, sa ; activo, va.
zélote m. Celote, zelota, celador (juif).
zemstvo m. Zemstvo (assemblée russe).
zend, e [zɛ̃:d] adj. Zendo, da (langue).
zénith [zenit] m. Astr. Cenit. ‖ Fig. Punto máximo, apogeo : sa gloire est au zénith, su gloria está en su punto máximo.
zénithal, e [-tal] adj. Cenital.
Zénobie n. pr. f. Zenobia.
Zénon n. pr. m. Zenón.
zéolithe ou **zéolite** f. Min. Zeolita.
zéphire m. Céfiro (tissu).
zéphyr m. Céfiro (vent, toile).
zéphyrien, enne adj. Ligero, ra : danse zéphyrienne, danza ligera.
Zéphyrin, e n. pr. m. et f. Ceferino, Ceferina.
zeppelin [zɛplɛ̃] m. Zepelín (dirigeable).
zéro m. Cero. ‖ Fam. Nada. ‖ — Fig. Un zéro, un cero a la izquierda, un ser inútil. ‖ Phys. Zéro absolu, cero absoluto. ‖ — Au-dessous de zéro, bajo cero : six degrés au-dessous de zéro, seis grados bajo cero. ‖ Repartir à zéro, volver a empezar.
— Adj. Ninguno, na : zéro faute, ninguna falta ; zéro franc, ningún franco.

SIGNES DU ZODIAQUE		SIGNOS DEL ZODIACO
Bélier	I	Aries
Taureau	II	Tauro
Gémeaux	III	Géminis
Cancer	IV	Cáncer
Lion	V	Leo
Vierge	VI	Virgo
Balance	VII	Libra
Scorpion	VIII	Escorpión
Sagittaire	IX	Sagitario
Capricorne	X	Capricornio
Verseau	XI	Acuario
Poissons	XII	Piscis

zérotage m. Determinación (*f.*) del cero en un termómetro.

zest [zɛst] m. *Entre le zist et le zest,* ni bien ni mal, así así, ni fu ni fa. ‖ *Être entre le zist et le zest,* no saber qué partido tomar.

zeste m. Cáscara, *f.* (d'orange ou citron). ‖ Tastana, *f.,* bizna, *f.* (cloison de la noix). ‖ FIG. Cosa sin valor. ‖ *Cela ne vaut pas un zeste,* eso no vale un comino.

zester v. tr. Mondar, pelar, descascarar.

zêta m. Zeta, *f.* (lettre grecque).

zeugma m. GRAMM. Zeugma, *f.*

zézaiement ou **zézayement** [zezɛmɑ̃] m. Ceceo.

— OBSERV. El ceceo francés consiste en pronunciar como *z* la *j* y la *g,* y como *s* la *ch.*

zézayer* [-zɛje] v. intr. Cecear.

— SYN. *Bléser,* sesear, tartajear. *Fam. Zozoter,* cecear.

zibeline f. ZOOL. Marta cibelina *ou* cebellina.

zieuter v. tr. V. ZYEUTER.

zig ou **zigue** m. POP. Gachó, tipo, individuo : *un zig peu recommandable,* un gachó poco recomendable.

ziggourat f. Zigurat (tour).

zigoto ou **zigoteau** m. POP. Gachó. ‖ POP. *Faire le zigoto,* dárselas de listo.

zigouiller [ziguje] v. tr. POP. Apiolar (tuer).

zigue m. POP. V. ZIG.

zigzag m. Zigzag. ‖ *Faire des zigzags,* andar haciendo eses, andar zigzagueando, hacer zigzagueos.

zigzagué, e adj. En zigzag.

zigzaguer v. intr. Zigzaguear. ‖ FAM. Ir haciendo eses.

zinc [zɛ̃:k] m. Cinc, zinc (métal). ‖ POP. Mostrador de un bar. | Cacharro, avión.

zincage m. V. ZINGAGE.

zincographie f. Cincografía.

zincogravure f. Cincograbado, *m.*

zingage ou **zincage** m. TECHN. Galvanización con cinc.

zingaro m. Zíngaro, gitano.

zingibéracé, e adj. et s. f. BOT. Cingiberáceo, a.

zinguer v. tr. TECHN. Galvanizar con cinc : *tôle zinguée,* chapa galvanizada. ‖ Cubrir de cinc (un toit).

zingueur adj. et s. Cinquero.

zinnia m. BOT. Zinnia, *f.,* rascamoño.

zinzinuler v. intr. Cantar de algunos pájaros (la mésange).

zircon m. Circón (pierre).

zircone f. CHIM. Circona (oxyde).

zirconite f. CHIM. Circonita.

zirconium [zirkɔnjɔm] m. CHIM. Circonio.

zist m. V. ZEST.

zizanie f. BOT. Cizaña (ivraie). ‖ FIG. Cizaña (discorde).

zizi m. Verdón, emberizo (oiseau).

zloty m. Zloty (monnaie).

zoanthaires [zoɑ̃tɛ:r] m. pl. ZOOL. Zoantarios.

zoanthropie f. MÉD. Zoantropía.

zodiacal, e adj. ASTR. Zodiacal.

zodiaque m. ASTR. Zodiaco.

zoécie f. ZOOL. Zoecia.

zoïle m. Zoilo (critique).

zon m. Onomatopeya del sonido de los instrumentos de cuerda.

zona m. MÉD. Zona, *f.*

zonal, e adj. Zonal.

zone f. Zona. ‖ Área (surface). ‖ Chabolismo : *la zone a disparu,* el chabolismo ha desaparecido. ‖ Chabolas : *il vit dans la zone,* vive en las chabolas. ‖ — *Zone bleue,* zona azul. ‖ *Zone de développement,* polo de desarollo. ‖ *Zone dollar, franc, sterling,* zona del dólar, del franco, de la libra esterlina. ‖ *Zone frontière,* zona fronteriza. ‖ *Zone torride, tempérée, glaciale,* zona tórrida, templada, glacial. ‖ — FIG. et FAM. *De deuxième zone,* de segunda clase.

zonure m. Zool. Zonúrido.
zoo [zɔɔ] m. Zoo, parque zoológico.
zoogéographie f. Zoogeografía.
zooglée f. Biol. Zooglea.
zooïde adj. Zooide.
zoolâtre m. Zoólatra.
zoolâtrie f. Zoolatría.
zoolithe m. Zoolito.
zoologie f. Zoología.
zoologique adj. Zoológico, ca.
zoologiste ou zoologue m. et f. Zoólogo.
zoomorphisme m. Zoomorfismo.
zoonomie f. Zoonomía.
zoophage adj. et s. Zoófago, ga.
zoophagie f. Zoofagia.
zoophobie f. Zoofobia.
zoophore m. Archit. Zoóforo.
zoophorique adj. Archit. Zoofórico.
zoophyte m. Zoófito.
zoopsie f. Méd. Zoopsia.
zoosporange m. Zoosporangio.
zoospore f. Bot. Zoospora.
zootaxie f. Zootaxia.
zootechnicien, enne adj. et s. Zootécnico, ca.
zootechnie f. Zootecnia.
zoothérapeutique adj. Zooterapéutica.
zoothérapie f. Zooterapia.
zootomie f. Zootomía.
zootrope m. Zoótropo.

zorille [zɔri:j] f. Zorrillo, m., mofeta (mammifère).
zoroastrien, enne adj. et s. Zoroástrico, ca.
Zoroastre m. pr. m. Zoroastro.
zoroastrisme m. Zoroastrismo.
zostère f. Zostera (algues).
zostérien, enne adj. Méd. Relativo a la zona
(maladie).
zouave [zwa :v] m. Zuavo (soldat). ‖ Fam. Faire
le zouave, hacer el oso, dárselas de payaso.
zoulou adj. et s. Zulú.
Zoulouland n. pr. f. Géogr. Zululandia.
zozoter v. intr. Cecear.
zut! [zyt] interj. Fam. ¡Cáscaras!
zwinglianisme [zvɛ̃glijanism] m. Relig. Zwinglianismo.
zwinglien, enne [-glijɛ̃, jɛn] adj. et s. Relig.
Zwingliano, na.
zyeuter ou zieuter [ziøte] v. tr. Pop. Diquelar,
guipar.
zygène f. Zool. Esfinge (papillon).
zigoma m. Anat. Cigoma, zigoma (os).
zygomatique adj. Anat. Cigomático, ca : arcade
zygomatique, arco cigomático.
zygomycètes m. pl. Cigomicetos.
zygote m. Biol. Zigoto.
zymase f. Chim. Zimasa.
zymotechnie f. Cimotecnia.
zythum [zitɔm] ou zython [-tɔ̃] m. Cerveza de
los antiguos egipcios.

collection Saturne

DICTIONNAIRE
MODERNE
ESPAGNOL-FRANÇAIS

par

Ramón GARCÍA-PELAYO Y GROSS

Professeur à l'École supérieure d'interprètes et de traducteurs de l'Université de Paris
Maître de conférences à l'École nationale d'administration et à l'Institut des sciences politiques de Paris
Miembro del Ilustre Colegio de Abogados de Madrid
Miembro c. de la Academia de San Dionisio de Ciencias, Artes y Letras,
de la Academia Boliviana de la Historia, de la Real Academia de Bellas Artes de San Telmo
y de la Academia Argentina de Letras

et

Jean TESTAS

Agrégé de l'Université - Assistant à la Sorbonne
Maître de conférences à l'École nationale d'administration
Responsable des études hispaniques à l'École des hautes études commerciales de Paris (Jouy-en-Josas)

avec la collaboration de

Micheline DURAND

Licenciée de l'Université de Paris, Interprète de conférence
Professeur à l'École supérieure d'interprètes et de traducteurs de l'Université de Paris
Maître de conférences à l'Institut des sciences politiques de Paris

Fernando GARCÍA-PELAYO

Diplômé de l'Université de Madrid
Professeur d'espagnol commercial à l'Institut supérieur de commerce de Paris

Jean-Paul VIDAL

Licencié et diplômé d'études supérieures d'espagnol
Diplômé de l'École supérieure de traducteurs de l'Université de Paris

LIBRAIRIE LAROUSSE

17, rue du Montparnasse, Paris VIe

| Valentín Gómez, 3530 | Marsella 53, Esq. Nápoles |
| Buenos Aires R. 13 | México 6, D. F. |

SATURNE ESPAGNOL – 100*

ABREVIATURAS

abrev.	abreviatura	abréviation	impers.	impersonal	impersonnel
adj.	adjetivo	adjectif	IMPR.	Imprenta	Imprimerie
adv.	adverbio	adverbe	indef.	indefinido	indéfini
AGRIC.	Agricultura, economía rural	Agriculture, économie rurale	interj.	interjección	interjection
			interr.	interrogativo	interrogatif
Amer.	Americanismo	Américanisme	intr.	intransitivo	intransitif
ANAT.	Anatomía	Anatomie	inv.	invariable	invariable
Ant.	Anticuado	Vieux	JUEGOS	Juegos	Jeux
ARQ.	Arquitectura	Architecture	LOC.	Locución	Locution
art.	artículo	article	m.	masculino	masculin
ARTES	Artes	Arts	MAR.	Marina	Marine
ASTR.	Astronomía	Astronomie	MAT.	Matemáticas	Mathématiques
AUTOM.	Automóvil	Automobile	MECÁN.	Mecánica	Mécanique
auxil.	auxiliar	auxiliaire	MED.	Medicina	Médecine
AVIAC.	Aviación, aeronáutica	Aviation, aéronautique	MIL.	Militar	Militaire
			MIN.	Minas, mineralogía	Mines, minéralogie
BIOL.	Biología	Biologie			
BLAS.	Blasón, heráldica	Blason, héraldique	MIT.	Mitología	Mythologie
			MÚS.	Música	Musique
BOT.	Botánica	Botanique	n. pr.	nombre propio	nom propre
CINEM.	Cinematografía	Cinématographie	num.	numeral	numéral
COM.	Comercio	Commerce	pers.	personal	personnel
compl.	complemento	complément	pl.	plural	pluriel
conj.	conjunción	conjonction	POÉT.	Poética	Poétique
CONSTR.	Construcción	Construction	POP.	Popular	Populaire
CULIN.	Culinario cocina	Culinaire, cuisine	pos.	posesivo	possessif
			p. p.	participio pasado	participe passé
def.	definido	défini	p. pr.	participio presente	participe présent
dem.	demostrativo	démonstratif	pref.	prefijo	préfixe
DEP.	Deportes	Sports	prep.	preposición	préposition
dim.	diminutivo	diminutif	pron.	pronombre	pronom
DR.	Derecho	Droit	P. us.	Poco usado	Peu usité
ECLES.	Eclesiástico, Iglesia	Ecclésiastique, Église	QUÍM.	Química	Chimie
			RAD.	Radiotelevisión	Radiotélévision
ELECTR.	Electricidad	Électricité	rel.	relativo	relatif
EQUIT.	Equitación	Équitation	RELIG.	Religión	Religion
f.	femenino	féminin	SINÓN.	Sinónimo	Synonyme
FAM.	Familiar	Familier	TAUROM.	Tauromaquía	Tauromachie
FIG.	Figurado	Figuré	TECN.	Tecnología, industria	Technologie industrie
FILOS.	Filosofía	Philosophie			
FÍS.	Física	Physique	TEATR.	Teatro	Théâtre
FOT.	Fotografía	Photographie	tr.	transitivo	transitif
GEOGR.	Geografía	Géographie	TRANSP.	Transportes	Transports
GEOL.	Geología	Géologie	v.	verbo	Verbe
GEOM.	Geometría	Géométrie	V.	Véase	Voir
GRAM.	Gramática	Grammaire	VETER.	Veterinaria	Vétérinaire
HIST.	Historia	Histoire	ZOOL.	Zoología	Zoologie

L'ALPHABET ESPAGNOL

L'alphabet espagnol possède 28 lettres, soit trois consonnes qui lui sont propres : ch (qui se pronnonce *tch*), ll (son mouillé du français *liane*) et ñ (son *gn* comme dans *agneau*). Le w n'est pas une lettre proprement espagnole, mais elle sert à transcrire les mots d'origine étrangère.

Les consonnes *ch* et *ll* sont indivisibles, de même que le *r* double (*mu-cho ; pae-lla ; bu-rro*).

Prononciation. — En espagnol, toutes les lettres se prononcent, à l'exception du *h*, toujours muet, et du *u* dans les syllabes *gue, gui, que, qui* (cependant le *u* des groupes *gue, gui* se prononce s'il est surmonté d'un tréma : cigüeña).

L'**accent tonique** porte généralement sur l'avant-dernière syllabe des mots terminés par une voyelle, par *-n* ou par *-s* (**libro, libros, cantan**).

Il porte sur la dernière syllabe dans les autres cas (**papel, profesor**).

Les mots qui ne suivent pas les règles précédentes portent un accent écrit (´) sur la voyelle tonique (**página, café, árbol**).

— OBSERV. On trouvera au début de chaque lettre les indications concernant sa prononciation.

L'**accent écrit** permet également de distinguer des mots de forme identique, mais dont la fonction grammaticale est différente : ainsi *él* (pronom, *il, lui*) et *el* (article *le*), *sí* (adverbe, *oui ;* réfléchi, *soi*) et *si* (conjonction, *si*), *más* (adverbe, *plus*) et *mas* (conjonction, *mais*), *sólo* (adverbe, *seulement*) et *solo* (adjectif, *seul*), etc.

L'accent écrit figure également sur les démonstratifs employés comme pronoms, sur les pronoms interrogatifs et exclamatifs et sur certaines personnes des verbes (*canto*, je chante ; *cantó*, il chanta).

Les diphtongues (*ai, au, ei*, etc.) et les triphtongues (*iai, iei, uai, uei*) ont toujours la valeur d'une syllabe. Dans les diphtongues constituées par une voyelle forte et une voyelle faible, l'accent tonique porte sur la voyelle forte *a, e, o* (*aire*, *puedo*, *oigo*). Si la diphtongue est constituée par deux voyelles faibles (*i, u*), l'accent tonique porte sur la seconde voyelle (d*i*urno, tru*i*smo).

L'ESSENTIEL DE LA GRAMMAIRE ESPAGNOLE

Un certain nombre de questions de grammaire concernant l'emploi de mots (préposition *a*, pronom *cuyo*, traduction des pronoms français *en* et *y*, verbes *ser* et *estar*, etc.) ayant déjà été traitées soit à l'intérieur même de l'article qui leur est consacré, soit sous forme d'observation à la suite du dit article, nous n'avons pas cru nécessaire d'en reprendre ici l'étude.

L'ARTICLE

	article défini		article indéfini	
	SINGULIER	PLURIEL	SINGULIER	PLURIEL
MASCULIN	el	los	un	unos
FÉMININ	la	las	una	unas

1. L'**article défini** el se contracte avec les prépositions *a* et *de* pour donner **al** (au) et **del** (du) [*voy al teatro ; el libro del maestro*]. Il n'y a pas de contraction au pluriel : **a los, a las** (aux), **de los, de las** (des).

Afin d'éviter un hiatus, on emploie la forme **el** au lieu de *la* devant tout substantif féminin commençant par *a* accentué ou *ha* (*el agua ; el hambre*).

L'article défini est employé devant les mots *señor, señora* et *señorita* (*el señor director no está*), sauf au vocatif (*buenas tardes, señor director*), et pour indiquer l'heure (*es la una, son las tres*) et le jour, passé ou prochain (*vendré el lunes*).

En revanche, il est omis devant la plupart des noms de pays non déterminés (*España*, l'Espagne ; *Francia*, la France [mais : *el Brasil*, le Brésil ; *el Japón*, le Japon ; *el Perú*, le Pérou, etc.]) et devant certains mots (*casa, caza, pesca, misa, paseo, palacio, presidio*) lorsqu'ils sont employés avec un verbe de mouvement ou de stationnement (*voy a casa ; volvía de paseo*).

2. L'emploi de la forme **un** de l'**article indéfini** devant un nom féminin commençant par *a* ou *ha* accentué est fréquent (*un águila, un hacha*).

Le pluriel indéfini français *des* ne se traduit pas (*la perra tiene cachorros*). Les formes **unos, unas** peuvent néanmoins rendre le français *des* lorsqu'il s'agit d'objets allant par paires (*tiene unos ojos preciosos*) ou devant des pluriels indiquant un nombre restreint (*son unos amigos míos*).

3. L'**article partitif** français *du, de la* est omis (*come pan ; bebe agua*).

LE NOM

Genre. — Le genre des noms est généralement le même en français et en espagnol.

Sont **masculins** les noms terminés par *-o* (sauf *la mano*) ou par *-or* (sauf *la flor, la labor, la sor*).

Sont **féminins** les noms terminés par *-a* (sauf *el día*, les mots d'origine grecque (*un problema*), les noms terminés par le suffixe *ista* (*un artista*) et ceux qui désignent des êtres masculins (*un idiota*).

Les noms géographiques de mers, fleuves et montagnes sont masculins, à de rares exceptions près.

Formation du féminin. — En règle générale :

a) Les noms masculins terminés par *-o* changent cet *-o* en *-a* au féminin (*un chico, una chica*).

b) Ceux qui sont terminés par une consonne forment leur féminin par l'adjonction d'un *-a* (*señor, señora*).

Certains féminins ont une terminaison spéciale (*el rey, la reina*, etc.).

Formation du pluriel. — En règle générale :

a) Les mots terminés par une voyelle atone prennent *-s* (*un hombre, dos hombres*).

b) Les mots terminés par une consonne, un *-y* ou un *-i* accentué prennent *-es* (*papel, papeles ; jabalí, jabalíes*).

— OBSERV. Les noms terminés par -z changent ce -z en -c devant -es (*lápiz*, *lápices*).

Les mots terminés par -s non accentués sur la dernière syllabe demeurent invariables (*lunes*, *lunes*).

L'accent tonique devant toujours porter sur la même syllabe, on le supprimera ou on l'écrira suivant les cas (*nación*, *naciones*; *crimen*, *crímenes*).

DIMINUTIFS ET AUGMENTATIFS

L'emploi des suffixes diminutifs ou augmentatifs est très fréquent en espagnol, dans le style familier. En dehors de l'idée de petitesse ou de grandeur, ils impliquent souvent une nuance d'affectivité dont il faudra tenir compte dans la traduction en adjoignant au nom simple un adjectif qui rende le mieux possible la nuance exprimée (*¡pobrecito!*, pauvre petit!, *unas orejazas*, des oreilles démesurées). S'il s'agit d'un adjectif ou d'un participe, on le nuancera par un adverbe (*cansadito*, assez fatigué).

Diminutifs. — Ils se forment de la façon suivante :

1. Avec le suffixe -ito, -ita (le plus employé) pour les polysyllabes terminés par -a, -o ou par une consonne autre que -n et -r (*mesita*, *librito*, *españolito*) ;

2. Avec le suffixe -cito, -cita pour les polysyllabes terminés par -e, -n ou -r (*hombrecito*, *silloncito*, *mujercita*) ;

3. Avec le suffixe -ecito, -ecita pour les monosyllabes et les polysyllabes qui renferment une diphtongue sous l'accent tonique (*panecito*, *cuerpecito*, *indiecito*).

Les mêmes règles s'appliquent aux suffixes -illo (-cillo, -ecillo) et -uelo (-zuelo, -ezuelo) [*mesilla*, *mozuelo*, *jovencillo*, *mujerzuela*, etc.].

— OBSERV. Certains diminutifs sont particuliers à des noms d'animaux (*lobezno*, *ballenato*, etc.).

Les **augmentatifs.** — Le suffixe le plus employé est -ón (*hombrón*, *solterón*, *valentón*).

Les autres impliquent souvent une nuance péjorative : -azo, -ote, -acho, -achón (*unas manazas*, *hidalgote*, *populacho*, *ricachón*).

— OBSERV. L'addition du suffixe -ón peut entraîner l'adoption du masculin (*una puerta*, *un portón*). Ce suffixe peut aussi marquer une privation (*rabón*, qui n'a pas de queue).

Suffixes traduisant *un coup de*. — Ce sont les suffixes -azo (*cañonazo*, *hachazo*, *latigazo*) et -ada (*estocada*, *puñalada*, *patada*).

Les suffixes -ar, -al, -edo, -eda peuvent former des noms qui désignent un lieu planté de certaines catégories d'arbres ou de végétaux ou un terrain dans lequel abondent certains matériaux (*un pinar*, une pinède, un bois de pin ; *un arrozal*, une rivière ; *un pedregal*, un terrain pierreux).

L'ADJECTIF

L'adjectif en espagnol se place généralement comme en français.

Formation du féminin. — Les adjectifs terminés par -o au masculin changent cet -o en -a (*bueno*, *buena*).

Ont également un féminin en -a les adjectifs terminés en -án, -ín, -ón, -or, -ete, -ote (*trabajador*, *trabajadora*), ainsi que les adjectifs de nationalité (*francés*, *francesa*). L'accent écrit disparaît.

Tous les autres adjectifs n'ont qu'une forme pour les deux genres (*feliz*, *real*, *capaz*, *hábil*).

Formation du pluriel. — Identique à celle des noms.

DEGRÉS DE COMPARAISON DES ADJECTIFS

1. Les comparatifs :

a) Le comparatif d'**égalité** se forme avec **tan** devant l'adjectif et **como** devant le complément (*soy tan alto como tú*).

b) Les comparatifs de **supériorité** et d'**infériorité** se construisent respectivement avec **más** et **menos** devant l'adjectif et **que** devant le complément (*soy más alto que tú y menos hábil que él*).

— OBSERV. Comparatifs irréguliers : *mayor* (plus grand), *menor* (plus petit), *mejor* (meilleur), *peor* (pire).

2. Les superlatifs :

a) Le superlatif **absolu** se forme avec l'adverbe *muy* ou avec le suffixe -ísimo, -ísima (*muy fácil* ou *facilísimo*).

— OBSERV. Certaines formes sont irrégulières : *antiguo*, *antiquísimo*; *rico*, *riquísimo*, etc.

b) Le superlatif **relatif** s'identifie avec le comparatif (*la más hermosa*).

— OBSERV. Placé après un nom déterminé, le superlatif s'emploie sans article (*la casa más bonita del pueblo*, la maison la plus jolie du village). D'autre part, si le superlatif est suivi d'un verbe, celui-ci se met à l'indicatif et non au subjonctif (*el chico más inteligente que conozco*, le garçon le plus intelligent que je connaisse).

L'APOCOPE

On appelle *apocope* la chute de la voyelle ou de la syllabe finale de certains adjectifs lorsqu'ils sont placés devant un nom.

1. Ainsi perdent l'o final devant un nom masculin singulier : *uno*, *alguno*, *ninguno*, *bueno* et *malo*, *primero*, *tercero*, *postrero* (*un buen alumno*; *el primer capítulo*).

2. Grande devient *gran* devant un nom masculin commençant par une consonne (*un gran poeta*).

3. Santo devient *san* devant un nom propre (sauf *Santo Tomás*, *Santo Tomé*, *Santo Toribio*, *Santo Domingo*).

4. Ciento devient *cien* devant un nom commun ou un nom de nombre qu'il multiplie (*cien pesetas*; *cien mil pesetas*).

— OBSERV. Autres cas d'apocope : les adverbes **tanto** et **cuanto** deviennent *tan* et *cuan* devant un adjectif ou un autre adverbe ; **recientemente** devient *recién* devant un participe passé et l'indéfini **cualquiera** devient *cualquier* devant un nom masculin singulier et, facultativement, devant un féminin.

ADJECTIFS NUMÉRAUX

Numéraux cardinaux. — *Uno* (1), *dos* (2), *tres* (3), *cuatro* (4), *cinco* (5), *seis* (6), *siete* (7), *ocho* (8), *nueve* (9), *diez* (10), *once* (11), *doce* (12), *trece* (13), *catorce* (14), *quince* (15), *dieciséis* (16), *diecisiete* (17), *dieciocho* (18), *diecinueve* (19), *veinte* (20), *veintiuno* (21), *veintidós* (22), *treinta* (30), *cuarenta* (40), *cincuenta* (50), *sesenta* (60), *setenta* (70), *ochenta* (80), *noventa* (90).

— OBSERV. On n'intercale la conjonction *y* qu'entre les dizaines et les unités (*ciento cuarenta y cinco*).

— Les centaines s'écrivent en un seul mot et s'accordent (*doscientos francos*; *trescientas pesetas*).

— Pour les siècles, les souverains, les leçons, les volumes, etc., on emploie l'ordinal jusqu'à dix, l'ordinal ou le cardinal pour onze et douze, puis le cardinal (*el siglo veinte*; *Carlos primero*; *lección duodécima* ou *doce*).

Numéraux ordinaux. — *Primero* (1º), *segundo* (2º), *tercero* (3º), *cuarto* (4º), *quinto* (5º), *sexto* (6º), *séptimo* (7º), *octavo* (8º), *noveno* (9º), *décimo* (10º), *undécimo* (11º), *duodécimo* (12º), *decimotercero* (13º), *vigésimo* (20º), *trigésimo* (30º), *cuadragésimo* (40º), *quincuagésimo* (50º), *sexagésimo* (60º), *septuagésimo* (70º), *octogésimo* (80º), *nonagésimo* (90º), *centésimo* (100º), *milésimo* (1 000º), *millonésimo* (1 000 000º).

— Observ. Le langage courant n'emploie en fait que les dix ou douze premiers ordinaux et remplace les autres par le cardinal correspondant (*el día veinticuatro del mes,* le vingt-quatrième jour du mois ; *el piso quince,* le quinzième étage).

Le suffixe français *-aine,* qui sert à indiquer une quantité plus ou moins précise, a pour équivalent *-ena* en espagnol (*veintena, treintena*). Mais les noms ainsi formés sont d'un emploi assez rare sauf *docena* (douzaine) et *quincena* (quinzaine). L'imprécision du nombre se rend plutôt par la forme *unos, unas* (*unos veinte alumnos,* une vingtaine d'élèves).

ADJECTIFS ET PRONOMS

ADJECTIFS ET PRONOMS DÉMONSTRATIFS

degré d'éloignement (adverbes de lieu)	MASCULIN (*ce*)	FÉMININ (*cette*)	PLURIEL (*ces*)	PRONOM NEUTRE (*ceci, cela, ça*)
aquí (*ici*)	este	esta	estos, as	esto
ahí (*là*)	ese	esa	esos, as	eso
allí, allá (*là-bas*)	aquel	aquella	aquellos, as	aquello

Les adjectifs et les pronoms démonstratifs se présentent sous la même forme, mais ces derniers portent un accent écrit sur la voyelle tonique, sauf le pronom neutre.

Ces trois démonstratifs correspondent à plusieurs degrés d'éloignement par rapport à celui qui parle (*este libro es más grueso que aquél,* ce livre [ici] est plus gros que celui-là [là-bas]). De même : *esta tarde,* cet après-midi (d'aujourd'hui), *aquella tarde,* cet après-midi-là (d'un autre jour).

Les pronoms démonstratifs français *celui, celle, ceux* suivis de *qui, que* ou *de* sont remplacés en espagnol par les articles définis correspondants (*celui qui écrit,* el que escribe ; *celle de ta sœur,* la de tu hermana ; *ceux que tu m'as offerts,* los que me has ofrecido ; *celles que tu as vues,* las que has visto.

— Observ. Le démonstratif *ese* a parfois une nuance péjorative.

Traduction de c'est :
1. C'est moi (*c'est toi,* etc.) qui..., soy yo (eres tú, etc.) quien...
2. C'est... que :
Idée de lieu : *ahí es donde,* c'est là que ;
Idée de temps : *hoy es cuando,* c'est aujourd'hui que ;
Idée de cause : *por eso es por lo que,* c'est pour cela que, c'est pourquoi ;
Idée de manière : *así es como,* c'est ainsi que.

ADJECTIFS ET PRONOMS POSSESSIFS

ADJECTIFS		PRONOMS
FORMES ATONES	FORMES ACCENTUÉES	
mi (*mon, ma*)	mío, a (*à moi*)	el mío, la mía (*le mien, la mienne*)
tu (*ton, ta*)	tuyo, a (*à toi*)	el tuyo, la tuya
su (*son, sa, leur*)	suyo, a (*à lui, à elle*)	el suyo, la suya
nuestro, a (*notre*)	nuestro, a (*à nous*)	el nuestro, la nuestra
vuestro, a (*votre*)	vuestro, a (*à vous*)	el vuestro, la vuestra
su (*leurs*)	su (*à eux, à elles*)	el suyo, la suya

Le pluriel se forme par l'adjonction d'un -s (*mis, tus, sus ; míos, tuyos, suyos,* etc.).

La **possession** se marque :
1. Par les formes atones qui précèdent toujours le nom (*mi casa,* ma maison) ;
2. Par les formes accentuées, toujours placées après le nom et employées soit dans le sens de « à moi », « à toi » (*esta casa es mía,* cette maison est à moi), de « un de mes », « de tes » (*un amigo mío,* un de mes amis), soit pour s'adresser à une personne (*hijo mío,* mon fils).

— Observ. Lorsque la possession se rapporte à la personne désignée par *usted,* il conviendra d'ajouter la forme de *usted, de ustedes* après le nom, pour éviter toute équivoque (*su casa de usted,* votre maison).

Le possessif est moins employé en espagnol qu'en français. Il est souvent remplacé par l'article et la forme réfléchie du verbe (*me pongo el sombrero,* je mets mon chapeau ; *se gana la vida a duras penas,* il gagne sa vie à grand-peine).

LES PRONOMS

PRONOMS PERSONNELS

SUJET	COMPLÉMENT			RÉFLÉCHI
	SANS PRÉPOSITION		APRÈS PRÉPOSITION	
	DIRECT	INDIRECT		
yo (*je, moi*)		me (*me*)	mí (*moi*)	me (*me*)
tú (*tu, toi*)		te (*te*)	ti (*toi*)	te (*te*)
él (*il, lui*)	le, lo (*le*)	le (*lui*)	él (*lui*)	se (*se*)
ella (*elle*)	la (*la*)	le (*lui*)	ella (*elle*)	
ello (neutre : *cela*)	lo (*le*)	le (*lui*)	ello (*cela*)	
nosotros, as (*nous*)		nos (*nous*)	nosotros, as (*nous*)	nos (*nous*)
vosotros, as (*vous*)		os (*vous*)	vosotros, as (*vous*)	os (*vous*)
ellos (*ils, eux*)	los (*les*)	les (*leur*)	ellos (*eux*)	se (*se*)
ellas (*elles*)	las (*les*)		ellas (*elles*)	

PRONOMS SUJETS

Généralement omis, les pronoms sujets ne sont employés que pour marquer une insistance (*yo no quiero*, moi, je ne veux pas).

— OBSERV. On emploie en espagnol la forme sujet du pronom personnel lorsque ce dernier est complément d'un comparatif (*eres más alto que yo*, tu es plus grand que moi = que je ne suis grand) ou après *según, salvo, excepto, entre* (*según yo*, d'après moi ; *salvo tú*, sauf toi ; *entre tú y yo*, entre toi et moi).

Traduction du vous de politesse par usted, ustedes. — Le *vous* de politesse français, employé lorsqu'on s'adresse à une ou plusieurs personnes qu'on ne tutoie pas, se traduit en espagnol par **usted** au singulier (en abrégé Ud. ou Vd.), et **ustedes** au pluriel (en abrégé Uds. ou Vds.). Ces mots étant la déformation populaire de la formule *vuestra merced, vuestras mercedes*, votre grâce, vos grâces, se construisent toujours avec la **3ᵉ personne** (singulier ou pluriel) et les adjectifs et pronoms qui s'y rapportent doivent être également de la 3ᵉ personne (cf. le français : que monsieur *veuille* bien *s'approcher* [si *vous voulez* je *vous rapporterai votre* livre demain, si *usted* quiere le *devolveré su* libro mañana].

PRONOMS COMPLÉMENTS

1. Place du pronom complément. — Il se place avant le verbe aux temps de l'indicatif et du subjonctif (*te hablo*), après le verbe, et soudé à lui, à l'infinitif, à l'impératif et au gérondif (*lavarse; dígame; levantándose*).

2. Ordre des pronoms compléments. — Le pronom indirect précède toujours le pronom direct (*te lo doy; dímelo*). Dans le cas où les deux pronoms sont à la 3ᵉ personne, *lui* et *leur* se traduisent par *se* (ne pas confondre avec le réfléchi) [*je le lui donne* ou *je le leur donne*, se lo doy (a ellos, a ellas)].

3. Pronoms compléments sans préposition.
a) **Régime direct.** Au singulier, on emploie de préférence le et la pour les personnes, lo pour les choses (*le, la conozco* [une personne] ; *lo cierro* [un livre]). Au pluriel, l'emploi de los est plus fréquent que celui de les, même pour les personnes (*no conozco a esos señores ni los quiero conocer*).
b) **Régime indirect.** Les formes normales de la 3ᵉ personne sont le et les, pour le masculin et pour le féminin (*la vi y le hablé*, je l'ai vue et je lui ai parlé).

PRONOMS RÉFLÉCHIS

Après une préposition simple, on emploie le réfléchi **sí** à la 3ᵉ personne du singulier et du pluriel toutes les fois que le pronom complément désigne la même personne que le sujet (*Juan habla siempre de sí*, Jean parle toujours de lui).

— OBSERV. *Él, ella* représentent une personne différente du sujet (*los niños se burlaban de él*, les enfants se moquaient de lui).

Avec **con**, *mí, ti, sí* deviennent *conmigo* (avec moi), *contigo* (avec toi), *consigo* (avec lui).

PRONOMS RELATIFS ET INTERROGATIFS

Que invariable peut avoir pour antécédent des personnes ou des choses et être employé indifféremment comme sujet ou comme complément avec le sens de *que* ou de *qui*.

Quien (pl. **quienes**) ne s'emploie qu'en parlant de personnes. Complément, il est toujours précédé d'une préposition (*el hombre a quien hablo*). Sans antécédent, il peut signifier *celui qui, celle qui* ou désigner une personne indéterminée (*hay quien dice*).

— OBSERV. Les pronoms interrogatifs portent un accent écrit (*¿qué dices?; ¿quién habla?*).

L'ADVERBE

Les adverbes de **manière** se forment par l'adjonction de la terminaison **-mente** au féminin de l'adjectif, qui conserve, le cas échéant, son accent écrit (*lento, lentamente; rápido, rápidamente*).

Lorsque plusieurs adverbes se suivent, la terminaison **-mente** ne s'ajoute qu'au dernier, le précédent étant au féminin (*hábil y rápidamente*).

Les adverbes de **quantité** peuvent être des mots simples (*bastante, demasiado, mucho, poco, tanto, cuanto, harto,* etc.) ou des locutions.

— OBSERV. Placés devant des noms, exprimés ou sous-entendus, les mots précédents sont des adjectifs et de ce fait doivent s'accorder en genre et en nombre (*poca agua; demasiadas tareas; ¿Tienes muchos libros? — No, pocos*).

LE VERBE

Les verbes espagnols se divisent en trois groupes de conjugaison caractérisés par la terminaison de leur infinitif en -ar, -er, -ir.

PREMIÈRE CONJUGAISON		DEUXIÈME CONJUGAISON	
amar		**beber**	
INDICATIF		INDICATIF	
Présent	*Passé simple*	*Présent*	*Passé simple*
amo	amé	bebo	bebí
amas	amaste	bebes	bebiste
ama	amó	bebe	bebió
amamos	amamos	bebemos	bebimos
amáis	amasteis	bebéis	bebisteis
aman	amaron	beben	bebieron
Imparfait	*Futur simple*	*Imparfait*	*Futur simple*
amaba	amaré	bebía	beberé
amabas	amarás	bebías	beberás
amaba	amará	bebía	beberá
amábamos	amaremos	bebíamos	beberemos
amabais	amaréis	bebíais	beberéis
amaban	amarán	bebían	beberán
CONDITIONNEL		CONDITIONNEL	
amaría	amaríamos	bebería	beberíamos
amarías	amaríais	beberías	beberíais
amaría	amarían	bebería	beberían
IMPÉRATIF		IMPÉRATIF	
ama	amad	bebe	bebed
SUBJONCTIF		SUBJONCTIF	
Présent		*Présent*	
ame	amemos	beba	bebamos
ames	améis	bebas	bebáis
ame	amen	beba	beban
Imparfait		*Imparfait*	
amara	amase	bebiera	bebiese
amaras	amases	bebieras	bebieses
amara	amase	bebiera	bebiese
amáramos	amásemos	bebiéramos	bebiésemos
amarais	amaseis	bebierais	bebieseis
amaran	amasen	bebieran	bebiesen
Futur		*Futur*	
amare	amáremos	bebiere	bebiéremos
amares	amareis	bebieres	bebiereis
amare	amaren	bebiere	bebieren
PARTICIPES		PARTICIPES	
Présent	*Passé*	*Présent*	*Passé*
amando	amado	bebiendo	bebido

TROISIÈME CONJUGAISON (vivir).

La 3ᵉ conjugaison est identique à la 2ᵉ, sauf aux 1ʳᵉ et 2ᵉ personnes du pluriel de l'indicatif présent (**vivimos, vivís** au lieu de *bebemos, bebéis*) et à la 2ᵉ personne du pluriel de l'impératif (**vivid** au lieu de *bebed*). Au futur et au conditionnel, la première lettre de la terminaison est un i au lieu du e de la 2ᵉ conjugaison (*viviré*, je vivrai ; *viviríamos*, nous vivrions).

LES AUXILIAIRES

haber		ser	
INDICATIF		**INDICATIF**	
Présent	*Passé simple*	*Présent*	*Passé simple*
he	hube	soy	fui
has	hubiste	eres	fuiste
ha	hubo	es	fue
hemos	hubimos	somos	fuimos
habéis	hubisteis	sois	fuisteis
han	hubieron	son	fueron
Imparfait	*Futur simple*	*Imparfait*	*Futur simple*
había	habré	era	seré
habías	habrás	eras	serás
había	habrá	era	será
habíamos	habremos	éramos	seremos
habíais	habréis	erais	seréis
habían	habrán	eran	serán
CONDITIONNEL		**CONDITIONNEL**	
habría	habríamos	sería	seríamos
habrías	habríais	serías	seríais
habría	habrían	sería	serían
IMPÉRATIF		**IMPÉRATIF**	
he	habed	sé	sed
SUBJONCTIF		**SUBJONCTIF**	
Présent		*Présent*	
haya	hayamos	sea	seamos
hayas	hayáis	seas	seáis
haya	hayan	sea	sean
Imparfait		*Imparfait*	
hubiera	hubiese	fuera	fuese
hubieras	hubieses	fueras	fueses
hubiera	hubiese	fuera	fuese
hubiéramos	hubiésemos	fuéramos	fuésemos
hubierais	hubieseis	fuerais	fueseis
hubieran	hubiesen	fueran	fuesen
Futur		*Futur*	
hubiere	hubiéremos	fuere	fuéremos
hubieres	hubiereis	fueres	fuereis
hubiere	hubieren	fuere	fueren
PARTICIPES		**PARTICIPES**	
Présent	*Passé*	*Présent*	*Passé*
habiendo	habido	siendo	sido

Haber. — *Haber* (avoir) est toujours auxiliaire ou impersonnel. Dans ce dernier cas, il a le sens de « y avoir » (*habrá*, il y aura). La forme *hay* (il y a) est particulière à la 3ᵉ personne du singulier de l'indicatif présent.

L'idée d'**obligation impersonnelle** (*il faut*) est rendue par *hay que* suivi de l'infinitif (*hay que comer para vivir*), ou bien par la tournure *es preciso* (*necesario, menester*) et l'infinitif, ou bien encore par *hace falta* et l'infinitif.

L'idée d'**obligation personnelle** (*il faut que je, tu,* etc. ou *je dois, tu dois,* etc.) est rendue par *tengo que, tienes que,* etc., suivi de l'infinitif ou bien par *es preciso* (*necesario, menester*) *que* et le subjonctif, ou bien encore par *hace falta que* et le subjonctif.

L'aspect de **conjecture**, exprimé en français par *devoir*, peut être rendu par *haber de* (*ha de ser tarde*, il doit être tard), par *deber de* ou par le futur ou le conditionnel. (V. plus loin « L'indicatif », page XV.)

Ser et estar. — Voir l'article ÊTRE, page 305.

FORMES PASSIVE ET PRONOMINALE

Le passif. — Se forme avec l'auxiliaire *ser* et le participe passé du verbe à conjuguer qui s'accorde (*fue castigado ; fueron castigados*).

Verbes pronominaux. — Dans la conjugaison pronominale, les réfléchis se placent avant le verbe sauf à l'infinitif, à l'impératif et au gérondif. (V. « Le pronom », page VI.)

VERBES IRRÉGULIERS

A

abastecer. — Se conjugue comme *parecer*.

abnegarse. — Comme *comenzar*.

abolir. — Défectif. Se conjugue seulement aux temps et personnes dont la désinence porte la voyelle *i*. *Ind. prés.* : abolimos, abolís ; *Imparf.* : abolía, abolías, etc. ; *Pas. déf.* : abolí, aboliste, abolió, etc. ; *Fut.* : aboliré, abolirás, etc. ; *Cond.* : aboliría, abolirías, etc. ; *Impér.* : abolid ; *Subj. prés.* (n'existe pas) ; *Imparf. subj.* : aboliera, abolieras, etc. (première forme) ; aboliese, abolieses, etc. (deuxième forme) ; *Fut. subj.* : aboliere, abolieres, etc. ; *Gér.* : aboliendo ; *Part. pas.* : abolido.

aborrecer. — Comme *parecer*.

absolver. — Comme *volver*.

abstenerse. — Comme *tener*.

abstraer o abstraerse. — Comme *traer*.

acaecer. — Défectif. Comme *parecer*.

acertar. — Comme *comenzar*.

acollar. — Comme *contar*.

acontecer. — Défectif impers. Comme *parecer*.

acordar, acostar. — Comme *contar*.

acrecentar. — Comme *comenzar*.

acrecer. — Comme *nacer*.

adestrar. — Comme *comenzar*.

adherir. — Comme *sentir*.

adolecer, adormecer. — Comme *parecer*.

adquirir. — *Ind. prés.* : adquiero, adquieres, etc. ; *Subj. prés.* : adquiera, adquiramos, adquiráis, etc. ; *Impér.* : adquiere, adquiera, etc.

aducir. — *Ind. prés.* : aduzco, aduces, aducís, etc. ; *Pas. déf.* : adujimos, adujisteis, etc. ; *Impér.* : aduce, aduzca, aducid, etc. ; *Subj. prés.* : aduzca, aduzcas, aduzcáis, etc. ; *Imparf. subj.* : adujera, adujeras, adujerais, etc. (première forme) ; adujese, adujeses, adujeseis, etc. (deuxième forme) ; *Fut. subj.* : adujere, adujeres, etc. ; *Gér.* : aduciendo ; *Part. pas.* : aducido.

advenir. — Comme *venir*.

advertir. — Comme *sentir*.

aferrar. — Comme *comenzar*.

afluir. — Comme *huir*.

afollar. — Comme *contar*.

aforar. — Comme *agorar*.

agorar. — Comme *contar* (avec tréma dans les formes diphtonguées).

agradecer. — Comme *parecer*.

agredir, aguerrir. — Comme *abolir*.

alontar, aliquebrar. — Comme *comenzar*.

almorzar. — Comme *contar*.

aloquecerse. — Comme *parecer*.

amanecer. — Comme *parecer*. Impers.

amarillecer. — Comme *parecer*.

amolar. — Comme *contar*.

amorecer, amortecer. — Comme *parecer*.

andar. — *Ind. pas. déf.* : anduve, anduviste, anduvo, anduvimos, anduvisteis, anduvieron ; *Imparf. subj.* : anduviera, anduvieras, etc. (première forme) ; anduviese, anduvieses, etc. (deuxième forme) ; *Fut. subj.* : anduviere, anduvieres, etc.

anochecer. — Défectif impers. Comme *parecer*.

antedecir. — Comme *decir*.

anteponer. — Comme *poner*.

apacentar. — Comme *comenzar*.

aparecer. — Comme *parecer*.

apercollar. — Comme *contar*.

apetecer. — Comme *parecer*.

apostar. — Comme *contar* (dans le sens de « parier », « gager »).

apretar. — Comme *comenzar*.

aprobar. — Comme *contar*.

arborecer. — Comme *parecer*.

argüir. — Comme *huir*.

arrecirse. — Défectif. Comme *abolir*.

arrendar. — Comme *comenzar*.

arrepentirse. — Comme *sentir*.

ascender. — Comme *hender*.

asentar. — Comme *comenzar*.

asentir. — Comme *sentir*.

aserrar. — Comme *comenzar*.

asir. — *Ind. prés.* : asgo, ases, asimos, asís, etc. ; *Impér.* : ase, asga, asgamos, asid, etc. ; *Subj. prés.* : asga, asgas, asgáis, etc.

asolar, asonar. — Comme *contar*.

astreñir. — Comme *teñir*.

astriñir. — Comme *mullir*.

atañer. — Défectif. Comme *tañer*.

atardecer. — Comme *parecer*.

atender. — Comme *hender*.

atenerse. — Comme *tener*.

aterirse. — Défectif. Comme *abolir*.

aterrar. — Comme *comenzar* (sauf dans le sens de « terrifier » où il est régulier).

atestar. — Comme *comenzar* (dans le sens de « remplir »).

atraer. — Comme *traer*.

atravesar. — Comme *comenzar*.

atribuir. — Comme *huir*.

atronar. — Comme *contar*.

avalentar. — Comme *comenzar*.

avenir. — Comme *venir*.

aventar. — Comme *comenzar*.

avergonzar o avergonzarse. — Comme *contar*.

azolar. — Comme *contar*.

B

balbucir. — Défectif. Comme *abolir*.

beldar. — Comme *comenzar*.

bendecir. — Comme *decir*.

bienquerer. — Comme *querer*.

blandir. — Défectif. Comme *abolir*.

blanquecer. — Comme *parecer*.

bruñir, bullir. — Comme *mullir*.

C

caber. — *Ind. prés.* : quepo, cabes, cabe, cabéis, etc. ; *Pas. déf.* : cupe, cupiste, cupo, cupieron ; *Fut.* : cabré, cabrás, cabréis, etc. ; *Cond. prés.* : cabría, cabrías, etc. ; *Impér.* : cabe, quepa, quepamos, etc. ; *Subj. prés* : quepa, quepas, quepáis, etc. ; *Imparf. subj.* : cupiera, cupieras, cupierais, etc. (première forme) ; cupiese, cupieses, cupieseis, etc. (deuxième forme) ; *Fut. subj.* : cupiere, cupieres, etc.

caer. — *Ind. prés.* : caigo ; *Subj. prés.* : caiga, caigas, caigamos, caigáis, caigan.

calentar. — Comme *comenzar*.

carecer. — Comme *parecer*.

cegar. — Comme *comenzar*.

ceñir. — Comme *teñir*.

cerner. — Comme *hender*.

cernir. — Comme *sentir*.

cerrar, cimentar. — Comme *comenzar*.

circunferir. — Comme *sentir*.

clarecer. — Défectif impers. Comme *parecer*.

cocer. — *Ind. prés.* : cuezo, cueces, cuece, etc. ; *Subj. prés.* : cueza, cuezas, cueza, etc. ; *Impér.* : cuece, cueza, cozamos, etc.

colar. — Comme *contar*.

colegir. — Comme *pedir*.

colgar. — Comme *contar*.

colorir. — Comme *abolir*.

comedirse. — Comme *pedir*.

comenzar. — *Ind. prés.* : comienzo, comienzas, comienza, comenzamos, etc. ; *Subj. prés.* : comience, comiences, comencemos, etc. ; *Impér.* : comienza, comience, comencemos, etc.

compadecer. — Comme *parecer*.

comparecer. — Comme *parecer*.

competir. — Comme *pedir*.

complacer. — Comme *parecer.*
componer. — Comme *poner.*
comprobar. — Comme *contar.*
concebir. — Comme *pedir.*
concernir. — Défectif impers. *Ind. prés.* : concierne, conciernen; *Subj. prés.* : concierna, conciernan; *Impér.* : concierna, conciernan; *Gér.* : concerniendo.
concertar. — Comme *comenzar.*
concluir. — Comme *huir.*
concordar. — Comme *contar.*
condescender. — Comme *hender.*
condolerse. — Comme *volver.*
conducir. — Comme *aducir.*
conferir. — Comme *sentir.*
confesar. — Comme *comenzar.*
confluir. — Comme *huir.*
conmover. — Comme *mover.*
conocer. — *Ind. prés.* : conozco, etc.; *Impér.* : conoce, conozca, conozcamos, conozcan; *Subj. prés.* : conozca, conozcas, conozcan.
conseguir. — Comme *pedir.*
consentir. — Comme *sentir.*
consolar. — Comme *contar.*
constituir. — Comme *huir.*
constreñir. — Comme *teñir.*
construir. — Comme *huir.*
contar. — *Ind. prés.* : cuento, cuentas, cuenta, contamos, contáis, cuentan; *Subj. prés.* : cuente, cuentes, contemos, etc.
contender. — Comme *hender.*
contener. — Comme *tener.*
contradecir. — Comme *decir.*
contraer. — Comme *traer.*
contrahacer. — Comme *hacer.*
contramanifestar. — Comme *comenzar.*
contraponer. — Comme *poner.*
contravenir. — Comme *venir.*
contribuir. — Comme *huir.*
controvertir. — Comme *sentir.*
convalecer. — Comme *parecer.*
convenir. — Comme *venir.*
convertir. — Comme *sentir.*
corregir. — Comme *pedir.*
corroer. — Comme *roer.*
costar. — Comme *contar.*
crecer. — Comme *parecer.*
creer. — *Pas. déf.* : creyó, creyeron; *Imparf. subj.* : creyera, creyeras, etc. (première forme); creyese, creyeses, etc. (deuxième forme); *Fut. subj.* : creyere, creyeres, etc.; *Gér.* : creyendo.

D

dar. — *Ind. prés.* : doy, das, dais, etc.; *Pas. déf.* : di, diste, dio, disteis, etc.; *Imparf. subj.* : diera, dieras, dierais, etc. (1ʳᵉ forme); diese, dieses, etc. (2ᵉ forme); *Fut. subj.* : diere, dieres, etc.
decaer. — Comme *caer.*
decentar. — Comme *comenzar.*
decir. — *Ind. prés.* : digo, dices, decimos, decís, etc.; *Pas. déf.* : dije, dijiste, dijo, etc.; *Fut.* : diré, dirás, diréis, etc.; *Subj. prés.* : diga, digas, digáis, etc.; *Imparf. subj.* : dijera, dijeras, etc. (première forme); dijese, dijeses, etc. (deuxième forme); *Fut.* : dijere, dijeres, etc.; *Cond. prés.* : diría, dirías, etc.; *Impér.* : di, diga, digamos, decid, etc.; *Gér.* : diciendo; *Part. pas.* : dicho.
decrecer. — Comme *parecer.*
deducir. — Comme *aducir.*
defender. — Comme *hender.*
deferir. — Comme *sentir.*
degollar. — Comme *contar.*
demoler. — Comme *volver.*
demostrar. — Comme *contar.*
denegar. — Comme *comenzar.*
denostar. — Comme *contar.*

dentar. — Comme *comenzar.*
deponer. — Comme *poner.*
derretir. — Comme *pedir.*
derruir. — Comme *huir.*
desacertar. — Comme *comenzar.*
desacordar. — Comme *contar.*
desadormecer. — Comme *parecer.*
desadvertir. — Comme *sentir.*
desaforar. — Comme *contar.*
desagradecer. — Comme *parecer.*
desalentar. — Comme *comenzar.*
desandar. — Comme *andar.*
desaparecer. — Comme *parecer.*
desapretar. — Comme *comenzar.*
desaprobar. — Comme *contar.*
desarrendar. — Comme *comenzar.*
desasentar. — Comme *comenzar.*
desasir. — Comme *asir.*
desasosegar. — Comme *comenzar.*
desatender. — Comme *hender.*
desavenir. — Comme *venir.*
desbravecer. — Comme *parecer.*
descaecer. — Comme *parecer.*
descender. — Comme *hender.*
descolgar. — Comme *contar.*
descollar. — Comme *contar.*
descomedirse. — Comme *pedir.*
descomponer. — Comme *poner.*
desconcertar. — Comme *comenzar.*
desconocer. — Comme *parecer.*
desconsolar. — Comme *contar.*
descontar. — Comme *contar.*
desconvenir. — Comme *venir.*
descordar. — Comme *contar.*
descornar. — Comme *contar.*
desdecir. — Comme *decir.*
desdentar. — Comme *comenzar.*
desembravecer. — Comme *parecer.*
desempedrar. — Comme *comenzar.*
desencerrar. — Comme *comenzar.*
desenfurecer. — Comme *parecer.*
desengrosar. — Comme *contar.*
desenmohecer. — Comme *parecer.*
desenmudecer. — Comme *parecer.*
desensoberbecer. — Comme *parecer.*
desentenderse. — Comme *hender.*
desenterrar. — Comme *comenzar.*
desentorpecer. — Comme *parecer.*
desentumecer. — Comme *parecer.*
desenvolver. — Comme *volver.*
desfallecer. — Comme *parecer.*
desfavorecer. — Comme *parecer.*
desflorecer. — Comme *parecer.*
desgobernar. — Comme *comenzar.*
desguarnecer. — Comme *parecer.*
deshacer. — Comme *hacer.*
deshelar. — Comme *comenzar.*
desherbar. — Comme *comenzar.*
desherrar. — Comme *comenzar.*
deshumedecer. — Comme *parecer.*
desleír. — Comme *reír.*
deslucir. — Comme *lucir.*
desmajolar. — Comme *contar.*
desmedirse. — Comme *pedir.*
desmembrar. — Comme *comenzar.*
desmentir. — Comme *sentir.*
desmerecer. — Comme *parecer.*
desnevar. — Comme *comenzar.*
desobedecer. — Comme *parecer.*
desobstruir. — Comme *huir.*
desoír. — Comme *oír.*
desolar, desoldar. — Comme *contar.*
desollar. — Comme *contar.*
desosar. — *Ind. prés.* : deshueso, deshuesas, deshuesa, etc.; *Impér.* : deshuesa, deshuese, etc.; *Subj. prés.* : deshuese, deshueses, etc.
despavorirse. — Comme *abolir.*

despedir. — Comme *pedir*.
desperecer. — Comme *parecer*.
despernar, despertar. — Comme *comenzar*.
desplacer. — Comme *placer*.
desplegar. — Comme *comenzar*.
despoblar. — Comme *contar*.
desteñir. — Comme *teñir*.
desterrar. — Comme *comenzar*.
destituir. — Comme *huir*.
destorcer. — Comme *torcer*.
destrocar. — Comme *contar*.
destruir. — Comme *huir*.
desvanecer. — Comme *parecer*.
desvergonzarse. — Comme *contar*.
desvestir. — Comme *pedir*.
detener. — Comme *tener*.
detraer. — Comme *traer*.
devenir. — Comme *venir*.
devolver. — Comme *volver*.
diferir. — Comme *sentir*.
difluir. — Comme *huir*.
digerir. — Comme *sentir*.
diluir. — Comme *huir*.
discernir. — *Ind. prés.* : discierno, disciernes, discierne, discernimos, discernís, disciernen; *Subj. prés.* : discierna, disciernas, discernamos, etc. ; *Impér.* : discierne, discierna, discernid, etc.
disconvenir. — Comme *venir*.
discordar. — Comme *contar*.
disentir. — Comme *sentir*.
disminuir. — Comme *huir*.
disolver. — Comme *volver*.
disonar. — Comme *contar*.
displacer. — Comme *placer*.
disponer. — Comme *poner*.
distender. — Comme *hender*.
distraer. — Comme *traer*.
distribuir. — Comme *huir*.
divertir. — Comme *sentir*.
dolar. — Comme *contar*.
doler. — Comme *mover*.
dormir. — *Ind. prés.* : duermo, duermes, duerme, dormís, etc. ; *Pas. déf.* : dormí, dormiste, durmió, durmieron ; *Impér.* : duerme, duerma, durmamos, dormid, etc. ; *Subj. prés.* : duerma, duermas, duerma, etc. ; *Imparf. subj.* : durmiera, durmieras, etc. (première forme) ; durmiese, durmieses, etc. (deuxième forme), *Fut. subj.* : durmiere, durmieres, etc. ; *Gér.* : durmiendo.

E

eflorecerse. — Comme *parecer*.
elegir. — Comme *pedir*.
embaír. — Défectif. Comme *abolir*.
embarbecer, embastecer. — Comme *parecer*.
embebecer. — Comme *parecer*.
embellaquecerse. — Comme *parecer*.
embellecer. — Comme *parecer*.
embermejecer. — Comme *parecer*.
embestir. — Comme *pedir*.
emblandecer. — Comme *parecer*.
emblanquecer. — Comme *parecer*.
embobecer. — Comme *parecer*.
embosquecer. — Comme *parecer*.
embravecer. — Comme *parecer*.
embrutecer. — Comme *parecer*.
emparentar. — Comme *comenzar*.
empecer. — Comme *parecer*.
empedernir. — Défectif. Comme *abolir*.
empedrar. — Comme *comenzar*.
empequeñecer. — Comme *parecer*.
empezar. — Comme *comenzar*.
emplastecer, emplumecer. — Comme *parecer*.
empobrecer, empodrecer. — Comme *parecer*.
enaltecer, enardecer. — Comme *parecer*.
encalvecer. — Comme *parecer*.

encallecer, encandecer. — Comme *parecer*.
encanecer, encarecer. — Comme *parecer*.
encarnecer. — Comme *parecer*.
encender. — Comme *hender*.
encentar, encerrar. — Comme *comenzar*.
enclocar. — Comme *contar*.
encloquecer. — Comme *parecer*.
encomendar. — Comme *comenzar*.
encontrar, encorar. — Comme *contar*.
encordar, encovar. — Comme *contar*.
encrudecer. — Comme *parecer*.
encruelecer. — Comme *parecer*.
endentar. — Comme *comenzar*.
endentecer. — Comme *parecer*.
endurecer. — Comme *parecer*.
enflaquecer. — Comme *parecer*.
enfurecer. — Comme *parecer*.
engrandecer. — Comme *parecer*.
engreír. — Comme *reír*.
engrosar. — Comme *contar*.
engrumecerse. — Comme *parecer*.
engullir. — Comme *mullir*.
enlobreguecer, enloquecer. — Comme *parecer*.
enlucir. — Comme *lucir*.
enmarillecerse. — Comme *parecer*.
enmelar. — Comme *comenzar*.
enmendar. — Comme *comenzar*.
enmohecer. — Comme *parecer*.
enmollecer. — Comme *parecer*.
enmudecer. — Comme *parecer*.
ennegrecer. — Comme *parecer*.
ennoblecer. — Comme *parecer*.
enorgullecer. — Comme *parecer*.
enrarecer. — Comme *parecer*.
enriquecer. — Comme *parecer*.
enrodar. — Comme *contar*.
enrojecer. — Comme *parecer*.
enronquecer. — Comme *parecer*.
ensandecer. — Comme *parecer*.
ensangrentar. — Comme *comenzar*.
ensarmentar. — Comme *comenzar*.
ensoberbecer, ensombrecer. — Comme *parecer*.
ensordecer. — Comme *parecer*.
entallecer. — Comme *parecer*.
entender. — Comme *hender*.
entenebrecerse, enternecer. — Comme *parecer*.
enterrar, entesar. — Comme *comenzar*.
entontecer. — Comme *parecer*.
entorpecer. — Comme *parecer*.
entortar. — Comme *contar*.
entrecerrar. — Comme *comenzar*.
entredecir. — Comme *decir*.
entrelucir. — Comme *lucir*.
entreoír. — Comme *oír*.
entretener. — Comme *tener*.
entrever. — Comme *ver*.
entristecer. — Comme *parecer*.
entullecer. — Comme *parecer*.
entumecer. — Comme *parecer*.
envanecer. — Comme *parecer*.
envejecer. — Comme *parecer*.
enverdecer. — Comme *parecer*.
envilecer. — Comme *parecer*.
envolver. — Comme *volver*.
enzurdecer. — Comme *parecer*.
equivaler. — Comme *valer*.
erguir. — *Ind. prés.* : irgo ou yergo, irgues ou yergues, irgue ou yergue, erguimos, erguís, irguen ou yerguen ; *Pas. déf.* : erguí, erguiste, irguió, erguimos, erguisteis, irguieron ; *Impér.* : irgue ou yergue, irga ou yerga, irgamos, etc. ; *Subj. prés.* : irga ou yerga, irgas ou yergas, irga ou yerga, irgamos, etc. ; *Imparf. subj.* : irguiera, irguieras, etc. (première forme) ; irguiese, irguieses, etc. (deuxième forme) ; *Fut. subj.* : irguiere, irguieres, etc. ; *Gér.* : irguiendo.

errar. — *Ind. prés.* : yerro, yerras, yerra, etc. ; *Subj. prés.* : yerre, yerres, etc. ; *Impér.* : yerra, yerre, erremos, etc.

escabullirse. — Comme *mullir.*

escarmentar. — Comme *comenzar.*

escarnecer, esclarecer. — Comme *parecer.*

escocer. — Comme *cocer.*

esforzar. — Comme *contar.*

establecer. — Comme *parecer.*

estar. — *Ind. prés.* : estoy, estás, etc. ; *Pas. déf.* : estuve, estuviste, estuvo, estuvimos, etc. ; *Impér.* : está, esté, etc. ; *Subj. prés.* : esté, estés, etc. ; *Imparf. subj.* : estuviera, estuvieras, etc. (première forme) ; estuviese, estuvieses, etc. (deuxième forme) ; *Fut. subj.* : estuviere, estuvieres, etc.

estatuir. — Comme *huir.*

estregar. — Comme *comenzar.*

estremecer. — Comme *parecer.*

estreñir. — Comme *teñir.*

excluir. — Comme *huir.*

expedir. — Comme *pedir.*

exponer. — Comme *poner.*

extender. — Comme *hender.*

extraer. — Comme *traer.*

F

fallecer, favorecer. — Comme *parecer.*

fenecer, florecer. — Comme *parecer.*

fluir. — Comme *huir.*

follar. — Comme *contar.*

fortalecer. — Comme *parecer.*

forzar. — Comme *contar.*

fosforecer. — Comme *parecer.*

fregar. — Comme *comenzar.*

freír. — Comme *reír.*

G

gañir. — Comme *mullir.*

garantir. — Défectif. Comme *abolir.*

gemir. — Comme *pedir.*

gobernar. — Comme *comenzar.*

gruir. — Comme *huir.*

gruñir. — *Pas. déf.* : gruñí, gruñiste, etc. ; *Imparf. subj.* : gruñera, gruñeras, etc., *ou* gruñese, gruñeses, etc. ; *Fut. subj.* : gruñere, gruñeres, etc. ; *Gér.* : gruñendo.

guarecer. — Comme *parecer.*

guarnecer. — Comme *parecer.*

H

haber. — V. conjugaison page VIII.

hacendar. — Comme *comenzar.*

hacer. — *Ind. prés.* : hago, haces, hace, etc. ; *Pas. déf.* : hice, hiciste, hizo, etc. ; *Fut.* : haré, harás, hará, etc. ; *Impér.* : haz *ou* hace, haga, hagamos, etc. ; *Cond. prés.* : haría, harías, etc. ; *Subj. prés.* : haga, hagas, etc. ; *Imparf. subj.* : hiciera, hicieras, etc. (première forme) ; hiciese, hicieses, etc. (deuxième forme) ; *Fut. subj.* : hiciere, hicieres, etc. ; *Gér.* : haciendo ; *Part. pas.* : hecho.

heder. — Comme *hender.*

helar. — Comme *comenzar.*

henchir. — *Ind. prés.* : hincho, hinches, hinche, henchimos, henchís, etc. ; *Pas. déf.* : henchí, henchiste, hinchió, etc. ; *Impér.* : hinche, hincha, henchid, etc. ; *Subj. prés.* : hincha, hinchas, etc. ; *Imparf. subj.* : hinchiera, hinchieras, etc. (première forme) ; hinchiese, hinchieses, etc. (deuxième forme) ; *Fut. subj.* : hinchiere, hinchieres, etc. ; *Gér.* : hinchiendo.

hender. — *Ind. prés.* : hiendo, hiendes, hiende, hendemos, hendéis, hienden ; *Impér.* : hiende, hienda, hendamos, etc. ; *Subj. prés.* : hienda, hiendas, etc.

hendir. — Comme *sentir.*

heñir. — Comme *teñir.*

herbar. — Comme *comenzar.*

herbecer. — Comme *parecer.*

herir. — Comme *sentir.*

herrar. — Comme *comenzar.*

hervir. — Comme *sentir.*

holgar. — Comme *contar.*

hollar. — Comme *contar.*

huir. — *Ind. prés.* : huyo, huyes, huye, huimos, huís, huyen ; *Pas. déf.* : huí, huíste, huyó, etc. ; *Impér.* : huye, huya, huid, etc. ; *Subj. prés.* : huya, huyas, huya, etc.

humedecer. — Comme *parecer.*

I

imbuir. — Comme *huir.*

impedir. — Comme *pedir.*

imponer. — Comme *poner.*

incensar. — Comme *comenzar.*

incluir. — Comme *huir.*

indisponer. — Comme *poner.*

inducir. — Comme *aducir.*

inferir. — Comme *sentir.*

influir. — Comme *huir.*

ingerir. — Comme *sentir.*

inquirir. — Comme *adquirir.*

instituir, instruir. — Comme *huir.*

interferir. — Comme *sentir.*

interponer. — Comme *poner.*

intervenir. — Comme *venir.*

introducir. — Comme *aducir.*

intuir. — Comme *huir.*

invernar. — Comme *comenzar.*

invertir. — Comme *sentir.*

investir. — Comme *pedir.*

ir. — *Ind. prés.* : voy, vas, va, vamos, vais, van ; *Pas. déf.* : fui, fuiste, fue, etc. ; *Pret. imp.* : iba, ibas, etc. ; *Impér.* : ve, vaya, vayamos, id, vayan ; *Subj. prés.* : vaya, vayas, etc. ; *Imparf. subj.* : fuera, fueras, etc., fueran (première forme) ; fuese, fueses, etc. (deuxième forme) ; *Fut. subj.* : fuere, fueres, fuere, fuéremos, etc. ; *Gér.* : yendo ; *Part. pas.* : ido.

J

jimenzar. — Comme *comenzar.*

jugar. — Comme *contar.*

L

languidecer. — Comme *parecer.*

lobreguecer. — Comme *parecer* (impers.).

lucir. — *Ind. prés.* : luzco, luces, luce, etc. ; *Impér.* : luce, luzca, luzcamos, lucid, etc. ; *Subj. prés.* : luzca, luzcas, etc.

LL

llover. — Comme *volver* (impers., se conjugue seulement aux troisièmes pers.).

M

maldecir. — Comme *decir.*

malherir. — Comme *sentir.*

malquerer. — Comme *querer.*

maltraer. — Comme *traer.*

mancornar. — Comme *contar.*

manifestar. — Comme *comenzar.*

manir. — Défectif. Comme *abolir.*

mantener. — Comme *tener.*

medir. — Comme *pedir.*

melar, mentar. — Comme *comenzar.*

mentir. — Comme *sentir.*

merecer. — Comme *parecer.*

merendar. — Comme *comenzar.*

moblar. — Comme *contar*.
mohecer. — Comme *parecer*.
moler. — Comme *mover*.
morder. — Comme *mover*.
morir. — Comme *dormir*.
mostrar. — Comme *contar*.
mover. — *Ind. prés.* : muevo, mueves, mueve, movemos, movéis, mueven ; *Subj. prés.* : mueva, muevas, etc. ; *Impér.* : mueve, mueva, movamos, etc. ; *Gér.*: moviendo ; *Part. pas.* : movido.
mullir. — *Pas. déf.* : mullí, mulliste, mulló, etc. ; *Imparf. subj.* : mullera, mulleras, etc., *ou* mullese, mulleses, etc. ; *Fut. subj.* mullere, mulleres, etc. ; *Gér.* : mullendo.

N

nacer. — *Ind. prés.* : nazco, naces, nace, etc. ; *Subj. prés.* : nazca, nazcas, etc. ; *Impér.* : nace, nazcamos, etc.
negar. — Comme *comenzar*.
nevar. — Comme *comenzar* (impers., se conjugue seulement aux troisièmes pers.).

O

obedecer. — Comme *parecer*.
obstruir. — Comme *huir*.
obtener. — Comme *tener*.
ofrecer. — Comme *parecer*.
oír. — *Ind. prés.* : oigo, oyes, oye, oímos, oís, oyen ; *Subj. prés.* : oiga, oigas, etc. ; *Impér.* : oye, oiga ; *Pas. déf.* : oí, oíste, oyó, etc. ; *Gér.* : oyendo.
oler. — *Ind. prés.* : huelo, hueles, huele, olemos, oléis, huelen ; *Subj. prés.* : huela, huelas, etc. ; *Impér.* : huele, huela, olamos, oled, huelan.
oponer. — Comme *poner*.
oscurecer. — Comme *parecer*.

P

pacer. — Comme *nacer*.
padecer, palidecer. — Comme *parecer*.
parecer. — *Ind. prés.* : parezco, pareces, etc. ; *Impér.* : parece, parezca, etc. ; *Subj. prés.* : parezca, parezcas, etc.
pedir. — *Ind. prés.* : pido, pides, pide, pedimos, pedís, piden ; *Pas. déf.* : pedí, pediste, pidió, etc. ; *Impér.* : pide, pida, pidamos, etc. ; *Subj. prés.* : pida, pidas, etc. ; *Imparf. subj.* : pidiera, pidieras, etc. (première forme) ; pidiese, pidieses, etc. (deuxième forme) ; *Fut. subj.* : pidiere, pidieres, etc. ; *Gér.* : pidiendo.
pensar. — Comme *comenzar*.
perder. — Comme *hender*.
perecer. — Comme *parecer*.
permanecer. — Comme *parecer*.
perniquebrar. — Comme *comenzar*.
perquirir. — Comme *adquirir*.
perseguir. — Comme *pedir*.
pertenecer. — Comme *parecer*.
pervertir. — Comme *sentir*.
pimpollecer. — Comme *parecer*.
placer. — *Ind. prés.* : plazco, places, place, etc. ; *Pas. déf.*: plací, placiste, plació *ou* plugo, placimos, placisteis, etc. ; *Impér.* : place, plazca, placed, etc. ; *Subj. prés.* : plazca, plazcas, plazca *ou* plegue *ou* plega, etc. ; *Imparf. subj.* : placiera, placieras, etc. (première forme) ; placiese, placieses, placiese *ou* pluguiese, etc. (deuxième forme) ; *Fut. subj.* : placiere, placieres, placiere *ou* pluguiere, etc.
plañir. — Comme *mullir*.
plegar. — Comme *comenzar*.
poblar. — Comme *contar*.
poder. — *Ind. prés.* : puedo, puedes, puede, podemos, podéis, pueden ; *Pas. déf.* : pude, pudiste, pudo, etc. ; *Fut.* : podré, podrás, podrá, etc. : *Cond. prés.* : podría, podrías, etc. ; *Impér.* : puede,

pueda, podamos, etc. ; *Subj. prés.* : pueda, puedas, pueda, etc. ; *Imparf. subj.* : pudiera, pudieras, etc. (première forme) ; pudiese, pudieses, etc. (deuxième forme) ; *Gér.* : pudiendo.
podrir. — Comme *pudrir*.
poner. — *Ind. prés.* : pongo, pones, pone, etc. ; *Pas. déf.* : puse, pusiste, puso, etc. ; *Fut.* : pondré, pondrás, etc. ; *Cond. prés.* : pondría, pondrías, etc. ; *Impér.* : pon, ponga, ponganos, etc. ; *Subj. prés.* : ponga, pongas, etc. ; *Imparf. subj.* : pusiera, pusieras, etc. (première forme) ; pusiese, pusieses, etc. (deuxième forme) ; *Fut. subj.* : pusiere, pusieres, etc. ; *Gér.* : poniendo ; *Part. pas.* : puesto.
poseer. — Comme *creer*.
posponer. — Comme *poner*.
preconcebir. — Comme *pedir*.
preconocer. — Comme *conocer*.
predecir. — Comme *decir*.
predisponer. — Comme *poner*.
preferir. — Comme *sentir*.
premorir. — Comme *dormir*.
preponer. — Comme *poner*.
presentir. — Comme *sentir*.
presuponer. — Comme *poner*.
preterir. — Défectif. Comme *abolir*.
prevalecer. — Comme *parecer*.
prevaler. — Comme *valer*.
prevenir. — Comme *venir*.
prever. — Comme *ver*.
probar. — Comme *contar*.
producir. — Comme *aducir*.
proferir. — Comme *sentir*.
promover. — Comme *mover*.
proponer. — Comme *poner*.
proseguir. — Comme *pedir*.
prostituir. — Comme *huir*.
provenir. — Comme *venir*.
pudrir. — *Part. pas.* : podrido.

Q

quebrar. — Comme *comenzar*.
querer. — *Ind. prés.* : quiero, quieres, quiere, queremos, queréis, quieren ; *Pas. déf.* : quise, quisiste, quiso, etc. ; *Fut.* : querré, querrás, querrá, etc. ; *Impér.* : quiere, quiera, etc. ; *Cond. prés.* : querría, querrías, etc. ; *Subj. prés.* : quiera, quieras, etc. ; *Imparf. subj.* : quisiera, quisieras, etc. (première forme) ; quisiese, quisieses, etc. (deuxième forme) ; *Fut. subj.* : quisiere, quisieres, etc.

R

raer. — *Ind. prés.* : raigo *ou* rayo, raes, etc. ; *Impér.* : rae, raiga *ou* raya, raigamos *ou* rayamos, etc. ; *Subj. prés.* : raiga *ou* raya, etc..
rarefacer, reaparecer. — Comme *parecer*.
reargüir. — Comme *huir*.
reblandecer. — Comme *parecer*.
rebullir. — Comme *mullir*.
recaer. — Comme *caer*.
recalentar, recentar. — Comme *comenzar*.
recluir. — Comme *huir*.
recocer. — Comme *cocer*.
recolar. — Comme *contar*.
recomendar. — Comme *comenzar*.
recomponer. — Comme *poner*.
reconocer. — Comme *conocer*.
reconstituir, reconstruir. — Comme *huir*.
recontar. — Comme *contar*.
reconvalecer. — Comme *parecer*.
reconvenir. — Comme *venir*.
reconvertir. — Comme *sentir*.
recordar, recostar. — Comme *contar*.
recrecer, recrudecer. — Comme *parecer*.
redargüir. — Comme *huir*.
reducir. — Comme *aducir*.
reelegir, reexpedir. — Comme *pedir*.

referir. — Comme *sentir.*
reflorecer. — Comme *parecer.*
refluir. — Comme *huir.*
reforzar. — Comme *contar.*
refregar. — Comme *comenzar.*
refreír. — Comme *reír.*
regar, regimentar. — Comme *comenzar.*
regir. — Comme *pedir.*
regruñir. — Comme *gruñir.*
reguarnecer. — Comme *parecer.*
rehacer. — Comme *hacer.*
rehenchir. — Comme *henchir.*
rehervir. — Comme *sentir.*
rehuir. — Comme *huir.*
rehumedecer. — Comme *parecer.*
reír. — *Ind. prés.* : río, ríes, ríe, reímos, reís, ríen ; *Pas. déf.* : reí, reíste, río, etc. ; *Impér.* : ríe, ría, ríe, etc. ; *Subj. prés.* : ría, rías, ría, riamos, etc. ; *Imparf. subj.* : riera, rieras, etc. (première forme) ; riese, rieses, etc. (deuxième forme) ; *Fut. subj.* : riere, rieres, etc. ; *Gér.* : riendo.
rejuvenecer. — Comme *parecer.*
relucir. — Comme *lucir.*
remedir. — Comme *pedir.*
remendar. — Comme *comenzar.*
remoler. — Comme *mover.*
remorder, remover. — Comme *mover.*
remullir. — Comme *mullir.*
renacer. — Comme *nacer.*
rendir. — Comme *pedir.*
renegar. — Comme *comenzar.*
renovar. — Comme *contar.*
reñir. — Comme *teñir.*
repetir. — Comme *pedir.*
replegar. — Comme *comenzar.*
repoblar. — Comme *contar.*
reponer. — Comme *poner.*
reprobar. — Comme *contar.*
reproducir. — Comme *aducir.*
requebrar. — Comme *comenzar.*
requerir. — Comme *sentir.*
resembrar. — Comme *comenzar.*
resentirse. — Comme *sentir.*
resolver. — Comme *volver.*
resollar, resonar. — Comme *contar.*
resplandecer, restablecer. — Comme *parecer.*
restituir. — Comme *huir.*
restregar. — Comme *comenzar.*
restriñir. — Comme *mullir.*
retemblar. — Comme *comenzar.*
retener. — Comme *tener.*
retoñecer. — Comme *parecer.*
retorcer. — Comme *torcer.*
retostar. — Comme *contar.*
retraer. — Comme *traer.*
retribuir. — Comme *huir.*
retrotraer. — Comme *traer.*
revejecer. — Comme *parecer.*
reventar. — Comme *comenzar.*
reverdecer. — Comme *parecer.*
revertir. — Comme *sentir.*
revestir. — Comme *pedir.*
revolcar. — Comme *contar.*
revolver. — Comme *volver.*
robustecer. — Comme *parecer.*
rodar. — Comme *contar.*
roer. — *Ind. prés.* : roo *ou* roigo *ou* royo, etc. ; *Impér.* : roe, roa *ou* roiga *ou* roya, etc. ; *Subj. prés.* : roa, roas, etc., *ou* roiga, roigas, etc., *ou* roya, royas, etc. ; *Gér.* : royendo.
rogar. — Comme *contar.*

S

saber. — *Ind. prés.* : sé, sabes, sabe, etc. ; *Pas. déf.* : supe, supiste, supo, etc. ; *Fut.* : sabré, sabrás, sabrá, etc. ; *Impér.* : sabe, sepa, sepamos, etc. ;

Cond. prés. : sabría, sabrías, etc. ; *Subj. prés.* : sepa, sepas, etc. ; *Imparf. subj.* : supiera, supieras, etc. (première forme) ; supiese, supieses (deuxième forme) ; *Fut. subj.* : supiere, supieres, etc. ; *Gér.* : sabiendo ; *Part. pas.* : sabido.
salir. — *Ind. prés.* : salgo, sales, sale, etc. ; *Fut.* : saldré, saldrás, saldrá, etc. ; *Impér.* : sal, salga, salgamos, etc. ; *Cond. prés.* : saldría, saldrías, etc. ; *Subj. prés.* : salga, salgas, etc. ; *Gér.* : saliendo ; *Part. pas.* : salido.
salpimentar. — Comme *comenzar.*
satisfacer. — *Ind. prés.* : satisfago, satisfaces, satisface, etc. ; *Pas. déf.* : satisfice, satisficiste, satisfizo, etc. ; *Fut.* : satisfaré, satisfarás, satisfará, etc. ; *Impér.* : satisfaz *ou* satjsface, satisfaga, satisfagamos, etc. ; *Cond. prés.* : satisfaría, satisfarías, etc. ; *Subj. prés.* : satisfaga, satisfagas, etc. ; *Imparf. subj.* : satisficiera, satisficieras, etc. (première forme) ; satisficiese, satisficieses, etc. (deuxième forme) ; *Fut. subj.* : satisficiere, satisficieres, etc. ; *Part. pas.* : satisfecho.
seducir. — Comme *aducir.*
segar. — Comme *comenzar.*
seguir. — Comme *pedir.*
sembrar, sentar. — Comme *comenzar.*
sentir. — *Ind. prés.* : siento, sientes, siente, sentimos, sentís, sienten ; *Pas. déf.* : sentí, sentiste, sintió, sentimos, sentisteis, sintieron ; *Impér.* : siente, sienta, sintamos, etc. ; *Subj. prés.* : sienta, sientas, etc. ; *Imparf. subj.* : sintiera, sintieras, etc. (1re forme) ; sintiese, sintieses, etc. (2e forme) ; *Fut. subj.* : sintiere, sintieres, etc. ; *Gér.* : sintiendo.
ser. — V. conjugaison page VIII.
serrar. — Comme *comenzar.*
servir. — Comme *pedir.*
sobreentender *ou* sobrentender. — Comme *hender.*
sobreponer. — Comme *poner.*
sobresalir. — Comme *salir.*
sobresembrar. — Comme *comenzar.*
sobrevenir. — Comme *venir.*
sobrevolar. — Comme *contar.*
sofreír. — Comme *reír.*
solar, soldar. — Comme *contar.*
soler. — Défectif. Comme *mover.*
soltar, sonar. — Comme *contar.*
sonreír. — Comme *reír.*
soñar. — Comme *contar.*
sosegar. — Comme *comenzar.*
sostener. — Comme *tener.*
soterrar. Comme *comenzar.*
subarrendar. — Comme *comenzar.*
subseguirse. — Comme *pedir.*
substituir *ou* sustituir. — Comme *huir.*
substraer *ou* sustraer. — Comme *traer.*
subvenir. — Comme *venir.*
subvertir, sugerir. — Comme *sentir.*
superponer. — Comme *poner.*
supervenir. — Comme *venir.*
suponer. — Comme *poner.*

T

tallecer. — Comme *parecer.*
tañer. — *Pas. déf. ind.* : tañí, tañiste, tañó, etc. ; *Imparf. subj.* : tañera, tañeras, etc. (première forme) ; tañese, tañeses, etc. (deuxième forme) ; *Fut. subj.* : tañere, tañeres, etc. ; *Gér.* : tañendo ; *Part. pas.* : tañido.
temblar. — Comme *comenzar.*
tender. — Comme *hender.*
tener. — *Ind. prés.* : tengo, tienes, tiene, tenemos, tenéis, tienen ; *Pas. déf.* : tuve, tuviste, tuvo, etc. ; *Fut.* : tendré, tendrás, etc. ; *Impér.* : ten, tenga, tengamos, etc. ; *Cond. prés.* : tendría, tendrías, etc. ; *Subj. prés.* : tenga, tengas, etc. ; *Imparf. subj.* : tuviera, tuvieras, etc. (première

forme) ; tuviese, tuvieses, tuviesen, etc. (deuxième forme) ; *Fut. subj.* : tuviere, tuvieres, etc. ; *Gér.* : teniendo ; *Part. pas.* : tenido.

tentar. — Comme *comenzar.*

teñir. — *Ind. prés.* : tiño, tiñes, tiñe, teñimos, teñís, tiñen ; *Pas. déf.* : teñí, teñiste, tiñó, etc. ; *Impér.* : tiñe, tiña, tiñamos, etc. ; *Subj. prés.* : tiña, tiñas, etc. ; *Imparf. subj.* : tiñera, tiñeras, etc. (première forme) ; tiñese, tiñeses, etc. (deuxième forme) ; *Fut. subj.* : tiñere, tiñeres ; *Gér.* : tiñendo ; *Part. pas.* : teñido *ou* tinto.

torcer. — *Ind. prés.* : tuerzo, tuerces, tuerce, etc. ; *Impér.* : tuerce, tuerza, etc. ; *Subj. prés.* : tuerza, tuerzas, etc. ; *Gér.* : torciendo ; *Part. pas.* : torcido *ou* tuerto.

tostar. — Comme *contar.*

traducir. — Comme *aducir.*

traer. — *Ind. prés.* : traigo, traes, trae, etc. ; *Pas. déf.* : traje, trajiste, trajo, etc. ; *Impér.* : trae, traiga, traigamos, etc. ; *Subj. prés.* : traiga, traigas, etc. ; *Imparf. subj.* : trajera, trajeras, etc. (première forme) ; trajese, trajeses, etc. (deuxième forme) ; *Fut. subj.* : trajere, trajeres, etc. ; *Gér.* : trayendo ; *Part. pas.* : traído.

transferir. — Comme *sentir.*

transgredir. — Comme *abolir.*

transponer. — Comme *poner.*

trascender. — Comme *querer.*

trascolar. — Comme *contar.*

trasegar. — Comme *comenzar.*

traslucirse. — Comme *lucir.*

trasoñar, trastocar. — Comme *contar.*

trasverter. — Comme *hender.*

trocar. — Comme *contar.*

tronar. — Comme *contar.*

tropezar. — Comme *comenzar.*

tullir. — Comme *mullir.*

V

valer. — *Ind. prés.* : valgo, vales, vale, etc. ; *Fut.* : valdré, valdrás, valdrá, etc. ; *Impér.* : val *ou* vale, valga, valgamos, etc. ; *Cond. prés.* : valdría, valdrías, etc. ; *Subj. prés.* : valga, valgas, etc. ; *Gér.* : valiendo ; *Part. pas.* : valido.

venir. — *Ind. prés.* : vengo, vienes, viene, venimos, venís, vienen ; *Pas. déf.* : vine, viniste, vino, etc. ; *Fut.* : vendré, vendrás, etc. ; *Impér.* : ven, venga, vengamos, etc. ; *Cond. prés.* : vendría, vendrías, etc. ; *Subj. prés.* : venga, vengas, etc. ; *Imparf. subj.* : viniera, vinieras, etc. (première forme) ; viniese, vinieses, etc. (deuxième forme) ; *Fut. subj.* : viniere, vinieres, etc. ; *Gér.* : viniendo ; *Part. pas.* : venido.

ver. — *Ind. prés.* : veo, ves, ve, etc. ; *Imparf.* : veía, veías, etc. ; *Impér.* : ve, vea, etc. ; *Subj. prés.* : vea, veas, etc. ; *Gér.* : viendo ; *Part. pas.* : visto.

verter. — Comme *hender.*

vestir. — Comme *pedir.*

volar. — Comme *contar.*

volcar. — Comme *contar.*

volver. — *Ind. prés.* : vuelvo, vuelves, vuelve, etc. Pas. déf. : volví, volviste, etc. ; *Impér.* : vuelve, vuelva, etc. ; *Subj. prés.* : vuelva, vuelvas, etc. ; *Gér.* : volviendo ; *Part. pas.* vuelto.

Y

yacer. — *Ind. prés.* : yazco *ou* yazgo *ou* yago, yaces, yace, etc. ; *Impér.* : yace *ou* yaz, yazca *ou* yaga, yazcamos *ou* yazgamos, yaced, yazcan ; *Gér.* : yaciendo ; *Part. pas.* : yacido.

Z

zaherir. — Comme *sentir.*

zambullir. — Comme *mullir.*

MODES ET TEMPS

Les **temps composés** se forment toujours avec l'auxiliaire **haber** et le participe passé reste invariable (*he cantado*, j'ai chanté ; *hemos ido*, nous sommes allés ; *ella se ha levantado*, elle s'est levée).

L'indicatif. — Le **futur** et le **conditionnel** espagnols peuvent rendre l'idée d'hypothèse, respectivement au présent et au passé (*estará enfermo*, il doit être malade ; *tendría entonces cincuenta años*, il devait alors avoir cinquante ans).

L'espagnol emploie le **passé simple** chaque fois qu'il s'agit d'une action terminée au moment où l'on parle (*llovió mucho el año pasado*) et réserve l'emploi du **passé composé** pour indiquer qu'une action dure encore au moment où l'on parle (*hoy, ha llovido mucho*).

Le subjonctif. — Le subjonctif espagnol est employé après un verbe d'ordre (*dile que venga*) et pour exprimer la défense (*no os acerquéis*).

Après une conjonction de temps ou un relatif, le futur français se traduit par le présent du subjonctif espagnol (*ven cuando puedas*, viens quand tu pourras).

La **concordance des temps** est obligatoire en espagnol. Aussi, lorsque le verbe de la proposition principale est à un temps du passé ou au conditionnel, le verbe d'une subordonnée au subjonctif doit être à l'imparfait (*temía que no lo supiese*, je craignais qu'il ne le sût pas).

La conjonction **si** est suivie en espagnol du subjonctif imparfait lorsque le verbe de la principale est au conditionnel (*si tuviera dinero, compraría una casa*). **Como si** est toujours suivi du subjonctif imparfait.

Pour l'**imparfait du subjonctif**, on peut choisir indifféremment les formes en -se ou -ra. Mais il convient de signaler que cette dernière est aussi parfois utilisée comme équivalente du conditionnel (*quisiera*, je voudrais), ou encore du plus-que-parfait de l'indicatif, emploi qui ne doit pas être imité.

— OBSERV. Le **subjonctif futur** en -re a complètement disparu de la langue actuelle, sauf dans quelques formules figées : *venga lo que viniere*, advienne que pourra.

L'impératif. — La 1re personne du pluriel ainsi que les 3es personnes avec la formule *usted, ustedes* sont empruntées au présent du subjonctif (*comamos, coma Ud., coman Uds.*) [exception : *vamos*].

Les pronoms personnels compléments doivent être enclitiques (*levántese*). Aux deux premières personnes du pluriel, la dernière consonne de la terminaison du verbe disparaît lorsque le pronom est enclitique (*levantémonos, levantaos*).

L'infinitif. — Devant infinitif sujet, attribut ou complément direct, on supprime le *de* français (*es vergonzoso mentir*, il est honteux de mentir ; *se prohibe fumar*, défense de fumer).

Dans le langage familier, l'infinitif (souvent précédé de la préposition *a*) peut exprimer un **ordre** qui s'adresse à une collectivité (*¡a callar!*, taisez-vous !).

La plupart des infinitifs espagnols sont susceptibles d'être substantivés. Cet emploi a pour but de présenter l'action exprimée par le verbe d'une manière plus **vivante** que le ferait un nom abstrait d'origine et de sens analogues. Ainsi, l'infinitif précédé de l'article *el* devient un véritable substantif (*el correr*, le fait de courir, la course ; *el cantar*, le fait de chanter, le chant).

L'infinitif substantivé peut être accompagné d'autres déterminatifs que l'article *el* et exprime alors la nuance que le français rend par « la façon de » (*un mirar*, une façon de regarder, un regard ; *aquel gritar*, cette façon de crier).

Le gérondif. — Le gérondif se forme par l'adjonction de la terminaison **-ando** au radical de l'infinitif des verbes en **-ar,** et de la terminaison **-iendo** au radical de l'infinitif des verbes en **-er** et **-ir.** (Irrégularités : *diciendo, pudiendo, viniendo.*)

Le gérondif est toujours invariable. Employé seul, il peut exprimer la manière et correspond au participe présent français précédé de la préposition *en* (*salió llorando,* il sortit en pleurant).

— OBSERV. Le participe présent français précédé de *en* et exprimant le temps sera rendu en espagnol par *al* suivi de l'infinitif (*en sortant* [*comme il sortait*], il rencontra son père, *al salir,* se encontró con su padre).

L'idée de durée est exprimée par le gérondif précédé de *estar;* celle de progression par le gérondif précédé de *ir* et celle de continuité par le gérondif précédé de *seguir. Llevar* et le gérondif envisagent rétrospectivement cet aspect de continuité (*llevo dos horas caminando,* je marche depuis deux heures).

Le participe passé. — Le participe passé se forme par l'adjonction de la terminaison **-ado** au radical de l'infinitif des verbes en **-ar,** et de la terminaison **-ido** au radical de l'infinitif des verbes en **-er** et **-ir.** (Irrégularités : *abierto* [abrir], *cubierto* [cubrir], *muerto* [morir], *vuelto* [volver], *resuelto* [resolver], *puesto* [poner], *dicho* [decir], *hecho* [hacer], *escrito* [escribir], *visto* [ver], *roto* [romper], *impreso* [imprimir] et les composés *descubierto, envuelto,* etc.)

Le participe passé avec *haber* est toujours invariable (*los libros que hemos leído*). Il ne doit jamais être séparé de l'auxiliaire (*hemos dormido muy bien*).

Le participe passé permet de former des propositions absolues analogues à l'ablatif absolu latin. En pareil cas, le nom doit toujours être placé après le participe. Il y aura souvent lieu de traduire la forme simple du participe espagnol par la forme composée en français (*pronunciado el discurso, se sentó,* après avoir prononcé son discours, il s'assit).

Tableaux et illustrations

figurant dans la première partie de ce dictionnaire

Abréviations		Abreviaturas	Métallurgie	* Metalurgia
Architecture	*	Arquitectura	Moteurs	* Motores
Automobile	*	Automóvil	Motocyclette	* Motocicleta
Bateaux	*	Barcos	Outillage	* Herramientas
Château fort	*	Castillo	Parenté (degrés de)	Parentesco (grados de)
Cinéma		Cine	Pays principaux	Principales países
Croix	*	Cruces	Photographie et	
Échecs	*	Ajedrez	cinéma	* Fotografía y cine
Finances		Finanzas	Prénoms	Nombres
Football	*	Fútbol	Radio et télévision	* Radio y televisión
Gouvernement		Gobierno	Sport	Deporte
Hélicoptère	*	Helicóptero	Théâtre	* Teatro
Maison	*	Casa	Tissage, tissus	* Tejido, tejidos
			Zodiaque	* Zodiaco

* Indique les illustrations   * Indica las ilustraciones

Cuadros e ilustraciones

que figuran en la segunda parte de este diccionario

Anatomía humana	*	Anatomie humaine	Iglesia	* Église
Arcos	*	Arcs	Jurídico	Juridique
Aviones	*	Avions	Locomotora	* Locomotive
Bicicleta	*	Bicyclette	Medicina	Médecine
Caballo	*	Cheval	Mina	* Mine
Circulación de auto-		Circulation automo-	Música	Musique
móviles		bile	Petróleo	* Pétrole
Espectáculos		Spectacles	Química	Chimie
Ferrocarril		Chemin de fer	Reactor nuclear	* Réacteur nucléaire
Fiestas del año		Fêtes de l'année	Religión	Religion
Geografía		Géographie	Tauromaquia	* Tauromachie

* Indica las ilustraciones   * Indique les illustrations

ESPAGNOL · FRANÇAIS

A

a f. A, *m.* : *una a minúscula*, un petit *a*. ‖ *A por a y be por be*, point par point, en détail. ‖ *Demostrar por A más B*, prouver par A plus B.
— OBSERV. Le *a* espagnol se prononce à peu près comme le *a* français ouvert de *table* ou *action*.

a prep. À. [Avec l'article masculin singulier *el*, se contracte en *al*.]

---

1. Situación, lugar. — 2. Destinación. — 3. Época, fecha. — 4. Modo de obrar. — 5. Precio. — 6. Evaluación. — 7. Entre dos verbos. — 8. Sintaxis. — 9. Frases elípticas.

---

1. SITUACIÓN, LUGAR. — À, au (contracción de *à* y del artículo masculino *le*) : *a mi derecha*, à ma droite, *a izquierda de*, à gauche de ; *a orillas del mar*, au bord de la mer. ‖ À (con movimiento) : *voy al campo*, je vais à la campagne. (Con nombre propio de lugares, v. OBSERV. I.) ‖ Dans, à (dentro) : *caer al agua*, tomber dans l'eau. ‖ Chez (una persona) : *voy al peluquero*, je vais chez le coiffeur (es incorrecto aunque frecuente, decir *au coiffeur*). ‖ De : *a este lado*, de ce côté. ‖ *A casa de*, chez : *a casa de mi padre*, chez mon père.

2. DESTINACIÓN. — À : *dilo a tu amigo*, dis-le à ton ami ; *dirigirse a su director*, s'adresser à son directeur.

3. ÉPOCA, FECHA, TIEMPO. — À (momento concreto) : *a las cinco*, à cinq heures. ‖ Le (fecha) : *¿a cuánto estamos?*, — *A ocho de marzo*, le combien sommes-nous ?, — Le huit mars ; *París, a 27 de febrero*, Paris, le 27 février ; *al día siguiente*, le lendemain. ‖ Après (tiempo pasado) : *a los seis meses de llegado*, six mois après son arrivée ; *al poco tiempo*, peu après. ‖ *A eso de*, vers : *a eso de las ocho*, vers huit heures.

4. MODO DE OBRAR. — À : *ir a pie*, aller à pied ; *a nado*, à la nage ; *escribir a lápiz*, écrire au crayon ; *matar a pedradas*, tuer à coups de pierre. ‖ De : *moler a palos*, rouer de coups. ‖ Par : *a la fuerza*, par force. ‖ Sur : *a petición suya*, sur sa demande ; *a la medida*, sur mesure. (V. OBSERV. II.) ‖ De : *a sangre fría*, de sang froid. ‖ À force de : *este niño me va a matar a disgustos*, cet enfant va me tuer à force de me donner des soucis.

5. PRECIO. — À : *patatas a* ou *de a cinco pesetas el kilo*, des pommes de terre à cinq pesetas le kilo. ‖ *¿A cuánto es?*, — *A tanto*, combien est-ce ?, — Tant.

6. EVALUACIÓN. — À : *de tres a cuatro años*, de trois à quatre ans. ‖ Par (distributivo) : *a docenas*, par douzaines ; *a millares*, par milliers ; *dos a dos*, deux par deux ; *cien pesetas al día*, cent pesetas par jour.

7. ENTRE DOS VERBOS. — 1) *A* ne se traduit pas (si le premier verbe indique le mouvement) : *voy a escribir*, je vais écrire ; *corre a decírselo*, cours le lui dire. 2) *A* se traduit ou ne se traduit pas (après d'autres verbes, selon le verbe employé) : *enseñar a leer*, apprendre à lire ; *atreverse a hacer algo*, oser faire quelque chose.

8. SINTAXIS. — 1) *A* se traduit de différentes façons (après un verbe de mouvement, selon le verbe employé) : *acercarse a*, s'approcher de. 2) *A* ne se traduit pas (devant le complément direct) : *quiero a mi madre*, j'aime ma mère ; *vi llorar a un niño*, j'ai vu un enfant pleurer. (V. OBSERV. III.) [No se confunda con el complemento indirecto.] 3) De (après un adjectif indiquant la proximité) : *cercano a*, proche de. 4) De (après un nom) : *el amor a la verdad*, l'amour de la vérité ; *olor a rosa*, odeur de rose ; *miedo al lobo*, peur du loup.

9. FRASES ELÍPTICAS. — *¡A comer!*, à table ! ‖ *¡A dormir!*, au lit ! ‖ *¿A qué viene Vd?*, que venez-vous faire ?, que voulez-vous ? ‖ *A ver*, voyons. ‖ FAM. *Ir a por vino*, aller chercher du vin. ‖ *Mandar a*, envoyer [chercher, faire, etc.] : *le mandé a un recado*, je l'ai envoyé faire une commission. ‖ *A que*, je parie que : *a que llego más pronto que tú*, je te parie que j'arrive avant toi.
— OBSERV. I. À (con un nombre de ciudad) : *voy a Madrid*, je vais à Madrid. 2) Au (con nombres de países masculinos) : *van a México*, ils vont au Mexique ; *va a El Salvador*, il va au Salvador. 3) En (con nombres de países femeninos) : *fue a Colombia*, il est allé en Colombie.
— II. C'est une faute grave que de dire en espagnol *máquina a escribir* (machine à écrire) au lieu de *máquina de escribir*, *molino a viento* au lieu de *molino de viento*, etc.
— III. L'emploi de la préposition *a* est obligatoire en espagnol devant les compléments d'objet direct de personnes déterminées : *se busca una criada* (indéterminé) mais *busco a mi criada que desapareció* (déterminé) ; il peut en outre se justifier pour des noms de choses plus ou moins personnifiées (*amar a la patria*, aimer sa patrie, etc.) ainsi que pour distinguer le complément de l'attribut : *llamar casa a un tugurio*, appeler un taudis (compl.), maison (attr.), donner le nom de maison à un taudis. Par ailleurs il est répété en espagnol devant le complément direct redoublé : *a ti te quiero mucho*, toi, je t'aime beaucoup ; *a éste le conozco bien*, lui, je le connais bien.

ababa f. o **ababol** m. BOT. Coquelicot, *m.* ‖ FIG. y FAM. Nigaud (simplón).

abacá m. Abaca (árbol de Manila). ‖ Étoffe (f.) en fibre d'abaca (tejido).

abacería f. Épicerie.

abacero, ra m. y f. Épicier, ère.

abacial adj. Abbatial, e.

ábaco m. ARQ. Abaque, tailloir. ‖ Boulier, abaque (p. us.) [instrumento aritmético]. ‖ MIN. Coffre de bois pour le lavage des métaux.

abad m. Abbé (superior de un monasterio). ‖ Curé (cura, párroco).

abadejo m. Morue, f., aiglefin (bacalao). ‖ Roitelet (ave). ‖ Méloé (carraleja). ‖ Cantharide, f. (cantárida).

abadengo, ga adj. Abbatial, e : tierras abadengas, terres abbatiales.

abadesa f. Abbesse.

abadía f. ● Abbaye (convento). ‖ Dignité d'abbé o d'abbesse.
— SINÓN. ● Convento, couvent. Monasterio, monastère. Priorato, prieuré. Claustro, cloître.

abadiado o **abadiato** m. Abbaye, f. ‖ Dignité (f.) d'abbé.

abajadero m. Côte, f., pente, f. (pendiente).

abajar v. intr. y tr. Descendre (bajar).

abajeño, ña o **abajero, ra** o **abajino, na** adj. y s. Amer. Habitant de la côte o des terres basses.

abajero, ra adj. Amer. Que l'on place dessous, inférieur, e.

abajo adv. Dessous (debajo). ‖ En bas : estoy abajo, je suis en bas. ‖ À bas : ¡abajo el tirano!, à bas le tyran! ‖ — Abajo del todo, tout en bas. ‖ Aquí abajo, ici-bas. ‖ Cuesta abajo, en descendant. ‖ De arriba abajo, de haut en bas. ‖ El abajo firmante, le soussigné. ‖ Hacia abajo, vers le bas. ‖ Más abajo, plus bas, au-dessous : está colocado más abajo, c'est placé plus bas ; ci-dessous (en un escrito). ‖ Por abajo, par en bas. ‖ Río abajo, en aval, en descendant le courant. ‖ — Echar abajo, renverser : echar abajo un gobierno, renverser un gouvernement ; démolir : echar abajo los planes de uno, démolir les plans de quelqu'un ; démolir, abattre (una casa) ; abattre (un avión). ‖ Ir abajo, descendre. ‖ Venirse abajo, s'écrouler, s'effondrer.

abalanzar v. tr. Équilibrer (la balanza). ‖ Lancer, jeter (lanzar).
— V. pr. S'élancer, se jeter, fondre : abalanzarse sobre su adversario, se jeter sur son adversaire ; el águila se abalanzó sobre el cordero, l'aigle fondit sur l'agneau. ‖ Se jeter : los niños se abalanzan sobre los pasteles, les enfants se jettent sur les gâteaux. ‖ Amer. Se cabrer (el caballo).

abalaustrado, da adj. À balustres, balustré, e.

abalaustrar v. tr. Munir de balustres.

abalear v. tr. AGRIC. Débourrer. ‖ Amer. Tirailler, tirer des coups de fusil (tirotear).

abaleo m. AGRIC. Débourrage [des céréales]. ‖ Balai (escoba). ‖ Plante (f.) dont on fait les balais (planta).

abalizamiento m. Balisage.

abalizar v. tr. MAR. Baliser.

abalorio m. Verroterie, f. ‖ Perle (f.) de verre.

abaluartar v. tr. Bastionner.

aballestar v. tr. MAR. Haler.

abanar v. tr. Éventer.

abancaino, na o **abancayno, na** adj. y s. De Abancay (Perú).

abanderado m. MIL. Porte-drapeau, inv. ‖ Porte-bannière, inv. (procesión). ‖ FIG. Porte-drapeau, inv.

abanderamiento m. MAR. Nationalisation, f. (de un buque). ‖ Enrôlement (en un ejército).

abanderar v. tr. MAR. Mettre sous pavillon. ‖ FIG. Être le porte-drapeau de, se faire le porte-drapeau de. ‖ Amer. Fixer un programme [politique, etc.]. ‖ Barco abanderado en España, bateau sous pavillon espagnol.

abanderizar v. tr. Diviser en faction, semer la discorde dans o entre.
— V. pr. S'enrôler (en un partido).

abandonado, da adj. Abandonné, e. ‖ FIG. Négligent, e (desidioso). ‖ Négligé, e ; peu soigné, e (descuidado) : es una chica abandonada, c'est une fille négligée. ‖ Amer. Vicieux, euse (vicioso). ‖ Noceur, euse (calavera). ‖ Dejar un jardín abandonado, laisser un jardin à l'abandon.

abandonamiento m. Abandon (abandono).

abandonar v. tr. ● Abandonner : estar abandonado de ou por todos, être abandonné de tous. ‖ Abandonner, quitter : abandonar la casa de sus padres, quitter la maison de ses parents. ‖ FIG. Négliger (descuidar) : abandonar sus quehaceres, négliger ses occupations. ‖ Abandonner, déclarer forfait (deportes). ‖ Perdre, se départir de : abandonar su calma, perdre son calme. ‖ Renoncer à, abandonner (renunciar) : Abandonar la partida, abandonner la partie.
— V. pr. S'abandonner, se laisser aller (entregarse) : abandonarse al dolor, s'abandonner à la douleur. ‖ FIG. Devenir négligent, se négliger (descuidarse). ‖ Se décourager, perdre courage, se laisser aller (desanimarse). ‖ Se confier (sincerarse).
— SINÓN. ● Soltar, lâcher. Ceder, céder, Dejar, laisser. Renunciar, renoncer. Descuidar, négliger. Desamparar, délaisser.

abandonismo m. Défaitisme.

abandonista adj. y s. Défaitiste, capitulard, e : política abandonista, politique défaitiste.

abandono m. Abandon (acción de abandonar). ‖ FIG. Abandon, négligence, f. (descuido). ‖ Abandon (deportes). ‖ Abandon, confiance, f., franchise, f.
— OBSERV. Dans le sens de « franchise », « confiance », le mot abandono est un gallicisme.

abanicar v. tr. Éventer.
— V. pr. S'éventer.

abanicazo m. Coup d'éventail.

abanico m. Éventail. ‖ Écran (pantalla). ‖ Roue, f. (del pavo real). ‖ MAR. Bigue, f. (cabria). ‖ FIG. Éventail : el abanico de los precios : l'éventail des prix. ‖ En abanico, en éventail.

abaniqueo m. Action (f.) de s'éventer.

abaniquero, ra m. y f. Fabricant o vendeur d'éventail.

abano m. Éventail. ‖ Panka, panca, punka (abanico grande).

abanto m. ZOOL. Vautour d'Afrique.
— Adj. Simplet (necio). ‖ Craintif, peureux (toro).

abaratado, da adj. Dont le prix a baissé, qui a diminué : géneros abaratados, articles dont le prix a baissé.

abaratamiento m. Baisse, f., diminution (f.) du prix o du coût : el abaratamiento de un producto, la diminution du prix d'un produit ; el abaratamiento de la vida, la diminution du coût de la vie.
— SINÓN. Rebaja, rabais. Depreciación, dépréciation. Devaluación, dévaluation. Desvalorización, desvaloración, dévalorisation.

abaratar v. tr. Baisser le prix de : abaratar las frutas, baisser le prix des fruits. ‖ Baisser, diminuer : abaratar los precios, baisser les prix.
— V. pr. Baisser : la vida se ha abaratado después de la guerra, la vie a baissé après la guerre.

abarbechar v. tr. Mettre en jachère.

abarca f. Sandale (calzado). ‖ Sabot, m. (zueco).

abarcadura f. o **abarcamiento** m. Embrassement, m., étreinte, f.

abarcar v. tr. Embrasser (ceñir). ‖ Cerner, entourer (rodear). ‖ FIG. Comprendre, renfermer, contenir (comprender). ‖ Embrasser : abarcar con *una sola mirada,* embrasser d'un coup d'œil; *la filosofía lo abarca todo,* la philosophie embrasse tout. ‖ S'occuper à la fois de : *abarcar varios trabajos,* s'occuper de plusieurs travaux à la fois. ‖ *Amer.* Accaparer (acaparar). | Couver (empollar). ‖ *Quien mucho abarca, poco aprieta,* qui trop embrasse, mal étreint.

abaritonado, da adj. À la voix de baryton (persona). ‖ Au son grave (cosa). ‖ De baryton (voz).

abarloar v. tr. MAR. Accoster (a un muelle). ‖ Mettre à couple (dos barcos).

abarquillado, da adj. Gondolé, e; gauchi, e : *tabla abarquillada,* planche gauchie. ‖ Gondolé, e (el cartón).

abarquillamiento m. Gauchissement (de una tabla). ‖ Gondolage (del cartón).

abarquillar v. tr. Courber, incurver. ‖ Gondoler : *el calor abarquilla el cartón,* la chaleur gondole le carton. ‖ Gauchir (alabear). ‖ Rouler (arrollar).
— V. pr. Se gondoler, se gauchir.

abarraganamiento m. Concubinage.

abarrajado, da adj. *Amer.* Dévergondé, e (desvergonzado), débauché, e (disoluto).

abarrajar v. tr. Renverser (atropellar). ‖ *Amer.* Lancer, jeter (arrojar). | Sortir en coup de vent (salir).
— V. pr. *Amer.* Buter, trébucher (tropezar). | S'encanailler, s'avilir (encanallarse).

abarrajo m. *Amer.* Chute, *f.,* faux pas.

abarrancadero m. Bourbier (atolladero). ‖ Impasse, *f.* (negocio de que no se puede salir fácilmente).

abarrancamiento m. Embourbement (enlodamiento). ‖ Ravinement. ‖ MAR. Échouement.

abarrancar v. tr. Raviner : *la tormenta abarrancó los campos,* l'orage a raviné les champs.
— V. intr. MAR. Échouer, s'échouer.
— V. pr. S'embourber (atascarse). ‖ FIG. S'embourber (en malos negocios).

abarrisco adv. Tout, tous o toutes ensemble, sans distinction (en tropel).

abarrotado, da adj. Bondé, e; bourré, e; plein à craquer (atestado) : *un autobús abarrotado,* un autobus bondé. ‖ Bourré, e : *una carta abarrotada de disparates,* une lettre bourrée d'âneries.
— M. *Amer.* Épicerie, *f.*

abarrotar v. tr. Garnir de barreaux (con barrotes). ‖ MAR. Arrimer (la carga). ‖ Bonder, surcharger (atestar) : *este coche está abarrotado,* cette voiture est surchargée. ‖ Encombrer, remplir : *la mesa está abarrotada de libros,* la table est encombrée de livres. ‖ *Amer.* Accaparer, monopoliser.
— V. pr. S'emplir : *los restaurantes se abarrotan de gente,* les restaurants s'emplissent de monde. ‖ *Amer.* Baisser de prix (abaratarse).

abarrote m. MAR. Ballot. ‖ — Pl. *Amer.* Articles d'épicerie et de bazar (artículos). | Épicerie, *f. sing.* (tienda). | Quincaillerie (ferretería).

abarrotería f. *Amer.* Quincaillerie (ferretería).

abarrotero, ra m. y f. *Amer.* Épicier, ère.

abasí adj. y s. Abbasside.

Abasidas n. pr. pl. HIST. Abbassides.

abastardar v. intr. S'abâtardir, dégénérer (cosas). ‖ Déchoir (personas).

abastecedor, ra adj. y s. Fournisseur, euse; pourvoyeur, euse. ‖ *Amer.* Boucher, ère (carnicero).

abastecer* v. tr. Approvisionner, ravitailler : *abastecer de víveres una guarnición,* ravitailler en vivres une garnison.

abastecido, da adj. Approvisionné, e; achalandé, e : *tienda bien abastecida,* magasin bien achalandé.
— OBSERV. La palabra francesa *achalandé* es un barbarismo muy empleado en el sentido de abastecido o surtido.

abastecimiento m. ● Ravitaillement (avituallamiento). ‖ Approvisionnement : *abastecimiento de aguas,* approvisionnement en eau. ‖ *Comisaría de abastecimientos,* service de ravitaillement.
— SINÓN. ● *Provisión,* provision. *Abasto,* approvisionnement. *Racionamiento,* rationnement. *Suministro,* fourniture.

abastero m. *Amer.* Boucher en gros.

abastionar v. tr. Bastionner.

abasto m. Approvisionnement, ravitaillement (abastecimiento). ‖ Abondance, *f.* ‖ Partie (*f.*) secondaire d'une broderie. ‖ *Amer.* Abattoir (matadero). ‖ — Pl. Ravitaillement, *sing.* ‖ — *Comisaría de abastos,* service du ravitaillement. ‖ *Plaza de abastos,* marché, halles. ‖ — *Dar abasto a,* satisfaire : *no pueden dar abasto a todos sus clientes,* ils ne peuvent pas satisfaire tous leurs clients. ‖ *No dar abasto,* ne pas y arriver : *tengo tantas cosas que hacer que no puedo dar abasto,* j'ai tant de choses à faire que je ne peux pas y arriver.

abatanado, da adj. Foulé, e (el paño). ‖ FIG. Rompu, e (experimentado) : *abatanado en el negocio,* rompu aux affaires.

abatanador m. Fouleur (batanero).

abatanar v. tr. Fouler [le drap] (el paño). ‖ FIG. Battre (golpear).

abatatar v. tr. FAM. *Amer.* Intimider (amedrentar). | Ramollir (aplatanar) : *este tiempo bochornoso nos abatata,* ce temps orageux nous ramollit.
— V. pr. *Amer.* Être intimidé, se démonter, perdre ses moyens (acobardarse).

abate m. (P. us.). Abbé : *el abate Grégoire, el abate Marchena,* l'abbé Grégoire, l'abbé Marchena.

abatí m. Maïs. ‖ Boisson (*f.*) fermentée de maïs.

abatible adj. Abattable. ‖ Escamotable.

abatido, da adj. Abattu, e (desanimado). ‖ Abject, e; méprisable (despreciable). ‖ Tombant, e : *párpados abatidos,* paupières tombantes.

abatimiento m. ● Abattement, découragement, accablement (desánimo). ‖ Abaissement (humillación). ‖ Honte, *f.* (cosa afrentosa). ‖ MAR. Abattée, *f.* ‖ MAR. *Abatimiento del rumbo,* dérive.
— SINÓN. ● *Desaliento, descorazonamiento,* découragement. *Desánimo,* accablement. *Desconsuelo, desolación, desolation Agobio, affaissement,* accablement. *Desfallecimiento,* défaillance. *Agotamiento,* épuisement. *Aniquilamiento,* anéantissement.

abatir v. tr. Abattre (derribar). ‖ FIG. Abattre, abaisser (el orgullo). ‖ Humilier, abaisser (humillar). | Abattre (deprimir) : *dejarse abatir por la adversidad,* se laisser abattre par l'adversité. ‖ MAR. Amener : *abatir banderas, velas,* amener pavillon, les voiles. | Abattre (el rumbo). ‖ Incliner (inclinar). ‖ Démonter (descomponer) : *abatir una tienda de campaña,* démonter une tente. ‖ Abattre [son jeu] (juegos de naipes). ‖ MAT. *Abatir una perpendicular,* abaisser o tracer une perpendiculaire.
— V. intr. MAR. Dériver.
— V. pr. S'abattre (arrojarse). ‖ FIG. S'humilier. | S'abattre : *la desgracia se abatió sobre su familia,* le malheur s'abattit sur sa famille. | Se décourager, se laisser abattre, perdre courage (desanimarse).
— OBSERV. Le verbe espagnol *abatir* n'a pas comme le français *abattre* le sens de « tuer ».

abayado, da adj. BOT. Bacciforme.

abazón m. ZOOL. Bajoue, *f.,* abajoue, *f.*

Abdalá n. pr. m. Abdallah.

Abderramán n. pr. Abdérame.

abdicación f. Abdication.
— SINÓN. *Dimisión,* démission. *Renuncia,* renonciation. *Renunciamiento,* renoncement. *Abandono,* abandon. *Resignación,* résignation.

abdicar v. tr. Abdiquer : *abdicar el poder en su hijo*, abdiquer le pouvoir en faveur de son fils. — SINÓN. *Dimitir*, démissionner, se démettre. *Renunciar*, renoncer. *Resignar*, résigner. *Abandonar*, abandonner. *Desistir*, se désister.

abdicatario m. Abdicataire.

abdomen m. ANAT. Abdomen.

abdominal adj. Abdominal, e : *músculos abdominales*, muscles abdominaux.

abducción f. Abduction.

abductor adj. m. y s. m. Abducteur (músculo).

Abdulá n. pr. m. Abdullah.

abecé m. A B C, abécédaire (alfabeto). ‖ FIG. A B C. ‖ FIG. *Eso es el abecé*, c'est l'enfance de l'art. | *No saber el abecé*, ne savoir ni A ni B.

abecedario m. Alphabet (alfabeto). ‖ ● Abécédaire, A B C (libro).
— SINÓN. ● *Alfabeto*, alphabet. *Abecé*, A B C. *Cartilla*, *silabario*, syllabaire.

abedul m. Bouleau (árbol).

abeja f. Abeille. ‖ — *Abeja maesa, maestra* ou *reina*, reine. ‖ *Abeja neutra* ou *obrera*, ouvrière.

abejar m. Rucher.

abejar v. intr. Voleter (como las abejas).

abejarrón m. Bourdon.

abejaruco m. Guêpier (pájaro).

abejera f. Rucher, *m.* (colmenar). ‖ BOT. Mélisse.

abejero, ra m. y f. Apiculteur, trice. ‖ — M. Guêpier (pájaro).

abejón m. Bourdon (abejorro). ‖ Faux-bourdon (zángano). ‖ *Amer. Hacer abejón*, siffler [un orateur, etc.].

abejorreo m. FAM. Bourdonnement.

abejorro m. Bourdon (insecto himenóptero). ‖ Hanneton (insecto coleóptero). ‖ FIG. y FAM. *Ser un abejorro*, être une plaie, être ennuyeux.

abejuno, na adj. Abeiller, ère; apicole.

Abel n. pr. m. Abel.

Abelardo n. pr. m. Abélard.

abeliano, na adj. MAT. Abélien, enne.

abellacado, da adj. Fourbe.

abellacar v. tr. Avilir.
— V. pr. S'encanailler.

abellotado, da adj. En forme de gland.

abemolar v. tr. Adoucir (la voz). ‖ MÚS. Bémoliser.

Abencerraje n. pr. m. Abencérage.

aberenjenado, da adj. Aubergine (color). ‖ En forme d'aubergine (forma).

aberración f. Aberration.

aberrante adj. Aberrant, e.

aberrar v. intr. Errer (extraviarse). ‖ Aberrer (p. us.), se tromper, se fourvoyer (equivocarse).

abertal adj. Qui se crevasse facilement (tierra). ‖ Sans clôture (campo).

abertura f. Ouverture (boquete). ‖ Crique (ensenada). ‖ Fente, crevasse (grieta). ‖ Trouée, passage, *m.* (entre dos montañas). ‖ Fente : *chaqueta con aberturas laterales*, veste avec des fentes sur le côté. ‖ FIG. Ouverture, largeur : *abertura de espíritu*, largeur d'esprit. | Franchise, sincérité (franqueza).

abestiarse v. pr. S'abêtir, s'abrutir.

abetal o abetar m. Sapinière, *f.*

abetinote o abietino m. Abiétine, *f.* (del pino).

abeto m. Sapin (árbol). ‖ — *Abeto albar*, sapin blanc o argenté. ‖ *Abeto falso* ou *rojo*, épicéa.

abetunado, da adj. Bitumineux, euse.

abetunador m. Cireur (limpiabotas).

abetunar v. tr. Cirer (los zapatos). ‖ Bitumer (la carretera).

abierto, ta adj. Ouvert, e. ‖ Découvert, e (terreno). ‖ Évident, e. ‖ FIG. Ouvert, e : *tener una cara abierta*, avoir un visage ouvert. | Franc, franche (sincero). ‖ Épanoui, e (flor). ‖ — *Abierto de par en par*, grand ouvert. ‖ *A cielo abierto*, en plein air. ‖ *A pecho abierto*, à cœur ouvert. ‖ *A tumba abierta*, à tombeau ouvert (conducir). ‖ *Con las piernas abiertas*, les jambes écartées. ‖ *Con los brazos abiertos*, à bras ouverts. ‖ FIG. *Quedarse con la boca abierta*, rester bouche bée.
— M. *Amer.* Terrain défriché.

abietáceas o abietíneas f. pl. BOT. Abiétinées, abiétacées.

abiético adj. m. Abiétique (ácido).

abigarrado, da adj. Bigarré, e; bariolé, e : *una tela abigarrada*, une étoffe bigarrée. ‖ FIG. Bigarré, e.

abigarramiento m. Bariolage, bigarrure, *f.*

abigarrar v. tr. Bigarrer, barioler.
— SINÓN. *Entremezclar*, entremêler. *Motear*, moucheter. *Jaspear*, jasper. *Vetear*, veiner.

abigeato m. Abigéat (robo de ganado).

abigotado, da adj. Moustachu, e.

ab intestato loc. lat. Ab intestat. ‖ FIG. y FAM. Négligé, e; abandonné, e (descuidado).

abintestato m. DR. Procédure (*f.*) d'un héritage ab intestat.

abirritar v. tr. MED. Abirriter.

abisagrar v. tr. Munir de gonds (puerta, ventana) o de charnières (caja).

abisal adj. Abyssal, e.

abiselar v. tr. Biseauter.

Abisinia n. pr. f. GEOGR. Abyssinie.

abisinio, nia adj. y s. Abyssin, e; abyssinien, enne.

abismal adj. Abyssal, e.

abismar v. tr. Plonger dans un abîme, engloutir (hundir). ‖ Humilier, confondre (confundir).
— V. pr. S'abîmer (en el mar). ‖ FIG. S'abîmer dans (el dolor, los pensamientos). | Se plonger dans (el trabajo). | *Amer.* S'étonner, rester confondu (asombrarse).
— OBSERV. Le verbe espagnol *abismar* n'a pas le sens de « gâter » ou « endommager » que le verbe français *abîmer* a souvent.

abismático, ca adj. Insondable, incommensurable.

abismo m. ● Abîme. ‖ Enfer (infierno). ‖ FIG. Abîme : *estar al borde del abismo*, être au bord de l'abîme ; *un abismo de dolor*, un abîme de douleur. | Monde, abîme : *hay un abismo entre lo que dije y lo que has entendido*, il y a un monde entre ce que j'ai dit et ce que tu as compris.
— SINÓN. ● *Sima*, gouffre. *Precipicio*, précipice. *Barranco*, ravin. *Abiso*, *abismo oceánico*, abysse.

abiso m. Abysse.

abitar v. tr. MAR. Amarrer.

abizcochado, da adj. Biscuité, e.

abjuración f. Abjuration.

abjurar v. tr. e intr. Abjurer : *abjurar de su fe*, abjurer sa foi.

ablación f. MED. Ablation, amputation. ‖ GEOL. Ablation.

ablandabrevas m. y f. FIG. y FAM. Nullité, *f.*, incapable.

ablandador, ra adj. Ramollissant, e; amollissant, e. ‖ Adoucissant, e (que suaviza).

ablandadura f. o ablandamiento m. Ramollissement, *m.*, amollissement, *m.* ‖ FIG. Adoucissement, *m.* | Fléchissement, *m.*, assouplissement, *m.* : *registramos un ablandamiento de su política*, nous constatons un assouplissement de sa politique.

ablandante adj. Qui ramollit, émollient, e.

ablandar v. tr. Ramollir, amollir, attendrir : *ablandar la carne*, attendrir la viande. ‖ FIG. Radoucir (calmar). | Attendrir, fléchir : *ablandar a sus padres*, attendrir ses parents.
— V. intr. Se radoucir (el frío). ‖ Tomber, se calmer (el viento).

— V. pr. S'amollir. ‖ Fig. S'adoucir, se radoucir (calmarse). | Se laisser attendrir : *no me ablando nunca por las lágrimas*, je ne me laisse pas attendrir par les larmes.

ablandecer* v. tr. Ramollir (ablandar).

ablativo m. Ablatif : *ablativo absoluto*, ablatif absolu.

ablegado m. Ablégat.

ablución f. Ablution (lavatorio).

ablusado, da adj. Blousant, e.

abnegación f. Abnégation, dévouement, m. : *dar pruebas de abnegación*, faire preuve d'abnégation.

abnegadamente adv. Avec abnégation.

abnegado, da adj. Dévoué, e.

abnegarse* v. pr. Se dévouer, se sacrifier.

abobado, da adj. Niais, e ; bête, sot, sotte (tonto). ‖ Hébété, e ; ahuri, e (alelado). ‖ Tout bête, hébété, e : *estás aquí abobado, sin decir nada*, tu es là tout bête, sans rien dire.

abobamiento m. Abêtissement, bêtise, f.

abobar v. tr. Abêtir, rendre stupide. ‖ Fam. Ébahir (dejar pasmado).

— V. pr. S'abêtir.

abocado, da adj. Qui a du bouquet (vin). ‖ — *Abocado a la ruina*, acculé à la ruine, au bord de la ruine. ‖ *Estar uno abocado a*, courir droit à (una catástrofe), être acculé à (un acto).

abocamiento m. Abouchement.

abocar v. tr. Saisir avec les dents. ‖ Approcher (acercar). ‖ S'adresser (a una persona).

— V. intr. Aboutir à, déboucher sur : *para abocar a una solución*, pour aboutir à une solution.

— V. pr. S'approcher (acercarse). ‖ S'aboucher (conchabarse).

abocardado, da adj. Évasé, e [comme un tromblon].

abocardar v. tr. Évaser.

abocardo m. Tecn. Foret (barrena grande).

abocatero m. Avocat (aguacate).

abocelado, da adj. En forme de tore.

abocetado, da adj. Esquissé, e ; ébauché, e.

abocetar v. tr. Esquisser, ébaucher : *abocetar un dibujo*, esquisser un dessin. ‖ Brosser : *abocetar un cuadro*, brosser un tableau.

abocinado, da adj. Évasé, e (como una trompeta). ‖ Arq. Rampant (arco).

abocinamiento m. Évasement.

abocinar v. intr. Fam. Tomber en avant o à plat ventre.

— V. tr. Évaser (un orificio).

abochornado, da adj. Fig. Honteux, euse (avergonzado) : *estoy abochornado de tu conducta*, je suis honteux de ta conduite. ‖ Gêné, e ; confus, e (molesto).

abochornar v. tr. Suffoquer : *es un calor que abochorna*, c'est une chaleur qui suffoque. ‖ Fig. Faire rougir, vexer, faire honte à : *siempre intentas abochornarme delante de todos*, tu essaies toujours de me faire honte devant tout le monde.

— V. pr. Fig. Avoir honte (avergonzarse). ‖ Rougir (ruborizarse). ‖ Agric. Griller.

abofeteador, ra adj. y s. Qui gifle.

abofeteamiento m. Action (f.) de gifler, gifle, f. ‖ Fig. Gifle, f., soufflet, camouflet. | Mépris : *abofeteamiento de los principios democráticos*, mépris des principes démocratiques.

abofetear v. tr. Gifler. ‖ Fig. Bafouer, piétiner : *abofetear los principios de la moralidad*, bafouer les principes de la moralité.

abogacía f. Barreau, m., profession d'avocat (profesión). ‖ Plaidoirie [art de plaider]. ‖ *Abogacía de pobres*, assistance judiciaire.

abogada f. Avocate, femme avocat. ‖ Fam. Femme d'avocat. ‖ Médiatrice, avocate (intercesora).

abogaderas f. pl. Fam. *Amer.* Arguments (m.) spécieux, arguties.

abogadesco, ca o **abogadil** adj. Fam. Ayant trait aux avocats o au barreau. | Avocassier, ère.

abogadillo m. Fam. Avocassier, avocaillon.

abogado m. ● Avocat : *abogado demandante, consultor, de pobres*, avocat plaidant, conseil, des pauvres. ‖ Fig. Avocat (defensor). | Médiateur, intercesseur (intercesor). ‖ — *Abogado del diablo*, avocat du diable. ‖ *Abogado de secano*, avocat sans causes, prétentieux, charlatan, pédant. ‖ *Abogado fiscal*, procureur, ministère public. ‖ *Pasante de abogado*, avocat stagiaire. ‖ — *Hacerse el abogado de*, se faire le défenseur o l'avocat de, plaider en faveur de.

— Sinón. ● *Letrado*, *hombre de leyes*, homme de loi. *Asesor*, avocat-conseil. *Defensor*, défenseur. *Legista, légiste. Jurista, juriste. Jurisconsulto, jurisconsulte. Fam. Leguleyo, picapleitos, avocaillon, avocassier.*

abogar v. intr. Plaider : *abogar por* ou *en* ou *a favor de uno*, plaider en faveur de quelqu'un. ‖ Fig. Intercéder (mediar). ‖ *Abogar por algo*, se faire le défenseur de quelque chose, plaider en faveur de quelque chose.

abolengo m. Ascendance, f., lignée, f. : *familia de rancio abolengo*, famille de haute lignée. ‖ Patrimoine, héritage (patrimonio). ‖ *De abolengo*, de vieille souche (familia), de tradition : *de rancio abolengo*, de vieille tradition (cosa).

abolición f. Abolition.

abolicionismo m. Abolitionnisme.

abolicionista adj. y s. Abolitionniste.

abolir* v. tr. Abolir, abroger.

— Observ. *Abolir* ne s'emploie qu'aux temps où se trouve la voyelle *i* : *aboli, aboliendo, abolido, aboliste, abolía, aboliere, aboliré*, etc.

abolsarse v. pr. Prendre la forme d'un sac o d'une poche.

abollado, da adj. Bosselé, e ; cabossé, e : *un coche abollado*, une voiture cabossée. ‖ Fig. y Fam. Fauché, e (sin dinero).

abolladura f. Bosselure, bosse.

abollar v. tr. Bosseler, cabosser.

— V. pr. Se bosseler, se cabosser.

abollonar v. tr. Bosseler.

— V. intr. Bourgeonner.

abombado, da adj. Bombé, e : *cristal abombado*, verre bombé. ‖ *Amer.* Hébété, e (atontado). | Pompette (fam.), éméché, e (achispado).

abombar v. tr. Bomber, rendre convexe. ‖ Fig. y Fam. Assourdir, étourdir (aturdir).

— V. pr. *Amer.* Fig. S'enivrer (emborracharse). | Pourrir, se corrompre (el agua), tourner (la leche).

abominable adj. Abominable : *el abominable hombre de las nieves*, l'abominable homme des neiges.

— Sinón. *Detestable*, détestable. *Execrable*, exécrable. *Aborrecible*, haïssable. *Vituperable*, blâmable. *Condenado*, damné. *Maldito*, maudit. *Odioso*, odieux.

abominación f. Abomination, horreur : *tengo abominación por la pedantería*, j'ai la pédanterie en abomination.

abominar v. tr. Abominer (p. us.), avoir en abomination o en horreur : *abomino el vino*, j'ai le vin en horreur. ‖ Détester (odiar).

— V. intr. Maudir : *abominar de su suerte*, maudir son sort.

abonable adj. Qui mérite crédit. ‖ Payable (pagadero). ‖ Amendable (tierras).

abonado, da adj. Crédité, e ; qui a un crédit. ‖ Payé, e (pagado). ‖ Sûr, e ; offrant toute garantie : *un hombre abonado*, un homme sûr. ‖ Engraissé, e ; fumé, e (tierras). ‖ Fig. Capable de, parfait pour (capaz). | Disposé à (dispuesto). | Idéal pour, parfait pour, prêt pour (cosas) : *este país es terreno abonado para tal ideología*, ce pays est un terrain parfait pour une telle idéologie. ‖ *Abonado en cuenta*, crédité.

— M. y f. Abonné, e (de teléfono, teatro, etc.). ‖
— M. Agric. Fumage, fumure, *f.*, épandage d'engrais (estercolado). ‖ *Abonado en superficie,* épandage en surface.

abonador, ra m. y f. Garant, e ; caution, *f.* ‖
— M. Tarière, *f.* [de tonelero]. ‖ — F. Agric. Épandeur (*m.*) d'engrais.

abonamiento m. Caution, *f.*, garantie, *f.*, cautionnement (fianza). ‖ Amélioration, *f.*, perfectionnement (mejora). ‖ Crédit (en una cuenta). ‖ Payement (pago). ‖ Agric. Fumage.

abonanzar v. intr. Mar. Se calmer (calmarse). ‖ Fig. Se calmer, s'apaiser.

abonar v. tr. Verser, payer : *abonar una gran cantidad,* verser une forte somme ; *abonar sus deudas,* payer ses dettes. ‖ Agric. Fumer, engraisser, bonifier. ‖ Accréditer (acreditar). ‖ Cautionner, garantir (salir fiador). ‖ Améliorer, bonifier (mejorar). ‖ Affirmer, certifier (dar por cierto). ‖ Créditer (en una cuenta). ‖ Allouer (atribuir). ‖ Abonner (suscribir). ‖ — Fig. *Abonar el terreno,* poser des jalons, préparer le terrain. ‖ *Abonar en cuenta de,* verser au compte de, créditer.
— V. intr. Se calmer (el mar).
— V. pr. S'abonner, prendre un abonnement (a un periódico).

abonaré m. Com. Bon, billet à ordre, avis de crédit (pagaré).

abono m. Payement (pago). ‖ Agric. Engrais (fertilizante) : *abonos nitrogenados,* engrais azotés. ‖ Fumage (acción de abonar la tierra). ‖ Abonnement (suscripción) : *sacar un abono para las corridas,* prendre un abonnement pour les courses de taureaux. ‖ Caution, *f.*, garantie, *f.*, cautionnement (fianza). ‖ Amélioration, *f.*, perfectionnement (mejora). ‖ Crédit, avis de crédit (en una cuenta). ‖ *En abono de,* à l'appui de (una tesis).

aboquillado, da adj. Muni d'une embouchure. ‖ Évasé, e (abocardado), chanfreiné, e (achaflanado).

aboquillar v. tr. Mettre une embouchure. ‖ Évaser (abocardar). ‖ Chanfreiner (achaflanar).

abordable adj. Abordable (accesible).

abordaje m. Mar. Abordage. ‖ Fig. Abord, contact. ‖ *Al abordaje,* à l'abordage.

abordar v. tr. e intr. Mar. Aborder : *abordar a ou en una isla,* aborder dans une île. ‖ Fig. Aborder (un asunto). ‖ ● Aborder, accoster (una persona).
— Sinón. ● *Aproximarse, acercarse,* s'approcher. *Acostar,* accoster. *Fam. Enganchar,* racoler.

abordo m. Mar. Abordage.

aborigen adj. y s. Aborigène (indígena).

aborlonado, da adj. *Amer.* Vergé, e (tejido).

aborrajar v. tr. *Amer.* Enrober (rebozar).
— V. pr. Sécher prématurément (mieses).

aborrascado, da adj. Orageux, euse (tiempo).

aborrascarse v. pr. Devenir orageux, se mettre à l'orage (el tiempo).

aborrecedor, ra adj. y s. Haineux, euse.

aborrecer* v. tr. Détester, abhorrer (p. us.) : *aborrecer a su vecino,* détester son voisin. ‖ Abandonner [son nid *o* ses petits] (los pájaros). ‖ Ennuyer, lasser (fastidiar) : *esta vida me cansa y me aborrece,* cette vie me fatigue et m'ennuie. ‖ Perdre, gaspiller (el tiempo, el dinero). ‖ *Aborrecer de muerte,* haïr à mort.
— V. pr. S'ennuyer.

aborrecible adj. Haïssable, exécrable (detestable).

aborreciblemente adv. Odieusement.

aborrecido, da adj. Abhorré, e (p. us.), détesté, e. ‖ Fig. Ennuyé, e ; qui s'ennuie (aburrido).

aborrecimiento m. Haine, *f.*, aversion, *f.* (odio). ‖ Répugnance, *f.*, dégoût (repugnancia). ‖ Ennui, lassitude, *f.* (aburrimiento).

aborregado, da adj. Moutonneux, euse (cielo). ‖ Fig. Moutonnier, ère (carácter).

aborregarse v. pr. Se moutonner, se pommeler (el cielo). ‖ Fig. *Amer.* Être intimidé (acobardarse).

aborricarse v. pr. S'abrutir (embrutecerse).

abortamiento m. Avortement.

abortar v. intr. Avorter (provocado), faire une fausse couche (involuntario). ‖ Fig. Avorter, échouer : *la conspiración abortó,* la conspiration a avorté.
— V. tr. Fig. y Fam. Accoucher de, pondre (algo extraordinario).

abortivo, va adj. Abortif, ive.
— M. Remède abortif.

aborto m. Avortement (voluntario). ‖ Fausse couche (no voluntario). ‖ Fig. Avortement, échec (fracaso). ‖ Fig. y Fam. Avorton : *este chico es un verdadero aborto,* ce garçon est un véritable avorton.

abortón m. (P. us.). Avorton (animal abortado). ‖ Peau (*f.*) d'agneau mort-né.

aborujar v. tr. Mettre en pelote.
— V. pr. Se pelotonner, s'envelopper.

abotagamiento m. Boursouflure, *f.* (de la piel, de la carne). ‖ Bouffissure, *f.* (de la cara).

abotagarse o **abotargarse** v. pr. Se boursoufler (la piel, la carne). ‖ Bouffir (la cara).

abotargado, da adj. Bouffi, e (hinchado) : *me levanté con la cara abotargada,* je me suis levé, la figure bouffie.

abotinado, da adj. Montant, e : *zapato abotinado,* chaussure montante.

abotonador m. Tire-bouton.

abotonadura f. Boutonnage, *m.*

abotonar v. tr. Boutonner. ‖ *Amer.* Boucher.
— V. intr. Bourgeonner (plantas). ‖ Éclater pendant la cuisson (los huevos).
— V. pr. Boutonner.

abovedar v. tr. Arq. Voûter.

aboyar v. tr. Mar. Baliser. ‖ Liéger (las redes). ‖ Affermer (arrendar).
— V. intr. Flotter (flotar).

abozalar v. tr. Museler.

abra f. Mar. Crique (ensenada). ‖ Petite vallée (valle). ‖ Crevasse (en el suelo). ‖ *Amer.* Battant, *m.* (de puerta o ventana), vantail, *m.* (de portalón). | Clairière (en un bosque).

abracadabra m. Abracadabra.

abracadabrante adj. Abracadabrant, e.
— Observ. Ce mot est un gallicisme. On doit dire en espagnol *extraordinario, extravagante.*

Abrahán n. pr. m. Abraham.

abrasador, ora adj. Brûlant, e.

abrasamiento m. Embrasement.

abrasante adj. Brûlant, e.

abrasar v. tr. Embraser, brûler (quemar) : *las llamas lo abrasaban todo,* les flammes embrasaient tout. ‖ Brûler : *murieron abrasados en el incendio,* ils sont morts brûlés dans l'incendie. ‖ Agric. Brûler, griller (las plantas). ‖ Brûler (calentar demasiado). ‖ Fig. Gaspiller, dissiper (la fortuna). ‖ Faire rougir, mortifier (avergonzar). | Mourir de : *le abrasa la sed,* il meurt de soif.
— V. pr. Se brûler. ‖ Fig. Se consumer : *abrasarse de amor,* se consumer d'amour. ‖ *Abrasarse en ira,* être rouge de colère.

abrasilado, da adj. Rouge sombre.

abrasión f. Abrasion. ‖ Érosion (por el mar).

abrasivo, va adj. y s. m. Abrasif, ive.

abraxas m. Abraxas (amuleto).

abrazadera f. Anneau, *m.* (anillo). ‖ Mecán. Chape (del motor). ‖ Tecn. Bride, collier, *m.* ‖ Impr. Crochet, *m.*, accolade. ‖ *Sierra abrazadera,* scie de scieur de long.

abrazador, ra adj. Qui étreint.

abrazamiento m. Étreinte, *f.*, embrassement.

abrazar v. tr. ● Prendre dans ses bras. ‖ Serrer [dans ses bras], étreindre : *le abracé contra mi corazón*, je le serrai contre mon cœur. ‖ Entourer, ceindre (rodear). ‖ Fig. Comprendre, embrasser (comprender). | Embrasser : *abrazar una religión*, embrasser une religion. | Embrasser, épouser, adopter (adoptar) : *abrazar una causa*, épouser une cause. | Entreprendre (un negocio).
— Observ. *Abrazar* n'a pas comme le français *embrasser* le sens de « donner un baiser » (besar).
— Sinón. ● *Estrechar*, resserrer. *Enlazar*, enlacer. *Abarcar*, embrasser. *Envolver*, envelopper. *Ceñir*, ceindre. *Rodear*, entourer.

abrazo m. Embrassade, *f.*, accolade, *f.* (con amistad) ; étreinte, *f.* (con ternura). ‖ — *Abrazos*, affectueusement (en una carta). ‖ *Dar un abrazo*, embrasser. ‖ *Un abrazo cariñoso*, je vous embrasse affectueusement (en las cartas). ‖ *Un fuerte abrazo de* (en las cartas), à toi, à vous, bien amicalement (con cierto respeto), recevez toutes mes amitiés (para amigos), je vous embrasse très affectueusement, très tendrement (para personas íntimas).

abreboca m. y f. *Amer.* Distrait, e.

abrecartas m. Coupe-papier (plegadera).

ábrego m. Autan (viento sur).

abrelatas m. inv. Ouvre-boîtes.

abrevadero m. Abreuvoir. ‖ *Amer.* Mine (*f.*) inondée.

abrevador, ra adj. Qui abreuve.
— M. Abreuvoir.

abrevar v. tr. Abreuver, donner à boire. ‖ Tecn. Faire boire [les peaux]. ‖ Arroser (regar). ‖ Fig. Rassasier (saciar).

abreviación f. Abrègement, *m.*, raccourci, *m.*

abreviadamente adv. En abrégé, sommairement.

abreviado, da adj. Abrégé, e (corto). ‖ Sommaire : *ésta es una explicación abreviada*, c'est là une explication sommaire.

abreviador, ra adj. y s. Abréviateur, trice. ‖ — M. Bréviateur, secrétaire de la Nonciature apostolique.

abreviamiento m. Abrègement.

abreviar v. tr. Abréger [un texto]. ‖ Abréger, raccourcir [un plazo].

abreviativo, va adj. Abréviatif, ive.

abreviatura f. ● Abréviation : *cuadro de abreviaturas*, tableau d'abréviations. ‖ Abrégé, *m.*, résumé, *m.* (resumen). ‖ *En abreviatura*, en abrégé.
— Sinón. ● *Sigla*, sigle. *Signo*, signe. *Iniciales*, initiales. *Cifra*, chiffre.

abribonarse v. pr. Devenir un fripon.

abridero, ra adj. Facile à ouvrir.
— M. Bot. Sorte de pêche (*f.*) à noyau non adhérent.

abridor, ra adj. Ouvreur, euse ; qui ouvre.
— M. Spatule (*f.*) du greffoir (para injertar). ‖ Sorte de pêche, *f* [abridero]. ‖ Mandrin (arete de oro para las orejas). ‖ *Amer.* Démêloir (peine). ‖ *Abridor de ostras*, écailleur.

abrigada f. o **abrigadero** m. Mar. Abri, *m.* ‖ *Amer.* Repaire, *m.* (guarida).

abrigado, da adj. Abrité, e : *un lugar abrigado del viento*, un endroit abrité du vent. ‖ Bien couvert, e (persona) : *iba muy abrigado para no coger frío*, il était très bien couvert pour ne pas prendre froid.

abrigador, ra m. y f. Complice (encubridor).
— Adj. *Amer.* Qui tient chaud.

abrigaño m. Abri. ‖ Agric. Paillasson, abrivent.

abrigar v. tr. Abriter (proteger) : *abrigar del viento*, abriter du vent. ‖ Fig. Nourrir : *abrigar una ambición desmedida*, nourrir une ambition démesurée. | Nourrir, caresser : *abrigar una espe-*

ranza, caresser un espoir. ‖ Tenir chaud : *este jersey abriga mucho*, ce tricot tient très chaud. ‖ Protéger : *esta gabardina no abriga nada*, cette gabardine ne protège pas du tout. ‖ Couvrir : *abrígale bien que hace mucho frío*, couvre-le bien car il fait très froid. ‖ Mar. Abriter. ‖ *Abrigar una duda*, avoir un doute.
— V. pr. S'abriter : *abrigarse de la lluvia*, s'abriter de la pluie. ‖ Se couvrir (con prendas de vestir) : *abrígate bien*, couvre-toi bien.

abrigo m. ● Abri. ‖ Mar. Abri. ‖ ◆ Pardessus (de hombre), manteau (de mujer) : *abrigo de pieles*, manteau de fourrure. ‖ Fig. Refuge, abri (refugio). ‖ Tecn. Abrivent. ‖ — *Al abrigo de*, à l'abri de. ‖ *De abrigo*, chaud, e : *prendas de abrigo*, vêtements chauds ; de taille, très grand, énorme : *una tontería de abrigo*, une bêtise énorme. ‖ *Para abrigo*, comme protection, pour se protéger.
— Sinón. ● *Asilo*, asile. *Refugio*, refuge. *Retiro*, retraite. *Mil. Chabola*, guérite, cabane. *Casamata*, casemate. *Blocao*, blockhaus.
— ◆ *Sobretodo*, pardessus. *Gabán*, *paletó*, paletot. *Pelliza*, pelisse. *Capa*, cape. *Capote*, capote. *Gabardina*, gabardine. *Chubasquero*, caban. *Amer. Tapado*, manteau.

ábrigo m. Autan (viento).

abril m. Avril. ‖ Fig. Printemps, jeunesse, *f.* ‖ — *Muchacha de quince abriles*, jeune fille de quinze printemps. ‖ — *En abril, aguas mil*, en avril ne te découvre pas d'un fil. ‖ Fig. *Estar hecho* ou *hecha un abril*, être beau *o* belle comme un jour de printemps.

abrileño, ña adj. Du mois d'avril, printanier, ière.

abrillantador m. Lapidaire. ‖ Brunissoir (instrumento para pulir). ‖ Brillant à métaux (producto para pulir).

abrillantar v. tr. Facetter, tailler en facettes, brillanter. ‖ Brunir, polir, faire briller (pulir). ‖ Fig. Donner de l'éclat à une chose, mettre en valeur.

abrimiento m. Ouverture, *f.*

abrir v. tr. Ouvrir. ‖ Percer, ouvrir (horadar). ‖ Fendre : *abrir la cabeza*, fendre le crâne. ‖ Creuser : *abrir un surco*, creuser un sillon. ‖ Écarter : *abrir las piernas*, écarter les jambes. ‖ Com. Ouvrir : *abrir crédito, una cuenta*, ouvrir un crédit, un compte. ‖ Graver, sculpter (grabar). ‖ Fig. Ouvrir (inaugurar). | Ouvrir, fonder (establecer). | Ouvrir : *abrir el corazón*, ouvrir son cœur. ‖ Mar. Larguer. ‖ *Amer.* Déboiser (bosques). ‖ — *Abrir calle*, percer une rue (hacer), s'ouvrir un passage (una persona). ‖ *Abrir el apetito* ou *las ganas*, ouvrir l'appétit. ‖ Fig. *Abrir el ojo*, ouvrir l'œil (tener cuidado). ‖ *Abrir en canal un animal*, éventrer *o* fendre de haut en bas un animal. ‖ Fig. *Abrir la mano*, se montrer plus souple. ‖ *Abrir un abismo entre*, creuser un abîme entre. ‖ *Abrir una puerta de par en par*, ouvrir une porte en grand *o* à deux battants. ‖ *Abrir un libro*, couper les pages d'un livre (cortar el papel).
— V. intr. Ouvrir, s'ouvrir. ‖ Être en tête, ouvrir la marche (ser el primero). ‖ S'ouvrir, s'épanouir (las flores). ‖ — *A medio abrir*, entrouvert. ‖ *En un abrir y cerrar de ojos*, en un clin d'œil, en moins de deux (fam.).
— V. pr. S'ouvrir. ‖ S'ouvrir, s'épanouir (las flores). ‖ S'ouvrir, se dégrafer (desplegarse). ‖ S'éclaircir, se dégager (el tiempo). ‖ Craquer, se craqueler (agrietarse). ‖ Percer (un abceso). ‖ Se fendre (la cabeza). ‖ Donner : *puertas que se abren en la calle*, des portes qui donnent sur la rue. ‖ S'ouvrir, se confier (sincerarse) : *abrirse con uno*, s'ouvrir à quelqu'un. ‖ Fam. *Amer.* Prendre le large, partir (largarse). | Se défiler (rajarse). ‖ — Fig. *Abrirse camino*, percer, faire son chemin : *este hombre se abrirá camino*, cet

homme percera. ‖ *Abrirse paso,* s'ouvrir un passage, se frayer un chemin.

— OBSERV. Le participe passé du verbe *abrir* est irrégulier *(abierto, ta).*

abrochador m. Tire-bouton, crochet à bottines.

abrochadura f. o **abrochamiento** m. Boutonnage, *m.* (botones). ‖ Agrafage, *m.* (broches).

abrochar v. tr. Boutonner (cerrar con botones). ‖ Agrafer (con broche). ‖ Lacer (zapatos, corsé). ‖ *Amer.* Agrafer, saisir (agarrar).

— V. pr. *Amer.* Se disputer (reñir).

abrogable adj. Abrogeable.

abrogación f. Abrogation.

abrogar v. tr. Abroger (anular).

abrogativo, va adj. Abrogatif, ive.

abrogatorio, ria adj. Abrogatoire.

abrojal m. Lieu couvert de ronces.

abrojín m. ZOOL. Murex (caracol de mar).

abrojo m. BOT. Chardon. ‖ MIL. Chausse-trape, *f.* ‖ — Pl. Ronces, *f.,* broussailles, *f.* (zarzas). ‖ MAR. Écueils, brisants. ‖ FIG. Peines, *f.* (dolores).

abromarse v. pr. MAR. Se vermouler (un barco).

abroncar v. tr. FAM. Ennuyer, fâcher (disgustar). | Réprimander, houspiller (regañar) : *abroncar a los niños,* réprimander les enfants. | Faire rougir (avergonzar).

abroquelado, da adj. En forme de bouclier. ‖ BOT. Pelté, e.

abroquelarse v. pr. Se couvrir d'un bouclier. ‖ FIG. Se protéger, se défendre. ‖ MAR. Brasser carré.

abrótano m. BOT. Armoise, *f.* (planta).

abrumado, da adj. Écrasé, e. ‖ FIG. Accablé, e : *abrumado de deudas, de trabajo,* accablé de dettes, de travail.

abrumador, ra adj. Écrasant, e; accablant, e : *un trabajo abrumador,* un travail accablant. ‖ Écrasant, e : *un fracaso abrumador,* une défaite écrasante. ‖ Accablant, e : *un testimonio abrumador,* un témoignage accablant.

abrumadoramente adv. De manière accablante.

abrumar v. tr. ● Écraser, accabler (agobiar). | Ennuyer, assommer (fastidiar) : *esta discusión me abruma,* cette discussion m'assomme. ‖ Accabler : *esta noticia me abrumó,* cette nouvelle m'a accablé. ‖ *Abrumar a preguntas,* accabler de questions.

— V. pr. S'embrumer, devenir brumeux.

— SINÓN. ● *Oprimir,* opprimer. *Agobiar, atosigar,* accabler. *Apesadumbrar,* attrister. *Fam. Incordiar,* importuner. *Fastidiar,* embêter. *Incomodar,* incommoder. *Molestar,* gêner. *Aplanar,* abattre.

abrupto, ta adj. Abrupt, e.

abrutado, da adj. Brutal, e. ‖ De brute : *tiene una cara abrutada,* il a une tête de brute.

Abruzos n. pr. m. pl. GEOGR. Abruzzes.

Absalón n. pr. m. Absalon.

absceso m. MED. Abcès : *el absceso se ha abierto,* l'abcès a percé.

— SINÓN. *Flemón,* phlegmon. *Pústula,* pustule. *Panadizo,* panaris. *Ántrax,* anthrax. *Apostema,* apostème. *Bubón,* bubon. *Furúnculo,* furoncle.

abscisa f. GEOM. Abscisse.

abscisión f. MED. Ablation (amputación).

absentismo m. Absentéisme.

absentista adj. y s. Absentéiste.

ábsida f. o **ábside** m. y f. ARQ. Abside, *f.* ‖ ASTR. Apside, *f.*

absidal adj. Absidal, e : *ornamentos absidales,* ornements absidaux.

absidiola f. o **absidiolo** m. ARQ. Absidiole, *f.*

absintio m. BOT. Absinthe, *f.*

absolución f. Absolution (perdón) : *el sacerdote me dio la absolución,* le prêtre m'a donné l'absolution. ‖ Acquittement, *m.* (de un reo). ‖ *Absolución general,* absoute.

absoluta f. Affirmation catégorique. ‖ MIL. Libération définitive (del servicio militar).

absolutamente adv. ● Absolument. ‖ En aucun cas (de ninguna manera).

— SINÓN. ● *Completamente,* complètement. *Enteramente,* entièrement. *Radicalmente,* radicalement. *Perfectamente,* parfaitement. *Estrictamente,* strictement. *Plenamente,* pleinement. *Totalmente,* totalement, tout à fait. *Puramente,* purement. *Simplemente, meramente,* simplement.

absolutismo m. Absolutisme.

absolutista adj. y s. Absolutiste.

absoluto, ta adj. Absolu, e, *poder absoluto,* pouvoir absolu. ‖ — *En absoluto,* absolument (enteramente), pas du tout (nada) : *¿Le gusta esta película? — En absoluto,* aimez-vous ce film ? — Pas du tout. ‖ *En tono absoluto,* d'un ton impérieux, tranchant. ‖ *Obtener la mayoría absoluta,* obtenir la majorité absolue.

— SINÓN. *Omnipotente,* omnipotent. *Autocrático,* autocratique. *Autoritario,* autoritaire. *Omnímodo,* omnimode. *Dictatorial,* dictatorial. *Despótico,* despotique. *Totalitario,* totalitaire.

absolutorio, ria adj. Absolutoire. ‖ *Veredicto absolutorio,* verdict d'acquittement.

absolvederas f. pl. FAM. Indulgence (sing.) excessive d'un confesseur. ‖ *Tener buenas* ou *bravas absolvederas,* être trop accommodant, être très large d'esprit.

absolver* v. tr. Acquitter, absoudre (un acusado). ‖ Absoudre, pardonner (un pecador). ‖ Innocenter : *absolver a un reo por falta de pruebas,* innocenter un accusé faute de preuves. ‖ Délier (de una promesa, un juramento, etc.).

absorbedor m. FÍS. Absorbeur.

absorbencia f. Absorption.

absorbente adj. y s. Absorbant, e. ‖ FIG. Absorbant, e (trabajo). | Exclusif, ive : *carácter absorbente,* caractère exclusif.

absorber v. tr. Absorber.

— OBSERV. Ce verbe a deux participes : *absorbido* et *absorto.* Le premier est employé avec *haber* et le second, comme adjectif, avec *ser* ou *estar.*

— SINÓN. *Aspirar,* aspirer. *Embeber,* imbiber. *Sorber,* engloutir. *Impregnarse, empaparse,* s'imprégner.

absorbible adj. Absorbable.

absorbimiento m. o **absorbición** f. Absorption, *f.*

absorción f. Absorption.

absortar v. tr. Étonner, ébahir.

absorto, ta adj. Absorbé, e; plongé, e : *estar absorto en su trabajo,* être absorbé par le travail ; *estar absorto en la lectura,* être plongé dans la lecture. ‖ Étonné, e; ébahi, e (admirado) : *estoy absorto ante sus progresos,* je suis ébahi devant ses progrès.

abstemio, mia adj. y s. Abstème (ant.), sobre (que no bebe vino).

abstención f. Abstention.

abstencionismo m. Abstentionnisme.

abstencionista adj. y s. Abstentionniste.

abstenerse* v. pr. S'abstenir : *en la duda, abstente,* dans le doute, abstiens-toi.

— SINÓN. *Privarse,* se priver. *Pasar sin,* se passer de. *Renunciar,* renoncer.

abstergente adj. y s. m. Abstergent, e (p. us.).

absterger v. tr. Absterger (p. us.).

abstersión f. Abstersion (p. us.).

abstinencia f. Abstinence.

abstinente adj. y s. Abstinent, e.

abstinentemente adv. Avec abstinence, modérément.

abstracción f. Abstraction. ‖ Concentration d'esprit, réflexion. ‖ *Hacer abstracción de,* faire abstraction de.

abstraccionismo m. Abstractionnisme.

abstractivo, va adj. Abstractif, ive.

abstracto, ta adj. Abstrait, e : *es un problema abstracto*, c'est un problème abstrait ; *pintura abstracta*, peinture abstraite. ‖ — *En abstracto*, abstraitement (de modo no concreto), dans l'abstrait (ateniéndose a lo abstracto). ‖ *Lo abstracto*, l'abstrait.

abstraer* v. tr. Abstraire.
— V. intr. *Abstraer de*, faire abstraction de, omettre.
— V. pr. S'abstraire, s'absorber.
— Observ. Ce verbe a deux participes passés : *abstraído* et *abstracto*. Le premier s'emploie avec *haber*, le second, comme adjectif, avec *ser* ou *estar*.

abstraído, da adj. Fig. Distrait, e. ‖ Absorbé, e : *estar abstraído por la lectura*, être absorbé par la lecture. ‖ Isolé, e (aislado).

abstruso, sa adj. Abstrus, e (p. us.), abscons, e (oscuro).

absuelto, ta adj. Absous, oute : *absuelto de todo pecado*, absous de tout péché. ‖ Acquitté, e (un reo) : *salir absuelto*, être acquitté.

absurdidad f. Absurdité.

absurdo, da adj. ● Absurde. ‖ *Lo absurdo*, l'absurdité : *el colmo de lo absurdo*, le comble de l'absurdité ; l'absurde : *caer en lo absurdo*, tomber dans l'absurde ; ce qui est absurde : *lo absurdo sería perder esta oportunidad*, ce qui serait absurde c'est de perdre cette occasion.
— M. Absurdité, f. (disparate) : *decir absurdos*, dire des absurdités.
— Sinón. ● *Desrazonable*, déraisonnable. *Aberrante*, aberrant. *Extravagante*, extravagant. *Insensato*, insensé. *Ridículo*, ridicule. *Estrafalario*, saugrenu.

abubilla f. Huppe (pájaro).

abuchear v. tr. Huer, conspuer, siffler : *los actores fueron abucheados*, les acteurs furent sifflés. ‖ Chahuter : *los alumnos abuchean a los profesores*, les élèves chahutent les professeurs.

abucheo m. Fam. Huées, f. pl. : *salió bajo un abucheo*, il sortit sous les huées. ‖ Cris, pl. (en el espectáculo), chahut (de alumnos).

abuela f. Fam. Grand-mère (pal. usual), aïeule (pal. liter.) : *mi abuela es joven todavía*, ma grand-mère est encore jeune ; *nuestras abuelas no salían por la noche*, nos aïeules ne sortaient pas le soir. ‖ Fig. Grand-mère, femme âgée, vieille femme. ‖ Fig. y Fam. ¡*Cuéntaselo a tu abuela!*, à d'autres ! ‖ ¡*Éramos pocos y parió la abuela!*, il ne manquait plus que cela !, c'est le comble ! ‖ *No tener* ou *no necesitar abuela*, ne pas se donner de coups de pied, s'envoyer des fleurs.

abuelastro, tra m. y f. Père o mère du beau-père o de la belle-mère. ‖ Mari de la grand-mère o épouse du grand-père.

abuelita f. Grand-maman, bonne-maman. ‖ Amer. Bonnet (m.) d'enfant.

abuelito m. Grand-papa, bon-papa.

abuelo m. ● Grand-père (pal. usual), aïeul (pal. liter.) : *sólo me queda un abuelo*, je n'ai plus qu'un grand-père. ‖ Fig. Grand-père, vieillard (anciano). ‖ — Pl. Grands-parents (pal. usual), aïeuls. ‖ Aïeux, ancêtres (antepasados) : *nuestros abuelos eran muy valientes*, nos aïeux étaient très courageux. ‖ Fam. Cheveux de la nuque (tolanos).
— Observ. *Aïeul* hace *aïeuls* en plural en el sentido de padres de los padres, y *aïeux* en el de antepasados.
— Sinón. ● *Antepasado*, ancêtre. *Ascendiente*, antecesor, ascendant. *Predecesor*, prédécesseur.

abuhardillado, da adj. Mansardé, e.

abulense adj. y s. D'Avila. ‖ *La Abulense*, sainte Thérèse d'Avila.

abulia f. Med. Aboulie.

abúlico, ca adj. y s. Aboulique (sin voluntad).

abultado, da adj. Gros, grosse, volumineux, euse : *este paquete es muy abultado*, ce paquet est très volumineux. ‖ Épais, épaisse : *esta persona tiene los labios abultados*, cette personne a les lèvres épaisses. ‖ Enflé, e ; renflé, e (hinchado) : *tengo los labios abultados porque me ha picado una avispa*, j'ai les lèvres enflées parce qu'une guêpe m'a piqué. ‖ Fig. Grossi, e ; exagéré, e (exagerado).

abultamiento m. Grossissement, augmentation, f. (crecimiento). ‖ Renflement, proéminence, f. (hinchazón). ‖ Forme, f. (bulto).

abultar v. tr. Grossir (aumentar). ‖ Fig. Grossir, exagérer : *abultar una historia*, grossir une histoire. ‖ Dégrossir, ébaucher (desbastar, esbozar).
— V. intr. Être gros, grosse, être volumineux, euse (ser grueso). ‖ Prendre de la place : *este armario abulta mucho*, cette armoire prend beaucoup de place. ‖ Encombrer, être encombrant (ocupar demasiado sitio).

abundamiento m. Abondance, f. ‖ *A mayor abundamiento*, à plus forte raison (con más razón), en outre, en plus, au surplus, par-dessus le marché [fam.] (además).

abundancia f. Abondance. ‖ — *Cuerno de la abundancia*, corne d'abondance. ‖ *De la abundancia del corazón habla la boca*, on ne parle bien que de ce que l'on aime. ‖ *Nadar en la abundancia*, nager dans l'abondance, rouler sur l'or, être cousu d'or.
— Sinón. *Profusión*, profusion. *Superabundancia*, surabondance. *Afluencia*, affluence. *Exuberancia*, exubérance. *Plétora*, pléthore. *Plenitud*, plénitude. *Copia*, *copiosidad*, foison, *Multitud*, multitude, foule. *Opulencia*, opulence. *Riqueza*, richesse.

abundante adj. Abondant, e.

abundantemente adv. Abondamment.

abundar v. intr. Abonder. ‖ ● Foisonner, être très nombreux, abonder : *en este libro abundan los ejemplos*, dans ce livre les exemples foisonnent. ‖ — *Abundar en la opinión de*, abonder dans le sens de, être du même avis que. ‖ *Lo que abunda no daña*, abondance de biens ne nuit pas.
— Sinón. ● *Hormiguear*, fourmiller. *Herrir en*, grouiller de. *Rebosar*, regorger. *Pulular*, pulluler.

Abundio n. pr. m. Fam. *Más tonto que Abundio*, fin comme Gribouille.

abundo adv. Abondamment.

abundoso, sa adj. Abondant, e.

abuñolado, da o **abuñuelado, da** adj. Soufflé, e.

abuñolar o **abuñuelar** v. tr. Souffler, gonfler (hinchar). ‖ Frire (huevos, buñuelos).

¡abur! interj. Fam. Salut !, au revoir !

aburguesamiento m. Embourgeoisement.

aburguesarse v. pr. S'embourgeoiser.

aburrado, da adj. Abruti, e ; imbécile (estúpido).

aburrarse v. pr. S'abêtir, s'abrutir.

aburrición f. Fam. Ennui, m. ‖ Amer. Antipathie.

aburrido, da adj. Qui s'ennuie (avec *estar*) : *estoy aburrido*, je m'ennuie. ‖ Ennuyeux, euse (que aburre) : *es una película aburrida*, c'est un film ennuyeux. ‖ Las, lasse, dégoûté, e : *aburrido de la vida*, las de la vie. ‖ *Estar aburrido con*, en avoir assez de. ‖ *Estar muy aburrido*, s'ennuyer beaucoup, s'ennuyer ferme. ‖ *Lo aburrido es...*, ce qui est ennuyeux c'est...
— Observ. *Aburrido* ne signifie jamais « contrarié ».

aburrimiento m. Ennui. ‖ Lassitude, f., dégoût (tedio). ‖ ¡*Qué aburrimiento!*, quel ennui !, que c'est donc ennuyeux ! ‖ *Ser un aburrimiento*, être ennuyeux : *esta conferencia es un aburrimiento*, que cette conférence est ennuyeuse !

aburrir v. tr. ● Ennuyer : *aburrir con un largo discurso*, ennuyer par un long discours. ‖ Abandonner, laisser (abandonar).
— V. pr. S'ennuyer. ‖ Fig. y Fam. *Aburrirse como una ostra*, s'ennuyer à mourir, s'ennuyer à

cent sous de l'heure, s'ennuyer comme un rat mort.

— OBSERV. Le verbe espagnol *aburrir* n'a que le sens de « provoquer de l'ennui » et non celui de « contrarier ».
— SINÓN. ● *Molestar*, ennuyer, fatiguer. *Cansar*, lasser. *Importunar*, importuner. *Fastidiar*, embêter. *Irritar*, irriter. *Fam. Reventar*, assommer. *Atosigar, jorobar*, empoisonner. *Hastiar*, lasser. *Cargar*, tanner. *Jeringar*, canuler. *Dar la lata, moler*, raser. *Marear*, raser. *Chinchar, dar guerra*, enquiquiner.

abusador, ra adj. y s. Qui abuse.
abusar v. intr. Abuser : *abusar de, con*, abuser de.
— V. tr. Abuser, tromper.
— OBSERV. Le verbe *abusar* dans le sens de « tromper » est un gallicisme.

abusivo, va adj. Abusif, ive (excesivo) : *precio abusivo*, prix abusif.
abuso m. Abus : *abuso de autoridad, de confianza*, abus d'autorité, de confiance.
— SINÓN. *Exceso*, excès. *Atropello*, empiétement. *Injusticia*, injustice. *Exageración*, exagération.

abusón, ona adj. y s. Abusif, ive (abusivo). ‖ Profiteur, euse (aprovechado). ‖ Effronté, e (descarado).
abyección f. Abjection (bajeza).
abyecto, ta adj. Abject, e (vil). ‖ Misérable, abject, e : *condición abyecta*, état misérable.
— SINÓN. *Bajo*, bas. *Despreciable*, méprisable. *Miserable*, misérable. *Indecente*, sale. *Sórdido*, sordide. *Vil*, vil. *Innoble*, ignoble. *Infame*, infâme. *Inmundo*, immonde. *Fam. Cochino*, sale, cochon.

acá adv. Ici, là : *ven acá*, viens ici, viens là. (V. OBSERV. I.) ‖ Près (con adv.) : *más acá*, plus près. (V. OBSERV. II.) ‖ En deçà de, en avant de : *más acá de esta línea*, en avant de cette ligne. ‖ Depuis (desde) : *¿de cuando acá?*, depuis quand? ‖ — *Acá abajo*, ici bas. ‖ *Acá y allá*, çà et là, par-ci par-là : *poner unas citas acá y allá*, mettre des citations par-ci par-là ; ici et là : *ir acá y allá*, aller ici et là. ‖ *De... para acá*, d'ici à : *de París para acá*, d'ici à Paris, de Paris... jusqu'ici : *de París para acá hemos tardado una hora*, de Paris jusqu'ici nous avons mis une heure. ‖ *De acá para allá*, ici et là ; de ci, de là. ‖ *De ayer acá*, depuis hier. ‖ *Desde entonces acá*, depuis lors. ‖ *Más acá*, plus près. ‖ *Más acá de*, en avant de. ‖ *Muy acá*, tout près. ‖ *No tan acá*, moins près, plus loin. ‖ *Tan acá como*, aussi près que.
— OBSERV. I. En francés, *là* se emplea a menudo por *ici* (aquí), aunque nunca *ici* por *là* (allá).
— II. *Acá* désigne un endroit moins déterminé que *aquí*; c'est pourquoi il comporte des degrés de comparaison que *aquí* ne peut admettre. — Dans certains pays d'Amérique latine (Argentine par exemple) on emploie presque exclusivement *acá* pour signifier *ici*.

Acab n. pr. m. Achab (Biblia).
acabable adj. Achevable.
acabadamente adv. Parfaitement. ‖ Entièrement, complètement.
acabado, da adj. Terminé, e ; fini, e (concluido) : *hay que devolver el trabajo acabado lo más pronto posible*, il faut rendre le travail fini le plus vite possible. ‖ Fini, e : *producto acabado*, produit fini. ‖ Achevé, e ; parfait, e : *esto es el modelo acabado de todas las virtudes*, c'est le modèle parfait de toutes les vertus. ‖ Accompli, e ; consommé, e (persona) : *un historiador acabado*, un historien consommé. ‖ Fini, e (viejo, destrozado) : *es un hombre acabado*, c'est un homme fini. ‖ Épuisé, e (agotado). ‖ Usé, e (salud).
— M. Achèvement (conclusión). ‖ Finissage, finition, *f.* : *el acabado de un coche*, la finition d'une voiture. ‖ Coloris (matiz).
acabador, ra adj. y s. Finisseur, euse.
acaballadero m. Haras.
acaballado, da adj. Chevalin, e : *cara acaballada*, visage chevalin.
acaballar v. tr. Saillir, couvrir (el caballo).

acaballonador m. AGRIC. Buttoir.
acaballonar v. tr. AGRIC. Faire des ados dans (un campo).
acabamiento m. Achèvement (conclusión). ‖ Accomplissement, parachèvement (terminación perfecta). ‖ TECN. Finissage, finition, *f.*
acabañar v. intr. Construire une cabane (los pastores).
acabar v. tr. ● Finir, achever, terminer (terminar). ‖ ◆ Achever, perfectionner. ‖ Consommer, achever : *acabar su ruina*, achever sa ruine. ‖ Achever, donner le coup de grâce à (rematar). | *Amer.* Dire du mal de (murmurar). ‖ *Antes que acabes, no te alabes*, il ne faut pas vendre la peau de l'ours avant de l'avoir tué.
— V. intr. Finir, se terminer : *acabar en punta*, finir en pointe, se terminer par une pointe. ‖ Finir : *ven cuando acabes*, viens quand tu auras fini. ‖ Finir, mourir. ‖ Devenir : *con este niño, voy a acabar loca*, avec cet enfant je vais devenir folle. ‖ — FIG. y FAM. *¡Acaba de parir!*, accouche !, explique-toi ! ‖ — FAM. *¡Acabáramos!*, enfin !, il était temps ! ‖ *Acabar con*, en finir avec, venir à bout de : *por fin he acabado con este trabajo*, je suis enfin venu à bout de ce travail ; rompre avec : *acabar con su novia*, rompre avec sa fiancée ; avoir raison de, achever, tuer : *ese trabajo tan penoso va a acabar conmigo*, ce travail si pénible va me tuer. ‖ *Acabar de*, venir de : *acaba de morir su padre*, son père vient de mourir. ‖ *Acabar de una vez*, en finir une bonne fois. ‖ *Acabar diciendo*, finir en disant (al final), finir par dire (en fin). ‖ *Acabar en*, finir en, aboutir à. ‖ *Acabar por*, finir par. ‖ *Es cosa* ou *el cuento de nunca acabar*, c'est à n'en plus finir. ‖ *No acabar de comprender*, ne pas arriver à comprendre.
— V. pr. Finir, prendre fin. ‖ Se terminer. ‖ — *Se acabó*, et c'est tout, un point c'est tout (nada más), c'est fini, c'en est fait. ‖ *Se me acabó la paciencia*, ma patience est à bout. ‖ *Y san se acabó*, et c'est fini, un point c'est tout.
— SINÓN. ● *Terminar*, terminer. *Concluir*, conclure, finir. *Finiquitar*, achever. *Consumar*, consommer. *Llevar a cabo*, réaliser, effectuer, mener à bonne fin. *Coronar*, couronner. *Completar*, compléter, achever.
— ◆ *Perfeccionar*, perfectionner, parfaire. *Rematar*, parachever. *Perfilar*, fignoler. *Refinar*, raffiner. *Bordar*, perler. *Retocar*, retoucher. *Limar*, limer. *Cincelar*, ciseler. *Pulir*, polir.

acabestrar v. tr. Habituer au licou.
acabildar v. tr. Rallier à une opinion.
acabiray m. *Amer.* Espèce de vautour.
acabóse m. FAM. La fin de tout, le comble, le bouquet, la fin des haricots (el colmo). | Le fin du fin (lo mejor).
acacalote m. *Amer.* Corbeau d'eau (ave).
acacia f. Acacia, *m.* ‖ *Acacia blanca* ou *falsa*, faux acacia, robinier.
acacóyotl m. *Amer.* Larmes (*f. pl.*) de Job (planta).
acachetar v. tr. TAUROM. Achever [le taureau, d'un coup de poignard].
acachetear v. tr. Gifler, donner des claques à.
academia f. Académie. ‖ École : *academia militar*, école militaire ; *academia de idiomas*, école de langues. ‖ Académie, étude d'après le modèle vivant. ‖ *Academia General Militar*, École interarmes.
academicismo m. Académisme.
académico, ca adj. Académique. ‖ Universitaire : *título académico*, titre universitaire.
— M. y f. Académicien, enne (de una academia). ‖ *Académico correspondiente*, correspondant de l'Académie.
academismo m. Académisme.
academista m. Académicien, enne.
academizar v. tr. Académiser.

acaecedero, ra adj. Éventuel, elle ; qui peut avoir lieu.

acaecer* v. intr. Arriver, survenir, avoir lieu. — V. impers. Arriver.

— SINÓN. *Llegar, ocurrir,* arriver, *Sobrevenir, acontecer,* survenir.

acaecimiento m. Événement.

acalabazado, da adj. En forme de courge.

acalabrotar v. tr. MAR. Câbler [corder].

acalambrarse v. pr. Avoir une crampe.

acalefos m. pl. ZOOL. Acalèphes.

acalenturarse v. pr. Avoir de la fièvre.

acalia f. BOT. Guimauve (malvavisco).

acaloradamente adv. Avec ardeur, ardemment.

acalorado, da adj. Échauffé, e : *acalorado por los esfuerzos realizados,* échauffé par les efforts réalisés. ‖ FIG. Échauffé, e (excitado) : *acalorado por la disputa,* échauffé par la dispute. | Vif, vive ; passionné, e ; chaud, e : *una discusión acalorada,* une discussion passionnée. | Ardent, e ; enflammé, e (entusiasta) : *es un defensor acalorado de mis ideas,* c'est un ardent défenseur de mes idées.

acaloramiento m. Échauffement. ‖ Chaleur, *f.* (tiempo). ‖ FIG. Ardeur, *f.* : *defender una causa con mucho acaloramiento,* défendre une cause avec beaucoup d'ardeur. | Le plus vif, le plus fort : *en el acaloramiento de la pelea,* au plus fort de la bataille.

acalorar v. tr. Chauffer. ‖ FIG. Encourager (fomentar). | Échauffer, exciter, enflammer : *estar acalorado por la pasión,* être enflammé par la passion. — V. pr. S'échauffer. ‖ FIG. S'emporter (airarse). | S'enflammer (entusiasmarse).

acallar v. tr. Faire taire. ‖ FIG. Faire taire, apaiser (aplacar). | Apaiser, assouvir : *acallar el hambre,* assouvir sa faim. | Faire taire : *acallar los instintos malos,* faire taire ses mauvais instincts.

acamar v. tr. Coucher, courber (las plantas). — V. pr. Se coucher.

acamastronarse v. pr. Devenir rusé.

acamaya f. Sorte de perroquet (papagayo).

acamellado, da adj. Semblable au chameau.

acamellonar v. tr. AGRIC. *Amer.* Faire des ados.

acampanado, da adj. En forme de cloche. ‖ *Falda acampanada,* jupe cloche o évasée.

acampanar v. tr. Donner la forme d'une cloche à. — V. pr. Prendre la forme d'une cloche.

acampar v. tr. Camper. — V. intr. y pr. Camper.

— OBSERV. En francés existe el verbo *se camper* pero significa *plantarse.*

acanalado, da adj. Encaissé, e (encajonado). ‖ Cannelé, e : *columna acanalada,* colonne cannelée. ‖ À côtes : *calcetines acanalados,* chaussettes à côtes.

acanalador m. Bouvet (de carpintero).

acanaladura f. Cannelure. ‖ Strie.

acanalar v. tr. Canneler. ‖ Strier. ‖ Rucher (una tela).

acanallado, da adj. Encanaillé, e ; canaille.

acanallar v. tr. Encanailler (encanallar).

acanelado, da adj. Qui a la couleur o le goût de la cannelle.

acanillado, da adj. Vergé, e ; rayé, e (tejidos).

acantáceas f. pl. BOT. Acanthacées.

acantilado, da adj. Escarpé, e (abrupto). ‖ En falaise. ‖ En terrasse (fondo del mar). — M. Falaise, *f.* : *los acantilados de Dover,* les falaises de Douvres. ‖ Pente (*f.*) abrupte (pendiente).

acanto m. BOT. Acanthe, *f.* ‖ ARQ. Acanthe, *f.* (ornamento).

acantonamiento m. MIL. Cantonnement.

acantonar v. tr. Cantonner. — V. pr. Se cantonner.

— OBSERV. Le verbe *acantonarse* est un gallicisme dans le sens de « se limiter ».

acantopterigios m. pl. ZOOL. Acanthoptérygiens.

acaobado, da adj. Acajou, *inv.* (color).

acaparador, ra adj. y s. Accapareur, euse.

— SINÓN. *Logrero,* profiteur. *Monopolista,* monopoliseur.

acaparamiento m. Accaparement.

acaparar v. tr. Accaparer.

acaparrosado, da adj. D'un vert bleuté [couleur de la couperose ou du sulfate de cuivre].

— OBSERV. On ne doit pas rendre *acaparrosado* par *couperosé* qui s'applique seulement à une coloration rouge du visage.

acápite m. *Amer.* Paragraphe, alinéa. ‖ *Amer. Punto acápite,* point à la ligne.

acaponado, da adj. Efféminé, e ; d'eunuque : *rostro, voz acaponados,* visage, voix d'eunuque. ‖ Châtré, e (capado).

acaracolado, da adj. En colimaçon, en spirale, spiralé, e.

acaramelado, da adj. Caramélisé, e. ‖ Caramel (color). ‖ FIG. Obséquieux, euse. | Doucereux, euse ; mielleux, euse : *una voz acaramelada,* une voix mielleuse. ‖ *Estar acaramelados,* être comme deux tourtereaux.

acaramelar v. tr. Caraméliser. — V. pr. FIG. y FAM. Être tout sucre et tout miel (ser muy obsequioso), faire les yeux doux (mirar con cariño).

acardenalado, da adj. Meurtri, e ; couvert, couverte de bleus.

acardenalar v. tr. Meurtrir, couvrir de bleus. — V. pr. Se couvrir de bleus.

acardenillarse v. pr. Se couvrir de vert de gris.

acariciador, ra adj. Caressant, e (cariñoso).

acariciante adj. Caressant, e.

acariciar v. tr. Caresser. ‖ FIG. Caresser, nourrir : *acariciar muchas esperanzas,* nourrir de grands espoirs ; *acariciar grandes ambiciones,* nourrir de grandes ambitions.

acáridos m. pl. ZOOL. Acariens, acarides.

acariñar v. tr. *Amer.* Caresser (acariciar).

acarminado, da adj. Carminé, e.

acarnerado, da adj. Busqué, e (caballo).

ácaro m. ZOOL. Acarus, acare (arácnido).

acarpo, pa adj. BOT. Acarpe, sans fruit.

acarraladura f. *Amer.* Maille filée, échelle (de las medias).

acarralar v. tr. Relâcher les fils [d'une étoffe]. ‖ Défaire une maille (en una media).

acarreadizo, za adj. Transportable.

acarreador, ra adj. y s. Qui transporte. ‖ — M. Transporteur.

acarreamiento m. Charoi (transporte). ‖ Charriage (arrastre).

acarrear v. tr. Transporter (llevar). ‖ Charrier (arrastrar). ‖ Charroyer (transportar en carro). ‖ FIG. Entraîner, occasionner : *esta medida acarrea una readaptación de las estructuras,* cette mesure entraîne une réadaptation des structures ; *esto le acarreará muchos sinsabores,* ceci lui occasionnera bien des déboires. ‖ AGRIC. *Acarrear las cosechas,* engranger les récoltes.

acarreo m. Transport (transporte). ‖ Charroi (en carro). ‖ Charriage (arrastre). ‖ Prix de transport, port. ‖ AGRIC. Engrangement, rentrée, *f.* (cosechas). ‖ *De acarreo,* de charriage, de rapport, de remblai, d'alluvion (tierras).

acarroñarse v. pr. (Ant.). Se corrompre. ‖ FAM. *Amer.* Se décourager, prendre peur.

acartonado, da adj. Cartonné, e. ‖ FAM. Parcheminé, e ; desséché, e : *una cara acartonada,* un visage parcheminé.

acartonar v. tr. Durcir [comme du carton].
— V. pr. FAM. Se dessécher, se ratatiner.
— OBSERV. Existe en francés el verbo *cartonner* pero significa *encartonar*.
acasamatado, da adj. En forme de casemate. ‖ Enfermé dans une casemate.
acaso m. Hasard.
— Adv. Peut-être : *acaso venga*, peut-être viendra-t-il. ‖ (Ant.). Par hasard, d'aventure (p. us.) : *estaba acaso allí*, il était là par hasard. ‖ *¿Acaso...?*, est-ce que par hasard ? : *¿acaso ha sido él?*, est-ce que par hasard ce serait lui ? ‖ *Al acaso*, au hasard. ‖ *Por si acaso*, au cas où, dans le cas où, pour le cas où, en cas que : *he preparado el trabajo por si acaso venías a buscarlo*, j'ai préparé le travail au cas où tu viendrais le chercher ; à tout hasard, au cas où, pour le cas où : *he llamado por si acaso*, j'ai frappé à tout hasard ; *me llevo el paraguas por si acaso*, j'emporte mon parapluie au cas où. ‖ *Si acaso*, au cas où, si par hasard (por si acaso), peut-être, à la rigueur (quizás).
acatable adj. Respectable.
acatadamente adv. Avec respect, avec déférence.
acatador, ra adj. Respectueux, euse.
acataléctico, ca o **acatalecto, ta** adj. Acatalectique (verso).
acatalepsia f. Acatalepsie.
acatamiento m. Obéissance, f. (obediencia) : *el acatamiento a unos superiores*, l'obéissance à des supérieurs. ‖ Soumission, f. (sumisión). ‖ Respect, observance, f. : *acatamiento de las leyes*, observance des lois. ‖ Hommage (homenaje).
acatar v. tr. Honorer, respecter (respetar). ‖ Respecter, observer : *acatar una ley*, respecter une loi. ‖ Obéir à (obedecer) : *acatar las órdenes, las decisiones de uno*, obéir aux ordres de quelqu'un, aux décisions de quelqu'un. ‖ *Amer.* Remarquer (notar).
acatarrarse v. pr. S'enrhumer. ‖ FAM. *Amer.* S'enivrer.
acaudalado, da adj. Riche, fortuné, e (rico).
acaudalador, ra adj. Thésauriseur, euse.
acaudalar v. tr. Thésauriser. ‖ FIG. Amasser, accumuler (amontonar).
acaudillador, ra adj. y s. (P. us.). Qui commande. ‖ — M. Chef.
acaudillamiento m. Commandement.
acaudillar v. tr. Commander, être à la tête de.
acaule adj. BOT. Acaule.
Acaya n. pr. f. GEOGR. Achaïe.
acayú m. *Amer.* Acajou (caoba).
acceder v. intr. Accéder : *accedo a tus deseos*, j'accède à tes désirs. ‖ Acquiescer, consentir (asentir). ‖ Accepter de, consentir à (aceptar) : *accedió a dejarse retratar*, il accepta de se faire photographier.
accesibilidad f. Accessibilité.
accesible adj. Accessible.
— SINÓN. *Asequible, alcanzable*, accessible. *Abordable*, abordable. *Cercano*, proche.
accesión f. Consentement, m. (consentimiento). ‖ Accession (al poder). ‖ Accessoire, m., chose accessoire (complemento). ‖ DR. Accession. ‖ MED. Accès (m.) de fièvre.
accesional adj. Intermittent, e.
accésit m. Accessit.
— OBSERV. D'après l'Académie espagnole le pluriel de ce mot est *accésit*, mais on rencontre fréquemment la forme *accésits*.
acceso m. Accès. ‖ Accession (al poder). ‖ MED. Accès. ‖ Voie (f.) d'accès (camino). ‖ FIG. Poussée, f. : *un acceso de fanatismo*, une poussée de fanatisme. ‖ *Acceso de tos*, quinte de toux.
accesoria f. Dépendance (edificio unido al principal). ‖ Annexe (edificio anejo).

accesorio, ria adj. y s. m. Accessoire. ‖ *Gastos accesorios*, faux frais.
accesorista m. y f. TEATR. Accessoiriste.
accidentado, da adj. Accidenté, e (terreno). ‖ FIG. Agité, e ; mouvementé, e ; accidenté, e : *lleva una vida accidentada*, il mène une vie mouvementée.
— M. y f. Accidenté, e (herido).
accidental adj. Accidentel, elle.
— M. MÚS. Accident.
accidentalidad f. Caractère (m.) accidentel.
accidentalmente adv. Accidentellement.
accidentar v. tr. Causer un accident.
— V. pr. Être victime d'un accident.
accidente m. Accident : *accidente de trabajo*, accident du travail ; *seguro contra accidentes*, assurance accidents. ‖ Syncope, f., défaillance, f., évanouissement (síncope). ‖ GRAM. Flexion, f. ‖ MÚS. Accident. ‖ *Por accidente*, par accident, accidentellement, par hasard.
acción f. ● Action. ‖ Geste, m. : *unir la acción a la palabra*, joindre le geste à la parole. ‖ Attitude (postura). ‖ Jeu, m. (de un actor). ‖ Affaire : *la acción fue encarnizada*, l'affaire fut chaude. ‖ COM. Action : *acción al portador*, action au porteur. ‖ DR. Action. ‖ MIL. Action (combate). ‖ *Amer.* Billet (m.) de tombola (rifa). ‖ — *Acción de gracias*, action de grâces. ‖ *Esfera de acción*, champ d'action. ‖ *Radio de acción*, rayon d'action. ‖ — FAM. *Dejar a uno sin acción*, immobiliser quelqu'un, empêcher quelqu'un d'agir. ‖ *Ganar a uno la acción*, devancer quelqu'un.
— Interj. Silence, on tourne ! (cine).
— SINÓN. ● *Acto*, acte. *Actividad*, activité. *Hecho*, fait.
accionamiento m. Mise (f.) en mouvement o en marche, commande, f.
accionar v. tr. Actionner, faire marcher (una máquina). ‖ DR. *Amer.* Intentèr une action.
— V. intr. Gesticuler.
accionariado m. Actionnaires, pl.
accionista m. y f. COM. Actionnaire.
accisa f. Accise (impuesto).
acebal m. o **acebada** f. o **acebado** m. Lieu (m.) planté de houx.
acebo m. BOT. Houx.
acebollado, da adj. Atteint de roulure (madera).
acebolladura f. Roulure.
acebrado, da adj. Zébré, e.
acebuchal m. Bois d'oliviers sauvages.
acebuche m. Olivier sauvage.
acebuchina f. Olive sauvage.
acecinar v. tr. Boucaner (ahumar).
— V. pr. FIG. Se dessécher, se ratatiner.
— OBSERV. Ne pas confondre avec *asesinar*, assassiner.
acechadera f. Affût, m.
acechador, ra adj. y s. Guetteur, euse.
acechamiento m. Guet (acción). ‖ Affût (lugar).
acechanza f. Guet, m.
— OBSERV. Ne pas confondre avec *asechanza*, piège, guet-apens.
acechar v. tr. Guetter (observar).
aceche m. Couperose, f. (caparrosa).
— OBSERV. No hay que confundir con la *couperose du visage*.
acecho m. Guet. ‖ *Al* ou *en acecho de*, à l'affût de (esperando), aux aguets (vigilando).
acechón, ona adj. y s. FAM. Guetteur, euse. ‖ FAM. *Hacer la acechona*, guetter, épier.
acedar v. tr. Aigrir (agriar). ‖ FIG. Aigrir, fâcher.
— V. pr. S'aigrir, devenir aigre (agriarse). ‖ Se faner, se flétrir (ajarse).
— OBSERV. Ne pas confondre avec *asedar*, qui signifie *affiner*.
acedera f. Oseille (planta).
acederaque m. Cinnamome (árbol).

acederón m. Grande oseille, *f.* (planta).
acedía f. Aigreur, acidité. ‖ Aigreur (en el estómago). ‖ FIG. Aigreur, âpreté, rudesse (desabrimiento). ‖ Jaunissement, *m.* (de las plantas). ‖ Plie, carrelet, *m.*, limande (pez).
acedo, da adj. Aigre, acide.
acefalía f. ou **acefalismo** m. Acéphalie, *f.* (ausencia de cabeza).
acéfalo, la adj. Acéphale (sin cabeza).
— M. ZOOL. Acéphale, lamellibranche.
aceitada f. Gâteau (*m.*) à l'huile.
aceitado m. Graissage.
aceitar v. tr. Huiler, graisser.
aceitazo m. Huile (*f.*) épaisse et trouble.
aceite m. Huile, *f.* : *aceite de oliva, de cacahuete,* huile d'olive, d'arachide. ‖ — *Aceite bruto,* pétrole brut. ‖ *Aceite de anís,* anisette. ‖ *Amer. Aceite de comer,* huile camphrée. ‖ *Aceite de hígado de bacalao,* huile de foie de morue. ‖ *Aceite de linaza,* huile de lin. ‖ *Aceite de ricino,* huile de ricin. ‖ *Aceite explosivo,* nitroglycérine. ‖ *Aceite lampante,* pétrole lampant. ‖ *Aceite pesado,* huile lourde. ‖ *Aceite secante,* huile siccative, siccatif. ‖ — FIG. *Balsa de aceite,* mer d'huile. ‖ *Echar aceite al fuego,* jeter de l'huile sur le feu. ‖ *Extenderse como mancha de aceite,* faire tache d'huile.
aceitera f. Marchande d'huile. ‖ Burette (vasija para el aceite). ‖ Méloé, *m.* (insecto). ‖ — Pl. Huilier, *m. sing.*
aceitería f. Huilerie.
aceitero, ra adj. y s. m. Huilier (sin femenino). ‖ — M. Marchand d'huile, huilier.
aceitón m. Huile (*f.*) épaisse et trouble. ‖ Résidus (*pl.*) de la purification de l'huile. ‖ Exsudation (*f.*) de certains insectes.
aceitoso, sa adj. Huileux, euse.
aceituna f. Olive : *aceituna rellena,* olive farcie. ‖ *Aceituna gordal,* olive grossane. ‖ *Aceituna picudilla,* picholine.
aceitunada f. Olivaison, récolte des olives.
aceitunado, da adj. Olivâtre : *tiene una tez aceitunada,* il a un teint olivâtre.
aceitunero, ra m. y f. Marchand, marchande d'olives (que las vende). ‖ Cueilleur, cueilleuse d'olives (que coge aceitunas). ‖ — M. Grenier à olives.
aceitunil adj. Olivâtre.
aceituno m. Olivier (árbol). ‖ *Aceituno silvestre,* olivier sauvage.
— Adj. *Amer.* Olivâtre.
aceleración f. Accélération. ‖ AUTOM. *Poder de aceleración,* reprise.
aceleradamente adv. Vite, rapidement.
acelerado, da adj. Accéléré, e. ‖ *Con paso acelerado,* au pas de course.
— F. Accélération (auto). ‖ — M. Accéléré (cine).
acelerador, ra adj. y s. m. Accélérateur, trice.
aceleramiento m. Accélération, *f.*
acelerar v. tr. e intr. Accélérer. ‖ *Acelerar el paso,* hâter *o* presser *o* accélérer le pas.
— SINÓN. *Apresurar,* hâter. *Apremiar, apurar, dar prisa,* presser. *Activar,* activer. *Precipitar,* précipiter. *Aligerar, darse prisa,* se dépêcher. *Urgir,* être urgent.
aceleratriz adj. f. Accélératrice (fuerza).
acelerón m. Coup d'accélérateur.
acelga f. Bette, poirée (planta). ‖ FAM. *Cara de acelga,* figure de carême (mal humor), mine de papier mâché (falta de salud).
acémila f. Bête de somme. ‖ FAM. Butor, *m.*, âne, *m.* (persona ruda).
acemilero m. Muletier.
— Adj. Des bêtes de somme.
acemita f. Pain (*m.*) de son.

acemite m. Fleurage [son mêlé de farine]. ‖ Bouillie (*f.*) de gruau torréfié.
acendrado, da adj. Épuré, e. ‖ FIG. Pur, e : *un amor acendrado,* un amour pur.
acendramiento m. Épuration, *f.*
acendrar v. tr. Épurer. ‖ FIG. Purifier (purificar). ‖ Affiner (el oro, la plata).
acenefar v. tr. Orner de bordures.
acensuar v. tr. Acenser (p. us.), imposer une redevance.
acento m. Accent.
— OBSERV. L'accent orthographique en espagnol est uniquement *tonique* et indique la syllabe accentuée (huérfano, arábigo), mais non pas la qualité du son (ouvert ou fermé).
acentuable adj. Accentuable.
acentuación f. Accentuation.
acentuadamente adv. En accentuant. ‖ Avec insistance. ‖ De façon marquée, nettement.
acentuado, da adj. Accentué, e (con acento). ‖ Accentué, e ; marqué, e : *facciones acentuadas,* traits accentués.
acentuar v. tr. Accentuer. ‖ Détacher : *acentuar todas las sílabas,* détacher toutes les syllabes.
aceña f. Moulin (*m.*) à eau.
aceñero m. Meunier.
acepar v. intr. Prendre racine (arraigar).
acepción f. Acception (significado) : *en toda la acepción de la palabra,* dans toute l'acception du terme. ‖ Préférence, acception (preferencia) : *sin acepción de personas,* sans acception de personne.
acepilladora f. Raboteuse (máquina).
acepilladura f. Brossage, *m.* (de los vestidos). ‖ Rabotage, *m.* (de la madera). ‖ Copeau, *m.* (viruta).
acepillar v. tr. Raboter (la madera). ‖ Brosser (los vestidos). ‖ FIG. y FAM. Polir, civiliser.
aceptabilidad f. Acceptabilité.
aceptable adj. Acceptable.
— SINÓN. *Pasable, pasadero,* passable. *Tolerable,* tolérable. *Admisible,* admissible. *Suficiente,* suffisant. *Apto,* apte.
aceptablemente adv. D'une manière acceptable.
aceptación f. Acceptation (acción de aceptar). ‖ Approbation. ‖ Satisfaction (contento). ‖ FIG. Succès, *m.* (éxito) : *tener poca aceptación,* avoir peu de succès.
aceptador, ra adj. y s. COM. Accepteur (sin femenino). ‖ Acceptant, e.
aceptante adj. y s. Acceptant, e.
aceptar v. tr. Accepter : *aceptar una cena,* accepter un dîner ; *aceptar una letra de cambio,* accepter une lettre de change. ‖ *Aceptar un reto,* relever un défi.
— SINÓN. *Admitir,* admettre. *Acoger,* accueillir. *Recibir,* recevoir. *Tomar,* prendre. *Tolerar,* tolérer.
acepto, ta adj. Agréé, e ; bien accueilli, e : (admitido con gusto) : *ser acepto a la nación,* être agréé par la nation.
aceptor m. COM. Accepteur.
acequia f. Canal (*m.*) d'irrigation, rigole (para el riego). ‖ *Amer.* Ruisseau, *m.* (arroyo).
acequiero m. Personne (*f.*) chargée de l'entretien des canaux d'irrigation *o* de leur utilisation.
acera f. Trottoir, *m.* (en una calle) : *rondar la acera,* faire les cent pas sur le trottoir. ‖ Rangée de maisons, *f.* ‖ ARQ. Parement (*m.*) d'un mur. ‖ POP. *Ser de la acera de enfrente,* être de la pédale (marica).
aceráceas f. pl. BOT. Acéracées.
aceración f. Aciération, aciérage, *m.*
acerado, da adj. Aciéré, e. ‖ Acéré, e ; aigu, ë (cortante). ‖ FIG. D'acier, résistant, e. ‖ Acéré, e (mordaz). ‖ *Agua acerada,* eau ferrée.
— M. TECN. Aciérage, aciération, *f.*

acerar v. tr. Acérer (soldar acero al hierro). ‖ Aciérer (convertir en acero). ‖ Donner [à l'eau] des propriétés médicinales en y plongeant de l'acier rougi. ‖ Fig. Fortifier. | Acérer (una frase). ‖ Arq. Revêtir [un mur] de son parement. ‖ Faire un trottoir (poner acera).

acerbamente adv. Âprement, cruellement.

acerbidad f. Aigreur, âpreté.

acerbo, ba adj. Aigre, âpre. ‖ Fig. Aigre, acerbe : *tono acerbo,* ton acerbe. ‖ *Lo acerbo,* la rigueur.

acerca de adv. Sur, au sujet de : *acerca de él,* à son sujet.

acercamiento m. Rapprochement.

acercar v. tr. ● Rapprocher, approcher : *acerca tu silla a la mesa,* rapproche ta chaise de la table. ‖ Fig. Rapprocher : *esta medida acercará a los pueblos,* cette mesure rapprochera les peuples. — V. pr. Approcher, s'approcher de, se rapprocher (v. Observ.) : *acercarse a,* s'approcher de ; *un perro se le acercó,* un chien s'approcha de lui. ‖ Passer, aller : *acércate a mi casa esta tarde,* passe chez moi cet après-midi. ‖ Fig. Approcher : *acercarse a la vejez,* approcher de la vieillesse ; *se acerca la hora,* l'heure approche. | Rejoindre, se rapprocher : *esto se acerca a mis ideas,* cela rejoint mes idées *o* se rapproche de mes idées.

— Observ. No hay que confundir estos tres verbos. *Approcher* (intr.) es llegar junto o a las inmediaciones de una cosa o sitio ; *se rapprocher* significa sólo que se acorta relativamente la distancia : *el enemigo se acerca a la ciudad,* l'ennemi approche de la ville (ya está muy cerca), l'ennemi se rapproche de la ville (puede estar todavía a 100 km de ella). Por otra parte, hablando de cosas, se emplea más bien *approcher.* En cuanto a *s'approcher,* conviene en ambos sentidos, pero refiriéndose sobre todo a personas : *acércquese,* approchez-vous.

— Sinón. ● *Arrimar,* mettre auprès. *Aproximar,* approcher, rapprocher. *Juntar,* joindre. *Unir,* unir.

acería f. Aciérie (fundición de acero).

acerico o **acerillo** m. Pelote (f.) à épingles (para alfileres). ‖ Coussin (almohada).

acerino, na adj. Poét. Aciéré, e (el hierro). ‖ Acéré, e.

acero m. Acier : *acero dulce, inoxidable,* acier doux, inoxydable. ‖ Fig. Fer, acier (arma blanca) : *el acero homicida,* le fer homicide. | Courage, intrépidité, f. (valor).

acerola f. Azerole (fruto).

acerolo m. Bot. Azerolier.

aceroso, sa adj. Aciéreux, euse.

acérrimo, ma adj. Fig. Très fort, e ; robuste, vigoureux, euse. | Tenace, acharné, e : *un acérrimo partidario,* un partisan acharné.

— Observ. Cet adjectif superlatif de *acre* n'est employé que dans les sens figurés indiqués ci-dessus.

acerrojar v. tr. Verrouiller.

acertadamente adv. Adroitement, avec succès. ‖ Juste, bien (hablar, opinar). ‖ À juste titre (con toda la razón). ‖ Bien, convenablement : *todos los actores trabajan muy acertadamente,* tous les acteurs jouent très bien. ‖ Par bonheur : *acertadamente no fui a verle ayer,* par bonheur je ne suis pas allé le voir hier.

acertado, da adj. Trouvé, e ; deviné, e (adivinado). ‖ Réussi, e (bien ejecutado). ‖ Juste (dicho, opinión). ‖ Opportun, e : *no sería acertado que fueses a verle ahora,* il ne serait pas opportun que tu ailles le voir maintenant. ‖ Pertinent, e ; opportun, e : *tu contestación ha sido muy acertada,* ta réponse a été pertinente. ‖ Adroit, e ; habile, heureux, euse (hábil) : *un paso acertado,* une démarche adroite ; *en esto, fuiste poco acertado,* tu n'as pas été adroit dans cette affaire. ‖ *Lo acertado,* le mieux, le plus raisonnable : *lo acertado es marcharse ahora,* le mieux c'est de partir maintenant ; le bien fondé : *lo acertado de una decisión,* le bien fondé d'une décision.

acertador, ra adj. y s. Qui réussit. ‖ Qui devine.

acertante adj. y s. Gagnant, e.

acertar* v. tr. Atteindre (dar en el blanco). ‖ Trouver (encontrar). ‖ ● Réussir, avoir du succès (hacer con acierto). ‖ Deviner, trouver (adivinar) : *¿a qué no lo aciertas?,* je parie que tu ne le devineras pas. — V. intr. Deviner juste, trouver. ‖ Réussir (lograr) : *acertó a abrir la puerta,* il réussit à ouvrir la porte. ‖ Venir : *acertó a pasar,* il vint à passer. ‖ Acertar con, trouver (encontrar).

— Sinón. ● *Hacer carrera,* percer. *Conseguir,* parvenir à. *Ascender, llegar a,* arriver. *Prosperar, medrar,* prospérer. *Florecer,* fleurir.

acertijo m. Devinette, f.

aceruelo m. Petite selle, f. ‖ Pelote (f.) à épingles (acerico).

acervo m. Tas, monceau, amas (montón). ‖ Biens (pl.) possédés en commun, masse, f. ‖ Fig. Trésor, patrimoine : *acervo cultural,* patrimoine culturel.

acescencia f. Acescence.

acescente adj. Acescent, e.

acetábulo m. Anat. Acétabule. ‖ Mesure (f.) ancienne.

acetato m. Quím. Acétate.

acético, ca adj. Quím. Acétique : *ácido acético,* acide acétique.

acetificación f. Acétification.

acetificar v. tr. Acétifier.

acetilénico, ca adj. Acétylénique.

acetileno m. Quím. Acétylène.

acetilo m. Quím. Acétyle.

acetímetro m. Acétimètre, acétomètre.

acetocelulosa f. Quím. Acétocellulose.

acetol m. Quím. Acétol.

acetona f. Quím. Acétone.

acetonemia f. Med. Acétonémie.

acetosa f. Oseille (planta).

acetoso, sa adj. Acéteux, euse.

acetre m. (P. us.). Seau de puits. ‖ Bénitier portatif (para agua bendita).

acetrinar v. tr. Rendre jaune citron.

aciago, ga adj. Funeste, malheureux, euse ; malencontreux, euse : *una palabra aciaga,* un mot malheureux ; *aquél fue un día aciago para mí,* ce fut un jour funeste pour moi. ‖ De mauvais augure : *una persona aciaga,* une personne de mauvais augure.

acial m. Veter. Morailles, f. pl. ‖ Amer. Fouet.

aciano m. Bot. Bleuet, bluet.

acíbar m. Aloès. ‖ Fig. Amertume, f., douleur, f. ‖ *Amargo como el acíbar,* amer comme le fiel.

acibarar v. tr. Rendre amer. ‖ Fig. Aigrir : *acibararle a uno la vida,* aigrir la vie de quelqu'un.

acicalado, da adj. Fourbi, e (armas). ‖ Pomponné, e : *una mujer acicalada,* une femme pomponnée. ‖ Tiré à quatre épingles, élégant, e : *siempre va muy acicalado,* il est toujours tiré à quatre épingles. — M. Fourbissage.

acicalador, ra adj. y s. Fourbisseur, euse (de armas). ‖ Polisseur, euse. ‖ — M. Polissoir.

acicaladura f. o **acicalamiento** m. Fourbissure, f. (armas).

acicalar v. tr. Fourbir (armas). ‖ Fig. Parer, orner (adornar). | Aiguiser, affiner (l'esprit). — V. pr. Se pomponner, se faire beau, se faire belle.

acicate m. Éperon à broche. ‖ Fig. Aiguillon, stimulant : *llevado por ese acicate llegará lejos,* poussé par cet aiguillon il ira loin.

acicatear v. tr. Stimuler, éperonner, aiguillonner (animar).

acíclico, ca adj. Acyclique.

acicular adj. Aciculaire (de forma de aguja).

aciche m. Batte, *f.*, hachette (*f.*) de carreleur.

acidez f. Acidité. ‖ Aigreur (del estómago).

acidificación f. Acidification.

acidificante adj. y s. m. Acidifiant, e.

acidificar v. tr. Acidifier.

acidímetro m. Acidimètre.

ácido, da adj. y s. m. Acide. ‖ FIG. Amer, ère (desabrido).

acidorresistente adj. BIOL. Acido-résistant, e.

acidosis f. MED. Acidose.

acidulado, da adj. Acidulé, e.

acidular v. tr. Aciduler.

acierto m. Réussite, *f.* : *esta idea ha sido un acierto*, cette idée a été une réussite. ‖ Succès, réussite, *f.* (éxito) : *el gobierno ha tenido muchos aciertos*, le gouvernement a eu de nombreuses réussites. ‖ Trouvaille, *f.* : *el título de este libro es un acierto*, le titre de ce livre est une trouvaille. ‖ Solution, *f.*, réponse (*f.*) juste (enigma). ‖ FIG. Adresse, *f.*, habileté, *f.* | Sagesse, *f.*, bon sens (sabiduría). | Hasard (casualidad). | Excellente idée, *f.* : *¡qué acierto el haber venido hoy!*, quelle excellente idée d'être venu aujourd'hui !

ácigos adj. y s. f. ANAT. Azygos.

aciguatado, da adj. Atteint de la jaunisse. ‖ FIG. Pâle, jaunâtre (pálido).

aciguatarse v. pr. Contracter la jaunisse. ‖ *Amer.* S'abêtir, devenir stupide.

— V. tr. Guetter (acechar).

acije m. Couperose, *f.* (caparrosa).

ácimo adj. Azyme : *pan ácimo*, pain azyme.

acimut m. ASTR. Azimut.

— OBSERV. Pl. *acimut o acimuts.*

acimutal adj. ASTR. Azimutal, e.

ácino m. ANAT. Acinus (de una glándula).

ación m. Étrivière, *f.*, porte-étriers, *inv.*

acionera f. *Amer.* Boucle de l'étrivière.

acirate m. Ados, talus (caballón entre dos campos). ‖ Plateau (terreno elevado).

aclamación f. Acclamation : *nombrar por aclamación*, nommer par acclamation.

aclamador, ra adj. y s. Acclamateur, *m.* (sin femenino).

aclamar v. tr. ● Acclamer : *aclamar al rey*, acclamer le roi. ‖ Nommer, appeler (nombrar).

— SINÓN. ● *Ovacionar*, ovationner. *Aplaudir*, applaudir. *Risar*, hisser. *Palmear, palmotear, tocar las palmas*, battre des mains. *Vitorear*, crier vivat, pousser des vivats.

aclaración f. Éclaircissement, *m.*, mise au point : *al día siguiente, el autor publicó una aclaración a su artículo*, le lendemain l'auteur publia une mise au point sur son article. ‖ Éclaircissement, *m.* : *he tenido unas aclaraciones sobre lo que pasó*, j'ai eu des éclaircissements sur ce qui s'est passé. ‖ Explication : *una aclaración al margen*, une explication en marge.

aclarado m. Rinçage.

aclarar v. tr. Éclaircir (el color, un líquido). ‖ Dégarnir, éclaircir (un bosque, las filas). ‖ Rincer (la ropa). ‖ Éclaircir (la voz). ‖ Allonger (una salsa). ‖ FIG. Éclairer (la mente). | ● Éclairer : *esta explicación aclara el texto*, cette explication éclaire le texte. ‖ Éclaircir, clarifier (una duda, una situación). | Éclaircir, expliquer : *voy a aclarar lo dicho anteriormente*, je vais éclaircir ce qui a été dit au préalable. ‖ Tirer au clair : *me gusta siempre aclarar las cosas*, j'aime toujours tirer les choses au clair. ‖ Illustrer (hacer ilustre). | Éclaircir (la expresión del rostro). | Prévenir, rappeler (declarar) : *te aclaro que ya no debes salir*, je te préviens que tu ne dois plus sortir.

— V. intr. S'éclaircir (el tiempo). | Se lever, pointer (el día). ‖ *Amer.* Se clarifier (un líquido).

— V. pr. S'éclaircir. ‖ Se clarifier (un líquido). ‖ S'éclaircir (la voz). ‖ FIG. y FAM. S'expliquer, donner des précisions : *aclárate*, explique-toi. |

Se comprendre : *estas dos personas no se aclaran*, ces deux personnes ne se comprennent pas. | Se remettre : *después del puñetazo que había recibido tardó mucho en aclararse*, après le coup de poing qu'il avait reçu il mit très longtemps à se remettre. | Voir clair : *no consigo aclararme en este asunto*, je n'arrive pas à voir clair dans cette affaire. ‖ *Amer.* Etre fauché, e (no tener dinero).

— OBSERV. El francés *éclairer* significa, en sentido propio, *alumbrar.*

— SINÓN. ● *Desenredar, desenmarañar, desembrollar, desmelar.* *Desbrozar*, débrouiller, défricher. *Dilucidar, elucidar*, élucider. *Clarificar*, clarifier. *Descifrar*, déchiffrer.

aclaratorio, ria adj. Explicatif, ive ; apportant des précisions : *nota aclaratoria*, note explicative.

aclavelado, da adj. Semblable à l'œillet.

aclimatable adj. Acclimatable.

aclimatación f. Acclimatation.

aclimatar v. tr. Acclimater.

— V. pr. S'acclimater.

acmé m. MED. Acmé.

acné f. MED. Acné.

acobardamiento m. Peur, *f.*, crainte, *f.*

acobardar v. tr. Faire peur à, intimider.

— V. pr. Avoir peur, être intimidé, e. ‖ Se laisser impressionner : *no te acobardes con la dificultad de este texto*, ne te laisse pas impressionner par la difficulté de ce texte.

— SINÓN. *Atemorizar*, effrayer. *Asustar, meter miedo*, faire peur. *Amedrentar*, apeurer. *Espantar*, épouvanter. *Intimidar, amilanar, arredrar*, intimider. *Desanimar, desalentar, descorajar*, décourager. *Pop. Acoquinarse, achantarse*, reculer, se dégonfler.

acobijar v. tr. AGRIC. Butter.

acobrado, da adj. Cuivré, e (color).

acocear v. tr. Ruer (dar coces). ‖ FIG. y FAM. Outrager, vexer, offenser (ofender).

acocil o acocili m. *Amer.* Crevette (*f.*) d'eau douce (camarón). ‖ FIG. *Amer.* Estar como un acocili, être rouge comme une écrevisse.

acocote m. *Amer.* Calebasse (*f.*) pour recueillir le pulque.

acochambrar v. tr. *Amer.* Salir, souiller.

acochinar v. tr. FAM. Égorger, tuer [quelqu'un sans défense]. ‖ FIG. y FAM. Décourager (desanimar), intimider (acobardar). | Cerner un pion (juego de damas).

acodado, da adj. Coudé, e (doblado) : *un tubo acodado*, un tube coudé. ‖ Accoudé, e (apoyado en los codos) : *acodado en la barra*, accoudé au bar. ‖ AGRIC. Marcotté, e.

acodadura f. Accoudement, *m.* (apoyo sobre los codos). ‖ AGRIC. Marcottage, *m.* (de una planta). ‖ Coude, *m.*, courbe (incurvación).

acodalamiento m. ARQ. Étrésillonnement, étaiement.

acodalar v. tr. ARQ. Étrésillonner, étayer.

acodamiento m. Accoudement (acodadura).

acodar v. tr. Étayer (apuntalar). ‖ Couder (doblar). | AGRIC. Marcotter.

— V. pr. S'accouder.

acoderamiento m. MAR. Embossage.

acoderar v. tr. MAR. Embosser.

acodillar v. tr. Couder, courber.

— V. intr. Tomber sur les genoux (animal).

acodo m. AGRIC. Marcotte, *f.* (esqueje). | Arçon (de la vid). | Marcottage (acción de acodar).

acogedizo, za adj. V. ACOGEDOR.

acogedor, ra adj. Accueillant, e (afable) : *un pueblo acogedor*, un peuple accueillant.

acoger v. tr. Accueillir, recevoir : *sabe muy bien acoger a los amigos*, elle sait très bien recevoir ses amis. ‖ Protéger, secourir. ‖ FIG. Accueillir : *acoger favorablemente una petición*, accueillir favorablement une requête.

— V. pr. FIG. Se réfugier. | Recourir à, faire

valoir (un pretexto, una ley). ‖ — *Acogerse a* ou *bajo sagrado*, chercher o demander asile dans une église. ‖ *Acogerse a uno*, recourir à l'aide de quelqu'un (pedir el auxilio), recourir à la protection de quelqu'un (pedir protección).

acogida f. ● Accueil, *m.* : *una acogida triunfal*, un accueil triomphal. ‖ Retraite, refuge, *m.* (refugio). ‖ Retraite (retirada). ‖ Acceptation (aprobación).
— Sinón. ● *Recepción, recibimiento*, réception. *Bienvenida*, bienvenue.

acogido, da adj. Accueilli, e. ‖ *Acogido a la ley*, bénéficiant de la loi.
— M. y f. Assisté, e (de un hospicio).

acogimiento m. Accueil. ‖ Refuge (refugio).

acogollar v. intr. Agric. Bourgeonner.
— V. tr. Agric. Abriter, couvrir. ‖ Mettre sous cloche o sous châssis.

acogotar v. tr. Assommer (matar). ‖ Colleter (derribar a uno). ‖ Fig. Amer. Tenir à sa merci, laisser sans voix (vencer).

acojinamiento m. Capitonnage (muebles). ‖ Mecán. Refoulement.

acojinar v. tr. Capitonner.
— V. pr. Refouler.

acojonamiento m. Pop. Trouille, *f.*, frousse, *f.* (canguelo).

acojonar v. tr. Pop. Faire peur, ficher la trouille.

acolada f. Accolade.

acolar v. tr. Blas. Accoler.

acolchado m. Matelassure, *f.* (relleno). ‖ Amer. Dessus de lit (colcha).

acolchar v. tr. Capitonner (muebles). ‖ Matelasser, rembourrer. ‖ Matelasser : *una bata acolchada*, une robe de chambre matelassée. ‖ Fig. Amortir : *la nieve acolcha el ruido*, la neige amortit le bruit.

acolchonar v. tr. Matelasser.

acolitado m. Acolytat.

acolitar v. intr. Amer. Accompagner. ‖ Fig. y fam. Partager le repas de quelqu'un.

acolitazgo m. Acolitat.

acólito m. Acolyte. ‖ Enfant de chœur (monaguillo). ‖ Fig. Acolyte, complice.

acollador m. Mar. Ride, *f.*, ridoir (cuerda). ‖ Agric. Buttoir, butteur.

acolladura f. Agric. Buttage, *m.*

acollar* v. tr. Agric. Butter. ‖ Mar. Calfater (calafatear). ‖ Rider (cuerdas).

acollarado, da adj. Zool. Qui porte un collier, à collier : *mirlo acollarado*, merle à collier.

acollarar v. tr. Mettre un collier (a un animal). ‖ Attacher ensemble (dos animales). ‖ Amer. Unir (unir).
— V. pr. Pop. Amer. Se marier (casarse), se coller (amancebarse).

acomedirse v. pr. Amer. S'offrir à faire une chose, rendre service, être serviable.

acometedor, ra adj. y s. Assaillant, e ; entreprenant, e (atrevido). ‖ Combatif, ive : *un toro acometedor*, un taureau combatif.

acometer v. tr. Assaillir, attaquer : *acometer un campo*, assaillir un camp ; *acometer al enemigo*, attaquer l'ennemi. ‖ Entreprendre (emprender) : *acometer una reforma*, entreprendre une réforme. ‖ Éprouver (une sensation) : *me acometieron unas ganas enormes de irme*, j'éprouvai une envie terrible de m'en aller. ‖ Venir [à l'esprit] : *le acometió la idea de*, l'idée lui vint de. ‖ Prendre (sueño). ‖ Prendre, surprendre (enfermedad). ‖ Arriver à (accidente). ‖ Foncer sur, attaquer : *el toro le acometió*, le taureau fonça sur lui. ‖ Déboucher (galería, cañería, etc.). ‖ Fam. Attaquer : *acometer un trabajo*, attaquer un travail.

acometida f. Attaque. ‖ Branchement, *m.* (de una cañería, de tubos). ‖ *Acometida de agua*, adduction d'eau.

acometimiento m. Attaque, *f.*, agression, *f.* ‖ Entreprise, *f.* : *el acometimiento de un trabajo*, l'entreprise d'un travail. ‖ Branchement, embranchement (de cañería).

acometividad f. Agressivité, combativité : *la acometividad de un toro*, la combativité d'un taureau. ‖ Esprit o caractère (*m.*) entreprenant.

acomodable adj. Accommodable.

acomodación f. Accommodement, *m.*, arrangement, *m.* ‖ Accommodation (del ojo). ‖ Aménagement, *m.* (de un piso).

acomodadamente adv. Convenablement, avec ordre. ‖ À l'aise, aisément (fácilmente).

acomodadizo, za adj. Accommodant, e ; arrangeant, e.

acomodado, da adj. Commode, convenable (conveniente). ‖ Commode, aménagé, e : *un piso acomodado para recibir*, un appartement commode pour recevoir. ‖ À l'aise, aisé, e : *una familia acomodada*, une famille aisée. ‖ Cossu, e : *una casa acomodada*, une maison cossue. ‖ Qui aime ses aises (comodón). ‖ Placé, e ; installé, e (colocado). ‖ Installé, e : *acomodado en su sillón*, installé dans son fauteuil. ‖ En rapport avec, adapté à : *precio acomodado a mis medios*, prix en rapport avec mes moyens.

acomodador, ra adj. Accommodateur, trice.
— M. y f. Placeur, *m.*, ouvreuse, *f.* (espectáculo).

acomodamiento m. ● Accommodement, arrangement (convenio). ‖ Commodité, *f.*, convenance, *f.* (comodidad). ‖ Aménagement (de un sitio).
— Sinón. ● *Arreglo*, arrangement. *Capitulación*, capitulation.

acomodar v. tr. Arranger (ordenar). ‖ Accommoder. ‖ Aménager (un sitio). ‖ Adapter, régler : *acomodar su conducta con*, régler sa conduite sur. ‖ Régler (un lente). ‖ Placer (en un espectáculo). ‖ Installer (a un cómodamente). ‖ Fig. Raccommoder, réconcilier (conciliar). ‖ Adapter (adaptar). ‖ Amer. Placer, offrir un emploi à (ofrecer trabajo). ‖ *Haga usted lo que le acomode*, faites ce qui vous arrange o comme il vous plaira.
— V. intr. Convenir, arranger.
— V. pr. Se placer (en un espectáculo). ‖ S'installer (cómodamente) : *acomodarse en un sillón*, s'installer dans un fauteuil. ‖ Accommoder (el ojo). ‖ Se placer : *acomodarse de criada*, se placer comme bonne à tout faire. ‖ Trouver une place (lograr empleo). ‖ Fig. S'accommoder, s'arranger (conformarse) : *acomodarse con todo*, s'arranger de tout. ‖ Se conformer : *acomodarse a una norma*, se conformer à une règle. ‖ S'adapter (adaptarse). ‖ Amer. Se faire beau, belle, s'arranger (componerse). ‖ Se débrouiller (amañarse).

acomodaticio, cia adj. Accommodant, e ; arrangeant, e : *siempre se puede llegar a un acuerdo con él porque es muy acomodaticio*, on peut toujours arriver à s'arranger avec lui parce qu'il est très accommodant. ‖ Convenable (conveniente). ‖ Complaisant, e (complaciente). ‖ *Ser acomodaticio*, être de bonne composition, être arrangeant.

acomodo m. Place, *f.*, situation, *f.* (empleo). ‖ Place, *f.* (sitio). ‖ Commodité, *f.*, convenance, *f.* (conveniencia). ‖ Fig. Place, *f.* : *la violencia tiene fácil acomodo en la aventura*, la violence trouve facilement sa place dans l'aventure. ‖ Amer. Toilette, *f.*, élégance, *f.* (compostura).

acompañado, da adj. Accompagné, e : *ir muy bien acompañado*, être très bien accompagné. ‖ Fam. Fréquenté, e ; passant, e (concurrido). ‖ *Más vale estar solo que mal acompañado*, il vaut mieux être seul qu'en mauvaise compagnie. ‖ — Adj. y s. Adjoint, e (adjunto). ‖ — M. Amer. Conduite, *f.* (atarjea).

acompañador, ra adj. y s. Accompagnateur, trice.

acompañamiento m. Accompagnement. ‖ Suite, *f.*, compagnie, *f.*, cortège (comitiva). ‖ TEATR. Figuration, *f.* ‖ MÚS. Accompagnement. ‖ FIG. Escorte, *f.* : *la guerra y su acompañamiento de horrores*, la guerre et son escorte d'horreurs.

acompañanta f. Dame de compagnie.

acompañante adj. y s. Accompagnateur, trice. ‖ — M. pl. Suite (*f. sing.*) : *el ministro y sus acompañantes*, le ministre et sa suite.

acompañar v. tr. Accompagner : *acompañado por sus amigos*, accompagné de ses amis. ‖ Tenir compagnie à (hacer compañía a). ‖ Raccompagner, reconduire, ramener : *le voy a acompañar a su casa*, je vais vous raccompagner chez vous. ‖ Suivre : *acompañar un entierro*, suivre un enterrement. ‖ Joindre, inclure (adjuntar). ‖ FIG. Partager : *le acompaño en su sentimiento*, je partage votre douleur. | Sympathiser avec. ‖ MÚS. Accompagner : *acompañar con el piano*, accompagner au piano. ‖ Se joindre à, être des : *mañana organizamos un bridge en casa, ¿quiere usted acompañarnos?*, demain, nous organisons un bridge à la maison, voulez-vous vous joindre à nous o être des nôtres? ‖ *Acompañar siempre*, ne pas quitter : *un deseo que nos acompaña siempre*, un désir qui ne nous quitte pas.
— V. pr. S'accompagner : *acompañarse con la guitarra, con el piano*, s'accompagner à la guitare, au piano.

acompasadamente adv. Avec calme, avec lenteur, posément : *hablar acompasadamente*, parler posément.

acompasado, da adj. Rythmé, e ; cadencé, e. ‖ Cadencé, e : *paso acompasado*, pas cadencé. ‖ FIG. Posé, e.

acompasar v. tr. Mesurer avec un compas. ‖ Battre la mesure, rythmer (dar cadencia). ‖ FIG. Régler : *hay que acompasar las exportaciones con las importaciones*, il faut régler les exportations sur les importations.

acomplejado, da adj. y s. Qui a un complexe, complexé, e.

acomplejar v. tr. Donner o provoquer un complexe o des complexes, complexer : *me acomplejas con tus éxitos de toda clase*, tu me donnes des complexes avec tes succès de toutes sortes.

acomunarse v. pr. S'unir, s'allier.

aconcagüino, na adj. y s. De l'Aconcagua.

aconchabamiento m. Entente, *f.*

aconchabarse v. pr. FAM. S'entendre, s'acoquiner : *aconchabarse con malhechores*, s'acoquiner à des malfaiteurs, s'entendre avec des malfaiteurs.

aconchar v. tr. Mettre à l'abri. ‖ MAR. Drosser, entraîner.
— V. pr. S'échouer (encallar).

acondicionado, da adj. Aménagé, e ; arrangé, e (arreglado) : *un castillo bien acondicionado*, un château bien aménagé. ‖ Conditionné, e : *aire acondicionado*, air conditionné. ‖ Climatisé, e : *piso acondicionado*, appartement climatisé.

acondicionador m. Climatiseur (de aire). ‖ *Acondicionador de escaparates*, étalagiste.

acondicionamiento m. Arrangement, aménagement : *acondicionamiento de la red de carreteras*, aménagement du réseau routier. ‖ Aménagement : *acondicionamiento de un museo*, aménagement d'un musée. ‖ Conditionnement (del aire), climatisation, *f.* (de un piso). ‖ *Esta casa no tiene el acondicionamiento adecuado para recibir a mucha gente*, cette maison n'est pas aménagée pour recevoir beaucoup de monde.

acondicionar v. tr. Arranger, préparer. ‖ Emballer, conditionner : *acondicionar mercancías*, conditionner des marchandises. ‖ Aménager (un sitio) : *acondicionar un castillo*, aménager un

château. ‖ Conditionner (el aire), climatiser (un piso).
— V. pr. Acquérir certains caractères.

acongojadamente adv. Avec angoisse. ‖ Douloureusement.

acongojar v. tr. Angoisser (angustiar). ‖ Affliger (entristecer).

aconitina f. QUÍM. Aconitine.

acónito m. BOT. Aconit (planta).

aconsejable adj. Conseillable.

aconsejado, da adj. Conseillé, e. ‖ Prudent, e. ‖ *Mal aconsejado*, imprudent.

aconsejador, ra adj. y s. Conseiller, ère.

aconsejar v. tr. Conseiller : *le aconsejo viajar*, je vous conseille de voyager. ‖ Engager à, conseiller de : *le aconsejo que abandone este trabajo*, je vous engage à abandonner ce travail.
— V. pr. Prendre conseil : *aconsejarse con* ou *de su médico*, prendre conseil de son médecin.

aconsonantar v. tr. Faire rimer.
— V. intr. Rimer.

acontecedero, ra adj. Éventuel, elle ; possible.

acontecer* v. intr. Arriver, avoir lieu, survenir (suceder) : *aconteció lo que suponíamos*, il arriva ce que nous pensions.

acontecimiento m. Événement (suceso).

acopar v. tr. Tailler en dôme (los árboles).
— V. pr. S'arrondir (árboles).

acopiamiento m. Abondance, *f.* (acopio). ‖ Rassemblement (reunión).

acopiar v. tr. Amasser, entasser (amontonar). ‖ Rassembler : *acopiar documentos para una tesis*, rassembler des documents pour une thèse.

acopio m. ● Provision, *f.*, approvisionnement. ‖ Abondance, *f.* ‖ *Hacer acopio de*, amasser, faire une réserve de.
— SINÓN. ● *Bloque*, bloc. *Hacina*, amas. *Revoltillo*, ramassis. *Fárrago*, fatras. *Masa*, masse. *Montón*, tas. *Cúmulo*, monceau. *Acumulación*, accumulation. *Pila*, pile. *Amontonamiento*, amoncellement.

acoplado, da adj. Accouplé, e. ‖ Assorti, e : *una pareja muy bien acoplada*, un couple très bien assorti.
— M. Amer. Remorque, *f.* (carruaje).

acopladura f. Assemblage, *m.*

acoplamiento m. Accouplement : *biela, manguito de acoplamiento*, bielle, manchon d'accouplement. ‖ Assemblage (ensambladura). ‖ MECÁN. Raccord, engagement (de ruedas). ‖ *Barra de acoplamiento de cargas*, palonnier.

acoplar v. tr. TECN. Assembler, accoupler (juntar). ‖ ELECTR. Accoupler, coupler. ‖ FIG. Accoupler : *acoplar dos epítetos*, accoupler deux épithètes. ‖ ● Accoupler (animales). ‖ Concilier (cosas), réconcilier (personas). ‖ Faire cadrer, adapter : *tengo que acoplar el horario de las clases con mis días de trabajo*, il faut que je fasse cadrer l'horaire de mes cours dans mes journées de travail. ‖ Rendre homogène.
— V. pr. S'accoupler. ‖ FIG. Sympathiser (hacerse amigos). | S'entendre (llevarse bien) : *es muy difícil acoplarse con él*, c'est très difficile de s'entendre avec lui.
— SINÓN. ● *Aparear, parear*, apparier. *Emparejar*, appareiller. *Cubrir*, couvrir (ganado). *Saltar*, saillir (caballos). *Amorecer*, lutter (bélier). *Pisar*, côcher (aves de corral).

acoquinamiento m. Peur, *f.* (miedo). ‖ Découragement, abattement (desánimo).

acoquinar v. tr. FAM. Décourager, abattre.
— V. pr. FAM. Prendre peur (asustarse). ‖ Se décourager (desanimarse). ‖ Reculer (rajarse).
— OBSERV. Existe en francés el verbo *s'acoquiner*, pero significa sobre todo *aconchabarse*.

acorazado, da adj. Cuirassé, e : *buque acorazado*, bateau cuirassé. ‖ Blindé, e : *cámara acorazada*, coffre blindé. ‖ FIG. Cuirassé, e ; endurci, e : *es*

una persona acorazada contra toda clase de injurias, c'est une personne cuirassée contre toutes sortes d'insultes. ‖ *División acorazada,* division blindée.
— M. Cuirassé (buque).

acorazamiento m. Cuirassement.

acorazar v. tr. Cuirasser, blinder.
— V. pr. FIG. Se cuirasser, s'endurcir.

acorazonado, da adj. En forme de cœur, cordé, e.

acorchado, da adj. Liégeux, euse ; semblable au liège (como el corcho). ‖ Spongieux, euse (esponjoso). ‖ Liégé, e (cubierto con corcho). ‖ Cotonneux, euse (fruta). ‖ FIG. Engourdi, e ; insensible : *estar con las piernas acorchadas,* avoir les jambes engourdies. ‖ Empâté, e : *boca acorchada,* bouche empâtée.

acorchamiento m. Spongiosité, f. ‖ FIG. Engourdissement, insensibilité, f. (de los miembros). ‖ Empâtement (de la boca).

acorchar v. tr. Recouvrir de liège.
— V. pr. Devenir spongieux. ‖ Se cotonner, devenir cotonneux (fruta). ‖ FIG. S'engourdir : *se me acorcharon las piernas,* mes jambes se sont engourdies.

acordada f. Arrêt, m., ordre, m. (de un tribunal).

acordadamente adv. D'un commun accord, d'accord (de común acuerdo). ‖ Avec réflexion, posément (con reflexión).

acordado, da adj. Réfléchi, e ; sensé, e (persona). ‖ Sensé, e ; réfléchi, e ; sage (acción o dicho). ‖ *Lo acordado,* ce qui a été décidé o arrêté, ce dont on est convenu.

acordar* v. tr. Se mettre d'accord pour, être convenu de : *ambos estadistas han acordado estrechar la cooperación,* les deux hommes d'État se sont mis d'accord pour resserrer la coopération. ‖ Décider de (decidir). ‖ Convenir, se mettre d'accord sur, arrêter : *acordar un precio,* convenir d'un prix. ‖ Résoudre, décider (resolver). ‖ Accorder, concilier (conciliar). ‖ Rappeler, remémorer (recordar). ‖ Accorder (música y pintura). ‖ *Amer.* Accorder, concéder (otorgar).
— V. pr. Se souvenir, se rappeler [cuidado con el régimen en francés : se dice *se rappeler une chose* (v. tr.), pero *se souvenir d'une chose* (v. intr.) : *sólo me acuerdo de los momentos felices,* je ne me rappelle que les moments heureux o je ne me souviens que des moments heureux]. ‖ Penser : *no me acordé de devolverle el libro,* je n'ai pas pensé à lui rendre le livre ; *no se ha acordado nada de ella,* il n'a pas du tout pensé à elle. ‖ Se mettre d'accord, tomber d'accord. ‖ — *Si mal no me acuerdo,* si j'ai bonne mémoire. ‖ FAM. *¡Te acordarás de mí!,* tu auras de mes nouvelles ! ‖ *Y ...si te he visto, no me acuerdo,* il ne me connaît plus, il a fait semblant de ne pas me reconnaître.
— OBSERV. Ce verbe un gallicisme dans le sens de « concéder », « octroyer ».
— SINÓN. ● *Retrazar,* retracer. *Evocar,* évoquer. *Recordar,* se souvenir de. *Rememorar,* remémorer.

acorde adj. D'accord : *después de una larga discusión, quedaron acordes,* après une longue discussion ils tombèrent d'accord. ‖ Conforme, en accord : *construir un edificio acorde a las tendencias actuales,* construire un édifice conforme aux o en accord avec les tendances actuelles. ‖ Identique : *sentimientos acordes,* sentiments identiques. ‖ MÚS. Accordé, e ; harmonieux, euse.
— M. MÚS. Accord : *acorde perfecto,* accord parfait.

acordelado, da adj. Tiré au cordeau.

acordelar v. tr. Arpenter, mesurer : *acordelar un campo,* arpenter un champ. ‖ Aligner, tracer au cordeau. ‖ Entourer de [un cordon, etc.].

acordeón m. MÚS. Accordéon. ‖ *Plisado de acordeón,* plissé accordéon.

acordeonista m. y f. Accordéoniste.

acordonado, da adj. Entouré d'un cordon [de soldats ou de policiers] : *el barrio estaba acordonado de policías,* le quartier était entouré d'un cordon de police. ‖ Cordonné, e ; en forme de cordon (en figura de cordón). ‖ *Amer.* Efflanqué, e ; maigre (animales).

acordonamiento m. Laçage (lazada). ‖ Cordonnage, crénelage (de las monedas). ‖ Cordon de soldats o de policiers.

acordonar v. tr. Lacer (los zapatos). ‖ Ganser (poner un cordón). ‖ Créneler, cordonner (las monedas). ‖ Entourer d'un cordon [de soldats o d'agents]. ‖ Investir, encercler : *el enemigo ha acordonado la ciudad,* l'ennemi a investi la ville. ‖ *Amer.* Préparer la terre (para la siembra).

acores m. pl. MED. Croûtes (f.) de lait.

acornar o **acornear** v. tr. Donner des coups de corne, encorner.

ácoro m. Acore (planta).

acorralado, da adj. Aux abois : *un ciervo acorralado,* un cerf aux abois. ‖ Traqué, e : *el bandido, al verse acorralado, se levantó la tapa de los sesos,* se voyant traqué, le bandit se brûla la cervelle.

acorralamiento m. Parcage, parquement (del ganado). ‖ FIG. Acculement.

acorralar v. tr. Parquer (el ganado). ‖ Mettre aux abois (un ciervo). ‖ FIG. Acculer (arrinconar). ‖ Traquer : *lo acorralaron en un desván,* ils l'ont traqué dans un grenier. ‖ Acculer, mettre aux abois (acosar). ‖ Acculer, confondre (confundir).

acorrer v. tr. Secourir, aider.
— V. intr. Accourir.

acortamiento m. Raccourcissement.

acortar v. tr. Raccourcir. ‖ FIG. Réduire, diminuer : *acortar el racionamiento,* diminuer le rationnement. ‖ Réduire, écourter (distancia). ‖ Abréger, écourter : *acortar un relato, una clase,* abréger un récit, un cours. ‖ Rabattre de : *acortar sus pretensiones,* rabattre de ses prétentions.
— V. pr. FIG. Être à court d'idées (no saber qué decir). ‖ Se ramasser (los caballos). ‖ Diminuer, raccourcir : *en agosto los días empiezan a acortarse,* en août les jours commencent à diminuer.

acosador, ra adj. y s. Poursuivant, e. ‖ — M. Traqueur, coureur (caza).

acosamiento m. Poursuite, f., harcèlement. ‖ Traque, f. (caza).

acosar v. tr. Poursuivre, harceler : *acosado por los perros,* harcelé par les chiens. ‖ Traquer, réduire aux abois (acorralar). ‖ FIG. Poursuivre, harceler : *acosar a un deudor,* harceler un débiteur. ‖ Assaillir, harceler : *acosar con preguntas,* assaillir de questions. ‖ Faire courir (un caballo).

acosmismo m. FILOS. Acosmisme.

acoso m. Harcèlement (acosamiento). ‖ Traque, f. (caza). ‖ *Toque de acoso,* hallali.

acostada f. Somme, m. ‖ Halte de nuit (en un viaje).

acostamiento m. Coucher. ‖ Alitement (de un enfermo). ‖ (Ant.). Salaire (sueldo), rémunération, f. (pago). ‖ Faveur, f., protection, f. (favor).

acostar* v. tr. Coucher (en la cama o en el suelo). ‖ MAR. Accoster. ‖ *Amer.* Accoucher (parir).
— V. intr. MAR. Aborder.
— V. pr. ● Se coucher : *me voy a acostar porque es muy tarde,* je vais me coucher car il est très tard. ‖ Coucher : *para dejar una cama libre a nuestro invitado los niños se acostaron juntos,* pour laisser un lit à notre invité les enfants ont couché ensemble. ‖ Se coucher, coucher : *acostarse vestido,* se coucher tout habillé. ‖ Se pencher (inclinarse). ‖ S'approcher (arrimarse). ‖ *Acostarse con* ou *como las gallinas,* se coucher comme o avec les poules.
— SINÓN. ● *Echarse,* s'allonger. *Tenderse,* s'étendre. *Meterse en la cama,* se mettre au lit. *Encamarse,* s'aliter. *Guardar cama,* garder le lit.

acostumbradamente adv. Habituellement, à l'accoutumée.

acostumbrado, da adj. Habitué, e ; accoutumé, e. || Habituel, elle (que se hace por costumbre).
— OBSERV. *Accoutumé* en francés se emplea menos que *habitué*, mientras que en español se emplea más *acostumbrado* que *habituado*.

acostumbrar v. tr. Habituer à, accoutumer à : *me han acostumbrado al trabajo*, on m'a habitué au travail. || Avoir l'habitude de : *acostumbro levantarme temprano*, j'ai l'habitude de me lever tôt. || Prendre l'habitude de, accoutumer de (sólo usado en los tiempos pasados) : *he acostumbrado pasearme cada día*, j'ai pris l'habitude de me promener tous les jours.
— V. pr. Prendre l'habitude de : *acostumbrarse a beber*, prendre l'habitude de boire. || S'habituer à, se faire à (avezarse).
— OBSERV. En francés se emplea más *habituer* que *accoutumer* y en español más *acostumbrar* que *habituar*.

acotación f. Bornage, m. (acción de limitar). || Annotation, note (nota). || Cote (en topografía). || TEATR. Indication scénique.

acotado, da adj. Réservé, e ; gardé, e (terreno).
— F. Terrain (m.) réservé à la culture.

acotamiento m. Bornage, cantonnement, délimitation, f. (de un terreno). || Cote, f. (topografía). || FIG. Délimitation, f. : *el acotamiento de un problema*, la délimitation d'un problème.

acotar v. tr. Borner, délimiter (un terreno). || Marquer, fixer (fijar). || Interdire (prohibir). || Annoter, mettre les notes à (anotar). || Accepter, admettre : *acoto lo que usted me ofrece*, j'accepte ce que vous m'offrez. || FIG. Délimiter. || FAM. Choisir (elegir). || (P. us.). Témoigner (atestiguar). || AGRIC. Ébrancher, étêter (un árbol). || Coter (topografía).
— V. pr. Se réfugier.

acotejar v. tr. *Amer.* Arranger (acomodar).

acotiledón, ona o **acotiledóneo, a** adj. y s. Acotylédone, acotylédoné, e.

acoyundar v. tr. Atteler (uncir).

acoyuntar v. tr. Accoupler des bêtes de maître différent pour labourer en commun.

acracia f. Anarchie.

ácrata adj. y s. Anarchiste.

acrático, ca adj. Anarchique.

acre m. Acre, f. (medida).

acre adj. Âcre (agrio). || FIG. Aigre, mordant, e (mordaz) : *palabras acres*, des propos mordants. | Acariâtre (desabrido).

acrecencia f. Accroissement, m., augmentation,

acrecentador, ra adj. Qui accroît.

acrecentamiento m. Accroissement, augmentation, f.

acrecentar* v. tr. Accroître, augmenter.

acrecer* v. tr. Accroître, augmenter.
— V. intr. Croître, augmenter. || DR. *Derecho de acrecer*, droit d'accroissement, accroissement successoral.

acrecimiento m. Accroissement, augmentation, f.

acreditado, da adj. Accrédité, e. || COM. Crédité, e. || Réputé, e : *un pintor muy acreditado*, un peintre très réputé.

acreditar v. tr. Accréditer (a un embajador, una costumbre, etc.). || COM. Créditer, porter au crédit (abonar). | FIG. Révéler, consacrer (como poeta, etc.). | Confirmer : *esto acredita lo que te decía*, ceci confirme ce que je te disais.
— V. pr. Prendre du crédit, s'accréditer : *acreditarse con* ou *para con uno*, s'accréditer auprès de quelqu'un. || Présenter ses lettres de créance (un embajador). || Devenir réputé, être connu : *antes de que este bar se acredite habrá que esperar mucho tiempo*, avant que ce bar ne soit connu il faudra attendre longtemps. || FIG. Se faire une réputation de : *acreditarse de necio*, se faire une

réputation de sot. | Se propager, s'accréditer (una cosa).

acreditativo, va adj. Accréditif, ive.

acreedor, ra adj. y s. Créancier, ère. || Créditeur, trice. || FIG. Digne de, qui mérite : *acreedor a mi cariño*, digne de mon affection. || *Hacerse acreedor a*, mériter, être digne de.

acreencia f. *Amer.* Crédit, m., créance.

acrescente adj. BOT. Accrescent, e.

acribadura f. Criblage, m. (acción). || — Pl. Criblures (resultado).

acribar v. tr. Cribler. || FIG. Cribler, percer comme un crible.

acribillar v. tr. Cribler, percer : *acribillar a balazos, a puñaladas*, cribler de balles, de coups de poignard. || FIG y FAM. Cribler : *estar acribillado de deudas*, être criblé de dettes. || Assaillir : *estar acribillado de solicitudes*, être assailli de demandes.

acrídidos o **acridios** m. pl. ZOOL. Acridiens.

acrílico, ca adj. QUÍM. Acrylique.

acriminar v. tr. Incriminer (acusar).

acrimonia f. Âcreté. || FIG. Acrimonie, ton (m.) mordant, aigreur.

acrimonioso, sa adj. Acrimonieux, euse.

acriollado, da adj. Créole, qui a pris les habitudes du pays.

acriollarse v. pr. *Amer.* Prendre les habitudes du pays.

acrisolado, da adj. Parfait, e.

acrisolar v. tr. Affiner, purifier (los metales). || FIG. Faire briller (la verdad).

acritud f. Âcreté. || FIG. Acrimonie, âcreté. | Aigreur : *hablar con acritud*, parler avec aigreur.

acroamático, ca adj. FILOS. Acroamatique, acroatique.

acrobacia f. Acrobatie.

acróbata m. y f. Acrobate.

acrobático, ca adj. Acrobatique.

acrobatismo m. Acrobatie, f., acrobatisme.

acrocéfalo, la adj. y s. Acrocéphale.

acrocianosis f. MED. Acrocyanose.

acroleína f. QUÍM. Acroléine.

acromado, da adj. Chromé, e.

acromático, ca adj. Achromatique : *lente acromática*, lentille achromatique.

acromatismo m. Achromatisme.

acromatizar v. tr. Achromatiser.

acromatopsia f. MED. Achromatopsie.

acromegalia f. MED. Acromégalie.

acromial o **acromiano, na** adj. Acromial, e.

acromio o **acromion** m. ANAT. Acromion.

acrónico, ca adj. ASTR. Acronyque.

acrópolis f. inv. ARQUEOL. Acropole.

acróstico, ca adj. y s. m. Acrostiche.

acrotera o **acrótera** f. ARQ. Acrotère, m.

acroterio m. ARQ. Acrotère [parapet au bord d'un toit].

acta f. Acte, m. : *acta notarial*, acte notarié. || Compte (m.) rendu, procès-verbal, m. (de una sesión). || Dossier, m. (expediente). || Acte, m., arrêté (m.) administratif. || — Pl. Actes, m., vies des saints. || Compte rendu, m. sing., procès-verbal, m. sing. : *actas taquigráficas* ou *literales*, compte rendu in extenso. || Registres, m. (para las notas de un examen). || — *Acta de acusación*, acte d'accusation. || *Actas de un concilio*, actes d'un concile. || *Levantar acta*, dresser procès-verbal, verbaliser (multa), faire un constat (atestado), rédiger un procès-verbal (de una reunión), dresser un acte (derecho).

actea f. BOT. Actée.

actinia f. Actinie (anémona de mar).

actínico, ca adj. Actinique.

actinio m. Actinium (metal).

actinismo m. Actinisme.

actinógrafo m. Actinographe.
actinometría f. Actinométrie.
actinómetro m. Actinomètre.
actinomices m. Actinomycès.
actinomicosis f. MED. Actinomycose.
actinota f. MINER. Actinote, m.
actinoterapia f. MED. Actinothérapie.
actinotropismo m. Actinotropisme.
actitud f. Attitude.
— SINÓN. *Postura,* posture, pose. *Posición,* position. *Gesto, geste.*
activación f. Activation.
activador m. QUÍM. Activeur.
activamente adv. Activement. || GRAM. Au sens actif.
activar v. tr. Activer : *activar un trabajo,* activer un travail. || QUÍM. Activer : *lodo activado,* boue activée.
— V. pr. S'activer.
actividad f. Activité : *volcán en actividad,* volcan en activité. || *Esfera de actividad,* champ d'action.
activismo m. Activisme.
activista adj. y s. Activiste.
activo, va adj. ● Actif, ive. || — *Dividendo activo,* dividende distribué. || MIL. *Escala activa,* active : *oficial de la escala activa,* officier d'active. || *Participio activo,* participe présent. || — *En activo,* en activité, en fonction : *militar, funcionario en activo,* militaire, fonctionnaire en activité. || *Estar en servicio activo,* être en activité.
— M. COM. Actif (haber). || FIG y FAM. *Por activa y por pasiva,* de toutes façons.
— SINÓN. ● *Operante,* agissant. *Eficaz,* efficace. *Eficiente,* efficient.
acto m. Acte (hecho) : *se conoce a un hombre por sus actos,* on connaît un homme à ses actes. || Action, f. (acción). || Acte : *acto de fe, de contrición,* acte de foi, de contrition. || Œuvre, f. : *acto carnal,* œuvre de chair. || Assemblée, f. (en las universidades). || TEATR. Acte : *comedia en dos actos,* comédie en deux actes. || Séance, f. (de una asamblea) : *acto inaugural,* séance inaugurale. || Cérémonie, f., manifestation, f. : *los ministros presenciaron el acto,* les ministres assistèrent à cette manifestation. || — *Acto continuo* ou *seguido,* tout de suite, tout de suite après, immédiatement après. || *Acto de conciliación,* conciliation devant le juge. || DR. *Injurias y actos de violencia,* injures et voies de fait. || *Salón de actos,* salle des fêtes. || — *En el acto,* sur-le-champ, séance tenante (inmediatamente), sur le coup : *murió en el acto,* il mourut sur le coup. || *En el acto de,* au moment où o de. || *Hacer acto de presencia,* faire acte de présence. || *Muerto en acto de servicio,* mort au service de la patrie.
actor, ra adj. y s. DR. Demandeur, demanderesse. || DR. *Parte actora,* demandeur.
actor, triz m. y f. ● Acteur, actrice. || — *Actor, actriz de doblaje,* doublure. || *Primer actor,* acteur principal, vedette. || *Primera actriz,* vedette. || *Segundo, tercer actor,* second, troisième rôle.
— SINÓN. ● *Cómico, comediante,* comédien, *Artista,* artiste. *Intérprete,* interprète. *Protagonista,* protagoniste. *Galán,* jeune premier. *Figura,* vedette. *Estrella,* étoile, star. *Farsante,* baladin. *Figurante* (teatro), *extra* (cine), figurant. *Comparsa,* comparse. *Histrión,* histrion. *Doble,* doublure. *Cómico de la legua,* comédien ambulant.
actuación f. Façon d'agir, conduite : *su actuación fue poco apreciada,* sa conduite fut peu appréciée. || Comportement, m. : *la actuación de los jugadores,* le comportement des joueurs. || Rôle, m. : *en este caso la actuación de la policía no ha quedado muy clara,* le rôle que la police a joué dans cette affaire n'est pas très clair. || DR. Procédure. || Activité, f. | Jeu, m. [d'un acteur]. || Numéro, m. : *la actuación de los malabaristas,* le numéro des

jongleurs. || — Pl. Dossiers (m.) d'un procès. || *Actuación pericial,* expertise.
actual adj. Actuel, elle.
actualidad f. Actualité. || — Pl. Actualités (noticiario). || — *En la actualidad,* aujourd'hui, à l'heure actuelle, actuellement (en nuestra época), pour le moment (en este momento). || *Ser de actualidad,* être d'actualité, être à l'ordre du jour.
actualismo m. Actualisme.
actualización f. Actualisation (p. us.), mise à jour. || Recyclage, m. (de profesores, etc.).
actualizar v. tr. Actualiser, rendre actuel, mettre à jour : *actualizar un texto,* mettre à jour un texte.
actuante adj. y s. Agissant, e. || Soutenant [d'une thèse]. || Candidat, e [à un examen ou un concours].
actuar v. intr. Agir (obrar) : *en eso actuó bien,* en cela il a bien agi. || Jouer un rôle. || Remplir une charge o des fonctions. || Soutenir une thèse (en la universidad). || Subir (un examen), se présenter (à un concours). || Jouer : *este actor actuará en nuestro teatro la semana que viene,* cet acteur jouera dans notre théâtre la semaine prochaine. || DR. Procéder, instruire un procès. || Agir : *actuar por lo civil,* agir civilement. || TAUROM. Combattre. || *Actuar de,* jouer le rôle de.
— V. tr. Mettre en action, actionner. || Assimiler. || Absorber.
— V. pr. *Actuarse en,* s'exercer à : *actuarse en escribir,* s'exercer à écrire. || *Actuarse en un negocio,* instruire une affaire.
actuariado m. Actuariat.
actuarial adj. De l'actuaire, actuariel, elle.
actuario m. DR. Actuaire, greffier. || Actuaire (de seguros).
acuache m. *Amer.* Copain, ami. || *Ir acuaches,* aller ensemble.
acuadrillar v. tr. Réunir en bande o en troupe. || Commander [à une bande].
acuafortista m. Aquafortiste.
acuaplano m. Aquaplane.
acuarela f. Aquarelle.
acuarelista m. y f. Aquarelliste.
acuario m. Aquarium (de peces). || ASTR. Verseau.
acuartelado, da adj. BLAS. Écartelé, e.
acuartelamiento m. Casernement. || Consigne, f.
acuartelar v. tr. Caserner. || Consigner (tropas). || Diviser [un terrain] en quartiers.
— V. pr. Se retirer à la caserne.
acuartillar v. tr. Plier les jarrets [cheval].
acuático, ca adj. Aquatique. || Nautique : *esquí acuático,* ski nautique.
acuátil adj. Aquatile.
acuatinta f. Aquatinte, aqua-tinta (grabado).
acuatintista m. y f. Aquatintiste.
acuatizar v. intr. Amerrir (un hidroavión).
acucia f. Diligence, empressement, m. || Convoitise, désir, m. (anhelo).
acuciador, ra adj. y s. Pressant, e (estimulante). || Avide (ansioso).
acuciamiento m. Stimulation, f. (estímulo). || Convoitise, f. (deseo, ansia). || Empressement, diligence, f.
acuciante adj. Pressant, e : *una orden acuciante,* un ordre pressant. || Urgent, e (apremiante).
acuciar v. tr. Presser, hâter (animar). || Presser : *estar acuciado por la sed, por la necesidad,* être pressé par la soif, par le besoin. || Presser, harceler : *acuciar a alguien con preguntas,* presser quelqu'un de questions. || Convoiter (anhelar).
acuciosamente adv. Diligemment, avec empressement. || Ardemment.
acuciosidad f. Empressement, m., diligence (solicitud). || *Amer.* Empressement, m.
acucioso, sa adj. et s. Diligent, e. || Avide, désireux, euse.

acuclillarse v. pr. S'accroupir.
acucharado, da adj. En forme de cuiller.
acuchillado, da adj. Fig. Expérimenté, e. ‖ *Mangas acuchilladas*, manches à crevés.
— M. Ponçage (suelos de madera).
acuchillador, ra adj. et s. Batailleur, euse ; querelleur, euse (pendenciero). ‖ Ponceur, euse (del suelo). ‖ — M. Bretteur, spadassin (espadachín).
acuchillamiento m. Ponçage (del suelo).
acuchillar v. tr. Poignarder (apuñalar). ‖ Passer au fil de l'épée (pasar a cuchillo). ‖ Taillader (vestidos). ‖ Garnir de crevés (mangas). ‖ Fendre (el aire). ‖ Raboter (la madera). ‖ Poncer (el suelo).
acudir v. intr. Arriver, venir : *en seguida acudo*, je viens tout de suite. ‖ Venir : *acudieron muchos espectadores*, beaucoup de spectateurs sont venus. ‖ Se rendre, aller (ir) : *acudir a una cita*, se rendre à un rendez-vous. ‖ Se présenter : *acudir a un examen*, se présenter à un examen. ‖ Aller ouvrir (a la puerta). ‖ Répondre : *¿quién acudió al teléfono?*, qui a répondu au téléphone ? ‖ Venir en aide à, secourir (auxiliar). ‖ Fréquenter (ir a menudo). ‖ Obéir à, exécuter (una orden). ‖ Recourir à (recurrir). ‖ Survenir (sobrevenir). ‖ Obéir (el caballo). ‖ Accourir (con prisa). ‖ — *Acudir a*, recourir à ; s'adresser à (dirigirse). ‖ *Acudir a la huida*, prendre la fuite. ‖ *Acudir al pensamiento* ou *a la mente*, venir à l'esprit, à l'idée. ‖ *Acudir en ayuda de*, venir en aide à. ‖ *No saber a quién acudir*, ne savoir à quel saint se vouer.
acueducto m. Aqueduc.
ácueo, a adj. Aqueux, euse : *humor ácueo*, humeur aqueuse.
acuerdo m. Accord : *lo hicieron de común acuerdo*, ils l'ont fait d'un commun accord. ‖ Harmonie, *f.*, entente, *f.* : *reinaba el acuerdo entre ellos*, l'harmonie régnait entre eux. ‖ Accord : *acuerdo general sobre tarifas arancelarias y comercio*, accord général sur les tarifs douaniers et le commerce ‖ *concertar un acuerdo*, conclure un accord. ‖ Sagesse, *f.*, bon sens (cordura). ‖ Avis, conseil (parecer). ‖ (Ant.). Souvenir. ‖ — *De acuerdo*, d'accord. ‖ *De acuerdo con*, conformément à (conforme con), en accord avec. ‖ *Estar de acuerdo en*, être d'accord sur (una cosa) ; être d'accord pour (con un verbo). ‖ *Estar en su acuerdo*, avoir tout son bon sens o toute sa tête. ‖ *Ponerse de acuerdo*, se mettre o tomber d'accord. ‖ *Volver sobre su acuerdo*, revenir sur une décision.
acuícola adj. Aquicole.
acuidad f. Acuité.
acuífero, ra adj. Aquifère : *capa acuífera*, nappe aquifère.
acuitadamente adv. Péniblement, avec affliction.
acuitar v. tr. Affliger, chagriner.
aculado, da adj. Blas. Assis, e.
acular v. tr. Appuyer, caler (arrimar). ‖ Fam. Acculer (acosar, arrinconar).
— V. pr. Mar. Toucher le fond.
aculebrinado, da adj. En forme de couleuvrine.
aculeiforme adj. Aculéiforme.
acullá adv. Là-bas, par-là. ‖ *Acá y acullá*, par-ci, par-là, çà et là.
acullico m. Amer. Boulette (*f.*) de feuilles de coca.
acuminado, da adj. Acuminé, e (puntiagudo).
acumulación f. o **acumulamiento** m. Accumulation, *f.* ‖ Cumul, *m.* (de empleos o penas). ‖ Emmagasinage, *m.*, emmagasinement, *m.* : *acumulación de recuerdos*, emmagasinage de souvenirs.
acumulador, ra adj. Accumulateur, trice.
— M. Tecn. Accumulateur, accus (fam.).

acumular v. tr. Accumuler (amontonar). ‖ Cumuler (empleos o penas). ‖ Emmagasiner, accumuler : *acumular recuerdos*, emmagasiner des souvenirs.
— V. pr. S'accumuler (cosas). ‖ Se rassembler (personas) : *la gente se acumulaba delante del escaparate*, les gens se rassemblaient devant la vitrine.
acumulativamente adv. Dr. Cumulativement.
acumulativo, va adj. Qui accumule. ‖ Dr. Cumulatif, ive.
acunar v. tr. Bercer : *acunar a un niño*, bercer un enfant.
acuñación f. Frappe, monnayage, *m.* (monedas).
acuñador m. Monnayeur.
acuñar v. tr. Frapper (monedas y medallas). ‖ Caler, coincer (poner cuñas). ‖ *Expresión acuñada*, expression toute faite.
— V. intr. Battre monnaie.
acuosidad f. Aquosité.
acuoso, sa adj. Aqueux, euse. ‖ Juteux, euse (fruta).
acuotubular adj. Tecn. Aquatubulaire (caldera).
acupuntura f. Med. Acuponcture, acupuncture.
acure m. Zool. Agouti.
acurrucarse v. pr. Se blottir, se pelotonner.
— Sinón. *Agazaparse, agacharse*, se baisser. *Ponerse en cuclillas*, s'accroupir. *Arrebujarse, hacerse un ovillo*, se pelotonner.
acurrullar v. tr. Mar. Amener [les voiles].
acusable adj. Accusable.
acusación f. Accusation : *acta de acusación*, acte d'accusation ; *cargo de acusación*, chef d'accusation.
acusado, da adj. y s. Accusé, e (inculpado).
— Adj. Accusé, e (saliente).
— Observ. L'adjectif espagnol *acusado* est un gallicisme dans le sens de « marqué », « qui ressort ».
acusador, ra adj. y s. Accusateur, trice. ‖ Dr. *Acusador público*, procureur de la République ; procureur du Roi [autrefois] ; accusateur public [sous la Révolution française].
acusar v. tr. Accuser : *acusar de robo*, accuser de vol ; *no hay que acusar nunca a su prójimo*, il ne faut jamais accuser son prochain. ‖ Annoncer (juegos). ‖ Reprocher, accuser : *le acuso de todas nuestras desdichas*, je vous reproche tous nos malheurs. ‖ Fig. Accuser (manifestar) : *acusa gran cansancio*, il accuse une grande fatigue. ‖ Fam. Dénoncer : *su antiguo amigo le acusó*, son ancien ami l'a dénoncé. ‖ Cafarder, rapporter : *los niños malos tienen la costumbre de acusar*, les vilains enfants ont l'habitude de rapporter. ‖ — *Acusar el golpe*, accuser le coup. ‖ Fig. *Acusar las cuarenta a uno*, dire son fait o ses quatre vérités à quelqu'un. ‖ *Acusar recibo*, accuser réception.
— V. pr. S'accuser.
acusativo, va adj. y s. Gram. Accusatif.
acusatorio, ria adj. Accusatoire.
acuse m. Accusé : *acuse de recibo*, accusé de réception. ‖ Annonce, *f.* (juegos).
acusetas m. o **acusete** m. Fam. Amer. Mouchard, cafard (soplón).
acusica m. y f. Fam. Rapporteur, euse ; cafard, e ; mouchard, e (soplón).
acusón, ona adj. y s. Fam. Rapporteur, euse ; cafard, e ; mouchard, e (soplón).
acústico, ca adj. y s. f. Acoustique : *trompetilla acústica*, cornet acoustique.
acutangular adj. Acutangulaire.
acutángulo, la adj. Acutangle.
acutí m. Amer. Agouti (roedor).
achabacanamiento m. Vulgarité, *f.*, platitude, *f.*
achabacanar v. tr. Rendre vulgaire.
— V. pr. Devenir vulgaire.
achacable adj. Imputable.
achacar v. tr. Imputer, attribuer.

achacosamente adv. Maladivement, débilement. ‖ Avec difficulté : *andaba achacosamente*, il marchait avec difficulté.

achacoso, sa adj. Malade, perclus, e (baldado). ‖ Maladif, ive ; dolent, e ; souffreteux, euse (enfermizo). ‖ Indisposé, e ; souffrant, e (lïgeramente enfermo). ‖ Défectueux, euse (una cosa).

achaflanar v. tr. Chanfreiner.

achagual m. *Amer.* Bourbier.

¡achalay! interj. *Amer.* Que c'est beau !

achampanado, da o **achampañado, da** adj. Champagnisé, e ; façon champagne.

achancharse v. pr. *Amer.* S'affaiblir. ‖ Avoir honte.

achantar v. tr. FAM. Faire peur, intimider (asustar) : *a este niño no le achanta nadie*, personne ne fait peur à cet enfant. ‖ Couper le sifflet, faire perdre tous ses effets (dejar desarmado). ‖ POP. *¡Achanta la mui!*, boucle-la !
— V. pr. FAM. Perdre tous ses effets. ‖ Se tenir coi (aguantarse). ‖ Se dégonfler (rajarse).

achaparrado, da adj. Court et touffu (árbol). ‖ FIG. Courtaud, e ; trapu, e (pequeño), tassé, e : *viejo achaparrado*, vieillard tassé. ‖ Écrasé, e (aplastado).

achaparrarse v. pr. S'élargir [sans croître en hauteur] (los árboles). ‖ FIG. Se tasser, s'épaissir (personas).

achapinarse v. pr. *Amer.* Adopter les us et coutumes du Guatemala.

achaque m. Maladie, *f.* (ligera). ‖ Malaise, indisposition, *f.* (malestar). ‖ FAM. Indisposition, *f.*, règles, *f. pl.*, (de mujeres). ‖ Grossesse, *f.* (embarazo). ‖ Infirmité, *f.* : *lleno de achaques*, plein d'infirmités. ‖ FIG. Excuse, *f.*, prétexte : *con el achaque de*, sous le prétexte de. ‖ Apparence, *f.*, semblant (reputación). ‖ Occasion, *f.*, motif (causa). ‖ Défaut, manie, *f.* (vicio). ‖ Amende, *f.* (multa). ‖ Affaire, *f.*, sujet, matière, *f.* (materia). ‖ — *Achaques de salud*, ennuis de santé. ‖ *Achaques de la vejez*, infirmités de l'âge.

OBSERV. En espagnol *enfermedad* est une maladie en général, *achaque* une infirmité légère et plus ou moins chronique ; *dolencia* ajoute l'idée de souffrance.
— En francés, *maladie* corresponde a *enfermedad*, *infirmité* significa una enfermedad crónica (como la ceguera), una parálisis o una mutilación. *Malaise* es un malestar más o menos fuerte.

achaquiento, ta adj. Malade, souffrant, e (achacoso).

¡achara! interj. *Amer.* Dommage ! (¡qué lástima !)

achares m. pl. Jalousie, *f. sing.* ‖ *Dar achares a*, rendre jaloux.

acharolar v. tr. Vernir.

acharranarse v. pr. FAM. Devenir vulgaire.

achatamiento m. Aplatissement.

achatar v. tr. Aplatir.
— V. pr. *Amer.* Perdre courage, se dégonfler.

achicado, da adj. Enfantin, e (aniñado).

achicador, ra adj. Qui écope, qui diminue.
— M. MAR. Écope, *f.*

achicamiento m. Rapetissement, *m.* ‖ Vidange (del agua). ‖ FIG. Abaissement (humillación). ‖ Dégonflement, dégonflage (rajamiento).

achicar v. tr. Diminuer, réduire : *tuvo que achicar sus pretensiones*, il dut réduire ses prétentions. ‖ MAR. Écoper. ‖ Vider (el agua de una mina, etc.). ‖ FIG. Humilier, rabaisser (humillar). ‖ FAM. Tuer, descendre.
— V. pr. FAM. Se dégonfler (rajarse). ‖ *No hay que achicarse*, il ne faut pas se laisser abattre.

achicoria f. Chicorée (planta).

achicharradero m. Fournaise, *f.* (sitio caluroso).

achicharrante adj. Brûlant, e.

achicharrar v. tr. Brûler (asar demasiado). ‖ FIG. Brûler, griller (calentar con exceso). ‖ Agacer, tourmenter (quemar la sangre). ‖ Mitrailler, bombarder : *le achicharraron a preguntas*, on l'a bom-

bardé de questions. ‖ *Amer.* Aplatir, écraser (estrujar).
— V. pr. Brûler (un guiso). ‖ Griller (con el sol).

achicharronar v. tr. *Amer.* V. ACHICHARRAR.

achichicle o **achichique** m. *Amer.* Stalactite, *f.*

achichinque m. *Amer.* Ouvrier d'une mine (obrero). ‖ Domestique zélé (servidor). ‖ Flatteur (adulador).

achiguarse v. pr. *Amer.* Se bomber, se gauchir (pared, tabla, etc.). ‖ Prendre de l'embonpoint (una persona).

achimero o **achinero** m. *Amer.* Colporteur.

achimes m. pl. *Amer.* Pacotille, *f. sing.*

achinado, da adj. Bridé, e (los ojos). ‖ Oriental, e : *esta chica tiene una cara achinada*, cette jeune fille a un visage oriental. ‖ *Amer.* Métis, isse. ‖ Vulgaire.

achinar v. tr. FAM. Intimider (acoquinar).

achinelado, da adj. En forme de pantoufle.

achinería f. *Amer.* Colportage, *m.*

achiotal m. Lieu planté de rocouyers.

achiote m. Rocouyer (árbol).

achique m. Vidage, écopage (del agua).

achiquillado, da adj. Enfantin, e.

achiquitar v. tr. FAM. *Amer.* Rapetisser.
— V. pr. *Amer.* Prendre peur, se faire tout petit.

achira f. *Amer.* Balisier, *m.* (cañacoro).

achispado, da adj. Gris, e ; pompette, éméché, e : *estar un poco achispado después de haber bebido*, être un peu gris après avoir bu.

achispar v. tr. Griser (embriagar).
— V. pr. Se griser.

achocar v. tr. Heurter, frapper.

achocolatado, da adj. Chocolat, *inv.*

achocharse v. pr. FAM. Devenir gâteux, radoter.

acholado, da adj. *Amer.* Au teint cuivré o à la peau cuivrée (cobrizo). ‖ Penaud, e ; honteux, euse (avergonzado).

acholar v. tr. *Amer.* Faire honte à, faire rougir.
— V. pr. *Amer.* Rougir, avoir honte (avergonzarse). ‖ Prendre un coup de soleil (insolarse).

achubascarse v. pr. Se couvrir (tiempo, cielo).

achucutar o **achucuyar** v. tr. *Amer.* Faire honte, faire rougir.

achuchado, da adj. FAM. Difficile, dur, e : *la vida está muy achuchada*, la vie est très difficile.

achuchar v. tr. FAM. Aplatir, écraser (aplastar). ‖ FIG. Bousculer, pousser (empujar) : *me achucharon por todos lados*, on m'a bousculé de tous les côtés. ‖ Exciter (un perro).

achucharrar v. tr. *Amer.* Aplatir.
— V. pr. *Amer.* Se décourager (amilanarse).

achuchón m. Poussée, *f.* : *me tiró al agua de un achuchón*, d'une poussée, il me jeta à l'eau. ‖ Écrasement, aplatissement (aplastamiento). ‖ — Pl. Bousculade, *f. sing.* ‖ *Dar un achuchón*, pousser, bousculer.

achulado, da o **achulapado, da** adj. Vulgaire, canaille (grosero). ‖ Drôle (gracioso). ‖ Effronté, e (descarado).

achura f. *Amer.* Abats, *m. pl.*, fressure.

achurar o **achurear** v. tr. *Amer.* Vider [une bête tuée]. ‖ FIG. y FAM. Étriper.

achurruscar v. tr. *Amer.* Presser, serrer.
— V. pr. S'entortiller (ensortijarse).

adagio m. Adage. ‖ MÚS. Adagio.

adala f. MAR. Dalot, *m.*

adalid m. Chef. ‖ Champion : *el adalid de la democracia*, le champion de la démocratie.

adamado, da adj. Efféminé, e (afeminado). ‖ Raffiné, e ; élégant, e (fino). ‖ Qui joue à la dame.

adamantino, da adj. *Poét.* Adamantin, e.

adamar v. tr. Courtiser (requebrar).
— V. pr. S'efféminer (afeminarse).

adamascado, da adj. Damassé, e.

adamascar v. tr. Damasser (tejidos).

adámico, ca adj. Adamique.

adamismo m. Adamisme (herejía).
adamita m. Adamite, adamien (hereje).
adán m. Fig. y Fam. Homme négligé *o* sans soin (descuidado). | Va-nu-pieds (desharrapado). | Homme paresseux *o* sans volonté *o* fainéant (haragán). ‖ *Ir hecho un adán,* être dépenaillé.
Adán n. pr. m. Adam. ‖ — Fam. *Ir en el traje de Adán,* être en costume d'Adam. ‖ Anat. *Manzana* ou *nuez de Adán,* pomme d'Adam.
adanismo m. Adamisme.
adaptable adj. Adaptable.
adaptación f. Adaptation.
adaptador, ra adj. y s. Adaptateur, trice.
adaptar v. tr. Adapter : *adaptar su conducta con la de su hermano,* adapter sa conduite à celle de son frère ; *adaptar una novela al teatro,* adapter un roman au théâtre.
— V. pr. S'adapter.
— Sinón. *Ajustar,* ajuster. *Cuadrar,* cadrer. *Ir, caer, sentar, pegar,* aller.
adaraja f. Arq. Harpe, pierre d'attente.
adarga f. Targe, bouclier, *m.* (escudo).
adargar v. tr. (Ant.) Couvrir d'un bouclier. ‖ Fig. Défendre, protéger.
adarme m. (Ant.) Adarme [ancien poids : 1,79 g]. ‖ Fig. Brin, grain, miette, *f.,* trace, *f.* : *no tiene un adarme de bondad,* il n'y a pas trace de bonté chez lui. ‖ — Fig. *No me importa ni un adarme,* je m'en moque complètement. | *Por adarmes,* au compte-gouttes (poco a poco).
adarve m. Chemin de ronde (fortificación).
adatar v. tr. Dater, mettre la date sur.
adaza f. Bot. Sorgho, *m.* (zahína).
addenda m. inv. Addenda.
adecenar v. tr. Compter par dizaines.
adecentar v. tr. Nettoyer (limpiar), mettre en ordre (ordenar). ‖ Arranger : *hay que hacer estas obras para adecentar la casa,* il faut faire ces travaux pour arranger la maison.
— V. pr. S'arranger, s'habiller décemment.
adecuación f. Adéquation (p. us.), conformité. ‖ Adaptation, ajustement, *m.* (arreglo). ‖ Aménagement, *m.* : *la adecuación de los grandes almacenes,* l'aménagement des grands magasins.
adecuadamente adv. Convenablement. ‖ Justement, à propos.
adecuado, da adj. Adéquat, e ; approprié, e ; *vehículo adecuado para este tipo de terreno,* véhicule approprié à ce genre de terrain. ‖ Filos. Adéquat, e.
— Observ. *Adéquat* es menos usado que el español *adecuado.*
adecuar v. tr. Approprier, accommoder, adapter.
adefesiero, ra *o* **adefesioso, sa** adj. *Amer.* Ridicule, extravagant, e.
adefesio m. Fam. Épouvantail (persona). | Polichinelle (persona ridícula). ‖ Extravagance, *f.* (disparate). ‖ Vêtement extravagant, tenue (*f.*) ridicule (traje). ‖ Fam. *Estar hecho un adefesio,* être fichu comme l'as de pique. | *Poner como un adefesio,* mal fagoter.
adehala f. Gratification.
adehesamiento m. Transformation (*f.*) [d'un terrain] en pâturage.
adehesar v. tr. Convertir en pâturage.
Adela n. pr. f. Adèle.
Adelaida n. pr. f. Adélaïde.
adelantadamente adv. D'avance, à l'avance.
adelantado, da adj. Avancé, e : *un niño adelantado,* un enfant avancé. ‖ En avance, qui avance : *un reloj adelantado,* une pendule qui avance. ‖ En avance, d'avance : *pago adelantado,* paiement d'avance. ‖ Évolué, e : *país adelantado,* pays évolué. ‖ De premier ordre (excelente). ‖ En avant, en profondeur (deporte) : *un pase muy adelantado,* une passe très en avant.

— Adv. *Por adelantado,* d'avance, à l'avance, par anticipation.
— M. Hist. Gouverneur d'une province. ‖ Fig. Pionnier, précurseur. ‖ — *Adelantado de corte* o *del rey,* officier de justice. ‖ *Adelantado de mar,* chef, capitaine d'une expédition maritime.
— Observ. *L'adelantado* était le plus haut représentant des pouvoirs politiques, militaires et judiciaires en Amérique pendant la période de la conquête et l'époque coloniale espagnole.
adelantador, ra adj. Qui avance.
adelantamiento m. Avance, *f.,* avancement (adelanto). ‖ Dépassement (de un coche). ‖ Fig. Progrès, essor (mejora) : *industria en gran adelantamiento,* industrie en plein essor. ‖ Hist. Charge (*f.*) de gouverneur de province. | Gouvernement (territorio).
adelantar v. tr. Avancer : *adelantar el reloj,* avancer sa montre. ‖ Avancer de : *adelantar cuatro pasos,* avancer de quatre pas. ‖ Avancer de, gagner : *adelantar cuatro puestos en una clase,* avancer de quatre places dans une classe. ‖ Accélérer, hâter (apresurar). ‖ Avancer : *adelantar dinero,* avancer de l'argent. ‖ Dépasser, laisser en arrière (dejar atrás) : *adelantar a un rival en una carrera,* dépasser un rival dans une course. ‖ Doubler, dépasser (un vehículo) : *adelantar un coche,* dépasser une voiture. ‖ Fig. Augmenter (aumentar). | Améliorer (mejorar). ‖ Faire progresser (una ciencia).
— V. intr. Avancer : *tu reloj adelanta,* ta montre avance. ‖ Progresser (progresar). ‖ Faire des progrès : *este niño ha adelantado mucho en matematicas,* cet enfant a fait beaucoup de progrès en mathématiques. ‖ *Adelantar en edad,* avancer en âge.
— V. pr. S'avancer : *adelantarse al encuentro,* s'avancer à la rencontre. ‖ Doubler, dépasser : *adelantarse a un coche,* doubler une voiture. ‖ Devancer : *adelantarse a su época,* devancer son temps ; *adelantarse a alguno,* devancer quelqu'un. ‖ Dépasser, laisser en arrière (dejar atrás). ‖ Fig. Supplanter, prendre le pas sur (aventajar).
adelante adv. Plus loin (más allá). ‖ En avant, devant soi. ‖ — *De aquí* ou *de hoy en adelante,* désormais, à partir de maintenant. ‖ *Más adelante,* plus loin (en textos), plus tard (luego). ‖ *Para adelante, para más adelante,* pour plus tard. ‖ — *Ir adelante,* aller de l'avant. ‖ *Llevar adelante,* pousser, mener (conducir), faire vivre : *llevar la familia adelante,* faire vivre la famille ; faire marcher : *llevar la casa adelante,* faire marcher la maison ; poursuivre, mener à bien (una tarea). ‖ *Sacar adelante,* élever dignement (su familia), faire prospérer, mener à bien (un negocio). ‖ *Salir adelante,* s'en tirer. ‖ *Seguir adelante,* continuer.
— Interj. Entrez ! (voz para que alguien entre), continuez (siga), en avant ! (avance). ‖ Fam. *¡Adelante con los faroles!,* vas-y donc !
adelanto m. Avance, *f.* : *este ciclista tiene veinte minutos de adelanto sobre el pelotón,* ce cycliste a vingt minutes d'avance sur le peloton. ‖ Avancement : *el adelanto de las obras,* l'avancement des travaux. ‖ Avance, *f.,* provision, *f.* (de dinero) : *pedir un adelanto,* demander une avance. ‖ Avance, *f.* (de un reloj). ‖ ● Progrès : *los adelantos de la ciencia,* les progrès de la science.
— Sinón. ● *Progreso,* progrès. *Progresión,* progression. *Desarrollo, desenvolvimiento,* développement, déroulement. *Evolución,* évolution. *Marcha,* marche. *Curso, Proceso,* processus.
adelfa f. Bot. Laurier-rose, *m.*
adelfal m. Bosquet de lauriers-roses.
adelfilla f. Lauréole, daphné, *m.* (planta).
adelgazador, ra adj. Amincisseur, euse.

adelgazamiento m. Amincissement. ‖ Amaigrissement (enflaquecimiento). ‖ *De adelgazamiento,* amaigrissant : *cura, régimen de adelgazamiento,* cure, régime amaigrissant.

adelgazante adj. Amaigrissant, e.

adelgazar v. tr. Amincir, rendre mince. ‖ Effiler (una punta). ‖ Faire maigrir (quitar peso a una persona) : *esta medicina te adelgazará,* ce médicament te fera maigrir. ‖ Amincir : *este vestido le adelgaza mucho,* cette robe l'amincit beaucoup. ‖ Maigrir de (peso). ‖ Amenuiser.
— V. intr. Maigrir : *he adelgazado,* j'ai maigri. ‖ Amincir : *traje que adelgaza,* vêtement qui amincit. ‖ Faire maigrir (quitar peso).
— V. pr. S'amincir.

ademán m. Expression, *f.,* visage, air : *ademán severo,* visage sévère. ‖ Geste (movimiento). ‖ — Pl. Façons, *f.,* manières, *f.* (modales). ‖ Signes, manifestations, *f.* (manifestación). ‖ — *En ademán de,* avec l'air de, en signe de. ‖ *Hacer ademán de,* faire mine de (aparentar), faire signe de (mandar).

ademar v. tr. MIN. Étançonner, étayer.

además adv. En plus, de plus (formas corrientes), en outre, par surcroît (formas cultas). ‖ *Además de esto,* en plus de cela, outre cela.
— SINÓN. *También,* aussi. *Asimismo,* de même. *Amén de,* en plus de. *Igualmente,* également.

ademe m. MIN. Etançon, étai.

adenalgia f. MED. Adénalgie.

adenitis f. MED. Adénite.

adenoideo, a adj. Adénoïde.

adenoma m. Adénome.

adenopatía f. Adénopathie.

adentellar v. tr. Mordre. ‖ ARQ. Laisser [dans un mur] des pierres d'attente.

adentrarse v. pr. Pénétrer, s'enfoncer : *adentrarse en un bosque,* s'enfoncer dans un bois. ‖ FIG. *Adentrarse en uno mismo,* s'absorber dans ses pensées.

adentro adv. A l'intérieur, dedans : *estar adentro,* être dedans. ‖ — *Mar adentro,* au large, en pleine mer. ‖ *Tierra adentro,* à l'intérieur du pays. ‖ — *Meterse puertas adentro,* entrer.
— M. pl. For (*sing.*) intérieur : *para* ou *en sus adentros,* dans son for intérieur : *pensar para sus adentros,* penser dans son for intérieur. ‖ FAM. *Hablar para sus adentros,* parler à son bonnet, monologuer.
— Interj. Entrez !
— OBSERV. Ponctuant souvent les chants et danses d'Amérique latine, l'interjection *¡adentro!* sert à inciter les chanteurs à entamer un nouveau couplet et les danseurs à « entrer » dans la danse.

adepto, ta adj. y s. Partisan, e : *adepto al gobierno,* partisan du gouvernement. ‖ Adepte (de una secta o doctrina).

aderezamiento m. Parure, *f.* (adorno). ‖ Préparation (*f.*) des aliments. ‖ Assaisonnement, condiment (aliño). ‖ Arrangement (arreglo). ‖ Apprêt (preparación).

aderezar v. tr. Parer, orner (adornar), embellir (embellecer). ‖ CULIN. ● Faire cuire, préparer. ‖ Accommoder : *aderezar pescado,* accommoder du poisson. ‖ Assaisonner, condimenter (aliñar). ‖ Aromatiser (licor). ‖ Apprêter, préparer (disponer). ‖ Apprêter (dar apresto a las telas). ‖ Guider (guiar). ‖ FIG. Agrémenter, enjoliver (amenizar).
— V. pr. Se parer (adornarse). ‖ S'apprêter (prepararse).
— SINÓN. ● *Aliñar, arreglar,* accommoder. *Guisar, preparar, apprêter. Sazonar, condimentar, adobar,* assaisonner.

aderezo m. Toilette, *f.* (acción de aderezarse). ‖ Parure, *f.,* ornement (adorno). ‖ Parure, *f.* (joyas). ‖ Préparation, *f.* (de la comida). ‖ Assaisonnement (con especias, etc.). ‖ Aromatisation, *f.* (de lico-

res). ‖ Apprêt (de las telas). ‖ Harnais (de caballo). ‖ Garde, *f.* (de espada). ‖ FIG. Préparation, *f.,* organisation, *f.,* préparatifs, *pl.*

adestrado, a adj. BLAS. Adextré, e.

adestrar* v. tr. Dresser.

adeudado, da adj. Dû, e (debido). ‖ Endetté, e (que tiene deudas).

adeudar v. tr. Devoir, avoir une dette de : *adeudar un millón de francos,* devoir un million de francs. ‖ Acquitter o payer des droits de douane (géneros). ‖ COM. Débiter (en una cuenta).
— V. intr. S'apparenter, entrer dans une famille (emparentar).
— V. pr. S'endetter, faire des dettes.

adeudo m. Dette, *f.* (deuda). ‖ Droit de douane o d'octroi (en las aduanas). ‖ COM. Débit (de una cuenta).

adherencia f. ●.Adhérence. ‖ Tenue de route (de un coche). ‖ *Tener buena adherencia,* bien tenir la route (un coche).
— SINÓN. ● *Adhesión,* adhésion, *Coherencia,* cohérence. *Cohesión,* cohésion. *Inherencia,* inhérence. *Encolamiento, pegadura,* collement.

adherente adj. y s. Adhérent, e. ‖ — M. Condition (*f.*) nécessaire. ‖ — Pl. Accessoires, choses, *f.*

adherir* v. tr. Coller, fixer (pegar).
— V. intr. Adhérer à (pegarse).
— V. intr. y pr. Adhérer à (una doctrina, un partido) : *no se adhiere a ningún partido,* il n'adhère à aucun parti. ‖ FIG. Se rallier à (a alguien). ‖ S'associer, se rallier à, se ranger à : *adherirse a una opinión,* se ranger à une opinion.

adhesión f. Adhésion. ‖ Ralliement, *m.* (a alguien). ‖ Adhésion (a un partido, etc.).

adhesividad f. Adhésivité.

adhesivo, va adj. y s. m. Adhésif, ive.

adiabático, ca adj. Fís. Adiabatique.

adiado, da adj. Fixé, e (día).

adiamantado, da adj. Diamantin, e.

adiar v. tr. Fixer un jour, une date.

adición f. Addition. ‖ Note, annotation. ‖ MAT. Somme, addition (operación aritmética). ‖ DR. Adition, acceptation : *adición de la herencia,* adition d'hérédité.

adicionable adj. Additionnable.

adicionador, ra adj. y s. Additionneur, euse.

adicional adj. Additionnel, elle ; supplémentaire : *disposiciones adicionales,* dispositions supplémentaires ; *cláusula adicional,* clause additionnelle.

adicionar v. tr. Additionner (sumar). ‖ Ajouter, additionner (agregar). ‖ Annoter (un poema). .

adicto, ta adj. Attaché, e ; fidèle, dévoué, e : *un amigo adicto,* un ami dévoué. ‖ *Ser muy adicto a una causa,* être tout acquis à une cause.
— M. y f. Partisan, e.

adiestrado, da adj. BLAS. Adextré, e. ‖ Entraîné, e ; exercé, e (ejercitado).

adiestrador, ra adj. y s. Dresseur, euse.

adiestramiento m. Dressage : *el adiestramiento de un caballo,* le dressage d'un cheval. ‖ Instruction, *f.,* entraînement : *el adiestramiento de las tropas,* l'entraînement des troupes.

adiestrar v. tr. Dresser (un animal). ‖ Instruire, exercer, entraîner (instruir). ‖ Guider, diriger (encaminar).
— V. pr. S'exercer, s'entraîner : *adiestrarse en saltar,* s'exercer à sauter.

adietar v. tr. Mettre à la diète.

adigio n. pr. m. GEOGR. Adige.

adinamia f. MED. Adynamie.

adinámico, ca adj. Adynamique.

adinerado, da adj. y s. Riche, fortuné, e.

adinerarse v. pr. FAM. S'enrichir.

adintelado, da adj. ARQ. Déprimé, e (arco).

¡adiós! interj. Adieu (definitivo). ‖ Au revoir (hasta luego). ‖ FAM. *¡Adiós mi dinero !,* adieu mon argent ! ‖ *Decir adiós a sus pretensiones, a*

la vida, dire adieu à ses prétentions, à la vie.|
Decir adiós a un objeto, faire son deuil d'un
objet. || — M. Adieu.
— OBSERV. *Adiós* est d'un emploi très courant en espa-
gnol et correspond le plus souvent au français *au revoir.*
— Sólo se emplea la palabra *adieu* con el sentido de
hasta luego en el sur de Francia.
— SINÓN. *Hasta la vista, a más ver,* au revoir. *Hasta*
luego, à bientôt, à tout à l'heure. *Buenos días,* bonjour.
Buenas tardes, bonjour [l'après-midi], bonsoir [en soi-
rée]. *Buenas noches,* bonne nuit.

adiposidad f. Adiposité.
adiposis f. MED. Adipose.
adiposo, sa adj. Adipeux, euse.
adir v. tr. DR. Accepter un héritage.
aditamento m. Addition, *f.,* supplément. || Addi-
tif, supplément.
adiva f. ZOOL. Chacal, *m.*
adivinable adj. Devinable.
adivinación f. o **adivinamiento** m. Divination, *f.*
(de los adivinos). || Solution, *f.,* résolution, *f.* (de
un enigma o acertijo).
adivinador, ra m. y f. Devin, devineresse (adivino).
adivinanza f. Divination (adivinación). || Devinette
(acertijo) : *acertar una adivinanza,* trouver une
devinette.
adivinar v. tr. Deviner. || — *¡Adivina quién soy!,*
qui est-ce ? (juego). || *Adivina quién te dio,* main
chaude (juego). || *¡A qué no lo adivina!,* je vous
le donne en cent *o* en mille, je parie que vous ne
devinerez pas.
adivinatorio, ria adj. Divinatoire.
adivino, na m. y f. Devin, devineresse.
— SINÓN. *Adivinador,* devin. *Profeta,* prophète. *Brujo,*
zahorí, sorcier. *Visionario,* visionnaire. *Vidente,* voyant.
Vaticinador, vaticinateur. *Astrólogo,* astrologue. *Tauma-*
turgo, taumaturge. *Cartomántica,* cartomancienne. *Mago,*
magicien. *Nigromante,* nécromancien, nécromant. *Augur,*
agorero, augure. *Arúspice,* aruspice. *Pitonisa,* pytonisse.
Pitia, pythie. *Oráculo,* oracle.

adjetivación f. Emploi (*m.*) d'un substantif comme
adjectif.
adjetivadamente adv. GRAM. Adjectivement.
adjetival adj. Adjectival, e.
adjetivar v. tr. GRAM. Adjectiver (emplear como
adjetivo). || Accorder (concordar). || FIG. Qua-
lifier, traiter : *le adjetivaron de tonto,* ils le trai-
tèrent d'idiot.
adjetivo, va adj. y s. m. Adjectif, ive.
— SINÓN. *Calificativo,* qualificatif. *Atributo, predicado,*
attribut, prédicat. *Epíteto,* épithète. *Apositivo,* appositif.
adjudicación f. Adjudication.
adjudicador, ra adj. y s. Adjudicateur, trice.
adjudicar v. tr. Adjuger (atribuir).
— V. pr. S'adjuger (apropriarse).
adjudicatario, ria m. y f. Adjudicataire.
adjudicativo, va adj. Adjudicatif, ive.
adjunción f. Adjonction.
adjuntar v. tr. Joindre à une lettre, envoyer
ci-joint : *le adjunto un sobre con un sello,* j'envoie
ci-joint une enveloppe timbrée. || Adjoindre : *le*
van a adjuntar un auxiliar, on va lui adjoindre un
assistant.
adjunto, ta adj. Adjoint, e : *profesor adjunto,*
professeur adjoint. || Ci-joint, e : *adjunta una foto-*
grafía, ci-joint une photographie. || *Remitir algo*
adjunto, envoyer ci-joint quelque chose, adjoindre
quelque chose.
— M. y f. Adjoint, e. || Assistant, e (profesor).
— OBSERV. La expresión *ci-joint* es invariable : 1) al
principio de la frase (*ci-joint une lettre*) y 2) cuando le
sigue un nombre que no determina ningún artículo o
adjetivo (*j'envoie ci-joint copie de cette lettre*). En los
otros casos, *ci-joint* concuerda con el nombre (*les pièces*
ci-jointes; vous avez ci-jointe la copie).
adjuración f. Adjuration.
adjurar v. tr. Adjurer.
adjutor, ra adj. y s. Auxiliaire.

adlátere m. Compagnon.
adminicular v. tr. DR. Aider.
adminículo m. DR. Adminicule. || — Pl. Choses, *f.,*
accessoires.
— OBSERV. Ce mot est en espagnol du langage courant
alors que le français *adminicule* appartient surtout à la
langue juridique.
administración f. Administration. || — *Adminis-*
tración de fincas públicas, administration des
domaines. || *Por administración,* en régie.
administrado, da adj. y s. Administré, e.
administrador, ra adj. y s. Administrateur, trice.
administrar v. tr. Administrer (regir). || Adminis-
trer (sacramentos, medicamentos). || FAM. Admi-
nistrer : *administrar una paliza,* administrer une
râclée. || — *Administrar (la) justicia,* rendre *o*
administrer la justice. || *Administrar los santos*
sacramentos, munir des sacrements, administrer
les sacrements.
administrativo, va adj. Administratif, ive.
— M. Employé de bureau.
admirable adj. Admirable.
— SINÓN. *Extraordinario,* extraordinaire. *Estupendo,*
épatant. *Magnífico,* magnifique. *Soberbio,* superbe. *Ma-*
ravilloso, merveilleux. *Prodigioso,* prodigieux. *Fabuloso,*
fabuleux. *Espléndido,* splendide. *Sublime,* sublime.
admiración f. Admiration : *producir la admiración*
de, faire l'admiration de. || Étonnement, *m.* (asom-
bro) : *su llegada me llenó de admiración,* son
arrivée m'emplit d'étonnement. || Merveille (cosa
admirable). || GRAM. Point (*m.*) d'exclamation.
admirador, ra adj. y s. Admirateur, trice.
admirante adj. y s. Admirateur, trice. ||
M. GRAM. Point d'exclamation.
admirar v. tr. Admirer (entusiasmarse) : *admiro*
su valor, j'admire son courage. || Étonner (sor-
prender) : *tanta generosidad me admira,* tant de
générosité m'étonne. || *Quedarse admirado,* être
émerveillé (maravillarse).
— V. pr. S'étonner (asombrarse) : *me admiro de*
su insolencia, je m'étonne de son insolence. ||
Être en admiration devant : *admirarse de los pro-*
gresos científicos, être en admiration devant les
progrès scientifiques.
admirativamente adv. Admirativement (con admi-
ración). || Admirablement (admirablemente).
admirativo, va adj. Admiratif, ive (que admira). ||
Admirable. ● Émerveillé, e (maravillado).
admisibilidad f. Admissibilité.
admisible adj. Admissible.
admisión f. Admission. || Admissibilité, admission
(en un examen).
admitancia f. ELECTR. Admittance.
admitir v. tr. ● Admettre. || Accepter, admettre
(aceptar). || Donner l'admissibilité (en un examen).
|| Accorder, consentir (conceder). || MAR. *Admi-*
tir un buque a la libre práctica, admettre un
navire en libre pratique.
— SINÓN. ● *Sufrir,* souffrir. *Tolerar,* tolérer. *Permitir,*
permettre. *Comportar,* comporter.
admixtión f. Admixtion (mezcla).
admonición f. Admonition (advertencia).
admonitor m. Admoniteur.
admonitorio, ria adj. D'avertissement.
adnato, ta adj. Adné, e.
adnotación f. Adnotation (sello del Papa).
adobado m. Daube, *f.* (adobo).
adobador, ra adj. y s. Apprêteur, euse. || Tanneur,
euse (curtidor).
adobadura f. o **adobamiento** m. Daube, *f.* (de
la carne). || Apprêt, *m.* (de las pieles). || Assai-
sonnement, *m.* (de ciertos platos).
adobar v. tr. Apprêter, disposer, préparer. || Assai-
sonner (sazonar). || Mettre en daube (la carne).
|| Préparer à la marinade (el pescado). || Apprêter
(las pieles). || Arranger (arreglar). || FIG. Agré-
menter : *el texto está adobado con una música de*

calidad y un ballet, le texte est agrémenté d'une musique de qualité et d'un ballet.

adobasillas m. Rempailleur, raccommodeur de chaises.

adobe m. Brique (*f.*) crue [d'argile ou de torchis] (ladrillo secado al sol). ‖ Fers, *pl.* (grilletes). ‖ *Amer.* Grand pied (pie).

adobera f. Moule (*m.*) à briques. ‖ Briqueterie (adobería). ‖ *Amer.* Moule (*m.*) à fromages. ‖ Fromage (*m.*) de forme rectangulaire (queso).

adobería f. Briqueterie (ladrillería). ‖ Tannerie (tenería).

adobo m. Apprêt, préparation, *f.* ‖ Daube, *f.* (de la carne), marinade, *f.* (del pescado). ‖ Apprêt (de las pieles y telas). ‖ Fard (afeite).

adobón m. *Amer.* Pan de mur en pisé.

adocenado, da adj. Vulgaire, commun, e; ordinaire, banal, e.

adocenar v. tr. Compter par douzaines. ‖ Confondre avec le commun : *no quiero que me adocenen,* je ne veux pas qu'on me confonde avec le commun.
— V. pr. Devenir vulgaire.

adoctrinamiento m. Endoctrinement.

adoctrinar v. tr. Endoctriner, enseigner.

adogmatismo m. Adogmatisme.

adolecer* v. intr. Tomber malade (caer enfermo). ‖ Souffrir de, être affligé de : *adolecer de reúma,* souffrir de rhumatisme. ‖ Fig. Être en proie à (una pasión). ‖ Souffrir de : *adolecer de ciertos defectos,* souffrir de certains défauts. ‖ Pécher : *esta novela adolece de monotonía,* ce roman pèche par monotonie.

adolescencia f. Adolescence.

adolescente adj. y s. Adolescent.
— Sinón. *Joven, mozo, zagal, pollo* (fam.), jeune homme. *Efebo,* éphèbe. *Jovenzuelo, mancebo,* jouvenceau. *Doncel,* damoiseau. *Mozalbete,* godelureau. *Mozuelo,* bachelier, *Fam. Mocoso,* blanc-bec. *Fam. Pipiolo,* béjaune. *Muchacho, mozo,* garçon.

Adolfo n. pr. m. Adolphe.

adonde adv. Où [vers où].
— Observ. *Où* sans idée de mouvement se traduit généralement par *donde* bien que *adonde* soit aussi employé. Dans une phrase interrogative ou exclamative *adonde* porte un accent écrit : *¿adónde va?,* où va-t-il ?

adondequiera adv. N'importe où (avec mouvement).
— Observ. *Dondequiera* en espagnol n'indique pas de mouvement : *vete adondequiera,* va où tu voudras ; *puedes vivir dondequiera,* tu peux vivre n'importe où.

adónico o **adonio** adj. m. y s. m. Adonique, adonien.

adonis m. Fig. Adonis. ‖ Bot. Adonis.

adonizarse v. pr. Se parer avec recherche, s'adoniser (p. us.).

adopción f. Adoption.

adopcionismo m. Adoptianisme.

adopcionista m. Adoptien.

adoptable adj. Adoptable.

adoptador, ra adj. y s. Adoptant, e.

adoptante adj. Adoptant, e.

adoptar v. tr. Adopter. ‖ Prendre (tomar).

adoptivo, va adj. Adoptif, ive : *hijo adoptivo,* fils adoptif. ‖ D'adoption : *patria adoptiva,* patrie d'adoption.

adoquín m. Pavé (piedra). ‖ Fig. y Fam. Empoté, sot, cruche, *f.* (necio) : *eres un adoquín,* tu es une cruche. ‖ *Amer.* Pavé de bois (tarugo). ‖ Fam. *Comer adoquines,* manger des briques.

adoquinado, da adj. Pavé, e.
— M. Pavage, pavement.

adoquinador m. Paveur.

adoquinar v. tr. Paver.

adorable adj. Adorable.

adoración f. Adoration : *estar en perpetua adoración ante alguien,* être en adoration devant quel-

qu'un. ‖ *Adoración de los Reyes,* Adoration des Rois mages, Épiphanie, jour des Rois.
— Sinón. *Idolatría,* idolâtrie. *Culto,* culte. *Latría,* latrie. *Dulía,* dulie. *Hiperdulía,* hyperdulie.

adorador, ra adj. y s. Adorateur, trice.

adorar v. tr. Adorer.
— V. intr. Prier (orar).

adoratorio m. Petit retable portatif. ‖ *Amer.* Temple d'idole.

adoratriz f. Adoratrice (religiosa).

adormecedor, ra adj. Endormant, e ; assoupissant, e ‖ Fig. Calmant, e (sedante).

adormecer* v. tr. Assoupir, endormir : *esta música adormece,* cette musique endort. ‖ Fig. Endormir, calmer : *el opio adormece los dolores,* l'opium calme les douleurs.
— V. pr. S'assoupir, somnoler (amodorrarse). ‖ S'endormir (dormirse). ‖ Fig. S'engourdir (un miembro). ‖ S'endormir (relajarse). ‖ S'adonner, s'abandonner (aficionarse) : *adormecerse en un vicio,* s'adonner à un vice.

adormecido, da adj. Endormi, e ; assoupi, e.

adormecimiento m. ● Assoupissement (modorra). ‖ Engourdissement (de un miembro). ‖ Fig. Apaisement.
— Sinón. ● *Entumecimiento, embotamiento,* engourdissement. *Torpor, amodorramiento,* torpeur. *Somnolencia, soñolencia,* somnolence. *Letargo, aletargamiento,* léthargie. *Narcosis,* narcose. *Coma,* coma. *Sopor,* sopor.

adormidera f. Bot. Pavot, *m.* ‖ Stupéfiant, *m.* (estupefaciente).

adormilarse o **adormitarse** v. pr. S'assoupir, somnoler.

adornador, ra adj. y s. Décorateur, trice.

adornamiento m. Ornement. ‖ Parure, *f.* (atavío).

adornar v. tr. ● Orner, parer : *adornar con* ou *de flores,* orner de fleurs (una cosa), parer de fleurs (una persona). ‖ Fig. Parer, embellir (con supuestas calidades). ‖ Embellir : *adornar una historia,* embellir une histoire. ‖ Souligner, exalter (enaltecer).
— V. pr. Se parer (ataviarse). ‖ Fig. S'orner, s'agrémenter de.
— Sinón. ● *Arreglar,* arranger, *Ataviar, engalanar,* parer, attifer. *Decorar,* décorer. *Embellecer,* embellir. *Acicalar,* enjoliver.

adornista m. Décorateur, peintre décorateur.

adorno m. ● Ornement, garniture, *f.* (en cosas). ‖ Parure, *f.* (en personas). ‖ Fig. Ornement. ‖ Taurom. Fioriture, *f.* ‖ — Pl. Bot. Balsamine, *f. sing.* ‖ *De adorno,* d'agrément.
— Sinón. ● *Atavío, compostura,* ajustement, parure. *Ornamento,* ornement, parement. *Gala,* atour. *Realce,* éclat.

adosamiento m. Adossement.

adosar v. tr. Adosser. ‖ Adapter, ajuster : *las bombonas espaciales están adosadas al traje espacial,* les bonbonnes spatiales sont adaptées à la combinaison spatiale. ‖ *Columna adosada,* colonne adossée.

adovelado, da adj. Arq. À vousseaux, à claveaux.

adquirente adj. y s. Acquéreur (sin fem.).

adquirible adj. Qui peut être acquis, achetable.

adquirido, da adj. Acquis, e : *velocidad adquirida,* vitesse acquise.

adquiridor, ra adj. y s. Acquéreur (sin fem.) [comprador].

adquirir* v. tr. Acquérir.

adquisición f. Acquisition (compra).

adquisidor, ra adj. y s. Acquéreur (sin fem.).

adquisitivo, va adj. Acquisitif, ive : *prescripción adquisitiva,* prescription acquisitive. ‖ *Poder adquisitivo,* pouvoir d'achat.

adragante o **adraganto** m. Gomme (*f.*) adragante. ‖ Bot. Tragacanthe.

adral m. Ridelle, *f.* (de un carro).

adrede adv. Exprès, à dessein.

adrenalina f. Adrénaline.

adrián m. Oignon (juanete).
Adriano n. pr. m. Adrien.
Adriático n. pr. m. GEOGR. Adriatique, f.
adrizamiento m. Redressement.
adrizar v. tr. MAR. Redresser.
adscribir v. tr. Assigner, attribuer (atribuir). ||
Affecter, destiner (destinar).
— OBSERV. Le participe passé est irrégulier (adscrito,
ta et plus rarement adscripto, ta).
adscripción f. Assignation, attribution (atribu-
ción). || Affectation (destino).
adscripto, ta adj. o **adscrito, ta** adj. Inscrit, e. ||
Assigné, e; attribué, e. || Affecté, e (destinado).
— OBSERV. V. ADSCRIBIR.
adsorbente adj. y s. m. Adsorbant, e.
adsorber v. tr. Adsorber.
adsorción f. Adsorption.
aduana f. Douane. || Aduana interior, droit inté-
rieur, taxe intérieure.
aduanar v. tr. Dédouaner, payer des droits de
douane pour.
aduanero, ra adj. y s. Douanier, ère : tarifa aduanera, tarif douanier.
aduar m. Douar (de beduinos). || Campement (de
gitanos).
adúcar m. Bourrette, f., strasse, f. (seda). || Soie
(f.) grège (tela de adúcar). || Cocon double
(capullo ocal).
aducción f. Adduction.
aducir* v. tr. Alléguer.
aductor adj. y s. m. ANAT. Adducteur. || —
M. Adducteur (cañería).
aduendado, da adj. Lutin, e.
adueñarse v. pr. S'approprier, s'emparer : adueñarse de los bienes ajenos, s'emparer des biens
d'autrui.
adufe m. Tambour de basque.
aduja f. MAR. Glène, enroulement, m. (de un
cable).
adujar v. tr. MAR. Lover, gléner.
— V. pr. Se pelotonner.
adulación f. Flatterie, adulation (lisonja).
adulador, ra adj. y s. Flatteur, euse; adulateur, trice.
adular v. tr. Aduler, flatter (halagar). || FIG. Flat-
ter (deleitar).
adularia f. Feldspath (m.) nacré.
adulatorio, ria adj. Adulatoire.
adulete adj. y s. Amer. V. ADULÓN.
adulón, ona adj. y s. FAM. Flatteur, euse; flagorneur, euse.
adulteración f. Adultération (falsificación). || Fal-
sification, frelatage, m. (de alimentos).
adulterado, da adj. Adultéré, e; frelaté, e; falsi-
fié, e.
adulterador, ra adj. y s. Falsificateur, trice (falsificador).
adulterar v. intr. Commettre un adultère.
— V. tr. Adultérer : adulterar un jarabe con saca-
rina, adultérer un sirop avec de la saccharine. ||
Falsifier, frelater (un producto alimenticio). ||
Corrompre.
adulterinamente adv. En commettant l'adultère.
adulterino, na adj. Adultérin, e : hijo adulterino,
enfant adultérin. || FIG. Falsifié, e; adultéré, e
(falsificado).
adulterio m. Adultère (acto). || FIG. Adultération,
f. (falsificación).
adúltero, ra adj. y s. Adultère (que comete adul-
terio). || — Adj. Adultéré, e (falsificado). || Cor-
rompu, e (lenguaje).
adulto, ta adj. y s. Adulte.
adulzar v. tr. TECN. Adoucir.
adulzorar v. tr. Adoucir, modérer.
adumbrar v. tr. Ombrer, mettre des ombres dans
(un cuadro).

adunar v. tr. Réunir, unir (congregar). || Unifier
(unificar).
adundarse v. pr. Amer. S'abêtir (atontarse).
adustez f. Sécheresse, sévérité.
adustión f. (Ant.). Adustion (cauterización).
adusto, ta adj. FIG. Sévère, austère : rostro
adusto, visage sévère. || (P. us.). Aduste. | Brûlé, e
(tostado). | Très chaud, torride.
advenedizo, za adj. y s. FIG. Arriviste (arribista). |
Parvenu, e (nuevo rico). || Étranger, ère (foras-
tero). || (P. us.). Émigrant, e.
advenidero, ra adj. Futur, à venir.
advenimiento m. Avènement (de un soberano, del
Mesías, de una época). || Arrivée [solennelle]
(llegada), venue, f. (venida). || FIG. y FAM. Espe-
rar el santo advenimiento, attendre la fin du
monde o le déluge.
advenir* v. intr. Arriver.
— V. impers. Advenir, arriver (suceder).
adventicio, cia adj. Adventice (ocasional). || BOT.
Adventice (salvaje). | Adventif, ive (raíces). ||
Adventif, ive : bienes adventicios, biens adventifs.
adventismo m. Adventisme.
adventista adj. y s. Adventiste.
adverado adj. Certifié, e; authentifié, e (certifi-
cado). || Testamento adverado, testament authen-
tifié [fait par devant le curé et deux témoins].
adverar v. tr. Certifier, authentifier.
adverbial adj. Adverbial, e.
adverbializar v. tr. Employer comme adverbe,
adverbialiser.
adverbio m. GRAM. Adverbe.
adversamente adv. Malheureusement.
adversario, ria adj. y s. Adversaire (contrario). ||
— M. pl. Notes, f., fiches, f. [pour rédiger un
ouvrage].
adversativo, va adj. GRAM. Adversatif, ive.
adversidad f. Adversité (desgracia).
adverso, sa adj. Contraire, défavorable, adverse :
suerte adversa, sort défavorable. || Adverse,
opposé, e : el equipo adverso, l'équipe adverse ; la
parte adversa, la partie adverse.
advertencia f. ● Avertissement, m., remarque :
hacer una advertencia a un niño, faire une remarque o donner un avertissement à un enfant.
(observación, aviso). || Avertissement, m., somma-
tion : después de repetidas advertencias se nega-
ron a dispersarse, après plusieurs sommations ils
refusèrent de se disperser. || Mise en garde, re-
marque (explicación). || Observation, remarque
(nota). || Avertissement, m., avant-propos, m. inv.
(prólogo). || MAR. Semonce. || Advertencia conmi-
natoria, sommation.
— SINÓN. ● Aviso, parte, avis. Consejo, conseil. Lección, leçon. Monición, admonición, monition.
advertidamente adv. Sciemment.
advertido, da adj. Avisé, e ; averti, e ; prévenu, e.
advertidor adj. y s. Avertisseur.
advertimiento m. Avertissement (advertencia).
advertir* v. tr. Remarquer, observer, constater, se
rendre compte : he advertido que había muchas
faltas, j'ai remarqué qu'il y avait beaucoup de
fautes. || ● Signaler (señalar) : le advierto algunos
errores, je vous signale quelques erreurs. || Aver-
tir, prévenir : le advierto que no lo consiento, je
vous avertis que je ne le permets pas ; te advertiré
de mi marcha, je te préviendrai de mon départ. ||
Faire remarquer : le advierto que no dije tal cosa,
je vous fais remarquer que ce n'est pas ce que j'ai
dit. || Conseiller de, engager à (mandar amena-
zando) : te advierto que no lo hagas, je te conseille
de ne pas le faire.
— V. intr. Remarquer, comprendre (caer en la
cuenta). || Faire attention (estar atento).
— SINÓN. ● Hacer saber, hacer presente, donner avis,
faire savoir. Informar, informer. Avisar, aviser, avertir.
Prevenir, prévenir.

adviento m. Avent : *cuarto domingo de Adviento,* quatrième dimanche de l'Avent.

advocación f. RELIG. Vocable, *m.* ‖ — *Bajo la advocación de la Virgen,* sous l'invocation de la Vierge. ‖ *Poner bajo la advocación de,* vouer à, placer sous l'invocation de.

adyacente adj. Adjacent, e (cercano).

aedo m. Aède (poeta).

aeración f. Aération, aérage, *m.* (ventilación).

aéreo, a adj. Aérien, enne : *navegación aérea,* navigation aérienne. ‖ — *Toma aérea,* aérien, antenne. ‖ *Transportador aéreo,* aérocâble.

aerícola adj. Aéricole.

aerífero, ra adj. Aérifère.

aeriforme adj. Aériforme.

aerio m. Aérium (sanatorio).

aerobio, bia adj. y s. m. BIOL. Aérobie.

aerobiosis f. Aérobiose.

aerobús m. Aérobus.

aeroclub m. Aéro-club.

aerocolía f. Aérocolie.

aerodinámico, ca adj. y s. f. Aérodynamique. ‖ *Freno aerodinámico,* aérofrein.

aerodino m. Aérodyne (avion).

aeródromo m. Aérodrome.

aerofagia f. Aérophagie.

aerofaro m. Aérophare.

aerofobia f. Aérophobie.

aerogastria f. Aérogastrie.

aerógrafo m. Aérographe.

aerolito m. Aérolithe, aérolite.

aeromancia f. Aéromancie.

aeromántico, ca adj. y s. Aéromancien, enne.

aeromarítimo, ma adj. Aéromaritime.

aerometría f. Aérométrie.

aerómetro m. Aéromètre.

aeromodelismo m. Aéromodelisme.

aeromodelista adj. y s. Aéromodéliste.

aeromodelo m. Modèle réduit [d'avion].

aeromotor m. Aéromoteur.

aeromoza f. Hôtesse de l'air (azafata).

aeromozo m. Steward.

aeronato, ta adj. y s. Qui est né en avion.

aeronauta m. y f. Aéronaute.

aeronáutico, ca adj. y s. f. Aéronautique.

aeronaval adj. Aéronaval, e : *combates aeronavales,* combats aéronavals.

aeronave f. Aéronef, *m.*

aeroplano m. Aéroplane (avión).

aeropostal adj. Aéropostal, e.

aeropuerto m. Aéroport.

aerosol m. Aérosol.

aerostación f. Aérostation.

aerostático, ca adj. y s. f. Aérostatique.

aeróstato m. Aérostat (globo).

aerostero m. Aérostier. ‖ Aéronaute.

aerotecnia o **aerotécnica** f. Aérotechnique.

aerotécnico, ca adj. Aérotechnique.

aeroterapia f. Aérothérapie.

aerotermodinámica f. Aérothermodynamique.

aeroterrestre adj. Aéroterrestre.

aerotransportado, da adj. Aéroporté, e ; aérotransporté, e.

aerovía f. Route aérienne.

afabilidad f. Affabilité (amabilidad).

— SINÓN. *Cortesía,* courtoisie, politesse. *Amenidad,* aménité. *Amabilidad,* amabilité. *Dulzura,* douceur. *Cordialidad,* cordialité. *Gentileza,* gentillesse.

afabilísimo, ma adj. Très affable.

afable adj. Affable : *afable con* ou *para* ou *para con todos,* affable avec o envers tout le monde.

— SINÓN. *Expansivo,* expansif. *Sociable,* sociable. *Acogedor,* accueillant. *Cordial,* cordial. *Afectuoso,* affectueux.

afabulación f. Affabulation.

afacetado, da adj. À facettes.

afamado, da adj. Fameux, euse ; renommé, e ; réputé, e (famoso).

afamar v. tr. Rendre fameux, euse.
— V. pr. Devenir fameux, conquérir la célébrité.

afán m. Labeur, travail (trabajo penoso) : *los afanes cotidianos,* le labeur quotidien. ‖ Ardeur (*f.*), empressement (ardor). ‖ Désir véhément (deseo). ‖ Soif, *f.* : *afán de venganza,* soif de vengeance. ‖ Goût : *tener afán de aventuras,* avoir du goût pour l'aventure. ‖ Souci (preocupación). ‖ Efforts, *pl.* : *poner su afán en,* porter ses efforts sur. ‖ — *Cada día trae su afán,* à chaque jour suffit sa peine. ‖ *El afán de lucro,* l'appât du gain.

afanadamente adv. Avec ardeur.‖ Avidement. ‖ Péniblement.

afanador, ra adj. y s. Qui se donne de la peine, travailleur, euse ; zélé, e. ‖ POP. Voleur (ladrón). ‖ *Amer.* Homme de peine.

afanar v. intr. ● Travailler beaucoup, se donner de la peine, travailler dur, peiner (en trabajos penosos).
— V. tr. Tourmenter, ennuyer (molestar). ‖ POP. Faucher, piquer, rafler (robar). ‖ *Amer.* Gagner de l'argent.
— V. pr. S'efforcer de, s'évertuer à, se donner beaucoup de mal o de la peine pour : *se afana por* ou *en conseguir un buen puesto,* il s'efforce de trouver une bonne situation.
— SINÓN. ● *Atarearse,* s'affairer. *Poner empeño,* se mettre en quatre. *Bregar,* se démener.

afanípteros m. pl. ZOOL. Aphaniptères.

afanita f. GEOL. Amphibolite.

afanosamente adv. Avec ardeur, ardemment. ‖ Avidement. ‖ Péniblement.

afanoso, sa adj. Pénible, laborieux, euse (trabajoso). ‖ Désireux, euse ; impatient, e ; avide (deseoso) : *afanoso de saber,* avide de savoir. ‖ Empressé, e (atento) ; zélé, e (concienzudo). ‖ Soucieux, euse ; anxieux, euse (preocupado).

afantasmado, da adj. FAM. Prétentieux, euse ; poseur, euse (presumido).

afarolado, da adj. y s. m. Passe (*f.*) de cape [où le torero fait voler sa cape au-dessus de lui.]

afarolarse v. pr. *Amer.* Se troubler (conturbarse). ‖ Monter sur ses grands chevaux, se fâcher (enfadarse).

afasia f. MED. Aphasie.

afásico, ca adj. y s. Aphasique.

afeador, ra adj. Qui enlaidit. ‖ Qui reproche, qui blâme, censeur (sin fem.).

afeamiento m. Enlaidissement. ‖ Reproche, blâme (censura).

afear v. tr. Enlaidir, rendre laid : *este maquillaje le afea,* ce maquillage l'enlaidit. ‖ FIG. Reprocher, blâmer : *afear mucho a uno su conducta,* reprocher sévèrement sa conduite à quelqu'un, blâmer sévèrement quelqu'un pour sa conduite.

afección f. Affection.
— SINÓN. *Cariño,* afecto, affection. *Ternura,* tendresse. *Apego,* attachement. *Amistad,* amitié. *Amor,* amour. *Dilección,* d'¨:¨.. *Pasión,* passion. *Capricho,* caprice. *Adoración,* adoration.

afeccionarse v. pr. S'attacher, prendre en affection : *afeccionarse por uno,* s'attacher à quelqu'un.

afectación f. Affectation.
— OBSERV. Le mot espagnol *afectación* n'a pas le sens de « destination à tel ou tel usage », ni de « désignation à un poste ».
— SINÓN. *Amaneramiento,* façons maniérées. *Remilgo, melindre,* mièvrerie. *Singularidad,* singularité. *Rebuscamiento,* recherche. *Culteranismo,* cultisme. *Conceptismo,* conceptisme. *Pedantería,* pédanterie. *Presunción,* présomption.

afectadamente adv. Avec affectation.

afectado, da adj. ● Affecté, e ; maniéré, e (amanerado). ‖ Endommagé, e ; abîmé, e (dañado). ‖ Affecté, e : *fondos afectados al pago de,* fonds

affectés au paiement de. ‖ Sinistré, e (dammificado). ‖ *Amer.* Malade, souffrant, e (enfermo).
— SINÓN. ● *Amanerado*, maniéré. *Rebuscado*, recherché. *Estudiado*, étudié. *Ceremonioso*, cérémonieux. *Conceptuoso*, précieux. *Melindroso*, *remilgado*, mièvre.

afectador, ra adj. Qui affecte.

afectar v. tr. ● Affecter : *afectar suma elegancia*, affecter une grande élégance. ‖ Affecter, feindre (fingir). ‖ Affecter, toucher, intéresser : *problema que afecta a la economía*, problème qui touche l'économie. ‖ Annexer (agregar). ‖ Endommager, abîmer (dañar). ‖ Frapper : *hipoteca que afecta a todos los bienes*, hypothèque qui frappe tous les biens. ‖ Affecter : *la enfermedad de su madre le afecta mucho*, la maladie de sa mère l'affecte beaucoup. ‖ Éprouver : *su pulmonía le ha afectado mucho*, sa pneumonie l'a beaucoup éprouvé.
— SINÓN. ● *Fingir*, feindre. *Ostentar*, *hacer alarde de*, afficher. *Preciarse de*, se piquer.

afectísimo, ma adj. Très affectionné, e ; très dévoué, e (final de cartas) ; mon très cher, ma très chère (amigo, etc.) ‖ *Su afectísimo servidor*, votre très dévoué serviteur. ‖ *Suyo afectísimo*, bien à vous, votre très dévoué.

afectividad f. Affectivité.

afectivo, va adj. Affectif, ive.

afecto, ta adj. Affectionné, e ; attaché, e ; cher, chère : *un amigo afecto*, un ami cher (querido). ‖ Atteint, e (aquejado). ‖ Affecté, e ; attaché, e (destinado).
— M. Affection, f., attachement (cariño). ‖ MED. Affection, f.

afectuosidad f. Affection.

afectuoso, sa adj. Affectueux, euse.

afeitado m. Coupe (f.) de la barbe, rasage [action de se raser]. ‖ TAUROM. Épointage (de los cuernos del toro).

afeitadora f. Rasoir, m.

afeitar v. tr. Raser, faire la barbe. ‖ Raser [des poils]. ‖ Farder, mettre du fard (poner afeites). ‖ Orner, parer, embellir (adornar). ‖ Tondre (los animales). ‖ TAUROM. Épointer (los cuernos del toro). ‖ FIG. y FAM. Raser, passer très près de. ‖ *Recién afeitado*, frais rasé, rasé de frais.
— V. pr. Se raser.

afeite m. Fard (cosmético). ‖ Parure, f., toilette, f. [de femme].

afelio m. ASTR. Aphélie.

afelpado, da adj. Pelucheux, euse.
— M. Paillasson.

afelpar v. tr. Pelucher.

afeminación f. Effémination.

afeminadamente adv. D'une manière efféminée.

afeminado, da adj. y s. Efféminé, e.

afeminamiento m. Effémination, f.

afeminar v. tr. Efféminer.

aferente adj. ANAT. Afférent, e.

aféresis f. GRAM. Aphérèse.

aferradamente adv. Obstinément, avec opiniâtreté.

aferrado, da adj. Obstiné, e ; opiniâtre (obstinado). ‖ FIG. Ancré, e : *idea bien aferrada*, idée bien ancrée.

aferrador, ra adj. Qui saisit, qui accroche.

aferramiento m. Accrochage, prise, f. (acción de agarrar). ‖ MAR. Mouillage (acción de anclar). ‖ FIG. Obstination, f., entêtement.

aferrar* v. tr. Saisir (agarrar). ‖ MAR. Carguer, ferler (las velas). | Accrocher avec une gaffe, gaffer (con un garfio). | Mouiller, jeter l'ancre (anclar).
— V. intr. MAR. Mordre, s'accrocher (hablando del ancla). ‖ FIG. *Estar aferrado a* ou *en*, être attaché à, tenir à.
— V. pr. S'accrocher. ‖ FIG. S'entêter, s'obstiner (obstinarse) : *aferrarse en un error*, s'entêter dans

une erreur. ‖ *Aferrarse a* ou *en una opinión*, ne pas démordre d'une opinion.

afestonado, da adj. Festoné, e.

affaire m. Affaire, f. (caso).

affiche f. Affiche, f. (cartel).

Afganistán n. pr. m. GEOGR. Afghanistan.

afgano, na adj. y s. Afghan, e.

afianzador, ra adj. Garant, e.

afianzamiento m. Cautionnement, garantie, f. (garantía). ‖ Affermissement, consolidation, f. (acción de asegurar). ‖ FIG. Affermissement : *el afianzamiento de la salud*, l'affermissement de la santé. | Consolidation, f. : *el afianzamiento de un régimen*, la consolidation d'un régime.

afianzar v. tr. Cautionner, garantir (garantizar). ‖ Affermir, consolider, raffermir : *afianzar estructuras*, consolider des structures ; *este éxito lo ha afianzado a su puesto*, ce succès l'a consolidé dans son poste. ‖ Cristalliser, fixer : *estudio un poco para afianzar lo que he oído en la conferencia*, j'étudie un peu pour fixer ce que j'ai entendu à la conférence. ‖ Soutenir, appuyer (sostener). ‖ Soutenir, renforcer (reforzar). ‖ Saisir, cramponner (agarrar).
— V. pr. Se saisir (agarrar). ‖ Se cramponner (agarrarse). ‖ FIG. Se stabiliser (afirmarse). | Se raffermir.

afición f. Penchant m., goût, m. (inclinación) : *tener afición a la lectura*, avoir du goût pour la lecture. ‖ Ardeur, zèle, m. (afán). ‖ — *De afición*, amateur : *pintor de afición*, peintre amateur. ‖ *La afición*, les amateurs : *la afición está satisfecha con el programa de corridas de este año*, les amateurs sont satisfaits du programme de courses de taureaux de cette année. ‖ *Por afición*, en amateur : *pintar por afición*, peindre en amateur. ‖ *Tener afición a*, aimer, raffoler de, être amateur de. ‖ *Tener afición a los toros*, s'intéresser beaucoup à la tauromachie.

aficionado, da adj. y s. Amateur (sin fem.), passionné, e (aficionado) : *aficionado al fútbol*, amateur de football. ‖ Amateur (no profesional) : *teatro de aficionados*, théâtre d'amateurs. ‖ *Ser muy aficionado a*, aimer beaucoup : *es muy aficionada a pasearse por el campo*, il aime beaucoup se promener dans la campagne ; être très amateur de, être passionné de : *es muy aficionado a la música*, il est très amateur de musique.
— OBSERV. *Aficionado* employé seul s'applique le plus souvent aux amateurs de courses de taureaux et, dans ce sens, on peut garder le terme en français.

aficionar v. tr. Attacher à, faire aimer (una persona, su país). ‖ Donner le goût o la passion de, faire prendre goût à : *esta persona me ha aficionado a la pintura*, cette personne m'a fait prendre goût à la peinture.
— V. pr. ● S'attacher à, aimer (una persona), prendre plaisir à, prendre goût à, s'engouer de [despectivo], aimer (cosas).
— SINÓN. *Empeñarse*, *encapricharse*, s'entêter. *Encapricharse*, s'enticher.

afidávit m. Affidavit.

afidios m. pl. Aphidiens (insectos).

afiebrado, da adj. Fiévreux, euse.

afiebrarse v. pr. *Amer.* Avoir de la fièvre.

afijo adj. m y s. m. GRAM. Affixe.

afiladera adj. *Piedra afiladera*, pierre à aiguiser.
— F. Affiloir, m., pierre à aiguiser.

afilado, da adj. Aiguisé, e ; affilé, e : *cuchillo afilado*, couteau aiguisé. ‖ Taillé, e : *lápiz afilado*, crayon taillé. ‖ Pointu, e : *diente afilado*, dent pointue. ‖ Aigu, ë : *voz afilada*, voix aiguë. ‖ — *Cara afilada*, figure en lame de couteau (estrecha). ‖ FIG. *Tener las uñas afiladas*, avoir les mains crochues.
— M. Aiguisage, repassage, affilage.

afilador, ra adj. y s. Aiguiseur, euse.
— M. Rémouleur, aiguiseur (amolador). ‖ Cuir (correa). ‖ *Amer.* Coureur [de filles]. ‖ — F. AGRIC. Affûteuse.

afiladura f. Aiguisage, *m.*, aiguisement, *m.*, affilage, *m.*

afilalápices m. Taille-crayon, *inv.* (sacapunta). ‖ Grattoir, canif.

afilamiento m. Amincissement [des traits du visage, du nez, des doigts].

afilar v. tr. Aiguiser, affûter : *afilar un cuchillo*, aiguiser un couteau. ‖ Affiler (sacar punta). ‖ Repasser (con afilador, muela o piedra de afilar). ‖ Tailler, aiguiser (un lápiz). ‖ Rendre aiguë (la voz). ‖ FAM. *Amer.* Faire la cour, flirter (cortejar), flatter (adular). ‖ *Piedra de afilar*, pierre à aiguiser o repasser.
— V. pr. FIG. Se tirer [les traits du visage]. ‖ S'effiler : *su nariz se ha afilado*, son nez s'est effilé. ‖ *Amer.* Se préparer (prepararse). ‖ *Amer. Venirse bien afilado*, être fin prêt.

afiliación f. Affiliation.

afiliado, da adj. y s. Affilé, e ; adhérent, e (miembro) : *afiliado a un partido*, adhérent à un parti.

afiliar v. tr. Affilier.
— V. pr. S'affilier, adhérer.

afiligranado, da adj. Filigrané, e ; en filigrane. ‖ FIG. Menu, e ; gracile (personas) ; délicat, e ; fin, e (cosas).

afiligranar v. tr. Filigraner, travailler en filigrane. ‖ FIG. Polir, perfectionner, embellir (hermosear).

áfilo, la adj. BOT. Aphylle.

afilón m. Cuir à aiguiser (de cuero). ‖ Affiloir, fusil (chaira) [pour aiguiser].

afilosofado, da adj. Qui joue o pose au philosophe.

afín adj. Contigu, ë ; limitrophe : *campos afines*, champs limitrophes. ‖ Analogue (semejante). ‖ Qui a des affinités : *cuerpos afines*, corps qui ont des affinités. ‖ Connexe : *vamos a tratar de la economía y de los problemes afines*, nous allons traiter de l'économie et des problèmes connexes. ‖ *Ideas afines*, idées voisines, association d'idées, analogie.
— M. pl. Proches, parents par affinité o par alliance.

afinación f. TECN. Affinage, *m.*, affinement, *m.* (afinado). ‖ FIG. Raffinement, *m.* (del ingenio). ‖ MÚS. Accordage, *m.*, accordement, *m.* (de un instrumento). ‖ Justesse (en el canto).

afinadamente adv. Avec justesse, juste (cantar). ‖ Intelligemment, finement (delicadamente).

afinado, da adj. Juste, accordé, e : *piano afinado*, piano juste.
— M. Affinage (depuración). ‖ Accordage (de un piano).

afinador, ra adj. y s. Affineur, euse ; qui affine. ‖ — M. MÚS. Accordeur (persona que afina). ‖ Accordoir (para afinar).

afinadura f. o **afinamiento** m. TECN. Affinage, *m.*, affinement, *m.* (depuración). ‖ FIG. Raffinement, *m.* (del ingenio). ‖ Accordage, *m.* (de un piano). ‖ Justesse, *f.* (en el canto). ‖ FIG. Finesse, *f.* (finura).

afinar v. tr. TECN. Affiner : *afinar el oro*, affiner l'or. ‖ FIG. Affiner, dégrossir : *su estancia en la ciudad le ha afinado mucho*, son séjour à la ville l'a beaucoup affiné. ‖ MÚS. Accorder : *afinar un piano*, accorder un piano. ‖ Jouer o chanter juste. ‖ Achever, polir, mettre la dernière main (dar la última mano). ‖ Finir, terminer (acabar). ‖ Ajuster : *afinar la puntería*, ajuster son tir.
— V. pr. S'élancer (adelgazar). ‖ FIG. Se dégrossir.

afincar v. intr. Acquérir une propriété.
— V. pr. Se fixer, s'établir : *afincarse en Madrid*, s'établir à Madrid.

afine adj. V. AFÍN.

afinidad f. Affinité : *hay cierta afinidad entre estas dos personas*, il y a une certaine affinité entre ces deux personnes. ‖ Alliance (parentesco) : *parientes por afinidad*, parents par alliance. ‖ FIG. *Las afinidades electivas*, les affinités électives.

afino m. TECN. Affinage, affinement.

afirmación f. ● Affirmation : *una afirmación atrevida*, une affirmation osée. ‖ Affermissement, *m.* (acción de sostener).
— SINÓN. ● *Aserción, aserto, aseveración*, assertion. *Alegación*, allégation.

afirmadamente adv. Solidement.

afirmado m. Chaussée, *f.*, macadam (firme de una carretera).

afirmador, ra adj. y s. Affirmateur, trice (que afirma). ‖ Affermissant, e (que pone firme).

afirmante. adj. Qui affirme (que declara). ‖ Qui affermit (que pone firme).

afirmar v. tr. ● Assurer, affirmer : *le afirmo que es verdad*, je vous assure que c'est vrai ; *sólo puede uno afirmar lo que es seguro*, on ne peut affirmer que ce qui est sûr. ‖ ◆ Consolider : *poner unos clavos para afirmar un estante*, mettre des clous pour consolider une étagère. ‖ Affermir, consolider, raffermir : *afirmar unas estructuras*, raffermir des structures. ‖ *Afirmar sin pruebas*, avancer quelque chose en l'air o sans avoir de preuves.
— V. pr. Prendre appui (en los estribos). ‖ *Afirmarse en lo dicho*, maintenir ses affirmations, maintenir ce qu'on a dit.
— SINÓN. ● *Asegurar*, assurer. *Atestar, atestiguar*, attester. *Certificar*, certifier. *Sostener*, soutenir. *Garantizar*, garantir. *Responder*, répondre. *Jurar*, jurer.
— ◆ *Asegurar*, assurer, raffermir. *Fortificar, fortalecer*, fortifier. *Reforzar*, renforcer. *Corroborar*, corroborer.

afirmativo va adj. Affirmatif, ive : *respuesta afirmativa*, réponse affirmative. ‖ *En caso afirmativo*, dans l'affirmative.
— F. Affirmative.

afistularse o **afistolarse** v. pr. MED. Se transformer en fistule.

aflamencado, da adj. Qui a le genre « flamenco ».

aflatarse v. pr. *Amer.* Être triste o abattu, e.

aflautado, da adj. Semblable au son de la flûte, flûté, e. ‖ Aigu, ë ; pointu, e ; criard, e : *una voz aflautada*, une voix aiguë.
— OBSERV. El adjetivo francés *flûté* se dice de un sonido o de una voz muy delicada, suave y ligera.

aflautar v. tr. Rendre aigu, ë (la voz, un sonido). ‖ Parler d'une voix criarde o pointue.

aflechado, da adj. Sagittal, e (p. us.), en forme de flèche.

aflicción f. Affliction, peine, tristesse (pesar) : *esta noticia me ha dado mucha aflicción*, cette nouvelle m'a fait beaucoup de peine.

aflictivo, va adj. DR. Afflictif, ive (pena). ‖ Affligeant, e (que causa aflicción) : *una noticia aflictiva*, une nouvelle affligeante.

aflicto, ta adj. Affligé, e.

afligente adj. Affligeant, e.

afligidamente adv. Avec affliction (con aflicción). ‖ De façon navrante o désolante (de modo aflictivo).

afligido, da adj. Affligé, e : *afligido con la noticia*, affligé par la nouvelle. ‖ FIG. Affligé, e (de un defecto, etc.).

afligimiento m. Affliction, *f.*

afligir v. tr. Affliger (entristecer). ‖ Frapper, affliger : *la desgracia que le aflige*, le malheur qui vous frappe. ‖ *Amer.* Battre, rosser (apalear).
— V. pr. Être affligé : *afligirse con* ou *de algo*, être affligé de o par quelque chose.

aflogístico, ca adj. Aphlogistique.

aflojamiento m. Relâchement.

aflojar v. tr. Relâcher (soltar). ‖ Desserrer (un cinturón, la corbata, un tornillo). ‖ Détendre (un muelle). ‖ FIG. Relâcher (su severidad), réduire (pretensiones). ‖ FAM. Lâcher, abouler : *aflojar dinero, aflojar la mosca,* lâcher de l'argent, abouler la galette. ‖ POP. Casquer, cracher (pagar). ‖ — *Aflojar el paso,* ralentir le pas. ‖ *Aflojar la bolsa,* dénouer les cordons de la bourse.
— V. intr. Diminuer, baisser : *el calor ha aflojado,* la chaleur a diminué. ‖ Se relâcher, se détendre (una cuerda). ‖ Céder, relâcher (ceder). ‖ FIG. Se relâcher, faiblir : *alumno que afloja en su estudio,* élève qui se relâche dans son travail ; *fe que afloja,* foi qui faiblit. ‖ POP. Casquer, cracher (pagar).
— V. pr. Se relâcher, se détendre (una cuerda). ‖ FIG. Se relâcher.

afloramiento m. Affleurement.

aflorar v. intr. Affleurer (aparecer). ‖ FIG. Affleurer, apparaître (surgir).
— V. tr. Vanner, tamiser (cerner).

afluencia f. Affluence : *afluencia de espectadores,* affluence de spectateurs. ‖ Afflux, m. : *afluencia de refugiados,* afflux de réfugiés. ‖ FIG. Faconde, abondance de paroles (facundia).

afluente adj. Affluent, e ; qui afflue. ‖ Nombreux, euse (gente). ‖ FIG. Verbeux, euse ; bavard, e (facundo, hablador).
— M. Affluent [rivière] : *este río es afluente de la izquierda del Ebro,* ce fleuve est un affluent de la rive gauche de l'Ebre.

afluir* v. intr. Affluer : *la sangre afluye al cerebro,* le sang afflue au cerveau. ‖ FIG. Affluer, arriver en grand nombre : *los turistas afluyen a Rouen,* les touristes affluent à Rouen. ‖ Confluer : *este río afluye al Ebro,* ce fleuve conflue avec l'Ebre. ‖ Se jeter dans (en el mar). ‖ Aboutir (una calle).

aflujo m. Afflux : *aflujo de sangre,* afflux du sang.

afluxionarse v. pr. *Amer.* S'enrhumer. ‖ Se gonfler (abotagarse).

afofado, da adj. Flasque, mou, molle.

afofarse v. pr. Se ramollir (ponerse fofo).

afogarar v. tr. (P. us.). Brûler [un plat], griller [une plante].

afollar* v. tr. (P. us.). Souffler [avec un soufflet] (soplar). ‖ Plisser (plegar) : *un cuello afollado,* un col plissé.
— V. pr. Se bomber (la pared).

afonía f. MED. Aphonie, extinction de voix.

afónico, ca o **áfono, na** adj. Aphone.

aforado, da adj. y s. Privilégié, e ; qui jouit d'un fuero [privilège royal concédé à une ville ou une province au Moyen Âge].

aforador m. Jaugeur, indicateur de débit (instrumento). ‖ Jaugeur (obrero).

aforamiento m. Jaugeage (medida). ‖ Estimation, f. ‖ Taxation, f. (de mercancías). ‖ Exemption, f., privilège (fuero).

aforar* v. tr. Jauger : *aforar un barco,* jauger un bateau. ‖ Estimer, évaluer (valorar). ‖ Taxer (mercancías). ‖ Accorder des privilèges o fueros.
— V. pr. POP. Casquer, cracher (pagar). ‖ Se tirer (irse).

aforismo m. Aphorisme (máxima).

aforístico, ca adj. Aphoristique.

aforo m. Jaugeage. ‖ Évaluation, f. (valoración). ‖ Taxation, f. (tasación). ‖ Estimation, f. (estimación). ‖ Débit : *el aforo de un río,* le débit d'un fleuve. ‖ Nombre de places, capacité, f. : *el teatro tiene un aforo de dos mil personas,* le théâtre a deux mille places.

aforrar v. tr. Doubler, mettre une doublure à.
— V. pr. S'emmitoufler, se vêtir chaudement. ‖ FIG. y FAM. Se gaver de, s'empiffrer de (hartarse).

afortunado, da adj. Heureux, euse : *fue una época afortunada,* ce fut une époque heureuse. ‖ Qui a de la chance, chanceux, euse : *no soy afor-*

tunado, je n'ai pas de chance. ‖ Fortuné, e (con buena fortuna) : *un pueblo afortunado,* un peuple fortuné. ‖ MAR. Orageux, euse (tiempo). ‖ — *Poco afortunado,* malheureux : *una reforma poco afortunada,* une réforme malheureuse ; ingrat, disgracieux : *una cara poco afortunada,* un visage ingrat ; pas très heureux, d'assez mauvais goût : *la decoración de este piso es poco afortunada,* la décoration de cet appartement n'est pas très heureuse. ‖ —*Hombre afortunado en amores,* homme heureux en amour. ‖ *Los afortunados por la lotería,* les heureux gagnants à la loterie. ‖ *Un estilo afortunado en imágenes,* un style aux images heureuses.

afoscarse v. pr. MAR. Se brouiller, s'assombrir (la atmósfera).

afrailado, da adj. Monacal, e. ‖ IMPR. Qui contient un blanc ; défectueux, euse [page].

afrailar v. tr. AGRIC. Étêter, ébrancher.

afrancesado, da adj. Francisé, e.
— M. Personne (f.) de culture et de goûts français (surtout au XVIIIᵉ siècle). ‖ Partisan de Napoléon pendant la guerre d'Espagne.

afrancesamiento m. Imitation (f.) des mœurs françaises, mode (f.) française, gallomanie, f.

afrancesar v. tr. Franciser.
— V. pr. Se franciser. ‖ Prendre le parti de Napoléon (durante la guerra de la Independencia española).

afrecho m. Son [du blé]. ‖ Issues, f. pl. [moutures].

afrenillar v. tr. MAR. Rabaner, rabanter [attacher].

afrenta f. Affront, m., outrage, m. : *aguantar una afrenta,* essuyer un affront, subir un outrage. ‖ Déshonneur, m., opprobre, m. (deshonra).

afrentador, ra adj. Outrageant, e.
— M. Offenseur (que ofende). ‖ Insulteur (que insulta).

afrentar v. tr. Faire affront à, outrager (ultrajar). ‖ Humilier, offenser (humillar).
— V. pr. Rougir, avoir honte : *afrentarse de ou por su pobreza,* rougir de sa pauvreté.

afrentoso, sa adj. Ignominieux, euse : *una medida afrentosa,* une mesure ignominieuse. ‖ Déshonorant, e ; indigne (deshonroso) : *hacer una acción afrentosa,* faire une action déshonorante. ‖ Honteux, euse ; infâme (vergonzoso). ‖ Outrageant, e (insultante).

afretar v. tr. MAR. Nettoyer (limpiar el casco).

África n. pr. f. GEOGR. Afrique : *el África del Norte,* l'Afrique du Nord.

africada adj. y s. f. GRAM. Affriquée (consonante).

africanismo m. Africanisme.

africanista adj. y s. Africaniste.

africanización f. Africanisation.

africano, na adj. y s. Africain, e.

áfrico m. Autan, vent du sud.

afrikánder m. Afrikander.

afroasiático, ca adj. y s. Afro-asiatique.

afrodisiaco, ca adj. y s. m. Aphrodisiaque.

Afrodita n. pr. f. Aphrodite.

afronitro m. QUÍM. Nitre dépuré.

afrontado, da adj. BLAS. Affronté, e.

afrontamiento m. Affrontement (acción de arrostrar). ‖ Confrontation, f. (careo).

afrontar v. tr. Affronter : *afrontar al enemigo,* affronter l'ennemi. ‖ Confronter (dos cosas o personas) : *afrontar dos testigos,* confronter deux témoins. ‖ Mettre l'un en face de l'autre : *afrontar dos cuadros,* mettre deux tableaux l'un en face de l'autre.

afta f. MED. Aphte, m.

aftoso, sa adj. Aphteux, euse (fiebre).

afuera adv. Dehors : *váyase afuera,* allez dehors.
— F. pl. ● Les alentours, m., les environs, m. : *las afueras de Madrid,* les environs de Madrid.

‖ — *La parte de afuera,* le dehors. ‖ *Por afuera,* au-dehors.

— Interj. Hors d'ici !, dehors !

— SINÓN. ● *Periferia,* périphérie. *Alrededores,* environs. *Cercanías,* alentours. *Arrabal, suburbio,* faubourg. *Extramuros, extrarradio,* extra-muros.

afuereño, ña adj. y **afuerino, na** adj. *Amer.* Étranger, ère (forastero).

afuetear v. tr. *Amer.* Fouetter (azotar).

afufar v. intr. y pr. *Fam.* Filer, déguerpir.

afusión f. *Med.* Affusion (ducha).

afuste m. *Mil.* Affût (de cañón).

afutrarse v. pr. *Amer.* S'endimancher, se mettre sur son trente et un (emperejilarse).

aga m. Agha, aga (oficial turco).

agabachar v. tr. *Fam.* Franciser.

agachada f. *Fam.* Ruse, truc, *m.* (astucia). ‖ Accroupissement, *m.* (acción de agacharse). ‖ — Pl. Faux-fuyants, *m.,* mauvaises excuses (pretextos).

agachadera f. Cochevis, *m.* (ave).

agachadiza f. Bécassine (ave). ‖ *Fam. Hacer la agachadiza,* faire semblant de se cacher.

agachado, da adj. *Amer.* Bas, basse (servil). | Sournois, e (disimulado).

agachaparse v. pr. Se baisser (inclinarse). ‖ S'accroupir (ponerse en cuclillas). ‖ *Fig. y fam.* Se tapir, se blottir (ocultarse).

agachar v. tr. Baisser : *agachar la cabeza,* baisser la tête.

— V. pr. Se baisser : *agáchate para que te pueda peinar,* baisse-toi pour que je puisse te coiffer. ‖ Se baisser, s'accroupir (ponerse en cuclillas). ‖ *Fig.* Tendre le dos, laisser passer l'orage : *más vale agacharse,* il vaut mieux laisser passer l'orage. | Se cacher, disparaître (retirarse). ‖ *Amer.* Céder, se soumettre, se résigner à (someterse a). | Se préparer à (prepararse a).

agachona f. *Amer.* Oiseau (*f.*) aquatique.

agalbanado, da adj. *Fam.* Paresseux, euse ; flemmard, e ; fainéant, e (perezoso).

agalerar v. tr. *Mar.* Incurver les voiles [pour rejeter l'eau de pluie].

agalla f. *Bot.* Galle, noix de galle. ‖ *Anat.* Amygdale. ‖ *Zool.* Ouïe (de los peces). ‖ *Amer.* Gaffe (gancho). ‖ — Pl. Angine, *sing.* (angina). ‖ *Fig. y fam.* Cran, *m. sing.,* courage, *m. sing.* (valor) : *hay que tener muchas agallas para afrontar ciertas personas,* il faut avoir beaucoup de cran pour affronter certaines personnes. ‖ *Fig. y fam. Tener agallas,* avoir de l'estomac, avoir du cran, ne pas avoir froid aux yeux.

agallegado, da adj. Qui a l'accent galicien o qui ressemble aux Galiciens.

agallón m. Gros grain (de rosario o de collar). ‖ *Arq.* Godron. ‖ *Amer.* Galle, *f.* noix de galle, *f.* (agalla). ‖ — Pl. *Amer.* Ganglions (cuerpos glandulosos), oreillons (paperas).

agalludo, da adj. Audacieux, euse ; casse-cou (valiente). ‖ *Amer.* Radin, e ; chiche (roñoso). | Effronté, e (desvergonzado).

agamí m. *Amer.* Agami, oiseau trompette (ave).

agamitar v. intr. Imiter le cri du daim.

agamuzado, da adj. Chamois, *inv.* (color).

agamuzar v. tr. Chamoiser.

agangrenarse v. pr. Se gangrener (gangrenarse).

ágape m. Agape, *f.* (convite entre los primeros cristianos). ‖ *Fig. pl.* (banquete).

agar agar m. Agar-agar, gélose, *f.*

agarbado, da adj. Gracieux, euse ; élégant, e.

agarbanzado, da adj. Beige (couleur).

agarbillar v. tr. *Agric.* Gerber, mettre en gerbes.

agareno, na adj. y s. Agaréen, enne. ‖ Mahométan, o.

agárico m. *Bot.* Agaric. ‖ *Agárico mineral,* silicate d'alumine et de magnésie.

agarrada f. *Fam.* Accrochage, *m.* (pelea). ‖ Accrochage, *m.,* prise de bec, algarade (riña verbal).

agarradera f. *Amer.* Poignée (mango). ‖ — Pl. *Fam.* Piston, *m. sing.,* appui, *m. sing.,* relations : *tener buenas agarraderas,* avoir de bonnes relations, avoir du piston.

agarradero m. Poignée, *f.* (asa). ‖ Manche (mango). ‖ Embrasse, *f.* (de las cortinas). ‖ *Fig. y fam.* Piston, appui (protección).

agarrado, da adj. Pris, e ; empoigné, e ; saisi, e. ‖ Attaché, e. ‖ — Adj. y s. *Fam.* Radin, e, pingre : *es un hombre muy agarrado,* c'est un homme très radin. ‖ — *Agarrado a la garganta,* pris à la gorge. ‖ *Agarrados del brazo,* bras dessus, bras dessous. ‖ *Fam. Bailar agarrado,* danser joue contre joue.

agarrador, ra adj. *Amer.* Fort, e ; qui enivre. — M. Poignée, *f.* (de la plancha). ‖ *Fam.* Agent, flic (guardia).

agarrar v. tr. Attraper, saisir, accrocher : *agarrar de ou por la manga,* saisir par la manche. ‖ Saisir, prendre, attraper : *agarrar un palo,* saisir un bâton. ‖ *Fig. y fam.* Décrocher (obtener) : *agarrar una buena colocación,* décrocher une bonne situation. | Surprendre (el sueño, un apuro). | Accrocher : *agarrar un marido,* accrocher un mari. | Gagner : *agarró dos puntos en el campeonato,* il a gagné deux points au championnat. | Ramasser : *agarrar un bofetón,* ramasser une gifle. | Remporter : *agarró su primer éxito el año pasado,* il a remporté son premier succès l'année dernière. | Attraper (coger) : *agarrar un resfriado,* attraper un rhume. ‖ Saisir, attraper, prendre : *agarrar por la garganta,* saisir à la gorge. ‖ Attraper : *si lo agarro lo mato,* si je l'attrape je le tue. ‖ Attraper, prendre (tomar) : *no se sabe por donde agarrarlo,* on ne sait pas par quel bout le prendre. ‖ — *Agarrar del brazo,* saisir par le bras. ‖ *Agarrar un buen susto,* avoir très peur.

— V. intr. Prendre (fijarse una vacuna, un tinte). ‖ Prendre : *esta planta no agarra,* cette plante ne prend pas. ‖ Attacher : *el arroz ha agarrado en la sartén,* le riz a attaché dans la poêle. ‖ *Amer.* Prendre (dirección) : *agarrar por una calle,* prendre une rue. ‖ *Estar siempre agarrado a los faldones de uno,* être toujours pendu aux basques de quelqu'un.

— V. pr. S'accrocher, se cramponner, s'agripper : *agarrarse a las ramas de un árbol,* s'accrocher aux branches d'un arbre. ‖ S'accrocher : *la hiedra se agarra a las paredes,* le lierre s'accroche aux murs. ‖ Prendre : *el humo se me agarra a la garganta,* la fumée me prend à la gorge. ‖ Tenir : *agárrate a su cintura para no caerte,* tiens-le par la taille pour ne pas tomber. ‖ *Fig.* Se raccrocher, saisir, prendre : *se agarra a cualquier pretexto para no hacer lo que le he mandado,* il se raccroche à n'importe quel prétexte pour ne pas faire ce que je lui ai demandé. ‖ *Fam.* Se disputer, s'accrocher (pelearse). ‖ — *Fig. Agarrarse a un clavo ardiendo,* saisir n'importe quelle planche de salut. | *Agarrarse a ou de un pelo,* saisir le moindre prétexte. ‖ *Agarrarse del brazo,* se prendre par le bras. ‖ *Agarrarse del moño,* se crêper le chignon. ‖ *Agarrarse por el cuello,* se tenir par le cou.

agarrochador m. Picador.

agarrochar v. tr. Piquer [les taureaux]. ‖ *Mar.* Brasser au plus près du vent.

agarrón m. *Fam. Amer.* Dispute, *f.,* bagarre, *f.* (agarrada). | Coup, secousse, *f.*

agarrotado, da adj. *Fig.* Raide (tieso). ‖ Raidi, e ; engourdi, e : *tener los músculos agarrotados,* avoir les muscles raidis. ‖ Grippé, e ; bloqué, e (un motor).

agarrotamiento m. Garrotage. ‖ Action de serrer, d'attacher. ‖ Grippage, grippement (de un motor). ‖ Raidissement (de un músculo).

agarrotar v. tr. Garroter (atar). || Raidir : *el agua muy fría agarrota los músculos,* l'eau très froide raidit les muscles. || Serrer, comprimer. || Faire subir le supplice du garrot (a un reo).
— V. pr. Gripper, bloquer (un motor). || S'engourdir, se raidir (un músculo), avoir des crampes (una persona).

agasajador, ra adj. Accueillant, e ; cordial, e. || Prévenant, e ; empressé, e.

agasajar v. tr. Fêter, accueillir chaleureusement, bien accueillir, traiter avec prévenance : *he sido muy agasajado durante mi estancia en Madrid,* j'ai été très bien accueilli pendant mon séjour à Madrid. || Accueillir chaleureusement : *el ministro ha sido muy agasajado,* le ministre a été accueilli très chaleureusement. || S'empresser auprès de : *agasajar a sus convidados,* s'empresser auprès de ses invités. || Loger (alojar).

agasajo m. Prévenance, *f.*, bon accueil. || Cadeau, présent (regalo). || Invitation, *f.*, réception, *f.* : *me paso la vida en agasajos,* je passe ma vie dans les réceptions.

ágata f. Agate.

agatizar v. tr. Agatiser.

agauchado, da adj. *Amer.* Semblable aux gauchos.

agaucharse v. tr. Adopter les habitudes du gaucho.

agavanza f. o **agavanzo** m. Églantier, *m.*

agave f. BOT. Agave, *m.,* agave, *m.* (pita).

agavillador, ra m. y f. Botteleur, euse ; gerbeur, euse. || — F. Botteleuse, gerbeuse, javeleuse (máquina).

agavillamiento m. Gerbage.

agavillar v. tr. Gerber, mettre en gerbes, botteler : *agavillar la mies,* mettre la moisson en gerbes.
— V. pr. Former une bande.

agazapar v. tr. FAM. Attraper.
— V. pr. FIG. Se blottir, se cacher : *el niño se agazapó detrás de la puerta,* l'enfant se blottit derrière la porte. || *Amer.* Se tapir.

agencia f. Agence : *agencia de viajes,* agence de voyages ; *agencia inmobiliaria,* agence immobilière. || Bureau, *m.* : *agencia de colocaciones,* bureau de placement. || Cabinet (*m.*) d'affaires (gestoría). || FIG. Démarche (trámite). || — *Amer.* Boutique de prêteur sur gages. || — *Agencia ejecutiva,* étude d'huissier. || *Agencia funeraria,* pompes funèbres.

agenciar v. tr. Préparer, agencer. || FIG. Procurer : *te voy a agenciar una colocación muy buena,* je vais te procurer une très bonne situation.
— V. pr. FAM. S'arranger, se débrouiller : *este chico no sabe agenciárselas,* ce garçon ne sait pas se débrouiller. || Se procurer, décrocher : *agenciarse una buena colocación,* décrocher une bonne situation ; *se ha agenciado un piso magnífico,* il s'est procuré un appartement magnifique.

agenciero m. *Amer.* Directeur d'une agence. | Prêteur sur gages.

agencioso, sa adj. Actif, ive ; diligent, e.

agenda f. Agenda, *m.* || *Agenda de entrevistas,* carnet de rendez-vous.

agenesia f. MED. Agénésie.

agente m. Agent : *agente atmosférico,* agent atmosphérique. || Agent (persona) : *agente de bolsa* ou *de cambio* ou *de cambio y bolsa,* agent de change ; *agente de seguros,* agent d'assurances. || Représentant : *tú serás mi agente en el extranjero,* tu seras mon représentant à l'étranger. || — *Agente de colocaciones,* placeur. || *Agente de negocios,* agent o homme d'affaires. || *Agente ejecutivo,* huissier.

agerato m. BOT. Agérate, ageratum.

agermanado, da adj. Germanisé, e ; qui imite les Allemands.

agestado, da adj. *Bien* ou *mal agestado,* de bonne o mauvaise mine.

agibílibus m. FAM. V. AGÍLIBUS.

agible adj. Faisable (hacedero).

agigantado, da adj. Gigantesque. || FIG. Prodigieux, euse. || *A pasos agigantados,* à pas de géants.

agigantar v. tr. Donner des proportions gigantesques, grossir démesurément : *no hay que agigantar lo que pasó,* il ne faut pas grossir démesurément ce qui s'est passé. || Augmenter o élargir considérablement : *este acontecimiento agiganta el problema,* cet événement augmente considérablement le problème.

ágil adj. ● Agile : *está todavía muy ágil a pesar de su edad,* il est encore très agile malgré son âge. || Souple : *hay que ser muy ágil para hacer estas acrobacias,* il faut être très souple pour faire ces acrobaties. || Alerte, enlevé, e ; vif, vive ; coulant, e : *estilo ágil,* style enlevé.
— SINÓN. ● *Flexible,* souple. *Ligero,* léger. *Vivo,* vif. *Vivaracho,* sémillant. *Listo, suelto,* leste. *Presto,* preste, *Pronto,* prompt. *Dispuesto,* allègre.

agílibus m. FAM. Savoir-faire, *inv.*

agilidad f. Agilité : *para dar este salto hace falta mucha agilidad,* il faut beaucoup d'agilité pour faire ce saut. || Agilité, souplesse : *ha perdido su agilidad de joven,* il a perdu la souplesse de sa jeunesse. || Habileté : *tener mucha agilidad en los negocios,* avoir une grande habileté dans les affaires.

agilitar v. tr. Rendre agile. || *Amer.* Activer.

agio m. COM. Agio (beneficio). | Agiotage (especulación).

agiotador m. COM. Agioteur.

agiotaje m. COM. Agiotage, spéculation, *f.* | Agio (beneficio).

agiotar v. intr. COM. Agioter.

agiotista m. COM. Agioteur.

agitable adj. Agitable.

agitación f. Agitation : *agitación de las olas, de un barco, de las masas,* agitation des vagues, d'un bateau, des masses. || FIG. *Sembrar la agitación en los ánimos,* semer l'agitation dans les esprits.

agitador, ra adj. y s. Agitateur, trice ; meneur, euse. || — M. QUÍM. Agitateur, baguette, *f.*

agitanado, da adj. Qui ressemble aux gitans o aux bohémiens, qui a l'air d'un bohémien.

agitar v. tr. Agiter (un líquido). || FIG. Troubler : *agitar los ánimos,* troubler les esprits.
— V. pr. S'agiter.
— SINÓN. *Sacudir,* secouer. *Conmover,* ébranler. *Mover, menear,* remuer. *Bracear,* brasser. *Batir,* battre.

Aglaya n. pr. f. MIT. Aglaé.

aglomeración f. Agglomération. || Groupement, *m.* (agrupación). || *Aglomeraciones de gente,* cohue.

aglomerado m. Aggloméré (combustible). || Aggloméré (conglomerado). || *Aglomerado esférico,* boulet (carbón).

aglomerante adj. y s. m. Agglomérant, e.

aglomerar v. tr. Agglomérer.
— V. pr. S'agglomérer, s'entasser, s'accumuler (amontonarse). || S'attrouper : *curiosos que se aglomeran,* des curieux qui s'attroupent.

aglutinación f. Agglutination.

aglutinante adj. y s. m. Agglutinant, e : *lengua aglutinante,* langue agglutinante.

aglutinar v. tr. Agglutiner.

aglutinativo, va adj. MED. Agglutinant, e.

aglutinógeno m. BIOL. Agglutinogène.

agnación f. Agnation.

agnado m. DR. Agnat.

agneau m. Agneau (piel).

agnominación f. Paronomase.

agnosia f. Agnosie.

agnosticismo m. Agnosticisme.

agnóstico, ca adj. y s. Agnostique.

agnus o **agnusdéi** m. inv. Agnus Dei (oración). ‖ Agnus-dei (imagen). ‖ Médaillon à reliques [de femme].

agobiado, da adj. Accablé, e : *agobiado por* ou *con el peso de una carga, de los años,* accablé sous le poids d'un fardeau, des ans. ‖ Accablé, e ; débordé, e (de trabajo). ‖ Harassé, e ; épuisé, e (cansado). ‖ Voûté, e (cargado de espaldas).

agobiador, ra adj. Accablant, e ; éreintant, e ; épuisant, e.

agobiante adj. Épuisant, e ; accablant, e ; écrasant, e ; éreintant, e : *una tarea agobiante,* une tâche épuisante. ‖ Accablant, e : *un calor agobiante,* une chaleur accablante. ‖ Fatigant, e ; épuisant, e : *es un niño agobiante,* c'est un enfant épuisant. ‖ Ennuyeux, euse : *es agobiante ir ahora allí,* c'est ennuyeux d'aller là-bas maintenant.

agobiar v. tr. ● Courber, écraser (recargar). ‖ FIG. Épuiser, accabler (cansar) : *le agobian las penas,* il est accablé par les soucis. | Accabler : *me agobia con tanta bondad,* vous m'accablez par tant de bonté. | Ennuyer, fatiguer : *me agobias con tus preguntas,* tu me fatigues avec tes questions. ‖ Humilier (rebajar). ‖ Déprimer, abattre (desanimar).

— SINÓN. ● *Recargar,* surcharger. *Aplastar,* écraser.

agobio m. Accablement, épuisement (cansancio). ‖ Angoisse, *f.* (angustia). ‖ Oppression, *f.* (sofocación). ‖ Ennui (aburrimiento).

agogía f. MIN. Rigole d'évacuation [de l'eau].

agolpamiento m. Entassement, accumulation, *f.*

agolparse v. pr. Se presser, se rassembler : *se agolpaba la gente en aquel sitio para ver lo que había pasado,* les gens se pressaient à cet endroit pour voir ce qui s'était passé. ‖ FIG. S'accumuler, s'entasser (hablando de cosas). ‖ *Se agolparon las lágrimas en sus ojos,* des larmes lui montèrent aux yeux, ses yeux s'emplirent de larmes.

agonía f. Agonie. ‖ FIG. Agonie, souffrance (aflicción). | Convoitise, désir (*m.*) ardent (ansia). ‖ — M. y f. FAM. Egoïste, personne exigeante.

agónico, ca adj. De l'agonie : *estertores agónicos,* les râles de l'agonie. ‖ Moribond, e ; à l'agonie : *está agónico,* il est moribond.

agonioso, sa adj. FAM. Exigeant, e : *no seas tan agonioso,* ne sois pas si exigeant.

agonístico, ca adj. y s. f. FILOS. Agonistique.

agonizante adj. y s. Agonisant, e (moribundo). ‖ — Adj. FIG. Agonisant, e : *luz agonizante,* lumière agonisante. ‖ — M. Religieux qui assiste les agonisants.

agonizar v. tr. Assister (a un moribundo). — V. intr. Agoniser. ‖ FIG. Agoniser : *luz que agoniza,* lumière qui agonise. | Casser les pieds, fatiguer (molestar). | Mourir d'envie de : *agonizo por salir,* je meurs d'envie de sortir. | Être à l'agonie, souffrir le martyre.

ágora f. Agora (plaza).

agorador, ra adj. y s. Devin, *m.,* devineresse, *f.* (agorero). ‖ — Adj. Divinatoire.

agorafobia f. MED. Agoraphobie.

agoráfobo, ba adj. y s. Agoraphobe.

agorar* v. tr. Augurer, prédire.

agorero, ra m. y f. Devin, *m.,* devineresse, *f.* — Adj. De mauvais augure, de malheur : *ave agorera,* oiseau de mauvais augure.

agorgojado, da adj. Charançonné, e.

agorgojarse v. pr. Être charançonné, e.

agostadero m. Pâturage d'été, estivage.

agostamiento m. AGRIC. Dessèchement.

agostar v. tr. Dessécher, faner : *el sol agosta las flores,* le soleil dessèche les fleurs. ‖ Labourer en août (arar). ‖ Sarcler en août (desherbar). — V. intr. Paître [dans les chaumes ou les prés].

— OBSERV. Existe en francés el verbo *aoûter* pero significa madurar.

agosteño, ña adj. Propre au mois d'août : *un calor agosteño,* une chaleur propre au mois d'août. ‖ Du mois d'août : *feria agosteña,* foire du mois d'août.

agostero, ra adj. Du mois d'août. ‖ Paissant dans les chaumes [bétail]. — M. (P. us.). Aoûteron. ‖ Moissonneur.

agostizo, za adj. Du mois d'août. ‖ Chétif, ive ; malingre (débil).

agosto m. Août (mes) : *el 15 de agosto,* le 15 août. ‖ Moisson, *f.,* récolte, *f.* (cosecha). ‖ FIG. Profit (beneficio). ‖ FIG. y FAM. *Hacer su agosto,* faire son beurre, s'enrichir.

agotable adj. Épuisable.

agotador, ra adj. Épuisant, e.

agotamiento m. Épuisement.

agotar v. tr. Vider [complètement], épuiser, tarir : *agotar una cisterna,* vider une citerne. ‖ Épuiser : *agotar las existencias, los recursos,* épuiser les stocks, les ressources ; *edición agotada,* édition épuisée. ‖ Épuiser (la tierra). ‖ Épuiser, traiter à fond (un tema). ‖ — *Agotar la paciencia,* mettre o pousser à bout, épuiser la patience. ‖ *Estar agotado,* être épuisé o exténué. — V. pr. S'épuiser, s'exténuer. ‖ *Se me ha agotado la paciencia,* je suis à bout de patience, ma patience est à bout.

agracejina f. BOT. Épine-vinette (fruto).

agracejo m. Épine-vinette, *f.* ‖ Raisin vert (uva).

agraceño, ña adj. Acide, aigre.

agracero, ra adj. *Viñedo agracero,* verjus. — F. Carafe à verjus.

agraciado, da adj. Joli, e ; charmant, e : *un rostro agraciado,* un joli visage. ‖ Gracieux, euse (gracioso). ‖ Favorisé, e : *agraciado por la suerte,* favorisé par le sort. ‖ Gagnant, e : *el billete agraciado,* le billet gagnant. ‖ — *No agraciado,* perdant (billete). ‖ *Poco agraciado,* ingrat, e : *una cara poco agraciada,* un visage ingrat. — M. y f. Heureux gagnant, heureuse gagnante : *los agraciados recibirán su premio,* les heureux gagnants recevront leur prix.

agraciar v. tr. Accorder une grâce. ‖ Remettre : *agraciar con un premio, una condecoración,* remettre un prix, une décoration.

agracillo m. Épine-vinette, *f.* (arbusto).

agradable adj. Agréable : *agradable al* ou *para el tacto,* agréable au toucher ; *agradable de sabor,* de saveur agréable ; *agradable con* ou *para todos,* agréable à tous. ‖ *Unir lo útil con lo agradable,* joindre l'utile à l'agréable.

— SINÓN. *Dulce,* doux [saveur, ton]. *Suave,* doux [au toucher]. *Manso,* doux [caractère]. *Suave, dulce,* suave. *Deleitoso, delicioso,* délicieux. *Exquisito,* exquis. *Apetitoso,* appétissant. *Sabroso,* savoureux. *Ameno,* amène. *Grato,* gracieux. *Placentero,* plaisant.

agradar v. intr. Plaire : *a mí este espectáculo me agrada mucho,* ce spectacle me plaît beaucoup. ‖ *Si le agrada,* si le cœur vous en dit, si cela vous chante, si vous voulez.

— SINÓN. *Satisfacer,* satisfaire. *Convenir,* convenir. *Complacer,* complaire. *Gustar,* plaire.

agradecer* v. tr. Remercier : *le agradezco su oferta,* je vous remercie de votre offre. ‖ Être reconnaissant, savoir gré : *si pudiera usted venir, se lo agradecería mucho,* si vous pouviez venir, je vous en serais très reconnaissant. ‖ FIG. Remercier (corresponder a un beneficio). ‖ *Se lo agradezco mucho,* je vous en remercie infiniment, je vous en suis très reconnaissant.

agradecido, da adj. y s. Reconnaissant, e ; obligé, e : *agradecido a su bienhechor,* reconnaissant envers son bienfaiteur ; *agradecido por un favor,* reconnaissant d'un service ; *le estaría muy* *agradecido si me dejara el coche,* je vous serais très obligé de me laisser votre voiture.

agradecimiento m. Reconnaissance, *f.,* gratitude, *f.*

agrado m. Plaisir (gusto) : *haz lo que sea de tu agrado,* fais ce qui te fera plaisir. ‖ Plaisir, agrément : *hallar agrado en una conversación,* trouver de l'agrément à une conversation. ‖ Complaisance, *f.,* affabilité, *f.* (afabilidad). ‖ *Con agrado,* avec plaisir, volontiers.

agrafe m. MED. Agrafe, *f.* (grapa).

— OBSERV. Ce mot est un gallicisme très employé en médecine.

agrafia f. Agraphie (imposibilidad de escribir).

agramadera f. Broie, broyeuse (máquina).

agramado m. Broyage, broiement.

agramador, ra adj. y s. Broyeur, euse.

agramaduras f. pl. Chènevotte, *sing.*

agramar v. tr. Broyer, teiller (el cáñamo).

agramilar v. tr. Égaliser (los ladrillos). ‖ ARQ. Briqueter (simular hileras de ladrillos).

agramiza f. Chènevotte.

agrandamiento m. Agrandissement.

agrandar v. tr. Agrandir : *agrandar una casa,* agrandir une maison; *agrandar un boquete,* agrandir un trou. ‖ Grossir, amplifier : *agrandar los defectos de alguien,* grossir les défauts de quelqu'un. ‖ Augmenter : *esto agranda la diferencia que existe entre nosotros,* ceci augmente la différence qui existe entre nous. ‖ FOT. Agrandir.

— V. pr. Augmenter.

agranujado, da adj. Grenu, e. ‖ Boutonneux, euse : *una cara agranujada,* un visage boutonneux. ‖ FAM. Canaille.

agranujarse v. pr. S'encanailler.

agranulocitosis f. MED. Agranulocytose.

agrario, ria adj. Agraire : *ley, reforma agraria,* loi, réforme agraire. ‖ Agrarien, enne. ‖ *La clase agraria,* la classe paysanne, le paysannat.

agrarismo m. Agrarianisme.

agravación f. o **agravamiento** m. Aggravation, *f.*

agravador, ra adj. Aggravant, e.

agravamiento m. Aggravation, *f.*

agravante adj. Aggravant, e : *circunstancias agravantes,* circonstances aggravantes. ‖ *Robo con agravantes,* vol qualifié.

agravar v. tr. Aggraver (hacer más grave). ‖ Augmenter, alourdir : *agravar los impuestos,* augmenter les impôts.

— V. pr. S'aggraver.

agraviador, ra adj. Offensant, e.

— M. Offenseur.

agraviamiento m. Offense, *f.*

agraviante m. Offenseur.

— Adj. Offensant, e.

agraviar v. tr. Offenser : *agraviar de palabra,* offenser en paroles. ‖ Nuire à, faire du tort à (perjudicar). ‖ Accabler (oprimir, apesadumbrar). ‖ Grever (con impuestos). ‖ Aggraver (aumentar). ‖ DR. Faire appel.

— V. pr. S'aggraver. ‖ Se froisser, s'offenser (ofenderse).

agravio m. Offense, *f.* (ofensa), injure, *f.* (injuria), affront (afrenta). ‖ Tort, dommage (perjuicio). ‖ DR. Plainte (*f.*) en appel. ‖ *Deshacer agravios,* redresser des torts (defender a los otros), prendre sa revanche (defender su interés).

agravioso, sa adj. Offensant, e.

agraz m. Verjus, raisin vert (uva sin madurar). ‖ Verjus (zumo de uva en agraz). ‖ BOT. Épine-vinette, *f.* (agracejo). ‖ FIG. y FAM. Désagrément, peine, *f.* (amargura). ‖ *En agraz,* encore vert, en herbe.

agrazar v. intr. Avoir un goût aigre, piquer.

— V. tr. Déplaire (disgustar).

agrazón m. Verjus, raisin vert (uva). ‖ Groseillier à maquereau (grosellero).

agrecillo m. Épine-vinette, *f.* (arbusto).

agredir* v. tr. Attaquer, agresser.

agregable adj. Ajoutable.

agregación f. Agrégation. ‖ Addition (añadido).

agregado m. Agrégat, ensemble (conjunto). ‖ Annexe, *f.,* supplément (añadidura). ‖ Attaché, adjoint. ‖ Attaché : *agregado comercial, cultural, naval,* attaché commercial, culturel, naval. ‖ *Amer.* Métayer.

— OBSERV. La palabra francesa *agrégé* corresponde en español a *catedrático por oposición.*

agregaduría f. Bureau (*m.*) o fonction d'un attaché.

agregar v. tr. Agréger. ‖ Ajouter : *agregar cinco a diez,* ajouter cinq à dix. ‖ Affecter : *ha sido agregado a la dirección,* il a été affecté à la direction.

— V. pr. S'ajouter. ‖ S'unir, s'agréger. ‖ *Agregarse a* ou *con,* s'ajouter à.

agremán m. Entre-deux, *inv.,* passementerie, *f.*

agremiación f. Réunion en corporation o en corps de métier.

agremiar v. tr. Réunir en corporation o en corps de métier.

agresión f. Agression.

agresividad f. Agressivité. ‖ Mordant, *m.* (de un ejército).

agresivo, va adj. Agressif, ive : *tono agresivo,* ton agressif.

agresor, ra adj. Assaillant, e : *el ejército agresor,* l'armée assaillante.

— M. y f. Agresseur, *m.*

— OBSERV. La palabra francesa *agresseur* no tiene forma femenina, y así se dice *sa femme était l'agresseur,* su mujer era la agresora.

agreste adj. Agreste (campestre). ‖ Sauvage, inculte (inculto). ‖ FIG. Rude, grossier, ère (tosco).

agrete adj. Aigrelet, ette : *vino agrete,* vin aigrelet.

agriado, da adj. Aigri, e : *vino agriado,* vin aigri. ‖ Tourné, e (leche, etc.). ‖ FIG. Aigri, e : *persona agriada por las injusticias,* personne aigrie par les injustices.

agriamente adv. FIG. Aigrement, vertement (con aspereza). ‖ Amèrement (amargamente).

agriar v. tr. Aigrir. ‖ FIG. Aigrir.

— V. pr. S'aigrir, tourner à l'aigre : *el vino se ha agriado,* le vin a tourné à l'aigre. ‖ Tourner (la leche). ‖ FIG. S'aigrir, être aigri, e : *agriarse con los reveses de fortuna,* être aigri par les revers de fortune.

agriaz m. BOT. Cinnamome.

agrícola adj. Agricole.

agricultor, ra m. y f. ● Agriculteur, trice. ‖ — F. Femme d'agriculteur.

— SINÓN. ● *Agrónomo,* agronome. *Cultivador, labrador,* cultivateur. *Arador,* laboureur. *Terrateniente,* propriétaire foncier. *Campesino, labriego,* paysan.

agricultura f. Agriculture.

agridulce adj. Aigre-doux, aigre-douce.

agridulcemente adv. D'une manière aigre-douce (manera), sur un ton aigre-doux (tono).

agriera f. o **agrieras** f. pl. *Amer.* Aigreurs.

agrietamiento m. Formation (*f.*) o apparition de crevasses (suelo), de lézardes (pared) o de gerçures (piel). ‖ Fendillement (de un plato).

agrietar v. tr. Crevasser (la tierra). ‖ Gercer (la piel, los labios). ‖ Gercer, crevasser (las manos). ‖ Fendiller (un plato, etc.). ‖ Lézarder (una pared).

Agrigento n. pr. GEOGR. Agrigente.

agrilla f. Oseille (acedera).

agrimensor m. Arpenteur, géomètre.

agrimensura f. Arpentage, *m.*

agrimonia o **agrimoña** f. Aigremoine (planta).

agringarse v. pr. *Amer.* Se conduire comme un gringo *o* un étranger.

agrio, gria adj. ● Aigre (ácido) : *esta fruta está agria*, ce fruit est aigre ; *agrio al* ou *de gusto*, aigre au goût. ‖ FIG. Rude (pendiente). | Accidenté, e (terreno). | Sévère, rude (castigo). | Aigre, revêche (carácter). ‖ Cassant (metal).
— M. Aigreur, *f.* (sabor). ‖ Jus acide (zumo). ‖ — Pl. Agrumes [oranges, citrons, etc.].
— SINÓN. ● *Ácido*, acide. *Acidulado*, acidulé. *Acedo*, sur. *Agrete*, aigrelet. *Acre*, âcre. *Acerbo*, acerbe. *Agridulce*, aigre-doux. *Verde*, vert. *Avinagrado*, vinaigré.

agrión m. VETER. Râpes. *f. pl.* (callosidad).

agrior m. *Amer.* Aigreur (*f.*) d'estomac (acedía).

agripalma f. BOT. Agripaume, léonure, *m.*

agripina n. pr. f. Agrippine.

agrisado, da adj. Gris, e ; grisâtre.

agrisar v. tr. Donner une couleur grise.
— V. pr. Devenir gris *o* grise.

agriura f. Aigreur. ‖ — Pl. Agrumes, *m.* (agrios).

agro m. Campagne, *f.* (campo). ‖ Agriculture, *f.*

agronomía f. Agronomie.

agronómico, ca adj. Agronomique.

agrónomo adj. m. y s. m. Agronome : *ingeniero agrónomo*, ingénieur agronome.

agropecuario, ria adj. Agricole, rural, e. ‖ — *Ingeniero agropecuario*, vétérinaire. ‖ *Productos agropecuarios*, produits agricoles.

agróstide f. BOT. Agrostide (grama).

agrumar v. tr. Grumeler.

agrupable adj. Pouvant être groupé.

agrupación f. o **agrupamiento** m. ● Groupement, *m.* (acción). ‖ Groupement, *m.*, groupe, *m.* (grupo). ‖ Mouvement, *m.* : *agrupación de jóvenes*, mouvement de jeunesse. ‖ *Agrupación coral*, chorale.
— SINÓN. ● *Reunión*, réunion, rassemblement. *Conjunto*, assemblage, ensemble. *Bloque*, bloc. *Aglomeración*, agglomération. *Grupo*, groupe.

agrupar v. tr. Grouper (reunir).

agrura f. Aigreur. ‖ Raideur d'une pente, escarpement, *m.* (pendiente). ‖ — Pl. Agrumes, *m.* (agrios).

agua f. Eau (líquido) : *dame agua*, donne-moi de l'eau. ‖ Eau, pluie (lluvia). ‖ Versant, *m.*, pente : *tejado de dos aguas*, toit à deux pentes. ‖ Larmes, *pl.*, pleurs, *m. pl.* (lágrimas). ‖ MAR. Voie d'eau (agujero). ‖ Marée (flujo o reflujo). | Courant (*m.*) marin. ‖ FAM. Fric, *m.* (dinero). — Pl. Eau, *sing.*, reflet, *m. sing.* (de una piedra preciosa) : *diamante de hermosas aguas*, diamant d'une belle eau. | Moirure, *sing.*, moiré, *m. sing.* (en las telas). ‖ MAR. Eaux : *aguas jurisdiccionales*, eaux territoriales. ‖ Sillage, *m. sing.* (estela). ‖ Eaux : *tomar las aguas*, prendre les eaux.
— *Agua acerada*, eau ferrée. ‖ *Agua bendita*, eau bénite. ‖ *Agua cibera*, eau d'irrigation. ‖ *Agua cruda* ou *gorda*, eau dure. ‖ *Agua de ángeles*, eau de senteur. ‖ *Agua de azahar*, eau de fleur d'oranger. ‖ *Agua de cal*, eau de chaux. ‖ FAM. *Agua de cepas*, jus de la vigne. ‖ *Agua de colonia*, eau de Cologne. ‖ *Agua de fregar*, eau de vaisselle. ‖ *Agua de lejía*, eau de javel. ‖ *Agua delgada*, eau légère. ‖ *Agua de limón*, citronnade. ‖ *Agua de lluvia* o *llovediza*, eau de pluie. ‖ *Agua de manantial*, eau de roche. ‖ *Agua de olor*, eau de toilette. ‖ *Agua de pie*, eau vive, eau de source. ‖ *Agua de Seltz*, eau de Seltz. ‖ *Agua de socorro*, ondoiement (bautizo). ‖ *Agua dulce*, eau douce. ‖ *Agua estancada*, eau dormante. ‖ *Agua fuerte*, eau-forte (ácido nítrico). ‖ *Agua'gorda*, eau dure. ‖ *Agua herrada*, eau ferrée. ‖ *Agua natural*, eau plate. ‖ *Agua nieve*, pluie mêlée de neige, neige fondue. ‖ *Agua oxigenada*, eau oxygénée. ‖ *Agua pesada*, eau lourde. ‖ *Agua regia*, eau régale. ‖

Agua sal, saumure. ‖ *Agua salobre*, eau saumâtre. ‖ *Agua tofana*, aqua-toffana (veneno). ‖ *Agua viento*, pluie accompagnée de vent. ‖ *Agua viva*, eau courante. ‖ — *Aguas de creciente*, flux, marée montante. ‖ *Aguas de menguante*, reflux, marée descendante. ‖ *Aguas llenas*, marée haute. ‖ *Aguas madres*, eaux-mères. ‖ *Aguas mayores*, selles, matières fécales. ‖ *Aguas menores*, urine. ‖ *Aguas muertas*, marée de morte-eau, marée faible. ‖ *Aguas sucias* ou *residuales*, eaux ménagères, eaux vannes, eaux d'égout. ‖ *Aguas termales*, eaux thermales (caldas). ‖ *Aguas vertientes*, eaux courantes *o* de ruissellement (del tejado). ‖ *Aguas vivas*, marée de vive eau, grande marée. ‖ — *Agua abajo* ou *aguas abajo*, en aval. ‖ *Agua arriba* ou *aguas arriba*, en amont, en remontant le courant. ‖ *Como pez en el agua*, comme un poisson dans l'eau. ‖ *Pera de agua*, poire fondante.
— *Agua pasada no muele molino*, ce qui est fait est fait, inutile de revenir là-dessus. ‖ *Agua que no has de beber...*, ce ne sont pas tes affaires. ‖ *Ahogarse en un vaso de agua*, se noyer dans un verre d'eau. ‖ *Algo tendrá el agua cuando la bendicen*, cette chose *o* personne doit tout de même avoir quelques qualités. ‖ FAM. *Bailarle a uno el agua*, lécher les bottes de quelqu'un. ‖ *Cubrir aguas*, mettre hors d'eau (edificio). ‖ *Como quien se bebe un vaso de agua*, en un tour de main, comme si c'était un jeu d'enfant. ‖ *Amer. Dar agua a uno*, tuer quelqu'un. ‖ *Dar agua a la ropa*, passer le linge à l'eau. ‖ *Del agua mansa me libre Dios, que de la brava me guardaré yo*, il n'est pire eau que l'eau qui dort. ‖ *Echar agua en el mar*, porter de l'eau à la rivière. ‖ *Echar el agua*, baptiser. ‖ FIG. *Echarse al agua*, se jeter à l'eau (decidirse). ‖ *Es agua sucia*, c'est de la lavasse, du jus de chapeau (café). ‖ *Amer. Estar como agua para chocolate*, bouillir de colère. ‖ FIG. *Estar con el agua al cuello*, avoir la corde au cou. | *Estar entre dos aguas*, être perplexe. ‖ *Estar hecho un agua*, être en eau *o* en nage. ‖ MAR. *Hacer agua*, faire eau. ‖ *Hacer aguas*, uriner. ‖ *Hacérsele a uno la boca agua*, en avoir *o* faire venir l'eau à la bouche. ‖ *Amer. Hay agua puesta*, le temps est à l'eau, il va pleuvoir. ‖ FIG. *Irse al agua*, tomber à l'eau (fracasar). | *Llevar el agua a su molino*, faire venir l'eau à son moulin. ‖ *Nadar entre dos aguas*, nager entre deux eaux. ‖ *Nadie diga de esta agua no beberé*, il ne faut jamais dire : fontaine, je ne boirai pas de ton eau ; il ne faut jurer de rien. ‖ *Parecerse como dos gotas de agua*, se ressembler comme deux gouttes d'eau. ‖ *Amer. Ponerse al agua*, menacer de pleuvoir. ‖ *Quedar en agua de borrajas*, finir *o* s'en aller en eau de boudin, finir en queue de poisson. ‖ *Romper aguas*, perdre les eaux (una parturienta). ‖ FIG. y FAM. *Saca agua de las piedras*, il tondrait un œuf. ‖ *Se mete en agua el tiempo*, le temps est à la pluie, le temps est à l'eau (fam.). ‖ FIG. *Ser más claro que el agua*, être clair comme de l'eau de roche. ‖ FIG. y FAM. *Sin decir agua va*, sans crier gare. ‖ *Tomar las aguas*, prendre les eaux (enfermo), couvrir un toit (arquitectura). ‖ FAM. *Venir como el agua de mayo*, tomber à pic, arriver comme mars en carême.
— Interj. Un homme à la mer ! (¡hombre al agua !) ‖ *¡Agua va!*, gare à l'eau !

aguacal m. Échaudage, lait de chaux (lechada).

aguacatal m. Plantation d'avocatiers.

aguacate m. BOT. Avocatier (árbol). ‖ Avocat, poire (*f.*) d'avocat (fruto). ‖ *Amer.* Chiffe, *f.* (persona floja). ‖ *Amer. Ser aguacate con pan*, être insipide, fade.

aguacero m. Averse, *f.*, ondée, *f.* : *cae un aguacero*, il tombe une averse. ‖ *Amer.* Ver luisant (luciérnaga). ‖ — Pl. Fig. Ennuis, pépins (fam.), tuiles, *f.* (fam.).

aguacibera f. Agric. Eau d'irrigation.

aguacil m. V. alguacil.

aguaoha f. Eau croupie.

aguachar m. Flaque (*f.*) d'eau (charco).

aguachar v. tr. Noyer, inonder. ‖ *Amer.* Apprivoiser, domestiquer (amansar).
— V. pr. Sevrer (un animal), engraisser (un caballo). ‖ S'attacher à (encariñarse).

aguacharnar v. tr. Noyer, inonder, remplir d'eau.

aguachento, ta adj. *Amer.* Saturé d'eau.

aguachinangado, da adj. *Amer.* Qui imite les Mexicains.

aguachinar v. tr. Noyer, inonder.

aguachirle m. Piquette, *f.* (vino malo). ‖ Fam. Lavasse, *f.*, jus de chaussettes o de chapeau : *este café es aguachirle*, ce café est de la lavasse.

aguada f. Mar. Provision d'eau douce. ‖ Eau : *hacer aguada*, faire de l'eau. ‖ Point (*m.*) d'eau. ‖ Aiguade. ‖ Min. Inondation. ‖ Gouache (pintura). ‖ *Amer.* Abreuvoir, *m.* (abrevadero).

aguadera adj. f. Imperméable : *capa aguadera*, cape imperméable.

aguaderas f. pl. Vannes, vanneaux, *m.* (plumas de ave de cetrería). ‖ Bât (*m. sing.*) pour transporter des jarres.

aguadero m. Abreuvoir.

aguado, da adj. Coupé, e ; baptisé, e (fam.) : *vino aguado, leche aguada*, vin baptisé, lait baptisé. ‖ Fig. Troublé, e ; perturbé, e (trastornado).
— M. Agric. Mouillage.

aguador m. Porteur d'eau.

aguaducho m. Buvette, *f.* [où l'on vend de l'eau]. ‖ (P. us.). Inondation, *f.*, crue (*f.*) subite. ‖ Aqueduc. ‖ Noria, *f.*

aguadura f. Veter. Fourbure (del caballo).

aguafiestas m. y f. Trouble-fête, *inv.*, rabatjoie, *inv.*

aguafuerte f. Eau-forte.
— Observ. Dans le sens de *gravure*, le mot *aguafuerte* est constamment employé comme masculin bien qu'il soit donné comme féminin par l'Académie.

aguafuertista m. y f. Aquafortiste.

aguaita f. *Amer.* Guet, *m.*

aguaitar v. tr. *Amer.* Guetter, épier (acechar).

aguaje m. Mar. Courant. ‖ Grande marée, *f.* (marea). ‖ Sillage (estela). ‖ Provision (*f.*) d'eau (aguada). ‖ Point d'eau. ‖ *Amer.* Violente averse, *f.* (aguacero). ‖ Semonce, *f.*, réprimande, *f.*

aguamala f. Zool. Méduse.

aguamanil m. Pot à eau (jarro). ‖ Cuvette, *f.* (palangana). ‖ Aiguière, *f.*, aguamanile (lavamanos).

aguamanos m. Lave-mains.

aguamar m. Zool. Méduse, *f.*

aguamarina f. Min. Aigue-marine.

aguamelado, da adj. Mélangé d'hydromel.

aguamiel f. Hydromel, *m.* ‖ *Amer.* Suc (*m.*) de l'agave [dont on fait le pulque].

aguanés, esa o **ahuanés, esa** adj. *Amer.* Qui a les flancs d'une couleur différente du reste du corps (animal).

aguanieve f. Neige fondue, pluie mêlée de neige.

aguanieves f. Bergeronnette (ave).

aguanosidad f. Sérosité, humeur aqueuse.

aguanoso, sa adj. Détrempé, e : *terreno aguanoso*, terrain détrempé. ‖ *Amer.* Insipide (soso).

aguantable adj. Supportable.

aguantaderas f. pl. Patience, *sing.* : *para no enfadarse conmigo hace falta que tenga muchas aguantaderas*, pour ne pas se fâcher avec moi il faut qu'il ait beaucoup de patience. ‖ Endurance, *sing.*, résistance, *sing.*

aguantador, ra adj. Trop patient, e ; endurant, e.

aguantar v. tr. Endurer, supporter (soportar). ‖ Supporter, souffrir : *no poder aguantar a alguien*, ne pas pouvoir souffrir quelqu'un. ‖ Essuyer (una tempestad, un huracán). ‖ Contenir, réprimer (contener). ‖ Supporter, tolérer (tolerar) : *no aguanto las impertinencias*, je ne tolère pas les impertinences. ‖ Attendre, patienter (esperar) : *aguanté tres horas y luego me fui*, j'ai patienté trois heures et puis je suis parti. ‖ Tenir : *aguanta esta tabla aquí*, tiens cette planche ici. ‖ Résister (resistir). ‖ Attendre [le taureau] de pied ferme [au moment de la mise à mort]. ‖ — *Aguantar bromas*, comprendre o prendre bien la plaisanterie. ‖ *Aguantar mucho bebiendo*, tenir le vin. ‖ *Yo no lo aguanto*, j'en ai assez, je ne peux pas supporter cela.
— V. intr. Résister. ‖ Tenir bon, résister : *el enemigo aguantó tres horas*, l'ennemi a tenu bon pendant trois heures.
— V. pr. Se taire : *él se aguanta, no dice ni pío*, il se tait, il ne dit pas un mot. ‖ Se contenir, se retenir : *hace mucho tiempo que me aguanto pero no puedo más*, il y a longtemps que je me retiens, mais je n'en peux plus. ‖ Prendre son parti : *aguantarse con una cosa*, prendre son parti d'une chose. ‖ Fig. y fam. *¡Que se aguante!*, tant pis pour lui !

aguante m. Endurance, *f.*, résistance, *f.* (resistencia). ‖ Patience, *f.* : *hombre de mucho aguante*, homme qui a beaucoup de patience. ‖ Tolérance, *f.* ‖ *Tener mucho aguante*, avoir une patience à toute épreuve (paciencia), avoir beaucoup d'endurance (resistencia).

aguapé-asó m. *Amer.* Oiseau échassier.

aguapié m. Piquette, *f.* (vino malo).

aguar v. tr. Mélanger d'eau, couper, baptiser, mouiller (un líquido) : *aguar el vino*, couper le vin. ‖ Mettre trop d'eau, noyer : *aguar el café*, noyer le café. ‖ Étendre d'eau, délayer (desleír). ‖ Fig. Gâter, gâcher : *con tus reproches me has aguado la noche*, avec tes reproches tu m'as gâché la soirée. ‖ Troubler : *aguó la fiesta al armar una bronca*, il troubla la fête en y semant la pagaille. ‖ *Amer.* Abreuver. ‖ *Aguarle la fiesta a uno*, gâcher o gâter son plaisir à quelqu'un.
— V. pr. Se remplir d'eau (una casa, etc.). ‖ Fig. Se gâter : *se aguó la fiesta*, la fête s'est gâtée. ‖ Veter. Être fourbu (caballo).

aguará m. Renard d'Argentine et du Brésil.

aguaraibá m. *Amer.* Térébinthe (árbol).

aguardador, ra adj. Qui attend.
— M. y f. Personne qui attend.

aguardar v. tr. Attendre (esperar) : *aguardar a alguien, a otro día*, attendre quelqu'un, un autre jour ; *no sabes lo que te aguarda*, tu ne sais pas ce qui t'attend.
— V. pr. Attendre, s'arrêter : *¡aguárdate!*, attends !

aguardentería f. Débit (*m.*) d'eau-de-vie.

aguardentoso, sa adj. Spiritueux, euse ; alcoolisé, e. ‖ Analogue à l'eau-de-vie, d'eau-de-vie : *un olor aguardentoso*, une odeur d'eau-de-vie. ‖ — *Bebidas aguardentosas*, boissons alcoolisées, spiritueux. ‖ *Voz aguardentosa*, voix rauque o éraillée (ronca), avinée de rogomme (de beber).

aguardiente m. Eau-de-vie, *f.* (licor). ‖ — *Aguardiente alemán*, eau-de-vie allemande (purgante). ‖ *Aguardiente de caña*, tafia.

aguaribay m. *Amer.* Térébinthe (árbol).

aguarrás m. Essence (*f.*) de térébenthine.
— Observ. Pl. *aguarrases*.

aguasal f. Saumure.

aguasarse v. pr. *Amer.* Devenir rustre o grossier.

aguate m. *Amer.* Épine, *f.*

aguatero m. *Amer.* Porteur d'eau (aguador).

aguatoso, sa adj. *Amer.* Épineux, euse.

aguaturma f. Bot. Topinambour, *m.*

aguaverde f. Zool. Méduse.

aguaviento m. Pluie (*f.*) accompagnée de vent.

aguavientos m. Bot. Phlomis, herbe (*f.*) au vent.

aguavilla f. Bot. Raisin (*m.*) d'ours, busserole.

aguay m. *Amer.* Lucuma (árbol).

aguaza f. Veter. Sérosité, humeur aqueuse. || Bot. Aquosité.

aguazal m. Bourbier, marécage.

aguazar v. tr. Inonder (encharcar).

agudamente adv. Avec perspicacité. || Subtilement. || Spirituellement (ingeniosamente).

agudeza f. Finesse (de un instrumento, del oído). || Acuité (del dolor, de los sentidos). || Fig. Perspicacité, subtilité, vivacité (del ingenio). | Esprit (ingenio) : *es una persona muy graciosa, tiene mucha agudeza,* c'est une personne très drôle, elle a beaucoup d'esprit. | Mordant, *m.* (de la sátira). | Piquant, *m.* | Trait (*m.*) d'esprit (rasgo de ingenio). | Mot (*m.*) d'esprit (palabra chistosa).

agudizamiento m. Aggravation, *f.* : *agudizamiento de la situación social,* aggravation de la situation sociale. || Intensification, *f.* : *agudizamiento de la tensión internacional,* intensification de la tension internationale.

agudizar v. tr. Aiguiser. || Fig. Accentuer, intensifier : *esto no hará más que agudizar la crisis,* ceci ne fera qu'accentuer la crise.
— V. pr. S'aggraver (una enfermedad). || Fig. S'accentuer, s'intensifier, s'aggraver : *el conflicto político se ha agudizado,* le conflit politique s'est accentué. | S'accentuer : *con la edad sus manías se agudizan,* avec l'âge ses manies s'accentuent.

agudo, da adj. Mince, fin, fine, subtil, e (sutil). || Aigu, ë (puntiagudo). || Coupant, e ; tranchant, e (cortante). || Fig. Spirituel, elle ; plein d'esprit (gracioso) : *una persona aguda,* une personne pleine d'esprit. | Mordant, e (satírico) : *un escritor agudo,* un écrivain mordant. | Aigu, ë ; vif, vive (dolor). | Aigu, ë (enfermedad, crisis). | Pénétrant, e (olor o sabor). || Aigu, ë ; perçant, e ; pointu, e (voz). || Perçant, e (vista). || Geom. y Mús. Aigu, ë. || Gram. Accentué sur la dernière syllabe, oxyton (mot). || — *Dicho agudo,* mot d'esprit. | *Ser agudo de ingenio,* avoir l'esprit vif.

Águeda n. pr. f. Agathe.

agüero m. Augure, présage. || *Pájaro de mal agüero,* oiseau de mauvais augure *o* de malheur.

aguerrido, da adj. Aguerri, e. || Fig. Expérimenté, e (perito).

aguerrir* v. tr. Aguerrir.
— Observ. Verbe défectif, ne s'emploie qu'aux temps où la voyelle *i* figure dans la désinence.

aguijada f. Aiguillon, *m.* (de boyero).

aguijador, ra adj. y s. Stimulant, e.

aguijadura f. Aiguillonnement, *m.*

aguijar v. tr. Aiguillonner. || Fig. Aiguillonner, stimuler.
— V. intr. Se hâter (apresurarse).

aguijón m. Pointe (*f.*) de l'aiguillon. || Pointe, *f.* (punta). || Zool. y Bot. Aiguillon. || Fig. Aiguillon : *el aguijón de los celos,* l'aiguillon de la jalousie. | Aiguillon, stimulant : *la gloria es un poderoso aguijón,* la gloire est un stimulant puissant. || *Cocear contra el aguijón,* ruer dans les brancards.

aguijonada f. Coup (*m.*) d'aiguillon.

aguijonamiento m. Aiguillonnement.

aguijonazo m. Coup d'aiguillon.

aguijoneador, ra adj. Aiguillonnant, e.

aguijonear v. tr. Aiguillonner : *aguijonear la curiosidad,* aiguillonner la curiosité.

águila f. Aigle, *m.* (ave). || Aigle, *m.* (condecoración) : *el águila negra de Prusia,* l'Aigle noir

de Prusse. || Aigle (estandarte). || Astr. Aigle, *m.* (constelación). || Aigle, *m.* (moneda). || Aigle, *m.*, as, *m.* : *es un águila para los negocios,* c'est un as en affaires. || — M. Aigle de mer **(pez).** || Fam. *Amer.* Tapeur (petardista). || Cigarre (puro). || — Blas. *Águila agrifada,* griffon. || *Águila barbuda,* grand aigle. || *Águila bastarda* o *calzada,* aigle roux aux pattes emplumées. || *Águila blanca,* sorte d'orfraie [en Amérique du Sud]. || *Águila caudal* ou *real,* aigle fauve *o* royal. || *Águila del foro,* ténor du barreau. || *Águila explayada,* aigle éployée. || *Águila imperial,* aigle impériale. || *Águila pasmada,* aigle au vol abaissé. || *Águila pescadora,* aigle pêcheur, pygargue, orfraie, haliaète. || *Mirada, vista de águila,* regard, yeux d'aigle.
— Observ. La palabra francesa *aigle* es masculina o femenina. Es masculina hablando del animal (ave o pez) y en sentido figurado de una persona. Es femenina cuando se trata de los estandartes o de las águilas heráldicas (salvo en los nombres de condecoraciones en que es masculina).

aguileña f. Ancolie (planta).

aguileño, ña adj. Aquilin, e (nariz un poco encorvada), crochu, e (nariz ganchuda). || Long, longue ; allongé, e (rostro).

aguilera f. Aire (nido del águila).

aguililla m. *Amer.* Cheval très rapide (caballo). | *Fam.* Tapeur (petardista).

aguilón m. Flèche, *f.,* bras (de una grúa). || Tuile (*f.*) creuse (teja). || Arq. Pignon (pared). || Blas. Alérion.

aguilucho m. Aiglon. || Blas. Alérion.

agüilla f. Eau, humeur, liquide (*m.*) transparent.

agüín m. Bot. Petit conifère.

aguinaldo m. Étrennes, *f. pl.* : *dar el aguinaldo a la portera,* donner des étrennes à la concierge. || Chant de Noël (villancico). || Plante (*f.*) grimpante de Cuba fleurissant à Noël.

agüisote m. Fam. *Amer.* Raseur, casse-pieds, *inv.*

agüista m. y f. Curiste.

aguizgar v. tr. Aiguillonner, stimuler.

aguja f. Aiguille. || Sonde (de aduanero). || Aiguille (de gramófono). || Aiguille (en los ferrocarriles) : *dar agujas,* manœuvrer les aiguilles. || Aiguille (de un puente). || Flèche, aiguille (de un campanario). || Gâteau (*m.*) en forme d'éclair. || Zool. Aiguille (pez). || Agric. Greffon, *m.* (púa). || Bot. Aiguille (de pino). || Burin, *m.* (de grabador). || Talon (*m.*) de collier (carne). || — Pl. Aiguillage, *m. sing.* (de ferrocarril) : *entrar en agujas,* aborder l'aiguillage. || Côtes (de un animal). || Veter. Maladie (*f. sing.*) du cheval. || — *Aguja colchonera,* aiguille à matelas. || *Aguja de arria* ou *espartera,* aiguille à sparterie. || *Aguja de gancho,* crochet [à dentelle, etc.]. || *Aguja de hacer punto* ou *de hacer media,* aiguille à tricoter. || *Aguja de inyección,* aiguille à injection. || *Aguja de la cuba del carburador,* pointeau de carburateur. || *Aguja de marear,* boussole (brújula). || *Aguja de pastor* ou *de Venus,* scandix, aiguille de berger, peigne de Vénus (planta). || *Aguja imantada,* aiguille aimantée. || *Aguja mechera,* lardoire. || *Aguja paladar,* orphie (pez). || *Aguja saquera* ou *de enjalmar,* grosse aiguille. || *Buscar una aguja en un pajar,* chercher une aiguille dans une botte *o* meule de foin. | *Conocer la aguja de marear,* savoir mener sa barque. || *Meter aguja por sacar reja,* donner un œuf pour avoir un bœuf.

agujal m. Trou de boulin.

agujazo m. Coup d'aiguille.

agujerar v. tr. V. AGUJEREAR.

agujerear v. tr. Percer, faire des trous, trouer : *agujerear una pared,* faire des trous dans un mur.

agujero m. ● Trou (abertura) : *tapar un agujero,* boucher un trou. || Fabricant o vendeur d'aiguilles. || Aiguillier (alfiletero). || *Tiene más agujeros que un colador,* il est criblé o percé comme une écumoire.
— SINÓN. ● *Vacío,* vide. *Abertura,* ouverture. *Orificio,* orifice. *Boquete,* trouée. *Paso,* percée. *Brecha,* brèche. *Hueco,* creux. *Hundimiento,* enfoncement.

agujeta f. Aiguillette (cordón). || *Amer.* Grande aiguille. || — Pl. Courbatures (dolor) : *tener agujetas en todo el cuerpo,* avoir des courbatures partout. || *Estar lleno de agujetas,* être plein de courbatures, être tout courbaturé o courbatu.

agujetero, ra m. y f. Aiguilletier, ère. || — M. *Amer.* Étui à aiguilles, aiguillier.

agujón m. Épingle (*f.*) à cheveux (pasador). || Grande aiguille, *f.*

agujuela f. Broquette, petit clou, *m.* (clavo).

aguosidad f. Aquosité, humeur.

aguoso, sa adj. Aqueux, euse.

¡agur! interj. Au revoir (adiós).

agusanado, da adj. Véreux, euse (fruto). || Vermoulu, e (madera).

agusanamiento m. État d'un fruit véreux (frutos), d'un bois vermoulu (madera), d'une chose mangée des vers (libros, etc.).

agusanarse v. pr. Devenir véreux, euse (frutos). || Être mangé par les vers (cosas). || Se vermouler (madera).

Agustín n. pr. m. Augustin.

agustinianismo m. Augustinisme.

agustiniano, na adj. Augustinien, enne.

agustino, na adj. y s. Augustin, e.

agutí m. ZOOL. Agouti.

aguzadero, ra adj. Qui sert à aiguiser. || *Piedra aguzadera,* pierre à aiguiser.

aguzado, da adj. Aiguisé, e. || Pointu, e (puntiagudo).

aguzador, ra adj. y s. Aiguiseur, euse.

aguzadura f. o **aguzamiento** m. Aiguisement, *m.,* aiguisage, *m.*

aguzanieves f. inv. Bergeronnette (ave).

aguzar v. tr. ● Aiguiser, affiler : *aguzar un cuchillo,* aiguiser un couteau. || Tailler (un lápiz). || FIG. Aiguillonner, stimuler (estimular). | Aiguiser (el apetito). || — *Aguzar el ingenio, el entendimiento,* tendre son esprit, prêter toute son attention. || *Aguzar las orejas,* pointer ses oreilles (un perro). || *Aguzar las orejas, el oído,* dresser, tendre l'oreille, être tout oreilles. || *Aguzar la vista,* regarder attentivement.
— SINÓN. ● *Afilar,* affiler, affûter. *Amolar,* émoudre. *Suavizar, vaciar, repasser* (rasoirs).

¡ah! interj. Ah! || *Amer.* Hein?, quoi?

ahebrado, da adj. Fibreux, euse.

ahechadero m. Lieu destiné au vannage.

ahechador, ra adj. y s. Vanneur, euse; cribleur, euse.

ahechaduras f. pl. Criblures, vannures.

ahechar v. tr. Cribler, vanner.

ahecho m. Vannage, criblage.

ahelear v. tr. Enfieller. || FIG. Troubler (turbar). || — V. intr. Être amer, ère.

ahelgado, da adj. Édenté, e.

aherrojamiento m. Enchaînement.

aherrojar v. tr. Enchaîner, mettre aux fers (cargar de cadenas). || Mettre sous les verrous (encarcelar). || FIG. Opprimer.

aherrumbrar v. tr. Rendre ferrugineux, euse (el agua). || Donner la couleur du fer. || — V. pr. Rouiller, se rouiller.

ahervorarse v. pr. S'échauffer (cereales).

ahí adv. Là : *ahí está la dificultad,* c'est là que réside la difficulté. || — *Ahí está,* le voilà. || *Ahí fue, ahí será ello,* ce fut alors, ce sera le moment critique. || FAM. *Ahí me las den todas,* c'est le cadet de mes soucis, je m'en fiche. || *Amer. Ahí no más,* ici même. || *Ahí tienes lo que querías,* voilà ce que tu voulais. || *Ahí viene,* le voilà. || *De ahí que,* il s'ensuit que. || *De por ahí,* quelconque, médiocre (cosa). || *He ahí,* voilà : *he ahí lo que buscaba,* voilà ce que je cherchais. || *Por ahí,* par-là : *ha pasado por ahí,* il est passé par-là ; là-bas : *voy un rato por ahí,* je m'en vais là-bas un instant. || *Por ahí, por ahí,* à peu près.

ahidalgado, da adj. Chevaleresque, noble.

ahijado, da m. y f. Filleul, e. || FIG. Protégé, e.

ahijamiento m. Adoption, *f.*

ahijar v. tr. Adopter, prendre pour fils o fille o pour filleul o filleule. || FIG. Imputer, attribuer. || — V. intr. Enfanter, procréer. || AGRIC. Pousser des rejetons, taller.

¡ahijuna! interj. POP. *Amer.* Fils de garce!

ahilado, da adj. Léger, ère (viento). || Fluet, ette ; frêle (voz). || Qui file, qui tourne à la graisse (vino).

ahilamiento m. Défaillance, *f.*

ahilar v. intr. Aller en file. || — V. pr. Défaillir (desmayarse). || Faire des fils, filer, tourner à la graisse (vino, etc.). || FIG. Maigrir (adelgazar). || S'étioler (ajarse). || Pousser droit (los árboles).

ahílo m. Défaillance, *f.*

ahincadamente adv. Avec insistance. || Avec acharnement, avec ténacité, obstinément.

ahincado, da adj. Véhément, e. || Acharné, e ; obstiné, e.

ahincar v. tr. (P. us.). Prier avec insistance. || — V. pr. Se dépêcher, se presser (darse prisa).

ahínco m. Véhémence, *f.* || Acharnement : *trabajar con ahínco,* travailler avec acharnement.

ahitamiento m. Indigestion, *f.*

ahitar v. tr. Causer une indigestion. || Borner, jalonner : *ahitar un terreno,* jalonner un terrain. || — V. pr. Se gaver, s'empiffrer (fam.) : *ahitarse de caramelos,* se gaver de bonbons. || Avoir une indigestion.

ahíto, ta adj. Qui a une indigestion (malucho). || Rassasié, e ; repu, e : *quedarse ahíto después de una buena comida,* être repu après un bon repas. || FIG. Fatigué, e ; rassasié, e (de una cosa). || FAM. *Estar ahíto,* n'en pouvoir plus, être rassasié, en avoir une indigestion, en avoir tout son soûl.

ahocicar v. tr. Corriger [les chiens ou les chats]. || FAM. Convaincre [quelqu'un] de son erreur, clouer le bec à. || — V. intr. FIG. y FAM. S'incliner, céder, capituler, s'avouer vaincu : *al final no tuvo más remedio que ahocicar,* finalement il dut céder. || Tomber à plat ventre (caer de bruces). || Piquer du nez (barco).

ahocinarse v. pr. Se resserrer, s'étrangler (un río).

ahogadero m. Étuve, *f.,* bain turc : *esta sala es un ahogadero,* cette pièce est une étuve. || Sous gorge, *f.* (arreo del caballo). || Corde, *f.*

ahogadilla f. *Dar una ahogadilla,* faire boire la tasse.

ahogadizo, za adj. Âpre, rêche (fruta). || Qui ne flotte pas (madera).

ahogado, da adj. y s. Noyé, e : *en ese naufragio hubo diez ahogados,* dans ce naufrage il y eut dix noyés. || Adj. Étouffé, e (asfixiado). || Oppressé, e ; haletant, e : *respiración ahogada,* respiration oppressée. || Renfermé, e ; sans air (sin ventilación). || Pat (en el ajedrez). || FIG. Poussé, e à bout, harcelé, e (apurado). || *Amer.* En ragoût (rehogado). || — *Ahogado de deudas,* accablé de dettes. || *Estar* ou *verse ahogado,* être acculé, avoir la corde au cou, être pris à la gorge.

ahogador, ra adj. Étouffant, e. || — M. Carcan, lourd collier de femme au XVIe siècle. || *Amer.* Fausse martingale, *f.*

ahogamiento m. Étouffement (asfixia). ‖ Noyade, *f.* (en agua).

ahogar v. tr. Noyer : *ahogar a los gatos,* noyer les chats. ‖ ● Étouffer (impedir la respiración). ‖ Étrangler : *ahogar a uno con una cuerda,* étrangler quelqu'un avec une corde. ‖ Inonder (encharcar, inundar). ‖ Noyer (regar con exceso). ‖ Étouffer : *ahogar la lumbre con ceniza,* étouffer le feu avec de la cendre. ‖ Étouffer (las plantas, sembrándolas muy apretadas). ‖ Fig. Étouffer : *ahogar una rebelión,* étouffer une rébellion; *este sentimiento me ahoga,* ce sentiment m'étouffe. ‖ Étouffer, refouler : *ahogar el llanto, los sollozos,* refouler ses pleurs, ses sanglots. ‖ Noyer : *ahogar su pena embriagánaose,* noyer son chagrin dans le vin. ‖ Faire pat (ajedrez). ‖ *Ahogar en germen,* étouffer au berceau, dans l'œuf. ‖ *Ahogar los remordimientos,* faire taire ses remords.
— V. pr. Se noyer : *se ahogó en el río,* il s'est noyé dans la rivière. ‖ S'étouffer (asfixiarse) : *el niño se ahogó bajo la almohada,* l'enfant s'est étouffé sous l'oreiller. ‖ Étouffer, s'éteindre (incendio). ‖ S'étrangler (ahorcándose por accidente). ‖ Fig. Étouffer : *uno se ahoga aquí,* on étouffe ici ; *ahogarse de calor,* étouffer de chaleur. ‖ Fig. *Ahogarse en poca agua* ou *en un vaso de agua,* se noyer dans un verre d'eau.

— Sinón. ● *Sofocar,* suffoquer, étouffer. *Asfixiar,* asphyxier. *Estrangular,* étrangler.

ahogaviejas f. Bot. Sandix, *m.,* peigne (*m.*) de Vénus.

ahogo m. Étouffement. ‖ Angoisse, oppression, *f.* ‖ Fig. Embarras, gêne, *f.,* difficulté (f.) financière : *pasar un ahogo,* être dans la gêne.

ahoguío m. Étouffement, suffocation, *f.*

ahombrado, da adj. Fam. Masculin, e (hombruno).

ahondamiento m. Approfondissement, creusement.

ahondar v. tr. Creuser, approfondir : *ahondar un pozo,* creuser un puits. ‖ Enfoncer (una cosa en otra).
— V. intr. Creuser, pénétrer : *las raíces ahondan en la tierra,* les racines creusent la terre. ‖ Fig. Approfondir, étudier à fond : *ahondar en una cuestión,* approfondir une question.
— V. pr. S'enfoncer.

ahonde m. Creusement, approfondissement.

ahora adv. Maintenant, à présent : *ahora no puedo ir,* je ne peux pas y aller maintenant. ‖ Fig. Tout à l'heure : *ahora escribiré,* j'écrirai tout à l'heure. ‖ Tout de suite : *ahora vengo,* j'arrive tout de suite. ‖ — *Ahora me lo han dicho,* ils viennent de me le dire. ‖ *Ahora que,* remarque bien que, remarquez bien que : *ahora que tampoco me disgustaría hacer este trabajo,* remarque bien que ça ne me déplairait pas de faire ce travail ; mais : *es inteligente, ahora que es perezoso,* il est intelligent, mais il est paresseux. ‖ *De ahora en adelante,* désormais, dorénavant, à partir de maintenant. ‖ *Desde ahora,* à partir de maintenant, dès à présent, dès lors. ‖ *Hasta ahora,* à tout à l'heure, à tout de suite (hasta luego), jusqu'à présent, jusqu'ici, jusqu'à maintenant (hasta la fecha). ‖ *Por ahora,* pour l'instant, pour le moment.
— Conj. Soit que, que : *ahora vengas, ahora no vengas,* soit que tu viennes, soit que tu ne viennes pas. ‖ *Ahora* ou *ahora bien,* or : *ahora bien, su padre ha vuelto,* ... or, son père est revenu ; maintenant, mais, cela dit : *no me gusta ; ahora bien, si lo quieres a toda costa...,* ça ne me plaît pas, maintenant, si tu y tiens absolument... ; bon, et alors : *ahora bien, ¡qué te crees!,* bon, et alors qu'est-ce que tu crois ! ‖ *Ahora mismo,* tout de suite : *lo haré ahora mismo,* je vais le faire tout de suite ; à l'instant même : *ha salido ahora*

mismo, il est sorti à l'instant même. ‖ *Ahora o nunca,* c'est le moment où jamais. ‖ *Ahora sí que me voy,* cette fois, je m'en vais. ‖ *Ahora sí que vale la pena,* maintenant, ça vaut la peine, pour le coup ça vaut la peine.

ahorca f. Amer. Cadeau, *m.*

ahorcable adj. Pendable.

ahorcado, da adj. y s. Pendu, e. ‖ *En casa del ahorcado, no hay que mentar la soga,* il ne faut pas parler de corde dans la maison d'un pendu.

ahorcadura f. Pendaison.

ahorcajarse v. pr. Se mettre o monter à califourchon.

ahorcaperros m. inv. Mar. Nœud coulant.

ahorcar v. tr. Pendre. ‖ Fig. Abandonner, laisser. ‖ — *Ahorcar los hábitos,* jeter le froc aux orties. ‖ *A la fuerza ahorcan,* on ne fait pas toujours ce qu'on veut. ‖ *¡Qué me ahorquen si...!,* je veux bien être pendu si... !
— V. pr. Se pendre : *ahorcarse de* ou *en una rama de árbol,* se pendre à une branche d'arbre.

ahorita adv. Fam. Tout de suite, à l'instant même.

ahormar v. tr. Mettre en forme. ‖ Se former (zapatos, vestidos nuevos). ‖ Fig. Dresser : *vamos a poner este niño en un internado para que le ahormen,* nous allons mettre cet enfant dans un internat pour qu'on le dresse. ‖ Habituer (acostumbrar). ‖ Taurom. Placer [le taureau] en bonne position pour le mettre à mort.
— V. pr. Fig. Se plier. ‖ Se faire, s'habituer : *ahormarse a una nueva vida,* se faire à une nouvelle vie.

ahornagamiento m. Dessèchement (tierra).

ahornagarse v. pr. Griller, se dessécher.

ahornar v. tr. Enfourner, mettre au four.
— V. pr. Se havir (el pan).

ahorquillado, da adj. Fourchu, e.

ahorquillar v. tr. Étayer (un árbol). ‖ Courber, donner la forme d'une fourche : *ahorquillar un alambre,* courber un fil de fer.

ahorrado, da adj. Économe (ahorrativo). ‖ Libre (exento). ‖ Économisé, e (dinero). ‖ Épargné, e ; évité, e (trabajo).

ahorrador, ra adj. Économe.
— M. y f. Économe : *sus padres son unos ahorradores,* ses parents sont des économes. ‖ Épargnant, e : *el Estado estimula a los ahorradores,* l'État encourage les épargnants.

ahorramiento m. Épargne, *f.,* économie, *f.*

ahorrar v. tr. ● Économiser, épargner, mettre de côté : *la sociedad ha ahorrado dinero,* la société a épargné de l'argent ; *he ahorrado unos cuartos para irme de vacaciones,* j'ai mis de côté quelques sous pour aller en vacances. ‖ Fig. Épargner, éviter : *esto me ahorra hacerlo,* cela m'évite de le faire. ‖ Économiser, épargner : *ahorrar sus fuerzas,* économiser ses forces ; *ahorrar saliva,* économiser sa salive. ‖ Épargner : *ahorremos palabras inútiles,* épargnons les paroles inutiles. ‖ (Ant.). Libérer, affranchir (un esclavo).
— V. intr. Faire des économies, économiser.
— V. pr. S'épargner : *ahorrarse un trabajo penoso,* s'épargner un travail pénible. ‖ Épargner : *ahorrarse trabajo, tiempo,* épargner sa peine, son temps. ‖ Économiser, gagner : *para ahorrarse cuatro cuartos no come,* pour économiser quatre sous il ne mange pas. ‖ Faire l'économie de : *ahorrarse una explicación,* faire l'économie d'une explication. ‖ Éviter : *así se ahorra usted discusiones,* ainsi vous évitez des discussions.

— Sinón. ● *Economizar,* économiser. *Atesorar,* thésauriser. *Guardar,* garder. *Reservar,* réserver.

ahorrativo, va adj. Économe.

ahorrista adj. y s. Amer. Économe.

ahorro m. Économie, *f.* : *tener algunos ahorros,* avoir quelques économies. ‖ Épargne, *f.* : *hay que fomentar el ahorro,* il faut encourager l'épargne. ‖ Fig. Économie, *f.* : *es un ahorro de tiempo,* c'est une économie de temps. ‖ — *Ahorros de chicha y nabo,* économies de bouts de chandelle. ‖ *Caja de ahorros,* caisse d'épargne.

ahuate, aguate o **ajuate** m. *Amer.* Poil, duvet (de una planta).

ahuchar v. tr. Économiser, garder dans une tire-lire (poner en una hucha). ‖ Fig. Mettre sous clef, mettre en lieu sûr (guardar). ‖ *Amer.* Stimuler (inciter).

ahuecado, da adj. Bouffant, e (vestido). ‖ Grave, profond, e (voz). ‖ Creux, creuse (hueco).

ahuecador m. Pouf, crinoline, *f.* (miriñaque).

ahuecamiento m. Creusement. ‖ Évidement (acción de dejar hueco). ‖ Ameublissement : *ahuecamiento del suelo,* ameublissement du sol. ‖ Gonflement (inflado). ‖ Fig. Vanité, *f.*

ahuecar v. tr. Creuser, évider : *ahuecar un tronco de árbol,* évider un tronc d'arbre. ‖ Ameublir (la tierra). ‖ Décompresser, alléger (lana, etc.). ‖ Fig. Enfler [la voix]. ‖ Faire bouffer, faire gonfler (un vestido). ‖ Pop. *Ahuecar* ou *ahuecar el ala,* mettre les voiles, débarrasser le plancher, se débiner (largarse).
— V. pr. Se creuser, devenir creux. ‖ Fig. y Fam. Se gonfler d'orgueil, être bouffi d'orgueil.

ahuehué o **ahuehuete** m. Arbre conifère du Mexique.

ahuesado, da adj. Couleur d'os, jaunâtre (amarillento). ‖ Dur comme de l'os.

ahuesarse v. pr. *Amer.* Devenir inutile.

ahuevado, da adj. En forme d'œuf.

ahuevar v. tr. Donner la forme d'un œuf.

ahuizote m. *Amer.* Raseur, casse-pieds, *inv.* (pesado). ‖ Sorcellerie, *f.* (brujería).

ahulado m. *Amer* Toile (*f.*) cirée.

ahumada f. Feu, *m.* [servant de signal].

ahumado, da adj. Enfumé, e (lleno de humo). ‖ ‖ Fumé, e : *salmón ahumado,* saumon fumé ; *gafas ahumadas,* verres fumés. ‖ Fig. Éméché, e (ebrio) : *cuando salió del casino estaba algo ahumado,* quand il sortit du casino, il était un peu éméché. ‖ *Arenque ahumado,* hareng saur.
— M. Fumage : *el ahumado de la carne,* le fumage de la viande. ‖ Saurissage, saurage (con salmuera). ‖ Étouffage (de las abejas).

ahumador m. Saurisseur (de pescado).

ahumar v. tr. Fumer : *ahumar jamón,* fumer du jambon. ‖ Boucaner (acecinar). ‖ Enfumer (llenar de humo).
— V. intr. Fumer, dégager de la fumée. ‖ Enivrer : *los licores ahuman,* les liqueurs enivrent.
— V. pr. Prendre un goût de fumée. ‖ Noircir (ennegrecerse). ‖ Fam. Se soûler, s'enivrer (emborracharse). ‖ Fam. *Ahumársele a uno el pescado,* se mettre en rogne.

ahusado, da adj. Fuselé, e. ‖ *Falda ahusada,* jupe fourreau.

ahusar v. tr. Fuseler, effiler.
— V. pr. S'effiler.

ahuyentador, ra adj. y s. Qui chasse, qui met en fuite.

ahuyentar v. tr. Mettre en fuite : *ahuyentar a los ladrones,* mettre les voleurs en fuite. ‖ Mettre en fuite, chasser : *el fuego ahuyenta las fieras,* le feu chasse les bêtes sauvages. ‖ Fig. Chasser, éloigner, repousser : *ahuyentar un pensamiento,* chasser une pensée. ‖ Chasser : *el vino ahuyenta las penas,* le vin chasse les peines.
— V. pr. S'enfuir (huir).

aigrette f. Aigrette (penacho).

aijada f. Aiguillon, *m.*

ailanto m. Ailante (árbol).

aíllo m. *Amer.* Race, *f.,* lignée, *f.* (entre los quechuas). ‖ Communauté (*f.*) agraire.

aimara o **aimará** adj. y s. Aymara (raza andina).

aindiado, da adj. D'aspect indien.

airado, da adj. Furieux, euse ; irrité, e ; en colère ; courroucé, e : *gesto airado,* visage, air irrité : *respondió con un tono airado,* il répondit d'un ton courroucé. ‖ *Mujer de vida airada,* femme de mauvaise vie o de mœurs légères.

airamiento m. Irritation, *f.,* emportement, colère, *f.*

airampo m. Cactus du Pérou et du nord de l'Argentine.

airar v. tr. Fâcher, mettre en colère, irriter.

aire m. Petit mammifère insectivore de Cuba.

aire m. Air (fluide) : *corriente, bocanada de aire,* courant, bouffée d'air. ‖ Air : *el avión vuela por los aires,* l'avion vole dans les airs. ‖ Air, vent : *hoy hace mucho aire,* aujourd'hui il y a beaucoup de vent. ‖ Vent, air : *hacer aire con el abanico,* faire du vent avec un éventail. ‖ Fig. Air (parecido) : *un aire de familia,* un air de famille. ‖ Air (aspecto) : *con aire triste,* d'un air triste ; *tener un aire severo,* avoir l'air sévère. ‖ Vanité, *f.* ‖ Futilité, *f.,* frivolité, *f.* ‖ Mús. Mouvement. ‖ Air (canción) : *aire bailable,* air de danse ; *un aire popular,* un air populaire. ‖ Fig. Chic, allure, *f.* (gallardía). ‖ Allure, *f.* (del caballo). ‖ Fam. Attaque, *f.* : *le dio un aire que le dejó paralizado,* il a eu une attaque qui l'a laissé paralysé. ‖ *Amer.* Danse (*f.*) folklorique. ‖ — *Aire colado,* vent coulis. ‖ *Aire comprimido,* air comprimé. ‖ Fig. *Aire de suficiencia,* air suffisant ‖ *Aire líquido,* air liquide. ‖ *Al aire,* en l'air : *disparar al aire,* tirer en l'air. ‖ *Al aire libre,* en plein air, au grand air : *dormir al aire libre,* dormir en plein air ; *la vida al aire libre,* la vie au grand air. ‖ *Con un pie en el aire,* comme l'oiseau sur la branche (una persona), branlant, e (una cosa), en suspens (un negocio). ‖ Fig. *De buen o mal aire,* de bonne ou mauvaise humeur. ‖ *Nivel de aire,* niveau à bulle d'air. ‖ Fig. y Fam. *Palabras al aire,* paroles en l'air, du vent. ‖ — *Cambia el aire,* le vent tourne o change. ‖ Fam. *Cogerlas* ou *matarlas en el aire,* être vif comme la poudre. ‖ *Dar aire,* faire o donner de l'air (airear). ‖ *Darse aires de,* prendre des airs de. ‖ *Darse un aire a,* ressembler à. ‖ *Echar al aire,* mettre à l'air. ‖ *Estar en el aire,* être en suspens (un negocio). ‖ *Exponer al aire,* mettre à l'air. ‖ *Hablar al aire,* parler en l'air. ‖ *Hacer aire,* faire de l'air. ‖ *Herir el aire,* déchirer o fendre l'air. ‖ *Levantar castillos en el aire,* bâtir des châteaux en Espagne. ‖ *Mudar* ou *cambiar de aires,* changer d'air (enfermo). ‖ *¿Qué aires le traen por aquí?,* quel bon vent vous amène ? ‖ Fig. *Ser aire,* n'être que du vent. ‖ *Sustentarse del aire,* vivre de l'air du temps (vivir con poco). ‖ *Tener aires de gran señor,* avoir grand air. ‖ *Tomar el aire,* prendre l'air, s'aérer (pasearse).
— Interj. Fam. De l'air !, du vent !

aireación f. Aération.

aireado, da adj. Aéré, e (ventilado). ‖ Aigre : *vino aireado,* vin aigre.

airear v. tr. Aérer, donner de l'air. ‖ Fig. Remettre sur le tapis, rappeler.
— V. pr. Prendre l'air : *ha salido para airearse,* il est sorti pour prendre l'air. ‖ Prendre un refroidissement (resfriarse).

aireo m. Aération, *f.,* aérage.

airón m. Héron (ave). ‖ Aigrette, *f.* (penacho). ‖ Panache (de cascos). ‖ Puits [très profond].

airosamente adv. Avec grâce o élégance, gracieusement : *andar airosamente,* marcher avec grâce. ‖ *Salir airosamente de,* bien se tirer de, se tirer brillamment de.

airosidad f. Grâce, élégance.
airoso, sa adj. Aéré, e (ventilado). ‖ Venteux, euse
(ventoso). ‖ Fig. Gracieux, euse; élégant, e (garboso) : *una postura airosa*, une attitude gracieuse.
| Élégant, e : *una respuesta airosa*, une réponse
élégante. ‖ *Quedar o salir airoso*, bien s'en tirer,
s'en tirer brillamment, s'en tirer avec honneur.
aislable adj. Isolable.
aislacionismo m. Isolationnisme.
aislacionista adj. y s. Isolationniste.
aisladamente adv. Isolément. ‖ À l'écart (lejos,
sin amparo).
aislado, da adj. Isolé, e (solo) : *vivir aislado*, vivre
isolé. ‖ Isolé, e (casa), écarté, e (sitio, aldea). ‖
Mis à l'écart (apartado).
aislador, ra adj. y s. m. Isolant, e.
aislamiento m. Isolement : *vivir en el aislamiento*,
vivre dans l'isolement. ‖ Mise (*f.*) à l'écart. ‖ Isolation, *f.* (térmico, etc.).
aislante adj. y s. m. Isolant, e : *el vidrio es un
buen aislante*, le verre est un bon isolant.
aislar v. tr. Isoler. ‖ Mettre à l'écart (apartar).
¡ajá! interj. Fam. Voilà!, tout juste! (aprobación).
‖ Eh bien!, ah çà! (sorpresa).
ajabeba f. Flûte mauresque.
ajada f. Aillade (salsa).
ajado, da adj. Défraîchi, e (tela, vestido, etc.). ‖
Fané, e; défraîchi, e (deslucido). ‖ Fané, e; flétri, e (marchitado). ‖ Abîmé, e (estropeado).
¡ajajá! o **¡ajajay!** interj. Fam. Voilà!, tout
juste! (aprobación). ‖ Eh bien!, ah çà! (sorpresa).
ajamiento m. Usure, *f.* (desgaste) : *el ajamiento
de una tela*, l'usure d'une étoffe. ‖ Flétrissure, *f.*
(de la piel).
ajamonado, da adj. Fam. Bien en chair : *una
mujer ajamonada*, une femme bien en chair.
ajamonarse v. pr. Fam. Grossir, être bien en chair.
ajaquecarse v. pr. Avoir la migraine.
ajar m. Terrain semé d'ail.
ajar v. tr. Défraîchir, user (desgastar) : *ajar un
vestido*, user une robe. ‖ Défraîchir : *el sol
aja las cortinas*, le soleil défraîchit les rideaux. ‖
Flétrir, faner : *flores ajadas*, des fleurs fanées;
tez ajada, teint flétri. ‖ Fig. Flétrir, rabaisser (humillar). ‖ Froisser : *ajar el amor propio*, froisser
l'amour propre.
— V. pr. Se flétrir, se faner (flores).
ajaraca f. Arq. Arabesque, entrelacs, *m.*
ajaracado, da adj. Arq. À entrelacs, orné d'ara-
besques.
ajarafe m. Plateau (meseta). ‖ Terrasse, *f.*
ajardinado, da adj. Aménagé en jardins.
aje m. Infirmité, *f.* (achaque). ‖ Amer. Igname,
chou caraïbe (planta). | Patate, *f.* (batata). |
Sorte de cochenille, *f.*
ajear v. intr. Cacaber (la perdiz).
ajebe m. Alun (alumbre).
ajedrea f. Sarriette (planta).
ajedrecista m. y f. Joueur, joueuse d'échecs.
ajedrez m. Échecs, *pl.*, jeu d'échecs (juego). ‖
Mar. Caillebotis (enjaretado).
ajedrezado, da adj. En damier : *escudo ajedrezado*, écusson en damier.
ajengibre m. Gingembre.
ajenjo m. Absinthe, *f.*
ajeno, na adj. D'un autre, des autres, d'autrui :
las desgracias ajenas, les malheurs des autres; *el
bien ajeno*, le bien d'autrui. ‖ Étranger, ère :
ajeno a un negocio, étranger à une affaire; *prohibida la entrada a las personas ajenas al servicio*,
entrée interdite aux personnes étrangères au service. ‖ Étranger, ère, en dehors de : *disertación
ajena al asunto*, dissertation étrangère au sujet. ‖
En dehors de : *yo estaba completamente ajeno a
lo que ocurría*, j'étais tout à fait en dehors de ce

qui arrivait ; *estás completamente ajeno a este
mundo*, tu es complètement en dehors de ce
monde. ‖ Libre, dégagé, e : *ajeno de prejuicios*,
libre de préjugés. ‖ Différent, e : *mis preocupaciones son muy ajenas a las tuyas*, mes préoccu-
pations sont très différentes des tiennes. ‖
Contraire à, impropre à : *ajeno de su estado, a su
carácter*, contraire à son état, à son caractère. ‖
Adverse : *el equipo va a jugar en campo ajeno*,
l'équipe va jouer sur le terrain adverse. ‖ — *Lo
ajeno, el bien ajeno*, le bien d'autrui. ‖ — *Estar
ajeno de sí*, s'oublier [soi-même]. ‖ *Estar uno
ajeno de una cosa*, ne pas être au courant de
quelque chose, être loin de penser à quelque
chose. ‖ *Vivir a costa ajena*, vivre aux dépens
d'autrui, sur le dos des autres.
ajeo m. Cri de la perdrix. ‖ *Perro de ajeo*, braque.
ajerezado, da adj. Ressemblant au vin de Xérès.
ajete m. Ail tendre. ‖ Poireau sauvage. ‖ Aillade,
f., sauce (*f.*) à l'ail.
ajetreado, da adj. Occupé, e; affairé, e : *una persona muy ajetreada*, une personne très occupée. ‖
Mouvementé, e : *una vida ajetreada*, une vie mouvementée.
ajetrearse v. pr. S'affairer (atarearse). ‖ Se donner du mal, se démener, s'éreinter : *me he ajetreado mucho para nada*, je me suis donné beaucoup de mal pour rien.
ajetreo m. Déploiement d'activité. ‖ Affairement :
¡qué ajetreo!, no paré ni un momento, quel
affairement, je n'ai pas arrêté un instant ! ‖
Agitation, *f.* : *la preparación de un viaje acarrea
mucho ajetreo*, la préparation d'un voyage entraîne une grande agitation. ‖ Animation, *f.* : *hay
mucho ajetreo en la calle*, il y a beaucoup d'animation dans la rue. ‖ Grande fatigue, *f.*, éreintement.
ají m. Piment rouge, poivre de Guinée. ‖ Sauce
(*f.*) au piment. ‖ Amer. Cohue, *f.*, vacarme,
tumulte (tumulto). ‖ — Fam. Amer. *Ponerse como
un ají*, piquer un fard (sonrojarse), éclater, sortir
de ses gonds (enfurecerse). | *Ser más bravo que el
ají*, avoir un caractère de chien, être mauvais
comme la gale.
ajiaceite m. Ailloli, aillade, *f.* (salsa).
ajiaco m. Sauce (*f.*) au piment. ‖ Amer. Ragoût
aux piments.
ajicero, ra adj. Du piment.
— M. y f. Amer. Marchand de piment. ‖ —
M. Plat à piment.
ajicomino m. Sauce (*f.*) à l'ail et au cumin.
ajilimoje m. o **ajilimójili** m. Sauce (*f.*) piquante
(salsa). ‖ — Pl. Fig. y Fam. Tout le tremblement :
y con todos sus ajilimójilis, et tout le tremblement.
ajimez m. Fenêtre (*f.*) à meneaux.
ajipuerro m. Poireau sauvage.
ajo m. Ail : *ristra de ajos*, chapelet d'ails. ‖
Gousse (*f.*) d'ail (diente de ajo). ‖ Aillade, *f.*,
sauce (*f.*) à l'ail. ‖ Fig. Affaire (*f.*) secrète, his-
toire, *f.*, coup. | Gros mot, juron (palabrota). ‖
— *Ajo blanco*, sorte de soupe à l'ail. ‖ *Ajo cañete*
ou *castañete*, ail à enveloppe rougeâtre. ‖ *Ajo
cebollino*, ciboulette. ‖ *Ajo chalote*, échalote. ‖
Ajo porro ou *puerro*, poireau, ail à tunique. ‖
Diente de ajo, gousse d'ail. ‖ — Fig. y Fam.
¡Bueno anda el ajo!, nous sommes dans de beaux
draps ! | *Estar en el ajo*, être dans le coup. | *Estar
harto de ajos*, être mal élevé o rustre. | *Quien se
pica, ajos come*, qui se sent morveux, se mouche.
‖ *Revolver el ajo*, jeter de l'huile sur le feu, raviver une querelle. ‖ *Ser tieso como un ajo*, être
raide comme un manche à balai.
— Observ. El francés *ail* tiene dos plurales : *aulx*,
poco usado, y *ails*.

¡ajo! o **¡ajó!** interj. A, re, a, re [pour encourager les enfants à parler].

ajoarriero m. Plat de morue à l'ail.

ajobar v. tr. Porter sur le dos.

ajofaina f. Cuvette (palangana).

ajolín m. Espèce de punaise, f.

ajolote m. Axolotl (animal anfibio).

ajomate m. Conserve, f., algue (f.) d'eau douce (alga).

ajonje m. Glu, f. (liga). ‖ BOT. Houx épineux.

ajonjolí m. BOT. Sésame (alegría).

ajonuez m. Sauce (f.) à l'ail et à la noix de muscade.

ajoqueso m. Plat à l'ail et au fromage.

ajorar v. tr. Entraîner.

ajorca f. Bracelet, m. (pulsera).

ajornalar v. tr. Louer o prendre à la journée.

ajuagas f. pl. VETER. Javart, m. sing., malandre, sing.

ajuanetado, da adj. Déformé par un durillon (pie). ‖ Aux pommettes saillantes (rostro).

ajuar m. Mobilier (de una casa). ‖ Trousseau (de novia).

ajudiado, da adj. Semblable aux juifs, de juif.

ajuglarar v. tr. Écrire à la manière des troubadours.

ajuiciado, da adj. Sage (tranquilo, bien criado). ‖ Sage, judicieux, euse (prudente).

ajuiciar v. tr. Assagir. ‖ Traduire en jugement (juzgar).

ajumarse v. pr. POP. Se saouler.

ajustado, da adj. Réglé, e. ‖ Juste, correct, e ; exact, e : un cálculo ajustado, un calcul exact. ‖ Ajusté, e ; collant, e : un vestido muy ajustado, une robe très ajustée. ‖ Joint, e : ventanas mal ajustadas, fenêtres mal jointes. ‖ Serré, e : resultados ajustados, des résultats serrés. — M. Ajustage : el ajustado de las piezas de un motor, l'ajustage des pièces d'un moteur.

ajustador m. (Ant.). Justaucorps [prenda de vestir]. ‖ Bustier (ropa interior). ‖ Ajusteur (obrero). ‖ IMPR. Metteur en pages.

ajustamiento m. Ajustement (acción de ajustar). ‖ Ajustage (trabajo de ajuste). ‖ Réglage (de una máquina). ‖ Relevé, état d'un compte (de una cuenta).

ajustar v. tr. Ajuster : ajustar un vestido, ajuster un vêtement. ‖ Ajuster, adapter : ajustar una tapa a una caja, adapter un couvercle à une boîte. ‖ Arranger : ajustar un matrimonio, arranger un mariage. ‖ Aménager : ajustar un horario, aménager un horaire. ‖ Mettre d'accord, réconcilier (enemigos). ‖ Convenir de : ajustar un precio, convenir d'un prix. ‖ Engager (un criado). ‖ Embaucher (un empleado). ‖ Régler (una cuenta). ‖ IMPR. Mettre en pages. ‖ Assener, donner : ajustar un puñetazo, assener un coup de poing. ‖ TECN. Ajuster, assembler : ajustar dos piezas, ajuster deux pièces. | Régler (una máquina). ‖ Amer. Attraper (una enfermedad). | Économiser (ahorrar). | Être dur, sévère (en un examen). ‖ — FIG. Ajustar el paso a de alguien, régler son pas sur quelqu'un. ‖ Ajustar las cuentas, faire les comptes. ‖ FIG. Ajustar las cuentas a uno, régler son compte à quelqu'un. | Ajustarle las clavijas a uno, serrer la vis à quelqu'un. | Ajustar su conducta a, modeler o aligner o régler sa conduite sur. ‖ — V. intr. Aller, s'adapter parfaitement : esta tapadera no ajusta, ce couvercle ne va pas. ‖ Serrer, coller (un vestido). ‖ FIG. Cadrer, s'adapter parfaitement : esto ajusta con lo que te dije, ceci cadre avec ce que je t'ai dit. ‖ — V. pr. S'adapter : me ajusto a todo, je m'adapte à tout. ‖ Se conformer à. ‖ Être conforme : lo que me dices se ajusta a la verdad, ce que tu me dis est conforme à la vérité. ‖ Coller (un vestido). ‖ Serrer : ajustarse el cinturón, serrer sa ceinture. ‖ Se mettre d'accord, convenir : se ajustaron en que iban a venir, ils ont convenu de venir. ‖ — Ajustarse a razones, se rendre à la raison. ‖ Ajustarse en sus costumbres, régler ses mœurs o sa conduite.

ajuste m. TECN. Ajustage (operación de ajustar). ‖ Réglage (acción de reglar). ‖ Accord, conciliation, f. (avenencia). ‖ Arrangement, préparation, f. (concierto). ‖ Engagement (de un criado), embauche, f. (de un obrero). ‖ Accord, marché, convention, f. (trato) : llegar a un ajuste, arriver à un accord. ‖ Fixation, f. (del precio). ‖ TECN. Assemblage (asemblaje), emboîtement (encaje de dos cosas). ‖ IMPR. Imposition, f. (imposición). ‖ COM. Règlement (de una cuenta). ‖ CINEM. Raccord. ‖ FOT. Cadrage. ‖ FIG. Ajuste de cuenta, règlement de compte. ‖ Ajuste de la paz, préliminaires de paix. ‖ Anillo de ajuste, bague de réglage o d'arrêt. ‖ Carta de ajuste, grille de réglage, mire (en la televisión). ‖ Tornillo de ajuste, vis de blocage. ‖ — Más vale mal ajuste que buen pleito, un mauvais arrangement vaut mieux qu'un bon procès.

ajusticiado, da m. y f. Victime, f. (actualmente), supplicié, e (antiguamente).

ajusticiamiento m. Exécution, f. (actualmente), supplice (antiguamente).

ajusticiar v. tr. Exécuter (actualmente), supplicier (antiguamente).

al prep. — 1. Seguida del sustantivo masculino. — Au, à la : dar el libro al maestro, ir al coche, donner le livre au maître, aller à la voiture ; al principio, al final, au début, à la fin. ‖ Chez : ir al dentista, aller chez le dentiste. ‖ Dans : bajar al patio, descendre dans la cour. ‖ En : traducir al italiano, traduire en italien ; gravar al claroscuro, graver en clair-obscur. ‖ Par : ganar tanto al mes, gagner tant par mois. ‖ — Al anochecer, à la tombée de la nuit. ‖ Al mediodía, à midi. ‖ Al menos, au moins, tout au moins. ‖ Al mismo tiempo, en même temps. ‖ Dar la vuelta al mundo, faire le tour du monde.
— 2. Seguida del infinitivo. — En : al llegar, se cayó, en arrivant, il tomba ; al entrar vio a su tío, en entrant, il vit son oncle. ‖ Comme : al dar las cinco, comme cinq heures sonnaient. ‖ Puisque (ya que). ‖ Al salir el sol, au lever du soleil.

ala f. Aile (ave, insecto, avión, edificio, ejército). ‖ File, rangée (fila). ‖ Bord, m. : sombrero de ala ancha, chapeau à large bord. ‖ Lobe, m. (hígado). ‖ Aile (nariz). ‖ Pente (techo). ‖ Aile (molino). ‖ Aile (deporte). ‖ — Ala del corazón, oreillette. ‖ — A golpe de ala, à tire d'aile. ‖ Color ala de mosca, aile-de-mouche. ‖ POP. Del ala, balle : veinte del ala, vingt balles [vingt francs]. ‖ FIG. y FAM. Ahuecar el ala, mettre les voiles, débarrasser le plancher, se débiner (marcharse). ‖ Arrastrar el ala, courtiser, faire les yeux doux (enamorar). | Battre de l'aile (no estar bien). ‖ FIG. Caérsele a uno las alas del corazón, perdre courage. | Cortar las alas, décourager, refroidir (desanimar). | Cortar ou recortar las alas, couper o rogner les ailes (quitar la ayuda). | Llevar plomo en el ala, avoir du plomb dans l'aile. | Tomar alas, prendre des libertés. | Volar con sus propias alas, voler de ses propres ailes.

¡ala! interj. Allons !, allons-y ! (para incitar). ‖ Holà ! (para llamar).

Alá n. pr. m. Allah.

alabado, da adj. Loué, e. ‖ Alabado sea Dios, Dieu soit loué. ‖ — M. Louange, f. (motete). ‖

Amer. Chant de l'aube [des veilleurs de nuit]. ‖ *Amer. Al alabado,* à l'aube.

alabador, ra adj. y s. Louangeur, euse ; qui loue.

alabamiento m. Louange, *f.* ‖ Vantardise, *f.* (jactancia).

alabancioso, sa adj. FAM. Vantard, e.

alabandina f. MIN. Alabandine.

alabanza f. Éloge, *m. ;* louange : *cantar las alabanzas de,* chanter les louanges de, ne pas tarir d'éloges sur. ‖ Vantardise (jactancia). ‖ *En alabanza de,* à la louange de.

alabar v. tr. Louer, vanter, faire des éloges (celebrar). ‖ *— Alabar a su santo,* prêcher pour son saint. ‖ *Alabar a uno de discreto* ou *por su discreción,* louer quelqu'un pour son intelligence. — V. intr. *Amer.* Chanter l' « alabado ». — V. pr. Se vanter (jactarse). ‖ Se réjouir : *me alabo de tu triunfo,* je me réjouis de ton triomphe.

alabarda f. Hallebarde. ‖ Sergent (*m.*) d'infanterie (sargento).

alabardado, da adj. En forme de hallebarde.

alabardazo m. Coup de hallebarde.

alabardero m. Hallebardier. ‖ — Pl. La claque, *f. sing.* (en el teatro).

alabastrado, da adj. Semblable à l'albâtre.

alabastrina f. Mince plaque d'albâtre [aux baies d'un temple].

alabastrino, na adj. D'albâtre, alabastrin, e. ‖ Semblable à l'albâtre.

alabastrita o **alabastrites** f. Alabastrite.

alabastro m. Albâtre. ‖ *Alabastro yesoso,* albâtre gypseux, alabastrite.

álabe m. MECÁN. Aube, *f.,* palette, *f.* (de rueda hidráulica). ‖ Dent, *f.,* alluchon [d'une roue]. ‖ Branche (*f.*) pendante (de un árbol). ‖ Ridelle, *f.* (de un carro).

alabeado, da adj. Gauchi, e ; gondolé, e : *una tabla alabeada,* une planche gauchie.

alabear v. tr. Gauchir (torcer). ‖ Gondoler (abarquillar). ‖ Bomber (encorvar). — V. pr. Gauchir, se gauchir, se déjeter (torcerse). ‖ Se gondoler (abarquillarse). ‖ Se bomber (encorvarse).

alabeo m. Gauchissement (torcedura). ‖ Gondolement (abarquilladura).

alacena f. Placard, *m. : una casa con muchas alacenas,* une maison avec de nombreux placards.

alaco o **halaco** m. *Amer.* Haillon (harapo). ‖ Débauché, noceur (un calavera).

alacrán m. Scorpion (arácnido). ‖ Esse (de un corchete). ‖ Branche, *f.* [du mors]. ‖ *Amer.* Mauvaise langue, *f.,* langue (*f.*) de vipère (maldiciente). ‖ *— Alacrán cebollero,* courtilière. ‖ *Alacrán marinero,* sorte de raie (pez).

alacranado, da adj. Piqué par un scorpion. ‖ FIG. Pourri, e ; corrompu, e (viciado).

alacranera f. Chenillette (planta).

alacridad f. Alacrité (p. us.), joie, allégresse.

alacha f. o **alache** m. ZOOL. Anchois (*m.*) frais.

alada f. Coup (*m.*) d'aile, battement (*m.*) d'aile.

aladares m. pl. Cheveux sur les tempes.

aladierna f. o **aladierno** m. Nerprun, *m.,* alaterne, *f.* (arbusto).

Aladino n. pr. m. Aladin.

alado, da adj. Ailé, e : *hormiga alada,* fourmi ailée. ‖ BOT. En forme d'aile. ‖ FIG. Rapide (ligero).

aladrero m. Charron (que repara arados, carros, etc.). ‖ MIN. Boiseur (carpintero).

aladroque m. Anchois [frais] (boquerón).

alagartado, da adj. Qui ressemble au lézard. ‖ Bigarré, e (abigarrado).

alagartarse v. pr. Écarter les pattes.

alajú m. Sorte de pain d'épice.

alalá m. Chanson (*f.*) populaire du nord de l'Espagne.

alalia f. Aphasie, alalie (p. us.).

alalimón m. Jeu d'enfants. ‖ V. ALIMÓN.

Alamanes n. pr. m. pl. Alamans.

alamar m. Fermail (presilla). ‖ Brandebourg (adorno de casaca). ‖ Frange, *f.* (fleco). ‖ Gland (en el traje del torero).

alambicadamente adv. De façon alambiquée.

alambicado, da adj. FIG. Alambiqué, e : *una teoría alambicada,* une théorie alambiquée. ‖ Fourni au compte-gouttes (escaso). ‖ *Precio alambicado,* prix étudié.

alambicamiento m. Alambiquage. ‖ Distillation, *f.* ‖ FIG. Complexité, *f.,* complication, *f. : el alambicamiento de un razonamiento,* la complexité d'un raisonnement.

alambicar v. tr. Distiller (destilar). ‖ FIG. Éplucher, passer au crible (examinar). ‖ Alambiquer, tarabiscoter (complicar, sutilizar). ‖ Étudier (un precio).

alambique m. Alambic. ‖ — FIG. *Pasar por el alambique,* passer au crible (aquilatar). ‖ *Por alambique,* au compte-gouttes (escasamente).

alambiquería f. *Amer.* Distillerie.

alambiquero m. *Amer.* Distillateur.

alambor m. Escarpe, *f.* ‖ Côté [d'une pierre] taillé en oblique. ‖ BOT. Orange, *f.*

alambrada f. Barbelés, *m. pl.* ‖ Grillage (reja). ‖ *Alambrada de espino* ou *de púas,* fils de fer barbelés.

alambrado, da adj. Grillagé, e. ‖ Clôturé de fils de fer o de barbelés. — M. Grillage (alambrera). ‖ Clôture (*f.*) de fils de fer. ‖ *Saltar el alambrado,* franchir o sauter le pas.

alambrar v. tr. Grillager (una ventana). ‖ Clôturer avec des fils de fer, des barbelés (un terreno).

alambre m. Fil de fer (de hierro). ‖ Fil métallique. ‖ Clochettes, *f. pl.,* sonnailles, *f. pl.* (del ganado). ‖ Rasette, *f.* (del órgano). ‖ *— Alambre de púas* ou *de espino* ou *espinoso,* fil de fer barbelé, barbelé. ‖ *Piernas de alambre,* des jambes comme des fils de fer o des allumettes. ‖ FAM. *Ser un alambre,* être maigre comme un clou.

alambrera f. Grillage, *m.* (red de alambre). ‖ Toile métallique (red muy fina). ‖ Cloche [en toile métallique]. ‖ Garde-manger, *m. inv.* (alacena).

alambrista m. y f. Équilibriste, funambule.

alambrón m. TECN. Fil machine.

alameda f. ● Allée de peupliers. ‖ Allée, promenade (paseo). ‖ Peupleraie (plantío de álamos). — SINÓN. ● *Avenida,* avenue. *Bulevar,* boulevard. *Paseo,* promenade.

alamín m. Contrôleur des poids et mesures. ‖ Inspecteur des travaux. ‖ Juge (de los riegos).

álamo m. BOT. Peuplier : *álamo blanco, negro, temblón,* peuplier blanc, noir, tremble.

alampar v. intr. Brûler d'envie de : *alampar por beber,* brûler d'envie de boire.

alanceado, da adj. BOT. Lancéolé, e.

alancear v. tr. Percer de coups de lance.

alangiáceo, a o **alangieo, a** adj. y s. BOT. De la famille des alangiers.

alano, a adj. y s. *Perro alano,* dogue.

Alano n. pr. m. Alain.

alantoides f. ANAT. Allantoïde.

Alanzón n. pr. GEOGR. Alençon.

alar m. Avant-toit, auvent (alero).

alarconiano, na adj. D'Alarcón (autor).

alarde m. MIL. Parade, *f.,* revue, *f.* ‖ ● Étalage : *hacer alarde de su riqueza,* faire étalage de sa richesse. ‖ Démonstration, *f. : un alarde urbanístico,* une démonstration d'urbanisme. ‖ Visite, *f.* (en la cárcel). ‖ Reconnaissance (*f.*) de la ruche [par les abeilles]. ‖ DR. Examen périodique des causes laissées en suspens. ‖ *Hacer alarde de,*

se vanter, se targuer de, tirer vanité de (vanagloriarse), afficher : *hacer alarde de indiferencia*, afficher de l'indifférence ; faire montre de : *hacer alarde de ingenio*, faire montre d'ingéniosité.
— SINÓN. ● *Muestra*, montre. *Jactancia*, jactance. *Ostentación*, ostentation.

alardear v. intr. Parader. || Se vanter (jactarse) : *alardear de sus conocimientos*, se vanter de ses connaissances. || Se croire (presumir) : *alardea de inteligente*, il se croit très intelligent. || Tirer vanité de : *alardear de buen mozo*, tirer vanité de sa belle allure.

alardeo m. Étalage, parade, *f.* (alarde).

alargadera f. Rallonge (de un compás, de un goniómetro). || Tube (*m.*) de verre, allonge (retorta).

alargado, da adj. Allongé, e : *forma alargada*, forme allongée.

alargador, ra adj. Qui rallonge.

alárgama f. BOT. Harmale (alharma).

alargamiento m. Prolongement : *el alargamiento de una calle*, le prolongement d'une rue. || Prolongation, *f.* (en el tiempo). || Allongement : *el alargamiento de un elástico*, l'allongement d'un élastique.

alargar v. tr. Allonger : *alargar un vestido, una pared*, allonger une robe, un mur. || Étirer (estirar). || Étendre (los límites). || Rallonger : *alargar una falda que se ha quedado corta*, rallonger une jupe qui est devenue trop courte. || Prolonger (en el tiempo) : *alargar su discurso, un plazo*, prolonger son séjour, un discours, un délai. || Passer (dar) : *alárgame ese libro*, passe-moi ce livre. || Différer, repousser (diferir). || Écarter (desviar). || Laisser filer, dérouler : *alarga un poco de cuerda*, laisse filer un peu de corde. || Tendre l'oreille (escuchar). || FIG. Scruter, examiner (examinar). || Augmenter (aumentar). | Étendre son action à. | Faire traîner en longueur (dar largas). || — *Alargar el camino*, rallonger le chemin. || *Alargar el paso*, allonger *o* presser le pas.
— V. pr. S'allonger. || S'étendre. || Rallonger, allonger : *en marzo los días se alargan*, en mars les jours rallongent. || Rallonger : *este traje se alarga al lavarse*, cette robe rallonge au lavage. || S'éloigner, s'écarter (apartarse). || Se répandre en (alabanzas, regalos, etc.). || FIG. S'étendre : *me he alargado mucho en mi carta*, je me suis beaucoup étendu dans ma lettre. || FIG. y FAM. Pousser jusqu'à, aller à : *alargarse a ou hasta la ciudad*, pousser jusqu'à la ville. || Passer, aller : *alárgate a casa de tu hermano*, passe chez ton frère. || MAR. Tourner [le vent].

alaria f. Tournassin, *m.* (de alfarero).

Alarico n. pr. m. Alaric.

alarido m. (Ant.). Cri de guerre des Maures. | Cri, hurlement : *dar alaridos*, pousser des hurlements : *se oían alaridos de muerte*, on entendait des cris de mort.

alarifazgo m. Maîtrise, *f.* || Métier de maçon.

alarife m. Maître d'œuvre (maestro albañil). | Maçon (albañil). || *Amer.* Malin, dégourdi.

alarije m. Variété (*f.*) de raisin.

alarma f. Alarme : *dar la alarma*, donner l'alarme. || Alerte : *proclamar* ou *declarar el estado de alarma*, proclamer *o* déclarer l'état d'alerte ; *falsa alarma*, fausse alerte. || Inquiétude, alarme : *vivir en alarma*, vivre dans l'inquiétude. || — *Señal de alarma*, signal d'alarme. || *Voz de alarma*, cri d'alarme (sentido propio). || — *Dar un toque de alarma*, pousser un cri d'alarme.

alarmado, da adj. Alarmé, e.

alarmante adj. Alarmant, e.

alarmar v. tr. Alarmer. || Prévenir, avertir : *me*

ha *alarmado de la gravedad de la situación*, il m'a prévenu de la gravité de la situation.
— V. pr. S'alarmer, s'inquiéter : *no alarmarse por nada*, ne s'alarmer de rien.

alarmista m. y f. Alarmiste.

a látere loc. lat. FIG. y FAM. Inséparable.

alaterno m. BOT. Nerprun, alaterne, *f.* (aladierna).

alauita adj. y s. Alaouite (dinastía marroquí).

Álava n. pr. GEOGR. Alava [province espagnole du Pays basque].

alavense o **alavés, esa** adj. D'Alava. || — M. y f. Natif, native d'Alava (nacido). || Habitant d'Alava (vecino).

alazán, ana o **alazano, na** adj. y s. Alezan, e. || *Alazán dorado, tostado*, alezan doré, brûlé.

alba f. ● Aube, petit jour, *m.* : *me levanté al alba*, je me suis levé à l'aube. || Aube (de los sacerdotes). || — *Misa del alba*, première messe à l'aube. || — *Al rayar el alba*, à l'aube, au point du jour : *levantarse al rayar el alba*, se lever à l'aube. || *Clarear* ou *rayar* ou *romper el alba*, poindre [le jour]. || *La del alba sería cuando...*, il pouvait être l'heure du petit jour lorsque...
— SINÓN. ● *Aurora*, aurore. *Amanecer, alborada*, point du jour.

albacea m. y f. Exécuteur, exécutrice testamentaire.

albaceazgo m. Fonction (*f.*) d'exécuteur testamentaire.

Albacete n. pr. GEOGR. Albacète.

albaceteño, ña o **albacetense** adj. y s. D'Albacete.

albacora f. Figue d'été, figue fleur (breva). || ZOOL. Thon, *m.* (bonito).

albahaca f. Basilic, *m.* (planta).

albalá m. y f. Brevet, *m.* lettre (*f.*) patente [du roi]. || Document, *m.* (documento).
— OBSERV. Pl. *albalaes*.

albanega f. Résille, *f.* (para el pelo). || Filet, *m.* (para cazar).

albanés, esa adj. y s. Albanais, e.

Albania n. pr. f. GEOGR. Albanie.

albañal o **albañar** m. Égout (alcantarilla).

albañil m. Maçon. || — *Oficial de albañil*, maître maçon. || *Peón de albañil*, aide-maçon.
— OBSERV. Les mots français *maçon, maçonnerie* employés pour *franc-maçon, franc-maçonnerie* se traduisent en espagnol par *masón* et *masonería*.

albañila adj. f. *Abeja albañila*, abeille maçonne.

albañilería f. Maçonnerie.

albar adj. Blanc, blanche : *conejo albar*, lapin blanc.

albarán m. Écriteau « à louer ». || Brevet [royal] (albalá). || Bulletin de livraison.

albarazado, da adj. Lépreux, euse (gafo). || Blanchâtre (blanquecino). || *Amer.* Métis, métisse de Chinois et d'Indienne.

albarazo m. Lèpre (*f.*) blanche.

albarda f. Bât, *m.* (de una caballería). || *Amer.* Selle (silla). || Barde (albardilla de tocino).

albardado, da adj. Qui a le dos d'une autre couleur que le reste du corps (animal).

albardar v. tr. Bâter.

albardería f. Sellerie (talabartería).

albardero m. Sellier.

albardilla f. Selle de dressage. || Coussinet, *m.* (almohadilla). || Poignée (para coger la plancha). || Chaperon, *m.* (tejadillo). || Laine du dos de las ovejas). || AGRIC. Ados, *m.* [dans un potager]. || Traînée de boue (en las sendas). || Barde, tranche de lard (de tocino). || Petit pain, *m.* (panecillo).

albardón m. Bastine, *f.* (silla de montar). || *Amer.* Talus, tertre (de tierra). | Chaperon (de un techo).

albarejo, ja adj. Blanc, blanche (dicho de ciertas plantas).

albareque m. Filet à sardines (red).

albaricoque m. Abricot (fruta). ‖ Abricotier (árbol).

albaricoquero m. Abricotier (árbol).

albarillo m. Abricot à chair blanche. ‖ Air de guitare très vif.

albariza f. Lagune.

albarizo, za adj. Blanchâtre (blanquecino). — M. Sol blanchâtre (terreno).

albarrada f. Mur (m.) de pierres sèches (muro). ‖ Terrasse [pour la culture]. ‖ Clôture en pisé (tapia). ‖ Alcarazas, m. (alcarraza).

albarrana adj. f. Flanquante (torre). ‖ Cebolla albarrana, scille (planta).

albatros m. Albatros.

albayaldado, da adj. Recouvert de céruse.

albayalde m. Céruse, f., blanc d'Espagne.

albazano, na adj. Bai, e ; brun, e (caballo).

albazo m. Amer. Aubade, f. (alborada). ‖ Lever matinal.

albear m. Carrière (f.) de terre glaise.

albear v. intr. Blanchir. ‖ Amer. Poindre (el día). ‖ Se lever matin, de bonne heure (madrugar).

albedo m. Albédo (de los astros).

albedrío m. Arbitre : libre albedrío, libre arbitre. ‖ Fantaisie, f., caprice (capricho). ‖ Coutume, f. (costumbre). ‖ Hazlo a tu albedrío, agis à ta guise.

albéitar m. Vétérinaire.

albeitería f. Art (m.) vétérinaire.

albellón m. Égout (alcantarilla). ‖ Rigole (f.) d'écoulement (desaguadero).

alberca f. Bassin, m. (estanque) : los niños se están bañando en la alberca, les enfants se baignent dans le bassin. ‖ Citerne, réservoir, m. (depósito). ‖ Rouissoir, m. (poza para cáñamo).

albérchigo m. Alberge, f. [sorte de pêche]. ‖ Albergier (árbol). ‖ Abricotier (albaricoquero).

alberchiguero m. Albergier (árbol). ‖ Abricotier (albaricoquero).

albergador, ra adj. (P. us.). Accueillant, e. — M. y f. Hôte, hôtesse [qui héberge]. ‖ Aubergiste (ventero).

albergar v. tr. Héberger, loger. ‖ Fig. Abriter, renfermer (encerrar). ‖ Nourrir : alberga la esperanza de ir a México, il nourrit l'espoir d'aller au Mexique. ‖ Éprouver : albergar cierta inquietud, éprouver une certaine inquiétude. — V. intr. y pr. Loger, être logé, e ; descendre : se alberga en el mismo hotel que yo, il loge dans le même hôtel que moi.

albergue m. Logement (alojamiento). ‖ Auberge, f. (posada) : albergue de juventud, auberge de jeunesse. ‖ Repaire (de fieras). ‖ Asile, refuge : encontrar albergue en casa de un amigo, trouver refuge chez un ami. ‖ Albergue de carretera, relais, auberge.

albero, ra adj. (P. us.). Blanc, blanche (albar). — M. Torchon (paño). ‖ Sol blanchâtre (terreno).

alberquero, ra m. y f. Gardien, gardienne d'un bassin o d'une citerne.

Alberto, ta n. pr. m. y f. Albert, Alberte.

albigense adj. y s. Albigeois, e.

albillo, lla adj. y s. Uva albilla, vino albillo, chasselas.

albín m. Hématite, f. (óxido de hierro). ‖ Sanguine, f. (color).

albina f. Lagune. ‖ Sel, m., croûte de sel.

albinismo m. Albinisme.

Albino n. pr. m. Aubin.

albino, na adj. y s. Albinos : esta niña es albina, cette fille est albinos. ‖ Amer. Fils d'un Européen et d'une mulâtresse.

Albión n. pr. f. Geogr. Albion.

albis (in) adv. Fam. Estar in albis, ne pas savoir le premier mot de, ne pas avoir la moindre idée de. ‖ Quedarse in albis, ne rien piger, ne rien comprendre.

albita f. Min. Albite.

albitana f. Paillasson, m. (en la huerta). ‖ — M. Mar. Contre-étrave (en la proa). ‖ Contre-étambot, m. (en la popa).

albo, ba adj. Poét. Blanc, blanche.

albogue m. Mús. Espèce de flageolet (oboe). ‖ Flûte (f.) double (instrumento pastoril). ‖ Cymbale, f. (platillo).

alboguero, ra m. y f. Joueur, joueuse de flûte.

albóndiga o **albondiguilla** f. Boulette, croquette (de carne).

albor m. Blancheur, f. (blancura). ‖ Aube, f., point du jour (alba). ‖ Fig. Début (principio). ‖ Albores de la vida, printemps de la vie.

alborada f. Aube, point (m.) du jour (aurora). ‖ Mús. Aubade. ‖ Mil. Attaque à l'aube.

alborear v. impers. Poindre [le jour] (amanecer) : ya alborea, le jour point.

alborno m. Bot. Aubier.

albornoz m. Burnous (de los árabes). ‖ Peignoir (para el baño).

alboronía f. Ratatouille (guiso).

alboroque m. Gratification, f. (regalo).

alborotadamente adv. Tumultueusement, avec turbulence.

alborotadizo, za adj. Turbulent, e.

alborotado, da adj. Turbulent, e. ‖ Fig. Troublé, e (turbado). ‖ Mouvement, e : hoy ha sido un día alborotado, aujourd'hui a été un jour mouvementé. ‖ Mouvementé, e ; agité, e (el mar).

alborotador, ra adj. Tapageur, euse ; turbulent, e : es un niño alborotador, c'est un enfant turbulent. ‖Chahuteur, euse : es el chico más alborotador del colegio, c'est le garçon le plus chahuteur de l'école. ‖ Séditieux, euse : ideas alborotadoras, idées séditieuses. — M. y f. Fauteur, fauteuse de troubles, agitateur, trice : siempre hay alborotadores en las manifestaciones, il y a toujours des agitateurs dans les manifestations. ‖ Séditieux, euse (sedicioso). ‖ Chahuteur, euse (en un colegio).

alborotamiento m. Tumulte, vacarme : hubo tal alborotamiento que la gente salió a ver lo que ocurría, il y eut un tel vacarme que les gens sortirent voir ce qui se passait. ‖ Soulèvement, sédition, f., trouble : durante su reinado hubo muchos alborotamientos, pendant son règne il y eut beaucoup de soulèvements.

alborotapueblos m. Agitateur, séditieux.

alborotar v. intr. Faire du tapage (meter jaleo). ‖ Mettre o causer du désordre. ‖ S'agiter, remuer : este niño no deja de alborotar, cet enfant ne cesse de remuer. ‖ ¡No alborotéis más, niños!, les enfants, tenez-vous tranquilles ! — V. tr. Troubler (perturbar), soulever (amotinar). ‖ Ameuter : alborotar el barrio, ameuter le quartier. ‖ Mettre sens dessus dessous : lo has alborotado todo, tu as tout mis sens dessus dessous. ‖ Alborotar el gallinero ou el cotarro, mettre la pagaïe. — V. pr. Se troubler (perturbarse). ‖ S'emporter (encolerizarse). ‖ S'affoler : no te alborotes por tan poca cosa, ne t'affole pas pour si peu. ‖ Devenir grosse o agitée (el mar).

alborotero, ra o **alborotista** adj. Amer. Bruyant, e ; agité, e ; turbulent, e.

alboroto m. ● Vacarme, tapage (vocerío, jaleo) : causar ou crear alboroto, faire du vacarme. ‖ Émeute, f., sédition, f. (motín). ‖ Désordre, tumulte (desorden). ‖ Trouble (sobresalto). ‖ Inquiétude, f. (inquietud). ‖ — Pl. Amer. Grains de maïs grillés. ‖ — Alboroto nocturno, tapage nocturne. ‖ Alborotos públicos, désordres sur la voie publique.

47   ALBOROTOSO — ALCANTARILLADO

— Sinón. ● *Fragor, estruendo*, tintamarre, *Ruido*, bruit. *Rumor*, rumeur. *Estrépito*, fracas. *Jaleo*, chahut. *Cencerrada*, charivari. *Fam. Bochinche*, boucan. *Algarabía, algazara*, brouhaha. *Barullo, jollín, balumba*, chahut, chambard. *Guirigay, liorna* (amer.), brouhaha. *Pop. Bulla*, raffut, tapage. *Gresca*, grabuge.

alborotoso, sa adj. *Amer*. Bruyant, e ; turbulent, e ; agité, e.

alborozadamente adv. Avec joie, joyeusement.

alborozador, ra adj. Réjouissant, e.

alborozar v. tr. Réjouir, causer de la joie, remplir de joie : *esta noticia me alboroza*, cette nouvelle me remplit de joie.
— V. pr. Se réjouir.

alborozo m. Grande joie, *f.*, allégresse, *f.* (gran alegría, regocijo).

albricias f. pl. Cadeau, *m. sing.*, présent, *m. sing.* (regalo). || *Amer*. Évents, *m.* (en metalurgia). || *Dar albricias*, complimenter, féliciter.
— Interj. Réjouissons-nous !, chic !

albufera f. Lagune, étang (*m.*) naturel [en particulier sur la côte du Levant espagnol].

albugíneo, a adj. Albuginé, e (muy blanco). || *Anat. Membrana albugínea*, albuginée.

albugo m. Med. Albugo.

álbum m. Album.
— Observ. El plural en francés es *albums* y en español *álbumes*.

albumen m. Bot. Albumen.

albúmina f. Albumine.

albuminado, da adj. Albuminé, e.

albuminar v. tr. Albuminer.

albuminoide m. Quím. Albuminoïde.

albuminoideo, a adj. Quím. Albuminoïde.

albuminoso, sa adj. Albumineux, euse.

albuminuria f. Med. Albuminurie.

albuminúrico, ca adj. Albuminurique.

albur m. Cabot (pez). || Première levée (*f.*) du banquier (en el juego). || Fig. Hasard, coup de hasard : *los albures de la vida*, les hasards de la vie. || — Pl. Jeu (*m.*) de cartes. || *Jugar* ou *correr un albur*, courir o tenter sa chance.

albura f. Blancheur (blancura). || Blanc, *m.* (de huevo). || Bot. Aubier, *m.*

alburno m. Bot. Aubier (albura).

alcabala f. (Ant.). Impôt (*m.*) sur les ventes.

alcabalero m. Percepteur (recaudador).

alcacel o **alcacer** m. Bot. Orge (*f.*) verte. || Champ d'orge (terreno).

alcací o **alcailí** m. Artichaut.

alcachofa f. Artichaut, *m.* (planta). || Tête de chardon (del cardo). || Pomme d'arrosoir (de regadera). || Pomme (de la ducha). || Crépine (de un tubo). || Crapaudine (de una bañera).

alcachofado, da adj. En forme d'artichaut.
— M. Plat d'artichauts.

alcachofal o **alcachofar** m. Champ d'artichauts.

alcachofero, ra adj. Qui produit des artichauts.
— M. y f. Marchand, marchande d'artichauts. || — F. Artichaut, *m.* (planta).

alcade m. V. ALCALDE.

alcahuete, ta m. y f. ● Entremetteur, euse. || Maquereau, erelle (pop.). || Fig. y Fam. Médisant, e ; cancanier, ère ; mauvaise langue (chismoso). || — M. Rideau d'entracte (teatro). || *Amer*. Mouchard (soplón).
— Sinón. ● *Celestina*, maquerelle, appareilleuse. *Comadre*, commère.

alcahuetear v. intr. Servir d'entremetteur o d'entremetteuse.
— V. pr. Corrompre (a una mujer).

alcahuetería f. Métier (*m.*) d'entremetteur o d'entremetteuse, proxénétisme, *m.* || Fig. y Fam. Complicité. | Manœuvre (artimaña).

alcaicería f. (Ant.). Quartier (*m.*) des marchands de soie.

alcaico adj. m. Poét. Alcaïque.

alcaide m. (Ant.). Gouverneur d'une forteresse (de una fortaleza). || Geôlier (en una prisión).

alcaidesa f. Femme de l'alcaide.

alcaidía f. Gouvernement (*m.*) d'une forteresse. || Maison du gouverneur (casa).

alcalaíno, na adj. y s. D'Alcalá [en particulier d'Alcalá de Henares].

alcaldada f. Abus (*m.*) de pouvoir, coup (*m.*) d'autorité.

alcalde m. Maire : *el alcalde de Madrid*, le maire de Madrid. || Jeu de cartes. || — *Alcalde de alzadas*, juge d'appel. || *Alcalde de barrio* ou *teniente de alcalde*, adjoint au maire. || Fam. *Alcalde de monterilla*, maire de village. || *Alcalde mayor*, juge de paix.

alcaldesa f. Femme du maire, mairesse.

alcaldía f. Mairie : *la alcaldía se encuentra en la plaza*, la mairie se trouve sur la place. || Dignité de maire : *se le ha subido a la cabeza la alcaldía*, sa dignité de maire lui est montée à la tête. || Juridiction du maire : *la alcaldía de Jerez se extiende hasta aquí*, la juridiction du maire de Jerez s'étend jusqu'ici.

alcalescencia f. Quím. Alcalescence.

alcalescente adj. Alcalescent, e.

álcali m. Quím. Alcali. || *Álcali volátil*, ammoniaque, alcali volatil.

alcalificante adj. Alcalifiant, e : *principio alcalificante*, principe alcalifiant.

alcalímetro m. Quím. Alcalimètre.

alcalinidad f. Alcalinité.

alcalino, na adj. y s. m. Quím. Alcalin, e.

alcalinotérreo adj. y s. m. Alcalino-terreux.

alcalización f. Alcalisation, alcalinisation.

alcalizar v. tr. Quím. Alcaliser, alcaliniser.

alcaloide m. Quím. Alcaloïde.

alcaloideo, a adj. Quím. Alcaloïde.

alcalosis f. Med. Alcalose.

alcance m. Portée, *f.* : *libro que está a mi alcance*, livre qui est à ma portée. || Portée, *f.*, atteinte, *f.* : *fuera de alcance*, hors d'atteinte. || Portée, *f.* : *arma de largo alcance*, arme à longue portée. || Fig. Talent, capacité, *f.* : *hombre de mucho alcance*, homme de grand talent. | Portée, *f.*, importance, *f.* : *noticia de mucho alcance*, nouvelle de grande importance. | Portée, *f.*, envergure, *f.* : *un proyecto de mucho alcance*, un projet de grande envergure. || Levée (*f.*) supplémentaire (correo). || Courrier extraordinaire. || Déficit (en las cuentas). || Nouvelle (*f.*) de dernière heure (en los periódicos). || Veter. Atteinte, *f.* (alcanzadura). || *Al alcance de la mano*, à portée de la main. || — Fig. *Dar alcance a uno*, rejoindre o rattraper quelqu'un. | *Irle a uno a los alcances*, poursuivre quelqu'un (perseguir), filer quelqu'un (espiar). | *Ser corto de alcances* ou *tener pocos* ou *cortos alcances*, avoir l'esprit bouché, être borné.

alcancía f. Tirelire (hucha).
— Sinón. *Hucha*, tirelire. *Cepo, cepillo*, tronc. *Platillo*, cagnotte.

alcándara f. Perchoir, *m.*, juchoir, *m.* (cetrería). || Séchoir, *m.* (para la ropa).

alcanfor m. Camphre.

alcanforada f. Camphrée (planta).

alcanforar v. tr. Camphrer : *alcohol alcanforado*, alcool camphré.
— V. pr. *Amer*. Disparaître, se cacher.

alcanforero m. Camphrier (árbol).

alcantarilla f. Égout, *m.* (cloaca) : *las alcantarillas de una ciudad*, les égouts d'une ville. || Bouche d'égout : *la pelota se cayó en la alcantarilla*, la balle est tombée dans la bouche d'égout. || Petit pont, *m.* || *Amer*. Réservoir, *m.* (de agua). ||

alcantarillado m. Égouts, *pl.*

alcantarillar v. tr. Construire des égouts : *alcantarillar una calle,* construire des égouts dans une rue.

alcantarillero m. Égoutier.

alcantarino, na adj. y s. D'Alcantara. ‖ — M. Chevalier d'Alcantara. ‖ Franciscain réformé.

alcanzadizo, za adj. Accessible.

alcanzado, da adj. Dans la gêne, à court [d'argent] : *no te puedo prestar dinero porque este mes estoy alcanzado,* je ne peux pas te prêter d'argent car ce mois-ci je suis dans la gêne ; *no me iré de vacaciones ya que este año estoy alcanzado de dinero,* je n'irai pas en vacances puisque cette année je suis à court d'argent. ‖ Endetté, e (adeudado). ‖ *Amer.* Fatigué, e (cansado).

alcanzadura f. VETER. Atteinte.

alcanzar v. tr. Atteindre, arriver jusqu'à : *alcanzar con la mano el techo,* atteindre le plafond avec la main. ‖ ● Rattraper, rejoindre : *alcanzar a un caminante,* rattraper un promeneur. ‖ Saisir, comprendre : *no alcanzo lo que me dices,* je ne saisis pas ce que tu dis. ‖ Rejoindre : *allí alcanzas la carretera,* là tu rejoins la route. ‖ FIG. Avoir connu, avoir vécu : *yo alcancé la Primera Guerra mundial,* j'ai connu la Première Guerre mondiale. | Atteindre, frapper : *la bala le alcanzó en la frente,* la balle l'a frappé au front. | Atteindre : *alcanzar su objetivo,* atteindre son objectif. | Couvrir, toucher, affecter : *ley que alcanza a todos los damnificados,* loi qui touche tous les sinistrés. | Percevoir (con los sentidos). | Obtenir : *siempre alcanza lo que quiere,* il obtient toujours ce qu'il veut. | Rattraper : *le he alcanzado en sus estudios,* je l'ai rattrapé dans ses études. | Remporter : *esta película alcanzó gran éxito,* ce film a remporté un grand succès. | Pouvoir attraper : *todavía alcanzas el tren de las siete,* tu peux encore attraper le train de sept heures. ‖ Passer : *alcánzame el pan,* passe-moi le pain. ‖ Accrocher : *el coche alcanzó al peatón,* la voiture a accroché le piéton.
— V. intr. Arriver, parvenir : *tu carta no me alcanzó,* ta lettre ne m'est pas arrivée ; *alcanzar a hacer algo útil,* arriver à faire quelque chose d'utile. ‖ Échoir, aller à : *a mí me alcanzó una finca inmensa,* une propriété immense m'est échue. ‖ Suffire, être suffisant : *el vino alcanza para el camino,* le vin suffit pour le chemin. ‖ ‖ Porter : *los cañones modernos alcanzan muy lejos,* les canons modernes portent très loin. ‖ Y arriver : *cógeme este libro, yo no alcanzo,* attrape-moi ce livre, je n'y arrive pas.
— V. pr. Se rejoindre. ‖ VETER. Se meurtrir les pieds (herirse). ‖ S'attraper (caballos).
— SINÓN. ● *Atrapar, dar alcance,* attraper. *Coger,* prendre. *Juntarse,* joindre, rallier.

alcaparra f. Câprier, *m.* (arbusto). ‖ Câpre (flor y condimento).

alcaparrado, da adj. Assaisonné de câpres.

alcaparral m. Câprière, *f.*

alcaparrera f. o **alcaparrero** m. Câprier, *m.*

alcaparrón m. Câpre, *f.*

alcaparrosa f. Couperose [du cuivre].

alcaraván m. Butor (ave).

alcaravea f. Carvi, *m.* (planta). ‖ Graine de carvi (semilla).

alcarracero, ra m. y f. Marchand, marchande d'alcarazas. ‖ — M. Étagère (*f.*) pour placer les alcarazas (estante).

alcarraza f. Alcarazas, *m.,* cruche poreuse.

alcarria f. Plateau (*m.*) dénudé.

alcatifa f. Tapis, *m.* (alfombra).

alcatraz m. Pélican (ave). ‖ Arum (planta).

alcaucí o **alcaucil** m. BOT. Artichaut sauvage (silvestre). ‖ Artichaut (comestible). ‖ *Amer.* Rapporteur, cancanier (chismoso).

alcaudón m. Pie-grièche, *f.,* lanier (ave).

alcayata f. Piton, *m.* (escarpia).

alcayota f. *Amer.* Chayote (fruto).

alcazaba f. Forteresse. ‖ Casbah.

alcázar m. Alcazar, palais royal (palacio). ‖ Forteresse, *f.,* château fort (fortaleza). ‖ MAR. Gaillard d'arrière.

alce m. ZOOL. Élan. ‖ Coupe, *f.* (naipes). ‖ *Amer.* Répit (tregua). | Chargement de la canne à sucre.

alcedo m. Bois d'érables.

Alcestes n. pr. m. Alceste.

Alcibíades n. pr. m. Alcibiade.

Alcide n. pr. m. Alcide (Hércules).

alcino m. Basilic sauvage.

alción m. Martin-pêcheur (ave). ‖ Alcyon (ave fabulosa). ‖ Alcyon (pólipo).

alciónico, ca adj. *Días alciónicos,* jours alcioniens.

alcista m. y f. Haussier (en bolsa).
— Adj. À la hausse : *tendencia alcista,* tendance à la hausse.

alcoba f. Chambre à coucher (dormitorio). ‖ FIG. Alcôve : *secretos de alcoba,* secrets d'alcôve.

alcohol m. Alcool : *alcohol de quemar,* alcool à brûler. ‖ Galène, *f.* (mineral). ‖ Khôl (afeite).

alcoholado m. MED. Alcoolé.

alcoholar v. tr. Alcooliser. ‖ Se farder au khôl (pintarse). ‖ Nettoyer avec de l'alcool. ‖ MAR. Goudronner.

alcoholato m. MED. Alcoolat.

alcoholemia f. Alcoolémie.

alcoholero, ra adj. De l'alcool. ‖ — F. Distillerie.

alcohólico, ca adj. y s. Alcoolique.

alcoholificación f. Alcoolification.

alcoholimetría f. Alcoométrie.

alcoholímetro m. Alcoomètre.

alcoholismo m. Alcoolisme.

alcoholización f. Alcoolisation.

alcoholizado, da adj. Alcoolisé, e.
— M. y f. Alcoolique.

alcoholizar v. tr. Alcooliser.

alcohómetro m. Alcootest, alcotest.

alcor m. Coteau (colina).

Alcorán n. pr. m. Coran.

alcoránico, ca adj. Coranique.

alcornocal m. Lieu planté de chênes-lièges.

alcornoque m. BOT. Chêne-liège. ‖ FIG. Andouille, *f.,* buse, *f.* : *este niño es un alcornoque,* cet enfant est une buse. | *Corazón de alcornoque,* cœur de pierre.

alcornoqueño, ña adj. Relatif au chêne-liège.

alcorque m. Trou au pied de l'arbre pour l'arrosage. ‖ Espadrille (*f.*) à semelle de liège (alpargata).

alcorzar v. tr. Glacer (los dulces).

alcotán m. ZOOL. Laneret.

alcotana f. Décintroir, *m.* (de albañil). ‖ Piolet, *m.* (de alpinista).

alcrebite o **alcribite** m. Soufre (azufre).

alcubilla f. Réservoir (*m.*) à eau.

alcucero, ra adj. FIG. y FAM. Gourmand, e.
— M. y f. Marchand, marchande de burettes à huile.

alcurnia f. Lignée, lignage, *m.* (estirpe). ‖ — *Familia de alcurnia,* famille de vieille souche. ‖ *Ser de alta alcurnia,* avoir ses quartiers de noblesse, être de haute lignée.

alcuza f. Burette à huile (aceitera).

alcuzada f. Burette.

alcuzcuz m. Couscous (plato árabe).

aldaba f. Heurtoir, *m.,* marteau (*m.*) de porte (llamador). ‖ Barre (de puertas y ventanas). ‖ Anneau (*m.*) fixé au mur pour attacher les chevaux. ‖ — Pl. FAM. Appuis, *m.,* piston, *m. sing.* ‖ — FAM. *Agarrarse a buenas aldabas,* faire jouer ses influences. | *Tener buenas aldabas,* avoir des appuis, savoir où frapper.

aldabada f. Coup (m.) de heurtoir o de marteau de porte.

aldabazo m. Grand coup de heurtoir o de marteau de porte.

aldabear v. intr. Heurter à la porte [avec le marteau].

aldabeo m. Coups (pl.) de heurtoir redoublés.

aldabía f. Poutre.

aldabilla f. Crochet, m., gâche (de cerradura). ‖ Bobinette (de madera).

aldabón m. Heurtoir, marteau de porte (aldaba). ‖ Poignée, f., anse, f. (asa).

aldabonazo m. Coup violent de heurtoir. ‖ Fig. Avertissement, signal d'alarme (advertencia).

aldea f. Village, m., bourgade.

aldeaniego, ga adj. V. ALDEANO.

aldeano, na adj. y s. Villageois, e (que vive en una aldea). ‖ Campagnard, e (campesino). ‖ Fig. Rustre, paysan, e (rústico).

aldehído m. Quím. Aldéhyde.

aldehuela f. Hameau, m., petit village, m.

aldeorrio o **aldehorro** m. Trou, coin perdu, bled.

alderredor adv. (Ant.). Autour, alentour. (V. ALREDEDOR.) ‖ Alderredor mío, tuyo, suyo, etc., autour de moi, de toi, de lui, etc.

aldino, na adj. Aldin, e (tipografía).

ale m. Ale, f. (cerveza).

¡ale! interj. Allons !, allez !

álea m. Aléa (riesgo).

aleación f. Alliage, m.

alear v. intr. Battre des ailes (aletear). ‖ Fig. Agiter les bras (los niños). ‖ Reprendre des forces, se remettre (cobrar fuerzas).
— V. tr. Allier : alear el cobre con el oro, allier le cuivre à l'or.

aleatorio, ria adj. Aléatoire.

alebrarse o **alebrestarse** o **alebronarse** v. pr. Se tapir, se coucher à plat ventre (agazaparse). ‖ Fig. Avoir peur (acobardarse). ‖ Amer. Se soulever (alborotarse).

aleccionador, ra adj. Instructif, ive ; plein d'enseignements : una historia muy aleccionadora, une histoire très instructive. ‖ Exemplaire : un castigo aleccionador, une punition exemplaire.

aleccionamiento m. Enseignement, instruction, f. ‖ Dressage (amaestramiento).

aleccionar v. tr. Enseigner, instruire. ‖ Faire la leçon : su madre le aleccionó para que no volviera a hacer lo mismo, sa mère lui a fait la leçon pour qu'il ne recommence pas. ‖ Dresser, former : aleccionar a un criado, former un domestique. ‖ Apprendre : esto te aleccionará para no volver a caer en los mismos errores, cela t'apprendra à ne pas retomber dans les mêmes erreurs. ‖ Estar aleccionado, avoir compris.

alecrín m. Amer. Requin des Antilles (pez).

aleche m. Anchois [frais] (boquerón).

alechugar v. tr. Plisser, godronner (p. us.) [la ropa]. ‖ Cuello alechugado, fraise, collerette.

aledaño, ña adj. Voisin, e ; limitrophe. ‖ Accessoire, annexe. — M. (Ant.). Limite, f.

alegación f. Allégation. ‖ Exposé, m., plaidoirie (de un abogado). ‖ Alegación de falsedad, inscription en faux.

alegar v. tr. Alléguer (menos usado en francés que en español), dire que : para disculparse de no haber venido alegó que había estado enfermo, pour s'excuser de n'être pas venu il a dit qu'il avait été malade. ‖ Faire valoir, mettre en avant (méritos, etc.). ‖ Invoquer : alegar razones, invoquer des raisons. ‖ Amer. Discuter, disputer (disputar).
— V. intr. Plaider (un abogado).

alegato m. Dr. Plaidoirie, f. : el alegato del abogado defensor, la plaidoirie de l'avocat de la

défense. ‖ Fig. Plaidoirie, f., plaidoyer : pronunció un alegato en defensa de su postura, il a fait un plaidoyer pour défendre sa position. ‖ Amer. Dispute, f., querelle, f.

alegatorio, ria adj. Relatif à l'allégation.

alegoría f. Allégorie.
— Sinón. Alusión, allusion. Metáfora, métaphore. Imagen, image. Figura, figure. Emblema, emblème.

alegórico, ca adj. Allégorique.

alegorista m. Allégoriste.

alegorizar v. tr. Allégoriser.

alegrar v. tr. Réjouir : tu venida me alegra, ta venue me réjouit. ‖ Égayer : unos cuadros alegran las paredes, des tableaux égayent les murs. ‖ Animer : para alegrar la fiesta vamos a cantar, pour animer la fête nous allons chanter. ‖ Émoustiller, égayer, rendre gai : este vinillo me ha alegrado, ce petit vin m'a émoustillé. ‖ Fig. Réjouir (la vista). ‖ Attiser (la lumbre). ‖ Agrémenter : una joya alegraría tu vestido negro, un bijou agrémenter ta robe noire ; alegrar una conversación con chistes, agrémenter d'histoires drôles une conversation. ‖ Aviver : la luz alegra los colores, la lumière avive les couleurs. ‖ Taurom. Exciter [le taureau] à l'attaque. ‖ Mar. Donner du mou (aflojar).
— V. pr. Se réjouir, être enchanté : alegrarse por ou de ou con una noticia, se réjouir d'une nouvelle. ‖ Sourire : alégrate, no pongas esta cara de duelo, souris, ne fais pas cette tête d'enterrement. ‖ S'animer (los ojos, la cara). ‖ Fig. y fam. Être gai, être un peu éméché o gris (achisparse). ‖ — ¿Aquí esta? — Me alegro, vous êtes là ? — J'en suis enchanté o ravi. ‖ Me alegro de verle, je suis heureux de vous voir, je me réjouis de vous voir.

alegre adj. ● Gai, gaie : familia alegre, famille gaie. ‖ Joyeux, euse ; content, e : alegre con la noticia, joyeux de la nouvelle. ‖ Heureux, euse : una noticia alegre, une heureuse nouvelle ; esta persona tiene una cara alegre, cette personne a un visage heureux. ‖ Réjouissant, e : es muy alegre ver a los niños jugar, c'est très réjouissant de voir jouer les enfants. ‖ Gai, e : un color alegre, une couleur gaie. ‖ Fig. y fam. Gai, e ; éméché, e (achispado). ‖ ◆ Leste, libre (licencioso). ‖ Aventureux, euse ; hardi, e (atrevido). ‖ Audacieux, euse (juego). ‖ — Alegre como unas pascuas ou como unas castañuelas, gai comme un pinson. ‖ Alegre como un niño con zapatos nuevos, fier comme Artaban. ‖ Alegre de cascos, écervelé.
— Sinón. ● Festivo, enjoué. Regocijado, réjoui. Gozoso, jubiloso, joyeux. Jovial, jovial. Animador, boute-en-train.
— ◆ Verde, égrillard. Libre, leste. Picante, grivois. Picaresco, rabelaisien.

alegremente adv. Gaiement, joyeusement.

alegrete, ta adj. Un peu gai o gaie, enjoué, e.

alegreto adv. y s. m. Mús. Allegretto.

alegría f. ● Joie : la alegría de vivir, la joie de vivre ; eres la alegría de la casa, tu fais la joie de la maison. ‖ Gaieté (buen humor). ‖ Bot. Sésame, m. (ajonjolí). ‖ — Pl. Fêtes publiques. ‖ Chanson et danse de Cadix. ‖ Tener mucha alegría, être très heureux ; tengo mucha alegría en anunciarte esta noticia, je suis très heureux de t'annoncer cette nouvelle.
— Sinón. ● Júbilo, gozo, joie. Dicha, bonheur. Alborozo, allégresse. Jovialidad, joyeuseté.

alegro adv. y s. m. Mús. Allegro.

alegrón m. Fam. Grande joie, f., explosion (f.) o flambée (f.) de joie : me dio un alegrón con su éxito, son succès m'a fait une grande joie. ‖ Fig. y fam. Flambée (llamarada breve).
— Adj. Amer. Qui tombe amoureux facilement (enamoradizo). ‖ Gris, e ; éméché, e (medio ebrio).

alejado, da adj. ● Éloigné, e : *un lugar alejado de todo*, un endroit éloigné de tout. ‖ Écarté, e : *alejado del poder*, écarté du pouvoir.
— SINÓN. ● *Lejano*, lointain. *Remoto*, reculé.

alejamiento m. Éloignement : *sufrir por el alejamiento de un amigo*, souffrir de l'éloignement d'un ami. ‖ Distance, *f.*, éloignement.

Alejandra n. pr. f. Alexandrine.

Alejandría n. pr. GEOGR. Alexandrie.

Alejandrina n. pr. f. Alexandrine.

alejandrino m. Alexandrin (verso).
— OBSERV. L'*alejandrino* espagnol est un vers de 14 syllabes, divisé en deux hémistiches.
— El *alexandrin* francés tiene 12 sílabas y dos hemistiquios.

Alejandro n. pr. m. Alexandre.

alejar v. tr. Éloigner : *hay que alejar a este niño de las malas compañías*, il faut éloigner cet enfant des mauvaises compagnies. ‖ Éloigner, écarter : *alejar las sospechas*, éloigner les soupçons. ‖ Écarter : *alejar del poder*, écarter du pouvoir.
— V. pr. S'éloigner. ‖ *Alejarse de*, s'éloigner de, quitter : *alejarse del buen camino*, quitter le droit chemin.

Alejo n. pr. m. Alexis.

alelamiento m. Hébétement.

alelar v. tr. Hébéter.

alelí m. BOT. Giroflée, *f.* (alhelí).
— OBSERV. Pl. *alelíes.*

aleluya m. y f. Alléluia, *m.* (canto religioso). ‖
— M. Pâques, le temps de Pâques (tiempo de Pascuas). ‖ — F. Petite image pieuse (estampita). ‖ Image d'Épinal (estampa). ‖ Sorte de gâteau, *m.* (dulce). ‖ Alléluia, *m.* (planta). ‖ FIG. y FAM. Navet, *m.*, croûte (cuadro malo). ‖ Échalas, *m.*, squelette, *m.* (muy flaco). ‖ — Pl. FIG. y FAM. Vers (*m.*) de mirliton. ‖ Réjouissance, joie. — Interj. Alléluia !, bravo !

alema f. Distribution de l'eau d'irrigation.

alemán, ana adj. y s. Allemand, e. ‖ *Plata alemana*, maillechort.

alemana o **alemanda** f. Allemande (danza).

alemanesco, ca adj. Allemand, e. ‖ Damassé, e (adamascado).

Alemania n. pr. f. GEOGR. Allemagne.

alemánico, ca adj. y s. m. Alémanique.

alemanisco, ca adj. Damassé, e (mantel).

alentada f. Souffle, *m.*, haleine (aliento). ‖ *De una alentada*, tout d'une traite.

alentado, da adj. Encouragé, e : *alentado por sus éxitos*, encouragé par ses succès. ‖ Vaillant, e ; brave (valiente). ‖ Résistant, e [à la fatigue], endurant, e (resistente). ‖ Hautain, e ; fier, ère.

alentador, ra adj. Encourageant, e : *palabras alentadoras*, paroles encourageantes. ‖ Prometteur, euse ; encourageant, e : *éxito alentador*, succès prometteur. ‖ Réconfortant, e : *noticia alentadora*, nouvelle réconfortante.

alentar* v. intr. Respirer. ‖ *Amer.* Accoucher.
— V. tr. Encourager (animar) : *alentar a uno con sus consejos*, encourager quelqu'un de ses conseils ; *alentar la rebelión*, encourager la rébellion. ‖ *Amer.* Applaudir (palmotear).
— V. pr. S'enhardir (envalentonarse). ‖ Reprendre courage. ‖ Se remettre, se rétablir (reponerse). ‖ *Estar alentado*, aller mieux, être remis (un enfermo).

Alenzón n. pr. GEOGR. Alençon.

aleonado, da adj. Fauve (color).

Alepo n. pr. GEOGR. Alep.

alerce m. Mélèze (árbol).

alergia f. Allergie.

alérgico, ca adj. y s. Allergique.

alero m. ARQ. Avant-toit, auvent (tejado). ‖ Garde-boue (en los coches). ‖ FIG. *Estar en el alero*, être en suspens, être incertain.

alerón m. Aileron.

alerta adv. En alerte, sur ses gardes.
— F. Alerte. ‖ — *Dar la voz de alerta*, donner l'alerte. ‖ *Estar ojo alerta*, avoir l'œil aux aguets, être sur ses gardes.
— Interj. Alerte !
— OBSERV. *Être alerte* en francés significa *estar despierto o ágil.*

alertamente adv. Avec vigilance.

alertar v. tr. Alerter, donner l'alerte (dar la voz de alerta). ‖ Avertir, prévenir (avisar).

alerto, ta adj. Attentif, ive ; vigilant, e (atento). ‖ Sur ses gardes (cuidadoso).

aleta f. ZOOL. Nageoire (de los peces). ‖ ARQ. Aile. ‖ Aile (de la nariz, de un coche). ‖ Ailette (de un radiador, de un proyectil). ‖ Palme (para nadar). ‖ Empennage (de una bomba). ‖ MAR. Armature de la poupe (armazón).

aletada f. Coup (*m.*) d'aile.

aletargado, da adj. En léthargie, engourdi, e. ‖ FIG. Endormi, e : *aletargado en un rincón*, endormi dans un coin.

aletargamiento m. Léthargie, *f.* (letargo). ‖ Engourdissement (adormecimiento).

aletargar v. tr. Engourdir, faire tomber en léthargie.

aletazo m. Coup d'aile. ‖ FAM. *Amer.* Gifle, *f.*, taloche, *f.* (bofetada).

aletear v. intr. Battre des ailes (las aves). ‖ Agiter les nageoires (los peces). ‖ Agiter les bras (los niños).

aleteo m. Battement d'ailes. ‖ FIG. Battements, palpitations, *f. pl.* (del corazón). ‖ *Aleteo de la muerte*, souffle de la mort.

aleto m. Haliète, aigle pêcheur (águila).

aleurona f. BOT. Aleurone.

Aleutas n. pr. f. pl. GEOGR. Aléoutiennes o Aléoutes.

alevín o **alevino** m. Alevin (pez).

alevosa f. VETER. Grenouillette.

alevosamente adv. Traîtreusement.

alevosía f. Traîtrise (traición). ‖ Fourberie (maña). ‖ *Con* ou *por alevosía*, traîtreusement, par traîtrise.

alevoso, sa adj. Traître, esse ; fourbe.

alexia f. Alexie.

alexifármaco adj. y s. m. MED. Alexipharmaque.

aleya f. Verset du Coran.

aleznado, da adj. BOT. Effilé, e ; aigu, ë.

alezo m. MED. Bande (*f.*) abdominale.

alfa f. Alpha, *m.* (letra griega). ‖ *Rayos alfa*, rayons alpha.
— OBSERV. L'*alfa* (plante) se dit aujourd'hui en espagnol *esparto.*

alfabético, ca adj. Alphabétique.

alfabetización f. Alphabétisation.

alfabetizar v. tr. Alphabétiser.

alfabeto m. Alphabet.

alfaguara f. Source abondante (manantial).

alfajía f. Bois (*m.*) de chambranle.

alfajor m. Espèce de pain d'épice (alajú). ‖ *Amer.* Macaron (dulce redondo). ‖ Poignard, couteau (daga).

alfalfa f. BOT. Luzerne.

alfalfal o **alfalfar** m. Luzernière, *f.* (p. us.), champ de luzerne.

alfalfar v. tr. *Amer.* Planter de luzerne [un champ].

alfalfe m. Luzerne, *f.*

alfandoque m. *Amer.* Pâte (*f.*) de mélasse, de fromage et d'anis ou de gingembre. ‖ Espèce de nougat. ‖ Sorte de maracas.

alfaneque m. ZOOL. Crécelle, *f.*, émouchet.

alfanjado, da adj. En forme de cimeterre.

alfanje m. Alfange, *f.* (p. us.), cimeterre (sable). ‖ Espadon (pez).

alfanumérico, ca adj. Alphanumérique.
alfañique m. *Amer.* Sucre d'orge (alfeñique).
alfaque m. MAR. Barre, *f.*, banc de sable (banco de arena).
alfaquí m. Docteur de la loi, uléma.
alfar m. Atelier de potier. ‖ Argile, *f.* (arcilla).
alfaraz m. Coursier arabe.
alfarda f. ARQ. Arbalétrier, *m.* ‖ Ancien impôt, *m.* [payé par les musulmans et les juifs].
alfardilla f. Petite natte de paille.
alfarería f. Poterie.
alfarero m. Potier.
alfarje m. Moulin à huile. ‖ ARQ. Soffite, plafond à caissons.
alfarjía f. Bois (*m.*) de chambranle (madero).
alfayate m. (Ant.). Tailleur.
alfazaque m. ZOOL. Bousier.
alfeiza o **alféizar** m. ARQ. Tablette, *f.* (en el interior), appui, rebord, allège, *f.* (al exterior).
alfénido m. Alfénide (metal blanco).
alfeñicarse v. pr. FIG. y FAM. Maigrir (adelgazar). ‖ Faire des manières, des chichis (remilgarse).
alfeñique m. Sucre d'orge. ‖ FIG. y FAM. Gringalet : *su hijo es un alfeñique*, son fils est un gringalet. ‖ Chichis, *pl.*, affectation, *f.*
alferazgo m. Titre de porte-drapeau. ‖ Grade de sous-lieutenant.
alferecía f. MED. Attaque d'épilepsie : *darle a uno una alferecía*, avoir une attaque d'épilepsie. ‖ MIL. Titre (*m.*) o grade (*m.*) de porte-drapeau.
alférez m. Sous-lieutenant (oficial). ‖ Porte-drapeau, *inv.* (abanderado). ‖ *Amer.* Personne (*f.*) qui prend à sa charge les frais d'une fête. ‖ MAR. *Alférez de navío*, enseigne de vaisseau.
alfil m. Fou (en el ajedrez).
alfiler m. Épingle, *f.* : *sujetar con un alfiler*, attacher avec une épingle ; *alfiler de corbata*, épingle de cravate. ‖ — *Alfiler de la ropa*, pince à linge. ‖ *Amer. Alfiler de nodriza* o *de criandera*, épingle de nourrice. ‖ *Alfiler de sombrero*, épingle à chapeaux. ‖ FAM. *Para alfileres*, de pourboire (propina), d'argent de poche (a un niño). ‖ — FAM. *Aquí no cabe un alfiler*, c'est plein à craquer, c'est bourré (de cosas), c'est bondé o bourré, c'est plein à craquer (de personas). ‖ FIG. y FAM. *El alumno lleva la lección prendida con alfileres*, l'élève sait sa leçon très superficiellement. ‖ *Estar de veinticinco alfileres*, être tiré à quatre épingles. ‖ *Amer. No caberle un alfiler de gusto*, ne pas se sentir de joie.
alfilerar v. tr. Épingler : *alfilerar un vestido*, épingler une robe.
alfilerazo m. Coup d'épingle. ‖ FIG. Coup d'épingle, pique, *f.* : *siempre me está tirando alfilerazos*, il m'envoie toujours des piques.
alfilerillo m. *Amer.* Plante (*f.*) fourragère. ‖ Cactus (pita). ‖ Parasite du tabac (insecto).
alfiletero o **alfilerero** m. Aiguillier, étui à épingles (para alfileres), étui à aiguilles (para agujas).
alfolí m. Grenier public. ‖ Grenier à sel.
alfoliero o **alfolinero** m. Gardien d'un grenier public.
alfombra f. ● Tapis, *m.* : *alfombra persa*, tapis persan. ‖ MED. Rubéole (alfombrilla). ‖ *Alfombra de cama*, descente de lit.
— SINÓN. ● *Tapiz*, tapisserie. *Tapete*, tapis (de table). *Colgadura*, tenture. *Moqueta*, moquette.
alfombrado, da adj. Recouvert de tapis : *salón alfombrado*, salon recouvert de tapis. ‖ Qui imite le tapis.
— M. Tapis, *pl.* : *el alfombrado de la escalera*, les tapis de l'escalier.
alfombrar v. tr. Recouvrir de tapis. ‖ FIG. Tapisser : *calles alfombradas de flores*, rues tapissées de fleurs.

alfombrero, ra m. y f. Fabricant, fabricante de tapis. ‖ Marchand, marchande de tapis.
alfombrilla f. MED. Rubéole. ‖ Carpette (alfombra pequeña). ‖ Paillasson, *m.* (esterilla en las puertas). ‖ *Alfombrilla de cama*, descente de lit, carpette.
alfombrista m. Tapissier. ‖ Vendeur de tapis.
alfóncigo m. Pistachier (árbol). ‖ Pistache, *f.* (fruto).
Alfonsa o **Alfonsina** n. pr. f. Alphonsine.
alfonsí o **alfonsino, na** adj. Alphonsin, e [relatif à l'un des rois espagnols nommés Alphonse]. ‖ *Tablas alfonsinas*, tables alphonsines [d'Alphonse X le Sage].
alfonsino m. Pistachier (árbol).
alfonsismo m. Loyalisme envers les rois d'Espagne nommés Alphonse.
Alfonso n. pr. m. Alphonse.
alforfón m. Sarrasin, blé noir (planta).
alforjas f. pl. Besace, *sing.* ‖ Provisions, vivres, *m.* ‖ — *¡Qué alforjas!*, laissez-moi tranquille ! ‖ *Para este viaje no se necesitan alforjas*, il est Gros-Jean comme devant, il est bien avancé. ‖ FIG. y FAM. *Amer. Pasarse a la otra alforja*, dépasser les bornes (excederse).
alforjero m. FAM. Frère quêteur (fraile).
alforza f. Pli, *m.*, rempli, *m.* (costura). ‖ FIG. y FAM. Balafre, cicatrice (cicatriz).
alforzar v. tr. Faire un pli à : *alforzar la manga de una camisa*, faire un pli à la manche d'une chemise.
alfoz m. y f. Gorge, *f.*, défilé, *m.* (paso entre dos montañas). ‖ Banlieue, *f.* (arrabal).
Alfredo n. pr. m. Alfred.
alga f. BOT. Algue.
— SINÓN. *Varech, corbela*, varech. *Fuco,* fucus. *Sargazo,* sargasse. *Plancton,* plancton.
algaida f. Taillis, *m.*, .bois (*m.*) touffu. ‖ Dune (duna).
algalia f. Civette (perfume). ‖ Ambrette (planta). ‖ MED. Sonde. ‖ *Gato de algalia,* civette (animal).
algaliar v. tr. Parfumer à la civette.
algara f. MIL. Razzia. ‖ Troupe à cheval. ‖ Pelure (de la cebolla).
algarabía f. (Ant.). Langue arabe, arabe, *m.* ‖ FIG. Hébreu, *m.* : *para mí esto es algarabía*, pour moi c'est de l'hébreu. ‖ Galimatias, *m.*, charabia, *m.* : *hablar en algarabía*, parler charabia. ‖ Brouhaha, *m.*, vacarme, *m.* : *los niños armaban una algarabía tremenda*, les enfants faisaient un vacarme terrible. ‖ BOT. Plante à balais.
algarada f. MIL. Razzia, incursion. ‖ Troupe à cheval (tropa de jinetes). ‖ Brouhaha, *m.*, vacarme, *m.* (jaleo).
— OBSERV. La palabra francesa *algarade* significa hoy *salida de tono, ex abrupto.*
Algarbe n. pr. m. GEOGR. Algarve.
algarrada f. Catapulte. ‖ TAUROM. Course de jeunes taureaux (novillada). ‖ Emprisonnement (*m.*) des taureaux dans le toril (encierro). ‖ Course de taureaux en pleine campagne (en el campo).
algarroba f. BOT. Vesce (planta forrajera). ‖ Graine de vesce (semilla). ‖ Caroube (fruto).
algarrobal m. Lieu planté de vesces.
algarrobera f. o **algarrobero** m. Caroubier, *m.* (árbol).
algarrobilla f. Vesce (algarroba). ‖ Algue.
algarrobillo m. *Amer.* Caroube, *f.* (fruto).
algarrobo m. Caroubier (árbol). ‖ *Algarrobo loco*, grainier (ciclamor).
algávaro m. ZOOL. Capricorne.
algazara f. Cri de guerre des Maures. ‖ FIG. Vacarme, *m.*, brouhaha, *m.* (jaleo). ‖ Cris, *m. pl.*, clameur (gritería).
algazul m. Salsola, *m.* (planta).

álgebra f. MAT. Algèbre. ‖ MED. Art (*m*.) du rebouteux.
algebraico, ca o **algébrico, ca** adj. Algébrique.
algebrista m. y f. MAT. Algébriste. ‖ Rebouteux.
Algeciras n. pr. GEOGR. Algésiras.
algecireño, ña adj. y s. D'Algésiras.
algente adj. POÉT. Froid, e ; glacé, e.
algez m. Gypse (yeso).
algidez f. MED. Algidité.
álgido, da adj. MED. Algide.
algo pron. indef. Quelque chose : *aquí hay algo que no entiendo*, il y a là quelque chose que je ne comprends pas ; *esta obra es algo maravilloso*, cet ouvrage est quelque chose de merveilleux. ‖ Un peu : *sabe algo de todo*, il sait un peu de tout. ‖ N'importe quoi : *algo daría por*, je donnerais n'importe quoi pour.
— Adv. Un peu, assez : *algo lejos*, un peu loin ; *es algo tímido*, il est assez timide. ‖ *Anda algo escaso de dinero*, il est un peu o légèrement à court d'argent.
— M. Assez : *tiene su algo de orgulloso*, il est assez orgueilleux. ‖ Un je-ne-sais-quoi, un petit quelque chose (fam.) : *tiene un algo de su madre*, il a un je-ne-sais-quoi de sa mère. ‖ *Algo así como*, une sorte de ; environ. ‖ *Algo es algo* ou *ya es algo*, c'est toujours ça de pris, c'est toujours quelque chose, c'est mieux que rien. ‖ FAM. *Creerse algo*, se croire quelqu'un. ‖ *Más vale algo que nada*, cela vaut mieux que rien. ‖ *Por algo lo hice*, je ne l'ai pas fait pour rien. ‖ *Por algo será*, il y a sûrement une raison, il doit y avoir une raison. ‖ *Tener algo que ver*, y être pour quelque chose.
algodón m. Cotonnier (planta). ‖ Coton : *algodón hidrófilo, en rama*, coton hydrophile, brut. ‖ Coton (tejido) : *vestido de algodón*, robe de coton. ‖ Barbe (*f.*) à papa (golosina de azúcar). ‖ — *Algodón pólvora*, coton-poudre, fulmicoton. ‖ FAM. *Criado entre algodones*, élevé dans du coton.
algodonal m. Champ de coton, cotonnerie, *f*.
algodonar v. tr. Rembourrer de coton, ouater.
algodonero, ra adj. Cotonnier, ère : *industria algodonera*, industrie cotonnière.
— M. y f. Cotonnier, ère (obrero). ‖ — M. Cotonnier (planta). ‖ — F. Cotonnerie (fábrica).
algodonoso, sa adj. Cotonneux, euse.
— F. Cotonnière (planta).
algorín m. Grenier à olives.
algorítmico, ca adj. Algorithmique.
algoritmo m. Algorithme.
algoso, sa adj. Rempli d'algues.
alguacil m. Alguazil, gendarme. ‖ TAUROM. Alguazil. ‖ ZOOL. Araignée (*f.*) d'eau. ‖ Pince (*f.*) monseigneur (ganzúa). ‖ *Amer*. Libellule, *f*.
alguacilazgo m. Emploi d'alguazil.
alguacilesco, ca adj. Propre à l'alguazil.
alguacilillo m. Alguazil (en las corridas de toros). ‖ ZOOL. Araignée (*f.*) d'eau.
alguien pron. indef. Quelqu'un : *alguien llama a la puerta*, quelqu'un frappe à la porte.
algún adj. (apocope de *alguno* devant les substantifs masculins, même précédés d'un adjectif). Quelque : *algún pobre niño*, quelque pauvre enfant. ‖ — *Algún hombre*, un homme. ‖ *Algún tanto*, quelque peu, un peu. ‖ *Algún tiempo*, quelque temps, un certain temps. ‖ *En algún sitio*, quelque part.
alguno, na adj. Quelque (se usa más en el plural), un, une : *vino alguna mujer*, une femme est venue ; *quiere algunos libros*, il veut quelques livres. ‖ Un peu de (un poco) : *¿tiene algún dinero?*, avez-vous un peu d'argent ?
— Pron. L'un, l'une (*sing*.), quelques-uns, quelques-unes (*pl*.) : *alguno de ellos me lo preguntó*, l'un d'eux me l'a demandé. ‖ Quelqu'un (alguien).

— *Alguna que otra vez*, de temps à autre. ‖ *Alguna vez* ou *algunas veces*, quelquefois. ‖ *Alguno que otro*, quelques (*adj*.), quelques-uns (*pron*.). ‖ *Algunos piensan*, certains pensent (traducción corriente), d'aucuns pensent (estilo elevado). ‖ *No ... alguno*, ne ... aucun : *no he comprado periódico alguno*, je n'ai acheté aucun journal ; ne ... pas du tout : *no tiene dinero alguno*, il n'a pas d'argent du tout. ‖ *No he visto cosa alguna*, je n'ai rien vu du tout, je n'ai absolument rien vu.
alhaja f. Bijou, *m*. : *una alhaja de oro*, un bijou en or. ‖ Joyau, *m*. (de gran valor) : *las alhajas de la corona*, les joyaux de la couronne. ‖ FIG. Perle : *este empleado es una alhaja*, cet employé est une perle. ‖ Joyau, *m*., bijou, *m*. : *esta catedral es una verdadera alhaja de arte gótico*, cette cathédrale est un vrai bijou d'art gothique. ‖ Bijou, *m*., amour, *m*. : *este niño es una alhaja*, cet enfant est un amour. ‖ *¡Buena alhaja!*, drôle de numéro ! (irónicamente).
alhajar v. tr. Parer o couvrir de bijoux : *alhajar a una chica*, couvrir une jeune fille de bijoux. ‖ Meubler (amueblar).
alhajera f. o **alhajero** m. *Amer*. Écrin (*m*.) à bijoux.
alhajito, ta adj. *Amer*. Joli, e (bonito).
alharaca f. Explosion (de cólera, de alegría).
alhárgama o **alharma** f. Plante rameuse.
alhelí m. Giroflée, *f*. (flor).
— OBSERV. Pl. *alhelíes*.
alheña f. Troène, *m*. (arbusto). ‖ Henné, *m*. (polvo y arbusto). ‖ Fleur du troène (flor). ‖ Rouille (de las mieses). ‖ *Estar hecho una alheña* ou *molido como una alheña*, être moulu (estar agotado).
alheñar v. tr. Teindre au henné.
— V. pr. Se dessécher (las mieses).
alhóndiga f. Halle au blé.
alhorre m. Méconium (excremento). ‖ MED. Croûtes (*f. pl*.) de lait (erupción).
alhucema f. Lavande (espliego).
alhumajo m. Aiguille (*f.*) de pin.
aliabierto, ta adj. Qui a les ailes déployées.
aliacán m. Jaunisse, *f*. (ictericia).
aliáceo, a adj. Alliacé, e.
aliado, da adj. y s. Allié, e.
aliadófilo, la adj. Partisan des Alliés.
aliaga f. BOT. Ajonc, *m*. (aulaga).
alianza f. Alliance (unión) : *pacto de alianza*, pacte d'alliance. ‖ Alliance (anillo).
— OBSERV. Le mot *alianza* est un gallicisme dans le sens de « bague ».
aliar v. tr. Allier.
— V. pr. S'allier.
alias adv. lat. Autrement dit, alias, dit : *Antonio López, alias el Tuerto*, Antoine López, dit le Borgne.
— M. Surnom, sobriquet (apodo).
alibi m. Alibi (coartada).
— OBSERV. Esta palabra es un galicismo.
aliblanca f. *Amer*. Paresse.
alicaído, da adj. Qui a les ailes tombantes. ‖ FIG. y FAM. Affaibli, c ; sans forces : *el enfermo anda alicaído*, le malade est affaibli. ‖ Abattu, e ; morne : *desde que ha recibido esta noticia le encuentro alicaído*, depuis qu'il a reçu cette nouvelle je le trouve abattu. ‖ *Tener la moral alicaída*, avoir le moral bas.
alicante m. Vipère (*f.*) cornue, céraste (víbora). ‖ Nougat (dulce). ‖ Vin d'Alicante.
Alicante n. pr. GEOGR. Alicante.
alicantino, na adj. y s. D'Alicante.
alicanto m. *Amer*. Arbuste du Chili.
alicatado, da adj. Orné d'azulejos (sala, etc.). ‖ Carrelé, e (cocina, etc.).

— M. Décor d'azulejos, revêtement mural (de sala). ‖ Carrelage (de cocina).

alicatar v. tr. Orner d'azulejos (una sala, etc.). ‖ Carreler (una cocina, etc.). ‖ Tailler (los azulejos).

alicates m. pl. Pince, *f. sing.* : *alicates universales,* pince universelle ; *alicates de uñas,* pince à ongles.

Alicia n. pr. f. Alice.

aliciente m. Attrait : *el aliciente de la vida al aire libre,* l'attrait de la vie en plein air. ‖ Intérêt : *este viaje no tiene aliciente para mí,* ce voyage n'a pas d'intérêt pour moi. ‖ Stimulant (incentivo) : *es un aliciente para* ou *a las grandes acciones,* c'est un stimulant aux actions d'éclat.

alicortar v. tr. Rogner les ailes (cortar). ‖ Blesser à l'aile (herir). ‖ FIG. Couper les ailes (a uno).

alicuanta adj. f. y s. f. Aliquante.

alícuota adj. f. Aliquote : *parte alícuota,* partie aliquote.

alicuya f. *Amer.* Douve de foie (saguaipé).

alidada f. Alidade (regla).

alienabilidad f. Aliénabilité.

alienable adj. Aliénable.

alienación f. Aliénation.

alienado, da adj. y s. Aliéné, e.

alienante adj. Aliénant, e.

alienar v. tr. Aliéner (enajenar).

alienista adj. y s. Aliéniste (médico).

aliento m. ● Haleine, *f.* : *olerle a uno el aliento,* avoir l'haleine forte. ‖ Encouragement : *su apoyo es un aliento para mí,* son appui est un encouragement pour moi. ‖ FIG. Vigueur, *f.,* courage : *es un hombre de aliento,* c'est un homme qui a du courage. ‖ Souffle : *perder el aliento,* perdre le souffle. ‖ — *De un aliento,* d'une seule haleine, d'une seule traite. ‖ — FIG. *Cobrar aliento,* reprendre haleine o courage. ‖ *Dejar sin aliento,* faire perdre le souffle. ‖ *Estar sin aliento,* être hors d'haleine (jadeante), être découragé, être à plat (fam.) [desanimado]. ‖ *Exhalar el postrer aliento,* rendre l'âme o l'esprit o le dernier soupir. ‖ *Tomar aliento,* reprendre haleine o son souffle.

— SINÓN. ● *Hálito,* haleine, *Soplo,* souffle.

alifafe m. VETER. Vessigon. ‖ FAM. Petit malaise, infirmité, *f.* : *mi abuelo tiene muchos alifafes,* mon grand-père a beaucoup d'infirmités.

alífero, ra adj. Ailé, e ; alifère.

aliforme adj. Aliforme.

aligamiento m. Rattachement, réunion, *f.*

aligator m. Alligator (caimán).

aligeramiento m. Allégement. ‖ Soulagement (alivio). ‖ Abrègement (abreviación). ‖ Accélération, *f.* (apresuramiento).

aligerar v. tr. Alléger, rendre plus léger : *aligerar una carga,* alléger un fardeau ; *aligerar un programa,* alléger un programme. ‖ Abréger (abreviar). ‖ FIG. Soulager, calmer : *la morfina aligera el dolor,* la morphine soulage la douleur. ‖ Atténuer, alléger, soulager : *tu presencia aligera mi tristeza,* ta présence atténue ma tristesse. ‖ Décharger (descargar). ‖ Presser, hâter : *aligerar el paso,* presser o hâter le pas.
— V. intr. y pr. Se dépêcher, se grouiller (fam.) : *aligera* ou *aligérate que hay que irse,* dépêche-toi, il faut partir. ‖ *Aligerarse de ropa,* s'habiller plus légèrement (cuando hace calor), enlever un vêtement (desnudarse).

alígero, ra adj. POÉT. Ailé, e : *Mercurio alígero,* Mercure ailé. ‖ Rapide, véloce.

aligonero m. BOT. Micocoulier.

aligustre m. Henné (alheña).

alijador m. MAR. Allège, *f.* (barcaza). ‖ Débardeur, docker (descargador). ‖ Contrebandier (matutero).

alijar v. tr. MAR. Alléger. ‖ Décharger (un barco). ‖ Débarquer [de la contrebande]. ‖ Débourrer (el algodón).

alijar m. Terrain en friche (terreno). ‖ Carreau de faïence (azulejo). ‖ — Pl. Terrains communaux.

alijarar v. tr. Partager [les terres en friche] (pour les cultiver).

alijo m. Allégement (acción de alijar). ‖ Déchargement (de un barco). ‖ Contrebande, *f.* (contrabando). ‖ TECN. Tender (de ferrocarril).

alilaya f. *Amer.* Excuse frivole.

alimaña f. Bête nuisible, vermine.

alimañero m. Garde-chasse chargé de la destruction des bêtes nuisibles.

alimentación f. Alimentation : *para que la alimentación sea buena hace falta que sea equilibrada,* pour que l'alimentation soit bonne il faut qu'elle soit équilibrée. ‖ Nourriture : *en esta región la alimentación es excelente,* dans cette région la nourriture est excellente.

alimentador, ra o **alimentante** adj. Qui alimente. ‖ Alimentaire. ‖ Nutritif, ive.
— M. MECÁN. Feeder.

alimentar v. tr. Nourrir : *alimentar a su familia,* nourrir sa famille. ‖ Alimenter (a un enfermo). ‖ FIG. Alimenter (ríos, máquinas, fuego). ‖ Nourrir (virtudes, vicios, sentimientos). ‖ Nourrir : *la lectura alimenta el espíritu,* la lecture nourrit l'esprit. ‖ Nourrir, caresser : *alimentar esperanzas,* nourrir des espoirs. ‖ Entretenir : *hay libertades que alimentan toda clase de disturbios,* il y a des libertés qui entretiennent toutes sortes de troubles.
— V. pr. Se nourrir, s'alimenter : *alimentarse con* ou *de verduras,* se nourrir de légumes. ‖ *Alimentarse de quimeras,* vivre o se nourrir de chimères.

alimentario, ria adj. Alimentaire.

alimenticio, cia adj. Alimentaire : *pastas alimenticias,* pâtes alimentaires ; *pensión alimenticia,* pension alimentaire. ‖ Nourrissant, e : *este plato es muy alimenticio,* ce plat est très nourrissant. ‖ *Productos alimenticios,* denrées alimentaires.
— SINÓN. ● *Nutritivo,* nutritif. *Nutricio,* nourricier.

alimentista m. y f. DR. Personne qui reçoit une pension alimentaire.

alimento m. ● Nourriture, *f.,* aliment (palabra menos usada). ‖ FIG. Nourriture, *f.* : *la ciencia es el alimento del espíritu,* la science est la nourriture de l'esprit. ‖ — Pl. DR. Pension (*f. sing.*) alimentaire. ‖ *De mucho alimento,* très nourrissant.
— SINÓN. ● *Alimentación,* alimentation. *Nutrición,* nutrition. *Comida,* nourriture. *Subsistencia, sustento,* subsistance. *Víveres,* vivres. *Pitanza,* pitance. *Pop. Jamancia,* becquetance. *Manducatoria,* mangeaille, boustifaille.

alimoche m. ZOOL. Alimoche.

alimón (al) o **alalimón** loc. adv. *Hacer algo al alimón,* faire quelque chose à deux. ‖ *Hacer un trabajo al alimón,* se partager le travail. ‖ TAUROM. *Torear al alimón,* combattre un taureau ensemble [les deux toreros saisissent chacun un coin de la cape].

alimonarse v. pr. Jaunir (las hojas de un árbol).

alindado, da adj. Coquet, ette ; prétentieux, euse.

alindamiento m. Bornage.

alindar v. tr. Borner : *alindar dos fincas,* borner deux propriétés. ‖ Embellir (embellecer).
— V. intr. Toucher, être contigu, ë : *tu campo alinda con el mío,* ton champ touche le mien. ‖ Être contigu, se toucher : *nuestras casas alindan,* nos maisons sont contiguës.

alinderar v. tr. *Amer.* Limiter, borner (deslindar).

alineación f. Alignement, *m.* ‖ Formation (deportes) : *la alineación de un equipo,* la formation d'une équipe. ‖ *Política de no alineación,* politique de non-alignement.

alineado, da adj. Aligné, e : *país no alineado,* pays non-aligné.

alineamiento m. Alignement : *política de no alineamiento,* politique de non-alignement.

alinear v. tr. Aligner.
— V. pr. Faire partie : *me he alineado en el equipo de España,* j'ai fait partie de l'équipe d'Espagne.

aliñado, da adj. Arrangé, e ; préparé, e (compuesto). ‖ Assaisonné, e (cocina). ‖ Aromatisé, e (licores). ‖ Bien mis, e ; élégant, e. ‖ Remis, e (hueso), réduit, e (fractura).

aliñador, ra adj. y s. Qui pare, qui embellit. ‖ Qui assaisonne (cocina).
— M. y f. *Amer.* Rebouteux, euse.

aliñar v. tr. Arranger, préparer (componer). ‖ Assaisonner : *aliñar la lechuga,* assaisonner la laitue. ‖ Arranger, parer (una persona). ‖ Aromatiser (los licores). ‖ Remboîter o remettre un os, réduire une fracture. ‖ Fig. y Fam. Expédier : *a éste le voy a aliñar pronto,* celui-ci, je vais l'expédier rapidement. ‖ Taurom. Préparer le taureau pour une mise à mort rapide.

aliño m. ● Apprêt. ‖ Assaisonnement : *un aliño muy fuerte,* un assaisonnement très fort. ‖ Ingrédient (ingrediente). ‖ Parure, *f.,* ornement (adorno). ‖ Propreté, *f.,* correction (*f.*) de la tenue (aseo).
— Sinón. ● *Aderezo,* accommodement, assaisonnement. *Especia,* épice. *Condimento,* condiment. *Aromatizante,* aromatisant.

aliñoso, sa adj. Orné, e ; paré, e (compuesto). ‖ Soigneux, euse (cuidadoso). ‖ Diligent, e ; studieux, euse (aplicado).

alioli m. Ailloli (salsa).

alionín m. Mésange (*f.*) bleue.

alípede o **alípedo** adj. m. Poét. Ailé, aux pieds ailés.

alipego m. *Amer.* Pourboire, gratification, *f.* (propina).

aliquebrado, da adj. Qui a l'aile cassée. ‖ Fig. y Fam. Abattu, e (desanimado). ‖ Affaibli, e (débil).

aliquebrar* v. tr. Briser les ailes.

alirrojo, ja adj. Aux ailes rouges.

alisado m. Alésage.

alisador, ra adj. y s. Polisseur, euse (persona). ‖ — M. Polissoir (instrumento). ‖ Alésoir (para alisar el interior de un cilindro). ‖ Ébourroir (de zapatero). ‖ *Amer.* Peigne fin.

alisadura f. Polissage, *m.* (acción de pulir). ‖ Alésage, *m.* (de un cilindro). ‖ — Pl. Raclures, rognures.

alisar m. Aulnaie, *f.,* aunaie, *f.*

alisar v. tr. Lisser, polir (pulir). ‖ Aléser (un cilindro). ‖ Aplanir (allanar). ‖ Lisser (el pelo).
— V. pr. Se lisser. ‖ *Alisarse el pelo,* mettre de l'ordre dans sa coiffure (arreglarse el pelo).

aliseda f. Aulnaie, aunaie.

alisios adj. m. pl. y s. m. pl. Mar. Alizés (vientos).

alisma f. Alisma, *m.,* plantain (*m.*) d'eau (planta).

alismáceas o **alismatáceas** f. pl. Bot. Alismacées.

aliso m. Aulne, aune, alisier (árbol). ‖ Alise, *f.* (fruto). ‖ — *Aliso blanco,* bouleau (abedul). ‖ *Aliso negro,* bourdaine (arraclán).

alistado, da adj. Rayé, e (listado). ‖ Enrôlé, e ; engagé, e : *alistado en la Legión,* engagé dans la Légion.
— M. Engagé volontaire.

alistador m. Recruteur, enrôleur.

alistamiento m. Mil. Enrôlement, recrutement. ‖ Engagement : *alistamiento voluntario,* engagement par un devancement d'appel o volontaire. ‖ Inscription, *f.* ‖ Fig. Enrôlement (en un partido, etc.). ‖ Classe, *f.,* contingent (quinta).

alistar v. tr. Enrôler, recruter (reclutar). ‖ Inscrire sur une liste (registrar). ‖ Préparer, tenir prêt (preparar).
— V. pr. S'enrôler. ‖ S'engager (en el ejército). ‖ Fig. Se ranger : *alistarse en las filas monárquicas,* se ranger sous la bannière monarchique o du côté de la monarchie.

aliteración f. Allitération. ‖ Paronomase (paronomasia).

aliterado, da adj. Qui contient une o des allitérations.

alitierno m. Nerprun (aladierna).

alitranca f. *Amer.* Frein, *m.* (retranca).

aliviadero m. Trop-plein, déversoir (desaguadero). ‖ Déversoir (de una presa).

aliviador, ra adj. Allégeant, qui allège. ‖ Qui soulage.
— M. Levier de la meule d'un moulin.

alivianar v. tr. *Amer.* Soulager (aliviar).

aliviar v. tr. ● Alléger : *aliviar una carga,* alléger un fardeau. ‖ Soulager (mitigar) : *aliviarle a uno el trabajo,* soulager quelqu'un dans son travail.
◆ Soulager, calmer : *esta medicina te aliviará,* ce médicament te soulagera. ‖ Soulager (confortar). ‖ Adoucir (una pena). ‖ Réconforter (alentar). ‖ Med. Dégager (el vientre). ‖ Fig. Presser, hâter (el paso, un negocio). ‖ *Aliviar el luto,* égayer le deuil.
— V. pr. Aller mieux, se trouver mieux (un enfermo).
— Sinón. ● *Aligerar,* alléger. *Descargar,* décharger. *Disminuir, reducir,* diminuer, réduire. *Moderar,* modérer. *Atenuar,* atténuer.
◆ *Lenificar,* lénifier. *Mitigar,* mitiger. *Suavizar, endulzar,* adoucir. *Calmar,* calmer. *Aplacar, apaciguar,* apaiser.

alivio m. Allègement (de una carga). ‖ Soulagement (bienestar físico). ‖ Soulagement : *su marcha fue un alivio para mí,* son départ a été un soulagement pour moi. ‖ Réconfort : *tus palabras son un alivio,* tes paroles sont un réconfort. ‖ Amélioration, *f.,* mieux : *con estas inyecciones sentirás pronto un alivio,* avec ces piqûres tu sentiras vite une amélioration. ‖ Adoucissement (pena, sufrimiento). ‖ *Alivio de luto,* demi-deuil. ‖ Fam. *Jugada de alivio,* tour pendable, mauvais tour. ‖ *Persona de alivio,* personne gratinée.

aljaba f. Carquois, *m.* (para las flechas). ‖ *Amer.* Fuchsia, *m.* (planta).

aljama f. Synagogue (sinagoga). ‖ Mosquée (mezquita). ‖ Réunion de maures o de juifs.

aljamía f. Langue romane, castillan, *m.* [nom donné au castillan par les arabes]. ‖ Document (*m.*) en langue espagnole mais en caractères arabes.

aljamiado, da adj. Écrit en espagnol mais avec des caractères arabes. ‖ Qui parle espagnol (arabe).

aljez m. Gypse.

aljibe m. Citerne, *f.* ‖ Réservoir (de agua). ‖ Mar. Bateau-citerne. ‖ *Amer.* Source, *f.* (manantial). ‖ Cachot, *m.* (calabozo). ‖ *Barco aljibe,* bateau-citerne.

aljofaina f. Cuvette (jofaina).

aljófar m. Perle, *f.*

aljofarar v. tr. Garnir de petites perles.

aljofifa f. Serpillière.

aljofifado m. Nettoyage du carrelage o du plancher.

aljofifar v. tr. Nettoyer avec une serpillière.

aljuba f. (Ant.). Casaque mauresque.

alma f. ● Âme. ‖ *alma noble,* âme noble. ‖ Fig. Âme : *no hay ni un alma,* il n'y a pas une âme, il n'y a pas âme qui vive ; *ciudad de cien mil almas,* ville de cent mille âmes. ‖ Âme : *es el alma del partido,* il est l'âme du parti. ‖ Foyer, *m. :* *el alma de la revolución está en París,* le foyer de

la révolution est à Paris. ‖ Baliveau, *m.* (viga). ‖
Âme (de cañón, de un cable). ‖ Mús. Âme (de
un violín). ‖ — Fig. y Fam. *Alma de cántaro*,
cruche, gourde. ‖ *Alma de Dios*, bonne âme. ‖
Alma en pena, âme du Purgatoire, âme en peine
(fig.). ‖ *Alma gemela*, âme sœur. ‖ Fam. *Alma
mía*, mon chou, mon chéri (querido), bon sang !
(por Dios). ‖ *Alma viviente*, âme qui vive. ‖ *Con
el alma* ou *con toda el alma*, de grand cœur, de
tout cœur, de toute son âme. ‖ *Con el alma y la
vida*, de tout cœur. ‖ *De mi alma*, de mon cœur. ‖
En cuerpo y alma, corps et âme. ‖ *En lo más
hondo de mi alma*, au plus profond de mon
cœur. ‖ — Fig. *Caérsele a uno el alma a los pies*,
s'effondrer. ‖ *Dar el alma*, rendre l'âme. ‖ *Dar el
alma al diablo*, donner son âme au diable. ‖ *Dolerle a uno el alma*, avoir le cœur déchiré o brisé.
‖ Fam. *Echarse el alma a las espaldas*, se moquer
de tout. ‖ *Entregar uno el alma* ou *entregar el
alma a Dios*, rendre l'âme, rendre l'esprit. ‖ *Estar
como el alma de Caribay*, ne savoir que faire, être
comme l'âne de Buridan. ‖ *Estar con el alma en
la boca*, être à l'agonie (morir). ‖ *Estar con el
alma en un hilo*, être mort d'inquiétude (inquieto),
être plus mort que vif (de miedo). ‖ Fam. *Ir como
alma que lleva el diablo*, filer comme un dératé,
détaler, aller à fond de train, courir comme si on
avait le diable à ses trousses. ‖ *Hablar al alma*,
parler au cœur. ‖ *Llegar al alma*, aller droit au
cœur. ‖ *Llevar el baile en el alma*, avoir la danse
dans le sang. ‖ *Me da en el alma que no volverá*,
j'ai le pressentiment qu'il ne reviendra pas. ‖ Fig.
No tener alma, être sans cœur (ser duro). ‖ *Partir
el alma*, fendre le cœur o l'âme, déchirer le cœur.
‖ *Paseársele a uno el alma por el cuerpo*, ne pas
s'en faire. ‖ *Recomendar el alma*, recommander
son âme à Dieu. ‖ *Romper el alma*, tordre le cou.
‖ *Sentir en el alma*, regretter du fond du cœur o
profondément, être désolé o navré. ‖ *Tener su
alma en el almario*, avoir du cran. ‖ *Tocar en el
alma*, aller droit au cœur.

— Observ. Bien que féminin, le mot *alma* doit être
précédé au singulier de l'article masculin *el* ou *un*.
— Sinón. ● *Espíritu, ánimo*, esprit. *Inteligencia*, intelligence. *Instinto*, instinct. *Entendimiento*, entendement.
Manes, mânes.

almacén m. Magasin, entrepôt (depósito).‖ Magasin : *los grandes almacenes*, les grands magasins.
‖ Magasin (de un arma). ‖ Impr. Magasin. ‖
Amer. Épicerie, *f.* (tienda de comestibles).
almacenaje m. Magasinage (derecho). ‖ Emmagasinage.
almacenamiento m. Emmagasinage, stockage :
*estar encargado del almacenamiento de las mer-
cancías*, être chargé du stockage des marchandises.
‖ Stocks, *pl.* : *hay almacenamientos de víveres*,
il y a des stocks de vivres. ‖ *Almacenamiento de
datos*, mise en mémoire de l'information.
almacenar v. tr. Emmagasiner, stocker. ‖ Fig.
Emmagasiner, accumuler (recuerdos, etc.).
almacenero m. Magasinier. ‖ *Amer.* Épicier.
almacenista m. Propriétaire d'un magasin *o* d'une
boutique, marchand. ‖ Entreposeur (de vino).
almáciga f. Mastic, *m.* (resina). ‖ Agric. Pépinière (semillero).
almacigado, da adj. *Amer.* Roux, rousse, fauve.
almácigo m. Lentisque. ‖ Agric. Pépinière, *f.*
(semillero).
almaciguero, ra adj. y s. Pépiniériste.
almádana o **almádena** f. Masse, casse-pierres,
m. (de cantero).
almadía f. Train (*m.*) de bois (armadía).
almadiarse v. pr. Avoir le mal de mer (marearse).
almadiero m. Conducteur [d'un train de bois].
almadraba f. Madrague (red). ‖ Pêche au thon
(pesca). ‖ Pêcherie de thon, lieu (*m.*) de pêche au
thon (lugar de pesca).

almadrabero m. Madragueur, pêcheur de thon.
almadreña f. Sabot, *m.* (zueco).
almagesto m. Almageste.
almagra f. Ocre rouge.
almagradura f. Teinture en rouge.
almagral m. Terrain ocreux.
almagrar v. tr. Teindre en rouge.
almagre m. Ocre (*f.*) rouge.
almagrero, ra adj. Ocreux, euse (terreno).
almajal m. Terrain planté de soude. ‖ Terrain
marécageux (pantano).
almajaneque m. Mangonneau (máquina de
guerra).
almalafa f. Haïk, *m.*
almanaque m. Almanach. ‖ Annuaire (con datos
económicos). ‖ Calendrier : *almanaque de taco*,
calendrier à effeuiller.
almandina f. Almandine, escarboucle.
almanta f. Espace (*m.*) entre deux files *o* deux
sillons.
almarada f. (Ant.). Stylet, *m.* (puñal). ‖ Grande
aiguille (aguja).
almarbatar v. tr. Tecn. Assembler.
almarga f. Marne ‖ Terrain (*m.*) marné.
almarjal m. Touffe (*f.*) de soude. ‖ Terrain planté
de soude. ‖ Terrain marécageux.
almarjo m. Soude, *f.* (planta).
almarraja o **almarraza** f. Arrosoir (*m.*) en verre.
almártaga f. Licou, *m.* (cabezada).
almártiga f. o **almartigón** m. Licou, *m.* (cabezada).
almasilio m. Almasilium (metal).
almástiga f. Mastic, *m.* (resina).
almatriche m. Agric. Rigole, *f.* (reguera).
almazara f. Moulin (*m.*) à huile.
almazarero m. Meunier d'un moulin à huile.
almea f. Bot. Flûteau, *m.* (azúmbar). ‖ Écorce
desséchée du styrax (corteza). ‖ Almée (bailarina
árabe).
almecina f. Micocoule [fruit du micocoulier].
almecino m. Bot. Micocoulier.
almeja f. Clovisse (molusco).
almejar m. Parc à clovisses.
almelec m. Almelec (liga de aluminio y magnesio).
almena f. Créneau, *m.*
almenado, da adj. Crénelé, e.
almenaje m. Ensemble des créneaux.
almenar v. tr. Créneler.
almenara f. Feu (*m.*) de signal. ‖ Chandelier, *m.*
(candelero).
almendra f. Amande : *almendra amarga*, amande
amère. ‖ Fig. y Fam. Caillou, *m.* (guijarro). ‖
— Pl. Pendeloques (araña, candelabro). ‖ *Almendras garapiñadas*, pralines.
almendrada f. Lait (*m.*) d'amande.
almendrado m. Pâte d'amandes.
almendral m. Amandaie, *f.*, bois d'amandiers
(sitio poblado de almendros).
almendrera f. Bot. Amandier, *m.* (almendro).
almendrero m. Bot. Amandier (almendro). ‖
Assiette (*f.*) pour servir les amandes.
almendrilla f. Tecn. Lime à bout arrondi (lima).
‖ Cailloutis. *m.*, gravier, *m.* (grava).
almendro m. Amandier (árbol).
almendrón m. Amandier des Antilles.
almendruco m. Amande (*f.*) verte.
almenilla f. Découpure, dentelure (en la ropa).
Almería n. pr. Geogr. Almería.
almeriense adj. y s. D'Almería.
almete m. Armet (casco).
almez m. Micocoulier (árbol).
almeza f. Micocoule (fruit du micocoulier).
almezo m. Micocoulier (árbol).
almiar m. Agric. Gerbier, meule, *f.* (pajar).
almíbar m. Sirop : *melocotones en almíbar*, pêches
au sirop. ‖ Fam. *Estar uno hecho un almíbar*,
être tout sucre et tout miel.

almibarado, da adj. Doucereux, euse (muy dulce). ‖ Fig. y Fam. Mielleux, euse; doucereux, euse (meloso).

almibarar v. tr. Confire, baigner dans du sirop.

almicantarat f. Astr. Almicantarat, m. (cercle sur la sphère céleste).

almidón m. Amidon.

almidonado, da adj. Empesé, e; amidonné, e : *un cuello almidonado,* un col empesé. ‖ Fig. y Fam. Tiré à quatre épingles (muy compuesto). — M. Empesage.

almidonar v. tr. Empeser, amidonner.

almidonería f. Amidonnerie.

almidonero, ra adj. y s. m. Amidonnier, ière.

almijar m. Séchoir à figues *o* à fruits.

almilla f. Gilet, m., justaucorps, m. (jubón). ‖ Tecn. Tenon, m. (espiga).

almimbar m. Mimbar (de mezquita).

alminar m. Minaret.

almiranta f. Vaisseau (m.) amiral. ‖ Amirale, femme de l'amiral.

almirantazgo m. Amirauté, f. ‖ Tribunal de l'amirauté.

almirante m. Amiral.

almirez m. Mortier en métal.

almizcate m. Tour d'échelle, espace entre deux maisons.

almizclar v. tr. Musquer.

almizcle m. Musc.

almizcleña f. Bot. Muscari, m., jacinthe musquée.

almizcleño, ña adj. Musqué, e; sentant le musc : *pera almizcleña,* poire musquée.

almizclero, ra adj. Musqué, e : *ratón almizclero,* rat musqué. ‖ *Lirón almizclero,* muscardin. — M. Porte-musc (rumiante). ‖ — F. Desman, m. (roedor).

almo, a adj. Poét. Nourricier, ère. ‖ Excellent, e; parfait, e.

almocadén m. (Ant.). Capitaine.

almocafre m. Sarcloir, plantoir.

almocárabes *o* **almocarbes** m. pl. Entrelacs.

almocela f. Aumusse, m. [espèce de capuchon].

almocrí m. Lecteur du Coran [dans les mosquées].

almodrote m. Sauce (f.) à l'huile [pour les aubergines]. ‖ Fig. y Fam. Imbroglio (lío).

almófar m. Coiffe (f.) de mailles métalliques [sous le casque].

almogávar m. Soldat qui faisait des razzias.

almogavarear v. intr. Razzier.

almogavaría f. Troupe qui faisait des razzias.

almohada f. Oreiller, m. (de la cama). ‖ Coussin m. (para sentarse). ‖ Taie d'oreiller (funda). ‖ Arq. Bossage, m. (almohadilla). ‖ Fig. y Fam. *Hay que consultar con la almohada,* la nuit porte conseil.

almohadado, da adj. Arq. Bosselé, e; orné d'un bossage.

almohadazo m. Coup d'oreiller.

almohade adj. y s. Almohade.

almohadilla f. Coussinet, m., petit coussin, m. (cojincillo). ‖ Sachet, m. : *almohadilla perfumada,* sachet parfumé. ‖ Panneau, m., coussin de bât (en los arreos). ‖ Tampon (m.) encreur (para sellar). ‖ Pattemouille (para planchar). ‖ Arq. Bosse (piedra). ‖ Coussinet, m. (de la voluta jónica). ‖ *Amer.* Pelote (de alfileres). ‖ Poignée (de la plancha).

almohadillado, da adj. Rembourré, e; capitonné, e (acolchado). ‖ Arq. Bosselé, e; ornée de bossage. — M. Arq. Bossage : *almohadillado achaflanado,* bossage à onglet. ‖ Capitonnage (relleno).

almohadillar v. tr. Arq. Orner de bossages, bosseler. ‖ Rembourrer, capitonner (acolchar).

almohadón m. Coussin : *almohadones de pluma,* des coussins de plume. ‖ Arq. Coussinet (de un arco).

almohaza f. Étrille (para los caballos).

almohazador m. Valet d'écurie.

almohazar v. tr. Étriller.

almojarifazgo m. (Ant.). Ancien droit de douane.

almojarife m. (Ant.). Percepteur d'impôts (recaudador). ‖ Douanier (aduanero).

almojaya f. Boulin, m. (albañilería).

almóndiga f. Boulette de viande.

almoneda f. Vente aux enchères (subasta). ‖ Vente au rabais, soldes, m. pl. (a bajo precio). ‖ Antiquités, pl. (tienda). ‖ *Vender en almoneda,* vendre aux enchères.

almonedear v. tr. Vendre aux enchères (subastar). ‖ Vendre au rabais, solder (a bajo precio).

almoraduj *o* **almoradux** m. Bot. Marjolaine, f.

almorávide adj. y s. Almoravide.

almorejo m. Panic (planta).

almorranas f. pl. Hémorroïdes.

almorta f. Gesse (planta).

almorzada f. Jointée (hueco de las manos).

almorzado, da adj. Qui a déjà déjeuné.

almorzar* v. intr. Déjeuner. — V. tr. Déjeuner de, manger au déjeuner : *almorzar chuletas,* déjeuner de côtelettes.

almotacén m. Vérificateur des poids et mesures.

almotacenazgo m. Charge (f.) [cargo] *o* bureau (oficina) du vérificateur des poids et mesures.

almotacenía f. Droits (m. pl.) à payer au vérificateur des poids et mesures.

almozárabe adj. y s. Mozarabe.

almud m. Almude [mesure valant soit 1,76 l soit 4,6 l, soit 28 l].

almudada f. Espace de terre où l'on pouvait semer un almude de grain.

almudí *o* **almudín** m. Halle (f.) au blé (alhóndiga).

almuecín *o* **almuédano** m. Muezzin.

almuerzo m. Déjeuner (al mediodía). ‖ Petit déjeuner (por la mañana). — Observ. Le mot *almuerzo* correspond au déjeuner de midi, quoiqu'il soit employé dans certaines régions pour le *petit déjeuner* qui se traduit généralement par *desayuno.*

almunia f. Jardin (m.) potager.

alnado, da m. y f. Beau-fils, m. (hijastro), belle-fille, f. (hijastra).

¡alo! *o* **¡aló!** interj. Allô (teléfono).

alobunado, da adj. Semblable au loup.

alocación f. Ouverture : *alocación de créditos,* ouverture de crédits.

alocadamente adv. Étourdiment.

alocado, da adj. Étourdi, e : *es un niño alocado, lo olvida todo,* c'est un enfant étourdi, il oublie tout. ‖ Écervelé, e : *es una persona demasiado alocada para que le confíes algo importante,* c'est une personne trop écervelée pour que tu lui confies quelque chose d'important. ‖ Irréfléchi, e; inconsidéré, e : *un gesto alocado,* un geste irréfléchi. ‖ Lunatique, bizarre, maniaque (extraño).

alocar v. tr. Rendre fou *o* folle, égarer. — V. pr. Devenir fou *o* folle (volverse loco). ‖ Fig. S'affoler : *no hay que alocarse por tan poca cosa,* il ne faut pas s'affoler pour si peu.

alocución f. Allocution.

alodial adj. Dr. Allodial : *bienes alodiales,* biens allodiaux.

alodio m. Dr. Franc-alleu, alleu.

áloe *o* **aloe** m. Aloès (planta y jugo).

alógeno, na adj. y s. Allogène.

aloja f. Sorte d'hydromel. ‖ *Amer.* Boisson rafraîchissante à base de caroubes fermentées.

alojado, da adj. Logé, e. — M. Soldat logé chez l'habitant. ‖ — M. y f. *Amer.* Hôte, hôtesse (persona hospedada).

alojamiento m. Logement : *boleta de alojamiento,* billet de logement. ‖ Mil. Camp (campamento). ‖ *Dar alojamiento,* loger.

alojar v. tr. Loger (hospedar). || FIG. Loger (encajar) : *no puedo alojar tantos libros aquí*, je ne peux pas loger tous ces livres ici.
— V. pr. Loger, se loger : *alojarse en un hotel*, loger à l'hôtel. || MIL. Prendre position (situarse).
alojo m. *Amer.* Logement.
alomado, da adj. Au dos arqué (caballo, mulo). || AGRIC. Billonné, e.
alomar v. tr. AGRIC. Billonner, labourer par billons *o* en ados.
alón m. Aile, *f.* (de ave). || — Adj. m. À larges bords (sombrero). || *Amer.* Ailé.
alondra f. Alouette (pájaro).
Alonso n. pr. m. Alphonse.
alópata adj. y s. Allopathe (médico).
alopatía f. MED. Allopathie.
alopático, ca adj. Allopathique.
alopecia f. MED. Alopécie, pelade.
aloque adj. y s. m. Clairet, rosé (vino).
aloquecerse* v. pr. Devenir fou *o* folle.
alosa f. Alose (sábalo).
alosna f. BOT. Absinthe.
alotar v. tr. MAR. Prendre un ris.
alotropía f. Allotropie.
alotrópico, ca adj. Allotropique.
alpaca f. Alpaga, *m.* (animal y tejido) : *un traje de alpaca*, un costume en alpaga. || Maillechort, *m.* (metal blanco).
alpañata f. TECN. Polissoir (*m.*) de cuir.
alpargata f. Espadrille.
alpargatado, da adj. En forme d'espadrille. || Avec des espadrilles.
alpargatar v. intr. Faire des espadrilles.
alpargatazo m. Coup d'espadrille.
alpargate m. Espadrille (*f.*) de chanvre.
alpargatería f. Fabrique *o* magasin (*m.*) d'espadrilles.
alpargatero, ra m. y f. Fabricant, fabricante d'espadrilles. || Marchand, marchande d'espadrilles.
alpargatilla m. y f. FIG. y FAM. Carpette, *f.*, intrigant, e ; lécheur, euse.
alpax m. Alpax (aleación).
alpechín m. Liquide résiduel du broyage des olives. || *Amer.* Jus d'écorce d'orange.
alpechinera f. Cuve d'évacuation [des moulins à huile].
alpende *o* **alpendre** m. Appentis (cobertizo).
alpenstock m. Alpenstock (palo de alpinista).
Alpes n. pr. m. pl. GEOGR. Alpes, *f.*
alpestre adj. Alpestre.
alpinismo m. Alpinisme (montañismo).
alpinista m. y f. Alpiniste.
alpino, na adj. Alpin, e : *raza alpina*, race alpine. || *Cordillera alpina*, chaîne des Alpes.
alpiste m. BOT. Alpiste, millet long. || POP. Pinard (vino), tord-boyaux (aguardiente). || POP. *Gustarle a uno mucho el alpiste*, être très porté sur la bouteille, aimer le pinard.
alpistelado, da adj. POP. Rond, e ; saoul, e (borracho).
alpistelarse v. pr. POP. Se saouler.
alpistera f. Petite galette.
alpujarreño, ña adj. y s. Des Alpujarras [montagnes du sud de l'Andalousie].
alquequenje m. Alkékenge, coqueret (planta).
alquería f. Ferme (granja). || Hameau, *m.* (aldea).
alquermes m. Alkermès (licor).
alquicel m. Manteau mauresque.
alquilable adj. À louer.
alquiladizo, za adj. À louer, qui peut être loué.
alquilador, ra m. y f. Loueur, euse. || Locataire (inquilino).
alquilamiento m. Location, *f.*
alquilar v. tr. Louer : *alquilar un piso en 1 000 pesetas*, louer un appartement 1 000 pesetas ; *alquilar por horas, por meses*, louer à l'heure, au mois. || — *Piso por alquilar*, appartement à louer. || *Se*

alquila, à louer. || FAM. *Será cosa de alquilar balcones.* V. BALCÓN.
alquiler m. Location, *f.* : *coche de alquiler*, voiture de location. || Loyer : *hay que pagar el alquiler del piso*, il faut payer le loyer de l'appartement. || Location, *f.* : *el alquiler de este aparato es caro*, la location de cet appareil est chère. || — *Alquiler con opción a compra*, location-vente. || *Alquiler trimestral*, terme (de una casa). || *Casa de alquiler*, maison de rapport. || *De alquiler*, en location, à louer (pisos), de louage (ant.), de location (coches), à louer (animales o cosas).
alquimia f. Alchimie.
alquimila f. Alchimille (planta).
alquimista m. Alchimiste.
alquitara f. Alambic, *m.* (alambique). || FIG. y FAM. *Por alquitara*, au compte-gouttes.
alquitarar v. tr. Distiller (destilar). || FIG. Alambiquer : *estilo alquitarado*, style alambiqué.
alquitira f. BOT. Tragacanthe, *m.*
alquitrán m. Goudron.
alquitranado m. MAR. Toile (*f.*) goudronnée. || Goudronnage (acción de alquitranar) : *el alquitranado de las carreteras*, le goudronnage des routes.
alquitranador, ra adj. y s. Goudronneur, euse. || — F. Goudronneuse (máquina).
alquitranar v. tr. Goudronner. || *Máquina de alquitranar*, goudronneuse.
alrededor adv. Autour, tout autour : *girar alrededor de la mesa*, tourner autour de la table. || Aux alentours, alentour : *un vago rondaba alrededor de la casa*, un vagabond rodait aux alentours de la maison. || FAM. *Alrededor de*, environ, à peu près, autour de, dans les : *alrededor de mil pesos*, environ mille pesos ; aux environs de, à... environ : *llegó alrededor de las nueve*, il est arrivé à neuf heures environ. || *Alrededor suyo*, autour de lui.
— M. pl. ● Alentours, environs : *los alrededores de París*, les environs de Paris.
— OBSERV. *Autour* designa una zona circular y precisa, mientras que *aux alentours* sólo una zona vaga, más o menos cercana y circular.
— SINÓN. ● *Cercanías, contornos*, alentours. *Afueras*, abords.
Alsacia n. pr. f. GEOGR. Alsace.
alsaciano, na adj. y s. Alsacien, enne.
álsine f. BOT. Mouron, *m.*
alta f. Bulletin (*m.*) de sortie : *ya tengo el alta del hospital*, j'ai déjà le bulletin de sortie de l'hôpital. || Entrée (ingreso en un oficio, etc.). || Billet (*m.*) d'entrée (de ingreso). || Incorporation (en una actividad). || MIL. Inscription [d'une recrue], entrée en service actif. || Ancienne danse de cour. || — *Dar de alta*, inscrire. || *Dar de* ou *el alta*, donner l'exeat (a un enfermo). || *Darse de alta*, s'inscrire. || MIL. *Ser alta*, entrer *o* rentrer en service actif.
altabaquillo m. Liseron (planta).
altaico, ca adj. Altaïque (raza).
altanería f. Haut vol (caza). || FIG. Orgueil, *m.*, fierté (orgullo). | Morgue, arrogance : *me contestó con altanería*, il m'a répondu avec arrogance.
altanero, ra adj. De haut vol (ave de rapiña). || FIG. Hautain ; altier, ère (altivo). | Orgueilleux, euse ; fier, ère (orgulloso).
altanos m. pl. Vents variables.
altar m. Autel. || Reposoir (altar temporal). || MIN. Autel (de horno). | Gradin de mine (grada). || *Altar mayor*, maître-autel. || FIG. *Poner en un altar*, mettre sur un piédestal, porter au pinacle (elogiar).
altaverapacense Adj. y s. De Alta Verapaz (Guatemala).
altavoz m. Haut-parleur : *altavoces potentes*, des hauts-parleurs puissants.
altea f. Althaea, guimauve (planta).
alterabilidad f. Altérabilité.

alterable adj. Altérable.

alteración f. Altération. ‖ Émeute, tumulte, *m.* (motín). ‖ Dispute, querelle (altercado). ‖ Dérèglement, *m.* (del pulso). ‖ *Alteración del orden,* désordre, trouble.

alteradizo, za adj. Mobile (cara). ‖ Changeant, e (carácter).

alterado, da adj. Altéré, e. ‖ FIG. Altérée, e (voz, cara). ‖ Ému, e ; troublé, e (una persona). ‖ Modifié, e (modificado).

alterador, ra o **alterante** adj. Qui altère, altérant, e.

alterar v. tr. ● Altérer, changer.
— V. pr. S'altérer. ‖ S'émouvoir, se troubler (turbarse) : *no alterarse por nada,* ne s'émouvoir de rien. ‖ Se fâcher, se mettre en colère (enojarse). ‖ S'énerver, s'agiter (excitarse) : *¡no te alteres!,* ne t'énerve pas ! ‖ *Amer.* Etre altéré, avoir soif. ‖ *Se altera con la humedad,* craint l'humidité (medicina, etc.)
— OBSERV. Le verbe transitif espagnol *alterar* n'a pas comme en français le sens de « donner soif ».
— SINÓN. ● *Bastardear,* abâtardir. *Desnaturalizar, desvirtuar,* dénaturer. *Viciar,* vicier.

altercación f. o **altercado** m. Altercation, *f.,* démêlé, *m.*

altercador, ra adj. y s. Querelleur, euse.

altercante adj. Qui se querelle, en litige.

altercar v. intr. Se quereller, se disputer.

álter ego m. Alter ego.

alternable adj. Qui peut être alterné.

alternación f. Alternance.

alternadamente adv. Alternativement.

alternado, da adj. Alterné, e.

alternador m. ELECTR. Alternateur.

alternancia f. Alternance.

alternante adj. Alternant, e.

alternar v. tr. Alterner : *alternar trabajos,* alterner des travaux. ‖ Faire alterner : *alterno el trabajo con el descanso,* je fais alterner le travail et le repos. ‖ AGRIC. *Alternar cultivos,* assoler.
— V. intr. Alterner, se relayer : *alternar en un trabajo,* se relayer dans un travail. ‖ Fréquenter : *alternar con los sabios,* fréquenter les savants. ‖ Sortir : *a esta chica le gusta mucho alternar,* cette jeune fille aime beaucoup sortir. ‖ MAT. Intervertir [les termes de deux fractions].
— V. pr. Se relayer : *nos alternamos en el volante,* nous nous relayons au volant.

alternativa f. Alternance, alternative (sucesión). ‖ Alternative, choix, *m.* : *dejar una alternativa,* laisser le choix. ‖ TAUROM. Alternative [investiture accordée à un *novillero* par un *matador*].

alternativamente adv. Alternativement, tour à tour, à tour de rôle.

alternativo, va adj. Alternatif, ive : *cultivo alternativo,* culture alternative. ‖ *Huelga alternativa,* grève tournante.

alterno, na adj. Alternatif, ive : *corriente alterna,* courant alternatif. ‖ Alterne : *hojas alternas, ángulos alternos externos,* feuilles alternes, angles alternes externes. ‖ *Clases alternas,* cours un jour sur deux, cours trois fois par semaine o tous les deux jours.

alteza f. Altesse (tratamiento) : *su alteza real,* votre altesse royale. ‖ Hauteur (altura). ‖ FIG. Grandeur, élévation (de sentimientos, etc.).

altibajo m. Coup de haut en bas (esgrima). ‖ Pl. Aspérités, inégalités (de un terreno). ‖ FIG. y FAM. Hauts et bas, vicissitudes, *f.* : *los altibajos de la política,* les hauts et les bas de la politique.

altilocuencia f. Grandiloquence.

altilocuente o **altílocuo, cua** adj. Grandiloquent, e.

altillano, m. o **altillanura** f. *Amer.* Plateau, *m.* (meseta, altiplanicie).

altillo m. Coteau, colline, *f.* (cerrillo). ‖ *Amer.* Combles, *pl.,* soupente, *f.* (desván). | Entresol (entresuelo).

altimetría f. Altimétrie.

altímetro, tra adj. Altimétrique.
— M. Altimètre.

altiplanicie f. Haut plateau, *m.* (meseta).

altiplano m. *Amer.* Haut plateau (altiplanicie).

altísimo, ma adj. Très haut, e ; très élevé, e : *una torre altísima,* une tour très haute. ‖ Très grand, e : *un hombre altísimo,* un homme très grand. ‖ Altissime.
— M. *El Altísimo,* le Très-Haut.

altisonancia f. Emphase (del estilo). ‖ Grandiloquence (de un discurso).

altisonante y **altísono, na** adj. Pompeux, euse ; ronflant, e ; emphatique (estilo). ‖ Grandiloquent, e ; pompeux, euse (discurso). ‖ Ronflant, e (apellido).

altitonante adj. Tonnant, e : *Júpiter altitonante,* Jupiter tonnant.

altitud f. Altitude.

altivarse o **altivecerse** v. pr. S'enorgueillir.

altivez o **altiveza** f. Hauteur, arrogance, morgue.

altivo, va adj. Hautain, e ; altier, ère ; arrogant, e.

alto, ta adj. Grand, e : *una mujer alta, un árbol alto,* une grande femme, un grand arbre. ‖ Haut, e ; élevé, e : *la torre Eiffel es muy alta,* la tour Eiffel est très haute. ‖ Haut, e : *el Alto Rin,* le Haut-Rhin ; *el Alto Egipto,* la Haute-Égypte. ‖ Élevé, e : *los pisos altos,* les étages élevés. ‖ Fort, e : *voz alta,* voix forte. ‖ Haut, e (mar.) ‖ En crue : *el río está alto,* la rivière est en crue. ‖ Poussé, e ; haut, e : *altos estudios de matemáticas,* études poussées de mathématiques. ‖ FIG. Haut, e : *tener alta idea de sus méritos,* avoir une haute idée de ses mérites. | Haut placé, e (personalidad). | Élevé, e : *altos sentimientos,* sentiments élevés ; *precios altos,* prix élevés. | Beau, belle : *el más alto ejemplo de patriotismo,* le plus bel exemple de patriotisme. ‖ *Amer.* Court, e (vestido). ‖ — *Alta sociedad,* grand monde. ‖ *Alta traición,* haute trahison. ‖ *Alto personal,* hauts fonctionnaires. ‖ *A altas horas de la noche,* à une heure très avancée de la nuit. ‖ *En alta mar,* en haute mer. ‖ *En las altas esferas,* en haut lieu. ‖ *En voz alta,* à voix haute.
— M. Hauteur, *f.,* haut : *mesa de metro y medio de alto,* table d'un mètre et demi de hauteur o de haut. ‖ Hauteur, *f.,* colline, *f.* ‖ Étage élevé : *vivir en un alto,* habiter à un étage élevé. ‖ MÚS. Alto. ‖ MIL. Halte, *f.* : *hacer alto,* faire halte. ‖ *Amer.* Tas (montón). ‖ — *Desde lo alto de,* du haut de. ‖ *Los altos y bajos,* les hauts et les bas.
— Adv. Haut : *poner un libro muy alto,* mettre un livre très haut. ‖ À haute voix : *hablar alto,* parler à haute voix. ‖ — *De alto abajo,* de haut en bas. ‖ *De lo alto,* d'en haut. ‖ *En lo alto,* tout en haut. ‖ *Por todo lo alto,* de premier ordre. ‖ — *Conseguir el alto el fuego,* obtenir le cessez-le-feu. ‖ *Hacer algo por lo alto,* faire quelque chose en grand. ‖ *Mantener en alto,* maintenir bien haut. ‖ *Pasar por alto,* passer sous silence, passer sur, sauter, laisser de côté (omitir), oublier, passer par-dessus (olvidar). ‖ FIG. *Poner muy alto,* porter aux nues, mettre sur un piédestal (alabar). ‖ *Se me pasó por alto,* cela m'a échappé. ‖ *Tirar por alto,* compter largement (contar), ficher en l'air (tirar). ‖ *Ver las cosas de alto,* voir les choses de haut.
— Interj. Halte !, stop ! ‖ *¡Alto ahí!,* halte là !

altoparlante m. *Amer.* Haut-parleur (altavoz).

altozano m. Monticule, mamelon (cerro). ‖ Lieu le plus élevé d'une ville. ‖ *Amer.* Parvis.

altramuz m. Lupin (planta).

altruismo m. Altruisme.

altruista adj. y s. Altruiste.

altura f. Altitude : *las nubes circulan a gran altura,* les nuages passent à haute altitude. ‖ Hauteur : *la altura de un peldaño,* la hauteur d'une marche. ‖ Hauteur, haut, *m.* : *un poste de cinco metros de altura,* un poteau de cinq mètres de haut. ‖ MAT. Hauteur : *altura de un prisma,* hauteur d'un prisme. ‖ Hauteur, niveau, *m.* : *estar a la misma altura,* être au même niveau. ‖ FIG. Mérite, *m.,* valeur. | Élévation (de sentimiento). ‖ — Pl. Hauteurs, hauts sommets (*m.*) [cumbres] : *hay nieve en las alturas,* il y a de la neige sur les hauteurs. ‖ — *Altura del barómetro,* hauteur baro-métrique. ‖ *Altura de miras,* largeur de vues. ‖ *Barco de altura,* bateau de haute mer (pesquero), long-courrier (de viajeros). ‖ *Navegación de altura,* navigation hauturière *o* au long cours. ‖ *Pesca de altura,* pêche hauturière *o* en haute mer. ‖ *Piloto de altura,* pilote hauturier. ‖ *Salto de altura,* saut en hauteur. ‖ *Un programa de altura,* un pro-gramme à la hauteur. ‖ — FIG. *A estas alturas,* maintenant, à présent, à l'heure actuelle. | *A la altura de las circunstancias,* à la hauteur des cir-constances. ‖ *Gloria a Dios en las alturas y paz en la tierra a los hombres de buena voluntad,* gloire à Dieu au plus haut des cieux et paix sur la terre aux hommes de bonne volonté. ‖ FIG. y FAM. *Quedar a la altura del betún* ou *de una zapatilla* ou *de un poroto* (amer.), être au-dessous de tout.

alúa f. *Amer.* Cucuje, *m.* (insecto).

aluato m. ZOOL. Singe hurleur, alouate.

alubia f. Haricot, *m.* (judía).

alucinación f. Hallucination.

alucinado, da adj. y s. Halluciné, e.

alucinador, ra adj. y s. Trompeur, euse (cnga-ñoso). ‖ Hallucinant, e (impresionante).

alucinamiento m. Hallucination, *f.* ‖ Tromperie, *f.* (engaño). ‖ Égarement (error).

alucinante adj. Hallucinant, e ‖ Trompeur, euse (engañoso).

alucinar v. tr. Halluciner. ‖ Leurrer, tromper.

alucinógeno, na adj. y s. m. Hallucinogène.

alucita f. Alucite (insecto).

alucón m. Hulotte, *f.,* chat-huant (ave).

alud m. Avalanche, *f.*

aluda f. ZOOL. Fourmi ailée.

aludido, da adj. Dont on a parlé, en question, men-tionné, e : *la persona aludida,* la personne en ques-tion. ‖ FIG. *Darse por aludido,* se sentir visé. | *No darse por aludido,* faire la sourde oreille.

aludir v. intr. Parler de, faire allusion à (hablar de) : *no ha aludido a este negocio,* il n'a pas parlé de cette affaire. ‖ Se référer à, renvoyer à (refe-rirse en un texto).

alujar v. tr. *Amer.* Faire briller.

alumbrado, da adj. Éclairé, e : *alumbrado con gas,* éclairé au gaz. ‖ FAM. Éméché, e ; gris, e (achis-pado). ‖ Aluné, e (con alumbre). ‖ — Adj. y s. Illuminé, e (hereje). ‖ — M. Éclairage : *alumbrado público de gas,* éclairage public au gaz. ‖ Éclai-rage (de un coche).

alumbrador, ra adj. Qui éclaire.

alumbramiento m. Éclairage, éclairement (acción de alumbrar). ‖ Source, *f.* (fuente). ‖ Accouche-ment, mise (*f.*) au monde, heureux événement (parto). ‖ *El alumbramiento de la Virgen,* l'enfan-tement de la Vierge.

alumbrante adj. Qui éclaire.

— M. Allumeur (teatro).

alumbrar v. tr. Éclairer : *el Sol nos alumbra,* le soleil nous éclaire ; *alumbrar la sala con gas,* éclai-rer la salle au gaz ; *voy a alumbrarte,* je vais t'éclai-rer. ‖ Rendre la vue (a un ciego). ‖ FIG. Découvrir [des eaux souterraines]. | Éclairer, instruire (ense-ñar). ‖ FIG. y FAM. Frapper, maltraiter. ‖ TECN. Aluner, plonger dans l'alun. ‖ *Amer.* Mirer (un huevo).

— V. intr. Enfanter, mettre au monde (parir). ‖ Éclairer : *esta lámpara alumbra bien,* cette lampe éclaire bien.

— V. pr. FAM. Se griser, s'enivrer.

alumbre m. Alun.

alumbrera f. Alunière (mina de alumbre).

alumbroso, sa adj. Aluneux, euse.

alúmina f. QUÍM. Alumine.

aluminar v. tr. TECN. Aluminer.

aluminato m. QUÍM. Aluminate.

aluminio m. Aluminium.

aluminita f. QUÍM. Aluminite.

aluminoso, sa adj. Alumineux, euse.

aluminotermia f. Aluminothermie.

alumnado m. Effectif scolaire, ensemble des élèves.

alumno, na m. y f. Elève : *un alumno modelo,* un élève modèle.

alunado, da adj. Lunatique (lunático). ‖ Fou, folle (loco). ‖ VETER. Lunatique.

alunarado, da adj. Tacheté, e (res).

alunífero, ra adj. Alunifère.

alunarse v. pr. Se gâter (la carne). ‖ S'envenimer (las heridas).

alunita f. Alunite (mineral).

alunizaje m. Alunissage.

alunizar v. intr. Alunir.

alusión f. Allusion.

alusivo, va adj. Allusif, ive.

alustrar v. tr. Polir, lustrer (lustrar).

aluvial adj. Alluvial, e : *terrenos aluviales,* ter-rains alluviaux.

aluvión m. Crue, f. (inundación). ‖ Alluvion, *f.* ‖ FIG. Multitude, foule (gran cantidad). ‖ *Tierra de aluvión,* alluvions. ‖ FAM. *Un aluvión de impro-perios,* un torrent d'injures.

alveario m. Conduit auditif externe.

álveo m. Lit (madre de un río).

alveolado, da adj. Alvéolé, e.

alveolar adj. Alvéolaire. ‖ GRAM. Dental, e (so-nido). | *Arco alveolar,* arcade dentaire.

alveolo o **alvéolo** m. Alvéole.

alverjilla o **alverjita** f. *Amer.* Pois (*m.*) de sen-teur (guisante de olor).

alvino, na adj. ANAT. Alvin, e.

alza f. Hausse : *el alza de los precios,* la hausse des prix. ‖ Hausse (de un arma de fuego). ‖ IMPR. Hausse. ‖ Vanne (puerta de esclusa). ‖ — FAM. *Estar en alza,* avoir la cote. ‖ *Jugar al alza,* jouer à la hausse (en la Bolsa).

alzacuello m. Rabat, collet (de eclesiástico).

alzada f. Hauteur au garrot (de los caballos). ‖ Pâ-turage (*m.*) d'été (pasto). ‖ DR. Pourvoi, *m.,* recours, *m.,* appel, *m.* (apelación). ‖ *Caballo de mucha* ou *poca alzada,* cheval haut *o* bas sur pattes.

alzado, da adj. Qui fait une banqueroute fraudu-leuse. ‖ *Amer.* Fugitif, ive ; sauvage (montaraz). | En rut, en chaleur (en celo). | Arrogant, e ; inso-lent, e. | Rebelle (rebelde). ‖ *A tanto alzado,* à forfait.

— M. ARQ. Levé, tracé (proyección). ‖ Hauteur (altura). ‖ IMPR. Brochage, assemblage. ‖ *Má-quina de alzado,* machine à brocher.

alzador m. IMPR. Atelier *o* salle (*f.*) d'assemblage (taller). ‖ Assembleur (obrero).

alzadora f. *Amer.* Bonne d'enfants (niñera).

alzamiento m. Action (*f.*) de lever *o* de soulever (levantamiento). ‖ Soulèvement : *un alzamiento popular,* un soulèvement populaire. ‖ Levée (*f.*) de boucliers (contra una autoridad). ‖ Surenchère, *f.* (puja). ‖ COM. Banqueroute (*f.*) frauduleuse. ‖ IMPR. Assemblage.

alzapaño m. Patère, *f.* (gancho). ‖ Embrasse, *f.* (para cortinas).

alzaprima f. Levier, *m.* (palanca). ‖ Cale, coin, *m.* (para realzar). ‖ *Amer.* Haquet, *m.* (para trans-portar toneles). | Éfourceau, *m.* (para transportar troncos de árboles). | Courroie des éperons (de las espuelas).

alzaprimar v. tr. Soulever (con una palanca). ‖ Fig. Soulever, exciter.

alzapuertas m. Teatr. Figurant, utilité, *f*.

alzar v. tr. Lever : *alzar la mano*, lever la main. ‖ Élever, hausser (una pared, la voz). ‖ Relever (una cosa o una persona caída, el cuello de un abrigo). ‖ Soulever (a poca altura). ‖ Enlever (quitar). ‖ Dresser : *alzar un plano*, dresser un plan. ‖ Lever (la caza). ‖ Fig. Soulever (sublevar). | Lever (un castigo, el embargo, etc.). ‖ Agric. Rentrer : *alzar la cosecha*, rentrer les récoltes. | Donner un premier labour (arar). ‖ Élever (la hostia). ‖ Impr. Assembler. ‖ — ¡*Alza!*, bravo ! ‖ *Amer. Alzar pelo a*, hésiter devant, craindre. ‖ *Alzar con una cosa*, s'emparer d'une chose, rafler, embarquer quelque chose (fam.). ‖ *Alzar el vuelo*, prendre son vol, son essor (volar), mettre les voiles (irse). ‖ *Alzar velas*, mettre à la voile. — V. pr. Se lever (levantarse). ‖ Se relever (del suelo). ‖ S'élever (sobresalir). ‖ S'emparer : *alzarse con los fondos*, s'emparer des fonds. ‖ Fig. Se soulever : *el ejército se ha alzado contra el gobierno*, l'armée s'est soulevée contre le gouvernement. | S'élever : *alzarse contra el orden establecido*, s'élever contre l'ordre établi. ‖ Faire Charlemagne (en el juego). ‖ Com. Faire une banqueroute frauduleuse (quebrar). ‖ Dr. Faire o interjeter appel, se pourvoir. ‖ *Amer.* S'enfuir, retourner à l'état sauvage (un animal). | S'enfuir, gagner le maquis (personas). ‖ *Se alzó con el santo y la limosna*, il a tout embarqué.

allá adv. Là-bas (lugar). ‖ Autrefois (tiempo) : *allá en mis mocedades*, autrefois, dans ma jeunesse. ‖ — *Allá abajo*, là en bas. ‖ *Allá arriba*, là-haut (arriba), au ciel, là-haut (en el cielo). ‖ *Allá él*, tant pis pour lui, c'est son affaire, ça te regarde, ça ne me regarde pas. ‖ *Allá en estos tiempos*, dans ce temps-là. ‖ *Allá en mis tiempos*, de mon temps. ‖ *Allá se las componga*, qu'il se débrouille, qu'il s'arrange. ‖ *Allá se va*, c'est à peu près la même chose. ‖ *Allá usted si*, libre à vous de. ‖ *De Madrid para allá*, après Madrid. ‖ *El más allá*, l'au-delà. ‖ *Más allá*, plus loin. ‖ *No ser muy allá*, ne pas être fameux (no muy bueno). ‖ *No tan allá*, pas si loin.

— Observ. *Allá* (qui indique un endroit moins précis que *allí*) admet divers degrés de comparaison : *tan allá*, aussi loin ; *no tan allá*, pas si loin ; *más allá*, plus loin ; *muy allá*, très loin. D'autre part, lorsque *allá* est suivi d'un complément de temps ou de lieu on peut, dans la plupart des cas, ne pas le traduire : *allá en América*, en Amérique.

allanador, ra adj. y s. Qui aplanit, aplanisseur, euse.

allanamiento m. Aplanissement (acción de poner llano). ‖ Fig. Aplanissement : *el allanamiento de las dificultades*, l'applanissement des difficultés. | Pacification, *f*. ‖ Dr. Violation, *f*. : *allanamiento de morada*, violation de domicile. | Soumission (*f*.) à une décision judiciaire.

allanar v. tr. ● Aplanir, niveler : *allanar el suelo*, aplanir le sol. ‖ Fig. Aplanir, vaincre (una dificultad). ‖ ‖ Fig. *Allanar el terreno*, déblayer le terrain. ‖ Dr. *Allanar la morada*, violer le domicile. — V. pr. S'effondrer, s'écrouler (derrumbarse). ‖ ‖ Fig. Se soumettre, se plier : *yo me allano a todo*, moi je me plie à tout. — Sinón. ● *Aplastar*, aplatir. *Alisar*, planer. *Nivelar*, niveler.

allegadizo, za adj. Pris, e au hasard, quelconque.

allegado, da adj. Ramassé, e ; réuni, e (reunido). ‖ Proche, voisin, e (cercano). ‖ Proche : *en los círculos allegados a la Presidencia*, dans les milieux proches de la Présidence.

— Adj. y s. Proche, parent, e : *mis allegados*, mes proches. ‖ Partisan, e (partidario). ‖ Intime de (a una casa, etc.). ‖ — M. pl. Entourage, *sing.* : *los allegados al ministro*, l'entourage du ministre.

allegador, ra adj. Qui rassemble. — M. Râteau, herse, *f.* (rastro). ‖ Tisonnier (hurgón).

allegamiento m. Assemblage, réunion, *f*.

allegar v. tr. Ramasser, recueillir (recoger) : *allegar fondos*, recueillir des fonds. ‖ Approcher, rapprocher (acercar). ‖ Agric. Entasser (la parva trillada). ‖ Ajouter (añadir). — V. intr. Arriver (llegar). — V. pr. S'approcher (acercarse). ‖ Adhérer à (adherirse).

allegretto m. Mús. Allégretto.

allegro m. Mús. Allégro.

allende adv. Au-delà de, de l'autre côté de : *allende los mares*, au-delà des mers. ‖ Outre, en outre (además). ‖ Outre, en plus de (fuera de).

allí adv. Là : *es allí adonde voy*, c'est là que je vais. ‖ Y : *voy allí todos los días*, j'y vais tous les jours. ‖ Alors (entonces). ‖ — *Allí están*, les voilà. ‖ Fam. *Allí fue ello*, c'est alors que la chose arriva, ce fut le moment critique o décisif. ‖ *Aquí y allí*, ici et là.

ama f. Maîtresse de maison (señora de la casa). ‖ Propriétaire, maîtresse (propietaria). ‖ Maîtresse, patronne (fam.) [para los criados]. ‖ Gouvernante (de un soltero). — *Amer. Ama de brazos*, nourrice. ‖ *Ama de casa*, maîtresse de maison. ‖ *Ama ou ama de cría ou de leche*, nourrice. ‖ *Ama de gobierno ou ama de llaves*, gouvernante. ‖ *Ama seca*, nourrice sèche.

amabilidad f. Amabilité, gentillesse : *es de una gran amabilidad*, il est d'une grande amabilité ; *le agradezco por su amabilidad*, je vous remercie de votre gentillesse. ‖ *Tenga la amabilidad de pasar*, donnez-vous la peine d'entrer.

amabilísimo, ma adj. Très aimable.

amable adj. ● Aimable : *el ministro ha sido muy amable conmigo*, le ministre a été très aimable avec moi. ‖ Gentil, ille : *es un profesor muy amable*, c'est un professeur très gentil. ‖ — *Amable a, con ou para con todos*, aimable avec o envers tous. ‖ *Amable de carácter*, d'un caractère aimable. ‖ *Ha sido usted muy amable viniendo*, c'est très aimable o gentil à vous d'être venu. ‖ *¿Sería usted tan amable de?*, voudriez-vous être assez aimable pour, voulez-vous avoir l'amabilité o l'obligeance de... ?

— Sinón. ● *Agradable*, agréable. *Servicial*, serviable, avenant. *Atento*, plein d'attentions. *Gentil*, gentil. *Afable*, affable. *Cordial*, cordial. *Encantador*, adorable.

amacayo m. *Amer.* Sorte d'amaryllis, *f.* (planta).

amacigado, da adj. Jaune, jaunâtre.

amacizar v. tr. *Amer.* Bourrer, remplir.

amacollar v. intr. Former une touffe (plantas). — V. pr. Former une touffe.

amachambrarse o amachinarse v. pr. Pop. *Amer.* Se coller (amancebarse).

amachetar o amachetear v. tr. Frapper à coups de machette.

amadamado, da adj. Maniéré, e (amanerado).

Amadeo n. pr. m. Amédée.

amado, da adj. y s. Aimé, e ; bien aimé, e ; chéri, e.

amador, ra adj. y s. Amoureux, euse. ‖ Amateur (de música, pintura, etc.).

amadrigar v. tr. Fig. Faire bon accueil à. — V. pr. Se terrer (en la madriguera). ‖ Fig. S'enterrer, s'isoler, vivre retiré (retraerse).

amadrinamiento m. Accouplement, attelage à deux (de caballos). ‖ Fig. Parrainage (apadrinamiento).

amadrinar v. tr. Attacher par le mors, atteler ensemble (dos caballos). ‖ Fig. Parrainer (apadrinar).

amaestrado, da adj. Dressé, e (animal). ‖ Savant, e : *pulga amaestrada*, puce savante.

amaestrador, ra adj. y s. Dresseur, euse.

amaestramiento m. Dressage.

amaestrar v. tr. Dresser.

amagamiento m. *Amer.* Ravin (quebrada).

amagar v. intr. Être sur le point de, promettre de (estar un cosa a punto de). ‖ S'annoncer : *amaga un día hermoso*, une belle journée s'annonce. ‖ Menacer, s'annoncer : *amaga una tempestad*, un orage menace. ‖ Se déclarer (una enfermedad). ‖ Esquisser : *amagar una sonrisa*, esquisser un sourire. ‖ *Amagar y no dar*, promettre et ne pas donner, menacer sans frapper.
— V. pr. Fam. Se cacher (esconderse).

amago m. Menace, *f.*, signe (amenaza). ‖ Med. Symptôme (de una enfermedad). ‖ Attaque (*f.*) simulée, feinte, *f.* ‖ Signe, commencement (comienzo). ‖ Semblant, geste : *hizo un amago de*, il fit semblant de *o* le geste de. ‖ Tentative, *f.* : *sólo hemos oído hablar de amagos de industrialización*, nous n'avons entendu parler que de tentatives d'industrialisation.

amainar v. tr. Mar. Amener (las velas).
— V. intr. Se calmer : *amaina el temporal*, la tempête se calme. ‖ Tomber : *el viento amaina*, le vent tombe. ‖ Fig. Modérer, réduire : *amainar en sus pretensiones*, modérer ses prétentions.

amaine m. Apaisement. ‖ Fig. Modération, *f.*

amajadar v. tr. c intr. Agric. Parquer (rebaños). ‖ Rentrer dans la bergerie.

¡amalaya! interj. *Amer.* Dieu soit loué !

amalayar v. tr. *Amer.* Désirer, convoiter (anhelar).

amalgama f. Amalgame, *m.*

amalgamación f. o **amalgamiento** m. Amalgamation, *f.*

amalgamar v. tr. Amalgamer.

Amalia n. pr. f. Amélie.

Amaltea n. pr. f. Mit. Amalthée.

amamantador, ra adj. Qui allaite.

amamantamiento m. Allaitement.

amamantar v. tr. Allaiter, nourrir au sein.

amán m. Aman, grâce, *f.*, pardon.

amancay m. Sorte de narcisse jaune.

amancebamiento m. Concubinage.

amancebarse v. pr. Vivre en concubinage.

amancillar v. tr. Tacher (manchar).

amanecer* v. impers. Faire jour, se lever [le jour], poindre [le jour] : *amanece tarde en invierno*, le jour se lève tard en hiver *ou* il fait jour tard en hiver. ‖ *Amaneciendo*, au lever du jour, au point du jour.
— V. intr. Arriver au lever du jour : *amanecimos en París*, au lever du jour nous arrivâmes à Paris. ‖ Apparaître [à l'aube, au point du jour] : *el jardín amaneció cubierto de nieve*, à l'aube, le jardin apparut couvert de neige. ‖ Se réveiller le matin : *ayer amanecí con mucha fiebre*, hier matin je me suis réveillé avec une forte fièvre. ‖ Apparaître, commencer à se manifester. ‖ *El día amaneció nublado*, à l'aube le ciel était couvert.

amanecer m. o **amanecida** f. Point (*m.*) du jour, aube, *f.*, lever (*m.*) du jour : *al amanecer*, au lever du jour.

amaneradamente adv. D'une façon maniérée, avec affectation.

amanerado, da adj. Maniéré, e; affecté, e : *una persona amanerada*, une personne maniérée. ‖ *Amer.* Affable, courtois, e (atento).

amaneramiento m. Façons (*f. pl.*) maniérées, affectation, *f.*

amanerarse v. pr. Avoir un style affecté (un artista). ‖ Faire des manières (una persona).

amanita f. Bot. Amanite (hongo).

amanojar v. tr. Botteler.

amansador, ra adj. y s. Dresseur, euse ; dompteur, euse (domador). ‖ — M. *Amer.* Dompteur de chevaux.

amansamiento m. Apprivoisement, domestication, *f.*

amansar v. tr. ● Dompter : *amansar una fiera*, dompter une bête féroce. ‖ Apprivoiser : *amansar una ardilla*, apprivoiser un écureuil. ‖ Fig. Calmer, apaiser (sosegar, apaciguar). ‖ Apprivoiser, maîtriser (domar). ‖ Dompter (el carácter).
— V. pr. S'apprivoiser. ‖ S'adoucir (ablandarse).
— Sinón. ● Domesticar, domestiquer. *Domar*, dompter. *Amaestrar*, dresser.

amante adj. Qui aime : *amante de comer bien*, qui aime bien manger. ‖ — Adj. y s. Ami, e; amant, e : *amante de la libertad*, ami de la liberté. ‖ Amoureux, euse : *amante de la gloria*, amoureux de la gloire. ‖ — M. Amant. ‖ Mar. Câble, filin. ‖ — F. Maîtresse.

amantillo m. Mar. Balancine, *f.*

amanuense m. Employé aux écritures, secrétaire (empleado). ‖ Copiste.

amanzanar v. tr. *Amer.* Lotir [un terrain].

amañar v. tr. Combiner, truquer. ‖ Truquer (las elecciones).
— V. pr. Se débrouiller, s'arranger, s'ingénier : *siempre te las amañas para conseguir lo que quieres*, tu t'arranges toujours pour arriver à tes fins.

amaño m. Adresse, *f.*, dispositions, *f. pl.* (maña). ‖ Fig. Ruse, *f.*, astuce *f.* (treta, ardid). ‖ — Pl. Outils (herramientas, aperos).

amapola f. Bot. Coquelicot, m. ‖ *Rojo como una amapola*, rouge comme un coquelicot *o* une pivoine.

amar v. tr. Aimer : *amar al prójimo*, aimer son prochain ; *amar con locura*, aimer à la folie.

OBSERV. Le verbe espagnol *amar* s'emploie beaucoup moins que le verbe français *aimer*, il correspond à des sentiments plus abstraits (*aimer sa patrie*, etc.). Il n'a jamais le sens d' « apprécier » (*aimer une chose*) et rarement celui de « chérir » (*aimer quelqu'un*) ; dans ce dernier sens son emploi est poétique ou prétentieux.
— Sinón. *Querer*, chérir. *Gustar*, plaire. *Aficionarse*, *encariñarse*, s'attacher. *Amartelarse*, être mordu pour. *Adorar*, adorer. *Idolatrar*, idolâtrer. *Apasionarse*, se passionner. *Pop. Chalarse*, *chiflarse*, en pincer, avoir le béguin pour.

amaraje m. Amerrissage.

amarantáceas f. pl. Bot. Amarantacées.

amarantina f. Bot. Sorte d'immortelle rouge.

amaranto m. Bot. Amarante, *f.*

amarar v. intr. Amerrir.

amarchantarse v. pr. *Amer.* Devenir client.

amargado, da adj. Amer, ère. ‖ Fig. Aigri, e : *persona amargada*, personne aigrie.
— M. y f. Personne qui broie du noir, personne aigrie, pessimiste.

amargar v. intr. Être amer : *esta fruta amarga*, ce fruit est amer.
— V. tr. Rendre amer (dar sabor amargo). ‖ Fig. Affliger, faire de la peine (afligir). ‖ Aigrir : *los reveses de la fortuna le han amargado*, les revers de fortune l'ont aigri. ‖ Peser : *me amarga la vida*, la vie me pèse. ‖ *— Amargarle la vida a alguien*, empoisonner la vie de quelqu'un, faire la vie dure à quelqu'un. ‖ *A nadie le amarga un dulce*, il ne faut pas se plaindre que la mariée soit trop belle.

amargo, ga adj. Amer, ère : *almendra amarga*, amande amère. ‖ Fig. Amer, ère ; triste : *un recuerdo amargo*, un souvenir amer. ‖ Amer, ère ; aigri, e : *un carácter amargo*, un caractère aigri. ‖ *Amer.* Indécis, e (flojo). ‖ *Lo amargo*, les choses amères.
— M. Amertume, *f.* (sabor amargo). ‖ Amer (infusión). ‖ *Amer.* Maté amer.

amargor m. Amertume, f.

amargura f. Amertume (sabor). ‖ Fig. Amertume : *sus fracasos le han llenado de amargura*, ses échecs l'ont rempli d'amertume. | Ennui, m. : *darle a uno muchas amarguras*, donner beaucoup d'ennuis à quelqu'un.

amaricado, da o **amariconado, da** adj. Fam. Efféminé, e.

amarilidáceas f. pl. Bot. Amaryllidacées.

amarilis f. Bot. Amaryllis.

amarilla f. Fam. Jaunet, m. (moneda). ‖ Veter. Maladie hépatique des moutons.

amarillar o **amarillear** o **amarillecer*** v. intr. Jaunir : *en otoño las hojas amarillean*, en automne les feuilles jaunissent. ‖ Tirer sur le jaune (tirar a amarillo). ‖ Pâlir, déteindre (palidecer).

amarillento, ta adj. Jaunâtre. ‖ Blême, jaune : *tener la tez amarillenta*, avoir le teint jaune.

amarilleo m. Jaunissement.

amarillez f. Couleur jaune (de la piel).

amarillo, lla adj. Jaune : *raza amarilla*, race jaune. ‖ Jaune, amaril, e : *fiebre amarilla*, fièvre amarile. ‖ — *Amarillo como la cera*, jaune comme un citron o comme un coing. ‖ *Ponerse amarillo*, jaunir.

— M. Jaune (color) : *amarillo claro*, jaune clair. ‖ Assoupissement passager (de los gusanos de seda).

Amarillo n. pr. m. Geogr. Jaune (fleuve). ‖ *Mar Amarillo*, mer (f.) Jaune.

amarinar v. tr. Mar. Amariner. ‖ Faire mariner (en escabeche).

amariposado, da adj. Bot. Papilionacé, e.

amaro m. Bot. Marum, germandrée, f. (planta).

amaromar v. tr. Amarrer (atar).

amarra f. Mar. Amarre (cabo). ‖ Martingale (de un arnés). ‖ — Pl. Fig. y Fam. Piston, m. sing., relations : *tener buenas amarras*, avoir du piston. ‖ *Soltar las amarras*, lâcher les amarres.

amarradero m. Mar. Bitte (f.) d'amarrage (poste). | Anneau d'amarre (argolla). | Poste d'amarrage (sitio donde se amarran los barcos).

amarradura f. Amarrage, m.

amarraje m. Mar. Droit d'amarrage (impuesto).

amarrar v. tr. Amarrer (un barco). ‖ Attacher : *amarra tus zapatos*, attache tes chaussures; *amarrar un paquete*, attacher un paquet. ‖ Attacher, ficeler, ligoter : *le amarraron a una silla*, ils l'ont ligoté à une chaise. ‖ Lier (las gavillas). ‖ Tricher (al barajar las cartas). ‖ *Jugar muy amarrado*, jouer à coup sûr (en el póker).

— V. pr. Fam. S'assurer. ‖ Attacher (los zapatos). ‖ Pop. Amer. *Amarrársela*, prendre une cuite, se saouler.

amarre m. Tricherie, f. (al barajar las cartas). ‖ Amarrage (amarradura).

amarrete adj. Amer. Chiche, mesquin, e (tacaño).

amartelado, da adj. Épris, e. ‖ Amoureux, euse : *están muy amartelados*, ils sont très amoureux.

amarteladamente adv. Passionnément.

amartelamiento m. Passion, f., amour passionné : *ya no está en edad de amartelamientos*, il n'a plus l'âge des passions.

amartelar v. tr. Rendre jaloux, ouse (dar celos). ‖ Rendre amoureux, euse (enamorar).

— V. pr. S'éprendre passionnément de, être mordu pour (enamorarse).

amartillar v. tr. Marteler (golpear). ‖ Armer (armas de fuego).

amasadera f. Pétrin, m.

amasadero m. Fournil (cuarto de la amasadera).

amasador, ra adj. y s. Pétrisseur, euse. ‖ Med. Masseur, euse (masajista). ‖ — F. Malaxeur, m. (máquina).

amasadura f. o **amasamiento** m. Pétrissage, m. ‖ Pâte (f.) pétrie (amasijo). ‖ Med. Massage, m. (masaje). ‖ Malaxage, m. (industria lechera).

amasandería f. Amer. Petite boulangerie.

amasandero, ra m. y f. Amer. Boulanger, ère.

amasar v. tr. Pétrir : *amasar el pan*, pétrir le pain. ‖ Tecn. Gâcher [du plâtre, du mortier] (mortero). ‖ Med. Masser (dar masajes). ‖ Fig. Composer, amalgamer. | Amasser : *amasar una fortuna*, amasser une fortune. ‖ Fig. y Fam. Combiner, tramer, machiner, manigancer (amañar).

amasijo m. Pâte (f.) pétrie (masa de harina). ‖ Pétrissage (amasadura). ‖ Gâchis, mortier (de yeso, cal, etc.). ‖ Fig. y Fam. Fatras, ramassis (mezcolanza) : *este libro es un amasijo de tópicos*, ce livre est un ramassis de lieux communs.| Boulot, travail (tarea).

amatista f. Améthyste (piedra).

amatorio ria adj. D'amour, amoureux, euse : *cartas amatorias*, lettres d'amour.

amaurosis f. Med. Amaurose (ceguera).

amauta m. Amer. Sage indien.

amayorazgar v. tr. Constituer en majorat.

amazacotado, da adj. Lourd, e; disgracieux, euse. ‖ Fig. Lourd, e; indigeste, sans élégance (estilo) : *autor de obras amazacotadas*, autor d'œuvres indigestes. ‖ Pâteux, euse : *un arroz con leche amazacotado*, un riz au lait pâteux.

amazona f. Amazone, écuyère : *montar en amazona o a la amazona*, monter en amazone o à l'écuyère. ‖ Fig. Amazone (traje).

Amazonas n. pr. m. Geogr. Amazone.

amazónico, ca o **amazonio, nia** adj. Amazonien, enne.

ambages m. pl. Fig. Ambages : *hablar sin ambages*, parler sans ambages. ‖ *Andarse con ambages*, prendre des détours.

— Sinón. *Circunloquio*, circonlocution. *Rodeo*, détour.

ámbar m. Ambre. ‖ Nectar (vino). ‖ — *Ámbar gris o pardillo*, ambre gris. ‖ *Ámbar negro*, jais (azabache). ‖ *De ámbar*, ambré, e (perfumado).

ambarar v. tr. Ambrer (perfumar).

ambarino na adj. Ambré, e. ‖ — F. Amer. Scabieuse (planta). ‖ Ambréine (alcohol).

Amberes n. pr. Geogr. Anvers.

amberino na adj. y s. Anversois, e.

ambición f. Ambition.

— Sinón. *Pretensión*, prétention. *Codicia*, cupidité. *Ansia*, convoitise, cupidité. *Apetito*, appétit. *Avidez*, avidité.

ambicionar v. tr. Ambitionner.

— Sinón. *Ansiar, envidiar*, convoiter. *Aspirar a*, aspirer à. *Desear*, désirer. *Pretender*, prétendre.

ambicioso, sa adj. y s. Ambitieux, euse.

ambidextro, tra adj. y s. Ambidextre.

ambientación f. Ambiance (ambiente). ‖ Rad. Bruitage, m. ‖ *Ruido de ambientación*, bruit de fond.

ambientar v. tr. Baigner d'une certaine atmosphère, créer l'ambiance de : *ambientar una exposición*, créer l'ambiance d'une exposition. ‖ *Un cuadro bien ambientado*, un tableau où l'atmosphère est bien rendue.

— V. pr. S'habituer, s'adapter, s'acclimater : *se ambienta rápidamente en todos los países*, il s'acclimate rapidement dans tous les pays.

ambiental adj. De l'environnement.

ambiente adj. D'ambiant, e : *el aire ambiente*, l'air ambiant. ‖ *Medio ambiente*, environnement.

— M. Milieu ambiant, milieu environnant. ‖ Air ambiant, atmosphère : *ambiente cargado de humo*, atmosphère enfumée. ‖ Fig. Ambiance, f., milieu (medio) : *un ambiente intelectual*, une ambiance intellectuelle. | Ambiance, f., atmosphère, f. : *aquí hay un ambiente desagradable*, ici il y a une atmosphère désagréable. | Climat : *un ambiente optimista*, un climat optimiste. | Atmosphère, *f.* : *no hay ambiente para trabajar*, l'atmosphère n'incite pas au travail. | Ambiance, *f.* : *no entres en esta sala de fiestas, no hay ambiente*, n'entre pas dans cette boîte de nuit, il n'y a pas d'ambiance. || Perspective, *f.* (en pintura). || *Ambiente rural*, milieu rural.

ambigú m. Ambigu, repas froid, lunch (comida). || Buffet (lugar donde se sirve).

ambiguamente adv. Avec ambiguïté.

ambigüedad f. Ambiguïté.

ambiguo, gua adj. ● Ambigu, ë : *una contestación ambigua*, une réponse ambiguë. || GRAM. Des deux genres.

— SINÓN. ● *Equívoco*, équivoque. *Anfibológico*, amphibologique. *Fam. Turbio*, louche.

ámbito m. Enceinte, *f.* (recinto). || FIG. Milieu, atmosphère, *f.* (ambiente). | Cadre : *en el ámbito de la ley*, dans le cadre de la loi. || *El ámbito nacional*, le territoire national.

ambivalencia f. QUÍM. Ambivalence.

ambivalente adj. QUÍM. Ambivalent, e.

amblador, ra adj. Ambleur, euse (caballo).

ambladura f. Amble, *m.* (modo de andar los cuadrúpedos).

amblar v. intr. Ambler, aller l'amble.

ambliopía f. MED. Amblyopie.

amblirrinco m. ZOOL. Amblyrhynque.

amblístoma m. ZOOL. Amblystome.

ambo m. Ambe (lotería).

ambón m. Lutrin (púlpito). || ARQ. Ambon.

ambos, as adj. pl. Les deux : *llegaron ambos hermanos*, les deux frères arrivèrent. || — *De ambas partes*, de part et d'autre. || *Por ambos lados*, des deux côtés.

— Pron. pl. Tous deux, toutes deux, tous les deux, toutes les deux : *ambos vinieron*, ils sont venus tous les deux.

— OBSERV. Ce mot s'emploie lorsqu'il s'agit de personnes ou de choses qui vont généralement par paires : *con ambas manos*, avec les deux mains, à deux mains.

ambrosía f. Ambroisie (manjar). || FIG. Nectar, *m.*, ambroisie (cosa o manjar delicioso).

ambrosiaco, ca adj. Ambrosiaque : *perfume ambrosiaco*, parfum ambrosiaque.

ambrosiano, na adj. Ambrosien, enne (de San Ambrosio) : *rito, canto ambrosiano*, rite, chant ambrosien ; *biblioteca ambrosiana*, bibliothèque ambrosienne.

Ambrosio n. pr. m. Ambroise.

ambulacro m. Allée, *f.* (paseo plantado de árboles). || Ambulacre (de los equinodermos).

ambulancia f. Ambulance. || *Ambulancia de correos*, bureau ambulant [poste].

ambulanciero, ra m. y f. Ambulancier, ère.

ambulante adj. Ambulant, e : *vendedor ambulante*, marchand ambulant. || Itinérant, e : *embajador ambulante*, ambassadeur itinérant ; *misión ambulante*, mission itinérante.

— M. *Ambulante de correos*, postier ambulant (en los trenes).

ambulatorio, ria adj. Ambulatoire : *órganos ambulatorios*, organes ambulatoires.

— M. Hôpital [de la Sécurité sociale], dispensaire.

ameba f. ZOOL. Amibe.

ameboideo, a adj. Amiboïde.

amedrentador, ra adj. Effrayant, e.

amedrentamiento m. Peur, *f.*, frayeur, *f.*

amedrentar v. tr. Effrayer, intimider, faire peur : *no amedrento a nadie*, je ne fais peur à personne. || Effrayer, apeurer : *los gritos amedrentaron a los vecinos*, les cris effrayèrent les voisins.

— V. pr. S'effrayer : *se amedrenta por cualquier cosa*, il s'effraie de n'importe quoi. || Être intimidé, e : *se amedrentaba ante el profesor*, il était intimidé devant le professeur.

amelar v. intr. Fabriquer le miel (las abejas).

amelcochar v. tr. *Amer.* Donner la consistance du miel.

amelga f. AGRIC. Planche (sembrado).

amelgado, da adj. Planté inégalement (el trigo).

amelgar v. tr. AGRIC. Labourer par planches.

Amelia n. pr. f. Amélie.

amelocotonado, da adj. En forme de pêche. || Au goût de pêche.

amelonado, da adj. En forme de melon : *tiene una cabeza amelonada*, il a une tête en forme de melon. || FIG. y FAM. Amoureux, euse ; amouraché, e.

amén m. inv. FAM. Amen : *decir amén a todo*, dire amen à tout.

— Adv. Amen, ainsi soit-il : *líbranos del mal, amén*, délivrez-nous du mal, ainsi soit-il. || FAM. *Amén de*, outre, en plus de : *amén de lo dicho*, outre ce qui a été dit. || *Amer. Amén que*, encore que. || FIG. *En un decir amén* ou *en un amén*, en un clin d'œil, en moins de deux.

amenaza f. Menace : *amenazas vanas*, menaces en l'air.

amenazador, ra o **amenazante** adj. Menaçant, e.

amenazar v. tr. Menacer : *amenazar con un arma*, menacer d'une arme. || *La patria amenazada*, la patrie en danger o menacée.

— V. intr. Menacer. || FIG. Menacer (estar inminente) : *amenaza nieve*, il menace de neiger.

amenguamiento m. Amoindrissement, diminution, *f.*

amenguar v. tr. Amoindrir, diminuer. || FIG. Deshonorer (deshonrar).

amenidad f. Aménité. || Agrément, *m.*, charme, *m.* : *la amenidad de una conversación*, le charme d'une conversation.

amenizar v. tr. Égayer : *amenizar la conversación*, égayer la conversation. || Agrémenter : *amenizar un discurso con citas*, agrémenter un discours de citations. || Animer : *la fiesta será amenizada por una orquesta*, la fête sera animée par un orchestre.

ameno, na adj. Amène (p. us.), agréable.

amenorrea f. MED. Aménorrhée.

amentáceas f. pl. BOT. Amentacées.

amento m. BOT. Chaton.

amentífero, ra adj. Amentifère.

amentiforme adj. Amentiforme.

amerengado, da adj. Meringué, e.

América n. pr. f. Amérique : *América del Norte, Central, del Sur*, Amérique du Nord, centrale, du Sud.

americana f. Veston, *m.*, veste : *una americana cruzada*, un veston croisé ; *su americana no es del mismo color que su pantalón*, sa veste n'est pas de la même couleur que son pantalon. || Américaine (faetón).

americanismo m. Américanisme.

americanista m. y f. Américaniste.

americanización f. Américanisation.

americanizar v. tr. Américaniser.

americano, na adj. y s. Américain, e (del continente). || Sud-américain, e ; d'Amérique latine (de Hispanoamérica). || Américain, e (de los EE. UU.).

— OBSERV. V. *Américain*, 1ª parte, pág. 31.

americio m. Américium (metal).

amerindio, dia adj. y s. Amérindien, enne.

amerizar v. intr. Amerrir (amarar).

amestizado, da adj. Métissé, e.

ametista f. Améthyste.

ametrallador, ra adj. y s. f. Mitrailleur, euse.

ametrallamiento m. Mitraillage.

ametrallar v. tr. Mitrailler.

amétrope adj. Amétrope.

ametropía f. MED. Amétropie.

amianto m. Amiante.

amiba f. ZOOL. Amibe, *f.*

amida f. QUÍM. Amide.

amidol m. QUÍM. Amidol.

amiga f. (fem. de *amigo*). Amie. ‖ Maîtresse (concubina). ‖ Petite amie (de un joven). ‖ Maîtresse [d'école] (maestra). ‖ École de filles (escuela).

amigable adj. Amiable : *contrato amigable*, contrat à l'amiable ; *amigable componedor*, amiable compositeur.

amigablemente adv. À l'amiable, amiablement.

amigacho, cha m. y f. FAM. Copain, copine.

amigar v. tr. Devenir l'ami de, se lier d'amitié avec (hacerse amigo).
— V. pr. Se mettre en concubinage.

amigdala f. ANAT. Amygdale.

amigdaláceo, a adj. y s. f. BOT. Amygdalé, e.

amigdalino, na adj. Amygdalin, e.
— F. Amygdaline.

amigdalitis f. MED. Amygdalite.

amigo, ga adj. y s. ● Ami, e : *amigo de siempre o de toda la vida*, ami de toujours ; *una voz amiga*, une voix amie ; *es un amigo mío*, c'est un de mes amis. ‖ Amateur : *ser amigo de las cosas buenas*, être amateur de bonnes choses. ‖ — Adj. Amical, e (amistoso). ‖ MAT. Amiable (número). ‖ — M. Amant (amante). ‖ — FAM. *Amigo del asa*, ami intime. ‖ *Amigo de la casa*, ami intime, ami de la maison. ‖ *Como amigos*, en amis. ‖ *Cuanto más amigos más claros*, les bons comptes font les bons amis. ‖ — *Bueno es tener amigos hasta en el infierno*, il est bon d'avoir des amis partout. ‖ *Es muy amigo mío*, c'est un de mes bons amis, c'est un bon *o* un grand ami. ‖ *Ganar amigos*, se faire des amis. ‖ *Poner cara de pocos amigos*, faire grise mine. ‖ *Ser amigo de*, aimer, aimer à (con el infinitivo). ‖ *Tener cara de pocos amigos*, avoir une mine rébarbative, avoir un visage peu sympathique.
— Interj. Mon ami ! : ¡*amigo!, dígame usted qué hora es*, mon ami, dites-moi quelle heure il est.
— SINÓN. ● *Conocido*, connaissance. *Relación*, relation. *Camarada, compañero*, camarade. Fam. *Amigote, amigacho*, copain, pote. *Compadre*, compère.

amigote m. FAM. Copain, pote.

amiláceo, a adj. QUÍM. Amylacé, e.

amilanamiento m. Peur, f. (miedo). ‖ Découragement (desánimo).

amilanar v. tr. Effrayer, faire peur, intimider (asustar). ‖ FIG. Décourager (desanimar).
— V. pr. S'effrayer. ‖ Se décourager.

amilasa f. Amylase.

amileno m. Amylène.

amílico, ca adj. Amylique.
— M. FAM. Tord-boyaux (aguardiente).

amilo m. QUÍM. Amyle.

amilobácter m. Amylobacter (microbio).

amilomices m. Amylomices (fermento).

amilosis f. MED. Amylose.

amillaramiento m. Cadastre. ‖ Répartition (f.) des impôts.

amillarar v. tr. Répartir les impôts [d'après le cadastre].

amillonado, da adj. Millionnaire, très riche.

amina f. QUÍM. Amine.

aminado, da adj. QUÍM. Aminé, e.

aminoácido m. QUÍM. Aminoacide.

aminoplástico m. QUÍM. Aminoplaste.

aminoración f. Diminution : *la aminoración de los impuestos*, la diminution des impôts. ‖ Ralentissement, *m.* : *la aminoración del ritmo de los negocios*, le ralentissement du rythme des affaires. ‖ *Aminoración de la velocidad*, ralentissement.

aminorar v. tr. Diminuer, amoindrir. ‖ Ralentir : *aminorar el paso*, ralentir le pas. ‖ *Aminorar la velocidad*, ralentir.

amir m. (P. us.). Émir (jefe árabe).

amistad f. Amitié : *granjearse la amistad de*, gagner l'amitié de. ‖ Liaison, concubinage, *m.*

(concubinato). ‖ FIG. Affinité (entre cosas). ‖ — Pl. Amis, *m.*, relations : *tener amistades poco recomendables*, avoir des amis peu recommandables. ‖ — *Contraer* ou *trabar amistad*, se lier d'amitié. ‖ *Hacer las amistades*, se réconcilier, faire la paix. ‖ *Romper las amistades*, rompre.

amistar v. tr. Rendre amis. ‖ Réconcilier.
— V. pr. Devenir amis, se lier avec. ‖ Se réconcilier.

amistosamente adv. Amicalement. ‖ À l'amiable.

amistoso, sa adj. Amical, e : *una correspondencia muy amistosa*, une correspondance très amicale. ‖ À l'amiable : *un arreglo amistoso*, un arrangement à l'amiable.

amito m. Amict (paño sacerdotal).

amnesia f. MED. Amnésie.

amnésico, ca adj. y s. Amnésique.

amnios m. ANAT. Amnios. ‖ *Agua del amnios*, liquide amniotique.

amniótico, ca adj. ANAT. Amniotique.

amnistía f. Amnistie.
— SINÓN. *Gracia, indulto*, grâce. *Perdón*, pardon. *Olvido*, oubli.

amnistiado, da adj. y s. Amnistié, e.

amnistiar v. tr. Amnistier.

amo m. Maître : *amo de casa*, maître de maison. ‖ Maître (propietario) : *el ojo del amo engorda al caballo*, l'œil du maître engraisse le cheval. ‖ Propriétaire : *soy el amo de este coche*, je suis le propriétaire de cette voiture. ‖ Patron (de un taller). ‖ — *Amer. Nuestro Amo*, le Saint Sacrement. ‖ *Perro de muchos amos*, personne qui a fait tous les métiers. ‖ FIG. y FAM. *Ser el amo del cotarro*, être le grand manitou, faire la pluie et le beau temps, mener la danse.

amodita f. ZOOL. Vipère cornue, céraste, *m.* (víbora). ‖ Ammodyte, *m.* (pez).

amodorrado, da adj. Assoupi, e ; somnolent, e.

amodorramiento m. Assoupissement, somnolence, *f.*

amodorrarse v. pr. S'assoupir.

amodorrido, da adj. Atteint d'immobilité [maladie] *o* de tournis [les moutons].

amófilo m. Ammophile, *f.* (avispa).

amohinar v. tr. Fâcher, chagriner.
— V. pr. Bouder, faire la moue.

amojamado, da adj. Maigre, sec, sèche (flaco).

amojamamiento m. Amaigrissement, dessèchement.

amojamar v. tr. Boucaner, saurer, saurir.
— V. pr. Maigrir, se dessécher (adelgazar).

amojonamiento m. Bornage.

amojonar v. tr. Borner, mettre des bornes à : *amojonar un campo*, borner un champ.

amoladera adj. f. *Piedra amoladera*, pierre à aiguiser.
— F. Meule (rueda), pierre à aiguiser (piedra).

amolador m. Rémouleur. ‖ FIG. y FAM. Raseur, casse-pied, *inv.* (latoso).

amoladura f. Aiguisage, *m.* ‖ Poudre tombant de la meule (arenilla).

amolar* v. tr. Aiguiser (pal. usuál.), émoudre (p. us.). ‖ FIG. y FAM. Raser, casser les pieds, barber (fastidiar). ‖ *Piedra de amolar*, pierre meulière.

amoldador, ra adj. y s. Mouleur, euse.

amoldamiento m. Moulage. ‖ FIG. Ajustement (ajuste). ‖ FIG. Adaptation, *f.*, respect : *amoldamiento a*, adaptation à, respect pour.

amoldar v. tr. Mouler (en un molde). ‖ Ajuster (ajustar). ‖ Régler : *amoldar su conducta a los principios cristianos*, régler sa conduite sur les principes chrétiens.
— V. pr. Se mouler, s'ajuster. ‖ FIG. S'adapter, suivre : *amoldarse a las costumbres locales*, suivre les habitudes locales. ‖ S'adapter : *amoldarse a las circunstancias*, s'adapter aux circonstances.

amollar v. intr. Ne pas monter (juegos de naipes). ‖ Mollir (aflojar).
— V. tr. MAR. Mollir.
amolletado, da adj. Joufflu, e (mofletudo).
amomo m. BOT. Amome (planta). ‖ Maniguette, f. (semilla de esta planta).
amonarse v. pr. FAM. S'enivrer, se soûler.
amondongado, da adj. Trapu, e (rechoncho).
amonedación f. Monnayage, m.
amonedar v. tr. Monnayer (acuñar).
amonestación f. Admonestation, avertissement, réprimande (advertencia). ‖ Ban, m. [de mariage] (anuncio de boda) : correr las amonestaciones, publier les bans.
amonestador, ra adj. Admoniteur, trice.
amonestamiento m. Admonestation, f.
amonestar v. tr. Admonester (p. us.), faire une remontrance à, réprimander (reprender). ‖ Publier les bans de mariage (anunciar la boda).
amoniacado, da adj. Ammoniacé, e.
amoniacal adj. QUÍM. Ammoniacal, e : sales amoniacales, des sels ammoniacaux.
amoniaco, ca o **amoníaco, ca** adj. QUÍM. Ammoniac, aque : sal amoniaca, sel ammoniac.
— M. QUÍM. Ammoniaque, f. ‖ Gomme (f.) ammoniaque (goma).
amonio m. QUÍM. Ammonium.
amonita adj. y s. HIST. Ammonite. ‖ — F. ZOOL. Ammonite (fósil).
amoniuro m. Ammoniure.
amontillado, da adj. Très sec (vin).
— M. Vin de Xérès très sec.
amontonadamente adv. En tas.
amontonador, ra adj. y s. Entasseur, euse; qui entasse. ‖ Amontonadora neumática de granos, pelleteuse pneumatique.
amontonamiento m. Entassement, amoncellement.
amontonar v. tr. ● Entasser (poner en montones) : amontonar libros, entasser des livres. ‖ Amonceler (acumular) : amontonar documentos, amonceler des documents. ‖ Accumuler, amasser : amontonar pruebas, accumuler des preuves. ‖ Accumuler, emmagasiner (recuerdos).
— V. pr. S'entasser, se masser : se amontonaba la gente en la plaza, les gens se massaient sur la place. ‖ S'accumuler, s'amonceler : las pruebas contra él se amontonaban, les preuves contre lui s'accumulaient. ‖ FIG. y FAM. S'emballer (enfadarse). ‖ Se mettre ensemble, se coller (amancebarse).
— SINÓN. ● Acopiar, hacer acopio, amasser. Hacinar, amonceler. Acumular, accumuler. Apilar, empiler.

amor m. Amour : el amor de un padre, l'amour d'un père ; trabajar con amor, travailler avec amour. ‖ Amour (persona o cosa amada) : eres mi amor, tu es mon amour. ‖ Carotte (f.) sauvage (cadillo). ‖ — Pl. Amours, f. o m. : amores contrariados, des amours contrariées. ‖ Mots d'amour, galanteries, f. (requiebros). ‖ — Amor correspondido, amour partagé. ‖ BOT. Amor de hortelano, gratteron. ‖ Amor pasajero, amourette, amour passager. ‖ Amor propio, amour propre. ‖ — Al amor del agua, au fil de l'eau. ‖ Al amor de la lumbre, au coin du feu. ‖ Con o de mil amores, avec grand plaisir, très volontiers. ‖ En amor y compaña, en bonne intelligence. ‖ Por amor al arte, pour l'amour de l'art. ‖ Por amor de, pour l'amour de : por amor de Dios, pour l'amour de Dieu ; à cause de (con motivo de). ‖ — Amor con amor se paga, c'est un échange de bons procédés. ‖ Hablar de amores, parler d'amour. ‖ Hacer el amor, faire la cour. ‖ Pagar el amor, payer de retour. ‖ Tener amor a, aimer.
— OBSERV. Amour en francés es femenino o masculino en plural cuando significa la persona o cosa amada o las relaciones amorosas, pero es masculino cuando se trata de los dioses del Amor y, por extensión, de niños y niñas muy graciosos.

amoral adj. y s. Amoral, e : hechos amorales, des faits amoraux.
amoralidad f. Amoralité.
amoralismo m. Amoralisme.
amoratado, da adj. Violacé, e : tener las manos amoratadas de frío, avoir les mains violacées de froid.
amoratar v. tr. Rendre violacé.
— V. pr. Devenir violet.
amorcillos m. pl. ARQ. Petits Amours, Amours.
amordazamiento m. Bâillonnement.
amordazar v. tr. Bâillonner : los ladrones le amordazaron, les voleurs le bâillonnèrent. ‖ Museler : amordazar a un perro, museler un chien. ‖ FIG. Museler, bâillonner : amordazar la prensa, bâillonner la presse.
amorecer* v. tr. Accoupler [mouton et brebis].
amorfía f. o **amorfismo** m. Amorphie, f., amorphisme, m.
amorfo, fa adj. Amorphe.
amoricones m. pl. FAM. Mamours, chatteries, f.
amorío m. FAM. Amourette, f.
amoriscado, da adj. Mauresque.
amoroso, sa adj. Tendre, affectueux, euse : un padre amoroso, un père affectueux. ‖ D'amour : cartas amorosas, lettres d'amour. ‖ Amoureux, euse : miradas amorosas, des regards amoureux. ‖ AGRIC. Doux, douce (tierra). ‖ FIG. Tiède, agréable (tiempo). ‖ Carta ou esquela amorosa, billet doux.
amoroso adv. MÚS. Amoroso.
amorrar v. intr. FAM. Baisser le nez o la tête. ‖ MAR. Tanguer (hocicar el barco). | Échouer (varar).
amorreo, a adj. y s. Amorrhéen, enne ; amorrite.
amorronar v. tr. MAR. Mettre le pavillon en berne [en signe de deuil, de détresse].
amortajador, ra m. y f. Ensevelisseur, euse ; personne qui met dans un linceul.
amortajamiento m. Ensevelissement.
amortajar v. tr. Ensevelir, mettre dans un linceul. ‖ TECN. Assembler [le tenon et la mortaise], emboîter [le tenon dans la mortaise].
amortecer* v. tr. Amortir.
— V. pr. S'évanouir.
amortiguación f. Amortissement, m.
amortiguador, ra adj. Amortissant, e.
— M. TECN. Amortisseur.
amortiguamiento m. Amortissement.
amortiguar v. tr. Amortir : amortiguar el ruido, amortir le bruit. ‖ FIG. Amortir, atténuer, étouffer (menguar). | Atténuer (los colores).
— V. pr. S'amortir.
— OBSERV. La palabra francesa amortir corresponde en español a amortiguar en el sentido de apagar o ahogar, y a amortizar en sentido comercial y jurídico.
amortizable adj. Amortissable : renta amortizable, rente amortissable.
amortización f. COM. y DR. Amortissement, m. : caja de amortización, caisse d'amortissement.
amortizar v. tr. COM. y DR. Amortir : amortizar el capital empleado, amortir le capital employé.
amoscamiento m. Colère, f., irritation, f.
amoscarse v. pr. Se fâcher, prendre la mouche.
amostazar v. tr. Irriter.
— V. pr. FAM. S'emporter, s'irriter, monter sur ses ergots, prendre la mouche (enfadarse). ‖ Amer. Rougir, être confus (avergonzarse). ‖ Empieza a amostazarse, la moutarde lui monte au nez.
amotinado, da adj. y s. Insurgé, e ; révolté, e (insurrecto), rebelle (rebelde).
amotinador m. Émeutier, meneur.
amotinamiento m. Émeute, f. (motín), révolte, f. (rebelión), mutinerie, f. (de soldados).
amotinar v. tr. Soulever, ameuter : amotinar al pueblo, soulever le peuple. ‖ FIG. Déchaîner, soulever (turbar).

— V. pr. Se soulever, se révolter : *el pueblo se amotinó*, le peuple s'est révolté. ‖ Se mutiner : *los soldados se amotinaron*, les soldats se sont mutinés. ‖ FIG. Se déchaîner (turbarse).

amovible adj. Amovible.

amovilidad f. Amovibilité.

amparador, ra adj. y s. Protecteur, trice.

amparar v. tr. Protéger : *amparar a un delincuente*, protéger un délinquant. ‖ *¡Dios le ampare!*, Dieu vous protège !

— V. pr. S'abriter, se protéger : *ampararse de la lluvia*, se protéger de la pluie. ‖ S'abriter ; se mettre à l'abri : *ampararse debajo de un árbol*, s'abriter sous un arbre. ‖ Se mettre sous la protection de : *a usted me amparo*, je me mets sous votre protection. ‖ S'abriter derrière, se prévaloir de : *ampararse en la ley*, s'abriter derrière la loi.

amparo m. Protection, *f.* : *al amparo de uno, de la ley*, sous la protection de quelqu'un, de la loi. ‖ Abri : *ponerse al amparo de la lluvia*, se mettre à l'abri de la pluie. ‖ Appui, soutien, protection : *puedo contar con su amparo*, je peux compter sur son appui. ‖ Refuge : *la Iglesia siempre ha sido el amparo de los desdichados*, l'Eglise a toujours été le refuge des malheureux. ‖ *María del Amparo*, Notre-Dame du Bon-Secours [de là dérive le prénom féminin *Amparo*].

ampelidáceas f. pl. BOT. Ampélidacées.

amperaje m. TECN. Ampérage.

amperímetro m. TECN. Ampèremètre.

amperio m. FÍS. Ampère. ‖ *Amperio hora*, ampèreheure.

ampliable adj. Que l'on peut agrandir.

ampliación f. Agrandissement, *m.* : *ampliación de una tienda*, agrandissement d'une boutique. ‖ Extension : *ampliación de una fábrica*, extension d'une usine. ‖ Accroissement, *m.* : *ampliación de la superficie*, accroissement de la superficie. ‖ Élargissement, *m.* : *ampliación de un acuerdo*, élargissement d'un accord. ‖ Agrandissement, *m.* (de una foto). ‖ COM. *Ampliación de capital*, augmentation du capital. ‖ *Ampliación de estudios*, perfectionnement.

ampliado, da adj. Agrandi, e. ‖ Élargi, e : *programa ampliado de asistencia técnica*, programme élargi d'assistance technique.

ampliador, ra adj. Amplificateur, trice.

— F. FOT. Agrandisseur, *m.*

ampliar v. tr. Agrandir : *ampliar un almacén*, agrandir un magasin. ‖ Étendre, élargir : *ampliar los poderes del gerente*, étendre les pouvoirs du gérant. ‖ Augmenter : *ampliar el número de los accionistas, el capital*, augmenter le nombre des actionnaires, le capital. ‖ Élargir, amplifier (ensanchar). ‖ Élargir (un acuerdo). ‖ Développer (desarrollar). ‖ FOT. Agrandir. ‖ Accroître (una superficie). ‖ Amplifier.

ampliativo, va adj. Ampliatif, ive.

amplificación f. Amplification. ‖ Développement, *m.* (de una idea).

amplificador, ra adj. y s. m. Amplificateur, trice.

amplificante adj. Amplifiant, e.

amplificar v. tr. Amplifier (ampliar). ‖ Agrandir : *el microscopio amplifica los pequeños cuerpos*, le microscope agrandit les petits corps. ‖ Développer (una idea).

amplificativo, va adj. Amplificatif, ive.

amplio, ia adj. Ample : *un vestido amplio*, une robe ample. ‖ Étendu, e : *tener amplios poderes*, avoir des pouvoirs étendus. ‖ Étendu, e ; vaste : *conocimientos muy amplios*, des connaissances très étendues. ‖ Vaste : *amplio es el mundo*, vaste est le monde ; *ha habido un amplio movimiento de huelga*, il y a eu un vaste mouvement de grève. ‖ Grand, e : *este pantalón te está un poco amplio*, ce pantalon est un peu grand pour toi. ‖ Considérable : *el amplio desarrollo de la*

economía, le développement considérable de l'économie. ‖ Approfondi, e ; vaste : *un amplio cambio de impresiones*, un échange de vues approfondi. ‖ *El sentido amplio de una palabra*, le sens large d'un terme.

amplísimo, ma adj. Amplissime.

amplitud f. Ampleur (extensión). ‖ Amplitude (de una oscilación). ‖ ASTR. Amplitude. ‖ Étendue : *la amplitud del mar*, l'étendue de la mer. ‖ FIG. Étendue, ampleur : *la amplitud de un desastre*, l'étendue d'un désastre. ‖ Étendue : *la amplitud de los poderes*, l'étendue des pouvoirs. ‖ Importance : *la amplitud de la publicidad*, l'importance de la publicité. ‖ Envergure : *un proyecto de gran amplitud*, un projet de grande envergure. ‖ *Amplitud de ideas*, idées larges, largeur d'esprit. ‖ *Con amplitud*, largement : *aquí caben con amplitud veinte personas*, ici peuvent tenir largement vingt personnes.

ampo m. Blancheur (*f.*) éclatante : *el ampo de la nieve*, la blancheur éclatante de la neige. ‖ Flocon (copo de nieve).

ampolla f. MED. Ampoule, cloque : *tengo ampollas en las manos*, j'ai des ampoules dans les mains. ‖ Ampoule (de inyección). ‖ Ampoule (vasija). ‖ Burette (vinajera). ‖ Bulle (burbuja).

ampollar v. tr. Produire des ampoules. ‖ Creuser, évider (ahuecar).

— V. pr. Se faire des ampoules : *ampollarse las manos*, se faire des ampoules aux mains.

ampolleta f. Sablier (reloj). ‖ Temps (*m.*) mis par le sable pour s'écouler (tiempo).

ampón, ona adj. Pommé, e ; creux, euse.

ampulosidad f. FIG. Emphase, enflure (estilo).

ampuloso, sa adj. FIG. Ampoulé, e ; enflé, e ; emphatique (estilo). ‖ *Tener un nombre muy ampuloso*, avoir un nom à rallonge.

— SINÓN. *Enfático*, emphatique. *Pomposo*, pompeux. *Grandilocuente*, grandiloquent. *Declamatorio*, déclamatoire. *Sonoro*, sonore. *Retumbante, rimbombante*, ronflant. *Pindárico*, pindarique.

ampurdanés, esa adj. De l'Ampurdan.

amputación f. Amputation : *amputación de un miembro, de créditos*, amputation d'un membre, de crédits.

— SINÓN. *Resección*, résection. *Ablación*, ablation. *Excisión*, excision. *Abscisión*, abscission. *Mutilación*, mutilation.

amputar v. tr. Amputer (mutilar, reducir).

Amsterdam n. pr. GEOGR. Amsterdam.

amuchachado, da adj. Enfantin, e : *rostro amuchachado*, visage enfantin.

amueblar v. tr. Meubler. ‖ *Piso amueblado*, meublé, appartement meublé.

amuelar v. tr. Mettre en tas (le grain).

amugronar v. tr. AGRIC. Provigner.

amujerado, da adj. Efféminé, e (afeminado).

amujeramiento m. Efféminement, *f.*

amulatado, da adj. Brun, e ; basané, e (moreno). ‖ Semblable aux mulâtres [par les traits].

amuleto m. Amulette, *f.*

amunicionar v. tr. Munitionner, amunitionner.

amuñecado, da adj. Poupin, e : *rostro amuñecado*, visage poupin. ‖ Pomponné, e (acicalado).

amura f. MAR. Amure (cabo). ‖ Joue (*f.*) de navire (proa).

amurada f. MAR. Flanc (*m.*) de bateau [vu de l'intérieur].

amurallar v. tr. Entourer de murailles, fortifier.

amurar v. tr. MAR. Amurer.

amurrarse o **amurriarse** v. pr. *Amer.* Devenir triste o mélancolique.

amusgar v. tr. e intr. Coucher les oreilles (los animales). ‖ Cligner les yeux pour mieux voir.

— V. pr. *Amer.* Se plier, céder.

amustiar v. tr. Faner, flétrir.

ana f. Aune (medida de longitud).
Ana n. pr. f. Anne.
anabaptismo m. Anabaptisme.
anabaptista adj. y s. Anabaptiste.
anábasis f. Anabase.
anabolismo m. Anabolisme.
anacarado, da adj. Nacré, e.
anacardo m. Anacardier (árbol). ‖ Anacarde, pomme (f.) de cajou (fruto).
Anacarsis n. pr. m. Anacharsis.
Anacleto n. pr. m. Anaclet.
anaco m. *Amer.* Jupe (f.) courte des indiennes.
anacoluto m. Anacoluthe, f.
anaconda f. ZOOL. Anaconda, m. (serpiente).
anacora f. Trompe, corne (clarín).
anacoreta m. y f. Anachorète.
anacorético, ca adj. Anachorétique.
anacoretismo m. Anachorétisme.
Anacreonte n. pr. m. Anacréon.
anacreóntico, ca adj. Anacréontique.
anacreontismo m. Anacréontisme.
anacrónico, ca adj. Anachronique.
anacronismo m. Anachronisme.
anacrusis f. Anacrouse, anacruse (métrica).
ánade m. y f. ZOOL. Canard, m. (pato).
anadear v. intr. Se dandiner.
anadino, na m. y f. o **anadón** m. ZOOL. Caneton, canardeau (sin fem.) [patito].
anadiómena adj. Anadyomène (Venus).
anaerobio, bia adj. y s. m. Anaérobie.
anaerobiosis f. Anaérobiose.
anafase f. Anaphase.
anafe m. Réchaud à charbon (hornillo).
anafiláctico, ca adj. Anaphylactique.
anafilaxia o **anafilaxis** f. MED. Anaphylaxie.
anáfora f. Anaphore (repetición).
anafre m. Réchaud à charbon (hornillo).
anafrodisia f. Anaphrodisie.
anafrodisiaco, ca adj. y s. m. Anaphrodisiaque.
anáglifo m. ART. y FOT. Anaglyphe, anaglypte.
anaglíptico, ca adj. Anaglyptique.
anagoge m. o **anagogía** f. RELIG. Anagogie, f.
anagógico, ca adj. Anagogique.
anagrama m. Anagramme, f.
anagramático, ca adj. Anagrammatique.
anal adj. ANAT. Anal.
analectas f. pl. Analectes, m., florilège, m. sing.
analepsia f. MED. Analepsie.
analéptico, ca adj. y s. m. Analeptique.
anales m. pl. Annales, f.
— SINÓN. *Cronología*, chronologie. *Crónica*, chronique. *Fastos*, fastes. *Efemérides*, éphémérides.
analfabetismo m. Analphabétisme.
analfabeto, ta adj. y s. Analphabète.
analgesia f. MED. Analgésie, analgie.
analgésico, ca adj. y s. m. MED. Analgésique.
análisis m. Analyse, f. : *análisis cuantitativo*, analyse quantitative.
analista m. y f. Annaliste.
analístico, ca adj. Des annales, relatif aux annales.
analítico, ca adj. Analytique.
analizable adj. Analysable.
analizador, ra adj. Qui analyse.
— M. Fís. Analyseur.
analizar v. tr. Analyser.
— SINÓN. *Examinar*, examiner. *Estudiar*, étudier. *Comparar*, comparer. *Descomponer*, décomposer. *Desintegrar*, désintégrer.
análogamente adv. Pareillement.
analogía f. Analogie.
— SINÓN. *Semejanza*, *parecido*, ressemblance. *Similitud*, similitude. *Conformidad*, conformité. *Afinidad*, affinité.
analógicamente adv. Par analogie.
analógico, ca adj. Analogique.

analogismo m. Analogisme.
análogo, ga adj. Analogue.
anamita adj. y s. Annamite (de Anam).
anamnesia o **anamnesis** f. MED. Anamnèse.
anamorfosis f. Anamorphose.
ananá o **ananás** m. BOT. Ananas (planta y fruto).
— OBSERV. Le pluriel de *ananás* est soit *ananaes* soit *ananases*.
Ananías n. pr. m. Ananie.
anapelo m. BOT. Napel (acónito).
anapéstico, ca adj. Anapestique.
anapesto adj. y s. m. POÉT. Anapeste.
anaplastia f. MED. Anaplastie, anaplasie.
anaquel m. Rayon, étagère, f. (de un armario). ‖ Étagère, f., tablette, f. (de un muro).
anaquelería f. Rayonnage, m.
anaranjado, da adj. Orangé, e.
— M. Orange (color).
anarmónico, ca adj. Anharmonique.
anarquía f. Anarchie.
anárquico, ca adj. Anarchique.
anarquismo m. Anarchisme.
anarquista adj. y s. Anarchiste.
anarquizante adj. y s. Anarchisant, e.
anarquizar v. tr. Anarchiser.
anasarca f. MED. Anasarque (hidropesía).
anastasia f. BOT. Armoise (artemisa).
Anastasio, sia n. pr. m. y f. Anastase, Anastasie. ‖ FIG. y FAM. *Doña Anastasia*, Anastasie (la censura de prensa).
anastigmático, ca adj. y s. m. Anastigmatique, anastigmat : *objetivo anastigmático*, objectif anastigmatique.
anastomosarse v. pr. BIOL. S'anastomoser.
anastomosis f. BIOL. Anastomose.
anástrofe f. GRAM. Anastrophe (inversión).
anata f. Rente (renta). ‖ Annate (impuesto antiguo).
anatema m. Anathème : *lanzar* o *fulminar un anatema*, jeter o prononcer un anathème.
anatematización f. o **anatematismo** m. Anathématisation, f.
anatematizar v. tr. Anathématiser.
anátidas m. pl. ZOOL. Anatidés.
anatife m. ZOOL. Anatife (percebe).
Anatolia n. pr. f. GEOGR. Anatolie.
Anatolio n. pr. m. Anatole.
anatomía f. Anatomie. ‖ ● Dissection, anatomie : *hacer la anatomía de un cadáver*, faire l'anatomie d'un cadavre.
— SINÓN. ● *Autopsia*, autopsie. *Biopsia*, biopsie. *Disección*, dissection. *Vivisección*, vivisection.
anatómico, ca adj. Anatomique.
— M. y f. Anatomiste.
anatomista m. y f. Anatomiste.
anatomizar v. tr. Anatomiser (p. us.), disséquer.
anatoxina f. MED. Anatoxine.
anátropo, pa adj. BOT. Anatrope.
Anaxágoras n. pr. m. Anaxagore.
anca f. Hanche (del caballo). ‖ FAM. Fesse (nalga). ‖ — Pl. Croupe, *sing*. (grupas) : *a ancas*, en croupe. ‖ *Ancas de rana*, cuisses de grenouille.
ancado, da adj. Mal équilibré, e (caballo).
ancestral adj. Ancestral, e.
ancianidad f. Vieillesse (período de la vida). ‖ Ancienneté (calidad de anciano).
anciano, na adj. y s. ● Vieux, vieille ; âgé, e (de edad). ‖ — M. y f. Vieillard (sin fem.), vieille personne, personne âgée, vieux, vieille (viejo). ‖ — M. Ancien (dignidad religiosa o militar).
— OBSERV. L'adjectif espagnol *anciano* n'a pas le sens du mot français *ancien* (antiguo). Los sustantivos *vieux* y *vieille* son familiares.
— SINÓN. ● *Patriarca*, patriarche. *Viejo*, vieux.. *Abuelo*, grand-père. *Vejestorio*, grison. *Carcamal*, vieille barbe.
ancilar adj. Ancillaire.

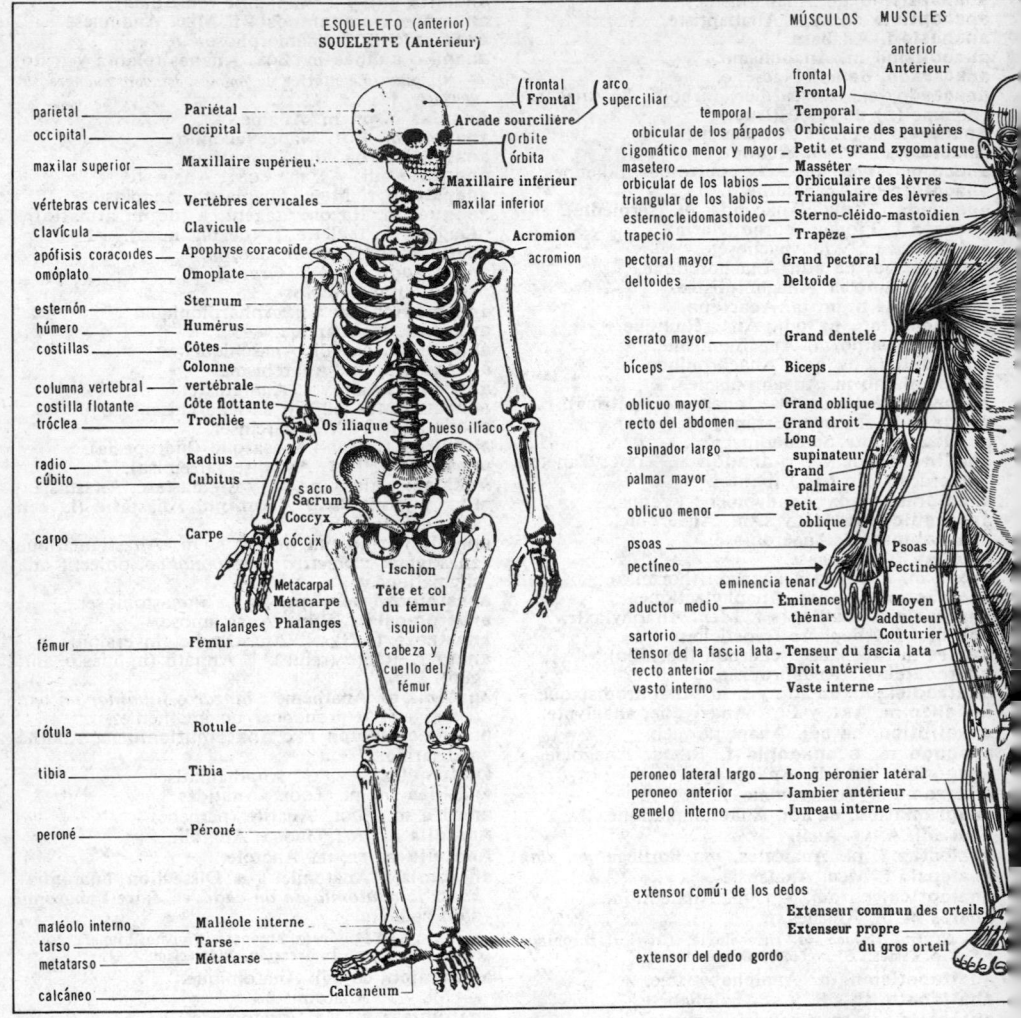

ESQUELETO (anterior)
SQUELETTE (Antérieur)

MÚSCULOS MUSCLES

anterior
Antérieur

parietal	Pariétal
occipital	Occipital
maxilar superior	Maxillaire supérieu.
	frontal / Frontal
	Arcade sourcilière
	Orbite
	órbita
	Maxillaire inférieur
maxilar inferior	
vértebras cervicales	Vertèbres cervicales
clavícula	Clavicule
apófisis coracoides	Apophyse coracoïde
omóplato	Omoplate
	Acromion
	acromion
esternón	Sternum
húmero	Humérus
costillas	Côtes
columna vertebral	Colonne vertébrale
costilla flotante	Côte flottante
tróclea	Trochlée
	Os iliaque hueso ilíaco
radio	Radius
cúbito	Cubitus
	sacro Sacrum
	Coccyx
	cóccix
carpo	Carpe
	Ischion
	Tête et col du fémur
	isquion
	cabeza y cuello del fémur
	Metacarpal Metacarpe
falanges	Phalanges
fémur	Fémur
rótula	Rotule
tibia	Tibia
peroné	Péroné
maléolo interno	Malléole interne
tarso	Tarse
metatarso	Métatarse
calcáneo	Calcanéum

	arco superciliar
	frontal / Frontal
temporal	Temporal
orbicular de los párpados	Orbiculaire des paupières
cigomático menor y mayor	Petit et grand zygomatique
masetero	Masséter
orbicular de los labios	Orbiculaire des lèvres
triangular de los labios	Triangulaire des lèvres
esternocleidomastoideo	Sterno-cléido-mastoïdien
trapecio	Trapèze
pectoral mayor	Grand pectoral
deltoides	Deltoïde
serrato mayor	Grand dentelé
bíceps	Biceps
oblicuo mayor	Grand oblique
recto del abdomen	Grand droit
supinador largo	Long supinateur
palmar mayor	Grand palmaire
oblicuo menor	Petit oblique
psoas	Psoas
pectíneo	Pectiné
	eminencia tenar
aductor medio	Éminence thénar / Moyen adducteur
sartorio	Couturier
tensor de la fascia lata	Tenseur du fascia lata
recto anterior	Droit antérieur
vasto interno	Vaste interne
peroneo lateral largo	Long péronier latéral
peroneo anterior	Jambier antérieur
gemelo interno	Jumeau interne
extensor común de los dedos	Extenseur commun des orteils
	Extenseur propre du gros orteil
extensor del dedo gordo	

ancla f. MAR. Ancre : *echar, levar anclas,* jeter, lever l'ancre. ‖ FIG. *Ancla de salvación,* ancre de salut.

ancladero m. MAR. Mouillage, ancrage.

anclaje m. MAR. Ancrage, mouillage (fondeadero). ‖ Droit de mouillage (derecho).

anclar v. tr. e intr. Mouiller, ancrer [un navire].

anclote m. MAR. Grappin.

ancolía f. BOT. Ancolie (aguileña).

ancón m. o **anconada** f. MAR. Anse, f. (bahía pequeña). ‖ Amer. Coin, m. (rincón).

Ancona n. pr. GEOGR. Ancône.

áncora f. MAR. Ancre. ‖ FIG. Ancre : *áncora de salvación,* ancre de salut. ‖ TECN. Ancre (de reloj). ‖ ARQ. Ancre (para muros).

ancoraje m. MAR. Ancrage, mouillage.

ancorar v. intr. MAR. Mouiller, jeter l'ancre.

ancua f. *Amer.* Maïs (*m.*) grillé.

ancusa f. BOT. Orcanète, orcanette.

anchar v. tr. e intr. Élargir.

ancho, cha adj. Large : *vestido ancho,* vêtement large. ‖ Trop large (demasiado ancho). ‖ Épais, épaisse : *una pared ancha,* un mur épais. ‖ Grand, e : *el piso nos viene ancho,* l'appartement est grand pour nous. ‖ — *A lo largo y a lo ancho,* en long et en large. ‖ FIG. *Ancha es Castilla,* l'avenir est à toi, à lui, etc. ‖ *Estar* ou *ponerse muy* ou *tan ancho,* se gonfler. ‖ *La independencia viene un poco ancha al país,* le pays n'est pas tout à fait mûr pour l'indépendance. ‖ *Le viene un poco ancho su cargo,* il n'est pas tout à fait à la hauteur de ses fonctions. ‖ *Quedarse tan ancho,* ne pas s'affoler, ne pas s'émouvoir, ne pas s'en faire. ‖ *Ser ancho de espaldas,* avoir les épaules larges. ‖ FIG. *Tener anchas las espaldas,* avoir bon dos *o* le dos large. ‖ *Tener la manga ancha,* avoir la conscience large.

— M. Largeur, *f.* (anchura) : *el ancho de la acera,* la largeur du trottoir; *estos dos objetos*

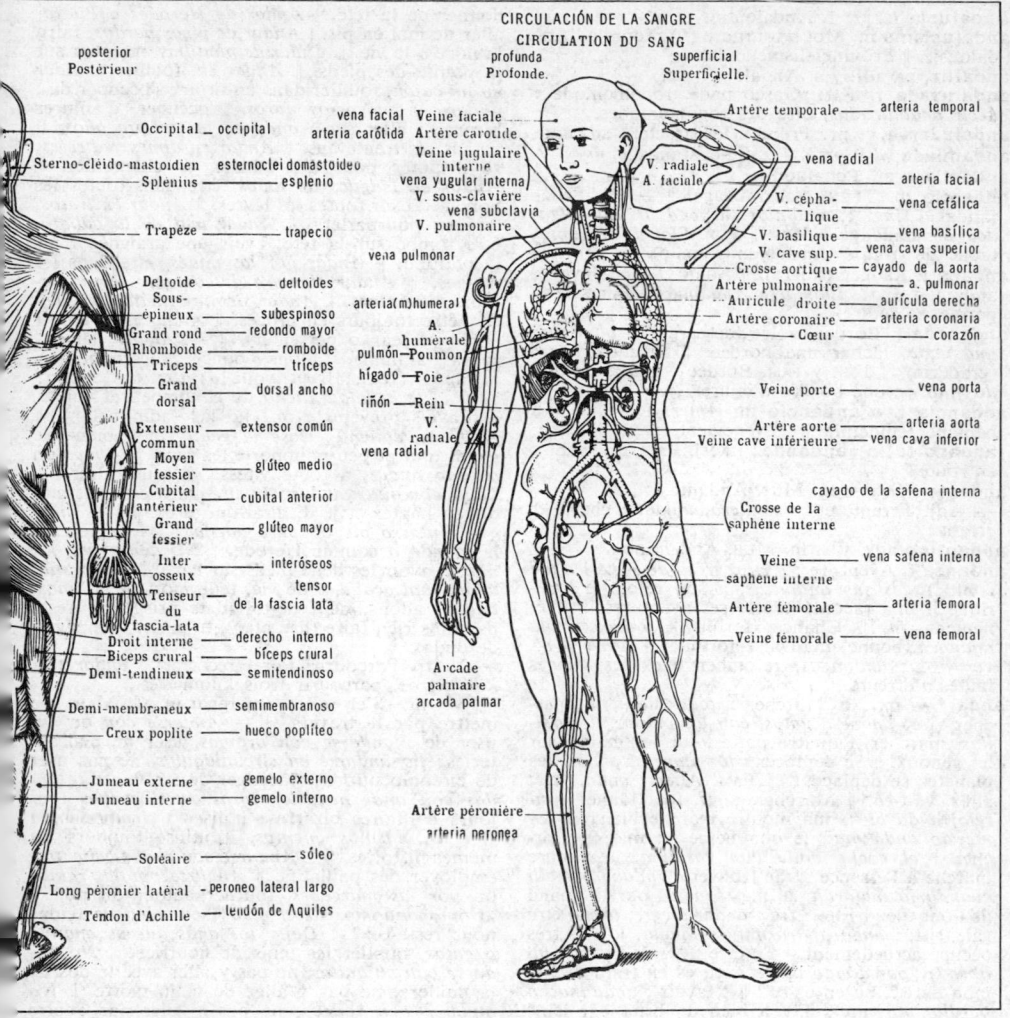

CIRCULACIÓN DE LA SANGRE
CIRCULATION DU SANG

posterior / Postérieur

profunda / Profonde. superficial / Superficielle.

Occipital — occipital
Sterno-cléido-mastoïdien — esternocleidomastoideo
Splénius — esplenio
Trapèze — trapecio
Deltoïde — deltoides
Sous-épineux — subespinoso
Grand rond — redondo mayor
Rhomboïde — romboide
Triceps — tríceps
Grand dorsal — dorsal ancho
Extenseur commun — extensor común
Moyen fessier — glúteo medio
Cubital antérieur — cubital anterior
Grand fessier — glúteo mayor
Inter osseux — interóseos
Tenseur du fascia-lata — tensor de la fascia lata
Droit interne — derecho interno
Biceps crural — bíceps crural
Demi-tendineux — semitendinoso
Demi-membraneux — semimembranoso
Creux poplité — hueco poplíteo
Jumeau externe — gemelo externo
Jumeau interne — gemelo interno
Soléaire — sóleo
Long péronier latéral — peroneo lateral largo
Tendon d'Achille — tendón de Aquiles

vena facial — Veine faciale
arteria carótida — Artère carotide
Veine jugulaire interne
vena yugular interna
V. sous-clavière — vena subclavia
V. pulmonaire
vena pulmonar
arteria (m) humeral
A. humérale
pulmón — Poumon
hígado — Foie
riñón — Rein
V. radiale
vena radial

Artère temporale — arteria temporal
V. radiale / A. faciale — vena radial
arteria facial
V. céphalique — vena cefálica
V. basilique — vena basílica
V. cave sup. — vena cava superior
Crosse aortique — cayado de la aorta
Artère pulmonaire — a. pulmonar
Auricule droite — aurícula derecha
Artère coronaire — arteria coronaria
Cœur — corazón
Veine porte — vena porta
Artère aorte — arteria aorta
Veine cave inférieure — vena cava inferior
cayado de la safena interna
Crosse de la saphène interne
Veine saphène interne — vena safena interna
Artère fémorale — arteria femoral
Veine fémorale — vena femoral

Arcade palmaire
arcada palmar

Artère péronière
arteria peronea

---

tienen lo mismo de ancho, ces deux objets ont la même largeur. || Écartement : *ancho de vía*, écartement des rails (ferrocarril). || — FIG. *A mis, a tus, a sus anchas*, à mon, à ton, à son aise, à l'aise. | *Estar a sus anchas*, être très à l'aise, avoir les coudées franches. || *Tener menos ancho que*, être moins large que.

anchoa f. Anchois, *m* (pez). || *Anchoas en rollos* ou *enrolladas*, anchois roulés.

— OBSERV. *Anchois* se dit *boquerón* pour le poisson frais et *anchoa* pour le poisson préparé et salé en boîte.

anchova o **anchoveta** f. Anchois, *m*. (pez).

anchura f. Largeur (dimensión). || FIG. Sans gêne, *m*. | Largeur, ouverture : *anchura de miras*, ouverture d'esprit. || IMPR. Justification. || — *A mis anchuras*, à mon aise, à l'aise. || *Anchura de espaldas*, carrure.

anchuroso, sa adj. Vaste, très large.

anda f. *Amer.* Brancard, *m*.

andada f. *Amer.* Longue marche (caminata). || — Pl. Empreintes, traces (huellas). || FIG. y FAM. *Volver a las andadas*, retomber dans les mêmes fautes o erreurs.

andaderas f. pl. Youpala, *m. sing.*, chariot, *m. sing.* (para niño).

andadero, ra adj. Praticable (camino). || Vagabond, e (andador).

andado, da adj. Fréquenté, e; passant, e; animé, e : *calle poco andada*, rue peu animée. || Vulgaire, banal, e (corriente). || Usé, e (vestidos) : *ropa muy andada*, linge très usé.

andador, ra adj. y s. Bon marcheur, bonne marcheuse (que anda mucho). || Rapide (veloz). || Vagabond, e (andariego). || — M. (P. us.). Commissionnaire (recadero). || (P. us.). Allée, *f.*, sentier (senda). || — Pl. Lisières, *f.* (tirantes). || Chariot, *sing.*, youpala, *sing.* (andaderas). || FIG. *No necesitar andadores*, se débrouiller tout seul, se tirer d'affaire tout seul.

andadura f. Marche. ‖ Allure (del caballo). ‖ *Paso de andadura,* amble.

Andalucía n. pr. f. Andalousie.

andalucismo m. Mot *o* tournure (*f.*) propre à l'Andalousie. ‖ Provincialisme andalou.

andaluz, za adj. y s. Andalou, ouse.

andaluzada f. FAM. Gasconnade, rodomontade : *decir andaluzadas,* dire des rodomontades.

andaluzarse v. pr. Prendre le caractère andalou.

andamiada f. (P. us.). TECN. Échafaudage, *m.*

andamiaje m. Échafaudage.

andamio m. TECN. Échafaudage. ‖ — Pl. Échafaudage, *sing.* : *andamios suspendidos* ou *colgados,* échafaudage volant. ‖ POP. *Flor de andamio,* tabac de troupe (tabaco muy malo).

andana f. Rangée (hilera). ‖ AGRIC. *Amer.* Javelle, andain. ‖ FAM. *Llamarse Andana,* revenir sur sa parole, se dédire.

andanada f. Bordée, volée (descarga) : *soltar una andanada,* lâcher une bordée. ‖ Promenoir, *m.* (gradería). ‖ FIG. y FAM. Bordée : *una andanada de injurias,* une bordée d'injures.

andancia f. o **andancio** m. *Amer.* Épidémie (*f.*) bénigne (epidemia). ‖ Événement, *m.* (andanza).

¡andandito! o **¡andando!** interj. FAM. En avant !, en route !

andante adj. y s. m. MÚS. Andante.
— Adj. Errant, e : *caballero andante,* chevalier errant.

andantino adv. y s. m. MÚS. Andantino.

andanza f. Aventure : *a su regreso de América me contó todas sus andanzas,* à son retour d'Amérique il m'a raconté toutes ses aventures. ‖ Événement, *m.* ‖ Chance, fortune : *buena, mala andanza,* bonne, mauvaise fortune. ‖ *Amer. Volver a las andanzas,* retomber dans les mêmes fautes *o* erreurs.

andar* v. intr. ● Marcher : *andar de prisa,* marcher vite ; *andar a gatas, con las manos, de rodillas,* marcher à quatre pattes, sur les mains, sur les genoux. ‖ Se déplacer : *los planetas andan,* les planètes se déplacent. ‖ FAM. Aller : *anda, vete,* allez, va-t-en. ‖ Marcher, aller, fonctionner : *mi reloj anda bien,* ma montre marche bien ; *el comercio anda mal,* le commerce va mal. ‖ Marcher : *el coche anda con gasolina,* la voiture marche à l'essence. ‖ Se trouver : *andaba por allí cuando lo mataron,* je me trouvais par là quand ils l'ont tué. ‖ FIG. Être : *andar alegre, triste,* être gai, triste ; *ando ahora muy ocupado,* je suis très occupé actuellement. ‖ En être : *¿estás leyendo mi libro?, ¿por dónde andas?,* tu es en train de lire mon livre ?, où en es-tu ? ‖ Y avoir : *anda mucho barullo por aquí,* il y a bien du bruit par ici. ‖ Passer (el tiempo). ‖ Être en train de (con el gerundio) : *andar escribiendo,* être en train d'écrire. ‖ — *Andar a,* se battre : *andar a puñetazos,* se battre à coups de poing. ‖ *Andar a gusto,* se trouver bien. ‖ *Andar a la greña,* se crêper le chignon. ‖ *Andar a la que salta,* vivre au jour le jour. ‖ *Andar bueno* ou *malo,* aller bien *o* mal (salud). ‖ *Andar como alma en pena,* errer comme une âme en peine. ‖ *Andar con,* avoir, être (con adjetivo en francés) : *andar con miedo,* avoir peur ; manier : *andar con pólvora,* manier de la poudre ; porter, avoir : *andar con traje nuevo,* porter un costume neuf ; avoir : *andar con ojos enrojecidos,* avoir les yeux rouges. ‖ *Andar con cuidado,* faire attention, être prudent. ‖ *Andar con cumplidos,* faire des manières. ‖ FIG. *Andar con ojo,* faire attention. ‖ *Andar con pies de plomo,* regarder où on met les pieds. ‖ *Andar con rodeos,* tourner autour du pot. ‖ *Andar con secretos,* faire des messes basses. ‖ *Andar corto de dinero* ou *mal de cuartos,* être à court d'argent. ‖ *Andar de acá para*

allá, errer çà et là, flâner. ‖ FIG. *Andar de cabeza,* être sur les dents, ne pas savoir où donner de la tête. ‖ *Andar de Herodes a Pilato,* aller de mal en pis. ‖ *Andar de picos pardos,* faire la noce *o* la vie. ‖ *Andar de puntillas,* marcher sur la pointe des pieds. ‖ *Andar en,* fouiller : *andar en un cajón,* fouiller dans un tiroir ; s'occuper de : *andar en negocios raros,* s'occuper d'affaires bizarres ; aller sur : *anda en los treinta años,* il va sus ses trente ans. ‖ *Andar en dimes y diretes,* se disputer pour des bêtises, se chamailler. ‖ *Andar en lenguas de todos,* être dans toutes les bouches *o* sur toutes les lèvres. ‖ *Andar en tratos,* être en pourparlers. ‖ *Andar mal de la cabeza,* être tombé sur la tête, avoir une araignée dans le plafond. ‖ *Andar por las nubes,* être dans les nuages. ‖ *Andar siempre descontento,* être toujours mécontent. ‖ *Andar siempre metido en pleitos,* être toujours en procès. ‖ *Andar tras,* courir après (desear o perseguir). ‖ *—¡Anda!,* allons ! (para animar), allons donc ! (desconfianza), attrape ! (¡pega!), et voilà ! : *¿te has caído? ¡anda! te lo había dicho,* tu es tombé ? et voilà !, je t'avais prévenu ! ; oh ! là, là ! (admiración). *Ande voy caliente, ríase la gente,* mon bien-être avant tout et peu m'importe les gens. ‖ *A más a todo andar,* à toute vitesse, à toute allure. ‖ *Dime con quién andas y te diré quién eres,* dis-moi qui tu hantes et je te dirai qui tu es. ‖ *Más viejo que andar a pie* ou *para adelante,* vieux comme le monde *o* comme Hérode. ‖ *No andar por las nubes,* avoir les deux pieds sur terre. ‖ *Quien mal anda, mal acaba,* telle vie, telle mort. ‖ *¡Vamos, anda!,* allons, dépêche-toi (date prisa), ne reste pas sans rien faire (haz algo), tu parles ! (en signo de duda).
— V. tr. Parcourir, faire (recorrer) : *andar tres kilómetros,* parcourir trois kilomètres.
— V. pr. S'en aller (marcharse). ‖ MAR. Se mettre par le travers. ‖ — *Andarse con* ou *en,* user de : *andarse con bromas,* user de plaisanteries ; *no andarse en circunloquios,* ne pas user de circonlocutions ; s'occuper de : *siempre te andas con unos negocios raros,* tu t'occupes toujours d'affaires bizarres ; utiliser : *siempre anda con los mismos cuentos,* il utilise toujours les mêmes histoires. ‖ *—Andarse con paños calientes,* employer des palliatifs. ‖ *Andarse por las ramas* ou *por las márgenes,* tourner autour du pot. ‖ *¿Cómo andamos de tiempo?,* combien de temps nous reste-t-il ? ‖ *Dejar los años que se anduvo a gatas,* oublier les mois de nourrice. ‖ *No andarse con chiquitas,* ne pas y aller avec le dos de la cuillère, ne pas y aller de main morte. ‖ *No andarse con rodeos,* ne pas y aller par quatre chemins. ‖ *Todo se andará,* tout vient à point à qui sait attendre, chaque chose vient en son temps.
— SINÓN. ● *Deambular,* déambuler. *Caminar,* cheminer. *Callejear,* flâner. *Pasear,* promener. *Errar,* errer. *Marchar,* marcher. *Viajar,* voyager.

andar m. Marche, *f.* (acción). ‖ — Pl. Démarche, *f. sing.,* allure, *f. sing* : *con sus andares femeninos,* avec sa démarche féminine.

andaraje m. TECN. Roue (*f.*) de la noria.

andariego, ga adj. y s. Bon marcheur, bonne marcheuse (de mucho andar). ‖ Flâneur, euse (callejero). ‖ Vagabond, e (errante).

andarín, ina adj. y s. Marcheur, euse : *este chico es buen andarín,* ce garçon est un bon marcheur. ‖ — F. ZOOL. Hirondelle (golondrina).

andarivel m. Va-et-vient, *inv.* (en un río). ‖ MAR. Garde-corps, *inv.* (pasamanos). ‖ *Amer.* Bac (barco).

andarrío o **andarríos** m. ZOOL. Bergeronnette, *f.* (aguzanieves).

andas f. pl. Brancard, *m. sing.*

andén m. Promenoir (de paseo). || Quai (de estación). || Trottoir (de un puente). || Parapet (pretil). || Bas-côté, accotement (de una carretera). || Étagère, *f.*, rayon (anaquel). || *Amer.* Trottoir (acera).

andero m. Brancardier.

Andes n. pr. m. pl. GEOGR. Andes, *f.*

andesita f. Andésite.

andinismo m. *Amer.* Alpinisme [dans les Andes].

andinista m. y f. *Amer.* Alpiniste [des Andes].

andino, na adj. y s. Andin, e (de los Andes).

andorga f. FAM. Bedaine, panse (barriga).

Andorra n. pr. f. GEOGR. Andorre.

andorrano, na adj. y s. Andorran, e.

andorrear v. intr. FAM. Flâner, traîner, traînasser.

andorrero, ra adj. y s. Flaneur, euse.

andrajo m. ● Guenille, *f.*, haillon : *ir vestido de andrajos*, être en guenilles. || FIG. Guenille, *f.*, loque, *f.* (cosa de poco valor). | Loque, *f.* (persona) : *es un andrajo humano*, c'est une loque humaine. || *Estar hecho un andrajo,* être déguenillé (persona), être en loques (cosa).

— SINÓN. ● *Harapo,* haillon. *Guiñapo,* loque.

andrajoso, sa adj. y s. Déguenillé, e; loqueteux, euse ; dépenaillé, e.

Andrea n. pr. f. Andrée.

Andrés n. pr. m. André.

andrina f. BOT. Prunelle (endrina).

andrino m. BOT. Prunellier (endrino).

Andrinópolis n. pr. GEOGR. Andrinople.

androceo m. BOT. Androcée.

andrógino, na adj. y s. Androgyne.

androide m. Androïde.

androlatría f. Androlâtrie.

Andrómaca n. pr. f. Andromaque.

Andrómeda n. pr. f. ASTR. Andromède.

andrómina f. FAM. Histoires, *pl.*, mensonges, *m. pl.*, blagues, *pl.*

andujareño, ña adj. D'Andujar.

andullo m. Carotte (*f.*) de tabac.

andurriales m. pl. FAM. Coin (*sing.*) perdu : *¿qué haces por estos andurriales?,* que fais-tu dans ce coin perdu ?

anea f. BOT. Massette, *f.* [roseau]. || *Silla de anea,* chaise de paille.

anécdota f. Anecdote.

— SINÓN. *Narración,* histoire. *Historieta, chascarrillo,* historiette. *Eco,* écho.

anecdotario m. Recueil d'anecdotes.

anecdótico, ca adj. Anecdotique.

anecdotista m. y f. Anecdotier, ère.

anegable adj. Inondable.

anegación f. Inondation.

anegadizo, za adj. Inondable : *terreno anegadizo,* terrain inondable. || Submersible (madera).

anegamiento m. Inondation, *f.*

anegar v. tr. Inonder : *anegar un campo,* inonder un champ. || Noyer (ahogar). || *Anegado en llanto,* inondé *o* noyé *o* baigné de larmes.

— V. pr. Se noyer. || Être inondé. || MAR. Sombrer (un navío). || — *Anegarse en llanto,* fondre en larmes. || *Anegarse en sangre,* baigner dans son sang.

anejar v. tr. Annexer.

anejo, ja adj. Annexe : *escuela aneja,* école annexe.

— M. Annexe, *f.* || Annexe, *f.* (parroquia dependiente de otra).

anélidos m. pl. ZOOL. Annélides, *f.*

anemia f. MED. Anémie.

anemiante adj. Anémiant, e : *un clima anemiante,* un climat anémiant.

anémico, ca adj. y s. Anémique. || — Adj. Anémié, e.

anemófilo, la adj. BOT. Anémophile.

anemógrafo m. FÍS. Anémographe.

anemometría f. FÍS. Anémométrie.

anemómetro m. FÍS. Anémomètre.

anémona o **anemone** f. BOT. Anémone (planta). || *Anémona de mar,* anémone de mer (actinia).

anemoscopio m. FÍS. Anémoscope.

anencéfalo, la adj. y s. m. Anencéphale.

aneroide adj. FÍS. Anéroïde (barómetro).

anestesia f. MED. Anesthésie. || MED. *Anestesia local,* insensibilisation, anesthésie locale.

anestesiar v. tr. MED. Anesthésier.

anestésico, ca adj. y s. m. MED. Anesthésique, anesthésiant, e.

— OBSERV. *Anesthésiant* y *anesthésique* son sinónimos. Pero *anesthésiant* caracteriza una anestesia incompleta o accidental, y *anesthésique* es sobre todo una técnica quirúrgica.

anestesista m. y f. Anesthésiste.

aneurisma m. MED. Anévrisme.

anexar v. tr. Annexer.

anexidades f. pl. DR. Annexes, *m.*, accessoires, *m.*

anexión f. Annexion.

anexionar v. tr. Annexer.

anexionismo m. Annexionisme *o* annexionnisme.

anexionista adj. y s. Annexioniste *o* annexionniste.

anexitis f. MED. Annexite.

anexo, xa adj. Annexe.

— M. Annexe, *f.* : *el anexo de un hotel,* l'annexe d'un hôtel. || — Pl. ANAT. Annexes, *f.* (del útero).

anfibio, bia adj. y s. ZOOL. Amphibie. || TECN. Amphibie (avión, automóvil). || — M. pl. ZOOL. Amphibiens.

anfíbol m. MIN. Amphibole, *f.*

anfibolita f. MIN. Amphibolite.

anfibología f. Amphibologie (ambigüedad).

anfibológico, ca adj. Amphibologique.

anfictión m. Amphictyon (diputado griego).

anfictionía f. Amphictyonie.

anfioxo m. Amphioxus.

anfípodo m. ZOOL. Amphipode.

anfisbena f. ZOOL. Amphisbène, *m.*

anfiscios m. pl. Amphisciens.

anfiteatro m. Amphithéâtre. || TEATR. Amphithéâtre (ant.), poulailler, paradis. || *Anfiteatro anatómico,* amphithéâtre de dissection.

anfitrión m. Amphitryon.

Anfitrite n. pr. f. Amphitrite.

ánfora f. Amphore.

anfractuosidad f. Anfractuosité.

anfractuoso, sa adj. Anfractueux, euse.

angaria f. MAR. Angarie [réquisition].

angarillas f. pl. Brancard, *m. sing.* (andas). || Bât (*m. sing.*) garni de paniers (de caballo). || Huilier, *m. sing.* (vinagreras). || Bard, *m. sing.* (para piedras).

ángel m. ● Ange : *ángel de la guarda* ou *ángel custodio,* ange gardien. || FIG. Charme : *tener ángel,* avoir du charme ; *no tener ángel,* manquer de charme. || — *Ángel caído,* ange déchu. || *Ángel malo,* mauvais ange. || *El Ángel,* l'archange Gabriel. || — *Bueno como un ángel,* sage comme une image. || *Salto del ángel,* saut de l'ange. || — *Cantar los ángeles,* chanter comme un dieu *o* comme un ange. || *Tener mal ángel,* être fade, n'avoir aucun charme. || *Ser como un ángel,* être beau comme un ange *o* un dieu (hermoso), être un ange (bueno).

— SINÓN. ● *Serafín,* séraphin. *Querubín,* chérubin. *Arcángel,* archange.

Ángel n. pr. m. Ange.

angélica f. BOT. Angélique.

angelical adj. Angélique : *miradas angelicales,* regards angéliques.

angélico, ca adj. Angélique : *salutación angélica,* salutation angélique.

— M. Petit ange, angelot, angelet (p. us.).

angelito m. Petit ange, angelot, angelet (p. us.). || Enfant de chœur (inocentón). || FIG. y FAM. *Estar* *con los angelitos,* dormir ; être dans la Lune, dans les nuages (estar distraído).

angelón o **angelón de retablo** m. FIG. y FAM. Enfant joufflu, enfant qui a un visage poupin *o* de pleine lune.

angelote m. Statue (*f.*) d'ange, angelot. ‖ FIG. y FAM. Brave garçon, brave fille, *f.* (persona sencilla), poupon, onne ; poupard, e (niño gordo). ‖ ZOOL. Ange de mer (pez). ‖ BOT. Sorte de trèfle (higueruela).

ángelus m. Angélus : *rezar el Ángelus,* réciter l'Angélus.

angevino, na adj. y s. Angevin, e.

angina f. MED. Angine. ‖ *Angina de pecho, diftérica,* angine de poitrine, couenneuse.

anginoso, sa adj. MED. Angineux, euse.

angiografía f. Angiographie.

angiología f. MED. Angiologie.

angioma m. MED. Angiome.

angiospermas f. pl. BOT. Angiospermes.

anglesita f. MIN. Anglésite.

anglicanismo m. Anglicanisme.

anglicano, na adj. y s. Anglican, e.

anglicismo m. Anglicisme (giro inglés).

anglicista m. y f. Angliciste, anglicisant, e.

angloamericano, na adj. y s. Anglo-américain, e. ‖ Américain d'origine anglaise. ‖ Américain, e (de Estados Unidos).

angloárabe adj. y s. Anglo-arabe.

anglofilia f. Anglophilie.

anglófilo, la adj. y s. Anglophile.

anglofobia f. Anglophobie.

anglófobo, ba adj. y s. Anglophobe.

anglomanía f. Anglomanie.

anglómano, na adj. y s. Anglomane.

anglonormando, da adj. y s. Anglo-normand, e.

anglosajón, ona adj. y s. Anglo-saxon, onne.

angolés, esa adj. y s. Angolais, e.

Angora n. pr. HIST. Angora (Ankara). ‖ *Gato, cabra de Angora,* chat, chèvre angora.

angostamente adv. Étroitement.

angostar v. tr. Rétrécir.

— V. pr. Se resserrer, se rétrécir : *allí el camino se angosta,* là-bas le chemin se resserre.

angosto, ta adj. Étroit, e ; resserré, e.

— SINÓN. *Estrecho,* étroit. *Apretado,* serré, rétréci. *Ceñido,* ceint. *Limitado,* limité.

angostura f. Étroitesse. ‖ Gorge, défilé, *m.* (paso estrecho). ‖ BOT. Angusture.

angra f. MAR. Anse, baie, crique (ensenada).

angrelado, da adj. BLAS. Engrêlé, e.

angström m. Angström (unidad de longitud de onda).

anguila f. Anguille (pez). ‖ MAR. Anguille (madero). ‖ — *Anguila de cabo,* fouet (rebenque). ‖ *Anguila de mar,* congre (pez).

anguilazo m. Anguillade (latigazo).

anguílula f. ZOOL. Anguillule.

anguila f. *Amer.* Anguille.

anguina f. VETER. Veine de l'aine.

angula f. Civelle (cría de anguila).

angulado, da adj. Anguleux, euse (anguloso).

angular adj. Angulaire : *piedra angular,* pierre angulaire.

— M. TECN. Cornière, *f.*

Angulema n. pr. GEOGR. Angoulême. ‖ *De Angulema,* angoumois, e.

ángulo m. Angle : *ángulo óptico,* angle visuel ; *.ángulo recto, plano,* angle droit, plat. ‖ — ANAT. *Ángulo facial,* angle facial. ‖ *Desde este ángulo,* sous cet angle.

— SINÓN. *Rincón, esquina,* coin. *Codo,* coude. *Saliente,* saillant. *Arista,* arête.

anguloso, sa adj. Anguleux, euse.

angurria f. MED. FAM. Incontinence d'urine. ‖ FAM. *Amer.* Voracité, fringale, boulimie (hambre). ‖ Avarice (avaricia).

angurriento, ta adj. FAM. *Amer.* Glouton, onne ; vorace (glotón). ‖ Avide, avare (avaro).

angustia f. ● Angoisse : *vivir en la angustia,* vivre dans l'angoisse. ‖ Peine, chagrin, *m.* : *me da angustia verlo tan enfermo,* cela me fait de la peine de le voir si malade. ‖ — Pl. Affres : *angustias de la muerte,* affres de la mort. ‖ — *Dar angustias,* rendre malade, impressionner : *me da angustia presenciar una operación,* cela me rend malade d'assister à une opération. ‖ *Virgen de las Angustias,* Vierge de Douleur.

— SINÓN. ● *Ansiedad, ansia,* anxiété. *Agonía,* agonie. *Zozobra,* angoisse.

angustiadamente adv. Anxieusement.

angustiado, da adj. Angoissé, e ; anxieux, euse : *están angustiados con la desaparición de su hijo,* ils sont anxieux à cause de la disparition de leur fils. ‖ Envieux, euse ; jaloux, ouse (codicioso). ‖ Vil, e ; misérable (apocado). ‖ Resserré, e (estrecho). ‖ Affolé, e : *a finales de mes está siempre angustiado porque no le queda dinero,* à la fin du mois il est toujours affolé, car il ne lui reste plus d'argent.

angustiar v. tr. Angoisser, affliger. ‖ Affoler (inquietar).

Angustias n. pr. f. Angustias.

— OBSERV. Ce prénom féminin dérivé de *María de las Angustias* n'a pas d'équivalent en français.

angusticlavia f. Angusticlave, *m.* (de los romanos).

angustiosamente adv. Avec angoisse, anxieusement.

angustioso, sa adj. Angoissant, e : *es angustioso esperar el resultado de los exámenes,* c'est angoissant d'attendre le résultat des examens. ‖ — Angoissé, e ; anxieux, euse (angustiado). ‖ Angoissé, e : *con voz angustiosa,* d'une voix angoissée.

angustura f. BOT. Angusture.

anhelante adj. Essoufflé, e ; haletant, e : *sentirse anhelante,* être haletant, essoufflé. ‖ Désireux, euse (deseoso). ‖ *Esperar anhelante una cosa,* attendre impatiemment quelque chose.

anhelar v. intr. Haleter.

— V. tr. e intr. Aspirer à, briguer, soupirer après : *anhelar dignidades,* briguer les honneurs ; *anhelar la gloria,* aspirer à la gloire. ‖ Souhaiter, désirer : *anhelo su regreso,* je souhaite son retour.

anhelo m. Désir ardent (deseo). ‖ — Pl. Désirs, aspirations, *f.* : *compartimos sus preocupaciones y sus anhelos,* nous partageons vos inquiétudes et vos aspirations.

anheloso, sa adj. Haletant, e (respiración). ‖ Avide de (que anhela).

anhídrido m. QUÍM. Anhydride.

anhidrita f. MIN. Anhydrite.

anhidro, dra adj. QUÍM. Anhydre.

Aníbal n. pr. m. Hannibal, Annibal.

Aniceto n. pr. m. Anicet.

anidar v. intr. Nicher, faire son nid : *el águila anida en los altos peñascos,* l'aigle fait son nid sur les rochers élevés.

— V. tr. FIG. Loger, accueillir (acoger).

— V. intr. y pr. FIG. Demeurer, habiter (morar).

— V. pr. Se nicher.

anilina f. QUÍM. Aniline.

anilla f. Anneau, *m.* ‖ Bague, anneau, *m.* (de un ave). ‖ — Pl. Anneaux, *m.* (de gimnasia).

anillado, da adj. y s. ZOOL. Annelé, e. ‖ — M. Ceinturage (de un obús).

anillar v. tr. Anneler (dar forma de anillo). ‖ Garnir d'anneaux (poner anillas).

anillo m. Anneau : *los anillos de Saturno,* les anneaux de Saturne. ‖ ● Bague, *f.,* anneau (del dedo). ‖ ZOOL. Anneau : *los anillos de un gusano,* les anneaux d'un ver. ‖ Nœud : *los anillos de la culebra,* les nœuds de la couleuvre. ‖ BLAS.

Anille, *f.* ‖ TAUROM. Arène, *f.* (redondel). ‖ ARQ. Annelet, moulure, *f.* (de columna). ‖ Base (*f.*) circulaire (de cúpula). ‖ Ceinture, *f.* (de un obús). ‖ Cerne (de los árboles). ‖ — *Anillo de boda,* alliance. ‖ *Anillo pastoral,* anneau pastoral. ‖ *Sentar como anillo al dedo,* aller comme un gant. ‖ *Viene como anillo al dedo,* cela tombe bien, cela tombe à pic, cela vient à point *o* fort à propos.
— SINÓN. ● *Sortija,* bague. *Alianza,* alliance. *Sello,* chevalière. *Amer. Aro,* bague.

ánima *f.* Âme [en particulier âme du purgatoire]. ‖ FIG. Âme [d'arme à feu]. ‖ — Pl. Sonnerie (*sing.*) de cloche au début de la nuit [à l'intention des âmes du purgatoire]. ‖ *Ánima bendita,* âme du purgatoire.

animación *f.* ● Animation : *discutir con animación,* discuter avec animation. ‖ Entrain, *m.,* allant, *m.* : *tener mucha animación.* avoir beaucoup d'allant. ‖ Animation (concurrencia de gente). ‖ Ambiance : *la animación de la fiesta es extraordinaria,* l'ambiance de·la fête est extraordinaire. ‖ Mise en marche (de un mecanismo). ‖ *Dar animación,* mettre de l'ambiance.
— SINÓN. ● *Vivacidad,* vivacité. *Actividad,* activité. *Movimiento,* mouvement. *Atareamiento, ajetreo,* affairement.

animadamente adv. Avec animation.

animado, da adj. Animé, e : *animado de buenas intenciones,* animé de bonnes intentions. ‖ Animé, e : *una calle muy animada,* une rue très animée. ‖ Plein de vie *o* d'entrain : *es una persona muy animada,* c'est une personne absolument pleine de vie. ‖ Encouragé, e : *animado por este primer éxito, seguí escribiendo,* encouragé par ce premier succès, j'ai continué à écrire. ‖ En forme : *el enfermo está mucho más animado,* le malade est beaucoup plus en forme. ‖ *Dibujos animados,* dessins animés.

animador, ra adj. y s. Animateur, trice.

animadversión f. Animadversion.

animal adj. Animal, e. ‖ FIG. Brute : *es tan animal que lo rompe todo,* il est tellement brute qu'il casse tout. ‖ Bête (estúpido).
— M. Animal : *animales domésticos,* animaux domestiques. ‖ ● Animal, bête, *f.* : *animal de asta* ou *cornudo,* bête à cornes. ‖ FIG. Animal, cruche (persona estúpida). ‖ Brute, animal, sauvage : *¡pedazo de animal!,* espèce de brute ! ‖ — *Animal de bellota,* cochon (cerdo), bête à manger du foin (estúpido) : *es un animal de bellota,* il est bête à manger du foin. ‖ *Animal de carga,* bête de somme. ‖ *Animales vivos,* animaux sur pied. ‖ *Animal fiero o salvaje,* bête sauvage. ‖ *Comer como un animal,* manger comme quatre, se goinfrer.
— SINÓN. ● *Bestia,* bête. *Bruto,* brute. *Bicho,* bestiole. *Acémila,* bête de somme.

animalada f. FAM. Ânerie, bêtise : *estás diciendo animaladas,* tu dis des âneries. ‖ Atrocité, horreur, abomination : *este bombardeo ha sido una animalada,* ce bombardement a été une atrocité. ‖ *¡Qué animalada!,* il faut être un sauvage pour : *¡qué animalada comerse dos pollos enteros!,* il faut être un sauvage pour manger deux poulets entiers ; il faut être fou pour : *¡qué animalada haber venido andando desde tan lejos!,* il faut être fou pour être venu à pied de si loin !

animálculo m. ZOOL. Animalcule.

animalejo m. Bestiole, *f.*

animalidad f. Animalité.

animalismo m. Animalité, *f.*

animalista adj. y s. Animalier, animaliste (pintor o escultor de animales).

animalización f. Animalisation.

animalizar v. tr. Animaliser.
— V. pr. S'animaliser.

animalucho m. Vilaine bête, *f.,* animal répugnant (desagradable). ‖ Bestiole, *f.,* petite bête, *f.* (pequeño).

animar v. tr. Animer (dar vida) : *el alma anima al cuerpo,* l'âme anime le corps. ‖ ● FIG. Encourager, inciter : *animar a los soldados al combate,* encourager les soldats au combat ; *no animo a nadie a seguir mi ejemplo,* je n'encourage personne à suivre mon exemple. ‖ Animer, intensifier (dar intensidad). ‖ Animer (la conversación, etc.). ‖ Égayer : *para animar las calles han puesto guirnaldas,* pour égayer les rues on a mis des guirlandes. ‖ Mettre de l'ambiance (en una fiesta). ‖ Remonter : *estaba muy decaído pero conseguí animarle,* il était très abattu mais j'ai réussi à le remonter. ‖ *Animar con promesas,* encourager par des promesses.
— V. pr. S'enhardir (cobrar ánimo). ‖ S'animer : *sus ojos se animan cuando habla,* son regard s'anime quand il parle. ‖ Se dépêcher (darse prisa). ‖ Se décider : *al final me animé y me fui de excursión,* finalement je me suis décidé à aller en excursion. ‖ *¡Anímate!,* allez !
— SINÓN. ● *Enardecer, infundir valor,* enhardir. *Excitar,* exciter. *Incitar, tentar,* inciter. *Espolear,* éperonner. *Exhortar,* exhorter. *Impulsar,* pousser à. *Aguijonear,* aiguillonner. *Picar,* piquer. *Estimular, aguzar, acuciar,* stimuler.

anímico, ca adj. Animique, relatif à l'âme.

animismo m. Animisme.

animista adj. y s. Animiste (doctrina, culto).

ánimo m. Ame, *f.* (alma), esprit (espíritu). ‖ Esprit : *quiero grabar esto en el ánimo de todos,* je veux graver ceci dans l'esprit de tous. ‖ ● FIG. Courage (valor) : *cobrar ánimo,* prendre courage ; *recobrar ánimo,* reprendre courage. ‖ Intention, *f.,* esprit : *no está en mi ánimo hacer eso,* il n'est pas dans mon intention de faire cela. ‖ — *¡Ánimo!,* courage ! ‖ *Con ánimo de,* dans *o* avec l'intention de. ‖ *Estado de ánimo,* état d'esprit *o* d'âme. ‖ *Presencia de ánimo,* présence d'esprit. ‖ *Sin ánimo,* sans courage, sans enthousiasme (sin energía). ‖ *Sin ánimo de,* sans l'intention de. ‖ *Dar ánimos,* donner des encouragements, encourager. ‖ *Levantar el ánimo,* remonter, redonner du courage. ‖ *Sentirse con ánimos de,* se sentir le courage de.
— SINÓN. ● *Valor, arrojo, bravura, bizarría,* bravoure (p. us.), courage. *Heroísmo,* héroïsme. *Valentía, denuedo,* vaillance. *Fam. Hígado, agallas,* cran.

animosidad f. Animosité (resentimiento).

animoso, sa adj. Courageux, euse : *animoso en la lucha,* courageux dans la lutte.

aniñadamente adv. Puérilement.

aniñado, da adj. Enfantin, e : *una cara aniñada,* un visage enfantin. ‖ Puéril, e : *un comportamiento aniñado,* un comportement puéril.

aniñamiento m. Puérilité, *f.*

aniñarse v. pr. Faire l'enfant.

anión m. FÍS. Anion.

aniquilable adj. Annihilable.

aniquilación f. Annihilation.

aniquilador, ra adj. Qui annihile, destructeur, trice.

aniquilamiento m. Anéantissement.

aniquilar v. tr. Annihiler (quitar la fuerza). ‖ Anéantir : *el ejército fue aniquilado,* l'armée fut anéantie. ‖ Réduire à néant : *esto aniquila todas mis esperanzas,* cela réduit tous mes espoirs à néant. ‖ Bouleverser (perturbar).

anís m. BOT. Anis (planta y grano) : *anís estrellado,* anis étoilé. ‖ Anis (confite). ‖ Eau-de-vie (*f.*) anisée (licor). ‖ FIG. y FAM. *No ser grano de anís,* ne pas être une bagatelle.

anisado m. Anisette, *f.*

anisal o **anisar** m. Terrain semé d'anis.

anisar v. tr. Aniser : *aguardiente anisado*, eau-de-vie anisée.
anisete m. Anisette, *f*.
anisofilo, la adj. BOT. Anisophylle.
anisopétalo, la adj. BOT. Anisopétale.
anisotropía f. Anisotropie.
anisótropo, pa adj. Anisotrope.
Anita n. pr. f. Annette, Annie.
aniversario, ria adj. y s. m. Anniversaire : *es el primer aniversario de su muerte*, c'est le premier anniversaire de sa mort.
Anjeo n. pr. m. GEOGR. Anjou.
Ankara n. pr. GEOGR. Ankara.
ano m. ANAT. Anus.
anoche adv. Hier soir : *anoche fui al teatro*, hier soir je suis allé au théâtre. ‖ La nuit dernière : *anoche no pude dormir*, la nuit dernière je n'ai pas pu dormir.
anochecedor, ra adj. y s. Qui veille, qui se couche tard.
anochecer* v. intr. impers. Commencer à faire nuit, tomber la nuit : *anochece*, la nuit tombe. ‖ Arriver *ou* se trouver à la tombée de la nuit dans un endroit : *anochecer en París*, arriver à Paris à la tombée de la nuit. ‖ *Al anochecer, cuando anochezca, ya anochecido*, à la nuit tombée.
— V. tr. FIG. Obscurcir, ternir.
anochecer m. o **anochecida** f. Crépuscule, *m.*, tombée (*f.*) de la nuit, nuit (*f.*) tombante, brune, *f.* : *al anochecer*, à la tombée de la nuit.
anochecido adv. La nuit tombée, au début de la nuit.
anódico, ca adj. FÍS. Anodique.
anodinia f. MED. Absence de douleur.
anodino, na adj. Anodin, e : *un libro anodino*, un livre anodin. ‖ MED. Anodin, e ; calmant, e.
— M. Calmant (medicina).
ánodo m. FÍS. Anode, *f*.
anodonte m. Anodonte (molusco).
anodontia f. Anodontie.
anofeles m. Anophèle (mosquito).
anomalía f. Anomalie.
anómalo, la adj. Anomal, e.
anón m. Annone, *f.*, anone, *f.* (fruto).
anona f. Annone, annona, *m.* (arbusto y fruto). ‖ Annone (provisión de víveres).
anonáceas f. pl. BOT. Annonacées, anonacées.
anonadación f. o **anonadamiento** m. Accablement, *m.*, abattement, *m.*, anéantissement, *m*.
anonadar v. tr. Anéantir (aniquilar), accabler, atterrer (apocar) : *me anodadó esa noticia*, j'ai été accablé par cette nouvelle.
anonimato m. Anonymat.
— OBSERV. Le mot *anonimato* est un gallicisme très employé.
anónimo, ma adj. Anonyme : *una sociedad anónima*, une société anonyme.
— M. Anonymat, anonyme (p. us.) : *conservar el anónimo*, garder l'anonymat. ‖ Écrit o lettre (*f.*) anonyme (escrito).
anoploterio m. Anoplothérium (fósil).
anorak m. Anorak (chaqueta impermeable).
anorexia f. MED. Anorexie.
anormal adj. y s. Anormal, e : *niños anormales*, des enfants anormaux.
anormalidad f. Anomalie. ‖ Caractère (*m.*) anormal.
anosmia f. Anosmie.
anotación f. Annotation.
anotador, ra adj. y s. Annotateur, trice. ‖ — F. Script-girl (cine).
anotar v. tr. Noter, prendre note de : *anotar la dirección*, noter l'adresse. ‖ Annoter (un escrito).
anoxemia f. Anoxémie.
anquear v. intr. *Amer.* Remuer de la croupe (el caballo).

anquilosamiento m. Ankylose, *f*. ‖ FIG. Ankylose, *f.*, paralysie, *f.* : *el anquilosamiento de la economía*, l'ankylose de l'économie.
anquilosar v. tr. Ankyloser.
— V. pr. FIG. Être paralysé, e : *se anquilosa la economía*, l'économie est paralysée.
anquilosis f. MED. Ankylose.
anquilostoma m. ZOOL. Ankylostome.
anquilostomiasis f. MED. Ankylostomiase.
Anquises n. pr. m. Anchise.
ansa f. Hanse (confederación).
ánsar m. ZOOL. Oie, *f.* (oca).
ansarino o **ansarón** m. Oison (pollo del ánsar).
anseático, ca adj. Hanséatique.
Anselmo n. pr. m. Anselme.
ansí adv. (Ant.). Ainsi.
ansia f. Anxiété, angoisse (inquietud, angustia). ‖ Convoitise, avidité, désir (*m.*) ardent : *ansia de riquezas*, désir ardent de richesses. ‖ — Pl. Nausées : *tener ansias*, avoir des nausées. ‖ Affres : *las ansias de la muerte*, les affres de la mort.
ansiadamente adv. Anxieusement.
ansiar v. tr. Convoiter : *ansiar algo*, convoiter quelque chose. ‖ Désirer ardemment : *ansiar la tranquilidad*, désirer ardemment la tranquillité.
ansiedad f. Anxiété (angustia). ‖ Avidité, désir (*m.*) ardent, convoitise.
ansiosamente adv. Avidement (anhelosamente). ‖ Anxieusement (angustiosamente).
ansioso, sa adj. Anxieux, euse (inquieto). ‖ Avide de ; désireux, euse de ; affamé, e de : *ansioso de gloria*, avide de gloire. ‖ Égoïste : *es muy ansioso, lo quiere todo para él*, il est très égoïste, il veut tout pour lui.
anta f. ZOOL. Élan, *m.* (rumiante). ‖ Menhir, *m.* (menhir). ‖ Ante, pilastre, *m.* (pilastra). ‖ *Amer.* Tapir, *m.* (tapir).
antagalla f. MAR. Ris, *m*.
antagallar v. tr. MAR. Prendre un ris.
antagónico, ca adj. Antagonique.
antagonismo m. Antagonisme.
antagonista adj. y s. Antagoniste.
antálgico, ca adj. Antalgique.
antaño adv. L'année dernière (el año pasado). ‖ Jadis, autrefois (antiguamente). ‖ *De antaño*, d'antan (p. us.), d'autrefois, ancien, enne (muy antiguo), de l'année dernière (del año pasado).
antañón, ona adj. Vieillot, otte ; très vieux, très vieille (viejo).
antártico, ca o **antárctico, ca** adj. Antarctique.
Antártida n. pr. f. GEOGR. Antarctide.
ante m. ZOOL. Élan (ciervo). ‖ Daim : *una chaqueta de ante*, une veste en daim. ‖ Bubale (antílope). ‖ Chamois (color). ‖ (Ant.). Entrée, *f.* (primer plato). ‖ *Amer.* Boisson (*f.*) rafraîchissante aux fruits. | Gâteau aux amandes. | Bouillie (*f.*) de céréales et de miel.
ante prep. Devant : *comparecer ante el tribunal*, comparaître devant le tribunal. ‖ Avant : *ante todo*, avant tout. ‖ Devant, étant donné : *ante las circunstancias, he decidido irme*, devant les circonstances, j'ai décidé de m'en aller. ‖ — *Ante el juez*, par-devant le juge, par-devers le juge. ‖ *Ante el temor de que*, de peur que. ‖ *Ante los ojos*, sous les yeux. ‖ *Ante notario*, par-devant notaire.
— OBSERV. *Ante* exprime un rapport abstrait (en présence, en comparaison de) et s'oppose à *delante de*, qui indique une position dans l'espace, et à *antes de*, qui indique le temps.
antealtar m. Chœur (en una iglesia).
anteanoche adv. Avant-hier soir, il y a deux nuits.
anteayer adv. Avant-hier.
antebrazo m. ANAT. Avant-bras.
anteburro m. *Amer.* Tapir.
antecama f. Descente de lit (alfombra).
antecámara f. Antichambre (vestíbulo).

antecambriano, na adj. y s. m. GEOL. Antécambrien, enne.

antecapilla f. Vestibule (m.) d'une chapelle.

antecedencia f. (P. us.). Antécédence.

antecedente adj. y s. m. Antécédent, e. ‖ Précédent, e : *esto va a constituir un antecedente,* ceci va constituer un précédent. ‖ — DR. *Antecedentes penales,* casier judiciaire. ‖ *Persona con antecedentes penales,* repris de justice. ‖ *Tener malos antecedentes,* avoir de mauvais antécédents, avoir un casier chargé.

antecedentemente adv. Antécédemment, précédemment.

anteceder v. tr. e intr. Précéder.

antecesor, ra m. y f. Prédécesseur : *he sido tu antecesor en este despacho,* j'ai été ton prédécesseur dans ce bureau. ‖ Ancêtre, aïeul, e (antepasado).

— OBSERV. La palabra *prédécesseur* no tiene forma femenina (*elle fut son prédécesseur, elle le précéda*).

antecocina f. Office, m.

antecoro m. ARQ. Avant-chœur.

antecos m. pl. Antisciens.

antecristo m. Antéchrist.

antedata f. DR. Antidate. ‖ *Poner antedata en una carta,* mettre une antidate à une lettre, antidater une lettre.

antedatar v. tr. Antidater.

antedecir* v. tr. Prédire.

antedía adv. Avant le jour fixé.

antedicho, cha adj. Susdit, e.

antediluviano, na adj. Antédiluvien, enne.

antefijo m. ARQ. Antéfixe, f.

antefirma f. Formule de politesse au bas d'une lettre (fórmula). ‖ Titre (m.) du signataire (título).

antefoso m. MIL. Avant-fossé.

anteiglesia f. Parvis, m. (atrio).

antelación f. Anticipation. ‖ — *Con antelación,* à l'avance, par avance, par anticipation. ‖ *Con antelación a,* avant.

antemano (de) loc. adv. D'avance : *lo sabía de antemano,* je le savais d'avance.

antemeridiano, na adj. Avant midi. ‖ ASTR. Situé avant le passage au méridien.

ante meridiem loc. lat. Ante meridiem.

antemural m. Rempart (defensa).

antena f. RAD. y ZOOL. Antenne.

antenombre m. Titre précédant le nom [comme *san* (saint), *don* (monsieur), etc.].

Anteo n. pr. m. MITOL. Antée.

anteojera f. Œillère (de caballo). ‖ Étui (m.) à lunettes (estuche). ‖ FIG. Œillère.

anteojero m. Lunetier.

anteojo m. ● Lunette, f. ‖ — Pl. Lunettes f. (lentes). ‖ Jumelles, f. (prismáticos). ‖ — *Anteojo de larga vista,* lunette d'approche, longue-vue. ‖ *Serpiente de anteojos,* serpent à lunettes.

— SINÓN. ● *Telescopio,* télescope. *Catalejo,* longue-vue. *Gemelos,* jumelles.

antepalco m. Petit salon d'une loge de théâtre.

antepasado, da adj. Passé, e ; antérieur, e. ‖ — M. pl. Aïeux, ancêtres (ascendientes).

antepatio m. Avant-cour, f.

antepecho m. Garde-fou, parapet (balaustrada). ‖ Appui, accoudoir (de ventana). ‖ Poitrail du harnais (arreo). ‖ MIN. Gradin de mine (banco).

antepenúltimo, ma adj. y s. Antépénultième.

anteponer* v. tr. Mettre devant. ‖ FIG. Faire passer avant, préférer à : *anteponer el deber al interés personal,* faire passer le devoir avant l'intérêt personnel.

anteportada f. IMPR. Faux-titre, m.

anteposición f. Mise o report (m.) en avant. ‖ Préférence (preferencia).

anteproyecto m. Avant-projet.

antepuerto m. MAR. Avant-port, avant-bassin.

antepuesto, ta adj. Placé en avant o devant. ‖ Préféré, e.

Antequera n. pr. Antequera. ‖ *Que salga el sol por Antequera,* advienne que pourra.

antequerano, na adj. D'Antequera. — M. y f. Habitant o originaire d'Antequera.

antera f. BOT. Anthère.

anteridia f. Anthéride.

anterior adj. Antérieur, e. ‖ Précédent, e : *en la página anterior,* à la page précédente.

anterioridad f. Antériorité. ‖ *Con anterioridad,* auparavant, précédemment (antes), à l'avance (con antelación).

anteriormente adv. Antérieurement, précédemment, avant, auparavant : *esto no había ocurrido nunca anteriormente,* ce n'était jamais arrivé précédemment. ‖ Avant : *anteriormente era muy simpático,* avant il était très sympathique. ‖ Ci-dessus : *véase anteriormente,* voyez ci-dessus.

anterozoide m. BOT. Anthérozoïde.

antes adv. y prep. ● Avant : *antes que llegue,* avant qu'il arrive ; *antes, todo era distinto,* avant, tout était différent. ‖ — *Antes de,* avant : *antes de mí,* avant moi. ‖ *Antes de anoche,* avant-hier soir. ‖ *Antes de ayer,* avant-hier. ‖ *Antes de Jesucristo,* avant Jésus-Christ. ‖ *Antes que,* avant : *lo he visto antes que tú,* je l'ai vu avant toi. ‖ *Antes que nada,* avant tout o avant toutes choses. ‖ *Cuanto antes* ou *lo antes posible,* le plus tôt possible, dès que possible, au plus tôt. ‖ *Cuanto antes mejor,* le plus tôt sera le mieux. ‖ *De antes de la guerra,* d'avant-guerre. ‖ *Mucho antes,* bien avant, longtemps avant. ‖ *Poco antes,* peu de temps avant.

— Adv. Plutôt : *antes morir que faltar a su deber,* plutôt mourir que faillir à son devoir (v. OBSERV.).

— Conj. Plutôt, au contraire (más bien) : *no teme la muerte, antes la desea,* il ne craint pas la mort, il la désire plutôt. ‖ *Antes bien, antes al contrario,* bien au contraire.

— Adj. D'avant, précédent, e : *el día, la noche, el año antes,* le jour, la nuit, l'année d'avant.

— OBSERV. *Plutôt* indica una preferencia y *plus tôt* una anterioridad en el tiempo : *llegó antes de mí,* il est arrivé plus tôt que moi.

— SINÓN. ● *Previamente,* préalablement, au préalable. *Anteriormente,* antérieurement.

antesala f. Antichambre. ‖ FIG. *Hacer antesala,* faire antichambre.

antesis f. BOT. Anthèse.

antevíspera f. Avant-veille.

anti pref. Anti (significa contrario). [Nous donnons ci-dessous quelques mots construits avec ce préfixe mais il en existe bien d'autres aussi bien en français qu'en espagnol].

antiaéreo, a adj. Antiaérien, enne : *cañón antiaéreo,* canon antiaérien.

antialcohólico, ca adj. Antialcoolique.

antianexionista m. Antiannexioniste.

antiapopléico, ca adj. Antiapoplectique.

antiartístico, ca adj. Antiartistique.

antiatómico, ca adj. Antiatomique.

antibiótico m. MED. Antibiotique.

anticanceroso, sa adj. Anticancéreux, euse.

anticátodo m. Fís. Anticathode, f.

anticiclón m. Anticyclone.

anticiclonal adj. Anticyclonal, e.

anticiclónico, ca adj. Anticyclonique.

anticipación f. Anticipation. ‖ *Con anticipación,* par anticipation, à l'avance, d'avance.

anticipadamente adv. Préalablement.

anticipado, da adj. Anticipé, e : *pago anticipado,* versement anticipé ; *gracias anticipadas,* remerciements anticipés. ‖ *Por anticipado,* à l'avance, d'avance, par anticipation.

anticipador, ra adj. Qui anticipe.

anticipamiento m. Anticipation, f.

anticipante adj. Anticipant, e, qui anticipe.
anticipar v. tr. Anticiper (p. us.), avancer la date
o le moment de : *anticipar las fiestas, una visita,*
avancer la date des fêtes, le moment d'une visite.
‖ Anticiper (un pago). ‖ Avancer : *anticipo el
dinero,* j'avance l'argent. ‖ FIG. Avancer (dar por
seguro).
— V. pr. Devancer : *anticiparse a un rival,* devancer un rival. ‖ FIG. Prévenir : *anticiparse a
una desgracia,* prévenir un malheur. | Dire à
l'avance. ‖ Être en avance : *se anticipa la estación,* la saison est en avance. ‖ Arriver avant
terme : *el niño se ha anticipado,* l'enfant est arrivé
avant terme. ‖ *Anticiparse a su época,* devancer
son époque.
anticipo m. Avance, *f.* : *llegar con anticipo,* arriver en avance. ‖ Acompte (sobre una deuda). ‖
● Avance, *f.* (sobre un sueldo). ‖ DR. Provision,
f. : *anticipo sobre los honorarios,* provision sur
les honoraires (de un abogado).
— SINÓN. ● *Avance, adelanto,* avance. *Provisión,* provisión.
anticlerical adj. y s. Anticlérical, e.
anticlericalismo m. Anticléricalisme.
anticlinal m. GEOL. Anticlinal.
anticoagulante adj. y s. m. Anticoagulant, e.
anticolonialismo m. Anticolonialisme.
anticolonialista adj. y s. Anticolonialiste.
anticomunista adj. y s. Anticommuniste.
anticoncepcional o anticonceptivo, va adj. Anticonceptionnel, elle.
anticonformismo m. Anticonformisme.
anticonformista adj. y s. Anticonformiste.
anticongelante m. Antigel. ‖ Antigivre.
anticonstitucional adj. y s. m. Anticonstitutionnel, elle.
anticresis f. DR. Antichrèse (contrato).
anticresista m. Antichrésiste.
anticristiano, na adj. Antichrétien, enne.
anticristo m. Antéchrist.
anticuado, da adj. Vieilli, e : *palabra anticuada,*
mot vieilli. ‖ Vieillot, otte (persona). ‖ Démodé, e ;
suranné, e (fuera de moda). ‖ Désuet, ète : *uso
anticuado,* coutume désuète. ‖ Vieux, vieille ;
ancien, enne. ‖ — *Estar anticuado,* dater (vestido,
película), être vieux jeu (persona). ‖ *Quedarse anticuado,* passer de mode : *este vestido se ha quedado anticuado,* cette robe est passée de mode.
anticuar v. tr. Déclarer vieilli *o* inusité (una
palabra).
— V. pr. Vieillir, se démoder.
anticuario m. Antiquaire (persona). ‖ Magasin
d'antiquités (tienda).
anticuerpo m. BIOL. Anticorps.
antideflagrante adj. y s. m. Antidéflagrant, e.
antidemócrata m. y f. Antidémocrate.
antidemocrático, ca adj. Antidémocrate, antidémocratique.
antideportivo, va adj. Antisportif, ive.
antideslizante adj. y s. m. Antidérapant, e.
antidetonante adj. y s. m. Antidétonant, e.
antídoto m. MED. Antidote, contrepoison.
antiemético, ca adj. y s. m. MED. Antiémétique.
antier adv. FAM. Avant-hier.
antiesclavista adj. y s. Antiesclavagiste.
antiescorbútico, ca adj. y s. m. MED. Antiscorbutique.
antiespañol, la adj. y s. Antiespagnol, e.
antiespasmódico, ca adj. y s. m. MED. Antispasmodique.
antiespiritualismo m. Antispiritualisme.
antifading m. TECN. Antifading.
antifaz m. Masque (máscara). ‖ Loup (que sólo
tapa la frente y los ojos).
antifebril adj. Antifébrile.
antifeminismo m. Antiféminisme.
antifeminista adj. y s. Antiféministe.

antifermento m. Antiferment.
antifernal adj. DR. Antiphernal, e.
antifilosófico, ca adj. Antiphilosophique.
antiflogístico, ca adj. y s. m. MED. Antiphlogistique.
antífona f. RELIG. Antienne.
antifonario m. Antiphonaire.
antifonero m. Chantre d'antiennes.
antífrasis f. Antiphrase.
antifricción f. Antifriction (aleación).
antigás adj. inv. Antigaz, à gaz : *careta antigás,*
masque à gaz.
antígeno m. MED. Antigène.
Antígona n. pr. f. Antigone.
antigrisú adj. Antigrisouteux, euse.
antigualla f. Vieillerie, antiquaille : *vestirse de
antiguallas,* porter des vieilleries. ‖ — Pl. Vieilles
histoires, contes (*m.*) de grand-mère.
antiguamente adv. Anciennement.
antiguar v. tr. Déclarer vieilli *o* inusité (una palabra).
— V. pr. e intr. Acquérir de l'ancienneté (en un
empleo). ‖ — V. pr. Vieillir, se démoder (anticuarse).
antigubernamental adj. Antigouvernemental, e.
antigüedad f. Antiquité (época antigua). ‖ Antiquité, ancienneté (calidad de antiguo). ‖ Ancienneté : *ascenso por antigüedad,* avancement par
ancienneté ; *ser ascendido por antigüedad,* être
promu à l'ancienneté. ‖ — Pl. Antiquités : *tienda
de antigüedades,* magasin d'antiquités. ‖ — *De toda
antigüedad,* de toute antiquité. ‖ *Tener mucha
antigüedad,* avoir beaucoup d'ancienneté.
antiguo, gua adj. ● Antique (de la Antigüedad). ‖
Ancien, enne ; vieux, vieille (viejo) : *tradición antigua,* vieille tradition ; *porcelana antigua,* porcelaine ancienne. ‖ Ancien, enne : *es el antiguo
presidente,* c'est l'ancien président. ‖ Antique,
démodé, e (pasado de moda) : *un traje antiguo,*
un costume antique. ‖ — *Antiguo testamento,*
Ancien Testament. ‖ — *A la antigua ou a lo antiguo,* à l'antique. ‖ *De antiguo,* depuis longtemps,
de longue date, de vieille date. ‖ *Desde muy antiguo,* de toute antiquité. ‖ *En lo antiguo,* autrefois. ‖ *Estar chapado a la antigua,* être vieux jeu.
‖ *Venir de antiguo,* venir de loin.
— M. Antique : *copiar lo antiguo,* copier l'antique. ‖ — Pl. Anciens : *los antiguos eran supersti-
ciosos,* les Anciens étaient superstitieux.
— SINÓN. ● *Viejo,* vieux. *Secular,* séculaire. *Vetusto,*
vétuste. *Arcaico,* archaïque. *Antediluviano,* antédiluvien.
Desusado, inusité. *Anticuado,* vieilli.
antihalo adj. y s. m. Antihalo (fotografía).
antihelmíntico, ca adj. y s. m. MED. Anthelminthique.
antihigiénico, ca adj. Antihygiénique.
antihistamínico, ca adj. y s. m. Antihistaminique.
antihistérico, ca adj. Antihystérique.
antilogaritmo m. MAT. Antilogarithme.
antilogía f. Antilogie (contradicción).
antilógico, ca adj. Antilogique.
antílope m. Antilope, *f.*
antillano, na adj. y s. Antillais, e.
Antillas n. pr. f. pl. GEOGR. Antilles.
antimagnético, ca adj. Antimagnétique.
antimasónico, ca adj. Antimaçonnique.
antimateria f. Antimatière.
antimeridiano m. Antiméridien.
antimilitarismo m. Antimilitarisme.
antimilitarista adj. y s. Antimilitariste.
antiministerial adj. Antiministériel, elle.
antimonárquico, ca adj. Antimonarchique, antimonarchiste.
antimoniado da adj. Antimonié, e.
antimonial adj. QUÍM. Antimonial, e.
antimoniato m. QUÍM. Antimoniate.
antimonio m. QUÍM. Antimoine (metal).

antimoniuro m. Quím. Antimoniure.
antimoral adj. Immoral, e; antimoral, e.
antinacional adj. Antinational, e.
antinatural adj. Antinaturel, elle.
antineurálgico, ca adj. Med. Antinévralgique, antimigraineux, euse.
antineutrón m. Fís. Antineutron.
antiniebla adj. Antibrouillard.
antinomia f. Antinomie.
antinómico, ca adj. Antinomique.
Antíoco n. pr. m. Antiochus.
antioqueno, na adj. D'Antioche [en Syrie].
antioqueño, ña adj. y s. D'Antioquia [en Colombie].
Antioquía n. pr. f. Geogr. Antioche.
antioxidante adj. y s. m. Antioxydant, e; antirouille.
antipalúdico, ca adj. Qui combat le paludisme.
antipapa m. Antipape.
antipara f. Paravent, m. (biombo). ‖ Jambière (polaina).
antiparalela adj. f. Mat. Antiparallèle.
antiparásito, ta o **antiparasitario, ria** adj. y s. m. Antiparasite (radio).
antiparlamentario, ria adj. y s. Antiparlementaire.
antiparlamentarismo m. Antiparlementarisme.
antiparras f. pl. Fam. Lunettes.
antipartícula f. Fís. Antiparticule.
antipartido adj. m. Antiparti.
antipatía f. Antipathie.
antipático, ca adj. Antipathique : *esta persona me cae antipática*, cette personne m'est antipathique. ‖ Désagréable : *¡qué antipático eres!*, que tu es désagréable!, ce que tu peux être désagréable!
— M. y f. Personne désagréable.
antipatriota adj. y s. Antipatriote.
antipatriótico, ca adj. Antipatriotique.
antipatriotismo m. Antipatriotisme.
antiperistáltico, ca adj. Antipéristaltique.
antipirético, ca adj. y s. m. Med. Antipyrétique.
antipirina f. Med. Antipyrine.
antípoda m. Antipode.
antipoético, ca adj. Antipoétique (p. us.), contraire à la poésie.
antipontificado m. Usurpation (f.) du pontificat [par un antipape].
antiprogresista adj. y s. Antiprogressiste.
antiprohibicionista adj. y s. Antiprohibitionniste.
antiproteccionista adj. y s. Antiprotectionniste.
antiprotón m. Fís. Antiproton.
antipútrido, da adj. y s. m. Biol. Antiputride.
antiquísimo, ma adj. Très ancien, enne.
antirrábico, ca adj. Med. Antirabique : *vacuna antirrábica*, vaccin antirabique.
antirracional adj. Antirationnel, elle.
antirracionalismo m. Antirationnalisme.
antirradar adj. Antiradar.
antirraquítico, ca adj. Med. Antirachitique.
antirreglamentario, ria adj. Antiréglementaire, contre le règlement.
antirreligioso, sa adj. y s. Antireligieux, euse.
antirrepublicano, na adj. y s. Antirépublicain, e.
antirrevolucionario, ria adj. y s. Antirévolutionnaire.
antirrobo m. Antivol.
antiscios m. pl. Antisciens.
antisemita adj. y s. Antisémite.
antisemítico, ca adj. Antisémitique.
antisemitismo m. Antisémitisme.
antisepsia f. Med. Antisepsie.
antiséptico, ca adj. y s. m. Med. Antiseptique.
antisociable adj. Antisociable.
antisocial adj. Antisocial, e.
antístrofa f. Poét. Antistrophe.
antisubmarino, na adj. Anti-sous-marin, e.

antitanque adj. Antichar.
antítesis f. Antithèse.
antitetánico, ca adj. Med. Antitétanique.
antitético, ca adj. Antithétique.
antitóxico, ca adj. Antitoxique.
antitoxina f. Med. Antitoxine.
antituberculoso, sa adj. Med. Antituberculeux, euse.
antivenenoso, sa adj. Antivenimeux, euse (contra el veneno de los animales). ‖ Antivénéneux, euse (contra el veneno de las plantas).
antivenéreo, a adj. Med. Antivénérien, enne.
antojadizo, za adj. Capricieux, euse (caprichoso). ‖ Lunatique (cambiadizo). ‖ Fantasque (extravagante).
antojado, da adj. Qui a envie de quelque chose, désireux, euse de.
antojarse v. pr. Avoir envie de (desear) : *no hace más que lo que se le antoja*, il ne fait que ce dont il a envie. ‖ Avoir l'idée de : *se le antojó dar la vuelta al mundo*, il eut l'idée de faire le tour du monde. ‖ Avoir dans l'idée, avoir l'impression : *se me antoja que va a llover*, j'ai l'impression qu'il va pleuvoir. ‖ Penser, croire (opinar).
— Observ. Dans le premier sens, le verbe *antojarse* ne s'emploie qu'à l'infinitif et aux troisièmes personnes avec un pronom personnel : *se me antojó*, j'ai eu envie ou j'ai cru.
antojo m. Caprice : *hay que satisfacer todos sus antojos*, il faut lui passer tous ses caprices. ‖ Lubie, *f.* : *esto no es más que un antojo*, ce n'est qu'une lubie. ‖ Envie, *f.* : *las mujeres embarazadas tienen antojos*, les femmes enceintes ont des envies. ‖ Envie, *f.* (mancha de la piel). ‖ — *Cada uno a su antojo*, chacun à sa guise. ‖ *Manejar a uno a su antojo*, mener quelqu'un par le bout du nez, faire ce que l'on veut de quelqu'un. ‖ *Amer. No morirse de antojo*, ne pas rester sur sa faim. ‖ *No obrar sino a su antojo*, n'en faire qu'à sa tête. ‖ *Seguir sus antojos*, suivre sa fantaisie. ‖ *Vivir a su antojo*, vivre à sa guise o à son idée.
antología f. Anthologie. ‖ Fam. *De antología*, magnifique, fantastique : *Rodríguez marcó un gol de antología*, Rodriguez marqua un but magnifique.
— Sinón. *Florilegio*, florilège. *Selección*, sélection, recueil. *Analectas*, analectes, *Crestomatía*, chrestomathie. *Espicilegio*, spicilège.
antológico, ca adj. Anthologique.
Antonia n. pr. f. Antoinette.
antonimia f. Antonymie.
antónimo m. Antonyme (contrario).
antonino m. Antonin [religieux].
Antonino n. pr. m. Antonin.
Antonio n. pr. m. Antoine.
antonomasia f. Antonomase.
antorcha f. Torche, flambeau, *m.*
antozoarios m. pl. Zool. Anthozoaires.
antraceno m. Anthracène.
antracita f. Anthracite, m.
— Adj. Anthracite (color).
antracnosis f. Anthracnose (enfermedad de la vid).
antracosis f. Med. Anthracose.
antraquinona f. Quím. Anthraquinone.
ántrax m. inv. Med. Anthrax.
antreno m. Zool. Anthrène (insecto).
antro m. Antre.
antropocéntrico, ca adj. Anthropocentrique.
antropocentrismo m. Anthropocentrisme.
antropofagia f. Anthropophagie.
antropófago, ga adj. y s. Anthropophage.
antropoide o **antropoideo, a** adj. y s. Anthropoïde.
antropología f. Anthropologie.
antropológico, ca adj. Anthropologique.
antropologista o **antropólogo, ga** m. y f. Anthropologue, anthropologiste.

antropometría f. Anthropométrie.
antropométrico, ca adj. Anthropométrique.
antropomorfismo m. RELIG. Anthropomorphisme.
antropomorfita adj. y s. Anthropomorphiste, anthropomorphite.
antropomorfo, fa adj. y s. Anthropomorphe.
antroponimia f. Anthroponymie.
antropopiteco m. Anthropopithèque (mono).
antruejar v. tr. Faire des farces au carnaval.
antruejo m. Carnaval.
antucá m. En-cas o encas (sombrilla).
antuerpiense o **antuerpino, na** adj. y s. Anversois, e ; d'Anvers (de Amberes).
anual adj. Annuel, elle.
anualidad f. Annuité (renta) : *pagar las anualidades*, payer les annuités. || Annualité (carácter anual).
anuario m. Annuaire.
anubarrado, da adj. Nuageux, euse ; couvert, e : *cielo anubarrado*, ciel nuageux.
anublar v. tr. Obscurcir (el cielo). || Cacher (los astros). || FIG. Ternir (la fama, la alegría).
— V. pr. Se couvrir : *el cielo se va anublando*, le ciel se couvre peu à peu. || AGRIC. Se faner (las plantas). || FIG. S'évanouir (desvanecerse).
anublo m. Nielle, f. (añublo).
anudadura f. o **anudamiento** m. Nouage, m., nouement, m.
anudar v. tr. Nouer : *anudar una cinta, una corbata*, nouer un ruban, une cravate. || Attacher (atar) : *anudar los zapatos*, attacher ses chaussures. || FIG. Renouer : *anudar la conversación*, renouer la conversation.
— V. pr. Attacher (los zapatos). || Nouer (la corbata). || AGRIC. Se rabougrir.
anuencia f. Assentiment, m., consentement, m.
anuente adj. Consentant, e.
anulable adj. Annulable. || DR. Cassable.
anulación f. Annulation : *la anulación de un tratado*, l'annulation d'un traité. || Décommandement, m. : *la anulación de una cena*, le décommandement d'un dîner.
anulador, ra adj. y s. Qui annule.
anular adj. Annulaire.
— M. Annulaire (dedo).
anular v. tr. ● Annuler. || Révoquer, destituer (una persona). || Décommander, annuler : *anular un encargo*, annuler une commande ; *anular una comida*, décommander un repas.
— V. pr. S'annuler.
— SINÓN. ● *Abrogar*, abroger, *Abolir*, abolir. *Revocar*, révoquer. *Derogar*, déroger. *Invalidar*, invalider. *Cancelar*, résilier. *Rescindir*, rescinder. *Suprimir*, supprimer.
anulativo, va adj. Annulatif, ive.
anunciación f. Annonciation.
Anunciada n. pr. f. Annonciade (orden).
anunciador, ra adj. y s. Annonciateur, trice. || Annonceur, m. (en un periódico). || *Empresa anunciadora*, agence de publicité.
anunciante m. Annonceur.
anunciar v. tr. ● Annoncer : *anunciar algo a bombos y platillos*, annoncer quelque chose à grand renfort de trompettes ; *anunciar una nueva*, annoncer une nouvelle. || Afficher : *anunciar una subasta*, afficher une vente aux enchères. || Faire de la publicité pour : *es un producto que han anunciado mucho*, c'est un produit pour lequel on a fait beaucoup de publicité. || *El tiempo anuncia lluvia*, le temps est à la pluie.
— SINÓN. *Avisar*, aviser. *Declarar*, déclarer. *Proclamar*, proclamer. *Manifestar*, manifester. *Exponer*, exposer.
anuncio m. Annonce, f. : *los anuncios de un diario*, les annonces d'un journal. || Pancarte, f. : *había un gran anuncio de madera al borde de la carretera*, il y avait une grande pancarte en bois au bord de la route. || Affiche, f. (cartel) : *anuncio luminoso*, affiche lumineuse. || — *Anuncio por palabras*, petites annonces (en un periódico). || *Fijación de anuncios*, affichage. || *Hombre anuncio*, homme-sandwich. || *Tablón ou tablilla de anuncios*, tableau d'affichage. || — *Prohibido fijar anuncios*, défense d'afficher.
anuo, nua adj. Annuel, elle : *planta anua*, plante annuelle.
anuria f. MED. Anurie, anurèse.
anuro adj. y s. ZOOL. Anoure.
anverso m. Avers, face, f. (de moneda). || Recto (de página).
anzuelo m. Hameçon. || *Tragar el anzuelo ou caer ou picar en el anzuelo*, mordre à l'hameçon, tomber dans le panneau.
añada f. Temps (m.) général de l'année. || AGRIC. Sole (de tierra).
añadido, da adj. Ajouté, e. || *Lo añadido*, ce qui est ajouté.
— M. Postiche (de cabello). || Addition, f., ajouté, ajout (p. us.) : *hacer un añadido a un texto*, faire une addition à un texte. || *Poner un añadido a*, rallonger : *poner un añadido a una mesa*, rallonger une table.
añadidura f. Addition, ajout, ajouté, m. (en un texto). || Supplément, m. || Allonge (de un vestido). || *Por añadidura*, en outre, par surcroît, avec cela, en sus, par-dessus le marché (fam.) [además].
añadir v. tr. Ajouter.
añafea f. Strasse, papier (m.) d'emballage, papier (m.) gris.
añagaza f. Appeau, m., moquette (pájaro que atrae a los demás). || FIG. Ruse, leurre, m., artifice, m. (ardid).
añal adj. Annuel, elle (anual). || Âgé, e d'un an (las reses).
— M. Offrande (f.) pour l'anniversaire d'un défunt. || Jeune veau, chevreau o agneau âgé d'un an.
añalejo m. RELIG. Ordo.
añas m. *Amer.* Mouffette, f. (zorra).
añejamiento m. Vieillissement.
añejar v. tr. Vieillir.
— V. pr. Vieillir (el vino).
añejo, ja adj. Vieux, vieille (vinos, conservas) : *vino añejo*, vin vieux. || FIG. y FAM. Vieux, vieille ; ancien, enne (noticia).
añicos m. pl. Miettes, f., morceaux : *hacer añicos*, réduire en miettes, mettre en morceaux.
añil m. Indigotier (arbusto). || Indigo (color). || *color de añil*, bleu indigo.
añilar v. tr. Teindre en bleu indigo.
añilería f. Indigoterie.
añinero m. Mégissier.
añinos m. pl. Agnelin, sing. (pieles). || Agneline, f. sing. (lana).
año m. An : *tener veinte años cumplidos*, avoir vingt ans révolus ; *el año 50 antes de J. C.*, l'an 50 avant J.-C. ; *ir para ou acercarse a los treinta años*, aller sur ses trente ans. || Année, f., an (período de un año, v. OBSERV.) : *el año que viene*, l'année prochaine, l'an prochain ; *año bisiesto*, común ou vulgar, civil, année bissextile, commune, civile ; *año escolar*, année scolaire. || — Agneau (piel) : *abrigo de año*, manteau d'agneau. || — Pl. Années. || Temps : *en aquellos años felices de nuestra juventud*, aux temps heureux de notre jeunesse. || — *Año de gracia*, an de grâce. || ASTR. *Año de luz*, année de lumière, année-lumière. || *Año económico*, exercice financier. || *Año entrante*, année qui commence. || *Año nuevo*, nouvel an. || *Años pobres*, années de misère. || *Años y años*, pendant des années. || *Año tras año*, d'année en année. || *El año de la nana*, le temps où la reine Berthe filait. || *El año nuevo*, le nouvel an. || *El día de año nuevo*, le jour de l'an. ||

— ¡Buen año!, ¡Feliz año nuevo!, bonne année!, heureuse o joyeuse année! || Con sus pocos ou muchos años, malgré son jeune o grand âge. || En sus años mozos, dans sa jeunesse. || Entrado en años, d'un âge avancé. || Por los años 1800, vers 1800, dans les années 1800. || ¡Qué años aquellos!, ah, quelle époque! || Un año con otro, bon an mal an. || Una vez al año ou por año, une fois l'an o par an. || — Con los años viene el juicio, la raison vient avec l'âge. || En los años que corren, par les temps qui courent. || Felicitar el día de año nuevo ou por año nuevo, souhaiter la bonne année. || Hace años, il y a des années : hace años que la producción no ha aumentado, il y a des années que la production n'a pas augmenté; il y a des années, il y a des siècles : hace años que no le he visto, il y a des siècles que je ne l'ai pas vu. || Venir del año de Maricastaña, remonter au déluge. || Vivir muchos años, vivre de longues années.

— Observ. Para el empleo de an y de année ver la observación de la primera parte después del artículo an.
añojal m. Agric. Sole, f.
añojo m. Veau o agneau d'un an.
añoranza f. Regret, m. (pesar). || Nostalgie : tener añoranza de su país, avoir la nostalgie de son pays.
añorar v. tr. Regretter, avoir la nostalgie de : añorar el tiempo pasado, avoir la nostalgie du temps passé.
añoso, sa adj. Âgé, e (viejo).
añublo m. Agric. Nielle, f. (enfermedad).
aojador, ra adj. y s. Jeteur, jeteuse de sort, jettatore, m.
aojadura f. o **aojamiento** m. Mauvais œil, m., sort, m.
aojar v. tr. Jeter un sort sur (impedir el logro de una cosa).
aojo m. Mauvais œil, sort.
aónides f. pl. Mit. Aonides (las Musas).
aonio, nia adj. y s. Aonien, enne (beocio).
aoristo m. Gram. Aoriste.
aorta f. Anat. Aorte.
aórtico, ca adj. Aortique.
aortitis f. Med. Aortite.
aovado, da adj. Ovale.
apabullar v. tr. Fam. Aplatir, écraser (aplastar). || Fig. Renverser, sidérer. | Faire taire, clouer le bec (fam.) : lo apabulló con sus argumentos, il lui cloua le bec avec ses arguments.
apacentadero m. Agric. Pâturage.
apacentador, ra adj. Qui fait paître, qui paît.
— M. y f. Berger, ère ; pâtre (sin femenino).
apacentamiento m. Agric. Pâturage, mise (f.) à l'herbage (acción). || Pâture, f. (pasto).
apacentar* v. tr. Agric. Paître, faire paître, pâturer, pacager (p. us.) [los rebaños]. || Fig. Repaître (satisfacer los deseos).
— V. pr. Paître (comer). || Fig. Se repaître.
apacibilidad f. Tranquillité, douceur, calme, m. || Fig. Affabilité.
apacible adj. ● Paisible, calme, tranquille : una vida apacible, une vie tranquille. || Calme, doux, douce : esta niña es muy apacible, cette enfant est très calme. || Fig. Affable (de buen carácter). | Calme (tiempo).
— Sinón. ● Pacífico, pacifique. Pacifista, pacifiste.
apaciguador, ra adj. Apaisant, e.
— M. y f. Pacificateur, trice ; conciliateur, trice.
apaciguamiento m. Apaisement.
apaciguar v. tr. Apaiser, calmer : apaciguar los ánimos, apaiser les esprits.
— V. pr. S'apaiser, se calmer : la tempestad se apaciguó, la tempête s'est calmée.
— Sinón. Calmar, calmer. Tranquilizar, tranquilliser. Serenar, aquietar, rasséréner. Pacificar, pacifier. Templar, tempérer.

apache m. Apache (piel roja). || Fig. Apache, malfaiteur (bandido).
apachico m. Amer. Paquet, ballot porté sur le dos.
apadrinado m. Protégé, poulain (fam.) [protegido].
apadrinador, ra adj. y s. Protecteur, trice. || — M. Témoin dans un duel (en un desafío).
apadrinamiento m. Parrainage. || Fonction (f.) de témoin dans un duel. || Fig. Parrainage, protection, f.
apadrinar v. tr. Parrainer, être le parrain de : apadrino a mi sobrino, je suis le parrain de mon neveu. || Fig. Servir de témoin (en un desafío). || Parrainer : apadrinar a un escritor principiante, parrainer un écrivain débutant. | Défendre : apadrina todas las ideas humanitarias, il défend toutes les idées humanitaires.
apagable adj. Extinguible.
apagadizo, za adj. Peu combustible, qui brûle mal.
apagado, da adj. Éteint, e : fuego apagado, feu éteint. || Terne, sans éclat : un color apagado, une couleur terne. || Fig. Effacé, e : esta mujer es muy apagada, cette femme est très effacée. | Éteint, e (voz, mirada). | Étouffé, e ; sourd, e (ruido). | Cal apagada, chaux éteinte.
apagador, ra adj. Qui éteint (el fuego). || Qui étouffe (el sonido). || — M. y f. Éteigneur, euse (que apaga). || — M. Éteignoir (útil para apagar). | Extincteur d'incendie (de incendio). || Mús. Étouffoir (del piano).
apagamiento m. Extinction, f. || Étouffement, assourdissement (de un sonido).
apagapenol m. Mar. Cargue, f. (cabo).
apagar v. tr. Éteindre (el fuego, la luz). || Éteindre, faner, ternir : el sol apaga los colores, le soleil éteint les couleurs. || Détremper, éteindre (la cal). || Étouffer, assourdir (sonido). || Fig. Apaiser, adoucir : apagar su ira, apaiser sa colère. | Atténuer : el tiempo apaga todos los rencores, le temps atténue toutes les rancunes. | Fig. Tarir, étouffer (un afecto). || — Apagar la sed, désaltérer, étancher la soif : el limón apaga la sed, le citron désaltère ; se désaltérer : apagó su sed bebiendo un vaso de agua, il s'est désaltéré en buvant un verre d'eau. || Fam. Apaga y vámonos, ça suffit, n'en parlons plus.
— V. pr. S'éteindre. || Fig. S'éteindre (morir).
apagavelas m. Éteignoir.
apagón m. Coupure, f., panne, f. [du courant électrique].
apainelado, da adj. Arq. En anse de panier, surbaissé, e (arco).
apaisado, da adj. Oblong, gue ; en largeur (más ancho que largo) : formato apaisado, format en largeur. || Italien, enne (dibujo, libro). || Tamaño apaisado, format rectangulaire o à l'italienne.
apajarado, da adj. Amer. Étourdi, e.
apalabrar v. tr. Décider o convenir verbalement de : apalabrar un negocio con un amigo, décider verbalement une affaire avec un ami. || Arrêter (contratar) : apalabrar a un criado, arrêter un domestique.
— V. pr. S'entendre verbalement.
Apalaches n. pr. m. pl. Geogr. Appalaches, f.
apalachino, na adj. Appalachien, enne.
apalancamiento m. Levage.
apalancar v. tr. Mecán. Lever, exercer une pesée sur [avec un levier]. || Soulever (levantar). || Fig. Appuyer, soutenir (apoyar).
apaleado, da adj. y s. Battu, e. || Tras cornudo apaleado, les battus paient l'amende : cocu, battu et content.
apaleador, ra adj. Qui frappe.
— M. y f. Assaillant, e. || Gauleur, euse (de frutos).

apaleamiento m. Bastonnade, *f.* ‖ Gaulage (de los frutos). ‖ Action de battre les vêtements (la ropa).

apalear v. tr. Donner des coups de bâton, battre, rosser, bâtonner (p. us.) [pegar con un palo]. ‖ Battre (la ropa). ‖ AGRIC. Gauler (los frutos). ‖ Éventer (el grano). ‖ — FIG. *Apalear oro* ou *dinero* ou *las onzas de oro* ou *los millones,* remuer l'argent à la pelle, rouler sur l'or, être cousu d'or.

apaleo m. Bastonnade, *f.* ‖ AGRIC. Éventage, remuage (del trigo), gaulage (de frutos).

apandar v. tr. FAM. Chiper, rafler, piquer (robar).

apandillar v. tr. Grouper en bande.
— V. pr. Se grouper en bande, faire une bande.

apanojado, da adj. BOT. Disposé en épis *o* en grappe.

apantanar v. tr. Inonder (un terreno).

apañado, da adj. Foulé, e (tejido). ‖ FIG. y FAM. Adroit, e ; habile : *es muy apañado para toda clase de cosas,* il est très habile pour toutes sortes de choses. | Bricoleur, euse : *al ver su casa se da uno cuenta que es un chico apañado,* en voyant sa maison on se rend compte que c'est un garçon bricoleur. | Pratique : *me he comprado un vestido muy apañado,* je me suis acheté une robe très pratique. | Utile : *un colaborador apañado,* un collaborateur utile. | Bien arrangé, e : *esta chica va siempre muy apañada,* cette fille est toujours très bien arrangée.

apañamiento m. Arrangement (arreglo). ‖ FAM. Adresse, *f.* (habilidad).

apañar v. tr. FAM. Arranger, disposer (preparar). | Réparer, arranger, retaper, raccommoder : *apañar unos pantalones,* arranger un pantalon. | Arranger : *¿te apaña coger el avión de la noche?,* ça t'arrange de prendre l'avion de nuit ? ‖ Prendre, attraper (coger). ‖ Couvrir (con ropa). ‖ Amer. S'approprier, adopter. ‖ Protéger, défendre : *las madres apañan a sus hijos,* les mères défendent leurs enfants.
— V. pr. FAM. S'arranger, se débrouiller : *yo me las apaño siempre para conseguir lo que quiero,* moi je m'arrange toujours pour obtenir ce que je veux. | Se débrouiller : *a pesar de su poca edad se apaña él solo,* malgré son jeune âge il se débrouille tout seul. | Se procurer, dégoter : *me apañé un coche muy bonito para irme de vacaciones,* je me suis procuré une très jolie voiture pour aller en vacances.

apaño m. FAM. Arrangement (arreglo). | Raccomodage, réparation, *f.,* retapage (compostura). | Adresse, *f.,* habileté, *f.* (habilidad). | Petite amie, *f.* (concubina). ‖ FAM. *Ser algo de mucho* ou *de gran apaño,* être quelque chose de très utile *o* de grand service.

apañuscar v. tr. FAM. Chiffonner, friper (estrujar). | Chiper, faucher (robar).

aparador m. Buffet (mueble). ‖ Atelier (taller). ‖ Vitrine, *f.* (escaparate).

aparato m. ● Apparat, pompe, *f.* : *una ceremonia con mucho aparato,* une cérémonie en grand apparat ; *me agrada poco tanto aparato,* je n'aime pas beaucoup toute cette pompe. ‖ Appareil : *un aparato de televisión,* un appareil de télévision. ‖ Machine, *f.* (máquina). ‖ Appareil (para los dientes). ‖ FAM. Appareil (avión, teléfono, fotografía). ‖ ANAT. Appareil, système : *aparato circulatorio,* appareil circulatoire. ‖ MED. Appareil (vendaje). ‖ Appareil (preparativos). ‖ *Amer.* Fantôme. ‖ — *Aparato de radio,* poste de radio. ‖ *Aparato escénico,* mise en scène. ‖ *Aparato salvavidas,* appareil de sauvetage. ‖ *Aparatos de gimnasia,* agrès. ‖ *¿Quién está en el aparato?* (teléfono), qui est à l'appareil ?
— SINÓN. ● *Pompa, pomposidad,* pompe. *Ceremonial,* cérémonial. Pop. *Bambolla,* tralala.

aparatoso, sa adj. Pompeux, euse (vistoso). ‖ Spectaculaire : *accidente aparatoso,* accident spectaculaire. ‖ Qui ne passe pas inaperçu, qu'on remarque : *un traje aparatoso,* une robe qui ne passe pas inaperçue.

aparcamiento m. Stationnement (acción de aparcar). ‖ Parc de stationnement, parking (sitio reservado).

aparcar v. tr. Garer, ranger, parquer : *aparcar su coche,* garer sa voiture.
— V. intr. Se ranger, se garer : *en esta calle nunca puede uno aparcar,* dans cette rue on ne peut jamais se garer. ‖ Stationner : *prohibido aparcar,* défense de stationner. ‖ *Aparcar en batería,* se ranger en épi.

aparcería f. AGRIC. Métayage, *m.*

aparcero, ra m. y f. AGRIC. Métayer, ère. ‖ Copropriétaire (comunero). ‖ (Ant.). Compagnon, *m.* (compañero).

apareamiento m. Accouplement.

aparear v. tr. Accoupler, apparier. ‖ Égaliser, rendre égal (hacer igual).
— V. pr. S'accoupler.

aparecer* v. intr. ● Apparaître (dejarse ver). ‖ Paraître (un libro). ‖ Figurer (en una lista). ‖ FAM. Arriver (llegar). | Paraître, venir (venir) : *no apareció en la oficina,* il n'a pas paru au bureau ; *hace dos años que no aparece por aquí,* il y a deux ans qu'il ne vient pas par ici. | Faire son apparition : *después de un cuarto de hora apareció,* il a fait son apparition un quart d'heure plus tard. ‖ *Aparecer en escena,* paraître sur la scène (teatro).
— V. pr. Apparaître : *Dios se apareció a Moisés,* Dieu apparut à Moïse ; *los fantasmas se aparecen por la noche,* les fantômes apparaissent la nuit.
— SINÓN. ● *Mostrarse,* se montrer. *Brotar,* germer. *Surgir,* surgir. *Despuntar,* poindre.

aparecido m. Revenant, fantôme.

aparecimiento m. Apparition, *f.*

aparejado, da adj. Préparé, e. ‖ Propre, convenable, adéquat, e. ‖ — *Ir aparejado con,* aller de pair avec. ‖ *Traer aparejado,* entraîner.

aparejador m. Préparateur. ‖ Aide-architecte. ‖ MAR. Gréeur.

aparejar v. tr. Apprêter, préparer (preparar). ‖ Disposer (disponer). ‖ Harnacher (los caballos). ‖ MAR. Gréer. ‖ Apprêter, imprimer (imprimar).
— V. pr. Se préparer, s'apprêter.
— OBSERV. Existe en francés el verbo *appareiller,* hablando de un barco, pero significa « zarpar ».

aparejo m. Préparation, *f.,* arrangement (preparativo). ‖ Matériel, attirail (lo necesario). ‖ Harnais (arreo), bât (de un animal de carga). ‖ FIG. Matériel, attirail. ‖ ARQ. Appareil. ‖ CONSTR. Liaison, *f.* ‖ MECÁN. Moufle, *f.* (de poleas). ‖ MAR. Gréement (palos). | Palan (botavara). ‖ IMPR. Impression, *f.,* apprêt. | Apprêt (de un cuadro). ‖ — Pl. Attirail, *sing.,* matériel, *sing.* ‖ Outillage, *sing.* (herramientas). ‖ *Aparejo de pescar,* attirail de pêche.

aparentador, ra adj. y s. Simulateur, trice.

aparentar v. tr. Feindre, simuler (simular). ‖ Sembler, avoir l'air (parecer) : *aparentar alegría,* avoir l'air gai. ‖ Paraître, faire : *no aparenta cuarenta años,* il ne fait pas quarante ans. ‖ Paraître : *¿estaba contento?, no lo dejaba aparentar,* il était content ?, il ne le laissait pas paraître. ‖ — *Aparentar trabajar* ou *que se trabaja,* faire semblant *o* feindre de travailler. ‖ *No aparentar la edad que se tiene,* ne pas faire son âge, ne pas porter son âge.
— V. intr. Se faire remarquer, paraître : *a esta mujer le gusta mucho aparentar,* cette femme aime beaucoup se faire remarquer.

aparente adj. Apparent, e : *un éxito aparente,* un succès apparent. ‖ Propre, approprié, e (adecuado). ‖ *Un vestido muy aparente,* une robe très bien.

aparentemente adv. Apparemment.

aparición f. Apparition (visión). ‖ Parution (publicación).

apariencia f. ● Apparence : *fiarse de las apariencias,* se fier aux apparences ; *guardar* ou *salvar* ou *cubrir las apariencias,* sauver les apparences ; *juzgar por las apariencias,* juger sur les apparences. ‖ FIG. y FAM. Façade. ‖ — *Apariencia falsa,* apparence trompeuse. ‖ *En apariencia,* en apparence, apparemment. ‖ *Tener la apariencia,* avoir l'air : *tiene apariencia de gran señor,* il a l'air d'un grand seigneur.

— SINÓN. ● *Verosimilitud, verisimilitud,* vraisemblance. *Probabilidad,* probabilité.

aparroquiado, da adj. Paroissien, enne (vecino). ‖ Achalandé, e ; qui a beaucoup de clients (que tiene clientes).

aparroquiar v. tr. (P. us.). COM. Achalander, amener des clients.

— V. pr. Devenir client.

apartadamente adv. Séparément.

apartadero m. Gare (f.) de triage (estación). ‖ Voie de garage (vía). ‖ Refuge, lieu de dégagement (en un camino). ‖ Bief de dérivation (en los canales). ‖ Enceinte (f.) où l'on choisit les taureaux [pour les « corridas »].

apartado, da adj. Écarté, e ; éloigné, e ; distant, e : *un pueblo apartado,* un village écarté. ‖ FIG. Écarté, e : *persona apartada del poder,* personne écartée du pouvoir. ‖ *Mantenerse apartado,* rester *o* se tenir à l'écart *o* dans l'ombre.

— M. Fond d'un appartement, partie (f.) située à l'écart (aposento). ‖ Cabinet particulier (en un bar). ‖ TEATR. Aparté (aparte). ‖ Section, f., service (de oficina). ‖ Boîte (f.) postale (de correos). ‖ Alinéa, paragraphe (párrafo). ‖ Mise (f.) au toril [des taureaux]. ‖ Choix des taureaux (selección de las reses). ‖ MIN. Affinage (del oro).

apartador, ra adj. y s. Qui écarte (que aparta). ‖ Trieur, euse (que selecciona). ‖ *Amer.* Aiguillon (aijada).

apartamento m. Appartement.

— OBSERV. Le mot *apartamento* correspond en réalité à un petit appartement.

apartamiento m. Écartement (acción de apartar). ‖ Tri, triage (acción de escoger). ‖ Appartement (piso). ‖ DR. Désistement.

apartar v. tr. ● Écarter, éloigner (alejar). ‖ Mettre *o* tenir à l'écart : *apartar a alguien de todas las ventajas,* tenir quelqu'un à l'écart de tous les avantages. ‖ Écarter, détourner : *apartar a uno de su camino,* détourner quelqu'un de son chemin. ‖ Mettre de côté : *ya he apartado todo lo que tengo que llevar,* j'ai déjà mis de côté tout ce que je dois emporter. ‖ FIG. Détourner, dissuader (disuadir). ‖ Se mettre à (empezar) : *apartar a correr,* se mettre à courir. ‖ TECN. Trier (el mineral). ‖ — *Apartar de sí el temor, la ira,* bannir la crainte, la colère. ‖ *Apartar la vista* ou *la mirada de,* détourner les yeux *o* le regard *o* la vue de. ‖ *No apartar la mirada de,* ne pas détacher les yeux de.

— V. pr. S'écarter, s'éloigner (alejarse). ‖ FIG. S'éloigner : *doctrinas que se apartan una de otra,* des doctrines qui s'éloignent l'une de l'autre. ‖ S'éloigner, se retirer : *apartarse del mundo,* s'éloigner du monde. ‖ Se détourner : *apartarse de su deber,* se détourner de son devoir. ‖ Se pousser : *apártate para que tenga un poco más de sitio,* pousse-toi pour que j'aie un peu plus de place. ‖ S'écarter (dejar el paso libre). ‖ DR. Se désister d'une plainte. ‖ — *Apartarse del peligro,* fuir le danger. ‖ *Apártate de mi camino,* ôte-toi de mon chemin. ‖ *Apártate de mi vista,* ôte-toi de ma vue.

— SINÓN. ● *Alejar,* éloigner. *Dejar a un lado,* mettre à l'écart. *Quitar,* enlever. *Separar,* séparer. *Aislar,* isoler. *Desunir,* disjoindre.

aparte adv. De côté : *poner aparte,* mettre de côté. ‖ À part : *bromas aparte,* plaisanteries à part ; *es una niña aparte,* c'est une enfant à part. ‖ En plus : *aparte recibe ayuda del exterior,* en plus il reçoit une aide de l'extérieur. ‖ *Aparte de,* mis à part, en dehors de, hormis : *aparte del estilo esta obra no vale nada,* mis à part le style, cet ouvrage ne vaut rien. ‖ — *Conversación aparte,* aparté. ‖ *Eso aparte,* outre cela, cela mis à part. ‖ — *Dejando aparte,* abstraction faite de. ‖ *Eso es capítulo aparte,* c'est une autre histoire, c'est à part. ‖ *Hacer párrafo aparte,* aller à la ligne. ‖ *Hacer rancho aparte,* faire bande à part.

— M. TEATR. Aparté. ‖ Paragraphe, alinéa (párrafo). ‖ *Punto y aparte,* point à la ligne.

apartijo m. Petit tas : *hacer apartijos,* faire des petits tas. ‖ Cabinet, dépendance, f. (sitio).

aparvadera f. Râteau, m. (rastrillo).

aparvar v. tr. Étaler sur l'aire : *aparvar el trigo,* étaler le blé sur l'aire.

apasionado, da adj. Passionné, e : *apasionado por la caza, por una persona,* passionné de chasse, pour une personne. ‖ Partisan, e (partidario). ‖ Ardent, e ; acharné, e : *es un apasionado defensor de,* c'est un défenseur ardent de.

apasionamiento m. Passion, f. ‖ *Con apasionamiento,* passionnément, avec passion.

apasionante adj. Passionnant, e.

apasionar v. tr. Passionner.

— V. pr. Se passionner : *apasionarse por el estudio,* se passionner pour l'étude.

apaste o **apastle** m. *Amer.* Cuvette, f.

apatía f. Apathie.

— SINÓN. ● *Abulia,* aboulie. *Abandono,* abandon. *Desidia, negligencia,* négligence. *Desgana,* dégoût. *Indolencia,* indolence. *Insensibilidad,* insensibilité. *Dejadez,* laisser-aller. *Molicie,* mollesse. *Indiferencia,* indifférence. *Languidez,* langueur.

apático, ca adj. y s. Apathique.

apatito m. MIN. Apatite, f.

apátrida adj. y s. Apatride.

apeadero m. Halte f., petite gare, f. (ferrocarriles) : *la línea cuenta con cuarenta estaciones y once apeaderos,* la ligne comprend quarante gares et onze haltes. ‖ Pied-à-terre, inv. (casa). ‖ Montoir (poyo).

apeador m. Arpenteur (agrimensor).

apealar v. tr. *Amer.* Entraver.

apeamiento m. Descente, f.

apear v. tr. Faire descendre [de cheval ou de voiture]. ‖ Entraver (trabar un caballo). ‖ Caler (un vehículo). ‖ Arpenter, délimiter (medir). ‖ Abattre (un árbol). ‖ FIG. y FAM. Faire démordre (disuadir) : *no pude apearlo,* je n'ai pas pu l'en faire démordre. ‖ ARQ. Étayer (apuntalar). | Déplacer, descendre (bajar). ‖ *Apear el tratamiento,* laisser les titres de côté.

— V. pr. Mettre pied à terre (bajarse de un caballo), descendre (de un coche, de caballo). ‖ FIG. y FAM. Démordre (se emplea sólo con una negación), renoncer à (disuadirse). ‖ *Amer.* Descendre (en un hotel). ‖ — FAM. *Apearse del burro,* reconnaître son erreur. | *Apearse por las orejas,* vider les arçons, faire panache.

apechugar v. intr. FIG. y FAM. Se coltiner, s'appuyer : *siempre tengo que apechugar con todo el trabajo,* il faut toujours que je me coltine tout le travail. | S'appuyer : *apechugar con una caminata,* s'appuyer une longue course. | Affronter : *hay que apechugar con las consecuencias de esta acción,* il faut affronter les conséquences de cette action. | Pousser avec la poitrine (empujar).

apedreado, da adj. Lapidé, e : *San Esteban murió apedreado,* saint Étienne est mort lapidé. ‖ Bariolé, e (abigarrado). ‖ Grêlé, e [de petite vérole].

apedreador, ra adj. y s. Qui lapide.

apedreamiento m. Lapidation, f.

apedrear v. tr. Jeter des pierres, lapider.
— V. impers. Grêler (granizar).
— V. pr. Être grêlé (cosechas).
apedreo m. Lapidation, *f.* ‖ Destruction (*f.*) des récoltes par la grêle.
apegadamente adv. Avec attachement *o* affection.
apegado, da adj. Attaché, e : *estar muy apegado a las tradiciones*, être très attaché aux traditions.
apegarse v. pr. S'attacher à, avoir de l'attachement *o* de l'affection pour : *apegarse a una persona*, s'attacher à une personne. ‖ *Amer.* S'approcher (acercarse).
apego m. Attachement, affection, *f.* : *apego a una persona*, affection pour quelqu'un. ‖ Attachement : *apego a la patria*, attachement à sa patrie. ‖ Intérêt : *demostrar poco apego a los estudios*, montrer peu d'intérêt pour les études. ‖ — *Tener apego a*, tenir à : *tiene apego a su reputación*, il tient à sa réputation. ‖ *Tomar* ou *cobrar apego a*, s'attacher à.
apegualar v. tr. *Amer.* Entraver.
apelable adj. DR. Appelable.
apelación f. DR. Appel, *m.* : *presentar una apelación*, faire appel. ‖ Consultation de médecins (entre médicos). ‖ — *Médico de apelación*, médecin consultant. ‖ *Recurso de apelación*, recours en appel. ‖ *Tribunal de apelación*, cour d'appel. ‖ — FIG. *Interponer apelación*, interjeter appel. ‖ *No haber* ou *no tener apelación*, être sans appel *o* irrévocable.
apelambrar v. tr. Planer (los cueros).
apelante adj. y s. DR. Appelant, e ; la partie appelante.
apelar v. intr. DR. Faire appel : *apelar de una sentencia*, faire appel d'un jugement. ‖ FIG. Faire appel, en appeler, s'en remettre : *apelo a su competencia*, j'en appelle à votre compétence. ‖ Avoir recours : *apelar a la violencia*, avoir recours à la violence. ‖ Avoir même poil *o* même robe (los animales). ‖ — DR. *Apelar a*, avoir recours à, recourir à, saisir : *apelar a la justicia*, saisir les tribunaux. ‖ *Apelar por*, appeler à.
apelativo, va adj. GRAM. Commun [nom].
— M. Nom, appellation, *f.*
apelmazado, da adj. Compact, e ; collé, e : *arroz apelmazado*, riz collé. ‖ FIG. Lourd, e ; indigeste (amazacotado).
apelmazamiento m. Compacité, *f.*
apelmazar v. tr. Comprimer, tasser. ‖ Feutrer (el pelo).
apelotonar v. tr. Pelotonner.
apellidar v. tr. Nommer, appeler (llamar por su apellido). ‖ Dénommer, surnommer : *a este indio le apellidan Ojo de Lince*, on surnomme cet Indien Œil de Lynx. ‖ Appeler, convoquer (llamar). ‖ FIG. Appeler : *yo a esto lo apellido una broma pesada*, moi, j'appelle ça une mauvaise plaisanterie.
— V. pr. Se nommer, s'appeler : *se apellida López*, il s'appelle Lopez.
apellido m. Nom [de famille] : *me acuerdo de su nombre pero no de su apellido*, je me rappelle votre prénom mais pas votre nom. ‖ Surnom : *le han dado un apellido muy feo*, on lui a donné un surnom très laid. ‖ Appel (llamamiento o grito).
apenar v. tr. Peiner, faire de la peine, affliger : *su conducta ha apenado mucho a su madre*, sa conduite a fait beaucoup de peine à sa mère.
— V. pr. S'affliger.
apenas adv. À peine, presque pas : *apenas se mueve* ou *no se mueve apenas*, il bouge à peine, il ne bouge presque pas. ‖ À peine : *apenas hay un kilómetro*, il y a à peine un kilomètre. ‖ Avec peine, péniblement (penosamente). ‖ Dès que : *apenas llegó se puso a trabajar*, dès qu'il arriva, il se mit à travailler. ‖ *Apenas... cuando*, à peine...

que : *apenas había llegado cuando le vi*, à peine étais-je arrivé que je le vis.
apencar v. intr. FAM. Bosser, trimer, boulonner (trabajar mucho). ‖ Se coltiner, s'appuyer : *apenca con el trabajo más pesado*, il se coltine le travail le plus ennuyeux. ‖ Affronter : *apencar con las consecuencias*, affronter les conséquences.
apéndice m. ANAT. Appendice. ‖ Appendice (de un libro). ‖ FIG. Acolyte.
apendicitis f. MED. Appendicite.
apendicular adj. Appendiculaire.
Apeninos n. pr. m. pl. GEOGR. Apennins.
apeñuscar v. tr. Entasser, amonceler (agrupar).
apeo m. Arpentage (de tierras). ‖ Abattage (de árboles). ‖ ARQ. Étaiement (con puntales). ‖ Étai (puntal).
apeonar v. intr. Courir, trotter (las aves).
apepsia f. MED. Apepsie.
aperador m. Contremaître (capataz). ‖ Charron (carretero).
apercibimiento m. Préparation, *f.* ‖ Action (*f.*) d'apercevoir. ‖ DR. Sommation, *f.*, avis (aviso).
apercibir v. tr. Préparer, disposer (preparar). ‖ Avertir, admonester (advertir). ‖ Percevoir (percibir). ‖ DR. Faire une sommation.
— V. pr. Se préparer : *apercibirse para un viaje*, se préparer pour un voyage.
— OBSERV. L'emploi de ce verbe dans le sens de *percevoir* est un gallicisme.
apercollar* v. tr. Colleter (agarrar del cuello). ‖ FAM. Assommer (matar). ‖ FIG. y FAM. Rafler, faucher (coger).
apergaminado, da adj. Parcheminé, e. ‖ FIG. Parcheminé, e ; comme du parchemin : *rostro apergaminado*, visage parcheminé.
apergaminarse v. pr. FIG. y FAM. Se racornir, se ratatiner.
aperiódico, ca adj. Apériodique.
aperitivo, va adj. y s. m. Apéritif, ive.
apero m. Matériel agricole. ‖ Bêtes (*f.* *pl.*) de trait (animales). ‖ *Amer.* Harnachement (recado de montar), selle (silla de montar).
— Pl. Outils, instruments, matériel, *sing.* (herramientas) : *aperos de labranza*, outils agricoles, instruments aratoires.
aperreado, da adj. FAM. De chien : *una vida aperreada*, une vie de chien.
aperreador, ra adj. Ennuyeux, euse (cargante).
aperrear v. tr. Lâcher les chiens [sur quelqu'un]. ‖ FIG. y FAM. Assommer, ennuyer (molestar).
— V. pr. FAM. S'entêter : *¿por qué te aperreas en ir tan lejos?*, pourquoi t'entêtes-tu à aller si loin ? ‖ S'éreinter, s'échiner (cansarse).
aperreo m. FAM. Tracas, ennui (molestia) : *¡qué aperreo tener que ir a trabajar!*, quel ennui que de devoir aller travailler. ‖ Éreintement, fatigue, *f.* (cansancio). ‖ Colère, *f.* : *el niño cogió un aperreo*, l'enfant a fait une colère. ‖ *¡Qué aperreo de vida!*, quelle vie de chien !
apersonado, da adj. *Bien* o *mal apersonado*, de bonne *ou* mauvaise apparence.
apersonamiento m. DR. Comparution, *f.*
apertura f. Ouverture : *apertura del testamento*, ouverture du testament. ‖ Entrée de jeu (ajedrez). ‖ Ouverture (rugby) : *medio de apertura*, demi d'ouverture. ‖ Percement, *m.* (de una calle). ‖ Ouverture : *apertura de la pesca, del congreso, de una sesión*, l'ouverture de la pêche, du congrès, d'une séance. ‖ *Apertura de crédito*, ouverture de crédit. ‖ *Apertura de curso*, rentrée des classes.
— OBSERV. *Apertura*, contrairement à son paronyme *abertura*, a souvent un sens abstrait : *apertura de las hostilidades*, ouverture des hostilités.
apesadumbrar o **apesarar** v. tr. Attrister, faire de la peine, chagriner, affliger.
— V. pr. S'affliger : *apesadumbrarse con, de* ou *por una noticia*, s'affliger d'une nouvelle.

apestado, da adj. y s. Empesté, e. ‖ Pestiféré, e : *hospital para apestados*, hôpital pour pestiférés. ‖ Fig. Infesté, e : *la ciudad está apestada de pordioseros*, la ville est infestée de mendiants.

apestar v. tr. Donner la peste. ‖ Fig. y Fam. Assommer, ennuyer (fastidiar).

— V. intr. Puer, empester (heder) : *apestar a ajos*, puer l'ail ; *aquí apesta*, ici, ça empeste.

— V. pr. Attraper la peste. ‖ *Amer.* S'enrhumer.

apestoso, sa adj. Puant, e (hediondo) : *bolas apestosas*, boules puantes. ‖ Fig. Assommant, e (enojoso).

apétalo, la adj. Bot. Apétale.

apetecedor, ra adj. Séduisant, e : *lo que me propones es muy apetecedor*, ce que tu me proposes est très séduisant. ‖ Désirable.

apetecer* v. tr. Désirer, avoir envie de (codiciar).

— V. intr. Faire envie, plaire, dire : *si le apetece podemos ir al cine*, si cela vous dit, nous pouvons aller au cinéma. ‖ Avoir envie de : *hoy no me apetece salir*, je n'ai pas envie de sortir aujourd'hui ; *no me apetece nada*, je n'en ai aucune envie.

apetecible adj. Désirable, appétissant, e.

apetecido, da adj. Voulu, e ; désiré, e (deseado). ‖ Recherché, e ; souhaité, e ; escompté, e : *puede que la búsqueda de petróleo no dé el resultado apetecido*, il se peut que les recherches de pétrole ne donnent pas le résultat recherché.

apetencia f. Appétence (deseo), appétit (apetito).

apetitivo, va adj. Appétitif, ive. ‖ Bon, bonne ; délicieux, euse (gustoso).

apetito m. Appétit : *tener apetito*, avoir de l'appétit ; *tener mucho apetito*, avoir bon appétit ; *comer con mucho apetito*, manger de bon appétit. ‖ Appât : *el apetito de la ganancia*, l'appât du gain. ‖ — *Abrir* ou *dar* ou *despertar el apetito*, ouvrir l'appétit, mettre en appétit. ‖ *Apetito carnal*, appétit charnel.

apetitoso, sa adj. Appétissant, e : *este pastel parece muy apetitoso*, ce gâteau a l'air très appétissant. ‖ Bon, bonne ; délicieux, euse ; savoureux, euse : *hemos comido un plato apetitoso*, nous avons mangé un plat savoureux. ‖ Fig. y Fam. Appétissant, e.

ápex m. Astr. Apex.

apezonado, da adj. Mamelonné, e.

api m. *Amer.* Préparation (*f.*) culinaire à base de farine de maïs.

Apia (vía), voie Appienne.

apiadar v. tr. Apitoyer : *su desgracia apiada a sus amigos*, son malheur apitoie ses amis.

— V. pr. S'apitoyer : *apiadarse de uno*, s'apitoyer sur quelqu'un ; *apiadarse de las desdichas de uno*, s'apitoyer sur les malheurs de quelqu'un.

— Sinón. *Enternecerse*, s'attendrir. *Compadecer*, plaindre.

apiarios m. pl. Apiaires (insectos).

apical adj. Gram. Apical, c : *fonemas apicales*, des phonèmes apicaux.

apicararse v. pr. Devenir un coquin, s'encanailler.

ápice m. Extrémité, *f.*, pointe, *f.* (extremo). ‖ Accent, signe orthographique. ‖ Fig. Sommet, apogée (apogeo). ‖ Rien, iota (cosa inapreciable) : *no falta un ápice*, il ne manque rien o pas un iota. ‖ Hic (dificultad). ‖ — *Ni un ápice*, pas le moins du monde : *no me molesta ni un ápice*, ça ne me gêne pas le moins du monde ; pas un brin de : *no tiene ni un ápice de bondad*, il n'y a pas un brin de bonté chez lui. ‖ *No cambiar un ápice en una cosa* ou *no cambiar una cosa en un ápice*, ne pas changer un iota à quelque chose.

apícola adj. Apicole (de las abejas).

apicultor, ra m. y f. Apiculteur, trice.

apicultura f. Apiculture.

ápidos m. pl. Zool. Apidés.

apilador, ra adj. y s. Empileur, euse.

apilamiento o **apilado** m. Empilement, entassement.

apilar v. tr. Empiler (poner en pilas). ‖ Entasser (el grano).

apimplarse v. pr. Fam. Prendre une cuite, se soûler (emborracharse).

apimpollarse v. pr. Agric. Bourgeonner.

apiñado, da adj. Entassé, e ; tassé, e ; serré, e : *en el metro la gente esta apiñada*, dans le métro, les gens sont tassés. ‖ En pomme de pin, conique (de figura de piña).

apiñamiento m. Entassement, empilement. ‖ *Apiñamiento de gente*, foule, affluence.

apiñar v. tr. Entasser, empiler (amontonar). ‖ Serrer (apretar).

— V. pr. S'entasser, se presser, s'empiler : *la gente se apiñaba ante los escaparates*, les gens se pressaient devant les vitrines.

apiñonado, da adj. *Amer.* Brun, e de beau, basané, e (de color moreno).

apio m. Bot. Céleri. ‖ *Apio caballar*, céleri sauvage.

apiolar v. tr. Fig. y Fam. Zigouiller, estourbir, descendre, ratiboiser (matar). ‖ Attraper, arrêter (prender).

apiparse o **apiporrarse** v. pr. Fam. S'empiffrer, se caler les joues (atracarse).

apir o **apire** m. *Amer.* Ouvrier mineur.

apirético, ca adj. Med. Apyrétique.

apirexia f. Med. Apyrexie.

apiro, ra adj. Apyre.

apisonadora f. Rouleau (*m.*) compresseur, cylindre, *m.*

apisonamiento m. Cylindrage, damage, tassement de la terre.

apisonar v. tr. Damer, tasser, cylindrer (aplastar) : *apisonar una carretera*, cylindrer une route.

apitonar v. intr. Pousser les cornes. ‖ Bot. Bourgeonner (los brotes).

— V. pr. Fig. y Fam. Se chamailler, se fâcher, disputer, prendre la mouche.

apívoro, ra adj. Zool. Apivore.

apizarrado, da adj. Ardoisé, e.

aplacable adj. Qui peut être apaisé.

aplacador, ra adj. Qui apaise.

aplacamiento m. Apaisement.

aplacar v. tr. Apaiser, calmer : *aplacar el hambre, la ira*, calmer la faim, la colère. ‖ Étancher : *aplacar la sed*, étancher la soif. ‖ *Aplacar el entusiasmo*, refroidir l'enthousiasme.

— V. pr. Se calmer : *la tempestad se aplacó*, la tempête s'est calmée.

aplanacalles m. *Amer.* Flâneur (azotacalles).

aplanadera f. Tecn. Hie, demoiselle, dame (para apisonar).

aplanador, ra adj. Aplanisseur, euse.

— F. Agric. Niveleuse, aplanisseuse.

aplanamiento m. Aplanissement : *el aplanamiento de un terreno*, l'aplanissement d'un terrain. ‖ Effondrement, écroulement (derrumbamiento). ‖ Fig. y Fam. Abattement, découragement, accablement (abatimiento).

aplanar v. tr. Aplanir (allanar). ‖ Niveler (suelo). ‖ Fig. y Fam. Abattre : *esta noticia le aplanó*, cette nouvelle l'a abattu ; *estar aplanado por el calor*, être abattu par la chaleur. ‖ *Amer. Aplanar las calles*, flâner, arpenter les rues.

— V. pr. S'effondrer, s'écrouler (edificio). ‖ Dépérir (perder el vigor).

aplanético, ca adj. Fís. Aplanétique.

aplanetismo m. Fís. Aplanétisme.

aplasia f. Aplasie.

aplastador, ra o **aplastante** adj. Écrasant, e : *un triunfo aplastante*, un triomphe écrasant.

aplastamiento m. Aplatissement. ‖ Fig. Écrasement : *el aplastamiento de las tropas*, l'écrasement des troupes.

aplastar v. tr. Aplatir : *aplastar un sombrero*, aplatir un chapeau. ‖ Écraser : *aplastar un tomate*, écraser une tomate. ‖ FIG. y FAM. Réduire à néant : *sus argumentos aplastan todas las críticas*, ses arguments réduisent à néant toutes les critiques. | Décontenancer, laisser sans voix o sans réplique, sidérer (dejar confuso). ‖ Écraser : *aplastar a un adversario*, écraser un adversaire. ‖ *Amer.* Épuiser, crever (una caballería).
— V. pr. S'aplatir, s'écraser : *el albaricoque se aplastó contra la pared*, l'abricot s'écrasa contre le mur. ‖ S'aplatir : *se aplastó contra el suelo para no ser alcanzado por las balas*, il s'aplatit contre le sol pour ne pas être frappé par les balles. ‖ *Amer.* S'affaler (en un sillón), *pl.* : *su obra merece el mayor aplauso*, son œuvre mérite les plus grands éloges. ‖ *Con el aplauso de*, aux applaudissements de.

aplatanado, da adj. FAM. Avachi, e ; ramolli, e.

aplatanarse v. pr. FAM. Être ramolli, s'avachir, se ramollir : *uno se aplatana cuando hace mucho calor*, on est ramolli quand il fait très chaud.

aplaudidor, ra m. y f. Applaudisseur, euse.

aplaudir v. tr. e intr. Applaudir : *aplaudir frenéticamente*, applaudir à tout rompre. ‖ Applaudir à : *aplaudo tu decisión*, j'applaudis à ta décision (aprobar).

aplauso m. Applaudissement : *una salva de aplausos*, un tonnerre o une salve d'applaudissements. ‖ Applaudissements, *pl.*, éloges, *pl.* : *su obra merece el mayor aplauso*, son œuvre mérite les plus grands éloges. ‖ *Con el aplauso de*, aux applaudissements de.

aplazamiento m. Ajournement, remise, *f.*, renvoi : *el aplazamiento de una sesión*, l'ajournement d'une séance. ‖ Citation, *f.* [convocation].

aplazar v. tr. Ajourner, remettre, différer, renvoyer : *aplazar una reunión*, ajourner une réunion. ‖ Reculer, différer : *aplazar un pago*, reculer un paiement. ‖ Citer, convoquer (citar).

aplebeyamiento m. Avilissement : *el aplebeyamiento de las costumbres*, l'avilissement des mœurs.

aplebeyar v. tr. Avilir, dégrader.

aplicabilidad f. Applicabilité.

aplicable adj. Applicable.

aplicación f. Application (ejecución) : *la aplicación de una teoría*, l'application d'une théorie. ‖ Mise en œuvre : *la aplicación del plan de desarrollo*, la mise en œuvre du plan de développement. ‖ Application (esmero) : *aplicación en el trabajo*, application au travail. ‖ Application, applique : *mueble con aplicaciones de marfil*, meuble avec des applications d'ivoire. ‖ MIL. *Escuela de aplicación*, école d'application.

aplicado, da adj. FIG. Appliqué, e ; studieux, euse : *un alumno muy aplicado*, un enfant très appliqué.

aplicar v. tr. Appliquer : *aplicar una ley, un sistema, un barniz*, appliquer une loi, un système, un vernis. ‖ Appliquer, employer : *aplicar un remedio*, appliquer un remède. ‖ FIG. Appliquer. ‖ *Aplicar el oído*, prêter l'oreille, écouter attentivement.
— V. pr. S'appliquer (hacer con esmero) : *aplicarse en hacer bien un trabajo*, s'appliquer à bien faire un travail. ‖ S'appliquer (concernir) : *esta ley se aplica a todos los ciudadanos*, cette loi s'applique à tous les citoyens. ‖ *Aplíquese el cuento*, tirez-en la leçon.

aplique f. Applique (lámpara).

aplomado, da adj. Plombé, e ; grisâtre (plomizo). ‖ FIG. Équilibré, e ; pondéré, e : *una persona muy aplomada*, une personne très équilibrée. ‖ TAUROM. Affaissé, e ; sans énergie.

aplomar v. tr. Mettre d'aplomb.
— V. intr. Vérifier une verticale au fil à plomb (con la plomada).

— V. pr. S'effondrer (desplomarse). ‖ FIG. Se remettre d'aplomb : *para aplomarme me di una ducha*, pour me remettre d'aplomb, j'ai pris une douche. ‖ *Amer.* Avoir honte.

aplomo m. Sérieux, jugement. ‖ Aplomb (serenidad) : *perder el aplomo*, perdre son aplomb. ‖ Aplomb (del caballo). ‖ Aplomb (verticalidad).

apnea f. MED. Apnée.

apocado, da adj. Pusillanime, timide.

apocalipsis m. Apocalypse, *f.*

apocalíptico, ca adj. Apocalyptique.

apocamiento m. FIG. Pusillanimité, *f.*, timidité, *f.*

apocar v. tr. Amoindrir, diminuer (disminuir). ‖ Limiter, réduire (limitar). ‖ FIG. Faire peur : *a mí no me apoca nada*, rien ne me fait peur.
— V. pr. FIG. S'avilir, s'humilier (humillarse). ‖ S'effrayer : *no me apoco por nada*, je ne m'effraie de rien.

apocináceas f. pl. BOT. Apocynacées.

apócopa f. GRAM. Apocope.

apocopado, da adj. Apocopé, e.

apocopar v. tr. GRAM. Faire une apocope.

apócope f. GRAM. Apocope.

apócrifo, fa adj. Apocryphe (supuesto).

apocrisiario m. Apocrisiaire.

apocromático, ca adj. y s. m. Apochromatique.

apodar v. tr. Surnommer : *Antonio, apodado « el Embustero »*, Antoine, surnommé « le Menteur ».

apoderado m. Mandataire, fondé de pouvoir. ‖ Manager (de deportista). ‖ Imprésario (de un torero).

apoderamiento m. Appropriation, *f.*

apoderar v. tr. Nommer comme fondé de pouvoir, déléguer des pouvoirs à.
— V. pr. S'emparer : *apoderarse del poder*, s'emparer du pouvoir. ‖ FIG. S'emparer : *el miedo se apoderó de ti*, la peur s'est emparée de toi.

apodíctico, ca adj. Apodictique (indiscutible).

apodo m. Surnom, sobriquet (mote).

ápodo, da adj. ZOOL. Apode, sans pieds.

apódosis f. Apodose.

apófige f. ARQ. Apophyge.

apófisis f. ANAT. Apophyse.

apofonía f. Apophonie.

apogamia f. BOT. Apogamie.

apogeo m. ASTR. Apogée. ‖ FIG. Apogée : *el apogeo de la gloria*, l'apogée de la gloire. ‖ *Estar en todo su apogeo* (cosa), être à son apogée (cosa), être à l'apogée de sa gloire o de sa réussite (persona), battre son plein (fiesta).

apolillado, da adj. Mangé, e par les mites, mité, e (la ropa). ‖ Vermoulu, e (la madera).

apolilladura f. Trou (*m.*) fait par les mites.

apolillamiento m. Dégâts (*pl.*) fait par les mites (en las telas). ‖ Vermoulure, *f.* (en la madera).

apolillar v. tr. Ronger (la polilla). ‖ POP. *Amer.* Estarla apolillando, roupiller, pioncer (dormir).
— V. pr. Être vermoulu, e (la madera), être mangé par les mites (la ropa).

apolíneo, a adj. POÉT. Apollinaire, apollinien, enne (en honor de Apolo).

apoliticismo m. Apolitisme.

apolítico, ca adj. y s. Apolitique.

Apolo n. pr. m. MITOL. Apollon.

apologético, ca adj. y s. f. Apologétique.

apología f. Apologie.
— SINÓN. *Justificación*, justification. *Alegato, defensa*, plaidoyer. *Defensa*, défense.

apológico, ca adj. Apologique.

apologista adj. y s. Apologiste.

apólogo m. Apologue.

apoltronado, da adj. Acagnardé, e (p. us.), fainéant, e.

apoltronarse v. pr. S'acagnarder (p. us.), fainéanter (arrellanarse). ‖ Devenir paresseux, se laisser aller (hacerse poltrón).

apomazar v. tr. Poncer.

apomorfina f. MED. Apomorphine.
aponeurosis f. ANAT. Aponévrose.
aponeurótico, ca adj. ANAT. Aponévrotique.
apoplejía f. MED. Apoplexie : *apoplejía fulmi-nante*, apoplexie foudroyante.
apoplético, ca adj. y s. MED. Apoplectique.
apoquinar v. tr. POP. Lâcher, cracher [de l'argent].
— V. intr. POP. Casquer, cracher (pagar).
aporca o **aporcadura** f. AGRIC. Buttage, *m.* (acción). || Buttoir, *m.*, butteur, *m.* (arado).
aporcador m. Buttoir, butteur.
aporcar v. tr. AGRIC. Butter.
aporco m. *Amer.* AGRIC. Buttage.
aporético, ca adj. FILOS. Aporétique.
aporía f. FILOS. Aporie.
aporreado, da adj. Battu, e ; assommé, e (gol-peado). || Misérable : *llevar una vida aporreada*, mener une vie misérable. || Coquin, e (bribón).
aporreadura f. o **aporreamiento** m. Bastonnade, *f.*, volée, *f.*
aporrear v. tr. Battre, frapper, cogner : *aporrear a una persona*, cogner quelqu'un. || FIG. *Apo-rrearle a uno los oídos*, casser les oreilles de quelqu'un.
— V. intr. Frapper, cogner : *aporrear en la puerta*, frapper à la porte. || *Aporrear en el piano*, pianoter, taper sur le piano.
— V. pr. Se battre, se donner des coups (pelearse). || FIG. S'acharner au travail, s'éreinter (trabajar).
aporreo m. Bastonnade, *f.*, volée, *f.* (golpeo).
aportación f. Apport, *m.* : *aportación de fondos*, apport de fonds. || Apport, *m.*, contribution : *la aportación de este país ha sido considerable*, la contribution de ce pays a été considérable.
aportar v. intr. MAR. Aborder (tocar tierra). || FIG. Arriver à, débarquer (llegar). | Échouer : *hay que ver a dónde ha ido a aportar*, il faut voir où il est allé échouer. | Passer : *cuando aportó por allí fue muy mal recibido*, quand il est passé par là il a été très mal reçu.
— V. tr. Apporter, faire un apport de (fondos a una sociedad). || FIG. Fournir (proporcionar).
aporte m. *Amer.* Apport.
aportillar v. tr. Faire une brèche [dans un mur].
aportuguesado, da adj. Qui a le caractère por-tugais.
aposentador, ra m. y f. Logeur, euse. || — M. MIL. Fourrier. || — MIL. *Aposentador mayor*, maréchal des logis. | *Partida aposentadora*, détachement précurseur.
aposentamiento m. Logement.
aposentar v. tr. Loger, héberger.
— V. pr. Se loger, s'installer (alojarse). || Des-cendre : *aposentarse en un hotel*, descendre dans un hôtel.
aposento m. Chambre, *f.*, pièce, *f.* (habitación). | Demeure, *f.* : *mi humilde aposento*, mon humble demeure. || — *Aquí el aposento es caro*, ici il est cher de se loger. || *Tomar aposento en*, loger, des-cendre : *tomar aposento en una fonda*, descendre dans une auberge.
aposición f. GRAM. Apposition.
apositivo, va adj. GRAM. Appositif, ive.
apósito m. MED. Pansement, bandage : *poner, le-vantar un apósito*, mettre, enlever un pansement.
aposta o **apostas** adv. À dessein, exprès : *lo ha hecho aposta para molestarme*, il l'a fait exprès pour m'ennuyer.
apostadero m. Lieu de ralliement (lugar de reu-nión). || MAR. Port militaire, station (*f.*) navale.
apostante adj. y s. Parieur, euse.
apostar* v. tr. e intr. Parier : *apostar en las ca-rreras de caballos*, parier aux courses de chevaux ; *apostar sobre seguro*, parier à coup sûr ; *¿cuánto te apuestas que...?*, combien paries-tu que...? || Pos-ter, apposter (colocar gente en un lugar). || — *Apostar la cabeza*, donner sa tête à couper, parier

tout l'or du monde. || *Apostar mucho que*, y avoir. gros o beaucoup o tout à parier que.
— V. pr. Parier : *apostárselas con alguien*, parier avec quelqu'un. || Se poster (en un lugar).
— OBSERV. Ce verbe est irrégulier dans le sens de *parier* et se conjugue comme *contar*. Il est régulier dans l'acception de *poster*, *apostar*.
apostasía f. Apostasie.
apóstata adj. y s. Apostat, e.
— SINÓN. Renegado, renégat. Hereje, hérétique. Here-siarca, hérésiarque. Heterodoxo, hétérodoxe. Cismático, schismatique. Relapso, relaps.
apostatar v. intr. Apostasier.
apostema f. MED. Apostème, *m.*
apostemar v. tr. MED. Causer un apostème à.
apostilla f. Apostille.
apostillar v. tr. Apostiller (anotar).
— V. pr. MED. Se couvrir de croûtes : *la herida se ha apostillado*, la blessure s'est couverte de croûtes.
apóstol m. Apôtre : *los Hechos de los Apóstoles*, les Actes des Apôtres. || FIG. Apôtre : *apóstol de la paz*, apôtre de la paix.
apostolado m. Apostolat.
apostolicidad f. Apostolicité.
apostólico, ca adj. Apostolique. || Apostolique, papal, e (del papa). || *Nuncio apostólico*, nonce apostolique.
apostrofar v. tr. Apostropher.
apóstrofe m. y f. Apostrophe, *f.*
apóstrofo m. Apostrophe, *f.* (signo ortográfico).
apostura f. Prestance, élégance, allure (aspecto) : *de buena apostura*, de belle prestance ; *una noble apostura*, une noble prestance ; *una persona de mucha apostura*, une personne qui a beaucoup d'allure.
apotecia f. Apothécie, apothèce.
apotegma m. Apophtegme (sentencia).
apotema f. GEOM. Apothème, *m.*
apoteósico, ca adj. D'apothéose. || *Ha sido un triunfo apoteósico*, ce triomphe a été une apo-théose.
apoteosis f. Apothéose.
apoteótico, ca adj. V. APOTEÓSICO.
apoticario m. (Ant.). Apothicaire.
apotrerar v. tr. *Amer.* Diviser [une terre] en par-celles destinées à l'élevage.
apoyar v. tr. Appuyer : *apoyar los codos en la mesa*, appuyer les coudes sur la table : *apoyar en la pared*, appuyer contre le mur. || FIG. Confirmer, sanctionner, appuyer, venir à l'appui de : *sus discursos apoyan su decisión*, ses discours appuient sa décision. | Appuyer : *apoyar a un candidato*, appuyer un candidat.
— V. intr. y pr. S'appuyer, reposer sur. || S'ap-puyer : *apoyarse en un bastón, en una doctrina*, s'appuyer sur un bâton, sur une doctrine. || FIG. S'appuyer, reposer sur : *su doctrina no se apoya en la realidad*, sa doctrine ne repose pas sur la réalité.
apoyatura f. MÚS. Appogiature. || FIG. Appui, *m.*, base (apoyo).
apoyo m. Appui : *punto de apoyo*, point d'appui ; *en apoyo de*, à l'appui de. || FIG. ● Appui, pro-tection, *f.* (protección). || MECÁN. Palier.
— SINÓN. ● Sostén, soutien. Ayuda, aide. Protección, protection. Asistencia, assistance. Socorro, auxilio, se-cours.
apreciabilidad f. Appréciabilité.
apreciable adj. Appréciable (que puede valo-rarse) : *una ayuda apreciable*, une aide appré-ciable. || FIG. Estimable, de valeur (digno de estima) : *persona apreciable*, personne estimable.
apreciación f. Appréciation, estimation, éva-luation.
apreciador, ra adj. y s. Appréciateur, trice.

apreciar v. tr. Apprécier, estimer, évaluer (valorar). ‖ FIG. Apprécier, estimer, avoir de l'estime pour : *apreciar mucho* ou *en mucho a un amigo*, avoir beaucoup d'estime pour un ami. ‖ — *Apreciar en* ou *por su verdadero valor*, apprécier à sa juste valeur. ‖ *Un genio mal apreciado*, un génie méconnu.
— V. pr. Enregistrer : *se ha apreciado un excedente*, on a enregistré un excédent. ‖ Apparaître : *en la foto se aprecian unos defectos*, sur la photo apparaissent quelques défauts.

apreciativo, va adj. Appréciatif, ive.

aprecio m. Appréciation, *f.*, estimation, *f.*, évaluation, *f.* (evaluación). ‖ FIG. Estime, *f.*, considération, *f.* : *tener gran aprecio a uno*, avoir quelqu'un en grande estime, avoir beaucoup de considération pour quelqu'un. ‖ *Es una persona de mi mayor aprecio*, c'est une personne que j'ai en grande estime.

aprehender v. tr. Appréhender, saisir (coger). ‖ Concevoir (concebir). ‖ Appréhender, craindre (temer).
— OBSERV. *Aprehender*, dans le sens de « craindre », est un gallicisme.

aprehensión f. Appréhension (p. us.), prise, capture : *la aprehensión de un ladrón*, la capture d'un voleur. ‖ Compréhension, conception (comprensión). ‖ Appréhension (temor).
— OBSERV. Dans le sens de « crainte », *aprehensión* est un gallicisme ; le mot propre est *aprensión*.

aprehensivo, va adj. Perspicace (perspicaz).

apremiable adj. DR. Contraignable.

apremiadamente adv. D'une façon pressante, avec insistance.

apremiador, ra o **apremiante** adj. Pressant, e ; urgent, e : *trabajo apremiante*, travail pressant. ‖ DR. Contraignant, e (que compele).

apremiar v. tr. Contraindre, forcer (obligar). ‖ Presser : *no me apremie usted tanto*, ne me pressez pas tant. ‖ Opprimer. ‖ DR. Contraindre.
— V. intr. Presser (dar prisa, urgir) : *el tiempo apremia*, le temps presse.

apremio m. Contrainte, *f.* (obligación). ‖ Urgence, *f.* (urgencia). ‖ DR. Contrainte, *f.* : *comisionado de apremios*, porteur de contraintes ; *por vía de apremio*, par contrainte.

aprender v. tr. Apprendre : *aprender de memoria* ou *de carretilla*, apprendre par cœur. ‖ *Aprender en cabeza ajena*, apprendre aux dépens d'autrui. ‖ *Para que aprenda*, ça lui apprendra, il l'a bien cherché, il ne l'a pas volé.
— V. pr. Apprendre : *aprenderse la lección*, apprendre sa leçon.

aprendiz, za m. y f. Apprenti, e : *aprendiz de pastelero*, apprenti pâtissier. ‖ — *Aprendiza de costura*, petite main. ‖ *Colocar de aprendiz*, mettre en apprentissage. ‖ *Ser aprendiz de todo y oficial de nada*, être un propre à rien.

aprendizaje m. Apprentissage.

aprensión f. Appréhension (recelo). ‖ Peur : *tiene mucha aprensión a los enfermos*, il a très peur des malades. ‖ Scrupules, *m. pl.* : *me da aprensión aceptar este trabajo porque se lo quito a otro*, j'ai des scrupules à accepter ce travail, car je l'enlève à quelqu'un d'autre. ‖ *El enfermo de aprensión*, le Malade imaginaire. ‖ — Pl. Idées fausses, imaginations.

aprensivo, va adj. Pusillanime, craintif, ive. ‖ Peureux, euse : *es tan aprensivo que nunca va a ver a los enfermos*, il est tellement peureux qu'il ne va jamais voir les malades. ‖ *Ser aprensivo*, s'écouter, écouter son mal.

apresador, ra adj. y s. Qui capture.

apresamiento m. Prise, *f.*, capture, *f.*, saisie, *f.* ‖ MAR. Arraisonnement.

apresar v. tr. Saisir [avec les griffes ou avec les dents] : *el lobo apresó el cordero*, le loup saisit l'agneau. ‖ MAR. Arraisonner (apoderarse de un barco). ‖ (Ant.). Incarcérer (aprisionar).

aprestador, ra m. y f. Apprêteur, euse (de tela).

aprestar v. tr. Apprêter (preparar) : *aprestar las armas*, apprêter les armes. ‖ TECN. Apprêter (tejidos, cueros, etc.).
— V. pr. S'apprêter : *aprestarse para salir*, s'apprêter pour sortir.

apresto m. Préparatifs, *pl.* ‖ TECN. Apprêt (cueros, tejidos, etc.).

apresuradamente adv. Hâtivement, en toute hâte.

apresurado, da adj. Pressé, e : *que las personas apresuradas pasen primero*, que les personnes pressées passent les premières. ‖ FIG. Hâtif, ive : *conclusión apresurada*, conclusion hâtive.

apresuramiento m. Hâte, *f.*, empressement (prisa).

apresurar v. tr. Presser, hâter : *apresurar el paso*, hâter le pas.
— V. pr. S'empresser, se hâter : *apresurarse a* ou *por llegar, en responder*, s'empresser d'arriver, de répondre. ‖ Se presser, se hâter : *hay que apresurarse, ya es muy tarde*, il faut se hâter, il est déjà très tard. ‖ *No apresurarse*, prendre son temps : *no se apresure*, prenez votre temps.

apretadamente adv. Fortement, étroitement. ‖ De justesse : *ganó apretadamente*, il a gagné de justesse. ‖ Avec insistance, de façon pressante. ‖ Petitement : *vivir muy apretadamente*, vivre très petitement. ‖ *Llegar muy apretadamente al final del mes*, avoir du mal à finir le mois.

apretadera f. Sangle (correa).

apretado, da adj. Serré, e : *lío muy apretado*, ballot bien serré ; *los codos apretados al cuerpo*, les coudes serrés au corps. ‖ FIG. Serré, e ; resserré, e (escritura). ‖ Pincé, e ; serré, e (los labios). ‖ Difficile, périlleux, euse ; critique : *asunto apretado*, affaire périlleuse ; *lance apretado*, situation critique. ‖ Chiche, regardant, e (tacaño). ‖ — FIG. y FAM. *Estar uno muy apretado*, avoir de gros problèmes d'argent (de dinero), avoir de gros ennuis (problemas). ‖ *Un programa apretado*, un programme chargé. ‖ *Vivir muy apretado en un piso*, être très à l'étroit dans un appartement.

apretador, ra adj. y s. Qui serre. ‖ — M. Corselet sans manche (almilla). ‖ Agrafe, *f.* (grapa).

apretadura f. Serrement, *m.*

apretamiento m. Serrement, compression, *f.* ‖ Foule, *f.*, entassement (de la gente). ‖ Gêne, *f.*, situation (*f.*) critique (apuro).

apretar* v. tr. ● Serrer : *apretar entre los brazos*, serrer dans ses bras ; *apretar la mano, los dientes*, serrer la main, les dents ; *apretar un tornillo*, serrer une vis. ‖ Serrer (un vestido). ‖ Serrer, pincer : *apretar los labios*, pincer les lèvres. ‖ Presser, comprimer (comprimir). ‖ Presser, appuyer : *apretar el gatillo*, presser o appuyer sur la détente. ‖ Presser, hâter, accélérer (activar) : *apretar el paso*, presser le pas ; *¡Apriete!*, hâtez-vous ! ‖ Harceler, presser (acosar) : *me aprieta el tiempo*, le temps me presse. ‖ FIG. Affliger, contrarier (afligir). ‖ — *Apretar las clavijas a alguien*, visser quelqu'un o serrer la vis à quelqu'un. ‖ *Cada uno sabe donde le aprieta el zapato*, chacun sait où le bât le blesse. ‖ *Quien mucho abarca, poco aprieta*, qui trop embrasse, mal étreint.
— V. intr. Redoubler : *la lluvia aprieta*, la pluie redouble. ‖ — *Apretar a correr*, se mettre à courir, prendre ses jambes à son cou. ‖ FAM. *Apretar a fondo*, bloquer. ‖ *Apretarse el cinturón*, serrer sa ceinture (sentido propio), se serrer la ceinture (sentido figurado). ‖ FAM. *¡Aprieta!*, allons donc !, voyons !
— SINÓN. ● *Comprimir*, comprimer. *Prensar*, presser. *Estrechar*, serrer. *Apretujar*, tasser. *Estrujar*, pressurer. *Oprimir*, opprimer.

apretón m. Serrement (apretadura). ‖ Pincement (dolor). ‖ FAM. Besoin pressant (necesidad natural). ‖ FIG. y FAM. Embarras, situation (f.) critique (apuro). ‖ FAM. Course (f.) courte et rapide, sprint (carrera). ‖ Touche (f.) très foncée (pintura). ‖ — *Apretón de manos*, poignée de main. ‖ *Reciba un apretón de manos*, amicalement (en una carta).

apretujar v. tr. FAM. Presser très fort. — V. pr. FAM. Se serrer, se tasser, se presser (las personas por falta de espacio).

apretujón m. FAM. Serrement.

apretura f. Gêne, embarras, m. : *momentos de apretura*, des moments de gêne. ‖ Foule, cohue (gentío). ‖ Bousculade : *en los autobuses hay muchas apreturas*, dans les autobus il y a beaucoup de bousculades. ‖ Passage étroit (sitio estrecho). ‖ Disette (escasez).

aprieto m. Gêne, f., oppression, f. ‖ FIG. Embarras, situation critique, gêne (mala situación) : *hallarse* ou *verse en un aprieto, pasar un aprieto,* se trouver o être dans l'embarras ; *en tales aprietos hay que tener valor*, dans des situations critiques il faut avoir du courage. ‖ — FIG. y FAM. *Estar en aprietos*, être dans de beaux draps. ‖ *Poner en un aprieto*, mettre dans l'embarras, embarrasser. ‖ *Salir del aprieto*, se tirer d'affaire.

apriorismo m. Apriorisme.

aprisa adv. Vite, rapidement : *se fue muy aprisa*, il est parti très vite.

apriscar v. tr. Rentrer [les troupeaux]. — V. pr. Rentrer au bercail (el ganado).

aprisco m. Bercail, bergerie, f. (establo), parc à moutons (al aire libre).

aprisionar v. tr. ● Emprisonner (encarcelar). ‖ FIG. Enchaîner, lier, tenir : *aprisionado por el reglamento*, tenu par le règlement.
— SINÓN. ● *Detener,* arrêter. *Encarcelar,* incarcérer, écrouer. *Pop. Enjaular, enchironar, enchiquerar,* coffrer, entôler. *Meter en chirona,* mettre en tôle.

aproar v. intr. MAR. Mettre le cap sur.

aprobación f. ● Approbation, consentement, m. : *dar su aprobación*, donner son consentement. ‖ Adoption : *aprobación de un informe*, adoption d'un rapport. ‖ Mise à l'épreuve (prueba). ‖ Succès, m. (en un examen). ‖ — *Sonrisa de aprobación*, sourire approbateur. ‖ *Dar la aprobación a*, approuver, donner son approbation à.
— SINÓN. ● *Aquiescencia,* acquiescement. *Aceptación,* acceptation. *Adhesión,* adhésion. *Consentimiento, consenso,* consentement. *Beneplácito,* agrément. *Acuerdo,* accord. *Admisión,* admission. *Asentimiento, asenso,* assentiment. *Permiso,* permis.

aprobado, da adj. Approuvé, e ; agréé, e : *aprobado por el Ministerio de Industria*, approuvé par le ministère de l'Industrie. ‖ Reçu, e (en un examen) : *salir aprobado*, être reçu. — M. Mention (f.) passable : *tener un aprobado*, avoir la mention passable (en un examen).

aprobador, ra adj. y s. Approbateur, trice.

aprobar* v. tr. Approuver. ‖ Être reçu à, réussir (en un examen) : *aprobar el examen de ingreso*, réussir l'examen d'entrée. ‖ Adopter : *aprobar una ley*, adopter une loi. ‖ Admettre à un examen : *el profesor no me ha aprobado*, le professeur ne m'a pas admis à l'examen. ‖ *Aprobar por unanimidad*, recevoir o approuver à l'unanimité.

aprobativo, va o **abrobatorio, ria** adj. Approbatif, ive.

aproches m. pl. MIL. Approches, f., travaux d'approches. ‖ *Amer.* Environs (cercanías).

aprontar v. tr. Préparer rapidement. ‖ Payer comptant (pagar en el acto). ‖ *Amer.* Arriver.

apropiación f. Appropriation.

apropiadamente adv. De façon appropriée, convenablement.

apropiado, da adj. Approprié, e.
— SINÓN. *Pertinente,* pertinent. *Oportuno,* opportun. *Acertado,* réussi. *Adecuado,* adéquat. *Atinado,* judicieux. *Idóneo,* idoine.

apropiar v. tr. Approprier, adapter : *apropiar las leyes a las costumbres*, adapter les lois aux coutumes.
— V. pr. S'approprier, s'emparer : *se ha apropiado de lo que no le pertenece*, il s'est approprié ce qui ne lui appartient pas.
— SINÓN. ● *Atribuirse,* s'attribuer. *Usurpar,* usurper. *Arrogarse,* s'arroger. *Arrebatar,* ravir. *Adjudicarse,* s'adjuger. *Tomar, coger,* prendre. *Fam. Soplar,* souffler. *Arramblar, arramplar,* rafler. *Arrebañar,* ramasser, ratiboiser. *Trincar,* ratisser.

apropincuarse v. tr. S'approcher : *apropincuarse a*, s'approcher de.

apropósito m. TEATR. À-propos [pièce de circonstance].

aprovechable adj. Utilisable : *estos restos son todavía aprovechables*, ces restes sont encore utilisables. ‖ Mettable : *un vestido aún aprovechable*, une robe encore mettable.

aprovechadamente adv. Profitablement.

aprovechado, da adj. Très économe : *ama de casa muy aprovechada*, ménagère très économe. ‖ FIG. Appliqué, e (estudioso). ‖ Conçu, e : *casa bien aprovechada*, maison bien conçue. ‖ Employé, e : *dinero, tiempo bien aprovechado*, argent, temps bien employé. ‖ Débrouillard, e (apañado). ‖ — Adj. y s. Profiteur, euse (aprovechón).

aprovechador, ra adj. y s. Profiteur, euse ; débrouillard, e (fam.).

aprovechamiento m. Profit, parti : *sacaron el aprovechamiento máximo de esto*, ils en ont tiré le plus grand profit. ‖ Utilisation, f. : *aprovechamiento de los recursos naturales*, utilisation des ressources naturelles. ‖ Exploitation, f., utilisation, f. : *aprovechamiento en común*, exploitation en commun ; *aprovechamiento de una información*, exploitation d'un renseignement. ‖ Mise (f.) en valeur : *aprovechamiento de las tierras*, mise en valeur des terres. ‖ Aménagement : *el aprovechamiento de un curso de agua*, l'aménagement d'un cours d'eau.

aprovechar v. intr. Profiter à, être utile, servir : *esto les aprovechará a tus hermanos*, cela servira à tes frères. ‖ En profiter : *como hacía buen tiempo, aprovecharon y se fueron al campo*, comme il faisait beau, ils en profitèrent et partirent à la campagne. ‖ FIG. Progresser (adelantar) : *aprovechar en sabiduría*, progresser en sagesse. ‖ MAR. Serrer au plus près. ‖ *¡Que aproveche!,* bon appétit.
— V. tr. Mettre à profit, profiter de, utiliser : *aprovechar el tiempo*, mettre le temps à profit. ‖ Profiter de, tirer profit de : *ha aprovechado muy bien las clases*, il a très bien profité des cours. ‖ Profiter de : *aproveché la situación y me fui*, j'ai profité de l'occasion et je suis parti. ‖ Se servir de, utiliser : *no aprovecho nunca los restos*, je ne me sers jamais des restes. ‖ Mettre en valeur (tierras). ‖ Aménager : *aprovechar un salto de agua*, aménager une chute d'eau. ‖ Exploiter (fincas). ‖ Utiliser (emplear). ‖ — *Aprovechando la ocasión, les diré que...*, par la même occasion, je vous dirai que... ‖ *Aprovechar la ocasión*, profiter de l'occasion.
— V. pr. Profiter de, tirer parti o avantage de (sacar provecho). ‖ En profiter : *aprovéchate ahora, luego será demasiado tarde*, profites-en maintenant, après il sera trop tard. ‖ Profiter : *aprovecharse de uno*, profiter de quelqu'un ; *aprovecharse de un momento de descuido*, profiter d'un moment d'inattention.

aprovechón, ona m. y f. FAM. Profiteur, euse.

aprovisionamiento m. Approvisionnement, ravitaillement (abastecimiento).

aprovisionar v. tr. Approvisionner, ravitailler.

aproximación f. Approximation (estimación vaga) : *cálculo con aproximación,* calcul par approximation. ‖ Lot (*m.*) de consolation (en la lotería). ‖ Proximité (proximidad). ‖ Rapprochement (acercamiento). ‖ — *Con una aproximación del uno por ciento,* à un pour cent près. ‖ *Sólo es una aproximación,* ce n'est qu'un à-peu-près.

aproximadamente adv. Approximativement, à peu près.

aproximado, da adj. Approximatif, ive; approché, e : *cálculo aproximado,* calcul approximatif ; *valor aproximado,* valeur approchée.

aproximar v. tr. Approche:.
— V. pr. S'approcher : *aproximarse al fuego,* s'approcher du feu. ‖ Approcher : *se aproxima la hora del almuerzo,* l'heure du déjeuner approche. ‖ *¡Ni se le aproxima!,* il en est loin !

aproximativo, va adj. Approximatif, ive.

ápside m. ASTR. Apside, *f.*

aptamente adv. Convenablement.

apterigotos m. pl. ZOOL. Aptérygotes.

ápterix m. ZOOL. Aptéryx.

áptero, ra adj. ZOOL. Aptère (sin alas).
— M. pl. ZOOL. Aptères.

aptitud f. Aptitude : *aptitudes físicas,* aptitudes physiques. ‖ Disposition : *tener aptitudes para el dibujo,* avoir des dispositions pour le dessin. ‖ Compétence, capacité (capacidad). ‖ *Certificado de aptitud,* certificat d'aptitude.

apto, ta adj. Apte : *apto para ocupar este cargo,* apte à occuper ce poste. ‖ — MIL. *Apto para el servicio,* bon pour le service. ‖ *Apto para todos los públicos,* visible par tous (película). ‖ *No apta para menores,* interdit aux moins de seize ans (película).

apuesta f. Pari, *m.* ‖ *Apuestas mutuas,* pari mutuel.

apuesto, ta adj. De belle prestance, beau, belle, élégant, c : *un chico apuesto,* un beau garçon.

Apuleyo n. pr. m. Apulée.

apulgarar v. tr. Presser avec le pouce.
— V. pr. Se piquer de petites taches (la ropa).

Apulia n. pr. f. GEOGR. Apulie.

apunarse v. pr. *Amer.* Avoir le mal des montagnes.

apuntación f. Annotation, remarque (nota). ‖ Pointage, *m.* (de armas). ‖ MÚS. Notation.

apuntado, da adj. Pointu, e (puntiagudo). ‖ BLAS. Appointé, e. ‖ ARQ. En ogive (arco).

apuntador, ra adj. y s. Pointeur, euse (artillería). ‖ Annotateur, trice (que anota). ‖ — M. TEATR. Souffleur : *concha del apuntador,* trou du souffleur. ‖ Pointeur (en petanca). ‖ FIG. *En esta obra muere hasta el apuntador,* dans cette pièce tout le monde y passe. ‖ — M. y f. Secrétaire de plateau (cine).

apuntalamiento m. Étaiement, étayage.

apuntalar v. tr. Étayer.

apuntamiento m. Pointage (de un arma). ‖ Marque, *f.* (señal en un escrito). ‖ Note, *f.* (nota). ‖ Bâti (costura). ‖ FIG. Indication, *f.* ‖ DR. Qualités, *f. pl.*

apuntar v. tr. Pointer, braquer (un arma). ‖ Viser : *apuntar a uno a la cabeza,* viser la tête de quelqu'un. ‖ Montrer, désigner (señalar) : *apuntar con el dedo,* montrer du doigt. ‖ Manifester, faire preuve de : *este principiante apunta excelentes cualidades,* ce débutant manifeste d'excellentes qualités. ‖ Faire remarquer, signaler : *el periodista apunta la importancia del problema,* le journaliste fait remarquer l'importance du· problème. ‖ Marquer (señalar un escrito). ‖ Noter, prendre note de (anotar) : *apuntar unas señas,* noter une adresse. ‖ Mettre, noter : *apúntalo en mi cuenta,* mets-le sur

mon compte. ‖ Convenir de, fixer (concertar). ‖ Aiguiser, tailler (sacar punta) : *apuntar un lápiz,* tailler un crayon. ‖ Empointer (una aguja). ‖ Bâtir (en la costura). ‖ FAM. Raccommoder (zurcir). ‖ PINT. Croquer, esquisser (bosquejar). ‖ TEATR. Souffler. ‖ FIG. Indiquer, montrer (enseñar). ‖ Souffler : *le están apuntando la lección,* on lui souffle la leçon. ‖ FAM. *Apúntalo en la barra de hielo,* tu peux en faire ton deuil.
— V. intr. Poindre (el día). ‖ Pousser (la barba). ‖ FIG. Viser : *objetivos que apuntan a la supresión de los privilegios,* objectifs qui visent à la suppression des privilèges. ‖ Mettre en joue (con un arma). ‖ Ponter (en el juego). ‖ *¡Apunten!,* en joue ! ‖ *Apuntar presente,* porter o marquer présent.
— V. pr. S'aigrir, tourner (el vino). ‖ FAM. S'inscrire : *me apunté en el colegio,* je me suis inscrit à l'école. ‖ Se griser (embriagarse). ‖ *Apuntarse un tanto,* marquer un point.

apunte m. Annotation, *f.*, note, *f.* (nota). ‖ Croquis, esquisse, *f.* (dibujo). ‖ TEATR. Souffleur (apuntador). ‖ Texte du souffleur (texto). ‖ Secrétaire de plateau (cine). ‖ Ponte (jugador). ‖ Mise, *f.* (en el juego, puesta). ‖ *Amer. Llevar al apunte,* payer de retour (corresponder).
— Pl. Notes, *f.* [de cours] : *tomar apuntes,* prendre des notes. ‖ Cours, *sing.* : *apuntes a multicopista,* cours polycopié.

apuntillar v. tr. Achever, donner le coup de grâce [au taureau].

apuñalar v. tr. Poignarder : *lo apuñaló por la espalda,* il l'a poignardé dans le dos.

apuñear v. tr. Frapper à coups de poing.

apuracabos m. Brûle-tout, *inv.* (palmatoria).

apuradamente adv. Avec gêne, avec embarras. ‖ D'un air confus o embarrassé : *vino a decírmelo apuradamente,* il est venu me le dire d'un air embarrassé. ‖ Dans la gêne : *vivir apuradamente,* vivre dans la gêne. ‖ FAM. Exactement.

apurado, da adj. Gêné, e; dans la gêne, à court d'argent : *estar apurado,* être dans la gêne. ‖ Gêné, e (molesto). ‖ Épuisé, e; tari, e (agotado). ‖ Précis, e; exact, e (exacto). ‖ FIG. Difficile, délicat, e; périlleux, euse (peligroso). ‖ *Amer.* Pressé, e (apresurado). ‖ — *Estar apurado de tiempo,* être à court de temps, être pressé. ‖ *Estar apurado por uno,* être ennuyé par quelqu'un.

apurador, ra adj. Épuisant, e.

apuramiento m. Épuration, *f.* (acción de apurar). ‖ Épuisement (agotamiento). ‖ FIG. Éclaircissement (aclaración).

apurar v. tr. Épurer (una cosa). ‖ Purifier (una persona). ‖ Épuiser, finir (agotar). ‖ FIG. Éclaircir (examinar a fondo). ‖ Peiner, faire de la peine, attrister : *me apura tener que decirle esto,* cela me fait de la peine de devoir lui dire ça. ‖ Épuiser, mettre, pousser à bout : *apurar la paciencia,* épuiser la patience, pousser à bout. ‖ Harceler, presser (apremiar). ‖ Finir, aller jusqu'au bout de, *apurar el cigarrillo, el vaso,* finir sa cigarette, son verre. ‖ — *Apurándolo mucho,* tout au plus : *apurándolo mucho esta casa le ha costado cinco millones,* cette maison lui a coûté tout au plus cinq millions. ‖ *Apurar el cáliz, hasta las heces,* boire le calice jusqu'à la lie.
— V. pr. S'affliger, s'attrister. ‖ S'inquiéter, s'en faire (fam.) : *no se apure por esto,* ne vous inquiétez pas pour cela. ‖ *Amer.* Se hâter, se dépêcher (apresurarse). ‖ — *Apurarse la barba,* se raser de près. ‖ *No apurarse por nada,* ne s'embarrasser de rien.

apuro m. Gêne, *f.*, embarras, mauvais pas : *sacar de apuro,* tirer d'un mauvais pas; *estar en un apuro,* être dans l'embarras. ‖ Affliction, *f.*, tristesse, *f.* ‖ Difficulté, *f.* : *al principio he pasado*

muchos apuros en este país, au début, j'ai eu beaucoup de difficultés dans ce pays. ǁ *Amer.* Hâte, *f.*
(prisa). ǁ — *Estar en apuros* ou *estar en un apuro
de dinero* ou *tener apuros de dinero,* être dans la
pénurie, dans la gêne, être à court d'argent, avoir
des difficultés d'argent, être dans l'embarras. ǁ
Estar en el mayor apuro, avoir de grandes difficultés. ǁ *No tengas apuros, díselo,* ne t'en fais pas,
dis-le-lui. ǁ *Poner a alguien en un apuro* ou *hacer
pasar un apuro a uno,* mettre quelqu'un dans
l'embarras. ǁ *Sacar de apuro,* tirer d'embarras *o*
d'affaire. ǁ *Salir de apuro,* sortir d'embarras. ǁ
Tengo apuro en hacer tal cosa, ça m'ennuie de
faire cela.

apurón, ona adj. Houspilleur, euse; harceleur,
euse (que apura mucho).

aquejado, da adj. Atteint, e; affligé, e (de una
enfermedad).

aquejar v. tr. Peiner, chagriner. ǁ FIG. Affliger,
frapper : *aquejado de grave enfermedad,* affligé
d'une maladie grave. ǁ FIG. *Estar* ou *encontrarse
aquejado de,* souffrir de : *la economía se encuentra aquejada de falta de mano de obra,* l'économie souffre d'un manque de main-d'œuvre.

aquel m. FAM. Charme, chien (gracia). | Un petit
quelque chose : *esta persona no es guapa pero
tiene un aquel,* cette personne n'est pas jolie, mais
elle a un petit quelque chose.

aquel, ella adj. dem. Ce, cette (pl. m. y f. ces) :
aquel sombrero, ce chapeau; *aquella mujer,* cette
femme. ǁ *¿Te acuerdas de la mujer aquella que
encontramos ?,* te rappelles-tu la femme que nous
avons rencontrée ? [V. AQUÉL, Observ.]
— Pron. Celui, celle : *aquel de quien no me fío
nada,* celui en qui je n'ai aucune confiance ;
aquella cuya casa está siempre abierta, celle dont
la maison est toujours ouverte.
— OBSERV. Cuando el adjetivo masculino francés va
seguido de un sustantivo que empieza por una vocal o
una *h* muda se transforma en *cet : cet oiseau,* aquel
pájaro; *cet homme,* aquel hombre. Se añade en francés
a veces la partícula invariable *là* para dar mayor precisión : *ce livre-là,* aquel libro.

aquél, élla, ello pron. dem. Celui-là, celle-là, cela
(pl. ceux-là, celles-là) : *éste es mayor que aquél,*
celui-ci est plus grand que celui-là ; *esto no es
tan bueno como aquello,* ceci n'est pas aussi bon
que cela.
— OBSERV. *Aquel,* adjetivo o pronom. se emplea para
designar a una persona o una cosa igualmente alejadas
en el espacio o en el tiempo de la persona que habla
y de la persona a quien se habla; se opone así a *este* y *ese.*
Los pronoms *aquel* y *aquella* portent un accent pour
les distinguer des adjectifs homonymes, sauf lorsqu'ils
précèdent un pronom relatif. *Aquello* n'étant que pronom
n'a pas besoin de porter un accent écrit.

aquelarre m. Sabbat (brujos). ǁ FIG. Sabbat,
tapage (ruido).

aquella, aquello V. AQUEL.

aquende adv. De ce côté-ci de, en deçà de :
aquende los Pirineos, de ce côté-ci des Pyrénées.

aquenio m. BOT. Akène.

aqueo, a adj. y s. Achéen, enne.

aquerenciarse v. pr. S'attacher (animales).

Aqueronte n. pr. m. Achéron.

aquese, sa, so pron. dem. POÉT. V. ÉSE, ÉSA, ESO.

aqueste, ta, to pron. dem. V. ÉSTE, ÉSTA, ESTO.

aquí adv. Ici : *aquí abajo,* ici-bas; *ven aquí,*
viens ici. ǁ Là (con prep. y en sentido figurado) :
de aquí viene su desgracia, de-là vient son malheur; *por aquí se conoce que...,* par-là on voit
que... ǁ Alors, là (entonces) : *aquí no pudo contenerse,* alors il ne put se contenir. ǁ Maintenant :
aquí las va a pagar todas, c'est maintenant qu'il
va payer. ǁ Ici, maintenant (con prep.) : *hasta
aquí,* jusqu'ici. ǁ POP. Celui-ci,
celle-ci. ǁ — *Aquí presente,* ici présent. ǁ *Aquí y
allí* ou *aquí y allá,* çà et là, ici et là. ǁ *De aquí a*

mañana, d'ici à demain. ǁ *De aquí a ocho días,*
dans huit jours (plazo), aujourd'hui en huit (fecha).
ǁ *De aquí a poco,* d'ici peu, sous peu, bientôt. ǁ
De aquí en adelante, dorénavant, désormais. ǁ
De aquí hasta entonces, d'ici là. ǁ *Por aquí y por
allá,* par-ci, par-là. ǁ — *Aquí está,* voici : *aquí está
tu libro,* voici ton livre. ǁ *Aquí estoy, aquí está,*
etc., me voici, le voici, etc. ǁ *¡Aquí fue Troya!,*
alors ce fut la bagarre (pelea), alors ce fut la
pagaille (desorden). ǁ *Aquí le cojo, aquí le mato,*
aussitôt pris aussitôt tué. ǁ *Aquí yace,* ci-gît. ǁ
He aquí, voici.

aquiescencia f. Acquiescement, *m.,* assentiment, *m.*

aquietador, ra adj. Qui calme, qui apaise.

aquietar v. tr. Apaiser : *aquietar los ánimos,* apaiser les esprits. ǁ Rassurer, rasséréner (calmar).
— V. pr. S'apaiser, se calmer.

aquifoliáceas f. pl. BOT. Aquifoliacées.

aquilatado, da adj. Éprouvé, e : *hombre de aquilatado valor,* homme de valeur éprouvée.

aquilatamiento m. Aloyage.

aquilatar v. tr. Éprouver, déterminer le titre de
(el oro). ǁ Estimer la valeur [d'un diamant, d'une
perle, etc.]. ǁ Affiner, épurer (purificar). ǁ FIG.
Juger, apprécier (una persona o una cosa).

aquilea f. BOT. Achillée, mille-feuilles, *m. inv.*

Aquiles n. pr. m. Achille.

aquilino, na adj. Aquilin, e (aguileño) : *nariz
aquilina,* nez aquilin.

aquilón m. Aquilon.

aquillado, da adj. En forme de quille.

Aquisgrán n. pr. GEOGR. Aix-la-Chapelle.

Aquitania n. pr. f. GEOGR. Aquitaine.

aquitano, na adj. y s. Aquitain, e.

ara f. Autel, *m.* (altar). ǁ Pierre d'autel (piedra).
ǁ *En aras de,* sur l'autel de, en l'honneur de
(en honor a), au nom de : *en aras de nuestra amistad,* au nom de notre amitié. ǁ — M. ZOOL. Ara
(guacamayo). ǁ ASTR. Autel (constelación).

árabe adj. y s. Arabe. ǁ FAM. *Eso es árabe para mí,*
c'est de l'hébreu pour moi.

arabesco, ca adj. Arabesque.
— M. Arabesque, *f.*

arabia f. *Amer.* Cotonnade à carreaux bleus et
blancs (tela).

arábico, ca o **arábigo, ga** adj. Arabe : *número
arábico,* chiffre arabe. ǁ Arabique : *goma arábiga,*
gomme arabique.
— M. Arabe (lengua). ǁ FIG. y FAM. *Estar en
arábigo,* être de l'hébreu.

Arábigo n. pr. m. GEOGR. *Mar Arábigo,* mer (f.)
d'Omán. ǁ *Golfo Arábigo,* golfe Arabique.

arabismo m. Arabisme.

arabista m. y f. Arabisant, e.

arabización f. Arabisation.

arabizar v. tr. Arabiser.

arable adj. Arable.

arac m. Arack (aguardiente de arroz).

aracari m. *Amer.* Aracari (ave).

aráceas f. pl. BOT. Aracées.

arácneo, a adj. Arachnéen, enne.

arácnidos m. pl. ZOOL. Arachnides.

aracnoideo, a adj. Arachnoïdien, enne.

aracnoides f. ANAT. Arachnoïde.

arada f. AGRIC. Labourage, *m.* (acción de arar). |
Terre labourée (tierra labrada). | Labours, *m. pl.*
| Travail (*m.*) de la terre (trabajo). ǁ Ouvrée
(jornal).

arado m. AGRIC. Charrue, *f.* : *arado múltiple,*
bisurco, charrue polysoc, bisoc. ǁ *Amer.* Labours, *pl.* (labor). ǁ AGRIC. *Arado de balancín,*
charrue-balance. | *Arado de viñador* ou *viñatero,*
déchausseuse *o* décavaillonneur *o* décavaillonneuse.

arador, ra adj. y s. Laboureur, euse. ǁ — M. ZOOL.
Acare (ácaro).

aradura f. AGRIC. Labourage, *m.*
Aragón n. pr. m. GEOGR. Aragon.
aragonés, esa adj. y s. Aragonais, e. ‖ FIG. *Testarudo* ou *terco como un aragonés,* têtu comme un Breton *o* une mule.
aragonito m. MIN. Aragonite, *f.*
araguato m. Alouate, singe hurleur (mono).
arambel m. Draperie, *f.,* tenture, *f.* (colgadura). ‖ FIG. Chiffon, haillon (andrajo).
arameo, a adj. y s. Araméen, enne.
aramio m. Jachère, *f.* (barbecho).
arancel m. Tarif douanier (tarifa). ‖ Droit de douane (derecho).
arancelario, ria adj. Concernant les tarifs douaniers. ‖ — *Derechos arancelarios,* droits de douane. ‖ *Leyes arancelarias,* législation douanière.
arándano m. BOT. Airelle, *f.,* myrtille, *f.*
arandela f. Bobèche (de bujía). ‖ TECN. Rondelle, bague (para tuercas). ‖ Raquette (de esquí). ‖ Rondelle (de lanza). ‖ Candélabre (*m.*) de table *o* d'applique (candelabro). ‖ *Amer.* Jabot, *m.* (chorrera).
arandillo m. ZOOL. Lavandière, *f.* (pájaro).
araña f. ZOOL. Araignée. ‖ BOT. Nigelle de Damas (arañuela). ‖ Lustre, *m.* (lámpara de techo). ‖ Filet (*m.*) pour les oiseaux (red). ‖ MAR. Araignée (de hamaca). ‖ FIG. y FAM. Fourmi, personne très économe. ‖ *Amer.* Carriole. ‖ — *Araña de mar,* araignée de mer (crustáceo). ‖ *Red* ou *tela de araña,* toile d'araignée.
arañadura f. Égratignure.
arañar v. tr. Griffer : *el gato me ha arañado,* le chat m'a griffé ‖ Égratigner (rasguñar ligeramente) : *las zarzas me han arañado,* les ronces m'ont égratigné. ‖ Érafler : *la portezuela del coche está arañada,* la portière de la voiture est éraflée. ‖ FIG. Grappiller, ramasser (recoger). ‖ Gratter (un instrumento de cuerda).
— V. pr. Se griffer, s'égratigner.
arañazo m. Coup de griffe (de gato, etc.). ‖ Égratignure, *f.* (rasguño ligero).
arañero m. Échelette, *f.* (pájaro).
arañuela f. ZOOL. Petite araignée. ‖ Larve d'insecte (larva). ‖ BOT. Nigelle de Damas.
arapaima m. Arapaima (pez).
arar m. Genévrier (enebro). ‖ Mélèze (alerce).
arar v. tr. AGRIC. Labourer. ‖ FIG. Sillonner (surcar). ‖ Ronger : *el rostro arado por el sufrimiento,* le visage rongé par la souffrance. ‖ FIG. *Arar en el mar,* donner des coups d'épée dans l'eau, porter de l'eau à la rivière *o* la mer.
aratorio, ria adj. Aratoire.
araucano, na adj. y s. Araucan, e.
araucaria f. BOT. Araucaria, *m.*
aravico m. Poète, barde [chez les Indiens du Pérou].
arbitrable adj. Arbitrable.
arbitraje m. Arbitrage.
arbitrajista m. COM. Arbitragiste.
— SINÓN. *Conciliación,* conciliation. *Compromiso,* compromis. *Mediación,* médiation.
arbitral adj. DR. Arbitral, e : *sentencias arbitrales,* jugements arbitraux, sentences arbitrales.
arbitramiento m. Arbitrage.
arbitrar v. tr. Arbitrer : *arbitrar un partido de fútbol,* arbitrer un match de football.
— V. pr. S'arranger pour, s'ingénier à (ingeniarse).
arbitrariedad f. Arbitraire, *m.,* procédé (*m.*) arbitraire.
arbitrario, ria adj. Arbitraire.
arbitrio m. Volonté, *f.* (voluntad) : *seguir el arbitrio de sus padres,* obéir à la volonté de ses parents. ‖ Libre arbitre (albedrío). ‖ Bon plaisir, fantaisie, *f. : seguir su arbitrio,* suivre sa fantaisie.

‖ Expédient, recours (medio). ‖ DR. Arbitrage. — Pl. Taxes (*f.*) municipales, droits d'octroi, charges, *f.* (impuestos).
arbitrismo m. Arbitraire.
arbitrista m. y f. Faiseur, faiseuse de projets [en politique], songe-creux, *inv.* (fam.).
árbitro m. Arbitre.
árbol m. Arbre : *árbol frutal,* arbre fruitier. ‖ Corps (de camisa sin mangas). ‖ CONSTR. Noyau (escalera). ‖ IMPR. Arbre (prensa). ‖ MAR. Mât (palo). ‖ TECN. Arbre : *árbol motor,* arbre moteur. ‖ — BOT. *Árbol de la cera,* arbre à cire, cirier. ‖ *Árbol de Judas,* arbre de Judée. ‖ MAR. *Árbol de la hélice,* arbre de couche. ‖ *Árbol del diablo,* sablier. ‖ MECÁN. *Árbol de levas,* arbre à cames. ‖ BOT. *Árbol del pan,* arbre à pain. ‖ *Árbol de monte alto,* arbre de haute futaie. ‖ *Árbol de Navidad* o *de Noel,* arbre de Noël. ‖ BOT. *Árbol desmochado,* têtard. ‖ *Árbol genealógico,* arbre généalogique. ‖ ANAT. *Árbol respiratorio,* système respiratoire. ‖ *Del árbol caído, todos hacen leña,* quand l'arbre est tombé, chacun court aux branches. ‖ *Por el fruto se conoce el árbol,* on connaît l'arbre à son fruit.
arbolado, da adj. Boisé, e ; couvert, e *o* planté, e d'arbres : *lugar, paseo arbolado,* endroit boisé, promenade plantée d'arbres.
— M. Bois (bosque).
arboladura f. MAR. Mâture.
arbolar v. tr. Arborer (enarbolar). ‖ MAR. Mâter (poner mástiles). ‖ Arborer, battre : *arbolar bandera argentina,* battre pavillon argentin, arborer le pavillon argentin.
— V. pr. Se cabrer (encabritarse).
arboleda f. Bois, *m.,* bosquet, *m.,* boqueteau, *m.* (bosque).
arbolista m. y f. Arboriculteur, trice ; pépiniériste.
arborecer* v. intr. Croître, atteindre sa maturité [un arbre].
arbóreo, a adj. Arborescent, e.
arborescencia f. BOT. Arborescence.
arborescente adj. BOT. Arborescent, e.
arborícola adj. Arboricole.
arboricultor m. Arboriculteur.
arboricultura f. Arboriculture.
arborización f. MIN. Arborisation.
arborizado, da adj. Arborisé, e.
arbotante m. ARQ. Arc-boutant. ‖ MAR. Support d'arbre (de la hélice).
arbustivo, va adj. Arbustif, ive.
arbusto m. BOT. Arbrisseau : *el lila es un arbusto,* le lilas est un arbrisseau. ‖ Arbuste : *la madreselva es un arbusto,* le chèvrefeuille est un arbuste.
arca f. Coffre, *m.* (cofre). ‖ Coffre-fort, *m.* (caja de caudales). ‖ Arche : *Arca de Noé,* arche de Noé. ‖ TECN. Arche (de cristalería). ‖ — Pl. Coffres, *m.* (en las tesorerías). ‖ ANAT. Flancs, *m.* (debajo de las costillas). ‖ — *Arca de agua,* château d'eau. ‖ *Arca de la Alianza* ou *del Testamento,* arche d'alliance. ‖ *Arca del cuerpo,* tronc du corps humain. ‖ *Arcas públicas,* coffres de l'État, Trésor, trésor public.
arcabucear v. tr. Arquebuser.
arcabucería f. Arquebuserie (conjunto *o* fábrica de arcabuces). ‖ Troupe d'arquebusiers (tropa).
arcabucero m. Arquebusier.
arcabuz m. Arquebuse, *f.* ‖ Arquebusier (arcabucero).
arcabuzazo m. Coup d'arquebuse, arquebusade, *f.*
arcada f. Arcade (arcos). ‖ Arche (de puente). ‖ — Pl. Nausées (náuseas).
árcade o **arcádico, ca** o **arcadio, dia** adj. y s. Arcadien, enne (de la Arcadia). ‖ — M. Arcade, Arcadien (de la academia de este nombre).
Arcadia n. pr. f. GEOGR. Arcadie.

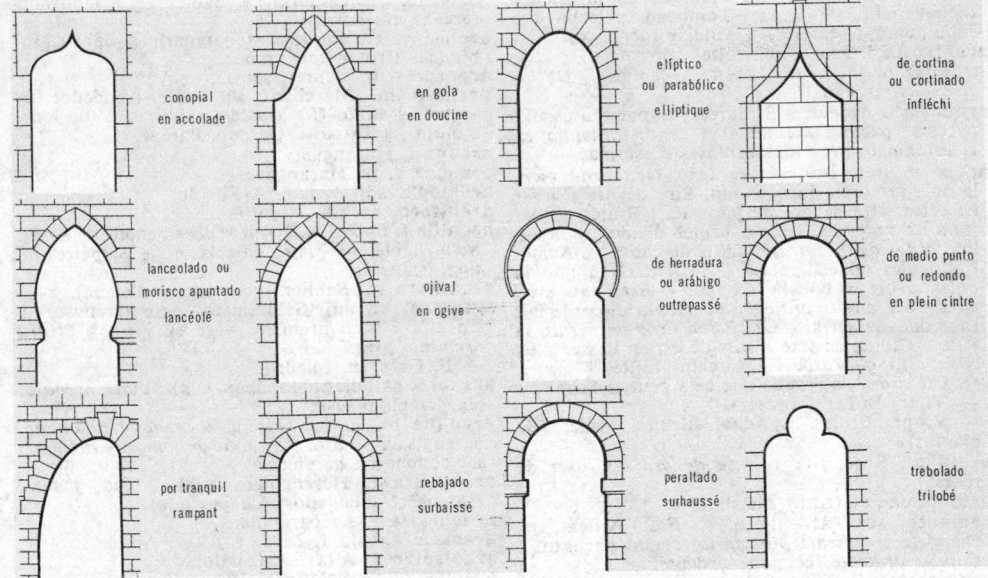

conopial / en accolade

en gola / en doucine

elíptico ou parabólico / elliptique

de cortina ou cortinado / infléchi

lanceolado ou morisco apuntado / lancéolé

ojival / en ogive

de herradura ou arábigo / outrepassé

de medio punto ou redondo / en plein cintre

por tranquil / rampant

rebajado / surbaissé

peraltado / surhaussé

trebolado / trilobé

---

arcaduz m. Conduite, ƒ., tuyau (caño). ‖ Godet, auge, ƒ. (de noria).

arcaico, ca adj. Archaïque. ‖ GEOL. Archéen, enne.

arcaizante adj. Archaïsant, e.

arcaísmo m. Archaïsme.

arcaísta m. Archaïsant.

arcaizar v. intr. Employer des archaïsmes.
— V. tr. Rendre archaïque.

arcángel m. Archange.

arcangélico, ca adj. Archangélique.

arcano, na adj. Secret, ète ; caché, e.
— M. Arcane, secret, mystère. ‖ Pl. FIG. Coulisses, ƒ., arcanes : los arcanos de la política, les coulisses de la politique.

arce m. Érable (árbol). ‖ Arce blanco, sycomore, faux platane.

arcedianato m. Archidiaconat (dignidad). ‖ Archidiaconé (jurisdicción).

arcediano m. Archidiacre.

arcén m. Accotement, bas-côté (de una carretera).

arcilla f. Argile (greda). ‖ Matière, substance (tierra cualquiera). ‖ Arcilla figulina, argile figuline [à potier].

arcillar v. tr. AGRIC. Glaiser.

arcilloso, sa adj. Argileux, euse.

arciprestal adj. Archipresbytéral, e.

arciprestazgo m. Archiprêtré.

arcipreste m. Archiprêtre.

arco m. GEOM. Arc : arco de círculo, arc de cercle. ‖ Arc (arma) : tirar con arco, tirer à l'arc. ‖ Archet (de violín). ‖ Cerceau (de tonel). ‖ ANAT. Arcade, ƒ. : arco alveolar, arcade dentaire. ‖ ARQ. Arc (bóveda). ‖ Arche, ƒ. (de un puente). ‖ Arçon (para la lana). ‖ — ARQ. Arco abocinado, arc en anse. ‖ Arco adintelado ou a nivel, arc déprimé. ‖ Arco apuntado, arc en lancette. ‖ Arco capialzado, arc de biais. ‖ Arco carpanel ou apainelado, arc en anse de panier. ‖ Arco conopial, arc en accolade. ‖ Arco de cortina, arc infléchi. ‖ Arco de herradura ou morisco, arc en fer à cheval o outrepassé. ‖ Arco de medio punto, arc en plein cintre. ‖ Arco de todo punto, arc en ogive. ‖ Arco de triunfo ou triunfal, arc de triomphe. ‖ Arco

elíptico, arc elliptique. ‖ Arco en gola, arc en doucine. ‖ Arco escarzano, arc bombé. ‖ Arco formero, arc formeret. ‖ Arco iris, arc-en-ciel. ‖ ARQ. Arco lanceolado, arc lancéolé. ‖ Arco mitral, arc brisé. ‖ Arco ojival, arc en ogive. ‖ Arco peraltado, arc surhaussé. ‖ Arco perpiaño, arc-doubleau. ‖ Arco por tranquil, arc-rampant. ‖ Arco rebajado, arc surbaissé o en anse de panier. ‖ Arco tercelete, tierceron. ‖ Arco trebolado ou trilobulado, arc trilobé. ‖ ELECTR. Arco voltaico, arc voltaïque. ‖ Armar el arco, bander son arc. ‖ Desarmar el arco, débander l'arc.

arcón m. Grand coffre. ‖ MIL. Caisson (de artillería).

arcontado m. Archontat.

arconte m. Archonte (magistrado griego).

archero m. Archer (soldado).

archicofradía f. Archiconfrérie.

archidiácono m. Archidiacre.

archidiocesano, na adj. Archidiocésain, e.

archidiócesis f. Archevêché, m.

archiducado m. Archiduché.

archiducal adj. Archiducal, e.

archiduque, quesa m. y f. Archiduc, chesse.

archilaúd m. MÚS. Archiluth (instrumento).

archimandrita m. Archimandrite (sacerdote griego).

archimillonario, ria adj. y s. Archimillionnaire.

archipámpano m. FAM. Grand moutardier, mamamouchi (dignidad imaginaria). ‖ Creerse el archipámpano de Sevilla, se croire le grand moutardier du pape.

archipiélago m. Archipel.

archivador, ra m. y f. Archiviste (persona). ‖ — M. Classeur (mueble).

archivar v. tr. Classer (clasificar). ‖ Mettre aux archives. ‖ FIG. Classer : los grandes problemas pendientes quedan archivados, les grands problèmes en suspens sont classés. ‖ Mettre au rancart o au rebut (arrumbar). ‖ FIG. Archivar algo en su cabeza, prendre bonne note de quelque chose.

archivero, ra o **archivista** m. y f. Archiviste.

archivo m. Archives, *f. pl. : los archivos de la Biblioteca Nacional,* les archives de la Bibliothèque nationale. ‖ Fig. Tombeau (persona que sabe guardar secretos). | Modèle (dechado).

archivolta f. Arq. Archivolte.

Ardenas n. pr. f. pl. Geogr. Ardennes. ‖ *De las Ardenas,* ardennais, e.

ardentía f. Ardeur. ‖ Brûlures, *pl.* (palabra usual), pyrosis (palabra científica) : *sentir ardentía en el estómago,* avoir des brûlures d'estomac.

arder v. intr. Brûler : *la leña seca arde bien,* le bois sec brûle bien. ‖ Fig. Être dévoré : *arder en celos,* être dévoré de jalousie. | Brûler, griller (fam.) : *arder en deseos,* brûler d'envie. | Bouillir : *arder de o en ira,* bouillir de colère. ‖ Agric. Fermenter (el estiércol). ‖ — *Arderle a uno la boca,* avoir la bouche en feu. ‖ *Este país arde en guerra, en discordia,* la guerre, la discorde fait rage dans ce pays. ‖ *La ciudad arde en fiestas,* la ville est toute en fête *o* la ville est en liesse. ‖ *La cosa está que arde,* le torchon brûle. ‖ *Amer. ¿Qué te arde?,* qu'est-ce que cela peut te faire ?
— V. tr. Brûler (abrasar).
— V. pr. Brûler. ‖ Agric. Brûler, griller (las plantas).

ardid m. Ruse, *f. : valerse de ardides,* user de ruses.

ardido, da adj. (Ant.). Hardi, e.

ardiente adj. Ardent, e. ‖ Fig. Ardent, e; chaud, e : *ardiente partidario,* chaud partisan. ‖ *Capilla ardiente,* chapelle ardente.

ardientemente adv. Ardemment.

ardiloso, sa adj. *Amer.* Cancanier, ère (chismoso).

ardilla f. Zool. Écureuil, *m.*

ardimiento m. Embrasement (ardor). ‖ Fig. Bravoure, *f.,* courage (valor).

ardite m. (Ant.). Liard (moneda). ‖ — Fam. *Me importa un ardite,* je m'en moque comme de l'an quarante. ‖ *No valer un ardite,* ne pas valoir un liard.

ardor m. Ardeur, *f. : el ardor del sol,* l'ardeur du soleil; *ardor en el trabajo,* ardeur au travail; *en el ardor de la batalla,* dans l'ardeur de la bataille. ‖ Feu : *en el ardor de la acción,* dans le feu de l'action. ‖ — Pl. Brûlures, *f.* (de estómago).
— Sinón. *Calor,* chaleur. *Fuego,* feu. *Fogosidad,* fougue. *Llama,* flamme.

ardorosamente adv. Ardemment.

ardoroso, sa adj. Ardent, e.

arduo, dua adj. Ardu, e.

área f. Aire (superficie). ‖ Geom. Surface : *el área del triángulo,* la surface du triangle. ‖ Are, *m.* (medida agraria). ‖ Agric. Massif, *m.* (de flores). | Carré, *m.* (de hortalizas). ‖ Zone : *no se puede construir en un área de 50 kilómetros,* on ne peut pas construire sur une zone de 50 kilomètres. ‖ — *Área de castigo,* zone *o* surface de réparation (deportes). ‖ *Área de gol,* terrain d'en-but (rugby). ‖ *Área metropolitana* ou *urbana,* district urbain.

areca f. Bot. Arec *o* aréquier, *m.* (palmera). | Noix d'arec *o* arec, *m.* (fruto).

areico, ca adj. Geogr. Aréïque.

areísmo m. Geogr. Aréisme.

areito m. Chant *o* danse (*f.*) des anciens Indiens d'Amérique centrale.

arel m. Van (criba).

arena f. Sable, *m. : no hay arena en esta playa,* il n'y a pas de sable sur cette plage. ‖ Arènes, *pl.* (redondel). ‖ — Pl. Med. Sable, *m. sing.,* calculs (en el riñón). ‖ Poudre, *sing. : arenas de oro,* poudre d'or. ‖ — *Arenas movedizas,* sables mouvants. ‖ *Reloj de arena,* sablier. ‖ — *Edificar sobre arena, sembrar en arena,* bâtir sur le sable.

arenáceo, a adj. Arénacé, e.

arenal m. Étendue (*f.*) de sable, banc de sable. ‖ Sablière, *f.* (cantera). ‖ Sables (*pl.*) mouvants (arenas movedizas).

arenar v. tr. Ensabler (enarenar). ‖ Sabler, sablonner (frotar con arena).

arencar v. tr. Saurer, saurir.

arenero m. Marchand de sable (vendedor de arena). ‖ Boîte (*f.*) à sable, sablière, *f.* (de locomotora). ‖ Taurom. Garçon d'arène.

arenga f. Harangue.

arengar v. tr. Haranguer.

arenícola adj. y s. f. Arénicole.

arenífero, ra adj. Arénifère.

arenilla f. Sable, *m.* [pour sécher l'encre]. ‖ — Pl. Med. Sable, *m. sing.,* calculs, *m.* ‖ Salpêtre, *m. sing.* (salitre).

arenillero m. Sablier [pour sécher l'encre].

arenisco, ca adj. Sablonneux, euse (arenoso). ‖ En grès : *vaso arenisco,* vase en grès. ‖ *Piedra arenisca,* grès.
— F. Grès, *m.* (piedra).

arenoso, sa adj. Sablonneux, euse : *playa arenosa,* plage sablonneuse.

arenque m. Zool. Hareng : *arenque ahumado,* hareng saur. ‖ Fig. y Fam. *Seco como un arenque,* sec comme un hareng.

arenquera f. Harenguière (red). ‖ Fig. y Fam. Harengère (vendedora de pescado).

areografía f. Aréographie.

areola *o* **aréola** f. Med. y Anat. Aréole.

areolación f. Anat. Aréolation.

areolar adj. Anat. Aréolaire.

areometría f. Aréométrie.

areométrico, ca adj. Aréométrique.

areómetro m. Fís. Aréomètre.

areopagita m. Aréopagite.

areópago m. Aréopage.

areóstilo m. Arq. Aréostyle.

arepa f. *Amer.* Galette de maïs. ‖ Fam. *Amer. Ganar la arepa,* gagner sa croûte.

arepero, ra adj. y s. *Amer.* Vagabond, e.

arepita f. *Amer.* Petite galette de maïs.

arestín m. Bot. Panicaut [chardon]. ‖ Veter. Teigne, *f.* (de los caballos).

arete m. Petit anneau (anillo). ‖ Boucle (*f.*) d'oreille (pendiente).

aretino, na adj. y s. Arétin, e.

Aretusa n. pr. f. Aréthuse (ninfa).

arfada f. Mar. Tangage.

arfar v. intr. Mar. Tanguer.

argadijo *o* **argadillo** m. Dévidoir (devanadera).

argallera f. Jabloir, *m.,* rabot (*m.*) à moulures rondes.

argamandel m. Haillon, lambeau (andrajo).

argamandijo m. Fam. Attirail, affaires, *f. pl.*

argamasa f. Mortier, *m.*

argamasar v. tr. Gâcher [du mortier]. ‖ Cimenter (trabar con argamasa).

argamasón ... Morceau de ciment, plâtras.

árgana f. Grue (máquina).

árganas f. pl. Sorte de bât, *m. sing.*

arganeo m. Mar. Arganeau (del ancla).

árgano m. Grue, *f.* (máquina).

argavieso m. Orage (tormenta). ‖ Averse, *f.* (aguacero).

argayar v. impers. S'ébouler [le terrain].

argayo m. Éboulement, glissement de terrain.

Argel n. pr. Geogr. Alger.

Argelia n. pr. f. Geogr. Algérie.

argelino, na adj. y s. Algérien, enne.

argemone f. Bot. Argémone.

argén m. Blas. Argent.

argentado, da adj. Argenté, e. ‖ Argentin, e (voz).

argentador, ra adj. y s. Argenteur, euse.

argentar v. tr. Argenter.

argénteo, a adj. D'argent (de plata). ‖ Argenté, e (semejante a la plata o bañado de plata).
argentería f. Orfroi, m. (bordado de oro o de plata). ‖ Argenterie (platería).
argentero m. Orfèvre (platero).
argéntico, ca adj. Argentique.
argentífero, ra adj. Argentifère.
argentina f. Argentine (planta).
Argentina n. pr. f. GEOGR. Argentine.
argentinismo m. Argentinisme.
argentinizar v. tr. Donner le caractère argentin o les manières argentines.
argentino, na adj. Argentin, e : *voz argentina*, voix argentine. ‖ Argenté, e (argénteo). ‖ — Adj. y s. Argentin, e [de la República Argentina].
argento m. POÉT. Argent.
argentoso, sa adj. Mêlé d'argent ; argenté, e.
argiráspide m. Argyraspide (soldado griego).
argirismo m. MED. Argyrisme.
argirosa f. MIN. Argyrose.
argivo, va adj. y s. Argien, enne (de Argos).
argo m. Argon (gas).
argólico, ca adj. Argien, enne (argivo).
argolla f. Anneau, m. (aro de metal). ‖ Sorte de passe-boule (juego). ‖ Carcan, m., pilori, m. (castigo público). ‖ Collerette (adorno de mujer). ‖ FIG. Carcan, m. (sujeción). ‖ MAR. Boucle. ‖ *Amer.* Alliance (de matrimonio).
árgoma f. BOT. Ajonc, m. (aulaga).
argón m. QUÍM. Argon (gas).
argonauta m. Argonaute. ‖ ZOOL. Argonaute.
argos m. FIG. Argus (persona muy vigilante). ‖ ZOOL. Argus (pájaro).
Argos n. pr. MITOL. Argos.
argot m. Jargon : *argot médico*, jargon médical. ‖ Argot (germanía).
— OBSERV. Le mot *argot* est un gallicisme dans le sens d' « argot », mais il ne l'est pas dans celui de « jargon ».
argucia f. Argutie.
argüe m. Cabestan (cabrestante).
árguenas o **árgueñas** f. pl. Besace, *sing.* (alforjas). ‖ Civière, *sing.*, bard, *m. sing.* (angarillas).
argüir* v. tr. Arguer (p. us.), déduire, conclure : *de esto arguyo que vendrá*, j'en conclus qu'il viendra ‖ Faire voir, prouver, arguer (probar). ‖ Reprocher [une chose à quelqu'un], accuser [quelqu'un d'une chose], arguer : *argüir de falso un acta*, arguer de faux un acte. ‖ Rétorquer (contestando).
— V. intr. Arguer, argumenter (poner argumentos). ‖ Discuter : *a esta chica le gusta mucho argüir*, cette fille aime beaucoup discuter.
argumentación f. Argumentation. ‖ Argument, m. (argumento).
argumentador, ra adj. y s. Argumentateur, trice.
argumentar v. intr. Argumenter, discuter.
— V. tr. Arguer (p. us.), conclure (concluir). ‖ Démontrer, prouver (probar). ‖ Alléguer, dire : *¿qué tienes tú que argumentar para tu defensa?*, qu'as-tu à·alléguer pour ta défense?
argumentista m. y f. Argumentateur, trice.
argumento m. Argument, raisonnement : *tu argumento es falso*, ton raisonnement est faux ; *argumento terminante*, argument sans réplique. ‖ Argument (de una obra). ‖ Sujet (asunto). ‖ Scénario : *el argumento de una película*, le scénario d'un film. ‖ Résumé (resumen). ‖ *Argumento cornuto*, argument cornu, dilemme.
arguyente adj. Argumentateur, trice.
aria f. MÚS. Aria.
Ariadna o **Ariana** n. pr. f. MITOL. Ariadne (p. us.), Ariane.
aricar v. tr. Faire un léger labour (arar).
aridecer v. tr. Rendre aride.
— V. pr. Devenir aride.

aridez f. Aridité. ‖ FIG. Aridité : *aridez del espíritu*, aridité d'esprit.
árido, da adj. Aride. ‖ FIG. Aride : *asunto árido*, sujet aride.
— M. pl. COM. Grains, céréales, f. ‖ TECN. Agrégats. ‖ *Medida de áridos*, mesure de capacité.
Aries n. pr. m. ASTR. Bélier (constelación).
arieta f. MÚS. Ariette.
ariete m. MIL. Bélier (máquina de guerra). ‖ (Ant.). MAR. Bateau à éperon. ‖ Avant-centre (en fútbol). ‖ *Ariete hidráulico*, bélier hydraulique.
arije adj. *Uva arije*, chasselas doré.
arijo, ja adj. Léger, ère ; facile à travailler, meuble (tierra).
arilado, da adj. BOT. Arillé, e.
arilo m. BOT. Arille (tegumento).
arillo m. Boucle (f.) d'oreille (pendiente).
arimez m. ARQ. Saillie, f., avant-corps, *inv.*
ario, ria adj. y s. Aryen, enne.
arioso m. MÚS. Arioso.
Ariosto n. pr. m. Arioste.
arique m. *Amer.* Corde, f. [en fibres de palmier].
arísaro m. Gouet (planta).
arisblanco, ca adj. À barbes blanches (trigo).
arisco, ca adj. Sauvage, farouche : *es un niño muy arisco*, c'est un enfant très sauvage. ‖ Bourru, e ; intraitable, revêche : *genio arisco*, caractère bourru ; *persona arisca*, personne revêche. ‖ Rébarbatif, ive : *tener una cara arisca*, avoir un visage rébarbatif. ‖ *Amer.* Peureux, euse (miedoso). ‖ *Es arisco como un gato*, c'est un ours mal léché.
arisnegro, gra o **arisprieto, ta** adj. BOT. À barbes noires (trigo).
arista f. Arête (borde, intersección). ‖ GEOM. Arête : *arista de un cubo*, arête d'un cube. ‖ Barbe (del trigo). ‖ ARQ. Arête : *bóveda por arista*, voûte d'arêtes. ‖ Chènevotte (parte leñosa del cáñamo). ‖ Bavure (de los metales).
aristado, da adj. À arêtes saillantes. ‖ Barbu, e (el trigo).
aristarco m. FIG. Aristarque (crítico severo).
Arístides n. pr. m. Aristide.
aristocracia f. Aristocratie.
aristócrata adj. y s. Aristocrate.
— SINÓN. *Noble*, noble. *Señor*, seigneur. *Caballero*, chevalier. *Gentilhombre*, *hidalgo*, gentilhomme. *Patricio*, patricien. *Hidalgo de gotera*, noblaillon.
aristocrático, ca adj. Aristocratique.
aristocratizar v. tr. Rendre aristocratique.
Aristófanes n. pr. m. Aristophane.
aristofánico, ca adj. Aristophanesque.
aristoloquia f. BOT. Aristoloche.
Aristóteles n. pr. m. Aristote.
aristotélico, ca adj. y s. Aristotélicien, enne ; aristotélique.
aristotelismo m. Aristotélisme.
aritmética f. Arithmétique.
aritmético, ca adj. Arithmétique : *progresión aritmética*, progression arithmétique.
— M. y f. Arithméticien, enne.
aritmografía f. Arithmographie.
aritmógrafo m. Arithmographe (máquina de calcular).
aritmomancia f. Arithmomancie.
aritmómetro m. MAT. Arithmomètre.
arito m. Boucle (f.) d'oreille.
arjorán m. Arbre de Judée, gainier (ciclamor).
arlequín m. TEATR. Arlequin. ‖ Arlequin (máscara). ‖ Polichinelle, pantin (persona ridícula y despreciable). ‖ FIG. y FAM. Glace (f.) panachée (helado).
arlequinada f. FAM. Arlequinade.
arlequinesco, ca adj. D'Arlequin.
arlesiano, na adj. y s. Arlésien, enne.

arma f. Arme : *arma de fuego*, arme à feu. ‖ MIL. Arme : *arma de caballería*, arme de cavalerie. ‖ Défense (de los animales). ‖ FIG. Arme : *sin más armas que su buena voluntad*, n'ayant pour arme que sa bonne volonté. ‖ — Pl. MIL. Armes. ‖ BLAS. Armes : *armas parlantes*, armes parlantes. ‖ — *Arma arrojadiza*, arme de jet. ‖ *Arma blanca*, arme blanche. ‖ *Arma de depósito*, arme à magasin. ‖ FIG. *Arma de dos filos*, arme à deux tranchants. ‖ *Arma de fuego*, arme à feu. ‖ *Arma de repetición*, arme à répétition. ‖ *Arma de retrocarga*, arme se chargeant par la culasse. ‖ *Escudo de armas*, armoiries. ‖ *Hecho de armas*, fait d'armes (hazaña). ‖ *Libro de armas*, armorial (heráldica). ‖ *Licencia de armas*, port d'armes (autorización legal). ‖ *Tenencia de armas*, port d'armes (posesión). ‖ — *¡A las armas!* ou *¡a formar con armas!* ou *¡arma, arma!*, aux armes ! ‖ *Con las armas en la mano*, les armes à la main. ‖ *De armas tomar*, qui n'a pas froid aux yeux (persona). ‖ *Sobre las armas*, sous les armes. ‖ *¡Sobre el hombro, arma!*, arme sur l'épaule ! ‖ — *Alzarse en armas*, prendre les armes, se révolter, se soulever. ‖ *¡Cuelguen armas!*, l'arme à la bretelle ! ‖ *Dar armas contra sí mismo*, fournir des armes contre soi. ‖ *Descansar las armas*, reposer les armes. ‖ *¡Descansen armas!*, arme au pied !, reposez, armes ! ‖ *Estar en arma* ou *en armas*, être en armes. ‖ *Hacer sus primeras armas*, faire ses premières armes, débuter, faire ses débuts : *hacer sus primeras armas en el foro*, débuter au barreau. ‖ *Llegar a las armas*, en venir aux armes. ‖ *Medir las armas*, se battre. ‖ *Pasar por las armas*, passer par les armes, fusiller. ‖ *Poner en armas*, armer (armar), soulever (sublevar). ‖ *Presentar las armas*, présenter les armes. ‖ *¡Presenten armas!*, présentez, armes ! ‖ *Rendir el arma*, rendre les honneurs au saint sacrement. ‖ *Rendir las armas*, rendre les armes, mettre bas les armes. ‖ *Tocar el arma*, appeler o sonner aux armes. ‖ *Tomar (las) armas*, prendre les armes (armarse), présenter les armes (hacer los honores militares). ‖ *Velar las armas*, faire sa veillée d'armes.

armada f. Armée de mer, flotte (conjunto de fuerzas navales). ‖ Escadre (escuadra). ‖ Armada : *la Armada Invencible*, l'Invincible Armada. ‖ *Amer.* Disposition du lasso [pour le lancer].

armadera f. MAR. Couple, *m.*

armadía f. Train (*m.*) de bois flotté, radeau, *m.*

armadijo m. Piège, traquenard (trampa).

armadillo m. ZOOL. Armadillo, tatou.

armado, da adj. Armé, e (en armas). ‖ Armé, e ; monté, e : *un fusil armado*, un fusil armé. ‖ Armé, e : *hormigón armado*, béton armé. ‖ *Amer.* Têtu, e (terco). ‖ — M. Homme vêtu en soldat romain (en las procesiones). ‖ Assemblage (costura). ‖ *Amer.* Cigarette (*f.*) roulée à la main.

armador m. MAR. Armateur (naviero). ‖ Pourpoint (jubón). ‖ Assembleur. ‖ *Amer.* Gilet (chaleco). | Porte-manteau (percha).

armadura f. Armure (armas). ‖ Armature (armazón). ‖ Squelette, *m.* (esqueleto). ‖ TECN. Charpente (del tejado). ‖ Carcasse (de neumático). ‖ Assemblage, *m.*, monture (montura). ‖ FÍS. Armature (de imán o de condensador). ‖ MÚS. Armature, armure. ‖ *Armadura de la cama*, bois de lit.

armamentista adj. De l'armement (industria). ‖ Aux armements : *carrera armamentista*, course aux armements.

armamento m. Armement : *carrera de armamentos*, course aux armements.

Armando n. pr. m. Armand.

armar v. tr. Armer : *armado con un fusil*, armé d'un fusil ; *armar a cien mil hombres*, armer cent mille hommes. ‖ Armer (un arma, un muelle).

‖ Monter (una máquina). ‖ Bander (un arco). ‖ Dresser, monter (una cama, una tienda de campaña, etc.). ‖ FIG. Disposer, préparer (preparar). | Monter, organiser : *armar una cábala*, monter une cabale. ‖ FIG. y FAM. Organiser : *armar un baile*, organiser un bal. | Faire, causer : *armar ruido, jaleo, un escándalo, la gorda*, faire du bruit, du raffut o du foin o du tapage, un scandale o toute une histoire, les quatre cents coups. ‖ Produire, susciter : *armar dificultades a uno*, susciter des difficultés à quelqu'un. ‖ MAR. Armer, équiper (un navío). ‖ *Amer.* Rouler [une cigarette]. ‖ — FIG. y FAM. *Armarla* ou *armar una* ou *armarla buena*, faire un scandale o un esclandre : *no hagas esto sino la armo, ne fais pas ça sinon je fais un scandale ; faire beaucoup de bruit (meter mucho ruido), faire du grabuge (mucho jaleo). ‖ *Armar una intriga*, machiner une intrigue. ‖ *Armar una trampa*, tendre o dresser un piège. ‖ *Armar un lío*, faire une histoire. ‖ *Armar pendencia*, chercher querelle. ‖ *Palanca de armar*, levier d'armement.

— V. pr. Armer : *los países se armaban*, les pays armaient. ‖ FIG. S'armer : *armarse de paciencia, de valor*, s'armer de patience, de courage. | Éclater, se produire (riñas, escándalos). | Se préparer : *se arma una tempestad*, un orage se prépare. ‖ *Amer.* S'arrêter net (plantarse). | S'obstiner, s'entêter (obstinarse). ‖ — FIG. y FAM. *¡Se armó un lío!*, cela a fait toute une histoire ! | *Se va a armar la de Dios es Cristo* ou *la gorda*, ou *la de San Quintín*, il va y avoir du grabuge, ça va barder.

armario m. Armoire, *f.* : *armario de luna*, armoire à glace ; *armario frigorífico*, armoire frigorifique. ‖ *Armario empotrado*, placard.

— SINÓN. Arca, arcón, cofre. Aparador, buffet. Costurero, chiffonnier. Entredós, entre-deux. Ropero, vestiaire. Cómoda, commode. Barguéño, cabinet.

armatoste m. Monument, objet encombrant et inutile (objeto tosco) : *este armario es un armatoste*, cette armoire est un monument. ‖ FIG. y FAM. Personne (*f.*) encombrante, gros paquet (persona corpulenta).

armazón f. Armature, carcasse : *armazón de pantalla*, carcasse d'abat-jour. ‖ Charpente (maderamen). ‖ FIG. Charpente (de una obra). ‖ Châssis, *m.* (bastidor). ‖ TECN. Monture. ‖ MÚS. Éclisse. ‖ *Armazón de un tejado*, comble. ‖ — M. Squelette, carcasse, *f.* (esqueleto). ‖ *Amer.* Étagère, *f. pl.*, rayons, *pl.* (estante).

armella f. Piton, *m.* (clavo).

Armenia n. pr. f. GEOGR. Arménie.

arménico, ca adj. D'Arménie : *bol arménico*, bol d'Arménie.

armenio, nia adj. y s. Arménien, enne.

armería f. Armurerie (tienda del armero). ‖ Musée (*m.*) de l'armée (museo). ‖ Blason, *m.*

armero m. Armurier (fabricante o vendedor de armas). ‖ Râtelier (para colocar las armas).

armilar adj. ASTR. Armillaire (esfera).

armilla f. ARQ. Armilles, *pl.* ‖ ASTR. Sphère armillaire.

arminiano, na adj. y s. Arminien, enne.

armiñado, da adj. Garni d'hermine. ‖ BLAS. Herminé, e.

armiño m. ZOOL. Hermine, *f.* (animal).

armisticio m. Armistice.

armón m. Avant-train, prolonge, *f.* (del cañón).

armonía f. ● MAT. y MÚS. Harmonie. ‖ FIG. Harmonie : *vivir en armonía*, vivre en harmonie.

— SINÓN. ● *Concordancia*, concordance. *Acuerdo*, accord. *Simetría*, symétrie.

armónicamente adv. Harmoniquement, en harmonie.

armónico, ca adj. Harmonique.

— F. Harmonique (sonido). ‖ Harmonica, *m.* (instrumento de música).

armonicordio m. Mús. Harmonicorde.

armonio m. Mús. Harmonium.

armonioso, sa adj. Harmonieux, euse.

armonista m. Mús. Harmoniste.

armonización f. Harmonisation.

armonizar v. tr. Harmoniser.

— V. intr. Être en harmonie.

armorial m. Armorial (libro de armas).

Armórica n. pr. f. Geogr. Armorique (Bretaña).

armoricano, na adj. y s. Armoricain, e.

armuelle m. Bot. Arroche (planta).

Arnaldo n. pr. m. Arnaud.

arnés m. Harnois (armadura). ‖ — Pl. Harnais, *sing.* (de las caballerías). ‖ Fig. y Fam. Attirail, *sing.,* équipement, *sing.*

árnica f. Arnica (planta) : *tintura de árnica,* teinture d'arnica.

aro m. Cercle (de un tonel). ‖ Cerceau : *ya los niños no juegan al aro,* les enfants ne jouent plus au cerceau. ‖ Anneau de fer (argolla). ‖ Arum (planta). ‖ *Amer.* Bague, *f.* (sortija). ‖ Boucle (*f.*) d'oreille (pendiente). ‖ — *Aro para las servilletas,* rond de serviette. ‖ Fig. y Fam. *Entrar* o *pasar por el aro,* s'incliner, capituler, en passer par là.

aroideas f. pl. Bot. Aroïdées, aroïdacées.

aroma m. Arôme, parfum.

aromar v. tr. Parfumer, aromatiser.

aromático, ca adj. Aromatique.

aromatización f. Aromatisation.

aromatizador m. *Amer.* Vaporisateur.

aromatizante adj. Aromatisant, e.

aromatizar v. tr. Aromatiser.

aromo m. Bot. Cassie, *f.,* cassier, casse, *f.*

arón m. Arum, gouet (planta).

arpa f. Mús. Harpe : *arpa eolia,* harpe éolienne ; *tocar* ou *tañer el arpa,* jouer o pincer de la harpe.

arpado, da adj. Denté, e ; dentelé, e ; crochu, e. ‖ Poét. Au chant mélodieux (pájaros).

arpar v. tr. Griffer, égratigner (rasguñar). ‖ Déchirer (desgarrar).

arpegiar v. intr. Mús. Arpéger.

arpegio m. Mús. Arpège.

arpende m. Arpent.

arpeo m. Mar. Grappin.

arpía f. Harpie (ave fabulosa). ‖ Fig. Harpie, mégère, chipie (mujer mala). ‖ Zool. Harpie (pájaro).

arpillar v. tr. *Amer.* Emballer.

arpillera f. Serpillière (tela).

arpista m. y f. Harpiste.

arpón m. Harpon. ‖ Arq. Crampon de fer (grapa).

arponado, da adj. En forme de harpon.

arponar o **arponear** v. tr. Harponner.

arponeo m. Harponnage, harponnement.

arponero m. Harponneur.

arqueada f. Mús. Coup (*m.*) d'archet.

arqueado, da adj. Arqué, e : *piernas arqueadas,* jambes arquées.

arqueador m. Jaugeur (de las embarcaciones). ‖ Arçonneur (de la lana).

arqueaje o **arqueamiento** m. Jaugeage (acción de arquear). ‖ Tonnage, jauge, *f.* (cabida).

arquear v. tr. Arquer (combar). ‖ Cambrer : *arquear el tronco,* cambrer la taille. ‖ Tecn. Arçonner (la lana). ‖ Mar. Jauger (un navío). ‖ Fig. *Arquear el lomo,* faire le gros dos.

— V. intr. Fam. Avoir des nausées.

— V. pr. Se courber.

arquegonio m. Bot. Archégone.

arqueo m. Courbure, *f.* (acción de arquear). ‖ Cambrure, *f.* (del cuerpo). ‖ Mar. Jauge, *f.* : *arqueo neto, de registro bruto,* jauge nette, brute. ‖ Tonnage (tonelaje). ‖ Arçonnage (de la lana). ‖

Com. Caisse, *f.,* compte de la caisse : *hacer el arqueo,* faire la caisse.

arqueolítico, ca adj. De l'âge de pierre.

arqueología f. Archéologie.

arqueológico, ca adj. Archéologique.

arqueólogo m. Archéologue.

arqueópterix m. Archéoptéryx (ave fósil).

arquería f. Arcature, série d'arcs.

arquero m. Archer (soldado). ‖ (P. us.). Com. Caissier (cajero). ‖ Fabricant de cerceaux (para toneles). ‖ *Amer.* Gardien de but (en fútbol).

arqueta f. Coffret, *m.* ‖ Arq. Borne (para conexiones eléctricas, etc.).

arquetipo m. Archétype.

arquidiócesis f. Archidiocèse, *m.*

arquiepiscopal adj. Archiépiscopal, e.

Arquímedes n. pr. m. Archimède.

arquípteros m. pl. Zool. Archiptères.

arquita f. Coffret, *m.*

arquitecto m. Architecte.

arquitectónico, ca adj. et s. f. Architectonique.

arquitectura f. Architecture.

arquitectural adj. Architectural, e : *medios arquitecturales,* des moyens architecturaux.

arquitrabado, da adj. Arq. Architravé, e.

arquitrabe m. Arq. Architrave, *f.*

arquivolta f. Arq. Archivolte.

arrabá m. Arq. Encadrement rectangulaire d'un arc dans l'architecture musulmane.

— Observ. Pl. *arrabaes.*

arrabal m. Faubourg.

arrabalero, ra o **arrabalesco, ca** adj. y s. Faubourien, enne.

arrabiatar v. tr. *Amer.* Attacher par la queue (los caballos).

arrabio m. Fonte (*f.*) de première fusion (hierro colado). ‖ Lingote de arrabio, gueuse.

arracacha f. *Amer.* Sorte de panais, *m.,* sorte de céleri, *m.* ‖ Fam. Bêtise, sottise (tontería).

arracada f. Boucle d'oreille.

arracimado, da adj. En grappe.

arracimarse v. pr. Se réunir o se disposer en grappes.

arraclán m. Bot. Bourdaine, *f.* (árbol). ‖ Scorpion (alacrán).

arraigamiento m. V. arraigo.

arraigadamente adv. Tenacement. ‖ Profondément.

arraigado, da adj. Enraciné, e.

— M. Mar. Amarrage.

arraigar v. intr. S'enraciner, prendre racine. ‖ Fig. Prendre racine, s'enraciner (costumbre, vicio, etc.).

— V. tr. Enraciner. ‖ Fig. Enraciner, établir.

— V. pr. S'enraciner, prendre racine. ‖ Se fixer, s'établir : *arraigarse en París,* se fixer à Paris. ‖ Fig. Prendre racine, s'enraciner.

arraigo m. Enracinement. ‖ Biens-fonds, *pl.,* terres, *f. pl.* (bienes raíces).

arramblar v. tr. Ensabler (cubrir de arena).

— V. tr. et intr. Fig. y Fam. Ramasser, emporter, rafler, embarquer (robar, coger) : *arramblar con todo,* tout rafler.

— V. pr. S'ensabler (los ríos).

arramplar v. tr. V. arramblar.

arrancaclavos m. inv. Arrache-clous.

arrancada f. Démarrage (*m.*) brusque (de un coche). ‖ Bond (*m.*) en avant (de una persona o cosa que se mueve). ‖ Départ, *m.* (de una carrera). ‖ Démarrage, *m.* (de un corredor). ‖ Mar. Départ (*m.*) brusque. ‖ Arraché, *m.* (halterofilia).

arrancadero m. Départ, point de départ.

arrancado, da adj. Arraché, e : *un árbol arrancado por la tormenta,* un arbre arraché par l'orage. ‖ Fig. y Fam. Lessivé, e ; ruiné, e (arruinado). ‖

FAM. Très mauvais, e. ‖ BLAS. Arraché, e. ‖ FAM. *Es más malo que arrancado,* il est mauvais comme la gale (un niño).

arrancador, ra adj. y s. Arracheur, euse. ‖ — F. AGRIC. Arracheuse : *arrancadora de patatas,* arracheuse de pommes de terre. ‖ — M. Arrachoir (herramienta). ‖ AUTOM. Démarreur.

arrancadura o **arrancamiento** m. Arrachement, *m.*

— SINÓN. *Desarraigo, descuaje,* déracinement. *Extracción,* extraction. *Extirpación,* extirpation. *Erradicación,* éradication. *Avulsión,* avulsion.

arrancar v. tr. Arracher : *arrancar una planta, una muela,* arracher une plante, une dent. ‖ FIG. Arracher, extorquer : *arrancar una promesa,* arracher une promesse. ‖ Décrocher : *el equipo arrancó un punto,* l'équipe décrocha un point. ‖ Mettre en marche, faire démarrer : *a ver si podemos arrancar este motor,* voyons si nous pouvons mettre ce moteur en marche. ‖ *Arrancar de raíz* ou *de cuajo,* déraciner : *el viento arrancó de cuajo los árboles,* le vent a déraciné les arbres ; extirper : *arrancar de cuajo los abusos,* extirper les abus.
— V. intr. Démarrer, partir : *el coche arrancó,* la voiture démarra. ‖ Se mettre à courir (echar a correr). ‖ S'élancer : *el toro arrancó contra él,* le taureau s'élança contre lui. ‖ FIG. Procéder, venir, provenir, découler : *dificultades que arrancan de su mala gestión,* des difficultés qui proviennent de sa mauvaise gestion. ‖ Commencer, débuter (empezar). ‖ Partir de : *la calle arranca de la plaza,* la rue part de la place.
— V. pr. Commencer, se mettre : *se arrancó a cantar,* il s'est mis à chanter. ‖ S'élancer (arremeter). ‖ *Amer.* Se ruiner.

arranchar v. tr. MAR. Longer, ranger (pasar cerca de) : *arranchar una costa,* ranger une côte. ‖ *Amer.* Prendre, s'emparer de (arrebatar).

arranque m. Arrachage (acción de arrancar). ‖ Départ (de una persona que corre). ‖ Démarrage, mise (*f.*) en marche (de un vehículo, de una máquina). ‖ FIG. Élan (ímpetu, pujanza). | Mouvement o accès : *arranque de ira, de mal genio,* accès de colère, de mauvaise humeur. | Boutade, *f.,* repartie, *f.* (ocurrencia). | Sortie, *f.* : *tiene algunos arranques desagradables,* il a des sorties désagréables. | Audace, *f.,* courage (brío). | Commencement, début (principio) : *el arranque de esta película es bueno,* le début de ce film est bon. | Point de départ : *el arranque de un razonamiento,* le point de départ d'un raisonnement. | Démarrage : *el arranque de un negocio,* le démarrage d'une affaire. ‖ ANAT. Attache, *f.,* articulation, *f.* (de un miembro). ‖ ARQ. Point de départ : *el arranque de la escalera,* le point de départ de l'escalier. | Base, *f.,* point de départ, naissance, *f.* (de bóveda o de arco). ‖ BOT. Base, *f.,* point d'attache. ‖ TECN. Démarreur (de un motor). ‖ MIN. Abattage. ‖ — *Arranque de energía,* sursaut d'énergie. | *Arranque de generosidad,* accès de générosité.

arrapiezo m. Haillon, loque, *f.* (harapo). ‖ FIG. y FAM. Gamin, loupiot, mioche (muchacho). | Pauvre diable (pobre).

arras f. pl. Arrhes. ‖ DR. Donation (*sing.*) faite par le mari à sa femme.

arrasado, da adj. Satiné, e (tela).

arrasadura f. Arasement, *m.* (allanamiento). ‖ Action de rader (los granos).

arrasamiento m. Aplanissement (igualamiento). ‖ Rasement (destrucción).

arrasar v. tr. Aplanir (allanar). ‖ Raser (destruir). ‖ Rader (los granos). ‖ Remplir jusqu'au bord, à ras bord (llenar hasta el borde). ‖ Ravager,

dévaster : *el ciclón ha arrasado la región,* le cyclone a ravagé la région.
— V. intr. y pr. S'éclaircir (el cielo). ‖ — *Arrasarse en lágrimas,* fondre en larmes. | *Ojos arrasados en lágrimas,* yeux remplis de larmes.

arrastradamente adv. FIG. y FAM. Misérablement. | Péniblement (con trabajo). | Imparfaitement (imperfectamente).

arrastradero m. TECN. Glissoir, chemin de débardage (camino). ‖ TAUROM. Sortie (*f.*) par laquelle on entraîne le taureau mort hors de l'arène. ‖ *Amer.* Tripot (garito).

arrastradizo, za adj. Traînant, e ; traînable (que puede arrastrarse).

arrastrado, da adj. FIG. y FAM. Misérable : *llevar una vida arrastrada,* mener une vie misérable. | Coquin, e (pícaro). ‖ Se dit des jeux où il faut fournir de la couleur jouée (juegos). ‖ — F. FIG. y FAM. Traînée (mujer pública).

arrastramiento m. Traînage.

arrastrar v. tr. Traîner : *arrastrar una miserable existencia,* traîner une existence misérable. ‖ FIG. Entraîner : *arrastrar a sus hermanos a cometer malos actos,* entraîner ses frères à commettre de mauvaises actions. ‖ Convaincre, entraîner : *su discurso arrastró a la multitud,* son discours a convaincu la foule. ‖ MAR. Porter : *la corriente arrastra mar adentro,* le courant porte au large. ‖ *Arrastrar a uno por los suelos,* traîner quelqu'un dans la boue.
— V. intr. Traîner (una cortina, un vestido). ‖ Jouer atout (juegos).
— V. pr. Ramper (reptar). ‖ Se traîner : *el herido se arrastró hasta la puerta,* le blessé se traîna jusqu'à la porte. ‖ FIG. Se traîner, ramper (humillarse). | Traîner en longueur : *la crisis viene arrastrándose, desde hace tiempo,* la crise traîne en longueur depuis longtemps.

arrastre m. Traînage. ‖ Action de jouer atout. ‖ Débardage (árboles). ‖ MECÁN. Entraînement. ‖ *Amer.* Bocard. ‖ — FIG. *Ser de mucho arrastre,* avoir beaucoup d'influence, faire la pluie et le beau temps. ‖ FAM. *Estar para el arrastre,* être au bout de son rouleau (persona), ne plus valoir grand chose (cosa).

arratonado, da adj. Rongé par les souris.

arrayán m. Myrte : *patio de los arrayanes,* cour des myrtes [à l'Alhambra].

arrayanal m. Bois de myrtes.

¡arre! interj. Hue ! ‖ FAM. Allons donc !

arrea f. *Amer.* Convoi (*m.*) de bêtes de somme (recua).

¡arrea! interj. Dépêchons !, allons ! (para meter prisa), oh, là, là ! (para manifestar sorpresa).

arreador m. *Amer.* Fouet (látigo).

arrear v. tr. Exciter, stimuler [les bêtes] (a las bestias). ‖ Harnacher (poner los arreos). ‖ Parer, orner (adornar). ‖ Dépêcher, hâter (dar prisa). ‖ FAM. Flanquer, ficher : *arrear un latigazo,* flanquer un coup de fouet.
— V. intr. Aller, marcher vite (ir de prisa). ‖ *Irse arreando,* partir en vitesse.

arrebañadura f. FAM. Ramassage, *m.* ‖ — Pl. Miettes, résidus, *m.,* déchets, *m.*

arrebañar v. tr. Ramasser. ‖ FAM. Rafler (arramblar). ‖ Saucer (un plato).

arrebatadamente adv. Précipitamment (con prisa). ‖ Impétueusement (con vehemencia). ‖ Inconsidérément.

arrebatadizo, za adj. FIG. Irritable, emporté, e (carácter).

arrebatado, da adj. Emporté, e ; impétueux, euse. ‖ FIG. Violent, e ; inconsidéré, e (inconsiderado). ‖ Très rouge (rostro).

arrebatador, ra adj. y s. Qui enlève, qui arrache (que quita). ‖ Captivant, e ; enchanteur, euse (cautivador). ‖ Entraînant, e (que arrastra).

arrebatamiento m. Arrachement, enlèvement (acción de quitar). ‖ Rapt, enlèvement (rapto). ‖ Extase, f., transport, ravissement (éxtasis). ‖ Fig. Accès [de colère], fureur, f. (furor).

arrebatar v. tr. ● Enlever, arracher (quitar) : *arrebatar de las manos,* arracher des mains. ‖ Entraîner (llevar tras sí). ‖ Enthousiasmer, ravir, transporter (arrobar). ‖ Griller (las mieses). ‖ *Amer.* Bousculer, renverser (atropellar).
— V. pr. S'emporter. ‖ *Arrebatarse en cólera* ou *de ira,* s'emporter, sortir de ses gonds.
— Sinón. ● *Arrancar,* arracher. *Arramblar,* rafler.

arrebatiña f. Action d'enlever une chose violemment.

arrebato m. Emportement, fureur, f. (furor) : *hablar con arrebato,* parler avec emportement. ‖ Accès, mouvement : *hizo esto en un arrebato de cólera,* il a fait cela dans un mouvement de colère. ‖ Extase, f., transport (éxtasis).

arrebiatar v. tr. *Amer.* Attacher par la queue.
— V. pr. *Amer.* Se rallier à l'opinion d'autrui.

arrebol m. Couleur (f.) rouge [des nuages], embrasement [au lever ou au coucher du soleil] : *el sol poniente tiene arreboles magníficos,* le soleil couchant a de merveilleux embrasements. ‖ Fard rouge (afeite). ‖ Rougeur, f. (rubor).

arrebolada f. Nuages (m. pl.) rougis par le soleil [à son lever ou à son coucher].

arrebolar v. tr. Rougir, teindre en rouge. ‖ Enflammer : *la aurora arrebolaba el cielo,* l'aurore enflammait le ciel. ‖ *Tener el rostro arrebolado,* être tout rouge.
— V. pr. Se teindre en rouge, prendre une teinte rouge. ‖ Flamboyer, être embrasé, rougeoyer (el cielo). ‖ *Amer.* S'orner.

arrebolera f. Pot (m.) pour le fard. ‖ Bot. Belle-de-nuit (dondiego de noche).

arrebozar v. tr. Enrober (con azúcar, harina, etc.).
— V. pr. S'envelopper : *arrebozarse en la capa,* s'envelopper dans sa cape.

arrebozo m. Façon (f.) de s'envelopper dans une cape.

arrebujadamente adv. Fig. Confusément, en désordre.

arrebujar v. tr. Chiffonner, friper (arrugar).
— V. pr. S'envelopper : *arrebujarse en una capa,* s'envelopper dans une cape. ‖ S'envelopper, s'emmitoufler : *arrebujarse en una manta,* s'emmitoufler dans une couverture.

arreciar v. intr. Redoubler, tomber dru : *arrecia la lluvia,* la pluie redouble.

arrecife m. Récif.

arrecirse* v. pr. Être transi o engourdi de froid.

arrecho, cha adj. *Amer.* Lascif, ive.

arrechucho m. Fam. Accès : *arrechucho de cólera, de piedad,* accès de colère, de pitié. ‖ Indisposition, f., malaise passager, petit malaise (indisposición).

arredramiento m. Effroi, peur, f. (miedo).

arredrar v. tr. Écarter, éloigner (apartar). ‖ Fig. Faire reculer (retraer). ‖ Faire peur, effrayer (asustar).
— V. pr. Avoir peur : *no se arredra por nada,* il n'a peur de rien, il ne recule devant rien.

arredro adv. En arrière (hacia atrás).

arregazar v. tr. Retrousser, relever (la falda).

arreglable adj. Arrangeable.

arregladamente adv. Convenablement (con sujeción a regla). ‖ Conformément (con arreglo a). ‖ Modérément (moderadamente).

arreglado, da adj. Réglé, e ; soumis à une règle (sujeto a regla). ‖ Fig. Modéré, e (moderado). ‖

Arrangé, e (compuesto). ‖ Ordonné, e ; mesuré, e (ordenado). ‖ Réglé, e ; rangé, e : *vida arreglada,* vie réglée. ‖ Raisonnable, avantageux, euse (precio) : *me ha hecho un precio muy arreglado,* il m'a fait un prix très avantageux. ‖ — Fam. *¡Estamos arreglados!,* nous sommes bien !, nous voilà bien !, nous voilà bien avancés ! ‖ *Estar arreglado con alguien,* être bien loti avec quelqu'un : *¡arreglados estamos con estos colaboradores!,* nous sommes bien lotis avec ces collaborateurs !

arreglar v. tr. Régler (someter a una regla). ‖ ● Arranger, réparer : *arreglar un mueble roto,* réparer un meuble cassé. ‖ Aménager (instalar). ‖ Arranger : *hay que arreglar esta obra de teatro,* il faut arranger cette pièce de théâtre. ‖ Ranger, mettre en ordre : *arreglar su cuarto,* ranger sa chambre. ‖ Régler, arranger : *arreglaré este asunto,* je réglerai cette affaire. ‖ Fig. Réparer, raccommoder (un error). ‖ Arranger, décorer (una casa). ‖ Fam. Corriger, arranger (castigar). ‖ *Amer.* Castrer, châtrer. ‖ — *Arreglar el cuello,* rafraîchir les cheveux. ‖ Fam. *Lo han arreglado de lo lindo,* on l'a drôlement arrangé. ‖ *¡Ya te arreglaré!,* je vais t'apprendre !, tu vas avoir affaire à moi !
— V. pr. S'arranger, se contenter : *me arreglo con cualquier cosa,* je m'arrange avec n'importe quoi, je me contente de n'importe quoi. ‖ Se préparer, s'arranger : *me voy a arreglar para salir,* je vais me préparer pour sortir. ‖ S'habiller (vestirse). ‖ S'arranger : *ya nos arreglaremos,* nous nous arrangerons. ‖ — Fam. *Arreglárselas,* se débrouiller, s'en sortir, s'arranger : *¡qué se las arregle como pueda!,* qu'il se débrouille comme il pourra ! ‖ *Arreglarse muy bien con alguien,* s'entendre très bien avec quelqu'un. ‖ *Arreglarse por las buenas,* s'arranger à l'amiable. ‖ *Saber arreglárselas,* savoir comment s'y prendre.
— Sinón. ● *Acondicionar, poner en condiciones,* aménager. *Reparar,* réparer. *Disponer,* disposer, agencer. *Instalar,* installer. *Acomodar,* accommoder.

arreglo m. Accord, arrangement : *llegar a un arreglo,* parvenir à un accord. ‖ Règlement (asunto, cuentas). ‖ Réparation, f. (compostura). ‖ Mús. Arrangement. ‖ Fam. Concubinage (amancebamiento). ‖ — *Arreglo final,* mise au point. ‖ *Con arreglo a,* conformément à, dans le cadre de (conforme con), par rapport à (en comparación).

arregostarse v. pr. Fam. Prendre goût à, devenir friand de.

arregosto m. Fam. Péché mignon, dada.

arrejacar v. tr. Herser (con grada), biner (con azadilla).

arrejerar v. tr. Mar. Mouiller sur trois ancres, mouiller en patte d'oie.

arrellanarse v. pr. S'asseoir commodément, se caler, s'enfoncer, se carrer : *arrellanarse en un sillón,* se carrer dans un fauteuil.

arremangar v. tr. Retrousser, relever, trousser (falda, etc.). ‖ Fig. *Nariz arremangada,* nez retroussé.
— V. pr. Retrousser les manches : *arremangarse la camisa,* retrousser les manches de sa chemise.

arremango m. Retroussement (acción). ‖ Retroussis (parte arremangada).

arremetedero m. Mil. Point d'attaque.

arremetedor, ra adj. y s. Assaillant, e.

arremeter v. tr. e intr. Foncer sur, tomber sur : *arremeter al* ou *contra el enemigo,* foncer sur l'ennemi. ‖ Fig. S'en prendre, s'attaquer : *arremeter contra la Constitución,* s'en prendre à la Constitution.

arremetida f. Attaque, assaut, m. (acción de atacar). ‖ Bousculade, f., poussée, f. (empujón). ‖ Fig. Attaque.

arremolinadamente adv. En désordre.

arremolinarse v. pr. Tournoyer, tourbillonner : *las hojas se arremolinan*, les feuilles tourbillonnent. ‖ Tourbillonner, faire des tourbillons (el agua). ‖ FIG. S'entasser (la gente).

arrempujar v. tr. POP. Pousser.

arrendable adj. Affermable.

arrendadero m. Anneau pour attacher les chevaux.

arrendado, da adj. Docile au frein (caballo). ‖ Affermé, e (finca), loué, e (casa).

arrendador, ra adj. y s. Loueur, euse. ‖ — M. Fermier. ‖ Anneau pour attacher les chevaux (anillo).

arrendajo m. ZOOL. Geai (pájaro). ‖ FIG. y FAM. Singe (persona que remeda a otra).

arrendamiento m. Affermage, louage (de una finca rural). ‖ Location, f. (de una casa). ‖ Bail (contrato o precio). ‖ *Tomar en arrendamiento*, prendre à ferme.

— SINÓN. *Alquiler*, location. *Arriendo rural*, fermage.

arrendar* v. tr. Louer : *arrendar tierras*, louer des terres. ‖ Affermer, donner o prendre à ferme (una finca). ‖ Attacher [un cheval] par la bride. ‖ *No le arriendo la ganancia*, je ne voudrais pas être à sa place, je ne l'envie pas, je ne suis pas jaloux de son sort.

arrendatario, ria adj. y s. Affermataire, fermier, ère [qui prend à ferme]. ‖ Locataire. ‖ *Compañía Arrendataria de Tabacos*, Régie des tabacs.

arrendaticio, cia adj. Relatif au bail o au contrat de fermage.

arrenquín m. *Amer.* Bête (f.) qui guide le troupeau. ‖ FIG. Inséparable, ombre, f. [d'une autre personne].

arreo m. Parure, f., ornement (adorno). ‖ — Pl. Harnais, *sing.* (para los caballos). ‖ FIG. y FAM. Accessoires, attirail, *sing.* | Attirail, *sing.* : *llegó a casa con todos sus arreos*, il est arrivé à la maison avec tout son attirail. ‖ *Amer.* Troupeau, *sing.* (recua).

arrepanchigarse o **arrepanchingarse** v. pr. FAM. S'asseoir confortablement, se carrer (arrellanarse).

arrepentido, da adj. y s. Repentant, e ; repenti, e. ‖ — F. Repentie.

arrepentimiento m. ● Repentir : *tener arrepentimiento por*, avoir du repentir pour. ‖ ARTES. Repentir.

— SINÓN. ● *Remordimiento*, remords. *Pesar*, regret. *Atrición*, attrition. *Contrición*, contrition. *Compunción*, componction. *Penitencia*, pénitence.

arrepentirse* v. pr. Se repentir de : *¡ya se arrepentirá usted!*, vous vous en repentirez.

arrepollar v. intr. *Amer.* S'accroupir.

arrequesonarse v. pr. Se cailler (la leche).

arrequín m. *Amer.* V. ARRENQUÍN.

arrequives m. pl. FAM. Atours (f.) : *Juana iba con todos sus arrequives*, Jeanne était dans tous ses atours. ‖ FIG. y FAM. Circonstances, f., formalités, f. (requisitos).

arrestado, da adj. Audacieux, euse (audaz), entreprenant, e (arrojado). ‖ Détenu, e ; arrêté, e (preso).

arrestar v. tr. MIL. Mettre aux arrêts. ‖ Arrêter : *arrestar a un ladrón*, arrêter un voleur.
— V. pr. Se lancer, se jeter aux devants de (lanzarse a una acción).

arresto m. MIL. Arrêts, *pl.* : *arresto mayor, menor*, arrêts de rigueur, simples. ‖ Détention (f.) préventive (provisional). ‖ Emprisonnement, détention, f. (reclusión). ‖ Audace, f., hardiesse, f. (arrojo).

arretranca f. *Amer.* Frein, *m.* [de voiture].

arrezafe m. BOT. Chardon (cardo borriquero).

arrezagar v. tr. Relever, retrousser (arremangar). ‖ Lever (el brazo).

arria f. Convoi (*m.*) de bêtes de somme (recua).

arriada f. Crue, inondation (riada). ‖ MAR. Action d'amener les voiles.

arriado, da adj. *Amer.* Calme, lent, e (calmoso).

arrianismo m. Arianisme (herejía).

arriano, na adj. y s. Arien, enne (hereje).
— OBSERV. No hay que confundir con la palabra *aryen*, que significa *ario*, de la raza aria.

arriar v. tr. MAR. Amener : *arriar bandera*, amener pavillon. | Affaler, mollir (un cable).
— V. pr. Être inondé (inundarse).

arriata f. o **arriate** m. Plate-bande, f. ‖ AGRIC. Planche, f. ‖ Chaussée, f. (calzada).

arriaz m. Garde (f.) d'épée (gavilán). ‖ Poignée (f.) d'épée (puño).

arriba adv. En haut : *Pedro vive arriba*, Pierre vit en haut. ‖ Là-haut, en haut : *¿dónde está? — Arriba*, où est-il ? — Là-haut. ‖ Dessus, au-dessus (encima). ‖ Ci-dessus, plus haut : *lo arriba mencionado*, ce qui a été mentionné ci-dessus. ‖ Plus de : *de dos pesetas arriba*, de plus de deux pesetas. ‖ — *Arriba del todo*, tout en haut. ‖ — *Allá arriba*, là-haut. ‖ *De arriba*, d'en haut, du ciel, de Dieu (del cielo), gratis, à l'œil (en América). ‖ *De arriba abajo*, de haut en bas (cosas), de fond en comble (radicalement), de haut en bas, des pieds à la tête : *mirar a uno de arriba abajo*, regarder quelqu'un des pieds à la tête. ‖ *Lo de arriba*, le dessus. ‖ *Más arriba*, plus : *más arriba de cinco años*, plus de cinq ans ; plus haut (más alto) ; ci-dessus, plus haut (en una carta). ‖ *Para arriba*, passé, plus de : *tiene de cincuenta años para arriba*, il a plus de cinquante ans, il a cinquante ans passés. ‖ *Por arriba y por abajo*, de tous les côtés. ‖ — *Aguas* ou *río arriba*, en amont. ‖ *Calle arriba*, en remontant la rue. ‖ *Cuesta arriba*, en remontant la côte. ‖ *¡Manos arriba!*, haut les mains ! ‖ *Patas arriba*, les quatre fers en l'air ; *caerse patas arriba*, tomber les quatre fers en l'air ; sens dessus dessous : *ponerlo todo patas arriba*, tout mettre sens dessus dessous. ‖ *Peñas arriba*, vers le sommet. ‖ *Véase más arriba*, voir plus haut o ci-dessus.
— Interj. Debout ! (levántate), courage ! (ánimo). ‖ *¡Arriba España!*, vive l'Espagne ! ‖ *¡Arriba los corazones!*, haut les cœurs !

arribada f. MAR. Accostage, *m.*, arrivée (llegada de un barco). | Bordée (bordada). ‖ Arrivage, *m.* : *arribada de mercancías*, arrivage de marchandises.

arribaje m. MAR. Accostage.

arribano, na adj. y s. Habitant de la côte nord du Pérou ou des provinces méridionales du Chili.

arribar v. intr. MAR. Accoster, arriver (abordar). | Se laisser aller avec le vent. ‖ FIG. Arriver (por tierra).

arribazón m. Grande affluence (f.) de poissons.

arribeño, ña adj. y s. *Amer.* Habitant des terres hautes. | Habitant des provinces du nord.

arribismo m. Arrivisme.

arribista adj. y s. Arriviste.

arribo m. MAR. Arrivée, f. (de un barco). ‖ Arrivage (de mercancías).

arricés m. Porte-étrivière, *inv.*

arriendo m. Affermage. ‖ Location, f. (de una casa). ‖ Bail (contrato o precio).

arrieraje m. *Amer.* Métier de muletier.

arriería f. Métier (*m.*) de muletier.

arriero m. Muletier.

arriesgadamente adv. Dangereusement. ‖ Hardiment.

arriesgado, da adj. Risqué, e ; dangereux, euse (peligroso). ‖ Hasardeux, euse : *una empresa arriesgada*, une entreprise hasardeuse. ‖ Hardi, e ; audacieux, euse (audaz).

arriesgar v. tr. Risquer, hasarder : *arriesgar la vida*, risquer sa vie. ‖ FAM. *Arriesgar el pellejo*, risquer sa peau.
— V. pr. Risquer de, s'exposer à : *arriesgarse a perderlo todo*, risquer de tout perdre. ‖ Se risquer à, se hasarder à : *arriesgarse a salir*, se risquer à sortir. ‖ *Quien no se arriesga no pasa el río* ou *la mar*, qui ne risque rien n'a rien.
— SINÓN. *Arriscar*, risquer. *Aventurar*, aventurer. *Comprometer*, compromettre. *Jugarse*, jouer. *Exponerse*, s'exposer.

arrimadero m. Appui, soutien (apoyo). ‖ Montoir (para montar a caballo). ‖ Escabeau.

arrimadizo, za adj. Qui peut être appuyé, e. ‖ — Adj. y s. FIG. Intéressé, e; opportuniste.

arrimado, da m. y f. *Amer.* Amant, e.

arrimador m. Grosse bûche, f. (leña). ‖ Pointeur (en la petanca).

arrimadura f. Appui, m.

arrimar v. tr. Approcher, mettre auprès : *arrima tu silla a la mía*, approche ta chaise de la mienne. ‖ Adosser (adosar). ‖ Appuyer (apoyar). ‖ FIG. Abandonner : *arrimar los libros*, abandonner ses études. ‖ Reléguer, mettre dans un coin (arrinconar). ‖ FIG. y FAM. Donner, envoyer, flanquer : *arrimar un palo*, donner un coup de bâton. ‖ POP. *Arrimar candela*, passer à tabac (pegar). ‖ FAM. *Arrimar el ascua a su sardina*, tirer la couverture à soi, faire venir l'eau à son moulin. ‖ *Arrimar el hombro*. V. HOMBRO. ‖ *Estar arrimado con una mujer*, être marié de la main gauche.
— V. pr. S'appuyer : *arrimarse a la pared*, s'appuyer au o contre le mur. ‖ S'approcher : *arrimarse al fuego*, s'approcher du feu. ‖ FIG. Se réunir, se rapprocher (juntarse). ‖ Se mettre sous la protection [de quelqu'un]. ‖ *Arrimarse al sol que más calienta*, se tenir près du soleil, se mettre du côté du plus fort.
— OBSERV. Ne pas confondre l'espagnol *arrimar* avec le français *arrimer*, qui équivaut à *arrumar*, *estibar*.

arrimo m. Approche, f. ‖ FIG. Appui, soutien (protección). ‖ Attachement, penchant (inclinación). ‖ Mur mitoyen (pared). ‖ *Tener buen arrimo*, avoir de bons appuis.

arrinconado, da adj. Laissé de côté, jeté dans un coin : *un objeto arrinconado*, un objet laissé de côté. ‖ Délaissé, e ; laissé à l'écart : *un hombre arrinconado y solitario*, un homme délaissé et solitaire. ‖ FIG. Négligé, e ; oublié, e (olvidado).

arrinconamiento m. Abandon, mise (f.) au rebut.

arrinconar v. tr. Mettre dans un coin. ‖ Abandonner, laisser de côté, mettre au rancart o au rebut : *arrinconar un mueble desvencijado*, mettre au rancart un meuble démantibulé. ‖ FIG. Négliger, délaisser, laisser tomber (fam.) : *arrinconar a un antiguo amigo*, laisser tomber un ancien ami. ‖ Acculer, traquer (acosar).
— V. pr. FIG. y FAM. Se renfermer, vivre dans son coin (vivir solo).

arriñonado, da adj. Réniforme, en forme de rognon *ou* de rein.

arriostrar v. tr. ARQ. Étayer.

arriquín m. *Amer.* V. ARRENQUÍN.

arriscadamente adv. Audacieusement.

arriscado, da adj. Hardi, e ; résolu, e (audaz). ‖ Casse-cou, *inv.* (temerario). ‖ Vif, vive, agile (ágil). ‖ Accidenté, e ; abrupt, e (lleno de riscos). ‖ *Amer.* Nariz arriscada, nez retroussé.

arriscador, ra m. y f. Ramasseur, ramasseuse d'olives.

arriscamiento m. Hardiesse, f., audace, f.

arriscar v. tr. Risquer. ‖ *Amer.* Retrousser, lever, relever (levantar). ‖ Atteindre, monter à, arriver à : *no arrisca a cien pesos*, cela ne monte pas à plus de cent pesos.
— V. pr. Tomber dans un ravin (las reses). ‖

S'enorgueillir, tirer vanité (engreirse). ‖ FIG. Se fâcher, se mettre en colère (enfurecerse). ‖ *Amer.* S'habiller avec soin (vestirse con esmero).

arritmia f. Arythmie.

arrítmico, ca adj. Arythmique.

arritranca f. Avaloire (correa). ‖ *Amer.* Ornement (m.) de mauvais goût, fanfreluche.

arritranco m. *Amer.* Objet inutile, vieux machin.

arrivismo m. Arrivisme.

arrivista adj. y s. Arriviste.
— OBSERV. *Arrivismo* et *arrivista* sont des barbarismes qu'il faut remplacer par *arribismo* et *arribista*.

arrizar v. tr. MAR. Prendre des ris o arriser (tomar rizos). ‖ Lester (lastrar). ‖ Lier, attacher (atar).

arroba f. Arrobe [11,502 kg]. ‖ Arrobe [16,137 litres pour le vin, 12,564 litres pour l'huile]. ‖ — FIG. *Por arrobas*, à foison, à gogo (fam.). ‖ *Amer.* *Llevar la media arroba a uno*, damer le pion à quelqu'un.

arrobado, da adj. En extase [mystique]. ‖ Béat, e : *sonrisa arrobada*, sourire béat.

arrobador, ra adj. Ravissant, e ; qui provoque l'extase.

arrobamiento m. Extase, f., ravissement [en particulier mystique].

arrobar v. tr. Ravir, mettre en extase.
— V. pr. Tomber en extase, être dans le ravissement. ‖ Être en extase (los místicos).
— OBSERV. Ce mot s'emploie surtout dans le langage mystique.

arrobo m. Extase, f., ravissement.

arrocabe m. ARQ. Lambris.

arrocero, ra adj. Rizier, ère. ‖ *Molino arrocero*, rizerie.
— M. y f. Riziculteur, trice (cultivador). ‖ Marchand, marchande de riz (vendedor).

arrocinado, da adj. Chevalin, e.

arrocinar v. tr. FIG. y FAM. Abrutir, (embrutecer). ‖ *Amer.* Dresser (amansar).
— V. pr. FIG. y FAM. S'amouracher, se toquer de (enamorarse).

arrodajarse v. pr. *Amer.* S'asseoir en tailleur.

arrodilladura f. o **arrodillamiento** m. Agenouillement, m.

arrodillar v. tr. Agenouiller, mettre à genoux.
— V. intr. y pr. ● S'agenouiller.
— SINÓN. ● *Hincarse*, *ponerse de rodillas* ou *de hinojos*, se mettre à genoux. *Postrarse*, *prosternarse*, se prosterner.

arrodrigar o **arrodrigonar** v. tr. AGRIC. Échalasser (la vid).

arrogación f. Attribution (atribución). ‖ Mainmise sur, usurpation de (usurpación).

arrogancia f. Arrogance (soberbia). ‖ Élégance, grâce : *andar con mucha arrogancia*, marcher avec beaucoup d'élégance.

arrogante adj. Arrogant, e (altanero). ‖ Élégant, e (gallardo). ‖ Vaillant, e ; courageux, euse (valiente).

arrogantemente adv. Avec arrogance, arrogamment. ‖ Vaillamment (con valor). ‖ Élégamment (con elegancia).

arrogarse v. pr. S'arroger : *arrogarse un derecho*, s'arroger un droit.

arrojadamente adv. Hardiment, audacieusement.

arrojadizo, za adj. De jet : *arma arrojadiza*, arme de jet.

arrojado, da adj. FIG. Hardi, e ; courageux, euse (valiente). ‖ Audacieux, euse ; téméraire (temerario).

arrojador, ra adj. Lanceur, euse ; qui lance.

arrojar v. tr. Lancer : *arrojar una piedra*, lancer une pierre. ‖ Jeter : *arrojar algo por la borda*, jeter quelque chose par-dessus bord. ‖ Lancer, cracher : *volcán que arroja lava*, volcan qui crache de la lave. ‖ Darder : *arrojar rayos*, darder ses rayons. ‖ Atteindre, totaliser : *los tres diamantes*

arrojan *un valor de 1000 dólares,* les trois diamants atteignent une valeur de 1 000 dollars. ‖ Démontrer, montrer, faire apparaître : *según lo que arrojan las estadísticas,* d'après ce que démontrent les statistiques. ‖ Signaler, faire apparaître : *la estimación arroja un crecimiento de las inversiones,* l'estimation signale un accroissement des investissements ; *el balance arroja un beneficio,* le bilan fait apparaître un bénéfice. ‖ FAM. Rendre, vomir (vomitar). ‖ *Prohibido arrojar basuras,* défense de déposer des ordures.
— V. pr. Se jeter, se ruer : *arrojarse a uno,* se jeter sur quelqu'un. ‖ Se précipiter (precipitarse). ‖ FIG. Se jeter à corps perdu, se lancer (en una actividad). ‖ — *Arrojarse al mar, a las llamas,* se jeter dans la mer, dans les flammes. ‖ *Arrojarse a los pies de uno,* se jeter o tomber aux pieds de quelqu'un. ‖ *Arrojarse de cabeza,* se jeter la tête la première.
arrojo m. Courage, hardiesse, *f.,* intrépidité, *f.,* cran (fam.) : *hace falta mucho arrojo para obrar de esta manera,* il faut beaucoup de courage pour agir de la sorte.
arrollable adj. Qu'on peut enrouler.
arrollado m. *Amer.* Viande (*f.*) de porc cuite et roulée dans la peau de l'animal.
arrollador, ra adj. Entraînant, e ; qui entraîne (que arrastra). ‖ FIG. Irrésistible : *una fuerza arrolladora,* une force irrésistible. ‖ Retentissant, e ; fracassant, e : *éxito arrollador,* succès retentissant.
arrollamiento m. Enroulement.
arrollar v. tr. Enrouler, rouler (enrollar). ‖ Entraîner, rouler (arrastrar) : *el agua de la crecida lo arrolló todo,* l'eau de la crue a tout emporté. ‖ Renverser : *el coche arrolló a un peatón,* la voiture a renversé un piéton. ‖ FIG. Mettre en déroute, enfoncer : *arrollar los batallones enemigos,* enfoncer les bataillons ennemis. ‖ Confondre, laisser sans réplique : *en la discusión lo arrolló en seguida,* au cours de la discussion, il l'a laissé immédiatement sans réplique. | Renverser, passer outre : *arrollar todos los principios,* renverser tous les principes.
arromanzar v. tr. Traduire en castillan.
arromar v. tr. Émousser, épointer (embotar).
arronzar v. tr. MAR. Soulever avec des leviers.
— V. intr. MAR. Être trop sous le vent.
arropamiento m. Action (*f.*) de couvrir o de se couvrir, enveloppement.
arropar v. tr. Couvrir : *en invierno hay que arropar mucho a los niños,* en hiver, il faut bien couvrir les enfants. ‖ Border (a alguien en una cama). ‖ Envelopper, emmitoufler. ‖ Mêler du moût cuit [au vin nouveau]. ‖ FIG. Protéger : *dos montañas arropan la bahía,* deux montagnes protègent la baie. ‖ *Estar muy arropado en la cama,* être bien couvert o bordé dans son lit.
— V. pr. Se couvrir : *arrópate bien que hace mucho frío,* couvre-toi bien car il fait très froid. ‖ Se couvrir (en la cama). ‖ FIG. S'appuyer : *arroparse con buenas recomendaciones,* s'appuyer sur de bonnes recommandations.
arrope m. Moût cuit. ‖ Sirop (jarabe). ‖ *Amer.* Confiture (*f.*) de figues, de caroubes, etc.
arropía f. Pâte de guimauve (melcocha).
arrorró m. FAM. Dodo. ‖ *Arrorró mi nene* ou *arrorró mi sol,* dodo, l'enfant do.
arrostrar v. tr. Affronter, faire face, braver : *arrostrar el frío, un peligro,* affronter le froid, faire face à un danger ; *arrostrar la muerte,* braver la mort. ‖ Faire face : *arrostrar las consecuencias de una acción,* faire face aux conséquences d'une action.
— V. pr. Se mesurer, tenir tête : *arrostrarse con uno,* se mesurer avec quelqu'un, tenir tête à quelqu'un.

arroyada f. Ravine, ravin, *m.* (curso de un arroyo). ‖ Crue, inondation (inundación).
arroyadero m. Ravin, ravine, *f.* (valle).
arroyar v. tr. Raviner. ‖ Former des rigoles (la lluvia).
— V. pr. Se raviner. ‖ AGRIC. Se rouiller, être attaqué par la rouille : *el trigo se arroya,* le blé est attaqué par la rouille.
arroyo m. Ruisseau (riachuelo). ‖ Caniveau (en una calle). ‖ FIG. Rue, *f.* (calle) : *tirar al arroyo* ou *plantar* ou *poner en el arroyo,* jeter à la rue. | Torrent, flot, ruisseau : *arroyos de lágrimas,* des torrents de larmes. ‖ *Amer.* Rivière, *f.* (río). ‖ FIG. *Sacar del arroyo,* tirer du ruisseau.
arroyuelo m. Ruisselet.
arroz m. Riz : *arroz descascarillado,* riz décortiqué. ‖ — *Arroz a la italiana,* risotto. ‖ *Arroz blanco* ou *en blanco,* riz à la créole. ‖ *Arroz con leche,* riz au lait. ‖ *Amer. Arroz de leche,* riz au lait. ‖ *Arroz picón* ou *quebrantado,* brisures de riz. ‖ *Polvos de arroz,* poudre de riz. ‖ FAM. *Haber* ou *tener arroz y gallo muerto,* y avoir grande chère, tuer le veau gras.
arrozal m. Rizière, *f.* (campo de arroz).
arruar v. intr. Nasiller (el jabalí).
arrufadura f. MAR. Tonture (curvatura del puente del navío).
arrufar v. tr. MAR. Tonturer (arquear).
— V. pr. FAM. Se mettre en colère o en rogne.
arrufianado, da adj. De voyou, canaille.
arrufo m. MAR. Tonture, *f.*
arruga f. Ride : *este anciano tiene muchas arrugas,* ce vieillard a beaucoup de rides. ‖ Pli, *m.* (en la ropa) : *este vestido tiene arrugas,* cette robe fait des plis. ‖ *Amer.* Escroquerie (estafa).
arrugamiento m. Ridement, formation (*f.*) de rides (en la piel). ‖ Froissement (de la ropa).
arrugar v. tr. Rider (hacer arrugas). ‖ Chiffonner, froisser : *de rabia arrugó la carta que tenía en las manos,* de rage, il chiffonna la lettre qu'il avait entre les mains. ‖ Plisser (hacer pliegues). ‖ *Amer.* Ennuyer, embêter (fastidiar). ‖ *Arrugar el ceño* ou *el entrecejo,* froncer les sourcils.
— V. pr. Se rétrécir (encogerse). ‖ Se chiffonner, se froisser : *al sentarse, este vestido se arruga,* en s'asseyant, cette robe se froisse.
arruinamiento m. Ruine, *f.*
arruinar v. tr. Ruiner : *la guerra arruinó a mucha gente,* la guerre a ruiné bien des gens. ‖ FIG. Ruiner : *arruinar la salud,* ruiner la santé. | Démolir : *arruinar una reputación,* démolir une réputation.
— V. pr. Se ruiner.
arrullador, ra adj. Roucoulant, e (las aves). ‖ Berceur, euse (para los niños). ‖ FIG. Cajoleur, euse.
arrullar v. intr. Roucouler (los palomos).
— V. tr. FIG. Bercer en chantant (dormir a un niño cantándole). ‖ FIG. y FAM. Roucouler auprès de (enamorar).
arrullo m. Roucoulement : *el arrullo de las palomas,* le roucoulement des colombes. ‖ Roucoulement (de los enamorados). ‖ FIG. Berceuse, *f.* (canción de cuna).
arruma f. MAR. Division dans la cale d'un bateau. ‖ *Amer.* Tas, *m.,* pile (rimero).
arrumaco m. FAM. Câlinerie, *f.,* cajolerie, *f.,* chatterie, *f.* (mimo) : *andar con arrumacos,* faire des câlineries. | Minauderie, *f.,* simagrée, *f.* : *esta chica está siempre haciendo arrumacos,* cette fille fait toujours des simagrées. ‖ Fanfreluche, *f.* (adorno ridículo).
arrumaje m. MAR. Arrimage.
arrumar v. tr. MAR. Arrimer.
arrumazón f. MAR. Arrimage, *m.* | Amoncellement (*m.*) de nuages à l'horizon (nubes).

arrumbador m. MAR. Arrimeur. ‖ Transvaseur (de vinos).

arrumbamiento m. MAR. Direction, *f.*, cap, route, *f.* (rumbo). ‖ FIG. Mise (*f.*) au rancart *o* au rebut (arrinconamiento).

arrumbar v. tr. Mettre au rancart *o* au rebut (fam.). ‖ FIG. Laisser sans réplique, fermer la bouche à (confundir). ‖ Arrimer [des tonneaux, des barriques].
— V. intr. MAR. Mettre le cap sur un point.
— V. pr. MAR. Déterminer sa position *o* sa route.

arrurrú m. *Amer.* Dodo.

arrurruz m. Arrow-root (fécula).

arsenal m. Arsenal.

arseniado, da adj. QUÍM. Arsénié, e.

arseniato m. QUÍM. Arséniate.

arsenical adj. QUÍM. Arsenical, e ; arsénié, e : *sales arsenicales,* sels arsenicaux.

arsénico, ca adj. QUÍM. Arsénique.
— M. Arsenic (metaloide).

Arsenio n. pr. m. Arsène.

arsenioso, sa adj. QUÍM. Arsénieux, euse.

arsenito m. QUÍM. Arsénite.

arseniuro m. QUÍM. Arséniure.

arsina f. QUÍM. Arsine.

arsis m. Arsis (métrica).

arsonvalización f. MED. D'arsonvalisation.

arta f. BOT. Plantain, *m.* (llantén).

Artajerjes n. pr. m. Artaxerxès.

artanica o **artanita** f. Cyclamen, *m.*

arte m. o f. Art, *m.* ‖ Art, *m.* (conjunto de reglas). ‖ FIG. Art, *m.*, adresse, *f.* : *ejecutar una cosa con arte,* faire quelque chose avec art. ‖ — Pl. Engin, *m. sing.,* attirail, *m. sing.* (de pesca). ‖ — (Ant.). POÉT. *Arte de maestría* ou *mayor,* genre poétique comportant la répétition des mêmes rimes tout au long de la pièce. ‖ *Arte de mestría media,* genre analogue au précédent mais avec une rime changée à chaque strophe. ‖ *Arte plumaria,* broderie en plumes. ‖ *Arte poética,* art poétique. ‖ *Artes de adorno,* arts d'agrément. ‖ *Artes domésticas,* arts ménagers. ‖ *Artes liberales,* arts libéraux. ‖ *Artes y oficios,* arts et métiers. ‖ *Bellas artes,* beaux arts. ‖ *Con todas las reglas del arte,* dans les règles de l'art, selon les règles de l'art, dans les règles. ‖ *Por amor al arte,* pour l'amour de l'art. ‖ *Por arte de birlibirloque* ou *por arte de magia,* comme par enchantement, par l'opération du Saint-Esprit. ‖ *Por buenas o malas artes,* par des moyens *o* des procédés honnêtes ou malhonnêtes. ‖ *Sin arte ni tino,* à tort et à travers, maladroitement. ‖ — *No tener arte ni parte en una cosa,* n'être pour rien dans quelque chose.
— OBSERV. Le mot *arte* est toujours féminin au pluriel (*las artes gráficas,* les arts graphiques) et généralement masculin au singulier sauf lorsqu'il est suivi de certains adjectifs (*arte cisoria, poética, plumaria,* etc.).

artefacto m. Machine, *f.* (máquina). ‖ Engin : *artefactos explosivos,* engins explosifs.

artejo m. Jointure, *f.,* articulation, *f.* (nudillo). ‖ Article (en los insectos).

artemisa o **artemisia** f. BOT. Armoise.

Artemisa n. pr. f. Artémise.

arteramente adv. Sournoisement, malhonnêtement. ‖ Par ruse, astucieusement.

arteria f. ANAT. Artère. ‖ FIG. Artère (vía de comunicación).

artería f. Ruse, astuce, artifice, *m.*

arterial adj. Artériel, elle.

arteriola f. ANAT. Artériole.

arteriosclerosis f. MED. Artériosclérose.

arteriotomía f. MED. Artériotomie.

arteritis f. MED. Artérite.

artero, ra adj. Astucieux, euse ; rusé, e.

artesa f. Pétrin, *m.* (del panadero). ‖ Auge (del albañil).

artesanado m. Artisanat.

artesanía f. Artisanat, *m.* (conjunto de artesanos). ‖ Ouvrage (*m.*) d'artisan (obra de artesano). ‖ *De artesanía,* artisanal, e : *trabajos de artesanía,* travaux artisanaux.

artesano, na m. y f. Artisan, e.
— SINÓN. *Artista,* artiste. *Obrero, operario,* ouvrier. *Trabajador,* travailleur. FIG. *Artífice,* artisan.

artesiano, na adj. y s. Artésien, enne [de l'Artois]. ‖ *Pozo artesiano,* puits artésien.

artesilla f. Auge (de una noria).

artesón m. Baquet (cubo). ‖ ARQ. Caisson (de un techo). ‖ Plafond à caissons (techo).

artesonado, da adj. ARQ. À caissons, lambrissé, e (techo).
— M. Plafond à caissons (techo).

artesonar v. tr. ARQ. Orner de caissons, lambrisser.

ártico, ca adj. Arctique.

articulación f. ● ANAT. Articulation. ‖ Articulation (pronunciación). ‖ MECÁN. Articulation, joint, *m.* : *articulación hidraúlica,* joint hydraulique.
— SINÓN. ● *Coyuntura, juntura,* jointure. *Unión,* union. *Juego,* jeu.

articuladamente adv. En articulant nettement [les mots], en détachant les syllabes.

articulado, da adj. Articulé, e : *tren articulado,* train articulé.
— M. Texte, ensemble des articles (de una ley). ‖
— Pl. ZOOL. Articulés.

articular adj. Articulaire : *reúma articular,* rhumatisme articulaire.

articular v. tr. Articuler : *articular dos piezas,* articuler deux pièces. ‖ Articuler : *articular bien las palabras,* bien articuler les mots. ‖ DR. Articuler (enunciar en artículos).

articulista m. Journaliste, auteur d'articles (periodista), chroniqueur (cronista).

artículo m. ● Article : *un artículo de periódico,* un article de journal. ‖ Denrée, *f.* : *artículos de consumo,* denrées alimentaires. ‖ Article (de los insectos). ‖ GRAM. Article. ‖ — *Artículo de fe,* article de foi. ‖ *Artículo de fondo,* éditorial, article de fond. ‖ *Artículos de escritorio,* fournitures de bureau. ‖ *Artículos de tocador,* objets de toilette. ‖ *Como artículo de fe,* c'est parole d'Évangile. ‖ *En el artículo de la muerte* ou *in artículo mortis,* à l'article de la mort. ‖ *Hacer el artículo,* faire l'article, vanter sa marchandise.
— SINÓN. ● *Editorial,* éditorial. *Crónica,* chronique. *Estudio,* étude. *Folletín,* feuilleton.

artífice m. y f. FIG. Artisan : *ha sido el artífice de su fortuna,* il a été l'artisan de sa fortune. ‖ Auteur, *m.* (autor). ‖ Artiste (artista).

artificial adj. Artificiel, elle : *inseminación artificial,* insémination artificielle ‖ *pierna artificial,* jambe artificielle. ‖ *Fuegos artificiales,* feux d'artifice.

artificiero m. Artificier.

artificio m. Artifice, art (arte, habilidad). ‖ Machine, *f.,* appareil, engin (aparato). ‖ FIG. Artifice, astuce, *f.* (astucia). ‖ *Artificio de luces, de señales,* artifice éclairant, à signaux.

artificioso, sa adj. Artificieux, euse (cauteloso) : *conducta artificiosa,* conduite artificieuse. ‖ Ingénieux, euse (hecho con habilidad).

artiga f. AGRIC. Écobuage, *m.,* défrichage. ‖ Terrain (*m.*) écobué.

artigar v. tr. AGRIC. Écobuer, défricher.

artilugio m. FAM. Mécanique, *f.,* machine, *f.,* engin. ‖ *Valerse de artilugios,* user de subterfuges.

artillar v. tr. Armer de canons *o* de pièces d'artillerie.

artillería f. MIL. Artillerie : *artillería pesada,* artillerie lourde. ‖ *Asestar* ou *poner toda la artillería,* dresser ses batteries.

artillero m. Artilleur.

artimaña f. Ruse, artifice, *m.* (astucia). ‖ Piège, *m.*, traquenard, *m.*, menées, *pl.* (trampa).
artimón m. MAR. Voile (*f.*) d'artimon.
artiodáctilos m. pl. ZOOL. Artiodactyles.
artista adj. y s. Artiste. ‖ *Artista de cine,* artiste de cinéma, acteur, actrice.
artístico, ca adj. Artistique. ‖ *Monumento declarado de interés artístico,* monument classé.
artocarpáceo o **artocárpeo** m. BOT. Artocarpe.
artolas f. pl. Cacolet, *m. sing.* (silla doble).
artralgia f. MED. Arthralgie.
artrítico, ca adj. y s. MED. Arthritique.
artritis f. MED. Arthrite.
artritismo m. MED. Arthritisme.
artrópodos m. pl. ZOOL. Arthropodes.
artuña f. Brebis qui a perdu son agneau.
Arturo n. pr. m. Arthur.
aruco m. *Amer.* Kamichi (ave).
arúspice m. Haruspice o aruspice.
arveja f. BOT. Vesce (planta). ‖ Petit pois, *m.* (guisante). ‖ *Arveja silvestre,* gesse.
arvejal m. Champ de vesces. ‖ Champ o carré de petits pois (de guisantes).
arvejana f. BOT. Vesce. ‖ *Amer.* Petit pois, *m.* (guisante).
arvejera f. Vesce (planta).
arvejo m. Petit pois (guisante).
arvejón m. BOT. Gesse, *f.*
arvejona f. BOT. Vesce (planta).
arvense o **arvícola** adj. Arvicole (que crece en los campos).
arzobispado m. Archevêché. ‖ Archiépiscopat (duración).
arzobispal adj. Archiépiscopal, e ; d'archevêque. ‖ *Palacio arzobispal,* archevêché.
arzobispo m. Archevêque.
arzolla f. Lampourde (planta).
arzón m. Arçon (de la silla de montar). ‖ *Potro con arzón,* cheval d'arçon, cheval-arçons (gimnasia).
as m. As (carta y dado) : *parejas de ases,* une paire d'as. ‖ As (moneda romana). ‖ As (persona notable) : *un as del volante,* un as du volant.
asa f. Anse (de una vasija, cesta, etc.). ‖ Manche, *m.* (mango). ‖ Poignée (de una maleta). ‖ Anse (del intestino). ‖ BOT. Assa (gomorresina). ‖ — *Asa dulce* ou *olorosa,* benjoin. ‖ BOT. *Asa fétida,* assafœtida. ‖ *Los brazos en asa,* les poings sur les hanches.
asá loc. FAM. *Así que asá,* d'une façon ou d'une autre. ‖ *A mí se me da así que asá,* cela m'est égal.
asación f. Assation. ‖ Grillade (acción de asar).
asadero, ra adj. Qui peut être cuit. ‖ *Pera asadera,* poire à cuire.
— M. Broche, *f.*
asado m. Rôti. ‖ *Amer.* Quartier de viande rôtie à la broche ou sur le gril en plein air. ‖ *Amer. Asado con cuero,* quartier de viande rôtie avec son cuir.
asador m. Broche, *f.* (varilla para asar). ‖ Rôtissoire, *f.* (aparato para asar).
asadura f. Foie, *m.* (viscera). ‖ FAM. Flegme, *m.,* lenteur (pachorra). ‖ — Pl. Abats, *m.,* entrailles, fressure, *sing.* ‖ FIG. y FAM. *Echar las asaduras,* en mettre un coup, s'éreinter.
— M. Flemmard, pataud.
— OBSERV. Pris dans son sens familier, ce mot se prononce plutôt *asaúra.*
asaetear v. tr. Cribler o percer de flèches (herir o matar con saetas). ‖ Lancer des flèches (disparar). ‖ FIG. Harceler, assaillir : *asaetear a* ou *con preguntas,* assaillir de questions.
asalariado, da adj. y s. Salarié, e.
asalariar v. tr. Salarier.

asalmonado, da adj. Saumoné, e (salmonado). ‖ Rose saumon, *inv.* (color).
asaltador, ra o **asaltante** adj. y s. Assaillant, e.
asaltar v. tr. Assaillir, attaquer, prendre d'assaut. ‖ FIG. Venir : *una idea le asaltó,* une idée lui vint.
asalto m. ● Assaut : *dar asalto,* donner l'assaut ; *tomar por asalto,* prendre d'assaut. ‖ Attaque *f.,* agression, *f.* (ataque). ‖ Round (boxeo). ‖ Assaut (esgrima). ‖ FAM. Surprise-partie, *f.* (fiesta).
— SINÓN. ● *Ataque,* attaque. *Agresión,* agression. *Golpe de mano,* coup de main. *Refriega,* engagement. *Encuentro,* rencontre. *Escaramuza,* escarmouche. *Ofensiva,* offensive.
asamblea f. Assemblée (reunión). ‖ MIL. Rassemblement, *m.* (reunión o toque).
asambleísta m. y f. Membre d'une assemblée. ‖ Congressiste (congresista).
asao adv. FAM. *Lo mismo me da así que asao,* cela m'est égal.
asar v. tr. ● Rôtir : *asar en* ou *a la parrilla,* rôtir sur le gril. ‖ Importuner, agacer, casser les oreilles (fam.) : *me asaron con preguntas,* ils me cassèrent les oreilles avec leurs questions. ‖ — *Asar a la plancha,* griller. ‖ *Eso no se le ocurre ni al que asó la manteca,* cela ne viendrait même pas à l'idée du dernier des imbéciles.
— V. pr. FIG. Rôtir, étouffer (sentir gran calor) : *estar asado de calor,* étouffer de chaleur. ‖ *Asarse vivo,* griller (de calor).
— SINÓN. ● *Tostar,* griller. *Soasar,* rôtir légèrement. *Quemar,* brûler.
asardinado, da adj. De chant (ladrillo).
asargado, da adj. Sergé, e.
ásaro m. BOT. Asaret.
asaz adv. POÉT. Assez (bastante). ‖ Très fort (muy), beaucoup (mucho).
asbesto m. Asbeste (mineral).
asbestosis f. MED. Asbestose.
asca f. BOT. Asque, *m.*
ascalonia f. BOT. Échalote (chalote).
áscari m. Askari.
ascáride f. ZOOL. Ascaride, *m.,* ascaris, *m.*
ascendencia f. Ascendance, lignée. ‖ FIG. Ascendance.
ascendente adj. y s. Ascendant, e.
ascender* v. intr. Monter : *ascender por los aires,* monter en l'air. ‖ Monter, se monter : *la cuenta asciende a dos mil francos,* la note monte à deux mille francs. ‖ Atteindre, s'élever : *la producción de acero asciende a cinco mil toneladas,* la production d'acier s'élève à cinq mille tonnes. ‖ FIG. Monter en grade, avoir de l'avancement (en un empleo). ‖ Accéder au grade de, passer : *ascender a capitán,* passer capitaine.
— V. tr. Accorder de l'avancement, promouvoir. ‖ *Ser ascendido a jefe por antigüedad,* être promu au grade de chef à l'ancienneté.
ascendido, da adj. Promu, e.
ascendiente adj. Ascendant, e.
— M. Ascendant (influencia). ‖ — Pl. Ascendants (parientes).
ascensión f. Ascension : *la ascensión a los Alpes,* l'ascension des Alpes. ‖ Montée : *la ascensión de un avión,* la montée d'un avion. ‖ Ascension (fiesta). ‖ Accession (al pontificado, al trono). ‖ ASTR. *Ascensión recta,* ascension droite.
ascensional adj. Ascensionnel, elle.
ascensionista m. y f. Ascensionniste.
ascenso m. Ascension, *f.,* montée, *f.* (subida). ‖ FIG. Avancement (en un empleo) : *conseguir un ascenso,* obtenir de l'avancement. ‖ Promotion, *f.* : *el ascenso a capitán,* la promotion au grade de capitaine. ‖ — *Ascenso por antigüedad, por elección,* avancement à l'ancienneté, au choix. ‖ *Lista de ascenso,* tableau d'avancement.

ascensor m. Ascenseur : *el hueco del ascensor,* la cage de l'ascenseur. ‖ *Ascensor de subida y bajada,* ascenseur et descenseur.
ascensorista m. Liftier, garçon d'ascenseur.
ascesis f. Ascèse (gran virtud).
asceta m. y f. Ascète.
ascético, ca adj. y s. f. Ascétique.
ascetismo m. Ascétisme.
ascidia f. BOT. Ascidie.
ascítico, ca adj. y s. MED. Ascitique.
ascitis f. MED. Ascite.
asclepiadáceas f. pl. BOT. Asclépiadacées.
asclepiadeo, a adj. y s. m. Asclépiade (verso).
asclepias f. BOT. Asclépiade, asclépias.
asco m. Dégoût (repugnancia) : *tener asco a* ou *de la vida,* avoir du dégoût pour la vie. ‖ — FIG. *Canta que da asco,* il chante à faire pitié. ‖ *Coger, cobrar* ou *tomar asco a,* prendre en dégoût. ‖ *¡Da asco!,* c'est dégoûtant! ‖ *Dar asco,* dégoûter, répugner : *eso le da asco,* cela le dégoûte. ‖ FAM. *Estar hecho un asco,* être dégoûtant o très sale, ne pas être à prendre avec des pincettes. ‖ *Hacer asco (de todo),* faire le difficile o le dégoûté o la petite bouche. ‖ *Le tengo asco,* il me dégoûte (me da asco), je le déteste, je ne peux pas le voir (le odio). ‖ *Le tiene asco al agua,* il a une sainte horreur de l'eau. ‖ *Poner cara de asco,* prendre un air dégoûté. ‖ *¡Qué asco!,* c'est dégoûtant! ‖ FIG. y FAM. *Ser un asco,* ne rien valoir, être dégoûtant (no tener valor), être dégoûtant (estar sucio ou tener mal gusto).
ascomicetos m. pl. BOT. Ascomycètes (hongos).
ascosidad f. Chose dégoûtante, ordure. ‖ Honte, ignominie.
ascospora f. Ascospore (spora).
ascua f. Braise, charbon (f.) ardent. ‖ — FIG. *Ascua de oro,* escarboucle (cosa que brilla mucho). ‖ *Hierro hecho ascua,* fer chauffé au rouge. ‖ — FIG. *Arrimar uno el ascua a su sardina,* tirer la couverture à soi, faire venir l'eau à son moulin. ‖ *Estar en* ou *sobre ascuas,* être sur des charbons ardents, être sur le gril. ‖ *Pasar como sobre ascuas,* passer très vite. ‖ *Poner en ascuas,* mettre sur le gril. ‖ *Ser un ascua de oro,* être beau comme un astre, être sur son trente et un. ‖ *Tener ojos como ascuas,* avoir les yeux brillants o pétillants.
asdic m. Asdic (aparato de detección submarina).
aseadamente adv. Proprement, élégamment.
aseado, da adj. Propre, net, nette (limpio). ‖ Soigné, e ; bien mis, bien mise (elegante).
asear v. tr. Laver (lavar). ‖ Nettoyer (limpiar). ‖ Arranger [avec soin] (componer). ‖ Parer (ataviar). ‖ Orner (adornar).
— V. pr. Faire sa toilette, se laver (lavarse). ‖ Se préparer, s'arranger (componerse).
asechador, ra adj. Insidieux, euse ; qui tend des pièges o des embûches.
— M. y f. Roué, e ; malin, igne.
asechamiento m. o **asechanza** f. Piège, m., embûche, f., guet-apens, m. (trampa).
asechar v. tr. Tendre o dresser des embûches o des pièges.
asecho m. Piège, embûche, f. (trampa).
asedado, da adj. Soyeux, euse.
asedar v. tr. Affiner (el cáñamo).
asediador, ra adj. y s. Assiégeant, e. ‖ FIG. Harcelant, e ; importun, e (importuno).
asediar v. tr. Assiéger (sitiar). ‖ FIG. Assiéger, poursuivre, harceler : *estaba asediado de solicitudes,* il était assiégé de demandes ; *asediar con preguntas,* harceler de questions.
asedio m. Siège (cerco, sitio). ‖ FIG. Importunité, f., harcèlement.
asegurado, da adj. y s. Assuré, e : *casa asegurada de incendio,* maison assurée contre l'incendie ; *asegurado en un millón de pesetas,* assuré pour un million de pesetas.

asegurador, ra adj. D'assurances : *compañía aseguradora,* compagnie d'assurances.
— M. Assureur.
aseguramiento m. Assurance, f. (seguro). ‖ Affermissement, raffermissement (consolidación).
asegurar v. tr. ● Assurer (dar firmeza). ‖ Mettre en sûreté (poner en sitio seguro). ‖ Préserver de, assurer contre (preservar). ‖ Affermir, consolider (consolidar). ‖ Rassurer (tranquilizar). ‖ Assurer, garantir, certifier (afirmar) : *le aseguro que es así,* je vous assure qu'il en est ainsi. ‖ Assurer : *asegurar contra incendio* o *de incendio,* assurer contre l'incendie.
— V. pr. S'assurer.
— SINÓN. ● *Afianzar,* affermir, raffermir. *Consolidar,* consolider. *Fijar,* fixer, arrêter. *Sujetar,* assujettir. *Apuntalar,* étayer.
aseidad f. Aséité (atributo de la divinidad).
asemejar v. tr. Rendre semblable, assimiler à (hacer parecido).
— V. intr. Ressembler (parecerse a).
— V. pr. Se ressembler. ‖ Ressembler.
asendereado, da adj. FIG. Surmené, e ; accablé, e (agobiado). ‖ Battu, e ; fréquenté, e (camino). ‖ FIG. Expérimenté, e (experto).
asenderear v. tr. Tracer des sentiers : *asenderear un bosque,* tracer des sentiers dans une forêt. ‖ FIG. Harceler (acosar).
asenso m. Assentiment, approbation.
asentada f. Séance, temps (m.) que l'on reste assis. ‖ *De una asentada,* en une seule fois, tout d'une traite.
asentaderas f. pl. FAM. Fesses, séant, m. sing., derrière, m. sing. (nalgas).
asentadillas (a) adv. En amazone.
asentado, da adj. Placé, e ; situé, e. ‖ FIG. Stable, équilibré, e (estable). ‖ Sage (cuerdo). ‖ Assis, e : *reputación muy asentada,* réputation bien assise.
asentador m. Poseur : *asentador de vías,* poseur de rails o de voies ferrées. ‖ Ciseau à froid des forgerons (de herrero). ‖ Fournisseur (de un mercado al por mayor). ‖ Mandataire aux Halles (en París). ‖ Cuir à rasoir (suavizador). ‖ Amer. Taquoir (tamborilete).
asentamiento m. Action (f.) de s'asseoir o d'asseoir. ‖ Établissement, installation, f. (de personas). ‖ Emplacement (emplazamiento). ‖ COM. Inscription, f. ‖ FIG. Sagesse, f., bon sens (juicio).
asentar* v. tr. Asseoir (sentar). ‖ Placer (colocar). ‖ Établir (establecer). ‖ Poser (poner). ‖ Asseoir (p. us. en este sentido), fonder : *asentar una ciudad,* fonder une ville. ‖ Assener (un golpe). ‖ Aplatir (aplanar). ‖ Aiguiser (una navaja de afeitar). ‖ Supposer (suponer). ‖ Convenir que o de : *se asentó que,* il fut convenu que. ‖ Assurer (afirmar una cosa). ‖ Établir (un contrato, un convenio). ‖ Fixer : *asentar una persona inestable,* fixer une personne instable. ‖ Noter, enregistrer (escribir). ‖ Établir, installer (las personas). ‖ Établir, poser (un principio, un argumento). ‖ COM. Porter, inscrire : *asentar algo en los libros,* porter quelque chose sur les livres.
— V. intr. Convenir, aller bien (ir o sentar bien).
— V. pr. S'asseoir. ‖ Se fixer, s'établir (establecerse). ‖ S'adapter, s'ajuster (encajarse). ‖ S'affirmer : *su carácter se asienta,* son caractère s'affirme. ‖ Se percher (los pájaros). ‖ Déposer, former un dépôt (los líquidos). ‖ Blesser [le harnais] (a las caballerías). ‖ *Asentarse en el estómago,* peser o rester sur l'estomac, ne pas passer (los alimentos).
asentimiento m. Assentiment, consentement, m. (aprobación).
asentir* v. intr. Assentir (p. us.), acquiescer (consentir).
asentista m. Fournisseur. ‖ Entrepreneur (contratista).

aseñorado, da adj. Qui a un air (que parece) *o* qui prend des airs (que imita) de grand seigneur *o* de grande dame.

aseo m. Propreté, *f.* (limpieza). ‖ Soin [dans la toilette]. ‖ Hygiène, *f.* : *productos para el aseo personal,* produits pour l'hygiène personnelle. ‖ Toilette, *f.* : *cuarto de aseo,* cabinet de toilette. ‖ Cabinet de toilette (cuarto).

asépalo, la adj. BOT. Dépourvu de sépales.

asepsia f. Asepsie (saneamiento).

aséptico, ca adj. Aseptique.

aseptizar v. tr. Aseptiser.

asequible adj. Accessible, abordable : *precio asequible,* prix abordable ; *persona asequible,* personne abordable. ‖ FIG. Accessible, à la portée de : *lectura asequible a todos,* lecture à la portée de tous.

aserción f. Assertion, affirmation.

aserenar v. tr. Tranquilliser, rasséréner.

aseriarse v. pr. Devenir sérieux *o* grave.

aserradero m. Scierie, *f.*

aserradizo, za adj. Qui peut être scié, de sciage.

aserrado, da adj. Dentelé, e.
— M. Sciage.

aserrador, ra adj. y s. m. Scieur, euse. ‖ — F. Scieuse (máquina).

aserradura f. Sciage, *m.* (acción). ‖ Trait (*m.*) de scie, entaille (corte que hace la sierra). ‖ — Pl. Sciure, *sing.* (aserrín).

aserrar* v. tr. Scier.

aserrín m. Sciure, *f.*

aserruchar v. tr. *Amer.* Scier [avec une égoïne].

asertivo, va adj. Assertif, ive ; affirmatif, ive.

aserto m. Assertion, *f.* (aserción).

asertor, ra m. y f. Affirmateur, trice.

asertorio, ria adj. Assertorique (juicio).

asesinar v. tr. Assassiner (matar). ‖ FIG. Tuer, causer une vive affliction : *me vas a asesinar a disgustos,* tu vas me tuer à force de me contrarier.

asesinato m. Assassinat, meurtre.

asesino, na adj. Assassin, e : *mano asesina,* main assassine.
— M. y f. Assassin (sin fem.), meurtrier, ère. ‖ *Asesino pagado,* tueur à gages.
— OBSERV. La palabra *assassin* no tiene forma femenina. Se dice *sa femme était l'assassin.*
— SINÓN. *Criminal, criminel. Homicida,* homicide.

asesor, ra adj. y s. Conseiller, ère : *asesor jurídico,* conseiller juridique. ‖ — M. Assesseur (magistrado). ‖ *Asesor agrónomo,* agronome conseil.

asesorado m. Assessorat, assessoriat.

asesoramiento m. Consultation, *f.,* conseil [d'un homme de loi]. ‖ Conseil (consejo). ‖ Assistance, *f.* : *con el asesoramiento técnico de,* avec l'assistance technique de.

asesorar v. tr. Conseiller.
— V. pr. Prendre conseil de, consulter : *asesorarse con* ou *de un letrado,* prendre conseil d'un homme de loi.

asesoría f. Assessorat, *m.,* assessoriat, *m.* (cargo de asesor). ‖ Bureau (*m.*) d'un conseiller (oficina). ‖ Charge, fonction de conseiller (cargo).

asestadura f. Braquement, *m.*

asestar v. tr. Braquer, pointer : *asestar un cañón,* braquer un canon ; *asestar la lanza,* pointer la lance. ‖ Braquer : *asestar la vista, los anteojos,* braquer son regard, ses jumelles. ‖ Assener (dar un golpe) : *asestar una puñalada, un puñetazo,* asséner un coup de couteau, un coup de poing. ‖ Tirer, envoyer : *asestar un tiro,* envoyer une balle.
— OBSERV. *Braquer* se emplea sobre todo hablando de las armas de fuego.

aseveración f. Affirmation, assertion.

aseveradamente adv. Affirmativement.

aseverar v. tr. Assurer, affirmer.

aseverativo, va adj. Affirmatif, ive.

asexual o **asexuado, da** adj. Asexué, e ; asexuel, elle (p. us.).

asfaltado, da adj. Asphalté, e.
— M. Asphaltage.

asfaltador m. Asphalteur.

asfaltar v. tr. Asphalter.

asfáltico, ca adj. Asphaltique, en asphalte.

asfalto m. Asphalte.

asfíctico, ca adj. Asphyxique.

asfixia f. Asphyxie.

asfixiado, da adj. y s. Asphyxié, e.

asfixiante adj. o **asfixiador, ra** adj. Asphyxiant, e : *gas asfixiante,* gaz asphyxiant.

asfixiar v. tr. Asphyxier. ‖ FIG. Étouffer : *la miseria asfixia muchos talentos,* la misère étouffe bien des talents.
— V. pr. S'asphyxier.

asfíxico, ca adj. Asphyxique.

asfódelo m. BOT. Asphodèle.

así adv. Ainsi, comme cela : *así habló,* il parla ainsi. ‖ Comme celui-là *o* celle-là *o* cela : *un amigo así no se encuentra todos los días,* on ne trouve pas tous les jours un ami comme celui-là. ‖ Aussi, également : *es hombre bueno y así honrado,* c'est un homme bon et également honnête. ‖ Alors, ainsi donc : *¿así me dejas?,* alors tu me quittes ? ‖ D'une telle façon : *así lo dijo que toda la gente se lo creyó,* il l'a dit d'une telle façon que tout le monde l'a cru. ‖ Aussi, par conséquent : *se resfrió, así no pudo venir,* il s'est enrhumé, aussi n'a-t-il pas pu venir. ‖ — *Así* (con el subjuntivo) : même si : *así te mueras,* même si tu meurs ; que : *así Dios te ayude,* que Dieu te vienne en aide ; puisse : *¡así llegues a entenderme!,* puisses-tu arriver à comprendre ! ; quand bien même : *así lo quiera el rey,* quand bien même le roi le voudrait. ‖ — *Así,* ainsi ou *así como así,* comme ci, comme ça ; passablement, couci-couça. ‖ *Así como,* ainsi que : *estaban sus padres así como sus hermanas,* il y avait ses parents ainsi que ses sœurs ; dès que : *así como llegue, le hablaré,* dès qu'il arrivera, je lui parlerai ; de la même façon, comme : *así como lo hiciste, lo hice yo* ; je l'ai fait comme tu l'as fait toi-même ; de même que : *así como los sordos no oyen, así los ciegos no ven,* de même que les sourds n'entendent pas, de même les aveugles ne voient pas. ‖ *Así... como...,* tout autant que, comme, aussi bien... que, tant... que : *así los buenos como los malos,* les bons comme les méchants, tant les bons que les méchants. ‖ *Así como así,* de toute manière. ‖ FAM. *Así de,* comme ça : *así de grande,* grand comme ça. ‖ *Así mismo,* de même. ‖ *Amer. Así no más,* comme ci, comme ça. ‖ *Así pues,* donc, ainsi donc. ‖ *Así o asá,* d'une façon ou d'une autre. ‖ *Así que,* dès que : *así que amanezca, me levantaré,* dès qu'il fera jour, je me lèverai ; si bien que, aussi : *llovía, así que no salimos,* il pleuvait, aussi ne sommes nous pas sortis ; par conséquent, donc : *no vas a conseguir nada, así que ya te puedes ir,* tu ne vas rien obtenir, tu peux donc partir. ‖ *Así... que,* tant que, tellement que : *así había trabajado que estaba agotado,* il avait tellement travaillé qu'il était épuisé. ‖ FAM. *Así que asá* ou *así que asao,* d'une manière ou d'une autre, c'est pareil, c'est égal : *lo mismo me da así que asá,* d'une façon ou d'une autre, ça m'est égal. ‖ *Así y todo,* malgré tout. ‖ *¿Cómo así?,* comment ça ? ‖ *Y así,* si bien que. ‖ — *Así es,* c'est comme ça. ‖ *Así es* ou *fue como,* c'est ainsi que : *así fue como se nos escapó,* c'est ainsi qu'il nous a échappé. ‖ *¡Así me gusta!,* à la bonne heure, très bien ! bravo ! ‖ *Así sea,* qu'il en soit ainsi. ‖ *¿No es así?,* n'est-ce pas ? ‖ *Puesto que así es,* puisqu'il en est ainsi.

Asia n. pr. f. GEOGR. Asie. ‖ *Asia Menor,* Asie Mineure.

asialia f. Asialie (falta de saliva).
asiarca m. Asiarque (magistrado romano en Asia).
asiático, ca adj. y s. Asiatique. ‖ — M. y f. Asiate.
asidera f. *Amer.* Anneau (*m.*) fixé à la selle auquel on attache le lasso.
asidero m. Manche (mango), anse, *f.* (asa), poignée, *f.* (para agarrarse). ‖ FIG. Occasion, *f.*, prétexte : *aprovechó este asidero*, il a profité de cette occasion. ‖ Appui : *ya le quedan pocos asideros*, il n'a plus beaucoup d'appuis. ‖ *No tener asidero*, ne pas tenir debout.
asido, da adj. Saisi, e ; pris, e ‖ *Asidos del brazo*, bras dessus, bras dessous.
asidonense adj. De Medinasidonia [ville d'Andalousie, autrefois *Asido*].
asiduamente adv. Assidûment, fréquemment.
asiduidad f. Assiduité.
asiduo, dua adj. Assidu, e.
— M. y f. Habitué, e.
asiento m. Siège : *estos asientos no son muy cómodos*, ces sièges ne sont pas très confortables. ‖ Banquette, *f.*, siège (de un coche). ‖ Place, *f.* : *el asiento nº 5 está en este departamento*, la place nº 5 est dans ce compartiment. ‖ Place, *f.* : *déjame tu asiento*, laisse-moi ta place ; *tome usted asiento*, prenez place. ‖ Assise, *f.* (base, fundamento). ‖ Emplacement (lugar que ocupa una casa, una ciudad). ‖ Fond, base, *f.* (de botellas, vasijas, etc.). ‖ Place, *f.* (localidad en un espectáculo) : *reservar un asiento*, réserver une place. ‖ Pose, *f.*, mise (*f.*) en place (colocación). ‖ Lie, *f.*, dépôt, sédiment (p. us.) [poso]. ‖ ARQ. Tassement des matériaux [d'une construction], Assiette, *f.* : *el asiento de una viga*, l'assiette d'une poutre. ‖ Contrat de fourniture. ‖ Traité, accord (tratado). ‖ COM. Inscription, *f.*, enregistrement (en un libro). ‖ Chapitre (de un presupuesto). ‖ Poste (en una cuenta). ‖ Assiette (del impuesto, hipotecas). ‖ Note, *f.*, annotation, *f.* (anotación). ‖ Embouchure, *f.* (del freno). ‖ Barres, *f. pl.* (en la boca del caballo). ‖ TECN. Siège : *asiento de válvula*, siège de soupape. ‖ FIG. Stabilité, *f.*, permanence, *f.* ‖ Sagesse, *f.*, bon sens : *persona de asiento*, personne de bon seno. ‖ *Amer.* Étendue, *f.* (de una mina). ‖ Centre d'une exploitation agricole. ‖ Pl. Séant, *sing.*, fesses, *f.* (asentaderas). ‖ — *Asiento de colmenas*, rucher. ‖ *Asiento de estómago*, embarras gastrique. ‖ BOT. *Asiento de pastor*, hérisonne. ‖ COM. *Asiento duplicado*, double emploi. ‖ *Asiento giratorio*, siège pivotant. ‖ *Baño de asiento*, bain de siège. ‖ *Estar de asiento*, résider. ‖ FIG. *No calentar el asiento*, ne pas moisir [quelque part]. ‖ *Tomar asiento*, s'asseoir, prendre place, prendre un siège.
asignable adj. Assignable.
asignación f. Assignation (cita). ‖ Attribution (atribución). ‖ Allocation (subsidio). ‖ Allocation : *la asignación de un crédito*, l'allocation d'un crédit. ‖ Traitement, *m.*, émoluments, *m. pl.* (sueldo).
asignado m. Assignat [papier monnaie]. ‖ *Amer.* Partie (*f.*) du salaire payée en nature.
asignar v. tr. Assigner. ‖ Attribuer, assigner : *le han asignado un sueldo muy elevado*, on lui a attribué un salaire très élevé. ‖ Accorder, allouer (un crédito).
asignatario, ria m. y f. *Amer.* Légataire, bénéficiaire d'un héritage.
asignatura f. Matière (disciplina) : *el primer año escolar tiene cinco asignaturas y son todas difíciles*, en première année, il y a cinq matières qui sont toutes difficiles.
asilado, da m. y f. Pensionnaire d'un asile.
asilar v. tr. Donner asile : *asilar a un condenado político*, donner asile à un condamné politique.
— V. pr. Trouver asile.

asilo m. Asile : *derecho de asilo*, droit d'asile. ‖ FIG. Asile, protection, *f.*, faveur, *f.* (protección). ‖ Asile : *asilo de la paz*, asile de paix. ‖ ZOOL. Asile (insecto). ‖ *Buscar asilo*, demander asile.
asimetría f. Asymétrie.
asimétrico, ca adj. Asymétrique.
asimiento m. Prise, *f.*, saisie, *f.* (acción de asir). ‖ FIG. Attachement (afecto).
asimilable adj. Assimilable.
asimilación f. Assimilation.
asimilador, ra adj. Assimilateur, trice.
asimilar v. tr. e intr. Assimiler.
— V. intr. Ressembler à (parecerse).
— V. pr. S'assimiler. ‖ Se ressembler, être similaire (asemejarse).
asimilativo, va adj. Assimilateur, trice.
asimismo adv. De la même manière, pareillement (del mismo modo). ‖ Aussi, de même (también).
asimplado, da adj. Niais, e ; simple.
asín o **asina** adv. FAM. Ainsi (así). ‖ Aussi, de même (también).
asincrónico, ca adj. GRAM. Asynchrone.
asincronismo m. Asynchronisme.
asíndeton m. Asyndète (supresión de conjunciones).
asíntota f. GEOM. Asymptote.
asintótico, ca adj. Asymptote.
asir* v. tr. ● Prendre (tomar), saisir (agarrar) : *asir del brazo*, prendre o saisir par le bras. ‖ *Asir la ocasión de ou por los cabellos*, saisir l'occasion aux cheveux o au moment propice.
— V. intr. Prendre racine (las plantas).
— V. pr. Se saisir (tomar). ‖ S'accrocher à (agarrarse). ‖ FIG. Mettre à profit, saisir, profiter : *se asió del primer pretexto*, il saisit le premier prétexte. ‖ FIG. y FAM. Se disputer, se bagarrer (reñir).
— SINÓN. ● *Coger*, attraper, prendre. *Agarrar*, attraper, agripper. *Atrapar*, prendre. Fam. *Pillar*, happer.
Asiria n. pr. f. GEOGR. Assyrie.
asirio, ria adj. y s. Assyrien, enne.
asiriología f. Assyriologie.
asiriólogo m. Assyriologue.
asistencia f. Assistance (auditorio). ‖ Présence : *con asistencia de*, en présence de. ‖ Soins, *m. pl.* (de un médico) · *prestar asistencia a uno*, donner des soins à quelqu'un. ‖ Secours, *m. pl.* (socorros). ‖ TAUROM. Personnel (*m.*) des arènes. ‖ *Amer.* Petit salon, *m.* (saloncito). ‖ — Pl. Aliments, *m.*, pension, *f.* (pensión alimenticia). ‖ — *Asistencia facultativa*, soins médicaux (curas), personnel médical (médicos). ‖ — *Amer. Casa de asistencia*, pension de famille. ‖ *Ficha de asistencia*, jeton de présence.
asistencial adj. D'aide.
asistenta f. Assistante (monja). ‖ Femme de ménage, femme de journée (criada no permanente). ‖ (Ant.) Femme de chambre, cámeriste (en un palacio). ‖ *Asistenta social*, assistante sociale.
asistente adj. Qui assiste, assistant, e.
— M. Assistant (obispo, religioso). ‖ MIL. Ordonnance, *f.* ‖ Présent, personne (*f.*) présente : *entre los asistentes se encontraran varios artistas*, parmi les personnes présentes se trouvaient plusieurs artistes. ‖ — Pl. Assistance, *f. sing.* : *había muchos asistentes*, il y avait une assistance nombreuse. ‖ — F. *Asistente social*, assistante sociale.
asistido, da adj. Assisté, e (socorrido). ‖ *Freno asistido*, frein assisté.
asistir v. tr. Assister : *le asiste en su trabajo*, il l'assiste dans son travail. ‖ Assister, secourir : *asistir a los pobres*, secourir les pauvres. ‖ Soigner, traiter : *le asiste un buen médico*, c'est un bon médecin qui le soigne. ‖ Servir provisoirement [comme domestique]. ‖ *Me asiste el derecho*, le droit est de mon côté, j'ai le droit pour moi.

— V. intr. Assister, être présent à, aller : *no asiste nunca a clase,* il n'assiste jamais au cours. ‖ Être présent : *asistía una multitud impresionante,* une foule considérable était présente. ‖ Fournir de la couleur jouée (en los naipes).

áskari m. Askari (soldado marroquí).

asma f. Asthme, *m.*

asmático, ca adj. y s. Asthmatique.

Asmodeo n. pr. m. Asmodée.

asna f. Ânesse (hembra del asno). ‖ — Pl. Chevrons, *m.* (vigas).

asnada f. FIG. y FAM. Ânerie, bourde.

asnal adj. D'âne, de l'âne, asinal, e.

— Adj. f. Asine (raza). ‖ FIG. y FAM. Bête, sot, sotte.

asnear v. intr. Dire des âneries (hablar). ‖ Se conduire comme un âne (obrar).

asnería f. FAM. Troupeau (*m.*) d'ânes. ‖ FIG. y FAM. Ânerie, bêtise (tontería) : *decir asnerías,* dire des bêtises.

asnilla f. Étançon, *m.* (puntal). ‖ Tréteau, *m.* (caballete).

asnino, na adj. D'âne, de l'âne, asinal, e ; asinien, enne.

asno m. Âne (animal). ‖ FIG. y FAM. Âne, bourrique, *f.* ‖ — *Puente de los asnos,* pont aux ânes. ‖ — *Al asno muerto, la cebada al rabo,* après la mort le médecin. ‖ FIG. y FAM. *Apearse* ou *caer uno de su asno,* reconnaître son erreur. ‖ *No ver uno siete* ou *tres sobre un asno,* n'y voir goutte. ‖ *Parecerse al asno de Buridán,* faire comme l'âne de Buridan.

— SINÓN. *Burro, jumento,* âne. *Garañón,* baudet. *Borrico, rucho,* bourricot. *Pollino,* bourriquet.

asociable adj. Associable.

asociación f. Association : *Asociación Europea de Libre Cambio,* Association européenne de libre-échange. ‖ *Asociación de ideas,* association d'idées.

asociacionismo m. Associationnisme.

asociado, da adj. y s. Associé, e.

— SINÓN. *Socio,* associé. *Cooperador,* coopérateur. *Colaborador,* collaborateur.

asociamiento m. Association, *f.*

asociar v. tr. Associer.

— V. pr. S'associer. ‖ FIG. Partager, s'associer : *asociarse a la alegría de uno,* partager la joie de quelqu'un.

asocio m. *Amer.* Association, *f.* ‖ *En asocio de,* en collaboration avec.

— OBSERV. Ce mot est un barbarisme employé pour *asociación.*

asolador, ra adj. y s. Dévastateur, trice ; destructeur, trice.

asolamiento m. Dévastation, *f.,* ravage.

asolanar v. tr. AGRIC. Brûler, griller.

asolar* v. tr. ● Dévaster, ravager (destruir) : *el granizo ha asolado las viñas,* la grêle a ravagé les vignes. ‖ AGRIC. Brûler, dessécher (el calor, el sol).

— V. pr. Déposer, former un dépôt (los líquidos).

— SINÓN. ● *Desolar,* désoler. *Devastar,* dévaster. *Infestar,* infester. *Arruinar,* ruiner. *Saquear,* saccager.

asoleada f. *Amer.* Insolation.

asolear v. tr. Mettre au soleil. ‖ Ensoleiller : *casa muy asoleada,* maison très ensoleillée.

— V. pr. Se chauffer au soleil (tomar el sol). ‖ Brunir, se hâler (tostarse al sol). ‖ Être atteint d'insolation (los animales).

asoleo m. *Veter.* Insolation, *f.* ‖ Exposition (*f.*) au soleil. ‖ Insolation, *f.,* coup de soleil (de personas).

asomar v. intr. Apparaître. ‖ Se montrer, apparaître : *hoy el sol no asoma,* aujourd'hui le soleil ne se montre pas. ‖ Apparaître, poindre (el día). ‖ Sortir, dépasser : *un pañuelo asomaba fuera de su bolsillo,* un mouchoir sortait de sa poche.

— V. tr. Montrer, laisser voir : *asomar la punta de la oreja,* montrer le bout de l'oreille. ‖ *Asomar la cabeza a* ou *por la ventana,* mettre la tête à la fenêtre, se pencher au dehors.

— V. pr. Se montrer : *asomarse a* ou *por la ventana,* se montrer à la fenêtre. ‖ FAM. Être un peu gris (achisparse). ‖ Se pencher : *está prohibido asomarse al exterior,* il est interdit de se pencher au-dehors (en los trenes). ‖ Jeter un coup d'œil, regarder vaguement : *usted no se ha asomado siquiera a la lección,* vous n'avez même pas jeté un coup d'œil à la leçon. ‖ Montrer son nez, faire une courte apparition : *no hice más que asomarme a esa reunión,* je n'ai fait que montrer mon nez à cette réunion.

— OBSERV. Il ne faut surtout pas confondre avec le verbe *asommer* qui se traduit par *matar a golpes.*

asombrado, da adj. Étonné, e. ‖ Ahuri, e (pasmado).

asombrador, ra adj. Étonnant, e. ‖ Ahurissant, e.

asombramiento m. Étonnement.

asombrar v. tr. Ombrager (dar sombra). ‖ Foncer, obscurcir (una pintura). ‖ FIG. Effrayer (asustar). | Étonner, épater (fam.), stupéfier (causar admiración).

— V. pr. FIG. S'effrayer (asustarse). | S'étonner : *no se asombra de* ou *por* ou *con nada,* il ne s'étonne de rien.

asombro m. Frayeur, *f.,* peur, *f.* (susto). ‖ Étonnement (sorpresa) : *con gran asombro de mi madre,* au grand étonnement de ma mère. ‖ Ahurissement (estupefacción). ‖ FAM. Revenant, fantôme (aparecido). ‖ — *De asombro,* étonnant. ‖ *¡No salgo de mi asombro!,* je n'en reviens pas !

asombrosamente adv. Merveilleusement, étonnamment.

asombroso, sa adj. Étonnant, e. ‖ Ahurissant, e.

— SINÓN. *Prodigioso,* prodigieux. *Maravilloso,* merveilleux. *Sensacional,* sensationnel. *Sorprendente,* surprenant. *Formidable,* formidable. *Estupendo,* épatant. *Fam. Despampanante,* ébouriffant. *Enorme,* énorme. *Fenomenal,* phénoménal. *Pop. Pistonudo,* époustouflant.

asomo m. Apparence, *f.* (apariencia). ‖ Ombre, *f. : sin el menor asomo de duda,* sans l'ombre d'un doute. ‖ Indice (indicio). ‖ Soupçon (presunción). ‖ — *Ni por asomo,* en aucune manière, pas le moins du monde, nullement. ‖ *No conocer ni por asomo,* ne connaître ni d'Ève ni d'Adam, ne pas connaître le moins du monde.

asonada f. Émeute, tumulte, *m.* (motín).

asonancia f. Assonance (consonancia). ‖ FIG. Relation, rapport, *m.* (entre cosas). ‖ Assonance (retórica).

asonantado, da adj. Assonancé, e.

asonantar v. intr. Être assonant, e.

— V. tr. Faire rimer par assonance.

asonante adj. y s. Assonant, e.

asonar* v. intr. Produire une assonance.

asorocharse v. pr. *Amer.* Avoir le mal de montagne (apunarse). ‖ POP. Rougir, piquer un fard, avoir honte (ruborizarse).

aspa f. Croix de Saint-André, croix en forme de X. ‖ MAT. Signe (*m.*) de multiplication. ‖ Dévidoir, *m.,* asple, *m.* (devanadera). ‖ Aile (de molino). ‖ BLAS. Sautoir, *m.* ‖ Corne (cuerno). ‖ *Colocado en aspa,* en forme de X.

aspadera f. Dévidoir, *m.* (devanadera).

aspado, da adj. Les bras en croix (los penitentes de una procesión). ‖ FIG. y FAM. Gêné aux entournures [par ses vêtements]. ‖ En forme de croix.

aspar v. tr. Dévider (hilo). ‖ Crucifier (crucificar). ‖ FIG. y FAM. Mortifier (mortificar). ‖ *¡Que me aspen si...!,* je veux bien être pendu si...!

— V. pr. FIG. *Asparse a gritos,* pousser de grands cris, s'égosiller (desgañitarse).

aspáragus m. Asparagus (planta ornamental).

aspaventero, ra adj. y s. Faiseur de simagrées.

aspavientos m. pl. Simagrées, *f.*, gestes désordonnés.

aspecto m. ● Aspect (apariencia). ‖ Domaine (terreno). ‖ Mine, *f.* (estado de salud), allure, *f.* (garbo), aspect : *tener buen aspecto,* avoir bonne mine (estar bien), avoir de l'allure (tener buena facha), avoir bon aspect (cosas). ‖ — *Al* ou *a primer aspecto,* à première vue, au premier abord. ‖ *Bajo este aspecto,* à ce point de vue là, à cet égard, vu sous cet angle. ‖ *En ciertos aspectos,* à certains égards. ‖ *En todos los aspectos,* sous tous les rapports.
— SINÓN. ● *Apariencia,* apparence. *Exterior,* extérieur, dehors. *Semblante,* semblant. *Presencia,* prestance. *Vista,* vue.

aspereza f. Aspérité. ‖ Âpreté, rudesse (del carácter). ‖ *Limar asperezas,* arrondir les angles.

asperges m. Aspergès (parte de la misa).

aspergilo m. BOT. Aspergille, *f.* (hongo).

asperidad f. V. ASPEREZA.

asperiega adj. f. *Manzana asperiega,* pomme à cidre.

asperilla f. BOT. Aspérule, reine-des-bois.

asperillo m. Âpreté, *f.,* goût âpre.

asperjar v. tr. Asperger (rociar).

aspermo, ma adj. BOT. Asperme.

áspero, ra adj. Âpre (al gusto). ‖ Rugueux, euse ; rêche (al tacto). ‖ Dur, e ; acerbe (voz, respuesta). ‖ Violent, e ; acharné, e (violento). ‖ Mauvais, e (tiempo). ‖ *Ser áspero de condición* ou *de genio,* avoir mauvais caractère.

asperón m. Grès (piedra).

aspersión f. Aspersion.

aspersorio m. Aspersoir, goupillon.

aspérula f. BOT. Aspérule.

áspid o **áspide** m. ZOOL. Aspic (víbora).

aspidistra f. BOT. Aspidistra, *m.*

aspilla f. Jauge [tige graduée].

aspillera f. Meurtrière.

aspiración f. Aspiration. ‖ FIG. Aspiration. ‖ *Aspiración de aire,* appel d'air.

aspirador, ra adj. Aspirateur, trice.
— M. y f. Aspirateur, *m.* (aparato doméstico).

aspirante adj. Aspirant, e : *bomba aspirante,* pompe aspirante. ‖ — Adj. y s. Aspirant, e (postulante), candidat, e (candidato).

aspirar v. tr. e intr. Aspirer. ‖ FIG. Aspirer : *aspirar a altos cargos,* aspirer à de hautes charges.

aspiratorio, ria adj. Aspiratoire.

aspirina f. Aspirine.

aspro m. Aspre (moneda).

asquear v. tr. e intr. Dégoûter, écœurer : *su conducta me asquea,* sa conduite me dégoûte.
— V. pr. Se dégoûter. ‖ *Asquearse de la vida,* être dégoûté de la vie.

asquerosamente adv. Salement, d'une manière dégoûtante.

asquerosidad f. Saleté, chose dégoûtante.

asqueroso, sa adj. Dégoûtant, e ; repoussant, e ; écœurant, e (olor, conducta, etc.) ‖ *asqueroso de ver,* dégoûtant à voir ; *asqueroso en su aspecto,* d'un aspect repoussant. ‖ Dégoûté, e ; écœuré, e (que siente asco).
— M. y f. Dégoûtant, e : *son unos asquerosos,* ce sont des dégoûtants.

asta f. Haste (lanza de los romanos). ‖ Bois, *m.,* hast, *m.* (ant.) [palo de la lanza]. ‖ Lance, pique (armas). ‖ Hampe (de la bandera). ‖ Manche, *m.* (mango). ‖ Corne (cuerno). ‖ Corne : *un peine de asta,* un peigne en corne. ‖ Ente, manche, *m.* (del pincel). ‖ — Pl. Bois, *m.* (del ciervo). ‖ — *A media asta,* en berne (bandera). ‖ FIG. y FAM. *Dejar a uno en las astas del toro,* laisser quelqu'un en plan, laisser tomber quelqu'un, laisser quelqu'un se débrouiller.

astado, da adj. BOT. Hasté, e.
— M. Taureau.

astático, ca adj. FÍS. Astatique.

astenia f. MED. Asthénie.

asténico, ca adj. y s. MED. Asthénique.

aster m. BOT. Aster.

asteria f. ZOOL. Astérie, étoile de mer (estrellamar). ‖ Opale (ópalo).

asterisco m. Astérisque.

asterismo m. Astérisme (constelación).

astero m. Hastaire (soldado romano).

asteroide m. ASTR. Astéroïde.

asti m. Asti (vino italiano).

astifino, na adj. Aux cornes fines (toro).

astigitano, na adj. y s. De Écija [ville d'Andalousie, autrefois *Astigi*].

astigmático, ca adj. y s. Astigmate.

astigmastismo m. MED. Astigmatisme.

astil m. Manche (mango de instrumento). ‖ Fléau, bras (de la balanza). ‖ Tuyau (de la pluma). ‖ Bois (de la flecha).

astilla f. Éclat, *m.,* fragment (*m.*) de bois o de pierre. ‖ Écharde (de leña). ‖ Esquille (de un hueso). ‖ — MAR. *Astilla muerta,* accultement. ‖ *De tal palo, tal astilla,* tel père, tel fils. ‖ *Hacer astillas,* réduire en miettes, briser en éclats. ‖ *No hay peor astilla que la del mismo palo,* il n'est pire ennemis que ses anciens amis.

astillar v. tr. Casser, fendre (hacer pedazos). ‖ Fendre [du bois].

Astillejos n. pr. m. ASTR. Les Gémeaux, Castor et Pollux (estrellas).

astillero m. MAR. Chantier naval, arsenal (taller). ‖ Râtelier (de armas).

astilloso, sa adj. Qui se fend, qui éclate facilement (madera o piedra). ‖ Esquilleux, euse (hueso).

astracán m. Astrakan.

astracanada f. FAM. Farce, pièce d'un comique farfelu.

astrágalo m. ANAT., ARQ. y BOT. Astragale.

astral adj. Astral, e ; des astres : *influencia astral,* influence astrale ; *cuerpos astrales,* corps astraux.

astreñir* v. tr. Astreindre (obligar). ‖ Resserrer, contracter (apretar).

astricción f. MED. Astriction.

astrictivo adj. Astrictif, ive.

astricto, ta adj. Astreint, e ; contraint, e : *astricto a un servicio,* astreint à un service.

astringencia f. Astringence : *la astringencia del ácido gálico,* l'astringence de l'acide gallique.

astringente adj. y s. m. Astringent, e.

astringir o **astriñir*** v. tr. V. ASTREÑIR.

astro m. ASTR. Astre (estrella). ‖ FIG. Vedette, *f.,* étoile, *f.* (de cine, etc.). ‖ *El astro rey* ou *del día,* l'astre du jour (el Sol).

astrobiología f. Astrobiologie.

astrofísico, ca adj. Astrophysicien, enne.
— F. Astrophysique.

astrolabio m. ASTR. Astrolabe.

astrología f. Astrologie.

astrológico, ca adj. Astrologique.

astrólogo m. Astrologue (adivino).

astronauta m. Astronaute.

astronáutica f. Astronautique.

astronave f. Astronef, *m.*

astronomía f. Astronomie.

astronómico, ca adj. Astronomique. ‖ FIG. y FAM. Astronomique, très élevé (cifra).

astrónomo m. Astronome.

astrosamente adv. Malproprement, sans soin.

astroso, sa adj. Sale, malpropre (desastrado). ‖ Déguenillé, e ; négligé, e (desaseado). ‖ Malheureux, euse (desgraciado). ‖ FIG. Misérable, sordide, méprisable (despreciable).

astucia f. Astuce, ruse, rouerie.
— SINÓN. *Ardid,* ruse. *Artificio,* artifice. *Estratagema,* stratagème. *Perfidia,* perfidie. *Maquiavelismo,* machiavélisme. *Fam. Trapacería,* finasserie. *Camándula,* malice. *Marrullería,* roublardise.

astucioso, sa adj. Astucieux, euse ; roué, e.

astur o **asturiano, na** adj. y s. Asturien, enne ; des Asturies.

asturianismo m. Asturianisme.

Asturias n. pr. f. pl. GEOGR. Asturies. ‖ *El príncipe de Asturias,* le prince des Asturies (titre du dauphin en Espagne).

astuto, ta adj. Astucieux, euse ; rusé, e ; roué, e ; madré, e : *un abogado astuto,* un avocat astucieux ; *un animal astuto,* un animal rusé ; *un campesino astuto,* un paysan madré. ‖ *Astuto como un zorro,* malin comme un singe.
— SINÓN. *Sagaz, taimado,* futé. *Pícaro,* rusé. *Socarrón,* narquois. *Ladino, marrullero,* retors, roublard. *Fam. Zorro,* débrouillard. *Cuco,* malin.

asueto m. Congé (vacación corta) : *día de asueto,* jour de congé.

asumir v. tr. Assumer (tomar para sí) : *asumir una responsabilidad,* assumer une responsabilité.

asunceno, na adj. y s. De Asunción.

asunción f. Action d'assumer, prise en charge. ‖ RELIG. Assomption. ‖ FIG. Élévation, avènement, m. (a una dignidad).

Asunción n. pr. f. Asunción (nombre de mujer).

Asunción n. pr. f. GEOGR. Assomption, Asunción (capital del Paraguay).

asuncionista adj. y s. Assomptionniste.

asunto m. Sujet (tema). ‖ Question, f. : *asuntos de orden general,* des questions d'ordre général. ‖ Affaire, f. (negocio) : *trataré de ese asunto,* je m'occuperai de cette affaire ; *eso es asunto mío,* cela c'est mon affaire ; *un asunto peliagudo,* une affaire épineuse. ‖ Fait (caso) : *el asunto es que,* le fait est que. ‖ Ennui (molestia) : *el asunto es que no tenemos dinero,* l'ennui c'est que nous n'avons pas d'argent. ‖ — *Asunto concluido,* affaire o question réglée. ‖ *Asuntos exteriores* ou *extranjeros,* Affaires étrangères. ‖ *Asuntos pendientes,* affaires en suspens, affaires courantes. ‖ — *Conocer bien el asunto,* s'y connaître. ‖ *Eso es otro asunto,* c'est une autre histoire, c'est une autre paire de manches. ‖ *Está el asunto que,* le fait est que. ‖ *No me gusta el asunto,* ça ne me dit rien qui vaille. ‖ *Amer. Poner el asunto,* faire attention. ‖ *Suspendiendo todos los demás asuntos,* toute affaire cessante. ‖ *Volvamos a nuestro asunto,* revenons à nos moutons. ‖ *¡Y asunto concluido !,* ça suffit !

asunto, ta adj. Assumé, e.

asurar v. tr. Brûler.

asurcar v. tr. Sillonner (surcar).

asuso adv. (P. us.). En haut (arriba).

asustadizo, za adj. Craintif, ive ; peureux, euse ; facile à effrayer. ‖ Ombrageux, euse (caballo). ‖ FAM. *Más asustadizo que una mona,* peureux comme un lièvre.

asustar v. tr. Faire peur à, effrayer (dar miedo) : *es un espectáculo que asusta,* c'est un spectacle à faire peur ; *es de un feo que asusta,* il est laid à faire peur.
— V. pr. Avoir peur : *asustarse del ruido,* avoir peur du bruit ; *asustarse por* ou *con nada,* avoir peur d'un rien. ‖ *Nada le asusta,* rien ne lui fait peur, il ne recule devant rien.

atabacado, da adj. De couleur tabac, tabac, inv.

atabal m. MÚS. Timbale, f. (tambor).

atabalear v. intr. Marteler le sol (el caballo). ‖ Tambouriner (tamborilear).

atabalero m. Timbalier (timbalero).

atabanado, da adj. Miroité, e (caballo).

atabe m. Regard (de cañería).

atablar v. tr. AGRIC. Aplanir, herser.

atacable adj. Attaquable.

atacado, da adj. FIG. y FAM. Timide, hésitant, e (irresoluto). ‖ Avare, mesquin, e (mezquino).

atacador, ra adj. y s. Attaquant, e (que ataca). ‖ — M. Refouloir (de cañón).

atacante adj. y s. m. Attaquant, e.

atacar v. tr. ● Attaquer, s'attaquer : *atacar a un adversario,* s'attaquer à un adversaire. ‖ Bourrer (un arma de fuego). ‖ Prendre, surprendre (una enfermedad, el sueño). ‖ MÚS. Attaquer. ‖ QUÍM. Attaquer, ronger (corroer) : *el orín ataca el hierro,* la rouille attaque le fer. ‖ FIG. Attaquer, s'attaquer à : *atacar el estudio de la geometría,* attaquer l'étude de la géométrie. ‖ — DR. *Atacar de falsedad,* attaquer en faux. ‖ *Atacar los nervios,* taper sur les nerfs, crisper, agacer.
— SINÓN. ● *Acometer,* attaquer. *Arremeter,* foncer sur. *Asaltar,* assaillir. *Provocar,* provoquer. *Agredir,* agresser. *Atentar contra,* attenter à.

átaco m. ZOOL. Attacus (mariposa).

atacola f. Trousse-queue, m. inv. (arreo).

ataderas f. pl. FAM. Jarretières (ligas).

atadero m. Attache, f., lien (para atar). ‖ FIG. Lien, entrave, f. ‖ FIG. y FAM. *No tener atadero,* n'avoir ni queue ni tête, ne pas tenir debout : *esa pregunta no tiene atadero,* cette question n'a ni queue ni tête.

atadijo m. FAM. Paquet mal ficelé.

atado, da adj. FIG. Embarrassé, e ; gauche (apocado).
— M. Paquet (paquete) : *un atado de ropa,* un paquet de linge. ‖ *Amer.* Paquet de cigarettes (de cigarillos).

atador, ra adj. y s. Lieur, euse ; botteleur, euse. ‖ — F. AGRIC. Lieuse. ‖ — M. *Amer.* Longe (f.) servant à attacher le cheval.

atadura f. Attache, lien, m. ‖ Fixation (de esquíes). ‖ FIG. Lien, m., union (unión). ‖ Entrave, assujetissement, m. (traba).

atafagar v. tr. Suffoquer, étourdir.

atafetanado, da adj. Qui ressemble au taffetas.

atagallar v. tr. MAR. Faire force de voiles.

ataguía f. Batardeau, m., barrage (m.) provisoire.

ataharre m. Culière, f., avaloire, f. (arreos).

ataire m. Moulure, f.

atajadero m. Barrage (de una acequia).

atajadizo m. Clôture, f., mur (muro). ‖ Enclos (terreno cercado).

atajador, ra adj. y s. Qui arrête, qui barre. ‖ Celui, celle qui prend un raccourci. ‖ — M. *Amer.* Muletier de tête (que guía).

atajar v. intr. Couper, prendre un raccourci (tomar un atajo) : *atajar por los campos,* couper à travers champs. ‖ Raccourcir, couper (ser más corto el camino).
— V. tr. Barrer o couper le chemin : *atajaron al fugitivo,* ils coupèrent le chemin au fugitif. ‖ Couper, diviser (dividir), séparer. ‖ FIG. Couper, arrêter (parar) : *atajar el fuego,* couper le feu. ‖ Couper la parole, interrompre : *atajar al orador,* couper la parole à l'orateur. ‖ Souligner, cocher (señalar en un escrito). ‖ Couper court à, arrêter (interrumpir). ‖ Enrayer : *hay que atajar el aumento de la delincuencia juvenil,* il faut enrayer l'augmentation de la délinquence juvénile.
— V. pr. FIG. Se troubler, rester court (turbarse, cortarse). ‖ FAM. S'enivrer (emborracharse).

ataja o **atajía** f. Conduite d'eau (atarjea).

atajo m. Raccourci, chemin de traverse (camino) : *echar por un atajo,* prendre un raccourci. ‖ FIG. Moyen, expédient (procedimiento). ‖ Séparation, f., division, f. (separación). ‖ Coupure, f., suppression, f. (en un escrito). ‖ Petit troupeau (rebaño pequeño). ‖ — FIG. y FAM. *Echar* ou *tomar por el atajo,* prendre un biais. ‖ *No hay atajo sin trabajo,* nul bien sans peine o on n'a rien sans peine.
— OBSERV. Certains emploient ce mot à tort dans le sens de *série, tas,* à la place du terme correct qui est *hatajo.*

atalajar v. tr. Atteler.

atalaje m. MIL. Attelage. ‖ FIG. y FAM. Attirail, équipement (equipo).

atalaya f. Tour de guet, échauguette, poivrière (torre de una fortaleza para vigilar). ‖ Beffroi, *m.* (torre para dar la alarma). ‖ Éminence, hauteur (lugar elevado). ‖ — M. Guetteur, vigie, *f.* (el que vigila).

atalayador, ra adj. y s. Guetteur, euse ; observateur, trice. ‖ FIG. Curieux, euse ; fureteur, euse.

atalayar v. tr. Guetter (vigilar). ‖ FIG. Épier, observer (espiar).

atalayero m. Éclaireur.

Atalía n. pr. f. Athalie.

atamiento m. Attache, *f.* ‖ FIG. y FAM. Embarras, timidité, *f.*

atanasia f. BOT. Sisymbre, *m.* ‖ Caractère (*m*) d'imprimerie [14 points].

Atanasio n. pr. m. Athanase.

atanor m. Conduite (*f.*) d'eau.

atañer* v. intr. Concerner, regarder : *esto no me atañe,* ceci ne me regarde pas. ‖ Concerner : *esta medida nos atañe a todos,* cette mesure nous concerne tous. ‖ Incomber, être du ressort de : *esto atañe al primer ministro,* ceci est du ressort du Premier ministre. ‖ *En lo que atañe a,* en ce qui concerne.

ataque m. Attaque, *f.* : *ataque por sorpresa,* attaque par surprise ; *ataque de apoplejía,* attaque d'apoplexie. ‖ Crise, *f.* (de nervios, epiléptico). ‖ — *Ataque de risa,* fou rire. ‖ *Ataque de tos,* quinte de toux. ‖ *Iniciar un ataque,* déclencher une attaque.

atar v. tr. ● Attacher : *atar a un árbol,* attacher à un arbre. ‖ Lier : *atar una gavilla,* lier une gerbe. ‖ Ficeler (con bramante). ‖ CULIN. Brider (ave). ‖ FIG. Lier : *estos compromisos me atan,* ces engagements me lient. ‖ — *Atar bien los cabos,* s'assurer. ‖ *Atar cabos,* tirer des conclusions, procéder par recoupements, conclure, déduire : *atando cabos,* d'où je déduis que, j'en conclus que. ‖ FIG. y FAM. *Atar corto a uno,* tenir la bride à quelqu'un. ‖ *Atar de pies y manos,* lier les pieds et les mains. ‖ *Atar la lengua,* réduire au silence, lier la langue. ‖ *Atar y desatar,* faire et défaire, lier et délier. ‖ — FIG. *Atado de pies y manos,* pieds et poings liés. ‖ *Átame esta mosca por el rabo,* cela va te donner du fil à retordre. ‖ *Loco de atar,* fou à lier. ‖ *No atar ni desatar,* parler à tort et à travers (hablar sin concierto), ne rien résoudre (no resolver nada).
— V. pr. Attacher, lacer (con lazos) : *atarse los zapatos,* lacer ses chaussures. ‖ — FIG. Se troubler, s'embrouiller (hablando). ‖ S'embarrasser : *es hombre que no se ata por tan poco,* il n'est pas homme à s'embarrasser pour si peu. ‖ S'en tenir à (ceñirse a una cosa).
— SINÓN. ● *Liar, ligar,* lier. *Encadenar,* enchaîner. *Amarrar,* amarrer.

atarantado, da adj. Piqué, e de la tarentule. ‖ FIG. y FAM. Turbulent, e ; remuant, e (bullicioso). ‖ Étourdi, e (aturdido), épouvanté, e (espantado).

atarantamiento m. Étourdissement.

atarantar v. tr. Étourdir (aturdir).

ataraxia f. Ataraxie (impasibilidad).

atarazana f. Arsenal, *m.* ‖ Corderie (taller del cordelero). ‖ Dépôt (*m.*) de cuves à vin. ‖ *Amer.* Toit (*m.*) à deux versants.

atarazar v. tr. Mordre, déchirer avec les dents.

atardecer* v. intr. Décliner o tomber [le jour].

atardecer m. Soir, déclin o tombée (*f.*) du jour : *iré al atardecer,* j'irai à la tombée du jour.

atareado, da adj. Affairé, e ; occupé, e : *un hombre muy atareado,* un homme très occupé.

atareamiento m. Affairement.

atarear v. tr. Donner une tâche o un travail à faire (señalar una tarea).
— V. pr. S'affairer, s'adonner au travail.

atarjea f. Revêtement (*m.*) de briques d'une conduite. ‖ Conduite d'eau (cañería). ‖ Égout, *m.*

(alcantarilla). ‖ *Amer.* Réservoir (*m.*) d'eau (depósito de agua).

atarquinar v. tr. Couvrir de fange.
— V. pr. S'embourber.

atarragar v. tr. Façonner (una herradura).

atarugamiento m. Chevillage (acción de poner cuñas). ‖ FIG. y FAM. Embarras, confusion, *f.* ‖ Empiffrement, gavage (acción de atracarse). ‖ Remplissage, bourrage (atestamiento).

atarugar v. tr. Cheviller (fijar con tarugos). ‖ Boucher (con un tapón). ‖ FIG. y FAM. Clouer le bec (hacer callar). ‖ Bonder, bourrer (llenar). ‖ Bourrer, gaver (atracar).
— V. pr. Rester court, ne savoir que répondre (quedar sin saber qué responder). ‖ Se troubler, s'embrouiller (turbarse). ‖ FIG. y FAM. S'empiffrer, se gaver (atracarse).

atasajar v. tr. Découper de la viande.

atascadero m. Bourbier, ornière, *f.* ‖ FIG. Obstacle (estorbo).

atascamiento m. V. ATASCO.

atascar v. tr. Boucher, engorger (una cañería). ‖ Étouper (tapar con estopa). ‖ Coincer (un mecanismo). ‖ FIG. Arrêter, contrarier (un negocio). ‖ Arrêter, gêner, déranger (a una persona). ‖ FIG. *Quedarse atascado,* s'arrêter.
— V. pr. S'embourber, s'enliser (un coche). ‖ Se boucher, s'engorger (atorarse una cañería). ‖ Se coincer (un mecanismo). ‖ S'embrouiller, s'empêtrer (embrollarse).

atasco m. Engorgement, obstruction, *f.* (de una cañería). ‖ Embourbement, enlisement (de un coche). ‖ Embouteillage : *en esta ciudad hay muchos atascos,* dans cette ville il y a beaucoup d'embouteillages. ‖ Obstacle, empêchement (obstáculo). ‖ Empêtrement (en un discurso). ‖ Coincement (de un mecanismo). ‖ Enrayage (de un arma).

ataúd m. Cercueil, bière, *f.* (féretro).

ataujía f. Damasquinage, *m.*

ataviar v. tr. Parer, orner (adornar).
— V. pr. Se parer : *ataviarse con ou de,* se parer de. ‖ S'habiller, se préparer (vestirse).

atávico, ca adj. Atavique.

atavío m. Parure, *f.,* ornement (adorno). ‖ FIG. Habillement, vêtements, pl., toilette, *f.* (de mujer). ‖ Harnachement, accoutrement (de mal gusto).

atavismo m. Atavisme (herencia).

ataxia f. MED. Ataxie.

atáxico, ca adj. y s. MED. Ataxique.

atediar v. tr. Ennuyer.

ateísmo m. Athéisme.

ateísta adj. y s. Athée (ateo).

atelaje m. Attelage (caballos). ‖ Harnais, harnachement (arreos).

atelanas f. pl. Atellanes (comedia latina).

ateles m. ZOOL. Atèle (mono).

atemorizar v. tr. Effrayer (asustar). ‖ *Atemorizarse de ou por algo,* s'effrayer de quelque chose.

atemperación f. Modération.

atemperar v. tr. Tempérer, modérer. ‖ Accommoder, adapter.
— V. pr. Se modérer. ‖ S'accommoder à o de (arreglarse). ‖ S'adapter : *la formación profesional debe atemperarse al ritmo de la industria,* la formation professionnelle doit s'adapter au rythme de l'industrie.

atenacear o **atenazar** v. tr. Tenailler. ‖ FIG. Tenailler, tourmenter (torturar). ‖ *Estar atenazado,* être pris o serré comme dans un étau.

Atenas n. pr. GEOGR. Athènes.

atención f. ● Attention : *prestar atención a,* faire attention à ; *fijar la atención,* fixer son attention. ‖ Politesse, courtoisie (cortesía). ‖ Soin : *hacer un trabajo con mucha atención,* faire un travail avec beaucoup de soin. ‖ Intérêt, *m.* : *su atención por estos problemas ha sido muy grande,* il a porté un

très grand intérêt à ces problèmes. ‖ — Pl. Attentions, égards, m, prévenances, *sing.*, marques de politesse : *tener atenciones con las personas de edad,* avoir des égards pour les personnes âgées. ‖ Gentillesses : *tuvo mil atenciones conmigo,* il m'a fait mille gentillesses. ‖ Affaires (ocupaciones). ‖ — *A la atención de,* à l'attention de. ‖ *En atención a,* eu égard à, en considération de, étant donné : *en atención a sus méritos,* en considération de ses mérites. ‖ — *Deshacerse en atenciones* ou *tener atenciones delicadas con* ou *para uno,* être aux petits soins pour quelqu'un. ‖ *Llamar la atención,* attirer l'attention (despertar la curiosidad). ‖ *Llamar la atención a alguien,* rappeler quelqu'un à l'ordre, réprimander quelqu'un (reprender). ‖ *No me llamó la atención,* je n'ai pas remarqué. ‖ *¡No vayas a llamar la atención!,* ne te fais pas remarquer ! ‖ *Poner atención,* prêter attention. — Interj. Attention !
— Sinón. ● *Aplicación,* application. *Reflexión,* réflexion. *Meditación,* méditation.

atendedor, ra m. y f. Impr. Teneur de copie.
atender* v. tr. S'occuper de : *atiendo mis negocios,* je m'occupe de mes affaires. ‖ S'occuper de, servir (en una tienda) : *¿ le atienden ?,* on s'occupe de vous ? ‖ S'occuper de : *el médico atiende al enfermo,* le médecin s'occupe du malade. ‖ Recevoir, accueillir : *el propio director atendió al visitante,* le directeur lui-même a reçu le visiteur. ‖ Assurer : *atender el servicio permanente,* assurer la permanence. ‖ (Ant.). Attendre (esperar). ‖ — *Atender una petición,* satisfaire une demande, faire droit à une demande. ‖ *Atender un ruego,* satisfaire une prière.
— V. intr. Faire attention à : *atiende a lo que haces,* fais attention à ce que tu fais. ‖ Faire *o* prêter attention, être attentif : *atender a una lección,* prêter attention à une leçon. ‖ Impr. Lire des yeux avec un teneur de copie. ‖ — *Atender al nombre de,* répondre au nom de. ‖ *Atender a lo más urgente,* courir au plus pressé. ‖ *Atender al teléfono,* répondre au téléphone. ‖ *Atender a sus necesidades,* subvenir à ses besoins. ‖ *Atendiendo a las circunstancias,* compte tenu des circonstances, vu les circonstances. ‖ *El servicio postal está mal atendido,* le service postal fonctionne mal *o* est mal organisé. ‖ *Este almacén está muy bien atendido ahora,* ce magasin a beaucoup de personnel maintenant *o* on s'occupe bien de la clientèle maintenant dans ce magasin. ‖ *Este hotel está muy bien atendido,* le service est très bien fait dans cet hôtel. ‖ *Iglesia bien atendida,* église bien desservie. ‖ *No atender a razones,* ne pas entendre raison.
atendible adj. Digne d'attention.
atenebrarse v. pr. S'assombrir, s'enténébrer.
ateneísta m. y f. Membre d'un athénée.
ateneo, a adj. y s. Poét. Athénien, enne. ‖ — M. Athénée (sociedad científica o literaria).
atenerse* v. pr. S'en tenir à, se référer à, s'en rapporter à : *me atengo a lo que has dicho,* je m'en tiens à ce que tu as dit. ‖ S'en remettre (a una persona). ‖ —*Aténgase a las consecuencias,* subissez-en les conséquences, vous l'avez voulu. ‖ *Ateniéndose a las circunstancias,* compte tenu des *o* vu les circonstances. ‖ *No saber a qué atenerse,* ne savoir à quoi s'en tenir, ne plus savoir sur quel pied danser (fam.). ‖ *Querer saber a qué atenerse,* vouloir en avoir le cœur net, vouloir savoir à quoi s'en tenir *o* de quoi il retourne.
ateniense adj. y s. Athénien, enne.
atenorado, da adj. Ténorisant, e ; propre à un ténor.
atentadamente adv. Avec modération (con prudencia). ‖ Contre la loi (contra el orden).
atentado, da adj. Prudent, e ; sage (prudente). ‖ Silencieux, euse (hecho sin ruido).

— M. Attentat (contra personas). ‖ Atteinte, *f.,* attentat : *atentado contra la seguridad del Estado,* atteinte à la sûreté de l'État ; *atentado contra las buenas costumbras,* attentat aux mœurs.
atentamente adv. Attentivement (con atención). ‖ Poliment, courtoisement. ‖ *Le saludo muy atentamente,* recevez mes salutations empressées (en una carta).
atentar v. intr. Attenter à : *atentar contra* ou *a la vida de su hermano,* attenter à la vie de son frère. ‖ Porter atteinte (contra el honor, la moral). ‖ Commettre un attentat. ‖ *Amer.* Tâter (tocar).
atentatorio, ria adj. Attentatoire : *medida atentatoria a la libertad,* mesure attentatoire à la liberté.
atento, ta adj. Attentif, ive : *atento al menor ruido,* attentif au moindre bruit. ‖ Gentil, ille : *es usted muy atento,* vous êtes très gentil. ‖ Attentionné, e ; prévenant, e ; plein d'attentions : *este hombre es atento con todos,* cet homme est prévenant avec tout le monde. ‖ Soucieux, euse : *atento a hablar bien,* soucieux de bien parler. ‖ Tout particulier, toute particulière : *su atenta atención a los problemas árabes,* son attention toute particulière pour les problèmes arabes. ‖ — *Su atenta,* votre honorée (carta). ‖ *Su atento y seguro servidor* [abrégé en *s.a.s.s.*], votre tout dévoué (fórmula de correspondencia).
— Adv. Attendu, eu égard à (en atención a).
atenuación f. Atténuation (disminución). ‖ Litote, atténuation, *f.* (p. us.) [retórica].
atenuador m. Rad. Atténuateur.
atenuante adj. Atténuant, e.
— M. Circonstance (*f.*) atténuante.
atenuar v. tr. Atténuer. ‖ Fig. Atténuer, diminuer : *atenuar la culpa,* diminuer la faute.
ateo, a adj. y s. Athée.
atepocate m. *Amer.* Têtard (renacuajo).
aterciopelado, da adj. Velouté, e ; satiné, e : *papel aterciopelado,* papier velouté ; *cutis aterciopelado,* peau satinée.
aterido, da adj. Transi de froid.
— Sinón. *Helado,* gelé. *Yerto,* glacé.
aterimiento m. Engourdissement, saisissement (de frío).
aterirse* v. pr. Être transi de froid.
atérmano, na adj. Fís. Athermane.
atérmico, ca adj. Fís. Athermique.
ateroma m. Med. Athérome.
aterrador, ra adj. Effroyable, épouvantable, terrifiant, e.
aterrajado m. Filetage (de un tornillo), taraudage (de una tuerca).
aterrajar v. tr. Fileter (un tornillo), tarauder (una tuerca).
aterrante adj. V. Aterrador.
aterrar* v. tr. Renverser, jeter à terre (echar por tierra). ‖ Min. Décombrer. ‖ Atterrer, terrifier, effrayer : *me aterra pensar que...,* je suis effrayé à l'idée que... ‖ *Amer.* Remplir de terre (llenar).
— V. intr. Mar. Aborder. ‖ Atterrir (aterrizar). ‖ Atterrer, terrifier : *quedó aterrado por la noticia,* il fut atterré par la nouvelle.
— V. pr. S'effrayer, être atterré *o* terrorisé (estar aterrado).
aterrizaje m. Atterrissage : *tren de aterrizaje,* train d'atterrissage. ‖ — *Aterrizaje en un portaaviones,* appontage. ‖ *Aterrizaje sin visibilidad* ou *a ciegas,* atterrissage sans visibilité. ‖ *Tren de aterrizaje plegable,* atterrisseur *o* train d'atterrissage escamotable.
aterrizar v. intr. Atterrir.
aterronar v. tr. Réduire en morceaux.
— V. pr. Être réduit en morceaux.
aterrorizador, ra adj. Terrifiant, e ; effroyable.
aterrorizar v. tr. Terroriser, terrifier.
— V. pr. Être terrorisé.
atesoramiento m. Thésaurisation, *f.*

atesorar v. tr. Amasser, thésauriser (ahorrar). ‖ Fig. Réunir : *Felipe atesora muchas cualidades,* Philippe réunit beaucoup de qualités.

atestación f. Attestation (escrita). ‖ Déposition, témoignage, *m.,* déclaration (más bien oral).

atestado m. Attestation, *f.* (documento). ‖ Acte : *pedir, hacer un atestado,* demander, donner acte. ‖ Constat, procès verbal, contravention, *f. : hacer un atestado,* faire un constat, dresser une contravention o un procès-verbal.

atestado, da adj. Rempli, e ; bourré, e. ‖ Bondé, e ; comble, plein à craquer (lugar público). ‖ Entêté, e ; têtu, e (testarudo). ‖ Ouillé, e (una cuba).

atestadura f. o **atestamiento** m. Bourrage, *m.,* remplissage, *m.* (acción de atestar). ‖ Moût (*m.*) pour ouiller (mosto). ‖ Ouillage, *m.* (de una cuba).

atestar* v. tr. Bourrer, remplir (llenar). ‖ Encombrer : *atestar con muebles un piso,* encombrer de meubles un appartement. ‖ Bonder : *un tren atestado,* un train bondé. ‖ Ouiller (las cubas de vino). ‖ Dr. Attester, témoigner de (atestiguar).
— V. pr. Fig. y Fam. Se bourrer, s'empiffrer (atracarse).

atestiguación f. o **atestiguamiento** m. Témoignage, *m.* ‖ Dr. *Atestiguación forense,* constat.

atestiguar v. tr. Témoigner de o que, déclarer que [comme témoin]. ‖ Fig. Témoigner de, démontrer, prouver : *esto atestigua el valor de estas medidas,* cela démontre la valeur de ces mesures.
— Sinón. *Asegurar,* assurer. *Certificar,* certifier. *Pretender,* prétendre. *Sostener,* soutenir. *Afirmar,* affirmer.

atezado, da Bruni, e ; hâlé, e (piel). ‖ Noir, e (negro). ‖ Poli, e ; lisse (pulido).

atezar v. tr. Brunir, hâler (la piel). ‖ Noircir. ‖ Polir (pulir).
— V. pr. Brunir.

atiborrar v. tr. Bourrer (llenar de borra). ‖ Fig. y Fam. Bourrer, remplir.
— V. pr. Fig. y Fam. Se gaver, se bourrer, s'empiffrer : *atiborrarse de frutas,* se gaver de fruits.

Ática n. pr. f. Geogr. Attique.

aticismo m. Atticisme (delicadeza).

aticista adj. y s. Atticiste.

ático, ca adj. y s. Attique.
— M. Arq. Attique, dernier étage.

atiesar v. tr. Raidir, tendre.

atigrado, da adj. Tigré, e.

Atila n. pr. m. Attila.

atildado, da adj. D'une mise recherchée, soigné, e ; élégant, e. ‖ Fig. Recherché, e : *estilo atildado,* style recherché.

atildamiento m. Critique, *f.,* censure, *f.* ‖ Fig. Parure, *f.,* ornement, *m.* ‖ Recherche, *f.* [de la toilette], élégance, *f. : vestido con atildamiento,* vêtu avec recherche. ‖ Ponctuation, *f.* (puntuación).

atildar v. tr. (P. us.). Mettre les accents o les tildes. ‖ Fig. Critiquer, censurer.
— V. pr. Fig. Se parer, se bichonner, se pomponner (fam.) [acicalarse].

atinadamente adv. Adroitement, judicieusement. ‖ Justement, avec justesse.

atinado, da adj. Judicieux, euse : *una observación atinada,* une remarque judicieuse. ‖ Bien choisi, e ; bien trouvé, e ; réussi, e : *una contestación atinada,* une réponse bien trouvée. ‖ Pertinent, e ; opportun, e ; approprié, e ; adéquat, e : *una medida atinada,* une mesure opportune.

atinar v. intr. Trouver, découvrir, tomber sur : *atinar con la solución,* tomber sur o trouver la solution. ‖ Tomber o deviner juste (acertar). ‖ Réussir : *atinó a encontrar la solución,* il a réussi à trouver la solution. ‖ Viser juste, frapper au but (dar en el blanco).

atinconar v. tr. Min. Étayer.

atinente adj. Touchant à, relatif à.

atingencia f. *Amer.* Rapport, *m.,* relation.

atiplado, da adj. Aigu, ë : *una voz atiplada,* une voix aiguë.

atiplar v. tr. Mettre à l'aigu.
— V. pr. Passer à l'aigu.

atirantar v. tr. Raidir, tendre.

atisbadero m. Poste de guet.

atisbador, ra adj. y s. Guetteur, euse.

atisbadura f. Guet, *m.*

atisbar v. tr. Guetter (acechar). ‖ Regarder, observer (mirar).

atisbo m. Guet (acecho). ‖ Fig. Indice léger, soupçon (asomo). ‖ Lueur, *f. : no es muy astuto pero a veces tiene atisbos de inteligencia.* il n'est pas très astucieux mais il a quelquefois des lueurs d'intelligence.

¡atiza! interj. Oh, là, là !, fichtre !, sapristi ! (¡arrea !).

atizadero m. Tisonnier.

atizador, ra adj. y s. Attiseur, euse (que atiza). ‖ — M. Tisonnier (atizadero).

atizar v. tr. Tisonner, attiser (el fuego). ‖ Moucher (una luz). ‖ Fig. Attiser : *atizar la discordia,* attiser la discorde. ‖ Fig. y Fam. Allonger, flanquer, donner : *atizar un puntapié,* allonger un coup de pied.
— V. pr. Fam. Siffler : *se atizó el vaso de un trago,* il siffla son verre d'un trait.

atizonar v. tr. Encastrer dans un mur (una viga).
— V. pr. Se nieller, se moucheter (el trigo).

atlante m. Arq. Atlante (telamón).

Atlántico n. pr. m. Geogr. Atlantique.

atlántico, ca adj. Atlantique.

Atlándida n. pr. f. Geogr. Atlantide.

atlas m. Atlas.

atleta m. Athlète. ‖ Fig. Athlète. ‖ *Un atleta de feria,* un hercule.

atlético, ca adj. Athlétique.

atletismo m. Athlétisme.

atmósfera o **atmosfera** f. Atmosphère. ‖ Fig. Climat, *m.,* atmosphère.

atmosférico, ca adj. Atmosphérique.

atoaje m. Mar. Remorquage, touage.

atoar v. tr. Touer, remorquer.

atocinado, da adj. Fig. y Fam. Gras, asse.

atocinar v. tr. Préparer le lard (hacer los tocinos). ‖ Dépecer [un porc] (partir un puerco). ‖ Fig. y Fam. Descendre (matar).
— V. pr. Fig. y Fam. Prendre la mouche, se fâcher (irritarse). ‖ Se toquer de, s'enticher de (encapricharse).

atocha f. Alfa, *m.,* sparte, *m.* (esparto).

atochar v. tr. Bourrer de sparte. ‖ Fig. Bourrer, remplir. ‖ Mar. Plaquer (una vela).
— V. pr. Mar. Être coincé, e (un câble).

atol o **atole** m. *Amer.* Boisson (*f.*) à base de maïs. ‖ Geogr. Atoll (atolón).

atolón m. Atoll (isla).

atolondradamente adv. Étourdiment, avec inconséquence, à l'étourdie.

atolondrado, da adj. Fig. Écervelé, e ; étourdi, e.
— Sinón. *Alocado, desjuiciado,* écervelé. *Mal avisado, malavisé. Destinado, inconsidéré. Inconsecuente,* inconséquent. *Fam. Cabeza de chorlito,* tête de linotte.

atolondramiento m. Étourderie, *f.,* inconséquence, *f. : obrar con atolondramiento,* agir avec inconséquence.

atolondrar v. tr. Étourdir.
— V. pr. Fig. Perdre la tête (turbarse).

atolladero m. Bourbier (atascadero). ‖ Fig. Impasse, *f. : las negociaciones están ahora en un atolladero,* les négociations se trouvent maintenant dans une impasse. ‖ — *Cada sendero tiene su atolladero,* il n'y a pas de rose sans épine. ‖

FIG. y FAM. *Estar en un atolladero,* être en mauvaise posture *o* dans le pétrin *o* dans de beaux draps *o* dans une mauvaise passe. | *Sacar del atolladero,* tirer d'embarras *o* du pétrin *o* d'affaire *o* d'une mauvaise passe. | *Salir del atolladero,* se tirer du pétrin, d'affaire *o* d'embarras, se dépêtrer, sortir d'une mauvaise passe.

atollar v. intr. y pr. S'embourber, s'enliser.

atomicidad f. QUÍM. Atomicité.

atómico, ca adj. Atomique : *bomba, cabeza, energía, pila atómica,* bombe, tête, énergie, pile atomique ; *peso atómico,* poids atomique.

atomismo m. FIL. y FÍS. Atomisme.

atomista adj. y s. FIL. y FÍS. Atomiste.

atomístico, ca adj. y s. f. Atomistique.

atomización f. Atomisation.

atomizador m. Atomiseur.

atomizar v. tr. Atomiser.

átomo m. Atome. | — *Átomo-gramo,* atomegramme. | FIG. y FAM. *Ni un átomo de,* pas un atome de, pas l'ombre de.

atonal adj. MÚS. Atonal, e.

atonalidad f. MÚS. Atonalité.

atonía f. MED. Atonie.

atónico, ca adj. Atonique.

atónito, ta adj. Abasourdi, e ; stupéfait, e (estupefacto), pantois, e (boquiabierto).

átono, na adj. Atone (sin acentuación).

atontado, da adj. Étourdi, e ; abruti, e (por un ruido). | Ahuri, e ; ébahi, e (boquiabierto). | Abêti, e ; abruti, e : *atontado por un trabajo estúpido,* abêti par un travail stupide. | Abruti, e : *atontado por un sedante,* abruti par un calmant.

atontamiento m. Étourdissement, abrutissement (por un ruido). | Abêtissement, abrutissement (embrutecimiento). | Abrutissement (por una medicina).

atontar v. tr. Étourdir, abrutir (el ruido). | Étourdir (un golpe). | Abêtir, abrutir (embrutecer). | Entêter, étourdir (un perfume). — V. pr. Être étourdi. | S'abêtir, s'abrutir.

atontolinamiento m. FAM. Étourdissement, abrutissement. | Abêtissement (embrutecimiento).

atontolinar v. tr. FAM. Abrutir (atontar). | *Estar atontolinado,* être dans le cirage.

atoramiento m. Engorgement (atascamiento). | Enlisement (en el fango).

atorar v. tr. Engorger, obstruer, boucher (una bomba, una cañería, etc.). — V. intr. y pr. S'engorger, s'obstruer (una bomba, una cañería). | S'embourber (en un barrizal). | FAM. *Amer.* Avaler de travers, s'étrangler (atragantarse).

atormentadamente adv. Douloureusement.

atormentador, ra adj. y s. Tourmenteur, euse (persona), qui tourmente, pénible, douloureux, euse (cosa).

atormentar v. tr. Tourmenter. | FIG. Torturer : *¿por qué me atormentas con estos recuerdos?,* pourquoi me tortures-tu avec ces souvenirs ? — V. pr. Se tourmenter, s'inquiéter. | *No atormentarse por nada,* ne s'affliger de rien.

— SINÓN. *Inquietar, intranquilizar, desasosegar,* inquiéter. *Preocupar,* préoccuper. *Fam. Marear,* tracasser. *Acosar, hostigar,* harceler. *Asedoar,* assiéger. *Torturar, torturer. Mortificar,* mortifier, vexer. *Fam. Amolar,* tarabuster.

atornillar v. tr. Visser.

atoro m. *Amer.* Engorgement (atasco). | FIG. Gêne, embarras (apuro).

atorranta f. POP. *Amer.* Gourgandine, traînée.

atorrante adj. y s. *Amer.* Vagabond, e ; clochard, e (vago), fainéant, e (ocioso). | Voyou, *m.* (granuja).

atorrantismo m. *Amer.* Vagabondage, fainéantise, *f.*

atorrar v. intr. *Amer.* Vagabonder, vivre en fainéant (holgazanear).

atortillar v. tr. *Amer.* Écraser, aplatir (aplastar).

atortolar v. tr. FAM. Troubler, faire perdre la tête (aturdir). | *Estar muy atortolados,* être comme deux tourtereaux.

atortujar v. tr. Aplatir, presser (aplastar).

atosigador, ra adj. y s. Empoisonneur, euse (envenenador). | Harceleur, euse ; qui harcèle (que apremia).

atosigamiento m. Empoisonnement (envenenamiento). | Harcèlement.

atosigar v. tr. Empoisonner (envenenar). | FIG. Harceler, presser, bousculer (dar prisa). | FAM. Empoisonner (fastidiar). — V. pr. Être obsédé *o* harcelé.

atrabiliario, ria adj. Atrabilaire.

atrabilioso, sa adj. Atrabilaire.

atrabilis f. MED. Atrabile. | FIG. Mauvaise humeur.

atracada f. MAR. Accostage, *m.* | *Amer.* Gavage, *m.,* goinfrerie (atracón). | Bagarre, rixe (pelea).

atracadero m. MAR. Débarcadère.

atracador m. Brigand, malfaiteur, voleur à main armée (ladrón).

atracar v. tr. MAR. Amarrer. | FAM. Bourrer, gaver (hartar). | Attaquer, dévaliser, voler à main armée (robar). — V. intr. MAR. Amarrer. | *Atracar al muelle,* se mettre à quai. — V. pr. FAM. Se bourrer, se gaver, s'empiffrer (hartarse). | *Amer.* Faire chorus, entrer dans les vues de quelqu'un (adherirse). | Se battre, se bagarrer (reñir).

atracción f. Attraction : *ley de atracción universal,* loi de l'attraction universelle. | Attirance : *sentir una atracción por una persona,* ressentir une attirance pour une personne. | Attraction (espectáculo). | *La atracción de la fiesta,* le clou de la soirée.

atraco m. Agression, *f.,* vol *o* attaque (*f.*) à main armée [dans la rue] : *ser víctima de un atraco,* être victime d'une agression.

atracón m. FAM. Gavage, goinfrerie, *f.* | *Amer.* Poussée, *f.,* bousculade, *f.* (empujón). | *Darse un atracón de caramelos,* se gaver de bonbons.

atractivo, va adj. Attractif, ive ; d'attraction. | FIG. ● Attirant, e (persona) ; attrayant, e (cosa). — M. Attrait, charme (encanto). | FIG. Appât : *el atractivo de la ganancia,* l'appât du gain.

— SINÓN. ● *Placentero, grato,* plaisant. *Atrayente,* attirant. *Seductor,* séduisant. *Fascinante,* fascinant. *Encantador,* charmant, adorable.

atractriz adj. FÍS. Attractive (fuerza).

atraer* v. tr. Attirer : *el imán atrae el hierro,* l'aimant attire le fer. | FIG. Attirer : *atraer las miradas,* attirer les regards.

atrafagar v. intr. Se fatiguer, s'éreinter.

atragantamiento m. Étouffement (sofoco), étranglement (ahogo).

atragantarse v. pr. S'étrangler, avaler de travers : *come tan de prisa que se atraganta,* il mange si vite qu'il s'étrangle. | Se mettre en travers du gosier : *se me ha atragantado una espina,* une arête s'est mise en travers de mon gosier. | FIG. y FAM. Se troubler, se décontenancer, s'embarrasser (turbarse). | Perdre le fil (cortarse). | — FIG. y FAM. *Atragantársele algo a uno,* avoir quelque chose sur l'estomac. | *Atragantársele a uno una persona,* ne pas pouvoir souffrir *o* sentir *o* avaler quelqu'un.

atraíble adj. Attirant, e.

atraillar v. tr. Harder, ameuter (los perros). | FIG. Dominer, tenir en laisse (dominar).

atramojar v. tr. *Amer.* V. ATRAILLAR.

atramparse v. pr. Se boucher, s'obstruer, s'engorger (cegarse un conducto). | Se coincer, se bloquer (un pestillo). ‖ Fig. y Fam. S'empêtrer, s'embourber, s'enliser (atollarse).

atrancar v. tr. Barrer, barricader, fermer avec une barre : *atrancó la puerta por miedo a los bandidos,* il a barré la porte par peur des bandits. ‖ Boucher (obstruir).
— V. pr. Se boucher, s'obstruer (obstruirse). ‖ Se coincer (un mecanismo). ‖ S'embourber (atascarse). ‖ S'embrouiller, s'arrêter dans un discours. ‖ *Amer.* S'entêter, s'obstiner (empeñarse).

atranco o **atranque** m. Bourbier (atasco). ‖ Fig. Embarras, gêne, *f.* (apuro). ‖ *No hay barranco sin atranco,* on n'a rien sans peine.

atrapamoscas m. Bot. Attrape-mouches, *inv.,* dionée, *f.*

atrapar v. tr. Fam. Attraper. | Décrocher : *atrapar un empleo,* décrocher un emploi.

atraque m. Mar. Accostage, amarrage.

atrás adv. Derrière : *ir atrás,* marcher derrière. ‖ En arrière : *quedar atrás,* rester en arrière. ‖ Exprime aussi le temps écoulé : *algunos días atrás,* quelques jours plus tôt, il y a quelques jours (hace algunos días). ‖ — *Cuenta hacia atrás,* compte à rebours. ‖ *Hacia atrás* ou *para atrás,* en arrière : *mirar hacia atrás* ou *para atrás,* regarder en arrière. ‖ — *Echado para atrás,* la cabeza echada para atrás, la tête renversée ; rejeté en arrière : *el pelo echado para atrás,* les cheveux rejetés en arrière. ‖ *Estos problemas vienen de muy atrás,* ces problèmes remontent à très loin o viennent de loin. ‖ *Volverse atrás,* revenir en arrière. ‖ *Volverse* ou *echarse para atrás,* se dédire, revenir sur ce que l'on a dit.
— Interj. Arrière !

atrasado, da adj. En retard : *estoy muy atrasado para salir,* je suis très en retard pour sortir. ‖ En retard : *este niño está atrasado en los estudios,* cet enfant est en retard dans ses études. ‖ Arriéré : *pago atrasado,* paiement arriéré ; *pueblo atrasado,* peuple arriéré. ‖ Fig. Endetté, e (entrampado). ‖ Qui retarde (reloj). ‖ — *¡Andas atrasado de noticias!,* tu retardes ! ‖ *Lo atrasado,* l'arriéré : *saldar lo atrasado,* solder l'arriéré. ‖ *Un atrasado mental,* un débile mental, un arriéré.

atrasar v. tr. Retarder : *atrasar un reloj,* retarder une montre. ‖ Retarder : *mi reloj atrasa cinco minutos,* ma montre retarde de cinq minutes.
— V. pr. Rester en arrière (quedarse atrás). ‖ Se mettre o être en retard (llevar atraso). ‖ S'endetter (entramparse). ‖ Être retardé, e [dans son développement].

atraso m. Retard : *este reloj tiene un atraso de diez minutos,* cette montre a dix minutes de retard. ‖ Retard : *esta niña tiene mucho atraso en los estudios,* cette enfant a beaucoup de retard dans ses études. ‖ *Con atraso,* en retard. ‖ — Pl. Arriéré, arriérages : *este comerciante tiene muchos atrasos,* ce commerçant a beaucoup d'arriérés.

atravesado, da adj. En travers : *había un árbol atravesado en la carretera,* il y avait un arbre en travers de la route. ‖ Transpercé, e : *atravesado por las flechas,* transpercé de flèches. ‖ Traversé, e ; franchi, e (recorrido). ‖ Louche (bizco). ‖ Croisé, e (bastardo). ‖ Fig. Pervers, e ; méchant, e : *una persona atravesada,* une personne méchante. ‖ — *Poner atravesado,* mettre en travers. ‖ *Tener a alguien atravesado,* ne pas pouvoir avaler o souffrir o sentir quelqu'un. ‖ *Tener el genio atravesado,* avoir l'esprit de travers. ‖ *Tener la cara atravesada,* avoir une mine rébarbative.

atravesar* v. tr. Mettre en travers (poner). ‖ Traverser, passer à travers : *el agua atraviesa este impermeable,* l'eau traverse cet impermeable. ‖ Percer, transpercer (traspasar) : *atravesar el pecho de un balazo,* transpercer la poitrine d'une

balle ; *atravesar de parte a parte,* transpercer de part en part. ‖ ● Traverser, franchir (franquear). ‖ Traverser (cruzar) : *atravesar la calle,* traverser la rue. ‖ Fig. Traverser : *la economía atraviesa un período difícil,* l'économie traverse une période difficile. ‖ Traverser : *atravesar el pensamiento,* traverser l'esprit. ‖ Couper (juego). ‖ Parier pour l'un des joueurs (apostar). ‖ Fam. Jeter un sort (aojar). ‖ Mar. Mettre à la cape. ‖ *Amer.* Accaparer, monopoliser. ‖ *Atravesar el Rubicón,* passer o franchir le Rubicon.
— V. pr. Se mettre en travers : *se atravesó en mi camino,* il s'est mis en travers de mon chemin. ‖ Fig. Intervenir dans, se mêler de, prendre part à : *atravesarse en el juego,* prendre part au jeu. ‖ Se disputer, se quereller (tener pendencia). ‖ Engager [une somme dans une partie]. ‖ Fam. *Atravesársele a uno una persona,* ne pas pouvoir avaler o souffrir o sentir quelqu'un.
— Sinón. ● *Pasar,* passer. *Recorrer,* parcourir, *Salvar,* franchir.

atrayente adj. Attrayant, e (cosa), attirant, e (persona).

atrenzo m. *Amer.* Difficulté, *f.,* épreuve, *f.*

atrepsia f. Med. Athrepsie (desnutrición).

atresnalar v. tr. Agric. Mettre en meules.

atreverse v. pr. Oser : *atreverse a hablar,* oser parler. ‖ Manquer de respect, être insolent : *atreverse con un superior,* manquer de respect à un supérieur, être insolent envers un supérieur.

atrevidamente adv. Hardiment. ‖ Insolemment (con insolencia).

atrevido, da adj. ● Audacieux, euse ; hardi, e : *una política atrevida,* une politique audacieuse. ‖ Insolent, e (descarado). ‖ Osé, e : *una película atrevida,* un film osé. ‖ Entreprenant, e : *atrevido con las mujeres,* entreprenant avec les femmes.
— M. y f. Audacieux, euse. ‖ Insolent, e : *estos chicos son unos atrevidos,* ces garçons sont des insolents.
— Sinón. ● *Osado,* osé. *Intrépido,* intrépide. *Audaz,* audacieux. *Temerario,* téméraire. *Decidido,* décidé. *Resuelto,* résolu. *Determinado,* déterminé. *Desenvuelto,* désinvolte. *Fam. Descarado,* *caradura,* culotté.

atrevimiento m. Hardiesse, *f.,* audace, *f.* (osadía) : *tiene el atrevimiento de interrumpirme,* il a l'audace de m'interrompre. ‖ Insolence, *f.,* effronterie, *f.* (insolencia).
— Sinón. *Intrepidez, denuedo,* intrépidité. *Impavidez,* impavidité. *Audacia,* audace. *Osadía,* hardiesse. *Temeridad,* témérité. *Descaro, desfachatez,* effronterie. *Fam. Caradura, desparpajo,* culot. *Tupé, frescura,* toupet.

atribución f. Attribution : *esto sale de mis atribuciones,* ceci est en dehors de mes attributions.

atribuir* v. tr. Attribuer.
— V. pr. S'attribuer.
— Sinón. *Conceder,* concéder. *Otorgar,* accorder. *Adjudicar,* adjuger. *Conferir,* conférer.

atribulado, da adj. En butte aux tribulations. ‖ *Vida atribulada,* vie d'infortune o de tribulations.

atribular v. tr. Affliger, attrister, consterner.
— V. pr. Être affligé o consterné : *atribularse con la noticia de su muerte,* être consterné par la nouvelle de sa mort.

atributario, ria adj. Dr. Attributaire.

atributivo, va adj. Attributif, ive.

atributo m. Attribut. ‖ Apanage : *las grandes ideas son el atributo del genio,* les grandes idées sont l'apanage du génie. ‖ Gram. Attribut (predicado).

atrición f. Attrition.

atril m. Pupitre à musique. ‖ Lutrin (facistol). ‖ Appui-livres, appuie-livres.

atrincheramiento m. Mil. Retranchement.

atrincherar v. tr. Retrancher (fortificar).
— V. pr. Se retrancher.

atrio m. ARQ. Atrium (de la casa romana). | Parvis (pórtico). | Vestibule (zaguán). | Portique (galería).

atrito, ta adj. Affligé, e.

atrocidad f. Atrocité : *los invasores hicieron atrocidades en todo el país,* les envahisseurs ont commis des atrocités dans tout le pays. || FIG. y FAM. V. BARBARIDAD.

atrochar v. intr. Couper [par des chemins de traverse], prendre un raccourci.

atrofia f. MED. Atrophie.

atrofiar v. tr. Atrophier.

atrojar v. tr. Engranger (entrojar).

atrompetado, da adj. Évasé, e. || *Nariz atrompetada,* nez en trompette.

atronado, da adj. Étourdi, e ; écervelé, e.

atronador, ra adj. Assourdissant, e : *un ruido atronador,* un bruit assourdissant. || Tonitruant, e : *una voz atronadora,* une voix tonitruante. || *Unos aplausos atronadores* ou *una atronadora ovación,* un tonnerre d'applaudissements.

atronadura f. Cadranure, gélivure (de la madera). || VETER. Entretaillure, avalure (alcanzadura).

atronamiento m. Assourdissement (por el ruido). || Étourdissement (por un golpe). || VETER. Entretaillure, f.; avalure, f. (alcanzadura).

atronar* v. tr. Assourdir (con el ruido). || Foudroyer (matar de un solo golpe). || Étourdir (con un golpe). || Assommer (en el matadero).

atropar v. tr. Rassembler, attrouper (p. us.).

atropelladamente adv. Avec précipitation, précipitamment, à la hâte. || *Hablar atropelladamente,* bafouiller, bredouiller.

atropellado, da adj. Qui agit o parle avec précipitation. || Précipité, e : *discurso atropellado,* discours précipité.
— F. *Amer.* Bousculade (atropello).

atropellador, ra adj. Brusque, impétueux, euse.
— M. y f. Emporté, e ; violent, e.

atropellamiento m. V. ATROPELLO.

atropellaplatos adj. y s. FAM. Mazette, f.

atropellar v. tr. Renverser : *fue atropellado por un coche,* il a été renversé par une voiture. || Bousculer (empujar con violencia). || FIG. Passer par-dessus, passer outre, piétiner : *atropellar todos los principios morales,* passer par-dessus tous les principes de la moralité. | Outrager (ultrajar). | Malmener, maltraiter (agraviar). | Bâcler (un trabajo). | Abattre, accabler (las desgracias).
— V. pr. Se bousculer (empujarse). || Bredouiller, bafouiller (al hablar).

atropello m. Bousculade, f. (empujón). || Accident (por un vehículo). || FIG. Infraction, f., violation, f. (de las leyes). | Violation, f. (de los principios). | Outrage (insulto). | Mauvais traitement (agravio). || Bredouillement, bafouillement (de palabras).

atropina f. QUÍM. Atropine.

atropismo m. Atropisme.

atroz adj. Atroce. || FAM. Énorme, démesuré, e. | Atroce : *tiempo atroz,* temps atroce.

atrozmente adv. Atrocement. || FIG. Énormément, démesurément.

atruchado adj. m. Truité (hierro).

attrezzista m. CINEM. Accessoiriste.

attrezzo o **atrezo** m. CINEM. Accessoires, pl.

atuendo m. Toilette, f., tenue, f., mise, f. (atavío). || (P. us.). Apparat, ostentation, f. (ostentación).

atufado, da adj. Irrité, e ; en colère (irritado). || Incommodé, e (por el tufo). || Étouffé, e; asphyxié, e (ahogado). || *Amer.* Étourdi, e; écervelé, e (atolondrado).

atufamiento m. Colère, f., irritation, f.

atufar v. tr. FIG. Fâcher, irriter (enfadar).
— V. intr. Sentir mauvais (oler mal).

— V. pr. Se fâcher (enfadarse) : *se atufa por ou con ou de nada,* se fâcher pour un rien. || Être incommodé (por un olor). || S'asphyxier, s'étouffer (por el tufo). || Se piquer, s'aigrir (vino).

atufo m. Irritation, f., colère, f.

atún m. Thon (pescado). || FIG. y FAM. Idiot, e ; âne, abruti, e : *pedazo de atún,* espèce d'idiot.

atunara f. Madrague (red).

atunero, ra m. y f. Marchand, marchande de thon (que vende atún). || — M. Pêcheur de thon (pescador). || — F. Hameçon (m.) pour le thon (anzuelo). || *Barco atunero* ou *atunero,* thonier.

aturdido, da adj. Étourdi, e ; écervelé, e.

aturdidor, ra adj. Étourdissant, e.

aturdimiento m. Étourdissement (perturbación de los sentidos). || Commotion, f., étourdissement, trouble (perturbación moral). || FIG. Étourderie, f. : *a causa de su aturdimiento no se puede uno fiar de él,* on ne peut pas lui faire confiance à cause de son étourderie. | Maladresse, f. (torpeza).

aturdir v. tr. Étourdir. || FIG. Stupéfier, ahurir (pasmar).

aturquesado, da adj. Turquoise, *inv.* (color).

aturrullamiento o **aturullamiento** m. FAM. Trouble.

aturrullar o **aturullar** v. tr. FAM. Démonter, décontenancer, troubler.
— V. pr. FAM. S'embrouiller, perdre la tête, se troubler (turbarse). || S'affoler : *aturrullarse por el tráfico,* s'affoler devant la circulation.

atusar v. tr. Tondre (cortar el pelo). || Lisser (el pelo, el bigote). || Caresser : *atusarle el cuello a un caballo,* caresser l'encolure d'un cheval. || *Amer.* Couper les crins (de un animal).
— V. pr. FIG. Se pomponner, s'attifer (componerse mucho). || *Amer.* Se fâcher (enfadarse).

atutía f. Tuthie, tutie (óxido de zinc).

auca f. (P. us.). Oie (oca). || *Amer.* Chapeau (m.) melon.

audacia f. Audace, hardiesse : *manifestar audacia,* payer d'audace, montrer de la hardiesse.

audaz adj. y s. Audacieux, euse : *la fortuna es de los audaces,* la fortune appartient aux audacieux.

audible adj. Audible.

audición f. Audition.

audiencia f. Audience. || *dar audiencia,* donner audience. || Audience, tribunal, m., cour (tribunal de justicia) : *audiencia de lo criminal, territorial,* cour d'assises, d'appel. || Palais (m.) de justice (Palacio de Justicia). || (Ant.). Audiencia [en Espagne et en Amérique].

audiobilidad f. Audibilité.

audiofrecuencia f. Audiofréquence.

audiograma m. Audiogramme.

audiómetro m. FÍS. Audiomètre.

audión m. Audion (lámpara de radio).

auditivo, va adj. Auditif, ive.

audiovisual adj. Audio-visuel, elle : *enseñanza audiovisual,* enseignement audio-visuel.

auditor m. Auditeur.

auditoría f. Auditorat, m. || Tribunal (m.) o bureau (m.) de l'auditeur (tribunal o despacho).

auditorio m. ● Auditoire. || FIG. Audience, f. : *persona que tiene mucho auditorio,* personne qui a une large audience. || *Distraer el auditorio,* amuser la galerie.
— SINÓN. ● *Asistencia, concurrencia,* assistance. *Público,* public. *Espectadores,* spectateurs. *Galería,* galerie.

auditorium m. Auditorium.

auge m. Essor : *la televisión ha tenido un auge extraordinario,* la télévision a connu un essor extraordinaire. || ASTR. Apogée. || — *Auge económico,* expansion économique. | *En período de* ou *en pleno auge,* en plein essor.

augita f. Min. Augite.
Augsburgo n. pr. Geogr. Augsbourg.
augur m. Augure (adivino).
augurador, ra adj. Qui augure.
augural adj. Augural, e : *ciencia augural*, science augurale.
augurar v. tr. Augurer, prédire.
— Sinón. *Conjeturar*, conjecturer. *Presumir*, présumer. *Presagiar, predecir*, présager.
augurio m. Augure, présage.
augustal adj. Augustal, e ; d'Auguste.
Augusto n. pr. m. Auguste. || — M. Auguste (payaso).
augusto, ta adj. Auguste.
aula f. Salle, amphithéâtre, *m.* (en la universidad). || Salle (en una escuela). || Poét. Palais, *m.* (palacio). || *Aula magna*, grand amphithéâtre.
aulaga f. Bot. Ajonc, *m.*
auletes m. Aulète (flautista).
áulico, ca adj. Aulique.
— M. (P. us.). Courtisan.
aullador, ra adj. Hurleur, euse.
— M. Singe hurleur (mono).
aullante adj. Hurlant, e.
aullar v. intr. Hurler.
— Observ. Le présent de l'indicatif de ce verbe fait : *aúllo, aúllas, aúlla, aullamos, aulláis, aúllan.*
aullido o **aúllo** m. Hurlement.
aumentación f. Augmentation. || Progression (gradación).
aumentador, ra adj. Augmentateur, trice.
aumentar v. tr. Augmenter : *aumentar en un tercio*, augmenter d'un tiers ; *aumentar un sueldo*, augmenter un salaire. || Grossir : *el miscroscopio aumenta los objetos*, le microscope grossit les objets.
— V. intr. Augmenter, croître.
— V. pr. S'augmenter, s'accroître.
— Sinón. *Crecer*, croître. *Agrandar, ampliar*, agrandir. *Acrecentar*, accroître. *Redoblar*, redoubler. *Amplificar*, amplifier. *Extender*, étendre. *Intensificar*, intensifier. *Ensanchar, ampliar*, élargir.
aumentativo, va adj. y s. m. Augmentatif, ive.
aumento m. Augmentation, *f.*, accroissement. || Grossissement (de microscopio). || Majoration, *f.* (de un precio). || *Amer.* Post-scriptum (posdata). || — *Lentes de aumento*, verres grossissants. || *Tener aumento de sueldo*, avoir de l'augmentation.
— Sinón. *Acrecentamiento, incremento*, accroissement. *Engrandecimiento*, agrandissement. *Ampliación*, amplification. *Ensanche*, élargissement.
aun adv. Même : *te daré mil francos, y aun dos mil*, je te donnerai mille francs et même deux mille. || Cependant, malgré tout (sin embargo). || — *Aun así*, et encore. || *Aun cuando*, même si : *aun cuando quisiera, no podría*, même si je voulais je ne pourrais pas. || *Aun si*, si encore : *aun si tuviera...*, si encore il avait... || *Ni aun*, ni même, pas même, même pas.
aún adv. Encore, toujours : *no ha llegado aún*, il n'est pas encore arrivé ; *aún no lo sé*, je ne le sais toujours pas. || Encore : *yo tengo más aún*, j'ai encore plus. || *Aún no*, pas encore.
— Observ. *Aún* s'accentue quand il signifie *encore* (adv. de temps) ; il ne prend pas d'accent dans les autres cas.
aunar v. tr. Unir, allier, réunir (unir). || Conjuguer : *aunar los esfuerzos*, conjuguer les efforts. || Unifier (unificar).
aunche o **aunchi** m. *Amer.* Déchet, résidu.
aunque conj. Quoique, bien que, encore que (con el subjuntivo en francés) : *aunque estoy malo, no faltaré a la cita*, bien que je sois malade, je ne manquerai pas au rendez-vous ; *aunque no venga nadie debes quedarte aquí*, quoiqu'il ne vienne

personne tu dois rester ici. || Même si (con el indicativo en francés) : *iré aunque llueva*, j'irai même s'il pleut. || Quand bien même, même si : *aunque estuvieses aquí*, quand bien même tu serais ici, même si tu étais ici.
— Observ. *Aunque* se construit avec l'indicatif si la restriction porte sur un fait réel et avec le subjonctif si elle ne porte que sur un fait éventuel ; dans ce dernier cas *aunque* se rapproche de la nuance de *même si*.
¡aúpa! interj. Houp !, hop là ! || — Fam. *De aúpa*, formidable, du tonnerre (magnífico), gratiné, e (en el mal sentido). || *Los de aúpa*, les picadors.
— Observ. La loc. *de aúpa* a une valeur emphatique et sert à conférer au mot qu'elle accompagne le sens d' « exceptionnel », « qui sort de l'ordinaire ».
aupar v. tr. Fam. Hisser, lever. || Fig. Porter aux nues, exalter (ensalzar).
aura f. Urubu, *m.*, aura (buitre de América). || Poét. Zéphir, *m.*, souffle (*m.*) léger (viento apacible). || Fig. Faveur populaire, approbation générale (aceptación). || Aura (atmósfera inmaterial). || Med. Aura : *aura epiléptica*, aura épileptique.
auranciáceas f. pl. Bot. Aurantiacées.
aurato m. Aurate.
Aurelia n. pr. f. Aurélie.
Aureliano n. pr. m. Aurélien.
Aurelio n. pr. m. Aurèle.
áureo, a adj. D'or (de oro). || Doré, e ; d'or (parecido al oro). || *Áureo número*, nombre d'or.
— M. Auréus (antigua moneda de oro).
aureola f. Auréole. || Fig. Auréole.
aureolar v. tr. Auréoler, nimber.
aureolar adj. Auréolaire.
aureomicina f. Med. Auréomycine.
auricalco m. Orichalque (metal).
áurico, ca adj. Aurique, d'or. || — Adj. f. Aurique (vela).
aurícula f. Anat. Oreillette (del corazón). | Auricule. || Bot. Auricule (de las hojas).
auriculado, da adj. Auriculé, e.
auricular adj. Auriculaire.
— M. Auriculaire (dedo). || Écouteur (teléfono). || *Auricular con micrófono*, combiné.
aurífero, ra adj. Aurifère.
aurificación f. Aurification.
aurificar v. tr. Aurifier.
auriga m. Poét. Aurige (cochero). || Astr. Le Cocher (constelación).
auriñacense adj. y s. Aurignacien, enne.
auroc m. Aurochs.
aurora f. Aurore (amanecer). || Fig. Aurore (principio). || Lait (*m.*) d'amandes (bebida). || Aurore (color). || *Amer.* Sorte de chicha, boisson fermentée. | Oiseau (*m.*) grimpeur du Mexique. || — *Aurora boreal, austral*, aurore boréale, australe. || *Despuntar, romper la aurora*, poindre [le jour].
Aurora n. pr. f. Aurore.
auroral adj. De l'aurore, auroral, e.
Ausburgo n. pr. Geogr. Augsbourg.
auscultación f. Med. Auscultation.
auscultar v. tr. Med. Ausculter.
ausencia f. Absence. || — Fam. *Brillar por su ausencia*, briller par son absence. || *En ausencia de*, en l'absence de.
— Sinón. *Alejamiento*, éloignement. *Desaparición*, disparition. *Partida*, départ.
ausentado, da adj. Absent, e.
ausentarse v. pr. S'absenter.
— Sinón. *Alejarse*, s'éloigner. *Marcharse*, s'en aller. *Desaparecer*, disparaître. *Faltar*, manquer, faire défaut.
ausente adj. y s. Absent, e. || *Ni ausente sin culpa, ni presente sin disculpa*, les absents ont toujours tort.
ausentismo m. Absentéisme (absentismo).
auspiciar v. tr. *Amer.* Protéger, patronner.

auspicio m. Auspice : *bajo los auspicios de*, sous les auspices de. || Protection, *f.*, faveur, *f.* (protección). || *Con buenos auspicios*, sous d'heureux auspices.

— SINÓN. *Protección, amparo*, protection. *Salvaguardia*, sauvegarde. *Tutela*, tutelle. *Patronato, patronazgo*, patronage. *Égida*, égide. *Amparo*, protection.

auspicioso, sa adj. *Amer.* De bon augure.

austenita f. Austénite (acero).

austeridad f. Austérité. || Sévérité.

austero, ra adj. Austère.

— SINÓN. *Severo, adusto*, sévère. *Sobrio*, sobre. *Rígido*, rigide. *Rigorista*, rigoriste. *Espartano*, spartiate. *Estoico*, stoïque. *Ascético*, ascétique. *Puritano*, puritain.

austral adj. Austral, e.

Australasia n. pr. f. GEOGR. Australasie.

Australia n. pr. f. GEOGR. Australie.

australiano, na adj. y s. Australien, enne.

Austrasia n. pr. f. GEOGR. Austrasie.

Austria n. pr. f. GEOGR. Autriche.

austriaco, ca adj. y s. Autrichien, enne.

austro m. Autan, auster (poét.) [viento del mediodía].

austro-húngaro, ra adj. y s. Austro-hongrois, e.

autarcía f. Autarcie.

autárcico, ca adj. Autarcique.

autarquía f. Autarchie.

autárquico, ca adj. Autarchique.

auténtica f. ECLES. Authentique. || Acte (*m.*) authentique.

autenticación f. Authentification.

autenticar v. tr. DR. Authentiquer, légaliser.

autenticidad f. Authenticité.

auténtico, ca adj. Authentique. || FAM. Vrai, e : *es un gitano auténtico*, c'est un vrai gitan. || Véritable : *joya auténtica*, bijou véritable. || MÚS. Authente.

— M. y f. Vrai, e; vrai de vrai, véritable : *los hombres, los auténticos, son valerosos*, les hommes, les vrais, sont courageux.

autentificar o **autentizar** v. tr. Authentifier.

autillo m. ZOOL. Chat-huant. || Arrêt de l'Inquisition (auto particular del tribunal de la Inquisición).

auto m. DR. Arrêt, arrêté (sentencia). | Acte (de un pleito). || Drame religieux [du XVIᵉ et du XVIIᵉ siècle surtout, correspondant à peu près aux mystères français du Moyen Âge]. || — Pl. Procédure (*f. sing.*) judiciaire. || — *Auto de comparecencia*, assignation. || *Auto de fe*, autodafé. || *Auto de posesión*, envoi en possession. || *Auto de prisión*, mandat d'arrêt o de dépôt. || *Auto de procesamiento*, arrêt d'accusation. || *Auto sacramental*, auto, drame sur l'Eucharistie. || *El día de autos*, le jour du délit. || *Estar, poner en autos*, être, mettre au courant.

auto m. FAM. Auto, *f.*, voiture, *f.* (coche). || *Auto de choque*, auto-tamponneuse.

autoametralladora f. Automitrailleuse.

autobiografía f. Autobiographie.

autobiográfico, ca adj. Autobiographique.

autobiógrafo m. Auteur d'une autobiographie, autobiographe.

autobomba f. Autopompe.

autobombo m. FAM. Auto-publicité, *f.*, éloge que l'on fait de soi-même. || FAM. *Hacerse el autobombo*, s'envoyer des fleurs.

autobús m. Autobus. || — *Autobús de dos pisos*, autobus à impériale. || *Autobús de línea*, autocar [de ligne], car.

autocamión m. Camion automobile.

autocañón m. Autocanon.

autocar m. Autocar, car.

autocarril m. *Amer.* Autorail.

autocastigo m. Autopunition, *f.*

autociclo m. Autocycle.

autoclave f. Autoclave, *m.*

autocopia f. Autocopie.

autocracia f. Autocratie.

autócrata m. y f. Autocrate.

autocrático, ca adj. Autocratique.

autocrítica f. Autocritique.

autocromo, ma adj. Autochrome.

autóctono, na adj. y s. Autochtone.

autodefensa f. Auto-défense.

autodestruirse v. pr. Se détruire soi-même.

autodeterminación f. Autodétermination.

autodidáctico,. ca o **autodidacto, ta** adj. y s. Autodidacte.

autodirigido, da adj. Autoguidé, e.

autódromo m. Autodrome.

autoencendido m. AUTOM. Auto-allumage.

autoescuela f. Auto-école.

autoestrada f. Autoroute, autostrade.

autofecundación f. Autofécondation.

autofinanciación f. o **autofinanciamiento** m. Autofinancement, *m.*

autogamia f. BOT. Autogamie.

autógeno, na adj. Autogène.

autogestión f. Autogestion.

autogestionario, ria adj. Autogestionnaire.

autogiro m. Autogire.

autografía f. Autographie.

autográfico, ca adj. Autographique.

autógrafo, fa adj. y s. m. Autographe.

autoinducción f. Self-induction, auto-induction.

autoinfección f. Auto-infection.

autointoxicación f. Auto-intoxication.

autólisis f. Autolyse.

automación f. Automation.

— OBSERV. *Automación* est un anglicisme à éviter. Le mot correct est *automatización.*

autómata m. Automate.

— SINÓN. *Androide*, androïde. *Robot*, robot. *Máquina*, machine. *Maniquí*, mannequin.

automaticidad f. Automaticité.

automático, ca adj. ● Automatique. || *Conducción automática*, autoguidage.
— M. Bouton-pression.

— SINÓN. ● *Mecánico*, mécanique. *Involuntario*, involontaire. *Instintivo*, instinctif. *Maquinal*, machinal.

automatismo m. Automatisme.

automatización f. Automatisation.

automatizar v. tr. Automatiser, rendre automatique.

automedonte m. FIG. Automédon (cochero).

automotor, ra adj. Automoteur, trice.
— M. Automotrice, *f.*, autorail (autovía).

automotriz adj. Automotrice.

automóvil adj. Automobile.
— M. Automobile, *f.* (coche).

automovilismo m. Automobilisme.

automovilista s. Automobiliste.

automovilístico, ca adj. De l'automobile.

autonomía f. Autonomie.

autonómico, ca adj. Autonome.

autonomista adj. y s. Autonomiste.

autónomo, ma adj. Autonome.

autooruga m. Autochenille, *f.*

autopista f. Autoroute : *autopista de peaje*, autoroute à péage.

autoplastia f. MED. Autoplastie.

autopropulsado, da adj. Autopropulsé, e.

autopropulsión f. Autopropulsion.

autopropulsor m. Autopropulseur.

autopsia f. MED. Autopsie.

autopsiar v. tr. Autopsier.

autópsido, da adj. MIN. Autopside.

autopullman m. Car pullman.

autor, ra m. y f. Auteur : *esta mujer es la autora de esta novela*, cette femme est l'auteur de ce roman. || TEATR. Chef d'une troupe (ant.), régisseur (hoy).

autorcillo m. FAM. Écrivassier, plumitif.
autoría f. TEATR. Emploi (*m.*) de régisseur.
autoridad f. ● Autorité. ‖ Officiel, *m.* : *las autoridades que acompañan al jefe del Estado*, les officiels qui accompagnent le chef de l'État. ‖ — *Autoridad férrea*, poigne : *hombre de autoridad férrea*, homme à poigne. ‖ *Autoridades judiciales*, parquet, autorités judiciaires. ‖ — *Abuso de autoridad*, abus de pouvoir. ‖ *Con plena autoridad*, de pleine autorité. ‖ *Por su propia autoridad*, de sa propre autorité. ‖ *Ser autoridad*, faire autorité (un autor, un libro). ‖ *Tener autoridad para*, avoir qualité pour.
— SINÓN. ● *Potencia, poder*, puissance. *Poderío, poder*, pouvoir. *Imperio, señorío*, empire. *Dominación, dominio*, domination. *Omnipotencia*, omnipotence, toute-puissance. *Prepotencia*, prépotence.
autoritariamente adv. D'autorité.
autoritario, ria adj. Autoritaire : *régimen autoritario*, régime autoritaire.
autoritarismo m. Autoritarisme.
autorizable adj. Autorisable.
autorización f. Autorisation (permiso) : *pedir autorización para salir*, demander l'autorisation de sortir.
autorizadamente adv. Avec autorité (con autoridad). ‖ Sur autorisation (con permiso).
autorizado, da adj. Autorisé, e ; respectable : *opinión autorizada*, avis autorisé. ‖ Fondé, e (fundamento) : *estar autorizado para decir*, être fondé à dire. ‖ Accrédité, e : *palabra autorizada por su uso constante*, mot accrédité pour son usage constant.
autorizamiento m. Autorisation, *f.*
autorizar v. tr. Autoriser. ‖ Authentifier, légaliser (un documento). ‖ Confirmer, prouver (confirmar). ‖ Accréditer (acreditar). ‖ Consacrer (por el uso).
autorradiografía f. Autoradiographie.
autorregulación f. Autoréglage, *m.*, autorégulation.
autorretrato m. Autoportrait.
autorriel m. *Amer.* Autorail.
autoservicio m. Self-service.
autostop m. Auto-stop. ‖ *Persona que hace autostop*, auto-stoppeur.
autosugestión f. Autosuggestion.
autotélico, ca adj. Autotélique.
autotomía f. Autotomie.
autovacuna f. Autovaccin, *m.*
autovía m. Autorail, automotrice, *f.*
autovolquete m. Tombereau.
autrigones m. pl. Anciens habitants du Pays basque.
autumnal adj. Automnal, e (otoñal).
auvernés, esa adj. y s. Auvergnat, e.
Auvernia n. pr. f. GEOGR. Auvergne.
auxiliador, ra adj. y s. Auxiliateur, trice.
auxiliar adj. y s. Auxiliaire, adjoint, e ; assistant, e : *catedrático auxiliar*, professeur adjoint. ‖ GRAM. Auxiliaire. ‖ — M. Assistant (profesor). ‖ — *Auxiliar de contabilidad*, aide-comptable. ‖ *Auxiliar de farmacia*, préparateur en pharmacie, aide de pharmacie. ‖ *Auxiliar de laboratorio*, laborantin. ‖ *Auxiliar de vuelo*, steward (avión). ‖ *Profesor auxiliar*, professeur suppléant.
auxiliar v. tr. Aider, assister, porter secours à : *auxiliar a uno con donativos*, aider quelqu'un de ses dons. ‖ Assister (un mourant).
auxiliaría f. Poste (*m.*) de professeur agrégé [d'université].
auxilio m. Secours, aide, *f.*, assistance, *f.* ‖ — *Auxilio en carretera*, secours routier. ‖ *Auxilio Social*, Assistance publique (Beneficiencia pública). ‖ *Con el auxilio de*, avec l'aide de (una persona), à l'aide de (una cosa). ‖ *En auxilio de*, au secours de. ‖ — *Dar auxilio*, prêter secours.

‖ *Pedir auxilio*, appeler au secours, demander du secours. ‖ *Prestar auxilio*, venir en aide, porter secours, prêter main forte (ayudar), secourir.
— Interj. Au secours!
aval m. COM. Aval, garantie, *f.* ‖ Garantie, *f.* ‖ *Dar su aval a*, apporter sa caution à, se porter garant de. ‖ *Por aval*, pour aval.
avalancha f. Avalanche.
— OBSERV. Le mot *avalancha* s'emploie surtout au sens figuré : *una avalancha de censuras*, une avalanche de reproches. Au sens propre, on dit plutôt *alud*.
avalar v. tr. COM. Avaliser, donner son aval *o* sa caution à, se porter garant de.
avalentar* v. tr. Enhardir, encourager.
avalentonado, da adj. Crâne, fanfaron, onne (valentón).
avalorar v. tr. Donner de la valeur, valoriser. ‖ Évaluer, estimer (valorar). ‖ FIG. Encourager, donner du courage (dar valor).
avaluación f. Évaluation, estimation.
avaluar v. tr. Évaluer, estimer (valuar).
avalúo m. Évaluation, *f.*, estimation, *f.*
avambrazo m. Avant-bras (de la armadura).
avance m. Avance, *f.*, avancement, progression, *f.* (acción de avanzar). ‖ Empiètement (del mar). ‖ Avance, *f.*, acompte (de dinero). ‖ Budget (presupuesto de un Estado). ‖ Devis (presupuesto de una obra). ‖ Bilan (balance). ‖ MÉCAN. Avance, *f.* ‖ CINEM. Film annonce. ‖ *Avance al encendido*, avance à l'allumage.
avante adv. MAR. En avant : *avante toda*, en avant toute.
avantrén m. o **avanzadilla** f. MIL. Avant-train, *m.*
avanzada f. MIL. Avancée.
avanzado, da adj. Avancé, e (ideas). ‖ Avancé, e : *avanzado de o en edad*, d'âge avancé.
avanzar v. tr. e intr. Avancer. ‖ *Avanzar en edad*, prendre de l'âge.
avanzo m. Budget (presupuesto de un Estado). ‖ Devis (presupuesto de una obra). ‖ Bilan (balance).
avaramente adv. Avarement. ‖ Avidement, avec avidité.
avaricia f. Avarice. ‖ Avidité (codicia). ‖ *La avaricia rompe el saco*, l'avarice perd tout en voulant tout gagner.
avaricioso, sa o **avariento, ta** adj. y s. Avaricieux, euse ; avide. ‖ RELIG. *La parábola del rico avariento*, la parabole du mauvais riche.
avariosis f. MED. Avarie, syphilis.
avaro, ra adj. y s. Avare.
— SINÓN. *Avaricioso, avariento*, avaricieux. *Interesado*, intéressé. *Ambicioso*, ambitieux. *Mesquino*, mesquin. *Usurero*, usurier.
avasallador, ra adj. Asservissant, e.
— M. y f. Asservisseur, euse.
avasallamiento m. Asservissement. ‖ Soumission, *f.* (sometimiento).
avasallar v. tr. Asservir, soumettre (someter).
— V. pr. S'asservir.
avatar m. Avatar.
— OBSERV. *Avatar* en español es un galicismo por *vicisitud, cambio*.
ave f. Oiseau, *m.* ‖ Pl. Oiseaux, *m.* (clase de animales). ‖ — *Ave canora*, oiseau chanteur. ‖ *Ave de corral*, volaille, oiseau de basse-cour. ‖ *Ave del paraíso*, paradisier, oiseau de paradis. ‖ *Ave de mal agüero*, oiseau de mauvais augure, oiseau de malheur. ‖ *Ave de rapiña*, oiseau de proie. ‖ *Ave de ribera*, échassier. ‖ *Ave lira*, oiseau-lyre, ménure. ‖ FIG. *Ave nocturna*, noctambule. ‖ *Ave pasajera* ou *de paso*, oiseau de passage. ‖ *Ave rapaz*, rapace.
— OBSERV. Le mot *ave* s'emploie surtout pour désigner les grandes espèces tandis que le mot *pájaro* s'applique aux petites.
avecasina f. *Amer.* Bécasse.

avecilla f. Petit oiseau, *m.* || *Avecilla de las nieves,* bergeronnette.

avecinar v. tr. Domicilier.
— V. pr. Se domicilier. || S'approcher (acercarse). || Fixer sa demeure, s'établir (establecerse). || Approcher : *se avecina el fin del mundo,* la fin du monde approche. || Se rapprocher : *todas estas tendencias se avecinan,* toutes ces tendances se rapprochent.
— OBSERV. Existe en francés el verbo *avoisiner* pero significa *ser cercano a, lindar con.*

avecindamiento m. Établissement [dans un endroit]. || Domicile (lugar).

avecindar v. tr. Domicilier.
— V. pr. S'établir, élire domicile, fixer son domicile.

avechucho m. Vilain oiseau. || FIG. Sale oiseau, triste sire (persona despreciable).

avefría f. ZOOL. Vanneau, *m.* || FIG. Glaçon, *m.* (persona fría).

avejentar v. tr. Vieillir prématurément.
— V. intr. y pr. Vieillir : *Felipe se ha avejentado mucho,* Philippe a beaucoup vieilli.

avejigar v. tr. Former des ampoules. || Cloquer (pintura).

avellana f. Noisette. || — *Color de avellana* ou *color avellana,* noisette : *ojos color de avellana,* yeux noisette ; beurre frais : *guantes color de avellana,* des gants beurre frais. || *Más seco que una avellana,* sec comme un coup de trique.

avellanado, da adj. Ratatiné, e (arrugado). || De couleur noisette.
— M. TECN. Fraisage.

avellanador m. MECÁN. Fraise (*f.*) conique, fraise (*f.*) champignon.

avellanal o **avellanar** m. Coudraie, *f.*

avellanar v. tr. MECÁN. Fraiser, agrandir [un trou] avec la fraise.
— V. pr. Se rider, se ratatiner (envejecer).

avellaneda f. o **avellanedo** m. Coudraie, *f.*

avellanera f. BOT. Noisetier, *m.* (avellano). || Marchande de noisettes (vendedora).

avellano m. Noisetier, coudrier, coudre.
— OBSERV. Estos tres sinónimos no se usan indiferentemente. Hay que decir : *le fruit du noisetier, une branche de coudrier, du bois de coudre.*

avemaría f. Ave, *m.,* Ave Maria, *m.,* avemaria, *m.* (oración). || Ave, *m.* (cuenta del rosario). || Angélus (*m.*) du soir. || — *Al avemaría,* à la nuit tombante. || FIG. *En una avemaría,* en un clin d'œil. || FIG. *Saber algo como el avemaría,* savoir quelque chose sur le bout du doigt.

¡ave María! interj. Jésus Marie (para expresar asombro o extrañeza). || *¡Ave María!* ou *¡ave María purísima!,* salutation que l'on adresse dans quelques provinces en entrant dans une maison.

avena f. BOT. Avoine. || POÉT. Pipeau, *m.* (zampoña). || *Avena loca,* folle avoine (ballueca).

avenáceas f. pl. BOT. Avénacées.

avenado, da adj. Lunatique, un peu fou, un peu folle. || Drainé, e : *terreno avenado,* terrain drainé.

avenal m. Champ d'avoine, aveinière, *f.*

avenamiento m. Drainage. || *Tubos de avenamiento,* tuyaux d'amenée.

avenar v. tr. Drainer.

avenate m. Sorte d'orgeat. || Accès o coup de folie, transport au cerveau.

avenencia f. Accord, *m.* (convenio). || Accord, *m.* (conformidad). || *Más vale mala avenencia que buena sentencia,* un mauvais accommodement vaut mieux qu'un bon procès.

avenible adj. Avenant, e (afable). || Compatible, accordable (cosas).

avenida f. Crue (de un río). || Avenue (calle).

avenido, da adj. *Estar bien* ou *mal avenido con,* s'entendre bien *o* mal avec, être en bons *o* en mauvais termes avec.

avenimiento m. Accord (acuerdo).
— OBSERV. Existe en francés la palabra *avènement* pero corresponde a *advenimiento.*

avenir* v. tr. Accorder, mettre d'accord.
— V. intr. Advenir (suceder).
— V. pr. S'accorder, se mettre d'accord (ajustarse). || S'entendre (entenderse bien). || S'accommoder : *esta persona se aviene con* ou *a todo,* cette personne s'accommode de tout. || Se conformer à (amoldarse). || FAM. Se débrouiller, s'arranger : *allá se las avenga,* qu'il se débrouille. || — *Avenirse a razones,* entendre raison *o* se rendre à la raison.

aventador, ra adj. y s. Vanneur, euse. || — M. Van (harnero). || Fourche, *f.* (bieldo). || Éventail (abanico). || TECN. Clapet (de un tubo de aspiración). || — F. Tarare, *m.* (máquina agrícola).

aventadura f. VETER. Enflure, météorisation (de los caballos).

aventajadamente adj. Avantageusement.

aventajado, da adj. Remarquable (notable). || Avancé, e (adelantado). || Avantageux, euse (ventajoso).

aventajamiento m. Avantage (ventaja).

aventajar v. tr. Dépasser, surpasser, l'emporter sur : *aventaja a todos en el juego,* il surpasse tout le monde au jeu. || Avantager, favoriser (dar ventaja). || Devancer (ir por delante). || Préférer.
— V. pr. Dépasser, surpasser : *se me aventaja en mucho,* il me surpasse de beaucoup. || Être avantagé, e (lograr ventaja).

aventamiento m. Éventement (acción). || AGRIC. Vannage.

aventar* v. tr. Éventer (exponer al viento). || AGRIC. Vanner. || Pousser, emporter (el viento). || Disperser : *sus cenizas fueron aventadas,* ses cendres furent dispersées. || *Amer.* Exposer [le sucre] à l'air et au soleil (el azúcar). | FIG. y FAM. Mettre dehors, renvoyer (despedir).
— V. pr. Se gonfler d'air (de viento). || FIG. y FAM. Prendre la clé des champs, mettre les voiles (huir).

aventura ● f. Aventure : *novela de aventuras,* roman d'aventures. || Hasard, *m.* (casualidad). || Risque, *m.,* danger, *m.* (peligro).
— SINÓN. ● *Andanza,* aventure. *Accidente,* accident. *Episodio,* épisode. *Suceso,* événement. *Peripecia,* péripétie.

aventurado, da adj. Risqué, e ; hasardeux, euse ; aventuré, e : *empresa aventurada,* entreprise aventurée. || Aventureux, euse : *un proyecto aventurado,* un projet aventureux. || *No es aventurado decir,* on peut se permettre de dire.

aventurar v. tr. Aventurer. || Risquer, hasarder : *aventurar su vida,* risquer sa vie. || FIG. Hasarder, risquer : *aventurar una teoría,* hasarder une théorie.
— V. pr. S'aventurer, se risquer. || *El que no se aventura no pasa el mar,* qui ne risque rien, n'a rien.

aventureramente adv. À l'aventure.

aventurero, ra adj. Aventureux, euse (que busca aventura). || *Amer.* Produit hors de saison (maíz, arroz).
— M. y f. Aventurier, ère. || — M. *Amer.* Muletier de louage (arriero).

avergonzado, da adj. Honteux, euse ; penaud, e.

avergonzar* v. tr. Faire honte : *avergonzar a uno por su pereza,* faire honte à quelqu'un de sa paresse.
— V. pr. Avoir honte : *me avergüenzo de tu conducta,* j'ai honte de ta conduite.

avería f. Avarie (daño). || Panne (en un coche) : *tener una avería en el motor,* avoir une panne de moteur. ‖ — Mar. *Avería gruesa*, avarie commune *o* grosse. ‖ *Reparar una avería*, dépanner.

averiado, da adj. En panne (un automóvil, un motor). ‖ Avarié, e; gâté, e (echado a perder). ‖ Endommagé, e; abîmé, e (estropeado). ‖ Avarié, e (un buque).

averiarse v. pr. Tomber en panne, se dérégler, ne plus fonctionner (un motor). ‖ S'avarier, se gâter (echarse a perder). ‖ S'abîmer (estropearse). ‖ Avoir une avarie (un buque).

averiguable adj. Vérifiable.

averiguación f. Vérification, examen, *m.* ‖ Enquête (investigación). ‖ Recherche (busca).

averiguador, ra adj. y s. Investigateur, trice.

averiguamiento m. V averiguación.

averiguar v. tr. Vérifier, examiner (examinar). ‖ Rechercher, enquêter sur : *hay que averiguar las causas del accidente*, il faut enquêter sur les causes de l'accident. ‖ Se renseigner sur, s'enquérir de, rechercher : *voy a averiguar lo que ha sucedido*, je vais me renseigner sur ce qui est arrivé. ‖ Savoir : *por fin averigüé la verdad*, j'ai enfin su la vérité. ‖ Fig. *Averígüelo Vargas*, débrouillez-vous [cette expression s'emploie lorsque l'on charge quelqu'un d'enquêter ou de se renseigner sur une question difficile].
— V. pr. Fam. S'entendre avec (llevarse bien). ‖ *Amer.* Disputer (reñir).

averno m. Poét. Enfer.

Averno n. pr. m. Geogr. Averne.

Averroes n. pr. Averroès, Averrhoés.

averrugado, da adj. Verruqueux, euse.

aversión f. Aversion : *cobrarle aversión a uno*, prendre quelqu'un en aversion.

avestrucera f. « Boleadora », sorte de lasso (*m.*) pour chasser les autruches *o* nandous.

avestruz m. Autruche, *f.* (ave). ‖ — *Avestruz de América*, autruche d'Amérique, nandou (ñandú). ‖ Fig. *Política del avestruz*, politique de l'autruche.

avetado, da adj. Veiné, e.

avezado, da adj. Habitué, e. ‖ Rompu, e : *avezado a toda clase de trabajos*, rompu à toutes sortes de travaux. ‖ Expérimenté, e; qui a de l'expérience.

avezar v. tr. Accoutumer à, habituer à, familiariser avec. ‖ Endurcir (curtir). ‖ *Avezado en estas lides*, rompu à ces travaux.
— V. pr. S'accoutumer à, s'habituer à : *avezarse a todo*, s'habituer à tout.

aviación f. Aviation.

aviado, da adj. Disposé, e; préparé, e. ‖ Préparé, e; prêt, e : *el pollo ya está aviado*, le poulet est déjà prêt. ‖ Prêt, e : *aviado para salir*, prêt à sortir. ‖ *¡Aviado estoy o voy!*, me voilà bien!, me voilà propre!, je suis dans de beaux draps!

aviador ra m. y f. Aviateur, trice (que tripula un avión). ‖ — M. Tarière, *f.* (barrena de calafate). ‖ *Amer.* Bailleur de fonds (que presta dinero).

aviar adj. *Peste aviar*, peste des poules.

aviar v. tr. Arranger, préparer : *aviar una habitación*, arranger une pièce. ‖ Préparer : *aviar una maleta*, préparer une valise. ‖ Culin. Préparer : *aviar la carne*, préparer la viande. ‖ Fam. Rendre service, dépanner : *¿no me puedes prestar mil pesetas para aviarme?*, peux-tu me prêter mille pesetas pour me dépanner? ‖ Arranger : *¿te avía si te llevo en coche?*, ça t'arrange que je t'emmène en voiture? ‖ Fam. *Ir aviando*, se dépêcher : *vamos aviando*, dépêchons-nous.
— V. pr. S'arranger, se préparer : *aviarse para ir a cenar*, se préparer pour aller dîner. ‖ Fam. S'arranger, se débrouiller : *se avía con muy poca cosa*, il se débrouille avec très peu de choses. ‖ Se dépêcher, se presser, se grouiller (fam.) [darse prisa] : *¡aviate!*, dépêche-toi! ‖ *Aviarse de ropa*, s'habiller, se nipper (fam.).

aviario, ria adj. V. aviar.

avícola adj. Avicole.

avícula f. Avicule (molusco).

avicultor, ra m. y f. Aviculteur, trice.

avicultura f. Aviculture.

avidez f. Avidité (ansia).

ávido, da adj. Avide (ansioso). ‖ *Ávido de dinero*, âpre au gain.

aviejar v. tr. Vieillir : *este traje le avieja mucho*, cette robe la vieillit beaucoup.
— V. intr. y pr. Vieillir [prématurément].

aviesamente adv. Méchamment.

avieso, sa adj. Retors, e : *espíritu avieso*, esprit retors. ‖ Torve : *mirada aviesa*, regard torve.

avilantarse v. pr. Devenir insolent, faire l'insolent.

avilés, esa adj. y s. D'Avila [Espagne].

avilesino, na adj. y s. D'Avilés [aux Asturies].

avillanado, da adj. Roturier, ère (no noble).

avillanamiento m. Avilissement, encanaillement.

avillanar v. tr. Avilir, abaisser (envilecer). ‖ Encanailler (encanallar).

avinado, da adj. Aviné, e.
— Observ. Ce mot est un gallicisme.

avinagradamente adv. Aigrement, âprement.

avinagrado, da adj. Aigre, vinaigré, e. ‖ Fig. Amer, ère; acariâtre, aigre : *carácter avinagrado*, caractère amer. ‖ Aigri, e (amargado).

avinagrar v. tr. Aigrir.
— V. pr. S'aigrir, tourner au vinaigre (el vino).

Aviñón n. pr. Geogr. Avignon.

aviñonense o **aviñonés, esa** adj. y s. Avignonais, e.

avío m. Apprêts, *pl.*, préparatifs, *pl.* ‖ Provisions (*f. pl.*) de bouche (de un pastor). ‖ *Amer.* Prêt d'argent à un agriculteur *o* à un industriel.
— Pl. Fam. Affaires, *f.*, attirail, *sing.* ‖ Nécessaire : *avíos de coser, de escribir, de afeitar*, nécessaire à ouvrage, à écrire, pour la barbe. ‖ Ingrédients (de cocina). ‖ — *¡Al avío!*, au travail!, au boulot (fam.). ‖ *Hacer avío*, rendre service, dépanner (fam.), faire l'affaire de : *esta bicicleta me hace un avío imponente*, cette bicyclette me rend extrêmement service; *hace mi avío*, il fait mon affaire. ‖ Fam. *Ir a su avío*, ne penser qu'à soi, chercher son profit. ‖ Taurom. *Tomar los avíos de matar*, prendre la muleta et l'épée.

avión m. Avion (aeroplano) : *avión de reacción, de carga, nodriza, de reconocimiento, cohete, sin piloto, supersónico*, avion à réaction, cargo, de ravitaillement, de reconnaissance, fusée, téléguidé, supersonique. ‖ — *Avión de bombardeo*, bombardier, avion de bombardement. ‖ *Avión de caza*, avion de chasse, chasseur. ‖ *Avión de recorrido de distancias medias* ou *continental*, moyen-courrier. ‖ *Avión de recorrido de larga distancia* ou *transcontinental*, long-courrier. ‖ *Avión sin motor*, planeur.

avión m. Zool. Martinet (pájaro).

avioneta f. Avion (*m.*) de tourisme, avionnette.

avisadamente adv. Prudemment, sagement.

avisado, da adj. Avisé, e; averti, e; prudent, e. ‖ Taurom. Averti, e; expérimenté, e [le taureau]. ‖ *Mal avisado*, malavisé.

avisador adj. m. y s. m. Avertisseur. ‖ Teatr. Avertisseur.

avisar v. tr. Aviser, avertir. ‖ Annoncer (decir) : *avisaron la llegada del avión*, on annonça l'arrivée de l'avion. ‖ Prévenir : *me avisaste demasiado tarde para que pudiera venir*, tu m'as prévenu trop tard pour que je puisse venir. ‖ Dire, faire savoir, prévenir : *me acaba de avisar que se tiene que ir*, il vient de me dire qu'il doit partir. ‖ Appeler : *avisar al médico*, appeler le médecin.

aviso m. ● Avis : *aviso al público*, avis au public. ‖ Avis, nouvelle, *f.* (noticia). ‖ Avertissement, avis : *sin previo aviso*, sans avis *o* sans avertissement préalable. ‖ Avertissement : *darle un aviso*

AVIÓN — AVION

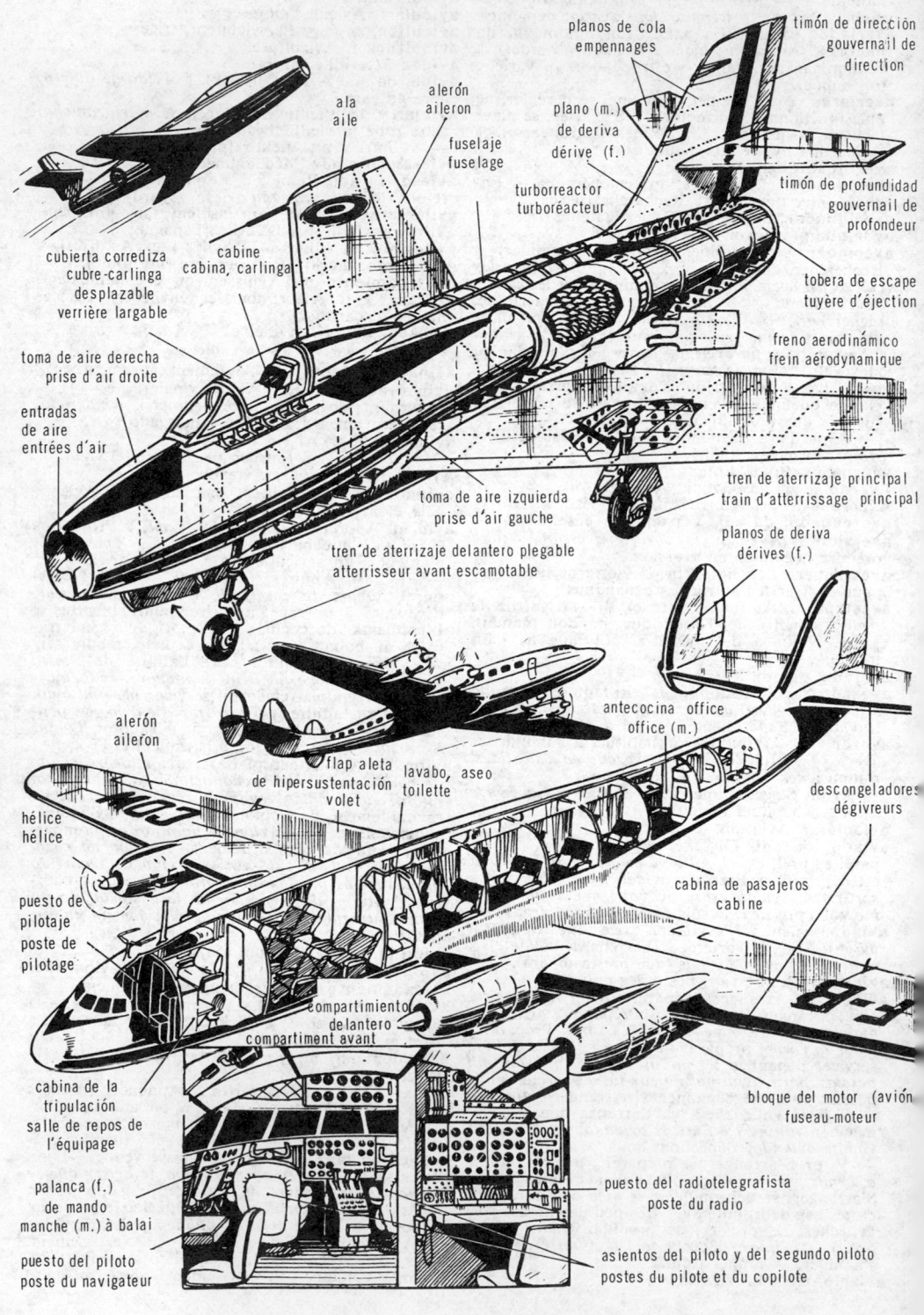

planos de cola
empennages

timón de dirección
gouvernail de
direction

ala
aile

alerón
aileron

plano (m.)
de deriva
dérive (f.)

fuselaje
fuselage

turborreactor
turboréacteur

timón de profundidad
gouvernail de
profondeur

cubierta corrediza
cubre-carlinga
desplazable
verrière largable

cabine
cabina, carlinga

tobera de escape
tuyère d'éjection

freno aerodinámico
frein aérodynamique

toma de aire derecha
prise d'air droite

entradas
de aire
entrées d'air

tren de aterrizaje principal
train d'atterrissage principal

toma de aire izquierda
prise d'air gauche

planos de deriva
dérives (f.)

tren de aterrizaje delantero plegable
atterrisseur avant escamotable

alerón
aileron

antecocina office
office (m.)

flap aleta
de hipersustentación
volet

lavabo, aseo
toilette

descongeladores
dégivreurs

hélice
hélice

cabina de pasajeros
cabine

puesto de
pilotaje
poste de
pilotage

compartimiento
delantero
compartiment avant

cabina de la
tripulación
salle de repos de
l'équipage

bloque del motor (avión
fuseau-moteur

palanca (f.)
de mando
manche (m.) à balai

puesto del radiotelegrafista
poste du radio

puesto del piloto
poste du navigateur

asientos del piloto y del segundo piloto
postes du pilote et du copilote

a uno por sus retrasos repetidos, donner un avertissement à quelqu'un à cause de ses retards répétés. ‖ Avis : *recibir un aviso de la Prefectura,* recevoir un avis de la Préfecture. ‖ Note, *f.,* avis (nota). ‖ Annonce, *f.* (anuncio) : *dar un aviso al público,* faire une annonce au public. ‖ Précaution, *f.,* soin (cuidado). ‖ Prudence, *f.,* sagesse, *f.* (prudencia). ‖ FIG. Avertissement : *su recaída ha sido un aviso,* sa rechute a été un avertissement ; *el ataque del país vecino es un aviso,* l'attaque du pays voisin est un avertissement. ‖ MAR. Aviso (navío). ‖ TAUROM. Avertissement [adressé par le président de la course au matador lorsque celui-ci n'a pas tué le taureau dans le temps réglementaire]. ‖ — *Aviso telefónico,* préavis. ‖ COM. *Carta de aviso,* lettre d'avis. ‖ *Con aviso,* avec préavis : *Miguel ha pedido una conferencia telefónica con aviso,* Michel a demandé une communication téléphonique avec préavis. ‖ *Hasta nuevo aviso,* jusqu'à nouvel ordre. ‖ *Sin el menor aviso,* sans crier gare : *llegó a casa sin el menor aviso,* il est arrivé à la maison sans crier gare ; sans avis préalable : *le han echado sin el menor aviso,* on l'a mis à la porte sans avis préalable. ‖ — *Andar* ou *estar sobre aviso,* être o se tenir sur ses gardes o sur la réserve o en éveil. ‖ *Poner sobre aviso,* mettre sur ses gardes.
— SINÓN. ● *Advertencia,* avertissement. *Anuncio,* annonce. *Comunicado,* communiqué. *Comunicación, oficio,* communication.

avispa f. Guêpe (insecto). ‖ *Cintura de avispa,* taille de guêpe.

avispado, da adj. FIG. y FAM. Éveillé, e ; vif, ive (espabilado).

avispar v. tr. Fouetter, cingler (con el látigo). ‖ FIG. y FAM. Éveiller, dégourdir (espabilar).
— V. pr. FIG. Se réveiller. ‖ S'inquiéter, s'agiter (desasosegarse).

avispero m. Guêpier (nido de avispas). ‖ Rayon, étage du guêpier (panal). ‖ FIG. y FAM. Guêpier : *meterse en un avispero,* se fourrer dans un guêpier. ‖ MED. Anthrax.

avispón m. Frelon (insecto).

avistar v. tr. Apercevoir, découvrir.
— V. pr. Se réunir, se voir.

avitaminosis f. Avitaminose.

avituallamiento m. Ravitaillement.

avituallar v. tr. Ravitailler. ‖ MAR. Avitailler.

avivadamente adv. Vivement, prestement.

avivador, ra adj. Vivifiant, e ; qui vivifie.
— M. Rainure (*f.*) entre deux moulures. ‖ TECN. Bouvet, feuilleret (cepillo).

avivamiento m. Animation, *f.,* excitation, *f.* ‖ Attisage, attisement (del fuego). ‖ Avivage (de un color).

avivar v. tr. Exciter, stimuler (excitar). ‖ Aviver, raviver, ranimer : *avivar la lumbre,* aviver le feu. ‖ Raviver, rafraîchir, aviver (colores). ‖ FIG. Rallumer (una pasión, una cólera). ‖ Enflammer, échauffer (acalorar) ‖ Attiser : *avivar el fuego de la insurrección,* attiser le feu de l'insurrection. ‖ *Avivar el paso,* presser le pas.
— V. intr. Reprendre des forces, revenir à la vie. ‖ Éclore (los gusanos de seda). ‖ — FAM. *¡Avívate!,* grouille-toi ! ‖ *¡ Hay que avivarse!,* il faut se remuer.

avizor adj. *¡Ojo avizor!,* attention ! ‖ *Estar ojo avizor,* être sur ses gardes, avoir l'œil au guet.

avizorador, ra adj. y s. Guetteur, euse.

avizorar v. tr. Guetter, épier (acechar).

avo, va MAT. Terminaison que l'on ajoute aux nombres cardinaux pour exprimer les fractions ayant au dénominateur un nombre supérieur à dix : *los dos dieciseisavos,* les deux seizièmes ; *los tres veintinueveavos,* les trois vingt-neuvièmes ; *la diesiseisava parte,* le seizième.

avocar v. tr. DR. Évoquer, se saisir de [une cause].

avocastro m. *Amer.* Épouvantail (persona fea).

avocatero m. *Amer.* Avocat (aguacate).

avoceta f. ZOOL. Avocette.

avolcanado, da adj. Volcanique (suelo).

avulsión f. MED. Avulsion (extracción).

avutarda f. ZOOL. Outarde.

axial o **axil** adj. Axial, e ; axile (relativo al eje) : *alumbrados axiales,* des éclairages axiaux.

axila f. Aisselle.

axilar adj. ANAT. y BOT. Axillaire.

axiología f. FILOS. Axiologie.

axiológico, ca adj. FILOS. Axiologique.

axioma m. Axiome.

axiomático, ca adj. Axiomatique.

axiómetro m. MAR. Axiomètre.

axis m. ANAT. Axis (vértebra).

axolotl m. ZOOL. Axolotl.

axonométrico, ca adj. MAT. Axonométrique.

ay m. Aï, paresseux (animal).

¡ay! interj. Aïe ! (dolor físico). ‖ Hélas ! (aflicción). ‖ Suivi de la particule *de* et d'un nom ou pronom, *¡ay!* exprime la douleur, la menace, la crainte ou la pitié : *¡ay de mí!,* hélas ! pauvre de moi ! ; *¡ay de él!,* malheur à lui !, gare à lui ! (amenaza), le malheureux ! (compasión). ‖ — *¡Ay de los vencidos!,* malheur aux vaincus ! ‖ *¡Ay del que...!,* malheur à celui qui (amenaza), malheureux celui qui... (compasión). ‖ *¡Ay, Dios mío!,* mon Dieu !
— M. Plainte, *f.,* soupir : *se oían tristes ayes,* on entendait de tristes plaintes ; *dar ayes,* pousser des soupirs.

aya f. Gouvernante.

ayacuá m. *Amer.* Diablotin, farfadet [dans la mythologie des Indiens d'Amérique].

ayahuasca o **ayahuasa** f. *Amer.* Plante narcotique.

ayer adv. Hier : *ayer por la tarde,* hier après midi ; *ayer noche,* hier soir ; *ayer hizo un año que nos encontramos,* il y a eu un an hier que nous nous sommes rencontrés. ‖ FIG. Hier (poco tiempo ha) : *parece que fue ayer,* on croirait que c'était hier. ‖ Autrefois (en tiempo pasado) : *esta persona ya no es lo que era ayer,* cette personne n'est plus ce qu'elle était autrefois. ‖ — *Antes de ayer,* avant hier. ‖ *De ayer acá* ou *de ayer a hoy,* depuis peu. ‖ *Lo que va de ayer a hoy,* les choses ont bien changé. ‖ *No es cosa de ayer,* cela ne date pas d'hier. ‖ *No ha nacido ayer,* il n'est pas né d'hier.

ayo m. Précepteur.

ayocote m. *Amer.* Gros haricot.

ayote m. *Amer.* Courge, *f.* (fruto). ‖ FIG. *Amer. Dar ayotes,* recaler (en un examen), repousser, éconduire (a un chico).

ayotera f. *Amer.* Courge (planta).

ayuda f. Aide : *hacer un trabajo con ayuda de alguien,* faire un travail avec l'aide de quelqu'un ; *ayuda estatal,* aide accordée par l'État. ‖ Secours, *m.* : *acudir en ayuda de alguien,* se précipiter au secours de quelqu'un. ‖ Lavement, *m.,* clystère, *m.* (lavativa). ‖ Secours, *m.* (dinero). ‖ Appui, *m.* : *encontrar ayudas,* trouver des appuis. ‖ — Pl. EQUIT. Aides. ‖ — *Ayuda de costa,* secours en argent, gratification. ‖ *Ayuda mutua,* entraide. ‖ *Ayuda por carestía de vida,* indemnité de cherté de vie. ‖ *Centro de ayuda,* centre d'accueil. ‖ *Con ayuda de,* à l'aide de. ‖ *Dios y ayuda,* Dieu aidant. ‖ FAM. *No necesitar ayuda del vecino,* n'avoir besoin de personne. ‖ *Prestar ayuda,* prêter secours (a un herido), aider (ayudar).
— M. Valet : *ayuda de cámara,* valet de chambre. ‖ *No hay hombre grande para su ayuda de cámara,* nul n'est un grand homme pour son valet de chambre.

ayudado, da adj. y s. m. TAUROM. Passe de muleta avec l'intervention des deux mains.

ayudante m. Aide, assistant, adjoint : *ayudante de dirección,* assistant du metteur en scène. ‖

Professeur adjoint, assistant (profesor). ‖ MIL. Adjudant. ‖ — *Ayudante de campo*, aide de camp. ‖ CINEM. *Ayudante del operador*, aide-opérateur. ‖ *Ayudante de obras públicas*, ingénieur adjoint [des Travaux publics]. ‖ *Ayudante de peluquería*, apprenti-coiffeur.

ayudantía f. Emploi (*m.*) d'adjoint, titre (*m.*) d'adjoint. ‖ MIL. Grade (*m.*) d'adjudant. ‖ Titre (*m.*) d'assistant (de profesor). ‖ MED. Adjuvat, *m.*

ayudar v. tr. ● Aider : *ayudar a uno con sus consejos*, aider quelqu'un de ses conseils ; *ayudar a los pobres*, aider les pauvres ; *ayudar a uno a llevar una maleta*, aider quelqu'un à porter une valise. ‖ Avancer : *eso no ayuda nada*, cela n'avance à rien. ‖ — *Ayudar a misa*, servir la messe. ‖ *Un grano no hace granero pero ayuda al compañero*, petit à petit l'oiseau fait son nid. — V. pr. S'aider (uno al otro). ‖ S'entraider (entre varios) : *en la vida hay que ayudarse*, dans la vie il faut s'entraider. ‖ S'aider (valerse) : *ayudándose con sus dientes, desató la cuerda*, en s'aidant de ses dents, il défit la corde. ‖ *Ayúdate y ayudarte he* ou *ayúdate y el cielo* ou *Dios te ayudará*, aide-toi, le ciel t'aidera.
— SINÓN. ● *Asistir*, assister. *Socorrer, auxiliar*, secourir. *Apoyar*, appuyer. *Sostener*, soutenir. *Favorecer*, favoriser. *Echar una mano*, donner un coup de main.

ayunador, ra o **ayunante** m. y f. Jeûneur, euse.
ayunar v. intr. Jeûner : *ayunar en cuaresma*, jeûner pendant le carême.
ayunas (en) loc. adv. A jeun. ‖ — *Estar en ayunas*, être à jeun (sin comer), ne pas être au courant (no saber). ‖ FIG. *Quedarse en ayunas*, ne rien comprendre (no entender), ne rien savoir (no saber).
ayuno m. Jeûne. ‖ *Guardar ayuno*, pratiquer le jeûne, jeûner.
— SINÓN. *Dieta*, diète. *Inanición*, inanition. *Abstinencia, vigilia*, abstinence. *Cuaresma*, carême. *Privación*, privation.

ayuno, na adj. À jeun. ‖ FIG. Privé, e : *estar ayuno del calor materno*, être privé de la chaleur maternelle. ‖ *Me tiene usted ayuno de lo que dice*, je ne suis pas au courant de ce que vous dites (no saber), je ne comprends rien à ce que vous dites (no entender).

ayuntamiento m. Conseil municipal (institución). ‖ ● Hôtel de ville, mairie, *f.* (edificio). ‖ Réunion, *f.*, assemblée, *f.* (reunión). ‖ Copulation, *f.* (cópula). ‖ *Ayuntamiento carnal*, accouplement.
— SINÓN. ● *Alcaldía*, mairie. *Casa consistorial*, hôtel de ville.

ayustar v. tr. MAR. Réunir, ajuster.
azabachado, da adj. D'un noir de jais.
azabache m. Jais (variedad de lignito). ‖ Petite charbonnière, *f.* (pájaro).
azabara f. BOT. Aloès, *m.*
azacán, ana adj. Employé à de durs travaux. — M. Homme de peine. ‖ Porteur d'eau (aguador). ‖ FIG. y FAM. *Hecho un azacán*, surchargé de travail.
azacanear v. intr. FAM. Travailler dur, trimer.
azache m. Capiton (seda basta).
azada f. Houe (instrumento agrícola).
azadada f. o **azadado** m. Coup (*m.*) de houe.
azadilla f. Sarcloir, *m.* (escardillo).
azadón m. Houe, *f.* (instrumento agrícola). ‖ *Azadón de peto* ou *de pico*, pioche.
azadonada f. Coup (*m.*) de houe.
azadonar v. tr. Houer.
azadonazo m. Coup de houe.
azafata f. Dame d'atour (en palacio). ‖ Hôtesse de l'air (en un avión).
azafate m. Corbeille (*f.*) d'osier.
azafrán m. Safran.
azafranado, da adj. Safran, *inv.*, safrané, e (color).
azafranal m. Safranière, *f.*

azafranar v. tr. Safraner.
azafranero, ra m. y f. Safranier, ère.
azagaya f. Sagaie, javelot, *m.*
azahar m. Fleur (*f.*) d'oranger : *agua de azahar*, eau de fleur d'oranger.
azalá m. Prière, *f.* (de los musulmanes).
azalea f. BOT. Azalée.
azanca f. MIN. Source souterraine.
azar m. ● Hasard (hecho fortuito) : *un puro azar*, un pur hasard. ‖ Malheur, imprévu, revers (desgracia). ‖ *Los azares de la vida*, les vicissitudes de la vie.
— SINÓN. ● *Casualidad*, hasard. *Fortuna*, fortune. *Suerte*, chance.

azaramiento m. Effarement, trouble (miedo). ‖ Embarras, gêne (confusión).
azarar v. tr. Faire rougir, faire honte (avergonzar). — V. pr. Rougir, avoir honte : *este niño no se azara de lo que ha hecho*, cet enfant ne rougit pas de ce qu'il a fait. ‖ Se troubler, être gêné o embarrassé (turbarse). ‖ Prendre une mauvaise tournure, ne pas réussir (malograrse).
azarbe m. Fossé de décharge.
azarbeta f. Drain, *m.* (para el desagüe).
azarosamente adv. Malheureusement, par malchance (por desgracia).
azaroso, sa adj. Malheureux, euse (desgraciado). ‖ Hasardeux, euse (arriesgado).
azeótropo, pa adj. Azéotrope, azéotropique.
azímico, ca adj. QUÍM. Azymique.
ázimo adj. m. y s. m. Azyme : *pan ázimo*, pain azyme.
azimut m. ASTR. Azimut (acimut).
azoado, da adj. QUÍM. Azoté, e ; azoteux, euse.
azoar v. tr. QUÍM. Azoter (nitrogenar).
azoato m. QUÍM. Azotate, nitrate.
ázoe m. Azote (nitrógeno).
azofaifa f. Jujube, *m.* (fruto).
azofaifo m. Jujubier (árbol).
azófar m. Laiton.
azogadamente adv. FIG. y FAM. Avec précipitation, avec agitation.
azogado, da adj. Étamé, e (espejos). ‖ MED. Atteint d'hydrargyrisme. ‖ FIG. Agité, e. ‖ FIG. *Temblar como un azogado*, trembler comme une feuille.
azogador m. Étameur.
azogamiento m. Étamage, argenture, *f.* ‖ FIG. Agitation (*f.*) extrême, surexcitation, *f.* (agitación). ‖ MED. Tremblement mercuriel, hydrargyrisme.
azogar v. tr. Étamer (los espejos). ‖ Éteindre (la cal viva). — V. pr. MED. Être atteint d'hydrargysme. ‖ FIG. y FAM. Ne pas tenir en place, être surexcité (agitarse mucho).
azogue m. Mercure, vif-argent (metal). ‖ — FIG. *Ser uno un azogue*, être du vif-argent, être très remuant. ‖ *Temblar como azogue*, trembler comme une feuille. ‖ *Tener azogue en las venas*, avoir du vif-argent dans les veines.
azoico adj. Azoïque.
azolar* v. tr. Dégrossir à la hache, planer (la madera).
azor m. Autour (ave).
azoramiento m. V. AZARAMIENTO.
azorar v. tr. V. AZARAR. ‖ Effrayer.
Azores n. pr. f. pl. GEOGR. *Islas Azores*, îles Açores.
azoro m. V. AZARAMIENTO.
azorrado, da adj. Semblable au renard. ‖ FIG. Assoupi, e (adormilado). ‖ Pris de vin (borracho).
azorrarse v. pr. S'assoupir, avoir la tête lourde.
azotacalles m. y f. FAM. Flâneur, euse (persona callejera), batteur (*m.*) de pavés, coureur (*m.*) de rues, vadrouilleur, euse (fam.).
azotado, da adj. Fouetté, e. ‖ Battu, e : *azotado por los vientos*, battu par les vents. ‖ Panaché, e

(flor). ‖ *Amer.* Tigré, e (atigrado). | Zébré, e (acebrado).
— M. Condamné au fouet (reo). ‖ Pénitent.
azotador, ra adj. Cinglant, e (lluvia, viento).
azotaina f. FAM. Volée, raclée (paliza) : *dar una azotaina*, administrer une volée. ‖ Fessée (a los niños).
azotamiento m. Fouettement.
azotar v. tr. Fouetter (dar azotes). ‖ Battre, frapper (pegar). ‖ Fouetter, cingler (la lluvia, el granizo). ‖ Battre (el viento). ‖ S'abattre sur : *el ciclón azotó la isla*, le cyclone s'abattit sur l'île. ‖ Battre, fouetter (el mar). ‖ — *Azotar las calles*, battre le pavé, courir les rues, vadrouiller. ‖ *Azotar el aire*, donner des coups d'épée dans l'eau.
— V. pr. *Amer.* Flâner, battre le pavé. | Se précipiter, se jeter : *azotarse en el agua*, se jeter à l'eau.
azote m. Fouet (látigo). ‖ Coup de fouet (latigazo). ‖ Fessée, f. (golpe en las nalgas). ‖ Lanière, f. (tira de cuero). ‖ FIG. Coup de fouet (del viento, del mar). | Fléau : *la peste es un azote*, la peste est un fléau. | Fléau (persona mala). ‖ — Pl. Fouet, sing. (suplicio antiguo). ‖ *Dar azotes* ou *de azotes*, fouetter.
azotea f. Terrasse (terraza). ‖ *Amer.* Maison à toit plat. ‖ FIG. y FAM. *Estar mal de la azotea* ou *tener pájaros en la azotea*, avoir une araignée au o dans le plafond, onduler de la toiture.
azotera f. *Amer.* Fouet, m. (látigo). | Lanière (de un látigo). | Fessée (azotaina).
azotina f. FAM. Fessée.
azteca adj. y s. Aztèque.
azua f. *Amer.* Bière de maïs (chicha).
azúcar m. y f. Sucre, m. : *un terrón de azúcar*, un morceau de sucre. ‖ — *Azúcar blanco, de flor, florete* ou *refinado*, sucre raffiné. ‖ *Azúcar cande* ou *candi*, sucre candi. ‖ *Azúcar de caña*, sucre de canne. ‖ *Azúcar de cortadillo* ou *en terrones*, sucre en morceaux. ‖ *Azúcar en polvo*, sucre en poudre. ‖ *Azúcar de pilón*, sucre en pain. ‖ *Azúcar de quebrados*, casson. ‖ *Azúcar mascabada*, cassonade. ‖ *Azúcar moreno* ou *negro*, sucre roux, cassonade. ‖ *Azúcar refinado*, sucre raffiné. ‖ *Azúcar rosado*, sirop de sucre. ‖ *Azúcar terciada*, sucre paille. ‖ *Fábrica de azúcar*, sucrerie. ‖ *Echar azúcar en*, sucrer.
— OBSERV. Le féminin est plus courant que le masculin, mais le pluriel est toujours du genre masculin : *los azúcares finos*.
azucarado, da adj. Sucré, e : *sabor azucarado*, goût sucré. ‖ FIG. Sucré, e ; mielleux, euse : *palabras azucaradas*, paroles mielleuses.
azucarar v. tr. Sucrer : *azucarar el café*, sucrer le café. ‖ FIG. Sucrer, adoucir.
— V. pr. Se cristalliser.
azucarera f. Sucrier, m. (vasija para el azúcar). ‖ Sucrerie (fábrica).
azucarería f. Sucrerie (fábrica). ‖ *Amer.* Confiserie.
azucarero, ra adj. Sucrier, ère.
— M. Sucrier (recipiente). ‖ Grimpereau des régions tropicales (ave).
azucarillo m. Sucre spongieux.
azucena f. BOT. Lis, m., lys, m. (p. us.). ‖ *Azucena de agua*, nénuphar.

azud m. o **azuda** f. Roue (f.) hydraulique. ‖ Barrage, m. (presa).
azuela f. Herminette, erminette (herramienta).
azufaifa f. Jujube, m. (fruto).
azufaifo m. Jujubier (árbol).
azufrado, da adj. Soufré, e. ‖ Couleur de soufre.
— M. Soufrage.
azufrador m. Soufroir (para la ropa). ‖ Soufreur (para las vides).
azuframiento m. Soufrage. ‖ Méchage (de los toneles).
azufrar v. tr. Soufrer. ‖ Mécher (las cubas).
azufre m. Soufre. ‖ *Flor de azufre*, fleur de soufre.
azufrera f. Soufrière (mina).
azufrín f. Mèche (f.) soufrée.
azufrón m. Minerai de soufre.
azufroso, sa adj. Soufré, e ; sulfureux, euse.
azul adj. Bleu, e. ‖ *Amer.* Indigo (añil). ‖ — *Azul celeste, claro, oscuro, de cobalto, marino, pastel, de Prusia, de ultramar, verdoso*, bleu ciel, clair, foncé, de cobalt, marine, pastel, de Prusse, d'outremer, pétrole. ‖ — *Azul turquí*, indigo (color). ‖ *El príncipe azul*, le prince charmant. ‖ *Enfermedad azul*, maladie bleue. ‖ GEOGR. *La Costa Azul*, la Côte d'Azur. ‖ *Sangre azul*, sang bleu.
— M. Bleu. ‖ Bleu, azur (poét.) [del cielo, del mar].
azulado, da adj. Bleuté, e ; bleuâtre, azuré, e.
— M. Bleuissage.
azulaque m. Enduit de goudron, lut.
azular v. tr. Bleuter, bleuir, azurer (p. us.).
azulear v. intr. Être bleu, faire une tache bleue. ‖ Bleuir (ponerse azul). ‖ Tirer sur le bleu (tirar a azul).
— V. tr. Bleuter (con añil).
azulejar v. tr. Carreler, recouvrir d'azulejos.
azulejería f. Revêtement (m.) de carreaux de faïence (revestimiento). ‖ Fabrication de carreaux de faïence.
azulejo m. Azulejo, carreau de faïence émaillée. ‖ Nom de divers oiseaux à plumage bleu (pájaro). ‖ Guêpier (abejaruco). ‖ BOT. Bluet, bleuet (aciano).
— Adj. Bleuâtre (azulado).
azulenco, ca adj. Bleuté, e.
azuleo m. Bleuissage.
azulete m. Bleu (para la ropa blanca). ‖ *Dar azulete*, bleuter.
azulillo m. *Amer.* Teinture (f.) d'indigo.
azulino, na adj. Bleuâtre, bleuté, e.
azuloso, sa adj. Bleuté, e.
azumar v. tr. Teindre [les cheveux].
azúmbar m. Étoile (f.) d'eau (planta).
azumbrado, da adj. FIG. Éméché, e ; ivre (borracho).
azumbre f. Mesure de liquides (2,016 litres).
azuquita m. Sucre.
azur adj. y s. m. BLAS. Azur.
azurita f. MIN. Azurite.
azurronarse v. pr. Rester prisonnier de son enveloppe [l'épi].
azuzador, ra adj. Qui excite, qui irrite.
azuzar v. tr. Exciter (a los perros). ‖ FIG. Pousser, exciter, asticoter (fam.).

B

b f. B, *m. : una* b *mayúscula, minúscula,* un grand, un petit *b.* ‖ *Probar por* a *más* b, prouver par *a* plus *b.*
— Observ. L'espagnol ne fait pas de différence entre la prononciation du *b* et celle du *v.* Ainsi le *b* de *burro* se confond avec le *v* de *vaca.* Cette confusion peut entraîner des fautes d'orthographe.

baba f. Bave. ‖ Lait, *m.* (de ciertas plantas). ‖ *Amer.* Espèce de caïman. ‖ — Fig. y fam. *Caérsele a uno la baba,* être aux anges, boire du petit lait. ‖ *Echar baba,* baver.

babada f. Grasset, *m.* (de los solípedos).

babadero o **babador** m. Bavoir, bavette, *f.* (babero).

babaza f. Bave (baba). ‖ Limace (babosa).

babear v. intr. Baver (las personas). ‖ Baver, écumer (los animales). ‖ Fig. y fam. Faire le joli cœur, faire des grâces.

babel m. o f. Fig. y fam. Tour (*f.*) de Babel, Capharnaüm, *m.,* foutoir, *m. : esta casa es una babel,* cette maison est un capharnaüm.

Babel n. pr. Hist. Babel. ‖ *Torre de Babel,* tour de Babel.

babélico, ca adj. Fig. Babélique.

babeo m. Action (*f.*) de baver. ‖ Fig. y fam. Empressement, belles manières, *f. pl.*

babera f. Bavière (de la armadura). ‖ Bavoir, *m.* (babero).

babero m. Bavoir, bavette, *f. : los niños pequeños llevan un babero para comer,* les petits enfants portent un bavoir pour manger. ‖ Salopette, *f.* (pantalón). ‖ Blouse, *f.* (bata). ‖ Tablier (para niños).

Babia n. pr. Fig. y fam. *Estar en Babia,* être dans les nuages o dans la lune.

babieca adj. y s. Fam. Nigaud, e ; jobard, e ; bêta, asse.

Babieca n. pr. Babieca (caballo del Cid).

babilonia f. Fig. y fam. Tour de Babel, capharnaüm, *m.,* foutoir, *m.* (sitio desordenado) : *es una babilonia,* c'est un vrai capharnaüm.

Babilonia n. pr. f. Geogr. Babylone.

babilónico, ca adj. Babylonien, enne.

babilonio, nia adj. y s. Babylonien, enne.

babilla f. Grasset, *m.* (de los solípedos). ‖ Rotule (rótula). ‖ *Amer.* Synovie (humor).

babirusa f. Zool. Babiroussa (cerdo salvaje).

babismo m. Babisme (doctrina persa).

bable m. Asturien (dialecto).

babor m. Mar. Bâbord.

babosa f. Zool. Limace.

babosear v. tr. Baver.
— V. intr. Fig. y fam. Faire le joli cœur, faire des grâces.

baboseo m. V. babeo.

baboso, sa adj. Baveux, euse. ‖ Fig. y fam. Niais, e ; sot, sotte (tonto). ‖ Galant, e.

— M. Fam. Céladon, bourreau des cœurs, vert-galant (anciano enamoradizo). ‖ Morveux (mocoso).

babucha f. Babouche (zapatilla). ‖ *Amer. A babucha,* sur le dos.

babuino m. Babouin (mono).
— Observ. Ce mot est un gallicisme.

baby m. Fam. Blouse, *f.,* tablier (guardapolvo). ‖ *Amer.* Bébé.

baca f. Impériale (de diligencia). ‖ Galerie (de automóvil). ‖ Bâche (de lona).

bacalada f. Morue sèche, stockfish, *m.*

bacaladero, ra o **bacalaero, ra** adj. y s. m. Morutier, ère.

bacalao m. Morue, *f.* (pez). ‖ — Fig. y fam. *Cortar* ou *partir el bacalao,* faire la pluie et le beau temps, être le grand manitou, avoir la haute main. ‖ *Te conozco bacalao aunque vienes disfrazado,* je te vois venir avec tes gros sabots.

bacanal f. Bacchanale.

bacante f. Bacchante. ‖ Fig. Bacchante.

bácara o **bácaris** m. Bot. Marum (amaro).

bacarrá o **bacará** m. Baccara (juego).

Baccarat n. pr. Geogr. Baccarat. ‖ *Cristal de Baccarat,* baccarat.

bacera f. Veter. Mal (*m.*) de rate.

baceta f. Bassette (juego de naipes).

bacía f. Cuvette. ‖ Plat (*m.*) à barbe (de barbero).

báciga f. Bésigue, *m.* (juego).

bacilar adj. Med. Bacillaire.

baciliforme adj. Bacilliforme.

bacilo m. Med. Bacille.

bacilosis f. Med. Bacillose (tuberculosis).

bacín m. Vase de nuit, pot de chambre (orinal). ‖ Sébile, *f.* (de mendigo). ‖ Fig. y fam. Pauvre type.

bacinada f. Contenu (*m.*) du pot de chambre. ‖ Fig. y fam. Cochonnerie, saloperie (acción despreciable).

bacineta f. Sébile (de mendigo).

bacinete m. Bassinet (de armadura). ‖ Anat. Pelvis, bassin.

bacinica o **bacinilla** f. Sébile (para las limosnas). ‖ Petit vase (*m.*) de nuit (orinal).

Baco n. pr. m. Bacchus.

baconiano, na adj. Filos. Baconien, enne (de Francis Bacon).

baconismo m. Filos. Baconisme.

bacteria f. Bactérie.

bacteriáceas f. pl. Bot. Bactériacées.

bacteriano, na adj. Bactérien, enne.

bactericida adj. y s. m. Bactéricide.

bacteridia f. Bot. Bactéridie.

bacteriófago m. Bactériophage.

bacteriología f. Bactériologie.

bacteriológico, ca adj. Bactériologique.

bacteriólogo m. Bactériologiste, bactériologue.

bacteriostático, ca adj. y s. m. Bactériostatique.

bactriano, na adj. y s. Bactrien, enne.
báculo m. Bâton (cayado). ‖ Crosse, *f.*, bâton (de obispo) : *báculo pastoral,* crosse, bâton pastoral. ‖ Bourdon (de peregrino). ‖ Fig. Appui, soutien (apoyo). ‖ Fig. *Báculo de la vejez,* bâton de vieillesse.
bache m. Trou, nid-de-poule (hoyo), ornière, *f.* (carrilada) [en una carretera]. ‖ Trou d'air : *no puedo soportar los baches en los viajes de avión,* je ne peux pas supporter les trous d'air dans les voyages en avion. ‖ — Pl. Moments difficiles, les hauts et les bas : *los baches de la vida,* les moments difficiles de la vie.
bachear v. tr. Boucher *o* combler les ornières.
bacheo m. Bouchage *o* comblement des ornières.
bachicha o **bachiche** m. Fam. Amer. Italien. ‖ — Pl. Restes, résidus (sobras).
bachiller, ra m. y f. Bachelier, ère : *bachiller en letras,* bachelier ès lettres. ‖ Fig. y Fam. Bavard, e ; phraseur, euse (charlatán)
bachillerada f. V. BACHILLERÍA.
bachillerato m. Baccalauréat, bac (fam.), bachot (fam.) [examen]. ‖ Études secondaires (curso de estudios) : *está haciendo el bachillerato,* il est en train de faire ses études secondaires.
— OBSERV. Le *bachillerato* comprend six ans d'études. La classe qui correspond à la 6e française est *el primer año de bachillerato,* à la cinquième, *el segundo año de bachillerato,* etc. L'*examen de ingreso de bachillerato* correspond à l'examen d'entrée en sixième.
bachillerear v. intr. Fig. y Fam. Palabrer, discourir à tort et à travers (discursear).
bachillería f. Fam. Bagout, *m.* (locuacidad). ‖ Idiotie, bêtise (tontería).
badajada f. o **badajazo** m. Coup (*m.*) de cloche. ‖ Fig. y Fam. Sottise, *f.*, bêtise, *f.* : *soltar una badajada,* dire une bêtise.
badajear v. intr. Fig. y Fam. Jacasser.
badajo m. Battant (de campana). ‖ Fig. Pie, *f.*, moulin à paroles : *esta mujer es un verdadero badajo,* cette femme est un véritable moulin à paroles.
badajocense o **badajoceño, ña** adj. y s. De Badajoz.
badal m. Morailles, *f. pl.*
badán m. Tronc (de animal).
badana f. Basane (piel). ‖ — *Ser un badana,* être fainéant *o* flemmard (holgazán). ‖ Fig. y Fam. *Zurrar la badana,* secouer les puces, passer à tabac, tanner le cuir (golpes), éreinter, bassiner (con palabras).
badea f. Pastèque (sandía), melon, *m.* (melón) *o* concombre, *m.* (pepino) de mauvaise qualité.
Baden n. pr. GEOGR. Bade.
badén m. Rigole (arroyo). ‖ Cassis (bache en una carretera).
baderna f. MAR. Baderne.
badián m. Badiane, *f.* (árbol).
badiana f. Badiane (fruto).
badil m. o **badila** f. Pelle (*f.*) à feu. ‖ Fig. y Fam. *Dar a uno con la badila en los nudillos,* taper sur les doigts de quelqu'un.
badilejo m. Truelle, *f.* (llana).
bádminton m. Badminton (juego del volante).
badulacada f. Fam. Bêtise, niaiserie.
badulaque m. Sorte de fard.
— Adj. y s. Fig. y Fam. Idiot, e ; imbécile, nigaud, e (estúpido). ‖ Amer. Vaurien, enne (bellaco).
baffle m. RAD. Baffle.
baga f. Capsule de la graine de lin.
bagacera f. Séchoir à bagasse.
bagaje m. Bagage, bagages, *pl.*, matériel d'équipement (militar). ‖ Bagages, *pl.* (equipaje). ‖ Bête (*f.*) de somme (acémila). ‖ Fig. Bagage (intelectual, etc.).

— OBSERV. Ce mot est un gallicisme dans le sens figuré et dans celui d'*equipaje.*
bagar v. intr. Grener, monter en graine (el lino).
bagatela f. Bagatelle.
— SINÓN. *Fruslería,* vétille. *Puerilidad,* puérilité. *Entretenimiento,* amusette. *Juguete,* bibelot. *Menudencia,* bricole.
bagazo m. Bagasse, *f.* (de la caña de azúcar). ‖ Marc (residuo de uva, etc.). ‖ Balle, *f.* (del lino). ‖ Amer. Personne (*f.*) méprisable, vermine, *f.*
bagre m. Amer. Vilain oiseau (persona antipática). ‖ Caricature, *f.*, épouvantail, laideron (mujer fea). ‖ Fin renard (persona muy lista).
bagual adj. Amer. Sauvage (animal), sauvage, rustre (persona).
— M. Amer. Cheval sauvage (caballo). ‖ Rustre (hombre).
bagualada f. Amer. Troupeau (*m.*) de chevaux sauvages. ‖ Fam. Bourde, ânerie (barbaridad).
bagual m. Amer. Cheval à moitié dressé (medio bagual).
baguarí m. Amer. Sorte de cigogne (*f.*) blanche.
baguío m. Ouragan.
¡bah! interj. Bah !
bahareque m. Amer. V. BAJAREQUE.
baharí m. Hobereau (halcón).
bahía f. Baie (golfo) : *la bahía de Málaga,* la baie de Málaga.
bailable adj. Dansant, e : *música bailable,* musique dansante. ‖ Dansable (que puede bailarse).
— M. Ballet (ballet).
bailador, ra m. y f. Danseur, euse.
— OBSERV. Ce mot s'applique à l'artiste spécialisé dans l'interprétation de danses folkloriques espagnoles, et notamment andalouses ; on l'écrit d'ailleurs généralement *bailaor.* Dans son acception la plus générale danseur se traduit par *bailarín.*
bailaor, ra m. y f. Danseur, euse (de flamenco).
bailar v. intr. Danser : *bailar agarrado,* danser par couple. ‖ Fig. Danser (moverse). ‖ Tourner, pivoter (un trompo). ‖ Fig. y Fam. Nager : *mis pies bailan en los zapatos,* mes pieds nagent dans mes chaussures. ‖ — *Bailar al son que tocan,* hurler avec les loups, suivre le mouvement. ‖ *Bailar como una peonza,* tourner comme une toupie. ‖ *Bailar de puntas,* faire des pointes. ‖ *Bailar en la cuerda floja,* danser *o* être sur la corde raide. ‖ *Bailarle a uno los ojos de alegría,* être tout guilleret. ‖ *Otro que bien baila,* les deux font la paire. ‖ *¡Que me quiten lo bailado!,* c'est autant de pris *o* de gagné, c'est toujours ça de pris *o* de gagné. ‖ *Sacar a bailar a una joven,* faire danser une jeune fille, inviter une jeune fille à danser.
— V. tr. Danser : *bailar un vals,* danser une valse. ‖ Fig. y Fam. *Bailarle el agua a uno,* lécher les bottes de quelqu'un.
bailarín, ina adj. y s. Danseur, euse (que baila). ‖ — F. Ballerine (de profesión).
baile m. ● Danse, *f.* (danza) : *música de baile,* musique de danse ; *baile clásico,* danse classique. ‖ Bal (lugar donde se baila). ‖ TEATR. Ballet : *cuerpo de baile,* corps de ballet. ‖ — Fam. *Baile de candil* ou *de botón gordo* ou *popular,* bastringue, bal musette. ‖ *Baile de etiqueta* ou *serio,* grand bal, bal paré. ‖ *Baile de gala,* soirée de gala. ‖ *Baile de máscaras* ou *de disfraces,* bal masqué *o* costumé. ‖ *Baile de noche,* soirée dansante. ‖ *Baile de piñata,* bal de carnaval. ‖ *Baile de San Vito,* danse de Saint-Gui. ‖ *Baile de trajes,* bal costumé *o* travesti. ‖ *Té baile,* thé dansant. ‖ — Fig. *Dirigir el baile,* mener la danse. ‖ *Estando en el baile hay que bailar,* une fois pris dans l'engrenage, il faut suivre le mouvement. ‖ Fam. *Tener ganas de baile,* avoir le cœur à la danse.
— SINÓN. ● *Coreografía,* chorégraphie. *Danza,* danse. *Ballet, bailete, bailable,* ballet.

baile m. Bailli (magistrado).
bailecito m. *Amer.* Danse (*f.*) folklorique d'Argentine et de Bolivie.
bailesa f. Baillie, baillive.
bailete m. TEATR. Ballet.
bailía f. Bailliage, *m.*
bailiaje m. Bailliage (dignidad de baile).
bailiazgo m. Bailliage.
bailío m. Bailli (de una orden militar).
bailón, ona m. y f. FAM. Personne qui aime beaucoup danser.
bailongo m. *Amer.* Bal populaire.
bailotear v. intr. Dansotter, gigoter (pop.).
bailoteo m. Action (*f.*) de dansotter. ‖ Bal (baile). ‖ *A él le gusta mucho el bailoteo,* il adore danser.
baivel m. Biveau (escuadra falsa).
baja f. Baisse (del agua, de los precios, en la Bolsa). ‖ MIL. Perte : *el ejército tuvo muchas bajas en el combate,* l'armée a subi de grandes pertes dans le combat. ‖ Procès-verbal (*m.*) de disparition (documento). ‖ — *Baja de* ou *por enfermedad,* congé de maladie. ‖ *Dar de baja,* porter disparu (a un soldado muerto, un desertor), réformer (en el servicio militar), délivrer un arrêt de travail (a un obrero, un empleado), congédier, licencier, donner congé à (despedir), rayer des cadres, exclure (echar de una sociedad). ‖ *Darse de baja,* se retirer, cesser d'appartenir (dejar de pertenecer) : *se ha dado de baja oficialmente en el Consejo de Administración,* il s'est retiré officiellement du conseil d'administration ; démissionner (dimitir), se faire porter malade (declararse enfermo). ‖ *Darse de baja en una suscripción,* arrêter un abonnement. ‖ *Estar dado de baja,* être en congé de maladie. ‖ *Estar de* ou *en baja,* être en baisse (perder valor), être en perte de vitesse (tener menos aceptación). ‖ *Jugar a la baja,* jouer à la baisse (en Bolsa). ‖ *Ser baja,* être porté disparu (un soldado, por muerte o deserción), cesser d'appartenir à (en una sociedad, etc.).
bajá m. Pacha (dignatario turco).
bajada f. Baisse : *la bajada de las aguas,* la baisse des eaux. ‖ Descente. ‖ — *Bajada de aguas,* tuyau de descente, conduite d'eau. ‖ *Bajada de bandera,* prise en charge (en un taxi). ‖ *Bajada del telón,* baisser *o* chute du rideau.
bajador m. *Amer.* Martingale, *f.* (gamarra).
bajalato m. Pachalik.
bajamar f. MAR. Marée basse, basse mer.
bajante f. *Amer.* Marée basse.
bajapieles m. inv. Repoussoir (de manicura).
bajar v. intr. Descendre : *bajar a la bodega,* descendre à la cave ; *bajar del autobús, del tren,* descendre de l'autobus, du train. ‖ Baisser : *baja la marea,* la marée baisse. ‖ Baisser, diminuer (el frío, los precios, el nivel del agua, la vista, etc.). ‖ Tomber, baisser, diminuer : *le ha bajado la fiebre,* sa fièvre est tombée. ‖ FIG. Baisser : *Fulano ha bajado mucho en mi estima,* Un tel a beaucoup baissé dans mon estime. ‖ — FAM. *Bajar de* ou *el tono,* baisser le ton. ‖ *No bajará de dos horas,* il ne faudra pas moins de deux heures.
— V. tr. Descendre (poner en lugar inferior) : *bájame este libro,* descends-moi ce livre. ‖ Descendre (una escalera). ‖ Baisser, courber (inclinar) : *bajar la cabeza,* baisser *o* courber la têt. ‖ Rabattre : *bajar las alas de un sombrero,* rabattre les bords d'un chapeau. ‖ ● Baisser, abaisser (una cortina, los párpados, los precios, etc.). ‖ Baisser : *bajar el tono,* baisser le ton. ‖ Diminuer : *me ha bajado la cuenta,* il a diminué ma note. ‖ FIG. Abaisser, rabaisser, rabattre (humillar) : *bajar el orgullo a uno,* rabattre l'orgueil à quelqu'un. ‖ — *Bajar las orejas,* baisser l'oreille. ‖ *Bajar los bríos a uno,* remettre quelqu'un à sa place. ‖ FAM. *Bajarle los humos a uno,* rabattre le caquet de quelqu'un, remettre quelqu'un à sa place. ‖ *Bajar sus pretensiones,* en rabattre.
— V. pr. Se baisser, s'incliner, s'abaisser. ‖ Descendre : *bajarse del autobús,* descendre de l'autobus.
— OBSERV. Le verbe *bajar* sous sa forme pronominale peut signifier « descendre, avec une nuance d'effort » : *me bajo la escalera veinte veces al día,* je descends l'escalier vingt fois par jour.
— SINÓN. ● *Rebajar,* rabaisser, abaisser. *Depreciar, abaratar,* déprécier. *Desvalorizar,* dévaluer.
bajareque m. *Amer.* Mur en roseaux et en terre (pared). ‖ Hutte, *f.,* cabane, *f.* (choza).
bajel m. (Ant.). Bateau, vaisseau (buque).
bajero, ra adj. Inférieur, e ; de dessous : *sábana bajera,* drap de dessous.
— F. *Amer.* Couverture de selle (manta). ‖ Mauvais tabac, *m* (tabaco).
bajete m. MÚS. Baryton (barítono).
bajeza f. Bassesse : *cometer una bajeza,* commettre une bassesse. ‖ FIG. *Bajeza de ánimo,* lâcheté.
— SINÓN. *Servilismo,* servilisme. *Villanía,* vilenie. *Envilecimiento,* avilissement. *Abyección,* abjection. *Indignidad,* indignité.
bajial m. *Amer.* Terre (*f.*) basse.
bajines (por) o **bajini (por lo)** adv. FAM. En dessous : *hacer algo por bajines,* faire quelque chose en dessous. ‖ Tout bas : *hablar por bajines,* parler tout bas. ‖ Sous cape : *reírse por lo bajini,* rire sous cape.
bajío m. Banc de sable, bas-fond (arena). ‖ *Amer.* Terre (*f.*) basse (terreno bajo). ‖ Dépression, *f.,* marigot (anegadizo). ‖ FIG. *Dar en un bajío,* achopper.
bajista m. Baissier (en la Bolsa).
bajito adv. Tout bas : *le gusta hablar bajito,* il aime parler tout bas.
bajo, ja adj. Bas, basse : *una silla baja,* une chaise basse. ‖ Petit, e (estatura) : *una mujer muy baja,* une femme très petite. ‖ Bas, basse ; baissé, e : *con la cabeza baja,* la tête basse. ‖ Baissé, e : *con los ojos bajos,* les yeux baissés. ‖ Faible, bas, basse : *la cifra más baja,* le chiffre le plus faible. ‖ Pâle, terne (los colores) : *azul bajo,* bleu terne. ‖ FIG. Bas, basse ; humble (humilde). ‖ Bas, basse ; ordinaire, grossier, ère ; vulgaire (vulgar). ‖ Bas, basse ; vil : *a bajo precio,* à bas prix, à vil prix. ‖ MÚS. Grave, bas, basse (sonido, voz). ‖ GEOGR. Bas, basse : *baja Normandía,* basse Normandie. ‖ — *Baja latinidad,* bas latin. ‖ *Baja temporada,* saison creuse. ‖ *Bajo de aguas,* au dos plongeant (caballería). ‖ *Bajo relieve,* bas-relief. ‖ FIG. *Bajos fondos,* bas-fonds. ‖ *Bajo vientre,* bas-ventre. ‖ IMPR. *Caja baja,* bas de casse. ‖ *Golpe bajo,* coup bas. ‖ *Los barrios bajos,* les quartiers populaires, les bas quartiers. ‖ *Monte bajo,* garrigue, maquis. ‖ *Tierras bajas,* basses terres, terres basses. ‖ — *De baja ralea,* de bas étage. ‖ *En voz baja,* à voix basse. ‖ *Tiene la moral muy baja,* il a le moral très bas.
— Adv. Au-dessous, en dessous (abajo). ‖ Bas : *hablar bajo,* parler bas ; *este avión vuela bajo,* cet avion vole bas.
— M. Bas-fond, terrain bas (lugar hondo). ‖ Bas-fond, haut-fond (en los mares, ríos, lagos). ‖ Rez-de-chaussée, *inv.* (piso bajo). ‖ MÚS. Basse, *f.* : *bajo cantante, cifrado, continuo, profundo,* basse chantante, chiffrée, continue, profonde. ‖ — Pl. Dessous (ropa interior), bas, *sing.* (de pantalones). ‖ Rez-de-chaussée, *sing.* (piso bajo).
— Prep. Sous : *bajo la dominación romana,* sous la domination romaine ; *bajo tutela,* sous tutelle. ‖ Sur : *bajo palabra,* sur parole ; *bajo mi honor,* sur mon honneur ; *bajo la recomendación de,* sur la recommandation de. ‖ Au-dessous de : *dos grados bajo cero,* deux degrés au-dessous de zéro. ‖ — *Por bajo,* au bas mot (por lo menos). ‖ *Por*

bajo de, au-dessous de. ‖ *Por lo bajo,* en cachette, en secret (disimuladamente), tout bas (bajito), au bas mot (por lo menos). ‖ — *Echando por bajo,* au bas mot.

bajón m. Mús. Basson (fagot). | Basson, bassoniste (instrumentista). ‖ Fig. y Fam. Grande baisse, *f.,* diminution, *f.* | Chute, *f.* : *el bajón de las acciones en Bolsa,* la chute des actions en Bourse. | Déclin (de la salud). | Dégradation, *f.,* détérioration, *f.* (de la situación). ‖ *Dar un bajón,* baisser (salud, inteligencia) : *Pedro ha dado un gran bajón,* Pierre a beaucoup baissé ; vieillir d'un coup, prendre un coup de vieux (fam.)) [envejecer] ; se dégrader, se détériorer (la situación).

bajonazo m. Taurom. Coup d'épée porté trop bas.

bajoncillo m. Mús. Basson quinte (instrumento).

bajonista o **bajonista** m. Mús. Basson, bassoniste (músico).

bajorrelieve o **bajo relieve** m. Bas-relief.

bajuno, na adj. Bas, basse ; vil, e.

bajura f. *De bajura,* côtière, littorale : *pesca de bajura,* pêche côtière.

Bakelita f. Bakélite.

bala f. Balle (proyectil) : *bala explosiva, fría, trazadora,* balle explosive, morte, traceuse o traçante. ‖ Boulet, *m.* (de artillería) : *bala de cadena, enramada,* boulet de chaîne, ramé. ‖ Balle (de algodón, etc.). ‖ Impr. Balle (tampón de tinta). ‖ *Amer.* Poids, *m.* (deporte). ‖ — M. Pop. Voyou, vaurien. ‖ — *Bala cansada* ou *perdida,* balle perdue. ‖ Fig. *Bala perdida,* écervelé, hurluberlu (tarambana), tête brûlée (temerario). | *Bala rasa,* tête brûlée (balarrasa). ‖ *Amer. Ni a bala,* en aucune façon. ‖ Fam. *Salir como una bala,* partir o filer comme une flèche.

balaca o **balacada** f. *Amer.* Fanfaronnade, bravade. ‖ *Echar balacas,* fanfaronner.

balada f. Ballade.

baladí adj. Sans importance, futile, insignifiant, e : *asuntos baladíes,* des affaires sans importance.

balador, ra adj. Qui bêle, bêlant, e.

baladrar v. intr. Hurler, pousser des hurlements (gritar).

baladro m. Hurlement (grito).

baladrón, ona adj. y s. Fanfaron, onne ; bravache (bravucón).

baladronada f. Fanfaronnade, bravade. ‖ *Decir* ou *soltar baladronadas,* fanfaronner.

baladronear v. intr. Faire le fanfaron.

balagar m. Meule (*f.*) de paille.

bálago m. Glui, paille, *f.* (paja).

balalaica f. Mús. Balalaïka.

balance m. Balancement (balanceo). ‖ Fig. Hésitation, *f.,* doute (vacilación). ‖ Com. Balance, *f.* (cuenta). | Bilan (estado de cuentas) : *hacer el balance,* faire o dresser le bilan ; *examen de balance,* analyse de bilan ; *el balance arroja un superávit,* le bilan présente un excédent. ‖ Mar. Roulis. ‖ *Amer.* Affaire, *f.* (negocio). ‖ Fig. *Hacer el balance de la situación,* faire le point de la situation.

balancé m. Balancé (paso de baile).

balancear v. intr. ● Balancer, se balancer. ‖ Fig. Balancer, hésiter (dudar). ‖ Rouler, avoir du roulis (un barco).
— V. tr. Mettre en équilibre.
— V. pr. Se balancer.
— Sinón. ● *Mecer, cunear,* bercer. *Cabecear,* dodeliner. *Contonearse,* se dandiner.

balancela f. Mar. Balancelle.

balanceo m. Balancement. ‖ Roulis (de un barco).

balancín m. Palonnier (de un carruaje). ‖ Balancier (de volatinero). ‖ Mecán. Balancier, bascule, *f.* (de una máquina). | Palonnier (de un automóvil). | Culbuteur (de un motor). ‖ Balancier (para acuñar moneda). ‖ Fauteuil à bascule, rocking-chair (mecedora). ‖ Mar. Balancier (para

dar estabilidad). | Balancine, *f.* (cabo). ‖ Zool. Balancier (de insectos).

balandra f. Mar. Sloop, *m.* (barco).

balandrán m. Balandran (vestido).

balandrista m. y f. Yachtman, yachtwoman.

balandro m. Mar. Cotre. | Yacht (de vela). | Voilier (embarcación pequeña).

balanitis f. Med. Balanite.

bálano o **balano** m. Anat. Gland. ‖ Zool. Balane, *f.* (molusco).

balanza f. ● Balance (de Roberval, etc.). ‖ Com. Balance : *balanza comercial, de cuentas, de pagos,* balance commerciale, des comptes, des paiements. ‖ Comparaison, confrontation, mise en balance o en parallèle (confrontación). ‖ Astr. Balance. ‖ *Amer.* Balancier, *m.* (de volatinero). ‖ — *Inclinar el fiel de la balanza,* faire pencher la balance. ‖ *Poner en balanza,* mettre en balance, comparer.
— Sinón. ● *Báscula,* bascule, *Pesillo,* trébuchet. *Romana,* romaine. *Peso,* poids.

balar v. intr. Bêler.

balarrasa f. Tord-boyaux, *m.* (aguardiente). ‖ Fig. Tête brûlée (persona).

balastar v. tr. Ballaster.

balastera f. Ballastière.

balasto m. Ballast (grava).

balata f. Ballade (poesía).

balate m. Talus, terrasse, *f.* (terreno). ‖ Talus, bord (de una acequia). ‖ Zool. Holothurie, *f.*

balaustrada f. Balustrade.
— Sinón. *Pretil,* parapet. *Balcón,* balcon. *Antepecho,* garde-corps. *Barandilla,* garde-fou.

balaustrar v. tr. Balustrer.

balaustre o **balaústre** m. Balustre (columnita). ‖ *Amer.* Truelle, *f.* (llana).

balay m. *Amer.* Corbeille (*f.*) en jonc (cesta). | Van (aventador).

balazo m. Coup de feu (tiro) : *le dieron un balazo en el pecho,* on lui a tiré un coup de feu dans la poitrine. ‖ Blessure (*f.*) produite par une balle. ‖ *Murió de un balazo,* une balle le tua.

balboa m. Balboa [unité monétaire de Panama].

balbucear v. intr. y tr. Balbutier (balbucir).
— Sinón. *Tartamudear, tartajear,* bégayer. *Farfullar,* bredouiller. *Barbullar,* bafouiller.

balbuceo m. Balbutiement.

balbucir* v. intr. y tr. Balbutier.

Balcanes n. pr. m. pl. Geogr. Balkans.

balcánico, ca adj. y s. Balkanique.

balcón m. Balcon : *asomarse al balcón,* se mettre au balcon. | *Balcón corrido,* grand balcon. ‖ Fig. y Fam. *Eso es cosa de alquilar balcones,* c'est à ne pas manquer, c'est une chose à voir, c'est à ne pas rater, les places seront chères.

balconaje m. Ensemble des balcons.

balconear v. intr. *Amer.* Regarder par la fenêtre o du balcon.

balconcillo m. Petit balcon. | Balcon (teatro, plaza de toros).

balda f. Étagère, rayon, *m.* (de un armario).

baldada f. *Amer.* Contenu (*m.*) d'un seau.

baldado, da adj. y s. Impotent, e.

baldadura f. o **baldamiento** m. Impotence, *f.*

baldaquín o **baldaquino** m. Baldaquin.

baldar v. tr. Estropier (lisiar). ‖ Jouer atout, couper (naipes). ‖ Fig. Contrarier, indisposer (contrariar). ‖ Fam. *Estar* ou *quedarse baldado,* être éreinté o claqué o pompé.
— V. pr. S'éreinter (cansarse).

balde m. Mar. Baille, *f.* (cubo de madera). ‖ Seau (cubo de metal). ‖ *Amer.* Puits (pozo). ‖ Fig. y Fam. *Caer como un balde de agua fría,* faire l'effet d'une douche froide.

balde (de) loc. adv. Gratis, gratuitement, à l'œil (fam.) [gratuitamente] : *tener entradas de balde,* avoir des billets gratis. ‖ *En balde,* en vain, pour rien, pour des prunes (fam.) : *hemos hecho todo este trabajo en balde,* nous avons fait tout ce travail pour rien.

baldear v. tr. Laver à grande eau (lavar). || Écoper, vider l'eau (achicar).

baldeo m. Lavage à grande eau.

baldíamente adv. En vain, inutilement.

baldío, a adj. Vague, inculte, en friche (terreno sin cultivo). || FIG. Vain, e : *deshacerse en esfuerzos baldíos,* se dépenser en vains efforts. || Vagabond, e ; sans feu ni lieu (vagabundo).
— M. Terrain inculte, friche, *f.*

baldo m. Renonce, *f.* (naipes).

baldón m. Affront, injure, *f.* (oprobio).

baldonar o **baldonear** v. tr. Outrager, injurier (afrentar).

baldosa f. Carreau, *m.* || Dalle (de mayor tamaño).

baldosado m. Carrelage, dallage.

baldosador m. Carreleur, dalleur.

baldosar v. tr. Carreler, daller.

baldosilla f. o **baldosín** m. Carreau, *m.*

baldragas adj. y s. m. FAM. Chiffe (*f.*) molle, mazette, *f.* (bragazas).

balduque m. Ruban étroit (cinta).

balear v. tr. *Amer.* Blesser (herir), tuer (matar), transpercer d'une o plusieurs balles. | Fusiller (fusilar).

balear adj. y s. Baléare, des Baléares.

Baleares n. pr. f. pl. *Islas Baleares,* îles Baléares.

baleárico, ca adj. Des Baléares.

balénidos m. pl. ZOOL. Balénidés.

baleo m. Paillasson, natte, *f.* (estera). || *Amer.* Coups (*pl.*) de feu (tiroteo).

balido m. Bêlement. || *Dar balidos,* bêler.

balín m. Balle (*f.*) de petit calibre. || Plomb (escopeta de aire comprimido).

balinense adj. y s. Balinais, e.

balista f. MIL. Baliste.

balística f. Balistique.

balístico, ca adj. Balistique.

balita f. *Amer.* Bille (canica).

balitar v. intr. Bêler souvent.

baliza f. MAR. y AVIAC. Balise. || AVIAC. *Baliza de obstrucción,* balise d'obstacle.

balizador m. MAR. Baliseur.

balizaje o **balizamiento** m. Balisage.

balizar v. tr. Baliser.

balneario, ria adj. Balnéaire : *estación balnearia,* station balnéaire.
— M. Station (*f.*) balnéaire (en el mar). || Établissement de bains, bains, *pl.* (de baños medicinales). || Station (*f.*) thermale. || *Ir a un balneario,* aller aux eaux, aller prendre les eaux.

balneoterapia f. MED. Balnéothérapie.

balompédico, ca adj. De football : *sociedad balompédica,* société de football.

balompié m. Football.

balón m. Ballon (pelota). || Ballon (recipiente) : *balón de oxígeno,* ballon d'oxygène. || Ballot (paquete). || — *Balón alto,* chandelle (fútbol). || *Balón muerto,* ballon mort (rugby).

balonazo m. Coup de ballon.

baloncesto m. Basket-ball (juego). || *Jugador de baloncesto,* basketteur.

balonmano m. Hand-ball (juego).

balonvolea m. Volley-ball (juego).

balota f. Ballotte (para votar).

balotada f. Ballottade (salto del caballo).

balotaje m. *Amer.* Ballottage (empate en una votación).

balotar v. intr. *Amer.* Ballotter.

balotina f. CULIN. Ballotine.

balsa f. Radeau, *m.* (embarcación) : *balsa insuflable,* radeau pneumatique. || Mare (charca). || BOT. Balsa, *m.* (árbol y madera). || — FIG. *Balsa de aceite,* mer d'huile. | *Este lugar es una balsa*

de aceite, cet endroit est très tranquille, le calme règne dans cet endroit.

balsadera f. o **balsadero** m. Endroit (*m.*) d'une rivière où il y a un bac.

balsamera f. Flacon (*m.*) à baume.

balsamero m. Balsamier (árbol).

balsámico, ca adj. Balsamique.

balsamina f. Balsamine (planta).

bálsamo m. Baume : *bálsamo de copaiba, del Perú,* baume de capahu, du Pérou. || FIG. Baume.

balsar m. *Amer.* Fourré, broussailles, *f. pl.*

balsero m. Conducteur de bac.

balso m. MAR. Agui (nudo). || Balsa (árbol).

Baltasar n. pr. m. Balthazar.

báltico, ca adj. y s. Baltique. || — M. Baltique (lengua). || Baltique, *f.* (mar).

balto, ta adj. y s. Balte.

baluarte m. Bastion. || FIG. Rempart, bastion : *esta provincia es un baluarte del cristianismo,* cette province est un bastion du christianisme.

baluma o **balumba** f. Amas, *m.,* tas, *m.* (bulto), fatras, *m.* (lío). || Tapage, *m.,* agitation, brouhaha, *m.* (barullo), pagaille (desorden).

ballena f. Baleine (mamífero). || Baleine (de corsé, etc.). || ASTR. Baleine.

ballenato m. Baleineau.

ballenero, ra adj. Baleinier, ère. || — M. Baleinier (barco y pescador). || — F. Baleinière (barco).

ballesta f. Baliste (máquina de guerra). || Arbalète (arma antigua). || Ressort (*m.*) à lames (de coche).

ballestero m. Arbalétrier : *ballestero mayor,* grand maître des arbalétriers. || Fabricant d'arbalètes.

ballestilla f. Palonnier, *m.* (balancín pequeño). || ASTR. Arbalétrille. || VETER. Flamme (navajilla).

ballet m. Ballet (baile y música) : *los ballets rusos,* les ballets russes.

ballico m. Ivraie (*f.*) vivace, ray-grass.

ballueca f. Folle avoine (gramínea).

bamba f. Raccroc, *m.,* point (*m.*) heureux (billar). || Balançoire (columpio). || *Amer.* Nom (*m.*) de diverses monnaies. | Loupe (en un árbol). | Bamba (baile).

bambalear v. intr. Chanceler, vaciller.

bambalina f. TEATR. Frise. || — *Actor nacido entre bambalinas,* enfant de la balle. || *Detrás de las bambalinas,* dans les coulisses.

bambarria m. y f. FAM. Sot, sotte ; niais, e ; bêta, asse (tonto). || — F. Raccroc, *m.,* point (*m.*) heureux (en el billar).

bambino, na m. y f. *Amer.* Enfant, bambin, e.

bambochada f. Bambochade (pintura).

bamboche m. FAM. Bamboche, poussah.

bambolear v. intr. y pr. Osciller, branler, ballotter : *mueble, cabeza que bambolea* ou *se bambolea,* meuble qui branle, tête qui ballotte. || Chanceler, vaciller (las personas). || *Hacer bambolear,* ballotter, secouer.

bamboleo m. Balancement, oscillation, *f.* || Ballottement, balancement : *el bamboleo de un barco,* le ballottement d'un navire.

bambolla f. FAM. Esbroufe, étalage, *m.* (aparato). | Tralala, *m. : una fiesta con mucha bambolla,* une fête avec beaucoup de tralala. || *Amer.* Bavardage, *m.* (charla). | Fanfaronnade, épate, *m.* (fanfarronería).

bambollero, ra adj. FAM. Qui fait de l'esbroufe, esbroufeur, euse.

bambú m. BOT. Bambou.
— OBSERV. Pl. *bambúes.*

bambuco m. *Amer.* Air et danse (*f.*) populaires.

bambula f. Bamboula (baile y tambor de los negros).

banal adj. Banal, e : *elogios banales,* des éloges banals.
— OBSERV. V. BANAL, 1ª parte, pág. 74.

banana f. Banane (fruto). ‖ Bananier, *m.* (árbol).
— OBSERV. En espagnol, *banane* se traduit de préférence par *plátano*, mot qui signifie également *platane* (arbre). *Banano* o *banana* est surtout employé en Amérique.
bananal o **bananar** m. *Amer.* Bananeraie, *f.*, plantation (*f.*) de bananiers.
bananero, ra adj. Bananier, ère.
— M. Bananier (árbol y barco).
banano m. Banane, *f.* (fruto). ‖ Bananier (árbol).
banasta f. Banne, manne (cesto).
banastero, ra m. y f. Vannier, ère.
banastillo m. Banneton (cesto).
banasto m. Panier rond, bannette, *f.* (cesto).
banato m. Banat (en Croacia).
banca f. Banquette, banc, *m.* (asiento). ‖ Auget, *m.* (de lavandera). ‖ Sorte de pirogue philippine. ‖ Banque (juegos) : *hacer saltar la banca,* faire sauter la banque. ‖ Éventaire, *m.* (de vendedor). ‖ COM. Banque (conjunto de bancos, profesión). | Banque (establecimiento de crédito). ‖ *Amer.* Banc, *m.* (para sentarse). | Siège, *m.* (escaño en el Parlamento). ‖ — *Copar la banca,* faire banco (baccara). ‖ *Amer. Tener banca,* avoir du piston o des recommandations (tener influencias).
— OBSERV. El término *banca* o *casa de banca* es actualmente muy poco usado para denominar un establecimiento bancario, empleándose sobre todo *banco.* En cambio *banca* se utiliza corrientemente para representar el conjunto o la profesión : *la nacionalización de la banca, la banca hace jornada intensiva.*
bancada f. Banc (*m.*) de pierre (banco). ‖ Grande table (mesa). ‖ MAR. Banc (*m.*) de nage. ‖ MECÁN. Bâti, *m.*, banc, *m.*, socle, *m.* (soporte). ‖ MIN. Gradin, *m.* ‖ — Pl. AGRIC. Litière, *sing.* (capa).
bancal m. Carré (de verduras) : *bancal de lechugas,* carré de laitues. ‖ Terrasse, *f.*, gradin (en una montaña) : *campo de bancales,* champ en terrasse. ‖ Tapis [dont on recouvre un banc], garniture, *f.* (tapete).
bancario, ria adj. Bancaire : *cheque bancario,* chèque bancaire.
bancarrota f. Banqueroute.
banco m. Banc (de piedra, de madera, en las iglesias, etc.), banquette, *f.* (en un salón, una antesala). ‖ COM. Banque, *f.* (establecimiento de crédito). [V. OBSERV. *banca.*] ‖ Comptoir (de cambista). ‖ Établi (de carpintero). ‖ Banc (de arena, de peces). ‖ ARQ. Soubassement (sotabanco). ‖ GEOL. Banc (estrato). ‖ *Amer.* Banc (de los acusados). | Banque, *f.* (juego). ‖ — Pl. Branches, *f.* (del freno). ‖ — *Banco azul,* banc des ministres (en las Cortes). ‖ *Banco de fábrica,* banc d'œuvre (en las iglesias). ‖ *Banco de hielo,* banquise. ‖ TECN. *Banco de husada,* banc à broches. ‖ *Banco de pruebas,* banc d'épreuve (armas), banc d'essai (motores). ‖ *Banco de sangre,* banque du sang. ‖ *Banco Hipotecario,* Crédit foncier.
banda f. ● Bande. ‖ Écharpe, grand cordon, *m.* (condecoración). ‖ Écharpe (faja). ‖ Bandelette (de momia). ‖ Bande (de gentes, de animales). ‖ ‖ Volée, bande (de pájaros) : *una banda de gorriones,* une volée de moineaux. ‖ Côté, *m.* (lado) : *de la banda de acá de la montaña,* de ce côté-ci de la montagne. ‖ Rive (orilla) : *de la banda de allá del río,* sur l'autre rive du fleuve. ‖ Aile (de un partido político). ‖ Bande (billar) : *jugar por la banda,* jouer par la bande. ‖ Voile (*m.*) huméral (humeral). ‖ Voie (de la carretera). ‖ BLAS. Bande. ‖ CINEM. Bande : *banda sonora,* bande sonore. ‖ MAR. Bord, *m.* : *de banda a banda,* bord sur bord. | Bande : *banda estribor,* bande de tribord. ‖ MÚS. Fanfare. ‖ Touche (fútbol) : *juez, línea de banda,* juge, ligne de touche ; *quedarse en la banda,* rester sur la touche ; *saque de banda,* remise en touche ; *fuera de banda,* sortie en touche. ‖ RAD. Bande : *banda*

de frecuencia, bande de fréquence. ‖ *Amer.* Battant, *m.* (de puerta, de ventana). ‖ — *Banda de rodadura,* chape, bande de roulement (de una rueda). ‖ *De banda a banda,* de part en part. ‖ — *Arriar en banda,* larguer les amarres. ‖ *Caer* ou *estar en banda,* être libre (un cabo, etc.). ‖ FIG. y FAM. *Cerrarse a la banda,* n'en pas démordre, ne rien vouloir entendre, se buter. ‖ *Dar de banda* ou *a la banda,* donner de la bande o de la gîte, mettre à la bande (voluntariamente).
— SINÓN. ● *Venda,* bandeau. *Vendaje,* bandage. *Faja,* ceinture.
bandada f. Bande (grupo). ‖ Volée, bande (de pájaros). ‖ Compagnie (de perdices y perdigones).
bandazo m. MAR. Coup de roulis. ‖ FAM. Tour, balade, *f.* (paseo). ‖ Embardée, *f.* : *dar un bandazo,* faire une embardée (coche). ‖ FAM. *Dar bandazos,* flâner, errer.
bandear v. tr. *Amer.* Traverser (cruzar). | Transpercer (de un tiro). | Harceler (perseguir). | Blesser gravement (herir). | Faire la cour (a una mujer). ‖ — V. pr. S'arranger, se débrouiller, se tirer d'affaire, nager : *este hombre sabe bandearse,* cet homme sait se tirer d'affaire.
bandeja f. Plateau, *m.* ‖ *Amer.* Plat, *m.* (fuente). ‖ Plage arrière (de coche). ‖ — *Bandeja para los cubiletes de hielo,* bac à glace. ‖ FIG. *En bandeja de plata,* sur un plat d'argent. | *Poner* ou *traer en bandeja,* apporter sur un plateau. | *Servir en bandeja,* servir sur un plateau.
bandera f. ● Drapeau, *m.* : *la bandera española, del regimiento,* le drapeau espagnol, du régiment ; *bandera blanca* ou *de paz,* drapeau blanc. ‖ Couleurs, *pl.* : *izar la bandera,* hisser les couleurs. ‖ Bannière (de una cofradía). ‖ (Ant.). MIL. Compagnie (compañía). ‖ MAR. Pavillon, *m.* : *bandera de inteligencia,* pavillon d'aperçu ; *bandera morrón* ou *a media asta,* pavillon en berne. ‖ *A banderas desplegadas,* en toute liberté. ‖ *Bajada de bandera,* prise en charge (taxi). ‖ FIG. y FAM. *De bandera,* du tonnerre. | *Lleno hasta la bandera,* plein à craquer. ‖ — MAR. *Afianzar, afirmar* ou *asegurar la bandera,* assurer le pavillon. ‖ MIL. *Alzar* ou *levantar bandera* ou *la bandera,* recruter des troupes. ‖ MAR. *Arriar bandera* ou *la bandera,* amener o rentrer pavillon. ‖ MIL. *Batir banderas,* baisser le drapeau. | *Militar bajo la bandera de uno* ou *seguir la bandera de uno,* se ranger sous le drapeau o la bannière de quelqu'un. ‖ MAR. *Rendir la bandera,* saluer du pavillon, baisser pavillon. ‖ MIL. *Salir con banderas desplegadas,* avoir les honneurs de la guerre.
— SINÓN. ● *Pabellón,* pavillon. *Pendón,* bannière. *Estandarte,* étendard. *Banderola,* banderole. *Banderín,* guidon, fanion. *Oriflama,* oriflamme.
bandería f. Faction, parti, *m.* (partido).
banderilla f. TAUROM. Banderille : *banderilla de fuego,* banderille de feu [entourée de pétards]. ‖ Becquet, *m.*; béquet, *m.* (imprenta). ‖ Amusegueule (*m.*) piqué sur un cure-dents (palillo). ‖ *Amer.* Emprunt, *m.*, tapage, *m.* (sablazo). ‖ — FIG. y FAM. *Clavar, plantar* ou *poner banderillas a uno,* lancer des piques à quelqu'un.
banderillazo m. *Amer.* Emprunt, tapage (sablazo).
banderillear v. intr. Planter des banderilles.
banderillero m. TAUROM. Banderillero.
banderín m. MIL. Guidon, fanion (bandera). | Porte-fanion, enseigne (soldado). ‖ *Banderín de enganche,* bureau de recrutement.
banderizo, za adj. Factieux, euse; révolté, e. ‖ FIG. Turbulent ; agité, e.
banderola f. Banderole, flamme (bandera). ‖ MIL. Guidon, *m.*, pennon, *m.* (ant.), flamme (con dos o varias puntas). ‖ *Amer.* Vasistas, *m.* (de una ventana).

bandidaje m. Banditisme, brigandage.
bandido m. Bandit, brigand (bandolero).
— SIXÓN. *Salteador, bandolero*, brigand. *Malandrín*, malandrin.
bando m. Ban, édit : *echar bando*, publier o promulguer un édit. || Arrêté : *bando de policía, de la alcaldía*, arrêté de police, du maire. || Faction, *f.*, parti (partido). || Bande, *f.* (bandada). || — Pl. Bans (amonestaciones).
bandola f. MÚS. Mandoline. || MAR. Mât (*m.*) de fortune.
bandolera f. Femme bandit (mujer). || Bandoulière (correa) : *a la* ou *en bandolera*, en bandoulière. || *A la bandolera*, en écharpe (brazo).
bandolerismo m. Banditisme, brigandage.
bandolero m. Bandit, brigand (bandido).
bandolina f. Bandoline (cosmético). || Mandoline (bandola).
bandolinista m. y f. Mandoliniste.
bandoneón m. MÚS. Bandonéon.
bandos m. pl. Bandeaux (peinado).
bandullo m. FAM. Bedaine, *f.*, panse, *f.* (vientre).
bandurria f. MÚS. Mandore, mandole, mandoline espagnole.
bandurrista m. Joueur de mandore.
baniano m. Banian (miembro de una secta brahmánica).
banjo m. MÚS. Banjo.
banquear v. tr. *Amer.* Niveler (el terreno).
banquero, ra adj. y s. Banquier, ère.
banqueta f. Banquette (asiento corrido). || Tabouret, *m.* (asiento). || Marchepied, *m.*, escabeau, *m.* (ant.) [para los pies]. || Banquette (andén). || MIL. Banquette. || Trottoir, *m.* (acera).
banquete m. Banquet (festín).
banquetear v. tr. e intr. Donner des banquets (dar banquetes). || Banqueter (andar en banquetes).
banquillo m. Banc des accusés, sellette, *f.* (ant.) [del tribunal]. || Petit banc (banco). || Billot (de zapatero). || FIG. *Colocar* ou *sentar en el banquillo de los acusados*, mettre sur la sellette.
banquisa f. Banquise (banco de hielo).
banzo m. Ensouple (del bastidor para bordar). || Montant (de una escalera de mano), bras, montant (del respaldo de una silla).
baña f. V. BAÑADERO.
bañadera f. *Amer.* Baignoire (bañera).
bañadero m. Bauge, *f.* (de un jabalí).
bañado m. *Amer.* Marais (pantano). | Prairie (*f.*) basse et inondable.
bañador, ra m. y f. Baigneur, euse (que se baña). || — M. Maillot o costume de bain (traje de baño). | *Bañador de dos piezas*, deux-pièces.
bañar v. tr. Baigner (a un niño). || Baigner, tremper (un cuerpo). || Baigner (el mar, un río) : *costas bañadas por el mar*, côtes baignées par la mer. || Arroser (un río) : *el arroyo bañaba hermosas huertas*, le ruisseau arrosait de beaux jardins. || Enrober (un pastel) : *un pastel bañado en chocolate*, un gâteau enrobé de chocolat. || Baigner, inonder (luz, sol, etc.) : *el sol baña la habitación de una luz cruda*, le soleil inonde la pièce d'une lumière crue. || — *Bañado en llanto* ou *en lágrimas*, tout en larmes, baigné de larmes. || *Bañado en sangre*, couvert de sang, tout en sang. || *Bañado en sudor*, ruisselant de sueur, en nage, tout en sueur. || FIG. *Ojos bañados en lágrimas*, yeux baignés de larmes. || — V. pr. Se baigner (en el mar). || Prendre un bain, se baigner (en la bañera).
bañera f. Baignoire (baño).
bañero m. Maître nageur.
bañil m. Bauge, *f.* (de un jabalí).
bañista m. y f. Baigneur, euse (que va al baño). || Curiste (que toma aguas medicinales).
baño m. Bain : *baño de mar, de sol*, bain de mer, de soleil. || Baignade, *f.* (en un río). || Baignoire, *f.*

(bañera). || Couche, *f.* (capa) : *un baño de pintura*, une couche de peinture. || Enrobage, enrobement (en chocolate, etc.). || FIG. Vernis, teinture, *f.* (barniz). || QUÍM. Bain. || — Pl. Établissement (*sing.*) de bains. || Bagne, *sing.* (prisión) : *los baños de Argel*, le bagne d'Alger. || — *Baño de asiento, de vapor*, bain de siège, de vapeur. || *Baño (de) maría*, bain-marie. | *Baño turco*, bain turc (con vapor), étuve : *esta habitación es un baño turco*, cette pièce est une étuve. || *Casa de baños*, établissement de bains, bains publics. || *Darse un baño*, se baigner (bañarse), se replonger : *darse un baño de inglés*, se replonger dans l'anglais. || FAM. *Dar un baño a*, donner une leçon, flanquer une piquette : *el equipo azul ha dado un baño al equipo amarillo*, l'équipe bleue a flanqué une piquette à l'équipe jaune. || *Ir a los baños*, aller aux eaux.
bao m. MAR. Bau.
baobab m. BOT. Baobab.
baptisterio m. Baptistère (edificio). || Fonts (*pl.*) baptismaux (pila).
baque m. Coup (golpe). || Chute, *f.* (caída).
baquear v. intr. MAR. Naviguer poussé par le courant.
baquelita f. Bakélite.
baqueta f. Baguette (de fusil). || ARQ. Baguette. || — Pl. Baguettes de tambour (de tambor). || MIL. Baguettes. || — FIG. y FAM. *Llevar* ou *mandar* ou *tratar a la baqueta*, mener à la baguette o tambour battant, traiter durement.
baquetazo m. Coup de baguette.
baqueteado, da adj. Qui a beaucoup d'expérience ; endurci, e ; aguerri, e.
baquetear v. tr. MIL. Passer par les baguettes. || FIG. Mener o traiter durement (tratar mal). | Exercer, habituer, aguerrir (ejercitar). | Ennuyer, incommoder (incomodar).
baqueteo m. Cahotement, ballottement (traqueteo). | Expérience, *f.*, habitude, *f.*, aguerrissement (ejercitación). || Ennui, tracas (molestia).
baquetudo, da adj. *Amer.* Flegmatique.
baquía f. Pratique, expérience (experiencia). | *Amer.* Adresse, habileté (habilidad). | Expérience (experiencia).
baquiano, na adj. y s. Connaisseur, euse ; averti, e ; expert, e ; versé, e (experto) : *ser baquiano en el comercio*, être versé dans le commerce. || — M. Guide (guía).
baquiar v. tr. *Amer.* Dresser (adiestrar).
báquico, ca adj. Bachique. || — Adj. y s. Bacchiaque (verso).
baquio m. POÉT. Bacchius (verso).
báquira o **baquira** m. *Amer.* Pécari.
bar m. Bar (café). || Bar [unidad de presión atmosférica].
baraca f. Baraka (suerte).
baracuda f. Barracuda (pez).
barahúnda f. Tapage, *m.*, vacarme, *m.* (alboroto). || Mêlée (confusión) : *meterse en la barahúnda*, se jeter dans la mêlée.
baraja f. Jeu (*m.*) de cartes. || Querelle, dispute (disputa). || FIG. y FAM. *Jugar con dos barajas*, miser sur deux tableaux, jouer double jeu.
— OBSERV. Le jeu de cartes espagnol se compose de 48 cartes.
— La baraja francesa consta de 52 cartas.

barajar v. tr. Battre, mêler (naipes). || FIG. Brouiller, embrouiller, mêler (mezclar, revolver). | Brasser : *barajar ideas*, brasser des idées. | Mettre en avant : *se barajan varios nombres para esta colocación*, on met en avant plusieurs noms en vue de cette place. | *Amer.* Saisir au bond (agarrar al vuelo). | Empêcher (estorbar).
— V. intr. S'embrouiller, se mêler (mezclarse).

baranda f. Rampe, main courante (de escalera). ‖ Balustrade (balaustrada), barre d'appui (de balcón, etc.). ‖ Bande (de billar).
barandado o **barandaje** m. Rampe, f.
barandal m. Socle (base de la balaustrada). ‖ Tablette, f., tablette (f.) d'appui (parte superior de la balaustrada). ‖ Rampe, f. (barandilla).
barandilla f. Rampe, main courante (de escalera). ‖ Balustrade (balaustrada), barre d'appui (de balcón, etc.). ‖ Barre (de un tribunal). ‖ Mar. Rambarde. ‖ Amer. Ridelle (de coche).
baratear v. tr. Solder, sacrifier, vendre à perte (saldar).
baratería f. Dr. Concussion, exaction (prevaricación). ‖ Tromperie, fraude (fraude). ‖ Mar. Baraterie du patron (de capitán o patrón).
baratía f. Amer. V. baratura.
baratija f. Bagatelle, babiole, bricole (fruslería). ‖ Camelote (joya sin valor).
baratillero, ra m. y f. Brocanteur, euse ; marchand, marchande de bric-à-brac, fripier, ère.
baratillo m. Boutique (f.) de brocanteur, friperie, f. (tienda). ‖ Braderie, f. (subasta). ‖ Bric-à-brac (conjunto de cosas).
barato, ta adj. Bon marché, inv. (no caro) : un traje barato, una falda barata, un costume, une jupe bon marché. ‖ Fig. Facile (fácil).
— M. Vente (f.) au rabais, liquidation, f. (venta). ‖ Lo barato es ou sale caro, le bon marché coûte toujours trop cher. ‖ — F. Bon marché, m. (baratura). ‖ Troc, m., échange, m. (cambio). ‖ Amer. Liquidation, vente au rabais (saldo). ‖ Blatte (cucaracha).
— Adv. Bon marché, à bon marché : vender barato, vendre à bon marché o bon marché. ‖ — De barato, gratis, à l'œil (fam.). ‖ Salir barato, revenir bon marché.
báratro m. Poét. L'empire des morts (infierno).
baratura f. Bon marché, m., bas prix, m.
baraúnda f. V. barahúnda.
barba f. Menton, m. (parte de la cara). ‖ Barbe (pelo) : barba corrida, bien poblada, barbe touffue, bien fournie (v. Observ.). ‖ Barbe (de cabra, etc.). ‖ Barbillon, m. (de ave). ‖ Fanon, m. (de ballena). ‖ Agric. Essaim (m.) primaire (enjambre). ‖ Plafond (m.) de la ruche (de la colmena). ‖ — Pl. Barbes (de las plantas, del papel, de las plumas), penne, f. sing. (de una flecha). ‖ Barbe : barbas enmarañadas, barbe en broussaille. ‖ Bot. Barba cabruna, barbe-de-bouc. ‖ Barba de cabra, barbe-de-chèvre. ‖ Barbas de chivo, bouc. ‖ Papel de barba, papier non rogné. ‖ — Fam. Con toda la barba, accompli, pour de bon, à trois poils. ‖ En las barbas de, à la barbe de, au nez et à la barbe de : reírse en las barbas de uno, rire à la barbe de quelqu'un. ‖ Cuando las barbas del vecino veas pelar, echa las tuyas a remojar, si l'on rosse ton voisin, tu peux préparer tes reins. ‖ Echar a las barbas, jeter au visage. ‖ Hacer la barba, faire la barbe (afeitar), faire la lèche (adular). ‖ Hazme la barba, hacerte he el copete, passez-moi la rhubarbe, je vous passerai le séné. ‖ Llevar ou gastar barba, porter la barbe. ‖ Fam. Nos salió a tanto por barba, cela nous est revenu à tant par tête de pipe. ‖ Subirse a las barbas de, perdre tout respect pour. ‖ Tener pelos en la barba, avoir de la barbe au menton. ‖ Tener pocas barbas, n'avoir pas encore de poil au menton. ‖ Tirarse de las barbas, s'arracher les cheveux.
— Observ. Pour désigner la barbe, pillosité au menton, l'espagnol emploie de préférence le pluriel : barbas de zamarro, barbe drue, imposante.
barba m. Teatr. Barbon, père noble (comediante).
Barba Azul n. pr. m. Barbe-Bleue.
barbacana f. Barbacane (fortificación, tronera).
barbacoa f. Gril (m.) rustique, barbecue, m. (parrilla). ‖ Viande grillée (carne asada). ‖ Amer. Lit

(m.) rustique, grabat, m. [fait d'une natte tendue sur quatre pieux]. ‖ Hutte [bâtie sur pilotis ou sur un arbre] (choza). ‖ Grenier, m. (para guardar los granos). ‖ Échafaudage (m.) soutenu par des pieux (andamio). ‖ Treillage, m. (emparrado). ‖ Claie sur laquelle on fait sécher le maté (para secar el mate).
barbada f. Ganache, sous-barbe (del caballo). ‖ Gourmette (cadenilla del freno). ‖ Barbue (pez). ‖ Amer. V. barboquejo.
Barbada n. pr. f. Geogr. Barbade.
barbado, da adj. Barbu, e.
— M. Provin (sarmiento). ‖ Bouture, f. (esqueje). ‖ Rejeton, rejet, surgeon (rama que brota al pie de un árbol).
bárbara m. Barbara (silogismo).
Bárbara n. pr. f. Barbe.
bárbaramente adv. D'une manière barbare, sauvagement. ‖ Fam. Formidablement bien, terriblement bien.
barbarear v. intr. Amer. Dire o faire des sottises (disparatar).
barbaridad f. ● Barbarie, cruauté (crueldad). ‖ Atrocité, horreur : durante la guerra se cometieron barbaridades, pendant la guerre des atrocités ont été commises. ‖ Fig. Bêtise, sottise, énormité (necedades) : decir barbaridades, sortir des énormités ; hacer barbaridades, faire des bêtises. ‖ Fam. Énormément, beaucoup : comer una barbaridad, manger énormément ; una barbaridad de gente, énormément de gens. ‖ ¡Qué barbaridad!, quelle horreur !, mon Dieu ! (¡Dios mío !), c'est incroyable : ¡qué barbaridad, hay que ver cómo las ciencias adelantan!, c'est incroyable de voir la façon dont les sciences progressent.
— Sinón. ● Vandalismo, vandalisme. Brutalidad, brutalité. Salvajismo, sauvagerie. Crueldad, cruauté. Atrocidad, atrocité. Ferocidad, férocité. Inhumanidad, inhumanité. Sadismo, sadisme.
barbarie f. Fig. Barbarie.
barbarismo m. Gram. Barbarisme. ‖ Fig. Bêtise, f. (barbaridad). ‖ Barbarie, f. (crueldad).
barbarizar v. intr. Dire des bêtises.
bárbaro, ra adj. y s. Barbare. ‖ Fig. Barbare (cruel, grosero) : un soldado bárbaro, un soldat barbare. ‖ Audacieux, euse ; téméraire (temerario). ‖ Grossier, ère (bruto). ‖ Fam. Formidable, du tonnerre (muy bueno) : esta película es bárbara, ce film est du tonnerre. ‖ Énorme (muy grande). ‖ Fam. Hacer un efecto bárbaro, faire un effet bœuf, faire beaucoup d'effet.
— Interj. Fam. Formidable !
bárbaro adv. Fam. Formidablement bien.
barbarote, ta adj. y s. Fam. Grosse brute, f.
barbasco m. Amer. Bouillon-blanc.
barbear v. tr. Atteindre avec le menton.
— V. tr. Faire la barbe, raser (afeitar). ‖ Fam. Amer. Flatter, lécher les bottes (adular). ‖ Renverser [un animal] en le saisissant par le museau.
barbechar v. tr. Mettre en jachère.
barbechera f. o **barbecho** m. Agric. Jachère, f.
barbería f. Boutique du barbier o du coiffeur.
barberil adj. Fam. Du o de barbier.
barbero, ra adj. Fam. Navaja barbera, rasoir.
— M. Barbier (ant.), coiffeur (peluquero).
barbeta f. Barbette (fortificación) : a barbeta, à barbette.
barbián, ana m. y f. Fam. Luron, onne : un gran barbián, un gai luron.
barbiblanco, ca adj. À barbe blanche.
barbicacho m. Mentonnière, f.
barbicano, na adj. À la barbe chenue, à la barbe blanche.
barbicastaño, ña adj. À la barbe châtain.
barbiespeso, sa adj. À la barbe touffue o épaisse.
barbijo m. Amer. V. barboquejo.

barbilampiño adj. À la barbe peu fournie, glabre. — M. FIG. Blanc-bec, béjaune (novicio).
barbilindo o **barbilucio** adj. m. Efféminé.
barbilla f. ANAT. Menton, *m.* ‖ Barbillon, *m.* (de pez). ‖ TECN. Tenon, *m.* ‖ VETER. Grenouillette. ‖ — Pl. *Amer.* Homme (*m. sing.*) à la barbe rare.
barbillera f. Mentonnière.
barbinegro, gra adj. À la barbe noire.
barbiquejo m. Mentonnière, *f.* (barboquejo). ‖ *Amer.* Licou (cabestro).
barbirrojo, ja adj. À [la] barbe rousse.
barbirrubio adj. À [la] barbe blonde.
barbirrucio adj. À [la] barbe grise.
barbitaheño adj. À [la] barbe rousse.
barbitúrico, ca adj. y s. m. QUÍM. Barbiturique.
barbo m. Barbeau (pez).
barbón m. Barbu. ‖ Bouc (macho cabrío).
— OBSERV. Le mot français *barbon* se traduit en espagnol par *vejancón, vejete.*
barboquejo m. Mentonnière, *f.*, jugulaire, *f.*
barbotar v. intr. Marmotter, bredouiller.
barboteo m. Clapotis, clapotement.
barbotina f. TECN. Barbotine (cerámica).
Barbuda n. pr. f. GEOGR. Barbude, Barboude.
barbudo, da adj. Barbu, e.
— M. *Amer.* Rejeton, rejet, surgeon (de árbol).
barbulla f. FAM. Chahut, *m.*, vacarme, *m.*
barbullador, ra m. y f. Bafouilleur, euse.
barbullar v. intr. FAM. Bafouiller.
barbullón, ona adj. y s. FAM. Bafouilleur, euse.
barbuquejo m. Mentonnière, *f.* (barboquejo).
barca f. Barque : *barca de pesca*, barque de pêche. ‖ *Barca de pasaje*, bac.
barcada f. Barquée, batelée (carga de una barca). ‖ Voyage (*m.*) que fait une barque, traversée (viaje).
barcaje m. Batellerie, *f.* (transporte). ‖ Batelage (lo que se paga).
barcarola f. MÚS. Barcarolle.
barcaza f. Barcasse, allège (embarcación). ‖ Bac, *m.* (trasbordador). ‖ — MIL. *Barcaza armada* ou *de guerra*, vedette, chaloupe. | *Barcaza de desembarco*, péniche de débarquement.
Barcelona n. pr. GEOGR. Barcelone.
barcelonés, esa adj. y s. Barcelonais, e.
barceo m. Sparte sec.
barcia f. Criblure (del trigo).
barcino, na adj. Roussâtre, poil de vache (color). ‖ Adj. y s. FIG. y FAM. *Amer.* Caméléon, qui retourne souvent sa veste (que muda de partido).
barco m. ● Bateau : *barco de vapor, de velas*, bateau à vapeur, à voiles. ‖ Nacelle, *f.* (de nave espacial). ‖ Ravin peu profond (barranco). ‖ *Amer.* Calebasse (*f.*) coupée en deux. ‖ — *Barco aljibe* ou *cisterna*, bateau-citerne. ‖ *Barco bomba*, bateau-pompe. ‖ *Barco del práctico*, bateau-pilote. ‖ *Barco de pasajeros*, paquebot. ‖ *Barco de recreo*, bateau de plaisance. ‖ *Barco faro*, bateau-phare o bateau-feu. ‖ *Barco mercante* ou *de carga*, bateau marchand, cargo. ‖ *Barco ómnibus*, bateau-mouche (de París).
— OBSERV. *Bateau* es el nombre genérico; *bâtiment* se aplica a una embarcación de gran tamaño; *navire* designa un barco grande destinado para viajar por alta mar; *vaisseau* se dice más bien de un buque de guerra.
— *Barco* est le nom générique; *buque* et *navío* ne peuvent désigner que des bâtiments d'un assez fort tonnage; *nave* est un terme poétique ou ancien (naves de Cristóbal Colón).
— SINÓN. ● *Buque*, bâtiment. *Nave*, vaisseau. *Navío*, navire, vaisseau. *Transatlántico, paquebote*, transatlantique, paquebot. *Vapor*, vapeur. *Yate*, yacht.
barchilón, ona m. y f. *Amer.* Infirmier, ère (de un hospital). | Guérisseur, euse (curandero).
barda f. Barde (armadura del caballo). ‖ Couronnement (*m.*) d'un mur en ronces (de una tapia). ‖ MAR. Gros nuage, *m.* (nubarrón oscuro).

bardado, da adj. Bardé, e (caballo).
bardal m. Mur chaperonné de ronces (tapia). ‖ Haie, *f.* (vallado). ‖ *Saltando bardales*, en une fuite éperdue.
bardana f. BOT. Bardane, glouteron, *m.* (lampazo).
bardar v. tr. Hérisser de ronces (una tapia). ‖ Barder (con una armadura).
bardo m. Barde (poeta).
baremo m. Barème.
barés f. Barège (tejido).
barestesia f. MED. Baresthésie.
bargueño m. Cabinet espagnol.
— OBSERV. Meuble typiquement espagnol, le *bargueño* est, avec ses nombreux tiroirs, comparable au *cabinet* de la Renaissance.
baría f. Barye (unidad de presión).
baricentro m. Barycentre.
barígula f. Barigoule (hongo).
barilla f. BOT. Kali, *m.*
barimetría f. Barymétrie.
barín m. Barine.
bario m. Baryum (metal).
barisfera f. Barysphère.
barita f. QUÍM. Baryte.
baritina f. QUÍM. Barytine.
barítono m. MÚS. Baryton.
barloa f. MAR. Amarre.
barloar v. tr. MAR. Accoster (a un muelle). | Mettre à couple (dos barcos).
barloventear v. intr. MAR. Louvoyer. ‖ FIG. y FAM. Traîner, bourlinguer (vagabundear).
barlovento m. MAR. Dessus du vent. ‖ — MAR. *Banda de barlovento*, côté au vent. ‖ *Estar a barlovento*, être au vent. ‖ *Ganar el barlovento*, monter au vent. ‖ *Islas de Barlovento*, îles du Vent.
barman m. Barman.
— OBSERV. Pl. *barmans.*
barn m. Barn (unidad de superficie en física nuclear).
barnabita adj. y s. Barnabite (clérigo).
barnacla m. Barnache, bernoche (pato marino).
barniz m. Vernis. ‖ Crème, *f.* (afeite). ‖ FIG. Vernis : *no tiene realmente cultura sino sólo un barniz*, il n'a pas vraiment de culture mais seulement un vernis. ‖ BOT. *Barniz del Japón*, vernis du Japon.
barnizado m. Vernissage.
barnizador, ra adj. y s. Vernisseur, euse.
barnizar v. tr. Vernir.
barógrafo m. Barographe.
barométrico, ca adj. Barométrique.
barómetro m. Baromètre : *barómetro aneroide, registrador, de mercurio* ou *de cubeta*, baromètre anéroïde, enregistreur, à mercure o à cuvette.
barón m. Baron (título).
baronesa f. Baronne.
baronía f. Baronnie, baronnage, *m.*
baroscopio m. Fís. Baroscope.
barquear v. tr. Traverser en barque.
barquero, ra m. y f. Batelier, ère. ‖ FIG. *Decirle ou cantarle a uno las verdades del barquero*, dire à quelqu'un son fait o ses quatre vérités.
barqueta f. o **barquete** m. o **barquichuelo** m. Petit bateau, *m.*, batelet, *m.* (barco pequeño).
barquilla f. MAR. Flotteur (*m.*) de loch. ‖ AVIAC. Nacelle (de un globo). | Fuseau-moteur, *m.* (de un motor de avión).
barquillero, ra m. y f. Marchand, marchande d'oublies. ‖ — M. Moule à oublies o à plaisirs (ant.) o à gaufres.
barquillo m. Oublie, *f.*, plaisirs (ant.), gaufre, *f.* (pastel).
barquín m. Soufflet de forge (fuelle).
barquinazo m. Cahot (tumbo). ‖ Renversement (vuelca). ‖ *Dar barquinazos*, cahoter (dar tumbos), se renverser (volcar).

barquitos m. pl. FAM. Mouillettes, f., trempettes, f. (en un líquido).

barra f. Barre (de madera, metal, chocolate). ‖ Barre, levier, m. (palanca). ‖ Bâton, m. · *barra de labios* ou *de carmín*, bâton de rouge à lèvres. ‖ Pain, m., bâton, m. : *barra de lacre*, bâton de cire à cacheter. ‖ Tringle (para cortinas). ‖ Barette (joya). ‖ Baguette, pain (m.) de fanta:sie (pan de forma alargada). ‖ Pain, m. (de h:elo). ‖ Barre (banco de arena). ‖ Comptoir, m., bar, m. : *tomar un chato de vino en la barra*, prendre un verre au comptoir. ‖ BLAS. Barre. ‖ DR. Barre (del tribunal). ‖ MAR. Barre. ‖ MÚS. Barre. ‖ *Amer.* Public, m., foule (público). ‖ — Pl. Barres (juego). ‖ Barres (de la quijada del caballo). ‖ — AUTOM. *Barra de acoplamiento*, barre d'accouplement. ‖ *Barra de carga* ou *de acoplamiento de cargas*, palonnier. ‖ *Barra fija*, barre fixe. ‖ ELECTR. *Barra ómnibus*, barre omnibus. ‖ *Barras paralelas*, barres parallèles. ‖ *Ejercicios en la barra*, exercices à la barre (ballet). ‖ — *A barras derechas*, sans détours. ‖ *De barra a barra*, de part en part, d'un bout à l'autre. ‖ *No pararse en barras*, ne faire ni une ni deux. ‖ *Sin pararse* ou *reparar en barras*, sans aucun égard (sin miramientos), sans s'arrêter à quoi que ce soit, en allant droit au but.

barrabás m. FIG. y FAM. Démon, espiègle (travieso), scélérat (malo).

barrabasada f. FAM. Vacherie, rosserie. ‖ Monstruosité, acte (m.) odieux, tour (m.) pendable (acción mala y perversa). ‖ Bêtise, sottise : *pasarse la vida haciendo barrabasadas*, passer sa vie à faire des bêtises.

barraca f. Baraque (caseta). ‖ Stand, m. : *barraca de tiro al blanco*, stand de tir. ‖ Chaumière [dans les *huertas* de Valence et Murcie]. ‖ *Amer.* Hangar, m., magasin, m., dépôt, m. (cobertizo). ‖ Étal, m. (en un mercado).

barracón m. Grande baraque, f.

barracuda f. Barracuda (pez).

barrado, da adj. Rayé, e : *tela barrada*, tissu rayé. ‖ BLAS. Barré, e.

barragán m. Concubin.

barragana f. Concubine.

barraganería f. Concubinage, m.

barraganete m. MAR. Allonge, f.

barranca f. Ravin, m. (barranco).

barrancal m. Terrain raviné.

barranco m. Ravin. ‖ Précipice (precipicio). ‖ FIG. Obstacle, difficulté, f. ‖ FIG. *Salir del barranco*, se tirer d'affaire o d'un mauvais pas.

barrancoso, sa adj. Raviné, e.

barranquera f. Ravin, m. (barranco).

barredero, ra adj. Qui balaie, qui entraîne avec soi, que l'on traîne. ‖ MAR. *Red barredera*, traîne. — M. Écouvillon (escoba). ‖ — F. Balayeuse.

barredor, ra adj. y s. Balayeur, euse. ‖ — F. Balayeuse (municipal). ‖ *Barredora-regadora*, arroseuse-balayeuse.

barredura f. Balayage, m. ‖ — Pl. Balayures (basura).

barrena f. Mèche, foret, m. (sin mango). ‖ Vrille (con mango). ‖ Barre à mine (de minero). ‖ Tarière (para la madera). ‖ — *Barrena de mano*, vrille, chignole. ‖ *Entrar en barrena* ou *hacer la barrena*, descendre en vrille (un avión).

barrenado, da adj. FAM. Piqué, e (loco).

barrenador m. Mineur.

barrenadora f. Foreuse.

barrenar v. tr. Percer, forer (abrir agujeros). ‖ Miner (una roca, etc.). ‖ MAR. Saborder. ‖ FIG. Déjouer, faire échouer, torpiller (un proyecto, una empresa). ‖ Enfreindre, fouler aux pieds (las leyes, los reglamentos). ‖ TAUROM. Faire tourner le fer de la pique dans la blessure du taureau.

barrendero, ra m. y f. Balayeur, euse.

barrenero m. Foreur (minero).

barreno m. Grande vrille, f. (barrena grande). ‖ Trou de vrille (agujero). ‖ MIN. Fougasse, f. (de pólvora), trou de mine (taladro). ‖ FIG. Vanité, f. (vanidad). ‖ *Amer.* Manie, f., marotte, f. (manía).

barreño m. Terrine, f. (de barro). ‖ Bassine, f., cuvette, f. (metálico, de plástico).

barrer v. tr. Balayer (limpiar). ‖ FIG. Balayer. ‖ — *Amer. Al barrer*, sans distinction. ‖ FIG. *Barrer con todo*, faire place nette, faire table rase. ‖ *Barrer para dentro*, tirer la couverture à soi.

barrera f. Barrière (de paso a nivel, etc.). ‖ Barrage, m. (cierre de un camino). ‖ FIG. Barrière : *los Pirineos sirven de barrera natural entre España y Francia*, les Pyrénées servent de barrière naturelle entre l'Espagne et la France. ‖ Obstacle, m., empêchement, m. (obstáculo) : *poner barreras*, mettre des obstacles. ‖ Glaisière (de arcilla). ‖ MIL. Barrage, m. (de tiros). ‖ TAUROM. Barrière (para saltar el torero). ‖ Première rangée (localidad). ‖ Mur m. (fútbol) : *formar barrera*, faire le mur. ‖ — *Barrera del sonido*, mur du son. ‖ *Barreras arancelarias*, barrières douanières.

barrero m. Potier (alfarero). ‖ Glaisière, f. (de arcilla). ‖ Bourbier (barrizal). ‖ *Amer.* Salpêtrière, f. (terreno salitroso).

barreta f. Barrette (barra pequeña). ‖ Barre à mine (de minero, albañiles). ‖ Ailette (de zapato). ‖ Bâton, m. (de turrón, etc.). ‖ *Amer.* Pic, m., pioche (pico).

barretear v. tr. Barrer, renforcer avec des barres. ‖ *Amer.* Creuser [des trous ou des tranchées] avec le pic o la barre à mine.

barretero m. MIN. Mineur.

barretina f. Bonnet (m.) catalan (gorro).

— OBSERV. La *barretina* ressemble au bonnet phrygien.

barretón m. Pic, pioche, f.

barriada f. Quartier, m. [dans les faubourgs].

barrial m. *Amer.* Glaisière, f. (gredal). ‖ Bourbier (barrizal).

barrica f. Barrique (tonel). ‖ *Barrica bordelesa*, bordelaise.

barricada f. Barricade (obstáculo).

barrido m. o **barrida** f. Balayage, m. ‖ — Pl. Balayures, f. (barreduras). ‖ — *Barrido ligero*, coup de balai. ‖ FIG. *Lo mismo sirve para un barrido que para un fregado*, il est bon à tout, on le met à toutes les sauces.

barriga f. Ventre, m. : *dolor de barriga*, mal au ventre ; *echar barriga*, prendre du ventre. ‖ FAM. Bedaine, panse : *llenarse la barriga*, se remplir la panse. ‖ Panse (de una vasija). ‖ Bombement, m., renflement, m. (de una pared). ‖ FIG. *Llenar el ojo antes que la barriga*, avoir les yeux plus gros que le ventre.

barrigón, ona o **barrigudo, da** adj. FAM. Ventru, e ; bedonnant, e ; ventripotent, e (grueso). — M. y. f. Bambin, e ; gamin, e (niño). ‖ — M. *Amer.* Fromager (árbol).

barriguera f. Sous-ventrière (arreo).

barril m. Baril, tonneau (tonel) : *un barril de vino*, un tonneau de vin ; *un barril de pólvora*, un baril de poudre. ‖ Baril (159 litros de petróleo). ‖ Caque, f. (para pescado salado). ‖ Cruchon (de barro). ‖ FIG. *Barril de pólvora*, poudrière : *este país es un barril de pólvora*, ce pays est une poudrière.

barrilaje m. o **barrilamen** m. o **barrilería** f. *Amer.* Ensemble (m.) de barils o de tonneaux.

barrilero m. Tonnelier.

barrilete m. Valet (de carpintero). ‖ Crabe (crustáceo). ‖ Barillet (de un revólver). ‖ *Amer.* Cerf-volant (cometa). ‖ Avocat stagiaire (pasante de abogado). ‖ Laideron (mujer fea).

barrilla f. Soude (planta).

barrillar m. Lieu couvert de soude.

barrillo m. MED. Point noir [sur le visage].

barrio m. Quartier : *una ciudad se divide en varios barrios*, une ville est divisée en plusieurs quartiers. ‖ Faubourg (arrabal). ‖ — *Barrio de las latas*, bidonville. ‖ FIG. y FAM. *El otro barrio*, l'autre monde, l'au-delà. ‖ *Los barrios bajos*, les bas quartiers, les quartiers populaires. ‖ FIG. y FAM. *Irse al otro barrio*, partir pour l'autre monde, passer l'arme à gauche, avaler son bulletin de naissance.

barriobajero, ra adj. Faubourien, enne : *acento barriobajero*, accent faubourien.

barrista m. Gymnaste qui travaille à la barre fixe.

barritar v. intr. Barrir (el elefante).

barrito m. Barrit *o* barrissement (del elefante).

barrizal m. Bourbier (lodazal).

barro m. Boue, *f.* (lodo) : *después de un aguacero los caminos están llenos de barro*, après une averse les chemins sont pleins de boue. ‖ Terre, *f.*, terre (*f.*) glaise : *barro cocido, de alfareros*, terre cuite, à potier ; *jarro de barro*, pot en terre. ‖ Argile, *f.* : *Dios creó al hombre con barro*, Dieu créa l'homme avec de l'argile. ‖ Poterie, *f.* (recipiente de barro). ‖ FIG. Vétille, *f.* (cosa sin importancia). ‖ MED. Point noir (granillo). ‖ VETER. Échauboulure, *f.* (erupción). ‖ *Amer.* Grosse gaffe, *f.*, bourde, *f.* (metedura de pata). ‖ — FIG. y FAM. *Estar comiendo* ou *mascando barro*, manger les pissenlits par la racine (estar enterrado). | *Estar con barro hasta los ojos*, être crotté jusqu'aux oreilles *o* jusqu'aux yeux. ‖ *Mancharse de barro*, se crotter, se couvrir de boue.

barroco, ca adj. y s. m. Baroque.

barroquismo m. Baroque. ‖ FIG. Extravagance, *f.*, mauvais goût.

barroso, sa adj. Glaiseux, euse ; argileux, euse (con arcilla). ‖ Boueux, euse (lleno de barro). ‖ Terreux, euse ; bistre (de color rojizo). ‖ MED. Boutonneux, euse : *rostro barroso*, visage boutonneux.

barrote m. Barreau : *barrotes de hierro*, des barreaux de fer. ‖ Barre, *f.* (para reforzar algo).

barrueco m. Perle (*f.*) baroque (perla). ‖ Nodule, rognon (de las rocas).

barrumbada f. FAM. Fanfaronnade, rodomontade (dicho jactancioso). | Folle dépense, gaspillage, *m.* (gasto).

barruntador, ra adj. Prophétique : *signos barruntadores*, signes prophétiques.

barruntamiento m. Pressentiment.

barruntar v. tr. Pressentir, sentir : *barrunto que me va a dar un sablazo*, je sens qu'il va me demander de l'argent. ‖ Présumer (suponer).

barrunte *o* **barrunto** m. Indice, indication, *f.* (indicio). ‖ Pressentiment (presentimiento). ‖ Soupçon (sospecha). ‖ *Tener barruntos de*, avoir vent de.

bartola (a la) loc. adv. FIG. y FAM. Tout à son aise, sans s'en faire, sans se soucier de rien. ‖ — FAM. *Echarse, tenderse* ou *tumbarse a la bartola*, s'étendre comme un veau (descansar), en prendre à son aise, ne pas s'en faire, se la couler douce, se reposer : *este alumno se ha tumbado a la bartola durante el tercer trimestre*, cet élève en a pris à son aise *o* ne s'en est pas fait *o* se l'est coulée douce pendant le troisième trimestre. | *Hacer algo a la bartola*, faire quelque chose par-dessus l'épaule *o* par-dessous la jambe.

bartolillo m. Pâtisserie (*f.*) fourrée de viande, friand, petit pâté.

Bartolomé n. pr. m. Barthélemy.

bartolina f. *Amer.* Cachot, *m.*, bloc, *m.* (fam.) [calabozo].

bártulos m. pl. FIG. Affaires, *f.* (objetos de uso corriente), saint-frusquin, *sing.* (fam.) : *preparar todos sus bártulos*, préparer toutes ses affaires ;

llegó con todos sus bártulos, il est arrivé avec tout son saint-frusquin. ‖ — *Liar los bártulos*, plier bagage, faire ses malles, prendre ses cliques et ses claques (para una mudanza o un viaje). ‖ *Preparar los bártulos*, préparer tout, prendre ses dispositions (disponer).

Baruc n. pr. m. Baruch.

barullero, ra adj. y s. Brouillon, onne.

barullo m. FAM. Tohu-bohu, pagaye ou pagaille, *f.*, remue-ménage, chambard (alboroto) : *armar barullo*, faire du chambard. ‖ Cohue, *f.* (multitud) : *en los grandes almacenes hay mucho barullo*, il y a beaucoup de cohue dans les grands magasins. ‖ *A barullo*, à la pelle : *en Italia hay monumentos a barullo*, en Italie, il y a des monuments à la pelle.

barza f. *o* **barzal** m. *Amer.* Broussailles, *f. pl.* (maleza).

barzón m. Flânerie, *f.*, balade, *f.* (fam.) [paseo]. ‖ *Dar barzones*, flâner, faire une balade.

barzonear v. intr. Flâner, se balader (fam.).

basa f. ARQ. Base : *basa corintia, toscana*, base corinthienne, toscane. ‖ FIG. Base.

basada f. MAR. Ber, *m.*

basal adj. Basal, e. ‖ *Metabolismo basal*, métabolisme basal *o* de base.

basáltico, ca adj. Basaltique.

basalto m. MIN. Basalte.

basamento m. ARQ. Soubassement.

basar v. tr. Baser. ‖ FIG. Baser, fonder : *una escuadrilla basada en Torrejón*, une escadrille basée à Torrejón.

— V. pr. FIG. Se fonder, se baser : *basarse en datos falsos*, se fonder sur des données fausses.

— OBSERV. Debe evitarse la forma pronominal, aunque ésta se emplea corrientemente.

basáride f. ZOOL. Bassaride.

basca f. Nausée, haut-le-cœur, m. inv. : *este olor da bascas*, cette odeur donne des haut-le-cœur.

bascosidad f. Immondice, saleté (suciedad). ‖ Dégoût, *m.* (asco). ‖ Nausée. ‖ *Amer.* Gros mot, *m.* (palabra soez), obscénité (obscenidad).

bascoso, sa adj. Qui a des nausées (que tiene bascas). ‖ Dégoûtant, e. ‖ *Amer.* Indécent, e ; obscène.

báscula f. Bascule.

basculador m. Basculeur.

bascular v. intr. Basculer.

— OBSERV. Ce verbe est un gallicisme de même que le mot *basculador*.

bascuñana f. Variété de blé dur.

base f. Base : *base de un edificio*, base d'un édifice. ‖ QUÍM. y MAT. Base. ‖ MIL. Base : *base naval, extranjera, aérea*, base navale, étrangère, aérienne. ‖ FIG. Base : *teniendo como base*, sur la base de. ‖ Fondement, *m.* : *esta noticia carece absolutamente de base*, cette nouvelle est dénuée de tout fondement. ‖ Pilier, *m.* : *Pedro es la base de la pandilla*, Pierre est le pilier de la bande. ‖ — *Base imponible*, assiette de l'impôt. ‖ *Ley de bases*, loi-cadre. ‖ *Pelota base*, base-ball. ‖ *Salario* ou *sueldo base*, salaire de base. ‖ — *A base de*, à coups de : *traducir a base de diccionarios*, traduire à coups de dictionnaires ; grâce à : *a base de enormes esfuerzos*, grâce à d'énormes efforts. ‖ POP. *A base de bien*, tout ce qu'il y a de mieux. ‖ *Una comida a base de jamón y salchichón*, un repas composé *o* à base de jambon et de saucisson. ‖ — *El Real Madrid es la base de la selección nacional*, le Real Madrid fournit l'essentiel de l'équipe nationale. ‖ *No tener base*, ne pas tenir debout, n'avoir pas de sens. ‖ *Teniendo como base* ou *si tomamos como base*, sur la base de.

basela f. BOT. Baselle.

basicidad f. Basicité.

básico, ca adj. QUÍM. Basique. ‖ De base : *industrias básicas*, industries de base. ‖ Fondamental, e ; essentiel, elle : *un hecho básico*, un fait essentiel.
basidio m. Baside, *f.* (hongo).
basidiomiceto adj. y s. m. Basidiomycète (hongo).
basilar adj. ANAT. Basilaire.
Basilea n. pr. GEOGR. Bâle.
basileense y basilense adj. y s. Bâlois, e.
basílica f. Basilique. ‖ — Pl. DR. Basiliques.
basiliense adj. y s. Bâlois, e.
Basilio n. pr. m. Basile.
basilisco m. Basilic (animal fabuloso). ‖ Basilic (reptil). ‖ — FIG. y FAM. *Estar hecho un basilisco*, être fou de rage, être frémissant de colère. ‖ *Ponerse como un basilisco*, monter sur ses ergots, frémir de rage.
basquear v. intr. Avoir des nausées.
— V. tr. Donner des nausées.
basquilla f. Maladie du bétail ovin.
basquiña f. Basquine (falda).
basset m. Basset (pachón).
basta f. Bâti, *m.*, faufilure (hilvanado). ‖ Piqûre (en los colchones).
bastante adv. Assez : *es bastante rico*, il est assez riche. ‖ Suffisamment, assez : *hemos comido bastante*, nous avons suffisamment o assez mangé. ‖ *Lo bastante para*, assez pour, suffisamment pour.
— Adj. Suffisant, e ; assez. ‖ *Tiene bastantes amigos*, il a pas mal d'amis.
— OBSERV. *Bastante* employé comme adjectif s'accorde avec le nom qu'il précède ou remplace : *bastantes razones*, assez de raisons o des raisons suffisantes o suffisamment de raisons ; *¿tiene muchos amigos?* — *Bastantes*, a-t-il beaucoup d'amis? — Assez.
bastantemente adv. (P. us.). Suffisamment.
bastanteo m. DR. Validation, *f.* (de un documento).
bastar v. intr. Suffire, n'y avoir que : *basta pulsar el botón para que arranque el motor*, il suffit de o il n'y a qu'à presser sur le bouton pour que le moteur démarre. ‖ — *Bastar con*, suffire de o que : *basta con apuntarlo*, il suffit d'en prendre note ; *basta con que vengas*, il suffit que tu viennes. ‖ *¡Basta!*, assez! ; cela suffit! ‖ *¡Basta con eso!*, cela suffit!, il suffit!, c'est assez! ‖ *Basta con tus tonterías*, en voilà assez avec tes bêtises. ‖ *¡Basta de bromas!*, assez de plaisanteries. ‖ *¡Basta y sobra!*, en voilà assez!, c'est plus qu'il n'en faut, c'est amplement suffisant. ‖ *Hasta decir basta*, jusqu'à satiété. ‖ *Me basta con su palabra*, je vous crois sur parole, votre parole me suffit. ‖ *Me basta y me sobra*, j'en ai largement assez, j'en ai plus qu'il n'en faut, c'est amplement suffisant.
— V. pr. Se suffire.
bastarda f. Bâtarde (lima). ‖ Bâtarde (letra).
bastardear v. intr. S'abâtardir, dégénérer. ‖ FIG. S'abâtardir. ‖ FIG. *Bastardear de sus antepasados*, déchoir de ses aïeux.
— V. tr. Abâtardir.
— OBSERV. Ce verbe est un néologisme dans son sens transitif.
bastardelo m. Minutier (del notario).
bastardeo m. Abâtardissement, dégénérescence, *f.*
bastardía f. Bâtardise. ‖ FIG. Indignité, vilenie : *cometer una bastardía*, commettre une vilenie.
bastardilla adj. f. y s. f. IMPR. Italique (letra). ‖ — F. Espèce de flûte (flauta).
bastardo m. IMPR. Bâtarde, *f.* (letra). ‖ MAR. Voile (*f.*) bâtarde.
bastardo, da adj. y s. Bâtard, e. ‖ *Letra bastarda*, bâtarde.
baste m. Bâti, faufilure, *f.* (hilván). ‖ Coussinet (de la silla de montar).
bastear v. tr. Bâtir, faufiler (hilvanar).

bastedad f. Grossièreté, rusticité.
basterna f. Basterne (carro antiguo).
basteza f. Grossièreté, rusticité (de una persona). ‖ Grossièreté (de una cosa).
bastida f. MIL. Bastide (ciudad fuerte). ‖ Bastille (máquina de guerra).
bastidor m. Châssis (de lienzo para pintar, de vidriera). ‖ Métier à broder (de bordadora). ‖ Châssis (de vagón, de coche). ‖ CONSTR. Châssis. ‖ MAR. Cadre de l'hélice (de la hélice). ‖ *Amer.* Jalousie (celosía). ‖ Sommier métallique (colchón de muelles). ‖ — Pl. TEATR. Châssis, *sing.* (decorado). ‖ Coulisses, *f.* ‖ — *Bastidor fijo*, châssis fixe o dormant. ‖ FIG. *Entre bastidores*, dans les coulisses, dans la coulisse.
bastilla f. Ourlet, *m.* (doblez).
bastillado, da adj. BLAS. Bastillé, e.
bastimentar v. tr. Approvisionner.
bastimento m. Bâtiment, embarcation, *f.* (embarcación). ‖ Approvisionnement, vivres, *f. pl.*, provisions, *f. pl.*
bastión m. Bastion.
basto m. Bât (arnés). ‖ Baste (as de bastos). ‖ Coussinet de selle (de silla de montar). ‖ — Pl. Une des couleurs des jeux de cartes espagnols. ‖ *Amer.* Panneau, *sing.* (de la silla de montar).
basto, ta adj. Grossier, ère : *una tela basta*, un tissu grossier. ‖ FIG. Grossier, ère ; rustre : *un hombre basto*, un homme rustre.
bastón m. Canne, *f.* (para apoyarse) : *un bastón con contera de plata*, une canne avec un bout en argent. ‖ Bâton (insignia) : *bastón de mariscal, de mando*, bâton de maréchal, de commandement. ‖ BLAS. Pal, bâton. ‖ — *Bastón de montañero*, piolet. ‖ FIG. *Empuñar el bastón*, prendre le commandement. ‖ *No hay razón como la del bastón*, la raison du plus fort est toujours la meilleure.
— OBSERV. Le mot *bâton*, dans son sens habituel de « long morceau de bois », se traduit de préférence par *palo* ou *vara*.
bastonada f. o **bastonazo** m. Coup (*m.*) de canne o de bâton (golpe). ‖ Bastonnade, *f.* (paliza).
bastoncillo m. Badine, *f.*, petit bâton. ‖ Galon étroit (galoncillo). ‖ ANAT. Bâtonnet (en la retina).
bastonear v. tr. Bâtonner.
bastonera f. Porte-parapluies, *m. inv.*, porte-cannes, *m. inv.*
bastonero m. Fabricant o marchand de cannes. ‖ Maître de ballet (que dirige ciertos bailes).
basura f. ● Ordures, pl. : *tirar la basura*, jeter les ordures. ‖ Ordures (pl.) ménagères : *los basureros recogen la basura*, les boueurs ramassent les ordures ménagères. ‖ Saleté : *barrer basuras*, balayer des saletés. ‖ Crottin, *m.* (estiércol de caballo). ‖ — *Cubo de la basura*, poubelle, boîte à ordures. ‖ *Está prohibido arrojar basuras*, il est interdit de déposer des ordures. ‖ *Vertedero* ou *colector de basuras*, vide-ordures.
— SINÓN. ● *Detrito*, détritus. *Barredura*, balayure. *Suciedad, porquería*, saleté.
basural m. *Amer.* Voirie, *f.*, décharge, *f.*
basurear v. tr. POP. *Amer.* Vaincre (vencer). ‖ Descendre (matar). ‖ Traîner dans la boue (humillar). ‖ Écraser (apabullar).
basurero m. Boueux (fam.), boueur (p. us.), éboueur (el que recoge la basura). ‖ Voirie, *f.*, décharge, *f.* (lugar donde se arroja la basura).
bata f. Robe de chambre (salto de cama). ‖ Blouse (para trabajar). ‖ *Amer.* Corsage, *m.*
— M. Jeune Indien des Philippines.
batacazo m. Fracas, bruit que fait un objet en tombant sur le sol. ‖ Chute, *f.* (caída) : *darse un batacazo*, faire une chute. ‖ *Amer.* Victoire (*f.*) inattendue [dans une course de chevaux].

batahola f. Fam. Raffut, *m.*, tapage, *m.* : *armar una batahola infernal,* faire un raffut de tous les diables.

batalla f. Bataille : *batalla campal,* bataille rangée. ‖ Ordre (*m.*) de bataille : *formar en batalla,* se ranger en ordre de bataille. ‖ Siège, *m.* (de la silla de montar). ‖ Empattement, *m.* (de un carruaje). ‖ Assaut, *m.* (esgrima). ‖ Artes. Bataille. ‖ — *De batalla,* courant, de tous les jours : *traje de batalla,* costume de tous les jours. ‖ *En batalla,* en bataille. ‖ *Marca de batalla,* marque courante. ‖ — Fig. *Dar la batalla,* livrer bataille. | *Dar mucha batalla,* donner du mal *o* du fil à retordre. | *Quedar sobre el campo de batalla,* rester sur le carreau.

batallador, ra adj. y s. Batailleur, euse : *Alfonso I el Batallador,* Alphonse Iᵉʳ le Batailleur. ‖ — M. Escrimeur (esgrimidor).

batallar v. intr. Batailler, livrer bataille. ‖ Fig. Batailler, livrer bataille (disputar) : *batallar por pequeñeces,* batailler sur des riens. | Hésiter, balancer (vacilar). ‖ Faire assaut (en esgrima).

batallola f. Mar. Batayole.

batallón m. Mil. Bataillon.

batallón, ona adj. Combatif, ive. ‖ Turbulent, e : *un niño batallón,* un enfant turbulent. ‖ — Fam. *Cuestión batallona,* question très débattue *o* épineuse. ‖ *Traje batallón,* costume de tous les jours.

batán m. Foulon, moulin à foulon, fouloir (máquina para el paño). ‖ Batan (tejido). ‖ — Pl. Jeu (*sing.*) d'enfants. ‖ — *Batán doble,* batteur double. ‖ *Tierra de batán,* terre à foulon.

batanadura f. Foulage, *m.* (del paño).

batanar v. tr. Fouler les draps.

batanear v. tr. Fig. y Fam. Tanner le cuir, secouer les puces.

batanero m. Foulon, fouleur.

batanga f. Balancier, *m.* (de algunas embarcaciones filipinas).

bataola f. V. batahola.

batará m. Amer. Coq gris perdrix (gallo).

batata f. Bot. Patate douce, batate. ‖ Fam. Amer. Timidité (timidez), trac, *m.*, gêne (turbación). ‖ — M. Poule (*f.*) mouillée, timoré (apocado).

batatar o **batatal** m. Plantation (*f.*) de patates.

batatazo (dar) loc. Amer. Gagner la course [en parlant d'un outsider] (un caballo). | Faire un coup de raccroc (billar).

batávico, ca adj. Batavique : *lágrima batávica,* larme batavique.

bátavo, va adj. y s. Batave (holandés).

batayola f. Mar. Bastingage, *m.*, bastingue, batayole.

bate m. Batte, *f.*, bat (béisbol).

batea f. Plateau, *m.* (bandeja). ‖ Clayon, *m.* (de mimbre). ‖ Bac, *m.* (embarcación). ‖ Plateau, *m.*, wagon (*m.*) plat (vagón descubierto). ‖ Min. Batée. ‖ Amer. Bac (m.) à laver (para lavar), baquet, *m.*, cuvette (cubeta).

bateador m. Batteur (béisbol).

batel m. Canot (bote).

batelero, ra m. y f. Batelier, ère : *los bateleros del Volga,* les bateliers de la Volga.

bateo m. Fam. Baptême (bautizo).

batería f. Mil. y Mar. Batterie : *batería contracarro,* batterie antichar ; *entrar en batería,* mettre en batterie. ‖ Electr. Batterie. ‖ Mús. Batterie (instrumentos). ‖ Teatr. Rampe. ‖ — *Aparcar en batería,* ranger en épi (automóviles). ‖ *Batería de cocina,* batterie de cuisine. ‖ Teatr. *Batería de luces,* lumières de la scène *o* de la rampe. ‖ — M. Batteur (músico).

batey m. Amer. Sucrerie, *f.*, raffinerie, *f.* (fábrica de azúcar). | Installations (*f. pl.*) d'une raffinerie (maquinaria). ·

batiborrillo o **batiburrillo** m. Fam. Méli-mélo, fouillis : *había un batiborrillo tremendo en sus papeles,* il y avait un fouillis terrible dans ses papiers. | Galimatias : *su discurso fue un verdadero batiborrillo,* son discours a été un véritable galimatias. | Fatras : *esta novela es un batiborrillo de cosas inconexas,* ce roman est un fatras d'idées sans lien les unes avec les autres. ‖ *¡Qué batiborrillo!,* quelle salade !

baticola f. Trousse-queue, *inv.* (arnés).

batida f. Battue (caza). ‖ *Batida de la policía,* rafle.

batidera f. Bouloir, *m.* (de albañil). ‖ Couteau (*m.*) d'apiculteur (de apicultor).

batidero m. Battement répété. ‖ Terrain accidenté *o* cahoteux *o* raboteux (terreno).

batido, da adj. Battu, e (camino). ‖ Chatoyant, e (tejido). ‖ Fouetté, e : *nata batida,* crème fouettée. ‖ *Tierra batida,* terre battue. ‖ — M. Œufs (*pl.*) battus en neige (huevos). ‖ Battage (acción de batir). ‖ Batte, *f.* (del oro). ‖ Barattage (de la mantequilla). ‖ Lait battu et parfumé, « milk-shake » (leche). ‖ Battu, saut battu (danza).

batidor, ra adj. Batteur, euse ; qui bat. ‖ — M. Mil. Éclaireur (explorador). ‖ Démêloir (peine). ‖ Batteur (cacería). ‖ Batte, *f.* (para la mantequilla). ‖ Amer. Chocolatière, *f.* (chocolatera). | Dénonciateur (soplón). ‖ *Batidor de oro, de plata,* batteur d'or, d'argent. ‖ — F. Mixer, *m.*, mixeur, *m.*, batteur, *m.* (de cocina). ‖ Batteuse (para los metales).

batiente adj. Battant, e. ‖ *Reírse a mandíbula batiente,* rire à gorge déployée. ‖ — M. Battant (hoja de la puerta). ‖ Battée, *f.*, battement (marco de la puerta). ‖ Mar. Brisant.

batifondo m. Amer. Pagaille, *f.*, pagaye, *f.* (batuque).

batiesfera f. Bathysphère.

batihoja m. Batteur d'or *o* d'argent (batidor).

batik m. Batik [décoration de tissus].

batimento m. Artes. Ombre (*f.*) portée.

batimetría f. Bathymétrie.

batimiento m. Battement.

batín m. Veste (*f.*) d'intérieur.

batintín m. Gong.

batiporte m. Mar. Seuillet [de sabord] (bajo), sommier [de sabord] (alto).

batir v. tr. Battre : *los olas baten el acantilado,* les vagues battent la falaise. ‖ Abattre : *la artillería batió las murallas enemigas,* l'artillerie abattit les murailles ennemies. ‖ Battre : *batir las alas,* battre des ailes. ‖ Battre (los huevos, el metal). ‖ Fouetter (la nata). ‖ Battre, frapper (acuñar). ‖ Battre (derrotar). ‖ Crêper (el pelo). ‖ Baratter (la leche). ‖ Balayer : *el viento batía la región,* le vent balayait la région. ‖ Amer. Rincer (la ropa). ‖ — *Batir el campo,* battre la campagne. ‖ *Batir en brecha,* battre en brèche. ‖ *Batir palmas,* battre des mains, applaudir. ‖ *Batir una mayonesa,* monter une mayonnaise. ‖ *Batir un récord,* battre un record. ‖ — *Al hierro candente batir de repente,* il faut battre le fer pendant qu'il est chaud. ‖ — V. intr. Amer. Avouer. ‖ — V. pr. Se battre : *batirse en duelo,* se battre en duel. ‖ — Fig. *Batirse el cobre,* travailler dur *o* ferme. ‖ *Batirse en retirada,* battre en retraite.

batíscafo m. Bathyscaphe.

batista f. Batiste (tela).

batitú m. Amer. Bécassine, *f.*

bato m. Rustre, niais. ‖ Fam. Vieux (padre).

batojar v. tr. Gauler (varear).

batología f. Battologie (repetición).

batómetro m. Bathymètre.

batracio m. Zool. Batracien, enne.

batuda f. Suite de sauts périlleux.
Batuecas n. pr. f. pl. Fig. y Fam. *Estar en las Batuecas*, être dans les nuages o dans la lune.
batueco, ca adj. y s. Natif, native des Batuecas [région d'Espagne].
batuque m. *Amer.* Boucan, raffut (ruido). | Fam. Pagaille, f. (confusión).
batuquear v. tr. *Amer.* Battre, agiter (mover con ímpetu).
— V. intr. *Amer.* Faire du chahut, semer la pagaille (armar gresca).
baturrada f. Acte (*m.*) o parole propre d'un Aragonais.
baturrillo m. Fig. y Fam. Méli-mélo, fatras, fouillis, salade, f. (mezcla) ; galimatias (galimatías).
baturro, rra adj. et s. Paysan aragonais, paysanne aragonaise.
batuta f. Mús. Baguette (de un director de orquesta). || *Llevar la batuta*, diriger l'orchestre (una orquesta), avoir la haute main sur, faire la pluie et le beau temps, mener la danse (dirigir un asunto).
baúl m. ● Malle, f. (maleta grande). || Fig. y Fam. Bedaine, f., bedon. || *Baúl metálico*, cantine. || *Baúl mundo*, chapelière, grosse malle.
— Sinón. ● *Maleta, valija* (amer.), valise, mallette. *Maletín*, mallette.
baulero m. Bahutier.
baumé m. Baumé (grado).
bauprés m. Mar. Baupré.
bausa f. Fam. *Amer.* Fainéantise, flemme (pereza).
bausán, ana m. y f. Mannequin revêtu d'une armure (maniquí). || Fig. y Fam. Nigaud, e ; niais, e (bobo). || Fam. *Amer.* Fainéant, e (holgazán).
bautismal adj. Baptismal, e. || *Pila bautismal*, fonts baptismaux.
bautismo m. Baptême. || — *Bautismo del aire, de fuego*, baptême de l'air, du feu. || *Fe de bautismo*, extrait o acte de baptême. || *Pila del bautismo*, fonts baptismaux. || Fig. y Fam. *Romper el bautismo a uno*, casser la figure à quelqu'un.
bautista m. Baptiseur (p. us.). || Baptiste (secta protestante). || *El Bautista*, saint Jean-Baptiste.
Bautista n. pr. m. Baptiste.
bautisterio m. Baptistère.
bautizar v. tr. Relig. Baptiser. || Fig. Baptiser : *bautizar una calle*, baptiser une rue. || Fam. Baptiser (aguar el vino o la leche).
bautizo m. Baptême (ceremonia).
bauxita f. Bauxite.
bauza f. Bille (madero).
bávaro, ra adj. y s. Bavarois, e.
Baviera n. pr. f. Geogr. Bavièrc.
baya f. Bot. Baie (fruto). | Sorte de jacinthe (planta). || *Amer.* Espèce de clovisse (almeja). | Boisson fermentée, « chicha » de raisin (bebida).
Bayaceto n. pr. m. Hist. Bajazet.
bayadera f. Bayadère (bailarina).
bayahonda f. Espèce d'acacia.
bayal m. Lin très fin (lino). || Levier (palanca).
Bayardo n. pr. m. Bayard.
bayarte m. V. parihuelas.
bayeta f. Flanelle, bayette (ant.) [tejido de lana]. || Serpillière (para fregar). || *Amer.* Chiffe (hombre flojo).
bayetón m. Molleton (tejido).
bayo, ya adj. Bai, e (caballo).
— M. Papillon du ver à soie, bombyx (mariposa). || *Amer.* Bière, f., cercueil (féretro). || *Pescar de bayo*, pêcher à la mouche.
bayoco m. Baïoque, f. (moneda italiana).
bayón m. Sac en fibres de buri (en Filipinas).
Bayona n. pr. Geogr. Bayonne.
bayonés, esa adj. y s. Bayonnais, e.

bayonesa f. Mayonnaise (mayonesa).
— Observ. Ce mot est un barbarisme employé pour *mayonesa.*
bayoneta f. Mil. Baïonnette : *a la bayoneta*, à la baïonnette ; *bayoneta de cubo*, baïonnette à douille. || — *Armar* ou *calar la bayoneta*, mettre la baïonnette au canon. || *Hacer frente con la bayoneta calada*, croiser la baïonnette.
bayonetazo m. Coup de baïonnette.
bayú m. *Amer.* Lieu de débauche.
bayunco, ca adj. y s. *Amer.* Sauvage, rustre.
baza f. Levée, pli, *m.* (en el juego) : *baza de menos*, levée en moins. || Fig. Atout, *m.* : *tiene muchas bazas para conseguir lo que quiere*, il a beaucoup d'atouts pour obtenir ce qu'il veut. || — *Asentar bien su baza*, bien établir son crédit. || *Hacer baza*, faire son chemin. || *Meter baza en*, fourrer son nez dans (un asunto), mettre son grain de sel, dire son mot, se mêler à (la conversación). || *No dejar meter baza*, ne pas laisser placer un mot (en la conversación). || *Sentada esta baza*, ce point étant acquis.
bazar m. Bazar.
bazo, za adj. Bis, e (pan, tela).
— M. Anat. Rate, f.
bazofia f. Restes, *m. pl.* (de comida). || Fig. Saleté, cochonnerie (cosa sucia). | Mauvais repas, *m.*, ratatouille (comida mala).
bazooka o **bazuca** m. Mil. Bazooka.
bazucar o **bazuquear** v. tr. Remuer, agiter (un líquido). || Secouer (traquetear).
bazuqueo m. Agitation, f.
be f. B, nom de la lettre *b*. || *Be por be*, par le menu, en détail. || *Tener* [una cosa] *las tres bes*, être excellente, réunir toutes les conditions [*bonita*, jolie, *barata*, bon marché, *buena*, bonne].
be m. Bêlement, bê (balido).
beagle m. Beagle (perro pachón).
Bearn n. pr. m. Geogr. Béarn.
bearnés, esa adj. y s. Béarnais, e.
beata f. Dévote. || Béguine (mujer que vive en comunidad). || Fam. Bigote (mujer muy devota). || Pop. Peseta.
beatería f. Bigoterie.
beaterio m. Béguinage.
beatificación f. Béatification.
beatíficamente adv. Béatement.
beatificar v. tr. Béatifier.
beatífico, ca adj. Béatifique : *visión beatífica*, vision béatifique. || *Béat, e* : *una sonrisa beatífica*, un sourire béat.
beatísimo, ma adj. Béatissime. || *Beatísimo Padre*, Très Saint-Père.
beatitud f. Béatitude.
beato, ta adj. y s. Bienheureux, euse ; béat, e (beatificado). || Dévot, e (piadoso). || ● Fam. Bigot, e ; cagot, e (muy devoto).
— M. Béat (p. us.), frère convers (religioso).
— Sinón. ● *Mojigato*, bigot. *Gazmoño, camandulero*, faux dévot, papelard. *Santurrón, tragasantos*, bondieusard.
beatón, ona o **beatuco, ca** adj. Fam. Bigot, e ; cagot, e.
Beatriz n. pr. f. Béatrice.
bebé m. Bébé.
— Observ. En Argentine on dit *bebe, m.* et *beba, f.*
— Sinón. *Niño* (de pecho), nourrisson. *Rorro, nene*, poupon. *Mocoso, mocosuelo*, gamin. *Churumbel, pituso*, gosse, marmot.
bebedero, ra adj. Buvable, bon, bonne à boire ; d'une saveur agréable.
— M. Auget (de los pájaros), abreuvoir (para los animales). || Bec (de algunas vasijas).
bebedizo, za adj. Buvable, bon, bonne à boire (bebedero).

— M. MED. Potion, *f.* ‖ Philtre (filtro mágico). ‖ Breuvage empoisonné (veneno).

bebedor, ra adj. y s. Buveur, euse.

beber m. Boire (acción) : *el beber,* le boire. ‖ Boisson, *f.* (bebida).

beber v. intr. y tr. Boire : *beber agua, al chorro,* boire de l'eau, à la régalade ; *beber de la botella,* boire à la bouteille. ‖ Boire (emborracharse) : *este hombre bebe,* cet homme boit. ‖ Boire (brindar) : *beber por* ou *a la salud de uno,* boire à la santé de quelqu'un, boire à quelqu'un. ‖ — *Beber a tragos,* boire à petites gorgées. ‖ FIG. y FAM. *Beber como una cuba* ou *como una esponja* ou *como un cosaco,* boire comme un trou *o* comme une éponge *o* comme un Polonais. ‖ *Beber de un trago,* boire d'un trait. ‖ FIG. *Beber en las fuentes de,* puiser aux sources de, s'abreuver aux sources de : *beber en las fuentes grecolatinas,* puiser aux sources gréco-latines. | *Beber los vientos por,* guigner (una cosa), être éperdument amoureux de (una mujer). ‖ *Echar de beber,* verser à boire. ‖ *Esto es como quien se bebe un vaso de agua,* c'est simple comme bonjour, c'est bête comme chou. ‖ *No hay que decir de esa agua no beberé,* il ne faut jamais dire : fontaine je ne boirai pas de ton eau. ‖ *Sin comerlo ni beberlo,* sans y être pour rien.

— V. pr. Boire.

— SINÓN. *Absorber,* absorber. *Tragar,* avaler. *Libar, sucer. Brindar,* trinquer. *Beborrotear,* buvoter. *Pimplar,* picoler. *Soplar,* siffler.

beberaje m. *Amer.* Excès de boisson.

beberrón, ona adj. y s. FAM. Biberon, onne ; soiffard, e ; boit sans soif (que bebe mucho).

bebestible adj. FAM. Buvable.

— M. FAM. Boisson, *f.*

bebezón m. *Amer.* Cuite, *f.* (borrachera).

bebible adj. FAM. Buvable.

bebida f. Boisson : *bebida alcohólica,* boisson alcoolisée. ‖ Boire, *m.* : *la bebida y la comida,* le boire et le manger. ‖ *Amer.* Potion (potingue). ‖ — *Darse a la bebida,* s'adonner à la boisson. ‖ *Tener mala bebida,* avoir le vin mauvais.

bebido, da adj. Gris, e ; un peu ivre, pris, e de boisson.

bebistrajo m. FAM. Mixture, *f.,* breuvage désagréable, bibine, *f.*

be-bop m. Be-bop (baile).

beborrotear v. intr. FAM. Siroter, buvoter.

beca f. Bourse (de estudio).

becacina o **becasina** f. (p. us.). Bécassine (agachadiza).

becada f. ZOOL. Bécasse.

becafigo m. Becfigue (pájaro).

becardón m. Becassine, *f.* (agachadiza).

becario, ria m. y f. Boursier, ère.

becerra f. Génisse [de moins d'un an]. ‖ Muflier, *m.* (planta).

becerrada f. Course de jeunes taureaux.

becerrear v. intr. FAM. Brailler.

becerril adj. Relatif au veau.

becerrillo m. Veau (cuero).

becerrista m. Toréro qui combat de très jeunes taureaux.

becerro m. Veau [d'un an ou deux]. ‖ Veau (cuero) : *botas de becerro,* bottines en veau. ‖ Cartulaire, livre terrier (libro). ‖ — *Becerro de oro,* veau d'or. ‖ *Becerro marino,* veau marin, phoque (foca).

— OBSERV. Le *veau,* viande de boucherie, se dit *ternera.*

becuadro m. MÚS. Bécarre.

bechamel o **bechamela** f. Béchamel (salsa).

bedano m. Bédane, bec-d'âne (escoplo).

bedel m. Appariteur (en la universidad).

bedelía f. Charge d'appariteur.

beduino, na adj. y s. Bédouin, e (árabe nómada). ‖ FIG. Barbare, sauvage (hombre brutal).

befa f. Raillerie, moquerie (escarnio). ‖ *Hacer befa de uno,* tourner quelqu'un en dérision, se moquer de quelqu'un.

befar v. intr. Remuer les lèvres, jouer avec le mors (los caballos).

— V. tr. Se moquer de, railler (burlarse).

befo, fa adj. Lippu, e (de labio grueso). ‖ Cagneux, euse (zambo).

— M. Babine, *f.* (de perro, mono, etc.), lèvre, *f.* (de caballo, etc.). ‖ Lippe, *f.* (labio inferior grueso). ‖ Singe (mico).

begardo m. Bégard, béguard, beggard (hereje).

begonia f. BOT. Bégonia, *m.*

begoniáceas f. pl. BOT. Bégoniacées.

beguinaje m. Béguinage (convento).

beguina f. Béguine (religiosa).

begum f. Begum.

behetría f. HIST. Ville libre dont les habitants avaient le droit d'élire leur seigneur. ‖ FIG. Confusion, désordre, *m.*

beige adj. y s. m. Beige (color).

— OBSERV. Ce mot est un gallicisme très employé.

béisbol m. Base-ball.

bejín m. Vesse-de-loup, *f.* (hongo).

bejucal m. Lieu où abondent les lianes.

bejuco m. Liane, *f.* (planta).

bejuquear v. tr. *Amer.* Bâtonner, gauler (un árbol). | Frapper avec un bâton (una persona).

bejuquillo m. Chaînette (*f.*) d'or. ‖ BOT. Ipécacuana, ipéca.

bel m. Bel (unidad de intensidad sonora).

Belcebú n. pr. m. Belzébuth.

belcho m. BOT. Uvette, *f.,* raisin des mers.

beldad f. Beauté. ‖ Beauté (mujer bella).

beldar* v. tr. AGRIC. Éventer.

belemnita f. Bélemnite (fósil).

belén m. Crèche, *f.* (del niño Jesús). ‖ FIG. y FAM. Pagaille, *f.,* pagaye, *f.* (confusión). | Capharnaüm, foutoir (lugar donde hay desorden). | *Meterse en belenes,* se fourrer dans un guêpier.

Belén n. pr. GEOGR. Bethléem. ‖ *Estar en Belén,* être dans les nuages *o* dans la lune.

beleño m. BOT. Jusquiame, *f.*

belérico m. BOT. Myrobalan, myrobolan.

belesa f. BOT. Dentelaire, malherbe.

belfo, fa adj. Lippu, e.

— M. Lèvre, *f.* (del caballo), babine, *f.* (de perro, mono, etc.). ‖ Lippe, *f.* (labio inferior grueso).

belga adj. y s. Belge.

Bélgica n. pr. f. GEOGR. Belgique.

belgicismo m. Belgicisme.

Belgrado n. pr. GEOGR. Belgrade.

belicismo m. Bellicisme.

belicista adj. y s. Belliciste.

bélico, ca adj. De guerre : *preparativos bélicos,* préparatifs de guerre.

belicosidad f. Bellicosité, caractère (*m.*) belliqueux, agressivité.

belicoso, sa adj. Belliqueux, euse.

beligerancia f. Belligérance. ‖ — *No dar beligerancia a uno,* ne pas s'occuper de quelqu'un, laisser quelqu'un tranquille. ‖ *Política de no beligerancia,* politique de non-belligérance *o* de non-intervention.

beligerante adj. y s. Belligérant, e.

belígero, ra adj. POÉT. Belliqueux, euse.

belinógrafo m. Bélinographe.

belinograma m. Bélinogramme.

belio m. Bel (unidad de intensidad sonora).

Belisario n. pr. m. Bélisaire.

belísono, na adj. POÉT. Guerrier, ère ; aux accords martiaux.

belitre adj. y s. FAM. Bélître.

Beltrán n. pr. m. Bertrand.

beluario m. Belluaire.
belvedere m. Belvédère.
bellacada f. V. BELLAQUERÍA.
bellacamente adv. Avec friponnerie.
bellaco, ca adj. y s. Coquin, e; fripon, onne (astuto). ‖ Scélérat, e; vaurien, enne (malo). ‖ *Amer.* Rétif, ive (caballo). ‖ *Mentir como un bellaco,* mentir comme un arracheur de dents.
belladona f. BOT. Belladone.
bellaquear v. intr. Commettre des friponneries, se conduire très mal. ‖ *Amer.* Se cabrer (los caballos). ‖ FIG. Se cabrer (resistir).
bellaquería f. Friponnerie, méfait, *m.* (acción). ‖ Friponnerie, scélératesse (calidad).
bellasombra f. *Amer.* Ombu, *m.* (árbol).
belleza f. Beauté. ‖ — *Diplomada en belleza,* esthéticienne diplômée. ‖ *Una belleza,* une beauté (mujer).
bellido, da adj. V. BELLO.
bellísimo, ma adj. Très beau, très belle. ‖ *Una bellísima persona,* une excellente personne.
bello, lla adj. Beau *o* bel, belle : *bello como un sol,* beau comme un astre; *las bellas artes,* les beaux-arts. ‖ — *El bello sexo,* le beau sexe. ‖ FIG. y FAM. *Por su bella cara,* pour ses beaux yeux.
— OBSERV. *Bel* se emplea delante de los sustantivos masculinos singulares que empiezan por vocal o *h* aspirada : *un niño, un hombre bello,* un bel enfant, un bel homme.
— SINÓN. *Bonito, precioso, lindo,* joli. *Gracioso, gentil,* gentil. *Mono,* mignon.
Bella durmiente del bosque (LA), la Belle au bois dormant.
bellota f. BOT. Gland, *m.* (de la encina). ‖ ANAT. Gland, *m.* (bálano). ‖ Gland, *m.* (adorno). ‖ Bouton (*m.*) d'œillet (del clavel). ‖ FIG. y FAM. *Animal de bellota,* cochon, porc (cerdo), mule, cabochard (testarudo), buse, butor (de escasa inteligencia).
bellotero, ra m. y f. Celui, celle qui récolte des glands. ‖ Marchand, marchande de glands (que vende). ‖ F. Glandée, récolte des glands (cosecha).
bembo, ba adj. *Amer.* Lippu, e (de labio grueso). ‖ Sot, sotte; niais, e (bobo).
— M. y f. *Amer.* Lippe, *f.* (labio grueso). ‖ Mufle, *m.,* muscau, *m.* (hocico).
bembón, ona *o* **bembudo, da** adj. y s. *Amer.* Lippu, e.
bemol adj. y s. m. MÚS. Bémol : *si bemol,* « si » bémol. ‖ *Esto tiene bemoles* ou *muchos bemoles* ou *tres bemoles,* ce n'est pas de la blague, ce n'est pas facile, ce n'est pas du tout cuit. ‖ *Hacer bemol,* bémoliser.
bemolado, da adj. Bémolisé, e.
bemolar v. tr. MÚS. Bémoliser.
ben m. Ben (hijo de). ‖ BOT. Moringa.
benceno m. QUÍM. Benzène.
bencílico, ca adj. QUÍM. Benzilique.
bencina f. QUÍM. Benzine.
bendecidor, ra adj. y s. Bénisseur, euse.
bendecir* v. tr. Bénir : *estar bendecido por los dioses,* être béni des dieux. ‖ *¡Dios le bendiga!,* Dieu vous bénisse !
— OBSERV. Le verbe espagnol *bendecir* a deux participes passés : l'un régulier, *bendecido,* employé dans l'énoncé d'une action ou de son résultat : *esta iglesia fue bendecida por,* cette église a été bénite par; l'autre, le participe irrégulier, *bendito,* qui n'a qu'une valeur d'adjectif. Cependant cette dernière forme subsiste dans les prières ou les invocations : *bendita eres entre todas las mujeres, bendito sea tu nombre,* tu es bénie entre toutes les femmes, béni soit ton nom.
— El verbo francés *bénir* tiene dos participios pasados : *béni,* e y *bénit,* e. Este último se usa solamente al tratar de objetos consagrados : *pain bénit, eau bénite,* pan bendito, agua bendita. En los demás casos, se dice *béni,* e : *une époque bénie,* una época bendita.

bendición f. Bénédiction. ‖ — *Bendición nupcial,* bénédiction nuptiale. ‖ FAM. *Echar la bendición a uno,* donner à quelqu'un sa bénédiction. ‖ *Es una bendición de Dios,* c'est une bénédiction. ‖ *Ya nos echaron las bendiciones,* nous sommes déjà passés devant Monsieur le Curé (matrimonio).
bendito, ta adj. Béni, e; bénit, e. (V. OBSERV. BENDECIR.) ‖ Bienheureux, euse (bienaventurado). ‖ Heureux, euse (dichoso). ‖ Benêt, *m.,* niais, e, bébête (de pocos alcances). ‖ *¡Bendito sea Dios!,* Mon Dieu! (de enojo), Dieu soit loué *o* béni (de contento).
— M. Benêt, niais (bobo). ‖ Bonasse (bonachón). ‖ Prière (*f.*) qui commence par les mots « *bendito y alababo,* etc. ». ‖ *Amer.* Niche (*f.*) pour statue (hornacina). ‖ Sorte de tente, *f.* (tienda de campaña). ‖ — FIG. y FAM. *Dormir como un bendito,* dormir comme un bienheureux. ‖ *Reir como un bendito,* rire aux anges.
bene adv. lat. *Nota bene* (N. B.), nota bene.
benedícite m. Bénédicité (oración).
benedictino, na adj. y s. Bénédictin, e. ‖ FIG. *Obra de benedictino,* travail de bénédictin, œuvre de longue haleine. ‖ — M. Bénédictine, *f.* (licor).
Benedicto n. pr. m. Benoît (solamente los papas).
benefactor, ra adj. y s. Bienfaiteur, trice.
beneficencia f. Bienfaisance : *sección de beneficencia,* bureau de bienfaisance. ‖ *Beneficencia pública,* assistance publique (administración).
beneficiación f. Exploitation.
beneficiado, da m. y f. Bénéficiaire. ‖ — M. Bénéficier (eclesiástico).
beneficiador, ra adj. y s. Qui bénéficie, bénéficiaire.
beneficial adj. Bénéficial, e.
beneficiar v. tr. Faire du bien (hacer bien) : *beneficiar al género humano,* faire du bien au genre humain. ‖ Faire valoir, mettre en valeur (una cosa, un terreno). ‖ Cultiver (la tierra). ‖ Exploiter (une mine). ‖ Traiter (un mineral). ‖ *Amer.* Abattre (matar una res). ‖ Dépecer (descuartizar). ‖ Favoriser (favorecer). ‖ *Ser beneficiado por,* être l'objet d'une dotation de la part de : *el convento ha sido beneficiado por,* le couvent a été l'objet d'une dotation de la part de.
— V. intr. y pr. Bénéficier : *beneficiar de una ley,* bénéficier d'une loi; *beneficiarse con la ayuda de,* bénéficier de l'aide de. ‖ Tirer profit, profiter (sacar provecho).
beneficiario, ria m. y f. Bénéficiaire.
beneficio m. Bienfait (bien) : *colmar a uno de beneficios,* combler quelqu'un de bienfaits. ‖ Bénéfice (ganancia) : *los beneficios del año,* les bénéfices de l'année. ‖ Avantage : *beneficios sociales,* avantages sociaux. ‖ FIG. Bénéfice, profit (provecho) : *a* ou *en beneficio de,* au bénéfice de. ‖ ECLES. Bénéfice. ‖ Exploitation, *f.* (explotación). ‖ AGRIC. Culture, *f.* (cultivo). ‖ MIN. Traitement (de un mineral). ‖ *Amer.* Abattage (matanza). ‖ Dépeçage (descuartizamiento). ‖ Exploitation (*f.*) rurale (hacienda). ‖ Fumier (abono). ‖ — DR. *Beneficio de inventario,* bénéfice d'inventaire. ‖ *Remanente de beneficios,* bénéfices rapportés. ‖ — *A beneficio de inventario,* sous bénéfice d'inventaire. ‖ *De beneficio,* bénéficiaire : *margen de beneficio,* marge bénéficiaire. ‖ *En beneficio de,* au profit de. ‖ *No tener oficio ni beneficio,* ne rien avoir du tout.
beneficioso, sa adj. Avantageux, euse; profitable (provechoso), bienfaisant, e (benéfico).
benéfico, ca adj. (Ant.). Bénéfique (los astros). ‖ Bienfaisant, e; bénéfique (que hace bien). ‖ *Fiesta benéfica,* fête de bienfaisance.
benemérito, ta adj. Digne d'honneur, méritant, e; digne de récompense. ‖ — *Benemérito de la patria,* qui a bien mérité de la patrie.

— F. *La Benemérita*, la Garde Civile [gendarmerie espagnole].

beneplácito m. Approbation, *f.*, agrément, accord : *negar el beneplácito*, refuser son accord.

Benevento n. pr. m. GEOGR. Bénévent.

benévolamente adv. Bénévolement (voluntariamente).

benevolencia f. Bienveillance.

benévolo, la adj. Bienveillant, e ; bénévole (ant.) [bueno]. ‖ Bénévole : *oyente benévolo*, auditeur bénévole.

— OBSERV. Dans le sens de « qui est fait à titre gracieux », *bénévole* se traduit en espagnol par *voluntario, gratuito, espontáneo*.

bengala f. Feu (*m.*) de Bengale. ‖ Rotin, *m.* (caña).

Bengala n. pr. m. GEOGR. Bengale. ‖ *Luz de Bengala*, feu de Bengale.

bengalí adj. y s. Bengali (de Bengala). ‖ — M. Bengali (pájaro). ‖ Bengali (langue).

bengalina f. Bengaline (tejido).

benignamente adv. Bénignement, de façon bénigne.

benignidad f. Bénignité. ‖ Douceur (del clima).

benigno, na adj. Bénin, bénigne : *enfermedad benigna*, maladie bénigne. ‖ Doux, douce (clima).

Benito, ta n. pr. m. y f. Benoît, Benoîte.

benjamín m. Benjamin (hijo menor).

Benjamín n. pr. m. Benjamin.

benjamita adj. y s. Benjamite.

benjuí m. Benjoin (bálsamo).

bentonita f. Bentonite (arcilla).

bentos m. Benthos (fauna del fondo de los mares).

benzamida f. QUÍM. Benzamide.

benzoato m. QUÍM. Benzoate.

benzoico, ca adj. QUÍM. Benzoïque.

benzol m. QUÍM. Benzol.

benzolismo m. Benzolisme.

benzonaftol m. QUÍM. Benzonaphtol.

Beocia n. pr. f. GEOGR. Béotie.

beocio, cia adj. y s. Béotien, enne. ‖ FIG. Béotien, enne (grosero).

beocismo m. Béotisme (grosería).

beodez f. Ivresse.

beodo, da adj. y s. Ivre, ivrogne, esse (borracho).

beque m. MAR. Poulaine, *f.* (delantera del barco). ‖ Bouteilles, *f. pl.* (excusado).

bequeriana f. Composition poétique sur un thème amoureux, à la façon de Bécquer.

béquico, ca adj. MED. Béchique (pectoral).

berberecho m. Bucarde, coque, *f.* (molusco).

berberí adj. y s. V. BERÉBER.

Berbería n. pr. f. GEOGR. Barbarie.

berberidáceas f. pl. BOT. Berbéridacées.

berberisco, ca adj. y s. Barbaresque.

bérbero o **bérberos** m. BOT. Épine-vinette, *f.*

berbiquí m. Vilebrequin (barrena).

berceo m. Sparte sec.

beréber o **berebere** adj. y s. Berbère.

Berenguela n. pr. f. Bérengère.

Berenice n. pr. f. Bérénice.

berenjena f. BOT. Aubergine : *berenjenas rellenas*, aubergines farcies. ‖ FAM. *¡Ni qué berenjenas!*, des figues!, des nèfles !

berenjenal m. Champ d'aubergines. ‖ FIG. Pagaille, *f.*, pagaye, *f.* : *armar un berenjenal*, semer la pagaille. ‖ FIG. y FAM. *Meterse en un berenjenal*, se mettre dans de beaux draps (en un apuro), se fourrer dans un guêpier (en un lío).

bergamasco adj. y s. Bergamasque, de Bergame.

Bérgamo n. pr. GEOGR. Bergame.

bergamota f. Bergamote (fruta).

bergamoto m. Bergamotier (árbol).

bergante m. FAM. Chenapan, vaurien.

bergantín m. Brigantin, brick (barco).

berginización f. Berginisation (carburantes).

bergsonismo m. Bergsonisme (de Bergson).

beri m. FAM. *Con las del beri*, méchamment, avec une mauvaise intention.

beriberi m. Béribéri (enfermedad tropical).

berilio m. Béryllium (metal).

berilo m. MIN. Béryl.

berkelio m. Berkélium.

berlanga f. Brelan, *m.* (trío de cartas).

Berlín n. pr. GEOGR. Berlin.

berlina f. Berline (vehículo). ‖ Coupé, *m.* (de una diligencia).

berlinés, esa adj. y s. Berlinois, e.

berma f. Berme (fortificación).

bermejear v. intr. Tirer sur le vermeil *o* sur le rouge.

bermejizo, za adj. Qui tire sur le vermeil, rougeâtre.

bermejo, ja adj. Vermeil, eille (rojo). ‖ Roux, rousse (cabellos).

bermejón, ona adj. Vermeil, eille.

bermellón m. Vermillon (color).

Bermudas n. pr. f. pl. GEOGR. Bermudes.

Berna n. pr. GEOGR. Berne.

Bernabé n. pr. m. Barnabé.

bernabita m. Barnabite (monje).

bernardina f. FAM. Boniment, *m.* (mentira). ‖ Fanfaronnade (baladronada).

Bernardino n. pr. m. Bernardin.

bernardo, da adj. y s. Bernardin, e (religiosos).

Bernardo, da n. pr. m. y f. Bernard, Bernadette.

bernés, esa adj. y s. Bernois, e (de Berna).

berra o **berraza** f. Cresson (*m.*) monté en graine.

berraco m. Braillard (niño).

berrear v. intr. Mugir, beugler (los becerros). ‖ FIG. y FAM. Brailler, beugler (gritar o cantar). ‖ Pleurer comme un veau (llorar). ‖ Se mettre en rogne (enfadarse).

berrenchín m. Odeur (*f.*) du sanglier furieux. ‖ FIG. y FAM. V. BERRINCHE.

berrendo, da adj. Tacheté, e : *berrendo en negro*, tacheté de noir (toro). — M. *Amer.* Variété (*f.*) de blé à tige bleue (trigo). ‖ Espèce d'antilope, *f.*, antilocapre, *f.*

berrera f. BOT. Ache d'eau.

berrido m. Beuglement, mugissement (del becerro). ‖ FIG. Hurlement, cri, braillement (grito). ‖ Fausse note, *f.*, couac, canard (al cantar).

berrín m. Capricieux, soupe-au-lait, *f.* (bejín).

berrinche m. FAM. Rogne, *f.*, colère, *f.* (rabieta) : *el niño ha cogido un berrinche*, l'enfant a piqué une rogne. ‖ Gros chagrin, contrariété, *f.* (disgusto de los niños).

berrinchudo, da adj. *Amer.* Coléreux, euse ; colérique.

berrizal m. Cressonnière, *f.*

berro m. BOT. Cresson.

berrocal m. Terrain rocheux.

berroqueña adj. *Piedra berroqueña*, granite *o* granit.

berrueco m. Rocher de granite (roca). ‖ Perle (*f.*) baroque (barrueco). ‖ MED. Tumeur (*f.*) à l'iris de l'œil.

bersagliero m. Bersaglier (soldado italiano).

berta f. Berthe (en un escote).

Berta n. pr. f. Berthe.

berza f. Chou, *m.* (col). ‖ FIG. y POP. *Un berzas*, une andouille.

berzal m. Champ de choux.

berzotas m. y f. FAM. Andouille, *f.* (idiota).

besalamano m. Billet non signé, portant en tête l'abréviation B. L. M. (je vous baise les mains) et le nom de l'expéditeur, faire-part.

besamanos m. Baisemain.

besamela o **besamel** f. Béchamel (salsa).

besana f. AGRIC. Billonnage, *m.* (surcos paralelos). ‖ Enrayure (primer surco). ‖ Mesure agraire catalane [21 ares 87].

besante m. Besant (moneda). ‖ BLAS. Besant.

Besanzón n. pr. Geogr. Besançon.
besar v. tr. Baiser (v. Observ.), embrasser (dar un
beso) : *le besé en las mejillas,* je l'ai embrassé
sur les joues. ‖ Fig. Toucher, effleurer (tocar). ‖ —
Fam. *Aquello fue llegar y besar el santo,* ça a
marché comme sur des roulettes. ‖ *Hacer besar la
lona,* envoyer au tapis (boxeo).
— V. pr. S'embrasser. ‖ Se toucher, s'effleurer
(rozarse).
— Observ. Hoy día el verbo *baiser* no debe emplearse
más que en expres'ones como *baiser les mains, les pieds,
le front, les lèvres,* besar las manos, los pies, la frente,
los labios; se le sustituye con el verbo *embrasser,* que
significa propiamente « abrazar ».
Besarabia n. pr. f. Geogr. Bessarabie.
besico o **besito** m. Petit baiser, bécot, bise, *f. : dar
un besito,* faire o donner une bise, faire la bise. ‖
Bot. *Besico de monja,* campanule (farolillo).
beso m. Baiser : *beso de paz,* baiser de paix. ‖ Fig.
Coup, heurt, choc (golpe). ‖ Fig. y Fam. *Comerse
a besos,* se manger de baisers.
besotear v. tr. Fam. Bécoter, baisoter (p. us.).
bessemer m. Bessemer (metalurgia).
bestezuela f. Bestiole.
bestia f. Bête. ‖ Fig. Brute (persona ruda) : *¡vaya
tío bestia!,* espèce de brute! ‖ Âne (ignorante). ‖
— *Bestia de albarda,* âne. ‖ *Bestia de carga,* bête
de somme. ‖ *Gran bestia,* élan (anta), tapir (tapir).
‖ Fam. *Ser un bestia,* être une brute.
bestial adj. Bestial, e (irracional) : *instintos bestiales,* instincts bestiaux. ‖ Fig. y Fam. Du tonnerre, extraordinaire (magnífico). ‖ Énorme, gigantesque (enorme).
bestialidad f. Bestialité. ‖ Fam. Énormité : *decir
bestialidades,* sortir des énormités. ‖ Fam. *Una
bestialidad de,* un tas de, un grand nombre de.
bestializar v. tr. Bestialiser.
— V. pr. Devenir bestial.
bestiario m. Bestiaire.
béstola f. Curette (arrejada).
best-seller m. Best-seller.
besucar v. tr. Fam. Bécoter, baisoter (p. us.).
besucón, ona adj. y s. Fam. Lécheur, euse.
besugo m. Zool. Daurade, *f.,* dorade, *f.,* rousseau.
‖ Fig. y Fam. Niais, bête, moule, *f.*
besuguera f. Marchande de daurades. ‖ Turbotière (para el besugo). ‖ Plat (*m.*) à poisson (para
cualquier pescado).
besuguete m. Pagel (pez).
besuquear v tr. Fam. Bécoter, baisoter (p us.).
— V. pr. Se bécoter.
besuqueo m. Bécotage, fricassé (*f.*) de museaux
(fam.).
beta f. Bêta, *m.* (letra griega). ‖ Bout (*m.*) de corde
o de ficelle (cuerda). ‖ Mar. Filin, *m.,* cordage, *m.*
(cable). ‖ *Rayos beta,* rayons bêta.
betarraga o **betarrata** f. Betterave (remolacha).
betatrón m. Fís. Bêtatron.
betel m. Bot. Bétel.
bético, ca adj. Bétique.
— F. Bétique.
betilo m. Bétyle.
betónica f. Bot. Bétoine.
betuláceas f. pl. Bot. Bétulacées.
betuminoso, sa adj. V. Bituminoso.
betún m. Bitume (brea). ‖ Cirage (para el calzado).
‖ Mastic (masilla). ‖ — *Betún de Judea,* bitume de
Judée, asphalte. ‖ *Negro como el betún,* noir
comme un pruneau. ‖ Fam. *Quedar a la altura del
betún,* être au-dessous de tout, être minable.
betunería f. Fabrique de cirage.
betunero m. Marchand de cirage. ‖ Cireur (limpiabotas).
bevatrón m. Fís. Bévatron.
bey m. Bey (soberano musulmán).
beylical adj. Beylical, e.
beylicato m. Beylicat.

bezaar m. Bézoard.
bezante m. Blas. Besant.
bezar m. Bézoard.
bezo m. Lippe, *f.* (labio grueso). ‖ Lèvre, *f.* (de
una herida).
bezoar m. Bézoard.
bezoárico m. Antidote (contraveneno). ‖ *Bezoárico mineral,* bézoard minéral, peroxyde d'antimoine.
bezote m. Labret (adorno).
bezudo, da adj. Lippu, e; qui a des grosses lèvres.
biaba f. Pop. *Amer.* Calotte, baffe (bofetada). ‖
Raclée, volée (zurra).
biácido, da adj. y s. m. Quím. Biacide.
biarticulado, da adj. Biarticulé, e.
biatómico, ca adj. Quím. Biatomique.
biaza f. Besace, bissac, *m.* (bizaza).
bíbaro m. Bièvre (castor).
bibásico, ca adj. Bibasique.
bibelot m. Bibelot.
biberón m. Biberon.
bibijagua f. *Amer.* Sorte de grande fourmi de
Cuba (hormiga). ‖ Fig. Fourmi.
bibijagüera f. *Amer.* Fourmilière.
biblia f. Bible. ‖ *Papel biblia,* papier bible.
bíblico, ca adj. Biblique.
bibliofilia f. Bibliophilie.
bibliófilo, la m. y f. Bibliophile.
bibliografía f. Bibliographie.
bibliográfico, ca adj. Bibliographique.
bibliógrafo m. Bibliographe.
bibliología f. Bibliologie.
bibliomancía f. Bibliomancie.
bibliomanía m. Bibliomanie.
bibliómano, na m. y f. Bibliomane.
biblioteca f. Bibliothèque : *biblioteca circulante,*
bibliothèque circulante o itinérante. ‖ Fig. *Es una
biblioteca viviente,* c'est une encyclopédie vivante.
bibliotecario, ria m. y f. Bibliothécaire.
bical m. Saumon mâle.
bicameral adj. Bicaméral, e : *principios bicamé-
rales,* principes bicaméraux.
bicameralismo m. Bicamérisme, bicaméralisme.
bicapsular adj. Bot. Bicapsulaire.
bicarbonato m. Quím. Bicarbonate.
bicarburo m. Quím. Bicarbure.
bicéfalo, la adj. y s. m. Bicéphale.
bicentenario m. Bicentenaire.
bíceps adj. y s. m. Anat. Biceps.
bicerra f. Zool. Chamois, *m.,* isard, *m.*
bici f. Fam. Vélo, *m.,* bécane (bicicleta).
bicicleta f. Bicyclette : *ir en bicicleta,* aller à
bicyclette.
— Observ. La forma *aller en bicyclette* es incorrecta.
biciclo m. Bicycle.
bicipital adj. Bicipital, e (de los bíceps).
bicípite adj. Bicéphale.
bicloruro m. Quím. Bichlorure.
bicoca f. Fig. y Fam. Babiole, bricole, bagatelle
(fruslería). ‖ Occasion, bonne affaire (ganga). ‖
Fromage, *m.* (puesto ventajoso). ‖ Bicoque (fortificación). ‖ *Amer.* Calotte (de los clérigos). ‖ Chiquenaude (capirotazo). ‖ *Por una bicoca,* pour
rien, pour une bouchée de pain, pour une misère
(muy barato).
— Observ. Le mot *bicoca* n'a jamais en espagnol le
sens familier de « bicoque », petite maison mal tenue.
bicolor adj. Bicolore.
bicóncavo, va adj. Biconcave.
biconvexo, xa adj. Biconvexe.
bicoquete o **bicoquín** m. Bonnet, coiffe, *f.* (papalina).
bicorne adj. Bicorne.
bicornio m. Bicorne (sombrero).
bicromato m. Quím. Bichromate.
bicromía f. Bichromie.

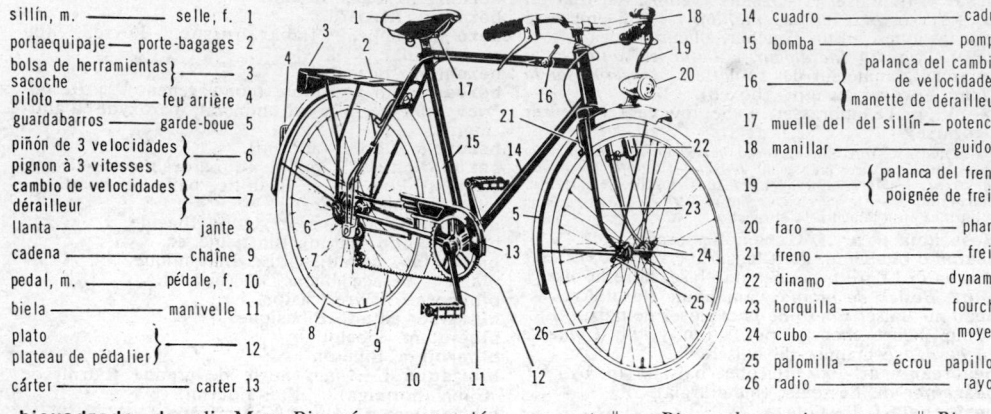

sillín, m. ———— selle, f. 1	14 cuadro ———— cadre
portaequipaje — porte-bagages 2	15 bomba ———— pompe
bolsa de herramientas ⎫ sacoche ⎬ 3	16 ⎧ palanca del cambio de velocidades ⎨ manette de dérailleur
piloto ———— feu arrière 4	17 muelle del del sillín — potence
guardabarros ———— garde-boue 5	18 manillar ———— guidon
piñón de 3 velocidades ⎫ pignon à 3 vitesses ⎬ 6	19 ⎧ palanca del freno ⎨ poignée de frein
cambio de velocidades ⎫ dérailleur ⎬ 7	20 faro ———— phare
llanta ———— jante 8	21 freno ———— frein
cadena ———— chaîne 9	22 dinamo ———— dynamo
pedal, m. ———— pédale, f. 10	23 horquilla ———— fourche
biela ———— manivelle 11	24 cubo ———— moyeu
plato ⎫ plateau de pédalier ⎬ 12	25 palomilla ——— écrou papillon
cárter ———— carter 13	26 radio ———— rayon

bicuadrado, da adj. MAT. Bicarré, e : *ecuación bicuadrada,* équation bicarrée.

bicha f. (Ant.). Bête (bicho). ‖ Couleuvre (culebra). ‖ ARQ. Mascaron, *m.*

bichar v. tr. *Amer.* Épier, guetter (bichear). ‖ Travailler un madrier (un madero).

bicharraco m. Sale bête, *f.* ‖ FAM. Sale type, sale individu.

bichear v. intr. *Amer.* Épier, guetter.

bichero m. MAR. Gaffe, *f.*

bicho m. Bestiole, *f.* (bestia pequeña). ‖ FAM. Bête, *f.,* taureau (toro de lidia). ‖ FIG. Phénomène, drôle de phénomène (persona ridícula). ‖ — *Amer. Bicho colorado,* aoûtat. ‖ FIG. Y FAM. *Bicho malo* ou *mal bicho,* sale individu, sale type, chameau. ‖ *Bicho malo nunca muere,* mauvaise herbe croît toujours. ‖ *No hay bicho viviente que no lo sepa,* tout le monde le sait, personne ne l'ignore. ‖ *Todo bicho viviente,* tout un chacun, tous sans exception, tout le monde.

bichoco, ca adj. *Amer.* Vieux, vieille, hors d'usage.

bidé m. Bidet (mueble).

bidentado, da adj. Bidenté, e.

— M. AGRIC. Bident, roue (*f.*) à deux dents.

bidón m. Bidon : *un bidón de gasolina,* un bidon d'essence.

biela f. Bielle : *biela de acoplamiento,* bielle d'accouplement ; *fundir una biela,* couler une bielle. ‖ Manivelle (de una bicicleta).

bielda f. AGRIC. Rateau (*m.*) à faner. ‖ Vannage, *m.* (acción de bieldar).

bieldar v. tr. Éventer (los cereales).

bieldo m. AGRIC. Fourche (*f.*) à faner. ‖ Bident (con dos dientes).

bien m. Bien (moral) : *discernir el bien del mal,* discerner le bien du mal ; *lo hice por tu bien* ou *en bien tuyo,* je l'ai fait pour ton bien ; *hombre de bien,* homme de bien. ‖ Bien, intérêt : *el bien de la patria,* l'intérêt de la patrie ; *el bien público,* l'intérêt public. ‖ — *Bien común,* bien public. ‖ *Bien supremo,* souverain bien. ‖ *Devolver bien por mal,* rendre le bien pour le mal. ‖ *Hacer bien* ou *el bien,* faire du bien (beneficiar), faire le bien (socorrer). ‖ *Haz bien y no mires a quien,* que ta main gauche ignore le bien que fait ta main droite. ‖ *Lo bien fundado,* le bien-fondé. ‖ *No hay bien ni mal que cien años dure,* le bonheur et le malheur ne sont pas éternels. ‖ *No hay mal que por bien no venga,* à quelque chose malheur est bon. ‖ *Querer el bien de,* vouloir du bien à, vouloir le bien de.

— Pl. Biens : *bienes muebles, de consumo, de equipo,* biens meubles, de consommation, d'équi-

pement. ‖ — *Bienes de propios,* usages. ‖ *Bienes gananciales,* acquêts : *comunidad de bienes gananciales,* communauté réduite aux acquêts. ‖ *Bienes inmuebles,* biens immeubles, immobilier. ‖ *Bienes mostrencos,* biens jacents, épaves. ‖ *Bienes públicos,* bien public. ‖ *Bienes raíces,* biens-fonds. ‖ *Bienes sedientes,* biens-fonds. ‖ *Bienes terrestres,* biens terrestres *o* de ce monde. ‖ *Bienes y personas,* corps et biens (en un naufragio). ‖ — *Bienes mal adquiridos a nadie han enriquecido,* bien mal acquis ne profite jamais. ‖ FAM. *Decir mil bienes de uno,* dire beaucoup de bien de quelqu'un, porter quelqu'un aux nues.

bien adv. Bien (convenientemente) : *obrar bien,* agir bien. ‖ Bien (correctamente) : *habla bien el francés,* il parle bien français ; *bien criado,* bien élevé. ‖ Bien, juste : *razonar bien,* raisonner juste. ‖ Bien (felizmente) : *su negocio marcha bien,* son affaire marche bien. ‖ Bien, largement, à l'aise (cómodamente) : *vive bien,* il vit bien *o* largement, il est à l'aise. ‖ Bon : *oler bien,* sentir bon. ‖ Bien, volontiers, avec plaisir (con gusto) : *bien le ayudaría si,* je vous aiderais volontiers si. ‖ Bien, assez (bastante) : *estoy bien cansado,* je suis bien fatigué. ‖ Bien, beaucoup, pas mal (mucho) : *hemos caminado bien,* nous avons bien marché. ‖ Bien, très (muy) : *es bien malo,* il est bien méchant. ‖ Bien : *bien entendiste,* tu as bien compris ; *bien es verdad que,* il est bien vrai que ; *bien me lo decía mi abuelo,* mon grand-père me le disait bien. ‖ Bien, bon, soit (de acuerdo) : *¿vamos al cine? — Bien,* nous allons au cinéma ? — Bon. ‖ — *Ahora bien,* or, cela étant, ceci dit. ‖ *Bien... o bien ou bien sea... o bien,* soit... soit. ‖ *De bien a bien,* de bon gré, de gré à gré (por las buenas). ‖ *De bien en mejor,* de mieux en mieux. ‖ *Gente bien,* des gens bien. ‖ *Mal que bien,* tant bien que mal. ‖ *Más o menos bien,* plus ou moins bien, tant bien que mal. ‖ *No bien,* à peine : *no bien vio el relámpago, echó a correr,* à peine eut-elle vu l'éclair qu'elle se mit à courir ; ne... pas plutôt, à peine : *no bien lo había dicho cuando se levantó,* il ne l'avait pas plutôt dit qu'il se leva. ‖ *¡Pues bien!,* bon ! ‖ FAM. *¡Qué bien!,* épatant !, magnifique !, chic ! ‖ *Si bien,* quoique, bien que, encore que. ‖ *Y bien,* eh bien, alors. ‖ — *Como bien te parezca,* comme bon vous semble. ‖ *¡Está bien!,* d'accord ! (de acuerdo), ça commence à bien faire ! (¡basta !). ‖ *Estar bien con,* être dans les bonnes grâces de, être bien avec. ‖ *Estar bien de salud,* être en bonne santé *o* bien portant. ‖ *Hablar bien de,* dire du bien de, parler en bien de. ‖ *Hacer bien en,* faire bien de, avoir raison de, ne pas avoir tort de. ‖ *Quien bien te quiere te hará* *llorar*, qui aime bien châtie bien. ‖ *Sentar bien*, faire du bien (un alimento, una cura), aller bien (vestido). ‖ *Tener a bien*, vouloir, vouloir bien, avoir l'obligeance de : *tenga usted a bien decirme*, veuillez me dire ; *espero que usted tendrá a bien escribirme pronto*, j'espère que vous voudrez bien m'écrire bientôt ; juger bon : *tuve a bien quedarme más tiempo*, j'ai jugé bon de rester plus longtemps. ‖ *Tomar a bien*, prendre du bon côté, bien prendre. ‖ *¡Ya está bien !*, cela suffit !, c'en est assez !, ça commence à bien faire !

bienal adj. Biennal, e : *rotaciones bienales*, assolements biennaux.
— F. Biennale.

bienandante adj. Heureux, euse.

bienandanza f. Bonheur, *m.*, félicité (felicidad). ‖ Chance, réussite (éxito).

bienaventurado, da adj. y s. Bienheureux, euse.

bienaventuranza f. Béatitude. ‖ Bonheur, *m.* (felicidad). ‖ — Pl. RELIG. Béatitudes : *las ocho bienaventuranzas*, les huit béatitudes.

bienestar m. Bien-être, confort.

bienhablado, da adj. Courtois, e ; poli, e. ‖ — Adj. y s. Bien-disant, e (p. us.).

bienhadado, da adj. Heureux, euse ; fortuné, e.

bienhechor, ra adj. y s. Bienfaiteur, trice.

bienintencionadamente adv. Avec de bonnes intentions.

bienintencionado, da adj. Bien intentionné, e.

bienio m. Espace de deux ans.

bienmandado, da adj. Obéissant, e ; soumis, e.

bienmesabe m. Œufs (*pl.*) à la neige.

bienoliente adj. Odorant, e ; qui sent bon.

bienquerencia f. o **bienquerer** m. Affection, *f.* (cariño). ‖ Bonne volonté, *f.* ‖ Estime, *f.* (consideración).

bienquerer* v. tr. Estimer, apprécier.

bienquistar v. tr. Mettre d'accord, réconcilier.
— V. pr. Se mettre d'accord, se réconcilier.

bienquisto, ta adj. Bien vu, e ; apprécié, e : *bienquisto de sus vecinos*, bien vu de ses voisins.
– – OBSERV. Ce mot est le participe passé irrégulier de *bienquerer*.

bienteveo m. Mirador (candelecho). ‖ *Amer.* Pitangue, tyran jaune (pájaro).

bienvenida f. Bienvenue : *dar la bienvenida*, souhaiter la bienvenue.

bienvenido, da adj. y s. Bienvenu, e : *ser bienvenido*, être le bienvenu.

bienvivir v. intr. Vivre à l'aise (con holgura). ‖ Mener une vie honnête (honradamente).

bies m. Biais (costura) : *al bies*, en biais ; *poner un bies*, mettre un biais.
— OBSERV. Ce mot est un gallicisme très employé.

bifásico, ca adj. Biphasé, e.

bife m. *Amer.* Bifteck : *bife a caballo*, bifteck avec deux œufs sur le plat. ‖ Calotte, *f.*, claque *f.* (guantada).

bífido, da adj. BOT. Bifide (hendido).

bifilar adj. Bifilaire.

bifocal adj. Bifocal, e ; à double foyer : *lentes bifocales*, verres à double foyer.

biftec m. Bifteck, beefsteak.

bifurcación f. Bifurcation.

bifurcarse v. pr. Bifurquer, se diviser en deux (un río, una rama). ‖ Bifurquer (carretera) : *la carretera se bifurca en Soria*, la route bifurque à Soria.

biga f. Bige, *m.* (carro romano).

bigamia f. Bigamie.

bígamo, ma adj. y s. Bigame.

bigardear v. intr. FAM. Courir la prétantaine, battre le pavé (vagar).

bigardo, da o **bigardón, ona** adj. y s. Paresseux, euse ; fainéant, e (vago). ‖ Libertin, e.

bígaro m. Bigorneau (molusco).

bigarrado, da adj. Bigarré, e.

bigarro m. Bigorneau (molusco).

bignoniáceas f. pl. BOT. Bignoniacées.

bigorneta f. Bigorneau, *m.* (yunque).

bigornia f. Bigorne (yunque).

bigote m. Moustache, *f.* : *bigote retorcido*, moustache retroussée ; *bigote con guías*, moustache en croc. ‖ IMPR. Sorte de filet. ‖ Trou de coulée (en un horno). ‖ — FAM. *Estar de bigote*, être du tonnerre, formidable. ‖ *Tener bigotes* ou *ser un hombre de bigotes*, être un dur o un brave à trois poils.

bigotera f. Relève-moustache, *m.*, bigotelle (para el bigote). ‖ Strapontin, *m.* (en los coches). ‖ Balustre, *m.*, compas (*m.*) à balustre (compás). ‖ Bout, *m.*, renfort, *m.* (del zapato). ‖ Trou (*m.*) de coulée (de las escorias). ‖ — Pl. Moustaches (bocera en los labios).

bigotudo, da adj. Moustachu, e.

biguá f. *Amer.* Espèce de cormoran, *m.*

bigudí m. Bigoudi.

bija f. BOT. Rocouyer, *m.* ‖ Rocou, *m.* (tinte).

bikini m. Bikini, deux-pièces (bañador).

bilabarquín m. *Amer.* Vilebrequin.

bilabiado, da adj. BOT. Bilabié, e.

bilabial adj. y s. f. Bilabial, e.

bilarciasis f. MED. Bilharziose.

bilateral adj. Bilatéral, e : *acuerdos bilaterales*, accords bilatéraux.

bilbaína f. Béret, *m.* (boina).

bilbaíno, na adj. y s. De Bilbao.

bilbilitano, na adj. y s. De Calatayud [ville d'Aragon, autrefois *Bilbilis*].

biliar o **biliario, ria** adj. Biliaire (humor).

bilingüe adj. y s. Bilingue.

bilingüismo m. Bilinguisme.

bilioso, sa adj. y s. Bilieux, euse.

bilis f. Bile (humor). ‖ FIG. Bile : *exaltar la bilis*, échauffer la bile (irritar).

bilítero, ra adj. GRAM. Bilitère.

bilobulado, da adj. BOT. Bilobé, e.

bilocación f. Bilocation.

bilocular adj. BOT. Biloculaire.

bilongo m. *Amer.* Sorcellerie, *f.* (brujería).

bill m. Bill (proyecto de ley en Inglaterra).

billa f. Bille (en el billar).

billar m. Billard (juego) : *taco de billar*, queue de billard ; *billar ruso*, billard russe.

billarista m. Joueur de billard.

billetaje m. Les billets, *pl.*, la totalité (*f.*) des billets.

billete m. Billet (carta) : *billete amoroso*, billet doux. ‖ Billet (de banco, de tren, de lotería, de espectáculo, etc.) : *sacar un billete*, prendre un billet ; *billete circular*, billet circulaire. ‖ Ticket (metro, tranvía, andén). ‖ — *Billete al portador*, billet au porteur. ‖ *Billete a mitad de precio*, billet demi-tarif. ‖ *Billete de ida*, billet simple, aller simple. ‖ *Billete de ida y vuelta*, aller-retour, billet d'aller et retour. ‖ *Billete postal*, carte-lettre. ‖ *Billete semanal*, billet hebdomadaire. ‖ *Billete tarifa completa*, billet à plein tarif. ‖ *Con el cartel de no hay billetes*, à bureaux fermés. ‖ *Medio billete*, demi-place. ‖ *No hay billetes*, complet.

billetera f. o **billetero** m. Porte-billets, *m. inv.*, portefeuille, *m.* (cartera).

billón m. MAT. Billion (millón de millones).
— OBSERV. Antiguamente el *billón* francés valía mil millones (*un milliard*). Actualmente este uso persiste en los Estados Unidos.

billonésimo, ma adj. y s. MAT. Millionième de millionième.

bimano, na adj. y s. ZOOL. Bimane.

bimba f. FAM. Tube, *m.*, gibus, *m.* (chistera). ‖ POP. Talmouse (puñetazo). ‖ FAM. *Amer.* Perche (persona alta). ‖ Cuite (borrachera).

bimbalete m. Bringuebale, *f.* (de bomba). ‖ *Amer.* Balançoire, *f.* (columpio). | Chadouf (para extraer agua).

bimbre m. FAM. Osier (mimbre).

bimensual adj. Bimensuel, elle.

bimestral adj. Bimestriel, elle.

bimestre m. Bimestre.

bimetálico, ca adj. Bimétallique.

bimetalismo m. Bimétallisme.

bimetalista adj. y s. m. Bimétalliste.

bimilenario m. Bimillénaire.

bimotor, ra adj. y s. m. Bimoteur, trice.

bina f. AGRIC. Binage, *m.*

binación f. ECLES. Binage, *m.* (derecho).

binadera f. AGRIC. Binette (herramienta).

binador m. AGRIC. Celui qui bine. | Binette, *f.* (herramienta).

binadora f. Bineur, *m.*, bineuse (máquina).

binadura f. AGRIC. Binage, *m.*

binar v. tr. AGRIC. Biner.
— V. intr. ECLES. Biner.

binario, ria adj. Binaire.

binazón f. AGRIC. Binage, *m.*

bincha f. *Amer.* Bandeau, *m.* (cinta para el pelo).

bingarrote m. *Amer.* Eau-de-vie (*f.*) d'agave.

binocular adj. Binoculaire.

binóculo m. Binocle.

binomio m. MAT. Binôme.

binza f. Pelure d'oignon (de cebolla). ‖ Membrane coquillière (del huevo). ‖ Membrane (telilla).

biobibliografía f. Biobibliographie.

biofísica f. Biophysique.

biogénesis f. Biogenèse.

biogenético, ca adj. Biogénétique.

biogeografía f. Biogéographie.

biografía f. Biographie.

biografiar v. tr. o Écrire la biographie de.

biográfico, ca adj. Biographique.

biógrafo, fa m. y f. Biographe.
— M. *Amer.* Cinéma.
— OBSERV. Ce mot est un barbarisme dans le sens de « cinéma ».

biología f. Biologie.

biológico, ca adj. Biologique.

biólogo m. Biologiste.

biombo m. Paravent.

biomecánica f. Biomécanique.

biometría f. Biométrie.

biopsia f. MED. Biopsie.

bioquímico, ca adj. Biochimique.
— M. y f. Biochimiste. ‖ — F. Biochimie.

bioscopio m. Bioscope.

biosfera f. Biosphère.

biosíntesis f. Biosynthèse.

biotecnia f. Biotechnie.

bioterapia f. Biothérapie.

biotita f. MIN. Biotite.

biotropismo m. Biotropisme.

bióxido m. QUÍM. Bioxyde.

biparietal adj. Bipariétal, e.

bipartición f. Bipartition.

bipartido, da adj. Biparti, e; bipartite (en el lenguaje científico) : *hoja bipartida,* feuille bipartite. ‖ Biparti, e; bipartite (comité, gobierno, etc.).

bipartito, ta adj. Bipartite, biparti, e : *acuerdo bipartito,* accord bipartite.

bípede o **bípedo, da** adj. y s. m. Bipède.

biplano m. Biplan (avión).

biplaza adj. y s. m. Biplace.

bipolar adj. Bipolaire.

bipolaridad f. Bipolarité.

biricú m. Ceinturon, porte-épée, bélière, *f.*

birimbao m. Mús. Guimbarde, *f.* (instrumento).

birla f. Quille (bolo).

birlar v. tr. Rabattre (en el juego de los bolos). ‖ FIG. y FAM. Chiper, barboter, faucher, piquer (robar). | Rabioter, ratiboiser (en el juego). | Souffler (una novia, un empleo). | Descendre, ratiboiser (matar).

birlesca f. POP. Bande de filous, cour des miracles.

birlí m. IMPR. Blanc de pied, queue, *f.*, partie (*f.*) non imprimée al bas de la page.

birlibirloque (por arte de) loc. adv. Par enchantement, comme par enchantement.

birlocha f. Cerf-volant, *m.* (cometa).

birlocho m. Briska, *f.*, sorte de victoria, *f.* (coche).

birlón m. But (en el juego de bolos).

birlonga f. Brelan, *m.* (juego).

Birmania n. pr. f. GEOGR. Birmanie.

birmano, na adj. y s. Birman, e.

birreactor adj. y s. m. Biréacteur.

birrefringencia f. Biréfringence.

birrefringente adj. Biréfringent, e.

birreme f. MAR. Birème.

birreta f. Barrette (de cardenal).

birrete m. Barrette, *f.* (birreta). ‖ Toque, *f.* (de los magistrados). ‖ Bonnet (gorro).

birretina f. Petit bonnet, *m.* ‖ (Ant.). MIL. Bonnet (*m.*) à poil.

birria f. FAM. Horreur (cosa o persona fea). | Cochonnerie (cosa sin valor). ‖ *Amer.* Haine (tirria). | Caprice, *m.*, manie (capricho).

bis adv. Bis.

bisabuelo, la m. y f. Arrière-grand-père, *m.*, arrière-grand-mère, *f.*, bisaïeul, e (p. us.). ‖ — M. pl. Arrière-grands-parents.

bisagra f. Charnière (de puerta, etc.). ‖ Bisaiguë (de zapatero).

bisanual o **bisanuo, a** adj. Bisannuel, elle.

bisar v. tr. Bisser.

bisbís m. Biribi (juego).

bisbisar o **bisbisear** v. tr. FAM. Marmotter (decir entre dientes). ‖ Murmurer, chuchoter (al oído).

bisbiseo m. Chuchotement, murmure.

biscuit m. Biscuit (porcelana).

bisecar v. tr. GEOM. Diviser en deux parties égales, bissecter.

bisección f. GEOM. Bissection.

bisector, triz adj. y s. f. GEOM. Bissecteur, trice.

bisegmentar v. tr. Bisegmenter.

bisel m. Biseau : *en bisel,* en biseau. ‖ *Tallar en bisel,* biseauter, tailler en biseau.

biselado m. Biseautage.

biselar v. tr. Biseauter, tailler en biseau.

bisemanal adj. Bihebdomadaire.

bisemanario m. *Amer.* Revue bihebdomadaire.

bisexual adj. Bissexuel, elle ; bissexué, e.

bisiesto adj. Bissextile : *año bisiesto,* année bissextile. ‖ — *Día bisiesto,* bissexte, jour bissextile. ‖ FIG. y FAM. *Mudar de bisiesto,* changer son fusil d'épaule.

bisilábico, ca o **bisílabo, ba** adj. De deux syllabes.

bismuto m. Bismuth.

bisnieto, ta m. y f. Arrière-petit-fils, *m.*, arrière-petite-fille, *f.* ‖ — M. pl. Arrière-petits-enfants.

bisojo, ja adj. y s. Loucheur, euse ; bigle (bizco).

bisonte m. ZOOL. Bison. ‖ *Bisonte hembra,* bison femelle, bisonne (p. us.).

bisontino, na adj. y s. Bisontin, e (de Besançon).

bisoñada o **bisoñería** f. FIG. y FAM. Gaminerie, pas (*m.*) de clerc.

bisoñé m. Toupet, petite perruque, *f.*

bisoño, ña adj. y s. Débutant, e ; novice (principiante). ‖ — M. MIL. Bleu, nouvelle recrue, *f.* ‖ FAM. Bleu, béjaune, blanc-bec.

bistec o **bisté** m. Bifteck, beefsteak.

bistorta f. BOT. Bistorte.

bistre o **bistro** adj. y s. m. Bistre (color).

bisturí m. MED. Bistouri.

bisulco, ca adj. ZOOL. Bisulque.

bisulfato m. Quím. Bisulfate.
bisulfito m. Quím. Bisulfite.
bisulfuro m. Quím. Bisulfure.
bisurco adj. m. *Arado bisurco,* bisoc.
bisutería f. Bijouterie de fantaisie *o* en faux *o* fausse, en simili *o* en toc (fam.) : *una joya de bisutería,* un bijou en simili.
— Observ. La *bijouterie* en fin se dit *joyería.*
bita f. Mar. Bitte.
bitácora f. Mar. Habitacle, *m.* ‖ *Cuaderno de bitácora,* livre de bord.
Bitinia n. pr. f. Geogr. Bithynie.
bitongo adj. Fam. *Niño bitongo,* gros garçon.
bitoque m. Fausset (de tonel). ‖ *Amer.* Robinet (grifo). ‖ Canule, *f.* (de una jeringa). ‖ Egout (sumidero).
bitor m. Roi des cailles (pájaro).
bitter m. Bitter (licor).
bituminoso, sa adj. Bitumineux, euse.
bivalente adj. Quím. Bivalent, e.
bivalvo, va adj. y s. m. Bot. y Zool. Bivalve.
Bizancio n. pr. Geogr. Byzance.
bizantinismo m. Byzantinisme.
bizantinista m. y f. Byzantiniste, byzantinologue.
bizantino, na adj. y s. Byzantin, e. ‖ Fig. *Discusiones bizantinas,* discussions byzantines.
bizarramente adv. Courageusement, bravement (con valor). ‖ Noblement (con nobleza).
bizarrear v. intr. Montrer du courage, faire preuve de courage (valor). ‖ Montrer de la générosité, faire preuve de générosité.
bizarría f. Courage, *m.,* bravoure, hardiesse (valor). ‖ Générosité, largesse (generosidad). ‖ Prestance, allure (gallardía).
bizarro, ra adj. Courageux, euse ; brave, vaillant, e ; hardi, e : *un bizarro coronel,* un vaillant colonel. ‖ Généreux, euse ; large (generoso). ‖ De belle prestance (gallardo).
— Observ. La palabra francesa *bizarre* significa *extraño, raro.*
bizaza f. o **bizazas** f. pl. Besace, *sing.,* bissac, *m. sing.* (saco).
bizcaitarra m. y f. Nationaliste basque.
bizcar v. intr. Loucher (mirar torcido).
bizco, ca adj. Louche, bigle.
— M. y f. Loucheur, euse ; bigle. ‖ Fig. y Fam. *Dejar bizco,* laisser pantois *o* baba *o* comme deux ronds de flan.
bizcochada f. Soupe au lait et aux biscuits (sopa). ‖ Petit pain (*m.*) fendu (bollo).
bizcochar v. tr. Biscuiter, recuire : *pan bizcochado,* pain biscuité. ‖ Biscuiter (la porcelana).
bizcochería f. Biscuiterie.
bizcochero, ra m. y f. Marchand, marchande de biscuits (vendedor). ‖ — F. Boîte à biscuits (caja).
bizcocho m. Culin. Biscuit, pâte (*f.*) à biscuit (masa). ‖ Gâteau (pastel). ‖ Tecn. Biscuit (de porcelana). ‖ *Bizcocho borracho,* baba [au rhum].
— Observ. La palabra francesa *biscuit* designa también la *galleta.*
bizcochuelo m. Petit biscuit.
bizcotela f. Biscuit (*m.*) glacé (bizcocho).
Bizerta n. pr. Geogr. Bizerte.
biznaga f. Visnage, *m.* (plante). ‖ Petit bouquet (*m.*) de jasmin (en Andalucía). ‖ *Amer.* Échinocactus, *m.,* cactacée du Mexique (cacto).
biznieto, ta m. y f. Arrière-petit-fils, *m.,* arrière-petite-fille, *f.* ‖ — M. pl. Arrière-petits-enfants.
bizquear v. intr. Fam. Loucher, bigler.
bizquera f. Strabisme, *m.*
black-rot m. Black-rot (enfermedad de la vid).
blanca f. Maille (antigua moneda). ‖ Mús. Blanche. ‖ Pie (urraca). ‖ Fig. y Fam. *No tener una blanca* ou *estar sin blanca,* n'avoir pas un radis, être fauché, être sans un rond *o* sans le sou.

Blancanieves n. pr. f. Blanche-Neige.
blanco, ca adj. Blanc, blanche : *pan, vino blanco,* pain, vin blanc. ‖ Fig. y Fam. Froussard, e ; trouillard, e (cobarde). ‖ — *Blanco como el papel,* blanc comme un linge, pâle comme la mort. ‖ *Manjar blanco,* blanc-manger (natilla). ‖ *Ropa blanca,* lingerie. ‖ *Tienda de ropa blanca,* maison de blanc. ‖ — *Dar carta blanca,* donner carte blanche.
— M. y f. Blanc, blanche (de raza blanca). ‖ *Blanca doble,* double-blanc (dominós). ‖ — M. Blanc (color). ‖ Blanc (intervalo). ‖ Cible, *f.* (para tirar). ‖ Fig. But (objetivo). ‖ — *Blanco de ballena,* blanc de baleine. ‖ *Blanco de cinc, de España, de plata* ou *de plomo,* blanc de zinc, d'Espagne, d'argent *o* de céruse. ‖ *Blanco de la uña,* lunule. ‖ *Blanco del ojo,* blanc de l'œil. ‖ *Caseta de tiro al blanco,* stand de tir. ‖ *Tiro al blanco,* tir à la cible. ‖ — *Como de lo blanco a lo negro,* comme le jour et la nuit. ‖ *En blanco,* en blanc (sin escribir), nue (espada), négatif : *ha sido un día en blanco,* cela a été un jour négatif. ‖ *Más blanco que la nieve,* blanc comme neige. ‖ — *Calentar al blanco,* chauffer à blanc. ‖ *Dar en el blanco* ou *hacer blanco,* frapper au but, donner *o* mettre dans le mille, faire mouche. ‖ *Pasar una noche en blanco,* passer une nuit blanche. ‖ *Ponerse en blanco,* chavirer (los ojos). ‖ *Quedarse en blanco,* en être pour ses frais (a la luna de Valencia). ‖ *Ser el blanco de las burlas,* être un objet de risée, être en butte aux plaisanteries. ‖ *Ser el blanco de las miradas,* être le point de mire. ‖ *Tirar al blanco,* faire un carton.
blancor m. Blancheur, *f.* (blancura).
blancote, ta adj. Très blanc, très blanche, livide : *tez blancota,* teint livide. ‖ — Adj. y s. Fig. y Fam. Froussard, e (cobarde).
blancura f. Blancheur.
blancuzco, ca adj. Blanchâtre.
blandamente adv. Mollement (con blandura). ‖ Fig. Doucement (suavemente) : *hablar blandamente,* parler doucement.
blandear v. intr. Faiblir, fléchir (flojear). ‖ Céder.
— V. tr. Influencer. ‖ Brandir (un arme).
— V. pr. Fléchir.
blandengue adj. y s. Fam. Faible, mou, molle, mollasse. ‖ — M. *Amer.* Lancier [de la province de Buenos Aires].
blandenguería f. Mollesse, faiblesse.
blandicia f. Flatterie (halago). ‖ Mollesse, délicatesse (delicadeza).
blandir* v. tr. Brandir (un arma).
blando, da adj. Mou, molle (muelle) : *este colchón es blando,* ce matelas est mou. ‖ Tendre (tierno). ‖ Fig. Doux, douce (ojos, palabras, etc.). ‖ Tendre : *blando de corazón,* au cœur tendre. ‖ ● Mou, molle ; faible (débil) : *carácter blando,* caractère faible. ‖ Fam. Froussard, e (cobarde). ‖ Mús. Bémolisé, e.
— Adv. Mollement, doucement.
— Sinón. ● *Débil,* faible. *Pasivo,* veule. *Abúlico,* aboulique. *Amorfo,* amorphe.
blandón m. Brandon (antorcha). ‖ Torchère, *f.* (candelero).
blanducho, cha o **blandujo, ja** adj. Fam. Mollasse, mollasson, onne.
blandura f. Mollesse (calidad). ‖ Emplâtre, *m.,* émollient, *m.* (emplasto). ‖ Tiédeur (de la atmósfera). ‖ Fig. Douceur, bien-être, *m.* (bienestar). ‖ Affabilité, douceur (en el trato). ‖ Flatterie (halago).
blanqueado m. V. BLANQUEO.
blanqueador, ra adj. Qui blanchit, blanchissant, e.
— M. Badigeonneur.
blanqueadura f. o **blanqueamiento** m. V. BLANQUEO.

blanquear v. tr. Blanchir (poner una cosa blanca). ‖ Chauler, blanchir o badigeonner à la chaux (encalar las paredes). ‖ Blanchir (los metales, el azúcar). — V. intr. Blanchir, devenir blanc, blanche (ponerse blanco) : *esta salsa blanquea*, cette sauce blanchit. ‖ Tirer sur le blanc (tirar a blanco). ‖ Blanchoyer (tener reflejos blancos).

blanquecedor m. Blanchisseur (de metales).

blanquecer* v. tr. Blanchir (los metales).

blanquecino, na adj. Blanchâtre. ‖ Blafard, e : *una luz blanquecina*, une lumière blafarde.

blanqueo m. Blanchiment (acción de blanquear), chaulage, badigeonnage à la chaux (encalado). ‖ TECN. Blanchiment. ‖ Blanchissage (del azúcar).

blanqueta f. Blanchet, m. (tela).

blanquete m. Blanc, fard blanc (afeite).

blanquición f. Blanchiment, m. (de metales).

blanquillo, lla adj. *Trigo blanquillo*, froment (trigo candeal). — M. *Amer*. Œuf (huevo). | Pêche (f.) à chair blanche (melocotón). | Poisson du Chili.

blanquinegro, gra adj. Noir et blanc.

blanquinoso, sa adj. Blanchâtre.

blanquizco, ca adj. Blanchâtre.

Blas n. pr. m. Blaise. ‖ *Díjolo ou lo dijo Blas, punto redondo*, brigadier, vous avez raison.

blasfemador, ra adj. y s. Blasphémateur, trice.

blasfemar v. intr. Blasphémer : *blasfemar contra Dios, de la virtud*, blasphémer contre Dieu, contre la vertu.

blasfematorio, ria adj. Blasphématoire.

blasfemia f. Blasphème, m.
— SINÓN. *Taco, reniego, terno*, juron. *Juramento, voto*, jurement. *Palabrota*, gros mot.

blasfemo, ma adj. Blasphématoire (palabra). ‖ — Adj. y s. Blasphémateur, trice (persona).

blasón m. Blason. ‖ Honneur, gloire, f. (gloria). ‖ *Hacer blasón de*, faire parade de.

blasonador, ra adj. Vantard, e ; hâbleur, euse ; fanfaron, onne.

blasonar v. tr. Blasonner (heráldica). — V. intr. FIG. Se vanter, se targuer, faire parade o étalage de : *blasonar de rico*, se targuer d'être riche, faire étalage de sa richesse.

blasonería f. Hâblerie, fanfaronnade, vantardise.

blastema m. BIOL. Blastème.

blastodermo m. BIOL. Blastoderme.

blastómero m. Blastomère.

blastomicetos m. pl. BOT. Blastomycètes.

blastomicosis f. MED. Blastomycose.

blástula f. BIOL. Blastula, blastule.

blata f. Blatte (cucaracha).

bledo m. Blette, f. (planta). ‖ — FIG. y FAM. *No dársele a uno un bledo de alguna cosa*, ne pas donner un sou de quelque chose. | *No me importa un bledo*, je m'en fiche, je m'en moque comme de l'an quarante.

blefaritis f. MED. Blépharite.

blenda f. MIN. Blende.

blenorragia f. MED. Blennorragie.

blenorrágico, ca adj. Blennorragique.

blenorrea f. MED. Blennorrhée.

blinda f. Blinde (fortificación).

blindado, da adj. Blindé, e.

blindaje m. Blindage.

blindar v. tr. Blinder.

blizzard m. Blizzard.

bloc m. Bloc : *bloc de notas*, bloc-notes.

blocaje m. Blocage.

blocao m. Blockhaus (fortificación).

block-system m. Block-system, bloc-système, bloc (ferrocarriles).

blonda f. Blonde (encaje).

blondo, da adj. Blond, e (rubio).

bloom m. Bloom (lingote grueso).

bloque m. Bloc : *un bloque de mármol*, un bloc de marbre. ‖ — MECÁN. *Bloque del motor*, bloc-moteur (coche), fuseau moteur (avión). ‖ *Bloque de matrizar*, bloc à colonne. ‖ *Bloque diagrama*, bloc-diagramme. ‖ *De un solo bloque*, tout d'une pièce, en un seul bloc. ‖ *En bloque*, en bloc, en masse. ‖ *Formar bloque con*, former corps avec, faire un tout avec.

bloqueado m. IMPR. Blocage.

bloqueador, ra adj. Qui bloque. ‖ De blocus : *armada bloqueadora*, flotte de blocus. ‖ — Adj. y s. Assiégeant, e.

bloquear v. tr. MIL. y MAR. Bloquer, faire le blocus de (cercar). ‖ COM. Bloquer, geler (créditos, etc.). ‖ FIG. Bloquer.

bloqueo m. MIL. y MAR. Blocus. ‖ COM. Blocage (del dinero).

blue-jean m. Blue-jean (pantalón vaquero).

bluff m. Bluff (farol).

blues m. Blues (baile).

blusa f. Blouse (de alumno, etc.). ‖ Corsage, m., blouse, chemisier, m. (de mujer).

blusón m. Blouse (f.) longue (blusa larga). ‖ Marinière, f. (de mujer).

boa f. Boa, m. (reptil). ‖ Boa, m. (adorno de pieles, de plumas).

boardilla f. Mansarde (buhardilla).

boato m. Ostentation, f., faste.

bobada f. Bêtise, sottise. ‖ *¡Déjate de bobadas!*, trêve de plaisanteries !, cesse de dire o de faire des bêtises.

bobalicón, ona adj. y s. FAM. Abruti, e ; crétin, e ; bébête (tonto).

bobamente adv. Bêtement, sottement. ‖ FIG. Sans soin, avec négligence (sin cuidado).

bobear v. intr. Niaiser (p. us.), faire (hacer) o dire (decir) des bêtises.

bobería f. Niaiserie, sottise.

bobeta adj. *Amer*. V. BOBO.

bóbilis bóbilis (de) adv. FAM. Sans se casser, les doigts dans le nez (muy fácilmente). ‖ À l'œil, aux frais de la princesse (de balde).

bobina f. Bobine (carrete). ‖ ELECTR. *Bobina de sintonía*, bobine d'accord.

bobinado m. Bobinage.

bobinador, ra m. y f. Bobineur, euse.

bobinadora f. Bobinoir, m.

bobinar v. tr. Embobiner, enrouler.

bobito m. ZOOL. Gobe-mouches de Cuba.

bobo, ba adj. y s. ● Sot, sotte ; idiot, e ; niais, e (tonto). ‖ Naïf, ive (candoroso). ‖ *La guerra boba*, la drôle de guerre. ‖ — M. TEATR. Bouffon. ‖ Poisson d'eau douce d'Amérique centrale (pez). ‖ — *A los bobos se les aparece la Madre de Dios*, aux innocents les mains pleines. ‖ *El bobo de Coria*, l'idiot du village. ‖ *Entre bobos anda el juego*, ils s'entendent comme larrons en foire.
— SINÓN. ● *Tonto*, bête. *Imbécil*, imbécile. *Simple, cándido*, naïf, niais. *Simplón*, simplet. *Inocente*, innocent. *Memo, panoli*, niais, nigaud. *Bendito, pánfilo*, benêt. *Pavitonto, pasmarote*, cloche, gourde. *Tontaina, bobalicón*, bébête. *Lila*, gourde, jobard. *Papanatas*, serin. Fam. *Mastuerzo, majadero, melón*, cornichon. *Percebe*, moule. *Primo*, pigeon, poire. *Juan Lanas*, Jean-foutre.

bobsleigh m. Bobsleigh (trineo).

boca f. Bouche : *boca acorchada*, bouche empâtée. ‖ Gueule (V. OBSERV.). ‖ ZOOL. Pince (de crustáceo). ‖ Bec, m. (de una vasija). ‖ Bouche (de un cañón). ‖ Entrée (de un puerto). ‖ TECN. Bouche, gueule (de un horno). | Gueulard, m. (de alto horno). | Tranchant, m. (de una herramienta cortante). | Mâchoire (de las pinzas). | Panne (de un martillo). ‖ Débouché, m. (de una calle). ‖ Goût, m., bouquet, m. (del vino). ‖ FIG. Bouche : *tener seis bocas que atender*, avoir six bouches à nourrir. ‖ — Pl. Bouches, embouchure, *sing.* : *las bocas del Nilo,* les bouches du Nil. ‖ — *Boca abajo,* à plat ventre, sur le ventre. ‖ *Boca a boca,* bouche à bouche. ‖ *Boca arriba,* sur le dos (personas) : *volver boca arriba,* retourner sur le dos ; sur table : *poner las cartas boca arriba,* mettre cartes sur table. ‖ Fig. *Boca de escorpión,* langue de vipère. ‖ Fam. *Boca de espuerta,* four, bouche fendue jusqu'aux oreilles. ‖ Mil. *Boca de fuego,* bouche à feu. ‖ *Boca de incendio,* bouche d'incendie. ‖ Fig. *Boca del estómago,* creux de l'estomac. ‖ *Boca de metro,* bouche de métro. ‖ *Boca de oro,* beau parleur, saint Jean Bouche d'or. ‖ *Boca de riego,* bouche d'arrosage *o* d'eau, prise d'eau. ‖ — *A boca* ou *boca a boca,* de vive voix. ‖ *A boca de cañón,* à bout portant (desde muy cerca), à brûle-pourpoint, de but en blanc (repentinamente). ‖ *A boca de jarro,* à bout portant (a quema ropa). ‖ *A boca de noche,* à la tombée de la nuit, entre chien et loup. ‖ *A boca llena,* sans mâcher ses mots, tout cru. ‖ *Ancho de boca,* évasé. ‖ *Blando de boca,* à la bouche sensible *o* tendre (un caballo). ‖ *Con la boca abierta,* bouche bée : *dejar con la boca abierta,* laisser bouche bée. ‖ *Con toda la boca,* à pleine bouche. ‖ *Duro de boca,* à la bouche dure *o* fraîche (un caballo). ‖ *Por una boca,* à l'unisson. ‖ *¡Punto en boca!,* bouche cousue !, motus !, silence ! ‖ *Telón de boca,* rideau de scène. ‖ — *Abrir boca,* ouvrir l'appétit, mettre en appétit. ‖ Fam. *¡A callarse la boca!,* la ferme ! ‖ *Andar de boca en boca,* aller *o* voler de bouche en bouche, être sur toutes les lèvres. ‖ *Andar en boca de las gentes,* être dans toutes les bouches. ‖ *A pedir de boca,* à souhait. ‖ *Buscar a uno la boca,* chercher noise à quelqu'un. ‖ *Calentársele a uno la boca,* s'étendre, délayer, avoir la bouche pleine de son sujet (hablar con extensión), prendre feu, s'emporter (enardecerse). ‖ *Callar la boca,* retenir sa langue. ‖ *Cerrar a uno la boca,* clouer le bec *o* couper le sifflet *o* rabattre le caquet à quelqu'un. ‖ *Con sólo abrir la boca,* il suffit de dire un mot pour que. ‖ *Darle a uno en la boca,* casser la figure à quelqu'un (romper las narices), en boucher un coin à quelqu'un (dejar patidifuso). ‖ *Decir algo con la boca chiquita,* dire quelque chose du bout des lèvres. ‖ *Decir uno lo que le viene a la boca,* dire tout ce qui lui passe par la tête. ‖ *De la mano a la boca se pierde la sopa,* il y a loin de la coupe aux lèvres. ‖ *Despegar la boca,* ouvrir la bouche, desserrer les dents. ‖ *Echar por aquella boca,* cracher. ‖ *El que tiene boca, se equivoca,* il n'y a que celui qui ne dit rien qui ne se trompe jamais. ‖ *En boca cerrada no entran moscas,* la parole est d'argent, le silence est d'or. ‖ *Estar colgado de la boca de uno,* être pendu aux lèvres de quelqu'un, boire les paroles de quelqu'un. ‖ *Estar oscuro como boca de lobo,* faire noir comme dans un four. ‖ *Estar uno a que quieres boca,* être dans l'aisance. ‖ *Estar uno con la boca a la pared,* être sur le pavé *o* sur la paille. ‖ *Hablar por boca de,* parler par la bouche de. ‖ *Hablar uno por boca de ganso,* répéter comme un perroquet. ‖ *Hacer boca,* ouvrir l'appétit. ‖ *Hacer la boca,* faire *o* travailler la bouche (de un caballo). ‖ *Hacer una promesa de boca para fuera,* faire une promesse en l'air. ‖ *Írsele la boca a uno,* ne pas savoir tenir sa langue. ‖ *Meterse en la boca del lobo,* se jeter dans la gueule du loup. ‖ *No abrir* ou *descoser la boca,* ne pas desserrer les dents. ‖ *No caérsele a uno algo de la boca,* n'avoir que cela à la bouche. ‖ *No decir esta boca es mía,* ne pas souffler mot, ne pas ouvrir la bouche, rester muet comme une carpe, ne pas piper (mot). ‖ *No tener nada que llevarse a la boca,* n'avoir rien à se mettre sous la dent. ‖

Poner boca de corazoncito, faire la bouche en cœur. ‖ *Poner en boca de,* mettre dans la bouche de. ‖ *Poner* ou *volver las cartas boca arriba,* étaler son jeu (en el juego), mettre cartes sur table, retourner ses cartes (en un negocio). ‖ *Por la boca muere el pez,* trop parler nuit. ‖ *Quitárselo uno de la boca,* s'ôter le pain de la bouche. ‖ *Respirar por boca de,* ne jurer que par. ‖ *Se me hace la boca agua al ver este pastel,* la vue de ce gâteau me fait venir l'eau à la bouche, en voyant ce gâteau l'eau m'en vient à la bouche. ‖ Fam. *Tapar la boca a uno,* faire taire quelqu'un, graisser la patte à quelqu'un (sobornar), faire taire, clouer le bec, couper le sifflet à quelqu'un (hacer callar). ‖ *Torcer la boca,* faire la moue. ‖ *Venir a pedir de boca,* bien tomber, tomber à pic. ‖

— Observ. *Bouche* se aplica a la boca del hombre y de los animales de tiro o de carga (buey, caballo). Se dice también *bouche* al referise a un salmón, una carpa, una rana. *Gueule* se aplica a la boca de los carnívoros (perro, lobo, tiburón, etc.) y en lenguaje vulgar, a la boca del hombre (jeta).

bocacalle f. Débouché (*m.*) *o* entrée d'une rue. ‖ *Tuerza a la tercera bocacalle a la derecha,* tournez à la troisième rue à droite.

bocacaz f. Saignée, prise d'eau.

bocacha f. Grande bouche. ‖ Tromblon, *m.* (trabuco).

bocadear v. tr. Découper en petits morceaux.

bocadillo m. Sandwich (emparedado) : *un bocadillo de jamón,* un sandwich au jambon. ‖ Casse-croûte, *inv.* (comida ligera). ‖ Bulle, *f.* (de tiras cómicas). ‖ *Amer.* Pâte (*f.*) de goyave (dulce de guayaba) *o* de noix de coco (dulce de coco). ‖ *Tomar un bocadillo,* casser la croûte.

bocado m. Bouchée, *f.* : *bocado de pan,* bouchée de pain. ‖ Morceau (de comida) : *un buen bocado,* un bon morceau ; *comer* ou *tomar un bocado,* manger un morceau. ‖ Becquée, *f.*, béquée, *f.* (lo que coge el ave de una vez con el pico). ‖ Morsure, *f.*, coup de dent (mordisco) : *dar un bocado,* faire une morsure, donner un coup de dent. ‖ Mors (freno del caballo). ‖ Embouchure, *f.* (parte del freno). ‖ — *Bocado de Adán,* pomme d'Adam. ‖ Fam. *Bocado de cardenal,* morceau de roi. ‖ *Con el bocado en la boca,* ayant à peine fini de manger, la bouche encore pleine. ‖ — Fam. *Comer una cosa en un bocado,* ne faire qu'une bouchée d'une chose. ‖ *Me lo comería a bocados,* il *o* elle est à croquer. ‖ *No haber para un bocado,* n'y avoir pas grand chose à manger. ‖ *No pruebo bocado desde...,* je ne me suis rien mis sous la dent depuis...

bocal m. Bocal.

bocamanga f. Ouverture de la manche, poignet, *m.* ‖ Mil. Parement, *m.* (del uniforme).

bocamina f. Entrée d'une mine.

bocana f. *Amer.* Embouchure (de un río).

bocanada f. Bouffée (de humo). ‖ Gorgée : *una bocanada de vino,* une gorgée de vin. ‖ — Fig. *Bocanada de aire,* bouffée d'air. | *Bocanada de gente,* flot de gens, affluence. | *Bocanada de viento,* coup de vent.

bocarte m. Min. Bocard.

bocateja f. Tuile du bord du toit.

bocatijera f. Mecán. Fourchette (en un coche).

bocaza f. Fam. Four, *m.*, grande bouche (boca grande).

bocazas m. Fam. Grande gueule, *f. sing.*

bocazo m. Long feu (de una mina, un cohete).

bocel m. Arq. Tore (moldura). ‖ Mil. Bourrelet. ‖ Arq. *Cuarto bocel,* quart-de-rond.

bocelar v. tr. Arq. Tailler en tore.

bocelete m. V. bocel.

bocera f. Moustaches, *pl.* [ce qui reste collé aux lèvres après avoir mangé ou bu] : *boceras de* *chocolate,* moustaches de chocolat. ‖ MED. Gerçure aux commissures des lèvres, perlèche.

boceras m. inv. FAM. Grande gueule, *f.*

boceto m. Esquisse, *f.* (dibujo), pochade, *f.* (pintura). ‖ Ébauche, *f.* (escultura, escrito). ‖ IMPR. Projet.

bocina f. MÚS. Corne. ‖ Porte-voix, *m. inv.* (para hablar desde lejos). ‖ AUTOM. Trompe, corne (antes), Klaxon, *m.,* avertisseur, *m.* (ahora). ‖ Pavillon, *m.* (de los gramófonos). ‖ MAR. Gueulard, *m.,* porte-voix, *m. inv.* ‖ ASTR. Petite Ourse (Osa Menor). ‖ ZOOL. Buccin. ‖ *Amer.* Chapeau (*m.*) de moyeu (de las ruedas). | Cornet (*m.*) acoustique (para los sordos). ‖ *Tocar la bocina,* corner (antes), klaxonner (ahora).

bocinar v. intr. MÚS. Jouer de la corne. ‖ Corner, klaxonner (un automóvil).

bocinazo m. POP. Coup de gueule.

bocinero m. Joueur de corne.

bocio m. Goitre.

bock m. Chope, *f.* (de cerveza).

bocón, ona adj. y s. FAM. Qui a une grande bouche. ‖ FIG. y FAM. Hâbleur, euse ; grande gueule (fanfarrón). ‖ — M. Sardine (*f.*) de la mer des Antilles (sardina). ‖ *Amer.* Tromblon (trabuco).

bocoy m. Boucaut (tonel).

— OBSERV. Pl. *bocoyes.*

bocudo, da adj. À grande bouche.

bocha f. Boule (bola). ‖ — Pl. Boules (juego).

— OBSERV. Le mot espagnol *bolo* correspond au français *quille.*

bochar v. tr. Poquer (en el juego de bochas). ‖ FIG. y FAM. *Amer.* Repousser, éconduire. | Recaler, coller (fam.) [en un examen].

bochazo m. Coup de boule.

boche m. Bloquette, *f.* (agujero). ‖ Bourreau (verdugo). ‖ *Amer.* Coup de boule (bochazo). | Dispute, *f.,* bagarre, *f.* (pendencia). ‖ FIG. y FAM. *Amer. Dar boche,* donner un camouflet, repousser, éconduire, envoyer sur les roses.

bochinche m. FAM. Raffut, tapage, boucan (alboroto) : *armar un bochinche,* faire du tapage. ‖ Taverne, *f.,* bistrot (taberna), boui boui (cafetucho).

bochinchero, ra adj. y s. FAM. Tapageur, euse ; turbulent, e ; chahuteur, euse (alborotador).

bochista m. Joueur de boules, bouliste.

bochorno m. Chaleur (*f.*) lourde (calor sofocante). ‖ FIG. Honte, *f.* : *sufrir un bochorno,* avoir honte. | Rougeur, *f.* (rubor). | Étourdissement (mareo corto). ‖ MED. Bouffée, *f.* (sofoco).

bochornoso, sa adj. Lourd, e ; étouffant, e ; orageux, euse (el tiempo) : *un día bochornoso,* une journée étouffante. ‖ Honteux, euse : *una acción bochornosa,* une action honteuse.

boda f. Noce, mariage, *m.* (V. OBSERV.) ‖ — Pl. Noces : *bodas de oro, de plata,* noces d'or, d'argent. ‖ — FIG. y FAM. *Boda de negros,* bamboula. ‖ *No hay boda sin tornaboda,* il n'y a pas de rose sans épine.

— OBSERV. Se usa hoy *mariage* para designar la ceremonia nupcial y el enlace : *faire un beau mariage,* hacer una buena boda ; *témoins de mariage,* padrinos de boda. *Noce* se aplica sobre todo a la festividad que acompaña el casamiento y el séquito : *une noce bruyante,* una boda alegre ; *les gens de la noce,* la gente de la boda. Hay que señalar además que la palabra *noce* es más familiar que el término *mariage.*

bodega f. Cave (donde se guarda el vino, etc.). ‖ Cellier, *m.* (donde se guarda y cría el vino). ‖ Chai (donde se almacenan cubas de vino o aguardiente). ‖ Grenier, *m.* (granero). ‖ Dock, *m.,* entrepôt, *m.,* magasin, *m.* (almacén en los puertos). ‖ MAR. Cale (del barco).

bodegaje m. *Amer.* Emmagasinage.

bodegón m. Gargote, *f.* (restaurante malo). ‖ Bistrot (fam.), cabaret (taberna). ‖ Nature morte (pintura). ‖ *¿En qué bodegón hemos comido juntos?,* aurions-nous gardé les cochons ensemble ?

bodegonear v. intr. FAM. Courir les cabarets.

bodegonero, ra m. y f. Gargotier, ère ; cabaretier, ère.

bodeguero, ra m. y f. Sommelier, ère (persona que cuida de la bodega). ‖ Propriétaire d'une cave (dueño).

bodigo m. Petit pain de fleur de farine.

bodijo m. FAM. Mauvais mariage, mésalliance, *f.* (boda desigual). | Mariage pauvre (sin aparato).

bodoque m. Jalet (de ballesta). ‖ Relief (bordados). ‖ Tapon, pelote, *f.* (burujo). ‖ FIG. y FAM. Bûche, *f.,* cruche, *f.* (persona poco inteligente). ‖ *Amer.* Bosse, *f.* (chichón).

bodoquera f. Moule (*m.*) à jalets (molde). ‖ Sarbacane (cerbatana). ‖ FAM. V. BODIJO.

bodorrio m. FAM. V. BODIJO.

bodrio m. Ratatouille, *f.* (guiso malo). ‖ Sang préparé pour la confection du boudin (para morcillas). ‖ FIG. Fatras, méli-mélo (mezcla).

bóer adj. y s. Boer.

bofe m. o **bofes** m. pl. Poumons, *pl.* [p. us.], mou, *sing.* (de ternera, etc). ‖ — M. *sing. Amer.* Jeu d'enfant (trabajo llevadero). ‖ FIG. y FAM. *Echar el bofe* ou *los bofes,* souffler comme un bœuf, être à bout de souffle (jadear), travailler dur *o* d'arrache-pied, en mettre un coup (trabajar).

bofetada f. o **bofetón** m. ● Gifle, *f.* ‖ FIG. Gifle, *f.,* affront, *m.,* soufflet, *m.*

— SINÓN. ● *Sopapo, cachete, guantada,* claque. *Pescozón,* taloche. *Soplamocos,* mornifle. *Fam. Chuleta,* baffe.

boga f. ZOOL. Bogue, *m.* (pez). ‖ MAR. Nage (acción de remar). ‖ FIG. Vogue, mode : *estar en boga,* être en vogue *o* à la mode. ‖ — M. y f. Rameur, euse.

bogada f. MAR. Espace (*m.*) que le bateau parcourt d'un seul coup de rames.

bogador m. Rameur.

bogar v. intr. MAR. Ramer, nager (navegar, remar). ‖ FIG. Naviguer. ‖ *Amer.* Écumer (el metal fundido).

bogavante m. (Ant.). MAR. Vogue-avant (remero). ‖ ZOOL. Homard (crustáceo).

bogie o **boggie** m. Boggie (carretón).

Bogotá n. pr. GEOGR. Bogota.

bogotano, na adj. y s. De Bogota.

bohemia f. Bohème (vida de bohemio).

Bohemia n. pr. f. GEOGR. Bohême.

bohémico, ca adj. Bohémien, enne (de Bohemia).

bohemio, mia adj. y s. Bohémien, enne (de Bohemia). ‖ Bohème (de vida desarreglada) : *vida de bohemio,* vie de bohème.

bohemo, ma adj. y s. Bohémien, enne (de Bohemia).

bohío m. *Amer.* Hutte, *f.,* case, *f.*

bohordo m. Hampe, *f.* (de flor). ‖ Javelot, petite lance, *f.* (arma).

boicot m. Boycottage.

boicoteador, ra m. y f. Boycotteur, euse.

boicotear v. tr. Boycotter.

boicoteo m. Boycottage.

boíl m. (P. us.). Étable (*f.*) à bœufs, bouverie, *f.* (boyera).

boina f. Béret, *m.* : *boina vasca,* béret basque.

boiquira f. *Amer.* Serpent (*m.*) à sonnette.

boira f. Brouillard, *m.* (niebla).

boite f. Boîte (sala de baile).

boj o **boje** m. BOT. Buis.

boja f. BOT. Armoise (abrótano).

bojar o **bojear** v. tr. Étirer, polir [le cuir] avec l'étire. ‖ MAR. Mesurer le périmètre [d'une île].

— V. intr. MAR. Avoir un périmètre de (una isla, etc.). ‖ Faire le tour d'une île (navegar). ‖ Longer une côte (costear).

bojedal m. Buissaie, f., buissière, f.

bojeo m. MAR. Mesure (f.) du périmètre d'une île (medida). ‖ Tour, périmètre (de una isla).

bojo m. MAR. V. BOJEO.

bol m. Bol (taza grande). ‖ Filet (red). ‖ Lancement du filet (redada). ‖ *Bol arménico*, bol d'Arménie (barro rojo).

bola f. Boule (cuerpo esférico). ‖ Bille (de billar, canica). ‖ Vole (acción de hacer todas las bazas). ‖ Chelem, m. (en el juego de bridge) : *media bola*, petit chelem. ‖ Cirage, m. (betún). ‖ FIG. y FAM. Balle (fútbol). ‖ Mensonge, m., bobard, m., craque (cuento) : *contar* ou *meter bolas*, raconter des bobards. ‖ Amer. Cerf-volant (m.) rond (cometa). | Foire (reunión desordenada). | Émeute (motín). | Tourte (tamal). ‖ — Pl. V. BOLEADORAS. ‖ — *Bola de nieve*, boule-de-neige (arbusto), boule de neige. ‖ Amer. Bola pampa, arme de jet constituée par une boule attachée à une corde. ‖ *Carbón de bola*, boulet. ‖ *Cojinetes de bolas*, roulements à billes. ‖ *El Niño de la Bola*, l'Enfant Jésus. ‖ — *A bola vista*, ouvertement, cartes sur table. ‖ *¡Dale bola!*, encore !, ce n'est pas fini ? ‖ *Dar bola*, cirer. ‖ Amer. Dar en bola, réussir, mettre dans le mille. ‖ *Dejar que ruede la bola*, laisser faire o courir, laisser rouler la boule. ‖ *Echar bola negra*, blackbouler. ‖ FIG. y FAM. *No dar pie con bola*, faire tout de travers, faire tout à l'envers. ‖ *¡Ruede la bola!*, vogue la galère !

bolacha f. Amer. Boule de caoutchouc.

bolada f. Jet (m.) de boule. ‖ Volée (del cañón). ‖ Amer. Occasion (oportunidad). | Friandise (golosina). | Mauvais tour, m. (jugarreta). ‖ Bon mot, m. (ocurrencia).

bolado m. V. AZUCARILLO.

bolanchera f. Boulangère (baile).

bolandistas m. pl. Bollandistes.

bolardo m. MAR. Bitte (f.) d'amarrage (noray).

bolazo m. Coup de boule. ‖ Amer. Sottise, f., craque, f. (tontería).

bolchevique adj. y s. Bolchevique.

bolcheviquismo o **bolchevismo** m. Bolchevisme.

bolchevista adj. y s. Bolcheviste.

bolchevización f. Bolchevisation.

bolchevizar v. tr. Bolcheviser.

boleada f. Amer. Chasse, partie de chasse [aux *boleadoras*].

boleadoras f. pl. Amer. Arme (sing.) de jet constituée par deux ou trois longues courroies terminées par des boules de pierre.

bolear v. intr. Jouer au billard sans engager la partie (al billar). ‖ FIG. Mentir, raconter des bobards (mentir). ‖ Amer. Jouer un mauvais tour (trampear).
— V. tr. FAM. Lancer, jeter (arrojar). ‖ Amer. Blackbouler (en una votación). | Recaler, coller (fam.) [en un examen]. | Cirer (el calzado). | Lancer [les « boleadoras »].
— V. pr. Amer. Se tromper (equivocarse). | S'embrouiller (enredarse). | Se cabrer (un potro). | Perdre la boule, se troubler (turbarse).

boleo m. Jeu de boules.

bolera f. Bilboquet, m. (boliche). ‖ Jeu de quilles (juego de bolos). ‖ Bouledrome, m. ‖ *Bolera americana*, bowling (local).

bolero, ra adj. Qui fait l'école buissonnière (novillero). ‖ ZOOL. *Escarabajo bolero*, bousier. ‖ — Adj. y s. FIG. y FAM. Menteur, euse ; bluffeur, euse (mentiroso). ‖ — M. y f. Danseur, danseuse de boléro (que baila el bolero). ‖ — M. Boléro (baile español). ‖ Boléro (chaquetilla de mujer).

‖ Amer. Haut-de-forme (sombrero de copa). | Cireur (limpiabotas). | Volant (faralá).

boleta f. Billet (m.) d'entrée (cédula de entrada). ‖ Bon, m. (vale). ‖ Amer. Bulletin, m. : *boleta de sanidad*, bulletin de santé. ‖ MIL. *Boleta de alojamiento*, billet de logement.

boletería f. Amer. Guichet, m. (taquilla).

boletero, ra m. y f. Amer. Employé, employée qui vend des billets au guichet.

boletín m. Bulletin (cédula, periódico). ‖ Billet (billete). ‖ *Boletín de multa*, procès-verbal. ‖ *Boletín Oficial del Estado*, Journal officiel.

boleto m. Bolet (hongo). ‖ Billet (billete). ‖ Amer. Billet (ferrocarril, teatro, etc.). | Promesse (f.) de vente (contrato). | FAM. Bobard (embuste).

bolichada f. Coup (m.) de boulier. ‖ FIG. y FAM. Aubaine, bonne affaire.

boliche m. Cochonnet (blanco en la petanca). ‖ Jeu de quilles (juego de bolos). ‖ Bowling (bolera americana). ‖ Bilboquet (juguete). ‖ Trou-madame (juego antiguo). ‖ Boule, f. (adorno). ‖ Fourneau à réverbère (horno). ‖ Bouclier (red). ‖ Menus poissons, pl., blanchaille, f. (morralla). ‖ Amer. Épicerie-buvette, f., échoppe, f. (tenducho). | Bistrot (tabernucha). | Mauvais tabac (tabaco).

bolichear v. intr. Amer. Bricoler.

bolichero, ra m. y f. Tenancier, tenancière du jeu de boules. ‖ Marchand de poisson (pescadero). ‖ Amer. Tenancier, tenancière o patron, patronne d'une épicerie-buvette.

bólido m. Bolide.

bolígrafo m. Crayon à bille, stylo à bille.

bolilla f. Petite boule. ‖ *Bolillas pestosas*, boules puantes.

bolillo m. Fuseau : *encaje de bolillos*, dentelle aux fuseaux. ‖ Boulet (de las caballerías). ‖ Amer. Petit pain (panecillo). | — Pl. Sucres d'orge, sucettes, f. (dulce). ‖ Amer. Baguettes, f. (de tambour).

bolín m. Cochonnet (boliche).

bolina f. MAR. Sonde (sonda). | Bouline (cuerda). | Cordelette [de l'araignée du hamac]. | Punition du fouet (castigo). ‖ FIG. y FAM. Raffut, m., boucan, m. (ruido). ‖ — FIG. y FAM. *Echar de bolina*, faire de l'épate o de l'esbroufe. ‖ MAR. *Ir* ou *navegar de bolina*, aller à la bouline, bouliner, naviguer au plus près.

bolinear v. intr. MAR. Bouliner.

bolista adj. y s. FAM. Menteur, euse.

bolívar m. Bolívar [unité monétaire du Venezuela].

bolivariano, na adj. y s. De Bolívar.

Bolivia n. pr. f. GEOGR. Bolivie.

bolivianismo m. Bolivianisme.

boliviano, na adj. y s. Bolivien, enne. ‖ — M. Boliviano [unité monétaire de Bolivie].

bolo m. Quille, f. (juego). ‖ MECÁN. Arbre, axe (eje). ‖ Noyau (de una escalera). ‖ Vole, f. (en los naipes). ‖ Capot (el que no hace baza en el juego). ‖ FIG. y FAM. Empoté, gourde, f. ‖ Bol (píldora). ‖ Coutelas (machete filipino). ‖ — Pl. Quilles, f. (juego). ‖ FIG. y FAM. Bowling, sing. (bolera americana). ‖ — *Bolo alimenticio*, bol alimentaire. ‖ *Bolo arménico*, bol d'Arménie. ‖ *Jugador de bolos*, bolos.

bolo, la adj. Amer. Ivre (ebrio). | Sans queue (sin cola).

bolómetro m. Bolomètre (termómetro).

bolón m. ARQ. Amer. Moellon.

Bolonia n. pr. GEOGR. Bologne (Italia). ‖ Boulogne (Francia).

bolonio adj. m. y s. m. Étudiant du collège espagnol de Bologne. ‖ FIG. y FAM. Âne (necio), cancre (ignorante).

boloñés, esa adj. y s. Bolonais, e.

bolsa f. Bourse (para el dinero) : *tener la bolsa repleta*, avoir la bourse bien garnie ; *tener la bolsa vacía*, avoir la bourse plate. ‖ Sacoche (de cuero o tela). ‖ Sac, *m.*, poche (de papel). ‖ Trousse (de herramientas, etc.). ‖ Chancelière (para los pies). ‖ Poche, faux pli, *m.* (de un vestido). ‖ Bourse : *Bolsa de Comercio, de Trabajo, operaciones de Bolsa,* Bourse de commerce, du travail, opérations de Bourse. ‖ ANAT. Bourse (serosa, sinovial). | Sac, *m.* (lagrimal). ‖ Poche (de los ojos, de pus). ‖ Poche : *los calamares tienen una bolsa de tinta,* les calmars ont une poche d'encre. ‖ MED. Vessie à glace (de hielo). | Bouillotte, boule (de agua caliente). ‖ MIL. Poche (cerco). ‖ MIN. Poche (de mineral, de gas). ‖ Bourse [cachet d'un boxeur]. ‖ *Amer.* Poche (bolsillo). ‖ — Pl. ANAT. Bourses (escroto). ‖ — *Bolsa de labores,* sac à ouvrage. ‖ *Bolsa de las aguas,* poche des eaux. ‖ BOT. *Bolsa de pastor,* bourse-à-pasteur. ‖ *Bolsa negra,* marché noir. ‖ FIG. *Bolsa rota,* panier percé, gouffre. ‖ — *¡La bolsa o la vida!,* la bourse ou la vie ! ‖ *Sin aflojar la bolsa,* sans bourse délier.

bolsear v. intr. Faire des plis o des poches (los vestidos).
— V. tr. FAM. *Amer.* Repousser, envoyer promener, éconduire (echar). | Soutirer de l'argent à, taper (sablear). | Voler à la tire (robar).

bolsero, ra m. y f. Boursier, ère ; fabricant, e (el que hace) o marchand, e (el que vende) de bourses. ‖ — M. *Amer.* Pique-assiette (gorrón). | Voleur à la tire (ratero).

bolsico m. *Amer.* Poche, *f.*

bolsicón m. *Amer.* Gros jupon.

bolsillo m. Poche, *f.* (de un vestido) : *bolsillo de parche, con cartera,* poche rapportée o plaquée, à revers o à rabat. ‖ Gousset (del chaleco). ‖ Bourse, *f.*, porte-monnaie (portamonedas). ‖ *De bolsillo,* de poche : *libro de bolsillo,* livre de poche. ‖ *Consultar con el bolsillo,* consulter son porte-monnaie. ‖ FIG. y FAM. *Meterse a alguien en el bolsillo,* mettre quelqu'un dans sa poche. | *Poner de su bolsillo,* mettre de sa poche, en être de sa poche. | *Rascarse el bolsillo,* râcler ses fonds de poche o de tiroir. | *Sin echarse la mano al bolsillo,* sans bourse délier. | *Tener a uno en el bolsillo,* avoir quelqu'un dans sa poche.

bolsín m. COM. Bourse (*f.*) de seconde importance, coulisse, *f.* (bolsa). | Réunion (*f.*) de boursiers.

bolsiquear v. tr. *Amer.* Faire les poches à.

bolsista m. COM. Boursier. ‖ *Amer.* Voleur à la tire (ladrón).

bolsita f. Sachet, *m.* : *una bolsita de azafrán,* un sachet de safran.

bolso m. Sac à main (de mujer). ‖ Bourse, *f.*, porte-monnaie (portamonedas). ‖ Poche (bolsillo). ‖ — *Bolso de mano,* sac à main (grande), pochette (pequeño). ‖ *Bolso de viaje,* sac de voyage.

bolsón m. Grande bourse, *f.*, grand sac. ‖ *Amer.* Cartable. | Poche (*f.*) de minerai (mineral). | Dépression, *f.* [de terrain] (en una zona desértica). | Lagune, *f.* (laguna). ‖ FAM. *Amer.* Âne, cancre (alumno malo).

bolladura f. Bosse.

bollar v. tr. Cabosser, bosseler (abollar).

bollería f. Pâtisserie.

bollero, ra m. y f. Pâtissier, ère.

bollo m. Petit pain au lait (alargado), brioche, *f.* (redondo). ‖ Bosse, *f.* (bulto, chichón). ‖ Bosse, *f.* (abolladura). ‖ *Amer.* Coup de poing, gnon (fam.) [puñetazo]. ‖ — *Hacerle un bollo a un objeto,* cabosser un objet. ‖ *No está el horno para bollos,* ce n'est vraiment pas le moment, le moment est bien mal choisi. ‖ *Perdonar el bollo por el cosco-*

rrón, le jeu n'en vaut pas la chandelle. ‖ *¡Se va a armar un bollo!,* il va y avoir du pétard !

bollón m. Caboche, *f.*, clou d'ameublement (tachuela). ‖ Pendant d'oreille (pendiente). ‖ BOT. Bourgeon (de la vid).

bollonado, da adj. Orné, ornée de clous d'ameublement, clouté, e.

bomba f. TECN. Pompe : *bomba aspirante e impelente,* pompe aspirante et foulante ; *bomba de aire,* pompe à air. ‖ MIL. Bombe : *bomba atómica, de efecto retardado,* bombe atomique, à retardement. ‖ Globe, *m.* (de lámpara). ‖ MÚS. Pompe. ‖ FIG. Bombe, coup (*m.*) de théâtre (noticia inesperada). ‖ Poème (*m.*) improvisé (poema). ‖ FAM. *Amer.* Cuite (borrachera). | Cerf-volant (*m.*) rond (cometa). | Bulle [de savon] (pompa de jabón). | Louche (cucharón). | Mensonge, *m.* (mentira), canard, *m.* (noticia falsa). | Haut-de-forme, *m.* (chistera). | Ballon (*m.*) aérostatique (globo). ‖ — MED. *Bomba de cobalto,* bombe au cobalt. ‖ *Bomba de humo,* bombe fumigène. ‖ *Bomba de incendios,* pompe à incendies. ‖ *Bomba de inyección,* pompe à injection. ‖ *Bomba fétida,* boule puante. ‖ *Bomba volcánica* ou *de lava,* bombe volcanique. ‖ FIG. y FAM. *Éxito bomba,* succès fou o bœuf. | *Noticia bomba,* nouvelle sensationnelle. | *Salud a prueba de bomba,* santé de fer. ‖ — *A prueba de bombas,* à l'épreuve des bombes. ‖ FIG. *Caer como una bomba,* arriver o tomber comme une bombe. | *Dar a la bomba,* pomper. ‖ *Estar echando bombas,* être sous pression. ‖ FAM. *Pasarlo bomba,* s'amuser comme un fou, s'en donner à cœur joie.

bombacha f. *Amer.* Pantalon (*m.*) bouffant. ‖ Culotte (de niño o de mujer).
— OBSERV. Le mot *bombacha* s'emploie surtout au pluriel (*bombachas*).

bombacho adj. m. y s. m. *Pantalón bombacho* ou *bombacho,* pantalon de golf (de los jugadores de golf), pantalon de zouave (de zuavo), culotte bouffante (de niños).

bombarda f. MIL., MAR. y MÚS. Bombarde.

bombardear v. tr. Bombarder.

bombardeo m. MIL. y FÍS. Bombardement.

bombardero, ra adj. De bombardement. ‖ *Lancha bombardera,* canonnière.
— M. Bombardier (soldado y avión).

bombardino m. MÚS. Saxhorn.

bombardón m. MÚS. Bombardon, saxhorn contre-basse.

bombasí m. (Ant.). Bombasin, basin (tela).

bombástico, ca adj. Ampoulé, e ; grandiloquent, e.

bombazo m. Explosion (*f.*) d'une bombe.

bombeador m. *Amer.* Pompier (bombero). | Éclaireur (explorador). | Espion (espía).

bombear v. tr. Pomper (con una bomba) : *bombear agua,* pomper de l'eau. ‖ Arquer, bomber (arquear). ‖ FIG. y FAM. Vanter (dar bombo). ‖ *Amer.* Épier (espiar), explorer (explorar). | Congédier (despedir). ‖ *Balón bombeado,* balle en cloche.

bombeo m. Bombement (convexidad). ‖ *Estación de bombeo,* station de pompage.

bombero m. Pompier (de incendios). ‖ MIL. Mortier (cañón). ‖ *Amer.* Explorateur, éclaireur (explorador). | Espion (espía).

bómbice o **bómbix** m. Bombyx (insecto).

bombilla f. ELECTR. Ampoule o lampe [électrique] : *el casquillo de una bombilla,* la douille d'une ampoule électrique ; *se ha fundido la bombilla,* la lampe est grillée. ‖ MAR. Fanal, *m.* (farol). ‖ *Amer.* Pipette [pour boire le maté]. | Louche (cucharón).

bombillo m. Siphon (sifón). ‖ Pipette, f. (para sacar líquidos). ‖ MAR. Petite pompe, f. ‖ *Amer.* Ampoule (f.) électrique (bombilla).

bombín m. FAM. Melon, chapeau melon (hongo). ‖ Pompe (f.) à bicyclette.

bombo, ba adj. Étourdi, e ; abasourdi, e (atolondrado). ‖ — FAM. *Poner la cabeza bomba,* casser la tête. | *Tener la cabeza bomba,* avoir la tête comme un tambour o comme ça o prête d'éclater. — M. Grosse (f.) caisse (tambor). ‖ Joueur de grosse caisse (músico). ‖ Bac, chaland (barco). ‖ Sphère, f. (de lotería). ‖ FIG. Bruit, tam-tam (publicidad) : *dar mucho bombo a una obra,* faire beaucoup de tam-tam autour d'un ouvrage. ‖ *Publicidad a bombo y platillos,* publicité tapageuse o à grand renfort de trompettes. ‖ *Publicidad de bombo,* battage publicitaire. ‖ *Sin bombo ni platillos,* sans tambour ni trompette. ‖ — FAM. *Anunciar a bombo y platillos,* annoncer à grand bruit o à son de trompe o avec tambour et trompette. | *Darse bombo,* s'envoyer des fleurs. ‖ *Amer. Irse al bombo,* échouer (fracasar).

bombón m. Chocolat, bonbon au chocolat, crotte (f.) de chocolat : *una caja de bombones,* une boîte de chocolats. ‖ Récipient en bambou (aux Philippines). ‖ *Amer.* Sorte de grande louche, f. (cucharón). ‖ FIG. y FAM. *Ser un bombón,* être joli à croquer o comme un cœur (una mujer, un niño).
— OBSERV. Le mot espagnol *bombón* s'applique toujours aux bonbons au chocolat. Le mot français *bonbon* se traduit par *caramelo.*

bombona f. Bombonne. ‖ Bouteille (de butano).

bombonera f. Bonbonnière (caja). ‖ FIG. Bonbonnière (casita, teatro, etc.).

bombonería f. Confiserie.

Bona n. pr. GEOGR. Bône.

bonachón, ona adj. FAM. Bonasse, débonnaire, bon enfant.
— M. y f. Brave homme, brave femme.

bonachonería f. Bonasserie, débonnaireté.

bonaerense adj. y s. De Buenos Aires.

bonancible adj. Calme, paisible, serein, e : *tiempo bonancible,* temps serein.

bonanza f. MAR. Bonace (calma). ‖ FIG. Prospérité (prosperidad). | Calme, m. (tranquilidad). ‖ *Amer.* Filon (m.) très riche (en una mina).

bonapartismo m. Bonapartisme.

bonapartista adj. y s. Bonapartiste.

bondad f. Bonté. ‖ — *Es la bondad personificada,* c'est la bonté même. ‖ *Tenga la bondad de,* ayez la bonté de, prenez la peine de : *tenga la bondad de sentarse,* prenez la peine de vous asseoir ; ayez la bonté de : *tenga la bondad de ayudarme,* ayez la bonté de m'aider.
— SINÓN. *Benignidad,* bénignité. *Benevolencia,* bienveillance. *Bonachonería,* bonasserie, débonnaireté.

bondadosamente adv. Avec bonté.

bondadoso, sa adj. Bon, bonne ; gentil, ille ; doux, douce.

bonderización f. Bondérisation (protección contra la herrumbre).

boneta f. MAR. Bonnette (vela).

bonete m. Bonnet [carré] (de eclesiástico, colegiales, graduados, etc.). ‖ Barrette, f. (de eclesiástico). ‖ FIG. Prêtre séculier (clérigo). ‖ Compotier (tarro). ‖ Bonnette, f., bonnet à o de prêtre, queue-d'aronde, f. (fortificación). ‖ ZOOL. Bonnet (de rumiante). ‖ — FIG. y FAM. *A tente bonete,* à n'en pouvoir plus, tant et plus, plus que de raison. ‖ *Tirarse los bonetes,* se crêper le chignon, se chamailler.

bonetería f. (P. us.). Bonneterie (fábrica). ‖ *Amer.* Mercerie.

bonetero, ra m. y f. Bonnetier, ère. ‖ *Amer.* Mercier, ère. ‖ — M. Fusain (arbusto).

bongo m. *Amer.* Bateau plat, bac.

bongó m. Tambour dont jouent les Noirs de Cuba.

boniato m. BOT. Patate, f.

bonico, ca adj. FAM. Mignon, onne.

Bonifacio n. pr. m. Boniface.

bonificación f. Bonification (mejora y rebaja). ‖ Ristourne (rebaja).

bonificar v. tr. Bonifier : *bonificar tierras,* bonifier des terres.

bonísimo, ma adj. Très bon, très bonne.

bonitamente adv. Joliment. ‖ Adroitement (con habilidad). ‖ Doucement, petit à petit (despacio).

bonito, ta adj. Jolie, e. ‖ *¡Muy bonito!,* c'est du joli!, c'est du propre !
— M. Bonite, f., thon (pez) : *bonito en aceite,* thon à l'huile.

bonitolera f. Boitte o boette (cebo).

bono m. Bon : *bono del Tesoro,* bon du Trésor.

bonzo m. Bonze (sacerdote budista).

boñiga f. o **boñigo** m. Bouse, f.

bookmaker m. Bookmaker (corredor de apuestas).

boom m. Boom.

boomerang m. Boomerang, boumerang.

Bootes n. pr. m. ASTR. Bootes, Bouvier.

bootlegger m. Bootlegger (contrabandista de licores).

boqueada f. Dernier soupir, m. ‖ FAM. *Dar las últimas boqueadas,* rendre le dernier soupir, en être à la dernière extrémité, agoniser (persona), agoniser (cosa).

boquear v. intr. Ouvrir la bouche. ‖ Expirer, agoniser, râler (morir). ‖ FIG. y FAM. Expirer, agoniser, tirer à sa fin (acabarse).

boquera f. MED. Perlèche, gerçure aux commissures des lèvres. ‖ Saignée, prise d'eau (para regar). ‖ Lucarne, f., fenêtre (del pajar). ‖ VETER. Plaie à la bouche.

boquerón m. Anchois (pez). ‖ Large ouverture, f., large brèche (f.).
— OBSERV. Ce mot ne s'applique qu'aux anchois frais, les anchois en boîte portant le nom de *anchoas.*

boquete m. Trou (agujero). ‖ Passage étroit. ‖ Brèche, f., ouverture, f. (en una pared), trouée, f. (en un bosque). ‖ MIL. Trouée, f., brèche, f.

boquiabierto, ta adj. Qui a la bouche ouverte. ‖ FIG. ● Bouche bée : *me dejó boquiabierto,* j'en suis resté bouche bée.
— SINÓN. ● *Atónito,* ébahi. *Aturdido, atolondrado,* étourdi. *Turbado,* troublé. *Pasmado,* médusé. *Sorprendido,* surpris. *Turulato,* estomaqué. *Patidifuso,* baba. *Petrificado,* pétrifié.

boquiancho, cha adj. Qui a la bouche large o fendue. ‖ Évasé, e (un jarro, etc.).

boquiangosto, ta adj. Qui a la bouche étroite.

boquiblando, da adj. Qui a la bouche tendre (caballo).

boquiduro, ra adj. Fort en bouche (caballo).

boquifresco, ca adj. Qui a la bouche fraîche (caballo). ‖ FIG. y FAM. Effronté, e (descarado).

boquilla f. Porte-cigarettes, m. inv., fume-cigarette, m. inv. (para cigarrillos). ‖ Fume-cigare, m. inv. (para cigarros puros). ‖ Filtre, m. (de cigarrillo), bout, m. : *boquilla con filtro,* bout filtre. ‖ Saignée, prise d'eau (para regar). ‖ MÚS. Embouchure, bec, m. (de varios instrumentos). ‖ Mortaise (escopleadura). ‖ Embouchoir, m. (del fusil). ‖ Ouverture (orificio). ‖ Fermoir, m. (de un bolso). ‖ Tétine (de biberón). ‖ Chape (de la funda de la espada). ‖ Bec, m. (de la lámpara). ‖ TECN. Buse (de tobera). ‖ Raccord, m. (de dos tubos). ‖ — *De boquilla,* en l'air : *hacer una promesa de boquilla,* faire une promesse en l'air.

boquirroto, ta adj. FAM. À la langue bien pendue, bavard, e (parlanchín).

boquirrubio, bia adj. Bavard, e (parlanchín). ‖ Naïf, ive ; candide (candoroso).
— M. FAM. Blanc-bec, blondin.

boquiseco, ca adj. Qui a la bouche sèche (caballo).

boquisumido, da adj. Qui a la bouche enfoncée.

boquitorcido, da o **boquituerto, ta** adj. Qui a la bouche de travers.

boracita f. MIN. Boracite.

boratado, da adj. QUÍM. Boraté, e.

boratera f. *Amer.* Mine de borate.

boratero, ra adj. *Amer.* Du borate.

borato m. QUÍM. Borate.

bórax m. QUÍM. Borax.

borbollar o **borbollear** v. intr. Bouillonner. ‖ Barbotter (un gas). ‖ FIG. Bafouiller (hablar mal).

borbolleo m. V. BORBOTEO.

borbollón m. V. BORBOTÓN.

borbollonear v. intr. Bouillonner (borbollar).

Borbón n. pr. Bourbon.

borbonés, esa adj. Bourbonnais, e.

Borbonesado n. pr. m. GEOGR. Bourbonnais.

borbónico, ca adj. Bourbonien, enne. ‖ *Nariz borbónica,* nez bourbonien.

borbor m. Bouillonnement.

borborigmo m. MED. Borborygme.

borboritar o **borbotar** o **borbotear** v. intr. V. BORBOLLAR.

borboteo m. Bouillonnement. ‖ Barbottement (de un gas).

borbotón m. Bouillonnement. ‖ *— A borbotones,* à gros bouillons : *el agua hierve a borbotones,* l'eau bout à gros bouillons ; à flots : *la sangre corre a borbotones,* le sang coule à flots ; précipitamment : *hablar a borbotones,* parler précipitamment.

borceguí m. Brodequin.

borda f. MAR. Bord, *m.* ‖ Hutte (choza). ‖ — FIG. y FAM. *Arrojar, echar* ou *tirar por la borda,* jeter par-dessus bord. ‖ *Motor de fuera borda,* moteur hors-bord.

bordada f. MAR. Bordée, bord, *m. : dar una bordada,* tirer des bordées. ‖ FIG. y FAM. Allées et venues, *pl.,* balade (paseo).

bordado, da adj. Brodé, e. ‖ FIG. *Salir bordado,* être très réussi o parfait.
— M. Broderie, *f. : bordado a canutillo, de realce, a tambor,* broderie en cannetille, en relief, au tambour.

bordador, ra m. y f. Brodeur, euse.

bordadura f. Broderie (bordado).

bordar v. tr. Broder : *bordar en calado, de realce,* broder à jour, en relief. ‖ FIG. Fignoler, ciseler, soigner : *bordar una obra,* fignoler un ouvrage ; *este actor bordó su papel,* cet acteur a soigné son rôle.

borde m. Bord : *el borde de una mesa,* le bord d'une table. ‖ MAR. Bord. ‖ *— Borde de ataque, de salida,* bord d'attaque, de fuite (avión). ‖ *Borde con borde,* bord à bord. ‖ *— À borde de,* sur le point de, à deux doigts de : *estar a borde de llorar,* être sur le point de pleurer. ‖ *Llenar un vaso hasta el borde,* remplir un verre à ras bord.

borde adj. BOT. Sauvage : *ciruelo borde,* prunier sauvage. ‖ — Adj. y s. Bâtard, e (bastardo).

bordear v. intr. MAR. Tirer des bords, louvoyer. ‖ Longer, border, côtoyer (costear). ‖ Arriver à ras bord : *el agua del estanque bordeaba,* l'eau du bassin arrivait à ras bord.
— V. tr. Encadrer, entourer : *bordear una foto con una lista blanca,* encadrer une photo d'une bande blanche. ‖ FIG. Friser : *esto bordea el ridículo,* cela frise le ridicule.

bordelés, esa adj. y s. Bordelais, e. ‖ — F. Bordelaise (tonel).

bordillo m. Bord, bordure, *f.* (de la acera).

bordo m. MAR. Bord : *subir a bordo,* monter à bord. ‖ Bordée, *f.* (bordada). ‖ *Amer.* Levée (*f.*)

de terre. ‖ *— MAR. A bordo,* à bord. ‖ *De alto bordo,* de haut bord. ‖ *Los hombres de a bordo,* les hommes du bord. ‖ *Segundo de a bordo,* second, commandant en second. ‖ *Virar de bordo,* virer de bord.

bordón m. Bourdon (de peregrino). ‖ Refrain (estribillo). ‖ FIG. Refrain, ritournelle, *f.,* rengaine, *f.* (repetición). ‖ Soutien, appui, guide (guía). ‖ IMPR. Bourdon (olvido). ‖ MÚS. Bourdon (cuerda).

bordoncillo m. Refrain, ritournelle, *f.,* rengaine, *f.*

bordonear v. intr. Donner des coups de bâton (dar palos). ‖ Jouer avec les cordes graves de la guitare. ‖ Vagabonder (andar vagando). ‖ Bourdonner (zumbar).

bordoneo m. Bourdonnement (zumbido).

bordonero, ra adj. y s. Vagabond, e.

bordura f. BLAS. Bordure.

boreal adj. Boréal, e (septentrional) : *aurora boreal,* aurore boréale.

bóreas m. POÉT. Borée (viento del Norte).

borgoña m. Bourgogne (vino).

Borgoña n. pr. f. GEOGR. Bourgogne. ‖ *Vino de Borgoña,* bourgogne.

borgoñón, ona adj. y s. Bourguignon, onne.

borgoñota f. Bourguignotte (celada).

boricado, da adj. Boriqué, e.

bórico, ca adj. QUÍM. Borique.

borinqueño, ña adj. y s. Portoricain, e (puertorriqueño).

borla f. Gland, *m.* (adorno). ‖ Pompon, *m.* (del gorro militar). ‖ Houppe, houppette (para polvos). ‖ Bonnet (*m.*) de docteur (en la universidad). ‖ — Pl. BOT. Amarante, *sing.* ‖ FIG. *Tomar la borla,* prendre le bonnet de docteur.

borlarse o **borlearse** v. pr. *Amer.* Prendre le bonnet de docteur.

borlilla f. BOT. Anthère.

borne m. Morne, *f.* (de la lanza). ‖ Borne, *f.* (de aparatos eléctricos). ‖ BOT. Cytise, *f.*

borneadura f. Gauchissement, *m.*

bornear v. tr. Tourner, faire le tour (torcer). ‖ ARQ. Appareiller (los sillares). ‖ Galber (una columna). ‖ Bornoyer (mirar con un solo ojo).
— V. intr. MAR. Virer, tourner (un barco).
— V. pr. Gauchir (la madera).

borneo m. Gauchissement (acción de torcerse). ‖ Visée, *f.* (acción de mirar con un solo ojo).

boro m. QUÍM. Bore (metaloide).

borococo m. *Amer.* Confusion, *f.,* micmac (enredo). ‖ Amour caché, passion (*f.*) secrète.

borona f. Millet, *m.* (mijo). ‖ Maïs, *m.* (maíz). ‖ Pain (*m.*) de maïs (pan de maíz). ‖ *Amer.* Miette (migaja).

boronía f. V. ALBORONÍA.

borra f. Bourre (de lana, pelo). ‖ Boue, dépôt, *m.* (de tinta, etc.), lie (hez). ‖ FIG. y FAM. Fadaises, *pl.,* fariboles, *pl.,* balivernes, *pl.* (palabras). ‖ *Meter borra,* faire du remplissage (ripio).

borrable adj. Effaçable.

borrachera f. ● Cuite : *agarrar* ou *coger una borrachera,* attraper une cuite. ‖ FIG. y FAM. Beuverie, soûlerie (festín). ‖ FIG. Exaltation, ivresse : *la borrachera de los triunfos,* l'ivresse des triomphes.
— SINÓN. ● *Ebriedad,* ébriété. *Embriaguez,* enivrement. *Pop. Tajada, merluza, tablón, cogorza, curda, melopea, jumera,* cuite.

borrachín m. FAM. Poivrot, soûlard, soûlot, soûlaud.

borracho, cha adj. ● Ivre, soûl, e ; saoul, e. ‖ Rouge, violacé, e (color). ‖ FIG. Ivre : *borracho de ira,* ivre de colère. ‖ Enivré e : *borracho con sus éxitos,* enivré par ses succès. ‖ *Amer.* Blet,

blette (fruta). ‖ — *Bizcocho borracho,* baba [au rhum]. ‖ FAM. *Borracho como una cuba,* complètement rond, soûl comme une bourrique. ‖ *Estar borracho perdido,* être ivre mort.
— M. y f. Ivrogne, esse : *ser un borracho perdido,* être un ivrogne invétéré *o* fini.
— SINÓN. ● *Alcohólico,* alcoolique. *Ebrio, beodo,* ivre. *Etílico,* éthylique. *Dipsómano,* dipsomane. *Fam. Borrachín,* poivrot, soûlard. *Calamocano,* pompette. *Chispo, achispado, alumbrado, alegre,* éméché.

borrachuelo, la adj. Pompette.
— M. y f. Poivrot, e (borracho). ‖ —- M. Beignet au miel (pestiño). ‖ — F. Ivraie (cizaña).

borrado, da adj. Effacé, e (con goma). ‖ Biffé, e ; barré, e (tachado). ‖ FIG. Efface, e (sin personalidad.)

borrador m. Brouillon. ‖ Cahier de brouillon (cuaderno). ‖ COMM. Brouillard, brouillon *o* main (f.) courante. ‖ Gomme, f. (goma de borrar).

borradura f. Biffage, m. (acción). ‖ Rature, biffage, m. : *carta llena de borraduras,* lettre pleine de ratures.

borragináceas f. pl. BOT. Borraginacées.

borraja f. BOT. Bourrache. ‖ FIG. *Agua de borrajas,* eau de boudin : *quedar en agua de borrajas,* s'en aller en eau de boudin.

borrajear v. tr. Griffonner (papel). ‖ Barbouiller (papel).

borrar v. tr. ● Biffer, barrer, raturer (tachar). ‖ Effacer (con una esponja), gommer (con una goma). ‖ FIG. Effacer, faire disparaître. ‖ *Goma de borrar,* gomme à effacer.
— V. pr. S'effacer, disparaître : *esta historia se borró de mi memoria,* cette histoire s'est effacée de ma mémoire.
— SINÓN. ● *Tachar,* rayer, barrer, raturer. *Cortar, suprimir,* couper, supprimer. *Raspar,* gratter.

borrasca f. ● Bourrasque (temporal), tempête, tourmente (tempestad). ‖ FIG. Risque, m., péril, m. (riesgo) : *las borrascas de la vida,* les périls de la vie. ‖ FIG. y FAM. Orgie, bringue (orgía). ‖ *Amer.* Épuisement (m.) du minerai (en el filón).
— SINÓN. ● *Temporal,* orage. *Torbellino,* tourbillon. *Viento,* vent. *Huracán,* ouragan. *Tempestad,* tempête. *Tormenta,* orage, tourmente. *Ciclón,* cyclone. *Tromba,* trombe. *Ráfaga, racha,* rafale. *Vendaval,* grand vent. *Tornado,* tornade. *Marejada,* raz de marée. *Tifón,* typhon. *Simún,* simoun.

borrascoso, sa adj. Orageux, euse (viento, lugar). ‖ Tourmenté, e (mar, etc.). ‖ FIG. y FAM. Orageux, euse ; tumultueux, euse ; désordonné, e (vida, conducta).

borregada f. Troupeau (m.) de moutons.

borrego, ga m. y f. Agneau, agnelle, petit mouton, m. [d'un à deux ans]. ‖ FIG. y FAM. Benêt, m., nigaud, e (tonto). | Mouton (servil). ‖ *Amer.* Fausse nouvelle, f., bobard (fam.).

borreguil adj. Moutonnier, ère ; grégaire : *espíritu borreguil,* caractère moutonnier, esprit grégaire.

borrén m. Bande (f.) d'arçon.

borrica f. Ânesse (asna). ‖ FIG. y FAM. Bourrique (mujer ignorante).

borricada f. Troupeau (m.) d'ânes. ‖ Promenade à ânes : *dar una borricada,* faire une promenade à âne. ‖ FIG. y FAM. Ânerie (tontería) : *soltar borricadas,* sortir des âneries.

borrical adj. De l'âne.

borrico m. Âne (asno). ‖ Baudet, chevalet (de carpintero). ‖ FIG. y FAM. Âne, baudet, âne bâté (necio). ‖ FIG. *Apearse de su borrico,* reconnaître son erreur. | *Caerse del borrico,* tomber de haut. | *Ser muy borrico,* être très bête *o* très bouché.
— OBSERV. Le mot *bourricot,* petit âne, se traduit par *borriquito* ou *borriquillo.*

borricón o **borricote** adj. y s. FIG. y FAM. Âne (necio). | Cheval (fuerte). ‖ *Ser muy borricote*

para las matemáticas, être brouillé avec les mathématiques.

borrilla f. Duvet, m. (de las frutas).

borriquero adj. m. *Cardo borriquero,* chardon aux ânes.
— M. Ânier.

borriquete m. Baudet, chevalet (caballete).

borriquillo o **borriquito** m. Bourricot, petit âne.
‖ *El borriquito por delante, para que no se espante,* on ne doit jamais se nommer le premier.

borro m. Agnelet [agneau de moins de deux ans].

Borromeas n. pr. f. pl. GEOGR. *Islas Borromeas,* îles Borromées.

borrón m. Pâté, tache (f.) d'encre (de tinta). ‖ Brouillon, cahier de brouillon (borrador). ‖ Ébauche, f., pochade, f. (de una pintura). ‖ FIG. Tache, f., défaut (defecto). | Tache, f. (deshonor) : *este acto es un borrón en su vida,* cet acte est une tache dans sa vie. | Gribouillage (escrito). ‖ FIG. y FAM. *Borrón y cuenta nueva,* passons l'éponge, n'y pensons plus, n'en parlons plus, tournons la page.

borronear v. tr. Griffonner (palabras). ‖ Barbouiller : *borronear el papel,* barbouiller le papier.

borroso, sa adj. Boueux, euse (líquido). ‖ Confus, e ; embrouillé, e (escritura). ‖ Flou, e (fotografía, pintura). ‖ Fumeux, euse ; vague ; nébuleux, euse (ideas). ‖ IMPR. Bavocheux, euse.

borujo m. Tourteau d'olive, tourte, f. (orujo). ‖ Bosse, f. (bulto).

borujón m. Grosse bosse, f. (bulto).

boscaje m. Bosquet, bocage (p. us.) [bosque pequeño]. ‖ Bocage, paysage (pintura).

boscoso, sa adj. Boisé, e ; couvert de bois.

Bósforo n. pr. m. GEOGR. Bosphore.

Bosnia n. pr. f. GEOGR. Bosnie.

bosniaco, ca o **bosnio, nia** adj. y s. Bosnien, enne.

bosorola f. *Amer.* Lie, dépôt, m. (poso).

bosque m. Bois, forêt, f. : *un bosque de pinos,* une forêt de pins ; *bosque comunal,* forêt communale ; *bosque del Estado,* forêt domaniale ; *bosque maderable,* bois pour exploitation forestière.
— OBSERV. En francés *bois* y *forêt* difieren sólo por la extensión. La primera palabra se aplica a un sitio poblado de árboles generalmente menos extenso que la *forêt.* *Forêt* no corresponde al español *selva* sino cuando se trata de superficies arboladas muy extensas y de carácter salvaje, v. gr. *la forêt amazonienne,* la selva amazónica ; *la Forêt-Noire,* la Selva Negra.
— SINÓN. *Bosquecillo,* boqueteau. *Bosquete,* bosquet. *Boscaje,* bosquet. *Bosque. Selva,* forêt. *Oquedal,* futaie. *Catinga* (amer.), forêt. *Floresta,* bocage.

bosquecillo m. Boqueteau, petit bois.

bosquejar v. tr. Ébaucher, esquisser (una pintura, una escultura, etc.) : *bosquejar un retrato,* esquisser un portrait. ‖ FIG. Ébaucher, esquisser (esbozar) : *bosquejar un proyecto,* ébaucher un projet. | Brosser : *bosquejar un cuadro de la situación,* brosser un tableau de la situation.

bosquejo m. Ébauche, f., esquisse, f.

bosquete m. Bosquet.

bosta f. Bouse (de los bovinos). ‖ Crottin, m. (del caballo).

bostear v. intr. *Amer.* Excréter, crotter (los animales).

bostezador, ra adj. y s. Bâilleur, euse.

bostezar v. intr. Bâiller.

bostezo m. Bâillement.

bostón m. Boston (juego y baile).

bóstrico m. Bostryche, f. (insecto).

bota f. Gourde [basque] (para el vino). ‖ Tonneau, m. (cuba). ‖ Botte : *botas de campaña,* altas ou de montar, bottes à revers, à l'écuyère. ‖ Chaussure montante (zapato). ‖ *Bota de esquiar,* chaussure de ski. ‖ *Bota de potro,* botte à l'écuyère rustique faite avec le cuir d'une patte de poulain. ‖ *El Gato con botas,* le Chat botté. ‖ FIG. *Estar con las botas puestas,* avoir le pied à l'étrier, être prêt à partir. | *Morir con las botas puestas,* mourir debout. || Fig. y Fam. *Ponerse las botas,* faire son beurre, mettre du foin dans ses bottes.

botada f. V. BOTADURA.

botadero m. *Amer.* Gué (vado). | Décharge, *f.* (vertedero).

botado, da adj. y s. *Amer.* Enfant trouvé (expósito). | Effronté, e (descarado). | Très bon marché (barato). | Gaspilleur, euse ; panier (*m.*) percé (derrochador). | Ivre mort (borracho).

botador m. MAR. Gaffe, *f.* (bichero). || Chasse-clou (para sacar clavos). | Davier (de dentista). || IMPR. Mentonnière, *f.*, décognoir. || — Adj. y s. *Amer.* Gaspilleur, euse (derrochador).

botadura f. Lancement, *m.* [d'un bateau].

botafuego m. MIL. Boutefeu (bichero). || Fig. y Fam. Boutefeu (persona irritable).

botafumeiro m. Encensoir (en Santiago de Compostela).

botalón m. MAR. Bout-dehors, boute-hors, tangon. || Pieu (estaca).

botana f. Pièce [à une outre]. || Bouchon, *m.* (tapón), bonde (de un tonel). || Fig. y Fam. Emplâtre, *m.* | Cicatrice (de una llaga). || *Amer.* Capuchon (*m.*) en cuir [dont on recouvre les ergots des coqs de combat]. | Amuse-gueule, *m.* (tapas).

botánico, ca adj. Botanique : *jardín botánico,* jardin botanique.
— M. y f. Botaniste. || — F. Botanique (ciencia).

botanista m. y f. (P. us.). Botaniste.

botar v. tr. Lancer, jeter dehors (arrojar). || MAR. Lancer (en un astillero), mettre à l'eau (barco pequeño). | Mettre la barre à : *botar a babor,* mettre la barre à bâbord. || FAM. Ficher dehors, flanquer à la porte, bouter (p. us.) [despedir] : *lo botaron del colegio,* ils l'ont flanqué à la porte de l'école. || Botter : *botar un córner,* botter un corner. || *Amer.* Jeter (tirar). | Gaspiller (malgastar).
— V. intr. Rebondir (una pelota, una piedra). || Sauter, bondir : *botar de alegría,* sauter de joie. || Cabrioler (un caballo).
— V. pr. *Amer.* Se jeter (arrojarse). | Devenir (volverse).
— OBSERV. El verbo *bouter,* con el sentido de « arrojar », es anticuado.

botaratada f. FAM. Crétinerie, bêtise (tontería).

botarate m. FAM. Idiot (tonto) : *no seas botarate,* ne fais pas l'idiot. || *Amer.* Gaspilleur, dépensier, panier percé (manirroto).

botarel m. ARQ. Arc-boutant.

botarete adj. ARQ. *Arco botarete,* arc-boutant.

botarga f. Costume (*m.*) d'arlequin, déguisement, *m.*

botasilla f. MIL. Boute-selle, *m. inv.*

botavara f. MAR. Gui, *m.*, bôme.

bote m. Bond (salto). || Bond (de una pelota). || Boîte, f. : *bote de leche condensada,* boîte de lait concentré. || Pot (tarro) : *bote de tabaco,* pot à tabac. || MAR. Canot : *bote salvavidas* ou *de salvamento,* canot de sauvetage. || Coup (de pica o lanza). || Bloquette, *f.* (boche). || Haut-le-corps (caballo). || FAM. Poche, *f.* (bolsillo). || Cagnotte, *f.* (en un bar). || — *Bote de carnero,* saut-de-mouton (de un caballo). || DEP. *Bote neutro,* chandelle. || TECN. *Bote rotativo,* boîte tournante (de la carda). || — FIG. y FAM. *De bote en bote,* comble, plein à craquer. || *Dar botes de alegría,* bondir de joie. || FIG. y FAM. *Dar el bote,* lessiver, ficher dehors (echar). | *Darse el bote,* se tirer, se barrer (irse). | *Estar en el bote,* être dans la poche *o* dans le sac. | *Tener metido en el bote,* avoir dans sa poche. || *Amer. Tocarle a uno amarrar el bote,* être le bon dernier.

botella f. Bouteille : *beber de la botella,* boire à la bouteille. || — Fís. *Botella de Leiden,* bouteille de Leyde. || *Botella termo,* bouteille thermos, thermos.

botellazo m. Coup de bouteille.

botellero m. Casier à bouteilles, porte-bouteilles, *inv.* (estante). || Panier à bouteilles (cesta). || Fabricant (el que fabrica) *o* marchand (el que vende) de bouteilles.

botellín m. Petite bouteille, *f.*

botellón m. Grande bouteille, *f.* || *Amer.* Damejeanne, *f.* (damajuana).

botepronto m. Coup de pied tombé (rugby). || Demi-volée, *f.* (fútbol).

botería f. MAR. Futaille. || Fabrique d'outres *o* de gourdes (taller del botero). || *Amer.* Cordonnerie (zapatería).

botero m. Bourrelier. || Patron d'un canot (patrón de un bote). || Cordonnier, bottier (zapatero). || FAM. *Pedro Botero,* le démon, Satan.

botica f. Pharmacie, officine (ant.) [farmacia]. || Médicaments, *m. pl.*, pharmacie (medicamentos). || (P. us.). Boutique (tienda). || — *Hay de todo, como en botica,* on trouve tout ce qu'on veut *o* de tout. || FAM. *Oler a botica,* sentir la pharmacie.

boticaria f. Femme du pharmacien. || Pharmacienne (profesión).

boticario m. Pharmacien, apothicaire (ant.). || *Venir como pedrada en ojo de boticario,* arriver comme marée en carême, arriver à point, tomber à pic.

botija f. Cruche. || *Amer.* Magot, *m.,* trésor (*m.*) caché.

botijero, ra m. y f. Fabricant, e (que hace) *o* marchand, e (que vende) de cruches.

botijo m. Gargoulette, *f.*, cruche, *f.* || — FAM. *Cara de botijo,* visage de pleine lune. || *Tren botijo,* train de plaisir.

botilla f. Bottine (de señora). || Brodequin, *m.* (borceguí).

botillería f. Débit (*m.*) de boissons, buvette.

botillero m. Barman (camarero), sommelier.

botín m. Guêtre, *f.* (polaina). || Bottine, *f.*, bottillon (calzado). || MIL. Butin. || *Amer.* Chaussette, *f.* (calcetín).

botina f. Bottine, bottillon, *m.*

botinería f. Cordonnerie (zapatería).

botinero m. Bottier, cordonnier (zapatero).

botiquín m. Pharmacie (*f.*) portative (maletín). || Trousse (*f.*) à pharmacie, boîte (*f.*) de secours (estuche). || Armoire (*f.*) à pharmacie (mueble). || Infirmerie, *f.* (enfermería). || *Amer.* Débit de vins.

botivoleo m. Renvoi entre bond et volée [au jeu de paume].

Botnia n. pr. f. GEOGR. Bothnie.

boto m. Botte, *f.*

boto, ta adj. Émoussé, e. || FIG. Obtus, e.

botón m. Bouton (en los vestidos). || BOT. Bouton (de flor). | Bourgeon (renuevo). || Bouton, poussoir (de timbre). || Bout, bouton (del florete). || POP. *Amer.* Flic (poli). || — *Botón automático,* bouton-pression. || *Botón de fuego,* bouton *o* pointe de feu. || *Botón de muestra,* échantillon. || *Botón de oro,* bouton d'or (planta). || RAD. *Botón de sintonización,* bouton de recherche de station. || *Botón espoleado,* bouton quadrillé. || — *Amer. Al botón,* en vain (en vano) ; au hasard (al buen tuntún). || *Como botón de muestra,* à titre d'exemple, en échantillon. || FAM. *De botones adentro,* dans mon (ton, son, etc.) for intérieur. || — *Dar al botón,* tourner le bouton. || *Pulsar el botón,* appuyer sur le bouton.

botonadura f. Garniture de boutons, les boutons, *m. pl.*

botonazo m. Touche, *f.* (esgrima).

botonería f. Boutonnerie.

botonero, ra adj. y s. Boutonnier, ère.

— OBSERV. En el sentido más usual, la palabra francesa *boutonnière* significa *ojal* (de ropa).

botones m. Chasseur, groom (de un hotel, etc.). ‖ Garçon de courses (chico de los recados).

bototo m. *Amer.* Calebasse, *f.* (calabaza). ‖ — Pl. *Amer.* Gros souliers, godasses, *f.* (zapatos).

botriocéfalo m. Botriocéphale (gusano).

botulismo m. MED. Botulisme.

botuto m. Trompette (*f.*) de guerre [des Indiens de l'Orénoque] (trompeta). ‖ BOT. Pétiole du papayer.

bou m. Pêche au boulier (pesca). ‖ Chalutier (barco).

bóveda f. ARQ. Voûte. ‖ Crypte (cripta). ‖ — *Bóveda celeste*, voûte céleste, calotte des cieux. ‖ *Bóveda craneana* ou *craneal*, boîte crânienne. ‖ *Bóveda de cañón*, voûte en berceau *o* en plein cintre. ‖ *Bóveda de crucería*, voûte en croisée d'ogives. ‖ *Bóveda de medio punto*, voûte en plein cintre. ‖ *Bóveda palatina*, voûte du palais *o* palatine (cielo de la boca). ‖ *Bóveda por arista* ou *claustral* ou *esquifada*, voûte d'arête. ‖ *Clave de bóveda*, clef de voûte.

bovedilla f. ARQ. Entrevous, *m.*, solin, *m.* ‖ MAR. Voûte d'arcasse, voûte.

bóvidos m. pl. ZOOL. Bovidés.

bovino, na adj. y s. Bovin, e.

— M. pl. Bovins, bovidés.

box m. Box.

box-calf m. Box-calf (cuero).

boxeador m. Boxeur.

boxear v. intr. Boxer.

boxeo m. Boxe, *f.*

boy m. Boy (criado indígena).

boya f. MAR. Bouée : *boya luminosa*, bouée lumineuse. ‖ Flotteur, *m.*, bouchon, *m.* (de una red). ‖ *Amer.* Forme (de un sombrero). ‖ *Boya de salvamento* ou *salvavidas*, bouée de sauvetage.

boyada f. Troupeau (*m.*) de bœufs.

boyante adj. TAUROM. Se dit du taureau facile à combattre au franc. ‖ Prospère, fortuné, e (próspero), heureux, euse (feliz). ‖ MAR. Lège.

boyar v. intr. Être renfloué *o* remis à flot (barco). ‖ Flotter.

boyardo m. Boyard, boïard.

boycot, boycoteador, boycotear, boycoteo. V. BOICOT, BOICOTEADOR, BOICOTEAR, BOICOTEO.

boyera o **boyeriza** f. Bouverie, étable à bœufs. ‖ Bouvril, *m.* (en el matadero).

boyerizo m. Bouvier.

boyero m. Bouvier. ‖ ASTR. Bouvier.

boyezuelo m. Bouvillon.

boy-scout m. Boy-scout (explorador).

boyuno, na adj. Bovin, e.

boza f. MAR. Bosse (cable).

bozal adj. y s. (Ant.). Noir, noire récemment venu d'Afrique (negro). ‖ FIG. y FAM. Blanc-bec, nouveau, elle (novicio). ‖ Niais, e ; sot, sotte (tonto). ‖ Sauvage : *caballo bozal*, cheval sauvage. ‖ *Amer.* Indien *o* étranger qui parle mal l'espagnol, baragouineur, euse. ‖ — M. Muselière, *f.* (para los animales). ‖ *Amer.* Licou (cabestro).

bozo m. Duvet (vello). ‖ Bouche, *f.* (parte exterior de la boca). ‖ Sorte de licou (cabestro). ‖ *A este niño ya le apunta el bozo*, la moustache de ce garçon commence à pousser.

Brabante n. pr. m. GEOGR. Brabant.

brabanzón, ona adj. y s. Brabançon, onne.

braceada f. Mouvement (*m.*) violent des bras.

braceador, ra adj. Au pas relevé (caballo).

braceaje m. Brassage (de los metales, de las monedas). ‖ MAR. Profondeur, *f.* (profundidad en brazas).

bracear v. intr. Agiter *o* remuer les bras (agitar los brazos). ‖ Nager la brasse (nadar). ‖ FIG. S'efforcer (esforzarse). ‖ Relever correctement les

jambes de devant en marchant (un caballo). ‖ MAR. Brasser (las velas).

braceo m. Mouvement des bras. ‖ Brasse, *f.* (natación). ‖ MAR. Brassage.

bracero m. Manœuvre (peón).

bracista m. y f. Nageur, nageuse de brasse.

bracmán m. Brahmane.

bráctea f. BOT. Bractée.

bractéola f. BOT. Bractéole.

bradipepsia f. Bradypepsie (digestión difícil).

bradipo m. ZOOL. Bradype, aï, paresseux.

brafonera f. Brassard, *m.*, épaulière (de la armadura).

braga f. Culotte, slip, *m.* (de mujer). ‖ Lange, *m.*, couche, couche-culotte (de niño de pecho). ‖ Verboquet, *m.* (cuerda). ‖ — Pl. Braies (calzon ancho). ‖ *No se pescan truchas a bragas enjutas*, on ne fait pas d'omelette sans casser des œufs.

— OBSERV. Dans sa première acception le mot *braga* s'emploie surtout au pluriel.

bragado, da adj. Se dit de l'animal dont l'entrecuisse est d'une couleur différente du reste de la robe. ‖ FIG. y FAM. Énergique, décidé, e ; culotté, e ; courageux, euse (valiente). ‖ Faux, fausse, malintentionné, e (malintencionado).

bragadura f. Entrecuisse, *m.* (del animal). ‖ Entrejambe, *m.*, enfourchure (del pantalón).

Braganza n. pr. GEOGR. Bragance.

bragazas m. FAM. Chiffe, *f.*, nouille, *f.*

braguerista m. Bandagiste.

braguero m. Bandage herniaire (ortopédico). ‖ MAR. Brague, *f.* (de cañón).

bragueta f. Braguette. ‖ — *Casamiento de bragueta*, mariage d'intérêt. ‖ *Hidalgo de bragueta*, gentilhomme titré pour avoir eu sept garçons consécutivement.

braguetazo m. FAM. *Dar un braguetazo*, épouser une femme riche, faire un mariage intéressant.

braguetón m. ARQ. Tierceron (de bóveda).

Brahma o **Brama** n. pr. m. Brahma.

brahmán o **bramán** m. Brahmane.

brahmánico, ca, bramánico, ca adj. Brahmanique.

brahmanismo o **bramanismo** m. Brahmanisme.

brahmín o **bramín** m. Bramine, brahmane.

brama f. Rut, *m.* (de los ciervos, etc.). ‖ Temps (*m.*) de brame (temporada).

bramadero m. Lieu où se réunissent les animaux sauvages au temps du rut. ‖ *Amer.* Poteau [pour attacher le bétail].

bramador, ra adj. Mugissant, e ; bramant, e.

bramante m. Ficelle, *f.* (cuerda delgada).

bramar v. intr. Mugir (el toro). ‖ Bramer (el venado). ‖ Barrir (el elefante). ‖ FIG. Mugir (el viento, el mar, etc.), gronder (el trueno), mugir (de ira). ‖ FAM. Brailler, hurler (gritar).

bramido m. Mugissement (del toro). ‖ Brame, bramement (del venado). ‖ Barrissement, barrit (del elefante). ‖ FAM. Mugissement (del viento, del mar, etc.). ‖ FAM. Rugissement, hurlement : *dar bramidos*, pousser des hurlements.

brancada f. Tramail, *m.* (red).

brancal m. Longeron.

brandal m. MAR. Hauban, galhauban (de las velas).

Brandeburgo n. pr. m. GEOGR. Brandebourg.

brandeburgués, esa adj. y s. Brandebourgeois, e.

brandy m. Brandy (coñac).

branquial adj. ANAT. Branchial, e : *órganos branquiales*, organes branchiaux.

branquias f. pl. Branchies (del pez).

branquiópodos m. pl. ZOOL. Branchiopodes.

braña f. Pâturage (*m.*) d'été.

braquial adj. Brachial, e ; du bras.

braquicefalia f. o **braquicefalismo** m. Brachycéphalie, *f.*

braquicéfalo, la adj. Brachycéphale.

braquiópodos m. pl. Brachiopodes (gusanos).

braquiuros m. pl. ZOOL. Brachyures (crustáceos).

brasa f. Braise : *a la brasa*, à la braise. ‖ — Fig. *Estar como en brasas* ou *en brasas*, être sur des charbons ardents. | *Pasar como sobre brasas por un asunto*, passer rapidement sur un sujet, ne faire qu'effleurer un sujet.

brasca f. Brasque (metalurgia).

braseado, da adj. À la braise.

braserillo m. Chaufferette, *f*.

brasero m. Brasero. ‖ Bûcher (hoguera). ‖ *Amer.* Foyer (hogar).

— Observ. En Espagne, on se sert communément d'un *brasero*, en forme de bassin, pour chauffer les appartements. Il est souvent placé sous une table appelée *camilla*.

brasil m. Bois du Brésil, brésillet (palo brasil).

Brasil n. pr. m. Geogr. Brésil.

brasilado, da adj. Brésillé, e.

brasileño, ña adj. y s. Brésilien, enne.

brasilero, ra adj. y s. *Amer.* Brésilien, enne.

brasilete m. Bot. Brésillet.

bravamente adv. Bravement, vaillamment (con bravura). ‖ Cruellement (con crueldad). ‖ Magnifiquement, superbement (perfectamente). ‖ Fam. Copieusement, abondamment (abundantemente).

bravata f. Bravade, fanfaronnade, rodomontade.

bravear v. intr. Faire le bravache. ‖ Crier bravo (aplaudir).

bravera f. Regard, *m.*, trou (*m.*) d'aération (de un horno).

braveza f. Bravoure (bravura). ‖ Violence, furie (de los elementos).

bravío, a adj. Sauvage (sin domar, sin civilizar). ‖ Fig. Sauvage (silvestre). ‖ Rustre, sauvage (rústico).
— M. Férocité, *f.* (bravura).

¡bravísimo! interj. Bravissimo !

bravo, va adj. Brave, vaillant, e (valeroso). ‖ Bon, bonne ; excellent, e (bueno, excelente). ‖ Féroce, sauvage, combatif, ive (animal). ‖ De combat (de lidia) : *toros bravos*, des taureaux de combat. ‖ Sauvage : *un paisaje muy bravo*, un paysage très sauvage ; *indio bravo*, Indien sauvage. ‖ Déchaîné, e (los elementos). ‖ Fam. Vantard, e ; bravache (valentón). ‖ Fig. y Fam. Sauvage, bourru, e (de mal carácter). | Superbe, magnifique (magnífico). | Irrité, e ; en colère (enfadado).
— M. Bravo (aplauso).
— Interj. Bravo !
— Observ. Le mot espagnol *bravo* n'a pas le sens de « bon », « honnête ».
— La palabra francesa *brave* no tiene los sentidos de « agitado » y de « salvaje ».

bravucón, ona adj. y s. Fam. Bravache, fanfaron, onne.
— Sinón. *Matamoros, perdonavidas,* matamore. *Baladrón*, bravache. *Fierabrás*, fier-à-bras. *Fanfarrón*, fanfaron. *Jactancioso*, vantard.

bravuconada o **bravuconería** f. Fanfaronnade.

bravura f. Férocité (de los animales). ‖ Combativité (de un toro). ‖ Bravoure (valor). ‖ Bravade (bravata).

braza f. Brasse (medida). ‖ Mar. Bras, *m.* (cuerda). ‖ Brasse (modo de nadar) : *braza mariposa*, brasse papillon ; *nadar a la braza*, nager la brasse.

brazada f. Brassée, brasse (del nadador). ‖ Brassée [ce qu'on tient dans ses bras]. ‖ *Amer.* Brasse (medida).

brazado m. Brassée, *f.* (lo que abarcan los brazos).

brazal m. Brassard (de la armadura). ‖ Brassard (en la manga). ‖ Saignée, *f.* (de un río).

brazalete m. Bracelet (pulsera). ‖ Brassard (en la manga).

brazo m. Anat. Bras. ‖ Patte (*f.*) antérieure *o* de devant (de un cuadrúpedo). ‖ Bras (de una palanca, de una balanza, de un sillón). ‖ Branche, *f.* (de un candelero, etc.). ‖ Bras (de mar, de río). ‖

Perche, *f.*, bras (del micrófono). ‖ Fig. Bras, pouvoir (poder) : *nadie resiste a su brazo*, nul ne résiste à son bras. ‖ (Ant.). État [chacune des classes de citoyens représentées aux Cortès]. ‖ — Pl. Fig. Bras : *faltan brazos en la agricultura*, l'agriculture manque de bras. ‖ — *Brazo de cruz*, croisillon. ‖ *Brazo de gitano*, sorte de biscuit roulé. ‖ *Brazo secular*, bras séculier. ‖ — *A brazo*, à bras, à force de bras. ‖ *A brazo partido*, à bras-le-corps (sin usar armas), à bras raccourcis, à tour de bras (de poder a poder). ‖ *A fuerza de brazos*, à force de bras. ‖ *Con los brazos abiertos*, à bras ouverts, les bras ouverts. ‖ *Con los brazos cruzados*, les bras croisés. ‖ *Del brazo*, bras dessus, bras dessous. ‖ *En brazos*, dans le bras. ‖ *Huelga de brazos caídos*, grève sur le tas, des bras croisés. ‖ — *Cruzarse de brazos*, se croiser les bras, rester les bras croisés (no obrar). ‖ *Dar el brazo de uno*, donner le bras à quelqu'un. ‖ *Dar su brazo a torcer*, lâcher prise, en rabattre (ceder), en mettre sa main au feu. ‖ *Echar los brazos al cuello de alguien*, jeter les bras autour du cou de quelqu'un. ‖ *Echarse* ou *entregarse en brazos de uno*, se jeter dans les bras de quelqu'un. ‖ *Estar atado de brazos*, être pieds et poings liés. ‖ *Estar con los brazos cruzados*, rester les bras croisés, se tourner les pouces. ‖ Fam. *Estar hecho un brazo de mar*, être beau comme un astre, parée comme une châsse. ‖ *Ir del brazo* ou *dándose el brazo* ou *cogidos del brazo*, aller bras dessus, bras dessous ; se donner le bras. ‖ *No dar su brazo a torcer*, ne pas lâcher prise, ne pas en démordre, ne pas se laisser faire. ‖ *Ser el brazo derecho de uno*, être le bras droit de quelqu'un. ‖ *Tener en brazos*, tenir dans ses bras.

brazola f. Mar. Surbau, *m.*

brazolargo m. *Amer.* Atèle, singe-araignée.

brazuelo m. Petit bras (brazo pequeño). ‖ Avantbras (de caballo). ‖ Épaule, *f.*, éclanche, *f.* (de carnero), jambonneau (del cerdo).

brea f. Brai, *m.* : *brea mineral*, brai de goudron de houille. ‖ Prélart, *m.* (tela embreada).

break m. Break (coche).

brear v. tr. Fig. y Fam. Rosser, malmener (maltratar). | Assommer (fastidiar). ‖ *Brear a palos*, rouer de coups.
— V. pr. Fam. *Brearse de trabajar*, se tuer à la tâche.

brebaje m. Breuvage.

breca f. Zool. Ablette (albur), pagel, *m.* (pagel).

brécol m. o **brecolera** f. Bot. Brocoli, *m.*

brecha f. Brèche : *abrir una brecha en la muralla*, faire une brèche dans le mur. ‖ Trouée, percée (en un bosque, en las líneas enemigas). ‖ Min. Brèche. ‖ Fig. Impression, effet, *m.* : *hacer una brecha en*, faire impression sur. ‖ Mil. y Fig. *Abrir brecha*, faire brèche, ouvrir *o* faire une brèche. | *Batir en brecha*, battre en brèche. ‖ *Estar siempre en la brecha*, être toujours sur la brèche. ‖ *Hacerse una brecha en la frente*, s'ouvrir le front. ‖ Mil. *Montar la brecha*, monter sur la brèche. ‖ *Morir en la brecha*, mourir sur la brèche.

brega f. Lutte (pelea) : *la brega de la vida*, la lutte pour la vie. ‖ Querelle, dispute (pendencia). ‖ Rude besogne, travail (*m.*) dur (trabajo). ‖ — Taurom. *Capote de brega*, cape de travail. ‖ *En brega con*, en lutte avec. ‖ — *Andar a la brega*, trimer, travailler dur *o* ferme *o* d'arrache-pied. ‖ *Dar brega*, malmener.

bregar v. intr. Lutter. ‖ Fig. Trimer (trabajar). | Se démener, se mettre en quatre, se décarcasser, se donner du mal (cansarse).
— V. tr. Pétrir (amasar). ‖ Taurom. Travailler [le taureau].

breitschwanz m. Breitschwanz (variedad de astracán).

brema f. Brème (pez).

Brema o **Bremen** n. pr. GEOGR. Brême.
breña f. Broussaille, hallier, m. (maleza).
breñal m. Terrain broussailleux.
breñoso, sa adj. Broussailleux, euse.
breque m. Pagel (pez). ‖ Amer. Frein à main (freno). | Fourgon à bagages (vagón de equipajes). | Break (coche).
brequero m. Amer. Serre-frein.
Bretaña n. pr. f. GEOGR. Bretagne. ‖ Gran Bretaña, Grande-Bretagne.
brete m. Fers, pl. [des prisonniers]. ‖ FIG. Situation (f.) difficile, embarras, difficultés, f. : estar, poner en un brete, être, mettre dans une situation difficile, dans l'embarras, en difficulté. ‖ Bétel (buyo). ‖ Amer. Enclos [où l'on marque, où l'on enferme de bétail].
bretón, ona adj. y s. Breton, onne.
— M. Breton (lengua). ‖ BOT. Chou cavalier.
breva f. Figue-fleur (higo). ‖ Gland (m.) précoce (bellota). ‖ Cigare (m.) aplati (cigarro). ‖ FIG. y FAM. Aubaine, veine (suerte) : cogió ou le cayó una buena breva, il a eu une sacrée veine. | Fromage, m. (buena colocación). ‖ Amer. Tabac (m.) à mâcher o à chiquer (tabaco). ‖ — FIG. y FAM. De higos a brevas, tous les 36 du mois.
breve adj. Bref, ève ; court, e (corto). ‖ Quelque : breves palabras, quelques mots. ‖ GRAM. Bref, ève. ‖ En breve, bientôt, sous peu, d'ici peu, dans peu de temps, prochainement (pronto), bref (en pocas palabras).
— M. Bref (bula apostólica). ‖ — F. MÚS. Brève (nota). ‖ Brève (sílaba).
brevedad f. Brièveté. ‖ — Con brevedad, brièvement. ‖ Niña vestida con brevedad, jeune fille court-vêtue. ‖ Se ruega hablar con brevedad, on est prié d'être bref.
brevemente adv. Brièvement.
brevete m. En-tête (membrete).
     OBSERV. La palabra francesa breret sólo equivale hoy a patente, privilegio.
breviario m. Bréviaire.
brevipenne adj. y s. ZOOL. Brévipenne.
brezal m. Bruyère, f. (terreno cubierto de brezo).
brezo m. BOT. Bruyère, f.
briba o **bribia** f. Gueuserie, vie de parasite. ‖ Andar ou vivir a la briba, vivre à ne rien faire.
bribón, ona adj. y s. Coquin, e ; fripon, onne (pícaro) : este niño es un bribón, cet enfant est un coquin. ‖ Gueux, gueuse (mendigo).
bribonada f. Friponnerie, coquinerie.
bribonear v. intr. Mener une vie de fripon. ‖ Commettre des friponneries.
bribonería f. Friponnerie, coquinerie.
bricbarca m. Brick (barco).
brida f. Bride (rienda). ‖ Collerette (de un tubo). ‖ MED. Bride. ‖ TECN. Bride (abrazadera). ‖ — A toda brida, à toute bride, à bride abattue. ‖ Brida de fijación, étrier.
bridge m. Bridge (naipes) : jugar al bridge, jouer au bridge. ‖ Jugador de bridge, bridgeur.
bridón m. Bridon (brida pequeña). ‖ Mors de filet (pieza del bocado). ‖ Cheval de selle (caballo). ‖ POÉT. Coursier (caballo).
brigada f. MIL. Brigade. ‖ Troupe (de bestias). | Adjudant, m. (grado). ‖ Brigade, équipe (de trabajadores, etc.).
brigadier m. (Ant.). Général de brigade, brigadier.
— OBSERV. Hoy el grado de brigadier, en francés, corresponde al de sargento de caballería o de policía.
Bright (mal de) m. MED. Mal de Bright (nefritis).
Brígida n. pr. f. Brigitte.
Briján n. pr. FIG. y FAM. Saber más que Briján ou ser más listo que Briján, être malin comme un singe.
brillante adj. Brillant, e. ‖ FIG. Brillant, e (lucido).

— M. Brillant, diamant (diamante). ‖ Un collar de brillantes, une rivière de diamants.
brillantemente adv. Brillamment.
brillantez f. FÍS. Brillance. ‖ Éclat, m. : las ceremonias se han desarrollado con gran brillantez, les cérémonies se sont déroulées avec beaucoup d'éclat. ‖ Terminó sus estudios con gran brillantez, il a terminé ses études très brillamment.
brillantina f. Brillantine.
brillar v. intr. ● Briller. ‖ FIG. Briller, rayonner : la alegría brillaba en sus ojos, ses yeux brillaient de joie. ‖ Briller (sobresalir). ‖ Brillar por su ausencia, briller par son absence.
— SINÓN. ● Lucir, luire. Relucir, relumbrar, reluire. Resplandecer, refulgir, resplendir. Deslumbrar, éblouir. Espejear, miroiter. Tornasolar, chatoyer.
brillazón f. Amer. Mirage, m. (en la pampa).
brillo m. ● Éclat, brillant. ‖ FIG. Éclat, gloire, f. : esto no quita brillo a lo que ha hecho, cela n'enlève pas d'éclat à ce qu'il a fait. | Lustre (esplendor). ‖ — Papel de brillo, papier glacé. ‖ — Estar lleno de brillos, être plein d'entrain. ‖ Sacar brillo a, faire reluire (zapatos), faire briller, astiquer (metales, madera).
— SINÓN. ● Resplandor, esplendor, splendeur. Brillantez, éclat. Realce, relief. Centelleo, scintillement.
brin m. Brin (tela). ‖ Brin de safran (de azafrán).
brincador, ra adj. y s. Bondissant, e.
brincar v. intr. Bondir, sauter (saltar). ‖ FIG. y FAM. Bondir (enfadarse). | Bondir, sauter : brincar de alegría, bondir de joie. ‖ FAM. Está que brinca, il est piqué au vif (de cólera), il ne tient plus en place (de alegría).
brinco m. Bond, saut (salto) : pegar un brinco, faire un bond. ‖ Gambade, f. (niño). ‖ Bond (caballo, cabra, etc.). ‖ Pendeloque, f. (joya). ‖ — Dar brincos, faire des bonds, bondir. ‖ En dos brincos o en un brinco, en moins de deux.
brindar v. intr. Porter un toast à, boire à : brindemos por nuestra amistad, buvons à notre amitié. ‖ Boire à la santé de : brindar por uno, boire à la santé de quelqu'un. ‖ Trinquer (chocar las copas).
— V. tr. Offrir (proponer, ofrecer) : le brindo la oportunidad de, je vous offre la possibilité de. ‖ TAUROM. Brindar el toro, dédier le taureau, offrir le sacrifice du taureau.
— V. pr. Offrir, proposer : se brindó a pagar, il offrit de payer.
brindis m. Toast : echar un brindis, porter un toast. ‖ TAUROM. Brindis [hommage que le matador fait du taureau qu'il va tuer à une personnalité (président de la course, invité d'honneur) ou au public].
Brindis o **Brindisi** n. pr. GEOGR. Brindisi, Brindes.
hrinell m. Brinell (para los metales).
briñolero m. BOT. Olivier des Antilles.
briñón m. Brugnon (fruta).
brío m. Courage, énergie, f. (pujanza). ‖ Brio : hablar con brío, parler avec brio. ‖ Fougue, f., entrain : lleno de brío, plein d'entrain ; cantar con brío, chanter avec entrain. ‖ Abattage (fam.) [de un actor, etc.]. ‖ Grâce, f., élégance, f. (gentileza). ‖ Hombre de bríos, homme énergique.
briofitas m. pl. BOT. Bryophytes (muscíneas).
briol m. MAR. Cargue, f. (cuerda).
briología f. BOT. Bryologie.
brionia f. BOT. Bryone.
bríos! (¡voto a) expr. fam. Sacrebleu !, morbleu !
— OBSERV. Dans les jurons, bríos remplace en espagnol Dios, de même que bleu remplace en français Dieu.
briosamente adv. Courageusement (con valor). ‖ Avec entrain (con ardor). ‖ Avec brio (con brillo).
brioso, sa adj. Courageux, euse, énergique (enérgico). ‖ Fougueux, euse ; vif, vive (fogoso) : caballo brioso, cheval fougueux.
briozoarios m. pl. BOT. Bryozoaires.

briqueta f. Briquette (carbón).
brisa f. Brise (viento) : *brisa marina*, brise de mer *o* marine. || Marc, *m.* (orujo).
brisada f. BLAS. Brisure.
brisca f. Brisque, mariage, *m.* (juego).
briscado adj. Broché, e (tela).
— M. Brocart.
briscán m. *Amer.* V. BRISCA.
briscar v. tr. Brocher, broder au fil d'or.
brisera f. *Amer.* Verre (*m.*) de lampe.
brístol m. Bristol (cartulina).
brisura f. BLAS. Brisure.
británico, ca adj. y s. Britannique.
britano, na adj. y s. Anglais, e; britannique. || (Ant.). Breton, onne.
briza f. BOT. Brize (cedacillo).
brizna f. Brin, *m.* : *una brizna de hierba, de paja*, un brin d'herbe, de paille. || Fil, *m.* (de la judía).
briznoso, sa adj. Filamenteux, euse; filandreux, euse.
broca f. Broche (de bordadora). || Foret, *m.*, tarière (taladro). || Broquette (clavo).
brocado, da adj. Broché, e (telas).
— M. Brocart (tela).
brocal m. Margelle, *f.* (de un pozo). || Chape, *f.* (de una vaina). || Embouchure, *f.* [d'une outre à vin]. || BLAS. Bordure, *f.*
brocamantón m. Grande broche (*f.*) en pierreries.
brocatel m. Brocatelle, *f.* (tela, mármol).
brocearse v. pr. *Amer.* S'épuiser (una mina). | FIG. Se gâter (echarse a perder).
broceo m. *Amer.* Épuisement (de una mina).
bróculi m. BOT. Brocoli (brécol).
brocha f. Brosse, gros pinceau, *m.* (pincel). || Queue-de-morue (pincel aplastado). || Houpette (para polvos). || Dé chargé *o* pipé (juegos). || TECN. Broche. || — *Brocha de afeitar*, blaireau. || *Pintor de brocha gorda*, peintre en bâtiment (casa), barbouilleur (mal pintor). || *Versos de brocha gorda*, vers de mirliton.
brochada f. V. BROCHAZO.
brochado, da adj. Broché, e (telas).
brochadora f. MECÁN. Brocheuse.
brochadura f. Broche, agrafe.
brochal m. ARQ. Chevêtre.
brochazo m. Coup de brosse *o* de pinceau.
broche m. Broche, *f.*, agrafe, *f.* || *Amer.* Trombone (para sujetar papeles). || — Pl. *Amer.* Boutons de manchettes (gemelos). || FIG. *El broche final* ou *de oro*, le couronnement, le point final, l'apothéose, le bouquet.
brocheta f. CULIN. Brochette.
brocho adj. m. TAUROM. Aux cornes très rapprochées.
brodequin m. Brodequin.
— OBSERV. C'est un gallicisme employé pour *borcegui*.
broma f. ● Plaisanterie : *¡no es ninguna broma!*, ce n'est pas une plaisanterie! || Farce, blague : *gastar bromas*, faire des farces. || ZOOL. Taret, *m.* (molusco). || Bruit, *m.*, tapage, *m.* (bulla). || — *Broma aparte*, blague *o* plaisanterie à part. || *Broma de mal gusto*, plaisanterie de mauvais goût. || *Broma pesada*, mauvaise plaisanterie, sale blague. || *En broma*, pour plaisanter, pour rire. || *Entre bromas y veras*, mi-figue, mi-raisin. || *Sin broma*, blague à part. || *Tienda de bromas y engaños*, magasin de farces et attrapes. || — *¡Basta de bromas!* ou *dejémonos de bromas*, trêve de plaisanteries!, suffit! || *Dar una broma a*, faire une blague à. || *Es pura broma*, c'est de la rigolade. || *No estar para bromas*, ne pas avoir envie de rire *o* le cœur à rire, ne pas avoir envie de plaisanter. || *No gastar bromas*, ne pas plaisanter. || *Saber tomar las bromas*, comprendre *o* savoir prendre la plaisanterie. || *Ser amigo de bromas*, aimer à rire, aimer la rigolade (fam.). || *Tomar a broma*, tourner en dérision *o* en plaisan-

terie (ridiculizar), ne pas prendre au sérieux (tomar a guasa).
— SINÓN. ● *Humorada, ocurrencia*, boutade. *Chiste, gracia*, plaisanterie, blague. *Chanza, chirigota, guasa*, plaisanterie. *Chocarrería*, gaudriole. *Bufonada, jocosidad*, bouffonnerie. *Pulla*, quolibet. *Novatada*, brimade.
bromar v. tr. Ronger [le bois] (roer).
bromato m. QUÍM. Bromate.
bromatología f. Diététique.
bromatólogo, ga m. y f. Diététicien, enne.
bromazo m. Plaisanterie (*f.*) de mauvais goût, grosse *o* mauvaise plaisanterie, *f.* : *dar un bromazo*, faire une grosse plaisanterie.
bromear v. intr. Plaisanter, blaguer (fam.), rigoler (fam.) : *no estoy bromeando*, je ne plaisante pas.
bromeliáceas f. pl. BOT. Broméliacées.
bromhídrico, ca adj. QUÍM. Bromhydrique.
brómico, ca adj. QUÍM. Bromique.
bromista adj. y s. Farceur, euse; plaisantin (sin *f.*); blagueur, euse; rigolo, ote (fam.). || *Bromista pesado*, mauvais plaisant.
bromo m. BOT. y QUÍM. Brome.
bromoformo m. QUÍM. Bromoforme.
bromuro m. QUÍM. Bromure.
bronca f. Bagarre, rixe, grabuge, *m.* (riña). || Réprimande, savon, *m.*, engueulade (pop.) [reprensión]. || Chahut, *m.* (manifestación colectiva). || Huées, *pl.* (gritos). || Scène : *bronca familiar*, scène de famille; *su mujer le armó una bronca*, sa femme lui fit une scène. || — *Dar una bronca*, faire du chahut, chahuter. || *Echar una bronca*, passer un savon, sonner les cloches, disputer, engueuler (pop.). || *Ganarse una bronca*, se faire huer. || *Llevarse una bronca*, recevoir un savon, se faire sonner les cloches, se faire disputer, se faire engueuler (pop.). || *Se armó una bronca*, une bagarre a éclaté, il y a eu du grabuge.
bronce m. Bronze (metal y objeto de arte). || POÉT. Airain, bronze. || FIG. *Escribir en bronce*, écrire sur l'airain. | *Ser de bronce*, avoir un cœur de pierre *o* d'acier.
bronceado, da adj. Bronzé, e.
— M. Bronzage.
bronceador m. Huile (*f.*) de bronzage.
bronceadora f. IMPR. Bronzeuse.
bronceadura f. Bronzage, *m.*
broncear v. tr. Bronzer (un metal, una estatua, la piel).
— V. pr. Se bronzer (la piel).
broncíneo, a adj. Bronzé, e (del color del bronce). || De bronze.
broncista m. Bronzier, bronzeur.
bronco, ca adj. Âpre, rude. || Cassant, e (metales). || Rauque, désagréable (voz, sonido). || FIG. Revêche, désagréable (carácter).
broncoectasia f. MED. Bronchectasie, bronchiectasie.
bronconeumonía f. MED. Broncho-pneumonie.
broncorrea f. MED. Bronchorrée.
broncoscopia f. Bronchoscopie.
broncoscopio m. Bronchoscope.
broncotomía f. MED. Bronchotomie.
bronquear v. tr. Réprimander, gronder.
bronquedad o **bronquera** f. Rudesse.
bronquial adj. ANAT. Bronchial, e.
bronquio m. ANAT. Bronche, *f.*
bronquiolos m. pl. ANAT. Bronchioles, *f.*
bronquítico, ca adj. y s. Bronchitique.
bronquitis f. MED. Bronchite.
brontosauro m. Brontosaure (fósil).
broquel m. Bouclier.
broquelarse v. pr. Se couvrir, se mettre à l'abri d'un bouclier. || FIG. Se défendre, se mettre à l'abri, se protéger.
broquelazo m. Coup de bouclier.

broqueta f. Brochette : *riñones en broqueta,* rognons en brochette.

brotadura f. Pousse (acción de brotar las plantas). ‖ Jaillissement, *m.* (de una fuente).

brotar v. intr. Pousser (las plantas) : *el trigo brota,* le blé pousse. ‖ Bourgeonner (echar renuevos) : *este árbol empieza a brotar,* cet arbre commence à bourgeonner. ‖ ● Jaillir, sourdre (las fuentes). ‖ Jaillir : *brotaron las lágrimas de sus ojos,* les larmes jaillirent de ses yeux. ‖ Apparaître, sortir (erupción cutánea). ‖ Fig. Apparaître, se manifester (surgir).
— V. tr. Produire.
— Sinón. ● *Manar,* jaillir. *Resaltar,* rejaillir. *Surtir, surgir, saltar,* jaillir.

brote m. ● Bot. Bourgeon, pousse, *f.* ‖ Jaillissement (del agua, de las lágrimas). ‖ Poussée, *f.* (de fiebre). ‖ Fig. Première manifestation, *f.,* début (principio), apparition, *f.*
— Sinón. ● *Renuevo,* pousse. *Botón, capullo,* bouton.

browniano adj. m. Fís. Brownien (movimiento).

browning f. Browning, *m.* (pistola).

broza f. Feuilles (*pl.*) mortes (hojas muertas), débris (*m. pl.*) végétaux (residuos vegetales). ‖ Résidus, *m. pl.,* débris, *m. pl.* (desechos). ‖ Buissons, *m. pl.* (matorrales). ‖ Broussailles, *pl.* (maleza). ‖ Fig. Remplissage, *m.* (por escrito), verbiage, *m.,* bla-bla, *m.* (de palabra) : *meter broza,* faire du remplissage. ‖ Impr. Brosse.

brozno, na adj. V. BRONCO.

brucería f. Brosserie (fábrica de cepillos).

brucero, ra m. y f. Brossier, ère.

bruces (a o de) loc. adv. À plat ventre. ‖ *Caer de bruces,* s'étaler de tout son long, tomber à plat ventre.

brucina f. Quím. Brucine.

brugo m. Bruche (insecto).

bruja f. Sorcière (hechicera). ‖ Zool. Chouette. ‖ Fig. Sorcière (mujer vieja y fea). ‖ — *Creer en brujas,* croire au Père Noël, gober tout. ‖ *Amer. Estar bruja,* être pauvre o misérable.

Brujas n. pr. Geogr. Bruges.

brujear v. intr. Se livrer à la sorcellerie.

brujería f. Sorcellerie.

brujidor m. Grésoir, grugeoir (grujidor).

brujir v. tr. Gruger (grujir).

brujo m. Sorcier. ‖ *El aprendiz de brujo,* l'apprenti sorcier.

brújula f. Boussole. ‖ (P. us.). Mire, viseur, *m.* (mira). ‖ Fig. *Perder la brújula,* perdre la boussole o le nord o la boule.

brujulear v. tr. Filer les cartes (naipes). ‖ Fig. y Fam. Deviner (adivinar). | Flâner (vagar).

brujuleo m. Action (*f.*) de filer ses cartes. ‖ Fig. y Fam. Divination, *f.*

brulote m. Mar. Brûlot. ‖ *Amer.* Propos blessant, injure, *f.* | Libelle, pasquin.

bruma f. Brume. ‖ *Bruma ligera,* brumasse.

brumal, e adj. Relatif, relative à la brume.

brumar v. tr. Accabler (abrumar).

brumario m. Brumaire (mes del calendario republicano francés que va del 23 de octubre al 21 de noviembre).

brumazón f. Brume épaisse.

brumoso, sa adj. Brumeux, euse.

bruno adj. Brun, e.
— M. Bot. Prune (*f.*) noire (fruta). | Prunier (árbol).

bruñido m. Bruni, poli (pulimento). ‖ Brunissage, polissage (acción). ‖ Brunissure, *f.* (pulido).

bruñidor, ra m. y f. Brunisseur, euse. ‖ — M. Tecn. Brunissoir, polissoir.

bruñidura f. o **bruñimiento** m. Brunissage, *m.,* polissage, *m.* (acción). ‖ Brunissure, *f.* (pulido). ‖ Bruni, *m.,* brunissage, *m.* (pulimento).

bruñir* v. tr. Polir (un metal, una piedra), brunir (un metal). ‖ Lustrer (un espejo). ‖ Fourbir (un metal, una espada). ‖ Fam. *Amer.* Embêter, raser, barber (fastidiar).
— V. pr. Fig. y Fam. Se farder (maquillarse).

brusco, ca adj. Brusque.
— M. Bot. Petit houx, fragon épineux.

brusela f. Bot. Pervenche.

bruselas f. pl. Brucelles, pinces (de joyeros).

Bruselas n. pr. Geogr. Bruxelles.

bruselense adj. y s. Bruxellois, e.

brusquedad f. Brusquerie.

brutal adj. Brutal, e : *hombres brutales,* des hommes brutaux. ‖ Fam. Énorme, terrible. ‖ *De una manera brutal,* brutalement (con brusquedad), énormément (mucho).
— M. Brute, *f.* (bruto).

brutalidad f. Brutalité. ‖ Fam. Énormité (barbaridad).

brutalizar v. tr. Brutaliser.

bruteza f. V. BRUTALIDAD.

bruto, ta adj. Bête, stupide, idiot, e ; bouché, e : *este hombre es muy bruto,* cet homme est très bête. ‖ Brut, e (sin cultura). ‖ Brut, e : *piedra bruta,* pierre brute ; *petróleo bruto,* pétrole brut. ‖ — *Amer. A la bruta* ou *a lo bruto,* grossièrement, à la va-vite. ‖ *El noble bruto,* le cheval. ‖ *En bruto,* brut : *diamante, peso en bruto,* diamant, poids brut. ‖ Fig. y Fam. *Pedazo de bruto,* espèce de brute.
— M. y f. Imbécile, idiot, e (tonto). ‖ Rustre (rústico). ‖ Fig. Sauvage : *este niño es un bruto, acaba de comer diez pasteles,* cet enfant est un sauvage, il vient de manger dix gâteaux.
— M. Brute, *f.*

bruza f. Brosse (de tipógrafo).

bruzador m. Impr. Baquet [pour laver les formes].

bruzar v. tr. Brosser.

bu m. Fam. Croque-mitaine (coco).

búa f. V. BUBA.

buarillo o **buaro** m. V. BUHARRO.

buba f. Med. Pustule, bube (p. us.) [pústula]. ‖ — Pl. Bubons, *m.*

bubi m. Noir de Fernando Poo.

bubón m. Med. Bubon.

bubónico, ca adj. Med. Bubonique : *peste bubónica,* peste bubonique.

buboso, sa adj. Qui a des bubons.

bucal adj. Buccal, e : *músculos bucales,* muscles buccaux.

bucanero m. Boucanier.

búcaro m. Cruche, *f.* (vasija de barro). ‖ Boucaro (arcilla).

buccinador m. Anat. Buccinateur (músculo de la mejilla).

buccino m. Zool. Buccin (molusco).

buceador m. Scaphandrier (buzo). ‖ Pêcheur de perles.

bucear v. intr. Plonger, travailler sous l'eau o en plongée (el buzo). ‖ Nager sous l'eau (nadar). ‖ Fig. Explorer, sonder, tâter (un asunto).

bucéfalo m. Fig. y Fam. Brute, *f.,* butor (estúpido).

Bucéfalo n. pr. m. Bucéphale.

buceo m. Plongée, *f.* (del buzo). ‖ Plongeon (del nadador). ‖ Fig. Exploration, *f.,* recherches, *f. pl.,* sondage (investigación).

bucero m. Griffon (perro).

bucle m. Boucle, *f.* (de cabellos).

bucólica f. Bucolique (composición poética). ‖ Fam. Boustifaille, mangeaille (comida).

bucólico, ca adj. Bucolique.

bucolismo m. Amour de la poésie pastorale (afición a la poesía), amour de la vie champêtre (afición a la vida del campo).

bucráneo m. Arq. Bucrane.

buchaca f. *Amer.* Bourse.

buchada f. Gorgée.

buche m. Jabot (de las aves). ‖ Estomac (de ciertos animales). ‖ Gorgée, *f.* (de líquido). ‖ Poche, *f.* (que hace la ropa). ‖ Fig y Fam. Ventre, panse, *f.* (estómago). | Cœur, ventre (pecho). ‖ Ânon (borrico). ‖ *Amer.* Haut-de-forme (chistera). | Goitre (bocio). ‖ — Fam. *Llenarse el buche*, se remplir la panse, se taper la cloche. | *No le cupo en el buche esta broma*, il n'a pas avalé cette plaisanterie.
buchinche m. V. BOCHINCHE.
buchón, ona adj. Boulant, e (paloma). ‖ Ventru, e (barrigón).
Buda n. pr. m. Bouddha.
budare m. *Amer.* Plat [pour cuire le pain de maïs].
búdico, ca adj. Bouddhique.
budín m. CULIN. Pudding (pastel). ‖ Pain : *budín de espinacas*, pain d'épinards.
— OBSERV. Ne pas confondre avec *boudin*, qui se traduit par *morcilla*.
budinadora f. TECN. Boudineuse (máquina de extrusión).
budinera f. Moule (*m.*) à pudding.
budión m. Labre, vieille de mer (pez).
budismo m. Bouddhisme.
budista adj. et s. Bouddhiste.
buen adj. Forme apocopée de bueno. (V. BUENO).
— OBSERV. L'adjectif *bueno* s'apocope en *buen* lorsqu'il est placé *devant* le mot qu'il détermine, que ce soit un substantif (*un buen libro*, un bon livre ; *un buen mozo*, un beau garçon ; *un buen hombre*, un brave homme ; *hace buen tiempo*, il fait beau ; *un buen día*, un beau jour, etc.) ou un verbe à l'infinitif employé comme substantif (*un buen andar*, un bon pas, etc.).
buenamente adv. Tout bonnement, tout simplement (sencillamente). ‖ Facilement (fácilmente). ‖ De bonne foi : *creer buenamente todo lo que se dice*, croire de bonne foi tout ce qu'on dit. ‖ *Si buenamente puede usted hacerlo*, si vous voulez bien avoir la gentillesse de le faire.
buenandanza f. V. BIENANDANZA.
buenaventura f. Bonne aventure : *echar* ou *decir la buenaventura*, dire la bonne aventure. ‖ Chance (suerte).
Buenaventura n. pr. m. Bonaventure.
buenazo, za adj. Bonasse, débonnaire.
— M. y f. Brave homme, brave femme.
bueno, na adj. ● Bon, bonne (bondadoso) : *es más bueno que el pan*, il est bon comme le pain o du bon pain. ‖ Sage : *este niño es bueno como un ángel*, cet enfant est sage comme une image. ‖ Bon, bonne : *buena conducta*, bonne conduite ; *ser de buena familia*, être de bonne famille. ‖ Bon, bonne, fort, e : *una buena calentura*, une bonne fièvre. ‖ Bon, bonne (útil, agradable). ‖ Bon, bonne (hábil) : *un buen obrero*, un bon ouvrier. ‖ En bonne santé : *estar bueno*, être en bonne santé [dans ce cas, toujours avec le verbe *estar*]. ‖ Bon, bonne ; brave (sencillote) : *una buena chica*, une bonne fille. ‖ Bon, bonne, beau, belle : *llevarse una buena bofetada*, recevoir une belle gifle. ‖ Beau, belle : *tener buena voz*, avoir une belle voix ; *una buena ocasión*, une belle occasion. ‖ Beau, belle : *un buen día*, un beau jour. ‖ Fam. Gentil, ille ; coquet, ette : *una buena cantidad*, une gentille somme. ‖ Drôle de : *¡buen sinvergüenza está hecho Juan!*, Jean est un drôle d'effronté ! ‖ — Fam. *Buena jugada*, mauvais tour, drôle de tour (mala jugada), bon coup (acierto). ‖ *Buenas noches*, bonsoir (al atardecer), bonne nuit (al acostarse). ‖ *Buenas tardes*, bonjour (después del mediodía), bonsoir (al atardecer). ‖ *Bueno de* ou *para*, bon à : *bueno de comer*, bon à manger. ‖ *Buenos días*, bonjour (hasta el mediodía). ‖ *Buen perdedor*, beau joueur.
— *A buenas* ou *por las buenas*, volontiers, de bon gré. ‖ *¿Adónde* o *a dónde bueno?* où allez-vous comme ça o de ce pas ? ‖ *A la buena de Dios*, à la bonne franquette, sans façon (sin

cumplido), au petit bonheur, à la va-comme-je-te-pousse, à la six-quatre-deux (a lo que salga). ‖ *De buena gana*, de bon cœur. ‖ *De buenas a primeras*, de but en blanc, brusquement (de repente), de prime abord (a primera vista). ‖ *¿De dónde bueno?* d'où venez-vous comme ça ? ‖ *De las buenas*, magistral. ‖ *De verdad de las buenas*, vrai de vrai. ‖ *El buen camino*, le droit chemin. ‖ *Los buenos tiempos*, le bon vieux temps. ‖ *Por las buenas*, comme ça (hacer las cosas). ‖ *Por las buenas* o *por las malas*, bon gré mal gré, de gré ou de force. ‖ *Dar por buena una cosa*, approuver o admettre une chose. ‖ *Darse buena vida*, mener la belle o bonne vie. ‖ *Es bueno saberlo*, c'est bon à savoir. ‖ Fam. *Estar de buenas*, être bien luné o de bonne humeur. ‖ *Estaría bueno que*, il ferait beau voir que, il ne manquerait plus que. ‖ *Hace buen tiempo*, il fait beau. ‖ *Librarse de una buena*, l'échapper belle. ‖ *Poner buena cara*, faire bon visage. ‖ *¿Qué dice de bueno?*, quoi de neuf ? ‖ *Ser muy buena persona*, être très gentil. ‖ Fam. *Tirarse una buena vida*, se la couler douce. ‖ *Verá usted lo que es bueno*, vous allez voir ce que vous allez voir.
— M. Bon : *los buenos y los malos*, les bons et les méchants. ‖ Bon : *preferir lo bueno a lo bello*, préférer le bon au beau. ‖ Fam. *Lo bueno es que*, le meilleur o le mieux o le plus fort c'est que... ‖ *Lo bueno, si breve, dos veces bueno*, le plus court est le meilleur, plus c'est court mieux c'est.
— Interj. Fam. Bon !, bien ! (está bien), assez !, stop ! (basta). ‖ — *¡Buenas!*, salut ! ‖ *¡Qué buena!*, *¡muy buena!*, elle est bien bonne ! (historia). ‖ *¡Qué bueno!*, *¡muy bueno!*, bravo ! (olé), excellent ! — *¡Buena es ésa!*, ça alors !, c'est un peu fort ! (sorpresa), elle est bien bonne ! (tiene gracia). ‖ *¡Buena la has hecho!*, tu en as fait de belles ! ‖ Fam. *¡Bueno está lo bueno!*, ça suffit ! ‖ *¡Estamos buenos!*, nous voilà bien !
— SINÓN. ● *Agradable*, agréable. *Excelente*, excellent. *Bondadoso*, bénévole, bienveillant. *Bonachón*, bonasse.

Buenos Aires n. pr. GEOGR. Buenos Aires.
buey m. ZOOL. Bœuf. ‖ — *Buey marino*, lamantin. ‖ *El buey suelto bien se lame*, rien ne vaut la liberté. ‖ *Habló el buey y dijo mu*, que pouvait-on attendre d'autre de lui ?
— OBSERV. Le *bœuf*, viande de boucherie, se traduit de préférence par *vaca*.
bueyada f. Troupeau (*m.*) de bœufs (boyada).
bueyecillo o **bueyezuelo** m. Bouvillon.
bueyuno, na adj. V. BOYUNO.
bufa f. Plaisanterie, bouffonnerie (bufonada). ‖ *Amer.* Cuite (borrachera).
bufado, da adj. Soufflé, e (vidrio).
bufador m. GEOL. Explosion (*f.*) produite par la mer en s'engouffrant dans une cavité du rivage (en las rocas).
búfalo, la m. y f. ZOOL. Buffle, bufflonne.
bufanda f. Cache-nez, *m. inv.*, cache-col, *m. inv.*, écharpe : *una bufanda de lana, de seda*, un cache-nez en laine, une écharpe de soie.
bufar v. intr. Souffler (el toro, etc.). ‖ Fig. Écumer de colère. ‖ S'ébrouer (resoplar el caballo), feuler (el gato). ‖ *Bufando de cólera*, fumant o écumant de colère.
bufete m. Bureau (mesa). ‖ Cabinet, étude, *f.* (despacho de un abogado) : *abrir bufete*, ouvrir une étude. ‖ Clientèle, *f.* (de un abogado).
— OBSERV. Le français *buffet* (d'où vient d'ailleurs *bufete*) se traduit en espagnol par *aparador*.
buffet m. Buffet (mesa donde se sirven refrescos, fonda). ‖ *Amer.* Repas froid, lunch (ambigú).
bufido m. Mugissement (del toro). ‖ Feulement (de los felinos) : *dar bufidos*, pousser des feulements. ‖ Ébrouement (de los caballos). ‖ Fig. y FAM. Bouffée, *f.*, explosion, *f.* : *dar bufidos de*

rabia, avoir des bouffées de colère. | Remontrance, *f.,* coup de gueule (pop.) : *el director ha dado un bufido,* le directeur a poussé un coup de gueule *o* a fait une remontrance. ‖ Pop. *Recibir un bufido,* se faire engueuler.

bufo, fa adj. Bouffe (ópera). ‖ *Actor bufo,* bouffe. — M. y f. Bouffon, onne.

bufón, ona adj. y s. Bouffon, onne. ‖ *Hacer el bufón,* faire le pitre.

— Sinón. *Farsante,* comédien. *Bromista,* plaisantin. *Cómico,* comédien. *Histrión,* histrion. *Polichinela,* polichinelle. *Chocarrero,* turlupin.

bufonada f. Bouffonnerie. ‖ Plaisanterie (broma).

bufonearse v. pr. Bouffonner (p. us.), faire *o* dire des bouffonneries. ‖ Se moquer (burlarse).

bufonería f. V. bufonada.

bufonesco, ca adj. Bouffon, onne.

bufos m. pl. Bouffes, *f.* (teatro).

buganvilla f. Bot. Bougainvillée.

buggy m. Buggy (coche).

bugle m. Mús. Bugle.

buglosa f. Buglosse, buglose (planta).

buharda o **buhardilla** f. Lucarne, fenêtre à tabatière (ventanilla). | ● Combles, *m. pl.,* mansarde (desván) : *vivir en una buhardilla,* habiter une mansarde *o* sous les combles.

— Sinón. ● *Desván,* grenier, comble. *Sotabanco,* mansarde.

buharro m. Petit duc (ave).

buhedo m. Mare, *f.* (bodón).

búho m. Hibou (ave). ‖ Fig. y fam. Vieux hibou, ours mal léché. ‖ *Búho real,* grand duc.

buhonería f. Pacotille, camelote (fam.) [mercancías]. ‖ Éventaire, *m.* (tienda portátil).

buhonero m. Colporteur (ambulante). | Camelot (vendedor al aire libre).

buido, da adj. Effilé, e ; aiguisé, e (afilado). ‖ Strié, e ; cannelé, e (acanalado). ‖ *Estilo buido,* style coulant.

buitre m. Vautour (ave) : *buitre franciscano,* vautour moine. ‖ Fig. Corbeau.

buitrear v. intr. *Amer.* Chasser le vautour (cazar). | Vomir (vomitar).

buitrera f. Endroit (*m.*) où le chasseur dépose un appât pour le vautour.

buitrero m. Chasseur de vautours.

buitrón m. Seine, *f.,* senne, *f.,* bire, *f.* (red). ‖ *Amer.* Four à manche (horno).

bujarrón adj. m. y s. m. Fam. Sodomite.

buje m. Frette, *f.* (de un eje).

bujería f. Colifichet, *m.,* babiole (fruslería).

bujía f. Bougie (vela, de encendido, unidad de intensidad luminosa).

bula f. Bulle (adorno antiguo). ‖ Bulle (del papa). ‖ Bulle, dispense (dispensa). ‖ — Hist. *Bula de oro,* bulle d'or. ‖ Fig. y fam. *No poder con la bula,* être à bout, n'en pouvoir plus. | *Tener bula para todo,* avoir carte blanche.

bulbario, ria adj. Bulbaire.

bulbo m. Bot. Bulbe. ‖ Anat. Bulbe. ‖ Arq. Bulbe (de una iglesia rusa).

bulboso, sa adj. Bot. Bulbeux, euse.

buldog o **bulldog** m. Bouledogue (perro).

buldozer o **bulldozer** m. Bulldozer (excavadora).

bulerías f. pl. Bulerias [air et danse andalou].

bulero m. Distributeur des bulles de la Sainte Croisade et collecteur des aumônes.

buleto m. Bref [du pape].

bulevar m. Boulevard (alameda).

Bulgaria n. pr. f. Geogr. Bulgarie.

búlgaro, ra adj. y s. Bulgare.

bulimia f. Med. Boulimie (hambre).

bulímico, ca adj. y s. Boulimique.

bulo m. Fam. Canard, bobard, fausse (*f.*) nouvelle, faux bruit : *corre un bulo,* un faux bruit court.

bulto m. Volume, grosseur, *f.,* taille, *f.* : *libro de poco bulto,* livre de petite taille. ‖ Masse, *f.,*

silhouette, *f.,* forme (*f.*) vague (objeto o persona de aspecto confuso) : *he visto dos bultos cerca de la casa,* j'ai vu deux silhouettes près de la maison. ‖ Grosseur, *f.,* bosse, *f. : me hice un bulto al caerme* je me suis fait une bosse en tombant ; *tiene un bulto en el cuello,* il a une grosseur dans le cou. ‖ Paquet, colis (paquete). ‖ Ballot : *un bulto de ropa,* un ballot de linge. ‖ Taie, *f.* (de almohada). | Corps : *el toro busca el bulto,* le taureau cherche le corps. ‖ *Amer.* Cartable (cartapacio). ‖ — *A bulto,* au jugé, en gros, au pifomètre (fam.). ‖ *Cuanto menos bulto, más claridad,* bon débarras. ‖ *De bulto,* de taille. ‖ *De mucho bulto,* encombrant (voluminoso). ‖ *Error de bulto,* erreur grossière *o* manifeste *o* de taille. ‖ — Fig. y fam. *Buscar a uno el bulto,* chercher noise à quelqu'un. ‖ *Escoger a bulto,* prendre dans le tas. ‖ *Escurrir el bulto,* se défiler, se dérober. ‖ *Hacer bulto,* faire nombre. ‖ *Hacer mucho bulto,* encombrer, prendre beaucoup de place. ‖ *Ser de bulto,* sauter aux yeux, être évident *o* manifeste. ‖ *Tirar a bulto,* tirer au jugé *o* au hasard.

bululú m. Comédien ambulant.

bulla f. Tapage, *m.,* raffut, *m.,* vacarme, *m.* : *meter* ou *formar bulla,* faire du raffut. ‖ Chahut, *m. : a él le gusta mucho la bulla,* il aime beaucoup le chahut. ‖ Foule, affluence, cohue : *hay mucha bulla en las tiendas,* il y a beaucoup de cohue dans les magasins. ‖ Bousculade (atropello). ‖ — *Meter bulla,* bousculer (meter prisa). ‖ *Tener bulla,* être bousculé.

bullabesa f. Bouillabaisse.

bullanga f. Agitation, tumulte, *m.* (tumulto).

bullanguero, ra adj. y s. Turbulent, e ; tapageur, euse (alborotador).

bullaranga f. *Amer.* V. bullanga.

bullarengue m. Tournure, *f.* (de la falda). ‖ *Amer.* Simulacre.

bullebulle m. y f. Fig. y fam. Personne qui a la bougeotte, qui ne tient pas en place. ‖ — M. Agitation, *f.*

bullicio m. Brouhaha, tumulte, tapage (ruido). ‖ Agitation, *f. : retirarse al campo para huir del bullicio,* se retirer à la campagne pour fuir l'agitation. ‖ Bousculade, *f. : ser cogido en el bullicio,* être pris dans la bousculade. ‖ Grouillement (de la muchedumbre).

bullicioso, sa adj. Bruyant, e (ruidoso) : *una calle bulliciosa,* une rue bruyante. ‖ Remuant, e ; turbulent, e (inquieto) : *un chico muy bullicioso,* un garçon très turbulent. ‖ Séditieux, euse (sedicioso).

bullidor, ra adj. Vif, vive ; remuant, e.

bullir* v. intr. Bouillir (hervir). ‖ Bouillonner (a borbotones). ‖ Grouiller (insectos), frétiller (peces). ‖ Fig. Bouillir : *la sangre le bulle en las venas,* le sang bout dans ses veines. | Fourmiller, grouiller (una muchedumbre). | Remuer, s'agiter (agitarse). | Foisonner, abonder (las cosas). ‖ *Bullirle a uno hacer algo,* avoir une envie folle de faire quelque chose. ‖ *Le bullen los pies al ver bailar,* en voyant danser, elle a une envie folle d'en faire autant. ‖ *Me bulle la lengua,* la langue me démange. — V. tr. (P. us.). Remuer (mover). — V. pr. Se remuer (moverse).

bullón m. Bouillon (tinte). ‖ Fleuron, ornement (de una encuadernación). ‖ Bouillon (pliegue).

— Observ. Le mot français *bouillon,* aliment liquide, se traduit par *caldo.*

bumerang m. Boomerang (arma).

bungalow m. Bungalow.

buniato m. Bot. Patate, *f.* (boniato).

bunquer o **bunker** m. Bunker.

buñolada f. Kermesse.

buñolería f. Boutique de marchand de beignets.

buñolero, ra m. y f. Marchand, marchande de beignets.

buñuelo m. Beignet. ‖ FIG. y FAM. Navet : *esta película es un buñuelo,* ce film est un navet. ‖ — *Buñuelo de viento,* pet-de-nonne. ‖ FIG. y FAM. *Hacer un buñuelo,* bâcler son travail.

bupresto m. ZOOL. Bupreste (agrilo).

buque m. Bateau, bâtiment, vaisseau (barco) : *buque de hélice, de ruedas, de vapor, de vela, mercante,* bateau à hélice, à aubes, à vapeur, à voiles, marchand. ‖ Contenance, *f.,* capacité, *f.* (cabida). ‖ MAR. Coque, *f.* (casco). ‖ — *Buque aljibe,* bateau-citerne. ‖ *Buque escuela,* bateau-école *o* vaisseau-école. ‖ *Buque factoría,* navire-usine. ‖ *Buque insignia,* vaisseau-amiral.
— OBSERV. V. BARCO.

buqué m. Bouquet (bouquet).
— OBSERV. Ce mot est un gallicisme.

burato m. Burat (tela).

burbuja f. Bulle (de aire).

burbujear v. intr. Bouillonner, faire des bulles. ‖ Pétiller (vino).

burbujeo m. Bouillonnement. ‖ Pétillement (del vino).

burda f. MAR. Galhauban, *m.* [des mâts de perroquet].

burdégano m. ZOOL. Bardot, bardeau.

burdel adj. Vicieux, euse.
— M. Bordel.

Burdeos n. pr. GEOGR. Bordeaux.

burdo, da adj. Grossier, ère : *una mentira burda,* un mensonge grossier.

burel m. BLAS. Burelle, *f.,* burèle, *f.* ‖ Taureau (toro).

burelado, da adj. BLAS. Burelé, e.

bureo m. FAM. Passe-temps, distraction, *f.* (diversión). ‖ FAM. *Estar* ou *irse de bureo,* faire la noce *o* la foire.

bureta f. QUÍM. Burette.

burgalés, esa adj. y s. De Burgos.

burgao m. Burgau.

burgo m. (Ant.). Hameau, bourg (población pequeña). ‖ *Burgo podrido,* bourg pourri.

burgomaestre m. Bourgmestre.

burgrave m. Burgrave.

burgraviato m. Burgraviat.

burgués, esa adj. y s. Bourgeois, e.

burguesía f. Bourgeoisie.

burí m. BOT. Sagoutier.

buriel adj. Brun, e. ‖ *Paño buriel,* bure.
— M. Bure, *f.* (tejido).

buril m. Burin.

burilada o **buriladura** f. Coup (*m.*) de burin.

burilado m. Burinage.

burilar v. tr. Buriner, graver au burin.

burjaca f. Besace (bolsa).

burla f. ● Moquerie (mofa). ‖ Plaisanterie (chanza). ‖ Tromperie (engaño). ‖ — FAM. *Burla burlando,* en badinant (bromeando), sans s'en rendre compte (sin darse cuenta), mine de rien (dismuladamente). ‖ *De burlas* ou *en son de burlas,* pour rire, pour plaisanter. ‖ *Entre burlas y veras,* mi-sérieux, mi-plaisant ; mi-figue, mi-raisin. ‖ *Gastar burlas,* plaisanter. ‖ *Hacer burla de uno,* se moquer de quelqu'un (mofarse). ‖ *Hacer burla de uno con la mano,* faire un pied de nez à quelqu'un (un palmo de narices).
— SINÓN. ● *Mofa,* moquerie. *Sátira,* satire. *Irrisión,* dérision. *Chifla,* persiflage. *Ironía,* ironie. *Sarcasmo,* sarcasme. *Chacota,* plaisanterie. *Chunga,* gouaille. *Sorna,* goguenardise.

burladero m. TAUROM. Refuge [écran en planche].

burlador, ra adj. y s. Moqueur, euse. ‖ — M. Libertin, séducteur, Don Juan.

burlar v. tr. ● Plaisanter. ‖ Tromper, abuser (engañar). ‖ FIG. Se moquer de : *burlar las leyes,* se moquer des lois. ‖ Ruiner, déjouer, faire échouer (una esperanza, etc.).
— V. pr. Se moquer, railler : *burlarse de alguien,* se moquer de quelqu'un, railler quelqu'un.
— SINÓN. ● *Satirizar,* satiriser. *Escarnecer,* bafouer. *Chiflar, réchiflar,* persifler. *Guasearse, chacotear,* blaguer. *Chunguear,* plaisanter. *Chocarrear,* faire de grosses plaisanteries. FAM. *Chotearse, cachondearse, pitorrearse,* se ficher. *Mofarse,* se moquer.

burlería f. Moquerie (burla). ‖ Fable, conte, *m.,* histoire (cuento).

burlesco, ca adj. FAM. Burlesque, grotesque (festivo). ‖ *El género burlesco,* le burlesque, le genre burlesque.

burlete m. Bourrelet.

burlón, ona adj. y s. Moqueur, euse : *aire burlón,* air moqueur. ‖ — M. Plaisantin.

burlonamente adv. Moqueusement, d'un air moqueur.

burlote m. Sorte de banque, *f.* (juegos).

buró m. Bureau (mesa de despacho, junta política). ‖ *Amer.* Table (*f.*) de nuit.

burocracia f. Bureaucratie.

burócrata m. y f. Bureaucrate.

burocrático, ca adj. Bureaucratique.

burra f. Ânesse (hembra del burro). ‖ FIG. y FAM. Bourrique (ignorante). ‖ Bourreau (*m.*) de travail (trabajadora).

burrada f. Troupeau d'ânes. ‖ FIG. y FAM. Ânerie, bêtise (necedad), énormité (barbaridad) : *soltar una burrada,* dire une énormité. ‖ FAM. Flopée, tapée, tas, *m.* : *una burrada de gente,* une flopée de gens.

burrero m. Ânier, muletier (arriero). ‖ Chardon des champs (planta).

burriciego, ga adj. Qui a la vue basse, qui ne voit pas clair (cegato).

burrillo m. RELIG. Ordo (añalejo).

burrito m. Ânon, bourricot. ‖ *Amer.* Frange, *f.* (flequillo).

burro m. ZOOL. Âne : *en burro,* à âne, à dos d'âne. ‖ Baudet, chevalet [de scieur]. ‖ Bourre, *f.* (juego). ‖ FIG. Âne, âne bâté, crétin, idiot : *este muchacho es muy burro,* ce garçon est un vrai âne. ‖ *Amer.* Échelle (*f.*) pliante *o* double. ‖ — FIG. y FAM. *Burro cargado de letras,* aliboron. ‖ *Burro de carga,* cheval de labour, bourreau de travail. ‖ — *A burro muerto cebada al rabo,* il est trop tard, après la mort le médecin. ‖ *Apearse* ou *caerse de su burro,* reconnaître son erreur. ‖ FIG. y FAM. *No ver tres en un burro,* être myope comme une taupe, n'y voir goutte.

bursátil adj. COM. Boursier, ère.

burujo m. Petite boule, *f.,* pelote, *f.* (de lana). ‖ Tapon (de cabellos, etc.). ‖ Tourteau d'olive (de aceitunas).

burujón m. Bosse, *f.* (chichón).

busca f. ● Recherche, quête (acción de buscar) : *en ou a la busca de,* à la recherche de, en quête de. ‖ Battue (caza). ‖ — Pl. *Amer.* À-côtés, *m.*
— SINÓN. ● *Investigación,* investigation. *Indagación,* recherche.

buscador, ra adj. y s. Chercheur, euse. ‖ *Cabeza buscadora,* tête chercheuse (de un cohete).

buscaniguas m. *Amer.* V. BUSCAPIÉS.

buscapié m. FIG. Ballon d'essai.

buscapiés m. Serpenteau, crapaud, petit pétard (cohete).

buscapleitos m. *Amer.* Chicanier, chicaneur.

buscar v. tr. Chercher : *lo busqué en toda la ciudad sin encontrarle,* je l'ai cherché dans toute la ville sans le trouver. ‖ Rechercher : *buscar la amistad de uno,* rechercher l'amitié de quelqu'un. ‖ FAM. Chercher (provocar). ‖ — FAM. *Buscarle la boca a uno,* chercher quelqu'un. ‖ *Buscarle las cosquillas a uno,* chercher les puces à quelqu'un. ‖ *Buscar* ou *buscarle tres pies al gato,* chercher midi à quatorze heures. ‖ *Buscarse algo* ou *la vida,* se débrouiller. | *Buscársela,* le chercher, gagner : ¡*te la has buscado!,* tu l'as cherché !, tu as gagné ! ‖ *Buscarse la ruina,* courir à sa ruine. ‖ *Buscar una aguja en un pajar,* chercher une aiguille dans une meule o botte de foin. ‖ *Quien busca halla,* qui cherche trouve.

— SINÓN. *Rebuscar,* rechercher, *Explorar,* explorer. *Investigar,* enquêter.

buscarruidos m. y f. FIG. y FAM. Querelleur, euse ; chamailleur, euse (camorrista).

buscavidas m. y f. FIG. y FAM. Fouineur, euse ; fureteur, euse (muy curioso). | Débrouillard, e (que sabe desenvolverse).

busco m. Busc (de esclusa). ‖ (Ant.). Piste, *f.* (rastro de los animales).

buscón, ona adj. y s. Chercheur, euse. ‖ — M. Filou (ratero). ‖ Aventurier (aventurero). ‖ — F. POP. Racoleuse, raccrocheuse (ramera).

busilis m. Hic : *ahí está el busilis,* voilà le hic. ‖ *Dar con el busilis,* mettre le doigt sur la difficulté.

búsqueda f. V. BUSCA.

busto m. Buste.

butaca f. Fauteuil, *m.* (asiento). ‖ — *Butaca de patio,* fauteuil d'orchestre. ‖ *Patio de butacas,* orchestre (en un cine o teatro).

butadieno m. Butadiène.

butano m. Butane : *bombona de butano,* bouteille de butane.

buten (de) loc. adv. POP. Épatant, e ; au poil.

butifarra f. Sorte de saucisse catalane.

butileno m. QUÍM. Butylène.

butirato m. QUÍM. Butyrate.

butírico, ca adj. Butyrique.

butirina f. Butyrine.

butirómetro m. Butyromètre.

butiroso, sa adj. Butyreux, euse.

buxáceas f. pl. BOT. Buxacées.

buyo m. Bétel.

buzamiento m. MIN. Inclination, *f.* (del filón).

buzar v. intr. MIN. Pencher, s'affaisser.

buzarda f. MAR. Guirlande.

buzo m. Plongeur : *campana de buzo,* cloche à plonger. ‖ Scaphandrier (con escafandra). ‖ Bleu de travail (mono de trabajo). ‖ *Enfermedad de los buzos,* maladie des caissons.

buzón m. Boîte (*f.*) aux lettres : *echar una tarjeta en el buzón,* mettre o jeter une carte dans la boîte aux lettres. ‖ Bonde, *f.* (de un estanque). ‖ Bouchon (tapón).

buzonero m. *Amer.* Facteur.

byroniano, na adj. Byronien, enne.

byronismo m. Byronisme.

C

c f. C, *m.*

— OBSERV. Devant *e* ou *i*, le *c* a le son du *z* espagnol (fricative interdentale) et se prononce avec la pointe de la langue entre les dents, comme le *th* anglais [θ]. Dans les autres cas, le *c* est une vélaire occlusive sourde comme le *k*. Il convient de remarquer que le premier de ces sons se confond avec celui du *s* dans la prononciation hispano-américaine ou andalouse.

¡**ca!** interj. FAM. Pas question ! [indique la négation].

cabal adj. Juste, exact, e : *una cuenta cabal,* une somme juste ; *una definición cabal,* une définition exacte. ‖ Parfait, e ; accompli, e (sin defecto) : *un hombre cabal,* un homme accompli. ‖ Total, e ; complet, ète : *un cabal fracaso,* un échec total. ‖ Juste : *tres horas cabales,* trois heures juste. ‖ — *Es honrado a carta cabal,* c'est l'honnêteté même o personnifiée, il est parfaitement honnête. ‖ *Estar en sus cabales,* avoir toute sa tête. ‖ *No estar en sus cabales,* ne pas avoir tous ses esprits o toute sa tête. ‖ *Por sus cabales,* parfaitement, suivant les règles (perfectamente), au plus juste prix (precio).

cábala f. Cabale, kabbale (doctrina). ‖ FIG. Cabale : *andar metido en una cábala,* être impliqué dans une cabale. ‖ — *Hacer cábalas sobre algo,* faire des pronostics o se livrer à des conjectures sur quelque chose.

cabalgada f. Chevauchée, cavalcade (cabalgata).

cabalgador, ra m. y f. Cavalier, ère.

— Adj. À cheval : *cabalgador en una mula,* à cheval sur un mulet.

cabalgadura f. Monture (bestia de silla). ‖ Bête de somme (bestia de carga).

cabalgar v. intr. Chevaucher, monter o aller à cheval.

— V. tr. Monter. ‖ Saillir, couvrir (cubrir).

cabalgata f. Cavalcade, défilé, *m.* (desfile). ‖ Chevauchée (correría a caballo). ‖ *La cabalgata de los Reyes Magos,* le défilé des Rois mages.

— OBSERV. El francés *cavalcade* se aplica exclusivamente hoy a un desfile de máscaras o, por extensión, a una tropa ruidosa.

cabalista adj. y s. Cabaliste.

cabalístico, ca adj. Cabalistique.

cabalmente adv. Parfaitement, suivant les règles (perfectamente), à son juste prix (a su precio), entièrement, exactement.

caballa f. Maquereau, *m.* (pescado).

caballada f. Troupeau (*m.*) de chevaux. ‖ *Amer.* Ânerie, bêtise (necedad), énormité (barbaridad).

caballaje m. Monte, *f.* (de caballos, etc.).

caballar adj. Chevalin, e : *raza caballar,* race chevaline ; *perfil caballar,* profil chevalin. ‖ *Cría caballar,* élevage de chevaux.

caballejo m. FAM. Petit cheval, bidet.

caballerango m. *Amer.* Écuyer (caballerizo).

caballerear v. intr. Faire le monsieur.

caballeresco, ca adj. Chevaleresque (heroico). ‖ De chevalerie : *poema caballeresco,* poème de chevalerie. ‖ FIG. Chevaleresque : *sentimientos caballerescos,* sentiments chevaleresques.

caballerete m. FAM. Petit monsieur, gommeux, petit-maître (joven muy presumido).

CABALLO — CHEVAL

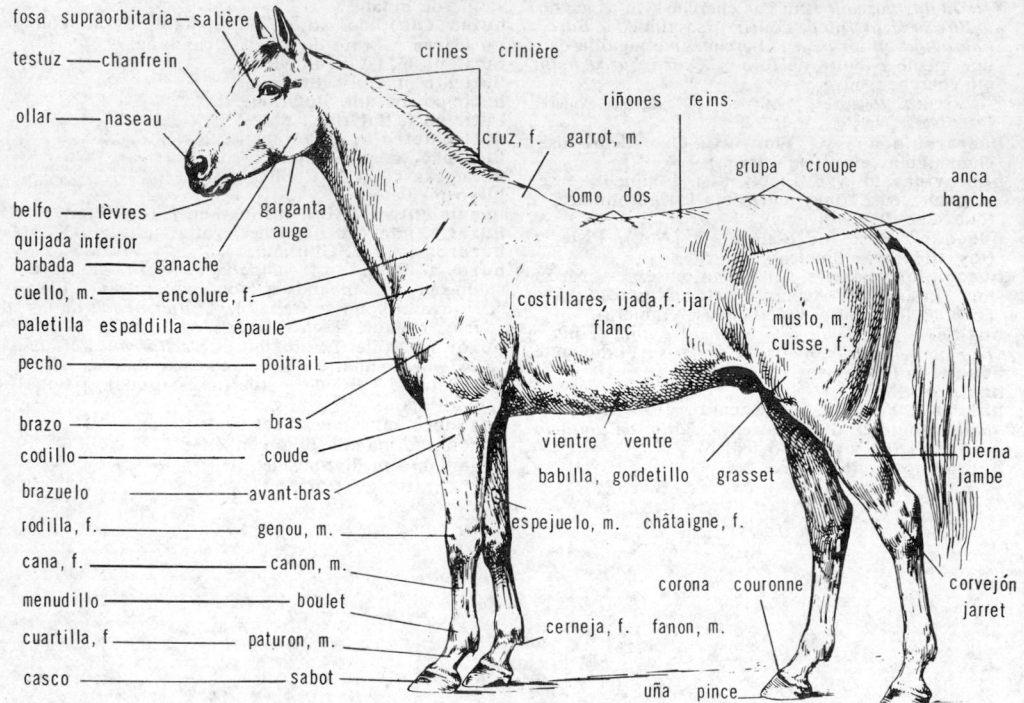

fosa supraorbitaria — salière
testuz —— chanfrein
ollar —— naseau
belfo —— lèvres
quijada inferior
barbada ——— ganache
cuello, m. ——— encolure, f.
paletilla espaldilla —— épaule
pecho ——— poitrail
brazo ——— bras
codillo ——— coude
brazuelo ——— avant-bras
rodilla, f. —— genou, m.
cana, f. —— canon, m.
menudillo ——— boulet
cuartilla, f —— paturon, m.
casco —— sabot

garganta auge

crines crinière

cruz, f. garrot, m.

riñones reins

lomo dos

grupa croupe

anca hanche

costillares, ijada,f. ijar
flanc

muslo, m.
cuisse, f.

vientre ventre
babilla, gordetillo grasset
espejuelo, m. châtaigne, f.

pierna
jambe

corona couronne

corvejón jarret

cerneja, f. fanon, m.

uña pince

caballería f. Monture (bestia de silla). || Mɪʟ. Cavalerie (cuerpo militar) : *una carga de caballería,* une charge de cavalerie. || Chevalerie (orden). || Équitation (arte de cabalgar). || *Amer.* Nom de différentes mesures agraires [de 1 343 ares à Cuba, 7 858 ares à Porto Rico, et 4 279 ares à Mexico et au Guatemala]. || — Fɪɢ. y ꜰᴀᴍ. *Andarse en caballerías,* faire des façons o des manières (cumplidos), débiter des compliments (galanterías). || *Caballería andante, ligera,* chevalerie errante, légère. || *Caballería mayor,* cheval, mule. || *Caballería menor,* âne.

caballeriza f. Écurie.

caballerizo m. Écuyer. || Garçons (*pl.*) d'écurie (criados). || *Caballerizo mayor del rey,* grand écuyer du roi.

caballero, ra adj. À cheval, monté, e : *caballero en un asno,* à cheval sur un âne. || Fɪɢ. À cheval (porfiado) : *caballero en su opinión,* à cheval sur son opinion. || Aʀᴛᴇs. *Perspectiva caballera,* perspective cavalière.

— M. ● Chevalier (noble, de una orden) : *armar caballero,* armer chevalier. || Monsieur [appellation de politesse] : ¡*entren, señoras y caballeros!,* entrez, mesdames et messieurs ! || Homme : *trajes para caballeros,* costumes pour hommes. || Fɪɢ. Homme bien né o de cœur, un monsieur (de consideración). || Galant homme. || Cavalier (fortificación). || — *Caballero andante,* chevalier errant. || *Caballero de industria* ou *de la industria,* chevalier d'industrie. || *Caballero en plaza,* toréro à cheval. || *De caballero a caballero,* d'homme à homme. || *El Caballero sin miedo y sin tacha,* le Chevalier sans peur et sans reproche. || — *Comportarse como un caballero,* agir o se conduire en gentleman. || *Poderoso caballero es Don Dinero,* l'argent peut tout. || *Ser un caballero,* être un homme comme il faut.

— Sɪɴóɴ. ● *Hidalgo,* gentilhomme. *Hidalguejo,* nobliau. *Señor,* seigneur.

caballerosamente adv. En gentleman, noblement.

caballerosidad f. Noblesse, esprit (*m.*) chevaleresque (nobleza), générosité (generosidad).

caballeroso, sa adj. Chevaleresque. || Galant, e : *un hombre caballeroso,* un galant homme. || De gentleman.

caballerote m. ꜰᴀᴍ. Noblaillon, nobliau.

caballeta f. Sauterelle (saltamontes).

caballete m. Faîte (del tejado). || Chevalet (de tortura). || Chevalet, tréteau (soporte). || Mitre, ƒ. (de chimenea). || Dos, épine, ƒ. (de la nariz). || Aɢʀɪᴄ. Billon (caballón). || Aʀᴛᴇs. Chevalet (de pintor), sellette, ƒ. (de escultor).

caballista m. Cavalier (jinete). || Écuyer (en un espectáculo). || — F. Écuyère.

caballito m. Petit cheval. || *Amer.* Dos, épine, ƒ. (de la nariz). || Couche, ƒ., pointe, ƒ. (metedor de los niños). | Radeau (balsa). || — Pl. Manège (*sing.*) de chevaux de bois (tiovivo). || Petits chevaux (juego). || — *Caballito del diablo,* libellule, demoiselle. || *Caballito de mar* ou *marino,* cheval marin, hippocampe. || *Amer. Caballito de San Vicente,* libellule (saltamontes). | *Caballito de totora,* petit radeau en jonc.

caballo m. ● ᴢᴏᴏʟ. Cheval : *tiene muchos caballos,* il a beaucoup de chevaux ; *montar a caballo,* monter à cheval ; *caballo que ha cerrado,* cheval hors d'âge. || Cavalier (jinete). || Cavalier (juego de ajedrez). || Cavalier [du jeu de cartes espagnol correspondant à la dame du jeu français]. || Baudet (burro de serrar). || Mɪɴ. Masse (ƒ.) de roche. || ꜰᴀᴍ. Cheval (muy fuerte), grand cheval (espingarda). || — Fɪɢ. *Caballo de batalla,* cheval de bataille. || Fɪɢ. y ꜰᴀᴍ. *Caballo de buena boca,* bonne pâte, personne accommodante. || *Caballo de carrera,* cheval de course. || Mɪʟ. *Caballo de*

frisa, cheval de frise. ‖ Zool. *Caballo del diablo,* libellule, demoiselle. | *Caballo de mar* ou *marino,* cheval marin, hippocampe. ‖ *Caballo de regalo,* cheval de parade. ‖ *Caballo de silla* ou *de montar,* cheval de selle. ‖ *Caballo de tiro,* cheval de trait. ‖ Tecn. *Caballo de vapor,* cheval-vapeur. ‖ *Caballo padre,* étalon. ‖ *Expendeduría de carne de caballo,* boucherie chevaline. ‖ *Un coche de dos caballos,* une deux-chevaux. ‖ — *A caballo,* à cheval. ‖ *A mata caballo,* à bride abattue, ventre à terre. ‖ *A uña de caballo,* à toute bride, à bride abattue : *correr a uña de caballo,* courir à bride abattue. ‖ Fam. *Con mil de a caballo,* aux cinq cents diables. ‖ *Soldado a caballo,* cavalier. ‖ — *A caballo regalado no le mires el diente,* à cheval donné on ne regarde pas la bride. ‖ *Jugar al caballo perdedor,* miser sur le mauvais cheval.
— Sinón. ● *Corcel,* coursier. *Palafrén,* palefroi. *Potro,* poulain. *Rocín,* roussin. *Rocinante, Rossinante. Jaca,* bidet. *Semental,* étalon. *Matalón, penco,* rosse.

caballón m. Agric. Billon, ados.

caballuno, na adj. Chevalin, e : *perfil caballuno,* profil chevalin.

cabaña f. ● Cabane (casita). ‖ Troupeau, m. (rebaño). ‖ Cheptel, m. (riqueza ganadera) : *la cabaña nacional,* le cheptel national. ‖ Bétail, m. (ganado). ‖ Quartier, m. (en el juego de billar). ‖ Artes. Pastorale, sujet (m.) pastoral. ‖ Amer. Ferme d'élevage. ‖ *Cabaña alpina,* chalet [dans les Alpes].
— Sinón. ● *Choza,* hutte. *Chozo,* chaumine. *Bohío* (amer.), case.

cabañal adj. Emprunté par les troupeaux, pastoral, e (camino).
— M. Hameau.

cabañero, ra o **cabañil** adj. Relatif aux troupeaux. ‖ *Perro cabañero,* chien de berger.
— M. Berger (pastor), muletier (arriero).

cabañuela f. Petite cabane. ‖ — Pl. Pronostics (m.) météorologiques [d'après les observations faites dans les 24 premiers jours du mois d'août, de septembre ou de janvier, selon la contrée]. ‖ Amer. Premières pluies d'été.

cabaret m. Cabaret, boîte (f.) de nuit.
— Observ. V. cabaret, 1ª parte, pág. 115.

cabás m. Cabas (capazo).

cabe prep. (Ant.). Poét. Près de, jouxte : *cabe la casa,* jouxte la maison, près de la maison.

cabeceada f. Amer. Coup (m.) de tête. ‖ *Dar cabeceadas,* dodeliner de la tête (el que duerme sentado).

cabeceado m. Plein (en la escritura).

cabeceador, ra adj. Qui hoche o branle la tête (que cabecea). ‖ Mar. Qui a tendance à tanguer (barco).

cabeceamiento m. V. cabeceo.

cabecear v. intr. Branler o hocher la tête (balancear). ‖ Dire non de la tête, hocher o secouer la tête (negar). ‖ Dodeliner de la tête (durmiéndose). ‖ Faire une tête (fútbol). ‖ Equit. Battre à la main, encenser. ‖ Mar. Tanguer (los barcos). ‖ Cahoter (carruajes). ‖ Pencher (inclinarse).
— V. tr. Couper (el vino). ‖ Border (los tapices). ‖ Tranchefiler (un libro). ‖ Rempiéter (las medias viejas). ‖ Agric. Enrayer. ‖ Amer. Attacher par la tige [des feuilles de tabac].

cabeceo m. Hochement de tête (de la cabeza). ‖ Dodelinement (oscilación ligera). ‖ Cahot (de un vehículo). ‖ Equit. Secousse (f.) donnée par un cheval qui bat à la main. ‖ Mar. Tangage.

cabecera f. Tête (parte principal). ‖ Chevet, m., tête du lit (de la cama) : *a la cabecera del enfermo,* au chevet du malade. ‖ Haut bout, m. (plaza de honor en la mesa). ‖ Source (fuente de un río). ‖ Chef-lieu, m. (capital de distrito o territorio). ‖ Impr. Frontispice, m., tranchefile (en un

libro). | Manchette (en un periódico). ‖ (P. us.). Oreiller, m. (almohada). ‖ — *Cabecera del reparto,* tête d'affiche (teatro). ‖ *Cabecera de puente,* tête de pont. ‖ *Estar a la cabecera de la mesa,* présider. ‖ *Médico de cabecera, de familia,* médecin traitant, de famille.

cabecero m. Appui-tête, appuie-tête.

cabecil m. Bourrelet (rodete).

cabecilla m. y f. Fig. y Fam. Écervelé, e ; étourdi, e. ‖ — M. Chef de file, meneur (jefe de rebeldes).

cabellera f. Chevelure (cabellos, pelo). ‖ Astr. Chevelure, queue (de cometa). ‖ *Cabellera postiza,* chevelure postiche, perruque, faux cheveux (peluca).

cabello m. ● Cheveu (pelo) : *cabellos postizos,* faux cheveux. ‖ Cheveux, pl., chevelure, f. : *tenía el cabello rubio,* elle avait les cheveux blonds. (V. Observ.) ‖ — Pl. Barbes, f. (del maíz). ‖ — *Cabello lacio,* cheveux raides. ‖ *Cabellos de ángel,* cheveux d'ange (dulce), cheveux d'ange (fideos). ‖ *En cabello,* les cheveux épars. ‖ *En cabellos,* en cheveux, nu-tête. ‖ *Por los cabellos,* par les cheveux : *agarrar a una persona por los cabellos,* attraper quelqu'un par les cheveux. ‖ Fig. *Agarrar la ocasión por los cabellos,* saisir l'occasion aux cheveux o par les cheveux. | *Asirse de un cabello,* saisir le moindre prétexte. | *Cortar* ou *partir un cabello en el aire,* saisir tout à demi-mot. ‖ Fam. *Estar colgado de los cabellos,* être dans ses petits souliers. ‖ *Estar pendiente de un cabello,* ne tenir qu'à un cheveu o à un fil. ‖ *Llevar de* ou *por los cabellos,* mener par le bout du nez. ‖ *Mesarse los cabellos,* s'arracher les cheveux. ‖ *Poner los cabellos de* ou *en punta,* faire dresser les cheveux sur la tête. ‖ *Traer por los cabellos,* tirer par les cheveux : *explicación traída por los cabellos,* explication tirée par les cheveux. ‖ *Tropezar en un cabello,* s'arrêter à des riens.
— Observ. *Chevelure* se aplica al conjunto de pelos solamente cuando éstos son largos y abundantes.
— Sinón. ● *Cabellera,* chevelure. *Melena,* crinière. *Greñas,* tignasse. *Pelo,* poil. *Vello,* poil, duvet. *Peluca,* perruque. *Crin,* crins.

cabelludo, da adj. Chevelu, e : *el cuero cabelludo,* le cuir chevelu.

caber* v. intr. y tr. Tenir, entrer, rentrer : *caben seis personas en el coche,* six personnes tiennent dans la voiture ; *mi chaqueta no cabe en la maleta,* ma veste ne tient o n'entre pas dans la valise. ‖ Être à, appartenir (tocarle a uno) : *no me cabe decirlo,* ce n'est pas à moi o il ne m'appartient pas de le dire. ‖ Revenir, incomber : *me cabe el honor de,* il me revient l'honneur de. ‖ Pouvoir : *cabe decir, calcular que,* on peut dire, calculer que. ‖ Tenir, contenir (contener). ‖ — *¿Cabe mayor disparate que...?,* est-ce possible ?, peut-on imaginer que ? ‖ *Cabe pensar que,* il y a lieu de penser que, on peut penser que. ‖ *Dentro de lo que cabe,* dans la mesure du possible, autant que possible. ‖ *En lo que cabe,* autant que possible. ‖ *¡Esto no me cabe en la cabeza!,* cela me dépasse ! ‖ *Me cabe la satisfacción de,* j'ai le plaisir de, je suis heureux de. ‖ *No cabe duda,* il n'y a pas de doute, cela ne fait pas de doute. ‖ *No cabe la menor duda,* ça ne fait pas l'ombre d'un doute, il n'y a aucun doute. ‖ *No cabe más,* c'est plein (lleno), c'est le comble (el colmo). ‖ *No cabe más holgazán,* on ne peut plus paresseux. ‖ *No caber en el pellejo,* ne pas tenir dans sa peau. ‖ *No caber en sí,* être bouffi d'orgueil. ‖ *No caber en sí de gozo* ou *de júbilo* ou *de contento,* ne pas se tenir o se sentir de joie. ‖ *No caberle a uno el corazón en el pecho,* avoir le cœur trop grand. ‖ *No cabe un alfiler,* c'est plein à craquer. ‖ *No me cabe en la cabeza la idea que...,* je n'arrive pas à croire que... ‖ *¿Quepo yo?,* y a-t-il une place pour moi ? ‖ *Si cabe,* si c'est possible. ‖ Fam. *Todo cabe en él,* il est capable de tout, tout est possible chez lui. || *Todo cabe en lo humano,* tout est possible, rien n'est impossible.

cabestraje m. Troupeau de bœufs.

cabestrante m. Cabestan (cabrestante).

cabestrar v. tr. Mettre un licou à.

cabestrear v. intr. Se laisser mener par le licou.

cabestrero, ra adj. Qui se laisse mener par le licou, docile.
— M. Bourrelier, sellier.

cabestrillo m. MED. Écharpe, *f.* (venda) : *brazo en cabestrillo,* bras en écharpe. || Chaînette [autour du cou].

cabestro m. Licou (rienda). || Sonnailler (buey guía).

cabete m. Ferret (herrete).

cabeza f. ANAT. Tête. | Tête (cráneo) : *romper la cabeza a uno,* fendre la tête à quelqu'un. || Tête (individuo) : *pagar tanto por cabeza,* payer tant par tête. || Tête (res) : *rebaño de cien cabezas,* troupeau de cent têtes. || Tête, jugement, *m.* (juicio) : *es hombre de gran cabeza,* c'est un homme de tête. || Tête (mente) : *tener algo metido en la cabeza,* avoir quelque chose en tête o dans la tête. || Tête, vie (vida) : *pedir la cabeza de un reo,* réclamer la tête d'un condamné. || FIG. Tête : *estar en cabeza,* tenir la tête, être en tête. || GEOGR. Sommet, *m.* (de una montaña). || Tête (de un alfiler, de un clavo, de una viga, de ajo, de un capítulo, de un rotor, etc.). || Tête (de magnetófono) : *cabeza sonora, auditiva, supresora,* tête d'enregistrement, de lecture, d'effacement. || Tête (de un convoy). || Hune (de campana).
— M. Tête, *f.,* chef (jefe) : *cabeza de familia,* chef de famille. || — Pl. *Amer.* Têtes (fuentes).
— *Cabeza a pájaros* ou *destornillada,* tête sans cervelle. || TECN. *Cabeza atómica,* tête atomique, ogive nucléaire. | *Cabeza buscadora,* tête chercheuse (de un cohete). || *Cabeza caliente,* tête brûlée. || BOT. *Cabeza de ajo,* tête d'ail. | *Cabeza de cordada,* premier de cordée. || *Cabeza de chorlito,* tête de linotte. || BOT. *Cabeza de espárrago,* pointe d'asperge. | *Cabeza de fraile,* tête de loup. || *Cabeza de hierro,* tête de fer o carrée. || *Cabeza de línea,* tête de ligne. || IMPR. *Cabeza de muerto,* blocage. || BOT. *Cabeza de negro,* variété d'annone (anona) ; arbre à ivoire (árbol), tête de nègre (fruto). || *Cabeza de olla,* écume. || *Cabeza de partido,* chef-lieu d'arrondissement. || MIL. *Cabeza de playa, de puente,* tête de plage, de pont. || *Cabeza de turco,* tête de turc, bouc émissaire. || *Cabeza dura,* tête dure, entêté. || *Cabeza loca,* tête brûlée. || *Cabeza redonda,* tête dure. || *Cabeza torcida,* faux jeton (hipócrita). || — *Dolor de cabeza,* mal de tête, mal à la tête. || *Flaco de cabeza,* tête fêlée. || *Quebraderos de cabeza,* casse-tête, cassements de tête. || — *A la cabeza,* en tête, devant : *ir a la cabeza,* aller en tête ; à la tête : *a la cabeza de un negocio,* à la tête d'une affaire. || *Con la cabeza alta, baja,* la tête haute, basse. || *De cabeza,* de tête, par cœur (de memoria) : *aprender de cabeza,* apprendre par cœur ; tête baissée, sans hésiter (con rapidez, de lleno), la tête la première : *caerse de cabeza,* tomber la tête la première. || *De gran cabeza,* de grand talent. || *De pies a cabeza,* de pied en cap : *vestir a un niño de pies a cabeza,* habiller un enfant de pied en cap ; des pieds à la tête, cent pour cent : *es un hombre de pies a cabeza,* c'est un homme cent pour cent. || *De mi (tu,* etc.) *cabeza,* de mon (ton, etc.) cru (del propio ingenio). || *Amer.* En cabeza, nu-tête. || *Mala cabeza,* mauvaise tête. || *Por una cabeza,* d'une tête (ganar o perder en una carrera). || *Por su cabeza,* à sa tête (según su voluntad), de son propre chef, de sa propre initiative (por su dictamen). || *Tanto*

por cabeza, tant par tête o tête de pipe (fam.). || — *Agachar la cabeza,* courber le front, baisser la tête. || *Alzar* ou *levantar cabeza,* lever la tête (sentido propio), reprendre du poil de la bête (rehacerse). || *Andar* ou *ir de cabeza,* ne pas savoir où donner de la tête, être sur les dents. || *Andar mal de la cabeza,* avoir le timbre fêlé o une araignée dans le plafond. || *Andársele* ou *írsele a uno la cabeza,* avoir la tête qui [lui] tourne. || *Apostar la cabeza,* donner sa tête o son bras à couper. || *Bajar* ou *doblar la cabeza,* baisser o courber la tête. || *Calentarse la cabeza,* s'échauffer. || *Cargársele a uno la cabeza,* se sentir la tête lourde. || *Conservar la cabeza,* garder o avoir toute sa tête. | *Dar de cabeza en el suelo,* tomber la tête la première. || FIG. *Darle a uno dolores de cabeza,* casser la tête à quelqu'un. || *Darle a uno vueltas la cabeza,* tourner la tête à quelqu'un : *me da vueltas la cabeza,* la tête me tourne. || FIG. *Dar en la cabeza,* contredire. || *Darse de cabeza contra la pared,* se taper la tête contre les murs. || FAM. *Dar un buen lavado de cabeza,* passer un savon. || AGRIC. *Echar de cabeza,* provigner, marcotter. || FAM. *Estar mal de la cabeza,* être piqué o timbré. || FIG. *Hacer a alguien levantar cabeza,* remettre quelqu'un sur pied. | *Hincharle a uno la cabeza,* casser la tête à quelqu'un (fastidiar), monter la tête à quelqu'un (incordiar). || *Írsele a uno la cabeza,* perdre la tête. || *Írsele a uno de la cabeza,* sortir de l'esprit o de la tête de quelqu'un. || *Jugarse la cabeza,* donner sa tête à couper. || *Lavarse la cabeza,* se laver les cheveux o la tête. | *Llenar la cabeza de pajaritos,* bourrer le crâne. | *Llevarse las manos a la cabeza,* lever les bras au ciel. || *Más vale ser cabeza de ratón que cola de león,* mieux vaut être le premier dans son village que le second à Rome. || *Meter en la cabeza,* mettre dans la tête o en tête. || *Nadie escarmienta en cabeza ajena,* on apprend toujours à ses dépens. || FIG. *No levantar cabeza,* ne pas arrêter (trabajar), ne pas reprendre le dessus. | *No tener cabeza,* ne pas avoir de tête. | *No tener ni pies ni cabeza,* n'avoir ni queue ni tête, ne pas tenir debout (ser insensata una cosa). || *Otorgar de cabeza,* dire oui de la tête, acquiescer de la tête. || *Pagar con la cabeza,* payer de sa tête. || *Pasarle a uno por la cabeza,* [lui] passer par la tête o traverser l'esprit. || *Perder la cabeza,* perdre la tête. || FAM. *Poner la cabeza bomba,* casser les oreilles o la tête. | *Quebrantarle* ou *romperle a uno la cabeza,* casser la tête o les pieds à quelqu'un. | *Quebrarse* ou *romperse la cabeza,* se casser la tête, se creuser la tête o la cervelle. || *¡Quítate eso de la cabeza!,* ôte-toi cette idée de la tête, tu peux toujours courir (¡ni pensarlo!). || *Sacar la cabeza,* montrer la tête. || *Se le subieron los humos a la cabeza,* il est devenu prétentieux. || *Sentar la cabeza,* se calmer (volverse razonable), se ranger. || *Ser duro de cabeza,* ne pas avoir la comprenette facile. || *Sin levantar cabeza,* sans lever les yeux. || *Subirse a la cabeza,* monter à la tête. || *Tener la cabeza a las once* ou *a pájaros,* avoir la tête fêlée, le cerveau vide (tonto), une tête sans cervelle, la tête à l'évent (distraído). || *Tener la cabeza loca,* avoir la tête à l'envers. || *Tirarse de cabeza,* plonger, se jeter la tête la première. || *Tocado de la cabeza,* piqué, cinglé, toqué. || *Torcer la cabeza,* tomber malade (enfermarse), casser sa pipe (morir). || *Traer a uno de cabeza,* rendre fou, faire perdre la tête. || *Venir a la cabeza,* venir à l'esprit.

cabezada f. Coup (*m.*) de tête (golpe dado con la cabeza). || Coup (*m.*) reçu à la tête (golpe recibido en la cabeza). || Dodelinement (*m.*) de la tête (al dormirse). || Salut (*m.*) de la tête (saludo). || Tranchefile (encuadernación). || MAR. Tangage, *m.* || Caveçon, *m.* (del caballo). || *Amer.* Arçon, *m.* (arzón). ‖ — FIG. y FAM. *Dar cabezadas,* dodeliner de la tête. | *Darse de cabezadas,* se creuser *o* se casser la tête *o* la cervelle. | *Echar una cabezada,* faire un petit somme.

cabezal m. Oreiller (almohada). ‖ Traversin (almohada larga). ‖ Appui-tête, appuie-tête (de un sillón). ‖ MED. Compresse, *f.* ‖ TECN. Avant-train (de coche). | Poupée, *f.* (de torno).

cabezazo m. Coup de tête. ‖ Tête, *f.* (en el fútbol) : *dar un cabezazo,* faire une tête.

cabezo m. Sommet (cima). ‖ Monticule, mamelon (cerro). ‖ MAR. Écueil [arrondi] (escollo).

cabezón, ona adj. y s. FAM. Qui a une grosse tête. ‖ FIG. y FAM. Cabochard, e ; têtu, e ; entêté, e (terco). ‖ — *Cabezón de cuadra,* caveçon (cabezada). ‖ *Ser cabezón como un aragonés,* être têtu comme un Breton *o* une mule.

cabezonada f. FIG. y FAM. Coup (*m.*) de tête (capricho).

cabezonería f. FIG. y FAM. Entêtement, *m.*

cabezota f. FAM. Grosse tête, citrouille. ‖ — M. y f. FAM. Cabochard, e ; tête (*f.*) de mule (terco).

cabezudo, da adj. Qui a une grosse tête. ‖ FIG. y FAM. Cabochard, e (terco). ‖ Capiteux, euse (bebidas).
— M. ZOOL. Muge (mújol). ‖ — Pl. Nains, grosses têtes, *f.* (en algunas fiestas).

cabezuela f. Petite tête. ‖ Repasse, recoupe, recoupette (harina). ‖ Fleurs, *pl.* (del vino). ‖ BOT. Jacée. | Capitule, *m.* (inflorescencia). | Bouton (*m.*) de rose (de rosa). | Pointe (de espárrago). ‖ FIG. Tête de linotte, tête à l'évent (de poco juicio).

cabezuelo m. Butte, *f.,* monticule.

cabiai m. ZOOL. Cabiai (capibara).

capiblanco m. *Amer.* Couteau (cuchillo).

cabida f. Capacité, contenance : *esta sala tiene cabida para cien personas,* cette salle a une capacité de cent personnes.
— SINÓN. *Capacidad,* capacité. *Tonelaje,* tonnage. *Arqueo,* jauge. *Aforo,* jaugeage.

cabila adj. y s. f. Kabyle (bereber).

cabildada f. FAM. Coup (*m.*) de force.

cabildante m. *Amer.* Conseiller municipal.

cabildear v. intr. Intriguer.

cabildeo m. Manœuvres (*f. pl.*) électorales. ‖ *Andar de cabildeos,* intriguer.

cabildo m. Chapitre (de iglesia). ‖ Conseil municipal (ayuntamiento). ‖ Réunion, *f.* [du chapitre *o* du conseil]. ‖ Salle (*f.*) de réunion [du chapitre *o* du conseil].

cabilla f. MAR. Cheville (clavo grueso). | Cabillot, *m.* (de los cabos).

cabillo m. BOT. Queue, *f.,* pédoncule.

cabina f. Cabine (telefónica, en un cine, en un avión, en un barco, etc.). ‖ Cabine de bain (caseta). ‖ — *Cabina de cambio de agujas,* poste *o* cabine d'aiguillage. | *Cabina electoral,* isoloir.

cabio m. ARQ. Solive, *f.* (viga). ‖ Traverse *f,* (de puerta o ventana). | *Cabio bajo,* jet (de una ventana).

cabizbajo, ja adj. Tête basse (meditabundo).

cable m. Câble (maroma) : *cable de alambre,* câble métallique *o* d'acier. ‖ Câble (cablegrama). ‖ MAR. Encablure, *f.* (medida). ‖ — *Cable desnudo, eléctrico, submarino,* câble nu, électrique, sous-marin. ‖ FIG. y FAM. *Echar un cable,* tendre la perche.

cableado, da adj. Câblé, e : *alambre cableado,* fil de fer câblé.

cablear v. tr. Câbler (alambres).

cablegrafiar v. intr. Câbler.

cablegrama m. Câblogramme, câble.

cablero adj. m. MAR. Câblier (barco).

cabo m. Bout (extremidad). ‖ Bout (pedazo) : *cabo de vela,* bout de chandelle. ‖ Manche (de herramienta). ‖ Colis (paquete). ‖ MAR. Cordage, bout

(p. us.). [cuerda]. ‖ GEOGR. Cap : *cabo de Hornos,* cap Horn. ‖ Carte (*f.*) blanche (en el revesino). ‖ MIL. Caporal (de escuadra). | Brigadier (de caballería, de policía). ‖ — Pl. Accessoires [de l'habillement]. ‖ Attaches, *f.* (tobillo, muñeca). ‖ Queue et crinière, *f. sing.* (del caballo). ‖ MIL. *Cabo de cañón,* chef de pièce. | *Cabo de fila, de ronda,* chef de file, de patrouille. ‖ *Cabo de la Marina,* quartier-maître. ‖ *Cabo de año,* bout de l'an (oficio religioso). ‖ *Cabo de trompetas,* brigadier-trompette. ‖ *Cabo de vara,* gardien de prison. ‖ *Cabo furriel,* brigadier-fourrier. ‖ *Cabos negros,* cheveux, sourcils, yeux noirs [d'une femme]. ‖ *Cabo suelto,* question en suspens, affaire non réglée. ‖ — *Al cabo,* à la fin. ‖ *Al cabo de,* au bout de : *al cabo del mundo,* au bout du monde. ‖ *Al fin y al cabo,* finalement, à la fin, en fin de compte, au bout du compte. ‖ *De cabo a cabo* ou *de cabo a rabo,* d'un bout à l'autre, de bout en bout. ‖ *En mi, en tu, en su solo cabo,* moi, toi, lui tout seul (a solas). ‖ *Por ningún cabo,* en aucune façon. ‖ — *Atando cabos,* par recoupements. ‖ *Atar* ou *juntar cabos,* réunir des renseignements, mener l'enquête, procéder par recoupements. ‖ *Dar cabo a una cosa,* terminer *o* parachever une chose. ‖ *Dar cabo de,* achever, détruire complètement. ‖ *Estar, ponerse al cabo (de la calle),* être, se mettre au courant. ‖ *Llevar a cabo,* mener à bien *o* à bonne fin (ejecutar), réaliser (realizar), effectuer (efectuar), venir à bout de (concluir). ‖ *No dejar cabo suelto,* ne rien laisser en suspens, faire tout le nécessaire.

cabotaje m. MAR. Cabotage.

Cabo Verde n. pr. m. GEOGR. *Islas de Cabo Verde,* îles du Cap-Vert.

cabra f. ZOOL. Chèvre. ‖ *Amer.* Dé (*m.*) pipé (brocha). | Sorte de sulky (carruaje). ‖ — *Cabra de almizcle,* musc, porte-musc (almizclero). ‖ *Cabra de los Alpes,* bouquetin. ‖ *Cabra montés,* chamois, chèvre sauvage. ‖ FAM. *Estar como una cabra,* être piqué *o* sonné *o* timbré. ‖ *La cabra siempre tira al monte,* la caque sent toujours le hareng.

cabrahigadura f. AGRIC. Caprification.

cabrahigal o **cabrahigar** m. Lieu planté de figuiers.

cabrahigo m. BOT. Caprifiguier, figuier sauvage (árbol). | Figue (*f.*) sauvage (fruto).

cabrajo m. Homard (bogavante).

cabreado, da adj. FAM. De mauvais poil (de mal humor). | Fâché, e (enfadado) ; en colère.

cabrear v. tr. FAM. Crisper, faire bondir (enojar) ‖ POP. Emmerder.
— V. intr. *Amer.* Jouer en sautant (jugar).
— V. pr. FAM. Se mettre en rogne (irritarse). | Se fâcher (enfadarse).

cabreo m. FAM. *Coger un cabreo,* piquer une crise. | *Dar un cabreo,* mettre de mauvais poil. | *Tener un cabreo,* être de mauvais poil *o* en colère.

cabreriza f. Chevrière (cabrera). ‖ Cabane du chevrier (choza).

cabrerizo, za adj. Caprin, e ; relatif, relative aux chèvres.
— M. Chevrier (cabrero).

cabrero, ra m. y f. Chevrier, ère.
— Adj. FAM. *Amer.* Coléreux, euse (propenso a enojarse), en colère (enojado).

cabrestante m. MAR. Cabestan.

cabria f. TECN. Chèvre.

cabrilla f. ZOOL. Serran, *m.* ‖ TECN. Baudet, *m.* (de carpintero). ‖ — Pl. ASTR. Les Pléiades, *m.* Moutons, *m.* (olas en el mar). ‖ Ricochets, *m.* (juego) : *jugar al juego de cabrillas,* s'amuser à faire des ricochets. ‖ Rougeurs produites par le brasero.

cabrillear v. intr. Moutonner (el mar). ‖ Brasiller (rielar).

cabrilleo m. Moutonnement (en el mar).

cabrio m. ARQ. y BLAS. Chevron.

cabrío, a adj. Caprin, e : *raza cabría,* race caprine. ‖ *Macho cabrío,* bouc (cabrón). — M. Troupeau de chèvres (rebaño).

cabriola f. ● Cabriole : *dar cabriolas,* faire des cabrioles. ‖ — Pl. *Amer.* Espiègleries, niches (travesuras). ‖ *Hacer cabriolas,* caracoler (los caballos).

— SINÓN. ● *Brinco, gambade, Pirueta,* pirouette. *Voltereta, trecha,* culbute.

cabriolar v. intr. Cabrioler.

cabriolé o **cabriolet** m. Cabriolet (coche). ‖ Balandran (capote).

cabriolear v. intr. Cabrioler.

cabrita f. Chevrette (cabra pequeña).

cabritilla f. Chevreau, m. (piel) : *guantes de cabritilla,* gants de chevreau.

cabrito m. Chevreau, cabri. ‖ — Pl. *Amer.* Grains de maïs grillés (rosetas de maíz).

cabrón m. ZOOL. Bouc (macho de la cabra). ‖ FIG. y FAM. Vache, f. (persona mala). | Cocu (cornudo). | Souteneur (rufián).

cabronada f. FAM. Vacherie, tour (m.) de cochon.

cabruno, na adj. Caprin, e.

cabuchón o **cabujón** m. Cabochon (piedra).

cábula f. *Amer.* Ruse, artifice, m. (maña).

caburé m. *Amer.* Sorte de chouette, f.

cabuya f. BOT. Agave, m., agavé, m. ‖ Fibre d'agave (fibra). ‖ MAR. Cordage, m., cordages, m. pl. ‖ — *Amer.* Dar cabuya, amarrer. | *Ponerse en la cabuya,* se mettre au courant.

cabuyera f. Araignée (de la hamaca).

caca f. FAM. Caca, m. (excremento, suciedad). ‖ FIG. y FAM. Vice, m., défaut, m. ‖ *Eso es una caca,* ça ne vaut rien, c'est une cochonnerie.

cacahual m. AGRIC. Cacaoyère, f., cacaotière, f.

cacahuate m. Cacahuète, f., cacahouète, f.

cacahuete m. Cacahuète, f., cacahouète, f. ‖ *Aceite de cacahuete,* huile d'arachide.

cacahué o **cacahuey** m. Cacahuète, f., cacahouète, f. (planta y fruto).

cacahuero m. Propriétaire d'une cacaoyère.

cacahuetero m. Marchand de cacahuètes.

cacalote m. *Amer.* Corbeau (cuervo). | Grains (pl.) de maïs grillés (rosetas).

cacao m. Cacaoyer, cacaotier (árbol). ‖ Cacao (grano) : *crema de cacao,* crème de cacao ; *manteca de cacao,* beurre de cacao ; *cacao en polvo,* poudre de cacao. ‖ *Amer.* Cacao, chocolat.

cacaotal m. AGRIC. Cacaoyère, f., cacaotière, f.

cacaraña f. Marque de petite vérole.

cacarañado, da adj. Grêlé, e (picado de viruelas).

cacarañar v. tr. *Amer.* Pincer.

cacareado, da adj. FIG. Vanté, e ; rebattu, e : *un éxito demasiado cacareado,* un succès trop vanté o dont on nous a trop rebattu les oreilles. ‖ Fameux, euse : *tus planes tan cacareados no tienen ninguna base,* tes fameux projets ne tiennent pas debout.

cacareador, ra adj. Caqueteur, euse (que cacarea). ‖ Vantard, e ; fort o forte en gueule (fam.) [que presume].

cacarear v. intr. Caqueter (las gallinas). — V. tr. FIG. y FAM. Crier sur les toits, faire grand bruit de : *¡Cómo cacarea lo poco que hace!,* comme il fait grand bruit du peu qu'il fait. | Vanter, faire beaucoup de bruit pour (una persona).

cacareo m. Caquetage (acción de cacarear) ; caquet (de la gallina). ‖ FIG. Concert de louanges (alabanzas).

cacatúa f. ZOOL. Cacatoès, m.

cacaxtle m. *Amer.* Sorte de banne, f. [pour transporter des fruits, légumes, etc.]. | Squelette (esqueleto).

cacaxtlero m. *Amer.* Portefaix.

cacear v. tr. Remuer avec la louche.

cacera f. Rigole, canal (m.) d'irrigation.

cacería f. Partie de chasse : *ir de cacería,* aller à une partie de chasse. ‖ Chasse (caza).

cacerola f. Casserole (con mango), marmite, faittout, m. inv. (con asas).

cacicazgo o **cacicato** m. Caciquat, dignité (f.) de cacique.

cacillo m. Louche, f. (cucharón). ‖ Petite casserole, f. (cacerola).

cacique m. Cacique (jefe). ‖ FIG. y FAM. Coq du village (gallo de pueblo). | Personnage influent.

caciquismo m. Caciquisme. ‖ FIG. Influence (f.) excessive, arbitraire.

cacle m. *Amer.* Sandale (f.) en cuir.

caco m. Filou (ladrón). ‖ FAM. Timide. | Poule (f.) mouillée, poltron (cobarde).

cacodilato m. QUÍM. Cacodylate.

cacodilo m. QUÍM. Cacodyle.

cacofonía f. Cacophonie.

— SINÓN. *Disonancia,* dissonance. *Discordancia,* discordance.

cacofónico, ca adj. Cacophonique.

cacografía f. Cacographie (mala ortografía).

cacología f. Cacologie.

cacoquimia f. MED. Cacochymie.

cacoquímico, ca adj. MED. Cacochyme.

cacoquimio, mia m. y f. Cacochyme.

cactáceo, a o **cácteo, a** adj. y s. f. BOT. Cacté, e ; cactacé, e.

cacto o **cactus** m. BOT. Cactus, cactier (p. us.).

cacumen m. FIG. y FAM. Esprit (caletre). | Flair (agudeza), perspicacité, f.

cacunda f. *Amer.* Bosse.

cacha f. Plaque (de cuchillo), manche, m. (mango). ‖ Plaque de crosse (de una pistola). ‖ FAM. Fesse (nalga). | Joue, bajoue (carrillo). ‖ *Amer.* Corne (cuerno). | Argent, m. (dinero). ‖ — *Amer. Hacer la cacha,* se moquer (burlarse). | FIG. y FAM. *Hasta las cachas,* jusqu'au cou : *se ha metido en este asunto hasta las cachas,* il s'est mis dans cette affaire jusqu'au cou.

— OBSERV. S'emploie surtout au pluriel.

cachaciento, ta adj. *Amer.* Calme, flegmatique (cachazudo) ; flemmard, e (perezoso).

cachada f. *Amer.* Coup (m.) de corne (cornada). | Blague (burla).

cachafaz m. *Amer.* Coquin, drôle.

cachalote m. ZOOL. Cachalot.

cachano m. FAM. Le diable.

cachar v. tr. Briser, casser (romper). ‖ Fendre (la madera). ‖ FAM. *Amer.* Dégoter (obtenir) ; Prendre, saisir (asir). | Surprendre (sorprender). | Ridiculiser, tourner en dérision, railler (ridiculizar). | Prendre (el autobús, tranvía, etc.).

cacharpari m. *Amer.* Repas et fête (f.) d'adieu.

cacharpas f. pl. *Amer.* Affaires, frusques, saintfrusquin, m. inv. (trebejos).

cacharrazo m. FAM. Coup (porrazo), chute, f. (caída). | FAM. *Amer.* Coup (trago).

cacharrería f. Magasin (m.) de faïences et de poteries.

cacharrero, ra m. y f. Marchand, marchande de poteries, faïencier, ère.

cacharro m. Pot (recipiente). ‖ Poterie, f. (vasija). ‖ Tesson (tiesto). | FAM. Machin, truc (chisme). | Clou (máquina, bicicleta). | Sabot (barco, piano). | Tacot, guimbarde, f. (coche). ‖ *Amer.* Prison, f. (cárcel). ‖ — Pl. Affaires, m. : *llegó con todos sus cacharros y se puso a trabajar,* il est arrivé avec toutes ses affaires et il s'est mis à travailler. ‖ Ustensiles : *los cacharros de la cocina,* les ustensiles de la cuisine.

cachava f. Crosse (juego). ‖ Crosse (bastón).

cachavazo m. Coup de crosse.

169 CACHAZA — CADENCIA

cachaza f. FAM. Calme, *m.*, lenteur (lentitud). |
Flegme, *m.* (flema) : *hombre que tiene mucha
cachaza*, homme qui a beaucoup de flegme. ‖
Tafia, *m.* (aguardiente). ‖ *Amer.* Écume du sucre.
cachazo m. *Amer.* Coup de corne (cornada).
cachazudo, da adj. y s. Flegmatique (flemático).
cache adj. *Amer.* Habillé comme l'as de pique,
mal fringué, e (mal ataviado).
cachear v. tr. Fouiller [quelqu'un] (registrar). ‖
Amer. Donner un coup de corne (cornear).
cachemir m. o cachemira f. Cachemire, *m.* (tela).
Cachemira n. pr. f. GEOGR. Cachemire, *m.*
cacheo m. Fouille, *f.* (registro). ‖ *Amer.* Coup de
corne (cornada).
cachería f. FAM. *Amer.* Petite boutique (camba-
lache). | Manque (*m.*) de goût pour s'habiller
(falta de gusto en el vestir).
cachetada f. Gifle, claque (bofetada) : *dar un par
de cachetadas a uno*, donner une paire de gifles
à quelqu'un.
cachete m. FAM. Joue, *f.*, bajoue, *f.* (carrillo). ‖
Horion, coup de poing (golpe), claque, *f.*, gifle, *f.*
(bofetada) : *pegar un cachete*, flanquer un horion. ‖ Poignard (puñal).
cachetear v. tr. Gifler.
cachetero m. Poignard (puñal). ‖ TAUROM. Toréro
chargé de donner le coup de grâce au taureau.
cachetudo, da adj. Joufflu, e (mofletudo).
cachicamo m. *Amer.* Tatou (armadillo).
cachicuerno, na adj. À manche de corne (cuchillo).
cachidiablo m. FAM. Diable (máscara).
cachifollar v. tr. FAM. Humilier, confondre, donner
un camouflet à (apabullar). | Gâcher (estropear).
cachigordo, da adj. FAM. Trapu, e.
cachillada f. Portée, ventrée.
cachimba f. o cachimbo m. Pipe, *f.*, bouffarde, *f.*
(fam.) : *fumar en cachimba*, fumer la pipe. ‖
Amer. Chupar cachimbo, fumer la pipe (fumar
en pipa), sucer son pouce (un niño).
cachipolla f. Éphémère, *m.* (insecto).
cachiporra f. Massue.
cachiporrazo m. Coup de massue.
cachirulo m. Flacon [pour spiritueux]. ‖ Cruche,
f. (botijo). ‖ Petite embarcation (*f.*) à trois mâts
(embarcación). ‖ POP. Galurin (sombrero). |
Gigolo (amante). ‖ Basane, *f.* (de pantalón de
montar). ‖ — Pl. Trucs, machins (chismes).
cachito m. Petit morceau (trocito). ‖ *A cachitos*,
au compte-gouttes.
cachivache m. Ustensile, récipient (vasija, utensilio). ‖ Babiole, *f.* (fruslería). ‖ Truc, machin
(chisme). ‖ FIG. y FAM. Pauvre type (hombre despreciable).
cacho, cha adj. Courbé, e (encorvado).
— M. Morceau : *un cacho de pan*, un morceau
de pain. ‖ Brelan, bouillotte, *f.* (juego de cartas).
‖ *Amer.* Corne, *f.* (cuerno).
cachón m. (P. us.). Lame, *f.* (ola).
cachondearse v. pr. FIG. y POP. Se ficher de (guasearse) : *cachondearse de alguien*, se ficher de
quelqu'un. | Prendre à la rigolade : *se cachondea
de todo*, il prend tout à la rigolade.
cachondeo m. POP. Moquerie, *f.* (burla), rigolade, *f.* (guasa). ‖ — *Armar cachondeo*, faire du
chahut, chahuter. ‖ *Tomar a cachondeo*, prendre
à la rigolade.
cachondez f. Rut, *m.*, chaleur (de los animales).
‖ FIG. Sensualité, lascivité.
cachondo, da adj. En chaleur, en rut (un animal).
‖ FIG. y POP. En chaleur. | Sensuel, elle ; lascif, ive.
‖ POP. Marrant, e ; bidonnant, e ; rigolo, ote
(gracioso).
cachopín m. *Amer.* V. CACHUPÍN.
cachorrillo m. Coup-de-poing (arma de mano).
cachorro, rra m. y f. Chiot, *m.* (sin f.). [cría del
perro]. ‖ Lionceau, *m.* (cría del león). ‖ Petit, *m.*

(cría de otros mamíferos) : *la loba y sus cachorros*,
la louve et ses petits.
— Adj. *Amer.* Mal élevé, e (malcriado).
cachú m. Cachou (extracto vegetal).
cachucha f. MAR. Petit canot, *m.* (lancha). ‖ Casquette (gorra). ‖ Cachucha (baile).
cachuchear v. tr. Caresser, cajoler (acariciar).
cachucho m. Aiguillier, porte-aiguilles, *inv.* (alfiletero). ‖ Pot (vasija tosca). ‖ Cruche, *f.* (botijo).
‖ MAR. Petit canot (bote). ‖ ZOOL. Serran (pez de
las Antillas).
cachumbo m. *Amer.* Coque, *f.*
cachunde m. Cachou (pasta aromática).
cachupín, ina m. y f. Espagnol, Espagnole [établi
au Mexique].
cachureco, ca adj. *Amer.* Conservateur, trice. |
Difforme (deformado).
cada adj. Chaque : *cada cosa*, chaque chose. ‖
Tous les, toutes les [avec un nom au pluriel] :
cada tres días, tous les trois jours ; *cada cuarto de
hora*, tous les quarts d'heure. ‖ — *Cada cual* ou
cada uno, cada una, chacun, e : *a cada cual lo
suyo*, à chacun son bien. ‖ *Cada día*, tous les jours.
‖ *Cada dos días*, tous les deux jours, un jour
sur deux. ‖ *Cada dos por tres*, à tout bout de
champ. ‖ FAM. *Cada hijo de vecino* ou *cada quisque*, chacun, e, tout un chacun. ‖ *Cada oveja
con su pareja*, chacun avec sa chacune. ‖ *Cada
uno, cada una*, chacun, chacune, chaque : *cada
uno de estos libros*, chacun de ces livres ; *me han
costado veinte francos cada uno*, il m'ont coûté
vingt francs chaque. ‖ *Cada uno en su casa y Dios
en la de todos*, chacun pour soi et Dieu pour tous.
‖ *Cada uno es rey en su casa*, charbonnier est
maître chez lui. ‖ *Cada vez más* ou *cada día más*,
cada vez menos ou *cada día menos*, de plus en
plus, de moins en moins. ‖ *Cada vez peor*, de mal
en pis. ‖ — *A cada paso*, partout. ‖ *El pan nuestro
de cada día*, notre pain quotidien o de chaque
jour. ‖ *Uno de cada diez*, un sur dix. ‖ FAM. *¡Le
dio cada bofetada!*, il lui a donné de ces gifles ! ‖
¡Se veían señoras con cada sombrero!, on voyait
des dames avec de ces chapeaux !
cadalso m. ● Échafaud, gibet (patíbulo). ‖
Estrade, *f.* (tablado).

— SINÓN. *Patíbulo*, échafaud. *Horca*, potence. *Estrapada*, estrapade. *Garrote*, garrot.

cadarzo m. Bourrette, *f.* (seda basta).
cadáver m. Cadavre. ‖ Corps : *hacer la autopsia
de un cadáver*, faire l'autopsie d'un corps. ‖
— *Levantamiento del cadáver*, levée du corps. ‖
Rígido como un cadáver, raide comme un mort.
cadavérico, ca adj. Cadavérique (relativo al cadáver) : *rigidez cadavérica*, rigidité cadavérique. ‖
Cadavéreux, euse (que se parece a un cadáver).
caddy m. Caddie (en el juego del golf).
cadejo m. Touffe (*f.*) de cheveux (cabellos). ‖
Petit écheveau (madeja).
cadena f. Chaîne : *cadena de agrimensor*, chaîne
d'arpenteur. ‖ Chaîne (de presidiarios). ‖ DR.
Travaux (*m. pl.*) forcés, détention, emprisonnement, *m.* : *cadena perpetua*, travaux forcés à perpétuité, détention perpétuelle, emprisonnement à
vie. ‖ FIG. Chaîne (sujeción) : *las cadenas de la
esclavitud*, les chaînes de l'esclavage ; *romper las
cadenas*, briser ses chaînes. | Chaîne, enchaîne-
ment, *m.* (sucesión de hechos). ‖ Chaîne (de periódicos, emisoras, cines, etc.). ‖ ARQ. y QUÍM.
Chaîne. ‖ — *Cadena de montaje*, chaîne de montage. ‖ GEOGR. *Cadena de montañas*, chaîne de
montagnes. ‖ *Cadena de seguridad*, chaîne d'entrebâillement o de sûreté (de puerta), chaîne de
sûreté (de pulsera). ‖ *Reacción en cadena*, réaction
en chaîne. ‖ *Trabajo en cadena*, travail à la chaîne.
‖ — *Hacer cadena*, faire la chaîne.
cadencia f. Cadence : *caminar con cadencia*, marcher en cadence.

cadencioso, sa adj. Cadencé, e.
cadeneta f. Chaînette : *punto de cadeneta*, point de chaînette. ‖ Tranchefile, chaînette (encuadernación). ‖ Guirlande de papier (adorno de papel).
cadenilla o **cadenita** f. Chaînette.
cadente adj. Cadencé, e (cadencioso).
cadera f. ANAT. Hanche.
caderillas f. pl. (Ant.). Paniers, *m.*, tournure, *sing.* (miriñaque).
cadete m. MIL. Cadet.
cadí m. Cadi (juez musulmán).
cadillo m. BOT. Caucalier. ‖ Verrue, *f.* (verruga).
Cádiz n. pr. GEOGR. Cadix.
cadmia f. QUÍM. Cadmie.
cadmiado m. Cadmiage.
cadmiar v. tr. Cadmier.
cádmico, ca adj. QUÍM. Cadmique.
cadmio m. QUÍM. Cadmium.
caducar v. intr. Être périmé, expirer : *su pasaporte está caducado*, son passeport est périmé *o* a expiré. ‖ Être périmé, e (ley). ‖ Retomber en enfance, radoter (chochear).
caduceo o **cadúceo** m. Caducée (emblema).
caducidad f. Caducité : *la caducidad de una ley*, la caducité d'une loi. ‖ DR. Déchéance (de un derecho).
caduco, ca adj. Caduc, caduque (viejo). ‖ FIG. Périmé, e. ‖ Révolu, e : *tiempos caducos*, des temps révolus. ‖ BOT. Caduc, caduque : *hojas caducas*, feuilles caduques. ‖ DR. Caduc, caduque : *testamento caduco*, testament caduc.
caedizo, za adj. Instable, qui tombe facilement, branlant, e.
caer* v. intr. Tomber, choir (ant.) [las personas] : *el niño ha caído a* ou *en* ou *por tierra*, l'enfant est tombé par terre ; *caer de cabeza*, tomber sur la tête *o* la tête la première ; *caer de espaldas, de rodillas*, tomber sur le dos, sur les genoux *o* à genoux. ‖ Tomber (las cosas) : *las hojas de los árboles caían lentamente*, les feuilles des arbres tombaient lentement ; *un vestido que cae bien*, une robe qui tombe bien. ‖ FIG. Tomber (en una trampa, emboscada, etc.). ‖ Tomber : *caer en la indigencia, en desgracia*, tomber dans l'indigence, en disgrâce. ‖ Tomber (un imperio, ministerio). ‖ Tomber, décliner (declinar). ‖ Tomber (morir) : *el capitán cayó al frente de sus tropas*, le capitaine est tombé à la tête de ses troupes. ‖ Tomber (el sol, la noche, etc.). ‖ Tomber : *nuestras ilusiones caen una tras otra*, nos illusions tombent les unes après les autres. ‖ Trouver (adivinar) : *he caído en la solución*, j'ai trouvé la solution. ‖ Se trouver, être situé : *la puerta cae a la derecha*, la porte se trouve à droite ; *este detalle cae en el capítulo 10*, ce détail se trouve au chapitre x. ‖ Donner sur : *una ventana que cae a la calle*, une fenêtre qui donne sur la rue. ‖ Tomber : *su cumpleaños cae en domingo*, son anniversaire tombe un dimanche. ‖ Entrer : *esto cae dentro de sus atribuciones*, cela entre dans ses attributions. ‖ — FIG. *Caer a mano*, tomber sous la main. ‖ *Caer a tiempo*, bien tomber, tomber à pic. ‖ *Caer bien* ou *mal*, tomber bien *o* mal (venir bien o mal), aller bien *o* mal, tomber bien *o* mal : *este traje te cae bien*, ce costume te va bien *o* tombe bien sur toi. ‖ *Caer como chinches* ou *como moscas*, tomber comme des mouches. ‖ *Caer como muerto*, tomber comme une masse. ‖ *Caer como pedrada en ojo de boticario*, tomber à pic. ‖ *Caer como un balde de agua fría*, faire l'effet d'une douche froide, jeter un froid. ‖ *Caer de perlas*, tomber à pic. ‖ *Caer dentro de la competencia de*, relever de la compétence de. ‖ *Caer de pie*, retomber sur ses pieds. ‖ *Caer de su peso* ou *de suyo*, tomber sous le sens, aller de soi, couler de source. ‖ *Caer encima*, tomber dessus. ‖ *Caer encima de* ou *sobre*, tomber *o* retomber sur. ‖ FIG. *Caer en el garlito* ou *en el*

lazo ou *en la trampa*, donner dans le panneau, mordre à l'hameçon. ‖ *Caer en el nombre de una persona*, mettre un nom sur un visage. ‖ *Caer enfermo* ou *malo*, tomber malade. ‖ *Caer en gracia*, plaire (persona). ‖ *Caer en la cuenta*, comprendre, saisir, piger (fam.), se rendre compte (darse cuenta), se rappeler (acordarse). ‖ *Caer en los mismos errores*, retomber dans les mêmes erreurs. ‖ *Caer en manos de* ou *en poder de*, tomber entre les mains de *o* aux mains de. ‖ *Caer en redondo*, s'écrouler. ‖ FIG. *Caer en suerte*, échoir. ‖ FIG. y FAM. *Caer gordo, pesado*, déplaire, taper sur le système. ‖ *Caer hecho jirones*, tomber en lambeaux. ‖ FIG. *Caerle a uno el premio gordo*, gagner le gros lot. ‖ *Caerle a uno seis meses de cárcel*, attraper six mois de prison. ‖ *Caer patas arriba*, tomber les quatre fers en l'air. ‖ *Cayó cuan largo era* ou *cayó de plano*, il est tombé de tout son long. ‖ — *Al caer la noche*, à la nuit tombante. ‖ *Estar al caer*, être sur le point *o* à deux doigts d'arriver. ‖ *Este tío me cae bien, mal*, ce type-là me plaît, ne me revient pas (agradar o no). ‖ *Hacerle caer la venda de los ojos*, lui ouvrir les yeux. ‖ *Juan me cae simpático*, je trouve Jean sympathique. ‖ *No caerá esa breva*, ça n'arrivera pas. ‖ *No caer en saco roto*, ne pas tomber dans l'oreille d'un sourd. ‖ *Tomar las cosas cuando caen*, prendre les choses comme elles viennent. ‖ *¡Ya caigo!*, j'y suis !, j'ai compris !, j'ai saisi. — V. pr. Tomber (nunca reflexivo en francés) : *caerse de espaldas*, tomber à la renverse ; *caerse de sueño*, tomber de sommeil ; *se me cae el pelo*, mes cheveux tombent. (V. OBSERV.) ‖ *Caerse al agua*, tomber à l'eau. ‖ *Caerse a pedazos*, tomber en miettes. ‖ FIG. *Caerse de debilidad*, tomber d'inanition. ‖ *Caerse de tonto*, être bête comme tout. ‖ *Caérsele a uno la cara de vergüenza*, ne plus savoir où se mettre. ‖ *Caerse muerto de miedo, de risa*, mourir de peur, de rire. ‖ *Caerse redondo*, tomber raide. ‖ FIG. *No se cayó de la cuna*, il n'est pas né d'hier. ‖ *No tener dónde caerse muerto*, être sur le pavé, n'avoir ni feu ni lieu.
— OBSERV. La forme réfléchie du verbe *caer* marque une nuance de spontanéité dans l'action ; elle est fréquente en espagnol et devra être traduite par la forme active.

café m. Café (grano y bebida) : *café con leche*, café au lait, café crème. ‖ BOT. Caféier (cafeto). ‖ ● Café (establecimiento) : *café cantante*, café-concert. ‖ FAM. *Amer.* Savon : *dar un café*, passer un savon. ‖ — *Café solo*, café noir, noir. ‖ *Los estrategas de café*, les stratèges en chambre. ‖ — Adj. Café : *un vestido de color café*, une robe café.
— SINÓN. ● *Cervecería*, brasserie. *Bar*, bar. *Cabaret*, cabaret. *Cafetucho cantante*, beuglant. *Cafetín*, estaminet. *Taberna, tasca*, bar, bistrot.

cafeína f. QUÍM. Caféine.
cafetal m. Caféière, *f.*, plantation (*f.*) de café.
cafetalero, ra adj. Du café : *producción cafetalera*, production du café. ‖ — M. Planteur de café.
café-teatro m. Café-théâtre.
cafetera f. Cafetière. ‖ POP. Tacot, *m.* (coche), clou, *m.*, rossignol, *m.* (aparato que funciona mal). ‖ FAM. *Estar como una cafetera*, être cinglé.
cafetería f. Snack-bar, *m.*, milk-bar, *m.*
— OBSERV. La *cafetería*, de création récente et très à la mode, se distingue du *café* traditionnel par sa décoration moderne, son comptoir plus grand et son personnel souvent féminin. Outre les boissons courantes, on y sert des repas légers.
— El *snack-bar* está especializado en comidas ligeras, mientras que el *milk-bar*, poco corriente, sirve café, batidos y bebidas no alcohólicas.

cafetero, ra adj. Relatif au café. ‖ FAM. *Juan es muy cafetero*, Jean est très amateur de café.
— M. y f. Cafetier, ère (p. us.), patron, patronne d'un café (propietario de un café).

cafetín o **cafetucho** m. FAM. Bistrot, caboulot. ‖ *Cafetucho cantante*, beuglant.

cafeto m. Caféier (árbol).

cáfila f. FAM. Bande (de personas o animales). ‖ FIG. y FAM. Flopée : *soltar una cáfila de mentiras*, sortir une flopée de mensonges.

cafre adj. y s. Cafre. ‖ FIG. Barbare, sauvage (cruel y bárbaro). | Sauvage, rustre (zafio).

caftán m. Cafetan, caftan.

caftén m. *Amer.* Souteneur, maquereau (rufián).

cafúa f. POP. *Amer.* Violon, m. (cárcel).

cagaaceite m. ZOOL. Drenne, f., draine, f. (ave).

cagachín m. Petit moustique roux (mosquito). ‖ Sorte de chardonneret (pájaro).

cagada f. Excrément, m., chiure (de mosca), fiente (de ave).

cagadero m. POP. Chiottes, f. pl.

cagado, da adj. y s. POP. Trouillard, e.

cagafierro m. Mâchefer (escoria).

cagajón m. Crottin.

cagalaolla m. y f. FAM. Chienlit, arlequin, m. (máscara).

cagalera o **cagaleta** f. POP. Foire, foirade. ‖ POP.- *Tener cagalera*, foirer, caner (tener miedo).

cagar v. intr. POP. Chier.
— V. tr. FIG. y FAM. Cochonner, saloper (chapucear).
— V. pr. POP. Foirer, avoir la trouille (de miedo).

cagarria f. Morille (seta).

cagarruta f. Crotte (excremento).

cagatinta o **cagatintas** m. FAM. Rond-de-cuir, gratte-papier, inv. (chupatintas).

cagatorio m. Latrines, f. pl., chiottes, f. pl. (pop.).

cagón, ona o **cagueta** adj. y s. POP. Trouillard, e ; foireux, euse ; caneur, m.

caguana f. ZOOL. Tortue marine, tortue verte.

caí m. *Amer.* Saï (mono).

caíd m. Caïd (gobernador musulmán).

caída f. Chute (acción de caer). ‖ Pente (declive). ‖ Pente (tapicería colgante). ‖ Tombée, retombée (paño o ropa). ‖ FIG. Chute (del primer hombre). | Chute, effondrement, m. : *caída del Imperio romano*, la chute de l'Empire romain. ‖ Réception (de un salto). ‖ MAR. Chute (de una vela). ‖ FIG. y FAM. Trait (m.) d'esprit, bon mot, m. ‖ — *Caída de la tarde*, chute du jour, tombée de la nuit. ‖ *Caída del telón*, baisser du rideau. ‖ *Caída en desuso de*, désaffection pour (una cosa). ‖ *Caída libre*, chute libre (paracaidista). ‖ *Caída vertical de los precios*, effondrement des prix. ‖ — *A la caída de la tarde, del sol*, à la tombée de la nuit o du jour, au coucher du soleil. ‖ *Hacerle a uno una caída de ojos*, faire les yeux en coulisse à quelqu'un.

caído, da adj. Tombé, e. ‖ FIG. Défaillant, e (desfallecido). | Abattu, e (abatido). ‖ Tombant, e : *tener los hombros caídos*, avoir les épaules tombantes. ‖ *Caído del telón*, tombé du ciel.
— M. pl. Morts, tués (en la guerra) : *la Cruz de los Caídos*, le monument aux morts. ‖ Réglures (f.) obliques d'un cahier d'écriture (de un cuaderno).

Caifás n. pr. m. Caïphe. ‖ FIG. y FAM. Bourreau, homme cruel.

caimán m. Caïman (reptil). ‖ FIG. Vieux renard, fin matois (hombre astuto).

caimiento m. Chute, f. (caída).

Caín n. pr. m. Caïn. ‖ — FIG. *Ir con las de Caín*, être animé de mauvaises intentions. ‖ *Pasar las de Caín*, en voir de toutes les couleurs o de dures.

caique m. Caïque, caïc (embarcación).

cairel m. Tour de cheveux (peluca). ‖ Frange, f. (pasamanería).

Cairo (El) n. pr. GEOGR. Le Caire.

cairota adj. y s. Cairote.

cairelar v. tr. Garnir de franges.

caja f. ● Boîte (pequeña de cartón, etc.) : *una caja de bombones*, une boîte de chocolats. ‖ Caisse (de gran tamaño, de madera) : *una caja de uva*, une caisse de raisin. ‖ Boîte, caisse (contenido). ‖ Tiroir-caisse, m. (cajón). ‖ Caisse : *ocuparse de la caja*, être à la caisse o tenir la caisse. ‖ COM. Caisse (donde se hacen los pagos). ‖ Cercueil, m. bière (ataúd). ‖ Caisse (del coche). ‖ Boîtier, m. (de reloj). ‖ MÚS. Caisse (tambor). ‖ Buffet, m., laie (del órgano). ‖ Fût, m. (de un arma de fuego). ‖ ARQ. Cage (de escalera o ascensor). ‖ BOT. Capsule (fruto). ‖ IMPR. Casse : *caja alta*, haut de casse ; *caja baja*, bas de casse. ‖ Boîtier, m. (de máquina fotográfica). ‖ *Amer.* Lit, m. (de un río). ‖ — ANAT. *Caja craneana*, boîte crânienne. ‖ *Caja de ahorros*, caisse d'épargne. ‖ *Caja de arena*, boîte à sable (para las armas). ‖ TECN. *Caja de cambios*, boîte de vitesses. ‖ *Caja de caudales*, coffre, coffre-fort. ‖ TECN. *Caja de combustión*, boîte à feu. | *Caja de engrase*, boîte à graisse. | *Caja de humos*, boîte à fumée. | *Caja de la cama*, bois de lit. ‖ FAM. *Caja de las muelas*, bouche, bec, mandibules. ‖ ANAT. *Caja del cuerpo* ou *torácica*, cage thoracique. | *Caja del tímpano*, caisse du tympan. ‖ *Caja de música*, boîte à musique. ‖ MIL. *Caja de recluta*, bureau de recrutement. ‖ MÚS. *Caja de resonancia*, caisse de résonance. ‖ MIL. *Caja de respetos*, trousse aux accessoires. ‖ *Caja registradora*, caisse enregistreuse. ‖ *Fábrica de cajas*, caisserie, fabrique de caisses. ‖ *Libro de caja*, livre des comptes o de caisse. ‖ *Valores en caja* ou *caja*, encaisse. ‖ — FAM. *Echar a uno con cajas destempladas*, renvoyer quelqu'un avec pertes et fracas, envoyer bouler quelqu'un. ‖ *Entrar en caja*, se ranger (una persona), faire partie du prochain contingent (militar). ‖ *Ingresar en caja*, encaisser.
— SINÓN. ● *Cajón*, caisse. *Cofre*, coffre. *Joyero*, écrin. *Estuche*, étui.

cajel adj. *Naranja cajel*, orange amère, bigarade.

cajero, ra m. y f. Caissier, ère (encargado de la caja). ‖ — M. Fabricant de caisses. ‖ — F. MAR. Arcasse (de polea).

cajeta f. Petite boîte (caja pequeña). ‖ Caissette (de madera). ‖ Tronc, m. (cepillo para limosnas). ‖ MAR. Garcette (cuerda). ‖ *Amer.* Pot (m.) à confiture (para dulces y jaleas).
— Adv. *Amer. De cajeta*, en or, excellent, e : *un negocio de cajeta*, une affaire en or.

cajetilla f. Paquet (m.) de cigarettes (de cigarrillos) o de tabac (de tabaco). ‖ Boîte (de cerillas).
— M. FAM. *Amer.* Gandin, gommeux.

cajetín m. Caissette, f. (cajita). ‖ ELECTR. Baguette, f. ‖ IMPR. Cassetin. ‖ TECN. Boîtier.

cajiga f. BOT. Chêne (m.) rouvre (quejigo).

cajigal m. Rouvraie, f.

cajista m. y f. IMPR. Compositeur, trice. ‖ *Cajista de imprenta*, ouvrier typographe.

cajo m. Mors (encuadernación).

cajón m. Caisse, f. (caja grande). ‖ Tiroir (de mueble). ‖ Compartiment (en los estantes). ‖ Échoppe, f., boutique, f. (tienda). ‖ IMPR. Casseau. ‖ Caisson (obras públicas). ‖ *Amer.* Gorge, f., défilé (cañada). | Cercueil (ataúd). ‖ — *Cajón de herramientas*, boîte à outils. ‖ FIG. *Cajón de sastre* ou *de turco*, fouillis, capharnaüm, foutoir (objetos en desorden). ‖ FIG. y FAM. *De cajón*, évident, e ; qui va de soi : *¡es de cajón!*, c'est évident, ça va de soi ; ordinaire, quelconque (corriente).

cajonera f. AGRIC. Châssis, m.

cake m. CULIN. Cake.

cal f. Chaux : *cal viva, apagada* ou *muerta*, chaux vive, éteinte ; *cal hidráulica*, chaux hydraulique. ‖ — FIG. y FAM. *A* ou *de cal y canto*, à double tour (cerrado), à chaux et à sable (construido). *Lechada de cal*, lait de chaux. | *Una de cal y otra de arena*, moitié moitié.

cala f. Entame (primer trozo), tranche [pour goûter un fruit]. ‖ MED. Suppositoire, m. (supositorio). ‖

Sonde (sonda). ‖ MAR. Cale. ‖ GEOGR. Anse, crique. ‖ BOT. Arum, *m.* ‖ FIG. Sondage, *m.* (sondeo de la opinión). ‖ *A cala y cata,* à la tranche, à la coupe.

calaba m. Calambac (árbol).

calabacear v. tr. FAM. Coller, recaler, étendre (en un examen). | Repousser, éconduire, envoyer promener (a un pretendiente).

calabecera f. Marchande de courges *o* de calebasses. ‖ Courge (planta).

calabacero m. Marchand de courges *o* de calebasses.

calabacín m. Courgette, *f.* (fruto). ‖ FIG. y FAM. Gourde, *f.*, courge, *f.*

calabacino m. Calebasse, *f.*, gourde, *f.* (recipiente).

calabaza f. BOT. Courge. ‖ Citrouille (de gran tamaño). ‖ Gourde, calebasse (recipiente). ‖ FIG. y FAM. Gourde, courge (persona tonta). | Sabot, *m.*, rafiot, *m.* (buque pesado). ‖ — *Calabaza bonetera* ou *pastelera,* potiron turban, pâtisson. | *Calabaza confitera* ou *totanera,* potiron. ‖ *Calabaza de peregrino,* gourde. ‖ *Calabaza vinatera,* gourde, calebasse. ‖ FIG. y FAM. *Dar calabazas,* coller, étendre, recaler (en un examen), dire non, envoyer promener, éconduire (a un pretendiente). | *Recibir calabazas,* essuyer un refus (un pretendiente), être collé *o* recalé (en un examen).

calabazada f. FAM. Coup (*m.*) de tête.

calabazar m. AGRIC. Champ de courges.

calabazate m. Confiture (*f.*) de courges.

calabazazo m. Coup donné avec une courge. ‖ FAM. Coup sur la tête.

calabobos m. inv. FAM. Crachin, bruine, *f.*

calabocero m. Geôlier (carcelero).

calabozaje m. Geôlage.

calabozo m. Cachot, geôle, *f.* (prisión) : *meter en el calabozo,* mettre au cachot *o* en geôle.

calabrés, esa adj. y s. Calabrais, e.

Calabria n. pr. f. GEOGR. Calabre.

calabrote m. MAR. Grelin.

calada f. Trempage. *m.* (en o con un líquido). ‖ Bouffée (de cigarrillo). ‖ Essor, *m.*, vol (*m.*) à tire d'aile (de las aves).

caladero m. Lieu de pêche.

calado m. Broderie (*f.*) à jour *o* ajourée (bordado). ‖ Découpure, *f.*, ajour (perforado de papel, tejidos, etc.). ‖ MAR. Tirant d'eau, calaison, *f.* ‖ MECÁN. Calage (de un motor).

calador m. MED. Sonde, *f.* ‖ *Amer.* Sonde, *f.* [pour prélever des échantillons].

calafate m. MAR. Calfat.

calafateado m. o **calafateadura** f. Calfatage. *m.*

calafatear v. tr. MAR. Calfater (barcos). ‖ Calfeutrer (cualquier juntura).

calafateo m. o **calafatería** f. Calfatage, *m.*

calamar m. ZOOL. Calmar, encornet.

calambac m. Calambac, calambar, calambour (árbol y madera).

calambre m. MED. Crampe, *f.* : *calambre de estómago,* crampe d'estomac ; *me ha dado un calambre en la pierna,* j'ai eu une crampe à la jambe. ‖ Décharge (*f.*) électrique.

calamento m. BOT. Calament (planta). ‖ MAR. Mise (*f.*) à l'eau des filets (de redes).

calamidad f. Calamité : *la guerra es una calamidad,* la guerre est une calamité. ‖ Fléau, *m.* (plaga). ‖ FIG. y FAM. *Ser una calamidad,* être un bon à rien *o* un propre à rien *o* une nullité (un incapaz).

calamina f. Calamine (carbonato de cinc).

calamita f. MIN. Calamite.

calamitoso, sa adj. Calamiteux, euse.

cálamo m. MÚS. Chalumeau (flauta). ‖ POÉT. Roseau (planta). | Plume, *f.* (para escribir).

calamocano, na adj. FAM. Éméché, e ; pompette.

calamoco m. Glaçon (carámbano).

calamo currente loc. adv. Au courant de la plume.

calamón m. Poule (*f.*) sultane (ave). ‖ Cabochon (clavo).

calandraca f. Soupe [faite par les marins avec des restes de biscuit].

calandrado m. TECN. Calandrage.

calandrajo m. FAM. Lambeau, loque, *f.* (jirón). | Guenille, *f.*, haillon (harapos). ‖ FIG. y FAM. Chiffe, *f.*, loque, *f.* (persona despreciable).

calandrar v. tr. TECN. Calandrer.

calandrero m. Calandreur.

calandria f. Calandre (ave). ‖ TECN. Calandre (para lustrar). | Calandre (de automóvil). | Sorte de treuil (torno). ‖ FIG. y FAM. Malade (*m.*) imaginaire (enfermo fingido).

calaña f. Modèle, *m.*, forme (muestra). ‖ FIG. Nature (las personas), qualité (las cosas). ‖ Espèce, engeance, acabit, *m.* (despectivo) : *estos dos chicos son de la misma calaña,* ces deux garçons sont du même acabit. ‖ Éventail (*m.*) bon marché (abanico). ‖ *Gente de mala calaña,* gens peu recommandables.

calañés adj. m. *Sombrero calañés,* chapeau à bords relevés.

cálao m. Calao (ave tropical).

calar adj. Calcaire (calizo).

— M. Carrière (*f.*) de pierre à chaux (cantera).

calar v. tr. Tremper, transpercer (un líquido) : *la lluvia ha calado el abrigo,* la pluie a trempé le manteau. ‖ Traverser, transpercer : *calar una tabla con la barrena,* transpercer une planche avec la vrille. | Broder à jours (bordar). ‖ Ajourer (agujerear). | Entamer (una fruta). ‖ Enfoncer (un sombrero). ‖ FIG. Percer, percer à jour, deviner (adivinar) : *ha calado mis intenciones,* il a deviné mes intentions. | Pénétrer, saisir (comprender). ‖ Pénétrer : *calar hondamente en el alma humana,* pénétrer à fond dans l'âme humaine. ‖ MAR. Caler : *calar una vela,* caler une voile. ‖ *Amer.* Humilier (cachifollar). ‖ Extraire [un échantillon] avec la sonde. ‖ — *Calar la bayoneta,* mettre baïonnette au canon. | *Hacer frente con la bayoneta calada,* croiser la baïonnette.

— V. intr. MAR. Caler : *este buque cala demasiado,* ce navire cale trop.

— V. pr. Être trempé : *se caló hasta los huesos,* il a été trempé jusqu'aux os. ‖ Enfoncer : *calarse el sombrero,* enfoncer son chapeau. ‖ Fondre, s'abattre rapidement (el ave). ‖ FAM. Se fourrer (introducirse). ‖ MECÁN. Caler : *se me caló el motor,* mon moteur a calé. | *Calarse las gafas,* chausser ses lunettes.

calato, ta adj. *Amer.* Nu, e (desnudo).

calatravo, va adj. y s. m. Chevalier de l'ordre de Calatrava.

calavera f. Tête de mort (cráneo). ‖ ZOOL. Sphinx, *m.*, tête de mort (mariposa). ‖ — M. FIG. Viveur, bambocheur, noceur (juerguista). | Tête (*f.*) brûlée (cabeza loca).

calaverada f. Frasque, fredaine.

calaverear v. intr. FAM. Agir étourdiment (obrar con poco juicio). ‖ Faire la noce *o* la bringue (ir de juerga).

calazón m. MAR. Calaison, *f.*, tirant d'eau.

calcador, ra m. y f. Calqueur, euse.

caloáneo m. Calcanéum (hueso).

calcañal o **calcañar** o **calcaño** m. Talon.

calcar v. tr. Calquer, décalquer (reproducir). ‖ FIG. Calquer (imitar). | Fouler (pisar).

calcáreo, a adj. Calcaire.

calcarone m. TECN. Calcarone.

calce m. Jante, *f.* (de rueda). ‖ Acérure, *f.* (de instrumentos cortantes). ‖ Coin (cuña). ‖ Cale, *f.* (alza) : *poner un calce a un mueble cojo,* mettre une cale à un meuble boiteux. ‖ *Amer.* Pied, bas (de un documento).

calcedonia f. MIN. Calcédoine.
calceolaria f. Calcéolaire (planta).
calceta f. Bas, m. (media). ‖ Hacer calceta, tricoter.
calcetería f. Usine de bonneterie (fábrica). ‖ Bonneterie (tienda).
calcetero, ra m. y f. Bonnetier, ère (comerciante). ‖ Tricoteur, euse (que hace puntos).
calcetín m. Chaussette, f. ‖ FIG. Volverle a uno como a un calcetín, retourner quelqu'un comme un gant.
calcetón m. Guêtre (f.) en tricot (polaina).
cálcico, ca adj. QUÍM. Calcique.
calcificación f. Calcification.
calcificar v. tr. Calcifier.
calcillas m. inv. FAM. Nabot, sing., petit bout d'homme (retaco). | Mauviette, f. sing. (cobarde).
calcina f. Béton, m. (hormigón).
calcinación f. Calcination.
calcinar v. tr. Calciner. ‖ FIG. y POP. Casser les pieds, bassiner (fastidiar).
calcio m. Calcium (metal).
calcita f. MIN. Calcite.
calco m. Calque (copia). ‖ Papel de calco, papier-calque.
calcografía f. Chalcographie.
calcográfico, ca adj. Chalcographique.
calcógrafo m. Chalcographe (grabador).
calcomanía f. Décalcomanie.
calcopirita f. MIN. Chalcopyrite.
calculable adj. Calculable.
calculador, ra adj. y s. Calculateur, trice : calculadora electrónica, calculateur o calculatrice électronique. ‖ FIG. Calculateur, trice (interesado).
calcular v. tr. Calculer : calcular una raíz cuadrada, calculer une racine carrée. ‖ FIG. Calculer, évaluer : calcular los gastos de viaje, évaluer les frais de voyage. | Penser, supposer, croire, compter : calculo que terminaré mañana, je pense finir demain. ‖ — Calculando por bajo, au bas mot. ‖ Máquina de calcular, machine à calculer.
calculista adj. y s. Faiseur, faiseuse de projets, calculateur, trice (proyectista).
cálculo m. Calcul : cálculo diferencial, integral, infinitesimal, mental, calcul différentiel, intégral, infinitésimal, mental. ‖ Évaluation, f., calcul : cálculo de gastos, évaluation des frais. ‖ FIG. Calcul (conjetura, reflexión). | Prudence, f. : obrar con mucho cálculo, agir avec beaucoup de prudence. ‖ MED. Calcul (piedra). ‖ Regla de cálculo, règle à calculer.
calculoso, sa adj. MED. Calculeux, euse.
calcha f. Amer. Fanon, m. (del caballo), plume sur les pattes (de ciertas aves). | Vêtements, m. pl. (prendas de vestir).
calda f. Chauffage, m. (acción de calentar). ‖ Chauffe (introducción del combustible). ‖ TECN. Chaude (metales). ‖ — Pl. Eaux thermales, station (sing.) thermale (baños).
caldaico, ca adj. Chaldaïque (de Caldea).
Caldea n. pr. f. GEOGR. Chaldée.
caldeamiento m. Chauffe, f., chauffage.
caldear v. tr. Chauffer (calentar), réchauffer (lo que se ha enfriado). ‖ Rougir (los metales). ‖ FIG. Réchauffer, chauffer (el ambiente, etc.). — V. pr. Se chauffer. ‖ Rougir (los metales).
caldén m. Amer. Arbre au bois très dur.
caldeo m. Chauffe, f., chauffage (calda) : el caldeo de una habitación, le chauffage d'une pièce ; superficie de caldeo, surface de chauffe.
caldeo, a adj. y s. Chaldéen, enne (de Caldea).
caldera f. Chaudière : caldera de vapor, chaudière à vapeur. ‖ Chaudron, m. (caldero). ‖ Chaudronnée (calderada). ‖ MIN. Puisard, m. (pozo). ‖ Amer. Bouilloire (para infusiones). | Cratère, m. ‖ FIG. y FAM. Las calderas de Pero Botero, l'Enfer, le feu éternel.

calderada f. Chaudière, chaudronnée.
calderería f. Chaudronnerie.
calderero m. Chaudronnier.
caldereta f. Petit chaudron, m., petite chaudière (caldera). ‖ ECLES. Bénitier (m.) portatif (de agua bendita). ‖ CULIN. Soupe de poisson (sopa de pescado. | Ragoût (m.) de mouton o de chevreuil (guiso).
calderilla f. ECLES. Bénitier (m.) portatif (de agua bendita). ‖ Petite o menue monnaie, ferraille (moneda fraccionaria).
caldero m. Chaudron (recipiente). ‖ Chaudron, chaudronnée, f. (contenido). ‖ TECN. Poche, f. [pour la fonte] : caldero de colada, poche de coulée.
calderón m. Gros chaudron (recipiente). ‖ IMPR. Pied-de-mouche (signo). ‖ MÚS. Point d'orgue (signo).
calderoniano, na adj. Caldéronien, enne [du dramaturge Calderón].
caldibache m. FAM. Lavasse, f. (caldo muy claro).
caldillo m. Jus, sauce, f. (salsa).
caldo m. Bouillon : caldo de verduras, bouillon de légumes. ‖ Consommé (sopa). ‖ Assaisonnement, sauce, f. [de la salade]. ‖ Amer. Jus de la canne à sucre (jugo de la caña). ‖ — Pl. Liquides alimentaires (vino, vinagre, aceite, etc.). ‖ Crus : los caldos de Jerez, les crus de Xérès. ‖ — AGRIC. Caldo bordelés, bouillie bordelaise. | Caldo corto, court-bouillon. | Caldo de cultivo, bouillon de culture. ‖ — Al que no quiere caldo, la taza llena ou tres tazas, lui qui n'aimait pas ça, le voilà servi. ‖ Gallina vieja da ou hace buen caldo, c'est dans les vieilles marmites qu'on fait la bonne soupe. ‖ FIG. y FAM. Hacerle a uno el caldo gordo, faire le jeu de quelqu'un, donner beau jeu à quelqu'un.
caldoso, sa adj. Qui a beaucoup de jus o de sauce.
calducho m. FAM. Lavasse, f.
calé m. Gitan (gitano). ‖ Monnaie (f.) de cuivre (moneda).
calecer v. intr. S'échauffer.
Caledonia n. pr. f. GEOGR. Calédonie. ‖ Nueva Caledonia, Nouvelle-Calédonie.
calefacción f. Chauffage, m. : calefacción central, chauffage central ; calefacción por fuel-oil, chauffage au mazout. ‖ TECN. Chauffe : superficie de calefacción, surface de chauffe.
calefactor m. Chauffeur (encargado de la calefacción).
caleidoscopio m. Kaléidoscope.
calendario m. Calendrier : calendario gregoriano, juliano, perpetuo, calendrier grégorien, julien, perpétuel. ‖ — Calendario americano ou exfoliador ou de taco, calendrier à effeuiller. ‖ BOT. Calendario de Flora, calendrier de Flore. ‖ FIG. Hacer calendarios, faire des pronostics (pronósticos), rêvasser (estar pensativo).
— SINÓN. Almanaque, almanach. Agenda, agenda. Efemérides, éphéméride.
calendas f. pl. Calendes (día del mes).
calentador, ra adj. Chauffant, e. — M. Calorifère (aparato). ‖ Chauffe-eau, inv. (para calentar agua), chauffe-bain (de baño). ‖ Bassinoire, f., chauffe-lit (de cama). ‖ TECN. Réchauffeur : calentador de aire, réchauffeur d'air. | Surchauffeur (de locomotora). ‖ FIG. y FAM. Bassinoire, f. (reloj muy grueso).
calentamiento m. Chauffage (acción de calentar). ‖ DEP. Ejercicios de calentamiento, exercices d'échauffement.
calentar* v. tr. Chauffer, faire chauffer : calentar un horno, chauffer un four ; calentar hasta el rojo blanco, chauffer à blanc ; caliéntame un poco de agua, fais-moi chauffer un peu d'eau. ‖ Échauffer : calentar los músculos, échauffer les muscles.

‖ Fig. y fam. Chauffer : *calentar el asiento*, chauffer sa place. | Chauffer, activer, mener rondement : *calentar un negocio*, chauffer une affaire. ‖ Fam. Flanquer une dégelée (azotar). ‖ — *Calentar la cabeza* ou *los cascos con*, échauffer o rebattre les oreilles avec. ‖ *Calentar las orejas a alguien*, chauffer les oreilles à quelqu'un. ‖ *Calentar la sangre*, échauffer le sang.
— V. pr. Se chauffer (el que tiene frío). ‖ Chauffer (el fuego). ‖ Être en chaleur (los animales). ‖ Fig. S'échauffer (irritarse). |. — *Las manos se le calientan*, la main lui démange. ‖ Fam. *No calentarse los cascos*, ne pas se creuser la cervelle.

calentón m. *Darse un calentón*, se mettre à chauffer (un motor).

calentura f. Med. Fièvre, température : *tener calentura*, avoir de la fièvre. | Bouton (m.) de fièvre (pústula en los labios). ‖ *Amer.* Sorte de asclepias (planta). | Phtisie (tisis). | Colère.

calenturiento, ta adj. Fiévreux, euse. ‖ Fig. Fiévreux, euse ; fébrile : *tener la mente calenturienta*, avoir l'imagination fiévreuse.

calenturón m. Med. Grosse fièvre, *f.*, fièvre (*f.*) de cheval.

calenturoso, sa adj. (Ant.). Fiévreux, euse.

calera f. Carrière de pierre à chaux (cantera). ‖ Four (*m.*) à chaux, chaufour, *m.* (p. us.) [horno].

calero, ra adj. De la chaux.
— M. Chaufournier.

calesa f. Calèche (carruaje).

calesera f. Veste de postillon (chaqueta). ‖ Chant (*m.*) populaire andalou (cante).

calesero m. Postillon (cochero).

caleta f. Crique, anse (ensenada). ‖ *Amer.* Petit port, *m.*

caletero m. *Amer.* Docker (descargador de barcos). | Caboteur (barco).

caletre m. Fam. Jugeote, *f.* (tino) : *tener poco caletre*, avoir peu de jugeote. ‖ *De su propio caletre*, de son cru.

calibración f. Calibrage, *m.*

calibrado m. Tecn. Alésage (de un tubo o un cilindro). ‖ Calibrage (medición).

calibrador m. Calibre : *calibrador de mordazas*, calibre à mâchoires. ‖ Jauge, *f.* : *calibrador de profundidades*, jauge de profondeur. ‖ Alésoir (de un tubo). ‖ *Calibrador micrométrico*, jauge micrométrique, palmer.

calibrar v. tr. Calibrer (medir). ‖ Aléser (mandrilar). ‖ Fig. Jauger (juzgar). ‖ *Máquina de calibrar*, aléseuse.

calibre m. Mil. Calibre. ‖ Tecn. Calibre, jauge, *f.* | Alésage (diámetro interior). | Fig. Importance, *f.* : *un asunto de mucho calibre*, une affaire de grande importance.

calicata f. Min. Sondage, *m.*

calicó m. Calicot (tejido de algodón).

caliche m. *Amer.* Caliche, salpêtre (nitrato). ‖ Meurtrissure, *f.* (maca). ‖ Écaille, *f.* (de pintura, de cal). ‖ Fente, *f.* (en una vasija). ‖ Recuit (piedra).

calichera f. *Amer.* Salpêtrière, gisement (*m.*) de salpêtre.

calidad f. Qualité : *tela de buena calidad*, toile de bonne qualité ; *persona de calidad*, personne de qualité. | Qualité (condición) : *calidad de ciudadano*, qualité de citoyen. | Choix, *m.* : *de primera, de segunda calidad*, de premier, de second choix. | Fig. Importance, poids, *m.* : *asunto de calidad*, affaire d'importance. | Condition (cláusula de contrato). ‖ — Pl. Qualités. ‖ Conditions (juegos). ‖ — *En calidad de*, en qualité de, à titre de, au titre de. | *De dinero y calidad la mitad de la mitad*, il faut en prendre et en laisser. ‖ *Voto de calidad*, voix prépondérante.

cálido, da adj. Chaud, e : *clima, colorido cálido*, climat, ton chaud ; *voz cálida*, voix chaude.

calidoscopio m. Kaléidoscope.

calientapiés m. inv. Chaufferette, *f.*, chauffe-pieds.

calientaplatos m. inv. Chauffe-plats, chauffe-assiettes.

caliente adj. ● Chaud, e : *agua caliente*, eau chaude ; *colorido caliente*, ton chaud. ‖ Fig. Chaud, e ; ardent, e. |. — *En caliente*, sur-le-champ, tout chaud (en el acto), à chaud (una operación quirúrgica). ‖ Fig. *Estar en caliente*, être en chaleur (los animales). ‖ *Mantener caliente*, tenir au chaud. ‖ Fig. *Ser caliente de cascos*, avoir la tête chaude.

— Sinón. ● *Tórrido*, torride. *Caluroso*, chaud. *Ardiente*, ardent. *Hirviente*, bouillant.

califa f. Calife.

califato m. Califat.

calificable adj. Qualifiable.

calificación f. Qualification. ‖ Note (de un ejercicio).

calificador m. Qualificateur, examinateur. ‖ — *Calificador del Santo Oficio*, qualificateur du Saint-Office. ‖ *Jurado calificador de un premio*, jury chargé de décerner un prix.

calificar v. tr. Qualifier. ‖ Noter (un examen). ‖ Qualifier, traiter : *calificar a uno de ladrón*, traiter quelqu'un de voleur. ‖ Fig. Ennoblir, illustrer (ilustrar).
— V. pr. Prouver ses quartiers de noblesse.

calificativo, va adj. y s. m. Qualificatif, ive : *adjetivo calificativo*, adjectif qualificatif ; *un calificativo injurioso*, un qualificatif injurieux.

California n. pr. f. Geogr. Californie.

californiano, na o **californio, nia** adj. y s. Californien, enne (de California).

califórnico, ca adj. Californien, enne.

californio m. Quím. Californium.

cáliga f. Caliga (calzado romano).

calígine f. Poét. Obscurité, ténèbres, *pl.*

caliginoso, sa adj. Obscur, e ; ténébreux, euse. ‖ Caligineux, euse (brumoso).

caligrafía f. Calligraphie.

caligrafiar v. tr. Calligraphier.

caligráfico, ca adj. Calligraphique.

calígrafo m. Calligraphe.

calilla f. Petit suppositoire, *m.* (supositorio). ‖ Fam. *Amer.* Raseur, *m.* (cargante). | Embêtement, *m.*, empoisonnement, *m.* (molestia). | Calvaire, *m.* (calvario).

calina f. Brume, *m.* (niebla). ‖ Chaleur.

calinoso, sa adj. Brumeux, euse.

Calíope n. pr. f. Mit. Calliope.

calisaya f. Sorte de quinquina.

Calixto n. pr. m. Calixte.

cáliz m. Ecles. Calice (copa). ‖ Bot. Calice. *Apurar el cáliz hasta las heces*, boire le calice jusqu'à la lie.

caliza f. Calcaire, *m.* (roca sedimentaria) : *caliza litográfica*, calcaire lithographique. ‖ Pierre à chaux (carbonato de calcio natural).

calizo, za adj. Calcaire.

calma f. Calme, *m.* (tranquilidad). ‖ Fig. Calme, *m.* : *la calma de la noche*, le calme de la nuit. | Accalmie (en los dolores, en los negocios). | Calme, *m.*, nonchalance, décontraction (pachorra) : *lo hace todo con una calma increíble*, il fait tout avec une nonchalance incroyable. ‖ — Mar. *Calma chicha*, calme plat. | *Con calma*, calmement, à tête reposée. ‖ *¡Con mucha calma!*, du calme !, tout doux ! ‖ *En calma*, calme : *todo está en calma*, tout est calme. ‖ *Después de la tempestad viene la calma*, après la pluie le beau temps.

calmante adj. Calmante, e.
— M. Med. Calmant, tranquillisant.

calmar v. tr. Calmer, apaiser (sosegar). ‖ Calmer : *esta medicina calma el dolor*, ce médicament calme la douleur.

— V. intr. y pr. Se calmer. ‖ Tomber (el viento).

calmazo m. MAR. Calme plat. ‖ Accalmie, f. (calma momentánea).

calmo, ma adj. AGRIC. Inculte (erial), en jachère (en barbecho).

calmoso, sa adj. Calme (tranquilo). ‖ FAM. Nonchalant, e ; indolent, e (pachorrudo). | Flegmatique.

calmuco, ca adj. y s. Kalmouk.

caló m. Parler des gitans.

— OBSERV. Certains mots ou expressions de ce dialecte étant passés dans la langue populaire, le mot *caló* a parfois le sens d'*argot*.

calofrío m. Frisson (escalofrío).

calomel m. o **calomelanos** m. pl. MED. Calomel, sing.

calor m. Fís. Chaleur, f. : *calor específico*, chaleur spécifique. ‖ Chaleur, f. : *los calores del verano*, les chaleurs de l'été. ‖ Chaleur, f., chaud (calidad de lo caliente) : *mantener al calor*, tenir au chaud. ‖ FIG. Chaleur, f., feu : *en el calor de la improvisación, del combate*, dans la chaleur de l'improvisation, dans le feu du combat. | Chaleur, f. : *acoger con calor*, accueillir avec chaleur. ‖ — FAM. *Ahogarse* ou *asarse* ou *morirse de calor*, mourir de chaud, crever de chaleur. ‖ *Dar calor*, encourager (animar), tenir chaud. ‖ *Darse calor*, se tenir chaud. ‖ *Entrar en calor*, s'échauffer (acalorarse), se réchauffer (cuando se tiene frío). ‖ *Hace calor*, il fait chaud. ‖ *Hacer entrar en calor*, réchauffer. ‖ *Tener calor*, avoir chaud. ‖ *Tomar una cosa con calor*, prendre une chose à cœur.

— OBSERV. L'usage de *calor* au féminin est à proscrire.

caloría f. Fís. Calorie : *caloría grande, pequeña*, grande, petite calorie.

calórico, ca adj. Calorique.

— M. Fís. Calorique. ‖ Chaleur, f. : *desprender mucho calórico*, dégager beaucoup de chaleur.

calorífero, ra adj. y s. m. Calorifère.

calorificación f. Calorification.

calorífico, ca adj. Calorifique.

calorífugo, ga adj. y s. m. Calorifuge.

calorimetría f. Calorimétrie.

calorimétrico, ca adj. Calorimétrique.

calorímetro m. Calorimètre.

calostro m. Colostrum (primera leche).

calote m. *Amer.* Escroquerie, f., vol (estafa). ‖ *Amer. Dar calote*, escroquer, rouler (fam.), voler.

calotear v. tr. *Amer.* Escroquer, rouler (fam.) [estafar], voler, calotter (pop.) [birlar].

caloyo m. Agneau nouveau né, agnelet.

calpense adj. y s. Gibraltarien, enne (de Gibraltar).

calumnia f. Calomnie (acusación falsa).

calumniador, ra adj. y s. Calomniateur, trice.

calumniar v. tr. Calomnier.

calumnioso, sa adj. Calomnieux, euse.

calurosamente adv. Chaleureusement, chaudement : *el Presidente fue recibido calurosamente*, le Président fut accueilli chaleureusement ; *felicitar calurosamente*, féliciter chaudement.

— OBSERV. *Chaleureusement* implica mayor viveza que *chaudement* y hasta entusiasmo en la manera de actuar.

caluroso, sa adj. Chaud, e (con calor) : *un día caluroso*, une chaude journée. ‖ FIG. Chaleureux, euse : *un recibimiento caluroso*, un accueil chaleureux.

calva f. Calvitie (calvicie). ‖ Partie élimée o râpée (de una piel). ‖ Clairière (en un bosque).

calvario m. RELIG. Calvaire. | FIG. y FAM. Calvaire (de adversidades). ‖ *Tener un calvario de deudas*, être criblé de dettes.

calverizo, za adj. Parsemé de clairières.

calvero m. Clairière, f. (en un bosque).

calvez o **calvicie** f. Calvitie.

calvinismo m. Calvinisme.

calvinista adj. y s. Calviniste.

Calvino n. pr. HIST. Calvin.

calvo, va adj. y s. Chauve (cabeza). ‖ — Adj. Dénudé, e ; pelé, e (terreno). ‖ Râpé, e ; élimé, e (tejido). ‖ *A la ocasión la pintan calva*, il faut saisir l'occasion par les cheveux o au vol, l'occasion est chauve (p. us.).

calza f. Cale (cuña). ‖ FAM. Bas, m. (media). ‖ Bague (señal que se pone a ciertos animales). ‖ BLAS. Chausse. ‖ — Pl. Chausses (vestido antiguo) : *medias calzas*, bas-de-chausses. ‖ FAM. *Verse en calzas prietas*, être dans ses petits souliers.

calzada f. Chaussée.

calzado, da adj. Chaussé, e. ‖ Pattu, e (ave) : *pichón calzado*, pigeon pattu. ‖ BLAS. Chaussé, e. ‖ *Caballo calzado de blanco*, cheval balzan.

— M. ● Chaussure, f. : *industria del calzado*, industrie de la chaussure. ‖ Chaussures, f. pl. : *una tienda de calzado*, un magasin de chaussures [ne s'emploie jamais au pluriel en espagnol dans ce sens]. ‖ — Pl. (P. us.). Bas (medias), jarretières, f. (ligas).

— SINÓN. ● *Zapato*, soulier. *Sandalia*, sandale. *Bota*, botte. *Botín, botina*, bottine. *Borceguí*, brodequin. *Zapatón*, godillot (fam.), croquenot (pop.).

calzador m. Chausse-pied, corne (f.) à chaussure. ‖ *Amer.* Porte-plume (portaplumas). | Porte-curedents (palillero). | Porte-crayon (lapicero).

calzadura f. Action de chausser. ‖ Calage, m. (con calce). ‖ Jante en bois (llanta).

calzapiés m. inv. Cale-pied (de pedal).

calzar v. tr. Chausser (los pies) : *calzo el 37*, je chausse du 37 ; *hay que calzar a los niños porque no pueden hacerlo solos*, il faut chausser les enfants parce qu'ils ne peuvent pas le faire tout seuls. ‖ Chausser, porter (llevar puesto) : *calzar zuecos*, porter des sabots. ‖ Caler (poner un calce). ‖ Chausser (poner neumáticos).

— V. intr. FAM. *Amer.* Se caser (lograr un puesto).

— V. pr. Se chausser. ‖ Mettre (ponerse) : *calzarse los zapatos*, mettre ses chaussures.

calzo m. Cale, f. (calce), coin (cuña). ‖ Point d'appui du levier (fulcro). ‖ Pied en avant (en fútbol). ‖ — Pl. Extrémités, f. (de caballería).

calzón m. ● Culotte, f. (prenda) : *calzón bombacho*, culotte bouffante. ‖ TECN. Étrier (para sujetarse). ‖ *Amer.* Culotte, f. (de mujer), caleçon (calzoncillo). | Ragoût de porc (guiso). | Maladie (f.) de la canne à sucre. ‖ — Pl. Culotte, f. sing. ‖ FIG. y FAM. *Llevar los calzones* ou *tener los calzones bien puestos*, porter la culotte (en un matrimonio).

— OBSERV. Le mot *culotte* s'emploie plus fréquemment au pluriel lorsqu'il désigne une culotte.

— SINÓN. ● *Bombacho*, culotte bouffante. *Pantalón*, pantalon. *Calzas*, chausses. *Short*, short.

calzonazos m. inv. FAM. Chiffe, f., femmelette, f.

calzoncillos m. pl. Caleçon, sing.

calzoneras f. pl. *Amer.* Pantalon (m. sing.) ouvert et boutonné sur le côté.

calzonudo, da adj. *Amer.* Mollasson, onne (calzonazos).

calzorras m. inv. FAM. Chiffe (f.) molle, femmelette, f. (hombre débil).

calla f. *Amer.* Sorte de plantoir.

callada f. Silence, m. (acción de callarse). ‖ — *A la callada* ou *de callada*, en tapinois, en catimini. ‖ *Dar la callada por respuesta*, ne pas daigner répondre.

calladamente adv. Sans mot dire, secrètement.

callado, da adj. Silencieux, euse ; discret, ète. ‖ Réservé, e (comedido) : *es una persona muy callada*, c'est une personne très réservée. ‖ — *De callado*, en catimini. ‖ *Más callado que un muerto*, muet comme une carpe o comme la tombe. ‖ *No quedarse nunca callado*, avoir réponse à tout.

callampa f. *Amer.* Champignon, *m.* (hongo). | FAM. Galurin (*m.*) en feutre (sombrero).

callana f. *Amer.* Plat, *m.*, récipient, *m.* [utilisé par les Indiens pour griller le maïs].

callandico o **callandito** adv. FAM. En tapinois, en catimini.

callao m. Galet, caillou roulé (canto rodado). | Terrain couvert de galets (terreno).

callar v. intr. y pr. Se taire : *los niños deben callar cuando hablan las personas mayores*, les enfants doivent se taire quand les grandes personnes parlent ; *dicho esto, calló*, ceci dit, il se tut. | — *Calla callando*, en douce. | *¡Cállate!*, tais-toi ! | FAM. *¡Cállate la boca!*, la ferme ! ferme-la ! | *¡Cállense!*, taisez-vous ! | — *A la chita callando*, en catimini. | *Al buen callar llaman Sancho*, il faut savoir parler avec modération. | *Matarlas callando*, faire les choses en douce. | *Quien calla otorga*, qui ne dit mot consent.
— V. tr. Taire (un secreto). | Passer sous silence (no decir) : *he callado lo principal*, j'ai passé sous silence le plus important.

calle f. ● Rue (camino) : *calle mayor*, grand-rue. | Voie (de una autopista). | Allée (de árboles). | IMPR. Rue. | Couloir, *m.* (atletismo), ligne d'eau, couloir, *m.* (en una piscina). | — *Calle abajo*, en descendant la rue. | *Calle arriba*, en remontant la rue. | *El hombre de la calle*, l'homme de la rue, Monsieur tout-le-monde. | *Traje de calle*, costume de ville. | — FIG. y FAM. *Abrir calle*, frayer un passage. | *Azotar calles*, battre le pavé. | *Coger la calle*, prendre la porte, sortir. | *Dejar en la calle* ou *echar a la calle*, jeter sur le pavé. | *Doblar la calle*, tourner au coin de la rue. | FIG. y FAM. *Echar a la calle* ou *plantar en la calle*, mettre dehors, mettre à la porte, jeter à la rue. | *Echar por la calle de en medio*, foncer droit au but. | *Echarse a la calle*, descendre dans la rue. | *Estar en la calle*, être sorti (haber salido), être sur le pavé (ser pobre). | *Hacer calle*, faire la haie (soldados). | *Irse a la calle*, sortir. | FIG. y FAM. *Llevarse de calle*, convaincre par des arguments, embobiner. | *Poner de patitas en la calle*, flanquer o mettre à la porte. | *Quedarse en la calle*, être à la rue, rester sur le pavé.
— SINÓN. ● *Callejón, callejuela, calleja*, ruelle. *Sendero*, sentier. *Pasaje*, passage. *Vía*, voie. *Arteria*, artère.

calleja f. Ruelle (calle pequeña).

callejear v. intr. Flâner, battre le pavé, courir les rues (vaguear).
— SINÓN. *Vaguear*, muser, musarder. *Cancanear*, flâner, traînasser.

callejeo m. Flânerie, *f.* (paseo).

callejero, ra adj. Flâneur, euse (amigo de callejear). | De la rue : *la animación callejera*, l'animation de la rue. | Ambulant, e : *venta callejera*, vente ambulante. | Boulevardier, ère : *musa callejera*, muse boulevardière.
— M. Répertoire des rues d'une ville.

callejón m. Ruelle, *f.*, petite rue, *f.*, passage. | TAUROM. Couloir qui court le long de l'arène et sert de refuge aux toréros. | *Callejón sin salida*, impasse, cul-de-sac (calle), impasse (situación).

callejuela f. Ruelle (calle). | FIG. Échappatoire (evasiva).

callicida m. MED. Coricide.

callista m. y f. Pédicure.

callo m. ● MED. Cor (en los pies), durillon, callosité, *f.* (en los pies o en las manos). | Cal (de una fractura). | Éponge, *f.* (de herradura). | FIG. y FAM. Mocheté, *f.*, horreur, *f.*, laideron (fea). | — Pl. Tripes, *f. pl.*, gras-double, *sing.* (plato). | *Callos a la madrileña*, sorte de tripes à la mode de Caen.
— OBSERV. El *gras-double* se prepara exclusivamente con estómago de vaca.

— SINÓN. ● *Juanete*, oignon. *Ojo de gallo*, œil-de-perdrix.

callosidad f. Callosité. | *Úlcera con callosidades*, ulcère calleux.

calloso, sa adj. Calleux, euse : *manos callosas*, mains calleuses ; *cuerpo calloso*, corps calleux.

cama f. ● Lit, *m.* : *cama de campaña*, lit de camp ; *cama de matrimonio*, lit à deux places, lit pour deux personnes, grand lit ; *camas separadas, lits jumeaux* ; *camas nido*, lits gigognes ; *destapar la cama*, découvrir le lit. | Lit, *m.*, châlit, *m.* (armadura del lecho). | Lit, *m.* : *hospital de cien camas*, hôpital de cent lits. | Gîte, *m.*, lit, *m* (de la liebre), reposée (de los animales para su descanso). | Portée (camada). | Fond (*m.*) d'une charrette (suelo de la carreta). | Partie d'un melon qui repose sur le sol. | FIG. Couche, lit, *m.* (capa) : *una cama de tierra, de césped*, une couche de terre, un lit de gazon. | AGRIC. Age, *m.* (del arado). | MAR. Souille (hoyo del casco en la arena). | — *Cama de paja*, litière. | *Cama turca*, cosy. | — *Caer en cama*, tomber malade. | *Echarse en la cama*, s'allonger sur le lit. | *Estar en cama, guardar cama* ou *hacer cama*, garder le lit, être alité. | *Hacer la cama a la inglesa*, retaper un lit.
— SINÓN. ● *Lecho, tálamo*, couche. *Litera*, couchette (bateaux, train). *Camastro, grabat. Catre de tijera*, lit de sangle. *Pop. Piltra*, pieu, plumard, pageot.

camada f. Portée, litée, nichée (crías). | Couche, ensemble (*m.*) d'objets placés horizontalement : *caja con dos camadas de huevos*, caisse avec deux couches d'œufs. | FIG. y FAM. Bande (de ladrones). | — FAM. *Son lobos de la misma camada*, ils sont tous à mettre dans le même sac, ils sont du même acabit.

camafeo m. Camée (piedra grabada, pintura).

camagua adj. *Amer.* Mûrissant (maíz).

camal m. *Amer.* Abattoir.

camaleón m. Caméléon (reptil). | FIG. Caméléon (persona).

camalote m. Pontédéria (planta acuática americana).

camama f. POP. Blague, mensonge, *m.* (bola).

camándula f. FAM. Malice, ruse (astucia). | Fausseté, hypocrisie (hipocresía).

camandulense m. Camaldule (religioso).

camandulero, ra adj. y s. FAM. Hypocrite, fourbe. | — M. y f. Cagot, e (beato). | — M. Papelard, faux dévot (mojigato). | Faux jeton (hipócrita).

cámara f. Chambre (habitación). | (Ant.). Chambre à coucher (dormitorio). | Chambre (consejo) : *cámara de comercio, sindical*, chambre de commerce, syndicale. | Chambre (cuerpo legislativo) : *Cámara de diputados*, Chambre des députés. | Grenier, *m.* (desván). | Chambre à air (neumático). | ANAT. Chambre (del ojo). | CINEM. Caméra. | MAR. Carré, *m.*, chambre (de los oficiales). | MIL. Chambre (de las armas de fuego). | TECN. Chambre (en los hornos de combustión, etc.). | Sas, *m.* (d'une écluse). | — Pl. Selles (excremento), diarrhée, *sing.* (diarrea). | — *Cámara acorazada*, chambre forte, coffre blindé. | *Cámara apostólica*, chambre apostolique. | *Cámara clara* ou *lúcida*, chambre claire. | *Cámara de aire*, chambre à air. | *Cámara de gas*, chambre à gaz. | *Cámara de oxígeno*, tente à oxygène. | *Cámara de resonancia*, chambre d'écho. | FOT. *Cámara fotográfica*, appareil photographique. | *Cámara frigorífica*, chambre froide. | *Cámara mortuoria*, chambre mortuaire, chapelle ardente. | *Cámara oscura*, chambre noire. | — *Ayuda de cámara*, valet de chambre. | *Música de cámara*, musique de chambre. | — CINEM. *A cámara lenta*, au ralenti.

cámara m. CINEM. Caméraman.

camarada m. Camarade.

camaradería f. Camaraderie.

camaranchón m. Grenier, mansarde, *f.*, galetas.

camarera f. Serveuse (en un café, restaurante). ‖ Servante (sirvienta). ‖ Camériste (en casa principal). ‖ — Camarera de teatro, habilleuse. ‖ Camarera mayor de la Reina, première dame de la reine.
camarería f. Emploi (m.) de camériste.
camarero m. Garçon de café. ‖ Valet de chambre (en un hotel). ‖ Habilleur (de un teatro). ‖ (Ant.). Camérier. ‖ Camarero de piso, garçon d'étage (en un hotel).
— Interj. Garçon !
camareta f. MAR. Carré, m. ‖ Amer. Sorte de mortier pour lancer des feux d'artifice.
camariento, ta adj. Qui a la diarrhée.
camarilla f. Camarilla, coterie, clan, m. ‖ Lobby, m. (de Parlamento). ‖ Box, m. (de dormitorio).
camarín m. Niche, f. (para las estatuas). ‖ TEATR. Loge, f. (de los actores). ‖ Cabinet (donde se guarda una colección). ‖ Cabinet de toilette (tocador). ‖ Cabinet, bureau (despacho).
camarista f. Camériste.
camarlengado m. Camerlingat.
camarlengo m. Camerlingue (dignidad eclesiástica).
camarón m. Crevette, f.
camaronero, ra m. y f. Pêcheur, pêcheuse de crevettes (pescador). ‖ Marchand, marchande de crevettes (vendedor).
camarote m. MAR. Cabine, f.
camarotero m. Amer. Steward [garçon à bord des paquebots].
camastro m. Grabat (cama mala).
camastrón, ona m. y f. FAM. Finaud, e ; roublard, e (astuto).
cambalache m. FAM. Échange, troc. ‖ Amer. Bric-à-brac, boutique (f.) de brocanteur.
cambalachear v. tr. FAM. Échanger.
cámbaro m. Crabe (cangrejo de mar).
cambiable adj. Échangeable.
cambiadizo, za adj. Inconstant, e ; changeant, e : persona cambiadiza, personne changeante.
cambiador, ra adj. y s. Changeur, euse.
— M. Échangeur : cambiador de calor, échangeur de chaleur. ‖ Amer. Aiguilleur (guardagujas).
cambiante adj. Changeant, e. ‖ ● Changeant, e ; inconstant, e ; instable (carácter).
— M. Chatoiement (visos). ‖ ● Moiré (tela) [s'emploie surtout au pl.]. ‖ COM. Cambiste, changeur.
— SINÓN. ● Inconstante, inconstant. Ligero, léger. Versátil, versatile. Variable, variable. Voluble, volage.
cambiar v. tr. Changer : cambiar una rueda, changer une roue. ‖ ● Échanger : cambiar sellos con un filatelista, échanger des timbres avec un philatéliste ; cambiar impresiones, échanger des impressions. ‖ Changer : cambiar francos en pesetas, changer des francs en pesetas. ‖ Faire la monnaie de : cámbiame estos mil francos, faites-moi la monnaie de ces mille francs. ‖ Renverser, inverser : cambiar los papeles, renverser les rôles. ‖ Cambiar el aceite de un motor, vidanger un moteur.
— V. intr. Changer (el viento). ‖ Faire de la monnaie. ‖ AUTOM. Changer de vitesse. ‖ — FAM. Cambiar de idea cada tres por cuatro, changer d'idée comme de chemise. ‖ MAR. Cambiar de rumbo, se dérouter. ‖ FIG. y FAM. Cambiar la peseta, dégobiller. ‖ Cambiar más que una veleta, tourner comme une girouette. ‖ Cambiar por completo ou completamente, changer du tout au tout. ‖ FAM. Amer. Mandarse cambiar, ficher le camp, se tirer.
— V. pr. Se changer (de ropa). ‖ FIG. Cambiarse la chaqueta, changer son fusil d'épaule, tourner casaque.
— OBSERV. Changer significa sustituir una cosa por otra ; échanger supone cambiar algo con alguien.

— Ce verbe est un gallicisme dans le sens de « mettre d'autres vêtements », « mudarse de ropa ».
— SINÓN. ● Canjear, échanger. Trocar, troquer.
cambiazo m. Volte-face, f. : dar un cambiazo, faire volte-face. ‖ FAM. Dar el cambiazo a uno, rouler quelqu'un.
cambija f. Château (m.) d'eau.
cambio m. ● Échange (acción de cambiar). ‖ COM. Cours, cours du change : ¿a cuánto está el cambio de la peseta hoy?, quel est le cours de la peseta aujourd'hui? ‖ Monnaie, f. : ¿tiene usted cambio?, avez-vous de la monnaie? ; dar el cambio, rendre la monnaie. ‖ Échange, change (trueque). ‖ Changement : cambio de tiempo, changement de temps. ‖ Change : perder con el cambio, perdre au change. ‖ Changement (de dirección). ‖ FIG. Volte-face, f., revirement, retournement (en su opinión). ‖ — Cambio brusco de humor, saute d'humeur. ‖ Cambio de impresiones, échange de vues. ‖ MECÁN. Cambio de marcha ou de velocidades, changement de vitesse (de un coche), dérailleur (de una bicicleta). ‖ Cambio de vía, aiguillage. ‖ Cambio escénico, changement à vue (teatro). ‖ — Agente de Cambio y Bolsa, agent de change. ‖ Botón del cambio de ondas, changeur d'ondes (radio). ‖ AUTOM. Caja de cambios, boîte de vitesses. ‖ Casa de cambio, Bureau de change. ‖ Caseta ou cabina de cambio de agujas, poste d'aiguillage. ‖ Letra de cambio, lettre de change. ‖ Zona de libre cambio, zone de libre-change. ‖ — A cambio de, en échange de. ‖ A las primeras de cambio, immédiatement, sur-le-champ (en seguida), à la première occasion. ‖ En cambio, en revanche, par contre (al contrario), en contrepartie : hazme este favor y en cambio te haré otro, rends-moi ce service et en contrepartie je t'en rendrai un autre. ‖ En cambio de, en échange de, au lieu de. ‖ Esto es un cambio para mí, cela me change.
— SINÓN. ● Canje, échange. Trueque, troc. Permuta, permutation. Traslado, translation. Muda, mutation. Mudanza, déménagement.
cambista m. Changeur. ‖ COM. Cambiste (de monedas).
Camboya n. pr. f. GEOGR. Cambodge, m.
camboyano, na adj. y s. Cambodgien, enne.
Cambray n. pr. Cambrai (c. de Francia).
cambray m. Cambrai (tela).
cambriano, na o **cámbrico, ca** adj. GEOL. Cambrien, enne.
cambrón m. BOT. Nerprun (espino cerval). ‖ Ronce, f. (zarza). ‖ Paliure épineux, épine (f.) du Christ (espina santa).
cambronal m. Ronceraie, f., lieu couvert de ronces.
cambujo, ja adj. Noir truité (caballerías).
cambullón m. Amer. Ruse, f., astuce, f. (trampa). ‖ Troc (cambalache).
camelador, ra adj. y s. FAM. Flatteur, euse (halagador).
camelar v. tr. FAM. Baratiner, faire du boniment o du baratin à : camelar a una chica, baratiner une fille. ‖ Enjôler (embaucar). ‖ Aimer, désirer (querer). ‖ Amer. Regarder (mirar).
cameleo m. FAM. Boniment, baratin.
camelia f. BOT. Camélia, m. (planta).
camélidos m. pl. ZOOL. Camélidés.
camelina f. BOT. Caméline (planta).
camelista m. y f. FAM. Fumiste (cuentista). ‖ Baratineur, euse.
— Adj. FAM. À la manque, à la gomme : es un pintor camelista, c'est un peintre à la manque.
camelo m. FAM. Baratin, galanterie, f. (galanteo). ‖ Fumisterie, f., chiqué (tongo) : es puro camelo, c'est de la fumisterie. ‖ Histoire, f., mensonge (mentira). ‖ Tape-à-l'œil : esta construcción es un camelo, cet édifice est du tape-à-l'œil. ‖ — FAM.

Dar el camelo a uno, rouler quelqu'un (timar). ‖ *De camelo,* à la manque, à la gomme : *un escritor de camelo,* un écrivain à la manque.

camelote m. Camelot (tela). ‖ Bot. Sorte de graminée tropicale.

— Observ. Le mot français familier *camelote* se traduit par *mercancía de mala calidad.*

camella f. Chamelle (rumiante). ‖ Agric. Billon, *m.* (caballón). ‖ Auge (artesa).

camellería f. Chamellerie.

camellero m. Chamelier.

camello m. Chameau (rumiante). ‖ Mar. Chameau (pontón).

camellón m. Agric. Billon, cavaillon (caballón). ‖ Auge, *f.* (artesa, bebedero).

cameraman m. Cinem. Caméraman.

— Observ. Pl. *cameramen.*

— On doit éviter cet anglicisme et employer le mot *cámara,* m.

camerino m. Teatr. Loge, *f.* [des artistes].

camero, ra adj. De grand lit : *manta camera,* couverture de grand lit. ‖ *Cama camera,* lit à deux personnes *o* à deux places.

— M. y f. Marchand, marchande de literie (comerciante).

Camerún n. pr. m. Geogr. Cameroun.

Camilo, la n. pr. m. y f. Camille.

camilla f. Lit (*m.*) de repos (cama para descansar). ‖ Brancard, *m.,* civière (angarillas). ‖ Table ronde sous laquelle on place le brasero, sorte de tandour. ‖ *Camilla de ruedas,* chariot d'hôpital.

camillero m. Brancardier.

caminador, ra adj. Marcheur, euse.

caminante m. y f. Voyageur, voyageuse à pied (viajero).

caminar v. intr. Voyager (viajar) : *caminar de noche,* voyager de nuit. ‖ Marcher, cheminer (andar). ‖ Fig. Marcher, suivre son cours (un río, un astro).

— V. tr. Marcher (recorrer) : *hemos caminado tres kilómetros,* nous avons marché trois kilomètres. ‖ Parcourir (recorrer).

caminata f. Fam. Longue promenade fatigante, randonnée, grande balade (paseo) : *darse una caminata,* faire une grande balade. ‖ Petit voyage (*m.*) d'agrément (paseo por diversión). ‖ Trotte (distancia).

caminero, ra adj. Qui appartient au chemin. ‖ *Peón caminero,* cantonnier.

camino m. ● Chemin (vía) : *camino vecinal, de herradura, de sirga,* chemin vicinal, muletier, de halage. ‖ Voyage, route, *f. : ponerse en camino,* se mettre en route. ‖ Chemin, route, *f.* (itinerario). ‖ Fig. Chemin, voie, *f.* (del honor, de la gloria, de la virtud, etc.). ‖ Chemin (medio) : *ir por buen camino,* suivre le bon chemin ; *ir por mal camino,* suivre un mauvais chemin. ‖ — *Camino carretero* ou *de ruedas,* route carrossable. ‖ *Camino de hierro,* chemin de fer. ‖ *Camino de ronda,* chemin de ronde. ‖ Fig. y Fam. *Camino de rosas,* chemin de velours. ‖ Astr. *Camino de Santiago,* Voie lactée. ‖ *Camino real,* chemin royal (ant.), grande route, grand-route (carretera), le plus court chemin (lo más corto). ‖ *Caminos, canales y puertos,* Ponts et chaussées. ‖ *Camino trillado* ou *trivial,* chemin battu (el muy frecuentado), sentier battu (tema trillado). ‖ — *A camino largo, paso corto,* qui veut voyager loin ménage sa monture. ‖ *A medio camino, a la mitad del camino,* à mi-chemin. ‖ *Camino adelante,* tout droit. ‖ *Camino de,* en direction de, vers : *vamos camino de Francia,* nous allons vers la France ; en allant à *o* vers : *camino del colegio le encontramos,* nous l'avons rencontré en allant vers l'école. ‖ *De camino,* chemin faisant, en chemin, en passant (al pasar), en même temps (al mismo tiempo). ‖ *El buen camino,* le droit chemin. ‖ *En el camino,* en route,

en cours de route. ‖ — *Abrir camino,* ouvrir *o* montrer le chemin. ‖ *Abrirse camino,* se frayer *o* s'ouvrir un chemin (al andar), faire son chemin (en la vida). ‖ *Dejar en el camino,* laisser en route. ‖ *Errar el camino,* faire fausse route. ‖ *Hacerse su camino,* faire son chemin. ‖ *Ir fuera de camino,* faire fausse route. ‖ *Ir por su camino,* aller son petit bonhomme de chemin. ‖ *Ir* ou *ser una cosa fuera de camino,* ne pas tenir debout. ‖ *Llevar buen camino,* prendre une bonne tournure, être sur la bonne voie. ‖ *Pillarle de camino a uno,* être sur le chemin de quelqu'un. ‖ *Salirle a uno al camino,* aller à la rencontre de quelqu'un. ‖ *¡Siga usted su camino!,* passez *o* allez votre chemin ! ‖ *Todos los caminos van a Roma,* tous les chemins mènent à Rome. ‖ *Tomar el camino más largo,* prendre le chemin des écoliers.

— Sinón. ● *Carretera,* route. *Calzada,* chaussée. *Vía,* voie. *Sendero,* sentier. *Pista,* piste. *Paso,* passage. *Trocha, atajo,* raccourci.

camión m. Camion (vehículo) : *camión cisterna,* camion-citerne. ‖ *Amer.* Autocar (autobús). ‖ — *Camión de carga pesada,* poids lourd. ‖ Fam. *Está como un camión,* elle est drôlement bien (una mujer). ‖ *Transportar en camión,* camionner, transporter en camion.

camionaje m. Camionnage (transporte y precio).

camionero m. Camionneur, routier.

camioneta f. Camionnette.

camisa f. Chemise (ropa). ‖ Peau, enveloppe (de ciertas semillas). ‖ Dépouille (de las serpientes). ‖ Chemise (envoltura de papel). ‖ Tecn. Chemise (de horno, de cilindro). ‖ Manchon (*m.*) à incandescence (manguito). ‖ Chemise, crépi, *m.* (enlucido de cemento o yeso). ‖ Mil. Chemise (de fortificación). ‖ — *Camisa de dormir,* chemise de nuit. ‖ *Camisa de fuerza,* camisole de force *o* gilet de force (p. us.). ‖ — Fam. *Cambiar de camisa,* virer de bord, tourner casaque (chaquetear). ‖ *Dejarle a uno sin camisa,* mettre quelqu'un sur la paille. ‖ *Jugarse uno hasta la camisa,* jouer jusqu'à sa dernière chemise. ‖ *Meterse en camisa de once varas,* se mêler des affaires d'autrui, fourrer son nez partout. ‖ *No llegarle a uno la camisa al cuerpo,* ne pas en mener large. ‖ *¡No te metas en camisa de once varas!,* occupe-toi de ce qui te regarde *o* de tes oignons !

camisería f. Chemiserie (tienda).

camisero, ra m. y f. Chemisier, ère (persona). ‖ *Traje camisero,* robe chemisier.

camiseta f. Chemisette (camisa corta). ‖ Gilet (*m.*) *o* tricot (*m.*) de corps, gilet (*m.*) de peau, maillot, *m.* (la que se lleva sobre la piel). ‖ Maillot, *m.* (de un deportista). ‖ *Camiseta de punto,* maillot de corps.

camisola f. Camisole (ropa). ‖ Chemise d'homme (camisa común). ‖ Maillot, *m.* (de un deportista).

camisolín m. Plastron.

camisón m. Chemise (*f.*) de nuit (camisa grande). ‖ Chemise (*f.*) d'homme (camisa). ‖ *Amer.* Chemise (*f.*) de femme (de mujer).

camoatí m. *Amer.* Guêpe, *f.* (avispa).

camomila f. Bot. Camomille (manzanilla).

camón m. Trône portatif (trono). ‖ Véranda, *f.* (mirador). ‖ Arq. Cintre (armazón de bóveda). ‖ *Camón de vidrios,* cloison vitrée (tabique de vidriera).

camorra f. Fam. Bagarre, querelle, noise (disputa) : *armar* ou *buscar camorra,* chercher noise *o* la bagarre *o* querelle.

camorrero, ra *o* **camorrista** adj. y s. Bagarreur, euse ; querelleur, euse.

camote m. *Amer.* Patate (*f.*) douce (batata). ‖ Bulbe (bulbo). ‖ Béguin (enamoramiento). ‖ Maîtresse, *f.* (querida). ‖ Sot, niais (tonto). ‖ Fig. y Fam. *Amer. Tragar camote,* bafouiller.

campa adj. f. *Tierra campa,* terre rase.

campal adj. f. *Batalla campal,* bataille rangée.

campamento m. Campement (acción de acampar). ‖ Camp, campement (lugar). ‖ Camp (tropa acampada) : *campamento volante,* camp volant.

campana f. ● Cloche : *las campanas de la iglesia,* les cloches de l'église. ‖ Manteau, *m.* (parte exterior de la chimenea), hotte (parte interior). ‖ Tecn. Caisson, *m.* (obras públicas). ‖ Cloche (objeto de forma de campana). ‖ Paroisse (parroquia o iglesia) ‖ Couvre-feu, *m.* (queda). ‖ — *Campana de buzo,* cloche à plongeur. ‖ *Campana mayor,* bourdon. ‖ *Campana neumática,* cloche à vide. ‖ — *Dar la vuelta de campana,* capoter (un coche). ‖ *Echar las campanas al vuelo,* sonner à toute volée, carillonner (repicar), trompetter, carillonner, crier sur tous les toits (cacarear). ‖ *Oir campanas y no saber dónde,* ne comprendre qu'à moitié. ‖ *Un toque de campana,* un son de cloche.
— Sinón. ● *Cencerro,* sonnaille. *Campanilla,* clochette. *Cascabel,* grelot. *Sonajera,* hochet.

campanada f. Coup (*m.*) de cloche (toque). ‖ Fig. Scandale, *m.,* éclat, *m.* (escándalo) : *dar una campanada,* faire un scandale *o* un éclat.

campanario m. Clocher (de iglesia).

campanear v. intr. Sonner les cloches (tañer). ‖ Amer. Épier (espiar). ‖ Fam. *Allá se las campanee,* qu'il se débrouille comme il pourra.

campanela f. Mús. Certain son (*m.*) émis par la guitare (sonido). ‖ Pas (*m.*) de danse (paso).

campaneo m. Volée, *f.* (de campanas). ‖ Fig. y Fam. Dandinement (contoneo).

campanero m. Fondeur de cloches (fundidor). ‖ Sonneur, carillonneur (el que tañe).

campaneta f. Clochette.

campanil adj. Pour cloches : *metal campanil,* bronze pour cloches.
— M. Clocher (campanario), campanile (campanilo).

campanilo m. Campanile.

campanilla f. Clochette (campana). ‖ Sonnette (para llamar). ‖ Bulle d'air (burbuja). ‖ Anat. Luette (úvula). ‖ Bot. Clochette (flor). ‖ — Pl. Liseron, *m. sing.* ‖ — *Campanilla de las nieves,* perce-neige. ‖ *De muchas campanillas,* très important, influent, e (persona), de poids (asunto).

campanillazo m. Coup de sonnette.

campanillear v. intr. Carillonner.

campanilleo m. Tintement (tintineo). ‖ Carillon (timbre).

campanillero m. Sonneur de clochettes.

campano m. Sonnaille, *f.,* clochette, *f.* (esquila).

campante adj. Fam. Satisfait, e ; content de soi (satisfecho). ‖ Décontracté, e (tranquilo) : *toreaba tan campante,* il toréait tout à fait décontracté. ‖ *Quedarse tan campante,* ne pas s'en faire.

campanudo, da adj. En forme de cloche. ‖ Fig. Ronflant, ampoulé, e (lenguaje), grandiloquent, e (orador). ‖ *Falda campanuda,* jupe cloche.

campánula f. Bot. Campanule (farolillo).

campanuláceas f. pl. Bot. Campanulacées.

campaña f. Campagne : *campaña fértil,* campagne fertile. ‖ Mil. Campagne : *ponerse en campaña,* se mettre en campagne. ‖ Fig. Campagne : *campaña antialcohólica, parlamentaria, electoral,* campagne antialcoolique, parlementaire, électorale. ‖ — Mar. *Campaña de pesca,* campagne de pêche. ‖ *Misa de campaña,* messe en plein air. ‖ *Tienda de campaña,* tente.

campañol m. Zool. Campagnol (ratón de campo).

campar v. intr. Exceller, briller (sobresalir). ‖ Camper (acampar). ‖ Fig. *Campar por sus respetos,* faire ce qu'on veut, agir à sa guise, n'en faire qu'à sa tête (independizarse), faire bande à part (hacer rancho aparte).

campeador adj. m. y s. m. (Ant.). Guerrier illustre. ‖ *El Cid Campeador,* le Cid Campéador.

campear v. intr. Agric. Aller paître dans les champs (los animales). ‖ Fig. Apparaître, ressortir : *en su prosa campea la ironia,* dans sa prose l'ironie apparaît. ‖ Verdoyer (los sembrados). ‖ Amer. Parcourir la campagne.

campechanía f. Fam. Bonhomie.

campechano, na adj. Fam. Bon enfant, *inv.* (bonachón). ‖ Sans façon, simple (sin cumplidos).

campeche m. Bot. Campêche : *palo de campeche,* bois de campêche.

campeón m. Champion : *un campeón ciclista,* un champion cycliste. ‖ Fig. *Hacerse el campeón de una causa,* se faire le champion d'une cause.

campeonato m. Championnat. ‖ Fig. y Fam. *De campeonato,* formidable, terrible : *una paliza de campeonato,* une raclée terrible.

campero, ra adj. De la campagne, rustique (relativo al campo). ‖ En plein air (al aire libre). ‖ Que l'on ne rentre pas la nuit (ganado). ‖ Amer. Rompu à la vie des champs.
— F. Amer. Blouson, *m.* (prenda de abrigo). ‖ — M. Jeep, *f.* (coche).

campesino, na adj. Champêtre (del campo). ‖ Campagnard, e ; paysan, anne : *costumbres campesinas,* habitudes campagnardes. ‖ *Ratón campesino,* rat des champs.
— M. y f. Paysan, anne.

campestre adj. Champêtre.
— Sinón. *Rústico,* rustique. *Rural,* rural. *Agreste,* agreste. *Bucólico,* bucolique. *Pastoril,* pastoral.

camping m. Camping (actividad y terreno).

campiña f. Grande pièce de terre, champ, *m.* ‖ Campagne : *la campiña romana,* la campagne romaine.

campirano, na m. y f. Amer. Paysan, anne.

campista m. Campeur.

campo m. Champ : *un campo de trigo,* un champ de blé. ‖ Campagne, *f.* (llano fuera de poblado) : *pasar las vacaciones en el campo,* passer ses vacances à la campagne ; *el campo raso,* la rase campagne. ‖ Fig. Camp : *el campo carlista,* le camp carliste. ‖ Champ : *campo de actividad,* champ d'activité. ‖ Domaine : *el campo del arte,* le domaine de l'art. ‖ Dep. Terrain (de fútbol, etc.). ‖ Court, terrain (de tenis). ‖ Blas. Champ. ‖ Fond, champ (fondo). ‖ ◆ Mil. Camp : *campo atrincherado,* camp retranché ; *campo de batalla, del honor,* champ de bataille, d'honneur. ‖ — Aviac. *Campo de aviación,* terrain *o* champ d'aviation. ‖ *Campo de concentración,* camp de concentration. ‖ *Campo deportivo,* terrain de sports. ‖ Electr. y Fís. *Campo eléctrico, magnético, de un microscopio, óptico, visual,* champ électrique, magnétique, d'un microscope, optique, visuel. ‖ Med. *Campo operativo,* champ opératoire. ‖ *Campo santo,* cimetière. ‖ *Carrera a campo través* ou *traviesa,* cross-country. ‖ *Casa de campo,* maison de campagne. ‖ *Conejo de campo,* lapin de garenne. ‖ *Feria del campo,* foire agricole. ‖ Fot. *Profundidad de campo,* profondeur de champ. ‖ — *A campo raso,* à ciel ouvert (sin techo), à la belle étoile : *dormir a campo raso,* dormir à la belle étoile. ‖ *A campo traviesa,* à travers champs. ‖ *En campo raso,* en rase campagne. ‖ — *Batir* ou *descubrir* ou *reconocer el campo,* battre la campagne. ‖ *Dejar el campo libre,* laisser le champ libre. ‖ *Hacer campo,* faire de la place, écarter la foule. ‖ *Levantar el campo,* lever le camp. ‖ *Retirarse al campo,* se retirer à la campagne, aller planter ses choux (fam.). ‖ *Tener campo libre,* avoir le champ libre.
— Sinón. ● *Campiña,* campagne. *Pradera,* prairie.
— ◆ *Campamento,* campement, camping. *Vivaque,* vivac, bivouac.

camposanto m. Cimetière.
campus m. Campus (universitario).
camuesa f. Calville (manzana).
camueso m. Pommier de calville. ‖ Fig. Sot.
camuflaje m. Mil. Camouflage.
camuflar v. tr. Mil. Camoufler.
can m. Chien (perro). ‖ Gâchette, f., chien (gatillo). ‖ Arq. Corbeau. ‖ Modillon (modillón). ‖ Astr. *Can* ou *Can Mayor,* Grand Chien ; *Can Menor,* Petit Chien.
— Observ. Dans sa première acception, le mot *can* (chien) est réservé au style poétique ou noble. *Perro* est le mot d'usage courant.
cana f. Cheveu (*m.*) blanc. ‖ — Fig. y Fam. *Echar una cana al aire,* faire une incartade. ‖ *Peinar canas,* avoir des cheveux blancs.
Canaán n. pr. Geogr. Chanaan.
canabíneas f. pl. Bot. Cannabinées.
canaca m. *Amer.* Jaune, Chinois.
canáceas f. pl. Bot. Cannacées.
canaco, ca adj. Canaque (de Nueva Caledonia). ‖ *Amer.* Pâle, jaunâtre.
Canadá n. pr. m. Geogr. Canada.
canadiense adj. y s. Canadien, enne. ‖ — F. Canadienne (pelliza y arado).
canal m. Canal : *canal navegable,* canal navigable ; *el canal de la Mancha,* le canal de la Manche ; *canal de riego,* canal d'irrigation. ‖ Circuit : *canales comerciales,* circuits commerciaux. ‖ Rad. y Anat. Canal. ‖ Chenal : *el canal del puerto,* le chenal du port. ‖ Conduite, f. : *el agua pasa por canales de plomo,* l'eau passe dans des conduites en plomb. ‖ Chaîne, f. (de televisión). ‖ Mecán. Canal : *el canal de inyección,* le canal d'injection. ‖ Arquit. Noue, f. (del tejado).
— F. Carcasse (de un animal) : *peso en canal,* poids carcasse. ‖ Cannelure (de columna). ‖ Gouttière (de un libro). ‖ — Mar. *Canal de experiencia,* bassin de carène. ‖ *Canal maestra,* gouttière. ‖ — *Abrir en canal,* ouvrir de haut en bas (un animal). ‖ Pop. *Mojar la canal maestra,* se rincer la dalle.
— Adj. Fís. *Rayos canales,* rayons canaux.
canalado, da adj. Cannelé, e.
canaladura f. Cannelure.
canaleja f. Petit canal, *m.* ‖ Petite gouttière.
canaleta f. *Amer.* Gouttière.
canalete m. Pagaie, f. (remo).
canalículo m. Anat. Canalicule.
canalizable adj. Canalisable (río).
canalización f. Canalisation. ‖ *Amer.* Réseau (*m.*) d'égouts (alcantarillado).
canalizador, ra adj. y s. Canalisateur, trice.
canalizar v. tr. Canaliser. ‖ Fig. Canaliser : *canalizar el descontento,* canaliser le mécontentement.
canalizo m. Mar. Chenal, passe, f.
canalón m. Descente, f. (conducto vertical). ‖ Chapeau (*m.*) d'ecclésiastique. ‖ Gouttière, f. (conducto en el borde del tejado). ‖ Constr. Cornière, f. (angular).
canalones m. pl. Cannelloni (macarrones).
canalla f. Canaille. ‖ — M. Canaille, f., fripouille, f. : *este hombre es un canalla,* cet homme est une canaille.
canallada f. Canaillerie.
canallesco, ca adj. Vil, e ; abject, e : *acción canallesca,* action vile. ‖ Canaille : *risa canallesca,* rire canaille.
canana f. Cartouchière. ‖ *Amer.* Goitre, m. (bocio).
cananeo, a adj. y s. Chananéen, enne.
canapé m. ● Canapé. ‖ Culin. Canapé.
— Sinón. ● *Sofá,* sofa. *Diván,* divan. *Confidente,* causeuse. *Otomana, turca,* ottomane.
canaria f. Serine (hembra del canario).
Canarias n. pr. f. pl. Geogr. *Islas Canarias,* îles Canaries.

canario, ria adj. y s. Canarien, enne (de las islas Canarias). ‖ — M. Zool. Serin, canari.
canasta f. Corbeille (cesto). ‖ Panier, *m.* (cesta) : *canasta para la ropa,* panier à linge. ‖ Canasta (juego de naipes). ‖ Panier, *m.* (tanto en el baloncesto).
canastero m. Vannier (el que hace los cestos). ‖ *Amer.* Marchand ambulant.
canastilla f. Layette, trousseau, *m.* (ropa para recién nacido). ‖ Corbillon, *m.* (canasto pequeño). ‖ *Canastilla de boda,* corbeille de mariage.
canastillo m. Corbillon (canasto pequeño). ‖ Corbeille, *f.* : *un canastillo de geranios,* une corbeille de géraniums.
canasto m. Corbeille, *f.* (canasta).
— Interj. ¡*Canastos!,* sapristi !
— Observ. Le *canasto* est moins évasé que la *canasta.*
cáncamo m. Piton, cheville (*f.*) à œillet (armella).
cancamurria f. Fam. Tristesse, cafard, *m.*
cancamusa f. Fam. Ruse, astuce.
cancán m. Cancan (baile). ‖ Jupon [raide].
cáncana f. Grosse araignée brune, tégénaire (araña).
cancanear v. intr. Fam. Flâner, traînasser (vagar). ‖ *Amer.* Bégayer (tartamudear).
— Observ. *Cancanear* n'a pas le sens de « faire des potins » (chismorrear) qu'a le verbe français *cancaner.*
cancaneo m. *Amer.* Bégaiement (tartamudeo).
cáncano m. Fam. Pou (piojo).
cancel m. Tambour de porte (de puerta). ‖ *Amer.* Paravent (biombo).
cancela f. Grille, porte en fer forgé.
— Observ. Dans les maisons andalouses, la *cancela* sépare le vestibule du patio.
cancelación f. Annulation.
cancelar v. tr. Annuler (anular) : *cancelar un viaje,* annuler un voyage. ‖ Décommander : *cancelar una invitación,* décommander une invitation. ‖ Régler, solder (una deuda).
cancelaría f. Chancellerie romaine.
cáncer m. Astr. y Med. Cancer. ‖ Fig. Plaie, *f.* (calamidad).
cancerado, da adj. V. Canceroso.
cancerarse v. pr. Med. Devenir cancéreux (un tumor). ‖ Fig. Se corrompre, se pourrir, se putréfier (corromperse).
cancerbero m. Mit. Cerbère. ‖ Fig. Cerbère (portero). ‖ Gardien de but (guardameta).
cancerígeno, na adj. Cancérigène.
cancerólogo m. Cancérologue.
cancerización f. Med. Cancérisation.
canceroso, sa adj. Med. Cancéreux, euse : *tumor canceroso,* tumeur cancéreuse.
cancilla f. Porte à claire-voie (puerta).
canciller m. Chancelier. ‖ *Amer.* Ministre des Affaires Étrangères.
cancilleresco, ca adj. Relatif au chancelier. ‖ Protocolaire.
cancillería f. Chancellerie. ‖ *Amer.* Ministère (*m.*) des Affaires Étrangères.
canción f. Chanson. ‖ — *Canción báquica,* chanson à boire. ‖ *Canción de cuna,* berceuse. ‖ *Canción de gesta,* chanson de geste. ‖ *Siempre la misma canción,* toujours la même histoire. ‖ *Volver siempre a la misma canción,* chanter toujours la même chanson, répéter toujours la même rengaine.
cancionero m. Recueil des poésies lyriques, chansonnier (p. us.). ‖ Compositeur de chansons.
cancionista m. y f. Compositeur de chansons, chansonnier, ère (ant.) [compositor].
— Observ. La palabra *chansonnier* se aplica hoy al autor de canciones satíricas.
canco m. Fam. Pédé (marica).
cancón m. Fam. Croque-mitaine (bu).

cancro m. MED. y BOT. Chancre.
cancroide m. MED. Cancroïde.
cancroïdeo, a adj. Cancroïde.
cancha f. DEP. Terrain, m. (de fútbol, etc.). | Court, m. (de tenis). | Hippodrome (hipódromo). | Fronton, m. (de pelota vasca). || Amer. Terrain. m., dépôt, m. : cancha de maderas, dépôt de bois. | Partie d'un cours d'eau où celui-ci s'étale sans obstacles (en un río). || Maïs (m.) grillé (maíz). || — FIG. Amer. Abrir cancha, faire un passage, ouvrir un chemin. | Dar cancha a uno, avantager quelqu'un. | Estar en su cancha, être dans son élément.
— Interj. Amer. Place !, laissez passer !
canchal m. Endroit rocailleux (peñascal).
canchar v. intr. Amer. Faire semblant de se battre. | Se battre à mains nues. | Trafiquer (negociar). | Gagner beaucoup d'argent (ganar).
canchear v. intr. Amer. Se débrouiller pour ne rien faire.
canchero, ra adj. Amer. Expert, e ; calé, e.
— M. Amer. Propriétaire d'un terrain de jeu (dueño de una cancha).
cancho m. Rocher élevé. || Amer. Honoraires, pl. (emolumentos). | Gratification, f., pot-de-vin (propina).
candado m. Cadenas.
candaliza f. MAR. Palan (m.) d'étai.
candamo m. Ancienne danse (f.) paysanne.
candanga f. Amer. Le diable, m.
cándara f. Crible, m. (criba).
cande adj. Candi : azúcar cande, sucre candi.
candeal adj. Pan candeal, pain blanc. || Trigo candeal, froment.
— M. Amer. Sorte de lait de poule.
candela f. Chandelle (vela de sebo). || Chaton, m. (flor de castaño). || FÍS. Candela (unidad de intensidad). || FAM. Feu, m. : pedir candela para el cigarrillo, demander du feu pour la cigarette. || FIG. y FAM. Arrimar candela, rosser. || MAR. En candela, debout, verticalement.
candelabro m. Candélabre. || BOT. Candélabre (cacto).
candelada f. Bûcher, m. (hoguera).
candelaria f. Chandeleur (fiesta). || BOT. Bouillon-blanc, m. (gordolobo).
candelecho m. Hutte (f.) d'un gardien de vigne.
candelero m. ● Chandelier (utensilio). || Lampe (f.) à huile (velón). || Pharillon (para la pesca). || MAR. Chandelier. || FIG. Estar en el candelero, être très en vue, tenir le haut du pavé (en un lugar destacado).
— SINÓN. ● Palmatoria, bougeoir, candélabre. Girándula, girandole. Aplique, applique. Hachero, torchère.
candelilla f. Petite chandelle (candela pequeña). || MED. Bougie (sonda). || BOT. Chaton, m. (inflorescencia). || Amer. Feu (m.) follet (fuego fatuo). | Luciole (luciérnaga). | Espèce d'euphorbe (planta). || — BOT. Echar candelillas, chatonner. | FIG. y FAM. Hacerle a uno candelillas los ojos, être entre deux vins.
candencia f. Incandescence.
candente adj. Incandescent, e ; chauffé au rouge. || FIG. À l'ordre du jour : cuestión candente, question à l'ordre du jour (de actualidad). | Brûlant, e (grave) : problema candente, problème brûlant.
candi adj. Candi : azúcar candi, sucre candi.
Candía n. pr. GEOGR. Candie.
candidato m. Candidat : candidato a o para un puesto, candidat à un poste.
candidatura f. Candidature : presentar su candidatura, poser sa candidature. || Liste de candidats.
candidez f. Candeur. || FIG. Naïveté.
cándido, da adj. Candide. || FIG. Naïf, ïve ; niais, e (tonto).

candil m. Lampe (f.) à huile (lámpara). || Andouiller (cuerno). || FIG. y FAM. Corne, f. (de sombrero). || Amer. Lustre (araña). || — Baile de candil, bal musette. || — Ni buscado con candil, c'est exactement ce qu'il fallait. || Pescar al candil, pêcher au flambeau la nuit.
candileja f. Petite lampe. || BOT. Nielle (neguilla). || — Pl. TEATR. Rampe, sing., feux (m.) de la rampe.
candilejo m. Petite lampe (f.) à huile. || Nielle, f. (neguilla).
candiota adj. y s. Candiote (de Candía).
candiota f. Tonneau, m. (barril).
candombe m. Amer. Danse (f.) des Noirs d'Amérique. | Tambour (tambor). | Gabegie, f., pagaille, f. (desgobierno).
candombear v. intr. Amer. Faire des manœuvres louches [en politique].
candonga f. FAM. Cajolerie, lèche (zalamería). | Taquinerie, plaisanterie (burla). | Mule de trait (mula). || Amer. Bandage (m.) ombilical (de recién nacido). || — Pl. Amer. Boucles d'oreilles.
candongo, ga adj. y s. FAM. Flatteur, euse ; lécheur, euse (zalamero), roublard, e (astuto). | Fainéant, e ; tire-au-flanc, m. (holgazán).
candonguear v. tr. FAM. Taquiner, se payer la tête de (burlarse).
— V. intr. FAM. Tirer au flanc (holgazanear).
candonguero, ra adj. FAM. V. CANDONGO.
candor m. Candeur, f.
— SINÓN. Ingenuidad, ingénuité. Sencillez, candidez, naïveté. Inocencia, innocence. Credulidad, crédulité. Simpleza, simplicité.
candoroso, sa adj. Candide.
Canea (La) n. pr. GEOGR. La Canée.
caneca f. Cruchon (m.) à liqueur.
canecillo m. ARQ. Corbeau, modillon.
caneco, ca adj. Amer. Gris, e ; éméché, e (ebrio).
canéfora f. Canéphore.
¡canejo! Interj. Amer. Nom d'une pipe !
canela f. Cannelle (especia). || FIG. y FAM. Délice, m. (cosa exquisita).
canelé m. Côte, f. (de los calcetines).
canelero m. BOT. Cannelier.
canelo, la adj. Cannelle (color).
— M. BOT. Cannelier. || FAM. Hacer el canelo, faire l'andouille.
canelón m. Descente, f. (canalón). || Glaçon (carámbano). || Torsade, f. (pasamanería). || — Pl. Cannelloni (pasta alimenticia).
canesú m. Cunezou (blusa). || Empiècement (de un vestido).
canevá m. Amer. Canevas (cañamazo).
caney m. Amer. Hutte, f. (bohío). | Coude (de un río).
cangalla m. y f. Amer. Poule (f.) mouillée (cobarde).
cangilón m. Godet, auge, f. (de rueda hidráulica). | Godron, tuyau (pliegue). | Cruche, f., jarre, f. (vasija). || Amer. Ornière, f. (carril), nid-de-poule (hoyo).
cangreja f. MAR. Brigantine (vela).
cangrejero, ra m. y f. Marchand, marchande d'écrevisses o de crabes (vendedor). || — F. Nid (m.) de crabes (nido).
cangrejo m. ZOOL. Crabe (de mar), écrevisse, f. (de río). || MAR. Corne, f. (verga). || Lorry, wagonnet plat (ferrocarril). || ASTR. Écrevisse, f., cancer. || — Amer. Cangrejo moro, crabe. || FIG. y FAM. Andar ou avanzar como los cangrejos, marcher à reculons. || Rojo como un cangrejo, rouge comme un homard o comme une écrevisse.
canguelo m. POP. Frousse, f., trouille, f. : tener canguelo, avoir la trouille.
cangüeso m. ZOOL. Poisson semblable à la bogue.
canguro m. ZOOL. Kangourou.

caníbal adj. y s. Cannibale (antropófago). ‖ FIG. Cannibale, sauvage (cruel).

canibalismo m. Cannibalisme.

canica f. Bille : *jugar a las canicas*, jouer aux billes.

canicie f. Canitie (de los cabellos).

canícula f. Canicule.

canicular adj. Caniculaire : *temperatura canicular*, température caniculaire.

caniche m. Caniche (perro de aguas).

cánidos m. pl. ZOOL. Canidés.

canijo, ja adj. FAM. Malingre, chétif, ive (enclenque). ‖ Grêle : *piernas canijas*, jambes grêles.

canilla f. ANAT. Os (*m.*) long (hueso). ‖ TECN. Cannelle, cannette (caño). ‖ Canette (para el hilo). ‖ *Amer.* Robinet, *m.* (grifo). ‖ Force (fuerza). ‖ FIG. y FAM. *Irse de canilla*, avoir la diarrhée (padecer diarrea), dégoiser (hablar sin ton ni son).

canillera f. Jambart, *m.*, jambière (de la armadura). ‖ Jambière (para deportes).

canillero m. Bonde, *f.* (piquera).

canillita m. *Amer.* Crieur de journaux.

canillón, ona o **canilludo, da** adj. *Amer.* À longues jambes, à longues pattes.

canino, na adj. Canin, e : *raza canina*, race canine. ‖ *Tener hambre canina*, avoir une faim de loup. — M. Canine, *f.* (diente del hombre), croc (del animal).

canje m. Échange : *canje de notas diplomáticas, de prisioneros*, échange de notes diplomatiques, de prisonniers.

canjeable adj. Échangeable.

canjear v. tr. Échanger : *canjear los bonos por los .premios*, échanger les bons pour les prix.

cannabáceas f. pl. BOT. Cannabinacées.

cano, na adj. Blanc, blanche (el cabello) : *un anciano de pelo cano*, un vieillard aux cheveux blancs. ‖ FIG. Vieux, vieille (viejo). ‖ POÉT. Blanc, blanche (blanco).

canoa f. Canoë, *m.* (piragua), canot, *m.* (bote).

canódromo m. Cynodrome.

canoero m. Canoéiste, canotier.

canon m. ECLES. Canon (de la Iglesia, de la misa). ‖ Canon (regla, precepto). ‖ Redevance (pago). ‖ MÚS. Canon. ‖ *No estar de acuerdo con los cánones*, ne pas être réglementaire, ne pas être très orthodoxe.

canonesa f. Chanoinesse.

canónica f. Règle canonique.

canonical adj. Canonial, e.

canonicato m. Canonicat.

canónico, ca adj. Canonique : *Derecho canónico*, droit canon.

canóniga f. FAM. Sieste avant le repas.

canónigo m. Chanoine. ‖ FIG. y FAM. *Llevar una vida de canónigo*, mener la vie de château, mener une vie de coq en pâte.

canonista m. Canoniste.

canonizable adj. Canonisable.

canonización f. Canonisation.

canonizar v. tr. Canoniser. ‖ FIG. Approuver, applaudir à (aprobar).

canonicato m. o **canonjía** f. Canonicat, *m.* (beneficio de canónigo). ‖ FIG. y FAM. Sinécure, *f.*, canonicat, *m.* (sinecura).

canonjía f. FAM. Sinécure (enchufe).

canoro, ra adj. Chanteur, euse (pájaros). ‖ Mélodieux, euse (melodioso).

canoso, sa adj. Chenu, e ; grisonnant, e : *anciano canoso*, vieillard chenu. ‖ — *Barba canosa*, barbe grisonnante. ‖ *Pelo canoso*, cheveux gris o grisonnants. ‖ *Sienes canosas*, tempes grises.

canotié o **canotier** m. Canotier (sombrero).

canquén m. *Amer.* Oie (*f.*) sauvage du Chili.

cansadamente adv. D'une façon ennuyeuse (importunamente). ‖ Avec lassitude (con cansancio).

cansado, da adj. ● Fatigué, e ; las, lasse : *cansado por una larga caminata*, fatigué d'une longue marche. ‖ FIG. Fatigant, e : *un viaje cansado*, un voyage fatigant. ‖ Ennuyeux, euse ; fatigant, e (fastidioso). ‖ *Marfil cansado*, vieil ivoire. ‖ *Tener la cara cansada*, avoir les traits tirés o le visage fatigué.

— SINÓN. ● *Fatigado, rendido,* fatigué. *Agobiado,* harassé. *Molido,* moulu, rompu. *Harto, las. Agotado,* épuisé. *Extenuado,* exténué. *Derrengado,* éreinté. *Reventado,* vanné, crevé.

cansancio m. Fatigue, *f.*, lassitude, *f.*

cansar v. tr. ● Fatiguer (causar cansancio) : *este trabajo nos cansa mucho*, ce travail nous fatigue beaucoup. ‖ FIG. Fatiguer, ennuyer, lasser (fastidiar) : *este discurso me cansa*, ce discours me fatigue. ‖ FIG. *Estar cansado*, en avoir assez : *estoy cansado de verlo*, j'en ai assez de le voir ; être dégoûté : *estoy cansado de la vida*, je suis dégoûté de la vie.
— V. pr. Se fatiguer : *cansarse en buscar*, se fatiguer à chercher ; *se cansa en seguida*, il se fatigue très vite.

— SINÓN. ● *Agotar,* épuiser. *Extenuar,* exténuer. *Derrengar,* éreinter. *Reventar,* se crever.

cansera f. FAM. Ennui, *m.*, empoisonnement, *m.* (molestia).

cansino, na adj. Fatigué, e (animales). ‖ Ennuyeux, euse ; fatigant, e (pesado). ‖ Traînant, e : *una voz cansina*, une voix traînante.

cantaautor m. Auteur interprète.

cantable adj. Chantable.
— M. Partie (*f.*) chantée d'une opérette (de zarzuela). ‖ MÚS. Cantabile (trozo lento y fácil).

cantábrico, ca adj. Cantabrique.

Cantábrico n. pr. m. GEOGR. *Mar Cantábrico*, golfe de Gascogne.

cántabro, bra adj. y s. Cantabre.

cantador, ra m. y f. Chanteur, euse : *cantador de flamenco*, chanteur de flamenco.

— OBSERV. Se trouve en général sous la forme dialectale *cantaor*. (V. CHANTEUR.)

cantaletear v. tr. *Amer.* Rabâcher (repetir).

cantante adj. Chantant, e (que canta). ‖ Chantant, e : *café cantante*, café chantant. ‖ FIG. *Llevar la voz cantante*, tenir les rênes, mener la danse (mandar).
— M. y f. Chanteur, euse [du théâtre lyrique].

— SINÓN. *Cupletista,* divette. *Cantatriz,* cantatrice. *Diva,* diva.

cantar m. Chanson, *f.* : *cantar de gesta*, chanson de geste. ‖ — *Cantar de los cantares*, cantique des cantiques. ‖ *¡Ése es otro cantar!*, c'est une autre chanson !

cantar v. intr. et tr. ● Chanter : *cantar a compás*, chanter en mesure. ‖ Chanter, célébrer : *cantar la gloria de un pueblo*, chanter la gloire d'un peuple. ‖ *Cantar misa*, dire sa première messe (después de la ordenación).
— V. intr. Annoncer (naipes). ‖ FIG. y FAM. Grincer (rechinar). ‖ Se mettre à table, chanter, avouer (confesar). ‖ — FIG. y FAM. *Cantar de plano*, manger le morceau, se mettre à table (confesar). ‖ *Cantar entonado*, chanter juste. ‖ FAM. *Cantarlas claras*, ne pas mâcher ses mots. ‖ *Cantarle a uno las cuarenta*, dire à quelqu'un ses quatre vérités. ‖ — *Al cantar el gallo*, au chant du coq. ‖ *En menos que canta un gallo*, en deux coups de cuillère à pot, en moins de deux. ‖ *Eso es coser y cantar*, ça va comme sur des roulettes.

— SINÓN. ● *Canturrear, tararear,* chantonner, fredonner. *Arrullar,* roucouler. *Gorjear,* gazouiller. *Vocalizar,* vocaliser. *Salmodiar,* psalmodier.

cántara f. Cruche. ‖ Broc, *m.* (antigua medida de capacidad). ‖ Bidon (*m.*) de lait (metálico).
cantarada f. Cruche, cruchée (contenido).
cantarela f. Mús. Chanterelle.
cantarera f. Banc (*m.*) pour poser les cruches.
cantarería f. Poterie.
cantarero m. Potier (alfarero). ‖ Support pour les cruches.
cantárida f. Zool. Cantharide.
cantarilla f. o **cantarillo** m. Cruchon, *m.*
cantarín, ina adj. Chantant, e (voz).
cántaro m. Cruche, *f.* ‖ Broc (antigua medida). ‖ Urne, *f.* (para sortear). ‖ — Fig. y fam. *Alma de cántaro,* cruche. ‖ *Llover a cántaros,* pleuvoir à verse o à seau, à torrent. ‖ *Tanto va el cántaro a la fuente que al fin se rompe,* tant va la cruche à l'eau qu'à la fin elle se casse.
— Observ. La *cántara* est moins haute et plus rebondie que le *cántaro.*
cantata f. Cantate.
cantatriz f. Cantatrice [du théâtre lyrique].
cantazo m. Coup de pierre.
cante m. Chant populaire.
— Observ. Le mot *cante* s'applique essentiellement au *cante hondo* ou *jondo* et *cante flamenco,* expressions folkloriques de l'Andalousie.
cantera f. Carrière (de piedra). ‖ Fig. Pépinière : *es una cantera de artistas,* c'est une pépinière d'artistes. ‖ *Amer.* Pierre de taille (cantería).
cantería f. Taille de pierres. ‖ Arq. Ouvrage (*m.*) en pierre de taille (obra). | Pierre de taille (sillar).
cantero m. Tailleur de pierres (que labra las piedras). ‖ Carrier (obrero). ‖ Chanteau (de pan). ‖ Pièce (*f.*) de terre (haza).
cántico m. Mús. Cantique.
— Sinón. *Salmo,* psaume. *Villancico,* noël. *Himno,* hymne. *Antífona,* antienne. *Responso,* répons.
cantidad f. Quantité : *una gran cantidad,* une grande quantité. ‖ Somme : *abonar una cantidad de mil pesetas,* payer une somme de 1 000 pesetas. ‖ — *Adjetivo, adverbio de cantidad,* adjectif, adverbe de quantité. ‖ *Cantidad alzada,* somme o prix forfaitaire (tanto alzado). ‖ ¡*Había una cantidad de gente!,* il y avait un de ces mondes !
cántiga o **cantiga** f. (Ant.). Chanson.
cantil m. Falaise, *f.,* rocher à pic (acantilado). ‖ *Amer.* Bord d'un précipice (borde de un despeñadero).
cantilena f. Cantilène (composición poética). ‖ Fig. y fam. Rengaine, chanson : *siempre la misma cantilena,* toujours la même chanson.
cantilever adj. Tecn. Cantilever.
cantillos m. pl. Osselets (tabas).
cantimpla adj. y s. Simplet, ette ; nigaud, e.
cantimplora f. Gourde (frasco aplanado), bidon, *m.* (de soldado). ‖ Siphon, *m.* (sifón). ‖ *Amer.* Double menton, *m.* (papada). | Goitre, *m.* (bocio).
cantina f. Cantine (refectorio). ‖ Buvette (en una estación, etc.). ‖ Cave (sótano). ‖ Cantine [de voyage] (fiambrera). ‖ *Amer.* Taverne, café, *m.,* bistrot, *m.* (taberna).
cantinela f. Cantilène (cantilena). ‖ *Es siempre la misma cantinela,* c'est toujours la même chanson o le même couplet o le même refrain o la même rengaine.
cantinero, ra m. y f. Cantinier, ère.
cantizal m. Terrain pierreux.
canto m. Chant : *canto de victoria,* chant de victoire. ‖ — *Canto gregoriano* ou *llano,* chant grégorien o plain-chant. ‖ *Canto jubilatorio* ou *aleluiático,* chant alléluiatique. ‖ — *Al canto del gallo,* au chant du coq, à l'aube. ‖ Fig. *El canto del cisne,* le chant du cygne.
— Sinón. *Aria, tonada,* air. *Canción, copla,* chanson. *Cuplé,* couplet. *Melopea,* mélopée.

canto m. Coin, arête, *f.* (ángulo), bord (borde), bout (extremidad). ‖ Côté, *f.* (lado). ‖ Tranche, *f.* (de una moneda). ‖ Chanteau (p. us.), quignon (pedazo de pan), croûton (extremidad del pan). ‖ Dos (de un cuchillo). ‖ Tranche, *f.* (del libro) : *de canto dorado,* doré sur tranche. ‖ Épaisseur, *f.* (espesor). ‖ Caillou, pierre, *f.* (guijarro). ‖ Palet (juego). ‖ — *Cantos rodados,* galets. ‖ — *Al canto,* à l'appui : *pruebas al canto,* preuves à l'appui. ‖ *De canto,* sur la tranche, de chant, sur le côté. ‖ Fig. y fam. *Por el canto de un duro,* il s'en est fallu de l'épaisseur d'un cheveu o d'un fil. ‖ *Darse con un canto en los dientes,* s'estimer content o heureux.
cantón m. Coin (esquina). ‖ Canton : *Suiza se divide en cantones,* la Suisse se divise en cantons. ‖ Cantonnement (acantonamiento). ‖ Blas. Canton. ‖ *Amer.* Sorte de tissu de coton (tejido). ‖ *Cantón redondo,* queue-de-rat (limatón).
cantonal adj. Cantonal.
cantonera f. Cantonnière (pieza de metal). ‖ Coin, *m.* (encuadernación). ‖ Plaque de couche (de arma).
cantonero, ra adj. y s. Flâneur, euse.
cantor, ra adj. y s. Chanteur, euse : *cantor callejero,* chanteur des rues. ‖ Chantre (poeta).
cantoral m. Livre de chœur.
cantorral m. Terrain pierreux (cantizal).
cantueso m. Variété de lavande (*f.*) rouge (espliego).
cantúo, úa adj. Pop. Du tonnerre (excelente).
canturía f. Chant, *m.* (acción de cantar). ‖ Mélopée (canto monótono).
canturrear o **canturriar** v. intr. Fam. Chantonner, fredonner.
canturreo m. Chantonnement, fredonnement.
cánula f. Med. Canule.
canutas (pasarlas) loc. En voir de toutes les couleurs.
canutero m. Étui à épingles (alfiletero). ‖ *Amer.* Porte-plume (portaplumas). | Stylo (estilográfica).
canutillo m. Cannetille, *f.* (para bordar). ‖ — Agric. *Injerto de canutillo,* greffe en flûte. ‖ *Pana de canutillo,* velours côtelé.
canuto m. Bot. Entre-nœud. ‖ Étui à aiguilles (canutero). ‖ Tube (tubo).
caña f. Bot. Chaume, *m.,* tige (tallo). | Roseau, *m.* : *caña común,* roseau commun. | Rotin, *m.* (caña de Indias). ‖ Anat. Os (*m.*) du bras o de la jambe (hueso). | Canon, *m.* (del caballo). | Moelle (tuétano). | Tige (de la bota). ‖ Demi, *m.* : *una caña de cerveza,* un demi de bière. ‖ Verre, *m.* (vaso). ‖ Ligne : *pescar con caña,* pêcher à la ligne. ‖ Fût, *m.* (del fusil). ‖ Arq. Fût, *m.,* tige (fuste). ‖ Min. Galerie. ‖ Mar. Barre (del timón). | Verge (del ancla). ‖ Mús. Chanson populaire andalouse. ‖ *Amer.* Eau-de-vie, tafia, *m.* (aguardiente). | Fanfaronnade (bravata). ‖ — Pl. Joutes (torneo). ‖ — Bot. *Caña borde,* roseau commun, roseau à balais (carrizo). | *Caña de azúcar* ou *dulce* ou *melar,* canne à sucre. | *Caña de Bengala* ou *de Indias,* rotin (rota). ‖ Bot. *Amer. Caña de Castilla,* canne à sucre. | *Caña de cuentas,* balisier (cañácoro). | *Caña de mosca,* canne à mouche. | *Caña de pescar,* canne à pêche, ligne. ‖ *Caña de pulmón,* trachée (tráquea). ‖ *Correr cañas,* participer à des joutes.
cañácoro m. Bot. Balisier.
cañada f. Vallon, *m.,* gorge (entre dos montañas). ‖ Chemin (m.) creux (camino). ‖ *Amer.* Ruisseau, *m.* (arroyo).
cañadón m. *Amer.* Ravin.
cañaduz f. Canne à sucre (caña de azúcar).
cañafístola o **cañafístula** f. Bot. Casse, canéficier, *m.* (árbol). | Casse (fruto).

cañaheja o **cañaherla** f. Bot. Férule. ‖ Bot. *Cañaheja hedionda,* thapsia.

cañahua f. *Amer.* Sorte de millet.

cañal m. Roselière, *f.,* cannaie, *f.* (cañaveral). ‖ Gord (para la pesca en río).

cañamal o **cañamar** m. Agric. Chènevière, *f.*

cañamazo m. Étoupe, *f.* (estopa). ‖ Toile (*f.*) d'étoupe (tela). ‖ Canevas (para bordar). ‖ Fig. Canevas (bosquejo) : *sólo está hecho el cañamazo de la obra,* seul le canevas de l'ouvrage est fait.

cañameño, ña adj. De chanvre.

cañamero, ra adj. Du chanvre, chanvrier, ère.

cañamiel f. Canne à sucre.

cañamiza f. Chènevotte (agramiza).

cáñamo m. Chanvre (planta y fibra). ‖ *Amer.* Ficelle, *f.* (bramante). ‖ — *Cáñamo de Manila,* abaca, chanvre de Manille (abacá). ‖ *Cáñamo indio, índico* ou *de Indias,* chanvre indien.

cañamón m. Bot. Chènevis.

cañar m. Roselière, *f.,* cannaie, *f.* (plantación de cañas), plantation (*f.*) de canne à sucre (cañaveral).

cañavera f. Roseau (*m.*) commun (carrizo).

cañaveral m. Roselière, *f.,* cannaie, *f.* (plantación de cañas), plantation (*f.*) de canne à sucre (de cañas de azúcar).

cañazo m. Coup de roseau (golpe). ‖ *Amer.* Tafia (aguardiente de caña).

cañería f. Canalisation, conduite (de agua, gas, etc.).

cañero m. Plombier (fontanero). ‖ Plateau double pour verres étroits et hauts (bandeja). ‖ *Amer.* Planteur o marchand de canne à sucre (cultivador o vendedor de caña). | Endroit où l'on dépose les cannes à sucre dans une raffinerie.

cañí adj. y s. Gitan, e.

— Observ. Pl. *Cañís.*

cañinque adj. *Amer.* Malingre.

cañiza f. Toile grossière (lienzo).

— Adj. f. *Madera cañiza,* bois dont les fibres sont dans le sens de la longueur.

cañizal o **cañizar** m. Cannaie, *f.,* roselière, *f.* (plantación de cañas), plantation (*f.*) de canne à sucre (cañaveral).

cañizo m. Claie, *f.* (de roseaux).

caño m. Tuyau, tube (tubo). ‖ Égout, tout-à-l'égout (albañal). ‖ Tuyau (del órgano). ‖ Jet (chorro) : *el caño de la fuente,* le jet de la fontaine. ‖ Mar. Chenal (canal).

cañón m. Tuyau (tubo) : *cañón de chimenea,* tuyau de cheminée. ‖ Tuyau, tuyauté (pliegue de la ropa). ‖ Tuyau, canon (de la pluma de ave). ‖ Mil. Canon : *cañón antiaéreo,* canon antiaérien. ‖ Geogr. Cañon (desfiladero). ‖ — Fís. *Cañón de electrones* ou *electrónico,* canon à électrons. ‖ *Cañón de obús,* obusier. ‖ Mar. *Cañón lanzacabos,* canon porte-amarre. ‖ — *Bóveda de cañón,* voûte en berceau. ‖ Fam. *Carne de cañón,* chair à canon. ‖ *Escopeta de dos cañones,* fusil à deux coups. ‖ Fig. *Estar al pie del cañón,* être à pied d'œuvre. | *Morir al pie del cañón,* mourir à la tâche.

— Adj. Fam. Formidable, du tonnerre.

cañonazo m. Coup de canon (tiros y ruido). ‖ Shoot (fútbol).

cañonear v. tr. Canonner.

cañoneo m. Canonnade, *f.*

cañonera f. Mil. Embrasure (tronera). ‖ Mar. Sabord, *m.* (porta). ‖ *Amer.* Fonte (pistolera).

— Adj. f. Mar. *Lancha cañonera,* canonnière.

cañonería f. Artillerie (conjunto de cañones). ‖ Mús. Tuyauterie de l'orgue (del órgano).

cañonero m. Mar. Canonnière, *f.* (barco).

cañutería f. Mús. Tuyauterie de l'orgue (del órgano). ‖ Broderie en cannetille (labor).

cañutero m. Étui à aiguilles (alfiletero).

cañutillo m. Cannetille, *f.* (para bordar). ‖ Agric. *Injerto de cañutillo,* greffe en flûte.

cañuto m. Entre-nœud (de una caña). ‖ Tube (tubo). ‖ Fig. y Fam. Mouchard, rapporteur, cafard (soplón).

— Observ. Le terme *cañuto* est très peu usité ; on lui préfère *canuto.* Il en est de même pour ses dérivés.

caoba f. Acajou, *m.* (árbol y madera).

caobo m. Bot. Acajou [arbre].

caolín m. Kaolin.

caos m. Chaos.

caótico, ca adj. Chaotique.

capa f. Cape (vestido sin mangas). ‖ Cape (de torero). ‖ Couche : *capa de aire, de pintura,* couche d'air, de peinture. ‖ Enveloppe (envoltorio). ‖ Robe, cape (del cigarro). ‖ Fig. Apparence : *bajo una capa de humildad,* sous une apparence d'humilité. ‖ Robe (color del pelaje). ‖ Zool. Paca, *m.,* agouti, *m.* ‖ Geol. Couche, banc, *m.* : *capa geológica, de rocas,* couche géologique, banc de rochers. | Nappe : *capa acuífera, freática, de gas,* nappe aquifère, phréatique, de gaz. ‖ Fig. Couche (social). | Prétexte, *m.* (pretexto). | Receleur, *m.* (encubridor). ‖ Fig. y Fam. Capitaux, biens (caudal). ‖ Mar. Cape. ‖ Pop. La nuit (la noche). ‖ — *Capa consistorial* ou *magna,* grande chape. ‖ Relig. *Capa de coro,* chape. ‖ *Capa del cielo,* calotte des cieux, voûte céleste. ‖ *Capa pluvial,* pluvial. ‖ Fig. y Fam. *Capa rota,* agent secret. ‖ — *De capa y espada,* de cape et d'épée. ‖ *So capa,* sous cape. ‖ *So capa de,* sous prétexte de, sous le couvert de. ‖ — *Andar* ou *estar de capa caída,* tirer le diable par la queue (recursos), filer un mauvais coton (salud, negocios). ‖ *El que tiene capa escapa,* avec de l'argent on s'en sort toujours. ‖ Mar. *Esperar* ou *estar* ou *poner a la capa,* être o se mettre à la cape. ‖ *Hacer de su capa un sayo,* n'en faire qu'à sa tête. ‖ *Una buena capa todo lo tapa,* les apparences sont trompeuses.

capacete m. Cabasset (casco). ‖ *Amer.* Capote (de un vehículo).

capacidad f. Capacité. ‖ Dr. Habilité, capacité : *la capacidad para suceder,* l'habilité à succéder. ‖ Possibilité. ‖ — *Estadio de una capacidad para cien mil personas,* stade pouvant contenir cent mille personnes. ‖ *Tener capacidad para,* être capable de. ‖ *Tener una gran capacidad de trabajo,* avoir une grande puissance de travail.

capacitación f. Formation : *escuela de capacitación profesional,* école de formation professionnelle ; *cursillo de capacitación,* stage de formation. ‖ Qualification (capacidad de un obrero).

capacitado, da adj. Qualifié, e (obrero, persona). ‖ Dr. Habile, capable : *capacitado para suceder,* habile à succéder. ‖ *Capacitado para,* qualifié pour, apte à.

capacitar v. tr. Former, instruire, préparer : *capacitar a alguien para algo,* former quelqu'un pour quelque chose. ‖ Dr. Habiliter.

capacha f. Couffin, *m.,* cabas, *m.* (capacho). ‖ Fig. y Fam. Ordre (*m.*) de Saint-Jean-de-Dieu. ‖ *Amer.* Prison (cárcel).

capacho m. Couffin, cabas (sera). ‖ Fig. y Fam. Religieux de l'ordre de Saint-Jean-de-Dieu. ‖ Tecn. Godet (de pala mecánica). ‖ *Amer.* Vieux chapeau (sombrero).

capador m. Châtreur, hongreur.

capadura f. Castration (castradura). ‖ Feuille de tabac de qualité inférieure (tabaco).

capar v. tr. Châtrer, castrer (castrar). ‖ Fig. Diminuer, réduire (disminuir).

caparazón m. Caparaçon (del caballo). ‖ Couverture, *f.* (cubierta). ‖ Musette, *f.* (de la caballería). ‖ Carcasse, *f.* (de un ave). ‖ Carapace, *f.,* écaille, *f.* (de tortuga). ‖ Carapace, *f.* (de crustáceo). ‖ —

Fig. *Meterse en el caparazón,* rentrer dans sa coquille. ‖ *Quitar el caparazón,* décortiquer (un cangrejo).

caparro m. *Amer.* Singe laineux, lagotriche *o* lagothrix.

caparrosa f. Quím. Couperose.

capataz m. Contremaître.

capaz adj. Capable, habile (diestro). ‖ Apte : *capaz para un empleo,* apte à un emploi. ‖ Capable, susceptible : *hombre capaz de matar,* homme capable de tuer ; *carne capaz de perderse,* viande susceptible de se gâter. ‖ Accessible, capable : *capaz de compasión,* accessible à la pitié, capable de pitié. ‖ Pouvant contenir, susceptible de contenir : *estadio capaz para cien mil personas,* stade pouvant contenir cent mille personnes. ‖ D'une contenance de : *capaz de diez litros,* d'une contenance de dix litres. ‖ Assez grand pour : *banco capaz para tres personas,* banc assez grand pour trois personnes. ‖ Spacieux, euse : *una iglesia capaz,* une église spacieuse. ‖ Fam. *Es capaz que,* il est possible que.

capazo m. Grand cabas de sparte (capacho). ‖ Coup donné avec une cape ou un manteau (golpe).

capcioso, sa adj. Captieux, euse.

capea f. Course de jeunes taureaux pour amateurs.
— Observ. La *capea* consiste exclusivement à exciter le taureau avec la cape, sans pose de banderilles ni mise à mort.

capeador m. (Ant.). Tire-laine, *inv.* (ladrón). ‖ Toréador, toréro.

capear v. tr. Taurom. Faire des passes avec la cape. ‖ Fig. y fam. Monter le coup, la faire (engañar) : *a mi no me capea nadie,* on ne me la fait pas. ‖ Se tirer de, surmonter : *capear las dificultades,* se tirer d'affaire, surmonter les difficultés. ‖ Mar. Être o se mettre à la cape. ‖ *Capear el temporal,* braver la tempête (un barco), laisser passer l'orage (con una persona enfadada).

capelina f. Med. Capeline (vendaje).

capelo m. Chapeau de cardinal. ‖ *Amer.* Cloche (f.) de verre (fanal).

capellán m. Relig. Chapelain. | Prêtre (sacerdote). | Aumônier (militar).

capellanía f. Chapellenie (beneficio eclesiástico). ‖ Mil. Aumônerie.

capellina f. Capeline (sombrero). ‖ Med. Capeline (vendaje).

capeo m. Taurom. Jeu de cape. | Course (f.) de jeunes taureaux pour amateurs (capea).

caperucita f. Petit capuchon, *m.,* petit chaperon, *m.* (caperuza). ‖ *Caperucita Roja,* le Petit Chaperon rouge.

caperuza f. Chaperon, *m.* (bonete).

caperuzón m. Grand chaperon.

capeta f. Pèlerine (capa corta).

capialzado m. Arq. Arrière-voussure, f.

capialzar v. tr. Arq. Former l'arrière-voussure [d'un arc].

capibara m. Zool. Cabiai.

capicúa m. Nombre palindrome.

capichola f. Buratine (tela).

capigorrista o **capigorrón** adj. y s. Fam. Va-nu-pieds (holgazán). ‖ Clerc qui n'accède pas aux ordres majeurs.

capilar adj. Capillaire (relativo al cabello). ‖ — Adj. y s. m. Anat. Capillaire (vaso). ‖ Fís. Capillaire (tubo).

capilaridad f. Fís. Capillarité.

capilla f. Chapelle (edificio religioso). ‖ Chapelle (de capellanes). ‖ Chapelle (músicos) : *maestro de capilla,* maître de chapelle. ‖ Capuchon, *m.* (capucha). ‖ Capuce, *m.* (de fraile). ‖ Fig. y fam. Moine, *m.,* religieux, *m.* | Clan, *m.,* chapelle (camarilla). ‖ Impr. Feuille. ‖ — *Capilla ardiente,* chapelle ardente. ‖ *Estar en capilla,* être en cha-

pelle (un condenado a muerte), être sur des charbons ardents (esperar).

capillejo m. Écheveau de soie (madeja). ‖ Petit béguin (cofia).

capillita m. Membre d'une confrérie. ‖ Coterie.

capillo m. Béguin (gorro de niño). ‖ Chrémeau (de niño bautizado). ‖ Bout dur (del zapato). ‖ Bourse, f. (red para conejos). ‖ Cape, f. (del cigarro). ‖ Cocon (capullo). ‖ Bouton (capullo). ‖ Chausse, f. (filtro).

capirotada f. Sauce à base d'œufs, d'ail, de fines herbes, etc. (aderezo). ‖ *Amer.* Plat (m.) indigène à base de viande, maïs grillé et fromage.

capirotazo m. Chiquenaude, f.

capirote adj. Dont la couleur de tête est différente de celle du reste du corps (res). ‖ — M. Hennin (para mujeres). ‖ Chaperon (para hombre o mujer). ‖ Chausse, f., chaperon, mozette, f. (de doctores). ‖ Cagoule, f. (de penitente). ‖ Chaperon (del halcón). ‖ Capote (f.) de voiture (capota). ‖ Chiquenaude, f. (capirotazo). ‖ *Tonto de capirote,* bête à manger du foin.

capirucho m. Fam. Chaperon (capuchón). | Cagoule, f. (cucurucho).

capisayo m. Pèlerine, f. ‖ Camail, mozette, f. (episcopal).

capiscol m. Chantre, maître de chapelle.

capiscolía f. Dignité de chantre.

capitación f. Capitation (tasa).

capital adj. Capital, e ; essentiel, elle ; fondamental, e : *punto capital,* point capital ; *error capital,* erreur essentielle. ‖ Capital, e : *ciudad capital,* ville capitale. ‖ — *Lo capital,* l'essentiel : *lo capital en la vida es la salud,* l'essentiel, dans la vie, c'est la santé. ‖ *Pecados capitales,* péchés capitaux. ‖ *Pena capital, sentencia capital,* peine capitale.

capital m. Capital (caudal) : *capital e intereses,* capital et intérêts ; *capital social,* capital social. ‖ — *Capital circulante,* fonds de roulement, capital d'exploitation. ‖ *Capital inicial,* capital de départ. ‖ — F. Capitale (ciudad principal). ‖ Impr. Capitale (mayúscula). ‖ *Capital de provincia,* chef-lieu de département.

capitalismo m. Capitalisme.

capitalista adj. y s. Capitaliste.

capitalizable adj. Capitalisable.

capitalización f. Capitalisation.

capitalizar v. tr. e intr. Capitaliser : *capitalizar intereses,* capitaliser des intérêts.

capitán m. Mil. Capitaine (oficial). ‖ Mar. Commandant, capitaine : *capitán de la marina mercante,* capitaine au long cours ; *capitán de corbeta, de fragata, de navío,* capitaine de corvette, de frégate, de vaisseau. ‖ Capitaine (jefe) : *el capitán del equipo de fútbol,* le capitaine de l'équipe de football. ‖ Chef (jefe). ‖ — *Capitán general,* dignité comparable à celle de maréchal. ‖ *Capitán general de Región,* général commandant une région militaire. ‖ *Capitán preboste,* prévôt de l'armée.

capitana f. Capitaine (mujer del capitán). ‖ Mar. Vaisseau amiral, *m.* (buque principal de la escuadra). ‖ Capitane (galera).

capitanear v. tr. Commander, diriger (mandar).

capitanía f. Charge du capitaine (empleo). ‖ Mil. Bureau (m.) du capitaine (oficina del capitán). ‖ Mil. *Capitanía General,* état-major de la région militaire (oficina), région militaire (demarcación).

capitel m. Arq. Chapiteau.

capitolino, na adj. Capitolin, e (del Capitolio).

capitolio m. Capitole.

capitón m. Zool. Muge à grosse tête, cabot.

capitoné m. Camion de déménagement. ‖ — Adj. Capitonné, e (acolchado).
— Observ. L'adjectif *capitoné* est un gallicisme.

capitoste m. Fam. Grand manitou, caïd.

capítula f. Capitule, *m.*

capitulación f. Capitulation (rendición). ‖ — Pl. Contrat (*m. sing.*) de mariage, accords (*m.*) de mariage.

capitular adj. Capitulaire.

capitular v. intr. Capituler (rendirse).

capitulario m. Capitulaire (libro litúrgico).

capítulo m. Chapitre (de un libro). ‖ Ecles. Chapitre. ‖ — *Capítulos matrimoniales*, accords *o* contrat de mariage. ‖ Fig. *Eso es capítulo aparte*, ça c'est une autre histoire, ça c'est à part. ‖ *Llamar a capítulo*, chapitrer, sermonner.

capó m. Autom. Capot.

capoc m. o **capoca** f. Kapok, *m.* (fibra).

capón m. Chapon (pollo). ‖ Fagot de sarments (sarmientos). ‖ Mar. Bosse, *f.* (boza). ‖ Fam. Pichenette, *f.* (golpe). ‖ *Amer.* Mouton (carnero). ‖ *Caballo capón*, hongre.

capona f. Contre-épaulette (militar).

caponada f. *Amer.* Troupeau (*m.*) de moutons.

caponera f. Épinette (jaula). ‖ Caponnière (fortificación).

caporal m. Contremaître (capataz). ‖ Agric. Maître valet. ‖ (Ant.). Mil. Caporal (cabo).

capot o **capó** m. Capot (de automóvil).

capota f. Capote (de mujer). ‖ Capote (de coche). ‖ Carde (del batán).

capotaje m. Capotage.

capotar v. intr. Capoter.

capotazo m. Taurom. Passe (*f.*) de cape.

capote m. Capote, *f.* (abrigo). ‖ Taurom. Cape, *f.* : *capote de paseo*, cape de parade. ‖ Fig. y Fam. Moue, *f.*, grimace, *f.* : *poner capote*, faire la moue. ‖ Gros nuage (nubarrón). ‖ Capot (naipe) : *dar capote*, faire capot ; *llevar capote*, être capot. ‖ *Amer.* Volée, *f.*, rossée, *f.* (tunda). ‖ — *Amer.* Capote de monte, poncho. ‖ De capote, en cachette, en secret. ‖ *Para mí, tu, su capote*, en mon, ton, son for intérieur ; à part moi, toi, soi. ‖ — *Decir algo para su capote*, dire quelque chose dans son for intérieur. ‖ Fig. y Fam. *Echar un capote a uno*, tendre la perche à quelqu'un, donner un coup de main à quelqu'un. ‖ *Hablar para su capote*, parler à son bonnet.

capotear v. tr. Taurom. Leurrer [le taureau] avec la cape. ‖ Fig. y Fam. Monter le coup (engañar). ‖ Se tirer de, surmonter (dificultades).

capoteo m. Taurom. Travail avec la cape.

capotera f. *Amer.* Portemanteau, *m.*

capotillo m. Petit manteau. ‖ Taurom. *Capotillo de paseo*, cape de parade.

capricornio m. Astr. Capricorne. ‖ Zool. Capricorne (algavaro).

capricho m. Caprice : *los caprichos de la moda*, les caprices de la mode. ‖ Fantaisie, caprice : *satisfacer un capricho*, se passer une fantaisie. ‖ Coup de tête (cabezonada). ‖ *Al capricho de*, au gré de.

caprichoso, sa o **caprichudo, da** adj. Capricieux, euse : *un niño muy caprichoso*, un enfant très capricieux.

caprifoliáceas f. pl. Bot. Caprifoliacées.

caprino, na adj. Caprin, e : *raza caprina*, race caprine.

caprípede o **caprípedo, da** adj. Capripède : *un sátiro caprípedo*, un satyre capripède.

cápsula f. Capsule (de botella, proyectil, cohete, envase). ‖ Anat. Capsule : *cápsula suprarrenal*, capsule surrénale. ‖ Bourse : *cápsula sinovial* ou *articular*, bourse synoviale. ‖ Bot. y Quím. Capsule. ‖ Gélule (medicamento). ‖ *Poner una cápsula a*, capsuler, mettre une capsule à.

capsulado m. Capsulage.

capsuladora f. Capsulateur, *m.*

capsular adj. Capsulaire.

capsular v. tr. Capsuler (botellas).

captación f. Captage, *m.* (de aguas, ondas, etc.). ‖ Dr. Captation (de una herencia).

captar v. tr. Capter (granjearse). ‖ Capter (las aguas, las ondas de radio). ‖ Fig. Saisir, comprendre : *captar un pensamiento*, saisir une pensée. ‖ Gagner, capter (p. us.) [la amistad].

captatorio, ria adj. Dr. Captatoire.

captivo, va adj. y s. V. cautivo.

captura f. Capture. ‖ Prise (de pescado). ‖ Geogr. Capture (de río) : *un codo de captura*, un coude de capture.

capturar v. tr. Capturer.

capuana f. Fam. Volée, bastonnade.

capucha f. Capuchon, *m.*, capuche. ‖ Capuce, *m.* (de monje). ‖ Impr. Accent (*m.*) circonflexe. ‖ Poche (del pulpo).

capuchina f. Bot. Capucine. ‖ Petite lampe à éteignoir (lámpara).

capuchino, na adj. y s. Capucin, e (religioso). ‖ — M. Capucin, *m.* (mono).

capucho m. Capuchon.

capuchón m. Capuchon (abrigo, de pluma estilográfica). ‖ Poche, *f.* (del pulpo).

capulina f. *Amer.* Araignée venimeuse (araña).

capullo m. Cocon (de insecto). ‖ Bot. Bouton (de flor). ‖ Cupule, *f.* (de bellota). ‖ Anat. Prépuce (prepucio). ‖ Bourre, *f.* (tela de seda).

capuz m Capuchon (capucho). ‖ Sorte de pèlerine (capa).

caquéctico, ca adj. y s. Med. Cachectique.

caquexia f. Med. Cachexie.

caqui m. Bot. Plaqueminier (árbol). ‖ Plaquemine, *f.*, kaki (fruto). ‖ Kaki (color). ‖ Fam. *Ponerse el caqui*, s'habiller en kaki (soldados). ‖ — Adj. inv. Kaki.

cara f. ● Visage. *m.*, figure, face. (V. Observ.) ‖ Tête (de un animal). ‖ Visage, *m.*, mine, figure (semblante) : *juzgar por la cara*, juger sur la mine ; *me recibió con buena cara*, il m'a reçu avec une figure aimable. ‖ Mine (aspecto) : *tener buena cara*, avoir bonne mine. ‖ Air, *m.*, tête : *tiene cara de haberse pasado la noche de juerga*, il a l'air de quelqu'un qui a passé la nuit à faire la bringue ; *¡la cara que puso!*, il fallait voir sa tête ! ‖ Face (parte anterior) : *echar a cara o cruz*, jouer à pile ou face (juego). ‖ Côté, *m.* (lado). ‖ Fam. Effronterie, audace, front, *m.*, toupet, *m.*, culot, *m.* (descaro) : *tener cara para*, avoir l'audace de. ‖ Geom. Face (plano). ‖ — *Cara apedreada* ou *cara de rallo*, visage grêlé. ‖ *Cara de acelga*, figure de papier mâché. ‖ *Cara de aleluya* ou *de pascua* ou *de risa*, visage réjoui. ‖ *Cara de Cuaresma* ou *de viernes*, visage *o* mine de Carême, air de requiem. ‖ *Cara de hereje*, épouvantail (persona muy fea). ‖ *Cara de pocos amigos* ou *de viernes* ou *de vinagre*, visage renfrogné, tête d'enterrement, mine rébarbative. ‖ *Cara larga*, mine allongée. ‖ — *Por su bella* ou *linda cara*, pour ses beaux yeux. ‖ *¡Qué cara dura!*, quel culot !, quel toupet ! ‖ — *Caérsele a uno la cara de vergüenza*, v. caerse. ‖ *Cruzar la cara*, flanquer une paire de claques. ‖ *Dar con la puerta en la cara*, fermer la porte au nez. ‖ *Dar la cara*, prendre quelque chose sur soi, prendre la responsabilité d'une chose. ‖ *Dar* ou *sacar la cara por uno*, prendre la défense de quelqu'un, prendre fait et cause pour quelqu'un (salir a su defensa), se porter garant de quelqu'un (avalarle). ‖ *Echar a la cara*, ou *en cara*, jeter à la figure *o* au visage (una falta), objecter, reprocher : *siempre me están echando en cara mi edad*, on m'objecte toujours mon âge ; *le echan en cara su riqueza*, on lui reproche sa richesse. ‖ *En la cara se le conoce*, cela se lit sur son visage. ‖ *Hacer a dos caras*, jouer sur deux tableaux. ‖ *Hacer cara*, faire face *o* front, tenir

tête. ‖ *Juzgarle a uno por su linda cara*, juger quelqu'un sur sa mine. ‖ *Lavar la cara a uno*, passer la main dans le dos de quelqu'un. ‖ *Mirar cara a cara*, regarder en face. ‖ *Mirar con mala cara*, regarder de travers. ‖ *No mirar la cara a uno*, ne plus vouloir entendre parler de quelqu'un, ne plus pouvoir voir quelqu'un. ‖ *No saber qué cara poner*, ne pas savoir quelle figure faire. ‖ *No saber uno dónde tiene la cara*, être très ignorant. ‖ *Poner a mal tiempo buena cara*, faire contre mauvaise fortune bon cœur. ‖ *Poner buena cara* ou *mala cara*, faire bonne o mauvaise figure. ‖ *Poner cara de*, faire une tête de. ‖ *Poner cara de asco*, prendre un air dégoûté. ‖ *Poner cara de circunstancias*, faire une mine de circonstance, se composer un visage. ‖ *Poner cara larga* ou *mala cara*, faire la tête (a uno), faire grise mine (a una cosa). ‖ *Reírsele en la cara a alguien*, rire au nez de quelqu'un. ‖ *Romper la cara*, casser la figure (maltratar). ‖ *Saltar a la cara*, sauter aux yeux. ‖ *Tener cara de alma en pena* ou *de duelo*, avoir o faire une tête d'enterrement. ‖ *Tener cara de sueño*, avoir l'air endormi. ‖ *Tener dos caras*, être hypocrite, être un faux jeton (fam.). ‖ *Tener mucha cara* ou *ser un cara* ou *ser un cara dura*, ne pas manquer de culot o de toupet, être gonflé. ‖ *Terciar la cara*, balafrer (con un cuchillo). ‖ *Verse las caras*, se retrouver, s'expliquer : *nos veremos las caras*, nous nous retrouverons. ‖ *Volver la cara*, faire volte-face.
— Adv. Face à (hacia) : *cara a la pared, al sol*, face au mur, au soleil. ‖ — *Cara a cara*, face à face, nez à nez : *a la vuelta de la esquina se encontraron cara a cara*, au coin de la rue, ils se sont trouvés nez à nez ; en tête à tête : *tener una conversación cara a cara*, avoir une conversation en tête à tête ; en face : *decir algo cara a cara*, dire quelque chose en face ; *mirar la muerte cara a cara*, regarder la mort en face. ‖ *Cara adelante*, en avant. ‖ *Cara atrás*, en arrière. ‖ — *A cara descubierta*, à visage découvert. ‖ *De cara*, de face, de front : *atacar de cara*, attaquer de front ; en face : *tener el sol de cara*, avoir le soleil en face. ‖ *De cara a*, vis-à-vis de.
— OBSERV. *Visage* y *figure* son las palabras más corrientes para designar la parte anterior de la cabeza. Son sinónimos perfectos. Sin embargo *visage* se refiere más bien a la expresión. *Face* se emplea con menos frecuencia y se usa principalmente como término anatómico (*chirurgie de la face*, cirugía de la cara). Se puede aplicar también a ciertos animales, aunque en este caso es más propio decir *tête* (*la cara del perro, del toro*, la tête du chien, du taureau).
— SINÓN. ● *Rostro*, visage. *Faz*, semblant, face. *Fisonomía*, physionomie. *Facies*, faciès. *Aire*, air.

caraba f. FAM. *Este es la caraba*, il est impayable. ‖ *Esto es la caraba*, ça c'est le comble.

cáraba f. Bateau (m.) utilisé sur la côte est de l'Espagne.

carabao m. Kérabau (búfalo).

cárabe m. Ambre (ámbar).

carabela f. MAR. Caravelle.

carabina f. Carabine (arma). ‖ Chaperon, m. [d'une demoiselle]. ‖ *Eso es la carabina de Ambrosio*, c'est un cautère sur une jambe de bois.

carabinero m. Carabinier. ‖ Grosse crevette (crustáceo).
— OBSERV. On donne le nom de *carabineros* en Espagne à des militaires faisant essentiellement fonction de « douaniers » et chargés de la répression de la contrebande.

cárabo m. Carabe (coleóptero). ‖ Chat-huant (autillo).

caracal m. ZOOL. Caracal (lince).

caracará m. Caracara (ave).

caracol m. ZOOL. Escargot; colimaçon, limaçon (molusco terrestre). ‖ Bigorneau (de mar). ‖ CULIN. Escargot : *purgar los caracoles*, faire

dégorger les escargots. ‖ Accroche-cœur (rizo). ‖ Limaçon (de reloj). ‖ ANAT. Limaçon : *caracol óseo, membranoso*, limaçon osseux, membraneux. ‖ — *Escalera de caracol*, escalier en colimaçon. ‖ EQUIT. *Hacer caracoles*, caracoler.
— Interj. *¡Caracoles!*, mince !, sapristi !

caracola f. ZOOL. Conque.

caracolada f. Plat (m.) d'escargots.

caracolear v. intr. Caracoler (los caballos).

caracoleo m. Caracole, f.

caracolero, ra m. y f. Marchand, marchande d'escargots.

caracolillo m. BOT. Haricot limaçon (judía). ‖ Café à petits grains (café). ‖ Sorte d'acajou très veiné (caoba).

carácter m. Caractère (índole, genio, personalidad) : *mal carácter*, mauvais caractère ; *hombre de mucho carácter*, un homme de grand caractère. ‖ Condition, f., qualité, f., caractère : *con carácter de embajador*, en qualité d'ambassadeur. ‖ Caractère : *carácter dramático*, caractère dramatique. ‖ IMPR. Caractère.
— OBSERV. Pl. *caracteres*. (Remarquez le déplacement d'accent en passant du singulier au pluriel.)

característico, ca adj. Caractéristique.
— M. y f. TEATR. Barbon, m. (actor), duègne, f. (actriz). ‖ — F. Caractéristique (particularidad). ‖ MAT. Caractéristique (del logaritmo). ‖ *Amer.* Indicatif, m. (teléfono). ‖ *Características técnicas*, renseignements techniques.

caracterizado, da adj. Caractérisé, e. ‖ Distingué, e ; remarquable (notable).

caracterizar v. tr. Caractériser. ‖ TEATR. Jouer o interpréter d'une façon expressive.

caracterología f. Caractérologie.

caracú m. *Amer.* Moelle, f. (tuétano).

caracul m. Caracul (carnero y piel).

caradura m. y f. FAM. Personne culottée (fresco). ‖ — F. FAM. Culot, m., toupet, m. : *tener mucha caradura*, avoir un culot monstre. ‖ — Adj. FAM. Culotté, e ; gonflé, e : *¡qué hombre más caradura!*, il est gonflé !

caramanchel m. MAR. Panneau (escotillón). ‖ Galetas (tugurio). ‖ — *Amer.* Gargote, f. (figón).

¡caramba! interj. Sapristi !, zut !, mince ! ‖ Diable ! (enfado). ‖ Tiens !, allons donc ! (sorpresa).

carámbano m. Glaçon.

carambola f. Carambolage, m. (billar). ‖ FIG. y FAM. Coup (m.) double (doble resultado). ‖ Hasard, m. : *aprobó por carambola*, il fut reçu par hasard. ‖ Niche, tour, m. (faena hecha a alguien). ‖ — *Carambola corrida*, coulé. ‖ *Por carambola*, par ricochet, par contrecoup.

carambolear v. tr. Caramboler (billar).

caramelización f. Caramélisation.

caramelizar v. tr. Caraméliser.

caramelo m. Bonbon (golosina). ‖ Caramel (azúcar fundida y pasta de azúcar). ‖ — *Caramelo blando*, caramel. ‖ FAM. *De caramelo*, à croquer (excelente).
— OBSERV. Le mot espagnol *bombón* signifie uniquement « bonbon au chocolat ».

caramillo m. MÚS. Chalumeau (flauta). ‖ Tas, fatras (montón). ‖ FIG. Tour (enredo), racontar, histoire, f. (chisme). ‖ BOT. Arroche (f.) de mer.

carancho m. *Amer.* Caracara, oiseau de proie.

carángano m. *Amer.* Pou (piojo).

carantoña f. FIG. y FAM. Vieille coquette (mujer vieja y presumida). ‖ — Pl. Agaceries, minauderies, cajoleries (zalamerías).

carantoñero, ra m. y f. FAM. Minaudier, ère.

carapacho m. Carapace, f., test (caparazón de los moluscos).

¡carape! interj. Mince !, diable ! (¡caramba !).

caraqueño, ña adj. y s. De Caracas (Venezuela).

carátula f. Masque, *m.* (careta). ‖ FAM. Planches, *pl.* (teatro) : *dejó la espada por la carátula,* il abandonna l'épée pour les planches. ‖ *Amer.* Frontispice, *m.*, page de titre (de un libro).

caratulero m. Fabricant *o* marchand de masques.

caravana f. Caravane (de gentes, remolque). ‖ FAM. Groupe, *m.*, troupeau, *m.* (tropa). ‖ — Pl. *Amer.* Pendants (*m.*) d'oreilles (pendientes). | Politesses. ‖ *En caravana,* en file indienne, à la file.

caravanero m. Caravanier.

caravaning m. Caravaning.

caravanseray *o* **caravasar** *o* **caravanserrallo** m. Caravansérail.

¡caray! interj. Mince !, sapristi !, zut !, diable ! ‖ — *¡Caray con los sablistas !,* au diable [soient] les tapeurs ! ‖ *¡Qué caray !,* que diable !

carbón m. Charbon (combustible) : *carbón de piedra, mineral, de leña,* charbon de terre, minéral, de bois. ‖ BOT. Charbon (enfermedad de los cereales). ‖ Fusain, charbon (carboncillo) : *dibujo al carbón,* dessin au fusain. ‖ — *Carbón animal,* charbon animal. ‖ *Carbón de bola,* boulet. ‖ *Carbón en polvo,* poussier. ‖ *Negro como el carbón,* noir comme le jais *o* comme de l'encre. ‖ *Papel carbón,* papier carbone.

carbonada f. Carbonnade, carbonade, charbonnée (carne cocida y después asada). ‖ Pelletée de charbon (paletada de carbón). ‖ Pâte frite (pasta). ‖ *Amer.* Ragoût (*m.*) de viande, pommes de terre, maïs, courgettes et riz (guisado).

carbonado m. Carbonado (diamante negro).

carbonar v. tr. Charbonner.

carbonario m. Carbonaro (miembro del carbonarismo).

— OBSERV. En francés, el plural de la palabra *carbonaro* es *carbonari.*

carbonarismo m. Carbonarisme.

carbonatación f. QUÍM. Carbonatation.

carbonatado, da adj. QUÍM. Carbonaté, e.

carbonatar v. tr. QUÍM. Carbonater.

carbonato m. QUÍM. Carbonate.

carboncillo m. Fusain [à dessin].

carbonear v. tr. Charbonner (hacer carbón).

carboneo m. Carbonisation, *f.*

carbonera f. Meule (para hacer carbón). ‖ Charbonnier, *m.* (para guardar carbón). ‖ Mine de houille. ‖ *Amer.* Soute à charbon (del ténder).

carbonería f. Charbonnerie (tienda).

carbonero, ra adj. y s. Charbonnier, ère. ‖ *La fe del carbonero,* la foi du charbonnier.

carbónico, ca adj. QUÍM. Carbonique : *gas, anhídrido carbónico,* gaz, anhydride carbonique ; *nieve carbónica,* neige carbonique.

carbonífero, ra adj. Carbonifère.

carbonilla f. Escarbille : *tener una carbonilla en el ojo,* avoir une escarbille dans l'œil. ‖ Charbonnaille (carbón). ‖ *Amer.* Fusain, *m.* [à dessin].

carbonización f. Carbonisation.

carbonizar v. tr. Carboniser.

carbono m. QUÍM. Carbone.

carbonoso, sa adj. Charbonneux, euse.

carborundo m. QUÍM. Carborundum.

carbunclo *o* **carbunco** m. MED. Charbon (enfermedad). | Anthrax (tumor).

carbúnculo m. Escarboucle, *f.* (piedra preciosa).

carburación f. QUÍM. Carburation.

carburador, ra adj. y s. m. Carburateur, trice.

carburante m. Carburant. ‖ *Carburante para reactores,* carburéacteur.

carburar v. tr. Carburer. ‖ FIG. y FAM. Carburer, gazer, tourner rond.

carburo m. QUÍM. Carbure : *carburo de calcio,* carbure de calcium.

carca adj. y s. m. FAM. Carliste. ‖ FIG. Réactionnaire.

carcaj m. Carquois (aljaba). ‖ Porte-étendard (de bandera). ‖ *Amer.* Fourreau de carabine.

carcajada f. Éclat (*m.*) de rire. ‖ — *Reir a carcajadas,* rire aux éclats. ‖ *Soltar la carcajada,* éclater de rire.

carcajear v. intr. Rire aux éclats.

carcamal m. FAM. Vieille barbe, *f.*, vieille baderne, *f.*, vieille carcasse, *f.* (persona vieja).

carcamán m. MAR. Vieux rafiot (barco viejo).

Carcasona n. pr. GEOGR. Carcassonne.

cárcava f. (P. us.). Ravine (hoya hecha por las aguas). ‖ Tranchée (trinchera). ‖ Fosse (de sepultura).

cárcel f. ● Prison : *salir de la cárcel,* sortir de prison. ‖ TECN. Sergent, *m.*, serre-joint, *m.* (herramienta). | Coulisse (ranura).

— SINÓN. ● *Presidio, préside. Prisión,* prison. *Celda,* cellule. *Calabozo,* geôle, cachot. *Mazmorra,* oubliette. *Pop. Chirona,* taule *o* tôle.

carcelaje m. Geôlage (calabozaje).

carcelario, ria adj. Relatif à la prison, de la prison.

carcelería f. Emprisonnement, *m.*, détention.

carcelero, ra adj. De la prison. ‖ — M. y f. Geôlier, ère ; gardien, gardienne de prison. ‖ — F. Chanson populaire andalouse.

carcinología f. MED. Carcinologie.

carcinoma m. MED. Carcinome (cáncer).

carcinomatoso, sa adj. Carcinomateux, euse.

cárcola f. Marche (de telar).

carcoma f. ZOOL. Artison, *m.*, vrillette. ‖ Vermoulure (polvo de la madera). ‖ FIG. y FAM. Hantise : *esta cuestión es para él una verdadera carcoma,* cette question est pour lui une véritable hantise. ‖ Sangsue (persona gastosa).

carcomer v. tr. Artisonner (la madera). ‖ FIG. Ronger, miner, consumer : *este problema me carcome,* ce problème me ronge.

— V. pr. Se ronger.

carcomido, da adj. Mangé aux vers, vermoulu.

carda f. Cardage, *m.* (acción). ‖ Carde (cabeza de la cardencha). ‖ Carde (instrumento). ‖ FIG. y FAM. Savon, *m.* (reprimenda).

cardado m. TECN. Cardage. ‖ Crêpage (del pelo).

cardador, ra m. y f. Cardeur, euse. ‖ — M. ZOOL. Scolopendre, *f.*

cardadura f. Cardage, *m.*

cardamina f. BOT. Cardamine (mastuerzo).

cardamomo m. Cardamome (planta).

cardán m. TECN. Cardan, *m.* (articulación).

cardar v. tr. Carder (la lana). ‖ Crêper (el pelo).

cardelina f. Chardonneret, *m.* (jilguero).

cardenal m. Cardinal (prelado). ‖ Cardinal (pájaro). ‖ Bleu (equimosis). ‖ Pinçon (que resulta de un pellizco). ‖ *Un bocado de cardenal,* un morceau de roi *o* de prince.

cardenalato m. Cardinalat.

cardenalicio, cia adj. Cardinalice : *púrpura cardenalicia,* pourpre cardinalice.

cardencha f. BOT. Chardon (*m.*) à foulon, cardère à foulon. ‖ TECN. Carde (carda).

cardenillo m. Vert-de-gris. ‖ *Criar cardenillo,* verdir.

cárdeno, na adj. Violacé, e (color). ‖ Pie (color de reses). ‖ Opalin, e (líquidos).

cardiaco, ca *o* **cardíaco, ca** adj. y s. Cardiaque : *tónico cardíaco,* tonique cardiaque.

cardialgia f. MED. Cardialgie.

cardias m. ANAT. Cardia (del estómago).

cardillo m. BOT. Pissenlit.

cardinal adj. Cardinal, e : *los puntos cardinales ;* les points cardinaux ; *las virtudes cardinales,* les vertus cardinales ; *número cardinal,* nombre cardinal.

cardiografía f. MED. Cardiographie.

cardiógrafo m. MED. Cardiographe.

cardiograma m. Med. Cardiogramme.
cardiología f. Med. Cardiologie.
cardiólogo, ga m. y f. Cardiologue.
cardiopatía f. Med. Cardiopathie.
cardiotónico m. Med. Cardiotonique.
cardiovascular adj. Med. Cardio-vasculaire.
carditis f. Med. Cardite.
cardizal m. Lieu planté de chardons o de cardons.
cardo m. Cardon (planta comestible). || Chardon (plante espinosa). || — *Cardo ajonjero* ou *aljonjero*, carline (ajonjera). || *Cardo borriquero*, chardon aux ânes. || *Ca'do mariano*, chardon argenté o chardon Notre-Dame. || Fig. *Ser un cardo borriquero*, être un fagot d'épines.
cardón m. Carde, f. (cardencha). || Cardage (carda). || Amer. Cierge, cactus (cacto).
Cardona n. pr. *Más listo que Cardona*, malin comme un singe.
cardoncillo m. Bot. Chardon argenté.
cardume o **cardumen** m. Banc de poisson (banco de peces). | Amer. Abondance, f., profusion, f.
carear v. tr. Dr. Confronter (cotejar).
— V. pr. S'aboucher (entrevistarse). || S'expliquer o avoir une explication avec (encararse).
carecer* v. intr. Manquer, être à court o dépourvu de : *carecer de recursos*, manquer de ressources. | *Luis presume de lo que carece*, Louis se vante de ce qu'il n'a pas.
carecimiento m. (Ant.). Manque, privation, f.
carena f. Mar. Carénage, m., radoub, m. || Fig. y fam. Brimade (broma pesada). || Mar. *Dique de carena*, bassin de radoub.
carenar v. tr. Mar. Caréner, radouber.
carencia f. Manque, m. : *carencia de datos*, manque de renseignements. || Carence : *enfermedad por carencia*, maladie par carence.
carenero m. Mar. Bassin de radoub, carénage (lugar).
carente adj. Manquant, e ; dépourvu, e.
careo m. Confrontation, f. : *el careo de los testigos*, la confrontation des témoins.
carero, ra adj. Qui vend cher.
carestía f. Disette (hambre). || Pénurie (escasez). || Cherté (precio subido) : *la carestía de la vida*, la cherté de la vie.
careta f. Masque, m. || *Careta antigás* ou *contra gases*, masque à gaz.
carey m. Caret (tortuga). || Écaille (f.) de caret. || Écaille, f. : *un peine de carey*, un peigne en écaille.
— Observ. Pl. *careyes*.
carga f. Charge (peso). || Chargement, m. (acción) : *la carga de un barco*, le chargement d'un bateau. || Cartouche, recharge (estilográfica). || Mar. Cargaison (lo contenido). || Charge (de pólvora) : *carga hueca*, charge creuse. || Mil. Charge : *carga de caballería, cerrada*, charge de cavalerie, en colonne serrée o en ligne ; *paso de carga*, pas de charge. || Fot. Magasin, m. || Fig. Charge : *cargas sociales*, charges sociales. | Charge (impuesto). || — Mar. *Carga máxima*, port en lourd. || Tecn. *Carga útil*, charge utile. || — *Barco de carga*, cargo. || *Barra de carga* ou *de acoplamiento de cargas*, palonnier. || *Bestia de carga*, bête de charge o de somme. || — *A carga cerrada*, sans réflexion, à la légère (sin reflexión). || *A paso de carga*, au pas de course (rápidamente), au pas de charge (militar). || *Echar uno las cargas a otro*, se décharger sur quelqu'un, mettre quelque chose à la charge de quelqu'un. || *Llevar la carga de*, prendre en charge. || *Ser una carga a uno*, être à la charge de quelqu'un. || Mil. *Tocar paso de carga*, sonner la charge. || *Volver a la carga*, revenir à la charge.

cargadera f. Mar. Étrangloir, m. || — Pl. Amer. Bretelles (tirantes).
cargadero m. Lieu de chargement. || Arq. Linteau (dintel).
cargado, da adj. Chargé, e. || Lourd, bas (tiempo). || Épais, aisse : *ambiente cargado*, air épais. || Lourd, e (ojos). || Pleine (próxima a parir). || Tassé, e ; fort, e (bebida alcohólica) : *un whisky muy cargado*, un whisky bien tassé. || Fort, e (infusiones, café). || — *Cargado de años*, chargé d'ans. || *Cargado de espaldas*, voûté. || Fig. y fam. *Estar cargado*, être gris (borracho).
— M. Pas de danse espagnole.
cargador, ra adj. y s. Chargeur, euse. || *Pala cargadora*, pelle mécanique, pelleteuse ; pelleteuse chargeuse. || — M. Mil. Chargeur. || Tecn. Chargeur (de acumuladores, etc.). || Amer. Portefaix. || *Cargador de muelle*, docker. || — F. Pelleteuse. || Agric. *Cargadora de remolachas*, chargeur de betteraves.
cargamento m. Mar. Cargaison, f., chargement.
cargante adj. Fig. y fam. Tannant, e ; rasoir, casse-pieds.
cargar v. tr. Charger (una acémila, un barco, un horno, una pluma estilográfica, etc.) : *cargar una maleta en los hombros*, charger une valise sur ses épaules. || Charger (un arma de fuego) : *cargar con bala*, charger à balle. || Charger, recharger (una máquina de retratar). || Mar. Carguer (las velas). || Fig. Grever, charger : *cargar el país de impuestos*, grever le pays d'impôts. || Fig. y fam. Ennuyer, embêter, barber, raser, faire suer, tanner (fatigar, molestar). || Coller, refiler : *me han cargado este trabajo*, on m'a refilé ce travail. || Mil. Charger : *cargar al enemigo*, charger l'ennemi. || Fig. Attribuer, imputer, mettre sur le dos : *le cargaron la culpa*, on lui a attribué la faute. || Couper (naipes). || Com. *Cargar algo en cuenta*, porter au débit o débiter quelque chose. || Fam. *Cargar la cuenta*, saler la note (cobrar caro). || *Cargar la mano*, forcer la dose. || *Cargar las tintas*, en rajouter, forcer la note.
— V. intr. S'abattre (el viento, la tempestad). || Fig. Prendre, emporter : *cargó con el paquete*, il a pris le paquet ; *cargo con todo*, il a tout emporté. || Porter : *ha tenido que cargar con la maleta todo el tiempo*, il a dû porter la valise tout le temps. || Appuyer sur (estribar en). || Se charger de : *cargar con un asunto*, se charger d'une affaire. || Retomber : *todo el trabajo carga sobre mí*, tout le travail retombe sur moi. || Gram. Tomber (el acento). || — *Cargar con el santo y la limosna*, tout prendre, tout rafler (fam.). || *Cargar con la responsabilidad de*, se charger de, endosser o assumer la responsabilité de, prendre sur soi la responsabilité de. || *Cargar con las consecuencias*, subir les conséquences. || *Cargar con uno*, avoir quelqu'un sur les bras, se charger o s'embarrasser de quelqu'un. || Fam. *Siempre me toca cargar con el muerto*, c'est toujours sur moi que retombe la corvée.
— V. pr. Se charger (el cielo, el tiempo). || Se charger, s'embarrasser : *cargarse de equipajes*, s'embarrasser de bagages. || Fam. Bousiller, esquinter : *me he cargado el motor del ventilador*, j'ai bousillé le moteur du ventilateur. | Se taper, se coltiner, s'envoyer : *me he cargado solo todo el trabajo*, je me suis tapé le travail tout seul. | Écoper : *cargarse una multa*, écoper une amende. | Descendre, avoir la peau de (matar). | Couler (derribar a uno). || — *Cargarse de lágrimas*, se remplir de larmes. || *Cargarse de paciencia*, s'armer de patience.
cargazón f. Mar. Chargement, m., cargaison (cargamento). || Lourdeur (del estómago, de la cabeza). || Amoncellement, m. [de nuages bas] (nubes). || Amer. Belle récolte de fruits (de frutos).

cargo m. Charge, *f.* (peso). ‖ Chargement (acción). ‖ FIG. Poste, charge, *f.*, place, *f.* : *desempeñar un cargo de profesor*, occuper *o* avoir un poste de professeur. ‖ Accusation, *f.*, critique, *f.*, reproche : *graves cargos al gobierno*, vives critiques lancées contre le gouvernement. ‖ Charge, *f.* : *tener alguien a su cargo*, avoir quelqu'un à sa charge. ‖ DR. Charge, *f.* : *testigo de cargo*, témoin à charge. ‖ COM. Débit. ‖ MAR. Cargo. ‖ — *Cargo de acusación*, chef d'accusation. ‖ *Cargo de almas*, charge d'âmes. ‖ *Cargo de conciencia*, cas de conscience. *Acumulador de cargos*, cumulard (fam.). ‖ — *A cargo de*, à la charge de : *correr a cargo de*, être à la charge de [une dépense], à condition que, à charge de : *te dejo eso a cargo de que me lo devuelvas*, je te prête ça à condition que tu me le rendes *o* à charge pour toi de me le rendre. ‖ *Con cargo a*, au compte de. ‖ *Correr a cargo de*, être à la charge de. ‖ *Hacer cargo a uno de una cosa*, reprocher quelque chose à quelqu'un, mettre quelque chose à la charge de quelqu'un. ‖ *Hacerse cargo de la situación*, se rendre compte *o* prendre conscience de la situation. ‖ *Hacerse cargo de una persona*, prendre quelqu'un en charge *o* à sa charge, se charger de quelqu'un. ‖ *Hacerse cargo de un negocio*, se charger d'une affaire, prendre une affaire en charge *o* en main. ‖ *Tener a su cargo*, avoir à sa charge, s'occuper de. ‖ *Tomar a su cargo*, prendre à sa charge.

cargoso, sa adj. V. CARGANTE.

carguero m. *Amer.* Bête (*f.*) de somme (acémila). ‖ Cargo (barco).

cari adj. *Amer.* Gris plombé. — M. Cari (especia).

cariacontecido, da adj. Soucieux, euse ; préoccupé, e.

cariancho, cha adj. Au visage large.

cariar v. tr. MED. Carier. — V. pr. MED. Se carier.

cariátide f. ARQ. Cariatide.

caribe adj. y s. Caraïbe.

Caribe n. pr. m. *Mar Caribe*, mer des Caraïbes.

caribú m. ZOOL. Caribou.

caricato m. Fantaisiste (actor cómico).

caricatura f. Caricature.

caricatural adj. Caricatural, e.

caricaturar v. tr. Caricaturer.

caricaturesco, ca adj. Caricatural, e.

caricaturista m. Caricaturiste.

caricaturizar v. tr. Caricaturer.

caricia f. Caresse.

caridad f. ● Charité (virtud). ‖ Charité (limosna) : *hacer caridad*, faire la charité. ‖ — *La caridad bien entendida comienza por uno mismo*, charité bien ordonnée commence par soi-même. ‖ *¡Por caridad !*, de grâce (por favor).

— SINÓN. ● *Beneficencia*, bienfaisance. *Generosidad*, générosité. *Piedad*, piété. *Humanidad*, humanité. *Filantropía*, philanthropie. *Altruismo*, altruisme.

caries f. Carie. — OBSERV. Pl. *Caries*.

carilampiño, ña adj. Imberbe.

carilargo, ga adj. FAM. Qui a le visage allongé.

carilla f. Page [de papier à lettre].

carillón m. MÚS. Carillon (campanas y sonido).

carimba f. Marque (hierro candente aplicado a los esclavos).

Carintia n. pr. f. GEOGR. Carinthie.

cariño m. Affection, *f.*, tendresse : *le tiene mucho cariño*, il a beaucoup d'affection pour elle. ‖ Amour (esmero) : *hacer una cosa con cariño*, faire quelque chose avec amour. ‖ FIG. Caresse, *f.* (caricia). ‖ — Pl. Sentiments affectueux (en una carta). ‖ — *¡Cariño mío !*, mon amour ! ‖ *Tomar cariño a*, prendre en affection (a uno), s'attacher (a una cosa).

cariñoso, sa adj. ● Affectueux, euse ; tendre (afectuoso). ‖ Caressant, e (mimoso). — SINÓN. ● *Afectuoso*, affectueux. *Tierno*, tendre. *Mimoso*, câlin.

carioca adj. y s. De Rio de Janeiro.

cariocinesis f. BIOL. Caryocinèse.

cariofiláceas f. pl. BOT. Caryophyllacées.

cariópside f. BOT. Caryopse.

cariparejo, ja adj. Imperturbable.

carisma m. Charisme, don du ciel, grâce, *f.*

caritativo, va adj. Charitable.

carite m. *Amer.* Poisson comestible du Venezuela.

cariz m. Aspect [de l'atmosphère]. ‖ FIG. y FAM. Tournure, *f.*, allure, *f.* : *esto va tomando mal cariz*, ceci prend une mauvaise tournure *o* une mauvaise allure.

carlanca f. Collier (*m.*) à pointes [pour les chiens].

carlancón, ona adj. Rusé, e ; astucieux, euse.

carlina f. BOT. Carline (especie de cardo).

carlinga f. MAR. y AVIAC. Carlingue.

carlismo m. Carlisme.

carlista adj. y s. Carliste.

Carlomagno n. pr. m. Charlemagne.

Carlos n. pr. m. Charles.

carlota f. Charlotte (postre).

Carlota n. pr. f. Charlotte.

carlovingio, gia adj. y s. V. CAROLINGIO.

carmañola f. Carmagnole.

carmelita adj. y s. ECLES. Carmélite. ‖ *Amer.* Havane, marron clair (color). ‖ — M. Carme (religioso) : *carmelita descalzo*, carme déchaussé *o* déchaux. ‖ — F. Carmélite (religiosa). ‖ BOT. Fleur de la capucine (flor).

carmelitano, na adj. y s. ECLES. Carmélite.

Carmelo n. pr. m. Carmel (monte de Palestina).

carmen m. ECLES. Carmel (orden). ‖ Villa, *f.* [à Grenade].

Carmen n. pr. f. Carmen.

carmenador m. Déméloir (peine).

carmenadura f. Démêlage, *m.* (de la lana).

carmenar v. tr. Démêler, peigner (la lana). ‖ FIG. y FAM. Plumer, dévaliser (robar). ‖ Tirer *o* arracher les cheveux *o* le poil (repelar).

carmesí adj. y s. m. Cramoisi, e.

carmín adj. inv. y s. m. Carmin (color). ‖ *Carmín de los labios*, rouge à lèvres.

carminativo, va adj. y s. m. Carminatif, ive.

carmíneo, a *o* **carminoso, sa** adj. Carminé, e.

carnada f. Appât, *m.* (de viande) (cebo).

carnadura f. Chair (de una persona).

carnal adj. Charnel, elle (sensual). ‖ Germain, e (primo, hermano) : *primo carnal*, cousin germain. ‖ Au premier degré (tío, sobrino). ‖ FIG. Charnel, elle ; matériel, elle.

carnaval m. Carnaval.

carnavalada f. Mascarade.

carnavalesco, ca adj. Carnavalesque.

carnaza f. (P. us.). Derme, *f.* (dermis). ‖ FIG. y FAM. Carne, bidoche (carne). ‖ FAM. Chair, *f.* ‖ *Amer.* Appât, *m.* (cebo). ‖ Tête de turc (cabeza de turco).

carne f. ANAT. Chair (tejidos). ‖ Chair (cuerpo) : *el Verbo se hizo carne*, le Verbe s'est fait chair ; *la carne es flaca*, la chair est faible ; *carne prieta, fofa*, chair ferme, molle. ‖ Viande (comestible) : *carne de vaca, de ternera*, viande de bœuf, de veau ; *carne poco hecha, ahumada*, viande saignante, fumée. ‖ Chair (de los frutos). ‖ *Amer.* Cœur, *m.* (de un tronco de árbol). ‖ — FIG. *Carne de cañón*, chair à canon. ‖ *Carne de gallina*, chair de poule. ‖ *Carne de horca*, gibier de potence. ‖ *Carne de membrillo*, pâte de coing. ‖ *Carne de mi carne*, chair de ma chair. ‖ *Carne de pelo*, gibier à poil. ‖ *Carne de pluma*, gibier à plume. ‖ *Carne mollar*, viande maigre. ‖ *Carne picada*, viande hachée (de vaca), chair à saucisse (de cerdo). ‖ *Carne sin hueso*, viande désossée. ‖

Carne viva, chair vive. ‖ *Color carne,* couleur chair. ‖ *Día de carne,* jour gras. ‖ — *De* ou *en carne y hueso,* en chair et en os. ‖ *En carne viva,* à vif. ‖ *En carnes* ou *en vivas carnes,* nu, e ; tout nu, toute nue. ‖ — *Cortar en carne viva,* tailler dans le vif. ‖ *Criar* ou *echar carnes,* engraisser, prendre de l'embonpoint, grossir. ‖ *Echar* ou *poner toda la carne en el asador,* risquer le tout pour le tout, y mettre le paquet. ‖ FIG. *Herir en carne viva,* piquer au vif (ofender), retourner le couteau dans la plaie (volver a herir). ‖ *Metido* ou *metidito en carnes,* bien en chair, rondelet, plantureux. ‖ *No ser ni carne ni pescado,* n'être ni chair ni poisson, n'être ni lard ni cochon. ‖ *Poner toda la carne en el asador,* risquer le tout pour le tout. ‖ *Ser uno de carne y hueso,* ne pas être un pur esprit. ‖ *Ser uña y carne,* être comme les deux doigts de la main. ‖ *Temblarle a uno las carnes,* avoir la chair de poule.

carné m. V. CARNET.

carneada f. *Amer.* Action d'abattre et de dépecer une bête.

carnear v. tr. *Amer.* Abattre et dépecer les animaux de boucherie (matar y descuartizar). | Escroquer, rouler (estafar), tromper (engañar). | Tuer, zigouiller (fam.) [matar].

carnecería f. Boucherie.

— OBSERV. Ce mot est employé à tort en Castille et en Aragon à la place de *carnicería.*

cárneo, a adj. Carné, e.

carnerada f. Troupeau (m.) de moutons.

carnerear v. tr. *Amer.* Évincer, éliminer.

carnero m. Mouton (ruminante). ‖ Mouton (carne y piel). ‖ *Amer.* Lama (llama). | FIG. Mouton (sin voluntad). ‖ — *Carnero de simiente,* bélier. ‖ *Carnero llano,* mouton. ‖ *Carnero marino,* phoque (foca). ‖ *Carnero padre* ou *morueco,* bélier. ‖ FIG. *No hay tales carneros,* c'est de la blague.

carnero m. Charnier (osario). ‖ FAM. *Amer. Cantar para el carnero,* passer l'arme à gauche (morir).

carneruno, na adj. Moutonnier, ère.

carnestolendas f. pl. Carême-prenant, m. sing. (durante el carnaval). ‖ Carnaval, m. sing.

carnet o **carné** m. Carnet (librito) : *carnet de billetes,* carnet de tickets. ‖ Agenda, carnet d'adresses. ‖ — *Carnet de conductor* ou *de conducir,* permis de conduire. ‖ *Carnet de identidad,* carte d'identité.

— OBSERV. Pl. *carnés.*

carnicería f. Boucherie : *carnicería hipofágica,* boucherie chevaline. ‖ ● FIG. Boucherie, massacre, m., carnage, m. (matanza). ‖ *Amer.* Abattoir, m. (matadero).

— SINÓN. ● *Matanza,* massacre. *Degollina,* tuerie, boucherie. *Hécatombe,* hécatombe.

carnicero, ra adj. y s. Carnassier, ère : *el lobo es carnicero,* le loup est carnassier. ‖ FAM. Carnassier, ère (que le gusta la carne). ‖ FIG. y FAM. Sanguinaire. ‖ — M. y f. Boucher, ère (vendedor). ‖ — M. Boucher.

cárnico, ca adj. De la viande : *industrias cárnicas,* industries de la viande.

carnicol m. Onglon, sabot (pezuna).

carnívoro, ra adj. y s. Carnassier, ère : *el gato es un carnívoro,* le chat est un carnassier. ‖ Carnivore (que se alimenta con carne) : *el hombre es carnívoro, pero no carnicero,* l'homme est carnivore, mais pas carnassier.

carniza f. FAM. Issues, pl. (desperdicios de carnicería). | Charogne (carne muerta).

carnosidad f. MED. Excroissance (excrecencia). ‖ Embonpoint, m. (gordura).

carnoso, sa adj. Charnu, e. ‖ Gras, grasse : *planta carnosa,* plante grasse. ‖ *Parte carnosa del brazo, de la pierna,* le gras du bras, de la jambe.

caro, ra adj. Cher, ère : *hotel caro,* hôtel cher ; *caro amigo,* cher ami.

— Adv. Cher : *pagar caro,* payer cher. ‖ — *Lo barato sale caro,* le bon marché revient toujours trop cher. ‖ *Salir caro,* revenir cher. ‖ *Vender cara su vida,* vendre chèrement sa vie.

— OBSERV. Dans son emploi adverbial, l'adjectif *caro* admet l'accord avec le sujet. L'accord est obligatoire avec les verbes *resultar, quedar, permanecer, seguir :* me *resultó cara esta casa,* cette maison m'est revenue cher.

caroca f. Décor (m.) en planches et en toile que l'on dresse lors de la Fête-Dieu en Espagne.

carocha f. Couvain, m. (de insectos).

Carolina n. pr. f. Caroline.

carolingio, gia o **carlovingio, gia** o **carolino, na** adj. y s. Carolingien, enne (de Carlomagno).

carolino, na adj. Des rois nommés Charles.

carona f. Pièce de cuir ou de toile que l'on place sous la selle (de la silla de montar). | Bât, m. (albarda). ‖ Dos, m., échine (lomo del caballo).

carota m. y f. FAM. Culotté, e (caradura).

caroteno m. Carotène.

carótida f. ANAT. Carotide.

carozo m. Rafle, f. (de la mazorca de maíz). ‖ Noyau (de la aceituna, durazno, etc.).

carpa f. Carpe (pez). ‖ AGRIC. Grappillon, m. (racimillo). ‖ Tente (tienda de campaña). ‖ Chapiteau, m. (del circo). ‖ — DEP. *Salto de la carpa,* saut de carpe. | *Salto en carpa,* saut carpé.

carpanel adj. GEOM. y ARQ. En anse de panier.

carpanta f. FAM. Fringale, faim de loup (hambre). ‖ *Amer.* Bande malfaiteurs.

Cárpatos n. pr. m. pl. GEOGR. Carpates, f.

carpe m. BOT. Charme (árbol).

carpelo m. BOT. Carpelle, f. (del pistilo).

carpeta f. Sous-main, m. (para escribir). ‖ Chemise, dossier, m. (para documentos). ‖ Tapis (m.) de table (sobre la mesa).

carpetazo (dar) loc. FIG. Classer, enterrer : *dar carpetazo a un asunto,* classer une affaire.

carpiano, na adj. ANAT. Carpien, enne.

carpincho m. ZOOL. Cabiai (capibara).

carpintear v. intr. Travailler le bois. ‖ FAM. Bricoler (trabajar como aficionado).

carpintería f. Charpenterie. ‖ Menuiserie (oficio y taller). ‖ — *Carpintería metálica,* charpentes métalliques. ‖ *Trabajo de carpintería,* menuiserie.

carpintero m. Charpentier (en obras gruesas). ‖ Menuisier. ‖ — *Carpintero de armar,* charpentier. ‖ *Carpintero de carretas,* charron. ‖ *Carpintero de ribera,* charpentier de bateaux. ‖ ZOOL. Pájaro carpintero, pic. ‖ *San José Carpintero,* saint Joseph charpentier.

carpo m. ANAT. Carpe.

carpología f. Carpologie (estudio de las frutas).

carraca f. MAR. Caraque (navío). ‖ (Ant.) Chantier (m.) naval (astillero). ‖ FIG. Vieux rafiot, m. (barco viejo). ‖ MECÁN. Cliquet, m. ‖ MÚS. Crécelle (instrumento). ‖ *Amer.* Mâchoire (quijada).

carraco, ca adj. FAM. Patraque.

Carracuca n. pr. *Estar más perdido que Carracuca,* être complètement perdu o paumé (pop.).

carrada f. Charretée (carretada). ‖ FAM. Flopée, tapée (montón). ‖ *Ganar dinero a carradas,* gagner de l'argent à la pelle.

carral m. Tonneau pour le transport des vins.

carraleja f. ZOOL. Méloé, m.

carraón m. Engrain (trigo).

Carrara n. pr. GEOGR. Carrare.

carrasca f. BOT. Yeuse, chêne, m. [de petite taille].

— OBSERV. V. ENCINA.

carrascal m. Bois d'yeuses. ‖ *Amer.* Terrain pierreux (pedregal).

carraspear v. intr. Se racler la gorge. ‖ Parler d'une voix enrouée, grailler (p. us.) [hablar con voz ronca].

carraspeo m. o **carraspera** f. Enrouement, *m.*, graillement, *m.* (p. us.). ‖ *Tener carraspera*, être enroué, avoir un chat dans la gorge.

carraspique m. Ibéride, *f.*, thlaspis (planta).

carrasposo, sa adj. Très enroué, e (ronco). ‖ *Amer.* Rugueux, euse (áspero).

carrasqueño, ña adj. Fig. Dur, e ; âpre.

carrera f. Course (deportes) : *carrera ciclista, de fondo, de vallas* ou *de obstáculos, de caballos*, course cycliste, de fond, de haies, de chevaux. ‖ Cours, *m.* (de los astros). ‖ Cours, *m.* (calle). ‖ Trajet, *m.*, parcours, *m.* (trayecto). ‖ Course (recorrido) : *la carrera del émbolo*, la course du piston. ‖ Course (d'un taxi). ‖ Fig. Rangée (fila) : *carrera de árboles*, rangée d'arbres. ‖ Échelle (rotura en la media). ‖ Carrière : *carrera diplomática*, carrière diplomatique. ‖ . Profession : *carrera liberal*, profession libérale. ‖ Études, *pl.* : *exámenes de fin de carrera*, examen de fin d'études ; *hacer la carrera de derecho*, faire des études de droit ; *¿qué carrera hace usted?*, quelles études faites-vous ? ‖ Fig. Carrière, chemin, *m.* : *hacer carrera*, faire carrière, faire son chemin. ‖ Vie : *una carrera bien aprovechada*, une vie bien remplie. ‖ ARQ. Lambourde. ‖ — *Carrera a campo traviesa* ou *a campo través*, cross-country. ‖ Fig. *Carrera de armamentos*, course aux armements. ‖ *Carrera de persecución*, poursuite. ‖ *Carrera de sacos*, course en sac. ‖ — *A carrera abierta*, à toutes jambes, à bride abattue (rápidamente), à la légère (sin reflexión). ‖ *De carrera*, avec aisance, haut la main. ‖ — *Cubrir la carrera*, faire la haie (a una comitiva). ‖ *Dar carrera a uno*, payer ses études à quelqu'un. ‖ FAM. *Hacer la carrera*, faire le trottoir. ‖ *Media que ha hecho carrera*, bas qui a filé. ‖ FAM. *No poder hacer carrera con* ou *de uno*, ne pouvoir rien obtenir de quelqu'un, ne pouvoir venir à bout de quelqu'un (no poder con), ne savoir que faire de quelqu'un. ‖ *Tomar carrera*, prendre de l'élan.

carrerilla f. Mús. Trait, *m.* ‖ Pas (*m.*) redoublé (paso). ‖ Échelle (en una media). ‖ — *De carrerilla*, d'un trait (de corrido), par cœur (de memoria), sur le bout du doigt (saber). ‖ *Coger una carrerilla en una media*, remmailler un bas. ‖ *Tener una carrerilla en una media*, avoir une échelle à un bas, avoir un bas filé. ‖ *Tomar carrerilla*, prendre de l'élan.

carrerista m. Turfiste (aficionado). ‖ Coureur (ciclista, a pie). ‖ — F. FAM. Racoleuse (ramera).

carrero m. Charretier (carretero).

carreta f. Charrette. ‖ Tombereau, *m.* (para los condenados a muerte). ‖ — *Andar como una carreta*, marcher comme une tortue. ‖ FAM. *Tren carreta*, tortillard, charrette.

carretada f. Charretée, tombereau, *m.* (carga de una carreta). ‖ Flopée, tas, *m.* (gran cantidad). ‖ FAM. *A carretadas*, à foison, à la pelle.

carrete m. Bobine, *f.* : *carrete de hilo, de inducción*, bobine de fil, à induction. ‖ FOT. Rouleau (de película). ‖ Bobine (en la máquina de fotografías). ‖ Moulinet (de caña de pescar) : *carrete de tambor fijo*, moulinet à tambour fixe. ‖ — *Dar carrete*, rendre la main, donner du fil (pesca). ‖ FIG. *Dar carrete a uno*, raconter des histoires à quelqu'un.

carretear v. tr. Charroyer, charrier.

carretel m. Moulinet (de caña de pescar). ‖ MAR. Touret (de la corredera). ‖ *Amer.* Bobine, *f.* (carrete).

carretela f. Calèche (coche).

carretera f. Route : *carretera nacional*, route nationale. ‖ — *Carretera de empalme* ou *de enlace*, bretelle de raccordement. ‖ *Carretera general*, grande route, route à grande circulation. ‖ *Carretera secundaria* ou *comarcal*, route départementale. ‖ — *Albergue de carretera*, relais routier. ‖ *Estrechamiento de carretera*, chaussée rétrécie. ‖ *Mapa de carreteras*, carte routière. ‖ *Red de carreteras*, réseau routier.

carretería f. Charronnage, *m.*, charronnerie (oficio). ‖ Atelier (*m.*) de charron (taller).

carretero adj. m. Carrossable : *camino carretero*, chemin carrossable.

— M. Charron (constructor). ‖ Charretier (conductor) : *blasfemar como un carretero*, jurer comme un charretier.

carretil adj. Carrossable : *camino carretil*, chemin carrossable.

carretilla f. Brouette. ‖ Chariot, *m.* (para los niños). ‖ Serpenteau, *m.* (cohete). ‖ *Amer.* Mâchoire (quijada). ‖ Chariot (*m.*) tiré par trois mules (carro). ‖ — *Carretilla de almacén*, diable. ‖ *Carretilla eléctrica*, chariot électrique. ‖ *Carretilla elevadora*, chariot élévateur. ‖ *De carretilla*, d'un trait (de corrido), par cœur (de memoria). ‖ *Saber de carretilla*, savoir sur le bout du doigt o savoir par cœur.

carretillada f. Brouettée.

carretón m. Charrette, *f.* (carro). ‖ Voiture (*f.*) à bras (tirado a mano). ‖ Voiturette (*f.*) de rémouleur (del afilador). ‖ Chariot (para enseñar a andar a los niños). ‖ Bogie, boggie (ferrocarril). ‖ *Amer.* Bobine, *f.* (de hilo).

carricoche m. FAM. Carriole, *f.*, guimbarde, *f.* (coche malo).

carricuba f. Arroseuse hippomobile.

carriego m. Nasse, *f.* (buitrón).

carril m. Ornière, *f.* (huella). ‖ Sillon (surco). ‖ Chemin muletier (camino). ‖ Rail (de vía férrea). ‖ Voie, *f.* (de autopista, de autobuses). ‖ *Amer.* Chemin de fer (ferrocarril), train (tren).

carrilano o **carrilero** m. *Amer.* Cheminot.

carrilera f. Chemin (*m.*) muletier.

carrillada f. Bajoue (de cerdo).

carrillera f. Mâchoire (quijada). ‖ Jugulaire, mentonnière (barboquejo).

carrillo m. Joue, *f.* (parte de la cara). ‖ Table (*f.*) roulante (mesa para servir). ‖ Poulie, *f.* (garrucha). ‖ Triporteur (carro). ‖ *Comer a dos carrillos*, manger comme un goinfre o comme quatre.

carrilludo, da adj. Joufflu, e.

carrito m. Table (*f.*) roulante (para servir la mesa). ‖ Poussette, *f.* (para la compra). ‖ Sabot (en bacarrá).

carrizal m. Lieu où abondent les roseaux.

carrizo m. BOT. Roseau à balais, laîche, *f.*

carro m. Chariot (de cuatro ruedas). ‖ Voiture, *f.* (vehículo en general). ‖ Voiture, *f.*, charretée, *f.* (carga del carro). ‖ Morpion (juego). ‖ IMPR. Train (de la prensa). ‖ MECÁN. Chariot (de una máquina de escribir, de un torno). ‖ MIL. Char (tanque) : *carro de asalto*, char d'assaut. ‖ *Amer.* Automobile, *f.*, voiture, *f.* (coche). ‖ Tramway. ‖ Wagon. ‖ — *Carro cuba*, arroseuse hippomobile. ‖ *Carro de bancada*, traînard (del torno). ‖ *Carro fuerte*, binard (de cantero). ‖ ASTR. *Carro mayor* ou *de David*, Grand Chariot (Osa Mayor). ‖ *Carro menor*, Petit Chariot (Osa Menor). ‖ *Carro transbordador*, chariot (ferrocarril). ‖ FIG. *Empujar el carro*, pousser à la roue. ‖ *Le cogió el carro*, il lui est arrivé une histoire. ‖ *Parar el carro*, se calmer (calmarse), rabattre le caquet, clouer le bec (contestando), mettre le holà (actuando). ‖ *Tirar del carro*, tirer la charrue, avoir tout le travail. ‖ *Tragar carros y carretas*, en voir de vertes et de pas mûres o de toutes les couleurs. ‖ *Untar el carro*, graisser la patte.

carrocería f. Carrosserie. ‖ *Poner carrocería a un bastidor*, carrosser un châssis.

carrocero m. Carrossier.

carrocha f. Couvain, *m.* (de insectos).

carrochar v. intr. Pondre (los insectos).

carromatero m. Conducteur de chariot, charretier.

carromato m. Chariot couvert (carro). ‖ Roulotte, *f.* (de gente de circo).

carronada f. MIL. Caronade (cañón).

carroña f. Charogne.

carroño, ña adj. Pourri, e (podrido).

carroñoso, sa adj. Qui sent la charogne.

carroza f. Carrosse, *m.* (vehículo). ‖ Char, *m.* (para carnaval). ‖ MAR. Carrosse, *m.* ‖ *Carroza fúnebre*, corbillard, char funèbre,

carrozar v. tr. Carrosser.

carruaje m. Voiture, *f.* (vehículo). ‖ Convoi (conjunto de coches).

carrusel m. Carrousel (ejercicio hípico). ‖ Manège (tiovivo).

carta f. ● Lettre (misiva) : *carta abierta*, *certificada*, lettre ouverte, recommandée ; *echar una carta*, poster une lettre ; *echar una carta al buzón*, mettre une lettre à la boîte. ‖ Carte (naipe) : *baraja de cartas*, jeu de cartes. ‖ Carte (lista de platos en un restaurante) : *comer a la carta*, manger à la carte. ‖ Charte : *carta del Atlántico*, charte de l'Antlantique ; *Carta Magna*, Grande Charte. ‖ MAR. Carte (mapa) : *carta de marear*, carte marine. ‖ — *Carta blanca*, carte blanche. ‖ *Carta con* ou *de valores declarados*, lettre chargée, pli chargé. ‖ *Carta credencial* ou *de creencia*, lettre de créance. ‖ *Carta de agradecimiento*, lettre de remerciement (para dar las gracias). ‖ *Carta de ajuste*, mire, grille (televisión). ‖ *Carta de amparo*, *de seguro* ou *de encomienda*, sauf-conduit. ‖ *Carta de aviso*, lettre d'avis. ‖ COM. *Carta de crédito*, lettre de crédit. ‖ *Carta de despido*, lettre de remerciement (para despedir a uno). ‖ *Carta de hidalguía*, titre *o* lettre de noblesse. ‖ *Carta de naturaleza*, lettre de naturalisation. ‖ *Carta de origen*, pedigree. ‖ COM. *Carta de pago*, quittance, reçu. ‖ *Carta de pésame*, lettre de condoléances. ‖ *Carta de porte*, lettre de voiture. ‖ *Carta de presentación*, lettre d'introduction. ‖ *Carta de vecindad*, certificat de résidence. ‖ *Carta factura*, lettre bordereau. ‖ *Carta falsa*, fausse carte (juegos). ‖ *Carta partida*, charte partie. ‖ *Carta pastoral*, lettre pastorale. ‖ *Cartas de los lectores al director* ou *a la dirección*, courrier des lecteurs. ‖ *Papel de cartas*, papier à lettres. ‖ — *A carta cabal*, parfaitement, foncièrement, cent pour cent : *un hombre honrado a carta cabal*, un homme foncièrement honnête ; parfait, cent pour cent : *un caballero a carta cabal*, un parfait gentleman, un gentleman cent pour cent. ‖ *A cartas vistas*, cartes sur table (sin disimulo) : *jugar a cartas vistas*, jouer cartes sur table. ‖ *Echar las cartas*, tirer les cartes. ‖ *Jugarse la última carta*, jouer sa dernière carte. ‖ *Jugárselo todo a una carta*, jouer le tout pour le tout. ‖ *Mostrar las cartas*, abattre son jeu *o* ses cartes. ‖ *No saber a qué carta quedarse*, ne savoir à quoi s'en tenir, ne savoir sur quel pied danser. ‖ *Poner las cartas sobre la mesa* ou *boca arriba*, jouer cartes sur table. ‖ *Tener carta de ciudadanía*, avoir droit de cité. ‖ *Tomar cartas en un asunto*, intervenir dans une affaire.

— SINÓN. ● *Epístola*, épître, *Misiva*, missive. *Mensaje*, message. *Esquela*, billet, *billete*, billet, mot.

cartabón m. Équerre, *f.* (de dibujante, de agrimensor). ‖ Pied à coulisse (de zapatero). ‖ *Amer.* Toise, *f.* (talla).

Cartagena n. pr. GEOGR. Carthagène.

cartagenero, ra adj. y s. De Carthagène.

cartaginense o **cartaginés, esa** adj. y s. Carthaginois, e.

Cartago n. pr. GEOGR. Carthage.

cártama f. o **cártamo** m. BOT. Carthame, *m.*

cartapacio m. Cartable, serviette, *f.* (para libros).

‖ Carton [à dessins] (para dibujos). ‖ Carnet de notes (cuaderno). ‖ Dossier (de documentos).

cartear v. intr. Jouer les fausses cartes pour reconnaître le jeu.
— V. pr. Correspondre, entretenir une correspondance, être en correspondance.

cartel m. ● Affiche, *f.* (anuncio). ‖ Alphabet mural (alfabeto). ‖ (Ant.). Cartel (de desafío). ‖ Cartel (cártel). ‖ BLAS. Cartel. ‖ — *Colgar el cartel de « no hay localidades »*, afficher complet, jouer à bureaux fermés. ‖ *Obra que continúa* ou *se mantiene en cartel*, pièce qui tient l'affiche. ‖ *Pegar* ou *fijar carteles*, afficher. ‖ *Se prohíbe* ou *prohibido fijar carteles*, défense d'afficher. ‖ FIG. *Tener buen* ou *mucho cartel*, avoir bonne presse, être très coté.
— SINÓN. ● *Anuncio*, annonce. *Pasquín*, affiche.

cártel m. Cartel : *el cártel de las izquierdas*, le cartel des gauches ; *cártel industrial*, cartel industriel.
— OBSERV. Pl. *cárteles*.

cartela f. Tablette (para notas). ‖ Console (ménsula). ‖ Gousset, *m.* (para ensamblar). ‖ BLAS. Billette.

cartelera f. Porte-affiche, *m. inv.* (para carteles). ‖ Rubrique des spectacles (en un periódico). ‖ *Llevar mucho tiempo en cartelera*, tenir longtemps l'affiche.

cartelero m. Afficheur, colleur d'affiches.

cartelista m. y f. Affichiste. ‖ — Adj. y s. Cartelliste (del cártel).

cartelización f. Cartellisation (agrupación en cártel).

cartelón m. Grande affiche, *f.*

carteo m. Échange de correspondance.

cárter m. TECN. Carter.

cartera f. Portefeuille, *m.* (de bolsillo). ‖ Cartable, *m.* (de colegiales), serviette (de mano), porte-documents, *m. inv.* (portadocumentos). ‖ Sacoche (de cobrador). ‖ *Amer.* Sac (*m.*) à mains (bolso de señora). ‖ COM. Portefeuille, *m.* (efectos comerciales). ‖ Carton, *m.* [à dessins] (para dibujos). ‖ Rabat, *m.*, patte, revers, *m.* (de un bolsillo). ‖ Pochette (bolsillo). ‖ FIG. Portefeuille, *m.* : *ministro sin cartera*, ministre sans portefeuille. ‖ — *Cartera de papeles de comercio*, portefeuille d'effets de commerce. ‖ *Cartera de pedidos*, carnet de commandes. ‖ — *Echar mano a la cartera*, sortir son portefeuille (para pagar). ‖ *Tener en cartera un asunto*, avoir une affaire dans ses dossiers.

cartería f. Emploi (*m.*) de facteur. ‖ Bureau (*m.*) de poste.

carterilla f. Rabat, *m.*, patte, revers, *m.* (de un bolsillo). ‖ Pochette : *una carterilla de cerillas*, une pochette d'allumettes.

carterista m. Voleur à la tire, pickpocket.

cartero m. Facteur, préposé des postes (repartidor de correos).

cartesianismo m. Cartésianisme.

cartesiano, na adj. y s. Cartésien, enne.

cartilagíneo, a o **cartilaginoso, sa** adj. ANAT. Cartilagineux, euse : *tejido cartilaginoso*, tissu cartilagineux.

cartílago m. ANAT. Cartilage.

cartilla f. Abécédaire, *m.*, alphabet, *m.*, ABC, *m.* (libro). ‖ Memento, *m.*, précis, *m.* (compendio). ‖ Livret, *m.* : *cartilla de ahorros*, *militar*, livret de caisse d'épargne, militaire. ‖ Ordo, *m.* (añalejo). ‖ — *Cartilla de familia numerosa*, carte de famille nombreuse. ‖ *Cartilla de racionamiento*, carte de rationnement. ‖ — FIG. y FAM. *Cantar* ou *leerle a uno la cartilla*, faire la leçon à quelqu'un. ‖ *No saber la cartilla*, être parfaitement ignare.

cartivana f. Onglet, *m.* (encuadernación).

cartografía f. Cartographie.

cartográfico, ca adj. Cartographique.

cartógrafo m. Cartographe.

cartomancia o **cartomancía** f. Cartomancie.

cartomántico, ca m. y f. Cartomancien, enne.

cartón m. Carton : *caja de cartón*, boîte en carton. ‖ ARTES. Carton. ‖ *Cartouche, f.* (de cigarillos). ‖ — *Cartón embreado*, carton bitumé. ‖ *Cartón ondulado*, carton ondulé. ‖ *Cartón piedra*, carton-pierre, carton-pâte.

cartonaje m. Cartonnage.

cartoné (en) adv. Cartonné, e : *un libro en cartoné*, un livre cartonné.

cartonería f. Cartonnerie.

cartonero, ra adj. y s. Cartonnier, ère.

cartuchera f. MIL. Cartouchière.

cartuchería f. Cartoucherie.

cartucho m. MIL. Cartouche, *f.* : *cartucho de fogueo, de salvas*, cartouche à blanc. ‖ Gargousse, *f.* (saquete de pólvora). ‖ Sac (de papel grueso), cornet (cucurucho). ‖ Rouleau (de moneda). ‖ FIG. *Quemar el último cartucho*, brûler sa dernière cartouche.

cartuja f. Chartreuse.

cartujano, na adj. y s. Chartreux, euse. ‖ *Caballo cartujano*, cheval andalou.

cartujo adj. m. y s. m. Chartreux. ‖ FIG. y FAM. *Vivir como un cartujo*, vivre en ermite.

cartulario m. Cartulaire.

cartulina f. Bristol, *m.*

carúncula f. ANAT. Caroncule : *carúncula lagrimal*, caroncule lacrymale.

carvallar o **carvalledo** m. (P. us.). Rouvraie, *f.*

carvallo m. BOT. Rouvre (roble).

carvi m. BOT. Carvi, cumin des prés (alcaravea).

casa f. ● Maison : *casa amueblada*, maison meublée *o* garnie. ‖ Immeuble, *m.*, maison (edificio) : *una casa de ocho plantas*, un immeuble de huit étages. ‖ Maison (familia) : *la casa de los Borbones*, la maison des Bourbons. ‖ Maison, maisonnée (habitantes). ‖ Maison, ménage, *m.* : *llevar bien la casa*, bien diriger sa maison ; bien conduire son ménage ; *poner casa*, monter son ménage. ‖ Maison (establecimiento comercial) : *casa editorial*, maison d'édition. ‖ Case (división) : *el tablero del ajedrez tiene 64 casas*, l'échiquier a 64 cases. ‖ Quartier, *m.* (del billar). ‖ — *Casa central* ou *matriz*, maison mère. ‖ *Casa comercial*, maison de commerce. ‖ *Casa consistorial*, hôtel de ville. ‖ *Casa cuna*, crèche. ‖ *Casa de banca*, banque. ‖ *Casa de baños*, établissement de bains. ‖ *Casa de beneficencia*, maison de bienfaisance, hospice, asile. ‖ *Casa de cambio*, bureau de change. ‖ *Casa de campo*, maison de campagne. ‖ *Casa de citas*, maison de passe. ‖ *Casa de comidas*, restaurant. ‖ *Casa de corrección*, maison de redressement *o* de correction. ‖ *Casa de correos*, poste. ‖ *Casa de Dios*, maison de Dieu *o* du Seigneur. ‖ *Casa de empeños* ou *de préstamos*, maison de prêt sur gages. ‖ *Casa de fieras*, ménagerie. ‖ *Casa de huéspedes*, pension de famille. ‖ *Casa de labor* ou *de labranza*, métairie. ‖ *Casa del cura*, cure, presbytère. ‖ *Casa de locos* ou *de orates*, asile *o* maison de fous. ‖ *Casa de maternidad*, maternité, maison d'accouchement. ‖ *Casa de moneda* ou *de la Moneda*, hôtel de la Monnaie *o* des monnaies. ‖ *Casa de recreo*, maison de plaisance. ‖ *Casa de salud*, maison de santé. ‖ *Casa de socorro*, clinique d'urgence, poste de secours. ‖ *Casa de trato*, maison de tolérance *o* close. ‖ *Casa de vecindad, de vecinos* ou *de alquiler*, immeuble *o* maison de rapport. ‖ *Casa mortuoria*, maison mortuaire. ‖ *Casa remolque*, roulotte, caravane. ‖ *Casa solariega*, manoir, gentilhommière. ‖ — *Amigo de casa*, ami de la maison *o* de la famille. ‖ FAM. *La casa de Tócame Roque*, la cour du roi Pétaud, une pétaudière. ‖ *La casa y comida*, le vivre et le couvert. ‖ *Una mujer de su casa*, une femme d'intérieur. ‖ — *A casa de*, chez : *irse a casa del vecino*, aller chez le voisin. (V. OBSERV.). ‖ *De casa en casa*, de porte en porte. ‖ *En casa*, à la maison, chez moi, toi, lui, etc. (V. OBSERV.) ‖ — *Alojarse en una casa particular*, loger chez l'habitant. ‖ *Aquí está usted en su casa*, faites comme chez vous, vous êtes ici chez vous. ‖ *Aquí tiene usted su casa*, vous êtes ici chez vous. ‖ *Cada uno en su casa y Dios en la de todos*, chacun pour soi et Dieu pour tous. ‖ *Cada uno es rey en su casa*, chacun est maître chez soi. ‖ FIG. *De andar* ou *de ir por casa*, insignifiant. ‖ *Echar* ou *tirar la casa por la ventana*, jeter l'argent par les fenêtres (despilfarrar), mettre les petits plats dans les grands (esmerarse). ‖ *Empezar la casa por el tejado*, mettre la charrue avant les bœufs. ‖ *En casa del herrero cuchillo de palo*, les cordonniers sont toujours les plus mal chaussés. ‖ *Entrar como Pedro por su casa*, entrer comme dans un moulin. ‖ *Estar de casa*, être en négligé. ‖ *Estrenar una casa*, essuyer les plâtres. ‖ *Hacer la casa*, faire le ménage. ‖ *Inaugurar la casa*, pendre la crémaillère. ‖ *Levantar casa*, déménager. ‖ *No parar en la casa*, ne jamais être chez soi, être toujours sorti *o* dehors. ‖ *No salir de casa*, garder la maison, ne pas sortir. ‖ *No tener casa ni hogar*, n'avoir ni feu ni lieu. ‖ *Pasar por casa de alguien*, passer chez quelqu'un. ‖ *Poner casa*, s'installer

— OBSERV. *Casa*, con la preposición *a, en o de* antepuesta, se traduce por el francés *chez* : *voy a casa del médico*, je vais chez le médecin. Cuando no figura el posesivo, hay que indicar los pronombres personales correspondientes en francés : *estoy en casa*, je suis chez moi ; *se fue a casa*, il est rentré chez lui.

— SINÓN. ● *Hôtel*, hôtel. *Edificio*, bâtiment. *Rascacielos*, gratte-ciel. *Immueble*, immeuble.

casaca f. Casaque (vestido). ‖ FAM. Mariage, *m.* ‖ *Volver casaca* ou *la casaca*, tourner casaque, retourner sa veste, changer son fusil d'épaule.

casación f. DR. Cassation.

casadero, ra adj. En âge d'être marié, e ; à marier ; bon, bonne à marier, mariable : *una muchacha casadera*, une fille à marier *o* bonne à marier.

casado, da adj. y s. Marié, e : *los recién casados*, les jeunes *o* les nouveaux mariés. ‖ — *Casado casa quiere*, chacun chez soi. ‖ FIG. *Casado con*, joint à. ‖ *Casado y arrepentido*, mari et marri.

casamata f. MIL. Casemate.

casamentero, ra adj. y s. Marieur, euse.

casamiento m. Mariage : *hacer un casamiento ventajoso*, faire un mariage d'argent. ‖ *Casamiento desigual*, mésalliance.

casapuerta f. Vestibule, *m.* (zaguán).

casaquilla f. Casaquin, *m.*

casar v. tr. Marier (unir en matrimonio). ‖ DR. Casser (anular). ‖ FIG. Marier, assortir (combinar) : *casar los colores*, marier les couleurs. ‖ Raccorder (tejidos). ‖ — V. intr. y pr. Se marier ; *casarse por la Iglesia*, se marier devant l'Église. ‖ FIG. S'accorder, se marier : *colores que casan bien*, couleurs qui s'accordent bien. ‖ — *Casarse en segundas nupcias*, convoler en secondes noces. ‖ *Casarse por detrás de la iglesia*, se marier de la main gauche. ‖ *Casarse por interés*, faire un mariage d'argent. ‖ *Casarse por lo civil*, se marier à la mairie. ‖ *Casarse por poderes*, se marier par procuration. ‖ *¡Cásate y verás!*, qui vivra verra ! ‖ — *Antes que te cases mira lo que haces*, il faut réfléchir avant d'agir, il faut tourner sept fois la langue dans sa bouche avant de parler. ‖ *No casarse con nadie*, avoir des idées très arrêtées, n'épouser les idées de personne.

casatienda f. Boutique avec logement.

casca f. Marc (*m.*) de raisin. ‖ Peau (de la uva). ‖ Tan, *m.* (para curtir).

cascabel m. Grelot (campanilla). ‖ MIL. Bouton de culasse (de un cañón). ‖ — FIG. y FAM. *De cascabel gordo,* ronflant, e. ‖ *Serpiente de cascabel,* serpent à sonnettes, crotale. ‖ — *Poner el cascabel al gato,* attacher le grelot. ‖ *Ser un cascabel,* être étourdi o une tête en l'air.

cascabelada f. FIG. y FAM. Sottise.

cascabelear v. tr. FIG. y FAM. Bercer de vaines promesses, leurrer.
— V. intr. FIG. y FAM. Agir à la légère. ‖ Faire un bruit de grelot, tintinnabuler (hacer ruido como de cascabeles). ‖ *Amer.* Bougonner (refunfuñar).

cascabeleo m. Bruit de grelots.

cascabelero, ra adj. FAM. Tête en l'air, écervelé, e. ‖ De grelot (ruido).
— M. Hochet (sonajero).

cascabelillo m. Petit grelot (cascabel). ‖ Prune (*f.*) d'Agen (ciruela).

cascabillo m. Petit grelot (cascabel). ‖ BOT. Balle, *f.* (de los cereales). | Cupule, *f.* (de la bellota).

cascaciruelas m. y f. FIG. y FAM. Propre à rien.

cascada f. Cascade.
— SINÓN. *Catarata,* cataracte. *Salto,* chute.

cascado, da adj. Cassé, e : *un anciano muy cascado,* un vieillard tout cassé. ‖ Cassé, e ; éraillé, e : *tener la voz cascada,* avoir la voix cassée. ‖ Vétuste (una cosa). ‖ Cassé, e ; fêlé, e.

cascadura f. Casse, fêlure.

cascajal o cascajar m. Endroit caillouteux.

cascajo m. Gravier (guijarrillo), caillou (guijo). ‖ Gravats, *pl.,* gravois, *pl.* (p. us.) [escombros]. ‖ Fruit à coquille (fruto). ‖ FIG. y FAM. Croulant (viejo). | Tacot (coche). | Rebut, vieillerie, *f.* (trastos viejos). | Ferraille, *f.* (moneda). ‖ FAM. *Estar hecho un cascajo,* être tout décrépit.

cascajoso, sa adj. Pierreux, euse ; plein de gravier.

cascamiento m. Casse, *f.,* cassage.

cascanueces m. inv. Casse-noix, casse-noisettes. ‖ ZOOL. Casse-noix (pájaro).

cascapiñones m. inv. Casse-noisettes (utensilio).

cascar v. tr. Fêler (una vasija, un huevo). ‖ Casser : *cascar una nuez,* casser une noix. ‖ Casser (la voz). ‖ FAM. Cogner (pegar, golpear). ‖ Briser, épuiser (debilitar). ‖ POP. Casquer (pagar). | Coller, flanquer : *cascar una paliza,* flanquer une volée. | Casser : *cascar la boca,* casser la gueule. | Claquer : *hoy casqué mil pesetas en el juego,* j'ai claqué aujourd'hui mille pesetas au jeu.
— V. intr. FAM. Bavarder, pérorer (charlar). ‖ POP. Casser sa pipe, mourir.

cáscara f. Coquille (del huevo). ‖ Coque, écalure (de los frutos secos). ‖ Écorce (de los troncos). ‖ Peau (de las frutas). ‖ Croûte (del queso). ‖ Zeste, *m.* (de la naranja o limón). ‖ FAM. *Ser de la cáscara amarga,* être de la pédale.
— Interj. Pl. Zut !
— OBSERV. La palabra francesa *coquille* puede aplicarse también a los frutos secos (*coquille de noix,* cáscara de nuez) y a la palabra *coque* a los huevos.

cascarilla f. Cascarille (corteza). ‖ Coquille de bouton (de botón). ‖ Coque du cacao (del cacao). ‖ Paillon, *m.,* clinquant, *m.* (de metal). ‖ FAM. *Jugar de cascarilla,* compter pour du beurre.

cascarillo m. Cascarille, *f.* (árbol).

cascarón m. Coquille, *f.* (de huevo). ‖ Écorce (*f.*) épaisse (cáscara). ‖ ARQ. Coquille, *f.,* voûte (*f.*) en quart de sphère. ‖ — *Cascarón de nuez,* coquille de noix (barco). ‖ — FIG. y FAM. *Aún no ha salido del cascarón,* il n'est pas encore sorti de l'œuf o de sa coquille, il tête encore sa mère. | *Meterse en su cascarón,* rentrer dans sa coquille.

cascarrabias m. y f. FAM. Grincheux, euse ; ronchonneur, euse (gruñón). | Soupe (*f.*) au lait (irritable).

cascarrón, ona adj. FAM. Rude, âpre.

casco m. Casque (de soldado, bombero, aviador). ‖ Coiffe, *f.* (del sombrero). ‖ Casque, serre-tête (de auricular). ‖ Crâne (cráneo). ‖ Tesson (de botella), éclat (de vidrio, de metralla, de obús). ‖ BOT. Tunique, *f.* (de las cebollas). | Quartier (de naranja). ‖ Fût (tonel). ‖ Bouteille, *f.,* verre (botella) : *casco pagado,* bouteille consignée. ‖ Périmètre urbain, enceinte, *f.* (de población). ‖ BLAS. Casque. ‖ MAR. Coque, *f.* (del barco). ‖ ZOOL. Sabot, corne, *f.* (de las caballerías). ‖ *Amer.* Centre, ensemble des bâtiments et des terrains contigus d'une ferme (de una estancia). ‖ — Pl. Tête (*f. sing.*) de veau o de mouton [sans cervelle ni langue] (cabeza de res). ‖ — *Amer. Casco de mula,* sorte de tortue (tortuga). ‖ — FIG. y FAM. *Alegre* ou *ligero de cascos,* écervelé, cervelle d'oiseau, sans cervelle. | *Estar mal del casco,* avoir le crâne un peu fêlé. | *Levantar de cascos,* leurrer, bercer de vaines promesses. | *Romper los cascos,* casser la tête. | *Romperse* ou *calentarse los cascos,* se casser la tête, se creuser la tête o la cervelle. ‖ *Sentar los cascos,* se mettre du plomb dans la tête, se poser.

cascotes m. pl. Gravats, plâtras, décombres, gravois (p. us.).

caseificación f. QUÍM. Caséification.

caseína f. QUÍM. Caséine.

caseoso, sa adj. QUÍM. Caséeux, euse.

caseramente adv. Sans cérémonie, simplement.

casería f. Maison de campagne.

caserío m. Hameau (pueblecito). ‖ Ferme, *f.* (cortijo). ‖ Maison (*f.*) de campagne (casería).

casero, ra adj. Domestique (animal). ‖ De ménage, maison (fam.) [pan, dulce, etc.] : *tarta casera,* tarte maison. ‖ De famille, familial, e (fiesta, reunión). ‖ Du foyer (paz, tranquilidad). ‖ D'intérieur : *traje casero,* robe d'intérieur. ‖ FAM. Casanier, pantouflard, popote (un hombre), casanière, pot-au-feu, popote (una mujer) [amante de su hogar]. ‖ — *Cocina casera,* cuisine familiale. ‖ *Remedio casero,* remède de bonne femme.
— M. y f. Propriétaire (de casa alquilada). ‖ Gérant, gérante d'une maison de rapport (gerente). ‖ Intendant, e (administrador de una finca rústica).

caserón m. Grande bâtisse, *f.*

caseta f. Maisonnette (casita). ‖ Baraque (barraca). ‖ Cabine de bain, cabine (de bañista). ‖ Stand, *m.* (de exposición). ‖ *Caseta de cambio de agujas,* poste d'aiguillage (ferrocarriles).

casi adv. Presque : *tiene casi cien años,* il a presque cent ans. ‖ Presque, guère : *casi no tiene amigos,* il n'a guère d'amis. ‖ Presque, peu s'en faut, à peu de chose près : *tiene cien años o casi,* il a cent ans ou presque o peu s'en faut o à peu de chose près. ‖ Quasi, quasiment [fam.] (v. OBSERV.). ‖ — *Casi, casi...,* pas loin de : *eran casi, casi las doce,* il n'était pas loin de midi ; pour un peu, peu s'en est fallu : *casi casi me mata,* pour un peu il m'aurait tué, peu s'en est fallu qu'il me tuât. ‖ *Casi nada,* presque pas. ‖ *Casi que parece de ayer,* il semble que ce soit hier. ‖ *Un* ou *una casi,* une sorte de : *el arte experimentó una casi resurrección,* l'art connut une sorte de résurrection.
— OBSERV. Los adverbios franceses *quasi* y *quasiment* se emplean preferentemente con un adjetivo y se usan raramente.

casia f. BOT. Cassie, cassier, *m.* (arbusto).

casicontrato m. DR. Quasi-contrat.

casilla f. Maisonnette, cabane (casita). ‖ Maison (de peón caminero, de un guarda, etc.). ‖ TEATR. Guichet, *m.* (venta de billetes). ‖ Case (papel rayado). ‖ Case (de ajedrez, de un crucigrama). ‖ Case, casier, *m.* (de estante). ‖ POP. Violon, *m.,* tôle : *meter en la casilla,* mettre au violon. ‖ *Amer.* Cabinets, *m. pl.,* toilettes, *pl.* (excusado). ‖

— Pl. Grille, *sing.* (de un crucigrama). ‖ — *Amer. Casilla postal,* boîte postale (apartado). ‖ — Fig. *Sacar a uno de sus casillas,* faire sortir quelqu'un de ses gonds, mettre quelqu'un hors de soi. | *Salir uno de sus casillas,* sortir de ses gonds.
casillero m. Casier.
casimir m. o **casimira** f. o **casimiro** m. Cachemire, *m.* (tela).
Casimiro n. pr. m. Casimir
casino m. Casino (casa de recreo). ‖ Cercle, club (asociación y lugar donde se reúne).
casiopea f. Astr. Cassiopée.
casis m. Cassis (licor).
casiterita f. Min. Casitérite.
caso m. Cas (suceso, circunstancia, etc.). ‖ Histoire, *f.* (fam.) : *lo mejor del caso,* le plus beau de l'histoire. ‖ Hasard (casualidad). ‖ Affaire, *f.* : *el caso Dreyfus,* l'affaire Dreyfus. ‖ Méd. Cas : *un caso de meningitis,* un cas de méningite. ‖ Gram. Cas. ‖ — *Caso apretado,* affaire difficile. ‖ *Caso de conciencia,* cas de conscience. ‖ *Caso de fuerza mayor,* cas de force majeure. ‖ *Caso de honra,* affaire d'honneur. ‖ *Caso que* ou *en caso de que,* au cas où, dans le cas où, au cas que (ant.). ‖ *En caso de necesidad,* en cas de besoin, le cas échéant. ‖ *En el peor de los casos,* en mettant les choses au pire. ‖ *En este caso,* dans ce cas, alors. ‖ *En tal caso,* en ce cas. ‖ *En todo caso,* en tout cas. ‖ *En último caso,* en dernier recours. ‖ *Por el mismo caso,* pour la même raison. ‖ — *Dado el caso,* supposé que, étant donné que. ‖ *El caso es que,* le fait est que. ‖ *¡Es un caso!,* c'est un cas à part ! ‖ *Eso no viene al caso,* cela n'a rien à voir, là n'est pas la question. ‖ Fam. *Estar en el caso,* être au fait, être au courant. ‖ *Hablar al caso,* parler à bon escient *o* à propos. ‖ *Hacer al caso,* venir à propos. ‖ *Hacer caso de,* s'occuper de, faire cas de, tenir compte de. ‖ *Hacer caso omiso de,* passer outre à; faire peu de cas de, faire abstraction de, ne pas faire attention à, passer par-dessus : *hizo caso omiso de mis observaciones,* il a fait peu de cas de mes observations; ignorer : *hace caso omiso de las leyes, del peligro,* il ignore les lois, le danger. ‖ *Llegado el caso* ou *si viene al caso,* le cas échéant, à l'occasion. ‖ *No hacer al caso,* ne pas venir à propos, être déplacé. ‖ *No hacerle caso a uno,* ne pas faire attention à quelqu'un, négliger quelqu'un (no ocuparse), ne pas écouter quelqu'un (desobedecer). ‖ *No hizo caso,* il n'a pas fait attention. ‖ *Poner por caso,* prendre pour exemple, supposer. ‖ *Ponerse en el peor de los casos,* mettre les choses au pis. ‖ *Ser del caso* ou *venir al caso,* venir à propos, tomber bien. ‖ *Vamos al caso,* allons au fait, venons-en au fait.
casoar m. Casoar (casuario).
casón m. o **casona** f. Grande bâtisse, *f.*
casorio m. Fam. Noce, *f.,* mariage.
caspa f. Pellicules, *pl.*
caspera f. Décrassoir, *m.,* peigne (*m.*) fin.
caspio, pia adj. y s. Caspien, enne (pueblo).
Caspio n. pr. m. Geogr. *Mar Caspio,* mer (*f.*) Caspienne.
¡cáspita! interj. Fam. Diable!, sapristi !
casposo, sa adj. Pelliculeux, euse; plein, e de pellicules.
casquería f. Triperie.
casquero m. Tripier (tripicallero). ‖ Fig. *Tener cosas de casquero,* avoir de drôles d'idées.
casquete m. Calotte, *f.,* toque, *f.* (gorro). ‖ Tour de cheveux (peluca). ‖ Méd. Calotte, *f.* (de tiñoso). ‖ *Casquete esférico, glaciar,* calotte sphérique, glaciaire.
— Observ. Le mot français *casquette* se traduit par *gorra.*
casquijo m. Gravillon, blocaille, *f.* (grava).
casquillo m. Tecn. Frette, *f.,* bague, *f.* (anillo). ‖

Culot, douille, *f.* (de lámpara) : *casquillo de bayoneta, de rosca,* culot à baïonnette, à vis. ‖ Douille, *f.* (cartucho). ‖ Culot (parte metálica del cartucho). ‖ Pointe (*f.*) de flèche (de saeta). ‖ *Amer.* Fer à cheval (herradura). | Porte-plume (portaplumas). ‖ Fam. *A casquillo quitado,* à gorge déployée, à ventre déboutonné (reir).
casquivano, na adj. Fam. Écervelé, e; hurluberlu, e ; tête en l'air (atolondrado).
cassette m. Tecn. Cassette, *f.*
casta f. Race (familia, linaje) : *perro de casta,* chien de race. ‖ Fig. Sorte, espèce, qualité (de las cosas). ‖ Caste (en la India). ‖ Impr. Fonte. ‖ *De casta le viene al galgo el ser rabilargo,* il a de qui tenir, bon chien chasse de race.
castaña f. Châtaigne (fruto), marron, *m.* (especie más gruesa que la común). ‖ Dame-jeanne (botella). ‖ Chignon, *m.,* marron (p. us.) [peinado de mujer]. ‖ Fig. y Fam. Marron, *m.,* châtaigne (puñetazo) : *arrear una castaña,* flanquer un marron. ‖ Pop. Cuite (borrachera). ‖ — *Castaña confitada,* marron glacé. ‖ *Castaña de agua, de Indias,* marron d'eau, d'Inde. ‖ *Castaña pilonga,* châtaigne séchée au four. ‖ *Castaña regoldana,* châtaigne sauvage. ‖ *¡Castañas calentitas!,* chauds les marrons ! ‖ *Parecerse como un huevo a una castaña,* être le jour et la nuit. ‖ Fig. *Sacar las castañas del fuego,* tirer les marrons du feu.
castañal o **castañar** m. o **castañeda** f. Châtaigneraie, *f.*
castañazo m. Fam. Marron, châtaigne, *f.* (puñetazo). ‖ Fam. *Pegarse un castañazo contra,* s'écraser contre.
castañero, ra m. y f. Marchand, marchande de marrons.
castañeta f. Claquement (*m.*) de doigts (chasquido). ‖ Mús. Castagnette (instrumento).
castañetazo m. Claquement sonore des castagnettes *o* des doigts (chasquido). ‖ Craquement des os (de los huesos). ‖ Éclat, crépitement (de la castaña que revienta). ‖ Fam. *Pegarse un castañetazo contra,* s'écraser contre.
castañetear v. tr. Jouer des castagnettes (con castañetas). ‖ Faire claquer (los dedos).
— V. intr. Claquer des dents (los dientes). ‖ Craquer (los huesos). ‖ Cacaber (las perdices).
castañeteo m. Claquement de dents (de los dientes). ‖ Craquement (de huesos). ‖ Bruit de castagnettes (de castañuelas).
castaño, ña adj. Châtain, e; marron, *inv.* (color) : *una cabellera castaña,* une chevelure châtain.
— M. Châtaignier, marronnier (árbol). ‖ — *Castaño de Indias,* marronnier d'Inde. ‖ *Castaño regoldano,* châtaignier sauvage. ‖ Fig. y Fam. *Pasar de castaño oscuro,* être trop fort, être le comble, être un peu raide, dépasser les bornes.
— Observ. Se usa sobre todo la forma masculina del adjetivo *châtain* aunque el femenino *châtaine* exista pero se emplea sobre todo en lenguaje literario. El *marronnier* es una variedad de *châtaignier* que produce el fruto comestible llamado *marron,* de tamaño mayor que la *châtaigne sauvage.*
castañola f. Castagnole (pez).
castañuela f. Mús. Castagnette. ‖ Souchet, *m.* (planta). ‖ Fig. y Fam. *Alegre como unas castañuelas,* gai comme un pinson.
castellana f. Châtelaine.
castellanía f. Châtellenie.
castellanismo m. Mot *o* tournure (*f.*) propre à la Castille.
castellanizar v. tr. Hispaniser (una palabra).
castellano, na adj. y s. Castillan, e (de Castilla). ‖ *Paso castellano,* pas allongé.
— M. Castillan, espagnol (lengua). ‖ Châtelain (señor de un castillo). ‖ *A la castellana,* à la mode de Castille.
castellonense adj. y s. De Castellón de la Plana.

casticidad f. o **casticismo** m. Pureté, *f.*, propriété, *f.*, raffinement, *m.* (en el lenguaje), respect (*m.*) des usages, traditionalisme, *m.* (de las costumbres).

castidad f. Chasteté.

castigable adj. Punissable.

castigador, ra adj. y s. Punisseur, euse (p. us.), qui châtie (el que castiga). ‖ — M. FIG. y FAM. Don Juan, bourreau des cœurs.

castigar v. tr. Châtier, punir : *castigado por su temeridad*, puni de sa témérité. ‖ FIG. Affliger (afligir). ‖ Malmener : *castigado por la vida*, malmené par la vie. | Châtier, corriger (un escrito). | Réduire (los gastos). ‖ FAM. Faire marcher (a las mujeres). ‖ TAUROM. Exciter [le taureau] avec des banderilles.

castigo m. ● Châtiment, punition, *f.* (sanción) : *como castigo*, comme châtiment *o* en punition. ‖ FIG. Correction (*f.*) d'un texte (literatura). ‖ Pénalité, *f.* (en deportes). ‖ MIL. Punition, *f.* ‖ TAUROM. Blessure (*f.*) faite au taureau pour l'exciter. ‖ — *Área de castigo*, surface de réparation (fútbol). ‖ *Castigo máximo*, penalty (fútbol), coup de pied de réparation *o* de pénalité (rugby).

— OBSERV. La palabra *châtiment* implica una pena mucho más severa que la de *punition*.

— SINÓN. ● *Penitencia*, pénitence. *Pena*, peine. *Expiación*, expiation. *Sanción*, sanction. *Penalidad*, pénalité. *Penalización*, pénalisation.

Castilla n. pr. f. GEOGR. Castille : *Castilla la Nueva*, Nouvelle-Castille; *Castilla la Vieja*, Vieille-Castille. ‖ FIG. *¡Ancha es Castilla!*, allons-y!, l'avenir est à nous!

castillejo m. Chariot (para enseñar a andar a los niños). ‖ Échafaudage (andamio).

castillete m. Châtelet (pequeño castillo). ‖ *Castillete de extracción*, molette d'extraction (mina).

castillo m. Château fort, château (edificio) : *en Segovia hay un castillo*, à Ségovie il y a un château fort. ‖ BLAS. Château. ‖ MAR. Château (ant.), gaillard. ‖ — *Castillo de fuego*, pièce d'artifice, chevalet (pirotecnia). ‖ FIG. *Castillo de naipes*, château de cartes. ‖ MAR. *Castillo de popa*, gaillard d'arrière, dunette. | *Castillo de proa*, gaillard d'avant. ‖ *Castillo en la arena*, château de sable. ‖ *Levantar* ou *hacer castillos en el aire*, bâtir *o* faire des châteaux en Espagne.

— OBSERV. Les demeures royales ou seigneuriales non fortifiées sont appelées en espagnol *palacios* (el *palacio de Versalles*, le château de Versailles), mais on dit *los castillos del Loira*, les châteaux de la Loire.

castina f. Castine (fundente).

castizo, za adj. Pur, e; de bonne souche, cent pour cent, vrai, e (puro) : *un madrileño castizo*, un vrai Madrilène, un Madrilène cent pour cent. ‖ Châtié, e (lenguaje) : *estilo castizo*, style châtié. ‖ Typique, bien de chez nous (fam.) [típico].

casto, ta adj. Chaste.

— SINÓN. *Puro*, pur. *Honesto*, honnête. *Virtuoso*, vertueux.

castor m. Castor (animal y su piel).

Cástor m. ASTR. Castor : *Cástor y Pólux*, Castor et Pollux.

castoreño m. Chapeau de poil de castor. ‖ Chapeau de feutre. ‖ TAUROM. Chapeau de picador. | Picador [car il porte un chapeau en castor].

castóreo m. Castoréum.

castorina f. Castorine (tejido).

castra o **castración** f. Castration. ‖ Taille des arbres (poda).

castradera f. Couteau (*m.*) à désoperculer (de apicultor).

castrado, da adj. Châtré, e; castré, e. — M. Castrat.

castrador m. Châtreur.

castradura f. V. CASTRACIÓN.

castrar v. tr. Châtrer, castrer (capar). ‖ Châtrer (una colmena). ‖ AGRIC. Tailler (podar). ‖ Cicatriser (una llaga). ‖ FIG. Affaiblir (debilitar).

castrazón f. Taille (de las colmenas).

castrense adj. Militaire : *una costumbre castrense*, une coutume militaire. ‖ *Capellán* ou *cura castrense*, aumônier militaire.

casual adj. Casuel, elle (ant.), accidentel, elle; fortuit, e; imprévu, e.

casualidad f. Hasard, *m.* : *por* ou *de casualidad*, par hasard; *una verdadera casualidad*, un pur hasard. ‖ — *Dar la casualidad*, advenir : *dio la casualidad que*, il advint que; par hasard, juste : *dio la casualidad que en aquel momento saliera de su casa*, juste à ce moment-là il sortait de chez lui.

casualismo m. Casualisme.

casualmente adv. Par hasard, d'aventure.

casuario m. Casoar (ave).

casuca o **casucha** f. o **casucho** m. Bicoque, *f.*, baraque, *f.*

casuista m. Casuiste.

casuístico, ca adj. y s. f. Casuistique.

casulla f. ECLES. Chasuble.

casullero m. Chasublier.

cata f. Dégustation (acción de catar). ‖ Échantillon, *m.*, morceau, *m.* (porción). ‖ Amer. Perruche (cotorra). ‖ *Vender un melón a raja y cata* ou *a cala y cata*, vendre un melon à la coupe *o* à la tranche [après avoir prélevé une tranche pour le faire goûter].

catabolismo m. BIOL. Catabolisme.

catacaldos m. inv. FIG. y FAM. Touche-à-tout.

cataclismo m. Cataclysme.

catacresis f. Catachrèse (extensión del sentido de una palabra).

catacumbas f. pl. Catacombes (cementerio).

catadióptrico, ca adj. y s. f. Catadioptrique.

catador m. Dégustateur (que prueba alimentos). | Prospecteur (que prospecta). ‖ *Catador de vino*, tâte-vin, taste-vin.

catadura f. Dégustation. ‖ FIG. y FAM. Mine, tête, air, *m.* (apariencia) : *tener mala catadura*, avoir une sale tête.

catafalco m. Catafalque.

catafaro o **catafoto** m. Cataphote, catadioptre.

catalán, ana adj. y s. Catalan, e.

catalanismo m. Catalanisme.

catalanista adj. y s. Catalaniste.

Cataláunicos n. pr. m. pl. HIST. *Campos Cataláunicos* : champs Catalauniques.

cataléctico, ca o **catalecto, ta** adj. Catalectique (verso).

catalejo m. Longue-vue, *f.*

catalepsia f. MED. Catalepsie.

cataléptico, ca adj. y s. Cataleptique.

catalicores m. Tâte-vin (pipeta).

catalina f. FAM. Crotte (excremento). ‖ *Rueda catalina*, roue dentée (de un reloj).

Catalina n. pr. f. Catherine.

catálisis f. QUÍM. Catalyse.

catalítico, ca adj. Catalytique.

catalizador, ra adj. y s. m. QUÍM. Catalyseur.

catalizar v. tr. Catalyser.

catalogar v. tr. Cataloguer.

catálogo m. Catalogue.

catalpa f. Catalpa, *m.* (árbol).

catalufa f. (Ant.). Moquette (tela).

Cataluña n. pr. f. GEOGR. Catalogne.

catanga f. Amer. Bousier, *m.* (escarabajo).

Catania n. pr. GEOGR. Catane.

cataplasma f. Cataplasme, *m.* (pasta medicinal). ‖ FIG. y FAM. Pot (*m.*) de colle (pelmazo).

¡cataplum! o **¡cataplun!** interj. Patatras!

catapulta f. Catapulte.

catapultar v. tr. Catapulter.

catapún (del año) loc. Fam. Du temps que la reine Berthe filait, de l'an mille, d'avant le Déluge.

catar v. tr. Goûter (probar), déguster (el vino). || (Ant.). Regarder (mirar), examiner, inspecter (examinar). || Châtrer (colmenas). || *Cata aquí que,* voilà que; *cátate que,* voilà que, etc.

catarata f. Chute : *las cataratas del Niágara,* les chutes du Niagara. || Cataracte (salto). || Med. Cataracte (del ojo) : *tener catarata,* avoir la cataracte. || — Pl. Fig. Cataractes : *las cataratas del cielo,* les cataractes du ciel.

cátaro, ra adj. y s. m. Cathare.

catarral adj. Med. Catarrhal, e.

catarro m. Catarrhe, rhume (palabra usual). || *Catarro pradial,* rhume des foins.

catarroso, sa adj. Catarrheux, euse; enrhumé, e (palabra usual).

catarsis f. Catharsis.

catártico, ca adj. Cathartique.

catastral adj. Cadastral, e : *registros catastrales,* registres cadastraux.

catastro m. Cadastre.

catástrofe f. Catastrophe, désastre, m. (desastre).

— Sinón. *Desgracia,* malheur, *Azote,* fléau. *Desastre,* désastre. *Cataclismo,* cataclysme.

catastrófico, ca adj. Catastrophique, désastreux, euse.

catatar v. tr. *Amer.* Ensorceler (hechizar).

cataviento m. Mar. Penon (grímpola).

catavino m. Tâte-vin, *inv.,* taste-vin, *inv.*

catavinos m. inv. Dégustateur de vins (persona). || Fig. y Fam. Poivrot, pilier de cabaret (bribón y borracho).

catch m. Catch (deporte). || *Luchador de catch,* catcheur.

cate m. Fam. Coup de poing (puñetazo), gnon (golpe), baffe, *f.* (bofetada). | Veste, *f.* (en un examen) : *le han dado dos cates en física y en latín,* il a ramassé une veste en physique et en latin.

cateador m. *Amer.* Prospecteur.

catear v. tr. Chercher, guetter (buscar). || Fam. Recaler, coller, étendre (suspender) : *me han cateado,* je me suis fait étendre. || *Amer.* Prospecter (minas).

catecismo m. Catéchisme.

catecumenado m. Catéchuménat.

catecúmeno, na m. y f. Catéchumène.

cátedra f. Chaire. || Fig. Chaire. || — *Clase ex cátedra,* cours magistral. || *La cátedra apostólica,* la chaire apostolique. || *Oposición a una cátedra,* agrégation. || *Opositor a una cátedra,* agrégatif. || *Poner cátedra,* parler ex cathedra, pontifier (hablando), donner une leçon.

catedral adj. y s. f. Cathédrale. || Fig. y Fam. *Como una catedral,* grand, énorme.

catedralicio, cia adj. De la cathédrale.

catedrático, ca m. y f. Professeur [d'université. dans un lycée, un collège] : *catedrático por oposición,* professeur agrégé. || *Título de catedrático por oposición,* agrégation.

categorema f. Filos. Catégorème.

categoremático, ca adj. Filos. Catégorématique.

categoría f. Catégorie. || *Clase : hotel de primera categoría,* hôtel de première classe. || Échelon, m. (grado). || Rang, *m.,* classe : *categoría social,* rang social; *persona de alta categoría,* personne d'un rang élevé. || *Standing, m. : piso de gran categoría,* appartement de grand standing. || — *De mucha categoría,* de grande classe. || *De poca categoría,* qui n'a pas de classe, quelconque. || — *Dar categoría,* classer.

categórico, ca adj. Catégorique.

— Sinón. *Claro,* clair. *Limpio,* net. *Preciso,* précis. *Explícito,* explicite.

catenario, ria adj. y s. f. Tecn. Caténaire. || — F. Geom. Chaînette.

catequesis f. o **catequismo** m. Catéchèse, *f.,* catéchisme, *m.*

catequista m. y f. Catéchiste.

catequístico, ca adj. Catéchistique.

catequización f. Catéchisation.

catequizar v. tr. Catéchiser. || Fig. Catéchiser, endoctriner.

caterva f. Bande, foule, ramassis, *m. : una caterva de pillos,* une bande de fripons. || Tas, *m.,* amas, *m. : una caterva de cosas viejas,* un tas de vieilleries. || Fam. Tripotée, flopée : *había una caterva de policías,* il y avait une tripotée d'agents.

catéter m. Med. Cathéter (sonda).

cateterismo m. Med. Cathétérisme (sondaje).

cateto, ta adj. Fam. Paysan, anne. | Rustre, grossier, ère.

— M. Geom. Cathète, *f.,* côté. || Fam. Péquenot, croquant. || — M. et f. Paysan, anne (palurdo).

catetómetro m. Fís. Cathétomètre.

catgut m. Med. Catgut.

catilinaria f. Catilinaire (sátira).

catinga f. *Amer.* Odeur désagréable (mal olor). | Forêt clairsemée du nord-est du Brésil.

catión m. Fís. Cation.

catire o **catiro, ra** adj. y s. *Amer.* Roux, rousse.

catite m. Petit pain de sucre (azúcar). || Tape, *f.,* calotte, *f.* (golpe o bofetada). || — Fam. *Dar catite a uno,* rosser quelqu'un (golpear). || *Sombrero de catite,* chapeau pointu.

catleya f. Cattleya, *m.* (orquídea).

cato m. Cachou (cachunde).

catódico, ca adj. Fís. Cathodique.

cátodo m. Fís. Cathode, *f.*

catolicidad f. Catholicité.

catolicismo m. Catholicisme.

católico, ca adj. y s. Catholique. || Fig. y Fam. *No estar muy católico,* être patraque (pachucho). | *No ser muy católico,* ne pas être très catholique (un negocio), ne pas être très orthodoxe (no ser muy correcto).

catón m. Fig. Caton, censeur sévère. || Premier livre de lecture (libro).

catóptrica f. Fís. Catoptrique.

catorce adj. y s. m. Quatorze (decimocuarto) : *Luis XIV* (catorce), Louis XIV (quatorze). || Quatorzième : *el siglo XIV* (catorce), le XIV (quatorzième) siècle.

catorceno, na adj. Quatorzième.

catorzavo, va adj. y s. Quatorzième.

catre m. Lit [pour une seule personne]. || Fam. Pieu (cama). || *Catre de tijera* ou *de viento,* lit de sangle, lit de camp.

catrecillo m. Pliant (asiento).

catrera f. Pop. *Amer.* Pieu, *m.,* pageot, *m.* (cama).

catrín adj. *Amer.* Petit-maître.

caucáseo, a adj. y s. Caucasien, enne.

caucásico, ca adj. y s. Caucasique, caucasien, enne.

Cáucaso n. pr. m. Geogr. Caucase.

cauce m. Lit [d'un cours d'eau]. || Canal, rigole, *f.* (acequia). || Cuvette, *f.* (de un canal). || Fig. Voie, *f.,* chemin (vía). | Cours (curso). || *Volver a su cauce,* rentrer dans son lit (un río), reprendre son cours (un asunto).

caución f. Caution, garantie (garantía). || Cautionnement, *m.* (fianza). || Couverture (en Bolsa).

caucionar v. tr. Cautionner, garantir.

cauchero, ra adj. Caoutchoutier, ère.

— M. Récolteur de caoutchouc (el que busca el caucho). || — F. Caoutchoutier, *m.* (planta).

caucho m. Caoutchouc (goma elástica) : *caucho vulcanizado,* caoutchouc vulcanisé. || *Del caucho,* caoutchoutier, ère.

cauchutado m. Caoutchoutage.

cauchutar v. tr. Caoutchouter.

caudal adj. De grand débit (río). ‖ Caudal, e (de la cola). ‖ *Águila caudal*, aigle royal.

caudal m. Fortune, *f.*, capital, richesse, *f.* : *hombre de mucho caudal*, homme d'une grande fortune. ‖ Débit : *río de poco caudal*, fleuve de peu de débit. ‖ Fig. Abondance, *f.*, quantité, *f.* (abundancia).

caudalímetro m. Débitmètre (contador).

caudaloso, sa adj. Abondant, e ; de grand débit (río, manantial). ‖ Riche, fortuné, e ; aisé, e (rico).

caudatario m. Caudataire.

caudillaje o **caudillismo** m. Gouvernement d'un caudillo. ‖ *Amer.* Domination (*f.*) d'un chef, sorte de despotisme.

caudillo m. Capitaine, chef. ‖ Caudillo [en Espagne]. ‖ Fig. *Amer.* Cacique, personnage influent.

caudinas adj. f. pl. Hist. *Horcas caudinas*, Fourches Caudines.

caulescente adj. Bot. Caulescent, e.

cauri m. Cauris.

causa f. Cause : *no hay efecto sin causa*, il n'y a pas d'effet sans cause. ‖ ● Cause, raison, motif, *m.* : *hablar sin causa*, parler sans raison. ‖ Dr. Cause, procès, *m.*, affaire (proceso) : *instruir una causa*, instruire une affaire. ‖ *Amer.* Collation (comida ligera). ‖ — *A causa de*, à cause de. ‖ *Fuera de causa*, hors de cause. ‖ *Por causa tuya*, à cause de toi, par ta faute. ‖ *Por cuya causa*, à cause de quoi. ‖ *Por esta causa*, pour cette raison. ‖ — *Dar la causa por conclusa*, déclarer la cause entendue. ‖ *Hacer causa común*, faire cause commune.

— Sinón. ● *Móvil*, mobile. *Motivo*, motif. *Razón*, raison. *Pretexto*, prétexte. *Porqué*, pourquoi.

causador, ra adj. Qui est l'auteur *o* la cause *o* l'origine.
— M. y f. Auteur, *m.*, cause, *f.*, origine, *f.*, fauteur, trice.

causahabiente m. Dr. Ayant cause.

causal adj. Gram. Causal, e.
— F. Cause, motif, *m.*

causalidad f. Causalité : *principio de causalidad*, principe de causalité. ‖ Origine (origen).

causante adj. y s. Causant, e ; qui est la cause.

causar v. tr. Causer, occasionner (ser causa). ‖ *Causar perjuicio*, porter préjudice.

— Sinón. *Ocasionar*, *originar*, occasionner. *Motivar*, donner lieu. *Acarrear*, entraîner. *Crear*, créer. *Producir*, produire. *Provocar*, provoquer. *Suscitar*, susciter.

causticidad f. Causticité.

cáustico, ca adj. y s. m. Caustique.

cautamente adv. Avec précaution, prudemment : *obrar cautamente*, agir avec précaution.

cautela f. Précaution, prudence, cautèle (ant.).

cautelarse v. pr. Se prémunir contre, se préserver de.

cauteloso, sa adj. Cauteleux, euse ; fin, e ; rusé, e (astuto). ‖ Prudent, e. ‖ *Con paso cauteloso*, à pas feutrés.

cauterio m. Cautère. ‖ Fig. Remède énergique.

cauterización f. Cautérisation.

cauterizador, ra o **cauterizante** adj. y s. m. Cautérisant, e.

cauterizar v. tr. Med. Cautériser. ‖ Fig. Appliquer un remède énergique à.

cautivador, ra adj. Captivant, e ; séduisant, e.
— M. y f. Séducteur, trice.

cautivante adj. Captivant, e.

cautivar v. tr. Faire prisonnier, capturer (a un enemigo). ‖ ● Fig. Captiver (la atención, a un auditorio). ‖ Captiver, séduire.

— Sinón. ● *Captar*, capter. *Atraer*, attirer. *Seducir*, séduire. *Hechizar*, envoûter. *Arrobar*, ravir. *Encantar*, charmer. *Conquistar*, conquérir.

cautiverio m. o **cautividad** f. Captivité, *f.* : *vivir en cautividad*, vivre en captivité.

cautivo, va adj. y s. Captif, ive. ‖ *Globos cautivos*, ballons captifs.

cauto, ta adj. Prudent, e ; avisé, e ; circonspect, e.

cava adj. f. Anat. Cave (vena).

cava f. Labourage (*m.*) à la main, binage, *m.*

cavador m. Terrassier (de obras).

cavadura f. Creusage, *m.*, creusement, *m.* (excavación). ‖ Tecn. Terrassement, *m.* ‖ Agric. Bêchage, *m.* (con la laya), binage, *m.* (con la azada).

cavar v. tr. Creuser (excavar). ‖ Agric. Bêcher (con laya), biner (con azada). ‖ Tecn. Terrasser. — V. intr. Fig. Creuser, pénétrer, approfondir (ahondar). ‖ Méditer : *cavar en los misterios de la fe*, méditer sur les mystères de la foi.

cavatina f. Mús. Cavatine.

cavazón m. V. Cavadura.

caverna f. ● Caverne. ‖ Caverne (en el pulmón).
— Sinón. ● *Gruta*, grotte. *Antro*, antre.

cavernario, ria adj. Des cavernes.

cavernícola adj. y s. Troglodyte (hombre). ‖ Cavernicole (animales). ‖ Fig. Réactionnaire (en política).

cavernoso, sa adj. Caverneux, euse.

caveto m. Arq. Cavet (moldura).

cavia f. Cobaye, *m.*, cochon (*m.*) d'Inde.

caviar m. Caviar (hueva de esturión).

cavicornio adj. y s. m. Zool. Cavicorne.

cavidad f. Cavité.
— Sinón. *Anfractuosidad*, anfractuosité. *Hoyo*, *fosa*, *fose*, fosse. *Excavación*, excavation.

cavilación f. Réflexion, méditation, cogitation.

cavilar v. intr. Réfléchir, méditer, se creuser la tête, cogiter (fam.) [pensar mucho].

caviloso, sa adj. Pensif, ive (pensativo). ‖ Préoccupé, e ; soucieux, euse.

cavitación f. Cavitation.

cayado m. Houlette, *f.* (de pastor). ‖ Crosse, *f.* (de obispo). ‖ Anat. *Cayado de la aorta*, crosse de l'aorte.

cayaschi o **cayascho** m. *Amer.* Glanure (*f.*) de maïs (de maíz). ‖ Grapillon (de uva).

cayeputi m. Bot. Cajeput (árbol).

Cayetano n. pr. m. Gaétan.

cayo m. Îlot rocheux, récif, caye (escollo).

cayota o **cayote** m. Chayote, *f.*, chaïotte, *f.*

cayuco m. *Amer.* Pirogue, *f.*

caz m. Saignée, *f.*, canal de dérivation.

caza f. Chasse : *ir de caza*, aller à la chasse. ‖ Chasse, gibier, *m.* (animales que se cazan) : *caza mayor, menor*, gros, petit gibier. ‖ Mil. Chasse. ‖ — *Caza a la espera* ou *al aguardo* ou *en puesto*, chasse à l'affût. ‖ *Caza con perros*, con hurón, chasse aux chiens, au furet. ‖ *Caza de altanería*, chasse au faucon. ‖ *Caza furtiva*, braconnage. ‖ *Permiso de caza*, permis de chasse. ‖ *Vedado de caza*, chasse gardée. ‖ — *Andar a la caza de gangas*, être à l'affût *o* à la recherche d'une bonne occasion. ‖ *Dar caza*, donner la chasse à, faire la chasse à, prendre en chasse (a un animal, un ladrón, un avión, etc.), faire la chasse à (los honores). ‖ Fig. *Ir a la caza del hombre*, faire la chasse à l'homme. ‖ *Levantar la caza*, lever le lièvre.

caza m. Chasseur, avion de chasse. ‖ *Piloto de caza*, chasseur, pilote de chasse.

cazabe m. Cassave, *f.*, galette (*f.*) de manioc.

cazadero m. Chasse, *f.* (lugar de caza).

cazador, ra adj. Chasseur, euse [fém. poét. *chasseresse*].
— M. Chasseur. ‖ Mil. Chasseur (soldado). ‖ — *Cazador de alforja*, chasseur qui n'emploie pas d'armes à feu. ‖ Fig. *Cazador de dotes*, chasseur *o* coureur de dots. ‖ *Cazador furtivo*, braconnier. ‖ — F. Blouson, *m.*, vareuse (chaqueta).

cazadotes m. inv. Coureur o chasseur de dots.

cazalla f. Eau-de-vie d'anis.

cazar v. tr. Chasser (los animales). ‖ Fig. y Fam. Dénicher, dégoter : *cazar un buen destino*, dénicher une bonne place. | Attraper (coger). | Débusquer (sorprender). | Engluer, capturer dans ses filets (cautivar engañosamente). ‖ Mar. Border (las velas). ‖ — Fig. *Cazar en terreno vedado*, marcher sur les plates-bandes de quelqu'un, chasser sur les terres d'autrui. | *Cazar furtivamente*, braconner. | Fig. *Cazar largo*, voir loin, avoir du flair. ‖ *Cazar moscas*, gober les mouches.

cazatorpedero m. Mar. Contre-torpilleur.

cazcalear v. intr. Se démener sans grand résultat.

cazcarria f. Crotte, boue (barro). ‖ *Amer.* Crottin, m. (excremento).

cazcarriento, ta adj. Fam. Crotté, e.

cazo m. Louche, f., cuiller (f.) à pot (semiesférico y con mango). ‖ Casserole, f. (vasija metálica con mango). ‖ — Tecn. *Cazo de colada*, poche de coulée. | *Cazo eléctrico*, bouilloire électrique.

cazolada f. Casserolée.

cazolero adj. m. y s. m. V. cazoletero.

cazoleta f. Petite casserole. ‖ Bassinet, m. (de arma de fuego). ‖ Coquille (de la espada). ‖ Cassolette (para perfumar). ‖ Fourneau, m., talon, m. (de pipa).

cazoletear v. intr. Fam. Fourrer son nez partout.

cazoletero adj. m. y s. m. Touche-à-tout, fouille-au-pot.

cazón m. Chien de mer (pez).

cazudo, da adj. Qui a la coquille très épaisse.

cazuela f. Casserole, terrine (de arcilla). ‖ Fait-tout, m. (de palastro). ‖ Cocotte (de fundición). ‖ Casserole, ragoût, m. (guiso). ‖ Teatr. Poulailler, m., paradis, m. ‖ Bonnet, m. (de sostén).

cazumbrar v. tr. Serrer avec de l'étoupe [les douves d'un tonneau].

cazumbre m. Étoupe, f.

cazurro, rra adj. Renfermé, e ; réservé, e (huraño). ‖ Bourru, e (rudo). ‖ Niais, e (tonto). ‖ Têtu, e ; tête de mule (testarudo). ‖ Roublard, e (astuto).

ce f. C, m. (letra).

cea f. V. cía.

ceba f. Nourriture, gavage, m. [pour l'engraissement des animaux]. ‖ Chargement, m. (de un horno). ‖ *Amer.* Amorce (de un arma).

cebada f. Orge f. y m. (planta, semilla) : *cebada perlada*, orge perlé. | *A burro muerto, cebada al rabo*, il est trop tard, après la mort le médecin.

cebadal m. Champ d'orge.

cebadazo, za adj. D'orge : *paja cebadaza*, paille d'orge.

cebadera f. Musette [pour faire manger les animaux]. ‖ Coffre (m.) à avoine. ‖ Mar. Civadière (vela). ‖ Tecn. Appareil (m.) de chargement du gueulard (de un horno).

cebadero m. Marchand d'orge (el que vende). ‖ Tecn. Gueulard [dé haut fourneau].

cebadilla f. Bot. Cévadille.

cebado, da adj. Gavé, e. ‖ Fam. Gros, osse (gordo). ‖ *Amer.* Féroce [se dit d'un fauve devenu plus féroce après avoir goûté à la chair humaine].

cebador m. Poire (f.) à poudre, flasque, f. ‖ *Amer.* Celui qui prépare le maté.

cebadura f. Gavage, m., engraissement, m., engraissage, m. (de un animal). ‖ Amorçage, m. (de un arma). ‖ *Amer.* Contenu (m.) d'une calebasse de maté.

cebar v. tr. Gaver, engraisser, nourrir (engordar un animal). ‖ Amorcer, appâter (atraer los peces con un cebo). ‖ Fig. Alimenter, entretenir (lumbre). | Nourrir : *cebar con esperanza*, nourrir d'espoir. | Encourager (fomentar). ‖ Mil. Amorcer (armas). ‖ Tecn. Charger (un horno). | Amorcer,

mettre en marche (una máquina). ‖ *Amer. Cebar el mate*, préparer le maté.

— V. intr. Fig. Pénétrer (un clavo), mordre (un tornillo).

— V. pr. S'acharner (encarnizarse) : *cebarse en uno*, s'acharner sur quelqu'un ; *se cebó conmigo*, il s'acharna contre moi.

cebellina adj. f. y s. f. Zibeline.

cebiche m. *Amer.* Soupe (f.) de poisson froide.

cebil m. Bot. V. sebil.

cebo m. Nourriture (f.) pour engraisser (para los animales). ‖ Amorce, f. (para atraer los peces). ‖ ● Appât, esche, f., aiche, f. (lo que se pone en el anzuelo). ‖ Amorce, f. (de un arma). ‖ Combustible pour amorcer un four (mineral). ‖ Fig. Appât (señuelo). | Aliment (alimento). ‖ — *Cebo artificial*, leurre. | *Cebo artificial de cuchara*, cuiller (para la pesca).

— Sinón. ● *Carnada*, amorce. *Esca*, aiche, appât. *Raba*, rogue. *Señuelo*, añagaza, leurre.

cebo m. V. cefo.

cebolla f. Oignon, m. (planta y bulbo) : *una ristra de cebollas*, un chapelet d'oignons. ‖ Fig. Roulure (de la madera). | Pomme d'arrosoir (de una regadera). ‖ Fam. *Amer.* Pouvoir, m., autorité (mando) : *agarrar la cebolla*, prendre le pouvoir. ‖ — Bot. *Cebolla albarrana*, scille maritime. | *Cebolla escalonia*, échalote. | *Tela de cebolla*, pelure d'oignon.

cebollar m. Champ d'oignons, oignonière, f.

cebollero, ra adj. *Grillo cebollero*, courtilière, taupe-grillon.

— M. y f. Marchand, marchande d'oignons.

cebolleta f. Bot. Ciboulette, civette.

cebollino m. Petit oignon, ciboule, f. ‖ — Fig. y Fam. *Escardar cebollinos*, peigner la girafe, enfiler des perles. | *Enviar a escardar cebollinos*, envoyer planter ses choux, envoyer promener, envoyer paître.

cebollón m. Oignon doux.

cebollón, ona m. y f. Fam. *Amer.* Vieux garçon, vieille fille ; célibataire endurci, célibataire endurcie (solterón).

cebolludo, da adj. Bulbeux, euse.

cebón, ona adj. Gras, grasse ; engraissé, e.

— M. y f. Porc engraissé (puerco).

cebra f. Zèbre, m. (animal).

cebrado, da adj. Zébré, e (rayado).

cebú m. Zébu (animal).

ceca f. (Ant.). Hôtel (m.) de la Monnaie (Casa de la Moneda). ‖ Fam. *Ir de la Ceca a la Meca*, aller à droite et à gauche, aller de côté et d'autre.

cecal adj. Anat. Cæcal, e.

cecear v. intr. Zézayer [prononcer les s comme des z].

— V. tr. Héler [faire psst o hé pour appeler quelqu'un].

ceceo m. Zézaiement.

— Observ. Le *ceceo* consiste exactement à prononcer les s comme des z. On trouve ce phénomène en Andalousie méridionale, particulièrement à Séville et à Cadix, et dans certaines parties d'Amérique telles que Porto-Rico, la Colombie et le Salvador.

cecidia f. Bot. Cécidie [galle].

cecilia f. Cécilie (batracio).

Cecilia n. pr. f. Cécile.

cecina f. Viande séchée (al sol) o boucanée (con humo). ‖ *Amer.* Bande o lamelle de viande séchée.

cecinar v. tr. Boucaner, faire sécher (carnes).

ceda f. Z, m. (letra). ‖ Soie (cerda).

cedacear v. intr. Baisser [la vue].

cedacero m. Boisselier.

cedacillo m. Brize, f. (planta).

cedazo m. Tamis, sas, blutoir.

cedente adj. Cédant, e.

ceder v. tr. Céder : *ceder un comercio, el paso,* céder un commerce, le pas. ‖ Céder, donner : *ceder el sitio a una señora,* donner sa place à une dame. ‖ *Ceda el paso,* vous n'avez pas la priorité (señal de tráfico).
— V. intr. ● Céder (someterse). ‖ Céder : *el puente ha cedido,* le pont a cédé. ‖ Renoncer, abandonner : *ceder en su derecho,* renoncer à son droit. ‖ Baisser (la temperatura), s'apaiser, se calmer (el viento). ‖ Le céder à [quelqu'un] (ser inferior).
— SINÓN. ● *Capitular,* capituler. *Consentir,* consentir, acquiescer. *Rendirse,* se rendre. *Claudicar,* céder, se soumettre. *Plegarse, doblegarse, allanarse,* se plier. *Sucumbir,* succomber.

cedilla f. Cédille.
— OBSERV. La *cédille* n'est plus usitée à l'heure actuelle en espagnol.

cedizo, za adj. Faisandé, e (carnes).
cedria f. Résine de cèdre.
cedrino, na adj. De cèdre.
cedro m. Cèdre (árbol).
cédula f. Billet, *m.* ‖ Cédule (de reconocimiento de una deuda). ‖ *— Cédula de confesión,* billet de confession. ‖ (Ant.) *Cédula de vecindad* ou *personal,* carte d'identité. | *Cédula real,* brevet du roi.
cedular adj. Célulaire.
cefalalgia f. MED. Céphalalgie.
cefalea f. MED. Céphalée.
cefálico, ca adj. Céphalique.
cefalópodos m. pl. Céphalopodes (moluscos).
cefalorraquídeo, a adj. Céphalo-rachidien, enne.
cefalotórax m. ZOOL. Céphalothorax.
cefeida f. ASTR. Céphéide.
Ceferino a n. pr. m. y f. Zéphyrin, e.
céfiro m. Zéphyr (viento). ‖ Zéphyre (lienzo).
cefo m. Sajou, sapajou (mono).
cegado, da adj. Aveuglé, e. ‖ Bouché, e (cerrado).
cegajoso, sa adj. Aux yeux larmoyants.
cegar* v. intr. Devenir aveugle (perder la vista). — V. tr. Aveugler (quitar la vista). ‖ FIG. Combler (un pozo, una cañería). | Boucher, obstruer (paso o camino). | Aveugler (cerrar provisionalmente una vía de agua, etc.). | Aveugler : *le ciega la ira,* la colère l'aveugle.
cegarra, cegarrita, cegato, ta o **cegatón, ona** adj. y s. FAM. Bigleux, euse ; myope comme une taupe. | *A cegarritas,* à l'aveuglette.
cegatoso, sa adj. FAM. V. CEGAJOSO.
cegesimal adj. Cégésimal, e : *sistema cegesimal,* système cégésimal.
cegetista adj. y s. Cégétiste (de la Confederación General del Trabajo).
ceguedad o **ceguera** f. Cécité (estado del que es ciego). ‖ FIG. Aveuglement, m.
ceiba f. Fromager, *m.* (árbol).
ceibo m. Fromager (ceiba). ‖ Flamboyant, érythrine, f. (árbol de flores rojas).
ceja f. Sourcil, *m.* (del ojo). ‖ Rebord, *m.* (borde saliente de un objeto). ‖ Passepoil, *m.* (en la ropa). ‖ Mors, *m.* (de un libro). ‖ Crête (cumbre de una sierra). ‖ Nuages (*m. pl.*) qui couronnent une montagne, queues-de-chat, *pl.* ‖ MÚS. Sillet, *m.* (de guitarra, etc.). ‖ ARQ. Larmier, *m.* (saledizo). ‖ TECN. Boudin, *m.* (pestaña). ‖ *Amer.* Sentier, *m.* (vereda). ‖ *— Arquear las cejas,* ouvrir grands les yeux. ‖ FIG. y FAM. *Estar hasta las cejas,* en avoir par-dessus la tête. | *Quemarse las cejas,* piocher, bûcher (estudiar) ; se crever les yeux. ‖ *Romper la ceja,* rompre l'arcade sourcilière (boxeo). ‖ FIG. *Tener a uno entre ceja y ceja* ou *entre cejas,* avoir quelqu'un dans le nez, ne pas pouvoir voir quelqu'un. | *Tener* ou *meterse una cosa entre ceja y ceja,* avoir o se mettre quelque chose dans la tête.
cejar v. intr. Reculer. ‖ FIG. Renoncer : *no cejes*

en tu empeño, ne renonce pas à ton entreprise. | Céder, faiblir, lâcher prise (ceder). | Baisser le ton (en una discusión).
cejijunto, ta adj. Aux sourcils épais qui se rejoignent. ‖ FIG. Renfrogné, e (ceñudo).
cejilla f. Sillet, *m.* (de la guitarra).
cejo m. Brouillard matinal (niebla). ‖ Lien (para atar).
cejudo, da adj. Aux sourcils épais qui se rejoignent.
celacanto m. ZOOL. Cœlacanthe.
celada f. Salade (del casco). ‖ FIG. Embuscade, guet-apens, *m.* : *caer en una celada,* tomber dans un guet-apens. | Embûche, piège, *m.* (trampa). ‖ *Celada borgoñota,* bourguignotte.
celador, ra adj. y s. Zélateur, trice (que manifiesta celo). ‖ — M. y f. Surveillant, e (que vigila).
celaje m. Claire-voie, *f.* (claraboya). ‖ FIG. Présage, pressentiment (presagio). ‖ — Pl. Nuages colorés [au crépuscule].
celar v. tr. Surveiller (vigilar). ‖ Veiller : *celar la observancia de las leyes,* veiller au respect des lois. ‖ Celer (ocultar). ‖ (P. us.). Ciseler (grabar).
celda f. Cellule.
celdilla f. Cellule. ‖ BOT. Loge. ‖ FIG. Niche (hornacina).
cele adj. *Amer.* Vert, e ; tendre (frutas).
celebérrimo, ma adj. Très célèbre.
celebración f. Célébration.
celebrador, ra adj. Qui applaudit. ‖ Louangeur, euse (que alaba).
celebrante adj. y s. Célébrant, e. ‖ — M. Célébrant (sacerdote).
celebrar v. tr. Célébrer (alabar). ‖ ● Célébrer (una ceremonia). ‖ Dire, célébrer (misa). ‖ Tenir (asamblea, concilio, etc.). ‖ Se réjouir de : *celebro su éxito,* je me réjouis de son succès. ‖ Conclure (un contrato). ‖ Fêter : *celebrar su cumpleaños,* fêter son anniversaire. ‖ Disputer (un partido de fútbol, etc.). ‖ Avoir (conversaciones, etc.). ‖ *Celebrar sesiones* ou *una reunión,* siéger : *la Unesco celebra sus reuniones en París,* l'Unesco siège à Paris.
— V. pr. Avoir lieu, se tenir (tener lugar).
— SINÓN. ● *Festejar,* festoyer. *Santificar,* sanctifier. *Solemnizar,* solenniser. *Conmemorar,* commémorer.
célebre adj. Célèbre. ‖ FAM. Amusant, e ; drôle, rigolo, ote (gracioso).
celebridad f. Célébrité.
celemín m. Boisseau (medida). ‖ Boisselée, *f.* (contenido).
celeminada f. Boisselée.
celentéreos m. pl. ZOOL. Cœlentérés.
célere adj. (P. us.). Véloce, prompt, e.
celeridad f. Célérité, (p. us.), rapidité, vitesse (velocidad). ‖ *Con toda celeridad,* en toute hâte, le plus rapidement possible.
celerífero m. Célérifère.
celesta m. MÚS. Celesta.
celeste adj. Céleste (del cielo) : *los espacios celestes,* les espaces célestes. ‖ *El Celeste Imperio,* le Céleste Empire.
— Adj. y s. m. Bleu ciel (color).
celestial adj. Céleste (del cielo) : *música celestial,* musique céleste. ‖ FIG. Parfait, e ; divin, e (delicioso). ‖ FAM. Niais, e (simple, bobo). ‖ FAM. *Todo eso es música celestial,* tout ça c'est du vent.
— OBSERV. *Celestial* ne s'applique qu'au ciel considéré comme la demeure des bienheureux.
celestialmente adv. Célestement. ‖ Parfaitement, merveilleusement, divinement.
celestina f. FIG. Entremetteuse (alcahueta).
Celestina n. pr. f. Célestine.
celestino m. Célestin (monje).
Celestino n. pr. m. Célestin.
celiaco, ca adj. Cœliaque (intestinal).
— F. Flux (*m.*) cœliaque (diarrea).

celibato m. Célibat (soltería). ‖ FAM. Célibataire, vieux garçon (soltero).

célibe adj. y s. (P. us.). Célibataire.

celical o **célico, ca** adj. POÉT. Céleste.

celícola m. Habitant du ciel.

celidonia f. BOT. Chélidoine, éclaire.

celinda f. Seringa, m. (planta).

celindrate m. Ragoût au coriandre.

celo m. Zèle (cuidado) : *mostrar demasiado celo*, faire trop de zèle. ‖ Jalousie, f. (envidia). ‖ Rut, chaleur, f. (de los animales) : *estar en celo*, être en rut o en chaleur. ‖ — Pl. Jalousie, f. sing. (en amor) : *celos infundados*, jalousie injustifiée. ‖ *Dar celos*, rendre jaloux. ‖ *Tener celos*, être jaloux.

celofán m. o **celófana** f. (nombre registrado). Cellophane, f.

celosamente adv. Avec zèle. ‖ Jalousement.

celosía f. Jalousie (ventana). ‖ Treillis, m. (enrejado).

celoso, sa adj. y s. Zélé, e (esmerado). ‖ Jaloux, ouse (que tiene celos) : *celoso como un turco*, jaloux comme un tigre. ‖ Méfiant, e (receloso). ‖ MAR. Léger, ère (embarcación). ‖ *Amer.* Sensible (un mecanismo). ‖ *El celoso extremeño*, le Jaloux d'Estrémadure (de Cervantes).

celsitud f. Grandeur, sublimité (elevación). ‖ Altesse (tratamiento real).

celta m. y f. Celte.
— Adj. Celtique, celte.

Celtiberia n. pr. f. Celtibérie.

celtibérico, ca o **celtiberio, ria** adj. y s. Celtibère, celtibérien, enne.

celtíbero, ra o **celtibero, ra** adj. y s. Celtibère, celtibérien, enne.

céltico, ca adj. y s. Celtique.

celtio m. QUÍM. Celtium (hafnio).

celtismo m. Celtisme.

celtista adj. y s. Celtisant, e.

celtohispánico, ca o **celtohispano, na** adj. Celtohispanique.

celtolatino, na adj. Celto-latin, e.

célula f. Cellule (celda). ‖ BIOL. y ZOOL. Cellule. ‖ FIG. Cellule (política). ‖ — *Célula fotoeléctrica*, cellule photo-électrique. ‖ *Célula sanguínea*, globule [du sang].

celulado, da adj. Celluleux, euse.

celular adj. ANAT. Cellulaire : *tejido celular*, tissu cellulaire. ‖ *Coche celular*, fourgon o voiture cellulaire, panier à salade (fam.).

celulita o **celulitis** f. MED. Cellulite.

celuloide m. Celluloïd. ‖ — *Celuloide rancio*, vieux film. ‖ *Llevar al celuloide*, porter à l'écran (una película).

celulosa f. QUÍM. Cellulose.

celulósico, ca adj. Cellulosique.

cella f. ARQ. Cella.

cellar adj. *Hierro cellar*, fer plat.

cellisca f. Bourrasque de neige fondue.

cellisquear v. impers. Tomber de la neige fondue.

cello m. Cerceau, cercle (de tonel).

cementación f. TECN. Cémentation.

cementador m. Cimentier (ouvrier).

cementar v. tr. Cimenter (con cemento). ‖ TECN. Cémenter (un metal).

ocmenterio m. Cimetière.
— SINÓN. *Necrópolis*, nécropole. *Columbario*, colombarium. *Osario*, ossuaire. *Catacumba*, catacombe. *Cripta*, crypte. *Camposanto*, cimetière.

cementista m. Cimentier (fabricante).

cemento m. Ciment. ‖ Béton (hormigón) : *cemento armado*, béton armé. ‖ Cément (de los dientes). ‖ FAM. *Tener una cara de cemento armado*, avoir un culot monstre, être gonflé.

cementoso, sa adj. Cémenteux, euse.

cempasúchil o **cempoal** m. *Amer.* Œillet d'Inde.

cena f. Dîner, m., souper [comida] : *cena con baile*, dîner dansant. ‖ Cène (de Jesucristo) : *la Última Cena*, la dernière Cène. ‖ *Cena de Nochebuena* ou *de Nochevieja*, réveillon de Noël, du jour de l'An.
— OBSERV. La palabra *souper* sólo se emplea en los medios rurales o para designar la comida que se toma después de una función de noche.

cenáculo m. Cénacle.
— SINÓN. *Círculo*, cercle. *Casino*, casino, cercle. *Club*, peña, club.

cenacho m. Cabas (de esparto) : *un cenacho de legumbres*, un cabas de légumes.

cenadero m. (P. us.). Salle (f.) à manger (comedor). ‖ Tonnelle, f., charmille, f., berceau (cenador).

cenado, da adj. Qui a dîné. ‖ *Estar cenado*, avoir dîné.

cenador, ra adj. y s. Dîneur, euse. ‖ — M. Tonnelle, f., charmille, f., berceau (en un jardín).

cenagal m. Bourbier (sitio pantanoso). ‖ FIG. y FAM. Bourbier, pétrin, guêpier : *estar metido en un cenagal*, être dans le pétrin.

cenagoso, sa adj. Fangeux, euse ; bourbeux, euse ; boueux, euse : *camino cenagoso*, chemin bourbeux.

cenar v. intr. Dîner, souper. ‖ — *Cenar fuera*, dîner en ville. ‖ *Quedarse sin cenar*, ne pas dîner.
— V. tr. Dîner de, manger pour le dîner : *ha cenado una tortilla*, il a mangé une omelette pour son dîner, il a dîné d'une omelette.
— OBSERV. V. CENA.

cencapa f. *Amer.* Licou (m.) de lama.

cenceño, ña adj. Sec, sèche ; maigre.

cencerrada f. Charivari, m. (alboroto) : *dar una cencerrada*, donner un charivari.

cencerrear v. intr. Sonnailler (agitar una campanilla). ‖ Faire du bruit (hacer ruido). ‖ FIG. y FAM. Gratter du violon o de la guitare (tocar mal). ‖ Crier, grincer (una puerta, una ventana, una herradura). ‖ Remuer, branler (un diente).

cencerreo m. Bruit de sonnailles. ‖ Tapage, vacarme (ruido).

cencerro m. Sonnaille, f., clarine, f. (campanilla de los animales). ‖ — *A cencerros tapados*, en tapinois, en catimini (secretamente). ‖ *Estar más loco que un cencerro*, être complètement fou, être fou à lier. ‖ *Mudarse a cencerros tapados*, déménager à la cloche de bois.

cencerrón m. Grappillon (racimo de uvas).

cencuate m. *Amer.* Serpent venimeux du Mexique.

cendal m. Voile (velo). ‖ ECLES. Voile huméral. ‖ — Pl. Barbes, f. (de la pluma). ‖ Essuie-plume, sing.

cendra o **cendrada** f. TECN. Cendrée (pasta de ceniza de huesos).

cendradilla f. Coupelle.

cendrazo m. Restes (pl.) de coupellation.

cenefa f. Bordure, lisière (borde). ‖ Plinthe (de la pared).

cenestesia f. Cénesthésie.

cenestésico, ca adj. Cénesthésique.

cenicero m. Cendrier.

Cenicienta n. pr. f. Cendrillon.

ceniciento, ta adj. Cendré, e (color) : *rubio ceniciento*, blond cendré.

cenicilla f. Oïdium, m. (oídio).

cenit m. ASTR. Zénith.

cenital adj. Zénithal, e.

ceniza f. Cendre : *reducir a cenizas*, réduire en cendres. ‖ Oïdium, m. (de la vid). ‖ Enduit, m. (pintura). ‖ — Pl. Cendres (restos mortales). Poussières : *cenizas radiactivas*, poussières radioactives. ‖ — *Miércoles de Ceniza*, mercredi des Cendres. ‖ *Remover las cenizas*, remuer la cendre.

‖ *Tomar la ceniza*, recevoir les cendres [le mercredi des Cendres].

cenizo, za adj. Cendré, e (ceniciento). — M. Oïdium (de la vid). ‖ FAM. Trouble-fête (aguafiestas). ‖ Poisse, *f.*, guigne, *f.* (mala suerte) : *tener el cenizo*, avoir la guigne. ‖ FAM. *Ser un cenizo*, avoir le mauvais œil, porter la poisse.

cenizoso, sa adj. Cendreux, euse (mezclado con cenizas). ‖ Cendré, e (ceniciento).

cenobial adj. Cénobitique.

cenobio m. Monastère (monasterio).

cenobita m. y f. Cénobite : *vivir como cenobita*, vivre en cénobite.

cenobítico, ca adj. Cénobitique.

cenobitismo m. Cénobitisme.

cenotafio m. Cénotaphe.

cenote m. *Amer.* Puits naturel.

censar v. tr. *Amer.* Effectuer le recensement.

censatario, ria m. y f. DR. Censitaire.

censo m. Recensement, dénombrement (empadronamiento). ‖ DR. Cens (ant.), redevance, *f.* (tributo). ‖ Contrat de rente, rente, *f.* (renta) : *censo muerto*, rente perpétuelle ; *censo al quitar*, rente amortissable. ‖ Charge, *f.* (sobre una casa). ‖ Bail (arrendamiento) : *constituir un censo*, passer un bail. ‖ FIG. Gouffre : *este pleito es un censo*, ce procès est un gouffre. ‖ — *Censo electoral*, corps électoral. ‖ *Censo enfitéutico*, emphytéose. ‖ FIG. y FAM. *Ser un censo*, grever le budget (ser costoso).

censonte o **censontle** m. Moqueur (pájaro).

censor m. Censeur.

censual adj. Censuel, elle ; censitaire (del censo).

censualista m. y f. Censier, ère (quien percibe el censo).

censura f. Censure : *moción de censura*, motion de censure. ‖ Blâme, *m.* : *incurrir en la censura*, mériter un blâme. ‖ *Voto de censura*, blâme.

censurable adj. Censurable, blâmable.

censurador, ra adj. Qui censure, qui blâme. — M. Censeur.

censurar v. tr. Censurer : *censurar una película*, censurer un film. ‖ Censurer, blâmer, critiquer : *censurar a* ou *en uno su conducta*, censurer la conduite de quelqu'un, blâmer la conduite de quelqu'un.

centaura o **centaurea** f. BOT. Centaurée.

centauro m. Centaure.

centavo, va adj. y s. Centième (centésimo). ‖ — M. *Amer.* Centime, cent (moneda). ‖ FAM. *Estar sin un centavo*, être sans le sou, ne pas avoir un sou.

centella f. Éclair, *m.* (rayo). ‖ Foudre : *cayó una centella sobre el pararrayos de la torre*, la foudre est tombée sur le paratonnerre de la tour. ‖ Étincelle (chispa). ‖ FIG. Lueur, trace (vestigio). ‖ *Amer.* Anémone, renoncule. ‖ — FIG. *Partir como una centella*, partir comme un éclair. ‖ *Raudo como la centella*, rapide comme l'éclair.

centelleador, ra o **centellante** o **centelleante** adj. Étincelant, e ; scintillant, e.

centellar o **centellear** v. intr. Scintiller, étinceler, briller : *su sortija centellea con el sol*, sa bague scintille au soleil.

centelleo m. Scintillement (de las estrellas, de los diamantes). ‖ Clignotement (de la luz).

centellón m. Grand éclair.

centena f. Centaine.

centenada f. Centaine : *a centenadas*, par centaines.

centenal o **centenar** m. Champ de seigle.

centenar m. Centaine, *f.* (centena) : *a* ou *por centenares*, par centaines ; *centenares de hombres*, des centaines d'hommes. ‖ Centenaire (centenario).

centenario, ria adj. y s. Centenaire : *un viejo centenario de aspecto joven*, un centenaire à l'air jeune. ‖ — M. Centenaire : *el tercer centenario del nacimiento*, le troisième centenaire de la naissance.

centenaza adj. f. *Paja centenaza*, paille de seigle.

centeno, na adj. (P. us.). Centième (centésimo).

centeno m. BOT. Seigle.

centesimal adj. Centésimal, e.

centésimo, ma adj. y s. Centième. ‖ *La centésima parte*, le centième. ‖ — M. Centième. ‖ Centime (centavo en Uruguay y Panamá).

centiárea f. Centiare, *m.* (medida agraria).

centígrado, da adj. y s. m. Centigrade.

centigramo m. Centigramme.

centilitro m. Centilitre.

centillero m. Candélabre, chandelier à sept branches.

centímetro m. Centimètre : *centímetro cúbico*, centimètre cube.

céntimo, ma adj. Centième (centésimo). — M. Centime (moneda).

centinela m. ● MIL. Sentinelle, *f.*, factionnaire. ‖ FIG. Sentinelle, *f.* : *hacer centinela*, faire sentinelle. ‖ MIL. *Estar de centinela* ou *hacer centinela*, monter la garde, être de faction. — OBSERV. Le mot *centinela* s'emploie également au féminin, mais le masculin l'emporte dans la langue actuelle. — SINÓN. ● *Guardia*, garde. *Atalayero*, éclaireur. *Plantón*, planton.

centinodia f. Renouée (planta).

centipondio m. Quintal.

centolla f. o **centollo** m. Araignée (*f.*) de mer.

centón m. Centon (poesía).

centonar v. tr. Entasser (cosas). ‖ Compiler (obras literarias).

centrado, da adj. Centré, e : *una máquina mal centrada*, une machine mal centrée. ‖ BLAS. Cintré, e. ‖ FIG. Équilibré, e : *una persona muy centrada*, une personne très équilibrée. — M. Centrage.

centrador m. TECN. Centreur.

central adj. Central, e : *núcleo central*, noyau central. ‖ *Casa central*, maison mère. — F. Centrale : *central hidroeléctrica, nuclear*, centrale hydro-électrique, nucléaire. ‖ Central, *m.* : *una central telefónica*, un central téléphonique. ‖ Standard, *m.* (teléfono interior). ‖ Maison mère (casa matriz). ‖ — *Central cooperativa*, centre coopératif. ‖ *Central de correos*, grande poste, bureau de poste principal. ‖ *Central obrera*, centrale ouvrière.

centralismo m. Centralisme.

centralista adj. y s. Centraliste.

centralita f. Standard, *m.* (de teléfono).

centralización f. Centralisation.

centralizado, da adj. Centralisé, e.

centralizador, ra adj. y s. Centralisateur, trice.

centralizar v. tr. Centraliser.

centrar v. tr. Centrer. ‖ Pointer (arma de fuego). ‖ Concentrer (rayos de luz). ‖ FIG. Préciser, délimiter (un significado). ‖ Faire tourner autour : *centra su vida en la política*, il fait tourner sa vie autour de la politique. ‖ Axer : *centrar una novela sobre las cuestiones sociales*, axer un roman sur les questions sociales. — V. tr. e intr. Centrer (deportes). — V. pr. FIG. Tourner autour, être axé.

céntrico, ca adj. Central, e : *barrios céntricos*, quartiers centraux.

centrifugación f. Centrifugation.

centrifugador, ra adj. y s. Centrifugeur, euse.

centrifugar v. tr. Centrifuger.

centrífugo, ga adj. Centrifuge : *bomba centrífuga*, pompe centrifuge.

centrípeto, ta adj. Centripète : *aceleración centrípeta*, accélération centripète.

centrista m. y f. Centriste (en política).
— Adj. Centriste, du centre : *partido político centrista*, parti politique centriste.

centro m. Centre (medio) : *el centro de un círculo*, le centre d'un cercle ; *comprar algo en el centro*, acheter quelque chose dans le centre. ‖ Fig. But, objectif (objeto principal). ‖ Milieu : *en el centro de la calle*, au milieu de la rue. ‖ Milieu : *en los centros diplomáticos*, dans les milieux diplomatiques. ‖ Fig. Foyer : *el centro de la rebelión*, le foyer de la rébellion. ‖ Cercle (club). ‖ Centre (en el fútbol). ‖ Anat. y Mat. Centre. ‖ Med. Siège (de una enfermedad). ‖ *Amer.* Gilet (chaleco). ‖ Jupe, *f.* (saya). ‖ — *Centro chut*, centretir (fútbol). ‖ *Centro de atracción, de gravedad*, centre d'attraction, de gravité. ‖ *Centro de interés*, centre d'intérêt. ‖ *Centro de mesa*, chemin de table (tapete) ; surtout, coupe (recipiente). ‖ *En el mismísimo centro*, au beau milieu o en plein milieu. ‖ Fig. *Estar en su centro*, être dans son élément. ‖ *Amer. Hacer centro*, faire mouche.

centroamericano, na adj. y s. De l'Amérique centrale.

centroeuropeo, a m. y f. Européen, Européenne du Centre.
— Adj. De l'Europe centrale.

centrosoma m. Biol. Centrosome.

centunvirato m. Centumvirat.

centunviro m. Hist. Centumvir.

centuplicado, da adj. Au centuple, centuplé, e.

centuplicar v. tr. Centupler.

céntuplo, a adj. y s. m. Centuple.

centuria f. Siècle, *m.*, centurie (siglo). ‖ Centurie (división del ejército romano).

centurión m. Hist. Centurion.

cénzalo m. Moustique (mosquito).

cenzonte o **cenzontle** m. *Amer.* Moqueur (pájaro).

ceñido, da adj. Économe. ‖ Ajusté, e : *un vestido muy ceñido*, une robe très ajustée. ‖ Moulant, e : *una camiseta ceñida*, un gilet de corps moulant. ‖ Pédiculé, e (los insectos).

ceñidor m. Ceinture, *f.* (cinturón), cordelière, *f.* (cordón).

ceñir* v. tr. Serrer (apretar) : *esta cintura no me ciñe bien*, cette ceinture ne me serre pas bien. ‖ Ceindre, entourer : *ceñir la frente de rosas*, ceindre le front de roses ; *el mar ciñe la tierra*, la mer entoure la terre. ‖ Entourer, encadrer : *cabellos negros que ciñen un rostro*, cheveux noirs qui encadrent un visage. ‖ Mouler (ajustar) : *camiseta que ciñe el busto*, maillot qui moule le buste. ‖ Ceinturer (abrazar) : *ceñir a un adversario*, ceinturer un adversaire. ‖ Abréger (una narración). — V. pr. Se modérer, se restreindre (en los gastos). ‖ Se modérer (en las palabras). ‖ Se limiter à, s'en tenir à : *me ciño a lo que se ha dicho*, je m'en tiens à ce qui a été dit. ‖ Se faire (amoldarse). ‖ Coller : *este traje se ciñe al cuerpo*, cette robe colle au corps. ‖ Taurom. S'approcher très près [du taureau]. ‖ — *Ceñirse a*, serrer : *hay que ceñirse al tema*, il faut serrer le sujet ; *ceñirse a la derecha*, serrer à droite. ‖ *Ceñirse a la curva*, prendre un tournant à la corde (en una carrera).

ceño m. Froncement de sourcils. ‖ Bourrelet (del casco del caballo). ‖ Fig. Aspect imposant et menaçant. ‖ *Fruncir el ceño*, froncer les sourcils.

ceñudo, da adj. Renfrogné, e ; sombre, taciturne.

cepa f. Cep, *m.*, pied (*m.*) de vigne (vid). ‖ Souche (tronco de árbol, de un virus). ‖ Fig. Souche (origen de una persona) : *de pura o de vieja cepa*, de vieille souche. ‖ Pilier, *m.* (de un puente).

cepillado m. o **cepilladura** f. Rabotage, *m.* (car-

pintería). ‖ Brossage, *m.* (de un vestido). ‖ — Pl. Copeaux, *m.*

cepillar v. tr. Brosser (los trajes, etc.). ‖ Raboter (carpintería).
— V. pr. Pop. Recaler, coller, étendre (en un examen), bousiller, zigouiller (matar).

cepillo m. Tronc (en las iglesias). ‖ Rabot (carpintería). ‖ Brosse, *f.* : *cepillo de la ropa, de dientes, de la cabeza*, brosse à habits, à dents, à cheveux ; *cepillo para el suelo, las uñas, los zapatos*, brosse à parquet, à ongles, à chaussures. ‖ — *Al cepillo*, en brosse (los cabellos). ‖ *Cepillo bocel*, mouchette (herramienta). ‖ *Cepillo para fregar*, lavette.

cepo m. Rameau, branche (*f.*) d'arbre (rama). ‖ Billot (para el yunque). ‖ Rouet à dévider la soie, guindre, *f.* (para la seda). ‖ Cep (instrumento de tortura). ‖ Traquenard (trampa). ‖ Tronc (en las iglesias). ‖ Tecn. Boulon de butée (ferrocarriles). ‖ Zool. Sajou, sapajou (mono). ‖ Sabot de Denver (para bloquear un automóvil). ‖ — Fig. *Caer en el cepo*, tomber dans le piège. ‖ *Cepo de campaña* ou *colombiano*, crapaudine (castigo militar). ‖ Mar. *Cepo del ancla*, jas.

cepón m. Gros cep de vigne.

ceporro m. Vieux cep bon à brûler, sarment sec. ‖ Fam. Poussah, patapouf (persona muy gruesa). ‖ Bûche, *f.*, cruche, *f.*, soliveau (estúpido).

cequí m. Sequin (moneda árabe).

cequia f. Canal (*m.*) d'irrigation (acequia).

cera f. Cire : *cera amarilla, blanca, vegetal*, cire jaune, blanche, végétale. ‖ Fart, *m.* (para los esquíes). ‖ *Amer.* Bougie, cierge, *m.* (vela). ‖ — Pl. Alvéoles (*m.*) d'une ruche (alvéolos). ‖ — Fig. *Amarillo como la cera*, jaune comme un citron o comme un coing. ‖ Med. *Cera de los oídos*, cire, cérumen. ‖ *Estar pálido como la cera*, avoir un teint de papier mâché.

cerafolio m. Cerfeuil (planta).

cerámica f. Céramique.

cerámico, ca adj. Céramique. ‖ *Gres cerámico*, grès cérame.

ceramista m. y f. Céramiste.

cerapez f. V. CEROTE.

cerasta f. o **cerastes** m. Céraste (víbora).

ceratias m. Astr. Comète (*f.*) à deux queues.

cerato m. Cérat (ungüento).

cerbatana f. Sarbacane. ‖ Cornet (*m.*) acoustique (para los sordos).

cerbero m. Cerbère.

cerca f. Clôture, enceinte.
— Sinón. *Barrera*, barrière. *Empalizada*, palissade. *Estacada*, estacade. *Enrejado*, treillage. *Verja, reja*, grille. *Seto*, haie. *Alambrado*, alambrada, grillage.

cerca adv. Près : *vivimos muy cerca*, nous habitons tout près ; *no te pongas tan cerca*, ne te mets pas si près. ‖ — *Cerca de*, près, environ (aproximadamente) : *cerca de mil muertos*, près de mille morts ; auprès de : *intervenir cerca de uno*, intervenir auprès de quelqu'un. ‖ *Cerca de mí, de ti, etc.*, près de moi, de toi, etc. ‖ *De cerca*, de près : *mirar de cerca*, regarder de près. ‖ — *Embajador cerca de la Santa Sede*, ambassadeur près le Saint-Siège o auprès du Saint-Siège. ‖ *Muy de cerca*, de très près.
— M. pl. Artes. Premiers plans.
— Observ. Usado absolutamente *cerca* se traduce con preferencia por *tout près* (cerquita).
— *Auprès de* indica mayor proximidad que *près de*.

cercado m. Enclos (huerto). ‖ Clôture, *f.* (valla). ‖ *Amer.* Division (*f.*) territoriale.

cercador, ra adj. y s. Qui entoure. ‖ Mil. Assiégeant, e. ‖ — M. Tecn. Repoussoir (herramienta).

cercanamente adv. Tout près, non loin (a poca distancia). ‖ Prochainement, dans peu de temps (dentro de poco).

cercanía f. Proximité : *trabaja en la cercanía de su casa*, il travaille à proximité de chez lui. ‖ — Pl. Alentours, *m.*, environs, *m.* (alrededores) : *vive en las cercanías de París*, il vit aux environs de Paris. ‖ Banlieue, *sing.* (suburbios) : *tren de cercanías*, train de banlieue.

cercano, na adj. ● Proche, rapproché, e (próximo, inmediato). ‖ Voisin, e : *ir a un pueblo cercano*, aller à un village voisin. ‖ — *Cercano a su fin*, proche de sa fin. ‖ *Cercano Oriente*, Proche Orient.

— SINÓN. ● *Próximo*, prochain. *Vecino, aledaño*, voisin, avoisinant. *Inmediato*, immédiat. *Contiguo, inmediato*, contigu. *Lindante*, attenant. *Adyacente*, adjacent. *Limítrofe*, limitrophe. *Rayano*, joignant.

cercar v. tr. Clore, clôturer (rodear con una cerca). ‖ MIL. Assiéger, encercler, cerner (sitiar). ‖ Entourer, cerner (por la muchedumbre).

— SINÓN. ● *Bloquear*, bloquer. *Asediar, sitiar*, assiéger. *Rodear*, entourer.

cercén (a) loc. adv. À ras, ras : *cortar a cercén*, couper à ras, couper ras.

cercenador, ra adj. Qui rogne, qui retranche.

cercenadura f. o cercenamiento m. Rognure, *f.* (parte cortada). ‖ Rognage, *m.*, retranchement, *m.*, raccourcissement, *m.* (acción de cercenar). ‖ Raccourcissement, *m.*, réduction, *f.* (de un texto, discurso).

cercenar v. tr. Rogner, retrancher (cortar el borde). ‖ FIG. Diminuer, réduire (disminuir) : *cercenar el gasto*, réduire la dépense. ‖ Rogner (suprimir una parte de) : *cercenar un sueldo*, rogner un salaire. ‖ Raccourcir, réduire (un texto).

cerceta f. Sarcelle (ave). ‖ — Pl. Dagues (del ciervo).

cerciorar v. tr. Assurer.
— V. pr. S'assurer : *cerciorarse de un hecho*, s'assurer d'un fait.

cerco m. Cercle (lo que rodea). ‖ Cercle (aro de tonel). ‖ Ceinture, *f.* (de las ruedas). ‖ Cercle (corrillo). ‖ Cerne (figura mágica). ‖ Cerne (de una mancha). ‖ ASTR. Halo (corona, halo). ‖ Cadre (marco de puerta, etc.). ‖ MIL. Siège (asedio) : *alzar* ou *levantar el cerco*, lever le siège. ‖ *Amer.* Enclos (cercado), clôture, *f.* (cerca), haie (*f.*) vive (seto vivo). ‖ Tour (vuelta). ‖ — *Cerco policiaco*, cordon de police. ‖ MIL. *Poner cerco*, mettre le siège, assiéger. ‖ *Poner cerco al enemigo*, cerner l'ennemi.

cercopiteco m. ZOOL. Cercopithèque (mono).

cercha f. ARQ. Cintre, *m.* (cimbra). ‖ TECN. Cerce [patrón ou calibre à profil courbe].

cerchar v. tr. AGRIC. Marcotter, provigner (la vid).

cerchear v. intr. Se gauchir (alabearse).

cerchón m. ARQ. Cintre.

cerda f. Soie (del cerdo). ‖ Crin, *m.* (del caballo). ‖ Truie (hembra del cerdo). ‖ Soie, soyon, *m.* (enfermedad del cerdo). ‖ Collet, *m.* (lazo para la caza). ‖ Récolte, gerbe (mies segada). ‖ *Ganado de cerda*, porcs, porcins.

cerdada f. FAM. Cochonnerie (guarrada).

cerdamen m. Touffe (*f.*) de soies *o* de crins.

Cerdaña n. pr. f. GEOGR. Cerdagne.

cerdear v. intr. Fléchir des pattes antérieures (los animales). ‖ MÚS. Sonner faux (un instrumento). ‖ FIG. y FAM. Regimber, se défiler (resistir). ‖ *Amer.* Tailler la crinière et la queue des chevaux (cortar la cerda a un caballo).

Cerdeña n. pr. f. GEOGR. Sardaigne.

cerdo m. ● Porc, cochon (puerco). ‖ FIG. y FAM. Cochon. ‖ — *Carne de cerdo*, viande de porc. ‖ *Cerdo marino*, marsouin.

— SINÓN. ● *Puerco*, porc. *Cochino, guarro*, cochon. *Gorrino*, goret. *Verraco*, verrat.

cerdoso, sa adj. Couvert de soies. ‖ Sétacé, e (semejante a la cerda del puerco). ‖ Comme du crin : *barba cerdosa*, barbe comme du crin.

cereal m. Céréale, *f.* ‖ — Pl. Fêtes (*f.*) en l'honneur de Cérès.

cerealista adj. y s. m. Céréalier, ère : *región cerealista*, région céréalière. ‖ *Congreso cerealista*, congrès de céréalistes.

cerebelo m. ANAT. Cervelet.

cerebeloso, sa adj. Cérébelleux, euse.

cerebral adj. y s. Cérébral, e.

cerebro m. ● ANAT. Cerveau. ‖ FIG. Cerveau (inteligencia). ‖ — *Cerebro electrónico*, cerveau électronique. ‖ FIG. *Torturar su cerebro*, se creuser la cervelle, se torturer les méninges.

— SINÓN. ● *Sesos*, cervelle. *Encéfalo*, encéphale. *Cerebelo*, cervelet.

cerebroespinal adj. Cérébro-spinal, e.

cereceda f. Cerisaie (cerezal).

cerecilla f. Piment (*m.*) rouge (guindilla).

ceremonia f. Cérémonie. ‖ Façons, *pl.*, cérémonie, manières, *pl.* (cumplidos) : *andarse con ceremonias*, faire des cérémonies *o* des façons. ‖ — *Con gran ceremonia*, en grande cérémonie, en grande pompe (fam.). ‖ *De ceremonia*, cérémonieux, euse. ‖ *Por ceremonia*, par politesse.

ceremonial m. Cérémonial.
— Adj. Cérémoniel, elle.

ceremonioso, sa adj. Cérémonieux, euse.

céreo, a adj. De cire, cireux, euse.

cerería f. Magasin (*m.*) *o* métier (*m.*) du cirier.

cerero, ra m. y f. Cirier, ère.

cereza f. Cerise (fruta). ‖ *Amer.* Écorce du grain de café (de café), cerise (grano de café). ‖ — *Cereza gordal* ou *garrafal*, bigarreau. ‖ *Cereza pasa*, cerisette. ‖ *Cereza silvestre*, merise.

cerezal m. Cerisaie, *f.* (plantío de cerezos).

cerezo m. Cerisier (árbol). ‖ *Cerezo silvestre*, merisier.

cerífero, ra adj. Cérifère.

cerífica adj. f. *Pintura cerífica*, peinture à l'encaustique.

cerilla f. Allumette (fósforo) : *una caja de cerillas*, une boîte d'allumettes. ‖ Rat (*m.*) de cave, queuede-rat (vela). ‖ Cérumen, *m.* (cera de los oídos).

cerillera f. o cerillero m. Boîte (*f.*) d'allumettes. ‖ Marchand, marchande d'allumettes et de cigarettes. ‖ Poche (*f.*) pour les allumettes.

cerillo m. V. CERILLA.

cerio m. QUÍM. Cérium (metal raro).

cerita f. MIN. Cérite.

cerites m. Cérithe (molusco fósil).

cermeña f. Muscadelle (variedad de pera).

cermeño m. Poirier muscadelle (peral). ‖ FIG. Rustre, brute, *f.* (tosco).

cernada f. Charrée (de lejía).

cernadero m. Charrier (para la colada).

cerne adj. Dur, e.
— M. Cœur dur de l'arbre (del árbol).

cernedera f. Blutoir, *m.*, tamis, *m.* (tamiz).

cernedero m. Bluteric, *f.*

cernedor m. Blutoir, bluteau, tamis (cedazo). ‖ Bluteur, sasseur (persona).

cerneja f. Fanon, *m.* (del caballo).

cerner* v. tr. Bluter (la harina), tamiser (cualquier materia). ‖ FIG. Observer, scruter : *cerner el horizonte*, scruter l'horizon. ‖ Épurer, purifier (los pensamientos, las acciones).
— V. intr. Être en fleur (florecer). ‖ Bruiner, pleuviner (llover muy fino).
— V. pr. Planer (los pájaros, los aviones). ‖ FIG. Planer, menacer (un peligro). ‖ Se balancer (al andar).

cernícalo m. ZOOL. Buse, *f.*, crécerelle, *f.* (pájaro). ‖ FIG. y FAM. Butor, buse, *f.*, patate, *f.*, cruche, *f.* (tonto). ‖ POP. Cuite, *f.* : *coger, pillar un cernícalo*, prendre une cuite.

cernidillo m. Bruine, *f.*, crachin (lluvia fina). ‖ FIG. Balancement (al caminar).

cernido m. Criblage, blutage (acción de cerner). ‖ Farine (*f.*) blutée (harina).
cernidor m. V. CEDAZO.
cernidura f. Criblage, *m.*, blutage, *m.* (cernido). ‖ — Pl. Criblures (residuos del cernido).
cernir* v. tr. V. CERNER.
cero m. MAT. y FÍS. Zéro : *cero absoluto,* zéro absolu; *seis grados bajo cero,* six degrés au-dessous de zéro. ‖ Rien (tenis) : *cuarenta a cero,* quarante à rien. ‖ FIG. y FAM. *Ser un cero* ou *un cero a la izquierda,* être une nullité o un zéro o un zéro tout rond.
cerón m. Résidus (*pl.*) de la cire.
ceroplástica f. Céroplastique.
ceroso, sa adj. Cireux, euse : *tez cerosa,* teint cireux.
cerote m. Poix (*f.*) de cordonnier. ‖ FIG. y FAM. Frousse, *f.,* trouille, *f.* (miedo).
cerotear v. tr. Empoisser, poisser (los hilos).
cerquillo m. Couronne, *f.,* tonsure, *f.* (tonsura de monje). ‖ Trépointe, *f.* (del calzado). ‖ *Amer.* Frange, *f.* (flequillo).
cerquita adv. Tout près.
cerrado, da adj. Fermé, e : *puerta cerrada,* porte fermée. ‖ FIG. Caché, e : *el sentido cerrado de una carta,* le sens caché d'une lettre. ‖ Resserré, e (poro). ‖ Couvert, e; nuageux, euse (cielo). ‖ Dru, e (lluvia). ‖ Touffu, e ; épais, aisse (espeso), abondant, e ; fourni, e (abundante) : *una barba cerrada,* une barbe touffue. ‖ FIG. y FAM. Renfermé, e; peu communicatif, ive (poco expansivo). ‖ Bouché, e (muy torpe) : *cerrado de mollera,* bouché à l'émeri. ‖ À l'accent très marqué o prononcé : *hablar un andaluz cerrado,* parler avec un accent andalou très marqué. ‖ Nourri, e; fourni, e : *unos aplausos cerrados,* des applaudissements nourris. ‖ *Curva muy cerrada,* virage en épingle à cheveux. ‖ *Noche cerrada,* nuit noire o close. ‖ MIL. *Orden cerrado,* formation en masse. ‖ *Pliego* ou *sobre cerrado,* lettre cachetée, pli cacheté. ‖ *Testamento cerrado,* testament secret o mystique. ‖ — *A ojos cerrados,* les yeux fermés. ‖ *A puerta cerrada,* à huis clos. ‖ *Tomar la curva muy cerrada,* prendre un virage à la corde. — M. Clôture, *f.,* enclos (cercado). ‖ FIG. y FAM. Personne (*f.*) bornée (poco inteligente). ‖ *Oler a cerrado,* sentir le renfermé.
cerrador m. Fermoir.
cerradura f. Serrure (para cerrar) : *cerradura de seguridad,* serrure de sûreté. ‖ Fermeture (acción de cerrar). ‖ *Cerradura antirrobo,* antivol.
cerraja f. Serrure (cerradura). ‖ BOT. Laiteron, *m.* ‖ FIG. *Volverse agua de cerrajas,* finir en eau de boudin.
cerrajería f. Serrurerie.
cerrajero m. Serrurier.
cerrajón m. Coteau élevé (cerro).
cerramiento m. Fermeture, *f.* (cierre). ‖ Enclos (cercado). ‖ Cloison, *f.* (tabique).
cerrar* v. tr. Fermer (una caja, un cajón, una puerta) : *cerrar con llave,* fermer à clef; *cerrar con dos vueltas,* fermer à double tour. ‖ Fermer (los ojos, la mano, las piernas, etc.). ‖ Fermer, plier (un paraguas, un abanico). ‖ Fermer (un puerto). ‖ Barrer (un camino) : *cerrar el paso,* barrer la route. ‖ Boucher (una abertura, un conducto). ‖ Boucler (un cinturón). ‖ Refermer (una herida). ‖ Serrer (unir estrechamente) : *cerrar las filas,* serrer les rangs. ‖ Clore, mettre fin, mettre un point final à (una discusión, un debate). ‖ Conclure : *cerrar un trato,* conclure un marché. ‖ Clore (un contrato, un negocio). ‖ Clore (suscripción, empréstito, etc.). ‖ Clore, clôturer, arrêter (una cuenta). ‖ Fermer, cacheter (una carta). ‖ Fermer (ir detrás) : *cerrar la marcha,* fermer la marche. ‖ — FIG. y FAM. *Cerrar con siete llaves,*

fermer à double tour. ‖ POP. *Cerrar el pico,* fermer o clouer le bec, la boucler, la fermer. ‖ *Cerrar los ojos a la realidad,* fermer les yeux sur la réalité. — V. intr. Fermer (cerrarse) : *ventana que cierra mal,* fenêtre qui ferme mal. ‖ Démarquer (un caballo). ‖ Rabattre (géneros de punto). ‖ — FIG. *Cerrar con* ou *contra uno,* fondre sur quelqu'un, tomber sur quelqu'un. ‖ *La noche está cerrada,* il fait nuit noire. — V. pr. Se fermer (una herida, una flor, etc.). ‖ Faire une queue de poisson : *el camión se me ha cerrado,* le camion m'a fait une queue de poisson. ‖ FIG. S'obstiner, s'entêter : *se cierra en callar,* il s'obstine à garder le silence. ‖ Se couvrir, se boucher (el cielo, el horizonte). ‖ — *Cerrarse a la* ou *por* ou *en banda,* s'entêter, s'obstiner. ‖ *Cerrarse en falso,* mal cicatriser (una herida).
cerrazón f. Obscurité, assombrissement (*m.*) du ciel [qui précède un orage]. ‖ FIG. Étroitesse d'esprit. ‖ *Amer.* Contrefort (*m.*) d'une chaîne de montagnes (contrafuerte).
cerrejón m. Butte, *f.,* colline, *f.*
cerrero, ra adj. Vagabond, e (vagabundo). ‖ Sauvage (caballo, mula). ‖ FIG. Rustre, grossier, ère (inculto). ‖ *Amer.* Amer, ère : *café cerrero,* café amer.
cerril adj. Accidenté, e (terreno). ‖ Sauvage (animal). ‖ FIG. y FAM. Grossier, ère ; rustre (tosco).
cerrillo m. Mamelon, petite butte, *f.* (colina). ‖ BOT. Chiendent (grama).
cerro m. ● Coteau, colline, *f.* (colina), butte, *f.,* tertre (otero). ‖ Cou (cuello del animal). ‖ Croupe, *f.* (espalda del animal). ‖ Quenouille, *f.* (de lino o cáñamo). ‖ — *Cerro testigo,* butte témoin. ‖ FIG. y FAM. *Echar* ou *irse por los cerros de Úbeda,* divaguer, battre la campagne (divagar), s'éloigner du sujet, être à cent lieues du sujet (salirse del tema).
— SINÓN. ● *Montículo,* monticule. *Mota,* motte. *Altozano,* mamelon.
cerrojazo m. Fermeture, *f.,* verrouillage brusque. ‖ *Dar cerrojazo,* fermer [boutique].
cerrojillo m. V. HERRERUELO (pájaro).
cerrojo m. Verrou. ‖ Verrou (del fusil). ‖ Béton, verrou (en fútbol), bétonneur (jugador). ‖ — *Cerrar con cerrojo* ou *echar* ou *correr el cerrojo,* fermer au verrou, mettre le verrou à, verrouiller. ‖ *Descorrer el cerrojo,* tirer o ouvrir le verrou.
cerruma f. Paturon, *m.* (del caballo).
certamen m. Duel (desafío), joute, *f.* (torneo). ‖ FIG. Concours [littéraire, etc.] : *participar en un certamen,* participer à un concours. ‖ Joute (*f.*) oratoire (oratoria).
certero, ra adj. Adroit, e. ‖ Juste : *tiro certero,* tir juste. ‖ Sûr, e ; fondé, e (cierto).
certeza o **certidumbre** f. Certitude, assurance : *tener la certeza que,* avoir la certitude que. ‖ Exactitude, authenticité (autenticidad).
certificable adj. Qui peut être certifié. ‖ Qui peut être recommandé (carta, paquete).
certificación f. Certification (acción de certificar). ‖ Recommandation (de una carta). ‖ Certificat, *m.* (certificado).
certificado, da adj. Recommandé, e (carta). ‖ *Por certificado,* sous pli recommandé. — M. Certificat. ‖ Brevet d'études (diploma). ‖ — Pl. Objets recommandés. ‖ — *Certificado de favor,* certificat de complaisance. ‖ *Certificado de penales,* extrait de casier judiciaire. ‖ *Certificado médico,* certificat médical.
certificador m. Certificateur.
certificar v. tr. Certifier, assurer (asegurar). ‖ Recommander (las cartas).
certificativo, va o **certificatorio, ria** adj. Qui certifie, certificatif, ive.
certísimo, ma adj. Très certain, e.

certitud f. Certitude (certeza).
cerúleo, a adj. Céruléen, enne (celeste).
cerumen m. Cérumen (cerilla de los oídos).
ceruminoso, sa adj. Cérumineux, euse.
cerusa f. Céruse (albayalde).
cerusita f. Quím. Cérusite.
cerval adj. Cervin, e ; du cerf. || — *Gato cerval,* chat-cervier. || *Lobo cerval,* loup-cervier. || *Miedo cerval,* peur bleue.
cervantesco, ca o **cervántico, ca** o **cervantino, na** adj. Relatif à Cervantes o à son style, cervantesque.
cervantismo m. Cervantisme.
cervantista adj. y s. Cervantiste, personne occupée à l'étude des œuvres de Cervantes.
cervantófilo, la adj. y s. Cervantophile.
cervatillo m. Zool. Porte-musc.
cervato m. Zool. Faon (ciervo).
cerveceo m. Fermentation (*f.*) de la bière.
cervecería f. Brasserie (fábrica y tienda).
cervecero m. Brasseur.
cerveza f. Bière : *cerveza dorada, negra,* bière blonde, brune.
cervical adj. Cervical, e.
cérvidos m. pl. Zool. Cervidés.
cervigón m. V. CERVIGUILLO.
cerviguillo m. Nuque, *f.*
cerviz f. Nuque (nuca). || — Fig. *Bajar, doblar* ou *humillar la cerviz,* courber la tête o le front o l'échine. | *Levantar la cerviz,* lever la tête. | *Ser de dura cerviz,* être une forte tête.
cesación f. o **cesamiento** m. Cessation, *f.* : *cesación de pagos,* cessation de paiements. || *Cesación a divinis,* interdit.
cesante adj. Mis à pied o en disponibilité, révoqué de ses fonctions. || Suspendu, e ; en non-activité (un funcionario). || — *Dejar cesante,* remercier, révoquer o relever de ses fonctions. || *Lucro cesante,* manque à gagner.
— M. y f. Fonctionnaire en disponibilité.
cesantía f. Mise à pied (de un funcionario), révocation (despido). || Disponibilité, non-activité (sin trabajo). || Pension [d'employé en disponibilité]. || Congé (*m.*) d'inactivité (descanso).
cesar v. intr. Cesser, prendre fin. || — *Cesar en el cargo,* cesser ses fonctions. || *Cesar en sus quejas,* cesser ses plaintes. || *Sin cesar,* sans cesse, sans arrêt.
césar m. César (emperador). || *Hay que dar a Dios lo que es de Dios y al César lo que es del César,* il faut rendre à César ce qui est à César, et à Dieu ce qui est à Dieu.
cesaraugustano, na adj. y s. De Cesaraugusta [aujourd'hui Saragosse].
cesáreo, a adj. Césarien, enne. || — Adj. f. y s. f. Césarienne (operación).
cesariano, na adj. y s. Césarien, enne (relativo a Julio César).
cesariense adj. y s. Césaréen, enne ; de Césarée.
cesarismo m. Césarisme.
cese m. Cessation, *f.* || Ordre de cessation de paiements. || Révocation (*f.*) d'un fonctionnaire (revocación).
cesibilidad f. Cessibilité.
cesible adj. Dr. Cessible.
cesio m. Césium, cæsium (metal).
cesión f. Cession : *cesión de tierras, de bienes,* cession de terres, de biens.
— Sinón. *Concesión,* concession. *Desasimiento,* dessaisissement. *Renuncia,* renoncement.
cesionario, ria m. y f. Cessionnaire.
cesionista m. y f. Cédant, e (que hace cesión de bienes).
césped m. Gazon, pelouse, *f.* : *cortar el césped,* tondre la pelouse.
cespedera f. Pelouse.

cesta f. Panier, *m.* (recipiente de mimbre, etc.). || Chistera, *m.* [pour jouer à la pelote basque]. || Panier, *m.* (en el juego del baloncesto). || — *Cesta de labores,* panier à ouvrage. || *Cesta de Navidad,* colis de Noël. || Fig. y fam. *Llevar la cesta,* tenir la chandelle, chaperonner.
cestapunta f. Chistera, *m.* [pelote basque].
cestería f. Vannerie.
cestero, ra m. y f. Vannier, ère.
cesto m. ● Panier, corbeille, *f.* : *cesto de los papeles,* corbeille à papiers. || Manne, *f.* (cesto grande). || Ceste (guante de atletas). || *Quien hace un cesto, hará ciento,* qui a bu boira, qui vole un œuf vole un bœuf.
— Sinón. ● *Canasto,* panier. *Canastilla,* corbeille. *Banasto,* panier rond.
cestodos m. pl. Zool. Cestodes (gusanos).
cestón m. Mil. Gabion.
cestonada f. Mil. Gabionnade.
cesura f. Poét. Césure (verso).
ceta f. V. ZETA.
cetáceo m. Zool. Cétacé.
ceteno m. Cétène (carburo).
cetina f. Blanc (*m.*) de la baleine, cétine.
cetoína f. Zool. Cétoine.
cetona f. Quím. Cétone.
cetrería f. Fauconnerie.
cetrero m. Fauconnier.
cetrino, na adj. Citrin, e (p. us.), olivâtre (color). || Fig. Mélancolique.
cetro m. Sceptre (insignia de mando). || Canne, *f.* (de un capellán). || Perchoir (para los halcones). || Fig. Sceptre (reinado). || *Cetro de bufón,* marotte.
ceugma f. Gram. Zeugma, *m.*
ceutí adj. y s. De Ceuta.
cía f. Anat. Ischion, *m.*
ciaboga f. Mar. Virement (*m.*) de bord.
cianamida f. Cyanamide, *m.* o *f.* (abono).
cianhídrico, ca adj. Quím. Cyanhydrique.
cianita f. Min. Cyanite.
cianofíceas f. pl. Cyanophycées (algas).
cianógeno m. Quím. Cyanogène.
cianosis f. Med. Cyanose.
cianuración f. Cyanuration.
cianúrico, ca adj. y s. m. Quím. Cyanurique.
cianuro m. Quím. Cyanure.
ciar v. intr. Reculer, marcher à reculons (retroceder). || Mar. Scier (remar). || Renoncer, abandonner : *ciar en sus pretensiones,* renoncer à ses prétentions, abandonner ses prétentions. | Renverser (el vapor).
ciático, ca adj. y s. f. Med. Sciatique.
Cibeles n. pr. f. Mit. Cybèle.
cibelina f. Zool. Zibeline.
cibera adj. f. Qui sert à alimenter.
— F. Nourriture pour gaver les animaux. || Quantité de blé que l'on porte dans la trémie du moulin. || Marc, *m.,* résidu (*m.*) de fruits exprimés.
cibernética f. Cybernétique.
ciborio m. Arq. Ciborium (baldaquino). || Coupe, *f.* (copa).
— Observ. El francés *ciboire* significa *copón.*
cicádidos m. pl. Cicadidés (insectos).
cicatear v. intr. Fam. Lésiner.
cicatería f. Lésinerie, ladrerie.
cicatero, ra adj. y s. Lésineur, euse ; avare, chiche, ladre.
cicatrícula f. Cicatricule (galladura del huevo).
cicatriz f. Cicatrice.
— Sinón. *Costurón,* estafilade. *Chirlo,* balafre. *Estigma,* stigmate.
cicatrizable adj. Cicatrisable.
cicatrización f. Cicatrisation.
cicatrizado, da adj. Cicatrisé, e.
cicatrizal adj. Cicatriciel, elle.

cicatrizante adj. y s. m. MED. Cicatrisant, e.

cicatrizar v. tr. Cicatriser.

cícero m. IMPR. Cícéro.

cicerone m. Cicerone (guía).

ciceroniano, na adj. Cicéronien, enne.

cicindela f. Cicindèle (insecto).

Cícladas n. pr. f. pl. GEOGR. Cyclades.

ciclamen o **ciclamino** m. BOT. Cyclamen.

ciclamor m. BOT. Gainier.

ciclano m. Cyclane.

cíclico, ca adj. Cyclique.

ciclismo m. Cyclisme.

ciclista adj. y s. Cycliste : *carrera ciclista,* course cycliste ; *un ciclista francés,* un cycliste français.

ciclo m. Cycle (lunar, literario, vital, etc.).

ciclocros m. Cyclo-cross.

cicloidal o **cicloideo, a** adj. Cycloïdal, e.

cicloide f. GEOM. Cycloïde.

ciclomotor m. Cyclomoteur.

ciclón m. Cyclone (huracán). || FIG. Ouragan : *llegar como un ciclón,* arriver comme un ouragan.

ciclonal o **ciclónico, ca** adj. Cyclonal, e ; cyclonique.

cíclope m. Cyclope.

ciclópeo, a o **ciclópico, ca** adj. Cyclopéen, enne.

ciclostilo m. Cyclostyle.

cicióstomos m. pl. Cyclostomes (pez).

ciclotimia f. MED. Cyclothymie.

ciclotímico, ca adj. MED. Cyclothymique.

ciclotrón m. FÍS. Cyclotron.

cicloturismo m. Cyclotourisme.

cicuta f. Ciguë (planta). || *Cicuta menor,* petite ciguë, éthuse.

cicutina f. Cicutine.

Cid n. pr. m. Le Cid Campéador. || FIG. Homme valeureux. || FAM. *Creerse descendiente de la pata del Cid,* se croire sorti de la cuisse de Jupiter.

cidra f. BOT. Cédrat, *m.* (fruta).

— OBSERV. Ne pas confondre avec *sidra,* cidre [boisson].

cidrada f. Confiture de cédrat.

cidro m. BOT. Cédratier.

cidronela f. BOT. Citronnelle, mélisse.

ciegamente adv. Aveuglément. || Tête baissée : *los soldados atacaron ciegamente,* les soldats attaquèrent tête baissée. || *Confiar ciegamente en,* avoir une confiance aveugle en.

ciego, ga adj. Aveugle (que no ve) : *ciego de nacimiento,* aveugle-né, aveugle de naissance. || FIG. Aveuglé, e (cegado) : *ciego de ira,* aveuglé par la colère. || Aveuglé, e ; bouché, e (cañería). || Compact, e ; sans trous (pan, queso). || FAM. *Estar ciego,* être noir (borracho).
— M. y f. Aveugle. || — M. ANAT. Cæcum (intestino). || — *A ciegas,* à l'aveuglette (sin ver) : *andar a ciegas,* aller à l'aveuglette ; en aveugle, à l'aveuglette, aveuglément (sin reflexión) : *obrar a ciegas,* agir en aveugle ; les yeux fermés : *comprar a ciegas,* acheter les yeux fermés. || — *Coplas de ciego,* vers de mirliton. || *Dar palos de ciego,* aller o agir à l'aveuglette. || *En tierra* ou *en país de ciegos el tuerto es rey,* au royaume des aveugles, les borgnes sont rois. || *Un ciego lo ve,* cela crève les yeux.

cielito m. *Amer.* Danse (*f.*) et chanson (*f.*) populaire en Argentine.

cielo m. Ciel : *cielo azul, sereno, aborregado, encapotado,* ciel bleu, serein, moutonneux, couvert. || ● RELIG. Ciel : *subir al cielo,* monter au ciel. || *Amer.* Danse (*f.*) et chanson (*f.*) populaire. || — *Cielo de la boca,* voûte o voile du palais. || *Cielo de la cama,* ciel de lit. || *Cielo raso,* faux plafond. || *El reino de los cielos,* le Royaume des cieux (v. OBSERV.), le Paradis. || *Un aviso del cielo,* un avertissement du ciel. || — *A cielo abierto,* à ciel ouvert (minas). || *A cielo descubierto,* à découvert, à ciel ouvert. || *A cielo raso,* à la belle étoile (a la intemperie). || — *Cerrarse*

ou *entoldarse el cielo,* se couvrir [le ciel]. || *Con paciencia se gana el cielo,* la patience vient à bout de tout. || *Desencapotarse el cielo,* s'éclaircir. || *Estar en el séptimo cielo,* être au septième ciel. || *Esto va al cielo,* c'est la loi et les prophètes. || *Ganar el cielo,* gagner le ciel. || FAM. *Juntársele a uno el cielo con la tierra,* être pris entre deux feux, être dans la gueule du loup. || *Llovido del cielo,* tombé du ciel. || *Mover* ou *revolver cielo y tierra,* remuer ciel et terre. || *Poner al cielo por testigo,* prendre le ciel à témoin. || *Poner el grito en el cielo,* pousser les hauts cris. || FIG. y FAM. *Se me ha ido el santo al cielo,* ça m'est sorti de la tête. | *Ser un cielo,* être un ange o un amour. | *Si escupes al cielo, en la cara te caerá,* ça te retombera sur le nez. || *Ver el cielo abierto,* voir les cieux ouverts (alegrarse), trouver le joint (descubrir el medio para salir de un apuro).
— Interj. ¡*Mi cielo*!, ¡*cielo mío*!, mon ange !, mon amour !, mon chou ! || — Pl. Ciel !
— OBSERV. El plural de *cielo* es *cielos* pero cuando se trata del clima el plural hace *ciels* (*des ciels sans nuage*). También se dice *des ciels de lit, des ciels de tableau* (parte de un cuadro que representa el cielo).
— SINÓN. ● *Paraíso,* paradis. *Olimpo,* Olympe. *Empíreo,* Empyrée. *Campos Elíseos,* champs Élysées. *Walhala,* Walhala. *Edén,* Éden. *Lo alto,* Là-haut.

ciempiés m. inv. ZOOL. Mille-pattes.

cien adj. Cent (apócope de ciento delante de un sustantivo). || *Cien por cien,* cent pour cent.
— OBSERV. *Ciento* s'apocope en *cien* devant les substantifs : *cien años, cien pesetas,* cent ans, cent pesetas, et devant les numéraux supérieurs à la centaine : *cien mil pesetas,* cent mille pesetas.

ciénaga f. Marécage, *m.* (zona pantanosa).

ciencia f. Science : *los adelantos de la ciencia,* les progrès de la science. || FIG. Science : *pozo de ciencia,* puits de science. || — *Ciencia ficción,* science-fiction. || *Ciencia infusa,* science infuse. || *Ciencias naturales, exactas,* sciences naturelles, exactes. || *Gaya ciencia,* gai savoir, poésie. || — *A* ou *de ciencia cierta,* en connaissance de cause (con conocimiento), de bonne source, de science certaine (con seguridad). || *Creer algo a ciencia cierta,* croire à quelque chose comme à l'évangile.

cienmilésimo, ma adj. y s. Cent millième. || *La cienmilésima parte,* le cent millième.

cienmilímetro m. Centième de millimètre.

cienmillonésimo, ma adj. y s. Cent millionième. || *La cienmillonésima parte,* le cent millionième.

cieno m. Vase, *f.,* bourbe, *f.* (fango).

científico, ca adj. Scientifique.
— M. Homme de science, savant.

cientifismo m. Scientifisme.

ciento adj. y s. m. Cent. || Centième (centésimo).
— M. Cent : *un ciento de ostras,* un cent d'huîtres. || Centaine, *f.* : *un ciento de huevos,* une centaine d'œufs. || — Pl. Piquet, *sing.* (juego de naipes). || FIG. y FAM. *El ciento y la madre,* une kyrielle, une foule. || *Un tanto por ciento,* un tant pour cent, un pourcentage. || — *Darle ciento y raya a uno,* faire la pige à quelqu'un, être cent fois supérieur à quelqu'un. || *Devolver ciento por uno,* rendre au centuple.
— OBSERV. V. CENT, 1ª parte, pág. 133.

cierne m. Floraison (*f.*) du blé o de la vigne. || *En cierne,* en fleur (la vid), en herbe (el trigo), en herbe (una persona), en germe, embryonnaire, en puissance (una cosa).

cierre m. Fermeture, *f.* || Fermoir (de un bolso). || Clôture, *f.* (de la Bolsa, de un inventario, de una sesión). || Clôture, *f.,* arrêté : *cierre de ejercicio,* clôture des comptes. || Fixation, *f.* (de los esquís). || — *Cierre de cremallera,* fermeture à glissière o Éclair. || *Cierre metálico,* rideau de fer (de una tienda). || *Cierre patronal,* lock-out (de una fábrica).

cierro m. Fermeture, *f.* (cierre). || *Amer.* Clôture, *f.* (vallado). | Enveloppe, *f.* (sobre). || *Cierro de cristales,* mirador, véranda, balcon vitré.

cierto, ta adj. Certain, e : *un hecho cierto,* un fait certain ; *ciertos escritcres,* certains écrivains ; *persona de cierta edad.* personne d'un certain âge ; *cierto tiempo,* un certain temps. || Sûr, e (seguro) : *cierto de su razón,* sûr d'avoir raison.
— M. *Lo ciertc,* ce qui est certain *o* sûr, ce qu'il y a de certain *o* de sûr, la vérité : *lo cierto es que no iré,* ce qui est certain c'est que je n'irai pas.
— Adv. Certainement, certes. || — *De cierto,* certes, certainement. || *No por cierto,* bien sûr que non, certainement pas. || *Por cierto,* certes, certainement, assûrément, bien sûr. || *Por cierto...,* à propos... ; *por cierto ayer fui a verte y no te encontré,* à propos, hier je suis allé te voir et je ne t'ai pas trouvé. || *Por cierto que,* bien sûr que. || — *Estar en lo cierto,* être dans le vrai. || *Lo cierto es que,* toujours est-il que. || *Lo que hay de cierto es que...,* ce qu'il y a de certain, c'est que, à vrai dire... || *Si es cierto que,* s'il est vrai que, si tant est que. || *Tan cierto como dos y dos son cuatro,* aussi vrai que deux et deux font quatre.
— OBSERV. L'article indéfini est exclu en espagnol lorsque *cierto* est placé devant un nom : *cierto día,* un certain jour, mais *un dato cierto,* une donnée sûre.
— Cuando *cierto* viene directamente delante del sustantivo el francés coloca el artículo indefinido antes de *certain.*

cierva f. Biche (rumiante).

ciervo m. ZOOL. Cerf (rumiante). || *Ciervo volante,* cerf-volant (coléoptero).

cierzas f. pl. Rejetons, *m.,* pousses (de la vid).

cierzo m. Bise, *f.*

cifosis f. MED. Cyphose.

cifra f. Chiffre, *m.* || Abréviation (abreviatura). || FIG. *En cifra,* obscurément (ininteligiblemente), en abrégé (abreviadamente).

cifrado, da adj. Chiffré, e : *bajo cifrado,* basse chiffrée.
— M. Mise (*f.*) en chiffre.

cifrar v. tr. Chiffrer (un mensaje). || Résumer, abréger (resumir). || COM. Chiffrer. || *Cifrar en,* placer, mettre en *o* dans : *cifrar la esperanza en Dios,* placer son espoir en Dieu ; *cifrar su placer en la lectura,* placer son plaisir dans la lecture.
— V. pr. Se chiffrer, s'élever : *cifrarse en,* se chiffrer à.

cigala f. Langoustine (crustáceo).

cigarra f. Cigale (insecto).

cigarral m. Villa, *f.* [à Tolède].

cigarrera f. Cigarière (que fabrica cigarros). || Buraliste (que vende cigarros). || Porte-cigares, *m. inv.* (para puros). || Blague à tabac (petaca).

cigarrería f. *Amer.* Bureau (*m.*) de tabac.

cigarrillo m. Cigarette, *f.* : *liar un cigarrillo,* rouler une cigarette ; *una cajetilla de cigarrillos,* un paquet de cigarettes. || *Cigarrillo con filtro,* cigarette filtre *o* à bout filtrant.

cigarro m. Cigare (puro). || Cigarette, *f.* (cigarrillo). || *Amer.* Libellule, *f.* || — *Cigarro de papel,* cigarette. || *Cigarro puro* ou *habano,* cigare.

cigarrón m. Sauterelle, *f.* (saltamontes).

cigomático, ca adj. ANAT. Zygomatique.

cigomicetos m. pl. Zygomycètes.

cigoñal m. Chadouf (máquina hidráulica).

cigoñino m. Cigogneau (cría de la cigüeña).

ciguatarse v. pr. V. ACIGUATARSE.

ciguatera f. *Amer.* Intoxication alimentaire.

ciguato, ta adj. *Amer.* Pâle, anémié, e. | Atteint d'une intoxication alimentaire.

cigüeña f. ZOOL. Cigogne. || MECÁN. Manivelle, cigogne (manubrio). || *Amer.* Orgue (*m.*) de Barbarie (órgano de manubrio). || — FIG. *Lo trajo*

la cigüeña, il est venu au monde dans un chou, c'est la cigogne qui l'a apporté (un niño).

cigüeñal m. Manivelle, *f.* (manubrio). || MECÁN. Vilebrequin (de motor).

cilantro m. BOT. Coriandre, *f.*

ciliado, da adj. y s. m. Cilié, e.

ciliar adj. ANAT. Ciliaire.

Cilicia n. pr. f. GEOGR. Cilicie.

cilicio m. Cilice.

cilindrada f. Cylindrée : *gran cilindrada,* grosse cylindrée.

cilindrado m. TECN. Cylindrage.

cilindrador m. Cylindreur.

cilindrar v. tr. Cylindrer.

cilíndrico, ca adj. Cylindrique.

cilindro m. MAT. Cylindre : *cilindro de revolución,* cylindre de révolution. || MECÁN. Cylindre : *cilindro de aletas,* cylindre à ailettes. || IMPR. Cylindre. | Orgue de Barbarie (organillo). || *Cilindro compresor,* rouleau compresseur, cylindre (rodillo).

cilindrocoónico, ca adj. Cylindro-conique.

cilindroeje m. ANAT. Cylindraxe (neurita).

cilindroideo, a adj. Cylindroïde.

cilio m. BIOL. Cil : *cilio vibrátil,* cil vibratile.

cillero m. Cellier. || Cellerier, administrateur [de la dîme].

cima f. ● Sommet, *m.,* cime (de una montaña). || Cime (de un árbol). || BOT. Cyme, *m.* || — FIG. Fin, terme, *m.* — FIG. *Dar cima a,* mener à bonne fin, venir à bout de. | *Mirar una cosa por cima,* regarder quelque chose superficiellement. || *Por cima,* tout en haut.
— OBSERV. Ne pas confondre avec *sima,* précipice.
— SINÓN. ● *Cúspide,* sommet. *Pináculo,* pinacle. *Cresta,* crête. *Cumbre,* faîte. *Pico,* pic, aiguille. *Picacho,* piton.

cimacio m. ARQ. Cimaise, *f.* (moldura).

cimarra (hacer la) loc. *Amer.* Faire l'école buissonnière.

cimarrón, ona adj. *Amer.* Marron, onne [en Amérique, autrefois « esclave », aujourd'hui « animal domestique qui s'est enfui »]. | Sauvage (animal, planta). | Paresseux, euse ; fainéant, e (vago).
— M. Maté sans sucre, maté pur (mate).

cimarronada f. *Amer.* Troupeau (*m.*) d'animaux sauvages.

cimarronear v. intr. *Amer.* Prendre du maté sans sucre. | Fuir, s'échapper (huir).

cimbalaria f. BOT. Cymbalaire.

cimbalero o **cimbalista** m. MÚS. Cymbalier.

cimbalillo m. Clochette, *f.*

címbalo m. Clochette, *f.* (campanita). || — Pl. MÚS. Cymbales, *f.* (platillos).

cimbel m. Corde (*f.*) pour attacher l'oiseau qui sert d'appeau. || Moquette, *f.,* appelant (pájaro que sirve de señuelo). || FIG. Leurre (añagaza). || FIG. y FAM. Mouchard (soplón).

cimborio o **cimborrio** m. ARQ. Ciborium, tour-lanterne, *f.* (en el crucero).

cimbra f. ARQ. Cintre, *m.* (de armazón) : *cimbra peraltada, rebajada,* cintre surhaussé, surbaissé. || MAR. Courbure. || *Amer.* Piège, *m.* (trampa).

cimbrado, da adj. Cintré, e.
— M. Mouvement de la danse.

cimbrar v. tr. Faire vibrer [un objet flexible]. || FIG. y FAM. Cingler, frapper (golpear) : *cimbrar de un bastonazo,* frapper d'un coup de bâton. || ARQ. Cintrer (una bóveda).
— V. pr. Vibrer (un objeto flexible). || Se ployer, se plier (doblarse).

cimbreante adj. Flexible, souple. || Ondulant, e.

cimbrear v. tr. V. CIMBRAR.

cimbreño, ña adj. Flexible, souple.

cimbreo m. Ploiement. || Cintrage (combadura).

címbrico, ca adj. HIST. Cimbrique.

cimbronazo m. Coup donné avec le plat de l'épée (cintarazo). ‖ *Amer.* Frisson nerveux.

cimentación f. Fondation, fondements, *m. pl.*

cimentar* v. tr. Cimenter (fijar con cemento). ‖ Cémenter (hacer la cementación). ‖ ARQ. Jeter les fondations (de un edificio). ‖ FIG. Cimenter, consolider, affermir (la amistad, las relaciones, la paz). | Jeter les bases o les fondations de (una sociedad, etc.).

cimera f. Cimier, *m.* (del casco).

cimero, ra adj. Qui occupe le sommet, placé au sommet. ‖ FIG. Dominant, e ; supérieur, e.

cimiento m. ● ARQ. Fondations, *f. pl.* : *abrir, echar los cimientos,* creuser, jeter les fondations. ‖ FIG. Origine, *f.,* source, *f.* (origen). ‖ Assise, *f.,* fondement : *su autoridad tiene sólidos cimientos,* son autorité a de solides assises. | Base, *f.* : *echar los cimientos de una cooperación,* jeter les bases d'une coopération.

— SINÓN. ● *Base,* base. *Fundamento,* fondement. *Basamento,* soubassement. *Asiento,* assise.

cimitarra f. Cimeterre, *m.* (arma).

cimotecnia f. Zymothecnie.

cinabrio m. MIN. Cinabre.

cinámico, ca adj. QUÍM. Cinnamique.

cinamomo m. BOT. Cinnamome.

cinc m. Zinc (metal).

— OBSERV. Pl. *Cincs.*
— En espagnol, l'orthographe *zinc* est également correcte.

cincel m. Ciseau.

cincelado, da adj. Ciselé, e.
— M. Ciselure, *f.*

cincelador m. Ciseleur.

cinceladura f. Ciselure.

cincelar v. tr. Ciseler.

cincelete m. TECN. Ciselet.

cinco adj. y s. Cinq : *los cinco dedos,* les cinq doigts. ‖ Cinquième.
— M. Cinq (cifra). ‖ Cinq (naipe). ‖ *Amer.* Guitare (*f.*) à cinq cordes (guitarrilla). ‖ — FIG. y FAM. *Esos cinco,* la main, la pince. ‖ — *Decir a uno cuántas son cinco,* dire à quelqu'un ses vérités. ‖ *Son las cinco,* il est cinq heures. ‖ FIG. y FAM. *Vengan* ou *choca esos cinco,* tope-là (para concluir un acuerdo), serre-moi donc la pince (para reconciliarse).

cincoenrama f. BOT. Quintefeuille.

cincograbado m. Zincogravure, *f.*

cincografía m. Zincographie.

cincuenta adj. y s. m. Cinquante. ‖ Cinquantième (quincuagésimo). ‖ *Los cincuenta,* la cinquantaine : *andar por* ou *frisar en los cincuenta,* friser la cinquantaine.

cincuentavo, va adj. y s. Cinquantième.

cincuentenario m. Cinquantenaire.

cincuenteno, na adj. Cinquantième.
— F. Cinquantaine.

cincuentón, ona adj. y s. Quinquagénaire, qui a atteint la cinquantaine, qui a dans les cinquante ans (fam.).

cincha f. Sangle. ‖ *A revienta cinchas,* à bride abattue.

cinchada f. *Amer.* V. CINCHADURA.

cinchadura f. Serrage (*m.*) de la sangle, sanglage, *m.*

cinchar v. tr. Sangler (la cincha). ‖ Cercler (un tonel).

cinchazo m. *Amer.* Coup donné avec le plat de l'épée.

cinchera f. Partie du corps du cheval où se place la sangle, ventre, *m.* ‖ VETER. Écorchure produite par la sangle.

cincho m. Ceinture, *f.* (cinturón). ‖ Cercle, cerceau (para los toneles). ‖ VETER. Bourrelet (ceño). ‖ *Amer.* Sangle, *f.* (cincha).

cine m. Cinéma, ciné (fam.) : *cine mudo, sonoro, de estreno, de sesión continua,* cinéma muet, sonore o parlant, d'exclusivité, permanent.
— OBSERV. L'espagnol *cine* n'est pas familier comme le français *ciné.*

cineasta m. Cinéaste.

cine-club m. Ciné-club.

cinegético, ca adj. y s. f. Cynégétique.

Cinemascope m. (nombre registrado). Cinémascope.

cinemateca f. Cinémathèque.

cinemática f. FÍS. Cinématique.

cinematografía f. Cinématographie.

cinematografiar v. tr. Cinématographier.
— SINÓN. *Filmar,* filmer. *Rodar,* tourner. *Impresionar,* impressionner.

cinematográfico, ca adj. Cinématographique.

cinematógrafo m. Cinématographe.

cinerama m. Cinérama.

cinerario, ria adj. Cinéraire : *urna cineraria,* urne cinéraire.
— F. BOT. Cinéraire.

cinéreo, a o **cinericio, cia** adj. Cendré, e.

cinético, ca adj. y s. f. Cinétique.

cingalés, esa adj. y s. Cingalais, e.

cíngaro, ra adj. y s. Tzigane. ‖ — M. Zingaro, tzigane.

cingiberáceas f. pl. BOT. Zingibéracées.

cinglador m. TECN. Martinet (de fragua).

cinglar v. intr. MAR. Godiller.
— V. tr. TECN. Cingler, forger [le fer].

cíngulo m. ECLES. Cordon (para ceñir el alba).

cínico, ca adj. y s. Cynique.

cínife m. Cynips (insecto).

cinípidos m. pl. Cynipidés.

cinismo m. Cynisme.

cinocéfalo m. Cynocéphale (mono).

cinódromo m. Cynodrome (canódromo).

cinoglosa f. BOT. Cynoglosse (planta).

cinquero adj. m. y s. m. Zingueur.

cinta f. Ruban, *m.* (para adornar, envolver, etc.). ‖ Galon, *m.* (de lana, de algodón, etc.). ‖ Film, *m.,* bande (película). ‖ Ruban, *m.* (de máquina de escribir). ‖ Lacet, *m.* (lazo). ‖ ARQ. Ruban, *m.* (ornamento). | Bordure (de baldosines). ‖ MAR. Préceinte. ‖ Couronne (del casco de las caballerías). ‖ — *Cinta adhesiva,* ruban adhésif. ‖ *Cinta aisladora,* chatterton, ruban isolant. ‖ *Cinta de llegada,* fil d'arrivée, ligne d'arrivée (en una carrera). ‖ *Cinta magnetofónica,* bande magnétique. ‖ *Cinta métrica,* décamètre à ruban, mètre à ruban. ‖ *Cinta transportadora,* transporteur o convoyeur à bande.
— OBSERV. On rencontre parfois le barbarisme *en cinta* pour *encinta* (enceinte, en parlant d'une femme).

cintarazo m. Coup du plat de l'épée.

cinteado, da adj. Enrubanné, e (guarnecido de cintas). ‖ Galonné, e (engalonado).

cintería f. Ensemble (*m.*) de rubans o de galons. ‖ Rubannerie (industria y comercio).

cintero, ra m. y f. Rubanier, ère (que hace o vende cintas). ‖ — M. Ceinture, *f.* (ceñidor). ‖ Corde, *f.* (soga).

cintilar v. intr. Scintiller.

cintillo m. Bourdalou (de sombrero).

cinto, ta adj. Ceint, e
— M. Ceinturon (para el sable, etc.). ‖ Ceinture, *f.* (cinturón).
— OBSERV. L'adjectif *cinto* est le participe passé irrégulier de *ceñir.*

cintra f. ARQ. Cintre, *m.*

cintrado, da adj. ARQ. Cintré, e.

cintura f. Ceinture, taille (talle) : *coger por la cintura,* prendre par la taille. ‖ Ceinture (ceñidor). ‖ — ANAT. *Cintura pelviana,* ceinture pelvienne. ‖ *Doblarse por la cintura,* être plié en deux. ‖

Generalidades. — Généralités.

tráfico	trafic
hora punta	heure de pointe
embotellamiento	encombrement ; embouteillage
código de la circulación	code de la route
policía de tráfico	police de la route
usuario de la carretera	usager de la route
coche (m.) de turismo	voiture (f.) de tourisme
coche (m.) utilitario	voiture (f.) utilitaire

Carreteras. — Routes.

autopista	autoroute ; autostrade
carretera nacional	route nationale
carretera principal, secundaria	route principale, secondaire
carretera de salida	route de sortie (d'une ville)
carretera de empalme ; empalme, m.	route de raccordement ; bretelle, f.
bifurcación	bifurcation
faja intermedia	bande médiane
andén, arcén	accotement ; bas-côté
cruce ; intersección	croisement ; intersection
vía de dirección única	voie à sens unique
dirección (f.) prohibida	sens (m.) interdit
se prohíbe estacionar	stationnement interdit
sentido giratorio	sens giratoire
nudo de carreteras	nœud routier
refugio ; isleta, f.	refuge
aparcamiento	parcage ; parking
desviación	déviation
circulation a contramano ou en dirección prohibida	circulation en sens inverse

Obstáculos. — Obstacles.

subida	montée
bajada	descente
paso superior, inferior	passage supérieur, inférieur
paso a nivel (con guarda, sin guarda)	passage à niveau (gardé, non gardé)
paso de peatones	passage pour piétons
badén	cassis
bache	nid-de-poule
gravilla, grava f.	gravillons m. pl.
curva, f.	virage, m.
curva (f.) a la derecha, a la izquierda	virage (m.) à droite, à gauche
doble curva, f., curva (f.) peligrosa	double virage, m. ; virage en Z

estrechamiento (m.) de carretera	chaussée (f.) rétrécie
obras, f. pl.	travaux, m. pl.
firme (m.) ou piso (m.) deslizante	chaussée (f.) glissante

Seguridad. — Sécurité.

señalización	signalisation routière
semáforo	feux (pl.) de signalisation
señal (f.) intermitente	feu (m.) clignotant
stop ; parada, f.	stop
prioridad ; preferencia de paso	priorité
aparato de señal acústica	avertisseur sonore
aparato de señal óptica	avertisseur optique
luces, f. pl.	éclairage, m.
luz (f. sing.) de carretera ou larga	feux (m. pl.) de route
luz de cruce	lumière « en code »
luz de población	lumière en veilleuse
indicator de dirección	indicateur de direction
cinturón (m.) de seguridad	ceinture (f.) de sécurité

Accidentes e infracciones. — Accidents et infractions.

perder el dominio del vehículo	perdre la maîtrise de son véhicule
patinar, resbalar	déraper
dar una vuelta de campana	faire un tonneau
chocar ; entrar en colisión	entrer en collision
no respetar la prioridad	refus de priorité
adelantamiento por la derecha	dépassement à droite
conducción en estado de embriaguez	conduite en état d'ivresse
delito de fuga	délit de fuite
toma de sangre	prise de sang
índice de alcohol	taux d'alcool (dans le sang)
daños, desperfectos	dégâts matériels
retirada (f.) del permiso de conducción	retrait (m.) du permis de conduire

Seguro m. — Assurance f.

seguro (m.) de daños a terceros	assurance (f.) de responsabilité aux tiers
seguro contra riesgos varios	assurance multirisque
seguro a todo riesgo	assurance tous risques
descuento (m.) por no declaración de siniestro	abattement, bonification (f.) pour non-sinistre

---

Fig. y fam. *Meter a uno en cintura,* faire entendre raison à quelqu'un. ‖ *Tener una cintura de avispa,* avoir une taille de guêpe.

cinturón m. Ceinturon (para el sable, etc.). ‖ Ceinture, f. (de cuero) : *un cinturón de lagarto,* une ceinture de lézard. ‖ Fig. Ceinture, f. (de murallas, etc.). ‖ Ceinture, f. (en judo). ‖ — *Cinturón de seguridad,* ceinture de sécurité. ‖ *Cinturón salvavidas,* ceinture de sauvetage. ‖ — Fig. *Apretarse el cinturón,* se serrer la ceinture.

cipayo m. Cipaye.

ciperáceas f. pl. Bot. Cypéracées.

cipo m. Arq. Cippe. ‖ Borne, f. (en los caminos).

cipolino m. Cipolin (mármol).

cipote m. y f. Amer. Gamin, e ; gosse (chiquillo).

ciprés m. Bot. Cyprès.

cipresal m. Bot. Cyprière, f., plantation (f.) de cyprès.

cipresino, na adj. Du cyprès.

Cipriano n. pr. m. Cyprien.

ciprínidos m. pl. Cyprinidés (peces).

ciprino m. Cyprin (pez). ‖ — Pl. Cyprinidés.

ciprino, na o ciprio, pria o cipriota adj. y s. Cypriote, chypriote.

circaeto m. Zool. Circaète (ave).

Circasia n. pr. f. Geogr. Circassie.

circasiano, na adj. y s. Circassien, enne.

Circé n. pr. f. Circé.

circense adj. Du cirque.

circo m. Cirque.

circón m. Zircon (piedra preciosa).

circona f. Quím. Zircone (óxido).

circonio m. Zirconium (metal).

circonita f. Quím. Zirconite.

circuito m. Circuit (contorno, viaje). ‖ Electr. Circuit : *corto circuito,* court-circuit. ‖ Autom. *Circuito precintado,* circuit scellé.

circulación f. Circulation (de la savia, de las ideas, de los vehículos, fiduciaria, etc.). ‖ — Biol. *Circulación de la sangre,* circulation du sang. ‖ *Circulación rodada,* circulation routière o trafic routier. ‖ — *Billetes en circulación,* billets en cours. ‖ *Código de la circulación,* code de la route.

circulante adj. Circulant, e. ‖ *Biblioteca circulante,* bibliothèque de prêt à domicile.

circular adj. Circulaire.
— F. Circulaire, lettre circulaire (carta).

circular v. intr. Circuler : *circular por las calles,* circuler dans les rues. ‖ Fig. Circuler, courir : *circulan rumores,* des bruits circulent.

circularmente adv. Circulairement.

circulatorio, ria adj. Circulatoire.

círculo m. ● Cercle (circunferencia). ‖ Fig. Cercle, club : *círculo de juego,* cercle de jeu. ‖ Cercle

(cenáculo). | Cercle (extension). ‖ — Pl. Milieux (medios) : *en los círculos bien informados*, dans les milieux bien informés. | Entourage, *sing. : en los círculos allegados al rey*, dans l'entourage du roi. ‖ — MAR. *Círculo acimutal*, cercle azimutal. ‖ GEOM. *Círculo máximo, menor*, grand, petit cercle. ‖ *Círculo polar*, cercle polaire. ‖ *Círculo repetidor*, rapporteur. ‖ FIG. *Círculo vicioso*, cercle vicieux. ‖ *En círculo*, en cercle. ‖ *Formar un círculo alrededor de alguien*, faire un cercle autour de quelqu'un.
— SINÓN. ● *Circunferencia*, circonférence. *órbita*, orbite. *Redondel*, rond. *Cerco*, cerne.

circumpolar adj. Circumpolaire.
circuncidar v. tr. Circoncire.
circuncisión f. Circoncision.
circunciso, sa adj. y s. m. Circoncis, e.
circundante adj. Environnant, e ; qui entoure.
circundar v. tr. Environner, entourer.
circunferencia f. Circonférence.
circunferente adj. Qui circonscrit.
circunferir* v. tr. Circonscrire, limiter.
circunflejo adj. y s. m. Circonflexe (acento).
circunlocución f. o **circunloquio** m. Circonlocution, *f.*
circunnavegación f. Circumnavigation.
circunnavegar v. tr. Circumnaviguer.
circunscribir v. tr. Circonscrire.
— V. pr. Se limiter, s'en tenir : *circunscribirse a algo*, se limiter *o* s'en tenir à quelque chose.
circunscripción f. Circonscription : *circunscripción electoral*, circonscription électorale.
circunscrito, ta o **circunscripto, ta** adj. Circonscrit, e.
circunspección f. Circonspection.
— SINÓN. *Discreción*, discrétion. *Reserva*, réserve. *Comedimiento*, modération, mesure.
circunspecto, ta adj. Circonspect, e.
circunstancia f. Circonstance : *adaptarse a las circunstancias*, s'adapter aux circonstances. ‖ — DR. *Circunstancia agravante, atenuante*, circonstance aggravante, atténuante. ‖ *De circunstancias*, de circonstance. ‖ *En esta circunstancia*, pour la circonstance. ‖ *En las circunstancias presentes*, dans l'état actuel des choses. ‖ *Poner cara de circunstancias*, faire une tête de circonstance, se composer un visage.
circunstanciadamente adv. D'une manière circonstanciée.
circunstanciado, da adj. Circonstancié, e ; détaillé, e.
circunstancial adj. Circonstanciel, elle : *complemento circunstancial*, complément circonstanciel.
circunstante m. y f. Assistant, e (presente).
circunvalación f. Circonvallation. ‖ — *Carretera de circunvalación*, boulevard périphérique (en una ciudad). ‖ *Línea de circunvalación*, ligne de ceinture. ‖ *Tren, ferrocarril de circunvalación*, train, chemin de fer de ceinture.
circunvalar v. tr. Entourer, ceindre.
circunvecino, na adj. Circonvoisin, e.
circunvenir v. tr. Circonvenir.
circunvolar v. tr. Voler autour de.
circunvolución f. Circonvolution. ‖ *Circunvoluciones cerebrales*, circonvolutions cérébrales.
Cirenalca n. pr. f. GEOGR. Cyrénaïque.
cirenaico, ca o **cireneo, a** adj. y s. Cyrénaïque (de Cirenaica).
Ciriaco n. pr. m. Cyriaque.
cirial m. Chandelier d'église (candelero). ‖ Porte-chandelier.
cirílico, ca adj. Cyrillique, cyrillien, enne (alfabeto).
Cirilo n. pr. m. Cyrille.
cirineo, a adj. y s. Cyrénéen, enne.

cirio m. Cierge : *cirio pascual*, cierge pascal. ‖ BOT. Cierge.
Ciro n. pr. m. Cyrus.
cirrípedos o **cirrópodos** m. pl. ZOOL. Cirripèdes.
cirro m. Cirrus (nube). ‖ MED. Squirre (tumor). ‖ BOT. Cirre, vrille, *f.* (zarcillo). ‖ ZOOL. Cirre.
cirrosis f. MED. Cirrhose.
cirroso, sa adj. MED. Squirreux, euse. ‖ BOT. Cirreux, euse.
ciruela f. BOT. Prune (fruta). | — *Ciruela amarilla*, mirabelle. ‖ *Ciruela claudia*, reine-claude. ‖ *Ciruela damascena*, quetsche *o* prune d'Agen. ‖ *Ciruela pasa*, pruneau.
ciruelo m. BOT. Prunier (árbol).
cirugía f. Chirurgie. ‖ *Cirugía estética* ou *plástica*, chirurgie esthétique.
cirujano m. Chirurgien.
cisalpino, na adj. Cisalpin, e.
cisandino, na adj. Situé en deçà des Andes.
cisca f. BOT. Laîche (carrizo).
ciscar v. tr. FAM. Salir, cochonner (ensuciar).
— V. pr. POP. Chier.
cisco m. Charbonnaille, *f.*, poussier (carbón muy menudo). ‖ FIG. y FAM. Foin, grabuge : *meter* ou *armar cisco*, faire du foin *o* du grabuge. ‖ *Hacer cisco*, mettre en pièces.
ciscón m. Résidus (*pl.*) de charbons, mâchefer.
cisión f. Incision.
cisma m. Schisme. ‖ FIG. Discorde, *f.*
cismático, ca adj. y s. Schismatique.
cisne m. ZOOL. Cygne. ‖ ASTR. Cygne. ‖ FIG. Cygne (poeta o músico). ‖ *Amer.* Houppette, *f.* (para polvos). ‖ FIG. *Canto del cisne*, chant du cygne.
cisoide f. GEOM. Cissoïde.
cisoria adj. f. *Arte cisoria*, art de découper les viandes.
cisplatino, na adj. Qui est en deçà du Rio de la Plata.
cisquero m. Marchand de poussier. ‖ Ponce, *f.* (para el dibujo).
Cistel o **Cister** n. pr. m. Cîteaux (orden religiosa).
cisterciense adj. y s. Cistercien, enne (de la orden del Cister).
cisterna f. Citerne : *vagón cisterna, buque cisterna*, wagon-citerne, navire-citerne. ‖ Chasse d'eau (retrete).
cisternilla f. Chasse d'eau.
cisticerco m. Cysticerque (larva de la tenia).
cístico, ca adj. Cystique.
cistitis f. MED. Cystite.
cistografía f. MED. Cystographie.
cistoscopia f. MED. Cystoscopie.
cistoscopio m. MED. Cystoscope.
cistotomía f. MED. Cystotomie.
cisura f. Incision (incisión).
cita f. Rendez-vous, *m.* : *arreglar una cita*, prendre un rendez-vous. ‖ Citation (nota sacada de una obra). ‖ — *Casa de citas*, maison de passe. ‖ *Darse cita*, se donner rendez-vous, se fixer un rendez-vous.
citación f. DR. Citation, assignation.
citador, ra m. y f. Citateur, trice.
citar v. tr. Donner rendez-vous : *citar a uno en un café*, donner rendez-vous à quelqu'un dans un café. ‖ Citer (hacer una cita). ‖ DR. Citer, appeler : *citar a juicio*, appeler en témoignage. | Citer, traduire : *citar ante la justicia*, citer en justice. | Traduire : *citar ante un consejo de guerra*, traduire en conseil de guerre. ‖ TAUROM. Provoquer [le taureau]. ‖ *Para no citar otros*, pour ne pas les citer tous.
— V. pr. Prendre rendez-vous.
citara f. Galandage, *m.* (tabique de ladrillos).
cítara f. MUS. Cithare.
citarista m. y f. Cithariste.

Cítera n. pr. GEOGR. Cythère.
citerior adj. Citérieur, e.
cítiso m. BOT. Cytise.
cítola f. Traquet, *m.*, claquet, *m.* (del molino).
citología f. BIOL. Cytologie.
citoplasma m. ANAT. Cytoplasme.
citrato m. QUÍM. Citrate.
cítrico, ca adj. QUÍM. Citrique. ‖ *Productos cítricos,* produits citriques.
— M. pl. Agrumes (agrios) : *exportación de cítricos,* exportation d'agrumes.
citrón m. (P. us.). Citron (limón).
ciudad f. Ville : *la Ciudad Eterna,* la Ville éternelle. ‖ Cité : *ciudad universitaria, obrera,* cité universitaire, ouvrière. ‖ — *Ciudad de lona,* village de toile. ‖ *Ciudad hermana,* ville jumelle. ‖ *Ciudad hongo,* ville-champignon. ‖ *Ciudad jardín,* eité-jardin. ‖ *Ciudad satélite,* ville satellite. ‖ *Sr. don Juan Ruiz, Ciudad* (en cartas), M. Jean Ruiz, en ville [lettre].
ciudadanía f. Citoyenneté. ‖ *Derecho de ciudadanía,* droit de cité.
ciudadano, na m. y f. Citadin, e (de una ciudad). ‖ Citoyen, enne (de un estado).
ciudadela f. Citadelle.
civeta f. (P. us.). Civette (gato de algalia).
cívico, ca adj. Civique.
— M. *Amer.* Agent de police. | Chope, *f.* (de cerveza).
civil adj. y s. Civil, e : *guerra, matrimonio civil,* guerre civile, mariage civil. ‖ FIG. Civil, e ; sociable (sociable). ‖ — *Casarse por lo civil,* se marier à la mairie *o* civilement. ‖ *Incorporado a la vida civil,* réintégré dans le civil. ‖ *Por lo civil,* au civil.
— M. FAM. Gendarme (guardia civil). ‖ Civil (paisano).
civilidad f. Civilité (cortesía).
civilista m. Civiliste (jurisconsulto).
civilizable adj. Civilisable.
civilización f. Civilisation.
— SINÓN. *Cultura,* culture. *Instrucción,* instruction. *Educación,* éducation.
civilizado, da adj. y s. Civilisé, e.
civilizador, ra adj. y s. Civilisateur, trice.
civilizar v. tr. Civiliser.
civilmente adv. Civilement.
civismo m. Civisme.
cizalla f. Cisailles, *pl.* (tijeras grandes). ‖ Cisaille (cortaduras de metal). ‖ *Cizalla de banco,* cisoires.
cizalladura f. Cisaillement, *m.*
cizallar v. tr. Cisailler.
cizaña f. BOT. Ivraie. ‖ FIG. Ivraie : *separar la cizaña del buen grano,* séparer le bon grain de l'ivraie. | Zizanie, discorde (enemistad).
cizañar o cizañear v. tr. Semer la discorde, la zizanie.
cizañero, ra adj. y s. Semeur, euse de discorde.
cla f. FAM. Claque (en el teatro).
clac m. Claque, chapeau claque (sombrero).
— Interj. Clac !
clacopacle m. *Amer.* Aristoloche, *f.*
clachique m. *Amer.* Pulque non fermenté.
clamar v. tr. Clamer, crier : *clamar su inocencia, su indignación,* crier son innocence, son indignation. ‖ *Clamar venganza,* crier vengeance.
— V. intr. Implorer : *clamar a Dios, por la paz,* implorer Dieu, la paix. ‖ Se récrier, crier : *clamar contra una injusticia,* se récrier contre une injustice, crier à l'injustice. ‖ FIG. Réclamer : *la tierra clama por agua,* la terre réclame de l'eau. ‖ *Esto clama al cielo,* ceci appelle la justice divine.
clámide f. Chlamyde (abrigo griego).
clamor m. Clameur, *f.* (grito). ‖ Plainte, *f.*, gémissement (voz lastimosa). ‖ Acclamation, *f.* (vítores). ‖ Glas (toque de campana fúnebre).

clamorear v. tr. Réclamer (con instancia). ‖ Implorer (suplicar). ‖ Se plaindre (quejarse). ‖ Clamer (clamar).
— V. intr. Sonner le glas (doble de campanas).
clamoreo m. Clameur, *f.* (clamor). ‖ FAM. Prière (*f.*) agaçante (ruego).
clamoroso, sa adj. Retentissant, e ; éclatant, e : *éxito clamoroso,* succès retentissant. ‖ Plaintif, ive (quejoso).
clan m. Clan.
clandestinidad f. Clandestinité.
clandestino, na adj. Clandestin, e : *reunión clandestina,* réunion clandestine.
claque f. FIG. y FAM. Claque (teatro).
claqueta f. Claquette (de cine). ‖ — Pl. Claquette, *sing.* (tablillas).
clara f. Blanc (*m.*) de l'œuf (del huevo). ‖ Clarté (claridad). ‖ Clairure (falta en una tela). ‖ Place dénudée (en el cráneo). ‖ Éclaircie (de la lluvia). ‖ *Amer.* Clarisse (monja). ‖ *Levantarse con las claras del día,* se lever au point du jour.
Clara n. pr. f. Claire.
claraboya f. Lucarne (tragaluz). ‖ Fenêtre à tabatière (en un tejado).
clarear v. tr. Éclairer (dar claridad). ‖ Éclaircir (aclarar) : *clarear un color,* éclaircir une couleur. ‖ *Amer.* Transpercer [d'un coup de feu].
— V. intr. Poindre, se lever (el día). ‖ S'éclaircir : *el cielo va clareando,* le ciel s'éclaircit. ‖ *Al clarear el día,* au lever *o* au point du jour.
— V. pr. S'éclaircir, devenir transparent : *el codo de la chaqueta se clarea,* le coude de la veste s'éclaircit. ‖ Être transparent : *tu vestido es tan fino que se clarea,* ta robe est si fine qu'elle est transparente. ‖ FIG. y FAM. Laisser percer ses intentions, se découvrir, se vendre : *este chico se ha clareado sin querer,* ce garçon s'est vendu sans le vouloir. ‖ Être visible : *sus intenciones se clarean,* ses intentions sont visibles.
clarecer* v. intr. Poindre, se lever (amanecer).
clareo m. Déboisement (de un bosque).
clarete adj. m. Rosé, clairet.
— M. Rosé, vin rosé, vin clairet.
claridad f. Clarté : *la claridad del día,* la clarté du jour. ‖ FIG. Vérité, impertinence (verdad desagradable) : *decir claridades a uno,* dire ses vérités à quelqu'un. ‖ — *Con claridad,* clairement : *me lo dijo con mucha claridad,* il me l'a dit très clairement. ‖ *Cuanto menos bulto, más claridad,* bon débarras. ‖ *De una claridad meridiana,* clair comme le jour. ‖ *Todavía hay claridad,* il fait encore clair.
clarificación f. Clarification. ‖ FIG. Éclaircissement, *m.* (explicación).
clarificadora f. *Amer.* Récipient (*m.*) pour clarifier le sucre.
clarificante adj. y s. m. Clarifiant, e.
clarificar v. tr. Clarifier : *clarificar vino,* clarifier du vin. ‖ FIG. Éclaircir.
clarificativo, va adj. Clarifiant, e.
clarín m. MÚS. Clairon (instrumento) : *toque de clarín,* coup de clairon. | Clairon (instrumentista). ‖ Sorte de batiste (tela). ‖ *Amer. Clarín de la selva,* sorte de grive (ave).
clarinada f. FAM. Bourde (sandez).
clarinazo m. Coup de clairon. ‖ FIG. Sérieux avertissement.
clarinete m. Clarinette, *f.* (instrumento). ‖ Clarinettiste (instrumentista).
clarinetista m. Clarinettiste.
clarión m. Craie, *f.*
clarisa adj. f. y s. f. Clarisse (religiosa).
clarividencia f. Clairvoyance.
— SINÓN. *Lucidez,* lucidité. *Penetración,* pénétration. *Sutileza,* subtilité, finesse. *Perspicacia,* perspicacité. *Sagacidad,* sagacité. *Agudeza, acuidad,* acuité. *Fam. Olfato,* flair.

clarividente adj. y s. Clairvoyant, e.
claro, ra adj. Clair, e : *una habitación clara*, une pièce claire ; *agua, voz clara*, eau, voix claire. ‖ Clair, e : *que quede esto bien claro*, que ce soit bien clair. ‖ Évident, e ; clair, e : *prueba muy clara*, preuve très évidente. ‖ Clairsemé, e (poco abundante) : *pelo claro*, chevelure clairsemée. ‖ Illustre, noble (noble) : *claros varones de Castilla*, hommes illustres de la Castille. ‖ TAUROM. Franc, franche ; impulsif, ive [bête qui attaque brusquement]. ‖ — *Claro que*, il est bien évident que. ‖ *Claro que sí, claro que no*, mais oui, mais non. ‖ *¿Está claro?*, c'est clair ?, est-ce bien clair ? ‖ *¡Las cuentas claras y el chocolate espeso!*, soyons clairs ! ‖ *Más claro que el agua*, clair comme de l'eau de roche.
— M. Jour, ouverture, *f.* (agujero). ‖ Espace, blanc (entre dos palabras escritas). ‖ Pause, *f.*, repos (en un discurso). ‖ Clairière, *f.* (en un bosque). ‖ — *Claro de luna*, clair de lune. ‖ *Llenar un claro*, combler une lacune.
— Adv. Clairement, clair, net : *hablar claro*, parler clairement. ‖ — *A las claras*, clairement, au grand jour. ‖ *Bien claro*, clair et net. ‖ *De claro en claro*, d'un bout à l'autre. ‖ *En claro*, en clair. ‖ *Por lo claro*, clairement. ‖ — *Pasar en claro una noche*, passer une nuit blanche. ‖ *Poner en claro*, tirer au clair. ‖ *Sacar algo en claro*, tirer quelque chose au clair. ‖ *Ver poco claro*, voir trouble, ne pas voir très clair.
— Interj. Bien sûr !, évidemment !, naturellement ! ‖ *¡Claro está!*, évidemment !, bien entendu !
claroscuro m. Clair-obscur.
clarucho, cha adj. Très clair, e : *sopa clarucha*, soupe très claire.
clascal m. *Amer.* Omelette (*f.*) au maïs.
clase f. Classe : *la clase media*, la classe moyenne ; *lucha de clases*, lutte des classes. ‖ Classe (escuela) : *está en la clase de los párvulos*, il est dans la classe des petits. ‖ Classe (aula). ‖ Cours, *m.* : *clase nocturna, atrasada*, cours du soir, de rattrapage ; *dar clases particulares*, donner des cours particuliers. ‖ FIG. Genre, *m.* : *modelo en su clase*, modèle en son genre ; *¿qué clase de cosas me traes ahí?*, quel genre de choses m'apportes-tu ? ‖ Sorte, espèce : *de toda clase*, de toute sorte. ‖ Classe : *esta persona tiene mucha clase*, cette personne a beaucoup de classe. ‖ BOT. y ZOOL. Classe. ‖ Pl. MIL. Hommes (*m.*) de troupe. ‖ — *Clases pasivas*, retraités et pensionnés de l'État. ‖ *De la misma clase*, du même genre. ‖ *La clase agraria*, le paysannat. ‖ — *Dar clase*, faire cours, donner des cours (sentido general), donner une leçon (el profesor), suivre *o* prendre un cours (el alumno).
clasicismo m. Classicisme.
clasicista adj. y s. Classiciste.
clásico, ca adj. Classique : *obras, lenguas clásicas*, œuvres, langues classiques. ‖ FIG. Typique, classique.
clasificación f. Classification (sistemática, de las ciencias, etc.). ‖ Classement, *m.* (alfabética, etc.). ‖ Triage, *m.* (del correo, de carbones, etc.). ‖ Cote (de una película).
clasificador, ra adj. y s. Classificateur, trice. ‖ — M. Classeur (mueble). ‖ MIN. *Clasificador de aire*, classeur à air.
clasificar v. tr. Classer. ‖ Trier (seleccionar).
clástico, ca adj. GEOL. Clastique.
claudia adj. *Ciruela claudia* ou *reina claudia*, reine-claude.
Claudia n. pr. f. Claude.
claudicación f. Claudication.
claudicante adj. Claudicant, e ; qui cloche. ‖ Défaillant, e ; vacillant, e : *sus fuerzas claudicantes*, ses forces défaillantes.

claudicar v. intr. (P. us.). Boiter, clocher (cojear). ‖ FIG. Céder, se soumettre (ceder). ‖ Faillir : *sin claudicar de mis deberes*, sans faillir à mon devoir. ‖ Vaciller, défaillir (disminuir).
Claudina n. pr. f. Claudine.
Claudio n. pr. m. Claude.
claustral adj. Claustral, e. ‖ — Adj. y s. Cloîtré, e (orden religiosa).
claustrar v. tr. Cloîtrer, claustrer.
claustro m. Cloître (de un convento). ‖ FIG. Cloître, état monastique. ‖ Conseil, assemblée (*f.*) des professeurs (en la universidad). ‖ ANAT. *Claustro materno*, matrice.
claustrofobia f. Claustrophobie.
cláusula f. Clause (de un contrato). ‖ GRAM. Phrase, période (período). ‖ — *Cláusula adicional*, additif. ‖ *Cláusula a la orden*, clause à ordre. ‖ *Cláusula de escape*, clause échappatoire. ‖ *Cláusula del país más favorecido*, clause de la nation la plus favorisée. ‖ *Cláusula de protección* ou *de salvaguardia*, clause de sauvegarde.
clausular v. tr. Clore, terminer.
clausura f. Clôture (religiosa) : *quebrantar la clausura*, franchir la clôture. ‖ Clôture : *sesión de clausura*, séance de clôture. ‖ *Amer.* Fermeture (cierre). ‖ *Monja de clausura*, sœur cloîtrée.
clausurar v. tr. Clôturer, clore (una sesión, un debate). ‖ Fermer (cerrar).
clava f. Massue.
clavadizo, za adj. Orné de clous, clouté, e.
clavado, da adj. Clouté, e (guarnecido con clavos). ‖ Juste, tapant, e (exacto) : *llegó a las siete clavadas*, il arriva à sept heures juste *o* tapantes (fam.). ‖ À merveille : *este traje le está clavado*, ce costume lui va à merveille. ‖ FIG. Cloué, e : *clavado en la cama*, cloué au lit. ‖ Fixé, e ; arrêté, e : *con la mirada clavada en el cielo*, le regard fixé sur le ciel. ‖ — *Es clavado el retrato de su padre* ou *es su padre clavado*, c'est tout le portrait de son père *o* c'est son père tout craché. ‖ *Es la traducción clavada*, c'est la traduction exacte.
— M. Clouage.
clavadura f. VETER. Clou (*m.*) de rue, enclouure, enclouage, *m.*
clavar v. tr. Clouer (poner clavos) : *clavar a* ou *en la pared*, clouer au mur. ‖ Enfoncer, planter, ficher (introducir una cosa con punta). ‖ Enclouer (un cañón). ‖ FIG. Fixer, braquer (la atención), river, braquer, fixer (la mirada) : *clavar los ojos en*, fixer les yeux sur. ‖ FIG. y FAM. Rouler (engañar). ‖ FIG. y FAM. *En ese restaurante te clavan*, dans ce restaurant, c'est le coup de fusil *o* le coup de barre (muy caro).
— V. pr. S'enfoncer (pincharse) : *me clavé una espina*, je me suis enfoncé une épine.
clavaria f. Clavaire (hongo).
clavazón f. Clouage, *m.* (conjunto de clavos).
clave f. Clef, clé (explicación). ‖ Clef, chiffre, *m.* (de un texto cifrado). ‖ ARQ. Clef : *clave de arco*, clef de voûte. ‖ MÚS. Clef : *clave de sol*, clef de « sol ». ‖ Livre (*m.*) du maître. ‖ FIG. Clef. ‖ — *Dar en la clave*, trouver. ‖ *Escribir en clave*, écrire en code. ‖ *La clave del enigma*, la clef *o* le mot de l'énigme. ‖ — M. MÚS. Clavecin (clavicordio).
— Adj. Clef : *una posición clave*, une position clef. ‖ *La palabra clave*, le maître mot, le mot clef.
clavecín m. MÚS. Clavecin.
clavel m. BOT. Œillet (flor).
clavelito m. BOT. Mignonnette, *f.*, mignardise, *f.*
clavelón m. Œillet d'Inde, tagète.
clavellina f. Petit œillet, *m.*
clavera f. Cloutière, moule (*m.*) à clous.
clavería f. Dignité de clavier. ‖ *Amer.* Office (*m.*) d'administrateur des rentes du chapitre.

clavero m. Bot. Giroflier (árbol). ‖ Clavier (dignidad de ciertas órdenes religiosas).
clavete m. Petit clou. ‖ Ferret (de una cinta). ‖ Mús. Plectre.
claveteado m. Cloutage.
clavetear v. tr. Clouter (guarnecer con clavos). ‖ Ferrer (guarnecer con herretes).
clavicémbalo m. Mús. Clavecin (instrumento).
clavicordio m. Mús. Clavecin (instrumento).
clavícula f. Anat. Clavicule.
clavija f. Cheville (de madera o metal), goupille (de metal), fiche (eléctrica) : *clavija de dos contactos* ou *de enchufe*, fiche bipolaire, mâle ; *clavija banana*, fiche banane. ‖ Fiche (de central telefónica). ‖ Mús. Cheville (de guitarra, etc.). ‖ — *Clavija de escalada*, piton (alpinismo). ‖ *Clavija maestra*, cheville ouvrière. ‖ Fig. y fam. *Ajustar* ou *apretar las clavijas a uno*, serrer la vis à quelqu'un, visser quelqu'un.
clavijero m. Mús. Chevillier.
clavijilla f. Chevillette.
clavillo m. Vis, *f.*, pivot (pasador). ‖ Clou de girofle (especia). ‖ Mús. Cheville, *f.* (del piano).
clavo m. Clou, pointe, *f.* ‖ Clou de girofle (especia). ‖ Med. Clou (furúnculo). ‖ Cor (callo). ‖ Migraine, *f.* (jaqueca). ‖ Fig. Douleur (*f.*) poignante. ‖ Veter. Clou. ‖ Pop. Ardoise, *f.* : *dejar un clavo en la tasca*, laisser une ardoise au bistrot. ‖ Coup de fusil (cosa cara). ‖ *Amer.* Rossignol, marchandise (*f.*) invendable. ‖ Filon riche (veta). ‖ — *Clavo de ala de mosca*, clou à patte. ‖ *Clavo de especia*, clou de girofle. ‖ *Clavo de herrar*, clou à cheval. ‖ *Clavo trabal*, cheville à chevrons. ‖ — Fig. y fam. *Agarrarse a un clavo ardiendo*, saisir n'importe quelle planche de salut. ‖ *Dar en el clavo*, tomber o viser juste, mettre dans le mille, faire mouche, mettre le doigt dessus. ‖ *Dar una en el clavo y ciento en la herradura*, réussir une fois par hasard. ‖ *Por un clavo se pierde una herradura*, pour un point Martin perdit son âne. ‖ *Remachar el clavo*, insister. ‖ *Ser de clavo pasado*, être tout à fait évident o très facile. ‖ *Tener un clavo en el corazón*, avoir un poids sur le cœur. ‖ *Un clavo saca otro clavo*, un clou chasse l'autre.
claxon m. Klaxon. ‖ *Tocar el claxon*, klaxonner.
claxonazo m. Coup de Klaxon.
clazol m. *Amer.* Bagasse, *f.* (bagazo).
clearing m. Clearing (compensación financiera).
clemátide f. Bot. Clématite.
clemencia f. Clémence.
Clemencia n. pr. f. Clémence.
clemente adj. Clément, e.
Clemente n. pr. m. Clément.
clementemente adv. Avec clémence.
clementina f. Clémentine (mandarina).
Clementina n. pr. f. Clémentine.
Cleopatra n. pr. f. Cléopâtre.
clepsidra f. Clepsydre (reloj de agua).
cleptomanía f. Cleptomanie.
cleptómano, na adj. y s. Cleptomane.
clerecía f. Clergé, *m.* (cuerpo eclesiástico). ‖ Cléricature (oficio de los clérigos). ‖ Clergie (privilegio de los clérigos). ‖ (Ant.) *Mester de clerecía*, poésie savante.
clergyman m. Clergyman. ‖ *Clergyman* ou *traje de clergyman*, habit de clergyman (traje seglar).
clerical adj. y s. m. Clérical, e.
clericalismo m. Cléricalisme.
clericatura f. Cléricature.
clerigalla f. Fam. Prêtraille (despectivo).
clérigo m. Ecclésiastique (eclesiástico). ‖ Prêtre (sacerdote). ‖ Clerc (hombre letrado en la Edad Media).
clero m. Clergé.
clerofobia f. Anticléricalisme.

clerófobo, ba adj. y s. Anticlérical, e.
¡clic! interj. Clic !
cliché m. Cliché (fotografía, frase hecha).
cliente m. y f. Client, e.
clientela f. Clientèle.
clima m. Climat. ‖ Fig. Climat.
climatérico, ca adj. Climatérique. ‖ Fig. y fam. *Estar climatérico*, être mal luné.
climático, ca adj. Climatique.
climatización f. Climatisation, conditionnement (*m.*) de l'air.
climatizado, da adj. (P. us.). Climatisé, e.
climatizar v. tr. Climatiser (acondicionar el aire).
climatología f. Climatologie.
climatológico, ca adj. Climatologique.
clímax m. Climax. ‖ Comble, sommet, summum, apogée (colmo).
clin f. Crin, *m.*
clínica f. Clinique.
clínico, ca adj. Clinique. ‖ *Termómetro clínico*, thermomètre médical.
— M. Clinicien.
clinómetro m. Fís. Clinomètre.
clip m. Trombone, attache, *f.* (sujetapapeles). ‖ Clip, boucle (*f.*) d'oreille [sans percer l'oreille]. ‖ Pince, *f.* (para papel de dibujo).
clíper m. Clipper (barco y avión).
clisado m. Impr. Clichage (estereotipado).
clisador m. Impr. Clicheur (estereotipador).
clisar v. tr. Impr. Clicher (estereotipar).
clisé m. Impr. y Fot. Cliché.
clisos m. pl. Fam. Quinquets, mirettes, *f.* (ojos).
clistel o **clister** m. Clystère (lavativa).
clítoris m. Anat. Clitoris.
clivoso, sa adj. Poét. En pente.
clo m. Cri de la poule qui couve.
cloaca f. Cloaque, *m.*
clocar v. intr. V. cloquear.
Clodoveo n. pr. m. Clovis.
Cloé n. pr. f. Chloé.
cloque m. Croc (instrumento de pesca).
cloquear v. intr. Glousser (las gallinas).
cloqueo m. Gloussement (de una gallina).
cloquera f. État (*m.*) de la poule qui veut couver.
clorado, da adj. Quím. Chloré, e.
cloral m. Quím. Chloral.
clorato m. Quím. Chlorate (sal).
clorhidrato m. Quím. Chlorhydrate (sal).
clorhídrico, ca adj. Quím. Chlorhydrique (ácido).
clórico adj. m. Quím. Chlorique.
clorita f. Quím. Chlorite.
cloro m. Quím. Chlore.
cloroficeas f. pl. Chlorophycées (algas verdes).
clorofila f. Bot. Chlorophylle.
clorofílico, ca adj. Chlorophyllien, enne : *función clorofílica*, fonction chlorophyllienne.
cloroformización f. Med. Chloroformisation.
cloroformizar v. tr. Med. Chloroformer.
cloroformo m. Quím. Chloroforme.
clorometría f. Quím. Chlorométrie.
cloropicrina f. Quím. Chloropicrine.
cloroplasto m. Bot. Chloroplaste.
clorosis f. Med. Chlorose.
clorótico, ca adj. y s. Chlorotique.
clorurar v. tr. Chlorurer, chlorer.
cloruro m. Quím. Chlorure.
clown m. Clown (payaso).
club m. Club. ‖ *Club de noche*, boîte de nuit.
— Observ. Pl. *clubs* ou *clubes*.
clubista m. Clubman.
clueca adj. Qui veut couver.
— F. Poule couveuse.
cluniacense adj. Clunisien, enne.
coa f. *Amer.* Sorte de houe (azada). ‖ Argot, *m.*
coacción f. Contrainte (violencia).
coaccionar v. tr. Contraindre (forzar).

coactivo, va adj. Coercitif, ive.
coacusado, da adj. y s. Coaccusé, e.
coach m. Coach.
coadjutor, ra m. y f. Coadjuteur, trice.
coadquiridor m. Coacquéreur.
coadquisición f. Coacquisition.
coadunar v. tr. Unir, mêler.
coadyutor m. Coadjuteur.
coadyuvante adj. Qui aide.
coadyuvar v. tr. Contribuer, aider : *coadyuvar al bien público*, contribuer au bien public : *glándulas que coadyuvan a la digestión*, glandes qui aident à la digestion.
coagente m. Coopérateur, collaborateur.
coagulable adj. Coagulable : *un líquido coagulable*, un liquide coagulable.
coagulación f. Coagulation.
coagulador, ra adj. Coagulateur, trice.
coagulante adj. y s. m. Coagulant, e.
coagular v. tr. Coaguler.
coágulo m. Coagulum (de sustancia coagulada). | Caillot (de sangre).
coaitá f. ZOOL. Sapajou, *m.*
coalición f. Coalition.
— SINÓN. *Liga*, ligue. *Unión*, union. *Frente*, front. *Bloque*, bloc. *Alianza*, alliance. *Asociación*, association. *Confederación*, confédération.
coartación f. Limitation, restriction.
coartada f. DR. Alibi, *m.* : *alegar* ou *presentar una coartada*, fournir un alibi.
coartar v. tr. Limiter.
coatí m. ZOOL. Coati.
coautor, ra m. y f. Coauteur, *m.*
coaxial adj. GEOM. y MECÁN. Coaxial, e : *cilindros coaxiales*, cylindres coaxiaux.
coba f. FAM. Blague (embuste). | Flatterie, lèche (adulación). ‖ FAM. *Darle coba a uno*, faire de la lèche *o* du plat à quelqu'un, passer de la pommade à quelqu'un, lécher les bottes de quelqu'un.
cobalto m. Cobalt (metal).
cobarde adj. y s. Lâche, poltron, onne.
— SINÓN. *Miedoso*, peureux. *Aporado*, timido, timide. *Fam. Rajado*, dégonflé. *Gallina*, poule mouillée. *Pop. Cagón, cagueta*, foireux.
cobardía f. Lâcheté, poltronnerie.
cobardón, ona adj. y s. FAM. Trouillard, e ; froussard, e.
cobaya f. o **cobayo** m. ZOOL. Cobaye, *m.*
cobea f. Cobéa, *m.*, cobée (planta).
cobear v. tr. FAM. Faire de la lèche à, lécher les bottes de.
cobero, ra adj. FAM. V. COBISTA.
cobertera f. Couvercle, *m.* (tapadera).
cobertizo m. Auvent (saledizo). ‖ Hangar (cochera). ‖ Remise, f. (para maquinaria). | Abri (refugio).
cobertor m. Couverture (f.) de lit (manta). ‖ Dessus-de-lit (colcha).
cobertura f. Couverture (acción de cubrir).
cobija f. Enfaîteau, *m.*, tuile faîtière (teja). ‖ *Amer.* Couverture de lit (manta). | Toit (*m.*) de chaume. ‖ — Pl. Couvertures (plumas de ave).
cobijamiento m. Protection, f. (protección). ‖ Accueil (acogida). | Hébergement, hospitalité, f. (hospitalidad). ‖ Refuge, abri (refugio).
cobijar v. tr. Couvrir, abriter (cubrir). ‖ FIG. Héberger, loger (albergar). | Couver, nourrir : *cobijar una ambición desmedida*, couver une ambition démesurée. | Protéger (proteger) : *cobijado bajo un paraguas*, protégé sous un parapluie.
cobijera f. *Amer.* Drôlesse, femme olé olé.
cobijo m. V. COBIJAMIENTO.
cobista m. y f. FAM. Lécheur, euse ; lèche-bottes, *inv.* (pelotillero).
cobla f. Fanfare (en Cataluña).

cobra f. Courroie d'attelage (cornal, coyunda). ‖ ZOOL. Cobra, *m.*, naja, *m.* (serpiente). ‖ Rapport, *m.* (del perro de caza).
cobrable o **cobradero, ra** adj. Percevable, recouvrable, encaissable (que puede cobrarse).
cobrador m. Receveur (de un autobús o tranvía). ‖ Encaisseur (recaudador).
cobranza f. Encaissement, *m.*, recouvrement, *m.* ‖ Paye (del sueldo).
cobrar v. tr. Toucher : *¿cuánto cobras por mes?*, combien touches-tu par mois ? ; *cobrar un cheque*, toucher un chèque. ‖ Encaisser, percevoir : *cobrar una deuda*, encaisser une dette. | Prendre, demander : *¿cuánto te ha cobrado?*, combien t'a-t-il pris ? ‖ Être payé : *cobro a finales de mes*, je suis payé à la fin du mois. | Se payer, prendre : *cobra lo que te debo*, prends ce que je te dois. ‖ Recouvrer, reprendre (recuperar) : *cobrar valor* ou *ánimo, aliento*, reprendre courage, haleine. ‖ Prendre, sentir : *cobrarle cariño, odio a alguien*, prendre quelqu'un en affection, en aversion. ‖ Prendre : *el asunto cobra importancia*, l'affaire prend de l'importance. ‖ Acquérir, se faire : *cobrar buena fama*, acquérir une bonne réputation. ‖ Prendre : *cobrar conciencia*, prendre conscience. ‖ Tirer, haler (una cuerda). ‖ Rapporter [le gibier tué] (cacería). ‖ POP. Écoper, récolter : *vas a cobrar una torta*, tu vas récolter une gifle. ‖ — *Cobrar afición a*, prendre goût à, s'éprendre de, se passionner pour. ‖ *Ir a cobrar*, aller se faire payer, passer à la caisse. ‖ FIG. y FAM. *¡Vas a cobrar!*, qu'est-ce que tu vas prendre !
— V. pr. Se payer : *cóbrate lo que te debo*, paietoi ce que je te dois.
cobratorio, ria adj. Qui a rapport aux recouvrements. ‖ *Cuaderno cobratorio*, carnet de recouvrements.
cobre m. Cuivre. ‖ *Amer.* Monnaie (f.) de cuivre. ‖ — Pl. MÚS. Cuivres (instrumentos). ‖ — FIG. y FAM. *Batir el cobre*, mener rondement une affaire. | *Batirse el cobre*, y mettre le paquet.
cobreño, ña adj. Cuivreux, euse.
cobrizo, za adj. Cuivré, e (color).
cobro m. Paye, f. : *día de cobro*, jour de paye. ‖ Encaissement, recouvrement (cobranza). ‖ *Cobro indebido*, trop-perçu. ‖ *Conferencia a cobro revertido*, communication P. C. V. (teléfono). ‖ *Poner en cobro*, mettre en sûreté.
coca f. BOT. Coca, *m.*, cocaïer, *m.* (arbusto). ‖ Coca (hoja). ‖ Baie (baya). ‖ Coque [de cheveux]. ‖ FAM. Coloquinte, boule (cabeza). | Calotte (coscorrón). | MAR. Coque (pliegue de una cuerda). ‖ *Amer.* Bilboquet, *m.* (boliche). ‖ *Amer. De coca*, gratis, à l'œil (de balde).
cocada f. *Amer.* Confiture à la noix de coco (dulce). ‖ Chique de coca (de coca).
cocaína f. QUÍM. Cocaïne.
cocainismo m. Cocaïnisme.
cocainomanía f. Cocaïnomanie.
cocainómano, na m. y f. Cocaïnomane.
cocal m. *Amer.* Plantation (f.) de cocaïers. ‖ Plantation (f.) de cocotiers (cocotal).
cocaví m. *Amer.* Provisions, f. pl. (víveres).
coccidio m. Coccidie, f. (protozoo).
coccidiosis f. VETER. Coccidiose.
coccígeo, a adj. Coccygien, enne.
cocción f. Cuisson, coction.
— SINÓN. *Cochura*, cuite. *Cocimiento*, coction.
cóccix m. inv. ANAT. Coccyx.
coceador, ra adj. Rueur, euse.
coceadura f. o **coceamiento** m. Ruade, *f.*
cocear v. intr. Ruer. ‖ FIG. Résister, regimber.
cocer* v. tr. e intr. Cuire (pan, legumbres, ladrillos, etc.) : *cocer a fuego lento*, cuire à petit feu. ‖ *En todas partes cuecen habas*, c'est partout

pareil, nous sommes tous logés à la même enseigne.
— V. intr. Cuire, fermenter (vino). ‖ Bouillir (hervir).
— V. pr. Cuire : *legumbres que se cuecen mal*, légumes qui cuisent mal. ‖ FIG. Cuire (tener mucho calor).

cocido m. Pot-au-feu. ‖ FIG. y FAM. *Ganarse el cocido*, gagner son bifteck.
— OBSERV. Le *cocido* correspond au pot-au-feu auquel on aurait ajouté principalement des pois chiches.

cociente m. MAT. Quotient. ‖ DEP. Goal-average (en fútbol). ‖ *Cociente intelectual*, quotient intellectuel.

cocimiento m. Cuisson, *f.*, coction, *f.* ‖ Décoction, *f.* (tisana).

cocina f. Cuisine : *hacer la cocina*, faire la cuisine (guisar). ‖ Cuisinière (aparato) : *cocina eléctrica*, cuisinière électrique. ‖ *Cocina económica*, cuisinière (hornillo de cocina).

cocinar v. tr. Cuisiner.
— V. intr. Cuisiner, faire la cuisine (guisar). ‖ FAM. Se mêler des affaires d'autrui, fourrer son nez partout.

cocinero, ra m. y f. Cuisinier, ère. ‖ FIG. *Haber sido uno cocinero antes que fraile*, avoir été à bonne école.

cocinilla f. Réchaud, *m.* : *cocinilla de alcohol*, réchaud à alcool. ‖ FAM. Homme (*m.*) qui se mêle des choses ménagères.

cocker m. Cocker (perro).
cock-tail m. Cocktail (cóctel).
coclear adj. ANAT. Cochléaire.
coclearia f. BOT. Cochléaria, *m.*
coco m. Cocotier (árbol). ‖ Noix (*f.*) de coco (fruto). ‖ Coccus (microbio). ‖ Ver (de las frutas). ‖ Bruche, *f.* (larva). ‖ FAM. Croque-mitaine (bu). ‖ Chignon (moño de pelo). ‖ Grain de chapelet (cuenta de rosario). ‖ FAM. Grimace, *f.* (mueca). ‖ Boule, *f.*, coloquinte, *f.* (cabeza). ‖ FAM. *Ser un coco*, être un épouvantail.

cocodrilo m. Crocodile (reptil). ‖ FIG. *Lágrimas de cocodrilo*, larmes de crocodile.
cocodriloideos m. pl. ZOOL. Crocodiliens.
cocol m. *Amer.* Petit pain en forme de losange.
cocolero m. *Amer.* Boulanger.
cocolía f. *Amer.* Aversion, antipathie.
cocoliche m. *Amer.* Jargon parlé par les Italiens en Argentine et en Uruguay. ‖ FAM. Italien (italiano).
cócora m. y f. FAM. Raseur, euse ; casse-pieds.
cocorocó m. Cocorico.
cocotal m. Lieu planté de cocotiers.
cocotero m. BOT. Cocotier.
cóctel m. Cocktail.
    OBSERV. Pl. *cócteles.*
coctelera f. Shaker, *m.* (recipiente). ‖ FIG. Cocktail, *m.* (mezcla).
cocuy m. y f. *Amer.* Pyrophore, *m.* (insecto). ‖ Agave, *m.* (pita).
cocuyo m. Pyrophore (insecto luminoso).
cocha f. Cuve de lavage (de los metales). ‖ *Amer.* Lagune, étang, *m.* (laguna). ‖ Pampa, étendue désertique (pampa).
cochambre f. FAM. Crasse, saleté (suciedad). ‖ Cochonnerie (porquería).
cochambrería f. FAM. Cochonnerie, saleté.
cochambrero, ra o **cochambriento, ta** o **cochambroso, sa** adj. FAM. Crasseux, euse ; sale.
cochayuyo m. *Amer.* Algue (*f.*) comestible de couleur noire.
coche m. ● Voiture, *f.* (de caballos, automóvil) : *coche de carreras*, voiture de course. ‖ Voiture, *f.*, wagon (en el tren). ‖ — *Coche cama*, restaurante, wagon-lit o voiture-lit, wagon-restaurant o voiture-restaurant. ‖ *Coche celular*, fourgon cellulaire,

panier à salade (fam.). ‖ *Coche cerrado*, conduite intérieure. ‖ *Coche de alquiler*, voiture en location (alquilado), sans chauffeur (sin conductor). ‖ *Coche de correos*, fourgon postal. ‖ *Coche de línea*, car, autocar. ‖ *Coche de plaza* ou *de punto* ou *de sitio*, voiture de place. ‖ *Coche escoba*, voiture balai. ‖ *Coche fúnebre*, corbillard. ‖ *Coche silla*, poussette (para los niños). ‖ *Coche simón*, fiacre. ‖ *Coches literas*, wagons-couchettes o voitures-couchettes. ‖ — FIG. y FAM. *Esto va en coche*, ce n'est pas si mal que ça. ‖ *Ir en el coche de San Fernando*, aller à pied o pedibus cum jambis o à pattes, prendre le train onze.
— SINÓN. ● *Vehículo*, véhicule. *Automóvil*, *carro* (amer.), automobile. *Carricoche*, guimbarde.
cochecito m. Petite voiture, *f.* (juguete). ‖ Fauteuil roulant (para inválidos). ‖ — *Cochecito de niño*, voiture d'enfant. ‖ *Coger el cochecito de San Fernando*, prendre le train onze, aller à pied.
cochera adj. f. Cochère : *puerta cochera*, porte cochère.
— F. ● Remise, garage, *m.* (para los coches). ‖ Dépôt, *m.* : *cochera de autobuses*, dépôt d'autobus. ‖ Femme du cocher (mujer del cochero).
— SINÓN. ● *Hangar*, *cobertizo*, hangar. *Garaje*, garage.
cochería f. *Amer.* Remise, garage, *m.*
cochero m. Cocher. ‖ ASTR. Cocher (constelación).
— SINÓN. *Automedonte* automédon. *Auriga*, aurige. *Postillón*, postillon. *Conductor*, conducteur.
cochevís f. ZOOL. Cochevis, *m.* (cogujada).
cochifrito m. Ragoût de chevreau (cabrito) o de mouton (cordero).
cochina f. Truie.
cochinada f. FIG. y FAM. Cochonnerie, tour (*m.*) de cochon, saloperie, vacherie.
cochinamente adv. FIG. y FAM. Salement, comme un cochon.
Cochinchina n. pr. f. GEOGR. Cochinchine.
cochinchino, na adj. y s. Cochinchinois, e.
cochinera f. Porcherie.
cochinería f. FIG. y FAM. Cochonnerie : *hacer, decir cochinerías*, faire, dire des cochonneries.
cochino, ra adj. De mauvaise qualité, bon pour les porcs. ‖ FAM. *El trotecillo cochinero*, le train-train quotidien (rutina). ‖ *Trote cochinero*, petit trot.
cochinilla f. Cloporte, *m.* (bicho). ‖ Cochenille (insecto utilizado en tintorería).
cochinillo m. Cochon de lait, cochonnet.
cochinito de San Antón m. Coccinelle, *f.*, bête (*f.*) à bon Dieu.
cochino m. Cochon, porc.
cochino, na m. y f. FIG. y FAM. Cochon, onne ; sagouin, e ; dégoûtant, e.
— Adj. FIG. y FAM. Cochon, onne ; sale (sucio). ‖ Sale : *este cochino despertador funciona muy mal*, ce sale réveil marche très mal. ‖ Répugnant, e ; dégoûtant, e : *una comida cochina*, une nourriture répugnante. ‖ Sale, de cochon : *hace un tiempo cochino*, il fait un sale temps o un temps de cochon. ‖ *¡Este cochino dinero!*, ce maudit argent !
cochiquera f. o **cochitril** m. FAM. Porcherie, *f.*
cocho, cha adj. Cuit, e (cocido).
— OBSERV. Cet adjectif est le participe passé irrégulier du verbe *cocer.*
cochura f. Cuisson (cocción). ‖ Fournée (de pan).
coda f. MÚS. Coda. ‖ Taquet, *m.* (cuña).
codadura f. Marcotte (de la vid).
codal adj. Qui mesure une coudée. ‖ Coudé, e ; en forme de coude (forma).
— M. Cubitière, *f.* (de la armadura). ‖ Marcotte (*f.*) de la vigne (de la vid). ‖ ARQ. Étrésillon (puntal). ‖ Bras (de una sierra). ‖ *Amer.* Grosse bougie, *f.* (vela).

codaste m. MAR. Étambot.

codazo m. Coup de coude. || — *Abrirse paso* ou *camino a codazos*, jouer des coudes. || *Dar codazos a uno*, faire du coude à quelqu'un, pousser quelqu'un du coude (para advertir).

codeador, ra adj. y s. *Amer.* Quémandeur, euse.

codear v. intr. Jouer des coudes : *abrirse paso codeando*, s'ouvrir un chemin en jouant des coudes. || *Amer.* Quémander, soutirer de l'argent. — V. pr. Coudoyer, côtoyer, se coudoyer : *codearse con príncipes*, coudoyer o côtoyer les princes, se coudoyer avec des princes. || Fréquenter (tratar) : *se codea con la alta sociedad*, il fréquente la haute société.

codeína f. MED. Codéine.

codelincuencia f. Complicité.

codelincuente adj. y s. Complice.

codemandante adj. y s. DR. Codemandeur, eresse.

codeo m. Coudoiement, coude à coude. || *Amer.* Emprunt (sablazo).

codera f. Pièce ajoutée au coude d'un vêtement. || MAR. Bosse (cabo).

codesera f. Lieu (*m.*) planté de cytises.

codeso m. BOT. Cytise.

codetenido, da m. y f. Codétenu, e.

codetentor, ra m. y f. Codétenteur, trice.

codeudor, ra m. y f. Codébiteur, trice.

códice m. Codex, manuscrit ancien.

codicia f. ● Cupidité (ambición de riquezas). || FIG. Convoitise (envidia). | Soif (deseo vehemente). | Âpreté : *la codicia de ganancia*, l'âpreté au gain. || TAUROM. Combativité. || *La codicia rompe el saco*, l'avarice perd tout en voulant tout gagner. — SINÓN. ● *Aridez*, avidité. *Ansia*, cupidité. *Rapacidad*, rapacité. *Concupiscencia*, concupiscence.

codiciable adj. Désirable, convoitable.

codiciador, ra adj. y s. Convoiteur, euse.

codiciar v. tr. Convoiter. — SINÓN. *Querer*, vouloir. *Desear, apetecer*, désirer, souhaiter. *Anhelar, suspirar por*, soupirer après. *Ambicionar*, ambitionner.

codicilar adj. Codicillaire.

codicilo m. Codicille (de un testamento).

codiciosamente adv. Avidement, avec cupidité.

codicioso, sa adj. y s. Cupide, convoiteur, euse (p. us.). || FIG. y FAM. Travailleur, euse ; bûcheur, euse (laborioso). || De convoitise (mirada).

codificación f. DR. Codification. || Codage, *m.*

codificador, ra adj. y s. Codificateur, trice.

codificar v. tr. DR. Codifier. || Coder (un mensaje).

código m. Code : *código de carreteras* ou *de la circulación*, code de la route. || *Código territorial*, indicatif (teléfono).

codillear v. intr. TAUROM. Coller les coudes au corps en maniant le « capote » ou la « muleta ». || Pousser du coude.

codillera f. VETER. Éponge (tumor).

codillo m. Coude (de los solípedos), épaule, *f.* (de los demás animales). || Bras (brazuelo). || CULIN. Épaule, *f.* : *codillo de cordero*, épaule de mouton. || Fourche, *f.* (de dos ramas de árbol). || Défaut de l'épaule (caza). || Coude, tube coudé (tubo acodado). || Étrier (estribo). || MAR. Extrémité (*f.*) de la quille. || FIG. y FAM. *Jugársela a uno de codillo*, couper l'herbe sous les pieds de quelqu'un. | *Tirar a uno al codillo*, tirer dans les jambes de quelqu'un.

codirección f. Codirection.

codirector, ra m. y. f. Codirecteur, trice.

codo m. Coude (parte del brazo) : *apoyar los codos en la mesa*, mettre les coudes sur la table. || Coude, épaule, *f.* (de los animales). || Coude, tuyau coudé (tubo acodado). || Coudée, *f.* (medida). || — *Codo con codo* ou *codo a codo*, coude à coude. || — FIG. y FAM. *A base de clavar los*

codos, à base d'huile de coude (estudiar). | *Alzar* ou *empinar el codo*, lever le coude (beber mucho). | *Comerse los codos de hambre*, crever de faim. || *Dar con el codo*, donner un coup de coude. | *Hablar por los codos*, jaser comme une pie, avoir la langue bien pendue. | *Meterse hasta los codos en un asunto*, tremper, être enfoncé jusqu'au cou dans une affaire.

codón m. Trousse-queue (baticola).

codoñate m. Cotignac, pâte (*f.*) de coings.

codorniz f. Caille (ave).

coeducación f. Coéducation, enseignement (*m.*) mixte.

coeficiencia f. Coopération.

coeficiente m. Coefficient. || Taux : *coeficiente de invalidez, de incremento*, taux d'invalidité, d'accroissement.

coendú m. ZOOL. Coendou.

coercer v. tr. Contraindre (forzar). || Contenir (contener). || Retenir (sujetar).

coercibilidad f. FÍS. Coercibilité.

coercible adj. Coercible.

coerción f. Coercition.

coercitivo, va adj. Coercitif, ive.

coetáneo, a adj. y s. Contemporain, e.

coeterno, na adj. y s. Coéternel, elle.

coexistencia f. Coexistence.

coexistente adj. Coexistant, e.

coexistir v. intr. Coexister.

coextenderse v. pr. S'étendre simultanément.

cofa f. MAR. Hune : *cofa mayor*, grande hune.

cofia f. Résille (red para el cabello). || Coiffe (especie de gorro). || Coiffe (de proyectil). || BOT. Coiffe (pilorriza).

cofrade m. y f. Confrère.

cofradía f. Confrérie (hermandad). || Association (asociación).

cofre m. Coffre (caja). || IMPR. Coffre. || ZOOL. Coffre (pez).

cofrecillo m. Coffret.

cofrero m. Layetier.

cofto, ta adj. y s. V. COPTO.

cogedera f. Cueille-fruits, *m. inv.* cueilloir, *m.* (para coger los frutos).

cogedor, ra adj. y s. Cueilleur, euse ; ramasseur, euse (que coge o recoge). || — M. Pelle (*f*) à ordures, pelle, *f.* (instrumento de limpieza).

cogedura f. Cueillette (acción de coger). || Ramassage, *m.* (en el suelo).

coger v. tr. Prendre (tomar) : *coger del* ou *por el brazo*, prendre par le bras ; *no me gusta coger el avión*, je n'aime pas prendre l'avion ; *ha cogido mucho sol*, il a pris beaucoup de soleil. || Saisir (agarrar) : *lo cogieron por el cuello*, ils l'ont saisi au collet. || Cueillir : *coger manzanas*, cueillir des pommes. || Ramasser : *coger nueces*, ramasser des noix. || Prendre : *coger desprevenido* ou *descuidado*, prendre au dépourvu. || Surprendre : *dejarse coger por la lluvia, por la noche*, se laisser surprendre par la pluie, par la nuit. || Attraper : *coger un catarro, frío*, attraper un rhume, froid. || Rattraper, atteindre (alcanzar). || Renverser : *le cogió un coche*, une voiture l'a renversé. || TAUROM. Blesser, encorner, donner un coup de corne. || Saillir (los animales). || FAM. Attraper (un acento). | Attraper : *coger a un ladrón*, attraper un voleur. | Prendre, occuper : *esto coge mucho sitio*, cela prend beaucoup de place. || FIG. Comprendre, saisir : *no cojo lo que me dices*, je ne saisis pas ce que tu me dis. || — *Coger al paso*, prendre au passage. || *Cogerlas al vuelo*, tout saisir au vol, tout comprendre à demi-mot. | *Coger bajo su manto*, prendre sous son aile. || *Coger con las manos en la masa*, prendre la main dans le sac, sur le fait. | *Coger in fraganti*, prendre sur le fait. || *Cogerle la palabra a uno*, prendre quelqu'un au mot. || *Coger los puntos* ou *las carreras de las*

medias, remmailler les bas. || *Coger por su cuenta,* s'occuper de. || FIG. y FAM. *Coger una liebre,* ramasser une pelle *o* une bûche. || POP. *Coger una mona,* prendre une cuite. || *Dejarse coger,* se laisser rattraper (ser alcanzado), se laisser prendre (ser engañado). || *Le cogió de buen humor,* il était de bonne humeur à ce moment-là. || *Me ha cogido muy mal tiempo,* j'ai eu très mauvais temps. || *No hay* ou *no se sabe por dónde cogerlo,* on ne sait pas par quel bout le prendre, il n'est pas à prendre avec des pincettes. || *No me cogerán otra vez,* on ne m'y reprendra plus. || *No se cogen truchas a bragas enjutas,* on ne fait pas d'omelette sans casser des œufs.
— V. intr. Prendre : *coger a la derecha,* prendre à droite. || Prendre : *el tinte no ha cogido,* la teinture n'a pas pris. || FAM. Tenir : *el coche no coge en el garaje,* la voiture ne tient pas dans le garage. || POP. *Coger y...* (verbo), eh bien, et puis (para indicar resolución o determinación) : *como no venga, cojo y me voy,* s'il n'arrive pas, eh bien ! je m'en vais.
— V. pr. Se prendre, se coincer, s'attraper (pillarse) : *cogerse los dedos con la puerta,* se prendre les doigts dans la porte. || S'attraper (pegarse) : *el acento del Sur se coge fácilmente,* l'accent du Midi s'attrape facilement.
— OBSERV. *Coger* a, dans quelques pays d'Amérique latine, un sens inconvenant. On le remplace soit par *tomar,* soit par *agarrar.*

cogerencia f. Cogérance.
cogestión f. Cogestion.
cogida f. Cueillette : *la cogida de la uva,* la cueillette du raisin. || TAUROM. Coup (*m.*) de corne : *sufrir una cogida,* recevoir un coup de corne. || *Cogida de los puntos* ou *de las carreras de las medias,* remmaillage des bas.
cogido, da adj. Pris, e. || Encorné, e ; blessé, e (un torero). || — *Cogidos del brazo,* bras dessus, bras dessous. || FAM. *Estar cogido,* être pris, avoir un fil à la patte.
— M. Fronce, *f.* (frunce). || Pli (pliegue).
cogitabundo, da adj. Pensif, ive ; rêveur, euse ; songeur, euse.
cogitar v. tr. (Ant.). Penser, cogiter.
cognación f. DR. Cognation (parentesco).
cognado m. Cognat (pariente).
cognición f. Cognition, connaissance.
cognoscible adj. Cognoscible.
cognoscitivo, va adj. Cognitif, ive.
cogollar v. intr. Bourgeonner (acogollar).
cogollo m. Cœur (de una lechuga, una col, etc.) | BOT. Rejeton, bourgeon, pousse, *f.* (brote de un árbol) : *echar cogollos,* faire des bourgeons. | Tête (*f.*) d'un pin (del pino). || FIG. y FAM. Cœur, centre (centro). | Le dessus du panier (élite). || *Amer.* Extrémité (*f.*) de la canne à sucre (de la caña de azúcar). | Grosse cigale, *f.* (chicharra).
cogorza f. POP. Cuite (borrachera) : *agarrar una cogorza,* attraper une cuite.
cogotazo m. Calotte, *f.*
cogote m. Nuque, *f.* || FIG. y FAM. *Hasta el cogote,* jusqu'au cou.
cogotera f. Couvre-nuque, *m.*
cóguil m. *Amer.* Fruit comestible du « boqui ».
cogujada f. ZOOL. Cochevis, *m.* (ave).
cogulla f. Habit, *m.,* froc, *m.,* coule (p. us.) [hábito] : *tomar la cogulla,* prendre l'habit. | Cagoule (capucha).
cogullada f. Cou, *m.* [du porc] (papada del cerdo).
cohabitación f. Cohabitation.
cohabitar v. intr. Cohabiter.
cohechador, ra adj. y s. Suborneur, euse ; corrupteur, trice.
cohechar v. tr. Suborner, corrompre (sobornar). || AGRIC. Faire un dernier labour.

cohecho m. Subornation, *f.,* corruption, *f.* (soborno). || AGRIC. Époque (*f.*) du dernier labour.
cohén m. y f. Devin, devineresse (adivino) ; sorcier, ère (hechicero). || Entremetteur, euse (alcahuete).
coheredar v. tr. Cohériter.
coheredero, ra m. y f. Cohéritier, ère.
coherencia f. Cohérence. || FÍS. Cohésion.
coherente adj. Cohérent, e.
coherentemente adv. D'une façon cohérente.
cohesión f. Cohésion.
cohesivo, va adj. Cohésif, ive.
cohesor m. RAD. Cohéreur.
cohete m. Fusée, *f.* (de fuegos artificiales). || Fusée, *f.* : *cohete espacial,* fusée spatiale. || *Amer.* Mine, *f.* (barreno). || — *Cohete corredor,* courantin, dragon. || *Cohete chispero, tronador,* fusée à étoiles. || *Cohete de varilla,* fusée à baguette. || *Cohete de varios cuerpos,* fusée à étages. || AGRIC. *Cohete paragranizo,* fusée paragrêle. || *Cohete volador,* fusée volante. || — FAM. *Amer. Al cohete,* en vain, pour des prunes. || *Avión cohete,* fusée. || *Escapar* ou *salir como un cohete,* partir comme une flèche *o* comme un bolide.
cohetero m. Artificier.
cohibición f. Contrainte.
cohibidor, ra adj. Qui contraint *o* intimide.
cohibir v. tr. Réprimer (reprimir). || Intimider : *su presencia le cohibe,* sa présence l'intimide. || *Estar cohibido,* perdre ses moyens, se démonter.
cohobación f. QUÍM. Cohobation.
cohobar v. tr. QUÍM. Cohober.
cohobo m. *Amer.* Cerf.
cohombrillo m. Petit concombre. || BOT. *Cohombrillo amargo,* concombre d'âne, ecballium.
cohombro m. Concombre (planta). || Sorte de beignet (churro). || *Cohombro de mar,* holothurie, concombre de mer (molusco).
cohonestar v. tr. Présenter sous un jour favorable (una acción) ; sauver les apparences.
cohorte f. Cohorte. || FIG. Cohorte, légion. | Série, séquelle (acompañamiento). || *Cohortes celestes,* cohortes célestes.
coihué m. *Amer.* Sorte de hêtre (árbol).
coima f. Droit (*m.*) que perçoit le tenancier d'un tripot (del gariterio). || Concubine (manceba). || *Amer.* Gratification, pot-de-vin, *m.* (gratificación).
Coimbra n. pr. GEOGR. Coïmbre.
coincidencia f. Coïncidence. || *En coincidencia con,* en même temps que, parallèlement à.
coincidente adj. Coïncident, e.
coincidir v. intr. Coïncider. || Se rencontrer : *ayer coincidimos en el teatro,* hier nous nous sommes rencontrés au théâtre. || *Coincidir con,* tomber en même temps que : *mi cumpleaños coincide con el tuyo,* mon anniversaire tombe en même temps que le tien. || *Coincidir en,* être d'accord pour *o* sur (estar de acuerdo). || *Coincidir en la misma opinión,* abonder dans le même sens, partager la même opinion, se ranger à la même opinion.
coinquilino, na m. y f. Colocataire.
cointeresado, da adj. y s. Coïntéressé, e.
coipo *o* **coipu** m. Coypou, myopotame, ragondin.
coito m. Coït.
cojear v. intr. Boiter, clocher (las personas). || Être bancal, e ; boiter (los muebles) : *mesa que cojea,* table qui est bancale. || FIG. y FAM. Agir mal (obrar mal). | Clocher : *negocio que cojea,* affaire qui cloche. || — FIG. y FAM. *El que no cojea, renquea,* nul n'est parfait. | *Saber de qué pie cojea uno,* connaître le point faible de quelqu'un, savoir où le bât le blesse.
cojera f. Boiterie, claudication.
— OBSERV. *Boiterie* se dice sobre todo de los animales.
cojetada f. Action de boiter. || *Dar cojetadas,* boiter, boitiller.
cojijo m. Bestiole, *f.* (bicho). || Ennui, tracas.

cojijoso, sa adj. Ronchonneur, euse.

cojín m. Coussin.

cojinete m. Coussinet (cojín pequeño). ‖ MECÁN. Coussinet, palier (de ferrocarril, de rodamiento, etc.). ‖ — MECÁN. *Cojinete de bolas*, roulement à billes. ‖ *Cojinete de rodillos*, palier à rouleaux.

cojitranco, ca adj. y s. Boiteux, euse.

cojo, ja adj. y s. ● Boiteux, euse (que cojea). ‖ — Adj. Bancal, e ; boiteux, euse (mueble) : *un sillón cojo*, un fauteuil boiteux. ‖ FIG. Boiteux, euse (razonamiento, etc.). ‖ — *Andar a la pata coja*, marcher à cloche-pied. ‖ FIG. y FAM. *No ser uno cojo ni manco*, ne pas être embarrassé de ses dix doigts, ne pas être bancal ni manchot.

— SINÓN. ● *Patituerto*, bancal, bancroche (pop.). *Cojitranco*, *paticojo*, boiteux, banban (pop.). *Zambo*, *patizambo*, cagneux.

cojolite m. *Amer.* Pénélope, *f.* [espèce de faisan].

cojudo, da adj. Entier, ère (no castrado). ‖ *Amer.* Idiot, e ; poire (bobo).

cojuelo, la adj. Légèrement boiteux, légèrement boiteuse. ‖ *El diablo cojuelo*, le diable boiteux.

cok m. Coke (carbón).

col f. BOT. Chou, *m.* : *col común, rizada, de Bruselas*, chou commun, frisé, de Bruxelles. ‖ — *El que quiere la col, quiere las hojas de alrededor*, qui m'aime, aime mon chien. ‖ *Entre col y col, lechuga*, l'ennui naquit un jour de l'uniformité.

cola f. Queue (de los cuadrúpedos, aves, peces, de los aviones). ‖ Traîne (de un vestido) : *la cola del traje de novia*, la traîne de la robe de mariée. ‖ Queue (de un cometa). ‖ Queue (de gente que aguarda) : *hacer cola*, faire la queue ; *ponerse en la cola* ou *en cola*, se mettre à la queue, prendre la queue. ‖ Colle (substancia gelatinosa) : *cola fuerte* ou *de conejo*, colle forte ; *cola de pescado*, colle de poisson. ‖ BOT. Kola, *m.*, cola, *m.* ‖ MÚS. Coda. ‖ — *Cola de caballo*, prêle *o* presle, queue-de-cheval (planta), queue de cheval (peinado). ‖ *Cola de golondrina*, queue-d'aronde (fortificación). ‖ *Cola de milano* ou *de pato*, queue-d'aronde (ensambladura). ‖ *Cola de rata*, queue-de-rat (de un caballo con poco pelo). ‖ *Cola de zorra*, queue-de-renard, vulpin (planta). ‖ *Piano de cola*, piano à queue. ‖ — *A la cola*, à la queue, derrière, en queue. ‖ FIG. *Es la pescadilla mordiéndose la cola*, c'est l'histoire du poisson qui se mord la queue. ‖ *Estar en la cola*, être à la queue (ser el último). ‖ *Llevar la cola*, tenir la traîne (en una boda). ‖ *Montar en cola*, monter en queue (tren). ‖ *Tener* ou *traer cola*, avoir des suites.

colaboración f. Collaboration.

colaboracionista adj. y s. Collaborateur, trice ; collaborationniste (p. us.) [en politique].

colaborador, ra adj. y s. Collaborateur, trice.

colaborar v. intr. Collaborer.

— SINÓN. *Cooperar*, coopérer. *Ayudar*, aider. *Contribuir*, contribuer.

colación f. Collation (de un beneficio). ‖ Collation (comparación). ‖ ● Collation (comida ligera). ‖ *Amer.* Bonbon, *m.* ‖ DR. *Colación de bienes*, rapport à succession, règlement d'une succession. ‖ — *Sacar* ou *traer a colación*, faire mention de, ressortir : *siempre traes a colación lo mismo*, tu ressors toujours la même chose. ‖ DR. *Traer a colación*, rapporter (en una sucesión), donner à l'appui (un ejemplo).

— SINÓN. ● *Merienda*, goûter. *Lunch, refrigerio*, lunch. *Piscolabis*, casse-croûte.

colacionar v. tr. Collationner (comparar). ‖ DR. Rapporter, inclure dans un partage de succession.

colada f. Lessivage, *m.*, lessive (acción de colar) : *hacer la colada*, faire la lessive. ‖ Lessive (lejía y ropa colada). ‖ Coulée (de lava). ‖ TECN. Coulée (del alto horno) : *orificio de colada*, trou de coulée. ‖ Filtrage, *m.* (filtrado). ‖ Chemin (*m.*)

pour les troupeaux (para los rebaños). ‖ Gorge (entre dos montañas). ‖ FIG. Bonne épée, durandal [par allusion à l'une des épées du Cid]. ‖ FAM. *Todo saldrá en la colada*, tout ça finira par se savoir.

coladera f. Passoire (tamiz pequeño). ‖ *Amer.* Grille d'égout. ‖ Égout, *m.* (sumidero).

coladero m. Passoire, *f.*, filtre (filtro). ‖ Couloir, passage étroit (paso). ‖ MIN. Galerie, *f.*, bure, *f.* ‖ FIG. y FAM. Jury d'examen très coulant.

colado, da adj. Aire colado, vent coulis. ‖ Hierro colado, fonte. ‖ — FIG. y FAM. *Estar colado por*, en pincer pour.

colador m. ECLES. Collateur. ‖ Passoire, *f.* (para el té, el café, etc.). ‖ Cuvier, cuve (*f.*) à lessive (para la lejía). ‖ — *Los calcetines están como un colador*, les chaussettes sont une vraie passoire. ‖ *Tener más agujeros que un colador*, être troué comme une écumoire.

coladora f. Lessiveuse.

coladura f. Filtration, filtrage, *m.* (filtración). ‖ MED. Colature (filtración). ‖ Marc, *m.*, résidus, *m. pl.* (residuos de una cosa colada). ‖ FIG. y FAM. Gaffe, maladresse, boulette (metedura de pata). ‖ Erreur (equivocación).

colágeno m. QUÍM. Collagène.

colagogo adj. m. y s. m. MED. Cholagogue.

colaje m. Collage (arte).

colanilla f. Espagnolette, targette (de ventana).

colaña f. Cloison (tabique). ‖ Parapet (*m.*) d'escalier (en las escaleras).

colapez o **colapiscis** f. Colle de poisson.

colapso m. MED. Collapsus. ‖ Effondrement.

colar* v. tr. Passer, filtrer : *colar la leche*, passer le lait. ‖ Lessiver (con lejía). ‖ Collationner (conferir un beneficio). ‖ Couler (los metales). ‖ FAM. Refiler, passer : *colar una moneda falsa*, refiler une pièce fausse.

— V. intr. Passer. ‖ FIG. y FAM. Biberonner (beber vino). ‖ Prendre : *esta noticia falsa no ha colado*, cette fausse nouvelle n'a pas pris ; *por si cuela*, pour voir si ça prend.

— V. pr. FAM. Se glisser, se faufiler : *colarse en la primera fila*, se faufiler au premier rang. ‖ Resquiller (en una cola) : *haga el favor de no colarse*, je vous prie de ne pas resquiller. ‖ Se gourer, se ficher dedans (equivocarse). ‖ Faire une gaffe (meter la pata). ‖ — FAM. *Colarse con* ou *por alguien*, s'amouracher de quelqu'un, en pincer pour quelqu'un. ‖ *¡Esto es colarse!*, c'est de la resquille !

colargol m. QUÍM. Collargol.

colateral adj. y s. Collatéral, e.

colativo, va adj. Collatif, ive.

colazo m. V. COLETAZO.

colcótar m. Colcotar, rouge d'Angleterre.

colcha f. Couvre-lit, *m.*, dessus-de-lit, *m.*, courtepointe.

colchadura f. Capitonnage, *m.*, rembourrage, *m.*

colchar v. tr. Matelasser, capitonner.

colchón m. Matelas. ‖ — TECN. *Colchón de aire*, coussin d'air. ‖ *Colchón de muelles*, matelas à ressorts (colchón), sommier (bastidor). ‖ *Colchón neumático* ou *de viento*, matelas pneumatique. ‖ FIG. *Dormir en un colchón de plumas*, dormir dans un lit de plumes.

colchonería f. Lainerie (lanería). ‖ Boutique du matelassier.

colchonero, ra m. y f. Matelassier, ère. ‖ *Aguja colchonera*, carrelet, aiguille à matelas.

colchoneta f. Matelas (*m.*) étroit (colchón estrecho). ‖ Coussin, *m.* (cojín). ‖ TECN. *Colchoneta de aire*, coussin d'air.

colear v. intr. Remuer la queue (la cola). ‖ Se balancer [les derniers wagons d'un train en marche]. ‖ *Amer.* Colea en los sesenta, il frise la soixantaine.

— V. tr. Retenir *o* renverser [un taureau] en le prenant par la queue. ‖ FAM. *Amer.* Casser les pieds (fastidiar). ‖ Suivre (seguir). ‖ Refuser (negar). ‖ — FAM. *Todavía colea,* ce n'est pas encore fini, l'affaire n'est pas terminée. ‖ *Vivito y coleando,* tout frétillant, plus vivant que jamais.

colección f. ● Collection. ‖ Échantillonnage, *m.,* assortiment, *m.,* gamme : *esta tienda tiene una colección impresionante de corbatas,* ce magasin a tout un assortiment de cravates.
— SINÓN. ● *Recopilación,* recueil. *Cuerpo,* corps. *Miscelánea,* miscellanée. *Compilación,* compilation.

coleccionador, ra m. y f. Collectionneur, euse.

coleccionar v. tr. Collectionner.

coleccionista m. y f. Collectionneur, euse.

colecistectomía f. MED. Cholécystectomie (ablación de la vesícula biliar).

colecistitis f. MED. Cholécystite.

colecistografía f. Cholécystographie.

colecistotomía f. MED. Cholécystotomie.

colecta f. Collecte (de un impuesto). ‖ Collecte, quête (de donativos o limosnas) : *hacer una colecta,* faire la quête. ‖ RELIG. Collecte (oración de la misa).
— OBSERV. La *collecte* se hace con un fin más bien benéfico, mientras la *quête* (durante la misa, por ejemplo) supone una intención caritativa y piadosa.

colectar v. tr. Collecter, recouvrer (recaudar) : *colectar el impuesto,* recouvrer l'impôt. ‖ Recueillir, ramasser (recoger).

colectividad f. Collectivité.

colectivismo m. Collectivisme.

colectivista adj. y s. Collectiviste.

colectivización f. Collectivisation.

colectivizar v. tr. Collectiviser.

colectivo, va adj. Collectif, ive.
— M. GRAM. Collectif. ‖ *Amer.* Petit autobus, microbus (autobús).

colector m. Collecteur (recaudador). ‖ ELECTR. Collecteur. ‖ Collecteur, égout (sumidero). ‖ — *Colector de basuras,* vide-ordures. ‖ *Colector de drenaje,* gros drain, drain principal.

colédoco adj. m. y s. m. Cholédoque.

colega m. Collègue, confrère. ‖ Homologue : *el ministro francés de Hacienda ha recibido a su colega español,* le ministre français des Finances a reçu son homologue espagnol.
— OBSERV. Son *collègues* los que ejercen la misma función pública (funcionarios, profesores) ; son *confrères* los miembros de una misma sociedad literaria, etc., o los que ejercen la misma profesión liberal (médicos, etc.).

colegatario, ria m. y f. DR. Colégataire.

colegiación f. Inscription dans une corporation officielle.

colegiadamente adv. En corps.

colegiado, da adj. Associé, e (socio).
— M. y f. Membre d'une corporation.

colegial adj. Collégial, e (relativo al colegio). ‖ Collégien, enne (relativo a los colegiales) : *las costumbres colegiales,* les habitudes collégiennes. ‖ *Iglesia colegial,* collégiale.
— M. Écolier (de un colegio), collégien, lycéen (de un instituto). ‖ — F. Collégiale (iglesia).

colegiala f. Écolière, collégienne, lycéenne.

colegiarse v. pr. Se réunir en corporation *o* en corps.

colegiata f. Collégiale (iglesia).

colegiatura f. Bourse (beca en un colegio).

colegio m. Collège (casa donde se educa). ‖ École, f. (escuela) : *colegio de niñas,* école de filles. ‖ Corporation, f. (corporación). ‖ Ordre : *colegio de abogados, de médicos,* ordre des avocats, des médecins. ‖ — *Colegio apostólico,* collège apostolique. ‖ *Colegio de cardenales* ou *cardenalicio,* collège des cardinaux, sacré collège. ‖ *Colegio de internos,* internat. ‖ *Colegio de párvulos,* école

maternelle, jardin d'enfants. ‖ *Colegio electoral,* collège électoral.
— OBSERV. *Colegio* a en espagnol un sens plus large que le français *collège.*
— *Collège* designa exclusivamente un establecimiento de segunda enseñanza menos importante que el *lycée* (*instituto* en España).

colegir* v. tr. Réunir, rassembler (juntar). ‖ Déduire (inferir) : *colegir algo de lo dicho,* déduire quelque chose de ce qui a été dit.

colemia f. MED. Cholémie.

coleo m. Mouvement de la queue.

coleóptero m. ZOOL. Coléoptère.

cólera f. Colère (ira). ‖ Bile (bilis) : *descargar la cólera en,* décharger sa bile sur. ‖ *Montar en cólera,* s'emporter, se mettre en colère. ‖ — M. MED. Choléra : *cólera-morbo,* choléra morbus.

colérico, ca adj. ● Colérique, coléreux, euse (irritado). ‖ — Adj. y s. MED. Cholérique.
— SINÓN. ● *Encolerizado, iracundo,* colérique. *Furioso,* furieux. *Irascible,* irascible. *Rabioso,* rageur. *Airado,* courroucé. *Violento,* violent. *Irritado,* irrité. *Furibundo,* furibond.

coleriforme adj. MED. Cholériforme.

colerín m. *Amer.* Cholérine, *f.*

colerina f. MED. Cholérine.

colesterina f. ANAT. Cholestérine.

colesterol m. ANAT. Cholestérol.

coleta f. Queue (trenza antigua). ‖ Petite natte (de los toreros). ‖ Natte, tresse, queue (de pelo trenzado). ‖ Couette (de pelo sin trenzar). ‖ FIG. y FAM. Addition, ajouté, *m.,* appendice, *m.* ‖ — FIG. *Cortarse la coleta,* abandonner l'arène (torero), renoncer à son métier, prendre sa retraite, se retirer (oficio).

coletazo m. Coup de queue. ‖ FIG. Soubresaut, sursaut : *los últimos coletazos del régimen,* les derniers sursauts du régime. ‖ *Dar coletazos,* remuer la queue.

coletilla f. FIG. Addition, ajouté, *m.,* appendice, *m.* : *poner una coletilla a un texto,* faire une addition à un texte. ‖ Leitmotiv, *m.* (repetición). ‖ Suites, *pl.* (consecuencias).

coletillo m. Colletin (corpiño sin mangas).

coleto m. Collet de fourrure. ‖ FIG. y FAM. For intérieur : *para mi* ou *tu* ou *su coleto,* dans mon, ton *o* son for intérieur. ‖ — FIG. y FAM. *Decir para su coleto,* dire dans son for intérieur, dire à part soi. ‖ *Echarse un libro al coleto,* avaler un livre d'un trait, lire un livre d'un bout à l'autre. ‖ *Echarse un vaso de vino al coleto,* siffler un verre de vin s'en jeter un derrière la cravate. ‖ *Reír para su coleto,* rire dans sa barbe.

colgadero, ra adj. Qui peut être accroché.
— M. Croc, crochet (garfio), allonge, *f.* (para la carne).

colgadizo, za adj. Qui doit être accroché, e.
— M. Appentis, auvent (tejadillo).

colgado, da adj. Suspendu, e. ‖ Pendu, e (ahorcado). ‖ FIG. y FAM. Déçu, e ; frustré, e (burlado). ‖ FIG. y FAM. *Dejar a uno colgado,* laisser quelqu'un en plan.

colgador m. IMPR. Étendoir. ‖ Crochet (gancho). ‖ Porte-manteau (perchero).

colgadura f. Tenture.

colgajo m. Lambeau (de tela, de piel). ‖ Grappe (*f.*) de raisins [que l'on suspend] (racimo de uvas). ‖ Pendeloque, *f.* (dije).

colgamiento m. Pendaison, *f.,* suspension, *f.*

colgante adj. Pendant, e ; suspendu, e. ‖ *Puente, jardín colgante,* pont, jardin suspendu.
— M. ARQ. Feston. ‖ Pendeloque, *f.,* breloque, *f.* (joya). ‖ Pendeloque, *f.* (de araña).

colgar* v. tr. Pendre, suspendre : *colgar un vestido de un clavo,* pendre une robe à un clou. ‖ Étendre : *colgar la ropa en una cuerda,* étendre le linge sur une corde. ‖ Accrocher : *colgar un*

cuadro, accrocher un tableau. ‖ Raccrocher (el teléfono). ‖ Tapisser, orner de tentures (adornar). ‖ Fig. y Fam. Pendre (ahorcar) : *colgar de un árbol,* pendre à un arbre. | Coller, refuser (en un examen). | Refiler, coller : *me colgó un trabajo fastidioso,* il m'a refilé un travail ennuyeux. | Imputer, attribuer. ‖ — *Colgar los hábitos,* jeter le froc aux orties. ‖ Mil. *¡Cuelguen armas!,* l'arme à la bretelle ! ‖ Fam. *Quedarse con dos asignaturas colgadas,* avoir deux matières à repasser, avoir été collé dans deux matières.
— V. intr. Pendre à, être suspendu à. ‖ Pendre : *un vestido que cuelga de un lado,* un vêtement qui pend d'un côté. ‖ Raccrocher (teléfono) : *¡no cuelgue!,* ne raccrochez pas !
— V. pr. Se pendre à.

coliambo m. Cholïambe (verso).

colibacilo m. Med. Colibacille.

colibacilosis f. Med. Colibacillose.

colibrí m. Colibri, oiseau-mouche (ave).

colicitante adj. m. y s. m. Dr. Colicitant.

cólico, ca adj. Colique (relativo al colon).
— M. Colique, *f.* ‖ — *Cólico cerrado,* obstruction intestinale. ‖ *Cólico hepático, nefrítico,* colique hépatique, néphrétique. ‖ *Cólico miserere,* colique de miséréré, iléus. ‖ *Cólico saturnino,* colique de plomb.

colicuación f. Liquéfaction (licuación).

colicuante adj. Liquéfiable.

colicuar v. tr. Fondre, liquéfier.
— V. pr. Fondre, se liquéfier.

coliche m. Fam. Sorte de surprise-partie, *f.*

coliflor f. Chou-fleur, *m.*

coligación f. Colligation (encadenamiento). ‖ Alliance (alianza).

coligado, da adj. y s. Allié, e ; coalisé, e.

coligarse v. pr. S'unir, se coaliser, se liguer.

colilla f. Mégot, *m.*

colillero, ra m. y f. Ramasseur, ramasseuse de mégots.

colimación f. Tecn. Collimation.

colimador m. Tecn. Collimateur.

colimbo m. Plongeon (ave).

colín adj. Queue-de-rat (caballo).
— M. Gressin, longuet (pan).

colina f. ● Colline (elevación de terreno). ‖ Graine de chou (simiente de coles). ‖ Plant (*m.*) de chou (colino).
— Sinón. ● *Collado,* coteau. *Eminencia,* éminence. *Altura,* hauteur. *Alto,* haut, côte.

colinabo m. Chou-rave.

colindante adj. Limitrophe, contigu, ë.

colindar v. intr. Être contigu, ë.

colino m. Plant de chou.

colipavo, va adj. Queue-de-paon (paloma).

colirio m. Med. Collyre.

colirrojo m. Rouge-queue (ave).

colisa f. Plate-forme tournante d'un canon. ‖ Canon (*m.*) à plate-forme tournante.

coliseo m. Colisée.

colisión f. Collision. ‖ Fig. Choc, *m.,* heurt, *m.* (de ideas o intereses).

colitigante adj. y s. Colitigant, e.

colista m. Dernier, lanterne (*f.*) rouge.

colitis f. Med. Colite.

colmado, da adj. Plein, e ; rempli, e ; comblé, e ; comble (lleno). ‖ *Una cucharada colmada,* une cuillère pleine à ras bord.
— M. Bistrot, gargote, *f.* (tasca).

colmar v. tr. Remplir à ras bord : *colmar un vaso,* remplir un verre à ras bord. ‖ Combler (rellenar). ‖ Fig. Combler : *colmar de favores,* combler de faveurs. ‖ — *Colmar de injurias,* agonir d'injures. ‖ Fig. *Colmar la medida,* dépasser les bornes *o* la mesure.

colmena f. Ruche. ‖ Fig. Fourmilière : *una colmena humana,* une fourmilière humaine. ‖ Pop. Tube, *m.* (chistera).

colmenar m. Rucher.

colmenero, ra m. y f. Apiculteur, trice. ‖ — M. *Amer.* Tamandou (oso hormiguero).

colmenilla f. Bot. Morille (cagarria).

colmillada f. Coup (*m.*) de dent.

colmillazo m. Coup de dent, morsure, *f.* ‖ Coup de défense (de ciertos animales).

colmillo m. Canine, *f.* ‖ Défense, *f.* (de elefante, jabalí, morsa, narval). ‖ Croc (de un perro). ‖ — Fig. y Fam. *Enseñar los colmillos,* montrer les dents. | *Escupir por el colmillo,* faire le bravache *o* le fanfaron. | *Tener el colmillo retorcido,* être un vieux renard, avoir beaucoup d'expérience.

colmilludo, da adj. Qui a de grandes canines *o* défenses *o* de grands crocs. ‖ Fig. Rusé, e ; malin, e (astuto).

colmo m. Comble : *el colmo de la locura,* le comble de la folie. ‖ Chaume (techo de paja). ‖ — *A colmo,* abondamment. ‖ *¡Es el colmo!,* c'est un comble !, c'est le comble !, c'est le bouquet ! | *Para colmo,* par-dessus le marché. | *Para colmo de bienes,* pour comble de chance *o* de bonheur. | *Para colmo de desgracia,* pour comble de malheur.

colmo, ma adj. Comble, comblé, e.

colocación f. Placement, *m.* : *agencia* ou *oficina de colocación,* bureau de placement. ‖ Situation : *tener una buena colocación,* avoir une bonne situation. ‖ Place, emploi, *m.,* poste, *m.* : *conseguir una colocación en el Ministerio,* obtenir un emploi au Ministère. ‖ Pose : *colocación de un marco,* la pose d'un cadre. ‖ Emplacement, *m.,* place, disposition : *no me gusta la colocación de esos cuadros,* je n'aime pas l'emplacement de ces tableaux. ‖ Placement, *m.,* emploi, *m.* (de dinero). ‖ *Colocación de la primera piedra,* pose de la première pierre.

colocar v. tr. Placer : *colocar por orden,* placer par ordre. ‖ Mettre, poser : *coloqué el libro en la mesa,* j'ai posé le livre sur la table. ‖ Placer (dinero). ‖ ● Mettre, placer (instalar). ‖ Fig. Placer : *sus padres le han colocado en una panadería,* ses parents l'ont placé dans une boulangerie. | Trouver du travail (encontrar trabajo). ‖ — *Estar colocado,* travailler, être employé *o* placé. ‖ *Estar muy bien colocado,* avoir une belle situation.
— V. pr. Se placer : *se ha colocado de criada,* elle s'est placée comme domestique. ‖ Trouver une situation *o* du travail : *no es tan fácil colocarse,* ce n'est pas facile de trouver du travail.
— Sinón. ● *Situar,* situer. *Instalar,* installer. *Meter,* mettre.

colocasia f. Colocase (planta).

colocolo m. *Amer.* Colocolo, chat sauvage.

colodión m. Quím. Collodion.

colodra f. Jatte (vaso). ‖ Corne (cuerna). ‖ Agric. Coffin, *m.* (estuche del segador).

colodrillo m. Occiput, nuque, *f.* (cogote).

colofón m. Impr. Cul-de-lampe. ‖ Note (*f.*) finale (en un libro). ‖ Fig. Clou : *fue el colofón del espectáculo,* ce fut le clou du spectacle. | Couronnement, point culminant : *el brillante colofón de su carrera,* le couronnement brillant de sa carrière.

colofonia f. Quím. Colophane (resina).

cologaritmo m. Mat. Cologarithme.

coloidal adj. Quím. Colloïdal, e : *metaloides coloidales,* métaloïdes colloïdaux.

coloide adj. y s. m. Quím. Colloïde.

coloideo, a adj. Quím. Colloïdal, e ; colloïde.

Colombia n. pr. f. Geogr. Colombie.

colombianismo m. Colombianisme.

colombiano, na adj. y s. Colombien, enne.

Colombina n. pr. f. Colombine.

colombino, na adj. Relatif à Christophe Colomb.
colombo m. BOT. Colombo (raíz).
colombofilia f. Colombophilie.
colombófilo, la adj. y s. Colombophile.
colon m. ANAT. Côlon (intestino). ‖ GRAM. Côlon (período). | Point-virgule o deux-points (puntuación).
colón m. « Colón », unité (f.) monétaire de Costa Rica et El Salvador.
Colón n. pr. Colomb. ‖ *Cristóbal Colón*, Christophe Colomb.
colonato m. Colonat.
colonche m. *Amer.* Eau-de-vie (f.) analogue au pulque.
colonia f. Colonie (país, reunión de personas, de animales, etc.). ‖ Eau de Cologne (agua de Colonia). ‖ Ruban (m.) de soie (cinta). ‖ — *Colonia obrera*, cité ouvrière. ‖ *Colonia de vacaciones, penitenciaria*, colonie de vacances, pénitentiaire.
Colonia n. pr. GEOGR. Cologne.
coloniaje m. *Amer.* Période (f.) de la domination espagnole en Amérique, période (f.) coloniale.
colonial adj. Colonial, e. ‖ Colonial, e ; exotique : *productos coloniales*, denrées coloniales, produits exotiques.
colonialismo m. Colonialisme.
colonialista adj. y s. Colonialiste.
colonizable adj. Colonisable.
colonización f. Colonisation. ‖ Colonisation, peuplement, m. (agricultura).
colonizador, ra adj. y s. Colonisateur, trice.
colonizar v. tr. Coloniser.
colono m. Colon (habitante de una colonia). ‖ Fermier, colon (el que cultiva una granja).
coloquial adj. Familier, ère ; parlé, e (estilo, etc.).
coloquíntida f. BOT. Coloquinte.
coloquio m. Colloque, conversation, f.
color m. ● Couleur, f. ‖ FIG. Couleur, f., opinion, f. : *el color de un periódico*, la couleur d'un journal. | Couleur, f. (apariencia) : *pintar con colores trágicos*, peindre sous des couleurs tragiques. ‖ — Pl. Couleurs, f. (bandera) : *colores nacionales*, couleurs nationales. ‖ — *Color de rosa, de aceituna*, rose, olive : *se cabo de color de rosa*, soie rose. ‖ *Color local* ou *típico*, couleur locale. ‖ *Color quebrado*, couleur éteinte. ‖ *Color sólido*, grand teint (tejido). ‖ — *A todo color*, [entièrement] en couleurs. ‖ *De color, de couleur : hombre de color*, homme de couleur. ‖ *So color de*, sous couleur de, sous prétexte de. ‖ *Subido de color* ou *de color subido*, haut en couleur. ‖ — *Distinguir de colores*, être bon juge, savoir juger. ‖ FIG. *Mudar de color*, changer de couleur. ‖ *Pintar con negros colores*, peindre en noir. ‖ FAM. *Ponerse de mil colores*, passer par toutes les couleurs. | *Sacarle a uno los colores al rostro*, faire rougir quelqu'un. | *Salirle a uno los colores a la cara*, rougir. | *Se le suben los colores a la cara*, le rouge lui monte au visage. ‖ *Tomar color*, prendre couleur. ‖ FAM. *Un color se le iba y otro se le venía*, il passait par toutes les couleurs. ‖ *Ver las cosas de color de rosa*, voir les choses en rose.
— SINÓN. ● *Colorido*, coloris. *Coloración*, coloration. *Matiz*, nuance. *Tinte*, teinte. *Tono*, ton. *Tonalidad*, tonalité.
coloración f. Coloration.
coloradito m. *Amer.* Enfant de chœur.
colorado, da adj. Coloré, e (que tiene color). ‖ Rouge (rojo) : *la flor colorada de la amapola*, la fleur rouge du coquelicot. ‖ FIG. Libre, leste, grivois, e (conversación). ‖ — FIG. *Estar colorado*, être tout rouge (de vergüenza). | *Más vale ponerse una vez colorado que ciento amarillo*, mieux vaut oser qu'ensuite regretter. | *Poner colorado*, faire rougir. | *Ponerse colorado*, rougir, devenir rouge.

| *Ponerse más colorado que un pavo*, rougir jusqu'à la racine des cheveux. | *Ponerse más colorado que un tomate*, devenir rouge comme une pivoine o comme une tomate o comme un coq.
— M. Rouge (color).
coloradote, ta adj. FAM. Rougeaud, e ; haut en couleur. ‖ *Cara coloradota*, visage rougeaud o enluminé.
colorante adj. y s. m. Colorant, e.
colorar v. tr. Colorer, colorier.
colorativo, va adj. Colorant, e.
colorear v. tr. Colorer, colorier. ‖ FIG. Colorer (dar apariencia engañosa) : *colorear el vicio*, colorer le vice.
— V. intr. Rougir (ciertos frutos). ‖ Tirer sur le rouge (tirar a rojo).
colorete m. Rouge, fard (afeite).
colorido m. Coloris. ‖ FIG. Couleur, f.
colorímetro m. Colorimètre.
colorín m. Chardonneret (jilguero). ‖ FAM. Rougeole, f. (sarampión). ‖ — Pl. Couleurs (f.) criardes. ‖ FAM. *Y colorín, colorado, este cuento se ha acabado*, ils se marièrent et ils eurent beaucoup d'enfants (final de un cuento), et l'histoire se termine là.
colorinche m. *Amer.* Bariolage, combinaison (f.) de couleurs criardes.
colorir* v. tr. Colorier (dar color). ‖ Colorer (colorear).
colorismo m. Colorisme.
colorista adj. y s. Coloriste.
colosal adj. ● Colossal, e : *edificios colosales*, édifices colossaux. ‖ FIG. Formidable, extraordinaire, colossal, e (extraordinario).
SINÓN. ● *Gigantesco*, gigantesque. *Titánico*, titanesque. *Titánico*, titanique. *Monumental*, monumental. *Ciclópeo*, cyclopéen. *Babilónico*, babylonien.
coloso m. Colosse.
colostro m. Colostrum (calostro).
colpa f. Colcotar, m.
cólquico m. BOT. Colchique.
Cólquida n. pr. f. GEOGR. Colchide.
colt m. Colt (revólver).
columbario m. Columbarium.
columbear v. tr. *Amer.* Balancer (columpiar).
colúmbidos m. pl. ZOOL. Colombidés, colombins.
columbeta f. Culbute, pirouette (voltereta).
columbino, na adj. Colombin, e (perteneciente a la paloma y color).
columbrar v. tr. Apercevoir, distinguer (ver de lejos). ‖ FIG. Prévoir, deviner, conjecturer.
columbres m. pl. POP. Mirettes, f.
columbrete m. Îlot.
columelar adj. *Diente columelar*, dent canine.
columna f. ● Colonne : *columna embebida, arrimada* ou *empotrada*, colonne engagée o liée o adossée ; *columna abalaustrada, compuesta*, colonne en balustre, composite. ‖ FIG. Colonne, pilier, m. (apoyo). ‖ Colonne (en un periódico o libro). ‖ MIL. Colonne : *en columna de a tres*, en colonne par trois. ‖ — TECN. *Columna de dirección*, colonne de direction (auto). | *Columna de fraccionamiento*, tour de fractionnement. ‖ *Columna miliar*, borne milliaire. ‖ *Columna rostrada* ou *rostral*, colonne rostrale. ‖ ANAT. *Columna vertebral*, colonne vertébrale (espinazo). ‖ FIG. *Quinta columna*, cinquième colonne.
— SINÓN. ● *Pilar*, pilier. *Pilastra*, pilastre. *Contrafuerte*, contrefort.
columnario, ria adj. Se disait des monnaies espagnoles frappées en Amérique qui portaient deux colonnes avec la devise « plus ultra ».
columnata f. ARQ. Colonnade.
columpiar v. tr. Balancer.
— V. pr. Se balancer (mecerse). ‖ FIG. y FAM. Se dandiner en marchant (al andar). | Se gourer, se ficher dedans (equivocarse).

columpio m. Balançoire, *f.*, escarpolette, *f.*
— OBSERV. La *balançoire* puede ser de varios tipos : de madera, de metal o compuesta de un asiento suspendido entre dos cuerdas. La *escarpolette* designa solamente esta última.

coluria f. MED. Cholurie.

coluro m. ASTR. Colure.

colusión f. DR. Collusion.

colusorio, ria adj. DR. Collusoire.

colutorio m. MED. Collutoire.

colza f. BOT. Colza, *m.*

colla f. Gorgerin (*m.*) de l'armure, colletin, *m.* (de la armadura). || Sorte de verveux (nasa). || Couple de chiens (traílla). || Équipe de dockers (en un puerto). || Tempête, ouragan, *m.*

colla m. y f. Habitant, habitante des hauts plateaux des Andes en Argentine et en Bolivie.

collado m. Coteau (cerro). || Col (entre dos montañas).

collaje m. Collage (pintura).

collar m. Collier (adorno, de animales domésticos). || Chaîne, *f.* (de una condecoración). || Carcan (esclavos, castigo). || MECÁN. Collier, étrier (abrazadera). || *Collar de fijación,* bague de fixation. || *Un collar de brillantes,* une rivière de diamants.

collarín m. Rabat (alzacuello). || Collet, gorgerette, *f.*, collerette, *f.* (sobrecuello). || Collerette, *f.* (de un tubo). || *Collarín de la botella,* collerette.

collarino m. ARQ. Gorgerin.

colleja f. BOT. Carnillet, *m.* || — Pl. Petits nerfs (*m.*) situés dans le cou du mouton.

collera f. Collier, *m.* (parte de los arreos). || FIG. Chaîne (de presidiarios). || *Amer.* Couple, *m.*, paire (pareja). || — Pl. *Amer.* Boutons (*m.*) de manchettes (gemelos).

collete m. MECÁN. Tourillon.

coma f. Virgule (signo ortográfico) : *punto y coma,* point-virgule. || Miséricorde (en las sillas del coro). || MÚS. Comma, *m.* (intervalo). || — M. MED. Coma.

comadre f. Sage-femme, accoucheuse (partera). || Commère (p. us.), marraine (la madrina respecto del padrino y los padres). || FAM. Entremetteuse (alcahueta). | Commère (vecina). || *Cuentos* ou *chismes de comadre,* potins de commère, commérages, cancans.

comadrear v. intr. FAM. Faire des commérages, cancaner, potiner, commérer (p. us.).

comadreja f. ZOOL. Belette.

comadreo m. FAM. Commérage, cancan, potin.

comadrería f. FAM. *Amer.* Commérage, *m.*, racontar, *m.*

comadrero, ra adj. y s. Potinier, ère ; cancanier, ère.

comadrón m. FAM. Accoucheur (partero).

comadrona f. FAM. Sage-femme, accoucheuse (partera). | Bonne femme, commère (vecina).

comal m. *Amer.* Plaque (*f.*) en terre pour cuire les galettes de maïs.

comalia f. VETER. Hydropisie des moutons.

comanche adj. y s. Comanche (indio).

comandancia f. MIL. Commandement, *m.* (grado, distrito, edificio). || *Comandancia de marina,* commandement de la marine (edificio), arrondissement (sector naval).

comandanta f. FAM. Femme du commandant. || Vaisseau-amiral, *m.* (navío).

comandante m. Commandant.

comandar v. tr. MIL. Commander.

comandita f. COM. Commandite : *sociedad en comandita,* société en commandite.

comanditar v. tr. Commanditer.

comanditario, ria adj. y s. m. Commanditaire. || *Socio comanditario,* commanditaire.

comando m. MIL. Commando.

comarca f. Contrée, région : *comarcas dotadas,* régions favorisées.

— OBSERV. Le mot *comarca* désigne une région considérée surtout sous son aspect d'entité géographique.

comarcal adj. Régional, e. || *Carretera comarcal,* route départementale.

comarcano, na o **comarcante** adj. Voisin, e ; limitrophe.

comarcar v. intr. Confiner, être limitrophe.
— V. tr. Planter en échiquier (los árboles).

comatoso, sa adj. MED. Comateux, euse. || *Estar en estado comatoso,* être dans le coma.

comba f. Courbure, cambrure, bombement, *m.* (inflexión). || Corde (juego de niñas) : *saltar a la comba,* sauter à la corde. || — *Hacer combas,* se balancer. || FAM. *No perder comba,* ne pas rater une occasion.

combadura f. Courbure, gauchissement, *m.*, cambrure (alabeo).

combar v. tr. Courber, tordre : *combar un hierro,* tordre un morceau de fer. || Gauchir (alabear).

combate m. ● Combat : *empeñar el combate,* engager le combat. || Match, combat (de boxeo) : *combate nulo,* match nul ; *combate en quince asaltos,* combat en quinze rounds. || *Fuera de combate,* hors de combat, knock-out (boxeo). || *Librar combate por,* livrer bataille pour.
— SINÓN. ● *Pugna, lucha,* lutte. *Batalla,* bataille. *Acción,* action. *Refriega, pelea,* mêlée. *Lidia,* combat.

combatible adj. Attaquable.

combatiente adj. y s. Combattant, e. || *Ex combatiente,* ancien combattant.

combatir v. intr. Combattre.
— V. tr. Combattre (al enemigo, un incendio). || Battre, frapper (el viento, las olas, etc.). || FIG. S'attaquer à, combattre : *combatir los prejuicios,* s'attaquer aux préjugés. | Agiter, troubler (las pasiones).

combatividad f. Combativité.

combativo, va adj. Combatif, ive.

combés m. MAR. Tillac.

combi o **combina** f. FAM. Combine (combinación). || *Amigo de combinas,* combinard.

combinación f. Combinaison (de colores, química). || Combinaison (prenda femenina). || Cocktail, *m.* (bebida). || FIG. Combinaison.

combinado, da adj. Combiné, e. || MIL. *Operaciones combinadas,* opérations combinées.
— M. QUÍM. Combiné. || Cocktail (bebida). || Combinat (industrial).

combinador m. Combinateur. || Coupleur (acoplador).

combinar v. tr. Combiner. || Combiner, assortir (emparejar).
— V. pr. Se combiner.

combinatorio, ria adj. MAT. Combinatoire.

combo, ba adj. Courbé, e ; cambré, e (combado).
— M. Chantier [pour tonneaux]. || *Amer.* Masse, *f.* (mazo). | Coup de poing (puñetazo).

comburente adj. y s. m. FÍS. Comburant, e.

combustibilidad f. Combustibilité.

combustible adj. y s. m. Combustible.

combustión f. Combustion.

comedero, ra adj. Mangeable, bon, bonne à manger.
— M. ● Mangeoire, *f.* (para animales). || Salle (*f.*) à manger (comedor). || FIG. y FAM. *Limpiarle a uno el comedero,* priver quelqu'un de son gagne-pain, mettre quelqu'un sur la paille.
— SINÓN. ● *Pesebrera,* mangeoires, pl. ; *crèches,* pl. *Pesebre,* râtelier. *Artesa,* auge. *Bebedero,* auget.

comedia f. ● Comédie : *representar una comedia,* jouer la comédie. || Théâtre, *m.* : *ir a la comedia,* aller au théâtre. || FIG. Comédie : *hacer uno la comedia,* jouer la comédie. || — *Comedia de capa y espada,* comédie de cape et d'épée. || *Comedia de carácter* ou *de figurón,* comédie de genre. || *Comedia de enredo,* comédie d'intrigue. || *Comedia de magia,* féerie. || *Comedia ligera,* vaudeville.

‖ *¡Eso es pura comedia!*, c'est de la comédie *o* du chiqué! (fam.).
— Sinón. ● *Ficción*, fiction. *Sainete*, saynète. *Entremés*, intermède.

comediante, ta m. y f. Comédien, enne. ‖ Fig. Comédien, enne.

comedido, da adj. Modéré, e; mesuré, e; circonspect, e; réservé, e (moderado). ‖ Posé, e; tranquille (tranquilo). ‖ Courtois, e; poli, e (cortés). ‖ *Amer.* Intrigant, e (entrometido). | Serviable, obligeant, e (servicial).

comedimiento m. Modération, *f.*, mesure, *f.*, circonspection, *f.*, retenue, *f.* (moderación). ‖ Courtoisie, *f.*, urbanité, *f.* (cortesía).

comediógrafo, fa m. y f. Auteur *(m.)* de pièces de théâtre.

comedirse* v. pr. Se contenir, se modérer.

comedón m. Med. Comédon.

comedor, ra adj. Mangeur, euse.
— M. y f. Gros mangeur, grosse mangeuse, belle fourchette, *f.* (persona que come mucho). ‖ —M. Salle (*f.*) à manger (pieza y muebles). ‖ Restaurant, cantine, *f.* (restaurante). ‖ Réfectoire (en un convento, etc.). ‖ — *Coche comedor*, wagon-restaurant. ‖ *Comedor universitario*, restaurant universitaire. ‖ *Jefe de comedor*, maître d'hôtel.

comején m. Termite, fourmi (*f.*) blanche.

comejenera f. Termitière.

comelengua f. *Amer.* Couleuvre.

comendador m. Commandeur.

comendadora f. Supérieure, mère supérieure.

comendatario adj. m. Commendataire.

comendaticio, cia o **comendatorio, ria** adj. Qui recommande. ‖ *Carta comendatoria*, lettre de recommandation.

comensal m. y f. Convive, commensal, e (p. us.).

comentador, ra m. y f. Commentateur, trice.

comentar v. tr. Commenter.

comentario m. Commentaire. ‖ *Huelgan los comentarios*, sans commentaires.

comentarista m. y f. Commentateur, trice.

comento m. V. comentario.

comenzar* v. tr. e intr. Commencer : *comenzar a hablar*, commencer à parler; *comenzar bien el día*, bien commencer sa journée. ‖ Commencer, débuter (tener principio). ‖ *La vida es un eterno comenzar*, la vie est un perpétuel recommencement.
— Sinón. *Empezar*, commencer. *Emprender*, entreprendre. *Preludiar*, préluder. *Entablar*, amorcer. *Debutar*, débuter. *Fig. Atacar*, attaquer.

comer m. Manger : *el beber y el comer*, le boire et le manger. ‖ — *El comer y el rascar, todo es empezar*, l'appétit vient en mangeant. ‖ *Ser de buen comer*, avoir bon appétit.

comer v. tr. e intr. ● Manger : *no se puede vivir sin comer*, on ne peut vivre sans manger; *ir a comer*, aller manger. ‖ Manger : *comer carne, frutas*, manger de la viande, des fruits. ‖ Déjeuner (al mediodía), dîner (cenar); manger (en un caso u otro). ‖ Manger, consommer : *la estufa come mucho carbón*, le poêle mange beaucoup de charbon. ‖ Manger, ronger : *el orín come el hierro*, la rouille mange le fer. ‖ Prendre (ajedrez o damas) : *comer al paso*, prendre en passant. ‖ Manger, faire passer : *el sol come el color de las telas*, le soleil mange la couleur des tissus. ‖ Démanger (sentir comezón) : *la pierna me come*, la jambe me démange. ‖ — *Comer a dos carrillos*, engloutir, dévorer; manger comme quatre (comer mucho), manger comme un goinfre (con gula). ‖ *Comer como un pajarito*, avoir un appétit d'oiseau. ‖ *Comer como un sabañón* ou *un regimiento* ou *por cuatro*, manger comme quatre. ‖ *Comer con muchas ganas*, manger de bon appétit. ‖ *Comer de vigilia*, faire maigre. ‖ *Comer hasta hartarse*, manger jusqu'à satiété. ‖ *Comer sin*

ganas, manger du bout des dents. ‖ — Fam. *¡Con su pan se lo coma!*, grand bien lui fasse!, c'est son affaire! ‖ *Dar de comer*, donner à manger. ‖ Fam. *¿Desde cuándo hemos comido en el mismo plato?*, est-ce que nous avons gardé les cochons ensemble? | *Donde comen dos, comen tres*, quand il y en a pour deux, il y en a pour trois. | *¡Parece que ha comido lengua!*, qu'est-ce qu'il est bavard aujourd'hui! | *Sin comerlo ni beberlo*, sans y être pour rien.
— V. pr. Manger : *comerse un pollo entero*, manger un poulet tout entier. ‖ Fig. Manger : *comerse las palabras*, manger ses mots. | Sauter, omettre : *comerse un párrafo*, sauter un paragraphe. | Manger, faire passer : *el sol se come los colores*, le soleil mange les couleurs. | Manger : *comerse el capital*, manger son capital. | — Fig. *Comerse a besos*, se manger *o* se couvrir de baisers. | *Comerse con los ojos a uno*, couver quelqu'un des yeux *o* du regard, manger *o* dévorer quelqu'un des yeux *o* du regard. | *Comerse de envidia*, mourir d'envie. | *Comerse la risa*, se mordre les lèvres. | *Comerse las narices*, se manger le nez. ‖ Pop. *Comerse los codos de hambre*, bouffer des briques. | *Comerse los higadillos*, se bouffer le nez. ‖ Fig. *Comerse una cosa con la vista* ou *los ojos*, dévorer *o* manger quelque chose des yeux. | *Comerse unos a otros*, se manger les uns les autres. | *Comerse vivo a uno*, avaler quelqu'un tout cru (por enojo). | *Está para comérsela*, elle est à croquer, elle est jolie comme un cœur. | *Está para comérselo*, on en mangerait. | *Se lo come la envidia*, il crève d'envie. ‖ Fam. *¿Y eso con qué se come?*, qu'est-ce que c'est que ce truc-là?
— Sinón. ● *Devorar*, dévorer. *Ingerir*, ingérer. *Roer*, grignoter. *Fam. Apiparse, apiporrarse*, s'empiffrer. *Jamar, manducar, becquetar*, bouffer.

comerciable adj. Commerçable.

comercial adj. Commercial, e. ‖ Commerçant, e : *calle comercial*, rue commerçante. ‖ — *Valor comercial*, valeur marchande. ‖ *Vehículo comercial*, commerciale.

comercialidad f. Commercialité.

comercialismo m. Mercantilisme.

comercialización f. Commercialisation (mercantilización). ‖ Commercialisation, marketing, *m.* (mercadeo).

comercializar v. tr. Commercialiser.

comercialmente adv. Commercialement.

comerciante adj. y s. Commerçant, e. ‖ *Comerciante al por menor*, détaillant (detallista).
— Sinón. *Vendedor*, vendeur. *Negociante*, négociant. *Tendero*, boutiquier. *Traficante*, trafiquant. *Fam. Mercachifle*, margoulin, mercanti.

comerciar v. intr. Faire le commerce (negociar) : *comerciar con* ou *en naranjas*, faire le commerce des oranges. ‖ Commercer, faire du commerce : *España comercia con el mundo entero*, l'Espagne commerce avec le monde entier. ‖ Fig. Commercer, avoir des relations [avec quelqu'un]. | *Comerciar al por mayor, al por menor*, faire le commerce en gros *o* de gros, au détail *o* de détail.

comercio m. Commerce. ‖ Fig. Commerce (trato). ‖ — *Comercio al por mayor, al por menor, intermediario al por mayor*, commerce de gros, de détail, de demi-gros. ‖ *Cámara, Código de Comercio*, Chambre, Code de commerce. ‖ *Libre comercio*, libre échange : *zona de libre comercio*, zone de libre échange. ‖ *Viajante de comercio*, voyageur de commerce.
— Sinón. *Negocio*, négoce. *Tráfico*, trafic. *Trato*, traite.

comestible adj. y s. m. Comestible. ‖ *Tienda de comestibles*, épicerie.

cometa m. Astr. Comète, *f.* ‖ — F. Cerf-volant, *m.* (juguete).

cometedor, ra adj. y s. Auteur [d'un délit].

— OBSERV. La palabra *auteur* no tiene forma femenina.

cometer v. tr. ● Commettre (un error, un crimen). ‖ Charger de, confier (encargar) : *cometerle a uno la ejecución de algo*, confier l'exécution de quelque chose à quelqu'un. ‖ Faire, employer (una figura de retórica).

— SINÓN. ● *Perpetrar*, perpétrer. *Consumar*, consommer.

cometido m. Tâche, *f.*, mission, *f.* : *cumplir su cometido*, remplir sa mission. ‖ Mandat (mandato). ‖ Devoir : *desempeñar su cometido*, faire son devoir. ‖ *Llenar su cometido*, jouer un rôle dans la vie.

comezón f. Démangeaison. ‖ FIG. *Sentía comezón por decir algo*, ça le démangeait de parler, il avait une envie folle de parler.

comible adj. Mangeable.

comicastro m. Mauvais acteur, cabotin, cabot.

comicial adj. Comitial, e [des comices].

comicidad f. Comique, *m.*

comicios m. pl. Comices (asamblea). ‖ Élections, *f.*

cómico, ca adj. Comique : *actor cómico*, acteur comique. ‖ FIG. Comique (divertido). ‖ — Adj. y s. Comédien, enne (comediante). ‖ — *Cómico de la legua*, comédien ambulant, cabotin (ant.). ‖ FIG. *¡Es un cómico!*, c'est un farceur. ‖ *Lo cómico*, le comique.

— SINÓN. ● *Chistoso, gracioso, festivo, jocoso*, drôle. *Chusco, cocasse. Divertido*, amusant. *Hilarante*, hilarant, désopilant. *Burlesco*, burlesque.

comida f. Nourriture (alimento). ‖ ● Repas, *m.* : *hacemos tres comidas al día*, nous faisons trois repas par jour ; *comida de pescado*, repas maigre. ‖ Déjeuner, *m.* (almuerzo) : *la comida es a las dos*, le déjeuner est à 2 heures (v. OBSERV.). ‖ Repas, *m.* (acción de comer) : *una comida interminable*, un repas interminable. ‖ — *Buena, mala comida*, bonne, mauvaise chère. ‖ *Comida campestre*, repas champêtre, pique-nique. ‖ *Comida hecha, compañía deshecha*, la fête passée adieu le saint. ‖ *Gustarle a uno la buena comida*, aimer la table o la bonne chère.

— OBSERV. Dans beaucoup de régions, le repas de midi s'appelle *almuerzo*, et celui du soir ou dîner, *comida*.

— SINÓN. ● *Almuerzo*, déjeuner. *Desayuno*, petit déjeuner. *Cena*, dîner, souper. *Banquete*, banquet. *Ágape*, agape. *Fam. Comilona*, gueuleton.

comidilla f. FIG. y FAM. Occupation favorite, dada, *m.* ‖ Sujet (*m.*) de conversation, fable : *es la comidilla del pueblo*, il est la fable du village. ‖ *Ser la comidilla de la actualidad* ou *de los periódicos*, défrayer la chronique.

comido, da adj. Qui a mangé : *está comido*, il a mangé. ‖ — *Comido de gusanos*, mangé par les vers, mangé aux mites. ‖ *Comido y bebido*, nourri. ‖ FIG. y FAM. *Lo comido por lo servido*, ça n'est pas rentable, ça marche tout juste [une affaire, un emploi]. ‖ *Ser pan comido*, être simple comme bonjour, être du tout cuit, être du gâteau.

comienzo m. Commencement, début. ‖ — *Dar comienzo*, commencer. ‖ *Estar en sus comienzos*, en être à ses débuts.

comilitona f. FAM. Gueuleton, *m.*, ripaille.

comilón, ona adj. y s. FAM. Glouton, onne. ‖ — M. y f. Gros mangeur, grosse mangeuse, goinfre, *m.*

comilona f. FAM. Ripaille, gueuleton, *m.* : *darse una comilona*, faire un gueuleton, faire ripaille.

comillas f. pl. Guillemets, *m.* : *entre comillas*, entre guillemets.

cominear v. intr. V. CAZOLETEAR.

cominería f. Méticulosité, souci (*m.*) du détail.

cominero adj. y s. V. CAZOLETERO.

cominillo m. BOT. Ivraie, *f.* (cizaña). ‖ *Amer.* Regret (pesar). ‖ Boisson (*f.*) alcoolique.

comino m. BOT. Cumin. ‖ — FIG. y FAM. *No me importa un comino*, je m'en fiche comme de l'an quarante, je m'en moque royalement. ‖ *No valer un comino*, ne pas valoir tripette o un fétu.

comiquería f. FAM. Troupe de comédiens.

comis m. Commis (ayudante de camarero).

comisar v. tr. Confisquer, saisir (confiscar).

comisaria f. FAM. Femme du commissaire.

comisaría f. o **comisariato** m. Commissariat, *m.* ‖ HIST. *Alta Comisaría*, Résidence générale (durante el Protectorado de Marruecos).

comisario m. Commissaire : *comisario de policía*, commissaire de police. ‖ *Amer.* Inspecteur de police. ‖ HIST. *Alto Comisario*, résident général (en Marruecos).

comiscar v. tr. Grignoter, mangeotter.

comisión f. Commission (encargo, delegación). ‖ ● COM. Commission (porcentaje) : *cobrar una comisión*, toucher une commission. ‖ Accomplissement, *m.*, perpétration (de un delito). ‖ *Trabajar con comisiones*, travailler à la commission.

— SINÓN. ● *Corretaje*, courtage. *Tanto por ciento*, pourcentage. *Descuento*, remise.

comisionado, da adj. Mandaté, e. ‖ — M. y f. Mandataire. ‖ *Comisionado de apremios*, porteur de contraintes.

comisionar v. tr. Commissionner, mandater.

comisionista m. COM. Commissionnaire.

comiso m. DR. Confiscation, *f.*, saisie, *f.*

comisorio, ria adj. DR. Commissoire.

comisquear v. tr. V. COMISCAR.

comistrajo m. FAM. Ratatouille, *f.* (comida mala).

comisura f. Commissure (de los labios).

comité m. Comité.

comitente m. Commettant.

comitiva f. Suite, cortège, *m.*

— SINÓN. *Cortejo*, cortège. *Séquito*, suite. *Acompañamiento*, accompagnement. *Corte*, cour.

cómitre m. Garde-chiourme.

como

---

1. Adverbio. — 2. Conjunción : *a)* Temporal. *b)* Causal. *c)* Condicional. *d)* Copulativa. — 3. Locuciones.

---

1. ADVERBIO. — Comme (de la manera que) : *haz como quieras*, fais comme tu voudras (OBSERV. El presente de subjuntivo español se traduce por el futuro de indicativo francés). ‖ Comment (de qué manera) : *no sé cómo agradecerle*, je ne sais pas comment vous remercier. ‖ Comment (interrogación) : *¿cómo está su padre?*, comment va votre père? ; *¿cómo te llamas?*, comment t'appelles-tu? ; *¿cómo le va?*, *¿cómo estás?*, *¿cómo anda?*, comment ça va ? ‖ Comme (exclamación) : *¡cómo llueve!*, comme il pleut! ‖ Comme (comparación) : *blanco como la nieve*, blanc comme neige ; *se quedó como muerto*, il resta comme mort. ‖ POÉT. Comme un, tel, telle : *cayó como una piedra en el abismo*, il tomba comme o telle une pierre dans l'abîme. ‖ Que (después de tan, tanto, tal comparativos) : *es tan alto como yo*, il est aussi grand que moi. ‖ Au point de : *su enfermedad no es grave como para renunciar a su viaje*, sa maladie n'est pas grave au point qu'il doive renoncer à son voyage. ‖ Comme, en, en tant que, à titre de, au titre de (en calidad de) : *asistió a la ceremonia como testigo*, il assista à la cérémonie comme témoin ; *como buen francés que era*, en bon Français qu'il était. ‖ Dans le rôle de (en el papel de). ‖ En : *partir como hermanos, tratar como amigo*, partager en frères, traiter en ami. ‖ — *¡Cómo!*, comment ! (sorpresa, indignación). ‖ *¿Cómo?*, comment?, pardon?, plaît-il ? ‖ *¿Cómo así?*,

comment donc ?, pourquoi cela ? ‖ *¡Cómo es eso!*, *¡cómo es posible!*, par exemple ! ‖ *¿Cómo es eso?*, comment cela ?, comment se fait-il ? ‖ *Amer. ¡Cómo no!*, bien sûr. ‖ *¿Cómo que nada?*, comment rien ? ‖ *¡Cómo que no!*, bien sûr que si ! ‖ *Como sea*, n'importe comment.
2. Conjunción. — *a)* Temporal. — Comme : *como bajaba la cuesta*, comme il descendait la côte ; *como daban las once*, comme onze heures sonnaient.
b) Causal. — Comme, étant donné que, vu que : *como recibí tarde tu invitación, no pude venir*, comme j'ai reçu tard ton invitation je n'ai pas pu venir. ‖ *Como que* ou *como quiera que*, étant donné que : *como que no estaba presente*, étant donné que j'étais absent ; comme, du moment que : *como quiera que no me interrogaban, yo callaba*, comme on ne m'interrogeait pas, je restais silencieux.
c) Condicional. — Si : *como no lo hagas, te castigaré*, si tu ne le fais pas, je te punirai. ‖ Si, pourvu que : *como me lo devuelva mañana no diré nada*, pourvu que vous me le rendiez demain je ne dirai rien. ‖ — *¡Como lo hagas otra vez!*, si jamais tu recommences ! ‖ *Como no sea que*, à moins que : *como no sea que llueva*, à moins qu'il ne pleuve. ‖ *Como sea tan difícil hacerlo*, puisque c'est tellement difficile à faire.
d) Copulativa. — Que : *sabrás como me encontré ayer con él*, tu sais sans doute que je l'ai rencontré hier. ‖ *De tan, de tanto... como*, tant : *de tanto calor como hacía*, tant il faisait chaud.
3. Locuciones. — *Como es debido*, comme il faut. ‖ *Como es lógico* ou *natural*, comme il est normal, comme de juste, comme de raison. ‖ *Como quien dice* ou *como si dijéramos*, comme qui dirait. ‖ *Como quien no quiere la cosa*, mine de rien, sans avoir l'air d'y toucher. ‖ *Como quiera que*, étant donné que. ‖ *Como quiera que contestes, te criticará*, de quelque façon que tu réponds, il te critiquera. ‖ *Como quiera que sea*, quoi qu'il en soit, n'importe comment. ‖ *Como si* (con subjuntivo), comme si (con indicativo) : *como si nada hubiese ocurrido*, comme si rien n'était arrivé, comme si de rien n'était. ‖ *Como si tal cosa*, comme si de rien n'était. ‖ — *Así como* ou *tan pronto como*, dès que, aussitôt que (en seguida que), de même que (del mismo modo que). ‖ *Un como, una como*, une sorte de : *un como silencio*, une sorte de silence. ‖ — *Así fue como*, c'est ainsi que. ‖ *Está como para que lo tire*, il est bon à jeter. ‖ *Había como veinte personas*, il y avait presque o environ o à peu près vingt personnes. ‖ *Hacer como si* ou *como quien*, faire semblant de : *hace como si escribiera* ou *como quien escribe*, il fait semblant d'écrire. ‖ *Parece como que*, on dirait que. ‖ *Sin saber cómo ni cuándo*, sans savoir pourquoi ni comment.

— Observ. En règle générale, *como* se traduit par *comme* lorsqu'il ne porte pas d'accent écrit (sauf dans le cas où il est exclamatif) et par *comment* quand il porte un accent. Suivi d'un verbe au subjonctif, *como* équivaut souvent à un participe présent (*como sea corta la vida del hombre*, la vie de l'homme étant courte).

cómo m. Comment : *el cómo y el porqué*, le pourquoi et le comment.
Como n. pr. Geogr. Côme.
cómoda f. Commode (mueble).
comodatario, ria m. y f. Dr. Commodataire.
comodato m. Dr. Commodat (contrato).
comodidad f. Commodité, confort, *m.* : *con todas las comodidades*, avec tout le confort, tout confort. ‖ Intérêt, *m.* : *Fulano sólo busca su comodidad*, Un tel ne recherche que son intérêt. ‖ Avantage, *m.*, commodité (utilidad). ‖ — Pl. Commodités, aises : *buscar sus comodidades*, chercher ses aises. ‖ — *Con comodidad*, à l'aise.

comodín m. Joker (naipes). ‖ Fig. Bouche-trou (persona). ‖ Formule (*f.*) passe-partout (palabra).
cómodo, da adj. Confortable. ‖ Commode (fácil, manejable, acomodaticio). ‖ Facile, commode : *carácter cómodo*, caractère facile. ‖ *Póngase cómodo*, mettez-vous à l'aise.
comodón, ona adj. Fam. Qui aime ses aises (aficionado a su comodidad). ‖ Qui en prend à son aise, qui ne s'en fait pas. ‖ *Ser un comodón*, aimer ses aises, en prendre à son aise.
comodoro m. Commodore.
comoquiera adv. N'importe comment, de toute façon.
compacidad f. Compacité.
compactar v. tr. *Amer.* Rendre compact, e ; unir.
compacto, ta adj. Compact, e.
compadecer* v. tr. Compatir à : *compadezco las desgracias ajenas*, je compatis aux malheurs d'autrui. ‖ Plaindre, avoir pitié de : *compadece a los pobres*, il plaint les pauvres. ‖ *Fulano no es de compadecer*, Un tel n'est pas à plaindre.
— V. pr. Compatir à : *compadecerse del* ou *con el dolor ajeno*, compatir aux douleurs d'autrui. ‖ Plaindre, avoir pitié de (tener lástima).
compadrar v. intr. Sympathiser, se lier d'amitié.
compadrazgo o **compadraje** m. Compérage.
compadre m. Parrain. ‖ Compère, ami (vecino o amigo). ‖ *Amer.* Fanfaron, matamore (fanfarrón).
— Observ. Le terme *compadre* n'a pas d'équivalent en français. Il désigne le parrain par rapport aux parents et à la marraine de l'enfant.
compadrear v. intr. Fam. *Amer.* Crâner (presumir).
compadrería f. Compérage, *m.*
compadrito m. Fam. *Amer.* M'as-tu-vu, poseur.
compaginación f. Assemblage, *m.* (reunión). ‖ Fig. Conciliation. ‖ Impr. Mise en pages.
compaginador m. Assembleur (ensamblador). ‖ Impr. Metteur en pages.
compaginar v. tr. Assembler, réunir (reunir). ‖ Fig. Concilier : *compaginar los intereses de las dos partes*, concilier les intérêts des deux parties. ‖ Combiner, concilier : *puede compaginar todas sus actividades*, il peut combiner toutes ses activités. ‖ Impr. Mettre en pages.
— V. pr. S'accorder, s'harmoniser.
compaña f. Compagnie.
compañerismo m. Camaraderie : *premio de compañerismo*, prix de camaraderie.
compañero, ra m. y f. Compagnon, compagne : *compañero de fatigas*, compagnon d'infortune. ‖ Camarade : *un compañero de colegio*, un camarade de classe. ‖ Collègue : *compañero de oficina*, collègue de bureau. ‖ Compagnon, *m.* (miembro de una corporación). ‖ Partenaire (en el juego). ‖ Fig. Pendant, *m.* (pareja) [objet semblable]. — *Compañero de armas*, compagnon d'armes. ‖ *Compañero de equipo*, coéquipier.
compañía f. Compagnie (acompañamiento). ‖ Compagnie (reunión). ‖ Compagnie (sociedad) : *compañía de seguros*, compagnie d'assurances ; *y compañía* (y *Cíⁿ*), et compagnie (et Cⁱᵉ). ‖ Troupe, compagnie (de comediantes). ‖ Fréquentation : *las malas compañías*, les mauvaises fréquentations. ‖ Mil. Compagnie. ‖ *Compañía de Jesús* ou *la Compañía*, Compagnie de Jésus. ‖ *Compañía de la legua*, troupe de comédiens ambulants. ‖ Mat. *Regla de compañía*, règle de société. ‖ *Señora de compañía*, dame de compagnie. ‖ — *Hacer compañía*, tenir compagnie.
comparable adj. Comparable.
comparación f. Comparaison. ‖ — *En comparación con*, en comparaison de, par rapport à. ‖ *Ni punto de comparación*, aucune comparaison, rien à voir. ‖ *Todas las comparaciones son odiosas*, comparaison n'est pas raison.
— Sinón. *Paralelo*, parallèle. *Cotejo*, collationnement. *Confrontación*, confrontation.

comparado, da adj. Comparé, e.

comparador m. Fís. Comparateur.

comparar v. tr. Comparer : *comparar una persona con otra*, comparer une personne à une autre. || Confronter, comparer : *comparar dos mapas*, confronter deux cartes.

comparativo, va adj. y s. m. Comparatif, ive.

comparecencia f. DR. Comparution.

comparecer* v. intr. Comparaître. || *Orden de comparecer*, mandat d'amener o de comparution.

compareciente adj. y s. DR. Comparant, e.

comparencia f. *Amer.* Comparution (comparecencia).

comparendo m. DR. Assignation, *f.*, mandat de comparution.

comparición f. DR. Comparution. || *Orden de comparición*, mandat de comparution o d'amener (comparecencia).

comparsa f. TEATR. Figuration (acompañamiento). || Mascarade, troupe de gens masqués de la même manière (en el carnaval). || Suite, cortège, *m.* (séquito). || — M. y f. TEATR. Comparse. | Figurant, e.

comparsería f. TEATR. Figuration.

comparte m. y f. DR. Celui o celle qui est partie avec un autre dans un procès.

compartimentado, da adj. FIG. Cloisonné, e.

compartimento m. V. COMPARTIMIENTO.

compartimiento m. Compartiment : *un compartimiento de primera clase*, un compartiment de première classe. || Répartition, *f.*, distribution, *f.* (reparto). || — *Compartimiento estanco*, sas, compartiment étanche. || *Dividir en compartimientos*, compartimenter. || *División en compartimientos*, compartimentage, division en compartiments.

compartir v. tr. Répartir, partager, copartager (repartir, dividir). || Partager : *compartimos el mismo piso*, nous partageons le même appartement ; *compartir el poder*, partager le pouvoir. || FIG. Partager : *compartir una opinión*, partager une opinion.

compás m. Compas : *compás para dibujo*, compas à dessin ; *trazar un círculo con compás*, tracer un cercle au compas. || Territoire attenant à un monastère. || (P. us.). Parvis (atrio). || FIG. Dimension, *f.* (tamaño). | Mesure, *f.* (medida). || Volte, *f.* (esgrima). || MAR. Compas, boussole, *f.* || MÚS. Mesure, *f.* : *llevar el compás*, battre la mesure. — MÚS. *Compás binario*, mesure binaire. || *Compás de calibre*, compas de calibre. || *Compás de corredera*, pied à coulisse. || *Compás de cuadrante*, compas à quart de cercle. || *Compás de espera*, mesure o temps d'arrêt (música), période d'attente (pausa). || *Compás de espesores* o *de gruesas*, compas d'épaisseur. || *Compás de reducción*, compas de réduction. || MÚS. *Compás de tres por cuatro* ou *de seis por ocho*, mesure à trois temps. || *Compás de vara*, compas à verge. || MÚS. *Compás mayor*, deux-temps. | *Compás menor*, mesure à quatre temps. || — *Al compás*, en mesure. || *Al compás de*, au rythme de. || — TAUROM. *Abrir el compás*, écarter les jambes. || FIG. *Guardar el compás*, garder la mesure.

compasado, da adj. Modéré, e (mesurado).

compasar v. tr. Compasser (medir con compás). || FIG. Compasser (obrar con orden). || MÚS. Marquer la mesure.

compasillo m. MÚS. Mesure (*f.*) à quatre temps.

compasión f. Compassion, pitié. || — *Llamar a compasión*, inciter à la pitié. || *Merecer compasión*, être à plaindre.

compasivamente adv. Avec compassion.

compasivo, va adj. Compatissant, e.

compatibilidad f. Compatibilité.

compatible adj. Compatible.

compatriota m. y f. Compatriote.

— SINÓN. *Conciudadano*, concitoyen. *Coterráneo*, compatriote. *Fam. Paisano*, pays.

compeler v. tr. Contraindre, forcer, obliger, pousser : *le compelieron a hablar*, ils le forcèrent o le contraignirent à parler.

compendiadamente adv. V. COMPENDIOSAMENTE.

compendiador, ra adj. Qui abrège.

— M. y f. Abréviateur, trice.

compendiar v. tr. Abréger, résumer.

compendio m. Résumé, abrégé, précis, compendium (p. us.) : *compendio de historia*, abrégé d'histoire. || *Compendio de química*, mémento de chimie. || *En compendio*, en abrégé.

— SINÓN. *Sumario*, sommaire. *Resumen*, résumé. *Extracto*, extrait. *Suma*, somme. *Síntesis*, synthèse. *Sinopsis*, synopse. *Esquema*, schème.

compendiosamente adv. En abrégé, sommairement.

compendioso, sa adj. Abrégé, e ; compendieux, euse (ant.).

compenetración f. Compénétration.

compenetrarse v. pr. Se compénétrer. || FIG. Se pénétrer. || *Compenetrarse con su papel*, se mettre dans la peau du personnage, s'identifier à son personnage (actor).

compensable adj. Compensable.

compensación f. ● Compensation. || Dédommagement, *m.* (indemnización). || — *Cámara de compensación*, chambre de compensation. || *Compensación bancaria*, compensation, clearing. || *En compensación*, en revanche. || *En justa compensación*, par un juste retour des choses.

— SINÓN. ● *Resarcimiento*, dédommagement. *Indemnización*, indemnité. *Contrapeso*, contrepoids. *Recompensa*, récompense.

compensador, ra adj. y s. m. Compensateur, trice. || *Péndulo compensador*, pendule compensateur.

compensar v. tr. Compenser : *compensar las pérdidas con las ganancias*, compenser les pertes par les gains. || Dédommager (indemnizar). || Payer : *trabajo que compensa*, travail qui paie. || — *No me compensa hacer esto*, ça ne vaut pas la peine de faire cela. || *Resultados que compensan*, résultats payants.

compensativo, va o **compensatorio, ria** adj. Compensatoire.

competencia f. Ressort, *m.*, domaine, *m.*, compétence (incumbencia) : *esto no es de mi competencia* ou *no cae dentro de mi competencia*, cela n'est pas de mon ressort, cela n'est pas mon domaine o ne relève pas de ma compétence. || Compétence (capacidad). || Concurrence (rivalidad) : *la competencia arruina a algunos comerciantes*, la concurrence ruine certains commerçants ; *competencia desleal*, concurrence déloyale. || DR. Compétence, droit (m.) de juger une affaire (un juez). || *Hacer la competencia a*, concurrencer, faire concurrence à.

competente adj. Compétent, e : *tribunal competente*, tribunal compétent ; *persona muy competente*, personne très compétente. || Approprié, e ; convenable (conveniente).

competentemente adv. Avec compétence.

competer v. intr. Être de la compétence de, relever de, être du ressort de, regarder : *esto compete al ayuntamiento*, c'est du ressort de la municipalité ; *no me compete*, ça ne me regarde pas. || Appartenir en droit. || *A quien compete*, à qui de droit.

competición f. ● Compétition (deportes). || Concurrence (competencia).

— SINÓN. ● *Partido, partida, contienda*, match. *Campeonato*, championnat.

competido, da adj. Disputé, e (partido, campeonato, etc.).

competidor, ra adj. y s. Compétiteur, trice. ‖ Concurrent, e (en el comercio, los exámenes). ‖ — M. Partant (carrera).

competir* v. intr. Concourir, être en concurrence : *muchas personas compiten para esta colocación,* de nombreuses personnes concourent pour ce poste. ‖ Rivaliser : *competir en esfuerzos,* rivaliser d'efforts. ‖ Concurrencer, faire concurrence à (en comercio) : *este almacén compite con aquél,* ce magasin concurrence celui-là ; *esta tela puede competir con aquélla,* ce tissu peut faire concurrence à celui-là.

competitivo, va adj. Compétitif, ive (competición). ‖ Concurrentiel, elle (competencia) : *situación competitiva,* position concurrentielle.

compilación f. Compilation.

compilador, ra m. y f. Compilateur, trice.

compilar v. tr. Compiler.

compinche m. y f. FAM. Copain, copine (amigote). ‖ Acolyte.

complacencia f. Complaisance : *mirarse con complacencia,* se regarder avec complaisance. ‖ Plaisir, *m.,* satisfaction : *tener complacencia en,* avoir de la satisfaction à.

complacer* v. tr. Complaire, plaire, être agréable : *los cortesanos procuran complacer al rey,* les courtisans s'efforcent de plaire au roi. ‖ Obliger, rendre service (a sus amigos). ‖ *Me complace su éxito,* je me réjouis de son succès.
— V. pr. Se complaire : *complacerse en su desdicha,* se complaire dans son malheur ; *complacerse en criticar,* se complaire à critiquer. ‖ Avoir plaisir à, se plaire à : *complacerse en el estudio,* avoir plaisir à étudier. ‖ Avoir le plaisir de, être heureux de : *me complazco en saludar al señor X,* j'ai le plaisir de saluer Monsieur X.

complacido, da adj. Satisfait, e ; content, e : *com placido con su suerte,* satisfait de son sort.

complaciente adj. Complaisant, e.
— SINÓN. *Servicial,* serviable. *Solícito,* empressé. *Atento,* attentionné. *Deferente,* déférent.

complacimiento m. Complaisance, *f.*

complejidad f. Complexité.

complejo, ja adj. y s. m. Complexe. ‖ *Complejo industrial,* complexe industriel.

complementar v. tr. Compléter.
— V. pr. Se compléter : *caracteres que se complementan,* caractères qui se complètent.

complementario, ria adj. Complémentaire : *ángulos complementarios,* angles complémentaires.

complemento m. Complément. ‖ GRAM. Complément : *complemento directo,* complément d'objet direct. ‖ MIL. *Oficial de complemento,* officier de réserve.

completar v. tr. Compléter : *completar una suma,* compléter une somme.

completas f. pl. RELIG. Complies (oficio).

completivo, va adj. GRAM. Complétif, ive.

completo, ta adj. Complet, ète : *autobús completo,* autobus complet. ‖ Complet, ète ; parfait, e (perfecto) : *un estudio completo,* une étude complète. ‖ *Por completo,* complètement, de fond en comble : *registrar una casa por completo,* fouiller une maison de fond en comble ; complètement, de toutes pièces : *hacer algo por completo,* faire quelque chose de toutes pièces.
— M. Petit déjeuner complet.

complexidad f. V. COMPLEJIDAD.

complexión f. Complexion.

complexo, xa adj. Complexe.

complicación f. Complication.
— SINÓN. *Contratiempo,* contretemps. *Tropiezo,* accroc. *Engorro,* anicroche. *Rémora,* rémora.

complicado, da adj. Compliqué, e (intrincado) : *sistema complicado,* système compliqué. ‖ Impli-

qué, e : *persona complicada en una rebelión,* personne impliquée dans une rébellion.

complicar v. tr. ● Compliquer : *complicar una cosa sencilla,* compliquer une chose facile. ‖ Mélanger, mêler (mezclar). ‖ *Complicar en,* impliquer dans, mêler à : *complicado en un robo,* impliqué dans un vol.
— V. pr. Se compliquer : *complicarse la vida,* se compliquer la vie. ‖ *¡Esto se complica!,* ça se complique ! ça se corse ! (fam.).
— SINÓN. ● *Embrollar, enredar, liar,* embrouiller. *Dificultar,* rendre difficile. *Obstaculizar, entorpecer,* embarrasser.

cómplice m. y f. Complice : *cómplice de un robo,* complice d'un vol.

complicidad f. Complicité. ‖ *Estar en complicidad con alguien,* être de connivence avec quelqu'un.
— SINÓN. *Connivencia,* connivence. *Colusión,* collusion. *Colaboración,* collaboration.

complot m. FAM. Complot.
— OBSERV. Pl. *complots.*

complotar v. tr. e intr. Comploter (conspirar).

complutense adj. y s. D'Alcalá de Henares. ‖ *Biblia Políglota Complutense,* Biblia complutensis.

componado, da adj. BLAS. Componé, e.

componedor, ra m. y f. Compositeur, trice : *amigable componedor,* amiable compositeur. ‖ — M. IMPR. Composteur (regla). ‖ *Amer.* Rebouteur (algebrista).

componenda f. Accommodement, *m.,* arrangement, *m.,* compromis, *m.* (expedientes de conciliación). ‖ FAM. Combine (combinación). ‖ — *Componendas electorales,* cuisine électorale. ‖ *Sin componendas,* sans concession.

componente adj. y s. Composant, e (de un todo). ‖ Membre (miembro). ‖ *Viento de componente Sur,* vent de secteur Sud.

componer* v. tr. Composer (formar un todo). ‖ Réparer, arranger (arreglar lo que está roto). ‖ Arranger : *componer un asunto,* arranger une affaire. ‖ Décorer, orner, parer (adornar una cosa). ‖ Composer (versos, libros, música). ‖ Réconcilier : *componer a dos enemigos,* réconcilier deux ennemis. ‖ Adouber (ajedrez). ‖ FAM. Remettre, retaper (fortificar, restablecer la salud). ‖ IMPR. Composer. ‖ MAR. Adouber. ‖ Remettre en place [les os]. ‖ *Amer.* Préparer, entraîner [un cheval pour la course, un coq pour le combat]. ‖ Châtrer (castrar).
— V. intr. Composer.
— V. pr. S'arranger, se parer, se faire une beauté, se pomponner (una mujer). ‖ Arriver à un accord, se mettre d'accord, s'entendre (ponerse de acuerdo). ‖ — FAM. *Componérselas,* s'arranger, se débrouiller, s'en sortir. ‖ *Compóntelas como puedas,* arrange-toi comme tu pourras, débrouille-toi. ‖ *No sabía cómo componérselas,* il ne savait pas comment s'y prendre o comment se débrouiller o comment s'en sortir.

componible adj. Accommodable, conciliable. ‖ Raccommodable, arrangeable (que se puede arreglar).

comportamiento m. Conduite, *f.,* comportement.

comportar v. tr. Supporter, tolérer, souffrir (sufrir). ‖ Comporter, comprendre (contener).
— V. pr. Se comporter, se conduire (conducirse).
— OBSERV. Ce verbe est un gallicisme lorsqu'il est employé dans le sens de « comprendre ».

comporte m. Conduite, *f.,* comportement (comportamiento). ‖ Démarche, *f.,* air (porte).

composición f. ● Composition : *la composición del agua,* la composition de l'eau. ‖ Composition (obra). ‖ Composition (ejercicio de redacción). ‖ GRAM., MÚS. e IMPR. Composition. ‖ FIG. Mesure, discrétion (comedimiento). ‖ — DR. *Composición* *amigable*, amiable composition. ‖ *Hacer composición de lugar*, peser le pour et le contre, se tracer un plan de conduite.

— SINÓN. ● *Constitución*, constitution. *Estructura*, structure. *Contenido, tenor*, teneur.

compositivo, va adj. Se dit des particules ou prépositions servant à former les mots composés.

compositor, ra m. y f. MÚS. Compositeur, trice. ‖ — M. *Amer*. Entraîneur, dresseur [de chevaux ou de coqs de combat].

Compostela (Santiago de) n. pr. GEOGR. Saint-Jacques-de-Compostelle.

compostelano, na adj. y s. De Saint-Jacques-de-Compostelle.

compostura f. Composition (disposición de las partes de una cosa). ‖ Réparation, raccommodage, *m.* (arreglo). : *la compostura de un reloj*, la réparation d'une montre. ‖ Contenance (actitud). ‖ ● Tenue (manera de comportarse). ‖ Maintien, *m.* (porte). ‖ Circonspection, retenue (mesura). ‖ Toilette, parure (aseo). ‖ Accord, *m.*, entente, arrangement, *m.* (convenio) : *hacer una compostura con los acreedores*, faire un arrangement avec ses créanciers. ‖ *Este vino tiene compostura*, ce vin est frelaté [contient des colorants artificiels].

— SINÓN. ● *Porte*, port. *Prestancia*, prestance. *Modales*, manières, tenue. *Presencia*, aspect. *Fam. Facha, pinta*, touche.

compota f. Compote : *una compota de manzanas*, une compote de pommes. ‖ FAM. *Un ojo en compota*, un œil au beurre noir (a la funerala).

compotera f. Compotier, *m.* (vasija).

compound m. TECN. Compound.

compra f. Achat, *m.* : *una compra ventajosa*, un achat avantageux ; *precio de compra*, prix d'achat. ‖ — *Compra a plazos, al contado*, achat à terme, comptant. ‖ *Jefe de compras*, chef des achats. ‖ *Hacer compras*, faire ses achats. ‖ *Hacer la compra*, faire son marché. ‖ *Ir a la compra*, aller au marché, faire son marché. ‖ *Ir de compras*, faire les commissions *o* les courses *o* ses emplettes.

comprable *o* **compradero, ra** adj. Achetable.

comprador, ra m. y f. Acheteur, euse.

— SINÓN. *Adquiridor*, acquéreur. *Cliente, parroquiano*, client. *Marchante*, marchand. *Importador*, importateur.

comprar v. tr. ● COM. Acheter : *comprar al contado*, acheter comptant *o* au comptant. ‖ FIG. Acheter (sobornar) : *comprar a uno*, acheter quelqu'un. ‖ — *Comprar al por mayor, al por menor*, acheter en gros, au détail. ‖ *Comprar a plazos, con pérdida, en firme*, acheter à tempérament, à perte, ferme. ‖ FIG. *Comprar con su sangre*, acheter de son sang. ‖ *Comprar fiado*, acheter à crédit.

— SINÓN. ● *Adquirir*, acquérir. *Regatear*, marchander. *Importar*, importer.

compraventa f. Contrat (*m.*) d'achat et de vente.

comprender v. tr. ● Comprendre (entender) : *no comprendo el alemán*, je ne comprends pas l'allemand. ‖ Comprendre (contener) : *esta obra comprende cuatro tomos*, cet ouvrage comprend quatre tomes. ‖ — *Comprender mal*, comprendre de travers, mal comprendre : *has comprendido mal lo que he dicho*, tu as mal compris ce que j'ai dit. ‖ *Comprendida la suma de*, y compris la somme de. ‖ *No comprende usted*, vous n'y êtes pas. ‖ *Todo comprendido*, tout compris. ‖ *Viaje todo comprendido*, voyage à forfait. ‖ *¡Ya comprendo!*, j'y suis !

— V. pr. Se comprendre. ‖ *Se comprende*, ça se comprend.

— SINÓN. ● *Concebir*, concevoir. *Entender*, entendre, saisir. *Discernir*, discerner. *Descifrar*, déchiffrer. Pop. *Chanelar*, piger.

comprensibilidad f. Compréhensibilité.
comprensible f. Compréhensible.

— SINÓN. *Inteligible*, intelligible. *Accesible*, accessible. *Fácil*, facile.

comprensión f. Compréhension, intelligence. ‖ *Ser tardo de comprensión*, avoir l'esprit lent, avoir la comprenette difficile (fam.).

comprensivo, va adj. Compréhensif, ive : *hombre comprensivo*, homme compréhensif.

compresor, ra adj. y s. Qui comprend.

compresa f. Compresse. ‖ MED. Garniture périodique.

compresibilidad f. Compressibilité.

compresible adj. Compressible.

compresión f. Compression. ‖ GRAM. Synérèse.

compresivo, va adj. Compressif, ive.

compreso, sa adj. Comprimé, e.

— OBSERV. L'adjectif *compreso* est le participe passé irrégulier de *comprimir*.

compresor adj. m. y s. Compresseur : *cilindro compresor*, rouleau compresseur.

comprimible adj. Compressible.

comprimido, da adj. y s. m. Comprimé, e.

comprimir v. tr. ● FIG. Comprimer, réprimer (una sonrisa), retenir (lágrimas). ‖ Entasser : *viven comprimidos en una sola habitación*, ils vivent entassés dans une seule pièce.

— V. pr. Se comprimer. ‖ Se retenir (refrenarse).

comprobable adj. Vérifiable, contrôlable (que se puede averiguar). ‖ Constatable.

comprobación f. Vérification (averiguación). ‖ Constatation (observación). ‖ Preuve (prueba).

comprobante adj. Probant, e (que prueba).

— M. Preuve, *f.* (justificación). ‖ DR. Pièce (*f.*) justificative, pièce (*f.*) à l'appui. ‖ Décharge, *f.* (de una deuda). ‖ Reçu, récépissé (recibo). ‖ *Comprobante* ou *comprobante de compra*, ticket *o* ticket d'achat.

comprobar* v. tr. Vérifier (averiguar) : *hay que comprobar la marca antes de comprar*, il faut vérifier la marque avant d'acheter. ‖ Constater (observar) : *pudiste comprobar tú mismo que había dicho la verdad*, tu as pu constater par toi-même qu'il avait dit la vérité. ‖ Contrôler (examinar) : *comprobar las afirmaciones de una persona*, contrôler les affirmations de quelqu'un. ‖ Prouver, démontrer (demostrar). ‖ Collationner (cotejar).

comprobatorio, ria adj. Qui prouve.

comprometedor, ra adj. Compromettant, e : *persona demasiado comprometedora*, personne trop compromettante.

comprometer v. tr. Compromettre : *comprometer sus intereses, a una persona*, compromettre ses intérêts, une personne. ‖ Engager : *esto no te compromete a nada*, cela ne t'engage à rien ; *comprometer su fe*, engager sa foi.

— V. pr. Se compromettre. ‖ S'engager : *comprometerse en ou a defender una causa*, s'engager à défendre une cause. ‖ S'engager : *este escritor no se ha comprometido*, cet écrivain ne s'est pas engagé. ‖ *Amer*. Se fiancer.

comprometido, da adj. Compromis, e (en un mal negocio). ‖ Engagé, e (por una promesa) : *política no comprometida*, politique non engagée ; *un escritor comprometido*, un écrivain engagé.

comprometiente adj. Compromettant, e.

comprometimiento m. Compromission, *f.*

compromisario m. DR. Arbitre. ‖ Délégué sénatorial (en una elección).

compromisión f. (Ant.). Compromission.

compromiso m. Compromis, accommodement (convenio). ‖ Engagement (obligación) : *hacer honor a sus compromisos* ou *cumplir sus compromisos*, faire honneur à ses engagements ; *sin compromiso por su parte*, sans engagement de votre part. ‖ Embarras, difficulté, *f.* : *poner en un compromiso*, mettre dans l'embarras. ‖ — *Actitud* ou *política sin compromisos,* non-engagement. || *Compromiso matrimonial,* promesse de mariage. || *¡Qué compromiso!,* quelle histoire !

compromisorio, ria adj. DR. Compromissoire.

comprovinciano, na m. y f. Personne de la même province qu'une autre.

compuerta f. Vanne, porte (de presa *o* esclusa).

compuesto, ta adj. Composé, e (tiempo, nombre, etc.). || Arrangé, e ; raccommodé, e (arreglado). || Pomponné, e (una mujer). || FIG. Réservé, e ; discret, ète. || ARQ. Composite. || ARQ. *Orden compuesto,* architecture modulaire. — M. QUÍM. Composé. || — F. pl. BOT. Composées, composacées.

compulsa f. DR. Copie conforme, copie collationnée (de un documento).

compulsación f. Comparaison, collation, confrontation (confrontación).

compulsar v. tr. DR. Compulser. || Collationner; comparer, confronter (confrontar). || Faire une copie conforme de (sacar una compulsa). || *Amer.* Obliger, contraindre (compeler).

compulsión f. DR. Contrainte (apremio).

compunción f. Componction (tristeza).

compungido, da adj. Contrit, e ; attristé, e ; affligé, e (dolorido) : *voz compungida,* voix contrite.

compungirse v. pr. S'affliger (entristecerse) : *compungirse por,* s'affliger de.

computación f. V. CÓMPUTO.

computador m. Ordinateur (electrónica).

computadora f. Calculateur, m., calculatrice : *computadora electrónica,* calculateur électronique. || Ordinateur, m. (computador). || *Máquinas computadoras,* machines de mécanographie.

computar v. tr. Computer, calculer (calcular).

cómputo m. Calcul, computation, f. (cálculo). || Comput.

comulgante adj. y s. Communiant, e.

comulgar v. tr. (P. us.). Donner la communion, communier (p. us.). — V. intr. Communier. || FIG. Communier. *Comulgar por Pascua Florida,* faire ses Pâques. || FIG. Y FAM. *Hacer comulgar con ruedas de molino,* faire prendre des vessies pour des lanternes.

comulgatorio m. Table (f.) de communion, sainte table, f.

común adj. Commun, e : *uso, sentido común,* usage, sens commun. || Courant, e ; commun, e : *expresión poco común,* expression peu courante. || Commun, e (vulgar) : *modales comunes,* manières communes. || GRAM. Commun, e. || — *La voz común,* la rumeur publique. || *Lugar común,* lieux d'aisances, cabinets (letrina), lieu commun (tópico). || — *De común acuerdo* ou *por acuerdo común,* d'un commun accord. || *En común,* en commun. || *Fuera de lo común,* qui sort de l'ordinaire. || *Por lo común,* généralement, communément. — M. Communauté, f. (sociedad). || Commun : *el común de los mortales,* le commun des mortels. || Communaux, pl. (tierras que posee la comunidad). || *Cámara de los Comunes,* Chambre des communes.

comuna f. *Amer.* Commune, municipe, m.

Comuna n. pr. f. HIST. Commune (revolución de París en 1871).

comunal adj. Commun, e ; communal, e. — M. Communauté, f.

comunalmente adv. En commun.

comunero, ra adj. Populaire (popular). || HIST. Des « comuneros » (relativo a las antiguas comunidades de Castilla). — M. Copropriétaire (copropietario). || HIST. « Comunero » [partisan des communes en Castille, de l'indépendance en Colombie et au Paraguay].

comunicable adj. Communicable. || FIG. Sociable, communicatif, ive (tratable).

comunicación f. Communication : *la comunicación de un movimiento,* la communication d'un mouvement. || Correspondance (correspondencia). || Communication (telefónica) : *estar en comunicación,* être en communication. || Rapport, *m.,* relation : *ponerse en comunicación con el ministro,* se mettre en rapport avec le ministre. || — Pl. Postes, télégraphes, téléphones. || Moyens (*m.*) de communication : *este barrio tiene comunicaciones muy malas,* ce quartier a de très mauvais moyens de communication. || Communications (entre pueblos, mares, etc.). || — *Palacio de comunicaciones* (en Madrid), bureau central des Postes. || *Poner en comunicación,* relier.

comunicado, da adj. Communiqué, e. || Desservi, e : *barrio bien comunicado,* quartier bien desservi (transportes). — M. Communiqué (aviso). || *Comunicado a la prensa,* prière d'insérer.

comunicador, ra adj. Communicateur, trice.

comunicante adj. Communicant, e : *vasos comunicantes,* vases communicants.

comunicar v. tr. Communiquer (transmitir). || Communiquer, imprimer (un movimiento). — V. intr. Communiquer, être en communication (por carta, teléfono, etc.) : *comunicar con alguien,* communiquer avec quelqu'un. || Communiquer : *cuartos que comunican,* chambres qui communiquent. || Être occupé (el teléfono) : *está comunicando,* c'est occupé. — V. pr. Communiquer, correspondre : *comunicarse por señas,* communiquer par signes. || Communiquer (dos casas, habitaciones, lagos, etc.). || Se communiquer (propagarse).

comunicativo, va adj. Communicatif, ive : *risa comunicativa,* rire communicatif.
— SINÓN. *Expansivo,* expansif. *Exuberante,* exubérant.

comunicatoria adj. f. *Letras comunicatorias,* lettres testimoniales.

comunidad f. Communauté (de intereses, etc.) : *comunidad de bienes gananciales,* communauté réduite aux acquêts. || ● Communauté (de religiosos). || (Ant.). Commune (conjunto de habitantes de una ciudad). || — Pl. HIST. Communes [soulèvement populaire au temps de Charles Quint]. || — *Comunidad de propietarios,* syndicat de propriétaires, copropriété. || *Comunidad sucesoria,* communauté d'héritiers. || *De comunidad,* en commun. || *Delegado* ou *presidente de la comunidad de propietarios,* syndic.
— SINÓN. ● *Congregación,* congrégation. *Orden,* ordre. *Cofradía,* confrérie.

comunión f. Communion.

comunismo m. Communisme.

comunista adj. y s. Communiste.

comunistoide adj. y s. FAM. Communisant, e.

comunizante adj. y s. FAM. Communisant, e.

comúnmente adv. Communément, généralement, d'ordinaire, d'habitude (generalmente).

comuña f. AGRIC. Méteil, m. (trigo mezclado con cebada). | Cheptel, m. (aparcería de ganado). || — Pl. V. CAMUÑAS.

con prep.

---

1. À, au, avec. — 2. Avec. — 3. À, au. — 4. Auprès de. — 5. Contre. — 6. Avec, après. — 7. De. — 8. Par. — 9. Envers, pour, avec. — 10. Sur. — 11. Dans. — 12. En. — 13. Con el infinitivo. — 14. Locutions.

---

1. À, AU, AVEC. — *Comer con una cuchara,* manger avec une cuillère *o* à la cuillère ; *un anciano con lentes de oro,* un vieillard avec des lunettes en or *o* aux lunettes en or.

2. AVEC. — *Salir con un amigo,* sortir avec un ami ; *reñir con alguien,* se disputer avec quelqu'un ; *conforme con uno,* d'accord avec quelqu'un.

3. À, AU. — *Café con leche,* café au lait ; *igualarse con,* s'égaler à.

4. AUPRÈS DE. — *Asiduo con,* assidu auprès de ; *disculparse con,* s'excuser auprès de.

5. CONTRE. — *Pelear con,* se battre contre ; *chocar con un árbol,* se cogner contre un arbre.

6. AVEC, APRÈS. — *Estoy disgustado con él,* je suis fâché avec lui.

7. DE. — *Con voz ronca,* d'une voix rauque ; *hacer seña con la mano,* faire signe de la main ; *contento con las noticias, con uno,* content des nouvelles, de quelqu'un ; *no sé qué hacer con ese libro,* je ne sais que faire de ce livre ; *soñar con algo,* rêver de quelque chose ; *contentarse con poco,* se contenter de peu.

8. PAR. — *Trataba de seducirnos con halagos,* il cherchait à nous séduire par des flatteries ; *demostrar con ejemplos,* prouver par des exemples.

9. ENVERS, POUR, AVEC. — *Duro con los criados,* dur envers les domestiques.

10. SUR. — *Contar con alguien,* compter sur quelqu'un ; *tropezar con una piedra,* trébucher sur une pierre.

11. DANS. — *Hacer una cosa con la idea de,* faire une chose dans l'idée de ; *con objeto de,* dans le but de.

12. EN. — *Con buena salud,* en bonne santé ; *con toda franqueza,* en toute franchise ; *con toda independencia,* en toute indépendance.

13. CON EL INFINITIVO. — En (con el participio presente) : *con pulsar este botón ya se enciende la luz,* en appuyant sur ce bouton on allume la lumière. ‖ Comme, du fait que : *con llegar muy tarde, quedó sin cenar,* comme il était arrivé très tard, il se passa de dîner. ‖ Bien que, malgré : *con ser tan inteligente no ha conseguido triunfar,* bien qu'il soit très intelligent il n'a pas pu réussir. ‖ Pourvu que (subj.) : *con escribirme mañana,* pourvu que tu m'écrives demain.

14. LOCUCIONES. — *Con arreglo a la ley,* conformément à la loi. ‖ *Con ello,* pour cela : *¿seremos más felices con ello?,* serons nous plus heureux pour cela ? ‖ *Con el título de,* sous le titre de. ‖ *Con esto y con todo,* néanmoins, cependant. ‖ *Con gusto,* volontiers, avec plaisir. ‖ *Con las manos juntas,* les mains jointes. ‖ *Con mucho gusto,* très volontiers. ‖ *Con que,* ainsi, ainsi donc, alors. ‖ *Con seguridad, con toda seguridad,* sûrement. ‖ *Con sólo,* il suffit de : *con sólo querer las cosas se consiguen,* il suffit de vouloir les choses pour les obtenir. ‖ *Con tal que* ou *con que* ou *con sólo que,* pourvu que, du moment que. ‖ *Con todo* ou *con todo y con eso,* malgré tout. ‖ *Con todos los requisitos,* en bonne et due forme. ‖ *Para con,* envers. ‖ *— Cargar con,* se charger de. ‖ *Cumplir con,* s'acquitter de. ‖ *No pude salir con tanta lluvia,* je n'ai pas pu sortir à cause de la pluie *o* tant il pleuvait. ‖ *Salirse con la suya,* avoir gain de cause. ‖ *Salvó al niño con gran admiración de los que le rodeaban,* il sauva l'enfant à la grande admiration de ceux qui l'entouraient. ‖ *Tener cuidado con,* faire attention à. ‖ FAM. *¡Vaya con el niño!,* quel enfant !

— OBSERV. *Con no tiene traducción en francés cuando expresa la actitud (iba con la cabeza desnuda, con las manos en los bolsillos,* il allait la tête nue, les mains dans les poches) *y después de ciertos verbos (frisar con la cuarentena,* friser la quarantaine ; *consultar con un abogado,* consulter un avocat ; *quedarse con una cosa,* garder indûment quelque chose, etc.).

conato m. (P. us.). Effort, acharnement (empeño). ‖ Intention, *f.,* désir, projet (propósito). ‖ DR. Tentative, *f.* (intento) : *conato de robo,* tentative de vol. ‖ *Conato de incendio,* début d'incendie.

concadenar o **concatenar** v. tr. Enchaîner, lier.

concatenación f. Enchaînement, *m.* : *la concatenación de las ideas,* l'enchaînement des idées.

concausa f. Cause, facteur, *m.* (causa).

concavidad f. Concavité.

cóncavo, va adj. Concave : *espejo cóncavo,* miroir concave.

concebible adj. Concevable.

concebir* v. intr. y tr. Concevoir (quedar preñada la hembra). ‖ FIG. Concevoir : *lo que bien se concibe se enuncia con claridad,* ce qui se conçoit bien s'énonce clairement.

concedente adj. Accordant, e ; qui accorde.

conceder v. tr. Accorder, concéder (otorgar) : *conceder una gracia, un privilegio, un plazo,* accorder une grâce, un privilège, un délai. ‖ Accorder : *no puedo concederle sino algunos minutos,* je ne peux vous accorder que quelques minutes. ‖ Accorder, allouer : *conceder una indemnización,* allouer une indemnité. ‖ Décerner (un premio). ‖ Concéder, admettre, reconnaître, accorder (reconocer) : *concedo que tiene usted razón,* j'admets que vous avez raison *o* vous avez raison, je vous l'accorde. ‖ *Conceder importancia, valor,* accorder *o* donner *o* attacher de l'importance, de la valeur.

concejal m. Conseiller municipal.

concejala f. Femme du conseiller municipal. ‖ Conseillère municipale.

concejero m. *Amer.* Conseiller municipal.

concejil adj. Municipal, e. ‖ HIST. *Milicias concejiles,* milices communales *o* bourgeoises.

concejo m. Conseil municipal (ayuntamiento).

— OBSERV. Il ne faut pas confondre ce mot avec *consejo,* qui a tous les sens du mot *conseil* français, sauf celui de « conseil municipal ».

conceller m. Conseiller municipal en Catalogne.

concentrabilidad f. Qualité de ce qui est concentrable.

concentrable adj. Concentrable.

concentración f. Concentration : *la concentración de un producto químico,* la concentration d'un produit chimique. ‖ Concentration (de personas, de industrias, etc.) : *campo de concentración,* camp de concentration. ‖ *Concentración parcelaria,* remembrement. ‖ *Llevar a cabo la concentración parcelaria,* remembrer, procéder au remembrement.

concentrado, da adj. Concentré, e. ‖ — M. Concentré : *concentrado de tomates,* concentré de tomates.

concentrar v. tr. Concentrer. ‖ — V. pr. Se concentrer.

concéntrico, ca adj. Concentrique : *concéntrico con,* concentrique à.

concepción f. Conception. ‖ *Inmaculada Concepción,* Immaculée Conception.

Concepción n. pr. f. Conception [prénom de femme dérivé de María de la Concepción, il n'a pas d'équivalent en français].

concepcionista adj. y s. Se dit de la religieuse qui appartient à l'ordre de l'Immaculée Conception.

conceptáculo m. BOT. Conceptacle.

conceptible adj. Concevable.

conceptismo m. Conceptisme [doctrine et style].

conceptista adj. y s. Conceptiste.

conceptivo, va adj. Conceptif, ive.

concepto m. Concept : *concepto puro,* concept pur. ‖ Pensée, *f.* (pensamiento). ‖ Notion, *f.,* idée, *f.* (noción). ‖ Trait d'esprit, saillie, *f.* (agudeza). ‖ Opinion, *f.,* jugement (juicio). ‖ Raison, *f.* (razón). ‖ — *En concepto de,* à titre de, au titre de, en tant que. ‖ *En mi concepto,* à mon avis, à mon sens. ‖ *En ningún concepto,* nullement, en aucun cas. ‖ *En su amplio concepto,* au sens large. ‖ *Por todos los conceptos,* à tous égards. ‖ *Por varios conceptos,* à divers titres. ‖ *— Formarse concepto de,* se faire une idée de. ‖ *Perder el* *concepto, se discréditer.* ‖ *Tener en buen concepto a una persona,* avoir bonne opinion de quelqu'un.

conceptual adj. Conceptuel, elle.

conceptualismo m. Conceptualisme.

conceptualista adj. y s. Conceptualiste.

conceptuar v. tr. Estimer, juger, considérer : *conceptuar* ou *tener conceptuado a uno de* ou *por inteligente,* considérer quelqu'un comme intelligent. ‖ *Bien, mal conceptuado,* bien, mal vu.

conceptuoso, sa adj. Ingénieux, euse (agudo). ‖ Sentencieux, euse (sentencioso). ‖ Précieux, euse (estilo).

concerniente adj. Concernant, e ; qui concerne, relatif, ive : *los reglamentos concernientes a los transportes,* les règlements concernant les transports.

concernir* v. intr. Concerner, avoir rapport à.

— OBSERV. Ce verbe est défectif et se conjugue seulement aux troisièmes personnes. Il est employé au présent et à l'imparfait de l'indicatif et du subjonctif, au participe présent et au gérondif.

— SINÓN. *Atañer, importar,* regarder. *Tocar,* toucher. *Corresponder,* correspondre. *Interesar,* intéresser.

concertadamente adv. Avec ordre.

concertado, da adj. Ordonné, e ; organisé, e. ‖ Conclu, e (tratado, negocio). ‖ *Impuesto concertado,* forfait.

concertador, ra adj. y s. Conciliateur, trice ; médiateur, trice.

concertante adj. y s. Mús. Concertant, e.

concertar* v. tr. e intr. Concerter (proyectar en común). ‖ S'entendre sur, convenir de : *concertar una compra,* convenir d'un achat ; *concertar en* ou *por precio,* s'entendre sur un prix, convenir d'un prix. ‖ Passer, conclure : *concertar un negocio,* passer un marché. ‖ Conclure : *concertar un acuerdo,* conclure un accord. ‖ Mús. Accorder (instrumentos de música). ‖ FIG. Concerter : *concertar los esfuerzos,* concerter les efforts.

— V. intr. Concorder : *dos pasajes que no conciertan,* deux passages qui ne concordent pas. ‖ GRAM. S'accorder (las palabras).

— V. pr. Se concerter. ‖ Se mettre d'accord, s'entendre sur (llegar a un acuerdo).

concertina f. Mús. Concertina.

concertino m. Premier violon (en una orquesta).

concertista m. y f. Concertiste.

concesible adj. Accordable.

concesión f. Concession. ‖ Remise (entrega). ‖ Délivrance, octroi, m. ; *la concesión de un permiso,* la délivrance d'un permis. ‖ FIG. Concession : *hacer concesiones,* faire des concessions.

concesionario adj. y s. m. Concessionnaire.

conciencia f. Conscience : *tener conciencia de sus derechos,* avoir conscience de ses droits. ‖ Conscience (moralidad) : *ser ancho de conciencia,* avoir la conscience large. ‖ *Cargo de conciencia,* affaire de conscience. ‖ *Caso de conciencia,* cas de conscience. ‖ *Gusanillo de la conciencia,* ver rongeur (remordimiento). ‖ *Libertad de conciencia,* liberté de conscience. ‖ — *A conciencia,* consciencieusement : *trabajo hecho a conciencia,* travail fait consciencieusement. ‖ *En conciencia,* en conscience, en bonne conscience, en son âme et conscience. ‖ *En descargo de conciencia,* par acquit de conscience. ‖ — *Acusar la conciencia,* avoir des remords, ne pas avoir bonne conscience. ‖ *Cargar la conciencia,* mettre sur la conscience. ‖ *Para descargar la conciencia,* pour soulager sa conscience. ‖ *Tener la conciencia limpia,* avoir bonne conscience, avoir la conscience tranquille. ‖ *Tener un peso en la conciencia,* avoir quelque chose sur la conscience.

concienzudo, da adj. Consciencieux, euse.

— SINÓN. *Escrupuloso,* scrupuleux. *Minucioso,* minutieux. *Meticuloso,* méticuleux. *Puntilloso,* pointilleux.

concierto m. ● Mús. Concert : *concierto al aire libre,* concert en plein air. ‖ Concerto : *concierto de piano,* concerto pour piano. ‖ FIG. Concert, accord, entente, f., harmonie, f. ‖ — *Concierto económico,* forfait (impuesto). ‖ *De concierto,* de concert, conjointement. ‖ *Sin orden ni concierto.* V. ORDEN.

— OBSERV. Le mot *concierto* désigne soit un *concert,* manifestation musicale, soit un *concerto,* œuvre musicale pour instrument soliste et orchestre.

— SINÓN. ● *Audición,* audition. *Recital,* récital. *Alborada,* aubade. *Serenata,* sérénade.

conciliable adj. Conciliable.

conciliábulo m. Conciliabule.

conciliación f. Conciliation. ‖ — *Acto de conciliación,* acte de conciliation, conciliation devant le juge. ‖ *Tribunal de conciliación laboral,* conseil des prud'hommes.

conciliador, ra adj. y s. Conciliateur, trice.

— SINÓN. *Indulgente,* indulgent. *Transigente,* arrangeant. *Complaciente,* complaisant. *Acomodaticio, acomodadizo,* accommodant. *Fácil,* facile.

conciliante adj. Conciliant, e.

conciliar adj. Conciliaire : *padre conciliar,* père conciliaire.

— M. Membre d'un concile.

conciliar v. tr. Concilier, mettre d'accord : *conciliar a dos enemigos,* concilier deux ennemis. ‖ *Conciliar el sueño,* trouver le sommeil.

— V. pr. Se concilier : *conciliarse la amistad de todo el mundo,* se concilier l'amitié de tout le monde.

conciliativo, va o **conciliatorio, ria** adj. Conciliatoire, conciliant, e.

concilio m. Concile.

— SINÓN. *Consistorio,* consistoire. *Sínodo,* synode.

concisamente adv. Avec concision.

concisión f. Concision.

conciso, sa adj. Concis, e.

— SINÓN. *Preciso,* précis. *Lacónico,* laconique.

concitación f. Instigation (instigación).

concitador, ra adj. y s. Instigateur, trice (instigador).

concitar v. tr. Attirer : *concitar contra,* attirer sur.

concitativo, va adj. Qui pousse, qui incite.

conciudadano, na m. y f. Concitoyen, enne.

cónclave o **conclave** m. Conclave.

conclavista m. Conclaviste (criado de un cardenal).

concluido, da adj. Fini, e ; terminé, e ; conclu, e (acabado). ‖ Réglé, e (solucionado) : *es asunto concluido,* c'est une affaire réglée. ‖ ... *Asunto concluido,* un point c'est tout.

concluir* v. tr. Finir, terminer, achever (acabar). ‖ ● Conclure, déduire (deducir). ‖ Décider (determinar) : *concluyeron pedir un armisticio,* ils décidèrent de demander un armistice.

— V. intr. Conclure, en finir : *es tiempo de concluir,* il est temps de conclure o d'en finir. ‖ Conclure : *después de estas observaciones voy a concluir,* après ces remarques, je vais conclure. ‖ Se terminer, s'achever, finir : *el libro concluye con estas palabras,* le livre se termine par ces mots. ‖ *Concluir con un trabajo,* terminer o finir un travail, en finir avec un travail.

— V. pr. Finir, prendre fin, se terminer.

— SINÓN. ● *Inducir,* induire. *Inferir,* inférer. *Deducir,* déduire.

conclusión f. Conclusion (de un negocio, de un razonamiento). ‖ — *En* ou *como conclusión,* en conclusion, en somme. ‖ *Llegar a la conclusión de que,* en arriver à la conclusion que.

concluso, sa adj. Conclu, e ; terminé, e.

— OBSERV. Cet adjectif est le participe passé irrégulier du verbe *concluir.*

concluyente adj. Concluant, e : *una prueba concluyente,* une preuve concluante.

concluyentemente adv. D'une manière concluante.

concoide adj. Conchoïdal, e (en forma de concha). — F. GEOM. Conchoïde (curva).

concoideo, a adj. Conchoïdal, e (en forma de concha).

concomerse v. pr. Remuer les épaules. || FAM. Se ronger (de impaciencia, etc.).

concomimiento o **concomio** m. (P. us.). Mouvement d'épaules. || FIG. y FAM. Démangeaison (f.) intérieure, agitation, f.

concomitancia f. Concomitance.

concomitante adj. Concomitant, e.

concordable adj. Accordable, conciliable.

concordación f. Concordance (relación).

concordador, ra adj. y s. Conciliateur, trice ; médiateur, trice.

concordancia f. Concordance. || GRAM. Accord, m. (entre sustantivo y adjetivo), concordance (de los tiempos). || MÚS. Accord, m. — Pl. Concordances (de la Biblia).

concordar* v. tr. Mettre d'accord, accorder : *concordar a dos enemigos,* mettre deux ennemis d'accord. — V. intr. Concorder, être d'accord : *los indicios concuerdan en que,* les indices concordent sur le fait que. || GRAM. S'accorder : *el verbo concuerda con el sujeto,* le verbe s'accorde avec son sujet.

concordata f. V. CONCORDATO.

concordatario, ria adj. Concordataire.

concordato m. Concordat (tratado con la Santa Sede).

concorde adj. D'accord : *estamos concordes,* nous sommes d'accord ; *poner concordes a dos personas,* mettre deux personnes d'accord. || Opportun, e ; convenable (conveniente).

concordemente adv. D'accord, d'un commun accord.

concordia f. Concorde (unión). || Accord, m. *De concordia,* d'un commun accord.

concreción f. Concrétion.

concretamente adv. Concrètement, d'une manière concrète, d'une façon précise : *explicar algo concretamente,* expliquer quelque chose d'une manière concrète. || Plus précisément, en particulier : *se lo dije a uno de vosotros, concretamente a tu hermano,* je l'ai dit à l'un de vous, plus précisément à ton frère.

concretar v. tr. Concrétiser (hacer concreto). || FIG. Préciser : *concretar una idea,* préciser une idée. || Matérialiser : *Concretemos,* faisons le point, résumons-nous. — V. pr. Se limiter, se borner : *me concretaré a hablar de,* je me limiterai à parler de. || Se matérialiser : *su desacuerdo se concretó durante la última asamblea,* leur désaccord s'est matérialisé pendant la dernière assemblée. || Prendre corps, se concrétiser : *la solución parece concretarse,* la solution paraît prendre corps.

concreto, ta adj. Concret, ète. || — *Algo concreto,* quelque chose de concret. || *En concreto,* en somme, bref. || *En el caso concreto de,* dans le cas précis de. || *Lo concreto,* le concret. || *Nada se ha dicho hasta ahora en concreto* ou *nada concreto se ha dicho hasta ahora,* rien de concret n'a été dit jusqu'à présent. — M. Concrétion, f. || *Amer.* Béton (hormigón).

concubina f. Concubine.

concubinario m. Concubin.

concubinato m. Concubinage.

conculcación f. Infraction, violation.

conculcar v. tr. Fouler aux pieds (hollar). || Enfreindre, transgresser, violer (infringir) : *conculcar la ley,* violer la loi.

concuñado, da m. y f. Beau-frère, belle-sœur par alliance.

concupiscencia f. Concupiscence (codicia).

concupiscente adj. Concupiscent, e.

concupiscible adj. Concupiscible.

concurrencia f. Assistance : *una concurrencia numerosa,* une assistance nombreuse. || Coïncidence (simultaneidad) : *la concurrencia de dos muertes,* la coïncidence de deux morts. || Concours, m. (de circunstancias). || Concurrence (pretensión de varias personas a una misma cosa). || — *Divertir a la concurrencia,* amuser la galerie. || *Gran concurrencia,* affluence, foule. — OBSERV. *Concurrencia* au sens de rivalité commerciale (*competencia, competición*) est considéré comme un gallicisme.

concurrente adj. y s. Assistant, e (que presencia). || Concurrent, e ; participant, e (participante en un concurso). || Simultané, e (que coincide). || Concurrent, e (competidor). — OBSERV. *Concurrente* au sens de rival commercial (*competidor*) est considéré comme un gallicisme.

concurrido, da adj. Fréquenté, e (paseo, jardín, museo). || Passant, e (calle, bulevar).

concurrir v. intr. Se rendre à, affluer vers (a un lugar). || Assister (presenciar). || Coïncider (en el tiempo). || Concourir à, contribuer à (contribuir) : *concurrir al éxito de,* concourir au succès de. || Être du même avis, abonder dans un sens (en un dictamen). || Concourir, participer à un concours (tomar parte en un concurso).

concursante m. y f. Participant, e (en un concurso).

concursar v. tr. DR. Convoquer [les créanciers d'un débiteur en faillite]. — V. intr. Concourir (en un concurso).

concurso m. Affluence, f., réunion, f., concours (ant.) : *concurso de espectadores,* affluence de spectateurs. || Concours (ayuda) : *prestar su concurso,* prêter son concours. || Concours (examen, prueba deportiva) : *concurso hípico,* concours hippique. || FIG. Concours : *concurso de circunstancias,* concours de circonstances. || Adjudication, f. (de una obra, de un servicio). || DR. *Concurso de acreedores,* concours entre créanciers.

concusión f. Concussion, exaction. — SINÓN. *Exacción,* exaction. *Malversación,* malversation. *Depredación,* déprédation. *Extorsión,* extorsion. *Prevaricación,* prévarication.

concha f. Coquille (de molusco). || Carapace (de tortuga). || Coquillage, m. (animal que vive en una concha). || Écaille (carey) : *peine de concha,* peigne en écaille. || Baie, rade (pequeña bahía). || Gîte, m., meule gisante (de molino). || *Amer.* Écorce (cáscara). || — ANAT. *Concha auricular* ou *auditiva,* conque. || TEATR. *Concha del apuntador,* trou du souffleur. || *Concha de peregrino,* coquille Saint-Jacques. || *Concha de perla,* huître perlière (madreperla). || FIG. *Meterse en su concha,* rentrer dans sa coquille. || FAM. *Tener muchas conchas* ou *más conchas que un galápago,* être cachottier (reservado), être sournois (hipócrita).

Concha n. pr. f. (dim. de *Concepción*). Conception [prénom féminin].

conchabamiento m. o **conchabanza** f. Accommodement, m. (acción de acomodarse). || FAM. Complot, m., ligue, f., coup (m.) monté.

conchabar v. tr. Associer, grouper (unir). || *Amer.* Engager, embaucher [surtout des domestiques]. — V. pr. S'associer, se liguer, se coaliser. || S'aboucher, s'acoquiner : *conchabarse con malhechores,* s'aboucher à des malfaiteurs. || *Estar conchabado con,* être de mèche avec.

conchabo m. *Amer.* Embauche, f., engagement.

conchal adj. De première qualité (seda).

conchesta f. Congère (montón de nieve).

conchífero, ra adj. GEOL. Conchylien, enne ; coquillier, euse.

conchil m. Sorte de pourpre (concha).

Conchita n. pr. f. (dim. de *Concha, Concepción*). Conception [prénom féminin].

concho m. *Amer.* Enveloppe (*f.*) de l'épi du maïs. | Sédiment, lie, *f.* (poso). | Fin, *f.* (final). || — Pl. *Amer.* Restes [d'un repas].
— Interj. FAM. *Amer.* Crotte !

condado m. Comté (territoire). || Dignité (*f.*) de comte.

condal adj. Comtal, e (de conde). || *La Ciudad Condal*, Barcelone.

conde m. Comte (título) : *el señor conde*, monsieur le comte.

condecoración f. Décoration (insignia) : *imponer una condecoración*, remettre une décoration.

condecorado, da adj. y s. Décoré, e.

condecorar v. tr. Décorer : *condecorar con una cruz*, décorer d'une croix.

condena f. DR. Condamnation (sentencia). || Peine : *el penado cumplió* ou *sufrió su condena*, le condamné a accompli *o* purgé sa peine. || *Condena condicional*, condamnation avec sursis.

condenable adj. Condamnable (digno de ser condenado). || Damnable (digno de condenación divina). || Blâmable (censurable).

condenación f. Condamnation (acción de condenar) : *condenación en costas, en rebeldía*, condamnation aux dépens, par contumace. || RELIG. Damnation (infierno).

condenado, da adj. y s. Condamné, e (por un tribunal). || Damné, e (al infierno). || — Adj. Condamné, e (por los médicos). || — FIG. Maudit, sacré, e : *este condenado Pablo siempre nos está dando la lata*, ce sacré Paul il n'arrête pas de nous ennuyer ; *este condenado trabajo*, ce maudit travail. || — FIG. y FAM. *Correr como un condenado*, courir comme un dératé. | *Forcejear como un condenado*, se débattre comme un diable *o* comme un bon diable. | *Sufrir como un condenado*, souffrir le martyre. | *Trabajar como un condenado*, travailler comme un galérien *o* comme un damné *o* comme un Nègre.

condenador, ra adj. Qui condamne.

condenar v. tr. Condamner : *condenar a una multa, por ladrón*, condamner à une amende, comme voleur. || ● Condamner (una doctrina, una conducta). || Damner (al infierno). || *Amer.* Irriter. || — *Condenar en costas*, condamner aux dépens. || *Condenar una puerta*, condamner une porte.
— V. pr. Se déclarer coupable (confesar su culpa). || Se damner (al infierno).
— SINÓN. ● *Maldecir*, maudire. *Proscribir*, proscrire. *Censurar*, censurer.

condenatorio, ria adj. DR. Condamnatoire.

condensable adj. Condensable.

condensación f. Condensation.

condensado, da adj. Condensé, e. || *Leche condensada*, lait concentré *o* condensé.

condensador m. Fís. Condensateur (para los gases, éléctrico). || MECÁN. Condenseur (de las máquinas de vapor).

condensar v. tr. Condenser.

condesa f. Comtesse (título) : *la señora condesa*, madame la comtesse.

condescendencia f. Condescendance.

condescender* v. intr. Condescendre (avenirse, ceder) : *condescender a los ruegos de uno*, condescendre aux prières de quelqu'un ; *condescender en ir a verle*, condescendre à aller le voir.

condescendiente adj. Condescendant, e.

condestable m. Connétable. || MAR. Sous-officier dans l'artillerie de marine.

condición f. Condition (naturaleza de las cosas). || Qualité : *mercancía de mala condición*, marchandise de mauvaise qualité. || Naturel, m., caractère, m. : *ser áspero de condición*, avoir mauvais caractère. || Condition (situación social) : *de humilde*

condición, de condition modeste. || Qualité : *en mi condición de ministro ordeno*, en ma qualité de ministre j'ordonne. || Condition (circunstancia) : *en estas condiciones*, dans ces conditions. || Condition : *condiciones de pago*, conditions de paiement. || Condition (en una promesa) : *imponer condiciones*, mettre des conditions. || Charge : *pliego de condiciones*, cahier des charges. || DR. Condition : *condición casual, potestativa, tácita*, condition casuelle, potestative, tacite. || — Pl. Dispositions, aptitudes : *tener condiciones para el dibujo*, avoir des dispositions pour le dessin. || — *A condición de*, à condition de. || *A condición que* ou *con la condición de que*, à condition que, pourvu que. || *De buena condición*, qui a bon caractère. || *En iguales condiciones*, dans les mêmes conditions, dans des conditions semblables. || *Estar en condiciones de*, être en état de. || *Poner en condiciones de*, mettre à même de, mettre en état de. || *Rendirse sin condiciones*, se rendre sans condition. || *Tener condición*, avoir du caractère.

condicionado, da adj. Conditionné, e (acondicionado) : *reflejo condicionado*, réflexe conditionné. || Conditionnel, elle (condicional).

condicional adj. Conditionnel, elle.

condicionamiento m. Conditionnement.

condicionante m. Condition, *f.*

condicionar v. intr. Convenir, cadrer (convenir).
— V. tr. Conditionner : *su aceptación condiciona la mía*, son acceptation conditionne la mienne.
— OBSERV. *Condicionar* n'a pas en espagnol le sens de « préparer », « emballer », pour lequel existe le verbe *acondicionar*.

cóndilo m. ANAT. Condyle.

condimentación f. Assaisonnement, m.

condimentar v. tr. Assaisonner, épicer, condimenter (sazonar).

condimento m. Condiment (aliño).

condiscípulo m. y f. Condisciple.

condolencia f. Condoléance (pésame).

condolerse* v. pr. S'apitoyer sur, compatir à, avoir pitié de, plaindre (compadecerse) : *condolerse de una desgracia, de los miserables*, s'apitoyer sur un malheur, plaindre les malheureux.

condominio m. Condominium (de un territorio).

condón m. POP. Capote (*f.*) anglaise.

condonación f. Remise (de una pena, de una deuda). || Remise (de contribuciones).

condonar v. tr. Remettre [une peine, une dette].

cóndor m. Condor (ave, moneda).

condotiero m. Condottiere.
— OBSERV. En francés el plural es *condottieri*.

condrina f. ANAT. Chondrine.

condroma m. MED. Chondrome (tumor).

conducción f. Conduite : *conducción de un coche*, conduite d'une voiture. || DR. Conduction. || Conduction (de fluido). || Conduite (tubo). || *Permiso de conducción*, permis de conduire.

conducente adj. Qui conduit *o* mène à, conduisant. || Approprié, e ; convenable (que conviene).

conducir* v. tr. Conduire : *conducir un coche, un ejército*, conduire une voiture, une armée.
— V. intr. Conduire : *no sabe conducir*, il ne sait pas conduire. || Convenir, être approprié. || Conduire, mener (llevar) : *eso no conduce a nada*, cela ne mène à rien. || *Permiso de conducir*, permis de conduire.
— V. pr. Se conduire, se comporter (portarse).

conducta f. Conduite (conducción). || Conduite (manera de comportarse) : *tiene siempre malas notas de conducta*, il a toujours de mauvaises notes de conduite. || Conduite, direction (guía, dirección).

conductancia f. ELECTR. Conductance.

conductibilidad f. Fís. Conductibilité.

conductible adj. Fís. Conductible.

conductividad f. ELECTR. Conductivité.

conducto m. ● Conduit (tubo), conduite, *f.* (cañería). ‖ FIG. Intermédiaire, entremise, *f.*, canal : *por conducto de*, par l'intermédiaire o l'entremise o le canal de. ‖ — ANAT. *Conducto auditivo, lagrimal,* conduit auditif, lacrymal. ‖ *Conducto de humos,* carneau. ‖ *Por conducto regular* ou *reglamentario,* par voie hiérarchique.
— SINÓN. ● *Canalización,* canalisation. *Colector,* collecteur. *Tubería,* tuyauterie. *Oleoducto,* pipe-line.

conductor, ra adj. y s. Conducteur, trice (de automóvil, etc.). ‖ — M. FÍS. Conducteur. ‖ Conducteur, machiniste (autobús). ‖ IMPR. Conducteur. ‖ Contrôleur (coches camas). ‖ *Amer.* Receveur (cobrador).

condueño m. y f. Copropriétaire.

condumio m. FAM. Mangeaille, *f.*, boustifaille, *f.*

condutal m. Conduite, *f.*, tuyau d'écoulement des eaux pluviales.

conectador m. TECN. Connecteur.

conectar v. tr. TECN. y ELECTR. Connecter, brancher, raccorder. ‖ Accoupler, coupler. ‖ Relier (enlazar). ‖ FIG. Mettre en rapport o en liaison. ‖ — RAD. *Conectar con,* donner l'antenne (dar), prendre l'antenne (coger). ‖ — ELECTR. *Conectar con la red,* brancher sur le secteur. ‖ RAD. *Conectamos con Madrid,* à vous Madrid. ‖ *Estar conectados con,* être en liaison avec. ‖ FAM. *Estar mal conectados,* ne pas être sur la même longueur d'onde.

conectivo, va adj. Connectif, ive.

coneja f. Lapine (hembra del conejo).

conejal o **conejar** m. Clapier.

conejera f. Garenne (de los conejos en libertad). ‖ Clapier, *m.,* cabane o cage à lapins (conejal). ‖ FIG. Souterrain, *m.,* terrier, *m.* ‖ Repaire, *m.* (de gente de mal vivir). ‖ Clapier, *m.,* cabane o cage à lapins (casa demasiado pequeña).

conejero, ra adj. Qui chasse les lapins.

conejillo m. Petit lapin, lapereau. ‖ *Conejillo de Indias,* cochon d'Inde, cobaye.

conejo m. Lapin (mamífero) : *conejo casero,* lapin domestique o de choux. ‖ — *Conejo de campo* ou *de monte,* lapin de garenne. ‖ *Conejo de Angora,* lapin angora. ‖ FIG. *Risa de conejo,* rire jaune.
— OBSERV. En Amérique latine, on donne le nom de *conejo* à divers rongeurs. L'un des plus répandus est le *tapeti* ou *lièvre du Brésil.*

conejuno, na adj. De lapin.

conexidad f. Connexité.

conexión f. Connexion. ‖ ELECTR. Prise. ‖ Raccordement, *m.* (empalme). ‖ Liaison : *estar en conexión con,* être en liaison avec. ‖ *Vuelo de conexión,* vol de liaison.

conexionar v. tr. Établir des connexions.

conexivo, va adj. Connectif, ive.

conexo, xa adj. Connexe.

confabulación f. Confabulation, complot, *m.*

confabular v. intr. Conférer, deviser, confabuler. — V. pr. Se concerter, comploter.

confalón m. Gonfalon, gonfanon (estandarte).

confalonier o **confaloniero** m. Gonfalonnier, gonfanonnier, porte-bannière.

confección f. Confection. ‖ Confection (ropa hecha) : *tienda de confección,* magasin de confection. ‖ Habillement, *m.* : *sindicato de la confección,* syndicat de l'habillement. ‖ MED. Confection, électuaire, *m.* ‖ IMPR. Mise en pages.

confeccionado, da adj. Tout fait (ropa).

confeccionador, ra m. y f. Confectionneur, euse. ‖ Metteur (*m.*) en pages (en la redacción).

confeccionar v. tr. Confectionner.

confeccionista m. y f. Confectionneur, euse.

confederación f. Confédération.

confederado, da adj. y s. Confédéré, e.

confederal adj. Confédéral, e.

confederar v. tr. Confédérer.

confederativo, va adj. Confédératif, ive.

confer (abreviatura : *cf., conf., cof.*). Confer [abréviation : *cf.*].

conferencia f. Conférence : *conferencia política, de prensa,* conférence politique, de presse ; *conferencia en la cumbre* ou *de alto nivel,* conférence au sommet. ‖ Communication [téléphonique] : *conferencia interurbana,* communication interurbaine. ‖ — *Dar una conferencia,* faire une conférence. ‖ *Poner una conferencia a Madrid,* téléphoner à Madrid.

conferenciante m. y f. Conférencier, ère.

conferenciar v. intr. S'entretenir, conférer.

conferencista m. y f. Conférencier, ère.

conferir* v. tr. Conférer (conceder una dignidad, etc.). ‖ ● Attribuer : *conferir a uno nuevas responsabilidades,* attribuer à quelqu'un de nouvelles responsabilités. ‖ Conférer, comparer (comparar). ‖ Examiner (examinar).
— V. intr. Conférer : *conferir con su abogado,* conférer avec son avocat.
— SINÓN. ● *Atribuir,* attribuer. *Conceder,* concéder. *Otorgar,* accorder. *Adjudicar,* adjuger.

confesable adj. Avouable, confessable.

confesante adj. y s. DR. Qui avoue.

confesar* v. tr. ● Confesser, avouer : *confesar su ignorancia,* avouer son ignorance. ‖ Confesser (proclamar) : *confesar la fe,* confesser sa foi. ‖ Confesser (oir en confesión). ‖ *Confesar de plano,* tout avouer, manger le morceau (pop.).
— V. pr. Se confesser : *confesarse con el párroco,* se confesser au curé ; *confesarse de un pecado,* se confesser d'un péché. ‖ — *Confesarse culpable, vencido,* se déclarer coupable, s'avouer vaincu. ‖ *Ir a confesarse,* aller à confesse o se confesser.
— OBSERV. *Confesar* a deux participes passés : l'un régulier (*confesado*), l'autre irrégulier (*confeso*) qui a une valeur d'adjectif.
— SINÓN. ● *Declarar,* déclarer. *Reconocer,* reconnaître. *Fam. Desembuchar,* accoucher. *Fig. Cantar,* se mettre à table.

confesión f. ● Confession, aveu, *m.* ‖ Confession : *bajo secreto de confesión,* sous le sceau de la confession. ‖ Confession (credo religioso). ‖ — *Confesión auricular,* confession auriculaire. ‖ *Oir en confesión,* confesser. ‖ *Volver de confesión,* revenir de confesse.
— SINÓN. ● *Confidencia,* confidence. *Declaración,* déclaration. *Mea culpa,* mea culpa.

confesional adj. Confessionnel, elle : *disputas confesionales,* querelles confessionnelles.

confesionario m. Confessionnal.

confeso, sa adj. Qui s'est confessé, e ; qui a avoué. ‖ — Adj. y s. Convers, e. ‖ — M. y f. Frère lai, sœur converse (lego).

confesonario m. Confessionnal.

confesor m. Confesseur.

confesorio m. V. CONFESIONARIO.

confeti m. pl. Confetti (papelillos).

confiable adj. De confiance, sûr, e : *un amigo confiable,* un ami de confiance.

confiadamente adv. En confiance.

confiado, da adj. Confiant, e ; crédule (crédulo). ‖ Présomptueux, euse ; vaniteux, euse (presumido).

confianza f. Confiance : *tener confianza en el porvenir,* avoir confiance dans l'avenir. ‖ — *Con toda confianza,* en toute confiance. ‖ *De confianza,* de confiance, sûr : *él es de confianza,* c'est une personne de confiance. ‖ *Donde no hay confianza, da asco,* où il y a de la gêne, il n'y a pas de plaisir. ‖ *Plantear la cuestión de confianza,* poser la question de confiance. ‖ *Tener confianza en,* avoir confiance en. ‖ *Tener mucha confianza con alguien,* être très intime avec quelqu'un (ser muy amigo), être très familier avec (tener familiaridad). ‖ *Tomarse demasiadas confianzas,* prendre trop de libertés, être trop familier.

confiar v. tr. ● Confier (encargar) : *confiar a* ou *en uno el cuidado,* confier à quelqu'un le soin. — V. intr. Avoir confiance : *confiar en Dios,* su bondad, avoir confiance en Dieu, en sa bonté. ‖ Faire confiance, avoir confiance : *confío en mi amigo,* je fais confiance à mon ami, j'ai confiance en mon ami. ‖ Compter sur : *confío en su discreción,* je compte sur votre discrétion. ‖ Avoir [bon] espoir : *confío en que esta obra será un éxito,* j'ai bon espoir que cette œuvre soit un succès. ‖ Espérer : *confio en que no le pasará nada,* j'espère qu'il ne lui arrivera rien. — V. pr. Se confier. ‖ Se confier, s'ouvrir : *confiarse a* ou *en un amigo,* se confier à un ami. — Sinón. ● *Entregar,* remettre, livrer. *Dejar,* laisser. *Prestar,* prêter.

confidencia f. Confidence (revelación) : *hacer confidencias,* faire des confidences.

confidencial adj. Confidentiel, elle.

confidenta f. Teatr. Soubrette.

confidente adj. De confiance, fidèle, sûr, e (fiel). — M. y f. Confident, e. ‖ Informateur, trice, indicateur (*m.*) de police, mouton, *m.* (de policía). ‖ — M. Causeuse, *f.,* vis-à-vis (canapé).

confidentemente adv. Confidemment, confidentiellement, en confidence.

configuración f. Configuration.

configurar v. tr. Configurer.

confín adj. Limitrophe ; voisin, e. — M. pl. Confins (límites). ‖ *Por todos los confines del mundo,* aux quatre coins du monde.

confinación f. o **confinamiento** m. Confinement.

confinado m. Exilé.

confinante adj. Limitrophe, voisin, e.

confinar v. intr. Confiner : *Francia confina con España,* la France confine à l'Espagne. — V. tr. Confiner, exiler, reléguer : *confinar a uno en un monasterio,* confiner quelqu'un dans un monastère. — V. pr. Se confiner. — Observ. La forme pronominale du verbe *confinar* est un gallicisme.

confinidad f. Contiguïté, proximité, voisinage, *m.* (proximidad).

confirmación f. Confirmation : *la confirmación de una noticia,* la confirmation d'une nouvelle. ‖ Relig. Confirmation.

confirmado, da adj. y s. Confirmé, e.

confirmador, ra adj. y s. Confirmateur, trice.

confirmamiento m. V. confirmación.

confirmando, da m. y f. Relig. Confirmand, e.

confirmante adj. y s. V. confirmador.

confirmar v. tr. Confirmer : *confirmar una noticia,* confirmer une nouvelle ; *confirmar a uno en su cargo,* confirmer quelqu'un à son poste. — V. pr. Se confirmer.

confirmativo, va o **confirmatorio, ria** adj. Confirmatif, ive.

confiscable adj. Confiscable.

confiscación f. Confiscation.

confiscado, da m. y f. Fam. Amer. Fripon, onne.

confiscar v. tr. Confisquer.

confitado, da adj. Confit, e : *nueces confitadas,* noix confites. ‖ Fig. Plein d'espoir, confiant, e (esperanzado). ‖ *Castañas confitadas,* marrons glacés.

confitar v. tr. Confire. ‖ Fig. Adoucir, atténuer.

confite m. Sucrerie, *f.*

confíteor m. Confiteor (oración).

confitera f. Bonbonnière, boîte à bonbons (caja de confites). ‖ Confiturier, *m.* (dulcera).

confitería f. Confiserie (dulcería). ‖ Pâtisserie (pastelería). ‖ Amer. Salon (*m.*) de thé (salón de té).

confitero, ra m. y f. Confiseur, euse.

confitura f. Confiture.

conflagración f. Conflagration.

conflictivo, va adj. De conflit.

conflicto m. Conflit : *conflicto entre dos naciones, de intereses,* conflit entre deux nations, d'intérêts. ‖ Fig. Situation (*f.*) difficile, mauvais pas (apuro). ‖ Histoire, *f.* (lío). ‖ *Conflicto laboral,* conflit social.

confluencia f. Med. Confluence. ‖ Confluent, *m.,* confluence (de los ríos). ‖ Fig. *Punto de confluencia,* point de rencontre.

confluente adj. Confluent, e. — M. Confluent (río).

confluir* v. intr. Confluer, se rejoindre (ríos, caminos, etc.). ‖ Se réunir (personas).

conformación f. Conformation.

conformador m. Conformateur (de sombrerero).

conformar v. tr. Conformer : *conformar su conducta con sus palabras,* conformer sa conduite à ses paroles. — V. intr. Être d'accord o du même avis : *conformo con usted,* je suis d'accord avec vous, je suis du même avis que vous o de votre avis. ‖ *Ser de buen conformar,* être de bonne composition (una persona). — V. pr. Se conformer, se soumettre : *conformarse con la voluntad de Dios,* se conformer à la volonté de Dieu. ‖ Se faire une raison, se résigner : *no iremos de vacaciones, hay que conformarse,* nous n'irons pas en vacances, il faut se faire une raison. ‖ Se résigner : *conformarse con su suerte,* se résigner à son sort. ‖ Se contenter : *conformarse con poco,* se contenter de peu. ‖ Se contenter, se rabattre : *como no había carne se conformó con las verduras,* comme il n'y avait pas de viande, il s'est rabattu sur les légumes o il s'est contenté de légumes. ‖ *Conformarse con el parecer de uno,* s'en remettre à quelqu'un.

conforme adj. Conforme (parecido, igual) : *conforme con el modelo,* conforme au modèle. ‖ Conforme (de acuerdo) : *conforme con la razón,* conforme à la raison. ‖ Résigné, e : *conforme con su suerte,* résigné à son sort. ‖ Lu et approuvé, vu et approuvé (un documento). ‖ *Estar* ou *quedar conforme,* être d'accord. — Conj. Suivant, selon, conformément à (según) : *pagar a uno conforme a su trabajo,* payer quelqu'un conformément à son travail. ‖ Conformément à, en vertu de : *conforme a lo establecido en la ley,* conformément à ce qui est stipulé dans la loi. ‖ Comme, tel que : *te describo la escena conforme la vi,* je te décris la scène telle que je l'ai vue. ‖ Aussitôt que, dès que (con indicativo) : *conforme amanezca, iré,* dès qu'il fera jour, j'irai. ‖ À mesure que, au fur et à mesure que (con ind.) : *colocar la gente conforme llegue,* placer les gens à mesure qu'ils arrivent. ‖ *Según y conforme,* exactement comme. — Interj. D'accord !

conformemente adv. Conformément, en accord.

conformidad f. Conformité. ‖ Accord, *m.* : *me ha dado su conformidad,* il m'a donné son accord. ‖ Résignation, soumission (resignación) : *aceptar con conformidad las pruebas de la vida,* accepter avec résignation les épreuves de la vie. ‖ — *Conformidad con,* conformité à. ‖ *Conformidad en,* conformité de. ‖ *De* ou *en conformidad con,* conformément à. ‖ *En esta* ou *en tal conformidad,* dans ce cas, dans cette condition.

conformismo m. Conformisme.

conformista adj. y s. Conformiste.

confort m. Confort : *esta casa tiene gran confort,* cette maison a un grand confort.

confortable adj. Confortable (cómodo) : *un sillón muy confortable,* un fauteuil très confortable.

confortación f. Réconfort, *m.*

confortador, ra adj. Réconfortant, e.

confortamiento m. V. confortación.

confortante adj. Réconfortant, e. — M. Mitaine, *f.* (mitón).

confortar v. tr. Réconforter : *confortar a un desgraciado*, réconforter un malheureux ; *confortado con los últimos sacramentos*, réconforté par les derniers sacrements.

confortativo, va adj. y s. Réconfortant, e.

confraternal adj. Confraternel, elle.

confraternar o **confraternizar** v. intr. Fraterniser.

confraternidad f. Confraternité.

confrontación f Confrontation (careo) : *confrontación de testigos, de textos*, confrontation des témoins, de textes.

confrontar v. tr. Confronter.

— V. intr. *Confrontar con*, confiner à, être contigu à (confinar).

Confucio n. pr. m. Confucius.

confundible adj. Qui peut être confondu.

confundido, da adj. Confus, e : *estar confundido*, être confus.

confundimiento m. Confusion, f.

confundir v. tr. Confondre, mêler (mezclar). ‖ Confondre (equivocarse) : *confundir una calle con otra*, confondre une rue avec une autre. ‖ Confondre (turbar, humillar). ‖ Fig. y fam. *Confundir Roma con Santiago* ou *la gimnasia con la magnesia*, prendre des vessies pour des lanternes.

— V. pr. Se confondre (turbarse). ‖ Se tromper (equivocarse) : *me he confundido*, je me suis trompé. ‖ Se tromper, se méprendre : *confundirse respecto a uno*, se méprendre sur quelqu'un.

confusión f. Confusion. ‖ ● Désordre, *m.*, confusion : *en esta casa reina la mayor confusión*, le plus grand désordre règne dans cette maison. ‖ Dr. *Confusión de los poderes, de las penas*, confusion des pouvoirs, des peines.

— Sinón. ● *Desconcierto*, désarroi. *Tribulación*, *turbación*, *Caos*, chaos. *Trastorno*, bouleversement. *Desbarajuste*, pagaille (fam.).

confusionismo m. Confusionnisme.

confuso, sa adj. Confus, e : *un montón, un ruido, un discurso, un recuerdo confuso*, un amas, un bruit, un discours, un souvenir confus. ‖ Confus, e (turbado) : *permanecer confuso*, rester confus.

confutar v. tr. Réfuter (impugnar).

conga f. Conga (baile).

congelable adj. Congelable.

congelación f. Congélation. ‖ Surgélation (a temperatura muy baja).

congelador m. Congélateur, freezer.

congelamiento m. Congélation, f.

congelar v. tr. Congeler (helar) : *carne congelada*, viande congelée. ‖ Surgeler (a temperatura muy baja). ‖ Com. Bloquer, geler : *créditos, fondos congelados*, crédits, fonds gelés.

— V. pr. Se congeler, prendre (agua, etc.), se figer (aceite, grasas, etc.).

congénere adj. y s. Congénère.

congeniar v. intr. Sympathiser.

congénitamente adv. Foncièrement.

congénito, ta adj. Congénital, e : *defecto congénito*, défaut congénital. ‖ Fig. Foncier, ère : *una mala fe congénita*, une mauvaise foi foncière.

congestión f. Med. Congestion.

congestionar v. tr. Congestionner.

— V. pr. Se congestionner.

congestivo, va adj. Congestif, ive.

congio m. Conge (medida romana de tres litros).

conglomeración f. Conglomération.

conglomerado m. Geol. Conglomérat. ‖ Tecn. Conglomérat, agrégat. ‖ Fig. Mélange.

conglomerar v. tr. Conglomérer.

conglutinación f. Conglutination.

conglutinante adj. y s. m. Conglutinant, e.

conglutinar v. tr. Conglutiner.

conglutinativo, va adj. Conglutinatif, ive.

congo m. *Amer.* Nègre, noir (negro).

congoja f. Angoisse (angustia). ‖ Douleur, chagrin, *m.*, affliction. ‖ Évanouissement, *m.* (desmayo).

congojar v. tr. Angoisser (angustiar). ‖ Affliger (entristecer).

congojoso, sa adj. Angoissé, e (angustiado). ‖ Affligé, e (entristecido). ‖ Affligeant, e (que causa congoja).

congoleño, ña o **congolés, esa** adj. y s. Congolais, e (del Congo).

congosto m. Défilé, gorge, f.

congraciarse v. pr. Gagner o s'attirer les bonnes grâces [de quelqu'un] : *congraciarse con su superior*, gagner les bonnes grâces de son supérieur. ‖ Gagner : *congraciarse las voluntades*, gagner les volontés.

congratulación f. Congratulation.

congratular v. tr. Congratuler (felicitar).

— V. pr. Se congratuler, se féliciter : *congratularse de* ou *por algo*, se féliciter de quelque chose. ‖ Se congratuler, se faire des congratulations.

congratulatorio, ria adj. Congratulateur, trice.

congregación f. Congrégation : *congregación de los fieles, de los ritos*, congrégation des fidèles, des rites.

congregante, ta m. y f. Congréganiste.

congregar v. tr. Réunir, rassembler.

congresal m. y f. *Amer.* Congressiste.

congresista m. y f. Congressiste.

congreso m. Congrès (asamblea). ‖ *Congreso de los diputados*, congrès, Chambre des députés.

congrio m. Congre (pez).

congrua f. Portion congrue.

congruamente adv. Congrûment, d'une manière congrue.

congruencia f. Congruence, congruité, convenance (oportunidad). ‖ Mat. Congruence.

congruente adj. Mat. Congruent, e ; congru, e.

congruentemente adv. Congrûment.

congruo, grua adj. Mat. Congru, e ; congruent, e. ‖ *Porción congrua*, portion congrue.

conicidad f. Conicité.

cónico, ca adj. y s. f. Geom. Conique.

conidio m. Bot. Conidie, f.

conífero, ra adj. Bot. Conifère.

— F. pl. Conifères, *m.*

conimbricense adj. y s. De Coïmbre.

conirrostro, tra adj. y s. m. Zool. Conirostre.

conjetura f. Conjecture (suposición) : *hacer conjeturas sobre el futuro*, faire des conjectures sur l'avenir.

conjeturable adj. Présumable, supposable.

conjetural adj. Conjectural, e.

conjeturar v. tr. Conjecturer.

conjugable adj. Conjugable.

conjugación f. Gram. Conjugaison.

conjugado, da adj. y s. Conjugué, e.

conjugar v. tr. Gram. Conjuguer. ‖ Fig. Conjuguer.

conjunción f. Conjonction.

conjuntado, da adj. Uni, e : *una compañía muy conjuntada*, une compagnie très unie.

conjuntar v. tr. Rendre cohérent : *conjuntar un equipo*, rendre une équipe cohérente.

conjuntiva f. Anat. Conjonctive.

conjuntivitis f. Med. Conjonctivite.

conjuntivo, va adj. Conjonctif, ive.

conjunto, ta adj. Conjoint, e. ‖ Mixte : *la base conjunta de Torrejón*, la base mixte de Torrejon. — M. Ensemble : *conjunto vocal*, ensemble vocal ; *un conjunto decorativo*, un ensemble décoratif. ‖ Ensemble [de pièces d'habillement]. ‖ — *Conjunto urbanístico*, grand ensemble. ‖ *De conjunto*, d'ensemble. ‖ *En conjunto*, dans l'ensemble. ‖ *En el conjunto*, dans le nombre. ‖ *Formar un conjunto*, former un tout.

— Observ. Le mot espagnol *conjunto* n'a pas le sens français de « conjoint » (cónyuge, consorte).

conjura o **conjuración** f. Conjuration.
conjurado, da adj. y s. Conjuré, e.
conjurador m. Conjurateur.
conjuramentar v. tr. Assermenter.
— V. pr. Prêter serment, s'engager par serment.
conjurar v. intr. Conjurer, comploter, conspirer : *conjurar contra la República*, conspirer contre la République.
— V. tr. Conjurer : *os conjuro que vengáis*, je vous conjure de venir. || FIG. Conjurer (un peligro, etc.).
— V. pr. Se conjurer.
conjuro m. Exhortation, *f.*
conllevar v. tr. Aider à porter. || FIG. Supporter, endurer (soportar).
conmemorable adj. Mémorable.
conmemoración f. Commémoration, commémoraison : *conmemoración de los difuntos*, commémoration des morts.
— SINÓN. *Evocación*, évocation. *Aniversario*, anniversaire. *Rememoración*, souvenir.
conmemorar v. tr. Commémorer.
conmemorativo, va o **conmemoratorio, ria** adj. Commémoratif, ive.
conmensurabilidad f. Commensurabilité.
conmensurable adj. Commensurable.
conmensurar v. tr. Mesurer exactement.
conmigo pron. pers. Avec moi : *ven conmigo*, viens avec moi. || Avec moi, à mon égard : *es muy amable conmigo*, il est très aimable à mon égard. || — *No tengo dinero conmigo*, je n'ai pas d'argent sur moi. || *Tendrá que habérselas conmigo*, il aura affaire à moi.
conmilitón m. Compagnon d'armes.
conminación f. Menace.
conminador, ra adj. Qui menace.
conminar v. tr. Menacer. || Enjoindre, intimer.
conminativo, va o **conminatorio, ria** adj. Qui menace, comminatoire, d'intimidation.
conmiseración f. Commisération.
conmoción f. Commotion, choc, *m.* : *conmoción cerebral*, commotion cérébrale. || FIG. Commotion, émotion, choc, *m.* : *la noticia de su muerte me produjo una gran conmoción*, la nouvelle de sa mort m'a causé une grande émotion. | Secousse : *una conmoción política*, une secousse politique.
conmocionado, da adj. y s. Commotionné, e.
conmocionar v. tr. Commotionner.
conmonitorio m. Mémoire (relación).
conmorientes m. pl. DR. Comourants.
conmovedor, ra adj. Émouvant, e; touchant, e; poignant, e : *un discurso, un espectáculo conmovedor*, un discours, un spectacle émouvant.
conmover* v. tr. ● Émouvoir, ébranler, toucher : *su desgracia me conmueve*, son malheur me touche. | Ébranler, perturber (hacer vacilar).
— V. pr. S'émouvoir.
— SINÓN. ● *Enternecer*, attendrir. *Impresionar*, impressionner. *Trastornar*, bouleverser, retourner (fam.). *Revolucionar*, révolutionner. *Turbar*, troubler.
conmuta f. *Amer.* Commutation.
conmutable adj. Commuable.
conmutación f. Commutation (cambio).
conmutador m. ELECTR. Commutateur.
conmutar v. tr. Commuer (las penas). || Échanger : *conmutar una cosa en, con* ou *por otra*, échanger une chose contre o pour une autre.
conmutativo, va adj. Commutatif, ive.
connaturalización f. Adaptation, acclimatation.
connaturalizarse v. pr. S'habituer, se faire à, s'adapter à : *connaturalizarse con*, s'habituer à, se faire à.
connivencia f. Connivence : *estar de connivencia*, être de connivence.
connivente adj. Connivent, e.
connotación f. Connotation.
connotado m. Parenté (*f.*) lointaine.

connubio m. POÉT. Hymen, mariage.
cono m. BOT. y ZOOL. Cône. || GEOM. Cône : *cono circular* ou *recto*, cône droit. || — ASTR. *Cono de sombra*, cône d'ombre. || *Cono truncado*, cône tronqué, tronc de cône.
conocedor, ra adj. y s. Connaisseur, euse; expert, e (entendido). || — Adj. Informé de (enterado de). || — *Ser conocedor de caballos*, être connaisseur o s'y entendre en chevaux. || *Ser conocedor de las últimas noticias*, être informé o au courant des dernières nouvelles. || — M. Maître bouvier.
conocer* v. tr. Connaître : *le conozco sólo de vista*, je le connais seulement de vue. || ● Connaître, savoir : *conocer el latín*, savoir le latin. || Connaître, reconnaître (distinguir) : *conocer a uno por la voz*, reconnaître quelqu'un à sa voix. || Faire la connaissance de, connaître : *le conocí en Londres el año pasado*, j'ai fait sa connaissance à Londres l'an dernier. || S'y connaître, s'y entendre, être connaisseur : *no conoce nada de pintura*, il n'y connaît rien en peinture. || Connaître (en sentido bíblico). || — *Conocer como la palma de la mano*, connaître comme sa poche. || *Conocer muy bien el percal* ou *el paño* ou *el asunto*, connaître la musique. || — DR. *Conocer de un pleito*, connaître d'une cause. || *Conozco los puntos que calza*, je le connais comme si je l'avais fait. || *Dar a conocer*, faire connaître, faire savoir. || *Darse a conocer*, se faire connaître. || *No conocer ni por asomo*, ne connaître ni d'Ève ni d'Adam. || FAM. *Te conozco bacalao aunque vengas disfrazado*, je te vois venir avec tes gros sabots.
— V. pr. Se connaître : *conócete a ti mismo*, connais-toi toi-même. || *Se conoce a la legua*, ça se voit de loin o d'une lieue. || *Se conoce que*, apparemment : *se conoce que no pudo venir*, apparemment il n'a pu venir.
— SINÓN. ● *Saber*, savoir. *Entender*, comprendre.
conocible adj. Connaissable.
conocidamente adv. Clairement, manifestement.
conocido, da adj. Connu, e. || — *Es más conocido que la ruda*, il est connu comme le loup blanc. || *País conocido*, pays de connaissance (región). || FIG. *Terreno conocido*, pays de connaissance (tema).
— M. y f. Connaissance, *f.*, relation, *f.* : *un conocido mío*, une de mes connaissances.
conocimiento m. ● Connaissance, *f.* (acción) : *tener un conocimiento profundo del inglés*, avoir une profonde connaissance de l'anglais. || Connaissance, *f.* (sentido) : *perder el conocimiento*, perdre connaissance. || (Ant.). Reconnaissance, *f.* (documento). || Connaissance, *f.* (conocido). || COM. Connaissement (de la carga de un buque). | Document prouvant l'identité du porteur d'une lettre de change. || — Pl. Connaissances, *f.*, savoir, *sing.*, érudition, *f. sing.* || *Con conocimiento de causa*, en connaissance de cause. || *Dar conocimiento de*, donner connaissance de, faire part de. || *Poner en conocimiento de*, porter à la connaissance de. || *Venir en conocimiento* ou *llegar al conocimiento de uno*, venir à la connaissance o aux oreilles de quelqu'un.
— SINÓN. ● *Entendimiento*, entendement. *Inteligencia*, intelligence. *Sabiduría*, sagesse.
conoidal adj. GEOM. Conoïdal, e.
conoide m. GEOM. Conoïde.
conoideo, a adj. GEOM. Conoïde.
conopeo m. Conopée.
conopial adj. m. *Arco conopial*, arc en accolade.
conque conj. Ainsi donc, alors : *conque ¿sigue convencido?*, ainsi donc, vous êtes toujours convaincu? || Ainsi, donc : *lo mando, conque lo harás*, je l'ordonne, ainsi le feras-tu.
conquense adj. y s. De Cuenca.

conquiliología f. Conchyliologie.
conquista f. Conquête.
conquistable adj. Qui peut être conquis, prenable : *ciudad conquistable*, ville prenable.
conquistador, ra adj. y s. Conquérant, e. ‖ Conquistador (de América). ‖ — M. FIG. y FAM. Don Juan, séducteur.
conquistar v. tr. Conquérir : *conquistar un reino*, conquérir un royaume. ‖ FIG. Conquérir : *por su simpatía nos ha conquistado a todos*, il nous a tous conquis par sa gentillesse. ‖ Faire la conquête de, conquérir (a una mujer). ‖ *Conquistar laureles*, cueillir des lauriers.
Conrado n. pr. m. Conrad.
consabido, da adj. Bien connu, e; traditionnel, elle; inévitable, classique : *el consabido discurso inaugural*, le traditionnel discours d'ouverture. ‖ Précité, e (citado antes).
consagración f. RELIG. Consécration (del pan y del vino). ‖ Sacre, *m.* (de un obispo). ‖ FIG. Consécration : *la consagración de una costumbre*, la consécration d'un usage. ‖ *La consagración de la Primavera*, le Sacre du Printemps (de Stravinsky).
consagrante adj. m. y s. m. ECLES. Consacrant.
consagrar v. tr. ECLES. Consacrer (una iglesia, un sacerdote, etc.). ‖ Consacrer (el pan y el vino). ‖ Sacrer (a un monarca, un obispo). ‖ FIG. Consacrer, vouer, donner : *consagrar su vida a*, consacrer sa vie à. ‖ Consacrer : *consagrar una nueva palabra*, consacrer un nouveau mot. ‖ *Vino de consagrar*, vin de messe.
— V. pr. Se consacrer, se vouer, s'adonner : *consagrarse al estudio*, s'adonner à l'étude.
consanguíneo, a adj. y s. Consanguin, e.
consanguinidad f. Consanguinité.
— SINÓN. *Parentesco*, parenté. *Afinidad*, affinité.
consciente adj. Conscient, e : *consciente de sus derechos*, conscient de ses droits.
conscientemente adv. Consciemment.
conscripción f. *Amer.* Conscription (reclutamiento).
conscripto adj. m. Conscrit : *padre conscripto*, père conscrit (en la antigua Roma). ‖ — M. *Amer.* Conscrit (quinto).
consecución f. Obtention : *la consecución de un premio literario*, l'obtention d'un prix littéraire. ‖ Réalisation : *la consecución de un deseo*, la réalisation d'un désir. ‖ Réussite (de un proyecto). ‖ Consécution (encadenamiento). ‖ Satisfaction (de una aspiración).
consecuencia f. Conséquence. ‖ — *A* ou *como consecuencia de*, par suite de, à la suite de : *como consecuencia de ello*, à la suite de quoi. ‖ *En consecuencia*, en conséquence. ‖ *Por consecuencia*, par conséquent. ‖ — *Atenerse a las consecuencias*, supporter *o* subir les conséquences. ‖ *Estar en consecuencia*, être en rapport. ‖ *Ser de consecuencia*, être de conséquence, tirer à conséquence. ‖ *Sufrir las consecuencias*, subir les conséquences. ‖ *Tener* ou *traer buenas* ou *malas consecuencias*, avoir des conséquences heureuses *o* malheureuses. ‖ *Traer como consecuencia*, avoir pour conséquence.
— SINÓN. *Corolario*, corollaire. *Conclusión*, conclusion.
consecuente adj. y s. m. Conséquent, e.
consecuentemente adv. Conséquemment.
consecutivo, va adj. Consécutif, ive.
conseguimiento m. V. CONSECUCIÓN.
conseguir* v. tr. Obtenir (un favor). ‖ Obtenir, trouver : *le consiguió una buena colocación*, il lui a trouvé une bonne situation. ‖ Remporter (una victoria). ‖ Atteindre (un objetivo). ‖ Se faire, acquérir (fama). ‖ Arriver à, réussir à : *conseguí ver al ministro*, je suis arrivé à voir le ministre. ‖

Parvenir à, arriver à : *conseguir sus fines*, parvenir à ses fins. ‖ — *Conseguir la mayoría*, recueillir la majorité (en una votación). ‖ *Dar por conseguido*, tenir pour acquis, compter sur. ‖ *Una cosa muy conseguida*, une chose très réussie.
conseja f. Conte, *m.*, histoire, fable.
consejero, ra m. y f. Conseiller, ère : *consejero en Corte*, conseiller à la Cour. ‖ FIG. *Ser buen consejero*, être de bon conseil.
consejo m. Conseil : *pedir consejo a*, demander conseil à ; *tomar consejo de*, prendre conseil de. ‖ Conseil : *Consejo de Estado, de ministros*, conseil d'État, des ministres. ‖ — HIST. *Consejo de Ciento*, ancien conseil municipal de Barcelone. ‖ *Consejo de disciplina*, conseil de discipline. ‖ *Consejo de familia*, conseil de famille. ‖ *Consejo de guerra*, conseil de guerre, cour martiale. ‖ *Celebrar consejo*, tenir conseil.
— OBSERV. V. CONCEJO.
consenso m. Consentement.
consensual adj. DR. Consensuel, elle (contrato).
consentido, da adj. Gâté, e (mimado) : *niño consentido*, enfant gâté. ‖ Consentant (marido).
consentidor, ra adj. Tolérant, e.
consentimiento m. Consentement.
consentir* v. tr. e intr. ● Consentir : *consentir un plazo, en algo*, consentir un délai, à quelque chose. ‖ FIG. Tolérer, souffrir, permettre (tolerar) : *no consiento que le ridiculicen*, je ne tolère pas qu'on le ridiculise. ‖ Permettre, laisser : *no tienes por qué consentirle que traiga todos sus amigos a tu casa*, tu n'as aucune raison de laisser amener tous ses amis chez toi. ‖ Laisser faire, permettre (permitir) : *a este niño se lo consienten todo*, ils laissent tout faire à cet enfant. ‖ Gâter (mimar). ‖ Céder, se disloquer (un mueble).
— V. pr. Se fendre (rajarse), se fêler (una vasija).
— SINÓN. ● *Aceptar*, accepter. *Prestarse a*, se prêter à. *Asentir*, acquiescer. *Adherir*, adhérer. *Suscribir*, souscrire. *Acceder*, accéder.
conserje m. Concierge : *el conserje del Ministerio de Comercio*, le concierge du ministère du Commerce. ‖ *Conserje de hotel*, portier [d'hôtel].
— OBSERV. Au sens de « gardien d'immeuble », on emploie en espagnol le mot *portero*. Le mot *conserje* ne s'applique qu'aux hommes et désigne les gardiens de bureaux, de ministères, etc.
conserjería f. Conciergerie, loge [du concierge]. ‖ Réception (in a hotel).
conserva f. Conserve : *una lata de conserva*, une boîte de conserve. ‖ MAR. *Navegar en conserva*, naviguer de conserve.
conservación f. Conservation.
conservador, ra adj. y s. Conservateur, trice.
conservaduría f. Charge de conservateur. ‖ Bureau (*m.*) du conservateur (oficina).
conservadurismo m. Conservatisme.
conservar v. tr. ● Conserver, garder (la salud, un secreto, sus amigos, etc.). ‖ Faire des conserves : *conservar los tomates*, faire des conserves de tomates. ‖ *Bien conservado*, bien conservé.
— V. pr. Se conserver, se garder : *conservarse con* ou *en salud*, se conserver en bonne santé.
— SINÓN. ● *Reservar*, réserver. *Guardar*, garder. *Mantener*, maintenir. *Cuidar de*, entretenir.
conservatismo m. *Amer.* Conservatisme.
conservativo, va adj. Conservateur, trice (que sirve para conservar).
conservatorio, ria adj. Conservatoire. ‖ — M. Conservatoire (de música, etc.). ‖ *Amer.* Serre, *f.* (invernadero). ‖ Collège (academia).
conservería f. Conserverie.
conservero, ra adj. Des conserves : *industria conservera*, industrie des conserves. ‖ — M. y f. Fabricant, fabricante de conserves.

considerable adj. Considérable.

consideración f. Considération, estime : *de mi mayor consideración*, de toute ma considération. || Attention : *un asunto digno de la mayor consideración*, une affaire digne de la plus grande attention. || Fait, *m.*, considération (motivo). || Égards, *m. pl.*, respect, *m.* : *tratarle a uno sin consideración*, traiter quelqu'un sans égards, n'avoir aucun égard pour quelqu'un. || — *De consideración*, considérable, important, e : *daños de consideración*, dégâts importants ; grave : *quemaduras de consideración*, brûlures graves. || *Amer. De mi consideración, de nuestra consideración*, cher Monsieur, chers Messieurs [début d'une lettre]. || *En consideración a*, eu égard à, en raison de, en considération de. || *Falta de consideración*, manque d'égards. || *Ser de consideración*, mériter considération, être considérable o important. || *Tomar* ou *tener en consideración*, prendre en considération.

considerado, da adj. Réfléchi, e ; pondéré, e (que obra con reflexión). || Considéré, e (respetado).

considerando m. Considérant, attendu (motivo).

considerar v. tr. Considérer, envisager : *considerar un asunto en ou bajo todos sus aspectos*, considérer une affaire sous tous ses aspects. || Considérer (juzgar o tratar con respeto). || — *Considerándolo todo*, tout bien considéré. || *Considerando que*, attendu que, considérant que.

consigna f. MIL. Consigne, mot (*m.*) d'ordre (contraseña). || Consigne (en las estaciones). || FIG. *Violar la consigna*, manger la consigne.

consignación f. Consignation. || Allocation : *consignación de créditos*, allocation de crédits. || *Caja de depósitos y consignaciones*, Caisse des dépôts et consignations.

consignador m. COM. Consignateur.

consignar v. tr. Consigner (una mercancía, citar en un escrito). || Allouer (créditos).

consignatario m. Consignataire.

consigo pron. pers. Avec soi. || — *Llevar consigo*, emporter (cosa), emmener (persona), entraîner (acarrear). || *No tener dinero consigo*, ne pas avoir d'argent sur soi. || FAM. *No tenerlas todas consigo*, ne pas en mener large, ne pas être très rassuré (tener miedo), ne pas avoir toutes les chances de son côté (no estar muy seguro de algo). || FIG. *Traer consigo*, comporter : *esta medida trae consigo muchas desventajas*, cette mesure comporte bien des inconvénients ; entraîner (acarrear).

consiguiente adj. Résultant, e ; consécutif, ive : *los gastos consiguientes a mi instalación*, les frais résultant de o consécutifs à mon installation. || Conséquent, e : *río consiguiente*, fleuve conséquent. || *Por consiguiente*, par conséquent, donc.

consiguientemente adv. Conséquemment, en conséquence, par conséquent.

consintiente adj. DR. Consentant, e.

consistencia f. Consistance. || *Tomar consistencia*, prendre corps (un asunto), prendre de la consistance, prendre (crema, mayonesa).

consistente adj. Consistant, e.

consistir v. intr. ● Consister : *la felicidad consiste en la virtud, en practicar la virtud*, le bonheur consiste dans o en la vertu, à pratiquer la vertu. || Consister, être composé de : *su fortuna consiste en tierras*, sa fortune consiste en terres. || Tenir à : *en ti consiste el hacerlo*, il ne tient qu'à toi de le faire.

— SINÓN. ● *Residir*, résider. *Estribar*, reposer.

consistorial adj. Consistorial, e. || *Casa consistorial*, hôtel de ville (ayuntamiento), mairie (alcaldía).

consistorio m. Consistoire (de cardenales). ||

Conseil municipal. || Hôtel de ville (casa consistorial).

consocio, cia m. y f. Coassocié, e.

consola f. Console (mueble). || Console (de órgano). || Pupitre, *m.* (de ordenador).

consolable adj. Consolable.

consolación f. Consolation : *un premio de consolación*, un lot de consolation.

consolador, ra adj. y s. Consolateur, trice.

— SINÓN. *Consolante*, consolant. *Reconfortante*, réconfortant. *Lenitivo*, lénitif.

consolante adj. Consolant, e.

consolar* v. tr. Consoler : *consolar a los desgraciados*, consoler les malheureux. || — V. pr. Se consoler.

— SINÓN. *Reconfortar*, réconforter. *Confortar*, conforter.

consolidable adj. Consolidable.

consolidación f. Consolidation.

consolidar v. tr. Consolider : *consolidar la amistad*, consolider l'amitié.

consomé m. Consommé (caldo).

consonancia f. MÚS. Consonance. || ● Rime, consonance (rima). || FIG. Conformité, accord, *m.* (similitud).

— SINÓN. ● *Asonancia*, assonance. *Rima*, rime.

consonante adj. Consonant, e (que consuena). || *U consonante*, v [la lettre v]. || — F. Consonne (letra).

consonantemente adv. Avec consonance.

consonántico, ca adj. Consonantique.

consonantismo m. Consonantisme.

consorcio m. Association, *f.* (asociación). || Consortium (comercial). || Union, *f.*, entente, *f.* (unión), ménage (matrimonio) : *vivir en buen consorcio*, vivre en bonne entente, faire bon ménage.

consorte m. y f. Conjoint, e (cónyuge). || Compagnon, compagne (persona que comparte la existencia de otra). || Pl. DR. Consorts. || *Príncipe consorte*, prince consort.

conspicuo, cua adj. Illustre, notable.

conspiración f. Conspiration : *conspiración contra el Estado*, conspiration contre l'État.

conspirador, ra m. y f. Conspirateur, trice.

conspirar v. intr. Conspirer : *conspirar contra el Estado*, conspirer contre l'État.

constancia f. Constance, persévérance : *trabajar con constancia*, travailler avec persévérance. || Certitude, preuve (certeza) : *no hay constancia de ello*, on n'en a pas la preuve. || *Dejar constancia de*, rendre compte de (en un acta), laisser o être un témoignage de.

Constancia n. pr. f. Constance.

Constancio n. pr. m. Constance.

constante adj. y s. f. Constant, e.

— SINÓN. *Firme*, ferme. *Inquebrantable*, inébranlable. *Inflexible*, inflexible.

Constante n. pr. m. Constant.

constantemente adv. Constamment.

Constantino n. pr. m. Constantin.

Constantinopla n. pr. GEOGR. Constantinople.

constantinopolitano, na adj y s Constantinopolitain, e ; de Constantinople.

Constanza n. pr. GEOGR. Constance.

constar v. intr. Être certain o sûr : *me consta que no vino*, je suis sûr qu'il n'est pas venu. || Être composé o constitué, se composer de, comporter, comprendre : *este libro consta de tres partes*, ce livre se compose de trois parties. || Être établi, être prouvé : *consta por este documento que*, il est établi par ce document que. || Figurer : *esto consta en el contrato*, cela figure dans le contrat. || Être juste (verso). || *Hacer constar*, faire remarquer, constater : *el periodista hace constar el incremento de la producción*, le journaliste constate l'augmentation de la production. ‖ *Hacer constar por escrito*, consigner par écrit. ‖ *Que conste que*, qu'il soit entendu que. ‖ *Y para que así conste*, dont acte.

constatación f. Constatation.

constatar v. tr. Constater.

— OBSERV. *Constatar* et *constatación* sont des gallicismes.

constelación f. ASTR. Constellation.

constelado, da adj. Constellé, e (el cielo). ‖ Parsemé, e (tachonado).

constelar v. tr. Consteller : *los astros que constelan la bóveda celeste*, les astres qui constellent la voûte céleste.

consternación f. Consternation (desolación) : *producir consternación*, jeter la consternation.

consternar v. tr. Consterner (entristecer).

— V. pr. Être consterné : *se consternó con la muerte de*, il fut consterné par la mort de.

constipación f. Rhume, *m.* (resfriado). ‖ *Constipación de vientre*, constipation.

— OBSERV. Dans ce dernier sens, il est plus courant de dire *estreñimiento*.

constipado m. Rhume (catarro) : *tengo un constipado muy fuerte*, j'ai un très gros rhume.

constiparse v. pr. S'enrhumer (acatarrarse).

constitución f. Constitution.

constitucional adj. Constitutionnel, elle : *ley constitucional*, loi constitutionnelle.

constitucionalidad f. Constitutionnalité.

constitucionalismo m. Constitutionnalisme.

constitucionalizar v. tr. Constitutionnaliser.

constituir* v. tr. Constituer (formar) : *constituir una sociedad*, constituer une société.

— V. pr. Se constituer. ‖ — DR. *Constituirse parte*, se porter partie. ‖ *Constituirse por* ou *en fiador*, se constituer o se porter garant. ‖ *Constituirse prisionero*, se constituer prisonnier.

constitutivo, va adj. Constitutif, ive.

constituyente adj. y s. Constituant, e : *las Cortes constituyentes* o *las Constituyentes*, l'Assemblée constituante. ‖ — M. Constituant : *el hidrógeno es uno de los constituyentes del agua*, l'hydrogène est un des constituants de l'eau.

constreñimiento m. Contrainte, *f.*

constreñir* v. tr. Contraindre, forcer (obligar) : *constreñir a uno a que salga*, forcer quelqu'un à sortir. ‖ MED. Resserrer (apretar).

constricción f. Constriction, resserrement, *m.* (estrechamiento). ‖ MED. Rétrécissement, *m.*

constrictivo, va adj. Constrictif, ive.

constrictor, ra adj. y s. m. Constricteur, trice. ‖ *Boa constrictor*, boa constrictor o constricteur.

constringente adj. Constringent, e.

construcción f. Construction : *la construcción de un puente*, la construction d'un pont. ‖ Bâtiment, *m.* : *trabajar en la construcción*, travailler dans le bâtiment. ‖ GRAM. Construction. ‖ *Solar para construcción*, terrain à bâtir.

constructivo, va adj. Constructif, ive : *crítica constructiva*, critique constructive.

constructor, ra adj. y s. Constructeur, trice.

construir* v. tr. Construire, bâtir (edificar). ‖ GEOM. y GRAM. Construire.

consubstanciación f. TEOL. Consubstantiation.

consubstancial adj. Consubstantiel, elle : *consubstancial con*, consubstantiel à.

consubstancialidad f. Consubstantialité.

consuegro gra m. y f. Père et mère d'un époux par rapport aux parents de l'autre.

consuelda f. BOT. Consoude.

consuelo m. Consolation, *f.*, réconfort : *la lectura es su único consuelo*, la lecture est sa seule consolation. ‖ Soulagement (alivio) : *su marcha ha sido un consuelo para mí*, son départ a été un soulagement pour moi.

Consuelo n. pr. f. Consolation « Consuelo », [prénom de femme].

consuetudinario, ria adj. Consuétudinaire (habitual). ‖ *Derecho consuetudinario*, droit coutumier.

cónsul m. Consul.

— OBSERV. Lorsqu'il s'agit d'une femme, on dit *la consul*.

cónsula f. FAM. Femme du consul.

consulado m. Consulat.

consular adj. Consulaire : *dignidad consular*, dignité consulaire.

consulta f. Consultation : *horas de consulta*, heures de consultation. ‖ Consultation (de varios médicos). ‖ Cabinet (*m.*) de consultation (consultorio). ‖ RELIG. Consulte : *sacra consulta*, consulte sacrée. ‖ — *Consulta previa petición de hora*, consultation sur rendez-vous. ‖ *Obra de consulta*, ouvrage de référence. ‖ *Tener consulta con un médico*, consulter un médecin.

consultable adj. Consultable.

consultación f. Consultation (entre abogados o médicos).

consultante adj. Consultant, e.

consultar v. tr. e intr. Consulter : *consultar con un abogado, con un médico*, consulter un avocat, un médecin ; *consultar el diccionario*, consulter le dictionnaire. ‖ Voir, vérifier, consulter : *consultar una palabra en el diccionario*, vérifier un mot dans le dictionnaire. ‖ *Hay que consultar con la almohada*, la nuit porte conseil.

consultivo, va adj. Consultatif, ive.

consultor, ra adj. y s. Consultant, e : *médico consultor*, médecin consultant. ‖ — M. Consulteur (dignatario de la Corte de Roma) : *consultor del Santo Oficio*, consulteur du Saint-Office. ‖ *Ingeniero consultor*, ingénieur-conseil.

consultorio m. Cabinet [de consultation] (de un médico, de un dentista). ‖ Étude, *f.* (de un abogado). ‖ Services (*pl.*) de consultation, dispensaire (en un hospital). ‖ Service (técnico, etc.). ‖ Bureau d'information (de información). ‖ *Consultorio sentimental*, courrier du cœur.

consumación f. Consommation. ‖ *La consumación de los siglos*, la consommation des siècles.

consumadamente adv. Parfaitement, entièrement.

consumado, da adj. Consommé, e. ‖ FIG. Consommé, e : *sabiduría consumada*, sagesse consommée. ‖ Achevé, e ; accompli, e ; émérite : *un hombre, un bailarín consumado*, un homme, un danseur émérite. ‖ FAM. Parfait, e ; fini, e : *un bribón, un imbécil consumado*, un parfait fripon, un parfait imbécile. ‖ *Hecho consumado*, fait accompli.

consumar v. tr. Consommer : *consumar un crimen, un sacrificio, el matrimonio*, consommer un crime, un sacrifice, le mariage.

consumero m. Gabelou, employé de l'octroi.

consumible m. Consommable.

consumición f. Consommation (bebida).

consumido, da adj. FIG. y FAM. Maigre, décharné, e ; efflanqué, e (flaco). ‖ Exténué, e ; épuisé, e (agotado). ‖ Tourmenté, e (preocupado). ‖ Miné, e : *consumido por la fiebre*, miné par la fièvre.

consumidor, ra m. y f. Consommateur, trice. ‖ *A gusto del consumidor*, au goût du client.

consumir v. tr. Consumer, détruire (destruir) : *el fuego lo ha consumido todo*, le feu a tout consumé. ‖ Consommer (comestibles, bebidas). ‖ Consommer : *consumir gasolina*, consommer de l'essence. ‖ Communier (comulgar). ‖ Consumer, passer (el tiempo). ‖ FIG. Consumer, miner, ronger, faire dépérir : *las preocupaciones que tiene lo consumen*, ses soucis le minent. ‖ Épuiser (agotar). ‖ FIG. Prendre, absorber : *este trabajo consumía todo su tiempo*, ce travail lui prenait tout son temps.

— V. pr. Se consumer (extinguirse). ‖ FIG. Se consumer, dépérir (adelgazar). ‖ — *Consumirse con la fiebre*, être consumé par la fièvre. ‖ *Consumirse de fastidio*, périr d'ennui. ‖ *Consumirse de impaciencia*, brûler d'impatience. ‖ *Consumirse en meditaciones*, s'abîmer dans des méditations.

consumo m. Consommation, *f. : bienes de consumo*, biens de consommation. ‖ — Pl. Droits d'octroi (contribución).

consunción f. MED. Consomption.

consuno (de) adv. D'un commun accord, de concert, conjointement.

consuntivo, va adj. Consomptif, ive.

contabilidad f. Comptabilité (contaduría) : *contabilidad por partida doble, simple*, comptabilité en partie double, simple.

contabilizar v. tr. COM. Comptabiliser, inscrire sur les livres de comptabilité.

contable adj. Qui peut être compté (calculable). ‖ Racontable (decible).
— M. y f. Comptable.

contacto m. Contact : *ciertas enfermedades se transmiten por simple contacto*, certaines maladies se transmettent par simple contact. ‖ FIG. Rapport, contact : *poner en contacto a dos personas*, mettre deux personnes en rapport, faire entrer en contact deux personnes. ‖ Contact, liaison, *f. : establecer contactos radiofónicos*, établir des liaisons radiophoniques. ‖ — *Contacto sexual*, rapport sexuel. ‖ *Lentes de contacto*, verres o lentilles de contact. ‖ — *Entrar en contacto* ou *ponerse en contacto con* ou *establecer contacto con*, entrer en contact avec, contacter, se mettre en rapport avec.

contactor m. ELECTR. Contacteur.

contadero, ra adj. Qui peut être compté. ‖ À compter : *un plazo de diez días contaderos desde esta fecha*, un délai de dix jours à compter de cette date.

contado, da adj. Compté, e. ‖ Conté, e; raconté, e (dicho). ‖ Rare, peu nombreux, euse : *son contadas las personas que saben el griego*, rares sont les personnes qui savent le grec. ‖ *En contadas ocasiones*, rarement. ‖ *Tiene contados los días* ou *sus días están contados*, ses jours sont comptés.
— M. *Amer.* Paiement : *pagar una deuda en tres contados*, régler une dette en trois paiements. ‖ *Al contado*, comptant : *pagar al contado*, payer comptant.

contador, ra adj. De compte (para contar).
— M. Compteur (que cuenta). ‖ Comptable (contable). ‖ Comptoir (de una tienda). ‖ Compteur (instrumento) : *contador de agua, de gas, de imágenes*, compteur d'eau, de gaz, d'images.
— M. y f. *Amer.* Prêteur, euse (prestamista).

contaduría f. Comptabilité. ‖ Bureau (*m.*) du comptable (oficina). ‖ Emploi (*m.*) du comptable (oficio). ‖ Bureau (*m.*) de location (teatro). ‖ — *Contaduría del ejército*, intendance militaire. ‖ *Contaduría general*, cour des comptes.

contagiar v. tr. Contaminer, contagionner (p. us.) : *contagiar a un país*, contaminer un pays. ‖ Transmettre, passer : *me ha contagiado su enfermedad*, il m'a transmis sa maladie. ‖ FIG. Contaminer.
— V. pr. Se transmettre : *enfermedad que no se contagia*, maladie qui ne se transmet pas. ‖ Être contaminé par. ‖ FIG. Se communiquer : *las ganas de bostezar se contagian fácilmente*, l'envie de bâiller se communique facilement.

contagio m. Contagion, *f.* (transmisión de una enfermedad), contamination, *f.* ‖ Contage (agente de contagio). ‖ FIG. Contagion, *f. : contagio del vicio*, contagion du vice.

contagiosidad f. Contagiosité.

contagioso, sa adj. Contagieux, euse : *una enfermedad contagiosa*, une maladie contagieuse. ‖

FIG. Contagieux, euse; communicatif, ive : *una risa muy contagiosa*, un rire très communicatif.

container m. TECN. Container.

contaminación f. Contamination (contagio). ‖ Pollution (de l'air, de l'eau, etc.).

contaminador, ra adj. Qui contamine.

contaminante adj. y s. m. Polluant, e.

contaminar v. tr. Contaminer. ‖ Polluer (l'air, l'eau, etc.). ‖ FIG. Contaminer.
— V. pr. FIG. Être contaminé : *contaminarse con el mal ejemplo*, être contaminé par le mauvais exemple. ‖ Se polluer (l'air, l'eau, etc.).

contante adj. m. Comptant (dinero). ‖ *Dinero contante y sonante*, argent comptant et trébuchant, espèces sonnantes et trébuchantes.

contar* v. tr. ● Compter (numerar) : *contar dinero*, compter de l'argent. ‖ Compter : *contar entre sus amigos a alguien*, compter quelqu'un parmi ses amis. ‖ Raconter, conter (referir) : *cuando ha bebido, siempre me cuenta su vida*, quand il a bu, il me raconte toujours sa vie. ‖ Dire (un cuento). ‖ Compter, tenir compte de (tener en cuenta). ‖ — *Contar una cosa por hecha*, considérer une chose comme faite. ‖ *Cuenta ochenta años de edad*, il a quatre-vingts ans. ‖ *¡Cuéntamelo a mí!*, ce n'est pas toi qui va me l'apprendre, je suis bien placé pour le savoir. ‖ FAM. *¡Cuéntaselo a su abuela!*, à d'autres ! ‖ *Si me lo cuentan no lo creo*, je n'en crois pas mes yeux.
— V. intr. Compter, calculer : *contar con los dedos*, compter sur ses doigts. ‖ Être muni de, disposer, avoir : *el barco cuenta con un motor eléctrico*, le bateau est muni d'un moteur électrique. ‖ Disposer, avoir : *cuento con ingresos considerables*, j'ai des revenus considérables. ‖ — *Contar con uno*, compter sur quelqu'un, se fier à quelqu'un. ‖ *¡Cuenta con ello!*, compte là-dessus ! ‖ *Dejarse contar*, se laisser dire. ‖ *Es largo de contar*, c'est long à raconter, il y a fort à dire, c'est toute une histoire (fam.). ‖ *Hay que contar con que siempre puede ocurrir una desgracia*, il faut toujours penser qu'un malheur peut arriver. ‖ *No contaba con que podía llover*, je ne comptais pas sur la pluie, je ne pensais pas qu'il allait pleuvoir. ‖ *Tener mucho que contar*, en avoir long à conter. ‖ *Y pare de contar*, ça ne va pas plus loin, un point c'est tout.

— OBSERV. *Conter*, más familiar que *raconter*, se refiere a hechos muchas veces supuestos o inverosímiles, narrados con amenidad. *Raconter* indica un relato más cercano de la verdad.

contemplación f. Contemplation. ‖ *No andar con contemplaciones*, agir sans ménagements, ne pas y aller de main morte (fam.).

contemplador, ra adj. y s. Contemplateur, trice.

contemplar v. tr. Contempler (mirar, meditar). ‖ Avoir des égards pour, être empressé avec (complacer). ‖ Envisager (una posibilidad).

contemplativo, va adj. y s. Contemplatif, ive : *vida contemplativa*, vie contemplative.

contemporaneidad f. Actualité : *obra literaria de constante contemporaneidad*, œuvre littéraire toujours d'actualité.

contemporáneo, a adj. y s. Contemporain, e.

contemporización f. Temporisation.

contemporizador, ra adj. y s. Temporisateur, trice. ‖ — M. y f. Personne (*f.*) accommodante.

contemporizar v. intr. Temporiser, composer, être accommodant, s'arranger : *contemporizar con alguien*, s'arranger avec quelqu'un.

contención f. Contention (tensión, esfuerzo). ‖ Maintien, *m.* (de precios, etc.). ‖ *Muro de contención*, mur de soutènement o de retenue.

contencioso, sa adj. DR. Contentieux, euse; litigieux, euse. ‖ *Lo contencioso*, le contentieux.

contender* v. intr. Lutter, se battre, combattre (batallar). ‖ Fig. Disputer (disputar). | Rivaliser (competir).

contendiente adj. Opposé, e (contrario).
— M. y f. Adversaire.

contenedor, ra adj. Qui contient.
— M. Container (caja de mercancías).

contener* v. tr. Contenir : *el decalitro contiene diez litros*, le décalitre contient dix litres. ‖ ● Contenir, renfermer : *este libro contiene muchos ejemplos*, ce livre renferme de nombreux exemples. ‖ Retenir : *lo contuvo por el brazo*, il l'a retenu par le bras. ‖ Fig. Contenir (un pueblo, la cólera, etc.). | Contenir, retenir : *contener las ganas de reir*, retenir l'envie de rire.
— V. pr. Se contenir, se retenir (dominarse).
— Sinón. ● *Entrañar, encerrar,* renfermer. *Ocultar, recéler. Comprender,* comprendre. *Abarcar, abrazar,* embrasser. *Englobar,* englober.

contenido, da adj. Mesuré, e ; pondéré, e (que se conduce con moderación). ‖ Réprimé, e ; rentré, e ; contenu, e : *ira contenida*, colère rentrée.
— M. Contenu (de una carta). ‖ Teneur, f. (de un pacto, tratado, escrito). ‖ Teneur, f. : *contenido en carbono*, teneur en carbone.

contentadizo, za adj. *Bien, mal contentadizo*, facile, difficile à contenter o à satisfaire.

contentamiento m. Contentement (contento).

contentar v. tr. Contenter, satisfaire. ‖ (Ant.). Com. Endosser (letras). ‖ *Amer.* Réconcilier. Fam. *Ser de buen* ou *mal contentar*, être facile o difficile à contenter o à satisfaire.
— V. pr. Se contenter, être satisfait : *contentarse con poco*, se contenter de peu.

contentivo, va adj. Qui contient. ‖ Med. Contentif, ive : *vendaje contentivo*, bandage contentif.

contento, ta adj. ● Content, e (alegre). ‖ Content, e ; satisfait, e : *contento con* ou *de su suerte*, *con el éxito de*, content de son sort, du succès de. ‖ — *Contento como unas Pascuas*, gai comme un pinson. ‖ *Darse por contento*, s'estimer heureux.
— M. Contentement, joie, f., satisfaction, f. (alegría). ‖ Fig. *No caber en sí de contento*, ne pas se tenir de joie, être fou de joie. ‖ *Sentir gran contento*, ressentir o éprouver une grande joie.
— Sinón. ● *Satisfecho,* satisfait. *Encantado,* ravi. *Feliz,* heureux.

contera f. Embout, m., bout, m. (de bastón o de paraguas), bouterolle (de vaina de espada). ‖ Bouton (m.) de culasse (de un cañón). ‖ Capuchon, m. (de lápiz). ‖ Refrain, m (estribillo).

conterráneo, a adj. y s. Compatriote.

contertuliano, na o **contertulio, lia** m. y f. Membre o habitué d'un cercle o d'une réunion.

contesta f. *Amer.* Conversation, entretien, m. (conversación). | Réponse (contestación).

contestable adj. Contestable (impugnable). ‖ Qui mérite une réponse (una carta).

contestación f. Réponse (respuesta) : *una contestación satisfactoria*, une réponse satisfaisante. ‖ Contestation, débat, m. (discusión).

contestador m. Répondeur (teléfono).

contestar v. tr. Répondre : *contestar una carta, una pregunta*, répondre à une lettre, à une question ; *contestar a alguien*, répondre à quelqu'un. ‖ Confirmer (garantizar). ‖ Prouver (comprobar). ‖ Contester, discuter (impugnar).
— V. intr. *Amer.* Parler, converser (conversar).
— Observ. Le verbe *contestar* est un gallicisme dans le sens de « discuter ».

contexto m. Contexte.

contextura f. Contexture.

contienda f. Guerre, conflit, m. (guerra). ‖ Fig. Dispute, altercation (altercado). ‖ *Contienda electoral*, bataille électorale.

contigo pron. pers. Avec toi. ‖ *¿Tienes dinero contigo?*, as-tu de l'argent sur toi ?

contigüidad f. Contiguïté.

contiguo, gua adj. Contigu, ë (adyacente).

continencia f. Continence (virtud).

continental adj. Continental, e : *clima continental*, climat continental.
— M. (P. us.). Message (carta).

continente adj. Contenant (que contiene). ‖ Continent, e (casto).

continente m. Geogr. Continent : *el Viejo, el Nuevo Continente*, l'Ancien, le Nouveau Continent. ‖ Contenant (lo que contiene) : *el continente y el contenido*, le contenant et le contenu. ‖ Contenance, f., maintien (actitud).

continentemente adv. Avec continence, modérément, avec modération.

contingencia f. Contingence. ‖ Éventualité : *prever cualquier contingencia*, parer à toute éventualité.

contingentación f. Contingentement, m.

contingente adj. Contingent, e ; aléatoire.
— M. Contingent (cupo). ‖ Contingent (lo aleatorio).

contingentemente adv. Par hasard, fortuitement.

continuación f. ● Côntinuation (acción de continuar). ‖ Continuation, prolongement, m. : *este sendero es la continuación de este camino*, ce sentier est le prolongement de ce chemin. ‖ Suite (lo que sigue). ‖ *A continuación*, ensuite (después), à la suite (detrás).
— Sinón. ● *Sucesión,* suite. *Continuidad,* continuité. *Prosecución,* suite. *Decurso,* cours. *Prolongamiento,* prolongement. *Prolongación,* prolongation. *Prórroga, prorrogación,* prorogation.

continuadamente adv. V. CONTINUAMENTE.

continuador, ra m. y f. Continuateur, trice.

continuamente adv. Continuellement, de façon continue, continûment (p. us.).

continuar v. tr. ● Continuer : *continuar trabajando*, continuer à travailler. ‖ Poursuivre : *continuar su camino*, poursuivre sa route.
— V. intr. Continuer, se poursuivre, durer : *la lucha continúa*, la lutte continue. ‖ Poursuivre : *continuar con su trabajo*, poursuivre son travail ; *continuar en sus pesquisas*, poursuivre ses recherches. ‖ Continuer : *el coche continuó hacia París*, la voiture a continué sur Paris ; *la sesión continúa*, la séance continue. ‖ — *Continuar con buena salud*, se maintenir en bonne santé, être toujours en bonne santé. ‖ *Continuar en cartel*, tenir l'affiche. ‖ *Continuar en un mismo sitio*, être toujours à la même place. ‖ *Continuar en vigor*, rester en vigueur. ‖ — *Continuará*, à suivre, la suite au prochain numéro (revista o película).
— Sinón. ● *Proseguir,* poursuivre. *Perseverar,* persévérer. *Persistir,* persister. *Mantener,* maintenir.

continuidad f. Continuité. ‖ *Solución de continuidad*, solution de continuité (interrupción).

continuo, a adj. Continu, e (no dividido) : *línea continua*, ligne continue. ‖ Continuel, elle (incesante) : *un temor continuo*, une crainte continuelle. ‖ Persévérant, e : *un hombre continuo en su política*, un homme persévérant dans sa politique. ‖ — Electr. *Corriente continua*, courant continu. ‖ *De sesión continua*, permanent (cine). ‖ *Movimiento continuo*, mouvement perpétuel. ‖ *Ondas continuas*, ondes entretenues. ‖ *Papel continuo*, papier sans fin.
— Adv. Continuellement. ‖ *De continuo* ou *a la continua*, continuellement, constamment.

contonearse v. pr. Se dandiner, se déhancher.

contoneo m. Dandinement, déhanchement.

contornado, da adj. Blas. Contourné, e.

contornar o **contornear** v. tr. Contourner : *contornear una montaña*, contourner une montagne. ‖ TECN. Chantourner.

contorno m. Contour (línea que rodea). ‖ Pourtour, tour (vuelta). ‖ Tranche, *f.* (de una moneda). ‖ — Pl. Alentours, environs (de una ciudad). ‖ *En contorno*, autour (alrededor).

contorsión f. Contorsion. ‖ *Hacer contorsiones*, faire des contorsions, se contorsionner.

contorsionista m. y f. Contorsionniste (acróbata).

contra prep. Contre : *lucha contra el enemigo*, lutte contre l'ennemi; *remedio contra la tos*, remède contre la toux. ‖ Sur : *alcanzar una victoria contra el enemigo*, remporter une victoire sur l'ennemi. ‖ En face (enfrente) : *su casa está contra la iglesia*, sa maison est en face de l'église. ‖ — *Contra viento y marea*, contre vent et marée. ‖ *En contra*, à l'encontre, contre : *en contra suya*, contre lui. ‖ *En contra de*, à l'encontre de, au désavantage de (a expensas de), contre : *hablar en contra de uno*, parler contre quelqu'un. ‖ *Salvo prueba en contra*, sauf preuve du contraire. ‖ *Viento en contra*, vent debout. ‖ — *Tener todo el mundo en contra*, avoir tout le monde à dos. — M. Contre : *el pro y el contra*, le pour et le contre. ‖ MÚS. Pédale (*f.*) de l'orgue. ‖ — F. FAM. Difficulté, ennui, *m.*, hic, *m.* : *ahí está la contra*, voilà le hic. ‖ Contre, *m.* (esgrima). ‖ Amer. Prime, gratification (dádiva). ‖ — Pl. MÚS. Basses. ‖ — FAM. *Hacer* ou *llevar la contra a uno*, faire obstacle à quelqu'un (poner obstáculos), contredire quelqu'un (contradecir). ‖ *Jugar a la contra*, contrer.

— OBSERV. La préposition *contra* est un gallicisme dans le sens d' « en face ».

contraalmirante m. Contre-amiral.

contraamura f. MAR. Fausse amure.

contraaproches m. pl. Contre-approches, *f.*

contraarmiños m. pl. BLAS. Contre-hermine, *f.*

contraatacar v. tr. MIL. Contre-attaquer.

contraataque m. MIL. Contre-attaque, *f.*

contraaviso m. Contrordre (contraorden).

contrabajo m. MÚS. Contrebasse, *f.* (instrumento). ‖ Contrebassiste, contrebasse, *f.* (músico).

contrabajón m. MÚS. Contrebasson (contrafagot).

contrabalancear v. tr. Contrebalancer. ‖ FIG. Contrebalancer, compenser : *sus buenas cualidades contrabalancean sus defectos*, ses bonnes qualités compensent ses défauts.

contrabandear v. intr. Faire de la contrebande.

contrabandista adj. y s. Contrebandier, ère.

contrabando m. Contrebande, *f.* : *vivir del contrabando*, vivre de la contrebande. ‖ — *De contrabando*, de contrebande. ‖ *Pasar de contrabando*, passer en contrebande.

contrabarrera f. Seconde rangée de places aux arènes.

contrabasa f. ARQ. Piédestal, *m.* (pedestal).

contrabatería f. MIL. Contrebatterie.

contrabatir v. tr. MIL. Contrebattre.

contrabracear v. tr. MAR. Haler [les voiles] en sens inverse.

contracaja f. IMPR. Haut de casse droit.

contracalle f. Contre-allée.

contracambio m. Échange, troc.

contracanto m. MÚS. Contre-chant.

contracarril m. Contre-rail, contrecœur (ferrocarriles).

contracción f. ● Contraction (de un músculo). ‖ GRAM. Contraction.

— SINÓN. ● *Crispamiento*, crispation. *Calambre*, crampe. *Convulsión*, convulsion. *Atrofia*, atrophie. *Espasmo*, spasme.

contracédula f. Contre-lettre, cédule qui annule la précédente.

contracepción f. MED. Contraception.

contraceptivo, va adj. y s. m. Contraceptif, ive.

contraclave f. ARQ. Contreclef.

contracorazón m. Contrecœur (de vías).

contracorriente f. Contre-courant, *m.* ‖ *Ir a contracorriente*, aller à contre-courant, remonter le courant.

contractabilidad f. V. CONTRACTILIDAD.

contráctil adj. Contractile.

contractilidad f. Contractilité.

contractivo, va adj. Contractif, ive.

contracto, ta adj. GRAM. Contracté, e : *artículo contracto*, article contracté.

contractual adj. Contractuel, elle.

contracuartelado, da adj. BLAS. Contre-écartelé, e.

contracurva f. ARQ. Contre-courbe.

contrachapado o **contrachapeado** m. Contreplaqué, contre-placage.

contrachapar o **contrachapear** v. tr. Contre-plaquer.

contradanza f. Contredanse.

contradecir* v. tr. Contredire : *siempre me estás contradiciendo*, tu es toujours en train de me contredire. ‖ ● FIG. Contredire, démentir : *sus actos contradicen sus palabras*, ses actes contredisent ses paroles. — V. pr. Se contredire.

— SINÓN. ● *Desdecir*, dédire. *Desmentir*, démentir. *Refutar*, *rebatir*, réfuter. *Atacar*, attaquer. *Discutir*, discuter. *Opugnar*, opposer.

contradeclaración f. Déclaration opposée.

contradenuncia f. DR. Contre-dénonciation.

contradicción f. Contradiction : *en contradicción*, en contradiction; *espíritu de contradicción*, esprit de contradiction.

— SINÓN. *Antinomia*, antinomie. *Antilogía*, antilogie.

contradicente adj. Contredisant, e.

contradictor, ra adj. y s. Contradicteur (sin *f.*).

contradictorio, ria adj. Contradictoire. — F. Contradictoire (lógica).

contradiós m. FAM. Énormité, *f.* (barbaridad).

contradique m. Contre-digue, *f.*

contradriza f. MAR. Fausse drisse.

contraenvite m. Fausse relance (cartas).

contraer* v. tr. Contracter : *el frío contrae los metales*, le froid contracte les métaux. ‖ FIG. Contracter, attraper (una enfermedad). ‖ GRAM. Contracter. ‖ — *Contraer deudas*, contracter des dettes, s'endetter. ‖ *Contraer matrimonio*, se marier. ‖ *Contraer matrimonio con*, se marier avec, épouser. — V. pr. Se contracter. ‖ Amer. S'appliquer (al estudio, a un trabajo).

contraescarpa f. Contrescarpe.

contraescota f. MAR. Fausse écoute.

contraescritura f. Contre-lettre.

contraespionaje m. Contre-espionnage.

contraestay m. MAR. Faux étai.

contrafagot m. MÚS. Contrebasson.

contrafallar v. tr. Surcouper (en los naipes).

contrafallo m. Surcoupe, *f.* (naipes).

contrafilo m. Contre-pointe, *f.*, partie (*f.*) aiguisée du dos d'une arme blanche.

contrafirma f. Contreseing, *m.*

contrafoque m. MAR. Petit foc.

contrafoso m. TEATR. Deuxième dessous.

contrafuego m. Contre-feu (contra los incendios).

contrafuero m. Atteinte (*f.*) à un privilège.

contrafuerte m. ARQ. Contrefort. ‖ Contrefort (de una montaña, del calzado).

contrafuga f. MÚS. Contre-fugue.

contragolpe m. Contrecoup (rechazo).

contraguerrilla f. Troupe légère destinée à combattre les guérillas.

contrahacedor, ra adj. y s. Contrefacteur, personne qui contrefait.

contrahacer* v. tr. Contrefaire (imitar, falsificar) : *contrahacer la letra de alguien*, contrefaire l'écriture de qüelqu'un. ‖ Déguiser, simuler, contrefaire (fingir).

contrahaz f. Envers (revés de una tela).

contrahecho, cha adj. Contrefait, e; difforme.

contrahechura f. Contrefaçon, contrefaction (imitación fraudulenta).

— OBSERV. *Contrefaction* se aplica a las monedas, los sellos, etc.

contrahílo m. Contre-fil. ‖ *A contrahílo*, à contre-fil (al revés).

contrahuella f. Contremarche (de un escalón).

contraindicación f. MED. Contre-indication.

contraindicante m. MED. Symptôme qui présente une contre-indication (síntoma).

contraindicar v. tr. MED. Contre-indiquer : *medicina contraindicada*, remède contre-indiqué.

contralecho (a) loc. adv. CONSTR. En délit (piedras).

contralizo m. Lame, *f.*, pièce (*f.*) du métier à tisser (de un telar).

contralmirante m. Contre-amiral.

contralto m. MÚS. Contralto.

contraluz m. Contre-jour, *inv.* : *fotografiar a contraluz*, photographier à contre-jour.

— OBSERV. Bien qu'étymologiquement ce mot soit féminin, l'usage moderne préfère le masculin.

contramaestre m. Contremaître. ‖ MAR. Contremaître. ‖ Porion (capataz en la minas). ‖ MAR. *Contramaestre de segunda*, premier maître.

contramalla f. Sorte de filet, tramail, *m.* (red).

contramandar v. tr. Contremander.

contramandato m. Contrordre.

contramanifestación f. Contre-manifestation.

contramanifestar* v. intr. Contre-manifester.

contramano (a) m. adv. En sens interdit (circulación rodada). ‖ *Actuar a contramano*, ne pas agir comme il faut.

contramarca f. Contremarque.

contramarcar v. tr. Contremarquer.

contramarco m. Châssis dormant (ventana).

contramarcha f. MAR. y MIL. Contremarche.

contramarchar v. intr. Faire une contremarche.

contramatar v. tr. *Amer.* Frapper fort.

contramina f. MIL. Contre-mine.

contraminar v. tr. MIL. Contre-miner. ‖ FIG. Déjouer (un plan, una treta).

contramuralla f. o **contramuro** m. ARQ. Contremur, *m.*

contraofensiva f. MIL. Contre-offensive.

contraorden f. Contrordre, *m.*

— SINÓN. *Contraaviso, contramandato*, contrordre. *Anulación*, annulation. *Abrogación*, abrogation.

contrapar m. ARQ. Chevron.

contrapartida f. Contrepartie : *como contrapartida*, en contrepartie. ‖ *La contrapartida de la gloria*, la rançon de la gloire.

contrapasamiento m. Désertion, *f.*

contrapasar v. intr. Déserter.

contrapaso m. Contre-pas, *inv.* ‖ MÚS. Contrepartie, *f.*

contrapear v. intr. Accoler deux pièces de bois à fil opposé.

contrapelo (a) adv. À contre-poil, à rebrousse-poil (al revés).

contrapendiente f. Contre-pente.

contrapesar v. tr. Contre-balancer.

contrapeso m. Contrepoids.

contraponer* v. tr. Opposer : *contraponer su voluntad a la de*, opposer sa volonté à celle de. ‖ Comparer, confronter (cotejar).

— V. pr. S'opposer (oponerse).

contraportada f. Quatrième page de couverture.

contraposición f. Opposition. ‖ Comparaison (cotejo). ‖ Contraste, *m.*

contrapreparación f. MIL. Contre-préparation.

contraproducente adj. Qui a des effets contraires, qui fait plus de mal que de bien : *esta medida ha tenido efectos contraproducentes*, cette mesure a fait plus de mal que de bien *o* a eu des effets contraires. ‖ Contre-indiqué, e : *una medicina contraproducente*, un médicament contre-indiqué.

contraproposición f. Contre-proposition.

contraproyecto m. Contre-projet.

contraprueba f. IMPR. Contre-épreuve. ‖ *Sacar una contraprueba de*, contre-tirer.

contrapuerta f. Contre-porte (segunda puerta).

contrapuesto, ta p. p. de *contraponer* [opposite].

contrapunta f. MECÁN. Poupée mobile (de un torno).

contrapuntante m. MÚS. Contrepointiste, contrapuntiste, contrapontiste.

contrapuntarse v. pr. Se fâcher : *contrapuntarse con su padre*, se fâcher avec son père.

contrapuntear v. tr. MÚS. Chanter en contrepoint. ‖ FIG. Dire des choses désagréables.

— V. pr. FIG. Se dire des choses désagréables, avoir une prise de bec. ‖ Se fâcher, se piquer (enfadarse).

contrapuntista m. MÚS. Contrepointiste, contrapuntiste, contrapontiste.

contrapunto m. MÚS. Contrepoint. ‖ *Amer.* Concours poétique (competencia poética).

contrariador, ra adj. Contrariant, e.

contrariamente adv. Contrairement.

contrariar v. tr. Contrarier.

— SINÓN. *Contradecir*, contredire. *Contrarrestar*, contrecarrer.

contrariedad f. Contrariété (disgusto). ‖ Désappointement, *m.* (desengaño). ‖ Obstacle, *m.* (impedimento) : *tropezar con una contrariedad*, rencontrer un obstacle, buter sur un obstacle. ‖ Ennui, *m.* : *he tenido una contrariedad, he pinchado al cabo de 10 kilómetros*, j'ai eu un ennui, j'ai crevé au bout de 10 kilomètres.

contrario, ria adj. Contraire, opposé, e (opuesto) : *correr en sentido contrario*, courir en sens contraire. ‖ FIG. Nocif, ive; contraire : *el vino es contrario a la salud*, le vin est nocif pour la santé. ‖ Contraire, adverse : *suerte contraria*, sort contraire; *la parte contraria*, la partie adverse.

— M. y f. Adversaire (adversario).

— *Al contrario* ou *por lo contrario*, au contraire. ‖ *De lo contrario*, dans le cas contraire, autrement, sinon. ‖ *Lo contrario*, le contraire. ‖ *Muy al contrario*, bien au contraire, tout au contraire. ‖ *Salvo prueba en contrario*, sauf preuve du contraire. ‖ — *Llevar la contraria a uno*, contrarier quelqu'un, faire obstacle à quelqu'un (poner obstáculo), contredire (contradecir). ‖ *Llevar siempre la contraria*, avoir l'esprit de contradiction.

contrarraya f. Contre-taille (grabado).

Contrarreforma f. Contre-Réforme.

contrarregistro m. Second examen.

contrarreguera f. Rigole transversale (acequia).

contrarréplica f. Réponse à une réplique.

contrarrestar v. tr. Contrecarrer, faire obstacle à (oponerse). ‖ Résister. ‖ Renvoyer [la balle].

contrarresto m. Résistance, *f.*, opposition, *f.* (resistencia). ‖ Renvoi de la balle (en el frontón de pelota). ‖ Joueur qui renvoie la balle (jugador).

contrarrevolución f. Contre-révolution.

contrarrevolucionario, ria adj. y s. Contre-révolutionnaire.

contrarriel m. Contrerail (contracarril).

contrarroda m. MAR. Contre-étrave.

contraseguro m. Contre-assurance, *f.*

contrasellar v. tr. Contre-sceller.

contrasello m. Contre-sceau. ‖ Contre-timbre.

contrasentido m. Contresens : *cometer un contrasentido en una traducción*, faire un contresens dans une traduction. ‖ Contresens, non-sens (disparate) : *lo que has dicho es un contrasentido*, ce que tu as dit est un non-sens.

contraseña f. Signe (*m.*) de reconnaissance *o* de ralliement (seña). ‖ Contremarque (contramarca). ‖ MIL. Mot (*m.*) de passe, mot (*m.*) d'ordre. ‖ *Contraseña de salida*, contremarque (teatro).

contrastable adj. Opposable. ‖ Contrôlable (para pesas y medidas).

contrastante adj. Contrastant, e.

contrastar v. tr. Résister à, contrecarrer (oponerse a) : *contrastar el ataque*, résister à l'attaque. ‖ Poinçonner (el oro y la plata). ‖ Essayer (las joyas). ‖ Étalonner, contrôler (verificar pesos y medidas).
— V. intr. Contraster (formar contraste). ‖ Trancher, contraster : *colores contrastados*, des couleurs tranchées ; *esto contrasta con su moderación habitual*, cela tranche sur sa modération habituelle. ‖ Être très différent, ne pas se ressembler : *dos personas que contrastan mucho entre sí*, deux personnes qui sont très différentes. ‖ *Hacer contrastar*, contraster, mettre en contraste.

contraste m. Résistance, *f*. ‖ Contraste (oposición) : *formar contraste*, faire contraste. ‖ Poinçon (en las joyas). ‖ Étalonnage, étalonnement, contrôle (de pesas y medidas). ‖ Contrôle (acción de controlar). ‖ Contrôleur (el que controla). ‖ Essayeur (de joyas). ‖ Étalonneur, contrôleur (de medidas). ‖ Poinçonneur (de metales preciosos). ‖ MAR. Saute (*f.*) de vent. ‖ *En contraste con*, en opposition avec.

contrata f. Contrat, *m*. (obligación por escrito) : *firmar una contrata*, signer un contrat. ‖ Embauche, embauchage, *m*. (ajuste). ‖ Contrat (*m.*) administratif, adjudication (del Gobierno a una corporación o un particular).

contratación f. Contrat, *m*. (contrato). ‖ Engagement, *m*. : *la contratación de un criado*, l'engagement d'un domestique. ‖ Embauche, embauchage, *m*. : *la contratación de personal temporero*, l'embauche d'un personnel saisonnier. ‖ (Ant.). Commerce, *m.*, trafic, *m*. (comercio). ‖ HIST. *Casa de contratación*, chambre de commerce créée par les Rois Catholiques à Séville.

contratante adj. Contractant, e : *las partes contratantes*, les parties contractantes.
— M. (Ant.). Commerçant, trafiquant.

contratar v. tr. Commercer (hacer comercio). ‖ Passer un contrat avec (un contrato). ‖ Engager (empleados, artistas), embaucher (obreros) : *contratado por meses*, engagé au mois.

contraterrorismo m. Contre-terrorisme.

contraterrorista adj. y s. Contre-terroriste.

contratiempo m. Contretemps. ‖ MÚS. Contremesure, *f.* : *a contratiempo*, à contre-mesure. ‖ *A contratiempo*, à contre-temps, mal à propos : *actuar a contratiempo*, agir à contretemps.

contratipo m. Contretype.

contratista m. y f. Entrepreneur, euse : *contratista de obras*, entrepreneur en bâtiment ; *contratista de obras públicas*, entrepreneur de travaux publics. ‖ Adjudicataire.

contrato m. Contrat : *contrato gratuito, oneroso*, contrat à titre gratuit, à titre onéreux. ‖ Engagement (compromiso). ‖ Contrat (bridge) : *cumplir un contrato*, honorer un contrat. ‖ — *Contrato de trabajo*, contrat de travail. ‖ *Contrato enfitéutico*, bail emphytéotique. ‖ *Contrato privado*, contrat sous seing privé.

contratorpedero m. Contre-torpilleur.

contratrinchera f. Contre-tranchée, contre-approches, *pl.*

contratuerca f. MECÁN. Contre-écrou, *m*.

contravalación f. MIL. Contrevallation.

contravalor m. Contre-valeur, *f.*

contravapor m. Contre-vapeur, *f.* : *dar contravapor*, battre contre-vapeur

contravención f. Contravention, infraction (infracción) : *cometer una contravención*, commettre une infraction.
— OBSERV. Le mot *contravención* n'a jamais le sens d' « amende ».

contraveneno m. Contrepoison.
— SINÓN. *Antídoto*, antidote. *Alexifármaco*, alexipharmaque. *Vomitivo*, vomitif.

contravenir* v. intr. Contrevenir : *contravenir a la ley*, contrevenir à la loi.

contraventana f. Volet, *m.*, contrevent, *m.*, contre-fenêtre.

contraventor, ra adj. y s. Contrevenant, e.

contraveros m. pl. BLAS. Contre-vair, *sing.*

contravidriera f. Contrechâssis, *m.*

contraviento m. ARQ. Contrevent.

contravisita f. MED. Contre-visite.

contrayente adj. y s. Contractant, e. ‖ *Los contrayentes*, les nouveaux mariés.

contribución f. Contribution : *contribuciones directas, indirectas*, contributions directes, indirectes. ‖ — *Contribución territorial*, contribution foncière. ‖ *Recaudador de contribuciones*, percepteur des contributions.

contribuidor, ra adj. y s. Contribuant, e.

contribuir* v. intr. Contribuer, payer ses contributions (pagar). ‖ Contribuer : *contribuir a* ou *para la construcción de un hospital*, contribuer à la construction d'un hôpital ; *contribuir en* ou *por una tercera parte*, contribuer pour un tiers. ‖ *Le pido que contribuya*, je vous mets à contribution.
— SINÓN. *Subvenir*, pourvoir à. *Participar*, participer. *Pagar*, payer.

contributivo, va adj. Contributif, ive.

contribuyente adj. y s. Contribuable.

contrición f. Contrition : *acto de contrición*, acte de contrition.

contrincante m. Concurrent, compétiteur, rival.

contristar v. tr. Contrister (p. us.), affliger.

contrito, ta adj. Contrit, e ; affligé, e : *rostro contrito*, visage contrit.

control m. Contrôle (comprobación). ‖ Contrôle (lugar donde se controla). ‖ AVIAC. *Torre de control*, tour de contrôle.

controlable adj. Contrôlable.

controlador, ra m. y f. *Controlador del tráfico aéreo*, contrôleur de la navigation aérienne.

controlar v. tr. Contrôler.

controversia f. Controverse (discusión). ‖ *Mantener una controversia sobre*, controverser.

controversista m. y f. Controversiste.

controvertible adj. Contestable.

controvertir* v. intr. y tr. Controverser (discutir). ‖ Contester : *es un punto controvertido*, c'est un point contesté.

contubernio m. (P. us.). Concubinage, cohabitation, *f.* ‖ FIG. Alliance (*f.*) contre nature, mariage de la carpe et du lapin.

contumacia f. Contumace : *juzgar en contumacia*, juger par contumace ; *condenar por contumacia*, condamner par contumace.

contumaz adj. Opiniâtre, obstiné, e ; tenace. ‖ — Adj. y s. DR. Contumax, contumace.

contumelia f. Injure, affront, *m.*, outrage, *m.*

contundencia f. Caractère (*m.*) contondant (de un arma). ‖ FIG. Poids, *m.* (de un argumento).

contundente adj. Contondant, e : *un arma contundente*, une arme contondante. ‖ FIG. Frappant, e ; de poids : *argumento contundente*, argument frappant. ‖ Accablant, e : *prueba contundente*, preuve accablante.

contundir v. tr. Contusionner, meurtrir.

conturbación f. Trouble, *m.*, inquiétude.
conturbado, da adj. Troublé, e; inquiet, ète.
conturbador, ra adj. y s. Perturbateur, trice.
conturbar v. tr. Troubler, inquiéter, alarmer.
contusión f. Contusion : *estar lleno de contusiones,* être couvert de contusions.
— — Sinón. *Magulladura,* meurtrissure. *Equimosis,* ecchymose. *Cardenal, moretón,* bleu.
contusionar v. tr. Contusionner.
— — Observ. Ce verbe est un barbarisme employé pour *contundir.*
contuso, sa adj. Med. Contus, e : *herida contusa,* blessure contuse.
conuco m. *Amer.* Petite exploitation (*f.*) agricole.
convalecencia f. Convalescence : *casa de convalecencia,* maison de convalescence.
— Sinón. *Mejoría,* amélioration. *Restablecimiento,* rétablissement.
convalecer* v. intr. Entrer *o* être en convalescence : *estoy convaleciendo,* je suis en convalescence. || Se remettre, relever : *convalecer de una enfermedad,* se remettre d'une maladie. || Fig. Se remettre, récupérer (fam.).
convaleciente adj. y s. Convalescent, e.
convalidación f. Ratification, confirmation. || Validation.
convalidar v. tr. Valider. || Ratifier, confirmer.
convección f. Fís. Convection.
convecino, na adj. y s. Voisin, e.
convecedor, ra adj. Convaincant, e.
convencer v. tr. Convaincre.
— V. pr. Se convaincre, se persuader : *convencerse de una verdad,* se persuader d'une vérité.
— Sinón. *Persuadir,* persuader. *Demostrar,* démontrer.
convencido, da adj. Convaincu, e.
convencimiento m. Conviction, *f.*
convención f. Convention.
convencional adj. Conventionnel, elle : *signos convencionales,* signes conventionnels.
convencionalismo m. Conventionnalisme.
convenido adv. Conforme, entendu.
conveniencia f. Convenance : *conveniencia de caracteres,* convenance de caractères. || Opportunité : *la conveniencia de una gestión,* l'opportunité d'une démarche. || Convenance, commodité : *a su conveniencia,* à votre convenance. || Place (acomodo de un criado) : *buscar conveniencia,* chercher une place. ||— Pl. Avantages, *m.*, petits profits (*m.*) accessoires d'un domestique. || Fortune, *sing.*, biens, *m.*, revenus, *m.* ||—*Matrimonio de conveniencia,* mariage de convenance *o* de raison. || *Según sus conveniencias,* à sa convenance.
conveniente adj. Convenable. || Convenable, décent, e : *una conducta conveniente,* une tenue décente. || Satisfaisant, e : *respuesta conveniente,* réponse satisfaisante. || *Es conveniente hacer algo,* il convient de faire quelque chose. || *Ser conveniente,* convenir : *este trabajo es conveniente para mí,* ce travail me convient.
convenientemente adv. Convenablement.
convenio m. Convention, *f.* : *convenios colectivos,* conventions collectives. || ● Accord : *convenio comercial,* accord commercial; *llegar a un convenio,* arriver à un accord. || Traité, pacte (pacto). || *Vinculado por un convenio,* conventionné, lié par un accord.
— Sinón. ● *Arreglo,* arrangement. *Acuerdo, concierto,* accord. *Contrato,* contrat. *Transacción,* transaction. *Tratado,* traité. *Pacto, ajuste,* pacte. *Alianza,* alliance. *Protocolo,* protocole. *Unión,* union. *Convención,* convention.
convenir* v. tr. e intr. Convenir (estar de acuerdo) : *hemos convenido en irnos mañana,* nous avons convenu *o* nous sommes convenus de partir demain; *convino con su amigo que ven-*

drían, il convint avec son ami de venir. (V. Observ.) || S'accorder, tomber d'accord, se mettre d'accord : *convenir en una cuestión, en un precio,* tomber d'accord sur une question, sur un prix. || Convenir (ser adecuado) : *me convendría mucho esta casa,* cette maison me conviendrait bien. || — *Convengo en ello,* j'en conviens, je l'accorde, je le reconnais. || *El día convenido,* au jour fixé, au jour dit. || *Eso me conviene mucho,* cela me plaît beaucoup (gusta), cela fait bien mon affaire, cela m'arrange bien (viene bien). || *No te conviene tomar este trabajo,* tu ne peux pas prendre ce travail, ce genre de travail n'est pas pour toi. || *Según le convenga,* comme il vous plaira. || *Sueldo a convenir,* salaire à débattre.
— V. impers. Importer, convenir, seoir (p. us.).
— V. pr. Se convenir, s'accorder.
— Observ. Théoriquement *convenir* se conjuga con el auxiliar *être* cuando significa « estar de acuerdo » y con *avoir* cuando tiene el sentido de « gustar ». Pero en la práctica se emplea casi siempre *avoir.*
conventícula f. *o* **conventículo** m. Conventicule, *m.* (asamblea clandestina).
conventillo m. *Amer.* Maison (*f.*) d'habitation.
convento m. Couvent (casa religiosa) : *convento de clausura,* couvent cloîtré. || Assemblée, *f.*, réunion, *f.*
conventual adj. Conventuel, elle : *vida conventual,* vie conventuelle.
conventualidad f. Conventualité.
convergencia f. Convergence.
convergente adj. Convergent : *sistema de lentes convergentes,* système des lentilles convergentes. || Mil. *Tiro convergente,* feux croisés.
converger *o* **convergir** v. intr. Converger.
conversa f. Fam. Conversation.
conversación f. Conversation (plática). || ● Entretien, *m.* : *el ministro ha tenido conversaciones con el presidente,* le ministre a eu des entretiens avec le président. || Échange (*m.*) de vues (cambio de impresiones). ||—*Conversación a solas,* tête-à-tête. || *Dar conversación a uno,* parler à quelqu'un. || Fig. y Fam. *Dejar caer en la conversación,* laisser tomber dans la conversation, glisser dans la conversation. | *Hacer el gasto de la conversación,* faire les frais de la conversation. | *Sacar la conversación,* orienter la conversation [sur un sujet], commencer à parler [d'un sujet]. | *Tener mucha conversación,* avoir de la conversation. | *Tener poca conversación,* ne pas avoir beaucoup de conversation. | *Trabar conversación,* lier conversation, engager *o* entamer la conversation.
— Sinón. ● *Conferencia,* conférence. *Negociación,* pourparlers, négociations. *Coloquio,* colloque. *Conciliábulo,* conciliabule. *Entrevista,* tête-à-tête. *Diálogo,* dialogue. *Charla,* propos. *Interviú,* interview.
conversador, ra adj. y s. Causeur, euse.
conversante m. y f. Interlocuteur, trice.
conversar v. intr. Converser, parler (hablar) : *siguió conversando con nosotros,* il continua à converser avec nous. || S'entretenir de, causer : *conversar sobre diversos asuntos,* causer de choses et d'autres.
conversión f. Conversion. || Convertissement, *m.* (de monedas). || Mil. Conversion. || Tecn. Convertissage, *m.*
converso, sa adj. Converti, e (convertido).
— M. y f. Convers, e (lego).
— Observ. El francés *convers* sólo tiene el sentido de « lego » y no el de moro o judío convertidos.
conversor m. Fís. Convertisseur.
convertibilidad f. Convertibilité.
convertible adj. Convertissable, convertible. || Convertible : *moneda convertible,* monnaie convertible.

convertidor m. TECN. Convertisseur. ‖ *Convertidor de frecuencia,* changeur de fréquence.

convertir* v. tr. Changer, transformer, convertir (p. us. en este sentido) : *convertir el agua en vino,* changer l'eau en vin. ‖ Changer, convertir : *convertir el papel en dinero,* changer des billets pour de l'argent. ‖ FIG. Convertir : *San Pablo convirtió a los gentiles,* saint Paul convertit les gentils.
— V. pr. Se convertir (al catolicismo, etc.). ‖ Se changer, se transformer : *el agua se convirtió en vino,* l'eau s'est changée en vin. ‖ FIG. Devenir : *convertirse en la providencia de los pobres,* devenir la providence des pauvres.

convexidad f. Convexité.

convexo, xa adj. Convexe.

convicción f. Conviction.

convicto, ta adj. DR. Convaincu, e : *convicto y confeso,* atteint et convaincu.
— M. Convict (en los países anglosajones).

convictorio m. Pensionnat dans les collèges de jésuites.

convidada f. FAM. Tournée : *dar, pagar una convidada,* offrir, payer une tournée.

convidado, da m. y f. Convive (que asiste a un convite). ‖ Invité, e (invitado). ‖ *Estar como el convidado de piedra,* rester comme la statue du commandeur, être pétrifié.
— SINÓN. *Invitado,* invité. *Comensal,* commensal. *Huésped,* hôte. *Fam. Parásito,* parasite. *Gorrón,* piqueassiette.

convidar v. tr. Convier, inviter : *me ha convidado a cenar,* il m'a invité à dîner. ‖ Offrir : *convidar a uno con algo,* offrir quelque chose à quelqu'un. ‖ FIG. Inciter, pousser, inviter : *los alimentos salados convidan a beber,* les aliments salés incitent à boire. ‖ *Convidar a tomar una copa,* offrir un verre.

convincente adj. Convaincant, e. ‖ *Testimonios convincentes,* témoignages parlants *o* convaincants *o* probants.

convincentemente adv. D'une manière convaincante.

convite m. Invitation, f. (acción de invitar) : *rehusar un convite,* refuser une invitation. ‖ Fête (f.) *o* banquet [auquel on est invité].

convivencia f. Vie en commun, cohabitation. ‖ Coexistence.

convivir v. intr. Vivre ensemble, vivre en commun, cohabiter. ‖ Coexister.

convocación f. Convocation.

convocar v. tr. ● Convoquer (citar) : *convocar una junta,* convoquer une assemblée. ‖ Réunir : *convocar el Senado,* réunir le Sénat. ‖ Acclamer (aclamar). ‖ Déclencher (una huelga).
— SINÓN. ● *Invitar,* inviter. *Llamar,* appeler. *Hacer venir,* mander. *Emplazar,* assigner.

convocatoria f. Convocation (anuncio). ‖ Convocation, collante (fam.) [escrito con que se convoca a un examen]. ‖ Session (examen) : *la convocatoria de septiembre,* la session de septembre.

convocatorio, ria adj. Qui convoque.

convoluto, ta adj. BOT. y ZOOL. Convoluté, e.

convolvuláceo, a adj. y s. f. BOT. Convolvulacé, e.

convólvulo m. BOT. Convolvulus, liseron (enredadera).

convoy m. Convoi (de buques y escolta). ‖ Convoyage, convoiement (escolta). ‖ FIG. y FAM. Suite, f., cortège (acompañamiento).

convoyante adj. m. Convoyeur (que escolta).

convoyar v. tr. Convoyer.

convulsión f. Convulsion (contracción). ‖ FIG. Trouble : *las convulsiones políticas de África,* les troubles politiques en Afrique.

convulsionar v. tr. Convulsionner. ‖ Convulser : *con las facciones convulsionadas por el espanto,* les traits convulsés par l'effroi.

convulsionario, ria adj. y s. Convulsionnaire.

convulsivo, va adj. Convulsif, ive : *tos convulsiva,* toux convulsive.

convulso, sa adj. Convulsé, e : *rostro convulso de terror,* visage convulsé par la terreur.

conyugal adj. Conjugal, e.

cónyuge m. y f. Conjoint, e (consorte).

coña f. POP. Rigolade (guasa) : *tomar a coña,* prendre à la rigolade.

coñac m. Cognac.

coño m. POP. Con.
— — Interj. POP. Merde !

coocupante m. y f. Cooccupant, e.

coolí m. Coolie (trabajador chino o hindú).

cooperación f. Coopération.

cooperador, ra adj. y s. Coopérateur, trice.

cooperar v. intr. Coopérer : *cooperar al buen éxito de,* coopérer au succès de.

cooperativismo m. Coopératisme.

cooperativista adj. y s. Partisan, partisane du coopératisme.

cooperativo, va adj. y s. f. Coopératif, ive.

coopositor, ra m. y f. Concurrent, e.

cooptar v. tr. Coopter.

coordenada f. GEOM. Coordonnée.

coordinación f. Coordination.

coordinadamente adv. Avec coordination.

coordinado, da adj. Coordonné, e.

coordinador, ra adj. y s. Coordonnateur, trice ; qui coordonne.

coordinamiento m. Coordination, f.

coordinar v. tr. Coordonner : *coordinar los esfuerzos,* coordonner les efforts. ‖ Ordonner, classer (ordenar).

coordinativo, va adj. Qui peut coordonner.

copa f. Coupe : *copa de champaña,* coupe de champagne. ‖ Verre (m.) à pied : *el vino tinto se suele tomar en una copa,* on prend d'ordinaire le vin rouge dans un verre à pied. ‖ Verre : *invitar a una copa,* offrir un verre. ‖ Coupe (trofeo). ‖ Tête, cime (de un árbol). ‖ Bonnet, m. (del sostén). ‖ Brasero, m. ‖ Mesure de capacité [1/8 de litre]. ‖ — Pl. Couleur du jeu de cartes espagnol. ‖ Bossettes (del bocado del caballo). ‖ — *Copa del horno,* voûte du four. ‖ *Copa graduada,* verre gradué. ‖ *Sombrero de copa o copa alta,* chapeau haut de forme. ‖ — FIG. *Apurar la copa del dolor,* boire le calice jusqu'à la lie. ‖ FAM. *Estar de copas* ou *de copitas,* prendre des verres, faire la tournée des cafés.

copada f. Cochevis, m. (pájaro).

copado, da adj. Touffu, e (árbol). ‖ FIG. y FAM. *Estar copado,* ne pas pouvoir s'en sortir.

copaiba f. Copayer, m. (árbol). ‖ Copahu, m. (bálsamo).

copal m. Copal (resina y barniz).

copante m. Amer. Passerelle, f.

copaquira f. Amer. Couperose bleue.

copar v. tr. Accaparer, rafler : *copar todos los puestos en una elección,* accaparer tous les sièges dans une élection. ‖ MIL. Envelopper, encercler, couper la retraite à (un ejército). ‖ — *Copar la banca,* faire banco. ‖ *Copar los dos primeros puestos,* faire un doublé (en deportes).

coparticipación f. Coparticipation.

copartícipe m. y f. Coparticipant, e (que participa). ‖ Copartageant, e (que comparte).

copayero m. Copayer (árbol).

copear v. intr. Boire *o* prendre quelques verres (beber). ‖ FAM. Picoler, chopiner (beber mucho).

copec m. Kopeck (moneda rusa).

copela f. Coupelle, casse (crisol). ‖ QUÍM. *Copela de ensayos,* têt.

copelación f. TECN. Coupellation.

copelar v. tr. Coupeller (un metal).

copeo m. Tournée (*f.*) des cafés : *irse de copeo*, faire la tournée des cafés. ‖ *Estar de copeo*, prendre quelques verres, faire la tournée des cafés.

copépodos m. pl. ZOOL. Copépodes.

copera f. Meuble (*m.*) o étagère pour ranger les verres. ‖ Plateau, *m.* (bandeja).

Copérnico n. pr. m. Copernic.

copero m. Échanson : *copero mayor*, grand échanson. ‖ Étagère (*f.*) à verres.

copete m. Houppe (*f.*, toupet (de cabellos) : *Riquete el del copete*, Riquet à la houppe. ‖ Huppe, *f.*, aigrette, *f.* (de un pájaro). ‖ Toupet (del caballo). ‖ Corniche, *f.* (ornamento). ‖ Comble (de un helado). ‖ Cime, *f.*, sommet (de una montaña). ‖ FIG. Toupet, culot (fam.) [audacia] : *tener mucho copete*, avoir beaucoup de toupet. ‖ — FIG. *De alto copete*, huppé ; de la haute (fam.) : *una familia de alto copete*, une famille de la haute. ‖ *Estar hasta el copete*, en avoir par-dessus la tête.

copetín m. Petit verre. ‖ *Amer.* Apéritif, cocktail.

copetón adj. *Amer.* Huppé, e.

— M. Moineau huppé, huppe, *f.* (gorrión).

copetuda f. Alouette (alondra).

copetudo, da adj. Huppé, e.

copia f. Abondance, profusion, foule (gran cantidad). ‖ Exemplaire, *m.* : *cien copias de este libro*, cent exemplaires de ce livre. ‖ ● Copie (reproducción) : *copia legalizada*, copie certifiée conforme. ‖ Épreuve : *hacer una copia de una fotografía*, tirer une épreuve d'une photographie. ‖ FIG. Copie, portrait : *es una copia de su madre*, c'est le portrait de sa mère. ‖ Imitation. ‖ *Máquina para sacar copias*, tireuse (en fotografía).

— OBSERV. Le mot espagnol *copia* n'a pas le sens de « feuille » (des écoliers) ni celui de « manuscrit » (pour l'imprimerie), comme le français *copie*.

— SINÓN. ● *Duplicado, duplicata*, double. *Calco*, calque.

copiador, ra adj. À copier (máquina). ‖ — Adj. y s. m. Copie (*f.*) de lettres (libro copiador).

copiante m. Copiste.

copiar v. tr. Copier : *copiar del natural*, copier d'après nature. ‖ *Copiar al pie de la letra*, copier mot à mot o à la lettre.

— SINÓN. *Escribir*, écrire. *Transcribir*, transcrire. *Reproducir*, reproduire. *Calcar*, décalquer.

copiloto m. Copilote.

copilla f. Chaufferette.

copina f. *Amer.* Peau d'un animal écorché.

copinar v. tr. *Amer.* Écorcher [un animal].

copión, ona m. y f. FAM. Copieur, euse (en un examen).

copiosidad f. Abondance.

copioso, sa adj. Copieux, euse : *una comida copiosa*, un repas copieux. ‖ FIG. Abondant, e.

copista m. Copiste.

copla f. Couplet, *m.* (combinación métrica). ‖ Couplet, *m.* (estrofa corta de canción popular). ‖ Chanson (canción). ‖ — Pl. FAM. Vers, *m.*, poésies, poèmes, *m.* ‖ — FIG. *Coplas de Calaínos*, histoires à dormir debout, contes de ma mère l'oie. ‖ *Coplas de ciego*, chansons des rues (canciones), vers de mirliton (versos malos). ‖ — FAM. *Andar en coplas*, être dans toutes les bouches. ‖ *Echar coplas a uno*, éreinter quelqu'un, en raconter sur quelqu'un, dire pis que pendre de quelqu'un.

coplanarias adj. f. pl. MAT. Coplanaires : *rectas coplanarias*, droites coplanaires.

coplear v. intr. Composer des chansons (hacer canciones). ‖ Chanter des chansons (cantar).

coplería f. Ensemble (*m.*) de couplets.

coplero o **coplista** m. FIG. Rimailleur, poétereau.

copo m. Flocon (de nieve, de trigo, de avena). ‖ Quenouillée, *f.* (de cáñamo o lino). ‖ Touffe, *f.* (de lana). ‖ Caillot (coágulo). ‖ Grumeau (de harina). ‖ Banco (en el juego). ‖ MIL. Résultat d'un mouvement enveloppant. ‖ Poche, *f.* (de una red). ‖ *Amer.* Nuage, nimbus (nube). ‖ — *Poquito a poco hila la vieja el copo*, les petits ruisseaux font les grandes rivières, petit à petit l'oiseau fait son nid. ‖ *Sacar el copo*, tirer les filets.

copón m. Grande coupe, *f.* ‖ ECLES. Ciboire (vaso sagrado).

coposesión f. Copossession.

coposesor m. Copossesseur.

coposo, sa adj. Touffu, e (copudo).

copra f. Coprah, *m.*, copra, *m.*, moelle de noix de coco.

coproducción f. CINEM. Coproduction.

coprófago, ga adj. y s. ZOOL. Coprophage.

coprolito m. Coprolithe.

copropiedad f. Copropriété.

copropietario, ria adj. y s. Copropriétaire.

copto, ta adj. y s. Copte.

copudo, da adj. Touffu, e (árbol).

cópula f. GRAM. Copule, liaison, mot (*m.*) de liaison. ‖ Copulation, union charnelle.

copular v. tr. (Ant.). Unir.

— V. pr. S'accoupler (aparearse).

copulativo, va adj. GRAM. Copulatif, ive.

coque m. Coke (carbón).

coquear v. intr. *Amer.* Mâcher de la coca.

coquefacción f. Cokéfaction.

coqueluche m. Coqueluche, *f.*

— OBSERV. Ce mot est un gallicisme employé pour *tos ferina*.

coquera f. Tête de la toupie (del trompo). ‖ Caisse à charbon (para el coque). ‖ Cavité dans une pierre (en una piedra). ‖ *Amer.* Endroit (*m.*) où l'on garde la coca (lugar). ‖ Bourse contenant de la coca (bolsa).

coquería f. Cokerie (fábrica de coque).

coquero, ra adj. *Amer.* Amateur de coca.

coqueta adj. f. y s. f. Coquette : *una mujer coqueta*, une femme coquette. ‖ — F. Coiffeuse (tocador).

coquetear v. intr. Faire la coquette (una mujer). ‖ Flirter (flirtear).

coqueteo m. Flirt (flirteo).

coquetería f. Coquetterie.

coqueto adj. V. COQUETÓN.

coquetón, ona adj. FAM. Gentil, ille ; coquet, ette ; mignon, onne : *un apartamento coquetón*, un appartement coquet. ‖ Coquet, ette : *una suma muy coquetona*, une somme fort coquette.

— M. FAM. Dandy. ‖ Joli cœur. ‖ — F. FAM. Coquette.

coquificación f. Cokéfaction.

coquificar v. tr. Cokéfier.

coquina f. Petite clovisse (molusco comestible).

coquinero, ra m. y f. Pêcheur, pêcheuse o marchand, marchande de clovisses.

coquito m. FAM. Geste (ademán), mine, *f.*, grimace, *f.* [pour amuser les enfants]. ‖ Frisette, *f.* (rizo). ‖ *Amer.* Noix (*f.*) de coco (coco). ‖ Variété de tourterelle, *f.* (tórtola).

coquización f. Cokéfaction.

coquizar v. tr. Cokéfier.

coracero m. Cuirassier (soldado). ‖ FIG. y FAM. Mauvais cigare.

coracha f. Sac (*m.*) de cuir.

coraje m. Irritation, *f.*, colère, *f.*, emportement, hargne, *f.* (ira). ‖ Courage (valor). ‖ — FAM. *Dar coraje*, faire rager, mettre en colère. ‖ *Echarle coraje a algo*, y mettre le paquet. ‖ *¡Qué coraje !*, c'est rageant.

— OBSERV. Dans le sens de « courage » le mot *coraje*, peu usité, est remplacé par *valor*.

corajina f. FAM. Explosion *o* accès (*m.*) de colère.
corajinoso, sa o **corajoso, sa** adj. Irrité, e; en colère.
corajudo, da adj. Irrité, e. || *Amer.* Courageux, euse : *un hombre corajudo*, un homme courageux.
coral m. ZOOL. Corail : *corales*, coraux.
— F. Corail, *m.*, serpent (*m.*) corail (serpiente). || — Pl. Collier (*sing.*) de corail (collar). || Caroncules (del pavo). || — FIG. *Fino como un coral* ou *más fino que un coral*, fin comme l'ambre.
coral adj. Choral, e : *canto coral*, chant choral.
— F. MÚS. Choral, *m.* (composición musical). | Chorale (coro).
coralarios m. pl. ZOOL. Coralliaires.
coralero m. Corailleur.
coralífero, ra adj. Corallifère.
coraliforme adj. Coralliforme.
coralígeno, na adj. Coralligène.
coralillo m. Serpent corail (serpiente).
coralino, na adj. Corallin, e.
— F. Coralline (alga).
corambre f. Cuirs, *m. pl.*, peaux, *pl.*
corambrero m. Peaussier (comerciante en cueros).
corán m. Coran, koran (alcorán).
coránico, ca adj. Coranique.
coraza f. Cuirasse. || MAR. Blindage, *m.* || ZOOL. Carapace (de la tortuga).
corazón m. Cœur (víscera). || Cœur (centro). || FIG. Courage, cœur (valor). || Cœur (afecto) : *amar de todo corazón*, aimer de tout son cœur. || Cœur (naipe). || Cœur (de una vía de ferrocarril). || BLAS. Cœur, abîme. || — Pl. ARQ. Rais-de-cœur. || — *Corazón de alcachofa*, cœur d'artichaut. || — *Blando de corazón*, au cœur tendre. || *Con todo mi corazón*, de tout mon cœur. || *De corazón*, de bon cœur, bien, franchement. || *Dedo del corazón*, doigt du milieu, médius. || *De todo corazón*, de tout cœur, de grand cœur. || *Operación a corazón abierto*, opération à cœur ouvert. || — *Con el corazón metido en un puño*, le cœur gros (de tristeza). || *Darle a uno un vuelco el corazón*, tressaillir (de miedo o de alegría). || *Hablar al corazón*, aller droit au cœur. || *Hablar con el corazón en la mano*, parler à cœur ouvert. || *Hacer de tripas corazón*, faire contre mauvaise fortune bon cœur. || *Llegar al corazón*, aller droit au cœur, toucher. || *Llevar el corazón en la mano*, avoir le cœur sur la main. || *Me lo da* ou *me lo dice el corazón*, le cœur me le dit, j'en ai le pressentiment. || *No caberle a uno el corazón en el pecho*, avoir un très grand cœur (ser muy bueno), être fou de joie (estar muy alegre). || *No tener corazón*, ne pas avoir de cœur, être sans cœur. || *No tener corazón para hacer algo*, n'avoir pas le cœur à faire quelque chose. || *Ojos que no ven, corazón que no siente*, loin des yeux, loin du cœur. || *Partir* ou *traspasar el corazón*, crever, déchirer *o* fendre le cœur *o* l'âme. || *Salir* ou *brotar del corazón*, jaillir du cœur. || *Se me encogió el corazón*, cela m'a donné un coup au cœur, j'ai eu un pincement au cœur. || *Ser uno todo corazón*, avoir un grand cœur. || *Tener buen corazón*, avoir du cœur, avoir bon cœur. || *Tener el corazón encogido*, avoir le cœur serré. || *Tener el corazón hecho polvo*, avoir le cœur gros. || *Tener el corazón que se le sale del pecho*, avoir le cœur sur la main. || *Tener mal corazón*, ne pas avoir de cœur.
corazonada f. Pressentiment, *m.* : *tengo la corazonada de que vendrá*, j'ai le pressentiment qu'il viendra. || Élan, *m.*, impulsion (impulso). || Fressure (asadura de una res).
corazoncillo m. BOT. Millepertuis.
corbata f. Cravate (prenda de vestir, lazo de bandera) : *ponerse la corbata*, mettre sa cravate. ||

— *Con corbata*, cravaté. || *Corbata de neumático*, pare-clous.
corbatería f. Magasin (*m.*) de cravates.
corbatero, ra m. y f. Cravatier, ère; personne qui fait *o* vend des cravates.
corbatín m. Petite cravate, *f.* || Cravate, *f.* (de bandera).
corbato m. Réfrigérant (del alambique).
corbeta f. Corvette (embarcación).
— OBSERV. *Corbeta*, corvette, y *corveta*, courbette, ont le *b* et le *v* placés à l'inverse du français.
Córcega n. pr. f. GEOGR. Corse.
corcel m. Coursier (caballo).
corcino m. Faon (corzo pequeño).
corcova f. Bosse (joroba, jiba). || *Amer.* Prolongation d'une fête.
corcovado, da adj. y s. Bossu, e.
corcovar v. tr. Courber, plier (encorvar).
corcovear v. intr. Faire des courbettes.
corcoveta m. y f. FAM. Boscot, otte; bossu, e (jorobado).
corcovo m. Courbette, *f.*, cabriole, *f.* (salto). || Croupade, *f.* (de caballo). || FIG. Courbure, *f.* (torcedura).
corcha f. Liège (*m.*) brut.
corchar v. tr. MAR. Commettre (torcer un cable).
corchea f. MÚS. Croche : *doble corchea*, double croche.
corchera f. Seau (*m.*) à glace. || Ligne de séparation des couloirs (en las calles de una piscina).
corchero, ra adj. Du liège.
corcheta f. Porte [d'agrafe].
corchete m. Agrafe, *f.* (para sujetar). || Agrafe, *f.* (que se engancha en la hembra). || Crochet (de carpintería). || Crochet (signo tipográfico). || (Ant.). FIG. Sergent de ville, argousin (agente de policía).
corcho m. Liège (corteza de alcornoque). || Bouchon de liège (tapón). || Bouchon, flotteur (para pescar). || Seau à glace (corchera). || Ruche, *f.* (colmena). || Sorte de pare-étincelles en liège. || — Pl. Ceinture (*f. sing.*) de liège, flotteur, *sing.*, bouée, *f. sing.* (para nadar).
¡córcholis! interj. Sapristi!, nom d'une pipe!, mince!, zut!
corchoso, sa adj. Liégeux, euse.
oorohotaponero, ra adj. De l'industrie des bouchons de liège.
cordado, da adj. BLAS. Cordé, e (acorazonado).
— M. pl. ZOOL. Cordés. || — F. Cordée (alpinismo) : *primera* ou *cabeza* ou *jefe de cordada*, premier de cordée.
cordaje m. ● Cordages, *pl.* (conjunto de cuerdas). || MAR. Manœuvre, *f.* (jarcia).
— SINÓN. ● *Cable, maroma, câble. Cuerda, soga, corde. Cabo, filin.*
cordal adj. f. *Muela cordal*, dent de sagesse.
cordal m. Cordier (del violín).
cordel m. Corde, *f.* (cuerda). || Cordeau (cuerda delgada) : *tirado a cordel*, tiré au cordeau. || Longueur (*f.*) de cinq pas (distancia). || Draille, *f.* (camino pastoril).
cordelazo m. Coup de corde.
cordelejo m. Cordelette, *f.* || *Amer. Dar cordelejo*, faire traîner en longueur [une affaire].
cordelería f. Corderie (oficio o tienda del cordelero). || MAR. Cordages, *m. pl.*, manœuvres, *pl.*
cordelero m. Cordier.
cordera f. Agnelle, petite brebis (ovejita). || FIG. Agneau, *m.*, femme très douce.
cordería f. Cordages, *m. pl.*
cordorillo m. Agnelet, petit agneau. || Agnelin (piel de cordero).
corderino, na adj. Relatif à l'agneau.
— F. Agneau, *m.*, agnelin, m. (piel).

cordero m. Agneau (cría de la oveja). ‖ Agneau (carne de cordero menor), mouton (carne de cordero mayor). ‖ Agneau, agnelin (piel). ‖ Fig. Agneau : *manso como un cordero*, doux comme un agneau. ‖ — *Cordero lechal*, agneau de lait. ‖ *Cordero pascual*, agneau pascal. ‖ Fig. *El Divino Cordero* ou *Cordero de Dios*, l'Agneau divin, l'Agneau de Dieu. ‖ Fig. *La madre del cordero*, le mot de l'énigme, le fin mot de l'histoire.
— Observ. En termes de boucherie, *cordero* désigne aussi bien la viande de mouton que celle d'agneau.

cordial adj. Cordial, e (confortante) : *remedio cordial*, remède cordial. ‖ Fig. Cordial, e : *hacer un convite cordial*, faire une invitation cordiale. ‖ — *Dedo cordial*, doigt du milieu, médius. ‖ *Saludos cordiales*, cordialement, bien à vous (en una carta).
— M. Cordial (bebida reconfortante).

cordialidad f. Cordialité, caractère (m.) cordial : *hablar con cordialidad*, parler avec cordialité.

cordiforme adj. Cordiforme (en forma de corazón).

cordillera f. Cordillère, chaîne : *la cordillera de los Andes, la cordillera de los Alpes*, la cordillère des Andes, la chaîne des Alpes ; *la cordillera Pirenaica*, la chaîne des Pyrénées. ‖ *Amer.* *Por cordillera*, par personne interposée.

cordillerano, na adj. *Amer.* De la cordillère des Andes.

cordita f. Cordite (pólvora).

córdoba m. Unité monétaire du Nicaragua.

Córdoba n. pr. Geogr. Cordoue (Espagne). | Cordoba (Argentina).

cordobán m. Cuir de Cordoue (cuero de Córdoba).

cordobés, esa adj. y s. Cordouan, e (de Córdoba).

cordón m. Cordon (cuerda pequeña). ‖ Cordon, cordelière, f. (de algunos religiosos). ‖ Lacet, cordon (para los zapatos). ‖ Cordelière, f. (corbata). ‖ Anat. Cordon (umbilical, etc.). ‖ Arq. Cordon, cordelière, f. (bocel). ‖ Mar. Bitord. ‖ Fig. Cordon : *cordón sanitario, de policía, de tropa*, cordon sanitaire, de police, de troupe. ‖ *Amer.* Bordure (f.) du trottoir (de la acera). ‖ — Pl. Aiguillettes, f., fourragère, f. sing. (de uniforme militar).

cordonazo m. Coup de cordon.

cordoncillo m. Cordonnet. ‖ Grain d'une étoffe. ‖ Passepoil (costura). ‖ Cordon (de una moneda). ‖ Impr. Cordelière, f.

cordonería f. Passementerie.

cordonero, ra m. y f. Passementier, ère.

cordura f. Sagesse, bon sens, m.

corea f. Med. Chorée, danse de Saint-Guy.

Corea n. pr. f. Geogr. Corée.

coreano, na adj. y s. Coréen, enne.

corear v. tr. Composer des chœurs (componer música coreada). ‖ Fig. Faire chorus.

corega o **corego** m. Chorège.

coreo m. Chorée (poesía griega). ‖ Mús. Ensemble des chœurs.

coreografía f. Chorégraphie.

coreográfico, ca adj. Chorégraphique.

coreógrafo m. Chorégraphe.

corezuelo m. Cochon de lait (cochinillo).

Corfú n. pr. Geogr. Corfou.

Coria n. pr. Geogr. Coria. (V. Bobo.)

coriáceo, a adj. Coriace.

coriambo m. Choriambe (poesía).

coriana f. *Amer.* Couverture (cobertor).

coriano, na adj. y s. De Coria.

coribante m. Hist. Corybante (sacerdote de Cibeles).

coricida m. Coricide (callicida).

corifeo m. Coryphée.

corimbo m. Bot. Corymbe.

Corina n. pr. f. Corinne.

corindón m. Corindon (piedra fina).

corintio, tia adj. y s. Corinthien, enne (de Corinto).

Corinto n. pr. Geogr. Corinthe.

corión m. Chorion (membrana del huevo).

corista m. Choriste (religioso). ‖ — M. y f. Choriste (ópera). ‖ — F. Girl (revista, music-hall).

corito, ta adj. Nu, e (desnudo). ‖ Fig. Timide, pusilánime.

coriza f. Med. Coryza, m. (resfriado).

corladura f. Vernis (m.) doré, vermeil, m.

corlar o **corlear** v. tr. Vernir à l'or, dorer (la plata).

cormorán m. Cormoran (cuervo marino).

cornac o **cornaca** m. Cornac (conductor de elefantes). ‖ Fam. Cicerone.

cornada f. Coup (m.) de corne : *dar cornadas*, donner des coups de corne. ‖ Flanconade (esgrima). ‖ Fam. *Más cornadas da el hambre*, il vaut mieux ça que crever de faim.

cornadura f. V. Cornamenta.

cornal m. Courroie (f.) pour attacher le joug (coyunda).

cornalina f. Cornaline (piedra).

cornalón adj. m. À grandes cornes.
— M. Grand coup de corne.

cornamenta f. Cornes, pl., encornure (del toro, vaca, etc.). ‖ Ramure, bois, m. pl. (de un ciervo, etc.).

cornamusa f. Mús. Cornemuse.

cornazo m. Coup de corne.

córnea f. Anat. Cornée (del ojo) : *córnea opaca, transparente*, cornée opaque, transparente. ‖ *De la córnea*, cornéen, enne.

cornear v. tr. Donner des coups de corne, encorner (dar cornadas).

corneja f. Zool. Corneille (especie de cuervo). | Petit duc, m. (especie de búho).

cornejal m. Lieu planté de cornouillers.

cornejo m. Cornouiller (arbusto).

corneliano, na adj. Cornélien, enne.

córneo, a adj. Corné, e.
— F. pl. Bot. Cornacées.

córner m. Corner (saque de esquina) : *tirar un córner*, botter un corner.

cornerina f. Cornaline.

corneta f. Mús. Cornet, m. : *corneta de llaves*, cornet à pistons. | Clairon, m. (militar). ‖ Cornette (bandera de un regimiento). ‖ Cornette (de monjas). ‖ — *A toque de corneta*, à son de trompe. ‖ *Corneta de monte*, cor de chasse (trompa). ‖ *Toque de corneta*, sonnerie de clairon.
— M. Mil. Clairon, trompette (persona que toca la corneta).

cornete m. Cornet (hueso de la nariz).

cornetilla f. Sorte de piment.

cornetín m. Mús. Cornet à pistons, bugle. | Cornettiste (el que toca el cornetín).

corneto, ta adj. *Amer.* Qui a les jambes torses. | Qui a une seule corne.

cornezuelo m. Ergot (del centeno). ‖ Variété (f.) d'olive (aceituna). ‖ Veter. Corne, f.

corniabierto, ta adj. Billardé, e (toro de cuernos separados).

corniapretado, da adj. Qui a les cornes rapprochées.

cornicabra f. Bot. Térébinthe, m. (terebinto). | Caprifiguier, m. (higuera salvaje). | Variété d'olive de forme allongée (aceituna). | Périploca, m. (planta).

cornigacho, cha adj. Bas encorné, e.

cornija f. Corniche (cornisa).

cornijal m. Coin, angle (esquina). ‖ Ecles. Manuterge (lienzo).

cornijamento o cornijamiento m. V. CORNISA-MENTO.

cornijón m. Entablement (cornisamento). ‖ Coin d'une maison (esquina).

cornisa f. ARQ. y GEOGR. Corniche. ‖ *Carretera de cornisa*, route de corniche.

cornisamento o cornisamiento m. ARQ. Entablement.

corniveleto, ta adj. Haut encorné, e.

corno m. BOT. Cornouiller (cornejo). ‖ MÚS. *Corno inglés*, cor anglais.

Cornualles n. pr. GEOGR. Cornouailles.

cornucopia f. Corne d'abondance (emblema decorativo). ‖ Miroir (m.) orné d'appliques pour bougies.

cornudo, da adj. Cornu, e (con cuernos). ‖ — Adj. m. y s. m. FIG. y FAM. Cocu (marido). ‖ FIG. y FAM. *Tras cornudo apaleado*, cocu, battu et content.

cornúpeta o cornúpeto m. Taureau (toro).

cornuto adj. m. *Argumento cornuto*, argument cornu, dilemme.

coro m. MÚS. y TEATR. Chœur : *cantar a* ou *en coro*, chanter en chœur. ‖ Chœur (en las iglesias). ‖ — *Hablar a coro*, parler tous à la fois o tous en même temps. ‖ *Hacer coro* ou *repetir a coro*, faire chorus.

— OBSERV. Dans les églises espagnoles, le chœur est fermé par de hautes clôtures en fer forgé et se trouve le plus souvent dans la nef.

coro (de) loc. adv. Par cœur.

corografía f. Chorographie.

coroideo, a adj. Choroïdien, enne.

coroides f. ANAT. Choroïde (membrana del ojo).

corojo m. BOT. Corozo, arbre à beurre.

corola f. Corolle (de flor).

corolario m. Corollaire.

corona f. Couronne (de laurel, de rey, duque, etc.) : *corona de espinas*, couronne d'épines. ‖ Sommet (m.) de la tête (coronilla). ‖ Couronne, tonsure (de clérigos). ‖ Couronne (moneda). ‖ FIG. Couronne (reino). ‖ ANAT. Couronne (de diente). ‖ ASTR. Couronne, auréole (de un astro). ‖ GEOM. y ARQ. Couronne. ‖ TECN. Couronne. ‖ Remontoir, m. (de reloj). ‖ — *Muela con una corona*, dent couronnée. ‖ *Poner una corona a una muela*, couronner une dent, mettre une couronne à une dent.

coronación f. Couronnement, m., sacre, m. (de un soberano). ‖ FIG. Couronnement, m. (fin, término). ‖ ARQ. Couronnement, m.

coronado, da adj. Couronné, e : *testa coronada*, tête couronnée. ‖ Tonsuré (clérigo).

coronador, ra adj. Qui couronne.

coronal adj. ANAT. Coronal, e (hueso).

coronamiento m. Couronnement.

coronar v. tr. Couronner, sacrer (poner una corona). ‖ Damer (en el juego de damas). ‖ FIG. Couronner (acabar). ‖ Couronner, surmonter : *una estatua corona el edificio*, une statue surmonte l'édifice.

coronario, ria adj. Coronaire : *la arteria coronaria*, l'artère coronaire.

corondel m. IMPR. Filet (regleta entre dos columnas). ‖ — Pl. Vergeure, f. sing. (rayas).

coronel, la m. y f. MIL. Colonel, elle.

coronelato m. *Amer.* V. CORONELÍA.

coronelía f. Grade (m.) de colonel.

coronide f. Achèvement, m., couronnement, m.

coronilla f. Sommet (m.) de la tête. ‖ Tonsure (de los sacerdotes). ‖ BOT. Coronille. ‖ — FIG. y FAM. *Andar* ou *estar de coronilla*, ne pas savoir où donner de la tête, être sur les dents. ‖ *Estar uno hasta la coronilla*, en avoir par-dessus la tête, en avoir marre, en avoir plein le dos.

corosol f. BOT. Corossol (fruto). ‖ Corossolier (árbol).

corotos m. pl. *Amer.* Machins, trucs (trastos).

coroza f. Caroche (de los condenados). ‖ Cape en paille des paysans galiciens.

corozo m. Corozo (marfil vegetal). ‖ Corossol (fruta). ‖ Corossolier (árbol).

corpa f. Morceau (m.) de minerai brut.

corpachón o corpanchón o corpazo m. FAM. Carcasse, f., grand corps mal bâti. | Carcasse (f.) de volaille (del ave).

corpiño m. Corsage sans manches, corselet. ‖ *Amer.* Soutien-gorge (sostén).

corporación f. Corporation.

— SINÓN. *Sociedad*, société. *Organismo*, organisme. *Entidad*, entité. *Colegio*, collège. *Mutualidad*, mutualité.

corporal adj. Corporel, elle (del cuerpo) : *pena corporal*, peine corporelle.

— M. ECLES. Corporal (lienzo bendito).

corporalidad f. Corporalité.

corporativamente adv. En corporation.

corporativismo m. Corporatisme.

corporativista adj. y s. Corporatiste.

corporativo, va adj. Corporatif, ive.

corporeidad f. Corporéité.

corpóreo adj. Corporel, elle.

corps m. *Guardia de corps*, garde du corps. ‖ *Sumiller de corps*, grand chambellan.

corpudo, da adj. Corpulent, e.

corpulencia f. Corpulence.

corpulento, ta adj. Corpulent, e.

Corpus n. pr. m. RELIG. Fête-Dieu, f.

corpuscular adj. Corpusculaire.

corpúsculo m. Corpuscule : *los microbios son corpúsculos*, les microbes sont des corpuscules.

corral m. Basse-cour, f. (para aves). ‖ Cour, f. (patio). ‖ Parc (de pesca). ‖ Cirque (de montañas). ‖ (Ant.). Théâtre. ‖ *Amer.* Enclos (redil). ‖ — *Aves de corral*, oiseaux de basse-cour, volaille. ‖ *Corral de madera*, chantier de bois. ‖ FIG. y FAM. *Corral de vacas*, écurie, porcherie.

corralera f. Chanson andalouse.

corralero, ra m. y f. Éleveur, éleveuse de volailles.

corraliza f. Basse-cour, cour (corral).

corralón m. Grande cour, f. ‖ Cour, f. (de una casa de vecinos). ‖ *Amer.* Hangar (almacén).

correa f. ● Courroie (tira de cuero) : *correa de transmisión*, courroie de transmission. ‖ Ceinture (cinturón). ‖ Bracelet, m. (de un reloj). ‖ FIG. Souplesse, élasticité (flexibilidad). ‖ ARQ. Panne. ‖ FIG. y FAM. *Tener correa*, avoir bon dos, comprendre la plaisanterie, être patient (ser sufrido), être costaud, avoir de la résistance (tener fuerza).

— SINÓN. ● *Correhuela*, guasca (amer.), lanière. *Cincha*, sangle. *Cinturón*, ceinture. *Correaje*, harnais.

correaje m. Buffleterie, f. (del equipo del soldado). ‖ Harnais (arnés).

correar v. tr. Corroyer (la lana).

correazo m. Coup de courroie, sanglade, f.

correcalles m. FAM. Coureur de rues, batteur de pavés (vago).

corrección f. Correction : *recibir una corrección*, recevoir une correction. ‖ Correction (finura, enmienda). ‖ ● IMPR. Correction. ‖ *Corrección-modelo*, corrigé : *la corrección-modelo de la versión*, le corrigé de la version.

— SINÓN. ● *Enmienda*, modification. *Rectificación*, rectification. *Reparación*, réparation.

correccional adj. Correctionnel, elle. ‖ *Tribunal correccional*, tribunal correctionnel, la correctionnelle.

— M. Maison (f.) de correction, maison (f.) de redressement.

correctivo, va adj. y s. m. Correctif, ive.

correcto, ta adj. Correct, e : *hablar un lenguaje correcto*, parler un langage correct.

corrector, ra adj. y s. Correcteur, trice. ‖ Corrigeur, euse (imprenta).
— OBSERV. El *correcteur* está encargado de corregir las pruebas. El *corrigeur* hace, en una imprenta, la corrección tipográfica de los caracteres de plomo.

corredero, ra adj. Coulissant, e : *puerta corredera*, porte coulissante.
— F. Coulisse (de una ventana *o* puerta). ‖ Meule courante (muela de molino). ‖ ZOOL. Cloporte, *m.* (cochinilla). ‖ (P. us.). Cirque, *m.*, hippodrome, *m.* ‖ Allée cavalière (calle). ‖ MAR. Loch, *m.* ‖ TECN. Tiroir, *m.* (de la máquina de vapor). ‖ FIG. y FAM. Entremetteuse, maquerelle (alcahueta). ‖ FAM. *Amer.* Courante (diarrea). ‖ — *Corredera pequeña*, coulisseau. ‖ *De corredera*, à coulisse, coulissant, à glissière (ventana, puerta).

corredizo, za adj. Coulant, e : *nudo corredizo*, nœud coulant. ‖ *Techo corredizo*, toit ouvrant *o* coulissant (de los coches).

corredor, ra adj. y s. Coureur, euse (que corre). ‖ ZOOL. Coureur (dícese de ciertas aves). ‖ — M. COM. Courtier, commissionnaire, placier (de ventas). ‖ Agent : *corredor de Bolsa, de cambio*, agent de change. ‖ Éclaireur (soldado). ‖ Couloir, corridor (pasillo). ‖ Chemin couvert (fortificación). ‖ — F. Coureur, *m.* (ave).

corredura f. Comble (*m.*) d'une mesure.

correduría f. Courtage, *m.* (profesión). ‖ Courtage, *m.* (corretaje).

correería f. Corroyage, *m.* (arte del curtidor).

correero, ra m. y f. Corroyeur, euse ; fabricant *o* marchand de courroies.

corregible adj. Corrigible.

corregidor m. Corrégidor (antiguo magistrado español). ‖ Maire (antiguo alcalde nombrado por el rey).

corregidora f. Femme du corrégidor.

corregir* v. tr. Corriger (una falta, un vicio, a alguien, etc.) : *corregir por su mano*, corriger de sa main. ‖ *Corregido y aumentado*, revu et corrigé. ‖ MIL. *Corregir el tiro*, rectifier le tir.
— V. pr. Se corriger.
— SINÓN. *Mejorar*, améliorer. *Enmendar*, amender. *Reformar*, réformer. *Remediar*, remédier. *Enderezar*, redresser, relever. *Rectificar*, rectifier.

correhuela f. BOT. Renouée (centinodia). ‖ Liseron, *m.* (enredadera). ‖ Lanière (correa).

correinado m. Règne simultané de deux rois.

correinante adj. Corégnant, e.

correísta m. *Amer.* Barbarismo por *correo*.

correlación f. Corrélation.

correlacionar v. tr. Mettre en rapport, relier.

correlativo, va adj. y s. m. Corrélatif, ive.

correligionario, ria adj. y s. Coreligionnaire.

correlón, ona adj. *Amer.* Coureur, euse. ‖ Lâche, peureux, euse (cobarde).

correntada f. *Amer.* Courant (*m.*) impétueux.

correntino, na adj. y s. De Corrientes (Argentina).

correntío adj. Coulant, e (corriente).

correntón, ona adj. y s. Coureur, euse ; bon marcheur, bonne marcheuse (trotacalles). ‖ Boute-en-train (festivo). ‖ — Adj. Enjoué, e ; plaisant, e.

correntoso, sa adj. *Amer.* Torrentueux, euse (un río).

correo m. Courrier, messager (mensajero). ‖ Poste, *f.* (servicio postal) : *la administración de Correos*, l'administration des Postes ; *echar una carta al correo*, mettre une lettre à la poste [poster]. ‖ Bureau de poste (oficina). ‖ Courrier, correspondance, *f.* (cartas recibidas) : *hoy no hay mucho correo*, aujourd'hui il n'y a pas beaucoup de courrier. ‖ Train-poste (tren correo). ‖ DR. Complice, coaccusé (cómplice). ‖ — Pl. Poste, *f.* sing. ‖ *Apartado de Correos*, boîte postale. ‖ *A vuelta de*

correo, par retour du courrier. ‖ *Central de Correos*, poste centrale. ‖ *Correo aéreo*, poste aérienne. ‖ FIG. y FAM. *Correo de malas nuevas*, messager de malheur. ‖ *Estafeta de Correos*, bureau de poste d'un quartier. ‖ *Lista de Correos*, poste restante : *escribir a lista de Correos*, écrire poste restante. ‖ *Sello de correos*, timbre-poste.

correón m. Grande courroie, *f.* ‖ Courroie (*f.*) de voiture (sopanda).

correosidad f. Souplesse, flexibilité.

correoso, sa adj. Souple, flexible. ‖ Mou, molle (el pan). ‖ Coriace (la carne). ‖ FIG. Coriace (coriáceo).

correr v. intr. Courir : *correr tras uno*, courir à la poursuite de *o* derrière quelqu'un ; *correr en busca de uno*, courir à la recherche de quelqu'un. ‖ Courir : *la senda corre entre las viñas*, le sentier court parmi les vignes. ‖ Couler : *el río corre entre los árboles*, la rivière coule entre les arbres ; *la sangre corre a borbotones*, le sang coule à flots. ‖ FIG. Souffler (el viento). | Passer, courir (tiempo) : *¡cómo corre el tiempo!*, comme le temps passe ! | Aller vite, filer : *este coche corre mucho*, cette voiture va très vite. | Courir (noticia) : *corre la voz que*, le bruit court que. | Avoir cours : *esta moneda no corre*, cette monnaie n'a pas cours. | Être compté (interés, sueldo, renta...) : *correrá tu sueldo desde el primero de marzo*, ton salaire te sera compté à partir du 1ᵉʳ mars. | Glisser (deslizar). ‖ — *Correr a cargo de*, être à la charge de, incomber à. ‖ *Correr como un descosido*, courir comme un dératé *o* à fond de train *o* à perdre haleine *o* à toutes jambes. ‖ *Correr como un gamo*, courir comme un zèbre. ‖ *Correr con alguna cosa*, se charger d'une chose. ‖ *Correr con los gastos*, prendre à ses frais. ‖ *Correr prisa*, être urgent, être pressé. ‖ FAM. *Correr uno que se las pela*, courir comme un dératé. ‖ — *Al correr de la pluma*, au fil *o* au courant de la plume. ‖ *Al correr de los días*, au fil des jours. ‖ *Al correr de los siglos*, au cours des siècles. ‖ *A todo correr* ou *a más correr*, à toute vitesse, à toute allure. ‖ *¡Corre!, ¡corre!*, vite, vite ! ‖ *De prisa y corriendo*, en toute hâte, très vite, à toute vitesse. ‖ *El mes que corre*, le mois en cours *o* qui court. ‖ *En los tiempos que corren*, par les temps qui courent. ‖ *Eso corre de* ou *por su cuenta*, cela vous revient (le incumbe), c'est vous qui vous en occupez. ‖ *Ir a todo correr*, aller à fond de train.
— V. tr. Faire courir : *correr un caballo*, faire courir un cheval. ‖ Courir (acosar) : *correr un jabalí*, courir un sanglier. ‖ Combattre (los toros). ‖ Courir : *correr los cien metros*, courir le cent mètres. ‖ Parcourir (recorrer). ‖ FIG. Pousser, déplacer : *correr una silla*, pousser une chaise. ‖ Tirer : *correr las cortinas*, tirer les rideaux. | Mettre, pousser, tirer, fermer : *correr el cerrojo*, mettre le verrou. | Dénouer (desatar). | Faire pencher (la balanza). | Confondre, faire rougir (avergonzar). ‖ — FAM. *Correrla*, faire la bombe *o* la noce. ‖ *Correr las amonestaciones*, publier les bans. ‖ *Correr las mozas*, courir le guilledou, courir les filles. ‖ *Correr mundo*, voir du pays, courir le monde (viajar), rouler sa bosse (conocer mucho). ‖ *Correr parejas*, aller de pair. ‖ *Correr peligro*, être en danger. ‖ *Correr peligro de*, risquer de. ‖ *Correr un peligro*, courir un danger. ‖ FIG. *Correr un velo sobre*, jeter un voile sur, tirer le rideau sur, passer sous silence. ‖ *Corre el peligro de que*, il est à craindre que. ‖ *Estar corrido*, être confus.
— V. pr. FIG. Se pousser : *córrase un poco*, poussez-vous un peu. ‖ FAM. Rougir : *correrse de vergüenza*, rougir de honte. ‖ Couler (candela). ‖ Filer : *se me ha corrido la media*, mon bas a filé. ‖ Baver (la tinta). ‖ Couler (el maquillaje). ‖ —

FAM. *Correrse una juerga*, faire la bringue. ‖
IMPR. *Prueba en que la tinta se corre*, épreuve qui
bavoche.
correría f. Incursion, raid, *m.* (en país enemigo).
‖ Voyage (*m.*) rapide.
correspondencia f. Correspondance (relación). ‖
Correspondance : *mantener correspondencia con
alguien*, être en correspondance *o* entretenir une
correspondance avec quelqu'un. ‖Correspondance,
courrier, *m.* (correo) : *llevar ou encargarse de la
correspondencia*, s'occuper du courrier. ‖ Correspondance (comunicación).
corresponder v. intr. Communiquer : *estas dos
habitaciones corresponden*, ces deux pièces communiquent. ‖ Rendre, payer de retour : *corresponder un beneficio con otro*, rendre un bienfait
par un autre *o* payer de retour un bienfait. ‖
Revenir : *esto te corresponde a ti*, ceci te revient.
‖ Être à : *a ti te corresponde hacerlo*, c'est à toi
de le faire. ‖ Correspondre (concordar) : *corresponder a ou con*, correspondre à. ‖ — *Amor
correspondido*, amour partagé. ‖ *A quien corresponda*, à qui de droit. ‖ *Como corresponde*,
comme de juste. ‖ *Corresponder a una invitación*,
rendre une invitation. ‖ *Querer a alguien sin ser
correspondido*, aimer quelqu'un sans .être payé de
retour.
— V. pr. Correspondre, entretenir une correspondance : *corresponderse con un amigo*, correspondre avec un ami. ‖ S'aimer (amarse).
correspondiente adj. Correspondant, e : *ángulos
correspondientes*, angles correspondants. ‖ *Miembro correspondiente*, correspondant (Academia).
corresponsal adj. y s. Correspondant, e : *corresponsal de periódico*, correspondant d'un journal.
‖ Correspondant, e; agent (de un banco, etc.).
corresponsalía f. Correspondance (de un periódico). ‖ Emploi (*m.*) de correspondant d'un
journal (cargo). ‖ *Jefe de corresponsalía*, chef de
correspondance.
corretaje m. COM. Courtage, commission, *f.*
corretear v. intr. FAM. Battre le pavé, flâner, courailler (vagar). ‖ S'ébattre, courir en tous sens (los
niños). ‖ *Amer.* Poursuivre (perseguir).
correteo m. FAM. Flânerie, *f.* (del vago). ‖ Ébats,
pl. (de los niños).
corretón, ona adj. Agité, e; qui court. ‖ FIG.
Batifoleur, euse.
correvedile o **correveidile** m. y f. FIG. y FAM.
Rapporteur, euse; cancanier, ère (chismoso). ‖
Entremetteur, euse (alcahuete).
corrida f. Course (carrera). ‖ Course de taureaux,
corrida (de toros). ‖ FAM. Série (tanda). ‖ *Amer.*
Affleurement, *m.* (minas). ‖ Foire (juerga). ‖ —
Pl. Chant (*m. sing.*) populaire andalou (playera).
‖ *De corrida*, à la hâte (apresuradamente), couramment (hablar), à livre ouvert (traducir).
corrido m. Hangar (cobertizo). ‖ Chanson et danse
mexicaines.
corrido, da adj. Bon, bonne : *un kilo corrido*, un
bon kilo. ‖ Cursive (escritura). ‖ FIG. Confus, e;
déconfit, e; penaud, e (avergonzado). ‖ Qui a
beaucoup d'expérience (experimentado). ‖ —
Balcón corrido, long balcon. ‖ *Barba corrida*,
barbe fournie. ‖ *De corrido*, couramment : *leer
de corrido*, lire couramment; *hablar un idioma de
corrido*, parler couramment une langue; à livre
ouvert : *traducir de corrido*, traduire à livre
ouvert. ‖ *Pesar corrido*, faire bon poids. ‖ *Saber
de corrido*, savoir sur le bout du doigt.
corriente adj. Courant, e (que corre). ‖ Courant, e
(tiempo actual) : *el 15 del corriente*, le 15 courant; *le escribiré a fines del corriente*, je lui écrirai
fin courant. ‖ Courant, e (común). ‖ Ordinaire :
vino corriente, vin ordinaire. ‖ Coulant, e (estilo).
‖ Moyen, enne : *el francés corriente*, le français

moyen. ‖ — *Corriente y moliente*, courant, ordinaire, moyen. ‖ *Cuenta corriente*, compte courant.
‖ *Es cosa corriente, es moneda corriente*, c'est
chose courante, c'est monnaie courante. ‖ *Salirse
de lo corriente*, sortir de l'ordinaire.
— F. Courant, *m.* (movimiento de un fluido) :
corriente marina, de aire, courant marin, d'air. ‖
Cours, *m.* : *seguir la corriente de un río*, suivre
le cours d'un fleuve. ‖ Coulée (de lava). ‖ ELECTR.
Courant, *m.* : *corriente alterna, continua, trifásica*, courant alternatif, continu, triphasé. ‖ FIG.
Courant, *m.* : *seguir la corriente*, suivre le courant; *la corriente de la opinión*, le courant de
l'opinion. ‖ — *Al corriente*, au courant (al tanto),
sans retard (sin atraso). ‖ — FIG. *Abandonarse a
la corriente*, aller à la dérive. ‖ *Dejarse llevar de
la corriente*, suivre le mouvement. ‖ *Ir ou navegar
contra la corriente*, remonter le courant. ‖ FIG.
Llevar la corriente, ne pas contrarier. ‖ *Poner al
corriente*, mettre au courant, apprendre. ‖ *Tener,
estar al corriente*, tenir, être au courant.
corrientemente adv. Couramment.
corrigendo, da adj. y s. Détenu, e [d'un établissement pénitentiaire].
corrillo m. Cercle, petit groupe.‖ FIG. Corbeille, *f.*,
parquet (en la Bolsa). ‖ Compartiment (sector).
corrimiento m. GEOL. Glissement [de terrain]. ‖
Coulée, *f.*, action (*f.*) de couler. ‖ AGRIC. Coulure, *f.* (de la uva). ‖ MED. Fluxion, *f.* ‖ FIG.
Confusion, *f.*, honte, *f.* (vergüenza). ‖ *Amer.*
Rhumatisme (reumatismo).
corro m. Cercle (de personas) : *en corro*, en cercle.
‖ Cercle (espacio circular). ‖ Ronde, *f.* (danza). ‖
FIG. Corbeille, *f.*, parquet (en la Bolsa). ‖ Compartiment (sector) : *corro bancario*, compartiment
bancaire. ‖ — *Bailar en corro*, faire la ronde. ‖
Entrar en el corro, entrer dans la ronde. ‖ *Hacer
corro*, faire cercle. ‖ *Hacer corro aparte*, faire
bande à part.
corroboración f. Corroboration.
corroborante adj. MED. Fortifiant.
corroborar v. tr. Fortifier (fortificar). ‖ Corroborer : *corroborar con hechos*, corroborer par
des faits.
corroborativo, va adj. Qui corrobore.
corroer* v. tr. Corroder, ronger (roer). ‖ FIG.
Ronger : *las preocupaciones le corroen*, les soucis
le rongent.
— V. pr. Se corroder.
corromper v. tr. Corrompre.
— V. pr. Se corrompre.
corroncho f. *Amer.* Coquille (concha).
corrosal m. BOT. Corossol, anone, *f.*
corrosible adj. Qui peut être corrodé.
corrosión f. Corrosion.
corrosivo, va adj. y s. m. Corrosif, ive.
corroyente adj. Corrodant, e.
corrugación f. BIOL. Contraction.
corrupción f. Corruption. ‖ FIG. Corruption (de
voces, de costumbres, de funcionarios). ‖ *Corrupción de menores*, corruption *o* détournement de
mineurs.
corruptela f. Corruption. ‖ Abus, *m.* (abuso).
corruptibilidad f. Corruptibilité.
corruptible adj. Corruptible.
corruptivo, va adj. Corruptif, ive.
corrupto, ta adj. Corrompu, e.
— OBSERV. Cet adjectif est le participe passé irrégulier
de *corromper*.
corruptor, ra adj. y s. Corrupteur, trice.
corruscante adj. Croustillant, e (el pan).
corrusco m. FAM. Croûton (de pan).
corsario, ria adj. y s. m. Corsaire.
corsé m. Corset. ‖ *Corsé ortopédico*, corset orthopédique.

corsetería f. Fabrique (fábrica) o boutique (tienda) de corsets.

corsetero, ra adj. y s. Corsetier, ère.

corso m. MAR. Course, f. [des corsaires] : *armar en corso,* armer en course. ‖ *Amer.* Corso (desfile).

corso, sa adj. y s. Corse (de Córcega).

corta f. Coupe (tala).

cortable adj. Qui peut être coupé.

cortabolsas m. FAM. Coupeur de bourses (ladrón).

cortacallos m. inv. Coupe-cors.

cortacéspedes m. Tondeuse (f.) à gazon.

cortacigarros m. inv. Coupe-cigares.

cortacircuitos m. inv. ELECTR. Coupe-circuit.

— OBSERV. Ne pas confondre avec *cortocircuito,* court-circuit.

cortacorriente m. ELECTR. Commutateur.

cortada f. *Amer.* Coupure (herida).

cortadera f. Tranche, *m.,* bédane, f. (herramienta de herrero). ‖ Tranchant, *m.,* désoperculateur, *m.* (de colmenero). ‖ *Amer.* Sorte de graminée.

cortadillo m. Gobelet, timbale, f. (vaso). ‖ *Azúcar de cortadillo,* sucre en morceaux.

cortado, da adj. Coupé, e. ‖ FIG. Troublé, e ; confus, e ; court, e : *se quedó cortado,* il a été confus, il est resté court. | Tourné, e : *leche cortada,* lait tourné. | Coupé, e ; haché, e ; saccadé, e (estilo). ‖ BLAS. Coupé, e. ‖ — *Amer.* Andar cortado, être fauché o sans le sou. | Dejar cortado, interdire : *lo dejó cortado,* il a été tout interdit. ‖ *Están todos cortados por el mismo patrón* ou *la misma tijera,* ils sont tous taillés sur le même modèle. ‖ *Tener el cuerpo cortado,* être mal fichu. — M. Café crème, crème (café con leche). ‖ Coupé (paso de baile).

cortador, ra adj. y s. Coupeur, euse (que corta). ‖ — M. y f. Coupeur, euse (sastre). ‖ — F. TECN. Trancheuse. ‖ *Cortadora de césped,* tondeuse à gazon.

cortadura f. Coupure (incisión). ‖ Gorge, défilé, *m.* (entre montañas). ‖ Coupure (en un periódico). ‖ — Pl. Rognures (recortes). ‖ *Hacerse una cortadura en la mano, en la cara con la cuchilla de afeitar,* se couper la main, se couper la figure avec le rasoir.

cortafierro m. *Amer.* Ciseau à froid (cortafrío, cincel).

cortafrío m. TECN. Ciseau à froid, burin, bédane, f.

cortafuego m. AGRIC. Coupe-feu, *inv.,* pare-feu, *inv.* ‖ ARQ. Mur, coupe-feu, *inv.*

cortahierro m. TECN. Ciseau à froid.

cortalápices m. inv. Taille-crayons.

cortalegumbres m. inv. Coupe-légumes.

cortamente adv. Brièvement. ‖ Chichement (mezquinamente).

cortante adj. Coupant, e ; tranchant, e. — M. Couperet (cuchilla).

cortapapel m. o **cortapapeles** m. inv. Coupe-papier, *inv.*

cortapicos m. ZOOL. Perce-oreille, forficule, f.

cortapiés m. FAM. Coup d'épée dans les jambes.

cortapisa f. Condition, restriction : *poner cortapisas a,* poser des conditions à, faire des restrictions à. ‖ Obstacle, *m.,* entrave (traba). ‖ Bordure, garniture de vêtements (guarnición). ‖ FIG. Charme, *m.,* piquant, *m.* (gracia). ‖ *Sin cortapisas,* sans condition restrictive, sans réserve.

cortaplumas m. inv. Canif.

cortapuros m. inv. Coupe-cigares.

cortar v. tr. ● Couper : *cortar pan, un vestido,* couper du pain, une robe. ‖ Trancher (separar netamente) : *cortar la cabeza,* trancher la tête. ‖ Tailler, couper (dando determinada forma) : *cortar el pelo al cepillo,* tailler les cheveux en brosse. ‖ FIG. Fendre : *cortar el agua, el aire,*

fendre l'eau, l'air. | Couper (suprimir). | Couper (vino, líquido). | Couper, séparer (separar). | Couper, barrer (una calle). | Couper (los naipes). | Couper, transpercer (el frío, el viento). | Couper, interrompre (la inspiración, una comunicación, una discusión). | Trancher (decidir como árbitro). — FIG. *Cortar bien una poesía,* bien réciter une poésie. | *Cortar de raíz,* tuer dans l'œuf, couper à o par la racine. | *Cortar el apetito,* couper l'appétit. | *Cortar el bacalao,* être le grand manitou, faire la pluie et le beau temps, avoir la haute main. | *Cortar el hilo del discurso,* rompre le fil du discours. | *Cortar el paso,* barrer le chemin. | *Cortar en seco,* trancher net. | *Cortar la palabra,* couper la parole. | *Cortar la retirada,* couper la retraite. ‖ FIG. *Cortar los puentes,* couper les ponts. | *Cortar por lo vivo* ou *por lo sano,* trancher dans le vif, crever l'abcès. ‖ FAM. *Cortar un traje* ou *un vestido,* casser du sucre sur le dos de quelqu'un. | *Cortar vestidos,* cancaner. — V. intr. Couper : *un cuchillo que corta bien,* un couteau qui coupe bien. ‖ Couper (en los naipes). ‖ FAM. *Este ni corta ni pincha en su casa,* chez lui, il n'a que le droit de se taire. — V. pr. Se couper. ‖ FIG. Se troubler, rester confondu (turbarse). ‖ Tourner : *la leche se ha cortado,* le lait a tourné. ‖ Gercer (la piel). ‖ Se faire couper : *yo me corto el pelo en la peluquería,* je me fais couper les cheveux chez le coiffeur. ‖ FAM. *Amer.* Claquer (morir).

— SINÓN. ● *Recortar,* découper. *Picar,* hacher. *Tajar,* tailler. *Rebanar, cercenar,* trancher. *Tronzar,* tronçonner. *Seccionar,* sectionner. *Sajar,* couper, inciser.

cortarraíces m. inv. Coupe-racines.

cortatubos m. inv. Coupe-tube.

cortaúñas m. inv. Coupe-ongles.

cortaviento m. Coupe-vent, *inv.*

corte m. ● Coupure, f. (acción de cortar). | Coupure, f., panne, f. (de corriente eléctrica). ‖ Tranchant, fil (filo) : *el corte de una espada,* le fil d'une épée. ‖ Coupe, f. (del pelo) : *corte a la navaja,* coupe au rasoir. ‖ Coupe, f. (de un traje). ‖ Métrage (cantidad de tela) : *corte de vestido,* métrage d'une robe. ‖ Coupe, f. (del trigo). ‖ Coupure, f. (herida). ‖ Coupe, f. (de la cara). ‖ Coupe, f. (en los naipes). ‖ Tranche, f. (de un libro). ‖ Coupe, f. (dibujo de una sección). ‖ Coupé (en el tenis). ‖ *Amer.* Moisson, f. (siega). | Mouvement de danse, balancement (contoneo). ‖ — FAM. *Corte de manga,* bras d'honneur. | *Darse corte,* se faire mousser.

— SINÓN. ● *Cortadura,* coupure. *Muesca,* encoche. *Ranura,* rainure. *Escopleadura,* mortaise. *Tajo,* taille.

corte f. Cour (residencia de los reyes). ‖ Cour (familia real y gentes de palacio). ‖ Suite, cortège, *m.* (acompañamiento). ‖ *Amer.* Cour de justice. ‖ — *Hacer la corte,* faire la cour. ‖ *La corte celestial,* le ciel, la cour céleste.

cortedad f. Petitesse (poca extensión), brièveté (brevedad). ‖ FIG. Manque, *m.* [de moyens, d'instruction, de courage, etc.] : *cortedad de ánimo,* manque de courage. ‖ Timidité, pusillanimité (timidez). ‖ *Cortedad de genio,* timidité.

cortejar v. tr. Faire la cour à (halagar). ‖ Faire la cour à, courtiser (galantear).

cortejo m. Cour, f. (acción de cortejar). ‖ Cortège, suite, f. (séquito) : *cortejo fúnebre,* cortège funèbre. ‖ Présent, cadeau (regalo, agasajo).

Cortes n. pr. m. pl. HIST. États (*m.*) généraux [de l'ancienne Espagne]. ‖ Cortes [ensemble des deux chambres législatives]. ‖ *Cortes Constituyentes,* Assemblée constituante.

cortés adj. Courtois, e ; poli, e. ‖ FAM. *Lo cortés no quita lo valiente,* on ne perd rien à être poli, la courtoisie n'exclut pas le courage.

cortesanesco, ca adj. Courtisanesque.

cortesanía f. Courtoisie, politesse.
cortesano, na adj. De la cour (de la corte). ‖ Courtois, e; poli, e (cortés). ‖ *Literatura cortesana*, littérature courtoise.
— M. Courtisan (palaciego). ‖ — F. Courtisane (mujer de mala vida).
cortesía f. Courtoisie, politesse, civilités, *pl.* : *rivalizar en cortesía*, faire assaut de politesses. ‖ Formule de politesse (en las cartas). ‖ Cadeau, *m.* (regalo). ‖ COM. Délai (*m.*) de grâce [pour le paiement d'une traite]. ‖ Grâce (favor). ‖ Titre, *m.* (tratamiento). ‖ IMPR. Blanc, *m.* [page ou espace laissé en blanc]. ‖ — *Cortesía de la Dirección General de Turismo*, cédé par l'Office du tourisme. ‖ *Cortesía del autor*, hommage de l'auteur.
corteza f. Écorce (del árbol). ‖ Écorce, zeste, *m.* (de naranja o limón). ‖ Croûte (del pan, del queso, etc.). ‖ Couenne (del tocino). ‖ ZOOL. Gelinotte (ave). ‖ FIG. Écorce, extérieur, *m.* (apariencia). ‖ Rudesse, rusticité (rusticidad). ‖ *La corteza terrestre*, l'écorce terrestre.
cortical adj. ANAT. Cortical, e : *sustancia cortical*, substance corticale.
cortijada f. Groupe (*m.*) d'habitations paysannes. ‖ Groupe (*m.*) de fermes.
cortijero, ra m. y f. Fermier, ère; métayer, ère (granjero). ‖ Contremaître (capataz).
cortijo m. Ferme, *f.*, métairie, *f.* [principalement en Andalousie].
cortina f. Rideau, *m.* (semi transparente) : *correr la cortina*, tirer le rideau. ‖ Double rideau (opaco). ‖ Dais, *m.* (dosel). ‖ FIG. Rideau, *m.*, écran, *m.* (lo que oculta) : *cortina de humo*, rideau o écran de fumée. ‖ Courtine (fortificación). ‖ Mur (*m.*) de soutènement d'un quai (muelle).
cortinado o **cortinaje** m. Rideaux, *pl.*
cortinal m. Enclos, jardin.
cortinilla f. Rideau, *m.*
cortisona f. MED. Cortisone.
corto, ta adj. ● Court, e : *una falda muy corta*, une jupe très courte. ‖ FIG. Timide, timoré, e. ‖ — *Corto de alcance*, borné. ‖ *Corto de estatura*, très petit. ‖ *Corto de medios*, à court d'argent, désargenté. ‖ *Corto de vista*, myope, qui a la vue basse (fam.). ‖ — *A corta distancia*, à faible distance. ‖ *A la corta o a la larga*, tôt ou tard. ‖ *Caldo corto*, court-bouillon. ‖ *Ni corto ni perezoso*, sans crier gare, de but en blanc. ‖ *Novela corta*, nouvelle. ‖ *Vestida de corto*, qui n'a pas encore fait son entrée dans le monde. ‖ *Vista corta*, vue basse. ‖ — *Ser corto de alcances*, avoir l'esprit borné. ‖ *Ser corto de genio*, être timide. — Adv. Court. ‖ — *Quedarse corto*, être au-dessous du nombre, avoir calculé trop juste, être au-dessous de la vérité. ‖ *Y me quedo corto*, j'en passe, et des meilleurs.
— SINÓN. ● *Bajo, bas. Pequeño, petit. Breve, bref. Lapidario, lapidaire. Sucinto, succint. Abreviado, abrégé. Sumario, sommaire.*
cortocircuito m. ELECTR. Court-circuit.
— OBSERV. V. CORTACIRCUITOS.
cortometraje m. CINEM. Court métrage.
cortón m. ZOOL. Courtilière, *f.*
corúa f. Sorte de cormoran de Cuba.
Coruña (La) n. pr. GEOGR. La Corogne.
coruñés, esa adj. y s. De La Corogne.
coruscar v. intr. POÉT. Briller.
corva f. ANAT. Jarret, *m.*
corvadura f. Courbure.
corvar v. tr. Courber.
corvato m. Corbillat (cuervo pequeño).
corvaza f. VETER. Tumeur au jarret.
corvejón m. Jarret (de un animal). ‖ Ergot (espolón de las aves). ‖ ZOOL. Cormoran (cuervo marino). ‖ FAM. *Meter la pata hasta el corvejón*,

mettre les pieds dans le plat, faire une gaffe monumentale.
corvejos m. pl. Jarret, *sing.*
corveta f. ÉQUIT. Courbette.
corvetear v. intr. ÉQUIT. Faire des courbettes.
córvidos m. pl. Corvidés (aves).
corvina f. Corbeau (*m.*) de mer (pez).
corvo, va adj. Courbé, e. ‖ Crochu, e : *nariz corva*, nez crochu.
corzo, za m. y f. Chevreuil, chevrette.
corzuelo m. Grain vêtu [qui a gardé sa balle après battage].
cosa f. Chose. ‖ DR. Chose : *cosa juzgada*, chose jugée. ‖ — Pl. Affaires (objetos) : *llévese sus cosas de aquí*, emportez vos affaires d'ici. ‖ FAM. Idées : *¡qué cosas tiene!*, il a de ces idées ! ; *son cosas de él*, ce sont des idées à lui. ‖ — *Cosa de*, quelque chose comme, environ, à peu près : *cosa de dos horas, de cinco kilómetros*, quelque chose comme deux heures, environ cinq kilomètres. ‖ *Amer. Cosa que*, pour que, afin que, de façon à ce que (no vaya a ser que) : *iré a verle mañana cosa que no vaya a pensar que le he olvidado*, j'irai le voir demain pour qu'il ne pense pas que je l'ai oublié. ‖ — *A cosa hecha*, exprès (adrede), à coup sûr (con éxito seguro). ‖ *Cada cosa en su tiempo, y los nabos en adviento*, chaque chose en son temps. ‖ FAM. *Como si tal cosa*, comme si de rien n'était. ‖ *Cualquier cosa*, n'importe quoi. ‖ *De una cosa a otra*, de fil en aiguille. ‖ FAM. *Poquita cosa*, minable. ‖ *¡Qué cosa más estúpida!*, c'est vraiment stupide !, c'est complètement stupide ! ‖ *¡Qué cosa más o tan rara!*, c'est vraiment curieux ! ‖ — *Como quien no quiere la cosa*, mine de rien. ‖ *Cosa nunca vista*, du jamais vu. ‖ *Dejarlo como cosa perdida*, en faire son deuil. ‖ *Esa es la cosa*, voilà le hic, c'est là l'ennui. ‖ *Es cosa de un mes, de un año*, c'est l'affaire d'un mois, d'un an. ‖ *Es cosa de ver, de oir*, c'est à voir, à entendre, ça vaut la peine d'être vu, d'être entendu. ‖ *Eso es cosa mía*, c'est mon affaire, cela me regarde. ‖ *Este niño es una cosa mala*, cet enfant est un démon (demonio), cet enfant est incorrigible (incorregible). ‖ *Hacerse con una cosa*, s'emparer de quelque chose. ‖ *La cosa está que arde*, le torchon brûle. ‖ *Las cosas de palacio van despacio*, tout vient à point à qui sait attendre. ‖ *¡Ni cosa que valga!*, pas d'excuse qui tienne ! ‖ *No es cosa del otro jueves ou del otro mundo*, ce n'est pas la mer à boire, il n'y a pas de quoi fouetter un chat (no es difícil), ça ne casse rien, ça ne casse pas des briques (no es ninguna maravilla). ‖ *No hay tal cosa*, il n'en est rien, ce n'est pas vrai. ‖ *No sea cosa que*, au cas où. ‖ *No vale gran cosa*, ça ne vaut pas grand-chose. ‖ *Ser cosa de*, être bien de : *son cosas de tu amigo*, c'est bien de ton ami. ‖ *Ser poca cosa*, être peu de chose. ‖ *Tengo otras cosas en que pensar*, j'ai d'autres choses en tête. ‖ FIG. *Una cosa es enhebrar y otra cosa es dar puntadas*, la critique est aisée, mais l'art est difficile.
cosaco, ca adj. y s. m. Cosaque. ‖ FIG. *Beber como un cosaco*, boire comme un Polonais.
cosario, ria adj. Battu, e; fréquenté, e (camino). — M. Commissionnaire, transporteur, messager.
coscacho m. *Amer.* Coup sur la tête (coscorrón).
coscarse v. pr. FAM. Ne rien piger, ne rien saisir (no comprender).
coscoja f. BOT. Chêne (*m.*) kermès [sorte d'yeuse] (encina). ‖ Feuille sèche de l'yeuse (hoja).
coscojal o **coscojar** m. Chênaie, *f.*
coscojo m. Cinelle, *f.*, galle (*f.*) du chêne (agalla).
coscoroba f. *Amer.* Sorte de cygne (cisne).
coscorrón m. Coup [donné sur la tête].
cosecante f. MAT. Cosécante.

cosecha f. AGRIC. Récolte (término general). | Cueillette (de las frutas). | Moisson (de cereales). ‖ Cru, *m.* (vino). ‖ FIG. Moisson, abondance (acopio). | Cru : *de su propia cosecha*, de son cru. ‖ *De la última cosecha*, de la dernière cuvée.

cosechador, ra m. y f. Cueilleur, euse.

cosechadora f. Moissonneuse-lieuse.

cosechar v. intr. AGRIC. Faire la récolte. | Moissonner (cereales).
— V. tr. ● Récolter, moissonner. ‖ Cueillir (frutas, flores). ‖ FIG. Cueillir : *cosechar laureles*, cueillir des lauriers. | Recueillir, moissonner : *cosechó innumerables galardones*, il a moissonné d'innombrables récompenses. | Recueillir (aplausos).
— SINÓN. ● *Recoger, recolectar, recueillir*, ramasser. *Segar*, moissonner. *Coger*, cueillir. *Vendimiar*, vendanger.

cosechero, ra m. y f. Récoltant, e ; propriétaire récoltant. ‖ *Cosechero destilador*, bouilleur de cru.

cosedora f. Couseuse (máquina de coser). ‖ Brocheuse (máquina de coser libros).

cosedura f. Couture (costura).

coselete m. Corselet (coraza ligera). ‖ ZOOL. Corselet (de insecto).

coseno m. MAT. Cosinus.

cosepapeles m. inv. Agrafeuse, *f.*

coser v. tr. Coudre : *coser un botón*, coudre un bouton ; *máquina de coser*, machine à coudre. ‖ Piquer (coser con máquina). ‖ FIG. Coudre (reunir). ‖ — *Coser a cuchilladas*, larder, transpercer de coups de couteau. | *Coser con grapas*, agrafer (papeles). ‖ FIG. y FAM. *Eso es coser y cantar*, c'est simple comme bonjour, c'est bête comme chou, c'est un jeu d'enfant (muy fácil), ça va tout seul *o* comme sur des roulettes (como una seda).
— V. pr. Se coudre. ‖ Se piquer. ‖ *Coserse a uno*, se coller à quelqu'un (pegarse a él).

cosi adv. *Amer.* C'est-à-dire. | Comment (qué).

cosicosa f. Énigme (quisicosa).

cosido, da adj. Cousu, e ; *cosido a mano*, cousu main. ‖ Piqué, e (a máquina).
— M. Couture, *f.* (costura) : *cosido hecho a mano*, couture faite à la main.

cosijoso, sa adj. *Amer.* Geignard, e ; bougon, onne ; ronchonneur, euse.

Cosme n. pr. m. Côme.

cosmético, ca adj. y s. m. Cosmétique.

cósmico, ca adj. Cosmique : *rayos cósmicos*, rayons cosmiques.

cosmobiología f. Cosmobiologie.

cosmogonía f. Cosmogonie.

cosmogónico, ca adj. Cosmogonique.

cosmografía f. Cosmographie.

cosmográfico, ca adj. Cosmographique.

cosmógrafo m. Cosmographe.

cosmología f. Cosmologie.

cosmológico, ca adj. Cosmologique.

cosmonauta m. y f. Cosmonaute.

cosmopolita adj. y s. Cosmopolite.

cosmopolitismo m. Cosmopolitisme.

cosmorama m. Cosmorama.

cosmos m. Cosmos.

coso m. Arènes, *f. pl.* (plaza de toros). ‖ Cours [rue principale dans certaines villes]. ‖ ZOOL. Artison, cossus (carcoma).

cospe m. Coup de doloire [pour dégrossir].

cospel m. Flan (de moneda).

cosque *o* cosqui m. FAM. Coup [donné sur la tête], gnon.

cosquillar v. tr. Chatouiller.

cosquillas f. pl. Chatouillement, *m. sing.* ‖ Chatouilles (fam.). ‖ — FIG. *Buscarle a uno las cosquillas*, provoquer quelqu'un, chercher à agacer quelqu'un, chercher des crosses *o* des puces à quelqu'un. | *Hacer cosquillas*, chatouiller, faire des chatouilles. ‖ *Tener cosquillas*, être chatouilleux.

cosquillear v. tr. Chatouiller.

cosquilleo m. Chatouillement.

cosquilloso, sa adj. Chatouilleux, euse. ‖ FIG. Susceptible, chatouilleux, euse.

costa f. Dépense, frais, *m. pl.* (gasto). ‖ — Pl. DR. Dépens, *m.* (gastos judiciales) : *reserva de costas*, distraction des dépens ; *condenar en* ou *a costas*, condamner aux dépens. ‖ — *A costa ajena*, aux dépens d'autrui. ‖ *A costa de*, aux dépens de : *a costa de su familia*, aux dépens de sa famille ; à force de : *a costa de trabajo*, à force de travail ; au prix de : *a costa de grandes esfuerzos*, au prix de grands efforts. ‖ *A costa de su vida*, au péril de sa vie. ‖ *A poca costa*, à peu de frais. ‖ *A toda costa*, à tout prix, absolument, coûte que coûte. ‖ *Vivir a costa de uno*, vivre aux crochets de quelqu'un.

costa f. Côte : *la costa cantábrica*, la côte cantabrique. ‖ — *La Costa Azul*, la Côte d'Azur. ‖ MAR. *Navegar costa a costa*, côtoyer la terre, longer la côte.

Costa de Marfil n. pr. f. GEOGR. Côte-d'Ivoire.

costado m. Côté : *dolor* ou *punto de costado*, point de côté ; *tendido de costado*, couché sur le côté. ‖ MIL. Flanc (de un ejército). ‖ MAR. Travers, flanc (de un barco). ‖ — *Dar el costado*, présenter le flanc [pour lâcher une bordée] (en un combate), abattre [en carène] (para carenar o limpiar un barco). ‖ *Por los cuatro costados*, jusqu'au bout des ongles.

costal adj. Costal, e (de las costillas).
— M. Sac [d'environ 50 kg]. ‖ Étai (puntal). ‖ — FIG. y FAM. *Eso es harina de otro costal*, c'est une autre paire de manches, c'est une autre histoire. | *Ser un costal de huesos*, n'avoir que la peau et les os, être un paquet d'os. | *Vaciar el costal*, vider son sac, dire tout ce que l'on avait sur le cœur.

costalada f. *o* costalazo m. Chute (*f.*) sur le côté *o* sur le dos, culbute, *f.* ‖ *Pegarse una costalada*, se flanquer par terre, faire la culbute.

costalero m. Portefaix, crocheteur (mozo de cordel). ‖ Porteur [qui porte les *pasos*].

costana f. Rue en pente. ‖ MAR. y AVIAC. Couple, *m.* (cuaderna).

costanera f. Côte (cuesta). ‖ — Pl. ARQ. Arbalétriers, *m.* (armazón).

costanero, ra adj. En pente (inclinado). ‖ Côtier, ère : *navegación costanera*, navigation côtière.

costanilla f. Ruelle en pente (calle).

costar* v. intr. Coûter, valoir : *esto cuesta caro*, ça coûte cher. ‖ FIG. Coûter : *me cuesta mucho confesarlo*, ça me coûte beaucoup de l'avouer ; *las promesas cuestan poco*, les promesses coûtent peu. ‖ Avoir peine à : *cuesta creerlo*, on a peine à le croire.
— V. tr. Coûter : *este trabajo me ha costado muchos esfuerzos*, ce travail m'a coûté beaucoup d'efforts. ‖ — *Costar la vida*, coûter la vie. | *Costar trabajo*, coûter beaucoup, coûter : *me ha costado trabajo rehusar*, ça m'a beaucoup coûté de refuser ; avoir peine à, avoir du mal à : *me cuesta trabajo creerlo*, j'ai peine à le croire. ‖ FIG. y FAM. *Costar un ojo de la cara* ou *un sentido* ou *un riñón*, coûter les yeux de la tête *o* un prix fou. | *Costó Dios y ayuda echarle fuera*, ça a été toute une histoire pour le mettre dehors. ‖ *Cueste lo que cueste*, coûte que coûte. ‖ *Le ha costado la salud*, il y a laissé sa santé.

Costa Rica n. pr. f. Costa Rica.

costarricense *o* costarriqueño, ña adj. y s. Costaricien, enne ; de Costa Rica.

costarriqueñismo m. Mot *o* locution (*f.*) propre à Costa Rica.

coste m. Coût, prix : *el coste de un coche*, le prix d'une voiture. ‖ — *Coste, seguro y flete*, C. A. F. [coût, assurance, fret]. ‖ *Coste de la vida*, coût de la vie. ‖ *Coste de producción,* coût de production. ‖ *Precio de coste,* prix de revient. ‖ — *A precio de coste,* au prix coûtant.

— OBSERV. La confusion entre *coste* et *costo* est fréquente. *Coste* représente le prix en argent (*coste de un mueble,* prix d'un meuble). *Costo* s'emploie pour des choses plus importantes et fait partie du langage des économistes (*costo de un puente, de una carretera,* coût d'un pont, d'une route).

costear v. tr. Payer : *costear la instrucción a un niño,* payer l'instruction d'un enfant. ‖ Financer (financiar). ‖ MAR. Longer la côte. ‖ *Amer.* Engraisser [le bétail].
— V. pr. Couvrir les frais, rentrer dans ses frais : *esta empresa apenas se costea,* cette entreprise rentre à peine dans ses frais. ‖ FAM. S'offrir, se payer : *costearse unas buenas vacaciones,* s'offrir de belles vacances. ‖ *Amer.* Prendre la peine de. | Se payer la tête de (burlarse).

costeño adj. Côtier, ère.

costeo m. Financement. ‖ *Amer.* Embouche, *f.,* engraissement (del ganado). | Raillerie, *f.,* moquerie, *f.* (burla).

costera f. (P. us.). Côté, *m.* [d'une chose]. ‖ Côte (cuesta). ‖ Côte (costa). ‖ MAR. Saison de pêche (periodo de pesca).

costero, ra adj. Côtier, ère (costanero).
— M. Dosse, *f.* (tabla). ‖ MAR. Côtier (barco). ‖ MIN. Épontes, *f. pl.* (de un filón). ‖ TECN. Paroi (*f.*) latérale [d'un haut fourneau].

costilla f. ANAT. Côte (del hombre) : *costilla verdadera, falsa, flotante,* vraie côte, fausse côte, côte flottante. ‖ Côte (de una cosa). ‖ Côtelette (chuleta). ‖ ARQ. Côte. ‖ MAR. Couple, *m.* ‖ FIG. y FAM. Moitié, bourgeoise (esposa) : *ven a cenar con tu costilla,* viens dîner avec ta moitié. ‖ — Pl. FAM. Dos, *m. sing.* (espalda). ‖ — FIG. *A las costillas de,* aux dépens de, sur le dos de. | *Llevar sobre las costillas,* porter sur ses épaules. | *Medirle a uno las costillas,* caresser o chatouiller les côtes de quelqu'un.

costillaje o **costillar** m. Ensemble des côtes du corps. ‖ *Los costillares de un caballo,* le flanc d'un cheval (ijada).

costilludo, da adj. FAM. Large d'épaules.

costino, na adj. *Amer.* Côtier, ère.

costo m. Prix, coût (coste) : *mercancía de gran costo,* marchandise de grand prix ; *costo de fabricación,* coût de fabrication ; *costo de la vida,* coût de la vie. ‖ Dépense, *f.,* frais, pl. (gasto). ‖ BOT. Costus (planta tropical).
— OBSERV. V. COSTE.

costosamente adv. À grands frais, coûteusement (p. us.).

costoso, sa adj. ● Coûteux, euse. ‖ FIG. Coûteux, euse : *error costoso,* erreur coûteuse.
— SINÓN. ● *Caro,* cher. *Oneroso,* onéreux. *Dispendioso,* dispendieux. *Ruinoso,* ruineux.

costra f. Croûte. ‖ Lumignon, *m.* (de una vela). ‖ MED. Croûte : *costra láctea,* croûte de lait (usagre).

costreñir v. tr. V. CONSTREÑIR.

costroso, sa adj. Croûteux, euse.

costumbre f. Coutume : *cada país tiene sus usos y sus costumbres,* chaque pays a ses us et coutumes. ‖ Habitude, coutume (hábito) : *tener costumbre de,* avoir l'habitude de, avoir coutume de (menos us.). ‖ — Pl. Mœurs : *las costumbres anglosajonas,* les mœurs anglo-saxonnes ; *las costumbres de las abejas,* les mœurs des abeilles. ‖ — *Atentado a o contra las buenas costumbres,* attentat aux mœurs. ‖ *Como de costumbre,* comme d'habitude, comme à l'accoutumée, comme à l'ordinaire. ‖ *Cuadro de costumbres,* tableau de genre. ‖ *De costumbre,* d'habitude, de coutume. ‖ *Por costumbre,* d'habitude. ‖ *Según costumbre,* suivant l'usage. ‖ — *La costumbre es una segunda naturaleza,* l'habitude est une seconde nature. ‖ *La costumbre tiene fuerza de ley* ou *hace ley,* la coutume fait loi.

costumbrismo m. Peinture (*f.*) des mœurs d'un pays [genre et école littéraires].

costumbrista adj. De mœurs, qui se rapporte à la peinture des mœurs : *comedia, escena costumbrista,* comédie, scène de mœurs.
— M. Écrivain spécialisé dans le *costumbrismo.* ‖ Peintre de genre.

costura f. Couture : *la alta costura,* la haute couture ; *sentar las costuras,* rabattre les coutures (el sastre). ‖ Piqûre (con la máquina). ‖ MAR. Épissure, couture (empalme). ‖ — *Caja de costura,* nécessaire de couture. ‖ *Cesta de costura,* corbeille à ouvrage. ‖ TECN. *Costura de remaches,* rivure. ‖ FIG. *Meter a uno en costura,* mettre quelqu'un au pas, faire entendre raison à quelqu'un.

costurera f. Couturière (modista). ‖ *Costurera de ropa blanca,* lingère.

costurero m. Table (*f.*) à ouvrage (mesita). ‖ Chiffonnier (mueble con cajones). ‖ Nécessaire de couture (caja).

costurón m. Couture (*f.*) grossière. ‖ FIG. Balafre, *f.,* estafilade, *f.,* couture, *f.* (cicatriz).

cota f. Cotte (vestido antiguo). ‖ Cotte (armadura) : *cota de mallas,* cotte de mailles. ‖ Cote (en topografía, número y altura).

cotana f. TECN. Mortaise.

cotangente f. MAT. Cotangente.

cotarro m. Asile de nuit (asilo). ‖ Côté [flanc d'un ravin] (ladera). ‖ — FIG. y FAM. *Alborotar el cotarro,* semer le trouble, mettre la pagaille. ‖ *Dirigir el cotarro,* mener la danse.

cotejable adj. Comparable.

cotejar v. tr. Confronter, collationner, comparer : *cotejar dos textos,* confronter deux textes. ‖ Rapprocher, comparer : *si cotejamos las dos situaciones,* si nous rapprochons les deux situations.

cotejo m. Collationnement, collation, *f.,* comparaison, *f.* (comparación). ‖ Confrontation, *f.,* rapprochement, comparaison, *f.* : *cotejo de dos textos,* confrontation de deux textes.

coterráneo, a adj. y s. Compatriote.

cotí m. Coutil (tela).

cotidiano, na adj. Quotidien, enne ; journalier, ère.
— OBSERV. Ce mot ne s'emploie pas comme substantif pour désigner un *journal,* ce qui se dit en espagnol *diario.*

cotila f. ANAT. Cotyle, glène.

cotiledón m. BOT. Cotylédon.

cotiledóneo, a adj. y s. f. pl. BOT. Cotylédoné, e.

cotilla f. Sorte de corset. ‖ — M. y f. FAM. Cancanier, ère ; commère, *f.* (chismoso).

cotillear v. intr. FAM. Cancaner, potiner.

cotilleo m. FAM. Commérage, ragots, pl., cancans, pl.

cotillero, ra m. y f. Cancanier, ère ; commère, *f.*

cotillo m. Tête, *f.* (del martillo).

cotillón m. Cotillon (baile).

cotinga m. *Amer.* Cotinga (ave).

cotiza f. BLAS. Cotice. ‖ *Amer.* Sandale.

cotizable adj. Cotisable. ‖ — *Título cotizable,* titre coté. ‖ *Valores no cotizables,* valeurs hors cote.

cotización f. COM. Cote, cours (*m.*) de la Bourse (en la Bolsa). ‖ Cotisation (cuota). ‖ — *Cotización al cierre,* cours de clôture, dernier cours. ‖ *Cotización inicial,* cours d'ouverture, premier cours.

cotizado, da adj. BLAS. Coticé, e.

cotizante adj. y s. Cotisant, e.

cotizar v. tr. Coter (en la Bolsa). ‖ FIG. *Estar cotizado,* être coté, avoir la cote : *empleado que está muy cotizado,* employé qui est très bien coté.
— V. intr. Cotiser [sa quote-part].

— V. pr. Être coté, e : *valores que se cotizan*, valeurs qui sont cotées.

— OBSERV. L'emploi de *cotizar* sous la forme intransitive est un gallicisme.

coto m. Clos (terreno). ‖ Réserve, *f.*, terrain réservé (terreno acotado). ‖ Borne, *f.* (mojón). ‖ Cours (precio). ‖ ZOOL. Chabot (pez). ‖ FIG. Terme, limite, *f.* : *poner coto a sus excesos*, mettre un terme à ses excès. ‖ *Amer.* Goitre (bocio). ‖ — *Coto de caza, de pesca*, chasse, pêche gardée.

cotomono m. *Amer.* Singe hurleur.

cotón m. Étoffe (*f.*) de coton imprimé, sorte d'indienne. ‖ *Amer.* Chemise (*f.*) de paysan. | Chemisette, *f.* (camisa corta).

cotona f. *Amer.* Veste de daim (de gamuza). | Chemisette de travail (de tela).

cotonada f. Cotonnade (tejido).

cotorra f. ZOOL. Perruche (ave). | Pie (urraca). ‖ FIG. y FAM. Perruche, pie (mujer habladora) : *hablar como una cotorra*, jacasser comme une pie.

cotorrear v. intr. FIG. y FAM. Jacasser.

cotorreo m. FIG. y FAM. Bavardage, caquet, jacasserie, *f.*

cotorrera f. FIG. y FAM. Pie (persona habladora).

cotorro m. *Amer.* Asile de nuit (cotarro).

cotoso, sa adj. Goitreux, euse.

cototo m. *Amer.* Bosse, *f.* [à la tête].

cotúa m. *Amer.* Cormoran, *m.* (mergo).

cotudo, da adj. Pelucheux, euse ; cotonneux, euse. ‖ FAM. Radin, e (cicatero). | Têtu, e (cabezón). ‖ *Amer.* Goitreux, euse (con bocio).

cotufa f. BOT. Topinambour, *m.* (tubérculo). | Souchet, *m.* (chufa). | Gourmandise, friandise (golosina).

coturno m. Cothurne (zapato). ‖ — FIG. *Calzar el coturno*, chausser le cothurne. ‖ *De alto coturno*, de haut rang.

cotutela f. DR. Cotutelle.

cotutor m. DR. Cotuteur.

covacha f. Caveau, *m.* (cueva pequeña). ‖ FAM. Taudis, *m.* (zaquizamí). ‖ *Amer.* Épicerie (tienda).

covachuela f. FAM. Ministère, *m.*, secrétariat, *m.* | Bureau, *m.* (oficina).

— OBSERV. Ce nom tire son origine du fait que les bureaux des secrétaires des ministres se trouvaient jadis dans les caves (*covachas*) du Palais Royal à Madrid.

covachuelista o **covachuelo** m. FAM. Rond-de-cuir (chupatintas).

covadera f. Gisement (*m.*) de guano.

cover-girl f. Cover-girl (presentadora).

cow-boy m. Cow-boy (vaquero).

coxal adj. ANAT. Coxal, e.

coxalgia f. MED. Coxalgie.

coxálgico, ca adj. MED. Coxalgique.

coxcojilla o **coxcojita** f. Marelle (juego de niños). ‖ *A coxcojita*, à cloche-pied.

coxis m. ANAT. Coccyx.

coy m. MAR. Hamac.

coyoleo m. Sorte de caille américaine.

coyote m. Coyote (lobo americano).

coyotero, ra adj. *Amer.* Se dit du chien qui chasse le coyote.

— M. Piège à coyotes (trampa).

coyunda f. Courroie du joug (del yugo). ‖ Courroie de sandale (de sandalia). ‖ FIG. Lien (*m.*) conjugal, nœuds (*m. pl.*) du mariage. | Domination, assujettissement, *m.* (dominio).

coyuntura f. ANAT. Jointure, articulation (articulación). ‖ FIG. Occasion (oportunidad). | Conjoncture (situación política o económica).

coyuntural adj. Conjoncturel, elle.

coyuyo m. *Amer.* Grosse cigale, *f.*

coz f. Ruade (de un caballo) : *tirar coces*, lancer des ruades. ‖ Coup (*m.*) de pied en arrière (pa-

tada). ‖ Recul, *m.* (de un arma de fuego). ‖ Crosse [culata de fusil]. ‖ FIG. y FAM. Grossièreté, juron, *m.* : *soltar* ou *pegar una coz*, lâcher une grossièreté. ‖ — *Dar coces*, lancer des ruades, ruer. ‖ FIG. y FAM. *Disparar* ou *tirar coces* ou *dar coces contra el aguijón*, se regimber, se rebiffer, se cabrer.

crac m. Krach, faillite, *f.* (quiebra).

crack m. Crak (favorito).

cracking m. QUÍM. Cracking, craquage (p. us.).

Cracovia n. pr. GEOGR. Cracovie.

crampón m. Crampon (de alpinista).

cran m. IMPR. Cran (de un carácter).

craneal o **craneano, na** adj. Crânien, enne : *bóveda craneana*, voûte crânienne.

cráneo m. ANAT. Crâne.

— SINÓN. *Calavera*, tête de mort. *Casco*, crâne. *Pop. Mollera*, caillou. *Tapa de los sesos*, caisson.

craneología f. Craniologie.

crápula f. Ivresse (borrachera). ‖ Débauche, crapule (libertinaje).

crapuloso, sa adj. Crapuleux, euse.

— M. Crapule, *f.* (disipado).

craqueo m. QUÍM. Cracking.

crascitar v. intr. Croasser (graznar).

crasis f. GRAM. Crase.

crasitud f. Embonpoint, *m.* (gordura).

craso, sa adj. Gras, grasse (lleno de grasa). ‖ FIG. Crasse, grossier, ère : *ignorancia crasa*, ignorance crasse.

crasuláceas adj. f. pl. y s. f. pl. BOT. Crassulacées.

cráter m. Cratère (de un volcán) : *cráter de explosión*, cratère égueulé o d'explosion.

crátera f. Cratère, *m.* (vasija).

cratícula f. Guichet, *m.* [pour donner la communion dans certaines communautés religieuses].

crawl m. Crawl (natación).

creación f. Création.

creador, ra adj. y s. Créateur, trice (que crea). ‖ *El Creador*, le Créateur.

crear v. tr. ● Créer. ‖ *Ser creado cardenal*, être sacré cardinal.

— SINÓN. ● *Hacer*, faire. *Formar*, former. *Engendrar*, engendrer.

creativo, va adj. Créateur, trice ; à l'esprit inventif.

crecedero, ra adj. Qui croît, qui grandit (que puede crecer). ‖ Qui fera de l'usage (vestido de niño).

crecer* v. intr. Croître, augmenter, allonger : *los días crecen*, les jours allongent. ‖ Grandir, pousser (fam.) : *este niño ha crecido mucho*, cet enfant a beaucoup grandi. ‖ Pousser : *los pelos crecen*, les cheveux poussent. ‖ Pousser, croître (las plantas). | Croître (la Luna). | Monter, grossir : *el río crece*, le fleuve grossit. ‖ Croître : *creced y multiplicaos*, croissez et multipliez. | S'agrandir : *Madrid crece constantemente*, Madrid s'agrandit de jour en jour. | Augmenter de valeur (las monedas). ‖ Augmenter (en labores de punto). ‖ — FIG. *Crecer como hongos*, pousser comme des champignons. | *Crecer como la cizaña*, pousser comme de la mauvaise herbe.

— V. pr. FIG. Se redresser.

creces f. pl. Augmentation (*sing.*) de volume. ‖ FIG. Avantages, *m.* (ventajas), intérêts, *m.* (intereses) : *pagar algo con creces*, payer quelque chose avec intérêts. ‖ — *Con creces*, largement : *tener con creces de que vivir*, avoir largement de quoi vivre ; de loin, de beaucoup : *ha superado con creces todas las dificultades*, il a surmonté de beaucoup toutes les difficultés. ‖ *Devolver con creces*, rendre au centuple.

crecida f. Crue (de un río).

crecidamente adv. Avantageusement, copieusement.

crecido, da adj. Important, e ; grand, e ; considérable (importante) : *una cantidad crecida*, une quantité importante. ‖ — *Crecido de cuerpo, de talla*, monté en graine (una persona). ‖ *Un niño muy crecido*, un enfant qui a beaucoup grandi.
— M. pl. Augmentations, *f.* (punto).

creciente adj. Croissant, e (que crece). ‖ Grossissant, e (que aumenta). ‖ *Cuarto creciente*, premier quartier *o* croissant de la Lune.
— M. BLAS. Croissant. ‖ — F. Crue (crecida). ‖ Levure (levadura).

crecimiento m. Croissance, *f.* (acción de crecer). ‖ Accroissement, augmentation, *f.* (aumento). ‖ Grossissement (de un río).

credencia f. Crédence (mueble). ‖ Crédence (del altar).

credencial adj. De créance : *carta credencial*, lettre de créance.
— F. pl. Lettres de créance (cartas).

credibilidad f. Crédibilité.

crediticio, cia adj. De crédit.

crédito m. Crédit (solvencia). ‖ FIG. Crédit : *gozar de gran crédito*, jouir d'un grand crédit. ‖ COM. Crédit (plazo) : *crédito a corto plazo, a largo plazo*, crédit à court, à long terme ; *apertura de crédito*, ouverture de crédit. ‖ DR. Créance, *f.* ‖ — *Crédito hipotecario*, créance hypothécaire. ‖ *Crédito inmobiliario*, crédit foncier. ‖ — *Carta de crédito*, lettre de crédit. ‖ — *Abrir un crédito a uno*, ouvrir un crédit à quelqu'un. ‖ FIG. *Conceder crédito*, faire crédit. ‖ *Dar crédito*, accorder crédit, faire foi, donner créance (conceder fe), faire crédit, accorder un crédit (acreditar). ‖ FIG. *Dar crédito a*, accorder crédit à, croire. | *No dar crédito a sus ojos* ou *a sus oídos*, ne pas en croire ses yeux *o* ses oreilles, ne pas en revenir. | *Tener crédito*, avoir du crédit.

credo m. Credo (oración). ‖ FIG. Credo (opinión). ‖ FIG. *En menos que se dice un credo*, en un clin d'œil.

credulidad f. Crédulité.

crédulo, la adj. y s. Crédule : *un niño crédulo*, un enfant crédule.

creederas f. pl. FAM. Crédulité, *sing.*, candeur, *sing.* : *tener buenas creederas*, être d'une crédulité à toute épreuve.

creedero, ra adj. Croyable (verosímil).

creedor, ra adj. Crédule (crédulo).

creencia f. Croyance (sentimiento) : *creencia en*, croyance au. ‖ Croyance (religiosa). ‖ *En la creencia de que*, croyant que.
— SINÓN. *Fe*, foi. *Credulidad*, crédulité. *Opinión*, opinion. *Idea*, idée. *Pensamiento*, pensée.

creer* v. tr. e intr. ● Croire : *creer en Dios*, croire en Dieu ; *creer en la virtud*, croire à la vertu. ‖ Croire : *creo de mi deber hacerlo*, je crois qu'il est de mon devoir de le faire. ‖ Penser : *así lo creo*, c'est ce que je pense. ‖ — *Creer algo a ciencia cierta*, croire quelque chose comme à l'Évangile, être convaincu de quelque chose. ‖ *Creer a pies juntillas* ou *a ojos cerrados*, croire les yeux fermés *o* dur comme fer. ‖ *Creer bajo* ou *sobre palabra*, croire sur parole. ‖ *Cualquiera creería que*, c'est à croire que. ‖ *Hacer creer*, faire croire. ‖ *Hay que verlo para creerlo*, il faut le voir pour le croire. ‖ *¡ Quién lo hubiera creído !*, qui l'eût cru ! ‖ *Según yo creo*, à ce que je crois. ‖ FAM. *¡Ya lo creo !*, je crois bien !, je pense bien !, bien sûr !, naturellement !
— V. pr. Se croire. ‖ — ● *Creérselas*, se croire, avoir bonne opinion de soi. ‖ *¡Es para no creérselo !*, c'est à ne pas y croire. ‖ *No me lo creo*, je n'y crois pas. ‖ FAM. *¿Qué te crees ?*, qu'est-ce que tu crois ?, tu ne m'as pas regardé ! | *¡Que te crees tú eso !* ou *¡que te lo has creído !*, tu peux toujours courir, tu ne m'as pas regardé ! (ni hablar), penses-tu !, tu parles ! (ni pensarlo). ‖ *Si se le cree*, à l'en croire.
— SINÓN. ● *Pensar*, penser. *Juzgar*, juger. *Estimar*, estimer.

crehuela f. Sorte de cretonne.

creíble adj. Croyable.

creíblemente adv. Vraisemblablement.

creído, da adj. Confiant, e ; crédule (crédulo). ‖ Présomptueux, euse ; fier, ère ; arrogant, e (orgulloso). ‖ — *Creído de sí mismo*, content de soi, imbu de soi-même, infatué de sa personne, plein de soi-même.

crema f. Crème (nata, cosmético, licor). ‖ Cirage, *m.*, crème (betún). ‖ FIG. Crème, gratin, *m.* (lo mejor). ‖ GRAM. Tréma, *m.* — *Crema de Chantilly*, crème à la Chantilly. ‖ *Crema de chocolate*, crème au chocolat. ‖ *Crema dental*, pâte dentifrice.
— Adj. Crème, *inv.* (color).

cremación f. Crémation (incineración).

cremallera f. MECÁN. Crémaillère : *ferrocarril de cremallera*, chemin de fer à crémaillère. ‖ Fermeture à glissière.

crematística f. Économie politique, chrématistique. ‖ FAM. Argent, *m.* (dinero).

crematístico, ca adj. Monétaire.

crematorio, ria adj. Crématoire : *horno crematorio*, four crématoire.

cremería f. *Amer.* Crémerie.

Cremona n. pr. GEOGR. Crémone.

crémor o **crémor tartárico** m. QUÍM. Crème de tartre.

cremoso adj. Crémeux, euse.

crencha f. Raie (raya del cabello). ‖ Bandeau, *m.* (pelo).

creosol m. QUÍM. Créosol (aceite de creosota).

creosota f. QUÍM. Créosote. ‖ *Aceite de creosota*, créosol, huile de créosote.

creosotado m. TECN. Créosotage.

creosotar v. tr. TECN. Créosoter.

crepe f. CULIN. Crêpe.

crepé m. Crépon (papel). ‖ Crêpe (tela). ‖ Crêpe : *suelas de crepé*, semelles de crêpe.

crepitación f. Crépitement, *m.*, crépitation.

crepitante adj. Crépitant, e.

crepitar v. intr. Crépiter.

crepuscular adj. Crépusculaire.

crepúsculo m. Crépuscule.

cresa f. Couvain, *m.* (huevos de insectos). ‖ Larve (larva). ‖ Asticot, *m.* (larva de la moscarda).

crescendo adv. y s. m. MÚS. Crescendo.

Creso n. pr. m. Crésus.

cresol m. QUÍM. Crésol.

crespilla f. BOT. Morille (cagarria).

crespo, pa adj. Crépu, e (cabello). ‖ Crépu, e ; frisé, e (vegetal). ‖ FIG. Embrouillé, e ; obscur, e (estilo). | Irrité, e ; en colère.

crespón m. Crêpe (tejido) : *crespón de China*, crêpe de Chine. ‖ Crêpon (tela). ‖ *Crespón tupido*, crêpon (tejido).

cresta f. Crête (de las aves). ‖ Huppe (copete). ‖ FIG. Crête, cime, arête (cima). | Crête : *cresta de una ola*, crête d'une vague. ‖ MED. Crête (excrecencia). ‖ — *Cresta de explanada*, crête du glacis. ‖ BOT. *Cresta de gallo*, crête-de-coq. ‖ FIG. y FAM. *Alzar* ou *levantar la cresta*, se redresser, se rengorger (enorgullecerse). | *Dar en la cresta*, rabattre le caquet.

crestado, da adj. Crêté, e.

crestería f. ARQ. Crête. ‖ Crête (ant.), crénelure, créneaux, *m. pl.* (fortificación).

crestomatía f. Chrestomathie.

crestón m. Cimier, crête, *f.* (de la celada). ‖ MIN. Affleurement (de un filón).

creta f. Craie (carbonato de cal).

Creta n. pr. f. GEOGR. Crète.

cretáceo, a adj. et s. m. GEOL. Crétacé, e. ‖ — Adj. Crayeux, euse (gredoso).

cretense o **crético, ca** adj. y s. Crétois, e (de Creta).

cretinismo m. Crétinisme (enfermedad). ‖ Crétinerie, *f.* (estupidez).

cretino, na adj. y s. Crétin, e.

cretona f. Cretonne (tejido).

creyente adj. y s. Croyant, e.

— SINÓN. *Crédulo,* crédule. *Piadoso,* pieux. *Religioso,* religieux. *Místico,* mystique. *Devoto,* dévot.

crezneja f. Tresse.

cría f. Élevage, *m.* : *cría extensiva, intensiva,* élevage extensif, intensif. ‖ Nourrisson, *m.* (niño de pecho). ‖ Petit, *m.* (de un animal) : *la cría de la loba se llama el lobezno,* le petit de la louve s'appelle le louveteau. ‖ Portée (camada de mamíferos). ‖ Couvée, nichée (de aves).

criada f. Bonne, domestique, employée de maison. ‖ — *Criada para todo,* bonne à tout faire. ‖ FIG. y FAM. *Me ha salido la criada respondona,* je ne m'attendais vraiment pas à ça.

— SINÓN. *Moza,* domestique, servante. *Sirvienta,* servante, bonne. *Camarera,* femme de chambre, chambrière, camériste. *Asistenta,* femme de ménage.

criadero m. Pépinière (de arbolillos). ‖ Élevage (de animales). ‖ Parc : *criadero de ostras,* parc à huîtres. ‖ MIN. Gisement (yacimiento).

criadilla f. ANAT. Testicule, *m.* ‖ Petit pain (*m.*) rond (panecillo). ‖ *Criadilla de tierra,* truffe (trufa).

criado m. Domestique, employé de maison.

criado, da adj. Élevé, e : *bien, mal criado,* bien, mal élevé.

criadona o **criadota** f. FAM. Bonniche.

criador m. Éleveur (de animales). ‖ — *Criador de vino,* viticulteur. ‖ *El Criador,* le Créateur (Dios).

— OBSERV. *Creador* désigne surtout celui qui crée. *criador,* celui qui élève.

criandera f. *Amer.* Nourrice (nodriza).

crianza f. Élevage, *m.* (de animales). ‖ Allaitement, *m.* (de niños de pecho). ‖ FIG. Éducation : *buena, mala crianza,* bonne, mauvaise éducation.

criar v. tr. Allaiter, nourrir (a un niño o un animal) : *criar con biberón,* nourrir au biberon. ‖ Élever (animales). ‖ Élever, éduquer, former (instruir). ‖ Faire pousser (plantas). ‖ Produire : *la tierra cría plantas,* la terre produit des plantes. ‖ Produire, pousser : *un árbol que cría retoños,* un arbre qui pousse des rejetons. ‖ Créer (crear). ‖ FIG. Créer, causer, occasionner, faire naître, provoquer (ocasionar). ‖ — *Cría fama y échate a dormir.* V. FAMA. ‖ *Criar grasas,* engraisser (engordar). ‖ *Dios los cría y ellos se juntan,* qui se ressemble, s'assemble. ‖ *No críes motivos para que te castiguen,* ne cherche pas des raisons de te faire punir. ‖ *Zapatos que crían ampollas,* chaussures qui donnent des ampoules.

— V. pr. Être élevé (niños o animales) : *los niños que se crían al aire libre,* les enfants qui sont élevés au grand air. ‖ Se nourrir (alimentarse). ‖ Pousser, croître (plantas). ‖ Se former (cosas). ‖ Travailler (el vino).

— OBSERV. Dans le sens de « créer », on emploie de préférence *crear.*

criatura f. Créature (cosa creada). ‖ Nourrisson, *m.* (niño de pecho). ‖ FIG. Enfant, *m.,* gosse (fam.) : *llorar como una criatura,* pleurer comme un enfant.

criba f. Crible, *m.* ‖ — FIG. y FAM. *Estar como una criba,* être percé comme une écumoire. | *Pasar por la criba,* passer au tamis o au crible.

cribado m. Criblage. ‖ *Amer.* Broderie (*f.*) à jour.

cribador, ra adj. y s. Cribleur, euse.

cribaduras f. pl. Criblure, *sing.*

cribar v. tr. Cribler.

crío m. TECN. Cric (gato).

cricket m. Cricket (deporte).

cricoides adj. ANAT. Cricoïde.

Crimea n. pr. f. GEOGR. Crimée.

crimen m. Crime.

— SINÓN. *Atentado,* attentat. *Asesinato,* assassinat. *Homicidio,* homicide. *Fechoría,* forfait.

criminación f. Incrimination.

criminal adj. y s. Criminel, elle.

criminalidad f. Criminalité.

criminalista m. Criminaliste.

criminar v. tr. Incriminer.

criminología f. Criminologie.

criminológico, ca adj. Criminologique.

criminologista o **criminólogo, ga** m. y f. Criminologiste.

crin f. Crin, *m.* (de algunos animales). ‖ — Pl. Crinière, *sing.* ‖ *Crin vegetal,* crin végétal.

crineja f. *Amer.* Tresse, natte (crizneja).

crinoideos m. pl. ZOOL. Crinoïdes.

crinolina f. Crinoline.

— OBSERV. Ce mot est un gallicisme employé à la place de *miriñaque.*

crío m. FAM. Bébé (niño de pecho). | Gosse, marmot, petit : *vino con todos sus críos,* il est venu avec tous ses gosses.

criolita f. MIN. Cryolithe.

criollo, lla adj. y s. Créole.

— OBSERV. En Amérique latine, le substantif ou l'adjectif *criollo* s'applique à tout ce qui est autochtone, national, par rapport à ce qui est étranger. Ainsi, *un manjar criollo* est un plat typique; *un caballo criollo,* un cheval indigène, d'une race propre au pays en question. En Argentine, par extension, *un buen criollo* veut dire un bon Argentin, un Argentin de bonne souche.

criometría f. Fís. Cryométrie, cryoscopie.

crioscopia f. Fís. Cryoscopie, cryométrie.

crioscopio m. Fís. Cryomètre, cryoscope.

crioterapia f. Cryothérapie.

cripta f. Crypte.

criptogámico, ca adj. BOT. Cryptogamique.

criptógamo, ma adj. y s. f. BOT. Cryptogame.

criptografía f. Cryptographie (escritura secreta).

criptográfico, ca adj. Cryptographique.

criptograma m. Cryptogramme.

criptón m. QUÍM. Krypton (gas).

criquet m. Cricket (deporte).

cris m. Criss (puñal malayo).

crisálida f. ZOOL. Chrysalide.

crisantema f. o **crisantemo** m. BOT. Chrysanthème, *m.*

criselefantino, na adj. Chryséléphantin, e (de oro y marfil).

crisis f. Crise (de una enfermedad) : *crisis de apendicitis,* crise d'appendicite. ‖ Crise (ataque) : *crisis de llanto, de furia,* crise de larmes, de rage. ‖ Crise (momento decisivo) : *crisis financiera, ministerial,* crise financière, ministérielle. ‖ *Hacer crisis,* atteindre un point critique (enfermedad).

crisma m. Chrême (aceite consagrado). ‖ — F. FAM. Figure (cabeza) : *romper la crisma,* casser la figure.

crismas m. Carte (*f.*) de Noël.

crisoberilo m. Chrysobéryl (piedra fina).

crisocalco m. Chrysocalc, chrysocalque (aleación).

crisol m. TECN. Creuset (para fundir metales). ‖ FIG. Creuset.

crisolada f. Coulée contenue dans le creuset.

crisólito m. Chrysolithe (piedra preciosa).

crisomela f. Chrysomèle (insecto).

crisomélidos m. pl. ZOOL. Chrysomélidés.

crisopacio m. o **crisoprasa** f. Chrysoprase, *f.*

crisóstomo adj. m. Chrysostome.

crispadura f. o **crispamiento** m. Crispation, *f.*

crispar v. tr. Crisper. ‖ Taper sur les nerfs : *este niño me crispa*, cet enfant me tape sur les nerfs. — V. pr. Se crisper.

Crispín n. pr. m. Crépin.

cristal m. Cristal (cuerpo cristalizado) : *cristal de roca*, cristal de roche. ‖ Cristal (vidrio fino) : *cristal de Bohemia*, cristal de Bohême ; *cristales de Venecia*, cristaux de Venise. ‖ Carreau, vitre, *f.* (de ventana). ‖ Verre : *el cristal de un reloj*, le verre d'une montre. ‖ Verre (lente) : *cristal de contacto*, verre de contact. ‖ AUTOM. Glace, *f.* ‖ FIG. Miroir (espejo). ‖ FIG. y POÉT. Cristal (del agua). ‖ *Amer.* Verre (vaso). ‖ *— Cristal de aumento*, verre grossissant. ‖ *Cristal trasero*, lunette arrière (automóvil).

cristalera f. Armoire vitrée (armario). ‖ Buffet, *m.* (aparador). ‖ Porte vitrée (puerta). ‖ Verrière (de un techo).

cristalería f. Cristallerie (fábrica de cristal). ‖ Verrerie (objetos de cristal). ‖ Service (*m.*) de verres (de mesa).

cristalero, ra m. y f. Vitrier, ère (que arregla los cristales). ‖ Verrier, ère (que trabaja en cristal).

cristalino, na adj. y s. m. Cristallin, e.

cristalizable adj. Cristallisable.

cristalización f. Cristallisation.

cristalizador, ra adj. Cristallisant, e. — M. QUÍM. Cristallisoir.

cristalizante adj. Cristallisant, e.

cristalizar v. tr. e intr. Cristalliser. ‖ Se cristalliser : *el patriotismo cristalizó en la resistencia al enemigo*, le patriotisme se cristallisa dans la résistance à l'ennemi. — V. pr. Se cristalliser.

cristalogenia f. Cristallogénie.

cristalografía f. MIN. Cristallographie.

cristalográfico, ca adj. Cristallographique.

cristaloide adj. y s. m. Cristalloïde.

cristaloideo, a adj. Cristalloïde.

Cristián, ana n. pr. m. y f. Christian, Christiane.

cristlanar v. tr. FAM. Baptiser. ‖ *Los trapitos de cristianar*, les habits du dimanche.

cristiandad f. Chrétienté (conjunto de los cristianos). ‖ Christianisme, *m.* (virtud cristiana).

cristiania m. Christiania (esquí).

cristianísimo, ma adj. Très chrétien, enne (título de los reyes de Francia).

cristianismo m. Christianisme.

cristianización f. Christianisation.

cristianizar v. tr. Christianiser.

cristiano, na adj. y s. Chrétien, enne. ‖ *Hablar en cristiano*, parler un langage chrétien, parler espagnol. ‖ — M. FAM. Chrétien. | Chat, âme (*f.*) qui vive : *por la calle no pasa un cristiano*, il n'y a pas un chat dans la rue.

Cristina n. pr. f. Christine.

cristino, na adj. y s. Partisan d'Isabelle II d'Espagne, sous la régence de Marie-Christine, opposé aux carlistes.

Cristo m. Le Christ. ‖ Christ, crucifix : *un cristo de marfil*, un christ en ivoire. ‖ *— FIG. y FAM. Donde Cristo dio las tres voces*, au diable, au diable vauvert. | *Ni Cristo que lo fundó*, personne (nadie). | *¡Voto a Cristo!*, mince !, zut !

Cristóbal n. pr. m. Christophe.

cristus m. Croix de par Dieu (alfabeto). ‖ Alphabet (abecedario).

criterio m. Critère, critérium (p. us.) [regla para hallar la verdad]. ‖ Notion, *f.* (noción). ‖ Jugement, discernement (juicio). ‖ Critérium (prueba deportiva). ‖ *En mi criterio*, à mon avis, à mon sens.

crítica f. Critique (juicio). ‖ Critique (censura) : *la crítica es fácil, pero el arte es difícil*, la critique est aisée mais l'art est difficile. ‖ Reproche, *m.*, critique : *¿qué crítica puedes hacerme?*, quel reproche peux-tu me faire ?

criticable adj. Critiquable.

criticador, ra adj. y s. Critiqueur, euse.

críticamente adv. De façon critique, critiquement.

criticar v. tr. Critiquer (juzgar). ‖ Critiquer (censurar). ‖ Critiquer, reprocher : *no critico nada en el sistema*, je ne reproche rien au système.

criticastro m. Mauvais critique, critique de peu d'envergure.

criticismo m. FIL. Criticisme.

criticista adj. y s. Criticiste.

crítico, ca adj. Critique (propio de la crítica). ‖ Critique (propio de la crisis). — M. ● Critique (el que critica) : *crítico de arte*, critique d'art. — Adj. y s. Critiqueur, euse (criticón). — SINÓN. ● *Censor*, censeur. *Juez*, juge. *Aristarco*, aristarque. *Zoilo*, zoïle.

criticón, ona adj. y s. Qui a l'esprit critique très développé, critiqueur, euse.

crizneja f. Tresse, natte (de pelo). ‖ Corde tressée (soga).

Croacia n. pr. f. GEOGR. Croatie.

croar v. intr. Coasser (las ranas).

croata adj. y s. Croate.

crocante m. Praline, *f.* (guirlache).

crocitar v. intr. Croasser (el cuervo).

croco m. BOT. Crocus, safran (azafrán).

croché o **crochet** m. Crochet (ganchillo).

cromado m. TECN. Chromage, chromé.

cromar v. tr. TECN. Chromer.

cromático, ca adj. FÍS y MÚS. Chromatique : *escala cromática*, gamme chromatique.

cromatina f. BIOL. Chromatine.

cromatismo m. Chromatisme.

cromato m. QUÍM. Chromate.

crómico, ca adj. QUÍM. Chromique.

crómlech m. Cromlech (monumento megalítico).

cromo m. Chrome (metal). ‖ Chromo (cromolitografía). ‖ Image, *f.* : *coleccionar cromos*, collectionner des images. ‖ Image (*f.*) d'Épinal, chromo (grabado de poco valor).

cromolitografía f. Chromolithographie.

cromolitográfico, ca adj. Chromolithographique.

cromosfera f. ASTR. Chromosphère.

cromosoma f. BIOL. Chromosome.

cromotipia f. Chromotypie.

cromotipografía f. Chromotypographie.

crónica f. Chronique (anales). ‖ Chronique : *crónica literaria*, chronique littéraire.

cronicidad f. Chronicité.

cronicismo m. Chronicité, *f.* (de una enfermedad).

crónico, ca adj. Chronique.

cronicón m. Chronique, *f.*

cronista m. Chroniqueur.

crónlech m. Cromlech.

cronógrafo m. Chronographe.

cronología f. Chronologie.

cronológico, ca adj. Chronologique.

cronometrador m. Chronométreur.

cronometraje m. Chronométrage (de deporte, etc.). ‖ Minutage, chronométrage (de un trabajo).

cronometrar v. tr. Chronométrer.

cronometría f. Chronométrie.

cronométrico, ca adj. Chronométrique.

cronómetro m. Chronomètre (reloj). ‖ *Ser como un cronómetro*, être une pendule (exacto), être réglé comme du papier à musique (regular).

croquet m. Croquet (juego).

croqueta f. CULIN. Croquette : *croqueta de pescado*, croquette de poisson. | Croquette (de chocolate).

croquis m. Croquis (dibujo).

croscitar v. intr. Croasser (graznar).

cross-country m. Cross-country (carrera).

crótalo m. Crotale (castañuela antigua). ‖ ZOOL. Crotale, serpent à sonnettes. ‖ — Pl. POÉT. Castagnettes, f.

crotón m. BOT. Croton, ricin (ricino).

crotorar v. intr. Claqueter, craqueter (la cigüeña).

croupier m. Croupier (en el juego).

— OBSERV. La palabra *croupier* es un galicismo.

crown-glass m. ªCrown-glass (vidrio corona).

cruce m. ● Croisement, carrefour, croisée, f. (ant.) [encrucijada]. ‖ Intersection, f. (de carreteras). ‖ Échangeur (de autopistas). ‖ Interférence (f.) de deux conversations au téléphone. ‖ Croisement (acción de cruzarse). ‖ Entrecroisement (acción de cruzarse en varios sentidos). ‖ BIOL. Croisement. ‖ Court-circuit (cortocircuito). ‖ *Luces de cruce,* feux de croisement, phares codes. — SINÓN. ● *Encrucijada,* carrefour. *Cruzamiento,* croisement. *Confluencia,* confluence. *Bifurcación,* bifurcation. *Empalme,* embranchement, correspondance.

cruceiro m. Cruzeiro (moneda brasileña).

crucería f. ARQ. Croisée d'ogives : *bóveda de crucería,* voûte de croisée d'ogives.

crucero m. Porte-croix (en las procesiones). Croisement, carrefour (encrucijada). ‖ ARQ. Transept, croisée, f. (en los templos). ‖ ASTR. Croix du Sud, f. (constelación). ‖ CONSTR. Traverse, f., moise, f. ‖ Croisillon (de ventana). ‖ IMPR. Milieu d'une feuille d'impression. ‖ MAR. Croiseur (navío). ‖ Croisière, f. (viaje por mar). ‖ Croisière, f. (vigilancia de las costas). ‖ MIN. Plan de clivage (de un mineral). ‖ *Velocidad de crucero,* vitesse de croisière.

cruceta f. Croisillon, m. (de enrejado). ‖ MAR. Hune (cofa). ‖ Traverse (crucero). ‖ MECÁN. Crosse, croisillon, m.

crucial adj. Crucial, e : *incisión crucial,* incision cruciale. ‖ FIG. Crucial, e (fundamental) : *puntos cruciales,* points cruciaux.

cruciferario m. Porte-croix, inv. (el que lleva la cruz). — M. Religieux de l'ordre de la Sainte-Croix.

crucífero, ra adj. y s. f. BOT. Crucifère. ‖ — F. pl. BOT. Crucifuracées.

crucificado, da adj. Crucifié, e. — M. *El Crucificado,* le Crucifié (Jesucristo).

crucificar v. tr. Crucifier. ‖ FIG. y FAM. Crucifier, martyriser, tourmenter.

crucifijo m. Crucifix.

crucifixión f. Crucifixion. ‖ Crucifiement, m. — OBSERV. *Crucifiement* es la acción y el efecto de crucificar. La palabra *crucifixion* se relaciona particularmente con el suplicio de Cristo.

cruciforme adj. Cruciforme.

crucigrama m. Mots (pl.) croisés.

crucigramista o **cruciverbista** m. y f. Amateur de mots croisés, cruciverbiste.

crudamente adv. Crûment.

crudelísimo, ma adj. Très cruel.

crudeza f. Crudité (de lo que está crudo). ‖ FIG. Rigueur (rigor) : *la crudeza de las heladas,* la rigueur des gelées. ‖ Dureté, âpreté (aspereza). ‖ Dureté (del agua). ‖ Crudité (palabra grosera) : *decir crudezas,* dire des crudités.

crudillo m. Bougran (tela).

crudo, da adj. Cru, e (no cocido). ‖ Vert, e (no maduro). ‖ Indigeste, cru, e (indigesto). ‖ Brut, e : *petróleo crudo,* pétrole brut. ‖ Écru, e ; cru, e (cuero, seda). ‖ Grège (seda). ‖ FIG. Rigoureux, euse ; rude (tiempo). ‖ Rude, cruel, elle (cruel). ‖ Pas mûr, e (no hecho). ‖ Cru, e : *un chiste crudo,* une histoire crue. ‖ *Amer.* Ivre-mort, dans les vignes du Seigneur (después de una borrachera). ‖ *En crudo,* cru, e : *tomate en crudo,* tomate crue ; crûment (bruscamente).

cruel adj. y s. Cruel, elle : *un tirano cruel,* un tyran cruel. ‖ *Mostrarse cruel,* être o se montrer cruel, s'acharner : *el destino se muestra cruel con él,* le destin s'acharne contre lui. — SINÓN. *Desalmado, feroz, féroce. Brutal,* brutal.

crueldad f. Cruauté.

cruentamente adv. De façon sanglante, avec effusion de sang.

cruento, ta adj. Sanglant, e (sangriento).

crujía f. Corridor, m., couloir, m. (corredor). ‖ Salle commune (en un hospital). ‖ Espace (m.) entre le chœur et le sanctuaire (en una catedral). ‖ ARQ. Espace (m.) entre deux murs de soutènement. ‖ MAR. Coursive (de proa a popa). — *Crujía de habitaciones,* enfilade de pièces. ‖ FIG. y FAM. *Pasar* ou *sufrir una crujía,* en voir de dures, souffrir le martyre.

crujido m. Craquement (ruido de lo que cruje). Frou-frou (de una tela). ‖ Grincement (de dientes). ‖ Claquement (de un látigo).

crujiente adj. Craquant, e. ‖ Croustillant, e (pan), croquant, e (galleta).

crujir v. intr. Craquer. ‖ Grincer (los dientes). ‖ Froufrouter (la seda). ‖ Crisser (arena, hojas muertas, nieve). ‖ — *Allí será el llorar y el crujir de dientes,* il y aura des pleurs et des grincements de dents. ‖ *Crujirse los dedos,* faire craquer ses doigts.

crúor m. (P. us.). Cruor (sangre). ‖ Caillot (coágulo de sangre). ‖ POÉT. Sang.

crup m. Croup (garrotillo, difteria).

crural adj. ANAT. Crural, e.

crustáceo, a adj. y s. m. ZOOL. Crustacé, e.

crústula f. Petite croûte.

cruz f. Croix (patíbulo, figura). ‖ Croix (condecoración) : *gran cruz de Isabel la Católica,* grand-croix d'Isabelle la Catholique. ‖ Pile (de la moneda) : *jugar a cara o cruz,* jouer à pile ou face. ‖ Garrot, m. (de los animales). ‖ Fourche (de las ramas de un árbol). ‖ Entre-jambe, m. (de los pantalones). ‖ FIG. Croix (carga) : *cada uno lleva su cruz,* à chacun sa croix. ‖ ASTR. Croix du Sud. ‖ BLAS. Croix. — *Cruz de Borgoña* ou *de San Andrés,* croix de Saint-André. ‖ *Cruz de Lorena,* croix de Lorraine. ‖ *Cruz de los Caídos,* monument aux morts. ‖ CINEM. y MED. *Cruz de Malta,* croix de Malte. ‖ *Cruz gamada,* croix gammée. ‖ *Cruz griega,* croix grecque. ‖ *Cruz latina,* croix latine. ‖ BLAS. *Cruz potenzada,* croix potencée. ‖ *Cruz Roja,* Croix-Rouge. ‖ FIG. y FAM. *Cruz y raya,* c'est fini, qu'il n'en soit plus question, l'affaire est close. ‖ *De la cruz a la fecha,* d'un bout à l'autre. ‖ *En cruz,* en croix. ‖ FAM. *En cruz y en cuadro,* sans rien. ‖ *Señal de la cruz,* signe de la croix. ‖ — FIG. *Es la cruz y los ciriales,* c'est la croix et la bannière. ‖ *Hacerse cruces,* rester pantois. ‖ *Llevar la cruz a cuestas,* porter sa croix. ‖ *Por esta cruz que son cruces,* par notre Seigneur Jésus-Christ.

cruzada f. HIST. Croisade. ‖ (P. us.). Croisement, m., carrefour, m. (encrucijada). ‖ FIG. Croisade, campagne : *cruzada antialcohólica,* croisade anti-alcoolique.

cruzado, da adj. Croisé, e : *tela, chaqueta cruzada,* étoffe croisée, veston croisé. ‖ COM. Barré, e : *cheque cruzado,* chèque barré. ‖ — MIL. *Fuegos cruzados,* feux croisés. ‖ *Palabras cruzadas,* mots croisés. — M. Croisé (participante en una cruzada). ‖ Croisé (participante en una cruzada). ‖ Croisure, f. (de una tela). ‖ MÚS. Un des accords de la guitare. ‖ Chassé-croisé (danza). ‖ — Pl. Hachures, f. (en el dibujo).

cruzamiento m. Croisement (de dos coches). ‖ Croisement (de animales). ‖ Armement (ceremonia).

cruzar v. tr. Croiser : *cruzar las piernas,* croiser les jambes. ‖ Traverser : *cruzar la calle,* traverser la rue. ‖ Couper, croiser : *este camino cruza la*

carretera, ce chemin coupe la route. ‖ Barrer (un cheque). ‖ Décorer [de la croix d'un ordre], faire chevalier [d'un ordre]. ‖ Faire (apuestas). ‖ AGRIC. Faire un second labour. ‖ BIOL. Croiser (animales o plantas). ‖ — *Cruzar a uno la cara*, cingler le visage de quelqu'un. ‖ MIL. *Cruzar la bayoneta*, croiser la baïonnette. | *Cruzar la espada con*, croiser le fer avec (pelearse). ‖ FIG. *Cruzar palabras con uno*, échanger quelques mots avec quelqu'un (conversar brevemente), avoir une prise de bec, se chamailler avec quelqu'un (disputar). ‖ *Cruzar por la imaginación*, traverser l'esprit. ‖ *Nunca había cruzado una palabra con él*, je n'avais jamais échangé une parole avec lui.
— V. intr. MAR. Croiser.
— V. pr. Se croiser (dos personas o cosas) : *nuestras cartas se han cruzado*, nos lettres se sont croisées. ‖ Échanger (palabras, regalos, etc.). ‖ Croiser : *me crucé con él por la calle*, je l'ai croisé dans la rue. ‖ S'entrecroiser (diversas personas o cosas). ‖ Devenir membre d'un ordre. ‖ Être fait, e (apuesta). ‖ — *Cruzarse de brazos*, se croiser les bras. ‖ *Cruzarse de palabras*, se disputer, se prendre de bec. ‖ *Cruzarse de piernas*, croiser les jambes.
cruzeiro m. Cruzeiro (moneda brasileña).
cu f. Q, *m.*, nom de la lettre *q*.
cuaba f. *Amer.* Bois-chandelle, *m.* (árbol).
cuacar v. intr. *Amer.* Plaire.
cuácara f. *Amer.* Veston, *m.*, veste (chaqueta). | Blouse (blusa). | Redingote (levita).
cuacareo m. Coassement (de la rana).
cuaco m. Farine (*f.*) de racine de yucca. ‖ *Amer.* Cheval, rosse, *f.*, haridelle, *f.*
cuaderna f. Quaterne, carne (juego). ‖ MAR. y AVIAC. Couple, *m.* : *cuaderna maestra*, maître couple. ‖ MAR. Membrure. ‖ *Cuaderna vía*, quatrain d'alexandrins monorimes (estrofa).
cuadernal m. MAR. Moufle, *f.*
cuadernillo m. Carnet (librito). ‖ Cahier (de papel de fumar). ‖ Cahier [de cinq feuilles]. ‖ ECLES. Ordo (añalejo). ‖ IMPR. Feuillet.
cuaderno m. ‖ Cahier. ‖ FAM. Jeu de cartes (baraja). ‖ MAR. *Cuaderno de bitácora*, livre de bord.
— SINÓN. ● *Libreta*, carnet. *Cuadernillo*, calepin. *Agenda*, agenda.
cuadra f. Écurie (caballeriza). ‖ Écurie (caballos o automóviles de un propietario). ‖ Grande salle (sala grande). ‖ Dortoir, *m.* (dormitorio común). ‖ Chambrée (en un cuartel). ‖ Quart (*m.*) de mille (medida itineraria). ‖ Croupe (grupa). ‖ *Amer.* Pâté (*m.*) *o* îlot (*m.*) de maisons (manzana de casas). [V. OBSERV.] ‖ Salon, *m.* (sala de recibo).
— OBSERV. Dans les villes américaines, dont le plan est souvent un quadrillage de rues, la *cuadra* désigne la longueur d'un pâté de maisons, soit la distance entre deux angles de rues. Cette distance équivaut à une centaine de mètres : *vivo a tres cuadras*, j'habite à 300 mètres environ.
cuadrada f. MÚS. Carrée, brève (nota).
cuadradillo m. Carrelet (regla). ‖ Fanton, fenton, barre (*f.*) de fer quadrangulaire (de hierro). ‖ Morceau : *azúcar de cuadradillo*, sucre en morceaux. ‖ Gousset (de camisa).
cuadrado, da adj. Carré : *vela cuadrada*, voile carrée ; *raíz cuadrada*, racine carrée. ‖ FIG. Parfait, e. | De face (de frente).
— M. GEOM. Carré (figura). ‖ Carrelet (regla). ‖ MAT. Carré : *el cuadrado de la hipotenusa*, le carré de l'hypoténuse. ‖ IMPR. Cadrat, cadratin (para espacios).
cuadragenario, ria adj. y s. Quadragénaire.
cuadragésima f. Quadragésime : *domingo de la cuadragésima*, dimanche de la Quadragésime.

cuadragesimal adj. Quadragésimal, e (relativo a la cuaresma).
cuadragésimo, ma adj. y s. Quarantième.
cuadral m. ARQ. Arbalétrier, *m.*
cuadrangular adj. Quadrangulaire.
cuadrángulo, la adj. GEOM. Quadrangulaire.
— M. GEOM. Quadrangle.
cuadrante m. ASTR. Quadrant (de meridiano). ‖ GEOM. Quadrant (de círculo). ‖ Cadran (reloj solar). ‖ MAR. Quart [de vent ou de rumb]. ‖ ECLES. Tableau des offices (tablilla de las misas). ‖ Arbalétrier (cuadral).
cuadrar v. tr. Donner la forme d'un carré, rendre carré, carrer (dar forma cuadrada). ‖ MAT. Élever au carré, carrer (un número). ‖ TECN. Équarrir (un tronco). ‖ GEOM. Carrer, faire la quadrature d'une figure (determinar el cuadrado). ‖ Cadrer (en compaginación). ‖ Graticuler (cuadricular un dibujo).
— V. intr. Cadrer, s'accorder, aller : *su carácter no cuadra con el mío*, votre caractère ne s'accorde pas avec le mien ; *nuestras cuentas no cuadran con las suyas*, nos comptes ne cadrent pas avec les vôtres. ‖ Tomber juste : *no me cuadran las cuentas*, les comptes ne tombent pas justes. ‖ *Amer.* Plaire, convenir (convenir) : *no me cuadra eso*, cela ne me plaît pas.
— V. pr. MIL. Se mettre au garde-à-vous (soldados). ‖ EQUIT. S'arrêter ferme (los caballos). ‖ TAUROM. Se planter ferme sur les quatre pattes. ‖ FIG. y FAM. Se raidir.
cuadrático, ca adj. MAT. Quadratique.
cuadratín m. IMPR. Cadratin [renfoncement].
cuadratura f. Quadrature : *la cuadratura del círculo*, la quadrature du cercle. ‖ Débitage, *m.* (de la madera).
cuadrero, ra adj. *Amer.* Bon coureur, bonne coureuse (caballo). ‖ — F. *Amer.* Écurie (cuadra).
cuadriceps adj. y s. m. Quadriceps (músculo).
cuadrícula f. Quadrillage, *m.*
cuadriculación f. Quadrillage, *m.*
cuadriculado, da adj. Quadrillé, e : *papel cuadriculado*, papier quadrillé.
— M. Quadrillage.
cuadricular adj. Relatif au quadrillage.
cuadricular v. tr. Quadriller (un papel), graticuler (un dibujo).
cuadridimensional adj. FÍS. À quatre dimensions : *el espacio cuadridimensional de Einstein*, l'espace à quatre dimensions d'Einstein.
cuadrienal adj. Quatriennal, e.
cuadrienio m. Espace de quatre ans.
cuadrífido, da adj. BOT. Quadrifide.
cuadrifolio, a adj. Quadrifolié, e.
cuadriga f. Quadrige, *m.*
cuadrigéminos adj. m. pl. ANAT. Quadrijumeaux.
cuadril m. ANAT. Os de la hanche (hueso). | Hanche, *f.* (cadera). | Croupe, *f.* (de los animales).
cuadrilátero, ra adj. GEOM. Quadrilatère, quadrilatéral, e : *terrenos cuadriláteros*, terrains quadrilatéraux.
— M. Quadrilatère (polígono). ‖ Ring (boxeo).
cuadrilongo, ga adj. GEOM. Rectangulaire.
— M. Rectangle (rectángulo).
cuadrilla f. TAUROM. « Cuadrilla », équipe qui accompagne le matador. ‖ Bande (de amigos, de malhechores). ‖ Équipe (de obreros). ‖ Quadrille, *m.* (baile). ‖ HIST. Compagnie d'archers de la Santa Hermandad [chargés de poursuivre les malfaiteurs].
cuadrillero m. Chef d'équipe (capataz). ‖ HIST. Archer de la Santa Hermandad.
cuadrimotor adj. m. y s. m. Quadrimoteur.
cuadringentésimo, ma adj. y s. Quatre-centième.
cuadripartito, ta adj. Quadripartite.
cuadripétalo, la adj. BOT. Quadripétale.

cuadriplicar v. tr. Quadrupler (cuatriplicar).
cuadrisílabo, ba adj. Quadrisyllabique.
— M. Quadrisyllabe.
cuadrivalente adj. Quím. Tétravalent, e.
cuadrivio m. (P. us.). Carrefour (cruce de caminos). ‖ Quadrivium (en las universidades antiguas).
cuadro, a adj. (P. us.). Carré, e (cuadrado).
— M. Carré, rectangle (rectángulo). ‖ Carreau, damier : *tela de cuadros,* tissu à carreaux. ‖ ● Tableau (pintura). ‖ Impr. Platine, *f.* ‖ Parterre (de un jardín) : *cuadro de flores,* parterre de fleurs. ‖ Teatr. Tableau (parte del acto). ‖ Fig. Tableau (espectáculo). ‖ Tableau (descripción) : *cuadro de costumbres,* tableau de mœurs. ‖ Équipe, *f.* (equipo). ‖ Tecn. Cadre (de motos y bicicletas). ‖ Mil. Cadre (conjunto de jefes). ‖ Carré (formación). ‖ Amer. Abattoir (matadero). ‖ — *Cuadro de distribución,* tableau de distribution. ‖ *Cuadro de instrumentos* ou *de mandos,* tableau de bord. ‖ *Cuadro facultativo* ou *médico,* personnel médical. ‖ *Cuadro sueco,* portique (de gimnasia). ‖ Mil. *Cuadros de mando,* personnel de commandement (ejército). ‖ *Cuadro vivo,* tableau vivant. ‖ — *Dentro del cuadro de,* dans le cadre de. ‖ *En cuadro,* en carré. ‖ *Quedarse en cuadro,* avoir été déserté. ‖ Fam. *¡Vaya un cuadro!,* quel tableau !
— Observ. Ne pas confondre *cuadro,* tableau, avec *marco,* cadre : *un cuadro de Murillo,* un tableau de Murillo.
— Sinón. ● *Lienzo,* toile. *Pintura,* peinture. *Boceto,* *pochade. Apunte,* esquisse.
cuadrumano, na adj. y s. m. Zool. Quadrumane.
cuadrúpedo, da adj. y s. m. Zool. Quadrupède.
cuádruple adj. Quadruple.
cuádruplex m. Quadruplex (telégrafo).
cuadruplicación f. Quadruplication, quadruplement, *m.*
cuadruplicar v. tr. e intr. Quadrupler.
cuádruplo m. Quadruple (cuádruple).
cuaima f. Amer. Serpent (*m.*) venimeux du Venezuela. ‖ Fig. y fam. Vipère (persona astuta).
cuajada f. Caillé, *m.* (de la leche). ‖ Fromage (*m.*) blanc, caillé, *m.* (requesón).
cuajado, da adj. Caillé, e. ‖ Fig. y fam. Saisi, e; figé, e (de extrañeza) : *quedó cuajado,* il resta figé. ‖ Fig. Ahuri, e; stupéfait, e; pantois, e (asombrado). ‖ Endormi, e; planté, e; figé, e (inmóvil). ‖ Fam. *Estar cuajado como un palo,* être planté comme un piquet.
— M. Gâteau de fruits et hachis de viande sucré (pastel).
cuajadura f. Caillement, *m.,* caillage, *m.,* coagulation (acción). ‖ Caillé, *m.* (resultado).
cuajaleche m. Caille-lait, *inv.* (planta).
cuajamiento m. Caillement, coagulation, *f.,* caillage.
cuajar m. Anat. Caillette, *f.*
cuajar v. tr. Coaguler (la sangre, etc.). ‖ Cailler, présurer, emprésurer (la leche). ‖ Figer (el aceite, las grasas). ‖ Fig. Surcharger [d'ornements] (adornar con exceso). ‖ Réussir : *nuestro equipo cuajó un magnífico partido,* notre équipe a réussi un excellent match.
— V. intr. Fig. y fam. Réussir, bien tourner, marcher : *no cuajó su negocio,* son affaire n'a pas marché. ‖ Prendre : *esta moda no cuajó,* cette mode n'a pas pris. ‖ Prendre, passer : *tales mentiras no cuajan,* de tels mensonges ne passent pas. ‖ Plaire, convenir : *no me cuaja su proposición,* votre proposition ne me convient pas. ‖ Devenir : *esa promesa ha cuajado en un gran artista,* cet espoir est devenu un grand artiste. ‖ *Estar cuajado,* être rempli o bourré : *París está cuajado de extranjeros,* Paris est bourré d'étrangers; être rempli o couvert : *balcón cuajado de*

flores, balcon couvert de fleurs; être rempli o parsemé : *cielo cuajado de estrellas,* ciel parsemé d'étoiles; être rempli o plein o jalonné : *su vida está cuajada de éxitos,* sa vie est jalonnée de succès.
— V. pr. Se coaguler, se figer. ‖ Se cailler, cailler (la leche). ‖ Prendre (una crema, mayonesa, dulces). ‖ Prendre (hielo, río). ‖ Fig. Se remplir (llenarse). ‖ S'endormir (ser poco activo).
cuajarón m. Caillot, coagulum (de un líquido).
cuajo m. Présure, *f.* (contenido del cuajar). ‖ Caillement (coagulación). ‖ Zool. Caillette, *f.,* (cuajar del rumiante). ‖ Fig. y fam. Calme (calma). ‖ — *Añadir cuajo,* empresurer. ‖ *Arrancar de cuajo,* déraciner (un árbol), couper à la racine, extirper (cosas malas). ‖ *Tener cuajo,* être indolent.
cuakerismo m. Quakérisme (cuaquerismo).
cuákero, ra m. y f. Quaker, eresse (cuáquero).
cual pron. rel. (pl. *cuales*). — Precedido de artículo. Qui, lequel, laquelle, lesquels, lesquelles : *llamó al portero, el cual dormía,* il appela le concierge, lequel dormait o qui dormait. ‖ Celui-ci, celle-ci, ceux-ci, celles-ci : *entró en la habitación de su hermano, el cual todavía dormía,* il entra dans la chambre de son frère; celui-ci dormait encore. ‖ — *A cual más* ou *a cual mejor,* à qui mieux mieux. ‖ *Al cual, a la cual, a los cuales, a las cuales,* auquel, à laquelle, auxquels, auxquelles. ‖ *Bajo el cual,* sous lequel. ‖ *Cada cual,* chacun : *a cada cual lo suyo,* à chacun son bien. ‖ *Del cual, de la cual, de los cuales, de las cuales,* duquel, de laquelle, desquels, desquelles : *el Sol, en torno del cual gira la Tierra,* le Soleil autour duquel tourne la Terre ; dont, duquel, de laquelle, etc. : *el hombre del cual te hablé,* l'homme dont je t'ai parlé ; *cinco chicos dos de los cuales son unos bandidos,* cinq garçons dont deux sont des bandits. ‖ *De lo cual,* ce dont : *ha conseguido lo que quería, de lo cual me alegro mucho,* il a obtenu ce qu'il voulait, ce dont je me réjouis fort ; d'où : *de lo cual podemos inferir que,* d'où nous pouvons déduire que. ‖ *Después de lo cual,* après quoi. ‖ *En el cual,* où, dans lequel : *el sitio en el cual me encuentro,* l'endroit où je me trouve. ‖ *Lo cual,* ce qui, ce que : *ya no nos saluda, lo cual equivale a decir que está enfadado con nosotros,* il ne nous salue plus, ce qui revient à dire qu'il est fâché avec nous. ‖ *Por lo cual.* V. por. ‖ *Sin lo cual,* sans quoi.
— Sin artículo. Comme, tel que, telle que, tels que, telles que : *epidemias cuales se propagaban en la Edad Media ya no había más,* il n'y aura plus d'épidémies telles que o comme celles qui se propageaient au Moyen Âge. ‖ Poét. Comme, tel, telle : *cual las flores del naranjo,* comme o telles les fleurs de l'oranger. ‖ — *Cual o cual, tal cual,* de rares, quelques rares : *entre la asistencia, cual o cual aficionado,* parmi l'assistance, de rares amateurs. ‖ *Tal... cual,* tel... tel : *cual el padre, tal el hijo,* tel père, tel fils.
— Adv. Tel que, comme : *cual se lo cuento,* tel que je vous le raconte. ‖ *Tal cual,* tel quel, lo ha dejado tal cual, no lo ha arreglado nada, il l'a laissé tel quel, il ne l'a pas arrangé du tout; comme ci, comme ça : *una solución tal cual,* une solution comme ci, comme ça ; quelques (algunos).
cuál adj. y pron. interrog. Quel, quelle, quels, quelles : *no sé cuál será su decisión,* je ne sais pas quelle sera sa décision ; *¿cuál es el camino más corto?,* quel est le chemin le plus court ? ‖ Qui, lequel, laquelle, lesquels, lesquelles : *¿cuál de los tres llegará primero?,* lequel des trois arrivera le pemier ?
— Pr. indet. L'un, l'autre, l'une, l'autre, les uns, les autres, les unes, les autres ; qui... qui : *todos se quejaban, cuáles de la comida, cuáles de la cama,*

tous se plaignaient, les uns de la nourriture, les autres du lit *o* qui de la nourriture, qui du lit. ‖ *Todos contribuyeron, cuál más, cuál menos a este éxito,* tous contribuèrent à des degrés différents *o* plus ou moins à ce succès.
— Adv. Comment, comme : *¡cuál infeliz se encontraba!,* comme il se trouvait malheureux !

cualesquier, cualesquiera pron. indet. pl. V. CUALQUIER, CUALQUIERA.

cualidad f. Qualité.
— OBSERV. *Calidad* et *cualidad* traduisent deux sens de *qualité* : *un reloj de calidad,* une montre de qualité ; *la bondad es una cualidad,* la bonté est une qualité.

cualificación f. Qualification.
cualificado, da adj. Qualifié, e (obrero).
cualificar v. tr. Qualifier.
cualitativo, va adj. Qualitatif, ive.
cualquier adj. indef. (pl. *cualesquier*). Apócope de *cualquiera.* V. CUALQUIERA.
— OBSERV. *Cualquiera* s'apocope obligatoirement en *cualquier* devant un nom masculin singulier, facultativement devant un nom féminin singulier, rarement devant un nom au pluriel.

cualquiera adj. y pron. indef. (pl. *cualesquiera*). N'importe qui, quiconque : *cualquiera de Uds.,* n'importe qui d'entre vous, quiconque parmi vous. ‖ N'importe lequel, n'importe laquelle : *cualquiera de los dos,* n'importe lequel des deux. ‖ N'importe quel, n'importe quelle : *en cualquier momento y a cualquier hora,* à n'importe quel moment et à n'importe quelle heure. ‖ Quel que, quelle que : *cualquiera que sea su excusa no le perdono,* quelle que soit son excuse je ne lui pardonne pas. ‖ Tout, e : *cualquier hombre inteligente sabe que,* tout homme intelligent sait que. ‖ Personne : *cualquiera lo creerá,* personne ne le croira. ‖ On : *cualquiera se acostumbra a todo,* on s'habitue à tout. ‖ Quelconque : *un día cualquiera,* un jour quelconque. ‖ — *Cualquiera que,* quiconque : *cualquiera que haya viajado lo sabe,* quiconque a voyagé le sait. ‖ *Cualquier cosa,* n'importe quoi. ‖ *Cualquier cosa que,* quoi que : *cualquier cosa que haga,* quoi qu'il fasse. ‖ *Cualquier día,* un de ces jours. ‖ *Cualquier otro,* tout autre : *cualquier otro menos yo,* tout autre que moi. ‖ *En cualquier otra parte,* n'importe où ailleurs, partout ailleurs. ‖ *Una cualquiera,* une femme quelconque, une femme de rien. ‖ *Un cualquiera,* le premier venu, un homme quelconque, un homme de rien. ‖ *Unos cualquieras,* des gens de rien. ‖ — *Cualquiera lo diría,* on croirait bien. ‖ *Por cualquier parte que vaya,* de quelque côté qu'il aille. ‖

cuan adv. Combien, comme : *no puedes imaginarte cuan cansada estoy,* tu ne peux pas t'imaginer combien je suis fatiguée. ‖ Comme, combien (exclamativo) : *¡cuán pronto pasan los años!,* comme les années passent vite ! ‖ Que, comme : *¡cuán hermoso es!,* qu'il est beau ! ‖ — *Tan...* *cuan,* aussi... que : *el castigo será tan grande cuan grave fue la culpa,* le châtiment sera aussi grand que la faute fut grave ; autant... autant (cuanto... tanto) : *cuan bueno era el padre, tan malo es el hijo,* autant le père était bon autant le fils est méchant. ‖ *Cayó cuan largo era,* il tomba de tout son long.
— OBSERV. *Cuan,* apocope de *cuanto,* ne s'emploie que devant les adjectifs et les adverbes. Il porte un accent dans les phrases exclamatives ou interrogatives.

cuando conj. Quand, lorsque (en el tiempo en que) : *será ya de noche cuando lleguemos a casa,* il fera déjà nuit quand nous arriverons chez nous ; *ven a buscarme cuando serán las tres,* viens me chercher lorsqu'il sera 3 heures (v. OBSERV.) ; *cuando joven, yo creía,* quand j'étais jeune, je croyais. ‖ Même si, quand bien même (aunque) : *cuando lo dijeras mil veces,* même si tu le répé-

tais mille fois. ‖ Puisque, du moment que (puesto que) : *cuando lo dices será verdad,* puisque tu le dis, ce doit être vrai. ‖ Que : *no bien lo hubo dicho cuando se cayó,* il ne l'avait pas plutôt dit qu'il tomba. ‖ *Cuando la guerra,* au moment de *o* pendant la guerre. ‖ *Cuando la última huelga,* lors de la dernière grève. ‖ *Cuando más* ou *cuando mucho,* tout au plus, au plus. ‖ *Cuando mayor,* une fois devenu grand. ‖ *Cuando menos,* tout au moins, au moins, pour le moins. ‖ *Cuando no,* dans le cas contraire, sinon. ‖ *Cuando quiera que,* à quelque moment que. ‖ — *Aun cuando,* même si, quand bien même, quand : *aun cuando lluva,* même s'il pleuvait ; *aun cuando lo supiese me callaría,* quand je le saurais, je me tairais. ‖ *De cuando en cuando* ou *de vez en cuando,* de temps en temps, de temps à autre. ‖ *Entonces es cuando,* c'est alors que.
— Adv. Quand : *vendrás, pero ¿cuándo?,* tu viendras, mais quand ?; *no sé cuándo iré,* je ne sais pas quand j'irai. ‖ — *Cuándo... cuándo,* tantôt... tantôt. ‖ *Cuando quiera,* n'importe quand. ‖ *¿De cuándo acá* ou *desde cuándo?,* depuis quand? ‖ *¿Para cuándo?,* pour quand ?
— M. *El cómo y el cuándo,* comment et quand.
— OBSERV. Pour marquer l'*éventualité,* l'espagnol emploie le subjonctif présent là où le français emploie le futur de l'indicatif, et l'imparfait du subjonctif là où le français met le conditionnel.
Cuando porte l'accent écrit dans les phrases exclamatives et interrogatives.

cuandú m. *Amer.* Coendou (roedor americano).
cuanta m. pl. Fís. Quanta.
— OBSERV. El singular francés de *quanta* es *quantum.*

cuantía f. Quantité (cantidad). ‖ Montant, *m.* (importe). ‖ Qualité, importance (de una persona). ‖ DR. Importance (de una cosa). ‖ — *Juicio de mayor* ou *de menor cuantía,* jugement pour une somme élevée *o* peu importante. ‖ *Persona de mayor, de menor cuantía,* personne importante, personne sans importance.
cuántico, ca adj. Quantique : *mecánica cuántica,* mécanique quantique.
cuantificación f. Quantification.
cuantificar v. intr. Fís. Quantifier.
cuantimás adv. FAM. À plus forte raison, d'autant plus.
cuantiosamente adv. En quantité.
cuantioso, sa adj. Considérable, abondant, e ; important, e.
cuantitativo, va adj. Quantitatif, ive : *análisis cuantitativo,* analyse quantitative.
cuanto, ta adj. Combien de : *¿cuántas manzanas quieres?,* combien de pommes veux-tu ? ‖ Autant : *cuantas cabezas, tantos pareceres,* autant de têtes, autant d'avis. ‖ Que de, quel, quelle : *¡cuánta gracia!,* quelle grâce !; *¡cuántos problemas!,* que d'ennuis ! ‖ Tout, toute, tous, toutes : *se llevó cuantos objetos había comprado,* il a emporté tous les objets qu'il avait achetés. ‖ — *Cuanto más... más,* plus... plus. ‖ *Tanto... cuanto,* autant... que : *su salario será tanto más elevado cuanto más penoso sea el trabajo,* votre salaire sera d'autant plus élevé que le travail sera plus pénible. ‖ *Unos cuantos, unas cuantas,* quelques : *tengo unos cuantos amigos,* j'ai quelques amis.
— Pron. Combien : *¿cuántos han muerto?,* combien sont morts ? ‖ Tous ceux qui : *cuantos vayan allí serán castigados,* tous ceux qui iront là-bas seront punis. ‖ Tout ce que : *¡si supieras cuánto me dijo!,* si tu savais tout ce qu'il m'a dit. ‖ — *Todo cuanto,* tout ce que. ‖ *Unos cuantos, unas cuantas,* quelques-uns, quelques-unes : *¿tiene muchos amigos? —, tengo unos cuantos,* avez-vous beaucoup d'amis ? —, j'en ai quelques-uns.
— Adv. Combien (de qué manera) : *ya sabes cuánto te aprecio,* tu sais combien je t'estime. ‖

Combien (cantidad) : *¿cuánto vale esto?*, combien vaut ceci? ‖ Combien de temps : *¿cuánto dura este disco?*, combien de temps dure ce disque? ‖ — *Cuanto a* ou *en cuanto a*, quant à : *en cuanto a mí*, quant à moi. ‖ *Cuanto antes*, dès que possible, aussitôt que possible, le plus tôt possible, au plus vite. ‖ *Cuanto más*, à plus forte raison (a mayor abundamiento), tout au plus : *esto vale cuanto más diez francos*, cela vaut tout au plus dix francs. ‖ *Cuanto más... más*, plus... plus : *cuanto más le conozco más le quiero*, plus je le connais, plus je l'aime. ‖ *Cuanto más... menos*, plus... moins : *cuanto más le veo, menos le comprendo*, plus je le vois, moins je le comprends. ‖ — *¿A cuánto estamos?*, le combien sommes-nous? ‖ *¿Cada cuánto?*, tous les combien? ‖ *En cuanto*, dès que, aussitôt que. ‖ *Por cuanto*, parce que.
— OBSERV. *Cuanto, cuanta* portent l'accent écrit dans les phrases exclamatives et interrogatives.

cuaquerismo m. Quakérisme (doctrina religiosa).
cuáquero, ra m. y f. Quaker, eresse.
cuarcífero, ra adj. Quartzifère.
cuarcita f. MIN. Quartzite, *m.* (roca).
cuarenta adj. Quarante : *tengo cuarenta alumnos*, j'ai quarante élèves.
— M. Quarante. ‖ Quarantième : *es el cuarenta de la clase*, c'est le quarantième de la classe. ‖ — *Hasta el cuarenta de mayo no te quites el sayo*, en avril ne te découvre pas d'un fil. ‖ *Unos cuarenta*, une quarantaine.
— F. pl. *Las cuarenta*, les quarante points que vaut au jeu du « tute » le joueur qui fait un mariage d'atout. ‖ FIG. y FAM. *Cantar a uno las cuarenta*, dire son fait o ses quatre vérités à quelqu'un.
cuarentavo, va adj. y s. Quarantième.
cuarentena f. Quarantaine. ‖ Carême, quarantaine (cuaresma). ‖ Quarantaine (medida de sanidad) : *poner un barco en cuarentena*, mettre un bateau en quarantaine. ‖ FIG. *Poner a alguien en cuarentena*, mettre quelqu'un en quarantaine.
cuarentenal adj. Quarantenaire.
cuarentón, ona adj. y s. Quadragénaire, qui a atteint la quarantaine.
cuaresma f. Carême, *m.*
cuaresmal adj. Relatif au carême, quadragésimal, e (p. us.).
cuarta f. Quart, *m.* (cuarta parte). ‖ Empan, *m.* (palmo). ‖ Quatrième (en los juegos). ‖ Quarte (en esgrima). ‖ *Amer.* Fouet, *m.* (látigo). ‖ ASTR. Quadrant, *m.* (cuadrante). ‖ MÚS. Quarte. ‖ MIL. Peloton, *m.* ‖ MAT. *Cuarta proporcional*, quatrième proportionnelle. ‖ FAM. *No levanta una cuarta del suelo*, il est haut comme trois pommes (es muy bajo).
cuartana f. MED. Fièvre quarte.
cuartanal adj. MED. De la fièvre quarte.
cuartanario, ria adj. y s. MED. Atteint, atteinte de la fièvre quarte.
cuartar v. tr. AGRIC. Quartager.
cuartazo m. *Amer.* Coup de fouet.
cuartazos m. inv. FIG. y FAM. Patapouf (persona muy gorda).
cuarteador, ra adj. y s. *Amer.* Dépeceur, euse.
cuartear v. tr. Diviser en quatre (dividir en cuatro). ‖ Diviser, mettre en pièces (fragmentar). ‖ Dépecer (descuartizar). ‖ Hausser d'un quart les enchères (pujar).
— V. intr. TAUROM. Planter les banderilles en faisant un bond de côté.
— V. pr. Se lézarder, se crevasser, se fendre (una pared). ‖ FIG. S'ébranler, être ébranlé : *las estructuras de esta organización se han cuarteado*, les structures de cette organisation ont été ébranlées. ‖ *Amer.* Manquer à sa parole, faire faux bond.
cuartel m. MIL. Quartier (de un ejército) : *cuartel general*, quartier général, Q. G. (fam.). ‖ Caserne,

f. (de tropas). ‖ Quartier (gracia concedida al vencido) : *dar cuartel*, faire o donner quartier. ‖ (P. us.). Quart (cuarta). ‖ Quartier (barrio). ‖ Carré (cuadro de jardín). ‖ BLAS. Quartier, écartelure, *f.* ‖ MAR. Panneau d'écoutille. ‖ — *Amer. Golpe de cuartel*, coup d'État. ‖ *¡Guerra sin cuartel!*, pas de quartier! ‖ *Servicio de cuartel*, corvée. ‖ *Sin cuartel*, sans merci : *lucha sin cuartel*, lutte sans merci. ‖ — MIL. *Estar de cuartel*, être en demi-solde.
cuartelada f. o **cuartelazo** m. Putsch, *m.*, pronunciamiento, *m.*
cuartelado, da adj. BLAS. Écartelé, e.
cuartelar v. tr. BLAS. Écarteler.
cuartelero adj. Relatif à la caserne, de la caserne.
— M. MIL. Soldat de chambrée à la caserne.
cuarteo m. Écart, feinte, *f.* (del cuerpo). ‖ Crevasse, *f.*, lézarde, *f.* (grieta en una pared).
cuarterola f. Quartaut, *m.* (medida para el vino). ‖ *Amer.* Mousqueton, *m.* (tercerola).
cuarterón, ona adj. y s. Quarteron, onne (mulato). ‖ — M. Quart (cuarta parte). ‖ Quart (peso de 125 gramos). ‖ Vasistas (de ventana). ‖ Panneau : *puerta de cuarterones*, porte à panneaux.
cuarteta f. Quatrain, *m.* (redondilla).
cuartete o **cuarteto** m. Quatrain (poema). ‖ MÚS. Quatuor, quartetto, quartette : *cuarteto de cuerda*, quatuor à cordes.
cuartilla f. Feuillet, *m.* (de papel). ‖ Paturon, *m.* (de la pata del animal). ‖ *Papel de cuartillas*, papier écolier.
cuartillo m. Chopine, *f.* (1/2 litro). ‖ Quart d'un real (moneda antigua).
cuartilludo, da adj. Long-jointé, e (caballo).
cuarto, ta adj. Quatrième (que sigue al tercero). ‖ Quatre : *Enrique IV (cuarto)*, Henri IV [quatre]. ‖ — *Cuarta parte*, quart : *tres es la cuarta parte de doce*, trois est le quart de douze. ‖ *En cuarto lugar*, quatrièmement, en quatrième lieu. ‖ FAM. *Estar a la cuarta pregunta*, être sans le sou. ‖ — M. Quart (cuarta parte) : *un cuarto de hora*, un quart d'heure : *son las dos y cuarto*, il est deux heures et quart. ‖ Chambre, *f.* : *estoy en mi cuarto*, je suis dans ma chambre. ‖ Pièce, *f.* : *este piso tiene dos cuartos y una cocina*, cet appartement a deux pièces et une cuisine. ‖ Appartement (piso) : *cuarto amueblado*, appartement meublé. ‖ Quartier (línea de descendencia). ‖ Quartier (de un vestido). ‖ Quartier (de un animal). ‖ Lot (de un terreno). ‖ ASTR. Quartier : *cuarto creciente, menguante*, premier, dernier quartier. ‖ MAR. Quart. ‖ MIL. Faction, *f.* (del centinela). ‖ VETER. Seime, *f.* (del casco del caballo). ‖ FIG. y FAM. Liard, sou : *no tener un cuarto*, n'avoir pas le sou. ‖ — Pl. FAM. Argent, *sing.*, galette, *f. sing.*, fric, *sing.*, sous : *tener muchos cuartos*, avoir de la galette. ‖ — *Cuarto de aseo*, cabinet de toilette. ‖ *Cuarto de banderas*, salle d'officiers, salle d'honneur (en un cuartel). ‖ *Cuarto de baño*, salle de bain. ‖ *Cuarto de dormir*, chambre à coucher. ‖ *Cuarto de estar*, salle de séjour. ‖ *Cuarto de final*, quart de finale. ‖ *Cuarto delantero*, train de devant [partie antérieure d'un animal]. ‖ *Cuarto de Luna*, quartier de Lune. ‖ *Cuarto de prevención*, salle de police. ‖ *Cuarto oscuro*, chambre noire (de fotógrafo). ‖ *Cuarto trasero*, train de derrière [d'un animal], arrière-train. ‖ *Botella de a cuarto*, quart : *una botella de a cuarto de agua mineral*, un quart d'eau minérale. ‖ *De cuatro cuartos* ou *de tres al cuarto*, de rien du tout, de quatre sous, de peu de valeur : *un vestido de tres al cuarto*, une robe de rien du tout ; à la gomme : *un escultor de tres al cuarto*, un sculpteur à la gomme. ‖ *En cuarto*, in-quarto (encuadernación). ‖ *En cuarto mayor*, grand in-quarto. ‖ *En cuarto menor*, petit in-quarto. ‖ — FAM.

Afloja los cuartos, aboule ta galette. | *Dar un cuarto al pregonero*, crier quelque chose sur les toits. | *Dejar sin un cuarto*, laisser sans un sou. | *Echar su cuarto a espadas*, placer son mot, mettre son grain de sel, se mêler à une conversation. | *Estar sin un cuarto*, ne pas avoir un sou. | *Es tres cuartos de lo propio*, c'est du pareil au même. | *Manejar los cuartos*, tenir les cordons de la bourse. | *No andar bien de cuartos*, ne pas être en fond, être à sec. | *Poner a uno las peras a cuarto*, serrer la vis à quelqu'un. | *¡Qué... ni que ocho cuartos!*, il n'y a pas de... qui tienne !

cuartogénito, ta adj. Né le quatrième, née la quatrième.
— M. y f. Quatrième.

cuartón m. Sapine, *f.* (viga gruesa).

cuartucho m. FAM. Taudis, bouge (habitación mala). | Cagibi (habitación pequeña).

cuarzo m. Quartz (piedra) : *cuarzo ahumado, hialino*, quartz enfumé, hyalin.

cuarzoso, sa adj. GEOL. Quartzeux, euse.

cuasi adv. (P. us.). Presque, quasi.

cuasia f. BOT. Quassia, *m.*, quassier, *m.*

cuasicontrato m. DR. Quasi-contrat.

cuasidelito m. DR. Quasi-délit.

Cuasimodo n. pr. m. Quasimodo, *f.*

cuasina o **cuasita** *f.* QUÍM. Quassine.

cuate, ta adj. y s. *Amer.* Jumeau, jumelle (gemelo). | Semblable, pareil, eille (parecido). | Copain, copine, ami, amie (amigo).

cuaterna f. Quaterne (de la lotería).

cuaternario, ria adj. y s. m. Quaternaire : *era cuaternaria*, ère quaternaire.

cuaternio o **cuaternión** m. MAT. Quaternion.

cuaterno, na adj. À quatre chiffres.

cuatezón, ona adj. *Amer.* Écorné, e.

cuatí m. ZOOL. Coati.

cuatorceno, na adj. (Ant.). Quatorzième.

cuatralbo, ba adj. Balzan, e (caballo).

cuatreño, ña adj. De quatre ans (toro).

cuatrero, ra adj. y s. Voleur, voleuse de bestiaux. || *Amer.* Voyou, *m.* (bribón). | FAM. Blagueur, euse (guasón).

cuatriduano, na adj. De quatre jours.

cuatrienal adj. Quadriennal, e.

cuatrienio m. Période (*f.*) de quatre ans.

cuatrifolio m. ARQ. Quatre-feuilles, *inv.*

cuatrillizos, zas m. y f. pl. Quadruplets, ettes (niños).

cuatrillo m. Quadrille (juego de naipes).

cuatrillón m. Quatrillion, quadrillion (un millón de trillones).

cuatrimestral adj. Qui arrive tous les quatre mois. || Qui dure quatre mois.

cuatrimestre m. Période (*f.*) de quatre mois.

cuatrimotor adj. m. y s. m. Quadrimoteur, tétramoteur (avión).

cuatrinca f. Réunion de quatre.

cuatrirreactor adj. m. y s. m. Quadriréacteur (avión).

cuatrisílabo, ba adj. Quadrisyllabique (de cuatro sílabas).
— M. Quadrisyllabe.

cuatro adj. Quatre : *Alejandro nació el día cuatro de marzo*, Alexandre est né le 4 mars. || FAM. *Le pondré cuatro letras*, je lui écrirai deux mots.
— M. Quatre (número). || Quatre (naipe). || MÚS. Quatuor vocal. || *Amer.* Petite guitare (*f.*) à quatre cordes (guitarra). | Sottise, *f.*, bêtise, *f.* (disparate). || — *De cuatro en cuatro*, quatre à quatre. || MÚS. *De cuatro por ocho*, quatre-huit (compás). || *Las cuatro*, quatre heures. || FIG. y FAM. *Más de cuatro*, plus d'un, beaucoup de gens, beaucoup de monde : *más de cuatro se equivocan*, plus d'un se trompe. || — *Cuatro ojos ven más que dos*, deux valent mieux qu'un. || *Ni siquiera había cuatro gatos*, il n'y avait pas un chat, il y avait

quatre pelés et un tondu. || *Trabajar por cuatro*, travailler comme quatre.

cuatrocentista adj. y s. m. Quattrocentiste.

cuatrocientos, tas adj. y s. m. Quatre cents.

cuba f. Cuve, tonneau, *m.* (tonel) : *cuba de fermentación*, cuve de fermentation. || Cuve, cuvée (contenido). || FIG. y FAM. Tonneau, *m.* (muy grueso o borracho). || — *Vagón cuba*, wagonfoudre. || — FIG. y FAM. *Beber como una cuba*, boire comme une éponge. | *Estar borracho como una cuba*, être noir, être rond. | *Cada cuba huele al vino que tiene*, la caque sent toujours le hareng.

Cuba n. pr. GEOGR. Cuba. || — *Cuba libre*, rhum coca. || *¡ Más se perdió en Cuba !*, on en a vu d'autres !

cubaje m. *Amer.* Cubage (cubicación).

cubanismo m. Cubanisme.

cubanizar v. tr. Donner le caractère cubain.
— V. pr. Prendre les manières cubaines.

cubano, na adj. y s. Cubain, e (de Cuba). || — F. Sorte de vareuse (pescadora).

cubeba f. Cubèbe, *m.* (arbusto).

cubero m. Tonnelier. || — FIG. y FAM. *A ojo de buen cubero*, à vue de nez, à vue d'œil, au pifomètre, au juger. | *Tener ojo de buen cubero*, avoir l'œil américain.

cubertería f. Couverts, *m. pl.*

cubeta f. Petit tonneau, *m.* (tonel). || Cuveau, *m.* (cuba pequeña). || FÍS. Cuvette (del barómetro). || Cuvette, bac, *m.* (de laboratorio).

cubicación f. Cubage, *m.* (acción de cubicar).

cubicar v. tr. MAT. Cuber (elevar al cubo). || GEOM. Cuber (evaluar el volumen).

cúbico, ca adj. MAT. Cubique : *raíz cúbica*, racine cubique. | Cube : *metro cúbico*, mètre cube.

cubículo m. Cubiculum.

cubierta f. Couverture. || Couverture (de libro). || Housse (funda). || Enveloppe, pneu, *m.* (neumático). || MAR. Pont, *m.* : *cubierta de popa*, arrière-pont ; *cubierta de proa*, avant-pont ; *cubierta de vuelos*, pont d'envol. || Gaine, enveloppe, revêtement, *m.* (de un cable). || FIG. Couverture, prétexte, *m.* || *Amer.* Enveloppe (de una carta).

cubiertamente adv. En cachette.

cubierto, ta adj. Couvert, e.
— M. Couvert (para comer). || Menu : *cubierto turístico*, menu touristique. || Abri, couverture, *f.* (abrigo). || — *A cubierto*, à l'abri, à couvert : *ponerse a cubierto*, se mettre à l'abri. || *Juego de cubiertos*, service de couverts. | *Poner los cubiertos*, mettre le couvert.

cubil m. Tanière, *f.*, gîte (de los animales).

cubilar v. intr. Parquer (majadear).

cubilete m. Timbale, *f.* (utensilio de cocina). || CULIN. Timbale, *f.* (guiso). || Glaçon (hielo). || Gobelet, timbale, *f.* (vaso de metal). || Gobelet (de prestidigitador). || Cornet, gobelet (para los dados). || *Amer.* Haut-de-forme, tube (sombrero de copa). || Intrigue, *f.*, machination, *f.* (intriga). | *Bandeja para los cubiletes de hielo*, bac à glace (en las neveras).

cubiletear v. intr. FIG. Ruser, intriguer.

cubileteo m. Tour de passe-passe. || FIG. Intrigue, *f.*, ruse, *f.*

cubiletero m. Prestidigitateur. || Timbale, *f.* (cubilete). || *Amer.* Intrigant.

cubilote m. Cubilot (crisol).

cubilla f. o **cubillo** m. Méloé, *m.* (carraleja).

cubismo m. Cubisme (pintura y escultura).

cubista adj. y s. Cubiste.

cubital adj. ANAT. Cubital, e (del codo).

cubito m. Cube. || *Cubito de hielo*, glaçon, cube de glace.

cúbito m. ANAT. Cubitus (hueso).

cubo m. Seau (recipiente portátil). || Cuveau (cuba pequeña). || Douille, *f.* (de bayoneta). || Moyeu (de rueda). || Écluse (f.) d'un moulin à eau. || Boîte, f. (caja). || Barillet (del reloj). || Tour (f.) circulaire. || ARQ. Dé. || MAT. y GEOM. Cube : *elevar al cubo,* élever au cube. || — *Cubo de la basura,* boîte à ordures, poubelle. || AUTOM. *Cubo de rueda,* boîte d'essieu.

cuboides adj. Cuboïde (hueso).

cubrecadena m. Carter [de bicyclette].

cubrecama m. Dessus-de-lit, couvre-lit.

cubrecorsé m. Cache-corset, *inv.*

cubrefuego m. Couvre-feu (queda).

cubrejuntas m. inv. Couvre-joint.

cubrenuca m. Couvre-nuque (cogotera).

cubrepiés m. Couvre-pieds, *inv.,* couvre-pied.

cubreplatos m. inv. Couvre-plat.

cubrerradiador m. Couvre-radiateur, cache-radiateur.

cubretiestos m. inv. Cache-pot.

cubrición f. Monte, accouplement, *m.*

cubrir v. tr. Couvrir : *cubrir algo con un velo,* couvrir quelque chose d'un voile. || Cacher (ocultar). || FIG. Satisfaire : *cubrir las necesidades,* satisfaire les besoins. | Couvrir (una deuda, gastos) : *los ingresos cubren los gastos,* les recettes couvrent les dépenses. | Couvrir : *su voz cubre todas las demás,* sa voix couvre toutes les autres. | Pourvoir à : *cubrir una vacante,* pourvoir à une vacance. | Couvrir, protéger : *está cubierto por una persona importante,* il est couvert par une personne importante. || MIL. Couvrir (defender). | Couvrir (un animal). || — *Cubrir aguas,* mettre hors d'eau (un edificio). | *Cubrir carrera,* faire la haie. | *Cubrir de gloria,* couvrir de gloire. | *Cubrir las apariencias, las formas* ou *el expediente,* sauver les apparences. || *Cubrir una demanda,* couvrir une demande, répondre à une demande. || *Esta piscina no cubre,* dans ce bassin, on a toujours pied. — V. pr. Se couvrir (ponerse el sombrero). || FIG. Se couvrir : *cubrirse de un riesgo con un seguro,* se couvrir d'un risque par une assurance. | Être pourvu, e : *el año pasado sólo pudieron cubrirse dos plazas,* l'année dernière deux places seulement ont pu être pourvues.

cuca f. BOT. Souchet (*m.*) comestible (chufa). || ZOOL. Chenille (cuco). || *Amer.* Espèce de héron, (zancuda).

cucalón m. *Amer.* Curieux (curioso).

cucamonas f. pl. FAM. Cajoleries, minauderies (carantoñas).

cucaña f. Mât (*m.*) de cocagne (diversión). || FIG. y FAM. Aubaine, profit (*m.*) inespéré (ganga).

cucañero, ra adj. y s. Débrouillard, e.

cucar v. tr. Cligner de l'œil (guiñar).

cucaracha f. Blatte, cafard, (*m.*) (insecto). || Tabac (*m.*) à priser (tabaco). || *Amer.* Remorque de tramway. | Bagnole (coche viejo).

cucarachero m. *Amer.* Débrouillard.

cucarda f. Cocarde (escarapela). || Boucharde (martillo).

cucayo m. *Amer.* Vivres (*pl.*) pour un voyage, viatique (p. us.).

cuclillas (en) loc. adv. Accroupi, e. || *Ponerse en cuclillas,* s'accroupir, s'asseoir sur ses talons, se mettre à croupetons.

cuclillo m. Coucou (ave).

cuco, ca adj. FIG. y FAM. Joli, e (bonito), gentil, ille ; mignon, onne (mono). || — Adj. y s. Malin, igne ; rusé, e ; finaud, e (astuto). || — M. ZOOL. Coucou (pájaro). || FAM. Tricheur (tramposo). || *Reloj de cuco,* coucou. || — Pl. Culotte, f. *sing.*

cucú m. Coucou (canto del cuco).

cucufato m. *Amer.* Calotin, bigot (beato).

cucuiza f. *Amer.* Fil (*m.*) d'agave.

cuculí m. *Amer.* Pigeon sauvage.

cucúrbita f. BOT. Cucurbite. || QUÍM. Cucurbite (del alambique).

cucurbitáceo, a adj. y s. f. Cucurbitacé, e.

cucurucho m. Cornet (de papel). || Cagoule, f. (caperuza). || *Amer.* Sommet, pointe, f.

cucuy o **cucuyo** m. V. COCUYO.

cuchara f. Cuiller (mejor que *cuillère*) [de mesa] : *cuchara sopera,* cuiller à soupe ; *cuchara de palo,* cuiller en bois. || Cuiller à pot (cucharón de cocina). || Louche (para servir). || Cuiller (para metales). || Cuiller (para la pesca). || MAR. Écope (achicador). || TECN. Godet, *m.,* benne preneuse, cuiller (de pala mecánica). || *Amer.* Truelle (llana). || — *Cuchara autoprensora,* benne preneuse. || *Cuchara para desmonte,* benne butte. || FAM. *Meter algo con cuchara,* faire rentrer dans la tête.

cucharada f. Cuillerée (cabida de la cuchara). || — FIG. y FAM. *Cucharada y paso atrás,* repas où tout le monde mange dans le même plat.

cucharear v. intr. FAM. Touiller avec une cuiller. || FIG. Fourrer son grain de sel, mettre son nez (entremeterse).

cucharilla f. Petite cuiller : *dame una cucharilla,* donne-moi une petite cuiller. || Cuiller (cuchara) : *cucharilla de café, de postre,* cuiller à café, à dessert. || MIN. Curette (para barrenos). || VETER. Ratelle (enfermedad del cerdo).

cucharón m. Cuiller (f.) à pot (de cocina). || Louche, f. (para servir).

cuché adj. m. Couché (papel).

cuche o **cuchí** m. *Amer.* Porc, cochon.

cucheta f. *Amer.* Cabine (camarote).

cuchichear v. intr. Chuchoter.

cuchicheo m. Chuchotement.

cuchichiar v. intr. Cacaber (la perdiz).

cuchifrito m. Porcelet rôti.

cuchilla f. Couperet, *m.* (de carnicero, de guillotina). || Couteau (*m.*) à rogner (del encuadernador). || Plane (de curtidor). || Lame de rasoir (hoja de afeitar). || Lame (de un arma blanca). || Coutre, *m.* (de arado). || POÉT. Glaive, *m.,* lame (espada). || *Amer.* Chaîne de montagnes (cadena), crête (cumbre). | Collines, *pl.,* ligne de crêtes. || FIG. *Estar cortado con una cuchilla,* être taillé au couteau. || *Patines de cuchilla,* patins à glace.

cuchillada f. Coup (*m.*) d'épée (de espada) o de couteau (de cuchillo o navaja). || Blessure d'arme blanche (herida), estafilade, balafre (herida en la cara). || — Pl. Crevés, *m.* (de vestidos). || FIG. Dispute, *sing.* (pendencia).

cuchillazo m. Coup de couteau (cuchillada).

cuchillería f. Coutellerie.

cuchillero m. Coutelier. || Frette, f. (abrazadera). || *Amer.* Bagarreur, ferrailleur.

cuchillo m. ● Couteau (instrumento cortante) : *cuchillo de monte, de trinchar, de postre,* couteau de chasse, à découper, à dessert. || Couteau (de la balanza). || ZOOL. Lime, f., défense (f.) inférieure (del jabalí). || Soufflet (de un vestido). || FIG. Droit de justice (jurisdicción). || Coin (punta, extremidad). || ARQ. Aiguille, f. (viga vertical). || MAR. Coutelas (vela). || MIL. *Cuchillo bayoneta,* baïonnette. || *Cuchillo de la guillotina,* couperet de la guillotine. || *Señor de horca y cuchillo,* seigneur haut justicier. || — *A cuchillo,* au couteau. || *En casa del herrero cuchillo de palo,* les cordonniers sont toujours les plus mal chaussés. || *Pasar a cuchillo,* passer au fil de l'épée. || *Tener el cuchillo en la garganta,* avoir le couteau sous la gorge.

— SINÓN. ● *Faca,* coutelas. *Puñal,* poignard. *Daga,* dague. *Estilete,* stylet. *Cortaplumas,* canif. *Navaja,* couteau, canif.

cuchipanda f. FAM. Ripaille, bombance (comilona). | Bombe (juerga). || FAM. *Ir de cuchipanda,* faire la bombe (ir de juerga), gueuletonner, faire bombance (darse una comilona).

cuchitril m. Taudis, bouge (habitación mala). | Cagibi (habitación pequeña).

cuchuchear v. intr. Chuchoter (cuchichear). | Fig. y Fam. Cancaner, faire des commérages (chismorrear).

cuchufleta f. Fam. Blague, plaisanterie.

cuchufletear v. intr. Fam. Plaisanter.

cuchufletero, ra adj. Fam. Blagueur, euse; farceur, euse.

cueca f. Danse populaire du Chili.

cuelga f. Fruits (m. pl.) que l'on suspend pour les conserver (fruta).

cuelgacapas m. inv. Portemanteau.

cuelgaplatos m. inv. Accroche-plat.

cuellicorto, ta adj. Qui a le cou ramassé.

cuellilargo, ga adj. À long cou.

cuello m. Cou (del cuerpo) : *alargar el cuello*, tendre le cou. | Goulot (de botella). | Bot. Hampe, f., collet (tallo). | Col (parte estrecha de un objeto). | Collet (de un diente). | Col (de un vestido, de la camisa) : *cuello almidonado, duro*, col empesé, dur. | Encolure, f. (número de cuello de una camisa). | Collet (adorno de piel). | Collerette, f. (de encaje). | Encolure (del caballo). | Collier (en carnicería). | — *Cuello alechugado* ou *escarolado*, fraise. | *Cuello bufanda*, col châle. | *Cuello de pajarita* ou *palomita*, col cassé. | *Cuello postizo*, faux col. | *Cuello vuelto*, col roulé o rabattu. | — *Agarrar* ou *agarrarse a uno del* ou *por el cuello*, saisir o prendre quelqu'un au collet. | *Echar los brazos al cuello*, sauter au cou. | *Estar con el agua al cuello*, avoir de l'eau jusqu'au cou. | *Gritar a voz en cuello*, crier à tue-tête. | *Hablar al cuello de la camisa*, parler à son bonnet. | Fam. *Meter el cuello*, trimer, boulonner, en mettre un coup. | *Poner el cuello*, en mettre sa main au feu (apostar).

cuenca f. Écuelle de bois (escudilla). | Orbite (del ojo). | Vallée (valle). | Bassin, m. (de río, lago, mar y mina) : *cuenca petrolífera*, bassin pétrolifère.

cuenco m. Terrine, f. (vaso de barro).

cuenda f. Centaine (de madeja).

cuenta f. ● Compte, m. | ◆ Note (factura) : *la cuenta del gas*, la note du gaz. | Addition, note (en los cafés, hoteles) : *pedir la cuenta*, demander l'addition ; *¡mozo, traiga la cuenta!*, garçon, l'addition ! | Com. Compte, m. : *cuenta corriente, bancaria*, compte courant, bancaire ; *interventor de cuentas*, vérificateur des comptes. | Grain, m. (de rosario o collar). | Fig. Charge (obligación). | Affaire (cuidado) : *eso es cuenta tuya*, c'est ton affaire. | — *Cuenta de efectos impagados*, compte d'impayés. | Fam. *Cuenta de la vieja*, calcul fait en comptant sur les doigts. | *Cuenta de resaca*, compte de retour. | *Cuenta atrás*, compte à rebours. | *Cuenta pendiente*, impayé. | *Cuenta redonda*, compte rond. | *Cuenta separada*, compte à part. | *Cuentas galanas* ou *del Gran Capitán*, comptes d'apothicaire o de cuisinière. | — *Ajuste de cuentas*, règlement de comptes. | *Cantidad a buena cuenta*, quantité à compte. | *Cantidad a cuenta*, acompte. | *Desembolso a cuenta*, versement provisionnel. | Fam. *Pájaro de cuenta*, drôle de loustic. | *Tribunal de cuentas*, cour des comptes. | — *A cuenta*, en acompte, à compte, à valoir : *dejar una suma a cuenta*, laisser une somme en acompte ; *cien pesetas a cuenta de las mil que usted me debe*, cent pesetas à valoir sur les mille que vous me devez. | *A cuenta de qué*, pourquoi, pour quelle raison. | *A fin de cuentas*, tout compte fait, en fin de compte, au bout du compte. | *Borrón y cuenta nueva*, tournons la page, passons l'éponge. | *Con su cuenta y razón*, et pour cause. | *De cuenta*, d'importance, considérable. | *En resumidas cuentas*, en fin de compte, tout compte fait, somme toute, en somme.

|| *Las cuentas claras y el chocolate espeso*, les bons comptes font les bons amis. || *Más de la cuenta*, plus que de raison, trop (demasiado). || *Por cuenta de*, pour le compte de. || *Por cuenta y riesgo de*, aux risques et périls de. || *Por mi cuenta*, quant à moi. || — *Abonar en cuenta*, créditer. || *Abrir una cuenta*, ouvrir un compte. || *Adeudar en cuenta*, débiter, porter au débit d'un compte. || *Ajustar la cuenta*, faire le compte. || Fig. *Ajustarle a uno las cuentas*, régler son compte à quelqu'un. || *Caer* ou *dar en la cuenta*, y être, piger (fam.) : *ya caigo en la cuenta*, j'y suis o j'ai pigé. || *Caer en la cuenta de que*, se rendre compte de ce que o que. || Com. *Cargar en cuenta*, débiter. | *Cerrar una cuenta*, arrêter o solder un compte. || *Dar cuenta de*, rendre compte de (dar a conocer), faire savoir (comunicar), en finir avec, faire un sort à (fam.) : *dimos buena cuenta de la tortilla*, nous fîmes un sort à l'omelette. || *Darse cuenta de*, se rendre compte de, constater. || *Dejar de cuenta*, laisser pour compte. || *Echar la cuenta*, faire le compte, calculer. || *Entrar en cuenta*, entrer en ligne de compte. || *Estar fuera de cuenta*, être à terme (una mujer). || *Estar lejos de cuenta*, être loin du compte, ne pas y être du tout. || *Esto corre de* ou *por mi cuenta*, c'est à ma charge, c'est moi qui m'en occupe (hacerse cargo), c'est moi qui paie (pagar). || *Habida cuenta de* ou *teniendo en cuenta que*, compte tenu de o de ce que. || *Hacer la cuenta de la vieja*, compter sur ses doigts. || *Hacerse cuenta*, s'imaginer, supposer. || *Hacer sus cuentas*, faire ses comptes. || *La cuenta sale mal*, le compte n'y est pas. || *Las cuentas son las cuentas*, les affaires sont les affaires. || *Llevar las cuentas*, tenir les comptes. || *Me salen mal las cuentas*, les comptes ne sont pas justes. || *No querer cuentas con uno*, ne pas vouloir avoir affaire à quelqu'un. || *Pagar algo a cuenta*, payer un acompte : *pagar algo a cuenta de una deuda*, payer un acompte sur une dette. || *Pasar la cuenta*, envoyer o passer la note. || *Pasar las cuentas del rosario*, égrener son chapelet. || *Pedir cuentas a uno*, avoir affaire à quelqu'un, avoir une explication avec quelqu'un. || *Pedir cuentas de*, demander comptes de. || *Perder la cuenta de*, ne pas se rappeler de, perdre souvenance de. || *Saldar una cuenta*, solder un compte. || *Si echamos la cuenta*, tout compte fait. || *Tener cuenta de*, s'occuper de. || *Tener cuenta*, être avantageux : *tener más cuenta*, être plus avantageux. || *Tener en cuenta*, tenir compte, considérer, prendre en considération, ne pas oublier : *tengamos en cuenta sus proposiciones*, prenons ses propositions en considération ; *tenga usted en cuenta que*, considérez que, tenez compte du fait que, prenez en considération le fait que. || *Teniendo en cuenta*, vu : *teniendo en cuenta el artículo dos*, vu l'article numéro deux. || *Tomar cuentas*, examiner les comptes. || *Tomar en cuenta*, faire entrer en ligne de compte. || *Trabajar por cuenta*, travailler à façon. || *Trabajar por su cuenta* ou *por cuenta propia*, travailler à son compte. || *Traer cuenta*, être profitable o avantageux pour. || *Vamos a cuentas*, mettons les choses au clair.

— Sinón. ● *Cálculo*, calcul. *Balance*, bilan. *Cómputo*, computation.

— ◆ *Importe*, montant. *Factura*, facture. *Nota*, note.

cuentacorrentista m. y f. Titulaire d'un compte courant.

cuentagotas m. inv. Compte-gouttes. || Fig. *Dar una cosa con cuentagotas*, donner quelque chose au compte-gouttes.

cuentahilos m. inv. Compte-fils.

cuentakilómetros m. inv. Compteur kilométrique.

cuentarrevoluciones o **cuentavueltas** m. inv. Compte-tours.

cuentista adj. y s. Conteur, euse (autor de cuentos). || FAM. Cancanier, ère (chismoso). || Rapporteur, euse ; cafard, e (soplón). || FIG. y FAM. Baratineur, euse (que dice muchas mentiras), fantaisiste, fumiste, farceur, euse.

cuento m. Conte : *contar un cuento de hadas*, raconter un conte de fées. || Histoire, *f.*, récit (relato). || FAM. Cancan, potin, ragot (chisme). || Histoire, *f.*, boniment (mentira) : *a mí, que no me vengan con cuentos*, qu'on ne vienne pas me raconter d'histoires. | Histoire, *f.* (disgusto). || — *Cuento chino* ou *tártaro*, histoire à dormir debout, bobard. || *Cuento de nunca acabar*, histoire à n'en plus finir. | *Cuento de viejas*, conte de bonne femme, conte de ma mère l'Oie. || — *A cuento de*, à propos de. || *Nada de cuentos*, pas d'histoires. || *Sin cuento*, sans nombre. || — *¡Apliquese el cuento!*, tirez-en la leçon ! | *Dejarse de cuentos*, aller droit au but. || *¡Déjate de cuentos!*, arrête de raconter des histoires ! || *Es cuento largo*, c'est toute une histoire. || *Eso es el cuento de la lechera*, c'est Perrette et le pot au lait. || *Estar en el cuento*, être au courant, être dans le coup (fam.). || *Esto parece cuento*, on croirait que ce sont des histoires. || *No venir a cuento*, ne rien avoir à voir (no tener nada que ver), ne rimer à rien, ne pas venir à propos (no ser oportuno). || *Tener mucho cuento*, être très comédien, bluffer. || *Traer a cuento*, ramener sur le tapis (la conversación). || *¡Váyase con el cuento a otra parte!*, à d'autres !, on ne me la fait pas ! || *Venir a cuento*, venir à propos o à point. || *Venir con cuentos*, raconter des histoires.

cuera f. *Amer.* Guêtre (polaina). | Volée, raclée (azotaina).

cuerazo m. *Amer.* Coup de fouet (latigazo).

cuerda f. Corde : *cuerda de cáñamo*, corde de chanvre. || Ficelle (para atar un paquete). || ANAT. Corde : *cuerdas vocales*, cordes vocales. || Chaîne (de reloj antiguo). || Ressort, *m.* (de muelle). || Chaîne (de galeote). || Corde (de una pista). || GEOM. Corde. || MÚS. Corde (de un instrumento) : *cuerda de tripa*, corde de boyau. || Pl. Cordes (del ring). || MÚS. Cordes (instrumentos). || — *Cuerda floja*, corde raide. || *Mozo de cuerda*, portefaix. || *Por debajo de* ou *bajo cuerda*, en sous-main, en cachette. || — FIG. *Acabársele a uno la cuerda*, être au bout de son rouleau. | *Andar* ou *bailar en la cuerda floja*, danser sur la corde raide. | *Apretar la cuerda*, serrer la vis. | *Dar cuerda al reloj*, remonter la montre o l'horloge. | *Dar cuerda* ou *a la cuerda*, faire traîner en longueur. | *Dar cuerda a uno*, faire parler quelqu'un. | *Estar con la cuerda al cuello*, avoir la corde au cou. | *No hay que mentar la cuerda en casa del ahorcado*, il ne faut pas parler de corde dans la maison du pendu. | *No ser de la misma cuerda*, ne pas être du même bord (de la misma opinión). | *Obrar bajo cuerda*, agir en dessous, par-derrière. | *Parece que a éste le han dado cuerda*, il est remonté, le voilà parti. | *Tener cuerda para rato*, en avoir encore pour longtemps. | *Tirar de la cuerda*, tirer sur la corde. | *Tocar la cuerda sensible*, toucher la corde sensible.

cuerdamente adv. Sagement.

cuerdo, da adj. y s. Raisonnable (sano de juicio). || Sage, judicieux, euse ; prudent, e (sensato). || *De cuerdo y loco todos tenemos un poco*, chacun a ses travers o ses défauts.

cuereada f. *Amer.* Raclée, volée (paliza).

cuerear v. tr. *Amer.* Écorcher, équarrir (desollar). | Apprêter [les peaux]. | Donner une raclée à (golpear). | Éreinter, dire du mal de (criticar).

cueriza f. FAM. *Amer.* Raclée, volée (paliza).

cuerna f. Cornes, *pl.* (cornamenta). || Récipient (*m.*) en corne. || Bois, *m. pl.*, ramure (del ciervo). || Cor (*m.*) de chasse (trompa).

cuerno m. ● Corne, *f.* (asta). || Corne, *f.* (materia) : *calzador de cuerno*, chausse-pied en corne. || Antenne, *f.* (de los insectos). || Corne, *f.* (de la Luna). || ANAT. Corne, *f.* (de médula). || BOT. Craterelle, *f.*, corne (*f.*) d'abondance, trompette (*f.*) des morts (hongo). || MÚS. Cor (de chasse). || Pl. FIG. y POP. Cornes, *f.* (de un marido engañado). || — *Cuerno de la abundancia*, corne d'abondance (cornucopia). || FIG. y FAM. *Estar en los cuernos del toro*, être dans la gueule du loup. | *Levantar* ou *poner en los cuernos de la Luna*, porter aux nues. | *Mandar a uno al cuerno*, envoyer quelqu'un promener o paître o au diable. | *No valer un cuerno*, ne pas valoir grand-chose. | *Oler a* ou *saber a cuerno quemado*, sentir le roussi. | *Poner en los cuernos del toro*, placer dans une situation très critique. | *Poner los cuernos*, faire porter des cornes, cocufier, encorner (hacer cornudo). | *¡Váyase al cuerno!*, allez au diable ! || — Interj. Fichtre !, zut !

— SINÓN. ● *Cornamenta*, bois [du cerf]. *Asta*, corne. *Mogote*, andouiller.

cuero m. Cuir (piel). || Outre, *f.* (odre). || *Amer.* Fouet. || — *Cuero cabelludo*, cuir chevelu. || *En cueros*, tout nu, toute nue, dans le plus simple appareil, à poil (fam.). || *En cueros vivos*, nu comme un ver. || *Entre cuero y carne*, entre cuir et chair. || — FAM. *Amer. Arrimar el cuero* ou *dar* ou *echar cuero*, flanquer une raclée, fouetter. | *Estar hecho un cuero*, être soûl. | *Sacar el cuero a uno*, éreinter quelqu'un, casser du sucre sur le dos de quelqu'un.

cuerpazo m. Corps.

cuerpear v. intr. *Amer.* S'esquiver.

cuerpo m. Corps : *el cuerpo humano*, le corps humain. || Corps (de un vestido, de un tejido, de un vino). || Corps (parte de un mueble) : *armario de dos cuerpos*, armoire à deux corps. || Corps : *cuerpo docente, diplomático, de ingenieros*, corps enseignant, diplomatique, du génie. || Étage : *nave espacial de un solo cuerpo*, vaisseau spatial à un seul étage. || Volume (libro) : *biblioteca de mil cuerpos*, bibliothèque de mille volumes. || ANAT. Corps : *cuerpo amarillo, tiroides*, corps jaune, tyroïde. || Longueur, *f.* (deportes) : *le sacó dos cuerpos de ventaja*, il l'a battu avec deux longueurs d'avance ; *ganar por medio cuerpo*, gagner d'une demi-longueur. || ARQ. Corps de logis. || DR. *Corpus* (compilación). || FÍS. y QUÍM. Corps : *cuerpo compuesto, simple*, corps composé, simple. || IMPR. Corps (de una letra). || MIL. Corps : *cuerpo de ejército*, corps d'armée ; *cuerpo de guardia*, corps de garde. || *Cuerpo a cuerpo*, corps à corps. || *Cuerpo a tierra*, à plat ventre. || TEATR. *Cuerpo de baile*, corps de ballet. || *Cuerpo de casa*, ménage (limpieza). || DR. *Cuerpo del delito*, corps du délit. || *Cuerpo electoral*, collège électoral. || *Cuerpo facultativo*, faculté. || MAR. *Cuerpo muerto*, corps mort. || FAM. *Mi cuerpo serrano*, ma pomme. || *Misa de cuerpo presente*, messe de funérailles. || — *A cuerpo* ou *en cuerpo*, sans pardessus (un hombre), sans manteau, en taille (una mujer). | *A cuerpo descubierto*, à découvert (sin protección), en taille (sin abrigo). || *A cuerpo gentil*, en taille. | *A cuerpo limpio*, à corps perdu. | *A medio cuerpo*, à mi-corps. | *Bañador de cuerpo entero*, maillot de bain. || *Bañador de medio cuerpo*, caleçon de bain. | *De cuerpo entero*, en pied (retrato). | *De cuerpo presente*, exposé en public, sur son lit de mort (cadáver). | *De medio cuerpo*, en buste : *retrato de medio cuerpo*, portrait en buste ; à mi-corps : *entrar en el agua de medio cuerpo*, entrer dans l'eau à mi-corps. || *En cuerpo de camisa*, en

manche de chemise, en bras de chemise. ‖ FIG.
y FAM. En cuerpo y alma, corps et âme, de tout
cœur. ‖ Por medio del cuerpo, à mi-corps. ‖ —
Dar con el cuerpo en tierra, s'étaler, tomber par
terre. ‖ Dar cuerpo, prendre du corps (líquido). ‖
Estar a cuerpo de rey, être comme un coq en
pâte o comme un prince. ‖ Formar cuerpo con,
faire corps avec. ‖ FAM. Hacer del cuerpo, aller à
la selle. ‖ Hurtar el cuerpo, faire un écart (fintar).
‖ FAM. Me pide el cuerpo hacer tal cosa, j'ai
envie de faire telle chose. ‖ No quedarse con
nada en el cuerpo, tout avouer, vider son sac.
‖ No tener nada en el cuerpo, avoir l'estomac
o le ventre vide. ‖ Pertenecer al cuerpo docente,
être dans l'enseignement, faire partie du corps
enseignant. ‖ FAM. Sacar del cuerpo, faire dire. ‖
Tener buen cuerpo, être bien faite (una mujer).
‖ ¡Tengo un miedo en el cuerpo!, j'ai une de
ces peurs!, j'ai une peur bleue! ‖ Tomar ou
cobrar cuerpo, prendre corps (un proyecto),
prendre consistance (una salsa). ‖ Tratar a uno a
cuerpo de rey, traiter quelqu'un comme un prince,
se mettre en quatre pour quelqu'un.

cuervo m. Corbeau (pájaro). ‖ — Cría cuervos y
te sacarán los ojos, on est toujours payé d'ingratitude, nourris un corbeau, il te crèvera les yeux.
‖ Criar cuervos, réchauffer un serpent dans son
sein. ‖ Cuervo marino, cormoran (mergo).

cuesco m. Noyau (hueso de fruta). ‖ FAM. Pet
bruyant (pedo).

cuesta f. Côte, pente : a la mitad de la cuesta, à
mi-côte ; en cuesta, en pente. ‖ GEOGR. Côte. ‖ —
A cuestas, sur le dos : llevar un bulto a cuestas,
porter un paquet sur le dos ; sur les épaules (una
responsabilidad). ‖ Este trabajo se me ha hecho
cuesta arriba, j'ai eu du mal à faire ce travail,
j'ai trouvé ce travail pénible. ‖ Ir cuesta abajo,
descendre (bajar), décliner, baisser (decaer). ‖ Ir
cuesta arriba, monter. ‖ Tener a uno a cuestas,
avoir quelqu'un à sa charge o sur le dos (fam.).

— OBSERV. La palabra española cuesta está admitida en
el lenguaje geográfico internacional para designar un
relieve de cuesta.

cuestación f. Quête, collecte.
cuestión f. Question : una cuestión interesante,
une question intéressante ; poner una cuestión
sobre el tapete, mettre une question sur le tapis. ‖
Question : es cuestión de vida o muerte, c'est
une question de vie ou de mort. ‖ Affaire : es
cuestión de un cuarto de hora, c'est l'affaire d'un
quart d'heure. ‖ Question (pregunta). ‖ Dispute,
querelle (riña). ‖ DR. Question (tormento). ‖
— Cuestión candente, question brûlante. ‖ Cuestión de confianza, previa, question de confiance,
préalable. ‖ Eso es cuestión mía, cela c'est mon
affaire.

cuestionable adj. Discutable.
cuestionamiento m. Mise (f.) en question.
cuestionar v. tr. Controverser, débattre. ‖ Mettre
en question (someter a examen).
cuestionario m. Questionnaire.
cuestor m. Questeur (magistrado). ‖ Quêteur (el
que pide para una cuestación).
cuestura f. Questure (empleo del cuestor).
cueto m. Hauteur (f.) fortifiée. ‖ Colline (f.) conique et isolée (colina).
cueva f. Grotte, caverne (gruta). ‖ Grotte : las
cuevas de Altamira, les grottes d'Altamira. ‖
Cave (subterráneo y cabaret). ‖ — Cueva de
ladrones, caverne de voleurs. ‖ El hombre de las
cuevas, l'homme des cavernes.
cuévano m. Hotte, f. (cesto grande).
cueza f. o **cuezo** m. Auge, f. (de albañil).
cúfico, ca adj. Coufique (escritura).
cuguar o **cuguardo** m. ZOOL. Couguar, cougouar.
cugujada f. Cochevis, m (ave).
cugulla f. Cagoule.

cuí m. Amer. Cobaye (conejillo de Indias).
cuica f. Amer. Ver (m.) de terre, lombric, m.
(lombriz).
cuicacoche f. Amer. Sorte de mésange.
cuico m. Amer. Étranger (extranjero). ‖ FAM. Flic
(agente de policía).
cuidado m. ● Soin (atención) : trabajar con cuidado, travailler avec soin. ‖ Charge, f. (dependencia) : correr al cuidado de uno, être à la
charge de quelqu'un. ‖ Affaire, f. (cargo) : eso
es cuidado tuyo, c'est ton affaire. ‖ Souci (preocupación) : vivir libre de cuidados, vivre sans
souci. ‖ Attention, f. : ten cuidado con este niño,
fais attention à cet enfant ; hay que tener cuidado
con este libro, il faut faire attention à ce livre ;
tiene mucho cuidado en no herir a nadie, il fait
très attention pour ne blesser personne. ‖ Prudence, f. (precaución). ‖ Peur, f. (temor) : tener
cuidado ou estar con cuidado, avoir peur. ‖ —
Pl. Soins (del médico). ‖ — ¡Cuidado!, attention!,
prenez garde!, gare! : ¡cuidado con el coche!,
attention à la voiture! ; ¡cuidado con la pintura!,
prenez garde à la peinture! ; ¡cuidado contigo!,
gare à toi! ‖ ¡Cuidado con el niño!, quel gosse!
‖ ¡Cuidado con el perro!, attention, chien méchant! ‖ ¡Cuidado con Juan, qué pesado es!,
ce Jean, ce qu'il peut être pénible! ‖ — Al cuidado de, aux bons soins de. ‖ Bajo el cuidado
de, sous la garde de, sous la surveillance de. ‖ De
cuidado, grave : es un enfermo de cuidado, c'est
un malade grave ; gravement : estar enfermo de
cuidado, être gravement malade. ‖ Hombre de
cuidado, homme dont il faut se méfier, homme
dangereux. ‖ Sin cuidado, sans soin, à la va-vite
(negligentemente), à tort et à travers (a tontas
y a locas). ‖ — Andarse con cuidado, faire attention. ‖ Estar al cuidado de, s'occuper de. ‖ Ir
con cuidado, faire attention. ‖ FAM. Me tiene ou
me trae sin cuidado, je m'en fiche, je m'en moque,
c'est le dernier o le cadet de mes soucis. ‖ No hay
cuidado ou pierda cuidado, il n'y a pas de danger.
‖ ¡Pierda usted cuidado!, ne vous en faites pas!
‖ Poner cuidado en, faire attention à. ‖ Poner
fuera de cuidado a un enfermo, mettre un malade
hors de danger, tirer un malade d'affaire. ‖ Salir
de cuidado, être délivrée (en un parto), être hors
de danger (en una enfermedad). ‖ Ser de cuidado,
être dangereux (peligroso), être quelqu'un dont
il faut se méfier (poco seguro), être grave :
esta herida es de cuidado, cette blessure est grave.

— SINÓN. ● Interés, intérêt. Curiosidad, curiosité.
Exactitud, exactitude. Vigilancia, vigilance. Solicitud,
sollicitude.

cuidador, ra adj. Soigneux, euse.
— M. Soigneur. ‖ Soigneur (en deportes). ‖ —
F. Amer. Infirmière. ‖ Bonne d'enfant (niñera).
cuidadosamente adv. Soigneusement (con aplicación). ‖ Prudemment (con precaución).
cuidadoso, sa adj. Soigneux, euse. ‖ Soucieux,
euse (atento) : cuidadoso del resultado, soucieux
du résultat. ‖ Précautionneux, euse (aplicado y
prudente).
cuidar v. tr. Soigner (asistir) : cuidar a un enfermo, soigner un malade. ‖ S'occuper de : en
esta pensión me cuidan mucho, dans cette pension
on s'occupe beaucoup de moi. ‖ Tenir bien,
s'occuper (guardar) : cuidar la casa, bien tenir
la maison. ‖ Entretenir, avoir o prendre soin de,
faire attention à (conservar) : cuidar su ropa,
avoir soin de ses vêtements. ‖ FIG. Soigner :
cuidar los detalles, soigner les détails.
— V. intr. Cuidar de, prendre soin de, veiller à o
sur, faire attention à : cuidar de su salud, de los
niños, prendre soin de sa santé, veiller aux enfants ; être aux petits soins pour (asistir solícitamente). ‖ Cuidar de sus obligaciones, remplir ses
obligations.

— V. pr. Se soigner (la salud). ‖ Se surveiller (después de una enfermedad). ‖ *Cuidarse de,* prendre soin de (la salud, etc.), se soucier de, tenir compte de : *no se cuida del que dirán,* il ne se soucie pas du qu'en-dira-t-on ; s'occuper de (ocuparse de) ; faire attention à : *cuídate de lo que dices,* fais attention à ce que tu dis. ‖ *Cuidarse mucho,* faire beaucoup attention à soi.

cuido m. Soin, soins, *pl.* : *el cuido de la huerta,* les soins du jardin.

cuija f. *Amer.* Petit lézard, *m.* (lagartija). | FIG. Grande bringue, perche (mujer flaca).

cuino m. (P. us.). Porc (cerdo).

cuita f. Peine, souci, *m.* (aflicción). ‖ *Amer.* Fiente d'oiseaux. ‖ *Las cuitas del joven Werther,* les souffrances du jeune Werther (de Gœthe).

cuitadamente adv. Avec peine.

cuitado, da adj. Affligé, e ; malheureux, euse (afligido). ‖ FIG. Timoré, e (apocado).

cuitamiento m. Timidité (*f.*) excessive (timidez).

cuja f. (P. us.). Bois (*m.*) de lit, châlit, *m.* (armazón de la cama). ‖ Porte-étendard, *m.* (para la bandera). ‖ *Amer.* Lit, *m.* (cama).

cuje m. *Amer.* Chevalet sur lequel on fait sécher le tabac.

cují m. *Amer.* Cassie, *f.* (aromo).

culada f. Chute sur le derrière.

culantrillo m. BOT. Capillaire, *f.*

culantro m. BOT. Coriandre, *f.*

culata f. Culasse (de motor, del cañón). ‖ Crosse (de la escopeta) : *la culata se apoya en el hombro,* la crosse s'appuie sur l'épaule. ‖ FIG. Partie postérieure, arrière, *m.,* fond, *m.* (parte posterior). ‖ Croupe [du cheval] (anca). ‖ Collet, *m.* (de la talla de un diamante). ‖ FIG. *Le ha salido el tiro por la culata,* ça a raté.

culatada f. o **culatazo** m. Coup (*m.*) de crosse (golpe). ‖ Recul, *m.* (retroceso de un arma).

culatín m. Fausse crosse, *f.* (de ametralladora).

culazo m. Chute (*f.*) sur le derrière.

culear v. intr. POP. Remuer le derrière.

culebra f. ZOOL. Couleuvre. ‖ Serpent, *m.* : *culebra de cascabel,* serpent à sonnettes (crótalo) ; *culebra coral,* serpent corail. ‖ Serpentin, *m.* (del alambique). ‖ FIG. Y FAM. Chahut, *m.,* tapage, *m.* (alboroto). ‖ ASTR. Serpentaire, *m.* ‖ FIG. Y FAM. *Saber más que las culebras,* être malin comme un singe.

culebrear v. intr. Serpenter, zigzaguer.

culebreo m. Zigzag.

culebrera f. Pygargue, *m.* (águila).

culebrilla f. MED. Dartre (herpes). ‖ ZOOL. Couleuvreau, *m.* (cría de la culebra). ‖ BOT. Dragon (*m.*) vert. ‖ *Papel de culebrilla,* papier de soie.

culebrina f. Couleuvrine (cañón). ‖ Éclair, *m.* (relámpago).

culebrón m. Grosse couleuvre, *f.* ‖ FIG. Y FAM. Fine mouche, *f.,* vieux renard (astuto).

culera f. Tache sur les langes des enfants (mancha). ‖ Fond, *m.* (de pantalón), pièce (remiendo).

culero, ra adj. Nonchalant, e.
— M. Lange d'enfant. ‖ *Amer.* Tablier de cuir (de los mineros, de los campesinos).

culi m. Cooli.

culiblanco m. ZOOL. Cul-blanc.

culillo m. FAM. *Culillo de mal asiento,* personne qui a la bougeotte o qui ne tient pas en place.

culinario, ria adj. Culinaire (de cocina).

culmen m. Sommet (cumbre).

culminación f. ASTR. Culmination. ‖ FIG. Couronnement, *m.,* point (*m.*) culminant.

culminante adj. Culminant, e.

culminar v. intr. Culminer. ‖ ASTR. Culminer. ‖ FIG. *Su vida culminó en la presidencia de la República,* la présidence de la République a été le couronnement o le point culminant de sa vie.

culo m. POP. Cul, derrière (asentaderas) : *caer de culo,* tomber sur le derrière. ‖ FIG. Cul (de algunos objetos) : *culo de botella,* cul de bouteille. ‖ — IMPR. *Culo de lámpara,* cul-de-lampe. ‖ FAM. *Culo de mal asiento,* personne qui ne tient pas en place o qui a la bougeotte. ‖ FIG. Y FAM. *Culo de pollo,* couture mal faite. ‖ *Culo de vaso,* fond d'un verre (de una copa), bouchon de carafe (piedra falsa). ‖ FAM. *Poner los labios de culo* ou *de culito de pollo,* faire la bouche en cul de poule.

culombio m. ELECTR. Coulomb.

culón, ona adj. FAM. Fessu, e ; bien assis, bien assise.
— M. (Ant.). Invalide (soldado).

culote m. Culot (casquillo).

culpa f. Faute : *es culpa suya,* c'est sa faute ; *¿de quién es la culpa?,* à qui la faute ? ‖ Tort, *m.,* torts, *m. pl.* : *tienes la culpa de todo,* tu as tous les torts ; *reconocer su culpa,* reconnaître ses torts ; *es él quien tiene la culpa,* c'est lui qui a tort. ‖ — *Por culpa de,* à cause de : *por culpa de lo que dijiste,* à cause de ce que tu as dit ; à cause de, par la faute de : *por culpa tuya,* à cause de toi, par ta faute. ‖ — *Echar la culpa a uno,* rejeter la faute sur quelqu'un, rendre quelqu'un responsable. ‖ *Echar la culpa de,* reprocher : *me ha echado la culpa de su fracaso,* il m'a reproché son échec. ‖ *Es culpa mía,* c'est ma faute. ‖ *La culpa es de,* c'est la faute de. ‖ *No tengo la culpa,* ce n'est pas ma faute, je n'y suis pour rien. ‖ *Tener la culpa de,* être coupable de, être responsable de.

culpabilidad f. Culpabilité. ‖ — DR. *Declaración de no culpabilidad,* mise hors cause, déclaration de non-culpabilité. ‖ *Solicitar la declaración de culpabilidad,* plaider coupable.

culpable adj. y s. Coupable. ‖ Fautif, ive (de una cosa de menos importancia). ‖ *Declararse culpable,* plaider coupable.

culpación f. Inculpation.

culpado, da adj. y s. Coupable. ‖ Accusé, e ; inculpé, e (acusado).

culpante adj. y s. Coupable.

culpar v. tr. Inculper (de un delito, etc.). ‖ Accuser : *culpar de insolente,* accuser d'insolence o d'être insolent ; *yo no culpo a nadie,* je n'accuse personne. ‖ Reprocher, rendre responsable : *le culpo de nuestra derrota,* je lui reproche notre défaite ; *culpar al padre de los daños causados por su hijo,* rendre le père responsable des dommages causés par son fils.
— V. pr. S'accuser.

culposo, a adj. Coupable.

cultalatiniparla f. FAM. Phraséologie, préciosité, langage (*m.*) précieux et affecté. | Bas-bleu, *m.* (mujer pedante).

cultamente adv. Élégamment (de modo culto). ‖ FIG. Avec préciosité (con afectación).

culteranismo m. Cultisme, cultéranisme, gongorisme. ‖ Préciosité, *f.* (afectación).

culterano, na adj. y s. Cultiste, précieux, euse ; gongoriste.

cultiparlar v. intr. Parler avec préciosité o avec affectation.

cultiparlista adj. y s. Cultiste, précieux, euse (culterano).

cultismo m. Cultisme (culteranismo). ‖ Mot recherché (palabra culta).

cultivable adj. Cultivable.

cultivador, ra adj. y s. Cultivateur, trice. ‖ — M. Cultivateur (máquina).

cultivar v. tr. AGRIC. Cultiver. ‖ FIG. Cultiver (las bellas artes, la memoria, la amistad, etc.). | Entretenir (los pensamientos, un recuerdo).

cultivo m. AGRIC. Culture, *f.* : *cultivo extensivo, intensivo,* culture extensive, intensive. ‖ Culture,

f. : el cultivo de las letras, la culture des lettres. ‖
BIOL. Culture, *f. : cultivo de tejidos,* culture de
tissus. ‖ — *Cultivo de hortalizas,* culture maraîchère. ‖ *Cultivo en bancales* ou *de terrazas,*
culture en terrasse. ‖ *Cultivo frutícola,* culture
fruitière. ‖ *Cultivo migratorio,* divagation des
cultures. ‖ — *Caldo de cultivo,* bouillon de
culture. ‖ *Tierra de cultivo,* terrain de culture.
— OBSERV. Le mot espagnol *cultivo* ne s'emploie qu'au
sens propre. Dans le sens de « culture de l'esprit », on
emploie *cultura.*

culto, ta adj. AGRIC. Cultivé, e. ‖ FIG. Cultivé, e
(instruido). ‖ Précieux, euse (culterano). ‖ Savant, e : *palabra culta,* mot savant. ‖ Savant, e ;
littéraire : *el lenguaje culto,* la langue littéraire.
— M. RELIG. Culte : *culto de dulía, de hiperdulía,
de latría,* culte de dulie, d'hyperdulie, de latrie ;
culto de los antepasados, culte des anciens ; *culto
a los santos,* culte des saints. ‖ *Rendir culto a,*
rendre *o* vouer un culte à (un santo, una persona),
rendre hommage : *rendir culto a la valentía de
una persona,* rendre hommage au courage d'une
personne.

cultura f. Culture : *hombre de gran cultura,*
homme de grande culture ; *cultura clásica, física,*
culture classique, physique.

cultural adj. Culturel, elle. ‖ *Agregado cultural,*
attaché culturel.

cuma f. POP. *Amer.* Commère.

cumarina f. QUÍM. Coumarine.

cumbanchero m. FAM. *Amer.* Noceur (juerguista).

cumbarí m. *Amer.* Piment (ají).

cumbre f. Sommet, *m.* (cima). ‖ FIG. Apogée,
faîte, *m. : la cumbre de la gloria,* l'apogée de la
gloire. ‖ *Conferencia en la cumbre,* conférence au
sommet.

cumbrera f. ARQ. Faîtage, *m.* (de un tejado). ‖
Linteau, *m.* (dintel). ‖ *Amer.* Sommet, *m.*
(cumbre).

cúmel m. Kummel (bebida).

cumpa m. FAM. *Amer.* Copain.

cúmplase m. Visa, ordre d'exécution, contreseing
[rendant exécutoire un décret ou une nomination].

cumpleaños m. Anniversaire (del nacimiento) :
feliz cumpleaños, bon anniversaire.

cumplidamente adv. Comme il se doit.

cumplidero, ra adj. Qui doit échoir, qui expire
(plazo). ‖ Convenable, propre (conveniente).

cumplido, da adj. Accompli, e ; révolu, e : *veinte
años cumplidos,* vingt ans révolus. ‖ Accompli, e : *una profecía cumplida,* une prophétie
accomplie. ‖ Complet, ète : *pago cumplido,* paiement complet. ‖ Accompli, e (perfecto) : *un
cumplido caballero,* un chevalier accompli. ‖
Achevé, e : *un modelo cumplido de virtudes,* un
modèle achevé de vertus. ‖ Ample (holgado). ‖
Bon, bonne : *una cucharada cumplida,* une bonne
cuillerée. ‖ Poli, e ; bien élevé, e (bien educado) :
persona muy cumplida, personne très polie. ‖ *Soldado cumplido,* soldat qui a fait son temps.
— M. Compliment : *basta de cumplidos,* trêve de
compliments. ‖ — Pl. Politesses, *f.,* civilités, *f. :
deshacerse en cumplidos,* faire assaut de politesses *o* se confondre en politesses. ‖ — *De cumplido,* de politesse : *visita de cumplido,* visite de
politesse. ‖ *Por cumplido,* par pure politesse. ‖
Sin cumplidos, sans façons, sans cérémonie. ‖
Una señora de mucho cumplido, une dame très
formaliste, très à cheval sur les bons usages, très
façonnière. ‖ — *Andarse con* ou *hacer cumplidos,*
faire des façons *o* des cérémonies *o* des manières.
‖ *Devolverle el cumplido a uno,* rendre la politesse *o* retourner son compliment à quelqu'un.

cumplidor, ra adj. Sérieux, euse (de fiar) : *un
muchacho cumplidor,* un garçon sérieux. ‖ Qui
remplit : *cumplidor de sus obligaciones,* qui rem

plit ses obligations. ‖ Qui tient (de sus promesas).
— M. y f. Personne qui tient sa parole *o* qui remplit ses engagements.

cumplimentar v. tr. Complimenter, adresser ses
compliments à (felicitar). ‖ Recevoir, accueillir :
el ministro fue cumplimentado por el gobernador,
le ministre fut reçu par le gouverneur. ‖ DR. Exécuter (órdenes).

cumplimentero, ra adj. y s. FAM. Complimenteur, euse.

cumplimiento m. Accomplissement, exécution, *f. :
cumplimiento de una orden,* accomplissement
d'un ordre. ‖ Application, *f. : el cumplimiento de
un decreto,* l'application d'un décret. ‖ Respect
(acatamiento) : *cumplimiento de los requisitos
legales,* respect des dispositions de la loi ; *cumplimiento de los compromisos,* respect des engagements. ‖ Réalisation, *f.,* accomplissement (de los
deseos). ‖ Compliment, politesse, *f.* (cortesía). ‖
FIG. Achèvement (perfección). ‖ Complément
(complemento). ‖ — *Cumplimiento pascual,*
devoir pascal. ‖ *De cumplimiento,* par politesse. ‖
En cumplimiento de, conformément à, vu, en
application de. ‖ — *Dar cumplimiento a los nuevos estatutos,* mettre en application les nouveaux
statuts.

cumplir v. tr. Accomplir : *cumplir un deber,*
accomplir un devoir. ‖ Accomplir, faire : *cumplir
el servicio militar,* faire son service militaire. ‖
Exécuter : *cumplir una orden,* exécuter un ordre.
‖ Tenir : *cumplir una promesa,* tenir une promesse. ‖ Combler : *cumplir un deseo,* combler un
désir. ‖ Faire honneur à, remplir, respecter : *cumplir sus compromisos,* faire honneur à ses engagements. ‖ Avoir : *ha cumplido veinte años,* il a
eu vingt ans ; *hoy cumple cinco años,* il a cinq ans
aujourd'hui. ‖ Respecter (una ley). ‖ — *Cumplir
años,* être l'anniversaire : *hoy cumple años,* c'est
aujourd'hui son anniversaire. ‖ *Cumplir condena,*
purger une peine. ‖ *Haber cumplido 25 años,*
avoir 25 ans révolus.
— V. intr. Tenir sa parole *o* sa promesse. ‖ Faire
o remplir son devoir, s'acquitter de son devoir *o*
de ses obligations : *cumplió como debía,* il a fait
son devoir comme il devait. ‖ S'acquitter, faire,
remplir : *cumplir con su deber,* s'acquitter de son
devoir, faire son devoir. ‖ Respecter : *cumplir
con los requisitos legales,* respecter les dispositions de la loi. ‖ Convenir, falloir : *cumple a
Juan hacer esto,* il convient que Jean fasse cela. ‖
Échoir : *el pagaré cumple mañana,* le billet
échoit demain. ‖ MIL. Avoir fait son temps (soldado). ‖ — *Cumplir con la Iglesia* ou *con Dios,*
satisfaire aux préceptes religieux. ‖ *Cumplir con
los requisitos,* remplir les conditions requises. ‖
Cumplir con su palabra, tenir parole. ‖ *Cumplir
con sus deberes religiosos,* faire ses dévotions. ‖
Cumplir con todos, ne manquer à personne. ‖
Para cumplir ou *por cumplir,* pour la forme, par
politesse.
— V. pr. S'accomplir, se réaliser : *se cumplieron
tus vaticinios,* tes prévisions se sont réalisées.
‖ Avoir lieu : *este año se ha cumplido el centenario de su nacimiento,* cette année a lieu le centenaire de sa naissance. ‖ Expirer (un plazo).

cúmquibus m. FAM. Fric (dinero).

cumulativo, va adj. Cumulatif, ive.

cúmulo m. Accumulation, *f.,* tas, amoncellement
(de cosas). ‖ Cumulus (nube). ‖ FIG. Tas : *un
cúmulo de disparates,* un tas de bêtises. ‖
Concours : *un cúmulo de circunstancias,* un
concours de circonstances.

cumulonimbo m. Cumulo-nimbus.

cuna f. Berceau, *m.* (cama). ‖ Hospice (*m.*) d'enfants trouvés (inclusa). ‖ FIG. Berceau, *m. : Grecia, cuna de la civilización,* Grèce, berceau de la civilisation. | Naissance, origine (origen de una persona) : *de ilustre cuna*, d'illustre naissance. || Berceau, *m.* (del cañón). || Espace (*m.*) entre les cornes (de un toro). || — *Canción de cuna*, berceuse. || *Casa cuna*, hospice d'enfants trouvés. || *Cuna colgante*, bercelonnette, barcelonnette.

cundeamor o **cundiamor** m. *Amer.* Momordique, *f.* (planta).

cundir v. intr. Se répandre, se propager, s'étendre : *cundió la noticia, el pánico*, la nouvelle, la panique se répandit. || Fournir : *esta pierna de cordero cunde mucho*, ce gigot fournit bien. || Gonfler, augmenter de volume : *el arroz cunde al cocer*, le riz gonfle à la cuisson. || Avancer, progresser (un trabajo). || Se multiplier (multiplicarse). || S'étaler, s'étendre : *las manchas de aceite cunden rápidamente*, les taches d'huile s'étalent rapidement. || — *Cunde la voz que*, le bruit court que. || *El tiempo no me cunde*, le temps me semble trop court. || *Le cunde el trabajo*, il abat de la besogne.

cunear v. tr. Bercer (mecer).
— V. pr. Se bercer, se balancer.

cuneco, ca adj. y s. *Amer.* Benjamin, e ; cadet, ette (hijo menor).

cuneiforme adj. Cunéiforme.

cuneo m. Bercement (mecedura).

cunero, ra adj. y s. Enfant trouvé (expósito). || D'origine inconnue (toro). || — Adj. y s. m. Député parachuté (diputado extraño al distrito y patrocinado por el gobierno). || — Adj. *Fam.* D'une sous-marque, sans marque : *una estilográfica cunera*, un stylo sans marque. | De second ordre.

cuneta f. Fossé, *m.* (de una carretera). || Accotement, *m.* (arcén). || Caniveau, *m.* (de una calle). || Cunette (fortificación).

cunicultor m. Cuniculiculteur, éleveur de lapins.

cunicultura f. Cuniculiculture, élevage (*m.*) de lapins domestiques.

cuña f. Cale (para sostener) : *poner una cuña*, mettre une cale. || Coin, *m.* (para rajar la madera). || Semelle compensée (suela). || *Impr.* Cale. || *Fig.* y *Fam.* Piston, *m.*, appui, *m.* (apoyo) : *tener mucha cuña*, avoir beaucoup de piston. || *Anat.* Os (*m.*) du tarse. || — *Geom.* *Cuña esférica*, coin sphérique. || *No hay peor cuña que la de la misma madera*, il n'est pire ennemi que ses anciens amis.

cuñado, da m. y f. Beau-frère, belle-sœur.

cuño m. Coin (para monedas). || Empreinte, *f.*, poinçon (huella que deja el cuño). || *Fig.* Marque, *f.*, empreinte, *f.* : *dejar el cuño de su personalidad*, laisser la marque de sa personnalité. || — *De buen cuño*, marqué au bon coin. || *De nuevo cuño*, nouveau, nouvelle, moderne.

cuota f. ● Quote-part, quotité (parte proporcional). || Cotisation : *pagar su cuota*, payer sa cotisation. || Cotisation, cote (impuestos). || Frais, *m. pl.* : *la cuota de instalación de teléfono*, les frais d'installation du téléphone. || *Amer.* Versement, *m.* (de una compra a plazos). | Tarif, *m.* (tarifa). | *Venta por cuotas*, vente à tempérament.
— *Sinón.* ● *Parte*, part. *Cotización*, cotisation. *Escote*, écot. *Prorrateo*, prorata.

cuotidiano, na adj. (P. us.). Quotidien, enne.

cupé m. Coupé (coche).

cupido m. *Fig.* y *Fam.* Bourreau des cœurs.

Cupido n. pr. m. Cupidon.

cupla f. *Amer.* Couple, *m.* (par).

cuplé m. Chanson, *f.* (copla).

cupletista m. y f. Chanteur, euse.

cupo m. Quote-part, *f.* (cuota). || *Mil.* Contingent (reclutas). || *Com.* Contingent, quota : *cupo arancelario*, contingent tarifaire. || *Amer.* Contenance, *f.* (cabida).

cupón m. Coupon (de un título de renta). || Billet (de lotería). || Coupon-réponse (para un con-

curso). || Bon : *cupón de pedido*, bon de commande. || *Cupón de cartilla de racionamiento*, ticket d'une carte de rationnement.

cupresáceas f. pl. *Bot.* Cupressacées.

cúprico, ca adj. *Quím.* Cuprique, cuivrique.

cuprífero, ra adj. Cuprifère.

cuproníquel m. *Quím.* Cupro-nickel.

cuproso, sa adj. *Quím.* Cuivreux, euse.

cúpula f. *Arq.* Coupole (bóveda). || *Bot.* Cupule. || *Mar.* Tourelle (blindaje).

cupulíferas f. pl. *Bot.* Cupulifères.

cupulino m. *Arq.* Lanterne, *f.* (de una cúpula).

ouquear v. intr. *Fam.* Ruser, filouter.

cuquería f. *Fam.* Ruse, fourberie.

cuquillo m. Coucou (cuclillo).

cura m. Prêtre, curé, abbé (sacerdote). || *Fam.* Curé (sacerdote católico). | Postillon (de saliva). | *Amer.* Avocat (aguacate). || — *Cura de almas*, curé (sacerdote). || *Fam.* *Cura de misa y olla*, prêtre ignorant. || *Cura párroco*, curé d'une paroisse, curé. || — *Casa del cura*, cure, presbytère. || *Fam.* *Este cura*, bibi, moi (mi menda).

cura f. Soin, *m.* : *curas médicas*, soins médicaux. || Traitement, *m.* (tratamiento). || Cure : *hacer una cura de aguas*, faire une cure d'eau. || Pansement, *m.* (apósito). || — *Rel.* *Cura de almas*, charge d'âmes. || *Fam.* *No tener cura*, être incurable. || *Ponerse en cura*, se soigner. || *Tener cura*, être guérissable.

curabilidad f. Curabilité.

curable adj. *Med.* Guérissable, curable.

curaca m. *Amer.* Cacique.

curación f. *Med.* Guérison. | Traitement, *m.* (tratamiento). | Pansement, *m.* (apósito).

curado, da adj. *Fig.* Endurci, e ; aguerri, e ; habitué, habituée à la souffrance. || Séché, e : *jamón curado*, jambon séché. || *Amer.* Ivre (ebrio). || *Fig.* *Estar curado de espanto*, en avoir vu bien d'autres.

curador, ra adj. y s. *Dr.* Curateur, trice ; tuteur, trice (tutor). || — M. Guérisseur (curandero). || Régisseur, administrateur (administrador).

curaduría f. *Dr.* Curatelle (cargo de curador).

curagua f. *Amer.* Maïs, *m.*

curalotodo m. Panacée, *f.*

curamiento m. (Ant.). V. CURA (2.º artículo).

curandería f. o **curanderismo** m. Pratique (*f.*) des guérisseurs.

curandero, ra m. y f. Guérisseur, euse.

curar v. intr. *Med.* Guérir (sanar). || *Fig.* Guérir (de un mal moral). || — *Curar de*, se soucier de, avoir cure de (ant.). || *Estar curado de espanto*, en avoir vu bien d'autres.
— V. tr. Soigner (a un enfermo). || Panser : *curar una herida*, panser une plaie. || Sécher (carne, pescado). || Tanner (pieles). || Culotter (pipa). || Blanchir (hilos, lienzos). || *Amer.* *Curar un mate*, culotter le récipient appelé maté.
— V. pr. Se soigner : *esto se cura con penicilina*, ça se soigne avec de la pénicilline. || Guérir : *si quieres curarte tienes que guardar cama*, si tu veux guérir il faut que tu gardes le lit. || *Fam. Amer.* Se soûler, prendre une cuite. || *Curarse en salud*, ménager ses arrières, se ménager une porte de sortie, prendre ses précautions.

curare m. Curare (veneno).

curasao m. Curaçao (licor).

curatela f. *Dr.* Curatelle (curaduría).

curativo, va adj. Curatif, ive.

curato m. Cure, *f.* (cargo y parroquia).

Curazao n. pr. *Geogr.* Curaçao (isla).

curbaril m. *Bot.* Courbaril.

curco, ca adj. y s. *Amer.* Bossu, e.
— F. *Amer.* Bosse (joroba).

cúrcuma f. *Bot.* Curcuma.

curcuncho, cha adj. y s. *Amer.* Bossu, e.
curcusilla f. Croupion, *m.* (rabadilla).
curda f. FAM. Cuite (borrachera).
— Adj. FAM. Soûl, e ; ivre : *estoy curda*, je suis ivre.
curdo, da adj. y s. Kurde (del Curdistán).
cureña f. Affût, *m.* (del cañón). ‖ Crapaud, *m.* (del mortero).
cureta f. MED. Curette.
curí m. *Amer.* Araucaria (árbol). | Cobaye (cobaya).
curia f. HIST. Curie (de los romanos). ‖ Curie (de la Iglesia). ‖ DR. Tribunal (*m.*) du contentieux. ‖ Justice, magistrature (justicia). ‖ *Gente de curia*, gens de robe.
curial adj. Curial, e (de la curia).
— M. HIST. Officier de la curie romaine. ‖ Basochien (subalterno).
curialesco, ca adj. Basochien, enne.
curiana f. Blatte, cafard, *m.* (cucaracha).
curibay m. Sorte de pin (pino).
curie m. FÍS. Curie (unidad de radiactividad).
curieterapia f. MED. Curiethérapie (radioterapia).
curio m. QUÍM. Curium (elemento).
curión m. Curion.
curiosamente adv. Curieusement (con curiosidad). ‖ Proprement (con limpieza). ‖ Avec soin, soigneusement (cuidadosamente).
curiosear v. intr. FAM. Se mêler des affaires d'autrui, mettre son nez partout, fouiner.
— V. tr. Fouiner dans (fisgonear) : *los chicos curioseaban los cuartos de la casa*, les enfants fouinaient dans les pièces de la maison. ‖ Regarder d'un œil curieux o avec curiosité.
curiosidad f. Curiosité (deseo de conocer). ‖ Propreté (limpieza). ‖ Indiscrétion (indiscreción). ‖ Soin, *m.* (cuidado, esmero). ‖ Curiosité (cosa curiosa) : *es aficionado a curiosidades*, il est amateur de curiosités. ‖ *Mirar con curiosidad*, regarder d'un œil curieux.
curioso, sa adj. Curieux, euse (que tiene curiosidad) : *ser curioso por naturaleza*, être curieux de nature ; *curioso por conocer la verdad*, curieux de connaître la vérité. ‖ Propre, soigné, e (limpio). ‖ Solgneux, euse (cuidadoso). ‖ Curieux, euse ; étrange, bizarre (raro). ‖ *Curioso de noticias*, avide de nouvelles.
— M. y f. Curieux, euse.
curista m. y f. Curiste (agüista).
curiyú m. *Amer.* Sorte d'anaconda.
curling m. Curling (deporte).
currelar v. intr. POP. Bosser, trimer (trabajar).
curricán m. MAR. Ligne (*f.*) de fond [grosse ligne pour pêcher à la traîne].
curriculum vitae m. Curriculum vitae (historial).
Curro, rra n. pr. m. y f. François, Françoise.
— OBSERV. Ces prénoms sont des diminutifs de *Francisco, Francisca.*
curruca f. ZOOL. Fauvette.
curruscante adj. Croustillant, e : *pan curruscante*, pain croustillant.
curruscar v. intr. Croustiller.
currutaco, ca adj. FAM. Gommeux, euse.
curry m. Carry.
cursado, da adj. Expérimenté, e ; accoutumé, e. ‖ Versé, e (instruido).
cursante adj. y s. Élève, qui suit un cours.
cursar v. tr. Suivre un cours : *cursar literatura*, suivre un cours de littérature. ‖ Faire ses études : *cursar en Alcalá*, faire ses études à Alcalá. ‖ Faire : *cursar derecho, medicina*, faire son droit, sa médecine ; *cursar estudios*, faire des études. ‖ Faire suivre son cours, donner suite à [une affaire]. ‖ Transmettre (órdenes). ‖ Envoyer (cartas).

cursi adj. FAM. De mauvais goût : *un piso muy cursi*, un appartement de très mauvais goût. | Guindé, e ; chichiteux, euse : *una persona cursi*, une personne guindée. | Snob. | Maniéré, e (amanerado). | Crâneur, euse ; poseur, euse (presumido).
— M. y f. Snobinard, e. ‖ Crâneur, euse ; poseur, euse (presumido). ‖ — F. Pimbêche, mijaurée.
— OBSERV. Le pluriel *cursiles* est incorrect.
cursilada o **cursilería** f. FAM. Snobisme. | Mauvais goût, *m.* | Chose de mauvais goût.
cursilón, ona adj. y s. V. CURSI.
cursillista m. y f. Étudiant, étudiante qui suit un cours (estudiante). ‖ Stagiaire (de prácticas). ‖ *Profesor cursillista*, professeur stagiaire.
cursillo m. Cours (de corta duración). ‖ Cycle de conférences (conferencias). ‖ Stage : *cursillo de capacitación*, stage de formation ; *un cursillo de vuelo sin visibilidad*, un stage sur le vol sans visibilité.
cursivo, va adj. Cursif, ive. ‖ *Letra cursiva*, italique.
— F. Cursive, italique, *m.* (letra).
curso m. Cours : *el curso de un río, de los acontecimientos*, le cours d'un fleuve, des événements. ‖ Cours (clase) : *dar un curso de filosofía*, un cours de philosophie. ‖ Année (*f.*) scolaire (año escolar). ‖ FIN. Cours : *este billete tiene curso legal*, ce billet a cours légal. ‖ Courant : *en el curso de la semana*, dans le courant de la semaine. ‖ Courant : *el curso de la historia*, le courant de l'histoire. ‖ Course, *f.* (de un astro). ‖ — *Apertura de curso*, rentrée des classes. ‖ *En curso*, en cours : *este proyecto está en curso*, ce projet est en cours ; *el año en curso*, l'année en cours ; courant, e ; en cours : *asuntos en curso*, affaires courantes. ‖ — *Dar curso a*, donner cours à : *dar libre curso a su cólera*, donner libre cours à sa colère ; donner o faire suite à : *dar curso a una solicitud*, donner suite à une demande.
cursor m. TECN. Curseur, coulisseau.
curtido, da adj. FIG. Expérimenté, e ; chevronné, e : *militar curtido*, militaire chevronné. | Rompu, e : *es una persona curtida en los negocios*, c'est une personne rompue aux affaires. | Basané, e ; tanné, e (piel).
— M. Tannage (del cuero). ‖ — Pl. Cuirs : *industria de curtidos*, industrie des cuirs.
curtidor m. Tanneur, corroyeur (de cueros).
curtiduría f. Tannerie, corroyage, *m.*
curtiembre f. *Amer.* Tannerie.
curtiente adj. Tannant, e.
curtimiento m. Tannage (acción). ‖ FIG. Hâle (de la piel humana). | Endurcissement (endurecimiento).
curtir v. tr. Tanner, corroyer (el cuero). ‖ FIG. Hâler (la piel humana). | Endurcir, aguerrir (acostumbrar a la vida dura) : *estar curtido contra el frío*, être aguerri contre le froid. ‖ *Estar curtido*, être entraîné, rodé (fam.) [avezado] ; être habitué (acostumbrado).
— V. pr. S'endurcir à.
curuja f. Chouette (lechuza).
curul adj. Curule (magistrado y silla).
cururo m. *Amer.* Rat des champs.
curva f. Courbe (línea). ‖ Tournant, *m.*, virage, *m.* (de carretera) : *curva peligrosa*, virage dangereux ; *curva muy cerrada*, virage en épingle à cheveux ; *curva peraltada*, virage relevé ; *tomar la curva muy cerrada*, prendre un virage à la corde ; *sortear una curva*, négocier un virage. ‖ Boucle (de un río). ‖ FAM. Rondeur (del cuerpo). ‖ *Curva de temperatura, de natalidad, de nivel*, courbe de température, de natalité, de niveau.
curvar v. tr. Courber. ‖ Cintrer (alabear).

curvatura f. Courbure.
curvilíneo, a adj. Curviligne.
curvímetro m. Curvimètre.
curvo, va adj. Courbe : *línea curva*, ligne courbe.
— SINÓN. *Encorvado, combado, doblado,* doublé, recourbé. *Enroscado,* enroulé. *Arqueado,* arqué.
ousca f. FAM. *Hacer la cusca,* enquiquiner.
cusco, ca adj. y s. *Amer.* V. CUZCO.
cuscurrante adj. Croustillant, e.
cuscurrear v. intr. Croustiller.
cuscurro o **cuscurrón** m. Croûton (de pan).
cuscús m. Couscous (alcuzcuz).
cuscuta f. Cuscute (planta).
cusí, cusí adv. *Amer.* Couci-couça (así así).
cusma f. *Amer.* V. CUZMA.
cuspidado, da adj. BOT. Cuspidé, e.
cúspide f. Sommet, *m.* (cima, cumbre). ‖ BOT. Cuspide. ‖ GEOM. Sommet : *cúspide de la pirámide,* sommet de la pyramide. ‖ FIG. Faîte, *m.,* comble, *m. : llegar a la cúspide de los honores,* arriver au faîte des honneurs.
custodia f. Garde, surveillance (vigilancia) : *bajo la custodia de,* sous la surveillance de ; *colocado en custodia,* placé sous surveillance. ‖ Garde, *m.,* gardien, *m.* ‖ ECLES. Ostensoir, *m.* (vaso sagrado).
custodiar v. tr. Garder, surveiller (vigilar). ‖ Défendre, protéger (proteger).
custodio adj. m. y s. m. Gardien (el que guarda) : *ángel custodio,* ange gardien. ‖ — M. Garde, gardien. ‖ Custode (dignidad franciscana).
cusumbe o **cusumbo** m. *Amer.* Coati.
cususa f. *Amer.* Tafia, *m.* [eau-de-vie de canne à sucre].
cutáneo, a adj. ANAT. Cutané, e.
cúter m. MAR. Cotre, cutter.
cuti f. MED. Cuti (cutirreacción).
cutí m. Coutil (tela).

cutícula f. Cuticule (epidermis).
cutirreacción f. MED. Cuti-réaction, cuti : *ser sensible a la cutirreacción,* virer sa cuti.
cutis m. Peau, *f.* [du visage].
cutre adj. y s. Radin, e (tacaño).
cuy m. *Amer.* Cobaye, cochon d'Inde.
cuyo, ya pron rel. Dont le, dont la, dont les : *la casa cuyo tejado es de tejas,* la maison dont le toit est en tuiles ; *la casa cuya puerta es verde,* la maison dont la porte est verte ; *el niño cuyos padres están en Madrid,* l'enfant dont les parents sont à Madrid. ‖ De qui, duquel, de laquelle, desquels, desquelles (después de una preposición) : *el cuarto en cuyo fondo está la chimenea,* la pièce au fond de laquelle est la cheminée ; *el amigo a cuya generosidad debo esto,* l'ami à la générosité de qui je dois ceci. ‖ (P. us.). À qui : *¿cuya es esta capa?,* à qui est cette cape ? ‖ — *A cuyo efecto,* à cet effet. ‖ *Con cuyo objeto,* en vue de quoi, dans ce but. ‖ *En cuyo caso,* auquel cas. ‖ *Para cuyo fin,* à cette fin. ‖ *Por cuya causa,* à cause de quoi, c'est pourquoi.
— M. FAM. (P. us.). Soupirant, céladon (enamorado).
¡cuz, cuz! interj. Ici ! (para llamar un perro).
cuzco m. Petit chien, toutou (fam.), roquet (muy ladrador).
cuzcuz m. Couscous (alcuzcuz).
cuzma f. *Amer.* Chemise sans manches des Indiens des Andes.
cuzquear v. tr. *Amer.* Faire la cour (galantear).
czar m. Tsar, czar (soberano).
czarda f. Czardas (danza).
czarevitz m. Tsarévitch.
czarina f. Tsarine.
— OBSERV. L'orthographe la plus courante de *czar, czarevitz* et *czarina* est *zar, zareritz* et *zarina.*

CH

ch f. Ch, *m.*
— OBSERV. Le *ch* est une véritable lettre en espagnol, complètement indépendante du *c.* Elle est située dans l'alphabet entre le *c* et le *d. Ch* se prononce comme *tch* en français, son analogue au *ch* en anglais [t∫].
chabacanada f. Grossièreté, vulgarité : *decir chabacanadas,* dire des grossièretés.
chabacanamente adv. Grossièrement, vulgairement, de façon vulgaire.
chabacanear v. intr. Agir grossièrement.
chabacanería f. Vulgarité, grossièreté.
chabacano, na adj. Ordinaire, quelconque : *una mujer chabacana,* une femme ordinaire. ‖ Vulgaire : *un aspecto chabacano,* un air vulgaire. ‖ Grossier, ère ; vulgaire : *un chiste chabacano,* une plaisanterie grossière.
chabola f. Hutte (choza). ‖ Cabane (caseta). Guérite (del soldado). ‖ Baraque (casa mala). *Las chabolas,* le bidonville (barrio de las latas).
chabolismo m. Bidonvilles, *pl. : hay que terminar con el chabolismo,* il faut éliminer les bidonvilles.
chacal m. ZOOL. Chacal.

chacalín m. *Amer.* Crevette, *f.* (camarón).
chácara f. *Amer.* Ferme (chacra). | Bourse (bolsa). | Plaie (llaga).
chacarero, ra adj. y s. *Amer.* Fermier, ère ; paysan, anne. ‖ — F. Danse paysanne [en Argentine, Uruguay et Bolivie].
chacarrachaca f. FAM. Vacarme, *m.,* brouhaha, *m.*
chacina f. Charcuterie.
chacinería f. Charcuterie (tienda).
chacinero, ra m. y f. Charcutier, ère.
chacó m. Shako (morrión).
chacolí m. Chacoli (vin basque).
chacolotear v. intr. Locher (la herradura).
chacoloteo m. Branlement (de la herradura).
chacona f. Chaconne (baile y música).
chaconada f. Jaconas, *m.* (tela).
chacota f. Plaisanterie (burla). ‖ — FAM. *Echar* ou *tomar a chacota,* tourner en plaisanterie, prendre à la rigolade (burlarse), se ficher pas mal de (desentenderse de). ‖ *Hacer chacota de,* se moquer de.

chacotear v. intr. Blaguer, plaisanter.
chacoteo m. Moquerie, f., plaisanterie, f.
chacotero, ra adj. y s. FAM. Farceur, euse ; moqueur, euse ; blagueur, euse.
chacra f. Amer. Ferme, métairie.
chacuaco, ca adj. Rustre, grossier, ère.
— M. Mégot (colilla).
chacuaquería f. Amer. Bricolage (chapucería).
chacha f. FAM. Bonne (d'enfant), boniche.
chachalaca f. Ortalide, oiseau (m.) gallinacé du Mexique (ave). || FIG. Amer. Bavard, e ; pie (charlatán).
cháchara f. FAM. Bavardage, m., papotage, m., babillage, m.; bla-bla, m. (charla). || — Pl. Amer. Babioles, f., colifichets, m. (baratijas). || Estar de cháchara, bavarder, papoter.
chacharear v. intr. FAM. Bavarder, papoter.
chacharero, ra adj. y s. FAM. Bavard, e.
chacho, a m. y f. FAM. Garçon, gars (muchacho), fille (muchacha) : ¡ven acá, chacho!, viens ici, mon gars !
chafaldete m. MAR. Cargue (f.) de hune.
chafalonía f. Vieux objets (m. pl.) en or ou en argent (oro y plata viejos).
chafalote adj. Amer. Rustre, ordinaire.
— M. Amer. Sorte de cimeterre (alfanje).
chafallar v. tr. FAM. Bâcler, bousiller, gâcher, saboter (trabajar mal).
chafallo m. FAM. Rafistolage, bricole, f.
chafallón, ona adj. y s. FAM. Bousilleur, euse ; saboteur, euse (chapucero).
chafar v. tr. Écraser, aplatir (aplastar). || Froisser, chiffonner (arrugar). || FIG. y FAM. Confondre, mettre à quia (en una discusión). | Écraser, flétrir (humillar). | Flanquer par terre : me ha chafado el plan, cela a flanqué mes projets par terre.
Chafarinas n. pr. f. pl. GEOGR. Islas Chafarinas, îles Zaffarines.
chafarote m. Cimeterre (sable corvo).
chafarrinar v. tr. Barbouiller, souiller.
chafe m. POP. Amer. Flic (policía).
chaflán m. Chanfrein (bisel), pan coupé (esquina).
chaflanar v. tr. Chanfreiner (abiselar).
chagra m. Amer. Paysan. || — F. Amer. Ferme (chacra).
chaguar v. tr. Essorer (exprimir).
chaguar m. Amer. Sorte d'agave.
chah m. Shah (soberano).
chahuistle f. Rouille (roya).
chaina f. Amer. Chardonneret, m. (jilguero). | Flûte (flauta).
chaira f. Tranchet, m. (de zapatero). || Fusil, m. (para afilar cuchillos).
chaise longue f. Chaise longue.
chajá m. Amer. Kamichi (ave).
chal m. Châle (mantón).
chala f. Amer. Spathe (del maíz).
chalado, da adj. FAM. Toqué, e ; dingue, cinglé, e (tonto). | Fou, folle d'amour (enamorado). || — FAM. Estar chalado por ou con algo, être fou de quelque chose, raffoler de quelque chose. | Estar chalado por ou con alguien, en tenir o être mordu pour quelqu'un, être fou de quelqu'un, raffoler de quelqu'un.
chalán m. Maquignon (comerciante en caballos). || Amer. Dresseur (de chevaux).
chalana f. MAR. Chaland, m. (gabarra).
chalanear v. intr. FAM. Maquignonner (en los negocios). || Amer. Dresser des chevaux (domar).
chalaneo m. Maquignonnage.
chalanería f. Maquignonnage, m.
chalanesco, ca adj. De maquignon.
chalar v. tr. Affoler, rendre fou (enloquecer).
— V. pr. S'amouracher, s'éprendre, se toquer : chalarse por, s'amouracher de.
chalate m. Rosse, f. (caballo malo).
chalaza f. ANAT. y BOT. Chalaze.

chalcha f. Amer. Double menton, m. (papada).
chalchihuite m. Amer. Sorte d'émeraude (f.) grossière. | Colifichet, babiole, f. (baratija).
chalé o chalet m. Pavillon, villa, f.
— OBSERV. En francés chalet designa sobre todo la casita de madera de estilo suizo.
— La forme chalé est la plus courante et fait chalés au pluriel.
chaleco m. Gilet. || — Amer. Chaleco de fuerza, camisole de force. || Chaleco de punto, tricot, pull-over. || Chaleco salvavidas, gilet de sauvetage.
chalina f. Lavallière (corbata).
chalón m. Amer. Écharpe, f.
chalote m. BOT. Échalote, f.
chaludo, da adj. FAM. Amer. Argenté, e.
chalupa f. Chaloupe (barco de vela). || Canot, m., barque (bote). || Amer. Gâteau (m.) de maïs.
challenger m. Challenger (candidato).
chama f. POP. Échange, m. troc, m.
chamaco, ca m. y f. Amer. Gars, m., garçon, m., fille, f.
chamada f. Bourrée (leña). || Flambée (llama). || Pasar una chamada, être dans une mauvaise passe, traverser une mauvaise période.
chamagoso, sa adj. Amer. Crasseux, euse (mugriento). | Mal arrangé, e ; mal fagoté, e (mal vestido). | Quelconque, vulgaire, sans goût (vulgar).
chamal m. Amer. Couverture (f.) dont se servent les Indiens Araucans en guise de cape ou de tablier.
chamanto m. Amer. Sorte de poncho.
chámara o chamarasca f. Bourrée (leña menuda). || Flambée (llama).
chamarilear v. tr. Échanger, troquer (cambiar). | Brocanter (trastos viejos).
chamarileo m. Brocante, f.
chamarilero, ra m. y f. Brocanteur, euse (ropavejero).
chamariz m. Verdier (pájaro).
chamarra f. Pelisse, veste de paysan.
chamarreta f. Longue veste légère.
chamarro m. Amer. Couverture (f.) grossière.
chamba f. FAM. Raccroc, m. (en el billar). | Coup (m.) de veine, veine (suerte). || Amer. Gazon, m. (césped). | Travail, m., emploi, m. (trabajo). || FAM. De ou por chamba ou por pura chàmba, par miracle (de milagro), tout à fait par hasard (por casualidad).
chambado m. o chambado m. Amer. Vase (m.) fait d'une corne.
chambelán m. Chambellan.
chambergo, ga adj. S'est dit d'un régiment créé à Madrid en 1666 par le maréchal de Schomberg pendant la minorité de Charles II ainsi que des soldats de ce régiment et de certaines pièces de leur uniforme. || Sombrero chambergo, chapeau à large bord.
— M. Chapeau mou à large bord (sombrero). || Amer. Petit oiseau noir et jaune de Cuba.
chambilla f. ARQ. Chambranle (m.) en pierre.
chambón, ona adj. y s. FAM. Veinard, e ; chanceux, euse (con suerte). | Mazette (mal jugador). | Mazette (poco hábil).
chambonada f. FAM. Maladresse au jeu (pifia). | Veine, coup (m.) de veine (suerte).
chambra f. Blouse (prenda de mujer).
chambrana f. Chambranle, m. (de una puerta). || Amer. Vacarme, m., tapage, m., raffut, m. (jaleo).
chamelicos m. pl. Amer. Affaires, f. (cachivaches).
chamicado, da adj. Amer. Taciturne (taciturno). | Entre deux vins (achispado).
chamicera f. Arsin, m., brûlis, m.
chamico m. Amer. Stramoine, f. | FIG. Amer. Dar chamico a uno, charmer, séduire quelqu'un.

chamiza f. Graminée sauvage dont la tige peut servir de chaume. ‖ Bourrée (leña menuda).

chamizo m. Chaumine, f. (choza). ‖ Arbre arsin (árbol). ‖ Tison (tizón). ‖ FAM. Tripot (garito de juego). ‖ Taudis (tugurio).

chamorra f. FAM. Tête tondue.

chamorro, rra adj. y s. Tondu, e.

champa f. Amer. Gazon, m. (césped). ‖ Fouillis, m. (cosa enmarañada).

champán m. Champagne (vino) ‖ Sampan (embarcación).

champaña m. Champagne (vino).

champiñón m. Champignon.

champú m. Shampooing.
— OBSERV. Pl. champúes o champús.

champurrar v. tr. Mélanger [des liqueurs].

chamuchina f. Amer. Populace (populacho).

chamullar v. intr. POP. Parler, causer, jaspiner (hablar). ‖ Baragouiner (un idioma).

chamullo m. POP. Bavardage (charla).

chamuscar v. tr. Flamber (pasar por la llama). ‖ Roussir (quemar ligeramente).

chamusquina f. Action de flamber o de roussir. ‖ Roussi, m. (olor a quemado). ‖ FIG. y FAM. Bagarre (pelea). ‖ FIG. y FAM. Oler a chamusquina, sentir le roussi o le brûlé (tener mal aspecto), sentir le fagot (un hereje).

chamuyo m. Amer. Sorte d'argot ou de parler populaire en Argentine.

chancaca f. Amer. Cassonade (azúcar).

chancadora f. Concasseur, m. (de minerales).

chancar v. tr. Broyer (triturar). ‖ Concasser (minerales).

chance m. Amer. Chance, f. (ocasión).

chancear v. intr. Plaisanter, blaguer.

chancero, ra adj. Blagueur, euse.

chanciller m. Chancelier (canciller).

chancillería f. Chancellerie.

chancla f. Savate (zapato viejo). ‖ Pantoufle (zapatilla) : en chanclas, en pantoufles.

chancleta f. Savate, babouche (babucha). ‖ En chancletas, en pantoufles. ‖ — FAM. Amer. Gosse, môme, petite fille.
— M. y f. FIG. y FAM. Savate, f. (inepto).

chancletear v. intr. Être en savates.

chancleteo m. Claquement des savates.

chanclo m. Socque (sandalia de madera). ‖ Caoutchouc (para la lluvia y el barro). ‖ Claque, f. (de un zapato).

chancro m. MED. Chancre.

chancha f. Amer. Truie (cerda). ‖ FIG. y FAM. Souillon (mujer sucia). ‖ Amer. Hacer la chancha, faire l'école buissonnière.

chanchada f. FAM. Amer. Vacherie, tour (m.) de cochon (acción sucia).

cháncharras máncharras f. pl. FAM. Détours, m., faux-fuyants, m. : no andemos en cháncharras máncharras, pas de faux-fuyants.

chanchería f. Amer. Charcuterie.

chanchero, ra m. y f. Amer. Charcutier, ère.

chanchi adv. FAM. Du tonnerre, formidable.

chancho, cha adj. Amer. Sale (sucio).
— M. Amer. Porc, cochon (puerco). ‖ Pièce (f.) bloquée, mat (en el ajedrez).

chanchullero, ra adj. y s. Intrigant, e.

chanchullo m. FAM. Affaire (f.) louche, tripotage, manigance, f. : andar en chanchullos, se livrer à des tripotages.

chandal m. Survêtement (en deporte).

chanelar v. intr. POP. Piger (comprender). ‖ Connaître (saber) : yo chanelo de esto, j'en connais un bout, je m'y connais.

chanfaina f. Ragoût (m.) de mou.

changa f. Amer. Plaisanterie (broma). ‖ Travail (m.) du portefaix.

changador m. Amer. Portefaix, porteur.

changango m. Amer. Guitare, f.

changar v. intr. Amer. Bricoler.

chango m. Amer. Singe.

changuear v. intr. Amer. Plaisanter (bromear).

changuero, ra adj. y s. Amer. Plaisantin, e; farceur, euse.

changüí m. FAM. Farce, f., blague, f. (broma). ‖ Dar changüí a uno, berner quelqu'un, faire une blague à quelqu'un.

chano, chano loc. adv. FAM. Piano, piano; tout doucement.

chanquete m. Petit poisson de la famille des athérinidés.

chantaje m. Chantage. ‖ — Hacer chantaje, faire du chantage. ‖ Hacer chantaje a uno, faire chanter quelqu'un.

chantajista m. y f. Maître (m.) chanteur.

chantre m. Chantre (eclesiástico).

chanza f. Plaisanterie (broma) : gastar chanzas, faire des plaisanteries. ‖ — FIG. Entre chanzas y veras, mi-figue, mi-raisin. ‖ Hablar de chanzas, parler pour rire.

chanzoneta f. FAM. Plaisanterie (chanza).

chañar m. Arbre d'Amérique méridionale.

¡chao! interj. FAM. Au revoir, salut (adiós).

chapa f. Plaque (de metal). ‖ Capsule, bouchon (m.) capsule (de una botella). ‖ Tôle : chapa ondulada, tôle ondulée. ‖ Plaque (de madera). ‖ Rougeur (f.) des joues (chapeta). ‖ FIG. y FAM. Jugeote, bon sens, m. (formalidad). ‖ Amer. Serrure (cerradura). ‖ — Pl. Pile ou face, sing. (juego) : jugar a las chapas, jouer à pile ou face. ‖ Chapa de estarcir, pochoir.

chapadanza f. Amer. Plaisanterie (chanza).

chapado, da adj. TECN. Plaqué, e (cubierto con chapas) : reloj chapado de oro, montre en plaqué or. ‖ FIG. Chapado a la antigua, vieux jeu.
— M. Tôlage (metal).

chapalear v. intr. Barboter, patauger.

chapaleo m. Barbotage (chapoteo).

chapaleta f. Clapet, m., soupape (válvula).

chapaleteo m. Clapotement, clapotis.

chapapote m. Amer. Asphalte, bitume.

chapar v. tr. TECN. Plaquer (chapear). ‖ FIG. Lâcher, sortir (encajar) : le chapó un insulto, il lui a lâché une injure.

chaparra f. Yeuse (coscoja).

chaparrada f. Averse (lluvia).

chaparral m. Bosquet de chênes verts. ‖ Maquis (monte bajo).

chaparrazo m. Amer. Averse, f. (chaparrón).

chaparrear v. intr. Pleuvoir à verse.

chaparreras f. pl. Amer. Pantalon (m. sing.) de cuir fendu sur le côté.

chaparro m. Buisson d'yeuses (mata). ‖ FIG. Personne (f.) boulotte, pot à tabac (rechoncho).

chaparrón m. Averse, f. : cayó un chaparrón, il est tombé une averse. ‖ FIG. y FAM. Pluie (de injurias, etc.). ‖ Llover a chaparrones, pleuvoir à verse.

chape m. Amer. Natte, f., tresse, f. (trenza).

chapeado, da adj. Plaqué, e (con chapa). ‖ Amer. Riche (rico).
— M. TECN. Placage. ‖ Harnais garni de plaques d'argent (arreos).

chapear v. tr. Couvrir de plaques. ‖ Plaquer (guarnecer con chapas). ‖ Amer. Désherber, nettoyer [la terre].
— V. intr. Locher (la herradura).

chapeca f. o **chapecán** m. Amer. Tresse, f., natte, f. (trenza).

chapecar v. tr. Amer. Tresser (trenzar).

chapeleta f. TECN. Clapet, m.

chapeo m. Chapeau, couvre-chef (sombrero).

chapería f. TECN. Placage, m. (ebanistería).

chapeta f. Plaquette. ‖ FIG. Rougeur au visage (en las mejillas).

chapetón, ona adj. y s. *Amer.* Européen, Européenne nouvellement établis en Amérique. ‖ FIG. Novice, débutant, e (bisoño). ‖ — M. Averse, *f.* (chaparrón).

chapetonada f. Chapetonade, maladie contractée en Amérique par l'émigrant européen nouvellement arrivé (enfermedad). ‖ — FIG. *Amer.* Maladresse, manque (*m.*) d'expérience, pas (*m.*) de clerc.

chapetonear v. intr. *Amer.* Agir comme un novice.

chapín m. Claque, *f.* (calzado). ‖ Coffre (pez). ‖ *Amer.* Guatémaltèque (guatemalteco).

chapino, na adj. *Amer.* Qui se coupe *o* se donne des atteintes en marchant (un caballo).

chápiro m. FAM. *¡Por vida del chápiro* ou *del chápiro verde!, ¡Voto al chápiro!,* morbleu!, bon sang !

chapista m. Tôlier, ouvrier tôlier. ‖ *Taller de chapista,* tôlerie.

chapistería f. Tôlerie (taller). ‖ Tôlage (acción).

chapitel m. ARQ. Flèche, *f.* (de una torre). | Chapiteau (de columna). ‖ Chape, *f.* (de la brújula).

chapodar v. tr. AGRIC. Élaguer, ébrancher.

chapodo m. AGRIC. Élagage.

chapón m. Pâté (borrón).

chapopote m. *Amer.* Asphalte, bitume.

chapotear v. tr. Mouiller, humecter avec une éponge (mojar).
  — V. intr. FAM. Barboter, patauger, patouiller.

chapoteo m. Barbotage (del agua).

chapuceado, da adj. Bâclé, e ; saboté, e (frangollado).

chapucear v. tr. Bâcler, saboter (hacer muy de prisa y mal). ‖ *Amer.* Tromper (engañar).

chapuceramente adv. Grossièrement.

chapucería f. Bâclage, *m.*, sabotage, *m.* (acción de hacer mal un trabajo). ‖ Rafistolage, *m.* (arreglo rápido). ‖ Bricolage, *m. : esta reparación es una chapucería,* cette réparation c'est du bricolage. ‖ Camelote (obra mal hecha) : *este mueble es una chapucería,* ce meuble c'est de la camelote.

chapucero, ra adj. Bâclé, e : *un trabajo chapucero,* un travail bâclé.
  — M. y f. Bâcleur, euse ; bricoleur, euse (frangollón). ‖ — M. Taillandier (herrero).

chapulín m. *Amer.* Sauterelle, *f.* (saltamontes).

chapurrar o **chapurrear** v. tr. Baragouiner, écorcher (hablar mal un idioma) : *chapurrear el francés,* baragouiner le français. ‖ FAM. Mélanger [des liqueurs].

chapurreo m. Baragouinage.

chapuz m. o **chapuza** f. Bricole, *f.* (obra de poca monta). ‖ Bousillage, *m.*, bâclage, *m.* (acción de hacer mal un trabajo). ‖ Rafistolage, *m.* replâtrage, *m.* (arreglo rápido). ‖ Plongeon, *m.* (zambullida).

chapuzar v. tr. e intr. Plonger.
  — V. pr. Se baigner.

chapuzón m. Plongeon. ‖ FAM. *Darse un chapuzón,* faire trempette.

chaqué o **chaquet** m. Jaquette, *f.*
  — OBSERV. La forme *chaqué* est la plus courante et fait *chaqués* au pluriel.

chaquense o **chaqueño, ña** adj. y s. Du Chaco.

chaqueta f. Veston, *m.*, veste : *con chaqueta, en veston.* ‖ — FAM. *Cambiarse la chaqueta,* retourner sa veste, tourner casaque. | *Ser más vago que la chaqueta de un guardia,* avoir un poil dans la main.

chaquete m. Jacquet (juego).

chaquetear v. intr. FIG. Retourner sa veste, tourner casaque, virer de bord (cambiar de opinión). | Fuir, s'échapper (huir). | Se dégonfler, revenir sur sa décision (rajarse).

chaqueteo m. FIG. Fuite, *f.* (huida). | Retournement, changement (cambio).

chaquetilla f. Veste courte (de los toreros, camareros). ‖ Boléro, *m.* (para mujeres).

chaquetón m. Veste, *f.*, vareuse, *f.*

charada f. Charade.

charal m. Petit poisson du Mexique (pez). ‖ FIG. y FAM. *Estar hecho un charal,* être maigre comme un clou *o* comme un coucou.

charamusca f. *Amer.* Petit bois, *m.* (leña).

charanga f. Fanfare (orquesta). ‖ Bastringue, *m.* (baile, ruido).

charango m. *Amer.* Sorte de petite guitare, *f.*

charanguero m. Bousilleur, massacreur, bricoleur (chapucero). ‖ Colporteur (buhonero). ‖ Caboteur (barco).

charca f. Mare.

charco m. Flaque (*f.*) d'eau. ‖ FIG. y FAM. *Pasar el charco,* traverser la mare aux harengs [océan Atlantique].

charcutería f. Charcuterie.

charla f. FAM. Bavardage, *m.* (conversación). ‖ Causerie (disertación). ‖ ZOOL. Drenne, draine (cagaaceite).

charlador, ra adj. y s. FAM. Bavard, e.

charladuría f. Bavardage, *m.*

charlar v. intr. FAM. Bavarder, causer (hablar mucho). ‖ FAM. *Charlar por los codos,* jaser comme une pie.
  — SINÓN. *Charlotear, charlatanear, parlotear, cascar,* bavarder, papoter. *Cuchichear,* chuchoter. *Cotorrear, jaser. Rajar,* jacasser.

charlatán, ana adj. y s. ● Bavard, e. ‖ — M. Charlatan (curandero). ‖ Camelot (vendedor ambulante).
  — SINÓN. ● *Parlanchín,* bavard. *Conversador,* causeur. *Bachiller,* phraseur. *Fam. Cotorra,* perroquet, perruche.

charlatanear v. intr. Bavarder, papoter (fam.).

charlatanería f. Charlatanerie (modales de charlatán). ‖ Verbosité (locuacidad).

charlatanismo m. Charlatanisme.
  — SINÓN. *Charlatanería,* verbosité, charlatanerie. *Palabreo,* bavardage. *Faramalla,* boniment.

charlista m. y f. Conférencier, ère.

charlotear v. intr. FAM. Bavarder, papoter.

charloteo m. FAM. Bavardage, papotage. ‖ FAM. *Gustarle mucho a uno el charloteo,* avoir une fière tapette.

charneca f. BOT. Lentisque, *m.* (lentisco).

charnela o **charneta** f. Charnière (bisagra). ‖ ZOOL. Charnière (de algunos moluscos).

charol m. Vernis noir, *f.* Vernis (cuero barnizado) : *zapatos de charol,* souliers vernis. ‖ *Amer.* Plateau [de bois verni ou laqué].

charola f. *Amer.* Plateau, *m.* (bandeja). ‖ — Pl. FAM. *Amer.* Gros yeux, *m.*

charolado, da adj. Verni, e (barnizado). ‖ Brillant, e (lustroso).

charolar v. tr. Vernir [le cuir].

charque m. *Amer.* Viande (*f.*) boucanée (tasajo).

charqueada f. *Amer.* Boucanage, *m.*

charquear v. tr. *Amer.* Boucaner (la carne). ‖ Couper [des fruits] en tranches (en vue de leur conservation). ‖ FIG. Larder [quelqu'un] de coups de couteau.

charqueo m. *Amer.* Boucanage.

charqui m. *Amer.* Viande (*f.*) boucanée (tasajo). ‖ Fruits (*pl.*) séchés en tranches (fruta seca).

charquicán m. *Amer.* Ragoût à base de viande boucanée.

charrada f. Balourdise (torpeza). ‖ Danse paysanne du charro (baile). ‖ FIG. Ornement (*m.*) de mauvais goût (adorno tosco).

charrán m. Mufle, voyou (patán).

charranada f. Muflerie (grosería). ‖ Mauvais tour, *m.*

charranear v. intr. Se conduire comme un mufle *o* un voyou.

charranería f. Muflerie.

charretera f. MIL. Épaulette (insignia militar).

charro, ra adj. y s. Paysan, paysanne de Salamanque (de Salamanca). ‖ — M. *Amer.* Cavalier mexicain. | Chapeau à larges bords (sombrero). ‖ — Adj. FIG. y FAM. Balourd, e ; rustre (rústico). | Rococo, de mauvais goût (de mal gusto). |

— OBSERV. Le *charro*, avec son chapeau à larges bords et son costume richement orné, est le représentant du paysan mexicain, brillant cavalier, héritier des traditions de son pays.

¡chas! interj. Crac !

chasca f. Bourrée, brindilles, *pl.* (leña).

chascar v. intr. Craquer (la madera). ‖ Claquer (el látigo, la lengua). ‖ Croquer (un manjar duro).

chascarrillo m. Histoire (*f.*) drôle, plaisanterie, *f.*

chascás m. MIL. Chapska (casco).

chasco m. Niche, *f.,* tour (broma o engaño) : *dar un chasco a uno,* jouer un tour *o* faire une niche à quelqu'un. ‖ FIG. Fiasco, échec (fracaso). | Déception, *f.* désillusion, *f.* (desengaño) : *llevarse un chasco,* avoir une déception.

chasis m. Châssis. ‖ FIG. y FAM. *Quedarse en el chasis,* ne plus avoir que la peau et les os.

chasponazo m. Éraflure, *f.* (roce de un proyectil).

chasquear v. tr. Jouer des tours, faire des niches. ‖ Duper, tromper (engañar). ‖ Faire claquer (el látigo). ‖ — V. intr. Craquer (la madera). ‖ Claquer (el látigo, la lengua). ‖ — V. pr. Avoir une déception (sufrir un desengaño). ‖ Essuyer un échec (fracasar).

chasqui m. *Amer.* Courrier, messager indien.

chasquido m. Craquement (de la madera). ‖ Crachement (de una ametralladora). ‖ Claquement (del látigo, de la lengua). ‖ Bang, détonation, *f.* (de aviones y proyectiles).

chata f. Chaland, *m.* (barco). ‖ Urinal, *m.,* bassin, *m.* (orinal). ‖ Truc, *m.,* truck, *m.,* wagon (*m.*) plat (vagón).

chatarra f. Ferraille (hierro viejo). ‖ Pl. FAM. Ferblanterie, *sing.* (condecoraciones).

chatarrero m. Ferrailleur.

chatasca f. *Amer.* Ragoût (*m.*) à base de viande boucanée.

chatear v. intr. FAM. Prendre quelques verres.

chateo m. FAM. Action (*f.*) de prendre quelques verres *o* de faire la tournée des bistrots.

chato, ta adj. Camus, e ; aplati, e : *nariz chata,* nez aplati. ‖ FIG. Plat, e ; aplati, e (cosa) : *barco chato,* bateau plat. ‖ *Amer.* Pauvre, insignifiant, e. ‖ — FAM. *Chata mía,* mon chou. | *Dejar chato,* en boucher un coin. | *Quedarse chato,* rester baba *o* ahuri. ‖ — M. FAM. Verre : *chato de vino,* verre de vin.

chatón m. Chaton (de anillo).

chatre adj. *Amer.* Fringant, e ; élégant, e.

¡chau! interj. FAM. *Amer.* Au revoir !, salut !

chaucha adj. *Amer.* Miteux, euse ; pauvre (deslucido). ‖ — F. *Amer.* Petite monnaie (moneda). | Haricot (*m.*) vert (judía verde). ‖ *Amer. Pelar la chaucha,* tirer le couteau, jouer du couteau.

chauffeur m. V. CHÓFER.

chauvinismo m. Chauvinisme (patriotería).

chauvinista adj. y s. Chauvin, e (patriotero).

chaval, la m. y f. FAM. Gamin, e ; gosse, gars, *m.*

chavalería f. FAM. Marmaille, les mioches, *m. pl.*

chavea m. POP. Gamin, mioche, gars, gosse.

chaveta f. TECN. Clavette, goupille fendue (hendida). ‖ FIG. y FAM. *Estar chaveta,* être cinglé *o* piqué. | *Perder la chaveta,* perdre la boule.

chavo m. FAM. Ancienne monnaie, *f.* (ochavo). ‖ *No tener un chavo,* ne pas avoir un sou *o* un liard.

chavó m. POP. Gamin (chaval).

chayote m. BOT. Chayote (fruto y planta).

chayotera f. BOT. Chayote, *m.* (planta).

che f. Nom de la lettre *ch.* ‖ — Interj. Eh !, tiens !

checo, ca adj. y s. Tchèque, tchécoslovaque.

checoslovaco, ca adj. y s. Tchécoslovaque.

Checoslovaquia n. pr. f. GEOGR. Tchécoslovaquie.

chécheres m. pl. *Amer.* Trucs.

cheira f. Tranchet, *m.* (chaira).

chele adj. y s. *Amer.* Blond, e. | — M. Chassie, *f.* (legaña).

chelín m. Shilling (moneda inglesa).

Chelito *o* **Chelo** n. pr. f. FAM. Diminutif de *Consuelo.*

chelo, la adj. y s. *Amer.* Blond, e (rubio).

chepa f. FAM. Bosse (joroba).

cheque m. Chèque : *extender un cheque,* faire un chèque. ‖ — *Cheque al portador,* chèque au porteur. ‖ *Cheque cruzado,* chèque barré. ‖ *Cheque de viaje* ou *de viajero,* chèque de voyage. ‖ *Cheque nominativo,* chèque nominatif *o* à ordre. ‖ *Cheque sin fondos,* chèque sans provision. ‖ *Talonario de cheques,* carnet de chèques, chéquier.

chequear v. tr. *Amer.* Établir *o* faire un chèque. | Contrôler, vérifier. ‖ MED. Faire un bilan de santé à. | Comparer (cotejar).

chequeo m. Bilan de santé (examen médico). ‖ Contrôle, vérification, *f.* ‖ Comparaison, *f.*

Cherburgo n. pr. GEOGR. Cherbourg.

cherva f. Ricin, *m.*

cheurón o **cheurrón** m. BLAS. Chevron. ‖ ARQ. Chevron (adorno).

cheuronado, da adj. BLAS. Chevronné, e.

cheviot m. Cheviotte, *f.* (tejido).

chía f. Manteau (*m.*) de deuil. ‖ FIG. y FAM. *Amer.* Discorde, zizanie : *meter chía,* semer la zizanie *o* la discorde.

chibalete m. IMPR. Chevalet.

chibcha adj. y s. Chibcha.

chibola f. *Amer.* Bosse (chichón).

chibuquí m. Chibouque, *f.,* chibouk, *m.* (pipa).

chic m. Chic (distinción).

chica f. Fille, jeune fille (muchacha). ‖ Bonne (criada) : *chica para todo,* bonne à tout faire. ‖ Petite bouteille (botella). ‖ *Amer.* Mesure de capacité pour le pulque (medida). | Danse exotique des Noirs (baile).

chicada f. Gaminerie.

chicana f. *Amer.* Chicane, chicanerie.

— OBSERV. Ce mot est un gallicisme.

chicanear v. tr. e intr. *Amer.* Chicaner.

— OBSERV. Ce verbe est un gallicisme.

chicanero, ra adj. y s. *Amer.* Chicaneur, euse ; chicanier, ère.

— OBSERV. Ce mot est un gallicisme.

chicano m. Mexicain résidant aux États-Unis.

chicar v. tr. Chiquer (mascar tabaco).

chicarrón, ona m. y f. FAM. Grand garçon, grande fille.

chicle m. Chewing-gum, gomme (*f.*) à mâcher (goma de mascar). ‖ *Amer.* Résine (*f.*) du sapotier, chiclé (resina). | Crasse, *f.,* saleté, *f.* (suciedad).

chiclear v. intr. *Amer.* Mâcher de la gomme, mastiquer (mascar).

chicler m. Gicleur (del carburador).

chico, ca adj. Petit, e : *un libro muy chico,* un livre très petit. ‖ *Una perra chica,* un petit sou. ‖ — M. y f. Garçon, fille : *un buen chico,* un bon garçon ; *una chica guapa,* une jolie fille. ‖ — M. Enfant : *dar la merienda a los chicos,* donner le goûter aux enfants. ‖ Mesure (*f.*) de capacité. ‖ — F. FAM. Petit sou, *m.* (moneda). ‖ — *Chico con grande,* l'un dans l'autre : *a diez pesetas la* *docena, chico con grande,* à dix pesetas la douzaine, l'un dans l'autre. ‖ *¡Oye, chico!,* écoute, mon vieux!

chicolear v. intr. FAM. Conter fleurette, flirter. — V. pr. FAM. *Amer.* S'amuser.

chicoleo m. FAM. Propos (*pl.*) galants, compliments, *pl.* (requiebro) : *decir chicoleos,* faire des compliments.

chicoria f. BOT. Chicorée.

chicotazo m. Jet (chorro). ‖ *Amer.* Coup de fouet.

chicote, ta m. y f. FAM. Grand garçon, grande fille. ‖ — M. MAR. Extrémité (*f.*) de cordage (de cuerda). ‖ FIG. y FAM. Bout d'un cigare (cigarro). ‖ *Amer.* Fouet (látigo).

chicotear v. tr. *Amer.* Fouetter (azotar).

chicozapote m. BOT. Sapotier (zapote)

chicuelo, la adj. Tout petit, toute petite. — M. y f. Gamin, e; gosse.

chicha adj. f. MAR. *Calma chicha,* calme plat.

chicha f. Chicha (bebida alcohólica). ‖ FAM. Viande [dans le langage des enfants]. ‖ — FIG. y FAM. *De chicha y nabo,* à la noix, à la gomme, de rien du tout, quelconque. ‖ *Hacer economías de chicha y nabo,* faire des économies de bouts de chandelle. ‖ *No ser ni chicha ni limonada,* n'être ni chair ni poisson. ‖ *Tener pocas chichas,* n'avoir que la peau sur les os (flaco), manquer de ressort, ne pas avoir de nerf (pocas fuerzas).

chicharo m. Petit pois.

chicharra f. ZOOL. Cigale (cigarra). ‖ FAM. *Hablar como una chicharra,* jaser comme une pie.

chicharrero m. FAM. Four, étuve, *f.* (sitio muy caluroso).

chicharro m. Saurel, chinchard (jurel).

chicharrón m. FIG. Viande (*f.*) carbonisée. ‖ Pruneau (persona tostada). ‖ — Pl. Rillons.

chiche m. FAM. *Amer.* Babiole, *f.* (chuchería). ‖ Joujou (juguete). ‖ Bijou (joya). ‖ Téton (pecho). ‖ Nourrice, *f.,* nounou (nodriza).

chichear v. intr. y tr. Siffler (sisear).

chicheo m. Sifflet.

chichería f. *Amer.* Débit (*m.*) de chicha.

chichi f. FAM. *Amer.* Téton, m.

chichimeca o **chichimeco, ca** adj. y s. Chichimèque.

chichinabo (de) loc. adv. V. CHICHA.

chichisbeo m. Sigisbée.

chicholo m. *Amer.* Pâte (*f.*) de fruit enveloppée dans une feuille de maïs.

chichón m. Bosse, *f.* [à la tête].

chichonear v. tr. FAM. *Amer.* Blaguer.

chichonera f. Bourrelet, *m.* (de niño). ‖ Casque, *m.* (de paracaidista).

chifarrada f. Blessure (herida).

chifla f. Sifflement, *m.* (silbido). ‖ Sifflet, *m.* (silbato, pito). ‖ Doloir, *m.* (para adelgazar las pieles).

chifladera f. Sifflet, *m.* (silbato).

chiflado, da adj. y s. FAM. Toqué, e; piqué, e; cinglé, e; maboul, e (locuelo). ‖ — *Estar chiflado,* être cinglé, travailler du chapeau. ‖ *Estar chiflado por,* raffoler de : *estar chiflado por la música,* raffoler de la musique. ‖ — M. Mordu : *los chiflados del fútbol,* les mordus du football.

chifladura f. Sifflement, *m.* (silbido). ‖ FAM. Manie, toquade, dada, *m.*

chiflar v. intr. Siffler (silbar). — V. tr. Siffler (a un actor). ‖ FAM. Siffler, lamper (vino, etc.). ‖ — *Cazar es lo que le chifla,* chasser, c'est son dada o il adore chasser. ‖ *Esto me chifla,* j'adore ça. — V. pr. Avoir une toquade pour, se toquer de (de una persona), aimer à la folie, raffoler de (una cosa) : *chiflarse por una actriz,* se toquer d'une actrice, *chiflarse por el cine,* raffoler du cinéma.

chiflato m. Sifflet (silbato).

chifle m. Sifflet (silbato). ‖ Appeau (reclamo). ‖ Sorte de poire (*f.*) à poudre (para la pólvora).

chiflete m. Sifflet (silbato).

chiflido m. Coup de sifflet (con silbato). ‖ Sifflement (con la boca).

chiflo m. Sifflet (silbato).

chiflón m. Vent coulis, courant d'air (viento). ‖ *Amer.* Cascade, *f.* (cascada). ‖ Canal d'évacuation (canal). ‖ Éboulement (derrumbe).

chigre m. MAR. Winch, treuil.

chiíta adj. y s. Chiite.

chilaba f. Djellaba.

chilacayote m. BOT. Chayote (cidra cayote).

chilar m. *Amer.* Champ de piments.

chile m. Piment.

Chile n. pr. m. GEOGR. Chili.

chilenismo m. Mot o tournure (*f.*) propres aux Chiliens.

chilenista m. y f. Personne qui s'occupe d'études chiliennes.

chilenizar v. tr. Donner le caractère chilien à.

chileno, na adj. y s. Chilien, enne.

chilindrina f. FAM. Vétille, bagatelle (cosa insignificante). ‖ Anecdote, histoire drôle, plaisanterie (anécdota). ‖ Bon mot, *m.,* boutade (chiste).

chilindrinero, ra adj. y s. FAM. Rigolo, ote.

chilindrón m. Nain jaune (juego). ‖ CULIN. *Pollo al chilindrón,* poulet basquaise.

chilmole m. *Amer.* Sauce (*f.*) à base de piment.

chiltepe o **chiltipiquín** m. *Amer.* Piment (ají).

chilla f. Appeau, *m.* (reclamo para la caza). ‖ Volige (tabla). ‖ *Amer.* Poil (*m.*) long et souple (pelo). ‖ Duvet, *m.* (de las plantas).

chillado m. Voligeage, toit de voliges (techo).

chillador, ra adj. y s. Criard, e (personas). ‖ — Adj. Glapissant, e (animales).

chillar v. intr. Crier, pousser des cris, glapir (fam.) : *el niño no para de chillar,* l'enfant n'arrête pas de crier. ‖ Glapir (ciertos animales). ‖ Grincer (chirriar) : *la puerta chilla,* la porte grince. ‖ FIG. Être criarde (un color), jurer, crier (detonar varios colores). ‖ *Amer.* Protester, crier (protestar). ‖ *Fue chillado por el público,* il fut sifflé par le public. — V. pr. *Amer.* Se fâcher, s'irriter (enojarse).

chillería f. Criaillerie, clabaudage, *m.* (p. us.). ‖ Remontrance (regaño). ‖ *Echar una chillería a uno,* faire une remontrance à quelqu'un, crier après quelqu'un.

chillido m. Cri perçant (grito). ‖ Glapissement (de un animal). ‖ Grincement : *el chillido de una rueda,* le grincement d'une roue.

chillo m. Appeau (reclamo).

chillón, ona adj. y s. ● Criard, e; braillard, e : *un niño chillón,* un enfant braillard. ‖ FIG. Criard, e (color, sonido). ‖ *Una voz chillona,* une voix pointue o perçante o criarde. ‖ — M. TECN. Pointe, *f.* (clavo). — SINÓN. ● *Agudo,* aigu. *Penetrante,* perçant. *Estridente,* strident. *Vocinglero,* glapissant.

chimar v. tr. *Amer.* Ennuyer, importuner, agacer (fastidiar). — V. pr. *Amer.* Se blesser (lastimarse).

chimba f. *Amer.* Rive opposée (orilla). ‖ Bas quartier (*m.*) d'une ville. ‖ Gué, *m.* (vado).

chimbar v. tr. *Amer.* Traverser à gué (vadear).

chimenea f. Cheminée : *chimenea francesa, de campana,* cheminée d'appartement, à hotte. ‖ MIN. Cheminée. ‖ — *Chimenea de paracaídas,* trou d'air de parachute. ‖ *Chimenea de tiro,* cheminée d'appel. ‖ *Chimenea estufa,* cheminée à la prussienne. ‖ *Chimenea volcánica,* cheminée volcanique.

chimiscolear v. intr. *Amer.* Flâner (vagar). ‖ Cancaner (chismear).

chimó m. *Amer.* Pâte (*f.*) de tabac et de natron que chiquent les Indiens.

chimpancé m. ZOOL. Chimpanzé.

china f. ● Petit caillou, *m.* (piedrecita). ‖ Chine, porcelaine de Chine (porcelana). ‖ Lampes, *m.,* tissu (*m.*) de Chine (tejido).‖ FIG. y FAM. Argent, *m.* (dinero). ‖ — *Echar algo a chinas,* tirer quelque chose à la courte paille. ‖ *Jugar a las chinas,* jouer aux petits cailloux. ‖ FIG. *Poner chinos a uno,* mettre des bâtons dans les roues de quelqu'un, tailler des croupières à quelqu'un. ‖ *Tocarle a uno la china,* être désigné par le sort.
— SINÓN. ● *Piedrecita,* caillou. *Piedra,* pierre. *Guijarro, canto rodado,* galet.

china f. *Amer.* V. CHINO, NA (2.ª art.).

China n. pr. f. GEOGR. Chine.

chinampa f. Chinampa, jardins (*m. pl.*) flottants [près de Mexico].

chinampero, ra adj. Cultivé dans les chinampas. — M. Cultivateur d'une chinampa.

chinarro m. Caillou (piedra).

chinazo m. Caillou (piedra). ‖ Coup donné avec un caillou (golpe).

chincaste m. *Amer.* Cassonade, *f.* (azúcar).

chincol o chincolito m. *Amer.* Fine (*f.*) à l'eau (agua con aguardiente).

chincual m. *Amer.* Rougeole, *f.* (sarampión).

chincha f. *Amer.* Punaise (chinche). ‖ Mofette, mouffette (mofeta).

chinchal m. *Amer.* Petite boutique, *f.,* échoppe, *f.* (tenducho).

chinchar v. tr. FAM. Enquiquiner, casser les pieds, empoisonner (molestar). ‖ Descendre, démolir (matar). ‖ FAM. *Chínchate o para que te chinches,* bisque, bisque rage, c'est bien fait pour toi!

chincharrero m. Nid de punaises (nido de chinches). ‖ *Amer.* Petit bateau de pêche (barco).

chinche f. ZOOL. Punaise. ‖ Punaise (clavito). ‖ — M. y f. FIG. y FAM. Enquiquineur, euse ; empoisonneur, euse (cargante). ‖ FIG. y FAM. *Morir como chinches,* tomber comme des mouches.

chinchel m. *Amer.* Gargote, *f.*

chincheta f. Punaise (clavito).

chinchibi m. *Amer.* Boisson (*f.*) fermentée au gingembre.

chinchilla f. Chinchilla, *m.* (animal y piel).

chinchín m. FAM. Flonflon : *el chinchín de la banda,* le flonflon de la fanfare. ‖ *Amer.* Bruine, *f.,* crachin (llovizna). ‖ Hochet (sonajero).

chinchona f. BOT. Quinquina, *m.*

chinchorrería f. FIG. y FAM. Ennui, *m.* (molestia). ‖ Impertinence. ‖ Cancan, *m.* (chisme).

chinchorrero, ra adj y s. Cancanier, ère (chismoso).

chinchorro m. MAR. Boulier, senne, *f.* (red). ‖ Youyou (bote).

chinchoso, sa adj. FIG. y FAM. Assommant, e ; enquiquinant, e ; empoisonnant, e (cargante). — M. y f. Enquiquineur, euse ; empoisonneur, euse.

chinchulines m. pl. *Amer.* Tripes (*f.*) de bœuf ou de mouton [que l'on mange grillées].

chiné adj. Chiné, e (de colores). — M. Tissu chiné (tejido).

chinear v. tr. *Amer.* Porter dans ses bras *o* sur le dos (llevar). ‖ Conter fleurette (requebrar). ‖ Gâter (mimar).

chinela f. Mule (zapatilla). ‖ Claque (chanclo).

chinería f. o **chinerío** m. *Amer.* Populace, *f.*

chinero m. Vaisselier (mueble).

chinesco, ca adj. Chinois, e : *sombras chinescas,* ombres chinoises. — M. MÚS. Chapeau chinois.

chinga f. ZOOL. *Amer.* Mofette, mouffette.

chingada o chingadura f. POP. Embêtement. ‖ *Amer.* Échec, *m.* (fracaso).

chingana f. *Amer.* Gargote (tabernucha). ‖ Fête populaire (fiesta).

chinganear v. intr. Faire la bringue.

chingar v. tr. POP. Picoler (beber mucho). ‖ Embêter, casser les pieds, empoisonner (molestar). ‖ *Amer.* Couper la queue (cortar el rabo). ‖ Plaisanter (bromear). — V. pr. FAM. Se formaliser, se fâcher (enfadarse). ‖ Se soûler (emborracharse). ‖ *Amer.* Échouer, ne pas réussir (fracasar). ‖ Rater (un cohete).

chingaste m. *Amer.* Lie, *f.,* dépôt (pozo).

chingo, ga adj. *Amer.* Petit, e (pequeño), court, e (corto). ‖ Sans queue (rabón). ‖ Épaté, e (chato) : *nariz chinga,* nez épaté.

chingolo m. ZOOL. *Amer.* Passereau chanteur américain (pájaro).

chinguirito m. *Amer.* Tafia (aguardiente).

chino, na adj. y s. Chinois, e (de China). ‖ — *Tinta china,* encre de Chine. ‖ — *Un cuento chino,* une histoire à dormir debout. ‖ — FAM. *A este le engañan como a un chino,* il avale tout ce qu'on lui dit. ‖ *Eso es chino para mí,* pour moi c'est de l'hébreu. ‖ *Trabajar como un chino,* travailler comme un Nègre.

chino, na adj. y s. *Amer.* Indien, enne (indio). ‖ Métis, isse (mestizo). ‖ Mulâtre, esse (mulato). ‖ Chéri, e. ‖ *Estar chino por,* être toqué de. ‖ *¿Somos chinos?,* pour qui me prenez-vous ? ‖ — Adj. *Amer.* En colère (airado). ‖ Crêpu, e (pelo). ‖ Jaunâtre (amarillento). ‖ — M. *Amer.* Gosse, gamin (niño). ‖ Domestique (criado). ‖ Bouclette, *f.* (rizo). ‖ — F. *Amer.* Campagnarde, fille de la campagne (campesina). ‖ Servante, domestique (criada). ‖ Compagne (compañera). ‖ Amie, amante (amante). ‖ Toupie (peonza).

chipa f. *Amer.* Corbeille à fruits (cesto). ‖ Tortillon, *m.* (rodete). ‖ FAM. Taule, tôle, bloc, *m.* (cárcel).

chipá m. *Amer.* Galette (*f.*) de maïs *o* de manioc.

chipaco m. *Amer.* Galette (*f.*) grossière.

chipe o chipén o chipendi (de) loc. adv. POP. Au poil, du tonnerre, formidable (de órdago). ‖ FAM. *La chipén,* la vérité.

chipichape m. FAM. Dispute, *f.* (zipizape).

chipichipi m. *Amer.* Bruine, *f.* (llovizna).

chipirón m. Calmar, encornet (calamar).

Chipre n. pr. GEOGR. Chypre.

chipriota o chipriote adj. y s. Chypriote, cypriote.

chiqueadores m. pl. *Amer.* Emplâtre (*sing.*) de papier graissé contre la migraine.

chiquear v. tr. *Amer.* Flatter, cajoler (mimar). — V. pr. *Amer.* Se dandiner (contonearse).

chiqueo m. *Amer.* Flatterie, *f.,* cajolerie, *f.*

chiquero m. *Amer.* Porcherie, *f.* (pocilga). ‖ TAUROM. Toril (toril). ‖ *Amer.* Étable (establo).

chiquichaque m. Scieur de long (aserrador).

chiquilicuatro m. FAM. Gringalet, freluquet (hombre pequeño).

chiquillada f. Gaminerie, enfantillage, *m.* (niñería). ‖ *Hacer chiquilladas,* faire l'enfant.

chiquillería f. Marmaille.

chiquillo, lla m. y f. Gamin, e ; gosse (rapaz). ‖ Marmot, *m.* (nene), bambin, e (niño).

chiquirritico, ca o chiquirritillo, lla o chiquirritito, ta adj. Tout petit, toute petite ; riquiqui.

chiquito, ta adj. y s. Tout petit, toute petite. ‖ FAM. *No andarse con chiquitas,* y aller carrément, ne pas y aller par quatre chemins (no vacilar), ne pas y aller de main morte, ne pas y aller avec le dos de la cuillère (no escatimar nada). ‖ — M. y f. Gosse. — M. Verre, petit verre (vaso de vino).

chiribita f. Étincelle (chispa). ‖ — Pl. Mouches volantes (de la vista). ‖ FIG. y FAM. *Echar chiribitas*, jeter feu et flammes, se fâcher tout rouge, être furibond.

chiribitil m. Galetas (desván). ‖ Cagibi (cuchitril).

chiricatana f. *Amer.* Poncho (*m.*) de laine épaisse.

chirigota f. FAM. Plaisanterie (chanza). | Blague (broma). ‖ FAM. *A chirigota*, à la rigolade : *tomar algo a chirigota*, prendre quelque chose à la rigolade.

chirigotero, ra adj. y s. Farceur, euse.

chirimbolo m. FAM. Machin, truc, chose, *f.* (chisme).

chirimía f. MÚS. Chalumeau, *m.*, flageolet, *m.*

chirimoya f. Annone réticulée, cachiman, *m.* (fruto).

chirimoyo m. Annone, *f.*, cachimantier (árbol).

chirinada f. *Amer.* Échec, *m.* (fracaso).

chirinola f. Jeu (*m.*) de quilles (juego). ‖ FIG. Bagatelle, vétille (cosa insignificante). ‖ *Estar de chirinola*, être de bonne humeur.

chiripa f. Raccroc, *m.* (en el billar). ‖ FIG. y FAM. Coup (*m.*) de veine, veine (suerte, azar). ‖ *De* ou *por chiripa* ou *por pura chiripa*, par miracle (de milagro), tout à fait par hasard (por casualidad).

chiripá m. *Amer.* Sorte de culotte (*f.*) de gaucho faite d'une couverture passée entre les jambes et fixée à la ceinture.

chiripear v. intr. Faire un raccroc.

chiripero m. Chanceux, celui qui gagne *o* réussit par hasard.

chirivía f. BOT. Panais, *m.* (pastinaca). ‖ ZOOL. Hochequeue, *m.*, bergeronnette (aguzanieves).

chirla f. Petite clovisse (almeja).

chirlar v. intr. FAM. Criailler, brailler.

chirlata f. FAM. Tripot, *m.* (garito).

chirle adj. FAM. Insipide, fade (insípido). — M. Fiente (*f.*) des moutons (sirle).

chirlo m. Balafre, *f.*, estafilade, *f.* (herida y cicatriz). ‖ *Amer.* Coup de fouet (latigazo).

chirola f. *Amer.* Menue monnaie.

chirona f. FAM. Tôle, violon, *m.*, bloc, *m.* : *meter en chirona*, mettre en tôle. ‖ FAM. *Estar en chirona*, être sous les verrous (*o* en tôle *o* au violon).

chirote m. FAM. *Amer.* Imbécile (tonto).

chirriador, ra o **chirriante** adj. Grinçant, e (que rechina). ‖ Pétillant, e ; crépitant, e (que restalla). | Piailleur, euse (pájaro). ‖ FIG. y FAM. Criard, e ; pointu, e ; perçant, e (voz).

chirriar v. intr. Grincer (las ruedas). ‖ Piailler (los pájaros). | FIG. y FAM. Chanter faux, brailler (cantar). | Brailler (gritar). ‖ *Amer.* Faire la noce (ir de juerga). | Grelotter (tiritar).

chirrido m. Cri (de los pájaros). ‖ Grincement (ruido desagradable) : *el chirrido de la puerta*, le grincement de la porte. ‖ Pétillement, crépitement (del fuego), grésillement (del aceite hirviendo). ‖ FIG. y FAM. Cri, braillement (berrido). ‖ *El chirrido del grillo*, le chant du grillon.

chirrión m. Tombereau (volquete), charrette, *f.* (carreta). ‖ *Amer.* Fouet de cuir (látigo).

chirumen m. FAM. Jugeote, *f.* (caletre).

chirusa o **chiruza** f. *Amer.* Femme très ordinaire (mujer).

¡chis! interj. Chut ! (chitón).

chiscarra f. Variété de calcaire tendre.

chischás m. Cliquetis (ruido de las espadas al entrechocarse).

chisgarabís m. FAM. Gringalet, freluquet (hombre pequeño). | Fouinard (entrometido).

chisguete m. FAM. Coup (trago) : *echar un chisguete*, boire un coup. | Jet, giclée, *f.* (chorro). ‖ *Amer.* Tube de caoutchouc (tubo).

chisguetear v. intr. Boire un coup (beber).

chisme m. Cancan, potin, commérage, ragot (hablilla) : *los vecinos andan siempre con chismes*, les voisins passent leur temps à faire des cancans. ‖ FAM. Babiole, *f.* (objeto sin importancia). | Machin, truc : *¡qué chisme tan raro!*, quel drôle de truc ! ‖ — *El cuarto de los chismes*, le débarras. ‖ *Meter, traer chismes*, cancaner, potiner.

chismear v. intr. Cancaner, potiner.

chismería f. Cancan, *m.*, potin, *m.*, ragot, *m.* (chisme).

chismero, ra adj. y s. Cancanier, ère.

chismografía f. FAM. Commérage, *m.*, cancan, *m.* (habladuría).

chismorrear v. intr. Cancaner, potiner, faire des potins (chismear).

chismorreo m. Commérage, cancan.

chismoso, sa adj. y s. Cancanier, ère.

chispa f. ● Étincelle : *chispa eléctrica, de ruptura*, étincelle électrique, de rupture ; *echar chispas*, jeter des étincelles. ‖ Étincelle, petit diamant, *m.* (diamante pequeño). ‖ Goutte, gouttelette (de lluvia). ‖ FIG. Lueur : *una chispa de inteligencia*, une lueur d'intelligence. | Brin, *m.*, miette (pedazo de una cosa) : *no sobró ni una chispa de pan*, il ne resta même pas une miette de pain. | Esprit, *m.* (viveza, ingenio) : *tener chispa*, avoir de l'esprit. ‖ FAM. Cuite (borrachera). ‖ *Amer.* Mensonge, *m.* (mentira). ‖ — *De chispa*, à pierre : *escopeta de chispa*, fusil à pierre ; *Ni chispa*, pas du tout : *no me gusta ni chispa*, ça ne me plaît pas du tout ; *esto no tiene ni chispa de gracia*, ce n'est pas drôle du tout. ‖ — *Echar chispas*, jeter des étincelles, être furibond. ‖ *Ser una chispa*, être vif comme la poudre. — Interj. Diable !
— SINÓN. ● *Rayo*, foudre. *Relámpago*, éclair. *Centella*, étincelle.

chisparse v. pr. FAM. Se soûler, s'enivrer (emborracharse).

chispazo m. Étincelle, *f.* : *le saltó un chispazo a la cara*, une étincelle lui sauta au visage. ‖ Brûlure, *f.* (quemadura). ‖ FAM. Cancan, potin (chisme). ‖ — FIG. *Chispazo de ingenio*, étincelle *o* éclair de génie.

chispeante adj. Étincelant, e (que echa chispas). ‖ Pétillant, e : *ojos chispeantes*, des yeux pétillants. ‖ FIG. Spirituel, elle (ingenioso), plein d'esprit, pétillant, e ; étincelant, e ; pétillant, e ; brillant, e (brillante). ‖ FIG. *Tener un ingenio chispeante*, pétiller d'esprit.

chispear v. intr. Étinceler (echar chispas). ‖ FIG. Pétiller : *chispear de alegría*, pétiller de joie. | Être brillant : *su discurso chispeó*, son discours a été brillant. | Pleuviner, tomber quelques gouttes (lloviznar).

chispero m. Taillandier (herrero de grueso). ‖ Forgeron (herrero). ‖ FIG. y FAM. Type populaire de Madrid du début du XIXe siècle.

chispo, pa adj. FAM. Gris, e ; éméché, e. — M. FAM. Coup (trago).

chispoleto, ta adj. Éveillé, e ; vif, vive, dégourdi, e (listo).

chisporroteante adj. Pétillant, e (fuego).

chisporrotear v. intr. Pétiller, crépiter : *el fuego chisporrotea*, le feu crépite. | Crépiter, grésiller (aceite). ‖ RAD. Cracher.

chisporroteo m. FAM. Pétillement, crépitement (de la leña). | Grésillement (del aceite). | RAD. Friture, *f.*, crachotement, crachement (ruido parásito).

chisquero m. Briquet à amadou.

¡chist! interj. Chut !

chistar v. intr. Parler, ouvrir la bouche : *no chistó mientras estuvimos allí*, pendant que nous étions là il n'a pas ouvert la bouche. ‖ — *Sin chistar*, sans répliquer, sans mot dire (sin contestar), sans broncher, sans mot dire, sans tiquer (sin protestar). ‖ Fam. *Sin chistar ni mistar,* sans dire un mot, sans ouvrir la bouche.

chiste m. Bon mot, plaisanterie, *f.* (agudeza). ‖ Histoire (*f.*) drôle, blague, *f.* (cuento gracioso) : *contar un chiste,* raconter une blague. ‖ Drôlerie, *f.,* chose (*f.*) drôle (gracia) : *no le veo el chiste a lo que ha dicho,* je ne vois pas ce qu'il y a de drôle dans ce qu'il a dit. ‖ — *Con chiste,* drôlement, spirituellement, avec esprit. ‖ *Sin chiste,* bêtement, sans esprit. ‖ — *Caer en el chiste,* comprendre, piger (fam.). ‖ *Hacer chiste de uno,* se moquer de quelqu'un, se payer la tête de quelqu'un. ‖ *Tener chiste,* être drôle.

chistera f. Panier (*m.*) de pêcheur (cesta de pescador). ‖ Fig. y Fam. Tube, *m.,* chapeau (*m.*) haut de forme, huit-reflets, *m.* (sombrero de copa). ‖ Chistera (para jugar a la pelota).

chistoso, sa adj. Spirituel, elle ; drôle (gracioso) : *una anécdota muy chistosa,* une anecdote très drôle. ‖ Blagueur, euse (bromista). ‖ — *Lo chistoso,* ce qu'il y a de curieux (extraño), ce qu'il y a de drôle *o* de piquant.

¡chit! interj. Chut !

chita f. Anat. Astragale, *m.* (hueso). ‖ Palet, *m.* (juego). ‖ Fig. y Fam. *A la chita callando,* à pas de loup, en tapinois : *me acerqué a él a la chita callando,* je me suis approché de lui à pas de loup ; en douce : *le hizo una mala jugada a la chita callando,* il lui a joué un mauvais tour en douce ; sans tambour ni trompette : *se marchó a la chita callando,* il est parti sans tambour ni trompette.

chiticalla m. y f. Personne très discrète.

chiticallando adv. Fam. À pas de loup, en tapinois, en douce (a la chita callando).

chito m. Bouchon, palet (juego).

¡chito! o **¡chitón!** interj. Fam. Chut !

chiva f. Chevrette (cabrita). ‖ *Amer.* Couverture (manta). ‖ Bouc, *m.* (perilla). ‖ Cuite (borrachera). ‖ Rage (berrinche).

chivar v. tr. Pop. Casser les pieds (fastidiar). — V. pr. Fam. S'embêter. ‖ Rapporter, cafarder (soplonear), moucharder (delatar). ‖ *Amer.* Se mettre en colère (enfadarse).

chivata f. Bâton (*m.*) de berger.

chivatazo m. Fam. Mouchardage. ‖ Fam. *Dar el chivatazo,* moucharder.

chivatear v. intr. Fam. Rapporter, cafarder (soplonear), moucharder (delatar). ‖ *Amer.* Pousser des cris, hurler (gritar).

chiveteo m. Fam. Mouchardage, cafardage.

chivato m. Chevreau (chivo).

chivato, ta m. y f. Fam. Donneur, euse (delator). ‖ Rapporteur, euse ; cafard, e (acusica). ‖ — M. Mouton (soplón). ‖ Voyant (indicador).

chivo, va m. y f. Chevreau, *m.,* chevrette, *f.,* cabri, *m.* (cría de la cabra). ‖ Fig. *Chivo expiatorio,* bouc émissaire.

chocante adj. Choquant, e : *unas costumbres chocantes,* des mœurs choquantes. ‖ Désagréable : *voz chocante,* voix désagréable.

chocar v. intr. ● Heurter, choquer (p. us.) : *chocó el coche con o contra la farola,* l'auto heurta le réverbère. ‖ Entrer en collision : *chocaron dos trenes,* deux trains sont entrés en collision. ‖ Fig. Choquer : *me chocó mucho su contestación,* sa réponse m'a beaucoup choqué. ‖ Se battre (pelear) : *los ejércitos chocaron en esta ciudad,* les armées se sont battues dans cette ville. ‖ Fam. Toper, toucher (la mano) : *¡chócala!,* tope là, touche là. ‖ — *Coches que chocan,* autos tamponneuses. ‖ *Chocar de frente,* heurter de plein fouet.

— Sinón. ● *Golpear,* cogner. *Percutir,* percuter. *Topar,* heurter. *Tropezar,* achopper.

chocarrear v. intr. Plaisanter lourdement, dire des blagues *o* des gaudrioles, faire de grosses plaisanteries.

chocarrería f. Grosse blague, grosse plaisanterie, gaudriole, turlupinade (p. us.).

chocarrero, ra adj. Grossier, ère ; égrillard, e. — M. y f. Plaisantin, *m.,* blagueur, euse.

choclo m. Socque (chanclo). ‖ *Amer.* Épi de maïs très tendre (maíz). ‖ Aliment à base de maïs tendre (alimento). ‖ Fam. Corvée, *f.,* ennui (carga). ‖ Fam. *Amer. ¡Qué choclo!,* quelle barbe !

choclón m. Passage de la boule sous l'arceau au croquet. ‖ *Amer.* Réunion (*f.*) politique, meeting.

choco m. Petite seiche, *f.* (jibia pequeña). ‖ *Amer.* Barbet (perro de aguas). ‖ Moignon (muñón).

choco, ca adj. y s. *Amer.* Mutilé, e (mutilado).

chocolate m. Chocolat : *pastilla de chocolate,* barre o tablette de chocolat ; *jícara de chocolate,* tasse de chocolat. ‖ — *Chocolate a la taza, para crudo,* chocolat à cuire, à croquer. ‖ Fig. *Economías del chocolate del loro,* économies de bouts de chandelle. ‖ Fam. *Las cosas claras y el chocolate espeso,* soyons clairs. ‖ *Amer.* Sacar chocolate, faire saigner du nez. — Adj. Chocolat, inv. (color).

chocolatera f. Chocolatière. ‖ Fam. Tacot, *m.* (automóvil). ‖ Sabot, *m.* (barco).

chocolatería f. Chocolaterie.

chocolatero, ra adj. y s. Amateur de chocolat. ‖ — M. y f. Chocolatier, ère (fabricante).

chocolatín m. o **chocolatina** f. Tablette (*f.*) de chocolat, barre (*f.*) de chocolat (alargado), chocolat, *m.* croquette, *f.* (redondo).

chocha o **chochaperdiz** f. Zool. Bécasse (ave).

chochar v. intr. *Amer.* Radoter.

chochear v. intr. Radoter (repetir la misma cosa). ‖ Radoter, devenir gâteux, retomber en enfance (un anciano). ‖ Fig. y Fam. Perdre la tête : *el amor hace chochear con frecuencia a los hombres,* l'amour fait souvent perdre la tête aux hommes.

chochera o **chochez** f. Radotage, *m.* (repetición). ‖ Gâtisme, *m.* (calidad de chocho). ‖ Fam. Toquade.

chocho m. Graine (*f.*) comestible du lupin (altramuz). ‖ Sucrerie (*f.*) à la cannelle (confite). ‖ Sucrerie, *f.,* bonbon (golosina).

chocho, cha adj. Radoteur, euse (que chochea). ‖ Gâteux, euse ; gaga (fam.) : *viejo chocho,* vieux gâteux. ‖ *Estar chocho por,* être toqué de, raffoler de.

chochocol m. *Amer.* Cruche, *f.* (cántaro), jarre, *f.* (tinaja).

chofe m. Mou (bofe).

chófer m. Chauffeur.

chofeta f. Chaufferette.

chola f. Fam. V. cholla.

cholada f. o **cholerío** m. *Amer.* Groupe (*m.*) o foule (*f.*) de métis.

cholo, la adj. *Amer.* Métis, isse (mestizo). ‖ — M. y f. *Amer.* Indien civilisé, Indienne civilisée. ‖ Homme, femme du peuple (plebeyo).

cholla f. Fam. Cafetière, coloquinte, caillou, *m.,* caboche (cabeza). ‖ Pop. *No le queda un solo pelo en la cholla,* il n'a plus un seul poil sur le caillou.

chollar v. tr. *Amer.* Blesser (herir).

chollo m. Fam. Aubaine, *f.,* fromage, sinécure, *f.* (ganga). ‖ Veine, *f.,* chance, *f.* (suerte).

chonchón m. *Amer.* Sorte de cerf-volant (cometa). ‖ Oiseau de mauvais augure (ave fatídica). ‖ Vilain oiseau (persona despreciable).

chongo m. *Amer.* Boucle, *f.* (rizo). ‖ Chignon (moño). ‖ Sucrerie (*f.*) au lait et au miel (dulce). ‖ Plaisanterie, *f.* (broma).

chonguear v. intr. *Amer.* Plaisanter, blaguer.

chonta f. *Amer.* Palmier (*m.*) à bois très dur (palmera). | Serpent (*m.*) de couleur noire (serpiente).

chontal adj. *Amer.* Rustre.

chopa f. MAR. Dunette.

chopazo m. Coup de poing (puñetazo).

chope m. *Amer.* Sorte de houe (azadón). | Coup de poing (puñetazo).

chopera f. Peupleraie.

chopo m. BOT. Peuplier noir (álamo). || FAM. Flingue, flingot (fusil).

choque m. Choc (golpe). || MED. Choc : *choque operatorio*, choc opératoire. || FIG. Heurt (oposición). || Tamponnement (entre dos trenes). || Collision, *f.* (colisión). || — *Choque de frente*, télescopage. || *Choque de rechazo*, choc en retour. || *Precio de choque*, prix choc.

choquezuela f. Rotule (du genou).

chorear v. intr. FAM. *Amer.* Bougonner, râler.

choricería f. Charcuterie (salchichería).

choricero, ra m. y f. Charcutier, ère.

chorizo m. Saucisson au piment, « chorizo ». || POP. Filou (ladrón). || Balancier (balancín). || *Amer.* Faux filet (lomo). | Torchis (para revocar). | Andouille, *f.* (mentecato).

chorlito m. ZOOL. Chevalier (pájaro). || — FIG. y FAM. *Cabeza de chorlito*, tête de linotte. || *Chorlito de collar*, pluvier à collier. || *Chorlito real*, pluvier, courlis.

chorlo m. Tourmaline (turmalina).

chorote m. *Amer.* Chocolatière, *f.* (chocolatera). | Chocolat (chocolate).

choroy m. *Amer.* Espèce de perruche (cotorra).

chorra f. POP. Pot, *m.* (suerte). || POP. *Tener mucha chorra*, avoir du pot.

chorrada f. Bonne mesure (dans la vente des liquides). || FAM. Bêtise : *soltar chorradas*, débiter des bêtises.

chorreado, da adj. À pelage rayé (animal). || *Amer.* Sale, taché, e (sucio).

chorreadura f. Écoulement, *m.* (chorreo). || Tache [faite par un liquide.]

chorrear v. intr. Couler : *líquido que chorrea*, liquide qui coule. || Dégoutter, dégouliner (gotear) : *la ropa está chorreando*, le linge dégouline. || FIG. Couler à flots : *el dinero chorrea en esta casa*, l'argent coule à flots dans cette maison. || FAM. *Estar chorreando*, être trempé.
— V. tr. Verser, faire couler : *chorrear agua por el suelo*, verser de l'eau par terre. || Ruisseler, dégouliner : *el cuerpo chorreando sudor*, le corps ruisselant de sueur. || FIG. *Esto chorrea sangre*, c'est une injustice flagrante.
— V. pr. FAM. *Amer.* Barboter, s'approprier : *chorrearse algo*, barboter quelque chose.

chorreo m. Écoulement : *el chorreo del agua*, l'écoulement de l'eau. || FIG. Flot : *un chorreo de gente, de turistas*, un flot de gens, de touristes. | Dépense (gasto).

chorreón m. Écoulement (chorreadura). || Filet : *echar un chorreón de aceite en la ensalada*, verser un filet d'huile dans la salade. || Tache, *f.* (mancha).

chorrera f. Rigole, sillon, *m.* [tracé par l'eau courante]. || Jabot, *m.* (de camisa). || *Amer.* Série, flopée (fam.) : *una chorrera de desatinos*, une série d'idioties.

chorretada f. Jet, *m.*, giclée (chorro). || Bonne mesure d'un liquide (chorrada).

chorrillo m. Petit jet. || Filet : *un chorrillo de aceite*, un filet d'huile. || AGRIC. *Sembrar a chorrillo*, semer en ligne.

chorro m. Jet (de un líquido, de un gas). || FIG. Pluie, *f.* : *un chorro de pesetas*, une pluie de pesetas. | Flot : *un chorro de luz*, un flot de lumière. || — *Avión de chorro*, avion à réaction. || *Beber al chorro*, boire à la régalade. || *Hablar*

a chorros, parler avec abondance (mucho), bafouiller (balbucear). || *Llover a chorros*, pleuvoir à torrents. || *Estar limpio como los chorros de oro* ou *como un chorro de agua*, être propre comme un sou neuf. || *Soltar el chorro de la risa*, éclater de rire. || *Sudar a chorros*, suer à grosses gouttes.

ohorrón m. Chanvre peigné.

chortal m. Affleurement d'eau.

chotacabras f. ZOOL. Engoulevent, *m.*, tête-chèvres, *m.* (fam.) [pájaro].

chote m. *Amer.* Chayote, chaïote (cucurbitácea).

chotearse v. pr. FAM. Se payer la tête de, se ficher de (burlarse).

choteo m. FAM. Moquerie, *f.*, raillerie, *f.* (burla). | Rigolade, *f.* : *tomárselo todo a choteo*, prendre tout à la rigolade.

chotis m. Scottish, *f.*, danse (*f.*) ressemblant à la mazurka (baile propio de Madrid).

choto, ta m. y f. Cabri, chevrette (cabrito). || Veau (ternero).

chotuno, na adj. Relatif aux chevraux. || POP. *Oler a chotuno*, puer comme un bouc.

choucroute f. Choucroute.

chova f. Choucas, *m.* (corneja).

choza f. Hutte (bohío). || Cabane (cabaña). || Chaumière (casa con techo de paja). || *Choza de paja*, paillote.

chozno, na m. y f. Fils *o* fille d'un arrière-arrière-petit-fils *o* d'une arrière-arrière-petite-fille.

chozo m. Petite hutte, *f.*

chozpar v. intr. Cabrioler, sauter (los animales).

chozpo m. Cabriole, *f.* (d'un animal).

christmas m. Carte (*f.*) de Noël.

chuán m. HIST. Chouan.

chubasco m. Averse, *f.* (aguacero). || MAR. Grain (lluvia). || FIG. Nuage, contretemps.

chubasquero m. Ciré (imperméable).

chubesqui m. Poêle (estufa).

chuca f. Côté creux de l'osselet (de la taba).

chúcaro, ra adj. *Amer.* Sauvage.
— M. y f. *Amer.* Mulet (*m.*) sauvage, mule (*f.*) sauvage.

chucero m. Piquier (soldado).

chucha f. FAM. Chienne (perra). | Peseta. || *Amer.* Maracas (maraca). || Sarigue (zarigüeya). || *¡Chucha!*, allez coucher !

chuchear v. intr. Chuchoter (cuchichear). || Chasser aux pièges ou aux appeaux (cazar). || FAM. Grignoter des friandises.

chuchería f. Babiole, colifichet, *m.* (fruslería). || Friandise, sucrerie (golosina). || Chasse aux pièges ou aux appeaux (caza).

chucho m. FAM. Toutou, chien (perro). || *Amer.* Malaria, *f.*, paludisme (paludismo). | Frisson (escalofrío).
— Interj. Allez coucher ! (dirigiéndose a un perro).

chuchoca f. *Amer.* Maïs (*m.*) torréfié.

chuchumeco m. FAM. Nabot, avorton.

chuchurrido, da adj. FAM. Fané, e : *flores chuchurridas*, fleurs fanées. || Ridé, e (arrugado). | Ratatiné, e : *una vieja mujer chuchurrida*, une vieille femme ratatinée.

chueca f. Tête [du fémur ou de l'humérus]. || Souche (tocón). || Jeu (*m.*) analogue à la crosse (juego). || FIG. y FAM. Tour, *m.* (burla). | Blague (broma).

chueco, ca adj. *Amer.* Tordu, e : *piernas chuecas*, jambes tordues.

chufa f. BOT. Souchet (*m.*) comestible (planta). || *Horchata de chufas*, orgeat de souchet.

chufar o **chufear** v. intr. Se moquer de, railler.

chufla o **chufleta** f. FAM. Plaisanterie, blague (broma). | Raillerie (burla).

chuflarse o **chuflearse** v. pr. FAM. Se moquer.

chuflay m. *Amer.* Boisson (*f.*) alcoolisée, grog.

chufletear v. intr. FAM. Plaisanter (bromear). | Railler (burlarse).

chufletero, ra adj. y s. FAM. Blagueur, euse (bromista). | Railleur, euse ; moqueur, euse (burlón).

chulada f. FAM. Grossièreté (grosería). | Saillie, boutade (agudeza). | Crânerie, aplomb (desfachatez). | Désinvolture (desenfado) : *obrar con chulada,* agir avec désinvolture. || FAM. *Decir una chulada, hacer chuladas,* crâner.

chulapo, pa o **chulapón, ona** m. y f. Gommeux, *m.,* poupée, *f.*

chulé m. POP. Douro, monnaie (*f.*) de cinq pesetas.

chulear v. tr. Railler spirituellement, blaguer. || *Amer.* Flirter (flirtear).
— V. pr. Se payer la tête de (burlarse). || FAM. Crâner (darse pisto).

chulería f. Grâce piquante. || Bravade, crânerie (bravata). || Désinvolture (desenfado).

chulesco, ca adj. Crâne : *gesto chulesco,* air crâne. || Faubourien, enne (populachero).

chuleta f. Côtelette, côte (costilla) : *chuleta empanada,* côtelette pannée. || FIG. y FAM. Tarte, baffe (bofetada). | Antisèche (que llevan los estudiantes). | Insolent, *m.,* effronté, *m.* (chulo).

chulo, la adj. Effronté, e ; insolent, e (descarado), dévergondé, e (pícaro). || Crâne : *un gesto chulo,* un air crâne. || *Amer.* Joli, e (bonito), bien mis, e (elegante).
— M. TAUROM. Valet. || Souteneur (rufián). || Gigolo (gigolo). || POP. Type, mec. | Mauvais garçon (pícaro). || — M. y f. Joli garçon, jolie fille. || FAM. Gommeux, *m.,* petit-maître, *m.,* poupée, *f.* (du bas peuple de Madrid).

chullo m. *Amer.* Sorte de petit passe-montagne de laine (shullo).

chullpa o **chulpa** f. *Amer.* Monument (*m.*) funéraire précolombien en Bolivie et au Pérou.

chuma f. *Amer.* Cuite (borrachera).

chumacera f. MECÁN. Crapaudine. || MAR. Tolétière.

chumarse v. pr. *Amer.* Prendre une cuite, se soûler.

chumbar v. tr. *Amer.* Exciter [un chien].

chumbera f. BOT. Nopal, *m.* figuier de Barbarie.

chumbo, ba adj. *Higuera chumba,* figuier de Barbarie. || *Higo chumbo,* figue de Barbarie.
— M. *Amer.* Balle (bala).

chunga f. FAM. Farce, plaisanterie (broma). | Blague, plaisanterie (burla). || — *Por chunga,* pour rire. | — FAM. *Andar de chunga,* rigoler. | *Estar de chunga,* plaisanter. | *Tomar a* ou *en chunga,* se moquer de, prendre à la rigolade *o* ne pas prendre au sérieux.

chungarse o **chunguearse** v. pr. FAM. Plaisanter (bromear). | Se moquer, rigoler (burlarse).

chungueo m. V. CHUNGA.

chuña f. *Amer.* Cariama, *m.,* oiseau (*m.*) échassier (ave).

chuño m. *Amer.* Fécule, *f.* (de pomme de terre).

chupa f. Justaucorps, *m.* (prenda). || *Amer.* Cuite (borrachera). || FIG. *Poner a uno como chupa de dómine,* mettre quelqu'un plus bas que terre, traîner quelqu'un dans la boue.

chupacirios m. FAM. Bigot, bondieusard (beato).

chupada f. Bouffée (de humo). || Sucement, *m.,* succion (de una sustancia).

chupadero, ra adj. Suceur, euse. || — M. Sucette, *f.* (chupador).

chupado, da adj. Maigre, émacié, e : *cara chupada,* visage émacié. || Serré, e ; étroit, e : *falda chupada,* jupe serrée. || *Amer.* Paf, ivre (borracho). || — FIG. y FAM. *Mejillas chupadas,* joues caves *o* creuses. | *Está chupado,* c'est simple comme bonjour, c'est l'enfance de l'art, c'est du billard.

chupador, ra adj. y s. Suceur, euse (que chupa).

— M. Tétine, *f.* (de biberón). || Sucette, *f.* (chupete). || *Amer.* Buveur (bebedor).

chupadura f. Succion, sucement, *m.*

chupaflor m. *Amer.* Oiseau-mouche, colibri.

chupalámparas m. inv. FAM. Sacristain, bedeau.

chupar v. tr. Sucer : *chupar un limón,* sucer un citron. || Pomper, absorber, boire : *las raíces chupan la humedad del suelo,* les racines pompent l'humidité du sol. || FIG. y FAM. Sucer, soutirer (de l'argent) : *chuparle a uno el dinero,* soutirer de l'argent à quelqu'un. | Tirer (sacar). || *Amer.* Fumer. || FIG. *Chupar la sangre a alguno,* saigner quelqu'un à blanc.
— V. pr. Se lécher : *chuparse los dedos,* se lécher les doigts. || Maigrir, se creuser (ir enflaqueciendo). || FIG. y FAM. Tirer : *chuparse seis meses de prisión,* tirer six mois de prison. || *Amer.* Boire. || — *Chuparse el dedo,* sucer son pouce. | FAM. *¡Chúpate esa!,* avale ça ! | *Es para chuparse los dedos,* c'est à s'en lécher les babines. | *No chuparse el dedo,* ne pas se laisser marcher sur les pieds, ne pas se laisser faire.

chupatintas m. inv. FAM. Rond-de-cuir, grattepapier, scribouillard.

chupe m. FAM. Sucette, *f.* (chupador). || *Amer.* Ragoût de pommes de terre, de viande, d'œufs et de fromage.

chupendo m. FAM. Suçon.

chupeta f. Petit justaucorps, *m.* || MAR. Cabine (en la popa).

chupete m. Tétine, *f.* (de biberón). || Sucette, *f.* (chupador). || *Amer.* Sucette, *f.* (caramelo).

chupetear v. intr. Suçoter.

chupeteo m. Sucement, succion, *f.*

chupetilla f. MAR. Sorte d'écoutille.

chupetón m. Forte succion, *f.*

chupinazo m. FAM. Shoot (con el balón).

chupito m. Gorgée, *f.* (sorbo). || Bouffée, *f.* (de humo). || *Amer.* Sucette, *f.* (caramelo).

chupo o **chupón** m. *Amer.* Furoncle.

chupón, ona adj. y s. Suceur, euse (que chupa). ||
— M. AGRIC. Gourmand (brote). || Bouffée, *f.* (chupada). || Suçon (beso). || Déboucheur (desatrancador neumático). || ZOOL. Plume (*f.*) vive. || MECÁN. Piston plongeur (émbolo). || Sucette, *f.* (caramelo). || Tétine, *f.* (de biberón). || — M. y f. Profiteur, euse ; parasite, *m.,* sangsue, *f.*

chupóptero m. FAM. Cumulard.

churla f. o **churlo** m. *Amer.* Sac (*m.*) en fibres d'agave.

churra f. Gelinotte des bois (ortega).

churrasco m. *Amer.* Grillade, *f.* (carne asada).

churrasquear v. intr. *Amer.* Manger une grillade (comer), préparer une grillade (asar).

churrasquería f. *Amer.* Rôtisserie.

churre m. FAM. Suint (substancia grasa). || FIG. Crasse, *f.* (suciedad).

churrear v. intr. *Amer.* Avoir la diarrhée.

churrería f. Commerce (*m.*) de beignets.

churrero, ra m. y f. Marchand, marchande de beignets.

churrete o **churretón** m. Tache, *f.,* saleté, *f.* (en la cara). || FAM. *Amer.* Pauvre bougre, pauvre type.

churretoso, sa adj. Sale, crasseux, euse (sucio).

churri adj. FAM. De rien du tout.

churriento, ta adj. Crasseux, euse ; sale.

churrigueresco, ca adj. ARQ. Churrigueresque (estilo). || FIG. Surchargé, e ; rococo (recargado).
— OBSERV. Le style *churrigueresque* (du nom de l'architecte José de Churriguera) a marqué l'architecture espagnole à la fin du XVIIe et au début du XVIIIe siècle. Il se caractérise par un baroquisme outré et s'apparente au *rococo.*

churro, rra adj. Jarreux, euse (lana). || *Lana churra,* jarre.

— M. Beignet (masa frita). ‖ Fam. Bricolage (chapuza). | Navet : *esta película es un churro,* ce film est un navet. ‖ — Fam. *Salirle a uno un churro,* louper *o* rater complètement : *me ha salido un churro,* ça a complètement raté. | *Ser un churro,* être un coup de veine (casualidad), être vraiment loupé *o* raté (fracaso).

— Observ. Le *churro,* sorte de beignet très apprécié en Espagne, est fait d'une pâte à frire passée dans l'huile bouillante au moyen d'une seringue qui lui donne la forme d'un bâtonnet.

churroso, sa adj. *Amer.* Qui a la diarrhée.
churruscarse v. pr. Brûler (el pan, un guiso, etc.).
churrusco m. Croûton de pain brûlé.
churumbel m. Pop. Gosse, loupiot, marmot, mioche.
churumbela f. Mús. Sorte de hautbois, *m.* ‖ *Amer.* Pipette pour boire le maté (bombilla).
chus ni mus (no decir) loc. Ne pas souffler mot.
chuscada f. Plaisanterie, drôlerie, cocasserie, facétie.
chuscamente adv. Plaisamment, drôlement.

chusco, ca adj. Plaisant, e ; facétieux, euse ; cocasse (gracioso). ‖ *Amer.* Bâtard, e (perro).
— M. Mil. Pain de munition.
chusma f. Chiourme (de galeotes). ‖ Populace, populo, *m.* (pop.) [muchedumbre]. ‖ Racaille, vermine (conjunto de gente soez). ‖ *Amer.* Troupe d'Indiens.
chusmaje m. Fam. *Amer.* Populace, *f.,* populo (pop.).
chuspa f. *Amer.* Bourse en cuir ou en tissu.
chusquero m. Fam. Officier sorti du rang.
chut m. Shoot (puntapié).
chutar v. intr. Shooter, botter, tirer (fútbol). ‖ Fam. *Este asunto va que chuta,* cette affaire tourne rond *o* marche à merveille. | *¡Y va que chuta!,* c'est bien suffisant !, ça suffit !
chuza f. *Amer.* Aux quilles, action d'abattre toutes les quilles d'un seul coup. | Pique (lanza).
chuzo m. Pique, *f.* (arma). ‖ Épieu, bâton ferré (del sereno). ‖ *Amer.* Cravache, *f.* (fusta). ‖ Fig. *Llover a chuzos* ou *caer chuzos de punta,* tomber *o* pleuvoir des hallebardes, pleuvoir à seaux.

D

d f. D, *m.* (letra). ‖ D., D.ª, abréviation de *Don,* monsieur, ou de *Doña,* madame.
— Observ. Cette lettre a le même son que le *d* français.
dable adj. Possible : *haré cuanto sea dable por...,* je ferai tout mon possible pour... ‖ Faisable (factible).
daca contraction de *da acá.* Donne : *daca el dinero,* donne-moi l'argent. ‖ *A toma y daca,* donnant, donnant.
Dacia n. pr. f. Geogr. Dacie.
dacio, cia adj. Dace (pueblo).
dación f. Dr. Dation (acción de dar).
dactilar adj. Digital, e : *huellas dactilares,* empreintes digitales.
dactílico, ca adj. Dactylique.
dáctilo m. Dactyle (verso).
dactilografía f. Dactylographie.
— Observ. En espagnol on traduit plutôt *dactylographie* par *mecanografía.*
dactilográfico, ca adj. Dactylographique.
dactilógrafo, fa m. y f. Dactylographe, dactylo (fam.).
— Observ. En espagnol, *dactylographe* se traduit plutôt par *mecanógrafo, mecanógrafa.*
dactiloscopia f. Dactyloscopie.
dadaísmo m. Dadaïsme.
dadaísta adj. y s. Dadaïste.
dádiva f. Don, *m.* (donación). ‖ Présent, *m.* (regalo).
dadivosidad f. Générosité.
dadivoso, sa adj. Généreux, euse.
dado m. Dé (juegos) : *dado cargado* ou *falso,* dé pipé *o* chargé. ‖ Arq. Dé. ‖ Tecn. Dé (cubito de metal). ‖ — *Cargar los dados,* piper les dés. ‖ Fig. y Fam. *Correr el dado,* avoir de la chance, être en veine.

dado, da adj. Donné, e. [V. Dar.] ‖ Enclin, e ; porté, e (inclinado) : *dado a la bebida,* enclin à la boisson, porté sur la boisson ; *dado a la generosidad,* porté à la générosité. ‖ Sonné, e : *las once dadas,* onze heures sonnées. ‖ — *Dado que,* étant donné que. ‖ Fam. *Ir dado,* être gâté, être bien loti : *¡vas dado con esos colaboradores!,* tu es bien loti avec de tels collaborateurs ! ‖ *Ser dado a,* avoir un penchant *o* du goût pour : *es dado a la poesía,* il a un penchant pour la poésie. ‖ Fam. *¡Vas dado!,* tu peux toujours courir !
dador, ra adj. y s. Donneur, euse. ‖ — M. Porteur (el que entrega una carta). ‖ Com. Tireur (de una letra de cambio).
Dafne n. pr. f. Daphné.
Dafnis n. pr. m. Daphnis.
daga f. Dague (puñal). ‖ *Amer.* Coutelas, *m.* (machete).
Dagoberto n. pr. m. Dagobert (rey de Francia).
daguerrotipia f. Daguerréotypie.
daguerrotipo m. Daguerréotype (aparato o imagen). ‖ Daguerréotypie, *f.* (arte).
dahír m. Dahir (decreto del rey de Marruecos).
dahomeyano, na adj. y s. Dahoméen, enne (de Dahomey).
daifa f. Concubine.
daimio m. Daïmio (príncipe feudal japonés).
dala f. Mar. Dalot, *m.*
Dalecarlia n. pr. f. Geogr. Dalécarlie.
dalia f. Bot. Dahlia, *m.*
Dalmacia n. pr. f. Geogr. Dalmatie.
dálmata adj. y s. Dalmate [de Dalmatie].
dalmática f. Dalmatique (vestidura).
daltoniano, na adj. y s. Med. Daltonien, enne.
daltonismo m. Med. Daltonisme.
dalla f. o **dalle** m. Faux, *f.* (guadaña).

dallar v. tr. Faucher (segar).
dama f. Dame. ‖ Suivante (criada primera). ‖ (P. us.). Concubine (manceba). ‖ Dame (del juego de damas) : *hacer dama,* aller à dame. ‖ Dame, reine (del ajedrez). ‖ Mar. Dame de nage. ‖ Tecn. Dame (del crisol). ‖ — Pl. Dames (juego). ‖ — *Dama cortesana,* courtisane (ramera). ‖ *Dama de honor,* dame d'honneur. ‖ Teatr. *Dama joven,* jeune première, ingénue. ‖ Teatr. *Primera, segunda dama,* premier, second rôle féminin. ‖ *Tablero de damas,* damier.
damaceno, na adj. Damascène.
damajuana f. Dame-jeanne.
damán m Zool. Daman (marmota).
damasana f. *Amer.* Dame-jeanne (damajuana).
damascado, da adj. Damassé, e.
damasceno, na adj. y s. Damascène (de Damasco). ‖ *Ciruela damascena,* damas, quetsche *o* prune d'Agen.
damasco m. Damas (tela). ‖ Variété d'abricot (albaricoque).
Damasco n. pr. Geogr. Damas.
Dámaso n. pr. m. Damase.
damasquillo m. Damassin (tela). ‖ Abricot.
damasquina f. Bot. Tagète, *m.,* œillet (*m.*) d'Inde.
damasquinado m. Damasquinage.
damasquinador m. Damasquineur.
damasquinar v. tr. Damasquiner.
damasquino, na adj. Damascène (de Damasco). ‖ Damassé, e (telas). ‖ *Sable damasquino,* damas (arma).
Damián n. pr. m. Damien.
Damieta n. pr. Geogr. Damiette.
damisela f. Demoiselle, petite demoiselle (irónico). ‖ Courtisane (cortesana).
damnificado, da adj. y s. Sinistré, e. ‖ *Los damnificados por la inundación,* les personnes sinistrées lors de l'inondation.
damnificador, ra adj. Nuisible, malfaisant, e.
— M. y f. Auteur (sin *f.*) de dégâts *o* de dommages.
damnificar v. tr. Endommager.
Damocles n. pr. m. Damoclès : *espada de Damocles,* épée de Damoclès.
Danaides n. pr. f. pl. Danaïdes.
dáncing m. Dancing (sala de baile).
dandi o **dandy** m. Dandy.
dandismo o **dandysmo** m. Dandysme.
danés, esa adj. y s. Danois, e. ‖ *Perro danés,* danois, chien danois.
Daniel, Daniela n. pr. m. y f. Daniel, Danielle *o* Danièle.
danta f. Zool. Élan, *m.* (anta). ‖ Tapir, *m.* (tapir).
dante adj. Donnant, e (que da).
dante m. Élan (anta).
dantellado, da adj. Blas. Denté, e.
dantesco, ca adj. Dantesque.
danubiano, na adj. y s. Danubien, enne.
Danubio n. pr. m. Geogr. Danube.
danza f. ● Danse : *una danza sagrada,* une danse sacrée. ‖ Fam. Affaire [louche] (negocio sucio) : *¿por qué te has metido en tal danza?,* pourquoi t'es-tu fourré dans cette affaire?; *¿cómo va la danza?,* comment va cette affaire? ‖ Bagarre, querelle (riña). ‖ — *Danza de la muerte* o *danza macabra,* danse macabre. ‖ Fam. *Entrar en la danza,* entrer en danse *o* dans la danse.
— Sinón. ● *Coreografía,* chorégraphie. *Baile,* bal.
danzador, ra adj. y s. (P. us.). Danseur, euse.
danzante adj. Dansant, e : *procesión danzante,* procession dansante.
— M. y f. Danseur, euse (en una procesión). ‖ Fig. y Fam. Personne légère, papillon, *m.* (casquivano).

danzar v. tr. e intr. Danser (bailar). ‖ Fam. Se mêler de (intervenir) : *¿qué danza Ud. en este asunto?,* qu'avez-vous à vous mêler de cette affaire? ‖ Courir : *va danzando por las bibliotecas,* il court les bibliothèques. ‖ Valser : *ahora la tienen danzando de un servicio a otro,* en ce moment, on la fait valser d'un service à l'autre.
danzarín, ina m. y f. Danseur, euse.
danzón m. Danse (*f.*) cubaine dérivée de la habanera.
dañable adj. Nuisible (perjudicial). ‖ (P. us.). Condamnable (malo).
dañado, da adj. Endommagé, e (estropeado), gâté, e; abîmé, e (fruta), avarié, e (comestible). ‖ Méchant, e ; pervers, e : *hombre muy dañado,* homme très méchant.
dañador, ra adj. Nuisible.
dañar v. tr. Nuire à (perjudicar) : *dañarle a uno en su honra,* nuire à l'honneur de quelqu'un. ‖ Abîmer, endommager (echar a perder) : *el granizo ha dañado las cosechas,* la grêle a endommagé les récoltes. ‖ Condamner (condenar).
— V. pr. S'abîmer, s'endommager.
dañino, na adj. Nuisible : *animales dañinos,* animaux nuisibles.
daño m. ● Dommage : *daños y perjuicios,* dommages et intérêts. ‖ Tort : *reparar los daños que se han hecho,* réparer les torts que l'on a causés. ‖ Dégât : *los daños causados por el granizo,* les dégâts causés par la grêle. ‖ Mal : *se ha hecho daño,* il s'est fait mal. ‖ *Hacer daño,* faire mal : *me hace daño el pie,* le pied me fait mal (doler) ; faire du tort *o* du mal (perjudicar). ‖ *Limitar el daño,* limiter les dégâts.
— Sinón. ● *Estrago,* ravage. *Deterioro,* détérioration. *Avería,* avarie. *Destrozo,* dégât.
dañoso, sa adj. Nuisible.
dar* v. tr. Donner : *dar una propina, las cartas, noticias, un consejo,* donner un pourboire, les cartes, des nouvelles, un conseil. ‖ Donner (un golpe) : *dar un palo, un puntapié,* donner un coup de bâton, un coup de pied. ‖ Donner (ocasionar) : *dar trabajo,* donner du travail. ‖ Donner : *le doy treinta años,* je lui donne trente ans. ‖ Faire (causar) : *dar gana(s), gusto, lástima, pena,* faire envie, plaisir, pitié, (de la) peine. ‖ Faire (hacer) : *dar saltos, un paseo, una vuelta, un resbalón, los primeros pasos,* faire des bonds, une promenade, un tour, une glissade, les premiers pas. ‖ Pousser : *dar un grito, voces, un suspiro, un maullido,* pousser un cri, des hurlements, un soupir, un miaulement. ‖ Réciter : *dar las lecciones,* réciter les leçons. ‖ Sonner : *el reloj da las dos, la media,* l'horloge sonne deux heures, la demie. ‖ Agric. Donner : *el rosal da rosas,* le rosier donne des roses. ‖ Cinem. Passer, donner : *hoy dan una película de miedo,* aujourd'hui on passe un film d'épouvante.
— *Dar a conocer,* faire connaître, faire savoir. ‖ *Dar a entender,* donner à entendre, laisser entendre. ‖ *Dar a luz,* donner le jour (a un niño). ‖ *Dar asco,* dégoûter. ‖ Mar. *Dar barreno,* saborder. ‖ *Dar calabazas,* recaler (en un examen), éconduire, repousser (a un pretendiente). ‖ *Dar celos,* rendre jaloux. ‖ *Dar ciento y raya a uno,* être nettement supérieur à quelqu'un, valoir beaucoup plus que quelqu'un. ‖ *Dar cita,* donner rendez-vous. ‖ *Dar clases,* suivre des cours (recibirlas), donner des cours (enseñar). ‖ *Dar cuenta de,* rendre compte de, faire part de. ‖ *Dar cuerda,* remonter : *dar cuerda al reloj,* remonter sa montre. ‖ *Dar de,* donner à : *dar de comer,* donner à manger ; enduire, recouvrir : *dar de barniz,* enduire de vernis ; frapper à coups de : *dar de palos, de cuchilladas, de puñaladas,* frapper à coups de bâton, de couteau, de poignard. ‖ *Dar de*

lado, laisser de côté (una cosa), laisser tomber (a una persona). ‖ *Dar el día, la noche*, gâcher la journée, la nuit. ‖ *Dar el parabien*, féliciter. ‖ *Dar el pésame*, présenter ses condoléances. ‖ *Dar en qué pensar*, donner à penser. ‖ *Dar fe*, faire foi. ‖ *Dar gato por liebre*, rouler (engañar). ‖ *Dar importancia a*, attacher de l'importance à. ‖ *Dar la cara*, faire face. ‖ *Dar la enhorabuena*, féliciter. ‖ FAM. *Dar la lata*, raser, casser les pieds. ‖ *Dar la mano*, donner la main (coger), serrer la main (apretar). ‖ *Dar la razón a*, donner raison à. ‖ *Dar largas a un asunto*, faire traîner une affaire en longueur. ‖ *Dar las gracias por*, remercier de. ‖ *Dar la última mano a*, mettre la dernière main à. ‖ *Dar la vuelta*, rendre la monnaie. ‖ *Darle a uno calentura, un ataque*, avoir la fièvre, une attaque. ‖ *Darle a uno en la cabeza*, frapper quelqu'un à la tête. ‖ *Darle vueltas a una idea*, retourner une idée dans sa tête. ‖ *Dar los buenos días, las buenas tardes*, donner o souhaiter le bonjour, le bonsoir. ‖ *Dar muerte*, donner la mort. ‖ *Dar mala* ou *buena suerte*, porter malheur o bonheur. ‖ *Dar noticias*, donner de ses nouvelles o signe de vie. ‖ *Dar oídos*, prêter l'oreille. ‖ *Dar paso*, laisser passer (dejar pasar), ouvrir la voie (acarrear). ‖ *Dar permiso para*, donner la permission de. ‖ *Dar pie a*, donner lieu o prise à, provoquer. ‖ *Dar por*, donner o tenir pour, considérer, croire : *le dan por muerto*, on le tient pour mort ; *dar por hecha* ou *por concluida una cosa*, considérer une chose comme terminée. ‖ *Dar por perdida una cosa*, faire son deuil de quelque chose. ‖ *Dar por sentado que*, considérer comme un fait acquis que, partir du principe que. ‖ *Dar prisa*, presser. ‖ *Dar pruebas de atrevimiento*, payer d'audace. ‖ *Dar que hablar*, faire parler de soi (persona), faire couler de l'encre, faire du bruit (una cosa). ‖ *Dar que hacer*, donner du mal o du fil à retordre. ‖ *Dar que reir*, prêter à rire. ‖ *Dar salida a*, écouler (mercancía). ‖ *Dar saludos*, dire bonjour, saluer. ‖ *Dar su nombre*, donner o décliner son nom. ‖ *Dar su palabra*, donner sa parole. ‖ *Dar testimonio*, porter témoignage. ‖ *Dar un abrazo*, donner l'accolade ; serrer dans ses bras, embrasser. ‖ *Dar una broma*, jouer un tour, faire une farce. ‖ *Dar una coz*, lancer une ruade. ‖ *Dar un cabezazo*, faire une tête (fútbol), donner un coup de tête. ‖ *Dar un mal paso*, faire une fausse manœuvre (equivocarse), commettre une faute, faire un pas de clerc (cometer una falta). ‖ *Dar un paso en falso*, faire un faux pas. ‖ FAM. *Dar un plantón*, poser un lapin. ‖ *Dar un tiro*, tirer [un coup de feu]. ‖ *Dar vueltas*, tourner.

— V. intr. *Ahí me las den todas*, ça m'est bien égal, je m'en fiche, je m'en balance. ‖ *Al dar las diez*, sur le coup de 10 heures. ‖ *Da gusto* ou *gloria verlo*, ça fait plaisir à voir. ‖ *¡Dale!*, vas-y! (¡anda!), encore! (¡otra vez!). ‖ *Dale que dale, dale que le das*, allez, du nerf (¡ánimo!), c'est toujours la même chanson, encore! ‖ *Donde las dan las toman*, à bon chat, bon rat. ‖ *Más vale un toma que dos te daré*, un tiens vaut mieux que deux tu l'auras. ‖ *Me da miedo, vergüenza de*, j'ai peur, honte de. ‖ *Me va a dar algo*, il va m'arriver quelque chose. ‖ *No hay que darle vueltas*, il n'y a pas de doute, cela ne fait pas l'ombre d'un doute.

— V. intr. Frapper : *dar a la bola con el mazo*, frapper la boule avec le maillet. ‖ Sonner [les heures] : *dan las tres*, 3 heures sonnent. ‖ Appuyer, presser : *dar al botón*, appuyer sur le bouton, presser le bouton. ‖ Tourner : *dar a la manilla*, tourner la poignée. ‖ Mettre en marche, actionner : *darle a la máquina*, mettre la machine en marche. ‖ — *Dar a*, donner sur : *la ventana da al patio*, la fenêtre donne sur la cour. ‖ *Dar*

a la luz, allumer. ‖ *Dar con*, trouver par hasard, dénicher (una cosa), rencontrer, joindre (a una persona) : *no conseguí dar con él en todo el día*, je n'ai pas réussi à le joindre de la journée ; tomber sur : *al salir di con él*, en sortant je suis tombé sur lui ; trouver : *dar con la solución*, trouver la solution ; frapper avec : *dar con la aldaba*, frapper avec le heurtoir. ‖ FIG. y FAM. *Dar con los huesos en el suelo*, ramasser une pelle. ‖ *Dar consigo en el suelo*, tomber par terre. ‖ *Dar consigo en París*, se retrouver à Paris. ‖ *Dar de*, tomber sur : *dar de espaldas*, tomber sur le dos. ‖ *Dar de baja*, donner un arrêt de travail (médico), radier, rayer des cadres (militar). ‖ *Dar de sí*, s'allonger, prêter (una tela), se faire (unos zapatos). ‖ *Dar diente con diente*, claquer des dents. ‖ *Dar en*, saisir, comprendre : *dar en el chiste*, comprendre la plaisanterie. ‖ *Dar en blando*, ne pas rencontrer de difficultés. ‖ *Dar en duro*, tomber sur une difficulté. ‖ *Dar en el blanco*, toucher le but (terminar), tomber juste, mettre dans le mille (acertar). ‖ *Dar en el clavo*, tomber juste, mettre le doigt dessus. ‖ *Dar en la trampa*, tomber dans le piège. ‖ *Darle duro al trabajo*, abattre de la besogne. ‖ *Dar por*, se mettre à : *a Juan le ha dado por el vino, por viajar*, Jean s'est mis à boire, à voyager. ‖ *Dar por tierra con algo*, réduire à néant (esperanza), renverser (teoría). ‖ — *Da lo mismo* ou *lo mismo da* ou *da igual*, ça revient au même, c'est pareil. ‖ *Este día no me ha dado de sí*, je n'ai pas tiré parti de cette journée, je n'ai pas fait aujourd'hui tout ce que je voulais faire. ‖ *Haber para dar y tomar*, y avoir matière à discussion (en una afirmación), en avoir à revendre : *tiene corbatas para dar y tomar*, il a des cravates à revendre. ‖ *Hay que dar a César lo que es de César*, il faut rendre à César ce qui est à César. ‖ *Me da el corazón que mañana va a llover*, j'ai dans l'idée o j'ai le pressentiment que demain il va pleuvoir. ‖ *Me da igual, lo mismo me da*, ça m'est égal. ‖ *Me da no sé qué*, ça me gêne, ça me fait quelque chose. ‖ *¿Qué más da?*, qu'est-ce que ça peut faire?, peu importe, qu'importe? ‖ *Si da el caso*, si cela se produit o arrive o se présente.

— V. pr. Se rendre, se livrer (entregarse). ‖ S'adonner, se mettre à : *darse a la bebida*, se mettre à boire, s'adonner à la boisson. ‖ Se heurter, se cogner : *darse con* ou *contra un poste*, se heurter contre un poteau. ‖ Importer, faire : *¿y a mi qué se me da?*, qu'est-ce que ça peut me faire? ‖ AGRIC. Donner, venir : *se da bien el tabaco en esta provincia*, le tabac donne bien dans cette province. ‖ — *Darse a conocer*, se faire connaître. ‖ *Darse bien* ou *mal algo a uno*, être doué o ne pas être doué pour : *la natación se me da muy bien*, je suis très doué pour la natation ; réussir, ne pas réussir : *el latín se me da mejor que las matemáticas*, le latin me réussit mieux que les mathématiques ; bien o mal marcher : *se le ha dado muy bien la conferencia*, sa conférence a très bien marché ; avoir le coup pour, ne pas avoir le coup pour (tener o no tener maña). ‖ *Darse con la cabeza contra*, donner de la tête contre. ‖ *Darse cuenta*, se rendre compte. ‖ *Darse de baja*, cesser d'être membre (de un club). ‖ *Darse de cabeza contra la pared*, se taper la tête contre les murs. ‖ *Darse importancia*, se donner de l'importance o des airs. ‖ *Darse el trabajo de*, se donner la peine de, prendre la peine de. ‖ FAM. *Dársela a uno con queso*, posséder quelqu'un. ‖ *Darse la espalda*, se tourner le dos. ‖ *Dárselas de*, faire le, jouer le : *dárselas de valiente*, faire le brave, jouer les durs ; se donner des airs de : *se las daba de marquesa*, elle se donnait des airs de marquise. ‖ *Darse por aludido*, se sentir visé. ‖ *Darse por contento*, s'estimer heureux. ‖ *Darse por entendido*, dire o montrer qu'on est au courant, qu'on a compris, faire celui o celle qui a compris. ‖ *Darse por enterado*, se le tenir pour dit. ‖ *Darse por entero a*, se consacrer entièrement à, ne pas se ménager. ‖ *Darse por vencido*, s'avouer o se tenir pour vaincu (ceder), donner sa langue au chat (en un acertijo). ‖ *Darse prisa*, se hâter, se dépêcher. ‖ *Darse tono*, faire l'important, se donner des airs. ‖ Pop. *Darse una comilona*, faire un gueuleton, se taper la cloche. ‖ *Darse una vida de rey*, vivre comme un prince. ‖ *Poco se me da que te vayas*, ça m'est bien égal que tu t'en ailles. ‖ *Que darse pueda*, que l'on puisse imaginer : *es la persona más estúpida que darse pueda*, c'est la personne la plus stupide que l'on puisse imaginer. ‖ *Se ha dado el caso de*, il est arrivé que, on a vu... ‖ Fam. *Se la he dado*, je l'ai bien eu, je l'ai roulé.

dardabasí m. Busard (ave de presa).

Dardanelos n. pr. m. pl. Geogr. Dardanelles, f.

dardo m. Dard (lanza). ‖ Zool. Dard (aguijón). | Ablette, f. (pez). ‖ Fig. Trait (dicho satírico).

dares y tomares loc. Fam. Sommes reçues et reçues. ‖ *Andar en dares y tomares*, se disputer pour des bêtises, avoir des démêlés.

Darío n. pr. m. Darius.

dársena f. Mar. Bassin, m., darse. | Dock, m. (rodeado de muelles).
— Observ. La palabra *darse* se emplea sobretodo en el sur de Francia.

darviniano, na adj. y s. Darwinien, enne.

darvinismo m. Darwinisme.

darvinista m. y f. Darwiniste.

dasiuro m. Dasyure (marsupial).

data f. Date (fecha). ‖ Com. Débit, m. (de la cuenta propia), crédit, m. (de la cuenta ajena). ‖ Ouverture calibrée d'un réservoir (orificio).

datar v. tr. Dater (fechar) : *datar de un mes*, dater d'un mois. ‖ Com. Créditer.
— V. intr. Dater de : *eso data del siglo XV*, ceci date du XVᵉ siècle.

dataría f. Daterie (del Vaticano).

datario m. Dataire (del Vaticano).

dátil m. Datte, f. (fruto). ‖ Zool. *Dátil de mar*, datte de mer. ‖ — Pl. Fam. Doigts (dedos).

datilado, da adj. En forme de datte. ‖ Brun-roux (color de dátil).

datilera f. Dattier, m. (palmera).

dativo, va adj. y s. m. Dr. y Gram. Datif, ive.

dato m. Donnée, f. (noción). ‖ Renseignement (noticia) : *por falta de datos*, par manque de renseignements. ‖ — Pl. Mat. Données : *los datos de un problema*, les données d'un problème.

datura f. Bot. Datura, m.

David n. pr. m. David.

daza f. Bot. Sorgho, m. (zahína).

D. D. T. m. (abreviatura de *diclorodifeniltricloretano*). D. D. T. (insecticida).

de f. D, m. (letra).

de prep.

1. Seguida de un sustantivo. — 2. Seguida de un infinitivo. — 3. Seguida de un adjetivo o de una cifra. — 4. Locuciones.

1. Seguida de un sustantivo. — De : *el libro de Juan*, le livre de Jean ; *vengo de Madrid, de allá*, je viens de Madrid, de là-bas ; *un vaso de agua*, un verre d'eau. (Ver en las locuciones *ser de*.) ‖ En, de (materia) : *una mesa de mármol*, une table de marbre. ‖ À, au (característica) : *la señora de las gafas*, la dame aux lunettes ; *barco de vapor*, bateau à vapeur ; *molino de viento*, mou-

lin à vent ; *una bebida amarga de sabor*, une boisson au goût amer. ‖ En (modo) : *de paisano, de marinero*, en civil, en marin. ‖ Comme (como) : *le mandaron a México de embajador*, on l'a envoyé à Mexico comme ambassadeur. ‖ Comme (para) : *¿qué hay de postre?*, qu'y a-t-il comme dessert ? ‖ En (por) : *me lo dieron de regalo*, on me l'a donné en cadeau. ‖ De (causa) : *llorar de alegría*, pleurer de joie ; *morir de hambre*, mourir de faim. ‖ De (entre) : *tres de estos coches*, trois de ces voitures. ‖ D'entre (entre varias personas) : *cinco de nosotros*, cinq d'entre nous. ‖ De (después de un adj.) : *el bribón de mi hermano*, mon coquin de frère. (Pero se dice : *el pobre del hombre*, le pauvre homme ; *la buena de la mujer*, la brave femme.) ‖ Sur : *Miranda de Ebro*, Miranda-sur-l'Èbre.

2. Seguida de un infinitivo. — À (destino) : *máquina de escribir, de coser*, machine à écrire, à coudre. ‖ À (después de un adj.) : *fácil de hacer*, facile à faire ; *largo de narrar*, long à raconter. ‖ À (después de otro verbo) : *dar de comer*, donner à manger. ‖ Si (suposición) : *de saberlo antes, no venía*, si je l'avais su plus tôt, je ne serais pas venu.

3. Seguida de un adjetivo o de una cifra. — De (causa) : *caerse de cansado*, tomber de fatigue (sustantivo en fr.). ‖ Étant (edad) : *la conocí de pequeña*, je l'ai connue étant enfant. ‖ Ôté de : *uno de tres son dos*, un ôté de trois égale deux ; *cinco de ocho son tres*, cinq ôté de huit égale trois. ‖ Sur : *uno de cada tres*, un sur trois. — *De a*, de : *moneda de a ocho reales*, pièce de huit réaux ; *grupo de a tres*, groupe de trois.

4. Locuciones. — *De a caballo, de a pie*, à cheval, à pied [soldat]. ‖ *De cabeza*, à tête la première : *tirarse de cabeza*, plonger la tête la première. ‖ *De cara*, face à, en face de. ‖ *De día, de mañana, de noche*, le jour, le matin, la nuit. ‖ *De él, de ella, de ellos, de ellas, de ello*, en : *ama a su mujer y es amado de ella*, il aime sa femme et il en est aimé ; à lui, à elle, à eux : *¿de quién es este libro?* — *De ella*, à qui est ce livre ? — À elle. ‖ *De madrugada*, à l'aube. ‖ *De... que*, tant, tellement : *no se puede tocar de tan caliente que está*, on ne peut pas y toucher tant il est chaud. ‖ *De que, de quien*, dont : *la mujer de quien te hablé*, la femme dont je t'ai parlé. ‖ *De Ud. a mí*, de vous à moi, entre nous. ‖ *De verdad* ou *de veras*, vraiment. ‖ *De treinta años de edad*, âgé de trente ans. ‖ *Muy de mañana*, de bon matin. ‖ *¡Pobre de mí!*, hélas, pauvre de moi ! ‖ — *Coger de la mano*, prendre par la main. ‖ *Dar de palos*, donner des coups de bâton. ‖ *Estar de*, être [exercer un métier, une charge] : *está de abogado en Bilbao*, il est avocat à Bilbao ; être en : *está de paseo*, il est en promenade. ‖ *Hacer de* : faire le : *yo hice de cocinero*, j'ai fait le cuisinier ; jouer le rôle de, faire : *este actor hace de Otelo*, cet acteur joue le rôle d'Othello ; *¿quién hacía de primera dama?*, qui faisait la jeune première ? ‖ *Pasar de*, dépasser. ‖ *Ser de*, être à (posesión) : *la casa es de Pablo*, la maison est à Paul ; être en o de (materia) : *la casa es de ladrillos*, la maison est en brique. ‖ *Ser de día, de noche*, faire jour, faire nuit. ‖ *Tomar de*, prendre sur : *tomar de su capital*, prendre sur son capital. ‖ *Tirar de*, tirer : *tirar de una carreta*, tirer une charrette ; tirer sur : *tirar de una cuerda*, tirer sur une corde.
— Observ. La femme mariée garde son nom de jeune fille, auquel elle ajoute le nom de son mari précédé de *de* (*Doña María López de Velasco* [Mᵐᵉ María López de Velasco], c'est-à-dire María Velasco, née López).
— La préposition de est obligatoire après certains verbes, substantifs et adjectifs tels que : *acordarse de, darse noticia de, extrañado de, seguro de...*

deambular v. intr. Déambuler (andar, pasear).

deambulatorio m. Arq. Déambulatoire.

deán m. Doyen (decano).

deanato o **deanazgo** m. Doyenné.

debajo adv. Dessous : *estar debajo*, être dessous. ‖ *Debajo de*, sous, en dessous de : *debajo de la mesa*, sous la table ; au-dessous de : *debajo de la ciudad*, au-dessous de la ville ; *vivimos debajo de ellos*, nous habitons au-dessous d'eux. ‖ — *Por debajo*, au-dessous, en dessous, par-dessous. ‖ Fam. *Por debajo de cuerda*, en cachette, en sous-main.

— Observ. *Sous* se traduit en espagnol par *debajo de*, au sens concret, et par *bajo* au sens abstrait ou au figuré : *bajo la República*, sous la République.

debate m. Débat.

debatir v. tr. Débattre. ‖ (P. us.). Combattre.

debe m. Com. Débit (de una cuenta). | Doit : *el debe y el haber*, le doit et l'avoir.

debelación f. (P. us.). Mil. Victoire par les armes.

debelar v. tr. Mil. Réprimer (una rebelión), terminer (una guerra). [Ce verbe est usité surtout en Amérique.]

deber m. ● Devoir : *cumplir con sus deberes*, s'acquitter de ses devoirs. ‖ Devoir (lecciones). ‖ — *Creo mi deber*, je crois de mon devoir de. ‖ *Es mi deber decírselo*, il est de mon devoir de vous le dire.

— Observ. Ce mot est un gallicisme dans le sens scolaire de « tarea ».

— Sinón. ● *Carga*, charge. *Deuda*, dette. *Obligación*, obligation.

deber v. tr. Devoir : *debe venir a verme*, il doit venir me voir. ‖ Devoir : *me debe cien francos*, il me doit cent francs. ‖ — *Deber a mundo mundo*, être criblé de dettes. ‖ *Deber de*, devoir (probabilité) : *debe de ser rico*, il doit être riche. ‖ — *¿A qué debo tan grata visita?*, quel bon vent nous amène ?, que me vaut une si agréable visite ?, à quoi dois-je une si agréable visite ? ‖ Fam. *Quien debe y paga no debe nada*, qui paie ses dettes s'enrichit.

— V. pr. Se devoir : *deberse a la patria*, se devoir à la patrie. ‖ Être dû : *se debe a su ignorancia*, c'est dû à son ignorance. ‖ *Lo que se debe*, le dû ; *reclamar lo que se le debe a uno*, réclamer son dû à quelqu'un.

debidamente adv. Dûment (pagar, cumplir). ‖ Convenablement, comme il faut (portarse).

debido, da adj. Dû, due : *la suma debida*, la somme due. ‖ Convenable : *comportamiento debido*, attitude convenable. ‖ Pertinent, e ; opportun, e : *hacer la debida reclamación*, faire la réclamation pertinente. ‖ Juste : *pagar a su debido precio*, payer son juste prix. ‖ — *Debido a*, à cause de, par suite de (a causa de), étant donné, compte tenu (teniendo en cuenta). ‖ — *A su debido tiempo*, en temps utile. ‖ *Como es debido*, comme il convient. ‖ *En debida forma*, dûment, en bonne et due forme. ‖ *Lo debido*, le dû, ce qui est dû. ‖ *Más de lo debido*, plus que de raison, plus qu'il ne convient.

débil adj. ● Faible, débile (p. us.) : *un niño débil*, un enfant faible ; *un anciano débil*, un vieillard débile. ‖ Faible : *una luz débil*, une faible lueur. ‖ Fig. Faible, débile (carácter).

— M. y f. Faible. ‖ *Débil mental*, débile mental, faible d'esprit.

— Sinón. ● *Debilitado*, affaibli. *Endeble*, débile. *Deficiente*, déficient. *Anémico*, anémique, anémié. *Enclenque*, chétif. *Canijo*, malingre.

debilidad f. Faiblesse (falta de vigor). ‖ Débilité, faiblesse : *debilidad mental*, débilité mentale. ‖ Fig. Faible, m., faiblesse : *tener una debilidad*

por algo, avoir un faible pour quelque chose. ‖ *Caerse de debilidad*, tomber d'inanition.

— Observ. Ce mot est un gallicisme dans le sens de « penchant ».

debilitación f. o **debilitamiento** m. Affaiblissement, *m.*, débilitation, *f.* (p. us.). ‖ Repli, *m.* (de las cotizaciones en la Bolsa).

debilitador, ra o **debilitante** adj. Affaiblissant, e ; débilitant, e.

debilitar v. tr. Affaiblir, débiliter : *la enfermedad le ha debilitado*, la maladie l'a affaibli.

— V. pr. S'affaiblir, faiblir. ‖ Fig. Faiblir, fléchir, mollir : *su voluntad se ha debilitado*, sa volonté a molli.

— Sinón. *Enervar*, énerver. *Reblandecer*, amollir. *Quebrantar*, ébranler. *Extenuar*, exténuer. *Agotar*, épuiser.

debilucho, cha adj. Faiblard, e ; faible.

debitar v. tr. Amer. Débiter (cargar en cuenta).

débito m. Dette, *f.* (deuda). ‖ Devoir (deber). ‖ — *Débito conyugal*, devoir conjugal. ‖ Amer. Pagar *sus débitos*, payer ses échéances.

debut m. Teatr. Début (estreno).

— Observ. Ce mot est un gallicisme de même que *debutante* et *debutar*.

debutante m. y f. Débutant, e (principiante).

debutar v. intr. Débuter (un artista).

década f. Décade.

decadencia f. Décadence : *la decadencia del Imperio Romano*, la décadence de l'Empire romain. ‖ Déchéance (moral).

decadente adj. y s. Décadent, e. ‖ — M. pl. Décadents (escritores y artistas de la escuela simbolista).

decadentismo m. Décadentisme.

decadentista adj. y s. Décadent, e.

decaedro m. Geom. Décaèdre.

decaer* v. intr. Déchoir, tomber en déchéance (venir a menos). ‖ Dépérir : *este comercio decae*, ce commerce dépérit. ‖ Tomber : *la animación decayó*, l'animation tomba ; *el viento decae*, le vent tombe ; *esta industria ha decaído mucho*, cette industrie est beaucoup tombée. ‖ Décliner, s'affaiblir : *fuerzas que decaen*, forces qui déclinent. ‖ Fig. Baisser, perdre : *antes era muy divertido pero ha decaído mucho*, avant il était très drôle mais il a beaucoup baissé. ‖ Mar. Dériver (desviarse de rumbo).

decagonal adj. Geom. Décagonal, e.

decágono m. Geom. Décagone.

decagramo m. Décagramme.

decaído, da adj. Déchu, e : *imperio decaído*, empire déchu. ‖ Abattu, e (desalentado) : *estar un poco decaído*, être un peu abattu. ‖ Peu animé, e (bolsa, mercado).

decaimiento m. Décadence, *f.*, déchéance, *f.* ‖ Abattement (desaliento). ‖ Méd. Dépérissement, affaiblissement.

decalitro m Décalitre.

decálogo m. Décalogue.

decámetro m. Décamètre.

decampar v. intr. Mil. Décamper, lever le camp.

decanato m. Décanat, doyenné.

decano, na m. y f. Doyen, enne.

decantación f. Décantation, décantage. ‖ Dépôsit de decantación, bassin de décantation.

decantador m. Décantateur.

decantar v. tr. Décanter (un líquido). ‖ Vanter, célébrer (celebrar) : *decantar las proezas de un héroe*, célébrer les prouesses d'un héros.

decapado m. Décapage.

decapante m. Tecn. Décapant.

decapar v. tr. Décaper.

decapitación f. Décapitation.

decapitar v. tr. Décapiter.

decápodos m. pl. Zool. Décapodes.

decapsular v. tr. Décoiffer (un proyectil).

decasílabo, ba adj. Décasyllabe, décasyllabique. — M. Décasyllabe

decatlón m. Décathlon (deportes).

decelerador m. Ralentisseur.

decena f. Dizaine : *decenas de conejos*, des dizaines de lapins. ‖ *A decenas*, par dizaines.

decenal adj. Décennal, e.

decenario m. Décennie, f. (decenio). ‖ Dizain (rosario).

decencia f. Décence. ‖ *Con decencia*, décemment. — SINÓN. *Modestia*, modestie. *Pudor*, pudeur. *Pudicicia*, pudicité. *Recato*, retenue. *Honestidad*, honnêteté.

decenio m. Décennie, f. (diez años).

deceno, na adj. Dixième (décimo).

decentar* v. tr. Entamer : *decentar un pan*, entamer un pain. — V. pr. S'ulcérer, s'écorcher [la peau].

decente adj. ● Décent, e. ‖ Honnête : *una mujer decente*, une femme honnête. ‖ Convenable, correct, e ; honnête : *un empleo decente*, une situation convenable. ‖ Confortable : *un ingreso muy decente*, un revenu très confortable. ‖ Propre, soigné, e (aseado). — SINÓN. ● *Conveniente*, bienséant, convenable, séant. *Correcto*, correct. *Honesto*, honnête.

decentemente adv. Décemment ‖ Proprement (con aseo).

decenvir m. Décemvir.

decenviral adj. Décemviral, e.

decenvirato m. Décemvirat.

decenviro m. Décemvir (magistrado).

decepción f. Déception : *se llevó grandes decepciones*, il a connu de grosses déceptions. — SINÓN. *Contrariedad*, contrariété, désappointement. *Desilusión*, désillusion. *Desencanto*, désabusement. *Chasco*, bévue. *Escarmiento*, leçon. *Desengaño*, désillusion.

decepcionar v. tr. Décevoir : *este resultado me ha decepcionado*, ce résultat m'a déçu. ‖ Désappointer (contrariar).

deceso m. (Ant.). Décès (muerte).

deciárea f. Mesure agraire de 10 m².

decibel o **decibelio** m. Fís. Décibel.

decible o **decidero, ra** adj. Qui peut être dit.

decideras f. pl. FAM. Bagout, m. sing.

decididamente adv. Résolument, carrément : *lanzarse decididamente*, y aller carrément. — OBSERV. La palabra francesa *décidément* significa en efecto, realmente.

decidido, da adj. Décidé, e ; résolu, e : *adversario decidido*, adversaire résolu. ‖ Ferme, solide : *apoyo decidido*, ferme appui. ‖ *Persona poco decidida*, personne indécise o qui n'a pas l'esprit de décision

decidir v. tr. ● Décider : *decidir una cuestión*, décider une question. ‖ Décider de : *decidieron salir*, ils ont décidé de partir. ‖ Décréter (resolución categórica) : *decidió quedarse*, il décréta qu'il resterait. — V. pr. Se décider : *hay que decidirse*, il faut se décider. ‖ *Decidirse por*, se décider pour, fixer son choix sur. — SINÓN. ● *Determinar*, déterminer. *Resolver, acordar*, résoudre. *Zanjar, cortar*, trancher. *Decretar, fallar*, décréter.

decidor, ra adj. Spirituel, elle. — M. Beau parleur.

decigrado m. Décigrade.

decigramo m. Decigramme.

decilitro m. Décilitre.

décima f. Dixième, m. (una de las diez partes). ‖ Dîme (diezmo). ‖ Dizain, m. (composición poética). ‖ FAM. *Tener décimas*, avoir un peu de fièvre.

decimal adj. Décimal, e. — M. Décimale, f. : *separar los decimales con una coma*, séparer les décimales avec une virgule.

decimar v. tr. (Ant.). Décimer (diezmar).

decímetro m. Décimètre (medida).

décimo, ma adj. y s. Dixième. ‖ Dix : *Alfonso X (décimo)*, Alphonse X [dix]. ‖ *En décimo lugar*, dixièmement. ‖ — M. Dixième (lotería). ‖ Monnaie (f.) d'argent de dix centimes en Colombie et en Équateur (moneda).

decimoctavo, va adj. y s. Dix-huitième.

decimocuarto, ta adj. y s. Quatorzième.

decimonono, na o **decimonoveno, na** adj. y s. Dix-neuvième.

decimoquinto, ta adj. y s. Quinzième.

decimoséptimo, ma adj. y s. Dix-septième.

decimosexto, ta adj. y s. Seizième.

decimotercero, ra o **decimotercio, cia** adj. y s. Treizième.

decir m. Parole, f., sentence, f. ‖ Dire : *según sus decires*, selon ses dires ; *según los decires de...*, au dire de... ‖ Court poème en prose du Moyen Âge, sorte de lai (poema). ‖ — *Es un decir*, c'est une façon de parler. ‖ *Los decires*, les on-dit (las habladurías).

decir* v. tr. Dire : *dime lo que piensas de esto*, dis-moi ce que tu en penses. ‖ Dire, rapporter (contar) : *se dice que*, on rapporte que. ‖ Dire, ordonner : *te digo que te vayas*, je te dis de t'en aller. ‖ — FIG. *Decir adiós a*, dire adieu à ; faire son deuil de, faire une croix sur. ‖ *Decir agudezas*, faire de l'esprit. ‖ *Decirle a uno cuatro frescas* ou *cuantas son cinco* ou *las verdades del barquero*, dire à quelqu'un ses quatre vérités. ‖ *Decirlo todo*, en dire long : *una mirada que lo dice todo*, un regard qui en dit long. ‖ *Decir misa*, dire la messe. ‖ *Decir para sí*, se dire. ‖ *Decir para su capote* ou *para su coleto* ou *para sus adentros*, dire à son bonnet, dire à part soi (interiormente). ‖ *Decir por lo bajo*, dire tout bas, dire à voix basse. ‖ *Decir que no*, dire non. ‖ *Dicho*, c'est dit. ‖ *Dicho de otro modo*, autrement dit. ‖ *Dicho, sea de paso*, soit dit en passant. ‖ *Dicho sea o sea dicho entre nosotros*, ceci entre nous o entre nous soit dit. ‖ *Dicho y hecho*, aussitôt dit, aussitôt fait. ‖ *¿Diga?* ou *¿dígame?*, allô ? (teléfono). ‖ *¡Dígamelo a mí!*, à qui le dites-vous !, je suis bien placé pour le savoir ! ‖ *Digan lo que digan* ou *dígase lo que se diga*, quoi qu'on en dise. ‖ *¡ Digo !, ¡ digo !*, tiens, tiens ! ‖ *Dime con quien andas y te diré quién eres*, dis-moi qui tu hantes, je te dirai qui tu es. ‖ — *A decir verdad*, à vrai dire, à dire vrai. ‖ *Al decir de*, au dire de. ‖ *Como quien dice* ou *como si dijéramos*, comme qui dirait. ‖ *Como quien no dice nada*, sans avoir l'air d'y toucher. ‖ *Con eso queda todo dicho*, c'est tout dire. ‖ *Dar que decir*, faire parler de soi (dar que hablar). ‖ *De paso diremos que*, notons en passant que o disons en passant que. ‖ *El qué dirán*, le qu'en-dira-t-on. ‖ *Es decir*, c'est-à-dire. ‖ *Es fácil decirlo*, c'est facile à dire. ‖ *Es mucho decir*, c'est beaucoup dire, c'est bien grand mot. ‖ *Esto me dice algo*, ça me dit quelque chose. ‖ *Esto no me dice nada*, ça ne me dit rien [du tout]. ‖ *Esto se dice pronto*, c'est facile à dire, c'est vite dit. ‖ *¡Haberlo dicho!*, il fallait le dire ! ‖ *Hallar que decir*, trouver à redire. ‖ *Huelga decirle que*, inutile de vous dire que. ‖ *Lo dicho, dicho*, ce qui est dit est dit. ‖ *Lo dije sin querer*, je l'ai dit sans le vouloir, cela m'a échappé. ‖ *Lo que se dice un...*, ce qu'on appelle un... (para insistir). ‖ *Lo que tú digas*, comme tu voudras, à toi de décider. ‖ *Ni que decir tiene*, inutile de dire o il va sans dire [que], cela va sans dire (al final de la frase). ‖ *No decir esa boca es mía* ou *no decir ni pío*, ne pas souffler mot, ne pas desserrer les dents. ‖ *No digo nada*, j'en passe. ‖ *No es para decir* ou *por decir*, ce n'est pas pour dire. ‖ *No hay más que decir*, c'est tout dire. ‖ *¡No me diga!*, pas possible !, allons donc !, sans blague !, par exemple !

‖ *¡No se lo diré dos veces!*, tenez-vous-le pour dit!, je ne vous le dirai pas deux fois, je ne vous le répéterai pas. ‖ *No te digo más*, je ne t'en dis pas plus, tu vois ce que je veux dire. ‖ *O mejor dicho*, ou plutôt, ou plus exactement, pour mieux dire. ‖ *Para decirlo con las palabras de mi padre*, pour reprendre la formule de mon père. ‖ *Para que no se diga*, pour la forme. ‖ *Por decirlo así*, pour ainsi dire. ‖ *Por* ou *según lo que se dice*, à ce qu'on dit. ‖ *Por más que diga*, il a beau dire. ‖ *Que digamos*, particulièrement : *no es rico que digamos*, il n'est pas particulièrement riche. ‖ *¿Qué me dice?*, qu'est-ce que vous me racontez? ‖ *...¡Que no te digo nada!*, ou... *ya me dirá usted*, tu m'en diras des nouvelles! *o* vous m'en donnerez des nouvelles. ‖ *Se lo dije bien claro*, je vous l'avais bien dit. ‖ *Sin decir agua va*, sans crier gare. ‖ *¡Y usted que lo diga!*, je vous crois!
— V. pr. Se dire. ‖ *Lo menos que puede decirse*, le moins qu'on puisse dire.

decisión f. Décision : *la decisión del Gobierno*, la décision du gouvernement. ‖ Décision, détermination : *mostrar decisión*, montrer de la décision. ‖ Décision, parti, *m.* : *tomar la decisión de callarse*, prendre le parti de se taire. ‖ *Tomar una decisión*, prendre une décision, se décider.
decisivamente adv. D'une manière décisive.
decisivo, va adj. Décisif, ive : *la Revolución Francesa marca un viraje decisivo en la historia*, la Révolution française marque un tournant décisif dans l'histoire.
decisorio, ria adj. DR. Décisoire.
declamación f. Déclamation.
declamador, ra adj. y s. Déclamateur, trice.
declamar v. tr. e intr. Déclamer : *declamar versos*, déclamer des vers.
declamatorio, ria adj. Déclamatoire.
declaración f. Déclaration : *Propos : hacer declaraciones subversivas*, tenir des propos subversifs. ‖ DR. Déposition, déclaration : *la declaración del testigo*, la déposition du témoin. ‖ Annonce (en el bridge). ‖ — *Declaración de amor*, déclaration d'amour. ‖ *Declaración de guerra*, déclaration de guerre. ‖ *Declaración de no culpabilidad*, mise hors cause. ‖ *Declaración de quiebra*, dépôt de bilan. ‖ *Declaración fuera de ley*, mise hors la loi. ‖ DR. *Prestar una declaración jurada*, faire une déclaration sous la foi du serment.
declaradamente adv. Ouvertement (claramente).
declarante adj. y s. Déclarant, e. ‖ DR. Déposant, e ; témoin (sin fem.).
declarar v. tr. e intr. Déclarer : *declarar por nula una cosa*, déclarer une chose nulle. ‖ Déposer, faire une déclaration : *declarar ante el juez*, déposer devant le juge. ‖ Avouer (confesar). ‖ DR. *Declarar incompetente*, dessaisir.
— V. pr. Se déclarer. ‖ Faire une déclaration d'amour. ‖ — *Declararse a favor de* ou *por un candidato*, se déclarer en faveur d'un candidat. ‖ *Declararse culpable*, plaider coupable. ‖ *Declararse enfermo*, se faire porter malade. ‖ *Declararse en huelga*, se mettre en grève. ‖ *Declararse en quiebra*, déposer son bilan.
declarativo, va adj. Déclaratif, ive.
declaratorio, ria adj. Déclaratoire.
declinable adj. GRAM. Déclinable.
declinación f. ASTR. y GRAM. Déclinaison. ‖ FIG. Déclin, *m.* (decadencia). ‖ Pente (pendiente).
declinante adj. Déclinant, e : *poder declinante*, puissance déclinante.
declinar v. intr. S'incliner, être en pente. ‖ Décliner : *declina el día*, le jour décline. ‖ FIG. Décliner (disminuir). ‖ Baisser (debilitarse) : *ha declinado mucho desde la última vez*, il a beaucoup baissé depuis la dernière fois. ‖ Dévier : *declinar del camino derecho*, dévier du droit chemin. ‖ ASTR. Décliner.

— V. tr. DR. Décliner (rechazar). ‖ GRAM. Décliner.
declinatorio, ria adj. y s. m. Déclinatoire.
declive m. o **declividad** f. o **declivio** m. Pente, *f.*, déclivité, *f.*, inclinaison, *f.* ‖ *En declive*, en pente.
decocción f. Décoction. ‖ MED. Amputation (amputación).
decoloración f. Décoloration (del pelo).
decolorante m. Décolorant.
decolorar v. tr. Décolorer : *pelo decolorado*, cheveux décolorés.
decomisar v. tr. Confisquer, saisir.
decomiso m. Confiscation, *f.*, saisie *f.*
decoración f. Décoration : *la decoración de un salón*, la décoration d'un salon. ‖ TEATR. Décor, *m.* (decorado).
— OBSERV. Une *décoration* insigne d'une distinction ou d'un ordre se dit *condecoración*.
decorado m. Décor (de una casa). ‖ TEATR. Décor.
decorador, ra adj. y s. Décorateur, trice.
decorar v. tr. Décorer (adornar).
— OBSERV. *Décorer* dans le sens de « remettre une décoration (militaire, etc.) » se dit *condecorar*.
decorativo, va adj. Décoratif, ive. ‖ FIG. y FAM. *Hacer de figura decorativa*, jouer les utilités.
decoro m. Respect : *guardar el decoro a uno*, montrer du respect à quelqu'un. ‖ Dignité, *f.* (dignidad). ‖ Réserve, *f.*, retenue, *f.* (recato). ‖ Décorum, convenances, *f.* pl. : *portarse con decoro*, observer le décorum. ‖ ARQ. Décoration, *f.*
— OBSERV. *Acabar con decoro*, finir en beauté. ‖ *Con decoro*, dignement, correctement.
decorosamente adv. Convenablement, dignement, décemment (como se debe).
decoroso, sa adj. Convenable, correct, e ; décent, e : *no es decoroso ir a ese sitio*, ce n'est pas convenable d'aller à cet endroit. ‖ Honorable : *llevó una vida decorosa*, il mena une vie honorable. ‖ Digne, respectable (digno). ‖ Correct, e ; sérieux, euse (que obra bien). ‖ *Tener un final muy decoroso*, finir en beauté.
decrecer* v. intr. Décroître, diminuer (disminuir).
decreciente adj. Décroissant, e.
decrecimiento o **decremento** m. Décroissance, *f.*, diminution, *f.*
decremento m. MAT. Décrément.
decrépito, ta adj. Décrépit, e : *anciano decrépito*, vieillard décrépit.
decrepitud f. Décrépitude.
decrescendo adv. y s. MÚS. Decrescendo.
decretal f. Décrétale (decisión del Papa).
decretar v. tr. Décréter.
— OBSERV. L'espagnol *decretar* n'a que le sens de « décider par décret ».
decreto m. Décret. ‖ *Decreto ley*, décret-loi.
decúbito m. MED. Décubitus : *decúbito supino, prono*, décubitus dorsal, ventral.
decuplar o **decuplicar** v. tr. Décupler.
decuplo, pla adj. y s. m. Décuple.
decuria f. HIST. Décurie.
decurión m. HIST. Décurion.
decurrente adj. BOT. Décurrent, e.
decursas f. pl. DR. Arrérages (*m.*) d'un cens.
decurso m. Cours : *el decurso de los años*, le cours des ans.
decusado, da o **decuso, sa** adj. BOT. Décussé, e.
dechado m. Modèle, exemple : *dechado de virtudes*, modèle de vertu.
dedada f. Un petit peu [ce que l'on peut prendre avec le doigt].
dedal m. Dé à coudre, dé (para coser). ‖ Doigtier (dedil).
dedalera f. BOT. Digitale.

dédalo m. Fig. Dédale, labyrinthe (laberinto).

Dédalo n. pr. m. Mitol. Dédale.

dedicación f. Dédicace (de una iglesia). ‖ Vocable, m. (inscripción). ‖ — *De dedicación exclusiva* ou *de plena dedicación,* à plein temps o à temps complet. ‖ *Le consagra una dedicación completa,* il lui consacre tout son temps.

dedicar v. tr. Dédier (una iglesia, etc.). ‖ Dédicacer, dédier (un libro). ‖ Consacrer (dinero, esfuerzos). ‖ Occuper, consacrer (tiempo). ‖ Adresser (palabras).
— V. pr. S'adonner, se consacrer : *dedicarse al estudio,* s'adonner à l'étude. ‖ S'occuper (ocuparse) : *dedicarse a la política, a obras de caridad,* s'occuper de politique, d'œuvres de charité ; *¿a qué te dedicas?,* de quoi t'occupes-tu ? ‖ Se vouer, se consacrer (consagrarse) : *dedicarse a los enfermos,* se consacrer aux malades. ‖ Se livrer (con ardor). ‖ Passer son temps à (con el infinitivo) : *se dedica a cazar,* il passe son temps à chasser. ‖ *Emisión dedicada a Francia,* émission à destination de la France.

dedicativo, va adj. Dédicatoire.

dedicatoria f. Dédicace [d'un livre, d'un objet d'art, etc.].

dedicatorio, ria adj. Dédicatoire.

dedil m. Doigtier, doigt : *dedil de goma,* doigt en caoutchouc.

dedillo m. Petit doigt. ‖ *Saber al dedillo,* savoir sur le bout du doigt.

dedo m. Doigt : *yema* ou *punta del dedo,* bout du doigt. ‖ Doigt (medida). ‖ — *Dedo anular,* annulaire. ‖ *Dedo auricular, meñique* ou *pequeño,* auriculaire, petit doigt. ‖ *Dedo cordial* ou *de en medio* ou *del corazón,* doigt du milieu, médius. ‖ *Dedo del pie,* orteil, doigt de pied. ‖ *Dedo gordo,* pouce. ‖ *Dedo índice,* index. ‖ — *A dos dedos de,* à deux doigts de. ‖ *Beber un dedo de vino,* boire un doigt de vin. ‖ *Contar con los dedos,* compter sur ses doigts. ‖ Fig. *Cogerse los dedos,* se laisser prendre. ‖ *Chuparse el dedo,* sucer son pouce (un niño). ‖ *Está para chuparse los dedos,* c'est à s'en lécher les doigts o les babines. ‖ *Estar a dos dedos de,* être à deux doigts de. ‖ *Meter los dedos a uno,* tirer les vers du nez à quelqu'un. ‖ *Morderse los dedos,* s'en mordre les doigts. ‖ *No chuparse los dedos* ou *no mamarse el dedo,* ne pas être idiot o né d'hier. ‖ *Nombrar a dedo,* désigner. ‖ *No mover un dedo de la mano,* ne rien faire de ses dix doigts. ‖ *No tener dos dedos de frente,* n'avoir pas deux sous de jugeotte. ‖ *Poner el dedo en la llaga,* mettre le doigt sur la plaie. ‖ *Poner a uno los cinco dedos en la cara,* flanquer sa main sur la figure de quelqu'un. ‖ Mús. *Poner bien los dedos,* avoir du doigté, bien placer ses doigts. ‖ *Señalar con el dedo,* montrer du doigt. ‖ *Tocar con el dedo,* toucher du doigt.

deducción f. Déduction. ‖ Mús. Série diatonique. ‖ *Deducción del salario,* retenue sur le salaire.

deducir* v. tr. Déduire : *deduzco de* ou *por ello que no lo vas a hacer,* j'en déduis que tu ne vas pas le faire ; *deducir los gastos de las ganancias,* déduire les frais des gains. ‖ Dr. Alléguer, présenter. ‖ Com. Déduire, défalquer. ‖ *Deducir del salario,* retenir sur le salaire.

deductivo, va adj. Déductif, ive.

defalcar v. tr. Défalquer (rebajar). ‖ Détourner [des fonds] (robar).

defasaje m. Electr. Déphasage. ‖ Fig. Décalage, déphasage.

defecación f. Défécation.

defecar v. tr. Déféquer.

defección f. Défection (deserción).

defectivo, va adj. Défectueux, euse (defectuoso). ‖ — Adj. y s. m. Gram. Défectif, ive (verbo).

defecto m. ● Défaut. ‖ Défectuosité, *f.* (defectuo-

sidad). ‖ Impr. Défet (pliego). ‖ *A defecto de,* à défaut de, faute de. ‖ *En su defecto,* à défaut.
— Sinón. ● *Imperfección,* imperfection. *Vicio,* vice. *Tara,* tare.

defectuosidad f. Défectuosité.

defectuoso, sa adj. Défectueux, euse.

defendedor, ra adj. y s. Défenseur.
— Observ. La palabra *défenseur* no tiene forma femenina (*elle a été mon défenseur*).

defender* v. tr. Défendre : *defender la patria,* défendre sa patrie. ‖ Dr. Plaider, défendre : *defender una causa,* plaider une cause.
— V. pr. Se défendre. ‖ Fig. y Fam. Se débrouiller, se défendre (en un idioma), se défendre (no dársele mal).
— Observ. Le verbe espagnol *defender* a eu autrefois comme le français *défendre* le sens d' « interdire », mais il ne l'a plus aujourd'hui.

defendible adj. Défendable.

defendido, da adj. Dr. Défendeur, eresse. ‖ Intimé, e (en apelación).

defensa f. Défense : *defensa de una ciudad, de una idea,* défense d'une ville, d'une idée. ‖ Dr. Défense : *conceder la palabra a la defensa,* donner la parole à la défense. ‖ Plaidoyer, *m.,* plaidoirie (alegato). ‖ Mil. y Mar. Défense : *defensa pasiva,* défense passive. ‖ Protège-jambe, *m.* (moto). ‖ Défense (línea, en deportes). ‖ — Pl. Défenses (colmillos). ‖ — *En defensa de,* en faveur de, à la défense de. ‖ *En defensa mía* ou *propia,* à mon corps défendant. ‖ *Legítima defensa,* légitime défense.
— Observ. Ce mot n'a jamais le sens d' « interdiction ».

defensa m. Dep. Arrière : *defensa central, izquierda, derecha,* arrière central, gauche, droit.

defensiva f. Défensive : *estar, ponerse a la defensiva,* être o se tenir o se mettre sur la défensive. ‖ Défense (deportes) : *jugar a la defensiva,* jouer la défense.

defensivo, va adj. Défensif, ive : *táctica defensiva,* tactique défensive.

defensor, ra adj. Qui défend. ‖ *Abogado defensor,* défenseur.
— M. y f. Défenseur (sin fem.), avocat, e.

defensoría f. Dr. Ministère (*m.*) du défenseur.

defensorio m. Défense, *f.,* apologie, *f.*

deferencia f. Déférence : *por* ou *en deferencia a,* par déférence pour.

deferente adj. Déférent, e (atento). ‖ Anat. *Conducto deferente,* canal déférent.

deferir* v. intr. S'en remettre à, s'appuyer sur : *deferir al dictamen ajeno,* s'en remettre à la décision d'autrui.
— V. tr. Dr. Déférer : *deferir una causa a un tribunal,* déférer une cause à un tribunal.

deficiencia f. Déficience.

deficiente adj. Déficient, e. ‖ Médiocre : *alumno deficiente,* élève médiocre. ‖ *Deficiente mental,* arriéré.

deficientemente adv. Insuffisamment. ‖ Médiocrement : *trabajo hecho muy deficientemente,* travail fait très médiocrement.

déficit m. Déficit. ‖ *En déficit,* en déficit, déficitaire.
— Observ. Pl. *déficits.*

deficitario, ria adj. Déficitaire, en déficit.

definible adj. Définissable.

definición f. Définition. ‖ Définition (televisión). ‖ *Por definición,* par définition.

definido, da adj. Défini, e : *artículo definido,* article défini. ‖ *Lo definido,* ce qui est défini, le défini.

definidor, ra adj. Qui définit.
— M. Définiteur (religioso).

definir v. tr. Définir (determinar). ‖ Décider (decidir). ‖ Finir, mettre la dernière main à (una obra de pintura).
definitivo, va adj. Définitif, ive. ‖ *En definitiva*, en définitive, en fin de compte.
definitorio, ria adj. Définitoire.
deflación f. Déflation.
deflacionista adj. Déflationniste.
deflagración f. Déflagration.
deflagrador m. Tecn. Déflagrateur.
deflagrante adj. Déflagrant, e.
deflagrar v. intr. Déflagrer (p. us.), s'enflammer.
deflector m. Tecn. Déflecteur. | Chicane, *f.* (de cambiador).
defoliación f. Bot. Défoliation.
deformación f. Déformation : *deformación profesional*, déformation professionnelle.
deformado, da adj. ● Déformé, e. ‖ Avachi, e : *zapatos deformados*, souliers avachis. ‖ Perverti, e (conciencia).
— Sinón. ● *Ajado*, défraîchi. *Marchito*, fané. *Gastado*, usé.
deformador, ra adj. y s. Qui déforme.
deformar v. tr. Déformer.
— V. pr. Se déformer. ‖ S'avachir, se déformer : *los zapatos se deforman*, les souliers s'avachissent.
deforme adj. Difforme.
— Sinón. *Informe, contrahecho*, contrefait. *Mal hecho*, mal bâti, mal fait.
deformemente adv. D'une manière difforme.
deformidad f. Difformité.
defraudación f. Fraude.
defraudado, da adj. Déçu, e (decepcionado), frustré, e (frustrado).
defraudador, ra adj. y s. Fraudeur, euse.
defraudar v. tr. Frauder : *defraudar a sus acreedores*, frauder ses créanciers. ‖ Frauder (al fisco). ‖ Décevoir, frustrer (las esperanzas). ‖ Trahir : *defraudar la confianza de un amigo*, trahir la confiance d'un ami.
defuera adv. Dehors, au-dehors. ‖ *Por defuera*, du dehors, de l'extérieur.
defunción f. Décès, *m.* : *esquela de defunción*, faire-part de décès ; *partida de defunción*, acte de décès. ‖ *Cerrado por defunción*, fermé pour cause de décès.
degeneración f. Dégénérescence (de las células). ‖ Dégénération (de una familia).
degenerado, da adj. y s. Dégénéré, e.
degenerante adj. Dégénéré, e. ‖ Arq. Déprimé, e (arco).
degenerar v. intr. Dégénérer. ‖ Fig. *Degenerar en tontería*, dégénérer en bêtise.
— V. pr. Dégénérer, s'abâtardir : *animales que se degeneran*, animaux qui dégénèrent.
degenerativo, va adj. Dégénératif, ive.
deglución f. Déglutition.
deglutir v. intr. y tr. Déglutir.
degollación f. Décollation : *la degollación de San Juan Batista*, la décollation de saint Jean Baptiste. ‖ Égorgement, *m.* (degüello). ‖ Massacre, *m.* : *la degollación de los Santos Inocentes*, le massacre des saints Innocents.
degolladero m. Gorge, *f.* [cou des bêtes de boucherie]. ‖ Abattoir (matadero). ‖ Fig. *Llevar al degolladero*, mener à l'abattoir.
degollador, ra m. y f. Égorgeur, euse.
degolladura f. Blessure à la gorge (herida).
degollar* v. tr. Égorger (cortar la garganta). ‖ Décoller, décapiter (decapitar). ‖ Fig. Ruiner, détruire (arruinar) : *esto degüella todos mis proyectos*, cela ruine tous mes projets. ‖ Mar. Déchirer les voiles. ‖ Taurom. Égorger [effectuer maladroitement la mise à mort]. ‖ Teatr. Massacrer (representar mal).
degollina f. Fam. Boucherie, tuerie, massacre, *m.*

degradación f. Dégradation : *degradación cívica, militar*, dégradation civique, militaire. ‖ Fig. Dégradation, avilissement, *m.* (envilecimiento). ‖ Artes. Dégradé, *m.*, dégradation, fondu, *m.* : *la degradación de los colores*, le fondu des couleurs. ‖ *Degradación de luz*, dégradé.
degradador m. Fot. Dégradateur (desvanecedor).
degradante adj. Dégradant, e.
degradar v. tr. Dégrader : *degradar a un militar*, dégrader un militaire. ‖ Fig. Dégrader, avilir : *degradado por la bebida*, dégradé par la boisson. ‖ Dégrader, fondre (el color), réduire (el tamaño).
degüello m. Égorgement. ‖ — Mil. *Entrar a degüello*, massacrer : *entraron a degüello en la ciudad*, ils massacrèrent la ville entière. ‖ *Pasar a degüello*, passer au fil de l'épée. ‖ Fig. y Fam. *Tirar a uno a degüello*, s'acharner contre *o* sur quelqu'un. ‖ Mil. *Tocar a degüello*, sonner la charge (caballería).
degustación f. Dégustation.
degustar v. tr. Déguster (probar, catar).
— Observ. Ce mot est un gallicisme.
dehesa f. Pâturage, *m.* ‖ Fig. *Soltar el pelo de la dehesa*, se dégrossir, se polir.
dehiscencia f. Bot. Déhiscence.
dehiscente adj. Bot. Déhiscent, e.
deicida adj. y s. Déicide.
deicidio m. Déicide.
deícola adj. y s. Déicole.
deidad f. Divinité, déité : *las deidades de la Fábula*, les déités de la Fable.
deificación f. Déification.
deificar v. tr. Déifier (a una persona). ‖ Diviniser (una cosa).
deísmo m. Déisme.
deísta adj. y s. Déiste.
deja f. Saillie [entre deux entailles].
dejación f. Abandon, *m.*, cession : *dejación de bienes*, cession de biens.
dejada f. Abandon, *m.*, action de laisser *o* de quitter. ‖ Amorti, *m.* (en tenis).
dejadez f. Laisser-aller, *m.* ‖ Négligence, abandon (descuido).
dejado, da adj. Négligent, e (negligente). ‖ Indolent, e (flojo). ‖ Apathique, abattu, e (caído de ánimo). ‖ *Dejado de la mano de Dios*, abandonné des dieux.
— M. y f. Personne (*f.*) négligente.
dejador m. De cujus [celui dont la succession est ouverte].
dejamiento m. Abandon (dejación). ‖ Laisser-aller, nonchalance, *f.* (dejadez). ‖ Abattement (decaimiento).
dejar v. tr. Laisser : *lo he dejado en casa*, je l'ai laissé à la maison ; *le ha dejado algo por* ou *sin hacer*, il vous a laissé quelque chose à faire ; *déjalo tranquilo*, laisse-le tranquille ; *dejar a uno el cuidado de*, laisser à quelqu'un le soin de ; *dejar improductivo un capital*, laisser dormir un capital. ‖ Déposer : *dejé a mi amigo en la estación*, j'ai déposé mon ami à la gare. ‖ ● Quitter : *dejar a su mujer*, quitter sa femme ; *dejar un empleo*, quitter sa place. ‖ Laisser, abandonner : *dejar a sus hijos*, abandonner ses enfants. ‖ Cesser, arrêter : *deja de trabajar a las seis*, il arrête de travailler à 6 heures ; *dejó de escribirme*, il a cessé de m'écrire. ‖ Rapporter : *este negocio deja mucho dinero*, cette affaire rapporte beaucoup d'argent. ‖ — *Dejad que los niños se acerquen a mí*, laissez venir à moi les petits enfants. ‖ Fam. *¡Déjalo!*, laisse tomber ! ‖ *¡Déjame en paz!*, laisse-moi tranquille !, fiche-moi la paix ! ‖ *Dejar al descubierto*, découvrir (un ejército). ‖ *Dejar aparte*, laisser de côté. ‖ Fig. *Dejar a salvo*, faire abstraction de. ‖ *Dejar atrás*, laisser en arrière, lâcher, distancer. ‖ *Dejar a un lado* ou *de*

lado, laisser de côté. ǁ Fig. *Dejar caer*, glisser : *dejó caer en la conversación que quería irse a España*, il glissa dans la conversation qu'il voulait partir en Espagne. ǁ *Dejar como nuevo*, remettre à neuf (una cosa), remettre (una persona). ǁ *Dejar correr*, laisser faire, laisser courir. ǁ Fam. *Dejar chiquito*, laisser loin derrière, surpasser : *este nuevo modelo deja chiquito a todos los anteriores*, ce nouveau modèle laisse loin derrière tous les précédents ; en boucher un coin, faire la pige : *se compró un coche deportivo para dejar chiquita a toda la vecindad*, il acheta une voiture de sport pour en boucher un coin à tous ses voisins. ǁ *Dejar decir o hablar*, laisser dire. ǁ *Dejar de cuenta*, laisser pour compte. ǁ Fig. *Dejar de lado*, renoncer. ǁ *Dejar de la mano de Dios*, abandonner. ǁ *Dejar dicho*, dire : *he dejado dicho que no me despierten*, j'ai dit qu'on ne me réveille pas. ǁ Fam. *Dejar fresco*, ne faire ni chaud ni froid : *esto me deja fresco*, cela ne me fait ni chaud ni froid. ǀ *Dejar plantado* ou *en la estacada*, planter là, laisser le bec dans l'eau. ǁ *Dejar por heredero a uno*, faire son héritier de quelqu'un : *le ha dejado por heredero*, il en a fait son héritier. ǁ *Dejar que*, laisser, permettre de *o* que : *déjeme que hable*, laissez-moi parler ; *dejó a su hijo que saliera*, il permit à son fils de sortir, il laissa son fils sortir. ǁ *Dejar que desear*, laisser à désirer. ǁ *Dejar tiempo al tiempo*, laisser faire le temps. ǁ *Dejar tirado a alguien*, laisser tomber quelqu'un. ǁ *Dejar todo de la mano*, laisser tout aller. ǁ *Dejémoslo así*, restons-en là. ǁ *No dejar a uno ni a sol ni a sombra*, ne pas quitter quelqu'un d'une semelle. ǁ *No dejar de*, ne pas manquer *o* ne pas laisser de : *no deja de extrañarme su conducta*, sa conduite ne laisse pas de me surprendre ; ne pas manquer *o* oublier : *no dejes de venir*, n'oublie pas de venir. ǁ *No dejarle a uno un hueso sano*, mettre quelqu'un en charpie, hacher menu comme à chair à pâté. ǁ Fig. *No dejar piedra por mover*, remuer ciel et terre. ǁ *No dejes para mañana lo que puedes hacer hoy*, il ne faut pas remettre au lendemain ce que l'on peut faire le jour même. ǁ *No por eso deja de ser un disparate*, cela n'empêche pas que ce soit une bêtise. ǁ *No por eso dejaré de ir*, je n'en irai pas moins, cela ne m'empêchera pas d'y aller. ǁ *Si me dejan*, si on me laisse faire. ǁ *Sin dejar de hablar*, sans cesser de parler *o* tout en parlant.
— V. pr. Se faire : *se deja sentir el frío*, le froid se fait sentir. ǁ Se laisser : *dejarse llevar por el viento*, se laisser porter par le vent ; *dejarse beber*, se laisser boire. ǁ Se négliger, se laisser aller (descuidarse). ǁ — Fig. y fam. *Dejarse caer*, se présenter, débarquer : *me dejé caer por su casa a las ocho*, j'ai débarqué chez eux à huit heures. ǁ *Dejarse convencer*, se laisser convaincre. ǁ *Dejarse de*, arrêter de : *déjate de historias*, arrête de raconter des histoires ; *déjese de llorar*, arrêtez de pleurer. ǁ *Dejarse de cuentos, de rodeos*, aller droit au but. ǁ *Dejarse de ilusiones*, perdre ses illusions. ǁ *Dejarse estar*, laisser faire. ǁ *Dejarse ir*, se laisser aller. ǁ *Dejarse llevar por*, se laisser aller à, se laisser emporter par : *dejarse llevar por la cólera*, se laisser emporter par la colère. ǁ *Dejarse rogar*, se faire prier. ǁ Fam. *Dejarse ver*, apparaître, se montrer, être visible : *¡por fin!, ¿te dejas ver?*, enfin, tu te montres ?
— Observ. *Dejar* suivi d'un participe passé équivaut à l'emploi simple du verbe correspondant, avec cependant une nuance d'intensité, de plénitude : *dejar a uno asombrado* (asombrar), ébahir, laisser bouche bée ; *dejar desamparado* (desamparar), abandonner, laisser à l'abandon. *Dejar hecho* est un cas particulier, fort employé, de cette construction : *la lluvia le dejó hecho una sopa*, la pluie le trempa comme une soupe ; *eso lo dejó hecho una estatua*, cela l'a littéralement pétrifié.
— Sinón. ● *Marcharse de, separarse de, alejarse de*, quitter. *Despedirse*, prendre congé. *Plantar, dejar plan-*

tado, planter (fam.), plaquer (pop.). *Desembarazarse de*, se débarrasser de.

deje o **dejo** m. Accent (de la voz). ǁ Abandon (dejación). ǁ (P. us.). Fin, *f.*, terme d'une chose (fin). ǁ Nonchalance, *f.* (dejadez). ǁ Arrière-goût (gusto). ǁ Fig. Arrière-goût (sentimiento). ǁ *Deje de cuenta*, laissé-pour-compte.

dejillo m. Accent (modo de hablar). ǁ Arrière-goût (del gusto).

del art. [contr. de *de el*]. Du (delante de los nombres masculinos que comienzan por una consonante, salvo la *h* muda) : *los precios del pan y del arenque son módicos*, les prix du pain et du hareng sont modiques. ǁ De l' (en los demás casos) : *este libro trata del amor y del honor*, ce livre traite de l'amour et de l'honneur. ǁ Sur : *Francfort del Meno*, Francfort-sur-le-Main.
— Observ. V. de.

delación f. Délation.

delantal m. Tablier.

delante adv. Devant : *andar delante*, marcher devant ; *delante de mí*, devant moi. ǁ — *Delante de*, devant : *delante de la ventana*, devant la fenêtre. ǁ *Se lleva todo por delante*, rien ne l'arrête. ǁ *Tener algo delante de sus narices*, avoir quelque chose sous le nez. ǁ *Tener mucho trabajo por delante*, avoir beaucoup de travail devant soi *o* sur la planche.

delantera f. Devant, *m.* (de casa, de prenda de vestir, etc.). ǁ Avant, *m.* (de coche, de buque). ǁ Premier rang, *m.* (teatro *o* plaza de toros). ǁ Avance [temps ou chemin gagnés sur un concurrent]. ǁ Avants, *m. pl.* : *la delantera de un equipo de fútbol*, les avants d'une équipe de football. ǁ — Pl. Culotte (*sing.*) de paysan fendue sur les côtés et servant à protéger les autres vêtements. ǁ *Coger* ou *tomar a uno la delantera*, prendre les devants (anticiparse a uno), devancer quelqu'un, gagner quelqu'un de vitesse (adelantársele).

delantero, ra adj. Qui va devant (primero). ǁ Situé, située en avant *o* devant (anterior). ǁ Avant (en un vehículo) : *rueda delantera*, roue avant.
— M. Dep. Avant : *delantero centro*, avant centre. ǁ Devant (de un jersey).

delatar v. tr. Dénoncer : *delatar a los cómplices*, dénoncer ses complices.

delator, ra adj. y s. Dénonciateur, trice ; délateur, trice.

delco m. Autom. Delco.

dele o **deleátur** m. Impr. Deleatur.

deleble adj. Délébile.

delectación f. Délectation : *delectación morosa*, délectation morose.

delegación f. Délégation. ǁ — *Delegación sindical*, délégation syndicale (conjunto de delegados), bureau syndical [en Espagne].

delegado, da adj. y s. Délégué, e.

delegar v. tr. Déléguer : *delegar sus poderes a* ou *en una persona*, déléguer ses pouvoirs à une personne.

delegatorio, ria adj. Délégatoire.

deleitable adj. Délectable.

deleitación f. o **deleitamiento** m. Délectation, *f.*

deleitante adj. Délectable (deleitoso).

deleitar v. tr. Enchanter, charmer : *la música deleita el oído*, la musique charme l'oreille. ǁ Délecter (dar gozo muy intenso). ǁ *Deleitar aprovechando*, joindre l'utile à l'agréable, divertir et enseigner [devise des œuvres classiques].
— V. pr. Prendre un vif plaisir, aimer beaucoup, se délecter : *deleitarse en la lectura*, aimer beaucoup la lecture, prendre un vif plaisir à la lecture ; *deleitarse en novelas policiacas*, se délecter de romans policiers ; *deleitarse con* ou *en la contemplación de*, se délecter à la contemplation de.
— Observ. *Délecter* se usa mucho menos que « *deleitar* » en espagnol.

deleite m. Délectation, *f. : leer con deleite,* lire avec délectation. ‖ Plaisir, délice : *vivir en los deleites,* vivre dans les plaisirs ; *esto es un deleite,* c'est un délice ; *el deleite de los hombres,* les délices du genre humain.
— OBSERV. *Délice* en plural es femenino.

deleitosamente adv. Délicieusement.

deleitoso, sa adj. Délicieux, euse ; délectable.

deletéreo, a adj. Délétère (venenoso).

deletrear v. tr. Épeler : *deletree su apellido,* épelez votre nom. ‖ FIG. Déchiffrer : *deletrear jeroglíficos,* déchiffrer des hiéroglyphes.

deletreo m. Épellation, *f.* (de palabras o sílabas), déchiffrage (desciframiento).

deleznable adj. Friable : *arcilla deleznable,* argile friable. ‖ Glissant, e (que resbala). ‖ FIG. Fragile, peu résistant, e ; peu durable (que dura poco). | Détestable, horrible : *clima deleznable,* climat détestable.

delfín m. Dauphin (cetáceo). ‖ Dauphin (príncipe heredero en Francia).

Delfín n. pr. m. Delphin.

delfina f. Dauphine (esposa del delfín de Francia).

Delfinado n. pr. m. GEOGR. Dauphiné.

delfines, esa adj. y s. Dauphinois, e.

delfínidos m. pl. ZOOL. Delphinidés.

Delfos n. pr. GEOGR. Delphes.

delgadez f. Minceur, finesse. ‖ Maigreur : *delgadez cadavérica,* maigreur cadavérique.

delgado, da adj. Mince, fin, e (poco grueso) : *mujer delgada de cintura,* femme à la taille mince. ‖ Maigre, mince (flaco) : *está muy delgado,* il est très maigre. ‖ Maigre (terreno). ‖ FIG. Spirituel, elle ; ingénieux, euse (agudo, ingenioso). | *— Intestino delgado,* intestin grêle. ‖ — FIG. *Hilar delgado,* fendre les cheveux en quatre. ‖ *Ponerse delgado,* maigrir, mincir : *se ha puesto delgado durante el servicio militar,* il a maigri pendant le service militaire ; *su hermana se ha puesto muy delgada,* sa sœur a beaucoup minci. — M. pl. Flanchets (del vientre de los cuadrúpedos).

delgaducho, cha adj. Maigrichon, onne ; maigrelet, ette ; grêle : *niño delgaducho,* enfant maigrichon ; *piernas delgaduchas,* jambes grêles.

deliberación f. Délibération.

deliberadamente adv. Délibérément, de propos délibéré.

deliberante adj. Délibérant, e : *asamblea deliberante,* assemblée délibérante.

deliberar v. intr. Délibérer.

deliberativo, va adj. Délibératif, ive.

deliberatorio, ria adj. DR. Délibératoire.

delicadeza f. Délicatesse (del rostro, gusto, etc.). ‖ Attention, *f.,* marque (*f.*) de délicatesse : *fue una delicadeza de su parte,* ce fut une attention de sa part. ‖ *Tener mil delicadezas con,* être aux petits soins pour, avoir mille attentions pour.

delicado, da adj. Délicat, e : *manjares delicados,* des mets délicats ; *situación delicada,* situation délicate. ‖ Délicat, e (de salud). ‖ Fluet, ette : *miembros delicados,* des membres fluets. ‖ Dégoûté, e : *hacerse el delicado,* faire le dégoûté. ‖ Susceptible (fácil de enojar).

delicaducho, cha adj. Maladif, ive ; fragile, malingre.

delicia f. Délice, *m. : es una verdadera delicia,* c'est un vrai délice. ‖ Délices, *pl. : Juanito es la delicia de sus padres,* Jeannot fait les délices de ses parents. ‖ — Pl. Délices.

delicioso, sa adj. Délicieux, euse.

delictivo, va adj. Délictueux, euse.

delictuoso, sa adj. Délictueux, euse.

delicuescencia f. Déliquescence.

delicuescente adj. Déliquescent, e.

delimitación f. Délimitation.

delimitar v. tr. Délimiter (temas, atribuciones).

delincuencia f. Délinquance : *delincuencia juvenil,* délinquance juvénile.

delincuente adj. y s. Délinquant, e.

delineación f. Délinéation.

delineante m. Dessinateur industriel.

delinear v. tr. Dessiner des plans, délinéer (p. us.). ‖ *Relieve bien delineado,* relief bien profilé *o* délimité.

delinquir v. intr. Commettre un délit.

delio, lia adj. y s. Délien, enne ; déliaque.

deliquio m. Évanouissement (desmayo). ‖ Extase, *f.* (éxtasis). ‖ QUÍM. Deliquium.

delirante adj. Délirant, e : *imaginación, ovaciones delirantes,* imagination, ovations délirantes. ‖ Délirant, e ; en délire : *muchedumbre delirante,* foule en délire.

delirar v. intr. Délirer. ‖ FIG. Délirer (desatinar).

delirio m. Délire : *delirio de la persecución,* délire de la persécution. ‖ — *Delirio de grandezas,* folie des grandeurs. ‖ *En delirio,* en délire, délirant, e.

delírium tremens m. MED. Delirium tremens.

delitescencia f. MED. y QUÍM. Délitescence.

delitescente adj. Délitescent, e.

delito m. Délit (culpa poco grave) : *delito de fuga,* délit de fuite. ‖ Crime (muy grave) : *delito común, político,* crime de droit commun, politique. ‖ — *Delito de lesa majestad,* crime de lèse-majesté. ‖ *Delito flagrante,* flagrant délit : *cogido en flagrante delito,* pris en flagrant délit. ‖ *El cuerpo del delito,* le corps du délit.

delta f. Delta, *m.* (letra). ‖ — M. Delta (de un río).

deltoides adj. y s. m. ANAT. Deltoïde.

demacración f. Émaciation, amaigrissement, *m.* (adelgazamiento). ‖ Affaiblissement, *m.,* dépérissement, *m.* (debilitación).

demacrado, da adj. Émacié, e ; amaigri, e : *rostro demacrado,* visage émacié.

demacrarse v. pr. S'émacier, maigrir.

demagogia f. Démagogie.

demagógico, ca adj. Démagogique.

demagogo m. Démagogue.

demanda f. Demande, requête : *rechazar una demanda,* rejeter une demande. ‖ Quête (limosna). ‖ COM. Demande : *la ley de la oferta y la demanda,* la loi de l'offre et de la demande. | Commande (pedido). ‖ Recherche, quête (busca) : *ir en demanda de,* aller à la recherche de (una persona), aller en quête de (una cosa). ‖ — DR. *Auto de demanda,* mise en cause. | *Presentar una demanda,* intenter une action. | *Satisfacer* ou *estimar una demanda,* faire droit à une requête.
— OBSERV. Le mot espagnol *demanda* a surtout un sens juridique ; *demande* se traduit normalement par *ruego, petición* ou *pregunta.*

demandado, da m. y f. DR. Défendeur, eresse.

demandante adj. y s. DR. Demandeur, eresse. | Plaidant, e : *abogado demandante,* avocat plaidant. | Poursuivant, e (querellante).

demandar v. tr. DR. Poursuivre, demander : *demandar en juicio,* demander en justice. ‖ (P. us.). Demander (pedir). | Convoiter, désirer (desear). ‖ — *Demandar por daños y perjuicios,* intenter une action en dommages et intérêts.

demaquillador m. Démaquillant.

demaquillar v. tr. Démaquiller.

demarcación f. Démarcation : *línea de demarcación,* ligne de démarcation. ‖ Démarcation, délimitation (de las fronteras). ‖ Zone (terreno). Territoire, *m.,* district, *m.* (jurisdicción).

demarcador, ra adj. Démarcatif, ive ; de démarcation : *línea demarcadora,* ligne démarcative.

demarcar v. tr. Délimiter. ‖ MAR. Déterminer la route d'un navire.

demás adj. y pron. ind. Autre, autres, *pl. : los demás invitados,* les autres invités ; *poco importa* *lo que piensan los demás,* peu importe ce que pensent les autres. ‖ *Lo demás,* le reste.

— OBSERV. Au pluriel, l'adjectif n'est pas toujours précédé de l'article : *Andrés y demás alumnos,* André et les autres élèves.

— Adv. Du reste, au reste, d'ailleurs. ‖ — *No estaría demás,* il ne serait pas inutile, cela ne ferait de mal à personne. ‖ *Por demás,* inutile, en vain : *está por demás que le escribas,* il est inutile de lui écrire, c'est en vain que tu vas lui écrire ; à l'excès, vraiment trop : *es por demás cobarde,* il est vraiment trop peureux. ‖ *Por lo demás,* cela dit, à part cela, au surplus, au reste, du reste, d'ailleurs. ‖ *Y demás,* et caetera (etc.) et les autres (personas), et le reste (cosas) : *visitamos, el Louvre, la torre Eiffel y demás,* nous avons visité le Louvre, la tour Eiffel, etc. ‖ *Y todo lo demás,* et le reste, et tout le reste.

demasía f. Excès, *m.* : *cometer demasías,* se livrer à des excès. ‖ Insolence, audace (atrevimiento). ‖ *En* ou *con demasía,* à l'excès.

demasiado, da adj. Trop de : *demasiada agua,* trop d'eau ; *demasiados libros,* trop de livres. ‖ Trop : *¿tienes bastantes revistas?* — *Tengo demasiadas,* as-tu assez de magazines ? — J'en ai trop. ‖ Excessif, ive : *la demasiada confianza es perjudicial,* une confiance excessive nuit. ‖ *Lo demasiado,* l'excès.

— Adv. Trop : *pides demasiado,* tu demandes trop. ‖ *Sería demasiado,* ce serait trop beau.

demasiarse v. pr. Passer les bornes.

demencia f. Démence.

demente adj. Dément, e ; démentiel, elle.

— M. y f. Dément, e.

demérito m. Démérite.

Demetrio n. pr. m. Démétrios.

demiurgo m. Démiurge.

democracia f. Démocratie.

demócrata adj. y s. Démocrate.

demócratacristiano, na m. y f. Démocrate-chrétien, enne.

democrático, ca adj. Démocratique.

democratización f. Démocratisation.

democratizar v. tr. Démocratiser.

Demócrito n. pr. m. Démocrite.

demódex m. Demodex (ácaro).

demografía f. Démographie.

demográfico, ca adj. Démographique.

demógrafo m. Démographe.

demoledor, ra adj. y s. Démolisseur, euse. ‖ FIG. Démolisseur, euse : *crítica demoledora,* critique démolisseuse.

demoler* v. tr. Démolir.

demolición f. Démolition, démolissage, *m.*

demonche m. FAM. Démon, diable.

demoniaco, ca adj. Démoniaque, possédé, e [du démon].

— M. y f. Démoniaque.

demonio m. Démon. ‖ — *¿Cómo demonios...?,* comment diable... ? ‖ *¡Demonio!* ou *¡demonios!,* diable!, mince! ‖ — FAM. *De mil demonios,* du tonnerre, à tout casser, formidable, du diable. ‖ *De todos los demonios,* de tous les diables. ‖ *Ese demonio de hombre,* ce diable d'homme. ‖ *Estar poseído por el demonio,* être possédé du démon. ‖ *Ponerse hecho un demonio* ou *ponerse como un demonio,* écumer de colère. ‖ *¡Qué demonios!,* que diable! ‖ *¡Que me lleve el demonio si...!,* que le diable m'emporte si...! ‖ *¿Quién demonios...?,* qui diable... ? ‖ *Ser el mismísimo demonio,* être le diable en personne. ‖ *Tener el demonio en el cuerpo,* avoir le diable au corps o dans la peau.

demonografía f. Démonographie.

demonógrafo m. Démonographe.

demonología f. Démonologie.

demonomanía f. Démonomanie.

demontre m. FAM. Démon, diable. ‖ FAM. *¡Qué demontre!,* que diable!

demora f. ● Retard, *m.*, délai, *m.* ‖ Attente : *¿qué demora tiene una conferencia telefónica con Málaga?,* quelle attente y a-t-il pour une communication téléphonique avec Malaga ? ‖ DR. Retard, *m.* ‖ (Ant.). *Amer.* Travail (*m.*) forcé des Indiens dans les mines [8 mois]. ‖ *Sin demora,* sans retard, sans délai, sans différer.

— SINÓN. ● *Plazo,* délai. *Respiro,* répit. *Tregua,* trêve. *Prórroga,* sursis, atermoiement. *Aplazamiento,* ajournement, remise. *Tardanza,* retard. *Moratoria,* moratoire.

demorar v. tr. ● Retarder (retardar) : *demorar un viaje,* retarder un voyage ; *no quiero demorarte más,* je ne veux pas te retarder davantage. ‖ Remettre à plus tard : *no demores tu solicitud,* ne remets pas ta demande à plus tard.

— V. intr. Tarder : *me he demorado en contestarle,* j'ai tardé à vous répondre. ‖ Demeurer, s'arrêter (detenerse). ‖ MAR. Se trouver dans une certaine direction par rapport à un point donné.

— OBSERV. *Demorar* n'a pas le sens français de « demeurer », « habiter ».

— SINÓN. ● *Retrasar,* retarder. *Diferir,* différer. *Posponer,* remettre. *Remitir,* renvoyer. *Aplazar,* ajourner. *Entretener,* lanterner.

demostrable adj. Démontrable.

demostración f. Démonstration.

— SINÓN. *Exposición,* exposition, exposé. *Explicación,* explication. *Testimonio,* témoignage.

demostrador, ra adj. y s. Démonstrateur, trice.

demostrar* v. tr. Démontrer : *demostrar una teoría,* démontrer une théorie. ‖ Démontrer : *demostrar su ignorancia en la materia,* démontrer son ignorance en la matière. ‖ Montrer : *su respuesta demuestra su inteligencia,* sa réponse montre son intelligence. ‖ Faire preuve de : *demostrar buena voluntad,* faire preuve de bonne volonté. ‖ Prouver : *eso no demuestra nada,* cela ne prouve rien.

demostrativo, va adj. y s. m. Démonstratif, ive.

demótico, ca adj. Démotique (escritura).

demudación f. o **demudamiento** m. Changement, *m.* (cambio). ‖ Altération (*f.*) des traits o de l'expression (del rostro).

demudar v. tr. Changer (cambiar). ‖ Altérer : *rostro demudado por la cólera,* visage altéré par la colère.

— V. pr. S'altérer, changer : *su cara se demudó,* son visage s'altéra.

denantes adv. FAM. Avant, auparavant.

denario, ria adj. Dénaire (decimal).

— M. Denier (moneda). ‖ Nombre dénaire (número).

dendrita f. MIN. y BIOL. Dendrite.

dendrografía f. BOT. Dendrographie.

dendrómetro m. Dendromètre.

denegación f. Dénégation. ‖ DR. Débouté, *m.* ‖ *Denegación de auxilio,* non-assistance à personne en péril o en danger. ‖ *Denegación de demanda,* fin de non-recevoir. ‖ *Denegación de paternidad,* désaveu de paternité.

denegar* v. tr. Refuser, dénier : *denegar un derecho,* dénier un droit. ‖ DR. Débouter (una demanda).

dengoso, sa adj. Minaudier, ère.

dengue m. Fichu (prenda de vestir). ‖ MED. Dengue, *f.* (enfermedad). ‖ POP. Démon, diable (demonio). ‖ *Amer.* Belle-de-nuit, *f.* (planta). ‖ — Pl. Minauderies, *f.,* façons, *f.,* chichis, manières, *f.* : *no me vengas con dengues,* pas tant de manières.

denguear v. intr. Minauder.

denguero, ra adj. Minaudier, ère.

denigración f. Dénigrement, *m.*

denigrador, ra o **denigrante** adj. Dénigrant, e (deshonroso).

— M. y f. Dénigreur, euse (p. us.), détracteur, trice (que denigra).

denigrar v. tr. Dénigrer. ‖ Injurier (injuriar).

denigrativo, va adj. Dénigrant, e.

denodadamente adv. Avec courage, courageusement, vaillamment.

denodado, da adj. Courageux, euse; vaillant, e (valiente).

denominación f. Dénomination. ‖ Appelation (de los vinos, etc.) : *denominación de origen*, appellation d'origine o contrôlée.

denominado, da adj. MAT. *Número denominado*, nombre complexe.

denominador, ra adj. Qui dénomme.

— M. MAT. Dénominateur.

denominar v. tr. Dénommer.

denominativo, va adj. Dénominatif, ive.

denostador, ra adj. Injuriant, e; insultant, e.

denostar* v. tr. Insulter, injurier.

denotar v. tr. Dénoter : *denotar franqueza*, dénoter de la franchise. ‖ Signifier : *este refrán denota que...*, ce proverbe signifie que... ‖ Indiquer, dénoncer, montrer : *su ropa denotaba su miseria*, ses vêtements montraient sa misère; *su nerviosismo denotaba su ira*, sa nervosité dénonçait sa colère.

densamente adv. D'une façon dense.

densidad f. Densité. ‖ Épaisseur (de la noche).

densificar v. tr. Rendre plus dense.

— V. pr. Devenir plus dense.

densimetría f. FÍS. Densimétrie.

densimétrico, ca adj. FÍS. Densimétrique.

densímetro m. FÍS. Densimètre.

denso, sa adj. Dense : *humo denso*, fumée dense; *multitud densa*, foule dense. ‖ FIG. Épais, aisse; dense : *una noche densa*, une nuit épaisse. ‖ Dense : *pensamiento denso*, pensée dense. ‖ *Lo denso de la noche*, l'épaisseur de la nuit.

dentada f. AMER. Coup (*m.*) de dent, morsure (dentellada).

dentado, da adj. Denté, e; en dents de scie : *rueda dentada*, roue dentée. ‖ Dentu, e (con dientes). ‖ BOT. Dentelé, e (hoja). ‖ BLAS. Denté, e (animal), dentelé, e (escudo).

— M. Dents, *f. pl.* : *el dentado de un sello*, les dents d'un timbre.

dentadura f. Denture, dents, *pl.* : *tiene una dentadura muy bonita*, il a de très jolies dents. ‖ *Dentadura postiza*, dentier, fausses dents, râtelier (fam.).

dental adj. Dentaire : *prótesis dental*, prothèse dentaire. ‖ *Crema dental*, pâte dentifrice. ‖ — Adj. y s. f. Dental, e : *consonante dental*, consonne dentale. ‖ — M. AGRIC. Sep (del arado).

dentar* v. tr. Denter : *dentar una sierra*, denter une scie.

— V. intr. Percer o faire ses dents (niño).

dentario, ria adj. Dentaire.

dentelaria f. BOT. Dentelaire (belesa).

dentellada f. Coup (*m.*) de dent : *dar dentelladas*, donner des coups de dent. ‖ *Morder a dentelladas*, mordre à belles dents.

dentellado, da adj. Denté, e. ‖ BLAS. Engrêlé, e.

dentellar v. intr. Claquer des dents : *dentella de miedo*, il claque des dents de peur.

dentellear v. tr. Mordiller (mordiscar).

dentellón m. ARQ. Denticule (dentículo). ‖ Pierre (*f.*) d'attente (adaraja). ‖ Dent (*f.*) de serrure.

dentera f. Agacement, *m.* (en los dientes). ‖ FIG. y FAM. Envie, *f.*, (envidia) : *dar dentera a uno*, faire crever d'envie quelqu'un. ‖ *Dar dentera*, agacer les dents : *la acedera da dentera*, l'oseille agace les dents.

dentición f. Dentition.

denticulado, da adj. Denticulé, e.

dentículo m. ARQ. Denticule.

dentífrico, ca adj. y s. m. Dentifrice. ‖ *Pasta dentífrica*, pâte dentifrice.

dentina f. Dentine (esmalte).

dentirrostros m. pl. Dentirostres (aves).

dentista m. Dentiste, chirurgien-dentiste : *ir al dentista*, aller chez le dentiste.

— SINÓN. *Odontólogo*, odontologue. *Estomatólogo*, stomatologiste. *Pop. Sacamuelas*, arracheur de dents.

dentón, ona adj. y s. FAM. Qui a de grandes dents. ‖ — M. Denté (pez).

dentro adv. Dans (con un complemento) : *dentro de la casa*, dans la maison; *dentro de dos días, de un año*, dans deux jours, dans un an. ‖ Dedans, à l'intérieur : *busqué la carta en mi bolsillo y estaba dentro*, j'ai cherché la lettre dans ma poche et elle était dedans. ‖ — *Dentro de poco*, d'ici peu, avant peu, sous peu, tout à l'heure. ‖ FAM. *¿Dentro o fuera?*, c'est oui ou c'est non? ‖ — *A dentro*, dedans. ‖ *Ahí dentro*, là-dedans (de una cosa), à l'intérieur (de la casa). ‖ *De dentro*, du dedans. ‖ *Por dentro* ou *por de dentro*, en dedans, à l'intérieur, par-dedans, au-dedans. ‖ — *¿Dónde está? — Dentro*, où est-il? — Dans la maison o à l'intérieur. ‖ *Ir hacia dentro* ou *para dentro*, rentrer. ‖ *Meter hacia dentro*, rentrer : *meter hacia dentro el estómago*, rentrer l'estomac. ‖ *Tener los pies hacia dentro*, avoir les pieds en dedans.

dentudo, da adj. y s. Dentu, e (p. us.), qui a de grandes dents. ‖ *Amer.* Nom donné à plusieurs requins (tiburón).

denudación f. GEOL. Dénudation.

denudar v. tr. GEOL. Dénuder.

denuedo m. Courage, intrépidité, *f.*

denuesto m. Insulte, *f.*, injure, *f.*

denuncia f. Dénonciation (de un criminal, de un tratado). ‖ Plainte : *presentar una denuncia*, déposer une plainte. ‖ — *Denuncia de multa*, procès-verbal. ‖ *Denuncia escrita*, procès-verbal (de un delito).

denunciable adj. Qui peut être dénoncé.

denunciación f. Dénonciation.

denunciador, ra o **denunciante** adj. y s. Dénonciateur, trice.

denunciar v. tr. Dénoncer : *denunciar un tratado*, dénoncer un traité; *denunciar a un criminal*, dénoncer un criminel. ‖ *Amer.* Demander une concession minière (una mina).

denunciatorio, ria adj. Qui dénonce, dénonciateur, trice.

denuncio m. Demande (*f.*) de concession minière.

deontología f. Déontologie.

deontológico, ca adj. Déontologique.

deparar v. tr. Procurer, accorder (conceder). ‖ Présenter, offrir, proposer : *entré en el primer cine que me deparó la suerte*, je suis entré dans le premier cinéma qui s'est présenté à moi. ‖ — *Deparar una oportunidad*, offrir une occasion. ‖ *¡Dios te la depare buena!* je te souhaite bien du plaisir!, bonne chance!

departamental adj. Départemental, e.

departamento m. Département (división territorial). ‖ Service, département (división administrativa). ‖ Compartiment : *caja dividida en seis departamentos*, boîte divisée en six compartiments. ‖ Compartiment (de un vagón de ferrocarril). ‖ Rayon (en una tienda) : *el departamento de corbatas*, le rayon des cravates. ‖ *Amer.* Appartement (piso). ‖ — *Departamento marítimo*, préfecture maritime. ‖ *Jefe de un departamento marítimo*, préfet maritime.

— OBSERV. Francia está dividida en 95 *départements*.

— L'Espagne n'est pas divisée en départements mais en *provincias*. Le *departamento* est la division administrative de certains pays d'Amérique latine (Bolivie, Colombie, Pérou, Uruguay, etc.).

departidor, ra adj. y s. Interlocuteur, trice.

departir v. intr. Deviser, causer, s'entretenir, parler.

depauperación f. Appauvrissement, *m.* ‖ Med. Affaiblissement, *m.* (debilitación).

depauperar v. tr. Appauvrir (empobrecer). ‖ Med. Affaiblir (debilitar).

dependencia f. Dépendance : *estar bajo la dependencia de*, être sous la dépendance de. ‖ Succursale (oficina). ‖ Affaire annexe (asunto).
— Pl. Dépendances, appartenances : *las dependencias de un palacio*, les dépendances d'un château. ‖ Communs, *m.* (conjunto de edificios para la servidumbre). ‖ *Dependencia asistencial*, dispensaire.

depender v. intr. Dépendre, relever : *depender de alguien*, dépendre de quelqu'un ; *no depender de nadie*, ne relever de personne. ‖ Dépendre : *de usted depende que...*, il dépend de vous que... ; *eso depende*, cela dépend. ‖ Tenir, dépendre : *sólo depende de mí que...*, il ne tient qu'à moi de...

dependienta f. Employée, vendeuse, commise.

dependiente adj. Dépendant, e.
— M. Employé, vendeur, commis (empleado). ‖ *Dependiente de una tienda de comestibles*, garçon épicier.

depilación f. Épilation, dépilation, épilage, *m.*

depilar v. tr. Épiler, dépiler.

depilatorio, ria adj. y s. m. Dépilatoire.

deplorable adj. Déplorable.

deplorar v. tr. Déplorer (lamentar).

deponente adj. Déposant, e (que depone). ‖ — Adj. y s. m. Gram. Déponent, e (verbo).

deponer* v. tr. Déposer, poser : *deponer las armas*, déposer les armes. ‖ Déposer (destituir). ‖ Déposer : *deponer ante el juez*, déposer devant le juge. ‖ Fig. Bannir : *deponer el temor, la ira*, bannir la peur, la colère.
— V. intr. Déposer, témoigner en justice (prestar declaración). ‖ Aller à la selle (defecar). ‖ *Amer.* Vomir (vomitar).

deportación f. Déportation.

deportado, da adj. y s. Déporté, e.

deportar v. tr. Déporter.

deporte m. Sport : *deportes de invierno*, sports d'hiver ; *campo de deportes*, terrain de sport. ‖ — *Deporte de remo*, aviron. ‖ *Deporte de vela*, yachting, voile.

deportismo m. Pratique (*f.*) du sport, sport. ‖ Amour du sport (afición).

deportista adj. y s. Sportif, ive.

deportividad f. o **deportivismo** m. Esprit (*m.*) sportif, sportivité, *f.*

deportivo, va adj. Sportif, ive : *periódico deportivo*, journal sportif. ‖ De sport : *coche deportivo*, voiture de sport. ‖ Sport, *inv.* (traje). ‖ *Campo deportivo*, terrain de sport.
— M. Voiture (*f.*) de sport.

deposición f. Déposition (de un rey o un obispo, de un testigo). ‖ Élimination, selles, *pl.* (evacuación de vientre). ‖ *La Deposición de la Cruz*, la Déposition de Croix.

depositador, ra adj. y s. Déposant, e.

depositante adj. y s. Déposant, e.

depositar v. tr. Déposer, mettre en dépôt : *depositar fondos en el Banco*, déposer des fonds à la banque. ‖ Déposer (los líquidos) : *el vino deposita heces*, le vin dépose de la lie. ‖ Entreposer, laisser en dépôt : *depositar las mercancías en un almacén*, entreposer les marchandises dans un magasin. ‖ Dr. Faire sortir judiciairement [une personne] pour lui permettre d'exprimer librement sa volonté devant un juge. ‖ *Amer.* Réserver [le saint sacrement].
— V. pr. Se déposer. ‖ Se fonder : *en este muchacho se depositan justamente muchas esperanzas*, on fonde avec raison beaucoup d'espérances sur ce garçon.

depositaría f. Dépôt, *m.* (lugar donde se deposita). ‖ Caisse des dépôts, trésorerie (para depositar fondos). ‖ — *Depositaría general*, sorte de Caisse des dépôts et consignations. ‖ *Depositaría pagaduría*, recette-perception.

depositario, ria adj. De dépôt. ‖ Fig. Qui contient, qui renferme un dépôt.
— M. y f. Dépositaire (de un depósito, de un secreto). ‖ — M. Caissier (cajero), trésorier (tesorero).

depósito m. Dépôt (de una suma). ‖ ● Réservoir : *depósito de agua, de gasolina*, réservoir d'eau, d'essence. ‖ Dépôt (de un líquido). ‖ Entrepôt (almacén). ‖ Mil. Dépôt. ‖ *Amer.* Réserve (*f.*) eucharistique (del Santísimo). ‖ — *Depósito de aceite combustible*, soute à mazout. ‖ *Depósito de decantación*, bassin de décantation. ‖ *Depósito de equipajes*, consigne (en una estación). ‖ *Depósito de objetos perdidos*, bureau des objets trouvés. ‖ Dr. *Depósito judicial*, consignation. ‖ — *Caja de depósitos y consignaciones*, Caisse des dépôts et consignations. ‖ *Casco en depósito*, bouteille consignée.
— Sinón. ● *Almacén*, magasin. *Recipiente*, récipient. *Cisterna, aljibe*, citerne. *Arca de agua*, château d'eau.

depravación f. Dépravation.

depravadamente adv. Avec dépravation.

depravado, da adj. y s. Dépravé, e.

depravador, ra adj. y s. Dépravateur, trice.

depravar v. tr. Dépraver (corrompre).

deprecación f. Déprécation, prière.

deprecar v. tr. Supplier, prier.

deprecatorio, ria adj. Déprécatoire.

depreciación f. Dépréciation.

depreciador, ra adj. y s. Dépréciateur, trice.

depreciar v. tr. Déprécier.

depredación f. Déprédation.

depredador, ra adj. y s. Déprédateur, trice.

depredar v. tr. Commettre des déprédations.

depresión f. Dépression.

depresivo, va adj. Déprimant, e ; dépressif, ive.

depresor, ra adj. Déprimant, e.
— M. Anat. Abaisseur (músculo). ‖ Med. Abaisse-langue (instrumento).

deprimente adj. Déprimant, e.

deprimir v. tr. Déprimer. ‖ Fig. Déprimer (quitar las fuerzas). ‖ *Frente deprimida*, front fuyant.
— V. pr. Être déprimé o aplati. ‖ Former une dépression (el terreno).

deprisa adv. V. prisa (de).

de profundis m. De profundis.

depuesto, ta adj. Déposé, e. (V. deponer.)

depuración f. Épuration, dépuration. ‖ Fig. Épuration. ‖ Agric. *Depuración de semillas*, nettoyage des semences.
— Sinón. *Purificación*, purification. *Refinación, refino*, raffinage.

depurador, ra adj. y s. m. Épurateur, trice ; dépurateur, trice.

depurar v. tr. ● Épurer, dépurer. ‖ Réhabiliter, rétablir dans ses fonctions. ‖ Fig. Épurer.
— Sinón. ● *Expurgar*, expurger. *Limpiar*, nettoyer.

depurativo, va adj. y s. m. Med. Dépuratif, ive : *jarabe depurativo*, sirop dépuratif.

depuratorio adj. Épuratoire, dépuratoire.

deque adv. Fam. Dès que, aussitôt que, quand.

derecha f. Droite (mano). ‖ — *A la derecha*, à droite, sur la droite. ‖ *La derecha*, la droite (política). ‖ *No hacer nada a derechas*, faire tout de travers.

derechamente adv. Tout droit : *fue derechamente hacia él*, il est allé tout droit vers lui. ‖ Fig. Prudemment (prudentemente). ‖ Droitement, avec droiture : *obrar derechamente*, agir avec droiture.

derechazo m. Taurom. Passe (*f.*) de la main droite avec la muleta.

derechera f. Le plus court chemin, *m.*, raccourci, *m.* (atajo).

derechista m. y f. Membre de la droite (política). ‖ Droitier, ère (que no es zurdo).

derecho m. Droit : *derecho canónico, civil, de gentes, consuetudinario, marítimo, mercantil, político*, droit canon, civil, des gens, coutumier, maritime, commercial, constitutionnel. ‖ Droit : *primer año de derecho*, première année de droit. ‖ Endroit (de una tela). ‖ — Pl. Vacations (de juez). ‖ — *Derecho del más fuerte*, droit du plus fort. ‖ — *Derecho de pataleo*, droit de se plaindre. ‖ *Derecho de regalía*, droit de régale. ‖ *Derecho habiente*, ayant droit. ‖ *Derechos arancelarios* ou *de aduana*, droits de douanes. ‖ *Derechos de autor*, droits d'auteur. ‖ *Derechos del hombre*, Droits de l'homme. ‖ — *Con derecho*, à bon droit. ‖ *Con derecho o sin derecho*, à tort ou à raison. ‖ *Con pleno derecho*, de plein droit. ‖ *¿Con qué derecho?*, de quel droit ? ‖ *De pleno derecho*, de droit, à juste titre. ‖ *De pleno derecho*, de plein droit : *miembro de pleno derecho*, membre de plein droit. ‖ *Según derecho*, selon la justice. ‖ — *Estudiar derecho*, faire son droit. ‖ *No hay derecho*, ce n'est pas permis (no está permitido), ce n'est pas de jeu (fuera de las reglas). ‖ *Tener derecho de* ou *para*, avoir le droit de. ‖ *Usar de su derecho*, user de son droit.

derecho adv. Droit : *ir derecho*, marcher droit. ‖ *Ir derecho al bulto*, aller droit au but. ‖ *Siga* ou *vaya derecho*, allez tout droit.

derecho, cha adj. Droit, e : *el brazo derecho*, le bras droit. ‖ — *Derecho como una vela*, droit comme un i o comme un cierge. ‖ *Es un hombre hecho y derecho*, c'est un homme à cent pour cent, c'est un homme accompli.

derechura f. Rectitude, droiture (calidad de derecho). ‖ *En derechura*, tout droit, en droite ligne.

deriva f. Dérive : *ir a la deriva*, aller à la dérive. ‖ *Plano de deriva*, dérive (de un avión).

derivación f. Dérivation.

derivado, da adj. y s. m. Dérivé, e. ‖ — F. MAT. Dérivée.

derivar v. intr. Dériver, découler (resultar). — V. tr. Acheminer (dirigir). ‖ GRAM. Faire dériver. ‖ ELECTR. y MAT. Dériver. — V. pr. Dériver, découler (provenir).

derivativo, va adj. GRAM. Dérivatif, ive. ‖ — Adj. y s. m. Dérivatif, ive.

dermalgia f. MED. Douleur de la peau.

dermatitis f. MED. Dermatite, dermite.

dermatoesqueleto m. ZOOL. Squelette externe.

dermatología f. MED. Dermatologie.

dermatólogo m. MED. Dermatologiste.

dermatosis f. MED. Dermatose.

dermesto m. ZOOL. Dermeste (insecto).

dérmico, ca adj. ANAT. Dermique.

dermis f. ANAT. Derme, *m.*

dermitis f. MED. Dermite, dermatite.

dermorreacción f. Cuti-réaction. ‖ *Ser sensible a la dermorreacción* ou *virar la dermorreacción*, virer sa cuti.

derogable adj. Qui peut être dérogé.

derogación f. Dérogation : *la derogación de una ley*, la dérogation à une loi.

derogar v. tr. Abroger, abolir : *derogar una ley*, abroger une loi. ‖ Déroger à (un contrato).

derogatorio, ria adj. DR. Dérogatoire.

derrama f. Assiette, répartition (de los impuestos). ‖ Impôt (*m.*) temporaire o extraordinaire (contribución).

derramadero m. Déversoir.

derramador, ra adj. Qui répand.

derramamiento m. Effusion, *f.* : *una revolución sin derramamiento de sangre*, une révolution sans effusion de sang. ‖ Dispersion, *f.* (de una familia,

de un pueblo). ‖ Épanchement, écoulement (chorreo). ‖ Propagation, *f.* (de una noticia).

derramar v. tr. ● Répandre : *derramar arena al ou en ou por el suelo*, répandre du sable sur le sol. ‖ Renverser : *derramar un vaso de agua*, renverser un verre d'eau. ‖ FIG. Répandre : *derramar una noticia*, répandre une nouvelle. ‖ Verser, épancher (verter) : *derramar lágrimas*, verser des larmes o des pleurs. ‖ Verser, faire couler : *derramar sangre*, faire couler le sang. ‖ Déborder de : *derramar gracia, ternura*, déborder d'esprit, de tendresse. ‖ Répartir (los impuestos). — V. pr. Se répandre (esparcirse). ‖ MED. S'épancher (un humor). ‖ Déboucher, se jeter (río) [desembocar un arroyo].

— SINÓN. ● *Correr, salirse*, fuir. *Chorrear, couler, dégouliner. Fluir, fluer.*

derrame m. Action de répandre, dispersion, *f.* (esparcimiento). ‖ Épanchement, écoulement, dégorgeage, dégorgement (de un líquido). ‖ Trop-plein (exceso). ‖ Fuite, *f.* (de un recipiente roto o averiado). ‖ Embranchement, bifurcation, *f.* (de un valle). ‖ ARQ. Ébrasement, ébrasure, *f.* (de puertas y ventanas). ‖ Pente, *f.* (declive). ‖ MED. Épanchement : *derrame sinovial*, épanchement synovial o de synovie.

derramo m. ARQ. Ébrasement, ébrasure, *f.* (derrame).

derrapar v. intr. Déraper (patinar). — OBSERV. Ce mot est un gallicisme.

derredor m. Tour, contour (contorno). ‖ *En* ou *al derredor*, autour : *sentarse en derredor de una mesa*, s'asseoir autour d'une table. ‖ *En derredor mío*, autour de moi.

derrelicción f. Déréliction (abandono).

derrelicto, ta adj. Abandonné, e. — M. MAR. Épave, *f.* (barco o restos abandonados).

derrelinquir v. tr. Abandonner.

derrengadura f. Éreintement, *m.* ‖ Tour (*m.*) de rein.

derrengar v. tr. Éreinter (p. us.), casser les reins (lastimar el espinazo). ‖ Tordre (inclinar). ‖ FIG. y FAM. Éreinter (cansar).

derretido, da adj. Fondu, e : *plomo derretido*, plomb fondu. ‖ FIG. Langoureux, euse; amoureux, euse : *miradas derretidas*, des regards amoureux.

derretimiento m. Fonte, *f.* : *el derretimiento de los carámbanos*, la fonte des glaçons. ‖ Fonte, *f.*, fusion, *f.* : *el derretimiento de un metal*, la fusion d'un métal. ‖ FIG. Amour ardent o passionné.

derretir* v. tr. Fondre : *derretir sebo*, fondre du suif. ‖ FIG. Gaspiller, dissiper (derrochar). — V. pr. Fondre : *la nieve se derrite con el calor*, la neige fond à la chaleur. ‖ FIG. S'enflammer o brûler pour (enamorarse). ‖ Se morfondre, bouillir de impaciencia). ‖ Se faire du mauvais sang (inquietarse).

derribador m. Abatteur (que derriba). ‖ Bouvier qui renverse les taureaux ou les vaches (de reses).

derribar v. tr. ● Abattre : *derribar una muralla*, abattre une muraille. ‖ Abattre, raser (una construcción). ‖ Faire tomber, renverser : *derribar los bolos*, faire tomber les quilles. ‖ Renverser, jeter à terre (a personas o animales) : *derribó el toro*, il jeta le taureau à terre ; *derribar a un transeúnte*, renverser un piéton. ‖ Abattre : *derribar un avión*, abattre un avion. ‖ Abattre, humilier (postrar). ‖ Plaquer au sol (al boxeador). ‖ FIG. Renverser, déboulonner (fam.) : *derribar la monarquía, a un privado*, renverser la monarchie, un favori. ‖ Dompter, réprimer (las pasiones). ‖ ÉQUIT. Acculer [un cheval].

— V. pr. Se jeter par terre (tirarse al suelo). ‖ Tomber, s'abattre (caerse).

— SINÓN. ● *Demoler*, démolir. *Desmantelar*, démanteler. *Arrasar*, *destruir*, raser, détruire. *Abatir*, abattre. *Tumbar*, mettre à bas.

derribo m. Démolition, *f.* (acción). ‖ Chantier de démolition (lugar). ‖ — Pl. Matériaux de démolition (materiales) : *construir con derribos*, bâtir avec des matériaux de démolition.

derrocamiento m. Action (*f.*) de jeter du haut d'un rocher. ‖ FIG. Renversement : *el derrocamiento de un rey*, le renversement d'un roi.

derrocar v. tr. Précipiter du haut d'un rocher (despeñar). ‖ FIG. Démolir, abattre (un edificio). ‖ Renverser : *derrocar al rey de su trono*, renverser le roi de son trône.

derrochador, ra adj. y s. Gaspilleur, euse ; dissipateur, trice.

derrochar v. tr. Gaspiller, dilapider, dissiper : *derrochar su fortuna*, dilapider sa fortune.

derroche m. Gaspillage, dissipation, *f.* ‖ FIG. Profusion, *f.* : *un derroche de luces*, une profusion de lumières. ‖ Débauche, *f.* : *hacer un derroche de energía*, faire une débauche d'énergie.

derrochón, ona adj. Gaspilleur, euse.

derrota f. Échec, *m.*, défaite : *su derrota en las elecciones fue un golpe duro para el partido*, son échec aux élections fut un coup dur pour le parti. ‖ Échec, *m.*, revers, *m.* : *las derrotas en la vida*, les revers de l'existence. ‖ MIL. Déroute, défaite : *sufrir una derrota*, essuyer une défaite, subir une déroute. ‖ Défaite : *la derrota de Aníbal en Zama*, la défaite d'Annibal à Zama. ‖ Débâcle (en todos los frentes). ‖ FIG. Déroute, débâcle. ‖ Chemin, *m.*, sentier, *m.* (camino). ‖ MAR. Route, cap, *m.* (rumbo). ‖ MAR. *Cuarto de derrota*, chambre de veille, cabine des cartes.

derrotado, da adj. Battu, e ; malheureux, euse : *el candidato derrotado*, le candidat malheureux. ‖ MIL. Défait, e ; mis en déroute, battu, e ; vaincu, e (vencido). ‖ FIG. En haillons, dépenaillé, e ; déchiré, e (andrajoso).

derrotar v. tr. Battre, vaincre : *en las elecciones el candidato de la oposición derrotó al presidente en ejercicio*, aux élections, le candidat de l'opposition a battu le président en exercice ; *el equipo nacional derrotó al equipo adverso por 2 a 1*, l'équipe nationale a battu l'équipe adverse par 2 à 1. ‖ MIL. Mettre en déroute, défaire. ‖ MAR. Dériver, dérouter, détourner de sa route (un barco). ‖ TAUROM. Donner des coups de corne : *toro que derrota por la izquierda*, taureau qui donne des coups de corne à gauche. ‖ Gaspiller, dissiper, dilapider (su fortuna). ‖ Ruiner (la salud).

derrote m. TAUROM. Coup de corne (cornada).

derrotero m. MAR. Route, *f.* (rumbo). ‖ Routier (libro). ‖ FIG. Chemin, voie, *f.*, marche (*f.*) à suivre, ligne (*f.*) de conduite (medio para llegar a un fin).

derrotismo m. Défaitisme.

derrotista adj. y s. Défaitiste.

derrubiar v. tr. Affouiller, éroder, ronger (las aguas corrientes) : *el agua derrubia las orillas*, l'eau affouille les berges.

derrubio m. Affouillement, érosion, *f.* ‖ Terrain affouillé, éboulis (tierra que se cae).

derruir* v. tr. Démolir, abattre (un edificio). ‖ Miner (destruir poco a poco).

derruido, da adj. En ruine (ruinoso).

derrumbadero m. Précipice (despeñadero). ‖ FIG. Péril, danger. ‖ Guêpier (avispero).

derrumbamiento m. Écroulement (desplome). ‖ Éboulement (desmoronamiento). ‖ FIG. Renversement (derrocamiento). ‖ Effondrement : *el derrumbamiento del Imperio Romano*, l'effondrement de l'Empire romain.

derrumbar v. tr. Abattre : *derrumbar una casa*, abattre une maison. ‖ Abattre, renverser (derribar). ‖ Précipiter (despeñar).

— V. pr. S'écrouler, crouler, s'effondrer (desplomarse). ‖ S'écrouler, s'ébouler : *el muro se derrumbó*, le mur s'est écroulé.

derrumbe m. Éboulement (desmoronamiento). ‖ Écroulement (desplome). ‖ Précipice (despeñadero).

derrumbo m. Précipice.

derviche m. Derviche, dervis (religioso mahometano). ‖ *Derviche bailador*, derviche tourneur.

desabarrancar v. tr. Désembourber, dégager (desatascar). ‖ FIG. Désembourber, tirer d'embarras o d'un mauvais pas (sacar de apuros).

desabastecer v. tr. Démunir.

desabastecimiento m. Désapprovisionnement.

desabollar v. tr. Débosseler : *desabollar una cafetera*, débosseler une cafetière. ‖ Redresser : *desabollar el guardabarros de un coche*, redresser l'aile d'une voiture.

desabonar v. tr. Désabonner.

— V. pr. Se désabonner.

desabono m. Désabonnement (supresión del abono). ‖ Discrédit (descrédito).

desabor m. Fadeur, *f.*, insipidité, *f.*

desaborido, da adj. Fade, insipide (insípido). ‖ FIG. y FAM. Insipide, fade, quelconque, insignifiant, e : *una chica desaborida*, une fille insignifiante.

— M. y f. Homme, femme quelconque, personne insignifiante o qui n'a aucun charme.

— OBSERV. Ce mot est fréquemment prononcé *esaborío*.

desabotonar v. tr. Déboutonner (desabrochar).

— V. intr. FIG. S'épanouir, éclore (las flores).

— V. pr. Se déboutonner (desabrocharse).

desabridamente adv. Insipidement. ‖ FIG. Vertement, durement, rudement : *contestar desabridamente*, répondre durement.

desabrido, da adj. Fade, insipide (soso). ‖ Dur, e ; acerbe, hargneux, euse (tono, frase). ‖ Heurté, e (estilo). ‖ Maussade (el tiempo). ‖ FIG. Maussade (triste), acariâtre, hargneux, euse (huraño) : *tiene un carácter desabrido*, il a un caractère acariâtre. ‖ Dur à la détente (armas de fuego).

desabrigadamente adv. Sans abri, à découvert (sin abrigo).

desabrigado, da adj. Désabrité, e ; à découvert (sin amparo). ‖ Découvert, e (sin abrigo). ‖ Pas assez couvert, e : *vas muy desabrigado con el frío que hace*, tu n'es pas assez couvert, e par le froid qu'il fait. ‖ FIG. Abandonné, e ; délaissé, e (abandonado).

desabrigar v. tr. Mettre o laisser à découvert (dejar al descubierto).

— V. pr. Se découvrir : *no debe uno desabrigarse cuando está sudando*, on ne doit pas se découvrir quand on transpire.

desabrigo m. Mise (*f.*) à découvert (acción). ‖ Position (*f.*) à découvert (posición). ‖ FIG. Abandon, délaissement (abandono).

desabrimiento m. Fadeur, *f.*, insipidité, *f.* (insipidez). ‖ Caractère maussade (del tiempo). ‖ FIG. Dureté, *f.*, rudesse, *f.*, aigreur, *f.* : *contestar con desabrimiento*, répondre avec aigreur. ‖ Chagrin (pena) : *sentir desabrimiento*, avoir du chagrin.

desabrir v. tr. Affadir (hacer desabrido). ‖ FIG. Mécontenter, fâcher (enfadar). ‖ Chagriner (apenar).

— V. pr. Se fâcher (enfadarse).

desabrochar v. tr. Déboutonner (botones). ‖ Dégrafer, décrocher (broches y corchetes). ‖ FIG. Ouvrir (abrir).

— V. pr. Se déboutonner, se dégrafer : *los niños pequeños no saben desabrocharse*, les petits enfants ne savent pas se déboutonner. ‖ FIG. y FAM. Ouvrir son cœur, s'épancher. ‖ *Desabrocharse la chaqueta*, déboutonner sa veste.

desacalorarse v. pr. Se rafraîchir (refrescarse). ‖ Fig. S'apaiser, se calmer, se rasséréner (calmarse).

desacatadamente adv. Insolemment, effrontément.

desacatador, ra adj. y s. Insolent, e ; effronté, e (insolente). ‖ Irrévérencieux, euse (irrespetuoso).

desacatamiento m. V. DESACATO.

desacatar v. tr. Manquer de respect à : *desacatar a sus padres,* manquer de respect à ses parents. ‖ Ne pas obéir à : *desacatar las órdenes,* ne pas obéir aux ordres. ‖ Enfreindre, ne pas respecter (las leyes).

desacato m. Désobéissance, f. (a las órdenes). ‖ Infraction, f. (a las leyes). ‖ Manque de respect, insolence, f. (falta de respeto). ‖ DR. Outrage [à un fonctionnaire public].

desacebado, da adj. Qui manque d'huile.

desaceitar v. tr. Déshuiler : *desaceitar semillas,* déshuiler des graines.

desacerar v. tr. Désaciérer.

desacerbar v. tr. Adoucir (templar).

desacertadamente adv. Malencontreusement, mal à propos.

desacertado, da adj. Maladroit, e ; malavisé, e ; malheureux, euse ; malencontreux, euse (dicho, acción).

desacertar* v. intr. Se tromper (errar). ‖ Manquer d'adresse o de tact (no tener tino).

desacierto m. Erreur, f. (error). ‖ Sottise, f., maladresse, f., erreur, f. : *ha sido un desacierto hacer esto,* ce fut une erreur de faire cela.

desacobardar v. tr. Enhardir, encourager.

desacomodadamente adv. Inconfortablement (sin comodidad). ‖ En chômage, sans situation (sin empleo).

desacomodado, da adj. Qui n'est pas à l'aise, gêné, e (por falta de medios). ‖ En chômage, sans emploi (sin empleo). ‖ Incommode, gênant, e (molesto). ‖ Amer. Désordonné, e.

desacomodamiento m. Incommodité, f., inconfort, gêne, f. ‖ Manque d'emploi, chômage (falta de trabajo).

desacomodar v. tr. Incommoder, gêner (molestar). ‖ Congédier, renvoyer, mettre à pied (dejar sin empleo).
— V. pr. Quitter o perdre son emploi (quedarse sin empleo).

desacomodo m. Incommodité, f., gêne, f. ‖ Chômage (paro forzoso).

desacompañar v. tr. Quitter, fausser compagnie à.

desaconsejado, da adj. Déconseillé, e. ‖ — Adj. y s. Imprudent, e.

desaconsejar v. tr. Déconseiller.

desacoplamiento m. MECÁN. Désaccouplement.

desacoplar v. tr. Désaccoupler. ‖ TECN. Découpler, désaccoupler.

desacordado, da adj. MÚS. Désaccordé, e. ‖ Sans harmonie, qui manque d'unité (falto de unidad).

desacordar* v. tr. MÚS. Désaccorder.
— V. pr. Oublier (olvidarse).

desacorde adj. Discordant, e : *instrumentos desacordes,* instruments discordants.

desacostumbradamente adv. Contre la coutume o l'usage, contrairement à toute habitude.

desacostumbrado, da adj. Inhabituel, elle ; inaccoutumé, e ; peu commun, e : *un acontecimiento desacostumbrado,* un événement peu commun.

desacostumbrar v. tr. Désaccoutumer, déshabituer, faire perdre l'habitude : *desacostumbrar a uno del tabaco,* désaccoutumer quelqu'un du tabac : *desacostumbrar de mentir,* faire perdre l'habitude de mentir.

desacoto m. Annulation (f.) o levée (f.) d'une défense (autorización). ‖ Fig. Rejet (rechazo).

desacreditar v. tr. Discréditer.
— SINÓN. *Desprestigiar,* discréditer. *Denigrar,* déni-

grer. *Difamar,* diffamer. *Desautorizar,* discréditer. *Deshonrar,* déshonorer.

desactivado m. Désamorçage.

desactivar v. tr. Désamorcer.

desacuartelar v. tr. MIL. Déconsigner.

desacuerdo m. Désaccord.

desadeudar v. tr. Libérer [quelqu'un] d'une dette.
— V. pr. Se libérer o se dégager de ses dettes.

desadoquinar v. tr. Dépaver.

desadormecer* v. tr. Réveiller (despertar). ‖ Fig. Dégourdir (desentumecer).

desadornar v. tr. Déparer.

desadorno m. Sécheresse, f., nudité, f.

desadvertidamente adv. Par inadvertance.

desadvertimiento m. Inadvertance, f.

desadvertir* v. tr. Ne pas remarquer.

desafear v. tr. e intr. Désenlaidir.

desafección f. Désaffection.

desafecto, ta adj. Dépourvu d'affection (sin afecto). ‖ Opposé, e ; contraire (opuesto).
— M. Froideur, f., désaffection, f. (p. us.) [frialdad] : *mostrar desafecto a uno,* montrer de la froideur à l'égard de quelqu'un. ‖ Malveillance, f., animosité, f. (malquerencia).

desaferrado m. MAR. Dérapage, dérapement.

desaferrar v. tr. Détacher (soltar). ‖ MAR. Lever [l'ancre].

desafiador, ra adj. y s. Provocateur, trice.

desafiar v. tr. Défier, lancer un défi à (provocar) : *desafiar un rival,* défier un rival. ‖ Fig. Défier : *le desafío a que lo entienda,* je vous défie de le comprendre. ‖ Braver, défier : *desafiar los peligros,* braver les dangers.
— V. pr. Se défier.

desafición f. Désaffection (p. us.), froideur.

desaficionar v. tr. Désaffectionner. ‖ Dégoûter : *desaficionar a uno del tabaco,* dégoûter quelqu'un du tabac.

desafilar v. tr. Émousser (el filo).

desafinación f. MÚS. Désaccord, m.

desafinadamente adv. De façon discordante.

desafinar v. tr. MÚS. Désaccorder (un instrumento).
— V. intr. MÚS. Chanter faux (la voz). ‖ Jouer faux (instrumento). ‖ Fig. y FAM. Déraisonner, dérailler (desvariar).

desafío m. Défi (reto). ‖ Duel (combate). ‖ Rivalité, f., concurrence, f. (competencia).

desaforadamente adv. En désordre (atropelladamente). ‖ Avec excès : *comer desaforadamente,* manger avec excès. ‖ Témérairement (con usadía). ‖ Furieusement (con furia). ‖ *Gritar desaforadamente,* pousser des cris épouvantables, crier comme un putois.

desaforado, da adj. Démesuré, e ; énorme : *ambición desaforada,* ambition démesurée. ‖ Épouvantable, violent, e ; furieux, euse : *dar voces desaforadas,* pousser des cris épouvantables. ‖ Acharné, e : *partidario desaforado de una reforma,* partisan acharné d'une réforme. ‖ Illégal, e ; illégitime, arbitraire (contra fuero). ‖ *Gritar como un desaforado,* crier comme un putois.

desaforar* v. tr. Léser [quelqu'un] dans ses droits o ses privilèges (violar los fueros). ‖ Destituer [quelqu'un] o exclure [quelqu'un] de ses privilèges (abolir privilegios).
— V. pr. Outrepasser ses droits (exceder sus derechos). ‖ S'emporter (irritarse). ‖ Dépasser les bornes, aller trop loin (descomedirse).

desafortunado, da adj. Malheureux, euse ; infortuné, e.

desafuero m. Atteinte (f.) o infraction (f.) aux lois o aux usages (violación de las leyes o fueros). ‖ Privation (f.) d'un droit o d'un privilège. ‖ Fig. Inconvenance, f., incongruité, f., écart (desacato).

| Excès, abus (abuso). ‖ *Cometer un desafuero,* enfreindre les lois *o* les usages.
desagarrar v. tr. FAM. Lâcher (soltar).
desagraciado, da adj. Disgracieux, euse; sans grâce, sans charme.
desagraciar v. tr. Enlaidir.
desagradable adj. Désagréable : *música desagradable,* musique désagréable.
— SINÓN. *Enfadoso,* déplaisant. *Fastidioso,* fâcheux. *Enojoso,* ennuyeux. *Triste,* triste. *Insoportable,* insupportable. *Desapacible,* désagréable. *Irritante,* irritant. *Soso,* fade.
desagradar v. intr. Déplaire : *este libro me desagrada,* ce livre me déplaît. ‖ Déplaire, ennuyer (molestar) : *me desagrada hacerlo,* cela me déplaît de le faire. ‖ Déplaire, être désagréable, ne pas plaire beaucoup : *palabra que desagrada,* mot qui ne plaît pas beaucoup.
desagradecer* v. tr. Se montrer ingrat envers, payer d'ingratitude (a uno). ‖ Payer d'ingratitude : *desagradece todo el bien que se le ha hecho,* il paie d'ingratitude tout le bien qu'on lui a fait.
desagradecidamente adv. Avec ingratitude, ingratement.
desagradecido, da adj. y s. Ingrat, e : *desagradecido con* ou *para su bienhechor,* ingrat envers son bienfaiteur; *hijo desagradecido,* fils ingrat.
desagradecimiento m. Ingratitude, *f.* [envers quelqu'un, pour un bienfait].
desagrado m. Mécontentement, contrariété, *f.* (disgusto). ‖ — *Con desagrado,* d'un ton bourru (ásperamente), à contre-cœur, avec répugnance (a pesar suyo). ‖ — *Causar desagrado,* contrarier, ennuyer : *esta noticia me causó desagrado,* cette nouvelle m'a contrarié. ‖ *Mostrar desagrado,* faire preuve de mécontentement.
desagraviar v. tr. Dédommager, réparer : *desagraviar a uno el daño que se le causó,* dédommager quelqu'un du mal qu'on lui a fait, réparer le mal qu'on a fait à quelqu'un. ‖ *Desagraviar a Dios,* demander à Dieu le pardon d'une offense.
desagravio m. Satisfaction, *f.,* réparation, *f.* (de una ofensa) : *exigir un desagravio,* réclamer une satisfaction. ‖ Dédommagement (de un perjuicio) : *en desagravio de,* en dédommagement de ; *a guisa de desagravio,* en guise de dédommagement. ‖ *Acto de desagravio,* cérémonie expiatoire.
desagregación f. Désagrégation. ‖ FIG. Émiettement, *m.,* désagrègement, *m.* (de un partido).
desagregar v. tr. Désagréger. ‖ FIG. Émietter, désagréger (un partido).
desaguadero m. Déversoir (vertedero). ‖ Dégorgeoir (de un canal). ‖ FIG. Gouffre [source de dépenses]. ‖ MAR. Dalot (imbornal). ‖ Drain (en obras públicas).
desaguador m. Prise (*f.*) d'eau (para irrigar). ‖ Déversoir (desaguadero).
desaguar v. tr. Épuiser, tarir (quitar el agua). ‖ Assécher (una mina).
— V. intr. Déboucher (un río).
— V. pr. FIG. Vomir (vomitar). ‖ Aller à la selle (hacer de cuerpo). ‖ Uriner (orinar).
desaguazar v. tr. Assécher, drainer (un terreno).
desagüe m. Écoulement, dégorgement (de un líquido). ‖ Déversoir (desaguadero). ‖ — *Conducto de desagüe,* descente, tuyau d'écoulement (para vaciar), trop-plein (para el agua sobrante). ‖ *Desagüe directo,* tout-à-l'égout.
desaguisado, da adj. Contraire à la loi *o* à la raison.
— M. Offense, *f.* (ofensa), injustice, *f.* (injusticia), sottise, *f.,* bêtise, *f.,* erreur, *f.* (desacierto).
desaherrojar v. tr. Délivrer des fers.
— V. pr. Se libérer.
desahijar v. tr. AGRIC. Sevrer (las crías del ganado). ‖ Essaimer (abejas).
— V. pr. Essaimer (las abejas).

desahogadamente adv. Librement, sans gêne, sans contrainte : *hablar desahogadamente,* parler librement. ‖ À l'aise : *vivir desahogadamente,* vivre à l'aise. ‖ FIG. Insolemment, avec insolence (con descaro) : *contestar desahogadamente,* répondre avec insolence.
desahogado, da adj. Effronté, e (descarado) : *un muchacho muy desahogado,* un garçon très effronté. ‖ Dégagé, e; peu encombré, e (sitio) : *es una calle desahogada,* c'est une rue dégagée. ‖ À l'aise, aisé, e (adinerado) : *una familia desahogada,* une famille aisée. ‖ — *Estar desahogado,* être à l'aise. ‖ *Existencia desahogada,* existence facile. ‖ *Vida desahogada,* vie aisée.
desahogar v. tr. Soulager, réconforter (aliviar). ‖ FIG. Donner libre cours à : *desahogar una pasión,* donner libre cours à une passion. ‖ Déverser, décharger, passer, donner libre cours à : *desahogar su ira contra uno,* déverser sa colère sur quelqu'un. ‖ Épancher, ouvrir : *desahogar su corazón,* épancher son cœur. ‖ Soulager : *las lágrimas desahogan el corazón,* les larmes soulagent le cœur ; *te voy a hacer este trabajo para desahogarte,* je vais te faire ce travail pour te soulager. ‖ MED. Dégager (el pecho).
— V. pr. Se mettre à l'aise : *cambiarse de ropa para desahogarse,* se changer pour se mettre à l'aise. ‖ Se détendre, se reposer : *después de haber trabajado mucho hace falta desahogarse,* après avoir beaucoup travaillé il faut se détendre (esparcirse). ‖ Acquitter ses dettes, se libérer (desempeñarse). ‖ FIG. S'épancher, épancher *o* ouvrir son cœur à, s'ouvrir à (confiarse) : *desahogarse con* ou *a un amigo,* s'épancher auprès d'un ami. ‖ FAM. Vider son sac (decir lo que se piensa).
desahogo m. Soulagement (alivio). ‖ Bien-être, *inv.,* aisance, *f.,* aise, *f.* : *vivir con desahogo,* vivre à l'aise *o* dans le bien-être. ‖ Épanchement (del corazón) : *desahogo afectivo,* épanchement affectueux. ‖ Sans gêne, désinvolture, *f.,* effronterie, *f.* (descaro). ‖ Liberté, *f.* [de langage] (al hablar). ‖ Dégagement, débarras : *esta habitación sirve de desahogo,* cette pièce sert de débarras.
desahuciadamente adv. Sans aucun espoir.
desahuciar v. tr. Ôter tout espoir (quitar toda esperanza). ‖ MED. Condamner (a un enfermo). ‖ Expulser, donner congé à (a un inquilino). ‖ *Enfermo desahuciado por los médicos,* malade abandonné par les médecins *o* malade perdu.
desahucio m. Congé (a un inquilino). ‖ Éviction, *f.,* expulsion, *f.* (a un campesino).
desahumado, da adj. Éventé, e (licores).
desahumar v. tr. Désenfumer.
desainar v. tr. Dégraisser (desengrasar).
desairadamente adv. Sans grâce, gauchement (sin garbo). ‖ Rudement, avec mauvaise humeur (descortésmente) : *contestar desairadamente,* répondre rudement.
desairado, da adj. Repoussé, e; éconduit, e : *pretendiente desairado,* soupirant éconduit. ‖ Gênant, e : *situación desairada,* situation gênante. ‖ Sans grâce, gauche, lourd, e (sin garbo).
desairar v. tr. Dédaigner (desdeñar). ‖ Mépriser (despreciar). ‖ Éconduire, repousser, renvoyer, envoyer promener (fam.) [rechazar]. ‖ Vexer, outrager (ultrajar). ‖ *La visita del presidente resultó muy desairada,* la visite du président s'est soldée par un échec.
desaire m. Affront, vexation, *f.,* camouflet (afrenta) : *sufrir un desaire,* subir un affront, recevoir un camouflet. ‖ Lourdeur, *f.,* inélégance, *f.* (falta de garbo). ‖ Mépris, dédain (desprecio).
desajustar v. tr. Désajuster : *desajustar una máquina,* désajuster une machine. ‖ Dérégler (un

tiro). ‖ Fig. Déranger : *esto desajusta mis planes*, cela dérange mes plans.
— V. pr. Se dédire (romper un contrato).
desajuste m. Désajustement. ‖ Rupture (*f.*) d'une convention (ruptura de un acuerdo). ‖ Impr. Mauvais repère (de un color).
desalabear v. tr. Tecn. Dégauchir, redresser (enderezar). ‖ Aplanir (allanar).
desalabeo m. Dégauchissage, dégauchissement (enderezamiento). ‖ Aplanissement (allanamiento).
desalado, da adj. Dessalé, e (sin sal). ‖ Sans ailes (sin alas). ‖ Fig. Pressé, e ; empressé, e (apresurado). ‖ Anxieux, euse (ansioso).
desaladura f. Dessalage, *m.*, dessalement, *m.*, dessalaison, *f.*
desalar v. tr. Dessaler (quitar la sal). ‖ Couper les ailes (quitar las alas).
— V. pr. Se dépêcher, s'empresser, se hâter (apresurarse). ‖ Fig. Convoiter, désirer vivement, brûler [d'avoir] : *se desalaba por conseguir una buena colocación*, il brûlait d'obtenir une bonne situation.
desalazón f. Dessalaison, dessalage, *m.*, dessalement, *m.*
desalbardar v. tr. Débâter.
desalbardillar v. tr. Déchaperonner (un muro).
desalentadamente adv. Avec découragement.
desalentador, ra adj. Décourageant, e : *una noticia desalentadora*, une nouvelle décourageante.
desalentar* v. tr. Essouffler, mettre hors d'haleine. ‖ Fig. Décourager, abattre (desanimarse) : *la desgracia le ha desalentado*, le malheur l'a abattu.
— V. pr. Se décourager, se laisser abattre (desanimarse) : *no debemos desalentarnos ante las adversidades*, nous ne devons pas nous laisser abattre par l'adversité.
desalfombrar v. tr. Enlever les tapis : *desalfombrar una casa*, enlever les tapis d'une maison.
desalforjar v. tr. Sortir de sa besace.
— V. pr. Fam. Se mettre à l'aise.
desalhajar v. tr. Démeubler, dégarnir (una habitación).
desaliento m. Découragement, abattement.
— Sinón. *Desánimo, descorazonamiento*, découragement. *Desmoralización*, démoralisation. *Abatimiento*, abattement. *Desesperación*, désespoir. *Postración*, prostration.
desalineación f. Désalignement, *m.*
desalinear v. tr. Désaligner.
— V. pr. Rompre l'alignement.
desaliñadamente adv. D'une façon négligée.
desaliñado, da adj. Négligé, e ; débraillé, e : *un aspecto desaliñado*, un aspect négligé, *una persona desaliñada*, une personne débraillée. ‖ Fig. Négligé, e (estilo).
desaliñar v. tr. Froisser, chiffonner : *desaliñar un vestido*, froisser une robe.
desaliño m. Négligé, débraillé, laisser-aller [de là tenue]. ‖ Négligence, *f.*, manque de soin (descuido, negligencia). ‖ — Pl. Longs pendants d'oreilles (pendientes). ‖ *Ir vestido con desaliño*, être négligé *o* débraillé.
desalmadamente adv. Cruellement.
desalmado, da adj. Scélérat, e ; méchant, e (malo). ‖ Cruel, elle ; inhumain, e ; sans cœur (cruel).
— M. y f. Scélérat, e (malvado). ‖ Sans-cœur, *m.* y *f. inv.* (cruel).
desalmamiento m. Scélératesse, *f.*, perversité, *f.*, méchanceté, *f.* (maldad). ‖ Cruauté, *f.*, inhumanité, *f.* (crueldad).
desalmarse v. pr. Fig. Convoiter, désirer avidement *o* ardemment (anhelar).
desalmenado, da adj. Sans créneaux (muro).
desalmidonar v. tr. Désempeser.
desalojado, da m. y f. Sans logis, *inv.*, sans abri, *inv.* (sin vivienda).

desalojamiento m. Expulsion, *f.* (expulsión). ‖ Déménagement (cambio de residencia).
desalojar v. tr. Déloger (expulsar) : *desalojar al enemigo del fortín*, déloger l'ennemi du fortin. ‖ Évacuer, quitter (abandonar). ‖ Mar. Déplacer, jauger (desplazar) : *el barco desaloja 100 toneladas*, le bateau jauge 100 tonnes.
— V. intr. Déménager (mudarse) : *el vecino desaloja*, le voisin déménage. ‖ Déloger, décamper, déménager (fam.) [irse].
desalojo m. Expulsion, *f.* (expulsión). ‖ Déménagement (mudanza).
desalquilar v. tr. Donner congé (dejar su alojamiento). ‖ Libérer un logement (dejar libre). ‖ *Hay dos pisos desalquilados*, il y a deux appartements libres.
— V. pr. Être libre (un piso).
desalquitranar v. tr. Dégoudronner.
desalterar v. tr. (P. us.). Calmer (apaciguar).
— Observ. El verbo francés *désaltérer* significa « apagar la sed ».
desamar v. tr. Cesser d'aimer.
desamarrar v. tr. Mar. Larguer les amarres, démarrer (largar las amarras). ‖ Fig. Détacher, ôter les liens (desatar). ‖ Écarter, éloigner (alejar).
desambientar v. tr. Désorienter : *en un país extranjero uno se encuentra desambientado*, dans un pays étranger on est désorienté. ‖ Manquer d'ambiance : *esta sala de baile está muy desambientada*, cette boîte de nuit manque beaucoup d'ambiance.
desamelgar v. tr. Agric. Assoler.
desamistarse v. pr. Se brouiller, se fâcher (enemistarse).
desamoldar v. tr. Déformer (deformar).
desamontonar v. tr. Désentasser.
desamor m. Manque d'affection, *f.*, froideur, *f.*, indifférence, *f.* : *su desamor a los padres*, sa froideur envers ses parents. ‖ Haine, *f.*, inimitié, *f.* (odio).
desamorado, da adj. Indifférent, e ; peu affectueux, euse ; froid, e (que no ama).
desamorar v. tr. Détacher (hacer perdre el afecto).
desamortizable adj. Susceptible d'être désamorti, aliénable : *bienes desamortizables*, biens aliénables.
desamortización f. Désamortissement, *m.*, action de désamortir.
desamortizar v. tr. Désamortir.
desamparadamente adv. À l'abandon, sans appui.
desamparador, ra adj. Qui abandonne.
desamparado, da adj. Abandonné, e ; délaissé, e.
— Observ. El francés *désemparé* significa « incapaz de moverse » (un buque) o « desconcertado », « abatido » (una persona).
desamparar v. tr. Abandonner, délaisser : *desamparar a un anciano*, abandonner un vieillard. ‖ Quitter, abandonner (un sitio). ‖ Dr. Abandonner ses droits sur, renoncer à. ‖ Mar. Désemparer (desmantelar).
desamparo m. Abandon : *un anciano en desamparo*, un vieillard dans l'abandon. ‖ Détresse, *f.* (aflicción). ‖ Mil. *Desamparo de apelación*, désertion d'appel.
desamueblar v. tr. Démeubler, dégarnir. ‖ *Pisos desamueblados*, appartements vides *o* non meublés.
desanclar o **desancorar** v. tr. Mar. Lever l'ancre.
desandar* v. tr. Refaire en sens inverse : *desandar el camino*, refaire le chemin en sens inverse. ‖ *Desandar lo andado*, revenir *o* retourner sur ses pas, rebrousser chemin.
desangelado, da adj. Sans attrait, sans charme.

desangramiento m. Saignement (sangría). ‖ Assèchement (desagüe).

desangrar v. tr. Saigner (sangrar). ‖ Fig. Assécher (agotar, desaguar). | Saigner (empobrecer) : *desangrar a los contribuyentes*, saigner les contribuables.
— V. pr. Saigner. ‖ Perdre beaucoup de sang (perder mucha sangre). ‖ Perdre tout son sang : *murió desangrado*, il est mort après avoir perdu tout son sang.

desanidar v. intr. Dénicher, quitter son nid (las aves).
— V. tr. Fig. Débusquer, déloger, dénicher (desalojar).

desanimadamente adv. Avec découragement, sans entrain.

desanimar v. tr. Décourager, abattre : *este tiempo me desanima*, ce temps me décourage ; *la desgracia le ha desanimado*, le malheur l'a abattu.
— V. pr. Se décourager, perdre courage, se laisser abattre : *¡no se desanime!*, ne vous laissez pas abattre !, ne vous découragez pas !

desánimo m. Découragement.

desanublar v. tr. Fig. Éclaircir (aclarar).
— V. pr. S'éclaircir, se dégager (el cielo).

desanudar v. tr. Dénouer : *desanudar una corbata*, dénouer une cravate. ‖ Fig. Démêler (desembrollar).

desapacibilidad f. Rudesse, brusquerie (del genio). ‖ Caractère (*m.*) maussade (del tiempo).

desapacible adj. Rude, brusque, acerbe : *tono desapacible*, ton acerbe. ‖ Désagréable : *ruido desapacible*, bruit désagréable. ‖ — *Genio desapacible*, mauvais caractère. ‖ *Tiempo desapacible*, temps maussade.

desapaciblemente adv. Désagréablement, rudement.

desapadrinar v. tr. (P. us.). Fig. Désapprouver (desaprobar). ‖ Retirer son parrainage *o* sa protection à (retirar el apoyo).

desaparear v. tr. Déparier, désapparier, dépareiller (cosas). ‖ Désaccoupler, déparier, désapparier (animales).

desaparecer* v. intr. Disparaître. ‖ Fam. *Desaparecer del mapa*, s'évaporer, disparaître de la circulation.
— Sinón. *Eclipsarse*, s'éclipser. *Desvanecerse*, s'évanouir.

desaparecido, da m. y f. Disparu, e.

desaparecimiento m. Disparition, f.

desaparejar v. tr. Déharnacher (quitar los arreos). ‖ Mar. Dégréer (un barco).

desapareo m. Désaccouplement (de los animales).

desaparición f. Disparition.

desapasionadamente adv. Sans passion (objetivamente).

desapasionarse v. pr. Oublier (a una persona). ‖ Se désintéresser de, perdre son enthousiasme *o* son intérêt pour, devenir indifférent à (una cosa) : *desapasionarse del juego*, devenir indifférent au jeu.

desapegar v. tr. Décoller, détacher (despegar). ‖ Fig. Détacher, faire perdre l'affection : *esto le ha desapegado de su familia*, cela l'a détaché de sa famille.
— V. pr. Se détacher, se décoller (despegarse). ‖ Fig. Se détacher de (desaficionarse).

desapego m. Fig. Détachement, indifférence, f. : *mostrar desapego a una persona*, montrer de l'indifférence à l'égard de quelqu'un. ‖ Répugnance, f., manque d'intérêt : *desapego a los estudios*, manque d'intérêt pour les études.

desapercibidamente adv. Sans être vu *o* aperçu (sin ser visto) : *aproximarse desapercibidamente*, s'approcher sans être vu. ‖ Au dépourvu, à l'improviste (sin prevención).

desapercibido, da adj. Non préparé, e ; au dépourvu : *coger desapercibido*, prendre au dépourvu. ‖ Inaperçu, e : *pasar desapercibido*, passer inaperçu.

desapercibimiento m. Manque du nécessaire [par imprévoyance], insuffisance (f.) des ressources (falta de lo necesario). ‖ Imprévoyance, f. (desprevención).

desapestar v. tr. Désinfecter.

desaplacible adj. Déplaisant, e.

desaplicación f. Inapplication, inattention, manque (m.) d'attention (falta de aplicación).

desaplicadamente adv. Sans application, négligemment.

desaplicado, da adj. Inappliqué, e ; qui ne s'applique pas.
— M. y f. Paresseux, euse.

desaplomar v. tr. Tecn. Faire perdre l'aplomb.
— V. pr. Perdre son aplomb.

desapoderado, da adj. Hors de soi. ‖ Fig. Effréné, e ; déchaîné, e ; furieux, euse (desenfrenado).

desapoderamiento m. Dépossession, f., dessaisissement (privación de algo). ‖ Fig. Emportement, impétuosité, f. (desenfreno). | Déchaînement (de las pasiones).

desapoderar v. tr. Déposséder (privar) : *desapoderar a uno de una herencia*, déposséder quelqu'un d'un héritage. ‖ Révoquer (quitar la autoridad).

desapolillar v. tr. Chasser les mites de : *desapolillar la ropa*, chasser les mites des vêtements.
— V. pr. Fig. y Fam. Sortir, prendre l'air (salir de casa).

desaporcar v. tr. Agric. Déchausser.

desaposentar v. tr. Déloger (de una habitación). ‖ Fig. Déloger, chasser.

desapoyar v. tr. Ne plus soutenir, enlever son appui à : *desapoyar una declaración*, ne plus soutenir une déclaration.

desapreciar v. tr. Mésestimer, déprécier.

desaprender v. tr. Désapprendre (olvidar).

desaprensar v. tr. Desserrer. ‖ Décatir (una tela).

desaprensión f. Sans-gêne, m. inv., indélicatesse.

desaprensivo, va adj. y s. Sans-gêne.

desapretar* v. tr. Desserrer (aflojar).

desaprobación f. Désapprobation (reprobación). ‖ Désaveu, m. (de un mandatario).

desaprobador, ra adj. Désapprobateur, trice.

desaprobar* v. tr. ● Désapprouver (censurar) : *lo que la moral desaprueba*, ce que la morale désapprouve. ‖ Désavouer (a un mandatario).
— Sinón. ● *Desautorizar*, désavouer. *Reprobar*, réprouver. *Censurar*, blâmer. *Vituperar*, vitupérer. *Criticar*, critiquer. *Reprender*, réprimander.

desapropiarse v. pr. Se défaire de, se dessaisir de (abandonar).

desaprovechado, da adj. Inappliqué, e ; négligent, e ; indolent, e (indolente). ‖ Gaspillé, e ; mal employé, e : *dinero, tiempo desaprovechado*, argent, temps mal employé. ‖ Perdu, e : *oportunidad desaprovechada*, occasion perdue. ‖ Fig. Infructueux, euse (infructuoso). ‖ *Alumno desaprovechado*, élève qui peut mieux faire.

desaprovechamiento m. Gaspillage, mauvais emploi [des possibilités, des dons] (desperdicio).

desaprovechar v. tr. Ne pas profiter de : *desaprovechar el buen tiempo, sus dotes, una influencia*, ne pas profiter du beau temps, de ses dons, d'une influence. ‖ Mal employer, gaspiller : *desaprovechar el dinero*, gaspiller l'argent. ‖ *Desaprovechar una ocasión*, rater *o* laisser passer *o* perdre une occasion.

desapuntalar v. tr. Enlever les étançons *o* les étais [d'un édifice].

desapuntar v. tr. Découdre, dépointer (descoser). ‖ Dépointer (un arma).

desarboladura f. MAR. Démâtage, m.

desarbolar v. tr. MAR. Démâter. ‖ Amer. Détraquer. — V. pr. MAR. Démâter.

desarenado m. Dessablement, dessablage.

desarenar v. tr. Dessabler, désensabler : desarenar la entrada del puerto, dessabler l'entrée du port.

desarmador m. Détente, f. (disparador).

desarmadura f. o **desarmamiento** m. Désarmement, m. (de las armas). ‖ Démontage, m. (desmontadura).

desarmar v. tr. Désarmer. ‖ Démonter : desarmar un reloj, démonter une montre. ‖ MAR. Désarmer (un buque). ‖ FIG. Désarmer : desarmar la cólera, désarmer la colère. | Désarmer, désarçonner : su respuesta me desarmó, sa réponse m'a désarmé. ‖ — Desarmar el arco, débander l'arc. ‖ MIL. Desarmar pabellones, rompre les faisceaux. ‖ Un coche desarmado, une voiture en pièces détachées. — V. intr. Désarmer.

desarme m. Désarmement (de las armas). ‖ Désarmement (de un país) : conferencia sobre su para el desarme, conférence du o sur le désarmement. ‖ Démontage (desmontadura) : desarme de una máquina, démontage d'une machine.

desarmonía f. Desharmonie (p. us.).

desarmonizar v. tr. Desharmoniser (p. us.).

desarraigar v. tr. ● Déraciner : desarraigar un árbol, déraciner un arbre. ‖ FIG. Déraciner : desarraigar el vicio, un pueblo, déraciner le vice, un peuple. — SINÓN. ● Extirpar, arrancar, extirper. Descepar, essoucher, dessoucher. Descuajar, déraciner.

desarraigo m. Déracinement.

desarrapado, da adj. y s. Déguenillé, e.

desarrebozar v. tr. Enlever [à quelqu'un] son manteau (desenredar). ‖ Défaire (abrir los vestidos). ‖ FIG. Tirer au clair, éclaircir, débrouiller (aclarar). — V. pr. Défaire ses vêtements.

desarregladamente adv. En désordre (sin orden), d'une façon désordonnée (sin concierto), de façon déréglée (sin regla, sin freno).

desarreglado, da adj. Déréglé, e (descompuesto). ‖ Désordonné, e : un niño desarreglado, un enfant désordonné. ‖ En désordre : cuarto desarreglado, pièce en désordre. ‖ Négligé, e; débraillé, e (desaseado). ‖ FIG. Déréglé, e : una vida desarreglada, une vie déréglée.

desarreglar v. tr. Mettre en désordre, déranger (desordenar). ‖ Dérégler, détraquer : desarreglar un reloj, dérégler une horloge. ‖ FIG. Déranger, bouleverser : esto ha desarreglado mis planes, cela bouleverse mes plans. | Déranger (no convenir).

desarreglo m. Désordre : en el más completo desarreglo, dans le désordre le plus complet. ‖ Dérèglement (de un mecanismo). ‖ Désordre (de los vestidos). ‖ FIG. Désordre, dérèglement (de la conducta). ‖ — Pl. Troubles : desarreglos intestinales, des troubles intestinaux.

desarrendar* v. tr. Débrider, ôter la bride à (a una caballería). ‖ Annuler un bail o un fermage.

desarrimar v. tr. Écarter (apartar), éloigner (alejar). ‖ FIG. Dissuader (disuadir).

desarrimo m. Manque de point d'appui.

desarrollable adj. MAT. Développable. ‖ Susceptible d'être développé, e (industria, teoría).

desarrollar v. tr. Développer : desarrollar un mapa, développer une carte. ‖ Développper : desarrollar el cuerpo, la industria, una teoría, développer le corps, l'industrie, une théorie. ‖ MAT. Développer : desarrollar una función,

développer une fonction. ‖ Desarrollar actividades subversivas, avoir des activités subversives. — V. pr. Se développer (plantas, industria). ‖ Se produire, se dérouler, avoir lieu (suceder).

desarrollo m. Déroulement (de un papel). ‖ FIG. Déroulement : el desarrollo de los acontecimientos, le déroulement des événements. ‖ Développement, croissance, f. : niño en pleno desarrollo, enfant en plein développement. ‖ Développement, essor, expansion, f. (incremento) : industria en pleno desarrollo, industrie en pleine expansion ; países en vías de desarrollo, pays en voie de développement. ‖ Développement (de una planta). ‖ GEOM. Développement. ‖ TECN. Développement (de una bicicleta).

desarropar v. tr. Dévêtir (quitar la ropa). ‖ Découvrir (en la cama). ‖ Découvrir : no desarropes al niño que está sudando, ne découvre pas l'enfant car il est en nage. — V. pr. Se dévêtir (quitarse la ropa). ‖ Se découvrir (en la cama).

desarrugar v. tr. Défroisser, défriper (la ropa). ‖ Dérider (el rostro). ‖ Desarrugar el entrecejo, défroncer les sourcils, se dérider. — V. pr. Se défroisser, se défriper (la ropa). ‖ Se dérider (el rostro).

desarrumar v. tr. MAR. Désarrimer.

desarticulación f. Désarticulation. ‖ FIG. Démembrement, m. : desarticulación de un partido, démembrement d'un parti.

desarticular v. tr. Désarticuler. ‖ FIG. Démembrer (un partido).

desartillar v. tr. Dégarnir o démunir de son artillerie [un navire, un fort, etc.].

desarzonar v. tr. Désarçonner.

desasado, da adj. Sans anses, à l'anse cassée (una vasija).

desasar v. tr. Casser les anses o l'anse [d'un récipient].

desaseadamente adv. Malproprement (suciamente). ‖ Négligemment (descuidadamente).

desaseado, da adj. Malpropre, sale (sucio), négligé, e (descuidado). — M. y f. Personne (f.) négligée. — SINÓN. Descuidado, abandonado, négligé. Desastrado, déguenillé. Desaliñado, débraillé. Desidioso, négligent. Fam. Marrano, cochon.

desasear v. tr. Salir.

desasentar* v. tr. Déplacer : desasentar un sillar, déplacer une pierre. ‖ FIG. Déplaire : eso me desasienta, cela me déplaît. — V. pr. Se lever (levantarse).

desaseo m. Malpropreté, f., manque de soin, mauvaise tenue, f. (falta de aseo). ‖ Saleté, f., malpropreté, f. (suciedad).

desasimiento m. Dessaisissement (acción de desasirse). ‖ FIG. Désintéressement, détachement (desinterés).

desasimilación f. Désassimilation.

desasimilar v. tr. Désassimiler.

desasir* v. tr. Lâcher (soltar). ‖ Détacher (desprender). — V. pr. Se dessaisir, se défaire (desprenderse de una cosa).

desasistencia f. Abandon, m.

desasistir v. tr. Abandonner, délaisser (descuidar). ‖ — Estar desasistido, n'être guère aidé o assisté (en su trabajo). ‖ Estaba muy desasistido en el hospital, on ne s'occupait pas du tout de lui à l'hôpital.

desasnar v. tr. FIG. y FAM. Dégourdir, déniaiser, décrotter, dégrossir.

desasociar v. tr. Rompre une association.

desasosegadamente adv. Avec agitation, avec inquiétude.

desasosegado, da adj. Agité, e ; inquiet, ète ; troublé, e (turbado).

desasosegar* v. tr. Inquiéter, troubler, agiter.
— V. pr. S'inquiéter.

desasosiego m. Agitation, *f.*, inquiétude, *f.*, trouble (intranquilidad).

desastradamente adv. Désastreusement, de façon désastreuse (con desastre). || Misérablement : *ir vestido desastradamente*, être misérablement vêtu.

desastrado, da adj. Malpropre (desaliñado). || Loqueteux, euse ; déguenillé, e ; dépenaillé, e (harapiento). || Malheureux, euse (desgraciado). || Déréglé, e ; désordonné, e : *llevar una vida desastrada*, mener une vie déréglée.
— M. y f. Personne (*f.*) négligée.

desastre m. Désastre. || Nullité, *f.*, propre à rien (persona) : *este niño es un verdadero desastre*, cet enfant est une vraie nullité. || *¡Qué desastre!*, quelle tuile ! (pega), quel désastre.!, quel échec retentissant (fracaso).

desastrosamente adv. Désastreusement (p. us.), de façon désastreuse.

desastroso, sa adj. Désastreux, euse.

desatacar v. tr. Défaire (desatar). || Déboutonner (los botones), dégrafer (los corchetes). || Débourrer (un fusil).
— V. pr. Se déboutonner (desabotonarse).

desatadura f. Détachement, *m.*, dénouement, *m.* (p. us.) [acción de desatar]. || Éclaircissement, *m.* (aclaración). || Déchaînement, *m.* (desencadenamiento).

desatar v. tr. Détacher, défaire : *desatar un nudo*, défaire un nœud. || Dénouer (una cinta). || Déficeler : *desatar un paquete*, déficeler un paquet. || Délacer (zapatos). || Déboutonner (desabotonar). || Détacher (soltar) : *desatar al perro*, détacher le chien. || FIG. Éclaircir, élucider, résoudre, dénouer : *desatar una intriga*, dénouer une intrigue. | Dénouer, délier (la lengua). || RELIG. *Atar y desatar*, faire et défaire, lier et délier.
— V. pr. Se détacher, se défaire (lo atado). || Délacer : *desatarse los zapatos*, délacer ses souliers. || FIG. Se mettre en colère (encolerizarse). | S'emporter, perdre toute retenue (perder los estribos). | Trop parler (hablar con exceso). | Se déchaîner : *los elementos se desataron*, les éléments se sont déchaînés. | Éclater : *su cólera se desató*, sa colère éclata. || FIG. *Desatarse en injurias* o *en improperios*, se répandre en injures o en invectives (insultar).

desatascador m. Débouchoir (para tuberías). || Dégorgeoir.

desatascamiento m. Débouchage, dégorgement, dégorgeage (de una tubería).

desatascar v. tr. Désembourber, débourber (desatollar). || Déboucher, dégorger, désobstruer (una cañería, una tubería). || FIG. y FAM. Dépêtrer, tirer (sacar de un apuro).

desatasco m. Dégorgeage, dégorgement (de una cañería).

desataviar v. tr. Dépouiller de sa parure.

desatavío m. Tenue (*f.*) négligée, négligence (*f.*) vestimentaire.

desate m. Débordement. || — *Desate de palabras*, flot de paroles. || *Desate de vientre*, flux de ventre.

desatención f. Inattention (distracción). || Impolitesse, incorrection, manque (*m.*) d'égards (descortesía).

desatender* v. tr. Ne pas prêter attention à : *desatender lo que se dice*, ne pas prêter attention à ce qu'on dit. || Négliger, ne pas prendre soin de : *desatender a sus huéspedes*, négliger ses invités. || Négliger : *desatender sus deberes, órdenes*, négliger ses devoirs, les ordres. || Opposer un refus (a una demanda).

desatentamente adv. Étourdiment, distraitement (sin prestar atención). || Impoliment, sans égards (descortésmente).

desatento, ta adj. Distrait, e ; inattentif, ive : *un alumno desatento*, un élève inattentif. || Impoli, e (grosero).

desaterrar v. tr. *Amer.* Désencombrer.

desatierre m. *Amer.* Déblaiement (acción). || Terril, décombres, *pl.* (vaciadero).

desatinadamente adv. Inconsidérément, maladroitement (con poco tacto). || Étourdiment, follement (sin tino). || Excessivement, follement (con exceso).

desatinado, da adj. Absurde, insensé, e (disparatado). || Fou, folle ; insensé, e (sin juicio).

desatinar v. tr. Troubler, faire perdre la tête [à quelqu'un] (atolondrar).
— V. intr. ● Déraisonner, dire des absurdités (decir desatinos). || Commettre une erreur, faire un faux pas (desacertar).
— SINÓN. ● *Disparatar, desvariar, desbarrar*, déraisonner. *Divagar*, divaguer. *Chochear*, radoter. *Delirar*, délirer.

desatino m. ● Bêtise, *f.*, maladresse, *f.* : *ha cometido un desatino*, il a fait une bêtise. || Sottise, *f.*, ânerie, *f.*, bêtise, *f.*, ineptie, *f.* : *decir desatinos*, dire des sottises. || Erreur, *f.* (equivocación). || Déraison, *f.*

desatolondrarse v. pr. Reprendre ses esprits, revenir à soi.

desatollar v. tr. Désembourber.

desatontarse v. pr. Reprendre ses esprits, revenir à soi.

desatoramiento m. Dégorgeage, dégorgement (de una cañería).

desatorar v. tr. Déboucher, dégorger (las tuberías). || MAR. Désarrimer. || MIN. Déblayer (los escombros).

desatornillar v. tr. Dévisser (destornillar).

desatracar v. tr. MAR. Larguer les amarres.
— V. intr. MAR. Déborder, larguer les amarres.

desatraillamiento m. Découple, découplage (de los perros).

desatraillar v. tr. Découpler (los perros).

desatrancador m. Débouchoir.

desatrancar v. tr. Ôter la barre (de una puerta). || Déboucher, désobstruer (un pozo, una fuente, una cañería).

desatufarse v. pr. S'aérer, prendre l'air. || FIG. Se calmer (desenojarse).

desaturdir v. tr. Dissiper un étourdissement.
— V. pr. Reprendre ses esprits, revenir à soi.

desautoridad f. Manque (*m.*) d'autorité.

desautorización f. Désaveu, *m.*, désapprobation. || Interdiction. || Discrédit, *m.* (descrédito).

desautorizadamente adv. Sans l'autorité requise, sans autorisation.

desautorizar v. tr. Désavouer, désapprouver (desaprobar). || Interdire (prohibir). || Discréditer (desacreditar). || *Desautorizar a un embajador*, désavouer un ambassadeur.

desavenencia f. ● Désaccord, *m.* (desacuerdo). || Brouille, mésentente : *desavenencia conyugal*, brouille conjugale.
— SINÓN. ● *Desunión*, désunion. *Cizaña*, zizanie. *Desacuerdo*, désaccord. *Disentimiento*, dissentiment. *Disensión*, dissension. *Discordia*, discorde. *Discrepancia*, divergencia, divergence. *Ruptura*, rupture. *Resentimiento*, froid. *Divorcio*, divorce. *Fam. Pique*, pique.

desavenido, da adj. Brouillé, e ; fâché, e ; en désaccord : *familias desavenidas*, familles brouillées. || *Países desavenidos*, pays en désaccord.

desavenir* v. tr. Brouiller, fâcher, désaccorder (p. us.) : *desavenir a dos amigos*, brouiller deux amis.
— V. pr. Se brouiller, se fâcher : *desavenirse con alguien*, se brouiller avec quelqu'un.

desaventajado, da adj. Désavantagé, e. ‖ Désavantageux, euse (poco ventajoso).

desaviar v. tr. Déranger (molestar). ‖ (P. us.). Dévoyer, égarer, fourvoyer (desviar). ‖ Démunir (desproveer).

— OBSERV. El francés *dévoyer* se emplea sobre todo en el sentido figurado de « corromper », « pervertir ».

desavío m. Dérangement, ennui (molestia). ‖ (P. us.). Dévoiement, égarement (desvío). ‖ Dénuement (carencia).

desavisado, da adj. Malavisé, e (imprudente). ‖ Qui n'a pas été prévenu, e (no avisado).

desayunado, da adj. Qui a pris son petit déjeuner : *estoy desayunado*, j'ai pris mon petit déjeuner.

desayunar v. intr. y tr. Prendre son petit déjeuner, déjeuner : *esta mañana he desayunado muy temprano*, ce matin j'ai déjeuné *o* j'ai pris mon petit déjeuner de très bonne heure ; *desayunar con té*, prendre du thé à son petit déjeuner ; *he desayunado café con leche*, j'ai déjeuné de café au lait.

— V. pr. Déjeuner : *aún no me he desayunado*, je n'ai pas encore déjeuné. ‖ FIG. Recevoir la première nouvelle d'une chose, en entendre parler pour la première fois.

— OBSERV. La forme pronominale *desayunarse* n'est presque plus employée de nos jours dans le sens propre.

desayuno m. Petit déjeuner.

desazogar v. tr. Ôter le mercure *o* le tain.

desazón f. Fadeur, insipidité (insipidez). ‖ AGRIC. Trop grande sécheresse (*f.*) de la terre. ‖ FIG. Peine, chagrin, *m.*, ennui, *m.* (pesar). | Contrariété (disgusto). | Malaise, *m.* (malestar) : *sentir una desazón en el estómago*, éprouver un malaise à l'estomac.

desazonado, da adj. Fade, insipide (soso). ‖ AGRIC. Trop sec, trop sèche (la tierra). ‖ FIG. Indisposé, e ; mal à l'aise (indispuesto). | Inquiet, ète ; ennuyé, e (intranquilo).

desazonar v. tr. Affadir (hacer insípido). ‖ FIG. Indisposer, fâcher (disgustar). ‖ Agacer (molestar).

— V. pr. S'irriter, se fâcher (enfadarse). ‖ S'inquiéter (preocuparse). ‖ FIG. Éprouver un malaise, se sentir mal à l'aise (sentirse mal de salud).

desbabar v. tr. Faire dégorger [les escargots].

— V. intr. y pr. Baver.

desbagar v. tr. Égrener (lino, etc.).

desbancador m. Décavaillonneur, décavaillonneuse, *f.* (arado viñatero).

desbancar v. tr. Faire sauter la banque (juegos). ‖ FIG. Supplanter, évincer (suplantar). ‖ Débanquer, ôter les bancs : *desbancar una embarcación*, débanquer une embarcation.

desbandada f. Débandade. ‖ *A la desbandada*, à la débandade, en désordre.

desbandarse v. pr. MIL. Se débander, s'enfuir en désordre : *las tropas se desbandaron*, les troupes se débandèrent. ‖ Rester à l'écart, faire bande à part (apartarse). ‖ Se disperser (dispersarse).

desbarajustar v. tr. Déranger, mettre sens dessus dessous, chambarder (fam.) : *está todo desbarajustado*, tout est sens dessus dessous.

desbarajuste m. Désordre, confusión, *f.*, pagaille, *f.*, pagaïe, *f.* (fam.) : *¡qué desbarajuste!*, quelle pagaille !

desbaratadamente adv. Confusément. ‖ Sans ordre, pêle-mêle (en desorden). ‖ À tort et à travers : *hablar desbaratadamente*, parler à tort et à travers.

desbaratado, da adj. Désordonné, e. ‖ Cassé, e (roto), défait, e (deshecho). ‖ FIG. y FAM. Débauché, e ; dévergondé, e. ‖ Déconfit, e ; défait, e (un ejército).

desbaratamiento m. Désordre, confusion, *f.*, dérangement (acción de descomponer). ‖ Gaspillage (acción de malgastar). ‖ Écroulement (de proyectos, planes, etc.).

desbaratar v. tr. Démantibuler (descomponer) : *desbaratar un reloj*, démantibuler une pendule. ‖ Gaspiller, dissiper (malgastar) : *desbaratar una fortuna*, dissiper une fortune. ‖ Déjouer (hacer fracasar) : *desbaratar una intriga*, déjouer une intrigue. ‖ Bouleverser, défaire, détruire, flanquer par terre (fam.) : *desbaratar los planes de uno*, bouleverser les plans de quelqu'un. ‖ MIL. Tailler en pièces, mettre en déroute, déconfire, défaire : *desbaratar a los adversarios*, mettre les adversaires en déroute.

— V. intr. Parler à tort et à travers, déraisonner (disparatar).

— V. pr. Tomber en morceaux. ‖ FIG. S'emporter (descomponerse).

desbarbador m. AGRIC. Ébarboir (herramienta).

desbarbadora f. AGRIC. Ébarbeuse (máquina).

desbarbadura f. AGRIC. Ébarbage, *m.*

desbarbar v. tr. Ébarber : *desbarbar maíz*, ébarber du maïs. ‖ Couper les racines (cortar las raíces). ‖ FAM. Raser (afeitar).

desbarbillar v. tr. AGRIC. Ébarber.

desbardar v. tr. Enlever les broussailles qui couvrent un mur.

desbarnizar v. tr. Enlever le vernis, dévernir.

desbarrancadero m. *Amer.* Précipice, gouffre.

desbarrar v. intr. (P. us.). Lancer la perche [jeu]. ‖ Glisser (escurrir). ‖ FIG. Déraisonner, dire des sottises, divaguer (disparatar).

desbarro m. Absurdité, *f.*, folie, *f.*, divagations, *f. pl.* (desatino). ‖ Glissade, *f.* (resbalón).

desbastador m. TECN. Ébauchoir, dégrossisseur.

desbastadura f. Dégrossissement, *m.*, dégrossissage, *m.*

desbastar v. tr. Dégrossir : *desbastar el mármol antes de esculpirlo*, dégrossir le marbre avant de le sculpter. ‖ Dégrosser (los metales). ‖ Ébaucher (esbozar). ‖ FIG. Dégrossir, civiliser, décrotter, décrasser (fam.) : *desbastar a un palurdo*, dégrossir un rustre. ‖ *Pieza desbastada*, ébauche.

desbaste m. Dégrossissement, dégrossissage (acción de desbastar). ‖ TECN. Bloom (de acero). | Ébauchage. ‖ FIG. Décrottage, décrassage (de una persona). ‖ *En desbaste*, dégrossi.

desbautizar v. tr. Débaptiser : *desbautizar una calle*, débaptiser une rue.

desbecerrar v. tr. Sevrer (destetar).

desbenzolar v. tr. Débenzoler.

desbloqueado m. Déverrouillage (de un arma).

desbloquear v. tr. COM., MECÁN. y MIL. Débloquer.

desbloqueo m. COM. y MIL. Déblocage. ‖ FOT. Dégagement de l'obturateur. ‖ Dégagement : *desbloqueo de un dedo cogido en un engranaje*, dégagement d'un doigt pris dans un engrenage.

desbobinado m. Débobinage.

desbocadamente adv. Sans retenue, sans frein (desenfrenadamente). ‖ Effrontément, insolemment (descaradamente).

desbocado, da adj. Emballé, e ; emporté, e (caballo). ‖ FIG. Débridé, e : *imaginación desbocada*, imagination débridée. | Intenable : *hoy los niños están desbocados*, aujourd'hui les enfants sont intenables. ‖ Égueulé, e (vasija de boca rota). ‖ Ébréché, e (de boca mellada). ‖ — Adj. y s. FIG. y FAM. Effronté, e ; insolent, e (descarado).

desbocamiento m. Emballement (de un caballo). ‖ FIG. Insolence, *f.*, impertinence, *f.*, effronterie, *f.* (descaro).

desbocar v. tr. Égueuler (romper la abertura) : *desbocar un cántaro*, égueuler une cruche. ‖ Ébrécher (mellar).

— V. intr. Se jeter dans la mer (un río) : *el Tajo desboca en Lisboa*, le Tage se jette dans la mer à Lisbonne. ‖ Déboucher sur *o* dans (calle, camino).
— V. pr. S'emballer, s'emporter (caballo). ‖ Sortir de son lit (río). ‖ Fig. S'emporter (irritarse). | Dépasser les bornes, aller trop loin (pasarse de la raya).

desboquillar v. tr. Désancher, casser *o* ôter l'anche [d'un instrument].

desbordamiento m. Débordement : *el desbordamiento de un río*, le débordement d'un fleuve. ‖ Fig. Emportement (exaltación).

desbordante adj. Débordant, e : *una alegría desbordante*, une joie débordante.

desbordar v. intr. Déborder : *el río desbordó por los campos*, le fleuve déborda dans les champs ; *su alegría desborda*, sa joie déborde.
— V. pr. Déborder. ‖ S'emporter, se déchaîner (exaltarse).

desborde m. *Amer.* Débordement (desbordamiento).

desborrar v. tr. Épinceter (limpiar el paño).

desbotonar v. tr. Déboutonner. ‖ Déboutonner, démoucheter (un florete). ‖ Ébourgeonner (plantas).

desbragado, da adj. y s. Débraillé, e (descamisado). ‖ Fam. Le derrière à l'air, sans culotte (un niño).

desbravador m. Dresseur *o* dompteur de chevaux.

desbravar v. tr. Dresser, dompter (el ganado).
— V. intr. y pr. S'apprivoiser, devenir moins farouche (hacerse más sociable). ‖ S'apaiser, se calmer (calmarse) : *el mar se desbrava*, la mer se calme. ‖ S'éventer (un licor).

desbravecer* v. intr. y pr. S'apprivoiser (perder la braveza). ‖ S'apaiser, se calmer (calmarse).

desbridar v. tr. Débrider (una caballería). ‖ Med. Débrider (los tejidos).

desbriznar v. tr. Hacher, couper menu (la carne). ‖ Réduire en miettes (un palo). ‖ Recueillir les stigmates du safran (el azafrán).

desbroce m. V. desbrozo.

desbrozar v. tr. Débroussailler, défricher, essarter (la maleza). ‖ Désherber (la hierba). ‖ Ébrancher (los árboles). ‖ Curer (acequia). ‖ Fig. Défricher, débrouiller (un borrador). | Défricher : *desbrozar un tema*, défricher un sujet.

desbrozo m. Débroussaillement, défrichage, défrichement (de la broza). ‖ Désherbage (de la hierba). ‖ Ébranchage (de los árboles). ‖ Broussailles, *f. pl.* (maleza). ‖ Branchages, *pl.* (ramas). ‖ Fig. Défrichage, défrichement.

desbulla f. Écaille d'huître (concha) ‖ Écaillage, *m.* (acción de abrir una ostra).

desbullador m. Fourchette (*f.*) à huître. ‖ — M. y f. Écailler, ère (persona o utensilio para abrir las ostras).

desbullar v. tr. Ouvrir, écailler [les huîtres].

descabal adj. Dépareillé, e ; incomplet, ète.

descabalado, da adj. Dépareillé, e.

descabalamiento m. Désassortiment, action (*f.*) de dépareiller.

descabalar v. tr. Dépareiller, désassortir (desemparejar). ‖ Entamer, écorner, rogner (un todo).
— V. pr. Être dépareillé, e. ‖ Être entamé, e.

descabalgar v. intr. Descendre de cheval, mettre pied à terre.

descabelladamente adv. Fig. D'une façon irraisonnée *o* insensée. | Confusément, pêle-mêle.

descabellado, da adj. Fig. Saugrenu, e ; sans queue ni tête : *ideas, teorías descabelladas*, idées, théories saugrenues. | Insensé, e : *es descabellado hacer tal cosa*, il est insensé de faire une chose pareille.

descabellamiento m. Absurdité, *f.*, sottise, *f.*

descabellar v. tr. Dépeigner, écheveler (despeinar) : *mujer descabellada*, femme échevelée. ‖ Taurom. Tuer le taureau par un « descabello ».
— V. pr. Être dépeigné, e ; être échevelé, e.

descabello m. Taurom. « Descabello » [coup porté entre les deux premières vertèbres cervicales du taureau après une estocade non décisive]. ‖ Epée (*f.*) spéciale utilisée à cette fin.

descabezadamente adv. Fig. V. descabelladamente.

descabezado, da adj. Décapité, e (decapitado). ‖ Étêté, e ; sans tête (cosa desprovista de cabeza). ‖ Fig. Irraisonné, e ; insensé, e (deprovisto de sentido). | Déréglé, e ; désordonné, e (desordenado).

descabezamiento m. Décapitation, *f.* : *el descabezamiento del asesino*, la décapitation de l'assassin. ‖ Étêtement, étêtage (de los árboles). ‖ Mil. Conversion, *f.* (cambio de marcha).

descabezar v. tr. Décapiter (cortar la cabeza). ‖ Étêter : *descabezar un clavo, un árbol*, étêter un clou, un arbre. ‖ Fig. y Fam. Entamer, attaquer : *descabezar un trabajo*, entamer un travail. ‖ Mil. Opérer une conversion (cambiar de dirección). ‖ *Descabezar un sueño*, faire *o* piquer un somme.
— V. pr. Agric. S'égrener (desgranarse). ‖ Fig. y Fam. Se casser la tête (romperse la cabeza).

descabritar v. tr. Sevrer (los cabritos).

descachalandrado, da adj. *Amer.* Négligé, e.

descachar v. tr. *Amer.* Écorner.

descachazar v. tr. *Amer.* Déféquer, épurer (el guarapo).

descaderar v. tr. Déhancher.
— V. pr. Se démettre la hanche.

descadillar v. tr. Énouer (la lana).

descaecer* v. intr. Décliner.

descaecimiento m. Déchéance, *f.*, décadence, *f.* ‖ Affaiblissement, déclin (debilitamiento). ‖ Lassitude, *f.*, abattement.

descafeinar v. tr. Décaféiner : *café descafeinado*, café décaféiné.

descalabazarse v. pr. Fig. y Fam. Se casser la tête, se creuser la cervelle.

descalabrado, da adj. Blessé, e à la tête (herido en la cabeza). ‖ Fig. Malmené, e (en una pendencia). | Perdant, e (mal parado) : *salir descalabrado de un negocio*, sortir perdant d'une affaire.

descalabradura f. Blessure à la tête. ‖ Cicatrice (cicatriz).

descalabrar v. tr. Blesser *o* casser la tête (herir en la cabeza) : *descalabrar a pedradas*, blesser la tête à coups de pierre. ‖ Fig. Malmener, maltraiter (maltratar). | Nuire, causer préjudice à (perjudicar). | Battre (al enemigo).
— V. pr. Se blesser à la tête. ‖ *Amer.* Se payer la tête de, plaisanter (chasquear).

descalabro m. Échec : *sufrir muchos descalabros en su vida*, essuyer de nombreux échecs dans sa vie. ‖ Désastre : *esta derrota fue un descalabro*, cette défaite a été un désastre.

descalaminado m. Tecn. Décalaminage.

descalaminar v. tr. Tecn. Décalaminer.

descalce m. Déchaussage, déchaussement (de un árbol). ‖ Décalage (de calzos).

descalcificación f. Med. Décalcification.

descalcificar v. tr. Med. Décalcifier.

descalificación f. Disqualification.

descalificar v. tr. Disqualifier.

descalzador m. Agric. Déchaussoir.

descalzar v. tr. Déchausser (quitar el calzado). ‖ Décaler (quitar un calzo). ‖ Agric. Déchausser (socavar).
— V. pr. Se déchausser. ‖ Se déferrer (los caballos). ‖ Fig. Entrer chez les carmes déchaux (un fraile).

descalzo, za adj. Déchaussé, e ; pieds nus, nu-pieds : *ir descalzo,* aller pieds nus. ‖ Fig. Dénué de tout, pauvre (pobre). ‖ Déchaux, déchaussé (fraile).

descamación f. Med. Desquamation.

descamar v. tr. Med. Desquamer.

descambiar v. tr. Annuler un échange.

— Observ. C'est à tort qu'on emploie le verbe *descambiar* dans le sens de « cambiar », échanger.

descaminadamente adv. Hors de propos.

descaminar v. tr. Égarer, fourvoyer (hacer perder el camino) : *se ha descaminado,* il s'est four-voyé. ‖ Fig. Fourvoyer, dévoyer, écarter du droit chemin : *las malas compañías lo descaminaron,* les mauvaises fréquentations l'ont fourvoyé. ‖ Fig. *Ir* ou *andar descaminado,* faire fausse route, se fourvoyer, avoir tort : *no iba descaminado al escribir que,* il n'avait pas tort d'écrire que ; *andas muy descaminado,* tu fais complètement fausse route.

descamino m. Égarement (pérdida). ‖ Fig. Erreur, f.

descamisado, da adj. Sans chemise (sin camisa). ‖ Fig. Déguenillé, e.
— M. Va-nu-pieds (desharrapado). ‖ — Pl. Hist. Descamisados. (En Espagne, nom des libéraux de la révolution de 1820. En Argentine, nom des partisans du général Peron et de son épouse [1946].)

descamisar v. tr. Enlever la chemise. ‖ Fig. Ruiner.

descampado, da adj. Déboisé, e ; découvert, e (un terreno). ‖ *En descampado,* en rase campagne (a campo raso), en plein air (al aire libre).

descampar v. intr. Cesser de pleuvoir (escampar).

descansadamente adv. Tranquillement, sans fatigue.

descansadero m. Lieu de halte.

descansado, da adj. Reposé, e : *ya estoy descan-sado,* je suis déjà reposé. ‖ Détendu, e ; reposé, e : *cara descansada,* visage détendu. ‖ De tout repos (tranquilo) : *un negocio descansado,* une affaire de tout repos. ‖ Tranquille, reposant, e : *vida descansada,* vie tranquille ; *trabajo descansado,* travail reposant. ‖ Sûr, e ; assuré, e : *puede usted estar descansado que,* soyez sûr que.

descansar v. intr. Reposer : *descansar en la cama,* reposer dans son lit. ‖ Se reposer (reparar las fuerzas) : *está descansando de su viaje,* il se repose de son voyage. ‖ S'arrêter, se reposer (en el tra-bajo) : *no descansaba ni un momento,* il ne s'arrê-tait pas un seul instant. ‖ Reposer, s'appuyer : *la viga descansa en la pared,* la poutre repose sur le mur. ‖ Connaître un répit : *no descansa en sus penas,* il ne connaît pas de répit dans ses cha-grins. ‖ Laisser un répit, cesser : *no descansaban sus trabajos,* ses travaux ne lui laissaient aucun répit. ‖ Se calmer (tempestad). ‖ Reposer, rester en jachère (la tierra). ‖ Se détendre (relajarse). ‖ Se reposer sur (tener confianza) : *puede usted descansar en mí,* vous pouvez vous reposer sur moi. ‖ — *Aquí descansa...,* ici repose ... ‖ *Que en paz descanse,* qu'il repose en paix.
— V. tr. Reposer : *para descansar la vista,* pour reposer les yeux. ‖ Appuyer (apoyar) : *descansar la cabeza en* ou *sobre la almohada,* appuyer sa tête sur l'oreiller. ‖ Mil. Reposer : *descansar las armas,* reposer les armes. ‖ Mil. *¡Descansen armas!,* reposez, armes !

descansillo m. Palier (de escalera).

descanso m. Repos : *tomar un rato de descanso,* prendre un moment de repos. ‖ Halte, f., pause, f. (en la marcha). ‖ Pause, f. : *en la oficina tenemos un descanso a las diez,* au bureau, nous avons une pause à 10 heures. ‖ Interclasse (entre dos clases). ‖ Repos (posición) : *¡descanso!,* repos ! ‖

Congé : *descanso por enfermedad,* congé de ma-ladie. ‖ Palier (descansillo). ‖ Support, appui (sostén). ‖ Mi-temps, f. (en un partido de fútbol) : *en el descanso,* à la mi-temps. ‖ Entracte (en un cine o teatro). ‖ Fig. Soulagement, réconfort (ali-vio). ‖ Amer. Cabinets, pl. (retrete). ‖ — *Des-canso eterno,* repos o sommeil éternel. ‖ *Descanso de maternidad,* congé de maternité. ‖ *Descanso semanal,* repos hebdomadaire. ‖ *Sin descanso,* sans repos, sans répit, sans relâche, sans arrêt.
— Fam. *¡Buen descanso tenga él!,* je lui souhaite bien du plaisir ! ‖ *No dar el menor descanso,* ne pas laisser le moindre repos, ne laisser aucun répit.

descantillar o **descantonar** v. tr. Ébrécher (des-portillar). ‖ Fig. Défalquer, déduire (rebajar).
— V. pr. S'ébrécher (desportillarse).

descañonar v. tr. Plumer (desplumar aves). ‖ Raser à contre-poil (afeitar). ‖ Fig. y Fam. Plumer (en el juego).

descapirotar v. tr. Déchaperonner (las aves).

descapotable adj. Décapotable.
— M. Voiture (f.) décapotable, décapotable, f.

descapotar v. tr. Décapoter (un coche).

descarado, da adj. Effronté, e ; éhonté, e ; inso-lent, e ; impudent, e : *mentira descarada,* men-songe éhonté.
— M. y f. Effronté, e ; impudent, e ; insolent, e.

descaramiento m. V. descaro.

descararse v. pr. Parler o agir avec insolence o effronterie, être insolent : *descararse con un an-ciano,* être insolent envers un vieillard.

descarbonatar v. tr. Quím. Décarbonater.

descarburación f. Tecn. Décarburation.

descarburante adj. y s. m. Décarburant, e.

descarburar v. tr. Tecn. Décarburer.

descarga f. Décharge (eléctrica). ‖ Arq. Décharge. ‖ Mar. Déchargement, m. (de un buque). ‖ Dé-charge, feu, m. (de artillería). ‖ Mil. *Descarga cerrada,* salve.

descargadero m. Débarcadère, quai des mar-chandises.

descargador m. Déchargeur. ‖ Débardeur, docker (el que descarga los barcos). ‖ Tire-bourre (saca-trapos).

descargar v. tr. Décharger : *descargar una bar-caza,* décharger une péniche. ‖ Décharger (dis-parar una arma, quitarle la carga). ‖ Electr. Dé-charger. ‖ Assener (golpes). ‖ Fig. Décharger (de una obligación). ‖ Passer sur : *descargar uno la bilis sobre alguien,* passer sa colère sur quel-qu'un.
— V. intr. Frapper, battre (dar golpes). ‖ Abou-tir, déboucher, finir (ríos). ‖ Crever (las nubes). ‖ *Batería descargada,* batterie à plat o déchargée.
— V. pr. Se décharger. ‖ Éclater (tempestad). ‖ S'abattre (granizada). ‖ Démissionner (dejar un empleo). ‖ Se décharger : *descargarse de sus obli-gaciones en* ou *sobre un colega,* se décharger de ses obligations sur un collègue. ‖ Dr. Réfuter une accusation (el reo).

descargo m. Déchargement (acción de descar-gar) : *el descargo de una chalana,* le décharge-ment d'un chaland. ‖ Com. Décharge, f. (de una cuenta). ‖ Dr. Décharge, f. : *testigo de descargo,* témoin à décharge. ‖ Fig. Décharge, f. ‖ — *En descargo de conciencia,* par acquit de conscience. ‖ *En su descargo,* à sa décharge.

descargue m. Déchargement (descarga).

descarnada f. Fam. La camarde, la mort.

descarnadamente adv. Franchement, sans détour.

descarnado, da adj. Décharné, e : *cara descar-nada,* visage décharné. ‖ Dénudé, e (un hueso). ‖ Fig. Dépouillé, e : *estilo descarnado,* style dé-pouillé.

descarnador m. Déchaussoir (de dentista).

descarnadura f. Décharnement, *m.* ‖ Déchaussement, *m.*, déchaussage, *m.*, dénudation (de los dientes).

descarnar v. tr. Décharner (un hueso). ‖ Fig. Éroder : *el mar descarnó las rocas de la playa,* la mer a érodé les roches de la plage.
— V. pr. Se décharner. ‖ Se déchausser (los dientes).

descaro m. Effronterie, *f.,* insolence, *f.,* impudence, *f.* : *su descaro me asombra,* son insolence m'ahurit. ‖ Front : *tuvo el descaro de venir a mi casa,* il a eu le front de venir chez moi.

descarozar v. tr. *Amer.* Dénoyauter.

descarriamiento m. Égarement, fourvoiement (descarrío).

descarriar v. tr. Égarer, fourvoyer (descaminar). ‖ Séparer [des bêtes] d'un troupeau. ‖ Écarter du devoir. ‖ *Oveja descarriada,* brebis égarée.
— V. pr. S'égarer (perderse). ‖ S'écarter (separarse). ‖ Fig. S'égarer (apartarse de la razón).

descarriladura f. o **descarrilamiento** m. Déraillement, *m.* : *no hubo heridos en el descarrilamiento del tren París-Roma,* le déraillement du train Paris-Rome n'a pas fait de blessés. ‖ Fig. Égarement, *m.,* écart, *m.* (descarrío) : *las descarriladuras de la juventud,* les égarements de la jeunesse.

descarrilar v. intr. Dérailler (un tren).

descarrío m. Égarement, écart, fourvoiement.

descartar v. tr. Écarter, éliminer, rejeter : *descartar todos los obstáculos,* éliminer tous les obstacles ; *descartar una posibilidad,* écarter une possibilité. ‖ *Quedarse descartado,* se tenir à l'écart.
— V. pr. Écarter (en los naipes).

descarte m. Écart (naipes descartados). ‖ Rejet, refus, élimination, *f.* (acción de descartar). ‖ Fig. Excuse, *f.,* échappatoire, *f.* (excusa).

descasar v. tr. Démarier (anular un matrimonio). ‖ Fig. Déranger, déclasser : *descasar los sellos de una colección,* déclasser les timbres d'une collection. ‖ Dépareiller, désapparier, déparier (dos cosas).
— V. pr. Divorcer (divorciarse).

descascar o **descascarar** v. tr. Écorcer, décortiquer, peler (quitar la piel), écaler (quitar la cáscara).

descascarillado m. Décortication, *f.,* décorticage (de los granos).

descascarillar v. tr. Décortiquer (quitar la cascarilla) : *arroz descascarillado,* riz décortiqué.
— V. pr. S'écailler (el esmalte de las uñas).

descaspar v. tr. Enlever les pellicules (quitar la caspa).

descasque m. Démasclage (del alcornoque). ‖ Écorcement, écorçage (de los demás árboles).

descastado, da adj. y s. Peu affectueux, euse : *este niño es muy descastado,* cet enfant est très peu affectueux.

descastar v. tr. Exterminer [les animaux nuisibles].

descatolización f. Déchristianisation.

descatolizar v. tr. Déchristianiser.

descebar v. tr. Désamorcer (un arma).

descendencia f. Descendance.

descendente adj. Descendant, e.

descender* v. intr. Descendre : *descender de una cima,* descendre d'un sommet ; *todos descendemos de Adán y Eva,* nous descendons tous d'Adam et Ève.
— V. tr. Descendre (bajar).
— Observ. Le verbe espagnol *descender* est moins usité que le mot français *descendre,* auquel correspond normalement *bajar.*

descendiente adj. Descendant, e (que desciende). ‖ Issu, e : *era descendiente de una familia lina-*

juda, elle était issue d'une noble lignée. ‖ *Creerse descendiente de la pata del Cid,* se croire sorti de la cuisse de Jupiter.
— Adj. et s. Descendant, e.

descendimiento m. Descente, *f.* : *descendimiento de la Cruz,* descente de Croix. ‖ Med. Descente, *f.* (de un órgano).

descenso m. Descente, *f.* (bajada). ‖ Descente, *f.* (esquí, paracaídas). ‖ Décrue, *f.* (de un río). ‖ Fig. Déclin, décadence, *f.* (decadencia). ‖ Diminution, *f.,* réduction, *f.* (disminución). ‖ Baisse, *f.* (de precios, de temperatura). ‖ *Descenso a segunda división,* descente en seconde division (fútbol).

descensor m. Descenseur.

descentrado, da adj. Décentré, e ; désaxé, e. ‖ Fig. Désorienté, e : *me encuentro descentrado en esta ciudad,* je me sens désorienté dans cette ville. | Désaxé, e (desequilibrado). ‖ — M. Décentrage.

descentralización f. Décentralisation.

descentralizador, ra adj. y s. Décentralisateur, trice.

descentralizar v. tr. Décentraliser.

descentramiento m. Décentrage, décentrement.

descentrar v. tr. Décentrer, désaxer. ‖ Fig. Désaxer.

descepar v. tr. Déraciner, essoucher (una planta). ‖ Fig. Déraciner, extirper.

descercado, da adj. Sans clôture.

descercar v. tr. Abattre une clôture o une muraille, déclore (p. us.). ‖ Mil. Libérer (una ciudad), faire lever le siège (levantar un sitio).

descerezado m. Décortication, *f.,* décorticage (del café).

descerezar v. tr. Dépulper, décortiquer (el café).

descerrajado, da adj. Forcé, e (cerradura). ‖ Fig. Dévergondé, e.

descerrajadura f. Forcement, *m.* (de una cerradura). ‖ Fig. Coup (*m.*) de feu (tiro).

descerrajar v. tr. Forcer une serrure (una cerradura). ‖ Fig. y Fam. Tirer : *descerrajar un tiro,* tirer un coup de feu. | Sortir, déclarer (decir).

descifrable adj. Déchiffrable.

descifrado m. Déchiffrage.

descifrador, ra adj. y s. Déchiffreur, euse.

desciframiento m. Déchiffrement (de una escritura). ‖ Décryptement (sin clave). ‖ Décodage (con clave).

descifrar v. tr. Déchiffrer. ‖ Décrypter (sin conocer la clave). ‖ Décoder (conociendo la clave).

descifre m. Déchiffrement.

descimbramiento m. Décintrement, décintrage.

descimbrar v. tr. Arq. Décintrer.

descinchar v. tr. Dessangler (desatar la cincha).

desclasificación f. Déclassement, *m.*

desclasificar v. tr. Déclasser.

desclavador m. Tire-clous, *inv.*

desclavar v. tr. Déclouer.

descoagulante adj. y s. m. Décoagulant, e.

descoagular v. tr. Décoaguler.

descobajar v. tr. Égrapper, égrener (los racimos de uvas).

descobijar v. tr. Découvrir (descubrir). ‖ Mettre au jour, mettre à découvert (sacar a luz).

descocadamente adv. Effrontément.

descocado, da adj. Effronté, e ; déluré, e. ‖ Farfelu, e (extravagante).

descocador m. Agric. Échenilloir.

descocamiento m. Effronterie, *f.* (descaro). ‖ Agric. Échenillage.

descocar v. tr. Écheniller.

descocarse v. pr. Fam. Être effronté, avoir de l'aplomb o du toupet. | Perdre la tête (desear locamente).

descoco m. Fam. V. DESCOCAMIENTO.

descogotar v. tr. Assommer (acogotar). ‖ Couper les bois [à un cerf] (al venado).

descolar v. tr. Couper la queue, écouer.
descolchar v. tr. MAR. Décommettre, détordre (un cable).
descolgadura f. o **descolgamiento** m. Décrochage, m., décrochement, m.
descolgar* v. tr. Décrocher, dépendre : *descolgar un cuadro,* décrocher un tableau. ‖ Enlever les tentures, les tapisseries (quitar las colgaduras). — V. pr. Se décrocher. ‖ Se laisser glisser (bajar escurriéndose) : *descolgarse de* ou *por la pared,* se laisser glisser le long du mur. ‖ Dévaler (bajar rápidamente) : *las tropas se descuelgan de las montañas,* les troupes dévalent les montagnes. ‖ FIG. y FAM. Tomber du ciel, débarquer : *se descolgó con una noticia sensacional,* il est tombé du ciel avec une nouvelle sensationnelle ; *siempre se descuelga en casa a la hora de comer,* il débarque toujours chez nous à l'heure du repas.
descolmillar v. tr. Arracher les canines *o* les défenses [à un animal].
descolocado, da adj. y s. Sans emploi, sans situation. ‖ *Estar descolocado,* ne pas être à sa place.
descolonización f. Décolonisation.
descolonizar v. tr. Décoloniser.
descoloración f. Décoloration (del cabello).
descoloramiento m. Décoloration, *f.*
descolorante adj. y s. m. Décolorant, e.
descolorar v. tr. Décolorer, défraîchir, pâlir : *el sol descolora todos los vestidos,* le soleil décolore tous les vêtements. ‖ Décolorer (el cabello). — V. pr. Se décolorer [les cheveux].
descolorido, da adj. Décoloré, e ; passé, e (sin color). ‖ Sans couleur, blême, pâle (pálido). ‖ FIG. Décoloré, e ; terne, plat, e (estilo).
descolorimiento m. Décoloration, *f.*
descolorir v. tr. Décolorer.
descolladamente adv. Brillamment : *siempre ha intervenido descolladamente en las sesiones del Parlamento,* il est toujours intervenu brillamment dans les séances du Parlement.
descollado, da adj. Surélevé, e (superficie). ‖ Élevé, e ; haut, e (altura).
descollamiento m. Supériorité, *f.*
descollante adj. De premier ordre, qui se distingue : *una persona descollante,* une personne de premier ordre. ‖ Marquant, e ; saillant, e : *estos son los hechos descollantes de su vida,* ce sont les faits marquants de sa vie.
descollar* v. intr. Surpasser, dominer : *este alumno descuella mucho entre los demás,* cet élève surpasse de beaucoup les autres. ‖ Se distinguer : *ha descollado en la pintura de frescos,* il s'est distingué dans la peinture à fresque. ‖ Ressortir : *no hay nada que descuelle en su vida,* il n'y a rien qui ressorte dans sa vie. ‖ Se dresser (montaña).
descombrar v. tr. Dégager, désencombrer, débarrasser, déblayer (despejar un sitio). ‖ FIG. Débarrasser, dégager (desembarazar).
descombro m. Désencombrement, dégagement, déblaiement.
descomedidamente adv. Grossièrement, avec insolence : *hablar descomedidamente,* parler grossièrement. ‖ Avec excès, sans mesure : *beber descomedidamente,* boire avec excès.
descomedido, da adj. Excessif, ive. ‖ Grossier, ère ; insolent, e (insolente). ‖ *Ser descomedido,* manquer de mesure.
descomedimiento m. Inconvenance, *f.,* grossièreté, *f.* ‖ Démesure, *f.*
descomedirse* v. pr. Dépasser les bornes, y aller fort (fam.) [excederse]. ‖ Être insolent, manquer de respect (faltar al respeto).
descompaginar v. tr. Mettre en désordre, brouiller (descomponer). ‖ Bouleverser, déranger : *la huelga descompagina todos mis proyectos,* la

grève bouleverse tous mes projets. ‖ Déranger : *¿te descompagina mucho si no te acompaño?,* est-ce que ça te dérange beaucoup si je ne t'accompagne pas ?
descompás m. Excès, démesure, *f.*
descompasadamente adv. Sans cadence, par à-coups (sin ritmo). ‖ Démesurément (con exceso).
descompasado, da adj. Excessif, ive ; disproportionné, e.
descompasarse v. pr. Manquer de respect à, être insolent envers (faltar al respeto), y aller un peu fort avec (fam.) [excederse].
descompensación f. Décompensation.
descomponer* v. tr. ● Déranger, mettre en désordre (desordenar). ‖ Décomposer (separar los elementos de un todo) : *descomponer un cuerpo,* décomposer un corps. ‖ Détraquer, dérégler (un mecanismo) : *descomponer un motor,* détraquer un moteur. ‖ FIG. Irriter, exaspérer (irritar). ‖ Décomposer : *el miedo descompuso sus rasgos,* la peur décomposa ses traits. ‖ Rendre malade : *me descompone ver tantas injusticias,* ça me rend malade de voir tant d'injustices. ‖ *Descomponer el intestino* ou *el vientre,* déranger. — V. pr. Se décomposer (corromperse). ‖ Se détraquer, se dérégler (mecanismo). ‖ FIG. S'emporter, se mettre en colère (irritarse). ‖ En être malade : *me descompongo cuando veo todo lo que me queda por hacer,* j'en suis malade quand je vois tout ce qu'il me reste à faire. ‖ *Se me descompuso el estómago* ou *el vientre,* j'ai eu mal au ventre.
— SINÓN. ● *Desordenar,* désordonner. *Desarreglar,* dérégler. *Desagregar,* désagréger. *Desbaratar,* démantibuler.
descomponible adj. Décomposable.
descomposición f. Décomposition. ‖ FIG. Désagrégation : *la descomposición del Imperio Romano,* la désagrégation de l'Empire romain. ‖ — *Descomposición del rostro,* altération du visage. ‖ *Descomposición intestinal* ou *del vientre,* dérangement intestinal, mal au ventre.
descompostura f. Négligence, laisser-aller, *m.* (desaliño). ‖ Décomposition (descomposición). ‖ Effronterie, impudence (descaro).
descompresión f. Décompression.
descompresor m. Décompresseur (de un fluido). ‖ Détendeur (de un gas).
descomprimir v. tr. Décomprimer.
descompuesto, ta adj. Décomposé, e (corrompido). ‖ Détraqué, e : *reloj descompuesto,* montre détraquée. ‖ Effronté, e ; impudent, e (descarado). ‖ Défait, e ; décomposé, e : *rostro descompuesto,* visage défait. ‖ — *Tener el cuerpo descompuesto,* ne pas se sentir très bien *o* en forme. ‖ *Tener el estómago* ou *el vientre descompuesto,* avoir l'estomac détraqué, avoir mal au ventre.
descomunal adj. Énorme (desmedido) : *una mentira descomunal,* un énorme mensonge. ‖ Démesuré, e : *estatura descomunal,* taille démesurée. ‖ FIG. Démesuré, e ; immodéré, e (desmedido). ‖ Extraordinaire : *una película descomunal,* un film extraordinaire.
descomunalmente adv. Extraordinairement. ‖ Démesurément, immodérément : *beber descomunalmente,* boire immodérément. ‖ FAM. Merveilleusement bien : *lo pasé descomunalmente en su casa,* je me suis merveilleusement bien amusé chez lui.
desconceptuar v. tr. Discréditer.
desconcertadamente adv. Confusément, en désordre.
desconcertador, ra adj. Déconcertant, e.
desconcertante adj. Déconcertant, e.
desconcertar* v. tr. ● FIG. Déconcerter : *lo hago para desconcertar al adversario,* je le fais pour

déconcerter l'adversaire ; *mi pregunta lo ha desconcertado*, ma question l'a déconcerté.
— V. pr. Se démettre (dislocarse). ‖ FIG. S'oublier, s'emporter (descomedirse). | Se démonter (turbarse) : *yo no me desconcierto por cualquier cosa*, je ne me démonte pas pour n'importe quoi.
— SINÓN. ● *Confundir*, confondre. *Desorientar*, désorienter. *Fam. Enredar*, emberlificoter.

desconcierto m. Désordre, confusion, *f.* : *hay grandes desconciertos en el país*, il y a de grands désordres dans le pays. ‖ Désarroi (desasosiego).
desconchado m. o **desconchadura** f. Écaillement, *m.*, écaillage, *m.*, ébrèchement, *m.* (de la loza). ‖ Écaillure (parte desconchada). ‖ Décrépissage, écaillage (de un muro). ‖ Partie (*f.*) décrépie *o* écaillée (parte sin enlucido).
desconchar v. tr. Décrépir : *pared desconchada*, mur décrépi. ‖ Écailler, ébrécher (loza).
— V. pr. Se décrépir, perdre son crépi (un muro).
desconchón m. Écaille, *f.* : *la pintura de la pared tiene desconchones*, la peinture du mur fait des écailles.
desconectar v. tr. TECN. Débrayer (dos piezas). ‖ ELECTR. Débrancher, déconnecter. ‖ FIG. *Estar desconectado de*, être détaché de, ne plus avoir de contact avec.
desconfiadamente adv. Avec défiance.
desconfiado, da adj. Méfiant, e ; défiant, e ; douteur, euse (p. us.) : *una persona desconfiada*, une personne méfiante.
— M. y f. Méfiant, e.
— SINÓN. *Receloso*, défiant. *Suspicaz, sospechoso*, soupçonneux. *Incrédulo*, incrédule. *Escéptico*, sceptique.
desconfianza f. Méfiance, défiance.
desconfiar v. intr. Se défier, se méfier (de una persona). ‖ Se méfier (de una cosa) : *desconfíe de las imitaciones*, méfiez-vous des imitations. ‖ — *¡Desconfíe!*, attention !, gare ! ‖ *Desconfío de que las ostras estén frescas*, je crains fort que les huîtres ne soient pas fraîches.
desconformar v. intr. Ne pas être d'accord.
desconforme adj. En désaccord.
desconformidad f. Discordance, désaccord, *m.*
descongelador m. Dégivreur (en una nevera).
descongelar v. tr. Dégeler : *descongelar créditos*, dégeler les crédits. ‖ Dégivrer (nevera).
descongestión f. Cessation de la congestion. ‖ FIG. Décentralisation (urbana).
descongestionar v. tr. Décongestionner. ‖ FIG. Décongestionner : *hay que descongestionar el centro de la ciudad*, il faut décongestionner le centre de la ville.
desconocer* v. tr. Ne pas connaître : *desconozco esta persona*, je ne connais pas cette personne. ‖ Ne pas connaître, ignorer : *desconozco su punto de vista*, je ne connais pas son point de vue. ‖ Ne pas savoir, ignorer : *desconozco lo que ocurre*, je ne sais pas ce qui arrive. ‖ FIG. Ne pas reconnaître : *tanto ha cambiado que lo desconocí*, il a tant changé que je ne l'ai pas reconnu. ‖ Renier, désavouer : *desconozco esas afirmaciones*, je renie ces affirmations. ‖ Méconnaître : *desconocer los méritos de alguien*, méconnaître les mérites de quelqu'un. ‖ Enfreindre (las órdenes). ‖ *Desconocido de* ou *para todos*, ignoré de tous.
desconocido, da adj. y s. Inconnu, e (a quien no se conoce) : *un pintor, un país desconocido*, un peintre, un pays inconnu. ‖ *Un ilustre desconocido*, un illustre inconnu.
— Adj. Méconnaissable (que ha cambiado) : *desde su enfermedad está desconocido*, depuis sa maladie il est méconnaissable. ‖ Méconnu, e : *méritos desconocidos*, des mérites méconnus. ‖ *Lo desconocido*, l'inconnu. ‖ *Vivir desconocido*, vivre ignoré.

desconocimiento m. Ignorance, *f.* (ignorancia). ‖ Méconnaissance, *f.* (de los deberes o derechos). ‖ Ingratitude, *f.*
desconsideración f. Déconsidération, inconsidération. ‖ Inconsidération, manque (*m.*) d'égards.
desconsideradamente adv. Inconsidérément, sans réfléchir. ‖ Sans considération.
desconsiderado, da adj. Déconsidéré, e (sin crédito). ‖ Inconsidéré, e : *palabra desconsiderada*, parole inconsidérée. ‖ Qui manque d'égards : *persona desconsiderada*, personne qui manque d'égards.
desconsiderar v. tr. Déconsidérer.
desconsoladamente adv. Tristement, avec accablement.
desconsolado, da adj. Inconsolé, e ; inconsolable (que no recibe consuelo). ‖ Éploré, e (afligido) : *una viuda desconsolada*, une veuve éplorée. ‖ Triste, chagrin, e ; morose (melancólico).
desconsolador, ra adj. Désolant, e ; navrant, e ; affligeant, e.
desconsolar* v. tr. Affliger, navrer, désoler.
desconsuelo m. Chagrin, peine, *f.*, affliction, *f.* (pena).
descontar* v. tr. Déduire, rabattre, retenir : *descontar el diez por ciento*, rabattre de 10 p. cent ; *descontar parte del salario*, retenir une partie du salaire. ‖ Déduire, enlever : *descontando las vacaciones y los domingos quedan unos trescientos días de trabajo*, en enlevant les vacances et les dimanches, il reste environ trois cents jours de travail. ‖ FIG. Rabattre (quitar mérito) : *hay mucho que descontar en las alabanzas que le tributan*, il y a beaucoup à rabattre des éloges qu'on lui fait. ‖ COM. Escompter (un efecto a pagar). ‖ Démarquer (en el juego). ‖ — *Dar por descontado*, tenir pour sûr, être sûr de : *doy por descontado su éxito*, je suis sûr de son succès. ‖ *Descontarse años*, se rajeunir.
descontentadizo, za adj. y s. Difficile [à contenter].
descontentar v. tr. Mécontenter, fâcher.
descontento, ta adj. y s. Mécontent, e : *descontento con su suerte*, mécontent de son sort ; *descontento de sí mismo*, mécontent de soi-même.
— M. Mécontentement.
desconvenir* v. intr. y pr. Diverger (en las opiniones). ‖ Ne pas aller ensemble (las cosas).
— OBSERV. El francés *disconvenir* es poco usado y se emplea más bien en frases negativas : *je n'en disconviens pas*, no lo niego.
descoque m. FAM. Culot, aplomb, effronterie, *f.*
descorazonadamente adv. Avec découragement.
descorazonador, ra adj. Décourageant, e.
descorazonamiento m. FIG. Découragement.
descorazonar v. tr. (P. us.). Arracher le cœur (arrancar el corazón). ‖ FIG. Décourager (desanimar) : *este tiempo me descorazona*, ce temps me décourage.
— V. pr. Se décourager.
descorchador m. Tire-bouchon.
descorchar v. tr. Démascler, écorcer, décortiquer (los alcornoques). ‖ Déboucher (una botella). ‖ Forcer (abrir por la fuerza).
descorche m. Démasclage, décortication, *f.*, décorticage (de los alcornoques). ‖ Débouchage (de una botella).
descordar* v. tr. MÚS. Ôter les cordes [d'un instrument]. ‖ TAUROM. Paralyser le taureau par un coup d'épée à la nuque.
descornar* v. tr. Décorner (arrancar los cuernos).
— V. pr. FIG. y FAM. Se casser la tête, se creuser la cervelle (pensar). | Se fatiguer, s'éreinter (trabajar).
descoronar v. tr. Découronner.
descorrer v. tr. Tirer, ouvrir : *descorrer el pestillo*, tirer le verrou ; *descorrer las cortinas*, ouvrir

les rideaux. ‖ Enlever : *descorrer un velo,* enlever un voile.

descorrimiento m. Écoulement (líquidos).

descortés adj. y s. Impoli, e ; grossier, ère. ‖ Discourtois, e (falto de delicadeza y miramiento).

descortesía f. Impolitesse, incivilité (grosería). ‖ Manque (*m.*) de courtoisie, désobligeance (falta de delicadeza).

descortezadura f. Écorce.

descortezamiento m. Écorçage, écorcement, décorticage, décortication, *f.* ‖ Épluchage (de la fruta).

descortezar v. tr. Écorcer (quitar la cáscara). ‖ Enlever la croûte (del pan). ‖ Démascler, décortiquer (alcornoque). ‖ Fig. y fam. Dégrossir (desbastar).

descosedura f. Couture défaite (descosido).

descoser v. tr. Découdre (las costuras). — V. pr. Se découdre.

descosidamente adv. Excessivement.

descosido, da adj. Décousu, e (costura). ‖ Indiscret, ète ; trop bavard, e (que habla demasiado). ‖ Fig. Décousu, e ; sans suite : *un discurso descosido,* un discours décousu. ‖ Négligé, e (desastrado). — M. Couture (*f.*) défaite. ‖ — Fam. *Comer como un descosido,* manger comme quatre. | *Correr como un descosido,* courir comme un dératé *o* un perdu. | *Reír como un descosido,* rire à gorge déployée *o* comme un fou *o* comme un bossu.

descostillarse v. pr. Tomber sur le dos (caerse).

descostrar v. tr. Désencroûter.

descotar v. tr. Échancrer, décolleter.

descote m. Décolleté (escote).

descoyuntamiento m. Dislocation, *f.* ‖ Med. Luxation, *f.* ‖ Fig. Lassitude, *f.*, faiblesse, *f.* (malestar).

descoyuntar v. tr. Disloquer. ‖ Med. Démettre, luxer, déboîter (un os). ‖ — Fig. y fam. *Descoyuntarse de risa,* se tordre de rire. ‖ *Estar descoyuntado,* être désarticulé (un artista de circo). — V. pr. Se démettre, se luxer, se déboîter : *descoyuntarse la cadera,* se démettre la hanche.

descrédito m. Discrédit : *caer en descrédito,* tomber dans le discrédit.

descreídamente adv. Sans foi.

descreído, da adj. y s. Incroyant, e ; mécréant, e.

descreimiento m. Manque de foi, incrédulité, *f.*

descrestar v. tr. Couper la crête.

describible adj. Descriptible.

describir v. tr. Décrire : *describir un paisaje,* décrire un paysage ; *describir una órbita,* décrire une orbite. ‖ Dépeindre (relatar).

descripción f. Description.

descriptible adj. Descriptible.

descriptivo, va adj. Descriptif, ive : *geometría descriptiva,* géométrie descriptive.

descriptor m. Descripteur.

descrismar v. tr. Fam. Assommer, casser la figure. — V. pr. Fam. S'assommer, se casser la figure. ‖ Fig. y fam. Se fâcher tout rouge (enfadarse). | Se casser la tête, se creuser la cervelle (devanarse los sesos).

descristianizar v. tr. Déchristianiser.

descrito, ta adj. Décrit, e.

descruzar v. tr. Décroiser : *descruzar los brazos,* décroiser les bras.

descuadernar v. tr. Dérelier (un libro). ‖ Fig. Troubler (turbar), déranger (desarreglar).

descuadrillado, da adj. Veter. Épointé, e. — M. Veter. Maladie (*f.*) de la hanche.

descuadrillarse v. pr. Veter. S'épointer, se démettre la hanche.

descuajar v. tr. Décoaguler, liquéfier, défiger (poner líquido). ‖ Fig. y fam. Décourager (desa-

lentar). | Désespérer. ‖ Agric. Déraciner, arracher (desarraigar). — V. pr. Fig. Se liquéfier.

descuajaringar o **descuajeringar** v. tr. Fam. Démantibuler, déglinguer (descomponer). ‖ Fam. *Estar descuajeringado,* être éreinté, moulu, fourbu (de cansancio).

descuaje o **descuajo** m. Agric. Déracinement.

descuartizamiento m. Écartèlement (suplicio). ‖ Dépècement, dépeçage, équarrissage (despedazamiento) : *el descuartizamiento de un ternero,* le dépeçage d'un veau.

descuartizar v. tr. Écarteler (en un suplicio). ‖ Dépecer, équarrir (despedazar). ‖ Fam. Mettre en pièces.

descubierta f. Mil. Reconnaissance, découverte : *ir a la descubierta,* aller en reconnaissance, aller à la découverte. ‖ Mar. Inspection du bateau (inspección).

descubiertamente adv. Ouvertement.

descubierto, ta adj. Découvert, e. ‖ Tête nue (sin sombrero) : *andaban descubiertos,* ils allaient tête nue. — M. Com. Découvert (déficit). ‖ Exposition (*f.*) du saint sacrement. ‖ — *A la descubierta* ou *al descubierto,* ouvertement (sin disfraz), à découvert (sin protección). ‖ *Al descubierto,* à découvert (en deuda). ‖ *En descubierto,* à découvert : *estar en descubierto,* être à découvert (en deuda), interdit. penaud, sans réponse (cortado). ‖ *En todo lo descubierto,* dans le monde entier.

descubridor, ra adj. y s. Découvreur, euse (explorador). ‖ Inventeur, trice (que descubre o inventa). ‖ Adj. Mar. De reconnaissance (embarcación). — M. Mil. Éclaireur (batidor).

descubrimiento m. Découverte, *f.* : *el descubrimiento de América,* la découverte de l'Amérique. ‖ Inauguration, *f.* (de una estatua, lápida). ‖ *La época de los descubrimientos,* l'époque des grandes découvertes.

descubrir v. tr. ● Découvrir : *descubrir un tesoro,* découvrir un trésor. ‖ Dévoiler, inaugurer : *descubrir una estatua,* dévoiler une statue. ‖ Fig. Dévoiler, révéler, découvrir (revelar). ‖ Découvrir (ajedrez). ‖ — Fig. *Descubrir América* ou *el Mediterráneo,* enfoncer une porte ouverte. ‖ Fam. *Descubrir el pastel,* découvrir le pot aux roses. | *Descubrir su juego,* découvrir son jeu. — V. pr. Se découvrir, enlever son chapeau. ‖ Fig. Dévoiler sa pensée, s'ouvrir (abrirse). | Tirer son chapeau, mettre chapeau bas (de admiración). ‖ — Fam. *¡Hay que descubrirse!,* chapeau ! ‖ *No se descubra,* restez couvert. — Sinón. ● *Detectar,* détecter. *Penetrar,* percer. *Rastrear,* dépister.

descuento m. Escompte : *tasa de descuento,* taux d'escompte ; *regla de descuento,* règle d'escompte. ‖ Retenue, *f.* : *descuento del salario,* retenue sur le salaire. ‖ Remise, *f.*, rabais, abattement, ristourne, *f.*, boni (rebaja) : *conceder un descuento a un cliente,* accorder une remise à un client. ‖ — *Descuento comercial,* escompte en dehors. ‖ *Descuento por no declaración de siniestro,* bonification pour non-déclaration de sinistre. ‖ *Descuento racional* ou *matemático,* escompte en dedans.

descuerar v. tr. Écorcher, enlever la peau (reses). ‖ Amer. Éreinter, critiquer (desollar).

descuidadamente adv. Négligemment (con descuido). ‖ Étourdiment, distraitement (sin pensarlo). ‖ Avec insouciance (sin preocupación).

descuidado, da adj. y s. Négligent, e (negligente). ‖ Nonchalant, e (desidioso). ‖ Distrait, e ; inattentif, ive (distraído). ‖ Insouciant, e : *es un descuidado, no se preocupa por nada,* c'est un insouciant, il ne s'inquiète de rien. ‖ Négligé, e ;

peu soigné, e : *un libro descuidado*, un livre peu soigné ; *una casa descuidada*, une maison négligée. ‖ Négligé, e (dejado de lado) : *negocios descuidados*, des affaires négligées. ‖ *Coger descuidado*, prendre au dépourvu.

descuidar v. tr. Négliger : *descuidar sus obligaciones*, négliger ses devoirs. ‖ Décharger (de una obligación). ‖ Distraire (la atención). ‖ *Descuide usted*, ne vous inquiétez pas, soyez tranquille. — V. pr. Négliger : *descuidarse de su trabajo*, négliger son travail. ‖ Négliger, oublier : *descuidarse de sus obligaciones*, négliger ses obligations. ‖ Se négliger (en el atavío). ‖ Fig. Avoir un moment d'inattention, se distraire : *me descuidé un momento y tropecé con un árbol*, j'ai eu un moment d'inattention et je suis rentré dans un arbre. ‖ *En cuanto se descuida usted*, si vous ne faites pas attention, au premier moment d'inattention.

descuido m. Négligence, *f.* (negligencia). ‖ Inattention, *f.*, distraction, *f.*, inadvertance, *f.* : *un momento de descuido*, un moment d'inattention. ‖ Incorrection, *f.*, pas de clerc (falta). ‖ Faute (*f.*) d'inattention, négligence, *f.* : *hay muchos descuidos en este libro*, il y a beaucoup de négligences dans ce livre. ‖ Faux pas, faute, *f.* (desliz). ‖ — *Al descuido*, négligemment. ‖ *Al menor descuido*, au premier moment d'inattention. ‖ *Con* ou *por descuido*, par inadvertance, par mégarde. ‖ *En un descuido*, au moment le plus inattendu.

descular v. tr. Défoncer (romper el fondo).

desculatar v. tr. Déculasser.

desde adv. Depuis (tiempo, lugar) : *desde la creación*, depuis la création ; *desde el primero hasta el último*, depuis le premier jusqu'au dernier. ‖ Depuis, de : *desde París hasta Madrid*, depuis Paris jusqu'à Madrid, de Paris à Madrid. ‖ Depuis, dès : *desde el amanecer*, depuis l'aube (expresa la duración a partir del momento de que se habla), dès l'aube (refiérese al momento de que se habla) ; *desde ayer acá*, depuis hier ; *desde niño ya*, dès l'enfance. ‖ — *Desde ahora*, dès maintenant, dès à présent. ‖ *Desde cierto punto*, à certains égards. ‖ *¿Desde cuándo?*, depuis quand? ‖ *Desde entonces*, depuis lors, depuis : *no le volví a ver desde entonces*, je ne l'ai pas revu depuis. ‖ *Desde... hasta*, depuis... jusqu'à, de *o* du... à : *desde la mañana hasta la tarde*, du matin au soir. ‖ *Desde lo alto de*, du haut de. ‖ *Desde luego*, bien sûr, évidemment. ‖ *Desde mi punto de vista*, à mon point de vue. ‖ *Desde que*, depuis que. ‖ *Desde siempre*, depuis toujours. ‖ *Amer. Desde ya*, dès maintenant. ‖ *Desde hace poco*, depuis peu. ‖ *Desde hace tiempo* ou *mucho tiempo*, depuis longtemps. ‖ *Desde hace un año, un mes*, depuis un an, un mois : *no le he visto desde hace un mes*, je ne l'ai pas vu depuis un mois.

desdecir* v. intr. Être indigne de : *desdecir de su familia, de su pasado*, être indigne de son passé, de sa famille. ‖ Ne pas être en accord avec, aller mal avec : *esta adición desdice de lo principal*, cette addition n'est pas en accord avec le reste. ‖ Contredire (contradecir) : *dos colores que desdicen uno de otro*, deux couleurs qui détonnent. — V. pr. Se dédire (retractarse). ‖ Revenir sur : *desdecirse de su promesa*, revenir sur sa promesse. ‖ Se raviser : *había dicho que lo haría pero al final se desdijo*, il avait dit qu'il le ferait mais finalement il s'est ravisé. ‖ Renier : *desdecirse de sus opiniones*, renier ses opinions.

Desdémona n. pr. f. Desdémone.

desdén m. Dédain, mépris (desprecio). ‖ — *Al desdén*, négligemment. ‖ *El desdén con el desdén*, Dédain pour dédain (obra de Moreto).

desdentado, da adj. Édenté, e. — M. pl. Zool. Édentés.

desdentar* v. tr. Édenter.

desdeñable adj. Méprisable, dédaignable.

desdeñar v. tr. Dédaigner, mépriser. — V. pr. Dédaigner de, ne pas daigner : *desdeñarse de hablar*, ne pas daigner parler.

desdeñoso, sa adj. y s. Dédaigneux, euse.

desdibujado, da adj. Éffacé, e ; estompé, e : *contornos desdibujados*, des contours estompés.

desdibujarse v. pr. Fig. S'effacer, s'estomper (borrarse).

desdicha f. Malheur, *m.* (desgracia) : *sufrir continuas desdichas*, n'avoir que des malheurs. ‖ Infortune (infelicidad). ‖ — *Para colmo de desdichas*, pour comble de malheur. ‖ *Por desdicha*, par malheur, malheureusement. ‖ *Ser el rigor de las desdichas*, être malheureux comme les pierres.

desdichado, da adj. y s. Malheureux, euse (desgraciado). ‖ *¡Desdichado de mí, de ti!*, malheureux!

desdoblamiento m. Dédoublement : *desdoblamiento de la personalidad*, dédoublement de personnalité. ‖ Dépliage, dépliement (desenrollamiento).

desdoblar v. tr. Déplier (extender). ‖ Dédoubler (separar).

desdorar v. tr. Dédorer. ‖ Fig. Déshonorer, ternir (la reputación de una persona).

desdoro m. Déshonneur. ‖ *Sin desdoro de*, sans ternir, sans nuire à, sans porter préjudice à : *puedes hacer esto sin desdoro de tu fama*, tu peux faire cela sans ternir ta réputation.

deseable adj. Désirable, souhaitable.

deseado, da adj. Désiré, e ; souhaité, e.

Deseado, da n. pr. m. y f. Désiré, Désirée.

desear v. tr. Désirer (tener gana) : *desear hacer algo*, désirer faire quelque chose. ‖ Souhaiter : *le deseo mucho éxito*, je vous souhaite bonne chance. ‖ — *Desear con ansia*, désirer vivement *o* ardemment. ‖ *Cuanto más se tiene, más se desea*, plus on en a, plus on en veut. ‖ *Es de desear*, il est souhaitable. ‖ *Hacerse desear*, se faire désirer. ‖ *No dejar nada que desear*, ne rien laisser à désirer.

desecación f. o **desecamiento** m. Dessèchement, *m.* (natural). ‖ Assèchement, *m.* : *la desecación de una marisma*, l'assèchement d'un marais. ‖ Dessiccation, *f.* (química).

desecador, ra adj. Desséchant, e. — M. Dessiccateur.

desecamiento m. Dessèchement.

desecante adj. Desséchant, e.

desecar v. tr. Dessécher : *el calor deseca la tierra*, la chaleur dessèche la terre. ‖ Assécher : *desecar un estanque*, assécher un étang. ‖ Fig. Dessécher.

desecativo, va adj. y s. m. Siccatif, ive ; dessiccatif, ive : *barniz desecativo*, vernis dessiccatif.

desechar v. tr. Rejeter, chasser : *desechar los malos pensamientos*, chasser les mauvaises pensées. ‖ Rejeter : *desechar un consejo*, rejeter un conseil. ‖ Dédaigner, mépriser (despreciar). ‖ Refuser (un empleo o una dignidad). ‖ Bannir, écarter (un temor). ‖ Ne plus mettre (ropa), ne plus se servir de (utensilio). ‖ Mettre au rebut (arrumbar).

desecho m. Rebut. ‖ Résidu. ‖ Déchet : *desechos animales, radiactivos*, déchets animaux, radioactifs. ‖ Fig. Mépris (desprecio). ‖ Taurom. *Desecho de tienta*, bétail n'ayant pas manifesté les aptitudes requises lors de l'épreuve de la *tienta* et ne pouvant pas figurer dans une corrida régulière. Il est soit abattu, si ses défauts sont trop accusés, soit utilisé dans une *becerrada* ou une *novillada*.

deselectrizar v. tr. Electr. Décharger.

desellar v. tr. Décacheter (una carta, un paquete), desceller (un precinto).

desembalaje m. Déballage.

desembalar v. tr. Déballer : *desembalar una vaji-lla*, déballer un service.
desembaldosar v. tr. Décarreler.
desembalsamar v. tr. Désembaumer.
desembanastar v. tr. Tirer d'une corbeille. ‖ Fig. Bavarder, jacasser (hablar). ‖ Tirer, dégainer (un arma).
desembarazadamente adv. Aisément, facilement. ‖ Avec aisance (con soltura).
desembarazado, da adj. Débarrassé, e ; dégagé, e (libre). ‖ Désinvolte, très à l'aise, plein, pleine d'aisance (desenvuelto). ‖ Alerte (vivo).
desembarazar v. tr. Débarrasser, dégager. ‖ ● Débarrasser, évacuer (desocupar). ‖ Fig. Tirer d'embarras (sacar de apuro).
— V. pr. Se débarrasser : *desembarazarse de un enemigo*, se débarrasser d'un ennemi.
— Sinón. ● *Limpiar*, nettoyer. *Despejar*, déblayer. *Librar*, dégager. *Desenredar*, démêler.
desembarazo m. Débarras. ‖ Aisance, *f.*, désin-volture, *f.* (desenfado). ‖ *Amer.* Accouchement (parto).
desembarcadero m. Débarcadère.
desembarcar v. tr. Débarquer : *desembarcar mer-cancías*, débarquer des marchandises.
— V. intr. Débarquer : *los pasajeros desembar-caron en el puerto por la mañana*, les passagers débarquèrent au port le matin. ‖ Fig. y Fam. Aboutir (una escalera). ‖ Débarquer (llegar).
desembarco m. Débarquement : *el desembarco de Normandía*, le débarquement de Normandie.
desembargar v. tr. Débarrasser (quitar estorbos). ‖ Dr. Lever l'embargo, lever le séquestre (supri-mir el embargo).
desembargo m. Dr. Mainlevée, *f.* (de un em-bargo).
desembarque m. Débarquement.
desembarrancar v. tr. Déséchouer, remettre à flot, renflouer.
desembarrar v. tr. Décrotter (quitar el barro).
desembaular v. tr. Sortir (sacar). ‖ Déballer (de una caja, de un talego). ‖ Fig. y Fam. Déballer.
desembelesarse v. tr. Se reprendre, reprendre ses esprits (recobrar el juicio).
desembocadero m. Issue, *f.*, sortie, *f.* (de una calle, etc.). ‖ Embouchure, *f.* (de un río).
desembocadura f. ● Embouchure, *f.* (de un río). ‖ Issue, *f.*, sortie, *f.*, débouché (de una calle, etc.).
— Sinón. ● *Boca*, bouche. *Estuario*, estuaire. *Delta*, delta. *Barra*, barre.
desembocar v. intr. Déboucher, se jeter (un río). ‖ Déboucher (callos). ‖ Man. Débouquer. ‖ Fig. Aboutir : *disturbios que pueden desembocar en la guerra*, désordres qui peuvent aboutir à la guerre ; *razonamientos que no desembocan en nada*, raisonnements qui n'aboutissent à rien.
desembojar v. tr. Décoconner.
desembolsado, da adj. Libéré, e : *acciones desem-bolsadas*, actions libérées (en la Bolsa). ‖ *El capi-tal desembolsado*, le capital versé.
desembolsar v. tr. Débourser, verser. ‖ Fig. Dé-bourser, dépenser.
desembolso m. Déboursement. ‖ Versement : *desembolso a cuenta*, versement provisionnel ; *desembolso inicial*, premier versement. ‖ — Pl. Dépenses, *f.*, frais, débours (gastos).
desemboque m. Issue, *f.*, sortie, *f.*
desemborrachar v. tr. Dessoûler.
desembotar v. tr. Fig. Dégourdir.
desembozar v. tr. Découvrir [son visage]. ‖ Fig. Mettre au grand jour.
desembragar v. tr. Mecán. Débrayer.
desembrague m. Mecán. Débrayage.
desembravecer* v. tr. Apprivoiser, domestiquer.
— V. pr. S'apprivoiser (animales). ‖ Fig. S'apai-ser (calmarse).

desembrear v. tr. Dégoudronner.
desembriagar v. tr. Dégriser, désenivrer.
desembridar v. tr. Débrider (acémila).
desembrollar v. tr. Fam. Débrouiller, éclaircir (aclarar).
desembrozar v. tr. V. desbrozar.
desembrujar v. tr. Désensorceler, délivrer d'un sortilège.
desembuchar v. tr. Dégorger (los pájaros).
— V. intr. Fig. y Fam. Se mettre à table, vider son sac, manger le morceau, avouer (confesar).
desemejante adj. Différent, e ; dissemblable.
desemejanza f. Dissemblance, différence.
desemejar v. intr. Différer de, ne pas ressembler à, être dissemblable de.
— V. tr. Défigurer.
desempacar v. tr. Déballer.
— V. pr. S'apaiser, se calmer.
desempachar v. tr. Soulager, dégager l'estomac, remettre d'une indigestion.
— V. pr. Se soulager (el estómago). ‖ Fig. S'en-hardir (perder la timidez).
desempacho m. Soulagement [de l'estomac].
desempalagar v. tr. Donner bonne bouche.
— V. pr. Fig. Se remettre (quitar el empalaga-miento).
desempalmar v. tr. Déconnecter.
desempañar v. tr. Démailloter (a un niño). ‖ Enlever la buée de (un cristal).
desempapelar v. tr. Enlever le papier.
desempaque o **desempaquetado** m. Dépaque-tage, déballage.
desempaquetar v. tr. Dépaqueter, déballer.
desemparejar v. tr. Dépareiller.
desemparvar v. tr. Agric. Entasser le grain (en la era).
desempastar v. tr. Déplomber (un diente).
desempaste m. Déplombage (de un diente).
desempatar v. tr. Départager (votos). ‖ Prendre l'avantage (deshacer el empate en deportes). ‖ Jouer un match d'appui (jugar un partido de desempate en fútbol).
desempate m. Match d'appui (en fútbol) : *jugar un partido de desempate*, jouer un match d'appui. ‖ — *Gol de desempate*, but donnant l'avantage à l'une des équipes. ‖ *Jugar el desempate*, jouer la belle (en los naipes).
desempedrado m. Dépavage.
desempedrador m. Ouvrier qui dépave, canton-nier.
desempedrar* v. tr. Dépaver. ‖ Fig. *Ir desempe-drando calles*, brûler le pavé.
desempeñar v. tr. Dégager (lo empeñado) : *de-sempeñar sus alhajas*, dégager ses bijoux. ‖ Déga-ger (de la palabra dada). ‖ Remplir, exercer : *desempeñar un cargo*, remplir des fonctions. ‖ Remplir, accomplir : *desempeñar una misión peli-grosa*, accomplir une mission périlleuse. ‖ Jouer : *desempeñar el papel de Tartufo*, jouer le rôle de Tartuffe ; *desempeñar un papel importante*, jouer un rôle important. ‖ Acquitter les dettes (de una persona). ‖ Aider [quelqu'un] à se tirer d'affaire.
— V. pr. Se libérer de ses dettes. ‖ Se tirer d'af-faire (salir de apuro). ‖ Taurom. Mettre pied à terre pour tuer le taureau (rejoneadores).
desempeño m. Dégagement (de una prenda empe-ñada). ‖ Exercice (de un cargo). ‖ Acquittement (de una deuda). ‖ Accomplissement (de un deber). ‖ Exécution, *f.* (de un papel).
desemperezar v. tr. Dégourdir, secouer.
— V. intr. y pr. Se secouer, lutter contre la paresse.
desempernar v. tr. Déboulonner.
desempleo m. Chômage (paro). ‖ Sous-emploi.
desemplumar v. tr. Plumer, déplumer.
desempolvadura f. Époussetage, *m.*

desempolvar v. tr. Épousseter (quitar el polvo). ‖ Dépoudrer (polvo de arroz). ‖ FIG. Tirer de l'oubli, rafraîchir : *desempolvar viejos recuerdos*, rafraîchir les vieux souvenirs.

desemponzoñar v. tr. Désempoisonner.

desempotramiento m. Descellement.

desempotrar v. tr. Desceller.

desempuñar v. tr. Lâcher.

desencabestrar v. tr. Dépêtrer (los caballos).

desencadenamiento m. Déchaînement. ‖ Déclenchement : *desencadenamiento de un ataque*, déclenchement d'une attaque. ‖ FIG. Déferlement, déchaînement : *el desencadenamiento de las pasiones*, le déchaînement des passions.

desencadenar v. tr. Déchaîner, désenchaîner : *desencadenar un perro*, désenchaîner un chien. ‖ Déclencher : *desencadenar una guerra*, déclencher une guerre. ‖ FIG. Déchaîner, donner libre cours à : *desencadenar la hilaridad*, déchaîner l'hilarité. — V. pr. FIG. Se déchaîner, déferler : *los aplausos se desencadenaron*, les applaudissements déferlèrent. ‖ Se déchaîner : *se desencadenó la tempestad*, la tempête se déchaîna.

desencajamiento m. Déboîtement (de los huesos). ‖ Décrochage, décrochement (de la mandíbula). ‖ Altération (*f.*) des traits (del rostro).

desencajar v. tr. Déboîter, démettre (los huesos). ‖ Décrocher (la mandíbula). ‖ Décoincer (una pieza). ‖ Désunir (separar). ‖ Altérer [les traits, le visage] (demudar). ‖ *Ojos desencajados*, yeux exorbités. — V. pr. S'altérer (el rostro).

desencaje m. Déboîtement. ‖ TECN. Décoincement.

desencajonamiento m. TAUROM. Sortie (*f.*) des taureaux hors des cages de transport.

desencajonar v. tr. Décaisser (p. us.), sortir d'une caisse. ‖ TAUROM. Faire sortir les taureaux des cages de transport. ‖ TECN. Décoffrer.

desencalladura f. o desencallamiento m. Renflouage, renflouement, déséchouage.

desencallar v. tr. Renflouer, remettre à flot, déséchouer.

desencaminar v. tr. V. DESCAMINAR.

desencanallar v. tr. Désencanailler, remettre dans le droit chemin.

desencantador, ra adj. Désenchanteur, eresse.

desencantamiento m. Désenchantement.

desencantar v. tr. Désenchanter. ‖ Désillusionner, désenchanter (desengañar). — V. pr. Être désenchanté *o* déçu.

desencanto m. Désenchantement. ‖ Déception, *f.* : *sufrir un desencanto*, avoir une déception.

desencapar v. tr. AGRIC. Défricher.

desencapillar v. tr. MAR. Décapeler.

desencapotar v. tr. (P. us.). Ôter le manteau *o* la capote. ‖ FIG. Découvrir, mettre au grand jour (descubrir). ‖ ÉQUIT. Faire relever la tête [à un cheval]. — V. pr. Ôter son manteau. ‖ S'éclaircir, se découvrir (el cielo). ‖ FIG. Se dérider (el rostro).

desencaprichar v. tr. Faire passer un caprice [à quelqu'un].

desencarcelar v. tr. Désemprisonner, relâcher.

desencargar v. tr. Annuler, décommander.

desencarnación f. Désincarnation.

desencarnar v. tr. Désincarner. ‖ Détacher d'une inclination. ‖ Défendre la curée (quitar el cebo a los perros).

desencasquillar v. tr. Désenrayer (un arma).

desencenagar v. tr. Désenvaser.

desencerrar* v. tr. Relâcher, mettre en liberté.

desenclavar v. tr. Déclouer, désenclouer (p. us.). ‖ Débloquer (ferrocarriles). ‖ FIG. Arracher (sacar).

desenclavijar v. tr. Décheviller (quitar las clavijas). ‖ FIG. Séparer, désassembler.

desencobrado m. Décuivrage.

desencobrar v. tr. Décuivrer.

desencofrado m. Décoffrage.

desencofrar v. tr. TECN. Décoffrer.

desencoger v. tr. Tendre (un tejido). — V. pr. FIG. S'enhardir, se dégourdir.

desencogimiento m. Déroulement, allongement (desarrollo). ‖ FIG. Aisance, *f.*, désinvolture, *f.* (desparpajo).

desencoladura f. Décollage, *m.*, décollement, *m.*

desencolar v. tr. Décoller.

desencolerizar v. tr. Apaiser, calmer. — V. pr. Décolérer.

desenconar v. tr. Calmer l'inflammation. ‖ FIG. Calmer, apaiser (la cólera). — V. pr. Se calmer. ‖ S'adoucir (una cosa).

desencono m. Apaisement.

desencordelar v. tr. Déficeler.

desencorvar v. tr. Redresser.

desencuadernar v. tr. Enlever la reliure.

desenchufar v. tr. Débrancher.

desenchufe m. Débranchement.

desendemoniar o desendiablar v. tr. Exorciser.

desendiosar v. tr. FIG. Humilier, mortifier, rabattre le caquet (fam.). ‖ Démystifier : *desendiosar a un gran personaje*, démystifier un grand personnage.

desenfadadamente adv. Franchement, avec désinvolture, sans se gêner.

desenfadaderas f. pl. Ressources : *este hombre tiene desenfadaderas*, c'est un homme de ressources.

desenfadado, da adj. Plein, pleine d'aisance, désinvolte (desembarazado). ‖ Gai, e ; joyeux, euse ; insouciant, e (despreocupado).

desenfadar v. tr. Calmer, apaiser, rasséréner.

desenfado m. Franchise, *f.* (franqueza). ‖ Désinvolture, *f.*, aplomb (desenvoltura). ‖ Aisance, *f.* (facilidad). ‖ Insouciance, *f.* : *vivir con desenfado*, vivre dans l'insouciance.

desenfaldarse v. pr. Baisser ses jupes.

desenfardar o desenfardelar v. tr. Déballer.

desenfilada f. MIL. Défilement, *m.*

desenfilar v. tr. MIL. Défiler, mettre à couvert (poner a cubierto).

desenfocar v. tr. FOT. Faire perdre la mise au point. ‖ FIG. Mal envisager (un problema, etc.).

desenfoque m. CINEM. y FOT. Mauvaise mise (*f.*) au point.

desenfrenadamente adv. Sans frein, sans retenue.

desenfrenado, da adj. Effréné, e ; échevelé, e : *baile desenfrenado*, danse effrénée. ‖ Débridé, e : *apetitos desenfrenados*, appétits débridés.

desenfrenar v. tr. Débrider, ôter la bride *o* le mors [à un cheval]. — V. pr. FIG. S'emporter, se déchaîner (desencadenarse). ‖ S'abandonner *o* se laisser aller au vice, perdre toute retenue. ‖ Se déchaîner (la tempestad, los elementos).

desenfreno m. ● Dérèglement, dévergondage (vicio). ‖ Déchaînement (de las pasiones). — SINÓN. ● *Libertinaje*, libertinage. *Desvergüenza*, dévergondage. *Disolución, liviandad*, dissolution. *Relajamiento*, relâchement.

desenfundar v. tr. Tirer de la housse (un mueble). ‖ Tirer du fourreau, dégainer (un arma).

desenfurecer* v. tr. Apaiser, calmer.

desenfurruñar v. tr. Calmer, apaiser.

desengalgar v. tr. Désenrayer (un carro).

desenganchar v. tr. Décrocher. ‖ Dételer (los caballos, dos vagones). ‖ Détacher, désassocier, désolidariser (desolidarizar).

desenganche m. Dételage.

desengañado, da adj. Désabusé, e ; sans illusions : *está muy desengañado*, il est bien désabusé. ‖ Déçu, e (decepcionado) : *desengañado con*, déçu par. ‖ *Amer.* Hideux, euse.

desengañador, ra adj. Qui désabuse, qui détrompe.

desengañar v. tr. ● Détromper, désabuser. ‖ Décevoir (decepcionar).

— V. pr. Se désabuser, se détromper : *desengáñese usted*, détrompez-vous. ‖ *Desengañarse de sus ilusiones*, revenir de ses illusions.

— SINÓN. ● *Desilusionar*, désillusionner. *Desencantar*, désenchanter. *Abrir los ojos*, dessiller les yeux.

desengaño m. Désillusion, *f.* ‖ — Pl. Désillusions, *f.*, déceptions, *f.*, désenchantements : *haberse llevado muchos desengaños en la vida*, avoir éprouvé *o* eu bien des désillusions dans la vie.

desengarzar v. tr. Désenfiler.

desengastar v. tr. Dessertir, désenchâsser (una piedra preciosa).

desengaste m. Dessertissage.

desengomado m. o **desengomadura** f. Dégommage, *m.*

desengomar v. tr. Dégommer (los tejidos).

desengoznar v. tr. Arracher les gonds.

desengranar v. tr. Désengrener.

desengrasado m. Dégraissage. ‖ Dessuintage (de la lana).

desengrasador m. Dégraisseur.

desengrasadora f. Dessuinteuse (de la lana).

desengrasar v. tr. Dégraisser (limpiar). ‖ Dessuinter (lana).

— V. intr. FAM. Maigrir (adelgazar).

desengrase m. Dégraissage. ‖ Dessuintage (de la lana).

desengrosar* v. tr. Faire maigrir (enflaquecer). ‖ Amincir (adelgazar).

— V. intr. Maigrir. ‖ Diminuer de grosseur (adelgazar).

desenguantarse v. pr. Se déganter.

desenhebrar v. tr. Désenfiler (una aguja).

desenhornamiento m. Défournage.

desenhornar v. tr. Défourner, désenfourner (sacar del horno).

desenjaezar v. tr. Déharnacher (quitar los jaeces).

desenjalmar v. tr. Débâter.

desenjaular v. tr. Faire sortir d'une cage, mettre en liberté.

desenlace m. Dénouement : *el desenlace de un drama*, le dénouement d'un drame.

desenladrillar v. tr. Décarreler.

desenlazar v. tr. Dénouer (desatar). ‖ FIG. Dénouer (un asunto). ‖ Résoudre (un problema). ‖ Conclure, donner une fin à (una obra literaria).

— V. pr. Arriver au dénouement, avoir un dénouement, se terminer : *esta comedia se desenlaza ridículamente*, cette comédie a un dénouement ridicule.

desenlodar v. tr. Débourber, enlever la boue de.

desenlosar v. tr. Dédaller (quitar las losas). ‖ Décarreler (ladrillos). ‖ Dépaver (adoquines).

desenlutar v. tr. Faire quitter le deuil.

— V. pr. Quitter le deuil.

desenmarañar v. tr. Démêler. ‖ FIG. Débrouiller (desenredar), éclaircir (aclarar).

desenmascaradamente adv. Ouvertement.

desenmascarar v. tr. Démasquer : *desenmascarar la hipocresía*, démasquer l'hypocrisie.

desenmohecer* v. tr. Dérouiller.

desenmudecer* v. tr. Délier la langue.

— V. intr. Recouvrer la parole. ‖ FIG. Rompre le silence.

desenojar v. tr. Calmer, apaiser, rasséréner (desenfadar).

— V. pr. Se calmer. ‖ FIG. Se distraire.

desenojo m. Apaisement, rassérènement (apaciguamiento).

desenojoso, sa adj. Apaisant, e.

desenredar v. tr. Démêler, débrouiller (desenmarañar). ‖ FIG. Dénouer, démêler (una intriga, etc.). ‖ Mettre en ordre (arreglar).

— V. pr. Se débrouiller, s'en sortir (salir de apuro).

desenredo m. Débrouillement (de una madeja, de un problema). ‖ Issue, *f.*, solution, *f.* (de un apuro). ‖ Dénouement, issue, *f.* (desenlace).

desenrolladora f. Dérouleuse.

desenrollar v. tr. Dérouler.

desenroscar v. tr. Dévisser.

desensambladura f. Désassemblage, *m.*, désassemblement, *m.*

desensamblar v. tr. Désassembler.

desensañar v. tr. Calmer, apaiser [la fureur].

desensartar v. tr. Défiler, désenfiler : *desensartar un collar*, défiler un collier. ‖ Désenfiler : *desensartar una aguja*, désenfiler une aiguille.

desensibilización f. Désensibilisation.

desensibilizador m. Désensibilisateur.

desensibilizar v. tr. Désensibiliser.

desensillar v. tr. Desseller (un caballo).

desensoberbecer* v. tr. Rabattre l'orgueil, humilier.

desensortijado, da adj. Défrisé, e (pelo).

desentablar v. tr. Arracher [des planches]. ‖ Démolir [un ouvrage en planches]. ‖ FIG. Défaire un marché (negocio). | Mettre fin à (una amistad), rompre (trato).

desentalingar v. tr. MAR. Détacher le câble de l'ancre.

desentarimar v. tr. Défaire un plancher.

desentenderse* v. pr. Se désintéresser de : *me desentiendo por completo de ese negocio*, je me désintéresse complètement de cette affaire.

desentendido, da adj. (Ant.). Ignorant, e. ‖ *Hacerse el desentendido*, faire l'innocent (hacerse el inocente), faire la sourde oreille (hacer oídos de mercader).

desenterrado, da adj. Déterré, e ; exhumé, e.

desenterrador m. Fossoyeur.

desenterramiento m. Déterrement, exhumation, *f.*

desenterrar* v. tr. Déterrer, exhumer. ‖ FIG. Exhumer, tirer de l'oubli.

desentierramuertos m. y f. FIG. y FAM. Mauvaise langue, *f.*, langue (*f.*) de vipère.

desentoldar v. tr. Débâcher. ‖ Ôter le velum (en una calle).

desentonación f. V. DESENTONO.

desentonadamente adv. Faux, en faisant des fausses notes : *cantar desentonadamente*, chanter faux.

desentonamiento m. V. DESENTONO.

desentonar v. intr. Détonner, chanter faux (cantar falso). ‖ Détonner (instrumento). ‖ FIG. Détonner : *modales que desentonan*, des manières qui détonnent.

— V. pr. FIG. Élever la voix (alzar la voz). ‖ S'emporter.

— OBSERV. No confundir *détonner*, desentonar, con *détoner*, detonar.

desentono m. Action (*f.*) de détonner. ‖ FIG. Impudence, *f.*, ton violent (desenvoltura).

desentorpecer* v. tr. Dégourdir, se dégourdir : *desentorpecer las piernas*, se dégourdir les jambes. ‖ FIG. Dégourdir (a un necio).

desentorpecimiento m. Dégourdissement.

desentrampar v. tr. FAM. Libérer d'une dette.

— V. pr. Payer ses dettes.

desentrañamiento m. Connaissance, *f.* (de un misterio, etc.).

desentrañar v. tr. (P. us.). Éventrer. ‖ FIG. Percer, pénétrer (un misterio, etc.).

— V. pr. Se dépouiller, se saigner aux quatre veines.

desentrenamiento m. Manque d'entraînement.

desentrenar v. intr. *Estar desentrenado*, manquer d'entraînement.

— V. pr. Manquer d'entraînement.

desentumecer* v. tr. Dégourdir, se dégourdir : *desentumecer las piernas*, se dégourdir les jambes.
desentumecimiento m. Dégourdissement.
desentumir v. tr. Dégourdir.
desenvainar v. tr. Dégainer : *desenvainar el sable*, dégainer le sabre. ‖ FIG. Sortir [les griffes] (un animal).
desenvergar v. tr. MAR. Déverguer, désenverguer.
desenvoltura f. Désinvolture. ‖ Effronterie, hardiesse (descaro). ‖ Dissipation (desvergüenza). ‖ Lucidité d'esprit (juicio). ‖ Facilité d'élocution, aisance (en el decir).
desenvolver* v. tr. Défaire, développer (un paquete, etc.). ‖ Dérouler (desenrollar). ‖ FIG. Développer (una idea, una teoría). ‖ Éclaircir, débrouiller (aclarar).
— V. pr. Se développer. ‖ Se dérouler (un negocio). ‖ FIG. Se tirer d'affaire, se débrouiller, s'en tirer (arreglárselas) : *con dos mil francos al mes, me desenvuelvo muy bien*, avec deux mille francs par mois, je m'en tire parfaitement.
desenvolvimiento m. Déroulement (de un negocio). ‖ Développement (del comercio, etc.).
desenvueltamente adv. Avec désinvolture. ‖ FIG. Clairement.
desenvuelto, ta adj. FIG. Désinvolte, dégagé, e ; sans gêne : *tener un aire desenvuelto*, avoir un air dégagé. ‖ Débrouillard, e : *muchacho muy desenvuelto*, garçon très débrouillard.
desenzarzar v. tr. Dégager des ronces.
deseo m. Désir : *satisfacer los deseos*, satisfaire les désirs. ‖ Souhait, désir (aspiración) : *según sus deseos*, selon vos souhaits. ‖ Souhait, vœu (voto) : *deseos de felicidad*, souhaits de bonheur ; *formular un deseo*, former un vœu. ‖ ● Envie, f. (ganas, ansia). ‖ — *A medida del deseo*, à souhait. ‖ *Arder en deseos de*, brûler o griller o mourir d'envie de. ‖ *Es nuestro mayor deseo*, c'est notre vœu le plus cher, c'est notre plus cher désir.
— SINÓN. ● *Anhelo*, désir. *Ansia, avidez*, avidité. *Codicia*, convoitise. *Gana*, envie. *Tentación*, tentation. *Comezón*, démangeaison. *Apetito*, appétit. *Sed*, soif.
deseoso, sa adj. Désireux, euse. ‖ Empressé, e (obsequioso).
desequilibrado, da adj. y s. Déséquilibré, e.
desequilibrar v. tr. Déséquilibrer. ‖ FIG. Déséquilibrer, désaxer : *la guerra ha desequilibrado a muchos hombres*, la guerre a désaxé bien des hommes.
desequilibrio m. Déséquilibre.
deserción f. Désertion. ‖ DR. Désertion d'appel.
desertar v. intr. Déserter. ‖ FIG. Déserter : *desertar de un círculo*, déserter un cercle. ‖ — *Desertar al campo contrario*, passer à l'ennemi. ‖ *Desertar de sus banderas*, abandonner son drapeau.
desértico, ca adj. Désertique.
desertor m. Déserteur.
desescombrar v. tr. Enlever les décombres, déblayer.
deseslabonar v. tr. Démailler (cadena).
desespaldar v. tr. Blesser dans le dos.
desespañolizar v. tr. Faire perdre le caractère espagnol.
desesperación f. Désespoir, m. : *con la mayor desesperación*, au plus grand désespoir ; *estar loco de desesperación*, être fou de désespoir. ‖ Énervement, m., rage (rabia). ‖ — *Me da* ou *causa desesperación*, il me désespère, il fait mon désespoir. ‖ *Ser la desesperación de*, être o faire le désespoir de. ‖ *Ser una desesperación*, être désespérant.
desesperado, da adj. y s. Désespéré, e. ‖ — *A la desesperada*, par des moyens désespérés, en risquant le tout pour le tout. ‖ *Correr como un desesperado*, courir comme un dératé. ‖ *Estar desesperado*, être au désespoir, être désespéré.
desesperante adj. Désespérant, e.

desesperanza f. (P. us.). Désespérance.
desesperanzar v. tr. Désespérer, enlever tout espoir à.
— V. pr. Se désespérer.
desesperar v. tr. Désespérer, mettre au désespoir. ‖ Exaspérer (irritar) : *este niño me desespera*, cet enfant m'exaspère.
— V. intr. Désespérer : *desespero de que venga*, je désespère qu'il vienne. ‖ — *Estar desesperado*, être au désespoir. ‖ *Me tiene desesperado*, il me désespère, il fait mon désespoir.
— V. pr. Se désespérer, être désespéré, être au désespoir : *me desespero por no recibir noticias suyas*, je suis désespéré de ne pas recevoir de ses nouvelles. ‖ S'exaspérer (irritarse).
desespero m. Désespoir.
desestabilización f. Déstabilisation.
desestabilizar v. tr. Déstabiliser.
desesterar v. tr. Enlever les nattes [du sol].
desestero m. Enlèvement des nattes [du sol].
desestima f. Mésestime, mépris, m.
desestimación f. Mésestime, mépris, m. (desprecio). ‖ DR. Déboutement, m. ‖ *Desestimación de una demanda*, fin de non-recevoir, rejet d'une demande.
desestimar v. tr. Mésestimer (menospreciar). ‖ Mépriser (despreciar). ‖ Repousser, rejeter (rechazar). ‖ DR. Débouter : *han desestimado mi demanda*, je suis débouté, ma demande a été déboutée.
desfacedor, ra adj. Qui défait. ‖ FAM. *Desfacedor de entuertos*, redresseur de torts.
desfachatado, da adj. FAM. Sans gêne, impudent, e ; effronté, e.
desfachatez f. FAM. Sans-gêne, m. inv., culot, m. : *tiene una desfachatez inmensa*, il est d'un sans-gêne terrible, il a un culot terrible.
desfalcar v. tr. Détourner, escroquer (sustraer fraudulentamente). ‖ Déduire.
desfalco m. Détournement, escroquerie, f. (malversación).
desfallecer* v. intr. Défaillir (perder las fuerzas). ‖ S'évanouir (desmayarse).
— V. tr. Affaiblir (debilitar).
desfallecido, da adj. Tombé, tombée en défaillance, évanoui, e (desmayado).
desfalleciente adj. Défaillant, e.
desfallecimiento m. Défaillance, f. (debilidad). ‖ Évanouissement (desmayo).
desfasado, da adj. FIG. Déphasé, e.
desfasaje m. ELECTR. Déphasage.
desfasar v. tr. ELECTR. Déphaser.
desfase m. FÍS. Déphasage. ‖ FIG. Déséquilibre.
desfavorable adj. Défavorable.
— SINÓN. *Contrario*, contraire. *Adverso*, adverse. *Hostil*, hostile.
desfavorecer* v. tr. Défavoriser, désavantager.
desfibrado m. o desfibración f. TECN. Défibrage, m.
desfibrador m. Défibreur (obrero).
desfibradora f. TECN. Défibreur, m. (máquina).
desfibrar v. tr. TECN. Défibrer.
desfiguración f. Défiguration.
desfigurado, da adj. Défiguré, e.
desfiguramiento m. Défiguration, f.
desfigurar v. tr. Défigurer : *una cicatriz ancha le desfigura*, une large cicatrice le défigure. ‖ Altérer, déformer : *desfigurar la verdad, los hechos*, déformer la vérité, les faits. ‖ Estomper, effacer (las formas). ‖ FIG. Contrefaire, déguiser (la voz).
— V. pr. FIG. Se troubler, avoir les traits altérés (turbarse).
desfilachar v. tr. Effilocher.
desfiladero m. Défilé (paso estrecho).
— SINÓN. *Puerto, col, port. Quebrada, tajo*, brèche. *Paso, portillo*, pas. *Garganta, angostura*, gorge. *Cañón*, canon.

desfilar v. intr. Défiler.
desfile m. Défilé (de tropas).
— Sinón. *Procesión,* procession. *Parada,* parade. *Cabalgata,* cavalcade. *Mascarada,* mascarade.
desflecadura f. Effrangement, *m.*
desflecar v. tr. Effranger.
desflemar v. tr. Med. Expulser les flegmes. || Quím. Séparer les flegmes, rectifier un alcool.
desfloración f. o **desfloramiento** m. Défloration, *f.* || Flétrissement, *m.* (ajamiento).
desflorar v. tr. Déflorer (desvirgar). || Défleurir (hacer caer la flor). || Faner, flétrir (marchitar). || Fig. Effleurer (no profundizar). | Déflorer : *desflorar una noticia, un asunto,* déflorer une nouvelle, un sujet.
desflorecer* v. intr. Défleurir.
— V. pr. Défleurir.
desflorecimiento m. Défloraison, *f.*
desfogar v. tr. Donner libre cours à : *desfogar la cólera,* donner libre cours à sa colère. || Éteindre (la cal).
— V. intr. Mar. Faiblir, se calmer (una tempestad).
— V. pr. Donner libre cours à [une passion, etc.]. || Se défouler, se soulager, passer sa mauvaise humeur sur : *después de la bronca que le habían echado se desfogó con nosotros,* après la réprimande qu'on lui avait adressée, il se défoula sur nous. || Se détendre : *los niños necesitan desfogarse,* les enfants ont besoin de se détendre. || Se défouler (desquitarse).
desfogue m. Issue (*f.*) donnée au feu. || Fig. Assouvissement (de una pasión). || *Amer.* Orifice d'une conduite d'eau.
desfoliación f. Défoliation.
desfollonar v. tr. Épamprer (la vid).
desfondamiento m. Effondrement.
desfondar v. tr. Défoncer (romper el fondo). || Effondrer (hundir). || Agric. Défoncer (el suelo).
— V. pr. Se défoncer, être défoncé : *el sillón se ha desfondado,* le fauteuil est défoncé. || Fig. Être épuisé, avoir une défaillance, s'effondrer.
desfonde m. Défonçage, défoncement (hundimiento) : *el desfonde de un tonel,* le défoncement d'un tonneau. || Mar. Sabordage. || Fig. Défaillance, *f.,* effondrement (cansancio).
desformar v. tr. Déformer.
desfosforación f. Tecn. Déphosphoration.
desfosforar v. tr. Tecn. Déphosphorer.
desfrenar v. tr. V. desenfrenar.
desfruncir v. tr. Défroncer.
desgaire m. Nonchalance, *f.* : *andar con desgaire,* marcher avec nonchalance. || Geste de mépris o de dédain. || — *Al desgaire,* nonchalamment (con descuido afectado), négligemment, par-dessous la jambe (con descuido) : *hacer un trabajo al desgaire,* faire un travail négligemment.
desgajar v. tr. Arracher. || Casser, disloquer (romper).
— V. pr. S'arracher : *desgajarse de,* s'arracher à. || Fig. S'écarter, se séparer (apartarse). | Se détacher.
desgalichado, da adj. Fam. Dégingandé, e.
desgana f. Dégoût, *m.,* répugnance. || Dégoût, *m.,* inappétence (falta de apetito). || *Hacer una cosa a desgana* ou *con desgana,* faire quelque chose à contrecœur, sans entrain.
desganado, da adj. Sans appétit (sin apetito). || Sans enthousiasme : *el equipo jugó desganado,* l'équipe joua sans enthousiasme.
desganar v. tr. Couper l'appétit à (cortar el apetito).
— V. pr. Perdre l'appétit (el apetito). || Se dégoûter de (cansarse).
desgañitarse v. pr. S'égosiller, s'époumoner. || *Gritaba hasta desgañitarse,* il criait à tue-tête o à en perdre le souffle.

desgarbado, da adj. Dégingandé, e.
desgarbo m. Manque de grâce, dégingandement.
desgargantarse v. pr. Fam. S'égosiller, s'époumoner.
desgargolar v. tr. Agric. Égrener le lin o le chanvre.
desgaritarse v. pr. S'égarer (perderse). || *Oveja desgaritada,* brebis égarée.
desgarrador, ra adj. Déchirant, e : *oíanse gritos desgarradores,* on entendait des cris déchirants. || Fig. Navrant, e (lastimoso).
desgarradura f. Accroc, *m.,* déchirure.
desgarramiento m. Déchirement, craquement, rupture, *f.* (de una tela). || Déchirure, *f.* (de un músculo).
desgarrante adj. Déchirant, e.
desgarrar v. tr. ● Déchirer : *desgarrar un vestido,* déchirer un vêtement. || Fig. Déchirer, fendre (afligir) : *sus desgracias me desgarran el corazón,* ses malheurs me déchirent le cœur. | Déchirer : *la tos le desgarraba el pecho,* la toux lui déchirait la poitrine.
— V. pr. Se déchirer. || *Desgarrarse uno a otro,* s'entre-déchirer.
— Sinón. ● *Desmenuzar,* émietter. *Lacerar,* lacérer. *Dilacerar,* dilacérer. *Despedazar, destrozar,* mettre en pièces. *Hacer trizas,* déchiqueter.
desgarro m. Déchirure, *f.* (rotura muscular). || Déchirement (aflicción). || Fig. Impudence, *f.,* effronterie, *f.* (descaro). | Fanfaronnade, *f.,* vantardise, *f.* || *Amer.* Crachat (escupidura).
desgarrón m. Accroc, large déchirure, *f.* || Lambeau (colgajo). || Déchirure, *f.* (muscular).
desgasificador m. Tecn. Dégazeur.
desgastamiento m. Usure, *f.* || Détérioration, *f.* (deterioro). || Prodigalité, *f.,* gaspillage (desperdicio).
desgastar v. tr. User (deteriorar). || Fig. Gâter (viciar).
— V. pr. Fig. S'user (debilitarse).
desgaste m. Usure, *f.* || Fig. Affaiblissement (debilitación). || *Guerra de desgaste,* guerre d'usure.
desgaznatarse v. pr. (P. us.). S'égosiller.
desgerminar v. tr. Tecn. Dégermer.
desglasar v. tr. Déglacer (papel).
desglaseado m. Déglaçage, déglacement (del papel).
desglosador, ra m. y f. Découpeur, euse (de una película).
desglosar v. tr. (P. us.). Supprimer les annotations. || Détacher (un escrito de otro). || Cinem. Faire le découpage de, découper (una película). || Ventiler, faire le détail de (gastos). || Dr. Disjoindre. || Fig. *Permanecer desglosado de,* rester séparé de.
desglose m. Cinem. Découpage. || Ventilation, *f.,* détail : *desglose de los gastos generales,* ventilation des frais généraux. || Dr. Disjonction, *f.* || *Hacer el desglose,* faire le détail, ventiler.
desgobernado, da adj. Dissolu, e (disoluto). || Déréglé, e ; désordonné, e (desordenado). || Qui se conduit mal.
desgobernar* v. tr. Perturber, mettre le désordre (desordenar). || Mal gouverner. || Démettre, déboîter (huesos). || Mar. Mal gouverner (un barco).
— V. pr. Se démettre, se déboîter (huesos).
desgobierno m. Mauvaise tenue, *f.,* manque d'ordre, désordre (de la casa). || Désordre dans la conduite, dérèglement, *f.* || Mauvaise administration, *f.* || Mauvais gouvernement.
desgolletar v. tr. Égueuler, casser le goulot (romper el gollete). || (P. us.). Fig. Échancrer (escotar).
desgomado m. Dégommage.
desgomar v. tr. Dégommer.
desgonzar o **desgoznar** v. tr. Enlever les gonds de, dégonder.

desgracia f. ● Malheur, *m.* : *ser* ou *verse perseguido por la desgracia*, jouer de malheur ; *labrarse la propia desgracia*, faire son propre malheur. || Disgrâce (pérdida de favor) : *caer en desgracia*, tomber en disgrâce. || Lourdeur, maladresse (torpeza). || — *Las desgracias nunca vienen solas*, un malheur ne vient jamais seul. || *No ha habido que lamentar desgracias personales*, on n'a pas eu à déplorer de victimes (accidente). || *Para mayor desgracia*, pour comble de malheur. || *Por desgracia*, malheureusement, par malheur.
— SINÓN. ● *Prueba*, épreuve. *Tribulación, pena*, tribulation. *Infortunio*, infortune. *Adversidad*, adversité. *Calamidad*, calamité. *Desventura*, mésaventure. *Miseria*, misère. *Peligro*, danger.

desgraciado, da adj. Malheureux, euse : *desgraciado en el juego*, malheureux au jeu ; *un suceso desgraciado*, un événement malheureux. || Disgracieux, euse (sin gracia). || Désagréable (desagradable). || Malheureux, euse ; pauvre. || *Ser desgraciado*, n'avoir pas de chance.
— M. y f. Malheureux, euse. || *Pobre desgraciado*, pauvre malheureux, pauvre hère. || *Ser un desgraciado*, être un pauvre type *o* un pauvre diable.

desgraciar v. tr. Abîmer, esquinter (estropear). || Blesser (herir). || Estropier, amocher (lisiar).
— V. pr. Tourner mal, rater (malograrse) : *desgracióse su negocio*, son affaire a mal tourné. || Se brouiller (desavenirse).

desgramar v. tr. Arracher le chiendent.

desgranador, ra adj. Qui égrène.
— M. Égreneur.
— F. Égreneuse (máquina) : *desgranadora de maíz*, égreneuse à maïs.

desgranamiento m. Égrenage.

desgranar v. tr. AGRIC. Égrener (sacar el grano). | Égrapper (las uvas). | Dépiquer (el trigo). || Égrener (un rosario).
— V. pr. S'égrener. || *Amer.* Se disperser, se débander (desbandarse).

desgrane m. Égrenage (de granos). || Égrappage (de uvas).

desgranzar v. tr. AGRIC. Cribler (cribar). | Vanner (cerner). || Broyer (colores).

desgrasar v. tr. Dégraisser. || Dégorger (lana).

desgrase m. Dégraissage.

desgravación f. Dégrèvement, *m.* (impuesto).

desgravar v. tr. Dégrever (rebajar).

desgreñado, da adj. Échevelé, e ; hirsute. || *Tener el pelo desgreñado*, avoir les cheveux en bataille, être échevelé.

desgreñar v. tr. Écheveler, ébouriffer (despeinar).
— V. pr. Être échevelé. || Se crêper le chignon (reñir).

desguace m. MAR. Démolition, *f.*, dépeçage (barco). || Dégrossissage (madera). || Casse, *f.* (de coches).

desguarnecer* v. tr. Dégarnir (quitar un adorno) : *desguarnecer un sombrero*, dégarnir un chapeau. || MIL. Dégarnir (una plaza, un fuerte). || Déharnacher (quitar los arreos a un animal). || Démanteler, mettre en pièces (romper).

desguazar v. tr. Dégrossir (madera). || MAR. Démolir, livrer à la démolition, dépecer (un barco).

desguince m. Foulure, *f.*, entorse, *f.* (torcedura). || TECN. Dérompoir (cuchillo).

desguindar v. tr. MAR. Amener (vela).
— V. pr. Se laisser glisser, dégringoler : *desguindarse de un mastelero*, se laisser glisser le long d'un mât.

desguinzado m. Défilage (papel).

desguinzadora f. TECN. Défileuse.

desguinzar v. tr. Dérompre, défiler (papel).

deshabillé m. Déshabillé (vestido).

deshabitado, da adj. Inhabité, e.

deshabitar v. tr. Dépeupler : *la guerra deshabitó la provincia*, la guerre a dépeuplé la province. || Quitter, abandonner (dejar un sitio).

deshabituación f. Désaccoutumance.

deshabituar v. tr. Déshabituer.

deshacedor, ra adj. y s. (P. us.). Qui défait. || *Deshacedor de agravios* ou *de entuertos*, redresseur de torts.

deshacer* v. tr. Défaire (destruir). || Défaire, battre (vencer). || Faire fondre, dissoudre (disolver) : *deshacer un terrón de azúcar*, faire fondre un morceau de sucre. || Délayer (desleir). || FIG. Détruire, démolir : *esto deshace todos mis planes*, cela détruit tous mes plans. | Déjouer : *deshacer una intriga*, déjouer une intrigue. || Annuler (contrato). || — *Deshacer entuertos* ou *agravios*, redresser les torts. || *Es él quien hace y deshace*, c'est lui qui fait la loi.
— V. pr. Se défaire : *deshacerse de una cosa*, se défaire de quelque chose. || Se briser, se casser : *el vaso se deshizo al caer*, le verre se brisa en tombant. || S'éreinter, se démener, s'échiner, se mettre en quatre (fam.) : *se deshace por terminar pronto*, il se démène pour en finir au plus vite. || Se mettre en quatre : *deshacerse por uno*, se mettre en quatre pour quelqu'un. || — *Deshacerse como el humo*, s'en aller en fumée. || *Deshacerse de*, se défaire de, se débarrasser de (librarse de), se défaire de, abandonner (abandonar). || *Deshacerse en*, fondre en : *el hielo se deshace en agua*, la glace fond en eau. || *Deshacerse en alabanzas, en cumplidos*, se répandre en éloges, en compliments. || *Deshacerse en atenciones con alguien*, être plein d'attentions *o* avoir mille égards pour quelqu'un. || *Deshacerse en celos, en pavores*, être rongé de jalousie, d'inquiétude. || *Deshacerse en esfuerzos baldíos*, se dépenser en vains efforts. || *Deshacerse en excusas*, se confondre en excuses. || *Deshacerse en impaciencia*, se morfondre d'impatience. || *Deshacerse en imprecaciones, en llanto*, éclater en imprécations, en sanglots. || *Deshacerse en lágrimas*, fondre en larmes. || *Deshacerse en suspiros*, pousser de profonds soupirs. || *Deshacerse por algo*, avoir une envie folle de quelque chose. || — *Con los nervios deshechos*, les nerfs à bout. || *Estar deshecho*, être à moitié mort d'inquiétude, être dans tous ses états (de inquietud), être effondré *o* bouleversé *o* anéanti (consternado), être fourbu *o* éreinté *o* rompu (de cansancio).

desharrapado, da adj. y s. Déguenillé, e.

desharrapamiento m. Misère, *f.*, dénuement.

deshebillar v. tr. Déboucler.

deshebrar v. tr. Effilocher (sacar hilos). || Désenfiler (la aguja). || Enlever les fils (de las judías verdes). || FIG. Mettre en charpie.

deshecha f. Dissimulation, feinte (fingimiento). || Prétexte, *m.* (excusa, evasiva). || Congé, *m.* (despedida). || Dernière strophe, envoi, *m.* (de un poema).

deshechizar v. tr. Désensorceler.

deshecho, cha adj. Défait, e. || Violent, e (tormenta, lluvia).

deshelador m. Dégivreur.

deshelamiento m. Dégivrage (coche, avión).

deshelar* v. tr. Dégeler, déglacer : *deshelar una cañería*, dégeler un tuyau. || Dégivrer (una nevera, etc.).
— V. pr. Se dégeler, dégeler. || Dégeler, débâcler (río).

desherbar* v. tr. Désherber.

desheredación f. Déshéritement, *m.*

desheredado, da adj. y s. Déshérité, e.

desheredamiento m. Déshéritement.

desheredar v. tr. Déshériter : *desheredar a un hijo*, déshériter un enfant.

desherencia f. DR. Déshérence (sin herederos) : *caer en desherencia,* tomber en déshérence.
deshermanar v. tr. Désassortir, dépareiller.
— V. pr. Se conduire en frère indigne.
desherradura f. VETER. Sole battue.
desherrar* v. tr. Déferrer, enlever les fers (a un caballo). ‖ Ôter les fers [à un prisonnier].
— V. pr. Se déferrer.
desherrumbrar v. tr. Dérouiller.
deshidratación f. Déshydratation.
deshidratar v. tr. Déshydrater.
deshidrogenación f. Déshydrogénation.
deshidrogenar v. tr. Déshydrogéner.
deshielo m. Dégel. ‖ Dégivrage (de una nevera, un coche, un avión). ‖ Dégel, débâcle, *f.* (de un río). ‖ FIG. Dégel : *el deshielo de las relaciones internacionales,* le dégel des relations internationales.
deshijar v. tr. *Amer.* Couper les rejetons d'une plante. ‖ Sevrer (animales).
deshilachador, ra m. y f. Effilocheur, euse.
deshilachadura f. Effilochement, *m.*
deshilachar v. tr. Effiler, effilocher. ‖ Effranger (desflecar).
deshilado, da adj. À la file (uno tras otro).
— M. Broderie (*f.*) à jour. ‖ Défilage (costura).
deshiladura f. Effilage, *m.,* effilochage, *m.,* défilage, *m.*
deshilar v. tr. Effiler, effilocher : *deshilar una tela,* effiler une toile. ‖ Provoquer l'essaimage artificiel (abejas). ‖ FIG. Couper menu.
deshilvanado, da adj. Défaufilé, e ; débâti, e (costura). ‖ FIG. Décousu, e : *estilo, discurso deshilvanado,* style, discours décousu.
deshilvanar v. tr. Défaufiler, débâtir.
deshinchar v. tr. Enlever, arracher.
deshinchadura f. o **deshinchamiento** m. o **deshinchazón** f. Désenflure, *f.*
deshinchar v. tr. Désenfler. ‖ Dégonfler (un balón). ‖ FIG. Exhaler (la cólera).
— V. pr. Désenfler : *se te ha deshinchado la pierna,* ta jambe a désenflé. ‖ Se dégonfler (un neumático). ‖ FIG. y FAM. En rabattre, mettre de l'eau dans son vin. ‖ Se dégonfler (rajarse).
deshipnotizar v. tr. Réveiller.
deshipotecar v. tr. Déshypothéquer.
deshojadura f. o **deshojamiento** m. Effeuillement, *m.*
deshojar v. tr. Effeuiller. ‖ FIG. *Deshojar la margarita,* effeuiller la marguerite.
deshoje m. Effeuillement. ‖ Effeuillaison, *f.*
deshollejar v. tr. Peler (mondar). ‖ Écosser (desvainar).
deshollinadera f. Tête-de-loup (escobón).
deshollinador, ra adj. Qui ramone (que deshollina). ‖ — Adj. y s. FAM. Fouinard, e (escudriñador). ‖ — M. Tête de loup, *f.* (escobón). ‖ Hérisson (para deshollinar chimeneas). ‖ Ramoneur (el que limpia chimeneas).
deshollinar v. tr. Ramoner (chimeneas). ‖ FIG. y FAM. Observer, épier (observar).
deshonestidad f. Indécence, déshonnêteté.
deshonesto, ta adj. Impudique, indécent, e ; déshonnête (p. us.) [persona]. ‖ Malséant, e (cosas).
deshonor m. Déshonneur (pérdida del honor). ‖ Honte, *f.,* déshonneur : *el deshonor de la familia,* la honte de la famille. ‖ Affront (afrenta).
deshonorar v. tr. Déshonorer.
deshonra f. Déshonneur, *m.* ‖ Honte. ‖ *Tener a deshonra,* juger déshonorant.
deshonradamente adv. Honteusement.
deshonrador, ra adj. Déshonorant, e.
deshonrar v. tr. Déshonorer : *deshonrar la familia, la patria,* déshonorer la famille, la patrie. ‖ Déshonorer (a una mujer). ‖ Insulter.
— V. pr. Se déshonorer : *se deshonró con sus vilezas,* il s'est déshonoré par ses infamies.

deshonrosamente adv. Honteusement.
deshonroso, sa adj. Déshonorant, e ; honteux, euse ; indigne (vergonzoso) : *acto deshonroso,* acte déshonorant.
deshora f. Moment (*m.*) inopportun. ‖ *A deshora* ou *deshoras,* à une heure indue (fuera de tiempo), mal à propos, à contretemps, intempestivement (fuera de ocasión).
deshornadora f. TECN. Défourneuse.
deshornar v. tr. Défourner.
deshuesado, da adj. Désossé, e.
deshuesadora f. Dénoyauteur, *m.*
deshuesamiento m. Désossement.
deshuesar v. tr. Désosser : *deshuesar un pollo,* désosser un poulet. ‖ Dénoyauter (frutas).
deshumanizar v. tr. Deshumaniser.
deshumano, na adj. Inhumain, e.
deshumedecer* v. tr. Déshumidifier.
desiderable adj. Désirable.
desiderata m. pl. Desiderata.
desiderativo, va adj. Désidératif, ive (verbo).
Desiderio, ria n. pr. m. y f. Désiré, Désirée.
desidia f. Négligence (negligencia). ‖ Nonchalance, mollesse (despreocupación).
desidioso, sa adj. Négligent, e (negligente). ‖ Nonchalant, e ; mou, molle (despreocupado).
desierto, ta adj. Désert, e (deshabitado). ‖ Désertique : *llanura desierta,* plaine désertique. ‖ Vacant, e : *el premio Nóbel ha sido declarado desierto,* le prix Nobel a été déclaré vacant. ‖ FIG. Désert, e : *calle desierta,* rue déserte.
— M. Désert : *predicar en el desierto,* prêcher dans le désert.
designación f. Désignation. ‖ *Designación de procurador,* constitution d'avoué.
designar v. tr. Désigner : *designar a un sucesor,* désigner un successeur. ‖ Indiquer : *designar la hora de una cita,* indiquer l'heure d'un rendez-vous. ‖ Projeter de (querer).
designativo, va adj. Désignatif, ive.
designio m. Dessein, projet. ‖ *Con el designio de,* dans le dessein de.
— SINÓN. *Proyecto,* projet. *Empresa,* entreprise. *Plan,* plan. *Programa,* programme.
desigual adj. Inégal, e. ‖ Inégal, e ; accidenté, e ; raboteux, euse (terreno). ‖ FIG. Changeant, e (cambiadizo) : *persona desigual,* personne changeante. ‖ Inégal, e : *un alumno desigual,* un élève inégal. ‖ Inégal, e ; variable : *tiempo desigual,* temps variable. ‖ FIG. y FAM. *Salir desigual,* n'être pas égal, ne pas coïncider : *las dos figuras me salieron totalmente desiguales,* les deux figures ne coïncidaient pas du tout.
desigualar v. tr. Rendre inégal o différent (dos cosas). ‖ Traiter différemment (dos personas).
— V. pr. Prendre l'avantage, se distinguer (aventajarse).
desigualdad f. ● Inégalité. ‖ MAT. Inégalité. ‖ Disparité, inégalité : *desigualdad entre los salarios agrícolas e industriales,* disparité entre les salaires agricoles et industriels.
— SINÓN. ● *Disparidad,* disparité. *Desproporción,* disproportion. *Desemejanza,* dissemblance.
desigualmente adv. Inégalement.
desilusión f. Désillusion.
desilusionado, da adj. Désillusionné, e ; déçu, e (desengañado). ‖ Désabusé, e (sin ilusiones).
desilusionar v. tr. Désillusionner, décevoir.
desimanación f. Désaimantation.
desimanar v. tr. Désaimanter.
desimantación f. Désaimantation.
desimantar v. tr. Désaimanter.
desimpresionar v. tr. Détromper, désabuser (desengañar).
— V. pr. Se détromper.
desincrustación f. Désincrustation. ‖ Détartrage, *m.* (de las calderas).

desincrustante adj. m. y s. m. Détartrant (caldera). || Désincrustant.

desincrustar v. tr. Désencroûter, détartrer (una caldera, tubería, etc.). || Désincruster.

desinencia f. GRAM. Désinence.

desinencial adj. Désinentiel, elle.

desinfartar v. tr. MED. Résoudre un infarctus.

desinfección f. Désinfection.

desinfectante adj. y s. m. Désinfectant, e.

desinfectar v. tr. Désinfecter.

desinfectorio m. *Amer.* Établissement de désinfection.

desinficionar v. tr. Désinfecter.

desinflado o **desinflamiento** m. Dégonflement, dégonflage.

desinflamación f. Disparition de l'inflammation.

desinflamar v. tr. MED. Désenflammer.
— V. pr. MED. Se désenflammer.

desinflar v. tr. Dégonfler.
— V. pr. Se dégonfler : *el balón se desinfló*, le ballon se dégonfla. || FAM. Se dégonfler (rajarse).

desinsectación f. Désinsectisation.

desinsectar v. tr. Désinsectiser.

desintegración f. Désintégration.

desintegrador f. Désintégrateur.

desintegrar v. tr. Désintégrer.

desinterés m. Désintéressement. || Indifférence, f.

desinteresadamente adv. D'une manière désintéressée.

desinteresado, da adj. Désintéressé, e.

desinteresarse v. pr. Se désintéresser.

desintoxicar v. tr. Désintoxiquer.

desistimiento m. Désistement.

desistir v. intr. Renoncer à, se désister de (p. us.) : *desistió de su empresa,* il a renoncé à son entreprise. || Se désister (un candidato).

desjarretadera f. Lame pour couper les jarrets des taureaux.

desjarretar v. tr. Couper les jarrets. || FIG. y FAM. Couper bras et jambes, affaiblir, épuiser (debilitar).

desjarrete m. Sectionnement des jarrets.

desjugar v. tr. Presser, extraire le jus de.

desjuiciado, da adj. Écervelé, e ; sot, sotte ; irréfléchi, e (sin juicio).

desjuntar v. tr. Séparer (personas o cosas). || Disjoindre (cosas).

deslabonamiento m. Démaillage (de una cadena).

deslabonar v. tr. Démailler [une chaîne].

desladrillar v. tr. Décarreler.

deslastrar v. tr. Délester.

deslavado m. o **deslavadura** f. Lavage (*m.*) superficiel. || Délavage, *m.* (acción de desteñir).

deslavar v. tr. Laver superficiellement. || Délaver, déteindre (desteñir) : *tela deslavada,* toile délavée.

deslavazado, da adj. Délavé, e (desteñido). || Noyé, e ; insipide (mets). || FIG. Décousu, e (style).

deslavazar v. tr. Délaver (desteñir). || Rendre insipide (un mets).

deslave m. *Amer.* V. DERRUBIO.

deslazar v. tr. Dénouer (desenlazar).

desleal adj. Déloyal, e : *desleal con su hermano,* déloyal envers son frère.
— SINÓN. *Infiel,* infidèle. *Pérfido,* perfide. *Malvado,* scélérat. *Traidor,* traître. *Felón,* félon. *Judas,* Judas.

deslealtad f. Déloyauté.

deslechar v. tr. Déliter (gusanos de seda).

deslecho m. Délitage, délitement (de los gusanos de seda).

deslechugar o **deslechuguillar** v. tr. (P. us.). Ébourgeonner, épamprer (despampanar). || Sarcler (desherbar).

desleidora f. TECN. Délayeur, *m.*

desleidura f. o **desleimiento** m. Délayage, *m.*, délayement, *m.*, délaiement, *m.*

desleír* v. tr. ● Délayer. || Détremper (colores). || FIG. Délayer.
— V. pr. Se délayer.
— SINÓN. ● *Aguar,* étendre. *Diluir,* diluer. *Disolver,* dissoudre. *Deshacer,* faire fondre.

deslendrar* v. tr. Enlever les lentes.

deslenguado, da adj. FIG. Insolent, e (insolente). | Fort, forte en gueule (grosero) : *una pescadera deslenguada,* une harengère forte en gueule.

deslenguamiento m. FIG. y FAM. Grossièreté, *f.* [langage].

deslenguar v. tr. Couper la langue.
— V. pr. FIG. y FAM. Parler insolemment o sans retenue (con insolencia), se laisser aller à des écarts de langage (groseramente).

desliar v. tr. Délier, détacher (desatar). || Défaire : *desliar un paquete,* défaire un paquet. || Clarifier.; coller [le vin] (quitar las heces).
— V. pr. Se délier.

desligadura f. Déliement, *m.*

desligar v. tr. Délier, dénouer, détacher (desatar). || FIG. Délier, dégager (de una obligación). | Débrouiller (desenredar). || MÚS. Détacher, piquer (destacar).
— V. pr. Se détacher, perdre contact : *desligarse de su familia,* se détacher de sa famille ; *desligarse de sus amigos,* perdre contact avec ses amis. || Se dégager, se libérer : *desligarse de un compromiso,* se dégager d'une obligation. || S'éloigner : *deslígate de ese amigo que te perjudica,* éloigne-toi de cet ami qui te fait du tort.

deslindador m. Arpenteur.

deslindamiento m. Bornage, délimitation, *f.*

deslindar v. tr. Borner, délimiter (poner lindes) : *deslindar una heredad,* délimiter une propriété. || FIG. Préciser, délimiter, poser en termes précis : *deslindar un problema,* poser un problème en termes précis. | Distinguer (distinguir). | Mettre au clair, éclaircir (aclarar).

deslinde m. Bornage, délimitation, *f.*

desliñar v. tr. Épinceter (los paños).

desliz m. Glissade, *f.* (de personas). || Glissement (de cosas). || FIG. Faux pas, moment de faiblesse, faute, *f.,* glissade, *f.* (p. us.) [falta] : *tener un desliz,* faire un faux pas, avoir un moment de faiblesse. || *Esta mujer ha cometido un desliz en su juventud,* cette femme a fauté dans sa jeunesse.

deslizable adj. Qui peut se glisser : *error deslizable,* erreur qui a pu se glisser.

deslizadero m. Glissoire, *f.*

deslizadizo, za adj. Glissant, e.

deslizamiento m. Glissement (de las cosas). || Glissade, *f.* (de personas).

deslizante adj. Glissant, e.

deslizar v. tr. Glisser : *deslizar una palabra, una carta debajo de la puerta,* glisser un mot, une lettre sous la porte.
— V. intr. Glisser.
— V. pr. Se glisser, se faufiler (escurrirse). || Coulisser (una cinta). || FIG. Faire un faux pas, avoir un moment de faiblesse (cometer una falta). | Être sur la pente : *deslizarse al* ou *en el vicio,* être sur la pente de la débauche. | Filer, s'enfuir (escaparse). || *Deslizarse entre las manos,* glisser des mains.

deslomado, da adj. Éreinté, e ; qui a les reins brisés.

deslomadura f. Éreintement, *m.*

deslomar v. tr. Casser les reins, rompre l'échine (derrengar).
— V. pr. FAM. S'éreinter, s'échiner (trabajar demasiado).

deslucidamente adv. Sans agrément, sans grâce (sin gracia), sans éclat (sin brillo).

deslucido, da adj. FIG. Terne, sans éclat, peu brillant, e : *una acción deslucida,* une action sans éclat.

deslucimiento m. Manque d'éclat o d'agrément o de grâce.

deslucir* v. tr. Abîmer, gâcher (estropear). ‖ Déparer (afear). ‖ Discréditer, faire du tort à (desacreditar).

deslumbrador, ra o **deslumbrante** adj. Éblouissant, e.

deslumbramiento m. Éblouissement. ‖ FIG. Aveuglement (ceguera).

deslumbrar v. tr. Éblouir, aveugler : la luz de los faros nos deslumbraba, la lumière des phares nous éblouissait. ‖ FIG. Éblouir, fasciner : le deslumbró con promesas engañosas, il l'a ébloui par des promesses trompeuses. ‖ Jeter de la poudre aux yeux, éblouir (confundir).

deslustrado m. TECN. Décatissage (del paño).

deslustrador, ra adj. Qui ternit, qui délustre. — M. Décatisseur (de paños).

deslustrar v. tr. Délustrer, ternir (quitar el lustre). ‖ Décatir (los paños). ‖ Déglacer (el papel). Dépolir (el cristal). ‖ Amatir (el oro, la plata). ‖ FIG. Discréditer, faire du tort à (desacreditar). ‖ Déshonorer (deshonrar).

deslustre m. Ternissure, f., manque d'éclat. ‖ Décatissage, délustrage (del paño). ‖ Déglaçage (del papel). ‖ Dépolissage (del cristal). ‖ Tache, f., discrédit (descrédito). ‖ Déshonneur (deshonra).

desmadejado, da adj. FIG. Mou, molle ; faible (sin energía). ‖ Dégingandé, e (desgarbado). ‖ Dejar desmadejado, couper bras et jambes.

desmadejamiento m. FIG. Faiblesse, f., mollesse, f. (falta de energía). ‖ Dégingandement (desgarbo).

desmadejar v. tr. FIG. Affaiblir, couper bras et jambes, laisser sans ressort (debilitar). — V. pr. Se dégingander (desgarbarse).

desmadrar v. tr. Sevrer (los animales).

desmagnetización f. TECN. Démagnétisation.

desmagnetizar v. tr. Démagnétiser.

desmajolar* v. tr. Arracher les jeunes ceps de vigne. ‖ Délacer [les chaussures].

desmalezar v. tr. Amer. Désherber, sarcler.

desmalladura f. Démaillage, m.

desmallar v. tr. Démailler.

desmamar v. tr. Sevrer (destetar).

desmamonar v. tr. AGRIC. Émonder (podar).

desmán m. Excès : cometer toda clase de desmanes, commettre o faire toute sorte d'excès. ‖ Abus : no tolerar desmanes de nadie, ne tolérer d'abus de la part de personne. ‖ Malheur (desdicha). ‖ Desman (mamífero).

desmanarse v. pr. S'écarter du troupeau (desmandarse).

desmanchar v. tr. Amer. Nettoyer, ôter les taches. — V. pr. Amer. Faire bande à part.

desmandado, da adj. Désobéissant, e (desobediente). ‖ Rebelle (indómito). ‖ À l'écart (desbandado).

desmandamiento m. Contrordre (revocación de una orden). ‖ Révocation (f.) d'un legs. ‖ Désobéissance, f. (desobediencia). ‖ Manque de politesse, f., impolitesse, f. (falta de educación).

desmandar v. tr. Donner un contrordre (a uno). ‖ Contremander, annuler (una orden). — V. pr. Dépasser les bornes, s'oublier, y aller un peu fort (descomedirse). ‖ Désobéir, n'en faire qu'à sa tête (desobedecer) : como te desmandes te metemos en un internado, si tu continues à n'en faire qu'à ta tête nous te mettons dans un internat. ‖ Échapper : el profesor debe cuidar que sus alumnos no se desmanden, le professeur doit veiller à ce que ses élèves ne lui échappent pas. ‖ Faire bande à part (separarse). ‖ Se défendre, regimber, ne plus répondre aux aides (un caballo). ‖ S'écarter du troupeau (un toro). ‖ Muchedumbre desmandada, foule en débandade.

desmanear v. tr. Désentraver (un animal).

desmangado, da adj. Démanché, e (sin mango).

desmangar v. tr. Démancher.

desmangue m. MÚS. Démanché, démanchement. ‖ Démanchement.

desmano (a) loc. adv. Hors de portée [de la main]. ‖ Me coge a desmano, ce n'est pas sur mon chemin.

desmantecar v. tr. Dégraisser (quitar la grasa). ‖ Écrémer (quitar la manteca).

desmantelado, da adj. Démantelé, e. ‖ Dégarni, e (sin muebles). ‖ MAR. Démâté, e. ‖ FIG. À l'abandon (desamparado).

desmantelamiento m. Démantèlement : el desmantelamiento de una plaza fuerte, le démantèlement d'une place forte. ‖ MAR. Démâtage. ‖ FIG. Abandon (desamparo).

desmantelar v. tr. ● Démanteler (una fortaleza). ‖ MAR. Démâter (desarbolar). ‖ FIG. Abandonner (abandonar). ‖ Démanteler : desmantelar una organización, démanteler une organisation. — SINÓN. ● Derribar, demoler, démolir. Arrasar, raser. Abatir, abattre.

desmaña f. Maladresse.

desmañado, da adj. y s. Maladroit, e.

desmaquillador m. Démaquillant.

desmaquillar v. tr. Démaquiller.

desmarcaje m. DEP. Démarcage.

desmarcar v. tr. COM. DEP. Démarquer. — V. pr. DEP. Se démarquer.

desmarojar v. tr. Enlever le gui.

desmarque m. DEP. Démarcage.

desmarrido, da adj. Triste, morne, abattu, e (alicaído).

desmatar v. tr. AGRIC. Défricher, débroussailler.

desmayadamente adv. Faiblement, mollement.

desmayado, da adj. Évanoui, e (sin sentido). ‖ Découragé, e (desanimado). ‖ Épuisé, e (sin fuerzas). ‖ Faible, affamé, e (hambriento). ‖ Indolent, e (dejado). ‖ Pâle, éteint, e (color).

desmayar v. tr. Causer un évanouissement, faire défaillir : aquella noticia le desmayó, cette nouvelle le fit défaillir. ‖ Adoucir, estomper, éteindre (un color). — V. intr. FIG. Se décourager, se laisser décourager. — V. pr. S'évanouir, tomber en défaillance, défaillir.

desmayo m. Évanouissement (pérdida del conocimiento), défaillance, f. (primer grado de la privación de sentido). ‖ BOT. Saule pleureur.

desmazalado, da adj. Abattu, e ; faible (flojo).

desmedido, da adj. Démesuré, e : ambición desmedida, ambition démesurée.

desmedirse* v. pr. Dépasser les bornes o la mesure (excederse).

desmedrado, da adj. Chétif, ive (enclenque).

desmedrar v. tr. Détériorer (deteriorar). — V. intr. Déchoir, décliner, baisser, dépérir : este negocio ha desmedrado mucho, cette affaire a beaucoup baissé. — V. pr. Se détériorer, déchoir.

desmedro m. Détérioration, f. ‖ Déclin, déchéance, f. (decaimiento). ‖ Dépérissement (de una persona).

desmejora f. V. DESMEJORAMIENTO.

desmejorado, da adj. Changé, e ; qui a mauvaise mine, en mauvaise santé : he encontrado a Pedro desmejorado, j'ai trouvé Pierre en mauvaise santé.

desmejoramiento m. Détérioration, f. ‖ Affaiblissement, dépérissement (de salud).

desmejorar v. tr. Détériorer, abîmer (menoscabar). — V. intr. y pr. Perdre la santé, s'affaiblir, baisser (una persona). ‖ Se dégrader, se détériorer : la situación se ha desmejorado rápidamente, la situation s'est rapidement dégradée.

desmelenado, da adj. Échevelé, e.

desmelenar v. tr. Écheveler.

— V. pr. FIG. y FAM. S'emballer.

desmembración f. o **desmembramiento** m. Démembrement, m.

desmembrar* v. tr. Démembrer. ‖ FIG. Démembrer, disloquer : *desmembrar un imperio,* démembrer un empire.

desmemoriado, da adj. Qui a mauvaise mémoire : *soy tan desmemoriado que me olvidé la fecha de tu cumpleaños,* j'ai une si mauvaise mémoire que j'ai oublié la date de ton anniversaire.

desmemoriarse v. pr. Perdre la mémoire.

desmentida f. Démenti, m. (mentís).

desmentido, da adj. Démenti, e.

— M. *Amer.* Démenti (mentís).

desmentidor, ra adj. Qui donne un démenti.

desmentir* v. tr. e intr. Démentir, donner un démenti à.

desmenuzable adj. Friable.

desmenuzamiento m. Émiettement.

desmenuzar v. tr. Émietter, réduire en miettes (pan, etc.). ‖ Hacher menu (picar). ‖ FIG. Examiner de près o dans le détail, passer au crible.

desmeollamiento m. Extraction (f.) de la moelle.

desmeollar v. tr. Enlever la moelle.

desmerecedor, ra adj. Qui démérite.

desmerecer* v. tr. Démériter de.

— V. intr. Être inférieur à (en una comparación). ‖ Perdre de sa valeur, baisser (perder parte de su valor).

desmerecimiento m. Démérite (demérito).

desmesura f. Excès, *m.,* démesure, manque (*m.*) de mesure.

desmesuradamente adv. Démesurément, excessivement, avec excès.

desmesurado, da adj. Démesuré, e ; excessif, ive (excesivo) : *ambición desmesurada,* ambition démesurée. ‖ — Adj. y s. Insolent, e ; effronté, e (descarado).

desmesurar v. tr. Dérégler, déranger.

— V. pr. Dépasser les bornes o la mesure, parler o agir sans retenue (descomedirse).

desmigajar o **desmigar** v. tr. Émietter, réduire en miettes.

— V. pr. S'émietter.

desmilitarización f. Démilitarisation.

desmilitarizar v. tr. Démilitariser.

desmineralización f. Déminéralisation.

desmineralizar v. tr. Déminéraliser.

desmirriado, da adj. FAM. Rabougri, e ; chétif, ive ; malingre (flaco, enclenque).

desmitificar v. tr. Démythifier.

desmochar v. tr. Étêter, écimer (los árboles). ‖ Couper les cornes, écorner (las reses). ‖ Décolleter (remolacha). ‖ FIG. Mutiler (una obra).

desmoche m. Étêtement, étêtage, écimage (de árboles). ‖ Écornement (de reses). ‖ Décolletage (de remolacha).

desmocho m. Émondes, *f. pl.,* branches (*f. pl.*) coupées.

desmogar v. intr. Muer [les cornes].

desmogue m. Mue, *f.* (del ciervo).

desmoldar v. tr. (P. us.). Démouler.

desmonetización f. Démonétisation.

desmonetizar v. tr. Démonétiser.

desmontable adj. Démontable : *un armario desmontable,* une armoire démontable. ‖ Amovible (que se quita).

— M. *Desmontable para neumáticos,* démonte-pneu.

desmontaje m. Démontage.

desmontar v. tr. Démonter (deshacer) : *desmontar un neumático,* démonter un pneu. ‖ Désarmer (arma de fuego). ‖ Démonter (a un jinete). ‖ Déboiser (cortar árboles). ‖ Défricher (un campo). ‖ Déblayer (quitar tierra). ‖ Niveler (rebajar).

— V. intr. Mettre pied à terre (apearse).

desmonte m. Déboisement (tala de árboles). ‖ Coupe (*f.*) de bois (parte desmontada). ‖ Déblaiement, terrassement (nivelación de un terreno). ‖ Déblai (escombros). ‖ Défrichement (de una tierra).

desmoñar v. tr. FAM. Se crêper le chignon.

desmoralización f. Démoralisation.

desmoralizador, ra adj. y s. Démoralisateur, trice. ‖ — Adj. Démoralisant, e.

desmoralizante adj. Démoralisant, e.

desmoralizar v. tr. Démoraliser.

desmorecerse v. pr. Éprouver une violente passion. ‖ Perdre la respiration o le souffle (con el llanto o la risa).

desmoronadizo, za adj. Friable, qui s'éboule : *arena desmoronadiza,* sable friable.

desmoronamiento m. Éboulement (derrumbamiento). ‖ Éboulis (escombros). ‖ Effritement : *el desmoronamiento de una roca,* l'effritement d'une roche. ‖ FIG. Effritement, décomposition, *f.,* dégradation, *f.* : *el desmoronamiento de un régimen,* l'effritement d'un régime.

desmoronar v. tr. Ébouler, faire s'écrouler, abattre (derrumbar). ‖ Effriter (reducir a polvo). ‖ FIG. Miner, saper, ruiner (arruinar lentamente).

— V. pr. S'ébouler, s'écrouler (derrumbarse). ‖ Se déliter, s'effriter (rocas). ‖ Tomber en ruine : *esta casa se desmorona,* cette maison tombe en ruine. ‖ FIG. S'écrouler (imperios, proyectos). ‖ Tomber (el crédito, etc.). ‖ S'effriter : *la mayoría se desmorona,* la majorité s'effrite.

desmotadera f. AGRIC. Égreneuse [à coton].

desmotador, ra m. y f. Épinceteur, euse. ‖ — F. Égreneuse [à coton].

desmotar v. tr. Épinceter, énouer (un tejido). ‖ Égrener [coton] (el algodón).

desmovilización f. Démobilisation.

desmovilizar v. tr. Démobiliser.

desmultiplicación f. MECÁN. Démultiplication.

desmultiplicador m. TECN. Démultiplicateur.

desmultiplicar v. tr. MECÁN. Démultiplier.

desnacionalización f. Dénationalisation.

desnacionalizar v. tr. Dénationaliser.

desnarigado, da adj. Camus, e ; canard, e (chato). ‖ Qui n'a pas de nez, sans nez (sin narices).

desnarigar v. tr. Arracher o écraser le nez [à quelqu'un].

desnatadora f. Écrémeuse.

desnatar v. tr. Écrémer (la leche). ‖ FIG. Écrémer (sacar lo mejor de algo).

desnaturalización f. Dénaturalisation. ‖ Dénaturation (alteración).

desnaturalizado, da adj. Dénaturé, e : *padre desnaturalizado,* père dénaturé. ‖ Dénaturé, e : *alcohol desnaturalizado,* alcool dénaturé. ‖ Dénaturalisé, e (sin nacionalidad).

desnaturalizar v. tr. Dénaturaliser (quitar la naturalización). ‖ Dénaturer (alterar).

desnazificación f. Dénazification.

desnazificar v. tr. Dénazifier.

desnervar v. intr. Énerver (quitar los nervios).

— OBSERV. La palabra francesa *énerver* significa a menudo *molestar, fastidiar.*

desnevar* v. intr. Fondre (la nieve).

desnicotinizar v. tr. Dénicotiniser (tabaco).

desnieve m. Fonte, *f.* (de la nieve).

desnitrificación f. Dénitrification.

desnitrificar v. tr. Dénitrifier.

desnivel m. Dénivellement, dénivellation, *f.* ‖ FIG. Déséquilibre : *desnivel entre las regiones,* déséquilibre entre les régions.

desnivelación f. Dénivellement, *m.,* dénivellation.

desnivelado, da adj. Inégal, e (desigual). ‖ Déséquilibré, e.

desnivelar v. tr. Déniveler.

329

desnucar v. tr. Rompre la nuque o le cou.
— V. pr. Se rompre le cou.
desnudamente adv. Clairement, ouvertement.
desnudamiento m. Déshabillage, action de déshabiller.
desnudar v. tr. Déshabiller, dévêtir (quitar la ropa). ‖ Fig. Dépouiller, dénuder (despojar). ‖ Dépouiller : *el viento desnuda los árboles de sus hojas*, le vent dépouille les arbres de leurs feuilles. — V. pr. Se déshabiller. ‖ Fig. Se dépouiller, se défaire : *desnudarse de sus defectos*, se défaire de ses défauts.
— Observ. *Dénuder* se dice de las cosas, *déshabiller* es el término corriente, hablando de personas, y *dévêtir* es más culto y elegante.
desnudez f. Nudité.
desnudismo m. Nudisme.
desnudista adj. y s. Nudiste.
desnudo, da adj. Nu, e : *con las piernas desnudas*, les jambes nues. ‖ Nu, e ; tout nu, toute nue (desvestido). ‖ Déshabillé, e (ya sin vestido). ‖ Fig. Nu, e (una pared, una espada). ‖ Dénué de (falto de) : *desnudo de méritos*, dénué de mérites. ‖ Clair, e ; évident, e (patente). ‖ — Fig. *Al desnudo*, à nu. ‖ *La verdad desnuda*, la vérité toute nue.
— M. Artes. Nu.
— Observ. El giro *tout nu, toute nue* se emplea más que *nu* solo y es más familiar. Compárese : *las Venus a menudo se representan desnudas*, les Vénus sont souvent représentées nues, y la frase *los niños estaban desnudos*, les petits étaient tout nus.
desnutrición f. Med. Dénutrition, sous-alimentation, malnutrition.
desnutrirse v. pr. Être atteint de dénutrition.
desobedecer v. tr. Désobéir à : *desobedecer las órdenes, la ley*, désobéir aux ordres, à la loi ; *desobedecer a sus padres*, désobéir à ses parents.
— Sinón. *Contravenir*, contrevenir. *Infringir*, enfreindre. *Transgredir*, transgresser. *Quebrantar, violar*, violer.
desobediencia f. Désobéissance.
— Sinón. *Insubordinación*, insubordination. *Infracción*, infraction. *Transgresión*, transgression. *Contravención*, contravention. *Indisciplina*, indiscipline. *Rebelión*, rébellion. *Resistencia*, résistance.
desobediente adj. y s. Désobéissant, e.
desobligar v. tr. Dégager, libérer [d'une obligation]. ‖ Désobliger (causar disgusto).
desobstrucción f. Désobstruction.
desobstructivo, va adj. Désobstructif, ive ; désobstruant, e.
desobstruir v. tr. Désobstruer.
desocupación f. Désœuvrement, m., oisiveté (ocio). ‖ Chômage, m. (desempleo).
desocupado, da adj. y s. Désœuvré, e ; inoccupé, e ; oisif, ive (ocioso). ‖ Libre : *alquilar un piso desocupado*, louer un appartement libre. ‖ Inhabité, e : *a menudo hay ratones en las casas desocupadas*, il y a souvent des souris dans les maisons inhabitées. ‖ *Estar desocupado*, ne rien faire, n'avoir rien à faire (no hacer nada), chômer, être en chômage (sin empleo).
desocupar v. tr. Débarrasser (dejar libre). ‖ Vider (vaciar). ‖ Abandonner, quitter, évacuer : *desocupar una casa*, quitter une maison ; *desocupar el campo de batalla*, évacuer le champ de bataille. — V. pr. Se libérer, se débarrasser (de una ocupación).
desodorante adj. y s. m. Désodorisant, e.
desodorizar v tr. Désodoriser.
desoír v. tr. Faire la sourde oreille à, ne pas écouter : *desoí los consejos de mi padre*, je n'ai pas écouté les conseils de mon père. ‖ Faire fi de, ne pas tenir compte de : *desoyó la prescripción médica*, il ne tint pas compte du diagnostic.

desojar v. tr. Casser le chas o l'œil (de una aguja, instrumento, etc.). — V. pr. S'user o se fatiguer les yeux.
desolación f. Désolation.
desolador, ra adj. Désolant, e (que aflige). ‖ Dévastateur, trice : *una epidemia desoladora*, une épidémie dévastatrice.
desolar v. tr. Désoler. ‖ Ravager (asolar). — V. pr. Se désoler.
desoldadura f. Dessoudure.
desoldar v. tr. Dessouder.
desolidarizarse v. pr. Se désolidariser : *desolidarizarse de sus compañeros*, se désolidariser de ses camarades.
desolladero m. Abattoir (matadero).
desollado, da adj. y s. Fam. Insolent, e ; impudent, e (descarado).
desollador adj. m. y s. m. Écorcheur. ‖ — M. Zool. Écorcheur, pie-grièche, f. (alcaudón).
desolladura f. ● Écorchure (arañazo). ‖ Écorchement, m. (de las reses muertas).
— Sinón. ● *Rasguño*, égratignure. *Excoriación*, excoriation.
desollar v. tr. Écorcher, dépouiller (los animales) : *desollar un conejo*, dépouiller un lapin. ‖ Fig. y Fam. Endommager (causar daño). ‖ Écorcher, matraquer, faire payer trop cher (vender muy caro) : *desollarle a uno vivo*, faire payer trop cher à quelqu'un. ‖ Ruiner, plumer (en el juego). ‖ Éreinter, esquinter, dire pis que pendre de (criticar). ‖ Fig. *Queda el rabo por desollar*, le plus dur reste à faire.
desollón m. Fam. Écorchure, f. (arañazo).
desopilación f. Med. Désopilation.
desopilante adj. Med. Désopilant, e.
desopilar v. tr. Med. Désopiler.
— Observ. L'emploi de ce verbe dans le sens de « faire rire » est un gallicisme.
desoprimir v. tr. Libérer [de l'oppression], affranchir (librar).
desorbitado, da adj. Exorbitant, e : *precios desorbitados*, des prix exorbitants. ‖ *Tener los ojos desorbitados*, écarquiller les yeux (de asombro), avoir les yeux hagards o exorbités (de espanto).
desorbitar v. tr. Monter en épingle, grossir, exagérer : *este periódico desorbita siempre los hechos*, ce journal grossit toujours les faits. ‖ Amer. Affoler (enloquecer). — V. pr. Quitter son orbite, sortir de son orbite.
desorden m. ● Désordre : *estar, poner en desorden*, être, mettre en désordre ; *reinaba gran desorden en la administración*, un grand désordre régnait dans l'administration. ‖ Désordre, trouble : *hay muchos desórdenes en el país*, il y a beaucoup de troubles dans le pays. ‖ Excès (demasía). ‖ Fig. Désordre (de la conducta). ‖ Désordre, dérèglement : *el alcohol ocasiona desórdenes en el organismo*, l'alcool provoque des désordres dans l'organisme.
— Sinón. ● *Enredo, embrollo*, embrouillement. *Fárrago*, fatras. *Revoltijo*, pêle-mêle. Fam. *Leonera*, capharnaüm. *Baturrillo*, batiburrillo, brouillamini.
desordenadamente adv. En désordre, sans ordre : *huyeron desordenadamente*, ils s'enfuirent en désordre. ‖ D'une façon décousue : *hablar desordenadamente*, parler d'une façon décousue. ‖ Précipitamment, avec agitation (apresuradamente).
desordenado, da adj. Désordonné, e. ‖ Fig. Déréglé, e : *vida desordenada*, vie déréglée.
desordenamiento m. Désordre.
desordenar v. tr. Mettre en désordre, déranger, désordonner (p. us.) : *desordenar un armario*, déranger une armoire. — V. pr. Se dérégler.
desorejado, da adj. y s. Fam. Dévergondé, e ; dépravé, e (infame). ‖ Amer. Qui n'a pas

d'oreille [musicale], qui chante faux. ‖ — Adj. Sans anses (una vasija). ‖ Taurom. Les oreilles coupées [après la course].

desorejar v. tr. Couper les oreilles.

desorganización f. Désorganisation.

desorganizadamente adv. Sans organisation.

desorganizador, ra adj. y s. Désorganisateur, trice.

desorganizar v. tr. Désorganiser : *desorganizar una fábrica*, désorganiser une usine. ‖ Désagréger, décomposer, dissoudre (desagregar).

desorientación f. Désorientation. ‖ Fig. Perplexité, embarras, m. (perplejidad).

desorientado, da adj. Désorienté, e.

desorientador, ra adj. Qui désoriente.

desorientar v. tr. Désorienter. ‖ Fig. Désorienter, troubler, déconcerter : *mi pregunta le desorientó*, ma question l'a déconcerté. ‖ Égarer : *el dolor nos desorienta*, la douleur nous égare.

desorillar v. tr. Couper la lisière [d'une étoffe].

desornamentado, da adj. Sans ornement, nu, e ; dégarni, e.

desortijar v. tr. Sarcler (un campo).

desosada f. Pop. Menteuse, langue (lengua).

desosar* v. tr. Désosser (deshuesar).

desovar v. intr. Frayer (las hembras de los peces). ‖ Pondre (los anfibios).

desove m. Frai (acción o tiempo de desovar los peces). ‖ Ponte, f. (los anfibios). ‖ *Época del desove*, frai (en general), montaison (de los salmones).

desovillar v. tr. Dépelotonner (deshacer los ovillos). ‖ Fig. Débrouiller, démêler, éclaircir (desenredar). | Encourager (animar).

desoxidación f. Désoxydation. ‖ Tecn. Décapage, m., décapement, m. (de un metal).

desoxidante adj. y s. m. Désoxydant, e. ‖ Tecn. Décapant, e (para un metal).

desoxidar v. tr. Désoxyder. ‖ Tecn. Décaper (limpiar un metal).
— V. pr. Se désoxyder.

desoxigenación f. Désoxydation.

desoxigenar v. tr. Quím. Désoxyder. ‖ Désoxygéner : *desoxigenar el aire*, désoxygéner l'air.

despabiladeras f. pl. Mouchettes.

despabilado, da adj. Éveillé, e ; réveillé, e (despierto). ‖ Fig. Vif, vive ; éveillé, e (despejado) : *un niño despabilado*, un enfant éveillé. | Débrouillard, e ; dégourdi, e (apañado) : *en la vida hay que ser despabilado*, dans la vie il faut être dégourdi. | Intelligent, e (listo).

despabilador, ra adj. Qui mouche les chandelles.
— M. Moucheur (en los teatros). ‖ — F. pl. Mouchettes (despabiladeras).

despabiladura f. Mouchure.

despabilar v. tr. Moucher (una vela). ‖ Fig. Dégourdir (avivar el ingenio) : *despabilar a uno*, dégourdir quelqu'un. | Expédier : *despabilar la comida*, expédier le repas. | Dilapider, dévorer (la hacienda). | Subtiliser, voler, faucher (robar). ‖ Fig. y Fam. Expédier, occire (matar).
— V. pr. Fig. Se réveiller, s'éveiller. | Se secouer, se remuer : *¡despabílate que nos tenemos que ir!*, remue-toi, il faut que nous partions. ‖ Amer. Filer, s'en aller (marcharse).

despacio adv. Lentement : *hable más despacio*, parlez plus lentement. | Doucement, lentement : *iba despacio*, il allait lentement. ‖ *Vísteme despacio que tengo prisa*, qui va lentement va sûrement, qui veut voyager loin ménage sa monture.
— Interj. Doucement !

despacioso, sa adj. Lent, e.

despacito adv. Fam. Tout doucement, lentement : *anda despacito*, il marche tout doucement.
— Interj. Fam. Doucement !

despachaderas f. pl. Brusquerie, *sing.*, dureté, *sing.* [dans la façon de répondre à une question].

‖ Savoir-faire, m. sing. ‖ *Tener buenas despachaderas*, avoir de la répartie, savoir renvoyer la balle.

despachado, da adj. Fam. Effronté, e ; insolent, e (descarado). | Expéditif, ive (rápido).

despachador, ra adj. Qui abat de la besogne, expéditif, ive.
— M. Amer. Mineur (minero).

despachante m. Amer. Agent en douane (de aduana). | Vendeur (dependiente).

despachar v. tr. Envoyer, dépêcher (p. us.) : *despachar un recadero*, envoyer un garçon de courses. ‖ Expédier (paquetes), envoyer (cartas). ‖ Régler (un negocio). ‖ Conclure (un convenio). ‖ Vendre (mercancías). ‖ Servir : *despachar a los clientes*, servir les clients. ‖ Débiter (vender al por menor) : *el carnicero despacha carne*, le boucher débite de la viande. ‖ Renvoyer, congédier, envoyer promener (fam.) : *despachar a los importunos*, renvoyer les importuns. ‖ Fam. Expédier : *el orador despachó su conferencia en media hora*, l'orateur expédia sa conférence en une demi-heure. | Envoyer ad patres, expédier [dans l'autre monde] (matar). ‖ *Despachar el correo*, faire son courrier.
— V. intr. Se dépêcher (darse prisa). ‖ Avoir un entretien (sobre un asunto). ‖ Fam. Accoucher (una historia, etc.).
— V. pr. Se débarrasser, se défaire (desembarazarse). ‖ Se dépêcher (darse prisa). ‖ Fig. y Fam. *Despacharse a su gusto*, dire tout ce que l'on a sur le cœur.

despachero, ra m. y f. Amer. Marchand, e (vendedor).

despacho m. Expédition, f., envoi (envío). ‖ Expédition, f., acheminement (del correo). ‖ Débit, vente, f. (venta). ‖ Bureau (oficina) : *el despacho del director*, le bureau du directeur. ‖ Guichet (taquilla). ‖ Débit (tienda) : *despacho de vinos*, débit de vins. ‖ Dépêche, f. : *despacho diplomático*, dépêche diplomatique. ‖ Communiqué (comunicado). ‖ Titre (título). ‖ Conclusion, f., réalisation, f. (de un negocio). ‖ Expédition (f.) d'une affaire (resolución). ‖ Amer. Épicerie, f. (tienda). | Bureau (puesto) : *despacho de lotería*, bureau de loterie. ‖ — *Correr los despachos*, expédier les affaires. ‖ *Despacho de carne de caballo*, boucherie chevaline o hippophagique. ‖ *Tener buen despacho*, être expéditif, savoir s'y prendre.

despachurramiento o **despachurro** m. Écrasement, écrabouillement (aplastamiento). ‖ Bafouillage (en el hablar). ‖ Embarras, trouble (confusión).

despachurrar v. tr. Fam. Écraser, écrabouiller (aplastar) : *despachurrar un tomate*, écraser une tomate. ‖ Éventrer (reventar). ‖ Embrouiller (embrollar). | Décontenancer, couper le sifflet à (confundir).

despajador adj. m. y s. m. Vanneur.

despajadura f. Dépaillage, m. ‖ Agric. Vannage, m. (del grano). ‖ Min. Criblage, m. (de la tierra).

despajar v. tr. Dépailler. ‖ Agric. Vanner. ‖ Min. Cribler la terre (para obtener el mineral).

despaldar v. tr. Casser o démettre l'épaule (despaldillar).

despaldilladura f. Dislocation o foulure de l'épaule.

despaldillar o **despaletillar** v. tr. Fouler o démettre l'épaule (de un animal). ‖ Fig. y Fam. Rompre l'échine, rosser (golpear).

despalillar v. tr. Écôter (el tabaco). ‖ Égrapper (las uvas). ‖ Amer. Tuer (matar).

despalmador m. Mar. Bassin de radoub. ‖ Veter. Paroir [de maréchal-ferrant].

despalmadura f. Veter. Dessolure (caballos).

despalmar v. tr. Mar. Espalmer (p. us.), caréner. ‖ Tecn. Biseauter (carpintería). ‖ Veter. Dessoler.

despalme m. Dessolure, *f.* (de los animales). ‖ Entaille, *f.* (en un árbol).

despampanadura f. Epamprage, *m.* (de la vid). ‖ Ébourgeonnement, *m.* (de las plantas).

despampanante adj. FAM. Sensationnel, elle ; épatant, e ; extraordinaire, ébouriffant, e (sorprendente). ‖ Tordant, e (de risa).

despampanar v. tr. AGRIC. Épamprer, essarmenter (la vid). ‖ Ébourgeonner (quitar los brotes). ‖ FIG. y FAM. Épater, ébahir, laisser pantois (sorprender, dejar atónito).
— V. pr. FIG. y FAM. Se faire mal en tombant, se casser le cou. ‖ Se tordre (de reir).

despampanillar v. tr. Épamprer (la vid).

despampano m. V. DESPAMPANADURA.

despanchurrar o **despanzurrar** v. tr. FAM. Étriper, crever la panse (romper la panza). ‖ Écraser, écrabouiller (aplastar). ‖ Éventrer : *casa despanzurrada por los obuses*, maison éventrée par les obus.

despapar v. intr. Porter le nez au vent (un caballo).

desparafinación f. o **desparafinado** m. QUÍM. Déparaffinage, *m.*

desparedar v. tr. Abattre, démolir les murs de.

desparejar v. tr. Dépareiller, désassortir.

desparejo, ja adj. Inégal, dissemblable (no semejante). ‖ Dépareillé, e (descabalado).

desparpajado, da adj. Plein, pleine d'aplomb, désinvolte, culotté, e (desenvuelto).

desparpajar v. tr. Déranger (desbaratar). ‖ Disperser, éparpiller (desparramar).
— V. intr. FAM. Parler à tort et à travers.

desparpajo m. FAM. Désinvolture, *f.*, sans-gêne, *inv.*, aplomb, culot (desembarazo). ‖ Bagou (al hablar). ‖ FAM. *Amer.* Désordre, fouillis (desorden).

desparramado, da adj. Large (amplio), ouvert, e (abierto). ‖ Éparpillé, e (esparcido). ‖ Répandu, e (derramado).

desparramamiento m. Éparpillement.

desparramar v. tr. Répandre : *desparramar flores por el suelo*, répandre des fleurs sur le sol ; *desparramar una noticia*, répandre une nouvelle. ‖ Éparpiller, disperser : *la familia está desparramada por el mundo entero*, la famille est dispersée dans le monde entier. ‖ FIG. Gaspiller, dissiper : *desparramar su fortuna*, gaspiller sa fortune.
— V. pr. Se répandre. ‖ FIG. Se distraire, s'amuser (divertirse).

desparramo m. *Amer.* Éparpillement. ‖ Diffusion, *f.* (de una noticia). ‖ FIG. Désordre, fouillis.

desparvar v. tr. AGRIC. Défaire et retourner les gerbes.

despatarrada f. FAM. Grand écart, *m.* (en algunas danzas).

despatarrar v. tr. FAM. Écarter largement les jambes. ‖ FIG. Épater (asombrar). ‖ *Dejar a uno despatarrado*, laisser quelqu'un ébahi o pantois.
— V. pr. Écarter o ouvrir les jambes (separar las piernas). ‖ FIG. Tomber les quatre fers en l'air (caerse). ‖ *Quedarse despatarrado*, rester pantois.

despatillado m. Mortaise, *f.* (carpintería).

despatillar v. tr. Entailler (en carpintería). ‖ Tailler les pattes (las patillas).

despavesaderas f. pl. *Amer.* Mouchettes.

despavesar v. tr. Moucher (una vela). ‖ Souffler les cendres qui couvrent les braises.

despavonar v. tr. TECN. Décaper [un métal].

despavoridamente adv. Avec effroi, avec épouvante.

despavorido, da adj. Épouvanté, e ; affolé, e ; effrayé, e.

despavorirse* v. pr. S'effrayer, s'épouvanter, s'affoler, être affolé, e.

despeado, da adj. Éclopé, e (cojo). ‖ VETER. Fourbu, e.

despeadura f. o **despeamiento** m. Mal (*m.*) aux pieds. ‖ VETER. Fourbure, *f.* (del caballo). ‖ Piétin, *m.* (corderos).

despearse v. pr. Avoir mal aux pieds, avoir les pieds douloureux (del mucho andar). ‖ VETER. Être fourbu (caballo). ‖ Avoir le piétin (corderos).

despectivamente adv. Avec dédain, avec mépris, d'une manière péjorative.

despectivo, va adj. Méprisant, e : *hablar con tono despectivo*, parler sur un ton méprisant. ‖ GRAM. Péjoratif, ive : *una palabra despectiva*, un terme péjoratif.

despechar v. tr. Dépiter (causar despecho). ‖ Désespérer. ‖ FAM. Sevrer (destetar).

despecho m. Dépit (descontento). ‖ FAM. Sevrage (destete). ‖ — *A despecho de*, en dépit de, malgré : *a despecho suyo*, malgré lui ; *a despecho de los rumores*, en dépit des bruits ; ‖ *A despecho de todos*, envers et contre tous.

despechugado, da adj. FAM. Débraillé, e ; dépoitraillé, e.

despechugadura f. Débraillement, *m.*

despechugar v. tr. Enlever le blanc [d'une volaille].
— V. pr. FIG. y FAM. Se débrailler.

despedazador, ra m. y f. Dépeceur, euse.

despedazamiento m. Dépeçage, dépècement.

despedazar v. tr. Dépecer, mettre en pièces, déchiqueter : *el león despedaza su presa*, le lion dépèce sa proie. ‖ Mettre en pièces (hacer pedazos). ‖ FIG. Déchirer : *despedazar el corazón*, déchirer le cœur.

despedida f. Adieux, *m.* pl. : *una despedida conmovedora*, des adieux touchants. ‖ Renvoi, *m.*, licenciement, *m.*, congé, *m.* (de un obrero, de un empleado). ‖ Strophe finale (de un canto). ‖ *Plazo de despedida*, délai de congé o de préavis.

despedimiento m. Adieux, *pl.* ‖ Renvoi, licenciement (de un obrero, de un empleado).

despedir* v. tr. Jeter, lancer : *el sol despide rayos de luz*, le soleil lance des rayons de lumière. ‖ Projeter : *salir despedido fuera de su asiento*, être projeté hors de son siège. ‖ Renvoyer (un funcionario). ‖ ● Congédier, donner congé à, renvoyer (el personal doméstico), licencier, renvoyer (un empleado, un obrero). ‖ Mettre dehors, mettre à la porte (echar) : *despedir a las personas molestas*, mettre les gêneurs à la porte. ‖ Expulser : *despedir a un inquilino*, expulser un locataire. ‖ Éconduire (desairar). ‖ Dégager, répandre (olor). ‖ Reconduire : *despedir a alguien a la puerta*, reconduire quelqu'un à la porte. ‖ Accompagner : *fui a despedirlo al aeropuerto*, je suis allé l'accompagner à l'aéroport.
— V. pr. Prendre congé, faire ses adieux à : *despedirse de su familia*, faire ses adieux à sa famille. ‖ Dire au revoir : *se fue sin despedirse*, il est parti sans dire au revoir. ‖ Se quitter, faire ses adieux à : *nos despedimos en el aeropuerto*, nous nous sommes quittés à l'aéroport. ‖ Donner son congé (un empleado). ‖ Faire son deuil de, renoncer à : *te puedes despedir del libro que le has prestado*, tu peux faire ton deuil du livre que tu lui as prêté. ‖ — *Despedirse a la francesa*, filer à l'anglaise. ‖ *Despedirse de la vida de soltero*, enterrer sa vie de garçon. ‖ *Me despido de usted con un saludo afectuoso*, je vous prie de croire à mes sentiments les meilleurs (fórmula de correspondencia). ‖ *Se despide de usted su seguro servidor q. e. s. m.*, veuillez agréer mes salutations distinguées (en una carta).
— SINÓN. ● *Despachar*, congédier. *Desahuciar*, donner congé (a un inquilino). *Echar*, chasser, renvoyer. *Licenciar*, licencier.

despedregadora f. Tecn. Épierreur, *m.*, épierreuse.

despedregar v. tr. Épierrer.

despegable adj. Qui peut se décoller.

despegado, da adj. Décollé, e. ‖ Fig. Détaché, e ; indifférent, e : *aire despegado*, air détaché. ‖ Revêche (áspero).

despegadura f. Décollage, *m.* ‖ Détachement, *m.* (indiferencia).

despegamiento m. Détachement, indifférence, *f.* (desapego).

despegar v. tr. Décoller : *despegar un sobre*, décoller une enveloppe. ‖ Détacher (separar). ‖ *No despegar los labios*, ne pas desserrer les dents.
— V. intr. Décoller (un avión) : *el avión para Acapulco despega en seguida*, l'avion pour Acapulco décolle immédiatement.
— V. pr. Fig. Se détacher : *despegarse de sus amigos*, se détacher de ses amis.

despego m. Détachement, indifférence, *f.*

despegue m. Décollage, envol : *el despegue del avión tendrá lugar dentro de un minuto*, le décollage de l'avion aura lieu dans une minute ; *pista de despegue*, piste d'envol. ‖ Fig. Décollage.

despeinar v. tr. Décoiffer, dépeigner.

despejado, da adj. Sûr, sûre de soi, désinvolte (que tiene soltura). ‖ Éveillé, e ; déluré, e (listo). ‖ Ouvert, e (franco) : *espíritu despejado*, esprit ouvert. ‖ Vaste, spacieux, euse ; dégagé, e : *frente, plaza despejada*, front dégagé, place spacieuse. ‖ Dégagé, e (cielo, camino).

despejar v. tr. Débarrasser : *despejar un cuarto*, débarrasser une pièce. ‖ Dégager, déblayer : *despejar la calle de los escombros*, dégager la rue des décombres, déblayer les décombres de la rue. ‖ Fig. Balayer : *despejar las dificultades*, balayer les difficultés. ‖ Se débarrasser de : *despejar a los importunos*, se débarrasser des importuns. ‖ Éclaircir (aclarar). ‖ Dégager (fútbol). ‖ Mat. Dégager (una incógnita). ‖ Fig. *Despejar el terreno*, déblayer le terrain.
— V. pr. Prendre de l'assurance, s'éveiller (adquirir soltura). ‖ S'éclaircir, se découvrir (el cielo), se dégager (el tiempo). ‖ Se distraire, se divertir (esparcirse). ‖ N'avoir plus de fièvre (un enfermo). ‖ *Salir a despejarse*, aller prendre l'air.

despeje m. Dégagement (en el fútbol).

despejo m. Débarras (acción de despejar). ‖ Déblaiement (de cosas pesadas) : *el despejo del terreno*, le déblaiement du terrain. ‖ Dégagement (de una carretera). ‖ Taurom. Évacuation (*f.*) de l'arène avant de lâcher le taureau. ‖ Aisance, *f.*, désinvolture, *f.* (soltura). ‖ Intelligence, *f.*, vivacité (*f.*) d'esprit (talento). ‖ Dégagement (esgrima).

despelotado, da adj. Rondelet, ette ; dodu, e.

despelotarse v. pr. Fam. Se débrouiller (arreglárselas).

despeluzar o **despeluznar** v. tr. Ébouriffer. ‖ Hérisser (erizar). ‖ *Amer.* Nettoyer, dépouiller (ganar todo el dinero).
— V. pr. Se hérisser (el pelo).

despellejadura f. Écorchure (desolladura).

despellejar v. tr. Écorcher, dépouiller : *despellejar un conejo*, écorcher un lapin. ‖ Fig. Dire du mal de, dire pis que pendre de, casser du sucre sur le dos de (murmurar).

despenar v. tr. Consoler. ‖ Fig. y Fam. Tuer, envoyer ad patres (matar).

despensa f. Garde-manger, *m. inv.* (para guardar las provisiones). ‖ Provisions, *pl.* (géneros de una comunidad) : *una abundante despensa*, des provisions abondantes. ‖ Dépense (oficio de despensero y provisiones).
— Observ. El francés *dépense*, poco usado en el sentido de *despensa*, significa sobre todo *gasto*.

despensería f. Dépense (cargo del despensero).

despensero, ra m. y f. Dépensier, ère (de una comunidad).

despeñadero, ra adj. Escarpé, e ; à pic (abrupto).
— M. Précipice. ‖ Fig. Catastrophe, *f.*

despeñadizo, za adj. Escarpé, e ; à pic (abrupto).

despeñamiento m. o **despeño** m. Chute, *f.* (caída). ‖ Med. Diarrhée, *f.* (del vientre). ‖ Fig. Chute, *f.*, effondrement.

despeñar v. tr. Précipiter, jeter, pousser : *despeñar a un hombre por un precipicio*, pousser un homme dans un précipice.
— V. pr. Se précipiter, se jeter (precipitarse, arrojarse). ‖ Fig. Se précipiter, se jeter (en los vicios, etc.).

despeo m. Mal aux pieds. ‖ Veter. Fourbure, *f.* (de los caballos). ‖ Piétin (de los corderos).

despepitar v. tr. Enlever les grains o les pépins : *despepitar una naranja*, enlever les pépins d'une orange.
— V. pr. S'égosiller (gritar). ‖ Parler étourdiment, ne pas se surveiller (hablar sin concierto). ‖ *Despepitarse por una cosa*, brûler d'envie d'avoir quelque chose, désirer ardemment quelque chose.

desperdiciado, da adj. Gaspillé, e.

desperdiciador, ra adj. y s. Gaspilleur, euse. ‖ *Amer.* Fig. Dévergondé, e.

desperdiciar v. tr. Gaspiller (despilfarrar) : *desperdiciar el dinero, las fuerzas*, gaspiller l'argent, les forces. ‖ Gâcher (emplear mal). ‖ Perdre : *desperdiciar el tiempo, una ocasión*, perdre son temps, une occasion. ‖ Ne pas profiter de : *ha desperdiciado todos los consejos que le di*, il n'a pas profité de tous les conseils que je lui ai donnés.

desperdicio m. Gaspillage (despilfarro). ‖ ● Déchet, reste (residuo). ‖ — *Este trozo de carne no tiene desperdicio*, il n'y a pas de perte avec o de déchet dans ce morceau de viande. ‖ Fig. *No tiene desperdicio*, tout est bon.
— Sinón. ● *Retal*, coupon, chute (tejido). *Escoria*, scorie. *Residuo*, résidu. *Ripio*, gravat. *Detrito*, détritus.

desperdigar v. tr. Disperser : *todos mis hermanos andan desperdigados por el mundo entero*, tous mes frères sont dispersés dans le monde entier.

desperecer* v. intr. Mourir (perecer).
— V. pr. Désirer ardemment, mourir d'envie de : *desperecerse por algo, por hacer algo*, désirer ardemment quelque chose, mourir d'envie de faire quelque chose.

desperezarse v. pr. S'étirer (estirarse).

desperezo m. Action (*f.*) de s'étirer.

desperfecto m. Détérioration, *f.*, dommage, dégât (deterioro). ‖ Imperfection, *f.*, défaut (defecto). ‖ *Sufrir desperfectos*, être endommagé.

desperfilar v. tr. Artes. Adoucir o arrondir o estomper [les contours]. ‖ Mil. Dissimuler, noyer les contours [des retranchements].

despernada f. Grand écart, *m.* (baile).

despernado, da adj. Estropié, e (sin piernas). ‖ Fig. Sur les genoux, fourbu, e ; harassé, e (cansado).

despernancarse v. pr. Écarter les jambes.

despernar* v. tr. Estropier, rompre o couper les jambes.

despersonalización f. Dépersonnalisation.

despersonalizar v. tr. Dépersonnaliser.

despertador, ra adj. Qui réveille.
— M. y f. Réveilleur, euse : *el despertador de un seminario*, le réveilleur d'un séminaire. ‖ — M. Réveille-matin, *inv.*, réveil (reloj con timbre). ‖ Fig. Aiguillon, stimulant (estímulo).

despertar* v. tr. Réveiller, éveiller : *despertar a un enfermo*, réveiller un malade. ‖ Fig. Éveiller (suscitar) : *despertar la atención*, éveiller l'attention. ‖ Réveiller (recordar) : *despertar recuerdos*,

una pasión, réveiller des souvenirs, une passion.
‖ Fig. *Despertar el apetito,* ouvrir l'appétit.
— V. intr. y pr. S'éveiller, se réveiller : *quería despertarse a las seis de la mañana,* il voulait se réveiller à 6 heures du matin. ‖ Fig. Se réveiller, se dégourdir (avisparse).

despertar m. Éveil, réveil : *el despertar de un pueblo,* le réveil d'un peuple.

despestañar v. tr. Arracher les cils.

despezonar v. tr. Ôter la queue, équeuter (una fruta). ‖ Arracher (arrancar).
— V. pr. Se casser (un eje, etc.).

despezuñarse v. pr. S'abîmer les sabots (un animal). ‖ *Amer.* Se hâter (darse prisa). ‖ Désirer vivement (desvivirse).

despiadado, da adj. Impitoyable : *crítica despiadada,* critique impitoyable. ‖ Inhumain, e : *persona despiadada,* personne inhumaine.

despicar v. tr. Rasséréner, apaiser.
— V. pr. Prendre sa revanche.

despichar v. tr. Dessécher (secar). ‖ Presser : *despichar una naranja,* presser une orange. ‖ Écraser (aplastar). ‖ *Amer.* Égrapper (descobajar).
— V. intr. Fam. Casser sa pipe, claquer (morir).

despido m. Licenciement (en una empresa). ‖ Renvoi, congé, congédiement (p. us.) [personal doméstico].

despiertamente adv. Ingénieusement, adroitement.

despierto, ta adj. Éveillé, e ; réveillé, e. ‖ Fig. Éveillé, e ; vif, vive ; dégourdi, e : *una muchacha muy despierta,* une enfant très vive.

despilarar v. tr. *Amer.* Dépiler [une mine], abattre les étais.

despilfarrador, ra adj. y s. Gaspilleur, euse ; panier percé, m. (manirroto) : *esta muchacha es una despilfarradora,* cette fille est un panier percé.

despilfarrar v. tr. Gaspiller, jeter par les fenêtres : *despilfarrar el dinero,* jeter l'argent par les fenêtres.
— V. pr. Faire des folies (hacer gastos excesivos).

despilfarro m. Gaspillage (derroche) : *el despilfarro es la ruina de la economía de un país,* le gaspillage est la ruine de l'économie d'un pays. ‖ Dépense (f.) inconsidérée, folie, f. (gasto) : *hacer un despilfarro,* faire une folie. ‖ Profusion, f. (abundancia).

despimpollar v. tr. Agric. Ébourgeonner. ‖ Essarmenter (la vid).

despinochar v. tr. Effeuiller [le maïs].

despintar v. tr. Effacer une peinture. ‖ Délaver : *la lluvia ha despintado esta pared,* la pluie a délavé ce mur. ‖ Fig. Défigurer, changer.
— V. intr. Déparer : *Miguel no despinta de su familia,* Michel ne dépare pas sa famille.
— V. pr. S'effacer (la pintura), passer (lo teñido). ‖ *Cuando veo a una persona nunca se me despinta,* lorsque je vois une personne je me souviens toujours de son visage.

despinte m. *Amer.* Minerai pauvre o à faible teneur (mineral poco rico).

despinzar v. tr. Tecn. Épinceter (el paño).

despiojar v. tr. Épouiller, enlever les poux (quitar los piojos). ‖ Fig. y Fam. Renflouer, tirer de la misère.

despique m. Revanche, f. (desquite).

despistado, da adj. y s. Distrait, e ; dans les nuages, ahuri, e : *una persona despistada,* une personne distraite. ‖ *Estoy despistado,* je suis complètement perdu, je n'y suis plus. ‖ *Hacerse el despistado,* faire l'étonné. ‖ *Tiene cara de despistado,* il a une tête d'ahuri.

despistar v. tr. Dépister, dérouter, semer (pop.) : *la liebre despista a los perros,* le lièvre dépiste les

chiens ; *despistar a la policía,* dérouter la police. ‖ Mettre sur une fausse piste (orientar mal). ‖ Fig. Faire perdre la tête. ‖ Égarer : *le conté todo esto para despistarle,* je lui ai raconté tout ça pour l'égarer. ‖ Désorienter : *lo que me dijiste me ha despistado,* ce que tu m'as dit m'a désorienté. ‖ Dérouter : *este problema es tan fácil que despista,* ce problème est si facile qu'il déroute.
— V. pr. S'égarer (extraviarse). ‖ Déraper, faire une embardée, quitter la route (coche). ‖ Dérouter, semer (pop.) : *los bandidos se han despistado de la policía,* les bandits ont semé la police. ‖ Fig. S'affoler, perdre la tête : *no hay que despistarse en momentos tan graves,* il ne faut pas perdre la tête à des moments aussi graves.

despiste m. Dérapage, embardée, f. : *sufrir un despiste,* faire un dérapage o une embardée (coche). ‖ Fig. Distraction, f., étourderie, f. : *tiene un despiste increíble,* il est d'une incroyable étourderie. ‖ Distraction, f. : *los científicos suelen tener un despiste enorme,* les savants sont généralement d'une distraction incroyable. ‖ Perplexité, confusion, f. : *después de oír las tres versiones del asunto, menudo despiste tenía,* après avoir entendu les trois versions de l'affaire, j'étais plongé dans la confusion la plus complète. ‖ *Esta persona tiene tanto despiste que nunca sabe qué camino tomar,* cette personne a si peu le sens de l'orientation qu'elle ne sait jamais quel chemin prendre.

desplacer m. Déplaisir (disgusto).

desplacer* v. tr. Déplaire à (disgustar). ‖ Peiner, faire de la peine à, chagriner (afligir).

desplantación f. Agric. Déplantage, m., déplantation, déracinement, m.

desplantador m. Déplantoir.

desplantar v. tr. Agric. Dépiquer, déplanter : *desplantar tomates,* dépiquer des tomates. ‖ Dévier de la verticale.
— V. pr. Perdre l'équilibre.

desplante m. Mauvaise attitude, f. (danza). ‖ Fausse posture, f. (esgrima). ‖ Effronterie, f., impudence, f. (acto descarado). ‖ Sortie, f., incartade, f. (salida de tono). ‖ Taurom. Passe (f.) de cape ou de muleta fantaisiste et d'une exécution dangereuse.

desplatar v. tr. Tecn. Désargenter, séparer l'argent d'un autre métal.

desplate m. Tecn. Désargentage.

desplatear v. tr. *Amer.* Désargenter (lo plateado). ‖ Soutirer de l'argent à, taper (fam.) [a una persona].

desplazamiento m. Mar. Déplacement. ‖ Déplacement (traslado).

desplazar v. tr. Mar. Déplacer. ‖ Déplacer (trasladar).
— V. pr. Se déplacer.

desplegable m. Dépliant [touristique].

desplegadura f. Déploiement, m.

desplegar* v. tr. Déplier : *desplegar un papel,* déplier un papier. ‖ Déployer (las banderas, las velas). ‖ Fig. Éclaircir (aclarar). ‖ Déployer, faire preuve de, montrer : *desplegar energía,* déployer de l'énergie ; *desplegar inteligencia,* faire preuve d'intelligence ; *desplegar celo,* montrer du zèle. ‖ Mil. Déployer (las tropas).

despleguetear v. tr. Agric. Couper les vrilles [de la vigne].

despliegue m. Mil. Déploiement : *un gran despliegue de fuerzas navales,* un grand déploiement de forces navales.

desplomar v. tr. Faire perdre l'aplomb, faire pencher, incliner. ‖ *Amer.* Réprimander, gronder (regañar).
— V. pr. S'incliner, pencher. ‖ ● S'écrouler, s'effondrer (derrumbarse) : *se desplomó esa vieja casa,* cette vieille maison s'est écroulée. ‖ Tomber

de tout son poids, s'abattre (una cosa pesada). ‖ S'écrouler, s'effondrer (una persona) : *su madre se desplomó al saber la noticia*, sa mère s'effondra en apprenant la nouvelle.
— Sinón. ● *Venirse abajo*, s'écrouler. *Hundirse*, s'effondrer. *Derrumbarse*, s'ébouler.

desplome m. Écroulement (caída). ‖ Arq. Saillie, *f.* (salidizo).

desplomo m. Surplomb (de una pared). ‖ *Amer.* Réprimande, *f.* (reprensión).

desplumadura f. Action de déplumer, arrachage (*m.*) des plumes.

desplumar v. tr. Déplumer, plumer (más usual) : *desplumar un pato*, plumer un canard. ‖ Fig. Plumer (sacar dinero).
— V. pr. Perdre ses plumes, se déplumer.

despoblación f. Dépeuplement, *m.*, dépopulation. ‖ — *Despoblación del campo*, exode rural, dépeuplement des campagnes. ‖ *Despoblación forestal*, déboisement.
— Observ. La palabra *dépeuplement* se usa más que la palabra *dépopulation*.

despoblado, da adj. Dépeuplé, e (país, región). ‖ Inhabité, e ; désert, e (ciudad, sitio). ‖ Déboisé, e (sin árboles). ‖ Dégarni, e : *frente despoblada*, front dégarni.
— M. Endroit inhabité o désert. ‖ *En despoblado*, en rase campagne.

despoblamiento m. V. despoblación.

despoblar* v. tr. Dépeupler : *la peste ha despoblado este país*, la peste a dépeuplé ce pays. ‖ Débarrasser de (despojar) : *despoblar un campo de hierbas*, débarrasser un champ des mauvaises herbes. ‖ *Despoblar de árboles*, déboiser.
— V. pr. Se vider, être dépeuplé, se dépeupler (un lugar). ‖ Se dégarnir (clarear el pelo).

despoetizar v. tr. Dépoétiser ; ôter toute poésie à : *despoetizar la vida*, dépoétiser la vie.

despojador, ra adj. y s. Spoliateur, trice : *una medida despojadora*, une mesure spoliatrice.

despojar v. tr. Dépouiller : *le despojaron de todo lo que llevaba*, on l'a dépouillé de tout ce qu'il portait. ‖ Spolier (espoliar). ‖ Enlever, ôter : *despojar un árbol de su corteza*, enlever l'écorce d'un arbre.
— V. pr. Fig. Se dépouiller. ‖ Se débarrasser de, se dépouiller de, enlever (quitarse) : *despojarse de su abrigo*, se dépouiller de son manteau.

despojo m. Dépouille, *f.* (resto). ‖ Dépouillement (acción). ‖ Butin (presa, botín). ‖ — Pl. Abats, abattis (de animales). ‖ Restes (de una comida). ‖ Matériaux de démolition (escombros). ‖ Restes (cadáver).

despolarización f. Dépolarisation.

despolarizador adj. y s. m. Fís. Dépolarisant, e.

despolarizar v. tr. Dépolariser.

despolitizar v. tr. Dépolitiser.

despolvar v. tr. Épousseter, ôter la poussière de.

despolvorear v. tr. Épousseter. ‖ *Amer.* Saupoudrer (espolvorear) : *despolvorear azúcar en una crema*, saupoudrer de sucre une crème.

despopularización f. Perte de la popularité.

despopularizar v. tr. Faire perdre sa popularité à.

desportilladura f. o **desportillamiento** m. Ébréchement, *m.* (acción de desportillar). ‖ Éclat, *m.*, fragment, *m.* (astilla). ‖ Brèche, *f.* (mella).

desportillar v. tr. Ébrécher (una vasija).

desposado, da adj. Nouvellement marié, e ; jeune marié, e. ‖ Emmenotté, e (p. us.), qui a les menottes (preso).
— M. y f. Nouveau marié, nouvelle mariée, jeune marié, e (recién casados).

desposando, da m. y f. Fiancé, e ; futur époux, future épouse.

desposar v. tr. Marier (casar).
— V. pr. Se fiancer (contraer esponsales). ‖ Se

marier, épouser (casarse) : *se desposó con Juana*, il s'est marié avec Jeanne, il a épousé Jeanne.

desposeer v. tr. Déposséder : *desposeer a un propietario*, déposséder un propriétaire.
— Sinón. *Despojar*, dépouiller. *Expoliar*, spolier. *Privar*, priver. *Fam. Desplumar*, plumer. *Pelar*, tondre.

desposeimiento m. Dépossession, *f.*, dépouillement.

desposorios m. pl. Fiançailles, *f.* (esponsales). ‖ Mariage, *sing.*, noces, *f.* (matrimonio).

despostar v. tr. *Amer.* Découper, dépecer (descuartizar).

déspota m. Despote : *Nerón fue un déspota cruel*, Néron fut un despote cruel ; *este niño es un verdadero déspota*, cet enfant est un vrai despote.

despótico, ca adj. Despotique : *un gobierno despótico*, un gouvernement despotique. ‖ Fig. Despote : *un marido despótico*, un mari despote.
— Sinón. *Arbitrario*, arbitraire. *Tiránico*, tyrannique. *Absoluto*, absolu. *Dictatorial*, dictatorial.

despotismo m. Despotisme : *el despotismo ilustrado*, le despotisme éclairé.

despotizar v. tr. *Amer.* Traiter en despote, tyranniser (tiranizar).

despotricar v. intr. Fam. Parler à tort et à travers (hablar sin reparo). ‖ Déblatérer : *despotricar contra uno*, déblatérer contre quelqu'un.

despotrique m. Fam. Bavardage, caquetage (charla).

despreciable adj. Méprisable : *una persona despreciable*, une personne méprisable. ‖ Minime, insignifiant, e ; négligeable : *consumo despreciable*, consommation insignifiante ; *un error despreciable*, une erreur négligeable. ‖ De peu de valeur (de poca monta).

despreciador, ra adj. Méprisant, e ; dédaigneux, euse : *despreciador de los honores*, dédaigneux des honneurs, méprisant les honneurs.

despreciar v. tr. Mépriser, dédaigner, faire bon marché de (tener en poco).

despreciativo, va adj. Méprisant, e ; dédaigneux, euse : *un gesto despreciativo*, une moue méprisante.
— Observ. El francés *dépréciatif* corresponde al español *despectivo*.

desprecio m. Mépris : *con desprecio de las convenciones*, au mépris des conventions. ‖ Dédain (desdén). ‖ Affront : *me ha hecho un desprecio al no aceptar mi invitación*, il m'a fait un affront en n'acceptant pas mon invitation.

desprejuiciarse v. pr. *Amer.* S'affranchir o se défaire de ses préjugés o d'une idée préconçue.

desprender v. tr. Détacher (separar, desatar). ‖ Dégager : *esta flor desprende un olor muy agradable*, cette fleur dégage une odeur très agréable. ‖ Projeter (chispas). ‖ Quím. Dégager.
— V. pr. Se détacher : *se desprendió un clavo de la pared*, un clou s'est détaché du mur. ‖ Se dégager : *se desprende de ella tanto encanto*, il se dégage d'elle un tel charme. ‖ Se dégager (olor, calor). ‖ Être projeté, jaillir (chispas, etc.). ‖ Se décoller (la retina). ‖ Fig. Se dessaisir, se défaire, se séparer : *tuvo que desprenderse de sus joyas*, elle a dû se défaire de ses bijoux. ‖ Se dégager, découler (deducirse) : *de todo ello se desprenden dos consecuencias*, de tout cela deux conclusions se dégagent. ‖ — *De aquí se desprende que*, d'où l'on peut conclure que, d'où il découle que. ‖ *Por lo que se desprende de*, d'après ce que l'on peut déduire de.

desprendido, da adj. Généreux, euse (generoso), désintéressé, e.

desprendimiento m. Générosité, *f.*, désintéressement. ‖ Détachement (desapego). ‖ Éboulement (de tierra). ‖ Éboulis (de rocas). ‖ Dégagement (de calor, olor, gases, etc.). ‖ Descente (*f.*) de

Croix (pintura). ‖ MED. *Desprendimiento de la retina,* décollement de la rétine.

despreocupación f. Insouciance (falta de preocupación). ‖ Négligence (descuido). ‖ Absence de préjugés.

despreocupado, da adj. y s. Insouciant, e (sin preocupación). ‖ Sans préjugés.

despreocuparse v. pr. S'affranchir o se défaire d'un préjugé. ‖ Négliger, laisser de côté, ne pas se soucier de (descuidarse). ‖ Se distraire, se détendre (salir de su preocupación).

desprestigiar v. tr. Affaiblir le prestige, faire perdre de son prestige, discréditer : *su última obra le ha desprestigiado mucho,* son dernier ouvrage l'a beaucoup discrédité o lui a fait perdre beaucoup de son prestige. ‖ Décrier (criticar) : *desprestigiar a sus colegas,* décrier ses collègues ; *marca injustamente desprestigiada,* marque injustement décriée.
— V. pr. Perdre son prestige : *el rey se desprestigió completamente,* le roi a perdu tout son prestige.

desprestigio m. Perte (f.) de prestige, discrédit.

desprevenidamente adv. Au dépourvu (sin previo aviso), à l'improviste (de improviso).

desprevenido, da adj. Dépourvu, e. ‖ Imprévoyant, e (poco precavido). ‖ Au dépourvu, à l'improviste : *coger a una persona desprevenida,* prendre quelqu'un au dépourvu o à l'improviste.

desproporción f. Disproportion.

desproporcionado, da adj. Disproportionné, e.

desproporcionar v. tr. Disproportionner.

despropósito m. Sottise, f., ânerie, f., absurdité, f. : *decir muchos despropósitos,* dire beaucoup d'âneries. ‖ Coq-à-l'âne (patochada). ‖ Gaffe, f., impair (metedura de pata). ‖ *Con despropósito,* à contretemps, hors de propos.

desproveer v. tr. Démunir.

desprovisto, ta adj. Dépourvu, e ; dénué, e : *relato desprovisto de interés,* récit dépourvu d'intérêt. ‖ Démuni, e ; dénué, e ; dépourvu, e (privado) : *desprovisto de todo,* dépourvu de tout.

despueble o **despueblo** m. Dépopulation, f., dépeuplement.
— OBSERV. V. DESPOBLACIÓN.

después adv. Après : *después de la guerra ;* après la guerre ; *después de cenar,* après le dîner. ‖ Ensuite, puis (a continuación) : *después fuimos a bañarnos,* ensuite, nous sommes allés nous baigner. ‖ Plus tard, après : *no puedo hablarte ahora, te veré después,* je ne peux pas te parler maintenant, je te verrai plus tard. ‖ *— Después de* (con participio pasado), une fois : *después de hecho,* une fois fait ; *después de cerrada la ventana,* une fois la fenêtre fermée. ‖ *Después de hacerlo,* après l'avoir fait. ‖ *Después de todo,* après tout. ‖ *Después que,* après : *llegó después que yo,* il est arrivé après moi ; après que, quand : *después que saliste, lo hicimos,* nous l'avons fait après que o quand tu fus parti ; *después que llegue hablaremos de ello,* nous en parlerons après qu'il sera arrivé o quand il sera arrivé. ‖ (Ant.) *Después que,* depuis que (desde que). ‖ *El año después, el día después,* l'année d'après, le jour suivant.

despulmonarse v. pr. FAM. S'époumoner (desgañitarse).

despulpador m. TECN. Dépulpeur.

despulpar v. tr. Dépulper. ‖ *Máquina de despulpar,* dépulpeur.

despumar v. tr. Écumer (espumar).

despuntador m. *Amer.* Pic [de mineur].

despuntadura f. Émoussement, m. (embotadura). ‖ Épointage, m., épointement, m. (despunte).

despuntar v. tr. Épointer, casser la pointe (quitar la punta). ‖ Émousser (embotar). ‖ MAR. Doubler (pasar una punta, un cabo). ‖ Enlever les rayons vides (de una colmena).
— V. intr. Bourgeonner (las plantas). ‖ FIG. Poindre (la luz del día) : *el alba despunta,* l'aube point. ‖ Briller, montrer de l'esprit (manifestar agudeza). ‖ Se distinguer : *este niño despunta entre los demás,* cet enfant se distingue parmi les autres ; *despuntó por sus cualidades de orador,* il s'est distingué par ses qualités d'orateur.

despunte m. Épointage (despuntadura). ‖ Émoussement (embotadura). ‖ *Amer.* Brindille, f. (leña delgada).

desquebrajar v. tr. Fendiller (resquebrajar).
— V. pr. Se fendiller.

desquejar v. tr. AGRIC. Bouturer.

desqueje m. AGRIC. Bouturage.

desquerer v. tr. Cesser d'aimer, ne plus aimer (desamar).

desquiciado, da adj. FIG. Déséquilibré, e ; désaxé, e : *una persona desquiciada,* une personne désaxée. ‖ Bouleversé, e ; déséquilibré, e : *vivimos en un mundo desquiciado,* nous vivons dans un monde bouleversé. ‖ Chancelant, e : *una sociedad desquiciada,* une société chancelante.

desquiciador, ra adj. Bouleversant, e.

desquiciamiento m. Bouleversement (trastorno). ‖ Déséquilibre (desequilibrio). ‖ Disgrâce, f., défaveur, f. (pérdida del favor).

desquiciar v. tr. Dégonder (una puerta). ‖ FIG. Ébranler, faire chanceler : *las instituciones estaban desquiciadas,* les institutions étaient ébranlées. ‖ Bouleverser, déséquilibrer (trastornar). ‖ Désaxer, déséquilibrer : *la guerra ha desquiciado a muchos hombres,* la guerre a désaxé bien des hommes. ‖ FAM. Faire tomber en disgrâce, déboulonner : *desquiciar al gerente de una sociedad,* déboulonner le gérant d'une société.

desquicio m. *Amer.* V. DESQUICIAMIENTO.

desquijarar v. tr. Démantibuler (dislocar).

desquijeramiento m. ARQ. Arasement.

desquijerar v. tr. ARQ. Araser.

desquilatar v. tr. Baisser le titre [de l'or]. ‖ FIG. Dévaloriser.

desquitar v. tr. Rattraper, reprendre, regagner (la cosa perdida). ‖ Dédommager : *desquitar a uno por los estropicios producidos,* dédommager quelqu'un des dégâts produits.
— V. pr. Se dédommager : *desquitarse de una pérdida,* se dédommager d'une perte. ‖ Se rattraper : *hoy no he dormido mucho pero me desquitaré mañana,* aujourd'hui je n'ai pas beaucoup dormi mais je me rattraperai demain. ‖ Prendre sa revanche : *en breve el equipo se desquitó,* l'équipe prit bientôt sa revanche. ‖ Se défouler : *durante las vacaciones se desquita,* pendant les vacances il se défoule.

desquite m. Revanche, f. : *tomar un desquite,* prendre une revanche. ‖ *En desquite,* à charge de revanche, en revanche (como contrapartida).

desrabar o **desrabotar** v. tr. Couper la queue à (las ovejas).

desramar v. tr. Ébrancher, émonder (podar).

desrame m. Émondage, émondement, ébranchage, ébranchement (poda).

desratización f. Dératisation.

desratizar v. tr. Dératiser.

desrazonable adj. FAM. Déraisonnable.

desrielar v. intr. *Amer.* Dérailler (descarrilar).

desriñonar v. tr. Éreinter, casser les reins (derrengar).

desriscarse v. pr. *Amer.* Tomber dans un ravin (despeñarse).

desrizamiento m. Défrisement.

desrizar v. tr. Défriser : *desrizar el pelo,* défriser les cheveux. ‖ MAR. Larguer les ris.
— V. pr. Se défriser.

desroblar v. tr. TECN. Dériveter (un clavo).
desrodrigar v. tr. AGRIC. Démaillonner (la vid).
destacado, da adj. Remarquable (notable) : *un trabajo destacado*, un travail remarquable. ‖ Saillant, e : *los hechos más destacados*, les faits les plus saillants. ‖ De choix : *ocupar un lugar destacado en la jerarquía eclesiástica*, occuper une place de choix dans la hiérarchie ecclésiastique. ‖ *Persona destacada*, personnalité.
destacamento m. MIL. Détachement.
destacar v. tr. MIL. Détacher (tropas) : *destacar unos soldados para una expedición peligrosa*, détacher quelques soldats pour une expédition dangereuse. ‖ FIG. Faire ressortir, souligner, mettre en relief *o* en évidence, mettre l'accent sur : *conviene destacar la importancia de esta decisión*, il convient de souligner l'importance de cette décision. ‖ Détacher : *el pintor quiso destacar a sus personajes*, le peintre a voulu détacher ses personnages. ‖ Distinguer : *destacar a una persona*, distinguer une personne.
— V. intr. y pr. Briller, se faire remarquer, se distinguer : *destaca por su inteligencia*, il brille par son intelligence.
— V. pr. Se détacher, ressortir (cosas, colores) : *la silueta de la torre se destacaba en el cielo*, la silhouette de la tour se détachait sur le ciel. ‖ Se détacher (corredor).
destajador m. TECN. Chasse, *f.*, gros marteau de forgeron.
destajar v. tr. Traiter à forfait. ‖ Couper (naipes). ‖ *Amer.* Tailler (cortar).
destajero, ra o **destajista** m. y f. Personne travaillant à forfait.
destajo m. Forfait (contrato por un trabajo determinado). ‖ Entreprise (*f.*) *o* travail à forfait (trabajo). ‖ — *A destajo*, à forfait, à la pièce *o* aux pièces, à la tâche, à façon (trabajo), forfaitaire (precio). ‖ FAM. *Hablar a destajo*, trop parler.
destalonar v. tr. Éculer : *destalonar el calzado*, éculer ses chaussures. ‖ Détacher [d'un registre à souches]. ‖ VETER. Rogner les sabots [d'un cheval].
destallar v. tr. Émonder, élaguer (podar).
destapadura f. Débouchage, *m.* (tapón), enlèvement (*m.*) du couvercle (una tapadera), enlèvement (*m.*) de la couverture (manta).
destapar v. tr. Déboucher (descorchar, desatorar). ‖ Découvrir : *destapar un recipiente, la cama*, découvrir un récipient, le lit.
— V. pr. Se découvrir : *destaparse en la cama*, se découvrir dans son lit. ‖ FIG. S'ouvrir à, s'épancher auprès de : *se destapó con su amigo*, il s'ouvrit à son ami. ‖ Se révéler (revelarse). ‖ Dévoiler son jeu.
destapiar v. tr. Abattre les murs *o* la clôture : *destapiar una finca*, abattre les murs d'une ferme.
destaponar v. tr. Déboucher.
destarar v. tr. Tarer, déduire la tare (un peso).
destartalado, da adj. Disproportionné, e ; mal conçu, e : *una casa destartalada*, une maison mal conçue. ‖ Disloqué, e ; démantibulé, e : *un mueble destartalado*, un meuble démantibulé.
destazador m. Équarrisseur (de las reses).
destazar v. tr. Équarrir (las reses).
destechar v. tr. Enlever le toit *o* la toiture [d'une maison].
destejar v. tr. Enlever les tuiles : *destejar una casa*, enlever les tuiles d'une maison. ‖ FIG. Exposer, laisser à découvert *o* sans abri (descubrir).
destejer v. tr. Détisser, défaire : *Penélope destejía por la noche la tela que tejía durante el día*, Pénélope défaisait la nuit la toile qu'elle tissait le jour. ‖ FIG. Détruire, défaire.
destellar v. tr. intr. Briller, étinceler (brillar). ‖ Scintiller (estrellas).

— V. tr. Émettre : *destellar rayos de luz*, émettre des rayons de lumière. ‖ *Destellar chispas*, pétiller.
— SINÓN. *Centellear, cintilar,* scintiller. *Chispear, chisporrotear,* pétiller. *Rielar,* brasiller.
destello m. Scintillement (de las estrellas). ‖ Éclair (luz repentina). ‖ Feu, éclat (de un diamante). ‖ FIG. Éclair, lueur, *f.* : *destello de genio*, éclair de génie.
destemplado, da adj. Emporté, e ; irrité, e (irritado) : *con voz destemplada*, d'une voix irritée. ‖ Dérangé, e (desconcertado). ‖ MÚS. Désaccordé, e : *un arpa destemplada*, une harpe désaccordée. ‖ MED. Qui a un peu de fièvre, légèrement fiévreux, euse. ‖ Peu harmonieux, euse ; criard, e (cuadro). ‖ TECN. Détrempé, e (acero). ‖ FIG. y FAM. *Despedir con cajas destempladas*, renvoyer avec pertes et fracas.
destemplanza f. Intempérie (en el tiempo). ‖ Intempérance (abuso). ‖ FIG. Emportement, *m.* (impaciencia). ‖ Excès, *m.*, manque (*m.*) de retenue (falta de moderación). ‖ MED. Fièvre légère.
destemplar v. tr. Déranger. ‖ MÚS. Désaccorder. ‖ Faire infuser (poner en infusión).
— V. pr. Se déranger, se dérégler. ‖ MED. Avoir un peu de fièvre. ‖ FIG. S'emporter (irritarse). ‖ TECN. Se détremper (acero). ‖ *Amer.* Avoir mal aux dents (sentir dentera).
destemple m. MÚS. Désaccord, dissonance, *f.* ‖ MED. Légère fièvre, *f.* ‖ FIG. Altération, *f.* ‖ Désordre. ‖ TECN. Détrempe, *f.* (del acero u otros metales).
desteñir* v. tr. Déteindre.
— V. pr. Déteindre : *desteñirse con el uso*, déteindre à l'usage.
desternerar v. tr. *Amer.* Sevrer [le bétail] (destetar).
desternillarse v. pr. *Desternillarse de risa*, rire à gorge déployée, se tordre de rire, se tenir les côtes. ‖ *Es cosa de desternillarse de risa*, c'est désopilant *o* tordant, c'est à mourir de rire.
desterrar* v. tr. ● Exiler, bannir (término político y jurídico). ‖ Enlever la terre (quitar la tierra). ‖ FIG. Bannir, chasser : *desterrar la tristeza*, bannir la tristesse ; *desterrar la enfermedad*, chasser la maladie.
— V. pr. S'expatrier, s'exiler.
— SINÓN. ● *Confinar,* confiner. *Extrañar, exilar,* exiler. *Deportar,* déporter. *Relegar,* reléguer. *Alejar,* éloigner. *Proscribir,* proscrire. *Internar,* interner.
desterronadora f. AGRIC. Défonceuse, émotteuse (arado).
desterronar v. tr. AGRIC. Émotter.
desterronamiento m. AGRIC. Émottement, émottage.
destetar v. tr. Sevrer.
destete m. Sevrage.
destiempo (a) adv. A contretemps, mal à propos : *lo hace todo a destiempo*, il fait tout à contretemps.
destierro m. Exil : *vivir en el destierro*, vivre dans l'exil *o* en exil. ‖ Bannissement (término político). ‖ Exil, lieu d'exil (lugar).
destilable adj. Distillable.
destilación f. Distillation. ‖ Distillat, *m.* (producto). ‖ Écoulement, *m.*, flux, *m.* (de humores).
destiladera f. Alambic, *m.* (alambique). ‖ *Amer.* Filtre, *m.* (filtro). ‖ Armoire, placard, *m.* (armario).
destilado m. Distillat (producto de la destilación).
destilador, ra adj. Qui distille.
— M. Distillateur. ‖ Filtre (filtro). ‖ Alambic (alambique).
destilar v. tr. Distiller : *destilar vino*, distiller du vin ; *destilar veneno*, distiller du poison. ‖

Filtrer (filtrar). ‖ Exsuder, laisser suinter : *la llaga destila pus*, la plaie exsude du pus. ‖ *Este libro destila una profunda amargura*, une profonde amertume se dégage de ce livre.
— V. intr. Couler goutte à goutte, dégoutter (gotear). ‖ Suinter (rezumar).
— V. pr. Être extrait de o obtenu par distillation de : *la gasolina se destila del petróleo*, l'essence est obtenue par distillation du pétrole.
destilatorio, ria adj. Distillatoire.
— M. Distillerie, *f.* (lugar). ‖ Alambic (alambique).
destilería f. Distillerie.
destinación f. Destination.
destinar v. tr. Destiner à : *destinar un buque al transporte del carbón*, destiner un navire au transport du charbon ; *destinar a su hijo al foro*, destiner son fils au barreau. ‖ Envoyer : *fue destinado a Madrid para cónsul*, il a été envoyé comme consul à Madrid. ‖ Affecter, envoyer : *militar destinado en Burgos*, militaire affecté à Burgos. ‖ COM. Affecter, destiner : *destinar una cantidad*, affecter une somme.
— V. pr. Se destiner (pensar dedicarse).
destinatario, ria m. y f. Destinataire : *el destinatario de un paquete*, le destinataire d'un paquet.
destino m. ● Destinée, *f.*, destin (hado) : *un destino desgraciado*, un destin malheureux. ‖ Destination, *f.*, affectation, *f.* : *este edificio ha cambiado de destino*, ce bâtiment a changé de destination ; *el destino de un barco*, la destination d'un navire. ‖ Affectation, *f.* (de un militar). ‖ Place, *f.*, emploi, situation, *f.* (colocación, empleo). ‖ — *Con destino a*, à destination de. ‖ *Estación* ou *lugar de destino*, destination. ‖ *Llegar a destino*, arriver à destination.
— SINÓN. ● *Suerte, hado, sino*, sort. *Estrella*, étoile. *Fatalidad*, fatalité.
destitución f. Destitution : *destitución de un funcionario*, destitution d'un fonctionnaire.
destituible adj. Destituable.
destituidor, ra adj. Qui destitue.
destituir* v. tr. Destituer : *destituir a un jefe de Estado*, destituer un chef d'État.
— SINÓN. *Revocar*, révoquer. *Suspender*, relever. *Echar, despedir*, congédier, renvoyer. *Deponer*, déposer.
destocar v. tr. (P. us.). Décoiffer.
— V. pr. Se découvrir (del sombrero).
destorcedura f. Détorsion. ‖ Redressement, *m.* (enderezamiento). ‖ MAR. Dérive.
destorcer* v. tr. Détordre (deshacer lo torcido) : *destorcer un cable*, détordre un câble. ‖ Redresser (enderezar) : *destorcer una varilla*, redresser une baguette.
— V. pr. Se détordre. ‖ Se redresser. ‖ MAR. Dériver (salirse un barco de su ruta).
destornillado, da adj. y s. FIG. Étourdi, e (atolondrado). | Cinglé, e ; toqué, e (loco).
destornillador m. Tournevis.
destornillamiento m. Dévissage.
destornillar v. tr. Dévisser : *destornillar una bisagra*, dévisser une charnière.
— V. pr. Se dévisser. ‖ FIG. Perdre la tête, divaguer (perder el juicio).
destrabar v. tr. Désentraver (los animales). ‖ Dégager (desprender).
— V. pr. Se dégager (animales o cosas).
destral m. Hache, *f.*, hachette, *f.*
destramar v. tr. Défaire la trame [d'un tissu].
destrenzado, da adj. Dénatté, e ; détressé, e (p. us.) : *pelo destrenzado*, cheveux dénattés.
destrenzar v. tr. Détresser (p. us.). ‖ Dénatter, détresser (p. us.) [el pelo].
destreza f. ● Adresse, habileté : *obrar con destreza*, agir avec habileté. ‖ Dextérité, adresse,

habileté : *este prestidigitador tiene mucha destreza*, ce prestidigitateur a beaucoup de dextérité. ‖ (Ant.). Escrime (esgrima).
— SINÓN. ● *Habilidad, pericia*, habileté. *Arte*, art. *Ingenio*, ingéniosité. *Industria*, industrie. *Maña*, ruse. *Tacto, tiento*, savoir-faire. *Tino*, doigté. *Experiencia*, expérience. *Facilidad*, facilité. *Fam. Mano*, patte.
destripamiento m. Étripage (del pescado).
destripar v. tr. Étriper (quitar las tripas). ‖ Éventrer (herir en el vientre o abrir una cosa) : *destripar un sillón*, éventrer un fauteuil. ‖ Écrabouiller (despachurrar). ‖ FIG. Couper son effet à quelqu'un. ‖ AGRIC. *Destripar los terrones*, émotter.
destripaterrones m. FIG. y FAM. Paysan, croquant, cul-terreux.
destrísimo, ma adj. Très adroit, e ; très habile.
destriunfar v. tr. Obliger [ses adversaires] à jouer tous leurs atouts, faire tomber les atouts (naipes).
destrizar v. tr. Mettre en pièces, réduire en miettes.
destrocar* v. tr. Annuler un échange.
destrón m. Guide d'aveugle.
destronamiento m. Détrônement.
destronar v. tr. Détrôner.
destroncamiento m. Abattage (de un árbol). ‖ Dislocation, *f.*, déboîtement (de un miembro).
destroncar v. tr. Couper, abattre (un árbol). ‖ FIG. Disloquer, démettre (un miembro). | Couper les ailes [à quelqu'un] (embarazar a uno). | Éreinter, épuiser (cansar). | Interrompre, couper (un discurso). | Tronquer (cortar). ‖ *Amer.* Déraciner (descuajar).
destronque m. V. DESTRONCAMIENTO.
destroyer m. MAR. Destroyer (destructor).
destrozador, ra adj. y s. Destructeur, trice.
destrozar v. tr. Mettre en pièces, déchirer : *destrozar un libro*, déchirer un livre. ‖ Mettre en pièces, briser, casser, démolir (romper). ‖ Abîmer (estropear). ‖ Défaire : *en un minuto ha destrozado todo lo que yo había hecho*, en une minute, il a défait tout ce que j'avais fait. ‖ MIL. Défaire, mettre en déroute, tailler en pièces (derrotar). ‖ FIG. Briser, déchirer : *destrozar el corazón de alguien*, briser le cœur de quelqu'un. | Briser : *destrozar la carrera de alguien*, briser la carrière de quelqu'un (la salud). | Bouleverser, détruire : *su llegada ha destrozado mis planes*, son arrivée a bouleversé mes plans. | Détruire, anéantir : *este niño ha destrozado la fortuna de sus padres*, cet enfant a anéanti la fortune de ses parents. | Épuiser, éreinter : *la realización de tal obra destroza a cualquiera*, la réalisation d'un tel ouvrage épuise n'importe qui. | *Estar destrozado*, être éreinté o épuisé o fourbu o rompu (cansado), être accablé o à plat (abatido).
— V. pr. Se briser. ‖ *Destrozarse trabajando*, se tuer au travail.
destrozo m. Destruction, *f.* (acción). ‖ Désastre (resultado). ‖ Déroute, *f.* (derrota). ‖ — Pl. Débris (pedazos). ‖ Dégâts (daño).
destrozón, ona adj. y s. FIG. Brise-tout, *inv.*
destrucción f. Destruction.
— SINÓN. *Devastación, asolamiento*, dévastation. *Estrago*, ravage. *Ruina*, ruine. *Aniquilamiento*, anéantissement.
destructible adj. Destructible.
destructividad f. Destructivité.
destructivo, va adj. Destructif, ive.
destructor, ra adj. y s. Destructeur, trice. ‖ — M. MAR. Destroyer.
destrueco o **destrueque** m. Annulation (*f.*) d'un échange.
destruible adj. Destructible.
destruir* v. tr. Détruire : *destruir una casa*, détruire une maison. ‖ ● Détruire, anéantir : *destruir un país*, anéantir un pays. ‖ FIG. Détruire,

anéantir, ruiner (esperanza, proyecto). ‖ Réduire à néant, démolir (argumento).
— V. pr. MAT. S'annuler.
— SINÓN. ● *Aniquilar*, annihiler, anéantir. *Exterminar*, exterminer. *Arruinar*, ruiner. *Devastar, asolar*, dévaster. *Pulverizar*, pulvériser. *Arrasar*, raser. *Deshacer*, défaire. *Consumir*, consumer.

destusar v. tr. *Amer*. Enlever les feuilles [du maïs].

desubstanciar v. tr. V. DESUSTANCIAR.

desucación f. Extraction du suc.

desuello m. Écorchement (acción). ‖ Écorchure, *f.* (herida). ‖ FIG. Toupet, effronterie, *f.*, impudence, *f.* (descaro).

desueradora f. Délaiteuse.

desuerar v. tr. Délaiter (quitar el suero).

desuero m. Délaitage, délaitement.

desulfuración f. Désulfuration.

desulfurar v. tr. Désulfurer.

desuncir v. tr. Dételer [les bœufs].

desunidamente adv. Sans cohérence.

desunión f. Désunion. ‖ Division : *la desunión de los países*, la division des pays.

desunir v. tr. Désunir. ‖ Diviser : *la cuestión de la esclavitud desunió a los norteamericanos*, la question de l'esclavage divisa les Américains.

desuñar v. tr. Arracher les ongles. ‖ AGRIC. Arracher les racines.
— V. pr. FIG. y FAM. Travailler d'arrache-pied (empeñarse).

desurdir v. tr. Défaire la trame : *desurdir una tela*, défaire la trame d'un tissu. ‖ FIG. Déjouer (una intriga).

desusado, da adj. Désuet, ète (anticuado) : *modos desusados*, mœurs désuètes. ‖ Désuet, ète ; vieilli, e (caído en desuso) : *palabra desusada*, mot désuet. ‖ Inusité, e (poco usado). ‖ Inhabituel, elle (poco corriente) : *hablar en tono desusado*, parler sur un ton inhabituel.

desusadamente adv. D'une manière désuète.

desusar v. tr. Ne plus avoir l'habitude.

desuso m. Désuétude, *f.* : *caer en desuso*, tomber en désuétude.

desustanciar v. tr. Affaiblir (debilitar). ‖ Annihiler, neutraliser (desvirtuar). ‖ AGRIC. Dégraisser (un terreno).

desvahar v. tr. AGRIC. Enlever les parties mortes *o* fanées [d'une plante]. ‖ *Desvahar un rosal*, enlever d'un rosier les fleurs fanées.

desvaído, da adj. Pâle, terne, éteint, e ; passé, e (descolorido). ‖ FIG. Terne (sin personalidad).

desvainadura f. Écossage, *m.*

desvainar v. tr. Écosser (legumbres).

desvalido, da adj. y s. Déshérité, e : *socorrer a los desvalidos*, secourir les déshérités.

desvalijador, ra m. y f. Dévaliseur, euse.

desvalijamiento o **desvalijo** m. Dévalisement.

desvalijar v. tr. Dévaliser (robar).

desvalimiento m. Abandon, délaissement.

desvalorar v. tr. Dévaluer (la moneda). ‖ Dévaloriser, dévaluer (una cosa).

desvalorización f. Dévalorisation (de una cosa). ‖ Dévaluation (de la moneda).

desvalorizar v. tr. Dévaloriser, dévaluer, déprécier (una cosa). ‖ Dévaluer (la moneda).

desván m. Grenier.

desvanecedor, ra adj. Qui dissipe.
— M. Dégradateur (fotografía).

desvanecer* v. tr. Dissiper : *el viento desvanece el humo*, le vent dissipe la fumée. ‖ Pâlir, effacer (colores). ‖ FIG. Dissiper (errores, dudas, sospechas). ‖ TECN. Dégrader.
— V. pr. S'évanouir, se dissiper (el humo, etc.). ‖ S'évanouir, s'évaporer (una persona). ‖ Pâlir, s'effacer (colores). ‖ S'éventer (el vino). ‖ Avoir

un malaise, s'évanouir (desmayarse). ‖ FIG. S'effacer (recuerdos). ‖ S'admirer, se pavaner : *se desvanece mucho*, il s'admire beaucoup. ‖ Tirer vanité de, s'enorgueillir de : *se desvanece con sus éxitos*, il tire vanité de ses succès.

desvanecidamente adv. Vaniteusement.

desvanecido, da adj. Content, contente de soi, vaniteux, euse (presumido). ‖ Charmé, e ; flatté, e (halagado).
— M. CINEM. Dégradé.

desvanecimiento m. Évanouissement, disparition, *f.* (del humo). ‖ Effacement (de los colores). ‖ Dissipation, *f.*, éclaircissement (de dudas, errores, sospechas). ‖ ● Évanouissement (síncope). ‖ FIG. Vanité, *f.*, prétention, *f.* (presunción). ‖ Arrogance, *f.* (altanería). ‖ RAD. Évanouissement [des signaux], fading.
— SINÓN. ● *Síncope*, syncope. *Desfallecimiento, desmayo*, défaillance. *Mareo*, mal de cœur. *Desmayo*, faiblesse. *Soponcio, patatús*, pamoison.

desvarar v. tr. Glisser. ‖ MAR. Déséchouer, remettre à flot, renflouer.
— V. pr. Glisser.

desvariar v. intr. Délirer (enfermo o loco). ‖ Déraisonner, divaguer (desatinar).

desvarío m. Délire (de enfermo o loco). ‖ FIG. Absurdité, *f.*, extravagance, *f.* (desatino). ‖ Égarement, divagation, *f.* : *los desvaríos de una imaginación enfermiza*, les égarements d'une imagination maladive. ‖ Folie, *f.* : *la compra de esta casa ha sido un desvarío*, l'achat de cette maison a été une folie. ‖ Monstruosité, *f.* (monstruosidad). ‖ Vicissitude, *f.*, caprice : *los desvaríos de la fortuna*, les caprices de la fortune.

desvastigar v. tr. AGRIC. Émonder (escamondar).

desvedar v. tr. Lever un interdit. ‖ Ouvrir (caza, pesca).

desvelado, da adj. Éveillé, e : *se quedó desvelado toda la noche*, il resté éveillé toute la nuit.

desvelar v. tr. Empêcher de dormir, tenir éveillé, e : *el café desvela*, le café empêche de dormir. ‖ FIG. Donner des insomnies, empêcher de dormir : *las preocupaciones desvelan a todo el mundo*, les soucis donnent des insomnies à tout le monde.
— V. pr. Se réveiller (despertarse). ‖ FIG. Se donner du mal, se mettre en quatre (fam.) : *una madre que se desvela por sus hijos*, une mère qui se donne du mal pour ses enfants.

desvelo m. Insomnie, *f.* ‖ Mal, peine, *f.* : *sus desvelos le resultaron inútiles*, toutes les peines qu'il a prises n'ont servi à rien. ‖ Souci, inquiétude, *f.* (preocupación). ‖ Dévouement : *el desvelo por la causa común*, le dévouement à la cause commune.

desvenar v. tr. Enlever les veines (de la carne). ‖ MIN. Épuiser [un filon]. ‖ Écôter (quitar las venas a las hojas de tabaco). ‖ Courber le mors (de los caballos).

desvencijado, da adj. Branlant, e ; déglingué, e (fam.) : *una puerta desvencijada*, une porte déglinguée. ‖ Détraqué, e ; déglingué, e (fam.) : *un reloj desvencijado*, une horloge détraquée. ‖ Délabré, e : *casa desvencijada*, maison délabrée.

desvencijar v. tr. Détraquer, déglinguer (fam.) [un mecanismo]. ‖ Délabrer (una casa).

desvendar v. tr. Débander (quitar una venda).

desveno m. Liberté (*f.*) de langue (parte del bocado del caballo).

desventaja f. Désavantage, *m.* : *en su desventaja*, à son désavantage. ‖ Désavantage, *m.*, inconvénient, *m.* : *las desventajas de una política*, les inconvénients d'une politique.

desventajoso, sa adj. Désavantageux, euse.

desventura f. Malheur, *m.*, mésaventure, infortune (desgracia).

desventuradamente adv. Malheureusement, par malheur.

desventurado, da adj. y s. Malheureux, euse ; infortuné, e (desgraciado). ‖ Avare, ladre (avariento). ‖ Innocent, e (de corto entendimiento).
desvergonzadamente adv. Insolemment, impudemment.
desvergonzado, da adj. y s. Effronté, e (descarado). ‖ Dévergondé, e (sinvergüenza).
desvergonzarse* v. pr. Manquer de respect à, être insolent o grossier avec : *desvergonzarse con uno,* manquer de respect à quelqu'un. ‖ Se dévergonder (descomedirse).
desvergüenza f. Effronterie (descaro). ‖ Insolence, grossièreté (grosería). ‖ Dévergondage, m. (mala conducta).
desvestir* v. tr. Dévêtir, déshabiller (desnudar). ‖ *Desvestir un santo para vestir otro,* déshabiller saint Pierre pour habiller saint Paul.
— V. pr. Se déshabiller, se dévêtir.
desviación f. Déviation : *desviación de la luz,* déviation de la lumière ; *desviación de un hueso,* déviation d'un os ; *hay una nueva desviación en la carretera,* il y a une nouvelle déviation sur la route.
desviacionismo m. Déviationnisme.
desviacionista adj. y s. Déviationniste.
desviador, ra adj. Déviateur, trice.
desviar v. tr. Dévier : *desviar una línea, un golpe,* dévier une ligne, un coup. ‖ Détourner, écarter, dévier : *desviar a uno de su camino,* détourner quelqu'un de son chemin. ‖ FIG. Détourner, éloigner : *desviar de un proyecto, de las malas compañías,* détourner d'un projet, des mauvaises compagnies. ‖ Dérouter (barco, avión). ‖ Détourner : *desviar un río,* détourner une rivière ; *desviar la conversación,* détourner la conversation.
— V. pr. Dévier. ‖ Tourner : *desviarse a la derecha,* tourner à droite. ‖ S'éloigner, s'écarter (alejarse). ‖ Se perdre, s'égarer (descaminarse). ‖ MAR. Dériver (un barco).
desvinculación f. Libération (de un compromiso). ‖ Détachement, m.
desvincular v. tr. Délier : *desvincular a uno de un compromiso,* délier quelqu'un d'un engagement. ‖ Détacher : *desvinculado de su familia,* détaché de sa famille.
desvío m. Déviation, f. (desviación). ‖ FIG. Détachement, désaffection, f. : *el desvío de este hijo respecto a su madre,* le détachement de ce fils pour sa mère.
desvirar v. tr. Rogner (la suela del zapato, un libro).
desvirgar v. tr. Déflorer.
desvirtuar v. tr. Affaiblir (quitar la fuerza). ‖ Fausser (alterar). ‖ FIG. Dénaturer : *desvirtuar su pensamiento,* dénaturer sa pensée.
desvitalizar v. tr. Dévitaliser (las muelas).
desvitrificación f. Dévitrification.
desvitrificar v. tr. Dévitrifier.
desvivirse v. pr. Désirer vivement o ardemment, mourir d'envie de : *desvivirse por ir al teatro,* mourir d'envie d'aller au théâtre. ‖ Être fou de : *desvivirse por una chica,* être fou d'une jeune fille. ‖ Se dépenser, se mettre en quatre (fam.) : *desvivirse por sus amigos,* se mettre en quatre pour ses amis.
desvolcanarse v. pr. *Amer.* S'écrouler, s'effondrer (derrumbarse).
desvolvedor m. TECN. Clef (f.) anglaise.
desyemadura f. AGRIC. Ébourgeonnage, m., ébourgeonnement, m.
desyemar v. tr. AGRIC. Ébourgeonner.
desyerba f. Sarclage, m.
desyerbador m. Sarcloir.
desyerbar v. tr. Désherber, sarcler.
desyugar v. tr. Dételer (los bueyes).
deszulacamiento m. TECN. Délutage.
deszulacar v. tr. TECN. Déluter.

deszumar v. tr. Presser, exprimer le suc o le jus de.
detal o **detall (al)** m. Au détail. ‖ *Vender al detall,* faire le détail, détailler.
detalladamente adv. En détail.
detallar v. tr. Détailler.
detalle m. Détail. ‖ FIG. Attention, f., gentillesse, f. : *tener miles de detalles por una persona,* avoir mille attentions pour quelqu'un. ‖ *Amer.* Commerce au détail. ‖ *— Al detalle,* au détail. ‖ *Con detalles, con todo detalle,* en détail, avec des détails, par le menu. ‖ *— Ahí está el detalle,* c'est ça l'astuce. ‖ *No meterse en detalles,* ne pas entrer dans les détails. ‖ *Sin entrar en detalles,* sans entrer dans les détails. ‖ FIG. *Tener un buen detalle,* avoir un beau geste.
detallista m. y f. Détaillant, e (comerciante).
detasa f. (P. us.). Détaxe.
detección f. Détection. ‖ MED. Dépistage, m.
detectar v. tr. Détecter : *detectar aviones enemigos,* détecter des avions ennemis.
detective m. Détective.
detector, ra adj. y s. FÍS. y ELECTR. Détecteur, trice.
detención f. Arrêt, m. : *la detención de los negocios,* l'arrêt des affaires ; *detención en ruta,* arrêt en cours de route. ‖ Attention : *examinar con detención,* examiner avec attention. ‖ Retard, m., délai, m. (dilación) : *le llamé y vino sin detención,* je l'appelai et il vint sans retard. ‖ DR. Détention (prisión).
detenedor, ra adj. Qui arrête o retarde, retardateur, trice.
detener* v. tr. Arrêter (parar). ‖ DR. Arrêter (arrestar) : *detener a un ladrón,* arrêter un voleur. ‖ Détenir (mantener preso). ‖ Retarder, retenir (retrasar). ‖ Détenir, garder, conserver (guardar) : *detener un objeto,* garder un objet. ‖ *Detener la mirada en,* arrêter ses regards sur.
— V. pr. S'arrêter : *detenerse mucho tiempo en un paraje, en una idea,* s'arrêter longtemps dans un endroit, sur une idée. ‖ S'attarder (estar mucho tiempo) : *detenerse en casa de amigos,* s'attarder chez des amis.
detenidamente adv. Longuement, attentivement : *mirar detenidamente algo,* regarder longuement quelque chose. ‖ Avec attention, attentivement : *estudiar detenidamente un problema,* étudier attentivement un problème.
detenido, da adj. y s. Détenu, e (preso). ‖ — Adj. Long, longue ; minutieux, euse ; approfondi, e (minucioso) : *un estudio detenido,* une étude approfondie. ‖ Indécis, e ; irrésolu, e (irresoluto).
detenimiento m. Arrêt (arresto). ‖ Retard (tardanza). ‖ Soin, minutie, f., attention, f. (cuidado).
detentación f. DR. Détention (posesión ilegal).
detentador, ra adj. y s. DR. Détenteur, trice.
detentar v. tr. DR. Détenir (poseer).
detente m. HIST. Insigne représentant le Sacré Cœur de Jésus accompagné de la devise « *detente, bala* », « arrête-toi, balle », que portaient les soldats carlistes.
detentor, ra m. y f. DR. Détenteur, trice.
detergente adj. y s. m. Détergent, e ; détersif, ive.
deterger v. tr. Déterger (limpiar) : *deterger una herida,* déterger une plaie.
deterioración f. Détérioration.
deteriorar v. tr. ● Abîmer, détériorer (estropear). ‖ FIG. Détériorer.
— V. pr. Se détériorer. ‖ FIG. Se détériorer, se dégrader, empirer.
— SINÓN. ● *Estropear,* abîmer. *Menoscabar,* endommager. *Estragar,* gâter. *Descomponer,* détraquer. *Mellar, desportillar,* ébrécher. *Desvencijar,* déglinguer (fam.).
deterioro m. Détérioration, f.
determinable adj. Déterminable.

determinación f. Détermination : *la determinación de una fecha*, la détermination d'une date. ‖ Décision, détermination : *mostrar determinación, faire preuve de décision.* ‖ *Tener poca determinación*, être indécis.

determinado, da adj. Déterminé, e ; résolu, e ; décidé, e (carácter). ‖ Précis, e ; fixé, e ; déterminé, e : *un día determinado*, un jour fixé. ‖ GRAM. Défini, e. ‖ Réglé, e ; fixé, e : *disposiciones determinadas de antemano*, dispositions réglées d'avance.

determinante adj. y s. m. Déterminant, e.

determinar v. tr. Déterminer : *determinar las causas de un accidente*, déterminer les causes d'un accident. ‖ Fixer, déterminer : *determinar la fecha*, fixer la date. ‖ Déterminer, décider : *esto me determinó a hacerlo*, cela m'a décidé à le faire ; *determinaron firmar la paz*, ils décidèrent de signer la paix. ‖ DR. Statuer sur, se prononcer sur (sentencia).
— V. pr. Se déterminer, se décider (decidir).

determinativo, va adj. y s. m. GRAM. Déterminatif, ive : *adjetivo determinativo*, adjectif déterminatif.

determinismo m. Déterminisme.

determinista adj. y s. Déterministe.

detersión f. Détersion : *la detersión de una herida*, la détersion d'une blessure.

detersivo, va o **detersorio, ria** adj. y s. m. Détersif, ive ; détergent, e.

detestable adj. Détestable.

detestar v. tr. Détester, avoir horreur de, avoir en horreur : *detestar los viajes*, détester les voyages.
— SINÓN. *Aborrecer*, détester, abhorrer. *Execrar*, exécrer. *Abominar*, abominer. *Maldecir*, maudire.

detienebuey m. BOT. Arrête-bœuf, *inv.*, bugrane.

detonación f. Détonation.

detonador m. Détonateur (fulminante).

detonante adj. y s. m. Détonant, e : *mezcla detonante*, mélange détonant.

detonar v. intr Détoner (hacer explosión).
— OBSERV. No se confunda con el francés *détonner* (con dos *nn*), que significa *desentonar*.

detorsión f. Distorsion.
— OBSERV. No se confunda *distorsion* con *détorsion*, destorcedura.

detracción f. Médisance, dénigrement, *m.* (murmuración). ‖ Déviation (desvío).

detractar v. tr. Détracter, dénigrer.

detractor, ra adj. y s. Détracteur, trice.

detraer* v. tr Détracter, dénigrer (desacreditar). ‖ Soustraire (sustraer). ‖ Dévier (desviar).

detrás adv. Derrière : *herir por detrás*, blesser par derrière. ‖ — *Detrás de*, derrière : *detrás de la casa*, derrière la maison.

detrimento m. Détriment : *en detrimento de*, au détriment de ; *en detrimento suyo*, à son détriment.

detrítico, ca adj. GEOL. Détritique : *formación detrítica*, formation détritique.

detrito o **detritus** m. Détritus.

deuda f. Dette : *tener una deuda con uno*, avoir une dette envers quelqu'un ; *pagar una deuda*, payer une dette. ‖ RELIG. Péché, *m.*, offense : *perdónanos nuestras deudas*, pardonne-nous nos offenses. ‖ — *Deuda consolidada, flotante*, dette consolidée, flottante. ‖ *Deuda pública*, dette publique. ‖ — *Contraer deudas*, faire des dettes. ‖ *Estar en deuda con uno*, être en reste avec quelqu'un, avoir une dette envers quelqu'un. ‖ *Lo prometido es deuda*, chose promise, chose due ; ce qui est promis est promis.

deudo, da m. y f. Parent, e. ‖ — M. Parenté, f. (parentesco). ‖ *Mis deudos*, mes proches.
— OBSERV. *Deudos* au pluriel a le sens, non pas de « père et mère » qu'a souvent *parents* en français, mais de « famille », « parenté » (ensemble de parents).

deudor, ra adj. y s. Débiteur, trice. ‖ — *Saldo deudor*, solde dû. ‖ FIG. *Ser deudor de una persona*, avoir des dettes envers quelqu'un.

deuterio m. QUÍM. Deutérium.

deuterocanónico, ca adj. RELIG. Deutérocanonique.

Deuteronomio n. pr. m. Deutéronome (Biblia).

deutón m. QUÍM. Deuton, deutéron.

deutóxido m. QUÍM. Deutoxyde.

devalar v. intr. MAR. Dériver.

devaluación f. Dévaluation (moneda).

devaluar v. tr. Dévaluer.

devanadera f. Dévidoir, *m.* (para devanar). ‖ TEATR. Décor (*m.*) tournant.

devanado m. ELECTR. Bobinage, enroulement.

devanador, ra adj. y s. Dévideur, euse ; bobineur, euse. ‖ — M. Bobine, *f.* (carrete). ‖ Dévidoir (de máquina de coser). ‖ *Amer.* Dévidoir (devanadera).

devanagari m. Devanâgari, écriture (*f.*) sanscrite.

devanamiento m. Bobinage.

devanar v. tr. Dévider (hacer un ovillo). ‖ Bobiner, enrouler (hacer un carrete). ‖ FAM. *Devanarse los sesos*, se creuser la cervelle *o* les méninges *o* la tête.

devanear v. intr. Divaguer, délirer.

devaneo m. Amourette, *f.*, caprice (amorío). ‖ Divagation, *f.*, élucubration, *f.* (delirio). ‖ Frivolité, *f.*, bagatelle, *f.* (fruslería).

devastación f. Dévastation.

devastador, ra adj. y s. Dévastateur, trice.

devastar v. tr. Dévaster (destruir) : *casa devastada*, maison dévastée. ‖ Ravager (asolar) : *Regiones devastadas*, régions sinistrées (después de la guerra).

devengado, da adj. COM. Échu, e (los créditos) : *intereses devengados*, intérêts échus.

devengar v. tr. Gagner, toucher (salario). ‖ Rapporter (intereses).

devenir* v. tr. (P. us.). Survenir (suceder). ‖ FILOS. Devenir (cambiarse en).

devenir m. FILOS. Devenir.

deviación f. Déviation.

devoción f. Dévotion : *cumplir con sus devociones*, faire ses dévotions ; *La devoción de la Cruz*, « la Dévotion à la croix » (obra de Calderón). ‖ FIG. Dévotion, sympathie (costumbre) : *tengo por devoción pasear todos los días*, j'ai pour habitude de me promener tous les jours. ‖ — FIG. *Estar a la devoción de uno*, être à la dévotion de quelqu'un. ‖ *No es santo de mi devoción* ou *no le tengo mucha devoción*, je ne le porte pas dans mon cœur, je n'ai aucune sympathie pour lui.

devocionario m. Paroissien, missel.

devolución f. Dévolution (p. us.), restitution, renvoi, *m.* ‖ Remboursement, *m.* : *devolución de importe de una entrada*, remboursement d'une place. ‖ COM. Rendu, *m.* : *no se admiten devoluciones*, on n'accepte pas les rendus. ‖ Retour, *m.* (correo) : *devolución al remitente*, retour à l'expéditeur *o* à l'envoyeur. ‖ HIST. *Guerra de Devolución*, guerre de Dévolution.

devolutivo, va o **devolutorio, ria** adj. DR. Dévolutif, ive.

devolver* v. tr. Rendre, restituer : *devolver un libro prestado*, rendre un livre emprunté. ‖ FIG. Rendre : *devolver la vista*, rendre la vue. ‖ Rendre, dégager de : *devolverle la palabra a uno*, rendre sa parole à quelqu'un, dégager quelqu'un de sa parole. ‖ Rendre (un favor, una visita). ‖ Retourner, renvoyer, réexpédier (correo) : *devolver una carta*, retourner une lettre. ‖ ● Rembourser : *devolver el importe de las entradas*, rembourser le prix des billets ; *devolver el dinero*, rembourser

l'argent. ‖ Retourner : *devolver el cumplido a alguien*, retourner son compliment à quelqu'un. ‖ Fam. Rendre (vomitar). ‖ — *Devolver (el) bien por (el) mal*, rendre le bien pour le mal. ‖ *Devolver la palabra*, rendre la parole (a un orador). ‖ *Devolver la pelota*, renvoyer la balle. ‖ *Devuélvase al remitente*, retour à l'envoyeur (en el correo).
— V. pr. Amer. Revenir (volver).

— Sinón. ● *Reintegrar, restituir*, restituer. *Reembolsar*, rembourser. *Compensar*, compenser. *Pagar*, payer.

devoniano, na o **devónico, ca** adj. y s. m. Geol. Dévonien, enne.

devorador, ra adj. Dévorant, e : *hambre devoradora*, faim dévorante.
— M. y f. Dévoreur, euse ; dévorateur, trice.

devorante adj. Dévorant, e.

devorar v. tr. Dévorer : *el fuego lo devora todo*, le feu dévore tout. ‖ Fig. Dévorer (destruir). | Dissiper (arruinar). | Dévorer : *devorar una novela*, dévorer un roman ; *devorar con los ojos*, dévorer des yeux. ‖ *Devorar sus lágrimas*, avaler ses larmes.

devotería f. Fam. Bigoterie.

devoto, ta adj. y s. Dévot, e (piadoso) : *devoto de la Virgen*, dévot à la Vierge. ‖ Pieux, euse : *imagen devota*, image pieuse. ‖ Dévoué, e : *su muy devoto*, votre tout dévoué ; *devoto de su amo*, dévoué à son maître. ‖ — M. Patron (santo).
— Observ. Le mot espagnol *devoto* n'a pas le sens péjoratif que prend souvent le terme français *dévot*.

devuelto, ta p. p. de *devolver*.

dexiocardia f. Med. Dextrocardie.

dexteridad f. Dextérité.

dextrina f. Quím. Dextrine.

dextrocardia f. Med. Dextrocardie.

dextrógiro, ra adj. Fís. Dextrogyre.

dextrorso, sa adj. Qui se meut de gauche à droite, dextrorsum.

dextrórsum adv. lat. Dextrorsum.

dextrosa f. Quím. Dextrose.

dey m. Dey (príncipe musulmán).

deyección f. Déjection. ‖ Geol. *Cono de deyección*, cône de déjections.

deyector m. Déjecteur.

dezmable adj. Sujet à la dîme.

dezmar v. tr. Décimer (matar). ‖ Faire payer la dîme (cobrar).

día m. Jour : *día y noche*, jour et nuit ; *el día que llegues*, le jour où tu arriveras. ‖ Journée, *f.* : *un día hermoso, soleado*, une belle journée, une journée ensoleillée ; *durante el día*, pendant la journée ; *pasar el día trabajando*, passer la journée à travailler. ‖ Le... (quantième) : *el día 15 de mayo*, le 15 mai. ‖ Fête, *f.* (onomástico) : *hoy es mi día*, c'est aujourd'hui ma fête. ‖ Temps : *hace buen día*, il fait beau temps. ‖ — Pl. Jours (vida) : *hasta el fin de sus días*, jusqu'à la fin de ses jours. ‖ — *Día artificial*, jour artificiel. ‖ *Día civil*, jour civil. ‖ *Día D*, jour J. ‖ *Día de año nuevo*, jour de l'an. ‖ *Día de asueto*, jour de congé. ‖ *Día de carne*, jour gras. ‖ *Día de Ceniza*, jour des Cendres. ‖ *Día de descanso*, jour de repos (trabajo), relâche (teatro). ‖ *Día de fiesta* ou *festivo*, jour de fête. ‖ *Día de la Madre*, fête des Mères. ‖ *Día del Corpus*, Fête-Dieu. ‖ *Día del juicio final*, jour du jugement dernier. ‖ *Día de (los) difuntos*, jour des morts. ‖ *Día de recibo*, jour de réception. ‖ *Día de trabajo*, jour ouvrable. ‖ *Día de vigilia* ou *de viernes* ou *de pescado*, jour d'abstinence *o* maigre. ‖ *Día feriado* ou *festivo*, jour férié. ‖ *Día laborable*, jour ouvrable. ‖ — *A días*, certains jours. ‖ *A la luz del día*, en plein jour. ‖ *Al día*, à jour (al corriente) : *poner al día*, mettre à jour ; au jour le jour (con estrechez) : *vivir al día*, vivre au jour le jour (con estrechez) ; *la vida madrileña al día*, la vie madrilène au jour le jour (cotidiana) ;

par jour : *dos litros al día*, deux litres par jour ; à la journée : *alquilar una habitación al día*, louer une chambre à la journée. ‖ *Al otro día* ou *al día siguiente*, le lendemain. ‖ *A tantos días vista* ou *fecha*, à tant de jours de vue *o* de date. ‖ *¡Buenos días !*, bonjour ! ‖ *Cada día más, cada día menos*, de plus en plus, de moins en moins : *es cada día más feliz*, il est de plus en plus heureux. ‖ *Cada dos, tres días*, tous les deux, trois jours. ‖ *Cierto día*, un beau jour. ‖ *Como del día a la noche*, [se ressembler] comme le jour et la nuit. ‖ *Cualquier día*, un de ces jours. ‖ *De cada día*, de chaque jour. ‖ *De día en día*, de jour en jour. ‖ *Del día*, du jour (fresco, reciente), à la mode, dernier cri (de moda). ‖ *De un día a* ou *para otro*, d'un jour à l'autre. ‖ *Día por día*, jour pour jour : *se llevan un año de diferencia día por día*, ils ont un an de différence jour pour jour. ‖ *Día tras día*, jour après jour, pendant des jours et des jours. ‖ *El día de hoy*, au jour d'aujourd'hui. ‖ *El día de mañana*, demain (mañana), un jour prochain, plus tard (en tiempo venidero). ‖ *El día de San...*, la Saint... : *el día de San Juan*, la Saint-Jean. ‖ *El mejor día* ou *el día menos pensado*, quand on s'y attend le moins, un beau jour. ‖ *El pan nuestro de cada día*, notre pain quotidien. ‖ *En los días de*, du vivant de, au temps de. ‖ *En mis días...*, de mon temps. ‖ *En su día*, en son temps, en temps voulu. ‖ *En sus mejores días*, dans ses beaux jours. ‖ *Hoy día* ou *hoy en día* ou *en nuestros días*, de nos jours, à notre époque, à l'heure actuelle, aujourd'hui. ‖ *Hoy, día 22 de enero*, aujourd'hui 22 janvier. ‖ Amer. *Los otros días*, l'autre jour. ‖ *Si algún día*, si jamais : *si algún día le encuentras*, si jamais tu le rencontres. ‖ Fam. *Todo el santo día*, à longueur de journée, toute la sainte journée. ‖ *Un buen día*, un beau jour, un beau matin. ‖ *Un día de éstos*, un de ces jours, un de ces quatre matins (fam.). ‖ *Un día señalado*, un grand jour. ‖ *Un día sí y otro no*, tous les deux jours, un jour sur deux. ‖ — *Al romper* ou *al despuntar* ou *al rayar el día*, au petit jour. ‖ *Cada día trae su afán*, à chaque jour suffit sa peine. ‖ *Dar los buenos días*, dire bonjour, souhaiter le bonjour. ‖ *Dar los días a uno*, souhaiter la fête à quelqu'un. ‖ *Dejar para el día del juicio final*, renvoyer aux calendes grecques. ‖ *Estar al día*, être à jour (sin retraso), être à la page (de moda). ‖ *Hacerse de día*, paraître [le jour] : *se está haciendo de día*, le jour paraît. ‖ Fam. *Hay más días que longanizas*, il y a plus de jours que de semaines, rien ne presse. ‖ *Mañana será otro día*, demain il fera jour. ‖ *No todos los días son iguales*, les jours se suivent et ne se ressemblent pas. ‖ *Romper el día*, se lever [le jour]. ‖ *Ser de día*, faire jour. ‖ *Ser muy de día*, faire grand jour. ‖ *Tener días*, avoir ses bons et ses mauvais jours. ‖ *Tiene contados los días*, ses jours sont comptés.
— Observ. *Journée* tiene un valor más relativo que *jour* y se refiere sobre todo al empleo del tiempo durante el curso del día : *un día de trabajo*, une journée de travail.
— *Día* s'emploie souvent explétivement en Amérique : *el día sábado*, le samedi.

diabasa f. Med. Diabase.

diabetes f. Med. Diabète, *m.* : *diabetes insípida, sacarina*, diabète insipide, sucré.

diabético, ca adj. y s. Med. Diabétique.

diabla f. Fam. Diablesse. ‖ Cabriolet, *m.* (coche). ‖ Fam. *A la diabla*, à la diable (de cualquier modo).

diablear v. intr. Fam. Faire le diable (un niño).

diablejo m. Diablotin.

diablesa f. Fam. Petite diablesse.

diablesco, ca adj. Diabolique.

diablillo m. Diable (disfraz). ‖ Fig. y Fam. Diable, diablotin (persona traviesa).

diablo m. Diable. ‖ Fig. Diable : *este niño es un diablo*, cet enfant est un diable. ‖ *Amer.* Fardier (carromato). ‖ — *Al diablo*, au diable. ‖ *¡Cómo diablos!* ou *¡qué diablos!*, que diable ! ‖ *Del diablo, de todos los diablos*, de tous les diables. ‖ *El diablo cojuelo*, le diable boiteux. ‖ *El diablo encarnado* ou *hecho carne*, le diable incarné. ‖ *Un pobre diablo*, un pauvre diable. ‖ — *Anda el diablo en Cantillana*, le diable s'en mêle. ‖ *El diablo que lo entienda*, du diable si je comprends. ‖ *Ése es el diablo*, c'est là o voilà le diable. ‖ *Harto de carne el diablo se metió a fraile*, quand le diable fut vieux, il se fit ermite. ‖ *Más sabe el diablo por viejo que por diablo*, ce n'est pas aux vieux singes qu'on apprend à faire la grimace. ‖ *No es tan feo el diablo como lo pintan*, le diable n'est pas si noir qu'il l'air. ‖ *No temer ni a Dios ni al diablo*, ne craindre ni Dieu ni diable, n'avoir ni foi ni loi. ‖ *Tener el diablo en el cuerpo* ou *ser la piel del diablo*, avoir le diable au corps. ‖ *¡Váyase al diablo!*, allez au diable !

diablura f. Diablerie : *las diabluras de los niños*, les diableries des enfants. ‖ Niche (travesura). ‖ Merveille, prouesse : *este malabarista hace diabluras con sus aros*, ce jongleur fait des merveilles avec ses cerceaux. ‖ *Hacer diabluras*, faire le diable.

diabólico, ca adj. Diabolique.
diábolo o **diávolo** m. Diabolo (juguete).
diaclasa f. MED. Diaclase.
diacodión m. Diacode (jarabe).
diaconado m. Diaconat.
diaconal adj. Diaconal, e.
diaconato m. Diaconat.
diaconía f. Diaconie.
diaconisa f. Diaconesse.
diácono m. Diacre : *ordenar de diácono*, ordonner diacre.
diacrítico, ca adj. GRAM. y MED. Diacritique.
diacústica f. Fís. Diacoustique.
diadema f. Diadème, *m.* (corona). ‖ Serre-tête, *m.*
diadoco m. Diadoque (príncipe y general griego).
diafanidad f. Diaphanéité.
diáfano, na adj. Diaphane.
— Sinón. *Translúcido*, translucide. *Transparente*, transparent. *Cristalino*, cristallin. *Límpido*, limpide.
diafanoscopia f. Diaphanoscopie.
diáfisis f. ANAT. Diaphyse.
diaforesis f. MED. Diaphorèse (sudor).
diaforético, ca adj. MED. Diaphorétique.
diafragma m. ANAT. y BOT. Diaphragme. ‖ TECN. Diaphragme (foto, fonógrafo) : *diafragma iris*, diaphragme à iris.
diafragmar v. intr. Diaphragmer.
diafragmático, ca adj. MED. Diaphragmatique.
diagnosis f. MED. Diagnose.
diagnosticar v. tr Diagnostiquer.
diagnóstico, ca adj. MED. Diagnostique.
— M. MED. Diagnostic.
diagonal adj. Diagonal, e.
— F. Diagonale. ‖ *En diagonal*, en diagonale.
diágrafo m. Diagraphe.
diagrama m. Diagramme.
dial m. Cadran (de radio).
dialectal adj. Dialectal, e.
dialectalismo m. Dialectalisme.
dialéctica f. Dialectique.
dialéctico, ca adj. Dialectique.
— M. y f. Dialecticien, enne.
dialecto m. Dialecte (variante regional). ‖ Langue, *f.* (idioma derivado).
dialectología f. Dialectologie.
dialelo m. Diallèle (círculo vicioso).
dialipétalo, la adj. y s. f. BOT. Dialypétale.
dialisépalo, la adj. BOT. Dialysépale.
diálisis f. QUÍM. Dialyse.

dializador m. QUÍM. Dialyseur.
dializar v. tr. QUÍM. Dialyser.
dialogar v. intr. Dialoguer.
dialogístico, ca adj. Dialogique (escrito en forma de diálogo).
diálogo m. Dialogue.
dialoguista m. y f. Dialoguiste.
diamagnético, ca adj. ELECTR. Diamagnétique.
diamagnetismo m. ELECTR. Diamagnétisme.
diamantado, da adj. Diamanté, e.
diamantar v. tr. Diamanter.
diamante m. Diamant : *diamante en bruto*, diamant brut. ‖ — Fig. *Bodas de diamante*, noces de diamant. ‖ *Edición diamante*, édition diamant.
diamantífero, ra adj. Diamantifère.
diamantino, na adj. Diamantin, e. ‖ Fig. y Poét. Adamantin, e.
diamantista m. Diamantaire.
diametral adj. Diamétral, e.
diámetro m. GEOM. Diamètre. ‖ Alésage (de cilindro de motor).
diamidofenol m. Diamidophénol (revelador).
diana f. MIL. Diane : *tocar diana*, sonner la diane. ‖ Mouche (blanco) : *hacer diana*, faire mouche.
Diana n. pr. f. Diane.
¡dianche! o **¡diantre!** interj. FAM. Diantre !
diapasón m. MÚS. Diapason. ‖ Touche *f.* (del mástil de un instrumento de cuerda). ‖ *Bajar* ou *subir el diapasón*, changer de diapason.
diapédesis f. MED. Diapédèse.
diapositiva f. FOT. Diapositive.
diaprea f. Diaprée, prune diaprée.
diapreado, da adj. BLAS. Diapré, e.
diaquilón m. MED. Diachylon, diachylum.
diariamente adv. Journellement, quotidiennement, chaque jour.
diariero, ra m. y f. *Amer.* Marchand, marchande de journaux.
diario, ria adj. Journalier, ère ; de chaque jour, quotidien, enne.
— M. Journal, quotidien (periódico) : *los diarios de la mañana*, les journaux du matin. ‖ Journal (relación histórica). ‖ COM. Journal, livre-journal. ‖ Dépense (*f.*) quotidienne (gasto diario). ‖ — *A ou de diario*, journellement, tous les jours. ‖ MAR. *Diario de a bordo*, livre o journal de bord. ‖ *Diario hablado*, journal parlé. ‖ *Traje de diario*, habit de tous les jours.
diarismo m. *Amer.* Journalisme (periodismo).
diarista m. y f. *Amer.* Journaliste.
diarrea f. MED. Diarrhée : *tener diarrea*, avoir la diarrhée.
diarreico, ca adj. MED. Diarrhéique.
diartrosis f. ANAT. Diarthrose.
diascopio m. Diascope (en los tanques).
diascordio m. Diascordium.
diastasa f. BIOL. Diastase (fermento).
diastático, ca adj. BIOL. Diastasique.
diástole f. ANAT. Diastole (dilatación del corazón). ‖ GRAM. Diastole (cambio de una sílaba).
diastólico, ca adj. Diastolique.
diatérmano, na adj. Fís. Diathermane.
diatermia f. MED. Diathermie.
diátesis f. MED. Diathèse.
diatomeas f. pl. BOT. Diatomées.
diatómico, ca adj. QUÍM. Diatomique.
diatónico, ca adj. MÚS. Diatonique : *escala diatónica*, gamme diatonique.
diatriba f. Diatribe : *lanzar* ou *dirigir una diatriba*, lancer une diatribe.
diaula f. Diaule (flauta).
diazoico, ca adj. QUÍM. Diazoïque.
dibujante adj. y s. Dessinateur, trice.
dibujar v. tr. ● Dessiner : *dibujar con* ou *a pluma, con* ou *a lápiz, a pulso, del natural, a la aguada*, dessiner à la plume, au crayon, à main

levée, d'après nature, au lavis. ‖ Fig. Peindre (describir), dessiner (un carácter).
— V. pr. Fig. Se dessiner, se préciser.
— Sinón. ● Apuntar, croquer. Diseñar, abocetar, esbozar, esquisser. Delinear, tracer.

dibujo m. Dessin : dibujo al carbón, a lápiz, a pluma, dessin au fusain, au crayon, à la plume. ‖ — Dibujo a pulso, del natural, dessin à main levée, d'après nature. ‖ Cinem. Dibujos animados, dessins animés. ‖ — Academia de dibujo, école de dessin. ‖ Fam. Meterse en dibujos, entrer dans les détails.
dicción f. Diction (modo de pronunciar). ‖ Mot, m. (palabra).
diccionario m. Dictionnaire.
— Sinón. Glosario, glossaire. Vocabulario, vocabulaire. Léxico, lexique. Enciclopedia, encyclopédie.
diccionarista m. y f. Lexicographe.
dicente adj. Qui dit.
— M. y f. Diseur, euse.
díceres m. pl. Amer. Cancans, commérages.
diciembre m. Décembre : el 25 de diciembre, le 25 décembre.
diciente adj. Qui dit.
diclino, na adj. Bot. Dicline.
dicotiledón o **dicotiledóneo, a** adj. y s. Bot. Dicotylédoné, e ; dicotylédone.
dicotomía f. Dichotomie.
dicotómico, ca adj. Dichotomique.
dicótomo, ma adj. Bot. Dichotome.
dicroico, ca adj. Fís. Dichroïque.
dicroísmo m. Fís. Dichroïsme (coloración doble).
dicromático, ca adj. Dichromatique.
dicroto adj. m. Med. Dicrote.
dictado, da adj. Dicté, e.
— M. Titre (dignidad). ‖ Dictée, f. : hacer un dictado, dictado musical, faire une dictée, dictée musicale ; escribir al dictado, écrire sous la dictée. ‖ — Pl. Fig. Préceptes, commandements : los dictados de la conciencia, les préceptes de la conscience.
dictador m. Dictateur.
dictadura f. Dictature.
— Sinón. Autocracia, autocratie. Tiranía, tyrannie. Despotismo, despotisme. Absolutismo, absolutisme. Cesarismo, césarisme. Omnipotencia, omnipotence, toute-puissance. Totalitarismo, totalitarisme.
dictáfono m. Dictaphone.
dictamen m. Opinion, f. : abundo en su dictamen, je me range à votre opinion. ‖ Avis : dar un dictamen desfavorable, donner un avis défavorable. ‖ Rapport : dictamen de los peritos, de las comisiones, rapport des experts, des commissions. ‖ — Dictamen médico, diagnostic. ‖ Dictamen pericial, expertise. ‖ Tomar dictamen de un amigo, prendre conseil d'un ami.
dictaminar v. tr. Opiner, estimer : el grafólogo dictamina que la letra es la de un tímido, le graphologue estime que c'est l'écriture d'un timide. ‖ Conseiller (dar consejo). ‖ Se prononcer : han dictaminado sobre el proyecto de ley, ils se sont prononcés sur le projet de loi. ‖ Prescrire (un médico). ‖ Dr. Rapporter (en un juicio).
díctamo m. Bot. Dictame. ‖ Díctamo de Creta, dictame de Crète.
dictar v. tr. Dicter : dictar una carta, dicter une lettre. ‖ Édicter (leyes), passer (decreto), donner (órdenes). ‖ Dictar disposiciones, prendre des mesures. ‖ Dictar la ley, faire la loi.
dictatorial adj. Dictatorial, e : poderes dictatoriales, pouvoirs dictatoriaux.
dictatorio, ria adj. Dictatorial, e.
dicterio m. Insulte, f.
dicha f. ● Bonheur, m. (felicidad). ‖ Chance (buena suerte) : ser un hombre de dicha, avoir de la chance. ‖ — Nunca es tarde si la dicha es buena,

mieux vaut tard que jamais. ‖ Por dicha, heureusement, par bonheur.
— Sinón. ● Felicidad, bonheur, félicité. Beatitud, béatitude. Prosperidad, prospérité. Fortuna, ventura, suerte, chance.
dicharachero, ra adj. y s. Fam. Rigolo, ote ; petit rigolo, petite rigolote.
dicharacho m. Grossièreté, f. (palabra inconveniente). ‖ Blague, f., gaudriole, f. (broma).
dicho, cha p. p. de decir y adj. Dit, e : es cosa dicha, c'est chose dite. ‖ — Dicho de otro modo, autrement dit. ‖ Dicho sea de paso, soit dit en passant. ‖ Dicho y hecho, aussitôt dit, aussitôt fait. ‖ Mejor dicho, plutôt : alto, o mejor dicho gigantesco, grand ou plutôt gigantesque. ‖ Téngalo por dicho, tenez-vous-le pour dit.
— Adj. dem. Ce, cette (pl. ces) : dicha ciudad, cette ville.
— M. Pensée, f., sentence, f., mot : un dicho de Cicerón, une pensée de Cicéron. ‖ Phrase, f., parole, f., propos, pl. : un dicho desacertado, une phrase malheureuse. ‖ Dicton (refrán). ‖ Fam. Injure, f., insulte, f. (insulto). ‖ Dr. Déposition, f., déclaration, f. ‖ — Pl. Consentement, sing. (des époux) : tomarse los dichos, échanger leur consentement. ‖ Fiançailles, f. (esponsales). ‖ — Dicho de las gentes, rumeur publique. ‖ Dicho gracioso, bon mot, mot pour rire. ‖ — Del dicho al hecho hay mucho ou un gran trecho, faire et dire sont deux, promettre et tenir c'est deux. ‖ Lo dicho, ce qui a été dit o convenu : lo dicho ayer vale todavía, ce qui a été dit hier tient toujours. ‖ Lo dicho, ce qui est dit est dit.
dichosamente adv. Heureusement.
dichoso, sa adj. Heureux, euse : dichoso con su suerte, heureux de son sort. ‖ Fig. y fam. Ennuyeux, euse ; assommant, e (molesto) : ¡dichoso niño!, quel enfant assommant ! ; ¡dichosa visita!, quelle visite ennuyeuse ! ‖ De malheur, sacré, e : ese dichoso individuo, ce sacré individu, cet individu de malheur. ‖ Maudit, e ; sacré, e : ese dichoso trabajo me impide salir, ce maudit travail m'empêche de sortir.
didáctico, ca adj. y s. f. Didactique.
didáctilo, la adj. Zool. Didactyle.
didelfos m. pl. Zool. Didelphes (marsupiales).
didimio m. Didyme (metal).
dídimo, ma adj. Bot. Didyme.
Dido n. pr. f. Didon.
diecinueve adj. y s. m. Dix-neuf : somos diecinueve personas, nous sommes dix-neuf personnes ; hoy estamos a 19 de enero, aujourd'hui nous sommes le 19 janvier ; el 19 de mayo, le 19 mai. ‖ El siglo XIX (diecinueve), le XIXᵉ (dix-neuvième) siècle.
diecinueveavo, va adj. y s. Dix-neuvième.
dieciochavo, va adj. y s. Dix-huitième. ‖ En dieciochavo (en 18.º), in-dix-huit (in-18) [libro].
dieciocheno, na adj. Dix-huitième.
dieciochesco, ca adj. Du XVIIIᵉ siècle.
dieciocho adj. y s. m. Dix-huit : llegaron el 18 de enero, ils sont arrivés le 18 janvier. ‖ El siglo XVIII (dieciocho), le XVIIIᵉ (dix-huitième) siècle.
dieciséis adj. y s. m. Seize : el 16 de julio, le 16 juillet. ‖ El siglo XVI (dieciséis), le XVIᵉ (seizième) siècle.
dieciseisavo, va adj. y s. Seizième [fraction]. ‖ En dieciseisavo (en 16.º), in-seize (in-16) [libro].
dieciseiseno, na adj. Seizième [rang].
diecisiete adj. y s. m. Dix-sept : me voy el 17, je pars le 17. ‖ El siglo XVII (diecisiete), le XVIIᵉ (dix-septième) siècle.
diecisieteavo, va adj. y s. Dix-septième.
diedro adj. y s. m. Geom. Dièdre.
diego m. Bot. Belle-de-nuit, f.
Diego n. pr. m. Jacques (Jaime).

dieléctrico, ca adj. y s. m. Diélectrique.

dielectrólisis f. Diélectrolyse.

diente m. Dent, *f.* : *diente de leche,* dent de lait ; *diente picado,* dent gâtée. ‖ Dent, *f.* (de una sierra, engranaje). ‖ ARQ. Pierre (*f.*) d'attente (adaraja). ‖ — *Diente canino* ou *columelar,* croc (de animal). ‖ *Diente de ajo,* gousse d'ail. ‖ *Diente de león,* dent-de-lion, pissenlit. ‖ TECN. *Diente de lobo,* dent à brunir. ‖ *Dientes postizos,* fausses dents. ‖ — *Con todos sus dientes,* à belles dents (morder, desgarrar). ‖ — FIG. y FAM. *Aguzarse los dientes,* se faire la main. ‖ *Alargársele a uno los dientes,* en avoir l'eau à la bouche (desear). ‖ *Armado hasta los dientes,* armé jusqu'aux dents. ‖ *Crujirle* ou *rechinarle a uno los dientes,* grincer des dents. ‖ *Dar diente con diente* ou *castañetearle a uno los dientes,* claquer des dents. ‖ *Decir de dientes para fuera,* dire du bout des lèvres. ‖ *Echar los dientes* ou *salirle a uno los dientes,* faire *o* percer ses dents (un niño). ‖ *Enseñar* ou *mostrar los dientes,* montrer les dents. ‖ *Hablar entre dientes,* parler entre ses dents, marmotter (mascullar). ‖ FIG. y FAM. *Hincar el diente en,* v. HINCAR. ‖ *Amer. Pelar el diente,* sourire avec complaisance. ‖ FIG. y FAM. *Reir de dientes afuera,* rire du bout des dents, rire jaune. ‖ *Tener a uno entre dientes,* avoir une dent contre quelqu'un. ‖ *Tener buen diente,* avoir un bon coup de fourchette.

dientudo, da adj. À grandes dents.

diéresis f. GRAM. Diérèse. ‖ Tréma, *m.,* diérèse (p. us.) [signo ortográfico]. ‖ MED. Diérèse.

diesel adj. y s. m. Diesel (motor).

diesi f. MÚS. Dièse, *m.* (sostenido).

diestra f. Droite, main droite. ‖ BLAS. Dextre.

diestramente adv. Adroitement.

diestro, tra adj. Droit, e : *la mano diestra,* la main droite. ‖ ● Adroit, e ; habile : *diestro en hablar,* habile à parler ; *diestro en su oficio,* habile dans son métier. ‖ BLAS. Dextre. ‖ — *A diestro y siniestro,* à tort et à travers. ‖ *Golpear a diestro y siniestro,* frapper à droite et à gauche. ‖ — M. TAUROM. Matador, torero. ‖ Licou, longe, *f.* (cabestro). ‖ (Ant.). Bretteur.

— SINÓN. ● *Hábil,* habile. *Capaz,* capable. *Experimentado,* expérimenté. *Experto, ducho, perito,* expert. *Ingenioso,* ingénieux. *Inteligente,* intelligent. *Listo,* malin. *Industrioso, mañoso,* industrieux. *Entendido,* calé.

dieta f. Diète (congreso). ‖ MED. Diète : *poner a dieta,* mettre à la diète. ‖ Régime, *m.* : *dieta láctea alta en calorías,* régime riche en calories. ‖ — Pl. Honoraires, *m.,* vacation, *sing.* (de juez). ‖ Indemnité (*sing.*) de déplacement (de un empleado). ‖ Indemnité (*sing.*) parlementaire (de diputados). ‖ Per diem (*m. sing.*), indemnité (*sing.*) de séjour.

dietario m. Agenda.

dietético, ca adj. y s. f. Diététique. ‖ *Médico dietético,* diététicien.

diez adj. Dix : *diez pesetas,* dix pesetas. ‖ — M. Dix. ‖ Dizaine, *f.* (del rosario). ‖ Pater (cuenta gruesa del rosario). ‖ Dix (naipes). ‖ — *El (día) 10 de mayo,* le 10 mai. ‖ *El siglo X (diez),* le Xe (dixième) siècle. ‖ FIG. *Estar en las diez de últimas,* être à l'article de la mort, être à la dernière extrémité. ‖ *Son las diez,* il est 10 heures. ‖ *Unos diez libros,* une dizaine de livres.

— OBSERV. Les nombres cardinaux de 16 à 19 peuvent s'écrire de deux façons : *diez y seis* ou *dieciséis, diez y siete* ou *diecisiete,* etc.

diezmal adj. De la dîme.

diezmar v. tr. Décimer (matar). ‖ Payer la dîme (el diezmo).

diezmero, ra m. y f. Personne (*f.*) payant la dîme. ‖ — M. Dîmeur (cobrador).

diezmilésimo, ma adj. y s. Dix-millième.

diezmilímetro m. Dixième de millimètre.

diezmillonésimo, ma adj. y s. Dix-millionième.

diezmo m. Dîme, *f.*

difamación f. Diffamation : *proceso por difamación,* procès en diffamation.

difamador, ra adj. y s. Diffamateur, trice.

difamar v. tr. Diffamer.

difamatorio, ria adj. Diffamatoire, diffamant, e.

difásico, ca adj. Fís. Diphasé, e.

diferencia f. ● Différence. ‖ Différend, *m.* (controversia) : *arreglar una diferencia,* régler un différend. ‖ Décalage, *m.* : *entre París y Washington hay una diferencia de cinco horas,* entre Paris et Washington, il y a un décalage de cinq heures. ‖ — *A diferencia de,* contrairement à, à la différence de. ‖ *Con la sola diferencia de que,* à cette différence près que. ‖ *Notar la diferencia,* sentir *o* voir la différence. ‖ *Partir la diferencia,* partager la différence, couper la poire en deux (fam.).

— OBSERV. No se confunda *différend,* con una *d* (disputa), con *différent,* con una *t* (diferente).

— SINÓN. ● *Matiz,* nuance. *Desemejanza,* dissemblance. *Diversidad,* diversité. *Variedad,* variété.

diferenciación f. Différenciation. ‖ MAT. Différentiation.

— OBSERV. Hay que tener en cuenta que en su sentido general la palabra francesa se escribe con una *c* mientras que tratándose de matemáticas se escribe con una *t.*

diferencial adj. Différentiel, elle : *cálculo diferencial,* calcul différentiel. ‖ — F. MAT. Différentielle. ‖ — M. MECÁN. Différentiel (de coche).

diferenciar v. tr. Différencier. ‖ MAT. Différencier, différentier (calcular la diferencial). ‖ — V. intr. Différer, n'être pas du même avis, diverger (de opinión) : *en este punto diferenciamos usted y yo,* nous différons sur ce point vous et moi. ‖ — V. pr. Différer (no estar de acuerdo) : *en esta cuestión, nos diferenciamos mucho,* nous différons beaucoup sur cette question. ‖ Différer, être différent (ser diferente). ‖ Se distinguer (hacerse notable) : *esta chica se diferencia de sus compañeras,* cette fille se distingue de ses camarades. ‖ Différer (ser diferente) : *diferenciarse en la conducta,* différer par sa conduite.

diferendo m. *Amer.* Différend (discrepancia).

diferente adj. Différent, e : *diferente a* ou *de,* différent de. ‖ *Diferentes veces,* de nombreuses fois, plusieurs fois.

diferentemente adv. Différemment.

diferido, da adj. Différé, e. ‖ *Emisión diferida,* émission en différé.

diferir* v. tr. Différer (aplazar) : *diferir la respuesta,* différer sa réponse. ‖ — V. intr. Différer (ser diferente).

difícil adj. ● Difficile : *difícil de decir,* difficile à dire ; *cada vez más difícil,* de plus en plus difficile ; *hacer difícil,* rendre difficile. ‖ Difficile (persona) : *difícil de contentar,* difficile à contenter. ‖ Ingrat, e (cara). ‖ — *Difícil de llevar,* difficile : *este niño es difícil de llevar,* cet enfant est difficile ; difficile à mener : *negocio difícil de llevar,* affaire difficile à mener ; difficile à tenir : *cuenta difícil de llevar,* compte difficile à tenir ; difficile à porter : *traje difícil de llevar,* toilette difficile à porter ; difficile à suivre : *compás difícil de llevar,* rythme difficile à suivre. ‖ *No es muy difícil que digamos,* on ne peut pas dire que ce soit très difficile.

— SINÓN. ● *Dificultoso,* difficultueux. *Delicado,* délicat. *Complicado,* compliqué. *Escabroso,* scabreux. *Espinoso,* épineux. *Arduo, peliagudo,* ardu. *Penoso, trabajoso,* pénible. *Duro,* dur. *Laborioso,* laborieux. *Rudo,* rude.

difícilmente adv. Difficilement : *difícilmente se puede creer,* on le croira difficilement.

dificultad f. ● Difficulté : *vencer dificultades*, surmonter des difficultés. ‖ Ennui, *m.*, difficulté (problemas). ‖ Inconvénient, *m.* (inconveniente). ‖ — Pl. Difficultés, embarras, *m.* : *poner dificultades*, faire des difficultés, susciter des embarras. ‖ Ennuis, *m.* : *dificultades mecánicas*, ennuis mécaniques. ‖ *Tener dificultad para andar*, avoir de la peine *o* du mal à marcher.
— SINÓN. ● *Molestia*, gêne. *Complicación*, complication. *Embarazo, apuro,* embarras. *Trabajo,* mal, peine.

dificultador, ra adj. À l'esprit compliqué, compliqué, e.

dificultar v. tr. Rendre difficile, compliquer (complicar). ‖ Gêner (estorbar).

dificultosamente adv. Difficilement.

dificultoso, sa adj. Difficultueux, euse ; difficile : *trabajo dificultoso*, travail difficile. ‖ FIG. y FAM. Disgracieux, euse ; ingrat, e (rostro). ‖ Compliqué, e ; qui a l'esprit compliqué.

difluencia f. GEOGR. Diffluence.

difluente adj. MED. Diffluent, e.

difluir* v. intr. Diffluer (p. us.), se répandre.

difracción f. FÍS. Diffraction.

difractar v. tr. FÍS. Diffracter.

difrangente adj. FÍS. Diffringent, e.

difteria f. MED. Diphtérie.

diftérico, ca adj. MED. Diphtérique.

difteritis f. MED. Inflammation de nature diphtérique.

difumar o **difuminar** v. tr. Estomper.

difuminación f. Estompage, *m.*, estompement, *m.* (acción). ‖ Fondu, *m.* (resultado).

difumino m. Estompage (acción). ‖ Estompe, *f.* (lápiz). ‖ Dibujo al difumino, estompe.

difundir v. tr. Répandre : *difundir el agua por los campos*, répandre l'eau dans les champs. ‖ Propager : *las ratas difunden las epidemias*, les rats propagent les épidémies. ‖ Diffuser : *difundir la luz, una emisión radiofónica*, diffuser la lumière, une émission radiophonique. ‖ Propager, ébruiter, diffuser, répandre : *difundir una noticia*, répandre une nouvelle.
— OBSERV. Le verbe *difundir* a deux participes passés : l'un régulier, *difundido*, qui sert à former les temps composés, l'autre irrégulier, *difuso*, employé comme adjectif.

difunto, ta adj. y s. Défunt, e. ‖ — Adj. Feu, e : *mi difunto padre*, feu mon père. ‖ — M. Défunt, disparu (muerto). ‖ — *Día de (los) difuntos*, jour des morts. ‖ *Oler a difunto*, sentir le cadavre (una habitación), sentir le sapin (antes de morir uno). ‖ FAM. *Parece que es del difunto*, on dirait qu'il a pleuré pour l'avoir *o* qu'il a mis le costume de son petit frère (traje estrecho).
— OBSERV. El adjetivo francés *feu* es invariable cuando precede al posesivo o al artículo definido : *feu ma mère*, y variable en el caso contrario : *ma feue mère*.

difusamente adv. De façon diffuse.

difusible adj. Diffusible.

difusión f. Diffusion.

difuso, sa adj. Diffus, e.

difusor m. Diffuseur : *difusor de noticias*, diffuseur de nouvelles. ‖ TECN. Diffuseur.

digerible adj. Digestible, digérable, digeste (fam.).

digerir* v. tr. Digérer. ‖ FIG. Digérer, avaler (una ofensa). ‖ Assimiler : *no ha digerido la lección*, il n'a pas assimilé la leçon. ‖ FAM. *No poder digerir a uno*, ne pas pouvoir avaler *o* voir quelqu'un.

digestibilidad f. Digestibilité.

digestible adj. Digestible.

digestión f. Digestion.

digestivo, va adj. y s. m. Digestif, ive.

digesto m. DR. Digeste.

digestónico, ca adj. y s. m. Digestif, ive.

digestor m. Digesteur.

digitación f. Doigté, *m.*

digitado, da adj. BOT. Digité, e. ‖ ZOOL. À doigts libres (cuadrúpedos).

digital adj. Digital, e : *huellas digitales*, empreintes digitales.
— F. BOT. Digitale.

digitalina f. Digitaline (medicina).

digitiforme adj. Digitiforme.

digitígrado, da adj. y s. m. ZOOL. Digitigrade.

dígito m. MAT. Nombre simple [nombre d'un seul chiffre]. ‖ Digit (de un ordenador).

dignarse v. pr. Daigner : *no se dignó contestarme*, il n'a pas daigné me répondre. ‖ *Dígnese usted hacer lo que le pido*, veuillez avoir l'obligeance de faire ce que je vous demande.

dignatario m. Dignitaire.

dignidad f. Dignité.

dignificante adj. Sanctifiant, e (gracia).

dignificar v. tr. Rendre *o* déclarer digne.

digno, na adj. Digne : *digno de ƒe*, digne de foi. ‖ — *Ejemplo digno de imitación*, exemple à imiter. ‖ *No ser digno de compasión*, n'être pas à plaindre.

digrafía f. Digraphie (contabilidad por partida doble).

digresión f. Digression.

dije m. Pendeloque, ƒ., breloque, ƒ. : *esta pulsera tiene muchos dijes*, ce bracelet a beaucoup de breloques. ‖ FIG. y FAM. Perle, ƒ. : *esta criada es un dije*, cette bonne est une perle. ‖ Bijou (una preciosidad). ‖ — Pl. FAM. Fanfaronnades, ƒ.

dilaceración f. Dilacération. ‖ MED. Déchirement, *m.* (músculo).

dilacerar v. tr. Dilacérer. ‖ FIG. Lacérer (dañar).

dilación f. Retard, *m.* (retraso). ‖ Délai, *m.* (demora). ‖ *Sin dilación*, sans délai, immédiatement.

dilapidación f. Dilapidation.

dilapidador, ra adj. y s. Dilapidateur, trice.

dilapidar v. tr. Dilapider.

dilatabilidad f. Dilatabilité.

dilatable adj. Dilatable.

dilatación f. Dilatation. ‖ FIG. Soulagement, *m.*

dilatadamente adv. Largement (anchamente). ‖ Longuement (detalladamente) : *hablar dilatadamente de un asunto*, parler longuement d'un sujet.

dilatado, da adj. Dilaté, e. ‖ Vaste (ancho). ‖ Long, longue (largo). ‖ FIG. Élargi, e ; large : *horizontes dilatados*, des perspectives élargies.

dilatador, ra adj. y s. m. Dilatateur, trice.

dilatar v. tr. Dilater : *el calor dilata los cuerpos*, la chaleur dilate les corps. ‖ FIG. Retarder, différer (retrasar) : *dilatar su regreso por un año*, retarder son retour d'une année. ‖ Répandre : *dilatar la fama de un héroe*, répandre la renommée d'un héros. ‖ *Dilatar un asunto*, faire traîner une affaire en longueur.
— V. pr. Se dilater : *el agua se dilata al congelarse*, l'eau se dilate en se congelant. ‖ FIG. S'étendre (en un relato). ‖ S'étendre : *la llanura se dilataba hasta el horizonte*, la plaine s'étendait jusqu'à l'horizon. ‖ Amer. Tarder : *no te dilates para salir*, ne tarde pas à partir.

dilatómetro m. FÍS. Dilatomètre.

dilatorio, ria adj. DR. Dilatoire.
— F. pl. Retard, *m. sing.*, atermoiements, *m.* ‖ *Andar con dilatorias*, faire toujours attendre, faire traîner [les choses] en longueur.

dilección f. Dilection.

dilecto, ta adj. Aimé avec dilection, très cher : *mi dilecta amiga*, ma très chère amie.

dilema m. Dilemme.

diletante m. Dilettante (aficionado).

diletantismo m. Dilettantisme.

diligencia f. Diligence (actividad). ‖ Démarche : *hacer diligencias para*, faire des démarches pour. ‖ Diligence (coche). ‖ DR. Diligence, poursuite. ‖ — *Diligencias previas*, enquête. ‖ DR. *Nuevas diligencias en el sumario*, supplément d'enquête.

diligenciar v. tr. Faire les démarches nécessaires pour obtenir : *diligenciar un pasaporte,* faire les démarches nécessaires pour obtenir un passeport.
diligente adj. Diligent, e.
diligentemente adv. Diligemment.
dilucidación f. Élucidation.
dilucidador, ra adj. y s. Qui élucide.
dilucidar v. tr. Élucider.
dilución f. Dilution.
diluente adj. Qui dilue.
diluir* v. tr. Diluer, délayer (desleir). ‖ Quím. Diluer, étendre.
diluvial adj. Geol. Diluvial, e : *sedimentos diluviales,* sédiments diluviaux.
— M. Diluvium (terreno).
diluviano, na adj. Diluvien, enne : *lluvia diluviana,* pluie diluvienne.
diluviar v. intr. Pleuvoir à verse o à torrents.
diluvio m. Déluge. ‖ Fig. Déluge, torrent : *un diluvio de injurias,* un déluge d'injures. ‖ *Tras mí, el diluvio,* après moi le déluge.
diluyente m. Diluant.
dimanar v. intr. Couler (el agua). ‖ Fig. Provenir, émaner : *el poder dimana del pueblo,* le pouvoir émane du peuple. ‖ Découler : *una medida que dimana de otra,* une mesure qui découle d'une autre.
dimensión f. Dimension. ‖ *Dimensiones totales* ou *exteriores,* encombrement o dimensions hors tout.
— Sinón. *Medida,* mesure. *Tamaño,* format, grandeur. *Extensión,* étendre, extension. *Volumen,* volume. *Proporción,* proportion.
dimensional adj. Dimensionnel, elle.
dimes y diretes loc. Fam. Chamailleries, f. ‖ *Andar en dimes y diretes con uno,* être en discussion avec quelqu'un.
diminución f. Diminution (disminución).
diminuir* v. tr. (P. us.). Diminuer (disminuir).
diminutamente adv. Petitement.
diminutivo, va adj. y s. m. Diminutif, ive.
— Observ. Les *diminutifs* sont beaucoup plus employés en espagnol qu'en français. En dehors de l'idée de petitesse, ils impliquent souvent une nuance d'affectivité. Ils se forment de la façon suivante :
1º Avec le suffixe *-ito,* pour les polysyllabes terminés par *a, o* ou une consonne autre que *n* et *r* (*mesita, librito, españolito*) ;
2º Avec le suffixe *-cito,* pour les polysyllabes terminés par *e, n* ou *r* (*pajecito, silloncito, lunarcito*) ;
3º Avec le suffixe *-ecito,* pour les monosyllabes et les dissyllabes qui renferment une diphtongue sous l'accent ou même à la finale (*panecito, cuerpecito, indiecito*) ;
4º Les mêmes règles s'appliquent aux suffixes *-illo, -uelo, -ico* (*mesilla, libruelo, panecico*).
diminuto, ta adj. Très petit, très petite, tout petit, toute petite, minuscule.
dimisión f. Démission : *dar su dimisión,* donner sa démission ; *presentar la dimisión,* présenter sa démission. ‖ *Hacer dimisión de un cargo,* démissionner d'un poste.
dimisionario, ria adj. y s. Démissionnaire.
dimisorias f. pl. Dimissoires, m.
dimitente adj. y s. Démissionnaire.
dimitir v. intr. Se démettre, démissionner, donner sa démission : *dimitir de un empleo,* se démettre d'un emploi.
dimorfismo m. Dimorphisme.
dimorfo, fa adj. Dimorphe.
din m. (P. us.). Argent. ‖ *El don y el din,* la noblesse (el título) et l'argent.
dina f. Fís. Dyne (unidad de fuerza).
Dinamarca n. pr. f. Geogr. Danemark, m.
dinamarqués, esa adj. y s. Danois, e.
dinámico, ca adj. y s. f. Dynamique.
dinamismo m. Dynamisme.
dinamista adj. y s. Dynamiste.
dinamita f. Dynamite (explosivo). ‖ — *Fábrica de*

dinamita, dynamiterie. ‖ *Voladura con dinamita,* dynamitage. ‖ *Volar con dinamita,* dynamiter.
dinamitar v. tr. Dynamiter.
dinamitazo m. Dynamitage.
dinamitero, ra m. y f. Dynamiteur, euse.
dinamo o **dínamo** f. Dynamo.
dinamoeléctrico, ca adj. Dynamo-électrique.
dinamógrafo m. Dynamographe.
dinamometría f. Dynamométrie.
dinamométrico, ca adj. Dynamométrique.
dinamómetro m. Dynamomètre.
dinar m. Dinar (moneda).
Dináricos (Alpes) n. pr. m. pl. Geogr. Dinariques (Alpes).
dinasta o **dinastes** m. Dynaste (soberano).
dinastía f. Dynastie.
dinástico, ca adj. Dynastique.
dinerada f. o **dineral** m. o **dineralada** f. Grosse somme, f., fortune, f., somme (f.) folle : *me costó un dineral,* cela m'a coûté une fortune.
dinerillo m. Fam. Argent de poche.
dinero m. ● Argent : *dinero para gastos menudos,* argent de poche ; *andar escaso de dinero,* être à court d'argent. ‖ Denier (moneda antigua) : *Judas vendió a Jesucristo por treinta dineros,* Judas livra le Christ pour trente deniers. ‖ *Amer.* Pièce (f.) d'une demi-peseta. ‖ Fig. y Fam. Argent, richesse, f. (riqueza). ‖ — *Dinero acuñado,* argent monnayé. ‖ *Dinero al contado, dinero contante,* argent comptant. ‖ *Dinero contante y sonante,* espèces sonnantes et trébuchantes. ‖ *Dinero efectivo* ou *en metálico,* espèces. ‖ *Dinero líquido,* argent liquide. ‖ *Dinero de San Pedro,* denier de Saint-Pierre. ‖ *Dinero suelto,* petite monnaie (calderilla), monnaie (moneda suelta) : *no tengo dinero suelto,* je n'ai pas de monnaie. ‖ — *De dinero,* riche, qui a de l'argent : *familia, hombre de dinero,* famille, homme riche. ‖ *El dinero y calidad la mitad de la mitad,* il faut en prendre et en laisser. ‖ *Dineros son calidad,* argent vaut noblesse. ‖ *El dinero llama al dinero,* l'argent appelle l'argent, l'argent va à l'argent. ‖ *El dinero no tiene olor,* l'argent n'a pas d'odeur. ‖ Fig. y Fam. *Ganar dinero a espuertas,* gagner des mille et des cents, gagner de l'argent à la pelle. ‖ *Hacer dinero,* faire fortune, s'enrichir. ‖ *Invertir dinero,* placer de l'argent. ‖ *Poderoso caballero es don Dinero,* avec l'argent on peut tout, l'argent ouvre toutes les portes. ‖ *Por dinero baila el perro,* point d'argent, point de suisse. ‖ *Querer sacarle jugo al dinero,* en vouloir pour son argent. ‖ *Sacar dinero de las piedras,* tondre sur un œuf, faire argent de tout. ‖ *Sacarle jugo al dinero,* utiliser son argent au mieux. ‖ *Tirar el dinero por la ventana,* jeter l'argent par les fenêtres.
— Sinón. ● *Moneda,* monnaie. *Numerario,* numéraire. *Fondos,* fonds. Pop. *Perras, cuartos,* sous. *Moni, monises,* pépettes. *Parné,* pognon, fric, grisbi. *Pasta,* galette.
dingo m. Dingo (perro de Australia).
dingolondango m. Fam. Câlinerie, f., cajolerie, f.
dinornis m. Dinornis (pájaro antediluviano).
dinosaurio m. Dinosaure, dinosaurien.
dinoterio m. Dinothérium (fósil).
dintel m. Arq. Linteau. ‖ Dessus-de-porte (decoración).
dintorno m. Artes. Contour.
diñar v. tr. Pop. *Diñarla,* casser sa pipe.
— V. pr. Pop. Se barrer, se tirer (irse).
diocesano, na adj. y s. Diocésain, e.
diócesis o **diócesi** f. Diocèse, m.
Diocleciano n. pr. m. Dioclétien.
diodo m. Electr. Diode, f.
Diodoro n. pr. m. Diodore.
Diógenes n. pr. m. Diogène.
dioico, ca adj. Bot. Dioïque.
Diomedes n. pr. m. Diomède.
dionea f. Bot. Dionée.

dionisiaco, ca o **dionisíaco, ca** adj. Dionysiaque.
— F. pl. Dionysiaques.
Dionisio, sia n. pr. m. y f. Denis, Denise.
Dioniso n. pr. m. Dionysos, Dionysius (Baco).
dioptra f. Fís. Dioptre, *m.*
dioptría f. Fís. y MED. Dioptrie.
dióptrico, ca adj. y s. f. Fís. Dioptrique.
diorama m. Diorama.
diorita f. MIN. Diorite.
dios m. ● Dieu. ‖ Le Bon Dieu (familiar) : *rogar a Dios*, prier le Bon Dieu. ‖ — Pl. Dieux : *los dioses del Olimpo*, les dieux de l'Olympe. ‖ — *Dios Padre, Dios Hijo, Dios Hombre,* Dieu le Père, Dieu le Fils, Dieu fait homme. ‖ *¡Dios!, ¡Dios mío!, ¡Dios santo!,* mon Dieu ! ‖ *Dios mediante,* Dieu aidant, si Dieu le veut. ‖ *Dios todopoderoso,* Dieu tout-puissant. ‖ — *¡A Dios !,* adieu (v. ADIÓS). ‖ *A Dios gracias* ou *gracias a Dios,* Dieu merci, grâce à Dieu. ‖ *A la buena de Dios,* au petit bonheur. ‖ *¡Ay Dios !,* mon Dieu ! ‖ FAM. *¡Con Dios !,* adieu !, que Dieu vous garde ! ‖ *¡Ira de Dios !,* tonnerre de Dieu ! ‖ *Por amor de Dios,* pour l'amour de Dieu. ‖ *¡Por Dios !,* je t'en prie !, je vous en prie ! (por favor) : *¡siéntese por Dios !,* asseyez-vous, je vous en prie ; mon Dieu ! (¡Dios mío !). ‖ FAM. *Todo Dios,* tout le monde. ‖ — *Dios aprieta pero no ahoga,* Dieu ne veut pas la mort du pêcheur. ‖ *Dios da ciento por uno,* Dieu vous le rendra au centuple. ‖ *Dios dará,* Dieu y pourvoira. ‖ *¡Dios dirá !,* à la grâce de Dieu !, on verra bien ! ‖ *Dios es testigo que...,* Dieu m'est témoin que o nous est témoin que. ‖ *Dios te bendiga* ou *le asista* ou *le ayude* ou *le ampare,* Dieu vous bénisse o vous assiste o vous aide o vous garde. ‖ *Dios lo ha dejado de su mano,* Dieu l'a abandonné. ‖ *¡Dios lo quiera !,* plaise à Dieu !, plût à Dieu ! ‖ *Dios los cría y ellos se juntan,* qui se ressemble s'assemble. ‖ *¡Dios me confunda !,* Dieu me damne ! ‖ *¡Dios me libre !,* Dieu m'en préserve ! ‖ *Dios no le ha llamado por el camino de,* il n'a aucune aptitude pour. ‖ *Dios sabe* ou *sabe Dios,* Dieu sait (con un complemento), Dieu seul le sait (al final). ‖ *¡Dios se lo pague !,* Dieu vous le rende ! ‖ — *A Dios rogando y con el mazo dando,* aide-toi, le ciel t'aidera. ‖ *Alabado sea Dios,* Dieu soit loué. ‖ *Anda* ou *vete con Dios,* adieu !, va en paix. ‖ *¡Bendito sea Dios !,* Dieu soit loué ! ‖ *Como Dios le da a entender,* selon l'inspiration du moment. ‖ *Como Dios manda,* comme il faut : *vestido como Dios manda,* habillé comme il faut ; en règle : *batalla como Dios manda,* bataille en règle. ‖ *Dar gracias a Dios,* rendre grâce au ciel, remercier Dieu. ‖ *Dejarlo a Dios,* s'en remettre à Dieu. ‖ *Digan, que de Dios dijeron,* vous pouvez toujours parler. ‖ *Estaba de Dios,* c'était à prévoir, c'était écrit. ‖ *Hay que dar a Dios lo que es de Dios y al César lo que es del César,* il faut rendre à César ce qui est à César et à Dieu ce qui est à Dieu. ‖ *Jurar por todos los dioses,* jurer ses grands dieux. ‖ FAM. *No haber ni Dios,* ne pas y avoir un chat. ‖ *No (lo) quiera Dios,* à Dieu ne plaise. ‖ *No temer ni a Dios ni al diablo,* n'avoir ni foi ni loi, ne craindre ni Dieu ni le diable. ‖ *Pasar la de Dios es Cristo,* en voir de toutes les couleurs. ‖ *Poner a Dios por testigo,* prendre le ciel à témoin. ‖ *¡Qué Dios le guarde !,* Dieu vous garde ! ‖ *Que Dios lo tenga en su santa gloria,* que Dieu ait son âme. ‖ *Que Dios me perdone, pero...,* que Dieu me pardonne, mais... ‖ *Que Dios nos asista* ou *nos coja confesados,* Dieu nous soit en aide ! ‖ *Quiera Dios,* plaise à Dieu. ‖ *Se armó la de Dios es Cristo,* une bagarre de tous les diables a éclaté, il y a eu du grabuge. ‖ *Si Dios quiere,* s'il plaît à Dieu. ‖ *¡Válgame Dios !,* grand Dieu !, que Dieu me vienne en aide ! ‖ *¡Vaya con Dios !,* adieu !, allez en paix !

‖ *¡Vaya por Dios !,* mon Dieu !, eh bien ! ‖ *¡Vive Dios !,* ma foi ! ‖ *¡Voto a Dios !,* morbleu !, par Dieu !
— SINÓN. ● *Divinidad,* divinité. *Deidad,* déité. *Providencia,* providence. *Creador,* créateur. *Todopoderoso,* le Tout-Puissant.
diosa f. Déesse. ‖ FAM. *La diosa botella,* la dive bouteille.
dioscoreáceas f. pl. BOT. Dioscoréacées.
diostedé m. Toucan (tucán).
dipétalo, la adj. Dipétale.
diplodoco m. Diplodocus (fósil).
diploma m. Diplôme. ‖ *Dar un diploma,* diplômer.
— SINÓN. *Pergamino,* parchemin. *Título,* titre.
diplomacia f. Diplomatie.
diplomado, da adj. y s. Diplômé, e. ‖ *Diplomada en belleza,* esthéticienne diplômée.
diplomar v. tr. *Amer.* Diplômer.
diplomática f. Diplomatique.
diplomático, ca adj. Diplomatique : *cuerpo diplomático,* corps diplomatique ; *valija diplomática,* valise diplomatique. ‖ FIG. y FAM. Diplomate (sagaz).
— M. Diplomate.
diplopía f. MED. Diplopie.
dipneos o **dipnoos** m. pl. Dipneustes (peces).
dipsacáceas o **dipsáceas** f. pl. BOT. Dipsacacées, dipsacées.
dipsomanía f. Dipsomanie (sed violenta) : *la dipsomanía es un síntoma de la diabetes,* la dipsomanie est un symptôme du diabète.
dipsómano, na adj. y s. Dipsomane.
díptero, ra adj. y s. ARQ. Diptère : *un templo díptero,* un temple diptère. ‖ — M. pl. ZOOL. Diptères.
díptico m. Diptyque.
diptongación f. GRAM. Diphtongaison.
diptongar v. tr. GRAM. Diphtonguer.
diptongo m. GRAM. Diphtongue, *f.*
diputación f. Députation (conjunto de diputados y cargo). ‖ *Amer.* Hôtel (*m.*) de ville. ‖ *Diputación provincial,* conseil général.
diputado m. Député : *diputado a Cortes,* député aux Cortès [à la Chambre]. ‖ — *Codiciar ser diputado,* briguer la députation. ‖ *Diputado provincial,* conseiller général.
diputador, ra adj. y s. Qui députe.
diputar v. tr. Députer, déléguer, mandater.
dique m. ● MAR. Digue, *f.* (muro). ‖ Bassin de radoub, dock (en la dársena). ‖ FIG. Frein : *poner un dique a las pasiones,* mettre un frein aux passions. ‖ GEOL. Dyke (filón volcánico vertical). ‖ — *Dique de carena,* bassin de radoub. ‖ *Dique flotante,* dock flottant. ‖ *Dique seco,* cale sèche. ‖ *Poner un dique a,* endiguer (contener).
— SINÓN. ● *Malecón, muelle, jetée. Estacada,* estacade. *Rompeolas, escollera, espolón,* brise-lames.
diquelar v. tr. POP. Reluquer, zyeuter (mirar). ‖ Piger (entender).
dirección f. Direction : *llevar la dirección,* avoir la direction ; *vamos en la misma dirección,* nous allons dans la même direction. ‖ Adresse (señas) : *mi dirección es Alcalá 27,* mon adresse est 27, rue Alcalá. ‖ Sens, *m.* : *dirección única, obligatoria,* sens unique, obligatoire. ‖ Directorat, *m.* (función de director). ‖ MECÁN. Direction : *dirección asistida,* direction assistée. ‖ TEATR. y CINEM. Mise en scène. ‖ — *Dirección a distancia,* téléguidage. ‖ *Dirección escénica,* mise en scène. ‖ *Dirección general de producción,* régie (cine). ‖ *Dirección por radio,* radioguidage. ‖ *Dirección prohibida,* sens interdit. ‖ *En dirección a,* en direction de.
direccional adj. Directionnel, elle.
directivo, va adj. Directif, ive. ‖ Directeur, trice : *principio directivo,* principe directeur. ‖ *Comité directivo,* comité directeur.

— F. Comité (*m.*) directeur, direction. ‖ Directive : *no me ha dado ninguna directiva,* il ne m'a donné aucune directive.

directo, a adj. Direct, e. ‖ *Émisión en directo,* émission en direct.

— M. Direct (boxeo). ‖ — F. Prise directe (coche) : *poner la directa,* se mettre en prise directe.

director, ra adj. y s. Directeur, trice. ‖ — *Director de emisión,* metteur en ondes. ‖ *Director de escena, de cine,* metteur en scène. ‖ *Director de orquesta,* chef d'orchestre. ‖ *Director de producción,* directeur de production (cine). ‖ *Director espiritual,* directeur de conscience o spirituel.

directoral o **directorial** adj. Directorial, e.

directorio, ria adj. Directif, ive (que dirige).

— M. Répertoire (de direcciones). ‖ Guide : *directorio médico,* guide médical. ‖ Directoire (asamblea directiva).

directriz adj. f. y s. f. GEOM. Directrice. ‖ — F. pl. Directives (instrucciones) : *les he dado directrices perfectamente claras,* je leur ai donné des directives parfaitement claires.

dirigente adj. y s. Dirigeant, e.

dirigible adj. y s. m. Dirigeable.

dirigir v. tr. ● Diriger : *dirigir una empresa, una orquesta,* diriger une entreprise, un orchestre. ‖ Adresser (enviar, presentar) : *dirigir la palabra, una carta,* adresser la parole, une lettre. ‖ Dédier (dedicar). ‖ CINEM. Réaliser, mettre en scène. ‖ TEATR. Mettre en scène. ‖ — FIG. *Dirigir el baile,* mener la danse. ‖ *Dirigir la mirada,* diriger son regard. ‖ *Dirigir por radio,* radioguider. ‖ *Proyectil dirigido,* engin téléguidé (astronáutica).

— V. pr. Se diriger vers, gagner : *dirigirse a su residencia,* gagner sa résidence. ‖ S'adresser : *me dirijo a usted,* je m'adresse à vous.

— SINÓN. ● *Conducir,* conduire. *Mandar,* commander. *Regentar,* régenter. *Administrar,* gérer, administrer. *Gobernar,* gouverner. *Regir,* régir.

dirigismo m. Dirigisme (intervencionismo).

dirigista adj. y s. Dirigiste (intervencionista).

dirimente adj. DR. Dirimant, e (que anula).

dirimir v. tr. Dirimer (p. us.), faire cesser, régler (una controversia) : *dirimir una diferencia,* régler un différend. ‖ Annuler : *dirimir el matrimonio, un contrato,* annuler le mariage, un contrat.

disacárido m. QUÍM. Disacharide.

discante m. MÚS. Petite guitare, *f.* (tiple). ‖ Concert d'instruments à cordes (concierto). ‖ FAM. *Amer.* Extravagance, *f.*

discernible adj. Discernable.

discernidor, ra adj. Qui discerne.

discernimiento m. Discernement : *actuar sin discernimiento,* agir sans discernement. ‖ DR. Nomination (*f.*) à une tutelle o à une charge.

discernir* v. tr. Discerner : *discernir el bien del mal,* discerner le bien du mal. ‖ Conférer une charge (encargar). ‖ DR. Nommer à une tutelle o à une charge.

— OBSERV. On emploie abusivement ce verbe dans le sens de « décerner », qui se dit normalement *conceder.*

disciplina f. Discipline.

disciplinable adj. Disciplinable.

disciplinadamente adv. Avec discipline.

disciplinado, da adj. Discipliné, e. ‖ FIG. Bigarré, e ; panaché, e (jaspeado) : *rosa disciplinada,* rose panachée.

disciplinal adj. Disciplinaire.

disciplinante adj. y s. Pénitent, e (en Semana Santa).

disciplinar v. tr. Discipliner (un ejército, sus instintos). ‖ Appliquer la discipline, flageller (azotar).

— V. pr. Se discipliner.

disciplinario, ria adj. y s. m. Disciplinaire : *castigo, batallón disciplinario,* sanction, bataillon disciplinaire.

discipular adj. Scolaire, des élèves.

discípulo, la m. y f. Disciple (el que sigue a un maestro). ‖ Élève (escolar, alumno) : *un discípulo aplicado,* un élève appliqué.

— SINÓN. *Alumno,* élève. *Escolar,* écolier. *Colegial,* collégien, lycéen. *Estudiante,* étudiant.

disco m. Disque : *lanzamiento del disco,* lancement du disque ; *disco de Newton,* disque de Newton. ‖ Disque (de fonógrafo) : *tocar un disco microsurco,* passer un disque microsillon. ‖ Feu : *disco rojo, verde,* feu rouge, vert (en las calles). ‖ MECÁN. Disque (de un freno). ‖ TECN. Galette, *f.* (de un magnetófono, etc.). ‖ FAM. Barbe, *f.* (cosa pesada) : *¡qué disco ir allí!,* quelle barbe d'y aller. | Chanson, *f.* : *siempre estás con el mismo disco,* c'est toujours la même chanson. ‖ — *Disco de control,* disque de stationnement. ‖ — *Disco de señales,* disque (ferrocarril). ‖ *Disco selector,* cadran (teléfono). ‖ — FIG. y FAM. *Cambiar de disco,* changer de disque. ‖ *Pasar con el disco cerrado, abierto,* passer au rouge, au vert.

discóbolo m. Discobole.

discófilo, la m. y f. Discophile.

discoidal o **discoideo, a** adj. Discoïdal, e ; discoïde.

díscolo, la adj. Indocile, turbulent, e (indócil).

discomicetos m. pl. BOT. Discomycètes.

disconforme adj. Pas d'accord : *estoy disconforme contigo,* je ne suis pas d'accord avec toi.

disconformidad f. Désaccord, *m.* ‖ Divergence : *disconformidad de opiniones,* divergence d'opinions.

discontinuación f. Discontinuation.

discontinuar v. tr. e intr. Discontinuer.

discontinuidad f. Discontinuité.

discontinuo, nua adj. Discontinu, e.

— SINÓN. *Intermitente,* intermittent. *Irregular,* irrégulier. *Interrumpido,* interrompu.

disconveniencia f. Discordance.

disconvenir* v. intr. Ne pas être d'accord, disconvenir (p. us.). ‖ Ne pas aller ensemble (cosas).

discordancia f. Discordance, désaccord : *discordancia entre los dichos y los hechos,* désaccord entre les actes et les paroles. ‖ Divergence : *discordancia de opiniones,* divergence d'opinions.

discordante adj. Discordant, e.

discordar* v. intr. Être en désaccord : *discordar del original,* être en désaccord avec l'original. ‖ Diverger : *discordamos en pareceres,* nos avis divergent. ‖ Discorder (colores). ‖ MÚS. Discorder.

discorde adj. D'un avis différent, pas d'accord : *hallarse discordes,* n'être pas d'accord. ‖ MÚS. Discordant, e ; dissonant, e ; discord (p. us.).

discordia f. Discorde : *sembrar la discordia,* semer la discorde. ‖ — *Manzana de la discordia,* pomme de discorde. ‖ *Ser el tercero en discordia,* être le troisième larron. ‖ DR. *Tercero en discordia,* tiers arbitre.

discoteca f. Discothèque.

discrasia f. MED. Dyscrasie.

discreción f. Discrétion. ‖ Discrétion, réserve, retenue (reserva, secreto). ‖ Intelligence, bon sens, *m.,* sagesse (cordura). ‖ Vivacité d'esprit, esprit, *m.,* finesse (ingenio). ‖ — *A discreción,* à discrétion (al antojo). ‖ *A discreción de,* à la disposition de.

discrecional adj. Facultatif, ive : *parada discrecional,* arrêt facultatif. ‖ Discrétionnaire (arbitrario) : *poder discrecional,* pouvoir discrétionnaire. ‖ *Servicio discrecional,* service spécial (autobuses).

discrecionalmente adv. Discrétionnairement. ‖ Facultativement.

discrepancia f. Divergence, discordance : *discrepancia de ideas*, divergence d'idées.

discrepante adj. Discordant, e ; divergent, e.

discrepar v. intr. Diverger, être en désaccord : *nuestras opiniones discrepan*, nos opinions divergent. ‖ Être différent, différer : *mi opinión discrepa de la tuya*, mon opinion diffère de la tienne. ‖ Différer d'opinion, avoir des avis partagés (dos o más personas).

discretamente adv. Discrètement (con reserva). ‖ Avec esprit, avec finesse (con agudeza). ‖ Sagement (cuerdamente).

discretear v. intr. Faire le bel esprit.

discreteo m. FAM. Beaux discours, pl. ‖ Marivaudage (en amor). ‖ Affectation (f.) d'esprit (ostentación).

discreto, ta adj. Discret, ète (reservado). ‖ Intelligent, e ; sage, sensé, e (cuerdo). ‖ Fin, e ; spirituel, elle (agudo).
— M. y f. Personne (f.) sage o sensée. ‖ Personne (f.) d'esprit. ‖ Père discret, mère discrète (en una comunidad religiosa).

discretorio m. ECLES. Discrétoire.

discriminación f. Discrimination.

discriminante adj. Discriminant, e.
— M. MAT. Discriminant.

discriminar v. tr. Discriminer.

discriminatorio, ria adj. Discriminatoire.

disculpa f. Excuse : *tener por disculpa*, avoir pour excuse. ‖ — *¡Buena disculpa!*, bonne o belle excuse ! ‖ *Dar disculpas*, fournir des excuses. ‖ *Pedir disculpas a*, présenter des excuses à.

disculpable adj. Excusable, pardonnable.

disculpar v. tr. Disculper. ‖ FIG. Excuser (perdonar) : *discúlpeme*, excusez-moi. ‖ *Tenga a bien disculparme*, veuillez m'excuser, je vous prie de m'excuser.
— V. pr. Se disculper. ‖ S'excuser : *se disculpó de su retraso con su padre*, il s'est excusé de son retard à son père.
— OBSERV. Es preferible emplear las expresiones *je vous prie de m'excuser* o *veuillez m'excuser* en lugar de *je m'excuse*.

discurrir v. intr. Penser, réfléchir (reflexionar) : *discurrir en*, réfléchir à. ‖ Parcourir, aller (andar). ‖ Couler (líquidos). ‖ Passer (tiempo).
— V. tr. Imaginer, inventer.
— OBSERV. El francés *discourir* significa *extenderse* (hablando).

discursante adj. y s. Discoureur, euse ; disert, e (p. us.).

discursar v. intr. Discourir, parler.

discursear v. intr. FAM. Faire des discours, pérorer.

discursista m. y f. Discoureur, euse.

discursivo, va adj. Réfléchi, e ; méditatif, ive. ‖ Discursif, ive : *método discursivo*, méthode discursive.

discurso m. ● Discours (expresión verbal). ‖ Discours (escrito) : *Discurso del Método*, Discours de la méthode. ‖ Raisonnement (razonamiento). ‖ Cours (del tiempo).
— SINÓN. ● *Arenga*, harangue, *Conferencia*, conférence. *Charla*, causerie. *Disertación*, dissertation. *Mensaje*, message. *Oración*, oraison. *Alocución*, allocution. *Perorata*, laïus. *Brindis*, toast. *Palabrería*, boniment.

discusión f. Discussion. ‖ MAT. *Discusión de una ecuación*, discussion d'une équation.
— SINÓN. *Debate*, débat. *Controversia*, controverse. *Polémica*, polémique. *Logomaquia*, logomachie.

discutible adj. Discutable, sujet, sujette à discussion.

discutidor, ra adj. y s. Discuteur, euse.

discutir v. tr. e intr. Discuter : *discutir de, sobre*, discuter de, sur. ‖ Débattre (un precio). ‖ Contester : *eso no te lo discuto*, cela je ne te le conteste pas ; *un libro muy discutido*, un livre très contesté.

disecación f. Dissection. ‖ Empaillement, *m.*, empaillage, *m.* (de un animal muerto).

disecador, ra m. y f. Dissecteur, euse. ‖ Empailleur, euse (el que conserva).

disecar v. tr. Disséquer (un cadáver o una planta). ‖ Empailler (conservar un animal muerto). ‖ FIG. Disséquer (analizar).

disección f. Dissection. ‖ Empaillage, *m.*, empaillement, *m.* (de un animal muerto). ‖ Dessiccation (conservación de una planta).

disector m. Dissecteur. ‖ Empailleur, taxidermiste (de animales). ‖ Préparateur (de plantas).

diseminación f. Dissémination.

diseminar v. tr. Disséminer.

disensión f. Dissension.

disenso m. Dissentiment.

disentería f. MED. Dysenterie.

disentérico, ca adj. y s. MED. Dysentérique.

disentimiento m. Dissentiment (desacuerdo).

disentir* v. intr. Dissentir (p. us.), n'être pas du même avis o du même bord o d'accord : *disentimos en esto*, nous ne sommes pas d'accord là-dessus. ‖ Différer : *nuestras opiniones políticas disienten*, nos opinions politiques diffèrent.

diseñador m. Dessinateur.

diseñar v. tr. Dessiner.

diseño m. Dessin. ‖ Description, *f.* (por palabras).

disertación f. Dissertation. ‖ Exposé, *m.*, conférence (conferencia) : *el conferenciante inició su disertación*, le conférencier commença son exposé.

disertador, ra o **disertante** adj. y s. Disserteur, euse. ‖ Conférencier, ère (conferenciante).

disertar v. intr. Disserter.

diserto, ta adj. Disert, e.

disfagia f. Dysphagie (dificultad en tragar).

disfasia f. Dysphasie (dificultad en el habla).

disfavor m. (P. us.). Défaveur, *f.*

disformar v. tr. Déformer.

disforme adj. Difforme. ‖ Énorme (desproporcionado).

disformidad f. Difformité.

disfraz m. Déguisement, travestissement. ‖ Travesti, déguisement (traje). ‖ FIG. Déguisement, fard (disimulación) : *sin disfraz*, sans fard. ‖ Masque (apariencia) : *bajo el disfraz de*, sous le masque de. ‖ *Baile de disfraces*, bal costumé o travesti.

disfrazadamente adv. De façon déguisée.

disfrazar v. tr. ● Déguiser. ‖ FIG. Déguiser : *disfrazar la voz*, déguiser la voix. ‖ Farder (la verdad). ‖ Masquer (con malos designios). ‖ Travestir, maquiller, camoufler (fam.) : *crimen disfrazado en suicidio*, crime maquillé en suicide.
— V. pr. Se déguiser, se travestir : *disfrazarse de chino*, se déguiser en Chinois.
— SINÓN. ● *Enmascarar*, masquer. *Disimular*, dissimuler, cacher. *Maquillar*, maquiller, farder.

disfrutar v. tr. Posséder (una finca). ‖ Profiter de : *¡Disfrútelo!*, profitez-en ! ; *disfrutar sus vacaciones*, profiter de ses vacances.
— V. intr. Jouir : *disfrutar de* ou *con algo*, jouir de quelque chose. ‖ Jouir (de salud, favor, herencia). ‖ S'amuser : *he disfrutado mucho en esta ciudad*, je me suis beaucoup amusé dans cette ville. ‖ — *Disfrutar con la música*, éprouver un vif plaisir à entendre de la musique, être heureux d'entendre de la musique. ‖ *Madre que disfruta de sus hijos*, mère qui profite de ses enfants. ‖ *Mi hermano disfruta mucho en el cine*, mon frère est ravi quand il va au cinéma o passe de très bons moments au cinéma.

disfrute m. Jouissance, *f.*

disfumar o **disfuminar** v. tr. Estomper.

disfumino m. Estompe, *f.* (esfumino).

disgregación f. Désagrégation.

disgregante adj. Qui désagrège, désintégrant, e.

disgregar v. tr. Désagréger.
— V. pr. Se désagréger.

disgustado, da adj. Fâché, e : *disgustado con* ou *de uno* ou *una cosa*, fâché contre quelqu'un *o* quelque chose. ‖ Déçu, e (decepcionado) : *disgustado con la actitud del ministro*, déçu par l'attitude du ministre. ‖ Contrarié, e ; désolé, e ; ennuyé, e (pesaroso). ‖ FAM. *Estoy disgustado con este coche*, je ne suis pas content de cette voiture.

disgustar v. tr. Déplaire : *tu carta me ha disgustado*, ta lettre m'a déplu. ‖ Contrarier, désoler (contrariar). ‖ Fâcher, mettre en colère (enfadar).
— V. pr. Se fâcher : *disgustarse con uno por una tontería*, se fâcher avec quelqu'un pour une bêtise. ‖ En avoir assez de (hartarse de) : *disgustarse de hacer siempre el mismo trabajo*, en avoir assez de faire toujours le même travail.

disgusto m. Contrariété, *f.* : *llevarse un gran disgusto*, éprouver une grosse contrariété. ‖ Ennui, contrariété, *f.*, désagrément, déboire (desagrado). ‖ Ennui, malheur (revés) : *tuvo muchos disgustos*, il a eu beaucoup d'ennuis. ‖ Chagrin, peine, *f.* (pesadumbre) : *esta muerte le dio un gran disgusto*, cette mort lui a causé une grande peine. ‖ Dégoût (tedio, repulsión). ‖ Brouille, *f.* (desavenencia). ‖ — *A disgusto*, à contrecœur, sans plaisir, à regret. ‖ *Estar* ou *hallarse a disgusto en*, ne pas être bien *o* ne pas se plaire à. ‖ *Tener disgustos con uno*, avoir des ennuis *o* des difficultés avec quelqu'un.
— OBSERV. *Disgusto* ne signifie presque jamais *dégoût*, qui se dit plutôt *asco*.

disidencia f. Dissidence.
— SINÓN. *Desacuerdo*, *discrepancia*, désaccord, divergence. *Escisión*, scission. *Cisma*, schisme. *Secesión*, sécession.

disidente adj. y s. Dissident, e.

disidir v. intr. Faire dissidence.

disilábico, ca o **disílabo, ba** adj. Dissyllabique, dissyllabe.
— M. Dissyllabe.

disimetría f. Dissymétrie.

disimétrico, ca adj. Dissymétrique.

disímil adj. Dissemblable, dissimilaire (p. us.).

disimilación f. Dissimilation.

disimilar v. tr. Dissimiler.

disimilitud f. Dissimilitude (desemejanza).

disimulable adj. Dissimulable. ‖ Excusable (perdonable).

disimulación f. Dissimulation.
— SINÓN. *Disimulo*, dissimulation. *Simulación*, simulation. *Fingimiento*, feinte. *Comedia*, comédie. *Ficción*, fiction.

disimuladamente adv. Avec dissimulation.

disimulado, da adj. Dissimulé, e (hipócrita). ‖ — *A lo disimulado* ou *a la disimulada*, avec dissimulation. ‖ *Hacerse el disimulado*, faire l'innocent.

disimulador, ra adj. y s. Dissimulateur, trice.

disimular v. tr. Dissimuler. ‖ Excuser, pardonner (disculpar). ‖ Cacher, dissimuler : *disimular su alegría*, cacher sa joie. ‖ *Sin disimular*, sans dissimuler.
— V. intr. Feindre le contraire de ce que l'on pense.

disimulo m. Dissimulation, *f.* ‖ Indulgence, *f.*, tolérance, *f.* ‖ Déguisement, dissimulation, *f.*, détours, *pl.* : *hablar sin disimulo*, parler sans détours. ‖ *Con disimulo*, en cachette.

disipable adj. Qui peut être dissipé.

disipación f. Dissipation.

disipado, da adj. y s. Dissipé, e.

disipador, ra adj. y s. Dissipateur, trice (que malgasta).

disipar v. tr. Dissiper : *disipar el humo, su fortuna, las ilusiones*, dissiper la fumée, sa fortune, ses illusions.
— V. pr. Se dissiper, s'évaporer (desaparecer). ‖ Se ruiner : *disiparse en prodigalidades*, se ruiner en prodigalités.
— OBSERV. El verbo francés *se dissiper* aplicado a personas significa *indisciplinarse* (un alumno).

dislalia f. MED. Dyslalie.

dislate m. Sottise, *f.*, bourde, *f.*, absurdité, *f.*

dislexia f. MED. Dyslexie.

dislocación f. Dislocation. ‖ Déboîtement, *m.* (de los huesos). ‖ Déplacement, *m.* (de las vértebras). ‖ MIL. Dislocation.

dislocadura f. Dislocation.

dislocar v. tr. Disloquer. ‖ Déboîter, démettre (los huesos). ‖ Déplacer (las vértebras). ‖ FIG. y FAM. *Estar dislocado*, être fou de joie.
— V. pr. Se disloquer. ‖ Se déboîter, se démettre, se déplacer (los huesos).
— SINÓN. *Descoyuntar*, désarticuler. *Desencajar*, déboîter, désemboîter. *Desarticular*, désarticuler.

disloque m. Dislocation, *f.* (dislocación). ‖ FAM. Merveille, *f.* [chose excellente], folie, *f.* [chose fâcheuse]. ‖ *Es el disloque*, c'est le comble, il y a de quoi perdre la raison.

dismembración f. Démembrement, *m.*

dismenorrea f. MED. Dysménorrhée.

disminución f. ● Diminution. ‖ Abaissement, *m.* (de la temperatura). ‖ *Ir en disminución*, aller en diminuant.
— SINÓN. ● *Reducción*, réduction. *Baja*, *merma*, baisse. *Descuento*, remise. *Bonificación*, bonification, ristourne.

disminuir* v. tr. ● Diminuer.
— V. intr. y pr. Diminuer : *disminuir en la altura*, diminuer de hauteur.
— SINÓN. ● *Acortar*, raccourcir, écourter. *Menguar*, diminuer. *Achicar*, diminuer. *Estrechar*, rétrécir. *Empequeñecer*, rapetisser, amoindrir.

dismnesia f. MED. Dysmnésie.

disnea f. MED. Dyspnée.

disociabilidad f. Dissociabilité.

disociable adj. Dissociable.

disociación f. Dissociation.

disociar v. tr. Dissocier.

disolubilidad f. QUÍM. Dissolubilité.

disoluble adj. Soluble.

disolución f. Dissolution. ‖ QUÍM. Solution.

disolutamente adv. D'une façon dissolue.

disolutivo, va adj. Dissolvant, e ; dissolutif, ive (p. us.).

disoluto, ta adj. y s. Dissolu, e.

disolvente adj. y s. m. Dissolvant, e. ‖ — M. Solvant (para pinturas).

disolver* v. tr. Dissoudre (un cuerpo, un matrimonio, una sociedad). ‖ FIG. Disperser : *disolver un grupo en la calle*, disperser un attroupement dans la rue.

disonancia f. Dissonance.

disonante adj. Dissonant, e ; discordant, e.

disonar* v. intr. Dissoner. ‖ FIG. Manquer d'harmonie, ne pas correspondre.

dísono, na adj. Dissonant, e.

dispar adj. Différent, e ; dissemblable.

disparada f. *Amer.* Fuite (fuga). ‖ — FAM. *A la disparada*, en toute hâte, à fond de train (a todo correr). ‖ *De disparada*, sur-le-champ (inmediatamente). ‖ *Tomar la disparada*, prendre ses jambes à son cou.

disparadamente adv. Précipitamment. ‖ Sottement (disparatadamente).

disparador m. Tireur (el que dispara). ‖ Détente, *f.* (en las armas). ‖ Déclencheur (de cámara fotográfica). ‖ Échappement (de reloj). ‖ FIG. y FAM. *Poner a uno en el disparador*, pousser quelqu'un à bout.

disparar v. tr. Tirer un coup de, décharger : *disparar un cañón*, tirer un coup de canon ; *disparó el fusil contra el enemigo*, il déchargea son fusil sur l'ennemi. ‖ Tirer : *disparar a alguien*, tirer sur quelqu'un. ‖ Jeter, lancer (arrojar). ‖ Décocher (flecha). ‖ Dep. Tirer au but (el balón). — V. intr. Tirer, faire feu : *empuñó la escopeta y disparó*, il empoigna son fusil et tira. ‖ Fig. Déraisonner (decir o hacer tonterías). ‖ Amer. S'enfuir. ‖ — Fam. *Estar disparado*, ne pas tenir en place. ‖ Fig. *Salir disparado*, partir comme un trait o comme une flèche (salir corriendo), être projeté : *salir disparado fuera de su asiento*, être projeté hors de son siège. — V. pr. Se décharger, partir (un arma de fuego). ‖ Se précipiter (arrojarse). ‖ Partir au galop, s'emballer (un caballo). ‖ Se débander (un muelle). ‖ Être hors de soi (obrar con violencia). ‖ S'emballer (un motor).

disparatadamente adv. Absurdement. ‖ Sottement.

disparatado, da adj. Absurde, extravagant, e. ‖ Disparate (inconexo).

disparatar v. intr. Déraisonner, dire o faire des absurdités.

disparate m. Sottise, *f.*, idiotie, *f.*, absurdité, *f.* : *es un disparate salir sin abrigo con el frío que hace*, c'est une absurdité de sortir sans pardessus par le froid qu'il fait. ‖ Bêtise, *f.*, énormité, *f.* : *soltar un disparate*, lâcher une énormité. ‖ *¡Qué disparate!*, quelle idiotie !, quelle bêtise ! (¡qué tontería!) ; c'est incroyable !, mon Dieu ! (¡qué barbaridad!).

disparatorio m. Sottisier (colección de disparates).

disparejo, ja adj. Inégal, e ; dissemblable.

disparidad f. Disparité. ‖ *Disparidad de cultos*, différence de cultes.

disparo m. Décharge, *f.* (acción de disparar un arma). ‖ Coup de feu (tiro). ‖ Décochement (de una flecha). ‖ Tir, shoot (en el fútbol). ‖ Fig. Sottise, *f.* (disparate). | Attaque, *f.* : *los disparos de los periodistas se centraron en él*, les attaques des journalistes se sont axées sur lui. ‖ Mar. *Disparo de aviso* ou *de advertencia*, coup de canon de semonce.

dispendio m. Gaspillage.

dispendioso, sa adj. Dispendieux, euse.

dispensa f. Dispense. ‖ *Dispensa de edad*, dispense d'âge.
— Sinón. *Exención,* exemption. *Inmunidad*, immunité. *Descargo*, acquit. *Gracia*, grâce.

dispensable adj. Dispensable.

dispensación f. (P. us.). Dispensation (acción).

dispensador, ra adj. y s. Dispensateur, trice.

dispensar v. tr. Dispenser (distribuir). ‖ Dispenser (de una obligación). ‖ Excuser, pardonner : *dispénseme por llegar tan tarde*, veuillez m'excuser d'arriver si tard ; *dispénseme que le interrrumpa*, excusez-moi de vous interrompre. ‖ *Dispense usted*, excusez-moi, pardon.

dispensaría f. Amer. Dispensaire, *m.*

dispensario m. Dispensaire (consultorio).

dispepsia f. Med. Dyspepsie.

dispéptico, ca adj. y s. Dyspeptique, dispepsique.

dispersar v. tr. ● Disperser. ‖ Fig. Disperser (esfuerzos, una manifestación).
— V. pr. Se disperser.
— Sinón. ● *Desperdigar*, disperser. *Diseminar*, disséminer. *Esparcir, derramar, desparramar*, répandre, éparpiller. *Desbandarse*, se débander.

dispersión f. Dispersion.

dispersivo, va adj. Dispersif, ive.

disperso, sa adj. Dispersé, e : *en orden disperso*, en ordre dispersé.

dispersor, ra adj. Qui disperse.

displacer* v. tr. Déplaire.

displicencia f. Froideur, sécheresse (en el trato). ‖ Nonchalance (descuido). ‖ Découragement, *m.* (desaliento). ‖ *Trabajar con displicencia*, travailler sans enthousiasme.

displicente adj. Déplaisant, e : *tono displicente*, ton déplaisant. ‖ Acrimonieux, euse ; acerbe (desabrido). ‖ Nonchalant, e (descuidado).

disponente m. y f. Dr. Disposant, e.

disponer* v. tr. Disposer, ordonner. ‖ *Disponer la mesa*, mettre o dresser la table.
— V. intr. Disposer : *disponer de un amigo*, disposer d'un ami.
— V. pr. Se disposer : *disponerse a* ou *para marcharse*, se disposer à partir.

disponibilidad f. Disponibilité.

disponible adj. Disponible. ‖ En disponibilité, en non-activité : *empleado disponible*, employé en disponibilité.

disposición f. Disposition (arreglo). ‖ Disposition, agencement, *m.* (de una casa). ‖ Ordonnance (ordenación). ‖ Fig. Disposition : *manifestar disposiciones para la música*, avoir o montrer des dispositions pour la musique. ‖ — *Disposición de ánimo*, état d'esprit. ‖ *Disposición escénica*, mise en scène. ‖ — *A la disposición de*, à la disposition de. ‖ *A su disposición*, à votre service, à votre disposition. | *A su entera disposición*, à votre entière disposition. ‖ Dr. *Tercio de libre disposición*, quotité disponible. ‖ *Última disposición*, dernières volontés. ‖ — *Estoy a la disposición de usted* ou *a su disposición*, je suis à votre disposition o à votre service. ‖ *Estar* ou *hallarse en disposición de*, être o se trouver en état de. ‖ *Tomar sus disposiciones*, prendre ses dispositions.

dispositivo m. Dispositif.

dispuesto, ta adj. Disposé, e. ‖ Disposé, e ; prêt, e : *estoy muy dispuesto a ayudarle*, je suis tout prêt à vous aider. ‖ Prêt, e : *dispuesto para la marcha*, prêt à partir. ‖ Qui est toujours prêt à rendre service, serviable : *una mujer muy dispuesta*, une femme toujours prête à rendre service (servicial). ‖ — *Bien* ou *mal dispuesto con uno*, bien o mal disposé envers quelqu'un. ‖ *Lo dispuesto*, les dispositions, ce qui est prévu o stipulé : *en cumplimiento de lo dispuesto en el artículo*, conformément à ce qui est stipulé dans l'article.

disputa f. Dispute. ‖ *Sin disputa*, sans conteste, sans contredit, sans discussion.
— Sinón. *Altercado, contienda*, altercation. *Escaramuza*, escarmouche. *Querella, riña, pendencia*, querelle. *Fam. Agarrada*, prise de bec. *Pelotera, bronca*, chamaillerie. *Gresca, cisco, hollín, grabuge. Camorra,* noise.

disputable adj. Disputable.

disputador, ra adj. y s. Disputeur, euse.

disputar v. tr. e intr. Disputer, discuter (discutir). ‖ Disputer : *disputar el primer puesto a*, disputer la première place à.
— V. pr. Se disputer.

disquisición f. Exposé, *m.*, étude. ‖ Digression.

disruptor m. Electr. Disrupteur.

distancia f. Distance. ‖ — Mecán. *Distancia entre ejes*, empattement. ‖ — *A distancia* ou *a la distancia*, à distance. ‖ *A respetable* ou *respetuosa distancia*, à distance respectueuse. ‖ — *Avión de larga distancia*, avion long-courrier. ‖ — *Acortar las distancias*, rapprocher les distances. ‖ *Guardar las distancias*, garder ses distances. ‖ *Mantener* ou *tener a distancia*, tenir à distance.
— Sinón. *Equidistancia*, équidistance. *Separación*, séparation. *Alejamiento, lejanía*, éloignement.

distanciar v. tr. Éloigner, écarter : *acompañarte a tu casa me distancia mucho de mi camino*, ça m'éloigne beaucoup de t'accompagner chez toi. ‖ Distancer (dejar atrás) : *un corredor que distancia a su rival*, un coureur qui distance son rival. ‖

Estar distanciado de su familia, ne plus voir sa famille.

— V. pr. Se séparer. ‖ Ne plus voir : *distanciarse de sus amigos,* ne plus voir ses amis.

distante adj. Distant, e (espacio). ‖ Éloigné, e (espacio y tiempo) : *en época distante,* à une époque éloignée.

distar v. intr. Être éloigné de : *distar dos leguas,* être éloigné de deux lieues. ‖ Fig. Être loin : *dista mucho de ser bueno,* il est bien loin d'être bon.

distender* v. tr. Distendre.

distensión f. Distension. ‖ Claquage, *m.* (de un músculo). ‖ *Tener una distensión,* se claquer un muscle.

dístico m. Poét. Distique.

distinción f. Distinction : *hacer distinción entre,* faire une distinction entre ; *no hacer distinción entre,* ne pas faire de distinction entre. ‖ Distinction (honor). ‖ Distinction (elegancia). ‖ Considération (miramiento) : *tratar a un superior con distinción,* traiter un supérieur avec considération. ‖ *A distinción de,* à la différence de.

distingo m. Distinguo, *inv.*

distinguible adj. Qui peut être distingué, e.

distinguido, da adj. Distingué, e : *un escritor distinguido,* un écrivain distingué. ‖ Distingué, e (elegante).

— Sinón. *Brillante,* brillant. *Ilustre, esclarecido,* illustre. *Notable,* remarquable. *Superior,* supérieur. *Eminente,* éminent.

distinguir v. tr. ● Distinguer : *distinguir una cosa de otra,* distinguer une chose d'avec une autre. ‖ Rendre hommage : *el general le distinguió, ascendiéndole a coronel,* le général a rendu hommage à ses mérites, en l'élevant au grade de colonel.

— V. pr. Se distinguer : *distinguirse por su valor,* se distinguer par son courage.

— Sinón. ● *Discernir,* discerner. *Discriminar,* discriminer. *Seleccionar,* sélectionner. *Diferenciar,* différencier.

distintivo, va adj. Distinctif, ive.

— M. Signe distinctif : *el caduceo es el distintivo de los médicos,* le caducée est le signe distinctif des médecins. ‖ Insigne (señal). ‖ Qualité (*f.*) distinctive (cualidad).

distinto, ta adj. Distinct, e (claro). ‖ Différent, e : *distinto a* ou *de,* différent de ; *quiero uno distinto,* j'en veux un différent. ‖ *Ver de distinta manera,* voir d'une façon différente, ne pas voir de la même façon.

distomatosis f. Med. Distomatose.

distorsión f. Distorsion.

distorsionar v. tr. Dénaturer.

distracción f. ● Distraction. ‖ Dissipation, déréglement, *m.* (en las costumbres).

— Sinón. ● *Inadvertencia,* inadvertance. *Descuido,* mégarde. *Olvido,* absence.

distraer* v. tr. Distraire. ‖ Distraire, amuser, délasser (divertir). ‖ Distraire, détourner (fondos). ‖ Détourner : *distraer a uno de un proyecto,* détourner quelqu'un de son projet. ‖ Mil. *Distraer al enemigo,* distraire l'ennemi, opérer une diversion.

— V. pr. Se distraire : *distraerse con la lectura,* se distraire en lisant.

distraído, da adj. Distrayant, e : *una película distraída,* un film distrayant.

— Adj. y s. Distrait, e. ‖ Amer. Négligé, e ; débraillé, e (desaliñado).

distraimiento m. Distraction, *f.*

distribución f. Distribution. ‖ Répartition : *distribución geográfica de la población,* répartition géographique de la population. ‖ Autom. e Impr. Distribution.

distribuidor, ra adj. y s. Distributeur, trice. ‖

— *Distribuidor automático,* distributeur automatique. ‖ *Pipa del distribuidor,* doigt du distributeur.

distribuir* v. tr. Distribuer (repartir).

— Sinón. *Dispensar,* dispenser. *Dividir,* diviser. *Partir, repartir, compartir,* partager. *Repartir,* répartir.

distributivo, va adj. Distributif, ive.

distributor, ra o **distribuyente** adj. y s. Distributeur, trice.

distrito m. District (p. us.), secteur, territoire. ‖ Arrondissement (en una ciudad). ‖ — *Distrito marítimo,* secteur maritime. ‖ *Distrito universitario,* académie.

distrofia f. Med. Dystrophie.

disturbar v. tr. Perturber, troubler.

disturbio m. Trouble (desorden).

disuadir v. tr. Dissuader.

disuasión f. Dissuasion. ‖ *Fuerza* ou *poder de disuasión,* force de dissuasion *o* de frappe.

disuasivo, va adj. Dissuasif, ive. ‖ *Fuerza disuasiva* ou *poder disuasivo,* force de frappe *o* de dissuasion.

disuasorio, ria adj. Dissuasif, ive. ‖ *Fuerza disuasoria,* force de frappe *o* de dissuasion.

disuelto, ta adj. Dissous, oute.

disuria f. Med. Dysurie.

disúrico, ca adj. Dysurique.

disyunción f. Disjonction, séparation.

disyunta f. Mús. Degré (*m.*) disjoint (mutación de voz).

disyuntiva f. Alternative : *no tengo otra disyuntiva,* je n'ai que cette alternative.

disyuntivamente adv. Séparément.

disyuntivo, va adj. y s. f. Disjonctif, ive.

disyuntor m. Electr. Disjoncteur.

dita f. Caution (garantía). ‖ Amer. Dette (deuda). ‖ *Vender a dita,* vendre à crédit.

ditaína f. Ditaïne (alcaloide).

diteísmo m. Relig. Dithéisme.

ditero, ra m. y f. Personne qui vend à crédit.

dítico m. Zool. Dytique (insecto).

ditirámbico, ca adj. Dithyrambique.

ditirambo m. Dithyrambe.

dítono m. Mús. Tierce, *f.* (intervalo).

diuca f. o **diucón** m. Amer. Espèce de chardonneret, *m.* (pájaro).

diuresis f. Med. Diurèse.

diurético, ca adj. y s. m. Med. Diurétique.

diurno, na adj. Diurne.

— M. Relig. Diurnal (libro).

diuturnidad f. Long espace (*m.*) de temps.

diuturno, na adj. Durable, qui dure longtemps.

diva f. Poét. Déesse. ‖ Fig. Diva (cantora).

divagación f. Divagation.

divagador, ra adj. Divagateur, trice.

divagar v. intr. Divaguer.

diván m. Divan (canapé). ‖ Divan (consejo y gobierno turco). ‖ Divan (poesía oriental).

divergencia f. Divergence.

divergente adj. Divergent, e.

divergir v. intr. Diverger.

diversidad f. Diversité.

diversificación f. Différenciation, diversité (diversidad). ‖ Diversification.

diversificar v. tr. Diversifier.

diversiforme adj. Diversiforme.

diversión f. Divertissement, *m.,* distraction : *la caza es su diversión preferida,* la chasse est son divertissement favori. ‖ Distraction : *hay pocas diversiones en este pueblo,* il y a peu de distractions dans ce village. ‖ Mil. Diversion. ‖ *Servir de diversión,* servir de spectacle.

diversivo, va adj. y s. m. Med. Révulsif, ive.

diverso, sa adj. Divers, e : *el orador habló sobre los temas más diversos,* l'orateur parla sur les sujets les plus divers. ‖ Divers, e ; différent, e : *artículos de diversas categorías,* articles de différentes catégories ; *en diversas oportunidades,* en diverses occasions *o* à différentes reprises. ‖ Plu-sieurs : *diversos escritores han relatado el mismo suceso*, plusieurs écrivains ont rapporté le même fait.

divertículo m. ANAT. Diverticule.

divertido, da adj. Amusant, e ; drôle ; divertis-sant, e : *una película divertida*, un film amusant ; *una persona muy divertida*, une personne très drôle. ‖ Drôle : *no es nada divertido*, ce n'est pas drôle du tout.
— SINÓN. *Agradable*, plaisant. *Entretenido*, amusant. *Salado*, gracieux. *Ingenioso, fino*, spirituel.

divertimento m. MÚS. Divertissement.

divertimiento m. Amusement, divertissement.

divertir* v. tr. Divertir, amuser : *este chiste me ha divertido mucho*, cette plaisanterie m'a beau-coup amusé. ‖ Détourner, éloigner (apartar). ‖ MIL. Opérer une diversion.
— V. pr. Se distraire, s'amuser : *divertirse en pintar*, s'amuser à peindre. ‖ Se divertir : *diver-tirse a costa de uno*, se divertir aux dépens de quelqu'un. ‖ — *Divertirse en grande*, s'amuser follement. ‖ FAM. *¡Se va usted a divertir!*, je vous en souhaite *o* je vous en promets *o* je vous souhaite bien du plaisir !

dividendo m. MAT. y COM. Dividende : *dividendo activo*, dividende distribué.

dividir v. tr. Diviser : *dividir en dos*, diviser en deux ; *dividir por cuatro*, diviser par quatre ; *dividir por partes*, diviser en parties. ‖ Partager (repartir) : *dividir entre cuatro*, partager en quatre *o* entre quatre personnes. ‖ *Divide y ven-cerás*, diviser pour régner.

dividivi m. BOT. Dividivi.

divieso m. Furoncle (furúnculo).

divinatorio, ria adj. Divinatoire.

divinidad f. Divinité. ‖ FIG. Dieu, *m.*, divinité (persona).

divinización f. Divinisation.

divinizar v. tr. Diviniser. ‖ FIG. Déifier, faire son dieu de, se faire un dieu de.

divino, na adj. Divin, e (de Dios). ‖ Mystique, religieux, euse : *poeta divino*, poète mystique. ‖ FIG. Divin, e (encantador). ‖ *Lo divino*, Le divin.

divisa f. Devise (pensamiento). ‖ Insigne, *m.* (se-ñal). ‖ Devise (moneda). ‖ BLAS. Devise (lema). ‖ DR. Divis, *m.* (partición). ‖ TAUROM. Cocarde [pour distinguer les taureaux].

divisar v. tr. Distinguer, apercevoir (discernir).

divisibilidad f. MAT. Divisibilité.

divisible adj. Divisible : *una cantidad divisible*, une quantité divisible.

división f. MAT. y MIL. Division. ‖ GRAM. Trait (*m.*) d'union (guión). ‖ FIG. Partage, *m.*, diver-gence : *división de opiniones*, partage d'opinions. ‖ Division, discorde : *sembrar la división en una familia*, semer la discorde dans une famille.

divisional o **divisionario, ria** adj. Divisionnaire.

divisionismo m. Divisionnisme.

diviso, sa adj. Divisé, e. ‖ DR. Divis, e.

divisor, ra adj. MAT. Sous-multiple.
— M. Diviseur. ‖ — *Común divisor*, commun diviseur. ‖ *Máximo común divisor*, plus grand commun diviseur.

divisorio, ria adj. Qui divise, divisoire, diviseur. ‖ *Línea divisoria de aguas*, ligne de partage des eaux.

divo, va adj. POÉT. Divin, e.
— M. y f. Chanteur, diva (d'opéra). ‖ FIG. Ve-dette, *f.* (figura principal). ‖ — M. Dieu (divinidad pagana).

divorciar v. tr. Séparer, prononcer le divorce de.
— V. pr. Divorcer : *se han divorciado*, ils ont divorcé.

divorcio m. ● Divorce. ‖ *Amer.* Prison (*f.*) pour femmes.
— SINÓN. ● *Separación*, séparation. *Repudiación*, repu-*dio*, répudiation.

divulgación f. Divulgation : *la divulgación de un secreto*, la divulgation d'un secret. ‖ Vulgarisa-tion : *divulgación agrícola*, vulgarisation agricole.

divulgador, ra adj. y s. Divulgateur, trice.

divulgar v. tr. Divulguer : *divulgar una noticia*, divulguer une nouvelle.
— SINÓN. *Difundir*, divulguer. *Publicar*, publier. *Reve-lar*, révéler. *Descubrir, anunciar*, dévoiler. *Pregonar*, crier.

divulsión f. Divulsion (avulsión).

do m. MÚS. Do, ut (nota). ‖ — FIG. y FAM. *Dar el do de pecho*, se surpasser. ‖ *Do de pecho*, « ut » de poitrine.
— Adv. (Ant.). Où (donde). ‖ D'où (de donde).
— OBSERV. Do, en tant qu'adverbe, est l'apocope de *donde*. Il est devenu inusité dans le langage courant et n'est en fait employé maintenant qu'en poésie.

dobla f. Pistole (moneda antigua de dos pesos). ‖ FAM. *Jugar a la dobla*, doubler la mise (en el juego).

dobladas f. pl. *Amer.* Glas, *m. sing.*

dobladamente adv. Doublement. ‖ FIG. Avec duplicité, avec fausseté, avec fourberie (con doblez).

dobladillar v. tr. Ourler (costura).

dobladillo m. Ourlet (costura) : *dobladillo de vainica*, ourlet à jour.

doblado, da adj. Doublé, e (duplicado). ‖ Plié, e (plegado). ‖ FIG. Trapu, e (pequeño y recio). ‖ Dissimulateur, trice ; faux, fausse ; fourbe (hipó-crita).

dobladura f. Pli, *m.* : *es muy difícil borrar las dobladuras de una tela*, c'est très difficile d'effacer les plis d'un tissu.

doblaje m. CINEM. Doublage, postsynchronisa-tion, *f.*

doblamiento m. Pliage, pliement.

doblar v. tr. ● Plier : *doblar en dos*, plier en deux. ‖ Plier, courber, recourber (curvar). ‖ Tordre (torcer) : *doblar una vara de hierro*, tordre une tige en fer. ‖ Plier, fléchir, courber : *doblar la rodilla*, plier le genou. ‖ Tourner : *dobla la pá-gina*, tourne la page. ‖ Tourner : *doblar la calle* ou *la esquina*, tourner au coin de la rue. ‖ Doubler (aumentar) : *doblar el sueldo*, doubler les appoin-tements. ‖ Rabattre (un dobladillo). ‖ Contrer (en los naipes). ‖ FIG. Plier, soumettre, réduire : *he doblado Juan a mi voluntad*, j'ai réduit Jean à ma volonté. ‖ CINEM. Doubler (un actor). ‖ Fausser : *doblar una llave*, fausser une clef. ‖ MAR. Doubler : *doblar un cabo*, doubler un cap. ‖ *Amer.* Descendre (matar). ‖ — *Doblar la cerviz*, courber le front. ‖ *Doblar las esquinas* ou *los picos de las páginas de un libro*, faire des cornes à un livre, écorner (p. us.) un livre.
— V. intr. Doubler : *sus fuerzas doblaron en dos meses*, ses forces ont doublé en deux mois. ‖ Tourner (en una calle) : *doblar a la derecha*, tourner à droite. ‖ FIG. Plier (ceder). ‖ Sonner [le glas] (tocar a muerto). ‖ TAUROM. S'écrouler [le taureau au moment de sa mort]. ‖ *Antes doblar que quebrar*, il vaut mieux plier que rompre.
— V. pr. Se plier. ‖ Se courber (encorvarse). ‖ Se courber, ployer (un árbol). ‖ FIG. Plier, se plier à (ceder una persona). ‖ FAM. *Doblarse por la cintura*, être plié en deux (reírse).
— SINÓN. ● *Plegar*, plier, ployer. *Encorvar, curvar*, courber. *Arquear, combar*, arquer. *Cimbrar*, fléchir.

doble adj. Double. ‖ Trapu, e (rechoncho). ‖ FIG. Faux, fausse ; fourbe, double (disimulado). ‖ *Con* ou *de doble sentido*, à double sens. ‖ COM. *Contabilidad por partida doble*, comptabilité en partie double. || *Esta calle es doble de la otra*, cette rue fait le double de l'autre ; *es doble de ancha que la otra*, elle est deux fois plus large que l'autre. || *Tela de doble ancho*, tissu en grande longueur.

— M. Double (cantidad) : *has pagado el doble de lo que vale*, tu as payé le double de ce que ça vaut. || Double : *el doble de un acta*, le double d'un acte. || Pli (pliegue). || Glas (toque de campana). || Double (tenis) : *doble caballeros* ou *masculino*, double messieurs. || Chope, *f.* (de cerveza). || Contre (en los naipes). || Double (sosia). CINEM. Doublure, *f.* || — *Doble contra sencillo*, deux contre un (apuesta). || CINEM. *Doble especial*, cascadeur. || *Doble o nada*, quitte ou double (juego). || *El doble que*, deux fois plus que : *come el doble que tú*, il mange deux fois plus que toi.

— Adv. Double : *ver doble*, voir double. || *Al doble*, au double.

doblegable o doblegadizo, za adj. Pliable. || FIG. Souple : *este niño tiene un carácter muy doblegable*, cet enfant a un caractère très souple.

doblegadura f. Pli, *m.*, pliure.

doblegar v. tr. Plier. || FIG. Plier, assouplir, faire fléchir, soumettre (carácter).

— V. pr. Se plier. || FIG. Se plier : *doblegarse a la voluntad ajena*, se plier à la volonté d'autrui. | Fléchir (someterse, ceder).

doblemente adv. Doublement : *magnánimo doblemente*, doublement magnanime. || FIG. Hypocritement, avec fausseté (con falsedad).

doblete adj. D'épaisseur moyenne.

— M. GRAM. Doublet. || Doublet (piedra falsa). || Doublé (en caza).

doblez m. Pli (pliegue). || — F. Fausseté, dissimulation, duplicité (falsedad).

doblilla f. Ancienne monnaie d'or (que valía veinte reales).

doblón m. Doublon (moneda antigua de cuatro duros). || *Doblón de a ocho*, once.

doce adj. y s. m. Douze : *los doce apóstoles*, les douze apôtres ; *el doce de agosto*, le 12 août. || — *Las doce de la noche*, minuit. || *Son las doce (del día)*, il est midi. || *Unos doce libros*, une douzaine de livres.

doceañista adj. y s. HIST. Partisan de la constitution espagnole de 1812.

docena f. Douzaine : *una docena de ostras*, une douzaine d'huîtres. || — *A docenas*, à la douzaine (venta), par douzaines : *llegaban a docenas*, ils arrivaient par douzaines. || FAM. *La docena del fraile*, treize à la douzaine. || *Por docenas*, par douzaines.

doceno, na adj. Douzième (duodécimo).

— M. TECN. Drap dont la chaîne comporte douze cents fils.

docente adj. Enseignant, e : *el cuerpo docente*, le corps enseignant. || *Centro docente*, centre d'enseignement.

dócil adj. Docile : *dócil de condición*, d'un caractère docile. || Obéissant, e : *me gustan los niños dóciles*, j'aime les enfants obéissants.

docilidad f. Docilité.

dócilmente adv. Docilement.

docimasia o docimástica f. MED. y QUÍM. Docimasie.

dock m. Dock.

dócker m. Docker (descargador).

doctamente adv. Savamment. || Doctement (con erudición).

docto, ta adj. y s. Savant, e ; docte (p. us.). || *Docto en*, savant o versé en : *muy docto en historia*, très versé en histoire.

doctor, ra m. y f. Docteur, *m.* : *la señora Jarro es doctor en letras*, Mᵐᵉ Jarro est docteur ès lettres ; *doctor en ciencias, en medicina, honoris*

causa, docteur ès sciences, en médecine, honoris causa. || MED. Docteur, doctoresse : *la mujer del farmacéutico es doctora*, la femme du pharmacien est doctoresse. || ECLES. *Doctor de la Iglesia*, docteur de l'Église.

— OBSERV. El título de *docteur* se aplica en Francia solamente a los doctores en medicina tanto al hombre como a la mujer: *la doctora López*, le docteur López. El femenino *doctoresse* no se usa como título.

— En Espagne, et dans les pays d'Amérique latine surtout, le titre de *doctor* s'applique non seulement au docteur en médecine mais à toute personne qui a obtenu un doctorat (en droit, en philosophie, pharmacie, etc.).

doctorado m. Doctorat.

doctoral adj. Doctoral, e : *un tono doctoral*, un ton doctoral.

doctoramiento m. Accession (*f.*) au grade doctoral.

doctorando m. Candidat au doctorat.

doctorar v. tr. Conférer le titre de docteur.

— V. pr. Être reçu docteur.

doctorear v. intr. FAM. Pontifier, faire l'important.

doctrina f. Doctrine (ciencia u opinión). || Enseignement, *m.* (enseñanza). || Catéchisme, *m.* (enseñanza de la doctrina cristiana a los niños). || Mission (predicación religiosa). || Fidèles (*m. pl.*) qui se rendent à la mission. || *Amer.* Paroisse d'Indiens (pueblo de indios).

doctrinal adj. Doctrinal, e : *avisos doctrinales*, avis doctrinaux.

doctrinante adj. (P. us.). Enseignant, e.

doctrinar v. tr. Instruire. || FIG. Endoctriner (convencer).

doctrinario, ria adj. y s. Doctrinaire.

doctrinarismo m. Doctrinarisme.

doctrinero m. Catéchiste. || *Amer.* Curé d'une paroisse d'Indiens.

doctrino m. Orphelin élevé dans un collège. || *Parecer un doctrino*, avoir l'air d'un enfant de chœur, être gauche o timide.

documentación f. Documentation : *necesita mucha documentación para preparar sus conferencias*, il a besoin de beaucoup de documentation pour préparer ses conférences. || Papiers, *m. pl.* (de identidad). || — *Documentación del coche*, carte grise. || *Documentación laboral*, dossier.

documentado, da adj. Documenté, e.

documental adj. Documentaire.

— M. CINEM. Documentaire.

documentar v. tr. Documenter.

— V. pr. Se documenter.

documento m. Document. || — Pl. Papiers (de identidad). || — *Documento justificativo*, pièce justificative. || *Documento Nacional de Identidad*, carte d'identité.

dodecaedro m. GEOM. Dodécaèdre.

dodecafónico, ca adj. Dodécaphonique : *música dodecafónica*, musique dodécaphonique.

dodecafonismo m. Dodécaphonisme.

dodecagonal adj. Dodécagonal, e.

dodecágono m. GEOM. Dodécagone.

dodecasílabo, ba adj. Dodécasyllabe, de douze syllabes.

— M. Alexandrin, vers de douze syllabes, dodécasyllabe.

dogal m. Licou (para atar un animal). || Corde (*f.*) de potence.

dogaresa f. Dogaresse.

dogma m. Dogme.

dogmático, ca adj. y s. Dogmatique.

dogmatismo m. Dogmatisme.

dogmatista m. Dogmatiste.

dogmatizador o dogmatizante m. Dogmatiseur.

dogmatizar v. intr. Dogmatiser.

dogo m. Dogue (perro).

doguillo m. Doguin (dogo joven).

doladera f. Doloire (de tonelero).

doladura f. Dolage, *m.* (desbastadura). || Copeau, *m.* (viruta).

dolaje m. Vin absorbé par le bois du fût.

dolamas f. pl. o **dolames** m. pl. Vices (*m.*) cachés (de un caballo). || FAM. *Amer. Bobos, m.,* malaises, *m.* (achaques).

dolar* v. tr. Doler (trabajar con la doladera).

dólar m. Dollar.

dolencia f. Indisposition, maladie, infirmité (achaque).

doler* v. intr. Avoir mal à, faire mal : *me duele mucho la cabeza,* j'ai très mal à la tête, la tête me fait très mal. || Souffrir : *me duele ver tanta injusticia,* je souffre de voir tant d'injustice. || Ennuyer : *me duele tener que escribir,* cela m'ennuie de devoir écrire. || Regretter : *me duele decírtelo,* je regrette de te le dire. || — FIG. *Ahí le duele,* c'est là que le bât le blesse. || *Estar dolido,* être peiné *o* chagriné.
— V. pr. Regretter : *dolerse de sus pecados,* regretter ses péchés. || Plaindre, avoir pitié de (alguien), compatir à (los males). || Se plaindre (gemir, quejarse) : *dolerse de lo difícil que es la vida,* se plaindre des difficultés de la vie. || S'affliger : *dolerse de las desgracias que ocurren,* s'affliger des malheurs qui arrivent.

dolicocefalia f. Dolichocéphalie.

dolicocéfalo, la adj. y s. ANAT. Dolichocéphale.

doliente adj. Qui fait mal, douloureux, euse (dolorido). || Malade, dolent, e ; souffrant, e (enfermo). || — Adj. y s. Malade.

dolmán m. *Amer.* Dolman.

dolmen m. Dolmen.

dolo m. DR. Dol (fraude, engaño).

dolomía o **dolomita** f. GEOL. Dolomite, dolomie, f.

Dolomitas n. pr. f. pl. GEOGR. Dolomites.

dolomítico, ca adj. GEOL. Dolomitique.

dolor m. Douleur, *f.* || Mal : *tener dolor de muelas, de vientre,* avoir mal aux dents, au ventre ; *el dolor de muelas es muy desagradable,* le mal de dents est très désagréable. || FIG. Peine, *f.,* chagrin : *causar dolor,* faire de la peine. || — *Dolor de cabeza,* mal de tête *o* à la tête. || *Dolor de corazón,* contrition. || *Dolor de costado,* point de côté. || *Dolor de estómago,* mal à l'estomac, crampe d'estomac. || *Dolor latente* ou *sordo,* douleur sourde. || — *Con harto dolor de mi parte,* avec une profonde douleur. || *Estar con los dolores,* être dans les douleurs (una mujer).

dolora f. Petite composition poétique [inventée par Campoamor].

Dolores n. pr. f. Dolorès [abrégé de *Virgen de los Dolores,* Vierge des Sept Douleurs].

dolorido, da adj. Endolori, e : *tener el brazo dolorido,* avoir le bras endolori. || FIG. Affligé, e ; désolé, e ; brisé de douleur.

doloroso, sa adj. Douloureux, euse : *una herida dolorosa,* une blessure douloureuse. || Désolant, e ; lamentable, déplorable (de lamentar).
— F. Vierge des Sept Douleurs. || FAM. La douloureuse (la cuenta).

dolosamente adv. Frauduleusement.

doloso, sa adj. Dolosif, ive.

dom m. Dom (título).

doma f. Domptage, *m.* (de potros, fieras). || Dressage, *m.* (adiestramiento). || FIG. Domestication, domptage, *m.* (de las pasiones). || *La doma de la bravía,* la Mégère apprivoisée (de Shakespeare).

domable adj. Domptable.

domador, ra m. y f. Dompteur, euse (de fieras). || Dresseur, euse (de potros y otros animales).

domadura f. Domptage, *m.* (amansamiento). || Dressage, *m.* (adiestramiento).

domar v. tr. Dompter : *domar fieras,* dompter des fauves. || Dresser (adiestrar). || Briser : *domar zapatos nuevos,* briser des chaussures neuves. ||

FIG. Dompter (las pasiones, a uno). || *La fierecilla domada,* la Mégère apprivoisée (de Shakespeare).

dombo m. ARQ. Dôme (domo).

domeñable adj. Domptable.

domeñar v. tr. Assouplir, dompter, soumettre : *domeñar a uno,* assouplir quelqu'un. || Maîtriser, dompter : *domeñar sus pasiones,* maîtriser ses passions. || *Domeñar la resistencia de uno,* rompre *o* briser *o* vaincre la résistance de quelqu'un.

domesticable adj. Apprivoisable, qui peut être apprivoisé *o* domestiqué *o* dressé.

domesticación f. Domestication, apprivoisement, *m.* (amansamiento).

domesticar v. tr. Apprivoiser (amansar) : *domesticar un ratón,* apprivoiser une souris. || Domestiquer (reducir a domesticidad) : *domesticar una nutria,* domestiquer une loutre. || FIG. Apprivoiser.

domesticidad f. Domesticité.

doméstico, ca adj. Domestique. || *Artes domésticas,* arts ménagers.
— M. y f. (P. us.). Domestique, employé, employée de maison.

Domiciano n. pr. m. Domitien.

domiciliación f. Domiciliation.

domiciliado, da adj. Domicilié, e.
— M. y f. Personne (*f.*) domiciliée.

domiciliar v. tr. Domicilier. || *Estar domiciliado en Madrid,* être domicilié à Madrid.
— V. pr. Se domicilier.

domiciliario, ria adj. Domiciliaire.
— M. y f. Habitant, e.

domicilio m. Domicile : *elegir domicilio,* élire domicile. || *Domicilio social,* siège social.

dominación f. Domination. || MIL. Hauteur qui domine une place. || Rétablissement, *m.* (gimnasia). || — Pl. ECLES. Dominations (ángeles).

dominador, ra adj. y s. Dominateur, trice.

dominanta adj. f. Dominatrice : *mujer dominanta,* femme dominatrice.
— F. FAM. Forte femme.

dominante adj. Dominant, e (que sobresale). || Dominateur, trice : *espíritu dominante,* esprit dominateur. || BIOL. *Carácter dominante,* caractère dominant.
— F. Dominante (rasgo característico). || MÚS. Dominante.

dominar v. tr. Dominer : *Napoleón quiso dominar a Europa,* Napoléon voulut dominer l'Europe. || Contrôler (la pelota). || Dominer, contrôler, maîtriser (los nervios, las pasiones). || Dominer, posséder (un idioma). || Dominer, surplomber : *las rocas dominan el barranco,* les rochers surplombent le ravin. || Maîtriser, se rendre maître de : *dominar la rebelión,* maîtriser la rébellion. || — *Dominar la situación,* dominer la situation, être maître de la situation. || *Dominar un incendio,* maîtriser un incendie.
— V. intr. Dominer, surplomber.
— V. pr. Se dominer, se maîtriser (controlarse).

dominatriz adj. f. y s. f. Dominatrice.

dómine m. FAM. Professeur de latin, magister (ant.). || FIG. Magister (pedante). || *Poner a uno como chupa de dómine,* dire pis que pendre de quelqu'un, traîner quelqu'un dans la boue.

Dominga n. pr. f. Dominique.

domingada f. Fête dominicale.

domingo m. Dimanche : *vendré el domingo,* je viendrai dimanche. || — *Domingo de carnaval,* dimanche gras. || *Domingo de Ramos,* dimanche des Rameaux. || *Domingo de Resurrección,* dimanche de Pâques. || *Hacer domingo,* ne pas travailler, faire la fête. || *Traje de los domingos,* habits du dimanche.

Domingo n. pr. m. Dominique.

Domingo (Santo) n. pr. m. GEOGR. Saint-Domingue (República Dominicana).

dominguejo m. Poussah, ramponneau (juguete de niño). ‖ *Amer.* Fantoche (persona insignificante).

dominguero, ra adj. FAM. Du dimanche : *ropa dominguera*, vêtements o habits du dimanche.

dominguillo m. Poussah (juguete). ‖ FIG. y FAM. *Traer como un dominguillo*, faire tourner en bourrique.

Dominica n. pr. f. Dominique. ‖ GEOGR. *La Dominica*, la Dominique (Antillas).

dominica f. Dimanche, *m.* (en lenguaje eclesiástico). ‖ Office (*m.*) du dimanche.

dominical adj. Dominical, e. ‖ (P. us.). Domanial, e (del Estado).

dominicano, na adj. y s. Dominicain, e (religioso). ‖ Dominicain, e (de la República Dominicana).

dominico, ca adj. y s. Dominicain, e (religioso).

dominio m. Domaine (tierras). ‖ Autorité, *f.*, pouvoir (autoridad) : *tener bajo su dominio*, avoir sous son autorité (un jefe) ; *un maestro que tiene dominio sobre sus discípulos*, un maître qui a de l'autorité sur ses élèves. ‖ Domination, *f.* (señorío) : *el dominio del genio*, la domination du génie. ‖ Dominion (del Commonwealth). ‖ FIG. Maîtrise, *f.*, parfaite connaissance, *f.* (de una lengua). ‖ Maîtrise, *f.* (de las pasiones). ‖ Empire sur, maîtrise (*f.*) de : *tiene un gran dominio de sí mismo*, il a une grande maîtrise de soi. ‖ — *Dominio del aire*, maîtrise de l'air. ‖ — *Con pleno dominio de sus facultades*, en pleine possession de ses moyens. ‖ *Perder el dominio de sí mismo*, perdre le contrôle de soi-même. ‖ *Recobrar el dominio de sí mismo*, reprendre ses esprits. ‖ *Ser del dominio público*, être tombé dans le domaine public.

dominó m. Domino (juego y traje).
— OBSERV. Pl. *dominós*.

domo m. ARQ. Dôme (cúpula).

dompedro m. BOT. Belle-de-nuit, *f.* (dondiego).

don m. ● Don (presente). ‖ Don (talento) : *el don de la palabra*, le don de la parole. ‖ — *Don de acierto*, habileté, savoir-faire. ‖ *Don de errar*, maladresse. ‖ *Don de gentes*, don de plaire. ‖ *Don de lenguas*, don des langues. ‖ *Don de mando*, sens du commandement.
— SINÓN. ● *Dádiva, donativo*, don. *Aguinaldo*, étrennes. *Homenaje*, hommage. *Regalo*, cadeau. *Ofrenda*, offrande. *Oblación*, oblation.

don m. Monsieur : *Don Fulano de Tal*, monsieur Un tel. ‖ *Don Diego* ou *Don Pedro*, belle-de-nuit (planta). ‖ *Don Juan*, don Juan (Tenorio). ‖ *Señor Don Fulano de Tal*, monsieur Un tel (après Señor Don ne se traduit pas).
— OBSERV. On n'emploie en espagnol *Don* que devant un prénom.

dona f. *Amer.* Donation. ‖ — Pl. Corbeille, *sing.* (de boda).

donación f. Donation, don, *m.* : *donación entre vivos*, donation entre vifs.

donadío m. (Ant.). Biens (*pl.*) qui proviennent d'une donation royale.

donado, da m. y f. Convers, e.

donador, ra adj. y s. Donneur, euse. ‖ *Donador de sangre*, donneur de sang.
— M. y f. Donateur, trice.

donaire m. Grâce, *f.*, élégance, *f.*, allure, *f.* : *andar con mucho donaire*, marcher avec beaucoup d'allure. ‖ Esprit, finesse, *f.*, sel (en el hablar). ‖ Mot d'esprit, trait spirituel (chiste).

donairoso, sa adj. Élégant, e ; gracieux, euse. ‖ Spirituel, elle (chistoso).

donante adj. y s. Donneur, euse. ‖ — M. y f. Donateur, trice : *cuadro que representa a la Virgen con un donante*, tableau qui représente la Vierge avec un donateur. ‖ *Donante de sangre*, donneur de sang.

donar v. tr. Faire don de, offrir.

donatario, ria m. y f. Donataire.

donatista adj. y s. Donatiste.

donativo m. Don, présent (regalo).

Donato n. pr. m. Donat.

doncel m. (Ant.). Damoiseau (joven noble). ‖ Page du roi (paje). ‖ Sorte de mousquetaire (en la milicia del rey).

doncella f. Jeune fille (joven). ‖ Demoiselle (término de consideración). ‖ Femme de chambre, suivante (ant.) [criada]. ‖ Pucelle : *la Doncella de Orléans*, la Pucelle d'Orléans (Juana de Arco). ‖ Labre, *m.* (budión). ‖ *Amer.* Panaris, *m.* ‖ Sensitive (sensitiva).

doncellez o doncellería f. Virginité.

donde adv. Où : *¿dónde estás?*, où es-tu ? ; *¿dónde iba?*, où allait-il ? ; *es un sitio donde abundan los peces*, c'est un endroit où les poissons abondent. ‖ Là où : *lo compré donde tú me lo dijiste*, je l'ai acheté là où tu me l'as dit. ‖ (Ant.). D'où (de donde). ‖ *Chez* : *voy donde Juan*, je vais chez Jean. ‖ — *A donde*, où (con movimiento) : *¿a dónde vas?*, où vas-tu ? ‖ *De donde*, d'où. ‖ *En donde*, où : *la casa en donde nací*, la maison où je suis né. ‖ *Donde no*, sinon, dans le cas contraire. ‖ *Hacia donde*, où, vers où. ‖ *Por donde*, d'où : *por donde se infiere que*, d'où il découle que. ‖ *¿Por dónde?*, pourquoi ? (por qué), par où (por qué sitio). ‖ — *Donde sea*, n'importe où. ‖ *Estés donde estés*, où que tu sois. ‖ *¡Mira por dónde!*, tu as vu ?
— OBSERV. *Dónde* interrogatif est toujours accentué.

dondequiera adv. N'importe où. ‖ Partout où : *dondequiera que vayas*, partout où tu iras o où que tu ailles.

dondiego m. BOT. Belle-de-nuit, *f.* ‖ — *Dondiego de día*, belle-de-jour. ‖ *Dondiego de noche*, belle-de-nuit.

donjuán m. BOT. Belle-de-nuit, *f.*

donjuanesco, ca adj. Donjuanesque.

donjuanismo m. Donjuanisme.

donosamente adv. Gracieusement, élégamment. ‖ Spirituellement.

donosidad f. Bon mot, *m.*, plaisanterie (chiste). Esprit, *m.* (gracia, humor). ‖ Grâce, enjouement, *m.*

donosilla f. Belette (comadreja).

donoso, sa adj. Spirituel, elle ; enjoué, e : *un chico muy donoso*, un garçon très spirituel. ‖ Enlevé, e (estilo). ‖ Beau, belle ; drôle, fameux, euse (con ironía) : *¡donosa pregunta!*, drôle de question ; *¡donosa ocurrencia!*, fameuse idée. ‖ *Donosa cosa es que*, il est un peu fort que.

donostiarra adj. y s. De Saint-Sébastien.

donosura f. Esprit, *m.*, finesse : *contestar con donosura*, répondre avec esprit ; *la donosura de su estilo*, la finesse de son style. ‖ Grâce.

doña f. Madame : *doña Ana Bravo*, madame Anne Bravo.
— OBSERV. *Doña* s'emploie aujourd'hui uniquement devant le prénom d'une femme mariée ou veuve. Après « señora », *doña* ne se traduit pas.

doñegal o doñigal adj. y s. m. *Higo doñegal*, figue à chair rouge.

dopar v. tr. Doper (drogar).

doping m. Doping, dopage.

doquier o doquiera adv. N'importe où.
— OBSERV. C'est un adverbe employé uniquement dans le langage littéraire.

dorada f. Dorade, daurade (pez).

doradilla f. BOT. Doradille. ‖ Dorade, daurade (pez).

doradillo, lla adj. Mordoré, e.
— M. Fil de laiton (latón). ‖ Peau (*f.*) de chevreau à reflets métalliques (piel). ‖ Bergeronnette, *f.* (ave). ‖ *Amer.* Alezan doré (caballo melado).

dorado, da adj. Doré, e. ‖ CULIN. Rissolé, e. ‖ D'or : *edad dorada, siglo dorado,* âge d'or, siècle d'or. ‖ *Amer.* Bai, e (caballo). ‖ *Libros de cantos dorados,* livres dorés sur tranche.
— M. Dorure, *f.,* dorage. ‖ Poisson de la Méditerranée, coryphène (pez).
dorador, ra adj. y s. Doreur, euse.
doradura f. Dorure, dorage, *m.*
dorar v. tr. Dorer. ‖ — FIG. y FAM. *Dorar la píldora,* dorer la pilule. ‖ CULIN. *Hacer dorar,* rissoler.
dórico, ca adj. Dorique (de los dorios). ‖ ARQ. Dorique : *orden dórico,* ordre dorique.
— M. Dorien (dialecto griego).
Dórida o **Dóride** n. pr. f. GEOGR. Doride.
dorífera o **dorífora** f. ZOOL. Doryphore, *m.*
dorio, ria adj. y s. Dorien, enne (de Dóride).
dormán m. Dolman.
dormición f. Dormition (de la Virgen).
dormida f. Somme, *m.* (acción de dormir) : *echar una dormida,* faire un somme. ‖ Engourdissement, *m.* [du ver à soie]. ‖ Gîte, *m.* (cama de los animales). ‖ Nuit, halte de nuit (en un viaje).
dormidera f. BOT. Pavot, *m.* (adormidera). ‖ FAM. *Tener buenas dormideras,* s'endormir facilement.
dormidero, ra adj. Soporifique.
— M. *Amer.* Sommeil profond. | Endroit où dort le bétail (para el ganado).
dormido, da adj. Endormi, e : *estar medio dormido,* être à moitié endormi. ‖ FIG. Engourdi, e ; endormi, e : *tener la pierna dormida,* avoir la jambe engourdie.
dormilón, ona adj. y s. FAM. Grand dormeur, grande dormeuse. ‖ — M. Engoulevent (pájaro). ‖ — F. Boucle d'oreille, dormeuse (arete). ‖ Chaise longue (tumbona). ‖ *Amer.* Sensitive (planta).
dormir* v. intr. ● Dormir : *hartarse de dormir,* dormir tout son soûl. ‖ Coucher, passer la nuit : *tuvimos que dormir en Madrid antes de salir para Andalucía,* nous avons dû passer la nuit à Madrid avant de partir pour l'Andalousie. ‖ — *Dormir al raso,* coucher à la belle étoile. ‖ *Dormir boca arriba,* dormir sur le dos. ‖ *Dormir como un lirón* ou *un tronco* ou *a pierna suelta* ou *como una marmota,* dormir comme un loir *o* comme une souche *o* à poings fermés *o* comme une marmotte. ‖ *Dormir con toda tranquilidad* ou *en paz,* dormir sur ses deux oreilles. ‖ *Dormir con un ojo abierto,* ne dormir que d'un œil. ‖ *Dormir de un tirón,* dormir d'un trait. ‖ *Quien duerme cena,* qui dort dîne. ‖ — *¡A dormir!,* au lit! ‖ *Gorro de dormir,* bonnet de nuit. ‖ *Saco de dormir,* sac de couchage. ‖ FIG. *Ser de mal dormir,* être mauvais coucheur.
— V. tr. Endormir, faire dormir : *dormir a un niño,* endormir un enfant ; *esta música me duerme,* cette musique me fait dormir. ‖ — *Dormir el sueño de los justos,* dormir du sommeil du juste. ‖ *Dormir el último sueño,* dormir de son dernier sommeil. ‖ FAM. *Dormir la mona,* cuver son vin. ‖ *Dormir la siesta,* faire la sieste. ‖ FIG. *Dejar dormir un asunto,* laisser dormir une affaire.
— V. pr. S'endormir. ‖ FIG. S'engourdir, s'endormir : *se me ha dormido la pierna,* ma jambe s'est engourdie. ‖ S'endormir, dormir : *dormirse sobre los laureles,* s'endormir sur ses lauriers.
— SINÓN. ● *Descansar,* reposer. *Dormitar,* sommeiller. *Echar un sueño,* faire un somme. *Adormecerse,* somnoler. *Amodorrarse,* s'assoupir.
dormitar v. intr. Sommeiller, somnoler.
dormitivo, va adj. y s. m. MED. Dormitif, ive. ‖ FIG. Soporifique.
dormitorio m. Chambre (*f.*) à coucher (alcoba). ‖ *Dormitorio común,* dortoir (para varias personas).
dornajo o **dornillo** m. Écuelle, *f.,* auge, *f.* (artesa).
Dorotea n. pr. f. Dorothée.

dorsal adj. Dorsal, e : *músculos dorsales,* muscles dorsaux. ‖ GRAMM. Dorsal, e (consonante).
— M. Dossard : *los atletas llevan un dorsal en la camiseta,* les athlètes portent un dossard sur leur maillot.
dorso m. Dos : *el dorso de una carta,* le dos d'une lettre. ‖ *Véase al dorso,* voir au dos, tournez s'il vous plaît.
dos adj. y s. m. Deux : *el dos de mayo,* le deux mai ; *son las dos,* il est 2 heures ; *dos y dos son cuatro,* deux et deux font quatre. ‖ — *Dos a dos,* deux à deux, deux par deux. ‖ *Dos por dos,* deux fois deux (multiplicación), deux par deux (de dos en dos). ‖ — *A dos pasos de aquí,* à deux pas d'ici. ‖ *Cada dos días,* tous les deux jours, un jour sur deux. ‖ MÚS. *Compás de dos por cuatro,* mesure à deux temps. ‖ *Con las dos manos,* à deux mains. ‖ *De dos en dos,* de deux en deux, deux par deux. ‖ *Ellos dos* ou *entre los dos,* à eux deux. ‖ FAM. *En un dos por tres,* en moins de deux, en deux temps trois mouvements. ‖ *Los dos,* tous deux, tous les deux : *vinieron los dos,* ils sont venus tous les deux. ‖ *Una de dos,* de deux choses l'une. ‖ — *Hacer un trabajo entre dos,* faire un travail à deux. ‖ *No hay dos sin tres,* jamais deux sans trois.
dosalbo, ba adj. Qui a deux pieds blancs (caballos).
dosañal adj. De deux ans : *una ternera dosañal,* une génisse de deux ans.
doscientos, tas adj. y s. m. Deux cents : *dos mil doscientos,* deux mille deux cents. ‖ Deux cent : *doscientos veinte,* deux cent vingt (seguido de otra cifra) ; *el año doscientos,* l'an deux cent (cuando equivale a un ordinal). ‖ *Mil doscientos,* mille deux cents, douze cents.
dosel m. ● Dais (de altar, trono). ‖ Ciel de lit (de cama). ‖ Portière, *f.* (antepuerta).
— SINÓN. ● *Baldaquín, baldaquino,* baldaquin. *Palio, dais. Pabellón,* ciel, ciel de lit.
doselera f. Pente, frange (del dosel).
doselete m. Dais (de estatua).
dosificable adj. Dosable.
dosificación f. Dosage, *m.* ‖ QUÍM. Dosage, *m.* (operación). | Titre, *m.* (contenido).
dosificador m. Doseur (aparato).
dosificar v. tr. Doser. ‖ QUÍM. Doser, titrer.
dosimetría f. Dosimétrie (método terapéutico).
dosis f. Dose : *a su en pequeña dosis,* à petite dose. ‖ MED. *Dosis de recuerdo,* rappel [d'un vaccin].
dos piezas m. Deux-pièces, *inv.* (traje, bañador).
dotación f. Dotation (de una fundación). ‖ Équipage, *m.* (tripulación). ‖ Personnel, *m.* (de oficina). ‖ Dot (de una mujer).
dotal adj. Dotal, e.
dotar v. tr. Doter (una institución, a una mujer) : *dotar un hospital con un millón de pesetas,* doter un hôpital d'un million de pesetas. ‖ Doter, pourvoir (proveer). ‖ Doter, douer : *dotado de mil cualidades,* doué de mille qualités. ‖ Affecter (una renta, una dignidad). ‖ Pourvoir (de personal una oficina). ‖ Équiper (tripular un buque). ‖ *Comarcas dotadas,* régions favorisées.
dote m. y f. Dot, *f.* : *cazador de dotes,* coureur de dots. ‖ — M. Jetons, *pl.* (en el juego). ‖ — F. pl. Don, *m. sing.,* aptitude, *sing.,* qualité, *sing.* : *este niño manifiesta buenas dotes,* cet enfant a de grandes qualités. ‖ *Dotes de mando,* qualités de chef, sens du commandement.
dovela f. ARQ. Voussoir, *m.,* vousseau, *m.* (cuña de piedra). | Douelle (su parte interior o exterior).
dovelar v. tr. ARQ. Tailler les voussoirs.
doxología f. RELIG. Doxologie.
dozavado, da adj. À douze côtés.
dozavo, va adj. y s. Douzième (duodécimo). ‖ *En dozavo,* in-douze.

drac m. *Amer.* Draque.
dracma f. Drachme (moneda).
draconiano, na adj. Draconien, enne : *medidas draconianas*, des mesures draconiennes.
drag m. Drag [coche inglés].
draga f. Drague. ‖ Dragueur, *m.*, dragueuse (barco).
dragado m. Dragage : *el dragado de un canal*, le dragage d'un canal.
dragador, ra adj. y s. Dragueur, euse.
dragaje m. Dragage.
— OBSERV. Ce mot est un gallicisme.
dragalina f. Dragline (excavadora mecánica).
dragaminas m. Dragueur de mines.
dragar v. tr. Draguer.
dragea f. Dragée (píldora).
drago m. BOT. Dragonnier.
dragomán m. Drogman (intérprete).
dragón m. Dragon (monstruo). ‖ MIL. Dragon (soldado). ‖ BOT. Muflier, gueule-de-loup, *f.* ‖ ZOOL. Dragon (reptil). ‖ VETER. Dragon. ‖ Gueulard (en los hornos).
dragona f. MIL. Dragonne (del sable).
dragonadas f. pl. HIST. Dragonnades.
dragoncillo m. BOT. Estragon.
dragonear v. intr. *Amer.* Faire le, jouer au : *dragonea de médico*, il joue au médecin o les médecins.
dragontino, na adj. Dragon, onne.
draisina f. Draisienne (antigua bicicleta).
drama m. Drame : *drama lírico*, drame lyrique.
— SINÓN. *Melodrama*, mélodrame. *Tragedia*, tragédie. *Tragicomedia*, tragicomédie.
dramática f. Art (*m.*) dramatique.
dramático, ca adj. Dramatique.
dramatismo m. Dramatique : *es de un dramatismo excesivo*, c'est d'un dramatique excessif.
dramatizar v. tr. Dramatiser.
dramaturgia f. Dramaturgie.
dramaturgo m. Dramaturge, auteur dramatique.
dramón m. FAM. Sombre drame, mélodrame, mélo.
drapeado m. Drapé.
drapear v. tr. Draper.
drástico, ca adj. y s. m. MED. Drastique.
— Adj. FIG. Draconien, enne : *medida drástica*, mesure draconienne.
drávida m. y f. Dravidien, enne.
dravídico, ca adj. Dravidien, enne.
drawback m. COM. Drawback.
drenaje m. Drainage. ‖ MED. Drainage. ‖ — *Colector de drenaje*, gros drain. ‖ *Tubo de drenaje*, drain.
drenar v. tr. Drainer (avenar). ‖ MED. Drainer.
dríada o dríade f. Dryade.
driblar v. intr. Dribbler (regatear en fútbol).
dril m. Coutil (tela). ‖ ZOOL. Drill (mono).
drive m. Drive (tenis).
driza f. MAR. Drisse.
drizar v. tr. MAR. Hisser.
droga f. Drogue. ‖ FIG. Blague, mensonge, *m.* (mentira). ‖ Attrape, piège, *m.* (pega). ‖ FAM. Barbe, scie (lata). ‖ *Amer.* Dette (deuda).
drogar v. tr. Droguer. ‖ Doper : *un atleta drogado*, un athlète dopé.
drogmán m. Drogman (intérprete).
droguería f. Droguerie, marchand (*m.*) de couleurs : *voy a la droguería*, je vais chez le marchand de couleurs.
droguero, ra m. y f. Droguiste. ‖ *Amer.* Mauvais payeur.
droguete m. Droguet (tejido).
droguista m. y f. Droguiste (droguero). ‖ *Amer.* Coquin, e ; menteur, euse ; filou (sin fem.).
dromedario m. Dromadaire.
drosera f. BOT. Drosera, *m.*, drosère.
droseráceas f. pl. BOT. Droséracées.

drosófila f. Drosophile (mosca).
druida m. Druide.
druidesa f. Druidesse.
druídico, ca adj. Druidique.
druidismo m. Druidisme.
drupa f. BOT. Drupe, *m.* y *f.*
— OBSERV. Esta palabra se emplea en francés sobre todo en femenino.
drupáceo, a adj. y s. f. BOT. Drupacé, e.
drusa f. MIN. Druse.
druso, sa adj. y s. m. Druse.
dual m. GRAM. Duel.
dualidad f. Dualité. ‖ QUÍM. Dimorphisme, *m.* ‖ *Amer.* Ballottage, *m.* (empate).
dualismo m. Dualisme, dualité.
dualista adj. y s. Dualiste.
dubitación f. Dubitation. ‖ Doute, *m.* (duda).
dubitativo, va adj. Dubitatif, ive.
dublé m. Doublé (plata sobredorada).
ducado m. Duché (territorio). ‖ Titre o dignité (*f.*) de duc o de duchesse (título). ‖ Ducat (moneda).
ducal adj. Ducal, e : *palacios ducales*, palais ducaux.
duce m. Duce (jefe).
ducentésimo, ma adj. Deux centième.
— M. Deux-centième.
dúctil adj. Ductile (metal). ‖ Souple (maleable). ‖ FIG. Accommodant, e (acomodadizo).
ductilidad f. Ductilité (de los metales). ‖ FIG. Souplesse.
ducha f. Douche : *tomar una ducha*, prendre une douche. ‖ FIG. y FAM. *Ducha de agua fría*, douche écossaise, douche froide.
duchar v. tr. Doucher.
— V. pr. Se doucher, prendre une douche.
ducho, cha adj. Expert, e ; fort, e ; ferré, e : *ducho en latín*, fort en latin ; *estar ducho en*, être expert en. ‖ *Estar ducho en la materia*, être expert o orfèvre o ferré en la matière.
duda f Doute, *m.* : *sin duda*, sans doute ; *fuera de duda*, hors de doute ; *sin duda alguna*, sans aucun doute. ‖ — *Aclarar las dudas de uno*, éclaircir les doutes de quelqu'un. ‖ *En la duda abstente*, dans le doute abstiens-toi. ‖ *No cabe duda* ou *no hay duda en sin lugar a dudas*, il n'y a pas de doute. ‖ *Sacar de dudas a uno*, dissiper les doutes de quelqu'un. ‖ *Salir de duda*, savoir à quoi s'en tenir.
— OBSERV. Hoy, *sans doute* significa más bien *quizás, probablemente*.
dudable adj. Douteux, euse.
dudar v. intr. Douter : *dudo de* ou *sobre* ou *acerca de su hondarez*, je doute de son honnêteté ; *dudo mucho que venga*, je doute fort qu'il vienne. ‖ Se demander : *dudo si venderé mi casa*, je me demande si je vendrai ma maison ; *dudaba qué iba a pasar*, il se demandait ce qui allait se passer. ‖ Hésiter à (vacilar) : *dudo en salir*, j'hésite à sortir. ‖ — *No dudo de ello*, je n'en doute pas. ‖ *¿Qué dudas?*, qu'est-ce qui t'arrête ? o qu'est-ce qui te fait hésiter?
— V. tr. Douter de : *dudo lo que dice*, je doute de ce qu'il dit ; *lo dudo*, j'en doute.
dudosamente adv. En hésitant (vacilando). ‖ Douteusement (sin certeza).
dudoso, sa adj. Hésitant, e (vacilante). ‖ ● Douteux, euse (poco cierto).
— SINÓN. ● *Incierto*, incertain. *Aleatorio*, aléatoire. *Problemático*, problématique.
duela f. Douve (de tonel). ‖ ZOOL. Douve du foie.
duelista m. Duelliste.
duelo m. ● Duel (combate). ‖ Douleur (*f.*) profonde, chagrin (dolor). ‖ Deuil : *presidir el duelo*, conduire o mener le deuil ; *su muerte fue un duelo nacional*, sa mort fut un deuil national. ‖ Cortège funèbre (cortejo). ‖ — Pl. Fatigues, *f.*,

peines, *f.* (trabajos). ‖ *Duelos y quebrantos,* œufs frits avec du lard ou de la cervelle.
— SINÓN. ● *Desafío, encuentro,* rencontre. *Reto,* défi. *Lance de honor,* affaire d'honneur.

duende m. ● Lutin, esprit follet. ‖ — Pl. Charme, *sing.,* envoûtement, *sing.* (encanto) : *los duendes del flamenco,* l'envoûtement du flamenco ; *el duende de una persona,* le charme d'une personne. ‖ — *Andar como un duende* ou *parecer un duende,* être un vrai feu follet. ‖ *Tener duende,* avoir un souci en tête, se tracasser.
— SINÓN. ● *Elfo,* elfe. *Gnomo,* gnome. *Trasgo,* farfadet. *Genio,* génie.

dueña f. Maîtresse (propietaria). ‖ Dame (señora). ‖ Duègne (dama de compañía). ‖ Propriétaire (de una casa). ‖ — *Dueña de honor,* dame d'honneur. ‖ *Ponerle a uno cual digan dueñas,* dire pis que pendre de quelqu'un.

dueño m. Maître : *dueño de la casa,* maître de maison ; *ser dueño de sus pasiones,* être maître de ses passions. ‖ Propriétaire : *el dueño de una tienda,* le propriétaire d'un magasin. ‖ — *Dueño y señor,* seigneur et maître : *como dueño y señor,* en seigneur et maître. ‖ *Hacerse dueño de,* se rendre maître de. ‖ *Ser dueño de sí mismo,* être son maître (ser libre), être maître de soi (dominarse). ‖ *Ser dueño y señor de,* être le maître de. ‖ *Ser muy dueño de,* être parfaitement libre de : *es usted muy dueño de aceptar o rehusar,* vous êtes parfaitement libre d'accepter ou de refuser.

duermevela m. FAM. Demi-sommeil. ‖ Sommeil agité.

Duero n. pr. m. GEOGR. Douro.

duetista m. y f. Duettiste.

dueto m. MÚS. Duetto.

dugo (de) *Amer.* Gratis (de balde).

dugong m. Dugong (vaca marina).

dula f. Troupeau (*m.*) communal (ganado). ‖ Pâturage (*m.*) communal.

dulcamara f. BOT. Douce-amère.

dulce adj. ● Doux, douce : *dulce como la miel,* doux comme le miel. ‖ FIG. Doux, douce : *mirada dulce,* regard doux. ‖ Sucré, e : *el café está muy dulce,* le café est très sucré. ‖ *Agua dulce,* eau douce. ‖ TECN. *Hierro dulce,* fer doux.
— M. Confiture, *f.* : *dulce de membrillo,* confiture de coings. ‖ Entremets (manjar). ‖ — Pl. Sucreries, *f.,* friandises, *f.* : *a mí me gustan mucho los dulces,* j'aime beaucoup les sucreries. ‖ — *Dulce de almíbar,* fruits au sirop. ‖ *Dulce de fruta,* pâte de fruits. ‖ *Amer. Dulce de leche,* crème à base de lait sucré cuit.
— SINÓN. ● *Dulzón, dulzarrón,* douceâtre. *Azucarado,* sucré.

dulcedumbre f. Douceur.

dulcera f. Compotier, *m.*

dulcería f. Confiserie.

dulcero, ra adj. Gourmand, e (goloso).
— M. y f. Confiseur, euse.

dulcificación f. Adoucissement, *m.*

dulcificante adj. Adoucissant, e.

dulcificar v. tr. Adoucir, dulcifier (p. us.).

Dulcinea n. pr. f. Dulcinée (mujer amada).

dulcísono, na adj. POÉT. Aux doux accords.

dulero m. Berger (pastor).

dulía f. Dulie (culto de los ángeles y los santos).

dulzaina f. MÚS. Sorte de pipeau. ‖ FAM. Sucreries, *pl.*

dulzaino, na adj. FAM. Trop sucré, e ; douceâtre. ‖ FIG. Fade, douceâtre (persona).

dulzarrón, ona o **dulzón, ona** adj. Douceâtre, écœurant, e : *sabor dulzón,* saveur douceâtre. ‖ FIG. Doucereux, euse (persona).

dulzor m. Douceur, *f.* : *el dulzor del azúcar,* la douceur du sucre.

dulzura f. Douceur (dulzor). ‖ FIG. Douceur (carácter, clima).

duma f. HIST. Douma (asamblea legislativa en Rusia zarista).

dum-dum f. Dum-dum (bala explosiva).

dumping m. Dumping.

duna f. Dune.

dundera f. *Amer.* Sottise.

dundo, da adj. y s. *Amer.* Sot, sotte.

Dunquerque n. pr. GEOGR. Dunkerque.

dúo m. MÚS. Duo.

duodecimal adj. Duodécimal, e.

duodécimo, ma adj. y s. Douzième. ‖ *En duodécimo lugar,* douzièmement, en douzième lieu.

duodenal adj. ANAT. Duodénal, e.

duodenario, ria adj. De douze jours.

duodenitis f. MED. Duodénite.

duodeno, na adj. (P. us.). Douzième.
— M. ANAT. Duodénum.

dúplex m. TECN. Duplex (metalurgia y telecomunicaciones). ‖ Duplex (piso). ‖ — *Dispositivo para el enlace dúplex,* duplicateur. ‖ *Enlace dúplex,* duplexage. ‖ *Establecer un enlace dúplex,* duplexer.

duplicación f. Reproduction, duplication (p. us.). ‖ Doublement, *m.* (de una letra).

duplicado m. Duplicata, *inv.,* double (copia) : *el duplicado de un acta,* le duplicata d'un acte.
— Adj. Doublé, e (doblado). ‖ En *o* par duplicata. ‖ Bis : *calle Luchana número 5 duplicado,* 5 bis, rue Luchana. ‖ — DR. *Hecho por duplicado en Madrid,* fait en double exemplaire à Madrid. ‖ *Por duplicado,* en double exemplaire.

duplicador m. Duplicateur.

duplicar v. tr. Doubler, multiplier par deux (hacer doble) : *duplicar la producción,* doubler la production. ‖ Reproduire (reproducir). ‖ Plier en deux (plegar).
— V. pr. Doubler : *la población se ha duplicado,* la population a doublé.

duplicata m. Duplicata, *inv.*

duplicativo, va adj. Duplicatif, ive.

dúplice adj. Double (doble). ‖ Mixte (convento).

duplicidad f. Duplicité (doblez).

duplo, pla adj. y s. m. Double : *ocho es el duplo de cuatro,* huit est le double de quatre.

duque m. Duc (título) : *el señor duque,* monsieur le duc.

duquesa f. Duchesse : *la señora duquesa,* madame la duchesse.

durabilidad f. Durabilité.

durable adj. Durable.

duración f. Durée : *tener larga* ou *mucha duración,* avoir une longue durée. ‖ Durée, longueur : *la duración de los días,* la longueur des jours.

duraderamente adv. Durablement.

duradero, ra adj. Durable.
— SINÓN. *Durable,* durable. *Permanente,* permanent. *Persistente,* persistant. *Fijo,* fixe. *Constante,* constant. *Estable,* stable.

duraluminio m. Duralumin.

duramadre o **duramáter** f. ANAT. Duremère.

duramen m. BOT. Duramen.

duramente adv. Durement. ‖ *Trabajar duramente,* travailler dur.

durante adv. y prep. Pendant : *durante un día,* pendant une journée. ‖ Durant, pendant : *durante todo el año,* durant *o* pendant toute l'année, toute l'année durant.

durar v. intr. ● Durer : *durar [por] mucho tiempo,* durer longtemps. ‖ Rester, demeurer, être encore (quedar) : *durar en pie,* être encore debout. ‖ *Mientras dura, vida y dulzura,* après moi le déluge.
— SINÓN. ● *Continuar,* continuer. *Permanecer,* demeurer. *Quedar,* rester. *Perpetuarse,* se perpétuer. ‖ *Subsistir,* subsister. *Tardar,* tarder.

duraznero m. Pêcher (melocotonero).
duraznillo m. Bot. Persicaire, *f.*
durazno m. Variété de pêche (fruto). ‖ Pêcher (arbre).
Durero n. pr. Dürer.
dureza f. Dureté (hierro, madera, agua, etc.). ‖ Fig. Dureté (oído, voz, etc.). ‖ Med. Durillon, *m.* (callosidad).
durham adj. y s. m. Durham (raza bovina).
durillo m. Bot. Laurier-tin.
Durindana n. pr. f. Durandal, Durendal (espada de Roldán).
durita f. (nombre registrado). Mecán. Durit (tubo flexible).
durmiente adj. Dormant, e : *la Bella durmiente del Bosque,* la Belle au Bois dormant.
— M. Tecn. Traverse, *f.* (traviesa de ferrocarril). ‖ Constr. Dormant.
duro, ra adj. ● Dur, e : *metal duro,* métal dur. ‖ Fig. Dur, e (resistente, cruel, penoso). ‖ Heurté, e (estilo). ‖ Anguleux, euse (perfil). ‖ Tranché, e (color). ‖ — Fig. *Duro como la pata de Perico* ou *como la piedra,* dur comme du bois. ‖ Fam. *Duro de cocer* ou *de pelar,* dur à cuire. ‖ *Duro de roer* ou *de tragar,* dur à avaler. ‖ — *Agua dura,*

eau dure. ‖ Med. *Chancro duro,* chancre induré. ‖ *Huevo duro,* œuf dur. ‖ — *Hacer algo a duras penas,* faire quelque chose à grand-peine. ‖ *Hay que estar a las duras y a las maduras,* quand on épouse la veuve, on épouse ses dettes. ‖ *Ser duro de casco,* avoir la tête dure, être têtu. ‖ *Ser duro de mollera,* avoir la tête dure, être bouché à l'émeri. ‖ *Ser duro de oído,* être dur d'oreille. ‖ *Sufrir dura prueba,* en voir de dures. ‖ *Tener el gatillo duro,* être dur à la détente (pistola).
— Adv. Fort, fortement : *pegar duro,* frapper fort. ‖ Dur : *trabajar duro,* travailler dur. ‖ *Darle duro al trabajo,* abattre de la besogne, travailler dur.
— M. Douro [monnaie de cinq pesetas]. ‖ Fam. *Un duro,* un dur.
— Sinón. ● *Coriáceo,* coriace. *Fuerte,* fort. *Consistente,* consistant. *Sólido,* solide. *Firme,* ferme.
duunvir o **duunviro** m. Duumvir.
duunviral adj. Duumviral, e.
duunvirato m. Duumvirat.
dux m. Doge (en Venecia).
duz adj. Doux, douce. ‖ — *Caña duz,* canne à sucre. ‖ *Palo duz,* bâton de réglisse.

E

e f. E, *m.*
— Observ. *E* en espagnol n'est jamais muet et se prononce comme le *é* français.
e conj. Et.
— Observ. La conjonction *e* remplace *y* devant les mots commençant par *i* ou *hi* (i vocalique) : *Federico e Isabel,* Frédéric et Isabelle; *madre e hija,* mère et fille. Cependant au commencement d'une phrase interrogative ou exclamative, ou devant un mot commençant par *y* ou *hi* suivi d'une voyelle (*i* consonantique), on garde l'*y* : *¿Y Ignacio?,* et Ignace? ; *vid y hiedra,* vigne et lierre ; *tú y yo,* toi et moi.
¡ea! interj. Allons !
easonense adj. y s. De Saint-Sébastien.
ebanista m. Ébéniste.
ebanistería f. Ébénisterie.
ébano m. Ébène, *f.* (madera). ‖ Ébénier (árbol). ‖ *Ébano vivo,* bois d'ébène (los negros).
ebenáceas f. pl. Bot. Ébénacées.
ebonita f. Ébonite (caucho endurecido).
ebriedad f. Ébriété : *en estado de ebriedad,* en état d'ébriété.
ebrio, a adj. y s. ● Ivre (embriagado). ‖ Fig. Ivre : *ebrio de ira,* ivre de colère.
— Sinón. ● *Borracho, mamado* (amer), soûl. *Borracho perdido,* ivre mort. *Achispado, chispo* (fam.), éméché. *Pop. Negro,* noir, rond. *Calamocano,* pompette.
Ebro n. pr. m. Geogr. Èbre.
ebullición f. Ébullition. ‖ Fig. Effervescence.
ebullómetro o **ebullioscopio** m. Fís. Ebullioscope, ébulliomètre.
ebúrneo, a adj. Éburnéen, enne ; éburné, e (de marfil).
ecarté m. Écarté (juego de cartas).

ecbalio m. Bot. Ecballium.
eccehomo o **ecce homo** m. Ecce homo, *inv.* ‖ Fig. *Estar hecho un eccehomo,* être dans un piteux état.
eccema m. Med. Eczéma.
— Observ. V. Eczema.
eccematoso, sa adj. Med. Eczémateux, euse.
ecijano, na adj. y s. D'Ecija.
eclampsia f. Med. Éclampsie.
eclecticismo m. Éclectisme.
ecléctico, ca adj. y s. Éclectique.
Eclesiastés n. pr. m. Ecclésiaste (libro de la Biblia).
eclesiástico, ca adj. Ecclésiastique.
— M. Ecclésiastique (clérigo). ‖ Ecclésiastique (libro de la Biblia).
eclímetro m. Éclimètre.
eclipsar v. tr. Éclipser. ‖ Fig. Éclipser (deslucir).
— V. pr. S'éclipser (desaparecer).
eclipse m. Astr. Éclipse, *f.* : *eclipse lunar, solar,* éclipse de Lune, de Soleil. ‖ Fam. Éclipse, *f.,* absence, *f.*
eclipsis f. Gram. Ellipse (elipsis).
eclíptico, ca adj. Astr. Écliptique.
— F. Écliptique.
eclisa f. Tecn. Éclisse.
eclosión f. Éclosion.
— Observ. Ce mot est un gallicisme employé pour *nacimiento.*
eco m. Écho (acústica). ‖ Écho (composición poética, gacetilla). ‖ Fig. Écho : *hacerse eco de una declaración,* se faire l'écho d'une déclaration ; *petición que no tuvo ningún eco,* demande qui

n'a trouvé aucun écho. ‖ — *Ecos de sociedad*, mondanités, carnet du jour *o* mondain (en los periódicos).
ecoico, ca adj. Échoïque (poesía).
ecolalia f. MED. Écholalie.
ecología f. BIOL. Écologie.
ecológico, ca adj. BIOL. Écologique.
ecologista m. y f. Écologiste.
— Adj. Écologique.
ecólogo, ga m. y f. Écologiste.
economato m. Économat.
econometría f. Économétrie. ‖ *Especialista en econometría*, économétricien, enne.
economía f. Économie : *economía política*, économie politique ; *economía planificada*, économie dirigée. ‖ — Pl. Économies. ‖ *Economías de chicha y nabo* ou *del chocolate del loro*, économies de bouts de chandelle.
económico, ca adj. Économique (relativo a la economía, barato). ‖ Économe (persona). ‖ Financier, ère : *situación económica de la familia*, situation financière de la famille. ‖ Parcimonieux, euse ; ladre (avaro). ‖ — *Año* ou *ejercicio económico*, exercice financier. ‖ *Cocina económica*, cuisinière.
economista m. Économiste.
economizar v. tr. Économiser.
eoónomo, ma m. y f. Économe (administrador).
ectasia f. MED. Ectasie.
ectima m. MED. Echtyma.
ectodermo m. BIOL. Ectoderme.
ectoparásito, ta adj. y s. m. BIOL. Ectoparasite.
ectoplasma m. Ectoplasme.
ectropión m. MED. Ectropion.
ecuación f. MAT. Équation : *ecuación con dos incógnitas, de segundo grado*, équation à deux inconnues du second degré *o* quadratique ; *raíz de una ecuación*, racine d'une équation.
ecuador m. Équateur. ‖ FAM. *El paso del ecuador*, le passage *o* le baptême de la ligne (línea ecuatorial), le milieu de la durée des études, le passage de la ligne (mitad de la carrera).
Ecuador (El) n. pr. m. GEOGR. Équateur (l').
— OBSERV. Le nom officiel de la République américaine est *El Ecuador* avec l'article.
ecuánime adj. D'humeur égale. ‖ Impartial, e.
ecuanimidad f. Égalité d'humeur (igualdad de espíritu). ‖ Impartialité.
ecuatorial adj. Équatorial, e.
— M. ASTR. Équatorial.
ecuatorianismo m. Mot *o* tournure propre à la langue de la république de l'Équateur.
ecuatoriano, na adj. y s. Équatorien, enne.
ecuestre adj. Équestre : *ejercicio, estatua ecuestre*, exercice, statue équestre.
ecumene m. Œkoumène (Tierra habitada).
ecuménico, ca adj. Œcuménique (concilio).
ecumenismo m. Œcuménisme.
ecuóreo, a adj. POÉT. Marin, e.
eczema m. MED. Eczéma.
— OBSERV. Ce mot, féminin d'après l'Académie espagnole, est employé généralement comme masculin.
eczematoso, sa adj. MED. Eczémateux, euse.
echacantos m. FAM. Pauvre hère (pobre diablo).
echada f. Jet, *m*. (acción). ‖ Longueur (en una carrera) : *ganar por tres echadas*, gagner de trois longueurs. ‖ *Amer.* Blague (mentira).
echadero m. Couche, *f*.
echadizo, za adj. Envoyé secrètement (enviado). ‖ Répandu en sous-main (noticia). ‖ De rebut (inútil). ‖ Jectisse (tierra).
— M. y f. FAM. Enfant trouvé, enfant trouvée (inclusero).
echado, da adj. FAM. *Un hombre echado para adelante*, un homme intrépide *o* hardi.
— M. Pente (*f.*) du filon (buzamiento).

echador, ra adj. y s. Jeteur, euse (que echa o tira). ‖ Verseur, euse (que vierte). ‖ *Amer.* Vantard, e (fanfarrón). ‖ — *Echadora de buenaventura*, diseuse de bonne aventure. ‖ *Echadora de cartas*, tireuse de cartes. ‖ — M. Garçon de café (mozo).
echadura f. Action de couver [une poule]. ‖ Couvée (pollada). ‖ — Pl. Criblures (ahechaduras).
echamiento m. Jet (acción de echar).
echar v. tr.

┌──┐
│ 1. Tirar, arrojar. — 2. Despedir, expulsar. — │
│ 3. Brotar, salir. — 4. Poner, aplicar. — │
│ 5. Decir. — 6. Otros sentidos. — 7. Con │
│ preposición. — 8. Locuciones diversas. — │
│ 9. Verbo pronominal. │
└──┘

1. TIRAR, ARROJAR. — Jeter : *echar un hueso a un perro*, jeter un os à un chien ; *echar por la borda*, jeter par-dessus bord ; *echar chispas*, jeter des étincelles. ‖ Envoyer, lancer : *échame la pelota*, envoie-moi la balle. ‖ Verser : *echar agua en un vaso*, verser de l'eau dans un verre ; *echar lágrimas*, verser des larmes. ‖ Mettre : *echar una carta al correo*, mettre une lettre à la poste ; *echar sal*, mettre du sel. ‖ Répandre, dégager (olor). ‖ Jeter, tendre (redes).
2. DESPEDIR, EXPULSAR. — Jeter *o* mettre dehors : *le echaron a puntapiés*, on l'a jeté dehors à coups de pieds. ‖ Expulser, faire sortir : *le echaron de la sala*, on l'expulsa de la salle. ‖ Expulser, chasser : *le han echado de su piso*, on l'a expulsé de son appartement. ‖ Congédier, renvoyer, mettre à la porte, flanquer à la porte (fam.) : *le han echado por holgazán*, on l'a congédié à cause de sa paresse. ‖ Faire sortir : *¡que echen el toro!*, qu'on fasse sortir le taureau ! ‖ Renvoyer : *echar el toro al corral*, renvoyer le taureau au corral. ‖ Rejeter (una culpa, una responsabilidad).
3. BROTAR, SALIR. — Pousser : *echar raíces*, pousser des racines. ‖ Percer, faire : *el niño ha echado dos dientes*, l'enfant a percé deux dents ; *echa los dientes*, il fait ses dents. ‖ Commencer à pousser (hojas, pelo) : *echa bigotes*, sa moustache commence à pousser.
4. PONER, APLICAR. — Mettre : *echar un remiendo*, mettre une pièce. ‖ Mettre, flanquer (fam.) : *echar una multa*, mettre une amende. ‖ Mettre, tirer, pousser : *echar el cerrojo*, tirer le verrou. ‖ Poser : *echar ventosas*, poser des ventouses. ‖ Parier (apostar). ‖ Accoupler (animales).
5. DECIR. — Dire : *echar la buenaventura*, dire la bonne aventure ; *echar patrañas*, dire des bourdes. ‖ Réciter ; *echar versos*, réciter des vers. ‖ Faire : *echar un sermón*, faire un sermon ; *echar una perorata*, faire un laïus. ‖ Chanter (una canción).
6. OTROS SENTIDOS. — Faire : *echar cálculos, sus cuentas, una partida de cartas*, faire des calculs, ses comptes, une partie de cartes. ‖ Donner : *¿qué edad le echas?*, quel âge lui donnes-tu ? Passer, donner, jouer : *echar una película*, passer un film ; *¿qué echan*, qu'est-ce qu'on joue ?, que joue-t-on ? ‖ Mettre : *echar una hora en ir de París a Melun*, mettre une heure pour aller de Paris à Melun. ‖ Coucher, mettre au lit : *voy a echar al niño*, je vais coucher le petit. ‖ Jeter, lancer : *echar una mirada a alguien*, jeter un regard à quelqu'un.
7. CON PREPOSICIÓN. — *Echar a* (con infinitivo), se mettre à, commencer à : *echar a llorar, a correr*, se mettre à pleurer, à courir. ‖ — *Echar a volar*, prendre son vol, s'envoler. ‖ *Echar de* (con infinitivo), donner à : *echar de comer, de beber*, donner à manger, à boire. ‖ *Echar por*, prendre : *echar por la derecha*, prendre à droite ; *echar por la primera calle*, prendre la première rue ; entrer

dans (carrera) : *echar por la Iglesia,* entrer dans les ordres.

8. Locuciones diversas. — *Echar abajo,* renverser, abattre, jeter bas, démolir (derribar), détruire, démolir (destruir) : *echar abajo una reputación,* détruire une réputation ; enfoncer (una puerta). ‖ *Echar a broma,* le prendre à la blague, tourner en plaisanterie : *lo echa todo a broma,* il tourne tout en plaisanterie. ‖ *Echar a buena* ou *mala parte,* prendre en bonne o mauvaise part. ‖ *Echar a cara y cruz,* jouer à pile ou face. ‖ Fig. *Echar agua en el mar,* donner des coups d'épée dans l'eau, porter de l'eau à la mer. ‖ *Echar a la calle,* jeter à la rue, mettre à la porte o dehors. ‖ *Echar a la lotería,* jouer à la loterie. ‖ *Echar a perder,* abîmer, endommager : *echar a perder un vestido,* abîmer une robe ; manquer, rater : *echar a perder un guiso,* manquer un plat. ‖ *Echar a pique,* envoyer par le fond, couler (barco), couler (negocio). ‖ *Echar atrás,* pencher. ‖ *Echar barriga, carnes* ou *vientre,* prendre du ventre o de l'embonpoint. ‖ *Echar bravatas,* fanfaronner. ‖ *Echar brotes,* bourgeonner (plantas). ‖ *Echar cartas,* donner les cartes. ‖ *Echar de menos,* s'ennuyer de, regretter, manquer : *echo de menos a mi pueblo,* je m'ennuie de mon village ; *echo de menos a mis hijos,* mes enfants me manquent. ‖ *Echar de ver,* remarquer. ‖ Mar. *Echar el ancla,* jeter l'ancre. ‖ *Echar el freno,* serrer le frein, mettre le frein. ‖ Fig. y fam. *Echar el guante a,* épingler, mettre la main sur. ‖ *Echar el resto,* en mettre un coup (trabajar mucho), jouer son va-tout (naipes). ‖ *Echar en cara,* jeter à la figure o à la tête o à la face o au nez, reprocher. ‖ *Echar fuego por los ojos,* jeter feu et flammes, foudroyer du regard. ‖ *Echar humo,* fumer. ‖ *Echar juramentos,* jurer. ‖ *Echar la bendición,* bénir, donner sa bénédiction. ‖ Fig. *Echar la casa por la ventana,* mettre les petits plats dans les grands. ‖ *Echarla de valiente,* le, jouer les : *echarla de valiente,* faire le courageux. ‖ *Echar la llave,* tourner la clef, fermer à clef. ‖ *Echar las bases de,* jeter les bases de. ‖ *Echar las bendiciones,* marier. ‖ *Echar las cartas,* tirer les cartes. ‖ Fig. y fam. *Echarlas gordas* ou *echar bolas,* en conter de belles, en dire de bonnes (mentir). ‖ *Echarle gracia a una cosa,* donner du piquant à quelque chose. ‖ Fig. *Echar leña al fuego,* jeter de l'huile sur le feu. ‖ *Echarle sal y pimienta,* y mettre du piment. ‖ *Echar los brazos al cuello,* sauter au cou. ‖ Fig. *Echarlo todo a rodar,* envoyer tout bouler o promener. ‖ *Echar maldiciones,* maudire. ‖ *Echar mano a,* se servir de, faire appel à, taper dans (fam.) : *echar mano a las reservas,* taper dans les réserves. ‖ *Echar mano de,* recourir à, faire appel à, se servir de. ‖ Fig. *Echar pajas,* tirer à la courte paille. ‖ *Echar pestes,* pester. ‖ *Echar por largo,* calculer largement. ‖ *Echar por tierra,* jeter à terre, démolir. ‖ *Echar raíces,* s'enraciner, prendre racine. ‖ Fig. *Echar rayos,* jeter feu et flammes, lancer des éclairs. ‖ *Echar sangre,* saigner : *echar sangre por la nariz,* saigner du nez. ‖ *Echar suertes,* tirer au sort. ‖ Fig. *Echar tierra a un asunto,* enterrer une affaire. ‖ *Echar una cana al aire,* faire une incartade. ‖ *Echar una mano a alguien,* donner un coup de main à quelqu'un. ‖ *Echar un capote a uno,* tendre la perche à quelqu'un. ‖ *Echar una ojeada, un vistazo,* jeter un coup d'œil. ‖ Fig. y fam. *Echar un bocado, un trago,* manger un morceau, boire un coup. ‖ *Echar un cigarrillo,* griller une cigarette. ‖ *Echar un párrafo,* tailler une bavette. ‖ *No lo eche usted en saco roto,* inscrivez cela sur vos tablettes.

9. Verbo pronominal. — Se jeter (arrojarse) : *echarse en brazos de alguien,* se jeter dans les bras de quelqu'un. ‖ Se verser : *echarse de beber,* se verser à boire. ‖ S'étendre, se coucher, s'allonger : *échate en la cama,* étends-toi sur le lit. ‖ Couver (aves). ‖ Tomber (el viento). ‖ Ramener : *echarse los pelos adelante,* ramener ses cheveux en avant. ‖ Fig. S'adonner à : *echarse a la bebida,* s'adonner à la boisson. ‖ S'offrir : *se ha echado un abrigo de visón,* elle s'est offert un manteau de vison. ‖ Mar. Se coucher. ‖ Amer. Porter : *echarse zapatos,* porter des chaussures. ‖ — *Echarse a dormir,* se coucher. ‖ Fam. *Echarse al cuerpo,* s'appuyer, s'envoyer : *echarse al cuerpo una buena comida,* s'envoyer un bon dîner. ‖ *Echarse al monte,* prendre le maquis. ‖ *Echarse a morir* ou *a temblar,* être pris de peur, se mettre à trembler. ‖ *Echarse a perder,* se gâter, s'abîmer (una cosa), mal tourner (una persona). ‖ Fig. *Echarse atrás,* faire machine arrière, se raviser, reculer. ‖ *Echarse a un lado,* se pousser. ‖ *Echarse de ver,* être évident. ‖ *Echarse encima,* tomber dessus (caer), gagner (llegar) : *la noche se nos echa encima,* la nuit nous gagne. ‖ Pop. *Echarse entre pecho y espalda,* s'envoyer. ‖ *Echárselas de listo,* faire le malin. ‖ *Echárselas de vencedor,* se poser en vainqueur. ‖ *Echarse novia,* avoir une fiancée. ‖ Pop. *Echarse un vaso al coleto,* siffler un verre, s'en jeter un derrière la cravate.

echarpe m. Écharpe, *f.* (chal, mantón).

echazón f. Jet, *m.* (acción).

echón, ona adj. *Amer.* Fanfaron, onne ; bravache.

echona o **echuna** f. *Amer.* Faux (hoz).

edad f. Âge, *m.* : *¿qué edad tienes?,* quel âge as-tu ? ; *no aparentar su edad,* ne pas faire son âge. ‖ Âge, *m.* (época) : *la Edad de Piedra,* l'âge de la pierre ; *la Edad de Oro,* l'âge d'or ; *la Edad Media,* le Moyen Âge. ‖ Époque : *la Edad Contemporánea,* l'époque contemporaine. ‖ Temps, *m.* : *por aquella edad,* en ce temps-là. ‖ — *Edad adulta,* âge adulte, âge d'homme. ‖ *Edad Antigua,* Antiquité. ‖ *Edad avanzada,* âge avancé, grand âge. ‖ *Edad crítica,* âge critique, retour d'âge. ‖ *Edad del Bronce,* âge du bronze (prehistoria), âge d'airain (historia antigua). ‖ *Edad de la razón* ou *del juicio,* âge de raison. ‖ *Edad del pavo* ou *del chivateo* (amer.), âge ingrat. ‖ *Edad Moderna,* Temps modernes. ‖ *A mi edad,* à mon âge. ‖ *De cierta edad,* d'un certain âge. ‖ *De corta* ou *poca edad,* en bas âge. ‖ *De edad,* âgé, e : *una persona de edad,* une personne âgée ; *un chico de diez años de edad,* un garçon âgé de dix ans. ‖ *De edad provecta,* d'âge mûr. ‖ *De edad temprana,* en pleine jeunesse. ‖ *De más edad,* plus âgé. ‖ *De mediana edad,* entre deux âges. ‖ *De menor edad,* moins âgé. ‖ *En edad de,* en âge de. ‖ *En edad escolar,* d'âge scolaire. ‖ *En su edad temprana,* dans son jeune âge. ‖ *Entrado en edad,* âgé. ‖ *La flor de la edad,* la fleur de l'âge. ‖ *Mayor edad,* majorité (mayoría de edad). ‖ *Menor edad,* minorité (minoría de edad). ‖ *Primera edad,* premier âge. ‖ *Representar la edad que se tiene,* bien porter son âge. ‖ *Ser mayor de edad, menor de edad,* être majeur, mineur. ‖ *Tener edad para,* être d'âge à o en âge de. ‖ *Un mayor de edad, un menor de edad,* un majeur, un mineur.

edafología f. Pédologie.

edecán m. Aide de camp.

edelweiss m. Bot. Edelweiss.

edema f. Med. Œdème, *m.*

edematoso, sa adj. Med. Œdémateux, euse.

edén m. Éden.

edénico, ca adj. Édénique, édénien, enne.

edición f. Édition : *edición príncipe* ou *prínceps,* édition princeps ; *edición en rústica, diamante,* édition brochée, compacte.

— Sinón. *Tirada,* tirage. *Impresión, estampación,* impression. *Publicación,* publication.

edicto m. Édit.

edículo m. Édicule.

edificación f. Construction, édification : *la edificación de un templo*, la construction d'un temple. ‖ FIG. Édification (ejemplo).

edificador, ra adj. y s. Bâtisseur, euse (que construye). ‖ Édifiant, e (que incita a la virtud).

edificante o **edificativo, va** adj. Édifiant, e : *un ejemplo edificante*, un exemple édifiant.

edificar v. tr. ● Édifier, bâtir, construire : *edificar en la arena*, bâtir sur le sable. ‖ FIG. Édifier : *edificar con su ejemplo*, édifier par son exemple. — V. pr. S'édifier, s'établir, se construire, s'élever : *las grandes fortunas se edifican en los beneficios*, les grandes fortunes s'élèvent sur les bénéfices.
— OBSERV. en sentido propio *bâtir* se usa más en el lenguaje corriente que *édifier*.
— SINÓN. ● *Construir*, construire. *Erigir*, *levantar*, ériger.

edificatorio, ria adj. De la construction, du bâtiment.

edificio m. ● Édifice : *el Prado es un edificio hermoso*, le Prado est un bel édifice. ‖ Bâtiment (construcción cualquiera) : *¿qué edificio es éste?*, quel est ce bâtiment? ‖ Immeuble (casa). ‖ FIG. Édifice : *el edificio social*, l'édifice social.
— SINÓN. ● *Construcción*, *edificación*, construction. *Obra*, bâtisse. *Fábrica* (p. us.), bâtiment. *Inmueble*, immeuble.

edil m. Édile (magistrado romano). ‖ Édile, conseiller municipal.

edilicio, cia adj. Édilitaire.

edilidad f. Édilité (cargo de edil).

Edimburgo n. pr. GEOGR. Édimbourg.

Edipo n. pr. m. Œdipe.

Edita n. pr. f. Édith.

editar v. tr. Éditer : *editar por su cuenta*, éditer à ses frais.

editor, ra adj. D'édition : *casa editora*, maison d'édition.
— M. y f. Éditeur, trice (persona). ‖ — M. Éditeur (persona o casa). ‖ — F. Éditeur, *m.*, maison d'édition, éditions, *pl.* (casa).

editorial adj. De l'édition, de l'éditeur.
— M. Editorial, article de fond. ‖ — F. Maison d'édition, éditions, *pl.* : *la editorial Larousse*, les éditions Larousse.

editorialista m. Éditorialiste.

Edmundo n. pr. m. Edmond.

edredón m. Édredon.

Eduardo n. pr. m. Édouard.

educable adj. Éducable.

educación f. Éducation. ‖ *Educación física*, éducation physique.

educacionista m. y f. Éducateur, trice.

educado, da adj. Élevé, e; éduqué, e : *niño mal educado*, enfant mal élevé. ‖ Poli, e (correcto).

educador, ra adj. y s. Éducateur, trice.

educando, da adj. y s. Élève. ‖ — M. Enfant de troupe (en el ejército). ‖ *Educando de tambor*, élève tambour.

educar v. tr. Élever (criar). ‖ ● Éduquer, élever (formar) : *educar en* ou *con buenos principios*, éduquer *o* élever dans de bons principes : *educar el gusto*, éduquer le goût.
— V. pr. Être élevé.
— SINÓN. ● *Instruir*, instruire. *Enseñar*, enseigner. *Iniciar*, initier. *Documentar*, documenter. *Perfeccionar*, perfectionner. *Formarse*, se former.

educativo, va adj. Éducatif, ive.

edulcorar v. tr. Édulcorer.

Eduvigis n. pr. f. Edwige.

efe f. F., *m.* [la lettre *f*]. ‖ Ouïe (de violín).

efebía f. Éphébie.

efebo m. Éphèbe.

efectismo m. Effet, tape-à-l'œil (fam.) [en pintura].

efectista adj. Amateur de l'effet [en art]. ‖ *Pintura efectista*, peinture en trompe l'œil.

efectividad f. Caractère (*m.*) effectif.

efectivo, va adj. Effectif, ive. ‖ — *Dinero efectivo*, argent comptant. ‖ *Hacerse efectivo*, prendre effet. ‖ TECN. *Potencia efectiva*, puissance au frein.
— M. Effectif. ‖ — *En efectivo*, en espèces (en numerario) : *pagar en efectivo*, payer en espèces.

efecto m. Effet : *pequeñas causas, grandes efectos*, petites causes, grands effets. ‖ Effet (picado) : *dar un efecto a la pelota*, donner de l'effet à la balle. ‖ FIG. Effet (impresión) : *causar buen efecto*, faire un bel effet. ‖ ARTES. Trompe-l'œil. ‖ — Pl. Effets (bienes). ‖ — *Efectos de comercio, mobiliarios, públicos*, effets de commerce, mobiliers, publics. ‖ CINEM. *Efectos especiales*, effets spéciaux. ‖ *Efectos sonoros*, bruitage (cine, teatro, radio). ‖ *En efecto*, en effet. ‖ — *Causar gran efecto*, faire de l'effet. ‖ FAM. *Hacer un efecto bárbaro*, faire un effet bœuf. ‖ *Llevar a efecto*, mettre à exécution. ‖ *Surtir efecto*, faire de l'effet (medicamento), prendre effet (entrar en vigor) : *surtir efecto a partir del 15 de marzo*, prendre effet le 15 mars.

efectuar v. tr. Effectuer, faire : *efectuar una resta*, faire une soustraction. ‖ Opérer : *efectuar una detención*, opérer une arrestation.

efedrina f. Éphédrine.

efélide f. MED. Éphélide (peca).

efemérides f. pl. Éphéméride, *sing.*
— OBSERV. On utilise ce mot au singulier (una *efeméride* o una *efemérides*) bien que l'Académie espagnole n'admette que le pluriel.

efímero m. Lis fétide (lirio hediondo).

eferente adj. ANAT. Efférent, e.

efervescencia f. Effervescence. ‖ FIG. Effervescence (agitación).

efervescente adj. Effervescent, e.

efesino, na o **efesio, sia** adj. y s. Éphésien, enne (de Éfeso).

Éfeso n. pr. GEOGR. Éphèse.

eficacia f. Efficacité.

eficaz adj. Efficace.
— SINÓN. *Eficiente*, efficient. *Efectivo*, effectif. *Activo*, actif. *Operante*, agissant, opérant.

eficiencia f. Efficience.

eficiente adj. Efficient, e.

efigie f. Effigie : *moneda con la efigie del emperador*, monnaie à l'effigie de l'empereur.

efímera f. ZOOL. Éphémère (cachipolla).

efímero, ra adj. Éphémère (breve).

eflorecerse* v. pr. QUÍM. Tomber en efflorescence.

eflorescencia f. MED. MIN. y QUÍM. Efflorescence.

eflorescente adj. QUÍM. efflorescent, e.

efluvio m. Effluve.

efod m. Éphod (túnica hebrea).

éforo m. Éphore (magistrado griego).

efracción f. Effraction.

efugio m. Échappatoire, *f.* (evasión).

efusión f. Effusion. ‖ FIG. Effusion (del ánimo). ‖ MED. Épanchement, *m.*

efusivo, va adj. Expansif, ive. ‖ GEOL. Effusif, ive.

efuso, sa adj. Répandu, e.

egabrense adj. y s. De Cabra (Córdoba).

Egeo n. pr. m. GEOGR. *Mar Egeo*, mer (*f.*) Égée.

Egeria n. pr. f. Égérie.

égida o **egida** f. Égide. ‖ *Bajo la égida de*, sous l'égide de.

egipán m. MIT. Égipan, ægipan.

egipciaco, ca o **egipciano, na** adj. y s. (P. us.). Égyptien, enne (egipcio). ‖ *María Egipciaca*, Marie l'Égyptienne.

egipcio, cia adj. y s. Égyptien, enne.

Egipto n. pr. m. Égypte, *f.*

egiptología f. Égyptologie.

egiptólogo, ga m. y f. Égyptologue.

Egisto n. pr. m. Égisthe.

égloga f. Églogue.

egocéntrico, ca adj. Égocentrique.

egocentrismo m. Égocentrisme.

egofonía f. MED. Égophonie.

egoísmo m. Égoïsme.

egoísta adj. y s. Égoïste.

ególatra adj. Égotiste.

egolatría f. (P. us.). Égotisme, égoïsme (*m.*), démesuré.

egotismo m. Égotisme.

egotista adj. y s. Égotiste.

egregio, gia adj. Illustre.

egresado, da adj. y s. *Amer.* Diplômé, e.

egresar v. intr. *Amer.* Sortir (salir).

— OBSERV. Ce verbe signifie *sortir* dans le sens d' « avoir terminé ses études ».

egresión f. DR. Cession d'un bien de la Couronne.

egreso m. COM. Dépense, *f.* (gasto). | Sortie, *f.* (salida).

¡eh! interj. Eh ! : ¡*Eh!, ¡oiga!,* eh ! là-bas !

eider m. Eider (pato).

eidético, ca adj. FILOS. Éidétique.

einstenio m. QUÍM. Einsteinium.

eirá m. Eyra (puma).

eje m. Axe : *el eje de una calle,* l'axe d'une rue ; *girar sobre su eje,* tourner sur son axe. ‖ Essieu (de una rueda). ‖ TECN. Arbre : *eje de levas,* arbre à cames ; *eje motor,* arbre moteur. ‖ — ANAT. *Eje cerebroespinal,* axe cérébro-spinal. ‖ ASTR. *Eje del mundo,* axe du monde. ‖ MAT. *Eje de revolución, de rotación,* axe de révolution, de rotation. ‖ *El eje Berlin-Roma,* l'axe Berlin-Rome. ‖ *Idea eje,* idée force. ‖ FIG. *Partir a uno por el eje,* empoisonner, enquiquiner (fastidiar).

ejecución f. Exécution : *la ejecución de un proyecto,* l'exécution d'un projet. ‖ Exécution (de un condenado) : *pelotón de ejecución,* peloton d'exécution. ‖ Jeu, *m.* (de un actor). ‖ MÚS. Exécution. ‖ DR. Exécution (de un deudor). | Saisie (embargo). ‖ — DR: *Ejecución de embargo,* saisie-exécution. ‖ *Poner en ejecución,* mettre à exécution, mettre en œuvre. ‖ DR. *Trabar ejecución,* opérer une saisie.

ejecutable adj. Exécutable.

ejecutante m. y f. Exécutant, e. ‖ — M. DR. Saisissant.

ejecutar v. tr. Exécuter : *ejecutar una obra de arte, a un condenado,* exécuter une œuvre d'art, un condamné. ‖ Jouer (en el teatro). ‖ DR. Exécuter (reclamar un pago). | Saisir (embargar). ‖ MÚS. Exécuter.

— V. intr. Exécuter : *usted manda y yo ejecuto,* vous commandez et j'exécute.

ejecutivamente adv. Expéditivement, rapidement.

ejecutivo, va adj. Exécutif, ive (que ejecuta). ‖ Expéditif, ive (rápido).

— M. Exécutif (poder). ‖ Cadre supérieur.

ejecutor, ra m. y f. Exécuteur, trice. ‖ — *Ejecutor de la justicia,* exécuteur des hautes œuvres (verdugo). ‖ *Ejecutor testamentario,* exécuteur testamentaire.

ejecutoria f. Lettres (*pl.*) de noblesse. ‖ DR. Exécutoire, *m.* (acto que confirma un juicio).

ejecutoría f. Charge de l'exécuteur.

ejecutoriar v. tr. DR. Confirmer un jugement. ‖ FIG. Contrôler (comprobar).

ejecutorio, ria adj. DR. Exécutoire.

¡ejem! interj. Hum !

ejemplar adj. Exemplaire : *conducta ejemplar,* conduite exemplaire. ‖ *Novelas Ejemplares,* Nouvelles Exemplaires (de Cervantes).

— M: Exemplaire (unidad) . *una tirada de diez mil ejemplares,* un tirage de dix mille exemplaires. ‖ Numéro (de una revista). ‖ Spécimen (de colección científica) : *un ejemplar magnífico de escarabajo,* un spécimen magnifique de scarabée. ‖ FAM. *¡Menudo ejemplar!,* drôle de numéro !

ejemplaridad f. Caractère (*m.*) exemplaire.

ejemplarizar v. tr. Servir d'exemple.

ejemplificar v. tr. Démontrer *o* illustrer par des exemples.

ejemplo m. Exemple : *un diccionario sin ejemplos es un esqueleto,* un dictionnaire sans exemples est un squelette. ‖ — *A ejemplo de,* à l'exemple de, à l'instar de. ‖ *Por ejemplo,* par exemple. ‖ — *Dar ejemplo,* donner l'exemple. ‖ *Predicar con el ejemplo,* prêcher par l'exemple *o* d'exemple. ‖ *Servir de ejemplo,* servir d'exemple. ‖ *Tomar ejemplo de alguien,* prendre exemple sur quelqu'un. ‖ *Tomar por ejemplo* ou *como ejemplo,* prendre comme exemple *o* pour modèle.

— SINÓN. *Modelo,* modèle. *Patrón,* patron. *Regla,* règle. *Paradigma,* paradigme.

ejercer v. tr. e intr. Exercer : *ejercer la medicina,* exercer la médecine. ‖ Faire usage de, exercer : *ejercer el derecho de voto,* faire usage du droit de vote. ‖ Exercer (la autoridad).

— OBSERV. *S'exercer* se dit non pas *ejercerse,* mais *ejercitarse.*

ejercicio m. Exercice. ‖ Devoir, exercice (de un alumno) : *ejercicio de latín,* exercice de latin. ‖ — *Ejercicio económico,* exercice financier. ‖ RELIG. *Ejercicios espirituales,* exercices spirituels. ‖ *En ejercicio,* en exercice (en activo). ‖ *Hacer ejercicio,* faire *o* prendre de l'exercice. ‖ MIL. *Hacer el ejercicio,* faire l'exercice. ‖ MED. *Médico en ejercicio,* médecin en exercice *o* exerçant.

ejercitación f. Entraînement, *m.,* exercice, *m.*

ejercitado, da adj. Exercé, e : *ejercitado en el manejo de las armas,* exercé au maniement des armes.

ejercitante adj. Qui s'exerce.

— M. y f. Exercitant, e (que hace los ejercicios espirituales).

ejercitar v. tr. Exercer. ‖ Entraîner (las tropas), former (en un oficio).

— V. pr. S'exercer (adiestrarse). ‖ S'exercer, s'essayer : *ejercitarse en hablar,* s'exercer à parler.

ejército m. Armée, *f.* : *Ejército del Aire,* armée de l'air. ‖ *Ejército de Salvación,* Armée du Salut.

ejido m. Terrain communal [d'un village].

ejote m. *Amer.* Haricot vert (habichuela verde).

el art. m. sing. Le : *el pozo,* le puits. ‖ Celui : *el que habla,* celui qui parle ; *el de las gafas,* celui aux lunettes ; *no es mi libro sino el de tu padre,* ce n'est pas mon livre mais celui de ton père. ‖ — *El cual,* lequel. ‖ *¡El... que...!* quel, quelle : *¡el susto que me dio!,* quelle peur il m'a faite ! ‖ *En el año 1965,* en 1965. ‖ *Es ... el que,* c'est ... qui : *es mi primo el que acaba de llegar,* c'est mon cousin qui vient d'arriver ; *soy yo el que ha de decidir,* c'est moi qui dois décider.

— OBSERV. *El* debe traducirse a menudo por el adjetivo posesivo en francés : *llevaba el sombrero puesto,* il avait son chapeau sur la tête ; *arreglé el negocio,* j'ai arrangé mon affaire. Pero se dice *extender el brazo,* étendre le bras, porque se trata de una parte del cuerpo. *El* no se traduce cuando precede un día de la semana pasada *o* de la semana siguiente al momento en que se habla : *vino el lunes, saldré el viernes,* il est venu lundi, je partirai vendredi.

En los nombres propios como El Greco, El Salvador, el francés hace la contracción de la preposición con el artículo : *los lienzos de El Greco,* les toiles du Greco ; *voy a El Salvador,* je vais au Salvador.

— *El* remplace l'article féminin devant un mot commençant par *a* ou *ha* accentué (*el ala, el hacha*).

él pr. pers. m. sing. Il : *él viene*, il vient. ‖ Lui (enfático) : *es él*, c'est lui ; *él ha de decírselo*, lui (il) va vous le dire ; *él lo hizo* ou *lo hizo él*, c'est lui qui l'a fait. ‖ Lui (con prep.) : *hablo de él*, je parle de lui ; *me voy con él*, je pars avec lui. ‖ *Él mismo*, lui-même.
— OBSERV. *Él*, sujet, est le plus souvent sous-entendu devant le verbe : [*él*] *se marchó*, il est parti ; on ne l'exprime en général que pour insister davantage (*él se fue*, *yo me quedé*, lui est parti, moi je suis resté).

elaboración f. Élaboration. ‖ Établissement, *m.*, élaboration : *elaboración del presupuesto*, établissement du budget.

elaborar v. tr. Élaborer.

elan m. FILOS. Élan : *elan vital*, élan vital.

elástica f. Tricot, *m.*, gilet (*m.*) de corps (camiseta). ‖ Maillot, *m* (en deportes).

elasticidad f. Élasticité.

elasticimetría f. Élasticimétrie.

elasticímetro m. Élasticimètre.

elástico, ca adj. Élastique.
— M. Élastique (tejido o cinta). ‖ — Pl. Bretelles, *f.*

elastómero m. Élastomère.

elatéridos m. pl. Élatéridés (coléopteros).

elayómetro m. Elaïomètre, oléomètre (para aceites).

Elba n. pr. m. GEOGR. Elbe (río). ‖ — F. Elbe (isla).

Eldorado n. pr. m. Eldorado (país legendario).

ele f. L, *m.* [nom de la lettre *l*].

Elea n. pr. GEOGR. Élée.

eleático, ca adj. y s. Éléate, éléatique [d'Élée].

eleatismo m. Éléatisme.

eléboro m. Ellébore, hellébore.

elección f. ● Élection : *elecciones por sufragio universal*, élections au suffrage universel. ‖ Choix, *m.* : *la elección de un oficio*, le choix d'un métier. ‖ — *A elección de*, au choix de. ‖ *Tierra de elección*, terre d'élection.
— SINÓN. ● *Nombramiento*, nomination. *Selección*, sélection. *Opción*, option.

eleccionario, ria adj. *Amer.* Électoral, e.

electivo, va adj. Électif, ive : *monarquía electiva*, monarchie élective.

electo, ta adj. y s. Élu, e.
— OBSERV. Ce mot est le participe passé irrégulier du verbe *elegir*. Il ne s'applique qu'au candidat élu qui n'a pas encore occupé son poste : *el presidente electo tomará posesión de su cargo el día 30*, le président élu sera investi le 30.
Les temps composés du verbe *elegir* se conjuguent uniquement avec le participe passé régulier *elegido*.

elector, ra adj. y s. Électeur, trice. ‖ — M. HIST. Électeur, prince électeur.

electorado m. Électorat, corps électoral (censo electoral). ‖ Électorat : *el Electorado de Maguncia*, l'électorat de Mayence.

electoral adj. Électoral, e : *censos electorales*, corps électoraux. ‖ *Colegio, mesa electoral*, collège électoral.

Electra n. pr. f. Électre.

electricidad f. Électricité : *electricidad estática*, électricité statique.

electricista adj. y s. Électricien, enne.

eléctrico, ca adj. Électrique.
— M. FAM. Électricien.

electrificación f. Électrification.

electrificado, da adj. Électrifié, e.

electrificar v. tr. Électrifier.

electriz f. HIST. Femme d'un prince électeur.

electrizable adj. Électrisable.

electrización f. Électrisation.

electrizador, ra o **electrizante** adj. Électrisant, e.

electrizar v. tr. Électriser. ‖ FIG. Électriser : *electrizar una asamblea*, électriser une assemblée.

electro m. Électrum (aleación metálica). ‖ Ambre (ámbar).

electroacústica f. Fís. Électro-acoustique.

electrobiología f. Électrobiologie.

electrobomba f. Électropompe.

electrocardiografía f. Électrocardiographie.

electrocardiógrafo m. Électrocardiographe.

electrocardiograma m. MED. Électrocardiogramme.

electrocauterio m. MED. Électrocautère.

electrocinética f. Électrocinétique.

electrocoagulación f. Électrocoagulation.

electrocución f. Électrocution.

electrocutar v. tr. Électrocuter.

electrochoque m. MED. Électrochoc.

electrodinámico, ca adj. y s. Fís. Électrodynamique.

electrodinamómetro m. Électrodynamomètre.

electrodo m. Fís. Électrode, *f.* : *electrodo cubierto*, électrode enrobée.

electrodoméstico adj. m. Électroménager.
— M. pl. Appareils électroménagers.

electroencefalografía f. Électro-encéphalographie.

electroencefalograma m. Électro-encéphalogramme.

electrofisiología f. Électrophysiologie.

electrófono m. Électrophone.

electroforesis f. Électrophorèse.

electróforo m. Fís. Électrophore.

electrogalvánico, ca adj. Fís. Électrogalvanique.

electrógeno, na adj. Électrogène : *grupo electrógeno*, groupe électrogène.
— M. Électrogénérateur.

electrógrafo m. Électrographe.

electroimán m. Fís. Électro-aimant.

electrólisis f. QUÍM. Électrolyse.

electrolítico, ca adj. QUÍM. Électrolytique.

electrólito m. QUÍM. Électrolyte.

electrolización f. QUÍM. Électrolyse.

electrolizador m. Électrolyseur.

electrolizar v. tr. Électrolyser.

electroluminiscencia o **electroluminescencia** f. Électroluminescence.

electromagnético, ca adj. Électromagnétique.

electromagnetismo m. Fís. Électromagnétisme.

electromecánico, ca adj. Électromécanique.
— M. Électromécanicien. ‖ — F. Électromécanique (ciencia).

electrometalurgia f. Électrométallurgie.

electrometría f. Fís. Électrométrie.

electrómetro m. Fís. Électromètre.

electromotor, ra adj. Fís. Électromoteur, trice.

electromotriz adj. f. Électromotrice.

electrón m. Fís. Électron.

electronegativo, va adj. Fís. Électronégatif, ive.

electrónico, ca adj. y s. f. Électronique. ‖ *Especialista en electrónica*, électronicien.

electrón-voltio m. Électron-volt.

electropatía o **electropatología** f. MED. Électropathologie.

electropositivo, va adj. Fís. Électropositif, ive.

electropuntura f. MED. Électroponcture, électropuncture.

electroquímico, ca adj. QUÍM. Électrochimique.
— F. Électrochimie.

electrorradiología f. Électroradiologie.

electrorradiólogo m. Électroradiologiste.

electroscopio m. Fís. Électroscope.

electrostático, ca adj. y s. f. Fís. Électrostatique.

electrotaxia f. Électrotaxie.

electrotecnia f. Fís. Électrotechnique (técnica).

electrotécnico, ca adj. Électrotechnique.

electroterapia f. MED. Électrothérapie.

electrotermia f. Électrothermie.

electrotérmico, ca adj. Fís. Électrothermique.
— F. Électrothermie.

electrotono m. Électrotonus.
electuario m. Électuaire.
elefancía f. MED. Éléphantiasis, *m.*
elefanciaco, ca adj. y s. MED. Éléphantiasique.
elefanta f. Éléphant (*m.*) femelle, éléphante.
— OBSERV. V. ÉLÉPHANT, en la primera parte, pág. 267.
elefante m. Éléphant. ‖ *Elefante marino,* éléphant de mer (morsa).
elefantiásico, ca adj. y s. MED. Éléphantiasique.
elefantiasis f. MED. Éléphantiasis, *m.*
elefantillo m. Éléphanteau.
elefantino, na adj. Éléphantin, e.
elegancia f. Élégance.
elegante adj. y s. Élégant, e.
— SINÓN. ● *Airoso,* gracieux. *Distinguido,* distingué. *Petimetre,* petit-maître. *Gomoso,* gommeux. *Lechuguino,* dandy. *Dandy,* dandy.
elegantemente adv. Élégamment. ‖ *Terminar elegantemente,* finir en beauté.
elegantizar v. tr. Donner de l'élégance à.
elegantón, ona adj. FAM. Chic, smart. ‖ Très élégant, e.
elegía f. Élégie.
elegiaco, ca adj. Élégiaque.
elegibilidad f. Éligibilité, électivité.
elegible adj. Éligible (que puede ser elegido).
elegido, da adj. y s. Élu, e : *elegido por mayoría,* élu à la majorité. ‖ — M. Élu (predestinado).
elegir* v. tr. Choisir (escoger). ‖ Élire (por voto) : *elegir por votación,* élire aux voix. ‖ *Dos platos a elegir,* deux plats au choix (en una minuta).
elemental adj. Élémentaire. ‖ Fondamental, e (primordial).
elementarse v. pr. *Amer.* Être absorbé, être distrait *o* dans la lune.
elemento m. Élément. ‖ Fís. Élément (de una batería). ‖ FAM. Individu, type, zèbre, numéro (individuo) : *¡menudo elemento!,* quel drôle de numéro! ‖ *Amer.* Benêt, sot (tonto). ‖ — *El líquido elemento,* l'élément liquide. ‖ FIG. *Estar en su elemento,* être dans son élément. ‖ *Los cuatro elementos,* les quatre éléments.
Elena n. pr. f. Hélène.
elenco m. Catalogue, liste, *f.* ‖ CINEM. y TEATR. Distribution, *f.* (reparto), troupe, *f.* (compañía de teatro).
eleolita f. MIN. Éléolite, *m.,* éléolithe, *m.*
Eleonor n. pr. f. Éléonore.
eléquema f. o **elequeme** m. *Amer.* Érythrine, *f.* (árbol).
Eleuterio n. pr. m. Éleuthère.
eleuterozoos m. pl. ZOOL. Éleuthérozoaires.
elevación f. ● Élévation. ‖ Noblesse (del estilo). ‖ ECLES. Élévation. ‖ FIG. Élévation (del alma). ‖ MIL. *Tirar por elevación,* faire un tir vertical.
— SINÓN. ● *Altura,* hauteur. *Altitud,* altitude. *Ascensión, subida,* montée.
elevadamente adv. De façon élevée.
elevado, da adj. Élevé, e (alto) : *precio elevado,* prix élevé. ‖ ● Élevé, e (alto, sublime). ‖ Soutenu, e (estilo). ‖ MAT. *Elevado a,* puissance : *tres elevado a cuatro,* trois puissance quatre.
— SINÓN. ● *Grande,* grand. *Noble,* noble. *Sublime,* sublime. *Trascendental,* transcendant, *Épico,* épique. *Eminente, excelso,* éminent.
elevador, ra adj. Élévateur, trice : *carretilla elevadora,* chariot élévateur.
— M. Élévateur (montacargas). ‖ ANAT. Élévateur (músculo). ‖ TECN. Transformateur à élévateur (televisión). ‖ Vérin : *elevador de rosca* ou *de tornillo,* vérin à vis. ‖ *Amer.* Ascenseur. ‖ ELECTR. *Elevador-reductor,* survolteur-dévolteur. ‖ TECN. *Torno elevador,* appareil de levage.
elevamiento m. FIG. Élévation, *f.*
elevar v. tr. ● Élever (un peso). ‖ Élever (un monumento, un edificio). ‖ FIG. Élever : *elevar pro-*

testas, elevar a alguien a una dignidad, élever des protestations, élever quelqu'un à une dignité. ‖ MAT. Élever : *elevar al cuadrado,* élever au carré *o* à la puissance deux.
— V. pr. S'élever : *elevarse por los aires,* s'élever dans les airs. ‖ FIG. S'élever, monter : *los gastos se elevaban a tres millones,* les frais montaient à trois millions. ‖ S'élever : *elevarse sobre el vulgo,* s'élever au-dessus du vulgaire. ‖ Être transporté (enajenarse). ‖ S'enorgueillir (engreírse). ‖ — *Elevarse de la tierra,* s'élever au-dessus du sol. ‖ *Elevarse en la jerarquía,* gravir les échelons de la hiérarchie, s'élever dans la hiérarchie.
— SINÓN. ● *Erigir,* ériger. *Levantar,* élever. *Plantar,* planter. *Enarbolar,* arborer. *Izar,* hisser.
elevón m. AVIAC. Élevon.
elfo m. Elfe.
Elías n. pr. m. Élie.
elidir v. tr. GRAM. Élider.
eliminación f. Élimination.
eliminador, ra adj. y s. Éliminateur, trice.
eliminar v. tr. Éliminer. ‖ MED. Éliminer (cálculos). ‖ MAT. Éliminer : *eliminar una incógnita,* éliminer une inconnue.
eliminatorio, ria adj. y s. f. Éliminatoire.
elinvar m. Élinvar (aleación).
elipse f. GEOM. Ellipse.
elipsis f. GRAM. Ellipse.
elipsógrafo m. Ellipsographe (instrumento).
elipsoidal adj. GEOM. Ellipsoïdal, e.
elipsoide m. GEOM. Ellipsoïde.
elipticidad f. Ellipticité.
elíptico, ca adj. Elliptique.
Elisa n. pr. f. Élise.
elisabetiano, na adj. Élisabéthain, e : *teatro elisabetiano,* théâtre élisabéthain.
Eliseo n. pr. m. Élysée.
elíseo, a adj. Élyséen, enne. ‖ *Campos Elíseos,* Champs Élysées. ‖ — M. MIT. Élysée.
elisio, sia adj. y s. m. Élyséen, enne ; élysée.
elisión f. GRAM. Élision.
élite f. Élite : *la élite de la nación,* l'élite de la nation.
— OBSERV. Ce mot est un gallicisme couramment employé.
élitro m. ZOOL. Élytre (ala).
elixir m. Élixir.
elocución f. Élocution : *facilidad de elocución,* facilité d'élocution. ‖ Élocution, débit, *m.* : *elocución fácil,* débit facile.
— SINÓN. *Dicción,* diction. *Palabra,* parole. *Estilo,* style. *Expresión,* expression.
elocuencia f. Éloquence. ‖ *Elocuencia del foro,* éloquence du barreau.
— SINÓN. *Brío,* brio. *Vehemencia,* véhémence. *Verbosidad,* verbiage, verbosité. *Facundia,* faconde. *Prolijidad,* prolixité. *Locuacidad,* loquacité. *Pop. Labia, pico,* bagou.
elocuente adj. Éloquent, e.
— SINÓN. *Diserto,* disert. *Facundo,* loquace. *Grandilocuente,* grandiloquent. *Persuasivo,* persuasif. *Pico de oro,* beau parleur.
elodea f. BOT. Élodée, hélodée.
elogiable adj. Digne d'éloges.
elogiador, ra adj. y s. Louangeur, euse.
elogiar v. tr. Louer, faire l'éloge de (alabar, ponderar). ‖ *Discurso muy elogiado,* discours très applaudi.
elogio m. Éloge (alabanza) : *hacer elogios de,* faire des éloges de. ‖ — *Deshacerse en elogios,* ne pas tarir d'éloges, se répandre en *o* couvrir d'éloges. ‖ *Elogio de la locura,* Éloge de la folie (de Erasmo). ‖ *Palabras de elogio,* mots élogieux.
— SINÓN. *Alabanza, encomio,* louange. *Panegírico,* panégyrique. *Ditirambo,* dithyrambe. *Loor,* louange. *Cumplido,* compliment.

elogioso, sa adj. Élogieux, euse : *en términos elogiosos,* en termes élogieux.
— SINÓN. *Laudatorio,* laudatif. *Encomiástico,* élogieux. *Lisonjero,* flatteur.

Eloísa n. pr. f. Éloïse.

elongación f. ASTRON. y MED. Élongation.

elote m. *Amer.* Épi de maïs vert (mazorca de maíz).

Eloy n. pr. m. Éloi.

Elsinor n. pr. GEOGR. Elseneur.

elucidación f. Élucidation.

elucidar v. tr. Élucider (aclarar).

elucubración f. Élucubration.

elucubrar v. tr. Élucubrer.

— OBSERV. *Elucubración* et *elucubrar* sont des gallicismes pour *luoubración* et *lucubrar*.

eludible adj. Évitable.

eludir v. tr. Éluder : *eludir una pregunta,* éluder une question.

eluvial adj. GEOL. Éluvial, e.

eluvión f. Éluvion.

Elvira n. pr. f. Elvire.

elzevir o **elzevirio** m. Elzévir (libro).

elzeviriano, na adj. Elzévirien, enne.

ella pron. pers. f. sing. Elle : *ella viene,* elle vient ; *es ella,* c'est elle ; *lo hice por ella,* je l'ai fait pour elle. || C'est elle qui (enfático) : *ella lo dijo ou lo dijo ella,* c'est elle qui l'a dit. || — FAM. *Aquí fue ella,* il y a eu du grabuge. || *Mañana será ella,* c'est demain le grand jour.

— OBSERV. L'espagnol n'exprime le pronom sujet devant le verbe que lorsqu'il veut insister : *es simpática,* elle est sympathique ; *ella es simpática,* elle, elle est sympathique.

elle f. Ll, *m.* [nom de la lettre *ll*].

ello pron. pers. neutro. Cela : *ello no me gusta,* cela ne me plaît pas. || — *De ello,* en : *no hablemos más de ello,* n'en parlons plus. || *Ello es,* c'est : *ello es lo que te quería decir,* c'est ce que je voulais te dire. || *En ello,* y : *no pienso en ello,* je n'y pense pas. || *No se inmutó por ello,* il ne se troubla pas pour autant.

ellos, ellas pron. pers. pl. Eux, elles. || *¡A ellos!* ou *¡a por ellos!,* allons-y !, en avant ! (para atacar).

emaciación f. Émaciation.

emaciado, da adj. Émacié, e.

emanación f. Émanation.

emanante adj. Qui émane, émanent.

emanar v. tr. Émaner.

emancipación f. Émancipation.

emancipado, da adj. y s. DR. Émancipé, e.

emancipador, ra adj. y s. f. Émancipateur, trice.

emancipar v. tr. Émanciper. || Affranchir : *esclavos emancipados,* esclaves affranchis.
— V. pr. S'émanciper.

emarginado, da adj. BOT. Émarginé, e.

emasculación f. Émasculation.

emascular v. tr. Émasculer.

Emaús n. pr. GEOGR. Emmaüs.

embabiamiento m. FAM. Ahurissement, ébahissement (embobamiento).

embabucar v. tr. Leurrer, duper, tromper (embaucar).

embadurnador, ra adj. y s. Barbouilleur, euse.

embadurnar v. tr. Barbouiller : *embadurnar de tinta,* barbouiller d'encre. || Enduire (dar una mano).
— V. pr. S'enduire : *embadurnarse de grasa,* s'enduire de graisse.

embaidor, ra adj. y s. Trompeur, euse.

embaimiento m. Duperie, *f.* (embaucamiento).

embaír* v. tr. Duper (embaucar).
— OBSERV. Ce verbe est défectif et se conjugue seulement aux personnes dont la désinence commence par *i.*

embajada f. Ambassade. || FIG. Commission (mensaje). || — FAM. *¡Brava* ou *linda embajada!,* belle proposition ! || *¡ Con buena embajada me viene usted!,* vous avez de drôles de propositions à me faire !

embajador, ra m. y f. Ambassadeur, drice.

embalador, ra m. y f. Emballeur, euse (empaquetador).

embalaje o **embalamiento** m. Emballage : *papel de embalaje,* papier d'emballage. || Conditionnement (envasado).

embalar v. tr. Emballer. || Conditionner (envasar).

embaldosado, da adj. Dallé, e ; carrelé, e.
— M. Dallage ; carrelage.

embaldosar v. tr. Daller ; carreler.

embalsadero m. Fondrière, *f.*

embalsamador, ra adj. Qui embaume.
— M. Embaumeur.

embalsamamiento m. Embaumement.

embalsamar v. tr. Embaumer.

embalsar v. tr. Retenir [l'eau]. || *Agua embalsada,* réserves d'eau (de una cuenca hidrográfica).
— V. pr. Former une mare.

embalse m. Réservoir, bassin (balsa artificial). || Barrage, retenue (*f.*) d'eau : *el embalse de Asuán,* le barrage d'Assouan.

emballenado, da adj. Baleiné, e.
— M. Baleinage.

emballenar v. tr. Baleiner.

emballestado, da adj. Bouleté, e (caballo).
— M. Bouletage.

embanastar v. tr. Mettre dans une corbeille. || FIG. Entasser (a la gente).

embancarse v. pr. MAR. S'échouer (encallarse). || *Amer.* S'embourber (cegarse un río).

embanderar v. tr. Pavoiser.

embanquetado m. *Amer.* Trottoir (acera).

embarazada adj. f. Enceinte (mujer) : *estar embarazada de seis meses,* être enceinte de six mois.
— F. Femme enceinte.

embarazadamente adv. Avec embarras.

embarazador, ra adj. Embarrassant, e.

embarazar v. tr. Embarrasser (a uno). || Gêner (una cosa) : *embarazar el paso,* gêner le passage.
— V. pr. Être embarrassé, e : *embarazarse con* ou *por algo,* être embarrassé par quelque chose.

embarazo m. Embarras (obstáculo). || Gaucherie, *f.* (falta de soltura). || Grossesse, *f.* (de la mujer).

embarazosamente adv. Avec embarras.

embarazoso, sa adj. Embarrassant, e : *una pregunta embarazosa,* une question embarrassante. || Encombrant, e ; embarrassant, e (voluminoso).

embarbascarse v. pr. AGRIC. S'empêtrer [le soc de la charrue dans les racines]. || FIG. S'embrouiller (embrollarse).

embarbecer* v. intr. Commencer à avoir de la barbe.

embarbillado m. TECN. Embrèvement.

embarbillar v. tr. TECN. Embrever.

embarcación f. ● Embarcation (barco) : *embarcación menor,* petite embarcation. || Embarquement, *m.* (embarco). || Voyage (*m.*) en bateau (duración).
— SINÓN. ● *Bote, canoa,* canot. *Barca,* barque. *Barcaza,* bac. *Pontón,* ponton. *Chalana,* chaland, péniche. *Chalupa,* chaloupe. *Falúa,* felouque. *Gabarra,* gabare. *Carraca,* vieux raflot. *Nave,* nef. *Piragua,* pirogue. *Lancha motora,* vedette.

embarcadero m. Embarcadère.

embarcador m. Chargeur [d'un bateau].

embarcar v. tr. Embarquer : *aviación embarcada,* aviation embarquée.
— V. pr. S'embarquer : *embarcarse de pasajero,* s'embarquer comme passager ; *embarcarse en un vapor,* s'embarquer sur un vapeur. || FIG. S'embarquer (en un pleito, un negocio, etc.).

embarco m. Embarquement (de personas).
— OBSERV. Pour les marchandises on dit *embarque*.
embardar v. tr. Garnir de ronces [la crête d'un mur].
embargador m. Séquestreur.
embargante adj. Gênant, e; embarrassant, e.
embargar v. tr. Gêner, embarrasser (estorbar). || FIG. Saisir (sorprender). | Accabler, briser (el dolor) : *voz embargada por el dolor,* voix brisée par la douleur. || DR. Séquestrer, mettre sous séquestre, saisir. || MAR. Mettre l'embargo sur. || FIG. *Embargarle a uno la felicidad,* nager dans le bonheur.
embargo m. Indigestion, *f.* (empacho). || FIG. Saisissement (de los sentidos). || DR. Saisie, *f.,* séquestre. || MAR. Embargo, saisie, *f.* | —DR. *Ejecución de embargo,* saisie-exécution. | *Embargo de bienes litigiosos,* saisie-revendication. | *Embargo de la cosecha en pie,* saisie-brandon. | *Embargo de retención,* saisie-arrêt. | *Embargo preventivo,* saisie conservatoire. | *Embargo provisional,* saisie-gagerie. || *Sin embargo,* cependant, néanmoins.
embarnizamiento m. Vernissage.
embarnizar v. tr. Vernir.
embarque m. Embarquement (de mercancías).
embarrado, da adj. Crotté, e; plein, pleine de boue.
embarrancar v. intr. MAR. S'échouer, échouer (encallarse).
— V. pr. S'embourber (atascarse). || MAR. S'échouer.
embarrar v. tr. Crotter (manchar de barro). || Badigeonner (embadurnar). || FIG. *Amer.* Couvrir de boue (envilecer), compromettre (comprometer), impliquer (en un negocio, etc.). || FAM. *Embarrarla,* mettre par terre (proyecto).
— V. pr. Se crotter (mancharse). || Se brancher (la perdiz).
embarrialarse v. pr. *Amer.* Se crotter.
embarrilado o **embarrilamiento** m. Encaquement (de arenques). || Enfûtage (en un barril), entonnage, entonnement, entonnaison, *f.* (en un tonel).
embarrilar v. tr. Encaquer (arenques). || Entonner (en un tonel), enfûtailler (en un barril).
embarullador, ra adj. y s. Brouillon, onne.
embarullar v. tr. FAM. Embrouiller. | Bâcler (chapucear).
embasamiento m. ARQ. Embasement, base, *f.*
embase m. ARQ. Embase, *f.*
embastar v. tr. Bâtir, faufiler (hilvanar). || Piquer (en un colchón). || Bâtir (en un bastidor). || Bâter (las caballerías).
embaste m. Bâti (costura).
embastecer* v. intr. Engraisser (engrosar).
—\V. pr. Devenir grossier, s'abrutir.
embate m. MAR. Coup de mer. || Assaut (asalto). || FIG. Combat (de los elementos).
embaucador, ra adj. y s. Trompeur, euse (que engaña), enjôleur, euse (engatusador).
embaucamiento m. Duperie, *f.,* tromperie, *f.,* leurre (engaño). || Séduction, *f.,* enjôlement (seducción).
embaucar v. tr. Leurrer, tromper, duper (engañar) : *embaucar a uno con promesas,* tromper quelqu'un par des promesses. || Séduire, enjôler (seducir).
embaulado, da adj. FIG. Serré, e; coincé, e (apretado).
embaular v. tr. Mettre dans une malle. || FIG. y FAM. Empiler (personas o cosas). || Engloutir, s'empiffrer de (atiborrarse).
embausamiento m. Distraction, *f.*
embazar v. tr. Brunir (teñir de moreno). || Embarrasser, gêner, empêcher (estorbar). || FIG. Frapper, stupéfier (pasmar).

— V. pr. Se lasser (hartarse). || Se charger l'estomac (empacharse). || Faire des levées (en el juego).
embebecer* v. tr. Ravir, fasciner (encantar). || Distraire (distraer).
— V. pr. Être fasciné par, s'extasier sur. || Être ébahi (quedarse pasmado). || S'absorber dans (quedar absorto).
embebecimiento m. Ravissement (embeleso).
embebedor, ra adj. Qui imbibe (que empapa). || FIG. Absorbant, e.
embeber v. tr. Absorber, boire : *la esponja embebe el agua,* l'éponge absorbe l'eau. || Imbiber : *embeber en agua,* imbiber d'eau. || Renfermer (encerrar). || Rétrécir (reducir).
— V. intr. Rétrécir, se rétrécir (encogerse). || Boire (el lienzo pintado al óleo).
— V. pr. FIG. S'absorber : *embeberse en la lectura,* s'absorber dans la lecture. | Se plonger : *embeberse en un negocio,* se plonger dans une affaire. || S'imbiber (en alcool, etc.).
embebimiento m. Rétrécissement.
embelecador, ra adj. y s. Trompeur, euse (engañador), enjôleur, euse (seducteur, trice (embaucador).
embelecamiento m. Leurre (engaño).
embelecar v. tr. Tromper, leurrer (engañar). || Séduire, enjôler (seducir).
embeleco m. Leurre, attrape-nigaud (fam.) [engaño].
embelesador, ra adj. Ravissant, e; charmant, e (encantador). || Ensorcelant, e (hechicero).
— M. y f. Ensorceleur, euse.
embelesamiento m. V. EMBELESO.
embelesar v. tr. Ravir, charmer (encantar). || Éblouir, émerveiller (maravillar). || FIG. Ensorceler (embrujar).
— V. pr. Être transporté par : *embelesarse con un espectáculo,* être transporté par un spectacle.
embeleso m. Ravissement, enchantement, extase, *f.* || FIG. Ensorcellement (embrujo). || Dentelaire, *f.* (belesa).
embellaquecerse* v. pr. Mal tourner.
embellecedor m. AUTOM. Enjoliveur.
embellecer* v. tr. Embellir.
— V. intr. Embellir (naturalmente).
— V. pr. S'embellir (adornándose).
embellecimiento m. Embellissement.
embermejar o **embermejecer*** v. tr. e intr. Rougir.
emberrenchinarse o **emberrincharse** v. pr. FAM. Piquer une colère, faire une colère (encolerizarse).
embestida f. Charge, attaque, assaut, m. : *la embestida del toro,* l'attaque du taureau.
embestidor, ra adj. Assaillant, e.
embestidura f. Assaut, *m.* (embestida).
embestir* v. tr. Assaillir, attaquer (asaltar). || Charger, s'élancer o foncer o se ruer sur o vers : *el toro embistió al matador,* le taureau chargea le matador. || FIG. y FAM. Emboutir (un coche). || FAM. *Embestir a alguien,* foncer sur quelqu'un.
— V. intr. Attaquer, charger.
embetunar v. tr. Cirer (los zapatos). || Goudronner, bitumer (asfaltar).
embicar v. tr. MAR. Apiquer (vergas). || *Amer.* Mettre dans un trou.
— V. intr. *Amer.* Se jeter à la côte (un barco).
embijado, da adj. *Amer.* Disparate (dispar).
embijar v. tr. Colorer o peindre en rouge. || *Amer.* Salir (manchar).
— V. pr. Se peindre en rouge.
embije m. Teinture (*f.*) en rouge.
embiópteros m. pl. ZOOL. Embioptères.
embizcar v. intr. Loucher.
emblandecer* v. tr. Ramollir, amollir.
— V. pr. Se ramollir. || FIG. Se radoucir (enternecerse).

emblanquecimiento m. Blanchiment, blanchissage.

emblanquecer* v. tr. y pr. Blanchir.

emblema m. o f. Emblème, m. ‖ MIL. Écusson, m.

emblemático, ca adj. Emblématique.

embobado, da adj. Ebahi, e (atontado). ‖ Hébété, e (sin reacción).

embobamiento m. Ébahissement (admiración). ‖ Hébétude, f., hébétement (alelamiento).

embobar v. tr. Ébahir (atontar). ‖ Enjôler (embaucar). ‖ Quedarse embobado, rester ébahi o bouche bée.

embobecer* v. tr. Rendre stupide, abêtir (atontar).

embobecimiento m. Hébétement, stupidité, f.

embocado, da adj. Qui a du fumet o du bouquet (vino).

embocadura f. Embouchure (de un río, de un instrumento de viento, del bocado del caballo). ‖ TEATR. Devant (m.) de la scène. ‖ Fumet, m., bouquet, m. (del vino). ‖ MAR. Embouquement, m. ‖ EQUIT. Tener buena embocadura, avoir la bouche sensible.

embocar v. tr. Mettre dans la bouche. ‖ Fourrer (en un espacio estrecho). ‖ MÚS. Emboucher (un instrumento). ‖ FIG. y FAM. Faire avaler (hacer creer). ‖ Avaler, engloutir (tragar). ‖ MAR. Embouquer.
— V. pr. Se fourrer (meterse). ‖ S'engager : embocarse por un corredor, s'engager dans un couloir.

embocinado, da adj. Evasé, e.

embocinarse o embochinarse v. pr. Amer. S'empêtrer (enredarse).

embodegamiento m. Encavement (p. us.).

embodegar v. tr. Encaver (p. us.), mettre en cave.

embojar v. tr. Cabaner, encabaner (los gusanos de seda).

embojo m. Cabane, f. [pour fixer les vers à soie]. ‖ Encabanage (acción).

embolada f. MECÁN. Coup (m.) o battement (m.) de piston.

embolado m. TEATR. Rôle sacrifié. ‖ TAUROM. Taureau aux cornes boulées. ‖ FIG. y FAM. Supercherie, f. (engaño). ‖ FAM. ¡Pues vaya un embolado !, quelle tuile !

embolar v. tr. Cirer (zapatos). ‖ TAUROM. Bouler les cornes [d'un taureau].
— V. pr. Amer. S'enivrer.

embolectomía f. MED. Embolectomie.

embolia f. MED. Embolie.

embolismador, ra adj. y s. Cancanier, ère.

embolismar v. tr. FIG. Cancaner, potiner.

embolismático, ca adj. Confus, e ; inintelligible (lenguaje).

embolismo m. Embolisme (intercalación). ‖ FIG. Confusion, f., désordre. ‖ Cancan, potin (chismorreo).

émbolo m. MECÁN. Piston.

embolsar v. tr. Empocher : embolsar dinero, empocher de l'argent.

embonar v. tr. (P. us.). Bonifier (hacer bueno). ‖ Amer. Ajuster, assembler (juntar). ‖ Aller (venir bien). ‖ Fertiliser (abonar).

embono m. MAR. Soufflage.

emboñigar v. tr. Crotter (cubrir de boñiga).

emboque m. Passage par une petite ouverture. ‖ FIG. y FAM. Tromperie, f. (engaño).

emboquillado, da adj. À bout filtre. ‖ Cigarrillo emboquillado, cigarette filtre o à bout filtre.

emboquillar v. tr. Garnir d'un bout filtre (un cigarrillo). ‖ MIN. Ouvrir une galerie.

embornal m. MAR. Dalot (imbornal).

emborrachador, ra adj. Enivrant, e.

emborrachamiento m. Ivresse, f.

emborrachar v. tr. ● Enivrer (embriagar). ‖ Soûler (adormecer).
— V. pr. S'enivrer, se soûler (fam.) : emborra-

charse con ou de aguardiente, s'enivrer d'eau-de-vie, se soûler à l'eau-de-vie.
— SINÓN. ● Embriagar, enivrer. Alcoholizar, alcooliser. Pop. Achisparse, ajumarse, se griser, se cuiter.

emborrar v. tr. Rembourrer, embourrer (llenar con borra). ‖ FIG. y FAM. Engloutir, avaler (tragar).

emborrascarse v. pr. Se gâter (el tiempo, un negocio). ‖ Se fâcher (irritarse). ‖ Amer. S'épuiser (agotarse una mina).

emborrazar v. tr. Barder [une volaille].

emborrizar v. tr. Paner (carne). ‖ Rouler, passer : emborrizar un pescado en harina, passer un poisson dans la farine.

emborronador, ra m. y f. Emborronador, emborronadora de cuartillas, griffonneur, euse. ‖ Emborronador de papel, barbouilleur.

emborronar v. tr. Griffonner (escribir mal). ‖ Emborronar papel, noircir du papier.

emboscada f. Embuscade : tender una emboscada, tendre une embuscade. ‖ ● Guet-apens, m. (para asesinar o robar). ‖ FIG. Embûche.
— SINÓN. ● Trampa, piège, trappe. Armadijo, traquenard. Asechanza, embûche. Celada, guet-apens. Avispero, guêpier.

emboscado m. MIL. Embusqué (soldado).

emboscar v. tr. MIL. Embusquer.
— V. pr. MIL. S'embusquer, se tenir en embuscade. ‖ FIG. S'embusquer, se planquer (pop.).

embosquecer* v. intr. Se couvrir d'arbres.

embostar v. tr. AGRIC. Fumer (abonar). ‖ Amer. Crépir avec de la boue.

embotado, da adj. Émoussé, e.

embotadura f. o embotamiento m. Émoussement, m. ‖ FIG. y FAM. Encroûtement, m. (intelectual).

embotar v. tr. Émousser. ‖ FIG. Émousser, engourdir (adormecer) : embotar los sentidos, engourdir les sens. ‖ Émousser : el ocio embota el ánimo, l'oisiveté émousse le courage. ‖ Mettre en pot (el tabaco).
— V. pr. S'émousser. ‖ FIG. S'émousser (debilitarse). ‖ FIG. y FAM. S'encroûter. ‖ (P. us.). Se botter (calzarse).

embotellado, da adj. Embouteillé, e ; en bouteille (líquido). ‖ FIG. Préparé longtemps à l'avance (discurso, etc.).
— M. Embouteillage, mise (f.) en bouteilles.

embotelladora f. Machine à embouteiller.

embotellamiento m. Embouteillage, mise (f.) en bouteilles (líquidos). ‖ Embouteillage, encombrement (en la vía pública) : un embotellamiento de coches, un embouteillage de voitures.

embotellar v. tr. Embouteiller. ‖ Embouteiller, encombrer (la calle).
— V. pr. FIG. Apprendre par cœur.

embotijar v. tr. Mettre dans des cruches.
— V. pr. FIG. y FAM. Prendre du ventre (criar carne). ‖ Se fâcher, s'emporter (encolerizarse).

embovedar v. tr. ARQ. Voûter.

embozadamente adv. Hypocritement.

embozalar v. tr. Museler.

embozar v. tr. Cacher le bas du visage. ‖ FIG. Déguiser, cacher (disfrazar). ‖ Museler (poner un bozal).
— V. pr. Cacher le bas de son visage, se draper : embozarse en la capa, se draper dans sa cape.
— OBSERV. Pour embozarse on ramène un pan de la cape sur le visage de façon que seuls les yeux restent visibles.

embozo m. Pan [d'une cape]. ‖ Rabat, retour (de la sábana). ‖ Action (f.) de se couvrir le bas du visage avec un pan de son manteau. ‖ FIG. Déguisement (disfraz), dissimulation, f. (disimulo). ‖ FIG. y FAM. Hablar con embozo, parler à mots couverts. | *Quitarse el embozo,* jeter *o* mettre bas le masque.

embragar v. tr. e intr. Tecn. Embrayer.

embrague m. Tecn. Embrayage : *embrague automático, de disco, de fricción, magnético, hidráulico,* embrayage automatique, à disque, à friction, électromagnétique, hydraulique.

embravecer* v. tr. Irriter, rendre furieux.
— V. pr. S'irriter. || Se déchaîner, être démontée (el mar). || Prospérer (plantas).

embravecido, da adj. Irrité, e ; furieux, euse. || *Mar embravecido,* mer démontée *o* déchaînée.

embravecimiento m. Irritation, *f.,* fureur, *f.* || Déchaînement, courroux (poét.) [del mar].

embrazadura f. Anse (del escudo).

embrazar v. tr. Passer [un bouclier] à son bras.

embreado m. o **embreadura** f. Goudronnage, *m.*

embrear v. tr. Goudronner.

embreñarse v. pr. Se fourrer dans les buissons.

embretar v. tr. *Amer.* Parquer [animaux].

embriagado, da adj. Ivre.

embriagador, ra o **embriagante** adj. Enivrant, e ; grisant, e.

embriagamiento m. Enivrement.

embriagar v. tr. Enivrer, soûler (emborrachar). |' Fig. Soûler, engourdir (adormecer). | ● Enivrer, griser (enajenar) : *embriagado por la gloria,* enivré de gloire. || *Embriagado por la alegría,* ivre de joie.
— V. pr. S'enivrer : *embriagarse con alcohol,* s'enivrer d'alcool. || Fig. Se griser, s'enivrer.
— Sinón. ● *Enajenar,* transporter, enivrer. *Encantar, arrebatar,* ravir. *Extasiar,* extasier.

embriaguez f. Ivresse, ébriété, enivrement, *m.* (borrachera). || ● Fig. Ivresse, griserie (enajenamiento).
— Sinón. ● *Exaltación,* exaltation. *Éxtasis,* extase. *Arrebato,* transport.

embridar v. tr. Equit. Brider (poner la brida). || Faire relever la tête.

embriogenia f. Biol. Embryogénie, embryogénèse.

embriología f. Biol. Embryologie.

embriológico, ca adj. Embryologique.

embriólogo m. Embryologiste.

embrioma m. Med. Embryome.

embrión m. ● Biol. Embryon. || Fig. Embryon (principio). || *Estar en embrión,* être à l'état d'embryon (niño), être à l'état embryonnaire (cosa).
— Sinón. ● *Feto,* fœtus. *Huevo,* œuf. *óvulo,* ovule. *Germen,* germe.

embrionario, ria adj. Embryonnaire.

embriopatía f. Embryopathie.

embriotomía f. Med. Embryotomie.

embrocación f. Med. Embrocation (linimento).

embrocar v. tr. Transvaser (un líquido). || Renverser, mettre à l'envers (poner boca abajo). || Tecn. Brocher (un bordado). | Fixer la semelle avec des clous (un zapato). || Taurom. Attraper entre les cornes.
— V. pr. *Amer.* Passer (el sarape).

embrochalado m. Arq. Enchevêtrure, *f.* (armazón de vigas).

embrochalar v. tr. Arq. Enchevêtrer (vigas).

embrolladamente adv. D'une manière embrouillée *o* confuse : *hablar embrolladamente,* parler d'une manière confuse. || En désordre.

embrollador, ra adj. y s. Brouillon, onne.

embrollar v. tr. Embrouiller (enmarañar). || Brouiller (desordenar, malquistar personas).
— V. pr. S'embrouiller.

embrollista m. y f. Brouillon, onne.

embrollo m. Embrouillement (enredo). || Imbroglio, confusion, *f.* (confusión). || Mensonge (embuste). || Fig. Guêpier (atolladero).

embrollón, ona adj. y s. Brouillon, onne.

embrolloso, sa adj. y s. Brouillon, onne.

embromador, ra adj. y s. Blagueur, euse.

embromar v. tr. Mystifier, berner (engañar). || Se moquer de (burlarse). || *Amer.* Ennuyer (fastidiar). | Faire du tort à, nuire à (dañar). | Faire perdre son temps à. || *¡Déjate de embromar!,* fiche-nous la paix !

embroquelarse v. pr. V. ABROQUELARSE.

embroquetar v. tr. Mettre à la broche.

embrujador, ra adj. y s. Ensorceleur, euse.

embrujar v. tr. Ensorceler, envoûter (hechizar).

embrujo o **embrujamiento** m. Maléfice, ensorcellement, envoûtement (hechizo). || Sortilège, envoûtement (encanto).

embrutecedor, ra adj. Abrutissant, e : *es un trabajo embrutecedor,* c'est un travail abrutissant.

embrutecer* v. tr. Abrutir.
— V. pr. S'abrutir.
— Sinón. *Entorpecer,* engourdir. *Atontar, entontecer, abétir. Atolondrar,* étourdir.

embrutecimiento m. Abrutissement.

embuchado m. Charcuterie (*f.*) en boyau (embutido). || Fig. Remplissage (añadidura de texto). | Fraude (*f.*) électorale (fraude).

embuchar v. tr. Gaver (las aves). || Farcir (las tripas). || Fam. Avaler, engloutir (tragar).

embudar v. tr. Placer un entonnoir. || Rabattre [le gibier]. || Fig. Tromper (engañar).

embudo m. Entonnoir (para trasegar líquidos). || Fig. Tromperie, *f.* (engaño). | — *Embudo de colada,* entonnoir de coulée. || *Embudo de granada,* trou d'obus. || Fam. *Se aplica la ley del embudo,* il y a deux poids et deux mesures.

embullar v. tr. *Amer.* Animer, exciter.
— V. intr. *Amer.* Chahuter, semer le trouble (meter bulla).

embullo m. *Amer.* Tumulte, chahut.

emburujar v. tr. Fam. Entasser.
— V. pr. *Amer.* S'emmitoufler (arrebujarse).

embuste m. Mensonge (mentira) : *es una trama ou una sarta de embustes,* c'est un tissu de mensonges.
— Pl. Colifichets (baratijas).
— Observ. A la différence de *mentira,* le mot *embuste* implique une idée de « fourberie ».

embustear v. intr. Mentir souvent.

embustería f. Mensonge, *m.* (mentira).

embustero, ra adj. y s. Menteur, euse.
— Sinón. *Mentiroso,* menteur. *Engañador,* trompeur. *Pop. Embaucador,* trompeur. *Farsante,* cabotin. *Insidioso,* insidieux.

embutidera f. Emboutissoir, *m.* (máquina de embutir).

embutido m. Charcuterie (*f.*) comprenant les saucisses, saucissons, boudins, etc. (embuchado). || Marqueterie, *f.* (taracea). || *Amer.* Entre-deux (bordado). || Tecn. Emboutissage (de las chapas). || *Fábrica de embutidos,* charcuterie (usine).

embutir v. tr. Marqueter (taracear). || Faire des saucisses, saucissons, boudins, etc. (embuchar). || Bourrer (rellenar). || Fig. Fourrer, introduire (meter). | Intercaler (intercalar). || Tecn. Emboutir (forjar un metal). || — Fig. y fam. *Embutir la cabeza con,* bourrer le crâne de, farcir la tête de. | *Amer. Encaje de embutir,* entre-deux. || Fam. *Persona embutida en un abrigo,* personne engoncée dans un manteau.
— V. tr. y pr. Fam. Avaler, engloutir (tragar).

eme f. M, *m.* [nom de la lettre *m*].

emenagogo, ga adj. y s. Med. Emménagogue.

emergencia f. Émergence : *punto de emergencia,* point d'émergence. || Fig. Urgence : *en caso de emergencia,* en cas d'urgence. | Circonstance, cas, *m.* : *salvo emergencias graves,* sauf dans des circonstances graves. || — *Estado de emergencia,* état d'exception *o* d'urgence. || *Salida de emergencia,* sortie de secours. || *Solución de emergencia,* solution de rechange.

emergente adj. Émergent, e (que emerge). ‖ FIG. Résultant, e (que resulta).
emerger v. intr. Émerger, surgir (brotar). ‖ Sortir (salir). ‖ FIG. Résulter.
emeritense adj. y s. De Mérida [Espagne].
emérito, ta adj. Émérite [retraité].
emersión f. ASTR. Émersion.
emético, ca adj. y s. m. MED. Émétique (vomitivo).
emétrope adj. y s. Émmétrope (de vista normal).
emetropía f. MED. Emmétropie.
emigración f. Émigration. ‖ *Emigración de capitales,* exode des capitaux.
— SINÓN. *Migración,* migration. *Éxodo,* exode. *Destierro,* exil. *Expatriación,* expatriation.
emigrado, da adj. y s. Émigré, e.
emigrante adj. y s. Émigrant, e.
emigrar v. intr. Émigrer : *emigrar a* ou *hacia la Argentina,* émigrer en Argentine.
emigratorio, ria adj. Migratoire, d'émigration.
Emilia n. pr. f. Émilie.
Emiliana n. pr. f. Émilienne.
Emiliano n. pr. m. Émilien.
Emilio n. pr. m. Émile.
eminencia f. Éminence (elevación de terreno). ‖ — FIG. *Eminencia gris,* éminence grise. ‖ *Su Eminencia,* son Éminence (tratamiento eclesiástico).
eminente adj. Éminent, e.
eminentemente adv. Éminemment.
eminentísimo, ma adj. Éminentissime.
emir m. Émir (jefe árabe).
emirato m. Émirat.
emisario m. Émissaire (enviado). ‖ Émissaire, canal de vidange (desaguadero).
emisión f. Émission. ‖ RAD. Émission. ‖ Tirage, *m.* (de una letra). ‖ RAD. *Director de emisión,* metteur en ondes.
emisivo, va adj. Émissif, ive.
emisor, ra adj. Émetteur, trice. ‖ RAD. *Centro emisor* ou *estación emisora,* poste émetteur o station émettrice.
— M. Émetteur (aparato). ‖ — F. Poste (*m.*) émetteur, station émettrice.
emitir v. tr. Émettre : *emitir radiaciones,* émettre des radiations. ‖ Émettre (poner en circulación). ‖ FIG. Porter, émettre : *emitir un juicio,* porter un jugement. ‖ ELECTR. Émettre : *emitir en onda corta,* émettre sur ondes courtes.
— V. intr. RAD. Émettre.
emoción f. Émotion.
— SINÓN. *Turbación,* trouble. *Desconcierto, desasosiego, desarroi. Agitación,* agitation. *Inquietud,* inquiétude, *Trastorno,* bouleversement.
emocionado, da adj. Ému, e : *emocionado con sus lágrimas,* ému par ses larmes.
emocional adj. Émotif, ive : *choque emocional,* choc émotif. ‖ Émotionnel, elle : *proceso emocional,* processus émotionnel.
emocionante adj. Émouvant, e (conmovedor). ‖ Impressionnant, e (impresionant). ‖ Palpitant, e (muy interesante) : *un libro emocionante,* un livre palpitant.
— SINÓN. *Conmovedor,* touchant. *Patético,* pathétique. *Dramático,* dramatique. *Trágico,* tragique. *Impresionante,* impressionnant.
emocionar v. tr. Émouvoir, émotionner (fam.). ‖ Impressionner : *le emociona ver sangre,* la vue du sang l'impressionne.
— V. pr. S'émouvoir, être ému.
— OBSERV. Le verbe *émotionner* existe mais son usage est déconseillé.
— El verbo *émouvoir* se emplea muy poco en el imperfecto y en el futuro.
emoliente adj. y s. m. MED. Émollient, e.
emolumentos m. pl. Émoluments.
emotividad f. Émotivité.
emotivo, va adj. y s. Émotif, ive : *niña emotiva,*

fillette émotive. ‖ — Adj. Émouvant, e (que produce emoción).
empacador, ra adj. Emballeur, euse. ‖ *Planta empacadora de pescado,* usine de conditionnement du poisson.
empacamiento m. *Amer.* Emballage.
empacar v. tr. Emballer (empaquetar).
— V. pr. S'entêter, se buter (emperrarse). ‖ Se troubler (turbarse). ‖ *Amer.* S'arrêter net [un animal] (plantarse).
empacón, ona adj. *Amer.* Têtu, e ; rétif, ive (animal).
empachado, da adj. Qui a une indigestion. ‖ Maladroit, e (torpe).
empachar v. tr. Charger l'estomac (indigestar). ‖ FIG. Cacher, couvrir (ocultar). ‖ Embarrasser, gêner (estorbar).
— V. pr. Avoir une indigestion. ‖ Être embarrassé, perdre contenance, se troubler (turbarse).
empacho m. Embarras gastrique (indigestión). ‖ (P. us.). Obstacle (estorbo). ‖ Embarras, gêne, *f.* (confusión). ‖ FAM. *¡Qué empacho de niño!,* que cet enfant est donc collant !
empachoso, sa adj. Lourd, e (alimento). ‖ Gênant, e ; embarrassant, e (que estorba). ‖ Honteux, euse (vergonzoso).
empadrarse v. pr. Ne pas pouvoir se passer de ses parents (un niño).
empadronador m. Fonctionnaire qui dresse les rôles o les recensements.
empadronamiento m. ● Recensement, dénombrement (censo). ‖ Enregistrement (inscripción). ‖ Rôle (impuestos).
— SINÓN. ● *Censo, padrón,* recensement. *Inscripción,* inscription. *Estadística,* statistique. *Inventario,* inventaire. *Enumeración, recuento,* énumération.
empadronar v. tr. Recenser, enregistrer (hacer el empadronamiento). ‖ Établir les rôles (impuestos). ‖ Cataloguer (catalogar).
— V. pr. Se faire enregistrer.
empajada f. Ration de paille [pour les animaux].
empajar v. tr. Empailler, pailler (semilleros, etc.). ‖ *Amer.* Couvrir de chaumes (techar de paja). ‖ Mêler de la paille [à l'argile].
— OBSERV. *Empailler un animal* se traduit par *disecar.*
— V. pr. *Amer.* Avoir trop de paille (los cereales).
empalagamiento m. Écœurement, dégoût (empalago).
empalagar v. tr. Écœurer (los alimentos). ‖ FIG. Ennuyer, assommer (fastidiar).
empalago m. Écœurement, dégoût (asco por un alimento). ‖ FIG. Ennui.
empalagoso, sa adj. Écœurant, e (alimento). ‖ FIG. Ennuyeux, euse ; collant, e (cargante). ‖ Assommant, e ; ennuyeux, euse (fastidioso). ‖ Doucereux, euse ; mielleux, euse (palabras, voz). ‖ Mijaurée, snobinette (una mujer). ‖ À l'eau de rose (película, novela).
empalamiento m. Empalement (suplicio).
empalar v. tr. Empaler.
— V. pr. *Amer.* S'entêter (obstinarse). ‖ S'engourdir (envararse).
empaliar v. tr. Garnir de tentures (para una procesión).
empalizada f. Palissade (estacada).
empalizar v. tr. Palissader.
empalmadura f. V. EMPALME.
empalmar v. tr. Embrancher, raccorder (vías, ferrocarril). ‖ FIG. Enchaîner (ideas). ‖ TECN. Assembler (ensamblar). ‖ Enter, abouter (carpintería). ‖ Aboucher, raccorder, relier (tubos). ‖ Épisser, relier (cables, hilos eléctricos). ‖ Coller (trozos de película cinematográfica).
— V. intr. S'embrancher : *carretera que empalma con otra,* route qui s'embranche sur une autre. ‖ Correspondre (tren, autocar, etc.). ‖

S'enchaîner (sucederse). ‖ FIG. y FAM. Faire la soudure avec.

empalme m. Embranchement, raccordement (de ferrocarriles). ‖ Correspondance, f. (de comunicaciones). ‖ Bretelle, f., raccordement (carretera). ‖ Liaison, f. (conexión). ‖ TECN. Assemblage (ensambladura). ‖ Enture, f., aboutement (carpintería). ‖ Abouchement, raccord (de tubos). ‖ Épissure, f. (de cables, hilos eléctricos). ‖ Torsade, f. (de varios hilos). ‖ Reprise, f. (fútbol).

empalletado m. MAR. Bastingage.

empampanarse o **empamparse** v. pr. Amer. S'égarer dans la pampa.

empampirolado, da adj. FAM. Vaniteux, euse; suffisant, e ; prétentieux, euse.

empanada f. Pâté (m.) en croûte, friand, m. (manjar). ‖ FIG. Manigances, pl. (maniobra secreta).

empanadilla f. CULIN. Chausson, m. (con dulce), friand, m. (con carne picada).

empanado, da adj. CULIN. Pané, e : chuleta empanada, côtelette panée. ‖ AGRIC. Emblavé, e.

empanar v. tr. Paner (con pan rallado). ‖ Enrober de pâte (con masa). ‖ AGRIC. Emblaver.
— V. pr. AGRIC. Étouffer (el trigo).

empanelado m. Revêtement. ‖ Panneau : empanelados de caoba, panneaux en acajou.

empantanar v. tr. Inonder (inundar). ‖ Embourber (meter en un barrizal). ‖ FIG. Laisser croupir o en plan, paralyser (un asunto).
— V. pr. Être inondé o : la carretera se empantanó, la route a été inondée. ‖ S'embourber : la carreta se empantanó, la charrette s'est embourbée. ‖ FIG. Croupir, rester en plan : se empantanó el pleito, le procès est resté en plan. ‖ Piétiner : asunto que se empantana, affaire qui piétine.

empanzarse v. pr. Amer. Avoir une indigestion.

empañar v. tr. Embuer (un cristal). ‖ Ternir (quitar el brillo). ‖ FIG. Ternir : empañar la reputación, ternir la réputation. ‖ Emmailloter (en pañales). ‖ Voz empañada, voix voilée o couverte.

empañetado m. Amer. Crépi (enlucido).

empañetar v. tr. Crépir (enlucir).

empapamiento m. Absorption, f. (de un líquido en una cosa). ‖ Imbibition, f. (de una cosa en un líquido).

empapar v. tr. Tremper : la lluvia empapa los vestidos, la pluie trempe les vêtements ; empapar pan en la sopa, tremper du pain dans la soupe. ‖ Détremper : suelo empapado, sol détrempé. ‖ Boire, absorber : la tierra empapa la lluvia, la terre boit la pluie. ‖ Imbiber : empapar una esponja en agua, imbiber une éponge d'eau. ‖ Éponger : empapar el agua con un trapo, éponger l'eau avec un chiffon. ‖ — Estar empapado, être trempé. ‖ Estar empapado en sudor, être trempé o en nage o en eau. ‖ Voz empapada en lágrimas, voix noyée de larmes.
— V. pr. S'imbiber : el pan se empapa en el vino, le pain s'imbibe de vin. ‖ Être bu : la tinta se empapa en el papel secante, l'encre est bue par le papier buvard. ‖ Pénétrer : la lluvia se empapa en el suelo, la pluie pénètre dans le sol. ‖ Être trempé : llovía tanto que se ha empapado mi gabardina, il pleuvait tellement que ma gabardine était trempée. ‖ FIG. Se pénétrer de, s'imprégner de : empaparse en una doctrina, se pénétrer d'une doctrine. ‖ Se mettre dans la tête : empápate bien esta regla, mets-toi bien cette règle dans la tête.

empapelado m. Tapisserie, f. (de las paredes). ‖ Papier peint (papel).

empapelador m. Tapissier (de paredes).

empapelar v. tr. Empaqueter, envelopper (envolver en papel). ‖ Tapisser (las paredes). ‖ FIG. y FAM. Traîner devant les tribunaux.

empapirotarse v. pr. FAM. Se mettre sur son trente et un.

empaque m. Empaquetage. ‖ Container (del paracaídas). ‖ FAM. Allure, f. : caballo, traje de mucho empaque, cheval, costume qui a beaucoup d'allure. ‖ Amer. Effronterie, f. (descaro).

empaquetado o **empaquetamiento** m. Empaquetage.

empaquetador, ra m. y f. Emballeur, euse.

empaquetar v. tr. Empaqueter (embalar). ‖ Entasser (colocar). ‖ FIG. Entasser (a la gente). ‖ Expédier (enviar).

emparamarse v. pr. Amer. Mourir de froid (morirse de frío).

emparchar v. tr. Appliquer un emplâtre.

emparedado, da adj. y s. Emmuré, e. ‖ Reclus, e (recluso). ‖ — M. Sandwich (con pan de molde).

emparedamiento m. Emmurement. ‖ Maison (f.) de réclusion (casa).

emparedar v. tr. Emmurer. ‖ FIG. Claquemurer, enfermer (encerrar).

emparejador m. Appareilleur.

emparejadura f. Appareillement, m.

emparejar v. tr. Assortir (combinar) : emparejar una cosa con otra, assortir une chose à une autre. ‖ Accoupler, appareiller (reunir). ‖ Égaliser, uniformiser (igualar). ‖ Mettre au même niveau (poner al mismo nivel). ‖ Niveler, affleurer (la tierra).
— V. intr. Rattraper (alcanzar a uno).
— V. intr. y pr. Faire la paire, être assorti (hacer pareja).
— V. pr. Amer. Se débrouiller (arreglarse). ‖ Chaparder (sisar).

emparentar* v. intr. S'apparenter, s'allier à. ‖ Estar bien o muy bien emparentado, être allié o apparenté à de grandes familles.
— V. tr. Apparenter.

emparrado m. Treille, f. [en berceau] (parra). ‖ Treillage, m. (armazón). ‖ Berceau, m. (armazón en forma de bóveda). ‖ Viña en emparrado, vigne en espalier.

emparrandarse v. pr. FAM. Amer. Faire la noce (parrandear).

emparrar v. tr. Treillager.

emparrillado m. ARQ. Armature (f.) d'une semelle (cimientos). ‖ Grillade, f. (asado).

emparrillar v. tr. Griller (asar en la parrilla). ‖ ARQ. Construire une armature [dans les fondations].

emparvar v. tr. AGRIC. Faire l'airée.

empastador m. Pinceau à empâter (pincel). ‖ Amer. Relieur (encuadernador).

empastar v. tr. Empâter (llenar de pasta). ‖ Cartonner (encuadernar). ‖ Plomber (un diente). ‖ ARTES. Empâter. ‖ Amer. Météoriser (el ganado). ‖ Mettre en pâturage (un terreno).
— V. pr. Amer. Être converti en pâturage. ‖ Être envahi par les mauvaises herbes (llenarse de maleza un terreno). ‖ Souffrir de la météorisation (el ganado).

empaste m. Plombage (de un diente). ‖ ARTES. Empâtement. ‖ Amer. Météorisation, f. (del ganado).

empastelar v. tr. FIG. y FAM. Transiger, composer. ‖ IMPR. Faire un mastic [mêler les mots].

empatar v. intr. DEP. Égaliser : López empató en el minuto dieciséis, López égalise à la dix-septième minute. ‖ Faire match nul : Madrid y Reims empataron, Madrid et Reims ont fait match nul. ‖ Tenir en échec (un equipo) : Madrid empata con Reims, Madrid tient Reims en échec. ‖ Être ex aequo avec quelqu'un (en una carrera). ‖ Amer. S'emboîter (empalmar). ‖ — Empatados a dos, deux partout (fútbol). ‖ Estar empatados, être à égalité. ‖ Salir empatados, partager les voix (votación).
— V. pr. Être en ballottage (en una elección).

empate m. Ballottage (en una elección). ‖ Partage (de opiniones). ‖ Résultat nul (en un concurso). ‖ Match nul (en deportes). ‖ Partie (*f.*) nulle (en el ajedrez). ‖ — *El gol del empate,* le but d'égalisation *o* égalisateur. ‖ *Empate a dos,* deux partout (fútbol). ‖ *Empate a quince,* égalité à 15 (tenis).
empavesada f. MAR. Pavois, *m.*
empavesada, da adj. Pavoisé, e. ‖ Voilé, e (monumento no inaugurado).
— M. Pavoisement (del buque).
empavesar v. tr. Pavoiser. ‖ Voiler (ocultar un monumento).
empavón, ona adj. *Amer.* Qui rougit facilement, timide.
empavonado *o* **empavonamiento** m. TECN. Bleuissage (metales).
empavonar v. tr. Bleuir (los metales). ‖ *Amer.* Enduire (untar).
empecatado, da adj. Incorrigible. ‖ Insupportable (muy travieso). ‖ Méchant, e (malo). ‖ Malchanceux, euse (desgraciado).
empecer* v. intr. (Ant.). Empêcher : *lo que no empece,* ce qui n'empêche pas.
empecinado adj. Têtu, e ; obstiné, e (terco).
— M. Marchand de poix. ‖ *El Empecinado,* surnom de Martín Díaz, héros de la guerre d'Indépendance en Espagne.
empecinamiento m. Obstination, *f.*
empecinar v. tr. Poisser (untar con pez). ‖ Crotter (ensuciar).
— V. pr. S'obstiner, s'entêter.
empedarse v. pr. FAM. *Amer.* Se soûler.
empedernido, da adj. Endurci, e ; invétéré, e ; impénitent, e ; enragé, e : *bebedor, fumador, jugador empedernido,* buveur, fumeur, joueur invétéré, enragé ; *solterón empedernido,* célibataire endurci. ‖ Insensible, dur : *corazón empedernido,* cœur insensible.
empedernir* v. tr. Endurcir.
— V. pr. S'endurcir, devenir insensible.
— OBSERV. Ce verbe ne s'emploie qu'aux personnes dont la désinence commence par *i* : *empederni, empedernía, empederniera,* etc.
empedrado, da adj. Pavé, e (con adoquines). ‖ Empierré, e (con piedras). ‖ Pommelé, e (caballería, cielo). ‖ Grêlé, e (cara).
— M. Pavage (adoquinado). ‖ Empierrement (con piedras). ‖ Ragoût (guiso).
empedrador m. Paveur.
empedramiento m. Pavage (con adoquines). ‖ Empierrement (con piedras).
empedrar* v. tr. Paver (con adoquines). ‖ Empierrer (con piedras). ‖ FIG. Semer, truffer, couvrir (llenar, plagar) : *empedrar de citas un libro,* semer un livre de citations.
empega f. Poix (pez). ‖ Marque faite aux moutons avec de la poix (señal).
empegadura f. Couche de poix.
empegar v. tr. Poisser, empoisser, enduire avec de la poix. ‖ Marquer avec de la poix (el ganado).
empeine m. Bas-ventre (parte inferior del vientre). ‖ Cou-de-pied (parte superior del pie). | Empeigne, *f.* (del zapato). ‖ MED. Dartre, *f.* (herpes). ‖ BOT. Hépatique. | Fleur (*f.*) du cotonnier (del algodón).
empelechar v. tr. Recouvrir de marbre. ‖ Joindre, unir [las plaques de marbre].
empelotarse v. pr. Être en désordre, être pêle-mêle (enredarse). ‖ Se chamailler, se disputer (reñir). ‖ FAM. *Amer.* Se déshabiller (desnudarse). | S'enticher de, en pincer pour.
empeltre m. AGRIC. Greffe (*f.*) en écusson.
empella f. Empeigne (del zapato). ‖ *Amer.* Motte (de mantequilla).
empellada f. Poussée.
empellar v. tr. Pousser.
empellejar v. tr. Couvrir de peau.
empeller v. tr. Pousser.

empellón m. Poussée, *f.* ‖ FAM. *A empellones,* brutalement, rudement.
empenachar v. tr. Empanacher.
empenaje m. AVIAC. Empennage.
empenta f. Étai, *m.,* pieu, *m.* (puntal).
empentar v. tr. Pousser (empujar). ‖ MIN. Étayer.
empeñadamente adv. Obstinément.
empeñado, da adj. Acharné, e (riña). ‖ Engagé, e (palabra).
empeñar v. tr. Engager, mettre en gage : *empeñar sus joyas,* engager ses bijoux. ‖ Engager (su palabra, el honor, la fe). ‖ FIG. Engager, embarquer : *empeñar el país en una guerra sangrienta,* embarquer le pays dans une guerre meurtrière. ‖ FAM. *Empeñar hasta la camisa,* y laisser jusqu'à sa chemise.
— V. pr. S'obstiner, s'entêter : *empeñarse en escribir,* s'entêter à écrire ; *empeñarse en trabajar,* s'obstiner à travailler. ‖ Insister : *puesto que te empeñas, te lo diré,* puisque tu insistes, je te le dirai. ‖ S'engager (una batalla). ‖ S'efforcer de, s'appliquer : *me empeñaba en hacerlo lo mejor posible,* je m'appliquais à le faire le mieux possible. ‖ S'endetter (endeudarse). ‖ — FAM. *Por más que te empeñes,* tu auras beau faire.
empeñero, ra m. y f. *Amer.* Prêteur, euse [sur gage].
empeño m. Engagement : *empeño de joyas,* engagement de bijoux. ‖ Acharnement, opiniâtreté, *f.* : *trabajar con empeño,* travailler avec acharnement. ‖ Constance, *f.,* persévérance, *f.* (constancia). ‖ Effort (esfuerzo) : *empeño constante para mejorarse,* effort constant pour s'améliorer. ‖ — *Casa de empeño,* mont-de-piété. ‖ *En empeño,* en gage. ‖ *Papeleta de empeño,* reconnaissance du mont-de-piété. ‖ *Poner* ou *tomar empeño en,* s'efforcer de, s'acharner à. ‖ *Tener empeño en,* tenir à : *tengo empeño en que este trabajo esté acabado hoy,* je tiens à ce que ce travail soit terminé aujourd'hui.
empeñoso, sa adj. *Amer.* Opiniâtre.
empeoramiento m. Aggravation, *f.* ‖ Détérioration, *f.,* dégradation, *f.* (de una situación).
empeorar v. tr. Aggraver, empirer.
— V. intr. y pr. Empirer, s'aggraver, se détériorer, se dégrader : *la situación se ha empeorado rápidamente,* la situation s'est rapidement dégradée. ‖ Aller plus mal (un enfermo).
empequeñecer* v. tr. Rapetisser, amoindrir.
empequeñecimiento m. Rapetissement, amoindrissement.
emperador m. Empereur. ‖ Poisson-épée, espadon (pez espada).
emperatriz f. Impératrice.
— OBSERV. On disait aussi jadis *emperadora.*
emperchar v. tr. Accrocher à un portemanteau.
emperdigar v. tr. Griller légèrement (soasar).
emperejilarse v. pr. FAM. Se mettre sur son trente et un.
emperezarse v. pr. Se laisser aller à la paresse, fainéanter.
empergaminar v. tr. Relier en parchemin (los libros).
emperifollarse v. pr. FAM. Se mettre sur son trente et un.
empernar v. tr. TECN. Boulonner.
empero conj. (P. us.). Mais (pero). ‖ Cependant, néanmoins (sin embargo).
— OBSERV. L'usage de cette conjonction est réservé à la langue littéraire.
emperramiento m. FAM. Entêtement, obstination, *f.* | Rage, *f.,* colère, *f.* (rabia).
emperrarse v. pr. FAM. S'entêter, se buter (obstinarse). | Se mettre en rage *o* en colère (irritarse).
empestillarse v. pr. S'obstiner (emperrarse).

empezar* v. tr. Commencer : *empezó el discurso hablando de la guerra*, il a commencé son discours en parlant de la guerre. ‖ — *Empezar de nuevo* ou *volver a empezar*, recommencer. ‖ POP. *Empezar la casa por el tejado*, mettre la charrue avant les bœufs.
— V. intr. Commencer : *empezar a trabajar*, commencer à travailler. ‖ — *Haber empezado con nada*, être parti de rien. ‖ *Todo es empezar*, il n'y a que le premier pas qui coûte, le tout c'est de commencer.

empicarse v. pr. Se passionner pour (aficionarse). ‖ *Empicarse en el juego*, se piquer au jeu.

empicotar v. tr. Mettre au pilori.

empiece m. FAM. Commencement (comienzo).

empiema m. MED. Empyème.

empiezo m. *Amer.* Commencement (comienzo).

empilar v. tr. Empiler (apilar).

empinado, da adj. Dressé, e (levantado). ‖ Raide, en pente : *camino empinado*, chemin en pente. ‖ Très haut, e ; élevé, e (alto). ‖ Cabré, e (animal). ‖ Sur la pointe des pieds (persona). ‖ FIG. Suffisant, e ; hautain, e (orgulloso).

empinadura f. o **empinamiento** m. Action (f.) de dresser o de se dresser.

empinar v. tr. Dresser, mettre debout (levantar). ‖ Incliner, renverser [une bouteille pour boire]. ‖ FAM. *Empinar el codo*, lever le coude.
— V. pr. Se cabrer (caballo). ‖ Se dresser sur la pointe des pieds (ponerse de puntillas). ‖ S'élever, se dresser (ser muy alto). ‖ Monter (ascender).

empingorotado, da adj. FIG. Huppé, e.

empingorotarse v. pr. Grimper, monter (subirse). ‖ FIG. Monter sur ses ergots (engreírse).

empino m. ARQ. Sommet d'une voûte d'arête.

empiparse v. pr. FAM. S'empiffrer, se gaver (atracarse).

empíreo m. Empyrée (el cielo).

empireuma f. QUÍM. Empyreume, *m.*

empireumático, ca adj. Empyreumatique.

empírico, ca adj. Empirique.

empirismo m. Empirisme.

empitonar v. tr. Encorner (cornear).

empizarrado, da adj. Ardoisé, e.
— M. Toit d'ardoises (tejado).

empizarrar v. tr. Ardoiser (cubrir de pizarras).

emplastadura f. o **emplastamiento** m. Application (f.) d'un emplâtre.

emplastar v. tr. Appliquer un emplâtre (cubrir con un emplasto). ‖ FIG. Farder, plâtrer (poner afeites).
— V. pr. Se barbouiller (embadurnarse).

emplastecer* v. tr. Égaliser une surface.

emplástico, ca adj. Visqueux, euse ; gluant, e (pegajoso). ‖ MED. Suppuratif, ive.

emplasto m. Emplâtre. ‖ FIG. Emplâtre (componenda).

emplazado, da adj. HIST. *Fernando IV el Emplazado*, Ferdinand IV l'Ajourné.

emplazamiento m. DR. Assignation, *f.*, mise (f.) en demeure. ‖ Emplacement (situación). ‖ *Emplazamiento arqueológico*, site archéologique.

emplazar v. tr. DR. Assigner. ‖ Convoquer (citar). ‖ Placer (colocar).

empleable adj. Employable (utilizable).

empleado, da adj. y s. Employé, e.
— SINÓN. *Agente*, agent. *Dependiente*, commis. *Oficinista*, employé de bureau. *Funcionario*, fonctionnaire. *Encargado*, préposé. *Burócrata*, bureaucrate. *Escribiente*, *amanuense*, employé aux écritures. *Fam. Pendolista*, *plumífero*. *Pop. Chupatintas*, *cagatintas*, rond-de-cuir, gratte-papier, scribouillard.

empleador, ra adj. Qui emploie.
— M. y f. Employeur, euse.

emplear v. tr. Employer : *emplear en*, employer à. ‖ Employer, dire : *no emplee esta palabra*, n'em-

ployez pas ce mot. ‖ — *Bien empleado le está* ou *lo tiene bien empleado*, c'est bien fait pour lui. ‖ *Dar por bien empleado*, ne pas regretter.
— V. pr. S'employer, être employé, e : *esta palabra ya no se emplea*, ce mot ne s'emploie plus.

emplebeyecer v. tr. Donner un caractère plébéien.

empleita f. Natte (de esparto).

empleitero m. Nattier.

empleo m. Emploi : *pleno empleo*, plein emploi ; *petición de empleo*, demande d'emploi. ‖ ● Situation, *f.* : *tiene un buen empleo*, il a une belle situation. ‖ Emploi (uso). ‖ Grade (militar). ‖ *Suspender a uno del empleo*, suspendre quelqu'un de ses fonctions.
— SINÓN. ● *Función*, fonction. *Plaza*, *colocación*, place. *Destino*, *cargo*, *puesto*, poste. *Cargo*, charge. *Oficio*, office. *Ministerio*, ministère. *Sinecura*, *canonjía*, sinécure.

empleomanía f. FAM. Manie de courir les charges publiques o de cumuler les emplois.

emplomado m. Plombage.

emplomar v. tr. Plomber (marchamar). ‖ *Amer.* Plomber (dientes).

emplumar v. tr. Emplumer. ‖ Empenner (flechas). ‖ *Amer.* Tromper, rouler, faire marcher (engañar). ‖ Renvoyer (despedir). ‖ Rosser (zurrar). ‖ — FAM. *Amer. Emplumarlas*, prendre la poudre d'escampette (huir). ‖ *¡Que me emplumen si...!*, je veux bien être pendu si...! ‖ *Serpiente emplumada*, serpent à plumes.
— V. intr. Se couvrir de plumes (emplumecerse).

emplumecer* v. intr. Se couvrir de plumes.

empobrecedor, ra adj. Appauvrissant, e.

empobrecer* v. tr. Appauvrir.
— V. intr. y pr. S'appauvrir (una cosa). ‖ Perdre de l'argent, s'appauvrir (una persona).

empobrecimiento m. Appauvrissement.

empodrecer* v. intr. Pourrir (pudrir).

empolvado, da adj. Poussiéreux, euse (cubierto de polvo). ‖ Poudré, e (cubierto de polvos).
— M. Poudrage.

empolvamiento m. Poudroiement.

empolvar v. tr. Couvrir de poussière (ensuciar). ‖ Couvrir : *el viento empolva las ropas con arena*, le vent couvre les vêtements de sable. ‖ Poudrer (la cara, el pelo).
— V. pr. Se poudrer (el rostro). ‖ Se couvrir de poussière, prendre la poussière (los muebles).

empolvoramiento m. Poudroiement. ‖ Couche (f.) de poussière.

empolvorar o **empolvorizar** v. tr. Couvrir de poussière (cubrir de polvo).

empollado, da adj. FAM. Calé, e ; ferré, e ; fort, e : *estar empollado en una materia*, être ferré sur une matière ; *empollado en matemáticas*, fort en mathématiques.
— M. y f. FAM. Grosse tête, *f.*

empolladura f. Couvain, *m.* (carrocha).

empollar v. tr. Couver (las aves). ‖ FIG. y FAM. Ruminer (meditar). ‖ Potasser, bûcher, piocher (estudiar mucho) : *empollar química*, bûcher la chimie.
— V. intr. Pondre le couvain (las abejas). ‖ Couver (las aves).
— V. pr. FIG. y FAM. Potasser, bûcher (una lección). ‖ *Amer.* Avoir des ampoules (criar ampollas).

empollón, ona adj. Bûcheur, euse (un alumno).

emponchado, da adj. *Amer.* Enveloppé dans un poncho. ‖ FIG. Méfiant, e (sospechoso).

emponcharse v. pr. *Amer.* S'envelopper dans un poncho.

emponzoñador, ra adj. y s. Empoisonneur, euse (que empozoña). ‖ FIG. Corrupteur, trice (que corrompe).

emponzoñamiento m. Empoisonnement. ‖ FIG. Corruption, *f.*

emponzoñar v. tr. Empoisonner (envenenar). ‖ Fig. Envenimer (una riña). | Empoisonner, corrompre : *país emponzoñado por el vicio*, pays empoisonné par le vice.

empopar v. intr. Mar. Naviguer vent arrière.

emporio m. Grand centre commercial, grand marché (centro comercial). ‖ Fig. Haut lieu (de las ciencias, artes, etc.). ‖ Hist. Emporium. ‖ *Amer.* Grand magasin (almacén).

— Observ. La palabra francesa *emporium* sólo se aplica a las ciudades de la Antigüedad.

empotramiento m. Scellement, scellage (con cemento). ‖ Encastrement (en un hueco).

empotrar v. tr. Sceller (fijar con cemento). ‖ Encastrer. ‖ *Armario empotrado*, placard, armoire encastrée.

empotrerar v. tr. *Amer.* Mettre [le bétail] dans un pâturage.

empozar v. tr. Jeter dans un puits. ‖ Rouir (el cáñamo).
— V. intr. *Amer.* Stagner (estancarse).
— V. pr. Tomber dans l'oubli (un asunto).

empradizar v. tr. Convertir en pré.

emprendedor, ra adj. Entreprenant, e.

emprender v. tr. Entreprendre : *emprender un viaje*, entreprendre un voyage ; *emprender un trabajo*, entreprendre un travail. ‖ — Fam. *Emprenderla con uno*, s'en prendre à quelqu'un, prendre quelqu'un à partie.

empreñar v. tr. Féconder [une femelle].
— V. pr. Être fécondée.

empresa f. Entreprise : *la conquista de América fue una empresa considerable*, la conquête de l'Amérique a été une entreprise considérable. ‖ Entreprise : *empresa privada*, entreprise privée. ‖ Société, compagnie (sociedad). ‖ Devise (emblema). ‖ *Jurado de empresa*, comité d'entreprise.

empresariado m. Patronat.

empresarial adj. Patronal, e : *problemas empresariales*, problèmes patronaux. ‖ *La clase empresarial*, le patronat.

empresario, ria m. y f. Entrepreneur, euse. ‖ Employeur, euse (empleador), patron, onne (patrono). ‖ Exploitant, e (de un cine). ‖ — M. Teatr. Impresario. ‖ — Dep. Manager. ‖ Chef d'entreprise (director). ‖ — Pl. Patronat, *sing.*

emprestar v. tr. (P. us.). Prêter (prestar). ‖ *Amer.* Emprunter (pedir prestado).

empréstito m. Emprunt : *contraer, hacer un empréstito*, contracter, lancer un emprunt.

emprimar v. tr. Fig. y Fam. Rouler, empiler (engañar). ‖ Artes. Apprêter, imprimer (imprimar).

empringar v. tr. Graisser (pringar).

empujada f. Poussée (empujón).

empujar v. tr. Pousser (mover). ‖ Bousculer (atropellar). ‖ ● Fig. Chasser (expulsar). | Pousser (incitar).
— V. intr. Pousser.
— V. pr. Se pousser.
— Sinón. ● *Rechazar, repeler, repeler*, repousser. *Despedir*, rejeter. *Expulsar*, chasser. Fam. *Botar*, ficher dehors.

empuje m. Poussée, *f.* (empujón). ‖ Arq. Aviac. y Fís. Poussée. ‖ Fig. Énergie, *f.*, allant, nerf, ressort : *esta persona tiene mucho empuje*, cette personne a beaucoup d'allant. ‖ — *Hombre de empuje*, homme d'action. ‖ *Tomar al primer empuje*, emporter d'emblée.

empujón m. Coup, poussée (*f.*) rude. ‖ Bourrade, *f.* (a una persona). ‖ — *A empujones*, rudement (bruscamente), de force (a la fuerza), sans égard (sin cuidado). ‖ *Dar empujones*, pousser, bousculer. ‖ Fam. *Dar un empujón*, donner un coup de pouce. ‖ *Tratar a empujones*, rudoyer.

empulgadura f. Encoche, encochement, *m.* (de una flecha).

empulgar v. tr. Encocher (la ballesta).

empulguera f. Encoche, coche (de ballesta). ‖ — Pl. Poucettes (suplicio).

empuñador, ra adj. Qui empoigne.

empuñadura f. Poignée (de espada, etc.). ‖ Pied-de-biche, *m* (de campanilla). ‖ *Hasta la empuñadura*, jusqu'à la garde (espada).

empuñar v. tr. Empoigner. ‖ Saisir (asir). ‖ Fig. Décrocher (un empleo).

empuñidura f. Mar. Empointure.

emulación f. Émulation.

emulador, ra adj. y s. Émule.

— Observ. *Emulador* est plutôt pris en mauvaise part avec le sens de « rival envieux », sens que n'a pas *émulo*.

emular v. tr. y pr. Rivaliser avec.

émulo, la adj. y s. Émule, rival, e.

emulsificador m. Émulsificateur, émulsifieur.

emulsina f. Quím. Émulsine.

emulsión f. Émulsion.

emulsionar v. tr. Émulsionner.

emulsivo, va adj. y s. m. Émulsif, ive.

emulsor m. Émulseur.

emuntorio m. Anat. Émonctoire.

en prep.

---

1. Lugar. — 2. Tiempo. — 3. Modo. — 4. Locuciones diversas.

---

1. Lugar. — En (nombres no determinados), dans (nombres determinados) : *en Francia*, en France ; *en la Francia de hoy*, dans la France d'aujourd'hui ; *en jaula*, en cage ; *en la jaula*, dans la cage. ‖ À, au (v. Observ. 1) : *vivir en Madrid, en Chile*, habiter à Madrid, au Chili ; *sentarse en la mesa*, s'asseoir à table ; *estar en la cama*, être au lit ; *en la página tal*, à la page tant. ‖ Dans, sur : *leer en un periódico*, lire dans un journal. ‖ Sur (superficie) : *el libro está en la mesa*, le livre est sur la table ; *sentarse en una silla, en la cama*, s'asseoir sur une chaise, sur le lit ; *en la carretera*, sur la route ; *hay un buen programa en el primer canal*, il y a un bon programme sur la première chaîne ; *grabar en madera*, graver sur bois. ‖ — *En casa de*, chez : *en mi casa*, chez moi. ‖ *En donde en que*, où : *¿en dónde lo pusiste?*, où l'as-tu mis ? ‖ *En el suelo*, sur le sol, à terre, par terre. ‖ *La boda se celebrará en la iglesia de*, le mariage aura lieu en l'église de.

2. Tiempo. — En : *en 1965*, en 1965 ; *en el 45*, en 45, en 1945 ; *en el año 1492*, en 1492, *en septiembre*, en septembre ; *terminó su novela en dos semanas*, il a terminé son roman en deux semaines. ‖ Dans : *en mi juventud*, dans ma jeunesse. ‖ À, au : *en esa época*, à cette époque ; *¿en qué momento?*, à quelle époque ? ; *en el mes de septiembre*, au mois de septembre ; *en el siglo XX*, au XXe siècle (v. Observ. II). ‖ De : *en nuestros días*, de nos jours ; *en mi tiempo ou en mis tiempos*, de mon temps. ‖ Par : *en una tarde calurosa*, par un chaud après-midi. ‖ De : *no he dormido en toda la noche*, je n'ai pas dormi de la nuit ; *no vi tal cosa en mi vida*, de ma vie je n'ai rien vu de pareil ; *en mi vida lo haré*, de ma vie je ne le ferai. ‖ Dès que, aussitôt que (con gerundio) : *en llegando Juan me avisarás*, dès que Jean arrivera, tu me préviendras (v. Observ. III). ‖ — *En cuanto*, aussitôt que, dès que. ‖ *En esto*, sur ce, *En cuanto*, aussitôt que, dès que. ‖ *En esto*, sur ce, sur ces entrefaites, là-dessus. ‖ *En invierno*, en hiver, l'hiver. ‖ *En que*, où : *el año en que te conocí*, l'année où je t'ai connu. ‖ *En tanto que*, tandis que. ‖ *En tiempos de*, du temps de. ‖ *En vísperas de*, à la veille de. ‖ — *De hoy en ocho días*, aujourd'hui en huit.

3. Modo. — À : *lento en obrar*, lent à agir ; *hábil en manejar las armas*, habile à manier les armes ;

en voz alta, à voix haute ; *le conocí en el andar,* je l'ai reconnu à sa façon de marcher. ‖ En : *en camisa,* en chemise ; *en reparación,* en réparation ; *estar en guerra,* être en guerre ; *ponerse en círculo,* se mettre en cercle ; *escribir en verso,* écrire en vers. ‖ À : *ir en bicicleta,* aller à bicyclette. ‖ En, par : *viajar en tren,* voyager par le train. ‖ Si, du moment que (con gerundio) : *en haciendo lo que te digo triunfarás,* si tu fais ce que je te dis, tu réussiras (V. OBSERV. III). ‖ — *Doctor en letras, en ciencias,* docteur ès lettres, ès sciences. ‖ *Doctor en medicina,* docteur en médecine. ‖ *Vender en veinte pesetas,* vendre vingt pesetas.
4. LOCUCIONES DIVERSAS. — *En broma,* pour rire. ‖ *En cambio,* par contre. ‖ *En cuanto a,* quant à. ‖ *En serio,* au sérieux : *tomar en serio,* prendre au sérieux ; sérieusement ; *hablar en serio,* parler sérieusement ; vraiment, sérieusement : *¿en serio?,* vraiment ? ‖ — *Cifrarse en,* se chiffrer à. ‖ *¿En qué quedamos?,* que décidons-nous ?, alors ? ‖ *Estar en hacer algo,* avoir l'intention de faire quelque chose. ‖ *Pensar en,* penser à. ‖ *Tener en mucho a,* apprécier, avoir de l'estime pour.
— OBSERV. I. Se emplea *a* o *au* con los nombres de ciudades o los nombres masculinos de países (*en París,* à París ; *en El Cairo,* au Caire ; *en el Perú,* au Pérou) y *en* con los nombres femeninos de países (*en Argentina,* en Argentine).
— II. Cuando la preposición *en* indica una fecha, no se traduce — *el día 18,* le 18 ; *sucedió en domingo,* c'est arrivé un dimanche.
— III. *En* précédant le gérondif marque toujours l'antériorité immédiate de l'action (*en diciendo estas palabras, se marchó,* ayant dit ces mots, il s'en alla) ou une condition préalable (*en tomando tú el coche, te acompañaré,* du moment que tu prends la voiture, je t'accompagnerai).

enaceitar v. tr. Huiler.
— V. pr. Rancir (ponerse rancio).
enaguachar v. tr. Détremper (empapar) : *terreno enaguachado,* terrain détrempé. ‖ Gonfler (el estómago).
— V. pr. Avoir l'estomac gonflé.
enaguar v. tr. Détremper.
enaguazar v. tr. Détremper (enaguachar).
enagüillas f. pl. Petit jupon, *m. sing.* ‖ Fustanelle, *sing.* (del traje nacional griego).
enajenable adj. Aliénable.
enajenación f. Aliénation (cesión). ‖ Aliénation : *enajenación mental,* aliénation mentale. ‖ Affolement, *m.* (turbación). ‖ Ravissement, *m.* (encanto).
enajenador, ra m. y f. Aliénateur, trice.
enajenamiento m. V. ENAJENACIÓN.
enajenar v. tr. Aliéner (ceder). ‖ FIG. Rendre fou, folle ; faire perdre tout contrôle, mettre hors de soi : *la cólera le enajenó,* la colère le mit hors de lui. ‖ Enivrer (embriagar) : *enajenado por la gloria,* enivré de gloire. ‖ Transporter (embelesar). ‖ *Enajenado de alegría,* fou de joie.
— V. pr. Perdre tout contrôle : *se enajenó por el miedo,* la peur lui fit perdre tout contrôle. ‖ Être ravi o transporté (extasiarse). ‖ Perdre, s'aliéner : *enajenarse la amistad de uno,* perdre l'amitié de quelqu'un.
enalbar v. tr. Chauffer à blanc.
enalbardar v. tr. Bâter (poner la albarda). ‖ CULIN. Enrober [de pâte à frire]. ‖ Paner (con pan rallado). ‖ Barder (un ave).
enalfombrar v. tr. *Amer.* Tapisser.
enaltecer* v. tr. Exalter, louer.
enaltecimiento m. Exaltation, *f.,* louange, *f.*
enamoradizo, za adj. Qui tombe souvent o facilement amoureux.
enamorado, da adj. y s. Amoureux, euse : *enamorado perdido,* amoureux fou. ‖ — Adj. Épris, e.
enamorador, ra adj. Qui rend amoureux.
— M. Galant.

enamoramiento m. Amour, passion, *f.*
enamorar v. tr. Rendre amoureux. ‖ Faire la cour (cortejar).
— V. pr. ● Tomber amoureux, s'éprendre, s'énamourer (p. us.).
— SINÓN. ● *Prendarse,* s'éprendre. *Enamoriscarse, encariñarse, encapricharse, colarse,* s'amouracher. *Fam. Flecharse,* avoir le coup de foudre. *Chiflarse, chalarse,* s'enticher. *Amartelarse,* s'éprendre passionnément.
enamoriscarse ou **enamoricarse** v. pr. FAM. S'amouracher.
enancarse v. pr. *Amer.* Monter en croupe.
enanchar v. tr. FAM. Élargir (ensanchar).
enanismo m. Nanisme.
enano, na adj. y s. Nain, naine. ‖ FAM. *Trabajar como un enano,* travailler comme un nègre.
— SINÓN. *Pequeño, diminuto,* petit. *Chisgarabís, mequetrefe, freluquet. Retaco, nabot. Gnomo,* gnome. *Pigmeo,* pygmée. *Mirmidón,* myrmidon. *Liliputiense,* lilliputien.
enante f. BOT. Œnanthe.
enantema m. MED. Énanthème.
enantes adv. (Ant.). Avant, auparavant.
enántico, ca adj. QUÍM. Œnanthique.
enantiotropo, pa adj. QUÍM. Énantiotrope.
enarbolar v. tr. Arborer (levantar). ‖ MAR. Battre : *enarbolar bandera argentina,* battre pavillon argentin. ‖ Brandir (esgrimir un arma).
— V. pr. Se cabrer (encabritarse). ‖ Se fâcher, devenir furieux (enfurecerse).
enarcar v. tr. Arquer, courber (arquear). ‖ Cercler (un tonel). ‖ *Enarcar las cejas,* ouvrir de grands yeux.
enardecedor, ra adj. Excitant, e ; encourageant, e.
enardecer* v. tr. FIG. Échauffer, exciter, encourager : *enardecer las pasiones,* exciter les passions.
— V. pr. FIG. S'échauffer, s'exciter, s'enflammer.
enardecimiento m. Échauffement.
enarenamiento m. Ensablement.
enarenar v. tr. Sabler, ensabler (cubrir de arena). ‖ Engraver (cubrir de gravas).
— V. pr. S'ensabler (encallar un barco).
enarmonía f. MÚS. Enharmonie.
enarmónico, ca adj. MÚS. Enharmonique.
enastar v. tr. Emmancher (un arma).
encabalgadura f. TECN. Enchevauchure.
encabalgamiento m. (P. us.). Affût (de cañón). ‖ POÉT. Enjambement.
encabalgar v. intr. Chevaucher, être à cheval sur.
— V. tr. Pourvoir de chevaux. ‖ Monter. ‖ TECN. Enchevaucher.
encaballado m. IMPR. Mastic.
encaballadura f. TECN. Enchevauchure.
encaballar v. tr. Embroncher, imbriquer, emboîter (las tejas, etc.). ‖ IMPR. Faire un mastic (desarreglar). ‖ TECN. Enchevaucher.
encabar v. tr. *Amer.* Emmancher.
encabestradura f. Enchevêtrure (de un caballo).
encabestramiento m. Enchevêtrement (de un caballo).
encabestrar v. tr. Enchevêtrer (al caballo). ‖ Habituer [le troupeau] à suivre le sonnailler.
— V. pr. S'enchevêtrer (la bestia).
encabezamiento m. Recensement (padrón). ‖ Entête (de una carta, etc.). ‖ Manchette, *f.* (en un periódico). ‖ Abonnement (impuestos).
encabezar v. tr. Recenser (empadronar). ‖ Mener, prendre la tête de : *encabezar el pelotón,* mener le peloton. ‖ Être à la tête de : *¿quién encabezaba la rebelión?,* qui était à la tête de la rébellion ? ‖ Ouvrir, commencer, être le premier (suscripción, lista) : *encabezar una lista, una suscripción,* être le premier sur une liste, à souscrire. ‖ Placer en tête, commencer : *encabezó su libro con la frase siguiente,* il plaça la phrase suivante en tête de son livre. ‖ Alcooliser (un vino). ‖ TECN. Coiffer.

encabritarse v. pr. Se cabrer (los caballos, un vehículo). ‖ Monter en chandelle (avión).

encabuyar v. tr. *Amer.* Attacher, lier.

encachado m. TECN. Radier (de un puente).

encachar v. tr. TECN. Établir un radier.

encachilarse v. pr. *Amer.* Se fâcher tout rouge.

encachorrarse v. pr. *Amer.* Se fâcher (enfadarse), s'entêter (emperrarse).

encadenamiento m. Enchaînement. ‖ FIG. Engrenage, enchaînement.

encadenado m. ARQ. Chaînage. ‖ CINEM. Enchaîné.

encadenar v. tr. Enchaîner. ‖ FIG. Enchaîner (enlazar). ‖ CINEM. Enchaîner.

encajador m. Encaisseur (boxeo). ‖ Outil pour enfoncer *o* emboîter (instrumento).

encajadura f. Emboîtement, *m.* (de un hueso).

encajar v. tr. Emboîter, encastrer (ajustar) : *encajar una pieza en otra*, emboîter une pièce dans une autre. ‖ Remboîter, remettre : *encajar un hueso*, remboîter un os. ‖ Faire joindre (juntar). ‖ FIG. Essuyer : *encajar críticas*, essuyer des reproches. | Supporter, encaisser (fam.) : *encajar un golpe*, encaisser un coup. ‖ FIG. *y* FAM. Refiler : *le encajaron un billete falso*, on lui a refilé un faux billet. | Sortir, placer, caser : *consiguió encajarles su discurso*, il a réussi à leur placer son discours. | Assener, flanquer : *le encajé un puñetazo*, je lui ai flanqué un coup de poing. ‖ TECN. Enchâsser. | Enclaver.

— V. intr. Joindre : *la puerta no encaja bien con la humedad*, avec l'humidité, la porte ne joint pas bien. ‖ S'emboîter, s'encastrer : *dos piezas que encajan perfectamente*, deux pièces qui s'emboîtent parfaitement. ‖ FIG. Convenir, aller : *esta vestimenta no encaja con la solemnidad del acto*, ce costume ne va pas avec *o* ne convient pas à la solennité de la cérémonie. | Aller : *Pedro no encaja con el grupo de amigos que tengo*, Pierre ne va pas avec mon groupe d'amis. | Encaisser (boxeador). | Entrer : *esto encaja en mis proyectos*, cela entre dans mes projets. | Cadrer : *sistema anticuado que no encaja en la realidad*, système archaïque qui ne cadre pas avec la réalité. ‖ ‖ *Estar encajado en*, s'être fait à, s'être adapté *o* habitué à : *Jaime está ya encajado en su nuevo destino*, Jacques s'est maintenant fait à son nouveau poste. | *La puerta no está bien encajada*, la porte n'est pas bien fermée. ‖ FIG. *Encajar muy bien en un papel*, avoir le physique de l'emploi.

— V. pr. Se glisser, se fourrer (introducirse). ‖ Se coincer : *la rueda se encajó entre dos piedras*, la roue s'est coincée entre deux pierres. ‖ Enfiler : *encajarse un gabán*, enfiler son manteau. | Enfoncer (un sombrero). ‖ FAM. Se déplacer, s'appuyer *o* faire le voyage : *todos los años se encaja a París para ver las colecciones de moda*, tous les ans, il fait le voyage jusqu'à Paris pour voir les collections de mode. | Se ranger (llevar una vida ordenada).

encaje m. Dentelle, *f.* : *encaje de bolillos*, dentelle aux fuseaux. ‖ Emboîtement, encastrement, enclavement (de una pieza). ‖ Remboîtage, remboîtement (de un hueso). ‖ *Amer.* Encaisse, *f.* : *encaje metálico*, encaisse métallique. ‖ — *Encaje de la cara*, traits du visage. ‖ *Industria del encaje*, industrie dentellière.

encajero, ra m. y f. Dentellier, ère.

encajetar v. tr. V. ENCAJAR.

encajonado, da adj. Encaissé, e : *río encajonado entre rocas*, rivière encaissée entre des rochers. ‖ Creux, euse ; encaissé, e (camino).

— M. ARQ. Encaissement. | Coffrage (de un muro). ‖ Batardeau (en un río).

encajonamiento m. Encaissement (de un río, de un camino). ‖ Encaissage (de una planta). ‖ TAU-

ROM. Mise (*f.*) des taureaux dans des cages [pour le transport].

encajonar v. tr. Encaisser, mettre dans des caisses. ‖ Acculer, coincer (arrinconar). ‖ ARQ. Coffrer, faire le coffrage (para construir una pared). | Renforcer [un mur]. ‖ TAUROM. Mettre dans une cage [le taureau].

— V. pr. S'encaisser (un río).

encalabozar v. tr. FAM. Mettre au cachot, coffrer.

encalabrinar v. tr. Étourdir, entêter, tourner la tête (aturdir). ‖ Exciter.

— V. pr. S'entêter (obstinarse).

encalado m. Badigeonnage.

encalador m. Badigeonneur.

encaladora f. TECN. Chauleuse.

encaladura f. Badigeon, *m.*

encalamocar v. tr. *Amer.* Étourdir (aturdir).

encalar v. tr. Blanchir à la chaux, chauler, badigeonner.

encalmadura f. VÉTER. Épuisement, *m.*

encalmarse v. pr. Se calmer (viento). ‖ Se rasséréner (tiempo, personas). ‖ VÉTER. Être épuisé par la chaleur. ‖ *Mercado encalmado*, marché calme (en la Bolsa).

encalvecer* v. intr. Devenir chauve.

encalladero m. MAR. Échouage.

encalladura f. *o* **encallamiento** m. Échouement, *m.*, ensablement, *m.* (de un barco).

encallar v. intr. Échouer, s'échouer : *encallar en la arena*, échouer sur le sable. ‖ FIG. Être dans une impasse.

encallecer* v. intr. y pr. Devenir calleux, euse (las manos). ‖ Durcir (endurecer). ‖ FIG. S'endurcir (endurecerse).

encallecido, da adj. Endurci, e.

encamarse v. pr. S'aliter (un enfermo) : *el médico ordenó que se encamase*, le médecin lui ordonna de s'aliter. ‖ Gîter (la caza). ‖ AGRIC. Se coucher (los trigos).

encambijar v. tr. Canaliser les eaux.

encaminamiento m. Acheminement. ‖ Routage (del correo).

encaminar v. tr. Acheminer (una cosa). ‖ Diriger, montrer le chemin (a uno). ‖ FIG. Diriger, orienter (encauzar). | Diriger, orienter, tendre (los esfuerzos). ‖ — *Medidas encaminadas a suprimir*, mesures tendant à *o* visant à destinées à supprimer. ‖ *Negocio bien encaminado*, affaire en bonne voie.

— V. pr. Se diriger vers : *encaminarse a la puerta*, se diriger vers la porte. ‖ Se mettre en route : *encaminarse hacia* ou *a*, se mettre en route vers *o* pour (marcharse). ‖ FIG. Tendre à (los esfuerzos).

encamisar v. tr. Enfiler une chemise à. ‖ Envelopper (envolver). ‖ Mettre une housse (enfundar). ‖ TECN. Revêtir d'une chemise.

encamotarse v. pr. FAM. *Amer.* S'amouracher.

encampanado, da adj. En forme de cloche. ‖ FAM. *Amer. Dejar a uno encampanado*, laisser tomber quelqu'un.

encampanarse v. pr. S'évaser, s'élargir. ‖ *Amer.* Plastronner, parader (engreírse).

encanallamiento m. Encanaillement.

encanallar v. tr. Encanailler.

— V. pr. S'encanailler.

encanar v. tr. *Amer.* Coffrer, mettre à l'ombre (encarcelar).

encanastar v. tr. Mettre dans une corbeille.

encancerarse v. pr. Devenir cancéreux, euse.

encandecer* v. tr. Chauffer à blanc.

encandelar v. intr. Fleurir.

encandilado, da adj. FAM. Brillant, e (ojo).

encandilamiento m. Lueur, *f.* (de los ojos).

encandilar v. tr. Éblouir (deslumbrar).

— V. pr. Pétiller, briller, s'allumer (los ojos).

encanecer* v. intr. Blanchir, grisonner (el cabello). ‖ FIG. Vieillir, blanchir (envejecer). ‖ *Encanecer en el oficio*, blanchir sous le harnois.

encanijamiento m. Maigreur, *f.*

encanijarse v. pr. Se rabougrir. ‖ *Estar encanijado*, être tout maigrichon.

encanillar v. tr. Embobiner.

encantación f. V. ENCANTAMIENTO.

encantado, da adj. Enchantée, e. ‖ FIG. y FAM. Distrait, e ; dans la lune (distraído). | Hanté, e : *casa encantada*, maison hantée. ‖ *Encantado de conocerle*, enchanté de faire votre connaissance.

encantador, ra adj. ● Enchanteur, eresse ; ravissant, e : *una voz encantadora*, une voix ravissante. ‖ Charmant, e ; adorable (simpático) : *una niña encantadora*, une enfant adorable.

— M. y f. Charmeur, euse : *encantador de serpientes*, charmeur de serpents. ‖ *El Encantador Merlín*, l'Enchanteur Merlin.

— SINÓN. ● *Seductor*, séduisant. *Arrebatador*, ravissant. *Hechicero*, enchanteur. *Embelesador*, ensorcelant. *Cautivador*, captivant. *Fascinador*, fascinant.

encantamiento m. ● Enchantement. ‖ Incantation, *f.* (invocación mágica). ‖ *Como por encantamiento*, comme par enchantement.

— SINÓN. ● *Arrobamiento*, ravissement. *Hechizo*, aojo, ensorcellement. *Sortilegio*, maléfico ; maléfice.

encantar v. tr. Enchanter, ravir : *estoy encantado con mi viaje*, je suis enchanté de mon voyage; *encantado de conocerle*, enchanté de faire votre connaissance ; *su manera de cantar me encanta*, sa façon de chanter me ravit. ‖ *Me encanta esta persona, hacer tal cosa*, j'adore cette personne, faire telle chose.

encantarar v. tr. Mettre dans une cruche o une boîte o un sac, etc. [des bulletins de vote].

encante m. Encan, enchères, *f. pl.* (subasta) : *vender muebles al encante*, vendre des meubles à l'encan. ‖ Salle (*f.*) des ventes (sala donde se hacen estas ventas).

encanto m. Enchantement (encantamiento) : *esto es un encanto*, c'est un enchantement ; *como por encanto*, comme par enchantement. ‖ ● Charme : *¡qué encanto tiene esta mujer!*, quel charme a cette femme ! ‖ *Este niño es un encanto*, c'est un amour d'enfant, cet enfant est adorable. ‖ — Pl. Charmes (de la mujer).

— SINÓN. ● *Gracia*, grâce, chic (fam.). *Elegancia*, élégance. *Seducción*, séduction. *Atractivo*, attrait.

encanutar v. tr. Rouler (liar) : *encanutar un cigarrillo*, rouler une cigarette.

encañada f. Gorge (de un monte).

encañado m. Conduite, *f.* (canalización). ‖ AGRIC. Treillis de roseaux, paillasson, treillage (de jardín). | Drain (tubo de desagüe). | Drainage (acción). ‖ TECN. Lattis.

encañar v. tr. Conduire, canaliser (las aguas). ‖ AGRIC. Drainer (un terreno húmedo). | Ramer (los tallos de algunas plantas). ‖ Embobiner (hilo, seda, etc.).

encañizada f. Bordigue (para la pesca). ‖ AGRIC. Paillasson, *m.*

encañonado m. Tuyautage (planchado).

encañonar v. tr. Introduire dans un tuyau. ‖ Canaliser (el agua). ‖ Embobiner (enrollar). ‖ Braquer, pointer (un arma). ‖ Tuyauter (una pechera).
— V. intr. S'emplumer (los pájaros).

encapachar v. tr. Mettre dans des cabas.

encaparazonar v. tr. Caparaçonner.

encapéruzado, da adj. Encapuchonné, e.

encapilladura f. MAR. Capelage, *m.*

encapillar v. tr. MAR. Capeler. ‖ MIN. Élargir [une galerie]. ‖ Encapuchonner (un ave). ‖ Envoyer à la chapelle de la prison [un condamné à mort].
— V. pr. FIG. y FAM. Passer (un vestido).

encapirotado, da adj. Encapuchonné, e.

encapirotar v. tr. Encapuchonner (halcón).

encapotado, da adj. Couvert, e ; bouché, e : *cielo encapotado*, ciel o temps couvert.

encapotadura f. o **encapotamiento** m. Froncement (*m.*) de sourcils. ‖ Obscurcissement, *m.* (del cielo).

encapotar v. tr. Couvrir d'un manteau.
— V. pr. Se couvrir (el cielo). ‖ FIG. Froncer les sourcils (mostrar descontento). ‖ ÉQUIT. S'encapuchonner (el caballo).

encaprichamiento m. Entichement, toquade, *f.* ‖ Caprice (capricho).

encapricharse v. pr. S'entêter (emperrarse). ‖ Se mettre dans la tête : *el niño se ha encaprichado con ir al circo*, l'enfant s'est mis dans la tête d'aller au cirque. ‖ FAM. S'amouracher de, avoir le béguin pour, s'enticher de, s'éprendre de (persona) : *encapricharse por o con alguien*, avoir le béguin pour quelqu'un. | Se prendre d'affection.

encapuchar o **encapuzar** v. tr. Encapuchonner.
— V. pr. S'encapuchonner.

encarado, da adj. *Bien, mal encarado*, à la mine aimable, à la mine renfrognée, au visage sympathique, au visage antipathique.

encaramar v. tr. Jucher, hisser. ‖ FIG. Faire monter, élever (elevar). ‖ *Amer.* Faire rougir (abochornar).
— V. pr. Grimper, se jucher (subir) : *encaramarse a ou en un árbol*, grimper a o sur un arbre. ‖ FIG. Grimper, s'élever (alcanzar un puesto elevado). | *Amer.* Rougir (avergonzarse).

encaramiento m. Confrontation, *f.* (de personas). ‖ Affrontement (de una dificultad).

encarapitarse v. pr. *Amer.* Grimper.

encarar v. tr. Affronter. ‖ Pointer, braquer (un arma). ‖ *Amer.* Envisager (considerar).
— V. pr. Affronter : *encararse con un peligro*, affronter un danger. ‖ Épauler (un fusil). ‖ *Encararse con uno*, faire front o tenir tête à quelqu'un.

encarcelación f. o **encarcelamiento** m. Emprisonnement, *m.* ‖ DR. Incarcération, *f.*, écrou, *m.* : *registro ou asiento de encarcelamiento*, registre d'écrou.

encarcelar v. tr. Emprisonner. ‖ DR. Incarcérer, écrouer. ‖ TECN. Sceller (fijar con yeso). | Serrer, presser (con la prensa). ‖ *Estar encarcelado*, être en prison.

encarecedor, ra adj. y s. Enchérisseur, euse.

encarecer* v. tr. Élever le prix de, faire monter le prix de (hacer más caro). ‖ FIG. Louer, vanter (elogiar). | Faire valoir, mettre l'accent sur : *encarecer los servicios prestados*, mettre l'accent sur les services rendus. | Recommander : *le encareció mucho que trabajase*, il lui recommanda vivement de travailler. ‖ *Se lo encarezco*, je vous en prie.
— V. intr. Augmenter, enchérir, renchérir : *la vida ha encarecido*, la vie a augmenté. ‖ Augmenter : *el pan ha encarecido*, le pain a augmenté.

encarecidamente adv. Instamment : *se lo ruego encarecidamente*, je vous en prie instamment. ‖ Vivement, chaleureusement (elogiando).

encarecido, da adj. Chaudement recommandé o loué (persona). ‖ Chaleureux, euse (elogio).

encarecimiento m. Enchérissement, hausse (*f.*) du prix, augmentation, *f.* : *el encarecimiento del pan*, l'augmentation du pain. ‖ Hausse (*f.*) du coût : *el encarecimiento de la vida*, la hausse du coût de la vie. ‖ Recommandation, *f.* (recomendación). ‖ *Con encarecimiento*, instamment.

encargado, da m. y f. Préposé, e ; employé, e (empleado). ‖ Responsable (de un cargo). ‖ — *Encargado del vestuario*, costumier. ‖ *Encargado de negocios*, chargé d'affaires. ‖ *Encargado de un surtidor de gasolina*, pompiste. ‖ *Pilar fue la* *encargada de la comida,* Pilar fut chargée de préparer le repas.

encargar v. tr. Charger : *encargar un negocio a uno,* charger quelqu'un d'une affaire ; *encargar a uno que despache el asunto,* charger quelqu'un de régler l'affaire. ‖ Préposer : *encargar a alguien del teléfono,* préposer quelqu'un au téléphone. ‖ Charger, demander : *le encargué a usted que escribiera,* je vous ai demandé d'écrire. ‖ Commander : *encargó un almuerzo para diez personas,* il a commandé un déjeuner pour dix personnes. ‖ Faire faire, commander : *encargar un vestido,* faire faire une robe. ‖ Recommander (aconsejar) : *me encargó mucho que tratase de conseguirlo,* il me recommanda vivement d'essayer de l'obtenir.
— V. pr. Se charger : *encargarse de vender* ou *de la venta,* se charger de vendre *o* de la vente. ‖ S'occuper de : *me encargo de la biblioteca,* je m'occupe de la bibliothèque. ‖ FAM. S'occuper, se charger : *¡ya me encargaré yo de él!,* je vais m'occuper un peu de lui !, je vais m'en charger ! ‖ *Encargarse un traje,* se faire faire un costume.

encargo m. Commission, *f.,* course, *f.* : *hacer encargos,* faire les commissions, des courses. ‖ Commission, *f.* : *cumplir un encargo,* s'acquitter d'une commission. ‖ COM. Commande, *f.* : *hacer un encargo,* passer une commande. ‖ — *Como hecho de encargo,* comme sur mesure. ‖ *De encargo,* sur mesure (a la medida), sur commande (a petición).

encariñar v. tr. Éveiller l'affection.
— V. pr. Prendre goût à (una cosa). ‖ S'attacher, prendre en affection : *me he encariñado mucho con él,* je me suis beaucoup attaché à lui.

encarna f. Curée (caza).

encarnación f. Incarnation. ‖ Carnation (color). ‖ FIG. *Es la encarnación de la bondad,* c'est la bonté en personne *o* c'est la bonté même.

Encarnación n. pr. f. Marie [de l'Incarnation].

encarnado, da adj. Incarné, e : *el diablo encarnado,* le diable incarné. ‖ Incarnat, e (p. us.), rouge (color). ‖ *Uña encarnada,* ongle incarné (uñero).
— M. Incarnat (p. us.), rouge.

encarnadura f. (P. us.). Blessure (herida). ‖ Acharnement, *m.* (del perro de caza). ‖ *Buena, mala encarnadura,* chair qui se cicatrise vite, mal.

encarnamiento m. MED. Cicatrisation, *f.*

encarnar v. intr. S'incarner (el Verbo Divino). ‖ MED. S'incarner (uña, etc.). ‖ Se cicatriser (cicatrizarse).
— V. tr. Incarner, personnifier : *magistrado que encarna la justicia,* magistrat qui incarne la justice. ‖ Mettre en curée (los perros). ‖ Appâter (colocar el cebo en el anzuelo). ‖ ARTES. Colorer les chairs.
— V. pr. Faire curée (los perros). ‖ FIG. S'acharner (encarnizarse). ‖ Se joindre (mezclarse).

encarne m. Curée, *f.* (caza). ‖ Carnation, *f.* (en pintura).

encarnecer* v. intr. Engraisser (engordar).

encarnizadamente adv. Avec acharnement.

encarnizado, da adj. Acharné, e (riña, batalla). ‖ Injecté de sang.

encarnizamiento m. Acharnement : *encarnizamiento en la lucha,* acharnement dans la lutte.

encarnizar v. tr. Acharner (al perro). ‖ Déchaîner, rendre féroce (enfurecer) : *la guerra encarniza a los hombres,* la guerre rend les hommes féroces.
— V. pr. S'acharner : *encarnizarse con su presa, en la lucha,* s'acharner sur sa proie, à la lutte.

encaro m. Braquement (de un arma). ‖ Visée, *f.* (puntería). ‖ Carabine (*f.*) courte (trabuco). ‖ Crosse, *f.* (culata del arma).

encarpetar v. tr. Ranger *o* classer dans un dossier. ‖ FIG. Laisser dormir, faire traîner en lon-

gueur (detener un expediente). ‖ Classer (dar por terminado).

encarrilamiento m. Voie, *f.*

encarrilar v. tr. Diriger, engager (dirigir). ‖ Aiguiller (el tren). ‖ Remettre sur ses rails (colocar en los rieles). ‖ FIG. Remettre en bonne voie (un expediente). ‖ Mettre sur la voie, aiguiller, orienter (poner en buen camino). ‖ Donner une orientation : *encarrilar su vida,* donner une orientation à sa vie. ‖ Engager, emmancher (empezar) : *asunto mal encarrilado,* affaire mal emmanchée.
‖ — V. pr. MAR. Se coincer [un cordage].

encarroñar v. tr. Corrompre.

encarrujarse v. pr. Se tortiller (rizarse).

encartación f. o **encartamiento** m. Paiement (*m.*) des droits féodaux. ‖ Fief, *m.* (territorio feudal).

encartar v. tr. Condamner par contumace (condenar). ‖ Inscrire *o* coucher sur les rôles (para los tributos). ‖ Encarter, insérer : *encartar un prospecto,* encarter un prospectus. ‖ Impliquer (implicar) : *las personas encartadas en este asunto,* les personnes impliquées dans cette affaire. ‖ Obliger [son adversaire] à se défausser (juegos).
— V. intr. FIG. y FAM. Coller, marcher, aller (ser conveniente) : *esto no encarta,* ça ne colle pas. ‖ Cadrer : *esto no encarta con mis proyectos,* ça ne cadre pas avec mes projets.
— V. pr. FIG. y FAM. *Si se encarta,* si l'occasion se présente.

encarte m. Obligation (*f.*) de fournir à la carte (juegos). ‖ Ordre des cartes (orden de los naipes). ‖ IMPR. Encart.

encartonado m. Encartage, encartonnage.

encartonador m. Cartonneur.

encartonadora f. Encarteuse (máquina).

encartonar v. tr. Cartonner.

encascabelar v. tr. Garnir de grelots.

encascotar v. tr. Remplir [un trou] de gravats.

encasillable adj. Que l'on peut classer.

encasillado m. Quadrillage. ‖ Grille, *f.* (crucigrama).

encasillar v. tr. Inscrire dans les cases d'un quadrillage. ‖ Répartir (distribuir). ‖ Classer (a una persona). ‖ FIG. Enfermer : *encasillado en un egoísmo monstruoso,* enfermé dans un égoïsme monstrueux.
— V. pr. FIG. Se limiter.

encasquetar v. tr. Enfoncer sur la tête, renfoncer (un sombrero). ‖ FIG. Fourrer dans la tête (idea, opinión). ‖ Faire avaler *o* subir : *nos encasquetó un discurso interminable,* il nous a fait avaler un discours interminable.
— V. pr. Se mettre *o* se fourrer dans la tête : *se le encasquetó estudiar ruso,* il s'est mis dans la tête d'apprendre le russe. ‖ Enfoncer (el sombrero).

encasquillamiento m. Enrayage (de un arma).

encasquillador m. *Amer.* Maréchal-ferrant.

encasquillar v. tr. *Amer.* Ferrer (el caballo).
— V. pr. S'enrayer (arma de fuego).

encastillado, da adj. FIG. Enfermé, e. ‖ Altier, ère ; hautain, e (soberbio).

encastillamiento m. (P. us.). Fortification, *f.,* retranchement. ‖ FIG. Isolement, retraite, *f.* (aislamiento). ‖ Entêtement, obstination, *f.*

encastillar v. tr. (P. us.). Fortifier. ‖ Entasser (apilar).
— V. pr. Se réfugier dans un château fort. ‖ Se réfugier, se retrancher [dans les montagnes, etc.]. ‖ FIG. S'enfermer, se retrancher : *encastillarse en su opinión,* s'enfermer dans son opinion. ‖ Se cantonner (abstraerse). ‖ Se draper (en su dignidad, en su virtud).

encastrar v. tr. Encastrer. ‖ MECÁN. Engrener (endentar).

encatrado m. *Amer.* Échafaudage.

encauchar v. tr. Caoutchouter.

encausar v. tr. Mettre en accusation.

encausticar v. tr. Encaustiquer (encerar).

encáustico, ca adj. Encaustique.
— M. Encaustique, *f.* (cera).

encausto m. Encaustique, *f.* : *pintura al encausto*, peinture à l'encaustique.

encauzamiento m. Canalisation, *f.* ‖ Endiguement, endigage (de aguas).

encauzar v. tr. Diriger, endiguer, canaliser, acheminer (el agua, una discusión, un asunto, etc.). ‖ FIG. Mettre sur la voie, aiguiller, orienter : *encauzar investigaciones*, aiguiller des recherches. | Canaliser : *encauzar el descontento*, canaliser le mécontentement.

encebadar v. tr. Gaver [le bétail].
— V. pr. Avoir le ventre gonflé [un cheval qui a trop bu].

encebollado m. CULIN. Oignonade, *f.*

encebollar v. tr. Garnir d'oignons.

encefalalgia f. MED. Encéphalalgie (cefalalgia).

encefálico, ca adj. ANAT. Encéphalique.

encefalitis f. MED. Encéphalite.

encéfalo m. ANAT. Encéphale.

encefalografía f. Encéphalographie

encefalograma m. MED. Encéphalogramme.

encefalomielitis f. MED. Encéphalomyélite.

encefalopatía f. MED. Encéphalopathie.

encelamiento m. Jalousie, *f.* (celos).

encelar v. tr. Rendre jaloux.
— V. pr. Devenir jaloux. ‖ Être en rut (animales).

encella f. Cagerotte, égouttoir, *m.*, clayon, *m.*, clisse, fromager, *m.*, faisselle [à fromage].

encellar v. tr. Mettre en forme, mettre à égoutter [le fromage].

encenagado, da adj. Plein, pleine de boue (cubierto de barro). ‖ Embourbé, e ; enlisé, e (atascado). ‖ FIG. Corrompu, e.

encenagamiento m. Embourbement, enlisement (en barro). ‖ Envasement, enlisement (en cieno). ‖ FIG. Croupissement (dans le vice).

encenagarse v. pr. S'embourber, s'enliser (atascarse). ‖ Se rouler dans la boue (revolcarse). ‖ Se salir de boue (ensuciarse). ‖ FIG. Se vautrer, croupir (en el vicio). | Croupir (en la ignorancia).

encendajas f. pl. Brindilles, margotin, *m. sing.* (ramas secas).

encendedor m. Briquet (mechero) : *encendedor de gas*, briquet à gaz. ‖ Allumeur (el que enciende). ‖ Allumoir (aparato). ‖ *Encendedor para el gas*, allume-gaz.

encender* v. tr. Allumer : *encender una vela*, allumer une bougie. ‖ FIG. Allumer : *encender una discordia, una guerra*, allumer une discorde, une guerre. | Enflammer : *la fiebre encendía sus mejillas*, la fièvre enflammait ses joues. | Consumer : *le encienden los celos*, la jalousie le consume. ‖ *Encender la luz*, allumer.
— V. pr. S'allumer. ‖ S'enflammer : *mirada que se enciende*, regard qui s'enflamme. ‖ Rougir (ruborizarse). ‖ *Encenderse de* ou *en ira*, devenir rouge de colère, devenir furieux.

encendidamente adv. Ardemment.

encendido, da adj. Allumé, e. ‖ Rouge vif (color). ‖ Ardent, e ; enflammé, e (mirada). ‖ En feu : *tener la cara encendida*, avoir le visage en feu. ‖ Empourpré, e : *con la cara encendida por la ira*, visage empourpré de colère. ‖ — FIG. *Encendido como la grana* ou *como un pavo*, rouge comme un coq. | *Estar encendido en* ou *por la ira*, être rouge de colère.
— M. Allumage : *el encendido de los faroles*, l'allumage des réverbères. ‖ AUTOM. Allumage : *avance en el encendido*, avance à l'allumage. | Mise (*f.*) à feu (de un cohete). ‖ — *Encendido de*

alta tensión, allumage à haute tension. ‖ *Sistema de encendido*, dispositif d'allumage.

encendimiento m. Embrasement. ‖ FIG. Ardeur, *f.* | Échauffement (de la sangre, de las pasiones).

encenizar v. tr. Couvrir de cendres.

encentador, ra adj. Qui entame.

encentadura f. o **encentamiento** m. Entame, *f.*

encentar* v. tr. Entamer (empezar).

encepar v. intr. S'enraciner (una planta).
— V. tr. Mettre le carcan à un prisonnier (a un prisionero). ‖ Monter (el cañón de un arma). ‖ AGRIC. Planter [une vigne]. ‖ MAR. Engager (el ancla). ‖ TECN. Assembler.

encepe m. AGRIC. Enracinement. | Encépagement (de la viña).

encerado, da adj. Ciré, e (dado de cera). ‖ Cireux, euse (color). ‖ Epais, aisse ; consistant, e (la argamasa).
— M. Cirage, encaustiquage (del parquet). ‖ Couche (*f.*) de cire (capa de cera). ‖ Tableau noir (pizarra para escribir). ‖ Toile (*f.*) cirée (tela). ‖ MAR. Prélart.

encerador, ra adj. y s. Cireur, euse. ‖ — F. Cireuse (máquina).

enceramiento m. Cirage, encaustiquage.

encerar v. tr. Cirer (aplicar cera). ‖ Tacher de cire (las bujías). ‖ Épaissir (la argamasa).
— V. intr. y pr. Blondir, dorer (las mieses).

encerotar v. tr. Poisser (untar un hilo con pez).

encerradero m. Parc (aprisco, redil). ‖ TAUROM. Toril.

encerrar* v. tr. ● Enfermer : *encerrar con siete llaves*, enfermer à double tour. ‖ FIG. Renfermer (incluir). | Contenir, renfermer, receler : *este museo encierra magníficas obras de arte*, ce musée renferme de splendides œuvres d'art. ‖ Enfermer, bloquer (en el ajedrez). ‖ *Encerrar en la cárcel*, mettre en prison.
— V. pr. FIG. Se retirer du monde. ‖ FIG. *Encerrarse en una idea*, s'entêter.
— SINÓN. ● *Recluir*, reclure. *Enclaustrar*, cloîtrer, claustrer. *Internar*, interner.

encerrona f. FAM. Retraite, réclusion volontaire (retiro). ‖ TAUROM. Corrida privée. ‖ — FAM. *Hacer la encerrona*, préparer ses batteries. | *Preparar una encerrona*, préparer un piège o un guet-apens.

encespedamiento m. Engazonnement.

encespedar v. tr. Gazonner, engazonner (sembrar césped).

encestar v. intr. Faire un panier [au basket].

enceste m. Panier (baloncesto) : *marcar un enceste*, marquer un panier.

encía f. Gencive.

encíclico, ca adj. y s. f. Encyclique.

enciclopedia f. Encyclopédie. ‖ FIG. Dictionnaire vivant : *esta muchacha es una enciclopedia*, cette jeune fille est un dictionnaire vivant. ‖ FIG. *Enciclopedia en persona*, encyclopédie vivante, dictionnaire vivant.

enciclopédico, ca adj. Encyclopédique.

enciclopedista adj. y s. Encyclopédiste.

encierro m. Réclusion, *f.*, retraite (de una persona). ‖ Parcage (del ganado). ‖ Parc (dehesa). ‖ Cachot (calabozo). ‖ TAUROM. Emprisonnement des taureaux dans le toril. | Toril. | « Encierro ».
— OBSERV. L'*encierro* fait partie des fêtes de la Saint-Firmin qui commencent le 7 juillet à Pampelune. Au cours de l'« encierro », on conduit les taureaux, qui sont précédés d'une foule de jeunes gens, à travers la ville jusqu'aux arènes pour les enfermer dans les « toriles ».

encima adv. Dessus : *se sentó encima*, il s'est assis dessus. ‖ En plus (además) : *le dio diez pesos y otros dos encima*, il lui donna dix pesos et deux autres en plus. ‖ FAM. En plus, par-dessus

le marché : *gana mucho dinero y encima está descontento,* il gagne beaucoup d'argent et en plus il
n'est pas content. ‖ — *Encima de,* sur (sobre) :
encima de la mesa, sur la table; au-dessus (*más
arriba*) : *la nariz está encima de la boca,* le nez
est au-dessus de la bouche. ‖ *Encima de que,* en
plus du fait que, en dehors du fait que. ‖ *Encima
mía* ou *de mí,* sur moi. ‖ — *Ahí encima,* là-dessus. ‖ *De encima,* de dessus. ‖ *Por encima,* par-
dessus (sobre), en plus, avec cela (además) : *es
tonto y por encima charlatán,* il est sot et avec
cela bavard; superficiellement, rapidement (de
pasada) : *leer algo por encima,* lire quelque chose
superficiellement. ‖ *Por encima de,* par-dessus
(sobre) : *por encima de todo,* par-dessus tout;
malgré, en dépit de (a pesar de). ‖ — *Echarse
encima,* arriver sur : *se nos echó encima un camión,* un camion est arrivé sur nous; tomber sur :
se le echó encima una gran desgracia, un grand
malheur est tombé sur lui; se charger de : *echarse
encima un trabajo,* se charger d'un travail; endosser (responsabilidad), se mettre à dos (enemistarse) : *se echó encima a todos los críticos,* il s'est
mis à dos tous les critiques. ‖ *Estar por encima
de,* être au-dessus de, surpasser : *está por encima
de todos los alumnos,* il surpasse tous les élèves;
être au-dessus de : *está por encima de todas las
cuestiones económicas,* il est au-dessus de toutes
les questions financières. ‖ *Llevar encima,* porter
sur soi. ‖ Fig. *Pasar por encima,* v. PASAR. ‖ *Pasar
por encima de,* enjamber : *pasar por encima de un
arroyo,* enjamber un ruisseau. ‖ *Quitarse de encima,* éluder (problema, dificultades), ne pas s'embarrasser de (escrúpulos), se débarrasser de (una
persona) : *creía que no podría nunca quitármelo
de encima,* je croyais que je ne pourrais jamais
m'en débarrasser.
— OBSERV. *Encima* se substitue à *sobre* pour marquer
la superposition d'un objet sur un autre lorsque cet objet
est placé à une certaine hauteur.

encimar v. tr. Mettre au-dessus, surélever. ‖
Ajouter à la mise (juegos). ‖ *Amer.* Ajouter (aña-
dir).
— V. pr. S'élever.

encimero, ra adj. De dessus, qui est au-dessus.
— F. *Amer.* Pièce de cuir qui recouvre la selle.

encina f. BOT. Chêne (*m.*) vert, yeuse.
— OBSERV. Il ne faut pas confondre le chêne vert
(*encina*), espèce méridionale à feuilles persistantes, avec
le chêne rouvre (*roble*), espèce à feuilles caduques, la
plus commune en Europe.

encinal o **encinar** m. Chênaie, *f.*
encinchar v. tr. *Amer.* Sangler (cinchar).
encino m. V. ENCINA.
encinta adj. f. Enceinte (mujer).
encintado m. Bord *o* bordure (*f.*) de trottoir.
encintar v. tr. Enrubanner (con cintas). ‖ Faire la
bordure (de una acera). ‖ MAR. Préceinter.
encismar v. tr. Provoquer un schisme.
encizañar v. tr. Semer la discorde.
enclaustramiento m. Claustration, *f.*
enclaustrar v. tr. Cloîtrer.
enclavado, da adj. Enclave, *f.* (enclave). ‖ BLAS.
Émanche, *f.*
enclavadura f. Mortaise (muesca). ‖ VETER. Enclouure, enclouage, *m.*
enclavar v. tr. Clouer (clavar). ‖ Transpercer
(traspasar). ‖ VETER. Enclouer (al caballo). ‖
Enclaver : *territorio enclavado,* territoire enclavé.
‖ *Hueso enclavado en otro,* os emboîté dans *o*
articulé sur un autre.
enclave m. Enclave, *f.*
enclavijar v. tr. Cheviller.
enclenque adj. y s. Chétif, ive; malingre, souffreteux, euse.
enclítico, ca adj. GRAM. Enclitique.
— F. Mot (*m.*) enclitique.

enclocar* o **encloquecer*** v. intr. Glousser pour
demander à couver (la gallina).
encobar v. intr. Couver (empollar).
encobrado, da adj. Cuivré, e.
encocorar v. tr. FAM. Embêter (fastidiar).
encofrado m. TECN. Coffrage (para el hormigón).
encofrar v. tr. TECN. Coffrer (hormigón).
encoger v. tr. Rétrécir, faire rétrécir (estrechar) :
el lavado encoge ciertos tejidos, le lavage rétrécit
certains tissus. ‖ Contracter (contraer). ‖ FIG.
Démonter, troubler (apocar).
— V. intr. Rétrécir (tela).
— V. pr. Se rétrécir. ‖ FIG. Se serrer : *se le enco-
gía el corazón,* son cœur se serrait. ‖ Se démonter,
manquer de nerf, se dégonfler (apocarse). ‖ *Encogerse de hombros,* hausser les épaules.
encogido, da adj. FIG. Timide, réservé, e (poco
expansivo). ‖ Noué, e; serré, e : *tener el estómago
encogido,* avoir l'estomac noué. ‖ Serré, e : *tener
el corazón encogido,* avoir le cœur serré.
encogimiento m. Rétrécissement (de una tela). ‖
Pincement (de los labios). ‖ FIG. Timidité, *f.*
(timidez). ‖ Attitude (*f.*) recroquevillée (del
cuerpo). ‖ *Encogimiento de hombros,* haussement
d'épaules.
encolado, da adj. FIG. *Amer.* Gommeux, euse.
— M. Collage (del vino). ‖ Encollage (con cola).
encolador, ra adj. y s. Encolleur, euse. ‖ —
F. TECN. Colleuse, encolleuse (cine, etc.).
encoladura f. o **encolamiento** m. Encollage, *m.*
encolar v. tr. Encoller (engomar). ‖ Coller (pegar). ‖ Coller (el vino).
encolerizar v. tr. Irriter, mettre en colère.
— V. pr. S'irriter, s'emporter, se mettre en colère.
encomendar* v. tr. Recommander (idea de protección) : *le encomiendo a usted mi hijo,* je vous
recommande mon fils. ‖ Charger (encargar). ‖
Confier (confiar).
— V. pr. S'en remettre à, se confier à, se recommander à : *encomendarse a Dios,* se recommander
à Dieu; *en vuestras manos me encomiendo,* je
m'en remets à vous. ‖ Se vouer : *no saber a qué
santo encomendarse,* ne pas savoir à quel saint se
vouer.
encomendero m. Commissionnaire (el que hace
los encargos). ‖ HIST. « Encomendero », maître,
propriétaire d'un Indien sous le régime de l'*encomienda* en Amérique.
— OBSERV. V. ENCOMIENDA.

encomiador, ra adj. y s. Louangeur, euse.
encomiar v. tr. Louer, vanter, louanger.
encomiasta m. Louangeur, panégyriste.
encomiástico, ca adj. Élogieux, euse; louangeur,
euse.
encomienda f. Commission, affaire confiée à quelqu'un (encargo). ‖ Commanderie (antigua dignidad). ‖ Croix que portaient les chevaliers des
ordres militaires (cruz). ‖ Rente viagère sur les
revenus d'une ville *o* d'une terre (renta). ‖ Recommandation, éloge, *m.* (recomendación). ‖ HIST.
« Encomienda ». (V. OBSERV.) ‖ *Amer.* Colis, *m.* :
encomienda postal, colis postal.
— OBSERV. L'*encomienda* était une institution espagnole en Amérique à l'époque coloniale. Elle consis-
tait à diviser les Indiens en plusieurs groupes de personnes qui étaient mises au service d'un « encomendero ».
Les Indiens devaient payer un impôt et travailler pour
l' « encomendero » qui était chargé de les protéger et de
les évangéliser.
encomio m. Louange, *f.,* éloge.
encompadrar v. intr. FAM. Devenir copains, fraterniser.
enconado, da adj. Passionné, e; acharné, e : *bibliófilo enconado,* bibliophile passionné; *partidario enconado,* partisan acharné.
enconadura f. o **enconamiento** m. Inflammation,
f., envenimement, *m.* : *la enconadura de esta*

herida puede resultar peligrosa, l'envenimement de cette plaie peut se révéler dangereux. ‖ FIG. Rancune, *f.* (rencor). | Hostilité, *f.,* animosité, *f.* (odio).

enconar v. tr. Enflammer, envenimer (una llaga, herida). ‖ FIG. Envenimer (una discusión). | Irriter, exaspérer (personas).
— V. pr. S'enflammer, s'envenimer (una llaga, una herida). ‖ FIG. S'envenimer. | Se fâcher, être exaspéré.

encono m. Rancune, *f.* (rencor). ‖ Animosité, *f.,* hostilité, *f.* (odio).

encontradizo, za adj. *Hacerse el encontradizo,* feindre une rencontre fortuite, faire semblant de rencontrer quelqu'un par hasard, s'arranger pour rencontrer quelqu'un.

encontrado, da adj. Opposé, e ; contraire : *intereses encontrados,* intérêts opposés.

encontrar* v. tr. Trouver : *encontrar una solución,* trouver une solution ; *lo encontré anegado en lágrimas,* je l'ai trouvé en larmes. ‖ Rencontrer : *encontrar a un amigo en la calle,* rencontrer un ami dans la rue. ‖ Retrouver (lo perdido). | Trouver : *no encuentro palabras para expresarle mi agradecimiento,* je ne trouve pas de mots pour vous exprimer ma reconnaissance. | FIG. Trouver : *¿cómo encuentras esta película?,* comment trouves-tu ce film ? ‖ *Encontrar con quien hablar* ou *encontrar la horma de su zapato,* trouver à qui parler.
— V. intr. Heurter (tropezar).
— V. pr. Se rencontrer (dos personas) : *se encontraron en París,* ils se sont rencontrés à Paris. ‖ Se trouver (estar) : *se encuentra en París,* il se trouve à Paris. ‖ Se retrouver (reunirse). ‖ Rencontrer, se heurter (tropezar). ‖ FIG. Se trouver : *me encuentro muy a gusto,* je me trouve très bien. | Se sentir, se trouver : *me encuentro mucho mejor,* je me sens beaucoup mieux. | Se heurter, s'opposer (ser contrarias las opiniones, etc.). | S'accorder (coincidir). ‖ — *Encontrarse con,* rencontrer, tomber sur (hallar), heurter (tropezar), se heurter à, devoir affronter (con problemas). ‖ *Encontrarse con valor,* avoir du courage. ‖ *No encontrarse en las opiniones,* différer d'opinion.

encontrón o **encontronazo** m. Choc, collision, *f.*

encopetado, da adj. Huppé, e ; collet monté.

encopetar v. tr. Élever, mettre en haut.
— V. pr. FIG. Prendre de grands airs (engreírse).

encorajarse o **encorajinarse** v. pr. Se fâcher, voir rouge, se mettre en rage (encolerizarse). ‖ Être stimulé (animarse).

encorar* v. tr. Couvrir de cuir. ‖ MED. Cicatriser (una llaga).
— V. intr. y pr. Se cicatriser.

encordar v. tr. AGRIC. Recueillir un essaim d'abeilles. ‖ Boucher (poner tapones).

encorchetar v. tr. Poser des agrafes. ‖ Agrafer (fijar con corchetes).

encordar* v. tr. Corder, mettre des cordes.
— V. pr. S'encorder (alpinismo).

encordelar v. tr. Cordeler, ficeler.

encordonar v. tr. Garnir de cordons.

encornado, da adj. Encorné, e (animales).

encornadura f. Encornure (disposición de los cuernos). ‖ Cornes, *pl.* (cornamenta).

encorozar v. tr. Mettre la cagoule [à un condamné].

encorralar v. tr. Parquer (los rebaños).

encorsetar v. tr. Corseter.

encorvada f. Flexion (del cuerpo). ‖ Danse contorsionnée (danza).

encorvadura f. o **encorvamiento** m. Courbure, *f.,* courbement, *m.* ‖ Action de se voûter (persona).

encorvar v. tr. Courber. ‖ Recourber (en forma de gancho). ‖ Voûter (una persona) : *tener la espalda encorvada por la edad,* avoir le dos voûté par l'âge.
— V. pr. Se courber. ‖ Se recourber (en forma de gancho). ‖ Se voûter (una persona). ‖ Ployer (bajo una carga). ‖ TECN. S'envoiler (doblarse).

encostalar v. tr. Ensacher (ensacar).

encostrar v. tr. Encroûter.
— V. pr. S'encroûter.

encovar* v. tr. Enfermer, cacher.

encrasar v. tr. Épaissir (espesar). ‖ AGRIC. Fumer (la tierra).
— OBSERV. La palabra francesa *encrasser* significa *ensuciar* o *atascar.*

encrespamiento m. Frisage (del pelo). ‖ Hérissement (erizamiento). ‖ Moutonnement (del mar). ‖ FIG. Bouillonnement (de las pasiones). | Échauffement (discusión). | Irritation, *f.,* excitation, *f.* | Embrouillement (enredo).

encrespar v. tr. Friser : *cabello encrespado,* cheveux frisés. ‖ Hérisser (erizar). ‖ FIG. Irriter (irritar).
— V. pr. Être agité, moutonner (el mar). ‖ FIG. S'agiter, bouillonner (las pasiones). | S'aigrir, s'échauffer, s'envenimer (una discusión). | S'embrouiller (enredarse los negocios). ‖ MAR. *Mar encrespado,* mer agitée o houleuse.

encrina f. ZOOL. Encrine.

encristalar v. tr. Vitrer.

encrucijada f. Carrefour, *m.*

encrudecer* v. tr. FIG. Irriter (irritar).
— V. intr. Refroidir, devenir plus rigoureux (el tiempo).

encruelecer* v. tr. Endurcir le cœur, inciter à la cruauté.
— V. pr. S'endurcir.

encuadernación f. Reliure : *encuadernación en rústica,* reliure brochée.

encuadernador, ra m. y f. Relieur, euse.

encuadernar v. tr. Relier : *libro encuadernado,* livre relié. ‖ *Encuadernar en rústica,* brocher.

encuadramiento o **encuadre** m. FOT. Cadrage. ‖ FIG. Cadre (límite). ‖ MIL. Encadrement (de tropas).

encuadrar v. tr. Encadrer. ‖ FOT. Cadrer. ‖ MIL. Encadrer. ‖ FIG. Faire rentrer. | Être intégré, faire partie (formar parte). | Embrigader, enrégimenter (incorporar). | Reclasser (readaptar).

encuarte m. Cheval de renfort.

encuartelar v. tr. *Amer.* Caserner. | Consigner (acuartelar).

encubamiento m. Encuvage, encuvement.

encubar v. tr. Encuver (meter en una cuba).

encubierta f. Fraude (fraude).

encubiertamente adv. En secret.

encubierto, ta adj. Caché, e. ‖ FIG. Couvert, e : *palabras encubiertas,* mots couverts.

encubridizo, za adj. Qui peut être caché.

encubridor, ra adj. y s. Receleur, euse (de lo robado). ‖ Complice : *madre encubridora de las malas acciones de su hijo,* mère complice des mauvaises actions de son fils.

encubrimiento m. Dissimulation, *f.* (ocultación). ‖ Recel, recelé, recèlement (cosa, persona).

encubrir v. tr. Cacher, dissimuler (ocultar). ‖ Receler (una cosa robada).

encuentro m. Rencontre, *f.* (de personas). ‖ Choc, collision, *f.* (de cosas). ‖ Rencontre, *f.* (coincidencia). ‖ Rencontre, *f.,* engagement (deportes, duelo). ‖ FIG. Trouvaille, *f.* (hallazgo). | Choc, opposition, *f.* (contradicción). ‖ Rendez-vous : *el encuentro de los cosmonautas en el espacio,* rendez-vous spatial des cosmonautes. ‖ ANAT. Aisselle, *f.* (axila). ‖ ARQ. Encoignure, *f.* (ángulo). ‖ MIL. Accrochage (de tropas).

— Pl. Articulation (*f. sing.*) de l'aile (en las aves). ‖ Encolure, *f. sing.* (en los cuadrúpedos). ‖ IMPR. Réserves (*f.*) destinées à l'impression de lettres en couleur. ‖ — *Ir al encuentro de,* aller à la rencontre de, aller au-devant de. ‖ *Salir al encuentro de,* aller à la rencontre *o* au-devant de (ir en busca de), contredire, trouver à redire (oponerse), devancer (prevenir), faire face (afrontar una dificultad).

encuerado, da adj. *Amer.* Nu, e (en cueros).

encuerar v. tr. *Amer.* Déshabiller (desnudar). ‖ FIG. Dépouiller (en el juego).

encuesta f. Enquête (en un periódico) : *encuesta por correo,* enquête par correspondance. ‖ *Hacer una encuesta,* faire une enquête, enquêter.

encuestador, ra m. y f. Enquêteur, euse.

encuitarse v. pr. S'affliger.

encumbrado, da adj. Élevé, e ; haut placé, e.

encumbramiento m. Élévation, *f.* ‖ FIG. Exaltation, *f.* (exaltación). ‖ Ascension, *f.*, montée (*f.*) en flèche (progreso).

encumbrar v. tr. Élever. ‖ FIG. Faire l'éloge de, exalter, vanter (ensalzar). ‖ FIG. *Encumbrar hasta las nubes,* porter aux nues.
— V. pr. S'élever. ‖ FIG. Progresser, monter en flèche (desarrollarse). ‖ Prendre des grands airs, faire l'important (envanecerse).

encunar v. tr. Mettre au berceau. ‖ TAUROM. Encorner (coger).

encureñar v. tr. Mettre sur son affût, affûter.

encurtidos m. pl. Conserves (*f.*) au vinaigre [cornichons, oignons, etc.].

encurtir v. tr. Confire dans le vinaigre. ‖ *Amer.* Tanner (curtir).

enchalecar v. tr. POP. Empocher, mettre dans sa poche (robar). ‖ *Amer.* Mettre une camisole de force.

enchancletar v. tr. y pr. Enfiler [des babouches].

enchapado m. Placage, plaqué.

enchapar v. tr. Plaquer.

encharcamiento m. Inondation, *f.* ‖ MED. Hémorragie (*f.*) interne (de los pulmones).

encharcar v. tr. Inonder, détremper (el suelo).
— V. pr. Être inondé. ‖ *Encharcarse los pulmones,* avoir une hémorragie interne aux poumons.

enchicharse v. pr. *Amer.* S'enivrer à la chicha.

enchilada f. *Amer.* Galette de maïs au piment.

enchilado, da adj. *Amer.* Rouge (rojo). ‖ FIG. Rageur, euse.

enchilar v. tr. *Amer.* Assaisonner de piments.
— V. pr. *Amer.* FIG. Se fâcher (enfadarse).

enchinar v. tr. Cail-louter. ‖ *Amer.* Friser (rizar).

enchiqueramiento m. TAUROM. Mise (*f.*) au toril. ‖ FIG. y FAM. Mise (*f.*) au bloc *o* à l'ombre (encarcelamiento).

enchiquerar v. tr. TAUROM. Mettre au toril. ‖ FIG. y FAM. Coffrer, mettre à l'ombre (encarcelar).

enchironar v. tr. FAM. Coffrer (encarcelar).

enchuecar v. tr. *Amer.* Tordre (torcer).

enchufado, da adj. FAM. Pistonné, e (recomendado). ‖ Planqué, e (en un puesto). ‖ FAM. *Estar enchufado,* avoir du piston, être pistonné.
— M. y f. FAM. Type pistonné, personne qui a du piston. ‖ Embusqué, e (soldado).

enchufar v. tr. Brancher : *enchufar una lámpara,* brancher une lampe. ‖ Raccorder (dos tubos). ‖ FIG. y FAM. Pistonner (favorecer).
— V. pr. Se faire pistonner.

enchufe m. ELECTR. Prise (*f.*) de courant. ‖ Embranchement m. ‖ Raccord (de dos tubos). ‖ FIG. y FAM. Piston (influencia). ‖ Sinécure, *f.*, planque, *f.* (puesto). ‖ — *Enchufe flexible,* raccord. ‖ *Enchufe luz relámpago,* prise de flash. ‖ FIG. y FAM. *Tener enchufe,* avoir du piston, être pistonné.

endarteritis f. MED. Endartérite.

ende adv. (Ant.). Là. ‖ *Por ende,* par là, par suite, par conséquent.

endeble adj. Faible (débil). ‖ Chétif, ive (enclenque).

endeblez f. Faiblesse, débilité.

endecágono, na adj. y s. m. GEOM. Hendécagone.

endecasílabo, ba adj. y s. m. Hendécasyllabe.

endecha f. Complainte (melodía). ‖ Quatrain, *m.* (composición métrica). ‖ *Endecha real,* strophe de trois heptasyllabes suivis d'un hendécasyllabe.

endeja f. ARQ. Harpe (adaraja).

endemia f. MED. Endémie.

endémico, ca adj. MED. Endémique.

endemoniado, da adj. Diabolique (perverso). ‖ Diabolique, démoniaque : *un invento endemoniado,* une invention démoniaque. ‖ Satané, e : *hace un tiempo endemoniado,* il fait un satané temps. ‖ Endiablé, e : *ritmo endemoniado,* rythme endiablé. ‖ *Este niño es endemoniado,* cet enfant a le diable au corps. ‖ — Adj. y s. Démoniaque, possédé, e (poseído del demonio) : *gritar como un endemoniado,* crier comme un possédé.

endemoniar v. tr. Ensorceler (embrujar). ‖ Rendre furieux *o* fou (enfurecer).

endenantes adv. POP. Avant (antes).

endentar v. tr. MECÁN. Endenter. ‖ MAR. Entailler.

endentecer v. intr. Faire ses dents (los niños).

enderezado, da adj. Favorable (propicio).

enderezador, ra adj. y s. Redresseur, euse. ‖ Bon administrateur, bonne administratrice (de una casa).

enderezamiento m. Redressement : *el enderezamiento de un clavo,* le redressement d'un clou.

enderezar v. tr. ● Redresser (poner derecho) : *enderezar una viga,* redresser une poutre. ‖ Adresser, dédier (dirigir, dedicar). ‖ Corriger (corregir). ‖ FIG. Redresser : *enderezar una situación,* redresser une situation ; *enderezar entuertos,* redresser des torts. ‖ TECN. Dresser.
— V. intr. Se diriger (dirigirse hacia).
— V. pr. Se redresser. ‖ Se disposer à (prepararse, disponerse). ‖ *Sus menores acciones estaban enderezadas a la realización de su proyecto,* ses moindres actions visaient à la réalisation de son projet.
— SINÓN. ● Alinear, aligner. Enfilar, mettre en file. Destorcer, détordre. Rectificar, rectifier.

endeudamiento m. Endettement.

endeudarse v. pr. S'endetter (entramparse). ‖ Se reconnaître débiteur *o* obligé.

endevotado, da adj. Dévot, e (piadoso).

endiablada f. Mascarade de personnes déguisées en diables.

endiabladamente adv. Diaboliquement.

endiablado, da adj. Endiablé, e (fogoso, colérico). ‖ Horrible (feo). ‖ Diabolique (perverso).

endiablar v. tr. FIG. Ensorceler (endemoniar).

endibia f. BOT. Endive.

endilgar v. tr. FAM. Acheminer, expédier (dirigir). ‖ Refiler, coller : *me ha endilgado este trabajo molesto,* il m'a refilé ce travail ennuyeux. ‖ Faire avaler : *se me endilgó todo mi poema,* je lui ai fait avaler tout mon poème.

Endimión n. pr. m. Endymion.

endino, na adj. FAM. Méchant, e ; mauvais, e ; indigne.

endiñar v. tr. POP. Flanquer, administrer, coller : *le endiñé una torta,* je lui ai flanqué une gifle.

endiosamiento m. FIG. Orgueil (orgullo).

endiosar v. tr. Diviniser.
— V. pr. S'enorgueillir (enorgullecerse). ‖ FIG. S'absorber, se plonger : *endiosarse en la lectura,* s'absorber dans la lecture.

enditarse v. pr. *Amer.* S'endetter (endeudarse).

endoaneurismorafia f. Endoanévrismoraphie.

endocardíaco, ca adj. y s. Endocardiaque.

endocardio m. ANAT. Endocarde.

endocarditis f. MED. Endocardite.
endocarpio m. BOT. Endocarpe.
endocráneo m. ANAT. Endocrâne.
endocrino, na adj. BIOL. Endocrinien, enne. ‖ — Adj. f. Endocrine (glándula).
endocrinología f. MED. Endocrinologie.
endodermo m. BIOL. Endoderme.
endoesqueleto m. ZOOL. Squelette interne.
endofito, ta adj. y s. m. Endophyte.
endoflebitis f. MED. Endophlébite.
endogamia f. Endogamie.
endogénesis f. BIOL. Endogenèse.
endógeno, na adj. BIOL. Endogène.
endolinfa f. ANAT. Endolymphe.
endometrio m. ANAT. Endomètre.
endometritis f. MED. Endométrite.
endomingar v. tr. Endimancher. ‖ *Estar endomingado,* être endimanché.
— V. pr. S'endimancher, mettre ses plus beaux atours.
endoparásito adj. y s. m. Endoparasite.
endoplasma m. Endoplasme.
endosante adj. m. y s. m. COM. Endosseur.
endosar v. tr. COM. Endosser (transmitir). ‖ FIG. Endosser (tomar a su cargo). | POP. Refiler (un trabajo).
endosatario o **endosador** m. Endossataire.
endoscopia f. MED. Endoscopie.
endoscopio m. MED. Endoscope.
endoselar v. tr. Couvrir d'un dais.
endosmómetro m. MED. Endosmomètre.
endósmosis o **endosmosis** f. Fís. Endosmose.
endoso m. COM. Endossement, endos.
endosperma m. BOT. Endosperme.
endosporo m. BOT. Endospore.
endotelio m. ANAT. Endothélium. ‖ *Del endotelio,* endothélial.
endotérmico, ca adj. QUÍM. Endothermique.
endotoxina f. Endotoxine.
endriago m. Endriague, andriague (monstruo fabuloso).
endrina f. BOT. Prunelle (fruto).
endrino, na adj. Noir, e.
— M. Prunellier (árbol). ‖ — F. Prunelle (ciruela).
endrogarse v. pr. *Amer.* S'endetter.
endulzar v. tr. ● Sucrer (agregar azúcar) : *endulzar con miel,* sucrer avec du miel. ‖ FIG. Adoucir (suavizar).
— SINÓN. ● *Azucarar,* sucrer. *Edulcorar,* édulcorer. *Dulcificar,* dulcifier.
endurar v. tr. Endurcir (endurecer). ‖ Ménager, économiser (economizar). ‖ Endurer (soportar). ‖ Ajourner (diferir).
endurecer* v. tr. Durcir (poner duro). ‖ FIG. Endurcir : *endurecer al cansancio,* endurcir à la fatigue.
— V. pr. FIG. S'endurcir (volverse insensible). ‖ Durcir, se durcir : *endurecerse con* ou *en el fuego,* durcir au feu.
endurecimiento m. Durcissement. ‖ FIG. Endurcissement. | Obstination, f., entêtement.
ene f. N, *m.* [nom de la lettre n]. ‖ X : *hace ene años,* il y a X années.
enea f. BOT. Massette (anea). ‖ *Silla de enea,* chaise de paille.
Enéadas n. pr. f. pl. Ennéades (de Plotino).
Eneas n. pr. m. Énée.
eneagonal adj. Ennéagonal, e.
eneágono, na adj. y s. m. GEOM. Ennéagone.
enebral m. Genévrière, f.
enebrina f. Baie du genévrier.
enebro m. BOT. Genévrier.
Eneida n. pr. f. Énéide.
eneldo m. BOT. Aneth.

enema m. (Ant.). MED. Onguent (emplasto). ‖ Lavement (ayuda).
— OBSERV. Dans son second sens, le mot *enema* est également employé au masculin bien que l'Académie espagnole préfère le féminin.
enemiga f. Inimitié, antipathie (enemistad) : *tenerle enemiga a una persona,* avoir de l'antipathie pour quelqu'un.
enemigo, ga adj. y s. ● Ennemi, e. ‖ — M. Le Malin (el demonio). ‖ — *Al enemigo que huye puente de plata,* à l'ennemi qui fuit, faites un pont d'or. ‖ *Hacerse enemigos,* se faire des ennemis. ‖ *No hay enemigo pequeño,* il n'est si petit chat qui n'égratigne, il n'est si petit buisson qui ne porte son ombre. ‖ *Pasarse al enemigo,* passer à l'ennemi.
— SINÓN. ● *Adversario,* adversaire. *Antagonista,* antagoniste. *Opositor,* opposant.
enemistad f. Inimitié.
enemistar v. tr. Brouiller, fâcher : *enemistar a una persona con otra,* brouiller une personne avec une autre.
— V. pr. Se brouiller.
éneo, a adj. POÉT. D'airain (de bronce).
energético, ca adj. y s. f. Énergétique.
energía f. Énergie : *energía nuclear,* énergie nucléaire. ‖ FIG. Énergie (vigor).
— SINÓN. *Entereza,* cœur. *Firmeza,* fermeté. *Fuerza, fortaleza,* force. *Resolución,* résolution. *Voluntad,* volonté. *Vigor,* vigueur. *Nervio,* nerf.
enérgico, ca adj. Énergique.
energúmeno, na m. y f. Énergumène.
enero m. Janvier : *el 5 de enero,* le 5 janvier.
enervación f. o **enervamiento** m. Énervation, f., abattement, m. ‖ Effémination, f.
— OBSERV. La palabra francesa *énervement* significa *nerviosismo.*
enervante adj. Énervant, e.
— OBSERV. La palabra francesa *énervant* significa *irritante, molesto.*
enervar v. tr. Énerver. ‖ Affaiblir.
— OBSERV. La palabra francesa *énerver* se emplea sobre todo en el sentido de « irritar », « exasperar ».
enésimo, ma adj. MAT. N : *potencia enésima,* puissance *n.* ‖ *Te lo digo por enésima vez,* je te le dis pour la n^{ième} fois.
enfadadizo, za adj. Irritable, qui se fâche facilement.
enfadar v. tr. ● Agacer, contrarier (disgustar). ‖ Fâcher, mettre en colère (enojar).
— V. pr. Être agacé o contrarié, agacer : *se enfada con tus necedades,* il est agacé par tes idioties o tes idioties l'agacent. ‖ Se fâcher, se mettre en colère : *enfadarse por poca cosa,* se fâcher o se mettre en colère pour peu de chose ; *enfadarse por todo,* se fâcher de tout. ‖ *Enfadarse con uno,* se fâcher contre quelqu'un (disputarse), se fâcher avec quelqu'un (enemistarse).
— SINÓN. ● *Disgustar, enojar,* fâcher. *Contrariar,* contrarier. *Descontentar,* mécontenter.
enfado m. Irritation, f., mécontentement (descontento). ‖ Fâcherie, f., brouille, f. (disgusto). ‖ Colère, f. (enojo). ‖ *Causar enfado,* agacer (fastidiar), mettre en colère, fâcher (enojar).
enfadosamente adv. De mauvais gré, à contrecœur (a regañadientes). ‖ D'une façon désagréable.
enfadoso, sa adj. Ennuyeux, euse ; fâcheux, euse (molesto). ‖ Déplaisant, e (desagradable). ‖ Agaçant, e (crispante).
enfaldada, da adj. Qui est toujours dans les jupes des femmes (niños).
enfaldador m. (Ant.). Relève-jupe, inv., porte-jupe (alfiler para recoger la falda).
enfaldar v. tr. Relever, retrousser la jupe. ‖ AGRIC. Tailler les basses branches [d'un arbre], étronçonner.

enfaldo m. Retroussis (de la ropa).
enfangarse v. pr. Se couvrir de fange (ensuciarse).
‖ Fig. y Fam. Tremper dans (negocios vergonzosos). | Se vautrer dans (los placeres). ‖ Mar. S'embourber.
enfardar v. tr. Emballer, empaqueter.
enfardelador m. Emballeur.
enfardeladura f. Emballage, m.
enfardelar v. tr. Emballer, empaqueter.
énfasis m. Emphase, f. (afectación).
enfático, ca adj. Emphatique : *responder con tono enfático*, répondre sur un ton emphatique.
enfatuarse v. pr. S'infatuer (p. us.), se croire.
enfebrecido, da adj. *Amer.* Fébrile.
enfermar v. intr. Tomber malade. ‖ *Enfermar del pecho*, attraper une maladie de poitrine.
— V. tr. Rendre malade. ‖ Fig. Rendre malade : *las injusticias me enferman*, les injustices me rendent malade. | Affaiblir, énerver (debilitar).
enfermedad f. Maladie : *enfermedad contagiosa, azul, del sueño*, maladie contagieuse, bleue, du sommeil. ‖ — *Es peor el remedio que la enfermedad*, le remède est pire que le mal. ‖ *Salir de una enfermedad*, relever d'une maladie.
— Sinón. *Afección*, affection. *Mal*, mal. *Padecimiento*, souffrance. *Dolencia*, maladie. *Indisposición, achaque*, indisposition.
enfermería f. Infirmerie.
enfermero, ra m. y f. Infirmier, ère (en el hospital). ‖ Garde (en casa del enfermo).
enfermizo, za adj. ● Maladif, ive : *persona, pasión enfermiza*, personne, passion maladive. ‖ Insalubre (comarca). ‖ Malsain, e (alimento).
— Sinón. ● *Delicado*, faible. *Achacoso*, souffreteux. *Lisiado*, infirme. *Fam. Malucho*, mal fichu.
enfermo, ma adj. y s. Malade : *ponerse enfermo*, tomber malade ; *enfermo de aprensión*, malade imaginaire ; *enfermo de gravedad*, gravement malade. ‖ — *Fingirse enfermo*, faire le malade. ‖ Fig. *Poner enfermo*, rendre malade. | *Ponerse enfermo*, en être malade.
— Observ. *Enfermo* no tiene el sentido de « lisiado » que tiene el francés *infirme*.
enfermoso, sa adj. *Amer.* Maladif, ive.
enfermucho, cha adj. Souffreteux, euse.
enfervorizar v. tr. Encourager, stimuler, fortifier : *el éxito le enfervorizó*, le succès l'a stimulé.
enfeudación f. o **enfeudamiento** m. Hist. Inféodation, f., ensaisinement, m.
enfeudar v. tr. Inféoder, ensaisiner.
enfiebrecido, da adj. *Amer.* Fébrile.
enfiestarse v. pr. *Amer.* S'amuser, être en fête.
enfilada f. Enfilade. ‖ — Mil. Batir en enfilada, battre en enfilade. | *Tiro de enfilada*, tir d'enfilade.
enfilado m. Enfilage (de perlas).
enfilar v. tr. Enfiler (ensartar) : *enfilar perlas*, enfiler des perles. ‖ Aligner, ranger (colocar en fila). ‖ Surfiler (hilvanar). ‖ Enfiler (una calle). ‖ Mil. Enfiler (batir por el flanco). | Braquer (apuntar).
enfisema m. Med. Emphysème.
enfisematoso, sa adj. y s. Med. Emphysémateux, euse.
enfistolarse v. pr. Med. Dégénérer en fistule.
enfiteusis f. Dr. Emphytéose.
enfiteuta m. y f. Dr. Emphytéote.
enfitéutico, ca adj. Dr. Emphytéotique.
enflaquecer* v. tr. Amaigrir (adelgazar). ‖ Fig. Affaiblir (debilitar).
— V. intr. Maigrir (adelgazar). ‖ Fig. Faiblir (desanimarse).
enflaquecimiento m. Amaigrissement (adelgazamiento). ‖ Affaiblissement (debilitación).
enflatarse v. pr. *Amer.* S'affliger, s'attrister.
enflautada f. *Amer.* Incongruité, excentricité.
enflautado, da adj. Fig. Ampoulé, e ; enflé, e.

enflautar v. tr. Fam. Tromper, berner (engañar). | Gonfler (hinchar). ‖ Fam. *Amer.* Placer, faire avaler [une histoire, etc.].
enfocador m. Fot. Viseur.
enfocar v. tr. Fot. Mettre au point. ‖ Centrer (la imagen). | Pointer (gemelos). ‖ Fig. Envisager (una cuestión) : *enfocar un asunto desde el punto de vista religioso*, envisager un sujet du point de vue religieux. ‖ Fig. *Enfocar algo de distinta manera*, avoir une autre optique de quelque chose, voir o envisager quelque chose différemment.
enfoque m. Fot. Mise (f.). au point. ‖ Centrage, cadrage (de la imagen). ‖ Façon (f.) d'envisager o d'aborder [un problème], optique, f.
enfosado m. Veter. Météorisme.
enfoscar v. tr. Crépir (una pared).
— V. pr. Se rembrunir (ponerse ceñudo). ‖ S'absorber dans (aplicarse). ‖ S'obscurcir, se couvrir (el cielo).
enfrailar v. tr. Faire moine.
— V. intr. y pr. Se faire moine.
enfrascamiento m. Fig. Abstraction, f.
enfrascar v. tr. Mettre en flacon.
— V. pr. S'engager dans un fourré. ‖ Fig. S'absorber dans, se plonger dans (en una ocupación).
enfrenar v. tr. Brider (poner la brida). ‖ Dresser (domar un caballo). ‖ Arrêter (detener un caballo). ‖ Fig. Réfréner, contenir (reprimir). ‖ *Enfrenar bien al caballo*, faire relever la tête au cheval.
enfrentamiento m. Affrontement.
enfrentar v. tr. Affronter, faire face à (un peligro, adversidades, etc.). ‖ Mettre face à face, mettre en présence (poner frente a frente). ‖ Opposer, dresser (oponer) : *enfrentar una persona con otra*, dresser une personne contre une autre.
— V. intr. Être en face de.
— V. pr. Affronter, faire front o face à : *nuestro ejército se enfrentó a* ou *con el ejército enemigo*, notre armée affronta l'armée ennemie. ‖ Rencontrer (equipos) : *el equipo del Real Madrid se enfrentó con el equipo uruguayo*, l'équipe du Real Madrid a rencontré l'équipe uruguayenne. ‖ Se rencontrer : *los dos equipos se enfrentaron en París*, les deux équipes se sont rencontrées à Paris. ‖ S'affronter : *los dos ejércitos se enfrentaron aquí*, les deux armées se sont affrontées ici. ‖ Faire face : *enfrentarse con las necesidades de*, faire face aux besoins de. ‖ Faire front, tenir tête : *se enfrentó conmigo*, il me fit front, il me tint tête.
enfrente adv. En face : *enfrente de mi casa*, en face de chez moi ; *enfrente mía*, en face de moi. ‖ Contre : *su propia madre se le puso enfrente*, même sa mère s'est dressée contre lui. ‖ *En la página de enfrente*, à la page ci-contre.
enfriadera f. Rafraîchissoir, m., rafraîchisseur, m. [pour les boissons].
enfriadero m. Chambre (f.) froide.
enfriador, ra adj. Refroidissant, e.
— M. Refroidisseur (aparato). ‖ Chambre (f.) froide (fresquera).
enfriamiento m. Refroidissement.
enfriar v. tr. ● Refroidir : *enfriar un líquido, el entusiasmo*, refroidir un liquide, l'enthousiasme.
— V. intr. Refroidir.
— V. pr. Se refroidir. ‖ Fig. Prendre froid, attraper froid (acatarrarse).
— Sinón. ● *Refrescar*, rafraîchir. *Refrigerar*, réfrigérer. *Helar*, glacer. *Congelar*, congeler. *Templar*, tiédir. *Entibiar*, attiédir.
enfrontar v. tr. Affronter.
enfullinarse v. pr. *Amer.* S'emporter, se fâcher.
enfundadura f. Action de mettre dans une housse.
enfundar v. tr. Mettre dans une housse (vestido, etc.), mettre dans sa taie (almohada). ‖ Engainer, gainer (meter en una funda). ‖ Rengainer (una pistola). ‖ Tecn. Enchemiser (forrar).

enfurecer* v. tr. Rendre furieux, euse ; mettre en fureur. ‖ *Mar enfurecido,* mer démontée *o* en furie.
— V. pr. Entrer en fureur, s'emporter : *enfurecerse con,* s'emporter contre. ‖ Se déchaîner : *el mar se enfurece,* la mer se déchaîne.

enfurecimiento m. Fureur, *f.*

enfurruñamiento m. Mauvaise humeur, *f.*

enfurruñarse v. pr. FAM. Se fâcher, bougonner (enfadarse). ‖ Se couvrir (el cielo).

enfurtido m. Foulage (del paño). ‖ Feutrage (del fieltro).

enfurtir v. tr. Fouler (el paño). ‖ Feutrer (el fieltro).

engace m. Enchaînement.

engafar v. tr. MAR. Gaffer.

engaitar v. tr. FAM. Rouler, tromper, embobiner.

engalanar v. tr. Parer (adornar) : *engalanar con parer de.* ‖ Décorer (decorar). ‖ Habiller avec élégance, pomponner : *estar muy engalanada,* être très pomponnée. ‖ MAR. Pavoiser.
— V. pr. Se parer. ‖ S'habiller avec élégance, se pomponner. ‖ FIG. *Engalanarse con plumas ajenas,* se parer des plumes du paon.

engalgar v. tr. Freiner (un coche), caler (una rueda). ‖ Mettre sur la piste (un perro).

engallado, da adj. FIG. Arrogant, e. ‖ Remonté, e (envalentonado). ‖ FIG. *Muy engallado,* fier comme un coq.

engalladura f. Cicatricule [de l'œuf].

engallamiento m. Ramener (doma del caballo). ‖ FIG. Arrogance, *f.*

engallarse v. pr. FIG. Prendre de grands airs, se dresser sur ses ergots (fam.). ‖ Lever la tête, encenser (el caballo).

enganchador, ra adj. Qui accroche.
— M. Recruteur (reclutador).

enganchamiento m. Accrochage. ‖ MIL. Enrôlement, recrutement.

enganchar v. tr. Accrocher (coger con un gancho) : *enganchar la gabardina en la percha,* accrocher la gabardine au portemanteau. ‖ Accrocher (dos vagones). ‖ Atteler (un caballo). ‖ Enclencher (engranar). ‖ MIL. Enrôler, recruter (reclutar). ‖ FIG. y FAM. Entortiller, embobiner (atraer a una persona). ‖ Racoler, rabattre (clientes). ‖ Attraper : *enganchó una borrachera,* il a attrapé une cuite. ‖ Décrocher (una colocación). ‖ Dégoter, mettre la main sur (un marido). ‖ Attraper, mettre la main sur : *la policía enganchó al ladrón,* la police a mis la main sur le voleur. ‖ MAR. Engager (el ancla). ‖ TAUROM. Encorner, accrocher (coger).
— V. pr. S'accrocher. ‖ MIL. S'engager.

enganche m. Crochet (pieza). ‖ Accrochage (de vagones). ‖ Attelage (de caballos). ‖ Enclenche, *f.,* enclenchement (trinquete) [armadura]. ‖ MIL. Enrôlement, racolage. ‖ Recrutement (reclutamiento) : *banderín de enganche,* bureau de recrutement.

enganchón m. Accrochage. ‖ Accroc (desgarrón).

engañabobos m. Attrape-nigaud.

engañadizo, za adj. Facile à tromper, crédule.

engañador, ra adj. Trompeur, euse.

engañapastores m. Engoulevent (chotacabras).

engañar v. tr. ● Tromper : *engañar a un cliente,* tromper un client. ‖ Tromper (adulterio). ‖ Duper (causando un daño). ‖ FIG. Tromper : *engañar el hambre, el tiempo,* tromper la faim, le temps. ‖ FAM. *¡A mí no me engañan!,* on ne me la fait pas ! ‖ *La vista engaña,* les apparences sont trompeuses, il ne faut pas se fier aux apparences.
— V. pr. Se tromper (equivocarse) : *engañarse en la cuenta,* se tromper dans son compte ; *engañarse con uno,* se tromper sur quelqu'un. ‖ S'abuser, s'aveugler soi-même (no querer admitir la verdad). ‖ *Si no me engaño,* si je ne m'abuse, si je ne me trompe.

— OBSERV. Se tromper (commettre une erreur) se dit plutôt *equivocarse.*
— SINÓN. ● *Mentir,* mentir. *Embaucar,* leurrer, duper. *Engatusar, camelar,* enjôler. *Desengañar,* décevoir. *Frustrar,* frustrer. *Defraudar,* frauder. *Traicionar,* trahir. *Trampear, hacer trampas,* tricher. FAM. *Dar el pego,* rouler.

engañifa f. FAM. Tromperie, mystification. ‖ Marché (*m.*) de dupe (estafa).

engaño m. Erreur, *f.* : *salir del engaño,* revenir de son erreur. ‖ Leurre (lo que engaña). ‖ Tromperie, *f.,* mystification, *f.,* duperie, *f.* (acción de engañar). ‖ TAUROM. Cape, *f. o* muleta, *f.* ‖ Leurre, appât (para pescar). ‖ — *Deshacer un engaño,* rétablir la vérité. ‖ *Llamarse a engaño,* se laisser abuser, s'y tromper.

engañoso, sa adj. Trompeur, euse.

engarabatar v. tr. Accrocher (con un garabato).

engarabitarse v. pr. Grimper.

engaratusar v. tr. *Amer.* V. ENGATUSAR.

engarbarse v. pr. Se percher, se jucher (aves).

engarce m. Enfilage (acción). ‖ Fil (de un collar, etc.). ‖ Enchâssure, *f.,* enchatonnement, enchâssement, sertissage, sertissure, *f.* (de un anillo). ‖ FIG. Enchaînement (trabazón).

engargantadura f. Engrenage, *m.* (engranaje).

engargantar v. tr. Gaver (las aves).
— V. intr. Engrener (engranar).

engargolado m. Rainure, *f.*

engargolar v. tr. TECN. Assembler à rainure et languette.

engarrafar v. tr. Accrocher, agripper (agarrar).

engarrotar v. tr. Garrotter (agarrotar).

engarzador, ra adj. y s. Enfileur, euse.

engarzadura f. V. ENGARCE.

engarzar v. tr. Enfiler (perlas, etc.). ‖ Enchâsser, sertir, enchatonner (engastar). ‖ Friser (rizar). ‖ FIG. Enchaîner (enlazar). ‖ Amener (una idea, una jugada).

engastador, ra adj. Qui sertit.
— M. Sertisseur.

engastadura f. Sertissage, *m.,* sertissure, enchâssement, *m.,* enchâssure, enchatonnement, *m.* (acción). ‖ Monture (guarnición).

engastar v. tr. Enchâsser, sertir, enchatonner (piedras preciosas) : *engastar un diamante en el oro,* enchâsser *o* sertir un diamant dans l'or. ‖ Monter (en una sortija) : *engastar una piedra,* monter une pierre.

engaste m. Sertissage, sertissure, *f.,* enchâssement, enchâssure, *f.,* enchatonnement. ‖ Chaton (cerco que abraza lo que se engasta), monture, *f.* (guarnición). ‖ Sorte de perle (*f.*) baroque (perla).

engatillado, da adj. À forte encolure.
— M. ARQ. Charpente (*f.*) cramponnée.

engatillar v. tr. TECN. Cramponner.

engatusador, ra adj. y s. Enjôleur, euse ; cajoleur, euse (halagador).

engatusamiento m. Enjôlement.

engatusar v. tr. FAM. Entortiller, embobiner, enjôler : *engatusar a los acreedores,* embobiner les créanciers.

engavillar v. tr. Botteler, gerber.

engazar v. tr. MAR. Estroper (una polea).

engendrador, ra adj. Générateur, trice.

engendramiento m. Engendrement.

engendrar v. tr. Engendrer.

engendro m. Engendrement. ‖ Avorton (monstruo). ‖ FIG. Élucubration, *f.* (lucubración), produit, idée, *f.* ‖ FIG. y FAM. *¡Mal engendro!,* quelle engeance !, sale gosse ! (un niño).

engerido, da adj. *Amer.* Abattu, e (triste).

engeridor m. Greffoir (abridor).

engerirse v. pr. *Amer.* Être triste *o* abattu.

engibar v. tr. Rendre bossu.
— V. pr. Devenir bossu.

englobar v. tr. Englober (reunir).

engolado, da adj. Collet monté, guindé, e. ‖ Prétentieux, euse.

engolamiento m. Prétention, f.

engolfar v. tr. Absorber.

— V. intr. y pr. MAR. Gagner le large.

— V. pr. FIG. S'absorber, se perdre, se plonger : *engolfarse en una meditación,* se plonger dans une méditation.

engolillado, da adj. FIG. y FAM. Vieux jeu, *inv.,* collet monté, *inv. : unas señoras muy engolilladas,* des dames très vieux jeu.

engolosinador, ra adj. Alléchant, e.

engolosinar v. tr. Allécher.

— V. pr. Prendre goût : *engolosinarse con algo,* prendre goût à quelque chose.

engomado m. o **engomadura** f. Engommage, *m.,* gommage, *m.* (con pegamento), encollage, *m.* (con cola). ‖ Apprêtage, *m.,* gommage, *m.* (de tejidos).

engomar v. tr. Gommer, engommer (con pegamento), encoller (con cola). ‖ Apprêter, gommer (los tejidos). ‖ *Papel engomado,* papier collant o gommé.

— OBSERV. *Gommer* avec une gomme se dit *borrar.*

engorda f. *Amer.* Engraissement, *m.,* engraissage, *m.* ‖ Bétail (*m.*) que l'on engraisse (ganado).

engordadero m. AGRIC. Embouche, f. (pastizal). ‖ Période (f.) d'engraissement (tiempo).

engordador, ra adj. Engraissant, e.

— M. Engraisseur (el que engorda los animales).

engordar v. tr. Engraisser (los animales), gaver (las aves de corral). ‖ Grossir de, prendre (hablando de peso). ‖ *El ojo del amo engorda el ganado,* il n'est pour voir que l'œil du maître, l'œil du maître engraisse le cheval (p. us.).

— V. intr. Grossir : *has engordado mucho,* tu as beaucoup grossi.

engorde m. Engraissement, engraissage. ‖ AGRIC. Embouche, f. (pastizal).

engorro m. Ennui, embarras, empoisonnement (molestia). ‖ FAM. Ennui, pépin, anicroche, f., difficulté, f. (dificultad).

engorroso, sa adj. Ennuyeux, euse (molesto). ‖ Délicat, e : *un asunto engorroso,* une affaire délicate.

engoznar v. tr. Mettre des gonds.

engranador m. Engreneur.

engranaje m. MECÁN. Engrenage : *engranaje de transmisión* o *de arrastre,* engrenage d'entraînement ; *engranaje de linterna,* engrenage à lanterne. ‖ Engrènement (acción de engranar). ‖ FIG. Engrenage : *estar preso en el engranaje,* être pris dans l'engrenage.

engranar v. tr. e intr. MECÁN. Engrener. ‖ FIG. Enchaîner, rattacher (enlazar).

engrandecer* v. tr. Agrandir (hacer mayor). ‖ FIG. Louer, vanter (celebrar). ‖ Élever (exaltar). ‖ Agrandir, grandir : *la lectura engrandece el espíritu,* la lecture grandit l'esprit.

— V. pr. FIG. S'élever.

engrandecimiento m. Agrandissement. ‖ FIG. Éloge, panégyrique (ponderación). ‖ Élévation, f. (honores, etc.).

engranerar v. tr. Engranger (entrojar).

engranujarse v. pr. Se couvrir de boutons (llenarse de granos). ‖ S'encanailler (hacerse granuja).

engrapado m. ARQ. Agrafage.

engrapar v. tr. ARQ. Cramponner, agrafer (fijar con grapas).

engrasado m. Graissage.

engrasador, ra adj. y s. Graisseur, euse.

engrasamiento m. MECÁN. Graissage (engrase). ‖ Encrassement (de una bujía).

engrasar v. tr. Graisser : *engrasar una máquina,* graisser une machine. ‖ Lubrifier (lubricar).

— V. pr. MECÁN. S'encrasser (una bujía de motor).

engrase m. Graissage : *estación de engrase,* station de graissage. ‖ Lubrifiant (materia).

engreído, da adj. Bouffi d'orgueil, suffisant, e. ‖ Infatué, e : *engreído de sí mismo,* infatué de sa personne.

engreimiento m. Suffisance, f.

engreír* v. tr. Remplir d'orgueil o de vanité. ‖ *Amer.* Gâter (mimar). ‖ *Dejarse engreír por su éxito,* se laisser griser par son succès.

— V. pr. S'enorgueillir (envanecerse). ‖ *Amer.* S'attacher à (encariñarse).

engrescar v. tr. Pousser à la discorde. ‖ Échauffer, monter (a uno contra otro).

— V. pr. Se chamailler (disputarse).

engrillar v. tr. Arrêter, emprisonner.

— V. pr. *Amer.* S'encapuchonner (el caballo).

engrillarse v. pr. *Amer.* Prendre les allures d'un étranger.

engrosamiento m. Grossissement. ‖ Élargissement, augmentation, f.

engrosar* v. tr. e intr. Grossir.

— V. pr. Grossir.

engrudador, ra m. y f. Empeseur, euse (de las telas). ‖ Colleur, euse (de papeles).

engrudamiento m. Empesage (de la ropa). ‖ Collage (de papeles).

engrudar v. tr. Empeser (la ropa). ‖ Coller (los papeles).

— V. pr. Épaissir.

engrudo m. Empois (de ropa). ‖ Colle (f.) de pâte (para papeles).

engruesar v. intr. Grossir (engrosar).

engrumecerse* v. pr. Se grumeler.

enguachinar v. tr. Tremper (enaguachar).

engualdrapar v. tr. Housser (un caballo).

enguantarse v. pr. Mettre ses gants, se ganter. ‖ *Iban todos enguantados,* ils étaient tous gantés.

enguatar v. tr. Ouater (un vestido), molletonner (tejido), rembourrer (un sillón), capitonner (un camión).

enguedejado, da adj. Qui a les cheveux longs (persona). ‖ Long, longue (pelo).

enguijarrado m. Cailloutis.

enguijarrar v. tr. Caillouter.

enguirnaldar v. tr. Enguirlander.

engullidor, ra adj. y s. Engloutisseur, euse.

engullimiento m. Engloutissement.

engullir* v. tr. Engloutir.

engurruñar v. tr. Chiffonner, froisser (arrugar).

— V. pr. Se replier, se contracter (encogerse).

enhacinar v. tr. Entasser.

enharinar v. tr. Enfariner.

enhastiar v. tr. Dégoûter (hastiar).

— V. pr. Se dégoûter de.

enhebrado o **enhebramiento** m. Enfilage.

enhebrador, ra m. y f. Enfileur, euse.

enhebrar v. tr. Enfiler. ‖ FIG. Débiter. ‖ *Una cosa es enhebrar, otra es dar puntadas,* la critique est aisée, mais l'art est difficile.

enhenar v. tr. Envelopper dans du foin.

enherbolar v. tr. Empoisonner (envenenar).

enhiesto, ta adj. Dressé, e ; droit, e (alzado).

enhilar v. tr. Enfiler (enhebrar). ‖ Mettre en rang (enfilar). ‖ FIG. Lier, enchaîner (las ideas).

— V. intr. S'acheminer, se diriger.

enhorabuena f. Félicitations, *pl.,* compliments, *m. pl.* ‖ *Dar a uno la enhorabuena,* présenter à quelqu'un ses félicitations, féliciter quelqu'un, présenter o faire ses compliments à quelqu'un. ‖ *Estar de enhorabuena,* rayonner de joie. ‖ *Mi más cordial enhorabuena,* tous mes vœux.

— Adv. Heureusement que : *enhorabuena lo hiciste,* heureusement que tu l'as fait. ‖ Très bien, à la bonne heure (de acuerdo). ‖ *Venga usted enhorabuena,* venez donc.

enhoramala adv. Mal à propos, malencontreusement : *enhoramala habló,* il parla mal à propos. ‖

Haber nacido enhoramala, être né sous une mauvaise étoile.

enhornado m. Enfournage, enfournement.

enhornar v. tr. Enfourner.

enhuecar v. tr. Creuser, rendre creux.

enigma m. Énigme, *f.* : *la clave del enigma,* le mot de l'énigme.

— Sinón. *Problema,* problème. *Misterio,* mystère. *Secreto,* secret. *Charada,* charade. *Logogrifo,* logogriphe.

enigmático, ca adj. Énigmatique.

enilismo m. Œnilisme (alcoholismo producido por el vino).

enjabonado m. o **enjabonadura** f. Savonnage, *m.*

enjabonar v. tr. Savonner. ‖ Fig. y fam. Passer un savon à (reprender). ‖ Passer la main dans le dos o de la pommade (adular).

enjaezamiento m. Harnachement.

enjaezar v. tr. Harnacher, enharnacher.

enjalbegador m. Badigeonneur, ouvrier qui chaule.

enjalbegadura f. Badigeonnage, *m.,* chaulage, *m.*

enjalbegar v. tr. Badigeonner, chauler (blanquear un muro). ‖ Fig. Se plâtrer (el rostro).

enjalma f. Bât, *m.* (albarda).

enjalmar v. tr. Bâter (albardar).

enjambrar v. tr. Recueillir un essaim. ‖ Essaimer (abejas).

— V. intr. Fig. Essaimer.

enjambrazón f. Essaimage, *m.*

enjambre m. Essaim (de abejas). ‖ Astr. Amas.

enjaquimar v. tr. Mettre un licou.

enjarciar v. tr. Mar. Gréer (un barco).

enjaretado m. Mar. Caillebotis (tablero, enrejado).

enjaretar v. tr. Coulisser. ‖ Fig. y fam. Débiter (hablar sin parar). ‖ Expédier (un trabajo).

enjaulamiento m. Encagement.

enjaular v. tr. Mettre en cage, encager (meter en jaula). ‖ Fam. Coffrer (aprisionar).

enjebar v. tr. Dégraisser (un tejido). ‖ Chauler (una pared).

enjebe m. Alun (alumbre). ‖ Lessive (*f.*) pour dégraisser le drap. ‖ Chaulage (blanqueo). ‖ Tecn. Alunage (impregnación de alumbre).

enjertar v. tr. Greffer (injertar).

enjerto m. Greffon, greffe, *f.* (injerto).

enjimelgar v. tr. Mar. Jumeler.

enjoyar v. tr. Parer de bijoux. ‖ Fig. Orner, parer (embellecer). ‖ Tecn. Enchâsser, sertir (engastar).

enjuagadientes m. Rince-bouche, *inv.*

enjuagadura f. Rinçage, *m.* (lavado). ‖ Rinçure (líquido).

enjuagar v. tr. Rincer (aclarar).

— V. pr. Se rincer [la bouche].

enjuagatorio o **enjuague** m. Rinçage (enjuagadura). ‖ Rince-doigts, *inv.* (lavafrutas). ‖ Rince-bouche, *inv.* (enjuagadientes). ‖ Fig. Intrigue, *f.,* tripotage, manigance, *f.* (artificio).

enjugador m. Séchoir à linge. ‖ Tecn. Séchoir.

enjugamanos m. *Amer.* Serviette (*f.*) de toilette (toalla).

enjugamiento m. Essuyage.

enjugar v. tr. Sécher. ‖ Éponger (un líquido). ‖ Essuyer : *enjugar los platos,* essuyer les assiettes ; *enjugar el llanto de alguien,* essuyer les pleurs de quelqu'un. ‖ Fig. Éponger, résorber : *enjugar un déficit,* résorber un déficit. ‖ Neutraliser (una diferencia).

— V. pr. Se sécher. ‖ S'éponger (la frente).

enjuiciamiento m. Dr. Mise (*f.*) en accusation o en jugement. ‖ Fig. Examen, jugement. ‖ *Ley de enjuiciamiento civil,* code de procédure civile.

enjuiciar v. tr. Dr. Mettre en accusation (a uno). ‖ Instruire un procès (instruir). ‖ Fig. Juger (juzgar).

enjulio o **enjullo** m. Tecn. Ensouple, *f.* (de un telar).

enjundia f. Graisse. ‖ Fig. Force, vigueur (vigor). ‖ Substance : *libro de mucha enjundia,* livre plein de substance. ‖ Poids, *m.* : *argumento de enjundia,* argument de poids. ‖ Étoffe, envergure : *ser de mucha enjundia,* avoir beaucoup d'envergure.

enjundioso, sa adj. Gras, grasse. ‖ Fig. Riche, dense (sustancioso).

enjuta f. Arq. Écoinçon, *m.* écoison, *m.,* triangle (*m.*) limité par un cavet. ‖ Pendentif (*m.*) d'une voûte (de una cúpula).

enjutar v. tr. Sécher (enjugar). ‖ Arq. Édifier les pendentifs d'une voûte (rellenar las enjutas).

enjuto, ta adj. Sec, sèche. ‖ Desséché, e (desecado). ‖ Fig. Sec, sèche, maigre (flaco).

— M. pl. Fagots, bourrées, *f.* (encendajas).

enlabiar v. tr. Embobiner, entortiller, embobeliner (seducir). ‖ Embrasser (besar).

enlace m. ● Enchaînement (encadenamiento). ‖ Fig. Rapport, liaison, *f.* (relación). ‖ Union, *f.* (casamiento). ‖ Liaison, *f.* (en la pronunciación). ‖ Correspondance (trenes, autobuses). ‖ Mil. y Quím. Liaison. ‖ — *Enlace matrimonial,* mariage. ‖ *Enlace sindical,* délégué o responsable syndical. ‖ — Mil. *Agente de enlace,* agent de liaison. ‖ *Carretera de enlace,* bretelle de raccordement.

— Sinón. ● *Lazo, vínculo,* lien. *Relación,* relation. *Conexidad,* connexité. *Coherencia,* cohérence. *Conexión,* connexion. *Relación,* relation.

enladrillado m. Carrelage (suelo).

enladrillador m. Carreleur.

enladrilladura f. Carrelage, *m.*

enladrillar v. tr. Carreler.

enlagunar v. tr. Inonder [un terrain].

enlamar v. tr. Couvrir de limon (enlodar).

enlanado, da adj. Laineux, euse.

enlardar v. tr. Graisser avec du lard.

— Observ. La palabra francesa *larder* significa *mechar.*

enlatado m. Mise (*f.*) en boîte.

enlatar v. tr. Latter (con madera). ‖ Mettre [des conserves] en boîte (en botes de lata).

enlazadura f. o **enlazamiento** m. V. enlace.

enlazar v. tr. Lier, attacher (atar). ‖ Fig. Rattacher, relier, lier : *enlazar una idea con otra,* relier deux idées entre elles. ‖ Prendre au lasso (un animal). ‖ Assurer la liaison (avión, tren, etc.).

— V. pr. S'unir, se marier (novios). ‖ S'unir (familias). ‖ Être lié, e (ideas, etc.).

— Observ. El verbo francés *enlacer* significa *abrazar* y *s'enlacer,* abrazarse.

enlegajar v. tr. Réunir en liasse.

enlegamar v. tr. Agric. Procéder au limonage (abonar).

enligar v. tr. Engluer (pegar con liga).

— V. pr. S'engluer (un pájaro).

enlistonado m. Tecn. Couvre-joint (de tejado).

enlobreguecer* v. tr. Assombrir (oscurecer).

enlodadura f. o **enlodamiento** m. Tache (*f.*) de boue.

enlodar o **enlodazar** v. tr. Crotter (manchar de lodo). ‖ Fig. Déshonorer (manchar la fama).

enlomado m. Endossure, *f.* (de un libro).

enlomar v. tr. Endosser (un libro).

— V. pr. Courber o bomber l'échine (el caballo).

enloquecedor, ra adj. Affolant, e ; grisant, e.

enloquecer* v. tr. Affoler (turbar). ‖ Rendre fou, rendre folle (volver loco).

— V. intr. Devenir fou, devenir folle. ‖ Agric. Devenir improductif (árbol).

enloquecimiento m. Perte (*f.*) de la raison, folie, *f.*

enlosado m. Carrelage. ‖ Dallage.

enlosar v. tr. Carreler. ‖ Daller.

— Observ. *Carreler* se dice hablando de las losas y losetas que se usan en las casas, y *daller* hablando de baldosas mayores, como en las iglesias, los jardines, etc.

enlucido, da adj. Badigeonné, e. ‖ Blanc, blanche ; éclatant, e (blanqueado). ‖ Fourbi, e (armas).
— M. Enduit, crépi (de una pared).
enlucidor m. Plâtrier. ‖ Fourbisseur (de armas).
enlucimiento m. Badigeon de plâtre, crépissage. ‖ Fourbissage (de las armas).
enlucir* v. tr. Badigeonner de plâtre, crépir (enjalbegar). ‖ Enduire (poner un revestimiento). ‖ Fourbir (bruñir).
enlustrecer v. tr. Lustrer.
enlutar v. tr. Endeuiller : *la catástrofe ha enlutado numerosas familias,* la catastrophe a endeuillé de nombreuses familles.
— V. pr. Porter le deuil. ‖ FIG. S'assombrir.
enllantado m. TECN. Ceinturage (de una rueda).
enllantar v. tr. Garnir de jantes (poner llantas).
enmaderación f. MIN. Boisage, *m.* (entibación).
enmaderado o **enmaderamiento** m. Boiserie, *f.* (revestimiento de madera).
enmaderar v. tr. Poser les boiseries (revestir de madera). ‖ Édifier la charpente (construir el maderamen).
enmadrarse v. pr. S'attacher excessivement à sa mère (un niño).
enmalezarse v. pr. *Amer.* Se couvrir de mauvaises herbes.
enmallarse v. pr. S'emmailler.
enmalle m. Filet de pêche planté verticalement.
enmangar v. tr. Emmancher.
enmantar v. tr. Mettre une couverture.
enmarañamiento m. Enchevêtrement (de cosas). ‖ Embrouillement (de un asunto).
enmarañar v. tr. Emmêler (enredar). ‖ FIG. Embrouiller (un asunto).
— V. pr. S'emmêler. ‖ FIG. S'embrouiller. ‖ Se couvrir (el cielo).
enmararse v. pr. MAR. Gagner le large.
enmarcar v. tr. Encadrer : *unos cabellos negros enmarcaban su cara,* des cheveux noirs encadraient son visage.
enmaridar v. intr. y pr. Se marier [une femme].
enmarillecerse* v. pr. Jaunir.
enmaromar v. tr. Attacher, lier (un animal).
enmascarado, da m. y f. Masque, *m.*
enmascaramiento m. MIL. Camouflage.
enmascarar v. tr. Masquer. ‖ MIL. Camoufler.
enmasillar v. tr. Mastiquer, mettre du mastic (poner masilla).
enmelar* v. tr. Emmieller (untar con miel). ‖ FIG. Adoucir, mitiger (endulzar). ‖ Fabriquer du miel (las abejas).
enmendador, ra adj. Correcteur, trice.
enmendadura f. Amendement, *m.*
enmendar* v. tr. Corriger (corregir). ‖ Réparer (un daño). ‖ Amender (corregir un juicio, un texto). ‖ AGRIC. Amender (abonar). ‖ MAR. Affaler un palan. ‖ Changer de mouillage.
— V. pr. Se corriger de; revenir de : *enmendarse de una equivocación,* revenir d'une erreur. ‖ TAUROM. Bouger : *dio cinco pases sin enmendarse,* il fit cinq passes sans bouger.
enmienda f. Correction : *poner muchas enmiendas en un texto,* apporter beaucoup de corrections à un texte. ‖ Amendement, *m.* (en textos oficiales). ‖ Amendement, *m.* : *enmienda de la vida,* amendement dans la conduite. ‖ AGRIC. Amendement, *m.,* amélioration : *enmienda del terreno,* amendement du sol. ‖ — *Poner enmienda,* corriger, amender. ‖ *Propósito de enmienda,* bonne résolution.
enmohecer* v. tr. Rouiller (el metal). ‖ Moisir (materia orgánica).
— V. pr. Rouiller, se rouiller (el metal). ‖ Moisir (materia orgánica). ‖ FIG. Se rouiller (un músculo, etc.).
enmohecimiento m. Moisissure, *f.* (de materias orgánicas). ‖ Rouille, *f.* (de metal).

enmollecer* v. tr. Ramollir.
enmondar v. tr. Épinceter (desmotar).
enmudecer* v. tr. Faire taire. ‖ FIG. Rendre muet (el temor, etc.).
— V. intr. Devenir muet (perder el habla). ‖ FIG. Se taire, rester muet (callar).
enmugrecer v. tr. Encrasser.
— V. pr. S'encrasser.
enmugrecimiento m. Encrassement.
ennegrecer* v. tr. e intr. Noircir. ‖ FIG. Culotter (una pipa).
— V. pr. Se noircir.
ennegrecimiento m. Noircissement.
ennoblecer* v. tr. Anoblir (dar título de nobleza). ‖ FIG. Ennoblir (dar brillo).
ennoblecimiento m. Annoblissement (con título). ‖ FIG. Ennoblissement (con brillo).
enoftalmia f. MED. Énophtalmie.
enojadizo, za adj. Irritable.
enojado, da adj. En colère : *estar enojado con uno,* être en colère contre quelqu'un.
enojar v. tr. Irriter, courroucer (irritar). ‖ Fâcher (enfadar). ‖ Ennuyer (molestar). ‖ Offenser (ofender).
— V. pr. Se mettre en colère, s'irriter, se fâcher : *enojarse con sus criados,* se mettre en colère contre ses domestiques. ‖ Être irrité : *se enoja al ver la ingratitud de sus hijos,* il est irrité de voir l'ingratitude de ses enfants. ‖ Se fâcher, se brouiller : *enojarse con sus hijos,* se fâcher avec ses enfants. ‖ Se déchaîner (el mar, el viento).
enojo m. Colère, *f.* (ira). ‖ Fâcherie, *f.,* bouderie, *f.* (enfado). ‖ *Causar enojo,* irriter, mettre en colère.
enojosamente adv. Avec colère.
enojoso, sa adj. Ennuyeux, euse ; fâcheux, euse : *es muy enojoso,* c'est très fâcheux. ‖ Irritant, e ; déplaisant, e (desagradable). ‖ Contrariant, e (que contraría).
enólico, ca adj. Œnolique.
enología f. Œnologie (ciencia de los vinos).
enológico, ca adj. Œnologique.
enólogo m. Œnologiste.
enometría f. Œnométrie (déterminación de la graduación alcohólica de un vino).
enómetro m. Œnomètre, alcoomètre.
enorgullecer* v. tr. Enorgueillir.
— V. pr. S'enorgueillir : *enorgullecerse de ou con sus éxitos,* s'enorgueillir de ses succès.
enorgullecimiento m. Orgueil.
enorme adj. Énorme.
enormemente adv. Énormément.
enormidad f. Énormité. ‖ FIG. Énormité (disparate).
enquiciar v. tr. Fixer sur ses gonds (una puerta).
enquillotrarse v. pr. (P. us.). S'enorgueillir. ‖ FAM. S'amouracher, tomber amoureux, euse (enamorarse).
enquistado, da adj. MED. Enkysté, e.
— M. Enkystement.
enquistamiento m. MED. Enkystement.
enquistarse v. pr. MED. S'enkyster. ‖ FIG. *Estar enquistado en,* se greffer sur (una cosa), s'incruster (una persona).
enrabiar v. tr. Mettre en colère, enrager (p. us.).
— V. pr. Enrager.
enraizar v. intr. S'enraciner.
enramada f. Ramure, branchage, *m.* (conjunto de ramas). ‖ Ramée, berceau (*m.*) de verdure, tonnelle formée de branchages (cobertizo). ‖ Guirlande de feuillage (adorno).
enramado m. MAR. Couples (*pl.*) d'un navire.
enramar v. tr. Garnir de branchages. ‖ MAR. Fixer les couples d'un navire.
— V. intr. Se développer (un árbol).
enranciar v. tr. Faire rancir.
— V. pr. Rancir.

enrarecer* v. tr. Raréfier.
— V. intr. y pr. Se raréfier (el aire). ‖ Devenir rare, se raréfier (escasear).
enrarecimiento m. Raréfaction, ƒ.
enrasar v. tr. Araser (allanar). ‖ Mettre de niveau (poner de nivel).
— V. intr. Se trouver au même niveau.
enrase m. Arasement (de una superficie). ‖ Nivellement (de alturas).
enrayado m. ARQ. Faîtage, enrayure, ƒ.
enrayamiento m. Enraiement, enrayement (de una rueda).
enrayar v. tr. Enrayer (una rueda).
enredadera adj. f. Grimpante : *planta enredadera,* plante grimpante.
— F. BOT. Liseron, *m.* ‖ BOT. *Enredadera de campanillas,* volubilis.
enredador, ra adj. Embrouilleur, euse ; brouillon, onne (que enreda). ‖ FIG. Intrigant, e.
enredar v. tr. Prendre dans un filet (con una red). ‖ FIG. Embrouiller, emmêler (enmarañar). ‖ Brouiller, semer la discorde (meter cizaña). | Impliquer, mêler à (complicar). | Engager, embarquer, emberlificoter (en un mal negocio). ‖ MAR. Engager (el ancla).
— V. intr. Être turbulent, e (un niño). ‖ *Este niño está enredando todo el día,* cet enfant passe sa journée à faire des bêtises.
— V. pr. S'embrouiller, s'emmêler. ‖ FIG. S'embrouiller, se compliquer (un asunto). | S'empêtrer, s'embourber (uno en un mal negocio). ‖ FAM. Avoir une liaison (amancebarse).
enredijo m. FAM. Enchevêtrement (enredo).
enredista adj. *Amer.* Brouillon, onne ; intrigant, e (enredador).
enredo m. Enchevêtrement (maraña). ‖ FIG. Embrouillement, confusion, ƒ. (confusión). | Confusion, ƒ., imbroglio (situación inextricable) : *¡qué enredo!,* quel imbroglio ! | Mensonge, intrigue, ƒ., manigances, ƒ. pl. (engaño). | Intrigue, ƒ. (de un libro) : *comedia de enredo,* comédie d'intrigue. | Espièglerie, ƒ., coquinerie, ƒ. (travesura). | Liaison, ƒ. (amancebamiento).
— Pl. Attirail, *sing.* (trastos).
enredoso, sa adj. Embrouillé, e (complicado). ‖ FIG. Turbulent, e ; espiègle (niño). | Intrigant, e (enredista).
enrejado m. Grillage (alambrada). ‖ Grilles, ƒ. pl. (rejas). ‖ Treillis (celosía). ‖ Filet (encaje). ‖ Caillebotis (para la aeración).
enrejar v. tr. Grillager (poner una verja). ‖ Fixer le soc [à la charrue]. ‖ *Amer.* Repriser (zurcir). | Attacher.
enrevesado, da adj. Embrouillé, e ; compliqué, e (enredado).
enriamiento o **enriado** m. Rouissage.
enriar v. tr. Rouir (el cáñamo).
enrielar v. tr. Laminer [le fer] en barres. ‖ Poser des rails (poner rieles). ‖ *Amer.* Mettre sur ses rails (encarrilar). | FIG. Mettre en bonne voie (un negocio).
enriendar v. tr. *Amer.* Brider.
enripiar v. tr. Remplir de gravats.
Enrique n. pr. m. Henri.
enriquecer* v. tr. Enrichir : *enriquecer con* ou *de dádivas,* enrichir de ses dons.
— V. intr. y pr. S'enrichir.
enriquecimiento m. Enrichissement.
Enriqueta n. pr. f. Henriette.
enriscado, da adj. Accidenté, e ; escarpé, e (escarpado).
enriscar v. tr. FIG. Élever, hausser.
— V. pr. Se réfugier dans un lieu escarpé o peu accessible.
enristrar v. tr. Mettre en chapelet, enfiler (ensartar). ‖ Mettre en arrêt (la lanza).
enristre m. Mise (ƒ.) en arrêt (la lanza).

enrocar* v. tr. Roquer (en el ajedrez). ‖ TECN. Coiffer (la rueca).
— V. pr. Se coincer (trabarse).
— OBSERV. *Enrocar* est irrégulier dans le sens de *coiffer* et régulier dans le sens de *roquer.*
enrodar* v. tr. Rouer (suplicio).
enrodrigar o **enrodrigonar** v. tr. AGRIC. Échalasser (las vides), ramer, mettre des tuteurs (otras plantas).
enrojecer* v. tr. Rougir. ‖ Empourprer : *la cólera enrojecía su rostro,* la colère empourprait son visage.
— V. pr. Rougir.
enrojecimiento m. Rougeoiement (del metal). ‖ Rougeur, ƒ. (del rostro).
enrolamiento m. Enrôlement.
enrolar v. tr. MAR. Enrôler.
enrollamiento m. Enroulement. ‖ Bobinage : *botón de enrollamiento,* bouton de bobinage.
enrollador, ra adj. Enrouleur, euse.
enrollar v. tr. Enrouler (arrollar). ‖ Empierrer (empedrar).
enromar v. tr. Émousser (hacer romo).
enronquecer* v. tr. Enrouer : *el frío le enronqueció,* le froid l'a enroué.
— V. pr. S'enrouer : *se ha enronquecido con tanto hablar,* il s'est enroué à force de parler.
enronquecido, da adj. Enroué, e.
enronquecimiento m. Enrouement.
enroque m. Roque (ajedrez) : *enroque corto, largo,* petit, grand roque.
enroscadura f. o **enroscamiento** m. Enroulement, *m.*
enroscar v. tr. Enrouler (curvar en espiral).
enrostrar v. tr. *Amer.* Reprocher (echar en cara).
enrubiar v. tr. Rendre blond, éclaircir [les cheveux].
— V. pr. Blondir.
enrular v. tr. *Amer.* Coiffer en rouleaux.
ensabanado, da adj. Blanc avec les extrémités noires (toro).
— M. Première couche (ƒ.) de plâtre (capa de yeso).
ensabanar v. tr. Envelopper o recouvrir d'un drap. ‖ Passer une première couche de plâtre (dar yeso).
ensabanarse v. pr. *Amer.* Prendre le maquis.
ensacado m. Ensachement, ensachage.
ensacador, ra m. y f. Ensacheur, euse. ‖ — F. Ensacheuse (máquina).
ensacar v. tr. Ensacher (meter en sacos).
ensaimada f. Gâteau (*m.*) en forme de spirale.
ensalada f. Salade. ‖ FIG. Salade (idea). | Pagaille, micmac, *m.* (lío) : *armar una ensalada,* semer la pagaille. ‖ MÚS. Pot-pourri, *m.* ‖ *Ensalada rusa,* salade russe.
ensaladera f. Saladier, *m.*
ensaladilla f. Macédoine (ensalada). ‖ Bonbons, *m. pl.* (dulce). ‖ FIG. Pagaille, micmac, *m.* (lío). ‖ *Ensaladilla rusa,* salade russe.
ensalivación f. Insalivation.
ensalivar v. tr. Insaliver, humecter de salive.
ensalmador, ra m. y f. Rebouteux, euse (de los huesos). ‖ Guérisseur, euse (curandero).
ensalmar v. tr. Remettre (componer huesos). ‖ Guérir [en parlant d'un guérisseur].
ensalmo m. Remède empirique, remède de bonne femme. ‖ *Como por ensalmo,* comme par enchantement (rápidamente).
ensalzador, ra adj. y s. Louangeur, euse.
ensalzamiento m. Exaltation, ƒ. (engrandecimiento). ‖ Louange, ƒ., éloge (elogio).
ensalzar v. tr. Louer, exalter, chanter o célébrer les louanges de (alabar).
— V. pr. Se vanter.
ensambenitar v. tr. Mettre un san-benito [aux condamnés par l'Inquisition].

ensamblado m. Assemblage.

ensamblador m. Assembleur.

ensambladura f. o **ensamblaje** m. ● Assemblage, m. ‖ ARQ. Enfourchement, m. ‖ TECN. Enlaçure, f., enlassure, f. (de una mortaja).
— SINÓN. ● *Montaje,* montage. *Ajuste, ajustado,* ajustage. *Ajustamiento, acoplamiento,* ajustement. *Juntura, unión,* joint.

ensamblar v. tr. Assembler. ‖ Empatter, assembler (pieza de madera).

ensamble m. Assemblage.

ensancha f. Élargissement, m.

ensanchador, ra adj. Qui élargit.
— M. Demoiselle, f. [de gantier].

ensanchamiento m. Élargissement. ‖ Évasement (de un jarro).

ensanchar v. tr. Élargir (dar anchura). ‖ Agrandir : *ensanchar la ciudad,* agrandir la ville. ‖ Évaser : *ensanchar un tubo,* évaser un tuyau. ‖ Gonfler, dilater : *la alegría ensancha el corazón,* la joie gonfle le cœur.
— V. pr. FIG. Se gonfler, se rengorger (engreírse).

ensanche m. Élargissement : *ensanche del firme,* élargissement de la chaussée. ‖ Agrandissement : *ensanche de una ciudad,* agrandissement d'une ville. ‖ Expansion, f. : *zona de ensanche,* zone d'expansion. ‖ Nouveau quartier (barrio nuevo). ‖ Évasement (de un orificio). ‖ Ourlet (costura).

ensandecer* v. intr. Devenir stupide *o* sot *o* niais, s'abêtir.

ensangrentar* v. tr. Ensanglanter.
— V. pr. Baigner dans le sang. ‖ FIG. S'échauffer, s'irriter : *ensangrentarse con* ou *contra uno,* s'irriter contre quelqu'un.

ensañamiento m. Acharnement, rage, f.

ensañar v. tr. Rendre furieux, échauffer.
— V. pr. S'acharner : *ensañarse en un enemigo, con su víctima,* s'acharner contre *o* sur un ennemi, contre sa victime.

ensarmentar* v. tr. AGRIC. Provigner.

ensartamiento m. Embrochement.

ensartador, ra m. y f. Enfileur, euse.

ensartar v. tr. Enfiler : *ensartar perlas, una aguja,* enfiler des perles, une aiguille. ‖ Embrocher, enfiler (atravesar). ‖ FIG. Débiter : *ensartar disparates,* débiter des idioties.

ensarte m. Enfilage (de perlas).

ensayador m. Essayeur (de metales).

ensayar v. tr. Essayer : *ensayar un prototipo,* essayer un prototype. ‖ Répéter (un espectáculo). ‖ Dresser (un animal). ‖ Essayer (un metal).
— V. intr. TEATR. Répéter.
— V. pr. S'exercer, s'essayer : *ensayarse a cantar, para hablar en público,* s'exercer à chanter, à parler en public. ‖ FIG. *Ensayarse con alguien,* se faire la main *o* s'essayer sur quelqu'un.

ensaye m. Essai (de metales).

ensayista m. Essayiste, auteur d'essais (autor de ensayos).

ensayo m. Essai : *el ensayo de un método, de una máquina,* l'essai d'une méthode, d'une machine. ‖ Essai (obra literaria). ‖ Essai (rugby). ‖ QUÍM. Essai. ‖ TEATR. Répétition, f. ‖ — *Centro de ensayos,* centre d'essais. ‖ *El ensayo general,* la répétition générale, la générale (teatro). ‖ *Globo, tubo de ensayo,* ballon d'essai, tube à essai.

ensebar v. tr. Suiffer (untar con sebo).

enseguida o **en seguida** adv. Tout de suite, immédiatement, sur-le-champ.

enselvar v. tr. Boiser.

ensenada f. GEOGR. Anse, crique. ‖ *Amer.* Enclos, m. (cerco).

ensenar v. tr. Ancrer [un bateau] dans une crique.

enseña f. Enseigne (estandarte).
— OBSERV. *Une enseigne lumineuse* se dit en espagnol *un rótulo luminoso.*

enseñable adj. Enseignable. ‖ Montrable (mostrable).

enseñado, da adj. *Bien o mal enseñado,* bien ou mal élevé.

enseñador, ra adj. (P. us.). Enseignant, e.

enseñante adj. (P. us.). Enseignant, e.

enseñanza f. Enseignement, m. ‖ — *Enseñanza laboral* ou *técnica,* enseignement technique. ‖ *Enseñanza superior,* enseignement supérieur. ‖ *Escuela de primera enseñanza,* école primaire. ‖ *Instituto de segunda enseñanza,* lycée. ‖ *Primera enseñanza* ou *enseñanza primaria,* enseignement primaire. ‖ *Segunda enseñanza* ou *enseñanza media,* enseignement secondaire.
— SINÓN. *Doctrina,* doctrine. *Educación,* éducation. *Instrucción,* instruction. *Sistema,* système. *Método,* méthode. *Disciplina,* discipline. *Pedagogía,* pédagogie. *Magisterio,* magistère. *Vulgarización, divulgación,* vulgarisation.

enseñar v. tr. Apprendre : *enseñar a hablar,* apprendre à parler. ‖ Enseigner (dar clases) : *enseñar latín en la universidad,* enseigner le latin à l'université. ‖ Montrer (indicar) : *enseñar el camino,* montrer le chemin ; *enseñar con el dedo,* montrer du doigt. ‖ — FIG. *Enseñar la oreja,* montrer le bout de l'oreille. ‖ *Enseñar las cartas,* étaler son jeu. ‖ *Enseñar los colmillos,* montrer les dents.

enseñoramiento m. Prise (f.) de possession.

enseñorearse v. pr. Se rendre maître, s'emparer de (apoderarse) : *enseñorearse de una fortaleza,* s'emparer d'une forteresse.

enserar v. tr. Clisser (una botella, etc.).

enseres m. pl. Effets (ropa). ‖ Outils (herramientas). ‖ Ustensiles (utensilios).

enseriarse v. pr. *Amer.* Se rembrunir, prendre une mine sérieuse.

ensiforme adj. Ensiforme (en forma de espada).

ensilado o **ensilaje** o **ensilamiento** m. AGRIC. Ensilage, silotage.

ensilar v. tr. AGRIC. Ensiler, mettre en silo.

ensilvecerse v. pr. Se transformer en forêt.

ensillado, da adj. Sellé, e. ‖ Ensellé, e (caballo de lomo hundido).

ensilladura f. Dos (m.) du cheval (lomo). ‖ Pose de la selle (acción). ‖ Cambrure (de la columna vertebral). ‖ Ensellure (defecto del caballo).

ensillar v. tr. Seller (el caballo).

ensimaje m. TEXT. Ensimage.

ensimismado, da adj. Absorbé, e : *ensimismado por la lectura,* absorbé par la lecture. ‖ Plongé, e : *ensimismado en un libro,* plongé dans un livre. ‖ Concentré, e (reconcentrado). ‖ Songeur, euse ; pensif, ive (pensativo). ‖ — *Estar ensimismado en,* être plongé dans, être absorbé par : *estar ensimismado en meditaciones,* être plongé dans des méditations.

ensimismamiento m. Réflexion (f.) profonde, méditation, f. ‖ *Amer.* Orgueil, prétention, f.

ensimismarse v. pr. S'absorber, réfléchir profondément (en algo), rentrer en soi-même, se concentrer (quedarse abstraído). ‖ *Amer.* Faire l'important, prendre de grands airs (envanecerse).

ensoberbecer* v. tr. Enorgueillir.
— V. pr. S'enorgueillir. ‖ FIG. S'agiter (el mar).

ensogar v. tr. Ficeler (atar). ‖ Clisser (una botella).

ensombrecer* v. tr. Assombrir. ‖ FIG. Noircir : *ensombrecer la situación,* noircir la situation.
— V. pr. FIG. S'assombrir.

ensombrerado, da adj. FAM. Chapeauté, e.

ensoñador, ra adj. Rêveur, euse.

ensopar v. tr. Tremper (empapar).

ensordecedor, ra adj. Assourdissant, e.

ensordecer* v. tr. Assourdir : *nos ensordecía con sus gritos,* il nous assourdissait de ses cris. ‖

Rendre sourd (provocar sordera). ‖ Assourdir : *ensordecer un sonido*, assourdir un son. — V. intr. Devenir sourd (quedarse sordo).

ensordecimiento m. Assourdissement (acción). ‖ Surdité, *f*. (sordera).

ensortijamiento m. Boucles, *f. pl*. (de los cabellos). ‖ Entortillement (de hilos).

ensortijar v. tr. Boucler (los cabellos). ‖ Enrouler autour de (enrollar).

ensuciador, ra adj. Salissant, e.

ensuciamiento m. Encrassement : *ensuciamiento de una máquina*, encrassement d'une machine. ‖ Salissure *f*. (p. us.) [acción]. ‖ Saleté, *f*. (suciedad).

ensuciar v. tr. ● Salir : *ensuciar algo con lodo*, salir quelque chose de boue. ‖ Encrasser, salir : *el humo de la fábrica ensucia los cristales*, la fumée de l'usine encrasse les vitres. ‖ FIG. Souiller (la virtud), salir, flétrir (la reputación). — V. intr. FAM. Faire ses besoins. — V. pr. Se salir. ‖ FIG. Se salir. | Se vendre, se laisser acheter *o* corrompre (con dádivas).

— SINÓN. ● *Manchar*, tacher. *Engrasar*, *pringar*, graisser. *Macular*, maculer. *Embadurnar*, barbouiller. *Tiznar*, noircir.

ensueño m. Rêve (durante el sueño). ‖ Rêve : *un país de ensueño*, un pays de rêve. ‖ Rêve, rêverie, *f*. (fantasía). ‖ Rêve, songe (ilusión).

ensullo m. TECN. Ensouple, *f*. (de un telar).

entabicar v. tr. *Amer*. Cloisonner (tabicar).

entablación f. CONSTR. Planchéiage, *m*., parquetage, *m*.

entablado m. Plancher (suelo). ‖ Armature (*f*.) en planches.

entabladura f. CONSTR. Parquetage, *m*., planchéiage.

entablamento m. ARQ. Entablement.

entablar v. tr. Commencer, entamer. ‖ Amorcer, entamer : *intentó entablar conversación*, il tenta d'amorcer la conversation. ‖ Engager (un combate). ‖ DR. Entamer : *entablar un pleito*, entamer un procès. ‖ Disposer les pions (en juegos). ‖ Parqueter, planchéier (cubrir con tablas). ‖ Consolider avec des planches (asegurar). ‖ MED. Éclisser (entablillar). ‖ *Amer*. Habituer le bétail à marcher en troupeau. ‖ — *Entablar amistad con*, nouer amitié avec, se lier d'amitié avec. ‖ *Entablar conversaciones*, entrer en pourparlers. ‖ *Entablar lucha con alguien*, entrer en lutte avec quelqu'un. — V. intr. *Amer*. Faire partie nulle (empatar). | Fanfaronner (fanfarronear). — V. pr. Être entamé, e. ‖ *Amer*. Commencer (tener principio). | Tourner (el viento). | Résister au mors (el caballo).

entablerarse v. pr. TAUROM. Se réfugier contre les barrières (el toro).

entablillar v. tr. MED. Éclisser : *entablillar un brazo*, éclisser un bras.

entado, da adj. BLAS. Enté, e.

entalamar v. tr. Bâcher, couvrir d'une bâche.

entalegar v. tr. Ensacher (meter en un saco). ‖ Économiser, mettre de côté (ahorrar dinero). — V. pr. FAM. Empocher (embolsarse).

entalingadura f. MAR. Étalingure.

entalingar v. tr. MAR. Étalinguer.

entalla f. CONSTR. Entaille.

entalladura f. o **entallamiento** m. Entaille, *f*. (en un árbol), gemmage, *m*. (en un pino). ‖ Entaille, *f*. (en un madero). ‖ Encoche, *f*. (muesca pequeña). ‖ TECN. Mortaisage, *m*. ‖ Sculpture, *f*. (escultura). ‖ Ciselure, *f*. (cinceladura). ‖ Gravure, *f*. (grabado).

entallamiento m. Ajustement.

entallar v. tr. Entailler (un árbol o la madera en carpintería). ‖ Sculpter (esculpir). ‖ Ciseler (cin-

celar). ‖ Graver (grabar). ‖ Cintrer, ajuster (vestido). ‖ TECN. Mortaiser. — V. intr. Être ajusté : *este vestido entalla bien, mal*, cette robe est bien, mal ajustée.

entallecer* v. intr. Germer (las plantas).

entapizar v. tr. Tapisser [de tapisserie].

entapujar v. tr. Cacher, dissimuler.

entarimado m. Plancher, parquet (suelo) : *entarimado a la inglesa, de punto de Hungría, en espinapez*, parquet à l'anglaise, à point de Hongrie, à bâtons rompus. ‖ Parquetage, planchéiage (acción).

entarimador m. Parqueteur, poseur de parquets.

entarimar v. tr. Parqueter, planchéier.

entarquinar v. tr. AGRIC. Colmater. ‖ Salir de boue (manchar).

entarugado m. Pavage de bois.

entarugar v. tr. Paver en bois.

éntasis f. ARQ. Entasis, renflement, *m*. (de la columna). ‖ ARQ. *Columna con éntasis*, colonne renflée.

ente m. Réalité, *f*. [chose qui existe]. ‖ Être, créature, *f*. (ser vivo). ‖ Firme, *f*., société, *f*. (comercial), organisme (organismo). ‖ FAM. Phénomène (persona notable o ridícula). ‖ FILOS. *Ente de razón*, être de raison.

entecado, da o **enteco, ca** adj. Chétif, ive ; maladif, ive.

entechar v. tr. *Amer*. Couvrir [une maison].

entejar v. tr. *Amer*. Couvrir de tuiles (tejar).

entelarañado, da adj. Couvert, couverte de toiles d'araignée.

entelequia f. FILOS. Entéléchie.

entena f. MAR. Antenne.

entenado, da m. y f. (P. us.). Beau-fils, belle-fille.

entendederas f. pl. FAM. Jugeotte, *sing*., comprenette, *sing*. ‖ FAM. *Ser duro de entendederas*, ne pas avoir la comprenette facile, ne pas être rapide.

entendedor, ra adj. y s. Connaisseur, euse : *es muy entendedor de estas cosas*, c'est un grand connaisseur de ces choses-là. ‖ Intelligent, e (listo). ‖ — M. Entendeur. ‖ *Al buen entendedor pocas palabras bastan* ou *al buen entendedor con pocas palabras basta*, à bon entendeur, salut.

entender* v. tr. Comprendre, entendre (v. OBSERV.) : *entender un problema, inglés*, comprendre un problème, l'anglais ; *no entiendo nada*, je n'y comprends rien ; *no entender nada de matemáticas*, ne rien entendre aux mathématiques. ‖ Comprendre : *tengo que confesar que ya no te entiendo*, je dois avouer que je ne te comprends plus. ‖ Croire, penser : *entiendo que sería mejor callarse*, je crois qu'il vaudrait mieux se taire. ‖ Entendre (exigir) : *entiendo que se me obedezca*, j'entends qu'on m'obéisse. ‖ Voir (imaginar) : *yo no entiendo las cosas así*, moi, je ne vois pas les choses comme ça. ‖ Entendre (significar) : *¿qué entiende usted por esta palabra?*, qu'entendez-vous par ce mot ? ‖ — *A mi, su entender*, à mon, ton, son avis. ‖ *¿Cómo se entiende esto?* ou *¿qué se entiende por eso?*, qu'est-ce que cela veut dire ? ‖ *Dar a entender*, laisser entendre, donner à entendre, faire comprendre. ‖ *Entender a medias palabras*, comprendre à demi-mot. ‖ *Hacer como quien lo entiende todo*, prendre un air entendu. ‖ *No entender ni jota* ou *ni pizca* ou *ni media* ou *ni palabra*, ne pas comprendre quoi que ce soit *o* un traître mot. ‖ *Ya entiendo*, je vois.
— V. intr. S'y entendre, s'y connaître : *entender de música*, s'y entendre en musique ; *usted entiende de esto*, vous vous y connaissez. ‖ S'occuper de (ocuparse). ‖ DR. Connaître : *entender en un asunto*, connaître d'une affaire.
— V. pr. Se comprendre : *entenderse por señas*, se comprendre par gestes. ‖ S'entendre, se mettre

d'accord, se concerter : *entenderse con sus socios,* s'entendre avec ses associés. ‖ Se mettre en rapport, entrer en contact : *te entenderás con él para este trabajo,* tu te mettras en rapport avec lui pour ce travail. ‖ Avoir une liaison (relación amorosa). ‖ — *Cada uno se entiende* ou *yo me entiendo,* je me comprends. ‖ *¡Él* ou *allá se las entienda!,* qu'il se débrouille !
— Observ. El verbo *entender* con el sentido de *comprender* pertenece al lenguaje elevado.
— *Entender* n'a pas le sens d' « ouïr ».

entendidamente adv. Intelligemment (con inteligencia).

entendido, da adj. Entendu, e; compris, e : *las cosas entendidas se aprenden más fácilmente,* les choses comprises sont plus faciles à apprendre. ‖ Entendu, e; compétent, e (inteligente, hábil). ‖ Fam. Calé, e : *muy entendido en matemáticas,* très calé en mathématiques. | Au courant : *es muy entendido en estas cosas,* il est très au courant de ces choses. ‖ — *Darse por entendido,* dire o montrer qu'on est au courant, qu'on a compris, faire celui o celle qui a compris. ‖ *No darse por entendido,* faire la sourde oreille. ‖ *Ser entendido en,* s'y connaître en, s'y connaître en.
— M. y f. Connaisseur, euse (enterado).
— Interj. Entendu!, d'accord! (de acuerdo), compris! (comprendido).

entendidura f. Fam. Jugeotte, comprenette.

entendimiento m. Entendement, intelligence, *f.* (facultad). ‖ Entente, *f.* (comprensión). ‖ Jugement, bon sens (juicio). ‖ — *Corto entendimiento* ou *entendimiento limitado,* esprit borné. ‖ *De entendimiento,* d'une grande intelligence.

entenebrecerse* v. pr. S'obscurcir.

entente f. Entente : *entente cordial,* entente cordiale.

enteque m. Amer. Diarrhée, *f.* (del ganado).

enterado, da adj. Au courant : *¿está usted enterado de la noticia?,* êtes-vous au courant de la nouvelle ? ‖ Fam. Calé, e (entendido). ‖ Amer. Poseur, euse; vaniteux, euse (orgulloso). ‖ — *Darse por enterado,* se le tenir pour dit. ‖ *Dárselas de enterado,* faire l'entendu. ‖ *Estar enterado,* être au courant. ‖ *No darse por enterado,* faire la sourde oreille.
— M. y f. Connaisseur, euse.

enteralgia f. Med. Entéralgie.

enteramente adv. Entièrement, tout à fait.

enterar v. tr. Informer, instruire. ‖ Amer. Verser (dinero). | Compléter (completar).
— V. pr. S'informer : *enterarse de lo que pasa,* s'informer de ce qui se passe. ‖ Apprendre : *me he enterado de la muerte de tu tío,* j'ai appris la mort de ton oncle. ‖ Se rendre compte : *cuando me enteré de su maldad reñí con él,* quand je me suis rendu compte de sa méchanceté, je me suis fâché avec lui. ‖ Se renseigner : *entérate de la hora de salida del tren,* renseigne-toi sur l'heure de départ du train. ‖ Fam. *¿Te enteras?,* tu as compris?, tu me suis ?

entercarse v. pr. S'obstiner, s'entêter.

enterectomía f. Med. Entérectomie.

entereza f. Intégrité (integridad). ‖ Fig. Fermeté, force : *entereza de carácter,* fermeté de caractère. | Énergie (energía). | Discipline (observancia perfecta).

entérico, ca adj. Med. Entérique (intestinal).

enteritis f. Med. Entérite.

enterizo, za adj. Entier, ère (entero). ‖ D'une seule pièce (de una pieza).

enternecedor, ra adj. Attendrissant, e.

enternecer* v. tr. Attendrir, amollir, ramollir (ablandar). ‖ Fig. Attendrir (conmover).
— V. pr. S'attendrir.

enternecidamente adv. Avec attendrissement.

enternecimiento m. Attendrissement.

entero, ra adj. ● Entier, ère (completo). ‖ Fig. Robuste, vigoureux, euse (fuerte). | Entier, ère : *carácter entero,* caractère entier. | Intègre, droit, e (recto). ‖ Fort, e ; résistant, e (telas). ‖ Entier, ère (no castrado). ‖ Mat. Entier (número). ‖ Fam. Amer. Tout pareil, toute pareille (parecido).
— M. Entier. ‖ Point (Bolsa) : *estas acciones han perdido muchos enteros,* ces actions ont perdu beaucoup de points. ‖ Amer. Versement (remesa de dinero). ‖ Solde (saldo). ‖ — *Darse por entero a,* se donner o se consacrer entièrement à. ‖ *Por entero,* entièrement, en entier.
— Sinón. ● *Intacto,* intact. *Completo,* complet. *Total,* total. *Integral, íntegro,* intégral. *Plenario,* plénier.

enterocele f. Med. Entérocèle.

enterococo m. Entérocoque.

enterocolitis f. Med. Entérocolite.

enterolito m. Med. Entérolithe.

enterotomía f. Med. Entérotomie.

enterovacuna f. Med. Entérovaccin, *m.*

enterozoario m. Zool. Entérozoaire.

enterrador m. Fossoyeur. ‖ Zool. Nécrophore, enfouisseur (insecto).

enterradora f. Tecn. Enfouisseur (del estiércol).

enterramiento m. Enterrement (entierro). ‖ Tombeau, sépulture, *f.* (tumba). ‖ Enfouissement (de una cosa).

enterrar* v. tr. ● Enterrer, ensevelir, mettre o porter en terre (una persona). ‖ Enfouir, enterrer (una cosa) : *enterrar un tesoro,* enfouir un trésor. ‖ Fig. Enterrer (olvidar) : *enterrar sus ilusiones,* enterrer ses illusions. | Enterrer (sobrevivir a) : *enterrar a todos sus herederos,* enterrer tous ses héritiers. | Enfoncer, planter (clavar).
— V. pr. Fig. S'enterrer : *enterrarse en un convento,* s'enterrer dans un couvent.
— Sinón. ● *Inhumar,* inhumer. *Sepultar,* ensevelir.

entesar* v. tr. Raidir (poner tieso). ‖ Renforcer (dar fuerza o vigor).

entibación f. o **entibado** m. Min. Boisage, *m.,* coffrage, *m.* (de galerías), cuvelage, *m.* (de pozos).

entibador m. Min. Boiseur.

entibar v. tr. Min. Boiser, coffrer (galerías), cuveler (pozos).
— V. intr. S'appuyer (estribar).

entibiar v. tr. Attiédir, tiédir. ‖ Fig. Modérer, tempérer, refroidir (las pasiones).
— V. pr. Tiédir, s'attiédir.

éntibo m. Arq. y Min. Étai. ‖ Fig. Appui, soutien.

entidad f. Société, organisme, *m.,* entreprise : *entidad privada,* société privée. ‖ Compagnie : *entidad de seguros,* compagnie d'assurances. ‖ Filos. Entité. ‖ — *De entidad,* important, d'importance. ‖ *De poca* ou *corta entidad,* peu important (limitado), sans envergure (persona).

entierro m. ● Enterrement, ensevelissement (acción). ‖ Enterrement (ceremonia). ‖ Tombeau, sépulture, *f.* (sepulcro). ‖ Fam. Trésor caché. ‖ — *Entierro de la sardina,* enterrement de la sardine [cérémonie burlesque du mercredi des Cendres]. ‖ *Más triste que un entierro de tercera,* triste comme un lendemain de fête. ‖ Fam. *¿Quién te dio vela en este entierro?,* mêle-toi de ce qui te regarde, mêle-toi de tes affaires, on ne t'a pas demandé l'heure qu'il est.
— Sinón. ● *Comitiva, cortejo,* convoi. *Enterramiento,* ensevelissement. *Inhumación, sepelio,* inhumation.

entiesar v. tr. Amer. Raidir (atiesar).

entinar v. tr. Encuver, mettre en cuve (en una tina).

entintado m. Impr. Encrage.

entintador, ra adj. Impr. Encreur : *rodillo entintador,* rouleau encreur.

entintar v. tr. IMPR. Encrer (aplicar tinta). ‖ Tacher d'encre (manchar). ‖ FIG. Teindre (teñir).

entizar v. tr. *Amer.* Mettre de la craie [à une queue de billard].

entiznar v. tr. Tacher, noircir. ‖ FIG. Tacher, souiller (la reputación).

entoldado m. Vélum, bâche, f.

entoldamiento m. Action (f.) de bâcher.

entoldar v. tr. Tendre un vélum o une bâche sur o au-dessus de, couvrir, bâcher [de toiles, etc., pour donner de l'ombre] : *entoldar una calle,* tendre un vélum au-dessus d'une rue. ‖ Tendre [de tapisseries] : *entoldar una iglesia,* tendre de tapisseries une église.
— V. pr. Se couvrir (el cielo). ‖ FIG. Parader (engreírse).

entomizar v. tr. Lier avec des cordelettes.

entomófago, ga adj. y s. m. ZOOL. Entomophage.

entomofilia f. Entomophilie.

entomófilo, la adj. Entomophile.

entomología f. Entomologie.

entomológico, ca adj. Entomologique.

entomólogo m. Entomologiste.

entomostráceos m. pl. Entomostracés.

entompeatar v. tr. FAM. *Amer.* Tromper.

entonación f. MÚS. Intonation. | Début, *m.,* attaque [d'un chant]. ‖ FIG. Arrogance, présomption (entono). | Redressement, *m.* : *entonación de las cotizaciones de la Bolsa,* redressement des cours de la Bourse.

entonadera f. Pédale d'un soufflet d'orgue.

entonado, da adj. Arrogant, e ; présomptueux, euse. ‖ Juste : *voz entonada,* voix juste. ‖ FIG. Remonté, e (en forma). | Animé, e (Bolsa). ‖ *Cantar entonado,* chanter juste.

entonador, ra adj. MÚS. Qui entonne.
— M. Souffleur (de un fuelle del órgano).

entonamiento m. V. ENTONACIÓN.

entonar v. tr. MÚS. Entonner : *entonar un salmo,* entonner un psaume. ‖ Actionner les soufflets (del órgano). ‖ Ragaillardir, remonter : *este ponche me ha entonado,* ce punch m'a ragaillardi. ‖ Harmoniser (colores). ‖ *Entonar el yo pecador,* faire son mea-culpa.
— V. intr. Chanter juste.
— V. pr. Parader, poser (engreírse). ‖ Se remonter, se retaper (fam.) [fortalecerse].

entonatorio m. RELIG. Antiphonaire.

entonces adv. Alors. ‖ — *Desde entonces,* depuis lors, dès lors. ‖ *En o por aquel entonces,* à cette époque (-là). ‖ *Entonces fue cuando entró,* c'est alors qu'il entra. ‖ *Hasta entonces,* jusqu'alors.

entonelado o **entonelamiento** m. Enfûtage (en un barril), entonnage, entonnement, entonnaison, f. (en un tonel).

entonelar v. tr. Enfûtailler (en barriles), entonner (en toneles).

entongar v. tr. Disposer en couches.

entono m. Prétention, f., arrogance, f. (engreimiento). ‖ MÚS. Intonation, f.

entontar v. tr. *Amer.* V. ENTONTECER.

entontecer* v. tr. Abrutir : *entontecer con el trabajo,* abrutir de travail. ‖ Abêtir, rendre stupide : *la pasión le entontece,* la passion le rend stupide.
— V. intr. y pr. S'abêtir.

entontecimiento m. Abrutissement.

entorchado m. MÚS. Corde (f.) filée (en los pianos). ‖ Filé (para bordar). ‖ MIL. Galon. ‖ FIG. Titre (título) : *consiguió el entorchado de internacional a los 25 años,* il a obtenu le titre d'international à vingt-cinq ans. ‖ *Columna entorchada,* colonne torse.

entorchar v. tr. TECN. Filer (una cuerda de instrumento músico). | Torsader (retorcer).

entorilar v. tr. Mettre au toril [le taureau].

entornar v. tr. Entrebâiller, entrouvrir ; pousser (una puerta, una ventana). ‖ Fermer à demi, ouvrir à moitié (los ojos).
— V. pr. S'entrouvrir.

entorno m. Environnement.

entorpecedor, ra adj. Engourdissant, e (que embota). ‖ FIG. Embarrassant, e ; gênant, e (que molesta). | Engourdissant, e ; alourdissant, e (que adormece).

entorpecer* v. tr. Engourdir (los sentidos). ‖ FIG. Gêner, paralyser (estorbar). | Retarder (retardar). | Engourdir (la imaginación, etc.). | Alourdir (adormecer).
— V. pr. S'engourdir. ‖ FIG. Être gêné o embarrassé.

entorpecimiento m. Engourdissement, torpeur, f. ‖ FIG. Engourdissement, torpeur, f. (del entendimiento). | Arrêt, retard, stagnation, f. (en los asuntos). | Obstacle, embarras, gêne, f. ‖ MÉCAN. Enrayement, enraiement, (de un mecanismo).

entortar* v. tr. Tordre (torcer). ‖ Éborgner (quitar un ojo).

entosigar v. tr. Empoisonner, intoxiquer.

entozoario m. ZOOL. Entozoaire.

entrabar v. tr. *Amer.* Entraver, gêner.

entrada f. Entrée : *puerta de entrada,* porte d'entrée ; *entrada triunfal,* entrée triomphale ; *entrada prohibida,* entrée interdite. ‖ Entrée, vestibule, *m.* (antesala). ‖ Accès, *m.* (paso) : *se prohibe la entrada al almacén,* l'accès du magasin est interdit. ‖ Entrée, début, *m.* : *la entrada del invierno,* l'entrée de l'hiver. ‖ Entrée (en una comida). ‖ Début, *m.* (en una carrera). ‖ Réplique (teatro). ‖ Monde, *m.,* affluence (público) : *anoche hubo gran entrada en el teatro,* hier soir, il y a eu beaucoup de monde o une grosse affluence au théâtre. ‖ Recette (lo recaudado). ‖ Entrée : *¡cuánto cuesta la entrada en este museo?,* combien coûte l'entrée dans ce musée? ; *derecho de entrada,* droit d'entrée. ‖ Ticket, *m.,* billet, *m.,* place : *fui a sacar las entradas del cine,* je suis allé prendre les billets de cinéma. ‖ COM. Recette, entrée : *las entradas y las salidas,* les recettes et les dépenses. ‖ Arrivée (de teléfono). ‖ Premier versement, *m.* : *al comprar este piso tuve que pagar una entrada de 1 000 francos,* lorsque j'ai acheté cet appartement, j'ai dû faire un premier versement de 1 000 francs. ‖ — *Entrada de aire,* bouche o arrivée d'air. ‖ *Entrada en materia,* entrée en matière. ‖ — *De entrada,* d'emblée, dès le début, du premier coup. ‖ *De primera entrada,* de prime abord. ‖ *Media entrada,* demi-place (espectáculo). ‖ — *Dar entrada a,* donner accès o (conducir) ; faire entrer, admettre (admitir). ‖ FIG. y FAM. *Hacer una entrada a uno,* rentrer dans quelqu'un. ‖ *Se prohibe la entrada,* défense d'entrer. ‖ *Tener entradas [en la frente],* avoir le front dégarni.

entrador, ra adj. *Amer.* Hardi, e (atrevido). | Intrigant, e (entrometido).

entramado m. Lattis, treillis (de un tabique). ‖ Treillis, caillebotis (del suelo).

entramar v. tr. CONSTR. Latter.

entrambos, bas adj. ind. pl. Les deux : *lo hicieron entrambos hermanos,* les deux frères l'ont fait. | *Por entrambos lados,* des deux côtés.
— Pron. ind. pl. Tous [les] deux, toutes [les] deux : *entrambos vinieron,* ils sont venus tous les deux. ‖ — *Entrambos lo acabaron,* ils l'ont fini à eux deux. ‖ *Entrambos lo haremos,* nous le ferons. ‖ *Lo mío, mío, y lo tuyo de entrambos,* ce qui est à moi est à moi, ce qui est à toi est à nous deux.

entrampar v. tr. Prendre au piège (un animal). ‖ FIG. Prendre au piège (engañar). | Embrouiller (un negocio). ‖ *Estar entrampado*, être criblé de dettes.

— V. pr. Tomber dans un piège. ‖ S'endetter, faire des dettes (contraer deudas).

entrante adj. Entrant, e (que entra). ‖ Qui commence : *el año entrante*, l'année qui commence. ‖ — Geom. *Ángulo entrante*, angle rentrant. ‖ *Guardia entrante*, garde montante.

— M. y f. Entrant, e : *los entrantes y los salientes*, les entrants et les sortants. ‖ — M. Enfoncement (de una fachada).

entraña f. Anat. Viscère, *m.* ‖ — Pl. Entrailles. ‖ Fig. Entrailles : *las entrañas de la Tierra*, les entrailles de la terre. ‖ Entrailles, cœur, *m. sing.* (ternura) : *no tener entrañas*, être sans cœur. ‖ — Fam. *De buenas entrañas*, qui a bon cœur. ‖ Pop. *¡Entrañas mías!* ou *¡hijo de mis entrañas!*, mon enfant chéri. ‖ — Fig. y fam. *Arrancársele a uno las entrañas*, déchirer le cœur. ‖ *Dar hasta las entrañas*, donner jusqu'à sa chemise. | *Sacar las entrañas*, éventrer. | *Echar las entrañas*, vomir, rendre tripes et boyaux.

entrañable adj. Intime : *amigo entrañable*, ami intime. ‖ Cher, chère : *la muerte de nuestro entrañable colega*, la mort de notre cher collègue. ‖ Qui est cher : *Soria, lugar entrañable de Castilla*, Soria, endroit de Castille qui nous est cher. ‖ ‖ Profond, e ; cher, chère (profundo) : *los más entrañables deseos*, les désirs les plus profonds.

entrañablemente adv. Affectueusement, tendrement.

entrañar v. tr. Enfouir, introduire (introducir). ‖ Renfermer (contener). ‖ Entraîner, impliquer (llevar consigo).

— V. pr. S'introduire, pénétrer. ‖ Fig. Se lier intimement (unirse). ‖ *Entrañarse la simpatía de uno*, gagner la sympathie de quelqu'un.

entrañudo, da adj. *Amer.* Dur, e ; cruel, elle (desalmado). | Courageux, euse (valeroso).

entrapada f. Satinette rouge [d'ameublement].

entrar v. intr. ● Entrer : *entrar por la puerta*, entrer par la porte ; *entra en mi casa*, entre chez moi. ‖ Entrer, rentrer (caber, encajar) : *esta carpeta no entra en el cajón*, cette chemise n'entre pas dans le tiroir ; *esta pieza no entra en la otra*, cette pièce ne rentre pas dans l'autre. ‖ Commencer : *ya ha entrado el verano*, l'été a déjà commencé ; *la carta entra diciendo*, la lettre commence par ces mots ; *este libro entra tratando de*, ce livre traite pour commencer de. ‖ Fig. Entrer : *entrar en las costumbres*, entrer dans les mœurs. | Rentrer : *esto no entra en mis atribuciones*, ceci ne rentre pas dans mes attributions. | Entrer (ingresar) : *entrar en religión*, entrer en religion. | Être pris, e : *le entró la calentura, el sueño, las ganas de hablar*, il a été pris de fièvre, de sommeil, de l'envie de parler. | Se mettre : *entrar en cólera*, se mettre en colère. | Entrer : *entrar en los sesenta*, entrer dans la soixantaine. | Entrer : *en la paella entran arroz y carne*, il entre du riz et de la viande dans la paella. | Y avoir [pour] : *en este traje entran tres metros de paño*, il y a pour trois mètres de tissu dans ce costume. ‖ Se jeter (ríos). ‖ Passer (en contrabando). ‖ Mecán. Passer : *no entra la tercera*, la troisième ne passe pas. ‖ Mús. Faire son entrée. ‖ Taurom. Attaquer : *el toro no entra*, le taureau refuse d'attaquer. ‖ — *Entrado en años*, âgé : *una mujer entrada en años*, une femme âgée. ‖ *Entrar a escena*, sortir de scène. ‖ *Entrar a matar*, s'apprêter à donner l'estocade (el torero). ‖ *Entrar a servir*, se placer [comme domestique]. ‖ *Entrar a servir con uno*, entrer au service de quelqu'un. ‖ *Entrar bien*, bien tomber, venir à point (ser oportuno). ‖ *Entrar como un torbellino*, entrer en coup de vent. ‖ *Entrar con buen pie*,

partir du bon pied. ‖ Mar. *Entrar de guardia*, prendre le quart. ‖ *Entrar dentro de sí* ou *en sí mismo*, rentrer en soi-même. ‖ *Entrar en años*, prendre de l'âge. ‖ *Entrar en calor*, se réchauffer. ‖ *Entrar en campaña*, se mettre en campagne. ‖ *Entrar en contacto*, prendre contact, se mettre en rapport. ‖ *Entrar en conversaciones*, entamer des pourparlers. ‖ *Entrar en detalles*, rentrer dans des détails. ‖ *Entrar en el marco de*, rentrer o s'inscrire dans le cadre de. ‖ *Entrar en el número de los vencedores*, être du nombre des vainqueurs. ‖ *Entrar en las miras de alguien*, entrer dans les vues de quelqu'un, être dans l'intention de quelqu'un. ‖ *Entrar en liza*, entrer en lice. ‖ *Entrar en materia*, entrer en matière. ‖ *Entrar en posición*, être mis en batterie (cañones). ‖ *Entrar en razón*, entendre raison. ‖ Fam. *Entrar por los ojos*, taper dans l'œil. ‖ *Hacer entrar en razón*, mettre à la raison, faire entendre raison. ‖ Fam. *Le entra la prisa*, il ne tient plus en place (es muy agitado). | *No entro ni salgo*, je ne veux pas me mêler de cette affaire, ce n'est pas mon rayon. | *No me entra la geometría*, je n'arrive pas à me faire entrer la géométrie dans la tête o je n'arrive pas à assimiler la géométrie. | *Por un oído me entra y por otro me sale*, ce qui entre par une oreille sort par l'autre. | *Una vez bien entrado el mes de mayo*, une fois le mois de mai bien avancé. ‖ *Volver a entrar*, rentrer.

— V. tr. Entrer, rentrer : *entrar el coche en el garaje*, entrer la voiture au garage. ‖ Introduire, faire entrer (introducir). ‖ Fig. Attaquer. ‖ Mar. Rejoindre (alcanzar).

— Observ. On rencontre quelquefois le verbe *entrar* à la forme pronominale ; cette forme sert à imprimer une nuance d'effort à l'action du sujet : *se entró en la bodega*, il entra [avec difficulté] dans la cave.

— Sinón. ● *Penetrar*, pénétrer. *Introducirse, meterse*, s'introduire. *Irrumpir*, faire irruption. *Pasar*, passer.

entrazado, da adj. *Amer. Bien, mal entrazado*, bien fait, mal fait (persona de buena o mala traza).

entre prep. Entre : *vacilar entre dos partidos*, hésiter entre deux partis ; *estar entre la vida y la muerte*, être entre la vie et la mort ; *llegaron las dos y las tres*, ils sont arrivés entre 2 et 3 heures. ‖ Parmi (en el número de) : *entre mis amigos*, parmi mes amis. ‖ Chez (colectividad) : *entre (los) sastres*, chez les tailleurs ; *entre romanos*, chez les Romains. ‖ Dans, entre : *lo cogió entre sus manos*, il l'a pris dans ses mains. ‖ Dans : *tuvo que conducir entre la niebla*, il a dû conduire dans le brouillard. ‖ Mi... mi : *sabor entre dulce y agrio*, goût mi-aigre, mi-doux ; *mirada entre cariñosa y hostil*, regard mi-tendre, mi-fâché. ‖ En soi-même, à part soi, dans son for intérieur : *así pensaba entre mí*, je pensais ainsi à part moi o en moi-même. ‖ À (con varias personas) : *entre los cuatro hicieron el trabajo*, à eux quatre ils firent le travail ; *construir una casa entre dos*, bâtir une maison à deux. ‖ — *Entre los viejos y los jóvenes serán unos veinte*, en comptant les vieux et les jeunes, ils doivent être une vingtaine. ‖ *Entre nosotros* ou *dicho sea entre nosotros*, entre nous soit dit, entre nous. ‖ *Entre otras cosas*, entre autres, notamment. ‖ *Entre que*, pendant que. ‖ *Entre tanto*, entre-temps, cependant. ‖ *La asamblea tomó esta decisión entre sus doce miembros*, l'assemblée a pris cette décision sur l'avis de ses douze membres. ‖ *Por entre*, parmi.

— Observ. Cuando *entre* expresa una idea de colaboración entre varias personas, el francés utiliza la preposición *à* delante del numeral : *hacer algo entre dos*, faire quelque chose à deux.

entreabierto, ta adj. Entrouvert, e.

entreabrir v. tr. Entrouvrir : *entreabrir los ojos*, entrouvrir les yeux. ‖ Entrouvrir, entrebâiller (puerta, ventana).
— V. pr. S'entrouvrir.
entreacto m. Entracte (intermedio).
entreancho, cha adj. D'une largeur moyenne.
entreayudarse v. pr. S'entraider.
entrebarrera f. TAUROM. Couloir, *m.*
entrecalle f. ARQ. Gorge (entre dos molduras).
entrecanal m. ARQ. Côte, *f.* (de columna).
entrecano, na adj. Gris, e ; poivre et sel (fam.) : *tener el pelo entrecano*, avoir les cheveux gris.
entrecava f. AGRIC. Bêchage (*m.*) léger.
entrecavar v. tr. AGRIC. Bêcher légèrement.
entrecejo m. Espace entre les sourcils, glabelle, *f.* (p. us.). ‖ — *Fruncir* ou *arrugar el entrecejo*, froncer les sourcils. ‖ *Mirar con entrecejo*, regarder en fronçant les sourcils.
entrecerrar* v. tr. *Amer.* Entrebâiller (entornar).
entrecinta f. ARQ. Petit entrait, *m.*
entreclaro, ra adj. Légèrement foncé, e.
entrecomar v. tr. Mettre entre virgules. ‖ (P. us.). Mettre entre guillemets (entrecomillar).
entrecomillar v. tr. Mettre entre guillemets.
entrecoro m. Chœur [d'église].
entrecortado, da adj. Entrecoupé, e.
entrecortadura f. Coupure incomplète, entaille.
entrecortar v. tr. Entrecouper. ‖ FIG. Entrecouper : *voz entrecortada*, voix entrecoupée. | Entrecouper, entremêler : *discurso entrecortado de* ou *por sollozos*, discours entrecoupé de sanglots. | Hacher : *este orador tiene una elocución entrecortada*, cet orateur a un débit haché.
entrecote m. Entrecôte, *f.* (lomo).
entrecruzamiento m. Entrecroisement.
entrecruzar v. tr. Entrecroiser.
entrecubierta f. MAR. Entrepont, *m.*
entredecir* v. tr. ECLES. Interdire (poner en entredicho).
entredicho, cha adj. Interdit, e.
— M. Défense, *f.* (prohibición). ‖ ECLES. Interdit (censura eclesiástica) : *poner en entredicho a alguien*, jeter l'interdit sur quelqu'un. ‖ *Estar en entredicho*, être en question.
entredós m. Entre-deux, *inv.*, entretoile, *f.* (encaje o bordado). ‖ Entre-deux (mueble).
entrefilete m. Entrefilet (de periódico).
entrefino, na adj. Demi-fin, e. ‖ Demi-sec (vino).
entrega f. Remise : *entrega de las llaves, de los premios*, remise des clés, des prix. ‖ Livraison (de géneros o compras). ‖ Livraison (de un periódico). ‖ Dévouement, *m.* : *entrega a una causa*, dévouement à une cause. ‖ Reddition (rendición). ‖ Passe (en fútbol). ‖ ARQ. Extrémité d'une poutre qui entre dans un mur. ‖ *Novela por entregas*, roman-feuilleton.
entregado, da adj. Ensorcelé, e ; fasciné, e.
entregador, ra adj. y s. Livreur, euse.
entregamiento m. Remise, *f.* (entrega).
entregar v. tr. ● Remettre (dar) : *me entregó esta carta*, il m'a remis cette lettre ; *entregar los poderes*, remettre les pouvoirs ; *entregar en manos propias*, remettre en mains propres. ‖ Livrer (por traición, etc.) : *entregar una ciudad*, livrer une ville. ‖ Livrer : *entregar un pedido*, livrer une commande. ‖ — *Entregar el alma*, rendre l'âme. | *Para entregar*, aux bons soins (carta) : *señor Martín para entregar a la señora de Dupuy*, Madame Dupuy, aux bons soins de Monsieur Martin.
— V. pr. Se livrer, se donner (darse). ‖ Se livrer, se rendre (una ciudad, etc.). ‖ Rendre les armes (declararse vencido). ‖ FIG. Se livrer, s'abandonner (confiarse). | Se livrer, s'adonner (dedicarse) : *entregarse al estudio, a la bebida*, se livrer à l'étude, s'adonner à la boisson. ‖ — *Entregarse a*

la justicia, se livrer à la justice, se constituer prisonnier. ‖ *Entregarse al lujo*, donner dans le luxe. ‖ *Entregarse al sueño*, s'abandonner au sommeil.
— SINÓN. ● *Dar*, donner. *Suministrar, facilitar*, fournir. *Abandonar*, abandonner. *Ceder*, céder. *Dejar*, laisser. *Alargar*, passer. *Ofrecer*, offrir. *Proporcionar, procurar*, procurer.
entrehierro m. Entrefer.
entrejuntar v. tr. Assembler (ensamblar).
entrelargo, ga adj. Moyennement long, moyennement longue, d'une longueur moyenne.
entrelazamiento m. Entrelacement. ‖ FIG. Imbrication, *f.* : *sutiles entrelazamientos de interés*, de subtiles imbrications d'intérêt.
entrelazar v. tr. Entrelacer.
entrelínea f. IMPR. Interligne, *m.*, entre-ligne, *m.* (añadido).
entrelinear v. tr. Interligner.
entreliño m. AGRIC. Espace [entre deux rangées].
entrelistado, da adj. Rayé, e (telas)
entrelucir* v. intr. Transparaître.
entremedias adv. Au milieu (en medio). ‖ Pendant ce temps (mientras tanto).
entremés m. TEATR. Intermède. ‖ CULIN. Hors-d'œuvre (antes del plato principal). ‖ MÚS. Entremets.
— OBSERV. En francés, los *entremets* son dulces, cremas, etc. que se sirven antes de los postres.
entremesero m. Plat à hors-d'œuvre.
entremesista m. y f. Auteur (*m.*) d'intermèdes. ‖ Acteur, actrice qui joue dans un intermède (actor).
entremeter v. tr. Mêler, entremêler (mezclar).
— V. pr. Se mêler de : *no te entremetas en esto*, ne te mêle pas de ça. ‖ Se mêler à : *se entremetió en la conversación*, il se mêla à la conversation.
entremetido, da adj. y s. Indiscret, ète : *un hombre entremetido*, un homme indiscret. ‖ — M. y f. Touche-à-tout (metomentodo).
entremetimiento m. Ingérence, *f.*, immixtion, *f.*
entremezcladura f. Entremêlement, *m.* (mezcla).
entremezclar v. tr. Entremêler.
entrenador m. DEP. Entraîneur.
entrenamiento m. DEP. Entraînement.
entrenar v. tr. y intr. DEP. Entraîner.
— V. pr. S'entraîner.
entrenudo m. BOT. Entre-nœud.
entreoír* v. tr. Entendre vaguement.
entrepañado, da adj. Formé de plusieurs panneaux.
entrepaño m. ARQ. Panneau, trumeau. ‖ Tablette, *f.* (anaquel).
entrepaso m. EQUIT. Entrepas (del caballo).
entrepechuga f. Filet (*m.*) de la poitrine des oiseaux (porción de carne).
entrepelar v. intr. Être mêlé [la robe, le poil d'un cheval].
entrepierna f. Entre-jambe, *m.* ‖ — Pl. Entre-jambe, *m. sing.*
entrepiso m. MIN. Étage [entre deux galeries].
entrepuente m. MAR. Entrepont.
entrerrenglonadura f. Interlignage, *m.* (interlineado).
entrerrenglonar v. tr. Interligner (escribir entre dos renglones).
entrerriano, na adj. *Amer.* D'Entre Ríos [province d'Argentine].
entrerrieles m. pl. Entre-rail, *sing.*, écartement (*sing.*) de la voie.
entresaca o **entresacadura** f. Triage, *m.*, choix, *m.* (selección). ‖ Coupe, éclaircie (bosques).
entresacar v. tr. Trier, choisir (sacar). ‖ Tirer (una conclusión). ‖ Rafraîchir, éclaircir [les cheveux]. ‖ AGRIC. Éclaircir.
entresijo m. ANAT. Mésentère (mesenterio). ‖ FIG. Secret, mystère. ‖ — *Tener muchos entresijos*, présenter beaucoup de difficultés (una cosa), cacher

son jeu (una persona). ‖ *Conocer todos los entre-*
sijos, connaître les tenants et les aboutissants.
entresuelo m. Entresol. ‖ TEATR. Premier balcon.
entresurco m. AGRIC. Crête, *f.,* (entre dos surcos).
entretalla o **entretalladura** f. Bas-relief, *m.*
entretallar v. tr. Sculpter en bas relief. ‖ Découper (recortar una tela), ajourer, faire des jours (hacer calados). ‖ FIG. Barrer le chemin (impedir el paso).
entretanto adv. Entre-temps, pendant ce temps, cependant (mientras tanto). ‖ Sur ces entrefaites (en esto). ‖ — *En el entretanto,* entre-temps, dans l'intervalle. ‖ *Entretanto que,* jusqu'à ce que : *voy a leer entretanto que se come,* je vais lire jusqu'à ce qu'on déjeune.
entretecho m. *Amer.* Grenier (desván).
entretejedor, ra adj. Brocheur, euse (que entreteje).
entretejedura f. Brochure (en una tela). ‖ Entrelacement, *m.* (enlace).
entretejer v. tr. Brocher, entretisser (tejer con hilos de colores diferentes). ‖ FIG. Mêler, truffer, entrelarder (un escrito). | Entrelacer, croiser (cruzar).
entretejido m. Entrelacement.
entretela f. Triplure (para reforzar). ‖ Bougran, *m.* (tela gruesa). ‖ IMPR. Satinage, *m.* ‖ — Pl. FAM. Entrailles.
entretención f. *Amer.* Amusement, *m.*
entretenedor, ra adj. y s. m. Amuseur, euse.
entretener* v. tr. ● Distraire, amuser (recrear). ‖ FIG. Distraire (un dolor). | Amuser (al enemigo). | Tromper : *entretener la muerte, el hambre,* tromper la mort, la faim. | Faire traîner en longueur (dar largas). | Entretenir (cuidar). | Entretenir : *entretener a alguien con esperanzas,* entretenir quelqu'un d'espérances. | Bercer : *entretener con promesas, con buenas palabras,* bercer par des promesses, de belles paroles. | Occuper, prendre : *estas gestiones me han entretenido toda la mañana,* ces démarches m'ont occupé toute la matinée.
— V. pr. S'amuser, se distraire : *entretenerse en leer* ou *leyendo,* se distraire en lisant o par la lecture. ‖ FIG. Perdre son temps (perder el tiempo). | Se mettre en retard (retrasarse). | S'attarder : *entretenerse en casa de alguien,* s'attarder chez quelqu'un.
— SINÓN. ● *Distraer,* distraire. *Recrear, solazar,* récréer. *Alegrar, animar, égayer. Divertir,* amuser, divertir. *Regocijar, alborozar,* réjouir.
entretenida f. Amusement, *m* ‖ Femme entretenue. ‖ *Dar a uno la entretenida,* amuser quelqu'un, distraire quelqu'un, détourner l'esprit de quelqu'un.
entretenido, da adj. Amusant, e; distrayant, e (divertido). ‖ Délassant, e; distrayant, e : *una lectura entretenida,* une lecture délassante. ‖ Occupé, e (ocupado).
entretenimiento m. Amusement (recreo). ‖ Occupation, *f.* ‖ Passe-temps (pasatiempo). ‖ Entretien (conversación). ‖ Entretien (cuidado). ‖ MIL. Diversion, *f.*
entretiempo m. Demi-saison, *f.* : *traje de entretiempo,* costume de demi-saison.
entreventana f. ARQ. Trumeau, *m.*
entrever* v. tr. Entrevoir.
entreverado m. Tripes (*f. pl.*) de mouton assaisonnées et grillées. ‖ *Tocino entreverado,* petit lard *o* lard maigre.
entreverar v. tr. Entremêler.
entrevero m. *Amer.* Foule, *f.* (gentío). | Confusion, *f.* (mezcla). ‖ *Por los entreveros y recovecos,* dans tous les coins et recoins.
entrevía f. Entre-rail, *m.,* entrevoie.

entrevista f. Entrevue, entretien, *m.* : *tuve una entrevista con el director,* j'ai eu une entrevue avec le directeur. ‖ Interview (de periodista). ‖ *Hacer una entrevista a,* interviewer.
entrevistador, ra m. y f. Journaliste qui fait des interviews, interviewer, *m.* ‖ Enquêteur, euse (encuestador).
entrevistarse v. pr. Avoir une entrevue *o* un entretien avec, rencontrer : *el presidente se entrevistó con su primer ministro,* le président a eu une entrevue avec o a rencontré son Premier ministre. ‖ Interviewer : *el periodista se entrevistó con el Rey,* le journaliste a interviewé le roi.
entripado, da adj. Intestinal, e.
— M. Rembourrage (relleno de un asiento). ‖ FIG. Dépit, rancune, *f.* (encono).
entriparse v. pr. *Amer.* Se fâcher (enfadarse).
entristecedor, ra adj. Attristant, e.
entristecer* v. tr. Attrister.
— V. pr. S'attrister : *entristecerse con* ou *de* ou *por,* s'attrister de.
— SINÓN. *Atribular,* attrister. *Abatir,* abattre. *Afligir, apenar,* affliger. *Afectar,* affecter. *Acongojar, angustiar,* angoisser. *Apesadumbrar, doler,* endolorir. *Desolar, desconsolar,* désoler. *Consternar,* consterner.
entristecimiento m. Tristesse, *f.*
entrojamiento m. Engrangement.
entrojar v. tr. Engranger.
entrometer v. tr. V. ENTREMETER.
entrometido, da adj. y s. Indiscret, ète.
entrometimiento m. Ingérence, *f.,* immixtion, *f.*
entromparse v. pr. POP. Se cuiter, se soûler (emborracharse). ‖ *Amer.* Se fâcher, faire la tête (enfadarse).
entronar v. tr. Introniser.
— V. pr. FIG. Faire l'important, pontifier (engreírse).
entroncamiento m. Lien, parenté, *f.* (parentesco). ‖ Rattachement (acción de entroncar). ‖ Alliance, *f.* (parentesco que se contrae).
entroncar v. tr. Rattacher. ‖ *Amer.* Apparier (aparear).
— V. intr. Être apparenté *o* lié à : *mi familia entronca con la tuya,* ma famille est apparentée à la tienne. ‖ S'allier à (contraer parentesco) : *sus familias entroncaron en el siglo* XVII, leurs familles s'allièrent au XVIIᵉ siècle.
— V. intr. y pr. *Amer.* S'embrancher [chemins de fer].
entronización f. o **entronizamiento** m. Intronisation, *f.*
entronizar v. tr. Introniser (colocar en el trono). ‖ FIG. Exalter.
— V. pr. Pontifier, faire l'important.
entronque m. Parenté, *f.* (parentesco). ‖ FIG. Parenté, *f.* (relación). ‖ *Amer.* Embranchement (ferrocarril).
entropía f. FÍS. Entropie.
entruchado f. o **entruchado** m. FAM. Machination, *f.,* complot, *m.* : *armar una entruchada,* monter un complot.
entruchar v. tr. FAM. Embobiner, jouer (engañar).
— V. pr. *Amer.* Se mêler de (entremeterse).
entrujar v. tr. Mettre [les olives] au grenier. ‖ Engranger (entrojar).
entubación f. Pose d'un tube.
entubado m. TECN. Tubage.
entubar v. tr. Tuber.
entuerto m. Dommage (agravio). ‖ Tort : *deshacer* ou *enderezar entuertos,* redresser des torts. ‖ — Pl. MED. Tranchées (*f.*) utérines. FAM. *Desfacedor de entuertos,* redresseur de torts.
entullecer* v. tr. FIG. Paralyser (un asunto).
— V. intr. Devenir perclus (tullirse).
entumecer* v. tr. Engourdir, endormir (entorpecer) : *tener los miembros entumecidos,* avoir les membres endormis. ‖ Tuméfier (hinchar) : *labios*

entumecidos, lèvres tuméfiées. ‖ *Dedos entume- cidos,* doigts gourds (por el frío).
— V. pr. FIG. S'agiter (el mar).

entumecimiento m. Engourdissement (adormecimiento). ‖ Tuméfaction, *f.* (hinchazón).

entumirse v. pr. S'engourdir (entumecerse).

entunicar v. tr. Enduire (preparar para pintar al fresco).

entupir v. tr. Obstruer (obstruir, tapar). ‖ Presser, comprimer (apretar).

enturbiar v. tr. Troubler : *enturbiar el agua,* troubler l'eau. ‖ FIG. Embrouiller (enredar).

entusiasmar v. tr. Enthousiasmer. ‖ Enthousiasmer, enlever : *entusiasmar al auditorio,* enthousiasmer son auditoire.
— V. pr. S'enthousiasmer : *entusiasmarse con el teatro,* s'enthousiasmer pour le théâtre.

entusiasmo m. Enthousiasme.
— SINÓN. *Admiración,* admiration. *Emoción,* émotion. *Pasión,* passion. *Furor,* fureur. *Arrebato,* emportement. *Fervor,* ferveur. *Exaltación,* exaltation. *Delirio, frenesí,* délire, frénésie.

entusiasta adj. y s. Enthousiaste : *un hombre entusiasta,* un homme enthousiaste.
— SINÓN. *Ferviente, fervoroso,* fervent. *Apasionado,* passionné. *Admirador,* admirateur. *Partidario,* partisan. *Incondicional,* inconditionnel. *Fam. Hincha,* fan.

entusiástico, ca adj. Enthousiaste : *un recibimiento entusiástico,* un accueil enthousiaste.

enucleación f. MED. Énucléation : *la enucleación de un ojo, de un tumor,* l'énucléation d'un œil, d'une tumeur.

enuclear v. tr. MED. Énucléer.

énula f. BOT. Inule (beleño).

enumeración f. Énumération. ‖ Récapitulation (resumen). ‖ DR. Dénombrement, *m.* : *la enumeración de la población de un país,* le dénombrement de la population d'un pays.

enumerar v. tr. Énumérer.

enumerativo, va adj. Énumératif, ive.

enunciación f. o **enunciado** m. Énoncé, *m.,* énonciation, *f.*
— SINÓN. *Explicación,* explication. *Manifestación,* manifestation. *Mención,* mention. *Discurso,* discours. *Declaración,* déclaration. *Exposición,* exposition. *Expresión,* expression.

enunciar v. tr. Énoncer.
— SINÓN. *Decir,* dire. *Declarar,* déclarer. *Exponer,* exposer. *Emitir,* émettre. *Formular,* formuler. *Mencionar,* mentionner. *Expresar,* exprimer.

enunciativo, va adj. Énonciatif, ive.

envainador, ra adj. BOT. Engainant, e.

envainar v. tr. Engainer (meter en la vaina). ‖ Rengainer, remettre au fourreau (la espada).

envalentonamiento m. Hardiesse, *f.*

envalentonar v. tr. Enhardir (dar valor). ‖ Encourager, stimuler (estimular).
— V. pr. S'enhardir. ‖ Être encouragé *o* stimulé : *se envalentonó con aquellas palabras elogiosas,* il a été encouragé par ces paroles élogieuses. ‖ S'enorgueillir : *envalentonarse con un pequeño éxito,* s'enorgueillir d'un maigre succès. ‖ Prendre de l'assurance.

envanecedor, ra adj. Qui enorgueillit.

envanecer* v. tr. Enorgueillir.
— V. pr. S'enorgueillir, tirer vanité : *envanecerse con* ou *de* ou *por* ou *en sus éxitos,* s'enorgueillir de ses succès.

envanecimiento m. Vanité, *f.,* orgueil.

envaramiento m. Engourdissement (entumecimiento). ‖ Raideur, *f.* (tiesura).

envarar v. tr. Engourdir (entumecer). ‖ Engoncer : *esta chaqueta le envara,* cette veste l'engonce. ‖ *Andar envarado,* marcher raide.
— V. pr. S'engourdir, se raidir.

envasado, da adj. En boîte, en conserve (pescado, etc.). ‖ En bouteille (líquidos, gas butano).
— M. Mise (*f.*) en conserve *o* en bouteille.

envasador m. Grand entonnoir. ‖ Emballeur (obrero).

envasar v. tr. Mettre dans un récipient (en una vasija). ‖ Empaqueter, emballer (mercancías). ‖ Ensacher (poner en un saco). ‖ FAM. Boire.

envase m. Ensachement (en un saco). ‖ Récipient (recipiente), boîte, *f.* (caja), bouteille, *f.* (botella). ‖ Emballage (embalaje) : *envase de materia plástica,* emballage en matière plastique. ‖ Paquet (fardo). ‖ Récipient, bouteille, *f.* (gas butano). *Leche en envase de cartón,* berlingot de lait.

envedijarse v. pr. S'emmêler (enmarañarse).

envejecer* v. tr. Vieillir : *los sufrimientos la han envejecido,* les souffrances l'ont vieillie. ‖ FIG. Vieillir : *este vestido negro le envejece,* cette robe noire la vieillit. ‖ FIG. *¡Esto nos envejece !,* cela ne nous rajeunit pas.
— V. intr. Vieillir : *ha envejecido mucho,* il a beaucoup vieilli. ‖ *Envejecer en el oficio,* blanchir sous le harnois.
— V. pr. Vieillir.

envejecido, da adj. Vieilli, e. ‖ FIG. Expérimenté, e ; exercé, e (acostumbrado).

envejecimiento m. Vieillissement.

envenenador, ra adj. y s. Empoisonneur, euse.

envenenamiento m. Empoisonnement, envenimement (p. us.). ‖ FIG. Envenimement. ‖ Pollution, *f.* : *el envenenamiento del aire,* la pollution de l'air.

envenenar v. tr. ● Empoisonner. ‖ FIG. Empoisonner : *la envidia envenena la existencia,* l'envie empoisonne la vie. ‖ Envenimer (una discusión).
— SINÓN. ● *Intoxicar,* intoxiquer. *Enconar, emponzoñar,* envenimer. *Infectar, inficionar,* infecter.

enverar v. intr. Dorer, mûrir (las frutas).

enverdecer* v. intr. Verdir (las plantas).

envergadura f. MAR. Envergure. ‖ FIG. Envergure (potencia, importancia). ‖ AVIAC. y ZOOL. Envergure.

envergar v. tr. MAR. Enverguer.

envergue m. MAR. Drisse, *f.* (driza).

enverjado m. Grille, *f.* (enrejado).

envero m. Véraison, *f.* [des fruits].

envés m. Verso (de una página). ‖ BOT. Envers (revés). ‖ FAM. Dos (espalda).

enviada f. Envoi, *m.* (envío).

enviado, da adj. y s. Envoyé, e : *enviado extraordinario,* envoyé extraordinaire.
— SINÓN. *Delegado,* délégué. *Emisario,* émissaire. *Representante,* représentant. *Diputado,* député. *Embajador,* ambassadeur. *Legado,* légat. *Nuncio,* nonce. *Plenipotenciario,* plénipotentiaire.

enviajado, da adj. ARQ. Biais, e (oblicuo).

enviar v. tr. Envoyer. ‖ — FAM. *Enviar al diablo, a todos los diablos,* envoyer au diable, à tous les diables. ‖ *Enviar a paseo,* envoyer promener. ‖ *Enviar de,* envoyer comme *o* en tant que : *enviar de jefe de batallón,* envoyer comme chef de bataillon. ‖ *Enviar noramala,* envoyer au diable. ‖ *Enviar por,* envoyer chercher : *enviar a uno por unos libros,* envoyer quelqu'un chercher des livres ; envoyer prendre (noticias, informes).
— SINÓN. *Dirigir,* adresser. *Expedir, mandar, remitir,* expédier. *Despachar,* dépêcher. *Llevar,* porter. *Exportar,* exporter.

enviciar v. tr. Dépraver, corrompre, débaucher : *enviciar a un adolescente,* dépraver un adolescent ; *enviciar a una muchacha,* débaucher une fille. ‖ Vicier (viciar). ‖ Exciter à la débauche (a los menores de edad).
— V. intr. Ne plus pouvoir se passer de : *es un desgraciado enviciado en el juego,* c'est un pauvre type qui ne peut plus se passer du jeu. ‖ Produire

trop de feuillage (un árbol). ‖ — *Estar enviciado*, être prisonnier d'un vice *o* d'une mauvaise habitude. ‖ *No fume tanto porque se va a enviciar*, ne fumez pas tant, car vous ne pourrez plus vous arrêter *o* vous débarrasser de cette mauvaise habitude *o* vous en passer.
— V. pr. Se dépraver, se corrompre, se débaucher : *enviciarse con el contacto de las malas compañías*, se dépraver au contact des mauvaises compagnies. ‖ Prendre la mauvaise habitude de : *enviciarse en el tabaco, la bebida*, prendre la mauvaise habitude de fumer, de boire. ‖ Se jeter dans la débauche, se livrer à la débauche : *al salir de la cárcel se envició*, en sortant de prison, il se jeta dans la débauche.

envidada f. Renvi, *m.* [aux cartes].

envidar v. tr. Renvier [aux cartes]. ‖ *Envidar en falso*, bluffer, renvier sans avoir de jeu.

envidia f. Envie : *la envidia es un pecado*, l'envie est un péché. ‖ Envie, jalousie : *la envidia le carcome*, la jalousie le ronge. ‖ Émulation (emulación). ‖ — *Dar envidia*, faire envie. ‖ *Quedarse mudo de envidia* ou *comérsele a uno la envidia*, mourir *o* crever d'envie *o* de jalousie. ‖ *Dar envidia a la gente*, faire des envieux. ‖ *Tener envidia a uno*, envier quelqu'un : *te tengo envidia de haber hecho este viaje*, je t'envie d'avoir fait ce voyage.

envidiable adj. Enviable.

envidiar v. tr. Envier, jalouser : *envidiar a uno*, envier quelqu'un ; *envidiar el cargo a uno*, envier le poste de quelqu'un. ‖ — *Más vale ser envidiado que envidioso*, il vaut mieux faire envie que pitié. ‖ *No tener que envidiar a*, n'avoir rien à envier à.

envidiosamente adj. Jalousement.

envidioso, sa adj. y s. Envieux, euse (de una cosa) : *envidioso de la felicidad ajena*, envieux du bonheur d'autrui. ‖ Jaloux, ouse (de una persona o cosa).

envido m. Renvi [aux cartes].

envigado m. CONSTR. Solivage, charpente, *f.*, ferme, *f.* (armadura de un tejado).

envigar v. tr. Mettre les solives *o* la charpente.

envilecedor, ra adj. Avilissant, e.

envilecer* v. tr. Avilir (hacer vil y despreciable). ‖ Déshonorer (quitar la honra y estimación).
— V. pr. S'avilir.

envilecimiento m. Avilissement (bajeza). ‖ Déshonneur, déchéance, *f.* (deshonra).

envinado, da adj. *Amer.* Vineux, euse (color).

envinagrar v. tr. Vinaigrer.

envinar v. tr. Rougir (añadir vino al agua).

envío m. Envol.

envión m. Poussée, *f.*, bourrade, *f.* (empujón).

enviscamiento m. Engluement, engluage.

enviscar v. tr. Engluer, enduire de glu (untar con liga). ‖ Exciter [les chiens] (azuzar). ‖ FIG. Exciter, irriter.
— V. pr. S'engluer, être pris à la glu.

envite m. Renvi [aux cartes]. ‖ FIG. Coup, poussée, *f.* (empujón). | Offre, *f.* (ofrecimiento). ‖ — *Aceptar el envite*, tenir (en los naipes). ‖ *Al primer envite*, du premier coup.

enviudar v. intr. Devenir veuf *o* veuve.

envoltorio m. Paquet.

envoltura f. ● Enveloppe, couverture (lo que envuelve). ‖ Emballage, *m.* (envase). ‖ Maillot, *m.* (pañales). ‖ TECN. Enchemisage, *m.* (forro).
— SINÓN. ● *Cubierta, cobertura,* couverture. *Embalaje, envase,* emballage. *Funda,* housse.

envolvedero o **envolvedor** m. Enveloppe, *f.* (lo que envuelve). ‖ Table (*f.*) à langer (mesa).

envolvente adj. Enveloppant, e : *línea envolvente*, ligne enveloppante. ‖ MIL. Enveloppant, e ; tour-

nant, e : *movimiento envolvente*, mouvement tournant.
— F. MAT. Enveloppante.

envolver* v. tr. ● Envelopper : *envolver en un papel*, envelopper dans un papier. ‖ Enrouler : *envolver hilo en un carrete*, enrouler du fil sur une bobine. ‖ Enrober (medicamentos). ‖ Emmailloter (a un niño). ‖ FIG. Envelopper : *envolver el pensamiento con hábiles perífrasis*, envelopper sa pensée dans d'habiles périphrases. | Mêler, impliquer [dans une affaire]. ‖ MIL. Envelopper, tourner. ‖ *Papel de envolver*, papier d'emballage.
— V. pr. S'envelopper : *envolverse en ou con una manta*, s'envelopper dans une couverture. ‖ Être enveloppé : *el chocolate suele envolverse en papel de estaño*, le chocolat est généralement enveloppé dans du papier d'étain. ‖ S'enrouler sur *o* autour de (enrollarse). ‖ FIG. Se mêler (mezclarse). | Se draper : *envolverse con* ou *en su dignidad*, se draper dans sa dignité. ‖ FAM. Avoir une liaison (amancebarse).
— SINÓN. ● *Cubrir,* couvrir. *Enrollar,* enrouler. *Embalar,* emballer. *Liar,* rouler. *Empaquetar,* empaqueter.

envolvimiento m. Enveloppement. ‖ Enroulement (arrollamiento). ‖ Emmaillotement (de un niño). ‖ MIL. Enveloppement.

envuelto, ta adj. Enveloppé, e. ‖ Enroulé, e ; roulé, e ; enveloppé, e : *envuelto en una manta*, enroulé dans une couverture. ‖ FIG. Enveloppé, e : *envuelto en tal misterio*, enveloppé dans un tel mystère. | Mêlé, e : *envuelto en una serie de líos*, mêlé à toute une série d'histoires.
— M. *Amer.* Galette, *f.* (tortilla).

enyerbar v. tr. Enherber (sembrar de hierba). ‖ *Amer.* Ensorceler (hechizar).
— V. pr. *Amer.* Se couvrir d'herbe. | S'empoisonner (envenenarse).

enyesado m. o **enyesadura** f. Plâtrage, *m.* ‖ MED. Plâtre, *m.* (escayolado).

enyesar v. tr. Plâtrer : *enyesar una pared, un miembro roto*, plâtrer un mur, un membre brisé.

enyodar v. tr. Ioder.

enyugar o **enyuntar** v. tr. Atteler [les bœufs].

enzainarse v. pr. Regarder de travers.

enzamarrado, da adj. Couvert d'une peau de mouton (un pastor).

enzarzar v. tr. Couvrir de ronces (una tapia). ‖ TECN. Encabaner [les vers à soie]. ‖ FIG. Brouiller (malquistar).
— V. pr. Se prendre dans les ronces. ‖ FIG. S'embrouiller, s'empêtrer (enredarse). | Se fourrer, s'empêtrer, s'embarquer [dans une mauvaise affaire]. | S'embarquer (en una discusión). | Se disputer (reñirse), se crêper le chignon (las mujeres).

enzima f. BIOL. Enzyme (fermento soluble).

enzolvar v. tr. *Amer.* S'obstruer (atascarse).

enzootia f. VETER. Enzootie.

enzorrar v. tr. *Amer.* Ennuyer (fastidiar).

enzunchar v. tr. TECN. Fretter (poner zunchos).

enzurdecer* v. intr. Devenir gaucher.

enzurizar v. tr. Brouiller (azuzar).

enzurronar v. tr. Mettre dans une besace. ‖ FIG. y FAM. Fourrer (meter).

eñe f. Nom de l'*n* mouillé en espagnol (ñ) qui se prononce comme *gn* dans *agneau*.

eoceno adj. y s. m. GEOL. Éocène.

Eolia o **Eólida** n. pr. f. GEOGR. Éolide.

eólico, ca adj. Éolien, enne.
— M. Dialecte éolien.

eolio, lia adj. y s. Éolien, enne [d'Éolide].

eolípilo m. FÍS. Éolipile, éolipyle.

eolito m. Éolithe.

Eolo n. pr. m. Éole.

eón m. FILOS. Éon (inteligencia eterna entre los gnósticos).

eosina f. Quím. Éosine.

¡epa! interj. *Amer.* Hep!, hé! (¡hola!). | Allons (¡ea!).

epacta f. Épacte (calendario). ‖ Ordo, *m.* (añalejo).

eparca m. Éparque.

eparquía f. Éparchie.

epazote m. *Amer.* Chénopode (planta).

epeira f. Épeire (araña).

epéndimo m. Épendyme (membrana del cerebro).

epéntesis f. Gram. Épenthèse.

epentético, ca adj. Épenthétique.

eperlano m. Zool. Éperlan (pez).

épica f. Poésie épique.

épicamente adv. D'une manière épique.

epicarpio m. Bot. Épicarpe.

epicea f. Bot. Épicea, *m.*

epicedio o epiceyo m. Funèbre.

epiceno adj. m. Gram. Épicène.

epicentro m. Geol. Épicentre.

epiciclo m. Astr. Épicycle.

epicicloidal adj. Épicycloïdal, e.

epicicloide f. Geom. Épicycloïde.

épico, ca adj. Épique : *poema épico,* poème épique.

epicráneo, a adj. Épicrânien, enne.
— M. Épicrâne.

Epicteto n. pr. m. Épictète.

epicureísmo m. Filos. Épicurisme, épicuréisme.

epicúreo, a adj. y s. Épicurien, enne.

Epicuro n. pr. m. Épicure.

Epidauro n. pr. Geogr. Épidaure.

epidemia f. Épidémie. ‖ Fig. Épidémie (oleada).

epidemial adj. Épidémique.

epidemicidad f. Épidémicité.

epidémico, ca Épidémique.
— Sinón. Endémico, endémique. *Epizoótico,* épizootique. *Pandémico,* pandémique.

epidemiología f. Med. Épidémiologie.

epidérmico, ca adj. Épidermique.

epidermis f. Anat. Épiderme, *m.* ‖ Fig. y Fam. *Tener la epidermis fina,* avoir l'épiderme sensible.

epidiáscopo m. Fís. Épidiascope.

epidídimo m. Anat. Épididyme.

epifanía f. Relig. Épiphanie.

Epifanio n. pr. m. Épiphane.

epifenómeno m. Épiphénomène.

epifilo m. Bot. Épiphylle.

epífisis f. Anat. Épiphyse.

epifitia f. Bot. Épiphytie.

epifito, ta adj. y s. m. Bot. Épiphyte.

epifonema f. Épiphonème, *m.*

epigástrico, ca adj. Épigastrique.

epigastrio m. Anat. Épigastre.

epigénesis f. Biol. Épigenèse.

epigeo, a adj. Épigé, e.

epigina f. Bot. Épigyne.

epiglotis f. Anat. Épiglotte.

epigonismo m. Épigonisme.

epígono m. Épigone.

epígrafe m. Épigraphe, *f.*

epigrafía f. Épigraphie.

epigráfico, ca adj. Épigraphique.

epigrafista m. y f. Épigraphiste.

epigrama m. Épigramme, *f.* (pieza satírica).

epigramatario, ria adj. Épigrammatique.
— M. Épigrammatiste (autor de epigramas).

epigramático, ca adj. Épigrammatique.

epigramatista o epigramista m. Épigrammatiste, auteur d'épigrammes.

epilepsia f. Med. Épilepsie.

epiléptico, ca adj. y s. Med. Épileptique.

epileptiforme adj. Épileptiforme.

epilobio m. Bot. Épilobe.

epilogación f. Épilogue, *m.* (epílogo).

epilogal adj. Résumé, e.

epilogar v. tr. Résumer (resumir), conclure (concluir).
— Observ. *Epilogar* n'a pas le sens du français *épiloguer,* qui se traduit par *criticar, censurar* ou *comentar.*

epilogismo m. Épilogisme (razonamiento, cálculo).

epílogo m. Épilogue (de una novela o poema). ‖ Récapitulation, *f.* (recapitulación). ‖ Résumé, abrégé (compendio).

Epiménides n. pr. m. Épiménide.

epímero m. Biol. Épimère.

epinicio m. Épinicie, *f.* (canto de victoria).

epiplón m. Anat. Épiploon (redaño).

epiquerema m. Épichérème (silogismo).

Epiro n. pr. m. Geogr. Épire, *f.*

epirota adj. y s. Épirote (de Epiro).

episcopado m. Ecles. Épiscopat.

episcopal adj. Épiscopal, e : *palacios episcopales,* palais épiscopaux.

episcopio m. Épiscope.

episódico, ca adj. Épisodique.

episodio m. Épisode.

epistaxis f. Med. Épistaxis.

epistemología f. Épistémologie.

epistilo m. Arq. Épistyle.

epístola f. Épître : *las epístolas de Horacio,* les épîtres d'Horace. ‖ Ecles. Épître. ‖ Fam. Épître (carta).

epistolar adj. Épistolaire.

epistolario m. Recueil de lettres. ‖ Livre des Épîtres (libro litúrgico).

epistolero m. Ecles. Lecteur (de la epístola).

epistolio m. (P. us.). Recueil de lettres.

epistológrafo, fa m. y f. Épistolier, ère.

epitafio m. Épitaphe, *f.*

epitalámico, ca adj. Relatif à l'épithalame.

epitalamio m. Épithalame.

epítasis f. Épitase (parte del poema dramático antiguo).

epitelial adj. Épithélial, e : *tejidos epiteliales,* tissus épithéliaux.

epitelio m. Anat. Épithélium.

epitelioma m. Med. Épithélioma (cáncer).

epítema o epítima f. Med. Épithème, *m.* (tópico).

epíteto m. Épithète, *f.*

epítima f. Med. Épithème.

epítoga f. Épitoge (muceta).

epitomar v. tr. Abréger.

epítome m. Épitomé, abrégé (compendio).

epizootia f. Veter. Épizootie. ‖ *Amer.* Fièvre aphteuse.

epizoótico, ca adj. Veter. Épizootique.

época f. ● Époque. ‖ Temps (tiempo) : *época de la siembra,* temps des semailles. ‖ — *En esta época,* à cette époque. ‖ *En la época de Felipe II,* à l'époque de Philippe II. ‖ *En mi época,* de mon temps. ‖ *Hacer época,* faire date. ‖ *Ser de su época,* être de son temps.
— Sinón. ● *Momento,* moment. *Tiempo,* temps. *Estación, temporada, sazón,* saison. *Período,* période. *Ciclo,* cycle. *Era,* ère.

epodo m. o epoda f. Épode, *f.*

epónimo, ma adj. y s. m. Éponyme.

epopeya f. Épopée.

épsilon f. Epsilon, *m.* (e breve del griego).

epsomita f. Quím. Epsomite (sal de la Higuera).

eptágono, na adj. y s. m. Geom. Heptagone.

épulis f. Med. Épulis, *m.,* épulide, épulie (tumor en las encías).

epulón m. Gourmand (comilón). ‖ Hist. Épulon.

equiángulo, la adj. Geom. Équiangle.

equidad f. Équité (justicia).

equidistancia f. Équidistance.

equidistante adj. Équidistant, e.

equidistar v. intr. Geom. Être équidistant, e.

equidna m. Zool. Échidné.

équidos m. pl. Zool. Équidés.

equilátero, ra adj. GEOM. Équilatéral, e : *triángulos equiláteros*, triangles équilatéraux.
equilibrado, da adj. Équilibré, e ; en équilibre. ‖ FIG. Équilibré, e (sensato).
equilibrador m. Équilibreur.
equilibrar v. tr. Équilibrer.
— SINÓN. *Contrabalancear*, contrebalancer. *Nivelar*, niveler. *Compensar*, compenser. *Contrarrestar*, contrecarrer.
equilibre adj. Équilibré, e ; en équilibre.
equilibrio m. ● Équilibre : *mantener el equilibrio*, garder son équilibre ; *perder el equilibrio*, perdre l'équilibre. ‖ FIG. Équilibre (político, mental, etc.). ‖ FIG. *Hacer equilibrios*, faire des acrobaties.
— SINÓN. ● *Aplomo*, aplomb. *Igualdad*, égalité. *Armonía*, harmonie. *Proporción*, proportion. *Contrapeso*, contrepoids. *Estabilidad*, stabilité.
equilibrismo m. Équilibrisme.
equilibrista m. y f. Équilibriste.
equimolecular adj. QUÍM. Équimoléculaire.
equimosis f. Ecchymose.
equimúltiplo, pla adj. y s. m. MAT. Équimultiple.
equino m. Oursin (erizo de mar). ‖ ARQ. Échine, f. (moldura). ‖ — Pl. ZOOL. Équidés.
equino, na adj. Chevalin, e ; équin, e (relativo al caballo).
equinocacto m. BOT. Échinocactus.
equinoccial adj. Équinoxial, e : *puntos equinocciales*, points équinoxiaux.
— F. Ligne équinoxiale.
equinoccio m. ASTR. Équinoxe.
equinococo m. Échinocoque (larva).
equinodermo m. ZOOL. Échinoderme.
equipaje m. ● Bagages, *pl.* : *viajar con poco equipaje*, voyager avec peu de bagages. ‖ MAR. Équipage (tripulación).
— SINÓN. ● *Bagaje*, bagage. *Equipo*, *pertrechos*, équipage, équipement. *Impedimenta*, paquetage. *Bulto*, colis.
equipar v. tr. Équiper.
equiparable adj. Comparable.
equiparación f. Comparaison.
equiparar v. tr. Comparer : *equiparar Alejandro a* ou *con César*, comparer Alexandre à César.
equipo m. Équipe, f. : *equipo de colaboradores, de fútbol*, équipe de collaborateurs, de football. ‖ Équipement (del soldado). ‖ Équipement : *equipo eléctrico*, équipement électrique. ‖ Trousseau (de novia, de colegial). ‖ Chaîne, f. (estereofónico). ‖ — *Bienes de equipo*, biens d'équipement. ‖ *Compañero, compañera de equipo*, équipier, ère (jugador), coéquipier, ère (en relación uno con otro). ‖ *Equipo quirúrgico*, instruments de chirurgie.
equipolado adj. m. BLAS. Équipolé, équipollé.
equipolencia f. Équipolence (equivalencia).
equipolente adj. Équipollent, e.
equiponderar v. intr. Être du même poids.
equipotencial adj. Équipotentiel, elle.
oquis f. X, *m*. [nom de la lettre *x*]. ‖ MAT. X, *m*. [nombre quelconque].
equisetáceas f. pl. BOT. Équisétacées.
equitación f. Équitation.
equitativo, va adj. Équitable (justo).
— SINÓN. *Justo, recto*, juste. *Razonable*, raisonnable. *Legítimo, Imparcial*, impartial.
équite m. Chevalier romain.
equivalencia f. Équivalence.
equivalente adj. y s. m. Équivalent, e.
equivaler* v. intr. Équivaloir à, valoir : *una blanca en música equivale a dos negras*, une blanche en musique vaut deux noires. ‖ GEOM. Être égal à. ‖ *Eso equivale a decir que*, cela revient à dire que.
equivoca f. Équivoque.
equivocación f. Erreur, méprise : *tener una equivocación*, commettre une erreur. ‖ Mécompte, *m.*, erreur (en una cuenta).

equivocadamente adv. De façon erronée, par erreur.
equivocamente adv. D'une manière équivoque.
equivocar v. tr. Tromper (engañar). ‖ *Estar equivocado*, se tromper, faire erreur.
— V. pr. ● Se tromper : *equivocarse de puerta*, se tromper de porte ; *equivocarse en un cálculo*, se tromper dans un calcul. ‖ Se tromper, faire erreur : *reconozco que me he equivocado*, je reconnais que je me suis trompé. ‖ Prendre pour (confundir) : *me he equivocado con otra persona*, je vous ai pris pour une autre personne. ‖ Se tromper (juzgar mal) : *equivocarse con uno*, se tromper sur *o* sur le compte de quelqu'un. ‖ *Si no me equivoco*, si je ne me trompe pas, si je ne m'abuse.
— SINÓN. ● *Errar*, errer. *Fallar*, faillir. *Juzgar mal*, méjuger. *Engañarse*, s'abuser. *Confundirse*, se méprendre. *Colarse*, se ficher dedans.
equívoco, ca adj. Équivoque. ‖ Douteux, euse.
— M. Équivoque, *f.*, mot équivoque (palabra ambigua). ‖ Équivoque, *f.*, malentendu (confusión). ‖ *Amer.* Erreur, *f.*, méprise, *f.* ‖ *Andar con equívocos*, jouer sur les mots.
era f. Ère : *la era cristiana*, l'ère chrétienne. ‖ FIG. Ère, époque : *era atómica*, ère atomique. ‖ Aire : *trillar en la era*, battre le blé sur l'aire. | Carré, *m.*, carreau, *m.* [de légumes]. ‖ MIN. Carreau, *m.*
eral m. Jeune taureau [entre un et deux ans].
erario m. Trésor : *erario público*, Trésor public.
Erasmo n. pr. m. Érasme.
Eratóstenes n. pr. m. Érathostène.
erbio m. Erbium (metal).
ere f. R, *m.* [nom du *r* doux espagnol].
Erebo n. pr. m. Érèbe.
erección f. Érection (de un monumento, de un tejido orgánico). ‖ FIG. Érection, établissement, *m.* (de un tribunal).
eréctil adj. Érectile.
erectilidad f. Érectilité.
erecto, ta adj. Dressé, e.
erector, ra adj. Qui érige.
— M. y f. Constructeur, trice.
eremita m. Ermite (ermitaño).
eremítico, ca adj. Érémitique (del ermitaño).
erepsina f. Érepsine (diastasa).
eretismo m. MED. Éréthisme.
erg o **ergio** m. FÍS. Erg.
ergástula f. o **ergástulo** m. Ergastule, *m.* (prisión en Roma).
ergosterol m. MED. Ergostérol.
ergotina f. QUÍM. Ergotine.
ergotismo m. MED. Ergotisme. ‖ Ergotage, ergotisme (manía de ergotizar).
ergotista adj. y s. Ergoteur, euse (que ergotiza).
ergotizar v. intr. FAM. Ergoter (discutir).
erguimiento m. Redressement.
erguir* v. tr. Lever (levantar) : *erguir la cabeza*, lever la tête. ‖ Dresser, redresser (poner derecho).
— V. pr. Se dresser : *la montaña se yergue a lo lejos*, la montagne se dresse au loin. ‖ FIG. Se rengorger (envanecerse).
erial o **eriazo, za** adj. En friche, inculte (tierra).
— M. Friche, *f.*, terrain en friche.
ericáceas f. pl. BOT. Éricacées.
erídano m. ASTR. Éridan.
erigir v. tr. Ériger (instituir, levantar).
— V. pr. S'ériger, se poser (constituirse) : *erigirse en juez*, s'ériger en juge.
erina f. MED. Érine, érigne (instrumento).
Erinias n. pr. f. Érinnyes, Érinyes.
erisipela f. MED. Érysipèle, *m.*, érésipèle, *m.*
erístico, ca adj. Éristique (de la escuela de Megara).
— M. FILOS. Éristique. ‖ — F. Éristique (controversia).
eritema m. MED. Érythème (inflamación).

Eritrea n. pr. f. GEOGR. Érythrée.
Eritreo n. pr. m. Mar Eritreo, mer (f.) Érythrée.
eritreo, a adj. Érythréen, enne (relativo a Eritrea).
eritrina f. QUÍM. Érythrine.
eritroblasto m. Érythroblaste (célula).
eritroblastosis f. MED. Érythroblastose.
eritrocito m. BIOL. Érythrocyte (glóbulo rojo).
eritrosina f. QUÍM. Érythrosine.
erizado, da adj. Hérissé, e : erizado de espinas, de dificultades, hérissé d'épines, de difficultés.
erizamiento m. Hérissement.
erizar v. tr. Hérisser. ‖ FIG. Erizar el pelo, faire dresser les cheveux sur la tête.
— V. pr. Se hérisser, se dresser : se me herizó el pelo, mes cheveux se hérissèrent.
erizo m. Hérisson (mamífero). ‖ Bogue, f. (cnvoltura de la castaña). ‖ FIG. y FAM. Hérisson (persona arisca). ‖ Hérisson (defensor de púas en un muro). ‖ MIL. Hérisson. ‖ Hérisson (mecánico). ‖ BOT. Touffe (f.) épineuse (mata). ‖ — Erizo de mar, oursin (equinodermo). ‖ Erizo hembra, hérissonne. ‖ Ser suave como un erizo, être comme un fagot d'épines.
ermita f. Ermitage, m.
ermitaño m. ● Ermite. ‖ ZOOL. Bernard-l'ermite (crustáceo).
— SINÓN. ● Solitario, solitaire. Anacoreta, anachorète. Cenobita, cénobite. Eremita, ermite. Penitente, pénitent.
Ernestina n. pr. f. Ernestine.
Ernesto n. pr. m. Ernest.
erogación f. Distribution.
erogar v. tr. Distribuer (distribuir).
Eros n. pr. m. Éros.
erosión f. ● Érosion : erosión eólica, glacial, pluvial, érosion éolienne, glaciaire, pluviale. ‖ MED. Érosion, écorchure.
— SINÓN. ● Corrosión, corrosion. Depresión, dépression. Desgaste, usura, usure. Abrasión, abrasion.
erosionar v. tr. Éroder (la roca).
erosivo, va adj. Érosif, ive.
Eróstrato n. pr. m. Érostrate.
erótico, ca adj. Érotique.
— SINÓN. Voluptuoso, voluptueux. Libidinoso, libidineux. Sensual, sensuel.
erotismo m. Érotisme.
erotomanía f. MED. Érotomanie.
erotómano, na adj. y s. MED. Érotomane, érotomaniaque.
erpetología f. Erpétologie, herpétologie (estudio de los reptiles).
erpetólogo m. Erpétologiste.
errabundo, da adj. Errant, e ; vagabond, e. ‖ FIG. Vagabond, e : imaginación errabunda, imagination vagabonde.
erradamente adv. Faussement, d'une façon erronée.
erradicación f. Éradication.
erradicar v. tr. Déraciner, extirper. ‖ Supprimer.
errado, da adj. Faux, fausse ; erroné, e. ‖ Manqué, e ; raté, e : tiro errado, coup manqué. ‖ Estar errado, être dans l'erreur.
erraj m. Charbon fait de noyaux d'olives.
errante adj. Errant, e. ‖ Estrella errante, étoile errante, planète.
errar* v. intr. ● Errer (vagar). ‖ Se tromper (equivocarse). ‖ Errar es humano, l'erreur est humaine.
— V. tr. Manquer, rater : errar el golpe, manquer son coup. ‖ — Errar el camino, se tromper de chemin (en un viaje), faire fausse route (en la vida). ‖ Errar el tiro, manquer le but, rater son coup. ‖ Errar la respuesta, faire une mauvaise réponse. ‖ Quien mucho habla mucho yerra, trop parler nuit.
— SINÓN. ● Vagar, vaquer. Divagar, divaguer. Vagabundear, vagabonder. Rondar, rôder. Deambular, déambuler.

errata f. Erratum, m. ‖ Faute (error). ‖ Fe de erratas, errata.
errático, ca adj. Errant, e. ‖ GEOL. y MED. Erratique.
errátil adj. Errant, e. ‖ Incertain, e.
erre f. Rr, m. [nom du r double]. ‖ — FAM. Erre que erre, coûte que coûte. ‖ Sostener erre con erre ou erre que erre, soutenir mordicus. ‖ Tropezar en las erres, ne pas marcher droit, zigzaguer (estar borracho).
erróneamente adv. Erronément.
erróneo, a adj. Erroné, e (falso).
error m. Erreur, f. (engaño, equivocación) : cometer un error ou incurrir en un error, faire une erreur. ‖ MAT. Erreur, f. ‖ — Error de imprenta, coquille, faute d'impression. ‖ Error de máquina, faute de frappe. ‖ DR. Error judicial, erreur judiciaire. ‖ Estar en un error, être dans l'erreur.
— SINÓN. Equivocación, erreur, bévue. Errata, gazapo, coquille. Lapsus, lapsus. Falta, descuido, yerro, faute. Inexactitud, inexactitude. Aberración, aberration. Pifia, boulette.
erubescencia f. Érubescence (enrojecimiento). ‖ Rougeur (vergüenza).
erubescente adj. Érubescent, e.
eructar v. intr. Éructer.
eructo m. Éructation, f.
erudición f. Érudition.
eruditamente adv. Avec érudition.
erudito, ta adj. y s. Érudit, e. ‖ FAM. Erudito a la violeta, personne d'une érudition superficielle.
eruginoso, sa adj. Érugineux, euse (herrumbroso).
erupción f. Éruption (volcánica, cutánea). ‖ MED. Erupción de los dientes, éruption dentaire.
eruptivo, va adj. Éruptif, ive.
Esaú n. pr. m. Esaü.
esbeltez f. Sveltesse.
esbelto, ta adj. Svelte.
esbirro m. Sbire, policier.
esbozar v. tr. Ébaucher, esquisser (bosquejar). ‖ FIG. Ébaucher, esquisser : esbozó una sonrisa, il ébaucha un sourire. ‖ Esbozar al lápiz, esquisser au crayon, crayonner.
esbozo m. Ébauche, f., esquisse, f. (bosquejo).
esca f. Aiche, esche (cebo).
escabechado, da adj. Mariné, e (pescado). ‖ FIG. y FAM. Descendu, e (matado). ‖ Recalé, e ; collé, e (en un examen).
— M. Marinage (del pescado).
escabechar v. tr. Mariner (conservar). ‖ FIG. y FAM. Descendre (matar). ‖ Recaler, coller (en un examen).
escabeche m. Marinade, f. : atún en escabeche, marinade de thon. ‖ Poisson mariné (pescado). ‖ Estar en escabeche, mariner.
escabechina f. Ravage, m.
escabel m. Escabeau, tabouret (asiento). ‖ Petit banc, petit tabouret (para los pies).
escabiosa f. BOT. Scabieuse.
escabioso, sa adj. Scabieux, euse (sarnoso).
escabro m. Gale, f.
escabrosamente adv. Rudement, âprement.
escabrosidad f. Rudesse, inégalité. ‖ Caractère scabreux.
escabroso, sa adj. Accidenté, e (terreno). ‖ FIG. Scabreux, euse (difícil). ‖ Scabreux, euse : historia escabrosa, histoire scabreuse. ‖ Rude, intraitable (carácter).
escabullirse* v. pr. Glisser des mains, échapper (escurrirse). ‖ S'éclipser, s'esquiver (marcharse).
escachar v. tr. POP. Écraser, écrabouiller.
escacharrar v. tr. Casser (romper). ‖ FIG. Abîmer, esquinter (estropear).
escafandra f. o **escafandro** m. Scaphandre, m. : escafandra autónoma, scaphandre autonome.
escafites m. Scaphites.
escafoides adj. y s. m. ANAT Scaphoïde.

escagüite m. *Amer.* Dragonnier (árbol).

escala f. Échelle (graduación, proporción) : *la escala de un mapa*, l'échelle d'une carte. ‖ Échelle (escalera, escalerilla). ‖ Escale : *hacer escala en Montevideo*, faire escale à Montevideo. ‖ Dégradé, *m.* (en prendas de punto). ‖ MIL. Tableau (*m.*) d'avancement. ‖ MÚS. Gamme, échelle : *escala mayor, menor, cromática*, gamme majeure, mineure, chromatique. ‖ — *Escala de cuerda*, échelle de corde. ‖ MIN. *Escala de Mohs* ou *de dureza*, échelle de Mohs. ‖ MIL. *Escala de reserva*, cadre de réserve. ‖ *Escala móvil*, échelle mobile : *escala móvil salarial*, échelle mobile des salaires. ‖ MAR. *Escala real*, échelle de coupée. ‖ — *A escala internacional*, à l'échelle internationale. ‖ *En gran* ou *pequeña escala*, sur une grande *o* sur une petite échelle.

escalabrar v. tr. V. DESCALABRAR.

escalada f. Escalade. ‖ *Escalada de chimeneas*, ramonage (en alpinismo).

escalafón m. Tableau d'avancement (del personal). ‖ Échelon (grado). ‖ MIL. Cadre. ‖ *Seguir el escalafón*, gravir les échelons.

escalamiento m. Escalade, *f.*

escálamo m. MAR. Tolet.

escalar v. tr. Escalader (una pared, una montaña, etc.). ‖ Ouvrir une vanne (en la acequia). ‖ FIG. Monter (alcanzar dignidades). ‖ *Escalar de chimenea*, ramoner (en alpinismo).

escalar adj. Scalaire.

Escalda n. pr. m. GEOGR. Escaut.

escaldadera f. TECN. Échaudoir, *m.* (recipiente para escaldar).

escaldado, da adj. Échaudé, e. ‖ *Gato escaldado del agua fría huye*, chat échaudé craint l'eau froide.
— M. Échaudage.

escaldadura f. Échaudage, *m.* ‖ Brûlure (quemadura). ‖ FIG. Expérience (*f.*) cuisante.

escaldar v. tr. Échauder, ébouillanter (con agua caliente). ‖ Chauffer à blanc (caldear). ‖ FIG. Échauder.

escaldo m. Scalde (poeta escandinavo).

escaleno adj. m. GEOM. Scalène.

escalera f. Escalier, *m.* : *escalera de caracol*, escalier en colimaçon ; *escalera excusada* ou *falsa*, escalier dérobé. ‖ Suite, séquence (naipes), quinte (póker) : *escalera al rey, de color, máxima*, quinte au roi, quinte flush *o* floche, majeure. ‖ — *Escalera de gancho*, échelle à crochets. ‖ *Escalera de mano*, échelle. ‖ *Escalera de tijera*, échelle double. ‖ *Escalera mecánica* ou *automática*, escalier mécanique *o* roulant, escalator. ‖ — *De escalera abajo*, de bas étage = *gente de escalera abajo*, gens de bas étage. ‖ *Paso de escalera*, montée en escalier. ‖ *Subir la escalera*, monter l'escalier.

escalerilla f. Tierce (tres naipes seguidos). ‖ Petit escalier, *m.* (escalera). ‖ Échelette (p. us.), petite échelle (escala). ‖ Passerelle (de avión). ‖ VETER. Instrument (*m.*) en fer pour maintenir ouverte la bouche du cheval.

escalerón m. Échelier.

escalfado, da adj. Poché (huevo). ‖ Boursouflé, e ; cloqué, e (pared, yeso).

escalfador m. Coquemar (hervidor). ‖ Chaufferette, *f.* (para calentar). ‖ Pocheuse, *f.* (para los huevos).

escalfar v. tr. Pocher (los huevos).

escalfeta f. Chaufferette.

escalinata f. ARQ. Perron, *m.*

escalmo m. MAR. Tolet (escálamo).

escalo m. Escalade, *f.* ‖ Tranchée, *f.*, galerie (*f.*) souterraine, boyau (boquete). ‖ *Robo con escalo*, vol avec escalade.

escalofrío m. Frisson.

escalón m. Échelon (de escala). ‖ Marche, *f.*, degré (de escalera). ‖ FIG. Échelon (de dignidad,

empleo). ‖ MIL. Échelon, unité, *f.* ‖ *Cortar el pelo en escalones*, faire des échelles dans les cheveux.

escalona f. Échalote.

escalonado, da adj. Échelonné, e. ‖ *Huelga escalonada*, grève tournante.

escalonamiento m. Échelonnement. ‖ Étalement : *escalonamiento de las vacaciones*, étalement des vacances. ‖ Étagement (a diferentes niveles).

escalonar v. tr. Échelonner. ‖ Étaler : *escalonar los pagos*, étaler les paiements. ‖ Étager.

escalonia o **escalona** f. BOT. Échalote (chalote).

escalope m. Escalope, *f.*

escalpar v. tr. Scalper.

escalpe o **escalpo** m. Scalp, scalpe.

escalpelo m. MED. Scalpel.

escama f. Écaille (de pez, de serpiente). ‖ MED. Squame (de la piel). ‖ BOT. Écaille. ‖ Écaille (de coraza). ‖ FIG. Méfiance, soupçon, *m.* (desconfianza). ‖ — *Jabón en escamas*, savon en paillettes. ‖ *Quitar las escamas*, écailler.

escamado, da adj. FAM. Méfiant, e ; soupçonneux, euse (desconfiado).
— F. Broderie pailletée (recamado).

escamadura f. Écaillage, *m.*, écaillement, *m.* (del pescado).

escamar v. tr. Écailler (quitar las escamas). ‖ FIG. y FAM. Rendre méfiant : *la experiencia le ha escamado*, l'expérience l'a rendu méfiant. ‖ — FIG. y FAM. *Estar escamado*, être sur ses gardes. ‖ *Esto me ha escamado siempre*, cela m'a toujours paru suspect.
— V. pr. FIG. y FAM. Se méfier.

escamilla f. Squamule.

escamón, ona adj. Méfiant, e.

escamonda f. Émondage, *m.*, émondement, *m.*, ébranchage, *m.*, ébranchement, *m.*, élagage, *m.*

escamondadura f. Émondes, *pl.* (ramas cortadas).

escamondar v. tr. AGRIC. Émonder, ébrancher, élaguer (podar). ‖ FIG. Élaguer (lo superfluo). ‖ Nettoyer à fond (limpiar). ‖ Laver, débarbouiller (la cara). ‖ — *Escamondar un bosque*, jardiner un bois. ‖ *Estar muy escamondado*, être très propre.

escamondo m. V. ESCAMONDA.

escamoso, sa adj. Écailleux, euse (que tiene escamas). ‖ Squameux, euse (piel).

escamotable adj. Escamotable.

escamotar v. tr. Escamoter.

escamoteador, ra m. y f. Escamoteur, euse.

escamotear v. tr. Escamoter.

escamoteo m. Escamotage.

escampado, da adj. Désert, e ; inhabité, e.
— F. Éclaircie.

escampar v. impers. Cesser de pleuvoir, ne plus pleuvoir : *espera que escampe*, attends qu'il ne pleuve plus.

escampavía f. MAR. Vedette (barco pequeño). ‖ Garde-côte, *m.* (para vigilar las costas).

escamujar v. tr. AGRIC. Élaguer.

escamujo m. Branche (*f.*) d'olivier.

escanciador m. Échanson.

escanciar v. tr. Verser à boire.
— V. intr. Boire du vin.

escanda f. BOT. *Escanda menor*, engrain, épeautre (trigo).

escandalera f. FAM. Scandale, *m.*, esclandre, *m.*

escandalizador, ra adj. Scandaleux, euse.

escandalizar v. tr. Scandaliser (causar escándalo) : *su conducta me escandaliza*, sa conduite me scandalise.
— V. pr. Se scandaliser, être scandalisé : *se escandalizó por tu conducta*, il a été scandalisé par ta conduite. ‖ Se fâcher (encolerizarse). ‖ Crier au scandale (protestando).

escándalo m. Scandale. ‖ Esclandre, éclat (alboroto). ‖ Tapage (ruido) : *escándalo nocturno*, tapage nocturne. ‖ — *Piedra de escándalo,* pierre de scandale. ‖ — *Con gran o el consiguiente escándalo de,* au grand scandale de. ‖ — *Armar un escándalo,* faire du scandale *o* un scandale, faire de l'esclandre *o* un esclandre. ‖ *Armar ou formar un escándalo a uno,* faire une scène à quelqu'un. ‖ *Causar escándalo,* faire scandale.

escandalosa f. MAR. Flèche d'artimon (vela). ‖ FIG. y FAM. *Echar la escandalosa,* engueuler.

escandalosamente adv. Scandaleusement.

escandaloso, sa adj. Scandaleux, euse (que causa escándalo). ‖ FIG. Tapageur, euse ; bruyant, e (que mete jaleo). | Criant, e : *injusticia escandalosa,* injustice criante. ‖ *Ser una escandalosa,* faire des histoires.

escandallar v. tr. MAR. Sonder (sondear). ‖ COM. Contrôler, visiter (mercancías).

escandallo m. MAR. Sonde, *f.,* plomb. ‖ COM. Contrôle (de mercancías). ‖ FIG. Essai (prueba).

Escandinavia n. pr. f. GEOGR. Scandinavie.

escandinavo, va adj. y s. Scandinave.

escandio m. QUÍM. Scandium.

escandir v. tr. Scander (versos).

escansión f. POÉT. Scansion (de los versos).

escantillar v. tr. ARQ. Prendre une mesure.

escantillón m. TECN. Modèle, gabarit. ‖ Échasse, *f.* (de albañil). ‖ MAR. Échantillon, échantillonnage.

escaño m. Banc [à dossier]. ‖ Siège (en el parlamento).

escapada f. Escapade (escapatoria). ‖ Échappée (de un ciclista).

escapamiento m. Escapade, *f.,* fugue, *f.*

escapar v. intr. Échapper : *escapar de un peligro,* échapper à un danger. ‖ Réchapper (con suerte) : *escapar de una enfermedad,* réchapper d'une maladie. ‖ S'échapper (irse) : *escapar a la calle,* s'échapper dans la rue. ‖ — *Escapar bien,* en être quitte à bon compte, bien s'en tirer. ‖ *Escapar con vida de un accidente,* réchapper d'un accident, sortir sain et sauf d'un accident. ‖ *De buena hemos escapado,* nous l'avons échappé belle.
— V. tr. Faire courir ventre à terre, crever (un caballo).
— V. pr. S'échapper, se sauver : *el canario se ha escapado,* le canari s'est échappé. ‖ S'échapper (el gas, etc.). ‖ S'évader, s'enfuir (evadirse). ‖ S'échapper (deportes). ‖ — *Escapársele de las manos,* glisser des mains : *el plato se le escapó de las manos,* l'assiette lui a glissé des mains. ‖ FIG. *Escapársele a uno la mano,* avoir la main leste. | *Esta palabra se me ha escapado,* ce mot m'a échappé.

escaparate m. Vitrine, *f.* (armario de cristales). ‖ Vitrine, *f.,* étalage, devanture, *f.* (de tienda) : *en el escaparate,* en vitrine, à l'étalage, à la *o* en devanture. ‖ *Amer.* Armoire, *f.* (armario). ‖ *Decorador, decoradora de escaparates,* étalagiste.

escaparatista m. y f. Étalagiste.

escapatoria f. Échappatoire (evasiva). ‖ Issue (salida). ‖ Escapade. ‖ Échappée (de un ciclista).

escape m. Fuite, *f.* (de gas). ‖ Issue, *f.* (salida). ‖ Échappement (de un motor, reloj). ‖ — *A escape,* à toute allure, à toute vitesse. ‖ FIG. *Puerta de escape,* porte de sortie. ‖ *Tubo de escape,* tuyau d'échappement. ‖ *Velocidad de escape,* vitesse de libération. ‖ — *Correr a escape,* courir à perdre haleine *o* comme un lièvre, un dératé.

escápula f. ANAT. Omoplate.

escapular adj. Scapulaire (del hombro).

escapulario m. RELIG. Scapulaire.

escapulohumeral adj. Scapulo-huméral, e.

escaque m. Case, *f.* (del tablero de ajedrez). ‖ BLAS. Échiquier. ‖ — Pl. Échecs (ajedrez).

escaqueado, da adj. En échiquier, en damier. ‖ BLAS. Échiqueté, e.

escara f. MED. Escarre, eschare. ‖ MED. *Producir una escara en,* escarrifier.

escarabajear v. intr. Griffonner, gribouiller (garabatear). ‖ Se démener, se remuer (agitarse). ‖ FIG. y FAM. Chiffonner, tracasser (preocupar) : *este problema me escarabajea,* ce problème me tracasse.

escarabajeo m. Gribouillage, griffonnage (garabateo). ‖ Gesticulation. ‖ FAM. Ennui, préoccupation, *f.,* tracas, souci.

escarabajo m. ZOOL. Scarabée, escarbot (coleóptero) : *escarabajo dorado,* scarabée doré. ‖ FIG. y FAM. Avorton, nabot (persona de mal aspecto). ‖ TECN. Défaut (en un tejido). ‖ Défaut de l'âme (en un cañón). ‖ *Escarabajo bolero* ou *pelotero,* bousier. ‖ — Pl. FIG. Griffonnages, gribouillages, gribouillis (garrapatos).

escarabeidos m. pl. Scarabéidés (coleópteros con antenas).

escaramucear v. intr. Escarmoucher.

escaramujo m. BOT. Églantier, rosier sauvage (rosal silvestre). ‖ ZOOL. Anatife (crustáceo).

escaramuza f. Escarmouche, échauffourée, accrochage, *m.*

escaramuzar v. intr. Escarmoucher.

escarapela f. Cocarde (insignia). ‖ FIG. y FAM. Chamaillerie (disputa), crêpage (*m.*) de chignon (de mujeres). ‖ *Amer.* Rose trémière (malvarrosa).

escarbadero m. Endroit creusé ou piétiné par un animal. ‖ Boutis (hozadura del jabalí).

escarbadientes m. inv. Cure-dent (mondadientes).

escarbador, ra adj. Qui fouille, qui gratte.
— M. Tisonnier (para escarbar la lumbre).

escarbaorejas m. inv. Cure-oreille.

escarbar v. tr. Gratter : *la gallina escarba la tierra,* la poule gratte la terre. ‖ Fouiller (hozar). ‖ Curer (dientes, oídos). ‖ Tisonner (la lumbre). ‖ FIG. Fouiller (registrar). | Faire des recherches (averiguar).

escarbo m. Creusement, grattage.

escarcear v. intr. *Amer.* Caracoler (el caballo).

escarcela f. Escarcelle (bolsa). ‖ Carnassière (de cazador). ‖ Résille (cofia). ‖ Tassette (de armadura).

escarceo m. MAR. Clapotement, clapotis.
— Pl. ÉQUIT. Courbettes, *f.,* caracoles, *f.,* virevoltes, *f.* ‖ FIG. Tergiversations, *f.* (rodeos). | Premières armes, *f.* (primeros pasos). ‖ — FIG. *Los primeros escarceos amorosos,* les premières aventures amoureuses. ‖ ÉQUIT. *Hacer escarceos,* virevolter.

escarcha f. Gelée blanche (rocío congelado). ‖ Givre, *m.* (niebla condensada).

escarchado, da adj. Givré, e ; couvert de gelée blanche. ‖ Candi (sin fem.) : *fruta escarchada,* fruit candi. ‖ Glacé, e (dulces).
— M. Lamé d'or ou d'argent (telas). ‖ Candisation, *f.* (de las frutas).

escarchar v. impers. Geler blanc (cubrirse de escarcha).
— V. tr. Givrer. ‖ Givrer (cubrir la fruta de azúcar). ‖ Glacer (los dulces). ‖ Mettre du sucre cristallisé dans l'eau-de-vie.

escarchilla f. *Amer.* Grésil, *m.* (granizo menudo).

escarda f. AGRIC. Échardonnoir, *m.,* échardonnet, *m.,* sarcloir, *m.* (instrumento). ‖ Échardonnage, *m.,* sarclage, *m.* (acción). | Essanvage, *m.* (de la mostaza silvestre).

escardadera o **escardilla** f. Sarcloir, *m.*

escardador, ra m. y f. Sarcleur, euse.

escardadura f. AGRIC. Échardonnage, *m.,* sarclage, *m.*

escardar v. tr. AGRIC. Échardonner, sarcler. ‖ FIG. Trier (escoger). ‖ FIG. y FAM. *Mandar a uno a escardar,* envoyer quelqu'un promener.

escardillar v. tr. Sarcler (escardar).

escardillo m. Sarcloir (herramienta). ‖ Tête (*f.*) de chardon (flor del cardo). ‖ Reflet (brillo).
escariado m. TECN. Alésage (de un agujero).
escariador m. TECN. Alésoir (taladro).
escariar v. tr. TECN. Aléser (un agujero).
escarificación f. Scarification.
escarificador m. AGRIC. Scarificateur.
escarificar v. tr. AGRIC. y MED. Scarifier.
escarioso, sa adj. BOT. Scarieux, euse.
escarizar v. tr. MED. Enlever les croûtes [d'une plaie].
escarlata f. Écarlate (color). ‖ Écarlate (tela). ‖ MED. Scarlatine.
— Adj. Écarlate.
escarlatina f. MED. Scarlatine.
escarlatiniforme adj. Scarlatiniforme.
escarmenador m. Démêloir (peine).
escarmenar v. tr. Démêler (el pelo). ‖ MIN. Trier (separar el mineral).
escarmentado, da adj. Instruit par l'expérience, échaudé, e : *estar escarmentado,* avoir été échaudé. ‖ *De los escarmentados salen los avisados,* chat échaudé craint l'eau froide.
escarmentar* v. tr. Corriger, donner une leçon à : *escarmentar a un niño,* corriger un enfant. ‖ *Hacer escarmentar,* échauder.
— V. intr. Apprendre à ses dépens, profiter d'une leçon. ‖ Se corriger (enmendarse). ‖ — *Escarmentar en cabeza ajena,* profiter de l'expérience d'autrui. ‖ *Nadie escarmienta en cabeza ajena,* on apprend toujours à ses dépens. ‖ *No escarmienta nunca,* il est incorrigible. ‖ *Te lo digo para que escarmientes en cabeza ajena,* je te le dis pour que cela te serve de leçon.
escarmiento m. Leçon, *f.,* exemple (lección). ‖ Punition, *f.* (castigo). ‖ *Servir de escarmiento,* servir de leçon.
escarnecedor, ra adj. y s. Moqueur, euse.
escarnecer* v. tr. Bafouer, railler.
escarnecimiento o **escarnio** m. Moquerie, *f.,* dérision, *f.* (burla). ‖ Outrage (ultraje).
escaro, ra adj. y s. Cagneux, cuse.
— M. ZOOL. Scare.
escarola f. Scarole, escarole, chicorée frisée (verdura). ‖ (Ant.). Fraise (cuello alechugado).
escarolar v. tr. Fraiser, plisser (alechugar).
escarótico, ca adj. y s. m. MED. Escarotique.
escarpa f. Escarpement, *m.* (cuesta empinada). ‖ Escarpe (fortificación). ‖ *En escarpa,* en dos d'âne (carretera).
escarpado, da adj. Escarpé, e : *orillas escarpadas,* des rives escarpées.
— SINÓN. ● *Abrupto,* abrupt. *Inclinado,* penché. *Accidentado, arriscado,* accidenté. *Pino,* raide.
escarpadura f. Escarpement, *m.*
escarpar v. tr. Couper en pente raide (cortar a pico). ‖ Gratter (raspar).
escarpelo m. Grattoir (de carpintero, de escultor). ‖ Scalpel (de cirujano).
escarpia f. Piton, *m.* (alcayata).
escarpidor m. Démêloir (peine).
escarpín m. Escarpin (calzado) : *escarpines de charol,* escarpins vernis. ‖ Chausson (calzado interior).
escarrancharse v. pr. Écarter les jambes.
escarza f. VETER. Enclouure (herida).
escarzano adj. m. ARQ. Bombé (arco).
escarzar v. tr. AGRIC. Châtrer (las colmenas).
escarzo m. AGRIC. Rayon de cire vide (panal). ‖ Châtrage (de las colmenas). ‖ BOT. Amadouvier (hongo yesquero).
escasamente adv. Petitement, chichement : *vive escasamente,* il vit chichement. ‖ Tout au plus, à peine : *trabajó escasamente una hora,* il a travaillé à peine une heure. ‖ Faiblement, légèrement : *tiempo escasamente nublado,* temps légèrement nuageux. ‖ De justesse : *los liberales*

ganaron escasamente, les libéraux gagnèrent de justesse.
escasear v. tr. Lésiner sur (escatimar). ‖ Épargner, économiser (ahorrar). ‖ TECN. Couper en biais.
— V. intr. Manquer, se faire rare (faltar) : *escasea el arroz,* le riz manque, on manque de riz.
escasez f. Manque, *m. : escasez de agua, de mano de obra,* manque d'eau, de main-d'œuvre. ‖ Pénurie (penuria) : *escasez de alimentos,* pénurie de produits alimentaires. ‖ Disette : *año de escasez,* année de disette. ‖ Exiguïté, petitesse : *la escasez de mis recursos,* l'exiguïté de mes ressources. ‖ Ladrerie (tacañería). ‖ *Con escasez,* à peine (apenas), chichement (con mezquindad), pauvrement (con pobreza).
escaso, sa adj. Peu abondant, e ; court, e : *la comida va a resultar escasa,* le repas va être court. ‖ Très peu de : *escaso tiempo,* très peu de temps. ‖ Maigre, mince : *escasa recompensa,* maigre récompense ; *escaso salario,* mince salaire. ‖ À peine, tout juste : *dos días escasos,* deux jours à peine. ‖ Petit, e : *una hora escasa,* une petite heure. ‖ Rare : *los víveres son escasos,* les vivres sont rares. ‖ Faible, maigre, rare : *escasas lluvias,* de faibles pluies ; *escasa vegetación,* maigre végétation. ‖ Limité, e ; faible : *tener escasos recursos,* avoir des ressources limitées. ‖ Malheureux, euse : *me dio cinco pesetas escasas,* il m'a donné cinq malheureuses pesetas. ‖ Quelque : *desplazamiento de escasos milímetros,* déplacement de quelques millimètres. ‖ Avare, chiche, mesquin, e (tacaño). ‖ *Andar escaso de,* être à court de : *ando escaso de dinero,* je suis à court d'argent.
escatimar v. tr. Lésiner sur (ser poco generoso). ‖ Réduire, diminuer (reducir). ‖ FIG. Ménager, épargner : *escatimar sus energías,* épargner ses forces ; *no escatimar sus esfuerzos,* ne pas ménager ses efforts. ‖ Marchander : *escatimar los elogios,* marchander les éloges. ‖ *No escatimar los gastos,* ne pas lésiner sur les frais, ne pas regarder à la dépense.
escatimoso, sa adj. Radin, e ; regardant, e ; mesquin, e.
escatófilo, la adj. ZOOL. Scatophile.
escatología f. Scatologie. ‖ FILOS. Eschatologie (tratado).
escatológico, ca adj. Scatologique (sucio, excrementicio). ‖ FILOS. Eschatologique.
escaupil m. Ancienne tunique (*f.*) matelassée des Mexicains (coraza).
escayola f. Plâtre, *m.* (yeso). ‖ Stuc, *m.* (estuco).
escayolado, da adj. Plâtré, e. ‖ Dans le plâtre, platré, e (cirugía).
— M. Plâtrage.
escayolar v. tr. MED. Plâtrer, mettre dans le plâtre : *brazo escayolado,* bras dans le plâtre, plâtré.
escena f. TEATR. Scène : *poner en* ou *llevar a la escena,* mettre en scène, porter à la scène. ‖ Scène (subdivisión de un acto). ‖ FIG. Scène : *una escena conmovedora,* une scène attendrissante. ‖ *Director de escena,* metteur en scène. ‖ FIG. *Hacer una escena,* faire une scène. ‖ *Salir a escena,* entrer en scène. ‖ *Volver a la escena,* faire sa rentrée.
escenario m. TEATR. Scène, *f. : estar en el escenario,* être sur scène. ‖ CINEM. Plateau (plató). ‖ FIG. Cadre, décor. ‖ Cadre : *España es el escenario de esta película,* l'Espagne sert de cadre à ce film. ‖ Théâtre : *esta ciudad fue escenario de un gran suceso,* cette ville fut le théâtre d'un grand événement. ‖ *Pisar el escenario,* monter sur scène.
escénico, ca adj. Scénique.
escenificación f. Mise en scène.
escenificar v. tr. Adapter à la scène.
escenografía f. Mise en scène.
escenográfico, ca adj. De la mise en scène, scénographique.

escenógrafo m. Metteur en scène.
escepticismo m. Scepticisme.
escéptico, ca adj. y s. Sceptique.
esciena f. ZOOL. Sciène.
escila f. Scille (cebolla albarrana).
Escila n. pr. GEOGR. Scylla. || *Librarse de Caribdis y caer en Escila,* tomber de Charybde en Scylla.
escincidos m. pl. ZOOL. Scincidés.
escinco m. Scinque (lagarto). || Serpent aquatique (saurio).
escindir v. tr. Scinder.
Escipión n. pr. m. Scipion : *Escipión el Africano,* Scipion l'Africain.
escirro m. MED. Squirre.
escirroso, sa adj. MED. Squirreux, euse.
escisión f. Scission, scindement, *m.* (separación). || FÍS. Fission (del átomo).
escisionista adj. y s. Scissionniste. || — Adj. Scissionnaire.
escisiparidad f. Scissiparité.
escisíparo, ra adj. Scissipare.
escita adj. y s. Scythe.
Escitia n. pr. f. GEOGR. Scythie.
escítico, ca adj. Scythique.
esciuridos m. pl. ZOOL. Sciuridés (ardilla).
esclarecer* v. tr. Éclairer (iluminar). || FIG. Éclaircir, tirer au clair (una cosa dudosa). | Éclairer (el entendimiento). | Rendre illustre, illustrer.
— V. intr. Se lever, paraître [le jour] : *ya esclarece,* le jour se lève.
esclarecidamente adv. Brillamment.
esclarecido, da adj. Illustre.
esclarecimiento m. Éclaircissement, mise (*f.*) en lumière (acción de esclarecer). || FIG. Illustration, *f.* (celebridad).
esclavina f. Pèlerine (vestido). || Collet, *m.* (de capa).
esclavismo m. Esclavagisme.
esclavista adj. y s. Esclavagiste.
esclavitud f. Esclavage, *m.* : *caer en la esclavitud,* tomber, vivre en esclavage.
esclavizar v. tr. Réduire en esclavage. || FIG. Réduire en esclavage, tyranniser (oprimir).
esclavo, va adj. y s. Esclave. || FIG. *Ser esclavo de su deber,* être esclave de son devoir. || — F. Chaînette, gourmette (pulsera).
esclavón, ona o **esclavonio, nia** adj. y s. Esclavon, onne (de Esclavonia).
Esclavonia n. pr. f. GEOGR. Esclavonie.
escleranto m. BOT. Scléranthe.
esclerénquima f. BOT. Sclérenchyme, *m.*
esclerófilo, la adj. BOT. Sclérophylle.
escleroproteína f. Scléroprotéine.
esclerosis f. MED. Sclérose (endurecimiento). || FIG. Sclérose (de una industria, etc.). || *Padecer esclerosis,* se scléroser.
escleroso, sa adj. MED. Scléreux, euse.
esclerótica f. ANAT. Sclérotique.
esclusa f. Écluse (de un canal) : *esclusa de limpia,* écluse de nettoyage. || — *Cierre de esclusa,* éclusage. | *Esclusa de aire,* sas.
esclusada f. Éclusée.
esclusero, ra m. y f. Éclusier, ère.
escoba f. Balai, *m.* || BOT. Genêt (*m.*) à balais (retama). || *Coche escoba,* voiture-balai.
escobajo m. Vieux balai. || AGRIC. Rafle, *f.* (del racimo de uvas).
escobazo m. Coup de balai. || FIG. y FAM. *Echar a uno a escobazos,* flanquer quelqu'un à la porte.
escobén m. MAR. Écubier.
escobera f. Genêt, *m.* (retama común).
escobero, ra m. y f. Marchand, marchande de balais.
escobilla f. Brosse (cepillo). || Balayette (escoba pequeña). || Balai, *m.* (de dínamo). || BOT. Bruyère (brezo).

escobillar o **escobillear** v. tr. Brosser.
— V. intr. *Amer.* Exécuter sur place un mouvement de va-et-vient rapide avec les pieds [en dansant].
escobilleo m. *Amer.* Va-et-vient rapide des pieds [en dansant].
escobillón m. MIL. Écouvillon. || *Limpiar con escobillón,* écouvillonner.
escobina f. Sciure (serrín). || Limaille (de metal).
escobón m. Grand balai. || Tête-de-loup, *f.* (deshollinador). || Petit balai, balayette, *f.* (de mango corto).
escocedura f. MED. Inflammation, rougeur (inflamación). || Brûlure, cuisson (quemadura). || FIG. Douleur cuisante.
escocer* v. intr. Brûler, cuire (causar una sensación de quemadura). || FIG. Chagriner, affliger, faire mal : *me escuece su modo de proceder,* sa façon d'agir me fait mal. | Blesser, faire mal (herir) : *la reflexión que le he hecho le ha escocido,* la réflexion que je lui ai faite l'a blessé. | *Tener la piel escocida,* avoir la peau enflammée.
— V. pr. S'enflammer (la piel). || FIG. Se froisser, se vexer (picarse).
escocés, esa adj. y s. Écossais, e. || *Tela escocesa,* tissu écossais.
escocia f. ARQ. Scotie (moldura).
Escocia n. pr. f. GEOGR. Écosse.
escocimiento m. Douleur (*f.*) cuisante.
escoda f. TECN. Smille, laie (martillo con dos puntas).
escodadura f. TECN. Smillage, *m.*
escodar v. tr. TECN. Smiller (picar con la escoda). || Frayer (el ciervo).
escofia o **escofieta** f. Coiffe (cofia).
escofina f. TECN. Râpe : *escofina de mediacaña, plana, redonda,* râpe demi-ronde, plate, ronde.
escofinar v. tr. TECN. Râper.
escoger v. tr. ● Choisir : *escoger una fruta de* ou *en una cesta,* choisir un fruit dans un panier. | Trier (seleccionar). || — *A escoger,* au choix. || FAM. *Escoger a bulto* ou *al buen tuntún,* taper dans le tas, prendre au hasard. | *Escoger como* ou *por* ou *para mujer,* choisir pour femme, prendre pour femme. || *Muchos son llamados y pocos escogidos,* il y a beaucoup d'appelés mais peu d'élus. || *Tener de sobra donde escoger,* n'avoir que l'embarras du choix. || *Tener donde escoger,* avoir le choix.
— SINÓN. ● *Elegir,* élire, choisir. *Tomar,* prendre. *Preferir,* préférer. *Decidir,* décider. *Seleccionar,* sélectionner. *Optar,* opter. *Adoptar,* adopter. *Designar,* désigner. *Echar el ojo a,* jeter son dévolu sur.
escogidamente adv. Bien, avec discernement (con acierto). || Parfaitement (perfectamente).
escogido, da adj. Choisi, e : *obras escogidas,* œuvres choisies. || Choisi, e (selecto). || De choix : *un artículo escogido,* un article de choix. || MIL. *Tropa escogida,* troupe d'élite.
escogimiento m. Choix.
escolanía f. Manécanterie.
escolano m. Élève.
escolapio m. Frère des écoles pies (religioso). || Élève des écoles pies (alumno).
escolar adj. Scolaire : *edad escolar,* âge scolaire. || *Libro escolar,* livre ou ouvrage scolaire, livre de classe (para estudiar), livret scolaire (para las certificaciones).
escolaridad f. Scolarité.
escolarización f. Scolarisation.
escolarizar v. tr. Scolariser.
escolástica f. Scolastique (filosofía).
escolasticado m. Scolasticat (seminario de teología).
escolasticismo m. Scolastique, *f.* (filosofía). || Parti pris, esprit de chapelle (en ciencias, etc.).

escolástico, ca adj. Scolastique : *doctrina escolástica,* doctrine scolastique.
— M. y f. Scolastique (escritor).
escólex m. ZOOL. Scolex.
escoliador o **escoliasta** m. Scoliaste (autor de escolios).
escoliar v. tr. Annoter (escribir escolios).
escolio m. Scolie, *f.* (nota). ‖ MAT. Scolie.
escoliosis f. MED. Scoliose.
escólito m. ZOOL. Scolyte.
escolopendra f. ZOOL. Scolopendre (ciempiés). ‖ BOT. Scolopendre (lengua de ciervo).
escolta f. Escorte. ‖ MAR. Escorteur, *m.* (barco).
escoltar v. tr. Escorter. ‖ Convoyer (convoyar). ‖ Encadrer : *dos policías escoltaban al ladrón,* deux policiers encadraient le voleur.
escollar v. intr. *Amer.* Échouer (encallarse). ‖ FIG. Échouer (malograrse).
escollera f. Brise-lames, *m. inv.*
escollo m. ● Écueil (arrecife). ‖ FIG. Écueil : *tropezar en un escollo,* tomber o buter sur un écueil. ‖ MAR. Échouage.
— SINÓN. ● *Arrecife,* récif. *Roca,* roche. *Rompiente,* brisant. *Encalladero,* écueil. *Banco,* banc.
escombra f. Déblaiement, *m.,* déblayement, *m.*
escombrar v. tr. Déblayer (quitar los descombros). ‖ FIG. Déblayer, débarrasser (despejar).
escombrera f. Dépotoir, *m.* ‖ Terril, *m.* (de mina).
escómbridos m. pl. ZOOL. Scombridés.
escombro m. ZOOL. Maquereau.
escombros m. pl. Décombres (residuos). ‖ Déblais (de mina). ‖ Éboulis (de rocas).
esconce m. Angle, coin.
escondedero m. Cachette, *f.* (escondrijo).
esconder m. Cache-cache, *inv.* (escondite).
esconder v. tr. ● Cacher. ‖ FIG. *Esconder las uñas,* rentrer ses griffes, faire patte de velours.
— V. pr. Se cacher : *esconderse de uno,* se cacher de quelqu'un. ‖ Se dérober : *esconderse de las miradas,* se dérober aux regards.
— SINÓN. ● *Celar,* celer. *Encubrir,* receler. *Ocultar,* occulter. *Velar,* voiler. *Cubrir,* couvrir. *Disfrazar,* déguiser. *Disimular,* dissimuler.
escondidamente adv. En cachette.
escondidas f. pl. *Amer.* Cache-cache, *m. inv.*
— Adv. *A escondidas,* en cachette. ‖ *Hacer algo a escondidas de alguien,* faire quelque chose à l'insu de quelqu'un.
escondido m. *Amer.* Danse (*f.*) populaire d'Argentine et d'Uruguay (baile).
escondimiento m. Action (*f.*) de cacher.
escondite m. Cachette, *f.,* cache, *f.* (escondrijo). ‖ Cache-cache, *inv.* : *jugar al escondite,* jouer à cache-cache.
escondrijo m. Cachette, *f.,* cache, *f.*
escopeta f. Fusil (*m.*) de chasse : *escopeta de dos cañones,* fusil à deux coups o à deux canons ; *escopeta de aire comprimido,* fusil à air comprimé ; *escopeta de chispa,* fusil à pierre. ‖ Escopette (arma antigua de fuego). ‖ FIG. y FAM. *Aquí te quiero ver, escopeta,* montre nous ce que tu sais faire.
— OBSERV. *Escopeta* désigne un fusil de chasse, *fusil,* un fusil de guerre.
escopetazo m. Coup de fusil. ‖ FIG. Sale coup, surprise (*f.*) désagréable.
escopetear v. intr. Tirailler, tirer des coups de fusil (tirotear). ‖ — V. pr. FIG. Se renvoyer la balle.
escopeteo m. Fusillade, *f.* ‖ FIG. y FAM. Escarmouche, *f.* (disputa). ‖ *Un escopeteo de cortesías,* un assaut de politesse.
escopetería f. MIL. Troupe de ligne. ‖ Fusillade (tiroteo).
escopetero m. Fusilier (soldado). ‖ Armurier (armero). ‖ TECN. Bombardier (insecto).
escopladura o **escopleadura** f. TECN. Mortaisage, *m.* (acción). ‖ Mortaise (muesca).

escoplear v. tr. Mortaiser (hacer muesca).
escoplo m. TECN. Bédane, ciseau à bois. ‖ *Escoplo de cantería,* ciseau à pierre.
escopolamina f. Scopolamine.
escora f. MAR. Accore (puntal). ‖ Gîte, *f.* (inclinación del barco).
escorar v. tr. MAR. Accorer (apuntalar).
— V. intr. MAR. Gîter, s'incliner (el barco).
escorbútico, ca adj. y s. Scorbutique.
escorbuto m. MED. Scorbut.
escoria f. Scorie (residuos). ‖ Laitier, *m.* (de alto horno). ‖ FIG. Déchet, *m.,* lie (cosa vil). ‖ Racaille (de la sociedad).
escoriación f. Excoriation (en la piel).
escorial m. Tas de scories.
Escorial (El) n. pr. m. Escurial (l').
escoriar v. tr. Excorier (la piel).
escorificación f. Scorification.
escorificar v. tr. Scorifier.
escorpena o **escorpina** f. Scorpène (pez).
escorpio m. ASTR. Scorpion.
escorpión m. Scorpion. ‖ Scorpène, *f.* (pez). ‖ MIL. Scorpion (ballesta). ‖ FIG. *Boca* ou *lengua de escorpión,* langue de vipère.
escorrentía f. Écoulement, *m.*
escorzado m. Raccourci (escorzo).
escorzar v. tr. ARTES. Tracer en raccourci.
escorzo m. Raccourci (en perspectiva).
escorzonera f. BOT. Scorsonère.
escoscarse v. pr. Remuer les épaules.
escota f. MAR. Écoute (cable).
escotado, da adj. Échancré, e (vestido, hoja). ‖ Décolleté, e (persona).
— M. Décolleté (escotadura).
escotadura f. Décolletage, *m.,* échancrure (corte). ‖ Décolleté, *m.,* échancrure (del cuello). ‖ Entournure (de una manga). ‖ TEATR. Trappe. ‖ MÚS. Échancrure (de un instrumento).
escotar v. tr. Échancrer, décolleter (un vestido). ‖ Pratiquer une saignée [à un cours d'eau].
— V. intr. Payer son écot, se cotiser (pagar la cuota).
escote m. Décolleté (parte escotada). ‖ Échancrure, *f.,* décolletage (corte). ‖ Volant de dentelle (adorno). ‖ Écot (gasto) : *pagar el escote,* payer son écot. ‖ *Pagar a escote,* payer son écot, partager les frais.
escotera f. MAR. Trou (*m.*) d'écoute.
escotilla f. MAR. Écoutille.
escotillón m. MAR. Trappe, *f.* (trampa). ‖ TEATR. Trappe, *f.,* trapillon.
escotismo m. Scotisme (doctrina de Escoto).
escozor m. Cuisson, *f.,* brûlure, *f.* (dolor). ‖ FIG. Douleur (*f.*) cuisante. ‖ Pincement (de celos). ‖ Remords cuisant (remordimiento).
escriba m. Scribe.
escribana f. Notairesse (mujer del notario).
escribanía f. Greffe, *m.* (profesión de escribano). ‖ Greffe, *m.* (despacho). ‖ Bureau, *m.,* secrétaire, *m.* (mueble). ‖ Garniture de bureau, écritoire (recado de escribir).
escribanil adj. Notarial, e.
escribanillo m. FAM. Tabellion.
escribano m. Greffier. ‖ Secrétaire (escribiente) : *escribano de Ayuntamiento,* secrétaire de mairie.
escribido, da adj. FAM. *Ser muy leído y escribido,* être extrêmement pédant (presumir de sabio).
escribidor m. FAM. Écrivaillon.
escribiente m. y f. Employé, employée de bureau ; employé, employée aux écritures.
escribir v. tr. Écrire : *máquina de escribir,* machine à écrire ; *escribir de su puño y letra,* écrire de sa main. ‖ — *Escribir a máquina,* taper o écrire à la machine. ‖ FIG. y FAM. *Escribir como una cocinera,* écrire comme un chat. ‖ *Estaba escrito,*

c'était écrit. || *Lo escrito escrito está*, ce qui est écrit est écrit.

— SINÓN. *Redactar*, rédiger. *Anotar, apuntar*, noter. *Señalar*, marquer.

escriño m. Panier de paille tressée (cesta). || Coffret (cofrecito).

escritillas f. pl. Testicules (m.) de mouton.

escrito, ta adj. Écrit, e : *examen escrito*, examen écrit ; *la ignominia escrita en su cara*, l'ignominie écrite sur son visage. || *— Escrito a máquina*, tapé à la machine. || *Está escrito en el agua*, autant en emporte le vent.

— M. Écrit : *los escritos de Ortega*, les écrits d'Ortega. || DR. Pourvoi, requête, f. || *Poner por escrito*, mettre par écrit.

escritor, ra m. y f. ● Écrivain (sin f.) : *Santa Teresa fue una gran escritora*, sainte Thérèse fut un grand écrivain. || — F. Femme de lettres (profesión) : *es escritora*, elle est femme de lettres.

— OBSERV. A veces, se puede decir en femenino *femme écrivain*.

— SINÓN. ● *Autor*, auteur. *Prosista*, prosateur. *Hombre de letras*, homme de lettres. *Literato*, littérateur. *Fam. Gente de letras*, gens de lettres.

escritorio m. Bureau (mesa). || Bureau (despacho). || Secrétaire (armario de papeles). || *Gastos de escritorio*, frais de bureau.

escritorzuelo, la m. y f. Écrivain (sin f.) de troisième ordre, écrivaillon, m.

escritura f. ● Écriture : *la escritura de una carta*, l'écriture d'une lettre ; *la escritura griega*, l'écriture grecque. || Écrit, m. (obra escrita). || DR. Acte, m. : *escritura pública*, acte authentique ; *escritura privada*, acte sous-seing privé ; *escritura notarial*, acte notarié ; *escritura de venta*, acte de vente. || *Escritura de propiedad*, titre de propriété. || *La Sagrada Escritura*, l'Écriture sainte.

— SINÓN. ● *Grafía*, graphie, graphisme. *Letra*, écriture. *Caligrafía*, calligraphie.

escriturar v. tr. Passer un contrat par-devant notaire. || Engager (un artiste).

escriturario, ria adj. Authentique (acte).

— M. Exégète (de la Biblia).

escrófula f. MED. Scrofule.

escrofularia f. BOT. Scrofulaire.

escrofulariáceas f. pl. BOT. Scrofulariacées.

escrofulismo m. MED. Scrofulisme.

escrofuloso, sa adj. y s. MED. Scrofuleux, euse ; strumeux, euse.

escroto m. ANAT. Scrotum.

escrúpulo m. Scrupule : *tener escrúpulos*, avoir des scrupules. || Minutie, f., soin scrupuleux (escrupulosidad) : *hacer algo con escrúpulo*, faire quelque chose avec un soin scrupuleux. || Petit caillou dans la chaussure (china). || FIG. *Tener muchos escrúpulos*, être très délicat.

escrupulosidad f. Minutie, soin (m.) scrupuleux.

escrupuloso, sa adj. Scrupuleux, euse ; pointilleux, euse (concienzudo). || FIG. Scrupuleux, euse : *cuentas escrupulosas*, comptes scrupuleux. || Délicat, e : *no me gusta invitar a esta gente porque es demasiado escrupulosa*, je n'aime pas inviter ces gens-là parce qu'ils sont trop délicats.

escrutador, ra adj. y s. m. Scrutateur, trice.

escrutar v. tr. Scruter. || Dépouiller un scrutin (votos).

escrutinio m. Scrutin : *efectuar* ou *hacer el escrutinio*, dépouiller le scrutin. || Examen (averiguación) : *hacer el escrutinio de una cosa*, soumettre quelque chose à l'examen.

escuadra f. Équerre : *escuadra de agrimensor*, équerre d'arpenteur ; *escuadra de corredera*, équerre à coulisse. || Équerre (pieza para sujetar). || MIL. Escouade. | Caporal, m. (jefe de escuadra). | FIG. Escouade, équipe (de obreros). || MAR. Escadre. || DEP. Lucarne (fútbol). || BLAS. Escarre, esquarre. || *— A escuadra*, d'équerre, à angle

droit. || *Corte a escuadra*, équarrissage, équarissement. || *Falsa escuadra* ou *escuadra móvil*, fausse équerre. || *Fuera de escuadra*, à fausse équerre, en biais, obliquement. || *Labrar a escuadra*, équarrir.

escuadrar v. tr. Équarrir (labrar a escuadra). || Équerrer.

escuadreo m. Arpentage. || *Escuadreo por áreas*, aréage.

escuadría f. Section d'un madrier, équerrage, m.

escuadrilla f. Escadrille (de aviones).

escuadrón m. MIL. Escadron. || MIL. *Evolucionar en escuadrón*, escadronner, faire des évolutions par escadron.

escuadronar v. tr. MIL. Former en escadrons (a los soldados).

escualidez f. Maigreur (delgadez). || Saleté, malpropreté (suciedad).

escuálido, da adj. Maigre, émacié, e (delgado). || Sale, malpropre (sucio).

escualo m. ZOOL. Squale.

escucha f. Écoute : *ponerse a la escucha*, se mettre à l'écoute. | Sœur écoute (monja). || MIL. Écoute (sistema). | Sentinelle avancée (centinela). || *— Estación de escucha*, table d'écoute. || *Estar a la escucha*, être aux écoutes.

escuchadera f. Sœur écoute (monja).

escuchador, ra m. y f. Écouteur, euse.

escuchar v. tr Écouter : *escuchar música*, écouter de la musique ; *escuchar tras la puerta*, écouter aux portes. || *Estar escuchando*, être à l'écoute (radio, teléfono, etc.).

— V. pr. S'écouter : *escucharse hablando*, s'écouter parler.

escuchimizado, da adj. Chétif, ive.

escudar v. tr. Couvrir d'un bouclier. || FIG. Protéger (resguardar).

— V. pr. Se couvrir d'un bouclier. || FIG. S'abriter o se retrancher derrière : *escudarse con el ejemplo de sus antepasados*, s'abriter derrière l'exemple de ses ancêtres. | Se draper : *escudarse en la dignidad, la virtud*, se draper dans sa dignité, sa vertu.

escuderear v. intr. Être l'écuyer de.

escudería f. Fonction de l'écuyer. || Écurie (de automóviles de carrera).

escuderil adj. Propre aux écuyers.

escudero m. Écuyer (paje). || Noble (hidalgo). | Laquais (lacayo).

escudete m. Écusson (escudo pequeño). || Écusson (de una cerradura). || AGRIC. Écusson : *injerto de escudete*, greffe en écusson. || BOT. Nénuphar. || AGRIC. *Injertar de escudete*, écussonner, greffer en écusson.

escudilla f. Écuelle (recipiente). || Écuellée (contenido). || *Amer.* Bol, m. (tazón).

escudillar v. tr. Verser dans une écuelle (echar). | Tremper la soupe (de pan).

escudo m. Bouclier, écu (ant.) [arma defensiva]. || Écu (moneda). || BLAS. Écu, écusson. | Armes, f., pl., armoiries, f. pl., blason (de una ciudad, de un país). || Écusson (de la cerradura). || Bouclier (del cañón). || MAR. Écusson, tableau (espejo de popa). || AGRIC. Écusson. || FIG. Bouclier (defensa, protección). || Épaule (f.) de sanglier (del jabalí). || Escudo (moneda portuguesa). || *— Escudo de armas*, armes, armoiries, blason. || FIG. *Redorar su escudo*, redorer son blason.

escudriñador, ra adj. y s. Investigateur, trice ; scrutateur, trice (que busca). || Curieux, euse (curioso).

escudriñamiento m. Examen minutieux (investigación). || Furetage (indiscreción).

escudriñar v. tr. Fouiller du regard, observer (mirar de lejos). || Examiner en détail, passer au crible, éplucher (fam.) [examinar]. || Scruter : *escudriñar el horizonte*, scruter l'horizon.

escuela f. ● École : *escuela profesional de agricultura, de Bellas Artes,* école professionnelle agricole, des beaux-arts. ‖ Enseignement (instrucción). ‖ FIG. École : *la escuela racionalista, holandesa, etc.,* l'école rationaliste, hollandaise, etc. ; *la escuela de la desgracia,* l'école du malheur. ‖ — *Escuela de ingenieros agrónomos,* École nationale d'agriculture. ‖ *Escuela de párvulos,* école maternelle. ‖ *Escuela de primera enseñanza,* école primaire. ‖ *Escuela municipal,* école communale. ‖ *Escuela Normal,* École normale. ‖ *Escuelas Pías,* écoles pies. ‖ — EQUIT. *Alta escuela,* haute école. ‖ *Formar escuela,* faire école : *Picasso ha formado escuela,* Picasso a fait école. ‖ *Tener buena escuela,* être à bonne école.
— SINÓN. ● *Colegio,* collège. *Academia,* académie, école. *Instituto,* lycée. *Conservatorio,* conservatoire. *Gimnasio,* gymnase.

escuerzo m. Crapaud (sapo). ‖ FAM. Échalas (delgado).

escueto, ta adj. Concis, e ; succinct, e ; sommaire (conciso) : *un informe muy escueto,* un rapport très succinct. ‖ Sobre, dépouillé, e (sobrio) : *estilo escueto,* style dépouillé. ‖ *La verdad escueta,* la vérité toute nue.

escueznar v. tr. Cerner (las nueces).
escuimpacle m. BOT. *Amer.* Espèce de séneçon.
Esculapio n. pr. m. Esculape.
esculcar v. tr. *Amer.* Fouiller (registrar).
esculina f. QUÍM. Esculine.
esculpidor m. Sculpteur.
esculpir v. tr. Sculpter : *artista que esculpe en piedra,* artiste qui sculpte la pierre *o* sur pierre ; *efigie esculpida en mármol,* effigie sculptée sur marbre.

escultor, ra m. y f. Sculpteur (sin fem.) : *escultor en madera,* sculpteur sur bois. ‖ *Es escultora,* elle est sculpteur.
— SINÓN. *Estatuario,* statuaire. *Modelador,* modeleur. *Imaginero,* imagier. *Tallista,* ciseleur, sculpteur.

escultórico, ca adj. Sculptural, e.
escultura f. Sculpture : *escultura en mármol,* sculpture sur marbre (acción) ; *escultura de madera,* sculpture en bois (obra).
escultural adj. Sculptural, e.
escuna f. MAR. Schooner, *m.* (goleta).
escupida f. *Amer.* Crachat, *m.* (salivazo).
escupidera f. Crachoir, *m.* (para escupir). ‖ Vase (*m.*) de nuit (orinal).
escupido, da adj. FIG. Tout craché, e (parecido). ‖ *Es su padre escupido,* c'est son père tout craché *o* il est tout le portrait de son père.
escupidor, ra adj. y s. Cracheur, euse. ‖ — M. *Amer.* Crachoir (escupidera).
escupidura f. Crachat, *m.* (esputo). ‖ Gerçure (en los labios).
escupir v. intr. Cracher : *se prohibe escupir al* ou *en el suelo,* il est interdit de cracher par terre.
— V. tr. ● Cracher : *escupir sangre,* cracher du sang. ‖ FIG. Cracher (los cañones). |Rejeter, cracher (despedir) : *escupir metralla,* cracher de la mitraille. ‖ — *Escupir a uno,* cracher au visage de quelqu'un. ‖ FAM. *Si escupes al cielo, en la cara te caerá,* si tu craches en l'air, ça te retombera sur le nez.
— SINÓN. ● *Expectorar, esputar,* expectorer. *Espurrear,* asperger.

escupitajo m. o **escupitina** f. o **escupitinajo** m. o **escupo** m. Crachat, *m.*
escurana f. *Amer.* Obscurité.
escurialense adj. Du monastère *o* de la ville de l'Escurial.
escurrebotellas m. If (de botellas).
escurreplatos m. Égouttoir [à vaisselle].

escurribanda f. FAM. Échappatoire. | Diarrhée (diarrea). | Volée (paliza).
escurridero m. Égouttoir.
escurridizo, za adj. Glissant, e (resbaladizo). ‖ Fuyant, e (que elude). ‖ Qui se faufile facilement, leste (en colarse). ‖ FAM. *Hacerse el escurridizo,* s'éclipser, se défiler.
escurrido, da adj. Serrée dans sa jupe (una mujer). ‖ Aux hanches effacées, mince (de caderas). ‖ FAM. Déluré, e (desvergonzado). ‖ *Amer.* Penaud, e ; confus, e (confuso).
escurridor m. Égouttoir. ‖ Essoreuse, *f.* (de una lavadora).
escurriduras f. pl. Égouttures, fond, *m. sing.* (de un vaso o botella). ‖ Coulures, coulées : *escurriduras de pintura,* coulures de peinture.
escurrimiento m. Égouttage, égouttement. ‖ Écoulement : *escurrimiento libre,* écoulement libre. ‖ FIG. Faux pas (desliz).
escurrir v. tr. Égoutter. ‖ POP. *Escurrir el bulto,* se défiler, tirer au flanc, se dérober.
— V. intr. S'égoutter (líquidos). ‖ Glisser, être glissant, e : *este suelo escurre,* ce sol est glissant.
— V. pr. Glisser (deslizar) : *escurrirse en el hielo,* glisser sur la glace ; *escurrirse de* ou *entre las manos,* glisser des mains. ‖ FIG. y FAM. Se faufiler, s'échapper, s'éclipser (escaparse). | Se couper (en la conversación). | Se gourer (equivocarse). | Se tromper (en la cuenta).
escutelaria f. BOT. Scutellaire.
escutiforme adj. Scutiforme (de forma de escudo).
escutismo m. Scoutisme.
esdrujulizar v. tr. Accentuer [un mot] sur l'antépénultième syllabe.
esdrújulo, la adj. y s. Accentué sur l'antépénultième syllabe.
ese f. S, *m.* [nom de la lettre *s*]. ‖ Zigzag, *m.* : *carretera con eses,* route en zigzag. ‖ Esse (gancho). ‖ Ouïe (de violín, etc.). ‖ — *Andar haciendo eses,* zigzaguer, tituber. ‖ *Hundir el puñal hasta la ese,* enfoncer le poignard jusqu'à la garde.
ese, esa, esos, esas adj. dem. Ce, cette, ces, ce...-là, cette...-là, ces...-là : *esa mujer,* cette femme-là ; *esos libros son tuyos,* ces livres sont à toi.
— OBSERV. Ese comporte une nuance d'éloignement et désigne ce qui est rapproché de la personne à qui l'on s'adresse (V. AQUEL et ESTE). *Ese* a souvent un sens péjoratif ; dans ce cas il se trouve généralement placé après le nom : *ese niño,* ce gamin ; *esa gente,* ces gens-là ; *¡qué pesado es el niño ese!,* qu'il est ennuyeux ce gosse!
— *Ce se cambia en* cet *delante de una vocal o de una h muda : ese pájaro,* cet oiseau ; *ese hombre,* cet homme. Por otra parte se puede añadir en francés la partícula invariable *là* para designar algo de un modo más concreto : *esos hombres,* ces hommes-là.
ése, ésa, ésos, ésas pron. dem. m. y f. Celui-là, celle-là, ceux-là, celles-là : *me gusta más esta casa que ésa,* cette maison me plaît davantage que celle-là. ‖ Lui, elle, eux, elles : *ése lo sabe,* lui le sait ; *ésa se quedó,* elle, elle est restée. ‖ — *Ése del que* ou *de quien,* celui dont. ‖ *Ése que,* celui qui, celui que : *ése que vino y que vino,* celui qui est venu et que tu as vu. ‖ — *En una de ésas,* un de ces quatre matins. ‖ *Ni por ésas,* à aucun prix, jamais de la vie (fam.). ‖ — *Choque usted ésa,* topez là. ‖ *Llegaré a ésa mañana,* j'arriverai demain dans votre ville. ‖ *¡No me vengas con ésas!,* ne me raconte pas d'histoires !
— OBSERV. Les pronoms *ése, ésa, ésos, ésas* portent un accent écrit pour les distinguer des adjectifs correspondants. Voir également l'observation faite à la fin de l'adjectif ESE.

esecilla f. TECN. Esse (alacrán).
esencia f. ● Essence : *esencia divina,* essence divine ; *esencia de rosas,* essence de roses. ‖ Parfum, *m.* : *un frasco de esencia,* un flacon de

parfum. ‖ — FIG. *En* o *por esencia,* par essence. ‖ *Quinta esencia,* quintessence.

— OBSERV. *Esencia* n'a pas le sens de « carburant », qui se dit *gasolina.*

— SINÓN. ● *Ser,* être. *Naturaleza,* nature. *Propiedad,* propriété. *Carácter,* caractère. *Particularidad,* particularité. *Sustancia,* substance.

esencial adj. Essentiel, elle. ‖ — *En lo esencial,* pour l'essentiel. ‖ *Lo esencial,* l'essentiel : *lo esencial es ser honrado,* l'essentiel est d'être honnête.

esenciero m. Flacon à parfum.

eserina f. Éserine (alcaloïde).

esfacelarse v. pr. MED. Se gangrener.

esfacelo m. MED. Sphacèle.

esfagno m. BOT. Sphaigne, *f.*

esfenoidal adj. ANAT. Sphénoïdal, e.

esfenoides adj. y s. m. ANAT. Sphénoïde.

esfera f. Sphère : *esfera armilar,* sphère armillaire. ‖ Cadran, *m.* (de un reloj). ‖ Sphère, milieu, *m.* (ambiente) : *salirse de su esfera,* sortir de sa sphère. ‖ — *Esfera de acción* ou *de actividad,* camp d'action, sphère d'activité. ‖ *Las altas esferas,* les hautes sphères, haut lieu : *dicen en las altas esferas que,* on dit en haut lieu *o* dans les hautes sphères que.

esfericidad f. Sphéricité.

esférico, ca adj. GEOM. Sphérique.

— M. FAM. Balle, *f.,* ballon.

esferográfica f. *Amer.* Stylo (*m.*) à bille (bolígrafo).

esferoidal adj. Sphéroïdal, e.

esferoide m. GEOM. Sphéroïde.

esferómetro m. Sphéromètre.

esfexa f. Sphex, *m.* (insecto).

esfigmógrafo m. MED. Sphygmographe.

esfigmograma m. MED. Sphygmogramme.

esfigmomanómetro m. Sphygmomanomètre, sphygmotensiomètre.

esfinge m. y f. Sphinx, *m.,* sphinge, *f.*

esfínter m. ANAT. Sphincter.

esfirena f. Sphyrène (pez).

esforzadamente adv. Vaillamment.

esforzado, da adj. Vaillant, e ; courageux, euse ; ardent, e.

esforzar* v. tr. (P. us.). Encourager.

— V. pr. S'efforcer de, faire un effort pour : *esforzarse en* ou *por salir,* s'efforcer de sortir. ‖ S'employer à *o* pour s'efforcer de : *me esforzaré en darle satisfacción,* je m'emploierai à vous donner satisfaction.

esfuerzo m. Effort : *redoblar los esfuerzos,* redoubler d'efforts. ‖ — *Hacer esfuerzos para,* faire des efforts pour. ‖ *La ley del mínimo esfuerzo,* la loi du moindre effort.

esfumación f. Estompage, *m.,* estompement, *m.* (difuminación).

esfumar v. tr. Estomper.

— V. pr. Disparaître, se volatiliser.

esfuminar v. tr. Estomper.

esfumino m. Estompe, *f.*

esgrafiado o **esgrafito** m. Sgraffite (fresco).

esgrafiar v. tr. Égratigner (pintura).

esgrima f. Escrime : *practicar la esgrima,* faire de l'escrime. ‖ *Maestro de esgrima,* maître d'armes.

esgrimidor, ra m. y f. Escrimeur, euse ; duelliste.

esgrimir v. tr. Escrimer (p. us.). ‖ FIG. Manier, se servir de (un arma). ‖ Présenter, faire valoir : *esgrimir un argumento,* présenter un argument. ‖ Brandir : *esgrimía un palo,* il brandissait un bâton. ‖ Agiter : *esgrimir el peligro de una revolución,* agiter le danger d'une révolution.

— OBSERV. *Esgrimir* ne s'emploie pas à la forme pronominale.

esgrimista m. *Amer.* Escrimeur.

esguazable adj. Guéable (vadeable).

esguazar v. tr. Guéer, passer à gué (vadear).

esguince m. MED. Foulure, *f.,* entorse, *f.* (torcedura). ‖ Écart (del cuerpo). ‖ (P. us.). Grimace, *f.* (gesto). ‖ *Producir un esguince en el tobillo,* se fouler la cheville.

eslabón m. Chaînon, maillon (de cadena). ‖ Briquet (para sacar chispas). ‖ Fusil (para afilar). ‖ Scorpion (alacrán). ‖ FIG. Chaînon, maillon. ‖ TECN. Patin. ‖ VETER. Suros (tumor). ‖ MAR. *Eslabón giratorio,* émerillon.

eslabonamiento m. Enchaînement.

eslabonar v. tr. Enchaîner.

eslavismo m. Slavisme.

eslavizar v. tr. Slaviser.

eslavo, va adj. y s. Slave.

eslavófilo, la adj. y s. Slavophile.

eslavón, ona adj. y s. Slavon, onne.

Eslavonia n. pr. f. GEOGR. Slavonie.

eslinga f. MAR. Élingue (cabo).

eslingar v. tr. MAR. Élinguer.

eslizón m. ZOOL. Seps [sorte de lézard].

eslora f. MAR. Longueur (de un barco) : *eslora total, entre perpendiculares,* longueur hors tout, entre perpendiculaires. ‖ — Pl. MAR. Hiloires (brazolas).

eslovaco, ca adj. y s. Slovaque.

Eslovaquia n. pr. f. GEOGR. Slovaquie.

Eslovenia n. pr. f. GEOGR. Slovénie.

esloveno, na adj. y s. Slovène.

esmaltado m. Émaillage (acción). ‖ Émaillerie, *f.* (carte del esmaltador). ‖ Émaillure, *f.* (acción y resultado).

esmaltador, ra m. y f. Émailleur, euse.

esmaltar v. tr. Émailler. ‖ FIG. Émailler : *esmaltar una conversación con* ou *de citas latinas,* émailler une conversation de citations latines.

esmalte m. Émail : *esmalte alveolado* ou *tabicado, campeado,* émail cloisonné, champlevé. ‖ Émail (de los dientes). ‖ Smalt (color). ‖ BLAS. Émail. ‖ FIG. Lustre, parure, *f.* (lustre). ‖ TECN. Émaillure, *f.* (acción y resultado del esmaltado). ‖ *Esmalte para uñas,* vernis à ongles.

esmaltín m. Smalt (esmalte).

esmaltina f. MIN. Smaltine.

esméctico, ca adj. MED. Smectique.

esmeradamente adv. Soigneusement.

esmerado, da adj. Soigné, e (bien hecho). ‖ Soigneux, euse (que se esmera). ‖ Soigné, e ; élégant, e (aseado).

— SINÓN. *Aseado,* propre. *Pulcro,* propre. *Primoroso,* délicat, exquis.

esmeralda f. Émeraude.

esmeraldino, na adj. Émeraude, smaragdin, e (verde).

esmerarse v. pr. S'appliquer, mettre du soin, faire de son mieux : *esmerarse en el trabajo,* s'appliquer au travail ; *¡esmérate!,* fais de ton mieux ! ‖ Soigner : *esmerarse al hablar,* soigner sa façon de parler.

esmerejón m. Émérillon (ave y cañón).

esmeril m. Émeri (piedra). ‖ *Papel de esmeril,* papier émeri *o* d'émeri.

esmerilado m. TECN. Émerissage, durcissage. ‖ Rodage (de las válvulas).

esmerilar v. tr. Durcir, polir à l'émeri, émeriser (p. us.) [pulir con esmeril]. ‖ TECN. Roder (las válvulas). ‖ *Papel esmerilado,* papier émeri *o* d'émeri.

esmero m. Soin : *trabajar, escribir con esmero,* travailler, écrire avec soin. ‖ Élégance, *f.,* netteté, *f.* (aseo). ‖ — *Estar vestido con esmero,* avoir une tenue soignée. ‖ *Poner esmero en,* mettre *o* apporter du soin à, s'appliquer à : *puso mucho esmero en esta carta,* il s'est beaucoup appliqué à écrire cette lettre.

Esmirna n. pr. GEOGR. Smyrne.

esmirriado, da adj. Chétif, ive ; malingre (escuchimizado). ‖ FIG. Maigre (reducido).

esmoquin m. Smoking.

esmorecerse v. pr. Défaillir (desfallecer), s'évanouir (desvanecerse). ‖ *Esmorecido de frío*, transi de froid.

esnob adj. y s. Snob.

esnobismo m. Snobisme.

eso pron. dem. neutro. Cela, ça (fam.) : *eso no me gusta*, cela ne me plaît pas ; *¿vienes?, ¡eso no!*, viens-tu ?, ça non ! ‖ — *A eso de*, vers : *a eso de las ocho, de las doce de la mañana*, vers 8 heures, vers midi. ‖ *Eso mismo*, tout juste, c'est cela même. ‖ *Eso que*, ce que : *eso que ves*, ce que tu vois. ‖ *¡Eso sí!*, ça oui ! ‖ *¡Eso sí que no!*, ah ça non ! ‖ *Por eso*, c'est pourquoi, c'est pour cela que : *por eso lo hice*, c'est pour cela que je l'ai fait. ‖ *Y eso que*, et pourtant : *habla mal el francés, y eso que ha vivido en París*, il parle mal le français et pourtant il a vécu à Paris. ‖ — *¡Eso!* ou *¡eso es!*, c'est ça !, tout juste ! ‖ *Eso es lo que quiero*, c'est o voilà ce que je veux. ‖ *¡Eso sí que es...!*, voilà, ça c'est : *¡eso sí que es una buena acción!*, voilà une bonne action !, ça c'est une bonne action ! ‖ *¿Qué es eso?*, qu'est-ce que c'est que ça ?

esos, esas adj. dem. V. ESE.

ésos, ésas pr. dem. pl. V. ÉSE.

esofágico, ca adj. ANAT. Œsophagique.

esofagismo m. Œsophagisme.

esofagitis f. MED. Œsophagite.

esófago m. ANAT. Œsophage.

esofagoscopia f. MED. Œsophagoscopie.

esofagostomía f. MED. Œsophagostomie.

Esopo n. pr. m. Ésope.

esotérico, ca adj. Ésotérique (secreto).

esoterismo m. Ésotérisme.

esotro, tra, esotros, esotras adj. dem. [composé de *ese* et de *otro*]. Cet autre, cette autre, ces autres : *esotro sombrero no me gusta tanto como éste*, cet autre chapeau ne me plaît pas autant que celui-ci.
— Pron. Celui-là, celle-là, ceux-là, celles-là.
— OBSERV. *Esotro*, comme *ese*, comporte souvent une nuance péjorative.

espabiladeras f. pl. Mouchettes (despabiladeras).

espabilar v. tr. V. DESPABILAR.

espaciador m. Barre (f.) o touche (f.) d'espacement (en una máquina de escribir).

espacial adj. Spatial, e : *nave espacial*, vaisseau spatial ; *vehículos espaciales*, engins spatiaux ; *encuentro espacial*, rendez-vous spatial.

espaciamiento m. Échelonnement (escalonamiento). ‖ Espacement.

espaciar v. tr. Espacer (poner espacio entre). ‖ Répandre (divulgar). ‖ Échelonner : *espaciar los pagos*, échelonner les paiements. ‖ IMPR. Espacer, blanchir.
— V. pr. Se répandre, se divulguer (divulgarse). ‖ FIG. S'étendre (dilatarse) : *espaciarse en una carta*, s'étendre dans une lettre. ‖ Se distraire (esparcirse).

espacio m. ● Espace : *espacio vital*, espace vital. ‖ Place, f. : *ocupar mucho espacio*, prendre o occuper beaucoup de place ; *no hay espacio*, il n'y a pas de place. ‖ Laps (de tiempo). ‖ Interligne (dactilografía) : *a un espacio*, à simple interligne ; *a dos espacios*, à double interligne. ‖ MÚS. Interligne, espace. ‖ IMPR. Espace. ‖ Espacement (hueco). ‖ FIG. Lenteur, f. (tardanza). ‖ Émission, f., programme (en televisión). ‖ — TECN. *Espacio de dilatación*, joint de dilatation (entre rieles). ‖ *Espacio tiempo*, espace temps.
— SINÓN. ● *Intervalo*, intervalle. *Intersticio*, interstice. *Hueco*, creux. *Distancia*, distance. *Extensión*, extension.

espacioso, sa adj. Spacieux, euse ; vaste (ancho) : *un local espacioso*, un local spacieux. ‖ Lent, e ; posé, e (flegmático).

espachurrar v. tr. FAM. Écrabouiller.

espada f. ● Épée. ‖ FIG. Lame, épée (persona) : *ser buena espada*, être une fine lame. | Figure, autorité : *es una de las primeras espadas en su profesión*, c'est une des plus grandes autorités dans sa profession. ‖ — Pl. « Espadas »[couleur au jeu de cartes espagnol]. ‖ GEOM. Flèche (sagita). ‖ — *De capa y espada*, de cape et d'épée. ‖ *Espada de dos filos*, épée à deux tranchants. ‖ *Espada negra*, épée mouchetée. ‖ *Pez espada*, espadon, poisson épée. ‖ — *Cruzar la espada con alguien*, croiser le fer avec quelqu'un. ‖ *Desenvainar* ou *desnudar la espada*, tirer l'épée, dégainer. ‖ *Echar su cuarto a espadas*, intervenir dans une conversation, mettre son grain de sel. ‖ *Envainar la espada*, remettre l'épée au fourreau. ‖ *Estar entre la espada y la pared*, être entre l'enclume et le marteau, avoir le couteau sur la gorge, être au pied du mur, être pris entre deux feux. ‖ *Meter la espada hasta la guarnición*, enfoncer l'épée jusqu'à la garde. ‖ *Quienes matan con la espada por la espada morirán*, quiconque se sert de l'épée périra par l'épée. ‖ *Traer la espada al cinto*, avoir l'épée au côté.
— SINÓN. ● *Sable*, sabre. *Machete*, coutelas. *Florete*, fleuret. *Estoque*, estoc. *Espadón*, rapière, espadon. *Cimitarra, alfanje*, cimeterre.

espada m. TAUROM. Matador.

espadachín m. Spadassin, ferrailleur, bretteur. ‖ Fine lame, f. (buen esgrimidor).

espadaña f. BOT. Massette, masse, quenouille. ‖ ARQ. Campanile, m., clocher à jour.

espadero m. Armurier (el que hace espadas).

espádice m. BOT. Spadice.

espadilla f. Décoration des chevaliers de l'ordre de Saint-Jacques. ‖ MAR. Godille (remo). ‖ As (m.) de « espadas », spadille, m. (as de espadas). ‖ Épingle à chignon (horquilla). ‖ *Remar con espadilla*, godiller.

espadín m. Épée (f.) de cérémonie.

espadón m. Rapière, f., espadon (p. us.) [espada grande].

espagírica f. (Ant.). Spagirie (alquimia).

espaguetis m. pl. Spaghetti.

espahí m. Spahi (soldado).

espalación f. Spallation (fisión del núcleo de un átomo).

espalda f. Dos, m. (del cuerpo, de un vestido). ‖ Derrière, m. (parte de atrás). ‖ Pl. Dos, m. sing. (personas o cosas). ‖ MIL. Arrière-garde, sing. ‖ — *Amer. Espaldas vueltas, memorias vueltas*, loin des yeux, loin du cœur. ‖ — *A espaldas de*, par-derrière, à l'insu de, dans le dos de. ‖ *A espalda suya*, dans son dos. ‖ *De espaldas*, de dos. ‖ — *Anchura de espaldas*, carrure. ‖ *En la espalda*, dans le dos. ‖ — *Caer* ou *caerse* ou *dar de espaldas*, tomber sur le dos o à la renverse. ‖ *Cargado de espaldas*, voûté, le dos voûté (persona) : *este joven es cargado de espaldas*, ce jeune homme est voûté o a le dos voûté. ‖ *Dar* ou *volver la espalda a uno*, tourner le dos à quelqu'un. ‖ FAM. *Echarse entre pecho y espalda*, s'envoyer (comida), se taper (un trabajo). ‖ *Echarse una cosa sobre las espaldas*, se charger d'une chose. ‖ FAM. *Esta noticia me tira de espaldas*, cette nouvelle est renversante o me renverse. ‖ *Estar tendido de espaldas*, être sur le dos. ‖ *Guardar las espaldas*, garder ses arrières. ‖ *Hablar por las espaldas*, dire du mal de quelqu'un dans son dos. ‖ *Herir por la espalda*, tirer dans le dos. ‖ *Medirle a uno las espaldas*, caresser les côtes à quelqu'un, rosser quelqu'un. ‖ *Nadar de espalda*, nager sur le dos. ‖ *Poner de espaldas*, faire toucher les épaules (lucha). ‖ *Ser ancho de espaldas*, avoir les épaules carrées, être large d'épaules. ‖ *Tener algo entre pecho y espalda,* avoir quelque chose sur le cœur. ‖ *Tener el santo* ou *el ángel de espaldas,* avoir les dieux contre soi. ‖ *Tener espaldas de molinero,* être bâti comme une armoire à glace. ‖ *Tener buenas espaldas* ou *tener anchas las espaldas,* avoir bon dos *o* le dos large. ‖ *Tener guardadas las espaldas,* être couvert, être bien protégé. ‖ *Tener muchos años a la espalda,* avoir de nombreuses années derrière soi. ‖ FIG. *Volver la espalda,* tourner le dos *o* les talons.

espaldar m. Dos (de coraza). ‖ Dossier (respaldo de un asiento). ‖ AGRIC. Treillage, espalier. ‖ ZOOL. Carapace, *f.* (de tortuga).

espaldarazo m. Accolade, *f.,* coup donné avec le plat de l'épée [lors de l'adoubement] : *dar el espaldarazo,* donner l'accolade. ‖ Consécration, *f.* (consagración).

espaldarcete m. Épaulière, *f.* (de armadura).

espaldarse v. pr. S'adosser (respaldarse).

espaldear v. tr. MAR. Battre la poupe (las olas). ‖ *Amer.* Couvrir, protéger (guardar las espaldas). ‖ Être derrière (estar detrás).

espaldera f. AGRIC. Espalier, *m. : en espaldera,* en espalier. ‖ DEP. Espalier (de gimnasia).

espaldilla f. Omoplate (omóplato). ‖ Épaule (de caballo). ‖ Palette, épaule, épaulée (del cerdo, carnero). ‖ Macreuse (de la vaca).

espaldón m. Épaulement (fortificación, barco, madero). ‖ MIL. *Espaldón de tiro,* butte de tir.

espaldonarse v. pr. MIL. Se protéger.

espalera f. Treillage, *m.* (espaldar).

espalto m. Spalt (color).

espantable adj. Épouvantable.

espantada f. Fuite (huida). ‖ Écart, dérobade (del caballo). ‖ *Dar una espantada,* détaler, prendre ses jambes à son cou (huir), tout lâcher (desistirse), se dérober (el caballo).

espantadizo, za adj. Ombrageux, euse.

espantador, ra adj. Effrayant, e. ‖ *Amer.* Ombrageux, euse (espantadizo).

espantajo m. Épouvantail. ‖ FIG. Épouvantail (espantapájaros).

espantalobos m. BOT. Baguenaudier (planta).

espantamoscas m. inv. Chasse-mouches (de los caballos).

espantapájaros m. Épouvantail.

espantar v. tr. Effrayer, épouvanter, faire peur (asustar). ‖ Chasser : *espantar las moscas,* chasser les mouches. ‖ Mettre en fuite (un adversario). — V. pr. S'effrayer, être épouvanté, avoir peur (tener miedo) : *espantarse con el temporal,* s'effrayer de *o* être épouvanté par la tempête ; *espantarse de* ou *por algo,* s'effrayer de *o* être épouvanté par quelque chose. ‖ S'étonner (admirarse).

espanto m. ● Frayeur, *f.,* épouvante, *f. : causar espanto,* inspirer l'épouvante ; *llenar de espanto,* jeter dans l'épouvante, remplir d'épouvante. ‖ Fantôme (fantasma). ‖ FAM. *Estar curado de espanto,* en avoir vu bien d'autres.

— SINÓN. ● *Temor,* crainte. *Susto, miedo,* peur. *Pavor,* frayeur. *Terror,* terreur. *Pánico,* panique. *Horror,* horreur.

espantoso, sa adj. Effrayant, e ; épouvantable.

— SINÓN. *Aterrador,* effroyable. *Horrendo,* affreux. *Horrible, horroroso,* horrible. *Tremendo,* épouvantable. *Dantesco,* dantesque. *Monstruoso,* monstrueux. *Atroz,* atroce. *Terrible,* terrible. *Pavoroso,* effrayant.

España n. pr. f. GEOGR. Espagne. ‖ *La España de pandereta,* l'Espagne d'opérette.

español, la adj. y s. Espagnol, e. ‖ — M. Espagnol (langue). ‖ *A la española,* à l'espagnole, à la mode espagnole.

españolado, da adj. Espagnolisé, e. ‖ — F. Espagnolade.

españolar v. tr. Espagnoliser.

españolear v. intr. Parler de l'Espagne.

españolismo m. Hispanisme. ‖ Caractère espagnol (carácter español).

españolizar v. tr. Espagnoliser. — V. pr. Prendre le caractère espagnol.

esparadrapo m. MED. Sparadrap.

esparaván m. ZOOL. Épervier. ‖ VETER. Éparvin, épervin.

esparavel m. Épervier (red). ‖ TECN. Taloche, *f.* (de albañil).

esparceta f. BOT. Esparcette, sainfoin, *m.* (pipirigallo).

esparciata adj. y s. Spartiate (de Sparte).

esparcidamente adv. Séparément.

esparcido, da adj. Répandu, e ; parsemé, e (diseminado). ‖ Semé, e ; éparpillé, e (sembrado). ‖ FIG. Détendu, e ; gai, e (alegre).

esparcidora f. AGRIC. Épandeur, *m.* (abonadora).

esparcimiento m. Épanchement (de líquido). ‖ Éparpillement, dissémination, *f.* (dispersión). ‖ AGRIC. Épandage (de abonos). ‖ FIG. Distraction, *f.* (recreo). ‖ Détente, *f.,* délassement : *tomarse unas horas de esparcimiento,* prendre quelques heures de détente.

esparcir v. tr. Répandre (derramar). ‖ Éparpiller (desparramar). ‖ Joncher, parsemer (sembrar) : *esparcir flores por el camino,* joncher le chemin de fleurs. ‖ FIG. Répandre (una noticia). — V. pr. Se répandre. ‖ FIG. Se délasser, se détendre (descansar). ‖ Se distraire (recrearse). ‖ FIG. *Esparcirse como una llama,* se répandre comme une traînée de poudre.

espárrago m. BOT. Asperge, *f. : puntas de espárragos,* pointes d'asperges. ‖ Perche, *f.,* piquet (palo). ‖ Rancher, échelier (escalera). ‖ TECN. Goujon. ‖ FAM. Asperge, *f.,* grande perche *f.* (flacucho). ‖ FAM. *Mandar a freir espárragos,* envoyer promener *o* bouler *o* sur les roses.

esparraguera f. Asperge (espárrago). ‖ Aspergerie, carré (*m.*) d'asperges (plantación). ‖ Plat (*m.*) à asperges (plato).

esparraguina f. MIN. Apatite.

esparrancado, da adj. Qui marche les jambes écartées (persona). ‖ Trop écarté, e (una cosa).

esparrancarse v. pr. FAM. Écarter les jambes.

Esparta n. pr. GEOGR. e HIST. Sparte.

Espartaco n. pr. m. Spartacus.

espartal m. Champ d'alfa.

espartanamente adv. A la spartiate.

espartano, na adj. y s. Spartiate (de Esparta).

esparteína f. MED. Spartéine.

esparteña f. Espadrille.

espartería f. Sparterie.

espartero, ra m. y f. Alfatier, ère.

espartizal m. Champ d'alfa.

esparto m. BOT. Alfa, spart, sparte (planta).

espasmo m. Spasme.

espasmódico, ca adj. Spasmodique : *tos espasmódica,* toux spasmodique.

espata f. BOT. Spathe.

espatarrarse v. pr. Écarter les jambes.

espático, ca adj. MIN. Spathique.

espato m. MIN. Spath : *espato de Islandia,* spath d'Islande ; *espato flúor,* spath fluor.

espátula f. Spatule (paleta). ‖ ZOOL. Spatule (ave). ‖ *Espátula de modelar,* spatule à modeler, ébauchoir.

espatulado, da adj. Spatulé, e (dedo).

especería f. V. ESPECIERÍA.

especia f. Épice. ‖ *Sazonar* ou *condimentar con especias,* épicer.

especial adj. Spécial, e : *programas especiales,* programmes spéciaux. ‖ — *Caso especial,* cas d'espèce. ‖ *En especial,* spécialement.

especialidad f. Spécialité.

especialista adj. y s. Spécialiste : *un especialista en neurología,* un spécialiste en neurologie. ‖ Expert (perito). ‖ *Médico especialista,* spécialiste.

especialización f. Spécialisation.

especializado, da adj. Spécialisé, e. ‖ Qualifié, e ; spécialisé, e : *obrero especializado,* ouvrier qualifié.

especializar v. tr. Spécialiser.
— V. pr. Se spécialiser : *especializarse en historia romana,* se spécialiser dans l'histoire romaine.

especie f. Espèce : *especie humana,* espèce humaine. ‖ Espèce, essence (árboles). ‖ ● Sorte, espèce (género, clase). ‖ Affaire (asunto). ‖ Bruit, *m.,* nouvelle (noticia) : *una especie inverosímil,* une nouvelle invraisemblable. ‖ — *En especie,* en nature : *pagar en especie,* payer en nature. ‖ *Especies sacramentales,* espèces sacramentelles, saintes espèces.
— OBSERV. El francés *payer en espèces* corresponde en español a *pagar en metálico.*
— SINÓN. ● *Suerte, clase,* sorte. *Género, índole,* genre. *Orden,* ordre. *Familia,* famille. *Variedad,* variété. *Tipo,* type. *Manera, modo,* manière. *Naturaleza,* nature.

especiería f. Boutique où l'on vend des épices. ‖ Épicerie (conjunto de especias).
— OBSERV. La palabra francesa *épicerie* corresponde generalmente hoy día a *tienda de comestibles.*

especiero, ra m. y f. Marchand, marchande d'épices.
— M. Armoire (*f.*) à épices.

especificación f. Spécification.

especificar v. tr. Spécifier, préciser.

especificativo, va adj. Spécificatif, ive.

especificidad f. Spécificité (carácter específico).

específico, ca adj. Spécifique : *peso específico,* poids spécifique.
— M. MED. Spécifique (medicamento para tratar una enfermedad determinada). ‖ Spécialité, *f.*

espécimen m. Spécimen.
— OBSERV. Pl. *especímenes.*

especiosamente adv. Spécieusement.

especiosidad f. Spéciosité.

especioso, sa adj. (P. us.). Parfait, e. ‖ FIG. Spécieux, euse (engañoso).

espectacular adj. Spectaculaire (aparatoso).

espectáculo m. Spectacle. ‖ — *Dar el espectáculo en la calle,* faire scandale o se donner en spectacle dans la rue. ‖ *Ser el espectáculo,* se donner en spectacle, servir de spectacle.
— SINÓN. *Fiesta,* fête. *Representación,* représentation. *Escena,* scène. *Función,* séance.

espectador, ra m. y f. Spectateur, trice : *miraba como espectador,* il regardait en spectateur.

espectral adj. Spectral, e. ‖ Fís. Spectral, e : *análisis espectral,* analyse spectrale.

espectro m. Spectre.

espectrografía f. Fís. Spectrographie.

espectrógrafo m. Fís. Spectrographe.

espectrograma m. Spectrogramme.

espectroheliógrafo m. Spectrohéliographe.

espectroscopia f. Fís. Spectroscopie.

espectroscópico, ca adj. Spectroscopique.

espectroscopio m. Fís. Spectroscope.

especulación f. Spéculation.

especulador, ra adj. y s. Spéculateur, trice.

especular v. tr. e intr. Spéculer : *especular con ou en la metafísica,* spéculer sur la métaphysique ; *especular en Bolsa,* spéculer à la Bourse. ‖ FIG. Miser : *especular en algo,* miser sur quelque chose.

especularia f. BOT. Spéculaire (espejo de Venus).

especulario, ria o especular adj. Spéculaire.

especulativo, va adj. Spéculatif, ive.
— F. Intellect, *m.* (facultad del espíritu).

espéculo m. MED. Spéculum.

espejado, da adj. Miroitant, e. ‖ Clair, e ; brillant, e (claro).

espejear v. intr. Miroiter. ‖ Reluire.

espejeo m. Mirage (espejismo). ‖ Miroitement (brillo intermitente). ‖ Reflet (reflejo).

espejería f. Miroiterie.

espejero m. Miroitier.

espejismo m. Mirage (fenómeno de óptica). ‖ FIG. Mirage (ilusión engañosa).

espejo m. Miroir, glace, *f.* : *mirarse en el espejo,* se regarder dans la glace. ‖ Miroir : *el espejo de las aguas,* le miroir des eaux. ‖ FIG. Miroir, reflet : *el teatro es el espejo de la vida,* le théâtre est le miroir de la vie. ‖ Modèle, exemple. ‖ ARQ. Miroir. ‖ — MAR. *Espejo de popa,* tableau arrière. ‖ *Espejo de cuerpo entero,* grand miroir. ‖ *Espejo retrovisor,* miroir rétroviseur. ‖ Fís. *Espejo ustorio,* miroir ardent. ‖ — *Como un espejo,* brillant comme un miroir. ‖ *Los ojos son el espejo del alma,* les yeux sont le miroir de l'âme. ‖ *Mirarse en uno como en un espejo,* prendre quelqu'un comme modèle. ‖ *Mírate en este espejo,* que cela te serve d'exemple.

espejuelo m. MIN. Gypse (yeso). ‖ Lamelle (*f.*) de talc (hoja de talco). ‖ Miroir à alouette (para cazar). ‖ FIG. Miroitement (atractivo). ‖ Reflet (en la madera). ‖ Cédrat glacé (confitura). ‖ VÉTER. Châtaigne, *f.* (de los caballos). ‖ — Pl. Verres de lunettes (cristales). ‖ (Ant.). Lunettes (anteojos). ‖ MIN. *Espejuelo de asno,* miroir d'âne.

espeleología f. Spéléologie.

espeleológico, ca adj. Spéléologique.

espeleólogo m. Spéléologue, spéléologiste.

espelta f. BOT. Épeautre, *m.* (especie de trigo).

espelucar v. tr. *Amer.* Ébouriffer (erizar).

espelunca f. Caverne, grotte.

espeluzar v. tr. Surprendre, ébouriffer (p. us.).

espeluznante adj. FAM. Effrayant, e ; à faire dresser les cheveux sur la tête.

espeluznar v. tr. Effrayer, faire dresser les cheveux sur la tête (de miedo).

espeluzno m. Frisson [d'horreur].

espeque m. MAR. Anspect (palanca).

espera f. Attente : *en espera de un acontecimiento,* dans l'attente d'un événement ; *sala de espera,* salle d'attente. ‖ DR. Délai, *m.* (plazo). ‖ Calme, *m.* (flema). ‖ Affût, *m.* : *cazar a espera,* chasser à l'affût. ‖ — *Compás de espera,* temps o mesure d'arrêt (música), période d'attente (pausa). ‖ *En espera de,* dans l'espoir de. ‖ *En espera de su respuesta,* dans l'attente de votre réponse. ‖ *En la espera de que,* en attendant que. ‖ *Estar en espera ou a la espera,* attendre, être dans l'attente. ‖ *Quedarse en espera,* rester à attendre.

esperantista adj. y s. Espérantiste.

esperanto m. Espéranto (lengua).

esperanza f. Espérance (sentimiento, virtud) : *la esperanza consuela a los infelices,* l'espérance console les malheureux ; *esperanza matemática, de vida,* espérance mathématique, de vie. ‖ Espoir, *m.* (de una cosa precisa) : *la esperanza en el éxito,* l'espoir du succès. ‖ Espoir, *m.* (confianza) : *esperanza en Dios, en uno,* espoir en Dieu, en quelqu'un. ‖ — *Como última esperanza,* en désespoir de cause, en dernier recours. ‖ *Con la esperanza de ou de que,* dans l'espoir de o que. ‖ — *Alimentarse de esperanzas,* se bercer d'illusions, se nourrir d'espoir. ‖ *Dar esperanzas,* laisser espérer quelque chose, donner des espérances. ‖ *De esperanza vive el hombre,* l'espoir fait vivre. ‖ *La esperanza es lo último que se pierde,* et quand on désespère, on espère toujours. ‖ *Llenar la esperanza,* combler les vœux. ‖ *Mientras hay vida hay esperanza,* tant qu'il y a de la vie, il y a de l'espoir. ‖ *Tener esperanza de,* espérer, avoir l'espoir que. ‖ *Tener muchas esperanzas,* avoir bon espoir.
— SINÓN. ● *Confianza,* espoir. *Promesa,* promesse. *Perspectiva,* perspective.

esperanzador, ra adj. Encourageant, e : *resultados esperanzadores,* résultats encourageants.

ESPECTÁCULOS — SPECTACLES

I. Salas de espectáculo. — Salles de spectacle.

teatro	théâtre
escenario, m.	scène, f.
candilejas	rampe
telón metálico	rideau de fer
decorado, decoración, f.	décor
bastidores, m. pl.	coulisses, f. pl.
apuntador	souffleur
concha (f.) del apuntador	trou (m) du souffleur
butaca (f.) de patio	fauteuil (m.) d'orchestre
traspuntín, traspontín	strapontin
proscenio, m.	avant-scène, f.
palco (m.) de platea	loge, f.
balcón	balcon
paraíso, gallinero	paradis, poulailler
pasillo [alrededor del patio de butacas]	promenoir
piso principal	premier balcon
saloncillo	foyer
cine[matógrafo]	cinéma[tographe]
cinemateca	cinémathèque
pantalla, f.	écran, m.
teatro de marionetas	théâtre de marionnettes
teatro de variedades	music-hall
café cantante	café-concert

II. El público. — L'assistance.

espectador	spectateur
abonado	abonné
melómano	mélomane
venta de localidades	location
contaduría	location (bureau de)
entrada, f., billete	billet
pase de favor	billet de faveur
traje (m.) de etiqueta	tenue (f.) de soirée
gemelos (m. pl.) de teatro	lorgnette, f.
aplausos	applaudissements
la « claque », los alabarderos, m. pl.	la « claque »
silbar, patear	siffler une pièce
llamar a escena a los actores	rappeler les acteurs
inspector	contrôleur
acomodadora	ouvreuse, f.
programa	programme

III. La función. — La représentation.

pieza ou obra de teatro	pièce de théâtre
función	représentation
entreacto	entracte
repertorio	répertoire
ópera, f.	opéra, m.
ópera cómica, f.	opéra-comique, m.
opereta	opérette
tragedia	tragédie
drama	drame
comedia	comédie
vodevil	vaudeville
farsa	farce
parodia	parodie
intermedio	intermède
concierto	concert
recital	récital
festival	festival
libreto	livret
partitura	partition
ballet	ballet
pantomima	pantomime
revista	revue
cine[matógrafo]	cinéma[tographe] (art)
televisión	télévision
película, f.	film, m.
noticiario, m.	actualités, f. pl.
dibujo animado	dessin animé
documental	documentaire
sesión continua	spectacle permanent

IV. Artistas. — Artistes.

actor, actriz	acteur, actrice
estrella, primera figura	vedette
galán joven	jeune premier
ingenua	ingénue
figurante, comparsa (théâtre) ; extra (cinéma)	figurant
suplente [teatro]	doublure
doble [cinema]	
comicastro, cómico de la legua	cabotin
corista	choriste
mimo	mime
acróbata	acrobate [de cirque]
bailarina	danseuse
corifeo	coryphée
alumna (f.) del cuerpo de baile de la ópera	rat (m.) d'Opéra
estrella	star
virtuoso, sa	virtuose, m. et f.
reparto de papeles	distribution des rôles
estar nervioso	avoir le trac

V. Técnica y técnicos. — Technique et techniciens.

control, m.	régie, f.
regidor de escena (théâtre) ; director de producción (cinéma)	régisseur
dirección escénica, escenificación	mise en scène
empresario	imprésario
director de escena (thâtre) ; director cinematográfico	metteur en scène
maquinista, tramoyista	machiniste
ensayo, m.	répétition, f.
toma de vistas	prise de vues
escena, f., escenario (théâtre) ; plató (cinéma)	plateau
cámara cinematográfica	caméra
proyector	projecteur
primer plano	gros plan
encargada del vestuario	habilleuse
maquillador	maquilleur
encargado del vestuario	costumier
utilero (théâtre), attrezista, encargado del attrezo (cinéma)	accessoiriste
inspector	inspecteur

VI. El circo y la feria. — Le cirque et la foire.

tienda (f.) de lona del circo	chapiteau, m.
pista	piste
artista ecuestre	écuyère
trapecista	trapéziste
payaso	clown
prestidigitador, ilusionista	prestidigitateur
salto mortal	saut périlleux
volatinero, funámbulo	danseur de corde
exhibición de fieras	ménagerie
domador	dompteur
parada	parade
perorata, f., reclamo, m.	boniment, m.
feriante	forain
saltimbanqui	baladin ; saltimbanque
tiovivo, caballitos, pl.	manège
carromato (m.) de circo	roulotte, f.

VII. Espectáculos deportivos. — Spectacles sportifs.

partido, encuentro (de football), combate (de boxe)	match
carrera	course
velódromo	vélodrome
autódromo	autodrome
hipódromo, campo de carreras de caballos	hippodrome, champ de courses
regata	régate
Juegos Olímpicos, Olimpiada, f.	jeux Olympiques
fiesta deportiva, de gimnasia	fête de gymnastique

esperanzar v. tr. Donner de l'espoir, faire espérer. ‖ *Estar esperanzado,* être plein d'espoir *o* confiant.

esperar v. tr. ● Attendre (aguardar) : *te esperaré a las ocho,* je t'attendrai à 8 heures ; *espero a que escampe para salir,* j'attends qu'il cesse de pleuvoir pour sortir ; *mal día nos espera,* une mauvaise journée nous attend ; *se hace siempre esperar,* il se fait toujours attendre. ‖ Espérer (desear) : *espero que vendrás,* j'espère que tu viendras ; *espero sacar un premio en la lotería,* j'espère gagner un lot à la loterie. ‖ Fig. y Fam. Attendre : *¡te espero en la esquina!,* je t'attends au tournant ! ‖ — *Ahí lo espero,* c'est là que je l'attends. ‖ *Cuando menos se lo esperaban,* quand ils s'y attendaient le moins. ‖ *Esperar a alguien como el agua de mayo,* attendre quelqu'un comme le Messie. ‖ *Esperar en Dios, en uno,* espérer en Dieu, en quelqu'un. ‖ *Estar esperando familia,* être dans un état intéressant. ‖ *Nada se pierde con esperar,* il n'y a pas péril en la demeure. ‖ *Quien espera desespera,* il n'y a rien de pire que l'attente.
— V. pr. S'attendre à : *no (me) esperaba esta gratificación,* je ne m'attendais pas à cette gratification. ‖ — Fam. *¡Ésa, no (me) la esperaba!,* celle-là, je ne m'y attendais pas ! ‖ *¡Espéreme sentado!,* attendez-moi sous l'orme ! ‖ *¡Espérate sentado!,* tu peux toujours attendre !, tu peux toujours courir !
— Observ. V. Esperer, 1ª parte, pág. 298.
— Sinón. ● *Aguardar,* attendre. *Acechar,* guetter.

espérgula f. Bot. Spergule.

esperma m. y f. Sperme, *m.* ‖ Amer. Bougie. ‖ *Esperma de ballena,* blanc de baleine, spermacéti.

espermaceti m. Spermacéti, blanc de baleine.

espermático, ca adj. Spermatique.

espermatofitas f. pl. Bot. Spermatophytes, spermaphytes.

espermatozoario *o* **espermatozoide** *o* **espermatozoo** m. Spermatozoaire, spermatozoïde.

espernancarse v. pr. Amer. Écarter les jambes.

esperpento m. Fam. Épouvantail, horreur, *f.* | Ânerie, *f.* (desatino).

espesado *o* **espesamiento** m. Épaississement.

espesar m. Fourré (espesura).

espesar v. tr. Épaissir ; faire épaissir, lier : *espesar una salsa,* épaissir une sauce. ‖ Donner du corps (un tejido). ‖ Presser, rendre dense (apretar).
— V. pr. S'épaissir, épaissir (líquido, bosque, hierba). ‖ Devenir touffu, e (un árbol). ‖ Prendre, épaissir (el chocolate).

espeso, sa adj. Épais, aisse : *caldo espeso,* bouillon épais. ‖ Dense, épais, aisse : *bosque espeso,* forêt dense. ‖ Touffu, e : *árboles espesos,* arbres touffus. ‖ Dru, e (trigo).

espesor m. Épaisseur, *f.* : *de mucho espesor,* d'une grande épaisseur.

espesura f. Épaisseur : *la espesura de un bosque,* l'épaisseur d'un bois. ‖ Fourré, *m.* (matorral) : *entrar en la espesura,* s'enfoncer dans un fourré.

espetar v. tr. Embrocher (poner en el asador). ‖ Fig. Embrocher (traspasar). ‖ Fig. y Fam. Sortir, débiter : *me espetó un sermón,* il m'a sorti un de ces sermons. | Décocher : *espetar una pregunta,* décocher une question.

espetera f. Planche de cuisine où l'on accroche les casseroles. ‖ Batterie de cuisine (utensilios de cocina).

espeto m. Broche, *f.*

espetón m. Broche, *f.* (asador). ‖ Longue épingle, *f.* (alfiler). ‖ Tisonnier (hurgón). ‖ Aiguille, *f.* (pez).

espía m. y f. ● Espion, onne. ‖ *Espía doble,* agent double. ‖ — F. Mar. Touée. | Remorque (cuerda).
— Sinón. ● *Confidente,* indicateur. *Agente secreto,* agent secret. Fam. *Soplón, chivato,* mouchard.

espiantar v. intr. Amer. Se débiner.

espiante m. Amer. Fam. Fuite, *f.*

espiar v. tr. Épier (observar, acechar) : *espiar las acciones de los demás,* épier les actions des autres. ‖ Espionner : *espiar a una persona para saber si es culpable,* espionner quelqu'un pour savoir s'il est coupable. ‖ Mar. Touer (remolcar).

espibia f. *o* **espibio** m. *o* **espiblón** m. Veter. Torticolis, *m.*

espicanardo m. Bot. Vétiver.

espiciforme adj. Bot. Spiciforme (en forma de espiga).

espicilegio m. Spicilège (compilación).

espícula f. Spicule, *m.*

espichar v. tr. Piquer.
— V. intr. Fam. Claquer, casser sa pipe (morir).
— V. pr. Amer. Avoir honte (avergonzarse). | Maigrir (enflaquecer).

espiche m. Cheville, *f.* (estaquilla). ‖ Mar. Épite, *f.* (clavija). | Nable (tapón). ‖ Pique, *f.* (arma puntiaguda).

espiga f. Bot. Épi, *m.* ‖ Chevron, *m.* (tela). ‖ Tecn. Soie, fusée (de la espada). | Tenon, *m.* (de una herramienta). | Cheville (clavija). ‖ Mar. Flèche (de las espigas, épier.

espigación f. Bot. Épiage, *m.,* épiaison, épiation (formación de la espiga).

espigadera f. Glaneuse.

espigadilla f. Orge sauvage (cebadilla).

espigado, da adj. Monté en graine (plantas). ‖ Fig. Grand, e ; élancé, e (personas) : *muchacha muy espigada,* fillette très élancée.

espigadora f. Glaneuse (espigadera).

espigar v. tr. Agric. Glaner. ‖ Fig. Glaner (en libros). ‖ Tecn. Faire un tenon [à une pièce de bois].
— V. intr. Épier, monter en épi (plantas). ‖ Fig. Glaner.
— V. pr. Grandir beaucoup, pousser, allonger (personas) : *esta muchacha se ha espigado mucho este año,* cette fille a beaucoup grandi *o* poussé cette année. ‖ Monter en graine (las hortalizas).

espigón m. Jetée, *f.,* brise-lame (malecón). ‖ Constr. Épi (digue). ‖ Aiguillon (aguijón). ‖ Pointe, *f.* (punta). ‖ Épi de maïs (mazorca). ‖ Pic (de montaña).

espigueo m. Glanage.

espiguilla f. Chevron, *m.* : *tela de espiguillas,* tissu à chevrons. ‖ Galon, *m.* (cinta). ‖ Bot. Épillet.

espín m. Porc-épic (puerco espín). ‖ Fís. Spin (momento cinético del electrón).

espina f. Épine (de vegetal) : *clavarse una espina,* s'enfoncer une épine. ‖ Écharde (astilla). ‖ Arête (de los peces). ‖ Anat. Colonne vertébrale, épine dorsale (espinazo). ‖ Fig. Épine (dificultad). ‖ — Bot. *Espina blanca,* chardon. ‖ Anat. *Espina dorsal,* épine dorsale (espinazo). ‖ *Espina Santa, Espina del Christ (arbusto). ‖ — Fig. y Fam. *Eso me da mala espina,* cela ne me dit rien qui vaille (parece raro), cela me tracasse (me preocupa). ‖ *No hay rosa sin espina,* il n'y a pas de rose sans épines. ‖ *Sacarse la espina,* se tirer d'un mauvais pas (salir de apuro), prendre sa revanche (desquitarse).

espinaca f. Bot. Épinard, *m.* : *tortilla de espinacas,* omelette aux épinards.

espinal adj. Anat. Spinal, e. ‖ *Médula espinal,* moelle épinière.

espinapez m. Tecn. Parquet à bâtons rompus (entarimado).

espinar m. Buisson, ronces, *f. pl.* ‖ Épinaie, *f.,* épinier. ‖ Fig. Guêpier (enredo).

espinar v. tr. Piquer (herir). ‖ Agric. Armer, épiner (los árboles). ‖ Fig. Piquer, blesser (herir, zaherir).

espinazo m. ANAT. Épine (*f.*) dorsale, échine, *f.* ‖ Échine, *f.* (carne). ‖ ARQ. Clef (*f.*) de voûte (clave). ‖ — FIG. *Doblar el espinazo,* courber l'échine. ‖ *Romperse el espinazo,* se casser les reins. ‖ *Tener el estómago pegado al espinazo,* avoir l'estomac dans les talons.

espinel m. Cordeau (para pescar). ‖ Ligne (*f.*) de fond (cordée).

espinela f. Espinela (strophe de dix vers de huit syllabes mise à la mode par le poète espagnol Espinel). ‖ Dizain, *m.* (décima).

espineta f. MÚS. Épinette (clavicordio).

espingarda f. Fusil (*m.*) arabe (fusil de los moros). ‖ FAM. Grande perche, grande bringue, cheval, *m.* (mujer desgarbada).

espinilla f. ANAT. Tibia, *m.* (tibia). ‖ Bouton, *m.* (en la piel).

espinillera f. Jambière (de la armadura). ‖ DEP. Protège-jambe, *m.*

espino m. BOT. Aubépine, *f.,* épine, *f.* ‖ — *Espino albar* ou *blanco,* aubépine, épine blanche. ‖ *Espino artificial,* fil de fer barbelé. ‖ *Espino cerval,* nerprun (arbusto). ‖ *Espino majoleto,* aubépine. ‖ *Espino negro,* épine noire, prunellier (arbusto).

Espinosa n. pr. Spinoza.

espinosismo m. Spinozisme, spinosisme (doctrina de Espinosa).

espinoso, sa adj. Épineux, euse. ‖ FIG. Épineux, euse (difícil).

espinterómetro m. ELECTR. Éclateur de mesure.

espionaje m. Espionnage.

espira f. ARQ. y GEOM. Spire.

Espira n. pr. GEOGR. Spire.

espiración f. Expiration (del aire).

espirador adj. m. ANAT. Expirateur : *músculo espirador,* muscle expirateur.

espiral adj. Spiral, e (p. us.), en spirale : *escalera espiral,* escalier en spirale. ‖ — *De forma espiral,* en colimaçon. ‖ *En espiral,* en tire-bouchon. ‖ *Muelle en espiral,* ressort à boudin.
— F. Spiral, *m.* (de reloj). ‖ GEOM. Spirale. ‖ Torsade (adorno). ‖ Volute, *f.* (de humo).

espirante adj. y s. f. Spirant, e (fricativa).

espirar v. tr. Exhaler (un olor). ‖ Expirer (el aire).
— V. intr. Expirer. ‖ Souffler, reprendre haleine (alentar). ‖ POÉT. Souffler doucement (el viento).
— OBSERV. *Expirer* au sens de « mourir » se dit en espagnol non *espirar* mais *expirar.*

espirea f. BOT. Spirée.

espirilo m. ZOOL. Spirille (bacteria).

espirilosis f. Spirillose.

espiritado, da adj. Possédé, e (del demonio). ‖ FIG. y FAM. Maigre (muy flaco).

espiritismo m. Spiritisme.

espiritista adj. y s. Spirite.

espiritosamente adv. Spirituellement.

espiritoso, sa adj. Vif, vive ; spirituel, elle (vivo). ‖ Spiritueux, euse (licores). ‖ Capiteux, euse (vino).

espíritu m. Esprit (alma o ser) : *los ángeles son espíritus,* les anges sont des esprits. ‖ Esprit (aparecido) : *creer en los espíritus,* croire aux esprits. ‖ Esprit (vivacidad del ingenio). ‖ Esprit (genio) : *espíritu de contradicción,* esprit de contradiction. ‖ Esprit (sentido) : *espíritu de una ley, de un siglo,* esprit d'une loi, d'un siècle. ‖ Âme, *f.* : *firmeza, grandeza de espíritu,* force, grandeur d'âme. ‖ — Pl. Démons (demonios). ‖ — GRAM. *Espíritu áspero* ou *rudo, suave,* esprit rude, doux (en griego). ‖ QUÍM. *Espíritu de sal,* esprit-de-sel. ‖ *Espíritu de vino,* esprit-de-vin. ‖ RELIG. *Espíritu Santo,* Saint-Esprit, Esprit-Saint. ‖ *Pobre de espíritu,* pauvre d'esprit. ‖ — *Dar, exhalar* ou *rendir el espíritu,* rendre l'esprit *o* l'âme. ‖ *Levantar el espíritu,* donner du courage.

espiritual adj. Spirituel, elle : *pasto, vida espiritual,* nourriture, vie spirituelle. ‖ Spirituel, elle ; drôle (ingenioso). ‖ *Director espiritual,* directeur de conscience.
— M. *Lo espiritual,* le spirituel.

espiritualidad f. Spiritualité.

espiritualismo m. Spiritualisme.

espiritualista adj. y s. Spiritualiste.

espiritualización f. Spiritualisation.

espiritualizar v. tr. Spiritualiser.

espiritualmente adv. Spirituellement.

espirituoso, sa adj. Spirituel, elle (ingenioso). ‖ Spiritueux, euse (licor).

espiroidal o **espiroideo, a** adj. Spiroïdal, e.

espirómetro m. MED. Spiromètre.

espiroqueta f. ZOOL. Spirochète, *m.*

espiroquetosis f. MED. Spirochétose.

espita f. Cannette, cannelle (de tonel). ‖ FIG. y FAM. Pochard, *m.* (borracho).

espitar v. tr. Mettre une cannette [à un tonneau].

esplanada f. Esplanade.

esplácnico, ca adj. ANAT. Splanchnique.

esplacnología f. ANAT. Splanchnologie.

esplendente adj. POÉT. Resplendissant, e.

esplender v. intr. Resplendir.

esplendidez f. Splendeur, beauté (belleza). ‖ Largesse, libéralité (generosidad).

espléndido, da adj. Splendide. ‖ Magnifique (muy bien). ‖ Libéral, e ; large, généreux, euse (generoso). ‖ Resplendissant, e (resplandeciente).

esplendor m. Splendeur, *f.* ‖ Éclat (resplandor).

esplendorosamente adv. Splendidement.

esplendoroso, sa adj. Resplendissant, e ; splendide.

esplenio m. ANAT. Splénius (músculo).

esplenitis f. MED. Splénite.

espliego m. BOT. Lavande, *f.*

esplín m. Spleen (tedio).

espolada f. o **espolazo** m. Coup (*m.*) d'éperon.

espoleadura f. Blessure causée par l'éperon.

espolear v. tr. Éperonner (al caballo). ‖ FIG. Aiguillonner, stimuler (una cosa a uno). ‖ Pousser à, inciter à (una persona a otra) : *me espolea para que salga,* il m'incite à sortir.

espoleo m. Éperonnement.

espoleta f. Fusée (de proyectil) : *espoleta de percusión,* fusée percutante. ‖ Fourchette (clavícula del ave). ‖ *Quitar la espoleta,* désamorcer (una bomba).

espoliador, ra adj. y s. Spoliateur, trice.

espoliar v. tr. Spolier, dépouiller (despojar).

espolio m. Défroque, *f.,* biens (*pl.*) que laisse un ecclésiastique à sa mort. ‖ (Ant.). Enterrement (entierro).

espolique m. Domestique qui accompagne à pied un cavalier, valet de pied.

espolón m. Ergot (de ave). ‖ Éperon (de barco). ‖ Éperon (de montaña). ‖ Môle, jetée, *f.* (malecón). ‖ Terrasse, *f.,* rempart (de ciudad). ‖ BOT y ARQ. Éperon. ‖ FAM. Engelure (*f.*) au talon (sabañón). ‖ — MAR. *Embestir con el espolón,* éperonner. ‖ FIG. y FAM. *Tener muchos espolones,* avoir beaucoup d'expérience.

espolonada f. Charge de cavalerie.

espolonazo m. Coup d'ergot (un gallo). ‖ Coup d'éperon (una nave).

espolonero m. Éperonnier (ave).

espolvoreadora f. AGRIC. Poudreuse, saupoudreur, *m.*

espolvorear v. tr. Épousseter (quitar el polvo). ‖ Saupoudrer (esparcir polvo). ‖ AGRIC. Poudrer, saupoudrer.

espondaico, ca adj. POÉT. Spondaïque.

espondeo m. POÉT. Spondée.

espóndil o **espóndilo** m. Spondyle (vértebra).

espongiarios m. pl. ZOOL. Spongiaires.

espongicultura f. Spongiculture.

esponja f. Éponge. ‖ FIG. Sangsue, profiteur, euse. ‖ — QUÍM. *Esponja de platino,* mousse de platine. ‖ — FAM. *Beber como una esponja,* boire comme un trou. ‖ FIG. *Pasar la esponja por,* passer l'éponge sur. ‖ *Pasar una esponja,* éponger. ‖ FAM. *Ser una esponja,* tenir le vin (aguantar).

esponjado m. Sirop de sucre (azucarillo).

esponjadura f. Spongiosité.

esponjar v. tr. Rendre spongieux, euse. ‖ Gonfler, enfler (hinchar). ‖ *Pelo esponjado,* cheveux bouffants.

— V. pr. FIG. Se rengorger (enorgullecerse). ‖ FIG. y FAM. Prendre des couleurs (ponerse buena cara).

— OBSERV. La palabra francesa *éponger* significa « recoger » o « limpiar » un líquido derramado con una esponja.

esponjera f. Porte-éponge, m.

esponjosidad f. Spongiosité.

esponjoso, sa adj. Spongieux, euse.

esponsales m. pl. Fiançailles, f., accordailles, f. (ant.) [desposorios]. ‖ *Contraer esponsales,* se fiancer.

esponsalicio, cia adj. Des fiançailles.

espontanearse v. pr. S'ouvrir, parler à cœur ouvert : *espontanearse con alguno,* s'ouvrir à quelqu'un.

espontaneidad f. Spontanéité.

espontáneo, a adj. ● Spontané, e : *generación espontánea,* génération spontanée.

— M. TAUROM. Amateur qui saute dans l'arène au cours d'une corrida.

— SINÓN. ● *Natural,* naturel. *Franco,* franc. *Libre,* libre. *Voluntario,* volontaire.

espontón m. Esponton (media pica).

espora f. BOT. Spore.

Espórades o **Espóradas** n. pr. f. pl. GEOGR. Sporades.

esporadicidad f. MED. Sporacité.

esporádico, ca adj. Sporadique.

esporangio m. BOT. Sporange.

esporidio m. BOT. Sporidie, f.

esporozoarios o **esporozoos** m. pl. ZOOL. Sporozoaires.

esportada f. Panerée (contenido de una espuerta). ‖ FIG. y FAM. *A esportadas,* à la pelle, à profusion.

esportear v. tr. Transporter dans des paniers.

esportilla f. Couffe, couffin, m.

esportillero m. Porteur, commissionnaire.

esportillo m. Cabas (espuerta de esparto).

espórtula f. Sportule.

esporulación f. BOT. Sporulation.

esposa 1. Epouse. ‖ *Amer.* Anneau (m.) épiscopal. ‖ — Pl. Menottes (de esposo).

esposado, da adj. y s. Jeune marié, e (desposado).

esposar v. tr. Mettre les menottes (a un preso). ‖ *Me llevaron esposado a la comisaría,* on m'a emmené menottes aux mains au commissariat.

esposo, sa m. y f. Époux, ouse.

— SINÓN. *Marido,* mari. *Cónyuge, consorte,* conjoint. *Mujer,* femme. *Fam. Compañera,* compagne. *Costilla, media naranja,* moitié.

esprint m. Sprint.

esprintar v. intr. Sprinter.

espuela f. Éperon, m. (del jinete). ‖ FIG. Aiguillon, m., stimulant, m. : *la espuela del deseo,* l'aiguillon du désir. ‖ FAM. Coup (m.) de l'étrier (última copa). ‖ *Amer.* Ergot, m. (del gallo). ‖ — BOT. *Espuela de caballero,* pied-d'alouette. ‖ — *Echar* ou *tomar la espuela,* boire le coup de l'étrier. ‖ *El miedo pone espuelas,* la peur donne des ailes. ‖ *Picar con las dos espuelas,* piquer des deux. ‖ *Picar* ou *dar espuelas,* donner de l'éperon. ‖ *Poner espuelas,* aiguillonner, stimuler.

espuerta f. Couffe, cabas, m. (cesta de esparto o junco). ‖ FIG. y FAM. *A espuertas,* à profusion, à la pelle.

espulgabuey m. ZOOL. Pique-bœuf.

espulgar v. tr. Épouiller (quitar las pulgas o piojos). ‖ FIG. Éplucher (examinar).

espulgo m. Épouillage. ‖ FIG. Épluchage (examen).

espuma f. Écume (del agua). ‖ Mousse (de jabón, del champán, etc.). ‖ Mousse (de Nylon, etc.) : *goma espuma,* caoutchouc mousse. ‖ FIG. y FAM. Crème, fleur (lo mejor). ‖ — *Espuma de foie gras,* mousse de foie gras. ‖ *Espuma de mar,* écume de mer. ‖ — *Crecer como la espuma,* pousser comme des champignons. ‖ *Hacer espuma,* mousser (el jabón, la cerveza, etc.), écumer, faire de l'écume (las olas).

espumadera f. Écumoire.

espumado m. Écumage.

espumador, ra m. y f. Écumeur, euse.

espumadura f. Écumage, m.

espumaje m. Bouillons (pl.) d'écume.

espumajear o **espumajar** v. intr. Écumer : *espumajear de ira,* écumer de colère.

espumajo m. Écume, f. (saliva).

espumajoso, sa adj. Écumeux, euse.

espumante adj. Écumant, e (olas). ‖ Mousseux, euse (vino, etc.).

espumaollas m. inv. FAM. Gâte-sauce, marmiton.

espumar v. tr. Écumer (quitar la espuma). ‖ Dégraisser, écumer (olla).

— V. intr. Écumer (el mar), mousser (el jabón, etc.).

espumarajo m. Écume, f. (de salive). ‖ FIG. y FAM. *Echar espumarajos por la boca* ou *de cólera,* écumer de rage o de colère.

espumilla f. Crêpe (m.) mince (tela). ‖ *Amer.* Meringue (merengue).

espumillón m. Crêpe de soie.

espumosidad f. Spumosité.

espumoso, sa adj. Écumeux, euse : *ola espumosa,* vague écumeuse. ‖ Mousseux, euse ; spumeux, euse (vino, jabón). ‖ *Ser espumoso,* pétiller.

espúreo, a o **espurio, ria** adj. Bâtard, e (bastardo) : *hijo espurio,* enfant bâtard. ‖ FIG. Bâtard, e.

— OBSERV. L'adjectif *espúreo* est un barbarisme très employé. La forme correcte est *espurio.*

espurrear o **espurriar** v. tr. Arroser avec la bouche, asperger. ‖ Mouiller (humedecer).

esputar v. tr. Cracher, expectorer (escupir).

esputo m. Crachat : *esputo de sangre,* crachat de sang.

esqueje m. AGRIC. Bouture, f. : *esqueje terminal,* bouture de tête.

esquela f. Billet, m. : *esquela amorosa,* billet doux. ‖ Carte (para invitar). ‖ Lettre de faire part (carta para avisar). ‖ Faire-part, m. inv. : *esquela de defunción* ou *mortuoria,* faire-part de décès.

esquelético, ca adj. Squelettique.

esqueleto m. Squelette. ‖ *Amer.* Formulaire (papel impreso). ‖ Canevas (plan). ‖ *Estar hecho un esqueleto,* n'avoir que les os et la peau.

esquema m. Schéma (dibujo, plano, plan). ‖ FILOS. Schème.

esquemático, ca adj. Schématique.

esquematismo m. Schématisme.

esquematizar v. tr. Schématiser.

esquí m. Ski : *los esquíes metálicos son mejores que los esquíes de madera,* les skis métalliques sont meilleurs que les skis de bois. ‖ *Esquí náutico* ou *acuático,* ski nautique.

— OBSERV. Pl. *esquíes o esquís.*

esquiador, ra m. y f. Skieur, euse.

esquiar v. intr. Skier, faire du ski.

esquifada adj. ARQ. En berceau (bóveda).

esquife m. Skiff (barco de remos). ‖ ARQ. Berceau.

esquila f. Sonnaille (cencerro). ‖ Clochette (campanilla). ‖ Tonte, tondaison (esquileo). ‖ BOT.

Scille (cebolla albarrana). ‖ ZooL. Crevette, squille (camarón). | Gyrin, *m.* (insecto acuático).
esquilador, ra m. y f. Tondeur, euse.
esquilar v. tr. Tondre.
esquileo m. Tonte, *f.*, tondaison : *esquileo mecánico*, tonte mécanique.
esquilmar v. tr. Récolter (cosechar). ‖ AGRIC. Épuiser (el suelo). ‖ FIG. Appauvrir (empobrecer). ‖ FAM. Tondre. ‖ FAM. *Esquilmarle a uno*, saigner quelqu'un à blanc (despojar).
esquilmo m. Récolte, *f.* (cosecha).
Esquilo n. pr. m. Eschyle.
esquilón m. Grande clarine, *f.*
esquimal adj. y s. Esquimau, aude. ‖ *Una esquimal*, une femme esquimaude *o* une Esquimaude.
esquina f. Coin, *m.* : *doblar la esquina*, tourner au coin. ‖ Angle, *m.*, coin, *m.* : *calle Velázquez, esquina Goya*, au coin *o* à l'angle de la rue Vélasquez et de la rue Goya. ‖ — *A la vuelta de la esquina*, au coin de la rue, tout près (muy cerca), à tous les coins de rues (por todos los lados). ‖ *A las cuatro esquinas*, les quatre coins (juego). ‖ *Amer. Doblar la esquina*, passer l'arme à gauche (morir). ‖ *Encontrarse a la vuelta de la esquina*, courir les rues. ‖ FAM. *¡Te espero en la esquina!*, je t'attends au tournant !
— OBSERV. La palabra francesa *coin* significa a la vez *esquina* (saliente) y *rincón* (entrante).
esquinado, da adj. Anguleux, euse. ‖ En angle. ‖ Anguleux, euse (rostro). ‖ FIG. Rébarbatif, ive ; acariâtre (carácter).
esquinar v. tr. e intr. Former un coin (formar una esquina). ‖ Placer en coin (poner en la esquina). ‖ FIG. Fâcher, indisposer (enfadar).
esquinazo m. FAM. Coin. ‖ — FAM. *Dar el esquinazo a alguien*, fausser compagnie à quelqu'un. | *Dar esquinazo*, semer (una persona).
esquinencia f. MED. Esquinancie (anginas).
Esquines n. pr. m. Eschine.
esquinzar v. tr. TECN. Défiler (los trapos).
esquirla f. Esquille, éclat, *m.* (fragmento de hueso).
esquirol m. FAM. Jaune, briseur de grèves.
esquisto m. MIN. Schiste.
esquistoideo, a adj. Schistoïde.
esquistoso, sa adj. MIN. Schisteux, euse.
esquite m. *Amer.* Pop-corn (rosetas).
esquivar v. tr. Esquiver (evitar).
— V. pr. Se dérober, s'esquiver.
esquivez f. Froideur, dédain, *m.*
esquivo, va adj. Revêche.
esquizofrenia f. MED. Schizophrénie.
esquizofrénico, ca m. y f. Schizophrène.
esquizotimia f. MED. Schizothymie.
estabilidad f. Stabilité. ‖ Équilibre, *m.* (equilibrio) : *recuperó su estabilidad*, il reprit son équilibre.
estabilización f. Stabilisation. ‖ AVIAC. *Planos de estabilización*, empennage.
estabilizador, ra adj. Stabilisateur, trice; stabilisant, e.
— M. AVIAC. Stabilisateur, empennage. ‖ *Estabilizador giroscópico*, gyrostabilisateur.
estabilizar v. tr. Stabiliser.
estable adj. Stable (permanente).
establecedor, ra adj. Qui établit.
— M. y f. Fondateur, trice.
establecer* v. tr. ● Établir. ‖ Dresser (planos). ‖ MAR. Établir (izar una vela).
— V. pr. S'établir : *establecerse en Auxerre, en Bélgica*, s'établir à Auxerre, en Belgique.
— SINÓN. ● *Erigir*, ériger. *Fundar*, fonder. *Instaurar*, instaurer. *Instituir*, instituer. *Basar*, baser. *Implantar*, implanter. *Sentar*, *asentar*, asseoir. *Poner*, mettre. *Instalar*, installer.
establecido, da adj. Établi, e. ‖ *Conforme con lo*

establecido en el artículo, vu les dispositions de l'article, conformément à ce qui est stipulé à l'article.
establecimiento m. Établissement.
— SINÓN. *Casa*, maison. *Factoría*, comptoir. *Almacén*, magasin. *Comercio*, commerce. *Empresa*, entreprise. *Firma*, firme.
establo m. Étable, *f.* ‖ FIG. *Establos de Augias*, écuries d'Augias.
— SINÓN. *Cuadra*, *caballeriza*, écurie. *Aprisco*, bergerie. *Redil*, bercail. *Pocilga*, *porqueriza*, porcherie. *Boyera*, *boyeriza*, bouverie. *Vaquería*, vacherie.
estabulación f. Stabulation.
estabular v. tr. Établer.
estaca f. ● Pieu, *m.* (palo). ‖ AGRIC. Bouture. ‖ Cheville (clavo). ‖ *Amer.* Concession minière (mina). | Ergot, *m.* (espolón).
— SINÓN. ● *Poste*, poteau. *Jalón*, piquet. *Tranca*, trique. *Garrote*, *palo*, bâton.
estacada f. Palissade (cercado). ‖ Estacade (dique). ‖ Champ (*m.*) clos (de un desafío). ‖ — FIG. y FAM. *Dejar a uno en la estacada*, laisser quelqu'un en plan *o* en rade. | *Quedarse en la estacada*, rester sur le carreau (morir) ; rester le bec dans l'eau (fracasar).
estacado m. Champ clos (de un desafío). ‖ CONSTR. Pilotage.
estacar v. tr. Attacher à un pieu (amarrar). ‖ Palissader (cerrar). ‖ *Amer.* Clouer au sol (pieles).
— V. pr. FIG. Demeurer immobile, se figer. ‖ *Amer.* Se piquer (pincharse). | Résister, se montrer rétif (el caballo).
estacazo m. Coup de bâton. ‖ FIG. Échec (fracaso).
estación f. Saison (del año) : *las cuatro estaciones*, les quatre saisons. ‖ Saison : *la estación de las lluvias*, la saison des pluies. ‖ Époque (temporada) : *en la estación presente*, à l'époque actuelle. ‖ Gare (de ferrocarril) : *estación de apartado* ou *de clasificación*, gare de triage. ‖ Station (de metro). ‖ Station (agronómica, meteorológica, geodésica). ‖ Station (estado) : *estación vertical*, station verticale *o* debout. ‖ ASTR. Station. ‖ RELIG. Station : *rezar las estaciones*, faire ses stations. | Reposoir, *m.* (del Santo Sacramento). — *Estación balnearia*, station balnéaire. ‖ *Estación clarificadora*, établissement filtrant. ‖ *Estación de seguimiento*, station de poursuite (de cohetes). ‖ *Estación de servicio*, station-service. ‖ RAD. *Estación emisora*, station émettrice, poste émetteur. ‖ *Estación terminal*, terminus (autobuses), aérogare (aviones).
estacional adj. Saisonnier, ère. ‖ ASTR. Stationnaire.
estacionamiento m. Stationnement (aparcamiento) : *estacionamiento en la vía pública*, stationnement sur la voie publique ; *prohibido el estacionamiento*, stationnement interdit. ‖ Parc, parcage, parking (lugar).
estacionar v. tr. Garer, parquer : *estacionar un coche*, garer une voiture. ‖ *Estar estacionado en*, être stationné en.
— V. pr. Ne pas avancer, être stationnaire.
estacionario, ria adj. Stationnaire. ‖ Saisonnier, ère : *paro estacionario*, chômage saisonnier. ‖ Étale : *mar estacionaria*, mer étale.
— M. (Ant.). Libraire (librero). | Bibliothécaire (bibliotecario).
estada f. Séjour, *m.* (estancia).
estadía f. Séjour, *m.* (estancia). ‖ Pose (ante el pintor). ‖ Stadia, *m.* (topografía). ‖ MAR. Estarie, starie.
estadio m. Stade : *estadio olímpico*, stade olympique. ‖ Stade (medida antigua y período).
estadista m. Homme d'État. ‖ Statisticien (estadístico). ‖ FAM. *Los estadistas de café*, les stratèges en chambre.

estadística f. Statistique : *red de estadísticas,* grille de statistiques.

estadístico, ca adj. Statistique.
— M. Statisticien.

estado m. État (modo de ser, condición) : *estado de salud,* état de santé ; *en buen o mal estado,* en bon ou mauvais état ; *en estado de funcionamiento,* en état de marche. ‖ État (condición social) : *estado eclesiástico, militar,* état ecclésiastique, militaire. ‖ État (gobierno, nación) : *el Estado francés,* l'État français ; *asunto, golpe, razón de Estado,* affaire, coup, raison d'Etat ; *el Estado soy yo,* l'État c'est moi. ‖ État (documento) : *estado de los gastos,* état des dépenses ; *estado del personal,* état du personnel. ‖ Administration, f. : *viaje pagado por el Estado,* voyage aux frais de l'Administration. ‖ — *Estado civil,* situation de famille (en un documento, etc.), état civil. ‖ *Estado de alarma* ou *de sitio,* état d'alarme, de siège. ‖ *Estado de alma* ou *de ánimo,* état d'âme. ‖ *Estado de caja,* bordereau de caisse. ‖ *Estado de cosas,* état de choses. ‖ RELIG. *Estado de gracia,* état de grâce. ‖ *Estado de la nieve,* bulletin d'enneigement. ‖ *Estado de soltero, de viudo,* célibat, veuvage. ‖ *Estado en fideicomiso,* État placé sous tutelle. ‖ *Estado interesante,* état intéressant (mujer embarazada). ‖ *Estado llano* ou *común,* Tiers État ‖ MIL. *Estado mayor,* état-major. ‖ *Estado salvaje,* état de nature. ‖ *Estado tapón,* État tampon. ‖ *Jefe de Estado,* chef d'État. ‖ (Ant.) *Ministerio de Estado,* ministère des Affaires étrangères. ‖ — *Estar en estado,* être en état de. ‖ *Estar en estado de merecer,* être bonne à marier. ‖ *Estar en estado (interesante),* être dans un état intéressant. ‖ *Estar en mal estado,* être mal en point. ‖ *Tomar estado,* se marier (casarse), entrer en religion (profesar).

Estados Unidos n. pr. m. pl. GEOGR. États-Unis.
— OBSERV. En espagnol, on écrit en abrégé *EE. UU.* ou *E.U.* pour U.S.A.

estadounidense adj. y s. Américain, e ; des États-Unis d'Amérique du Nord.

estaf m. CONSTR. Staff.

estafa f. Escroquerie (timo).

estafador, ra m. y f. Escroc.
— OBSERV. La palabra *escroc* no tiene forma femenina (*esta mujer es una estafadora,* cette femme est *un escroc*).
— SINÓN. *Timador,* filou. *Tramposo,* tricheur. *Caballero de industria,* chevalier d'industrie.

estafar v. tr. Escroquer.

estafermo m. Quintaine, f. (muñeco). ‖ FAM. Moule, f., gourde, f. (necio).

estafeta f. Estafette (correo). ‖ Bureau (m.) de poste (oficina). ‖ Valise diplomatique (correo diplomático). ‖ *Estafeta móvil,* bureau ambulant (de correos).

estafilino adj. y s. m. ANAT. Staphylin, e (de la úvula). ‖ — M. Staphylin (insecto).

estafilococcia f. MED. Staphylococcie.

estafilococo m. MED. Staphylocoque.

estafiloma m. MED. Staphylome (tumor).

estafisagria f. BOT. Staphisaigre.

estagnación f. *Amer.* V. ESTANCAMIENTO.

estalactita f. Stalactite.

estalagmita f. Stalagmite.

estalagmometría f. Stalagmométrie.

estalagmómetro m. Stalagmomètre.

estallar v. intr. ● Éclater, exploser : *la bomba estalló,* la bombe explosa. ‖ Sauter : *el polvorín ha estallado,* la poudrière a sauté. ‖ Éclater : *estalló un neumático,* un pneu a éclaté. ‖ FIG. Éclater : *un motín va a estallar,* une émeute va éclater ; *estalló un incendio,* un incendie a éclaté. ‖ Éclater : *ha estallado un escándalo,* un scandale a éclaté. ‖ Éclater, bondir : *aquellas palabras le*

hicieron estallar, ces mots l'ont fait éclater. ‖ Bondir, sauter (de alegría). ‖ Éclater : *estallar de risa,* éclater de rire. ‖ Éclater (en aplausos). ‖ Craquer (vestido). ‖ FIG. *Estallar como una bomba,* faire l'effet d'une bombe.
— SINÓN. ● *Explotar,* exploser. *Reventar,* crever. *Deflagrar,* déflagrer. *Volar,* faire sauter.

estallido m. Éclatement (de una bomba, de un neumático, etc.). ‖ Explosion, f. (de un polvorín, etc.). ‖ Éclat (de ira, de risa, etc.). ‖ Éclat (del trueno). ‖ Claquement (de látigo). ‖ Craquement, déchirement (de un vestido). ‖ *Dar un estallido,* éclater.

estambrar v. tr. Tordre [la laine].

estambre m. Brin de laine (hebra). ‖ Laine (f.) de qualité inférieure (lana). ‖ Chaîne (f.) d'une étoffe (urdimbre). ‖ BOT. Étamine, f. (de una flor).

Estambul n. pr. GEOGR. Istanbul, Stamboul.

estamento m. Chacun des quatre États [clergé, noblesse, bourgeoisie et université] des Cortès d'Aragon. ‖ Classe, f. (clase). ‖ Phase, f., stade (grado).

estameña f. Étamine, escot, m. (tela).

estameñete m. TECN. Estamet, estamette, f.

estaminífero, ra adj. BOT. Staminifère, staminé, e.

estampa f. Image (imagen cualquiera). ‖ Estampe, enluminure (imagen de cierto valor artístico). ‖ Impression (imprenta) : *dar a la estampa,* donner à l'impression. ‖ FIG. Marque (huella) : *la estampa del genio,* la marque du génie. ‖ Image (símbolo). ‖ Apparence, allure, aspect, m. (figura) : *tener buena* ou *mala estampa,* avoir belle *o* vilaine apparence. ‖ — *¡Maldita sea su estampa !,* maudite soit sa personne !, maudit soit-il *o* soit-elle ! ‖ *Sección de estampas,* cabinet des estampes. ‖ FAM. *Tener mala estampa,* avoir l'air antipathique (ser antipático), ne pas avoir de chance (tener mala suerte).

estampación f. Estampage, m. (acción de estampar). ‖ Impression (acción de imprimir). ‖ Impression (textil). ‖ Gaufrage, m. (papel).

estampado, da adj. Estampé, e. ‖ Imprimé, e (telas). ‖ Gaufré, e (papel).
— M. Imprimé (tela). ‖ Gaufrage (papel). ‖ Estampage (estampación). ‖ Étampage (de los metales).

estampador m. Estampeur. ‖ TECN. Étampeur. ‖ Gaufreur (del papel).

estampar v. tr. Estamper (sacar relieve). ‖ Imprimer (imprimir). ‖ Imprimer (las telas). ‖ Gaufrer (el papel). ‖ FIG. Imprimer : *estampar el pie en la arena,* imprimer son pied dans le sable. ‖ Projeter, lancer (arrojar) : *estampó una botella contra la pared,* il lança une bouteille contre le mur. ‖ FAM. Flanquer, coller : *le estampó una bofetada,* il lui a flanqué une gifle. ‖ TECN. Étamper (los metales). ‖ Apposer *o* mettre le cachet (con un sello).

estampería f. Imagerie.

estampero m. Marchand de gravures (comerciante). ‖ Imagier (artista). ‖ Graveur (grabador).

estampía (de) loc. adv. *Salir de estampía,* partir en quatrième vitesse, filer.

estampida f. Détonation. ‖ Explosion. ‖ Éclatement, m. ‖ *Amer.* Fuite précipitée, cavalcade.

estampido m. Détonation, f. ‖ Explosion, f. ‖ Éclatement. ‖ *Dar un estampido,* éclater.

estampilla f. Estampille (sello, letrero). ‖ Griffe (sello con firma). ‖ Vignette (impuesto). ‖ *Amer.* Timbre, m. (sello de correos *o* fiscal).

estampillado m. Estampillage. ‖ Cachet de la poste.

estampillar v. tr. Estampiller.

estancación f. o **estancamiento** m. Étanchement, m. (de la sangre). ‖ Retenue, f. (embalse). ‖ Stagnation, f. (agua). ‖ Fig. Impasse, f. : *el estancamiento de la conferencia,* l'impasse dans laquelle se trouve la conférence. | Enlisement, m., piétinement, m. : *estancamiento de las negociaciones,* enlisement des négociations. | Stagnation (de un negocio). ‖ Monopolisation, f. (de mercancías).

estancado, da adj. Dormant, e ; stagnant, e : *agua estancada,* eau dormante. ‖ Fig. Stagnant, e (negocio).

estancar v. tr. Étancher (detener) : *estancar la sangre,* étancher le sang. ‖ Retenir (embalsar) : *estancar las aguas,* retenir les eaux. ‖ Monopoliser, mettre en régie (monopolizar). ‖ Fig. Laisser en suspens (un negocio).
— V. pr. Stagner (líquidos). ‖ Fig. Rester en suspens, stagner (un asunto). ‖ S'enliser, piétiner (negociaciones). | Être dans une impasse (conferencias). | Se scléroser (instituciones).

estancia f. Séjour, m. (permanencia) : *después de diez días de estancia en Madrid, se marchó,* après un séjour de dix jours à Madrid, il s'en alla ; *la estancia le costó mil pesetas,* le séjour lui a coûté mille pesetas. ‖ Demeure (morada). ‖ Pièce [de séjour] (habitación). ‖ Journée [d'hôpital] (en un hospital). ‖ Nuit, nuitée (noche pasada en un hotel). ‖ Stance (estrofa). ‖ *Amer.* Ferme (hacienda rural).

estanciero m. *Amer.* Fermier.

estanco, ca adj. Étanche : *compartimientos estancos,* compartiments étanches.
— M. Bureau de tabac (tienda donde se vende tabaco). ‖ Monopole, régie, f. : *el estanco del tabaco,* la Régie des tabacs. ‖ Bistrot (taberna). ‖ Fig. Dépôt, archives, f. pl.

estandard m. V. STANDARD.

estandardización f. V. STANDARDIZACIÓN.

estandardizar o **estandarizar** v. tr. Standardiser.

estandarte m. Étendard.

Estanislao n. pr. m. Stanislas.

estannato m. QUÍM. Stannate.

estánnico, ca adj. Stannique (de estaño).

estannífero, ra adj. Stannifère.

estanque m. ● Étang. ‖ Bassin (en un jardín) : *el estanque del Retiro,* le bassin du Retiro.
— SINÓN. ● *Lago,* lac. *Laguna,* lagune. *Pantano,* marais. *Charca,* mare. *Alberca,* bassin. *Albufera,* étang naturel.

estanquero, ra o **estanquillero, ra** m. y f. Buraliste (comerciante).

estanquidad f. Étanchéité.

estanquillo m. Bureau de tabac (estanco). ‖ *Amer.* Mercerie, f., bazar (tenducho).

estantal m. Étai, étançon.

estante adj. (P. us.). Fixe.
— M. Bibliothèque, f. (mueble). ‖ Rayon, étagère, f. (anaquel). ‖ Bâti (de máquina de coser). ‖ *Amer.* Étai (puntal).

estantería f. Rayonnage, m., étagères, pl.

estantigua f. Fantôme, m. (fantasma). ‖ Fig. y FAM. Grand escogriffe, m. (persona alta y flaca). | Épouvantail, m. (persona fea).

estañado m. Étamage (de metales). ‖ Étamure, f. (aleación para estañar).

estañador m. Étameur.

estañadura f. Étamage, m., rétamage, m. (acción de estañar). ‖ Étamure, f. (aleación para estañar).

estañar v. tr. Étamer, rétamer.

estañero m. Étameur, rétameur.

estaño m. Étain (metal).

estañoso, sa adj. m. Stanneux.

estaqueada f. *Amer.* Volée de coups.

estaquear v. tr. *Amer.* Clouer au sol [des peaux].

estáquide f. BOT. Épiaire, m.

estaquilla f. Chevillette (clavillo).

estaquillar v. tr. Cheviller.

estar* v. intr.

---

1. Être. — 2. Aller. — 3. Seguido de una preposición. — 4. Forma reflexiva. — 5. Con gerundio. — 6. Usos diversos.

---

1. ÊTRE. — Indique une position dans l'espace ou dans le temps : *está en Sevilla,* il est à Seville ; *estoy en casa,* je suis chez moi o à la maison ; *no estoy para nadie,* je n'y suis pour personne ; *el señor no está,* monsieur n'est pas là (sin indicación de lugar hay que añadir un adverbio) ; *estamos en verano,* nous sommes en été. ‖ Rester, séjourner : *estuve seis días en Córdoba,* je suis resté six jours à Cordoue. ‖ Indique un état ou une qualité momentanée : *el suelo está húmedo,* le sol est humide ; *mi tío está enfermo,* mon oncle est malade ; *estoy solo y satisfecho,* je suis seul et satisfait. ‖ Au passif, marque l'état résultant d'une action passée : *la puerta está cerrada,* la porte est fermée.

2. ALLER. — *¿Cómo estás?,* comment vas-tu ? ; *estar bien, malo, mejor,* aller bien, mal, mieux (de salud) ; *este vestido te está muy bien,* cette robe te va très bien.

3. SEGUIDO DE UNA PREPOSICIÓN. — *Estar a.* — Être le (fecha) : *¿a cuánto estamos?,* le combien sommes-nous ?, *estamos a 3 (tres) de mayo,* nous sommes le 3 [trois] mai. ‖ Être à (precio) : *las patatas están a cinco pesetas,* les pommes de terre sont à cinq pesetas.
Estar de. — Être en : *estar de viaje, de paseo, de mudanza,* être en voyage, en promenade, en déménagement ; *estar de vacaciones,* être en vacances. ‖ Être comme, être en qualité de : *está aquí de embajador,* il est ici comme ambassadeur. ‖ Être [habillé] en : *estar de paisano, de militar,* être en civil, en uniforme. ‖ *Estar de rodillas,* être à genoux.
Estar en. — Être à : *estar en Madrid,* être à Madrid ; *estar en ayunas,* être à jeun. ‖ Être en : *estar en España,* être en Espagne. ‖ Être : *lo malo está en que no viene,* l'ennui, c'est qu'il ne vient pas ; *en esto está la dificultad,* voilà où est la difficulté. ‖ Être au courant (saber) : *estoy en lo que me dices,* je suis au courant de ce que tu me dis. ‖ Y être (entender) : *¿estás en ello?,* tu y es ?
Estar para. — Être sur le point de, aller : *estaba para salir,* j'allais sortir. ‖ Avoir envie de, être disposé à, être d'humeur à : *no estoy para bromas,* je n'ai pas envie de plaisanter. ‖ Être en état de : *no estoy para emprender un nuevo viaje,* je ne suis pas en état d'entreprendre un nouveau voyage.
Estar por. — Être à, rester à : *todo esto está por hacer,* tout ceci est à faire ; *este cuarto está por barrer,* il reste cette pièce à balayer. ‖ Être pour (partidario). ‖ Être tenté de : *estoy por decir que esto es falso,* je suis tenté de dire que cela est faux.
Estar sin. — Ne pas être : *la casa está sin vender,* la maison n'est pas vendue.

4. FORMA REFLEXIVA. — Rester : *estarse quieto,* rester tranquille ; *se estuvo en la cama tres días,* il est resté trois jours au lit.

5. CON GERUNDIO. — Suivis d'un gérondif, *estar* ou *estarse* expriment la durée de l'action. Ils se traduisent soit par *être en train de* ou *rester à* (et l'infinitif), soit par le verbe principal conjugué au temps de l'auxiliaire : *estaba durmiendo,* il était en train de dormir o il dormait ; *le estuve esperando dos horas,* je suis resté deux heures à vous

attendre *o* je vous ai attendu deux heures. ‖ *¡Ya te estás yendo!,* tu peux te préparer à partir.
6. LOCUCIONES. — *Aquí estoy y aquí me quedo,* j'y suis, j'y reste. ‖ *Así estamos,* nous en sommes là. ‖ *¿Dónde estamos?,* où en sommes-nous? ‖ *Está bien,* c'est bien (perfectamente), c'est bon, c'est d'accord (de acuerdo). ‖ FAM. *Está hasta en la sopa,* on ne voit que lui. ‖ *¿Estamos?,* nous y sommes? ‖ *Estamos todavía a tiempo de,* il est encore temps de. ‖ *Estar a la que salga,* être à l'affût de tout ce qui se présente. ‖ *Estar al caer,* aller sonner (las horas), s'annoncer, être imminent (suceso) : *la guerra está al caer,* la guerre est imminente. ‖ *Estar al tanto,* être au courant. ‖ *Estar a matar,* être à couteaux tirés, s'en vouloir à mort. ‖ *Estar a oscuras,* être dans le noir *o* dans l'obscurité (sin luz), être obscur (poco claro), ne pas être au courant (desconocer). ‖ *Estar a pan y agua,* être au pain et à l'eau, être au pain sec. ‖ *Estar a punto de* ou *a pique de,* être sur le point de. ‖ *Estar bien, mal con uno,* être bien, ne pas être bien *o* être mal avec quelqu'un. ‖ *Estar bueno,* être bon (calidad), être en bonne santé, aller bien (de salud). ‖ *Estar con uno,* être avec quelqu'un (encontrarse), être d'accord avec quelqu'un (coincidir). ‖ *Estar de guardia,* être de garde, monter la garde. ‖ *Estar de juerga,* faire la bringue. ‖ *Estar de más, de sobra,* être de trop, en trop. ‖ *Estar en sí,* savoir ce que l'on fait. ‖ *Estar en todo,* se multiplier, avoir l'œil à tout (ocuparse), penser à tout. ‖ *Estar fuera,* être sorti. ‖ *Estar hecho,* être [devenu] : *estás hecho un sabio,* tu es devenu un vrai savant. ‖ *Estar para todo,* s'occuper de tout. ‖ *Estar sobre uno,* être toujours derrière quelqu'un. ‖ *Estar una cosa por ver,* être à voir, à vérifier [une chose]. ‖ *Estoy que ni puedo moverme,* je suis dans un tel état que je ne peux même plus bouger. ‖ *Estoy que va a llover,* je crois *o* je pense qu'il va pleuvoir. ‖ *Si estuviese en su lugar,* si j'étais à votre place, si j'étais vous. ‖ *Ya está,* ça y est. ‖ *¡Ya está bien!,* ça suffit!, assez! ‖ *Ya que estamos,* puisque nous y sommes, tant qu'à faire.
— OBSERV. Reportez-vous à l'article *être* (première partie, page 305).

estarcido m. Poncif (dibujo).
estarcir v. tr. Poncer (un dibujo).
éstasis f. MED. Stase.
estatal adj. De l'État, étatique.
estático, ca adj. Statique. ‖ FIG. Figé, e (parado).
— F. MECÁN. Statique.
estatificar v. tr. Étatiser (nacionalizar).
estatismo m. Étatisme (político). ‖ Immobilité, *f.*
estator m. MECÁN. Stator.
estatorreactor m. AVIAC. Statoréacteur.
estatoscopio m. AVIAC. Statoscope.
estatua f. Statue : *levantar una estatua,* élever une statue. ‖ *Quedarse hecho una estatua,* rester figé comme une statue, être pétrifié *o* médusé.
estatuario, ria adj. Statuaire. ‖ TAUROM. *Pase estatuario,* passe par le haut, effectuée sans bouger le corps.
— M. Statuaire (escultor). ‖ — F. Statuaire (arte).
estatúder m. Stathouder (magistrado de los Países Bajos).
estatuderato m. Stathoudérat.
estatuir* v. tr. e intr. Statuer.
estatura f. Taille, stature (de una persona). ‖ *Por orden de estatura,* par rang de taille.
estatutario, ria adj. Statutaire.
estatuto m. Statut. ‖ — DR. *Estatuto formal,* protocole. ‖ *Según los estatutos,* statutairement, d'après les statuts.
estay m. MAR. Étai.
— OBSERV. Pl. *estayes.*
este m. Est, orient. ‖ *Viento del Este,* vent d'est.

este, esta, estos, estas adj. dem. m. y f. Ce, cette, ces, ce... -ci, cette... -ci, ces... -ci : *no conozco a esta mujer,* je ne connais pas cette femme; *estas casas,* ces maisons-ci.
— OBSERV. L'adjectif démonstratif *este, esta* s'emploie en espagnol pour désigner une personne ou un objet plus proche de la personne qui parle que de celle à qui l'on parle, s'opposant ainsi à *ese* et *aquel* : *este sombrero me gusta más que aquél,* ce chapeau-ci me plaît davantage que celui-là.
— Se cambia *ce* en *cet* delante de una vocal o h muda : *este hombre,* cet homme. Por otra parte, se puede añadir en francés la partícula invariable *ci* para designar algo más concretamente : *esta casa es más bonita que aquélla,* cette maison-ci est plus jolie que celle-là.

éste, ésta, éstos, éstas pron. dem. m. y f. Celui-ci, celle-ci, ceux-ci, celles-ci : *me gusta más esa casa que ésta,* j'aime mieux cette maison que celle-ci. ‖ Lui, elle, eux, elles : *nadie me lo dijo, aunque ésta lo supiera,* personne ne me l'a dit, et pourtant, elle, elle le savait. ‖ *Ésta,* la ville de celui qui parle ou écrit : *hecho en ésta* (Madrid) *a 10 de octubre,* fait à Madrid le 10 octobre. ‖ FAM. *Ésta y nunca* ou *no más,* on ne m'y reprendra plus, c'est bien la dernière fois.
— OBSERV. A la différence des adjectifs, les pronoms *éste, ésta, éstos, éstas* sont toujours accentués.

estearato m. QUÍM. Stéarate.
esteárico, ca adj. Stéarique.
estearina f. QUÍM. Stéarine. ‖ *Fábrica de estearina,* stéarinerie.
esteatita f. MIN. Stéatite.
esteatoma m. MED. Stéatome.
esteatosis f. Stéatose.
esteaurótida f. MIN. Staurotide.
esteba f. MAR. Perche (pértiga para apretar la carga). ‖ Stipe, *m.* (planta gramínea).
Esteban n. pr. m. Étienne, Stéphane.
estegomia f. ZOOL. Stégomye.
estela f. Sillage, *m.* (de un barco). ‖ Stèle (monumento). ‖ FIG. Trace, vestige, *m.* ‖ BOT. Stellaire.
estelar adj. ASTR. Stellaire (de las estrellas). ‖ FIG. Vedette : *combate estelar,* combat vedette (boxeo).
estelaria f. BOT. Stellaire (pie de león).
estelífero, ra adj. POÉT. Etoilé, e.
estelión m. ZOOL. Gecko (salamanquesa). ‖ Crapaudine (piedra fabulosa).
estelionato m. DR. Stellionat. ‖ *Culpable de estelionato,* stellionataire.
estema m. ZOOL. Stemmate.
estenio m. Sthène (unidad de fuerza).
estenocardia f. MED. Angine de poitrine.
estenografía f. Sténographie.
estenografiar v. tr. Sténographier.
estenográfico, ca adj. Sténographique.
estenógrafo, fa m. y f. Sténographe.
— OBSERV. On dit plus couramment *taquígrafo, taquígrafa.*
estenograma m. Sténogramme.
estenosis f. MED. Sténose.
estenotipia f. Sténotypie.
estenotipista m. y f. Sténotypiste.
estenotipo m. Sténotype, *f.*
estentóneo, a adj. De stentor : *voz estentórea,* voix de stentor.
estepa f. Steppe (llanura). ‖ BOT. Ciste, *m.* (jara).
estepario, ria adj. Steppique, de steppe.
éster m. QUÍM. Ester.
Ester n. pr. f. Esther.
estera f. Natte [de jonc, etc.]. ‖ Passage, *m.* (alfombra estrecha). ‖ Tapis-brosse, *m.* (felpudo).
esterar v. tr. Recouvrir de tapis (alfombrar).
estercoladura f. o **estercolamiento** m. AGRIC. Fumure, *f.,* fumage, *m.*
estercolar v. tr. Fumer (la tierra).
— V. intr. Fienter (los animales).

estercolero m. Tas de fumier, fumier. ‖ FIG. Porcherie, f. (sitio muy sucio).
estercóreo, a adj. Stercoral, e (del estiércol).
esterculiáceas f. pl. BOT. Sterculiacées.
estéreo m. Stère (medida para madera). ‖ — Medición por estéreos, stérage. ‖ Medir por estéreos, stérer.
estereóbato m. ARQ. Stéréobate.
estereocromía f. TECN. Stéréochromie.
estereofonía f. Stéréophonie.
estereofónico, ca adj. Stéréophonique.
estereofotografía f. Stéréophotographie.
estereografía f. Stéréographie.
estereográfico, ca adj. Stéréographique.
estereógrafo m. Stéréographe.
estereograma m. Stéréogramme.
estereometría f. Stéréométrie.
estereométrico, ca adj. Stéréométrique.
estereómetro m. Stéréomètre.
estereoquímica f. Stéréochimie.
estereorradián m. Stéradian (unidad de ángulo).
estereoscópico, ca adj. Stéréoscopique.
estereoscopio m. Stéréoscope.
estereostática f. FÍS. Stéréostatique.
estereotipado m. Stéréotypage.
estereotipador m. IMPR. Clicheur.
estereotipar v. tr. Stéréotyper. ‖ — FIG. Una expresión estereotipada, une expression toute faite. | Una sonrisa estereotipada, un sourire stéréotypé.
estereotipia f. Stéréotypie (arte). ‖ Stéréotype, m. (máquina). ‖ MED. Stéréotypie (repetición).
estereotipo m. Stéréotype (cliché).
estereotomía f. Stéréotomie.
estereotómico, ca adj. Stéréotomique.
esterería f. Atelier (m.) o boutique du nattier.
esterero m. Nattier.
esterificación f. QUÍM. Estérification.
esterificar v. tr. QUÍM. Estérifier.
estéril adj. Stérile.
esterilidad f. Stérilité.
esterilización f. Stérilisation.
esterilizador, ra adj. Stérilisant, e : producto esterilizador, produit stérilisant. ‖ Stérilisateur, trice : aparato esterilizador, appareil stérilisateur.
— M. Stérilisateur.
esterilizar v. tr. Stériliser.
esterilla f. Petite natte [de jonc]. ‖ Galon (m.) de fil d'or ou d'argent (trencilla). ‖ Esterilla de baño, tapis de bain.
esterlina adj. inv. Sterling : libra esterlina, livre sterling.
esternocleidomastoideo adj. m. y s. m. ANAT. Sterno-cléido-mastoïdien.
esternón m. ANAT. Sternum. ‖ Del esternón, sternal, e.
estero m. Pose (f.) des tapis. ‖ Estuaire (de un río). ‖ Amer. Marais (pantano).
esterol m. QUÍM. Stérol.
estertor m. Râle, râlement (respiración angustiosa). ‖ Estar en los últimos estertores, être à l'article de la mort.
estertoroso, sa adj. MED. Stertoreux, euse.
esteta m. y f. Esthète.
esteticista f. Esthéticienne.
estético, ca adj. y s. f. Esthétique.
— M. Esthéticien.
estetismo m. Esthétisme.
estetómetro m. Stéthomètre.
estetoscopia f. MED. Stéthoscopie.
estetoscopio m. MED. Stéthoscope.
esteva f. Mancheron, m. (del arado).
estevado, da adj. Aux jambes arquées.
— M. y f. Personne aux jambes arquées.
estezado m. Cuir souple.
estezar v. tr. Tanner à sec.
estiaje m. Étiage (de las aguas).

estiba f. MAR. Chargement, m., estive (lastre), arrimage, m. (colocación de la carga). ‖ AGRIC. Empilage, m. (apilado) : altura de estiba, hauteur d'empilage. ‖ Amer. Tas, m. (rimero).
estibador m. Arrimeur.
estibar v. tr. Tasser (lo embalado). ‖ MAR. Arrimer, estiver (la carga).
estibina f. MIN. Stibine.
estiércol m. Fumier. ‖ Jugo de estiércol, purin.
— SINÓN. Abono, engrais. Enmienda, amendement. Humus, humus. Guano, guano.
estigio, gia adj. MIT. Stygien, enne (infernal). ‖ La laguna Estigia, le Styx.
estigma m. BOT. y MED. Stigmate. ‖ FIG. Stigmate : los estigmas del vicio, les stigmates du vice. ‖ — Pl. Stigmates (de Jesús, de algunos santos).
estigmatismo m. Stigmatisme (óptica).
estigmatización f. Stigmatisation.
estigmatizar v. tr. Stigmatiser.
estilar v. tr. (P. us.). DR. Dresser [un acte] en bonne et due forme.
— V. intr. y pr. S'employer, être en usage : esta palabra no se estila aquí, ce mot ne s'emploie pas ici. ‖ Se porter, être à la mode : los jubones ya no se estilan, les pourpoints ne se portent plus. ‖ Se pratiquer (practicarse). ‖ Avoir l'habitude de, se faire : no se estila llevar sombrero de paja en invierno, on n'a pas l'habitude de porter un chapeau de paille en hiver. ‖ Es lo que se estila, c'est ce qui se fait.
estilbeno m. QUÍM. Stilbène.
estilete m. Stylet. ‖ TECN. Style (de aparato grabador).
estilicidio m. (P. us.). Stillation, f. (goteo).
estilismo m. Stylisme.
estilista m. y f. Styliste (escritor).
estilística f. Stylistique. ‖ Especialista en estilística, stylisticien, enne.
estilización f. Stylisation.
estilizado, da adj. Stylisé, e. ‖ Profilé, e (avión, coche).
estilizar v. tr. Styliser.
estilo m. Style (punzón y varilla del reloj). ‖ Style : estilo sobrio, style sobre ; estilo románico, style roman. ‖ Style (moda). ‖ Langage : es un estilo muy suyo, c'est un langage bien à lui. ‖ Style, classe (categoría) : tener mucho estilo, avoir beaucoup de style. ‖ BOT. Style. ‖ DEP. Nage, f. : estilo mariposa, nage papillon ; estilo libre, nage libre ; 400 metros estilos, 400 mètres quatre nages. ‖ Façon, f. : vino espumoso estilo champán, vin mousseux façon champagne. ‖ Amer. Danse (f.) folklorique uruguayenne. ‖ — A estilo de, dans le goût de. ‖ Al estilo de, à la manière, à la mode : a estilo de Francia, à la manière française, à la française. ‖ De buen o mal estilo, de bon ou de mauvais ton. ‖ Por el estilo, du même genre (parecido), à peu près la même chose (casi lo mismo). ‖ Todo está por el estilo, tout est à l'avenant. ‖ Una criada que tiene mucho estilo, une bonne très stylée.
estilóbato m. ARQ. Stylobate.
estilográfico, ca adj. Stylographique. ‖ Pluma estilográfica, stylographe.
— F. Stylographe, m., stylo, m. (fam.).
estima f. Estime : le tengo poca estima, j'ai pour lui peu d'estime ; le tengo en gran estima, je l'ai en grande estime. ‖ MAR. Estime. ‖ MAR. Navegación de estima, navigation estimée o observée.
estimabilidad f. Appréciabilité.
estimabilísimo, ma adj. Très estimable.
estimable adj. Estimable.
estimación f. Estimation (evaluación comercial). ‖ Évaluation : estimación presupuestaria, évaluation budgétaire. ‖ Appréciation (aprecio). ‖ Estime (estima). ‖ — DR. Estimación de una demanda,

prise en considération d'une demande. || *Estimación propia*, amour-propre. || *Según estimación común*, de l'avis général.

estimado, da adj. Estimé, e. || Cher, chère : *Estimado señor*, Cher Monsieur (carta).

estimador m. Estimateur (tasador).

estimar v. tr. Estimer, apprécier, avoir de l'estime pour, priser (apreciar) : *estimar mucho* ou *en mucho a uno*, estimer beaucoup quelqu'un. || ● Estimer (valorar) : *estimar una sortija en su justo valor*, estimer une bague à sa juste valeur. || Estimer, penser, considérer (juzgar) : *estimo que no merecía este castigo*, j'estime qu'il ne méritait pas cette punition. || DR. *Estimar una demanda*, faire droit à une requête.
— V. pr. S'estimer. || Évaluer : *se estima que la temperatura es hoy de cinco grados*, on évalue à 5 degrés la température aujourd'hui. || *Ninguna persona que se estime*, nulle personne qui se respecte.
— SINÓN. ● *Valorar, valuar, tasar*, évaluer. *Apreciar*, apprécier. *Considerar*, considérer. *Juzgar*, juger.

estimativa f. Jugement, *m.* (facultad intelectual). || Instinct, *m* (instinto).

estimativo, va adj. De référence.

estimatorio, ria adj. Estimatoire, estimatif, ive.

estimulación f. Stimulation.

estimulante adj. y s. m. Stimulant, e ; remontant, e (fam.).
— M. FIG. Stimulant.

estimular v. tr. Stimuler (aguijonear). || FIG. Inciter, pousser : *le estimuló a que se presentara*, il l'incita à se présenter. | Encourager (animar).

estímulo m. Stimulation, *f.* (incitación). || Encouragement : *sus palabras fueron un estímulo para mí*, ses paroles ont été un encouragement pour moi. || Stimulant (estimulante). || Encouragement (fiscal). || ZOOL. Stimulus.

estinco m. Scinque (reptil).

estío m. Été (verano).
— OBSERV. *Estío* est un mot plus recherché que *verano*.

estipe m. BOT. Stipe (estípite).

estipendiar v. tr. Rémunérer (asalariar).
— OBSERV. La palabra francesa *stipendier* sólo se emplea con un sentido despectivo : *stipendier des assassins*, asalariar asesinos.

estipendiario m. Salarié (asalariado). || Taillable (pechero).

estipendio m. Rémunération, *f.*, rétribution, *f.* (salario). || Honoraires (*pl.*) de messe (para una misa encomendada).

estípite m. ARQ. Colonne (*f.*) diminuée. || BOT. Stipe.

estíptico, ca adj. y s. m. MED. Styptique, astringent, e. || — Adj. Constipé, e (estreñido).

estípula *f.* BOT. Stipule.

estipulación f. Stipulation.

estipular v. tr. Stipuler.

estique m. Ciseau dentelé (de escultor).

estirable adj. Étirable.

estiradamente adv. À peine, tout juste : *tener estiradamente para vivir*, avoir à peine o tout juste de quoi vivre.

estirado, da adj. FIG. Tiré, tirée à quatre épingles (esmerado). | Poseur, euse ; guindé, e ; prétentieux, euse (presumido). | Compassé, e ; raide (tieso). || FAM. Radin, e ; pingre (avaro). || *Andar estirado*, avoir une démarche compassée.
— F. Plongeon, *m.* (en fútbol) : *hacer una estirada*, faire un plongeon.
— M. Défrisement (del pelo). || TECN. Étirage.

estirador, ra m. y f. TECN. Étireur, euse. || *Máquina estiradora*, étireuse.

estiraje m. TECN. Étirage.

estiramiento m. Étirage.

estirar v. tr. Étirer. || Tirer (medias, falda). || FIG. Allonger (alargar), étendre (extender). || Faire

durer (el dinero). || MAR. Élonger. || FAM. *Amer*. Descendre (matar). || — FIG. y FAM. *Estirar la pata*, casser sa pipe, claquer (morir). | *Estirar las piernas*, se dégourdir o se dérouiller les jambes. || TECN. *Hilera de estirar*, banc d'étirage.
— V. pr. S'étirer.

estireno o **estiroleno** m. QUÍM. Styrène, styrolène.

Estiria n. pr. f. GEOGR. Styrie.

estirón m. Secousse, *f.*, saccade, *f.* (tirón). || Poussée, *f.* [de croissance] || FIG. y FAM. *Dar un estirón*, grandir tout d'un coup, pousser comme une asperge (crecer rápidamente).

estirpe f. Souche (origen de una familia) : *de buena estirpe*, de bonne souche. || Lignée, lignage, *m.*, famille (descendencia). || — *De real estirpe*, de sang royal. || FIG. *No niega su estirpe*, il a de qui tenir.

estival adj. Estival, e : *calor, moda estival*, chaleur, mode estivale. || D'été : *solsticio estival*, solstice d'été.

esto pr. dem. neutro. Ceci, cela, ça (fam.), c' (con algunos tiempos de los verbos *être* y *avoir*) : *yo quiero esto*, je veux cela ; *esto no me gusta*, ça ne me plaît pas ; *esto es verdad*, c'est vrai. || — *Esto...* (cuando se duda), heu..., voyons... || *Esto es*, c'est-à-dire (es decir), c'est ça (de acuerdo). || *¡Esto tenemos!*, nous en sommes là ! || *Con esto*, avec ça, malgré cela. || *En esto*, sur ce, sur ces entrefaites, là-dessus. || *No por esto*, cela n'empêche pas que, ce n'est pas pour cela que. || — *Esto es lo que quiero decir*, c'est ce que je veux dire, voilà ce que je veux dire. || *No hay como esto para darle ánimo*, il n'y a rien de tel pour vous redonner du courage.
— OBSERV. *Esto* désigne ce qui est proche de la personne qui parle, et se différencie donc de *eso* et *aquello*.
— Aunque el francés *ceci* corresponda exactamente al español *esto*, se emplea mucho más *cela* o *ça* (fam.), salvo en los casos en que esto se contrapone a eso o aquello : *¿esto o aquello?*, ceci ou cela ?

estocada f. Estocade. || Botte (esgrima). || — *Dar estocadas*, porter des estocades. || TAUROM. *Estocada en lo alto*, estocade bien portée. || *Tirar tajos y estocadas*, frapper d'estoc et de taille.

estocafís m. Stockfisch (pez).

Estocolmo n. pr. GEOGR. Stockholm.

estofa f. Étoffe brochée. || Qualité, aloi, *m.* : *de baja estofa*, de mauvais aloi. || *Pícaro de baja estofa*, voyou de la pire espèce.
— OBSERV. La palabra francesa *étoffe* es un término general que corresponde a *tela*.

estofado, da adj. (P. us.). Arrangé, e ; orné, e (adornado). || CULIN. À l'étuvée, à l'étouffée. || *En estofado*, à l'étuvée, à l'étouffée.
— M. CULIN. Plat cuit à l'étouffée (guisado). || Daube, *f.* (adobado). || *Estofado de vaca*, bœuf mode.

estofar v. tr. Broder en application (bordar). || CULIN. Étuver, faire cuire à l'étuvée o à l'étouffée.

estoicismo m. Stoïcisme. || FIG. Stoïcisme.

estoico, ca adj. y s. Stoïcien, enne ; stoïque : *la escuela estoica*, l'école stoïcienne ; *la doctrina estoica*, la doctrine stoïque ; *Séneca fue un estoico*, Sénèque fut un stoïcien. || — Adj. FIG. Stoïque : *un hombre estoico*, un homme stoïque.

estola f. Étole.

estolidez f. Stupidité (estupidez).

estolón m. BOT. Stolon. || Grande étole, *f.* (de sacerdote).

estolonífero, ra adj. BOT. Stolonifère.

estoma m. BOT. Stomate.

estomacal adj. y s. m. Stomachique. || — Adj. Stomacal, e.

estomagante adj. Dégoûtant, e ; écœurant, e.

estomagar v. tr. Dégoûter, écœurer (dar asco). || Rester sur l'estomac (empachar).
— OBSERV. Existe en francés la palabra familiar *estomaquer*, pero significa *dejar pasmado*.

estómago m. Estomac. ‖ — *Boca del estómago*, creux de l'estomac. ‖ FIG. *Hacerse el estómago a*, se faire à. ‖ *Revolver el estómago*, soulever le cœur. ‖ *Se me revuelve el estómago*, j'ai mal au cœur. ‖ *Tener a uno sentado en el estómago* ou *en la boca del estómago*, ne pas pouvoir digérer quelqu'un. ‖ *Tener el estómago en los pies* ou *ladrarle a uno el estómago* ou *tener el estómago pegado al espinazo*, avoir l'estomac dans les talons. ‖ *Tener estómago* ou *buen* ou *mucho estómago*, ne pas être dégoûté (no hacer el remilgado), encaisser sans broncher (aguantar). ‖ *Tener los ojos más grandes que el estómago*, avoir les yeux plus grands que le ventre. ‖ *Tener un estómago de piedra*, avoir un estomac d'autruche. ‖ *Tener un vacío en el estómago*, avoir un creux dans l'estomac, avoir le ventre creux.

estomaguero m. Ceinture (f.) de flanelle des bébés.

estomático, ca adj. MED. Stomatique (de la boca).

estomaticón m. MED. Emplâtre stomachique.

estomatitis f. MED. Stomatite.

estomatología f. MED. Stomatologie.

estomatólogo, ga m. y f. MED. Stomatologiste.

estomatoscopio m. Stomatoscope.

Estonia n. pr. f. GEOGR. Estonie.

estonio, nia adj. y s. Estonien, enne ; este. ‖ — M. Estonien, este (lengua).

estopa f. Étoupe. ‖ *Llenar con estopas*, étouper.

estopeño, ña adj. D'étoupe.

estopilla f. Cotonnade (tela).

estopín m. MIL. Étoupille, f.

estopón m. Étoupe (f.) grossière.

estopor m. MAR. Stoppeur, étrangloir (del ancla).

estoque m. Estoc (espada estrecha). ‖ TAUROM. Épée, f., estoc. ‖ BOT. Glaïeul, m. ‖ *Bastón de estoque*, canne-épée.

estoqueador m. Matador (torero).

estoquear v. tr. Porter une estocade, estocader.

estoqueo m. Série (f.) d'estocades.

estoraque m. Styrax (árbol). ‖ Storax (resina).

estorbar v. tr. Gêner, embarrasser : *este paquete me estorba*, ce paquet m'embarrasse. ‖ ● Gêner, encombrer : *estorbar el paso*, gêner le passage. ‖ Gêner : *estorbar el tráfico, a un rival*, gêner la circulation, un concurrent. ‖ FIG. Entraver, mettre obstacle à : *estorbar las negociaciones*, entraver les négociations.

— SINÓN. ● *Dificultar, entorpecer*, rendre difficile, gêner. *Embarazar*, embarrasser. *Impedir*, empêcher. *Obstaculizar, poner trabas*, entraver.

estorbo m. Gêne, f., embarras (molestia). ‖ Obstacle, entrave, f. (obstáculo).

estornija f. Frette, rondelle (de una rueda).

estornino m. Étourneau, sansonnet (ave).

estornudar v. intr. Éternuer.

estornudo m. Éternuement, sternutation, f. (p. us.). ‖ Ébrouement (de los animales).

estornutatorio adj. y s. m. MED. Sternutatoire.

estos, estas adj. dem. m. y f. pl. Ces. V. ESTE.

éstos, éstas pron. dem. m. y f. pl. Ceux-ci, celles-ci. V. ÉSTE.

estovaína f. QUÍM. Stovaïne.

estovar v. tr. Étuver (rehogar).

estrabismo m. MED. Strabisme.

estradivario m. Stradivarius (violín).

estrado m. Estrade, f. (tarima). ‖ (Ant.). Salon, boudoir (sala). ‖ Mobilier du salon [siège et tapis]. ‖ — Pl. DR. Salle (f. sing.) d'audience, tribunal, *sing.*, parquet, *sing.*

estrafalariamente adv. Bizarrement, ridiculement, d'une façon ridicule o extravagante.

estrafalario, ria adj. Bizarre, extravagant, e (persona). ‖ Biscornu, e ; saugrenu, e (idea, razonamiento). — M. y f. Extravagant, e.

estragador, ra adj. Corrupteur, trice.

estragar v. tr. Gâter, corrompre (corromper). ‖ Abîmer, gâter (deteriorar). ‖ Ravager (causar estrago). ‖ FAM. *Tener el gusto estragado*, n'avoir absolument aucun goût.

estrago m. Ruine, f., destruction, f. (destrucción). ‖ Ravage, dégât : *el terremoto ha causado muchos estragos*, le tremblement de terre a causé de grands ravages. ‖ FIG. Ravage : *los estragos de los años*, les ravages des ans ; *los estragos del miedo*, les ravages de la peur. ‖ — *Causar estragos*, ravager, faire des ravages o des dégâts : *el terremoto ha causado estragos en todo el país*, le tremblement de terre a ravagé tout le pays. ‖ *Hacer estragos*, sévir, faire des ravages (calamidad, epidemia).

estragón m. BOT. Estragon.

estrambote m. Groupe de vers ajoutés à un sonnet.

estrambóticamente adv. Avec extravagance, d'une façon extravagante.

estrambótico, ca adj. Extravagant, e.

estramonio m. BOT. Stramoine.

estrangol m. VÉTER. Étranguillon.

estrangul m. MÚS. Anche, f.

estrangulación f. Étranglement, m., strangulation.

estrangulador da adj. MED. Étranglé, e (hernia).

esrangulador, ra adj. y s. Étrangleur, euse. ‖ — M. AUTOM. Starter, étrangleur.

estrangulamiento m. Étranglement. ‖ FIG. Goulot d'étranglement.

estrangular v. tr. ● Étrangler. ‖ Comprimer (una vena, etc.).

— V. pr. S'étrangler.

— OBSERV. *S'étrangler* au sens figuré se dit *ahogarse* (de rage, etc.) ou *atragantarse* (en mangeant).

— SINÓN. ● *Colgar, ahorcar*, pendre. *Agarrotar, dar garrote*, garroter. *Ahogar*, étrangler.

estrapada f. Estrapade (suplicio).

estraperlear v. intr. FAM. Faire du marché noir.

estraperlista m. y f. FAM. Trafiquant, trafiquante au marché noir.

estraperlo m. FAM. Marché noir : *vender de estraperlo*, vendre au marché noir.

estrás m. Strass (cristal).

Estraburgo n. pr. GEOGR. Strasbourg.

estratagema f. Stratagème, m. : *emplear estratagemas*, user de stratagèmes.

estratega m. MIL. Stratège, stratégiste. ‖ FAM. *Los estrategas de café*, les stratèges en chambre.

estrategia f. Stratégie.

— SINÓN. *Táctica*, tactique. *Maniobra*, manœuvre.

estratégico, ca adj. Stratégique. — M. Stratège, stratégiste (p. us.).

estratego m. Stratège, stratégiste (p. us.).

estratificación f. Stratification.

estratificado, da adj. y s. Stratifié, e.

estratificar v. tr. Stratifier.

estratigrafía f. GEOL. Stratigraphie.

estratigráfico, ca adj. Stratigraphique.

estrato m. GEOL. Strate, f. ‖ Stratus (nube). ‖ FIG. Couche, f. (social).

estratocúmulo m. Strato-cumulus (nube).

estratopausa f. Stratopause.

estratosfera f. Stratosphère.

estratosférico, ca adj. Stratosphérique : *globo estratosférico*, ballon stratosphérique.

estrave m. MAR. Étrave, f. (proa).

estraza f. Chiffon (m.) de grosse toile. ‖ *Papel de estraza*, papier gris.

estrechamente adv. Étroitement. ‖ FIG. Strictement, exactement (puntualmente). ‖ Petitement (con poco dinero). ‖ À l'étroit (en poco espacio) : *vivir estrechamente*, vivre à l'étroit.

estrechamiento m. Rétrécissement (de una calle). ‖ Rétrécissement (de un vestido). ‖ FIG. Resserrement : *estrechamiento de los lazos económicos* *entre ambos países,* resserrement des liens économiques entre les deux pays. ‖ Serrement : *estrechamiento de manos,* serrement de mains. ‖ *Estrechamiento de carretera,* chaussée rétrécie.

estrechar v. tr. Rétrécir (un vestido). ‖ FIG. Resserrer : *estrechar los lazos de amistad,* resserrer les liens d'amitié. | Serrer : *estrechar la mano,* serrer la main. | Serrer, presser, étreindre : *estrechar a uno entre los brazos,* serrer quelqu'un dans ses bras. ‖ Réduire (reducir). | Talonner, acculer (arrinconar). ‖ MIL. *Estrechar las filas,* serrer les rangs.
— V. pr. Se serrer (apretarse). ‖ S'étrangler, se resserrer : *un valle que se estrecha,* une vallée qui s'étrangle. ‖ Se rétrécir : *aquí la carretera se estrecha,* ici la route se rétrécit. ‖ FIG. Se restreindre (reducir los gastos). | Se rapprocher, devenir intime (trabar amistad).

estrechez f. Étroitesse (angostura). ‖ FIG. Étroitesse : *estrechez de miras,* étroitesse de vues. | Situation critique (apuro) : *hallarse en gran estrechez,* se trouver dans une situation extrêmement critique. | Intimité. ‖ MED. Rétrécissement, *m.* ‖ — FIG. *Pasar estrecheces,* avoir des ennuis d'argent, être dans la gêne o dans l'embarras. | *Vivir con estrechez,* vivre petitement (modestamente), vivre à l'étroit (en poco sitio).

estrecho, cha adj. Étroit, e : *calle estrecha,* rue étroite ; *zapato estrecho,* soulier étroit. ‖ Juste, serré, e (demasiado pequeño). ‖ FIG. Étroit, e : *espíritu estrecho,* esprit étroit ; *amistad estrecha,* amitié étroite. | Radin, e (avaro). ‖ Strict, e ; étroit, e : *moral estrecha,* morale stricte. ‖ *Este vestido me está* ou *me viene estrecho,* cette robe me serre o est trop étroite pour moi.
— M. Période (f.) critique (apuro) : *pasar un grave estrecho,* traverser une période très critique. ‖ GEOGR. Détroit : *el estrecho de Gibraltar,* le détroit de Gibraltar.

estrechura f. V. ESTRECHEZ.

estregadera f. Brosse dure (cepillo). ‖ Décrottoir, *m.* (para los zapatos).

estregadero m. Endroit où les animaux viennent se frotter.

estregadura f. o **estregamiento** m. Frottement, *m.* (frote).

estregar* v. tr. Frotter.
— V. pr. Se frotter.

estregón m. Frottement (refregón).

estrella f. ● ASTR. Étoile. ‖ Étoile (en la frente de los caballos). ‖ IMPR. Étoile. ‖ FIG. Étoile (destino). | Étoile, vedette, star (artista). ‖ — *Estrella de mar,* étoile de mer (estrellamar). ‖ *Estrella errante,* étoile errante, planète. ‖ *Estrella fugaz,* étoile filante. ‖ *Estrella matutina* ou *del alba,* étoile du matin o du berger. ‖ *Estrella polar,* étoile polaire. ‖ *Estrella vespertina,* étoile du soir. ‖ — *Con estrellas,* sous les étoiles, la nuit. ‖ FAM. *Estar de mala estrella,* avoir la guigne. ‖ *Haber nacido con buena estrella* ou *tener estrella,* être né sous une bonne étoile. | *Ver las estrellas,* voir trente-six chandelles.
— SINÓN. ● *Astro,* astre. *Lucero,* étoile brillante. *Planeta,* planète. *Cometa,* comète.

estrelladera f. Écumoire (espumadera).

estrellado, da adj. Étoilé, e (cielo). ‖ Sur le plat (huevos). ‖ Qui a une étoile (caballo).

estrellamar f. Étoile de mer. ‖ BOT. Plantain, *m.*

estrellar adj. Stellaire.

estrellar v. tr. Briser, mettre en pièces (romper). ‖ Écraser (aplastar). ‖ Cuire sur le plat (huevos). ‖ Étoiler (constelar).
— V. pr. Se briser (romperse). ‖ Se briser (olas). ‖ S'écraser : *estrellarse contra* ou *en la pared,* s'écraser contre le mur. ‖ FIG. Échouer (fracasar). ‖ — FIG. *Estrellarse con uno,* se heurter à quelqu'un. | *Estrellarse en,* se casser les dents sur.

estrellato m. Rang de vedette : *lanzar al estrellato,* promouvoir au rang de vedette.

estrellón m. Étoile, *f.* (pirotecnia). ‖ Étoile, *f.* (ornamento).

estremecedor, ra adj. Violent, e ; brutal, e (choque, conmoción).

estremecer* v. tr. Ébranler (sacudir). ‖ ● FIG. Faire tressaillir o frémir o trembler (sobresaltar). | Donner un choc, bouleverser (impresionar).
— V. pr. Sursauter : *se estremeció al oir ese ruido,* il sursauta en entendant ce bruit. ‖ Tressaillir, frémir, trembler (temblar). ‖ Tressaillir (de alegría). ‖ Frémir, frissonner, trembler (de miedo).
— SINÓN. ● *Sobresaltar,* sursauter, tressauter. *Conmover,* émouvoir. *Turbar,* troubler.

estremecimiento m. Ébranlement (sacudida). ‖ Sursaut (sobresalto). ‖ FIG. Tressaillement, frémissement (conmoción). | ● Émotion, *f.*, bouleversement (emoción).
— SINÓN. ● *Alteración,* altération. *Conmoción,* commotion. *Choque,* choc. *Sobresalto,* sursaut. *Temblor,* tremblement.

estrena f. (P. us.). Cadeau, *m.,* étrenne.

estrenar v. tr. Étrenner : *he estrenado un traje,* j'ai étrenné un costume. ‖ TEATR. Donner la première [d'une pièce], représenter pour la première fois. | Créer : *este actor estrenó muchas comedias,* cet acteur a créé beaucoup de pièces. ‖ CINEM. Passer [un film] en exclusivité (una película). ‖ *Estrenar una casa,* essuyer les plâtres.
— V. pr. Débuter (en un empleo). ‖ Faire sa sortie, sortir (película). ‖ Être représenté pour la première fois (comedia). ‖ *Todavía no me he estrenado* [un vendeur], jusqu'à présent, je n'ai rien fait, ça n'a encore rien donné.

estreno m. Étrenne, *f.* (primer uso). ‖ Débuts, *pl.* (en un empleo). ‖ TEATR. Première, *f.* (primera representación). | Nouveauté, *f.* : *este año hay muchas reposiciones y pocos estrenos,* cette année il y a beaucoup de reprises et peu de nouveautés. ‖ *Cine de estreno,* cinéma o salle d'exclusivité.

estreñido, da adj. MED. Constipé, e.

estreñimiento m. MED. Constipation, *f.*

estreñir* v. tr. MED. Constiper.

estrepada f. MAR. Traction (para tirar de un cabo).

estrépito m. Fracas (estruendo, fragor). ‖ FIG. Pompe, *f.,* éclat (ostentación).

estrepitosamente adv. Avec fracas, bruyamment.

estrepitoso, sa adj. Bruyant, e. ‖ FIG. Retentissant, e : *fracaso estrepitoso,* échec retentissant. | Fracassant, e : *derrota estrepitosa,* défaite fracassante.

estreptococcia f. MED. Streptococcie.

estreptococo m. MED. Streptocoque.

estreptomicina f. Streptomycine (antibiótico).

estría f. Strie. ‖ ARQ. Cannelure. ‖ Rayure (de arma de fuego).

estriación f. Striation.

estriado m. Rayage, rayement (de un cañón). ‖ Striure, *f.*

estriar v. tr. Strier, canneler. ‖ Rayer (un cañón).

estribación f. GEOGR. Contrefort, *m.,* chaînon, *m.*

estribadero m. Support, point d'appui.

estribar v. intr. S'appuyer : *estribar en el suelo, en buenas razones,* s'appuyer sur le sol, sur de bonnes raisons. ‖ FIG. Résider.

estribera f. Étrier, *m.* ‖ Amer. Étrivière (ación).

estribillo m. Refrain (de canción). ‖ FIG. Refrain, ritournelle, *f.* (repetición). | Rengaine, *f.* : *el eterno estribillo,* la même rengaine.

estribo m. Étrier (de jinete). ‖ Marchepied (de coche). ‖ FIG. Base, *f.,* appui, fondement (fundamento). ‖ ANAT. Étrier (del oído). ‖ ARQ. Culée, *f.,* butée, *f.* (de un puente). ‖ GEOGR. Contrefort (ramal de montañas). | Chaînon (ramal corto de montañas). ‖ — *Estar con el pie en el estribo,* avoir le pied à l'étrier. ‖ *Hacer estribo con las manos,* faire la courte échelle. ‖ *Perder los estribos,* vider *o* perdre les étriers (el jinete), perdre les pédales *o* la tête (desbarrar).

estribor m. MAR. Tribord : *a estribor,* à tribord.

estribote m. Petite composition (*f.*) poétique [strophes de trois vers plus un refrain].

estricción f. MED. Striction.

estricnina f. Strychnine.

estricno m. BOT. Strychnos.

estricto, ta adj. Strict, e.

estridencia f. Bruit (*m.*) strident, stridence (p. us.). ‖ FIG. Singularité, bizarrerie, extravagance (extravagancia).

estridente adj. Strident, e (chillón).

estridor m. Bruit strident. ‖ Stridulation, *f.* (de insectos).

estridular v. tr. Striduler (chirriar).

estriga f. Strige, stryge (vampiro fabuloso).

estrige f. Chouette (lechuza).

estrígidos m. pl. ZOOL. Strigidés.

estro m. Souffle, inspiration, *f.* : *estro poético,* souffle poétique. ‖ VETER. Rut (celo). ‖ ZOOL. Œstre (insecto).

estróbilo m. BOT. Strobile.

estrobo m. MAR. Estrope, *f.*, erse, *f.* ‖ MAR. *Estrobo pequeño,* erseau.

estroboscopia f. Stroboscopie.

estroboscopio m. Stroboscope.

estrofa f. Strophe.

estrofantina f. MED. Strophantine.

estrofanto m. BOT. Strophantus, strophante.

estrógeno, na adj. y s. m. Œstrogène.

estrombo m. Strombe (molusco).

Estrómboli n. pr. m. GEOGR. Stromboli.

estromboliano, na adj. Strombolien, enne.

estronciana f. MIN. Strontiane.

estroncio m. QUÍM. Strontium (metal).

estróngilo m. ZOOL. Strongyle, strongle.

estrongilosis f. VETER. Strongylose.

estropajo m. Lavette, *f.* (de esparto). ‖ FIG. Rebut (desecho). ‖ *Amer.* Luffa (planta cucurbitácea). | Luffa, éponge (*f.*) végétale (esponja vegetal). ‖ *Estropajo metálico,* éponge métallique.

estropajosamente adv. En bredouillant.

estropajoso, sa adj. Qui bafouille (que pronuncia mal). ‖ Pâteux, euse (acorchado) : *tener la lengua estropajosa,* avoir la langue *o* la bouche pâteuse. ‖ Déguenillé, e (andrajoso). ‖ Filandreux, euse (carne).

estropear v. tr. Abîmer : *he estropeado mi traje,* j'ai abîmé mon costume. ‖ FIG. Gâcher, gâter : *has estropeado el negocio,* tu as gâché cette affaire. ‖ Estropier (un miembro). ‖ Gâcher du plâtre (el albañil). ‖ — *Estar estropeado,* ne pas fonctionner, ne pas marcher (no funcionar), être abîmé (deteriorado). ‖ *Tener el hígado estropeado,* avoir le foie détraqué.

estropeo m. Estropiement (de un miembro). ‖ Détérioration, *f.*, endommagement (estrago).

estropicio m. FAM. Bruit de casse (rotura estrepitosa) : *se armó un estropicio en la cocina,* il y eut un grand bruit de casse dans la cuisine. ‖ Fracas (ruido). ‖ FIG. Éclat (trastorno ruidoso). | Dégât : *este niño ha hecho muchos estropicios,* cet enfant a fait beaucoup de dégâts.

estructura f. Structure : *estructura atómica, celular,* structure atomique, cellulaire.

estructuración f. Structuration.

estructural adj. Structural, e.

estructuralismo m. Structuralisme.

estructurar v. tr. Structurer.

estruendo m. Fracas, grand bruit (estrépito). ‖ (P. us.). FIG. Tumulte (alboroto). | Grondement (tormenta). | Éclat, pompe, *f* (fausto). ‖ *Despertar con gran estruendo,* réveiller en fanfare.

estruendosamente adv. Bruyamment, avec fracas.

estruendoso, sa adj. Bruyant, e ; fracassant, e : *aplausos estruendosos,* applaudissements fracassants. ‖ Tonitruant, e (voz).

estrujadora f. Presse-citron, *m. inv.* (de limones), presse-fruits, *m. inv.*

estrujadura f. o **estrujamiento** m. Pressage, *m.* ‖ Foulage, *m.* (uva).

estrujar v. tr. Presser : *estrujar un limón,* presser un citron. ‖ Fouler (uva). ‖ Tordre (la ropa). ‖ FIG. Serrer : *le estrujó el cuello,* il lui serra le cou. | Accabler, pressurer : *estrujar a un pueblo,* accabler un pays (con los impuestos). | Épuiser (agotar).
— V. pr. FIG. Se presser : *la multitud se estrujaba para entrar,* la foule se pressait pour entrer. ‖ FAM. *Estrujarse los sesos,* se creuser la cervelle.

estrujón m. Action (*f.*) de presser. ‖ *Dar un estrujón,* presser.

Estuardo n. pr. Stuart.

estuario m. Estuaire (del mar).

estucado m. Stucage.

estucador m. Stucateur (estuquista). ‖ Staffeur (con adornos).

estucar v. tr. Stuquer (cubrir de estuco).

estuco m. Stuc. ‖ Staff (para adornar).

estucurú m. *Amer.* Hibou (búho).

estuche m. Étui : *estuche de ou para gafas,* étui à lunettes. ‖ Coffret, écrin (para joyas). ‖ Trousse, *f.* (de médico). ‖ Pochette, *f.* (de compás). ‖ *Estuche de pronto uso,* sac toujours prêt (de máquina fotográfica). ‖ *Estuche de tocador,* nécessaire de toilette. ‖ *Estuche de violín,* boîte à violon. ‖ FIG. y FAM. *Ser un estuche,* savoir tout faire.

estuchista m. Gainier.

estudiado, da adj. Étudié, e : *vehículo bien estudiado,* véhicule bien étudié ; *precio estudiado,* prix étudié.

estudiantado m. *Amer.* Étudiants, pl.

estudiante m. y f. Étudiant, e : *estudiante de Derecho,* étudiant en droit.
— OBSERV. Bien que la forme féminine correcte soit *estudiante* on emploie fréquemment, surtout dans la langue parlée, le mot *estudianta.*

estudiantil adj. D'étudiant, estudiantin, e.

estudiantina f. Orchestre (*m.*) d'étudiants.

estudiantino, na adj. FAM. D'étudiant, estudiantin, e.

estudiantón m. Bûcheur, euse ; piocheur, euse.

estudiar v. tr. Étudier : *estudiar francés, un problema,* étudier le français, un problème. ‖ Faire des études : *estudiar medicina,* faire des études de médecine. ‖ Travailler : *no estudia en el colegio,* il ne travaille pas à l'école. ‖ Se pencher sur, étudier (problema). ‖ — *Estudiar de memoria,* apprendre par cœur. ‖ *Estudiar Derecho,* faire son droit. | *Estudiar para cura, maestro, etc.,* étudier pour être prêtre, maître d'école, etc. ‖ *Estudiar para médico ou medicina,* faire sa médecine *o* ses études de médecine.
— V. pr. S'étudier (observarse).
— SINÓN. ● *Aprender,* apprendre. *Meditar,* méditer. *Examinar,* examiner. *Aplicarse,* s'appliquer. *Instruirse,* s'instruire. *Investigar,* rechercher. Fam. *Empollar,* potasser, bûcher, piocher.

estudio m. Étude, *f.* : *aplicarse al estudio,* s'appliquer à l'étude ; *estudio del mercado,* étude du marché. ‖ Étude, *f.* [salle de travail]. ‖ Studio : *estudio cinematográfico, radiofónico,* studio cinématographique, radiophonique. ‖ Atelier : *un estudio de escultor,* un atelier de sculpteur. ‖ Étude, *f.* (proyecto) : *en estudio,* à l'étude. ‖ Pl. Études : *cursar estudios ou hacer estudios,* faire des études. ‖ — *En estudio,* à l'étude. ‖ *Estudios mayores,* hautes études. ‖ — *Dar estudios a,* payer les études à, faire faire des études à. ‖ *Tener estudios,* avoir fait des études.

estudioso, sa adj. Studieux, euse ; appliqué, e. — M. Spécialiste : *los estudiosos de Cervantes,* les spécialistes de Cervantès. ‖ Chercheur (investigador).

estufa f. Poêle, *m.* (para la calefacción). ‖ Serre (invernadero de plantas). ‖ Étuve (para baños de vapor, para secar). ‖ FIG. Étuve : *esta habitación es una estufa,* cette chambre est une étuve. ‖ Chaufferette (estufilla). ‖ Étuveur, *m.,* étuveuse (para determinados productos). ‖ Cuisinière (fogón). ‖ Radiateur, *m.* (calentador). ‖ FIG. y FAM. *Criar en estufa,* élever dans du coton.

estufilla f. Manchon, *m.* (manguito de pieles). ‖ Chaufferette (para los pies).

estufista m. Fumiste.

estulticia f. Niaiserie, sottise (necedad).

estulto, ta adj. (P. us.). Niais, e ; sot, sotte.

estupefacción f. Stupéfaction. ‖ Stupeur, ébahissement, *m.* ‖ *Causar estupefacción,* stupéfier.

estupefaciente adj. Stupéfiant, e. — M. MED. Stupéfiant.

estupefactivo, va adj. Stupéfiant, e (medicina).

estupefacto, ta adj Stupéfait, e : *estupefacto con la noticia,* stupéfait de *o* par la nouvelle. ‖ — *Dejar estupefacto,* stupéfier. ‖ *Quedarse estupefacto,* demeurer *o* être stupéfait, être frappé de stupéfaction.

estupendamente adv. Très bien, merveilleusement : *el coche funciona estupendamente,* la voiture marche très bien.

estupendo, da adj. Excellent, e ; épatant, e (fam.) [bueno] ; extraordinaire, formidable (maravilloso). ‖ FAM. *Un tío estupendo,* un chic type (bueno), un type formidable (magnífico).

estupidez f. Stupidité.

estúpido, da adj. Stupide. — M. y f. ● Imbécile (idiota). — SINÓN. ● *Bruto,* abruti. *Idiota,* idiot. *Inepto, tonto,* inepte. *Incapaz,* incapable. *Cretino,* crétin. FAM. *Tarugo, leño,* souche. *Badulaque,* imbécile. *Zoquete,* gourde.

estupor m. Stupeur, *f.*

estuprar v. tr. Commettre le stupre.

estupro m. Stupre (violación).

estuque m. Stuc (estuco).

estuquista m. Stucateur (el que estuca).

esturión m. Esturgeon (pez).

esvástica f. Svastika, croix gammée.

esviaje m. ARQ. Biais (oblicuidad).

eta f. Eta, *m.* (letra griega).

etalaje m. Étalage (de alto horno).

etano m. QUÍM. Éthane.

etapa f. Étape (lugar y distancia). ‖ *Quemar etapas,* brûler les étapes. — SINÓN. *Alto,* halte. *Escala,* escale. *Parada,* arrêt.

etcétera loc. adv. Et caetera, etc.

éter m. FÍS., QUÍM. y POÉT. Éther.

etéreo, a adj. Éthéré, e. ‖ POÉT. *La bóveda etérea,* la voûte éthérée.

eterificación f. QUÍM. Éthérification, estérification.

eterificar v. tr. QUÍM. Éthérifier, estérifier.

eterismo m. MED. Éthérisme.

eterización f. MED. Éthérisation.

eterizar v. tr. MED. Éthériser.

eternidad f. Éternité : *por ou para toda la eternidad,* pour l'éternité.

eternizar v. tr. Éterniser. — V. pr. S'éterniser : *mis amigos se han eternizado,* mes amis se sont éternisés.

eterno, na adj. Éternel, elle. ‖ — *Lo eterno,* l'éternel. ‖ *Padre Eterno,* Père Éternel. — SINÓN. *Sempiterno,* sempiternel, *Inmortal,* immortel. *Perpetuo,* perpétuel. *Imperecedero,* impérissable. *Perenne,* pérenne. *Perdurable,* durable. *Interminable,* interminable.

eteromanía f. Éthéromanie.

eterómano, na adj. y s. Éthéromane.

etesio adj. m. Étésien (viento).

ético, ca adj. Éthique (moral). ‖ FIG. Étique (muy flaco). — M. Moraliste. ‖ — F. Éthique (moral).

etilénico, ca adj. Éthylénique.

etileno m. QUÍM. Éthylène.

etílico, ca adj. Éthylique.

etilismo m. MED. Éthylisme.

etilo m. QUÍM. Éthyle.

etimología f. Étymologie.

etimológico, ca adj. Étymologique.

etimologista m. Étymologiste.

etimologizar v. intr. Faire de l'étymologie.

etimólogo m. Étymologiste.

etiología f. Étiologie.

etíope o **etiope** adj. y s. Éthiopien, enne.

Etiopía n. pr. f. GEOGR. Éthiopie.

etiópico, ca adj. Éthiopique.

etiqueta f. Étiquette (ceremonia). ‖ Étiquette (de botella, de fardo, etc.). ‖ Étiquette, griffe (en un traje). ‖ Cérémonie : *recibir a uno con mucha etiqueta,* recevoir quelqu'un en grande cérémonie. ‖ — *Cena de etiqueta,* dîner d'apparat. ‖ *Fiesta de etiqueta,* soirée de gala. ‖ *Traje de etiqueta,* tenue de soirée. ‖ — *Recibir sin etiqueta,* recevoir sans façon. ‖ *Se ruega* ou *se suplica etiqueta,* tenue de soirée de rigueur.

etiquetado m. Étiquetage.

etiquetadora f. Étiqueteuse (máquina).

etiquetar v. tr. Étiqueter.

etiquetero, ra adj. Cérémonieux, euse.

etites f. Aétite, pierre d'aigle.

etmoidal adj. Ethmoïdal, e.

etmoides adj. y s. m. ANAT. Ethmoïde (hueso del cráneo).

etnarca m. Ethnarque.

etnarquía f. Ethnarchie.

etnia f. Ethnie (raza).

étnico, ca adj. Ethnique.

etnografía f. Ethnographie.

etnográfico, ca adj. Ethnographique.

etnógrafo m. Ethnographe.

etnología f. Ethnologie.

etnológico, ca adj. Ethnologique.

etnólogo m. Ethnologue, ethnologiste.

Etolia n. pr. f. GEOGR. Étolie.

etolio, lia adj. y s. Étolien, enne (de Etolia).

etología f. Éthologie.

etológico, ca adj. Éthologique.

etopeya f. Éthopée.

Etruria n. pr. f. GEOGR. Étrurie.

etrusco, ca adj. y s. Étrusque.

etusa f. BOT. Æthuse, éthuse, petite ciguë.

Eubea n. pr. GEOGR. Eubée.

eucalipto m. Eucalyptus (árbol).

eucaliptol m. Eucalyptol.

eucaristía f. Eucharistie.

eucarístico, ca adj. Eucharistique : *congreso eucarístico,* congrès eucharistique.

Euclides n. pr. m. Euclide : *postulado de Euclides,* postulat d'Euclide.

euclidiano, na adj. Euclidien, enne (de Euclides).

eucologio m. Eucologe.

eudemonismo m. Eudémonisme.

eudiometría f. FÍS. Eudiométrie.

eudiométrico, ca adj. Eudiométrique.

eudiómetro m. FÍS. Eudiomètre.

Eudoxia n. pr. f. Eudoxie.

Eufemia n. pr. f. Euphémie.

eufemismo m. Euphémisme.

eufonía f. Euphonie.

eufónico, ca adj. Euphonique.

euforbiáceas f. pl. BOT. Euphorbiacées.

euforbio m. BOT. Euphorbe, *f.*

euforia f. Euphorie.

eufórico, ca adj. Euphorique.

eufrasia f. Euphraise (planta).

Eufrasia n. pr. f. Euphrasie.

Éufrates n. pr. m. GEOGR. Euphrate.
eufuismo m. Euphuisme.
eugenesia f. BIOL. Eugénésie.
Eugenia n. pr. f. Eugénie.
Eugenio n. pr. m. Eugène.
eugenismo m. BIOL. Eugénisme.
Eulalia n. pr. f. Eulalie.
Eulogio n. pr. m. Euloge.
eunecte m. Eunecte (anaconda).
eunuco m. Eunuque.
eupatorio m. BOT. Eupatoire, *f.*
Eurasia n. pr. f. GEOGR. Eurasie.
eurasiático, ca adj. y s. Eurasien, enne.
Eurídice n. pr. f. Eurydice.
Eurípides n. pr. m. Euripide.
euritmia f. Eurythmie.
eurítmico, ca adj. Eurythmique.
euro m. POÉT. Vent du Levant.
Europa n. pr. f. GEOGR. Europe.
europeísmo m. Sens de l'Europe.
europeísta adj. Européisant, e. ‖ — Adj. y s. Européen, enne : *política europeísta*, politique européenne.
— M. y f. Partisan de l'Europe unie.
europeización f. Européisation.
europeizar v. tr. Européaniser.
europeo, a adj. y s. Européen, enne.
éuscaro, ra adj. y s. Euskarien, enne. ‖ — M. Basque (idioma).
Eusebia n. pr. f. Eusébie.
Eusebio n. pr. m. Eusèbe.
Eustaquio n. pr. m. Eustache.
eutanasia f. Euthanasie.
eutéctico, ca adj. Eutectique.
eutimia f. Euthymie (sosiego).
Eutimio n. pr. Euthyme.
eutiquiano, na adj. y s. RELIG. Eutychéen, enne.
eutrapelia f. (P. us.). Enjouement, *m.*
Eutropio n. pr. m. Euthrope.
Eva n. pr. f. Ève.
evacuación f. Évacuation.
evacuante adj. y s. MED. Évacuant, e. ‖ — Adj. MED. Évacuateur, trice.
evacuar v. tr. Évacuer. ‖ Exécuter, effectuer : *evacuar un traslado*, effectuer un transfert.
evacuativo, va adj. MED. Évacuateur, trice.
evacuatorio, ria adj. MED. Évacuateur, trice (evacuativo).
— M. Urinoir public.
evadido, da adj. y s. Évadé, e.
evadir v. tr. Fuir : *evadir el peligro*, fuir le danger. ‖ Éviter, éluder (una dificultad).
— V. pr. S'évader : *el preso se evadió*, le prisonnier s'est évadé.
evaginación f. Évagination.
evaluación f. Évaluation.
evaluar v. tr. Évaluer : *evaluar en cien pesetas*, évaluer à cent pesetas.
evanescencia f. Évanescence.
evanescente adj. Évanescent, e.
evangeliario m. Évangéliaire (libro).
evangélico, ca adj. Évangélique.
evangelio m. Évangile. ‖ FIG. Évangile : *sus palabras son el Evangelio*, ce qu'il dit est parole d'évangile. ‖ *Esto es el Evangelio*, c'est la loi et les prophètes.
evangelismo m. Évangélisme.
evangelista m. Évangéliste. ‖ *Amer.* Écrivain public (memorialista).
evangelistero m. Diacre chargé de chanter l'Évangile.
evangelización f. Évangélisation.
evangelizador, ra adj. y s. Évangélisateur, trice.
evangelizar v. tr. Évangéliser.
evaporable adj. Évaporable.

evaporación f. Évaporation.
evaporador m. Évaporateur.
evaporar v. tr. Évaporer.
— V. pr. S'évaporer.
evaporatorio, ria adj. MED. Évaporatoire.
evaporizar v. tr. e intr. Vaporiser.
Evaristo n. pr. m. Évariste.
evasión f. Évasion (huida). ‖ Échappatoire (para eludir).
evasiva f. Faux-fuyant, *m.*, échappatoire : *andarse con evasivas*, employer des faux-fuyants.
evasivo, va adj. Évasif, ive.
evección f. ASTR. Évection.
evento m. Événement (acontecimiento). ‖ *A todo evento*, à tout hasard.
eventración f. MED. Éventration.
eventual adj. Éventuel, elle.
eventualidad f. Éventualité.
evicción f. DR. Éviction.
evidencia f. Évidence : *con toda evidencia*, de toute évidence. ‖ *Ponerse en evidencia*, se mettre en évidence, se faire remarquer (personas), se dégager : *dos hechos se ponen en evidencia*, deux faits se dégagent.
— SINÓN. *Certitud*, certidumbre, certeza, certitude. *Convicción*, convencimiento, conviction. *Seguridad*, assurance.
evidenciar v. tr. Mettre en évidence, rendre évident, faire ressortir.
— V. pr. Être manifeste o évident, sauter aux yeux : *se evidencia la necesidad de ensanchar esta calle*, il est manifeste que cette rue a besoin d'être élargie. ‖ S'affirmer : *su talento se evidencia en sus obras*, son talent s'affirme dans ses œuvres.
evidente adj. Évident, e. ‖ — *Es completamente evidente*, c'est l'évidence même. ‖ *Ser evidente*, être évident, tomber sous le sens.
— SINÓN. *Claro*, clair. *Manifiesto*, manifeste. *Notorio*, notoire. *Patente*, patent. *Positivo*, positif. *Formal*, formel. *Flagrante*, flagrant. *Público*, public. *Indiscutible*, indiscutable.
evidentemente adj. Évidemment.
— OBSERV. *Evidentemente* s'emploie moins en espagnol qu'*évidemment* en français, au sens de « c'est évident », qu'on rend plutôt par *está claro.*
evitable adj. Évitable.
evitación f. Évitement, *m.* (p. us.). ‖ *Tomar medidas en evitación de*, prendre des mesures afin d'éviter.
evitar v. tr. Éviter : *evitar un peligro una discusión, a un amigo*, éviter un danger, une discussion, un ami.
— SINÓN. *Huir*, fuir. *Esquivar, sortear*, esquiver. *Eludir*, éluder. *Prevenir*, prévenir. *Soslayar*, éviter.
evocable adj. Évocable.
evocación f. Évocation.
evocador, ra adj. Évocateur, trice.
evocar v. tr. Évoquer.
evocativo, va adj. Évocateur, trice.
evocatorio, ria adj. Évocatoire.
evohé interj. Evohé, évoé (grito de las bacantes).
evolución f. Évolution. ‖ — *Evolución del pensamiento*, déroulement de la pensée. ‖ *Evolución demográfica*, mouvement de la population.
evolucionar v. intr. Évoluer. ‖ FIG. Évoluer : *enfermedad que evoluciona*, maladie qui évolue. ‖ Évoluer : *un pueblo evolucionado*, un peuple évolué. ‖ MAR. Évoluer (una escuadra).
evolucionismo m. Évolutionnisme.
evolucionista adj. y s. Évolutionniste.
evoluta f. Développée (curva).
evolutivo, va adj. Évolutif, ive.
evolvente f. GEOM. Développante.
evónimo m. BOT. Fusain (bonetero).
evzono m. Evzone (soldado en Grecia).

ex pref. Ex, ancien, enne : *ex ministro*, ancien ministre *o* ex-ministre. ‖ — *El Congo ex belga*, l'ex-Congo belge *o* l'ancien Congo belge. ‖ *Los ex combatientes*, les anciens combattants.
— Observ. Para designar en francés lo que ha sido una persona se emplea más el adjetivo *ancien* que el prefijo *ex*. Obsérvese por otra parte el guión entre *ex* y el nombre.

ex abrupto loc. adv. Ex abrupto.
exabrupto m. Fam. Sortie (f.) intempestive.
exacción f. Exaction (abuso). ‖ Taxe (tasa) : *exacción de exportación*, taxe à l'exportation.
exacerbación f. *o* **exacerbamiento** m. Exacerbation, f.
exacerbar v. tr. Exacerber.
exactitud f. Exactitude, précision.
— Sinón. *Puntualidad*, ponctualité. *Precisión*, précision. *Regularidad*, régularité. *Escrupulosidad*, *minuciosidad*, minutie. *Rigor*, rigueur.
exacto, ta adj. Exact, e (justo, puntual).
— Adv. Exactement.
ex aequo loc. adv. y s. m. Ex aequo.
exageración f. Exagération.
exageradamente adv. Exagérément.
exagerado, da adj. Exagéré, e : *relato exagerado*, récit exagéré. ‖ Excessif, ive : *severidad exagerada*, sévérité excessive. ‖ *Eres muy exagerado*, tu exagères tout.
exagerador, ra adj. y s. Exagérateur, trice.
exagerar v. tr. e intr. Exagérer.
— Sinón. *Abultar*, grossir. *Aumentar*, augmenter. *Amplificar*, amplifier. *Encarecer*, renchérir. *Hinchar*, *inflar*, gonfler.
exagerativo, va adj. Exagératif, ive.
exaltación f. *o* **exaltamiento** m. Exaltation : *la exaltación de la virtud*, l'exaltation de la vertu. ‖ Élévation : *la exaltación a la jefatura del Estado*, l'élévation à la plus haute magistrature. ‖ *Exaltación de la Santa Cruz*, exaltation de la Sainte Croix.
exaltado, da adj. y s. Exalté, e.
exaltador, ra *o* **exaltante** adj. Exaltant, e.
exaltar v. tr. Exalter.
— V. pr. S'exalter (enaltecerse, elevarse al más alto grado). ‖ Fig. S'exciter.
examen m. Examen : *pasar un examen*, passer un examen. ‖ — *Examen de conciencia*, examen de conscience. ‖ *Examen de Estado*, baccalauréat. ‖ Dr. *Examen de testigos*, interrogatoire des témoins. ‖ *Examen médico*, visite médicale. ‖ *Libre examen*, libre examen. ‖ *Someter a examen*, soumettre à examen. ‖ *Sufrir un examen*, passer un examen.
— Sinón. *Concurso*, *oposición*, concours. *Prueba*, épreuve. *Ejercicio*, exercice.
examinador, ra m. y f. Examinateur, trice.
examinando, da m. y f. Candidat, candidate à un examen.
examinante adj. Examinateur, trice.
examinar v. tr. ● Examiner (observar atentamente). ‖ Faire passer un examen (a un candidato). ‖ Envisager : *examinar el porvenir*, envisager l'avenir. ‖ Med. Examiner (a un enfermo).
— V. pr. Passer un examen : *se ha examinado de historia en Salamanca*, il a passé son examen d'histoire à Salamanque.
— Sinón. ● *Inspeccionar*, inspecter. *Escrutar*, scruter. *Sondear*, sonder. *Analizar*, analyser. *Escudriñar*, examiner. *Visitar*, perquisitionner.
exangüe adj. Exangue. ‖ Fig. Épuisé, e (sin fuerzas). | Sans vie (muerto).
exánime adj. Inanimé, e (inanimado). ‖ Épuisé, e (agotado).
exantema m. Med. Exanthème (erupción).
exantemático, ca adj. Med. Exanthémateux, euse ; exanthématique : *tifus exantemático*, typhus exanthématique.

exarca m. Exarque.
exarcado m. Exarchat (dignidad de exarca).
exartrosis f. Med. Exarthrose (luxación).
exasperación f. Exaspération.
exasperador, ra *o* **exasperante** adj. Exaspérant, e (irritante).
exasperar v. tr. Exaspérer. ‖ Énerver, exaspérer (poner nervioso). ‖ Irriter· (irritar).
— V. pr. S'exaspérer. ‖ S'énerver. ‖ S'irriter.
excarcelación f. Élargissement, m. (liberación de un prisionero).
excarcelar v. tr. Élargir, relâcher (un prisionero). — V. pr. Sortir de prison.
excava f. Déchaussement, m., déchaussage, m.
excavación f. Excavation, creusement, m. : *excavación de zanjas*, creusement de fossés. ‖ Fouille : *hacer excavaciones en Egipto*, faire des fouilles en Égypte.
excavador, ra adj. y s. Excavateur, trice. ‖ — F. Excavateur, m., excavatrice (para cavar). ‖ Pelleteuse (para evacuar materiales). ‖ — *Excavadora de mandíbulas*, benne preneuse. ‖ *Excavadora mecánica*, pelle mécanique.
excavar v. tr. Excaver (p. us.), creuser (cavar). ‖ Faire des fouilles (en arqueología). ‖ Agric. Déchausser (las plantas).
excedencia f. Congé (m.) pour convenance personnelle : *pedir la excedencia por un año*, demander un congé d'un an pour convenance personnelle. ‖ Disponibilité (de un funcionario). ‖ *Situación de excedencia*, congé sans solde, mise en disponibilité.
excedente adj. Excédant, e ; excédentaire : *sumas excedentes*, sommes excédentaires. ‖ En non-activité (funcionario). ‖ *Estar declarado excedente*, être mis en disponibilité.
— M. Excédent : *excedentes agrícolas*, excédents agricoles.
exceder v. tr. e intr. Excéder, dépasser : *los ingresos exceden a los gastos en cien pesetas*, les revenus excèdent les dépenses de cent pesetas. ‖ Surpasser (personas).
— V. intr. y pr. Dépasser les bornes (propasarse). ‖ *Excederse a sí mismo*, se surpasser.
excelencia f. Excellence. ‖ *Por excelencia*, par excellence.
excelente adj. Excellent, e.
excelentemente adv. Excellemment.
excelentísimo, ma adj. Excellentissime.
excelsamente adv. Éminemment.
excelsitud f. Grandeur : *la excelsitud de este rey*, la grandeur de ce roi. ‖ Éminence, excellence (de cualidades).
excelso, sa adj. Éminent, e. ‖ — M. *El Excelso*, le Très-Haut.
excentración f. Mecán. Excentration.
excentricidad f. Excentricité : *la excentricidad de una elipse*, l'excentricité d'une ellipse. ‖ Fig. Excentricité (extravagancia).
excéntrico, ca adj. Excentrique. ‖ — M. Fig. Excentrique (extravagante). ‖ — F. Mecán. Excentrique, m.
excepción f. Exception : *ser una excepción a la regla*, faire exception à la règle. ‖ — *A* ou *con excepción de*, à l'exception de. ‖ *Estado de excepción*, état d'exception *o* de siège *o* d'alerte. ‖ *La excepción confirma la regla* ou *no hay regla sin excepción*, l'exception confirme la règle.
excepcional adj. Exceptionnel, elle. ‖ *Un ser excepcional*, un être exceptionnel *o* d'exception.
— Sinón. *Único*, unique. *Raro*, rare. *Extraordinario*, extraordinaire. *Singular*, singulier. *Insólito*, insolite. *Inaudito*, inouï.
excepto adv. Excepté, à part, sauf, hormis : *excepto eso, todo va bien*, à part cela, tout va bien. ‖ *Excepto los niños*, excepté les enfants *o* les enfants exceptés *o* à l'exception des enfants.

exceptuar v. tr. Excepter, faire exception. || Faire une exception (hacer salvedad). || *Exceptuando a los niños,* les enfants exceptés.
— V. pr. Être excepté, e. || *Se vacunarán a todos los niños, pero se exceptúan a los de menos de un año,* tous les enfants seront vaccinés à l'exception de *o* sauf ceux de moins d'un an.

excesivo, va adj. Excessif, ive.
— SINÓN. *Demasiado,* trop. *Desmesurado, desmedido,* démesuré. *Exagerado,* exagéré. *Exorbitante,* exorbitant. *Inmoderado, descomunal,* immodéré. *Abusivo,* abusif. *Extremo,* extrême. *Increíble,* incroyable.

exceso m. Excès : *exceso de velocidad,* excès de vitesse (abuso). || Excédent : *exceso de equipaje,* excédent de bagages ; *exceso de natalidad sobre la mortalidad,* excédent des naissances sur les décès. || Abus : *exceso de poder,* abus de pouvoir. || — *Con exceso,* trop : *fuma con exceso,* il fume trop. || *En exceso,* à l'excès. || *Por exceso,* par excès.

excipiente m. Excipient.
excisión f. Excision.
excitabilidad f. Excitabilité.
excitable adj. Excitable.
excitación f. Excitation.
excitador, ra adj. y s. Excitateur, trice. || — M. Fís. Excitateur. || — F. ELECTR. Excitatrice.
excitante adj. y s. m. Excitant, e.
excitar v. tr. Exciter.
excitativo, va adj. y s. m. Excitant, e.
exclamación f. Exclamation. || Point (*m.*) d'exclamation (signo de admiración).
exclamar v. intr. S'exclamer, s'écrier.
— SINÓN. *Clamar,* clamer. *Prorrumpir,* éclater. *Gritar,* crier.

exclamativo, va o **exclamatorio, ria** adj. Exclamatif, ive.
exclaustración f. Sécularisation.
exclaustrado, da m. y f. Sécularisé, e.
exclaustrar v. tr. Séculariser (un religioso).
excluir* v. tr. Exclure.
exclusión f. Exclusion. || *Con exclusión de,* à l'exclusion de.
exclusiva f. Exclusion (repulsa). || Exclusivité, exclusive (privilegio) : *dar la exclusiva a un editor,* donner l'exclusivité à un éditeur. || — *En exclusiva,* exclusivement. || *Venta en exclusiva,* vente en exclusivité.
exclusive adv. Exclusivement (únicamente). || Non compris : *hasta el 2 (dos) de abril exclusive,* jusqu'au 2 (deux) avril non compris.
exclusividad f. Exclusivité (privilegio).
exclusivismo m. Exclusivisme.
exclusivista adj. y s. Exclusiviste.
exclusivo, va adj. Exclusif, ive.
excomulgado, da m. y f. Excommunié, e.
excomulgar v. tr. Excommunier : *excomulgar a un hereje,* excommunier un hérétique.
excomunión f. Excommunication : *fulminar una excomunión,* fulminer une excommunication.
excoriación f. Excoriation, écorchure.
excoriar v. tr. Excorier, écorcher.
excrecencia f. Excroissance (tumor).
excreción f. Excrétion.
excrementar v. intr. Déféquer.
excrementicio, cia adj. Excrémenteux, euse ; excrémentiel, elle ; excrémentitiel, elle.
excremento m. Excrément.
excrementoso, sa adj. Excrémenteux, euse ; excrémentiel, elle ; excrémentitiel, elle.
excrescencia f. Excroissance.
excretar v. tr. Excréter.
excretor, ra o **excretorio, ria** adj. ANAT. Excrétoire, excréteur, trice : *alteraciones excretorias,* troubles excrétoires ; *conductos excretorios,* conduits excréteurs.

exculpación f. Disculpation.
exculpar v. tr. Disculper.
excursión f. Excursion. || *Ir de excursión, hacer una excursión,* aller en excursion, faire une excursion, excursionner (p. us.).
excursionismo m. Excursionnisme.
excursionista m. y f. Excursionniste.
excusa f. Excuse : *¡nada de excusas!,* pas d'excuse. || — *Buscar excusa,* chercher une excuse. || *Dar excusas,* fournir o donner des excuses. || *Deshacerse en excusas,* se confondre en excuses. || *Presentar sus excusas,* présenter ses excuses.
excusable adj. Excusable.
excusadamente adv. Sans nécessité, inutilement.
excusado, da adj. Excusé, e (perdonado). || Inutile, superflu, e (innecesario) : *excusado es decirlo,* inutile de le dire. || Exempt, e ; exempté, e (exento). || Dérobé, e : *puerta excusada,* porte dérobée.
— M. Cabinets, *pl.,* water-closet (retrete).
excusar v. tr. Excuser (disculpar). || Éviter (impedir) : *excusar disturbios,* éviter des désordres. || Ne pas avoir besoin de : *excusas venir,* tu n'as pas besoin de venir. || Exempter (eximir). || Esquiver, refuser : *excusar responsabilidades,* esquiver des responsabilités.
— V. pr. S'excuser, faire o présenter des excuses : *excusarse con uno,* s'excuser auprès de quelqu'un, faire o présenter ses excuses à quelqu'un. || *El que se excusa, se acusa,* qui s'excuse s'accuse.
— OBSERV. Las expresiones *faire* o *présenter ses excuses,* son más correctas que *s'excuser.*

exeat m. inv. Exeat (permiso de salida).
execrable adj. Exécrable (abominable).
execración f. Exécration (maldición).
execrador, ra adj. y s. Qui exècre.
execrar v. tr. Exécrer.
exedra f. ARQ. Exèdre.
exégesis f. Exégèse.
exegeta m. Exégète.
exegético, ca adj. Exégétique.
exención f. Exemption (acción de eximir). || Exonération : *exención fiscal,* exonération fiscale.
exentar v. tr. (P. us.). Exempter.
exento, ta adj. Exempt, e. || Libre : *exento de toda obligación,* libre de toute obligation. || Net, nette ; exempt, e ; exonéré, e (de impuestos). || *Exento de aduanas,* en franchise douanière : *producto que entra exento de aduanas,* produit qui entre en franchise douanière.
exequátur m. inv. Exequatur (autorización).
exequias f. pl. Funérailles.
exéresis f. MED. Exérèse (cirugía).
exergo m. Exergue (medalla).
exfoliación f. Exfoliation.
exfoliar v. tr. Exfolier.
exhalación f. Exhalation (acción de exhalar). || Exhalaison (emanación). || Étoile filante (estrella fugaz). || Étincelle (centella). || Foudre (rayo). || *Pasar, irse como una exhalación,* passer, partir comme un éclair.
exhalar v. tr. Exhaler : *exhalar un olor,* exhaler une odeur. || *Exhalar el último suspiro,* rendre o exhaler le dernier soupir.
exhaustivo, va adj. Exhaustif, ive (completo). || *Tratar un tema de modo exhaustivo,* épuiser un sujet.
exhausto, ta adj. Épuisé, e.
exheredación f. Exhérédation.
exheredar v. tr. Exhéréder (desheredar).
exhibición f. Exhibition. || Exposition (de cuadros, etc.). || Présentation (de modelos de alta costura). || Projection (en un cine). || — *Exhibición de fieras,* ménagerie.
exhibicionismo m. Exhibitionnisme.
exhibicionista m. y f. Exhibitionniste.

exhibidor m. CINEM. Exploitant (de una sala).
exhibir v. tr. Exhiber (mostrar). ‖ Exposer (cuadros, etc.). ‖ Présenter (modelos de alta costura). ‖ Projeter (en un cine). ‖ *Amer.* Payer (pagar). — V. pr. S'exhiber (mostrarse en público).
exhortación f. Exhortation.
exhortador, ra adj. Qui exhorte.
exhortar v. tr. Exhorter (aconsejar).
exhorto m. DR. Commission (*f.*) rogatoire.
exhumación f. Exhumation.
exhumar v. tr. Exhumer. ‖ FIG. Exhumer : *exhumar el pasado,* exhumer le passé.
exigencia f. Exigence.
exigente adj. Exigeant, e.
— SINÓN. *Puntilloso, escrupuloso,* pointilleux. *Rígido,* rigide. *Severo,* sévère.
exigibilidad f. Exigibilité.
exigible adj. Exigible.
exigir v. tr. Exiger. ‖ Crier : *crimen que exige venganza,* crime qui crie vengeance.
exigüidad f. Exiguïté.
exiguo, gua adj. Exigu, ë.
exiliado, da o **exilado, da** adj. y s. Exilé, e.
exiliar o **exilar** v. tr. Exiler.
exilio m. Exil (destierro) : *enviar al exilio,* envoyer en exil.
eximente adj. DR. Absolutoire, atténuant, e.
eximio, mia adj. Insigne, illustre : *el eximio poeta,* l'illustre poète.
eximir v. tr. Exempter, libérer [d'une charge, etc.]. — V. pr. Se libérer : *eximirse de una obligación,* se libérer d'une obligation.
— SINÓN. *Exentar,* exempter. *Dispensar,* dispenser. *Liberar,* libérer. *Franquear,* affranchir. *Exonerar,* exonérer. *Perdonar,* pardonner. *Condonar,* remettre. *Descargar,* décharger.
exinscrito, ta adj. GEOM. Exinscrit, e.
existencia f. Existence. ‖ — Pl. COM. Stock, *m.* sing., stocks, *m.* : *liquidación de existencias,* liquidation du stock ; *unas existencias enormes,* des stocks énormes.
existencial adj. Existentiel, elle : *filosofía existencial,* philosophie existentielle.
existencialismo m. FILOS. Existentialisme.
existencialista adj. y s. Existentialiste.
existente adj. Existant, e.
existir v. intr. Exister (ser).
exit m. TEATR. Exit, il sort (indicación escénica).
éxito m. ● Succès : *tener éxito con uno,* avoir du succès auprès de quelqu'un ; *ser coronado por el éxito,* être couronné de succès. ‖ Réussite, *f.* : *el éxito de una empresa,* la réussite d'une entreprise. ‖ Résultat (resultado). ‖ — *Éxito de prestigio,* succès d'estime. ‖ *Mal éxito,* échec. ‖ *No tener éxito,* ne pas réussir (uno), échouer, rater (fallar). ‖ *Salió con mal éxito,* il s'en est mal tiré. ‖ *Tener éxito,* réussir : *tener éxito en la vida,* réussir dans la vie ; avoir du succès : *este actor tiene mucho éxito,* cet acteur a beaucoup de succès ; marcher (una empresa).
— SINÓN. ● *Acierto,* réussite. *Ventaja,* avantage. *Victoria,* victoire. *Triunfo,* triomphe.
exitoso, sa adj. *Amer.* Qui a du succès.
ex libris m. Ex-libris.
exoceto m. Exocet (pez).
exocrina adj. f. ANAT. Exocrine (glándula).
éxodo m. Exode (emigración) : *éxodo rural,* exode rural.
exoftalmía f. MED. Exophtalmie.
exoftálmico, ca adj. MED. Exophtalmique.
exogamia f. Exogamie.
exógeno, na adj. Exogène.
exoneración f. Exonération. ‖ *Exoneración de base,* abattement à la base.
exonerar v. tr. Exonérer (carga ou obligación). ‖ *Exonerar el vientre,* aller à la selle.

exorbitancia f. Excès, *m.,* énormité.
exorbitante adj. Exorbitant, e.
exorbitantemente adv. Excessivement.
exorcismo m. Exorcisme.
exorcista m. Exorciste.
exorcizar v. tr. Exorciser.
exordio m. Exorde (preámbulo).
exornar v. tr. Orner (adornar).
exósmosis o **exosmosis** f. FÍS. Exosmose.
exóstosis f. MED. Exostose (tumor).
exotérico, ca adj. Exotérique (común, vulgar).
exotérmico, ca adj. FÍS. Exothermique.
exótico, ca adj. Exotique.
exotismo m. Exotisme.
expandirse v. pr. S'étendre, se dilater.
expansabilidad f. FÍS. Expansibilité.
expansible adj. Expansible.
expansión f. Expansion (dilatación). ‖ FIG. Expansion, épanchement, *m.,* effusion (de afecto). ‖ Délassement, *m.* (recreo). ‖ Épanouissement, *m.* (del espíritu). ‖ Développement, *m.,* expansion : *expansión de la producción,* développement de la production. ‖ Expansion : *expansión colonial,* expansion coloniale.
expansionarse v. pr. S'épancher, s'ouvrir, ouvrir son cœur. ‖ Se délasser (recrearse).
expansionismo m. Expansionnisme.
expansionista adj. y s. Expansionniste.
expansivo, va adj. Expansif, ive.
expatriación f. Expatriation.
expatriarse v. pr. S'expatrier.
expectación f. Expectation (p. us.), attente (espera). ‖ MED. Expectation. ‖ — *Comenzó la corrida en medio de una gran expectación,* la corrida commença au milieu de l'impatience générale. ‖ *Había gran expectación en la ciudad ante la llegada de la reina,* toute la ville brûlait d'impatience dans l'attente de la reine.
expectante adj. Expectant, e (que espera) : *actitud, medicina expectante,* attitude, médecine expectante.
expectativa f. Expectative : *estar* ou *mantenerse a la expectativa de un suceso,* être dans o se tenir à l'expectative d'un événement. ‖ Perspective. ‖ *Contra toda expectativa,* contre toute attente.
expectorativo, va adj. Expectatif, ive.
expectoración f. Expectoration.
expectorante adj. y s. m. MED. Expectorant, e.
expectorar v. tr. Expectorer (escupir).
expedición f. Expédition (excursión). ‖ Expédition, envoi, *m.* (envío). ‖ Expédition, exécution rapide (de un asunto). ‖ *Expedición de testimonio de sentencia,* levée de jugement.
expedicionario, ria adj. y s. Expéditionnaire. ‖ — Adj. MIL. Expéditionnaire : *cuerpo expedicionario,* corps expéditionnaire.
expedicionero m. Expéditionnaire (de la Curia romana).
expedidor, ra adj. y s. Expéditeur, trice.
expedientado, da adj. Qui est l'objet d'une instruction judiciaire.
expedientar v. tr. Instruire (un proceso).
expediente adj. Expédient, e (conveniente). ‖ — M. Expédient (medio) : *un hábil expediente,* un habile expédient. ‖ DR. Affaire, *f.* (negocio). ‖ ‖ Dossier : *tiene un expediente cargado en la policía,* il a un dossier chargé à la police. ‖ Dossier (académico). ‖ Enquête, *f.* : *expediente administrativo,* enquête administrative. ‖ — Pl. Démarches, *f.* (trámites). ‖ — *Cubrir el expediente,* sauver les apparences. ‖ *Dar expediente,* expédier une affaire. ‖ *Instruir un expediente,* instruire une affaire. ‖ *Instruir un expediente a un funcionario,* faire un procès à un fonctionnaire.
expedienteo m. Lenteur (*f.*) de la procédure.

expedir* v. tr. Expédier (enviar). ‖ DR. Expédier : *expedir un contrato*, expédier un contrat. ‖ Délivrer : *pasaporte expedido en París*, passeport délivré à Paris. ‖ FIG. Expédier (hacer rápidamente).

expeditamente adv. Facilement, aisément. ‖ Promptement, d'une façon expéditive (rápidamente).

expeditar v. tr. *Amer.* Régler (un asunto).

expeditivo, va adj. Expéditif, ive.

expedito, ta adj. Dégagé, e ; libre : *la vía quedó expedita*, la voie fut dégagée. ‖ Prompt, e ; à l'aise : *expedito para obrar*, prompt à agir. ‖ FIG. *El camino está expedito*, la voie est tracée *o* ouverte.

Expedito n. pr. m. Expédit.

expelente adj. Qui chasse, qui repousse. ‖ *Bomba expelente*, pompe refoulante.

expeler v. tr. Expulser (a uno). ‖ Rejeter : *el volcán expele rocas*, le volcan rejette des roches. ‖ MED. Expulser (mucosidades). ‖ Éliminer (cálculo).

expendedor, ra adj. y s. Dépensier, ère. ‖ — M. y f. Débitant, e (vendedor al detalle). ‖ Caissier, ère (en un teatro, etc.). ‖ Buraliste (de tabaco). ‖ Personne qui écoule de la fausse monnaie (de moneda falsa).

expendeduría f. Débit, m. ‖ Guichet, m. (taquilla). ‖ *Expendeduría de tabaco*, bureau de tabac.

expender v. tr. Dépenser (gastar). ‖ Débiter (vender al por menor). ‖ Écouler [de la fausse monnaie].

expendio m. *Amer.* Débit (venta de efectos estancados). ‖ Débit (expendeduría).

expensar v. tr. *Amer.* Payer les dépens.

expensas f. pl. Dépens, m. pl. (gastos). ‖ — A *expensas de*, aux dépens de. ‖ *Vivir a expensas de uno*, être à la charge de quelqu'un.

experiencia f. Expérience : *tener experiencia*, avoir de l'expérience. ‖ *Por experiencia*, par expérience. ‖ *Saber por propia experiencia*, savoir par expérience, apprendre à ses dépens. — SINÓN. *Práctica*, pratique. *Conocimiento*, connaissance. *Pericia*, expérience.

experimentación f. Expérimentation : *la experimentación de un nuevo procedimiento de televisión*, l'expérimentation d'un nouveau procédé de télévision.

experimentado, da adj. Expérimenté, e.

experimentador, ra adj. y s. Expérimentateur, trice.

experimental adj. Expérimental, e : *procedimientos experimentales*, procédés expérimentaux.

experimentar v. tr. Expérimenter (científicamente). ‖ Faire l'expérience de (probar). ‖ Éprouver, ressentir (sentir) : *experimentar una sensación desagradable*, éprouver une sensation désagréable ; *experimentar amistad*, ressentir de l'amitié. ‖ Souffrir (sufrir). ‖ Essuyer, subir : *experimentar una derrota*, essuyer une défaite. ‖ Subir : *experimentar una renovación completa*, subir une rénovation complète. ‖ Roder : *método muy experimentado*, méthode bien rodée.

experimento m. Expérience, *f.* (ensayo) : *un experimento de química*, une expérience de chimie. ‖ Expérimentation, *f.* (acción de experimentar).

expertamente adv. Expertement, avec habileté.

experto, ta adj. y s. m. Expert, e : *experto en la materia*, expert en la matière.

expiable adj. Expiable.

expiación f. Expiation.

expiar v. tr. Expier. ‖ Purger : *expiar una pena*, purger une peine.

expiativo, va adj. Expiateur, trice.

expiatorio, ria adj. Expiatoire.

expiración f. Expiration : *la expiración de una pena*, l'expiration d'une peine.

expirante adj. Expirant, e.

expirar v. intr. Expirer (morir). ‖ FIG. Expirer : *expiró el plazo*, le délai a expiré.

explanación f. Nivellement, *m.*, aplanissement, *m.* (allanamiento). ‖ Terrassement, *m.* (de un terreno). ‖ FIG. Explication, éclaircissement, *m.* (aclaración).

explanada f. Esplanade. ‖ Glacis, *m.* (fortificación). ‖ Terre-plein, *m.* (terreno allanado).

explanar v. tr. Aplanir (allanar) ‖ Niveler (un terreno). ‖ FIG. Expliquer, éclaircir (aclarar).

explayada adj. f. y s. f. BLAS. Éployée (águila).

explayar v. tr. Étendre, déployer. — V. pr. S'étendre : *explayarse en un discurso*, s'étendre dans un discours. ‖ Se confier, s'ouvrir à, s'épancher auprès de (confiarse) : *se explayaba en sus cartas a sus amigos*, il se confiait à ses amis dans ses lettres.

expletivo, va adj. Explétif, ive.

explicable adj. Explicable.

explicación f. Explication : *tener una explicación con alguien*, avoir une explication avec quelqu'un. — SINÓN. *Explanación*, exposé. *Esclarecimiento, aclaración*, éclaircissement. *Exposición*, exposition. *Exégesis*, exégèse. *Interpretación*, interprétation.

explicaderas f. pl. FAM. Facilité (*sing.*) d'élocution. ‖ *Tener muy buenas explicaderas*, avoir la parole facile.

explicador, ra adj. y s. Explicateur, trice.

explicar v. tr. Expliquer. ‖ *Explicar con pelos y señales*, expliquer avec force détails. — V. pr. S'expliquer. — SINÓN. *Interpretar*, interpréter. *Traducir*, traduire. *Exponer*, exposer. *Desarrollar*, développer. *Comentar*, commenter. *Contar, referir*, raconter. *Narrar, relatar*, narrer. *Aclarar*, éclairer.

explicativo, va adj. Explicatif, ive. ‖ IMPR. *Folio explicativo*, titre courant.

explícito, ta adj. Explicite. ‖ *Hacer explícito*, expliciter, rendre explicite.

explicotear v. intr. FAM. S'expliquer.

explorable adj. Explorable.

exploración f. Exploration. ‖ Prospection (de minas). ‖ Balayage, *m.* (televisión) : *línea de exploración*, ligne de balayage. ‖ Reconnaissance : *hacer una exploración en África*, faire une reconnaissance en Afrique.

explorador, ra adj. y s. Explorateur, trice. ‖ MAR. *Barco explorador*, éclaireur. ‖ — M. MIL. Éclaireur. ‖ Boy-scout, scout, éclaireur.

explorar v. tr. Explorer. ‖ Prospecter (minas). ‖ Balayer (con un haz eléctrico). ‖ *Explorar con la vista*, explorer du regard.

exploratorio, ria adj. Exploratoire : *conversaciones exploratorias*, conversations exploratoires. ‖ MED. Exploratoire, trice (instrumento).

explosión f. Explosion : *motor de explosión*, moteur à explosion. ‖ — *Cráter de explosión*, cratère d'explosion *o* éguelué. ‖ *Explosión de grisú*, coup de grisou. ‖ *Hacer explosión*, exploser.

explosionar v. tr. Faire éclater (hacer estallar). — V. intr. Exploser (explotar).

explosivo, va adj. y s. m. Explosif, ive.

explotable adj. Exploitable.

explotación f. Exploitation.

explotador, ra adj. y s. Exploitant, e (el que explota). ‖ Exploiteur, euse (en mala parte).

explotar v. tr. Exploiter : *explotar una mina, a uno*, exploiter une mine, quelqu'un. — V. intr. Exploser (una bomba, etc.).

expoliación f. Spoliation.

expoliador, ra adj. y s. Spoliateur, trice.

expoliar v. tr. Spolier (despojar).

exponencial adj. MAT. Exponentiel, elle.

exponente adj. y s. Exposant, e. — M. MAT. Exposant. ‖ Représentant (representante) : *Cervantes es el máximo exponente de la* *literatura española,* Cervantès est le plus grand représentant de la littérature espagnole. ‖ Exemple, preuve, *f.* (prueba) : *nuestras exportaciones son un magnífico exponente de la vitalidad de la industria nacional,* nos exportations sont un magnifique exemple de la vitalité de l'industrie nationale.

exponer* v. tr. Exposer : *exponer un cuadro, una teoría,* exposer un tableau, une théorie. ‖ Avancer : *exponer una proposición,* avancer une proposition. ‖ Expliquer, exposer : *exponer su pensamiento,* expliquer sa pensée. ‖ FOT. Exposer. ‖ *Exponer mucho,* prendre beaucoup de risques. — V. pr. S'exposer : *exponerse a una desgracia,* s'exposer à un malheur.

exportable adj. Exportable.

exportación f. Exportation.

exportador, ra adj. y s. Exportateur, trice.

exportar v. tr. Exporter : *exportar a Alemania,* exporter en Allemagne.

exposición f. Exposition (de cuadros, etc.). ‖ Salon, *m.* : *exposición del automóvil,* salon de l'automobile. ‖ Exposé, *m.* (narración). ‖ Pétition, requête (instancia). ‖ — FOT. Exposition. ‖ — DR. *Exposición de motivos,* exposé des motifs. ‖ FOT. *Tiempo de exposición,* temps de pose.

exposímetro m. FOT. Posemètre, exposemètre.

expositivo, va adj. Expositif, ive.

expósito, ta adj. Trouvé, e (niño abandonado). — M. y f. Enfant (*m.*) trouvé. ‖ *Casa de expósitos,* hospice d'enfants trouvés.

expositor, ra adj. y s. Qui est chargé de faire un exposé. ‖ — M. y f. Exposant, e (en una exposición).

exprés m. Express (tren, café). ‖ *Amer.* Messageries, *f. pl.*

expresable adj. Exprimable.

expresado, da adj. Exprimé, e (expreso). ‖ Mentionné, e ; déjà cité, e (mencionado).

expresamente adv. Expressément, exprès.

expresar v. tr. Exprimer : *expresar una idea,* exprimer une idée. — V. tr. S'exprimer. — OBSERV. *Expresar* a deux participes passés : l'un, régulier (*expresado*), s'emploie avec *haber* et *tener* ; l'autre, irrégulier (*expreso*), s'emploie comme adjectif. — SINÓN. *Manifestar,* manifester. *Exteriorizar,* extérioriser. *Decir,* dire. *Enunciar,* énoncer. *Formular,* formuler.

expresión f. Expression. ‖ — Pl. Salutations, amitiés (recuerdos) : *dale expresiones de mi parte,* fais-lui mes amitiés. ‖ — MAT. *Expresión impropia,* expression fractionnaire. ‖ *Perdone la expresión,* passez-moi l'expression. ‖ *Reducir a la más mínima expresión,* réduire à sa plus simple expression.

expresionismo m. Expressionnisme.

expresionista m. Expressionniste.

expresivo, va adj. Expressif, ive (que expresa). ‖ Chaleureux, euse ; sincère : *expresivos agradecimientos,* de sincères remerciements. ‖ Affectueux, euse (cariñoso).

expreso, sa adj. Exprimé, e ; Exprès, esse (especificado) : *por orden expresa,* sur ordre exprès. ‖ — Adj. y s. m. Express. ‖ *Tren expreso,* train express. ‖ — M. Exprès (mensajero). — OBSERV. *La correspondance exprès o par exprès* se traduit en espagnol par *correo urgente.*

exprimelimones m. Presse-citron, *inv.*

exprimidera f. o **exprimidero** m. V. EXPRIMIDOR.

exprimidor m. Presse-citron, *inv.* (para limones), presse-fruits, *inv.*

exprimir v. tr. Exprimer, presser (extraer el jugo). ‖ FIG. Pressurer (estrujar). — OBSERV. *Exprimer une idée,* etc., se dit *expresar una idea,* etc.

ex profeso loc. adv. Ex professo.

expromisión f. Expromission.

expropiación f. Expropriation : *expropiación forzosa,* expropriation forcée.

expropiador, ra adj. Expropriateur, trice.

expropiar v. tr. Exproprier.

expuesto, ta adj. Exposé, e. ‖ Ouvert, e : *casa expuesta a todos los vientos,* maison ouverte à tous les vents. ‖ *Lo expuesto,* ce qui a été exposé (en un escrito).

expugnación f. Prise d'assaut.

expugnar v. tr. Prendre d'assaut.

expulsar v. tr. ● Expulser. ‖ MED. Expulser (mucosidades). — SINÓN. ● *Echar,* chasser. *Desalojar,* déloger. *Despedir,* renvoyer.

expulsión f. Expulsion.

expulsivo, va adj. Expulsif, ive.

expulsor m. Éjecteur (armas).

expurgación f. Expurgation.

expurgar v. tr. Expurger.

expurgatorio, ria adj. Qui expurge, expurgatoire (que expurga).

expurgo m. Expurgation, *f.*

exquisitamente adv. D'une manière exquise, exquisément (p. us.).

exquisitez f. Exquisité (p. us.), délicatesse.

exquisito, ta adj. Exquis, e.

exsudar v. tr. e intr. Exsuder.

extasiarse v. pr. S'extasier : *extasiarse con algo,* s'extasier sur quelque chose.

éxtasis f. Extase : *sumido en éxtasis,* plongé dans l'extase.

extático, ca adj. Extatique.

extemporal o **extemporáneo, a** adj. Hors de propos, intempestif, ive.

extender* v. tr. ● Étendre : *extender las alas,* étendre ses ailes. ‖ Dérouler, développer : *extender un mapa,* dérouler une carte. ‖ Dresser, rédiger (un acta). ‖ Délivrer (un certificado). ‖ Étendre : *extender su influencia,* étendre son influence. ‖ COM. Libeller : *cheque mal extendido,* chèque mal libellé. — V. pr. S'étendre : *la ola de frío se extiende por todo el país,* la vague de froid s'étend sur tout le pays. ‖ Gagner, se propager : *el fuego se extiende al tejado,* le feu gagne le toit. — SINÓN. ● *Tender,* tendre. *Estirar,* allonger, étirer. *Desplegar, desdoblar,* déployer, étaler. *Desarrollar,* développer.

extendidamente o **extensamente** adv. Longuement : *trató el tema extensamente,* il a longuement traité le sujet. ‖ Largement, amplement (ampliamente).

extensibilidad f. Extensibilité.

extensible adj. Extensible. ‖ *Mesa extensible,* table à rallonges.

extensión f. Étendue : *la extensión de un país, de un discurso,* l'étendue d'un pays, d'un discours. ‖ Extension (acción). ‖ Longueur : *la extensión de una carta,* la longueur d'une lettre. ‖ GRAM. Extension : *por extensión,* par extension. ‖ Acception : *en toda la extensión de la palabra,* dans toute l'acception du terme. ‖ Poste, *m.* (teléfono).

extensivamente adv. Par extension.

extensivo, va adj. Extensif, ive. ‖ AGRIC. *Cultivo extensivo,* culture extensive.

extenso, sa adj. Étendu, e : *con el brazo extenso,* le bras étendu. ‖ Long, longue (largo) : *viaje, discurso extenso,* long voyage, long discours. ‖ Étendu, e ; vaste (amplio) : *un extenso país,* un pays étendu. ‖ *Por extenso,* in extenso, en détail.

extensómetro m. TECN. Extensomètre.

extensor adj. m. y s. m. Extenseur : *músculo extensor,* muscle extenseur. ‖ — M. DEP. Extenseur, sandow, exerciseur (p. us.).

extenuación f. Exténuation, épuisement, *m.* (debilitación). ‖ Maigreur (flaqueza).

extenuado, da adj. Exténué, e (agotado).
extenuante adj. Exténuant, e.
extenuar v. tr. Exténuer (agotar).
extenuativo, va adj. Exténuant, e.
exterior adj. y s. m. Extérieur, e : *ventana exterior*, fenêtre extérieure ; *comercio exterior*, commerce extérieur. ‖ — *Dimensiones exteriores*, dimensions hors tout. ‖ *Ministerio de Asuntos Exteriores*, Ministère des Affaires étrangères.
— M. pl. CINEM. Extérieurs.
exterioridad f. Extériorité. ‖ — Pl. Dehors, *m.*, apparences.
exteriorización f. Extériorisation.
exteriorizar v. tr. Extérioriser.
exterminación f. Extermination.
exterminador, ra adj. y s. Exterminateur, trice.
exterminar v. tr. Exterminer.
exterminio m. Extermination, *f.*
externado m. Externat.
externamente adv. Extérieurement.
externo, na adj. Externe : *medicamento de uso externo*, médicament à usage externe. ‖ ● Extérieur : *signos externos de riqueza*, signes extérieurs de richesse. ‖ *Ángulo externo*, angle externe. ‖ — Adj. y s. Externe (alumno).
— SINÓN. ● *Exterior*, extérieur. *Superficial*, superficiel.
extinción f. Extinction.
extinguible adj. Extinguible.
extinguir v. tr. Éteindre (apagar). ‖ FIG. Éteindre (acabar).
— V. pr. S'éteindre (morirse).
extinto, ta adj. Éteint, e. ‖ *Amer.* Défunt, e ; mort, e (difunto).
extintor, ra adj. y s. m. Extincteur, trice. ‖ *Extintor de incendios*, extincteur d'incendie.
extirpable adj. Extirpable.
extirpación f. Extirpation.
extirpador, ra adj. y s. m. Extirpateur, trice.
extirpar v. tr. Extirper. ‖ MED. Abaisser (catarata).
extorsión f. Extorsion (despojo). ‖ FIG. Dommage, *m.*, préjudice, *m.* : *causar mucha extorsión*, porter un grand préjudice.
extorsionar v. tr. Porter préjudice.
extra adj. FAM. Extra, *inv.* ‖ *Las horas extras*, les heures supplémentaires.
— M. FAM. Gratification, *f.*, à-côté (beneficio accesorio). ‖ Extra (gasto o comida extraordinaria). ‖ CINEM. y TEATR. Figurant (comparsa). ‖ — Pl. Figuration, *f. sing.* (teatro).
extracción f. Extraction : *la extracción de una muela*, l'extraction d'une dent ; *la extracción de una raíz cuadrada*, l'extraction d'une racine carrée. ‖ FIG. Extraction (origen) : *de humilde extracción*, d'humble extraction. ‖ Fonçage, *m.* (de la pizarra). ‖ TECN. *Extracción de los perfumes*, enfleurage.
extracorriente f. ELECTR. Extra-courant, *m.*
extractar v. tr. Résumer (compendiar).
extractivo, va adj. Extractif, ive.
extracto m. Extrait (de una obra). ‖ Extrait (de una sustancia). ‖ *Extracto de cuentas*, relevé de comptes.
extractor m. Extracteur.
extradición f. Extradition. ‖ *Aplicar la extradición*, extrader.
extradós m. ARQ. Extrados.
extraer* v. tr. Extraire (sacar) : *extraer una muela*, extraire une dent. ‖ MAT. Extraire (una raíz). ‖ TECN. *Extraer perfumes*, enfleurer.
extrafino, na adj. Extra-fin, e.
extraíble adj. Extractible.
extrajudicial adj. Extrajudiciaire.
extralegal adj. Extra-légal, e : *procedimientos extralegales*, procédés extra-légaux.

extralimitarse v. pr. Dépasser les bornes, outrepasser ses droits.
extramuros loc. adv. Extra-muros.
extranjería f. Extranéité (calidad de extranjero).
extranjerismo m. Manie (*f.*) d'imiter ce qui est étranger. ‖ GRAM. Mot (voz) *o* tournure, *f.* (giro) étranger.
extranjerizar v. tr. Donner un caractère étranger.
extranjero, ra adj. y s. Étranger, ère (de otro país) : *viajar por el extranjero*, voyager à l'étranger.
— OBSERV. *Extranjero* se dit de l'étranger au pays. Étranger à une région, à une ville, se dit *forastero*.
— SINÓN. *Extraño, forastero*, étranger. *Meteco*, métèque. *Exótico*, exotique.
extranjis (de) loc. adv. FAM. En cachette (de tapadillo). ‖ En douce (callandito).
extrañación f. Bannissement, *m.*
extrañamente adv. Étrangement.
extrañamiento m. Bannissement (destierro). ‖ Étonnement (asombro).
extrañar v. tr. Étonner : *eso me extraña mucho*, cela m'étonne beaucoup. ‖ Être étonné, e : *me extraña verte aquí*, je suis étonné de te voir ici. ‖ N'être pas habitué (sentir la novedad de algo) : *extraño este traje nuevo*, je ne suis pas habitué à ce costume neuf. ‖ Être sauvage (con los desconocidos) : *este niño extraña mucho*, cet enfant est très sauvage. ‖ Bannir, exiler (desterrar). ‖ *Amer.* Regretter (echar de menos), avoir la nostalgie de (tener nostalgia). ‖ — *Extraña oírle cantar*, il est étonnant *u* on est étonné de *o* cela fait drôle de l'entendre chanter. ‖ *Me extraña verte con este peinado*, ça me fait drôle de te voir avec cette coiffure. ‖ *No es de extrañar*, cela n'a rien d'étonnant. ‖ *No es de extrañar que*, rien d'étonnant à ce que.
— V. pr. S'étonner (maravillarse) : *extrañarse de algo*, s'étonner de quelque chose. ‖ S'exiler, s'expatrier (exilarse). ‖ Se refuser (negarse).
extrañeza f. Étrangeté (cualidad de extraño). ‖ Étonnement, *m.* (asombro).
extraño, ña adj. Étranger, ère : *persona extraña*, personne étrangère. ‖ Étrange, bizarre (raro). ‖ Étranger, ère : *cuerpo extraño*, corps étranger. ‖ — *Extraño a*, étranger à. ‖ *Hace extraño oírle cantar*, il est étonnant *o* cela fait drôle de l'entendre chanter. ‖ *No es extraño que*, il n'est pas étonnant que *o* rien d'étonnant à ce que. ‖ *Serle a uno extraña una cosa*, ne pas être habitué à une chose.
— M. Écart (del caballo). ‖ — M. y f. Étranger, ère : *es un extraño en su familia*, c'est un étranger dans sa famille. ‖ *Hacer un extraño*, s'affoler (el caballo).
extraoficial adj. Officieux, euse (oficioso).
extraoficialmente adv. Officieusement.
extraordinario, ria adj. Extraordinaire. ‖ *Horas extraordinarias*, heures supplémentaires.
— M. Courrier extraordinaire (correo especial). ‖ Extra (plato suplementario). ‖ Numéro spécial (de periódico).
extraparlamentario, ria adj. Extra-parlementaire.
extrapolación f. MAT. Extrapolation.
extrapolar v. tr. Extrapoler.
extrarradio m. Zone (*f.*) suburbaine, petite banlieue, *f.* banlieue (*f.*) proche.
extrasensible adj. Extra-sensible.
extrasístole f. MED. Extrasystole.
extraterreno, na *o* **extraterrestre** adj. Extraterrestre.
extraterritorialidad f. Exterritorialité, extraterritorialité.
extrauterino, na adj. Extra-utérin, e.
extravagancia f. Extravagance. ‖ *Decir extravagancias*, dire des choses extravagantes.

extravagante adj. y s. Extravagant, e; excentrique.
extravasarse v. pr. S'extravaser (líquidos).
extravenarse v. pr. S'extravaser (la sangre).
extraversión f. Extraversion.
extravertido, da adj. Extraverti, e; extroverti, e.
extraviado, da adj. Perdu, e; égaré, e (perdido). ‖ FIG. Débauché, e (de mala vida). │ Isolé, e; perdu, e (lugar). │ Hagard, e; égaré, e : *ojos extraviados*, yeux hagards.
extraviar v. tr. ● Égarer (desorientar). ‖ Égarer, perdre : *he extraviado las tijeras*, j'ai perdu les ciseaux.
— V. pr. S'égarer, se perdre : *me extravié en el camino*, je me suis égaré en chemin. ‖ FIG. Se perdre (la mirada). │ Sortir du droit chemin (llevar mala vida). │ Se fourvoyer (equivocarse). │ S'égarer (la razón). ‖ *Se me han extraviado dos libros*, j'ai égaré o perdu deux livres.
— SINÓN. ● *Desviar*, dévier. *Descaminar*, égarer. *Descarriar*, fourvoyer. *Desorientar*, *despistar*, désorienter.
extravío m. Égarement. ‖ FIG. Égarement, fourvoiement (error). │ Écart (de conducta) : *los extravíos de la juventud*, les écarts de la jeunesse. │ Dérèglement (de las costumbres).
extremadamente adv. Extrêmement.
Extremadura n. pr. f. GEOGR. Estrémadure.
extremar v. tr. Pousser à l'extrême : *extremar la severidad, las precauciones*, pousser la sévérité, les précautions à l'extrême. ‖ Renforcer : *extremar la vigilancia*, renforcer la vigilance.
— V. pr. Se surpasser, faire tout son possible.
extremaunción f. RELIG. Extrême-onction.
extremeño, ña adj. y s. D'Estrémadure. ‖ *El celoso extremeño*, le Jaloux d'Estrémadure (de Cervantes).
extremidad f. Extrémité, bout, m. (fam.).
extremismo m. Extrémisme.
extremista m. Extrémiste.
extremo, ma adj. Extrême : *frío extremo*, froid extrême; *el punto extremo*, le point extrême.

— M. Extrêmité, f., bout (fam.) : *el extremo de un palo*, l'extrémité d'un bâton. ‖ Extrême : *los extremos se tocan*, les extrêmes se touchent. ‖ Extrémité, f. (situación extremada) : *llegó al extremo que quiso matarse*, il fut réduit à une telle extrémité qu'il voulut se tuer. ‖ MAT. Extrême. ‖ Point, sujet, matière, f. : *se han tocado varios extremos*, on a traité différents points. ‖ Aile, f. (de un equipo de fútbol). ‖ — DEP. *Extremo derecha, izquierda*, ailier o extrême droit, gauche. ‖ — *Al extremo*, à l'extrême. ‖ *De extremo a extremo*, d'un bout à l'autre. ‖ *En ou por extremo*, à l'extrême. ‖ *En último extremo*, en désespoir de cause, en dernier recours. ‖ *Pasar de un extremo a otro*, passer d'un extrême à l'autre, tomber d'un extrême dans l'autre.
extremoso, sa adj. Excessif, ive [dans ses actions].
extrínseco, ca adj. Extrinsèque.
extrorso, sa adj. BOT. Extrorse.
extroversión f. Extroversion.
extrusión f. TECN. Extrusion.
exuberancia f. Exubérance.
exuberante adj. Exubérant, e.
exudación f. Exsudation.
exudado m. Exsudat.
exudar v. tr. e intr. Exsuder (transpirar).
exulcerar v. tr. MED. Exulcérer.
exultación f. Exultation.
exultar v. intr. Exulter (alegrarse).
exutorio m. MED. Exutoire.
exvoto m. RELIG. Ex-voto, *inv.*
eyaculación f. Éjaculation.
eyacular v. tr. Éjaculer.
eyección f. Éjection.
eyectable adj. Éjectable : *asiento eyectable*, siège éjectable. ‖ Largable (avión).
eyector m. Éjecteur.
eyrá m. ZOOL. Eyra (puma).
Ezequías n. pr. m. Ézéchias.
Ezequiel n. pr. m. Ézéchiel.

F

f f. F, *m.*
fa m. MÚS. Fa.
fabada f. Haricots (*m. pl.*) au lard, sorte de cassoulet [plat régional asturien].
Fabián n. pr. m. Fabien.
Fabiana n. pr. f. Fabienne.
Fabio n. pr. m. Fabius.
Fabiola n. pr. f. Fabiola.
fabla f. Imitation de la prononciation ancienne de l'espagnol.
fablar v. intr. (Ant.) y sus deriv. V. HABLAR.
fabordón m. MÚS. Faux-bourdon.
fábrica f. Fabrication (acción de fabricar). ‖ Fabrique : *marca, precio de fábrica*, marque, prix de fabrique. ‖ ● Usine : *fábrica siderúrgica*, usine sidérurgique. ‖ Fabrique : *fábrica de muebles*, fabrique de meubles. ‖ Manufacture : *fábrica de*

tabacos, manufacture de tabacs. ‖ Bâtiment, *m.* (edificio). ‖ Fabrique (bienes de una iglesia). ‖ — *Fábrica de aceite*, huilerie. ‖ *Fábrica de azúcar*, sucrerie. ‖ *Fábrica de cerveza*, brasserie. ‖ *Fábrica de harina*, minoterie. ‖ *Fábrica de hilados*, filature. ‖ *Fábrica de jabón*, savonnerie. ‖ *Fábrica de papel*, papeterie. ‖ — *De fábrica*, en maçonnerie, en dur : *construcción de fábrica*, construction en dur.
— OBSERV. La palabra *usine* designa cualquier establecimiento industrial importante. *Fabrique* se refiere al establecimiento donde se transforman materias primas ya elaboradas en productos inmediatamente aprovechables.
— SINÓN. ● *Manufactura, factoría*, manufacture. *Industria*, industrie.
fabricación f. Fabrication : *fabricación defectuosa*, fabrication défectueuse.

fabricador, ra m. y f. Fig. Forgeur, euse ; inventeur, trice ; fabricateur, trice (de mentiras, etc.).

fabricante m. Fabricant. || — Adj. Qui fabrique.

fabricar v. tr. Fabriquer : *fabricar automóviles*, fabriquer des automobiles. || Construire, bâtir (edificar). || Fig. Forger, inventer : *fabricar una mentira*, inventer un mensonge. || Faire (hacer) : *fabricar uno su fortuna*, faire sa fortune. || *Fabricar cerveza*, brasser.

Fabricio n. pr. m. Fabrice. || Hist. Fabricius.

fabril adj. Manufacturier, ère : *industria fabril*, industrie manufacturière.

fabriquero m. Fabricien (de una iglesia).

fabuco m. (P. us.). Faîne, *f.* (hayuco).

fábula f. ● Fable : *las fábulas de La Fontaine*, les fables de La Fontaine. || Fable, mensonge, *m.* (mentira) : *esta historia es una fábula*, cette histoire est une fable. || *Colección de fábulas*, fablier.
— Sinón. ● *Apólogo*, apologue. *Parábola*, parabole. *Cuento*, conte. *Invención*, invention. *Quimera*, chimère. *Leyenda*, légende. *Mito*, mythe.

fabulario m. Fablier.

fabulista m. Fabuliste.

fabuloso, sa adj. Fabuleux, euse : *una fortuna fabulosa*, une fortune fabuleuse.

faca f. Couteau (*m.*) recourbé. || Coutelas, *m.* (cuchillo grande).

facción f. Faction : *una facción autonomista*, une faction autonomiste. || — Pl. Traits, *m.* (rasgos del rostro) : *tenía facciones cansadas*, il avait les traits tirés o fatigués. || Mil. *Estar de facción*, être de faction.

faccionario, ria adj. y s. (P. us.). Partisan, e (miembro de una facción).
— Observ. La palabra francesa *factionnaire* corresponde en español a *centinela*.

faccioso, sa adj. y s. Factieux, euse ; séditieux, euse (rebelde).

faceta f. Facette : *diamante con facetas*, diamant à facettes. || Fig. Facette, aspect, *m.* : *una faceta desconocida de España*, un aspect inconnu de l'Espagne. || *Tallar* ou *labrar en facetas*, tailler à facettes, facetter.

faceto, ta adj. Amer. Facétieux, euse.

facial adj. Facial, e : *nervio, ángulo facial*, nerf, angle facial. || *Cirugía facial*, chirurgie de la face. || *Técnica facial*, visagisme. || *Técnico facial*, visagiste.

facies f. Med. Faciès, *m.*
— Observ. Pl. *facies*.

fácil adj. Facile, aisé, e : *problema fácil*, problème facile ; *la crítica es fácil*, la critique est aisée. || Facile, aisé, e (estilo). || Facile : *este niño tiene un carácter muy fácil*, cet enfant a un caractère très facile. || Facile (liviano) : *una mujer fácil*, une femme facile. || Probable : *es fácil que venga hoy*, il est probable qu'il viendra aujourd'hui. || — *De puro fácil*, tellement facile : *de puro fácil que es, no hace falta explicarlo*, c'est tellement facile qu'il n'y a pas à l'expliquer. || *Fácil de creer*, facile à croire. || *Fácil de digerir*, facile à digérer. || *Ser fácil de hacer reir, de hacer llorar*, avoir le rire facile, les larmes faciles.
— Adv. Facilement.

facilidad f. Facilité : *tener facilidad para el estudio*, avoir de la facilité pour les études ; *no dar muchas facilidades*, ne pas accorder beaucoup de facilités. || — *Facilidades de pago*, facilités de paiement. || *Facilidad para hablar*, facilité à parler, aisance. || *Facilidad para olvidar*, puissance d'oubli.

facilillo, lla adj. Fam. Simple comme bonjour, archi-simple.

facilísimo, ma adj. Très facile.

facilitación f. Facilitation (p. us.). || Fourniture.

facilitar v. tr. Faciliter. || Fournir, procurer (proporcionar) : *facilitar datos*, fournir des renseignements. || Ménager : *facilitar una entrevista*, ménager une entrevue.

facilón, ona adj. Fam. Tout ce qu'il y a de plus facile, simple comme bonjour, archi-simple : *un problema facilón*, un problème archi-simple.

facineroso, sa adj. y s. Scélérat, e : *una banda de facinerosos*, une bande de scélérats.

facistol m. Lutrin (atril).

facómetro m. Phacomètre (óptica).

facón m. Amer. Grand couteau, poignard (del gaucho). || Amer. *Pelar el facón*, dégainer le couteau.

facoquero m. Zool. Phacochère.

facsímil o **facsímile** m. Fac-similé.

factible adj. Faisable.

facticio, cia adj. Factice (artificial).

factor m. Facteur (de comercio, de ferrocarriles). || Facteur (elemento) : *el factor humano*, le facteur humain. || Biol. Facteur : *factor Rhesus*, facteur Rhésus. || Mat. Facteur.
— Observ. Le *facteur* des postes, chargé de la distribution des lettres, s'appelle *cartero*.

factoría f. Factorerie (de una compañía), comptoir, *m.* (de una nación). || Factorat, *m.* (cargo de factor). || Usine (fábrica).

factorial f. Mat. Factorielle.

factótum m. Factotum.

factura f. Facture (hechura). || Com. Facture : *factura pro forma*, facture pro forma. || — *Extender una factura*, facturer. || *Libro de facturas*, facturier.

facturación f. Facturation : *una facturación por cien mil pesetas*, une facturation de cent mille pesetas. || Chiffre (*m.*) d'affaires (volumen de negocios). || Enregistrement, *m.* (en ferrocarril).

facturador, ra m. y f. Facturier, ère.

facturar v. tr. Facturer (extender una factura). || Enregistrer (en ferrocarril).

fácula f. Astr. Facule (del Sol).

facultad f. ● Faculté (poder). || Faculté (en las universidades). || Med. Force, résistance. || Fig. Faculté (derecho) : *tener facultad para*, avoir la faculté de. || Moyen, *m.*, faculté (aptitud) : *esto me resta facultades*, cela m'enlève mes moyens ; *con pleno dominio de sus facultades*, en pleine possession de ses moyens. || — Pl. Facultés, aptitudes, dispositions (aptitudes).
— Sinón. ● *Potencia, capacidad*, puissance. *Poder*, pouvoir. *Virtud*, vertu.

facultar v. tr. Autoriser, habiliter : *facultar a una persona para que*, autoriser quelqu'un à.

facultativo, va adj. Facultatif, ive (no obligatorio). || Facultatif, ive o option (asignatura). || Médical, e : *cuadro facultativo*, personnel médical. || Scientifique, technique (relativo a una facutad o ciencia). || — Med. *El Cuerpo facultativo*, La Faculté. || *Parte facultativo*, bulletin de santé. || — M. Médecin (médico). || Chirurgien (cirujano).

facundia f. Faconde, verve, bagou, *m.* (verbosidad) : *tener facundia*, avoir du bagou, être en verve.

facundo, da adj. Éloquent, e. || Loquace.

facha f. Fam. Allure (aspecto) : *tener mala facha*, avoir une drôle d'allure. || — Mar. *En facha*, en panne. || Fam. *Estar hecho una facha*, être fichu comme l'as de pique. | *Tener buena facha*, avoir de l'allure, être bien. || — M. Fam. Polichinelle (adefesio).

fachada f. Façade. || Façade : *la prosperidad del país era pura fachada*, la prospérité du pays n'était que façade. || Frontispice, *m.* (de un libro). || *Hacer fachada*, faire face.

fachear v. intr. Mar. Se mettre en panne.

fachenda f. Fam. Jactance, épate.
— M. Fam. Crâneur, poseur (fachendoso).

fachendear v. intr. FAM. Faire de l'épate, crâner.
fachendista, fachendón, ona o **fachendoso, sa** adj. y s. FAM. Poseur, euse ; crâneur, euse (presumido). | Vantard, e (jactancioso).
fachinal m. *Amer.* Bourbier.
fachoso, sa o **fachudo, da** adj. *Amer.* Poseur, euse (presumido). | Vantard, e (vanidoso). || FAM. Qui a une drôle d'allure.
fading m. RAD. Fading (de las ondas).
Fadrique n. pr. m. (Ant.). Frédéric (Federico).
fado m. Fado [chant populaire portugais].
faena f. Travail, *m.* : *las faenas del campo, del ingenio,* les travaux des champs, de l'esprit. || Occupation, besogne, tâche (quehacer) : *las faenas diarias,* les occupations quotidiennes. || TAUROM. Travail, *m.*, « faena » : *una faena lucida,* un beau travail. || MAR. Manœuvre, corvée. || — FAM. *Hacer una faena,* jouer un mauvais tour, faire une crasse. || *Las faenas de la casa,* le travail de maison, le ménage. || MIL. *Uniforme de faena,* tenue de corvée. || FAM. *¡Vaya qué faena!,* quelle sale blague !, quel sale tour !
faenar v. intr. MAR. Pêcher.
faenero m. *Amer.* Travailleur agricole.
faetón m. Phaéton (coche). || Phaéton (ave).
fafarachero, ra m. y f. *Amer.* Vantard, e (vanidoso). | Poseur, euse (presumido).
fagedénico, ca adj. MED. Phagédénique.
fagedenismo m. MED. Phagédénisme.
fagocitario, ria adj. Phagocytaire.
fagocito m. ANAT. Phagocyte.
fagocitosis f. MED. Phagocytose.
fagot m. MÚS. Basson.
fagotista m. Basson, bassoniste, joueur de basson.
faisán m. ZOOL. Faisan (ave). || *Pollo de faisán,* faisandeau.
faisana f. ZOOL. Faisane, poule faisane, faisande.
faisanería f. Faisanderie.
faja f. Bande : *faja de terreno,* bande de terrain. || Bande (de periódico) : *poner faja,* mettre sous bande. || Ceinture : *faja abdominal, de embarazo,* ceinture abdominale, de grossesse. || Gaine (de mujer) : *faja-braga,* gaine-culotte. || Ceinture de flanelle (de franela). || Bande (para los niños). || Écharpe (insignia). || Bague (de puro). || ARQ. Bandeau, *m.* (moldura). || BLAS. Fasce. || — *Faja intermedia,* bande médiane (en la carretera).
fajado, da adj. Bandé, e (con venda). || Emmaillotté, e (un niño). || ZOOL. Fascié, e. || BLAS. Fascé, e. || TAUROM. Qui a une bande claire sur le dos et sous le ventre [taureau].
— M. MIN. Boisage, étai (madero).
fajada f. *Amer.* Attaque.
fajadura f. o **fajamiento** m. Emmaillotement, *m.* (de un niño). || MAR. Gaine (f.) de toile goudronnée.
fajar v. tr. Mettre une ceinture (ceñir con una faja). || Bander (poner una venda). || Emmailloter (un niño). || Mettre sous bande (un periódico). || *Amer.* Donner, flanquer : *fajar una bofetada, un latigazo,* donner une gifle, un coup de fouet. | Frapper, battre (golpear). || FAM. *Amer. Fajar con uno,* attaquer quelqu'un, voler dans les plumes de quelqu'un.
— V. pr. Mettre sa ceinture (ceñirse el abdomen).
fajardo m. Timbale, *f.*, vol-au-vent (pastel).
fajazo m. *Amer.* Attaque, *f.* (fajada).
fajeado, da adj. ARQ. Garni de bandeaux.
fajero m. Bande (f.) tricotée pour emmailloter les enfants.
fajilla f. *Amer.* Bande [de journal].
fajín m. Ceinture f. (de militar).
fajina f. AGRIC. Tas (m.) de gerbes. || Petit bois, *m.*, fagotin, m. (hacecillo). || MIL. Fascine (haz de ramas). | La soupe (toque). || — MIL. *Cubrir con fajinas,* fasciner. || FAM. *Meter fajina,* jacasser, parler à tort et à travers.

fajinada f. MIL. Fascinage, *m.*
fajo m. Liasse, *f.* : *fajo de billetes de banco,* liasse de billets de banque. || *Amer.* Coup (trago). || — Pl. Maillot, *sing.* (mantillas).
falacia f. Tromperie (engaño).
falange f. ANAT. Phalange. || HIST. Phalange.
falangero m. ZOOL. Phalanger.
falangeta f. ANAT. Phalangette (de los dedos).
falangiano, na adj. ANAT. Phalangien, enne.
falangina f. ANAT. Phalangine (de los dedos).
falangio m. ZOOL. Faucheur o faucheux.
falangista m. y f. Phalangiste.
falangita m. Phalangite (antiguo soldado griego).
falansteriano, na adj. y s. Phalanstérien, enne.
falansterio m. Phalanstère, familistère.
falaz adj. Fallacieux, euse (engañoso).
falbalá m. Falbala (adorno).
falca f. MAR. Fargue. || *Amer.* Petit alambic, *m.*
falconete m. MIL. Fauconneau (cañón ligero).
falcónidos m. pl. ZOOL. Falconidés.
falda f. Jupe : *falda acampanada, tubo,* jupe cloche, fourreau. || Flanc, *m.* (de una montaña). || Tassette ; épaulière (de armadura). || Bord, *m.* (de un sombrero). || Flanchet, *m.* (de una res). || Giron, *m.*, genoux, *m.* pl. (regazo) : *tener a un niño en la falda,* tenir un enfant sur ses genoux. || Plat (*m.*) de côtes (carne). || — Pl. Basques (faldillas). || — *Falda pantalón,* jupe-culotte. || — *Aficionado a* ou *amigo de las faldas,* coureur de jupons. || *Andar entre faldas,* être toujours avec les femmes. || FIG. y FAM. *Es un asunto de faldas,* cherchez la femme. | *Gustarle a uno las faldas,* être un coureur de jupons.
faldear v. tr. Contourner [une montagne]. || Longer, suivre (ir a lo largo de).
faldellín m. Jupon (falda corta). || *Amer.* Robe (*f.*) de baptême.
faldeo m. *Amer.* Flanc d'une montagne.
faldero, ra adj. De la jupe. || — FIG. *Hombre faldero,* coureur de jupons (mujeriego). || *Niño faldero,* enfant qui est toujours dans les jupes de sa mère. || *Perro faldero,* chien de manchon.
faldicorto, ta adj. À jupe courte.
faldillas f. pl. Basques [d'un habit].
faldón m. Basque, *f.* : *los faldones de un frac,* les basques d'un habit. || Pan, queue, *f.* (de una chaqueta o camisa). || ARQ. Pente, *f.* (de un tejado). | Chambranle (de chimenea). || TECN. Jupe, *f.* (pistón). || — *Estar colgado de* ou *agarrado a los faldones de uno,* être pendu aux basques de quelqu'un. || *Faldón de cristianar,* robe de baptême.
falena f. ZOOL. Phalène.
falencia f. Erreur (error). || *Amer.* Faillite.
falera f. Phalère (insecto).
falerno m. Falerne (vino).
falibilidad f. Faillibilité.
falible adj. Faillible : *memoria falible,* mémoire faillible.
fálico, ca adj. Phallique.
falina f. QUÍM. Phalline.
falo m. Phallus.
faloide adj. Phalloïde.
falsa f. MÚS. Dissonance. || Transparent, *m.*, guide-âne, *m.* (falsilla).
falsabraga f. Fausse braie (fortificación).
falsamente adv. Faussement.
falsario, ria adj. y s. Faussaire (falsificador). || Menteur, euse (embustero).
falsarregla f. Fausse équerre (falsa escuadra). || Guide-âne, *m.*, transparent, m. (para escribir).
falseador, ra adj. Falsificateur, trice.
falseamiento m. Contrefaçon, *f.*, falsification, *f.*
falsear v. tr. ● Fausser : *falsear la verdad,* fausser la vérité. || Dénaturer, fausser : *falsear el pensamiento de Montaigne,* dénaturer la pensée de Montaigne. || ARQ. Faire perdre l'aplomb. || *Fal-*

sear una declaración, falsifier une déclaration, faire une fausse déclaration.
— V. intr. Perdre l'aplomb (desviar). ‖ Fléchir, flancher (flaquear). ‖ Faucher (cojear el caballo). ‖ Mús. Sonner faux, dissoner.
— Sinón. ● *Falsificar*, falsifier. *Corromper*, corrompre. *Mentir*, mentir. *Adulterar*, adultérer, frelater. *Sofisticar*, sophistiquer. *Desnaturalizar*, dénaturer.

falsedad f. ● Fausseté (hipocresía). ‖ Fausseté (carácter de falso). ‖ Fausseté, mensonge, *m.* (mentira). ‖ Faux, *m.* ‖ *Atacar de falsedad*, s'inscrire en faux.
— Sinón. ● *Duplicidad*, *doblez*, duplicité. *Hipocresía*, hypocrisie. *Bellaquería*, friponnerie. *Santurronería*, tartuferie. *Fariseísmo*, pharisaïsme.

falseo m. Arq. Déviation, *f.*

falseta f. Fioriture (floreo).

falsete m. Bonde, *f.* (de tonel). ‖ Petite porte (*f.*) de communication (puerta). ‖ Fausset : *voz de falsete*, voix de fausset.

falsía f. Fam. Fausseté (falsedad).

falsificación f. ● Falsification, contrefaçon. ‖ Dr. Faux, *m.* : *falsificación de escritura pública*, faux en écriture publique.
— Sinón. ● *Alteración*, altération. *Corrupción*, corruption. *Adulteración*, adultération. *Imitación*, imitation, contrefaçon.

falsificador, ra adj. y s. Falsificateur, trice (de un documento).

falsificar v. tr. Falsifier (moneda, documento). ‖ Contrefaire (una firma). ‖ Frelater (un líquido). ‖ Truquer, contrefaire (objetos antiguos).

alsilla f. Guide-âne, *m.*, transparent, *m.* (para escribir).

also, sa adj. ● Faux, fausse : *noticia falsa*, fausse nouvelle. ‖ Vicieux, euse (caballo). ‖ — *Falsa puerta*, porte dérobée. ‖ *Más falso que Judas*, faux comme un jeton. ‖ *Monedero falso*, faux-monnayeur. ‖ *Salida falsa*, faux-fuyant.
— M. Le faux, ce qui est faux : *distinguir lo falso de lo verdadero*, distinguer le faux du vrai. ‖ Renfort (de tela). ‖ Doublure, *f.* (de un vestido). ‖ — *En falso*, à faux. ‖ — *Dar un paso en falso*, faire un faux pas. ‖ *Envidar en falso*, renvier sans avoir de jeu, bluffer. ‖ *Estar en falso*, porter à faux. ‖ *Jurar en falso*, faire un faux serment, porter un faux témoignage. ‖ *Tachar de falso*, inscrire en faux.
— Observ. Se puede decir *un faux* de una obra de arte falsa : *este Renoir es falso*, ce Renoir est un faux.
— Sinón. ● *Seudo*, pseudo. *Apócrifo*, apocryphe. *Incierto*, incertain. *Inexacto*, inexact. *Supuesto*, supposé. *Erróneo*, erroné.

falta f. ● Manque, *m.* (privación) : *falta de dinero*, manque d'argent. ‖ Faute : *falta grave*, faute grave ; *falta de ortografía*, faute d'orthographe. ‖ Défaut, *m.* (defecto). ‖ Absence (ausencia). ‖ Faiblage, *m.* (de la moneda). ‖ — *Falta de pago*, non-paiement. ‖ *Falta de sentido*, non-sens. ‖ — *A falta de* ou *por falta de*, faute de, à défaut de. ‖ *A falta de otra cosa*, faute de mieux. ‖ *Sin falta*, sans faute. ‖ — *A falta de pan buenas son tortas*, faute de grives on mange des merles. ‖ *Caer en falta*, commettre une faute, être en défaut, manquer à son devoir (no cumplir). ‖ *Coger en falta*, prendre en faute. ‖ *Cometer una falta*, commettre o faire une faute. ‖ *Echar en falta*, remarquer l'absence de (notar la ausencia), manquer, regretter l'absence de, regretter, s'ennuyer de (echar de menos) : *echo en falta a mis hijos*, mes enfants me manquent. ‖ *Hacer caer en falta a alguien*, mettre quelqu'un dans son tort o en défaut. ‖ *Hacer falta*, falloir : *hace falta tener mucha paciencia*, il faut avoir beaucoup de patience, avoir besoin de, falloir : *me hacen falta diez pesetas inmediatamente*, j'ai besoin de o il

me faut dix pesetas tout de suite ; faire défaut, manquer : *me hace falta tu presencia*, ta présence me manque. ‖ *Incurrir en falta*, commettre une faute, faillir. ‖ Dep. *Sacar una falta*, tirer un coup de pied de pénalité. ‖ *Si hace falta*, s'il le faut, au besoin. ‖ *Toda falta merece perdón*, à tout péché miséricorde.
— Sinón. ● *Ausencia*, absence. *Omisión*, omission. *Defecto*, défaut, faute. *Carencia*, carence. *Deficiencia*, déficience. *Insuficiencia*, insuffisance. *Penuria*, *carestía*, *escasez*, pénurie.

faltante adj. Manquant, e.

faltar v. intr. Manquer : *faltan dos libros en la biblioteca*, il manque deux livres dans la bibliothèque. ‖ Manquer (carecer) : *me falta tiempo*, je manque de temps o le temps me manque ; *nos falta dinero*, nous manquons d'argent. ‖ Faire défaut, manquer : *esta cualidad le faltaba del todo*, cette qualité lui faisait complètement défaut. ‖ Rater (un arma). ‖ Céder (una cuerda). ‖ Manquer, être absent, e : *faltar de la oficina*, être absent du bureau ; *faltar a una cita*, manquer à un rendez-vous. ‖ Rester (quedar) : *faltan tres días para la fiesta*, il reste trois jours avant la fête ; *falta por hacer la cena*, il reste à faire le dîner. ‖ Manquer, faillir (no cumplir) : *faltar a un deber*, faillir à un devoir. ‖ Manquer, manquer de respect (desmandarse) : *le faltó a su padre*, il a manqué à son père. ‖ Forfaire : *faltar al honor*, forfaire à l'honneur. ‖ Fam. Fauter (una mujer). ‖ Falloir : *me faltan diez pesetas más*, il me faut encore dix pesetas. ‖ Falloir, faillir : *poco faltó para que le matase*, peu s'en fallut qu'il ne le tuât, il a failli le tuer. ‖ — *Faltar a su palabra*, manquer à sa parole. ‖ *Faltar a sus compromisos*, forfaire à ses engagements. ‖ *Faltar el respeto a*, manquer de respect à. ‖ Fam. *Faltarle a uno un tornillo*, travailler du chapeau, avoir la tête fêlée. ‖ — *Falta mucho para ello*, il s'en faut de beaucoup. ‖ *Falta que lo pruebes*, encore faut-il que tu le prouves. ‖ *Falta y pasa*, manque et passe. ‖ *Mucho falta*, il s'en faut de beaucoup. ‖ *Nada faltó para que*, il s'en est fallu de peu pour que. ‖ *¡No faltaba más!* ou *¡lo que faltaba!* ou *¡sólo faltaba eso!*, il ne manquait plus que ça !, c'est complet !

falte m. Amer. Colporteur.

falto, ta adj. Dépourvu, e : *falto de dinero*, dépourvu d'argent. ‖ Privé, e ; vide : *un espíritu falto de ideas*, un esprit vide d'idées. ‖ (P. us.). Juste (escaso) : *una libra falta*, une livre juste. ‖ *Estar falto de*, être à court de, manquer de.

faltón, ona adj. Amer. Irrespectueux, euse (irrespetuoso). ‖ Fam. Peu sûr, e.

faltoso, sa adj. Incomplet, ète. ‖ Querelleur, euse (pendenciero).

faltriquera f. Poche (bolsillo). ‖ Gousset, *m.* (bolsillo pequeño del chaleco). ‖ Loge, *f.* (palco). ‖ Fam. *Rascarse la faltriquera*, mettre la main à la poche, payer.

falúa f. Mar. Vedette [d'escorte], felouque (embarcación).

falucho m. Felouque, *f.* (embarcación). ‖ Amer. Bicorne (bicornio).

falla f. Faille (tela). ‖ Geol. Faille (grieta). ‖ Amer. Faute (falta). ‖ Béguin, *m.* (gorrito). ‖ — Pl. « Fallas » [fêtes de la Saint-Joseph à Valence].

fallada f. Action de jouer atout.

fallador, ra m. y f. Joueur, joueuse qui joue atout (naipes).

fallar v. tr. Couper (naipes). ‖ Dr. Prononcer : *fallar una sentencia*, prononcer un jugement. ‖ Rater, manquer (un golpe). ‖ *Fallar un premio literario*, décerner un prix littéraire.
— V. intr. Manquer, faillir : *le ha fallado el corazón*, le cœur lui a manqué. ‖ Manquer : *fallar a*

sus amigos, manquer à ses amis. ‖ Échouer, rater : *ha fallado su proyecto,* son projet a échoué. ‖ Lâcher, céder : *falló el muro,* le mur a cédé. ‖ Rater (un golpe, la puntería). ‖ Avoir des ratés (un motor). ‖ Lâcher, céder (frenos). ‖ *Si la memoria no me falla,* si j'ai bonne mémoire.

falleba f. Espagnolette (varilla para cerrar ventanas y puertas). ‖ Crémone (con puño).

fallecer* v. intr. Décéder, mourir : *ha fallecido a los 80 años,* il est décédé à quatre-vingts ans.

fallecido, da adj. Décédé, e ; mort, e.

fallecimiento m. Décès, mort, *f.*

— SINÓN. *Defunción,* décès. *Tránsito, óbito,* trépas. *Muerte,* mort. *Pérdida,* perte.

fallero, ra adj. Qui concerne les « fallas » de Valence.
— F. *Fallera mayor,* reine des « fallas ». ‖ — M. *Fallero mayor,* roi des « fallas ».

fallido, da adj. Manqué, e ; échoué, e : *resultó fallido su proyecto,* son projet a échoué. ‖ Déçu, e ; frustré, e : *esperanza fallida,* espoir déçu. ‖ Failli, e (que ha quebrado). ‖ Irrécouvrable (incobrable).
— M. Failli (comerciante).

fallo, lla adj. Qui renonce à une couleur (naipes) : *estar fallo en corazón,* avoir renoncé à cœur. ‖ Qui coupe (con triunfos).
— M. Renonce, *f.* (renuncio en los naipes). ‖ Coupe, *f.* (con un triunfo). ‖ DR. Arrêt, sentence, *f.,* jugement : *emitir un fallo,* prononcer une sentence ; *fallo en primera instancia,* jugement en première instance. ‖ FIG. Décision, *f.* (decisión). | Faute, *f.,* erreur, *f.* (falta) : *es un fallo de la naturaleza,* c'est une erreur de la nature. | Faille, *f.* : *los fallos de un sistema,* les failles d'un système. ‖ MECÁN. Raté (en un motor). ‖ *Tener fallos de memoria,* avoir des absences, avoir des trous de mémoire.

fama f. Renommée, réputation. ‖ — *De fama,* renommé, e (afamado). ‖ *De mala fama,* de mauvaise réputation (una persona), de mauvaise réputation, mal famé, e (lugar). ‖ — *Cobra buena fama y échate a dormir,* acquiers bonne renommée et fais la grasse matinée, repose-toi sur tes lauriers. ‖ *Conquistar fama,* se rendre célèbre. ‖ *Dar fama,* faire connaître, rendre célèbre. ‖ *Echar fama,* ébruiter, divulguer. ‖ *Es fama,* on dit. ‖ *Tener fama de,* avoir la réputation de. ‖ *Tener mucha fama,* être très renommé o très célèbre.

famélico, ca adj. Famélique (hambriento).

familia f. ● Famille : *en familia,* en famille ; *de buena familia,* de bonne famille. ‖ BOT. y ZOOL. Famille. ‖ Domesticité (servidumbre). ‖ — GRAM. *Familia de palabras,* famille de mots. ‖ *La familia política,* la belle famille. ‖ RELIG. *La Sagrada Familia,* la Sainte Famille. ‖ *Parecido de familia,* air de famille.
— SINÓN. ● *Matrimonio,* ménage. *Hogar,* foyer. *Casa,* maison. *Tribu,* tribu.

familiar adj. Familial, e (relativo a la familia) : *lazos familiares,* liens familiaux. ‖ Familier, ère (natural, sencillo) : *estilo familiar,* style familier. ‖ Familier, ère : *sus respuestas son a veces demasiado familiares,* ses réponses sont parfois trop familières. ‖ — *Furgoneta familiar,* familiale (coche). ‖ *Vida familiar,* vie de famille. ‖ — *Este giro me es familiar,* cette tournure m'est familière.
— M. Familier (íntimo). ‖ Parent, membre de la famille : *visitar a unos familiares,* rendre visite à des parents. ‖ (P. us.). Domestique (criado). ‖ ECLES. Religieux du tiers ordre. ‖ — Pl. Entourage, *sing.* : *los familiares del rey,* l'entourage du roi. ‖ *Familiar del Santo Oficio,* familier du Saint Office.

familiaridad f. Familiarité.

familiarizar v. tr. Familiariser.
— V. pr. Se familiariser.

familión m. FAM. Grande famille, *f.*

familisterio m. Familistère, phalanstère.

famoso, sa adj. Fameux, euse ; renommé, e ; célèbre : *un artista famoso,* un artiste célèbre. ‖ FAM. Fameux, euse.

fámula f. FAM. Soubrette, servante.

fámulo m. FAM. Domestique, serviteur.

fanal m. MAR. Fanal (farol). ‖ Globe, cloche (*f.*) de verre (para proteger del polvo). ‖ Aquarium (pecera). ‖ — Pl. Yeux immenses, grands yeux (ojos).

fanático, ca adj. y s. Fanatique.
— SINÓN. *Acalorado, ardiente,* ardent. *Apasionado,* passionné. *Entusiasta,* enthousiaste. *Exaltado,* exalté. *Intolerante,* intolérant. *Intransigente,* intransigeant. *Sectario,* sectaire.

fanatismo m. Fanatisme.

fanatizar v. tr. Fanatiser.

fandango m. Fandango (baile). ‖ FAM. Micmac, imbroglio, fatras (lío). | Chambard (jaleo).

fandanguero, ra adj. y s. Noceur, euse (juerguista).

fandanguillo m. Danse (*f.*) populaire andalouse.

fanega f. Fanègue (medida de capacidad de 55,5 litros). ‖ *Fanega de tierra,* fanègue (medida agraria de 64 áreas 6).

fanegada f. Fanègue (fanega).

fánero m. Phanère.

fanerogamia f. BOT. Phanérogamie.

fanerógamo, ma adj. y s. f. BOT. Phanérogame.

fanfarrear v. intr. Fanfaronner.

fanfarria f. Jactance, fanfaronnade (baladronada, bravata). ‖ Fanfare (charanga).

fanfarrón, ona adj. y s. Fanfaron, onne ; crâneur, euse.

fanfarronada f. Fanfaronnade.
— SINÓN. *Bravuconería, fanfarria,* fanfaronnade. *Bravata,* rodomontade. *Baladronada,* bravade.

fanfarronear v. intr. Fanfaronner, faire le fanfaron, crâner, se vanter.

fanfarronería f. Fanfaronnerie.

fangal o **fangar** m. Bourbier (lodazal).

fango m. Boue, *f.,* fange, *f.,* (lodo). ‖ Vase, *f.* (en un río).

fangosidad f. État (*m.*) de ce qui est fangeux.

fangoso, sa adj. Boueux, euse ; fangeux, euse : *el terreno está fangoso,* le terrain est boueux. ‖ Vaseux, euse (río).

fantaseador, ra adj. Rêveur, euse (que sueña). ‖ Fantaisiste (que tiene mucha imaginación).

fantasear v. intr. Rêvasser.

fantasía f. Imagination, fantaisie : *la fantasía de un relato,* l'imagination d'un récit. ‖ Fiction (ficción). ‖ Fantaisie (capricho). ‖ FAM. Prétention (presunción). ‖ MÚS. Fantaisie. ‖ *De fantasía,* de fantaisie : *traje, artículo de fantasía,* costume, article de fantaisie.

fantaseo m. Rêverie, *f.,* rêvasserie, *f.*

fantasioso, sa adj. y s. Présomptueux, euse ; prétentieux, euse (presuntuoso). ‖ Qui a beaucoup d'imagination.

fantasista m. Fantaisiste (artista de variedades).

fantasma m. ● Fantôme (espectro). ‖ Fantasme (alucinación). ‖ Chimère, *f.* (quimera). ‖ FIG. y FAM. Bêcheur, crâneur (vanidoso). ‖ — F. Épouvantail, *m.* (cosa que espanta).
— Adj. Fantôme : *el buque fantasma,* le vaisseau fantôme.
— SINÓN. ● *Espectro,* spectre. *Aparecido,* revenant. *Espíritu,* esprit. *Sombra,* ombre. *Visión,* vision.

fantasmagoría f. Fantasmagorie.

fantasmagórico, ca adj. Fantasmagorique.

fantasmal adj. Fantomatique.

fantasmón, ona adj. y s. FAM. Bêcheur, euse; crâneur, euse.

fantástico, ca adj. Fantastique (quimérico) : *un relato fantástico,* un récit fantastique. ‖ Sensationnel, elle; fantastique : *un futbolista fantástico,* un footballeur sensationnel. ‖ Fantomatique (fantasmal). ‖ *Lo fantástico,* le fantastique.

fantochada f. FIG. Loufoquerie, invention : *esto es otra fantochada del alcalde,* ça, c'est une autre loufoquerie du maire.

fantoche m. Fantoche (títere). ‖ Bêcheur (presumido). | Fantaisiste (cuentista). ‖ FIG. Pantin (persona manejable).

fañoso, sa adj. *Amer.* Nasillard, e.

faquir o **fakir** m. Fakir.

farad o **faradio** m. ELECTR. Farad.

faradización f. FÍS. Faradisation.

faralá m. Falbala, volant (de un vestido). ‖ FAM. Falbalas, *pl.* (adorno de mal gusto).

— OBSERV. Pl. *faralaes.*

farallón m. Rocher escarpé.

faramalla f. FAM. Boniment, *m.,* baratin, *m.* (charla). ‖ Camelote, vétille (hojarasca). ‖ *Amer.* Bluff, *m.,* fanfaronnade. ‖ — Adj. y s. Bonimenteur, euse; baratineur, euse.

faramallear v. intr. *Amer.* Se vanter, bluffer.

faramallero, ra o **faramallón, ona** adj. y s. FAM. Bonimenteur, euse; baratineur, euse. ‖ *Amer.* Vantard, e (vanidoso).

farándula f. Profession de bateleur, les planches, *pl.* ‖ Troupe [de bateleurs] (compañía). ‖ Farandole (baile). ‖ FIG. y FAM. Boniment, *m.,* baratin, *m.* (faramalla).

farandulero, ra m. y f. Comédien, enne; cabotin, e; bateleur, *m.* (farsante). ‖ FAM. Bonimenteur, euse; baratineur, euse (faramallero).

faraón m. Pharaon.

faraónico, ca adj. Pharaonique, pharaonien, enne. ‖ — S. f. *Amer.* Phaëton, m.

faraute m. Messager, héraut (heraldo). ‖ Prologue (actor). ‖ FIG. Touche-à-tout, *inv.* (entremetido).

farda f. Balluchon o baluchon, m (lío), paquet, *m.* (bulto). ‖ TECN. Mortaise.

fardar v. tr. Équiper, habiller.

— V. intr. FAM. Poser, classer, faire bien : *tener un coche deportivo farda mucho,* ça pose terriblement d'avoir une voiture de sport. | Crâner (presumir).

fardela f. ZOOL. Puffin, *m.*

fardería f. Tas (*m.*) de paquets o de ballots.

fardo m. Ballot. ‖ FAM. *Un fardo de vanidad,* une bonne dose de vanité.

fardón m. FAM. Petit bêcheur, poseur, crâneur.

farellón m. V. FARALLÓN.

farfalá m. Falbala (faralá).

farfallón, ona o **farfalloso, sa** adj. Bègue.

fárfara f. BOT. Tussilage, *m.,* pas-d'âne, *m.* ‖ Pellicule interne de l'œuf (binza). ‖ *En fárfara,* sans coquille (huevos), à l'état d'ébauche (incompleto).

farfolla f. Spathe (del maíz). ‖ FIG. Clinquant, *m.,* tape-à-l'œil, *m. inv.* (bambolla).

farfulla f. FAM. Bredouillage, *m.,* bafouillage, *m.* ‖ — Adj. y s. Bredouilleur, euse; bafouilleur, euse; baragouineur, euse (persona).

farfullador, ra adj. y s. FAM. Bredouilleur, euse; bafouilleur, euse; baragouineur, euse.

farfullar v. tr. FAM. Bredouiller, bafouiller, baragouiner (hablar mal). ‖ FIG. y FAM Bâcler (un trabajo).

farfullero, ra adj. y s. FAM. Bredouilleur, euse; bafouilleur, euse ; baragouineur, euse (que habla de prisa). | Bâcleur, euse (que trabaja de prisa).

fargallón, ona adj. y s. FAM. Bâcleur, euse (que trabaja aprisa y mal). | Négligé, e (desaseado).

farináceo, a adj. Farinacé, e ; farineux, euse.

— F. Farineuse (legumbre).

faringe f. ANAT. Pharynx, *m.*

faríngeo, a adj. ANAT. Pharyngien, enne.

faringitis f. MED. Pharyngite.

faringolaringitis f. MED. Pharyngolaryngite.

faringoscopio m. MED. Pharyngoscope.

faringotomía f. MED. Pharyngotomie.

fariña f. Gâteau (*m.*) de maïs. ‖ *Amer.* Farine de manioc, cassave, *m.*

fario m. FAM. *Tener mal fario,* avoir la poisse o la guigne. | *Traer mal fario,* porter la poisse.

farisaico, ca adj. Pharisaïque. ‖ FIG. Pharisaïque.

farisaísmo o **fariseísmo** m. Pharisaïsme.

fariseo m. Pharisien. ‖ FIG. Pharisien (hipócrita).

farmacéutico, ca adj. Pharmaceutique.

— M. y f. Pharmacien, enne (boticario).

farmacia f. Pharmacie (botica). ‖ *Capitán de farmacia,* pharmacien capitaine.

fármaco m. Médicament.

farmacodinamia f. Pharmacodynamie.

farmacología f. Pharmacologie.

farmacológico, ca adj. Pharmacologique.

farmacólogo, ga m. y f. Pharmacologiste, pharmacologue.

farmacopea f. Pharmacopée.

Farnaces n. pr. m. Pharnace.

Farnesio n. pr. Farnèse.

farniente m. Farniente (ociosidad).

faro m. Phare. ‖ AUTOM. Phare. ‖ FIG. Phare.

farol m. Lanterne, f. (luz). ‖ Falot (luz grande). ‖ Fanal (de locomotora). ‖ FIG. y FAM. Bluff, esbroufe, f., chiqué (exageración). | Bluff (en el póker). | Bluffeur, esbroufeur (fachendoso). ‖ TAUROM. Passe (f.) de cape [qui vole au-dessus de la tête du torero]. ‖ *Amer.* Véranda, f. ‖ — *Farol a la veneciana,* lanterne vénitienne, lampion. ‖ MAR. *Farol de popa, de proa,* feu de route avant, arrière. ‖ — FAM. *¡Adelante con los faroles!,* allons-y!, en avant la musique! | *Es un farol,* c'est du bluff o du chiqué. | *Tirarse* ou *echarse un farol* ou *faroles,* bluffer, faire de l'esbroufe, esbroufer.

farola f. Réverbère, *m.,* lampadaire, *m.* (del alumbrado público). ‖ Bec (*m.*) de gaz (cuando es de gas). ‖ Fanal, *m.* (fanal). ‖ FAM. Phare, *m.* (de la costa).

farolazo m. Coup de lanterne. ‖ *Amer.* Lampée, f., coup [d'eau-de-vie].

farolear v. intr. FAM. Bluffer, faire de l'esbroufe o de l'épate, esbroufer, se donner des airs. | Bluffer (en el juego).

faroleo m. FAM. Épate, f., esbroufe, f.

farolería f. FAM. Fanfaronnerie.

farolero, ra adj. y s. FIG. y FAM. Fanfaron, onne; bluffeur, euse; esbroufeur, euse. | Bluffeur, euse (en el juego).

— M. Lanternier (el que hace faroles). ‖ Allumeur de réverbères (el que enciende los faroles).

farolillo o **farolito** m. Lampion, lanterne (f.) vénitienne (de papel). ‖ BOT. Campanule, f. ‖ FIG. *El farolillo rojo,* la lanterne rouge (carreras).

farolón adj. m. y s. m. FAM. Bluffeur (farolero).

farra f. Corégone, m. (pez). ‖ FAM. *Amer.* Bombe, noce, bringue, ribouldingue (juerga). ‖ FAM. *Ir de farra,* faire la bombe o la noce o la bringue.

fárrago m. Fatras.

farragoso, sa adj. Confus, e ; décousu, e ; touffu, e (discurso).

farrear v. intr. *Amer.* Faire la bombe o la bringue, s'amuser.

farrista m. y f. *Amer.* Noceur, euse.

farro m. Orge mondé, gruau (cebada). ‖ Faro (cerveza belga).

farruco, ca adj. y s. FAM. Galicien, enne *ou* asturien, enne. ‖ — Adj. FAM. Culotté, e (valiente). ‖ *Ponerse farruco,* se buter (testarudo), se rebiffer (rebelarse), faire le flambard (engreírse).

farruto, ta adj. *Amer.* Chétif, ive ; malingre.

farsa f. Farce (teatro). ‖ Troupe de comiques. ‖ Fig. Tromperie (engaño). | Comédie, plaisanterie : *este sistema parlamentario es una farsa,* ce système parlementaire est une comédie.

Farsalia n. pr. f. Geogr. Pharsale.

farsálico, ca adj. Pharsalique (de Farsalia).

farsante m. Acteur qui joue des farces, farceur (ant.).
— Adj. m. y s. m. Fig. y Fam. Comédien (tramposo).
— Observ. La palabra francesa *farceur* significa hoy solamente *bromista, guasón.*

farseto m. Pourpoint (jubón).

farsista m. y f. (P. us.). Auteur de farces.

fas o por nefas (por) loc. adv. Fam. À tort ou à raison.

fascal m. Tas de gerbes.

fasces f. pl. Faisceaux, *m.* (de líctor romano).

fasciculado, da adj. Bot. Fasciculé.

fascículo m. Fascicule. ‖ Impr. *Conjunto de fascículos,* fascinage.

fascinación f. Fascination.

fascinador, ra adj. y s. Fascinateur, trice.

fascinante adj. Fascinant, e.

fascinar v. tr. Fasciner, charmer : *fascinar con la mirada,* fasciner du regard.

fascismo m. Fascisme.

fascista adj. y s. Fasciste.

fase f. ● Phase (cambio, evolución) : *las fases de una enfermedad,* les phases d'une maladie. ‖ Astr. Phase : *las fases de la Luna,* les phases de la lune. ‖ Tranche (de una obra) : *entrega de la primera fase en 1970,* livraison de la première tranche en 1970.
— Sinón. ● *Período,* période. *Grado,* degré. *Escalón,* échelon. *Etapa,* étape. *Estadio,* stade.

fasiánidos m. pl. Phasianidés (aves).

fasmo m. Phasme (insecto).

fastidiar v. tr. Dégoûter (causar asco o hastío). ‖ Ennuyer (enfadar, aburrir). ‖ Fatiguer (molestar) : *me fastidia este niño con sus gritos,* cet enfant me fatigue avec ses cris. ‖ Embêter, enquiquiner (fam.), assommer (fam.), barber (pop.) : *me fastidias, hombre,* tu m'assommes, mon vieux. ‖ *Me fastidia el esperarle,* j'en ai assez de l'attendre.
— V. pr. Se lasser : *fastidiarse con la charla de uno,* se lasser du bavardage de quelqu'un. ‖ *¡Fastídiate!,* bien fait!, tant pis pour toi!

fastidio m. Dégoût (asco), nausée, *f.* (náusea). ‖ Fig. Ennui, corvée, *f.* (enfado) : *es un fastidio leer este libro,* c'est une corvée de lire ce livre. ‖ — *Este olor me causa fastidio,* cette odeur m'incommode *o* me donne la nausée. ‖ *Es un fastidio que llueva ahora,* c'est ennuyeux qu'il pleuve maintenant. ‖ *¡Qué fastidio!,* quel ennui!, quelle barbe (fam.).

fastidioso, sa adj. Fastidieux, euse : *trabajo fastidioso,* travail fastidieux. ‖ Fâcheux, euse : *acontecimiento fastidioso,* événement fâcheux. ‖ Ennuyeux, euse; assommant, e (fam.); enquiquinant, e (fam.); barbant, e (pop.) [pesado]. ‖ *Hombre fastidioso a más no poder,* homme ennuyeux comme la pluie.

fastigiado, da adj. Fastigié, e (árbol de copa muy alta).

fastigio m. Arq. Fastigium. ‖ (P. us.). Fig. Sommet (cima).

fasto, ta adj. Faste, heureux, euse : *día fasto,* jour faste.
— M. Faste, pompe, *f.* (fausto). ‖ — Pl. Fastes (cronología).

fastoso, sa adj. Fastueux, euse (fastuoso).

fastuosidad f. Faste, *m.,* somptuosité.

fastuoso, sa adj. Fastueux, euse; splendide, somptueux, euse.

fatal adj. ● Fatal, e. ‖ Fig. Très mauvais, e ; lamentable (pésimo) : *una película fatal,* un film lamentable. ‖ — Fam. *Estoy fatal,* ça ne va pas du tout. ‖ *Mujer fatal,* femme fatale. ‖ *Tener una suerte fatal,* ne pas avoir de chance du tout.
— Adv. Très mal, affreusement mal : *esquía fatal,* il skie affreusement mal.
— Sinón. ● *Funesto, aciago,* funeste. *Nefasto, infausto,* néfaste. *Fatídico,* fatidique. *Siniestro,* sinistre. *Desdichado,* malheureux.

fatalidad f. Fatalité : *un accidente debido a la fatalidad,* un accident dû à la fatalité.

fatalismo m. Fatalisme.

fatalista adj. y s. Fataliste.

fatalmente adv. Fatalement : *había de suceder aquello fatalmente,* cela devait arriver fatalement. ‖ Affreusement mal, horriblement mal : *este libro está escrito fatalmente,* ce livre est affreusement mal écrit.

fatídico, ca adj. Fatidique.

fatiga f. Fatigue (cansancio). ‖ Essoufflement, *m.,* suffocation (en la respiración). ‖ Mecán. Fatigue. ‖ — Pl. Ennuis, *m.,* tracas, *m.* (molestias). ‖ Peines, chagrins, *m.* (penas). ‖ Nausées (náuseas). ‖ Fam. *Dar fatiga,* ennuyer (molestar), gêner : *me da fatiga pedirle dinero prestado,* ça me gêne de lui emprunter de l'argent.

fatigador, ra *o* **fatigante** adj. Fatigant, e.

fatigar v. tr. Fatiguer : *este trabajo le fatiga mucho,* ce travail le fatigue beaucoup; *fatigar a uno con sus gritos,* fatiguer quelqu'un avec ses cris. ‖ *Fatigar un caballo,* forcer *o* fouler un cheval.
— V. pr. Se fatiguer : *fatigarse en correr,* se fatiguer à courir.

fatigosamente adv. Péniblement (con fatiga).

fatigoso, sa adj. Fatigué, e (cansado). ‖ Fatigant, e ; pénible (que cansa o es cargante). ‖ *Respiración fatigosa,* respiration oppressée.

Fátima n. pr. f. Fatima.

fatimita adj. y s. Fatimide.

fatuidad f. Fatuité.

fatuo, tua adj. y s. Fat, e (femenino poco us.), présomptueux, euse. ‖ *Fuego fatuo,* feu follet.

fauces f. pl. Gosier, *m. sing.* (gaznate). ‖ Gueule, *sing.* (de un animal).

fauna f. Faune : *la fauna canadiense,* la faune canadienne.

fáunico, ca adj. Faunique (de la fauna).

fauno m. Mit. Faune.

Faustino, na n. pr. m. y f. Faustin, Faustine.

Fausto n. pr. m. Faust.

fausto, ta adj. Heureux, euse (venturoso).
— M. Faste (pompa, magnificencia).

fautor, ra m. y f. Fauteur, trice : *fautor de desorden,* fauteur de troubles.

fauvismo m. Artes. Fauvisme (pintura).

favo m. Gâteau de miel (panal). ‖ Med. Favus.

favor m. ● Faveur, *f.* : *buscar el favor de los grandes,* rechercher la faveur des grands. ‖ Faveur, *f.,* grâce, *f.* : *solicitar un favor,* demander une faveur, une grâce. ‖ Service : *prestar ou hacer un favor,* rendre service. ‖ Passe-droit (favor especial). ‖ Faveur, *f.* (cinta). ‖ — *A favor de,* à la faveur de (gracias a), à l'actif de : *hay un saldo de diez mil pesetas a su favor,* il y a un solde de dix mille pesetas à son actif. ‖ *De favor,* de faveur (billete). ‖ *En favor de,* en faveur de, à l'actif de (en beneficio de). ‖ *Por favor,* s'il te (vous) plaît, je te (vous) prie : *¿qué hora es?, por favor,* quelle heure est-il, s'il vous plaît? ‖ — *Estar en favor con alguno* ou *gozar del favor de alguien,* être en faveur auprès de quelqu'un, jouir de la faveur de quelqu'un. ‖ *Hacer el favor de,* faire le plaisir de *o* la faveur de *o* l'amitié de : *haga el favor de venir a casa,* faites-moi le plaisir

de venir chez moi ; faire le plaisir de, avoir l'obligeance de (tener a bien). ‖ *Hágame el favor de decirme dónde está la calle Murillo*, pourriez-vous me dire où se trouve la rue Murillo, s'il vous plaît *o* ayez l'obligeance de me dire où se trouve la rue Murillo. ‖ *Pedir algo por favor*, demander quelque chose poliment (cortésmente), demander quelque chose en grâce (suplicando). ‖ *Tome asiento por favor*, asseyez-vous, je vous prie *o* veuillez vous asseoir.
— SINÓN. ● *Protección, amparo*, protection. *Honra*, honneur. *Crédito*, crédit. *Gracia*, grâce.

favorable adj. Favorable : *favorable para*, favorable à.
— SINÓN. *Próspero*, prospère. *Propicio*, propice.

favorecedor, ra adj. Qui favorise. ‖ Flatteur, euse (un retrato, etc.).
— M. y f. Protecteur, trice.

favorecer* v. tr. Favoriser. ‖ Servir, favoriser, jouer en la faveur de : *las circunstancias me han favorecido*, les circonstances ont joué en ma faveur. ‖ Avantager, flatter : *esta foto te favorece*, cette photo t'avantage. ‖ Être seyant, avantager (peinado, etc.). ‖ *Amer*. Protéger, abriter. ‖ — DR. *Ha sido favorecido por circunstancias atenuantes*, il a bénéficié des circonstances atténuantes. ‖ *Ser favorecido con*, gagner, remporter : *ha sido favorecido con el premio gordo*, il a gagné le gros lot. — V. pr. *Favorecerse de*, recourir à (valerse de).

favorecido, da adj. y s. Favorisé, e : *cláusula del país más favorecido*, clause de la nation la plus favorisée. ‖ *Comarcas favorecidas*, régions favorisées. ‖ — F. *Amer*. Honorée (carta).

favoreciente adj. Qui favorise.

favoritismo m. Favoritisme.

favorito, ta adj. Favori, ite : *mi deporte favorito*, mon sport favori.
— M. Favori (privado). ‖ Favori, crack (carrera de caballos). ‖ — F. Favorite (del rey). ‖ — M. y f. Favori, ite ; préféré, e (preferido). ‖ DEP. Favori, ite.

faya f. Faille (tejido).

fayado m. Galetas.

faz f. Face. ‖ — *A la faz de*, à la face de. ‖ *Faz a faz*, face à face. ‖ *La Sacra* ou *Santa Faz*, la Sainte Face.

fe f. Foi : *la fe cristiana*, la foi chrétienne. ‖ Foi, confiance (confianza) : *tener fe en el porvenir*, avoir foi en l'avenir. ‖ Acte, *m.*, certificat, *m.*, extrait, *m.* (documento) : *fe de matrimonio*, acte de mariage ; *fe de bautismo*, acte *o* extrait de baptême. ‖ Foi, fidélité : *fe conyugal*, foi conjugale. ‖ — *Fe de erratas*, errata. ‖ *Fe de vida*, certificat de vie ; fiche d'état civil. ‖ — FIG. *Artículo de fe*, parole d'Évangile. ‖ *Buena* ou *mala fe*, bonne *o* mauvaise foi. ‖ *Profesión de fe*, profession de foi. ‖ — *A fe de*, foi de : *a fe de caballero*, foi d'honnête homme. ‖ *A fe mía, por mi fe*, par ma foi, ma foi, sur ma foi. ‖ *De* ou *a la buena fe*, de bonne foi, en toute bonne foi. ‖ — *Dar fe de*, rendre compte de, faire foi de. ‖ *Hacer fe*, faire foi. ‖ *Prestar fe*, ajouter foi. ‖ *Tener una fe ciega en*, avoir une confiance aveugle en.

feacios m. pl. Phéaciens.

fealdad f. Laideur. ‖ FIG. Indignité : *la fealdad de su conducta*, l'indignité de sa conduite.

feamente adv. Laidement. ‖ FIG. Honteusement, indignement. ‖ *Mató al toro feamente*, il tua très mal le taureau.

feblaje m. Faiblage (de las monedas).

feble adj. (P. us.). Faible (débil). ‖ Faible [monnaie] (sin el peso legal).

Febo n. pr. m. Phébus (el Sol).

febrero m. Février : *el 15 de febrero*, le 15 février.

febrífugo, ga adj. y s. m. Fébrifuge : *la quinina es un febrífugo*, la quinine est un fébrifuge.

febril adj. Fébrile, fiévreux, euse.

febrilidad f. Fébrilité.

febrilmente adv. Fiévreusement.

fecal adj. MED. Fécal, e : *materia fecal*, matière fécale.

fécula f. Fécule. ‖ — *Fábrica de fécula*, féculerie. ‖ *Fabricante de fécula*, féculier.

feculencia f. Féculence.

feculento, ta adj. y s. m. Féculent, e.

feculoso, sa adj. Féculeux, euse.

fecundable adj. Fécondable.

fecundación f. Fécondation.
— SINÓN. *Generación*, génération. *Reproducción*, reproduction. *Multiplicación*, multiplication. *Polinización*, pollinisation.

fecundador, ra adj. y s. Fécondateur, trice.

fecundante adj. Fécondant, e.

fecundar v. tr. Féconder.

fecundidad f. Fécondité.

fecundizar v. tr. Féconder.

fecundo, da adj. Fécond, e. ‖ FIG. Fécond, e ; fertile : *imaginación fecunda*, imagination fertile.

fecha f. Date : *¿cuál es la fecha de hoy?*, quelle est la date d'aujourd'hui ? ‖ Jour, *m.* : *mi carta ha tardado tres fechas*, ma lettre a mis trois jours. ‖ — DR. *Fecha cierta*, date certaine. ‖ *Fecha tope*, date limite. ‖ *Una carta de fecha 2 de junio*, une lettre datée du 2 juin. ‖ — *A fecha fija*, à date fixe. ‖ *Con fecha de*, en date de. ‖ *De fecha reciente*, de fraîche date. ‖ *De larga fecha*, de longue date. ‖ *En fecha próxima*, un jour prochain, prochainement. ‖ *Hasta la fecha*, jusqu'à présent, jusqu'à maintenant. ‖ — *A estas fechas ya habrá llegado*, il doit être arrivé à présent. ‖ *Poner la fecha*, mettre la date, dater. ‖ *Señalar fecha*, prendre date.

fechador m. Timbre dateur (matasellos). ‖ Composteur (para los billetes).

fechar v. tr. Dater. ‖ Composter (billetes).

fecho, cha adj. (Ant.). Fait, e (hecho).

fechoría f. Forfait, *m.*, mauvaise action, mauvais tour, *m.*

federación f. Fédération.

federado, da adj. y s. Fédéré, e.

federal adj. y s. m. Fédéral, e : *los federales*, les fédéraux.

federalismo m. Fédéralisme.

federalista adj. y s. Fédéraliste.

federalizar v. tr. Fédéraliser.

federar v. tr. Fédérer.
— V. pr. Se fédérer.

federativo, va adj. Fédératif, ive.

Federico, ca n. pr. m. y f. Frédéric, Frédérique.

Fedra n. pr. f. MIT. Phèdre.

Fedro n. pr. m. Phèdre (discípulo de Sócrates).

féferes m. pl. *Amer*. Affaires, *f.* (trastos).

fehaciente adj. Qui fait foi, digne de foi. ‖ Aveuglant, e : *una prueba fehaciente*, une preuve aveuglante.

felá *o* **fellah** m. Fellah (campesino egipcio).

feldespático, ca adj. Feldspathique.

feldespato m. MIN. Feldspath.

feldmariscal m. Feld-maréchal (mariscal de campo).

felibre m. Félibre (poeta provenzal).

felibrigio m. Félibrige (escuela literaria provenzal).

felice adj. POÉT. Heureux, euse ; fortuné, e.

Feliciano n. pr. m. Félicien.

felicidad f. Bonheur, *m.*, félicité. ‖ — FAM. *Deseos de felicidad*, vœux de bonheur. ‖ *La curva de la felicidad*, la brioche (tripa). ‖ *Felicidades* ou *muchas felicidades*, mes félicitations, mes compliments, tous mes compliments (acontecimiento feliz), mes meilleurs vœux (año nuevo, cumpleaños), bonne fête (santo). ‖ FIG. *Salir con felicidad de*, se tirer heureusement de.

felicitación f. Félicitation : *recibir felicitaciones,* recevoir des félicitations. ‖ — Pl. Souhaits, *m.,* vœux, *m.* : *felicitaciones por Año Nuevo,* vœux de nouvel an. ‖ *Mis mejores felicitaciones por,* toutes mes félicitations pour.

felicitar v. tr. ● Féliciter : *le felicito por su éxito,* je vous félicite de *o* pour votre succès. ‖ Souhaiter : *felicitarle el santo* ou *los días a uno,* souhaiter sa fête à quelqu'un ; *felicitar el día de Año Nuevo,* souhaiter la bonne année. ‖ — *Felicitar a uno,* présenter *o* offrir ses vœux de nouvel an à quelqu'un (año nuevo). ‖ *Felicitar las Navidades* ou *las Pascuas, el Año Nuevo,* souhaiter un joyeux Noël, la bonne année.
— V. pr. Se féliciter.
— SINÓN. ● *Cumplimentar,* complimenter. *Congratular,* congratuler.

félidos m. pl. ZOOL. Félidés.
feligrés, esa m. y f. Paroissien, enne.
feligresía f. Paroisse.
felino, na adj. y s. m. ZOOL. Félin, e.
Felipe n. pr. m. Philippe : *Felipe II (segundo),* Philippe II (deux). ‖ *Se lo ponen como a Felipe II,* il a la partie belle, tout lui sourit.
Felisa n. pr. f. Félicie.
feliz adj. Heureux, euse : *feliz con su suerte,* heureux de son sort ; *existencia feliz,* existence heureuse. ‖ FIG. Heureux, euse : *ocurrencia feliz,* plaisanterie heureuse. ‖ — *¡Feliz Año Nuevo!,* *¡Felices Pascuas!,* bonne année !, joyeux Noël ! ‖ *¡Feliz viaje!,* bon voyage ! ‖ *Más feliz que nadie,* heureux comme un roi. ‖ — *Desearle a uno un feliz Año Nuevo,* souhaiter à quelqu'un une bonne et heureuse année. ‖ *Feliz con saber algo,* heureux d'apprendre quelque chose. ‖ *Hacer a alguien feliz,* rendre quelqu'un heureux.
— SINÓN. *Bienaventurado, dichoso,* bienheureux. *Afortunado,* fortuné.

felizmente adv. Heureusement (por fortuna) : *la tempestad felizmente fue de poca duración,* heureusement, la tempête fut de courte durée. ‖ Heureux, euse (con toda felicidad) : *vivieron muchos años felizmente,* ils vécurent heureux pendant de longues années.
Félix n. pr. m. Félix.
felodermo m. BOT. Phelloderme.
felógeno, na adj. BOT. Phellogène.
felón, ona adj. y s. Félon, onne (traidor).
felonía f. Félonie (traición).
felpa f. Peluche : *oso de felpa,* ours en peluche. ‖ Tissu-éponge, *m.* (para toallas, manoplas, etc.). ‖ FIG. y FAM. Volée de coups, raclée (paliza). ‖ Savon, *m.* (reprensión severa) : *dar* ou *echar una felpa,* passer un savon.
felpado, da adj. Pelucheux, euse (afelpado).
felpar v. tr. Couvrir de peluche.
— V. pr. FIG. y FAM. Se couvrir d'un tapis.
felpilla f. Chenille (cordón felpudo).
felpo m. Paillasson (felpudo).
felposo, sa adj. Pelucheux, euse.
felpudo, da adj. Pelucheux, euse.
— M. Paillasson (esterilla).
femenil adj. Féminin, e : *ademán femenil,* geste féminin.
femenilmente adv. D'une manière féminine.
femenino, na adj. y s. m. Féminin, e : *gracia femenina,* grâce féminine ; *terminación femenina,* terminaison féminine.
fementidamente adv. Déloyalement.
fementido, da adj. Déloyal, e ; félon, onne : *fementido traidor,* traitre félon.
femíneo, a adj. (P. us.). Féminin.
feminidad f. Féminité.
feminismo m. Féminisme.
feminista adj. y s. Féministe.
femoral adj. y s. f. Fémoral, e.
fémur m. ANAT. Fémur.

fenakistiscopio m. Fís. Phénakistiscope.
fenantreno m. QUÍM. Phénanthrène.
fenato m. QUÍM. Phénate.
fenecer* v. intr. Mourir (morir). ‖ Périr : *el barco feneció en la tempestad,* le bateau a péri dans la tempête. ‖ Finir (terminarse).
fenecimiento m. Trépas, mort, f. (muerte).
fenestración f. MED. Fenestration.
fenianismo m. Fénianisme.
feniano m. HIST. Fénian (rebelde irlandés).
fenicado, da adj. Phéniqué, e.
Fenicia n. pr. f. GEOGR. Phénicie.
fenicio, cia adj. y s. Phénicien, enne. ‖ — M. Phénicien (lengua).
fénico, ca adj. QUÍM. Phénique.
fenilamina f. QUÍM. Phénylamine.
fenilo m. QUÍM. Phényle.
fénix m. Phénix (ave fabulosa). ‖ FIG. Phénix. ‖ BOT. Phénix, phœnix (palmera).
— OBSERV. Pl. *fénix.*
fenogreco m. BOT. Fenugrec.
fenol m. QUÍM. Phénol.
fenólico, ca adj. QUÍM. Phénolique.
fenomenal adj. Phénoménal, e : *seres fenomenales,* êtres phénoménaux. ‖ FIG. Monumental, e : *es de una estupidez fenomenal,* il est d'une bêtise monumentale. ‖ Sensationnel, elle ; formidable (magnífico).
fenomenismo m. Phénoménisme.
fenomenista m. Phénoméniste.
fenómeno m. ● Phénomène.
— Adj. inv. FAM. Sensationnel, elle ; formidable : *este chico es fenómeno,* ce garçon est formidable.
— Interj. FAM. Formidable !, du tonnerre !, sensationnel !
— SINÓN. ● *Portento, prodigio,* prodige. *Coloso,* colosse. *Monstruo,* monstre.
fenomenología f. Phénoménologie.
fenomenológico, ca adj. Phénoménologique.
fenomenólogo m. Phénoménologue.
fenoplasta m. Phénoplaste.
fenotipo m. Phénotype.
feo, a adj. ● Laid, e ; vilain, e : *es feo mentir,* il est laid de mentir. ‖ FIG. Vilain, e : *acción fea,* vilaine action. ‖ — *¡Feo asunto es ese!,* sale affaire ! ‖ *Feo como un susto* ou *más feo que Picio* ou *que un coco* ou *de un feo que asusta,* laid comme les sept péchés capitaux, laid comme un pou, laid à faire peur, d'une laideur effroyable. ‖ *La cosa se está poniendo fea,* ça tourne mal, ça sent le brûlé, ça prend mauvaise tournure. ‖ *Mi dibujo ha quedado feo,* mon dessin est raté *o* n'est pas beau.
— M. Affront : *hacer un feo,* faire un affront. ‖ Grossiéreté, f. (grosería). ‖ Camouflet : *aguantar feos,* essuyer des camouflets. ‖ Refus, rebuffade, f. (negativa). ‖ Laideur, f. (fealdad).
— Adv. Amer. Mauvais, e : *oler feo,* sentir mauvais ; *saber feo,* avoir mauvais goût.
— SINÓN. ● *Horroroso,* affreux. *Horrible,* horrible. *Desagradable,* désagréable. *Charro,* rococo. *Antiestético,* antiesthétique. *Monstruoso,* monstrueux.
feofíceas f. pl. BOT. Phéophycées.
feracidad f. Fertilité.
feral adj. (P. us.). Cruel, elle.
— F. pl. Feralia (fiestas en honor de los muertos).
feraz adj. Fertile, fécond, e (fértil). ‖ *Pastos feraces,* gras pâturages.
féretro m. Cercueil, bière, f. (ataúd).
— SINÓN. *Ataúd,* cercueil. *Caja* (de muerto), bière. *Sarcófago,* sarcophage.
feria f. Foire : *feria del campo, de ganado,* foire agricole, aux bestiaux. ‖ Fête foraine (verbena). ‖ Férie (día de la semana). ‖ *Amer.* Gratification, pourboire, *m.* (propina). ‖ — Pl. Étrennes (agasajos o regalos). ‖ — *Cada uno habla de la feria*

I. Las vías. — Les voies.

raíl, raíles, carril, carriles	rail, rails
traviesa	traverse
terraplén	remblai
trinchera	voie en tranchée
balasto	ballast
pista lateral	piste latérale
ancho de vía	écartement
tirafondo	tire-fond
eclisa	éclisse
puente	pont
túnel	tunnel
pórtico, castillete de puente	portique (voie électrifiée)
catenaria	caténaire
paso a nivel	passage à niveau
paso superior	passage supérieur
cambio de agujas	aiguillage
caseta, f., ou garita, f., de cambio de agujas	poste (m.) d'aiguillage
aguja	aiguille
corazón, cruce	cœur de l'aiguille
talón	talon de l'aiguille
señales, f. pl.	signaux, m. pl.
contracarril	contre-rail
junta (f.) de dilatación	joint (m.) de dilatation
vía abierta	voie ouverte
semáforo	sémaphore
bifurcación	bifurcation
vía muerta	voie de garage
empalme	embranchement
choque	tamponnement
descarrilamiento	déraillement
seguridad	sécurité
tope	butoir

II. El tren. — Le train.

locomotora de vapor	locomotive à vapeur
locomotora eléctrica	locomotive électrique
ténder	tender
vagón, coche, m.	wagon ; voiture, f.
coche (m.) de viajeros	voiture (f.) de voyageurs
vagón (m.) mixto	voiture (f.) mixte
furgón de equipaje	fourgon à bagages
coche de correos	wagon postal
coche restaurante	voiture-restaurant
coche cama	voiture-lit
bogie ; carretón	boggie
enganche	attelage
tope	tampon
estribo	marchepied
portezuela	portière
tren ómnibus ou correo	train omnibus
tren semidirecto	train semi-direct
tren expreso	train express
tren rápido	train rapide
tren de mercancías	train de marchandises
vagón de mercancías	wagon de marchandises
vagón cerrado	wagon couvert
batea, f. ; vagón plataforma	wagon (m.) plat
vagón cisterna	wagon-citerne
vagón de bordes medios ou máximos	wagon-tombereau
vagón basculante	wagon-basculant
vagón cuba	wagon-foudre
vagón tolva	wagon-trémie
vagón frigorífico	wagon frigorifique
automotor, ferrobús, autovía	autorail ; micheline, f.
funicular	funiculaire
horario	horaire
compartimiento, departamento	compartiment

como le va en ella, chacun voit midi à sa porte. ‖ *Feria de muestras,* foire-exposition. ‖ *Real de la feria,* champ de foire.

feriado, da adj. Férié, e : *el 1ro de Mayo es día feriado,* le 1er mai est un jour férié.

ferial adj. De [la] foire : *el recinto ferial,* l'emplacement de la foire, le champ de foire. ‖ ECLES. Férial, e.
— M. Champ de foire, foirail (p. us.), foiral (p. us.).

feriante adj. y s. Forain, e. ‖ Exposant, e ; participant, e (en una feria de muestras).

feriar v. tr. Acheter à la foire (comprar). ‖ Commercer (comprar o vender).
— V. intr. Chômer (no trabajar).

ferino, na adj. Féroce (animal). ‖ MED. *Tos ferina,* coqueluche.

fermata f. MÚS. Point (m.) d'orgue (calderón).

fermentable adj. Fermentable.

fermentación f. Fermentation.

fermentar v. intr. Fermenter.
— V. tr. Faire fermenter.

fermentescible adj. Fermentescible.

fermento m. Ferment.

Fermín n. pr. m. Firmin.

fermio m. QUÍM. Fermium.

Fernanda n. pr. f. Fernande.

Fernando o **Fernán** n. pr. m. Ferdinand, Fernand.

feroce adj. POÉT. Féroce (feroz).

ferocidad f. Férocité.

feróstico, ca adj. FAM. Irritable (irritable). ‖ Affreux, euse ; hideux, euse (muy feo).

feroz adj. Féroce : *resistencia feroz,* résistance féroce. ‖ Farouche (salvaje). ‖ *El lobo feroz,* le grand méchant loup. ‖ *Hambre feroz,* faim de loup.

ferrada f. Massue ferrée.

ferrado, da adj. Ferré, e.
— M. Mesure (f.) agraire galicienne (4,28 ares à

6,40 ares). ‖ Mesure (f.) de capacité (13,13 litres à 16,15 litres).

ferrallista m. Métallier.

Ferrara n. pr. GEOGR. Ferrare.

ferrato m. QUÍM. Ferrate.

ferreña adj. f. Très dure (nuez).
— F. pl. Castagnettes [en Galice] (castañuelas).

férreo, a adj. De fer : *voluntad férrea,* volonté de fer. ‖ *Vía férrea,* voie ferrée.

ferrería f. Forge.

ferreruelo m. Courte pèlerine (f.) sans capuche.

ferrete m. Sulfate de cuivre. ‖ Fer à marquer, poinçon (punzón).

ferretería f. Quincaillerie (quincallería). ‖ Forge (ferrería). ‖ Ferronnerie (taller).

ferretero, ra adj. y s. Quincaillier, ère (quincallero). ‖ Ferronnier, ère (fabricante).

ferricianuro m. QUÍM. Ferricyanure.

férrico, ca adj. QUÍM. Ferrique.

ferrífero, ra adj. Ferrifère.

ferrobús m. Autorail, micheline, f.

ferrocarril m. Chemin de fer : *ferrocarril de cremallera,* chemin de fer à crémaillère.

ferrocarrilero, ra adj. Ferroviaire.

ferrocerio m. Ferrocérium.

ferrocianuro m. QUÍM. Ferrocyanure.

ferrolano, na adj. De El Ferrol (ville d'Espagne).

ferromagnetismo m. Ferromagnétisme.

ferromanganeso m. Ferromanganèse.

ferroníquel m. Ferronickel.

ferroprusiato m. Ferroprussiate.

ferrosilicio m. Ferrosilicium.

ferroso, sa adj. QUÍM. Ferreux, euse.

ferrotipia f. Ferrotypie.

ferroviario, ria adj. Ferroviaire.
— M. Cheminot (empleado de ferrocarriles).

ferrugiento adj. Ferreux, euse.

ferruginoso, sa adj. y s. m. Ferrugineux, euse.

ferry-boat m. Ferry-boat.

— OBSERV. Ce mot est un anglicisme pour *transbordador*.

fértil adj. Fertile. ‖ FIG. Fertile : *año fértil en* ou *de acontecimientos*, année fertile en événements.

— SINÓN. *Fecundo, feraz*, fécond. *Inagotable*, inépuisable, *Rico*, riche.

fertilidad f. Fertilité.

fertilizable adj. Fertilisable.

fertilización f. Fertilisation.

fertilizante adj. Fertilisant, e.

— M. Engrais (abono) : *los fertilizantes nitrogenados*, les engrais azotés.

fertilizar v. tr. Fertiliser.

férula f. BOT. Férule. ‖ Férule (del maestro). ‖ *Estar bajo la férula de uno*, être sous la férule o sous la coupe de quelqu'un.

férvido, da adj. Bouillant, e. ‖ Fervent, e : *un férvido defensor*, un fervent défenseur.

ferviente adj. Fervent, e (fervoroso).

fervientemente adv. Fervemment.

fervor m. Ferveur, f.

fervorín m. Prière (f.) jaculatoire. ‖ Brève allocution (plática breve).

fervorizar v. tr. Encourager (enfervorizar).

fervorosamente adv. Fervemment, avec ferveur.

fervoroso, sa adj. Fervent, e.

festejador, ra o **festejante** adj. Qui festoie.

festejar v. tr. Fêter, faire fête à (obsequiar) : *festejar a un huésped*, faire fête à un hôte. ‖ Courtiser (galantear). ‖ *Amer.* Fouetter (azotar).

— V. pr. Faire la fête, s'amuser (divertirse). ‖ Festoyer.

— OBSERV. El verbo *festoyer* ya no se emplea hoy sino como intransitivo y con el sentido de «estar de comilona».

festejo m. Bon accueil (acción de festejar). ‖ Galanterie, f. (galanteo). ‖ Festoiement (fiesta). ‖ — Pl. Fêtes, f., réjouissances, f., festivités, f. (regocijo, fiesta).

festín m. Festin.

— SINÓN. *Banquete*, banquet. *Regalo*, régal. *Pop. Comilona*, gueuleton. *Cuchipanda*, ripaille.

festival adj. De fête (festivo).

— M. Festival : *festivales de cine*, des festivals de cinéma.

festivamente adv. Joyeusement, gaiement.

festividad f. Fête, festivité. ‖ FIG. Joie (alegría). ‖ Esprit, m. (agudeza).

festivo, va adj. De fête : *traje, aspecto festivo*, costume, air de fête. ‖ FIG. Spirituel, elle ; enjoué, e (chistoso). | Joyeux, euse ; gai, e (alegre). ‖ *Día festivo*, jour de fête, jour férié o chômé.

festón m. Feston (adorno, bordado). ‖ ARQ. Feston.

festuca f. BOT. Fétuque (cañuela).

festonear v. tr. Festonner.

fetal adj. Fœtal, e : *vida fetal*, vie fœtale.

fetén adj. FAM. Au poil, comme ça, formidable (formidable). | Vrai, e ; cent pour cent : *un madrileño fetén*, un Madrilène cent pour cent.

feticidio m. Fœticide.

fetiche m. Fétiche.

— SINÓN. *Mascota*, mascotte. *Talismán*, talisman. *Amuleto*, amulette. *Ídolo*, idole.

fetichismo m. Fétichisme.

fetichista adj. y s. Fétichiste.

fetidez f. Fétidité (hedor).

fétido, da adj. Fétide. ‖ *Bomba fétida*, boule puante.

feto m. Fœtus. ‖ FIG. y FAM. Avorton.

feúco, ca o **feúcho, cha** adj. FAM. Pas très joli, e ; pas très beau, belle : *esta chica es más bien feúcha*, cette fille n'est vraiment pas très jolie.

feudal adj. Féodal, e : *derechos feudales*, droits féodaux.

feudalidad f. Féodalité.

feudalismo m. Féodalisme.

feudatario, ria m. y f. Feudataire.

feudista m. DR. Feudiste.

feudo m. Fief (dominio noble) : *feudo alodial*, ligio, franc-fief, fief lige. ‖ Hommage, vasselage (homenaje). ‖ *Dar en feudo*, fieffer, donner en fief.

fez m. Fez.

fi f. Phi, *m.* (letra griega).

fiabilidad f. Fiabilité.

fiable adj. De confiance (seguro). ‖ Solvable (solvente). ‖ Fiable (máquina, dispositivo).

fiado, da adj. Confié, e. ‖ À crédit : *comprar fiado*, acheter à crédit. ‖ *Al fiado*, à crédit.

fiador, ra m. y f. Répondant, e ; garant, e ; caution, f. (garantía) : *salir* ou *ser fiador de*, se porter o être garant o caution de. ‖ — M. Caution, f. (fianza). ‖ Agrafe, f. (presilla de capa). | Dragonne, f. (del sable). ‖ TECN. Cliquet d'arrêt (de un arma). | Verrou de sûreté (cerrojo). | Crochet (garfio). ‖ *Amer.* Mentonnière, f., jugulaire, f. (barboquejo).

fiambre adj. Froid, e (alimentos). ‖ FIG. y FAM. Passé, e ; éventé, e ; réchauffé, e : *una noticia fiambre*, une nouvelle éventée, réchauffée.

— M. Plat froid (alimento frío). ‖ POP. Macchabée (cadáver). ‖ *Amer.* Enterrement, réunion (f.) ennuyeuse (reunión desanimada). ‖ — *Fiambres variados*, assiette anglaise. ‖ — POP. *Dejar fiambre*, refroidir (matar). | *Está hecho fiambre*, il a cassé sa pipe (ha muerto).

fiambrera f. Gamelle (para llevar alimentos). ‖ *Amer.* Garde-manger, m.

fiambrería f. *Amer.* Charcuterie.

fianza f. Caution, garantie (garantía) : *dejar como fianza*, laisser en garantie. ‖ Caution, cautionnement, m. (prenda) : *dar* ou *prestar fianza*, déposer une caution. ‖ Caution, garant, m. (fiador). ‖ — DR. *Contrato de fianza*, fidéjussion, contrat de garantie. | *Fianza de arraigo*, hypothèque, engagement. ‖ *Libertad bajo fianza*, liberté sous caution.

fiar v. tr. Se porter caution, cautionner (salir garante de otro). ‖ Vendre à crédit (vender).

— V. intr. Avoir confiance (confiar) : *fiar en sí*, avoir confiance en soi. ‖ *No es persona de fiar*, on ne peut pas lui faire confiance, on ne peut pas se fier à lui, ce n'est pas une personne sûre.

— V. pr. Se fier, avoir confiance : *fiarse de* ou *en uno*, se fier à quelqu'un, avoir confiance en quelqu'un ‖ — *Fiarse de las apariencias*, se fier aux apparences. ‖ *No se fía*, la maison ne fait pas de crédit (en una tienda).

fiasco m. Fiasco : *hacer fiasco*, faire fiasco.

fiat m. Consentement, bénédiction, f. : *dar el fiat*, donner sa bénédiction.

fibra f. Fibre. ‖ FIG. Nerf, *m.* (vigor). ‖ *Fibra dura*, filandre (de la carne).

fibrana f. Fibranne (textile).

fibrilación f. MED. Fibrillation.

fibrilar adj. Fibrillaire.

fibrilla f. ANAT. Fibrille.

fibrina f. QUÍM. Fibrine.

fibrinógeno m. Fibrinogène.

fibrinoso, sa adj. QUÍM. Fibrineux, euse.

fibrocartílago m. Fibrocartilage.

fibrocemento m. CONST. Fibrociment.

fibroma m. MED. Fibrome.

fibroso, sa adj. Fibreux, euse.

fíbula f. Fibule (broche).

ficaria f. BOT. Ficaire.

ficción f. Fiction.

ficoideas f. pl. BOT. Phycoïdées.

ficomicetos m. pl. BOT. Phycomycètes.

ficticio, cia adj. ● Fictif, ive. ‖ D'emprunt : *nombre ficticio*, nom d'emprunt.
— SINÓN. ● *Artificial*, artificiel. *Postizo*, postiche. *Inventado, imaginado*, inventé.

ficha f. Fiche (cédula). ‖ Fiche (en los juegos). ‖ Domino *m.* (pieza de este juego). ‖ Jeton, *m.* (de teléfono). ‖ FAM. *Amer*. Coquin, *m.* (pillo). ‖ — *Ficha de asistencia*, jeton de présence. ‖ CINEM. *Ficha técnica*, générique. ‖ *Sacar fichas*, faire des fiches.

fichaje m. Inscription, *f.* [d'un joueur dans une équipe].

fichar v. tr. Mettre sur fiche (apuntar en una ficha). ‖ Dresser la fiche anthropométrique de (ficha antropométrica). ‖ Engager (un jugador de fútbol). ‖ FIG. Classer (juzgar mal).
— V. intr. Signer un contrat : *fichar por un club deportivo*, signer un contrat avec un club sportif. ‖ Pointer (controlar las horas de entrada y salida). ‖ *Estar fichado por la policía*, figurer sur les registres de la police.

fichero m. Fichier.

fichú m. Fichu (pañoleta).

fidedigno, na adj. Digne de foi (verídico) : *de fuentes fidedignas*, de sources dignes de foi.

fideicomisario m. DR. Fidéicommissaire.

fideicomiso m. DR. Fidéicommis. ‖ *Estado en* ou *bajo fideicomiso*, territoire sous mandat *o* sous tutelle.

fideísmo m. Fidéisme.

fidelidad f. Fidélité. ‖ RAD. *Alta fidelidad*, haute fidélité.
— SINÓN. *Constancia*, constance. *Devoción*, dévouement. *Lealtad*, loyauté. *Apego*, attachement.

fideo m. Vermicelle. ‖ FAM. Échalas (persona delgada). ‖ *Estar como un fideo*, être maigre comme un clou.

Fidias n. pr. m. Phidias.

fiducia f. DR. Fiducie.

fiduciario, ria adj. Fiduciaire.

fiebre f. MED. Fièvre : *fiebre amarilla, intermitente, tifoidea*, fièvre jaune, intermittente, typhoïde. ‖ FIG. Fièvre : *fiebre electoral*, fièvre électorale. ‖ — VETER. *Fiebre aftosa*, fièvre aphteuse. ‖ MED. *Fiebre álgida*, fièvre algide. ‖ *Fiebre láctea*, fièvre de lait. ‖ *Tener fiebre*, avoir de la fièvre. ‖ *Tener mucha fiebre*, avoir beaucoup de fièvre, avoir une fièvre de cheval (fam.).

fiel adj. Fidèle : *fiel a su juramento*, fidèle à ses promesses. ‖ Fidèle (constante) : *fiel a su creencia*, fidèle à sa croyance ; *fiel a ou ou para con sus amigos*, fidèle à ses amis. ‖ Juste, exact, e (exacto) : *reloj fiel*, horloge juste. ‖ *Memoria fiel*, mémoire fidèle.
— M. Fidèle (cristiano practicante). ‖ Contrôleur (verificador). ‖ Fléau, aiguille, *f.* (de la balanza). ‖ Vis, *f.* (de las tijeras). ‖ *Inclinar el fiel de la balanza*, faire pencher la balance.
— OBSERV. La palabra francesa *fiel* significa la *hiel*.

fielato m. Octroi.

fieltro m. Feutre (tejido y sombrero). ‖ — *Obrero que trabaja en fieltros*, feutrier. ‖ *Poner, cubrir con fieltro*, feutrer. ‖ *Ponerse como el fieltro*, feutrer (una prenda de lana).

fiemo m. Fumier (estiércol).

fiera f. Fauve, *m.*, bête féroce. ‖ FIG. Brute. ‖ — *Casa de fieras*, ménagerie. ‖ *Luchar como una fiera*, se battre comme un forcené *o* comme un lion. ‖ *Sección de las fieras*, fauverie (en un zoo).

fierabrás m. Fier-à-bras, matamore (matasiete).

fierecilla f. *La fierecilla domada*, la Mégère apprivoisée (obra de Shakespeare).

fiereza f. Cruauté. ‖ Férocité.

fiero, ra adj. Cruel, elle. ‖ Féroce. ‖ FIG. Affreux, euse ; épouvantable, horrible (espantoso). ‖ Dur, e (duro).
— M. pl. Bravades, *f.*, menaces, *f.* ‖ — *Echar fieros*, faire le bravache. ‖ *No es tan fiero el león como lo pintan*, il n'est pas si méchant que ça (persona), ce n'est pas si difficile que ça (una cosa).
— OBSERV. La palabra francesa *fier* significa *orgulloso*.

fierro m. Fer (hierro).

fiesta f. ● Fête : *fiesta nacional*, fête nationale ; *fiesta de guardar* ou *de precepto*, fête d'obligation. ‖ ECLES. Férie. ‖ Fête (feria). ‖ FAM. Plaisanterie (broma, chanza). ‖ — Pl. Caresses, cajoleries (carantoñas). ‖ — *Fiesta solemne*, fête carillonnée. ‖ *La fiesta brava* ou *nacional*, la course de taureaux. ‖ — *Aguar la fiesta*, troubler la fête. ‖ *Estar de fiesta*, faire la fête. ‖ *Guardar las fiestas*, sanctifier les jours de fête. ‖ *Hacerle fiestas a uno*, faire fête à quelqu'un. ‖ *No estar para fiestas*, n'être pas d'humeur à rire, ne pas avoir envie de rire *o* de plaisanter. ‖ FAM. *Tengamos la fiesta en paz*, tâchez de vous tenir tranquille. ‖ *Y como fin de fiesta*, et pour clôturer (espectáculo).
— SINÓN. ● *Festival*, festival. *Festejo*, fête. *Kermesse, verbena*, kermesse. *Feria*, fête foraine.

fiestear v. intr. *Amer*. Festoyer.

fiestero, ra adj. FAM. Noceur, euse ; bambocheur, euse.

fifí o **fifiriche** m. *Amer*. Gommeux, gringalet.

fígaro m. Figaro (barbero). ‖ Boléro (prenda de vestir).

figle m. MÚS. Ophicléide (instrumento).

figón m. Gargotte, *f.* (tasca).

figonero, ra m. y f. Gargotier, ère.

figulino, na adj. En terre cuite (de arcilla). ‖ — *Arcilla figulina*, terre à potier. ‖ *Estatua* ou *vasija figulina*, figuline.

figura f. Forme : ¿qué figura tiene?, quelle forme a-t-il ? ‖ Figure (naipe). ‖ Santon, m. (de un nacimiento). ‖ Figure (en una danza). ‖ MAT. Figure. ‖ (Ant.). Visage, m., figure (rostro). ‖ GRAM. Figure : figura de construcción, figure de construction. ‖ FIG. Aspect, m., figure : tener mala figura, avoir mauvaise figure. | Silhouette, allure (silueta). | Vedette : la gran figura será él, c'est lui qui sera la grande vedette. | Figure, personnage, m. ‖ — Figura de bulto, figure en relief. ‖ El Caballero de la Triste Figura, le Chevalier à la triste figure. ‖ Genio y figura hasta la sepultura, on est comme on est, le loup mourra dans sa peau, chassez le naturel, il revient au galop. ‖ Hacer figuras, faire des grimaces.

figurable adj. Figurable.

figuración f. Figuration. ‖ Idée : lo que tú te imaginas son figuraciones, tu te fais des idées.

figuradamente adv. Au sens figuré, figurément (p. us.).

figurado, da adj. Figuré, e. ‖ En sentido figurado, au sens figuré, au figuré.

figurante m. y f. TEATR. Figurant, e. ‖ Los figurantes, les figurants, la figuration.

figurar v. tr. Figurer. ‖ Représenter : esta esfera figura la Tierra, cette sphère représente la Terre. ‖ Feindre, simuler (fingir).
— V. intr. Figurer.
— V. pr. Se figurer, s'imaginer : se figuraba que era el único en su caso, il s'imaginait qu'il était le seul dans son cas. ‖ S'imaginer, croire : ¿qué te has figurado?, qu'est-ce que tu crois ?, qu'est-ce que tu t'imagines ? ‖ Se douter : ya me lo figuraba, je m'en doutais bien.

figurativo, va adj. Figuratif, ive : arte figurativo, art figuratif.

figurería f. Grimace.

figurero, ra adj. y s. FAM. Grimacier, ère. ‖ — M. Figuriste (vaciador de figuras de escayola).

figurilla o **figurita** m. y f. Santon, m. (del nacimiento). ‖ Figurine, f. (estatuita). ‖ FAM. Nabot, e (chisgarabís).

figurín m. Dessin o figurine (f.) de modes. ‖ Journal de modes (revista). ‖ Costume (cine, teatro). ‖ FAM. Gommeux (currutaco).

figurismo m. ECLES. Figurisme.

figurista m. ECLES. Figuriste.

figurita f. V. FIGURILLA.

figurón m. Grande figure, f. ‖ FIG. y FAM. Olibrius, excentrique. | Poseur (presumido). ‖ — MAR. Figurón de proa, figure de proue. ‖ Comedia de figurón, comédie de caractère. ‖ FAM. Hacer de figurón, être figurant.

fija f. Gond, m. (gozne). ‖ TECN. Fiche (de albañil). ‖ Amer. A la fija, sûrement.

fijación f. Fixation : la fijación del impuesto, la fixation de l'impôt. ‖ BIOL. y QUÍM. Fixation. ‖ FOT. Fixage, m. ‖ Fijación de salarios máximos, blocage des salaires.

fijado m. FOT. Fixage.

fijador, ra adj. Fixateur, trice.
— M. Fixateur (cosmético). ‖ ARTES. Fixatif (para fijar dibujos). ‖ FOT. Fixateur. ‖ DR. Fidéjusseur.

fijante adj. MIL. Fichant, e ; plongeant, e (tiro).

fijapelo m. Fixateur.

fijar v. tr. Fixer (sujetar). ‖ FIG. Fixer, arrêter : fijar un precio, un sueldo, una fecha, fixer un prix, un salaire, une date ; fijar un plan, arrêter un plan. | Fixer : fijar los ojos ou la mirada en, fixer les yeux sur. ‖ FOT. Fixer. ‖ — Fijar carteles, afficher, coller des affiches. ‖ Fijar domicilio en, élire domicile à. ‖ Prohibido fijar carteles ou anuncios, défense d'afficher.
— V. pr. Se fixer. ‖ Être affiché (carteles, etc.). ‖ FIG. Regarder, voir, remarquer, observer : ¿te has fijado en el aspecto que tiene?, as-tu remarqué l'air qu'il a ? | Regarder : fíjate cómo ha crecido

el niño, regarde comme cet enfant a grandi. | Regarder, observer : fíjate en todo lo que vas a ver para contármelo luego, observe tout ce que tu vas voir pour me le raconter après. | Faire attention : no me fijé en ese párrafo de su carta, je n'ai pas fait attention à ce paragraphe de sa lettre. | Faire attention, prendre garde : fíjate en lo que dices, fais attention à ce que tu dis. ‖ ¡Fíjate!, tu te rends compte !

fijasellos m. inv. Charnière, f. (filatelia).

fijativo, va adj. Fixatif, ive.
— M. ARTES. Fixatif. ‖ FOT. Fixateur.

fijeza f. Fixité. ‖ Mirar con fijeza, regarder fixement.

fijo, ja adj. Fixe. ‖ — TECN. Bastidor, puente fijo, châssis, pont dormant. ‖ De fijo, sûrement, sans faute. ‖ Un sueldo fijo, un fixe.
— Adv. Fixement : mirar fijo, regarder fixement.
— M. Fixe (sueldo).

fil m. Aiguille, f. (fiel de balanza).

fila f. File : jefe de fila, chef de file. ‖ ● Rang, m. (teatro, clase, etc.) : en primera fila, au premier rang. ‖ Haie : había una fila de espectadores para ver al rey, il y avait une haie de spectateurs pour voir le roi. ‖ MIL. Rang, m., ligne : en fila, en ligne, en rang, sur un rang. ‖ — En fila, à la file. ‖ En fila india, en o à la file indienne, à la queue leu leu (fam.). ‖ MIL. En filas, sous les drapeaux (servicio activo). ‖ — Alistarse en las filas de, se ranger sous la bannière de. ‖ MIL. Cerrar ou estrechar las filas, serrer les rangs. | Llamar a filas, rappeler sous les drapeaux. | ¡Rompan filas!, rompez [les rangs] ! ‖ FAM. Tenerle fila a uno, avoir quelqu'un dans le nez, avoir pris quelqu'un en grippe.
— SINÓN. ● Hilera, ringlera, rang. Cola, queue. Columna, colonne. Cadena, chaîne.

filacteria f. Phylactère, m. (amuleto judío).

Filadelfia n. pr. GEOGR. Philadelphie.

filadiz m. Filoselle, f., fleuret (seda).

filado m. MIN. Phyllade.

filamento m. Filament, fil. ‖ BOT. Filet (parte del estambre).

filamentoso, sa adj. Filamenteux, euse.

filandria f. VETER. Filandre (lombriz).

filantropía f. Philanthropie.

filantrópico, ca adj. Philanthropique.

filantropismo m. Philanthropisme.

filántropo, pa adj. y s. Philanthrope.

filarca m. Phylarque (jefe de tribu).

filaria f. MED. Filaire (parásito).

filariosis f. MED. Filariose.

filarmonía f. Philharmonie.

filarmónico, ca adj. MÚS. Philharmonique.

filástica f. MAR. Fil (m.) de caret.

filatelia f. Philatélie.

filatélico, ca adj. De philatélie.

filatelista m. y s. Philatéliste.

Filemón n. pr. m. Philémon.

filera f. Rangée de filets de pêche.

filete m. Filet (solomillo). ‖ Bifteck (de vaca). ‖ Escalope, f. (de ternera). ‖ Filet (de pescado). ‖ Filet (moldura). ‖ Cordonnet (ribete de la ropa). ‖ ANAT. Filet (de nervio). ‖ TECN. Filet (de una tuerca). ‖ ÉQUIT. Filet (del bocado). ‖ IMPR. Filet (adorno).
— OBSERV. Un filet (de pêche, etc.) se dit red.

fileteado, da adj. Fileté, e.
— M. Filetage (de un tornillo).

filetear v. tr. Orner de filets (adornar). ‖ TECN. Fileter (un tornillo, etc.).

filético, ca adj. Phylétique.

filfa f. FAM. Blague (mentira). ‖ FAM. ¡Eso es pura filfa!, ça c'est de la blague.

filhelénico, ca adj. Philhellénique.

filhelenismo m. Philhellénisme.

filheleno, na adj. y s. Philhellène (amigo de los griegos).
filia f. Phyllie (insecto).
filiación f. Filiation. ‖ Signalement, *m.* (señas personales). ‖ FIG. Filiation. ‖ MIL. Enrôlement, *m.*
filial adj. y s. f. Filial, e : *amor filial,* amour filial ; *establecer una filial en Madrid,* installer une filiale à Madrid.
filiar v. tr. Prendre le signalement.
— V. pr. MIL. S'enrôler (engancharse). ‖ S'affilier (afiliarse).
Filiberto n. pr. m. Philibert.
filibote m. Hourque, *f.* (barco).
filibusterismo m. Flibusterie, *f.,* flibuste, *f.*
filibustero f. Flibustier (pirata).
filicíneas f. pl. BOT. Filicinées.
filiforme adj. Filiforme.
filigrana f. Filigrane, *m.* ‖ *Hacer filigranas,* filigraner.
filipéndula f. BOT. Filipendule.
filipense adj. De l'Oratoire (orden religiosa).
— M. Oratorien (religioso).
filípica f. Philippique (discurso). ‖ FAM. Semonce (represión) : *echar una filípica,* faire une semonce.
filipino, na adj. y s. Philippin, e. ‖ FAM. *Es un punto filipino,* c'est un drôle de lascar.
Filipinas n. pr. f. pl. GEOGR. Philippines.
Filipo n. pr. m. HIST. Philippe (rey de Macedonia).
filisteo m. Philistin (pueblo). ‖ FIG. y FAM. Colosse (hombrón). ‖ Philistin (inculto).
film o **filme** m. Film (película, cinta).
filmación f. Filmage, *m.* (rodaje).
filmar v. tr. Filmer (rodar).
filmología f. Filmologie.
filmoteca f. Cinémathèque.
filo m. Fil, tranchant (corte) : *el filo de la navaja,* le fil du rasoir. ‖ BIOL. Phylum. ‖ *Amer.* Bord. ‖ — MAR. *Filo del viento,* ligne du vent. ‖ — *Al filo del mediodía,* sur le coup de midi, peu avant midi, en fin de matinée. ‖ FIG. *Arma de dos filos* ou *de doble filo,* arme à double tranchant. ‖ *Dar filo,* aiguiser, repasser, affiler, affûter. ‖ *Dormir hasta en el filo de una navaja,* dormir n'importe où o dans n'importe quelle position.
Filoctetes n. pr. m. Philoctète.
filodendro m. BOT. Philodendron.
filodio m. BOT. Phylode.
filófago, ga adj. ZOOL. Phyllophage.
filología f. Philologie.
filológico, ca adj. Philologique.
filólogo m. Philologue.
filomela o **filomena** f. POÉT. Philomèle (ruiseñor).
Filomena n. pr. f. Philomène.
filón m. MIN. ● Filon. ‖ FAM. Filon (ganga).
— SINÓN. ● *Mina,* mine. *Vena, veta,* veine.
filópodos m. pl. Phyllopodes (crustáceos).
filoseda f. Tissu (*m.*) de laine et soie.
filoso, sa adj. *Amer.* Affilé, e ; aiguisé, e.
filosofador, ra adj. y s. Raisonneur, euse.
filosofal adj. Philosophal, e : *piedra filosofal,* pierre philosophale.
filosofar v. intr. Philosopher.
filosofastro m. Philosophe de bas étage.
filosofía f. Philosophie.
filosófico, ca adj. Philosophique.
filosofismo m. Philosophisme.
filósofo, fa adj. y s. Philosophe : *vivir como un filósofo,* vivre en philosophe.
Filóstrato n. pr. m. Philostrate.
filotecnia f. Philotechnie (amor a las artes).
filotécnico, ca adj. Philotechnique.
filoxera f. Phylloxéra, *m.,* phylloxera, *m.*
filoxerado, da adj. Phylloxéré, e.
filoxérico, ca adj. Phylloxérique, phylloxérien, enne.
filtración f. Filtration, filtrage, *m.* ‖ FAM. Détour-

nement, *m.* (malversación). ‖ FIG. Fuite : *las conversaciones diplomáticas se conocieron a consecuencia de una filtración,* on a connu les conversations diplomatiques par suite d'une fuite.
filtrado, da adj. Filtré, e. ‖ *Líquido filtrado,* filtrat.
filtrador m. Filtre (filtro).
filtrante adj. Filtrant, e.
filtrar v. tr. e intr. Filtrer.
— V. pr. S'infiltrer, filtrer : *el agua se filtra a través de la tierra,* l'eau filtre à travers la terre. ‖ FIG. S'évanouir (el dinero). ‖ *Estas noticias se han filtrado,* il y a eu des fuites.
filtro m. Filtre (aparato). ‖ Philtre (bebida mágica). ‖ FOT. Filtre. ‖ — *Cigarrillo con filtro,* cigarette filtre o à bout filtre o à bout filtrant. ‖ *Filtro prensa,* filtre-presse (aparato).
filustre m. FAM. Chic (elegancia).
filván m. Morfil (de un cuchillo).
filler m. Filler (moneda húngara).
fillos m. pl. o **filloas** f. pl. Sorte de crêpe (en Galicia).
fimbria f. Frange (de falda).
fimo m. Fumier (estiércol).
fimosis f. MED. Phimosis.
fin m. Fin, *f.* : *el fin del mundo,* la fin du monde. ‖ Fin, *f.,* but (objeto) : *acercarse* ou *tocar a su fin,* toucher à sa fin. ‖ Finition, *f.* (acabado). ‖ — *Fin de semana,* week-end. ‖ — *A fin de,* afin de. ‖ — *A fin de que,* afin que. ‖ *A fines de,* à la fin de : *a fines del mes,* à la fin du mois ; fin : *a fines de mayo,* fin mai ; *a fines del corriente,* fin courant. ‖ *Al fin,* à la fin, enfin. ‖ *Al fin del mundo,* au bout du monde (muy lejos). ‖ *Al fin y al cabo* ou *al fin y a la postre* ou *en fin de cuentas,* en fin de compte, en définitive, après tout, finalement. ‖ *Cadena sin fin,* chaîne sans fin. ‖ *Con buen fin,* avec les meilleures intentions. ‖ *Con el solo* ou *el único fin de,* à seule fin de. ‖ *Con este fin* ou *para este fin,* à cette fin, à cet effet. ‖ *En fin,* enfin, bref. ‖ *Noche de fin de año,* nuit de la Saint-Sylvestre. ‖ *Por fin,* enfin, en conclusion. ‖ *Un sin fin de cosas,* une foule de choses. ‖ — *Conseguir sus fines,* arriver à ses fins. ‖ *Dar* ou *poner fin a,* mettre fin à, terminer, finir. ‖ *El fin justifica los medios,* la fin justifie les moyens. ‖ *Llegar a su fin,* arriver à son terme. ‖ *Tener fin,* se terminer.
finado, da m. y f. Défunt, e.
final adj. Final, e. ‖ *El Juicio final,* le Jugement dernier.
— M. Fin, *f.* : *hasta el final,* jusqu'à la fin. ‖ Fin, *f.* (muerte). ‖ Bout : *al final de la calle,* au bout de la rue. ‖ Issue, *f.* : *el final del combate,* l'issue du combat. ‖ MÚS. Final. ‖ — F. Finale : *la final de copa,* la finale de la coupe. ‖ — *A finales de,* à la fin de. ‖ *Final de línea,* terminus (transportes).
finalidad f. FIG. But, *m.* (propósito). ‖ FILOS. Finalité.
finalismo m. Finalisme.
finalista adj. y s. Finaliste : *el equipo finalista,* l'équipe finaliste.
finalización f. Fin, terme, *m.*
finalizar v. tr. Finir, mettre fin à.
— V. intr. Prendre fin, cesser, finir, se terminer.
finamente adv. Finement, fin : *escribir finamente,* écrire fin.
finamiento m. Décès (fallecimiento).
financiación f. o **financiamiento** m. Financement, *m.*
financiar v. tr. Financer (costear). ‖ *Amer.* Acheter à crédit (comprar a plazos).
financiero, ra adj. y s. Financier, ère.
finanzas f. pl. Finances (hacienda).
finar v. intr. Décéder.
— V. pr. Désirer ardemment, brûler d'envie de.

finca f. Propriété : *finca de campo*, propriété à la campagne. ‖ Ferme (granja). ‖ — *Finca rústica*, propriété rurale. ‖ *Finca urbana*, immeuble : *administrador de fincas urbanas*, gérant d'immeubles.

fincar v. intr. Acheter des propriétés. ‖ *Amer.* Reposer, s'appuyer (estribar).

finés, esa adj. y s. Finnois, e.

fineza f. Finesse (calidad de lo fino). ‖ Délicatesse, amabilité, gentillesse, attention délicate (amabilidad). ‖ Cadeau, *m.*, présent, *m.* (regalo).
— SINÓN. *Delicadeza*, délicatesse. *Refinamiento*, raffinement. *Sutileza*, subtilité.

fingidamente adv. Trompeusement.

fingido, da adj. Feint, e. ‖ FIG. Trompeur, euse (engañoso) : *paz fingida*, paix trompeuse. ‖ D'emprunt : *nombre fingido*, nom d'emprunt.

fingidor, ra adj. y s. Trompeur, euse ; fourbe.

fingimiento m. Feinte, *f.*

fingir v. tr. e intr. ● Feindre, simuler : *fingir una enfermedad*, feindre une maladie. ‖ Feindre de, faire semblant de (aparentar) : *finge que duerme*, il feint de dormir, il fait semblant de dormir ; *fingir creer una cosa*, feindre de croire une chose. ‖ Jouer, simuler : *fingir perfectamente el asombro*, simuler l'étonnement à la perfection.
— V. pr. Feindre d'être, faire semblant d'être : *fingirse amigos*, faire semblant d'être amis. ‖ Faire, se faire passer pour : *fingirse enfermo, muerto*, faire le malade, le mort.
— SINÓN. ● *Simular, aparentar, afectar*, simuler. *Encubrir*, recéler. *Pretextar*, prétexter. *Hacer como que*, faire semblant.

finible adj. Finissable, terminable.

finiquitar v. tr. Solder, liquider (una cuenta). ‖ FIG. Liquider (acabar, matar).

finiquito m. COM. Solde (de una cuenta). ‖ Quitus : *dar finiquito*, donner quitus.

finisecular adj. De la fin du siècle.

finito, ta adj. Fini, e : *magnitud finita*, grandeur finie. ‖ *Lo finito y lo infinito*, le fini et l'infini.

finlandés, esa adj. y s. Finlandais, e.

Finlandia n. pr. f. GEOGR. Finlande.

fino, na adj. Fin, e : *vino fino*, vin fin, *piedra fina*, vin fin, pierre fine. ‖ FIG. Poli, e (bien educado). ‖ —. *Bailar por lo fino*, danser [des danses de salon]. ‖ *Hierbas finas*, fines herbes. ‖ *Por lo fino*, élégamment.

finolis adj. y s. FAM. Snobinard, e.

finta f. Feinte (esgrima). ‖ Dribble, *m.*, dribbling, *m.* (en fútbol).

fintar v. tr. e intr. Feinter, faire des feintes.

finura f. Finesse (calidad de lo fino). ‖ Politesse (cortesía). ‖ Délicatesse (delicadeza).

Fionia n. pr. f. GEOGR. Fionie.

fiord o **fiordo** m. Fjord, fiord.

fique m. *Amer.* Fibre (*f.*) d'agave (pita).

firma f. ● Signature, *f.* ‖ Firme (razón social). ‖ DR. Seing, *m.* ‖ *Firma en blanco*, blanc-seing.
— SINÓN. ● *Nombre*, nom. *Rúbrica*, paraphe, parafe. *Estampilla*, estampille. *Seña*, seing. *Contraseña*, contreseing. *Marca*, marque.

firmamento m. Firmament.

firmán m. Firman (decreto soberano en Turquía).

firmante adj. y s. Signataire (el que firma). ‖ *El abajo firmante*, le soussigné.

firmar v. tr. Signer : *firmar con un seudónimo*, signer d'un pseudonyme. ‖ *Firmar en blanco*, donner un blanc-seing.

firme adj. Ferme. ‖ Solide (sólido). ‖ Sûr, e : *tener el pie firme*, avoir le pied sûr ; *el tiempo no parece firme*, le temps ne semble pas sûr. ‖ Ferme (valor en Bolsa). ‖ FIG. Ferme, constant, e : *firme en sus ideas*, ferme dans ses idées. ‖ Arrêté, e : *tener ideas firmes*, avoir des idées arrêtées. ‖ Ferme, décidé, e : *con paso firme*, d'un pas décidé. ‖ — *A pie firme*, de pied ferme. ‖ DR. *Sentencia*

firme, jugement sans appel. ‖ *Tierra firme*, terre ferme. ‖ — MIL. *Ponerse firmes*, se mettre au garde-à-vous.
— M. Terrain ferme : *edificar en firme*, bâtir sur un terrain ferme. ‖ Chaussée, *f.* (de la carretera) : *firme deslizante*, chaussée glissante. ‖ Empierrement (macadam).
— Adv. Fermement (con firmeza). ‖ — *De firme*, ferme (mucho), dur (reciamente) : *trabajar de firme*, travailler ferme, dur. ‖ COM. *En firme*, ferme : *vender en firme*, vendre ferme. ‖ — *Beber de firme*, boire sec. ‖ *Llueve de firme*, il pleut pour de bon.
— Interj. Pl. MIL. Garde-à-vous ! (para que los soldados se cuadren), fixe ! (para que se inmovilicen).

firmemente adv. Fermement.

firmeza f. Fermeté : *hablar con firmeza*, parler avec fermeté ; *firmeza de carácter*, fermeté de caractère. ‖ Solidité : *la firmeza de un muro*, la solidité d'un mur. ‖ *Amer.* Ancienne danse populaire d'Argentine (baile).

firuletes m. pl. *Amer.* Ornements.

fisalia f. ZOOL. Physalie.

fiscal adj. Fiscal, e. ‖ *Ministerio fiscal*, ministère public.
— M. Procureur [de la République], accusateur public (ministerio público). ‖ Employé du fisc (agente del fisco). ‖ FIG. y FAM. Fouineur (curioso). ‖ *Amer.* Sorte de bedeau [dans les églises rurales]. ‖ — Pl. Magistrature (*f. sing.*) debout. ‖ *Fiscal del Tribunal supremo*, avocat général.

fiscalía f. Ministère (*m.*) public. ‖ *Fiscalía de tasas*, service du rationnement.

fiscalidad f. Fiscalité.

fiscalización f. Contrôle, *m.*, surveillance (examen). ‖ Critique.

fiscalizador, ra adj. y s. Contrôleur, euse. ‖ FIG. Critiqueur, euse.

fiscalizar v. tr. Contrôler (examinar). ‖ Surveiller (vigilar).

fisco m. Fisc.

fisga f. Foëne, fouëne, foène (arpón para pescar). ‖ Banderille. ‖ FIG. Raillerie, moquerie (burla).

fisgador, ra adj. y s. Curieux, euse (indiscreto). ‖ Moqueur, euse ; railleur, euse (burlón).

fisgar v. tr. Épier, guetter (atisbar) : *esa mujer se pasa la vida fisgando detrás de su ventana*, cette femme passe sa vie à épier derrière sa fenêtre. ‖ Fouiner, fureter (curiosear). ‖ Flairer (husmear). ‖ Pêcher à la foëne (pescar).
— V. intr. Railler, se moquer.

fisgón, ona adj. y s. Moqueur, euse (burlón). ‖ Curieux, euse ; fouinard, e (fam.), fouineur, euse (fam.) [husmeador].

fisgonear v. tr. FAM. Épier (atisbar). ‖ Fouiner, fureter (curiosear).

fisgoneo m. Indiscrétion, *f.*

fisible adj. Fissile.

física f. Physique : *física experimental, nuclear, recreativa*, physique expérimentale, nucléaire, amusante.

físicamente adv. Physiquement : *físicamente no me gusta*, physiquement il ne me plaît pas.

físico, ca adj. Physique. ‖ Physique, matériel, elle : *imposibilidad física*, impossibilité physique, matérielle. ‖ *Amer.* Maniéré, e ; minaudier, ère.
— M. Physique (aspecto) : *un físico agradable*, un physique agréable. ‖ (Ant.). Médecin (médico). ‖ — M. y f. Physicien, enne (el que estudia la física).

fisicomatemático, ca adj. Physico-mathématique.

fisicoquímico, ca adj. Physico-chimique.
— F. Physico-chimie.

fisicoteológico, ca adj. Physico-théologique.

físil adj. Fissile.

fisiocracia f. Physiocratie.
fisiócrata adj. y s. Physiocrate.
fisiognomonía o **fisiognómica** f. Physiognomonie.
fisiognomónico, ca adj. Physiognomonique.
fisiognomonista m. y f. Physiognomoniste.
fisiografía f. Physiographie.
fisiógrafo m. Physiographe.
fisiología f. Physiologie.
fisiológico, ca adj. Physiologique.
fisiólogo, ga m. y f. Physiologiste.
fisión f. Fís. Fission (escisión).
fisionable adj. Fissible.
fisonomía f. Physionomie.
fisiopatología f. Physiopathologie.
fisioterapia f. Physiothérapie.
fisípedos m. pl. Zool. Fissipèdes.
fisirrostros m. pl. Zool. Fissirostres.
fisoideo, a adj. Physoïde (en forma de vejiga).
fisonomía f. Physionomie : *fisonomía poco agraciada*, physionomie ingrate.
fisonómico, ca adj. Physionomique.
fisonomista o **fisónomo, ma** adj. y s. Physionomiste.
fisostigma m. Physostigma.
fisostigmina f. Physostigmine (eserina).
fisóstomos m. pl. Zool. Physostomes.
fistol m. (P. us.). Fin matois, rusé compère.
fístula f. Med. Fistule : *fístula lacrimal*, fistule lacrymale.
fistular adj. Fistulaire.
fistulina f. Bot. Fistuline (hongo).
fistuloso, sa adj. Fistuleux, euse.
fisura f. Med. y Min. Fissure. || Fêlure (grieta).
fitelefas m. Phytéléphas (árbol).
fitina f. Phytine.
fitobiología f. Phytobiologie.
fitófago, ga adj. Phytophage.
fitofarmacia f. Phytopharmacie.
fitógeno, na adj. Phytogène.
fitografía f. Bot. Phytographie.
fitolaca f. Phytolaque, m. (planta).
fitología f. Bot. Phytologie.
fitopatología f. Phytopathologie.
fitopatólogo m. Phytopathologiste.
fitotomía f. Phytotomie (anatomía vegetal).
fitozoario m. Phytozoaire.
flacidez o **flaccidez** f. Flaccidité.
flácido, da adj. Faible (débil). || ● Flasque, mou, molle (flojo).

— Sinón. ● *Blando*, mou. *Flojo, fofo*, flasque. *Esponjoso*, spongieux. *Algodonoso*, cotonneux.

flaco, ca adj. ● Maigre (muy delgado) : *flaco que da lástima*, maigre à faire peur. || Faible (débil). || Fig. Faible : *la carne es flaca*, la chair est faible. | Faible, peu résolu, e. || — *Argumento flaco*, argument faible o sans poids. || *Memoria flaca*, mauvaise mémoire. || *Punto flaco*, point faible, faiblesse : *la ortografía es su punto flaco*, l'orthographe est son point faible ; *conclusión que ofrece puntos flacos*, conclusion qui présente des faiblesses. || *Ser flaco de memoria*, avoir mauvaise mémoire.
— M. Point faible (punto flaco) : *conozco su flaco*, je connais son point faible. || Faible : *tiene un flaco por su hija menor*, il a un faible pour sa cadette.

— Sinón. ● *Delgado*, mince. *Consumido*, décharné. *Magro, escuálido*, maigre. *Delgaducho*, maigrelet. *Seco*, sec.

flacucho, cha adj. Fam. Maigrelet, ette ; maigrichon, onne.
flacura f. Maigreur (calidad de flaco). || Fig. Faiblesse (debilidad).
flagelación f. Flagellation.

flagelado, da adj. Flagellé, e.
— M. pl. Zool. Flagellés.
flagelador, ra m. y f. Flagellateur, trice (el que flagela).
flagelante adj. y s. Flagellant, e (que se flagela).
flagelar v. tr. Flageller. || Fig. Fustiger (censurar).
flagelo m. Fouet (azote). || Flagelle, flagellum (filamento móvil). || Fig. Fléau (calamidad).
flagrancia f. Flagrance.
flagrante adj. Flagrant, e. || *En flagrante delito*, en flagrant délit (in fraganti).
flamante adj. (Ant.). Flambant, e (que arde). || Fig. Brillant, e ; resplendissant, e ; flamboyant, e (brillante). | Flambant (*inv.*) neuf : *coche flamante*, voiture flambant neuve. || Blas. Flambant, e. || *Una comedia flamante*, une pièce toute récente.
flameado m. Flambage.
flameante adj. Flamboyant, e.
flamear v. intr. Flamber (llamear) : *plátanos flameados*, bananes flambées. | Battre, ondoyer, flotter : *la bandera flameaba al viento*, le drapeau flottait au vent. || Mar. Faseyer, faseiller, fasier.
— V. tr. Flamber (para esterilizar).
flamen m. Hist. Flamine (sacerdote romano).

— Observ. Pl. *flamines*.

flamenco, ca adj. y s. Flamand, e (de Flandes). || Flamingant, e (de los dialectos flamencos). || Flamenco, *inv.* : *cante flamenco*, chant flamenco ; *guitarra flamenca*, guitare flamenco. || *Amer.* Maigre. || — *Nacionalista flamenco*, flamingant. || Fig. y Fam. *Ponerse flamenco*, faire le flambard. || — M. Zool. Flamant (ave). || *Amer.* Couteau, poignard (facón).
flamenquería f. Crânerie.
flamenquismo m. Goût pour les coutumes gitanes.
flamígero, ra adj. Poét. Flammigère. || Flamboyant, e : *gótico flamígero*, gothique flamboyant.
Flaminio n. pr. m. Flaminius.
flámula f. Flamme (gallardete).
flan m. Culin. Crème (*f.*) caramel (dulce). | Flan (pastel). || *Flan de arena*, pâté de sable (en la playa).
flanco m. Blas. y Mil. Flanc. || Mil. *Guardia de los flancos*, flanc-garde.
Flandes n. pr. m. Geogr. Flandre, *f.*, Flandres, *f. pl.* || — Fam. *Es de mantequilla de Flandes*, c'est une petite nature (persona). | *No ha puesto una pica en Flandes*, il n'a rien fait d'extraordinaire.
flanero m. Moule à flans.
flanqueado, da adj. Flanqué, e.
flanqueador m. Mil. Flanqueur, flanc-garde.
flanquear v. tr. Flanquer.
flanqueo m. Mil. Flanquement.
flanquís m. Blas. Flanchis.
flap m. Aviac. Volet.
flaquear v. intr. Faiblir (vacilar) : *memoria que flaquea*, mémoire qui faiblit. || Menacer ruine (edificio, columna). || Être sur le point de céder (una viga). || Fig. Faiblir (decaer). | Fléchir, mollir, flancher (fam.) [ceder]. || *Flaquearle a uno las piernas*, avoir les jambes en coton, avoir les jambes qui flageolent.
flaqueza f. Maigreur (delgadez). || Fig. Faiblesse (debilidad). || *Sacar fuerzas de flaqueza*, faire un ultime effort, prendre son courage à deux mains.
flash m. Fot. y Cinem. Flash. || Flash (información).
flato m. Flatuosité, *f.* (gases intestinales), point de côté (dolor de costado). || *Amer.* Mélancolie, *f.*, tristesse, *f.* || *Echar flatos*, faire des rots, roter (un bebé).
flatulencia f. Flatulence.
flatulento, ta adj. Flatulent, e.
flatuosidad f. Flatuosité.

flauta f. Mús. Flûte : *flauta recta* ou *dulce*, flûte à bec *o* douce. ‖ — *Flauta travesera*, flûte traversière. ‖ — *Cuando pitos, flautas, cuando flautas, pitos*, lorsqu'on veut blanc c'est noir, lorsqu'on veut noir c'est blanc. ‖ *Entre pitos y flautas*, l'un dans l'autre, pour une raison ou pour une autre. ‖ Fam. *Amer. ¡La gran flauta!*, flûte!, sapristi ! ‖ *Tocar la flauta*, jouer de la flûte, flûter. ‖ Fam. *Y sonó la flauta por casualidad*, et ce fût un coup de chance *o* de pot (pop.).
— Sinón. *Chirimía, flautín*, flageolet. *Pífano*, fifre. *Caramillo*, chalumeau. *Zampoña*, flûte de Pan.

flautado, da adj. Flûté, e.
— M. Jeu de flûtes (del órgano).

flautero m. Fabricant de flûtes.

flautillo m. Chalumeau (caramillo).

flautín m. Mús. Piccolo, flageolet.

flautista m. y f. Flûtiste, flûte, *f*.

flavescente adj. Flavescent, e (amarillento).

Flaviano n. pr. m. Flavien.

Flavio n. pr. m. Flavius.

flébil adj. Poét. Lamentable, triste.

flebitis f. Méd. Phlébite.

fleborragia f. Méd. Phléborragie.

flebotomía f. Phlébotomie (sangría).

flebótomo m. Lancette, *f*., phlébotome.

fleco m. Frange, *f*. (tela y pelo).

flecha f. Flèche. ‖ *Correr, salir como una flecha*, courir, filer comme une flèche.
— Sinón. *Jabalina, venablo*, javelot, javeline. *Dardo*, dard. *Saeta*, trait, sagette (vx).

flechador m. Archer (arquero).

flechar v. tr. Bander [l'arc] (estirar la cuerda). ‖ Percer de flèches (asaetear). ‖ Fig. y Fam. Séduire. ‖ — Fam. *Ir flechado*, aller en courant, faire un saut : *voy flechado a por tabaco*, je vais en courant chercher des cigarettes.
— V. pr. S'enticher.

flechaste m. Mar. Enfléchure, *f*. (de una escala).

flechazo m. Coup de flèche. ‖ Fig. y Fam. Coup de foudre (amor repentino) : *le he dado el flechazo*, il a eu le coup de foudre pour moi.

flechero m. Archer.

flechilla f. Fléchette.

flegmasía f. Méd. Phlegmasie.

flegmático, ca adj. (Ant.). Flegmatique.

flegmón m. Méd. Phlegmon.

fleje m. Tecn. Feuillard (tira de chapa de hierro). ‖ Cercle métallique (para toneles). ‖ Lame (*f*.) d'acier (de somier).

flema f. Méd. y Quím. Flegme, *m*. ‖ Fig. Flegme, *m*. (impasibilidad). ‖ *Tener flema*, être flegmatique.
— Observ. No confundir con *flemme* (pop.), galbana.

flemático, ca adj. Flegmatique.

fleme m. Veter. Flamme, *f*. (lanceta).

flemón m. Méd. Phlegmon, flegmon.

flemonoso, sa adj. Méd. Phlegmoneux, euse.

flemoso, sa o **flemudo, da** adj. Flegmatique (impasible).

fleo m. Bot. Fléole, *f*., phléole, *f*.

flequillo m. Petite frange, *f*. ‖ Frange, *f*. (de cabellos).

fleso m. Flet (pez).

fleta f. *Amer.* Friction. ‖ Volée (paliza).

fletador m. Mar. Affréteur (el que alquila un navío). ‖ Fréteur (el que da en alquiler un barco).

fletamento o **fletamiento** m. Mar. Affrétement.

fletante m. *Amer.* Fréteur.

fletar v. tr. Mar. Fréter (alquilar a otro un barco). ‖ Affréter (tomar alquilado un barco). ‖ *Amer.* Louer (alquilar).
— V. pr. Fam. *Amer.* S'en aller, se barrer (largarse).

flete m. Mar. Fret (alquiler de un navío). ‖ *Amer.* Charge [qu'on transporte]. ‖ Cheval de selle (caballo). ‖ *Contrato de flete*, charte-partie.

fletero m. *Amer.* Transporteur.

flexibilidad f. Flexibilité. ‖ Assouplissement, *m.* : *ejercicio de flexibilidad*, exercice d'assouplissement. ‖ Fig. Souplesse : *flexibilidad de carácter*, souplesse de caractère.

flexible adj. ● Flexible. ‖ Fig. Souple : *carácter flexible*, caractère souple.
— M. Fil électrique. ‖ Chapeau mou (sombrero).
— Sinón. ● *Cimbreante*, souple. *Manejable*, maniable. *Elástico*, élastique. *Plegable*, pliable. *Extensible*, extensible.

flexión f. Flexion. ‖ Fléchissement, *m.*

flexional adj. Gram. Flexionnel, elle.

flexor, ra adj. y s. m. Anat. Fléchisseur (sin fem.) [músculo].

flexuosidad f. Flexuosité.

flexuoso, sa adj. Bot. Flexueux, euse.

flictena f. Méd. Phlyctène (ampolla).

flint-glass o **flintglas** m. Flint-glass.

flirt o **flirteo** m. Flirt.

flirtear v. intr. Flirter.

flit m. Pop. Liquide insecticide.

floculación f. Quím. Floculation.

flocular v. intr. Quím. Floculer.

flogisto m. Quím. Phlogiste.

flogosis f. Méd. Phlogose.

flojamente adv. Mollement, nonchalamment.

flojear v. intr. Se relâcher. ‖ Faiblir, fléchir (flaquear).

flojedad f. Faiblesse, débilité. ‖ Fig. Mollesse, nonchalance, paresse.

flojel m. Duvet (de las aves). ‖ Duvet (del paño). ‖ *Pato de flojel*, eider.

flojera f. Fam. Flemme (pereza).

flojo, ja adj. Lâche : *nudo flojo*, nœud lâche. ‖ Mou, molle, flasque (no firme) : *carne floja*, chair molle. ‖ Faible (sin fuerza) : *vino flojo*, vin faible [en alcool]. ‖ Fig. Mou, molle (sin vigor) : *estilo flojo*, style mou. ‖ Faible : *excusa floja*, faible excuse ; *flojo en matemáticas*, faible en mathématiques. ‖ Mou, molle, négligent, e (perezoso), nonchalant, e (desidioso). ‖ Culin. Doux (horno). ‖ *Amer.* Lâche (cobarde). ‖ — *Cuerda floja*, corde raide. ‖ *Seda floja*, soie flochée.

flor f. Bot. Fleur : *flor de azahar*, fleur d'oranger. ‖ Fleur (de harina, del vino, azufre). ‖ Fig. Fleur : *la flor de la juventud, de la edad*, la fleur de la jeunesse, de l'âge. ‖ Fam. Compliment, *m.* : *decirle* ou *echarle flores a una joven*, faire des compliments à une jeune fille. ‖ *Amer.* Lunule (mentira de las uñas). ‖ — *Flor artificial* ou *de mano*, fleur artificielle. ‖ Bot. *Flor de la maravilla*, tigridie. ‖ *Flor de la Pasión*, passiflore. ‖ *Flor de la Trinidad*, fleur de la Trinité, pensée. ‖ *Flor del Espíritu Santo*, orchidée d'Amérique centrale. ‖ *Flor de lis*, fleur de lis (emblema heráldico), amaryllis (planta). ‖ *Flores cordiales*, les quatre fleurs (pectorales). ‖ *Harina de flor*, fleur de farine. ‖ *La flor* ou *la flor y nata*, la fleur, la fine fleur, le dessus du panier, le gratin. ‖ *Pan de flor*, pain anglais, pain de gruau. ‖ — *A flor de*, à fleur de : *a flor de agua, de piel*, à fleur d'eau, de peau. ‖ Tecn. *Ajustado a flor*, affleuré (a nivel). ‖ Fam. *Como mil flores*, à merveille. ‖ *En flor*, en fleurs, en fleur. ‖ *En la flor de la edad*, à la fleur de l'âge. ‖ — *Adornarse con flores*, se fleurir. ‖ *No se admiten flores ni coronas*, ni fleurs ni couronnes.

flora f. Flore.

Flora n. pr. f. Flore.

floración f. Floraison.

floral adj. Floral, e : *juegos florales*, jeux floraux.

floralias f. pl. Floralies.

florar v. intr. Fleurir (florecer).

florcita f. *Amer.* Fleurette. ‖ *Amer. Andar de florcita*, muser, musarder.

flordelisar v. tr. BLAS. Fleurdeliser.

floreado, da adj. Fleuri, e (cubierto de flores). ‖ De gruau, de fleur de farine (pan). ‖ FIG. Fleuri, e : *discurso muy floreado*, discours très fleuri.

floreal m. HIST. Floréal.

florear v. tr. Fleurir (ornar con flores). ‖ Tamiser [la farine] pour en retirer la fleur (con el cedazo). — V. intr. Vibrer (vibrar). ‖ MÚS. Exécuter des arpèges sur la guitare. ‖ FAM. Faire des compliments (decir cumplidos). ‖ FIG. Broder : *florear sobre un tema*, broder sur un thème.

florecer* v. intr. Fleurir (una planta). ‖ FIG. Fleurir, être florissant (prosperar) : *florece el comercio*, le commerce fleurit o est florissant. — V. pr. Moisir (cubrirse de moho).

florecido, da adj. Fleuri, e (con flores). ‖ Moisi, e (mohoso).

floreciente adj. Fleurissant, e (que florece). ‖ FIG. Florissant, e (próspero).

florecimiento m. Floraison, *f.*, fleuraison, *f.* (acción de florecer). ‖ FIG. Floraison, *f.* (acción de prosperar). ‖ Moisissure, *f.* (moho).

florencia f. Florence (tafetán).

Florencia n. pr. GEOGR. Florence.

Florencio, cia n. pr. m. y f. Florent, Florence.

florentino, na adj. y s. Florentin, e.

Florentino, na n. pr. m. y f. Florentin, Florentine.

floreo m. Marivaudage (conversación). ‖ Baliverne, *f.*, faribole, *f.* (dicho vano). ‖ Fioriture, *f.* (adorno). ‖ Sorte d'entrechat (danza). ‖ MÚS. Arpège [sur la guitare], fioriture, *f.* ‖ *Andarse con floreos*, marivauder.

florería f. Magasin (*m.*) de fleurs.

florero, ra m. y f. Fleuriste (vendedor de flores). ‖ — M. Vase [à fleurs].

florescencia f. Floraison. ‖ QUÍM. Efflorescence.

floresta f. Bocage, *m.*, bosquet, *m.* ‖ FIG. Site (*m.*) champêtre. ‖ Anthologie (florilegio).

floretazo m. Coup de fleuret.

florete adj. Raffiné (azúcar). — M. Fleuret (arma) : *florete sin botón*, fleuret démoucheté.

floretear v. tr. Fleurir (adornar con flores). — V. intr. Manier le fleuret. ‖ *Amer.* Flirter.

floreteo m. Maniement du fleuret.

floretista m. Fleuret, tireur de fleuret.

florícola adj. Floricole.

floricultor, ra m. y f. Fleuriste, horticulteur, *m.*

floricultura f. Floriculture.

floridamente adv. Élégamment.

florídeas f. pl. BOT. Floridées (algas).

floridez f. Richesse (del lenguaje o estilo).

florido, da adj. Fleuri, e (en flor). ‖ FIG. Fleuri, e (conversación, estilo). ‖ — ARQ. *Gótico florido*, gothique flamboyant. ‖ — *Lo más florido*, la fine fleur, l'élite. ‖ *Pascua florida*, Pâques fleuries.

florífero, ra adj. Florifère.

florígero, ra adj. POÉT. Florifère.

florilegio m. Florilège (antología).

florín m. Florin (moneda).

floripondio m. BOT. Datura, *f.*

florista m. y f. Fleuriste (que tiene una tienda de flores). ‖ *Florista callejera*, marchande de fleurs.

floritura f. Fioriture.

florón m. Fleuron (adorno). ‖ FIG. Fleuron. ‖ *Adornar con florones*, fleuronner.

flósculo m. BOT. Fleuron.

flota f. Flotte : *flota mercante, aérea*, flotte marchande, aérienne. — OBSERV. Pour désigner la *flotte de guerre* on emploie de préférence *armada*.

flotabilidad f. Flottabilité.

flotable adj. Flottable.

flotación f. Flottement (acción de flotar). ‖ MAR. Flottaison : *línea de flotación*, ligne de flottaison. ‖ MIN. Flottation.

flotador, ra adj. Flottant, e. — M. Flotteur. ‖ Bouée, *f.* (para nadar). ‖ AVIAC. Flotteur, nageoire, *f.* (de un hidroavión). ‖ *Flotador de alarma*, flotteur d'alarme.

flotadura f. o **flotamiento** m. (P. us.). Flottement, *m.*

flotante adj. Flottant, e. ‖ *Deuda, moneda, población flotante*, dette, monnaie, population flottante.

flotar v. intr. Flotter (en el agua o el aire, fluctuar) : *el corcho flota bien*, le liège flotte bien. — SINÓN. *Ondear, flamear*, ondoyer. *Revolotear*, voltiger, voleter.

flote m. Flottage (flotación). ‖ — *A flote*, à flot : *poner a flote*, mettre à flot. ‖ FIG. *Poner* ou *sacar a flote un negocio*, remettre une affaire à flot, renflouer une affaire. ‖ *Ponerse a flote*, se remettre à flot. ‖ *Salir a flote*, se tirer d'affaire, s'en tirer, s'en sortir.

flotilla f. Flottille.

flox m. Phlox (planta).

fluato m. (Ant.). Fluate (fluoruro).

fluctuación f. Fluctuation (de la renta, de los precios). ‖ FIG. Flottement, *m.*, hésitation.

fluctuante adj. Fluctuant, e (que fluctúa).

fluctuar v. intr. Fluctuer, flotter, se balancer (flotar). ‖ FIG. Fluctuer, hésiter (vacilar) : *fluctuar entre dos partidos*, hésiter entre deux partis. ‖ Varier, changer (oscilar). — SINÓN. *Oscilar*, osciller. *Vacilar*, vaciller. *Balancear*, balancer.

fluctuoso, sa adj. Fluctueux, euse.

fluente adj. Fluent, e (fluido). ‖ Filant, e (líquido que sale lentamente).

fluidez f. Fluidité. ‖ *Dar fluidez a*, rendre fluide.

fluidificar v. tr. Fluidifier. ‖ FIG. Rendre plus fluide (el tráfico).

fluídico, ca adj. Fluidifique.

fluido, da adj. ● Fluide. ‖ FIG. Fluide, coulant (un estilo). — M. Fluide : *fluido eléctrico, magnético*, fluide électrique, magnétique. — SINÓN. ● *Líquido*, liquide. *Gaseoso*, gazeux. *Vaporoso*, vaporeux.

fluir* v. intr. Couler, s'écouler. ‖ Filer (líquido) : *el vino fluye*, le vin file.

flujo m. Flux : *flujo de sangre, de palabras*, flux de sang, de paroles. ‖ Flux, flot (ascenso de la marea). ‖ — MED. *Flujo blanco*, fleurs o pertes blanches. ‖ *Flujo de vientre*, diarrhée. ‖ *Flujo magnético*, flux magnétique.

fluminense adj. y s. De Río de Janeiro.

flúor m. QUÍM. Fluor. ‖ *Espato flúor*, spath fluor.

fluoresceína f. QUÍM. Fluorescéine.

fluorescencia f. Fluorescence.

fluorescente adj. Fluorescent, e.

fluorhidrato m. QUÍM. Fluorhydrate.

fluorhídrico adj. QUÍM. Fluorhydrique.

fluorina f. MIN. Fluorine, spath fluor.

fluorita f. MIN. Fluorite.

fluoroscopio m. Fluoroscope.

fluoruro m. QUÍM. Fluorure.

fluvial adj. Fluvial, e : *navegación fluvial*, navigation fluviale. ‖ Fluviatile : *residuos fluviales*, dépôts fluviatiles.

fluvioglacial adj. GEOL. Fluvio-glaciaire.

fluviómetro m. Fluviomètre.

flux m. Flush (en el juego). ‖ *Amer.* Complet (traje). ‖ *Hacer flux*, manger toute sa fortune.

fluxión f. Fluxion.

fluyente adj. Fluent, e (fluido).

¡fo! interj. Pouah !

f. o. b., abrév. commerciale de *free on board*, franco à bord.

fobia f. Phobie.

foca f. ZOOL. Phoque, *m.* (anfibio).

focal adj. Fís. y GEOM. Focal, e : *distancia focal*, distance focale.

Focea n. pr. f. GEOGR. Phocée.

focense adj. y s. Phocidien, enne (de Fócida).

Fócida n. pr. f. GEOGR. Phocide.

foco m. Fís. y GEOM. Foyer. ‖ Projecteur (reflector). ‖ FIG. Centre, foyer : *el foco de la rebelión*, le foyer de la rébellion. | Foyer : *foco de infección*, foyer d'infection. ‖ MED. Siège (de una enfermedad). | *Amer.* Lampe, *f.* (bombilla). ‖ — FOT. *Fuera de foco*, hors du champ. | *Profundidad de foco*, profondeur de champ.

focomelia f. MED. Phocomélie.

fofadal m. *Amer.* Bourbier.

fofo, fa adj. Flasque, mou, molle.

fogaje m. Fouage (tributo antiguo). ‖ *Amer.* Canicule, *f.* (bochorno). | Éruption, *f.*

fogarada f. Flambée (llamarada).

fogata f. Flambée, feu, *m.* (hoguera). ‖ Feu (*m.*) de joie. ‖ TECN. Fougasse (barreno, mina). ‖ MAR. Fougue (ráfaga). ‖ *Fogata de San Juan*, feu de la Saint-Jean.

fogón m. Fourneau (de cocina). ‖ Foyer (hogar) : *apagar un fogón*, éteindre un foyer. ‖ Lumière, *f.* (de un arma de fuego). ‖ *Amer.* Feu, flambée, *f.* (fogata).

fogonadura f. MAR. Étambrai, *m.* ‖ *Amer.* Foyer, *m.* (hogar).

fogonazo m. Éclair (de un disparo). ‖ FOT. Flash (relámpago). ‖ FIG. Flash : *los fogonazos de la actualidad*, les flashes de l'actualité.

fogonero m. Chauffeur (de máquina de vapor).

fogosidad f. Fougue : *atacar con fogosidad*, attaquer avec fougue.

— SINÓN. *Ímpetu, impetuosidad*, impétuosité. *Viveza, vivacidad*, vivacité. *Vehemencia, ahínco*, véhémence. *Arrebato*, emportement. *Ardor*, ardeur, fougue.

fogoso, sa adj. Fougueux, euse : *temperamento, caballo fogoso*, tempérament, cheval fougueux.

— SINÓN. *Ardiente, ardoroso*, ardent. *Caluroso*, chaleureux. *Entusiasta*, enthousiaste. *Impulsivo*, impulsif. *Impetuoso*, impétueux. *Vehemente*, véhément. *Arrebatado*, emporté.

foguear v. tr. Nettoyer [une arme à feu] (en brûlant de la poudre). ‖ FIG. Aguerrir, habituer au feu (un ejército). | Former : *foguear a un principiante*, former un débutant. ‖ TAUROM. Mettre des banderilles de feu [au taureau]. ‖ VÉTER. Cautériser.

— V. pr. FIG. Se faire, se roder (fam.).

fogueo m. Nettoyage au feu. ‖ — *Cartucho de fogueo*, cartouche à blanc. ‖ — *Disparar con munición de fogueo*, tirer à blanc. ‖ *Tiro de fogueo*, tir à blanc.

foja f. Foulque (ave). ‖ DR. Folio, *m.* (hoja). ‖ *Amer.* Feuille [de papier].

fólade f. ZOOL. Pholade (molusco).

folgo m. Chancelière, *f.* (bolsa de pieles).

folía f. (Ant.). Folie. ‖ « Folía » [chant des îles Canaries].

foliáceo, a adj. BOT. Foliacé, e ; foliaire.

foliación f. Foliotage, *m.* (acción de foliar). ‖ BOT. Feuillaison (acción de echar hojas).

foliado, da adj. Folioté, e. ‖ BOT. Folié, e.

foliar adj. Foliaire.

foliar v. tr. Folioter (paginar).

foliatura f. Foliotage, *m.* (foliación).

folicular adj. Des follicules.

foliculario m. Folliculaire.

foliculitis f. MED. Folliculite.

folículo m. BOT. y ZOOL. Follicule.

folijones m. pl. Folies, *f.* [danse de la Vieille Castille].

folio m. Feuillet (de un libro). ‖ Folio (de un registro numerado). ‖ — *Folio atlántico*, format atlantique *o* in-plano. ‖ *Folio explicativo*, titre courant. ‖ *Folio vuelto*, folio verso. ‖ — *De a folio*, énorme, gigantesque. ‖ *En folio*, in-folio. ‖ *En folio mayor*, grand in-folio. ‖ *En folio menor*, petit in-folio.

foliolo m. Foliole, *f.*

folklore m. Folklore.

folklórico, ca adj. Folklorique : *baile folklórico*, danse folklorique.

folklorista m. Folkloriste.

folla f. TEATR. Pièce à tiroirs.

follada f. Feuilleté, *m.* (hojaldre).

follaje m. ● Feuillage : *el follaje de un árbol*, le feuillage d'un arbre. ‖ ARQ. Rinceau. ‖ FIG. Falbala (adorno). | Digression, *f.*, verbiage (palabrería).

— SINÓN. ● *Hojas*, feuilles. *Hojarasca*, feuilles mortes, ramage. *Fronda, frondosidad*, frondaison.

follar* v. tr. Souffler (con un fuelle).

— V. pr. POP. Vesser.

folletín m. Feuilleton.

folletinesco adj. De feuilleton.

folletinista m. Feuilletoniste.

folletista m. Auteur de brochures.

folleto m. Brochure, *f.*, notice, *f.* : *folleto turístico*, brochure touristique ; *folleto explicativo*, notice explicative.

— SINÓN. *Opúsculo*, opuscule. *Librillo*, livret. *Cuaderno*, cahier.

follón, ona adj. y s. (P. us.). Fainéant, e (vago). ‖ Bravache (arrogante). ‖ Poltron, onne (cobarde). ‖ — M. Fusée (*f.*) qui fait long feu (cohete). ‖ FAM. Micmac, salade, *f.* (lío) : ¡*menudo follón!*, quelle salade ! | Pagaïe, *f.*, pagaille, *f.*, micmac (desorden). | Histoire, *f.* : *estar metido en un follón*, être mêlé à une histoire ; *se ha formado un follón*, ça a fait toute une histoire. | Chahut, remue-ménage, potin (alboroto) : *armar un follón*, faire du chahut. ‖ POP. Vesse, *f.* (ventosidad). ‖ FAM. *Ser un follón*, être barbant *o* rasoir (pesado).

fomentación f. MED. Fomentation.

fomentador, ra adj. y s. Fomentateur, trice.

fomentar v. tr. Chauffer doucement (calentar suavemente). ‖ FIG. Fomenter (excitar) : *fomentar rebeliones*, fomenter des séditions. | Encourager, favoriser : *fomentar el comercio*, encourager le commerce. ‖ MED. Fomenter.

fomento m. Chaleur, *f.* (calor). ‖ FIG. Aide, *f.*, encouragement : *sociedades de fomento*, sociétés d'encouragement ; *fomento de la producción*, encouragement à la production. | Promotion, *f.* : *el fomento de las ventas*, la promotion des ventes. | Développement (desarrollo). ‖ MED. Enveloppement, fomentation, *f.* ‖ — *Banco de Fomento*, Banque de développement. ‖ *Ministerio de Fomento* (ant.), ministère des Travaux publics. ‖ *El Gobierno lucha para el fomento de las exportaciones*, le gouvernement lutte pour encourager *o* favoriser les exportations.

fon m. Phone (unidad de potencia sonora).

fonación f. Phonation.

fonda f. Pension, hôtel (*m.*) modeste. ‖ Buffet, *m.* (en las estaciones).

fondeadero m. MAR. Mouillage.

fondeado, da adj. *Amer.* Riche (rico).

fondear v. tr. Sonder (el fondo del agua). ‖ Visiter, fouiller (registrar una embarcación). ‖ FIG. Examiner, sonder (personas). | Examiner, approfondir (cosas).

— V. intr. MAR. Mouiller, mouiller l'ancre, donner fond (p. us.).

— V. pr. *Amer.* S'enrichir.

fondeo m. MAR. Visite, *f.* (del cargamento de un barco). | Mouillage (acción de fondear).

fondero m. *Amer.* Restaurateur (fondista).

fondillo m. DR. Caisse (*f.*) noire (dinero). ‖ — Pl. Fond (*sing.*) de culotte.

fondista m. Restaurateur (dueño de fonda). ‖ Hôtelier (de hotel). ‖ Nageur *o* coureur de fond.

fondo m. Fond : *el fondo del mar, de un vaso, de una habitación, de un cuadro,* le fond de la mer, d'un verre, d'une pièce, d'un tableau. ‖ Fonds (catálogo de una biblioteca o editorial). ‖ Profondeur, *f.* (hondura). ‖ Fonds : *Fondo Monetario Internacional,* Fonds monétaire international. ‖ FIG. Fonds (de erudición, virtud, etc.) : *esta chica tiene buen fondo,* cette jeune fille a un bon fonds. ‖ Fond (lo principal, lo último) : *la forma y el fondo,* la forme et le fond ; *el fondo de un problema,* le fond d'un problème. ‖ Résistance, *f.,* endurance, *f* : *este niño no tiene fondo alguno,* cet enfant n'a aucune résistance. ‖ Fente, *f.* (en esgrima). ‖ Fonçailles, *f. pl.* (de un tonel). ‖ — Pl. COM. Fonds : *fondos públicos,* fonds publics. ‖ — *Fondo de operaciones* ou *de rotación,* fonds de roulement. ‖ *Fondo perdido,* fonds perdus. ‖ *Fondos disponibles,* disponibilités. ‖ — *Artículo de fondo,* article de fond, éditorial. ‖ *Bajos fondos,* bas-fonds. ‖ *Cheque sin fondos,* chèque sans provision. ‖ *Corredor de fondo,* coureur de fond. ‖ MAR. *Doble fondo,* ballast. ‖ *El fondo,* le fin fond (de un asunto). ‖ *Limpieza a fondo,* nettoyage en grand *o* à fond. ‖ *Maquillaje de fondo,* fond de teint. ‖ *Mar de fondo,* lame de fond. ‖ — *A fondo,* à fond. ‖ *De cuatro en fondo,* en colonne par quatre. ‖ *En el fondo,* au fond, dans le fond. ‖ — MAR. *Dar fondo,* donner fond (p. us.), mouiller. ‖ *Echar a fondo,* couler. ‖ *Estar en fondos,* être en fonds. ‖ *Irse a fondo,* couler, sombrer (barco). ‖ *Tirarse a fondo,* se fendre (esgrimidor). ‖ *Tocar fondo,* toucher le fond.
— OBSERV. *Fond* no lleva *s* cuando significa lo más profundo y, en sentido figurado, lo principal y esencial ; *fonds* con *s* designa el conjunto de bienes físicos o intelectuales y morales de una persona.

fondón, ona adj. FAM. Bien assis, e.

fonducho m. Gargote, *f.*

fonema m. Phonème.

fonendoscopio m. Phonendoscope.

fonético, ca adj. y s. f. Phonétique.

fonetismo m. Phonétisme.

fonetista m. y f. Phonéticien, enne.

fonía f. Phonie.

foniatra m. Phoniatre.

foniatría f. Phoniatrie.

fónico, ca adj. Phonique.

fonio o **fono** m. Phone (unidad de sonoridad).

fonocaptor m. TECN. Pick-up.

fonocontrol m. Phonocontrôle (aparato).

fonogénico, ca adj. Phonogénique.

fonografía f. Phonographie.

fonográfico, ca adj. Phonographique.

fonógrafo m. Phonographe.

fonograma m. Phonogramme.

fonolita f. MIN. Phonolite, phonolithe (roca).

fonolítico, ca adj. GEOL. Phonolitique.

fonolocalización f. Repérage (*m.*) par le son.

fonología f. Phonologie.

fonometría f. Phonométrie.

fonómetro m. Phonomètre.

fonoteca f. Phonothèque.

fonsadera f. o **fonsado** m. Ancien tribut, *m.*

fontana f. POÉT. Source, fontaine.

fontanal adj. Relatif aux fontaines.

fontanal o **fontanar** m. Source, *f.* (manantial).

fontanela f. ANAT. Fontanelle.

fontanería f. Plomberie.

fontanero m. Plombier (obrero). ‖ Fontainier (empleado municipal).

fontículo m. MED. Exutoire.

foque m. MAR. Foc.

forajido, da adj. y s. Hors-la-loi, *inv.*

foral adj. Relatif aux « fueros » (privilegios).

foralmente adv. Conformément aux « fueros » (privilèges).

foramen m. (Ant.). Trou.

foraminado, da adj. ZOOL. Foraminé, e.

foraminíferos m. pl. ZOOL. Foraminifères.

foráneo, a adj. Forain, e [vx] (forastero).

forastero, ra adj. y s. Étranger, ère.
— OBSERV. *Forastero* s'applique à la personne étrangère à la ville ou à la région dont il est question. *Étranger à un pays* se dit *extranjero.*

forcejar o **forcejear** v. intr. Faire de grands efforts (esforzarse), se démener (afanarse). ‖ Résister. ‖ Lutter.

forcejeo m. Effort (esfuerzo). ‖ Lutte, *f.*

forcejón m. Effort violent.

forcejudo, da adj. Qui déploie beaucoup de force.

fórceps m. MED. Forceps.

forcipresión f. MED. Forcipressure.

forense adj. Relatif au tribunal. ‖ Légiste : *médico forense,* médecin légiste.
— M. Médecin légiste.

forero, ra adj. Relatif à un privilège.
— M. Bailleur (el que da a foro). ‖ Emphytéote (el que paga foro).

forestación f. *Amer.* Reboisement, *m.*

forestal adj. Forestier, ère : *guarda forestal,* garde forestier. ‖ — *Patrimonio forestal del Estado,* forêt domaniale. ‖ *Repoblación forestal,* reboisement.

forfícula f. ZOOL. Forficule (tijereta).

forillo m. TEATR. Fond de décor.

forja f. Forge [d'orfèvre]. ‖ Forgeage (acción de forjar). ‖ Mortier, *m.* (argamasa).

forjable adj. Forgeable.

forjador m. Forgeur.

forjadura f. o **forjamiento** m. Forgeage, *m.*

forjar v. tr. Forger.
— V. pr. Se forger, se faire : *se ha forjado una buena reputación,* il s'est forgé une bonne réputation. ‖ *Forjarse ilusiones,* se forger *o* se faire des illusions.

forma f. ● Forme. ‖ Forme (modo de proceder) : *obrar con buenas formas,* agir dans les formes. ‖ Moyen, *m.* : *no hay forma de hacerle entrar en razón,* il n'y a pas moyen de lui faire entendre raison. ‖ DR. Forme : *vicio de forma,* vice de forme. ‖ IMPR. Forme (molde). | Format (formato). ‖ RELIG. Forme. | Hostie (hostia). ‖ — *De forma que,* de telle sorte que, de sorte que. ‖ *De ninguna forma,* en aucune façon. ‖ *De todas formas,* de toute façon. ‖ *De una forma u otra,* d'une façon ou d'une autre. ‖ *En debida forma,* en bonne forme, en bonne et due forme, en règle. ‖ *En forma,* en forme. ‖ *En forma de,* sous forme de. ‖ — *Dar forma,* donner une forme, façonner. ‖ *Estar en gran forma,* être en pleine forme. ‖ *Guardar las formas,* y mettre les formes, garder les formes.
— SINÓN. ● *Figura,* figure. *Aspecto,* aspect. *Configuración,* configuration. *Estructura,* structure. *Conformación,* conformation. *Apariencia,* apparence. *Modelo,* modèle.

formación f. Formation : *formación profesional,* formation professionnelle. ‖ MIL. Formation : *en formación de a tres,* en formation par trois. | Rassemblement, *m.* ‖ TECN. Formage, *m.* ‖ MIL. *Formación abierta,* ordre dispersé.

formador, ra adj. y s. Formateur, trice.

formal adj. Formel, elle : *lógica formal,* logique formelle ; *orden formal,* ordre formel. ‖ FIG. Sérieux, euse ; bien, comme il faut : *persona formal, chica formal ;* personne sérieuse, fille bien. | Dans les règles (con todos los requisitos).

formaldehído m. QUÍM. Formaldéhyde.

formalidad f. Formalité (requisito). ‖ Fig. Sérieux, m. (seriedad) : *chica de mucha formalidad*, fille très sérieuse.

formalina f. Quím. Formaline.

formalismo m. Formalisme.

formalista adj. y s. Formaliste.

formalizar v. tr. Achever, terminer (acabar). ‖ Légaliser : *formalizar un expediente*, légaliser un dossier. ‖ Régulariser : *formalizar una situación*, régulariser une situation. ‖ Concrétiser (concretar). ‖ Signer (firmar).
— V. pr. (P. us.). Se formaliser (incomodarse).

formalote adj. Tout à fait sérieux, euse ; très comme il faut.

formar v. tr. Former. ‖ Fig. Former, façonner (educar) : *formar a los jóvenes*, former les jeunes. ‖ ● Composer, constituer : *las ocho provincias que forman Andalucía*, les huit provinces qui constituent l'Andalousie. ‖ Faire : *el río forma un recodo*, la rivière fait un coude ; *formar un escándalo*, faire un scandale. ‖ Mil. Rassembler. ‖ — *Formar filas*, former les rangs (los militares), se mettre en rang (personas). ‖ *Formar parte de*, faire partie de.
— V. intr. Mil. Se ranger, former les rangs : *el escuadrón formó en el patio del cuartel*, l'escadron forma les rangs dans la cour de la caserne. ‖ — Mil. *¡A formar!*, rassemblement ! ‖ *Una mujer bien formada*, une femme bien faite.
— V. pr. Se former, se faire : *su estilo se está formando*, son style se forme. ‖ Se faire : *formarse una idea*, se faire une idée. ‖ *¡Menudo lío se formó!*, ç'a été la pagaille !
— Sinón. ● *Constituir*, constituer. *Componer*, composer. *Modelar*, modeler. *Integrar*, intégrer. *Formar parte*, faire partie.

formativo, va adj. Formatif, ive.

formato m. Format (tamaño) : *formato apaisado*, *vertical*, format en largeur, en hauteur.
— Observ. *Formato* n'est plus considéré par l'Académie comme un gallicisme.

formatriz adj. f. Formatrice.

formero m. Arq. Formeret (arco).

formiato m. Quím. Formiate.

formicación f. Formication (hormigueo).

formicante adj. Med. Formicant, e (pulso).

fórmico adj. m. Quím. Formique : *aldehído fórmico*, aldéhyde formique.

formidable adj. Formidable.

formol m. Quím. Formol.

formón m. Tecn. Ciseau à bois (herramienta).

Formosa n. pr. f. Geogr. Formose.

fórmula f. Formule : *fórmula de cortesía*, formule de politesse. ‖ Ordonnance, formule (receta). ‖ Mat. y Quím. Formule. ‖ — *Fórmula dentaria*, formule dentaire. ‖ *Por fórmula*, pour la forme.

formulación f. Formulation.

formular v. tr. Formuler : *las críticas formuladas contra él*, les critiques formulées contre lui. ‖ Former : *formular votos por*, former des vœux pour.
— V. intr. Quím. Mettre un corps en formule.

formulario m. Formulaire.

formulismo m. Formalisme.

formulista adj. y s. Formaliste.

fornicación f. Fornication.

fornicador, ra m. y f. Fornicateur, trice.

fornicar v. intr. Forniquer.

fornido, da adj. Robuste, costaud (fam.).

fornitura f. Impr. Fourniture. ‖ Mil. Fourniment, m. (correaje del soldado).

foro m. Forum. ‖ Barreau (abogacía) : *elocuencia del foro*, éloquence du barreau. ‖ Tribunal. ‖ Teatr. Fond : *telón de foro*, toile de fond. ‖ *Hablar al foro*, parler à la cantonnade.

forofo, fa m. y f. Fam. Supporter, m., fan.

forraje m. Fourrage : *forraje verde, mixto*, fourrage vert, mixte. ‖ Fig. y Fam. Fatras (fárrago). ‖ — *Campo de forraje*, fourragère (prado). ‖ *Carro de forraje*, fourragère (para transportar).

forrajeador m. Mil. Fourrageur.

forrajear v. tr. Fourrager. ‖ Mil. Aller au fourrage.

forrajera adj. f. Fourragère (planta).
— F. Mil. Fourragère.

forrar v. tr. Doubler (poner un forro) : *forrar de ou con seda*, doubler de soie. ‖ Tecn. Gainer (un cable). ‖ Fourrer (con pieles). ‖ Recouvrir (un sillón, etc.). ‖ Couvrir (un libro). ‖ Border, doubler (un barco). ‖ *Estar forrado de oro* ou *estar bien forrado*, être cousu d'or, rouler sur l'or, être plein aux as (pop.).
— V. pr. Fam. *Amer.* S'empiffrer, se gaver (comer mucho). ‖ Mettre du foin dans ses bottes (enriquecerse).

forro m. Doublure, f. (de un vestido). ‖ Garniture, f. : *forros de freno*, garnitures de frein. ‖ Housse, f. : *el forro de una butaca*, la housse d'un fauteuil. ‖ Couverture, f. (de un libro). ‖ Mar. Bordé : *forro de cubierta, exterior*, bordé de pont, de carène. ‖ — Mar. *Forro de bodega*, vaigrage. ‖ *Forro de cuaderno*, protège-cahier. ‖ Fam. *Ni por el forro*, pas le moins du monde. ‖ *No conocer latín ni por el forro*, ne pas connaître un traître mot de latin.

fortachón, ona adj. Fam. Costaud, fortiche.

fortalecedor, ra adj. Fortifiant, e.

fortalecer* v. tr. Fortifier (robustecer).

fortalecimiento m. Fortification, f. (refuerzo). ‖ Fig. Affermissement, renforcement, raffermissement : *el fortalecimiento de la economía*, le renforcement de l'économie.

fortaleza f. Force (vigor, energía). ‖ ● Forteresse (plaza fuerte). ‖ Aviac. *Fortaleza volante*, forteresse volante.
— Sinón. ● *Castillo*, château fort. *Ciudadela*, citadelle. *Fortín*, fortin. *Fuerte*, fort. *Plaza fuerte*, place forte.

forte adv. Mús. Forte. ‖ Mar. Stop.

fortepiano adv. y s. m. Mús. Forte-piano.

fortificación f. Fortification.
— Sinón. *Blocao*, blockhaus. *Reducto*, redoute. *Trinchera*, tranchée. *Casamata*, casemate. *Baluarte*, *bastión*, bastion. *Muralla*, rempart.

fortificante adj. y s. m. Fortifiant, e.

fortificar v. tr. Fortifier (ciudad, salud). ‖ *Plaza fortificada*, place forte.
— V. pr. Se fortifier.

fortín m. Mil. Fortin.

fortiori (a) loc. adv. À fortiori.

fortísimo, ma adj. Très fort, e ; très robuste.
— Adv. y s. m. Mús. Fortissimo.

fortuito, ta adj. Fortuit, e.

fortuna f. Fortune. ‖ Chance (buena suerte) : *tener fortuna en una empresa*, avoir de la chance dans une entreprise. ‖ — *La rueda de la fortuna*, la roue de la fortune. ‖ *Por fortuna*, heureusement (por suerte). ‖ — Mar. *Correr fortuna*, essuyer une bourrasque. ‖ *Hacer fortuna*, faire fortune. ‖ *Probar fortuna*, tenter fortune, tenter sa chance.

Fortunato n. pr. m. Fortunat.

fortunón m. Fam. Grosse fortune, f.

fortunoso, sa adj. (Ant.). Orageux, euse (borrascoso). ‖ *Amer.* Fortuné, e. ‖ Heureux, euse.

forúnculo m. Med. Furoncle.

forzadamente adv. Forcément.

forzado, da adj. Forcé, e ; contraint, e : *sonrisa forzada*, sourire forcé. ‖ Tiré par les cheveux : *un chiste forzado*, une plaisanterie tirée par les cheveux. ‖ — *A marcha forzada*, à marche forcée. ‖ *Trabajos forzados*, travaux forcés.
— M. Forçat (galeote).
— Observ. Ne pas confondre avec *forzoso*, inévitable.

forzal m. Dos (canto de un peine).
forzamiento m. Forcement (acción de forzar). ‖ Crochetage (de una cerradura).
forzar* v. tr. Forcer : *forzar una puerta, un castillo, una caja de caudales,* forcer une porte, un château, un coffre-fort. ‖ Crocheter (una cerradura). ‖ Forcer, obliger : *le forzó a que saliera,* il le força à sortir. ‖ Violer (a una mujer). ‖ — *Forzar el paso,* forcer le pas. ‖ *Forzar la mano,* forcer la main.
— V. pr. Se forcer.
forzosa f. Coup (*m.*) au jeu de dames.
forzosamente adv. Forcément.
forzoso, sa adj. Forcé, e, inévitable : *consecuencia forzosa,* conséquence inévitable. ‖ — *Forzoso es reconocer,* force est de reconnaître, il faut bien reconnaître. ‖ *Heredero forzoso,* héritier réservataire. ‖ *Trabajos forzosos,* travaux forcés.
— Observ. Ne pas confondre avec *forzado.*
forzudamente adv. Fortement.
forzudo, da adj. Fort, e ; vigoureux, euse ; costaud (pop.) [fuerte].
— M. Costaud.
fosa f. Fosse : *fosa común,* fosse commune. ‖ Anat. Fosse : *fosas nasales,* fosses nasales. ‖ — *Fosa séptica,* fosse septique. ‖ *Fosa submarina,* fosse. ‖ Equit. *Fosas supraorbitarias,* salières (del caballo).
fosar v. tr. Creuser un fossé.
fosca f. Brouillard, *m.* (calina).
fosco, ca adj. Rébarbatif, ive (hosco).
fosfatado, da adj. Quím. Phosphaté, e.
— M. Phosphatage.
fosfatar v. tr. Quím. Phosphater.
fosfático, ca adj. Quím. Phosphatique.
fosfato m. Quím. Phosphate : *fosfato tricálcico,* phosphate tricalcique.
fosfaturia f. Med. Phosphaturie.
fosfeno m. Phosphène.
fosfinas f. pl. Quím. Phosphines.
fosfito m. Quím. Phosphite.
fosforado, da adj. Phosphoré, e.
fosforecer* o **fosforescer*** v. intr. Être phosphorescent, e.
fosforera f. Boîte d'allumettes. ‖ Fabrique d'allumettes. ‖ Poche pour les allumettes (cerillera).
fosforero, ra adj. y s. Allumettier, ère : *industria fosforera,* industrie allumettière.
fosforescencia f. Phosphorescence.
fosforescente adj. Phosphorescent, e.
fosfórico, ca adj. Quím. Phosphorique.
fosforismo m. Phosphorisme (enfermedad).
fosforita f. Min. Phosphorite.
fosforización f. Phosphorisation.
fósforo m. Quím. Phosphore : *proyectil de fósforo,* projectile au phosphore. ‖ Allumette, *f.* (cerilla). ‖ *Amer.* Amorce, *f.* (pistón).
fosforoscopio m. Phosphoroscope.
fosforoso, sa adj. Phosphoreux, euse.
fosfuro m. Quím. Phosphure.
fosgeno m. Quím. Phosgène.
fósil adj. y s. m. Fossile. ‖ Fig. y Fam. *Es un viejo fósil,* c'est un vieux fossile.
fosilífero, ra adj. Fossilifère.
fosilización f. Fossilisation.
fosilizado, da adj. Fossilisé, e.
fosilizarse v. pr. Se fossiliser.
foso m. Fosse, *f.* (hoyo). ‖ Fossé (de fortaleza). ‖ Fosse, *f.* (en los garajes, en los depósitos de locomotoras). ‖ Dep. Fosse, *f.* (salto). ‖ Teatr. Dessous (del escenario). ‖ Agric. Fossé, tranchée, *f.* (zanja). ‖ Tecn. *Foso de colada,* fosse de coulée.
foto f. Photo : *sacar fotos,* faire o prendre des photos. ‖ Fís. Phot, *m.* (unidad de iluminancia). ‖ *Foto robot,* photo-robot.
fotocalco m. Photocalque.

fotoconductor, ra adj. Photoconducteur, trice.
fotocopia f. Photocopie.
fotocopiadora f. Machine à photocopier.
fotocopiar v. tr. Photocopier.
fotocromía f. Photochromie.
fotoelasticidad f. Photo-élasticité.
fotoelasticimetría f. Photo-élasticimétrie.
fotoelectricidad f. Photo-électricité, photoélectricité.
fotoeléctrico, ca adj. Photo-électrique : *célula fotoeléctrica,* cellule photo-électrique.
fotoelectrón m. Photo-électron, photoélectron.
fotoescultura f. Photosculpture.
fotofobia f. Med. Photophobie.
fotófobo, ba adj. y s. Med. Photophobe.
fotófono m. Fís. Photophone.
fotoforesis f. Fís. Photophorèse.
fotóforo m. Photophore.
fotogenia f. Photogénie.
fotogénico, ca adj. Photogénique.
fotógeno, na adj. Photogène.
fotograbado m. Photogravure, *f.*
fotograbador m. Photograveur.
fotograbar v. tr. Photograver.
fotografía f. Photographie : *sacar una fotografía,* prendre o faire une photographie. ‖ *Sacarse una fotografía,* se faire photographier.
fotografiar v. tr. Photographier. ‖ *Máquina de fotografiar,* appareil photographique.
fotográfico, ca adj. Photographique : *máquina fotográfica,* appareil photographique.
fotógrafo, fa m. y f. Photographe.
fotograma m. Photogramme.
fotogrametría f. Photogrammétrie.
fotolitografía f. Photolithographie.
fotolitografiar v. tr. Photolithographier.
fotolitográfico, ca adj. Photolithographique.
fotoluminescencia f. Photoluminescence.
fotomecánico, ca adj. Photomécanique.
fotometría f. Photométrie.
fotométrico, ca adj. Photométrique.
fotómetro m. Photomètre.
fotomicrografía f. Photomicrographie.
fotomontaje m. Photomontage.
fotón m. Fís. Photon.
fotoperiodismo m. Bot. Photopériodisme.
fotopila f. Photopile.
fotoquímica f. Photochimie.
fotoquímico, ca adj. Photochimique.
fotosensible adj. Photosensible.
fotoseriador m. Med. Appareil radiophotographique.
fotosfera f. Astr. Photosphère.
fotosíntesis f. Photosynthèse.
fotosintético, ca adj. Photosynthétique.
fotostato m. Photostat.
fototactismo m. Phototactisme.
fototeca f. Photothèque.
fototelégrafo m. Phototélégraphe.
fototerapia f. Med. Photothérapie.
fototipia f. Impr. Phototypie.
fototipo m. Phototype.
fototipografía f. Impr. Phototypographie.
fototropismo m. Bot. Phototropisme.
fox-terrier m. Fox-terrier (perro raposero).
fox trot m. Fox-trot (danza).
foyer m. Teatr. Foyer (vestíbulo).
frac m. Frac, habit (prenda de vestir). ‖ *Ponerse de frac,* se mettre en habit.
— Observ. Pl. *fraques* ou *fracs.*
fracasado, da m. y f. Raté, e. ‖ *Candidato fracasado,* candidat malheureux (en unas elecciones).
fracasar v. intr. ● Échouer (no conseguir lo intentado). ‖ Manquer, rater : *un asunto fracasado,* une affaire manquée.
— Sinón. ● *Abortar,* avorter. *Fallar,* rater. *Malograrse,* ne pas réussir. *Frustrarse,* échouer. *Estrellarse,* se buter.

fracaso m. ● Échec : *sufrir un fracaso,* essuyer un échec. ‖ FIG. y FAM. Four (fiasco). ‖ *Ir a un fracaso,* courir à un échec.
— SINÓN. ● *Desgracia,* malheur. *Revés,* revers. *Malogro,* insuccès. *Fiasco,* fiasco. *Decepción,* déception.

fracción f. Fraction : *la fracción del pan,* la fraction du pain. ‖ Fraction, partie (parte). ‖ MAT. Fraction : *fracción decimal,* fraction décimale.

fraccionamiento m. Fractionnement.

fraccionar v. tr. Fractionner.

fraccionario, ria adj. MAT. Fractionnaire. ‖ *Se ruega moneda fraccionaria,* on est prié de faire l'appoint.

fractura f. Fracture (rotura). ‖ — MED. *Fractura abierta, en tallo verde,* fracture ouverte, en bois vert. ‖ *Robo con fractura,* vol avec effraction.

fracturar v. tr. Fracturer : *fracturar el cráneo,* fracturer le crâne.
— V. pr. Se fracturer.

fraga f. Terrain (m.) rocailleux et embroussaillé, hallier, m. (breñal). ‖ BOT. Framboisier, m. (frambueso).

fragancia f. Parfum, m., bonne odeur, fragrance (p. us.). ‖ *El aire está lleno de fragancias,* l'air embaume.

fragante adj. Parfumé, e (que huele bien). ‖ *En fragante,* en flagrant délit (en flagrante).

fraganti (in) adv. En flagrant délit.

fragata f. MAR. Frégate (buque) : *capitán de fragata,* capitaine de frégate. ‖ Frégate (ave).

frágil adj. Fragile. ‖ FIG. Fragile, faible (débil) : *el hombre es frágil ante la tentación,* l'homme est faible devant la tentation.

fragilidad f. Fragilité.

fragmentación f. Fragmentation. ‖ Morcellement : *la fragmentación de la propiedad,* le morcellement de la propriété.

fragmentar v. tr. Fragmenter. ‖ Morceler (la propiedad).

fragmentario, ria adj. Fragmentaire.

fragmento m. Fragment (trozo). ‖ Fragment, passage : *fragmento de un discurso,* passage d'un discours. ‖ — Pl. FIG. Bribes, f. (de una conversación).

fragón m. BOT. Fragon, petit houx.

fragor m. Fracas, grondement, roulement (ruido) : *el fragor del trueno,* le fracas du tonnerre.

fragoroso, sa adj. Bruyant, e (ruidoso).

fragosidad f. Épaisseur : *la fragosidad de una selva,* l'épaisseur d'une forêt. ‖ Hallier, m., fourré, m. (bosque espeso).

fragoso, sa adj. Accidenté, e (quebrado). ‖ Bruyant, e (ruidoso).

fragua f. Forge.

fraguado m. Prise, f. (del cemento).

fraguador, ra adj. y s. FIG. Faiseur, euse : *un fraguador de enredos,* un faiseur d'intrigues.

fraguar v. tr. Forger (el hierro). ‖ FIG. Forger, fabriquer : *fraguar mentiras,* fabriquer des mensonges. ‖ Se forger : *fraguar quimeras,* se forger des chimères.
— V. intr. Prendre (el cemento).

fraile m. Moine, religieux, frère. ‖ IMPR. Moine, feinte, f. (parte mal impresa). ‖ — FAM. *Fraile de misa y olla,* moine ignorant. ‖ *Meterse a fraile,* prendre le froc.

frailear v. tr. Étêter (podar la copa del árbol).

frailecico o **frailecillo** m. Macareux (ave). ‖ FAM. Moinillon (fraile).

frailengo, ga o **fraileño, ña** adj. FAM. Monacal, e (frailesco).

frailería f. FAM. Moinerie.

frailero, ra o **frailesco, ca** adj. FAM. Monacal, e.

frailezuelo m. FAM. Moinillon.

frailía f. État (m.) monacal.

frailillos m. pl. BOT. Gouet, sing. (aro).

frailuco m. Frocard.

frailuno, na adj. FAM. Monacal, e.

framboyán m. BOT. Flamboyant [arbre].

frambuesa f. BOT. Framboise.

frambueso m. BOT. Framboisier.

frámea f. Framée (arma de los francos).

francachela f. FAM. Noce, bombance, bringue. ‖ *Estar de francachela,* faire bombance, faire la noce, se taper la cloche, faire ripaille.

francés, esa adj. y s. Français, e. ‖ — *A la francesa,* à la française. ‖ *De habla francesa,* francophone. ‖ FAM. *Despedirse a la francesa,* filer à l'anglaise. ‖ *Tortilla a la francesa,* omelette nature.
— M. Français : *hablar francés,* parler français.

francesada f. HIST. L'invasion napoléonienne en Espagne. ‖ FAM. Chose propre aux Français.

francesilla f. BOT. Renoncule, bouton d'or, m. (planta). ‖ Damas (m.) de Tours (variedad de ciruela). ‖ Baguette (de pan).

Francia n. pr. f. GEOGR. France.

francio m. Francium (metal).

francisca f. Francisque (segur).

franciscano, na o **francisco, ca** adj. y s. Franciscain, e.

Francisco, ca n. pr. m. y f. François, Françoise.

francmasón m. Franc-maçon (masón).

francmasonería f. Franc-maçonnerie (masonería).

francmasónico, ca adj. Franc-maçonnique (masónico).

franco, ca adj. ● Franc, franche : *mirada franca,* regard franc ; *franco con* ou *para todos,* franc avec tout le monde. ‖ Ouvert, e ; franc, che : *cara franca,* visage ouvert. ‖ Franc, che (puerto). ‖ Exempt, e (exento) : *franco de todo gasto,* exempt de tous frais. ‖ — *Franco de servicio,* libre de service. ‖ *Tener mesa franca,* tenir table ouverte. ‖ *Juez franco,* franc-juge (en Alemania).
‖ — Adj. y s. HIST. Franc, franque. ‖ Franco (prefijo que significa *francés*) : *franco-belga,* franco-belge.
— M. Franc (unidad monetaria). ‖ Francien (lengua romance de la Isla de Francia).
— Adv. Franco (sin gastos). ‖ — *Franco a bordo,* franco de bord. ‖ *Franco de porte y embalaje,* franco de port et d'emballage.
— SINÓN. ● *Sincero,* sincère. *Cordial,* cordial. *Abierto,* ouvert. *Familiar,* familier. *Campechano,* sans-façons. *Llano, sencillo,* simple.

Franco Condado n. pr. m. GEOGR. Franche-Comté. f. ‖ *Del Franco Condado,* franc-comtois, e.

francoespañol, la adj. y s. Franco-espagnol, e.

francófilo, la adj. y s. Francophile.

francófobo, ba adj. y s. Francophobe.

francofonía f. Francophonie.

francófono, na adj. y s. Francophone.

francolín m. Francolin (ave).

Franconia n. pr. f. GEOGR. Franconie.

francote, ta adj. FAM. Très franc, très franche, qui va droit au fait.

francotirador m. Franc-tireur.

franchipán f. Frangipane (perfume).

franchute m. FAM. Français, e (despectivo).

franela f. Flanelle.

frangollar v. tr. FIG. y FAM. Bâcler (hacer de prisa) : *frangollar su trabajo,* bâcler son travail.

frangollo m. Blé cuit (trigo cocido). ‖ FIG. y FAM. Bâclage. ‖ *Amer.* Ratatouille, f. (guiso mal hecho). ‖ Maïs concassé (maíz).

frangollón, ona adj. y s. Bâcleur, euse.

franja f. Frange. ‖ *Franja de cadeneta,* torsade (para un tapiz).

franjar o **franjear** v. tr. Franger.

franqueable adj. Franchissable.

franqueadora adj. f. *Máquina franqueadora*, machine à affranchir.
franqueamiento m. Affranchissement (franqueo). ‖ Franchissement (paso).
franquear v. tr. Affranchir, exempter (eximir). ‖ Accorder (conceder). ‖ Dégager (desembarazar) : *franquear el paso*, dégager le passage. ‖ Ouvrir : *franquearle la puerta a uno*, ouvrir la porte à quelqu'un. ‖ Franchir (salvar) : *franquear un obstáculo*, franchir un obstacle. ‖ Affranchir (una carta). ‖ Affranchir (un esclavo). ‖ *Máquina de franquear*, machine à affranchir.
— V. pr. S'ouvrir, parler à cœur ouvert, parler franchement : *franquearse con alguien*, s'ouvrir à quelqu'un, parler à cœur ouvert avec quelqu'un.
franqueo m. Affranchissement. ‖ *Franqueo concertado*, dispensé du timbrage.
franqueza f. ● Franchise, sincérité : *dispense mi franqueza*, pardonnez ma franchise. ‖ Franc-parler, *m.* (al hablar). ‖ *Con toda franqueza*, en toute franchise.
— SINÓN. ● *Veracidad*, véracité. *Sinceridad*, sincérité. *Campechanía*, bonhomie.
franquía (en) loc. adv. MAR. En partance.
franquicia f. Franchise (exención) : *franquicia postal, aduanera*, franchise postale, douanière. ‖ *Franquicia de derechos arancelarios*, exemption de droits de douane.
franquista adj. y s. Franquiste.
fraque m. Frac.
frasco m. Flacon (botellita) : *frasco de perfume*, flacon de parfum. ‖ Poire (*f.*) à poudre (para la pólvora). ‖ FAM. *¡Toma del frasco!*, ça c'est envoyé !
Frasco o **Frascuelo** n. pr. m. François.
frase f. Phrase. ‖ — *Frase hecha* ou *acuñada* ou *estereotipada*, phrase o expression toute faite o consacrée. ‖ *Frase proverbial*, locution proverbiale. ‖ *Frase sacramental*, formule sacramentelle. ‖ FAM. *Gastar frases*, faire des phrases.
frasear v. tr. Phraser.
fraseología f. Phraséologie.
fraseológico, ca adj. Phraséologique.
frasquera f. Coffret (*m.*) à flacons (para transportar frascos). ‖ Cave à liqueurs (licorera).
frasqueta f. IMPR. Frisquette.
frasquete m. Fiole, *f.* (frasco pequeño).
Frasquita n. pr. f. FAM. Fanchon.
fratás m. Truelle (*f.*) brettée (palustre).
fraterna f. Savon, *m.*, semonce, réprimande.
fraternal adj. Fraternel, elle.
fraternidad f. Fraternité (hermandad).
fraternización f. Fraternisation.
fraternizar v. intr. Fraterniser.
fraterno, na adj. Fraternel, elle.
fratría f. HIST. Phratrie.
fratricida adj. y s. Fratricide (persona).
fratricidio m. Fratricide (acto).
fraude m. o **fraudulencia** f. Fraude, *f.* : *ha habido un fraude en los exámenes*, il y a eu fraude aux examens. ‖ *Cometer fraude*, frauder, commettre des fraudes.
fraudulentamente adv. Frauduleusement, en fraude.
fraudulento, ta adj. Frauduleux, euse : *quiebra fraudulenta*, faillite frauduleuse.
fraustina f. Marotte (cabeza de madera).
fraxinela f. BOT. Fraxinelle (fresnillo).
fray m. Frère.
— OBSERV. S'emploie seulement devant le nom des religieux : *fray Luis*, frère Louis.
frazada f. Couverture de lit.
freático, ca adj. Phréatique : *capa freática*, nappe phréatique.
frecuencia f. Fréquence : *frecuencia de pulsación, transmisora*, fréquence du pouls, porteuse. ‖ —

Alta, baja frecuencia, haute, basse fréquence. ‖ *Con frecuencia*, fréquemment. ‖ RAD. *Frecuencia modulada*, modulation de fréquence.
frecuencímetro m. ELECTR. Fréquencemètre.
frecuentable adj. Fréquentable.
frecuentación f. Fréquentation.
frecuentador, ra adj. y s. Habitué, e.
frecuentar v. tr. Fréquenter.
frecuente adj. Fréquent, e.
frecuentemente adv. Fréquemment.
frecuentímetro o **frecuencímetro** m. Fís. Fréquencemètre.
Fredegunda n. pr. f. Frédégonde.
fregadero m. Évier.
fregado m. Récurage (de las cacerolas). ‖ Lavage (de los platos, del pavimento). ‖ Plonge, *f.* (en un restaurante). ‖ FIG. y FAM. Histoire, *f.*, affaire (*f.*) embrouillée : *meterse en un fregado*, se fourrer dans une histoire. | Histoire, *f.* (lío) : *se ha armado un fregado*, ça a fait toute une histoire. ‖ *Lo mismo sirve para un fregado que para un barrido*, il est bon à tout, on le met à toutes les sauces.
— Adj. *Amer.* Obstiné, e ; têtu, e.
fregador m. Évier (fregadero). ‖ Lavette, *f.* (estropajo).
fregadura f. V. FREGADO.
fregajo m. MAR. Faubert (lampazo).
fregamiento m. *Amer.* Frottement.
fregar* v. tr. Frotter (frotar, restregar). ‖ Récurer, écurer (lavar las cacerolas). ‖ Laver (los platos). ‖ *Amer.* Ennuyer, embêter (fastidiar). ‖ — *Agua de fregar*, eau de vaisselle. ‖ *Fregar la loza* ou *los platos*, faire o laver la vaisselle (en casa), faire la plonge (en un restaurante).
fregona f. Laveuse de vaisselle. ‖ Plongeuse (en un restaurante). ‖ FIG. y FAM. Souillon.
fregotear v. tr. FAM. Frotter, laver, passer à l'eau vite et mal.
fregoteo m. FAM. Lavage sommaire.
freidor, ra m. y f. Personne qui fait des fritures. ‖ — F. Friteuse.
freidura f. o **freimiento** m. Friture, *f.*
freiduría f. Friterie.
freile m. Chevalier d'un ordre militaire.
freimiento m. Friture, *f.*
freír* v. tr. Frire, faire frire : *he frito patatas*, j'ai fait frire des pommes de terre. ‖ — *Al freír será el reír*, rira bien qui rira le dernier. ‖ FAM. *Freír a preguntas*, bombarder o accabler de questions. | *Mandar a freír espárragos*, envoyer bouler o paître o planter ses choux.
— OBSERV. Le verbe espagnol *freír* a deux participes passés, l'un régulier, *freído*, l'autre irrégulier, d'un emploi plus courant, *frito*. (V. FRITO.)
— Véase la observación hecha en la 1.ª parte, al final del artículo *frire* (p. 344).
fréjol m. Haricot (judía).
frenado o **frenaje** m. Freinage.
frenar v. tr. Freiner. ‖ FIG. Freiner.
frenazo m. Coup de frein.
frenesí m. Frénésie, *f.*
frenético, ca adj. Frénétique. ‖ — FAM. *Esta historia me pone frenético*, cette histoire m'exaspère. | *Si le hablas de esto se pone frenética*, si tu lui en parles elle se met en boule o elle devient folle.
frenetismo m. Frénésie, *f.*
frénico, ca adj. ANAT. Phrénique.
frenillo m. ANAT. Filet, frein. ‖ *No tener frenillo en la lengua*, parler à tort et à travers.
freno m. Frein, mors (bocado). ‖ MECÁN. Frein : *freno de mano, de tambor, asistido, de disco, delantero, trasero*, frein à main, à tambour, assisté, à disque, avant, arrière. ‖ FIG. Frein : *poner freno a sus ambiciones*, mettre un frein à ses ambitions ; *sin freno*, sans frein. ‖ *Amer.* Faim, *f.* (hambre). ‖ — Pl. Freinage, *sing.* (sis-

temas de frenos). ‖ — *Potencia al freno*, puissance au frein. ‖ Fam. *Tascar el freno*, ronger son frein.

frenología f. Phrénologie.

frenológico, ca adj. Phrénologique.

frenólogo m. Phrénologue.

frenópata m. Phrénopathe.

frenopatía f. Phrénopathie.

frental adj. Anat. V. frontal.

frente f. Front, *m.* : *frente deprimida*, front fuyant. ‖ Fig. Front, *m.* (cabeza) : *alzar, bajar la frente*, relever, baisser le front. ‖ — M. Mil. Front : *frente de batalla*, front de bataille. ‖ Face, *f.* (de un objeto). ‖ Front (agrupación política) : *el Frente Popular*, le Front populaire. ‖ — *De frente*, de front, avec fougue (con entusiasmo), de plein fouet (en un choque) : *los coches chocaron de frente*, les voitures se sont heurtées de plein fouet. ‖ Mil. *¡De frente!, ¡ar!*, en avant, marche ! ‖ *De frente en columna de a tres*, en avant par trois. ‖ *En frente*, en face, devant. ‖ *Estar al frente de*, être à la tête de. ‖ *Frente a* ou *frente de*, en face de (enfrente de), face à, par rapport à (con relación a). ‖ *Frente a frente*, face à face, en tête à tête. ‖ *Frente de corte*, front de taille (minas). ‖ *Frente por frente*, en face, juste en face. ‖ *Hacer frente*, tenir tête, faire face o front. ‖ *Mirar frente a frente*, regarder en face. ‖ Fig. *No tener dos dedos de frente*, ne pas avoir deux sous de jugeotte. ‖ *Poner frente a frente*, opposer (adversarios). ‖ *Ponerse al frente de*, se mettre à la tête de.

— Observ. Le mot *frente* désignant la partie supérieure du visage ou le visage lui même est au féminin. Dans les autres acceptions, il est au masculin.

frentero m. Bourrelet (chichonera).

fresa f. Fraisier, *m.* (planta). ‖ Fraise (fruto) : *fresa silvestre*, fraise des bois. ‖ Tecn. Fraise (avellanador). ‖ Roulette, fraise (del dentista). ‖ Tecn. *Berbiquí de fresa*, fraisoir.

fresado m. Tecn. Fraisage (avellanado).

fresador, ra m. y f. Fraiseur, euse. ‖ — F. Tecn. Fraiseuse (avellanador).

fresal m. Fraisière, *f.*

fresar v. tr. Tecn. Fraiser.

fresca f. Frais, *m.* (aire fresco). ‖ Fraîche : *pasear con la fresca*, se promener à la fraîche. ‖ Drôlesse, fille o femme légère (mujer liviana). ‖ Fam. Impertinence : *soltar frescas*, dire des impertinences. ‖ Fig. *Contarle cuatro frescas a uno*, dire ses quatre vérités à quelqu'un.

frescachón, ona adj. Fam. Frais, fraîche ; vigoureux, euse (robusto). ‖ Culotté, e (descarado). ‖ Mar. *Viento frescachón*, grand frais.

frescal adj. Se dit du poisson conservé avec peu de sel.

frescales m. y f. Fam. Dévergondé, e (desvergonzado). ‖ Personne sans-gêne o qui a du toupet o qui a du culot (descarado).

frescamente adv. Fraîchement, récemment (recientemente). ‖ Fig. Avec sans-gêne, avec impertinence (con frescura).

fresco, ca adj. Frais, fraîche : *viento fresco*, vent frais ; *huevos frescos*, œufs frais. ‖ Fig. Frais, fraîche ; reposé, e : *tez fresca*, teint frais. ‖ Frais, fraîche (reciente) : *noticias frescas*, nouvelles fraîches. ‖ Potelé, e ; rondelet, ette (rollizo). ‖ Fig. y Fam. Calme, impassible (sereno) : *se quedó tan fresco con la noticia*, il resta impassible en apprenant la nouvelle. ‖ Fam. Culotté, e ; qui a du toupet, sans-gêne (persona descarada). ‖ Léger, ère (telas). ‖ — Fig. y Fam. *¡Está fresco si cree que se lo voy a hacer!*, il se fait des illusions s'il croit que je vais le lui faire ! ‖ *¡Estamos frescos!*, nous voilà frais !, nous voilà bien !, nous voilà dans de beaux draps ! ‖ *Estar* ou *quedar*

---

fresco, faire chou blanc (fracasar). ‖ *Ponerse fresco*, s'habiller légèrement.

— M. Frais : *tomar el fresco*, prendre le frais. ‖ Fraîcheur, *f.* : *el fresco de la tarde*, la fraîcheur du soir. ‖ Fresque, *f.* : *pintura al fresco*, peinture à la fresque. ‖ Fig. Fresque, *f.* : *un vasto fresco histórico*, une vaste fresque historique. ‖ Amer. Rafraîchissement (refresco). ‖ — M. y f. Fig. y Fam. Dévergondé, e. ‖ — F. Garce (mujer ligera). ‖ — *Al fresco*, au frais : *poner las bebidas al fresco*, mettre les boissons au frais ; à la belle étoile (al sereno). ‖ Fig. y Fam. *Mandar a tomar el fresco*, envoyer paître o ballader o promener.

— Adv. Frais : *hace fresco*, il fait frais.

frescor m. Fraîcheur, *f.*

frescote, ta adj. Très frais, très fraîche. ‖ Au teint frais. ‖ Fig. y Fam. Potelé, e ; bien en chair, grassouillet, ette (gordito). ‖ Sans gêne, culotté, e (caradura).

frescura f. Fraîcheur : *la frescura del agua*, la fraîcheur de l'eau ; *la frescura del rostro*, la fraîcheur du visage. ‖ Fam. Désinvolture, sans-gêne, *m.*, culot, *m.* (descaro) : *con mucha frescura me pedía dinero*, il me réclamait de l'argent avec un sacré toupet ; *¡vaya una frescura que tiene usted!*, vous avez un sacré culot ! ‖ Impertinence, insolence (impertinencia). ‖ Laisser-aller, *m.*, négligence (descuido). ‖ Calme, *m.*, impassibilité (calma). ‖ Fam. *Tomar las cosas con frescura*, ne pas se faire de bile, prendre les choses comme elles viennent.

fresera f. Fraisier, *m.* (planta).

fresnal adj. Du frêne.

fresneda f. Frênaie (plantío de fresnos).

fresnillo m. Bot. Fraxinelle, *f.* (díctamo blanco).

fresno m. Bot. Frêne.

fresón m. Fraise, *f.*

fresquera f. Garde-manger, *m. inv.*

fresquería f. Amer. Débit (m.) de boissons fraîches (botillería).

fresquero, ra m. y f. Marchand, marchande de marée o de poissons frais.

fresquete o **fresquito** adj. Frisquet (viento).

— M. Vent frais, vent frisquet.

fresquista m. Fresquiste (pintor al fresco).

freudiano, na adj. Freudien, enne.

freudismo m. Freudisme.

frez f. Fiente (excremento). ‖ Fumier, m.

freza f. Fiente (excremento). ‖ Fumier, *m.* (estiércol). ‖ Frai, *m.* (huevos y cría de los peces). ‖ Frai, *m.* (desove de los peces). ‖ Frèze (del gusano de seda). ‖ Boutis, *m.* (hozadero del jabalí).

frezada f. Couverture de lit (frazada).

frezar v. intr. Fienter (evacuar excrementos los animales). ‖ Frayer (los peces). ‖ Fouiller (hozar).

friabilidad f. Friabilité : *la friabilidad de una roca*, la friabilité d'une roche.

frialdad f. Froideur (cualidad de lo frío). ‖ Froidure (de la atmósfera). ‖ Frigidité : *la frialdad del mármol*, la frigidité du marbre. ‖ Med. Frigidité. ‖ Fig. Niaiserie (necedad). ‖ Froideur, indifférence : *el presidente fue acogido con frialdad*, le président fut accueilli avec froideur (indiferencia). ‖ Froideur (del estilo). ‖ *Recibir a uno con frialdad*, recevoir quelqu'un froidement.

fríamente adv. Froidement, avec froideur : *ser recibido fríamente*, être reçu froidement.

Friburgo n. pr. Geogr. Fribourg.

fricandó m. Culin. Fricandeau (carne mechada).

fricar v. tr. Frotter (estregar).

fricasé m. Culin. Fricassée, *f.* (carne salteada).

fricativo, va adj. et s. f. Gram. Fricatif, ive.

fricción f. Friction (friega). ‖ Tecn. Friction (roce). ‖ Fig. Friction (pequeña disputa). ‖ — *Dar fricciones en la rodilla*, frictionner le genou. ‖ *Dar una fricción*, faire une friction.

friccionar v. tr. Frictionner, frotter.
— SINÓN. *Dar masajes, amasar,* masser. *Fregar, frotar,* frotter (fam.). *Ungir,* oindre.

friega f. Friction (de una parte del cuerpo). ‖ Volée, fouettée, raclée (zurra). ‖ *Dar friegas,* frictionner.

frígano m. ZOOL. Phrygane, *f.* (insecto).

Frigia n. pr. f. GEOGR. Phrygie.

frigidario m. Frigidarium (en la Antigüedad romana).

frigidez f. Frigidité : *la frigidez del mármol,* la frigidité du marbre. ‖ MED. Frigidité (de la mujer).

frígido, da adj. Froid, e. ‖ MED. Frigide (mujer).

frigio, gia adj. y s. Phrygien, enne : *gorro frigio,* bonnet phrygien.

frigoría f. FÍS. Frigorie.

frigorífico, ca adj. y s. m. Frigorifique : *vagón, depósito frigorífico,* wagon, entrepôt frigorifique. ‖ — *Armario frigorífico,* réfrigérateur, frigo (fam.). ‖ *Cámara frigorífica,* chambre froide.

frigorista adj. y s. m. Frigoriste.

frigorizar v. tr. Frigorifier (congelar).

fríjol o frijol m. *Amer.* Haricot (fréjol).

frijón m. Haricot.

frimario m. Frimaire (tercer mes del calendario republicano francés).

fringílago m. ZOOL. Mésange (*f.*) charbonnière.

fringílidos m. pl. ZOOL. Fringillidés.

frío, a adj. ● Froid, e : *una comida fría,* un repas froid. ‖ FIG. Froid, e. ‖ — *Bala fría,* balle morte (tenis). ‖ FIG. *Dejar frío,* ahurir (sorprender), ne faire ni froid ni chaud, ne faire aucune impression (dejar indiferente). | *Echar un jarro de agua fría,* faire l'effet d'une douche froide (decepcionar). | *Quedarse frío como el mármol,* rester de marbre.
— M. Froid : *un frío de perros,* un froid de loup. ‖ Boisson (*f.*) glacée (bebida). ‖ — *En frío,* à froid : *operar en frío,* opérer à froid. ‖ — *Coger frío,* prendre froid. ‖ *Eso no le da frío ni calor,* cela ne lui fait ni chaud ni froid. ‖ *Hace mucho frío,* il fait très froid. ‖ *Hace un frío que pela,* il fait un froid de canard.
— SINÓN. ● *Fresco,* frais. *Helado,* glacé. *Glacial,* glacial.

friolento, ta adj. y s. Frileux, euse.

friolera f. Bagatelle (nadería). ‖ FIG. Bagatelle : *tiene la friolera de diez millones de pesos,* il a la bagatelle de dix millions de pesos.

friolero, ra adj. y s. Frileux, euse.

frisa f. Frise (tela). ‖ MAR. Frise. ‖ MIL. *Caballo de frisa,* cheval de frise.

frisado m. Ratinage (de las telas).

frisadora f. Friseuse, ratineuse (máquina).

frisar v. tr. Friser, ratiner (los tejidos).
— V. intr. Friser (acercarse) : *frisar en los cuarenta años,* friser la quarantaine.

Frisia n. pr. f. GEOGR. Frise.

frisio, sia adj. y s. Frison, onne (de Frisia).

friso m. ARQ. Frise, *f.* : *friso de follajes,* frise de rinceaux.

frisol o frísol m. Haricot (judía).

frisón, ona adj. y s. Frison, onne (de Frisia).

frita f. TECN. Fritte.

fritada o fritanga f. Friture.

fritaje m. TECN. Frittage (sinterización).

fritilaria f. BOT. Fritillaire.

frito, ta adj. Frit, e. ‖ — *Patatas fritas,* pommes de terre frites, frites. ‖ *Un par de huevos fritos,* deux œufs frits. ‖ — FAM. *Estar frito,* être grillé, être frit, être fichu (perdido), être endormi (estar dormido), en avoir assez (estar harto). | *Estar frito de calor,* crever de chaleur. | *Estar frito por hacer algo,* brûler *o* mourir d'envie de faire quelque chose. | *Tener* ou *traer frito,* enquiquiner, casser les pieds, ennuyer (fastidiar).

— M. *Hacer un frito con ajos, cebollas,* etc., faire revenir de l'ail, des oignons, etc.
— OBSERV. V. FREÍR.

fritura f. Friture. ‖ RAD. Friture.

friturero, ra m. y f. Friturier, ère.

frivolidad f. Frivolité.

frívolo, la adj. Frivole.
— SINÓN. *Fútil,* futile. *Pueril,* frivole. *Superficial,* superficiel. *Anodino,* anodin.

fronda f. BOT. Fronde. ‖ MED. Fronde. ‖ — Pl. Frondaison, *sing.,* feuillage, *m. sing.* (espesura).

Fronda n. pr. f. HIST. La Fronde.

fronde m. BOT. Fronde, *f.*

frondosidad f. Frondaison.

frondoso, sa adj. Touffu, e (un bosque), luxuriant, e (la vegetación), feuillu, e (un árbol).

frontal adj. Frontal, e : *hueso frontal,* os frontal.
— M. Parement d'autel (del altar). ‖ Fronteau (de las monjas). ‖ Frontal (hueso). ‖ *Amer.* Frontail (frontalera).

frontalera f. Frontail, *m.,* frontal, *m.* (arreo del caballo).

frontalero, ra adj. Frontalier, ère (fronterizo).

frontera f. ● Frontière (de un Estado). ‖ (P. us.). Façade (fachada). ‖ Limite : *esta acción está en la frontera de lo ridículo,* cette action est à la limite du ridicule.
— SINÓN. ● *Límite, linde,* limite. *Confín,* confin. *Marca,* marche. *Raya,* ligne.

fronterizo, za adj. Frontalier, ère (que vive cerca de la frontera). ‖ En face (colocado enfrente) : *casa fronteriza de otra,* maison en face d'une autre. ‖ Frontière : *país fronterizo,* pays frontière ; *ciudad fronteriza,* ville frontière.

frontero, ra adj. Placé en face, placé vis-à-vis : *casa frontera a la mía,* maison placée vis-à-vis de la mienne.
— M. Bourrelet d'enfants (frentero).
— Adv. En face, vis-à-vis : *frontero a la iglesia se levantaba un estrado,* en face de l'église se dressait une tribune.

frontil m. Frontail [coussinet que l'on place sous le joug des bœufs].

frontis m. Fronton (frontón). ‖ Frontispice (fachada principal).

frontispicio m. Frontispice (de un libro). ‖ ARQ. Frontispice (fachada principal). | Fronton (frontón). ‖ (P. us.). Figure, *f.,* portrait (rostro, cara).

frontón m. ARQ. Fronton : *frontón quebrado,* fronton brisé. ‖ Fronton (juego de pelota y sitio). ‖ MAR. Fronteau.

frotación f. Frottement, *m.*

frotador, ra adj. y s. Frotteur, euse. ‖ — M. Frottoir (rascador). ‖ Frotteur.

frotadura f. o **frotamiento** m. Frottement, *m.*

frotar v. tr. Frotter, frictionner. ‖ Frotter, craquer (una cerilla).
— V. pr. Se frotter.

frote m. Frottement. ‖ *Darse un frote,* se frictionner, se faire une friction : *darse un frote con linimento,* se frictionner avec du liniment.

fructidor m. Fructidor (duodécimo mes del calendario republicano francés).

fructífero, ra adj. Fructifère (p. us.), fructueux, euse.

fructificación f. Fructification.

fructificador, ra adj. Fructifiant, e.

fructificar v. intr. Fructifier.

fructosa f. QUÍM. Fructose (azúcar de fruta).

fructuoso, sa adj. Fructueux, euse.

frufrú m. Frou-frou, froufrou.

frugal adj. Frugal, e : *comidas frugales,* repas frugaux.

frugalidad f. Frugalité.

frugífero, ra adj. POÉT. Frugifère (que lleva fruto).

frugívoro, ra adj. y s. Frugivore : *animales fru-gívoros,* animaux frugivores.

fruición f. Délectation, plaisir (*m.*) intense. ‖ *Hacer algo con fruición,* se délecter en faisant quelque chose.

frumentario, ria o **frumenticio, cia** adj. Fru-mentaire, fromental, e ; frumentacé, e.

frunce m. Fronce, *f.* (pliegue en la tela).

fruncido, da adj. Froncé, e : *una falda fruncida,* une jupe froncée.

— M. Fronce, *f.* (de una tela), froncement (de la frente).

fruncimiento m. Froncement.

fruncir v. tr. Froncer : *fruncir una tela, el ceño* ou *el entrecejo, las cejas,* froncer un tissu, les sourcils.

fruslería f. Bagatelle, vétille, futilité, broutille.
— SINÓN. *Baratija,* colifichet. *Bujería, chuchería,* babiole. *Dije, colgante,* breloque.

fruslero, ra adj. Futile, frivole.
— M. Rouleau à pâtisserie (de pastelería).

frustración f. Frustration.

frustrado, da adj. Frustré, e : *frustradas sus espe-ranzas* ou *frustrado en sus esperanzas,* frustré dans o de ses espérances. ‖ Manqué, e : *una conspira-ción frustrada,* un complot manqué. ‖ Raté, e : *escritor, actor frustrado,* écrivain, acteur raté.

frustrar v. tr. Frustrer. ‖ Décevoir (defraudar) : *quedar frustrado,* être déçu. ‖ Manquer : *atentado frustrado,* attentat manqué.
— V. pr. Échouer : *su intento se ha frustrado,* sa tentative a échoué.

frustratorio, ria adj. Frustratoire.

fruta f. Fruit, *m. : la pera es una fruta agradable,* la poire est un fruit agréable. ‖ FIG. Fruit, *m.* (producto o consecuencia). ‖ *Amer.* Abricot, *m.* (albaricoque). ‖ — *Fruta bomba,* papaye. ‖ *Fruta del tiempo,* fruits de saison. ‖ *Fruta de sartén,* beignets (buñuelos) [ou tout autre mets en pâte à frire]. ‖ *Fruta escarchada,* fruits confits. ‖ *Fruta seca,* fruits secs. ‖ *Fruta temprana,* primeurs.
— OBSERV. Le mot *fruta* désigne les fruits comestibles d'une saveur agréable tels que la poire, la cerise, la fraise, etc. Il peut être employé au singulier dans le sens général de « fruits » (au pl.) : *a mí me gusta la fruta,* j'aime les fruits.

frutaje m. ARTES. Nature (*f.*) morte [représentant des fruits ou des fleurs].

frutal adj. Fruitier, ère : *árboles frutales,* arbres fruitiers.

frutería f. Fruiterie.

frutero, ra adj. Fruitier, ère : *industria frutera,* industrie fruitière. ‖ *Plato frutero,* coupe à fruits.
— M. y f. Fruitier, ère (vendedor de frutas). ‖ — M. Coupe (*f.*) à fruits, compotier (vasija para colo-car frutas en la mesa).

frutescente adj. BOT. Frutescent, e.

frutilla f. *Amer.* Fraise (fresa).

frutillar m. *Amer.* Fraisière, *f.* (fresal).

fruto m. Fruit. ‖ *frutos carnosos, secos, de hueso,* fruits charnus, secs, à noyau. ‖ FIG. Fruit (producto) : *los frutos de la tierra, del trabajo, de una mala educación,* les fruits de la terre, du travail, d'une mauvaise éducation. | Fruit (el hijo en relación a su madre) : « *el fruto de tu vientre* », « le fruit de vos entrailles ». ‖ — Pl. DR. Fruits (ingresos) : *frutos civiles, industriales,* fruits ci-vils, industriels. ‖ — *Fruto prohibido,* fruit défendu. ‖ FIG. *Fruto seco,* fruit sec. ‖ — *Dar fruto,* fructifier, donner des fruits. ‖ *Por el fruto se conoce el árbol,* on connaît l'arbre à son fruit. ‖ FIG. *Sacar fruto,* tirer profit. | *Trabajar con fruto,* travailler avec fruit.
— OBSERV. *Fruto* désigne tout produit du sol ; *fruta* désigne les fruits comestibles d'une saveur agréable.

ftaleína f. QUÍM. Phtaléine.

ftálico, ca adj. QUÍM. Phtalique.

ftiriasis f. MED. Phtiriasis, phtiriase.

fu m. Grondement du chat en colère. ‖ — *¡Fu!,* pfut ! ‖ *Ni fu ni fa,* couci-couça, comme ci, comme ça.

fúcar m. FIG. Richard, crésus (hombre rico).

fucilar v. intr. POÉT. Briller, fulgurer (fulgurar), scintiller (centellear).

fucilazo m. Fulguration, *f.* (relámpago sordo). ‖ Éclair de chaleur (en verano).

fuco m. BOT. Fucus.

fucsia f. BOT. Fuchsia, *m.* (arbusto).

fucsina f. QUÍM. Fuchsine.

¡fucha! interj. Pouah !

fudre m. Foudre (cuba).

fuego m. ● Feu : *fuego de campamento,* feu de camp. ‖ Feu (incendio) : *hay fuego en el pueblo,* il y a le feu au village. ‖ Feu, foyer (hogar) : *una aldea de diez fuegos,* un hameau de dix feux. ‖ Feu (lumbre) : *¿tiene usted fuego?,* avez-vous du feu ? ‖ FIG. Feu (ardor) : *en el fuego de la disputa,* dans le feu de la discussion. ‖ — MIL. *Fuego a discreción,* feu o tir à volonté. ‖ *Fuego de San Telmo,* feu Saint-Elme. ‖ *Fuego fatuo,* feu follet. ‖ *Fuego griego,* feu grégois. ‖ MIL. *Fuego graneado,* feu roulant. ‖ *Fuego lento* ou *moderado,* feu doux. ‖ MIL. *Fuego por des-carga,* feu de salve. ‖ *Fuegos artificiales,* feu d'ar-tifice : *quemar una colección de fuegos artificiales,* tirer un feu d'artifice. ‖ — *A fuego lento,* à petit feu, à feu doux : *cocer a fuego lento,* cuire à petit feu. ‖ *A fuego vivo,* à feu vif, à grand feu. ‖ *A fuego y a sangre,* à feu et à sang. ‖ *Alto el fue-go* cessez-le-feu. ‖ *Arma de fuego,* arme à feu. ‖ *Atizar el fuego de la discordia,* allumer le brandon de la discorde. ‖ *Echaba fuego por los ojos,* ses yeux lançaient des éclairs, il jetait feu et flammes. ‖ *Echar leña al fuego,* jeter de l'huile sur le feu. ‖ *Estar entre dos fuegos,* être [pris] entre deux feux. ‖ *Hacer fuego,* faire feu. ‖ *Jugar con fuego,* jouer avec le feu. ‖ *Marcar a fuego,* marquer au fer rouge (reses). ‖ *Matar a fuego lento,* faire mourir à petit feu. ‖ FIG. *Meter fuego,* animer, stimuler. ‖ *Pegar* ou *meter fuego,* mettre le feu (incendiar). ‖ *Poner las manos en el fuego,* en mettre sa main au feu. ‖ *Prender fuego,* allumer (incendiar). ‖ MIL. *Romper el fuego,* ouvrir le feu. ‖ *Si el fuego está cerca de la estopa, llega el diablo y sopla,* il ne faut pas tenter le diable. ‖ *Tocar a fuego,* sonner le tocsin [pour un incendie].
— Interj. MIL. Feu ! *¡Fuego! ¡fuego!,* au feu ! (incendio).
— SINÓN. ● *Llama,* flamme. *Llamarada,* flambée. *Brasa,* braise. *Fogata,* feu.

fueguecillo o **fueguecito** o **fueguezuelo** m. Petit feu.

fueguero m. *Amer.* Artificier (de fuegos artifi-ciales).

fueguino, na adj. y s. Fuégien, enne (de la Tierra del Fuego).

fuel o **fuel-oil** m. Mazout, fuel-oil : *calefacción por fuel-oil,* chauffage au mazout ; *caldera de fuel-oil,* chaudière à mazout. ‖ Fuel-oil, fuel (para motores).

fuelle m. Soufflet (para soplar). ‖ Pli (arruga en la ropa). ‖ Soufflet (para ampliar un vestido). ‖ Capote, *f.,* soufflet (de un coche). ‖ Soufflet (de un acordeón). ‖ Soufflet (de cartera, de máquina de retratar, de bolsillo, de tren). ‖ Outre, *f.* (de la gaita). ‖ FIG. y FAM. Cafard, mouchard. ‖ FAM.. *Tener mucho fuelle,* avoir du coffre o du souffle.

fuente f. Fontaine : *una fuente monumental,* une fontaine monumentale. ‖ Source (manantial) : *una fuente cristalina,* une source cristalline. ‖ Plat, *m.* (plato grande y su contenido) : *una fuente de ver-duras,* un plat de légumes. ‖ FIG. Source : *fuente* *de suministro, de infección,* source d'approvisionnement, d'infection ; *fuente de divisas,* source de devises. | Origine. || MED. Fontaine (exutorio). || — *Fuente bautismal,* fonts baptismaux. || *Fuente de horno,* plat allant au four. || — *De fuentes fidedignas,* de sources dignes de foi. || *En fuentes bien informadas,* dans les milieux bien informés, de bonne source. || — *Beber en buenas fuentes,* tenir ses renseignements de bonne source.

Fuenterrabía n. pr. GEOGR. Fontarabie.

fuer m. (contrac. de *fuero*). Fuero. || — *A fuer de,* en qualité de, à titre de. || *A fuer de hombre honrado,* foi d'honnête homme.

fuera adv. Dehors : *echar fuera a alguien,* mettre quelqu'un dehors. || Au-dehors : *la calma reina en el país, pero no fuera,* le calme règne dans le pays mais pas au-dehors. || — FAM. *Fuera aparte,* à part : *esto fuera aparte,* ça, c'est à part. || *Fuera de,* en dehors de, hors de : *vivo fuera de la ciudad,* j'habite en dehors *o* hors de la ville; *quedar fuera del asunto,* rester en dehors du sujet; hors de : *¡fuera de aquí,* hors d'ici !; hors, hormis, à part (exceptuando) : *fuera de ti no conozco a nadie aquí,* à part toi je ne connais personne ici ; en plus de, en dehors de (además de). || *Fuera de alcance,* hors de portée. || *Fuera de casa,* absent : *está fuera de casa desde hace un mes,* il est absent de chez lui depuis un mois. || DR. *Fuera de causa,* hors de cause. || *Fuera de combate,* hors de combat. || *Fuera de concurso,* hors-concours. || *Fuera de duda,* hors de doute. || *Fuera de esto,* en dehors de cela, cela mis à part. || DEP. *Fuera de juego,* hors-jeu. || *Fuera de lo normal,* pas courant. || *Fuera de lugar,* hors de propos, déplacé : *su observación está fuera de lugar,* votre observation est hors de propos; déplacé : *se encontraba fuera de lugar en la reunión,* elle se trouvait déplacée dans la réunion. || *Fuera de peligro,* hors de danger. || *Fuera de propósito,* hors de propos. || *Fuera de que,* outre le fait que, en dehors du fait que. || *Fuera de serie,* hors série. || *Fuera de texto,* hors-texte. || — *De fuera de temporada,* hors saison (precios, tarifas). || *Desde fuera,* du dehors, de l'extérieur. || *Hacia fuera,* en dehors : *tener los pies hacia fuera,* avoir les pieds en dehors. || *Lámina fuera de texto,* hors-texte. || *Persona fuera de la ley,* hors-la-loi. || *Por fuera,* du dehors, en apparence (en apariencia), à l'extérieur (exteriormente). || — *Cenar fuera,* dîner en ville. || *Estar fuera,* être dehors *o* sorti (fuera de casa), ne pas être là, être en voyage (en otra ciudad). || *Estar fuera de sí,* être hors de soi. || *Esto es fuera de lo común* ou *de lo corriente,* ça sort de l'ordinaire. || *Esto está fuera de la cuestión,* là n'est pas la question. || *Esto está fuera de su competencia,* cela dépasse sa compétence. || *Poner fuera de sí,* mettre hors de soi (irritar), transporter : *la música de Bach le ponía fuera de sí,* la musique de Bach le transportait.
— Interj. Dehors !, hors d'ici !, ouste !

fuera borda m. MAR. Hors-bord, *inv.*

fuero m. Coutume, *f.* [loi particulière à une province, à une ville]. || DR. « Fuero » (compilation de leyes). | Privilège (privilegio). | Juridiction, *f.,* for (p. us.). || — Pl. FAM. Arrogance, *f. sing.* || — *Fuero eclesiástico,* for ecclésiastique. || *Fueros municipales,* libertés municipales. || — *A fuero,* selon la coutume. || *De fuero,* de droit. || *En mi, tu, su fuero interno* ou *interior,* dans mon, ton, son for intérieur. || *No es tanto por el huevo como por el fuero,* c'est une question de principe, c'est pour le principe. || *No tenga usted tantos fueros,* ne soyez donc pas si arrogant.

fuerte adj. ● Fort, e : *un hombre fuerte,* un homme fort (robusto). || Fort, e (olor, bebida). || Solide, résistant, e : *una tela muy fuerte,* un tissu

très solide. || Dur, e (duro). || FIG. Fort, e : *una fuerte cantidad de dinero,* une forte somme. | Fort, e (moneda). | Fort, e : *estar fuerte en latín,* être fort en latin. | Accidenté, e (terreno). || — *Fuerte como un roble* ou *como un toro,* fort comme un chêne *o* comme un turc *o* comme un bœuf (fuerte), solide comme un roc. (resistente). || *Plato fuerte,* plat *o* pièce de résistance. || *Plaza fuerte,* place forte. || *Precio fuerte,* prix fort.
— M. Fort : *proteger al débil contra el fuerte,* protéger le faible contre le fort. || MAR. y MIL. Fort. || FIG. Fort, partie, *f.* : *la música es su fuerte,* la musique est son fort *o* sa partie.
— Adv. Fort : *hablar, pegar fuerte,* parler, taper fort ; *apretar fuerte,* serrer fort. || Beaucoup : *comer fuerte,* manger beaucoup. | — *Jugar fuerte,* jouer gros. || *Trabajar fuerte,* travailler ferme.
— OBSERV. Le mot espagnol *fuerte* n'a pas le sens de « gros », que le mot *fort* a parfois en français. *Una mujer fuerte* est une femme robuste, athlétique.
— SINÓN. ● *Poderoso, potente,* puissant. *Vigoroso,* vigoureux. *Viril,* viril. *Robusto,* robuste. *Sólido,* solide. *Resistente, recio,* résistant. *Forzudo,* costaud (pop.).

fuertemente adv. Fortement, avec force. || Fort : *hablar fuertemente,* parler fort.

fuerza f. ● Force : *la fuerza de un atleta,* la force d'un athlète. || FIG. Force : *fuerza de ánimo,* force de caractère. || Solidité (solidez). || FÍS. Force : *fuerza centrífuga, centrípeta, de inercia,* force centrifuge, centripète, d'inertie. || — Pl. MIL. Forces : *las fuerzas españolas,* les forces espagnoles ; *las fuerzas aéreas,* les forces aériennes. || — *Fuerza de disuasión* ou *disuasoria,* force de frappe. || DR. *Fuerza mayor,* force majeure. || *Fuerza pública,* force publique. || *Fuerzas vivas,* forces vives. || *La fuerza de la edad,* la force de l'âge. || *La fuerza de la sangre,* la force du sang. || — *A fuerza de,* à force de : *ha llegado a fuerza de trabajo,* il est arrivé à force de travail ; à coups de : *hace sus traducciones a fuerza de diccionarios,* il fait ses traductions à coups de dictionnaires || *A fuerza de manos,* de haute lutte. || *A fuerza de puño,* à base d'huile de coude. || *A la fuerza,* de force (por fuerza), forcément : *tiene que pasar por aquí a la fuerza,* il doit forcément passer par ici. || *A viva fuerza,* de vive force. || *Con más fuerza,* de plus belle (cada vez más). || *Con todas sus fuerzas,* de toutes ses forces. || *De fuerza,* par force. || *Por fuerza,* par force (forzosamente), de force : *de grado o por fuerza,* de gré ou de force ; à toute force (a todo trance). || — FAM. *A éste se le va la fuerza por la boca,* il est surtout fort en paroles. || *A la fuerza ahorcan,* on ne fait pas toujours ce qu'on veut. || *Cobrar fuerzas,* se remettre, reprendre des forces. || *Es fuerza confesarlo,* il faut le reconnaître, il faut l'avouer. || *Hacer fuerza,* faire pression. || *Más vale maña que fuerza,* plus fait douceur que violence. || *Quitar las fuerzas,* ôter toute force, couper bras et jambes. || *Sacar fuerzas de flaqueza,* prendre son courage à deux mains, faire un ultime effort. || *Sacar fuerzas para,* trouver la force de. || *Ser fuerza,* être nécessaire.
— SINÓN. ● *Energía,* énergie. *Fortaleza,* force. *Resistencia,* résistance. *Vigor,* vigueur. *Potencia, poderío,* puissance. *Potencial,* potentiel. *Firmeza, solidez,* solidité. *Robustez,* robustesse. *Aguante,* endurance.

fucto m. *Amer.* Fouet (látigo).

fufú m. *Amer.* Purée (*f.*) de bananes cuites.

fuga f. Fuite : *poner en fuga,* mettre en fuite ; *delito de fuga,* délit de fuite. || Fugue (escapatoria). || Fuite (de gas, etc.). || MÚS. Fugue. || FIG. Évasion : *fuga de capitales,* évasion de capitaux. | Fougue (ardor) : *la fuga de la juventud,* la fougue de la jeunesse.

fugacidad f. Fugacité.

fugada f. Rafale (ráfaga).

fugarse v. pr. S'enfuir : *fugarse de la cárcel,* s'enfuir de prison.

fugaz adj. Fugace. ‖ *Estrella fugaz,* étoile filante.

fúgido, da adj. PoÉT. Fugitif, ive ; fugace.

fugitivo, va adj. y s. Fugitif, ive.

fuguillas m. y f. inv. FAM. Personne qui ne tient pas en place, qui a la bougeotte.

fuina f. ZooL. Fouine (garduña).

ful adj. FAM. Faux, fausse ; en toc (falso). | Raté, e (fallido). | Mauvais, e (malo).

fulano, na m. y f. Un tel, Une telle : *vinieron Fulano, Mengano y Zutano,* Un tel, Un tel et Un tel sont venus. ‖ Un tel, Une telle ; Machin, Machine : *he visto a Fulano,* j'ai vu machin. ‖ — *Don Fulano de Tal,* Monsieur Un tel. ‖ *Ese fulano,* ce type-là. ‖ *Una fulana,* une grue (prostituta). ‖ *Un fulano,* un individu.

fular m. Foulard (tela y pañuelo para la cabeza).

fulastre o **fulastrón, ona** adj. FAM. Pourrie, e (malo). | Bâclé, e (mal hecho). | À la gomme (de poco valor).
— M. y f. Fumiste.

Fulberto n. pr. m. Fulbert.

fulcro m. TECN. Point d'appui (de la palanca).

fuldense m. y f. Feuillant, feuillantine (monje).

fulero, ra adj. y s. Fumiste (farsante).

Fulgencio n. pr. m. Fulgence.

fulgente o **fúlgido, da** adj. Brillant, e.

fulgir v. intr. Briller, étinceler.

fulgor m. Éclat, lueur, f., fulguration, f. (luz viva).

fulguración f. Fulguration.

fulgural adj. Fulgural, e.

fulgurante adj. Fulgurant, e.

fulgurar v. intr. Fulgurer (brillar).

fúlica f. Foulque (ave).

fuliginoso, sa adj. Fuligineux, euse (color).

fuligo m. Fuligo (hongo).

fulmicotón m. Fulmicoton (algodón pólvora).

fulminación f. Fulmination. ‖ Foudroiement, *m.* (por el rayo).

fulminador, ra adj. y s. Fulminant, e.

fulminante adj. Foudroyant, e : *apoplejía fulminante,* apoplexie foudroyante ; *un disparo fulminante,* un tir foudroyant. ‖ FIG. Fulminant, e : *mirada fulminante,* regard fulminant.
— M. Amorce, f. (de una bala). ‖ Détonateur (detonador).

fulminar v. tr. Foudroyer (matar por el rayo). ‖ FIG. Foudroyer, fusiller : *fulminar con la mirada,* foudroyer du regard. | Lancer (bombas). | Fulminer, lancer (excomuniones, amenazas). | Terrasser, foudroyer : *fulminado por la enfermedad,* terrassé par la maladie.
— V. intr. Fulminer.

fulminato m. QuÍM. Fulminate.

fulminatorio, ria adj. Fulminatoire.

fulmínico, ca adj. QuÍM. Fulminique.

fulo, la adj. *Amer.* Fou, folle [de colère].

full m. Full (en el póker).

fullear v. intr. Tricher.

fullerear v. intr. *Amer.* Bafouiller (farfullar).

fullería f. Tricherie (trampa). ‖ Astuce (maña). ‖ *Hacer fullerías,* tricher.

fullero, ra adj. y s. Tricheur, euse.

fumable adj. Fumable. ‖ FIG. Potable (aceptable).

fumada f. Bouffée (de humo).

fumadero m. Fumoir. ‖ Fumerie, f. (de opio, etc.).

fumador, ra adj. y s. Fumeur, euse.

fumagina f. Fumagine.

fumante adj. QuÍM. Fumant, e (ácido).

fumar v. tr. e intr. Fumer : *fumar en pipa,* fumer la pipe. ‖ — *Fumar como una chimenea,* fumer comme un sapeur *o* comme une cheminée *o* comme un pompier. ‖ *Papel de fumar,* papier à cigarettes.
— V. tr. Fumer : *fumar tabaco rubio,* fumer du tabac blond.
— V. pr. Fumer : *fumarse un pitillo,* fumer une cigarette. ‖ FAM. Manger, griller (gastar) : *fumarse la paga del mes,* manger le salaire du mois. | Sécher : *fumarse la clase,* sécher le cours.

fumarada f. Bouffée de fumée. ‖ Charge d'une pipe (de tabaco).

fumaria f. BoT. Fumeterre (planta).

fumariáceas f. pl. BoT. Fumariacées.

fumarola f. Fumerolle (de volcán).

fumífero, ra adj. PoÉT. Fumigène.

fumigación f. Fumigation.

fumigado, da adj. Fumigé, e.

fumigador m. Fumigateur.

fumigar v. tr. Désinfecter [par fumigation].

fumigatorio, ria adj. Fumigatoire.
— M. Brûle-parfum, *inv.*

fumígeno, na adj. Fumigène.

fumista m. Fumiste (reparador de chimeneas y estufas).
— OBSERV. *Fumista* n'a pas le sens familier du mot français *fumiste* [mystificateur] *(camelista).*

fumistería f. Fumisterie [métier du fumiste].

fumívoro, ra adj. y s. m. Fumivore.

funambulesco, ca adj. Funambulesque.

funámbulo, la m. y f. Funambule, danseur, danseuse de corde (volatinero).

función f. Fonction : *entrar en funciones,* entrer en fonctions ; *desempeñar las funciones de secretario,* remplir les fonctions de secrétaire. ‖ ANAT. Fonction : *funciones de nutrición,* fonctions de nutrition. ‖ TEATR. Représentation (espectáculo). ‖ Fête, solennité religieuse. ‖ Réunion (fiesta privada). ‖ MAT. y QUÍM. Fonction : *ser función de,* être fonction de. ‖ FAM. Scène : *armar una función,* faire une scène. ‖ — *Función de gala* ou *de etiqueta,* soirée de gala. ‖ *Función de la tarde,* matinée. | *Función de noche,* soirée. ‖ — *En función de,* en fonction de. ‖ *En funciones,* en fonction. ‖ TEATR. *No hay función,* relâche : *en este teatro no hay función hoy,* ce théâtre fait relâche aujourd'hui.

funcional adj. Fonctionnel, elle : *arquitectura funcional,* architecture fonctionnelle.

funcionamiento m. Fonctionnement : *mal funcionamiento,* mauvais fonctionnement. ‖ Marche, f. (de un motor) : *poner en funcionamiento,* mettre en marche.

funcionar v. intr. Fonctionner, marcher : *esta máquina funciona bien,* cette machine fonctionne bien. ‖ *No funciona,* en dérangement (teléfono, ascensor).

funcionario, ria m. y f. Fonctionnaire.

funcionarismo m. Fonctionnarisme.

funche m. *Amer.* Maïs moulu et préparé avec du beurre ou du sel.

funda f. Housse (de tela, de plástico). ‖ Taie (de almohada). ‖ Étui, *m.* (de violín, gafas, fusil). ‖ Gaine (vaina de puñal, de pistola). ‖ Fourreau, *m.* (de espada, de un paraguas). | Pochette (de disco). ‖ — *Funda de arzón,* fonte (pistolera). ‖ *Poner una funda,* fourrer, gainer (un cable).

fundación f. Fondation.

fundacional adj. Constitutif, ive : *acta fundacional,* acte constitutif (de una organización).

fundadamente adv. Avec fondement.

fundador, ra adj. y s. Fondateur, trice.

fundamentación f. Fondements, *m. pl.*

fundamental adj. Fondamental, e : *problemas fundamentales,* problèmes fondamentaux.

fundamentalmente adv. Fondamentalement. ‖ Foncièrement : *es fundamentalmente bueno,* il est foncièrement bon.

fundamentar v. tr. Jeter les fondements *o* les fondations de (cimientos). ‖ FIG. Fonder (tomar como

base). | Jeter les fondements de (sentar las bases).
— V. pr. Reposer : *esto se fundamenta en principios sólidos,* cela repose sur des principes solides.

fundamento m. Fondement, fondation, *f.* (de un edificio). | FIG. Fondement : *sin fundamento,* sans fondement. || — *No tener fundamento,* ne pas tenir debout. | *Tener fundamentos para,* avoir de bonnes raisons pour *o* de.

fundar v. tr. Fonder (edificar o crear). || FIG. Fonder : *fundar sus sospechas en,* fonder ses soupçons sur. || *Lo bien fundado,* le bien-fondé : *lo bien fundado de una reclamación,* le bien-fondé d'une réclamation.
— V. pr. S'appuyer, reposer (estribar) : *el arco se funda en el pilar,* l'arc repose sur le pilier. || FIG. S'appuyer : *¿en qué te fundas para decir esto?,* sur quoi t'appuies-tu pour dire cela ? | Se fonder : *fundarse en una opinión,* se fonder sur une opinion.

fundente adj. y s. m. Fondant, e.

fundible adj. Fusible.

fundición f. Fonte (acción de fundir). || Fonte (hierro colado) : *fundición refinada,* fonte d'affinage. || Fonderie (lugar donde se funde). || IMPR. Fonte (de letras). || — TECN. *Fundición de acero,* aciérie. || *Fundición de sebo,* fondoir (grasería).

fundido m. CINEM. Fondu : *fundido encadenado,* fondu enchaîné.

fundidor m. Fondeur (obrero).

fundidora f. Fondeuse (máquina).

fundir v. tr. ● Fondre : *fundir el hierro,* fondre le fer. || Couler (vaciar una estatua).
— V. pr. Fondre (volverse líquido). || FIG. Se fondre (unirse). || Couler (una biela). || Griller (una bombilla). || FAM. *Amer.* Faire la culbute, faire faillite (arruinarse).
— SINÓN. ● *Derretir,* fondre. *Licuar, liquidar,* liquéfier.

fundo m. DR. Fonds, propriété (*f.*) foncière (finca rústica).

fúnebre adj. Funèbre : *canto fúnebre,* chant funèbre. || — *Coche fúnebre,* corbillard. || *Pompas fúnebres,* pompes funèbres (funeraria).
— SINÓN. *Funerario,* funéraire. *Mortuorio,* mortuaire. *Necrológico,* nécrologique.

funeral adj. Funéraire.
— M. Obsèques, *f. pl.* (después de muerto), messe (*f.*) d'anniversaire (en el aniversario). || Funérailles, *f. pl.,* enterrement (entierro). || — Pl. Funérailles, *f.,* obsèques, *f.* (exequias a un personaje).

funerala (a la) loc. adv. Renversés (fusiles), traînantes (picas) [en signe de deuil]. || FAM. *Ojo a la funerala,* œil au beurre noir.

funerario, ria adj. Funéraire.
— F. Entreprise de pompes funèbres (empresa), pompes (*pl.*) funèbres (tienda). || — M. Employé des pompes funèbres.

funesto, ta adj. Funeste.

fungible adj. DR. Fongible.

fungicida adj. y s. m. Fongicide.

fungiforme adj. Fongiforme (en forma de hongo).

fungir v. intr. *Amer.* Avoir une charge de

fungo m. MED. Fongus (tumor).

fungosidad f. Fongosité.

fungoso, sa adj. Fongueux, euse (esponjoso).

funicular adj. y s. m. Funiculaire.

funículo m. BOT. Funicule.

furcia f. FAM. Grue, garce (ramera).

furfuráceo, a adj. Furfuracé, e.

furgón m. Fourgon.

furgoneta f. Fourgonnette commerciale. || *Furgoneta familiar,* familiale.

furia f. Furie : *hablar con furia,* parler avec furie. || Hâte, impétuosité, fougue (velocidad). || FIG.

Furie (persona mala). || — *Amer. A toda furia,* en toute hâte, impétueusement. || *Estar hecho una furia,* être furieux, être hors de soi, être fou de colère. || *Poner hecho una furia,* mettre en rage. || *Ponerse hecho una furia,* entrer dans une colère noire, se mettre dans tous ses états, entrer en furie.

Furias n. pr. f. pl. MIT. Furies.

furibundo, da adj. Furibond, e ; furibard, e (fam.) : *miradas furibundas,* regards furibonds. || *Batalla furibunda,* bataille furieuse.
— SINÓN. *Furioso,* furieux. *Colérico,* coléreux. *Poseso,* possédé. *Rabioso,* enragé.

furierismo m. Fouriérisme (sistema de Fourier).

furierista adj. y s. Fouriériste.

furiosamente adv. Furieusement

furioso adv. MÚS. Furioso.

furioso, sa adj. Furieux, euse. || FIG. Très grand, e ; énorme, furieux, euse (p. us.) : *un gasto furioso,* une dépense énorme. | Furieux, euse : *viento furioso,* vent furieux. || — *Estaba furioso con* ou *por esta noticia,* il était furieux d'apprendre cette nouvelle, cette nouvelle l'avait rendu furieux. | *Ponerse furioso,* se fâcher tout rouge, se mettre en colère, entrer en fureur.

furor m. ● Fureur, *f.* : *gritar con furor,* crier avec fureur. || FIG. Fougue, *f.* : *el furor de la juventud,* la fougue de la jeunesse. | Fureur, *f.* : *el furor del juego,* la fureur du jeu ; *el furor de los elementos,* la fureur des éléments. | — *Con furor,* à la folie. || *Hacer furor,* faire fureur *o* rage.
— SINÓN. ● *Furia,* furie. *Arrebato,* emportement. *Ira,* ire. *Cólera,* colère. *Rabia,* rage. *Pasión,* passion. *Frenesí,* frénésie.

furriel m. Fourrier.

furtivo, va adj. Furtif, ive. || — *Caza* ou *pesca furtiva,* braconnage. || *Cazador* ou *pescador furtivo,* braconnier.

furúnculo m. MED. Furoncle.
— SINÓN. *Divieso, grano,* clou (fam.). *Ántrax,* anthrax.

furunculosis f. MED. Furonculose.

fusa f. MÚS. Triple croche.

fuselaje m. AVIAC. Fuselage.

fuselado, da adj. BLAS. Fuselé, e.

fusente adj. f. Descendante (marea).

fusibilidad f. Fusibilité.

fusible adj. y s. m. Fusible.

fusiforme adj. Fusiforme.

fusil m. Fusil (arma). || — *Fusil ametrallador,* fusil mitrailleur. || *Fusil con alza automática,* fusil à lunette. || *Fusil de aguja, de chispa,* fusil à aiguille, à pierre. || *Fusil de repetición, semi automático,* fusil à répétition, semi-automatique. || — *Echarse el fusil a la cara* ou *encararse el fusil,* épauler son fusil.
— OBSERV. Le mot espagnol *fusil* désigne essentiellement le fusil de guerre. Le fusil de chasse se dit *escopeta.*
— SINÓN. *Carabina,* carabine. *Mosquetón,* mousqueton. *Rifle,* rifle. *Metralleta,* mitraillette. *Arcabuz,* arquebuse. *Mosquete,* mousquet. Pop. *Chopo,* flingot, flingue.

fusilamiento m. Exécution, *f.* : *fusilamientos en masa,* exécutions en masse. || FIG. Plagiat (plagio).

fusilar v. tr. Fusiller. || FAM. Plagier, piller (plagiar).

fusilazo m. Coup de fusil.

fusilería f. Ensemble (*m.*) de fusils. || Troupe armée de fusils. || *Descarga* ou *fuego de fusilería,* fusillade.

fusilero m. Fusilier (soldado).

fusión f. ● Fusion (de los metales). || Fonte (de la nieve). || Fusion, fusionnement, *m.* (de sociedades).
— SINÓN. ● *Fundición,* fonte. *Licuefacción, licuación,* liquéfaction. *Mezcla,* mélange.

fusionar v. tr. Fusionner.
— V. pr. Fusionner : *los dos bancos se han fusionado,* les deux banques ont fusionné.

fusta f. Tige, rameau, *m.* (vara). ‖ Cravache (látigo). ‖ MAR. Fuste (embarcación).

fustán m. Futaine, *f.* (tela). ‖ *Amer.* Jupon (enaguas blancas).

fuste m. Fût, hampe, *f.* (de lanza). ‖ Arçon (de la silla de montar). ‖ POÉT. Selle, *f.* (silla de montar). ‖ ARQ. Fût (caña de columna). ‖ (P. us.). Bois (madera). | Bâton (vara). ‖ FIG. Poids, importance, *f.*, envergure, *f.* : *negocio de poco fuste,* affaire de peu d'importance. | Fond (fundamento). ‖ — *Gente de fuste,* gens bien. ‖ *Hombre de fuste,* homme de poids. ‖ *Hombre de poco fuste,* homme sans envergure. ‖ ARQ. *Único de fuste* ou *de fuste único,* monostyle.

fustete m. BOT. Fustet.

fustigación f. Fustigation.

fustigar v. tr. Fustiger.

fútbol m. Football.

futbolín m. Baby-foot, football de table.

futbolista m. Footballeur, joueur de football.

futbolístico, ca adj. De football : *un torneo futbolístico,* un tournoi de football.

futesa f. POP. Bagatelle, foutaise.

fútil adj. Futile.

futileza o **futilidad** *f.* Futilité.

futraque m. POP. Frac, queue (*f.*) de pie (frac). ‖ *Amer.* Gommeux (lechuguino).

futre m. POP. *Amer.* Gommeux, élégant.

futura f. Survivance (derecho a la sucesión de un cargo). ‖ FAM. Future (novia).

futurismo m. Futurisme.

futurista adj. y s. Futuriste.

futuro, ra adj. y s. m. Futur. ‖ — GRAM. *Futuro imperfecto,* futur simple. | *Futuro perfecto* ou *anterior,* futur antérieur. ‖ — M. *Lo futuro,* l'avenir.

futurología f. Futurologie.

futurólogo, ga m. y f. Futurologue.

G

g f. G, *m.* : *una g minúscula,* un g minuscule.
 — OBSERV. Suivi des lettres *e* ou *i,* le *g* a le son du *j* espagnol. Suivi des lettres *a, o, u,* il a le même son qu'en français.

gabacho, cha adj. y s. Gavache (montañés de los Pirineos franceses). ‖ FAM. Français, e. ‖ — Adj. Pattu, e (paloma). ‖ — M. FAM. Espagnol francisé [langue].

gabán m. Pardessus (abrigo).

gabardina f. Gabardine (impermeable).

gabarra f. Péniche, gabare (p. us.) [embarcación].

gabarrero m. Gabarier.

gabarro m. Pépie, *f.* (pepita de las gallinas). ‖ Forlançure, *f.* (defecto en un tejido). ‖ Rognon (nódulo). ‖ Sorte de mortier, coulis (albañilería). ‖ VÉTER. Javart (tumor).

gabazo m. Bagasse, *f.*

gabela f. Gabelle (tributo). ‖ FIG. Charge, obligation. ‖ *Amer.* Avantage, *m.*

gabinete m. Cabinet (de ministros, de física, de lectura). ‖ Boudoir (de una señora). ‖ *Estrategas de gabinete,* stratèges en chambre.

gablete m. ARQ. Gable, gâble.

Gabón n. pr. m. GEOGR. Gabon.

Gabriel, ela n. pr. m. y f. Gabriel, Gabrielle.

gabrieles m. pl. FAM. Pois chiches (garbanzos).

gacela f. ZOOL. Gazelle.

gaceta f. Gazette (periódico). ‖ (Ant.). Journal (*m.*) officiel [en Espagne]. ‖ FIG. Gazette (correveidile). ‖ TECN. Casette. ‖ *Mentir más que la gaceta,* mentir comme un arracheur de dents.

gacetero m. Journaliste, échotier, gazetier (periodista).

gacetilla f. Nouvelles (*pl.*) brèves, échos, *m. pl.* (de un periódico). ‖ FIG. Gazette (correveidile).

gacetillero m. Journaliste (periodista). ‖ Échotier.

gacetista m. FAM. Lecteur assidu de journaux.

gacha f. Bouillie. ‖ *Amer.* Écuelle. ‖ — Pl. Bouillie, *sing.* (alimento). ‖ FAM. Cajoleries. ‖ FIG. y FAM. *Hacerse unas gachas,* se faire tout miel.

gaché o **gachó** m. Nom que les gitans donnent aux Andalous. ‖ POP. Type : *un gachó poco recomendable,* un type peu recommandable.

gacheta f. Bouillie (gachas). ‖ Empois, *m.*, colle de pâte (engrudo). ‖ TECN. Gâchette (de cerradura).

gachí f. POP. Gonzesse, fille.

gacho, cha adj. Courbé, e (doblado). ‖ Penché, e (inclinado). ‖ Bas, basse (orejas). ‖ Tombant, e (orejas de un animal) : *el cócker tiene las orejas gachas,* le cocker a les oreilles tombantes. ‖ Bas encorné, e (buey o vaca). ‖ Qui s'enterre (caballo). ‖ — *A gachas,* à quatre pattes. ‖ FIG. y FAM. *Volver con las orejas gachas,* revenir l'oreille basse o bredouille.

gachó m. V. GACHÉ.

gachón, ona adj. FAM. Charmant, e (atractivo). | Gâté, e (mimado, consentido). ‖ — F. POP. Gonzesse. ‖ — M. pl. Types (gachós).

gachonada o **gachonería** f. FAM. Grâce, charme, *m.* (atractivo).

gachuela f. Bouillie (gacheta).

gachumbo m. *Amer.* Coir (cáscara del coco).

gachupín m. *Amer.* Émigré espagnol ayant fait fortune en Amérique. | Espagnol.

gádidos m. pl. Gadidés (peces).

gaditano, na adj. y s. Gaditain, e (de Cádiz).

gado m. Gade (pez).

gadolinio m. Gadolinium (metal).

gaélico, ca adj. y s. Gaélique (céltico).

Gaeta n. pr. GEOGR. Gaète.

gafa f. Pied-de-biche (de ballesta). ‖ MAR. Gaffe (garfio). ‖ — Pl. Lunettes (anteojos) : *llevar gafas de oro,* porter des lunettes en or ; *gafas bifocales,* lunettes à double foyer ; *calarse las gafas,* mettre ses lunettes.

gafar v. tr. Accrocher (con un gancho), agripper (con las uñas). ‖ MAR. Gaffer. ‖ POP. Porter la poisse à (traer mala suerte).
 — V. pr. FIG. Tomber à l'eau.

gafe m. F́AM. Oiseau de malheur. ‖ POP. *Ser gafe*, avoir le mauvais œil, porter malheur *o* la guigne *o* la poisse.

gafedad f. Contraction des doigts. ‖ Lèpre (lepra).

gafete m. Crochet.

gafo, fa adj. Qui a les doigts recroquevillés. ‖ Lépreux, euse (leproso). ‖ *Amer.* Fourbu, e (caballerías).

gag m. Gag (episodio cómico).

gaguear v. intr. *Amer.* Bégayer (tartamudear).

gaita f. MÚS. Cornemuse (gallega), musette (con fuelle), biniou, *m.* (en Bretaña). | Vielle (zanfonía). ‖ FIG. y FAM. Cou, *m.* (pescuezo) : *estirar la gaita*, allonger le cou. | Corvée : *es una gaita escribir la carta esa*, quelle corvée d'écrire cette lettre. | Comédie, histoire, travail, *m.* : *aparcar allí es una gaita*, c'est toute une histoire de se garer à cet endroit-là. ‖ — *Alegre como una gaita*, gai comme un pinson. ‖ FAM. *No me vengas con gaitas*, ne m'ennuie pas. | *Templar gaitas*, arrondir les angles.

gaitero, ra adj. y s. FAM. Extravagant, e ; excentrique (vestido). | Guilleret, ette ; fringant, e (alegre). ‖ — M. Joueur de cornemuse, cornemuse.

gaje m. (Ant.). Gage (cosa entregada en prenda). ‖ — Pl. Gages (salario). ‖ FAM. *Los gajes del oficio*, les inconvénients *o* les aléas du métier.

gajo m. Branche (*f.*) d'arbre (rama). ‖ Grappillon (de uvas). ‖ Bouquet (de cerezas, etc.). ‖ Quartier (de naranja, limón). ‖ Dent, *f.* (de horca). ‖ Chaînon (de montañas). ‖ BOT. Lobule (lóbulo). ‖ *Amer.* Bouture, *f.* (esqueje).

gajoso, sa adj. Divisé, divisée en quartiers.

gal m. FÍS. Gal (unidad de aceleración).

gala f. Habit (*m.*) de fête (vestido). ‖ Grâce, élégance : *hablar con gala*, parler avec grâce. ‖ Fine fleur, le plus beau fleuron (lo más selecto). ‖ Gala, *m.* (espectáculo). ‖ — Pl. Atours, *m.* (vestidos), bijoux, *m.* (joyas). ‖ — MIL. *Con traje* ou *uniforme de gala*, en grande tenue, en grand uniforme, en costume de cérémonie, en tenue de parade. ‖ *De gala*, de gala. ‖ *De media gala*, de petit gala (uniforme). ‖ *Función* ou *baile de gala*, gala, soirée de gala. ‖ — *Estar en traje de gala*, être en tenue de gala *o* en tenue de soirée. ‖ *Hacer gala de*, se vanter de, être fier de (presumir), faire montre de (demostrar). ‖ *Hacer gala de sus riquezas*, faire étalage de ses richesses, étaler *o* afficher ses richesses. ‖ *Tener a gala*, mettre un point d'honneur à : *tiene a gala hacerlo todo por sí mismo ;* il met un point d'honneur à faire tout lui-même.

galabardera f. Églantier, *m.* (escaramujo).

Galacia n. pr. f. GEOGR. Galatie.

galáctico, ca adj. ASTR. Galactique.

galactógeno, na adj. y s. Galactogène, galactagogue.

galactómetro m. Galactomètre.

galactosa f. Galactose.

galaico, ca adj. Galicien, enne ; de Galice (gallego).

galalita f. Galalithe.

galán m. Galant (ant.), chevalier servant (galante, enamorado). ‖ Bel homme, beau garçon (apuesto, bien parecido). ‖ — BOT. *Galán de día, de noche*, arbustes tropicaux. ‖ *Galán de noche*, valet de nuit (mueble). ‖ TEATR. *Galán joven*, jeune premier. | *Segundo galán*, second rôle.

galanamente adv. Galamment (de manera galante). ‖ Élégamment (con elegancia).

galancete m. Jeune homme élégant. ‖ TEATR. Jeune premier.

galanía f. Élégance (galanura).

galano, na adj. Élégant, e (bien vestido). ‖ FIG. Élégant, e ; brillant, e (estilo, frase). ‖ *Amer.* Tacheté, e (res). ‖ — FIG. *Cuentas galanas*, châ-

teaux en Espagne (ilusiones), comptes d'apothicaire (cuentas del Gran Capitán). ‖ FIG. *Guerra galana*, guerre en dentelles.

— OBSERV. Les mots *galán, galano, galante* ont des sens quelque peu différents du français *galant*. *Galán* indique surtout une beauté physique, *galano* suggère l'idée d'élégance, *galante* s'applique surtout aux rapports de courtoisie avec les dames.

— El francés *galant* evoca sobre todo la cortesía, la caballerosidad. Un *galant homme* es un caballero.

galante adj. Galant, e [qui aime à courtiser les dames]. ‖ *Mujer galante*, femme galante.

galanteador adj. y s. m. Galant.

galantear v. tr. Courtiser, faire sa cour à (requebrar), conter fleurette à (fam.). ‖ Faire le joli cœur (fam.).

galantemente adv. Galamment.

galanteo m. Cour, *f.* (requiebro). ‖ *Es demasiado viejo para galanteos*, il est trop vieux pour faire le joli cœur.

galantería f. Galanterie (caballerosidad).

— OBSERV. V. GALANO.

galantina f. Galantine.

galanura f. Élégance : *vestir con galanura*, s'habiller avec élégance. ‖ Grâce : *andar con galanura*, marcher avec grâce.

galapagar m. Lieu où les tortues abondent.

galápago m. Tortue, *f.* (tortuga). ‖ Sep (del arado). ‖ TECN. Saumon (lingote). ‖ Moule à briques (para ladrillos). ‖ ARQ. Cintre. ‖ MED. Fronde, *f.* (vendaje). ‖ EQUIT. Selle (*f.*) anglaise. ‖ MIL. Tortue, *f.* (testudo). ‖ VETER. Crapaud (úlcera del caballo). ‖ MAR. Taquet.

galapo m. Toupin (de cordelero).

galardón m. Récompense, *f.*, prix.

galardonado, da adj. y s. Lauréat, e.

galardonador, ra adj. Rémunérateur, trice.

galardonar v. tr. Récompenser (recompensar). ‖ Couronner : *los propios académicos han galardonado su obra*, les académiciens eux-mêmes ont couronné son œuvre. ‖ *Galardonar con una medalla*, donner une médaille à, médailler.

gálata adj. y s. Galate (de Galicia).

Galatea n. pr. f. Galatée.

galaxia f. ASTR. Galaxie.

galbana f. FAM. Flemme, paresse.

gálbano m. Galbanum (resina).

galbanoso, sa adj. FAM. Flemmard, e ; cossard, e.

galdosiano, na adj. De l'écrivain Pérez Galdós.

galeato adj. Se dit du prologue justificatif servant de défense.

galeaza f. MAR. Galéasse, galéace.

galena f. MIN. Galène.

galénico, ca adj. MED. Galénique.

galenismo m. MED. Galénisme.

galenista m. MED. Galéniste.

galeno, na adj. MAR. Doux, douce (viento). ‖ — M. FAM. Toubib, médecin (médico).

Galeno n. pr. m. Galien (médico griego).

galeón m. MAR. Galion (barco).

galeopiteco m. ZOOL. Galéopithèque.

galeota f. Galiote (barco).

galeote m. Galérien (forzado).

galeoto m. Entremetteur (alcahuete).

— OBSERV. Ce nom, tiré d'un drame d'Echegaray, *El gran Galeoto*, n'a aucun rapport avec *galeote*.

galera f. MAR. Galère. ‖ Chariot (*m.*) à quatre roues (carro). ‖ Rangée de lits [dans une salle d'hôpital]. ‖ Prison pour femmes (cárcel). ‖ Galère, varlope (garlopa). ‖ MAT. Ligne de séparation entre les facteurs d'une division. ‖ IMPR. Galée. | Placard, *m.* (prueba). ‖ MIN. Galère (horno). ‖ ZOOL. Squille, sorte de crevette. ‖ *Amer.* Haut-de-forme, *m.* (sombrero). | Hangar, *m.* (cobertizo). ‖ — Pl. Galères (condena) : *condenar a galeras*, condamner aux galères.

galerada f. Charge d'une galère (carga). ‖ IMPR. Galée (composición). | Placard, *m.* (prueba).

galerero m. Charretier.

galería f. Galerie (en una casa, de pinturas, de mina). ‖ MAR. Galerie. ‖ TEATR. Galerie, poulailler, *m.* ‖ Cantonnière, *f.* (de cortinas). ‖ FIG. Galerie : *para la galería,* pour la galerie.

galerín m. Petite galère, *f.* ‖ IMPR. Galée, *f.*

galerio n. pr. m. Galère.

galerna f. MAR. Galerne (viento).

galerón m. *Amer.* Romance (*f.*) populaire. | Hangar (cobertizo). | Air et danse (*f.*) populaires du Venezuela.

Gales n. pr. GEOGR. Galles : *el País de Gales,* le pays de Galles.

galés, esa adj. y s. Gallois, e.

galga f. Pierre, rocher, *m.* (piedra). ‖ Meule courante (del molino). ‖ Bride (cinta del zapato). ‖ MED. Gale (sarna). ‖ TECN. Frein, *m.* [sur l'essieu d'une voiture] (freno). | Jauge (calibrador).

galgo, ga m. y f. Lévrier, levrette (perro). ‖ — *Correr como un galgo,* courir comme un lapin. ‖ *De casta le viene al galgo el ser rabilargo,* bon chien chasse de race. ‖ FAM. *¡Échele un galgo!,* vous pouvez toujours courir !
— Adj. *Amer.* Goulu, e.

galgueño, ña adj. Qui ressemble au lévrier. ‖ Levretté, e (caballo).

galguita f. Levrette.

gálgulo m. ZOOL. Rollier (pájaro).

Galia n. pr. f. GEOGR. Gaule.

Galiano n. pr. m. Gallien (emperador romano).

galianos m. pl. Galette (*f. sing.*) de berger.

galibar v. tr. Gabarier.

gálibo m. TECN. Gabarit.

galicado, da adj. Plein de gallicismes.

galicanismo m. Gallicanisme.

galicano, na adj. Gallican, e.

Galicia n. pr. f. GEOGR. Galice [Espagne].
— OBSERV. No confundir *Galice* con *Galicie,* que corresponde a la Galitzia eslava.

galiciano, na adj. y s. Galicien, enne (gallego).

galicismo m. Gallicisme.

galicista adj. y s. Qui emploie beaucoup de gallicismes.

gálico, ca adj. Gallique (de los galos). ‖ QUÍM. Gallique : *ácido gálico,* acide gallique.
— M. Syphilis, *f.*

galicoso, sa adj. y s. Syphilitique.

galicursi adj. FAM. Truffé de gallicismes (lenguaje).
— M. y f. Personne qui abuse des gallicismes.

Galilea n. pr. f. GEOGR. Galilée.

Galileo n. pr. m. Galilée.

galileo, a adj. y s. Galiléen, enne (de Galilea).

galillo m. Luette, *f.* (úvula).

galimatías m. FAM. Galimatias, charabia.
— SINÓN. *Guirigay, algarabía,* charabia. *Jerga, jerigonza,* jargon.

galio m. BOT. Gaillet, caille-lait.

galio m. Gallium (metal).

galiparla f. Langue francisée.

galiparlista m. Personne qui emploie beaucoup de gallicismes.

galipote m. MAR. Galipot.

Galitzia n. pr. f. GEOGR. Galicie (Polonia).

galo, la adj. y s. HIST. Gaulois, e.

galocha f. Galoche (calzado).

galofobia f. Gallophobie.

galófobo, ba adj. y s. Gallophobe.

galomanía f. Gallomanie (afrancesamiento).

galón m. Galon (cinta). ‖ MIL. Galon. ‖Gallon (medida inglesa y norteamericana).

galoneador m. Galonnier (pasamanero).

galoneadura f. Ouvrage (*m.*) galonné.

galonear v. tr. Galonner.

galonista m. Élève gradé d'une école militaire.

galop m. Galop (baile).

galopada f. Galopade.

galopador, ra adj. Galopeur, euse.

galopante adj. Galopant, e. ‖ *Tisis galopante,* phtisie galopante.

galopar v. intr. Galoper.

galope m. Galop : *ir a* ou *al galope,* aller au galop. ‖ — FIG. *A* ou *de galope,* à toute vitesse. | *A galope tendido,* au triple *o* au grand galop. ‖ *Galope sostenido* ou *medio,* galop de manège, galopade.

galopear v. intr. Galoper (galopar).

galopeo m. Galop.

galopillo o **galopín** m. Galopin, marmiton (pinche). ‖ MAR. Mousse. ‖ FAM. Galopin (niño).

galorromano, na adj. y s. Gallo-romain, e.

galpón m. *Amer.* Hangar (cobertizo). | (Ant.). Pièce (*f.*) réservée aux esclaves dans les « estancias ».

galucha f. *Amer.* Galop, *m.*

galuchar v. intr. *Amer.* Galoper.

galvánico, ca adj. Fís. Galvanique.

galvanismo m. Fís. Galvanisme.

galvanización f. Galvanisation.

galvanizar v. tr. Galvaniser. ‖ FIG. Galvaniser (inflamar).

galvano m. IMPR. Galvanotype.

galvanocauterio m. MED. Galvanocautère.

galvanómetro m. Fís. Galvanomètre.

galvanoplastia f. Galvanoplastie.

galvanoplástico, ca adj. Galvanoplastique.

galvanotipia f. Galvanotypie.

galladura f. Cicatricule (germen del huevo).

gallarda f. Gaillarde (danza). ‖ IMPR. Gaillarde (carácter de letra).

gallardamente adv. Avec prestance (airosamente). ‖ Hardiment, gaillardement (con valentía).

gallardear v. intr. Se vanter, en étaler (vanagloriarse).

gallardete m. Flamme, *f.* (banderola), drapeau (bandera).

gallardía f. Allure, élégance, prestance (bizarría). ‖ Hardiesse, cran, *m.* (valor).

gallardo, da adj. Qui a de l'allure *o* de la prestance *o* une belle tournure (airoso). ‖ Hardi, e ; vaillant, e ; gaillard, e (valeroso). ‖ FIG. Excellent, e (excelente).

gallareta f. ZOOL. Foulque (foja).

gallarón m. ZOOL. Canepetière, *f.* (sisón).

gallaruza f. Caban (*m.*) à capuchon.

gallear v. tr. Cocher (el gallo).
— V. intr. FIG. y FAM. Se dresser sur ses ergots, monter sur ses grands chevaux (alzar la voz). | Se distinguer, briller (sobresalir). | En étaler, crâner (pavonearse). ‖ TECN. Rocher (la plata en fusión).
— V. pr. Élever la voix, hausser le ton.

gallegada f. Mot (*m.*) o action propre aux Galiciens. ‖ Danse populaire galicienne (baile).

gallego, ga adj. y s. Galicien, enne (de Galicia). ‖ — M. Galicien (lengua). ‖ *Amer.* Espagnol, e [péjoratif].

galleguismo m. Tournure (*f.*) propre à l'espagnol de Galice.

galleo m. TECN. Rochage (de la plata fundida). ‖ TAUROM. Écart [effacement du corps pour éviter d'être atteint par le taureau]. ‖ FIG. Crânerie.

gallera o **gallería** f. *Amer.* Enceinte où se déroulent les combats de coqs.

gallero, ra m. y f. Coqueleux, euse (que cría gallos de pelea). ‖ Amateur de combats de coqs (aficionado).

galleta f. CULIN. Gâteau (*m.*) sec, petit gâteau, *m.*, biscuit (*m.*) sec (bizcocho). ‖ Petit-beurre, *m.* (de forma rectangular y borde lobulado), galette (de marinero). ‖ FAM. Tarte (bofetada). ‖ Gailleterie, gailletin, *m.* (carbón). ‖ *Amer.* Récipient (*m.*) pour boire le maté. | Pain (*m.*) bis (pan). || FAM. *Amer. Colgar la galleta*, mettre à la porte.

— OBSERV. *Galette*, sous sa forme la plus courante, se traduit par *torta*.

galletear v. tr. FAM. *Amer*. Mettre à la porte, congédier.

gallina f. Poule (ave). || — *Gallina ciega*, colin-maillard (juego). || *Gallina de agua*, poule d'eau. || *Gallina de Guinea*, pintade *o* poule de Barbarie. || *Gallina de río*, foulque. || *Gallina ponedora*, poule pondeuse, pondeuse. || *Gallina sorda*, bécasse. || *Gallina vieja da buen caldo*, c'est dans les vieilles marmites qu'on fait la bonne soupe. || — FIG. *Acostarse con las gallinas*, se coucher avec les poules. || *Dar con la gallina que pone los huevos de oro*, trouver la poule aux œufs d'or. || *En casa de Gonzalo más puede la gallina que el gallo*, dans cette maison, c'est elle qui porte la culotte. || *Estar como gallina en corral ajeno*, être dans ses petits souliers. || *Matar la gallina de los huevos de oro*, tuer la poule aux œufs d'or. || *Tener carne de gallina*, avoir la chair de poule. || — M. FIG. y FAM. Poule (*f.*) mouillée, mauviette, *f.* : *es un gallina*, c'est une poule mouillée.

gallináceo, a adj. y s. ZOOL. Gallinacé, e.

gallinaza f. Urubu, *m.* (gallinazo). || Fumier (*m.*) de poule (estiércol). || Fiente (excrement de gallina).

gallinazo m. Urubu (buitre de América).

gallinería f. Volaille (conjunto de gallinas). || Magasin (*m.*) de volailles (tienda). || FIG. Pusillanimité (cobardía).

gallinero m. Volailler (vendedor de aves de corral). || Poulailler (refugio para las aves de corral). || Cage (*f.*) à poules (cesto para transportar). || TEATR. Poulailler, paradis. || Volière, *f.* || — FIG. y FAM. *Dejar a uno como palo de gallinero*, pire que pendre de quelqu'un. | *Es más sucio que palo de gallinero*, il est sale comme un peigne.

gallineta f. Foulque (fúlica). || Bécasse (chocha). || *Amer*. Pintade (pintada).

gallipato m. ZOOL. Sorte de triton.

gallipava f. Poule andalouse de grande taille.

gallito m. Cochet, jeune coq. || *Amer*. Coq de roche (gallito de roca). | Fléchette (flechilla). || — FIG. *Gallito del pueblo*, coq du village. || *Gallito del rey*, labre, vieille de mer (budión).

gallo m. Coq (ave). || Limande, *f.* (pez). || FIG. y FAM. Couac, canard (nota falsa) : *soltar un gallo*, faire un canard. | Despote (el que manda). || POP. Crachat (esputo). || — *Gallo de monte* ou *gallo silvestre*, coq de bruyère (urogallo). || FIG. *Gallo de pueblo*, coq de clocher. || *Gallo de riña* ou *de pelea*, coq de combat. || *Gallo de roca*, rupicole, coq de roche. || — *Entre gallos y media noche*, à une heure indue. || *Misa del gallo*, messe de minuit. || DEP. *Peso gallo*, poids coq (boxeo). || — FAM. *Alzar el gallo*, monter sur ses ergots. | *En menos que canta un gallo*, en un clin d'œil, en moins de deux, en moins de rien. || *Ser engreído como gallo de cortijo*, se croire le premier moutardier du pape, se croire sorti de la cuisse de Jupiter. || *Amer*. *Ser muy gallo*, être très courageux. || FAM. *Tener arroz y gallo muerto*, mettre les petits plats dans les grands.

gallocresta f. BOT. Sauge (salvia). | Crête-de-coq (rinanto).

gallofa f. (Ant.). Repas (*m.*) que l'on offrait aux pèlerins français qui se rendaient à Saint-Jacques-de-Compostelle. || Légume, *m.* (verdura).

gallofear v. intr. Mendier (pordiosear).

gallofero, ra o **gallofo, fa** adj. y s. Mendiant, e (pordiosero). || Vagabond, e (vagabundo).

gallón m. Pelouse, *f.* (tepe), gazon (césped). || ARQ. Ove, godron (ornamento).

galludo m. Sorte de requin.

gallup m. Gallup (sondeo de la opinión pública).

gama f. ZOOL. Daine (hembra del gamo). || MÚS. Gamme (escala) : *hacer gamas en el piano*, faire des gammes au piano. || FIG. Gamme (serie).

gamado, da adj. Gammé, e : *cruz gamada*, croix gammée.

gamarra f. EQUIT. Martingale (correa). || *Media gamarra*, fausse martingale.

gamba f. Crevette rose, bouquet, *m.*

gambado, da adj. *Amer*. Cagneux, euse.

gámbaro m. Crevette, *f.*, gammare (camarón).

gamberrada f. FAM. Tour (*m.*) pendable, acte (*m.*) de vandalisme.

gamberrismo m. Dévergondage. || Vandalisme : *ola de gamberrismo*, recrudescence du vandalisme.

gamberro, rra adj. y s. Dévoyé, e. || — M. Voyou, blouson-noir (golfo). || — F. Grue (ramera).

gambeta f. Entrechat, *m.* (danza). || EQUIT. Courbette. || *Amer*. Écart, *m.* (esguince). | Échappatoire.

gambetear v. intr. Faire des entrechats (danza). | Faire des courbettes (caballo). || DEP. Dribbler, faire des feintes (regatear).

gambeteo m. DEP. Feinte, *f.*, dribbling.

gambito m. Gambit (en el ajedrez).

gamboa f. Variété de coing.

gamella f. Écuelle (del jugo). || Auge, baquet, *m.* (artesa).

gameto m. BIOL. Gamète.

gamezno m. Faon (cría del gamo).

gamma f. Gamma (letra griega). || FÍS. *Rayos gamma*, rayons gamma.

gamo m. Daim. || *Correr como un gamo*, courir comme un zèbre.

gamón m. BOT. Asphodèle.

gamonal m. Endroit où abondent les asphodèles. || *Amer*. Cacique.

gamonalismo m. *Amer*. Caciquisme.

gamonito m. Drageon (retoño pequeño).

gamopétalo, la adj. BOT. Gamopétale.

gamosépalo, la adj. BOT. Gamosépale.

gamuza f. Chamois, *m.*, isard, *m.* (animal). || Peau de chamois (piel).

gamuzado, da adj. Chamoisé, e.

gana f. Envie : *tener gana(s) de* ou *darle ganas a uno de*, avoir envie de. || — Pl. Appétit, *m.* sing. : *abrir las ganas*, ouvrir l'appétit. || — *De buena gana*, de bon gré, de bon cœur, avec plaisir. || *De buena o mala gana*, bon gré mal gré. | *De mala gana*, de mauvais gré, à contrecœur. || — *Comer sin ganas*, manger sans appétit, manger du bout des dents. || *Amer*. *Es gana*, c'est impossible, inutile d'insister. || FAM. *Hace lo que le da la gana*, il fait ce qui lui chante, il n'en fait qu'à sa tête. || *Hacer algo con poca gana*, faire quelque chose de mauvaise grâce. || *Le dieron unas ganas de correr*, il a été pris d'une de ces envies de courir. || FAM. *Lo haré cuando me dé la real gana*, je le ferai quand ça me chantera. | *Me dejaron* ou *me quedé con las ganas*, je suis resté sur ma faim. || *Morirse de ganas*, mourir d'envie, brûler d'envie. || *No me da la gana*, je n'en ai pas envie, je ne veux pas. || *Quitar las ganas*, ne plus avoir envie de, faire passer l'envie de : *este accidente me ha quitado las ganas de comprar un coche*, après cet accident, je n'ai plus envie d'acheter une voiture, cet accident m'a fait passer l'envie d'acheter une voiture ; couper l'appétit. || *Recuperar las ganas de*, reprendre goût à. || *Tenerle ganas a uno*, avoir une dent contre quelqu'un. || *Tener muchas ganas de* ou *unas ganas locas de*, avoir très envie de *o* grande envie de *o* une envie folle de. | *Venir en gana*, avoir envie de.

ganable adj. Gagnable (que se puede ganar).

ganadería f. Troupeau, *m.* (reunión de reses). || Élevage, *m.* (cría del ganado) : *una ganadería de* *toros de lidia,* un élevage de taureaux de combat. ‖ Bétail, *m.* (ganado).

ganadero, ra adj. Du bétail, d'élevage : *provincia ganadera,* province d'élevage.
— M. y f. Éleveur, euse (de ganado).

ganado m. Bétail : *ganado en pie,* bétail sur pied ; *cabeza de ganado,* tête de bétail. ‖ Ruchée, *f.* (de abejas). ‖ FIG. y FAM. Gens, *m. pl.* (gente). ‖ — *Ganado caballar,* espèce chevaline. ‖ *Ganado cabrío,* chèvres. ‖ *Ganado de cerda* ou *moreno* ou *porcino,* porcins, porcs, espèce porcine. ‖ *Ganado de engorde,* animaux à l'engrais, bétail d'embouche. ‖ FIG. *Ganado humano,* bétail humain (esclavos). ‖ *Ganado lanar,* bêtes à laine, ovins. ‖ *Ganado mayor,* gros bétail. ‖ *Ganado menor,* petit bétail. ‖ *Ganado ovino,* ovins, moutons. ‖ *Ganado vacuno,* bovins, bêtes à cornes.

ganador, ra adj. y s. Gagnant, e : *jugar a ganador,* jouer gagnant.

ganancia f. ● Gain, *m.* (acción de ganar). ‖ Bénéfice, *m.,* profit, *m.,* revenu, *m.* (lo que se gana). ‖ *Amer.* Gratification (adehala). ‖ — FAM. *No le arriendo la ganancia,* je ne voudrais pas être à sa place. ‖ COM. *Pérdidas y ganancias,* profits et pertes.
— SINÓN. ● *Lucro,* lucre. *Beneficio,* bénéfice. *Provecho,* profit. *Retribución,* rétribution. *Superávit,* excédent. *Ingreso,* recette. *Renta,* revenu. *Producto,* produit. *Rendimiento,* rendement.

ganancial adj. Bénéficiaire. ‖ DR. *Bienes gananciales,* acquêts : *comunidad de bienes gananciales,* communauté réduite aux acquêts.

ganancioso, sa adj. Lucratif, ive ; rémunérateur, trice (lucrativo). ‖ Gagnant, e (ganador).

ganapán m. Portefaix. ‖ Gagne-denier (buscavidas). ‖ FIG. y FAM. Malotru (grosero).

ganapierde m. Qui perd gagne (juego de damas).

ganar v. tr. Gagner : *ganar dinero, una batalla, un pleito,* gagner de l'argent, une bataille, un procès ; *ganar con que vivir,* gagner de quoi vivre. ‖ Gagner (alcanzar). ‖ FIG. Surpasser, dépasser (superar). ‖ — *Ganar el premio gordo,* gagner le gros lot. ‖ *Ganar la partida a uno* ou *ganarle a uno por la mano,* damer le pion à quelqu'un, prendre le pas sur quelqu'un. ‖ *Ganar terreno,* gagner du terrain. ‖ *Ganar tiempo,* gagner du temps. ‖ — FIG. y FAM. *¡A idiota no hay quien te gane!,* comme idiot, tu te poses un peu là ! ‖ *No hay quien le gane a Pedro al ajedrez,* Pierre n'a pas son pareil aux échecs. ‖ *No hay quien le gane en idiotez,* il n'y a pas plus crétin que lui. ‖ *No se ganó Zamora en una hora,* Paris ne s'est pas fait en un jour.
— V. intr. Gagner : *ganar con el trato,* gagner à être connu. ‖ Gagner (vencer). ‖ — DEP. *Ir ganando,* mener : *ir ganando por tres tantos a uno,* mener par trois buts à un. ‖ — *Llevar las de ganar,* avoir la partie belle, avoir tous les atouts dans son jeu. ‖ *Salir ganando,* trouver son compte.
— V. pr. Gagner : *ganarse la vida, el pan,* gagner sa vie, son pain ; *ganarse la vida cantando,* gagner sa vie à chanter. ‖ Gagner, mériter : *se lo ha ganado,* il l'a bien mérité. ‖ — *Ganarse el desprecio general,* encourir le mépris général. ‖ *Ganarse la enemistad de alguien,* s'attirer la haine de quelqu'un. ‖ FIG. y FAM. *Ganarse una bofetada,* ou *una torta,* récolter o recevoir une gifle. ‖ *Ganarse un castigo,* récolter une punition. ‖ — *Con paciencia se gana el cielo,* la patience vient à bout de tout, patience et longueur de temps font plus que force ni que rage. ‖ FAM. *Hay que ganarse el puchero,* il faut gagner sa croûte. ‖ *¡La que se va a ganar!,* qu'est-ce qu'il va prendre ! ‖ *¡Se lo ha ganado a pulso!,* il l'a bien gagné o mérité !

ganchero m. Flotteur de bois (el que guía los maderos por los ríos). ‖ *Amer.* Aide (ayuda). ‖ Cheval de selle pour femme (caballo).

ganchete m. *Amer. A medio ganchete,* à moitié. ‖ *De ganchete,* bras dessus, bras dessous. ‖ *De medio ganchete,* bâclé, mal fait (mal hecho), sur le point de tomber (a punto de caer).

ganchillo m. Crochet (aguja de gancho). ‖ Épingle *(f.)* à cheveux (horquilla). ‖ TECN. Guipoir. ‖ *Labor de ganchillo,* crochet.

gancho m. Crochet (para colgar). ‖ Crochet : *aguja de gancho,* aiguille à crochet. ‖ Houlette, *f.* (cayado). ‖ Tronçon de branche (de rama). ‖ Crochet (boxeo). ‖ FIG. y FAM. Intrigant (el que solicita). ‖ Rufian, souteneur (rufián). ‖ Rabatteur, racoleur (que atrae a los clientes). ‖ Chic, chien : *mujer que tiene gancho,* femme qui a du chien. ‖ *Amer.* Épingle *(f.)* à cheveux (horquilla). ‖ Aide, *f.,* appui (auxilio). ‖ Selle *(f.)* d'amazone (silla de montar). ‖ — POP. *Echar el gancho,* racoler. ‖ *Mujer de gancho,* entraîneuse.

ganchoso, sa o **ganchudo, da** adj. Crochu, e.

gándara f. Terre inculte, friche.

gandaya f. FAM. Bonne vie, bohème.

gandición f. *Amer.* Gloutonnerie.

gandido, da adj. *Amer.* Glouton, onne ; goinfre.

gandinga f. MIN. Minerai bocardé et lavé.

gandul, la adj. y s. FAM. Fainéant, e ; feignant, e ; cossard, e.

gandulear v. intr. Paresser, fainéanter, flâner.

gandulería f. Paresse, fainéantise.

gandumbas m. FAM. Feignant, cossard.

gandura f. Gandoura.

gang m. Gang (banda).

ganga f. ZOOL. Gélinotte, poule des bois. ‖ FIG. y FAM. Aubaine, occasion, bonne affaire (cosa buena y barata). ‖ Filon, *m.* (buena situación). ‖ MIN. Gangue (del mineral). ‖ — *Andar a caza de gangas,* chercher les bonnes occasions. ‖ *Aprovechar una ganga,* profiter d'une aubaine. ‖ *¡Menuda ganga!, ¡vaya una ganga!,* bonne aubaine !, quel filon ! ‖ *Precio de ganga,* prix défiant toute concurrence.

Ganges n. pr. m. GEOGR. Gange.

gangético, ca adj. Gangétique.

gangliforme adj. ANAT. Gangliforme.

ganglio m. ANAT. Ganglion.

ganglionar adj. ANAT. Ganglionnaire.

gangoche o **gangocho** m. *Amer.* Toile *(f.)* à sac, serpillière, *f.*

gangolina f. *Amer.* Foule (multitud). ‖ Vacarme, *m.* (jaleo).

gangosear v. intr. Nasiller (ganguear).

gangoso, sa adj. y s. Nasillard, e ; qui parle du nez, qui nasille. ‖ *Hablar gangoso,* parler du nez.

gangrena f. MED. Gangrène.

gangrenarse v. pr. Se gangrener.

gangrenoso, sa adj. Gangreneux, euse.

gángster m. Gangster (atracador).

gangsterismo m. Gangstérisme.

ganguear v. intr. Nasiller, parler du nez.

gangueo m. Nasillement.

gánguil m. Marie-salope, *f.* (barco).

Ganimedes n. pr. m. Ganymède.

ganoideo, a adj. y s. Ganoïde (peces).

ganoso, sa adj. Désireux, euse : *estar ganoso de,* être désireux de.

gansada f. FAM. Bêtise, sottise.

gansarón m. Oison (ansarón).

gansear v. intr. FAM. Faire o dire des sottises, bêtiser.

gansería f. Sottise, bêtise.

ganso, sa m. y f. Oie (hembra), jars (macho). ‖ FIG. y FAM. Oie, *f.* (persona poco inteligente). ‖ — *A pata de ganso,* en patte d'oie. ‖ MIL. *Paso de ganso,* pas de l'oie. ‖ *Los gansos del Capitolio,* les oies du Capitole. ‖ — *Hablar por boca de ganso,* répéter comme un perroquet. ‖ *Hacer el ganso,* faire l'imbécile o l'âne. ‖ *Ser muy ganso,* être bête comme une oie o comme ses pieds.

Gante n. pr. m. GEOGR. Gand.

gantés, esa adj. y s. De Gand, gantois, e.

ganzúa f. Rossignol, *m.*, crochet, *m.*, pince-monseigneur (garfio). ‖ FIG. y FAM. Filou, *m.* (ladrón). ‖ Fin renard, *m.* (persona hábil). ‖ — *Abrir con ganzúa*, crocheter. ‖ *Ladrón de ganzúa*, crocheteur de portes o de serrures.

gañán m. Valet de ferme. ‖ FIG. y FAM. Rustre (hombre grosero).

gañanía f. Valetaille [d'une ferme]. ‖ Locaux (*m. pl.*) d'habitation des valets d'une ferme (local).

gañido m. Glapissement (aullido).

gañir* v. intr. Glapir (aullar). ‖ Croasser (las aves). ‖ FIG. y FAM. Crier (chillar). ‖ Parler o crier d'une voix rauque (con voz ronca).

gañote m. FAM. Avaloir, gosier (garganta). ‖ POP. *De gañote*, à l'œil.

gaón m. Pagaie, f. (remo).

garabatada f. Coup (*m.*) de crochet.

garabatear v. tr. e intr. Saisir avec un croc o un crochet. ‖ Griffonner (garrapatear). ‖ FIG. y FAM. Tourner autour du pot, tergiverser.

garabateo m. Griffonnage, gribouillage (escritura). ‖ FIG. Détours, pl.

garabato m. Croc (garfio), crochet (gancho). ‖ Allonge, *f.* (de carnicero). ‖ Griffonnage, gribouillage (mala escritura). ‖ FIG. y FAM. Charme, chien (en la mujer). ‖ — Pl. Gestes exagérés (gesticulaciones). ‖ Pattes (*f.*) de mouche (mala letra).

garabatoso, sa adj. Illisible, griffonné, e; gribouillé, e (letra).

garabito m. Stand de marché. ‖ *Amer.* Vagabond, clochard (atorrante).

garaje m. Garage.

garajista m. Garagiste.

garambaina f. Franfreluche (adorno). ‖ — Pl. FAM. Grimaces, mines, simagrées (muecas). ‖ Pattes de mouche, gribouillis, *m.*, griffonnages *m.* (garabateo).

garandumba f. FAM. *Amer.* Grande bringue (mujer muy alta). ‖ Sorte de péniche (embarcación).

garante adj. y s. Garant, e : *ser garante de*, se porter garant de.

garantía f. Garantie : *con garantía*, sous garantie ; *dejar como garantía*, laisser en garantie. ‖ — *Garantías constitucionales*, garanties constitutionnelles. ‖ *Sin garantía del Gobierno*, sans garantie du gouvernement.

— SINÓN. *Seguridad*, assurance, sûreté. *Salvaguardia*, sauvegarde. *Caución*, caution. *Fianza*, cautionnement. *Aval*, aval.

garantir* v. tr. Garantir (garantizar).

garantizado, da adj. Garanti, e : *aparato garantizado por un año*, appareil garanti un an. ‖ Sous garantie (con garantía).

garantizar v. tr. Garantir : *se lo garantizo*, je vous le garantis.

garañón m. Baudet (asno). ‖ *Amer.* Étalon (semental).

garapiña f. Liquide (*m.*) congelé. ‖ Sorte de galon, *m.* (galón). ‖ *Amer.* Boisson d'écorce d'ananas (bebida).

garapiñado, da adj. Praliné, e. ‖ *Almendra garapiñada*, praline o amande pralinée.

garapiñar v. tr. Congeler (helar). ‖ Praliner (las almendras).

garapiñera f. Bassine dans laquelle on fait des pralines (para las almendras). ‖ Sorbetière (heladera).

garapito m. Punaise (*f.*) d'eau, notonecte.

garapullo m. Fléchette, *f.* (rehilete). ‖ TAUROM. Banderille, *f.*

garatusa f. Opéra, *m.*, nain (*m.*) jaune (juegos). ‖ FAM. Cajolerie (carantoña).

garbanceo m. FAM. Pot-au-feu, pitance, *f.*, croûte, *f.* (comida).

garbancero, ra adj. Du pois chiche (relativo al garbanzo). ‖ — M. Mangeur de pois chiches (aficionado a los garbanzos). ‖ FIG. Rustre (grosero).

garbanzal m. Champ de pois chiches.

garbanzo m. Pois chiche. ‖ VETER. Éparvin sec. ‖ — Pl. FAM. Croûte, *f. sing.*, pitance, *f. sing.*, pot-au-feu, *sing.* ‖ — FIG. y FAM. *Contar los garbanzos*, faire des économies de bouts de chandelle. ‖ *En toda tierra de garbanzos*, partout. ‖ *Garbanzo negro*, brebis galeuse.

garbanzuelo m. VETER. Éparvin (esparaván).

garbear v. intr. Se rengorger (fanfarronear). ‖ — V. pr. FAM. Faire un tour o une virée. ‖ Se débrouiller (componérselas).

garbeo m. FAM. Tour, ballade, *f.* (vuelta) : *darse un garbeo*, faire un tour. ‖ Virée, *f.* : *me voy a dar un garbeo por España*, je vais faire une virée en Espagne.

garbera f. Gerbier, *m.*, meule (hacina).

garbías m. pl. Sorte de ragoût.

garbillar v. tr. Cribler.

garbillo m. Crible (criba).

garbo m. Prestance, *f.*, allure, *f.* : *tener garbo*, avoir de l'allure. ‖ Élégance, *f.* : *vestirse con garbo*, s'habiller avec élégance. ‖ Grâce, *f.* : *andar con garbo*, marcher avec grâce. ‖ FIG. Générosité, *f.*

garbón m. Mâle de la perdrix.

garbosamente adv. Élégamment, avec grâce. ‖ Généreusement (con generosidad).

garboso, sa adj. Élégant, e ; qui a de l'allure (elegante). ‖ Gracieux, euse. ‖ FIG. Généreux, euse.

garceta f. Garzette (ave). ‖ Garcette (peinado). ‖ Dague (mogote del venado).

gardenal m. Gardénal.

gardenia f. BOT. Gardénia.

garden-party f. Garden-party.

garduña f. ZOOL. Fouine.

garduño m. FAM. Filou (ratero).

garete (irse al) loc. MAR. Aller à la dérive. ‖ FIG. y FAM. Aller au diable.

garfa f. (P. us.). Griffe (garra). ‖ ELECTR. Support, *m.*

garfada f. Coup (*m.*) de griffe.

garfear v. intr. Crocher (con un garfio).

garfio m. Croc, crochet (gancho).

gargajeada f. Crachement, *m.* (gargajeo).

gargajear v. intr. Cracher, graillonner (pop.).

gargajeo m. Crachement.

gargajiento, ta adj. Cracheur, euse.

gargajo m. FAM. Crachat, graillon (pop.).

gargajoso, sa adj. V. GARGAJIENTO.

garganta f. ● ANAT. Gorge : *dolerle a uno la garganta*, avoir mal à la gorge. ‖ FIG. Cou-de-pied, *m.* (del pie). ‖ ARQ. y GEOGR. Gorge. ‖ Gorge (de polea). ‖ FIG. y FAM. *Agarrar por la garganta*, saisir à la gorge. ‖ FIG. y FAM. *Lo tengo atravesado en la garganta*, je l'ai en travers du gosier. ‖ *Tener* ou *atravesársele a uno un nudo en la garganta*, avoir la gorge serrée, avoir un nœud dans la gorge.

— SINÓN. ● *Garguero*, arrière-gorge. *Faringe*, pharynx. *Fauces, gaznate*, gosier. Fam. *Tragadero, tragaderas*, avaloir.

gargantada f. Gorgée.

gargantear v. intr. Faire des roulades [en chantant]. ‖ — V. tr. MAR. Estroper.

garganteo m. Roulade, *f.*

gargantilla f. Collier, *m.* (collar).

Gargantúa n. pr. m. Gargantua.

gárgara f. Gargarisme, *m.* : *hacer gárgaras*, faire des gargarismes. ‖ FIG. y FAM. *Mandar a uno a hacer gárgaras*, envoyer paître quelqu'un.

gargarismo m. Gargarisme.

gargarizar v. intr. Se gargariser.

gárgol m. Rainure, *f.*

gárgola f. ARQ. Gargouille. || Capsule du lin (baga).

garguero o **gargüero** m. Arrière-gorge, f.

garibaldino, na adj. y s. Garibaldien, enne. || — F. Chemise rouge (blusa).

garifo, fa adj. Pimpant, e. || *Amer.* Vif, vive ; animé, e (vivo).

gariofilea f. BOT. Œillet (m.) sauvage.

garita f. Guérite.

garitear v. intr. Courir les tripots.

garitero m. Tenancier de tripot (amo). || *Amer.* Employé de l'octroi.

garito m. Tripot (casa de juego). || Gain (ganancia sacada del juego).

garitón m. *Amer.* Porte (f.) d'octroi.

garla f. FAM. Bavardage, m., papotage, m.

garlar v. intr. FAM. Papoter, bavarder.

garlito m. Nasse, f. (red de pescar). || FIG. y FAM. Piège (trampa). | *Caer en el garlito*, tomber dans le piège, donner dans le panneau.

garlopa f. TECN. Varlope.

garlopín m. TECN. Riflard.

garnacha f. Hermine (de magistrado). || Grenache (uva y vino). || *Amer.* Omelette à la viande et au piment (torta). || *Gente de garnacha*, gens de robe.

garniel m. Ceinture (f.) garnie de poches.

Garona n. pr. m. GEOGR. Garonne, f.

garoso, sa adj. *Amer.* Affamé, e (hambriento). | Glouton, onne (comilón).

garra f. Griffe (de gato, león, tigre, etc.). || Serre (de las aves de rapiña). || FIG. y FAM. Main. | Nerf, m., ressort, m. (vigor). || MAR. Crochet, m., grappin, m. | *Amer.* Morceau (m.) de cuir racorni (pedazo de cuero). || — Pl. Haillons, m. (harapos). || — FIG. y FAM. *Caer en las garras de uno*, tomber entre les griffes de quelqu'un. | *Echar la garra a uno*, mettre la main o le grappin sur quelqu'un. || *Garras de astracán*, pattes d'astrakan.

garrafa f. Carafe. || Dame-jeanne (damajuana).

garrafal adj. À gros fruits (dicho de ciertos cerezos). || FIG. y FAM. Monumental, e ; énorme ; grossier, ère : *mentira, error garrafal*, énorme mensonge, erreur monumentale. | *Cereza garrafal*, bigarreau.

garrafiñar v. tr. FAM. Arracher.

garrafón m. Grande carafe, f. || Dame-jeanne, f. (damajuana).

garrancha f. FAM. Épée, rapière (espada). || BOT. Spathe.

garrancho m. Branche (f.) brisée (rama). || Picot (de madera).

garrapata f. Tique (insecto). || FAM. Rosse (mal caballo).

garrapateador, ra m. y f. Gribouilleur, euse ; griffonneur, euse (que escribe mal).

garrapatear v. intr. Griffonner, gribouiller (escribir mal).

garrapato m. Griffonnage, gribouillage. || — Pl. Pattes (f.) de mouche, gribouillis (escarabajos).

garrar v. intr. MAR. Chasser sur son ancre.

garrear v. intr. MAR. Chasser sur son ancre. || *Amer.* Vivre aux dépens d'autrui.
— V. tr. *Amer.* Voler (robar).

garrete m. *Amer.* Jarret (jarrete).

garrido, da adj. Élégant, e, qui a belle allure (apuesto).

garroba f. Caroube, carouge (algarroba).

garrobilla f. Bois (m.) de caroubier. || *Amer.* Dividivi (árbol).

garrobo m. Gros lézard d'Amérique centrale.

garrocha f. Croc, m. (palo con gancho). || Aiguillon, m. (aguijada). || TAUROM. « Garrocha », lance, pique (en las tientas). || *Amer.* Perche (pértiga).

garrochador m. TAUROM. Picador.

garrochazo m. Coup de pique.

garrochear v. tr. TAUROM. Piquer [le taureau] avec la « garrocha ».

garrochista m. Gardien de troupeaux armé d'une « garrocha ».

garrochón m. Pique, f. (rejón).

garrofa f. Caroube (algarroba).

garrón m. Ergot (espolón de ave). || Extrémité (f.) de la patte de certains animaux (de ciertos animales). || Talon (calcañar). || Tronçon de branche (gancho de rama). || Picot (de madera).

garrotal m. Plantation (f.) d'oliviers.

garrotazo m. Coup de bâton.

garrote m. Gourdin, bâton (palo). || MED. Garrot. || Garrotte, f. (suplicio). || AGRIC. Bouture, f., plant (estaca). || Bombement (pandeo de una pared). || *Amer.* Frein (freno). || *Dar garrote*, garrotter (a un condenado).

garrotear v. tr. *Amer.* Bâtonner (apalear).

garrotero m. *Amer.* Serre-freins, inv. (de ferrocarril).

garrotillo m. MED. Croup.

garrotín m. Danse (f.) espagnole populaire.

garrucha f. Poulie (polea).

garrucho m. MAR. Bague, f.

garrulador, ra adj. V. GÁRRULO.

garrulería f. Bavardage, m., papotage, m.

garrulidad f. Tendance au bavardage.

gárrulo, la adj. Gazouillant, e (aves). || FIG. Bavard, e (charlatán). || POÉT. Gazouillant, e ; murmurant, e (agua), murmurant, e (viento) : *un arroyo gárrulo*, un ruisseau gazouillant.

garúa o **garuja** f. *Amer.* Bruine (llovizna).
— OBSERV. Le phénomène de la *garúa* est particulier aux côtes du Pérou et de l'Équateur.

garuar v. impers. *Amer.* Bruiner (lloviznar).

garufa f. FAM. *Amer.* Bombe, noce (parranda).

garujo m. Mortier (hormigón).

garulla f. Raisin (m.) égrené (granuja). || FIG. y FAM. Cohue, foule (muchedumbre).

garza f. Héron, m. (ave). || *Garza real*, héron cendré.

garzo, za adj. Pers, e : *ojos garzos*, yeux pers.
— M. Agaric (hongo).

garzón m. (Ant.). Jeune garçon. || *Amer.* Sorte de héron (ave).

garzota f. Aigrette (ave y adorno).

gas m. FÍS. y QUÍM. Gaz : *gas ciudad*, gaz de ville ; *gas hilarante, lacrimógeno*, gaz hilarant, lacrymogène. || — *A todo gas*, à plein gaz, à toute allure : *andar a todo gas*, marcher à plein gaz. || *Gas de combate* ou *asfixiante*, gaz de combat o asphyxiant. | *Gas de los pantanos, raro*, gaz des marais, rare. || *Gas pobre ou de agua*, gaz pauvre o à l'eau. || *Mechero de gas*, briquet à gaz (encendedor), bec de gaz (farola). || FIG. *Pérdida de gas*, perte de vitesse.

gasa f. Gaze. || Crêpe, m. (de luto).

gascón, ona adj. y s. Gascon, onne.

Gascuña n. pr. f. GEOGR. Gascogne.

gaseado, da adj. y s. Gazé, e.

gaseiforme adj. FÍS. Gazéiforme.

gaseoso, sa adj. Gazeux, euse : *agua gaseosa*, eau gazeuse.
— F. Limonade (bebida).

gasero, ra adj. y s. Gazier, ère (que teje gasa).

gasfitero m. *Amer.* Gazier (gasista).

gasificable adj. Gazéifiable.

gasificación f. Gazéification.

gasificar v. tr. Gazéifier.

gasista m. Gazier (empleado del gas).

gasoducto m. Gazoduc.

gasógeno m. TECN. Gazogène.

gas-oil o **gasóleo** m. Gas-oil.

gasolina f. Essence (para automóviles). || QUÍM. Gazoline. || — *Gasolina-plomo*, supercarburant. || *Surtidor de gasolina*, poste d'essence, pompe à essence.

gasolinera f. Canot (*m.*) *o* vedette à moteur (lancha). ‖ Poste (*m.*) d'essence, pompe à essence (surtidor).

gasometría f. Gazométrie.

gasómetro m. Tecn. Gazomètre.

Gaspar n. pr. m. Gaspard.

gastable adj. Dépensable.

gastado, da adj. Usé, e : *medalla gastada*, médaille usée ; *hombre gastado*, homme usé. ‖ Dépensé, e : *dinero gastado*, argent dépensé. ‖ Fig. Usé, e ; ruiné, e : *gastado por los placeres*, usé par les plaisirs.

gastador, ra adj. y s. Dépensier, ère (que gasta mucho). ‖ — M. Forçat (en los presidios). ‖ Mil. Sapeur (zapador).

gastadura f. o **gastamiento** m. Usure, *f.*

gastar v. tr. ● Dépenser (dinero). ‖ User (consommer : *gastar gasolina*, consommer de l'essence. ‖ Dépenser : *gastar el tiempo, las fuerzas*, dépenser son temps, ses forces. ‖ Abîmer, détériorer, user (echar a perder). ‖ Ruiner (arruinar). ‖ Mettre : *gastar un millón en un automóvil*, mettre un million dans une voiture. ‖ Porter : *gastar bigote, gafas, sombrero*, porter une moustache, des lunettes, un chapeau. ‖ Avoir : *¿has visto el coche qué gasta?*, tu as vu la voiture qu'il a ? ‖ — *Gastar bromas*, plaisanter. ‖ Fam. *Gastarlas*, agir, se conduire : *así las gastas tú*, c'est comme ça que tu agis. ‖ *Gastar mal humor*, être de mauvaise humeur. ‖ *Gastar saliva*, dépenser sa salive. ‖ *Gastar una broma*, faire une farce. ‖ — *Esto hizo gastar mucha tinta*, cela a fait couler beaucoup d'encre. ‖ *No gastar ni medio*, ne pas dépenser un sou. ‖ Fig. y Fam. *Ya sé cómo las gasta usted*, je sais bien comment vous vous y prenez. ‖ *Ya verá cómo las gasto*, vous verrez de quel bois je me chauffe.

— V. pr. S'user (deteriorarse). ‖ Fam. Se porter, se faire : *esta clase de peinado ya no se gasta*, ce genre de coiffure ne se porte plus.

— Sinón. ● *Prodigar*, prodiguer. *Dilapidar*, dilapider. *Disipar*, dissiper. *Malgastar, despilfarrar, derrochar*, gaspiller. *Desembolsar*, débourser.

gasteromicetos m. pl. Bot. Gastéromycètes.

gasterópodos m. pl. Zool. Gastéropodes.

gasto m. ● Dépense, *f.* : *el gasto diario*, la dépense journalière. ‖ Fig. Dépense, *f.* : *gasto de energía*, dépense d'énergie. ‖ Fís. Débit (de agua, electricidad, gas, etc.). ‖ — Pl. Frais : *gastos de escritorio, de representación, de mantenimiento*, frais de bureau, de représentation, d'entretien. ‖ *Gastos accesorios*, faux frais. ‖ *Gastos e ingresos*, entrées et sorties. ‖ *Gastos generales*, frais généraux. ‖ *Con poco gasto*, à peu de frais. ‖ *Dinero para gastos menudos*, argent de poche. ‖ — *Cubrir gastos*, rentrer dans ses frais. ‖ *Hacer el gasto de*, faire les frais de : *hacer el gasto de la conversación*, faire les frais de la conversation. ‖ *Meterse en gastos*, se mettre en frais.

— Sinón. ● *Dispendio*, dépense. *Desembolso*, débours. *Costas*, frais.

Gastón n. pr. m. Gaston.

gastoso, sa adj. Dépensier, ère.

gastralgia f. Med. Gastralgie.

gastrálgico, ca adj. Med. Gastralgique.

gastrectomía f. Med. Gastrectomie.

gástrico, ca adj. Med. Gastrique : *jugo gástrico*, suc gastrique.

gastritis f. Med. Gastrite.

gastroenteritis f. Med. Gastro-entérite.

gastroenterólogo m. Gastro-entérologue.

gastrointestinal adj. Gastro-intestinal, e.

gastrología f. Gastrologie.

gastronomía f. Gastronomie.

gastrónomo m. Gastronome, gourmet.

gastroscopio m. Gastroscope.

gastrotomía f. Med. Gastrotomie.

gata f. Chatte (animal). ‖ Bot. Bugrane, arrête-bœuf, *m.* (gatuña). ‖ Fig. Nuage (*m.*) qui s'accroche à une montagne (nubecilla). ‖ Fam. Madrilène (madrileña). ‖ Manivelle (manubrio). ‖ Mar. Gatte. ‖ Amer. Domestique, servante (sirvienta).

gatada f. Action propre d'un chat (acción del gato). ‖ Fig. Ruse, astuce, feinte (astucia). ‖ Fig. y Fam. Vilain tour, *m.* : *armar una gatada*, jouer un vilain tour.

gatas (a) loc. adv. À quatre pattes : *andar a gatas*, marcher à quatre pattes. ‖ Amer. À peine (apenas). ‖ — Fam. *Salir a gatas de un apuro*, se tirer péniblement d'un mauvais pas. | *Ser más viejo que andar a gatas*, être vieux comme Hérode *o* comme le monde. | *¡Y lo que anduvo a gatas!*, et les mois de nourrice ! [à une personne qui se dit plus jeune qu'elle n'est].

gatazo m. Matou, gros chat (gato). ‖ Fam. Escroquerie, *f.* (engaño). ‖ Fam. *Dar gatazo*, escroquer.

gateado, da adj. Qui ressemble au chat, de chat : *ojos gateados*, yeux de chat. ‖ À la robe claire rayée de noir (caballo).

gatear v. intr. Grimper (trepar). ‖ Fam. Marcher à quatre pattes (andar a gatas). ‖ Amer. Faire la cour (requebrar).

— V. tr. Griffer (arañar). ‖ Fam. Voler, chaparder, chiper (robar).

gatera f. Chatière (en una puerta). ‖ Mar. Écubier, *m.* (escobén). ‖ Pop. Voyou, m. (bribón). ‖ Amer. Marchande des quatre-saisons (verdulera).

gatería f. Bande de chats (de gatos). ‖ Fam. Bande de galopins (de muchachos). | Chatterie (carantoña).

gatero, ra adj. Fréquenté par les chats. ‖ *Desván gatero*, galetas.

gatesco, ca adj. Fam. V. GATUNO.

gatillazo m. Bruit de la détente d'une arme à feu.

gatillo m. Détente, *f.* (de un arma de fuego) : *con el dedo en el gatillo*, le doigt sur la détente. ‖ Davier (de dentista). ‖ Collier (parte del cuello de ciertos animales).

gatito m. Petit chat, chaton, minet.

gato m. ● Zool. Chat : *gato callejero*, chat de gouttière. ‖ Fig. Magot (dinero guardado). ‖ Tecn. Cric (manual), vérin (hidráulico) [para levantar cargas]. ‖ Fam. Madrilène (natural de Madrid). | Filou (ratero). | Matois (hombre astuto). ‖ Amer. Partie (*f.*) la plus charnue du bras (del brazo). | Domestique (sirviente). | Danse (*f.*) populaire (baile). ‖ — Zool. *Gato cerval*, chat-cervier, chat-cervier. ‖ *Gato de algalia*, chat musqué, civette. | *Gato de Angora*, chat angora. ‖ *Gato montés*, chat sauvage. | *Gato romano*, chat tigré. ‖ — *El gato con botas*, le Chat botté. ‖ *Hasta el gato*, et toute la clique. ‖ *Lengua de gato*, langue-de-chat (pastel). ‖ — Fig. y Fam. *Buscarle tres pies al gato*, chercher midi à quatorze heures. | *Caer de pie como los gatos*, retomber sur ses pieds. | *Cuando el gato no está los ratones bailan*, quand le chat n'est pas là les souris dansent. | *Dar gato por liebre*, rouler (engañar). | *Defenderse como gato panza arriba*, se défendre comme un lion. | *De noche todos los gatos son pardos*, la nuit tous les chats sont gris. | *¿El gato te comió la lengua?*, tu as avalé ta langue ? | *Esto lo sabe hasta el gato*, tout le monde le sait. | *Gato escaldado del agua fría huye*, chat échaudé craint l'eau froide. | *Había cuatro gatos*, il y avait quatre pelés et un tondu. | *Hay gato encerrado*, il y a anguille sous roche. | *Llevarse el gato al agua*, emporter le morceau. | *No hay ni un gato*, il n'y a pas un chat. | *No hay perro ni gato que no lo sepa*, cela court les rues. | *Poner el cascabel al gato*, attacher le grelot. | *Tener siete vidas como los gatos*, avoir l'âme

chevillée au corps. | *Vivir como perros y gatos,* vivre comme chien et chat.
— SINÓN. ● *Micho,* mimi. *Morrongo,* matou. *Minino,* minet.

gatuna f. V. GATUÑA.

gatunero m. Celui qui vend de la viande en contrebande.

gatuno, na adj. Du chat, félin, e.

gatuña f. BOT. Arrête-bœuf, *m.,* bugrane.

gatuperio m. Mélange incohérent, méli-mélo, salmigondis. ‖ Imbroglio (embrollo), intrigue, *f.* (intriga), tromperie, *f.* (engaño).

gauchada f. Action propre aux gauchos. ‖ *Amer.* Service, *m.* : *hacer una gauchada,* rendre un service.

gauchaje m. Troupe (*f.*) de gauchos.

gauchear v. intr. Agir à la façon des gauchos.

gauchesco, ca adj. Du gaucho. ‖ *Poema gauchesco,* poème qui traite de la pampa et des gauchos.

gauchismo m. Mouvement littéraire argentin de la seconde moitié du XIX⁰ siècle dont les principaux représentants sont H. Ascasubi, Estanislao del Campo, J. Hernández. Tous ces auteurs se sont attachés à dépeindre la pampa et la vie des gauchos.

gaucho, cha adj. Gaucho : *un payador gaucho,* un poète gaucho. ‖ Du gaucho (relativo al gaucho). ‖ *Amer.* Sympathique, agréable (simpático). | Rustre (grosero). | Rusé, e (astuto). | Bon cavalier, bonne cavalière (buen jinete).
— M. Gaucho. ‖ *Amer.* Chapeau à larges bords (sombrero).

gaudeamus m. FAM. Gaudeamus (p. us.), festin (festín).

gauderio m. (Ant.). *Amer.* Gaucho. | Paresseux (holgazán).

gauleiter m. Gauleiter.

gauss m. FÍS. Gauss.

gavanza f. BOT. Églantine.

gavanzo m. BOT. Églantier.

gaveta f. Tiroir, *m.* (cajón).

gavia f. Fossé, *m.* (zanja). ‖ (P. us.). Cabanon, *m.* (para locos furiosos). ‖ MAR. Hunier, *m.* (vela). | Hune, gabie (ant.) [cofa]. ‖ ZOOL. Mouette (ave).

gavial m. ZOOL. Gavial (cocodrilo).

gaviero m. MAR. Gabier.

gavieta f. MAR. Hune de misaine *o* de beaupré.

gavilán m. Épervier (ave). ‖ Crochet tracé à la fin d'une lettre. ‖ Bec (de una pluma de escribir). ‖ Branche, *f.,* quillon (de la espada). ‖ BOT. Fleur (*f.*) du chardon (vilano). ‖ MAR. Crochet (garfio de abordaje). ‖ *Amer.* Ongle incarné (uñero). | Fourchette, *f.* (del casco).

gavilancillo m. Piquant de l'artichaut.

gavilla f. Gerbe (de cereales). ‖ Fagot, *m.* (de sarmientos, etc.). ‖ FIG. Bande (ladrones) : *gavilla de ladrones,* bande de voleurs. ‖ *Gente de gavilla,* pègre.

gavillero m. Gerbier. ‖ Gerbeur (peón).

gavión m. MIL. Gabion. ‖ FAM. Grand chapeau, galurin (sombrero).

gaviota f. ZOOL. Mouette.

gavota f. Gavotte (baile).

gay m. *El gay saber,* le gai savoir.

gaya f. Raie, bande (lista). ‖ Insigne, *m.* (insignia). ‖ (P. us.). Pie (urraca).

gayadura f. Rayure (adorno).

gayar v. tr. Orner de rayures (adornar).

gayo, ya adj. Gai, e. ‖ *Gaya ciencia,* gai savoir.

gayola f. Cage (jaula). ‖ FIG. y FAM. Taule, violon, *m.* (cárcel).

gayomba f. BOT. Genêt (*m.*) d'Espagne.

gayuba f. BOT. Raisin (*m.*) d'ours, busserole.

gaza f. MAR. Ganse.

gazapa f. FAM. Mensonge, *m.*

gazapatón m. FAM. Sottise, *f.,* bourde, *f.* (disparate). ‖ Lapsus (lapso), pataquès (gazapo).

gazapera f. Terrier, *m.* (conejera). ‖ Bande de gens peu recommandables (junta de mala gente). ‖ FIG. y FAM. Dispute, chamaillerie (riña).

gazapina f. FAM. Pègre (banda de truhanes). | Dispute, chamaillerie (gazapera).

gazapo m. Lapereau (conejillo). ‖ FIG. y FAM. Renard, fin matois (hombre astuto). | Lapsus (lapso), pataquès (enlace vicioso en la pronunciación de dos letras). | Sottise, *f.,* bourde, *f.* (disparate). | IMPR. Coquille, *f.* (error en un impreso).

gazmoñada o **gazmoñería** f. Pruderie (modestia afectada). ‖ Tartuferie (devoción fingida). ‖ Bigoterie (beatería).

gazmoñero, ra o **gazmoño, ña** adj. y s. Tartufe, faux dévot, fausse dévote (devoto fingido). ‖ ● Prude (de fingida virtud). ‖ Bigot, e (santurrón).
— SINÓN. ● *Púdico, pudoroso,* pudique. *Puritano,* puritain. *Pudibundo,* pudibond. *Beato, beatón,* bigot, cagot. *Mojigato,* bigot. *Hipócrita,* hypocrite. *Santurrón, tragasantos,* bondieusard.

gaznápiro, ra adj. y s. Balourd, e; naïf, ïve; niais, e (palurdo).

gaznatada f. o **gaznatazo** m. Coup (*m.*) sur la gorge.

gaznate m. Gorge, *f.,* gosier (garguero). ‖ *Amer.* Confiserie (*f.*) à la noix de coco et à l'ananas.

gazpacho m. CULIN. Soupe (*f.*) froide faite avec du pain, de la tomate, du vinaigre, du sel et de l'ail.

gazpachuelo m. CULIN. Soupe (*f.*) faite avec des œufs, de l'huile et du vinaigre.

gazuza f. FAM. Fringale, faim de loup (hambre) : *tener gazuza,* avoir la fringale.

ge f. G, *m.,* nom de la lettre *g.*

gea f. Géologie et minéralogie d'une contrée.

Gedeón n. pr. m. Gédéon.

gehena f. Géhenne (tormento).

géiser m. Geyser.

gelsha f. Geisha [danseuse japonaise].

gel m. QUÍM. Gel.

gelatina f. QUÍM. Gélatine. ‖ Gelée (de carne).

gelatinado, da adj. Gélatiné, e.

gelatinobromuro m. FOT. Gélatino-bromure.

gelatinoso, sa adj. Gélatineux, euse.

gélido, da adj. POÉT. Glacé, e; gelé, e.

gelificación f. QUÍM. Gélification.

gelificar v. tr. QUÍM. Gélifier.

gelosa f. QUÍM. Gélose.

gema f. MIN. y BOT. Gemme. ‖ *Sal gema,* sel gemme.

gemación f. BOT. Gemmation.

gemebundo, da adj. (P. us.). Gémissant, e.

gemela f. BOT. Jasmin (*m.*) d'Arabie.

gemelífloro, ra adj. Gémelliflore.

gemelípara adj. Gémellipare.

gemelo, la adj. y s. Jumeau, elle. ‖ — *Alma gemela,* âme sœur. | *Apuesta triple gemela,* tiercé. ‖ ANAT. *Músculos gemelos,* muscles jumeaux. ‖ — M. pl. Jumelles, *f.* (anteojos) : *gemelos de teatro,* jumelles de théâtre. | Boutons de manchettes (de camisa). ‖ ASTR. Gémeaux (géminis).

gemido m. Gémissement.

gemidor, ra adj. Gémissant, e (lloroso).

gemífero, ra adj. BOT. Gemmifère.

geminado, da adj. Géminé, e.

Géminis n. pr. m. pl. ASTR. Les Gémeaux.

gémino, na adj. Géminé, e.

gemiquear v. r. *Amer.* Pleurnicher.

gemir* v. intr. Gémir, geindre.

gemonías f. pl. Gémonies.

gémula f. BOT. Gemmule.

gen o **gene** m. BIOL. Gène.

genal adj. ANAT. Génal, e (de las mejillas).

genciana f. BOT. Gentiane.

gendarme m. Gendarme (en Francia).

gendarmería f. Gendarmerie.

gene o **gen** m. BIOL. Gène.

genealogía f. Généalogie.

genealógico, ca adj. Généalogique : *árbol genealógico*, arbre généalogique.

genealogista m. Généalogiste.

generación f. Génération. ‖ *Generación espontánea*, génération spontanée.

generador, ra adj. Générateur, trice.
— M. TECN. Générateur.

general adj. Général, e. ‖ *En general, por lo general*, en général.
— M. MIL. Général : *general en jefe*, général en chef. ‖ MIL. *General de división*, général de division, divisionnaire.

generala f. Générale (mujer del general). ‖ MIL. Générale : *tocar generala*, battre la générale.

generalato m. Généralat.

generalidad f. Généralité : *limitarse a generalidades*, s'en tenir à des généralités. ‖ HIST. Généralité, « Generalidad » [gouvernement autonome de Catalogne pendant la République espagnole]. ‖ *Con generalidad*, dans les grandes lignes : *tratar una cosa con generalidad*, traiter quelque chose dans les grandes lignes.

generalísimo m. Généralissime.

generalizable adj. Généralisable.

generalización f. Généralisation.

generalizado, da adj. Généralisé, e. ‖ Répandu, e : *la opinión más generalizada*, l'opinion la plus répandue.

generalizador, ra adj. Généralisateur, trice.

generalizar v. tr. Généraliser.
— V. pr. Se généraliser.

generalote m. FAM. Général.

generar v. tr. (Ant.). Engendrer. ‖ FIG. Entraîner, engendrer (tener como resultado).

generativo, va adj. Génératif, ive.

generatriz f. GEOM. Génératrice.

genérico, ca adj. Générique.

género m. Genre : *el género humano*, le genre humain. ‖ Genre (manera). ‖ Sorte, *f.* (clase) ‖ Marchandise, *f.*, article (mercancía). ‖ Tissu ‖ *géneros de algodón, de seda*, tissus de coton, de soie. ‖ Genre : *pintor de género*, peintre de genre. ‖ GRAM. Genre (masculino, femenino, neutro). ‖ — *Género de punto*, tricot. ‖ *Género chico*, comédies de mœurs [de la fin du XIXᵉ s.]. ‖ *Tienda de géneros de punto*, bonneterie. ‖ *Vendedor* ou *fabricante de géneros de punto*, bonnetier.

generosidad f. Générosité. ‖ *No peca de generosidad*, ce n'est pas la générosité qui l'étouffe.
— SINÓN. *Desprendimiento*, libéralité. *Magnanimidad*, magnanimité.

generoso, sa adj. Généreux, euse (liberal, noble, fértil). ‖ *Vino generoso*, vin généreux.

genesiaco, ca adj. Génésiaque (de la génesis).

genésico, ca adj. Génésique (de la generación).

génesis f. Genèse (origen).

Génesis m. Genèse, *f.* (libro de la Biblia).

genética f. Génétique.

genético, ca adj. BIOL. Génétique.

genetista o **geneticista** m. y f. Généticien, enne.

genetliaco, ca adj. Généthliaque.

genial adj. Génial, e (propio del genio). ‖ FAM. Agréable, plaisant, e (agradable). ‖ Génial, e (sobresaliente).

genialidad f. Originalité, excentricité (rareza). ‖ Génie, *m.* (genio). ‖ Coup (*m.*) de génie, idée géniale : *esto fue una genialidad*, ce fut un coup de génie. ‖ Œuvre géniale (obra).

geniazo m. FAM. Sale caractère. ‖ *Tener un geniazo horrible*, avoir un caractère épouvantable o impossible.

genio m. Caractère : *tiene mal genio*, il a mauvais caractère. ‖ Humeur, *f.* : *estar de mal genio*, être

de mauvaise humeur. ‖ Génie (facultad creadora). ‖ Génie (persona dotada de dicha facultad) : *Calderón fue un genio*, Calderón fut un génie. ‖ Génie (ser sobrenatural). ‖ — *Genio y figura hasta la sepultura*, chassez le naturel il revient au galop, le loup mourra dans sa peau, on est comme on est. ‖ *Tener el genio atravesado*, avoir un sale caractère. ‖ *Tener un genio vivo*, être irritable o soupe au lait (fam.).

genioso, sa adj. *Amer.* Qui a mauvais caractère.

genista f. BOT. Genêt, *m.* (retama).

genital adj. Génital, e.

genitivo m. GRAM. Génitif.

genitor adj. m. y s. Géniteur.

genitourinario, ria adj. Génito-urinaire.

genízaro m. Janissaire (soldado turco).

genocidio m. Génocide.

genol m. MAR. Genou.

genotipo m. Génotype.

Génova n. pr. GEOGR. Gênes.
— OBSERV. Ne pas confondre *Genève* (Ginebra) avec *Gênes* (Génova).

genovés, esa adj. y s. Génois, e (de Génova).

Genoveva n. pr. f. Geneviève.

gente f. Monde, *m.* : *hay mucha gente en la calle*, il y a beaucoup de monde dans la rue ; *¡había una de gente!*, il y avait un monde o un monde fou o un de ces mondes ! ‖ Gens, *m.* o *f. pl.* : *buena, mala gente*, de braves, de mauvaises gens ; *la gente del pueblo*, les gens du peuple ; *la gente rica*, les gens riches ; *aquí mucha gente lo cree*, ici beaucoup de gens le croient. ‖ FAM. Monde, *m.* : *¿cómo está su gente?*, comment va votre monde ? ; *burlarse de la gente*, se moquer du monde. ‖ Gent : *la gente alada*, la gent ailée. ‖ Gens (familia romana). ‖ *Amer.* Personne convenable o comme il faut : *Fulano no es gente*, Un tel n'est pas une personne comme il faut. ‖ — Pl. Gentils : *el Apóstol de las gentes*, l'Apôtre des gentils. ‖ — *Gente bien*, les gens bien, les gens comme il faut. ‖ *Gente copetuda*, les gens huppés, le haut du pavé. ‖ *Gente de armas*, gens d'armes. ‖ *Gente de baja estofa*, gens de bas étage. ‖ *Gente de Iglesia*, gens d'Église. ‖ *Gente del campo*, population rurale, classe paysanne, paysans. ‖ *Gente de mar*, gens de mer. ‖ *Gente de medio pelo*, la petite bourgeoisie. ‖ *Gente de negocios*, gens d'affaires. ‖ *Gente humilde* ou *modesta*, petites gens, gens humbles. ‖ *Gente maleante*, mauvais sujets, filous. ‖ *Gente menuda*, les enfants, les petits, le petit monde (niños), les petites gens, les gens de peu (la plebe). ‖ — DR. *Derecho de gentes*, droit des gens. ‖ *Don de gentes*, don de plaire. ‖ *Hacer gente*, faire nombre. ‖ *¡Qué gente!*, quelles drôles de gens !
— OBSERV. La palabra francesa *gens*, siempre en plural, es masculina cuando el adjetivo que la acompaña está colocado después de ella y femenina en el caso contrario : *des gens vertueux*, gente virtuosa, *de petites gens*, gente humilde.

gentecilla o **gentezuela** f. Petites gens, *pl.*

gentil adj. Gentil, ille ; gracieux, euse (agradable) : *una gentil doncella*, une gracieuse jeune fille. ‖ FAM. Gentil, ille ; joli, e. ‖ Énorme : *gentil disparate*, bêtise énorme. ‖ *Amer.* Gentil, ille (simpático). ‖ *En cuerpo gentil*, en taille (sin abrigo).
— M. Gentil (pagano) : *predicar el Evangelio a los gentiles*, prêcher l'Evangile aux gentils.
— OBSERV. El adjetivo *gentil* en francés significa sobre todo *simpático, amable*, sentido que tiene también en América.

gentileza f. Grâce, élégance, gentillesse (p. us.) [garbo]. ‖ Gentillesse (amabilidad). ‖ Politesse (cortesía).

gentilhombre m. Gentilhomme : *gentilhombre de boca, de manga*, gentilhomme de bouche, de manche. ‖ (P. us.). Beau garçon (buen mozo).

GEOGRAFÍA — GÉOGRAPHIE

I. Representación geográfica. — Représentation géographique.

mapa, m.	carte, f.
mapamundi, m.	mappemonde, f.
planisferio	planisphère
mapa (m.) mural	carte (f.) murale
mapa (m.) mudo	carte (f.) muette
escala	échelle
atlas	atlas
carta marina	carte marine

II. Orientación. — Orientation.

puntos cardinales	points cardinaux
puntos colaterales	points collatéraux
rosa de los vientos	rose des vents
hemisferio	hémisphère
longitud	longitude
latitud	latitude
grado de longitud	degré de longitude
meridiano	méridien
paralelo	parallèle
polo	pôle
boreal	boréal
austral	austral
zona glacial	zone glaciale
zona templada	zone tempérée
zona tórrida	zone torride
ecuador	équateur
trópico de Cáncer	tropique du Cancer
trópico de Capricornio	tropique du Capricorne

III. Términos geográficos. — Termes géographiques.

llanura	plaine
valle, m.	vallée, f.
lago	lac
estanque	étang
pantano; ciénaga, f.; zona (f.) pantanosa	marais; marécage, m.
laguna	lagune
landa	lande
pradera	prairie
desierto	désert
oasis	oasis
sabana	savane

jungla	jungle
estepa	steppe
tundra	toundra
banco (m.) de hielo	banquise, f.
iceberg	iceberg

IV. Mares y ríos. — Mers et fleuves.

oceanografía	océanographie
mar, m. et f.	mer, f.
cala, caleta	crique, calanque
océano	océan
costa	côte
ribera, f.	rivage, m.
cabo; promontorio	cap; promontoire
golfo	golfe
bahía	baie
isla	île
archipiélago	archipel
península	presqu'île; péninsule
desembocadura; estuario	embouchure; estuaire
delta	delta
torrente	torrent
arroyo	ruisseau
confluente	confluent
afluente	affluent
ued	oued
corriente (f.) de agua	cours (m.) d'eau

V. Montaña. — Montagne.

orografía	orographie
cadena de montañas	chaîne de montagnes
cumbre, f.; cima	sommet, m.; cime
punto culminante	point culminant
pico	pic
puerto	col
colina	colline
meseta, f.	plateau, m.
altiplanicie, f. [Amer., altiplano]	haut plateau, m.
glaciar, ventisquero, nevero	glacier
grieta	crevasse
garganta	gorge
desfiladero	défilé
volcán	volcan

‖ *Gentilhombre de cámara*, gentilhomme de la chambre du roi.
— OBSERV. Pl. *gentileshombres*.

gentilicio, cia adj. D'une famille o lignée (perteneciente al linaje). ‖ D'une nation (a una nación). — M. Nom des habitants d'une ville.

gentílico, ca adj. Des gentils.

gentilidad f. o **gentilismo** m. Gentilité, f. (conjunto de gentiles). ‖ Gentilisme, m. (religión de los gentiles).

gentilmente adv. Avec grâce (con gracia) : *bailar gentilmente*, danser avec grâce. ‖ *Amer.* Gentiment.

gentío m. Foule, f., monde (multitud) : *!Qué gentío!*, que de monde !

gentleman m. Gentleman. — OBSERV. Pl. *gentlemen*.

gentualla o **gentuza** f. Racaille, populace (populacho).

genuflexión f. Génuflexion.

genuino, na adj. Authentique, vrai, c (legítimo) : *un genuino representante del pueblo*, un représentant authentique du peuple.

geocéntrico, ca adj. ASTR. Géocentrique.

geocentrismo m. Géocentrisme.

geoda f. GEOL. Géode.

geodesia f. Géodésie.

geodésico, ca adj. y s. f. Géodésique.

geofagia f. Géophagie.

geófago, ga adj. Géophage (que come tierra).

geofísica f. Géophysique.

geofísico m. Géophysicien.

geografía f. Géographie.

geográfico, ca adj. Géographique.

geógrafo m. Géographe.

geoide m. Géoïde.

geología f. Géologie.

geológico, ca adj. Géologique.

geólogo m. Géologue.

geomagnético, ca adj. Géomagnétique.

geomancia f. Géomancie.

geómetra m. Géomètre.
— OBSERV. La palabra francesa *géomètre* tiene también el sentido de « agrimensor », « perito topógrafo ».

geometral adj. Géométral, e.

geometría f. Géométrie : *geometría del espacio, descriptiva, plana, por planos acotados*, géométrie dans l'espace, descriptive, plane, cotée.

geométrico, ca adj. Géométrique.

geomorfía o **geomorfología** f. Géomorphie, géomorphologie.

geopolítica f. Géopolitique.

georama m. Géorama (especie de panorama).

Georgia n. pr. f. GEOGR. Géorgie.

georgiano, na adj. y s. Géorgien, enne.

geórgico, ca adj. Géorgique (agrícola). — F. pl. Géorgiques (poema).

geosinclinal m. GEOGR. Géosynclinal.

geotermia f. Fís. Géothermie.

geotérmico, ca adj. Géothermique.

geotropismo m. BOT. Géotropisme.

geraniáceas, as f. pl. BOT. Géraniacées.

geranio m. BOT. Géranium. ‖ — *Geranio de hierro*, pélargonium, géranium-lierre. ‖ *Geranio de rosa*, géranium rosat.

Gerardo n. pr. m. Gérard.

gerbo m. ZOOL. Gerboise, f. (roedor).

gerencia f. Gérance.

gerente m. Gérant. ‖ *Director gerente*, président-directeur-général.

geriatría f. MED. Gériatrie.

gerifalte m. Gerfaut (ave de rapiña). ‖ FIG. y FAM. Huile, f. (pez gordo).

Germán, ana n. pr. m. y f. Germain, Germaine.

germandria f. BOT. Germandrée.

germanesco, ca adj. Argotique (relativo a la jerga). ‖ HIST. Relatif aux « germanias ».

Germania n. pr. f. HIST. Germanie.

germanía f. Argot, m., jar, m., jars, m. (jerga de ladrones). ‖ (P. us.). Concubinage, m. (amancebamiento). ‖ HIST. « Germania » [mouvement social né à Valence et aux Baléares vers 1520].

germánico, ca adj. Germanique.

Germánico n. pr. m. Germanicus.

germanio m. Germanium (metal).

germanismo m. Germanisme.

germanista adj. y s. Germanisant, e. ‖ — M. y f. Germaniste.

germanización f. Germanisation.

germanizar v. tr. Germaniser.

germano, na adj. y s. Germain, e.

germanófilo, la adj. Germanophile.

germanófobo, ba adj. y s. Germanophobe.

germen m. BIOL. y BOT. ● Germe : *en germen*, en germe. ‖ FIG. Germe.

— SINÓN. ● *Simiente*, semence. *Grano*, grain. *Semilla*, graine. *Embrión*, embryon.

germicida adj. y s. m. Germicide.

germinación f. Germination.

germinadero m. TECN. Germoir (cervecería).

germinador, ra adj. Germinateur, trice.

germinal adj. BOT. Germinal, e.

— M. Germinal (séptimo mes del calendario republicano francés).

germinante adj. Qui germe.

germinar v. intr. Germer.

germinativo, va adj. BIOL. Germinatif, ive.

Gerona n. pr. GEOGR. Gérone.

gerontocracia f. Gérontocratie.

gerontología f. MED. Gérontologie.

Gertrudis n. pr. f. Gertrude.

gerundense adj. y s. De Gérone.

gerundiada f. FAM. Pédanterie.

gerundiano, na adj. FAM. Pédantesque, ampoulé, e (estilo).

gerundio m. GRAM. Participe présent, gérondif (tiempo del verbo).

gerundio m. FIG. y FAM. Pédant, cuistre.

Gervasio, sia n. pr. m. y f. Gervais, Gervaise.

gesta f. Geste [ne s'emploie que dans la loc. *cantar de gesta*, chanson de geste].

gestación f. BIOL. Gestation.

gestar v. tr. Concevoir.

gestatorio, ria adj. Gestatoire (p. us.), à porteurs (que se lleva a mano) : *silla gestatoria*, chaise gestatoire (del Papa).

gestear v. intr. Grimacer, faire des grimaces.

gestero, ra adj. y s. Grimacier, ère.

gesticulación f. Grimace (gesto). ‖ Gesticulation (ademán).

gesticulador, ra adj. Grimacier, ère ; grimaçant, e.

gesticular v. intr. Grimacer, faire des grimaces (hacer gestos). ‖ Gesticuler (hacer ademanes).

— OBSERV. Ce verbe est un néologisme dans sa seconde acception.

gestión f. Gestion (administración). ‖ Démarche (diligencia) : *hacer una gestión cerca del ministro*, faire une démarche auprès du ministre.

gestionar v. tr. e intr. Faire des démarches (hacer gestiones). ‖ Traiter, négocier : *gestionar un negocio*, traiter une affaire. ‖ Essayer de procurer

o d'obtenir, essayer de se procurer : *le estoy gestionando los documentos en cuestión*, je suis en train d'essayer de vous procurer les documents en question.

gesto m. ● Grimace (mueca) : *hacer gestos*, faire des grimaces ; *torcer el gesto de dolor*, faire une grimace de douleur. ‖ Visage, mine, f., air (semblante) : *un gesto desagradable*, une mine renfrognée. ‖ Geste (ademán). ‖ — *Estar de buen gesto*, être de bonne humeur. ‖ *Fruncir el gesto*, froncer les sourcils. ‖ *Poner mal gesto*, faire la grimace, faire grise mine. ‖ *Poner un gesto de enfado*, prendre un air furieux.

— SINÓN. ● *Mímica*, mimique. *Pantomima*, pantomime. *Ademán*, manière. *Mueca*, grimace.

gestor, ra m. y f. Gérant, e (administrador). ‖ *Gestor administrativo*, démarcheur.

— Adj. y s. m. Gestionnaire.

gestoría f. Agence (administrativa). ‖ Cabinet, m. (de negocio).

gestudo, da adj. y s. FAM. Grognon, onne.

Getas n. pr. m. pl. HIST. Gètes (pueblo escita).

Getulos n. pr. m. pl. HIST. Gétules (tribu antigua de África).

géyser m. Geyser.

ghanés, esa adj. y s. Ghanéen, enne.

ghetto m. Ghetto.

giba f. Bosse, f. ‖ FIG. y FAM. Ennui, m., embêtement, m., empoisonnement, m. (lata).

gibado, da adj. Bossu, e (corcovado).

gibar v. tr. Rendre bossu (jorobar). ‖ FIG. y FAM. Assommer, ennuyer, empoisonner (fastidiar).

gíbaro, ra adj. V. JÍBARO.

gibelino, na adj. y s. HIST. Gibelin, e.

gibón m. ZOOL. Gibbon (mono).

gibosidad f. Gibbosité, bosse.

giboso, sa adj. Bossu, e (corcovado).

Gibraltar n. pr. GEOGR. Gibraltar : *peñón, estrecho de Gibraltar*, rocher, détroit de Gibraltar.

gibraltareño, ña adj. y s. De Gibraltar.

giennense adj. y s. De Jaén (jaénés).

giga f. Gigue (danza).

giganta f. Géante. ‖ BOT. Tournesol, m. (girasol).

gigante m. Géant.

gigantea f. (P. us.). Tournesol, m. (girasol).

gigantesco, ca adj. Gigantesque.

gigantez f. Gigantisme, m.

gigantismo m. Gigantisme.

gigantomaquia f. Gigantomachie.

gigantón, ona m. y f. Géant, e [dans une mascarade]. ‖ — M. Amer. Tournesol (girasol).

gigolo m. Gigolo.

gigote m. Hachis (carne picada).

gijonense o gijonés, esa adj. y s. De Gijón [Espagne].

Gil n. pr. m. Gilles.

Gilberto, ta n. pr. m. y f. Gilbert, Gilberte.

gilí adj. y s. POP. Crétin, e ; idiot, e ; imbécile.

— OBSERV. Pl. *gilís*.

gilvo, va adj. Miel [couleur de].

gimnasia f. Gymnastique. ‖ FAM. *Confundir la gimnasia con la magnesia*, prendre des vessies pour des lanternes.

gimnasiarca m. Gymnasiarque.

gimnasio m. Gymnase (para los deportes). ‖ Gymnase (colegio en Alemania).

gimnasta m. y f. Gymnaste.

gimnástico, ca adj. y s. f. Gymnastique. ‖ *Paso gimnástico*, pas gymnastique, pas de gymnastique.

gímnico, ca adj. y s. f. Gymnique.

gimnosofista m. Gymnosophiste (brahamán).

gimnosperma f. BOT. Gymnosperme.

gimnoto m. ZOOL. Gymnote (pez).

gimoteador, ra adj. y s. Pleurnicheur, euse.

gimotear v. intr. FAM. Pleurnicher, geindre.

gimoteo m. Pleurnichement.

gindama f. POP. Frousse (miedo).

ginebra f. Gin, *m.*, genièvre, *m.* (licor). ‖ MÚS. Échelettes, *pl.* (xilófono). ‖ FIG. Confusión, désordre, *m.*, tohu-bohu (confusión). | Brouhaha, *m.* (ruido de voces).

Ginebra n. pr. GEOGR. Genève.

ginebrada f. Galette feuilletée (torta).

ginebrés, esa o **ginebrino, na** adj. y s. Genevois, e (de Ginebra).

gineceo m. Gynécée. ‖ BOT. Gynécée, pistil.

ginecocracia f. Gynécocratie.

ginecología f. MED. Gynécologie.

ginecológico, ca adj. MED. Gynécologique.

ginecólogo m. Gynécologue.

ginesta f. Genêt, *m.* (retama).

gineta f. ZOOL. Genette (jineta).

gingival adj. ANAT. Gingival, e.

gingivitis f. MED. Gingivite.

Gioconda (LA) n. pr. f. La Joconde.

giorno (a) loc. adv. ital. A giorno.

gipsómetro m. Gypsomètre.

gira f. Excursion (excursión). ‖ Tournée (de un artista). ‖ *Gira campestre,* partie de campagne.

girado m. COM. Tiré.

girador m. COM. Tireur (de una letra de cambio).

giralda f. Girouette (veleta).

giraldete m. Rochet sans manches.

giraldilla f. Girouette (veleta). ‖ Danse populaire asturienne (baile). ‖ TAUROM. Passe de muleta.

girándula f. Soleil, *m.* (fuegos artificiales). ‖ Girandole (de un surtidor de agua). ‖ Girandole (candelabro).

girante adj. Tournant, e (que gira).

girar v. intr. ● Tourner : *la Tierra gira alrededor del Sol,* la Terre tourne autour du Soleil ; *el camino gira a la izquierda,* le chemin tourne à gauche. ‖ FIG. Tourner, être axé, rouler : *la conversación giraba en torno a la política,* la conversation tournait autour de la politique o était axée o roulait sur la politique. ‖ COM. Tirer (letra de cambio). | Virer (una suma). ‖ AUTOM. Braquer : *automóvil que gira bien,* automobile qui braque bien. ‖ — *Girar alrededor de,* tourner autour, être d'environ : *el número de las víctimas gira alrededor de cien mil,* le nombre des victimes tourne autour de cent mille. ‖ MECAN. *Girar loco,* tourner à vide. | *Girar sobre su eje,* tourner sur son axe, pivoter. — V. tr. Tourner. ‖ *Girar una visita oficial,* faire o rendre une visite officielle.
— SINÓN. ● *Voltear,* tournailler. *Remolinar,* tourbillonner. *Virar,* virer. *Rodar,* rouler.

girasol m. BOT. Tournesol, soleil. ‖ MIN. Girasol. | FIG. Courtisan (cortesano).

giratorio, ria adj. Tournant, e (que gira). ‖ Pivotant, e (alrededor de un eje). ‖ Giratoire (movimiento de rotación).

giravión m. Giravion.

girifalte m. ZOOL. Gerfaut.

girino m. Gyrin (insecto). ‖ Têtard (renacuajo).

giro m. Tour (movimiento circular). ‖ FIG. Tournure, *f.*, tour (de un negocio) : *tomar mal giro,* prendre une mauvaise tournure. ‖ Tournure, *f.* (de una frase) : *un giro arcaico,* une tournure archaïque. ‖ COM. Virement. ‖ FÍS. Giration, *f.* ‖ — AUTOM. *Ángulo de giro,* angle de braquage. ‖ COM. *Derechos especiales de giro,* droits spéciaux de tirage. ‖ *Giro negociable,* effet de commerce. ‖ *Giro postal,* virement o mandat postal, mandat-poste. ‖ *Giro telegráfico,* mandat télégraphique. ‖ AUTOM. *Radio de giro,* rayon de braquage.

giro, ra adj. *Amer.* Se dit des coqs o des poules roux rayé de noir.

girola f. ARQ. Carole, nef contournant l'abside.

Gironda n. pr. m. GEOGR. Gironde, *f.*

girondino, na adj. y s. HIST. Girondin, e (partido de la Revolución francesa).

giropiloto m. AVIAC. Gyropilote.

giroscópico, ca adj. Gyroscopique. ‖ *Estabilizador giroscópico,* gyrostabilisateur.

giroscopio m. Gyroscope.

giróstato m. Gyrostat.

Gisela n. pr. f. Gisèle.

giste m. Mousse, *f.* (de cerveza).

gitanada f. Action propre d'un gitan. ‖ FIG. Flagornerie, flatterie (halago).

gitanamente adv. En gitan, à la gitane. ‖ FIG. y FAM. Adroitement, avec adresse (con astucia).

gitanear v. intr. FIG. Fricoter, se livrer à de menus trafics.

gitanería f. Flagornerie, flatterie (halago). ‖ Menus trafics, *m. pl.* ‖ Troupe de gitans (tropa de gitanos). ‖ Action propre d'un gitan (hecho).

gitanesco, ca adj. De gitan.

gitanilla f. Pendant (*m.*) d'oreille de forme triangulaire.

gitanismo m. Mœurs (*f. pl.*) des gitans (costumbres de los gitanos). ‖ Mot o tournure (*f.*) propre aux gitans.

gitano, na adj. y s. Gitan, e. ‖ — Adj. FIG. Enjôleur, euse (zalamero).

glabro, bra adj. Glabre (lampiño).

glaciación f. Glaciation.

glacial adj. Glacial.

glaciar m. GEOL. Glacier. — Adj. Glaciaire : *período glaciar,* période glaciaire.

glaciología f. o **glaciarismo** m. Glaciologie, *f.*

glaciólogo m. Glaciologue.

glacis m. Glacis (fortificación).

gladiador m. Gladiateur.

gladio o **gladiolo** o **gladíolo** m. BOT. Glaïeul.

glande m. ANAT. Gland.

glandífero o **glandígero, ra** adj. BOT. Glandifère.

glándula f. ANAT. Glande : *glándula lacrimal,* glande lacrymale.

glandular adj. Glandulaire.

glanduloso, sa adj. Glanduleux, euse.

glareola f. ZOOL. Glaréole.

glasé m. Taffetas glacé. ‖ *Amer.* Vernis (charol).

glaseado, da adj. Glacé, e. — M. Glaçage (papel, repostería).

glaseador m. TECN. Glaceur.

glasear v. tr. TECN. Glacer.

glasto m. BOT. Pastel, guède, *f.*

glaucio m. BOT. Sorte de pavot.

glauco, ca adj. Glauque.

glaucoma m. MED. Glaucome.

gleba f. Glèbe : *siervo de la gleba,* serf de la glèbe.

glena f. ANAT. Glène.

glenoideo, a adj. Glénoïde, glénoïdal, e.

glera f. Graviers, *m. pl.* (cascajal).

glicemia f. MED. V. GLUCEMIA.

glicerato m. QUÍM. Glycéré.

gliceria f. BOT. Glycérie.

glicérido m. QUÍM. Glycéride, *f.*

glicerina f. QUÍM. Glycérine, glycérol, *m.*

glicerofosfato m. Glycérophosphate.

glicerolato m. QUÍM. Glycérolé.

glicina f. BOT. Glycine.

glicocola f. QUÍM. Glycocolle.

glicógeno m. QUÍM. V. GLUCÓGENO.

glicol m. QUÍM. Glycol.

gliconio adj. m. Glyconien, glyconique (verso griego).

glifo m. Glyphe.

glioma m. MED. Gliome (tumor).

glíptica f. Glyptique.

gliptodonte m. ZOOL. Glyptodon, glyptodonte.

gliptografía f. Glyptographie.

gliptoteca f. Glyptothèque.

global adj. Global, e.

globigerina f. Globigérine.

globo m. Globe (esfera). ‖ Globe (de lámpara). ‖ ● Ballon (aeróstato). ‖ Ballon (juguete). ‖ Chandelle, *f.* (fútbol). ‖ Fam. Canard, fausse nouvelle, *f.* ‖ — *Globo aerostático,* aérostat. ‖ *Globo de ensayo,* ballon d'essai. ‖ *Globo sonda,* ballon d'essai, ballon-sonde. ‖ *Globo terráqueo* ou *terrestre,* globe terrestre. ‖ — *Deshincharse como un globo,* se dégonfler comme une baudruche. ‖ *Amer. Echar globos,* réfléchir. ‖ *En globo,* en bloc : *se fueron en globo,* ils sont partis en bloc.
— Sinón. ● *Aeróstato,* aérostat. *Aeronave,* aéronef. *Mongolfiera,* montgolfière. *Dirigible,* dirigeable.

globoso, sa adj. Sphérique.

globular adj. Globulaire.

globularia f. Bot. Globulaire.

globulina f. Globuline.

glóbulo m. Globule. ‖ *Glóbulo blanco, rojo,* globule blanc, rouge.

globuloso, sa adj. Globuleux, euse.

glogló m. Glouglou (de una botella). ‖ *Hacer glogló,* glouglouter.

glomérulo m. Glomérule.

gloria f. ● Gloire (honor, fama). ‖ Ciel, *m.,* paradis, *m.* (cielo) : *ganar la gloria,* gagner le ciel. ‖ Gloire (esplendor). ‖ Joie, bonheur, *m.* : *es su gloria la lectura,* la lecture fait son bonheur. ‖ Dariole (pastelería). ‖ Artes. Gloire (representación pictórica del cielo). ‖ — Fam. *Dar gloria,* faire plaisir. ‖ *Dios le tenga en su gloria,* Dieu ait son âme. ‖ *Estar en la gloria,* être aux anges *o* au septième ciel. ‖ *Hacer gloria de una cosa,* se glorifier de quelque chose. ‖ *Oler a gloria,* sentir merveilleusement bon. ‖ *¡Que Santa Gloria goce!,* Dieu ait son âme ! ‖ *Saber a gloria,* être délicieux *o* exquis. ‖ *Vivir sin pena ni gloria,* suivre *o* aller son petit bonhomme de chemin.
— M. Gloria (cántico o rezo).
— Sinón. ● *Honor,* honneur. *Fama,* renommée. *Celebridad,* célébrité.

gloriado m. *Amer.* Grog.

gloria patri m. Gloria patri (plegaria).

gloriarse v. pr. Se glorifier.

glorieta f. Tonnelle, cabinet (*m.*) de verdure. ‖ Gloriette (cenador). ‖ Rond-point, *m.* (encrucijada).

glorificación f. Glorification.

glorificador, ra adj. Glorificateur, trice.

glorificante adj. Glorifiant, e.

glorificar v. tr. ● Glorifier.
— V. pr. Se vanter, se glorifier (gloriarse).
— Sinón. ● *Magnificar,* magnifier. *Exaltar, ensalzar,* exalter. *Divinizar,* diviniser. *Deificar,* déifier. *Alabar, loar, celebrar,* louer. *Honrar,* honorer.

glorioso, sa adj. Glorieux, euse.
— F. La bienheureuse Vierge Marie.

glosa f. Glose (comentario). ‖ Fig. Note, remarque (observación). ‖ Glose (composición poética). ‖ Mús. Variation. ‖ Fig. *Hacer una glosa de,* faire le panégyrique de.

glosador, ra m. y f. Critiqueur, euse (que critica).
— M. Glosateur, commentateur (que hace comentarios de textos).

glosar v. tr. Gloser, annoter (comentar). ‖ Fig. Trouver à redire, critiquer, gloser (p. us.) [criticar]. ‖ Commenter.

glosario m. Gram. Glossaire.

glose m. Glose, *f.,* annotation, *f.*

glosina f. Glosine (mosca).

glositis f. Med. Glossite.

glosofaríngeo, a adj. Glosso-pharyngien, enne.

glosopeda f. Veter. Fièvre aphteuse.

glosotomía f. Med. Glossotomie.

glótico, ca adj. Anat. Glottique.

glotis f. Anat. Glotte. ‖ *De la glotis,* de la glotte, glottal, e.

glotón, ona adj. ● Glouton, onne.
— M. Zool. Glouton.
— Sinón. ● *Voraz,* vorace. *Comilón,* gros mangeur. *Tragón, tragaldabas,* goinfre (fam.). *Hambrón,* goulu.

glotonear v. intr. Manger gloutonnement, s'empiffrer.

glotonería f. Gloutonnerie.

glucemia f. Med. Glycémie.

glúcido m. Quím. Glucide.

glucina f. Quím. Glucine.

glucinio m. Min. Glucinium.

glucogénesis o **glucogenia** f. Biol. Glycogenèse, glycogénie.

glucogénico adj. Med. Glycogénique.

glucógeno m. Glycogène.

glucómetro m. Glucomètre.

glucosa f. Quím. Glucose, *m.* o *f.*

glucosado, da adj. Glucosé, e.

glucósido m. Quím. Glucoside.

glucosuria f. Med. Glycosurie.

glucosúrico, ca adj. Glycosurique.

glu glu m. V. glogló.

gluglutear v. intr. Glouglouter (cloquear el pavo).

gluma f. Bot. Glume.

glumilla o **glumela** f. Bot. Glumelle.

gluten m. Quím. Gluten.

glúteo, a adj. y s. m. Anat. Fessier, ère.

glutinoso, sa adj. Glutineux, euse.

gneis m. Geol. Gneiss.

gnéisico, ca adj. Gneisseux, euse; gneissique.

gneta m. Bot. Gnète.

gnómico, ca adj. Gnomique.

gnomo m. Gnome (duende).

gnomón m. Gnomon (reloj de sol).

gnomónico, ca adj. y s. Gnomonique.

gnosis f. Filos. Gnose.

gnosticismo m. Filos. Gnosticisme.

gnóstico, ca adj. y s. m. Gnostique.

goajiro, ra adj. y s. V. guajiro.

goal m. Goal (fútbol).

gobernable adj. Gouvernable.

gobernación f. Gouvernement, *m.* (gobierno). ‖ *Ministerio de la Gobernación,* ministère de l'Intérieur (en España).

gobernador, ra adj. Gouvernant, e (que gobierna).
— M. Gouverneur : *gobernador militar, del Banco de España,* gouverneur militaire, de la Banque d'Espagne. ‖ *Gobernador civil,* préfet. ‖ — F. Femme du gouverneur.

gobernalle m. Mar. Gouvernail (timón).

gobernante adj. y s. Gouvernant, e. ‖ — M. Fam. Personne qui se mêle de commander. ‖ — Pl. Gouvernants, dirigeants (de un Estado).

gobernar* v. tr. Gouverner (dirigir) : *gobernar un barco, un Estado,* gouverner un bateau, un État. ‖ Conduire (ir delante) : *gobernar una procesión,* conduire une procession.
— V. intr. Mar. Gouverner.
— V. pr. Se gouverner.

gobernativo, va adj. V. gubernativo.

gobernoso, sa adj. Méthodique, ordonné, e (metódico). ‖ *Una mujer gobernosa,* une bonne femme d'intérieur.

gobiernista adj. *Amer.* Gouvernemental, e.

gobierno m. ● Gouvernement. ‖ Gouverne, *f.* : *se lo digo a usted para su gobierno,* je vous le dis pour votre gouverne. ‖ Information, *f.* : *para su buen gobierno,* à titre d'information. ‖ Mar. Gouvernail (timón). ‖ *Gobierno civil,* préfecture.
— Sinón. ● *Dirección,* direction. *Administración,* administration. *Régimen,* régime. *Mando,* commandement. *Autoridad,* autorité.

gobio m. Gobie (pez de mar). ‖ Goujon (pez de agua dulce).

goce m. ● Jouissance, *f.* (disfrute). ‖ Plaisir : *los goces del alma,* les plaisirs de l'âme.
— SINÓN. ● *Disfrute,* jouissance. *Posesión,* possession. *Propiedad,* propriété. *Usufructo,* usufruit. *Uso,* usage.

gocete m. Camail (armadura). ‖ BLAS. Gousset.

godo, da adj. Gothique.
— M. HIST. Goth. ‖ (Ant.). FIG. Noble, puissant : *hacerse de los godos,* vouloir passer pour noble. ‖ *Amer.* Espagnol.

Godofredo n. pr. m. Godefroi, Geoffroy.

gofio m. *Amer.* Farine (*f.*) de maïs grillé (harina). ‖ Sorte de pain d'épice.

gofo, fa adj. Grossier, ère (torpe).

gofrado m. TECN. Gaufrage (estampado).

gofradora f. Gaufrier, *m.* ‖ TECN. Gaufreuse.

gofrar v. tr. TECN. Gaufrer (estampar). ‖ *Máquina de gofrar,* gaufreuse.

gol m. But, goal (tanto). ‖ — DEP. *Área de gol,* terrain d'en-but (rugby). ‖ *Gol average,* goal-average (cociente). ‖ *Lateral de gol,* touche de but (rugby). ‖ *Tiro a gol,* tir au but.

gola f. Gosier, *m.,* gorge (garganta). ‖ Gorgerin, *m.* (de armadura). ‖ Hausse-col, *m.* (insignia militar). ‖ Gorge (fortificación). ‖ ARQ. Cimaise (moldura) : *gola inversa,* cimaise renversée. ‖ MAR. Goulet, *m.* (paso o canal estrecho).

goleada f. FAM. Carton, *m.* (deportes).

goleador m. DEP. Buteur.

golear v. tr. FAM. Faire un carton.

goleta f. MAR. Goélette (embarcación).

golf m. Golf (juego). ‖ *Palo de golf,* club.

golfa f. FAM. Dévergondée (sinvergüenza), dévoyée (perdida).

golfear v. intr. Faire le polisson, se conduire en galopin.

golfería f. FAM. Bande de gamins *o* de voyous (conjunto de pilluelos). ‖ Friponnerie (acción de un golfo).

golfillo m. Petit voyou, petit vaurien.

golfista m. y f. Joueur, joueuse de golf.

golfo m. ● Golfe : *el golfo de Vizcaya,* le golfe de Gascogne. ‖ FAM. Voyou. ‖ Dévergondé, effronté (sinvergüenza). ‖ Dévoyé (perdido).
— SINÓN. ● *Bahía,* baie. *Ensenada,* anse. *Rada,* rade. *Abra,* havre. *Concha,* conche. *Cala, caleta, angra,* anse, crique. *Fiordo, ría,* fiord. *Estuario,* estuaire.

Gólgota n. pr. m. GEOGR. Golgotha.

goliardesco, ca adj. Débauché, e.

goliardo, da adj. Débauché, e.
— M. Clerc *o* étudiant bambocheur [au Moyen âge].

Goliat n. pr. m. Goliath (gigante).

golilla f. Golille (cuello). ‖ Rabat, *m.* (de magistrados). ‖ Plumes (*pl.*) du cou des volailles (plumas). ‖ TECN. Manchon, *m.* (tubo de empalme). ‖ *Amer.* Foulard, *m.* [du paysan]. ‖ — M. FIG. y FAM. Basochien, magistrat. ‖ — Pl. Basoche, *f. sing.,* gens de robe.

golondrina f. ZOOL. Hirondelle (ave). ‖ MAR. Vedette, hirondelle (barco de paseo), mouche, bateau-mouche (en París). ‖ — *Golondrina de mar,* hirondelle de mer (ave y pez). ‖ *Una golondrina no hace verano,* une hirondelle ne fait pas le printemps. ‖ FIG. y FAM. *Voló la golondrina,* l'oiseau s'est envolé.

golondrino m. Petit de l'hirondelle, hirondeau (pollo de la golondrina). ‖ Hirondelle (*f.*) de mer (pez). ‖ (P. us.). FIG. Soldat déserteur (desertor). ‖ Vagabond. ‖ — MED. Abcès à l'aisselle. ‖ FIG. y FAM. *Voló el golondrino,* l'oiseau s'est envolé.

golondro m. FAM. Vif désir.

golosamente adv. Avec gourmandise.

golosear v. intr. Manger des friandises.

golosina f. ● Friandise, gourmandise (manjar delicado). ‖ Sucrerie (dulce). ‖ Gourmandise (gula). ‖

Désir, *m.,* envie (deseo). ‖ FIG. y FAM. *Amargar la golosina,* gâcher un plaisir.
— SINÓN. ● *Dulce,* sucrerie. *Chuchería, golería,* friandise.

golosinar o **golosinear** v. intr. Manger des friandises.

goloso, sa adj. y s. Gourmand, e. ‖ — Adj. Appétissant, e (apetitoso). ‖ *Tener muchos golosos,* faire beaucoup d'envieux.

golpazo m. Grand coup. ‖ *Cerrar la puerta de un golpazo,* claquer la porte.

golpe m. ● Coup : *recibir un golpe,* recevoir un coup. ‖ Heurt (encontronazo). ‖ Foule, *f.,* affluence, *f.* (gran cantidad de gente). ‖ Abondance, *f.* (abundancia). ‖ Coup dur, choc (desgracia). ‖ Battement (del corazón). ‖ AGRIC. Auget, pochet (hoyo para sembrar). ‖ TECN. Pène dormant (de cerradura). ‖ Patte (*f.*) d'une poche (cartera). ‖ FIG. Admiration, *f.,* étonnement. ‖ Trait d'esprit (agudeza). ‖ Saillie, *f.,* boutade, *f.* (salida). ‖Coup (en el juego). ‖ *Amer.* Revers (solapa). ‖ Masse, *f.* (mazo). ‖ — *Golpe bajo,* coup bas (en boxeo). ‖ *Golpe de efecto,* coup de théâtre. ‖ *Golpe de Estado,* coup d'État. ‖ *Golpe de fortuna,* coup de chance o de fortune. ‖ *Golpe de gracia,* coup de grâce. ‖ ARTES. *Golpe de luz,* échappée de lumière. ‖ *Golpe de mano,* coup de main. ‖ *Golpe de mar,* coup o paquet de mer. ‖ *Golpe de pecho,* mea-culpa. ‖ *Golpe de tos,* quinte de toux. ‖ *Golpe de vista,* coup d'œil. ‖ *Golpe doble,* coup fourré (esgrima). ‖ DEP. *Golpe franco,* coup franc. ‖ *Golpe maestro,* coup de maître. ‖ *Golpe preparado,* coup monté. ‖ — *A golpe de,* à coups de, à force de : *a golpe de diccionario,* à coups de dictionnaire. ‖ *A golpes,* à force de frapper (a porrazos), par à-coups (con intermitencia). ‖ *A golpe seguro,* à coup sûr. ‖ *¡Buen golpe!,* bien parlé ! ‖ *De golpe,* soudain, tout à coup, tout d'un coup. ‖ *De golpe y porrazo,* sans crier gare, tout à coup, à l'improviste (sin haber avisado), de but en blanc : *decir algo de golpe y porrazo,* dire quelque chose de but en blanc. ‖ *De un golpe,* d'un seul coup, net : *romper de un golpe,* casser net. ‖ *Un golpe magistral,* un coup de maître. ‖ — *Acusar el golpe,* accuser o marquer le coup. ‖ FAM. *Dar el golpe,* épater, étonner (asombrar), faire sensation (causar sensación). ‖ *Dar golpes,* frapper. ‖ *Dar un golpe,* faire un coup. ‖ *Darse golpes de pecho,* se frapper la poitrine. ‖ *Errar o fallar el golpe,* manquer son coup, taper à côté. ‖ *Más fue el susto que el golpe,* il y a eu plus de peur que de mal. ‖ FAM. *No dar golpe,* se la couler douce, ne rien faire de ses dix doigts. ‖ *Tener buenos golpes,* avoir de l'esprit, avoir de bonnes reparties. ‖ *Tiene cada golpe,* il vous en sort de belles.
— SINÓN. ● *Coscorrón,* coup. *Capirotazo,* chiquenaude. *Cogotazo,* calotte. *Trompazo, mamporro,* beigne. *Puñetazo,* horion. *Torniscón, manotazo,* torgniole. *Mojicón, porrazo,* gnon. *Piña, castaña, cate, marrón,* Torta, galleta, claque, tarte. *Palo, trancazo,* coup de trique.

golpeador, ra adj. y s. Frappeur, euse ; qui frappe. ‖ — M. *Amer.* Marteau [de porte] (aldaba).

golpeadura f. Coup, *m.*

golpear v. tr. e intr. Frapper.
— SINÓN. ● *Percutir,* percuter. *Asestar,* asséner. *Batir,* battre. *Dar golpes,* taper. *Golpetear,* tapoter, tambouriner.

golpeo m. Coup, frappement.

golpetazo m. Grand coup. ‖ — *Cerrar la puerta de un golpetazo,* claquer la porte. ‖ *Darse un golpetazo en la frente,* se cogner le front.

golpete m. Arrêt (de puerta o ventana).

golpetear v. tr. Frapper à coups répétés o redoublés. ‖ Tapoter (dar pequeños golpes). ‖ Tambouriner (la lluvia).

golpeteo m. Coups (*pl.*) répétés. || Cognement (de un motor).

golpetillo m. Cran d'arrêt (navaja).

golpiza f. *Amer.* Volée de coups, raclée (paliza).

gollería f. Friandise (golosina). || Fig. Chose superflue, superflu, *m.* || Fam. *Pedir gollerías*, en demander trop, demander la Lune.

golletazo m. Coup frappé sur le goulot d'une bouteille qu'on ne peut déboucher. || Fig. Brusque point final (a un negocio). || Taurom. Estocade (*f.*) portée dans le cou du taureau de telle sorte qu'elle traverse les poumons.

gollete m. Cou (cuello). || Goulot (de botella). || *Estar hasta el gollete*, en avoir par-dessus la tête (estar harto), être repu (haber comido mucho).

goma f. Gomme. || Caoutchouc, *m.* (caucho) : *suelas de goma*, semelles en caoutchouc. || Élastique, *m.* (cinta). || Med. Gomme (tumor). || — *Goma adragante, arábiga*, gomme adragante, arabique. || *Goma de borrar*, gomme [à effacer]. || *Goma de pegar*, colle. || *Goma elástica*, gomme élastique, caoutchouc. || *Goma espuma*, caoutchouc mousse. || *Goma guta, laca*, gomme-gutte, gomme-laque. || — *Borrar con goma*, gommer. || Fam. *Amer. Estar de goma*, avoir mal aux cheveux (el que ha bebido).

gomal m. *Amer.* Plantation (*f.*) de caoutchouc.

gomero m. Gommier (árbol). || *Amer.* Récolteur de caoutchouc.

— Adj. Gommeux, euse ; caoutchoutier, ère.

gomespuma f. Caoutchouc (*m.*) mousse.

gomífero, ra adj. Bot. Gommifère.

gomina f. Gomina.

Gomorra n. pr. Geogr. Gomorrhe.

gomorresina f. Gomme-résine.

gomosidad f. Viscosité.

gomoso, sa adj. y s. Gommeux, euse. || Malade de la gomme (que padece goma). || Fam. *Amer.* Ivre (borracho). || — M. Fam. Gommeux, gandin (pisaverde).

gónada f. Gonade (glándula).

góndola f. Gondole (embarcación). || (Ant.). Omnibus, *m.* (ómnibus).

gondolero m. Gondolier.

gonfalón m. Gonfalon, gonfanon (bandera).

gonfalonero m. Gonfalonier, gonfanonier.

gonfosis f. Anat. Gomphose.

gong m. Gong.

gongorino, na o **gongorista** adj. y s. Gongoriste, précieux, euse (culterano).

gongorismo m. Gongorisme, préciosité, *f.* (culteranismo).

gongorizar v. intr. Parler o écrire avec recherche.

goniometría f. Goniométrie.

goniómetro m. Goniomètre.

gonococia f. Med. Gonococcie.

gonococo m. Med. Gonocoque.

gonorrea f. Med. Gonorrhée, blennorragie.

Gonzalo n. pr. m. Gonzalve.

gordal adj. (P. us.). Gros, osse.

gordana f. Oing, *m.* (unto), graisse (grasa).

gordetillo m. Grasset (del caballo).

gordiano adj. m. Gordien : *cortar el nudo gordiano*, trancher le nœud gordien.

gordiflón, ona o **gordinflón, ona** adj. Fam. Rondelet, ette ; grassouillet, ette.

— M. Fam. Gros père, patafouf. || — F. Fam. Grosse mémère.

gordo, da adj. Gros, osse : *un hombre gordo*, un homme gros ; *hilo gordo*, du gros fil. || Gras, grasse : *tocino gordo*, lard gras. || Fig. y Fam. Important, e ; de poids : *hemos tratado con gente gorda*, nous avons fréquenté des gens importants. | Énorme, considérable. || — *Agua gorda*, eau dure. || *Lengua gorda*, langue pâteuse. || Fig. y Fam. *Peces gordos*, grosses légumes, huiles. | *Premio gordo*, gros lot (lotería). | *Vacas gordas*,

vaches grasses. || — Fam. *Algo gordo ha ocurrido*, il s'est passé quelque chose de sérieux. | *De los gordos, de las gordas*, beau, belle, fameux, fameuse, de taille : *es una tontería de las gordas*, c'est une belle idiotie. || — Pop. *Caer gordo*, taper sur le système, casser les pieds. || Fig. *Hacer la vista gorda*, faire semblant de ne pas voir, fermer les yeux. | *Reventar de gordo*, crever dans sa peau. — M. Gras (manteca) : *no me gusta la carne con gordo*, je n'aime pas la viande qui a du gras. || Fam. Gros lot : *le ha caído* ou *tocado el gordo*, il a gagné le gros lot. || *Esta carne tiene mucho gordo*, cette viande a beaucoup de gras o est très grasse. || — F. Fam. Pièce de 10 centimes. || — Fam. *Armar la gorda*, faire les quatre cents coups. | *Estar sin una gorda*, être sans le sou, ne pas avoir le sou. | *Se va a armar la gorda*, ça va barder, ça va chauffer, il va y avoir du grabuge.

gordolobo m. Bot. Bouillon-blanc, molène, *f.* (verbasco).

gordura f. Graisse (grasa). || Dureté (agua). || Embonpoint, *m.* (corpulencia). || *Amer.* Crème (nata).

gorgojarse o **gorgojearse** v. pr. Agric. Se charançonner (semillas).

gorgojo m. Charançon (insecto). || Fig. y Fam. Nabot, bout d'homme (chisgarabís).

gorgojoso, sa adj. Charançonné, e.

Gorgonas n. pr. f. pl. Mit. Gorgones.

gorgonia f. Zool. Gorgonie.

gorgonzola m. Gorgonzola (queso italiano).

gorgorita f. Bulle (burbuja). || — Pl. Mús. Roulades (gorgoritos) [fam.].

gorgoritear v. intr. Mús. Faire des roulades.

gorgoritos m. pl. Mús. Roulades, *f.* (fam.).

gorgorotada f. Gorgée, lampée (fam.).

gorgotear v. intr. Gargouiller.

gorgoteo m. Gargouillement, gargouillis.

gorguera f. Gorgerette, collerette (cuello). || Gorgerin, *m.* (de armadura). || Bot. Involucre, *m.*

gorguz m. *Amer.* Pointe (*f.*) de la pique des vachers.

gori m. Fam. Raffut : *armar gori*, faire du raffut.

gorigori m. Fam. Chant funèbre.

gorila m. Zool. Gorille.

gorja f. Gorge (garganta).

gorjal f. Collet, *m.* (de la ropa sacerdotal). || Gorgerin, *m.* (de armadura).

gorjeador, ra o **gorjeante** adj. Gazouillant, e (que gorjea).

gorjear v. intr. Gazouiller (los pájaros). || Mús. Faire des roulades (hacer gorgoritos). || *Amer.* Se moquer.

— V. pr. Gazouiller, babiller (los niños).

gorjeo m. Gazouillement (de los pájaros). || Roulade (canto). || Gazouillement, babil, gazouillis (balbuceo del niño).

gorobeto m. *Amer.* Bossu.

gorra f. Casquette (con visera). || Béguin, *m.*, bonnet, *m.* (de niño). || Toque (de jockey). || Mil. Bonnet (*m.*) à poil (de granaderos). || — *Gorra de cuartel*, bonnet de police. || *Gorra de plato*, casquette.

— M. Fig. y Fam. Pique-assiette, *inv.* (gorrón). || — Fam. *De gorra*, à l'œil, gratis : *comer de gorra*, manger à l'œil. | *Pasar la gorra*, tendre la main. | *Vivir de gorra*, vivre en parasite.

gorrear v. intr. *Amer.* Vivre en parasite.

gorrero, ra m. y f. Casquettier, ère. || — M. Fam. Parasite, pique-assiette, *inv.* (gorrista).

gorrín m. Goret (gorrino).

gorrinada o **gorrinería** f. Cochonnerie.

gorrino, na m. y f. Goret, cochonnet (cerdo pequeño). || Cochon (cerdo). || Fam. Cochon, *m.*, goret, *m.* (sucio).

gorrión m. Zool. Moineau (pájaro). || Fam. Moineau, loustic (zorrastrón) : *¡menudo gorrión!*,

drôle de moineau *o* de loustic ! | Gosse (chiqui-
llo). || *Amer.* Colibri (colibrí).

gorriona f. Moineau (*m.*) femelle. || FAM. Gosse
(chiquilla).

gorrista adj. y s. FAM. Parasite (gorrón).

gorro m. Bonnet : *gorro catalán, de dormir, de
goma, frigio,* bonnet catalan, de nuit, de bain,
phrygien. || Bonnet, toque, *f.* (dc cocinero). ||
Calot (de militar). || — FAM. *Amer. Apretarse el
gorro,* prendre ses cliques et ses claques. || FIG.
Poner el gorro, assommer, ennuyer.

gorrón m. Galet (guijarro). || Capelan (gusano de
seda). || (P. us.). Rillons, *pl.* (chicharrón). || MECÁN.
Pivot, fusée (*f.*) d'essieu, tourillon.

gorrón, ona adj. De parasite. || *Pasa gorrona,* gros
raisin sec.
— M. y f. Parasite, *m.,* pique-assiette, *m.*

gorronear v. intr. FAM. Vivre en parasite.

gorronería f. FAM. Parasitisme, *m.*

gota f. Goutte (de líquido). || ARQ. Goutte. || MED.
Goutte. || Goutte, soupçon, *m.* : *una gota de vino,*
une goutte de vin. || — *Gota a gota,* goutte à
goutte. || MED. *Gota coral,* épilepsie. || *Gota mili-
tar,* goutte militaire, blennorragie. || *La última
gota hace rebasar la copa,* c'est la goutte d'eau
qui fait déborder le vase. || *No ver ni gota,* n'y
voir goutte. || *Parecerse como dos gotas de agua,*
se ressemble comme deux gouttes d'eau. || *Sudar
la gota gorda,* suer à grosses gouttes, suer sang et
eau. || MED. *Transfusión gota a gota,* goutte-à-
goutte.

goteado, da adj. Taché de gouttes.

goteante adj. Dégouttant, e ; qui tombe goutte à
goutte.
— OBSERV. Nótese las dos *t* de *dégouttant.*

gotear v. intr. Dégoutter, tomber goutte à goutte,
goutter (caer gota a gota) : *el agua gotea del te-
jado,* l'eau tombe du toit goutte à goutte. || Couler
(un grifo). || Pleuviner (llover). || FIG. y FAM. Rece-
voir (recibir) *o* donner (dar) au compte-gouttes.

goteo m. Dégouttement. || *Goteo de pintura,* cou-
lure de peinture.

gotera f. Gouttière (canalón). || Fuite d'eau (en un
techo). || Pente (cenefa). || Gouttière (enfermedad
de los árboles). || — Pl. FIG. Infirmités (achaques).
|| *Amer.* Faubourgs, *m.* (arrabales), environs, *m.*
(afueras).

goterear v. intr. *Amer.* Dégoutter, tomber goutte
à goutte.

gotero m. *Amer.* Compte-gouttes, *inv.*

goterón m. ARQ. Larmier (canalón). || Grosse
goutte, *f.*

gótico, ca adj. Gothique : *lengua, letra gótica,*
langue, lettre gothique. || FAM. *Niño gótico,* bê-
cheur, petit gommeux.
— M. Gothique : *gótico flamígero,* gothique flamboyant.

gotoso, sa adj. y s. MED. Goutteux, euse.

goyesco, ca adj. Caractéristique de Goya.

gozador, ra adj. Jouisseur, euse.

gozar v. intr. Jouir. || Se réjouir : *gozo con su
visita,* je me réjouis de sa visite. || *Gozar del bene-
ficio de duda,* bénéficier d'un doute.
— V. tr. Jouir de : *gozar buena salud,* jouir d'une
bonne santé.
— V. pr. Se plaire, se complaire : *gozarse en
hacer daño,* se plaire à faire le mal. || FAM. *Go-
zarla,* passer du bon temps, s'en payer (divertirse), se régaler : *la voy a gozar,* je vais me
régaler.

gozne m. Gond.

gozo m. Joie, *f.* (alegría) : *saltar de gozo,* sauter de
joie. || FIG. Flambée, *f.* (llamarada). || — Pl. Can-
tique (*sing.*) en l'honneur de la Vierge. || — *Mi
gozo en un pozo,* c'est bien ma veine, tout est

tombé à l'eau. || *No caber en sí de gozo,* ne pas
se sentir *o* se tenir de joie.

gozoso, sa adj. Joyeux, euse (alegre).

gozque m. Roquet (perro).

gozquejo m. Petit roquet.

grabación f. Enregistrement, *m.* (discos, cinta
magnetofónica).

grabado m. Gravure, *f.* : *grabado al agua fuerte,
punteado, en hueco, a media tinta, en dulce, en
cobre, en madera,* gravure à l'eau-forte, au pointillé, en creux, en demi-teinte, en taille-douce, sur
cuivre, sur bois. || Gravure, *f.,* image, *f.* (es-
tampa). || Enregistrement (discos, cinta magneto-
fónica, etc.).

grabador, ra adj. D'enregistrement (de dis-
cos, etc.). || *Grabador de cinta,* magnétophone.
— M. Graveur.

grabar v. tr. Graver : *grabar al buril, en madera,*
graver au burin, sur bois. || Enregistrer (discos,
cintas magnetofónicas). || FIG. Graver, enregis-
trer : *grabar en su memoria,* graver dans sa mémoire.

graoejada f. *Amer.* Plaisanterie, clownerie.

gracejar v. intr. Plaisanter (bromear).

gracejo m. Badinage (modo de decir festivo y ele-
gante). || Esprit (chiste).

gracia f. Grâce (divina). || Grâce, faveur (favor) :
conceder una gracia, accorder une grâce. || Grâce
(indulto). || Grâce (atractivo, donaire) : *bailar con
gracia,* danser avec grâce. || Charme (atractivo) :
no es guapa pero tiene cierta gracia, elle n'est pas
belle, mais elle a un certain charme. || Plaisante-
rie (broma), bon mot, *m.* (chiste) : *siempre está
diciendo gracias,* il fait toujours des plaisanteries.
|| FAM. Drôle de tour, *m.* (mala pasada) : *me hizo
una gracia que me ha costado la broma de un millón de francos,* il m'a joué un drôle de tour qui
m'a coûté la bagatelle d'un million de francs. ||
— Pl. Remerciements, *m.,* mercis, *m.* (agradeci-
miento) : *miles de gracias,* mille mercis. || MIT.
Grâces : *las Tres Gracias,* les trois Grâces. || —
RELIG. *Acción de gracias,* action de grâces. || *A la
gracia de Dios,* à la grâce de Dieu. || *De gracia,*
gratis. || RELIG. *En estado de gracia,* en état de
grâce. || *Falta de gracia,* fadeur (de una cara). ||
Gracias a, grâce à (por intervención, por causa
de). || *Gracias por,* merci de : *gracias por haber
venido,* merci d'être venu. || *Por obra y gracia
de,* grâce à. || *Por obra y gracia del Espíritu
Santo,* par l'opération du Saint-Esprit. || *Sin gra-
cia,* fade : *facciones sin gracia,* traits fades. ||
Y gracias si, on peut s'estimer heureux si. || — *Ahí
está la gracia,* tout est là. || *Caer en gracia,* plaire.
|| *Dándole las gracias,* en vous remerciant. || *Dar
gracias al cielo,* rendre grâce au ciel. || *Dar las
gracias,* remercier, dire merci. || *Estar en gracia
cerca de alguien,* être en grâce auprès de quel-
qu'un, jouir des bonnes grâces de quelqu'un. ||
Hacer gracia, être sympathique, revenir (agradar) : *este hombre no me hace gracia,* cet homme
ne me revient pas ; amuser (un chiste, una broma).
|| *Hacer gracia de,* faire grâce de. || *Hacer la gra-
cia de,* s'amuser à, se mettre à. || *Hacerle a uno
poca gracia,* ne pas plaire beaucoup, ne pas dire
grand-chose. || FAM. *Más vale un gracia que
ser gracioso,* le savoir-faire vaut mieux que le
savoir. || *No estar para gracias,* ne pas avoir envie
de plaisanter. || *No tener ni pizca de gracia,*
n'avoir rien de drôle. || *Tener gracia,* être amu-
sant : *tiene mucha gracia,* il est très amusant. ||
Tener toda la gracia, avoir de l'esprit à revendre,
être drôle comme tout.
— Interj. Merci ! || *¡Gracias a Dios !* ou *¡a Dios
gracias !,* grâce à Dieu ! || *¡Muchas gracias !,* merci
bien ! *o* merci beaucoup ! *o* je vous remercie ! .||
FAM. *¡Qué gracia tiene !,* comme c'est drôle ! |

¡Tiene muy poca gracia! ou *¡maldita la gracia que tiene esto!* ou *¡menuda gracia tiene!*, ce n'est pas drôle du tout !

graciable adj. Aimable, complaisant, e (afable). ‖ Accordable (otorgable). ‖ Graciable (perdonable).

Graciano n. pr. m. Gratien.

grácil adj. Gracile.

gracilidad f. Gracilité.

graciola f. BOT. Gratiole.

graciosamente adv. Avec grâce (con gracia). ‖ Gracieusement, à titre gracieux (de balde). ‖ Galamment (galantemente).

graciosidad f. Beauté, charme, m. (encanto).

gracioso, sa adj. Spirituel, elle ; amusant, e ; drôle (divertido). ‖ Drôle, comique (cómico). ‖ Gracieux, euse ; charmant, e (encantador). ‖ Gentil, ille (simpático). ‖ Gracieux, euse ; gratuit, e (gratuito). ‖ MÚS. Gracioso. — M. TEATR. Gracioso [bouffon de la comédie espagnole], pitre. ‖ — FAM. *Hacerse el gracioso*, faire l'imbécile, faire le pitre. ‖ *Lo gracioso de la cosa*, ce qu'il y a de drôle dans cette histoire. ‖ — F. TEATR. Soubrette.

grada f. Degré, m., marche (peldaño). ‖ Gradin, m. (de anfiteatro) : *dispuesto en gradas*, en gradins. ‖ Degré, m. (al pie del altar). ‖ Grille (celosía, verja de locutorio). ‖ AGRIC. Herse. ‖ MAR. Chantier, m., cale : *grada de construcción*, cale de construction ; *buque en grada*, navire sur chantier ; *grúa de grada*, grue de cale.

gradación f. Gradation.

gradar v. tr. AGRIC. Herser.

gradería f. o **graderío** m. Degrés, m. pl. ‖ Gradins, m. pl. (del estadio).

gradiente m. Pente, f. (declive). ‖ FÍS. Gradient.

gradilla f. Petite échelle. ‖ TECN. Calibre, m. (molde para ladrillos).

grado m. Degré : *diez grados bajo cero*, dix degrés au-dessous de zéro ; *este vino tiene once grados*, ce vin a onze degrés. ‖ Degré (de parentesco, de jerarquía) : *primo en tercer grado*, cousin au troisième degré. ‖ Degré (peldaño). ‖ Teneur, f., titre (alcohol). ‖ Grade (del aceite). ‖ Taux : *grado de invalidez*, taux d'invalidité. ‖ Stade (fase) : *los diferentes grados de una evolución*, les différents stades d'une évolution. ‖ Grade (título universitario, militar). ‖ Année, f. : *alumno del segundo grado*, élève de deuxième année. ‖ GEOM. Grade. ‖ — MAT. *De segundo grado*, du second degré, quadratique (ecuación). ‖ *En mayor o menor grado*, sur une plus ou moins grande échelle. ‖ *En sumo* ou *último* ou *alto grado* ou *en grado superlativo*, au dernier degré, au plus haut point.

grado m. Gré (voluntad) : *de grado*, de son gré. ‖ Grâce, f. : *hacer algo de mal grado*, faire quelque chose de mauvaise grâce. ‖ — *De buen grado*, de bon gré ; *de mal grado*, de mauvais gré. ‖ *De buen o mal grado*, bon gré mal gré. ‖ *De grado o por fuerza*, de gré ou de force. ‖ *Mal de mi, de tu, de su grado*, malgré moi, toi, lui (o elle) ; contre mon, ton, son gré.

graduable adj. Réglable : *tirantes graduables*, bretelles réglables.

graduación f. Graduation. ‖ Degré, m., titre, m. (en alcohol). ‖ FÍS. Titrage, m. ‖ MIL. Grade, m. ‖ *Determinar la graduación*, titrer.

graduado, da adj. Gradué, e : *escala graduada*, échelle graduée. ‖ Diplômé, e : *graduado en la Universidad*, diplômé de l'Université.

graduador m. Graduateur. ‖ Vis (f.) de réglage (tornillo).

gradual adj. y s. m. Graduel, elle.

graduando m. Personne (f.) sur le point de recevoir un grade universitaire.

graduar v. tr. Graduer (un termómetro). ‖ Échelonner (escalonar). ‖ MIL. Conférer un grade,

élever au grade de, nommer : *graduar de capitán*, nommer capitaine. ‖ Titrer (vino, alcohol, etc.). — V. pr. MIL. Être élevé au grade de. ‖ Être reçu, e ; recevoir le titre de : *graduarse de bachiller*, être reçu au baccalauréat ; *se graduó de licenciado de letras*, il a été reçu à la licence ès lettres.

gradus m. Gradus (diccionario poético).

graffiti m. pl. Graffiti : *los graffiti de Pompeya*, les graffiti de Pompéi. — OBSERV. El singular de esta palabra es *graffite* o *graffito*, aunque se emplea también *graffiti*.

grafía f. Graphie, f.

gráfica f. Graphique, m.

gráfico, ca adj. Graphique. ‖ FIG. Imagé, e : *me hizo una descripción muy gráfica*, il m'a fait une description très imagée. ‖ *Las artes gráficas*, les arts graphiques. — M. Graphique.

gráfila f. Grènetis, m. (de moneda).

grafilar v. tr. Moleter : *aro grafilado*, bague moletée.

grafismo m. Graphisme.

grafista m. y f. Graphiste.

grafítico, ca adj. Graphitique.

grafito m. MIN. Graphite.

grafitoso, sa adj. Graphiteux, euse.

grafología f. Graphologie.

grafológico, ca adj. Graphologique.

grafólogo m. Graphologue.

grafomanía f. Graphomanie.

grafometría f. Graphométrie.

grafómetro m. TECN. Graphomètre.

gragea f. Dragée (medicamento).

graja f. Corneille (ave).

grajear v. intr. Croasser (graznar).

grajera f. Nid (m.) de corbeaux.

grajiento, ta adj. *Amer.* Qui sent mauvais.

grajo m. Crave (ave). ‖ *Amer.* Gousset (ant.), odeur (f.) nauséabonde (mal olor).

grama f. BOT. Chiendent, m. ‖ *Grama de olor*, flouve.

gramal m. Terrain couvert de chiendent.

gramalote m. *Amer.* Panic (hierba).

gramática f. Grammaire : *gramática comparada*, *histórica*, grammaire comparée, historique. ‖ FAM. *Gramática parda*, débrouillardise, système D.

gramatical adj. Grammatical, e.

gramático, ca adj. Grammatical, e. — M. y f. Grammairien, enne.

gramatiquería f. FAM. Subtilités (pl.) de la grammaire.

gramen m. BOT. Gramen (grama).

gramil m. Trusquin, troussequin (herramienta).

gramilla f. Broie (agramadera). ‖ BOT. *Gramilla blanca*, grand chiendent.

gramíneas f. pl. BOT. Graminées, graminacées.

gramo m. Gramme.

gramófono m. Gramophone.

gramola f. Phonographe, m.

grampillón m. Crampillon (horquilla).

gran adj. Grand, e. — OBSERV. Apocope de *grande*, *gran* s'emploie devant un substantif singulier.

grana f. Grenaison (acción de granar). ‖ Graine (semilla). ‖ ZOOL. Cochenille (cochinilla). ‖ Kermès, m. (quermes). ‖ Écarlate (color o tela). ‖ — *Capa de grana*, manteau écarlate. ‖ *Dar grana*, monter en graine (las plantas). ‖ *Enrojecer como la grana*, devenir rouge comme une écrevisse. — Adj. Écarlate (color).

granada f. BOT. Grenade. ‖ MIL. Grenade : *granada de mano*, *de profundidad*, grenade à main, sous-marine. ‖ Obus, m. (de cañón).

Granada n. pr. GEOGR. Grenade.

granadera f. MIL. Grenadière.

granadero m. MIL. Grenadier (soldado).

granadilla f. o **granadillo** m. Bot. Grenadille, f.
granadino, na adj. y s. Grenadin, e (de Granada).
‖ — F. Grenadine (jarabe). ‖ Chant (m.) andalou
(canto andaluz). ‖ Grenadine (tejido).
granado m. Bot. Grenadier (arbusto).
granado, da adj. Grenu, e (espiga). ‖ Fig. Remarquable, illustre (notable). ‖ Mûr, e ; expert, e
(maduro). ‖ Épanoui, e : *jóvenes granados,* jeunes
gens épanouis. ‖ — *De lo más granado,* trié sur
le volet. ‖ *Lo más granado,* la crème. ‖ *Trigo
granado,* blé nourri.
granalla f. Grenaille (de metal, carbón).
granar v. tr. e intr. Bot. Grener, monter en graine.
‖ Fig. S'épanouir (los jóvenes). ‖ *Sin granar,* en
herbe.
granate m. Min. Grenat. ‖ *Granate almandino,*
almandine.
— Adj. Grenat (color).
granazón f. Grenaison. ‖ Fig. Épanouissement, m.
(de las personas).
Gran Bretaña n. pr. f. Geogr. Grande-Bretagne.
grancilla f. Charbon (m.) calibré.
grancolombiano, na adj. y s. De la Grande
Colombie.
grande adj. ● Grand, e. ‖ *Amer.* D'un certain
âge (de cierta edad). ‖ — *A lo grande,* en grand. ‖
En grande, en gros, en bloc (en conjunto). ‖ *Le
queda grande este vestido,* ce vêtement est trop
grand pour vous. ‖ Fig. y Fam. *¡Mira que esto es
grande!,* c'est un peu fort !, c'est un comble ! ‖
Pasarlo en grande, s'amuser comme un fou, s'en
donner à cœur-joie. ‖ *Ver en grande,* voir grand.
‖ *Ver las cosas en grande,* voir les choses en
grand. ‖ *Vivir a lo grande,* vivre sur un grand
pied, mener grand train.
— M. Grand : *grande de España,* grand d'Espagne. ‖ Grand (niño mayor).
— Observ. V. grand, en la primera parte, pág. 365.
— Sinón. ● *Importante,* important. *Considerable,* considérable.
grandeza f. Grandeur : *grandeza de carácter,*
grandeur de caractère. ‖ Grandesse (dignidad de
grande de España).
grandilocuencia f. Grandiloquence.
grandilocuente o **grandílocuo, cua** adj. Grandiloquent, e ; pompeux, euse.
grandiosidad f. Magnificence, grandeur : *la grandiosidad del espectáculo,* la magnificence du spectacle.
grandioso, sa adj. Grandiose.
grandísono, na adj. Poét. Pompeux, euse.
grandor m. Grandeur, f. (tamaño).
grandote, ta adj. Fam. Trop grand, e. ‖ Fam. *Una
chica grandota,* une perche.
grandullón, ona adj. Fam. Trop grand. ‖ *Un chico
grandullón,* un échalas.
graneado, da adj. Grené, e (granulado). ‖ Mil.
Fuego graneado, feu roulant.
— M. Mil. Grenage (de la pólvora). ‖ Grenure, f.
(del cuero, tejido, metal).
granear v. tr. Semer (sembrar el grano). ‖ Tecn.
Grener (para el grabado al humo).
granel (a) loc. adv. En vrac : *trigo a granel,* blé
en vrac. ‖ Au détail : *colonia a granel,* eau de
Cologne au détail. ‖ Fig. À foison (en abundancia).
granelero m. Mar. Céréalier (barco).
granero m. Grange, f., grenier. ‖ Fig. *Un grano
no hace granero pero ayuda al compañero,* les
petits ruisseaux font les grandes rivières.
granguardia f. Mil. Grand-garde.
granillo m. Petit grain. ‖ Veter. Bouton.
granilloso, sa adj. Granuleux, euse.
granitado, da adj. Granité, e.
granítico, ca adj. Granitique, graniteux, euse.
granito m. Min. Granit, granite (roca). ‖ Med.
Petit bouton (en la piel). ‖ Petit grain (grano

pequeño). ‖ Fig. *Echar su granito de sal,* mettre
son grain de sel.
granitoideo, a adj. Granitoïde.
granívoro, ra adj. Granivore.
granizada f. Grêle, chute de grêle (de granizo). ‖
Fig. Grêle : *una granizada de golpes,* une grêle
de coups. ‖ Boisson glacée, granité, m. (bebida).
granizado m. Boisson (f.) glacée, granité.
granizar v. impers. Grêler.
granizo m. Grêle, f. ‖ Grêlon (grano de la granizada).
granja f. Ferme : *granja modelo,* ferme modèle. ‖
Exploitation [rurale] : *granja avícola,* exploitation avicole.
granjear v. intr. (P. us.). Commercer, trafiquer. ‖
Mar. Gagner (avanzar).
— V. tr. *Amer.* Voler (robar).
— V. pr. Gagner (conquistar) : *granjearse la confianza de,* gagner la confiance de ; *se granjeó su
afecto,* il gagna son affection. ‖ Acquérir : *granjearse una buena reputación,* acquérir une bonne
réputation. ‖ *Granjearse el desprecio general,*
encourir le mépris général.
granjero, ra m. y f. Fermier, ère.
— Sinón. *Cortijero,* fermier. *Aparcero, colono,* métayer.
grano m. Grain (de los cereales, de uva). ‖ Graine,
f. (semilla). ‖ Grain (partícula) : *grano de arena,*
grain de sable. ‖ Med. Bouton (tumorcillo). ‖
Grain (medida de peso). ‖ Grain (aspereza de la
piedra, cueros, etc.). ‖ Grumelure, f. (metal). ‖
Fot. Grain. ‖ — *Apartar el grano de la paja,*
séparer le bon grain de l'ivraie. ‖ *Ir al grano,*
aller au fait, aller droit au but, ne pas y aller par
quatre chemins. ‖ *No es grano de anís,* ce n'est
pas une petite affaire, ce n'est pas de la petite
bière (fam.), ce n'est pas du gâteau (fam.). ‖
Seis mil dólares no son ningún grano de anís,
six mille dollars ne sont pas une bagatelle.
granoso, sa adj. Grenu, e : *cuero granoso,* cuir
grenu.
granuja f. Raisin (m.) égrappé (uva). ‖ Fam. Marmaille (banda de granujas). ‖ — M. ● Fam. Galopin, garnement (pilluelo), voyou, fripouille, f.
(canalla).
— Sinón. ● *Golfo,* voyou. *Pícaro,* garnement. *Canalla,*
canaille. *Tuno,* sacripant. *Perdido,* dévoyé. *Chulo,* mauvais garçon.
granujada o **granujería** f. Friponnerie.
granujiento, ta adj. Boutonneux, euse.
granujilla m. Fam. Petit coquin.
granulación f. Granulation.
granulado, da adj. y s. m. Granulé, e.
granular adj. Granulaire.
granular v. tr. Granuler.
— V. pr. Se couvrir de boutons.
granulia f. Med. Granulie (tuberculosis miliar).
granulita f. Min. Granulite.
gránulo m. Granule.
granuloso, sa adj. Granuleux, euse.
granza f. Bot. Garance (rubia). ‖ Charbon (m.)
calibré (carbón). ‖ — Pl. Criblures (de las semillas). ‖ Min. Crasses, scories. ‖ Résidus (m.) de
tamisage du gypse. ‖ *Amer.* Marc, m. sing., dépôt,
m. (de una bebida).
granzón m. Min. Rognon (de mineral).
granzoso, sa adj. Mal criblé, e.
grao m. Plage, f. ‖ *El Grao,* le port de Valence
(España).
grapa f. Crampon, m. (laña). ‖ Agrafe (para el
papel). ‖ Arq. y Med. Agrafe, ‖ Veter. Malandre, grappe (en los pies del caballo). ‖ *Amer.*
Boisson alcoolique. ‖ — *Coser con grapas,* agrafer. ‖ *Sujeción con grapas,* agrafage.
grasa f. Graisse (cuerpo graso). ‖ Crasse (mugre,
suciedad). ‖ Gomme de genévrier (del enebro). ‖

Sandaraque (grasilla). ‖ — Pl. MIN. Scories, crasses. ‖ — FAM. *Criar grasa*, grossir. | *Echar grasa en el abdomen*, prendre du ventre.

grasera f. Pot (*m.*) à graisse (vasija). ‖ Lèchefrite (de cocina).

grasero m. MIN. Crassier.

grasiento, ta adj. Graisseux, euse.

grasilla f. Sandaraque (resina).

graso, sa adj. Gras, grasse : *cuerpo graso*, corps gras.

— SINÓN. *Grasiento*, graisseux. *Aceitoso*, huileux. *Untuoso*, onctueux.

grasones m. pl. Bouillie (*f. sing.*) de blé et de lait sucré.

grasoso, sa adj. Graisseux, euse ; gras, grasse.

grasura f. Graisse.

grata f. TECN. Brunissoir, *m.* (de platero).

gratar v. tr. TECN. Brunir (bruñir la plata o el oro).

gratén m. CULIN. Gratin : *lenguado al gratén*, sole au gratin. ‖ CULIN. *Guisar al gratén*, gratiner.

gratificación f. Gratification.

gratificador, ra adj. y s. Qui gratifie.

gratificar v. tr. Gratifier.

grátil o gratil m. MAR. Têtière, *f.* (de la vela). | Envergure, *f.* (anchura de una verga).

gratín m. V. GRATÉN.

gratis adv. Gratis (de balde).

— SINÓN. *Gratuitamente*, gratuitement. *Graciosamente*, gracieusement. *De balde*, gratis, à l'œil (fam.). *Regalado*, donné.

gratitud f. Gratitude.

grato, ta adj. Agréable : *grato al paladar*, agréable au palais ; *grato de oir*, agréable à entendre. ‖ Plaisant, e (placentero). ‖ Cher, ère : *fórmula grata a*, formule chère à. ‖ — *En espera de sus gratas noticias*, dans l'attente de vos bonnes nouvelles. ‖ *Me es muy grato decirle*, je suis très heureux de vous dire. ‖ *Recuerdo grato*, doux souvenir, souvenir agréable.

gratuidad f. Gratuité.

gratuito, ta adj. Gratuit, e.

grava f. Gravier, *m.*

gravamen m. Charge, *f.*

gravar v. tr. Grever (imponer gravamen) : *gravar un país con impuestos*, grever un pays d'impôts. ‖ Peser (cargar).

grave adj. Grave : *enfermedad, hombre, voz grave*, maladie, homme, voix grave. ‖ FIG. Grave (serio). ‖ MÚS. Grave. ‖ FÍS. Grave, pesant, e (atraído por la tierra). ‖ — *Accidente de consecuencias graves*, accident lourd de conséquences. ‖ GRAM. *Acento grave*, accent grave. ‖ *De lo grave a lo frívolo*, du grave au frivole. ‖ — M. FÍS. Grave (ant.), corps pesant. ‖ MÚS. Grave.

gravedad f. Gravité (de una enfermedad). ‖ FIG. Gravité : *la gravedad de una falta*, la gravité d'une faute. ‖ ● Gravité (de un personaje). ‖ Pesanteur : *leyes de la gravedad*, lois de la pesanteur. ‖ — FÍS. *Centro de gravedad*, centre de gravité. ‖ *Enfermo de gravedad*, gravement malade. ‖ *Herido de gravedad*, gravement blessé, grièvement blessé. ‖ *Un enfermo, un herido de gravedad*, un malade, un blessé grave.

— SINÓN. ● *Seriedad*, sérieux. *Compunción*, componction. *Dignidad*, dignité. *Compostura*, circonspection.

gravedoso, sa adj. Guindé, e (muy serio).

grávido, da adj. Gravide. ‖ Enceinte (preñada).

gravilla *f.* Gravillon, *m.* ‖ *Cubrir una carretera con gravilla*, gravillonner une route.

gravilladora f. TECN. Gravillonneur, *m.*

gravimetría f. FÍS. Gravimétrie.

gravitación f. FÍS. Gravitation.

gravitar v. intr. FÍS. Graviter. ‖ FIG. Reposer sur, s'appuyer sur (apoyarse). | Graviter : *gravita entre*

los allegados al ministro, il gravite dans l'entourage du ministre. | Peser sur.

gravoso, sa adj. Lourd, e ; pesant, e (pesado). ‖ Onéreux, euse ; coûteux, euse (costoso).

graznador, ra adj. Croassant, e.

graznar v. intr. Croasser (cuervo). ‖ Criailler (aves). ‖ Huer (el búho). ‖ Cacarder, jargonner (el ganso).

graznido m. Croassement (del cuervo). ‖ Cacardement (del ganso).

greba f. Jambière (de la armadura).

greca f. ARQ. Grecque (adorno).

Grecia n. pr. f. GEOGR. Grèce.

grecismo m. Hellénisme.

grecizar v. tr. Gréciser (dar forma griega).

greco, ca adj. y s. (Ant.). Grec, grecque (griego).

grecolatino, na adj. Gréco-latin, e.

grecorromano, na adj. Gréco-romain, e.

greda f. Glaise, terre glaise (arcilla).

gredal m. Glaisière, *f.*

gredoso, sa adj. Glaiseux, euse.

gregal adj. Grégaire (que forma rebaño).

gregario, ria adj. Grégaire : *instinto gregario*, instinct grégaire.

— M. FAM. Domestique (en ciclismo).

gregoriano, na adj. Grégorien, enne.

Gregorio n. pr. m. Grégoire.

gregorito m. Amer. Farce, *f.*, moquerie, *f.* ‖ *Amer. Dar un gregorito a*, faire rager, se moquer de.

greguería f. Brouhaha, *m.* (algarabía). ‖ Sorte d'aphorisme (*m.*) dont l'écrivain espagnol Ramón Gómez de la Serna est le créateur.

gregüescos m. pl. Grègues, *f.* (calzones).

grelo m. Feuille (*f.*) tendre de navet.

gremial adj. Corporatif, ive ; de la corporation.

— M. Membre d'une corporation. ‖ ECLES. Grémial (ornamento).

gremio m. Corporation, *f.* (individuos de igual oficio). ‖ Corps de métier (de artesanos). ‖ *Gremio de obreros*, compagnonnage.

greña f. Tignasse (cabellera descuidada). ‖ Enchevêtrement, *m.* (maraña). ‖ FAM. *Andar a la greña*, se crêper le chignon (reñir).

greñudo, da adj. Ébouriffé, e (mal peinado).

gres m. Grès [cérame] : *vasija de gres*, pot de grès ; *gres cerámico, flameado*, grès cérame, flammé.

gresca f. Vacarme, *m.* (ruido) : *meter gresca*, faire du vacarme. ‖ Bagarre, querelle, dispute (riña) : *andar a la gresca*, chercher querelle, chercher la bagarre. ‖ *Armar gresca con uno*, se bagarrer avec quelqu'un.

grey f. Troupeau, *m.* (rebaño). ‖ FIG. Famille (individuos de igual raza o nación). | Ouailles, *pl.* (fieles).

grial m. Graal (vaso místico).

griego, ga adj. y s. Grec, grecque (de Grecia). ‖ *Fuego griego*, feu grégeois. ‖ — M. Grec (idioma). ‖ — FAM. *Eso es griego para mí*, c'est de l'hébreu pour moi. | *Hablar en griego*, parler hébreu.

grieta f. Crevasse (en el suelo, en el hielo de un glaciar). ‖ Lézarde, crevasse (en una pared). ‖ MED. Crevasse, gerçure (manos, pies), gerçure (labios).

grieteado, da adj. Crevassé, e. ‖ Craquelé, e (cerámica).

— M. TECN. Craquelage (cerámica).

grietearse v. pr. Se crevasser. ‖ Se craqueler (cerámica).

grifa f. Amer. Griffe (garra). ‖ Marihuana (estupefaciente).

grifería f. Robinetterie.

grifo, fa adj Ébouriffé, e (desgreñado), crépu, e (crespo). ‖ IMPR. *Letra grifa*, bâtarde.

— M. Griffon (animal fabuloso). ‖ Robinet (llave

o caño). ‖ *Amer.* Poste à essence (surtidor de gasolina). ‖ *Fabricante de grifos,* robinetier.

grifón m. Robinet (grifo). ‖ Griffon (perro).

grilla f. ZOOL. Grillon (*m.*) femelle. ‖ *Amer.* Bagarre.

grillaje m. *Amer.* Grillage.

grillarse v. pr. BOT. Germer, faire des pousses.

grillera f. Trou (*m.*) de grillon (agujero). ‖ Cage (jaula). ‖ FIG. y FAM. Pétaudière.

grillete m. MAR. Manille, *f.* ‖ — Pl. Fers (cadena de los presos).

grillo m. ZOOL. Grillon. ‖ BOT. Tige, *f.* (tallo). ‖ — Pl. Fers (grilletes). ‖ FIG. Entraves, *f.,* obstacles. ‖ ZOOL. *Grillo cebollero* ou *real,* courtilière, taupe-grillon.

grillotalpa m. Courtilière, *f.,* taupe-grillon.

grima f. Déplaisir, *m.,* dégoût, *m.,* horreur. ‖ *Dar grima,* avoir horreur : *me da grima verlo,* j'ai horreur de le voir.

grímpola f. MAR. Flamme, banderole.

gringada f. Action propre d'un étranger.

gringo, ga adj. y s. Étranger, ère. ‖ *Hablar en gringo,* parler hébreu.
— M. *Amer.* Américain du nord, Yankee.
— OBSERV. Le mot *gringo* a toujours un sens péjoratif et s'applique principalement aux Anglo-Saxons.

griñolera f. Arbuste (*m.*) rosacé.

griñón m. Béguin, guimpe, *f.* (de monjas). ‖ Brugnon (fruto).

gripal adj. MED. Grippal, e.

gripe f. MED. Grippe : *coger la gripe,* attraper la grippe. ‖ *Estar con gripe,* être grippé, avoir la grippe.

griposo, sa adj. Grippé, e.

gris adj. y s. m. Gris, e (color). ‖ — M. Petit-gris (ardilla). ‖ FAM. Vent, bise, *f.* (cierzo).

grisáceo, a adj. Grisâtre.

grisalla f. Grisaille (pintura). ‖ *Pintar grisallas,* peindre en grisaille, grisailler.

griseta f. Grisette (tela). ‖ Grisette (enfermedad de los árboles).

grisgrís m. Gri-gri, grigri (amuleto).

grisma f. *Amer.* Miette, brin, *m.* (chispa).

grisón, ona adj. y s. Grison, onne.

grisú m. Grisou : *explosión de grisú,* coup de grisou.

grisúmetro m. Grisoumètre.

grita f. Criaillerie (gritería). ‖ Huée, tollé, *m.* (reprobación general).

gritador, ra adj. y s. Crieur, euse.

gritar v. intr. y tr. ● Crier : *gritar desaforadamente,* crier à tue-tête o comme un sourd o comme un putois; *gritar a alguien,* crier après quelqu'un. ‖ Siffler (silbar), huer : *gritar a un actor,* siffler un acteur. ‖ — *Gritar a los cuatro vientos,* crier sur tous les toits. ‖ *Gritar a voz en cuello,* crier à tue-tête.
— SINÓN. ● *Chillar,* crier, pousser des cris. *Gañir,* glapir. *Mugir,* beugler. *Vociferar, vocear,* vociférer. *Berrear,* brailler. *Aullar,* hurler. *Bramar,* bramer, *Rugir,* rugir. *Dar voces,* vociférer. *Desgañitarse,* s'égosiller.

gritería f. o **griterío** m. Cris, *m. pl.,* criaillerie, *f.*

grito m. ● Cri : *dar gritos,* pousser des cris. ‖ Appel : *grito de socorro,* appel au secours. ‖ — *A grito herido* ou *pelado* ou *limpio* ou *a voz en grito,* à tue-tête, à grands cris (en muy alta voz), à cor et à cri (porfiadamente). ‖ *Alzar el grito,* hausser le ton (gritar). ‖ *Asparse a gritos,* s'égosiller, pousser de grands cris (desgañitarse). ‖ *Cantar a voz en grito,* chanter à tue-tête. ‖ FIG. *El último grito,* le dernier cri. ‖ *Estar en un grito,* n'en plus pouvoir [de douleur]. ‖ *Pedir a gritos,* réclamer à cor et à cri. ‖ FAM. *Pegarle a uno cuatro gritos,* passer un savon à quelqu'un. ‖ *Poner el grito en el cielo,* pousser les hauts cris, crier au scandale. ‖ *Pregonar a voz en grito,* crier sur (tous) les toits.
— SINÓN. ● *Voz,* voix. *Alarido,* hurlement. *Chillido,* cri perçant. *Exclamación,* exclamation. *Tole,* tollé. *Clamor,* clameur. *Vociferaciones,* vociférations.

gritón, ona adj. FAM. Criard, e ; braillard, e.

gro m. Gros (tela de seda).

groenlandés, esa adj. y s. Groenlandais, e.

Groenlandia n. pr. f. GEOGR. Groenland, *m.*

grog m. Grog (ponche).

groggy adj. Groggy (boxeo).

groom m. Groom (botones).

gros m. Gros (moneda antigua).

groschen m. Groschen (moneda austriaca).

grosella f. Groseille (fruto). ‖ *Grosella espinosa,* groseille à maquereau o épineuse.

grosellero m. BOT. Groseillier. ‖ *Grosellero silvestre,* groseillier sauvage.

grosería f. Grossièreté.

grosero, ra adj. Grossier, ère : *¡qué tipo más grosero!,* quel grossier personnage !
— SINÓN. *Ordinario,* ordinaire. *Burdo,* grossier. *Montaraz,* rustaud. *Garbancero,* rustre. *Mogrollo,* paltoquet (fam.). *Ganapán,* malotru.

gros-grain m. Gros-grain (costura).

grosor m. Grosseur, *f.*

grosso modo loc. adv. Grosso modo.

grosura f. Graisse (sustancia crasa). ‖ *Comer grosura,* faire gras.

grotesco, ca adj. Grotesque. ‖ *Lo grotesco,* le grotesque.

grúa f. Grue : *grúa de caballete, de grada, de pórtico,* grue à béquilles, de cale, à portique. ‖ Grue (máquina de guerra).

grueso, sa adj. Gros, osse (gordo, abultado) : *un pedazo grueso,* un gros morceau ; *hilo grueso,* du gros fil. ‖ Épais, aisse : *tela gruesa,* toile épaisse ; *cristales gruesos,* verres épais. ‖ ● Fort, e : *una mujer gruesa,* une femme forte. ‖ Gras, asse (dibujo, tipografía). ‖ MAR. Gros, osse : *mar gruesa,* mer grosse. ‖ FIG. Épais, aisse (obtuso).
— M. Grosseur, *f.* (volumen). ‖ Gros : *el grueso del ejército,* le gros de l'armée. ‖ Plein (de una letra). ‖ Épaisseur, *f.* (grosor) : *el grueso del papel,* l'épaisseur du papier. ‖ GEOM. Épaisseur, *f.* (dimensión). ‖ *En grueso,* en gros. ‖ — F. Grosse (doce docenas). ‖ MAR. *Préstamo a la gruesa,* prêt à la grosse aventure.
— Adv. Gros : *escribir grueso,* écrire gros.
— SINÓN. ● *Gordo,* gros, gras. *Corpulento,* corpulent. *Obeso,* obèse. *Voluminoso,* volumineux. *Recio,* fort. Fam. *Panzudo,* pansu. *Barrigón* ventripotent. *Barrigudo,* ventru. *Gordiflón,* grassouillet. *Regordete,* potelé. *Rollizo,* rondelet, rondouillard. *Relleno, lleno, repleto,* replet.

gruir* v. intr. Craqueter (las grullas).

gruista m. Grutier.

grujidor m. TECN. Grugeoir, grésoir (de vidriero).

grujir v. tr. Gruger (el vidrio).

grulla f. Grue (ave).

grullo, lla adj. *Amer.* A robe grise (caballo).
— M. FAM. Rustre (palurdo).

grumete m. Mousse (marinero).

grumo m. Grumeau (líquido coagulado). ‖ Caillot (de sangre). ‖ Grappe, *f.* (de cosas apiñadas).

grumoso, sa adj. Grumeleux, euse.

gruñido m. Grognement.

gruñidor, ra adj. Grogneur, euse (que gruñe). ‖ Grondant, e (perro).

gruñimiento m. Grognement. ‖ Grondement (del perro, etc.).

gruñir* v. intr. Grogner (dar gruñidos). ‖ Grogner, ronchonner (refunfuñar). ‖ Grincer : *la puerta gruñe,* la porte grince. ‖ Gronder (el perro, el gato).

gruñón, ona adj. FAM. Grognon, onne ; ronchon, onne ; ronchonneur, euse ; grincheux, euse ; râleur, euse.

grupa f. Croupe (anca) : *llevar a la grupa* ou *a grupas,* porter en croupe. ‖ FIG. *Volver grupas,* tourner bride (volverse atrás).

grupada f. Averse, ondée (aguacero). ‖ Croupade (corcovo del caballo).

grupera f. Coussin, *m.* (de la silla de montar). ‖ Croupière (baticola).

grupeto m. MÚS. Gruppetto.

grupo m. Groupe. ‖ FAM. *Amer.* Blague, *f.,* bourde, *f.* (bola). ‖ — *Grupo electrógeno,* groupe électrogène. ‖ *Grupo sanguíneo,* groupe sanguin.

gruta f. Grotte (cueva).

grutesco, ca adj. y s. m. Grotesque (arabesco).

gruyere m. Gruyère (queso).

¡gua! interj. *Amer.* Oh!, ah!

guaba f. *Amer.* Fruit (*m.*) de l'inga.

guabina f. *Amer.* Poisson (*m.*) d'eau douce comestible. ‖ Air (*m.*) populaire colombien.

guabirá m. Grand arbre de la famille des myrtacées.

guabiyú m. Arbre voisin du myrte.

guaca f. *Amer.* Huaca, sépulture indigène (sepultura). ‖ Trésor (*m.*) caché (tesoro). ‖ Tirelire (hucha). ‖ Trou (*m.*) où l'on dépose des fruits verts pour hâter leur maturation.

guacal m. *Amer.* Cageot, caisse, *f.* ‖ Calebassier (árbol). ‖ Calebasse, *f.* (fruto y vasija).

guacamaya f. o **guacamayo** m. *Amer.* Ara, *m.* (ave). ‖ Nom de diverses plantes américaines.

guacamol o **guacamole** m. *Amer.* Salade (*f.*) d'avocats hachés.

guacamote m. *Amer.* Yucca (yuca).

guacarnaco, ca adj. *Amer.* Bêta, asse.

guacia f. BOT. Acacia, *m.*

guácima f. o **guácimo** m. *Amer.* Guazuma, *m.* (árbol).

guaco m. BOT. Guaco. ‖ ZOOL. Hocco. ‖ *Amer.* Poterie (*f.*) précolombienne.
— Adj. *Amer.* Qui a un bec-de-lièvre (labihendido). ‖ Jumeau, elle.

guachacai m. *Amer.* Eau-de-vie (*f.*) ordinaire, tord-boyaux, *inv.*

guachalomo m. *Amer.* Filet (solomillo).

guachapear v. tr. Clapoter *o* barboter dans (el agua). ‖ FIG. y FAM. Bâcler (chapucear). ‖ *Amer.* Chiper.
— V. intr. Locher, branler (una herradura).

guachapelí m. *Amer.* Sorte d'acacia (árbol).

guacharaca f. *Amer.* Ortalide (chachalaca).

guacho, cha adj. *Amer.* Orphelin, e (huérfano). ‖ Dépareillé, e (objeto).
— M. Oisillon (pollo). ‖ *Amer.* Sillon (surco).

guadal m. *Amer.* Marécage.

guadalajarense adj. y s. De Guadalajara (México).

guadalajareño adj. y s. De Guadalajara (España).

guadaloso, sa adj. *Amer.* Marécageux, euse.

Guadalupe n. pr. f. GEOGR. Guadeloupe (isla).

guadamací o **guadamacil** m. Maroquin (guadamecí).

guadamacilería f. Maroquinerie.

guadamecí o **guadamecil** m. Maroquin.

guadaña f. Faux.

guadañador, ra m. y f. Faucheur, euse. ‖ F. Faucheuse (máquina).

guadañar v. tr. Faucher.

guadañero o **guadañil** m. Faucheur.

guadapero m. BOT. Poirier sauvage. ‖ Garçon de ferme qui porte à manger aux faucheurs.

guadarnés m. Sellerie, *f.* (lugar). ‖ Gardien de la sellerie (guardia). ‖ Musée d'armes (armería).

guadua o **guáduba** f. Bambou (*m.*) d'Amérique.

guagua f. Bagatelle (cosa baladí). ‖ *Amer.* Bébé, *m.* ‖ Autobus, *m.* (autobús). ‖ — POP. *De guagua,* à l'œil, pour rien, gratis. ‖ *¡Qué guagua!,* quelle aubaine!, quelle affaire!

guagualón, ona adj. *Amer.* Niais, e (bobo).

guaica f. *Amer.* Perle de verre, verroterie (abalorio). ‖ Grain (*m.*) de chapelet.

guaico m. *Amer.* Cuvette, *f.,* dépression, *f.* (hondonada). ‖ Décharge, *f.* (basurero).

guaira f. Creuset (*m.*) pour fondre les métaux (crisol). ‖ MAR. Voile à houari. ‖ *Amer.* Flûte de Pan.

guajá f. *Amer.* Héron, *m.*

guajaca f. *Amer.* Plante grimpante, tillandria, *m.*

guaje adj. *Amer.* Niais, e; sot, sotte.
— M. *Amer.* Calebasse, *f.* (calabaza). ‖ Machin, truc (trasto). ‖ Babiole, *f.* (baratija).

guajiro, ra m. y f. *Amer.* Paysan, paysanne de Cuba. ‖ — F. Air (*m.*) populaire cubain.

guajolote m. *Amer.* Dindon. ‖ FAM. Âne, sot (bobo).

guajurú m. *Amer.* Icaquier (árbol).

gualda f. BOT. Gaude.

gualdado, da adj. Jaune.

gualdera f. Flasque, *m.* (del cañón).

gualdo, da adj. Jaune (amarillo) : *la bandera roja y gualda,* le drapeau rouge et jaune.

gualdrapa f. Housse (manta para el caballo). ‖ FAM. Loque, haillon, *m.* (harapo).

gualdrapazo m. Claquement des voiles contre les mâts.

gualdrapear v. intr. Fouetter, claquer (las velas).

gualicho o **gualichú** m. *Amer.* Diable [chez les gauchos]. ‖ Talisman. ‖ *Amer. Tener gualicho,* être ensorcelé.

Gualterio n. pr. m. Gautier.

guama f. BOT. Inga, *m.* (árbol). ‖ *Amer.* Mensonge, *m.* (mentira).

guamazo m. *Amer.* Gifle, *f.*

guamo m. BOT. Inga (árbol).

guanabá m. Échassier de Cuba, nycticorax.

guanábana f. Corossol, *m.,* anona, *m.,* (fruto).

guanábano m. BOT. Corossolier (corosol). ‖ *Amer.* Cruche, *f.,* sot, nigaud.

guanacaste m. Arbre gigantesque d'Amérique, entérolobium.

guanaco m. ZOOL. Guanaco.

guanajo adj. y s. FIG. Niais, e (tonto). ‖ — M. *Amer.* Dindon (pavo).

guanche adj. y s. Guanche (primeros pobladores de las islas Canarias).

guandú m. *Amer.* Arbuste de l'ordre des légumineuses, cajanus.

guanear v. intr. *Amer.* Fienter, déféquer.
— V. tr. *Amer.* Fienter (estercolar).

guanera f. Gisement (*m.*) de guano.

guanero, ra adj. Guanier, ère; du guano.

guango m. *Amer.* Natte, *f.,* tresse, *f.* [des Indiens de l'Équateur].

guano m. Guano (abono). ‖ *Amer.* POP. Fric, argent (dinero). ‖ FAM. *¡Véte al guano!,* va-t'en au diable!

guantada f. o **guantazo** m. FAM. Claque, *f.,* gifle, *f.*

guante m. ● Gant. ‖ FIG. y FAM. Pot-de-vin, dessous-de-table (gratificación). ‖ — FAM. *De guante blanco,* parfaitement correct. ‖ *Mano de hierro en guante de seda,* main de fer dans un gant de velours. ‖ — FAM. *Dar un guante,* graisser la patte (untar la mano) : *dar un guante a una persona influyente,* graisser la patte à une personne influente. ‖ *Echar el guante* ou *arrojar el guante,* jeter le gant (desafiar). ‖ FAM. *Echar el guante a alguien,* mettre le grappin sur quelqu'un, harponner quelqu'un. ‖ *Echar el guante a una cosa,* mettre o le grappin sur une chose. ‖ *Ponerse más suave que un guante,* filer doux. ‖ *Recoger el guante,* relever le gant *o* le défi. ‖ *Ser más suave que un guante,* être souple comme un

gant. ‖ *Tratar con guante blanco* ou *con guante de seda a,* prendre des gants avec.
— SINÓN. ● *Mitón,* mitaine. *Manopla,* moufle.

guantear v. tr. Gifler.

guantelete m. Gantelet (manopla).

guantería f. Ganterie.

guantero, ra m. y f. Gantier, ère. ‖ — F. Boîte à gants (en el coche).

guantón m. *Amer.* Gifle, *f.* (guantazo).

guañusco, ca adj. *Amer.* Brûlé, e ; grillé, e (quemado). | Fané, e (marchito).

guapamente adv. Courageusement. ‖ Très bien, parfaitement (muy bien).

guapear v. intr. FAM. Avoir du cran (ostentar ánimo). | Faire le beau (hacer alarde de gusto). ‖ *Amer.* Prendre de grands airs, faire l'important.

guapería f. FAM. Bravade.

guapetón, ona adj. FAM. Beau, belle, bien fait, bien faite.
— M. FAM. Joli cœur.

guapeza f. FAM. Bravoure, crânerie (ánimo). | Recherche, affectation dans la mise (en el vestir).

guapinol m. *Amer.* Courbaril.

guapo, pa adj. FAM. Beau, belle : *una mujer guapa,* une belle femme. | Bien mis, bien mise (elegante). | Brave, vaillant, e (valiente).
— M. Bagarreur (pendenciero). | FAM. Galant, godelureau (galán). | Joli garçon. ‖ — *Echárselas de guapo,* crâner (fanfarronear), jouer les jolis cœurs.
— Interj. Mon petit ! (a un niño), mon cher !

guapote, ta adj. FAM. Beau, belle ; bien fait, bien faite. ‖ Bonasse, d'humeur facile (de buen carácter).

guapura f. FAM. Beauté.

guará m. *Amer.* Loup des pampas.

guaraca f. *Amer.* Fronde.

guaracha f. *Amer.* Chant et danse des Antilles.

guarache m. *Amer.* Sandale, *f.*

guaragua f. *Amer.* Dandinement, *m.* (contoneo). | Circonlocution, détour, *m.* (al hablar). ‖ Blague (broma). ‖ — Pl. Colifichets, *m.* (perifollos).

guaraní adj. y s. Guarani.

guarapo m. Vesou (zumo de la caña de azúcar). ‖ Boisson (*f.*) fermentée à base de vesou (bebida).

guarapón m. *Amer.* Chapeau à larges bords.

guarda m. y f. Garde. ‖ Gardien, enne (de un jardín, museo, etc.). ‖ Surveillant, e (vigilante). ‖ *Amer.* Receveur, euse (cobrador). ‖ — *Guarda de caza, de pesca,* garde-chasse, garde-pêche. ‖ *Guarda de noche* ou *nocturno,* veilleur de nuit. ‖ *Guarda de ribera,* garde-rivière. ‖ *Guarda rural,* garde champêtre. ‖ — F. Garde (custodia). ‖ Observance (de una ley). ‖ Garde (guarnición de la espada). ‖ Page de garde (de libro). ‖ — Pl. Gardes (de cerradura). ‖ Maîtres brins, *m.* (de abanico). ‖ *Ángel de la Guarda,* ange gardien.

guardabarrera m. y f. Garde-barrière.

guardabarros m. inv. Garde-boue.

guardabosque m. Garde forestier.

guardabrisa f. Fanal, *m.*, globe, *m.* (fanal). ‖ Pare-brise, *m.* inv. (parabrisas). ‖ *Amer.* Paravent, *m.*

guardacabo m. MAR. Cosse, *f.*

guardacabras m. y f. inv. Chevrier, ère.

guardacadena m. Garde-chaîne.

guardacantón m. Borne, *f.,* bouteroue, *f.*

guardacoches m. inv. Gardien de voitures.

guardacostas m. inv. MAR. Garde-côte.

guardador, ra adj. y s. Gardeur, euse (que guarda). ‖ Observateur, trice (que observa una ley, una orden). ‖ Avare (tacaño).

guardaespaldas m. inv. Garde du corps, gorille (fam.).

guardafrenos m. inv. Garde-frein (de ferrocarriles).

guardagujas m. inv. Aiguilleur (de ferrocarril).

guardainfante m. Vertugadin (verdugado).

guardalmacén m. Magasinier.

guardalodos m. inv. Garde-boue.

guardamalleta f. Cantonnière (para ventana).

guardamancebo m. MAR. Garde-corps, *inv.*

guardamano m. Garde, *f.* (de espada).

guardameta m. DEP. Gardien de but, goal.

guardamonte m. Pontet (de arma de fuego). ‖ Garde-chasse (guarda de caza). ‖ *Amer.* Sorte de protège-jambe en cuir du cavalier.

guardamuebles m. inv. Garde-meuble.

guardapelo m. Médaillon (medallón).

guardapesca m. Garde-pêche (barco).

guardapiés m. (Ant.). Jupe, *f.* (falda), jupon (refajo).

guardapolvo m. Cache-poussière (ant.) [vestido]. ‖ Tablier, blouse, *f.* (de los niños). ‖ Blouse, *f.* (bata). ‖ Housse, *f.* (funda contra el polvo). ‖ Auvent (tejadillo de ventana). ‖ TECN. Calotte, *f.* (de un reloj).

guardapuerta f. Portière (antepuerta).

guardar v. tr. Garder : *guardar con* ou *bajo llave,* garder sous clef ; *guardar un secreto,* garder un secret ; *guardar carneros,* garder des moutons. ‖ Ranger, mettre à sa place (poner en su sitio). ‖ Observer (una ley, etc.). ‖ — *Fiesta de guardar,* fête d'obligation. ‖ *¡Guarda!,* gare ! ‖ *Guardar cama,* garder le lit. ‖ *Guardar como oro en paño,* garder comme une relique. ‖ *Guardar con siete llaves,* enfermer à double tour. ‖ *Guardar las distancias,* garder les distances. ‖ *Guardar reserva,* se tenir sur la réserve. ‖ *Guardar silencio,* garder le silence. ‖ *Guardar su palabra,* tenir sa parole. ‖ *Si Dios le guarda,* si Dieu lui prête vie. ‖ *Si se guardan* ou *guardando las proporciones,* toutes proportions gardées.
— V. pr. Se garder (preservarse). ‖ Se garder, éviter : *guárdate de hacer tal cosa,* garde-toi de faire telle chose. ‖ Garder : *guardarse un libro prestado,* garder un livre prêté. ‖ FAM. *Guardársela a uno,* garder à quelqu'un un chien de sa chienne.

guardarropa m. Garde-robe, *f.* (armario y conjunto de efectos de vestir). ‖ Vestiaire (en los establecimientos públicos). ‖ TEATR. Costumier, accessoiriste.

guardarropía f. TEATR. Magasin (*m.*) d'accessoires. ‖ FIG. *De guardarropía,* d'opérette.

guardarruedas m. inv. Borne, *f.,* bouteroue (guardacantón).

guardasellos m. (Ant.). Garde des Sceaux.

guardasilla f. Antébois, *m.*

guardasitio m. Garde place (en los trenes).

guardatimón m. MAR. Canon de retraite.

guardavallas m. inv. *Amer.* Gardien de but (deportes).

guardavela m. MAR. Raban de ferlage.

guardavía m. Garde-voie (ferrocarriles).

guardería f. Garde, surveillance. ‖ *Guardería infantil,* crèche, garderie d'enfants, pouponnière.

guardesa f. Gardienne.

guardia f. Garde (cuerpo de tropa). ‖ Garde (custodia). ‖ MAR. Quart, *m.* : *estar de guardia,* être de quart, *entrar de guardia,* prendre le quart. ‖ Garde (boxeo, esgrima). ‖ — Pl. Gardes (cerradura). ‖ — *Guardia baja,* garde basse (boxeo). ‖ *Guardia cívica, móvil,* garde civique, mobile. ‖ *Guardia civil,* gendarmerie [espagnole]. ‖ *Guardia entrante, saliente,* garde montante, descendante. ‖ — *Cuerpo de guardia,* corps de garde. ‖ *Estar de guardia,* être de garde. ‖ *Estar en guardia,* être sur la défensive. ‖ MIL. *Hacer guardia, montar la guardia,* monter la garde. ‖ *Poner en guardia,* donner l'éveil. ‖ *Ponerse en guardia,* se mettre en garde. ‖ *Relevar la guardia,* relever la garde.
— M. Garde : *guardia de corps,* garde du corps. ‖ Agent [de police] (del tráfico). ‖ Gardien de la

paix, sergent de ville (ant.) [de orden público]. ‖
— *Guardia civil,* gendarme [espagnol], gendarme
(mujer autoritaria). ‖ *Guardia del orden público,*
gardien de la paix. ‖ *Guardia marina,* midship. ‖
Guardia urbano, sergent de ville. ‖ *Jugar a guardias y ladrones,* jouer aux gendarmes et aux voleurs. ‖ FAM. *Ser más vago que la chaqueta de un
guardia,* avoir un poil dans la main.
guardiamarina m. Midship.
guardián, ana m. y f. Gardien, enne. ‖ — M. MAR.
Câble.
guardilla f. Mansarde (buhardilla). ‖ Point, *m.*
(costura). ‖ Oreille (de un peine).
guardín m. MAR. Drosse, *f.* (del timón).
guarecer* v. tr. Protéger (proteger). ‖ Abriter,
mettre à l'abri (abrigar).
— V. pr. Se réfugier, s'abriter. ‖ Se protéger :
guarecerse de la lluvia, se protéger de la pluie.
guarén m. Rat pêcheur du Chili.
guargüero m. POP. *Amer.* Gosier (gaznate).
guaribá m. *Amer.* Singe hurleur.
guarida f. Repaire, *m.* (de los animales). ‖ FIG.
Retraite (refugio).
guarín m. Petit goret, cochonnet, cochon de lait.
guarismo m. Chiffre (cifra), nombre (número).
guarnecedor, ra adj. y s. Garnisseur, euse.
guarnecer* v. tr. Garnir. ‖ Crépir (revocar). ‖
CULIN. Garnir. ‖ MIL. Être en garnison : *el regimiento de Covadonga guarnece Alcalá,* le régiment de Covadonga est en garnison à Alcalá.‖
Établir une garnison.
guarnecido m. Crépi (revoque).
guarnés m. Sellerie, *f.* (guadarnés).
guarnición f. Garniture (que guarnece). ‖ Chaton,
m., sertissure (para piedras preciosas). ‖ Garde
(de espada). ‖ CULIN. Garniture. ‖ MIL. Garnison : *estar de guarnición,* être en garnison. ‖
TECN. Garniture (de una bomba). ‖ Harnais, *m.*
(arreos). ‖ *Carne con guarnición,* viande garnie.
guarnicionar v. tr. MIL. Établir une garnison.
guarnicionería f. Bourrellerie (para arreos), sellerie (para sillas, monturas, etc.)
guarnicionero m. Bourrelier (para arreos), sellier
(de sillas, monturas, etc.).
guarnimiento m. MAR. Garniture, *f.*
guarnir v. tr. MAR. Garnir (un cable).
guaro m. Guarouba (lorito de América). ‖ *Amer.*
Tafia (aguardiente de caña).
guarrada f. FAM. Cochonnerie (marranada). ‖
Tour (*m.*) de cochon (mala pasada).
guarrazo m. FAM. Pelle, *f.,* chute, *f.* : *darse un
guarrazo,* ramasser une pelle.
guarrería f. FAM. Cochonnerie (porquería). ‖ Tour
(*m.*) de cochon (mala pasada).
guarro, rra m. y f. Cochon, *m.,* truie, *f.* (animal).
‖ FAM. Cochon, onne (sucio, indecente).
¡guarte! interj. Gare !, attention !
guasa f. Balourdise, sottise (pesadez). ‖ FAM. Blague (burla). ‖ Plaisanterie (chanza). ‖ Persiflage,
m. (mofa). ‖ Gouaille : *la guasa andaluza,* la
gouaille andalouse. ‖ — *En* ou *de guasa,* pour
rire. ‖ *Sin guasa,* sans plaisanter, blague à part. ‖
Un tío guasa ou *un guasa,* un empêcheur de tourner en rond, un empoisonneur. ‖ — *Estar siempre
de guasa,* être toujours en train de plaisanter. ‖
Hablar en guasa, plaisanter. ‖ *¡Qué guasa hacer
esto !,* c'est amusant de faire cela (divertido),
c'est empoisonnant, ce n'est pas drôle du tout
(pesado). ‖ *Tener mucha guasa,* ne pas être drôle
du tout, être ennuyeux *o* embêtant *o* empoisonnant. ‖ *Tomar a guasa,* prendre à la rigolade.
guasada f. *Amer.* Grossièreté.
guasanga f. *Amer.* Rixe (riña), chahut, *m.* (jaleo).
guasca f. *Amer.* Courroie (correa). ‖ Fouet, *m.*
(látigo). ‖ *Amer. Dar guasca,* fouetter.
guascazo m. *Amer.* Coup de fouet.

guasearse v. pr. FAM. Blaguer (bromear). ‖ Se
moquer : *se guasea de todo,* il se moque de tout.
guaseo m. FAM. Chahut (jaleo). ‖ Moquerie, *f.*
(mofa). ‖ FAM. *Traerse un guaseo con,* se payer
la tête de.
guasería f. *Amer.* Grossièreté (grosería). ‖ Maladresse (torpeza).
guásima f. *Amer.* Guazuma, *m.* (árbol).
guasipongo m. V. HUASIPUNGO.
guaso, sa m. y f. « Huaso », paysan, paysanne du
Chili.
guasón, ona adj. y s. Blagueur, euse ; plaisantin, e ;
farceur, euse (bromista). ‖ Moqueur, euse (burlón).
guasquear v. tr. *Amer.* Fouetter.
guata f. Ouate (algodón en rama). ‖ *Amer.* Bedaine, panse (vientre). ‖ Gauchissement, *m.* (pandeo).
guate m. *Amer.* Maïs fourrager (maíz). ‖ Luxe
(lujo).
guatear v. tr. Ouater.
guatearse v. pr. *Amer.* Prendre du ventre.
Guatemala n. pr. m. GEOGR. Guatemala.
guatemalteco, ca adj. y s. Guatémaltèque, guatémalien, enne.
Guatepeor n. pr. FAM. *Salir de Guatemala y meterse* ou *entrar en Guatepeor,* tomber de Charybde
en Scylla.
guateque m. Surprise-partie, *f.* (fiesta).
guatón, ona adj. *Amer.* Ventru, e ; pansu, e.
guatusa f. *Amer.* Agouti, *m.*
guau m. Ouah [aboiement du chien].
¡guay ! interj. Hélas ! ‖ *¡Guay de los vencidos !,*
malheur aux vaincus !
guaya f. Plainte, lamentation.
guayaba f. BOT. Goyave (fruto). ‖ *Amer.* Mensonge, *m.,* blague (fam.).
guayabal m. Plantation (*f.*) de goyaviers.
guayabate m. Confiture (*f.*) de goyave.
guayabero, ra adj. *Amer.* Menteur, euse.
— F. Veste en toile légère.
guayabo m. BOT. Goyavier. ‖ FAM. Belle gosse, *f.,*
jolie poupée, *f.* (jovencita).
guayaca f. *Amer.* Blague [à tabac] (para tabaco). ‖
Amulette.
guayacán o **guayaco** m. BOT. Gaïac.
guayacol m. Gaïacol.
Guayana n. pr. f. GEOGR. Guyane.
guayaquileño, ña adj. De Guayaquil (Ecuador).
guayule m. *Amer.* Plante (*f.*) à caoutchouc.
guazubirá m. *Amer.* Grand cerf argentin.
gubernamental adj. y s. Gouvernemental, e.
gubernativamente adv. Officiellement.
gubernativo, va adj. Gouvernemental, e ; du gouvernement. ‖ Préfectoral, e : *cerrado por orden
gubernativa,* fermé par arrêté préfectoral.
gubernista adj. y s. *Amer.* Gouvernemental, e.
gubia f. TECN. Gouge (escoplo).
guebro, bra adj. y s. Guèbre.
guedeja f. Longue chevelure. ‖ Crinière (del león).
guedejona, ona o **guedejoso, sa** o **guedejudo, da**
adj. Chevelu, e.
güegüecho, cha adj. y s. *Amer.* Goitreux, euse. ‖
Sot, sotte (tonto). ‖ — M. *Amer.* Goitre (bocio).
güeldo m. Appât (cebo).
Güeldres n. pr. f. GEOGR. Gueldre.
güelfo, fa adj. y s. HIST. Guelfe.
guemul m. *Amer.* Cerf des Andes.
güeña f. Sorte de saucisson, *m.*
güero, ra adj. *Amer.* Blond, e (rubio).
guerra f. ● Guerre : *guerra civil,* guerre civile ;
guerra fría, de nervios, guerre froide, des nerfs ;
hacer la guerra, faire la guerre ; *consejo de guerra,*
conseil de guerre. ‖ Poule, guerre (en el billar). ‖
— *Guerra a muerte,* guerre à outrance. ‖ *Guerra
galana,* guerre en dentelles. ‖ *Guerra sin cuartel,*
combat sans merci. ‖ *La guerra boba,* la drôle de

guerre. ‖ — FAM. *Dar mucha guerra,* donner beaucoup de mal, donner du fil à retordre. ‖ *Declarar la guerra a,* déclarer la guerre à. ‖ FAM. *Esta paella está pidiendo guerra,* cette paella ne demande qu'à être mangée. ‖ *Estar en guerra,* être en guerre.
— SINÓN. ● *Hostilidad,* hostilité. *Conflicto,* conflit. *Batalla,* bataille. *Campaña,* campagne. *Guerrilla,* guérilla. *Combate,* combat.

guerreador, ra adj. y s. Guerrier, ère.

guerrear v. intr. Guerroyer, faire la guerre.

guerrero, ra adj. y s. ● Guerrier, ère. ‖ — F. Tunique (militar), vareuse (marina).
— SINÓN. ● *Militar,* militaire. *Militante,* militant. *Combativo,* combatif. *Belicoso,* belliqueux. *Marcial,* martial. *Combatiente,* combattant. *Belicista,* belliciste. *Soldado,* soldat.

guerrilla f. MIL. Ligne de tirailleurs. | Guérilla (tipo de guerra). | Corps (*m.*) franc, bande de partisans (partida). | Bataille (juego de naipes). ‖ *Marchar en guerrilla,* marcher en tirailleurs.

guerrillear v. intr. Mener une action de guérilla, se livrer à la guérilla.

guerrillero m. Guérillero, franc-tireur, partisan.

guía m. y f. ● Guide, *m.* (persona). ‖ — F. Guide, *m.* (libro). | Indicateur, *m.* (de ferrocarriles). ‖ Annuaire, *m.* (de teléfono). ‖ BOT. Branche mère. ‖ EQUIT. Cheval (*m.*) de tête [dans un attelage]. ‖ COM. Acquit-à-caution, *m.* (documento fiscal). ‖ MAR. Chaumard, *m.* ‖ MECÁN. Glissière. ‖ TECN. Guide, *m.* | Monture chemin de fer (para cortinas). ‖ Pl. Guides (riendas). ‖ Pointes (del bigote). ‖ FAM. *Estar* ou *quedarse en las guías,* ne plus avoir que la peau et les os. ‖ — M. Guidon (de bicicleta).
— SINÓN. ● *Director,* directeur. *Conductor,* meneur. *Piloto,* pilote. *Cicerone,* cicerone. *Mentor,* mentor. *Dirigente,* dirigeant. *Pauta,* modèle. *Indicador,* indicateur.

guiadera f. TECN. Guide, *m.*

guiador, ra adj. y s. Qui guide.

guiahílos m. inv. Guide-fil. ‖ Garde-fil (máquina de coser).

guiar v. tr. ● Guider. ‖ Conduire (conducir). ‖ FIG. Mener (dirigir) : *le guía el interés,* l'intérêt le mène.
— V. pr. Se laisser guider o conduire : *se guiaba por su instinto,* il se laissait conduire par son instinct. | *Me guiaré por sus consejos,* je suivrai vos conseils.
— SINÓN. ● *Conducir,* conduire. *Dirigir, llevar,* mener. *Pilotar,* piloter. *Encauzar, encaminar,* acheminer. *Orientar,* orienter.

Guido n. pr. m. Guy, Gui.

guiguí m. ZOOL. Écureuil volant.

guija f. Caillou, *m.* (china). ‖ BOT. Gesse.

guijarral m. Terrain cailouteux.

guijarrazo m. Coup de caillou.

guijarreño, ña adj. Cailouteux, euse (terreno). ‖ FIG. Résistant, e ; fort, e (persona).

guijarro m. Caillou (piedra). ‖ Galet (canto rodado).

guijarroso, sa adj. Cailouteux, euse.

guijeño, ña adj. V. GUIJARREÑO.

guijo m. Cailloutis, gravier. ‖ *Amer.* Axe (eje).

guijoso, sa adj. Cailouteux, euse.

guilda f. Guilde, gilde.

guillado, da adj. FAM. Toqué, e ; cinglé, e.

guilladura f. FAM. Toquade.

guillame m. Guillaume (cepillo de carpintero).

guillarse v. pr. FAM. Décamper, filer (largarse). | Se toquer (chiflarse por).

Guillermo n. pr. m. Guillaume.

guillotina f. Guillotine (instrumento). ‖ Massicot, *m.* (de encuadernador). ‖ *Ventana de guillotina,* fenêtre à guillotine.

guillotinamiento m. Guillotinement (acción).

guillotinar v. tr. Guillotiner. ‖ Couper au massicot (papel).

guimbalete m. TECN. Bringuebale, *f.* (de la bomba).

guimbarda f. TECN. Guimbarde (herramienta).

güin m. *Amer.* Pousse (*f.*) de la canne à sucre.

guinchar v. tr. Percer, piquer.

güinche m. *Amer.* Grue, *f.* (grúa).

guincho m. Bâton pointu (pincho). ‖ *Amer.* Balbuzard (ave).

guinda f. Guigne, griotte (cereza). ‖ MAR. Guindant, *m.* ‖ *Amer.* Pente d'un toit.

guindado, da adj. À base de griottes.

guindaje m. Guindage.

guindaleta f. MAR. Balancine, bosse.

guindaleza f. MAR. Guinderesse (virador).

guindamaina f. MAR. Salut (*m.*) qu'échangent avec leurs pavillons deux navires.

guindar v. tr. Guinder, hisser (elevar). ‖ FAM. Souffler : *guindar un empleo,* souffler un emploi. | Pendre (ahorcar).

guindaste m. MAR. Guindeau (molinete).

guindilla f. Piment (*m.*) rouge. ‖ — M. POP. Flic (guardia).

guindillo de Indias m. BOT. Poivre indien.

guindo m. BOT. Guignier, griottier. ‖ *Guindo griego,* griottier.

guindola f. MAR. Triangle, *m.* (andamio para limpiar el casco). | Bouée de sauvetage (boya). | Bateau (*m.*) du loch (de la corredera).

guinea f. Guinée (moneda inglesa). ‖ Guinée (tejido).

Guinea n. pr. f. GEOGR. Guinea.

guineo, a adj. y s. Guinéen, enne.

guinga f. o **guingán** m. Guingan, *m.* (tela).

guiñada f. Clignement (*m.*) d'œil (de ojos). ‖ MAR. Embardée.

guiñapo m. Haillon, loque, *f.*, guenille, *f.* (harapo). ‖ FIG. Guenille, *f.*

guiñaposo, sa adj. Déguenillé, e ; guenilleux, euse (haraposo).

guiñar v. tr. e intr. Cligner de l'œil. ‖ MAR. Faire des embardées. ‖ FAM. *Guiñar el ojo,* faire un clin d'œil.
— V. pr. Se faire des clins d'œil.

guiño m. Clin d'œil (guiñada) : *hacer guiños,* faire des clins d'œil.

guiñol m. Guignol.

guión m. Guidon (pendón). ‖ Croix (*f.*) de procession (cruz). ‖ Conducteur d'un quadrille (danza). ‖ FIG. Guide (conducteur). ‖ CINEM. Scénario (de una película). ‖ GRAM. Trait d'union (en las palabras compuestas). ‖ Tiret (raya al principio de una frase).

guionista m. CINEM. Scénariste.

guipar v. tr. POP. Reluquer (ver).

guipure m. Guipure, *f.* (encaje).

guipuzcoano, na adj. y s. De Guipúzcoa [province basque].

güiquilite m. *Amer.* Indigo.

güira f. BOT. Calebassier, *m.* | Calebasse (fruto). ‖ FAM. *Amer.* Caillou, *m.*, coloquinte (cabeza).

guiri m. Libéral [pendant les guerres carlistes]. ‖ POP. Flic, pandore (guardia civil).

guirigay m. FAM. Baragouin, charabia (lenguaje ininteligible). | Brouhaha (gritería).
— OBSERV. Pl. *guirigays.*

guirlache m. Sorte de nougat.

guirlanda o **guirnalda** f. Guirlande. ‖ BOT. Immortelle.

güiro m. *Amer.* Tige (*f.*) du maïs vert (maíz). | Calebassier (árbol), calebasse, *f.* (fruto). | Instrument de musique constitué par une calebasse évidée que l'on gratte avec une baguette, idiophone (instrumento de música).

guisa f. Guise : *obrar a su guisa,* agir o en faire à sa guise. ‖ — A *guisa de,* en guise de : *a guisa de desagravio,* en guise de dédommagement. ‖ *De tal guisa* ou *en tal guisa,* de telle manière.

guisado m. Ragoût : *guisado de carnero*, ragoût de mouton. ‖ FAM. Histoire, *f.*, affaire, *f.* (asunto).

guisador, ra o **guisandero, ra** adj. y s. Cuisinier, ère.

guisante m. BOT. Pois (planta). ‖ Petit pois (legumbre). ‖ — *Guisante de olor*, pois de senteur. ‖ *Guisante mollar*, pois mange-tout.

guisar v. intr. Cuisiner, faire la cuisine : *mi mujer guisa muy bien*, ma femme fait très bien la cuisine.
— V. tr. Cuisiner, préparer, accommoder (un guiso). ‖ FIG. Préparer, disposer (una cosa cualquiera). ‖ — *Ellos se lo guisan y ellos se lo comen*, comme on fait son lit on se couche. ‖ *La comida está guisada*, le repas est prêt.

guiso m. ● Ragoût : *un guiso de patatas*, un ragoût de pommes de terre. ‖ Plat : *echar a perder un guiso*, manquer un plat. ‖ — Pl. Cuisine, *f. sing.* : *me gustan los guisos españoles*, j'aime la cuisine espagnole.
— SINÓN. ● *Plato*, mets. *Guisado, estofado*, ragoût. *Pop. Guisote*, fricot. *Rancho*, rata.

guisote m. FAM. Fricot.

guisotear v. intr. Faire la cuisine.
— V. tr. Préparer.

guita f. Ficelle (cuerda delgada). ‖ FAM. Galette (dinero).

guitar v. tr. Ficeler.

guitarra f. MÚS. Guitare. ‖ TECN. Batte (del yesero). ‖ FIG. y FAM. *Tener bien* ou *mal templada la guitarra*, être de bonne o de mauvaise humeur.

guitarrazo m. Coup de guitare.

guitarrear v. intr. Jouer de la guitare.

guitarreo m. Jeu monotone [à la guitare].

guitarrero m. Luthier, fabricant de guitares. ‖ (P. us.). Guitariste (guitarrista).

guitarresco, ca adj. Relatif à la guitare.

guitarrillo m. Petite guitare, *f.*

guitarrista m. y f. Guitariste.

guitarrón m. Grande guitare, *f.* ‖ FAM. Rusé compère, fin matois (tunante).

güito m. FAM. Galurin (sombrero).

guitón, ona adj. y s. (Ant.). Coquin, e ; vagabond, e (pícaro).

guitonear v. intr. Vagabonder.

guitonería f. Vagabondage, *m.*

gulzacillo m. BOT. Graminée (*f.*) tropicale.

guizque m. Croc (palo con gancho).

guja f. Vouge, guisarme (arma antigua).

gula f. Gourmandise : *pecado de gula*, péché de gourmandise.

gules m. pl. BLAS. Gueules, *sing.*

gulusmear v. intr. Renifler tous les plats, soulever les couvercles. ‖ Fouiner (curiosear).

gulusmero, ra adj. Gourmand, e.

gumía f. Poignard, *m.*, dague mauresque.

gumífero, ra adj. BOT. Gummifère.

gura f. Goura (pájaro).

gurbia f. *Amer.* Gouge (gubia).

guripa m. FAM. Gamin, vaurien (golfo). ‖ Troufion (soldado).

gurriato o **gurripato** m. Petit moineau. ‖ FAM. Gosse, bambin (niño).

gurrumino, na adj. FAM. Mesquin, e (ruin). ‖ Chétif, ive (enclenque).
— M. FAM. Ange [homme qui est en adoration devant sa femme]. ‖ — M. y f. FAM. Gosse. ‖ — F. FAM. Adoration [du mari vis-à-vis de sa femme].

gusanear v. intr. Fourmiller, grouiller.

gusanera f. Plaie envenimée. ‖ Vers, *m. pl.* (conjunto de gusanos). ‖ FIG. Faible, *m.*, passion dominante (debilidad).

gusanillo m. Petit ver. ‖ FIG. y FAM. Virus (afición). ‖ — FIG. y FAM. *Gusanillo de la conciencia*, ver rongeur. ‖ *Matar el gusanillo*, tuer le ver (beber aguardiente por la mañana).

gusano m. Ver : *gusano de luz*, ver luisant (luciérnaga). ‖ Ver de terre (lombriz). ‖ Asticot (larva de mosca doméstica). ‖ Chenille, *f.* (oruga). ‖ FIG. Ver : *gusano de la conciencia*, ver rongeur. ‖ — *Gusano blanco*, ver blanc (larva del abejorro). ‖ *Gusano de seda*, ver à soie. ‖ — FIG. y FAM. *Criar gusanos*, manger les pissenlits par la racine.

gusanoso, sa adj. Véreux, euse.

gusarapiento, ta adj. Grouillant de vers.

gusarapo m. Vermisseau (gusanillo).

gustación f. Gustation.

gustar v. tr. Goûter (probar).
— V. intr. Aimer, goûter (p. us.), plaire : *me gusta mucho este escritor*, j'aime beaucoup cet écrivain, cet écrivain me plaît beaucoup ; *a Juan no le gustan las novelas policiacas*, Jean n'aime pas les romans policiers. ‖ Plaire : *ahora gusta mucho la música clásica*, la musique classique plaît beaucoup à l'heure actuelle. ‖ — *¡Así me gusta!*, à la bonne heure ! ‖ *Como le guste*, comme vous voudrez, comme il vous plaira. ‖ *Cuando le guste*, quand vous voudrez, quand il vous plaira. ‖ *Gustar de*, aimer : *gusto de leer*, j'aime lire ; goûter (apreciar) : *no gusto de su compañía*, je ne goûte pas sa compagnie.
— V. pr. Se plaire.
— OBSERV. Le verbe intransitif *gustar* se construit comme le français *plaire* dont il a le sens, mais il est beaucoup plus courant de le traduire par *aimer* en prenant pour sujet le complément : *a María no le gustan los caramelos*, les bonbons ne plaisent pas à Marie, Marie n'aime pas les bonbons.

gustativo, va adj. Gustatif, ive.

Gustavo n. pr. m. Gustave.

gustazo m. FAM. Grand plaisir, plaisir immense : *me ha dado un gustazo ver lo que le ocurría*, ça m'a fait un immense plaisir de voir ce qui lui arrivait. ‖ — FAM. *Darse el gustazo de*, s'offrir le luxe de ; s'offrir la satisfaction de. ‖ *Un gustazo por un trancazo*, le jeu en vaut bien la chandelle.

gustillo m. Arrière-goût : *un gustillo a metal*, un arrière-goût de métal. ‖ Petit goût : *esta sopa tiene un gustillo extraño*, cette soupe a un petit goût étrange.

gusto m. Goût (sentido, sabor) : *tener gusto a*, avoir le goût de. ‖ Goût : *hombre de gusto*, homme de goût ; *tener buen gusto*, avoir bon goût. ‖ Plaisir : *tengo el gusto de*, j'ai le plaisir de ; *dar gusto*, faire plaisir. ‖ Bon plaisir (voluntad). ‖ — *A gusto*, à l'aise, bien : *estoy muy a gusto en este sillón*, je suis très bien dans ce fauteuil ; facilement : *pesa muy a gusto sus cien kilos*, il pèse très facilement ses cent kilos. ‖ *A gusto de*, au gré de, au goût de. ‖ *Al gusto del consumidor*, au goût du client, à chacun selon son goût. ‖ *A su gusto*, à son goût, selon son goût. ‖ *Con gusto*, avec plaisir, volontiers : *con mucho gusto*, très volontiers, avec beaucoup de plaisir ; *con sumo gusto*, avec le plus grand plaisir. ‖ *Mal a gusto*, mal à l'aise. ‖ *Por gusto*, par plaisir. ‖ *Por tu gusto*, pour ton plaisir. ‖ — *Darse el gusto de*, s'offrir la satisfaction de. ‖ *Despacharse a su gusto*, en faire à sa guise, en prendre à son aise. ‖ *El gusto es mío*, tout le plaisir est pour moi. ‖ *En la variedad está el gusto*, il faut varier les plaisirs. ‖ *Estar* ou *encontrarse a gusto*, se plaire, se trouver bien. ‖ *Estar poco a gusto*, ne pas être bien. ‖ *Hay gustos que merecen palos*, il y a des gens qui n'ont vraiment pas de goût o qui ont des goûts bizarres. ‖ *Hay para todos los gustos*, il y en a pour tous les goûts. ‖ *Lo haría con gusto, pero...*, je le ferais bien o avec plaisir, mais... ‖ *Mucho gusto* ou *tanto gusto en conocerle*, enchanté de faire votre connaissance. ‖ *No hay gusto sin disgusto*, il n'y a pas de bonheur sans mélange. ‖ *No tener gusto para nada*, n'avoir envie de rien. ‖ *Que da gusto,* à merveille : *canta que da gusto,* il chante à merveille. ‖ *Se está más a gusto aquí,* on est mieux ici. ‖ *Sobre gustos no hay nada escrito,* des goûts et des couleurs il ne faut pas discuter, tous les goûts sont dans la nature. ‖ *Tener mucho gusto en,* avoir beaucoup de plaisir à, se faire un plaisir de. ‖ *Tomar gusto a,* prendre goût à. ‖ *Tonto que da gusto,* bête à manger du foin.

gustosamente adv. Avec plaisir. ‖ Bien, avec plaisir : *lo harían gustosamente si...,* ils le feraient bien si...

gustoso, sa adj. Savoureux, euse (sabroso) : *fruta gustosa,* fruit savoureux. ‖ Plaisant, e (agradable). ‖ — *Gustoso le escribo a usted,* j'ai le plaisir de vous écrire. ‖ *Hacer una cosa muy gustoso,* faire une chose avec grand plaisir. ‖ *Lo haré gustoso,* je le ferai avec plaisir.

gutagamba f. Gomme-gutte, gutte (resina).

gutapercha f. Gutta-percha.

gutiámbar f. Gomme-gutte.

gutural adj. y s. f. Guttural, e.

guzla f. Mús. Guzla.

guzmán m. (Ant.). Noble qui servait dans l'armée comme simple soldat.

gymkhana f. Gymkhana, m.

h f. H, m. ‖ — *La hora H,* l'heure H. ‖ *Por H o por B,* pour une raison ou pour une autre.

— OBSERV. Cette lettre est toujours muette. Dans le parler populaire andalou on lui prête parfois le son du *j* espagnol.

¡ha! interj. Ah!

haba f. BOT. Fève. ‖ Graine (de cacao). ‖ Grain, m. (de café). ‖ Boule (para votar). ‖ MED. Cloque (roncha). ‖ MIN. Rognon, m. (nódulo). ‖ VETER. Fève, lampas, m. (tumor). ‖ — *Haba de las Indias,* pois de senteur (guisante de olor). ‖ *Haba panosa* ou *menor,* féverole (planta). ‖ *Haba tonká,* fève de Tonka. ‖ — *Echar las habas,* jeter un sort. ‖ *En todas partes cuecen habas,* c'est partout pareil, nous sommes tous logés à la même enseigne. ‖ *Esas son habas contadas,* c'est une chose certaine, ça ne fait pas l'ombre d'un doute. ‖ *Ser más tonto que una mata de habas,* être bête à pleurer *o* à manger du foin *o* comme ses pieds *o* comme une oie.

habado, da adj. VETER. Atteint de la fève *o* du lampas. ‖ Tacheté, e (piel de un animal).

Habana (La) n. pr. GEOGR. La Havane.

habanera f. Habanera [danse populaire de souche afro-cubaine].

habanero, ra adj. y s. Havanais, e (de La Habana).

habano, na adj. y s. Havanais, e (de La Habana). ‖ Havane, *inv.* (color). ‖ — M. Havane (cigarro puro).

habar m. Champ de fèves.

haber m. COM. Avoir : *debe y haber,* doit et avoir. ‖ Crédit : *tengo miles de pesetas en mi haber,* j'ai des milliers de pesetas à mon crédit. ‖ FIG. *Tener en su haber,* avoir à son actif. ‖ — Pl. Avoir, sing. (bienes). ‖ Émoluments (retribución).

haber* v. tr. Avoir, posséder (tener). [V. OBSERV.] ‖ Avoir (conseguir). ‖ Arrêter (detener) : *hubieron al ladrón,* ils arrêtèrent le voleur.

— V. auxil. Avoir : *he dicho,* j'ai dit. ‖ Être (con v. intr. de movimiento o de estación) : *he salido,* je suis sorti ; *ha vuelto,* il est revenu ; *nos hemos quedado,* nous sommes restés. ‖ Être (con v. pr. como levantarse, sentarse, pasearse, etc.) : *me he levantado,* je me suis levé ; *usted se ha sentado,* vous vous êtes assis.

— V. impers. Y avoir (suceder) : *ayer hubo fiesta en el pueblo,* hier il y a eu fête au village ; *las había muy hermosas antes,* il y en avait de très belles auparavant. ‖ Y avoir (estar) : *hay poca gente aquí,* il y a peu de gens ici. ‖ Y avoir, être (ser) : *los hay que,* il y en a *o* il en est qui ; *esto es lo que hay,* voilà ce qu'il en est *o* ce qu'il y a ; *no lo hay mejor,* il n'y en a pas *o* il n'en est pas de meilleur. ‖ Y avoir (hacer) : *poco tiempo ha,* il y a peu de temps ; *habrá quince días,* il doit y avoir quinze jours. ‖ — *Haber de,* devoir : *han de salir mañana,* ils doivent partir demain ; *no sabía que habías de salir,* je ne savais pas que tu devais sortir ; *hubo de pensar que,* il a dû penser que ; falloir : *se han de pronunciar bien todas las letras,* il faut bien prononcer toutes les lettres. ‖ *Haber que,* falloir : *hay que comer para vivir,* il faut manger pour vivre. ‖ *Habérselas con uno,* avoir affaire à quelqu'un, avoir maille à partir avec quelqu'un. ‖ *¡Habráse visto!,* a-t-on déjà vu ça!, vous vous rendez compte! ‖ — *¡Allá se las haya!,* qu'il s'arrange!, qu'il se débrouille! ‖ *¡Allá te las hayas!,* débrouille-toi! ‖ *¡Bien haya quien!,* heureux celui qui! ‖ *Era el más valiente si los hay,* il était le plus courageux s'il en fut. ‖ *No haber más que pedir,* n'y avoir rien à redire. ‖ *No haber más que ver,* n'y avoir rien d'autre à voir. ‖ *No hay de qué,* il n'y a pas de quoi, de rien. ‖ *No hay más que decir,* il n'y a rien à dire. ‖ *No hay para morirse de risa,* il n'y a pas de quoi mourir de rire. ‖ *No hay tal cosa,* ce n'est pas vrai. ‖ *¿Qué hay?,* ça va?, comment ça va? ‖ *¿Qué hay de nuevo?,* quoi de neuf? ‖ *¿Qué le he de hacer?,* que voulez-vous que j'y fasse? ‖ *Ya no hay más,* il n'y en a plus.

— OBSERV. *Haber* ne garde son ancien sens transitif que dans des expressions comme : *los hijos habidos de ese matrimonio,* les enfants nés de ce mariage ; *¡mal haya quien...!,* malheur à qui...! ; *haber menester de,* avoir besoin de.

— La forme *haber de* peut se traduire par *devoir,* mais la nuance d'obligation n'est jamais impérative. Cette forme équivaut souvent à un simple futur (notamment à la première personne du présent de l'indicatif) ou à un conditionnel (à l'imparfait) : *¡quién había de decirme que iba a ser millonario!,* qui m'aurait dit que j'allais être millionnaire! Dans les phrases interrogatives, toute nuance d'obligation disparaît (*¿ha de venir mañana?,* viendra-t-il demain?, doit-il venir demain?).

háber m. Docteur de la loi juive.

habichuela f. Haricot, *m.* (judía). ‖ *Habichuelas verdes*, haricots verts.

habiente adj. Ayant. ‖ *Habiente* ou *habientes derecho* ou *derecho habiente* ou *habientes*, ayant droit.

hábil adj. Habile, adroit, e (diestro) : *hábil para negociar*, habile à négocier. ‖ DR. Habile, apte (apto) : *hábil para testar*, habile à tester. ‖ — *Días hábiles*, jours ouvrables. ‖ *En tiempo hábil*, en temps utile. ‖ *Hábil para un empleo*, apte à un emploi. ‖ FAM. *Ser hábil en*, s'y connaître en.

habilidad f. Habileté, adresse : *tener mucha habilidad*, avoir une grande habileté. ‖ DR. Habilité : *habilidad para suceder*, habilité à succéder. ‖ Talent, *m.* (capacidad, disposición). ‖ — FAM. *Hacer sus habilidades*, faire tout son possible. ‖ *Prueba de habilidad*, slalom (esquí).

habilidoso, sa adj. Habile, adroit, e : *un hombre habilidoso*, un homme habile, adroit.

habilitación f. DR. Habilitation (acción de habilitar). ‖ Comptabilité (cargo del habilitado).

habilitado m. Officier comptable, payeur.

habilitador, ra adj. DR. Habilitant, e.
— M. Suppléant, substitut (auxiliar).

habilitar v. tr. DR. Habiliter : *habilitar para suceder*, habiliter à succéder. ‖ Pourvoir : *habilitar con fondos*, pourvoir de fonds. ‖ COM. Commanditer. ‖ *Habilitar una casa*, mettre une maison en état [d'être habitée], aménager une maison.

habitabilidad f. Habitabilité.

habitable adj. Habitable.

habitación f. Habitation : *cambiar de habitación*, changer d'habitation. ‖ Pièce : *piso con cinco habitaciones*, appartement de cinq pièces. ‖ Chambre (cuarto de dormir). ‖ Habitat, *m.*

habitáculo m. POÉT. Habitacle.

habitante o **habitador, ra** adj. y s. Habitant, e : *ciudad de un millón de habitantes*, ville de un million d'habitants.

habitar v. tr. Habiter.
— OBSERV. *Habitar* ne s'emploie qu'à la forme transitive (*habitar una casa*, habiter une maison).

hábitat m. Habitat.

hábito m. Habit (vestido). ‖ ● Habitude, *f.* (costumbre) : *tener malos hábitos*, avoir de mauvaises habitudes. ‖ Habit (eclesiástico). ‖ Robe, *f.* (de los monjes). ‖ — FIG. y FAM. *Ahorcar* ou *colgar los hábitos*, jeter le froc aux orties. ‖ *El hábito hace al monje*, la belle plume fait le bel oiseau. ‖ *El hábito no hace al monje*, l'habit ne fait pas le moine. ‖ *Tomar el hábito*, prendre l'habit, entrer en religion.
— OBSERV. *Hábito* désigne un costume propre à une fonction, un uniforme, et notamment l'habit religieux. Le mot *habit* dans son sens général se traduit par *traje, vestido* et *frac.* Au pluriel, il se traduit par *ropa*.
— SINÓN. ● *Costumbre*, coutume. *Uso, usanza*, usage. *Regla*, règle. *Práctica*, pratique. *Rutina*, routine.

habituación f. Accoutumance (acción de habituarse). ‖ Habitude (costumbre).

habituado, da m. y f. (P. us.). Habitué, e.
— OBSERV. Ce mot est un gallicisme employé pour *aficionado* ou pour *parroquiano*.

habitual adj. Habituel, elle.

habitualmente adv. D'habitude, habituellement.

habituar v. tr. Habituer.
— V. pr. S'habituer.

habitud f. Rapport, *m.*, liaison [entre deux choses]. ‖ Habitude (costumbre).
— OBSERV. Ce mot est un gallicisme dans sa seconde acception.

habla f. Parole : *perder el habla*, perdre la parole. ‖ Langue (lengua, idioma) : *el habla española*, la langue espagnole. ‖ Parler : *la gente de esta región tiene un habla especial*, les gens de cette région ont un parler spécial. ‖ Langage : *el habla de los niños*, le langage des enfants. ‖ Expression : *prensa de habla francesa*, presse d'expression française. ‖ Discours, *m.* (discurso). ‖ — MAR. *Al habla*, à portée de la voix. ‖ *¡Al habla Miguel!* Michel à l'appareil (al teléfono). ‖ *Estar al habla*, ou *en habla con*, être en pourparlers *o* en relation *o* en rapport avec. ‖ *Negarle el habla a uno*, ne pas adresser la parole à quelqu'un. ‖ *Ponerse al habla telefónica con alguien*, engager une conversation téléphonique avec quelqu'un.

habladas f. pl. *Amer.* Fanfaronnades.

hablado, da adj. Parlé, e : *una lengua mal hablada*, une langue mal parlée. ‖ Parlant, e : *cine hablado*, cinéma parlant. ‖ — *Bien hablado*, poli. ‖ *Mal hablado*, grossier.

hablador, ra adj. y s. Bavard, e : *ser poco hablador*, être peu bavard.

habladuría f. Cancan, *m.*, potin, *m.*, commérage, *m.*, racontar, *m.* (fam.) [chisme].

hablanchín, ina adj. y s. FAM. Bavard, e.

hablante adj. Parlant, e (que habla).

hablantín, ina adj. y s. FAM. Bavard, e.

hablar v. intr. ● Parler : *hablar con el vecino, al vecino*, parler avec le voisin, au voisin ; *hablaré de este asunto con tu padre*, je parlerai de cette affaire avec ton père. ‖ FIG. Fréquenter : *habló dos años con Carmen*, il fréquenta Carmen pendans deux ans. ‖ — *Hablar al alma*, parler au cœur. ‖ *Hablar alto, bajo*, parler fort, bas. ‖ *Hablar a medias palabras*, parler à mots couverts. ‖ *Hablar a solas*, parler tout seul. ‖ *Hablar a tontas y a locas*, parler à tort et à travers. ‖ *Hablar bien, mal de uno*, dire du bien, du mal de quelqu'un. ‖ *Hablar clara y llanamente*, parler clair et net. ‖ *Hablar claro* ou *a las claras*, parler net, ne pas mâcher ses mots. ‖ *Hablar como los indios*, parler petit-nègre. ‖ *Hablar como si lo hiciese a la pared*, parler à un mur. ‖ *Hablar como una cotorra* ou *más que siete* ou *más que un papagayo*, jaser *o* être bavard comme une pie, être un véritable moulin à paroles. ‖ *Hablar con el corazón en los labios*, parler à cœur ouvert. ‖ *Hablar con la nariz*, parler du nez. ‖ *Hablar con soltura*, parler avec aisance. ‖ *Hablar de negocios*, parler affaires. ‖ *Hablar de perlas*, parler d'or, parler merveilleusement bien. ‖ *Hablar de política*, parler politique. ‖ *Hablar de todo un poco*, parler de choses et d'autres, parler de tout et de rien. ‖ *Hablar de trapos*, parler chiffons. ‖ *Hablar de tú, de usted a alguien*, dire tu à quelqu'un *o* tutoyer quelqu'un, dire vous à quelqu'un *o* vouvoyer quelqu'un. ‖ *Hablar en broma*, plaisanter, parler pour rire. ‖ *Hablar en crudo*, avoir son franc-parler. ‖ *Hablar en plata*, parler clairement. ‖ *Hablar entre dientes*, parler entre ses dents, marmotter. ‖ *Hablar en voz alta*, parler à voix haute. ‖ *Hablar en voz baja* ou *queda*, parler à voix basse. ‖ *Hablar gangoso*, parler du nez. ‖ *Hablar largo y tendido*, parler longuement. ‖ *Hablar para su coleto* ou *para el cuello de su camisa* ou *para sí*, parler à son bonnet. ‖ *Hablar peor que una verdulera*, parler comme une harengère. ‖ *Hablar peor que un carretero*, jurer comme un charretier. ‖ *Hablar por boca de ganso*, répéter comme un perroquet (repetir tontamente). ‖ *Hablar por hablar* ou *porque sí*, parler pour parler, parler pour ne rien dire. ‖ *Hablar por los codos*, avoir la langue bien pendue, jaser comme une pie. ‖ *Hablar sin rodeos*, parler sans détour, ne pas mâcher ses mots. ‖ *Hablar sin ton ni son* ou *sin orden ni concierto*, parler à bâtons rompus. ‖ — *Hablando del rey de Roma por la puerta asoma*, quand on parle du loup on en voit la queue. ‖ *Hablemos poco y bien*, parlons peu mais parlons bien. ‖ *Habló el buey y dijo mu*, que pouvait-on attendre d'autre ? ‖ — *Dar mucho que hablar*, faire parler de soi, faire du bruit (cosa o persona), faire couler beaucoup d'encre (asunto). ‖ *Dejar hablar a uno*, laisser parler *o* dire quelqu'un. ‖ *El hablar bien no cuesta dinero*, jamais beau parler n'écorche la langue. ‖ *Estar hablando*, être parlant (una pintura, una estatua). ‖ *Miente más que habla*, il ment comme il respire, il ment comme un arracheur de dents. ‖ Fam. *¡Ni hablar!*, pas question !, rien à faire ! ‖ *No hay más que hablar*, c'est tout dit, il n'y a pas à y revenir. | *Quien mucho habla, mucho yerra*, trop parler nuit. | *Retrato que está hablando*, portrait auquel il ne manque que la parole, portrait vivant *o* parlant. ‖ *Sin hablar de...*, sans parler de... ‖ *Sin hablar palabra*, sans dire un mot, sans mot dire. | *Sólo le falta hablar*, il ne lui manque que la parole.

— V. tr. Parler : *hablar (el) francés*, parler (le) français. ‖ Dire : *hablar disparates*, dire des bêtises.

— V. pr. Se parler. ‖ Fig. Se fréquenter, se parler : *ya no se hablan*, ils ne se parlent plus. | Parler : *Pedro ya no se habla con Juan*, Pierre ne parle plus à Jean.

— Sinón. ● *Conversar*, converser, s'entretenir. *Platicar*, deviser. *Decir*, dire. *Departir*, s'entretenir. *Conferenciar*, conférer. *Charlar*, bavarder, causer. Pop. *Chamullar*, jaspiner.

hablilla f. Cancan, *m.*, potin, *m.*, ragot, *m.*, racontar, *m.* (fam.).

hablista m. y f. Puriste.

habón m. Cloque, *f.*, ampoule, *f.* (roncha en la piel).

hacamari m. Amer. Ours des Andes.

hacanea f. Haquenée (jaca).

hacecillo m. Bot. Faisceau.

hacedero, ra adj. Faisable.

— Sinón. *Posible*, possible. *Factible, dable*, faisable. *Realizable*, réalisable.

hacedor, ra adj. y s. Auteur, *m.*, créateur, trice. ‖ *El Sumo* ou *el Supremo Hacedor*, le Créateur, le Divin Artisan. ‖ M. Administrateur *o* régisseur d'une ferme.

hacendado, da adj. y s. Fortuné, e : *un hombre hacendado*, un homme fortuné. ‖ — M. y f. Propriétaire foncier. ‖ Amer. Éleveur, euse (ganadero).

hacendar* v. tr. Conférer la propriété d'une terre.
— V. pr. S'établir : *hacendarse en Argentina*, s'établir en Argentine.

hacendera f. Corvée, ouvrage (*m.*) d'intérêt public auquel doivent contribuer tous les habitants d'une commune.

hacendero, ra adj. Actif, ive ; travailleur, euse ; laborieux, euse (hacendoso).
— M. Ouvrier des mines d'Almaden.

hacendilla o **hacendita** f. Petite ferme, fermette.

hacendista m. Financier. ‖ Amer. Gros propriétaire.

hacendístico, ca adj. Financier, ère.

hacendoso, sa adj. Actif, ive ; travailleur, euse ; laborieux, euse. ‖ *Hacendoso como una hormiga*, laborieux comme une abeille *o* une fourmi.

hacer*

---

1. Fabricar, ejecutar, componer. — 2. Causar. — 3. Acostumbrar. — 4. Fingir. — 5. Otros sentidos. — 6. Locuciones. — 7. Convenir, concordar. — 8. Hacer de. — 9. Hacer para, por, como. — 10. Hacer, con el infinitivo. — 11. Impers. — 12. V. pr.

---

1. Fabricar, ejecutar, componer, v. tr. Faire : *hacer un mueble, un pastel*, faire un meuble, un gâteau ; *hacer un poema, un milagro*, faire un

poème, un miracle. ‖ Dresser : *hacer una lista, un contrato*, dresser une liste, un contrat.

2. Causar, v. tr. Faire : *hacer humo, sombra*, faire de la fumée, de l'ombre ; *hacer daño*, faire mal.

3. Acostumbrar, v. tr. Faire, accoutumer : *hacer su cuerpo a la fatiga*, accoutumer son corps à la fatigue.

4. Fingir, v. tr. Faire : *hacer el bobo*, faire l'idiot.

5. Otros sentidos, v. tr. Faire, contenir : *esta botella hace un litro*, cette bouteille fait un litre. ‖ Croire (pensar) : *yo te hacía en Montevideo*, je te croyais à Montevideo ; *le hacía estudiando*, je le croyais en train d'étudier. ‖ Faire (cortar la barba, las uñas). ‖ Faire (obligar) : *hizo que la señora se sentara*, il fit asseoir la dame. ‖ Teatr. Faire, jouer le rôle de (representar un papel).

6. Locuciones diversas, v. tr. *Hacer agua*, faire eau (un buque). ‖ *Hacer aguas*, uriner. ‖ *Hacer alarde de*, se vanter de. ‖ *Hacer bien en*, faire bien de. ‖ Autom. y Aviac. *Hacer cien (kilómetros) por hora*, faire du cent (kilomètres) à l'heure. ‖ Fot. *Hacer copia*, tirer une épreuve. ‖ *Hacer de su hijo un médico*, faire de son fils un médecin. ‖ *Hacer el amor*, faire la cour. ‖ *Hacer el papel de*, jouer le rôle de. ‖ *Hacer las veces de*, faire office de, servir à (servir para), faire office de, jouer le rôle de (reemplazar). ‖ Pop. *Hacerle la pascua* ou *hacerle un pie agua a uno*, empoisonner quelqu'un. ‖ *Hacerle la vida imposible a uno*, rendre la vie impossible à quelqu'un. ‖ *Hacer otro tanto*, faire de même, en faire autant. ‖ *Hacer pedazos, trizas, polvo*, mettre en morceaux, réduire en miettes, en poussière. ‖ *Hacer presente*, faire connaître, informer (dar a conocer), signaler faire remarquer (advertir). ‖ Fam. *Hacer sus necesidades*, faire ses besoins. ‖ *Hacer tiempo*, passer le temps. ‖ *Hacer todo lo posible para*, faire tout son possible *o* de son mieux pour. ‖ *Hacer una cosa arrastrando*, faire une chose de mauvais gré. ‖ *Hacer una cosa con los pies*, faire quelque chose comme un pied. ‖ *Hacer una* ou *de las suyas*, faire des siennes. ‖ *Hacer una pregunta*, poser une question. ‖ Com. *Hacer una rebaja*, consentir un rabais, faire un prix. ‖ *Hacer uso de la palabra*, prendre la parole. ‖ *Hacer vida ascética*, mener une vie ascétique. ‖ *— A lo hecho pecho*, ce qui est fait est fait, quand le vin est tiré il faut le boire. ‖ *¡Buena la has hecho!*, tu en as fait de belles !, c'est du propre ! ‖ *Dar que hacer*, donner du fil à retordre *o* du mal. ‖ *El que la hace la paga*, qui casse les verres les paye. ‖ *Haz bien y no mires a quién*, que ta main gauche ignore le bien que fait ta main droite. ‖ Fam. *¡La hizo!*, c'est du joli ! (una tontería). ‖ *Mandar hacer*, faire faire. ‖ *Más hace el que quiere que no el que puede*, il faut vouloir pour pouvoir. ‖ *Me hace falta*, j'ai besoin de. ‖ *No tener nada que hacer*, n'avoir rien à faire. ‖ *Por más que haga* ou *haga lo que haga*, quoi qu'il fasse, il a beau faire. ‖ *¿Qué hemos de hacer?*, que faut-il faire ?, que faire ? ‖ *¿Qué quiere que le haga?*, que voulez-vous que j'y fasse ? ‖ *¿Qué le vamos a hacer?*, on n'y peut rien. ‖ *Ser el que hace y deshace en*, avoir la haute main sur *o* dans, faire la pluie et le beau temps *o* être le grand manitou dans (fam.).

7. Convenir, concordar, v. intr. Faire : *eso no le hace*, ça ne fait rien (importar). ‖ Convenir, aller (convenir) : *Aller (ir)* : *eso hace con aquello*, ceci va avec cela. ‖ *Mil francos más o menos no le hace*, il n'est pas à mille francs près. ‖ *No hace al caso*, ça n'a rien à voir.

8. Hacer de. — Faire fonction de : *hace de portero*, il fait fonction de concierge. ‖ Servir : *hacer de madre para alguien*, servir de mère à quelqu'un. ‖ Faire le, la : *hace de tonto*, faire l'idiot (fingir), faire le, la, jouer le, la : *hace de valiente*, il joue les courageux (blasonar). ‖ Teatr. Faire, jouer le rôle de : *hace de Fedra en esta obra,* elle joue le rôle de Phèdre dans cette pièce.

9. HACER PARA, POR, COMO. — Faire tout son possible pour : *hizo para venir,* il fit tout son possible pour venir. ‖ — *Hacer como,* faire celui *o* celle qui : *hace como que no sabe nada,* il fait celui qui ne sait rien. ‖ *Hacer como si,* faire semblant de. ‖ *Hacer por la vida,* manger.

10. HACER, CON EL INFINITIVO. — Faire : *hacer reir, llorar,* faire rire, pleurer ; *hacer saber,* faire savoir. ‖ Faire (obligar) : *la hizo venir,* il l'a fait venir. ‖ — DR. *Hacer comparecer,* faire comparaître, amener. ‖ *Hacer pasar las moradas,* en faire voir de toutes les couleurs. ‖ *Hacer saltar las lágrimas,* tirer les larmes des yeux, faire couler les larmes. ‖ FAM. *Hacer sudar a,* donner du fil à retordre à (dificultad). ‖ *No hacer más que* ou *sino,* ne faire que.

11. IMPERS. — Faire : *hace calor, frío, mucho calor, mucho frío,* il fait chaud, froid, très chaud, très froid. ‖ Y avoir (tiempo) : *hace tres días,* il y a trois jours ; *hace mucho tiempo,* il y a longtemps. ‖ *Desde hace dos años,* depuis deux ans.

12. V. pr. *a)* VOLVERSE. — Se faire : *hacerse sacerdote,* se faire prêtre ; *el Verbo se hizo carne,* le Verbe s'est fait chair. ‖ Se changer, se transformer : *el vino se hizo vinagre,* le vin s'est changé en vinaigre. ‖ Devenir : *hacerse un atleta,* devenir athlète. ‖ Se faire : *hacerse tarde,* se faire tard ; *hacerse viejo,* se faire vieux ; *el ruido se hacía demasiado fuerte,* le bruit se faisait trop fort. ‖ Se faire : *el queso se hace,* le fromage se fait.

b) ACOSTUMBRARSE. — Se faire, s'habituer : *hacerse al calor,* se faire à la chaleur ; *no me hago a vivir solo,* je ne m'habitue pas à vivre seul.

c) LOCUCIONES DIVERSAS. — *Hacerse a la mar,* prendre la mer. ‖ *Hacerse a la vela,* mettre à la voile. ‖ *Hacerse atrás,* reculer. ‖ *Hacerse a un lado,* s'écarter, se mettre de côté. ‖ *Hacerse de* ou *con,* se procurer (procurarse), se pourvoir (proveerse), s'approprier (apropiarse) : *hacerse de dinero,* se procurer de l'argent ; *hacerse con un libro,* s'approprier un livre ; s'emparer de, contrôler (en deporte) : *hacerse con el balón,* contrôler le ballon. ‖ *Hacerse de nuevo con,* reprendre : *hacerse de nuevo con el poder,* reprendre le pouvoir. ‖ *Hacerse de rogar,* se faire prier. ‖ *Hacerse de una fortuna,* faire fortune. ‖ *Hacerse el* ou *la,* faire le *o* la, jouer le *o* la (fingir *o* blasonar). ‖ POP. *Hacerse el remolón,* tirer au flanc. ‖ *Hacerse fuerte,* se retrancher (fortificarse), se buter (en una idea). ‖ *Hacerse indispensable,* se rendre indispensable. ‖ *Hacerse memorable,* se rendre célèbre. ‖ *Hacerse el olvidadizo,* faire celui qui a tout oublié. ‖ *Hacerse pasar por,* se faire passer pour. ‖ *Hacerse presente,* se mettre en vue, chercher à se faire voir. ‖ *Hacerse rico,* s'enrichir. ‖ *Hacerse solo,* être fils de ses œuvres. ‖ *Hacerse tres mil francos al día,* se faire trois mille francs par jour. ‖ *Se me hace que va a llover,* il me semble qu'il va pleuvoir.

haces m. pl. V. HAZ.

hacia prep. Vers : *hacia la derecha,* vers la droite ; *hacia las dos,* vers 2 heures. ‖ — *Ir hacia atrás,* aller en arrière. ‖ *Mirar hacia arriba,* regarder en l'air.

hacienda f. Ferme, propriété rurale (finca rural). ‖ Hacienda (en América del Sur). ‖ Fortune, biens, *m. pl.* (fortuna) : *disipar la hacienda,* dissiper sa fortune. ‖ —*Hacienda pública,* finances publiques, trésor public. ‖ *Ministerio de Hacienda,* ministère des Finances.

hacina f. Meule, gerbier, *m.* (conjunto de haces). ‖ FIG. Tas, *m.,* monceau, *m.* (montón).

hacinación f. Entassement, *m.*

hacinador, ra m. y f. Entasseur, euse.

hacinamiento m. Entassement.

hacinar v. tr. Entasser (colocar en hacinas). ‖ FIG. Accumuler (amontonar) : *hacinar las pruebas contra un culpable,* accumuler les preuves contre un coupable.

— V. pr. S'entasser, se presser : *la muchedumbre se hacina en la acera,* la foule se presse sur le trottoir.

hacha f. o **hachón** m. Torche, *f.* (antorcha). ‖ Flambeau, *m.* (de cera).

hacha f. Hache (instrumento cortante) : *un hacha de abordaje,* une hache d'abordage. ‖ FIG. y FAM. As, *m.,* crack, *m.* : *ser un hacha en matemáticas,* être un crack en mathématiques ; *es un hacha del volante,* c'est un as du volant.

hachar v. tr. Dégrossir à coups de hache.

hachazo m. Coup de hache. ‖ Coup de corne (de un toro).

hache f. H, *m.* (nombre de la letra *h*). ‖ — FIG. y FAM. *Llámele usted hache,* appelez ça comme vous voudrez, c'est la même chose.

hachear v. tr. Dégrossir à coups de hache.

— V. intr. Donner des coups de hache.

hachero m. Torchère, *f.* (candelero). ‖ Bûcheron (leñador).

hachís m. Hachisch, haschich.

hacho m. Torche, *f.* (antorcha). ‖ GEOGR. Promontoire.

hachón m. V. HACHA.

hachuela f. Hachette, petite hache.

hada f. Fée : *cuento de hadas,* conte de fées.

Hades n. pr. m. MIT. Hadès (Plutón).

hado m. Destin, destinée, *f.,* sort.

hafiz m. Garde, gardien.

hagiografía f. Hagiographie (vida de los santos).

hagiográfico, ca adj. Hagiographique.

hagiógrafo m. Hagiographe (escritor sagrado).

hagiología f. Hagiologie.

haiga m. POP. Grosse bagnole, *f.,* voiture (*f.*) américaine.

Haití n. pr. m. GEOGR. Haïti, *f.*

haitiano, na adj. y s. Haïtien, enne (de Haití).

¡hala! interj. Allons !, allez !

halacabuyas m. MAR. Mousse.

halagador, ra adj. Flatteur, euse.

halagar v. tr. Flatter : *me halaga tu propuesta,* ta proposition me flatte. ‖ ● Flatter, aduler (adular). ‖ Plaire, agréer (agradar).

— SINÓN. ● *Lisonjear, incensar,* encenser. *Adular,* aduler. *Alabar, ensalzar,* louer, vanter. FAM. *Dar la coba,* faire du plat, lécher les bottes.

halago m. Flatterie, *f.* (lisonja). ‖ Cajolerie, *f.* (mimo).

halagüeño, ña adj. Flatteur, euse (lisonjero). ‖ FIG. Prometteur, euse ; encourageant, e (alentador).

halar v. tr. MAR. Haler.

halcón m. Faucon (ave). ‖ — *Halcón campestre, garcero, grullero, montano, niego, soro,* faucon domestique, héronnier, gruyer, hagard, niais, sors *o* sor. ‖ *Halcón letrado,* faucon à plumage tacheté de noir. ‖ *Halcón roqués,* milan noir.

halconado, da adj. Qui ressemble au faucon.

halconería f. Fauconnerie (caza con halcón).

halconero m. Fauconnier. ‖ *Halconero mayor,* grand fauconnier.

halda f. Serpillière (harpillera).

¡hale! interj. Allez !

haleche m. Anchois (boquerón).

haliéutico, ca adj. y s. f. Halieutique (de la pesca).

haliótide f. ZOOL. Haliotide.

hálito m. Haleine, *f.* (aliento). ‖ POÉT. Souffle, haleine, *f.* : *el hálito del céfiro,* le souffle du zéphyr.

halo m. Halo.

halófilo, la adj. BOT. Halophile.

halógeno, na adj. y s. m. QUÍM. Halogène.

halografía f. QUÍM. Halographie (descripción de las sales).

haloideo, a adj. y s. m. QUÍM. Haloïde.

haloque m. (Ant.). Felouque, *f.* (falúa).

halotecnia f. Halotechnie.

haltera f. Haltère, *m.* (pesa).

halterofilia f. Haltérophilie.

halterófilo, la adj. y s. Haltérophile.

hall m. Entrée, *f.*, hall.

hallado, da adj. Trouvé, e. ‖ — *Bien hallado*, à l'aise, dans son élément. ‖ *Mal hallado*, mal à l'aise.

hallador, ra adj. y s. Qui trouve.

hallar v. tr. Trouver : *quien busca halla*, qui cherche trouve. ‖ Rencontrer (una persona).
— V. pr. Se trouver (encontrarse) : *hallarse en París*, se trouver à Paris. ‖ Être : *hallarse muy enfermo*, être très malade. ‖ — *Hallarse con una cosa*, trouver une chose. ‖ *Hallarse en todo*, se mêler de tout. ‖ *No hallarse*, ne pas être à son aise, ne pas être dans son élément, se sentir perdu, se sentir *o* se trouver déplacé.

hallazgo m. Découverte, *f.* (descubrimiento). ‖ Trouvaille, *f.* : *esta expresión es un hallazgo*, cette expression est une trouvaille.

hallulla f. o **hallulo** m. Fouace, *f.*, tourte, *f.* (torta cocida en el rescoldo).

hamaca f. Hamac, *m.* (cama). ‖ Chaise longue (tumbona). ‖ Sorte de palanquin (vehículo). ‖ *Amer.* Balançoire (columpio).

hamadría o **hamadríada** f. MIT. Hamadryade (ninfa).

hámago m. Propolis, *f.* (de las abejas).

hamamelis m. BOT. Hamamélis.

hamaquear v. tr. *Amer.* Bercer (mecer).

hamaqueo m. Bercement.

hamaquero m. Fabricant de hamacs (fabricante). ‖ Porteur de palanquin (portador). ‖ Crochet de hamac (gancho).

hambre f. ● Faim : *tener hambre*, avoir faim; *aplacar el hambre*, assouvir sa faim. ‖ Famine (escasez) : *salario de hambre*, salaire de famine. ‖ FIG. y FAM. Soif, faim (deseo). ‖ — *Hambre calagurritana*, grande famine. ‖ *Hambre canina*, boulimie (enfermedad), faim de loup, faim dévorante. ‖ — *Engañar el hambre*, tromper sa faim. ‖ *Matar de hambre*, affamer. ‖ *Matar el hambre*, tuer la faim. ‖ *Morirse de hambre*, mourir de faim. ‖ — *A buen hambre no hay pan duro*, la faim n'a pas de goût. ‖ *El hambre es mala consejera*, ventre affamé n'a pas d'oreilles. ‖ *El hambre aguza el ingenio*, nécessité est mère d'industrie.
— OBSERV. Le mot *hambre*, bien que féminin, est précédé de l'article *el* afin d'éviter un hiatus.
— SINÓN. ● *Ganas*, envie. *Bulimia*, boulimie. *Polifagia*, polyphagie. *Fam. Gazuza, carpanta*, fringale.

hambreado, da adj. *Amer.* Affamé, e.

hambrear v. tr. (P. us.). Affamer (causar hambre).
— V. intr. Avoir faim.

hambriento, ta adj. y s. Affamé, e.
— SINÓN. *Famélico*, famélique. *Hambrón*, crève-la-faim. *Bulímico*, boulimique.

hambrina o **hambruna** f. *Amer.* Grande faim, fringale (fam.).

hambrón, ona adj. FAM. Très affamé, e ; mort, morte de faim.
— M. y f. Crève-la-faim, *inv.*

Hamburgo n. pr. GEOGR. Hambourg.

hamburgués, esa adj. y s. Hambourgeois, e. ‖ — F. Hamburger, *m.* [bifteck haché].

hampa f. Pègre, milieu, *m.* : *el hampa de Chicago*, la pègre de Chicago.
— SINÓN. *Hez*, lie. *Pillería, golfería*, friponnerie. *Gentuza, chusma*, racaille.

hampesco, ca adj. De la pègre, du milieu.

hampón adj. y s. m. Bravache.

hámster m. ZOOL. Hamster (roedor).

handicap m. DEP. Handicap : *sufrir un handicap*, avoir un handicap.

hanega f. V. FANEGA.

hangar m. Hangar (cobertizo).

Hannóver n. pr. GEOGR. Hanovre.

hannoveriano, na adj. y s. Hanovrien, enne (de Hanovre).

hansa f. Hanse.

hanseático, ca adj. Hanséatique.

haragán, ana adj. y s. Fainéant, e.

haraganamente adv. Avec fainéantise, paresseusement.

haraganear v. intr. Fainéanter, tirer sa flemme (fam.).

haraganería f. Fainéantise.

harakiri m. Hara-kiri.

harapiento, ta adj. En haillons, en guenilles, déguenillé, e ; loqueteux, euse (andrajoso).

harapo m. Haillon, guenille, *f.* (andrajo). ‖ Eau-de-vie (*f.*) de queue (aguardiente). ‖ — *Andar hecho un harapo*, être en guenilles *o* en haillons, être dépenaillé *o* déguenillé.

haraposo, sa adj. En haillons, en loques, déguenillé, e ; dépenaillé, e (harapiento).

haraquiri m. Hara-kiri.

haroa f. Expédition d'insurgés marocains. ‖ FIG. Bande (grupo).
— OBSERV. Le *h* initial est aspiré.

hardware m. Hardware (de computadora).

harem o **harén** m. Harem.

harina f. Farine : *harina lacteada*, farine lactée; *harina de flor*, fleur de farine ; *harina de pescado*, farine de poisson. ‖ Poudre fine, poussière (polvo menudo). ‖ — *Almacén, fábrica* ou *comercio de harinas*, minoterie. ‖ *Donde no hay harina, todo es mohina*, quand le foin manque au râtelier, les chevaux se battent. ‖ FAM. *Eso es harina de otro costal*, c'est une autre histoire, c'est une autre paire de manches. | *Metido en harina*, mal cuit, compact (pan), absorbé [dans une affaire] (en una empresa), plongé jusqu'au cou (en un asunto), bien en chair (gordo).

harinado m. Pâte (*f.*) de farine.

harinero, ra adj. Relatif à la farine. ‖ *Molino harinero*, moulin à farine.
— M. Farinier (molinero). ‖ Minotier (fabricante y comerciante). ‖ Farinière, *f.* (arcón para harina).

harinoso, sa adj. Farineux, euse : *pan harinoso*, pain farineux. ‖ Farinacé, e (farináceo).

harmonía f. et ses dérivés. V. ARMONÍA.

harnero m. Crible (criba).

harón, ona adj. Paresseux, euse.

haronear v. intr. Paresser, fainéanter.

haronía f. Paresse (pereza).

harpa f. MÚS. Harpe.

harpía f. Harpie (arpía).

harpillera f. Serpillière (tela).

hartada f. Indigestion, rassasiement, *m.* (hartazgo).

hartar v. tr. Rassasier (calmar el hambre). ‖ FIG. Satisfaire (un deseo). | Fatiguer, lasser (cansar). | Ennuyer, assommer, fatiguer (fastidiar) : *este discurso nos hartó*, ce discours nous a assommés. ‖ *Hartar de palos*, rouer de coups.
— V. pr. Se rassasier. ‖ Se gaver (comer demasiado) : *hartarse de frutas*, se gaver de fruits. ‖ FIG. Se lasser, en avoir assez *o* soupé (fam.) : *hartarse de esperar*, en avoir assez d'attendre. ‖ — FAM. *Hartarse de dormir*, dormir tout son soûl. | *Hasta hartarse*, jusqu'à plus soif, jusqu'à satiété.

hartazgo m. Indigestion, *f.*, rassasiement (acción de hartar). ‖ — *Darse un hartazgo*, se rassasier (saciarse), avoir une indigestion (estar harto). ‖

FIG. y FAM. *Nos dimos un hartazgo de música anoche,* hier nous avons passé toute la soirée à écouter de la musique.

harto, ta adj. ● Rassasié, e ; repu, e (de comer). ‖ FIG. Fatigué, e ; las, lasse (cansado). ‖ — FIG. y FAM. *Estar harto de,* en avoir assez, en avoir soupé (fam.), en avoir marre (pop.) : *estoy harto de oir tus quejas,* j'en ai assez de t'entendre te plaindre ; être dégoûté o en avoir assez : *está harto de la vida,* il est dégoûté de la vie ; être gavé, e : *estar harto de lecturas,* être gavé de lectures. ‖ *Harto de lidiar,* de guerre lasse.
— Adv. Assez (bastante), trop (demasiado) : *harto ha dicho,* il a assez dit.
— SINÓN. ● *Ahíto,* repu. *Saciado,* rassasié. *Saturado,* saturé. *Satisfecho,* satisfait.

hartón m. FAM. Indigestion, *f.* (hartazgo). ‖ *Amer.* Glouton (glotón).

hartura f. Rassasiement, *m.* ‖ Abondance. ‖ FIG. Satisfaction (de un deseo). | Indigestion : *tengo una hartura de cine,* j'ai une indigestion de cinéma.

hasta prep. Jusque : *hasta allí,* jusque-là ; *hasta aquí,* jusqu'ici. ‖ Jusqu'à, à : *desde París hasta Madrid,* de Paris à Madrid, depuis Paris jusqu'à Madrid. ‖ Avant : *no habrá acabado hasta mañana,* il n'aura pas fini avant demain ; *no se levantó hasta terminar su lectura,* il ne se leva pas avant d'avoir terminé sa lecture. ‖ — *Hasta ahora* ou *hasta la fecha,* jusqu'à maintenant, jusqu'à présent. ‖ *¡Hasta ahora!,* à tout de suite !, à tout à l'heure ! ‖ *¿Hasta cuándo?,* jusqu'à quand?, jusques à quand? ‖ *¿Hasta dónde?,* jusqu'où ? ‖ *Hasta el punto que,* à un tel point que. ‖ *Hasta entonces,* jusqu'alors. ‖ *Hasta la vista, hasta otra,* au revoir. ‖ *Hasta luego, hasta después, hasta pronto,* à tout à l'heure, à tout de suite, à bientôt. ‖ *Hasta mañana,* à demain. ‖ *Hasta más no poder,* on ne peut plus : *es malo hasta más no poder,* il est on ne peut plus méchant ; jusqu'à n'en plus pouvoir : *ha trabajado hasta más no poder,* il a travaillé jusqu'à n'en plus pouvoir. ‖ *Hasta que,* jusqu'à ce que. ‖ *Hasta tal punto que,* à tel point que. ‖ *Hasta tanto que,* tant que. ‖ *Hasta más ver,* au revoir.
— Conj. Même (incluso) : *los mayores y hasta los niños saben esto,* les adultes et même les enfants savent cela. ‖ Jusqu'à, même : *hasta dice que,* il va jusqu'à dire que ; *hasta se burla de nosotros,* il va jusqu'à se moquer de nous.

hastiado, da adj. Dégoûté, e ; écœuré, e.

hastial m. Pignon. ‖ FIG. Rustre (grosero). ‖ MIN. Paroi (*f.*) latérale d'une mine.
— OBSERV. Le *h* initial de *hastial,* dans sa deuxième acception, est aspiré.

hastiar v. tr. Dégoûter, écœurer (asquear). ‖ Ennuyer, assommer (fastidiar).

hastío m. Dégoût (asco). ‖ Ennui, lassitude, *f.* (tedio). ‖ — *Causar hastío,* dégoûter. ‖ *Sentir hastío de un trabajo,* en avoir assez o être dégoûté d'un travail.

hatajar v. tr. Diviser en troupeaux.

hatajo m. Petit troupeau. ‖ FIG. y FAM. Tas : *un hatajo de disparates,* un tas de bêtises.

hatear v. intr. Faire son balluchon. ‖ Donner leurs provisions aux bergers (dar la hatería).

hatería f. Provisions (*pl.*) des bergers (víveres). ‖ Équipement (*m.*) des bergers (ropa).

hatero, ra adj. Se dit de l'homme, de l'âne o du cheval qui porte les provisions des bergers.

hatijo m. Chapeau d'une ruche.

hatillo m. Petit troupeau (rebaño). ‖ Balluchon, baluchon (paquetito). ‖ FAM. *Tomar* ou *coger su hatillo,* faire son balluchon, plier bagage.

hato m. Troupeau (rebaño). ‖ Provisions (*f. pl.*) des bergers (hatería). ‖ FIG. Bande, *f.,* tas, ramassis : *hato de pícaros,* bande de voyous. ‖ *Amer.* Ferme (*f.*) d'élevage (hacienda). ‖ Balluchon, baluchon (ropa y efectos de una persona). ‖ — FAM. *Andar con el hato a cuestas,* rouler sa bosse. | *Liar uno el hato,* faire son balluchon, plier bagage.

haute m. BLAS. Écu armorié.

haxix m. Hachisch, haschich.

haya f. BOT. Hêtre, *m.*

Haya (La) n. pr. GEOGR. La Haye.

hayaca f. *Amer.* Gâteau (*m.*) de maïs, espèce de vol-au-vent, *m.*

hayal o **hayedo** m. Hêtraie, *f.*

hayo m. BOT. Coca, *f.,* chique (*f.*) de coca que mâchent les Indiens de Colombie.

hayucal m. Hêtraie, *f.*

hayuco m. Faine, *f.* (fruto del haya).

haz m. Faisceau (de cosas). ‖ FÍS. Faisceau (de rayos luminosos). ‖ Gerbe, *f.* (de cereales, de flores). ‖ Fagot (de leña). ‖ Botte, *f.* (gavilla). Liasse, *f.* (fajo). ‖ — Pl. Faisceaux (de los lictores). ‖ — F. Face, visage, *m.,* figure (rostro). ‖ Face (lado opuesto al envés). ‖ Surface, face : *la* ou *el haz de la Tierra,* la surface de la Terre. ‖ Surface : *el haz del agua,* la surface de l'eau. ‖ FIG. *Ser de dos haces,* ne pas être franc.

haza f. Champ, *m.,* pièce o lopin (*m.*) de terre de labour.

hazaña f. Exploit, *m.,* prouesse, haut fait, *m.* ‖ *Las hazañas de Hércules,* les travaux d'Hercule.
— SINÓN. *Proeza,* prouesse. *Heroicidad,* héroïcité. *Gesta,* geste. *Record,* marca, plusmarca, record.

hazañería f. Simagrée : *hacer hazañerías,* faire des simagrées.

hazañero, ra adj. Comédien, enne ; qui fait des simagrées.

hazañoso, sa adj. Vaillant, e ; courageux, euse.

hazmerreír m. Risée, *f.* : *ser el hazmerreír del pueblo,* être la risée du village.

he interj. Hé !

he adv. dem. S'emploie avec les adv. *aquí* ou *allí* et avec les pron. *me, te, le, la, lo,* etc. : *he aquí,* voici ; *he allí,* voilà ; *heme aquí,* me voici ; *hete aquí,* te voici ; *hele aquí,* le voici.

hebdómada f. Semaine. ‖ Sept années (siete años).

hebdomadario, ria adj. Hebdomadaire.
— M. y f. Hebdomadier, ère (sacerdote).
— OBSERV. Un *hebdomadaire,* publication qui paraît chaque semaine, se dit *semanario.*

hebefrenia f. MED. Hébéphrénie.

hebén adj. Se dit d'une sorte de gros raisin blanc (uva).

hebijón m. Ardillon (de una hebilla).

hebilla f. Boucle : *hebilla de cinturón,* boucle de ceinture.

hebillaje f. Ensemble (*m.*) de boucles.

hebillero, ra m. y f. Fabricant, fabricante o marchand, marchande de boucles.

hebra f. Brin, *m.* (de hilo). ‖ Fil, *m.* (de verduras). ‖ Fibre, filandre (de carne). ‖ Filament, *m.* (filamento). ‖ FIG. Fil, *m.* (del discurso). ‖ MIN. Veine, filon, *m.* ‖ — Pl. POÉT. Cheveux, *m.* ‖ — *Amer. De una hebra,* d'une haleine, d'une traite. ‖ — FIG. *Cortar la hebra de la vida,* couper le fil de la vie. ‖ FAM. *Pegar la hebra,* discuter le coup, tailler une bavette.

hebraico, ca adj. Hébraïque.

hebraísmo m. Hébraïsme.

hebraísta adj. y s. Hébraïste, hébraïsant, e (que cultiva el hebreo).

hebraizante adj. y s. Hébraïsant, e.

hebraizar v. intr. Hébraïser.

hebreo, a adj. y s. m. Hébreu. ‖ FIG. y FAM. Juif, juive (usurero).
— OBSERV. *Hébreu* como adjetivo tiene por femenino *hébraïque* y como sustantivo femenino *Juive* o *Israélite.*

Hébridas n. pr. f. pl. GEOGR. Hébrides.

hebroso, sa o **hebrudo, da** adj. Fibreux, euse.
hecatombe f. Hécatombe. || Fig. Hécatombe.
heces f. pl. Fèces (excrementos).
hectárea f. Hectare, *m.* (medida).
héctico, ca adj. Med. Hectique.
hectogramo m. Hectogramme.
hectolitro m. Hectolitre.
hectométrico, ca adj. Hectométrique.
hectómetro m. Hectomètre.
hectopieza f. Fís. Hectopièze.
Héctor n. pr. m. Hector.
hectóreo, a adj. Poét. D'Hector [personnage homérique].
hectovatio m. Electr. Hectowatt.
hecha f. (Ant.). Fait, *m.*, action (hecho). | Date (fecha). || *De esta hecha*, dès lors, cette fois-ci.
hechiceresco, ca adj. De la sorcellerie, magique.
hechicería f. Sorcellerie. || Fig. Ensorcellement, *m.*, envoûtement, *m.*, charme, *m.* (seducción).
hechicero, ra adj. y s. Sorcier, ère (brujo). || Fig. Ensorceleur, euse; ensorcelant, e; envoûtant, e : *mujer, mirada hechicera*, femme ensorceleuse, regard envoûtant.
hechizar v. tr. Ensorceler, jeter un sort o un charme sur. || Fig. Ensorceler, envoûter, charmer.
hechizo, za adj. Artificiel, elle; feint, e (fingido). — M. Sortilège (sortilegio). || Ensorcellement, envoûtement, charme (encanto). || Fig. Ensorceleur (persona que hechiza).
hecho, cha p. p. de *hacer*. Fait, e : *hemos hecho*, nous avons fait. || — *Dicho y hecho*, sitôt dit sitôt fait. || Fig. *Está hecho un demonio, un tigre*, etc., c'est un vrai démon, un vrai tigre, etc. || *Estar hecho*, être devenu (haberse vuelto).
— Adj. Fait, e : *hombre, vino hecho*, homme, vin fait. || — *Bien hecho, mal hecho*, bien fait, mal fait : *un cuerpo bien hecho*, un corps bien fait. || *Frase hecha*, phrase toute faite. || *Hecho a la medida*, fait sur mesure. || *Hecho y derecho*, accompli, parfait : *un hombre hecho y derecho*, un homme accompli. || *Ropa hecha*, vêtement de confection.
— M. Fait : *hecho de armas*, fait d'armes. || Événement (suceso). || — *Hecho consumado*, fait accompli. || Relig. *Hechos de los Apóstoles*, Actes des Apôtres. || *Hechos y milagros*, faits et gestes. || *Vías de hecho*, voies de fait. || — *A hecho*, sans arrêt. || *De hecho*, en fait. || *Por el hecho de que*, par le fait que, du fait que. || — *Del dicho al hecho hay mucho* ou *un gran trecho*, faire et dire sont deux, promettre et tenir sont deux. || *Es un hecho que*, le fait est que. || *No hay que tomar las palabras por hechos*, il ne faut pas prendre ce qu'on dit pour de l'argent comptant.
hechor, ra m. y f. Amer. Malfaiteur, trice (malhechor). | — M. Âne étalon (garañón).
hechura f. Façon (acción, forma, etc.) : *pagar al sastre por la hechura de un traje*, payer au tailleur la façon d'un costume. || Créature (criatura) : *somos hechuras de Dios*, nous sommes les créatures de Dieu. || Fig. Œuvre, ouvrage, *m.* (obra). | Créature (el que todo lo debe a otro). || Fig. *Entre sastres no se pagan hechuras*, entre collègues on peut se rendre de petits services.
hedentina f. Puanteur, fétidité (hedor). || Endroit (*m.*) fétide (sitio).
heder* v. intr. ● Puer (oler mal). || Fig. Empoisonner (fastidiar).
— Sinón. ● *Apestar*, empester. *Oler mal*, sentir mauvais.
hediente o **hediento, ta** adj. Puant, e; fétide.
hediondamente adv. D'une manière infecte.
hediondez f. Puanteur (hedor).
— Sinón. *Fetidez*, fétidité. *Pestilencia*, pestilence. *Infección*, infection. *Hedor*, puanteur.

hediondo, da adj. Puant, e; infect, e; fétide (pestilente). || Fig. Répugnant, e (repugnante). | Empoisonnant, e (molesto).
— M. Bot. Bois puant (árbol).
hedonismo m. Hédonisme (epicureísmo).
hedonista adj. y s. Filos. Hédoniste.
hedor m. Puanteur, *f.*, fétidité, *f.*
hegelianismo m. Filos. Hégélianisme (doctrina de Hegel).
hegeliano, na adj. y s. Hégélien, enne.
hegemonía f. Hégémonie.
hégira o **héjira** f. Hégire (era mahometana).
helable adj. Congelable.
helada f. Gelée. || *Helada blanca*, gelée blanche, givre.
heladera f. Sorbetière (para hacer helados). | Amer. Réfrigérateur, *m.*
heladería f. Glacier, *m.* (fábrica y establecimiento).
heladero m. Glacier (vendedor de helados).
heladizo, za adj. Qui gèle facilement.
helado, da adj. Glacé, e; gelé, e (por el frío). || Fig. *Quedarse helado*, être abasourdi (ante una noticia).
— M. Glace, *f.* : *un helado de vainilla*, une glace à la vanille.
helador, ra adj. Qui glace.
heladora f. Sorbetière (para hacer helados). || Glacière (nevera).
heladura f. Gélivure (de los árboles).
helamiento m. Congélation, *f.*
helar* v. tr. Geler, glacer : *el frío hiela el agua de los ríos*, le froid gèle l'eau des rivières. || Figer (aceite, grasa). || Frapper (champaña). || Fig. Glacer, transir : *su aspecto me hiela*, son aspect me glace; *helar de espanto*, glacer de peur. || Fig. *Hace un frío que hiela las piedras*, il gèle à pierre fendre.
— V. pr. Geler, se glacer, se congeler (líquidos). || Figer (aceite, grasa). || Geler (plantas). || Fig. Geler, mourir de froid : *en invierno se hiela uno*, en hiver on gèle. || *Se me heló la sangre*, mon sang se glaça dans mes veines.
— V. impers. Geler : *ayer heló*, hier il a gelé.
helechal m. Fougeraie, *f.*
helecho m. Bot. Fougère, *f.* (planta).
Helena n. pr. f. Hélène (princesa griega).
helénico, ca adj. Hellénique (griego).
helenio m. Bot. Aulnée, *f.*, aunée, *f.*, inule, *f.* (énula).
helenismo m. Hellénisme.
helenista adj. y s. Hellénisant, e. || — M. y f. Helléniste.
helenístico, ca adj. Hellénistique.
helenización f. Hellénisation.
helenizar v. tr. Helléniser.
heleno, na adj. y s. Hellène (griego).
helera f. Amer. Réfrigérateur, *m.*
helero m. Glacier (ventisquero).
helgado, da adj. Qui a les dents écartées.
helgadura f. Écartement (*m.*) entre les dents.
heliaco, ca adj. Astr. Héliaque.
heliantemo m. Bot. Hélianthème.
heliantina f. Quím. Hélianthine.
helianto m. Bot. Hélianthe, tournesol (girasol).
hélice f. Hélice. || Anat. Hélix, *m.* (de la oreja). || Zool. Hélice, hélix, *m.* (caracol).
helicicultura f. Héliciculture (cría de los caracoles).
helicoidal adj. Hélicoïdal, e : *engranajes helicoidales*, engrenages hélicoïdaux.
helicoide m. Geom. Hélicoïde, *f.* (superficie).
helicón m. Mús. Hélicon.
Helicón n. pr. m. Geogr. Hélicon.
helicóptero m. Aviac. Hélicoptère. || — *Estación terminal de helicópteros*, héligare. || *Transportado por helicóptero*, héliporté.
helio m. Hélium (gas).

heliocéntrico, ca adj. ASTR. Héliocentrique.
heliocromía f. IMPR. Héliochromie.
Heliogábalo n. pr. m. Héliogabale.
heliograbado m. IMPR. Héliogravure, f.
heliograbador m. IMPR. Héliograveur.
heliografía f. Héliographie.
heliógrafo m. Héliographe.
heliómetro m. Fís. Héliomètre.
helión m. Fís. Hélion.
helioscopio m. Hélioscope.
helioterapia f. MED. Héliothérapie.
heliotropina f. QUÍM. Héliotropine.
heliotropo m. BOT. Héliotrope.
helipuerto m. Héliport.
helix m. ANAT. y ZOOL. Hélix.
helmintiasis f. MED. Helminthiase.
helminto m. ZOOL. Helminthe.
Helvecia n. pr. f. GEOGR. Helvétie (Suiza).
helvecio, cia adj. y s. Helvétien, enne. ‖ — M. pl. Helvètes.
helvético, ca adj. y s. Helvétique.
hemartrosis f. MED. Hémarthrose.
hematemesis f. MED. Hématémèse.
hematíe m. ANAT. Hématie, f. (glóbulo rojo).
hematina f. Hématine.
hematites f. MIN. Hématite.
hematología f. MED. Hématologie.
hematólogo m. MED. Hématologiste, hématologue.
hematoma m. MED. Hématome.
hematopoyesis f. MED. Hématopoïèse.
hematosis f. ANAT. Hématose.
hematozoario m. ZOOL. Hématozoaire.
hematuria f. MED. Hématurie.
hembra f. Femelle : *la hembra del caballo,* la femelle du cheval. ‖ FAM. Fille : *tiene tres hijos, dos hembras y un varón,* il a trois enfants, deux filles et un garçon. ‖ Fille, femme : *una buena hembra,* une belle fille. ‖ TECN. Femelle (de broches, corchetes, enchufes, etc.).
hembraje m. Amer. Ensemble des femelles d'un troupeau.
hembrilla f. Femelle (de ciertas piezas). ‖ Piton, m. (armella).
hembruno, na adj. Relatif aux femelles.
hemeralopia f. MED. Héméralopie.
hemerocala f. BOT. Hémérocalle.
hemeroteca f. Département (m.) des périodiques, hémérothèque (p. us.).
hemiciclo m. Hémicycle.
hemiedro, dra adj. Hémièdre.
hemina f. Hémine (medida griega).
hemíono m. ZOOL. Hémione (mamífero).
hemiplejía f. MED. Hémiplégie.
hemipléjico, ca adj. y s. Hémiplégique.
hemíptero, ra adj. y s. m. ZOOL. Hémiptère.
hemisférico, ca adj. Hémisphérique.
hemisferio m. Hémisphère.
hemistiquio m. Hémistiche (en poesía).
hemitropía f. Fís. Hémitropie.
hemocultivo m. Hémoculture. f.
hemofilia f. MED. Hémophilie.
hemofílico, ca adj. y s. Hémophile.
hemoglobina f. BIOL. Hémoglobine.
hemolisis f. MED. Hémolyse.
hemolítico, ca adj. Hémolytique.
hemopatía f. Hémopathie.
hemoptísico, ca adj. y s. Hémoptysique.
hemoptisis f. MED. Hémoptysie.
hemorragia f. MED. Hémorragie. | Saignement, m. : *hemorragia nasal,* saignement de nez.
hemorrágico, ca adj. Hémorragique.
hemorrea f. MED. Hémorrhée.
hemorroidal adj. MED. Hémorroïdal, e.
hemorroides f. pl. MED. Hémorroïdes (almorranas).
hemostasis f. MED. Hémostase.

hemostático, ca adj. y s. m. MED. Hémostatique : *pinza hemostática,* pince hémostatique.
henaje m. AGRIC. Fenaison, f., foins, pl.
henal m. AGRIC. Fenil, grenier à foin.
Henao n. pr. m. GEOGR. Hainaut.
henar m. Pré à foin (prado). ‖ Fenil, grenier à foin (henal).
henchidura f. Emplissage, m. (llenado). ‖ Gonflage, m. (inflado).
henchimiento m. Gonflement (hinchazón). ‖ Remplissage (relleno). ‖ TECN. Platine, f. (en las pilas de papel).
henchir* v. tr. Emplir, remplir (llenar). ‖ Gonfler (inflar). ‖ *Henchido de orgullo,* bouffi o gonflé d'orgueil.
— V. pr. Se bourrer (de comida).
hendedor, ra adj. Fendeur, euse (que hiende).
hendedura f. V. HENDIDURA.
hender* v. tr. Fendre. ‖ FIG. Fendre (el aire, el agua).
hendible adj. Qui peut être fendu, e.
hendido, da adj. Fourchu, e : *pie hendido,* pied fourchu.
hendidura o hendedura f. ● Fente, crevasse (grieta). ‖ Fêlure (en una vasija).
— SINÓN. ● *Fisura,* fissure. *Raja,* fente. *Grieta,* crevasse. *Cuarteo,* lézarde. *Falla,* faille. *Ranura,* rainure.
hendiente m. Fendant (golpe con la espada).
hendija f. Amer. Fente, crevasse (rendija).
hendimiento m. Fendage (acción de hender).
hendir* v. tr. (P. us.). Fendre (hender).
henequén m. Amer. Henequen, agave (pita).
henificación f. AGRIC. Fenaison (henaje).
henificar v. tr. Faner (hacer heno).
henil m. AGRIC. Fenil (henal).
heno m. Foin (hierba cortada y seca). ‖ — *Segar el heno,* faire les foins. ‖ *Siega del heno,* fenaison.
henrio m. Fís. Henry (unidad).
heñir* v. tr. Pétrir (amasar).
heparina f. Héparine.
hepático, ca adj. y s. MED. Hépatique : *cólico hepático,* colique hépatique. ‖ — F. BOT. Hépatique (flor).
hepatismo m. MED. Hépatisme.
hepatitis f. MED. Hépatite.
hepatización f. MED. Hépatisation.
hepatocele f. MED. Hépatocèle.
hepatología f. MED. Hépatologie.
heptacordo o heptacordio m. MÚS. Heptacorde.
heptaédrico, ca adj. GEOM. Heptaédrique.
heptaedro m. GEOM. Heptaèdre.
heptagonal adj. GEOM. Heptagonal, e.
heptágono, na adj. y s. m. GEOM. Heptagone.
heptamerón m. Heptaméron.
heptámetro m. POÉT. Heptamètre (verso).
heptarquía f. Heptarchie (forma de gobierno).
heptasílabo, ba adj. y s. m. Heptasyllabe.
Heracles n. pr. m. Héraclès, Hêraklês (Hércules).
heraclida adj. y s. Héraclide (descendiente de Hércules).
Heraclio n. pr. m. Héracle.
heráldico, ca adj. Héraldique (relativo al blasón). — M. Héraldiste (heraldista). ‖ — F. Héraldique (ciencia del blasón).
heraldista m. Héraldiste.
heraldo m. Héraut.
herbáceo, a adj. BOT. Herbacé, e.
herbajar v. tr. Mettre à l'herbage, herbager, pacager (el ganado).
— V. intr. Être à l'herbage, paître.
herbaje m. Herbage (conjunto de hierbas). ‖ Droit de pâture (derecho de pasto). ‖ Toile (f.) imperméable (tela).
herbajeo m. AGRIC. Herbagement.
herbajero, ra m. y f. Herbager, ère.
herbar* v. tr. Apprêter, tanner, préparer [les cuirs] avec des herbes (las pieles).

herbario, ria adj. Relatif aux herbes. — M. Herbier (colección de plantas). ‖ Botaniste (botánico). ‖ Zool. Panse (*f.*) des ruminants.

herbazal m. Herbage, pâturage.

herbecer* v. intr. Pousser (la hierba).

herbero m. Panse (*f.*) des ruminants.

Herberto n. pr. m. Herbert.

herbicida adj. y s. m. Herbicide.

herbívoro, ra adj. y s. m. Herbivore.

herbolario m. Herboriste. ‖ Herboristerie, *f.* (tienda).

herborización f. Herborisation.

herborizar v. intr. Herboriser.

herboso, sa adj. Herbeux, euse ; herbu, e.

herciniano, na adj. Geol. Hercynien, enne.

hercio m. Hertz.

hercúleo, a adj. Herculéen, enne.

hércules m. Fam. Hercule (hombre fuerte).

Hércules n. pr. m. Hercule.

heredad f. Propriété, domaine, *m.*, héritage, *m.*

heredado, da adj. Fortuné, e (hacendado).

heredamiento m. (Ant.). Héritage.

heredar v. intr. Hériter, faire un héritage : *heredar a* ou *de un tío*, hériter d'un oncle.
— V. tr. Hériter : *heredar una fortuna*, hériter d'une fortune ; *heredar una casa de su padre*, hériter une maison de son père. ‖ Fig. *Heredar las virtudes de sus padres*, hériter les vertus de ses parents.
— Observ. *Hériter* con un solo complemento suele emplearse con la preposición *de*. Si tiene dos complementos, uno es directo (cosa heredada), otro indirecto (persona).

heredero, ra adj. y s. Héritier, ère. ‖ — *Heredero forzoso*, héritier réservataire. ‖ *Heredero presunto*, héritier présomptif. ‖ *Heredero universal*, légataire universel. ‖ *Instituir heredero* ou *por heredero a uno*, instituer quelqu'un son héritier.

heredípeta m. y f. Captateur, captatrice d'héritage o de legs.

hereditario, ria adj. Héréditaire : *enfermedad hereditaria*, maladie héréditaire.

hereje m. y f. Hérétique.

herejía f. Hérésie. ‖ Fig. Hérésie : *herejía científica*, hérésie scientifique. ‖ Injure, insulte (injuria). ‖ Fam. *Oler a herejía*, sentir le fagot.

herén f. Bot. Ers, *m.*, vesce noire (yero).

herencia f. Hérédité (derecho de heredero). ‖ Héritage, m. (bienes heredados). ‖ Biol. Hérédité. ‖ — Dr. *Adición de la herencia*, addition d'hérédité. ‖ *Herencia yacente*, hérédité jacente, hoirie vacante. ‖ Fam. *Lo trae* ou *lo tiene de herencia*, c'est de famille.

heresiarca m. Hérésiarque.

herético, ca adj. Hérétique.

herida f. ● Blessure. ‖ Plaie (llaga). ‖ Fig. Offense, injure (ofensa). ‖ Blessure (del alma, etc.). ‖ — *Herida contusa*, contusion. ‖ — *Abrir de nuevo una herida*, rouvrir une blessure. ‖ *Acribillado de heridas*, percé de coups. ‖ Fig. *Hurgar en la herida*, retourner le couteau dans la plaie. ‖ *Renovar la herida*, rouvrir la blessure o la plaie. ‖ *Tocar en la herida*, mettre le doigt sur la plaie, toucher au vif (herir en lo vivo).
— Sinón. ● *Llaga*, plaie. *Lesión*, lésion. *Traumatismo*, traumatisme. *Contusión*, contusion. *Corte*, coupure.

herido, da adj. y s. Blessé, e : *herido de gravedad* ou *mal herido*, grièvement blessé ; *herido de muerte*, blessé à mort, mortellement blessé.

heridor, ra adj. Blessant, e (que hiere).

herimiento m. (P. us.). Blessure, *f.* (acción de herir). ‖ Gram. Diphtongue, *f.*

herir* v. tr. ● Blesser : *herir a un contrario en el brazo*, blesser un adversaire au bras. ‖ Frapper (los rayos de sol). ‖ Mús. Jouer, pincer (pulsar, tocar). ‖ Fig. Blesser : *este sonido hiere el oído*,

ce son blesse l'oreille. ‖ Choquer : *esta palabra hiere mi oído*, ce mot choque mon oreille. ‖ Blesser, offenser, froisser, heurter (ofender) : *herir a alguien en su amor propio*, blesser quelqu'un dans son amour-propre, heurter l'amour-propre de quelqu'un. ‖ Trouver (acertar) : *herir la dificultad*, trouver la difficulté. ‖ — *Herir de muerte*, blesser à mort. ‖ *Herir el aire con sus gritos*, déchirer l'air de ses cris. ‖ Fig. *Herir en carne viva*, retourner le couteau dans la plaie (volver a herir), piquer au vif (ofender). ‖ *Herir en lo vivo*, piquer au vif. ‖ *Herir por la espalda*, tirer dans le dos.
— V. pr. Se blesser.
— Sinón. ● *Lesionar*, léser. *Lisiar, baldar, desgraciar,* estropier. *Dañar*, faire du mal. *Descalabrar*, blesser la tête.

herma m. Hermès (busto sin brazos).

hermafrodita adj. y s. Hermaphrodite.

hermafroditismo m. Hermaphrodisme.

hermana f. Sœur : *hermana mayor*, sœur aînée. ‖ Relig. Sœur. ‖ Pop. Liquette (camisa). ‖ — Relig. *Hermana de la Caridad*, sœur de Saint-Vincent-de-Paul, fille de la Charité. ‖ *Hermana política*, belle-sœur.

hermanable adj. Qui peut fraterniser, fraternel, elle. ‖ Qui peut s'assortir à autre chose.

hermanado, da adj. Fig. Assorti, e (aparejado). ‖ Conforme, identique. ‖ Jumelé, e (ciudad).

hermanal adj. Fraternel, elle.

hermanamiento m. Fraternisation, *f.* ‖ Conformité, *f.* (conformidad). ‖ Assortiment (reunión de cosas que van bien juntas). ‖ Jumelage (de ciudades).

hermanar v. tr. Assortir (reunir dos cosas parecidas). ‖ Réunir (unir). ‖ Unir par les liens de la fraternité, rendre frères (personas). ‖ Jumeler : *han hermanado a Manila con Burdeos*, on a jumelé Manille et Bordeaux. ‖ Accorder (ideas).
— V. pr. S'assortir (dos a varias cosas). ‖ Fraterniser (dos o varias personas).

hermanastro, tra m. y f. Demi-frère, demi-sœur.

hermandad f. Fraternité. ‖ Confrérie (cofradía). ‖ Amicale, association (asociación). ‖ Fig. Assortiment, *m.*, ressemblance (semejanza). ‖ — *Convenio de hermandad*, jumelage (de ciudades). ‖ *Hermandad de ganaderos*, association d'éleveurs. ‖ *Santa Hermandad*, Sainte-Hermandad [milice formée en Espagne vers le xvie siècle pour veiller à la sécurité publique].

hermano m. Frère : *hermano mayor*, frère aîné ; *hermano segundo*, frère cadet. ‖ Relig. Frère : *hermano lego*, frère lai. ‖ — *Hermano bastardo*, frère bâtard. ‖ *Hermano carnal*, frère germain, frère de père et de mère. ‖ Relig. *Hermano coadjutor*, frère coadjuteur. ‖ *Hermano de leche*, frère de lait. ‖ *Hermano del trabajo*, portefaix (ganapán). ‖ *Hermano de madre* ou *uterino*, frère utérin. ‖ *Hermano de padre*, frère consanguin. ‖ Relig. *Hermano mayor*, frère majeur. ‖ *Hermano político*, beau-frère (cuñado). ‖ *Hermanos siameses*, frères siamois. ‖ *Medio hermano*, demi-frère.

hermanuco m. Frère lai.

Hermenegildo n. pr. m. Herménégilde.

hermenéutico, ca adj. y s. f. Herméneutique (de textos).

Hermes n. pr. m. Hermès (Mercurio).

hermeticidad f. Herméticité, *f.* ‖ Étanchéité, *f.* (estanquidad).

hermético, ca adj. ● Hermétique, étanche. ‖ Fig. Hermétique (impenetrable). ‖ Tecn. *Segmento de cierre hermético*, segment d'étanchéité.
— Sinón. ● *Cerrado*, fermé, clos. *Impenetrable*, impénétrable.

hermetismo m. Hermétisme.

Herminia n. pr. f. Herminie.

Hermógenes n. pr. m. Hermogène.

hermosamente adv. Avec beauté. ‖ FIG. Admirablement, parfaitement.

hermoseador, ra adj. Qui embellit.

hermoseamiento m. Embellissement.

hermosear v. tr. Embellir.

hermoso, sa adj. Beau, belle : *una mujer hermosa*, une belle femme. ‖ — *¡Hermoso día!*, belle journée ! ‖ *Más hermoso que el Sol*, beau comme le jour.

— OBSERV. El adjetivo masculino *beau* hace *bel* delante de una vocal (*un niño hermoso*, un bel enfant) o delante de una *h* no aspirada (*un hombre hermoso*, un bel homme).

hermosura f. Beauté : *la hermosura del paisaje*, la beauté du paysage. ‖ — *Este coche es una hermosura*, cette voiture est une merveille *o* est de toute beauté. ‖ *¡Qué hermosura!*, que c'est beau !

hernia f. MED. Hernie : *hernia estrangulada*, hernie étranglée.

herniado, da adj. y s. MED. Hernieux, euse (persona). ‖ — Adj. Hernié, e : *intestino herniado*, intestin hernié. ‖ FAM. *No se ha herniado*, il ne s'est pas foulé.

herniario, ria adj. MED. Herniaire.

hernioso, sa adj. y s. Hernieux, euse.

hernista m. Chirurgien herniaire.

Herodes n. pr. m. Hérode. ‖ *Andar* ou *ir de Herodes a Pilato*, tomber de Charybde en Scylla.

Herodoto o **Heródoto** n. pr. m. Hérodote.

héroe m. Héros.

heroicidad f. Héroïcité.

heroico, ca adj. Héroïque. ‖ MED. *Medicamento heroico*, remède héroïque.

heroicocómico, ca adj. Héroï-comique.

heroida f. POET. Héroïde (épígrafe en verso).

heroína f. Héroïne : *Juana de Arco es una heroína*, Jeanne d'Arc est une héroïne. ‖ MED. Héroïne (alcaloide).

heroísmo m. Héroïsme.

herpe m. y f. MED. Herpès, *m*.

— OBSERV. S'emploie surtout au pluriel.

herpético, ca adj. MED. Herpétique.

herpetismo m. MED. Herpétisme.

herpetología f. Herpétologie.

herpil m. Sorte de filet [sac].

herrada f. Baquet, *m*. (cubo).

herradero m. Ferrade, *f*. (acción de marcar el ganado).

herrador m. Maréchal-ferrant, ferreur. ‖ *Martillo de herrador*, ferretier.

herradura f. Fer (*m*.) à cheval. ‖ — ARQ. *Arco de herradura*, arc en fer à cheval. ‖ *Camino de herradura*, chemin muletier. ‖ *Mostrar las herraduras*, ruer (dar coces), détaler, prendre ses jambes à son cou (huir).

herraj m. Charbon de noyaux d'olives (erraj).

herraje m. Ferrure, *f*. ‖ *Amer.* Fer à cheval (herradura).

herramental m. Outillage, les outils, *pl.* (herramientas). ‖ Trousse (*f*.) à outils, ferrière, *f*. (p. us.) [bolsa]. ‖ Râtelier (de un carpintero).

herramienta f. Outil, *m*. : *bolsa de herramientas*, trousse à outils. ‖ Outillage, *m*. (conjunto de herramientas). ‖ FIG. y FAM. Cornes, *pl.* (de un toro). ‖ Arme (arma).

herrar* v. tr. Ferrer (una caballería). ‖ Marquer au fer (los prisioneros, el ganado). ‖ Ferrer (un bastón). ‖ *Agua herrada*, eau ferrée.

herrería f. Forge (taller). ‖ FIG. Tapage, *m*., vacarme, *m*. (ruido).

herrerillo m. ZOOL. Sittelle, *f*.

herrero m. Forgeron. ‖ *Amer.* Maréchal-ferrant. ‖ FAM. *En casa del herrero cuchillo de palo*, les cordonniers sont toujours les plus mal chaussés.

herreruelo m. ZOOL. Mésange (*f*.) noir et blanc. ‖ Cape (*f*.) courte sans capuche (abrigo antiguo). ‖ Soldat d'un ancien corps de cavalerie allemand (soldado).

herrete m. Ferret (cordones, cintas, etc.).

herretear v. tr. Ferrer, garnir de ferrets (poner herretes). ‖ (Ant.). Marquer au fer.

herrín m. Rouille, *f*. (herrumbre).

herrón m. Sorte de palet (antiguo juego). ‖ Frette, *f*. (arandela). ‖ AGRIC. Sorte de plantoir *o* de barre à mine [pour creuser les trous de plantation].

herronada f. Coup (*m*.) de plantoir.

herrumbrar v. tr. Rouiller (aherrumbrar).

herrumbre f. Rouille (orín). ‖ Goût (*m*.) de fer (sabor a hierro). ‖ BOT. Rouille (roya).

herrumbroso, sa adj. Rouillé, e.

hertz o **hertzio** m. FÍS. Hertz.

hertziano, na adj. FÍS. Hertzien, enne : *onda hertziana*, onde hertzienne.

hervezón f. *Amer.* Bouillonnement, *m*. (hervidero).

hervidero m. Bouillonnement (líquido). ‖ FIG. Source (*f*.) bouillonnante (manantial). | Grouillement, fourmilière, *f*. (de gente). ‖ Foyer : *un hervidero de odios*, un foyer de haines.

hervido m. *Amer.* Pot-au-feu, bouilli.

hervidor m. Bouilloire, *f*. (para hervir líquidos). ‖ TECN. Bouilleur (de caldera).

herviente adj. Bouillant, e (hirviente).

hervir* v. tr. e intr. Bouillir : *el agua hierve a 100°*, l'eau bout à 100°. ‖ Bouillonner (borbotear). | Bouillonner (el mar). ‖ FIG. Bouillonner, bouillir : *la sangre le hervía en las venas*, son sang bouillait dans ses veines. | Grouiller, fourmiller : *la plaza hierve de gente*, la place grouille de monde. ‖ — FIG. *Hervir en*, abonder en, foisonner en, être rempli de. | *Hervir en cólera*, bouillir de colère. | *Hervir en deseos*, mourir d'envie.

hervor m. Ébullition, *f*. (acción de hervir). ‖ Bouillonnement (burbujeo). ‖ FIG. Ardeur, *f*., vivacité, *f*., fougue, *f*. (fogosidad). ‖ — *Alzar* ou *levantar el hervor*, commencer à bouillir. | *Dar un hervor al agua*, porter l'eau à ébullition. ‖ MED. *Hervor de la sangre*, éruption cutanée passagère.

hervoroso, sa adj. Bouillant, e ; fougueux, euse.

hesitación f. (P. us.). Hésitation (duda).

hesitar v. intr. (P. us.). Hésiter (dudar).

Hespérides n. pr. f. pl. MIT. Hespérides.

hetaira o **hetera** f. Hétaïre (cortesana).

heteróclito, ta adj. Hétéroclite (irregular).

heterodino, na adj. y s. m. ELECTR. Hétérodyne.

heterodoxia f. Hétérodoxie.

heterodoxo, xa adj. y s. Hétérodoxe (herético).

heterogamia f. BIOL. Hétérogamie.

heterogeneidad f. Hétérogénéité.

heterogéneo, a adj. Hétérogène.

heterogenia f. Hétérogénie.

heteromorfo, fa adj. Hétéromorphe.

heteronomía f. Hétéronomie.

heterónomo, ma adj. Hétéronome.

hético, ca adj. MED. Phtisique (tísico). ‖ FIG. Étique, maigre (muy delgado).

hetiquez f. MED. Phtisie.

hetmán m. Hetman.

heurístico, ca adj. Heuristique.

hevea f. BOT. Hévéa.

hexacordo m. MÚS. Hexacorde.

hexaédrico, ca adj. GEOM. Hexaédrique.

hexaedro m. GEOM. Hexaèdre.

hexagonal adj. GEOM. Hexagonal, e.

hexágono m. GEOM. Hexagone.

hexámetro adj. m. y s. m. Hexamètre (verso).

hez f. Lie. ‖ — Pl. Selles (excrementos). ‖ — *Apurar el cáliz hasta las heces*, boire le calice jusqu'à la lie. ‖ *Heces fecales*, matières fécales, fèces.

hi m. y f. Fils (hijo).
— Observ. Ne s'emploie que dans la composition du mot *hidalgo* et de ses dérivés et dans certaines expressions injurieuses telles que *hi de perro*, fils de chien.

híades f. pl. Astr. Hyades (constelación).

hialino, na adj. Min. Hyalin, e (transparente).

hialoideo, a adj. Hyaloïde.

hiante adj. Qui contient un hiatus (verso).

hiato m. Gram. Hiatus.

hibernación f. Hibernation.

hibernal adj. Hivernal, e (relativo al invierno). || Hibernal, e (que tiene lugar durante el invierno) : *sueño hibernal*, sommeil hibernal.

hibernante adj. Hibernant, e.

hibernar v. intr. Hiberner.

hibernizo, za adj. Hivernal, e (hibernal).

hibridación f. Hybridation. || *Proceder a una hibridación*, hybrider.

hibridismo m. o **hibridez** f. Hybridité, *f.*, hybridisme, *m.*

híbrido, da adj. y s. m. Hybride. || Fig. Hybride.

hibuero m. Bot. Bignone, *f.*, calebassier (güira).

hicadura f. *Amer.* Araignée [d'un hamac].

hico m. *Amer.* Corde (*f.*) de l'araignée d'un hamac.

hicotea f. *Amer.* Tortue d'eau douce.

hidalgamente adv. Noblement, généreusement.

hidalgo m. Hidalgo, gentilhomme [noble espagnol]. || — *Hidalgo de aldea*, hobereau. || *Hidalgo de bragueta*, gentilhomme titré pour avoir eu consécutivement sept garçons. || *Hidalgo de cuatro costados*, noble de quatre lignes. || *Hidalgo de ejecutoria*, noble qui possède des parchemins authentiques. || *Hidalgo de gotera*, petit gentilhomme, nobliau, noblaillon. || *Hidalgo de privilegio*, personne anoblie par l'achat de lettres de noblesse, noble de finance.
— Adj. Noble. || Fig. Noble, généreux, euse.
— Observ. Au pluriel, le substantif *hidalgo* fait *hijos-dalgo*, et l'adjectif fait *hidalgos*.

hidalgote m. Fam. Hidalgo, *m.*

hidalguejo o **hidalgüelo** o **hidalguete** m. Hobereau, nobliau, noblaillon (noble pobre).

hidalguez o **hidalguía** f. Noblesse, qualité d'hidalgo. || Fig. Générosité, grandeur d'âme.

hidartrosis f. Med. Hydarthrose.

hidátide f. Med. Hydatide.

hidatídico, ca adj. Hydatique.

hidno m. Hydne (hongo).

hidra f. Mitol. y Zool. Hydre. || Fig. Hydre.

hidrácido m. Quím. Hydracide.

hidracina f. Quím. Hydrazine.

hidrargírico, ca adj. Hydrargyrique.

hidrargirismo m. Med. Hydrargyrisme.

hidrargiro m. Quím. Hydrargyre (mercurio).

hidratable adj. Hydratable.

hidratación f. Quím. Hydratation.

hidratante adj. Hydratant, e.

hidratar v. tr. Quím. Hydrater.

hidrato m. Quím. Hydrate : *hidrato de carbono*, hydrate de carbone.

hidráulico, ca adj. Hydraulique : *prensa hidráulica*, presse hydraulique.
— F. Hydraulique (ciencia).

hidremia f. Med. Hydrémie.

hídrico, ca adj. Hydrique.

hidroavión m. Hydravion. || *Base para hidroaviones*, hydrobase.

hidrocarbonato m. Quím. Hydrocarbonate.

hidrocarburo m. Quím. Hydrocarbure.

hidrocefalia f. Med. Hydrocéphalie.

hidrocéfalo, la adj. y s. Med. Hydrocéphale.

hidrocele f. Med. Hydrocèle.

hidrodinámico, ca adj. y s. f. Fís. Hydrodynamique.

hidroeléctrico, ca adj. Electr. Hydro-électrique.

hidrófilo, la adj. y s. m. Hydrophile : *algodón hidrófilo*, coton hydrophile.

hidrofobia f. Med. Hydrophobie.

hidrófobo, ba adj. y s. Med. Hydrophobe.

hidrófugo, ga adj. Hydrofuge.

hidrogel m. Quím. Hydrogel.

hidrogenación f. Hydrogénation.

hidrogenado, da adj. Hydrogéné, e.

hidrogenar v. tr. Hydrogéner.

hidrógeno m. Hydrogène : *hidrógeno pesado*, hydrogène lourd.

hidrografía f. Hydrographie.

hidrográfico, ca adj. Hydrographique.

hidrógrafo adj. m. y s. m. Hydrographe.

hidrolato m. Hydrolat.

hidrólisis f. Quím. Hydrolyse.

hidrolizar v. tr. Quím. Hydrolyser.

hidrología f. Hydrologie.

hidrológico, ca adj. Hydrologique.

hidrólogo adj. y s. m. Hydrologue, hydrologiste.

hidromecánico, ca adj. Hydromécanique.

hidromel m. Hydromel (aguamiel).

hidrometría f. Hydrométrie.

hidrométrico, ca adj. Hydrométrique.

hidrómetro m. Hydromètre, *f.*

hidroneumático, ca adj. Hydropneumatique.

hidropedal m. Pédalo.

hidropesía f. Med. Hydropisie.

hidrópico, ca adj. y s. Med. Hydropique.

hidroplano m. Mar. Hydroglisseur.

hidroquinona f. Quím. Hydroquinone.

hidroscopia f. Hydroscopie (arte de descubrir las fuentes).

hidrosfera f. Geol. Hydrosphère.

hidrosilicato m. Quím. Hydrosilicate.

hidrosoluble adj. Hydrosoluble.

hidrostático, ca adj. y s. f. Fís. Hydrostatique.

hidroterapia f. Med. Hydrothérapie.

hidroterápico, ca adj. Hydrothérapique.

hidrotimetría f. Hydrotimétrie.

hidrotórax m. Med. Hydrothorax.

hidróxido m. Quím. Hydroxyde.

hidroxilo m. Quím. Hydroxyle, oxhydryle.

hidrozoarios m. pl. Hydrozoaires.

hidruro m. Quím. Hydrure.

hiedra f. Bot. Lierre, *m.*

hiel f. Fiel. || Fig. Fiel, *m.*, amertume (amargura). || — Pl. Peines, chagrins, *m.*, afflictions. || — Fig. y Fam. *Echar ou sudar una la hiel*, se tuer au travail, suer sang et eau. | *No hay miel sin hiel*, il n'y a pas de roses sans épines.

hielera f. *Amer.* Glacière.

hielo m. Glace, *f.* || Verglas (en las carreteras). || Fig. Froideur, *f.* (frialdad). || — *Hielo en barras*, pains de glace. || — *Estar cubierto de hielo*, être verglacé (el camino). || Fig. y Fam. *Estar hecho un hielo*, être glacé *o* frigorifié. | *Romper el hielo*, rompre la glace. | *Ser más frío que el hielo* ou *como un pedazo de hielo*, être comme un glaçon *o* froid comme marbre.

hiemal adj. Hiémal, e (del invierno).

hiena f. Zool. Hyène. || Fig. Hyène (persona feroz).

hienda f. Fumier, *m.* (estiércol).

hierático, ca adj. Hiératique.

hieratismo m. Hiératisme.

hierba f. Herbe. || Paille (defecto en la esmeralda). || — Pl. Poison, *m. sing.* [d'herbes vénéneuses]. || Ans, *m.* (de los animales) : *este toro tiene tres hierbas*, ce taureau a trois ans. || — Bot. *Hierba buena*, menthe (hierbabuena). | *Hierba callera*, herbe aux cors, joubarbe. | *Hierba cana*, séneçon. | *Hierba carmín*, herbe de la laque, raisin d'Amérique. | *Hierba de cuajo*, caille-lait. | *Hierba del ala*, aunée, inule. | *Hierba de las golondrinas*, chélidoine. | *Hierba del maná*, herbe à la manne. | *Hierba de los lazarosos*, herbe aux ladres. | *Hierba de los pordioseros*, herbe aux gueux. |

Hierba del Paraguay, herbe du Paraguay, maté. |
Hierba de San Juan, herbe de la Saint-Jean. |
Hierba de Santa Catalina, noli-me-tangere, balsa-
mine. | *Hierba de Santa María,* herbe de Sainte-
Marie. | *Hierba doncella,* pervenche. | *Hierba
estrella,* herbe de l'étoile. | *Hierba fina,* agrostide.
| *Hierba jabonera,* herbe à foulon. | *Hierba lom-
briguera,* herbe aux vers. | *Hierba marina,* herbe
marine. | *Hierba medicinal,* herbe médicinale. |
Hierba mora, morelle. | *Hierba piojera,* herbe aux
poux, staphisaigre. | *Hierba pulguera,* herbe aux
puces. | *Hierba sagrada,* verveine. | *Hierba sarra-
cena,* herbe sarrasine. | *Hierba tora,* orobanche. ‖
Pañuelo de hierba, mouchoir à carreaux. ‖ — *En
hierba,* en herbe (en cierne) : *comer su trigo
en hierba,* manger son blé en herbe. ‖ CULIN.
Finas hierbas, fines herbes. ‖ *Hockey sobre hierba,*
hockey sur gazon. ‖ FIG. y FAM. *La mala hierba
crece mucho,* mauvaise herbe croît toujours. |
Mala hierba, mauvaise graine. | *Y otras hierbas,*
et j'en passe.

hierbabuena f. BOT. Menthe.

hierbajo m. Mauvaise herbe, *f.*

hierbal m. *Amer.* Herbage.

hierbatero m. *Amer.* Marchand de fourrage.

hierbecilla f. FAM. Herbette.

hierofanta o **hierofante** m. Hiérophante.

hieroglífico, ca adj. Hiéroglyphique.
— M. Hiéroglyphe.

hierra f. *Amer.* Ferrade (herradero).

hierro m. Fer (metal) : *hierro forjado, candente,*
fer forgé, rouge. | Marque, *f.* (marca). | Fer (de
una lanza, etc.). | FIG. y POÉT. Fer (arma). ‖
— Pl. Fers (grillos, esposas, etc.). ‖ — *Hierro
albo,* fer rouge. ‖ *Hierro arquero, cellar ou cuchillero,* fer plat. ‖ *Hierro carretil ou de llantas,* fer
méplat. ‖ *Hierro colado ou fundido,* fonte. ‖
Hierro comercial, fer marchand. ‖ *Hierro cuadradillo ou cuadrado,* fer carré de petite forge. ‖
Hierro de doble T, fer à double T. ‖ *Hierro dulce,*
fer doux. ‖ *Hierro medio tocho ou tochuelo,* fer
carré moyen. ‖ *Hierro palanquilla,* petit fer carré.
‖ *Hierro redondo,* fer rond. ‖ *Hierro tocho,* fer
carré. ‖ — *A hierro y fuego,* à feu et à sang. ‖
De hierro, de fer : *voluntad de hierro,* volonté de
fer. ‖ — FIG. y FAM. *Al hierro candente batir de
repente,* il faut battre le fer pendant qu'il est
chaud *o* quand il est chaud. | *Comer ou mascar
hierro,* faire la cour à une jeune fille andalouse
devant la grille de sa fenêtre. | *Machacar en
hierro frío,* donner des coups d'épée dans l'eau,
aboyer à la lune. | *Quien a hierro mata a hierro
muere,* qui tue par l'épée périra par l'épée.

higa f. Amulette [en forme de poing]. ‖ FIG. Mo-
querie, raillerie (burla). | Mépris, *m.* (desprecio).
‖ — (Ant.). FIG. *Dar una higa, dar higas, hacer
la higa,* faire la figue. | *No dar dos higas por
una cosa,* ne vouloir pour rien au monde d'une
chose, ne pas donner deux sous d'une chose. |
No me importa una higa, je m'en moque comme
de l'an quarante.

higadilla f. o **higadillo** m. Foie, *m.* [des petits
animaux, des oiseaux]. ‖ — FIG. y FAM. *Comerse
los higadillos,* se manger le nez (reñir). | *Echar
los higadillos,* se tuer au travail. | *Sacar hasta los
higadillos,* sucer jusqu'à la moelle.

hígado m. ANAT. Foie. ‖ — Pl. FIG. Courage, *sing.*
(valentía) : *¡qué hígados tiene!,* quel courage il
a! ‖ — FIG. y FAM. *Echar los hígados,* se tuer
au travail. | *Hay que tener muchos hígados para
trabajar con él,* il faut être courageux *o* avoir du
cran *o* de l'estomac pour travailler avec lui.

higiene f. Hygiène.
— SINÓN. *Aseo, limpieza,* propreté. *Salubridad,* salubrité.

higiénico, ca adj. Hygiénique.

higienista m. Hygiéniste.

Higinio n. pr. m. Hygin.

higo m. BOT. Figue, *f.* : *un higo paso,* une figue
sèche. ‖ — BOT. *Higo boñigar,* figue blanche. |
Higo chumbo ou *de tuna* ou *de pala,* figue de Bar-
barie, figue d'Inde. | *Higo doñegal,* figue à chair
très rouge. ‖ — FIG. y FAM. *De higos a brevas,* tous
les trente-six du mois. | *Más seco que un higo,* sec
comme un coup de trique. | *No dársele a uno un
higo de algo,* se moquer de quelque chose comme
de l'an quarante. | *No valer una cosa un higo,*
ne pas valoir tripette.

higroma m. MED. Hygroma.

higrometría f. Hygrométrie.

higrométrico, ca adj. Hygrométrique.

higrómetro m. Hygromètre.

higroscopia f. Hygroscopie.

higroscópico, ca adj. Hygroscopique.

higroscopio m. Hygroscope.

higuana f. Iguane (iguana).

higuera f. BOT. Figuier, *m.* ‖ — BOT. *Higuera
chumba* ou *de Indias* ou *de pala* ou *de tuna,*
figuier de Barbarie *o* d'Inde *o* nopal. | *Higuera
de Egipto,* caprifiguier (cabrahigo). | *Higuera del
infierno* ou *infernal,* figuier infernal, ricin. |
Higuera religiosa, figuier religieux *o* des pagodes.
‖ FAM. *Estar en la higuera,* être dans la lune.

higuereta o **higuerilla** f. Ricin, *m.,* figuier (*m.*)
infernal.

higüero m. *Amer.* Bignone, *f.,* calebassier (güira).

higuerón o **higuerote** m. BOT. Figuier d'Amérique.

hija f. Fille : *¡hija mía!,* ma fille! ‖ BOT. Cerisier
(*m.*) du Portugal. ‖ — *Hija política,* belle-fille. ‖
RELIG. *Hija predilecta de la Iglesia,* fille aînée de
l'Église (Francia).

hijadalgo f. Femme noble.

hijastro, tra m. y f. Beau-fils, belle-fille [d'un
premier mariage].

hijo m. Fils : *hijo mayor,* fils aîné ; *hijo menor,*
fils cadet. | Enfant, *m.* : *tiene tres hijos,* il a trois
enfants ; *hijos crecidos,* de grands enfants. ‖ Fils
(nativo) : *los hijos de España,* les fils d'Espagne. ‖
— Pl. Fils, descendants (descendientes). ‖ — *Hijo
adoptivo,* fils adoptif. ‖ *Hijo bastardo* ou *espurio,*
bâtard. ‖ *Hijo de bendición* ou *legítimo,* enfant
légitime. ‖ *Hijo de familia,* fils de famille. ‖ *Hijo
de ganancia* ou *natural,* fils naturel. ‖ *Hijo de la
cuna* ou *de la tierra,* enfant trouvé. ‖ *Hijo de la
piedra,* enfant abandonné. ‖ *Hijo del diablo,* fils
de Satan. ‖ *Hijo de leche,* nourrisson. ‖ *Hijo incestuoso,* enfant incestueux. ‖ *Hijo mío,* mon fils,
mon enfant, mon petit. ‖ *Hijo predilecto,* enfant
préféré *o* chéri (de una familia), enfant chéri (de
una comunidad). ‖ *Hijo pródigo,* fils prodigue. ‖
FAM. *Cualquier* ou *cada hijo de vecino,* n'importe qui, tout un chacun (cualquiera). ‖ *El Hijo
del Hombre* ou *de Dios,* le Fils de l'Homme
o de Dieu. | *Es hijo de su padre,* il est bien le fils
de son père.

hijodalgo m. Hidalgo.
— OBSERV. Pl. *hijosdalgo.*

hijuela f. Bande d'étoffe pour agrandir un vêtement, pièce (añadido). ‖ Annexe (cosa aneja). ‖
Petit matelas, *m.* (colchón). ‖ Rigole, canal (*m.*)
secondaire d'irrigation (acequia). ‖ Chemin (*m.*)
de traverse (camino). ‖ DR. Biens (*m. pl.*) formant
une part d'héritage (bienes). | Acte (*m.*) *o* extrait
(*m.*) de partage (documento). ‖ BOT. Graine de
palmier (semilla). ‖ ECLES. Pale. ‖ *Amer.* Propriété rurale [résultant d'un partage à la suite
d'une succession].

hijuelero m. Facteur rural.

hijuelo m. Rejeton (retoño).

hila f. File (hilera). ‖ Boyau, *m.* (tripa delgada). ‖
Filage, *m.* (acción de hilar). ‖ — Pl. Charpie. ‖

sing. (para curar heridas). ‖ — *A la hila,* l'un derrière l'autre, à la queue leu leu (fam.). ‖ *Hila de agua,* mesure pour les eaux d'irrigation.

hilacha f. o **hilacho** m. Effilure, *f.,* effilochure, *f.,* effiloche, *f.* ‖ — Pl. *Amer.* Haillons, *m.* (andrajos), ‖ *Amer. Mostrar (uno) la hilacha,* montrer le bout de l'oreille.

hilachento, ta adj. *Amer.* En haillons, déguenillé, e (andrajoso).

hilachoso, sa o **hilachudo, da** adj. Effiloché, e.

hilada f. File, rang, *m.,* rangée (hilera). ‖ ARQ. Assise (hilera horizontal de piedras). ‖ CONSTR. Tas (*m.*) de charge.

hiladillo m. Fleuret (hilo de seda). ‖ Fleuret (cinta).

hilado m. Filage (acción de hilar). ‖ Filé (materia textil hilada). ‖ *Fábrica de hilados,* filature.

hilador, ra m. y f. Fileur, euse (que hila). ‖ — M. Filateur.

hilandería f. Filature.

hilandero, ra m. y f. Fileur, euse (persona que hila). ‖ — M. Filateur (que tiene hilandería). ‖ Filature, *f.* (fábrica donde se hila). ‖ — F. Filandière (poético).

hilar v. tr. Filer (hilo). ‖ FIG. Réfléchir, raisonner (discurrir). ‖ Ourdir, tramer : *hilar una intriga,* ourdir une intrigue. ‖ — FIG. y FAM. *Hilar delgado* ou *muy fino,* couper *o* fendre les cheveux en quatre, chercher la petite bête. ‖ *Máquina de hilar,* métier à filer. ‖ *Poco* ou *poquito a poco hila la vieja el copo,* les petits ruisseaux font les grandes rivières, petit à petit l'oiseau fait son nid.

hilaracha f. Effilure, effilochure (hilacha).

hilarante adj. Hilarant, e : *gas hilarante,* gaz hilarant.

hilaridad f. Hilarité : *excitar la hilaridad,* déchaîner l'hilarité.

Hilario n. pr. m. Hilaire.

hilatura f. Filature.

hilaza f. Filé, *m.* (hilado). ‖ Fil (*m.*) grossier (hilo grueso). ‖ Corde (de una tela). ‖ — FIG. y FAM. *Descubrir la hilaza,* montrer le bout de l'oreille. | *Se ve la hilaza,* il montre le bout de l'oreille.

hilera f. File, rangée, rang, *m.,* haie : *una hilera de árboles, de espectadores,* une rangée d'arbres, une haie de spectateurs. ‖ Fil (*m.*) fin. ‖ TECN. Filière, banc (m.) d'étirage. ‖ ARQ. Faîtage, *m.* ‖ MIL. File ‖ *En hilera,* en file, en rang d'oignons.

hilete m. Filet (hilo).

hilo m. Fil : *hilo de coser,* fil à coudre; *hilo de hilvanar,* fil à bâtir. ‖ Fil (tejido) : *sábanas de hilo,* draps de fil. ‖ Fil : *telegrafía sin hilos,* télégraphie sans fil. ‖ Filet : *hilo de voz, de luz, de sangre,* un filet de voix, de lumière, de sang. ‖ FIG. Fil : *el hilo de la vida,* le fil de la vie ; *el hilo de la narración,* le fil du récit ; *cortar el hilo del discurso,* rompre le fil du discours. ‖ — *Al hilo,* en suivant le fil, selon le fil (madera, etc.). ‖ *Coser al hilo,* coudre en droit fil. ‖ FIG. *El hilo siempre se rompe por lo más delgado,* on tombe toujours du côté où l'on penche. | *Estar con el alma en un hilo,* être mort d'inquiétude (inquieto), être plus mort que vif (de miedo). | *Estar cosido con hilo gordo,* être cousu de fil blanc. | *Estar pendiente de un hilo,* ne tenir qu'à un fil. | *Írsele a uno el hilo,* perdre le fil. | *Mover los hilos,* tirer *o* tenir les ficelles. | *Perder, seguir el hilo,* perdre, suivre le fil. | *Por el hilo se saca el ovillo,* de fil en aiguille on arrive à tout savoir.

hilozoísmo m. FILOS. Hylozoïsme.

hilván m. Bâti, faufilure, *f.,* surfilage. ‖ *Amer.* Ourlet (dobladillo).

hilvanado, da adj. Faufilé, e. — M. Surfilage. ‖ Bâti (en costura).

hilvanar v. tr. Bâtir, faufiler. ‖ FIG. Tramer, bâtir (una historia). ‖ FIG. y FAM. Bâcler, faire à la hâte, expédier (hacer muy de prisa).

Himalaya n. pr. m. GEOGR. Himalaya.

himen m. ANAT. Hymen.

himeneo m. Hyménée, hymen. ‖ Épithalame (epitalamio).

himenio m. BOT. Hyménium (de las setas).

himenomicetos m. pl. Hyménomycètes (hongos).

himenóptero, ra adj. y s. m. ZOOL. Hyménoptère.

himnario m. Recueil d'hymnes.

himno m. Hymne : *el himno nacional,* l'hymne national. ‖ Hymne, *f.* (cántico).

himplar v. intr. Rugir (la pantera o la onza).

hin m. Hennissement (del caballo).

hincada f. *Amer.* Fixation (hincadura). | Génuflexion (genuflexión).

hincadura f. Fixation.

hincapié m. Effort que l'on fait en appuyant sur les pieds. ‖ *Hacer hincapié,* tenir bon (mantenerse firme), souligner, mettre l'accent sur (insistir) : *hacer hincapié en la necesidad de,* souligner la nécessité de.

hincar v. tr. Ficher, fixer (fijar), planter (clavar). ‖ Enfoncer (una estaca). ‖ — FIG. *Hincar el diente en,* s'attaquer à (acometer), donner un coup de dent à (maldecir), prendre sa part du gâteau (aprovecharse). ‖ POP. *Hincar el pico,* casser sa pipe, passer l'arme à gauche (morir). ‖ FAM. *Hincar la uña,* rouler, filouter. ‖ *No hay quien le hinque el diente,* personne n'en voudrait.

— V. pr. Se fixer. ‖ *Hincarse de rodillas,* se mettre à genoux, s'agenouiller.

hincha f. FAM. Haine, antipathie (odio). ‖ FAM. *Tener hincha a alguien,* avoir pris quelqu'un en grippe.

— M. FAM. Supporter, fanatique, mordu, fana, fan (de un club deportivo) : *los hinchas del fútbol,* les fanas du football.

hinchada f. FAM. Ensemble (*m.*) des supporters.

hinchado, da adj. ● Gonflé, e : *globo hinchado de gas,* ballon gonflé de gaz. ‖ ◆ Boursouflé, e (la piel), ballonné, e (el vientre), bouffi, e ; boursouflé, e (la cara). ‖ FIG. Arrogant, e ; orgueilleux, euse (orgulloso). | Ampoulé, e ; boursouflé, e ; enflé, e (estilo). ‖ *Hinchado de orgullo,* bouffi d'orgueil.

— SINÓN. ● *Inflado,* gonflé. *Hueco, ahuecado,* creux, bouffant.

— ◆ *Tumefacto,* tuméfié. *Turgente,* turgescent. *Abotargado,* bouffi. *Vultuoso,* vultueux.

hinchamiento m. Enflure, *f.,* boursouflure, *f.*

hinchar v. tr. Gonfler : *hinchar una pelota, un neumático,* gonfler un ballon, un pneu. ‖ Enfler, gonfler (un río). ‖ Ballonner (el vientre). ‖ Boursoufler (la piel). ‖ Bouffir, gonfler, enfler : *la hidropesía hincha el cuerpo,* l'hydropisie bouffit *o* gonfle le corps. ‖ FIG. Enfler, gonfler, exagérer (exagerar) : *hinchar una narración,* enfler un récit. | Enfler, rendre ampoulé (el estilo). ‖ FAM. *Hinchar la cabeza,* bourrer le crâne, monter la tête.

— V. pr. S'enfler, se gonfler (el cuerpo), se boursoufler, se bouffir (la cara). ‖ MED. Enfler : *se hinchó su rodilla,* son genou enfla. | Se ballonner (el vientre). ‖ FIG. Se gonfler, s'enorgueillir : *hincharse con unos éxitos,* s'enorgueillir de quelques succès. | Ne pas arrêter : *hincharse de correr, de reir,* ne pas arrêter de courir, de rire. | Se soûler, se rassasier (hartarse) ‖ — FIG. y FAM. *Hincharse* ou *hincharse de comer,* s'empiffrer, se bourrer *o* se gaver de nourriture. | *Hincharse como un pavo,* prendre de grands airs, faire la roue (enorgullecerse). | *Se le hinchan las narices,* la moutarde lui monte au nez.

hinchazón f. Enflure, boursouflure, gonflement, *m.* : *hinchazón de la cara,* boursouflure du visage. ‖ Grosseur (protuberancia). ‖ Ballonnement, *m.* (del vientre). | Bouffissure (de las carnes, de carácter morboso). ‖ FIG. Arrogance, orgueil, *m.,* vanité (vanidad). | Affectation, enflure, boursouflure (del estilo).

hindi m. Hindoustani, hindi (idioma).

hindú adj. y s. Hindou, e (indio).

— OBSERV. V. HINDOU, primera parte, pág. 381.

hinduismo m. RELIG. Hindouisme, indouisme.

hiniesta f. BOT. Genêt, *m.* (retama).

hinojal m. Lieu planté de fenouil.

hinojo m. BOT. Fenouil. || — Pl. Genoux (rodillas) : *de hinojos,* à genoux. || — *Hinojo marino,* fenouil marin. || FAM. *¡Hinojos!,* bigre !

hinterland m. Hinterland, arrière-pays.

hintero m. Pétrin (para amasar el pan).

hioideo, a adj. Hyoïdien, enne.

hioides adj. y s. m. ANAT. Hyoïde.

hipar v. intr. Hoqueter, avoir le hoquet (tener hipo). || Haleter (los perros que corren). || Pleurnicher, geindre (gimotear). || FIG. *Hipar por,* brûler de, désirer vivement : *está hipando por ir al teatro,* il brûle d'aller au théâtre.

— OBSERV. Le *h* initial de *hipar* est aspiré lorsque le verbe a le sens de *pleurnicher, geindre.*

Hiparco n. pr. m. Hipparque.

hiparión m. Hipparion (fósil).

hiperbático, ca adj. Hyperbatique.

hipérbaton m. GRAM. Hyperbate, *f.*

— OBSERV. Pl. *hiperbatones* o *hipérbatos.*

hipérbola f. GEOM. Hyperbole.

hipérbole f. Hyperbole (exageración).

hiperbólico, ca adj. Hyperbolique.

hiperboloide m. GEOM. Hyperboloïde.

hiperbóreo, a o **hiperboreal** adj. Hyperboréen, enne (nórdico).

hiperclorhidria f. MED. Hyperchlorhydrie.

hipercrisis f. MED. Crise violente.

hiperdulía f. RELIG. Hyperdulie.

hiperestesia f. MED. Hyperesthésie.

hiperfocal adj. Hyperfocal, e.

hipergénesis f. BIOL. Hypergenèse.

hipérico m. BOT. Mille-pertuis, millepertuis.

hipermétrope adj. y s. MED. Hypermétrope.

hipermetropía f. MED. Hypermétropie.

hipermnesia f. MED. Hypermnésie.

hipernervioso, sa adj. y s. Hypernerveux, euse.

hipersecreción f. MED. Hypersécrétion.

hipersensibilidad f. Hypersensibilité.

hipersensible adj. y s. Hypersensible.

hipertensión f. MED. Hypertension.

hipertenso, sa adj. Hypertendu, e.

hipertermia f. Hyperthermie.

hipertónico, ca adj. Hypertonique.

hipertrofia f. MED. Hypertrophie.

hipertrofiar v. tr. MED. Hypertrophier.

hipertrófico, ca adj. MED. Hypertrophique.

hipervitaminosis f. Hypervitaminose.

hipiátrico, ca adj. y s. f. Hippiatrique (veterinaria).

hípico, ca adj. Hippique : *concurso hípico,* concours hippique.

hipido m. Pleurnichement (gimoteo).

— OBSERV. Le *h* initial de *hipido* est aspiré.

hipismo m. Hippisme, sport hippique.

hipno m. BOT. Hypne, *f.*

hipnosis f. MED. Hypnose.

hipnótico, ca adj. y s. m. MED. Hypnotique.

hipnotismo m. MED. Hypnotisme.

hipnotizador m. Hypnotiseur, qui hypnotise.

hipnotizar v. tr. Hypnotiser.

hipo m. Hoquet : *tener hipo,* avoir le hoquet. || FIG. Envie, *f.* (deseo muy vivo). || — FAM. *Que quita el hipo,* à vous couper le souffle. | *Quitar el hipo,* laisser baba, suffoquer, couper le souffle.

hipocampo m. Hippocampe (caballo marino).

hipocastáneas f. pl. BOT. Hippocastanacées.

hipocausto m. Hypocauste.

hipocentro m. Hypocentre.

hipoclorhidria f. MED. Hypochlorhydrie.

hipoclorito m. QUÍM. Hypochlorite.

hipocloroso, sa adj. Hypochloreux, euse.

hipocondría f. MED. Hypocondrie.

hipocondríaco, ca adj. y s. MED. Hypocondriaque.

hipocondrio m. ANAT. Hypocondre.

hipocrás m. Hypocras (bebida).

Hipócrates n. pr. m. Hippocrate.

hipocrático, ca adj. Hippocratique.

hipocratismo m. Hippocratisme.

hipocresía f. Hypocrisie.

hipócrita adj. y s. Hypocrite.

hipodérmico, ca adj. Hypodermique : *inyección hipodérmica,* injection hypodermique.

hipodermis f. Hypoderme, *m.*

hipodermosis f. VETER. Hypodermose.

hipódromo m. Hippodrome.

hipofagia f. Hippophagie.

hipofágico, ca adj. Hippophagique. || *Carnicería hipofágica,* boucherie hippophagique o chevaline.

hipófago, ga adj. y s. Hippophage.

hipófisis f. ANAT. Hypophyse.

hipofosfito m. QUÍM. Hypophosphite.

hipogástrico, ca adj. Hypogastrique.

hipogastrio m. ANAT. Hypogastre.

hipogeo m. Hypogée (subterráneo).

hipogloso, sa adj. y s. m. ANAT. Hypoglosse.

hipoglucemia f. MED. Hypoglycémie.

hipogrifo m. Hippogriffe (animal fabuloso).

Hipólito n. pr. m. Hippolyte.

hipología f. Hippologie.

hipológico, ca adj. Hippologique.

Hipómenes n. pr. m. Hippomène.

hipomóvil adj. Hippomobile.

hipopótamo m. ZOOL. Hippopotame.

hiposo, sa adj. Qui a le hoquet, qui hoquette.

hipóstasis f. ECLES. Hypostase.

hipostático, ca adj. Hypostatique.

hipóstilo, la adj. ARQ. Hypostyle.

hiposulfito m. QUÍM. Hyposulfite.

hipotálamo m. ANAT. Hypothalamus.

hipoteca f. Hypothèque. || FIG. *Levantar una hipoteca,* lever une hypothèque.

hipotecable adj. Hypothécable.

hipotecar v. tr. Hypothéquer.

hipotecario, ria adj. Hypothécaire.

hipotecnia f. Hippotechnie.

hipotensión f. Hypotension.

hipotenso, sa adj. MED. Hypotendu, e.

hipotenusa f. GEOM. Hypoténuse.

hipotermia f. Hypothermie.

hipótesis f. Hypothèse.

hipotético, ca adj. Hypothétique.

hipotiposis f. Hypotypose (retórica).

hipotónico, ca adj. Hypotonique.

hipsometría f. Hypsométrie.

hipsométrico, ca adj. Hypsométrique.

hipsómetro m. FÍS. Hypsomètre.

hipúrico, ca adj. Hippurique (ácido).

Hircania n. pr. f. GEOGR. Hyrcanie.

hirco m. Chèvre (*f.*) sauvage.

hiriente adj. Blessant, e.

hirsuto, ta adj. Hirsute (erizado).

hirudíneas f. pl. Hirudinées (anélidos).

hirundinaria f. BOT. Chélidoine (celidonia).

hirviente adj. Bouillant, e.

hisopada o **hisopadura** f. Aspersion [avec un goupillon].

hisopar o **hisopear** v. tr. Asperger [avec un goupillon].

hisopazo m. Aspersion, *f.* || Coup avec le goupillon (golpe).

hisopillo m. Badigeon (para la garganta). || BOT. Sorte d'hysope.

hisopo m. Bot. Hysope, f. ‖ Goupillon, aspersoir (para el agua bendita). ‖ *Amer.* Blaireau (brocha de afeitar). ‖ Brosse, f., pinceau (pincel).
híspalense adj. y s. Sévillan, e.
Híspalis n. pr. Hispalis [ancien nom de Séville].
Hispania n. pr. f. Geogr. Hispanie (España).
hispánico, ca adj. Hispanique.
hispanidad f. Caractère (m.) espagnol. ‖ Monde (m.) hispanique (conjunto de los pueblos hispánicos).
hispanismo m. Hispanisme.
hispanista m. y f. Hispanisant, e; hispaniste.
hispanizar v. tr. Espagnoliser (españolizar).
hispano, na adj. y s. Espagnol, e.
Hispanoamérica n. pr. f. Geogr. Amérique espagnole.
— Observ. *Hispanoamérica* est le terme le plus employé en Espagne pour désigner l'ensemble des pays de l'Amérique de langue espagnole. On peut traduire ce mot par *Amérique latine,* bien que le Brésil ne soit pas inclus dans le terme *Hispanoamérica.*
hispanoamericanismo m. Hispano-américanisme.
hispanoamericanista adj. y s. Hispano-américaniste.
hispanoamericano, na adj. y s. Hispano-américain, e.
— Observ. V. Latino-américain, primera parte, pág. 424.
hispanoárabe adj. y s. Hispano-arabe, hispano-moresque.
hispanofilia f. Hispanophilie.
hispanófilo, la adj. y s. Hispanophile.
hispanofobia f. Hispanophobie.
hispanófobo, ba adj. y s. Hispanophobe.
hispanohablante adj. y s. Qui parle espagnol, hispanophone, de langue espagnole.
hispanojudío, a adj. y s. Hispano-juif, hispano-juive.
hispanomorisco, ca adj. y s. Hispano-moresque.
hispanomusulmán, ana adj. y s. Hispano-musulman, hispano-musulmane.
híspido, da adj. Bot. Hispide (erizado).
histamina f. Biol. Histamine.
histéresis f. Fís. Hystérésis.
histeria f. Med. Hystérie (histerismo).
histérico, ca adj. y s. Med. Hystérique.
histerismo m. Med. Hystérie, f.
histólisis f. Histolyse.
histología f. Histologie.
histológico, ca adj. Histologique.
histólogo, ga m. y f. Histologiste.
historia f. Histoire : *las lecciones de la historia,* les leçons de l'histoire. ‖ Histoire (relato) : *contar una historia,* raconter une histoire. ‖ Historique, m. (relación por orden cronológico). ‖ Fig. Histoire : *no me vengas con historias,* ne me raconte pas d'histoires. ‖ — *Historia clínica,* dossier médical. ‖ *Historia natural, Sacra* ou *Sagrada,* histoire naturelle, sainte. ‖ Fam. *Historias de cuartel,* histoires de corps de garde. ‖ *La pequeña historia,* la petite histoire. ‖ — *¡ Así se escribe la historia !,* et voilà comment on écrit l'histoire ! ‖ Fig. y Fam. *Dejarse de historias,* aller au fait. ‖ *Eso pica en historia,* cela devient intéressant. ‖ *Pasar a la historia,* passer à l'histoire (futuro), être du domaine de l'histoire, appartenir au passé (pasado).
historiado, da adj. Historié, e : *letra historiada, capitel historiado,* lettre historiée, chapiteau historié. ‖ Surchargé, e (recargado de adornos).
historiador, ra m. y f. Historien, enne.
— Sinón. *Historiógrafo,* historiographe. *Analista,* annaliste. *Cronista,* chroniqueur. *Biógrafo,* biographe.
historial m. Historique (reseña). ‖ Curriculum vitae (profesional). ‖ Dossier (médico). ‖ Palmarès (deporte).

historiar v. tr. Écrire l'histoire de, raconter l'histoire de, historier (ant.) [p. us.]. ‖ Faire l'historique de (hacer una reseña), faire l'historique.
historicidad f. Historicité (autenticidad).
historicismo o **historismo** m. Historicisme.
histórico, ca adj. Historique. ‖ — Gram. *Presente histórico,* présent historique o de narration. ‖ *Reseña histórica,* historique (historial).
historieta f. Historiette (cuentecillo). ‖ Bande dessinée.
historiografía f. Historiographie.
historiógrafo m. Historiographe.
histrión m. Histrion (cómico, farsante).
hita f. Cheville, broche (clavo sin cabeza). ‖ Borne (hito, mojón).
hitar v. tr. Borner (amojonar).
Hititas n. pr. Hist. Hittites.
hito, ta adj. Noir, e (caballos). ‖ Voisin, e ; contigu, ë ; attenant, e : *casa, calle hita,* maison, rue voisine. ‖ Fixe, ferme (fijo).
— M. Borne, f. (mojón). ‖ Sorte de jeu de palet (juego). ‖ Fig. But (blanco de tiro). ‖ Jalon : *hito final,* dernier jalon. ‖ — *A hito,* fixement. ‖ Fig. *Dar en el hito,* deviner, donner dans le mille, toucher au but (acertar). ‖ *Mirar de hito en hito,* regarder fixement (una cosa, una persona), dévisager, regarder dans le blanc des yeux, regarder droit dans les yeux (a una persona). ‖ *Ser un hito,* marquer, faire date : *hecho que será un hito en la historia,* fait qui marquera dans l'histoire.
hitón m. Min. Fiche, f., gros clou sans tête.
hoazín m. Zool. Hoazin [faisan du Mexique].
hobby m. Hobby (entretenimiento).
hobo m. Bot. Spondias (jobo).
hocicada f. Coup (m.) de museau.
hocicar v. tr. Fouiller, vermiller (el jabalí, el puerco), vermillonner (el tejón).
— V. intr. Tomber, piquer du nez (caerse). ‖ Cogner du nez (dar con la nariz) : *hocicar con* ou *en la pared,* cogner du nez contre le mur. ‖ Fig. y Fam. Capituler, s'avouer vaincu, s'incliner, céder (ceder). ‖ Buter, se heurter, trébucher : *hocicar con una dificultad,* buter contre o se heurter à o trébucher sur une difficulté. ‖ Se donner des baisers, se bécoter (besar). ‖ Mar. Piquer du nez.
hocicazo m. Fam. Chute, f. (caída). ‖ *Dar un hocicazo,* ramasser une pelle, se casser la figure (caer).
hocico m. Museau (de los animales). ‖ Groin (de puerco, jabalí). ‖ Boutoir (de jabalí). ‖ Mufle (extremidad del hocico). ‖ Lippe, f. (labios abultados). ‖ Fig. y Pop. Gueule, f., museau, margoulette, f. (cara de una persona). ‖ Moue, f., lippe, f. (mueca de disgusto). ‖ — Fam. *Caer* ou *dar de hocicos,* se casser la figure. ‖ *Dar con la puerta en los hocicos,* fermer la porte au nez. ‖ *Estar de* ou *hacer* ou *poner hocico,* bouder, faire la moue. ‖ *Meter el hocico en todo,* fourrer son nez partout (meterse en todo). ‖ *Romper a uno los hocicos,* casser la gueule o la margoulette à quelqu'un (pegar).
hocicón, ona u **hocicudo, da** adj. Qui a un gros museau (un animal), lippu, e (una persona).
hocino m. Gouet, serpe, f. (para cortar la leña). ‖ Déplantoir (de jardinero). ‖ Pertuis (angostura de un río), vallée (f.) encaissée (en un quebrado).
hociquear v. intr. V. Hocicar.
hociquera f. *Amer.* Muselière (bozal).
hociquito m. Fam. *Poner hociquito,* faire la bouche en cœur.
hockey m. Hockey : *hockey sobre hielo, sobre hierba, sobre ruedas* ou *patines,* hockey sur glace, sur gazon, sur patins. ‖ *Jugador de hockey,* joueur de hockey, hockeyeur.
hodierno, na adj. Moderne, actuel, elle.
hogaño adv. Fam. Cette année. ‖ De nos jours, à cette époque-ci, à l'heure actuelle (hoy en día).

hogar m. ● Foyer (de chimenea, de cocina, de horno). ‖ Âtre (de chimenea). ‖ Fig. Foyer (casa). ‖ — Pl. Foyers : *volver a sus hogares*, rentrer dans ses foyers. ‖ — *Hogar del soldado*, foyer du soldat. ‖ *Sin casa ni hogar*, sans feu ni lieu. ‖ *Sin hogar*, sans abri.
— Sinón. ● *Horno*, four. *Fuego*, feu. *Chimenea*, cheminée. *Calorífero*, calorifère. *Estufa*, poêle.

hogareño, ña adj. Familial, e : *tradición hogareña*, tradition familiale. ‖ Casanier, ère ; pot-au-feu, *inv.* (fam.), pantouflard, e (amante del hogar).

hogaza f. Miche, pain (m.) de ménage.

hoguera f. Bûcher, m., grand feu, m. : *encender una hoguera*, allumer un bûcher. ‖ Bûcher, m. (suplicio) : *morir en la hoguera*, mourir sur le bûcher. ‖ Feu (m.) de joie (en una fiesta). ‖ Brasier, m. : *la casa era una verdadera hoguera*, la maison était un véritable brasier. ‖ *Hogueras de San Juan*, feux de la Saint-Jean.

hoja f. Bot. Feuille : *hoja caduca*, feuille caduque. | Feuille, pétale, m. (pétalo). ‖ Feuille (de papel, cartón, metal, oro, etc.). | Feuillet, m., folio, m. (folio). ‖ Page (página). ‖ Volet, m. (de un tríptico). ‖ Lame (de espada, cuchillo, etc.) : *hoja de afeitar*, lame de rasoir. ‖ Battant, m., vantail, m. : *puerta de dos hojas*, porte à deux battants. ‖ Feuille (biombo). ‖ Flèche (del tocino). ‖ Feuille (del vino). ‖ Moitié (de un vestido). ‖ Fig. Épée, lame (espada). | Feuille (diario). ‖ Agric. Sole. ‖ Tecn. Paille (de las monedas). ‖ — Bot. *Hoja acicular*, feuille aciculaire o linéaire. | *Hoja aovada*, feuille ovée u ovale. | *Hoja aserrada*, feuille sciée. ‖ *Hoja cambiable*, feuille amovible. ‖ Bot. *Hoja compuesta*, feuille composée. ‖ *Hoja de lata*, ferblanc. ‖ Mil. *Hoja de movilización*, fascicule de mobilisation. ‖ *Hoja de paga*, bulletin o feuille de paye. ‖ *Hoja de ruta*, feuille de route o de déplacement. ‖ *Hoja de servicios*, état de services, dossier (militar), palmarès (deportista). ‖ *Hoja de vid*, feuille de vigne. ‖ *Hoja seca*, feuille morte. ‖ *Hoja suelta* ou *volante*, feuille mobile o volante. ‖ *Del color de hoja seca*, feuille-morte. ‖ *Sin vuelta de hoja*, sans aucun doute. ‖ — Fig. *Desdoblar la hoja*, revenir à ses moutons, reprendre le fil du discours. | *Doblar la hoja*, tourner la page. | *No tener vuelta de hoja*, ne pas faire de doute. | *Tener hoja*, sonner faux. | *Volver la hoja*, changer d'avis (mudar de parecer), changer de conversation (de conversación).

hojalata f. Fer-blanc, m.

hojalatería f. Ferblanterie.

hojalatero m. Ferblantier.

hojaldra f. *Amer.* V. hojaldre.

hojaldrado, da adj. Feuilleté, e.
— M. Feuilletage.

hojaldrar v. tr. Feuilleter.

hojaldre m. Culin. Pâte (f.) feuilletée, feuilleté. ‖ *Pastel de hojaldre*, gâteau feuilleté.

hojarasca f. Feuilles (pl.) mortes, fanes, pl. (hojas secas). ‖ Feuillage (m.) trop touffu, branches (pl.) inutiles. ‖ Fig. Verbiage, m., paroles (pl.) en l'air : *tus promesas son hojarasca*, tes promesses sont des paroles en l'air.

hojear v. tr. Feuilleter (pasar las hojas de un libro), parcourir (leer superficialmente).
— V. intr. Être écaché (un metal).

hojoso, sa u **hojudo, da** adj. Feuillu, e.

hojuela f. Petite feuille (hoja pequeña). ‖ Crêpe (tortita). ‖ Tourteau (m.) d'olive (de las aceitunas). ‖ Tecn. Lamelle (de metal). | Fil (m.) de métal écaché [pour passementerie]. ‖ Bot. Foliole. ‖ Fam. *Miel sobre hojuelas*, encore mieux, tant mieux.

¡hola! interj. Hola ! ‖ Fam. Bonjour, salut (saludo). ‖ *Amer.* Allô ! (teléfono).

holanda f. Hollande (tela). ‖ *Papel de Holanda*, hollande (papel).

Holanda n. pr. f. Geogr. Pays-Bas (país), Hollande (provincia).
— Observ. V. Pays-Bas, primera parte, pág. 544.

holandés, esa adj. y s. Hollandais, e. ‖ *A la holandesa*, à la hollandaise, en demi-chagrin (encuadernación). ‖ — F. Papier commercial.

holding m. Holding (concierto de sociedades).

holgachón, ona adj. Fam. Fainéant, e ; flemmard, e.

holdagamente adv. À l'aise, largement : *caben cuatro personas holgadamente*, quatre personnes tiennent largement.

holgado, da adj. Large, ample (ancho) : *un vestido holgado*, un vêtement ample. ‖ Fig. À l'aise, aisé, e (con medios de fortuna) : *una vida holgada*, une vie aisée. | Oisif, ive ; désœuvré, e (desocupado). ‖ *Zapatos holgados*, chaussures trop grandes.

holganza f. Oisiveté, désœuvrement, m. (ociosidad). ‖ Plaisir, m., contentement, m., amusement, m. (diversión). ‖ Repos, m. (descanso).

holgar* v. intr. Se reposer (descansar). ‖ Souffler (tomar aliento). ‖ Être de trop, être inutile (ser inútil) : *tu visita huelga*, ta visite est inutile ; *huelgan esas personas*, ces personnes sont de trop. ‖ Ne pas travailler, ne rien faire (no trabajar). ‖ S'amuser, se divertir (divertirse) : *Don Quijote juró no holgar con mujer alguna*, Don Quichotte fit serment de ne point se divertir avec aucune femme. ‖ — *Huelga añadir que*, inutile d'ajouter que. ‖ *¡Huelgan los comentarios!*, sans commentaire !
— V. pr. Se réjouir, être content, e (alegrarse) : *se holgó mucho con mi visita*, il s'est beaucoup réjoui de ma visite, il a été très content de ma visite. ‖ S'amuser, se divertir (divertirse).

holgazán, ana adj. y s. Paresseux, euse ; fainéant, e.

holgazanear v. intr. Fainéanter, paresser.

holgazanería f. Fainéantise, paresse.

holgazanote, ta adj. Fam. Flemmard, e ; paresseux, euse (perezoso).

holgorio m. Fam. Noce, f., foire, f., fête, f.
— Observ. Le *h* initial est généralement aspiré.

holgura f. Largeur, ampleur (anchura). ‖ Aisance, bien-être, m. (comodidad). ‖ Réjouissance (regocijo). ‖ Mecán. Jeu, m. ‖ *Vivir con holgura*, vivre largement o avec aisance.

holmio m. Quím. Holmium.

holocausto m. Holocauste.

holoturia f. Holothurie (cohombro de mar).

holladura f. Foulage, m. (acción de hollar). ‖ (Ant.). Droit (m.) payé pour le passage des troupeaux.

hollar* v. tr. Fouler, marcher sur : *hollar una alfombra*, marcher sur un tapis. ‖ Fig. Fouler aux pieds, piétiner, marcher sur (tener en poco) : *hollar a un bienhechor, los derechos de uno, la memoria de uno*, fouler aux pieds un bienfaiteur, les droits de quelqu'un, la mémoire d'un disparu. | Mépriser (despreciar).

hollejo u **hollejuelo** m. Peau, f. [du raisin, de la fève, etc.].

hollín m. Suie, f. (del humo). ‖ Fam. Bagarre, f. (jollín, disputa).

hombrada f. Action généreuse, action virile.

hombradía f. Virilité, courage, m. (valor).

hombre m. Homme : *el hombre y la mujer*, l'homme et la femme. ‖ Monsieur (señor) : *ahí hay un hombre*, il y a là un monsieur. ‖ Mil. Homme (soldado). ‖ Pop. Homme (marido).
— Fam. *Hombre anuncio*, homme-sandwich. ‖ *Hombre de agallas*, homme qui a du cran o du courage. ‖ *Hombre de armas*, homme d'armes. ‖

Hombre de armas tomar, homme qui n'a pas froid aux yeux. ‖ *Hombre de bien*, homme de bien. ‖ *Hombre de edad* ou *entrado en años*, homme âgé o d'un âge avancé. ‖ *Hombre de Estado*, homme d'État. ‖ *Hombre de letras*, homme de lettres. ‖ *Hombre de mar*, homme de mer. ‖ *Hombre de mundo*, homme du monde. ‖ *Hombre de negocios*, homme d'affaires. ‖ *Hombre de paja*, homme de paille (testaferro). ‖*Hombre de palabra*, homme de parole. ‖ FAM. *Hombre de pelo en pecho*, dur à cuire, brave à trois poils. ‖ *Hombre de peso*, homme de poids. ‖ *Hombre de pro* ou *de provecho*, homme de bien. ‖ *Hombre de puños*, homme à poigne. ‖ *Hombre honrado*, honnête homme. ‖ *Hombre mujeriego*, homme à femmes, coureur de jupons. ‖ *Hombre público*, homme public, politicien. ‖ *Hombre rana*, homme-grenouille. ‖ *Hombre serpiente* ou *de goma*, homme-serpent (contorsionista). ‖ — *Buen hombre*, brave homme. ‖ *Como un solo hombre*, comme un seul homme. ‖ *De hombre a hombre*, d'homme à homme. ‖ *El hombre de la calle*, l'homme de la rue, monsieur Tout-le-Monde. ‖ *El hombre del día*, l'homme du jour. ‖ *El hombre fuerte*, l'homme fort. ‖ *Gran hombre*, grand homme. ‖ *Nuestro hombre*, notre homme. ‖ *Todo un hombre*, un homme cent pour cent, brave avec un grand H. ‖ — *El hombre propone y Dios dispone*, l'homme propose et Dieu dispose. ‖ *Es el hombre para el caso*, c'est l'homme qu'il nous faut, c'est notre homme. ‖ *Gabriel está ya hecho un hombre*, Gabriel n'est plus un enfant. ‖ *Hombre prevenido vale por dos*, un homme averti en vaut deux. ‖ *Portarse como un hombre*, agir en homme. ‖ *Ser hombre capaz de* ou *ser uno hombre para*, être homme à. ‖ *Ser hombre de recursos*, être un homme de ressources. ‖ *Ser muy hombre*, être un homme cent pour cent. ‖ — Interj. Mon vieux! (cariño), quoi! (asombro), tiens! (sorpresa), allons donc! (incredulidad), eh bien! (admiración), vraiment! (ironía), bah! (duda), sans blague! (no me digas). ‖ *¡Hombre al agua* ou *a la mar!*, un homme à la mer! — OBSERV. L'exclamation *¡hombre!* est très employée dans le langage courant et sert à exprimer les nuances les plus diverses. On peut même l'employer pour s'adresser à une femme, concurremment avec *¡mujer!*

hombrear v. intr. Se donner des airs d'homme (dárselas de hombre). ‖ *Amer*. Porter sur ses épaules (cargar a hombros). | Se comporter comme un homme (una mujer). — V. tr. *Amer*. Protéger (proteger).

hombrecillo m. BOT. Houblon (lúpulo). ‖ Petit homme, bout d'homme (hombre pequeño).

hombrera f. Épaulette (de un vestido). ‖ Épaulière (de la armadura). ‖ Rembourrage, *m*. (de una chaqueta).

hombretón m. Gaillard, costaud.

hombrezuelo m. Petit homme, bout d'homme (hombrecillo).

hombría f. Qualité d'homme. ‖ *Hombría de bien*, honnêteté.

hombro m. Épaule, *f.* : *hombros caídos*, épaules tombantes. ‖ — *A* ou *en hombros*, sur les épaules. ‖ MIL. *Arma al hombro*, arme sur l'épaule. ‖ FIG. *Arrimar o meter el hombro*, travailler dur, donner un coup de collier (trabajar fuerte), donner un coup d'épaule *o* de main (ayudar). | *Echarse al hombro una cosa*, prendre quelque chose sur son dos. ‖ *Encogerse de hombros*, hausser les épaules. ‖ FAM. *Estar hombro a hombro*, être coude à coude *o* la main dans la main. ‖ FIG. *Hurtar el hombro*, éviter un travail, se défiler. ‖ *Llevar a hombros*, porter sur les épaules (transportar), porter en triomphe. ‖ FAM. *Mirar por encima del hombro*, regarder par-dessus l'épaule *o* de haut. ‖ *Sacar a hombros a uno*, porter en

triomphe (un torero, etc.). ‖ *Salir a hombros*, être porté en triomphe.

hombrón u **hombrote** m. Gros homme.

hombruno, na adj. FAM. Hommasse : *mujer hombruna*, femme hommasse. | Viril, e; d'homme : *voz hombruna*, voix d'homme.

homenaje m. Hommage : *rendir homenaje a*, rendre hommage à. ‖ — *Banquete en homenaje al presidente*, banquet en l'honneur du président. ‖ *Torre del homenaje*, donjon. — SINÓN. *Respeto*, respect. *Cortesía*, civilité. *Veneración*, vénération. *Sumisión, acatamiento*, soumission.

homenajear v. tr. Rendre hommage à.

homeópata adj. y s. Homéopathe.

homeopatía f. MED. Homéopathie.

homeopático, ca adj. Homéopathique : *dosis homeopática*, dose homéopathique.

homérico, ca adj. Homérique.

Homero n. pr. m. Homère.

homicida adj. y s. Homicide (asesino).

homicidio m. Homicide (asesinato).

homilía f. Homélie (sermón).

homiliario m. Livre d'homélies.

homocéntrico, ca adj. Homocentrique.

homocentro m. GEOM. Homocentre.

homocerca adj. ZOOL. Homocerque.

homocromía f. BIOL. Homochromie.

homofonía f. Homophonie.

homófono, na adj. y s. Homophone.

homogeneidad f. Homogénéité.

homogeneización f. Homogénéisation.

homogeneizar v. tr. Homogénéiser.

homogéneo, a adj. Homogène.

homografía f. Homographie.

homógrafo, fa adj. GRAM. Homographe.

homologación f. Homologation.

homologar v. tr. DR. Homologuer.

homología f. Homologie.

homólogo, ga adj. QUÍM. y GEOM. Homologue, semblable.

homonimia f. Homonymie.

homónimo, ma adj. y s. Homonyme.

homosexual adj. y s. Homosexuel, elle.

homosexualidad f. Homosexualité.

homotecia f. GEOM. Homothétie.

homotético, ca adj. GEOM. Homothétique.

homúnculo m. Homuncule, homoncule.

honcejo m. Serpe, *f.* (hocino).

honda f. Fronde (arma).

hondamente adv. Profondément.

hondear v. tr. Sonder (fondear). ‖ Décharger (descargar una embarcación). — OBSERV. Ne pas confondre avec *ondear* qui signifie « ondoyer ».

hondero, ra adj. y s. Frondeur, euse.

hondo, da adj. Profond, e : *en lo más hondo de mi alma*, au plus profond de mon âme. ‖ Bas, basse; encaissé, e (terreno). ‖ Flamenco, gitan (cante). — M. Fond.

hondón m. Fond (parte inferior de lo cóncavo). ‖ Œil, chas (de la aguja). ‖ Grille, *f.*, planche, *f.*, sole, *f.* (del estribo).

hondonada f. Creux, *m.*, dépression, bas-fond, *m.* (terreno bajo). ‖ Cuvette (depresión del terreno). ‖ Enfoncement, *m.* (parte más atrás). ‖ Ravin, *m.* (valle encajonado).

hondura f. Profondeur. ‖ FIG. *Meterse en honduras*, approfondir la question.

Honduras n. pr. f. GEOGR. Honduras, *m.*

hondureñismo m. Locution (*f.*) *o* idiotisme propre aux Honduriens.

hondureño, ña adj. y s. Hondurien, enne.

honestamente adv. Honnêtement (decentemente). ‖ Modestement (con modestia). ‖ Pudiquement (con pudor).

honestar v. tr. Honorer (honrar).
honestidad f. Honnêteté (p. us.), décence (decencia). ‖ Modestie, pudeur (pudor). ‖ Bienséance, savoir-vivre, m. (urbanidad). ‖ Vertu (castidad).
— Observ. La palabra *honnêteté* es anticuada en el sentido de honestidad. Hoy sólo significa *honradez*.
honesto, ta adj. Décent, e ; honnête (decente). ‖ Pudique, modeste (púdico). ‖ Raisonnable (razonable). ‖ *El estado honesto*, le célibat (para una mujer).
— Observ. El adjetivo *honnête* es anticuado en los sentidos de « decente » y « púdico ».
hongo m. Bot. Champignon. ‖ Melon (sombrero). ‖ — Fig. *Crecer como hongos*, pousser comme des champignons. ‖ *Criadero de hongos*, champignonnière. ‖ *Hongo atómico*, champignon atomique. ‖ *Hongo yesquero*, amadouvier.
Honolulú n. pr. Geogr. Honolulu.
honor m. Honneur : *hombre de honor*, homme d'honneur. ‖ Honneur (de una mujer). ‖ — Pl. Honneurs : *aspirar a los honores*, aspirer aux honneurs ; *honores de la guerra, militares*, honneurs de la guerre, militaires. ‖ — *Campo del honor*, champ d'honneur. ‖ *Lance de honor*, affaire d'honneur. ‖ *Legión de honor*, Légion d'honneur. ‖ *Palabra de honor*, parole d'honneur. ‖ — *En honor a la verdad*, pour dire les choses comme elles sont. ‖ *En honor de*, en l'honneur de. ‖ *Por mi honor*, sur mon honneur, sur l'honneur. ‖ *Hacer honor a*, faire honneur à, honorer. ‖ *Hacer honor a la firma*, honorer sa signature. ‖ *Hacer los honores de la casa*, faire les honneurs de la maison. ‖ *Mi honor está en juego*, il y va de mon honneur. ‖ *Rendir honores*, rendre les honneurs. ‖ *Salir con todos los honores*, obtenir les honneurs de la guerre. ‖ *Tener honores de bibliotecario*, être bibliothécaire honoraire. ‖ *Todo está perdido menos el honor*, tout est perdu fors l'honneur.
honorabilidad f. Honorabilité.
honorable adj. Honorable.
honorar v. tr. Honorer (honrar).
honorario, ria adj. y s. Honoraire : *miembro honorario*, membre honoraire. ‖ — M. pl. Honoraires (emolumentos). ‖ *Cargo honorario*, poste honorifique, honorariat.
Honorato n. pr. m. Honorat, Honoré.
honorífico, ca adj. Honorifique.
Honorina n. pr. f. Honorine.
Honorio n. pr. m. Honorius.
honra f. Honneur, m. : *ser la honra del país*, être l'honneur de son pays. ‖ Vertu, probité (probidad). ‖ Bonne réputation, considération (fama, aprecio). ‖ Honneur, m. (pudor). ‖ — Pl. Obsèques, honneurs (m.) funèbres. ‖ — *Tener a mucha honra una cosa*, être très fier d'une chose, se faire un point d'honneur d'une chose. ‖ *¡Y a mucha honra!*, et j'en suis fier !
honradamente adv. Honnêtement. ‖ Honorablement (con honra).
honradez f. Honnêteté (probidad).
honrado, da adj. ● Honnête : *un hombre honrado*, un homme honnête. ‖ Honorable : *una conducta honrada*, une conduite honorable. ‖ Honoré, e : *muy honrado con* ou *por*, très honoré de. ‖ *Honrado a carta cabal*, parfaitement o foncièrement honnête, honnête cent pour cent.
— Sinón. ● *Íntegro*, intègre. *Probo*, probe. *Recto*, droit. *Virtuoso*, vertueux. *Honorable*, honorable. *Leal*, loyal.
honramiento m. Honneur, hommage.
honrar v. tr. Honorer : *honrar con su amistad, con su presencia*, honorer de son amitié, de sa présence. ‖ ● Faire honneur, honorer : *honrar a su país*, faire honneur à o honorer son pays. ‖ — *Esto le honra*, c'est tout à son honneur. ‖ *Honrar*

padre y madre, honorer son père et sa mère. ‖ *Muy honrado con* ou *por su visita*, très honoré de votre visite.
— Sinón. ● *Respetar*, respecter. *Venerar*, vénérer. *Reverenciar*, révérer. *Adorar*, adorer.
honrilla f. Question d'honneur. ‖ *Por la negra honrilla*, pour une question d'honneur.
honroso, sa adj. Honorable.
hontanar m. Endroit où les sources sont abondantes.
hopa f. Sorte de tunique (túnica). ‖ Tunique des suppliciés (de los ajusticiados).
hopalanda f. Houppelande.
hopear v. intr. Remuer la queue (menear la cola). ‖ Fig. Courir, courailler (corretear).
hopeo m. Mouvement de la queue.
hoplita m. Mil. Hoplite (soldado griego).
hopo m. Queue (*f.*) touffue (rabo). ‖ Huppe, *f.*, toupet (mechón). ‖ *¡Hopo!*, hors d'ici !, ouste !
— Observ. Dans le premier sens, le *h* initial de *hopo* est aspiré.
hora f. Heure : *la hora de la cena*, l'heure du dîner. ‖ — Pl. Relig. Heures : *horas canónicas*, heures canoniales ; *libro de horas*, livre d'heures. ‖ — *Hora de la verdad*, minute de vérité. ‖ *Hora de mayor afluencia* ou *de mayor aglomeración* [transport] ou *de mayor consumo* [électricité, gaz], *hora punta*, heure de pointe. ‖ *Hora de menor consumo*, heure creuse (electricidad, gas). ‖ *Hora de poca actividad*, heure creuse (autobús, fábrica). ‖ *Hora de verano*, heure d'été. ‖ *Hora H*, heure H. ‖ *Hora libre*, heure creuse (en un horario). ‖ *Hora oficial*, heure légale. ‖ *Horas extraordinarias*, heures supplémentaires. ‖ *Horas menores*, petites heures (liturgia). ‖ *Horas muertas*, moments perdus. ‖ *Hora suprema*, heure suprême. ‖ — *Consulta previa petición de hora*, consultation sur rendez-vous. ‖ *Media hora*, demi-heure : *dentro de media hora*, dans une demi-heure. ‖ *Una hora escasa*, une petite heure. ‖ *Una hora larga*, une bonne heure, une heure d'horloge. ‖ — *¡A buena hora!*, ce n'est pas trop tôt !, à la bonne heure ! ‖ Fam. *¡A buena hora mangas verdes!*, trop tard ! ‖ *A cualquier hora*, à n'importe quelle heure. ‖ *A la hora*, à l'heure : *comer a la hora*, manger à l'heure. ‖ *A la hora de ahora*, à l'heure qu'il est, à cette heure. ‖ *A la hora en punto*, à l'heure juste. ‖ *A sus horas*, à ses heures. ‖ *A todas horas*, à toute heure. ‖ *A última hora*, en dernière heure, au dernier moment. ‖ *De hora en hora*, d'heure en heure (cada vez más). ‖ *De última hora*, de dernière heure. ‖ *En buen* ou *en buena hora*, à la bonne heure (enhorabuena). ‖ *En mala hora*, au mauvais moment. ‖ *Por hora*, à l'heure : *cien kilómetros por hora*, cent kilomètres à l'heure ; horaire : *salario por hora*, salaire horaire ; de l'heure : *quinientos francos por hora*, cinq cents francs de l'heure. ‖ *Por horas*, à l'heure : *trabajar por horas*, travailler à l'heure ; par moments (por instantes). ‖ — *Dar hora*, fixer une heure o un rendez-vous. ‖ *Dar la hora*, sonner o donner l'heure (un reloj). ‖ *Haber nacido en buena* ou *mala hora*, être né sous une bonne o mauvaise étoile. ‖ *Ganar horas* ou *ganar las horas*, gagner du temps. ‖ Fam. *Le llegó la hora*, son heure est venue o a sonné. ‖ *No da ni la hora*, il donne tout à regret, il couperait un liard en quatre. ‖ *No tener una hora libre*, ne pas avoir une heure à soi. ‖ *No ver uno la hora de*, ne pas voir le moment où. ‖ *Pasar las horas en blanco*, passer une nuit blanche (no dormir), passer son temps à ne rien faire (no hacer nada). ‖ *Pedir hora*, demander un rendez-vous, prendre rendez-vous. ‖ *Pidiendo hora*, sur rendez-vous. ‖ *Poner en hora*, mettre à l'heure, régler (un reloj). ‖ *¿Qué hora es?* [Amer. *¿qué*

horas son?], quelle heure est-il? || *¿Qué horas
son éstas para llegar?*, est-ce que c'est une heure
pour arriver? || Fig. *Tener muchas horas de
vuelo*, avoir de la pratique *o* du métier. || *¡Vaya
unas horas para salir!*, vous avez de drôles
d'heures pour sortir! || *Ya es hora de*, il est
[grand] temps de. || *Ya es hora de que*, il est grand
temps que.
— Adv. Maintenant, à présent (ahora).

horaciano, na adj. D'Horace.

Horacio n. pr. m. Horace.

horadable adj. Perforable, qui peut être percé, e.

horadación f. Percement, *m.*, perforation. || Tecn.
Forage, *m.*

horadador, ra adj. y s. Perceur, euse. || Tecn.
Foreur, euse.

horadar v. tr. ● Percer : *horadar una pared*, per-
cer un mur. || Tecn. Forer.
— Sinón. ● *Abrir*, ouvrir. *Traspasar, atravesar, calar,
transpercer. Barrenar, toladrar, forer. Perforar*, perforer.
Punzar, picar, piquer. Agujerear, trouer.

horario, ria adj. Horaire : *círculos, husos horarios*, cercles, fuseaux horaires.
— M. Horaire (de los trenes). || Horaire (horas
de trabajo). || Emploi du temps (escolar). ||
Aiguille (*f.*) des heures, grande aiguille, *f.* (reloj).
|| — *Horario de verano*, horaire d'été. || *Horario
guía de ferrocarriles*, indicateur de chemins de fer.

horca f. Fourche (instrumento). || Potence, gibet,
m. (instrumento de suplicio). || Carcan, *m.* (para
los condenados). || Tribart, *m.* (para perros y cer-
dos). || Chapelet, *m.* : *horca de ajos*, chapelet
d'ails (ristra). || *Amer.* Cadeau, *m.* (regalo). ||
Fig. *Carne de horca*, gibier de potence. || *Horcas
caudinas*, fourches caudines : *pasar por las horcas
caudinas*, passer sous les fourches caudines. ||
Merecer la horca, mériter la corde. || *Señor de
horca y cuchillo*, seigneur haut justicier.

horcadura f. Fourche, enfourchure.

horcajadas (a) loc. adv. À califourchon.

horcajadura f. Entrecuisse (de las piernas).

horcajo m. Collier [d'attelage pour mulets]. ||
Confluent [de deux rivières ou ruisseaux]. || Nœud,
point d'union [de deux montagnes].

horcar v. tr. *Amer.* Pendre (ahorcar).

horcate m. Attelle, *f.* (arreo).

horco m. Chapelet (ristra).

horcón m. Fourche, *f.* (bieldo) || *Amer.* Poteau
(poste).

horconada f. Coup (*m.*) de fourche (golpe). ||
Fourchée (lo que se recoge).

horchata f. Orgeat, *m.* (bebida). || Fig. y fam.
Tener sangre de horchata, être flegmatique *o*
impassible (tranquilo), avoir du sang de navet (sin
energía).

horchatería f. Boutique du limonadier, buvette
où l'on vend de l'orgeat.

horchatero, ra m. y f. Limonadier, ère ; marchand, marchande d'orgeat.

horda f. Horde.

hordáceo, a adj. Hordéacé, e (relativo a la
cebada).

hordiate m. Orge mondé. || Tisane (*f.*) d'orge.

horero m. *Amer.* Aiguille (*f.*) des heures.

horizontal adj. y s. f. Horizontal, e.

horizontalidad f. Horizontalité.

horizonte m. Horizon : *en el horizonte*, à l'hori-
zon. || Fig. Horizon.

horma f. Forme (zapatos, sombreros). || Forme,
embauchoir, *m.*, embouchoir, *m.* (para calzado). ||
Mur (*m.*) en pierres
sèches (pared). || — *Dar con* ou *hallar la horma
de su zapato*, trouver chaussure à son pied (encontrar lo deseado), trouver à qui parler, trouver son
maître (encontrar resistencia).

hormaza f. Mur (*m.*) en pierre sèche.

hormiga f. Zool. Fourmi. || Med. Démangeaison,
fourmillement, *m.* (enfermedad cutánea). || —
Hormiga blanca, fourmi blanche, termite (come-
jén). || *Hormiga león*, fourmi-lion, fourmilion. ||
Fam. *Por el pelo de una hormiga*, à un poil près.
| *Ser una hormiga*, être économe, diligent, labo-
rieux comme une fourmi (ser muy industrioso y
trabajador).

hormigo m. Cendre (*f.*) employée dans la distilla-
tion du mercure (ceniza). || — Pl. Gâteaux aux
amandes et au miel (pastel). || Criblures, *f.*, gros
grains de semoule qui restent dans le crible.

hormigón m. Béton : *hormigón armado, entibado,
pretensado* ou *precomprimido*, béton armé, ban-
ché, précontraint. || Veter. Maladie (*f.*) des
bovins. || Chlorose, *f.* (enfermedad de los árboles).

hormigonado m. Bétonnage.

hormigonera f. Bétonnière.

hormiguear v. intr. Fourmiller, grouiller (bullir). ||
|| *Me hormiguean las piernas*, j'ai des fourmis
dans les jambes.

hormigueo m. Fourmillement, grouillement : *el
hormigueo de la muchedumbre*, le grouillement
de la foule. || Fam. *Sentir hormigueo en las pier-
nas*, avoir des fourmis dans les jambes.

hormiguero m. Fourmilière, *f.* || Zool. Torcol,
torcou, torcol fourmilier (torcecuello). || Fig.
Fourmilière, *f.* (sitio muy poblado). || *Oso hormi-
guero*, tamanoir, fourmilier.

hormiguilla f. Fourmillement, *m.*, démangeaison
(cosquilleo). || Fig. Remords, *m. pl.* (reconcomio).

hormiguillo m. Veter. Fourmilière, *f.* [maladie
des sabots des chevaux]. || Chaîne, *f.* (de obreros).
|| Démangeaison, *f.*, fourmillement (hormiguilla).
|| *Amer.* Effervescence (*f.*) produite lors de l'amal-
gamation du minerai d'argent. || Fig. y fam.
Parece que tiene hormiguillo, il a la bougeotte,
il ne tient pas en place.

hormiguita f. Fig. y fam. Fourmi, abeille (persona trabajadora y ahorrativa).

hormona f. Biol. Hormone.

hormonal adj. Hormonal, e ; des hormones.

hormonoterapia f. Hormonothérapie.

hornabeque m. Ouvrage à cornes (fortificación).

hornablenda f. Min. Hornblende.

hornacero m. Ouvrier qui surveille le creuset.

hornacina f. Arq. Niche (en un muro).

hornacho m. Excavation, *f.* (excavación).

hornachuela f. Petite cave.

hornada f. Fournée. || Fig. y fam. Fournée : *hor-
nada de senadores*, fournée de sénateurs ; *de la
última hornada*, de la dernière fournée.

hornaguear v. tr. Extraire du charbon de terre.

hornaguera f. Charbon (*m.*) de terre, houille.

hornaguero, ra adj. Ample, large, spacieux, euse
(ancho). || Carbonifère (terreno).

hornaza f. Tecn. Four (*m.*) à creuset, fourneau
(*m.*) d'affinage (horno). || Vernis (*m.*) jaune pour
les poteries (barniz).

hornazo m. Culin. Tourte (*f.*) aux œufs durs
(rosca). || Cadeau que l'on fait dans les villages
au prêtre qui a prêché le carême (agasajo).

hornear v. intr. Exercer la profession de fournier.

hornería f. Profession du fournier.

hornero, ra m. y f. Fournier, ère. || — F. Sole,
aire (suelo del horno). || — M. *Amer.* Fournier
(pájaro).

hornija f. Petit bois, *m.* (leña).

hornilla f. u **hornillo** m. Fourneau, *m.* : *hornillo
de gas*, fourneau à gaz. || Réchaud, *m.* : *hornillo
eléctrico*, réchaud électrique. || Mil. Fourneau, *m.*
(de mina). || *Hornillo de atanor*, athanor (horno
de alquimista).

horno m. Four : *horno de panadero*, four à pain *o*
de boulanger. || Trou [d'abeille]. || Fig. Fournaise,
f., étuve, *f.* : *esto es un horno*, c'est une fournaise.

‖ — *Horno de arco,* four à arc. ‖ *Horno castellano,* four à cuve prismatique. ‖ *Horno crematorio,* four crématoire. ‖ *Horno de cuba,* four à cuve.‖ *Horno de reverbero* ou *de tostadillo,* four à réverbère. ‖ — *Alto horno,* haut fourneau. ‖ *Fuente de horno,* plat allant au four. ‖ FIG. y FAM. *No está el horno para bollos* ou *tortas,* ce n'est vraiment pas le moment, le moment est bien mal choisi.

Hornos n. pr. m. GEOGR. *Cabo de Hornos.* cap Horn.

horokilométrico, ca adj. Horokilométrique.

horometría f. Horométrie.

horón m. Cabas (serón).

horóscopo m. Horoscope (predicción). ‖ Devin, voyant (adivino).

horqueta f. Fourche (bieldo). ‖ Fourche, enfourchure (de los árboles). ‖ *Amer.* Coude, m. (de los ríos) | Bifurcation (de caminos).

horquilla f. Fourche. ‖ Épingle (*m.*) à cheveux (de los cabellos). ‖ Fourche (de bicicleta). ‖ Fourchette (de la pechuga de las aves). ‖ Fourche (de los cabellos). ‖ MED. Maladie des cheveux, cheveux (*m. pl.*) fourchus, trichoptilose. ‖ MECÁN. *Horquilla de desembrague,* fourchette de débrayage (auto).

horrar v. tr. *Amer.* Épargner, économiser.

— V. pr. *Amer.* Devenir stérile.

horrendamente adv. Horriblement.

horrendo, da adj. Horrible, affreux, euse : *un crimen horrendo,* un crime horrible.

hórreo m. Grenier (granero).

— OBSERV. Dans les Asturies et en Galice l'*hórreo* est un édifice rectangulaire sur pilotis de pierre.

horribilidad f. Horreur.

horrible adj. Horrible.

hórrido, da adj. Horrible (horrendo).

horrificar v. tr. Horrifier.

horrífico, ca adj. Horrifique, horrible.

horripilación f. Horripilation. ‖ FAM. Chair de poule, horripilation (repelo). ‖ MED. Hérissement, *m.*

horripilante adj. Horripilant, e.

horripilar v. tr. Horripiler, donner la chair de poule, faire frissonner : *el frío nos horripila,* le froid nous donne la chair de poule. ‖ Faire dresser les cheveux sur la tête : *ese cuento horripila,* ce récit fait dresser les cheveux sur la tête. ‖ Déplaire, répugner (repugnar).

— OBSERV. Le verbe *horripilar* n'a pas l'idée de « mettre hors de soi », « agacer » (irritar) qu'a le mot français *horripiler* qui par contre est très employé dans le sens de « faire frissonner ».

horripilativo, va adj. Horripilant, e.

horrísono, na adj. Effroyable, horrible (ruido).

horro, rra adj. Affranchi, e (esclavos). ‖ Libre, débarrassé, e. ‖ Bréhaigne, stérile (animal estéril). ‖ Qui ne brûle pas bien (tabaco).

horror m. Horreur, *f.* ‖ FIG. y FAM. Horreur, *f.* (fealdad). ‖ — Pl. Horreurs, *f.* : *los horrores de la guerra,* les horreurs de la guerre. ‖ FAM. Choses (*f.*) incroyables. ‖ — *Da horror verle tan flaco,* c'est horrible de le voir si maigre. ‖ *Decir horrores,* dire des horreurs. ‖ FAM. *Horrores,* terriblement, énormément : *Goya me gusta horrores,* j'aime terriblement Goya. ‖ *¡Qué horror!,* quelle horreur ! ‖ *Tener horror a la mentira,* avoir horreur du mensonge, avoir le mensonge en horreur.

horrorizado, da adj. Épouvanté, e ; horrifié, e. ‖ *Estar horrorizado,* être horrifié.

horrorizar v. tr. Épouvanter, horrifier, faire horreur.

— V. pr. S'effrayer (tener miedo) : *se horroriza por cualquier cosa,* il s'effraie de n'importe quoi. ‖ Avoir horreur de, avoir en horreur (tener asco).

horroroso, sa adj. Horrible, épouvantable. ‖ FIG. Affreux, euse ; horrible. ‖ *Lo horroroso,* l'hor-

rible, l'horreur, ce qu'il y a d'horrible : *lo horroroso de mi situación,* l'horrible de ma situation.

hortaliza f. Légume, *m.,* légume (*m.*) vert, plante potagère. ‖ — *Cultivos de hortalizas,* cultures maraîchères. ‖ *Hortalizas tempranas,* primeurs.

hortelana m. Jardinière (mujer del hortelano).

hortelano, na adj. Potager, ère ; jardinier, ère.

— M. y f. Jardinier, ère (horticultor). ‖ Maraîcher, ère (que cultiva hortalizas). ‖ — M. ZOOL. Ortolan.

hortense adj. Potager, ère ; jardinier, ère (de la huerta) : *cultivo hortense,* culture potagère.

hortensia f. BOT. Hortensia, *m.*

Hortensia n. pr. f. Hortense.

hortera f. Écuelle (escudilla o plato). ‖ — M. FAM. Calicot (dependiente de comercio). ‖ FIG. y FAM. Gommeux (gomoso).

hortícola adj. Horticole.

horticultor m. Horticulteur.

horticultura f. Horticulture.

hosanna m. Hosanna (himno).

hosco, ca adj. Renfrogné, e ; rébarbatif, ive (ceñudo). ‖ Très brun, brune (tez morena).

hospedaje u **hospedamiento** m. Logement, pension, *f.* (alojamiento). ‖ Pension, *f.* : *pagar poco hospedaje,* payer une pension peu élevée o une petite pension. ‖ *Tomar hospedaje en un hotel,* prendre pension o loger dans un hôtel.

hospedar v. tr. ● Loger, héberger (albergar).

— V. pr. Se loger, prendre pension, loger.

— SINÓN. ● *Alojar,* héberger. *Albergar,* héberger. *Acoger,* accueillir.

hospedería f. Hôtellerie (establecimiento hotelero). ‖ Logement, *m.,* pension (hospedaje).

hospedero, ra m. y f. Hôtelier, ère.

hospiciano, na adj. y s. Qui vit dans un hospice.

hospiciante m. y f. *Amer.* V. HOSPICIANO.

hospicio m. Hospice. ‖ Asile (asilo).

hospital m. ● Hôpital. ‖ (Ant.). Asile, hospice (hospicio). ‖ MIL. *Hospital de sangre,* hôpital de campagne.

— SINÓN. ● *Enfermería,* infirmerie. *Clínica, sanatorio,* clinique. *Dispensario,* dispensaire. ‖ *Sanatorio (antituberculoso),* sanatorium, sana (fam.).

hospitalario, ria adj. Hospitalier, ère.

— M. y f. RELIG. Hospitalier, ère.

hospitalero, ra m. y f. Surveillant, surveillante d'hôpital.

hospitalidad f. Hospitalité : *dar hospitalidad a,* donner l'hospitalité à. ‖ (P. us.). Hospitalisation.

hospitalización f. Hospitalisation.

hospitalizar v. tr. Hospitaliser.

hospodar m. Hospodar (príncipe de Moldavia).

hosquedad f. Rudesse, âpreté, attitude rébarbative. ‖ Hargne (mal humor).

hostal m. Hôtellerie, *f.,* auberge, *f.*

hostelero, ra m. y f. Hôtelier, ère ; aubergiste.

hostería f. Auberge.

hostelería f. Hôtellerie (conjunto de hoteles). ‖ Hôtellerie, auberge (hostal). ‖ *Escuela de hostelería,* école hôtelière.

hostia f. Hostie.

hostiario m. Boîte (*f.*) pour les hosties non consacrées. ‖ Fer à hosties (molde).

hostigador, ra adj. y s. Harceleur, euse ; qui harcèle (que hostiga). ‖ — Adj. Harcelant, e.

hostigamiento m. Harcèlement (acción de hostigar) : *tiro de hostigamiento,* tir de harcèlement.

hostigar v. tr. Fustiger, fouetter (azotar). ‖ FIG. Harceler (perseguir, atacar).

hostigoso, sa adj. *Amer.* Ennuyeux, euse.

hostil adj. Hostile (enemigo).

hostilidad f. Hostilité. ‖ — Pl. Hostilités : *reanudar, romper las hostilidades,* reprendre les hostilités, commencer o ouvrir les hostilités.

hostilizar v. tr. Harceler (hostigar), attaquer. ‖ *Amer.* S'opposer.

hostilmente adv. D'une manière hostile, avec hostilité, hostilement (p. us.).

hotel m. ● Hôtel : *alojarse en un hotel,* descendre dans un hôtel. ‖ Pavillon, villa, *f.* (hotelito).
— SINÓN. ● *Pensión, casa de huéspedes, pensión de familia,* pension de famille. *Hostelería,* hôtellerie. *Posada, venta,* auberge. *Ventorro,* cambuse. *Fonda,* pension, hôtel modeste.

hotelero, ra adj. y s. Hôtelier, ère. ‖ *Industria hotelera,* hôtellerie, industrie hôtelière.

hotelito m. Pavillon, villa, *f.* (casa particular).

hotentote, ta adj. y s. Hottentot, e.

hovero, ra adj. Aubère (overo).

hoy adv. Aujourd'hui : *hoy estamos a miércoles,* aujourd'hui nous sommes mercredi. ‖ — *Hoy día, hoy en día,* de nos jours, à l'heure actuelle, aujourd'hui. ‖ *Hoy por hoy,* actuellement, à présent, de nos jours. ‖ *Hoy por ti, mañana por mí,* à charge de revanche. ‖ — *De hoy a mañana,* d'un moment à l'autre. ‖ *De hoy en adelante,* dorénavant, désormais. ‖ *En el día de hoy,* aujourd'hui même. ‖ *No dejes para mañana lo que puedes hacer hoy,* il ne faut pas remettre au lendemain ce que l'on peut faire le jour même.

hoya f. Fosse. ‖ Tombe, fosse (sepultura) : *tener un pie en la hoya,* avoir un pied dans la tombe. ‖ Creux, *m.,* cuvette (hondonada). ‖ *Amer.* Vallée (cuenca). ‖ AGRIC. *Plantar a hoya,* planter en auget.

hoyada f. Dépression (hondonada).

hoyanca f. Fosse commune (en los cementerios).

hoyar v. tr. *Amer.* Faire des trous.

hoyita f. u **hoyito** m. Fossette, *f.*

hoyo m. Trou. ‖ Fosse, *f.* (fosa). ‖ Marque (*f.*) de la petite vérole, trou (de la viruela). ‖ Fossette, *f.* (en las mejillas). ‖ FAM. *El muerto al hoyo y el vivo al bollo,* laissez les morts ensevelir les morts ; le roi est mort, vive le roi.

hoyoso, sa adj. Troué, e ; plein de trous (lleno de agujeros). ‖ Grêlé, e (picado de viruela).

hoyuela f. Fossette au-dessous de la gorge.

hoyuelo m. Fossette, *f.* (en la barba o en la mejilla). ‖ Fossette, *f.,* bloquette, *f.* (juego de niños).

hoz f. AGRIC. Faucille. ‖ Gorge (valle profundo y estrecho). ‖ — FIG. *De hoz y de coz,* par tous les moyens. ‖ *Meter la hoz en mies ajena,* chasser sur les terres d'autrui.

hozada f. Coup (*m.*) de faucille.

hozadero m. Travail, boutis (del jabalí).

hozador, ra adj. Qui vermille (un jabalí).

hozadura f. Fouillure (huella de haber hozado).

hozar v. tr. Fouiller, vermiller (el jabalí).

huaca f. « Huaca », sépulture indigène.

huacal m. V. GUACAL.

huaco m. Poterie (*f.*) précolombienne (guaco).

huachapear v. tr. *Amer.* Chiper (hurtar).

huahua m. y f. *Amer.* V. GUAGUA.

huaico m. *Amer.* Cuvette, *f.,* dépression, *f.* (hondonada). ‖ Décharge, *f.* (basurero).

huango m. Natte, *f.,* tresse, *f.* [des Indiens de l'Équateur].

huarache m. *Amer.* Sandale (*f.*) indienne.

huarapón m. *Amer.* Chapeau à larges bords.

huaro m. *Amer.* Tafia.

huasca f. *Amer.* Courroie (correa). ‖ Fouet, *m.* (látigo). ‖ *Amer. Dar huasca,* fouetter.

huascazo m. *Amer.* Coup de fouet.

huasipungo m. Lopin de terre attribué aux Indiens de l'Équateur en plus de leur salaire.

huaso, sa m. y f. « Huaso », paysan, paysanne du Chili.

huasquear v. tr. *Amer.* Fouetter.

huata f. *Amer.* V. GUATA.

huatearse v. pr. *Amer.* Prendre du ventre.

huatón, ona adj. *Amer.* Ventru, e ; pansu, e.

hucha f. Tirelire (alcancía). ‖ Huche (arca). ‖ FIG. Économies, *pl.,* magot, *m.,* bas (*m.*) de laine (fam.) [ahorro].

huchear v. intr. Hucher, appeler (caza).

huebra f. AGRIC. Ouvrée (tierra labrada en un día). ‖ Jachère (barbecho). ‖ Attelage (*m.*) et son conducteur loués à la journée.

hueca f. Rainure à l'extrémité du fuseau.

hueco, ca adj. Creux, euse (cóncavo). ‖ Vide, creux, euse (vacío) : *cabeza hueca,* tête vide. ‖ Creux, euse : *estilo hueco,* style creux. ‖ Libre : *había un sitio hueco,* il y avait une place libre. ‖ Creux, euse (retumbante) : *voz hueca,* voix creuse ; *sonido hueco,* son creux. ‖ FIG. Vaniteux, euse ; suffisant, e (orgulloso). ‖ Spongieux, euse (esponjoso), moelleux, euse (mullido). ‖ Meuble : *tierra hueca,* terre meuble.
— M. Creux (cavidad) : *el hueco de la mano,* le creux de la main. ‖ Vide (intervalo). ‖ Espace vide (sitio libre). ‖ ARQ. Ouverture, *f.,* vide (abertura en un muro). ‖ Enfoncement (parte entrante) : *el hueco de una puerta,* l'enfoncement d'une porte. ‖ Embrasure, *f.,* baie, *f.* (vano). ‖ FIG. y FAM. Vide, place (*f.*) libre (empleo vacante). ‖ Cage, *f.* : *el hueco de la escalera, del ascensor,* la cage de l'escalier, de l'ascenseur. ‖ — *Grabado en hueco,* héliogravure, gravure en creux. ‖ FIG. *Hacer su hueco* ou *hacerse un hueco,* faire son trou. ‖ *Sonar a hueco,* sonner creux.

huecograbado m. Héliogravure, *f.,* gravure (*f.*) en creux, tirage en creux o en hélio.

huecú m. *Amer.* Marais (sitio cenagoso).

huélfago m. VETER. Pousse, *f.* (de los caballos).

huelga f. Grève (cese del trabajo) : *declararse en huelga* ou *declarar la huelga,* se mettre en grève, faire la grève ; *estar en huelga,* être en grève, faire grève. ‖ Partie de plaisir (recreación, juerga). ‖ — *Huelga de brazos caídos* ou *de brazos cruzados,* grève des bras croisés o sur le tas. ‖ *Huelga del hambre* ou *de hambre,* grève de la faim. ‖ *Huelga escalonada* ou *alternativa* ou *por turno,* grève tournante. ‖ *Huelga intermitente,* grève perlée.
— OBSERV. Ne pas confondre ce substantif avec la 3ᵉ personne du singulier du présent de l'indicatif du verbe *holgar* (voir ce verbe).

huelgo m. Haleine, *f.* (aliento). ‖ MECÁN. Jeu (de dos piezas).

huelguista m. Gréviste.

huelguístico, ca adj. De grève : *movimiento huelguístico,* mouvement de grève.

huelveño, ña adj. y s. De Huelva [Espagne].

huella f. ● Trace, empreinte, marque (del pie de una persona) : *se ven huellas en la nieve,* on voit des traces dans la neige. ‖ Empreinte : *huella digital* ou *dactilar,* empreinte digitale. ‖ Trace (señal). ‖ Trace, marque (de una herida). ‖ Foulée (del pie de un animal). ‖ Giron, *m.* (de un escalón). ‖ IMPR. Empreinte (de una lámina de imprenta). ‖ — *Dejar huellas,* marquer, laisser des traces : *hecho que dejará sus huellas en la historia,* fait qui marquera dans l'histoire. ‖ *No encontrar huellas de,* ne pas trouver trace de. ‖ FIG. *Seguir las huellas de,* suivre les traces de, marcher sur les traces de.
— SINÓN. ● *Vestigio,* vestige. *Estigma,* stigmate. *Rastro,* traînée. *Pista,* piste. *Surco, carril,* ornière. *Pisada,* trace.

huello m. Sol (superficie que se pisa). ‖ Pas (de un caballo). ‖ Sole, *f.* (del casco del caballo).

huemul m. *Amer.* Cerf des Andes.

huerfanato m. Orphelinat.

huérfano, na adj. y s. Orphelin, e. ‖ FIG. Abandonné, e. ‖ — *Asilo de huérfanos,* orphelinat. ‖ *Huérfano de guerra,* orphelin de guerre.

huero, ra adj. FIG. Vide, sans substance, creux, euse. ‖ *Amer.* Pourri, e (podrido). ‖ FIG. y FAM. *Salir huero*, tomber à l'eau (fracasar).

huerta f. Grand jardin (*m.*) potager (cultivo de hortalizas). ‖ « Huerta », plaine irriguée et cultivée (tierra de regadío, especialmente en Valencia y Murcia). ‖ Verger, *m.* (de árboles frutales). ‖ *Productos de la huerta*, production maraîchère.
— OBSERV. La *huerta* est généralement plus étendue que le *huerto*. On y fait davantage de cultures maraîchères que de cultures fruitières.

huertano, na adj. y s. Cultivateur, cultivatrice des « huertas » de Valence et de Murcie. ‖ — Adj. Maraîcher, ère (de la huerta).

huertero, ra m. y f. *Amer.* Jardinier, ère ; maraîcher, ère.

huerto m. Verger (de árboles frutales). ‖ Jardin potager, potager (de hortalizas).

huesa f. Fosse, sépulture, tombe : *tener un pie en la huesa*, avoir un pied dans la tombe.

huesillo m. *Amer.* Pêche (*f.*) séchée au soleil.

hueso m. ANAT. Os : *hueso con tuétano*, os à moelle. ‖ Corne, *f.* (peine, botón, etc.). ‖ Noyau (de una fruta). ‖ FIG. y FAM. Bête (*f.*) noire : *el latín es para mí un hueso*, le latin est ma bête noire. ‖ Personne pas commode (persona difícil de tratar). ‖ Vache, *f.*, rosse (persona mala) : *este profesor es un hueso* ou *un rato hueso* ou *muy hueso*, ce professeur est une rosse *o* est terriblement rosse. ‖ Travail difficile. ‖ — Pl. Ossements (huesos descarnados).
— *Hueso de la alegría*, le petit juif (del codo). ‖ *Hueso sacro*, sacrum. ‖ — *A otro perro con ese hueso*, à d'autres !, cela ne prend pas avec moi ! ‖ *En carne y hueso*, en chair et en os. ‖ FAM. *La sin hueso*, la menteuse, la langue. ‖ — *Calado hasta los huesos*, trempé jusqu'aux os. ‖ FAM. *¡Choca esos huesos!*, tope là ! ‖ *Dar con los huesos en el suelo*, se flanquer par terre, prendre un billet de parterre. ‖ *Dar con sus huesos*, échouer : *dio con sus huesos en Madrid*, il a échoué à Madrid. ‖ *Dar en [un] hueso* ou *tropezar con un hueso*, tomber sur un os. ‖ *Dar un hueso que roer a uno*, donner un os à ronger à quelqu'un. ‖ *Estar* ou *quedarse en los huesos*, n'avoir que la peau et les os *o* sur les os, être maigre comme un clou. ‖ *Estoy por sus huesos*, j'en suis amoureux fou (enamorado). ‖ *No dejar a uno hueso sano*, rompre, casser *o* briser les os à quelqu'un, battre quelqu'un comme plâtre. ‖ *No llegar a hacer huesos viejos*, ne pas faire de vieux os. ‖ *No poder uno con sus huesos*, être éreinté, n'en plus pouvoir. ‖ *¡Róete ese hueso!*, attrape! ‖ *Romperle a uno los huesos* ou *un hueso*, casser *o* rompre *o* briser les os à quelqu'un, battre comme plâtre. ‖ *Ser un hueso duro de roer*, être un dur à cuire. ‖ *Soltar la sin hueso*, laisser aller sa langue (hablar mucho), vomir des injures (prorrumpir en dicterios). ‖ *Tener los huesos duros*, avoir passé l'âge [de faire certains travaux]. ‖ FIG. *Tener los huesos molidos*, avoir les reins moulus, être moulu.

huesoso, sa adj. Osseux, euse.

huésped, da m. y f. Hôte, esse (el que invita). ‖ Hôte, esse ; invité, e (invitado). ‖ Aubergiste, hôtelier, ière (mesonero). ‖ — *Casa de huéspedes*, pension de famille. ‖ *Cuarto de huéspedes*, chambre d'amis. ‖ *Huésped de una pensión*, pensionnaire. ‖ — *Estar de huésped en casa de*, être l'hôte *o* l'invité de. ‖ FIG. y FAM. *No contar con la huéspeda*, compter sans son hôte. ‖ *Hacérsele* ou *figurársele a uno huéspedes los dedos*, prendre ses désirs pour des réalités.

hueste f. Armée, troupe, ost, *m.* (ant.). ‖ FIG. Partisans, *m. pl.* (partidarios).

huesudo, da adj. Osseux, euse.

hueva f. Frai, *m.*, œufs (*m. pl.*) de poisson (de los peces).

huevar v. intr. Commencer à pondre (las aves).

huevera f. Marchande d'œufs. ‖ Coquetier, *m.* (para comer los huevos). ‖ Œufrier, *m.* (para servir los huevos). ‖ ANAT. Oviducte, *m.* (de las aves).

huevería f. Boutique de marchand d'œufs.

huevero m. Coquetier. ‖ Œufrier. ‖ Marchand d'œufs.

huevo m. Œuf (de ave, etc.). ‖ Œuf à repriser (para zurcir). ‖ — *Huevo de Colón*, œuf de Colomb. ‖ *Huevo de Pascuas*, œuf de Pâques. ‖ *Huevo duro*, œuf dur. ‖ *Huevo escalfado*, œuf poché. ‖ *Huevo estrellado* ou *al plato*, œuf sur le plat. ‖ *Huevo huero*, œuf clair, non fécondé. ‖ *Huevo pasado por agua*, œuf à la coque. ‖ *Amer. Huevo tibio*, œuf à la coque. ‖ *Huevos batidos a punto de nieve*, œufs en neige. ‖ *Huevos moles*, jaunes d'œuf battus avec du sucre. ‖ *Huevos revueltos*, œufs brouillés. ‖ — FIG. y FAM. *Andar* ou *ir pisando huevos*, marcher sur des œufs. ‖ *Buscarle pelos al huevo*, chercher la petite bête. ‖ *No es tanto por el huevo, sino por el fuero*, c'est pour le principe, c'est une question de principe. ‖ *Parecerse como un huevo a otro huevo*, se ressembler comme deux gouttes d'eau. ‖ *Parecerse como un huevo a una castaña*, être le jour et la nuit, ne pas se ressembler du tout. ‖ POP. *Se lo puse a huevo*, je le lui ai donné tout mâché.

¡huf! interj. Ouf !

Hugo n. pr. m. Hugues, Hugo.

hugonote, ta adj. y s. Huguenot, e.

huida f. Fuite (acción de huir) : *la huida de Egipto*, la fuite en Égypte. ‖ FIG. Échappatoire. ‖ EQUIT. Dérobade (de un caballo).
— SINÓN. ● *Fuga*, fuite. *Desbandada*, débandade. *Deserción*, désertion. *Evasión*, évasion. *Escapada*, escapade. *Éxodo*, exode.

huidero, ra adj. Fuyant, e (huidizo).
— M. MIN. Ouvrier qui perce les trous où l'on fixe les étançons. ‖ Gîte (de los animales).

huidizo, za adj. Fuyant, e.

huidor, ra adj. y s. Fuyard, e.

huilón, ona adj. y s. *Amer.* Fuyard, e (que huye). ‖ Froussard, e (cobarde).

huincha f. *Amer.* Ruban, *m.* (cinta).

huinche m. *Amer.* Treuil.

huipil m. *Amer.* Chemise (*f.*) de femme.

huir* v. intr. ● Fuir : *huir de alguno*, fuir quelqu'un ; *huir del vicio*, fuir le vice. ‖ S'enfuir, prendre la fuite : *ha huido*, il s'est enfui, il a pris la fuite. ‖ *Huir de* (con el infinitivo), éviter de : *huir de ir a hacer visitas*, éviter d'aller faire des visites.
— SINÓN. ● *Escapar*, échapper. *Desertar*, déserter. *Fugarse*, s'enfuir. *Evadirse*, s'évader. *Marcharse, largarse*, se sauver. *Pirárselas*, se carapater.

hujier m. (P. us.) Huissier (ujier).

hule m. Toile (*f.*) cirée. ‖ Alaise, *f.* (para los nenes). ‖ FAM. Billard (mesa de operaciones). ‖ *Amer.* Caoutchouc, gomme (*f.*) des Indes (caucho). ‖ FIG. *Hubo hule*, le sang a coulé [dans une course de taureaux].

hulería f. *Amer.* Plantation d'hévéas.

hulero m. *Amer.* Récolteur de caoutchouc.

hulla f. Houille. ‖ — *Hulla blanca*, houille blanche. ‖ *Mina de hulla*, houillère.

hullero, ra adj. Houiller, ère.

humanar v. tr. Humaniser (humanizar).
— V. pr. S'humaniser. ‖ Se faire homme (hablando de Dios). ‖ *Amer.* Condescendre (condescender).

humanidad f. Humanité. ‖ FAM. Corpulence, embonpoint, *m.* ‖ — Pl. Humanités : *estudiar humanidades*, faire ses humanités. ‖ FIG. y FAM.

Este cuarto huele a humanidad, cette pièce sent le fauve.

humanismo m. Humanisme.

humanista adj. y s. Humaniste.

humanístico, ca adj. Relatif à l'humanisme.

humanitario, ria adj. Humanitaire.

humanitarismo m. Humanitarisme.

humanización f. Humanisation.

humanizar v. tr. Humaniser.

humano, na adj. y s. Humain, e. ‖ — *El género humano,* le genre humain, les humains. ‖ *Todo cabe en lo humano,* les hommes sont capables de tout, tout est possible.

humarada o **humareda** f. Grande fumée.

humarazo m. Fumée (*f.*) épaisse.

humazga f. Fouage, *m.* (tributo).

humazo m. Fumée (*f.*) épaisse.

Humberto n. pr. m. Humbert.

humeada f. *Amer.* Fumée.

humeante adj. Fumant, e.

humear v. intr. Fumer : *carbón, chimenea que humea,* charbon, cheminée qui fume. ‖ FIG. Ne pas être encore éteint, être encore chaud (una riña). | Être présomptueux, euse ; se vanter (vanagloriarse).

— V. tr. *Amer.* Fumiger (fumigar).

— OBSERV. Ne pas confondre avec *fumar* (une cigarette, etc.).

humectación f. Humectation.

humectador m. Humidificateur, humecteur.

humectar v. tr. Humecter.

humedad f. Humidité.

humedecedor m. Humecteur.

humedecer* v. tr. Humidifier, humecter.

— V. pr. S'humecter. ‖ *Se le humedecieron los ojos,* les larmes lui montèrent aux yeux.

humedecimiento m. Humectation, *f.*, humidification, *f.*

húmedo, da adj. Humide : *ropa húmeda,* linge humide. ‖ Moite (de sudor).

humera f. FAM. Cuite, ivresse (borrachera).

— OBSERV. Le *h* initial est aspiré.

humeral adj. ANAT. Huméral, e.

— M. RELIG. Voile huméral.

humero m. Tuyau de cheminée.

húmero m. ANAT. Humérus (hueso).

humidificación f. Humidification.

húmido, da adj. POÉT. Humide.

humildad f. Humilité : *con toda humildad,* en toute humilité.

humilde adj. y s. Humble : *la gente humilde,* les gens humbles ; *favorecer a los humildes,* favoriser les humbles. ‖ FIG. Humble : *de humilde cuna,* d'humble extraction. ‖ *A mi humilde parecer,* à mon humble avis.

humillación f. Humiliation.

humilladero m. Calvaire (cruz a la entrada de un pueblo).

humillado, da adj. Humilié, e.

humillador, ra o **humillante** adj. Humiliant, e ; qui humilie.

humillar v. tr. ● Humilier : *humillar a un hombre,* humilier un homme. ‖ Abaisser, rabattre (bajar) : *humillar el orgullo,* rabattre l'orgueil. ‖ TAUROM. *Humillar la cabeza,* baisser la tête (el toro).

— V. pr. S'humilier.

— SINÓN. ● *Abatir,* abattre. *Mortificar,* mortifier. *Degradar,* dégrader. *Achicar, rebajar,* rabaisser. *Confundir,* confondre. *Envilecer,* avilir.

humillo m. FIG. Vanité, *f.,* fierté, *f.,* orgueil (vanidad). ‖ VETER. Maladie (*f.*) des cochonnets.

humita f. « Humita », mets (*m.*) américain à base de farine de maïs.

humitero, ra m. y f. *Amer.* Marchand, marchande d' « humitas ».

humo m. Fumée, *f.* ‖ Vapeur, *f.* (vapor). ‖ — Pl. Feux, foyers (casas). ‖ FIG. Vanité, *f. sing.,* prétention, *f. sing.,* suffisance, *f. sing.* ‖ — *Cura al humo,* saurissage. ‖ — FIG. y FAM. *A humo de pajas,* à la diable, à la légère. | *Bajarle a uno los humos,* rabattre le caquet à quelqu'un, remettre quelqu'un à sa place. | *¡Cuántos humos tiene!,* quelle prétention !, pour qui se prend-il ? | *Echar algo a humo de pajas,* prendre quelque chose à la légère. ‖ *Echar humo,* fumer : *la chimenea echa humo,* la cheminée fume. ‖ FIG. *Hacer humo a uno,* faire la tête à quelqu'un. | *Hacerse humo,* s'éclipser (amer.). | *Irse todo en humo,* s'en aller en fumée. | *Le sube el humo a la chimenea,* le vin lui monte à la tête (el vino). | *Le sube el humo a las narices,* la moutarde lui monte au nez (ira). | *Le suben los humos a la cabeza,* la tête lui tourne. | *Pesar el humo,* couper o fendre les cheveux en quatre. | *Se le bajaron los humos,* il a mis de l'eau dans son vin. | *Se le subieron los humos a la cabeza,* il est devenu prétentieux. | *Tener muchos humos,* être orgueilleux, prendre de grands airs. | *Vender humos,* faire l'important, jouer les grands seigneurs.

humor m. ● Humeur, *f.* : *buen, mal humor,* bonne, mauvaise humeur. ‖ Caractère, naturel (índole). ‖ MED. Humeur, *f.* : *humores fríos,* humeurs froides. ‖ FIG. Esprit (agudeza) : *hombre de humor,* homme d'esprit. | Humour (gracia). ‖ — ANAT. *Humor ácueo, vítreo,* humeur aqueuse, vitrée. ‖ FAM. *Humor de todos los diablos,* humeur massacrante o de chien. ‖ *No estoy de* ou *no tengo humor para bromas,* je ne suis pas d'humeur à plaisanter o je ne suis pas en humeur de plaisanter. ‖ *Remover los humores,* agiter les esprits. ‖ *Seguirle el humor a uno,* ne pas contrarier quelqu'un. ‖ *Si estás de humor,* si le cœur t'en dit.

— SINÓN. ● *Carácter, genio,* caractère. *Talante,* humeur. *Índole,* naturel.

humorada f. Caprice, *m.,* fantaisie (capricho). ‖ Bon mot, *m.* (chiste).

humorado, da adj. *Bien, mal humorado,* de bonne, de mauvaise humeur.

humoral adj. MED. Humoral, e.

humorismo m. Humour (gracia).

humorista adj. y s. Humoriste. ‖ — M. Chansonnier.

humorísticamente adv. Humoristiquement, spirituellement, avec humour o esprit.

humorístico, ca adj. Humoristique, spirituel, elle.

humoso, sa adj. Fumeux, euse.

humus m. AGRIC. Humus (mantillo).

hundible adj. Qui peut s'écrouler o s'enfoncer.

hundido, da adj. Enfoncé, e. ‖ Creux, euse ; cave (las mejillas). ‖ Cave, enfoncé, e : *ojos hundidos,* yeux caves.

hundimiento m. Enfoncement (acción de hundir). ‖ Affaissement, effondrement (del terreno). ‖ Éboulement (de tierra). ‖ Écroulement (de una casa). ‖ Effondrement (de una casa, de la moral, de un imperio, de la Bolsa). ‖ Naufrage (de un barco). ‖ Fondis, fontis (socavón). ‖ Engloutissement (de la fortuna).

hundir v. tr. Enfoncer : *hundir una estaca,* enfoncer un pieu. ‖ Affaisser : *lu lluvia hunde el suelo,* la pluie affaisse le sol. ‖ Plonger (un puñal). ‖ MAR. Couler (un barco). ‖ FIG. Confondre (confundir). | Accabler (abrumar). | Ruiner (arruinar). | Engloutir (una fortuna). | Couler (una persona, un negocio). ‖ Creuser (enflaquecer).

— V. pr. S'écrouler, s'effondrer (un edificio). ‖ S'enfoncer (caer al fondo). ‖ S'affaisser, s'effondrer (el suelo). ‖ S'effondrer (un imperio, la moral, la Bolsa). ‖ S'ébouler (desprenderse la tierra). ‖ Se creuser (las mejillas). ‖ Rentrer, s'enfoncer (los ojos). ‖ MAR. Couler, sombrer, s'abîmer, être englouti (un barco). ‖ S'abîmer, s'enfoncer : *el avión se hundió en el mar,* l'avion s'abîma dans la mer.

húngaro, ra adj. y s. Hongrois, e.

Hungría n. pr. f. GEOGR. Hongrie.

Hunos n. pr. m. pl. HIST. Huns.

¡hupa! interj. Allons!

huracán m. Ouragan.

huracanado, da adj. Impétueux, euse; violent, e (violento).

hurañamente adv. D'une façon sauvage.

huraño, ña adj. Sauvage, insociable, bourru, e.

— SINÓN. *Adusto,* aduste. *Arisco,* hargneux. *Hosco,* bourru. *Esquivo,* revêche. *Feroz,* farouche. *Insociable,* insociable. *Misántropo,* misanthrope.

hurgador m. Tisonnier. (hurgón).

hurgar v. tr. Remuer (mover). || Toucher (tocar). || Tisonner, fourgonner (el fuego). || FIG. Exciter, taquiner (incitar). || — FIG. *Hurgar en la herida,* retourner le couteau dans la plaie. || FAM. *Peor es hurgallo,* il ne faut pas réveiller le chat qui dort, il vaut mieux ne pas revenir là-dessus.

hurgón m. Tisonnier (para atizar). || TECN. Ringard, fourgon.

hurgonada f. Action de fourgonner.

hurgonazo m. Coup de tisonnier.

hurgonear v. tr. Tisonner, fourgonner.

hurgonero m. Tisonnier, fourgon.

hurguetear v. tr. *Amer.* Fureter, fouiller (escudriñar).

hurguillas m. y f. inv. Tracassier, ère; touche-à-tout (bullebulle).

hurí f. Houri.

hurón m. ZOOL. Furet (animal). || FIG. y FAM. Furet, fureteur (hombre muy sagaz). | Ours mal léché (persona huraña).

hurón, ona adj. y s. Huron, onne (indio de América del Norte).

hurona f. Femelle du furet.

huronear v. intr. Fureter (cazar). || FIG. y FAM. Fureter (escudriñar).

huronera f. Terrier, *m.,* trou (*m.*) du furet. || FIG. y FAM. Tanière, gîte, *m.* (de una persona).

huronero m. Fureteur.

huroniano, na adj. GEOL. Huronien, enne.

¡hurra! interj. Hourrah!

hurraca f. Pie (urraca).

hurtadillas (a) loc. adv. En tapinois, à la dérobée, en catimini, en cachette.

hurtar v. tr. ● Dérober, voler (robar). || Tricher [sur le poids] (engañar en el peso). || FIG. Emporter (tierras). || Plagier (plagiar). || *'Hurtar el cuerpo,* faire un écart (hacerse a un lado), s'esquiver, se dérober (escurrir el bulto).

— V. pr. FIG. Se dérober : *hurtarse a los ojos,* se dérober aux regards. | Se cacher (esconderse). | S'esquiver (zafarse).

— SINÓN. ● *Sustraer,* soustraire. *Escamotear,* escamoter. *Quitar,* dérober. *Pop. Rapiñar,* chaparder. *Limpiar, birlar,* subtiliser, barboter. *Afanar,* piquer. *Soplar,* faucher.

hurto m. Larcin, vol (robo y cosa robada). || MIN. Galerie (*f.*) secondaire.

husada f. Fusée, quenouille, quenouillée (de hilo).

húsar m. MIL. Hussard.

husillo m. Vis (*f.*) de pression (de molino). || Égout (alcantarilla), déversoir, conduit (conducto). || Fuseau (huso). || MECÁN. Broche, *f.*

husita adj. y s. HIST. Hussite.

husma f. Flair, *m.* (husmeo). || FIG. y FAM. *Andar a la husma,* fureter, fouiner (buscar).

husmeador, ra adj. y s. FAM. Fureteur, euse; fouinard, e (que husmea).

husmear v. tr. Flairer. || FIG. y FAM. Fouiner, fureter (indagar). || Flairer (presentir) : *husmear el peligro,* flairer le danger.

— V. intr. Sentir, être faisandé, e (las carnes).

husmeo m. Flair (acción de husmear).

husmo m. Fumet (olor), faisandage (de la carne).

huso m. Fuseau (para hilar). || Dévidoir [pour la soie]. || Fuselage (de los aviones). || BLAS. Fuseau. || MIN. Arbre (cilindro de un torno) : *huso guía,* contre-arbre. || — GEOM. *Huso esférico,* fuseau sphérique. || *Huso horario,* fuseau horaire. || FIG. y FAM. *Más derecho que un huso* ou *tieso como un huso,* droit comme un i. | *Ser más tieso que un huso,* être raide comme un piquet o comme un manche à balai.

¡huy! interj. Aïe!, oh!

---

i f. I, *m.* : *una I mayúscula,* un I majuscule. || *Poner los puntos sobre las íes,* mettre les points sur les *i.*

ibaró m. *Amer.* Savonnier (jaboncillo).

Iberia n. pr. f. GEOGR. Ibérie.

ibérico, ca o **iberio, ria** adj. Ibérique, ibère, ibérien, enne (p. us.). || *La península ibérica,* la péninsule Ibérique.

ibéride f. Ibéride, ibéris, *m.*

ibero, ra o **íbero, ra** adj. y s. Ibère, ibérique, ibérien, enne (p. us.).

Iberoamérica n. pr. f. GEOGR. Amérique latine.

iberoamericano, na adj. y s. Latino-américain, e.

— OBSERV. V. *Latino-américain,* primera parte, pág. 424.

íbice m. ZOOL. Ibex, bouquetin (cabra montés).

ibicenco, ca adj. y s. D'Ibiza (Baleares).

ibídem adv. lat. Ibidem (en el mismo lugar).

— OBSERV. Abreviación : *ibid.* ou *ib.*

ibis m. Ibis (ave).

ibón m. Lac de montagne (en Aragón).

ibseniano, na adj. Ibsénien, enne (de Ibsen).

icaco m. BOT. Icaquier (árbol). | Icaque (fruta).

icáreo, a o **icario, ria** adj. Icarien, enne : *juegos icarios,* jeux icariens.

Ícaro n. pr. m. Icare.

iceberg m. Iceberg.

icefield m. Icefield.

icneumón m. ZOOL. Ichneumon.

icnografía f. ARQ. Ichnographie.
icono m. Icône, f.
iconoclasia f. Iconoclasme, m.
iconoclasta adj. y s. Iconoclaste.
iconógeno m. QUÍM. Iconogène.
iconografía f. Iconographie.
iconográfico, ca adj. Iconographique.
iconógrafo m. Iconographe.
iconólatra adj. y s. Iconolâtre.
iconolatría f. Iconolâtrie.
iconología f. Iconologie.
iconólogo, ga m. y f. Iconologiste, iconologue.
iconoscopio m. RAD. Iconoscope.
iconostasio m. Iconostase, f.
icor m. MED. Ichor.
icoroso, sa adj. MED. Ichoreux, euse (purulento).
icosaedro m. GEOM. Icosaèdre.
ictericia f. MED. Ictère, m., jaunisse.
ictérico, ca adj. y s. Ictérique.
ictiocola f. Ichtyocolle, colle de poisson.
ictiofagia f. Ichtyophagie.
ictiófago, ga adj. y s. Ichtyophage.
ictiografía f. Ichtyographie.
ictiol m. QUÍM. Ichtyol.
ictiología f. Ichtyologie.
ictiológico, ca adj. Ichtyologique.
ictiólogo m. Ichtyologiste.
ictiosauro m. Ichtyosaure.
ictiosis f. MED. Ichtyose (enfermedad de la piel).
ictoideo, a adj. y s. Ichtyoïde.
ictus m. MED. Ictus. || Ictus (verso).
icho o **ichu** m. Graminée (f.) des Andes.
ida f. Aller, m. (acción de ir) : *billete de ida y vuelta*, billet d'aller et retour. || FIG. Impulsion, élan, m., explosion (ímpetu). || Attaque (esgrima). || Piste (caza). || — *Amer. Billete de ida y llamada*, billet d'aller et retour. || *Idas y venidas*, allées et venues.
idea f. ● Idée : *idea preconcebida*, idée préconçue. || Image, souvenir, m. : *tengo su idea grabada en la mente*, j'ai son image gravée dans mon esprit. || Intention, idée (intención) : *llevar ou tener idea de*, avoir l'intention de. || — *Idea eje*, idée-force. || *Idea fija*, idée fixe. || *Idea general* ou *de conjunto*, aperçu, idée générale. || *Idea vacía*, idée creuse. || *¡Ni idea!*, aucune idée! || *Un hombre de idea*, un homme à idées. || — *Formarse una idea*, se faire une idée. || *Tener buena idea de uno*, avoir une bonne opinion de quelqu'un. || *Tener idea*, avoir de l'idée. || *Tener una idea en la cabeza*, avoir une idée derrière la tête.
— SINÓN. ● *Noción*, notion, *Concepción*, conception. *Concepto*, concept. *Imagen*, image. *Representación*, représentation.
ideación f. Idéation.
ideal adj. y s. m. Idéal, e. || — M. *Lo ideal*, l'idéal.
— OBSERV. El plural de *idéal* es *idéaux* o *idéals*.
idealidad f. Idéalité.
idealismo m. Idéalisme.
idealista adj. y s. Idéaliste.
idealización f. Idéalisation.
idealizador, ra adj. Qui idéalise.
idealizar v. tr. Idéaliser.
idealmente adv. Idéalement, d'une manière idéale.
idear v. tr. Imaginer (imaginar). || Inventer, concevoir : *un aparato ideado por un ingeniero*, un appareil conçu par un ingénieur. || Projeter, envisager (planear).
ideario m. Idéologie, f., ensemble des idées principales.
ideático, ca adj. *Amer.* Déséquilibré, e.
ídem adv. Idem.
idéntico, ca adj. Identique.
identidad f. Identité : *tarjeta, documento* ou *carnet de identidad*, carte, pièce d'identité. || FIG.

Identité (semejanza) : *identidad de pareceres*, identité de vues.
identificable adj. Identifiable, qui peut être identifié, e.
identificación f. Identification.
identificar v. tr. Identifier.
— V. pr. S'identifier : *identificarse con*, s'identifier à. || *Identificarse con su papel*, se mettre o entrer dans la peau de son personnage.
ideografía f. Idéographie.
ideográfico, ca adj. Idéographique.
ideograma m. Idéogramme.
ideología f. Idéologie.
ideológico, ca adj. Idéologique.
ideólogo m. Idéologue. || Théoricien.
ideoso, sa adj. *Amer.* Déséquilibré, e.
idílico, ca adj. Idyllique.
idilio m. Idylle, f.
idioma m. Langue, f., idiome (p. us.) : *el idioma español*, la langue espagnole. || Langage : *en idioma de la Corte*, en langage de Cour.
idiomático, ca adj. Idiomatique.
idiopatía f. Idiopathie.
idiopático, ca adj. Idiopathique.
idiosincrasia f. Idiosyncrasie.
idiota adj. y s. Idiot, e.
idiotez f. Idiotie, imbécillité.
idiotismo m. GRAM. Idiotisme.
idiotizar v. tr. Rendre idiot, idiotiser (p. us.).
ido, da adj. FAM. Dans la lune (distraído). | Toqué, e (chiflado).
idólatra adj. y s. Idolâtre.
idolatrar v. tr. Idolâtrer : *idolatrar a sus padres*, idolâtrer ses parents.
idolatría f. Idolâtrie.
idolátrico, ca adj. Idolâtre, idolâtrique (p. us.) : *culto idolátrico*, culte idolâtre.
ídolo m. Idole, f. || FIG. Idole, f. || *Hacerse un ídolo de*, faire son dieu de, se faire un dieu de, faire son idole de.
idoneidad f. Aptitude, idonéité (ant.).
idóneo, a adj. Propre, convenable, idoine (p. us.) [conveniente]. || Apte (capaz). || *Idóneo para algo*, propre à quelque chose.
idus m. pl. Ides, f. (idus).
Idumea n. pr. GEOGR. Idumée.
idumeo, a adj. y s. Iduméen, enne.
idus m. pl. Ides, f.
íes f. pl. V. I.
Ifigenia n. pr. f. Iphigénie.
iglesia f. ● Église (edificio). || Église : *Iglesia militante, purgante*, église militante, souffrante. || (Ant.). Immunité dont jouissait celui qui se réfugiait dans l'église (inmunidad). || — *El seno de la Iglesia*, le giron de l'Église. || — *Acogerse a la Iglesia* ou *entrar en la Iglesia*, entrer dans les ordres o en religion. || FIG. y FAM. *Casarse detrás de la iglesia*, se marier de la main gauche. || *Casarse por la Iglesia*, se marier à l'église. || *Cumplir con la Iglesia*, faire ses Pâques. || *Llevar a la Iglesia a una mujer*, conduire une femme à l'autel.
— SINÓN. ● *Templo*, temple. *Capilla*, chapelle. *Parroquia*, paroisse. *Oratorio*, oratoire. *Basílica*, basilique. *Catedral*, cathédrale. *Mezquita*, mosquée. *Sinagoga*, synagogue. *Santuario*, sanctuaire.
iglú m. Igloo.
Ignacio n. pr. m. Ignace.
ignaro, ra adj. y s. Ignare.
ígneo, a adj. Igné, e.
ignición f. Ignition.
ignícola adj. y s. Ignicole (adorador del fuego).
ignífero, ra adj. POÉT. Ignifère.
ignifugación f. Ignifugation, ignifugeage, m.
ignifugar v. tr. Ignifuger.
ignífugo, ga adj. y s. m. Ignifuge.
ignipuntura f. Ignipuncture.

IGLESIA — ÉGLISE

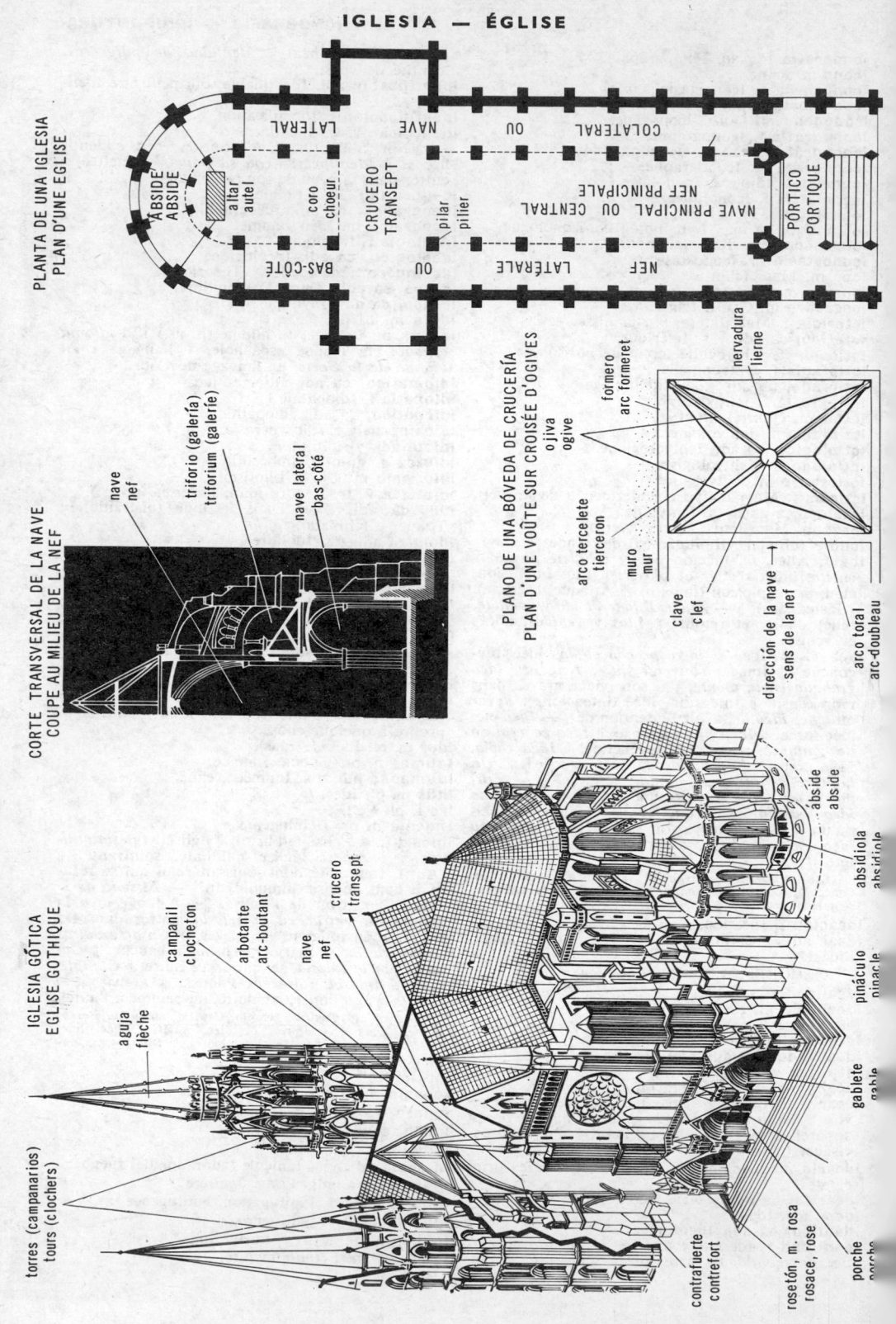

PLANTA DE UNA IGLESIA
PLAN D'UNE EGLISE

ÁBSIDE
ABSIDE

altar
autel

coro
choeur

CRUCERO
TRANSEPT

LATERAL

NAVE

OU

COLATERAL

pilar
pilier

NAVE PRINCIPAL OU CENTRAL
NEF PRINCIPALE OU CENTRALE

PÓRTICO
PORTIQUE

NEF

LATÉRALE

OU

BAS-CÔTÉ

CORTE TRANSVERSAL DE LA NAVE
COUPE AU MILIEU DE LA NEF

nave
nef

triforio (galería)
triforium (galerie)

nave lateral
bas-côté

PLANO DE UNA BÓVEDA DE CRUCERÍA
PLAN D'UNE VOÛTE SUR CROISÉE D'OGIVES

ojiva
ogive

formero
arc formeret

nervadura
lierne

arco tercelete
tierceron

muro
mur

clave
clef

dirección de la nave →
sens de la nef

arco toral
arc-doubleau

IGLESIA GÓTICA
EGLISE GOTHIQUE

aguja
flèche

campanil
clocheton

arbotante
arc-boutant

nave
nef

crucero
transept

ábside
abside

absidiola
absidiole

pináculo
pinacle

gablete
gable

torres (campanarios)
tours (clochers)

contrafuerte
contrefort

rosetón, m. rosa
rosace, rose

porche
porche

Ignito, ta adj. (P. us.). Allumé, e ; en feu.

Ignívomo, ma adj. POÉT. Ignivome.

Ignominia f. Ignominie (afrenta).

ignominioso, sa adj. Ignominieux, euse : *un suplicio ignominioso*, un supplice ignominieux.

ignorancia f. Ignorance : *ignorancia crasa*, ignorance crasse. ‖ *La ignorancia de la ley no excusa su cumplimiento*, nul n'est censé ignorer la loi.

ignorante adj. y s. Ignorant, e.
— SINÓN. *Iliterato*, illettré. *Inculto*, ignorant. *Analfabeto*, analphabète. *Ignaro*, ignare. *Profano*, profane. *Fam. Asno*, *burro*, *animal*, âne.

ignorantemente adv. Avec ignorance.

ignorantismo m. Ignorantisme.

ignorantista m. y f. Ignorantiste.

ignorantón, ona adj. y s. FAM. Ignare.

ignorar v. tr. Ignorer, négliger (no tener en cuenta) : *no se puede ignorar la fuerza material de ese país*, on ne peut pas ignorer la puissance matérielle de ce pays.
— V. pr. S'ignorer.

igual adj. Égal, e : *dos cantidades iguales*, deux quantités égales. ‖ Égal, e : *temperatura igual*, température égale ; *camino igual*, chemin égal. ‖ Semblable, pareil, eille : *nunca he visto cosa igual*, je n'ai jamais vu chose semblable o pareille chose. ‖ Égal, e (indiferente) : *todo le es igual*, tout lui est égal.
— M. Égal : *es mi igual*, il est mon égal. ‖ — *Al igual que*, à l'égal de. ‖ *De igual a igual*, d'égal à égal. ‖ *El sin igual cantante X.*, l'incomparable chanteur X. ‖ *Igual que*, comme : *igual que antes*, comme avant ; *igual que yo*, comme moi. ‖ *Por igual*, de la même façon, autant. ‖ *Sin igual*, sans égal, sans pareil. ‖ — *¿Cómo está el enfermo? — Igual*, comment va le malade ? — Toujours pareil. ‖ *Es igual*, ça ne fait rien, ça n'a pas d'importance. ‖ *Igual ocurre con*, il en est de même avec. ‖ *Me da* ou *me es igual* ou *igual me da*, ça m'est égal, je m'en fiche (fam.). ‖ *No tiene otro igual*, il n'a pas son pareil, il n'y en a pas deux comme lui. ‖ *Quince iguales* ou *iguales a quince*, quinze partout, égalité à quinze (tenis).

iguala f. Égalisation (igualación). ‖ Convention, arrangement, *m.* (ajuste). ‖ Prime (prima). ‖ FAM. Mutuelle (igualatorio). ‖ Règle (albañilería). ‖ TECN. Émorfilage, *m.* (del cuero, del metal).

igualación f. Égalisation (acción de igualar). ‖ FIG. Arrangement, *m.*, convention (convenio).

igualado, da adj. Bien emplumé, e (ave). ‖ Tondu, e (un prado). ‖ *Amer.* Ambitieux, euse.

igualador, ra adj. Égalisateur, trice (que iguala).

igualamiento m. Égalisation, *f.* (igualación). ‖ Arrangement, convention, *f.* (convenio).

igualar v. tr. ● Égaler (convertir en igual) : *nada iguala la belleza de este paisaje*, rien n'égale la beauté de ce paysage. ‖ FIG. Considérer comme égal, e ; mettre sur le même pied (a dos o más personas). ‖ Égaliser (las cosas). ‖ Aplanir, niveler (el terreno). ‖ Conclure (por un contrato) : *igualar una venta*, conclure une vente. ‖ Tondre (el césped). ‖ Raccorder (la pintura). ‖ TECN. Émorfiler (cuero, metal).
— V. intr. Égaler (ser igual). ‖ DEP. Égaliser.
— V. pr. Être égal, e ; se valoir : *se igualan en saber*, leurs connaissances se valent. ‖ S'égaliser (las cosas). ‖ *Igualarse con uno*, égaler quelqu'un.
— SINÓN. ● *Contrabalancear*, contrebalancer. *Equivaler*, équivaloir.

igualatorio m. Mutuelle, *f.* (asociación). ‖ Centre médical (centro médico).

igualdad f. ● Égalité : *en igualdad de*, à égalité de. ‖ Uniformité (del terreno). ‖ Similitude (semejanza). ‖ — *En igualdad de condiciones*, dans les mêmes conditions. ‖ *En un pie de igualdad*, sur un pied d'égalité. ‖ *Igualdad de opiniones*, identité de vues.
— SINÓN. ● *Paridad*, parité. *Identidad*, identité. *Uniformidad*, uniformité. *Equivalencia*, équivalence.

igualmente adv. Également. ‖ De la même manière que, comme : *se viste igualmente que yo*, il s'habille de la même manière que moi. ‖ De même, et moi de même, moi aussi (como contestación) : *¡le felicito por su éxito! — Igualmente*, je vous félicite de votre succès ! — Et moi de même. ‖ *¡Que te diviertas mucho! — Igualmente*, amuse-toi bien ! — Toi aussi.

igualitario, ria adj. y s. Égalitaire.

iguana f. ZOOL. Iguane, *m.* .

iguánidos m. pl. ZOOL. Iguanidés.

iguanodonte m. ZOOL. Iguanodon.

igüedo m. Bouc (macho cabrío).

ijada f. Flanc, *m.* ‖ Ventre, *m.* (de los peces). ‖ Point (*m.*) de côté (dolor de costado).

ijadear v. intr. Se dandiner.

ijar m. Flanc.

ilación f. Enchaînement, *m.*, cohésion (de un discurso). ‖ Liaison, filiation (enlace). ‖ Enchaînement, *m.* (de las ideas). ‖ RELIG. Illation.

ilamo m. Variété d'anona (*f.*) du Mexique.

ilang ilang m. BOT. Ilang-ilang.

ilativo, va adj. Conséquent, e ; qui se déduit. ‖ GRAM. Copulative (conjunción).

Ildefonso n. pr. m. Ildefonse, Alphonse.

ilegal adj. Illégal, e.

ilegalidad f. Illégalité.

ilegibilidad f. Illisibilité.

ilegible adj. Illisible : *firma ilegible*, signature illisible.
— SINÓN. *Indescifrable*, indéchiffrable. *Ininteligible*, inintelligible. *Incomprensible*, incompréhensible.

ilegitimar v. tr. Rendre, déclarer illégitime.

ilegitimidad f. Illégitimité.

ilegítimo, ma adj. Illégitime.

íleo m. MED. Iléus (cólico).

ileocecal adj. ANAT. Iléo-cæcal, e.

ileon m. ANAT. Iléon, iléum (intestino).

ilerdense adj. y s. De Lérida [autrefois *Ilerda*].

ilergete adj. y s. Ilergète.

ileso, sa adj. Sauf, ve ; sain et sauf, saine et sauve, indemne : *resultar* ou *salir ileso*, être indemne, être sain et sauf.

iletrado, da adj. y s. Illettré, e (analfabeto).

ilíaco, ca ou **ilíaco, ca** adj. ANAT. Iliaque : *hueso ilíaco*, os iliaque.

Ilíada n. pr. f. Iliade (poema).

iliberitano, na adj. y s. De Grenade [autrefois *Iliberis*].

ilicíneas f. pl. BOT. Ilicacées, ilicinées.

ilicitano, na adj. y s. De Elche [autrefois *Ilici*].

ilícito, ta adj. Illicite (ilegal).

ilicitud f. Illégalité.

ilimitable adj. Illimitable.

ilimitado, da adj. Illimité, e ; sans limites.

ilion m. Os iliaque (hueso).

Iliria n. pr. f. GEOGR. Illyrie.

ilírico, ca o **ilirio, ria** adj. y s. Illyrien, enne.

iliterato, ta adj. Illettré, e

ilógico, ca adj. Illogique.

ilogismo m. Illogisme.

ilota m. Ilote (esclavo en Esparta).

ilotismo m. Ilotisme.

iluminación f. Illumination. ‖ Éclairage, *m.* (alumbrado) : *iluminación artificial, indirecta*, éclairage artificiel, indirect. ‖ Enluminure (pintura).

iluminado, da adj. y s. Illuminé, e (visionario).

iluminador, ra m. y f. Enlumineur, euse ; coloriste (de estampas).

iluminancia f. FÍS. Éclairement, *m.*

iluminar v. tr. Illuminer (alumbrar) : *iluminar un monumento*, illuminer un monument. ‖ Éclairer : *iluminar un cuarto*, éclairer une pièce. ‖ Enluminer (estampas). ‖ FIG. Éclairer : *iluminar la conciencia de un juez*, éclairer la conscience d'un juge.
— V. pr. FIG. S'éclairer : *su cara se iluminó*, son visage s'éclaira.

iluminaria m. Luminaire, *m.*

iluminismo m. Illuminisme.

ilusamente adv. D'une façon fausse *o* trompeuse (engañosamente). ‖ À tort : *creía ilusamente que lo iba a conseguir*, il croyait à tort qu'il allait l'obtenir.

ilusión f. ● Illusion. ‖ FIG. Joie, plaisir, *m.*, bonheur, *m.* : *¡qué ilusión ir esta noche al teatro!*, quelle joie d'aller ce soir au théâtre ! ‖ Espoir, *m.* (esperanza) : *esperar un resultado con cierta ilusión*, attendre un résultat avec un certain espoir. ‖ — *Forjarse* ou *hacerse ilusiones*, se faire des illusions, s'illusionner, se bercer d'illusions. ‖ *Hacer ilusión*, faire illusion. ‖ *Le hace mucha ilusión ir a Acapulco*, il rêve d'aller à Acapulco. ‖ *Vivir de ilusiones*, se nourrir d'illusions.
— SINÓN. ● *Quimera*, chimère. *Sueño*, songe, rêve. *Ensueño*, rêverie. *Utopía*, utopie. *Imaginación*, imagination.

ilusionar v. tr. Illusionner. ‖ FIG. Remplir de joie : *me ilusiona este viaje*, ce voyage me remplit de joie. ‖ *Estar ilusionado con*, être fou de.
— V. pr. S'illusionner, se faire des illusions : *sus padres se ilusionan con él*, ses parents se font des illusions sur lui. ‖ Se réjouir, être enthousiaste : *se ilusionó mucho cuando le hablé de este viaje*, il a été très enthousiaste quand je lui ai parlé de ce voyage.

ilusionismo m. Illusionnisme.

ilusionista m. y f. Illusionniste, prestidigitateur, trice (prestidigitador).

iluso, sa adj. y s. Utopiste, rêveur, euse (soñador). ‖ Dupe (engañado).

ilusorio, ria adj. Illusoire.

ilustración f. Illustration (nombradía). ‖ Instruction, connaissance (saber). ‖ Illustration (grabado). ‖ Magazine (*m.*) illustré (publicación). ‖ *La Ilustración* (en el siglo XVIII), l'esprit philosophique [du Siècle des lumières].

ilustrado, da adj. Cultivé, e ; instruit, e (docto). ‖ Éclairé, e : *el despotismo ilustrado*, le despotisme éclairé. ‖ Illustré, e : *ilustrado con grabados*, illustré de gravures.

ilustrador m. Illustrateur (dibujante).

ilustrar v. tr. Illustrer : *ilustrar con dibujos*, illustrer de dessins ; *ilustrar con citas*, illustrer de citations. ‖ Rendre célèbre (dar fama). ‖ Éclairer (el entendimiento). ‖ Instruire : *te digo esto para ilustrarte*, je te dis cela pour t'instruire.
— V. pr. S'illustrer.

ilustrativo, va adj. Qui illustre, illustrant.

ilustre adj. Illustre (célèbre, famoso) : *un ilustre desconocido*, un illustre inconnu.
— SINÓN. *Célebre*, célèbre. *Eminente*, éminent. *Famoso*, *afamado*, *acreditado*, fameux. *Reputado*, réputé. *Notable*, notable. *Renombrado*, renommé. *Conocido*, connu.

ilustrísimo, ma adj. Illustrissime. ‖ *Su Ilustrísima*, Sa Grandeur (obispos).

imada f. MAR. Partie d'un berceau de lancement, coulisse.

imagen f. Image : *imagen religiosa*, image religieuse. ‖ Statue, image (ant.) : *una imagen de yeso*, une statue en plâtre. ‖ FIG. Image (símbolo, metáfora). ‖ FIG. y FAM. *Quedarse para vestir imágenes*, coiffer sainte Catherine, rester vieille fille.

imaginable adj. Imaginable.

imaginación f. Imagination. ‖ Idée : *esto no es verdad, son imaginaciones tuyas*, ce n'est pas vrai, ce sont des idées que tu te fais.

imaginar v. tr. Imaginer. ‖ *Imagínate que*, figure-toi que.
— V. pr. S'imaginer.
— SINÓN. *Concebir*, concevoir. *Suponer*, supposer. *Figurarse*, figurer (se). *Inventar*, inventer.

imaginaria f. MIL. Garde de renfort [destinée à remplacer en cas de besoin la garde montante].
— M. Sentinelle (*f.*) qui monte la garde dans le dortoir d'une caserne.

imaginariamente adv. D'une manière imaginaire.

imaginario, ria adj. ● Imaginaire.
— M. *Lo imaginario*, l'imaginaire.
— SINÓN. ● *Quimérico*, chimérique. *Utópico*, utopique. *Fantástico*, fantastique. *Fabuloso*, fabuleux. *Irreal*, irréel. *Ficticio*, fictif.

imaginativo, va adj. Imaginatif, ive : *potencia imaginativa*, puissance imaginative.
— F. Imagination, imaginative (p. us.) [facultad de imaginar]. ‖ Sens (m.) commun.

imaginería f. Broderie de fleurs et feuillages *o* d'oiseaux (bordado). ‖ Imagerie (arte).

imaginero m. Sculpteur, imagier (ant.).

imago m. ZOOL. Imago (del insecto).

imán m. Imam, iman (sacerdote mahometano).

imán m. Aimant (hierro imantado) : *imán artificial*, aimant artificiel. ‖ FIG. Aimant, attrait (atractivo).

imanación f. Aimantation.

imanar v. tr. Aimanter.

imanato m. Imamat, imanat (dignidad del imán).

imantación f. Aimantation.

imantar v. tr. Aimanter.

imbatible adj. Imbattable.

imbebible adj. Imbuvable.

imbécil adj. y s. Imbécile (idiota).

imbecilidad f. Imbécillité.

imberbe adj. Imberbe (lampiño).

imbibición f. Imbibition (empapamiento).

imbornal m. MAR. Dalot. ‖ Trou d'écoulement des eaux de pluie sur une terrasse (en una terraza).

imborrable adj. Ineffaçable, indélébile.

imbricación f. Imbrication.

imbricado, da adj. Imbriqué, e.

imbricar v. tr. Imbriquer.

imbuido, da adj. Imbu, e : *imbuido de su importancia*, imbu de son importance.

imbuir* v. tr. Inculquer, inspirer (infundir) : *imbuir a uno ideas falsas*, inculquer à quelqu'un des idées fausses.

imbunche m. *Amer.* Sorcier (brujo). ‖ FIG. Sorcellerie, *f.*, maléfice (hechicería).

imitable adj. Imitable.

imitación f. Imitation. ‖ Pastiche, *m.* (en literatura). ‖ — *A imitación de*, à l'imitation de, sur le modèle de. ‖ *Bolso imitación cocodrilo*, sac façon *o* imitation crocodile. ‖ *Imitación fraudulenta*, contrefaçon. ‖ *Joyas de imitación*, bijoux en imitation *o* en toc *o* de fantaisie.

imitador, ra adj. y s. Imitateur, trice. ‖ — M. y f. Pasticheur, euse (plagiario).

imitamonos m. inv. FIG. Singe, imitateur.

imitar v. tr. ● Imiter (copiar). ‖ Pasticher (remedar burlándose).
— SINÓN. ● *Copiar*, copier. *Remedar*, pasticher. *Parodiar*, parodier. *Plagiar*, plagier. *Calcar*, calquer. *Fam. Fusilar*, piller.

imitativo, va adj. Imitatif, ive : *armonía imitativa*, harmonie imitative. ‖ *Artes imitativas*, arts d'imitation.

imoscapo m. ARQ. Congé.

impaciencia f. Impatience : *consumirse de impaciencia*, brûler d'impatience.

impacientar v. tr. Impatienter.
— V. pr. S'impatienter : *impacientarse con* ou *por no recibir noticias*, s'impatienter de ne pas

recevoir de nouvelles ; *impacientarse con alguien,* s'impatienter contre quelqu'un.

impaciente adj. Impatient, e : *impaciente por salir,* impatient de sortir. ‖ *Impaciente con* ou *por la tardanza,* impatient du retard *o* impatienté par le retard.

impacientemente adv. Impatiemment, avec impatience.

impacto m. Impact, point d'impact. ‖ FIG. Coup : *un impacto espectacular,* un coup spectaculaire. ‖ Répercussion, *f.* : *causar un impacto,* avoir une répercussion.

impagable adj. Impayable (inapreciable).
— OBSERV. El francés *impayable,* en sentido familiar, significa *graciosísimo* (divertido).

impagado, da adj. y s. m. Impayé, e.

impago, ga adj. *Amer.* Impayé, e.

impalpabilidad f. Impalpabilité.

impalpable adj. Impalpable.

impanación f. RELIG. Impanation.

impar adj. Impair, e.

imparcial adj. Impartial, e : *jueces imparciales,* juges impartiaux.

imparcialidad f. Impartialité.

imparidígito, ta adj. ZOOL. Imparidigité, e.

impartible adj. Impartageable (indivisible).

impartir v. tr. Impartir, accorder (otorgar). ‖ DR. Demander, réclamer, solliciter (pedir) : *impartir auxilio,* demander secours. ‖ *Impartir su bendición,* donner sa bénédiction.

impás o **impase** m. Impasse, *f.* (bridge).

impasibilidad f. Impassibilité.

impasible adj. Impassible (insensible).
— SINÓN. *Flemático,* flegmatique. *Imperturbable,* imperturbable. *Frío,* froid. *Tranquilo,* calme. *Impávido,* impavide.

impávidamente adv. Intrépidement, sans peur, sans crainte.

impavidez f. Intrépidité, courage, *m.* (arrojo, intrepidez). ‖ *Amer.* Insolence, effronterie (descaro).

impávido, da adj. Impavide, intrépide (atrevido). ‖ *Amer.* Insolent, e ; effronté, e (descarado). ‖ *Quedar impávido,* garder son sang-froid.

impecabilidad f. Impeccabilité.

impecable adj. Impeccable.

impedancia f. ELECTR. Impédance.

impedido, da adj. Impotent, e ; perclus, e ; infirme (tullido).
— M. y f. Impotent, e.

impedidor, ra adj. Qui empêche (que impide).
— M. y f. Empêcheur, euse.

impedimenta f. MIL. Impedimenta, *m. pl.,* bagages, *m. pl.*

impedimento m. Empêchement : *en caso de impedimento,* en cas d'empêchement. ‖ ● Obstacle (traba). ‖ DR. *Impedimento dirimente, impediente,* empêchement dirimant, prohibitif.
— SINÓN. ● *Traba,* entrave. *Obstáculo,* obstacle. *Escollo,* écueil. *Dificultad,* difficulté.

impedir* v. tr. Empêcher : *la lluvia le impidió que saliera,* la pluie l'empêcha de sortir. ‖ *Esto no impide que,* n'empêche que, il n'empêche que.

impeditivo, va adj. Qui empêche.

impelente adj. Qui pousse. ‖ *Bomba impelente,* pompe foulante.

impeler v. tr. Pousser (impulsar). ‖ FIG. Exciter, pousser. ‖ *Los Cruzados, impelidos por su fe...,* les croisés, poussés par leur foi...

impender v. tr. Dépenser (el dinero).

impenetrabilidad f. Impénétrabilité.

impenetrable adj. Impénétrable.

impenitencia f. Impénitence. ‖ *Impenitencia final,* impénitence finale.

impenitente adj. Impénitent, e.

impensa f. DR. Impense.

impensadamente adv. Inopinément, à l'improviste (llegar). ‖ Sans y penser (decir una cosa).

impensado, da adj. Inopiné, e ; inattendu, e ; imprévu, e (casual).

impepinable adj. FAM. Sûr, e. ‖ FAM. *Eso es impepinable,* c'est sûr, ça ne fait pas l'ombre d'un doute.

imperante adj. Régnant, e.

imperar v. intr. Régner, être empereur, impératrice (un emperador). ‖ FIG. Régner : *aquí impera una atmósfera de pesimismo,* une atmosphère pessimiste règne ici. ‖ Dominer (tendencia).

imperativo, va adj. Impératif, ive.
— M. GRAM. Impératif.

imperatorio, ria adj. Impérial, e.

imperceptibilidad f. Imperceptibilité.

imperceptible adj. ● Imperceptible. ‖ FIG. Imperceptible, insaisissable : *diferencia imperceptible,* différence imperceptible, insaisissable.
— SINÓN. ● *Invisible,* invisible. *Insensible,* insensible.

impercuso, sa adj. Mal frappé, e (medalla).

imperdible adj. Imperdable.
— M. Épingle (*f.*) de nourrice *o* de sûreté *o* anglaise.

imperdonable adj. Impardonnable.

imperecedero, ra adj. Impérissable.

imperfección f. Imperfection.

imperfecto, ta adj. Imparfait, e. ‖ GRAM. *Pretérito imperfecto,* imparfait.

imperforación f. MED. Imperforation.

imperforado, da adj. MED. Imperforé, e.

imperial adj. Impérial, e : *corona imperial,* couronne impériale.
— F. Impériale (de un carruaje).

imperialismo m. Impérialisme.

imperialista adj. y s. Impérialiste.

impericia f. Impéritie (torpeza).

imperio m. Empire : *el Sacro Imperio,* le Saint Empire. ‖ FIG. Domination, *f.,* pouvoir (poder). ‖ Orgueil, hauteur, *f.,* fierté, *f.* (orgullo). ‖ MIL. Mess, popote, *f.* (pop.).
— Adj. Empire : *estilo Imperio,* style Empire.

imperioso, sa adj. Impérieux, euse : *necesidad imperiosa,* besoin impérieux.
— SINÓN. *Absoluto,* absolu. *Categórico,* catégorique. *Imperativo,* impératif.

impermeabilidad f. Imperméabilité. ‖ TECN. Étanchéité.

impermeabilización f. Imperméabilisation.

impermeabilizar v. tr. Imperméabiliser.

impermeable adj. y s. m. Imperméable.

impermutable adj. Impermutable.

impersonal adj. Impersonnel, elle.

impersonalidad f. Impersonnalité.

impersonalizar v. tr. GRAM. Employer [un verbe] impersonnellement.

impertérrito, ta adj. Imperturbable, impassible.

impertinencia f. Impertinence.

impertinente adj. y s. Impertinent, e. ‖ *El curioso impertinente,* le Curieux mal avisé (novela corta incluida en el Quijote).
— M. pl. Face-à-main, *sing.*

imperturbabilidad f. Imperturbabilité.

imperturbable adj. Imperturbable.

impétigo m. MED. Impétigo.

impetración f. Impétration.

impetrador, ra o **impetrante** adj. y s. Impétrant, e.

impetrar v. tr. Impétrer (p. us.), obtenir [de l'autorité compétente] : *impetrar una gracia,* obtenir une grâce. ‖ Solliciter (solicitar).

impetratorio, ria adj. Qui sert à impétrer.

ímpetu m. Élan, impétuosité, *f.*

impetuosidad f. Impétuosité : *la impetuosidad de un ataque,* l'impétuosité d'une attaque.

impetuoso, sa adj. Impétueux, euse.

impíamente adv. Avec impiété (con impiedad). ‖ Impitoyablement, sans pitié, cruellement (sin compasión).

impiedad f. Impiété.
impiedoso, sa adj. Impie (impío).
impío, a adj. y s. Impie.
impla f. Coiffe (toca).
implacabilidad f. Implacabilité.
implacable adj. Implacable.
implantación f. Implantation.
implantador, ra adj. Qui implante.
implantar v. tr. Implanter. ‖ Introduire : *implantar mejoras*, introduire des améliorations.
— V. pr. S'implanter.
implicación f. Implication.
implicancia f. *Amer.* Incompétence (incompetencia). ‖ Incompatibilité (incompatibilidad).
implicante adj. Qui implique.
implicar v. tr. Impliquer (envolver). ‖ Empêcher (impedir) : *esto no implica que*, cela n'empêche pas que. ‖ *Estar implicado en un asunto*, être impliqué dans une affaire.
implicatorio, ria adj. Qui implique.
implícito, ta adj. Implicite.
implorable adj. Implorable.
imploración f. Imploration.
implorante adj. Implorant, e.
implorar v. tr. Implorer.
implosivo, va adj. y s. f. GRAM. Implosif, ive.
implume adj. Déplumé, e; sans plume.
impluvio m. Impluvium.
impolítica f. Impolitesse, discourtoisie.
impolíticamente adv. Impoliment (con descortesía). ‖ Impolitiquement (de una manera poco política).
impolítico, ca adj. Impoli, e (descortés). ‖ Impolitique (contrario a una buena política).
impoluto, ta adj. Impollu, e (ant.), non souillé, e.
imponderabilidad f. Impondérabilité.
imponderable adj. y s. m. Impondérable.
imponedor, ra adj. Qui impose (que impone).
imponente adj. ● Imposant, e. ‖ FAM. Sensationnel, elle; formidable, du tonnerre : *una mujer, un coche imponente*, une femme, une voiture sensationnelle.
— M. y f. Déposant, e (el que impone dinero).
— SINÓN. ● *Augusto*, auguste. *Majestuoso*, majestueux. *Grandioso*, grandiose. *Solemne*, solennel. *Soberbio*, superbe. *Único*, unique.
imponer* v. tr. Imposer : *imponer las manos, su voluntad*, imposer les mains, sa volonté. ‖ Mettre au courant, renseigner (enseñar) : *imponer en*, mettre au courant de, renseigner sur. ‖ Placer, déposer : *imponer dinero en el Banco*, placer de l'argent à la banque. ‖ FIG. Imposer (el respeto, el temor). | Imputer (atribuir falsamente) : Remettre, conférer : *imponer una condecoración a un militar*, remettre une décoration à un militaire. ‖ IMPR. Mettre en pages, imposer. ‖ *Imponer una multa*, mettre une amende.
— V. intr. FIG. En imposer : *un hombre que impone*, un homme qui en impose.
— V. pr. S'imposer. ‖ Se mettre au courant (instruirse) : *imponerse en un negocio*, se mettre au courant d'une affaire. ‖ *Imponerse a las circunstancias*, dominer les circonstances.
imponible adj. Imposable : *líquido imponible*, revenu imposable. ‖ *Base imponible*, assiette de l'impôt.
impopular adj. Impopulaire.
impopularidad f. Impopularité.
importable adj. Importable.
importación f. Importation.
importador, ra adj. y s. Importateur, trice.
importancia f. Importance : *conceder* ou *dar importancia a*, attacher de l'importance à. ‖ — *De gran* ou *mucha importancia*, de la plus haute importance, d'importance. ‖ *De importancia*, important, e. ‖ *Herido de importancia*, gravement blessé. ‖ — *Dar importancia*, attacher o donner de l'importance. ‖ *Darse uno importancia*, faire l'important.
— SINÓN. *Valor*, valeur. *Trascendencia*, transcendance. *Calidad*, qualité. *Consideración*, considération. *Gravedad*, gravité. *Categoría*, catégorie. *Peso, juste*, poids.
importante adj. Important, e : *modificaciones importantes*, d'importantes modifications. ‖ — *Dárselas de importante*, se donner des airs importants, faire l'important. ‖ *Es importante que*, il importe que. ‖ *Lo importante*, l'important.
importar v. tr. Importer (de un país extranjero) : *importar trigo*, importer du blé. ‖ Valoir, coûter (valer) : *este libro importa cien pesetas*, ce livre vaut cent pesetas. ‖ Monter à, s'élever à : *importa cien pesos la cuenta*, la facture monte à cent pesos. ‖ FIG. Entraîner (acarrear), comporter (llevar consigo), impliquer (implicar).
— V. intr. e impers. Importer : *importa hacerlo*, il importe de le faire; *poco me importa lo que dirás*, peu m'importe ce que tu diras. ‖ Avoir de l'importance : *no importa lo que dices*, que tu dis n'a pas d'importance. ‖ Intéresser : *lo que más me importaba de él era su cultura*, ce qui m'intéressait le plus en lui, c'était sa culture. ‖ — *A Fulano nada le importa*, Un Tel se moque de tout. ‖ *¿Le importaría llevarme este libro?*, ça ne vous ennuierait pas de m'apporter ce livre ? ‖ FIG. y FAM. *Me importa un comino* ou *tres pepinos* ou *un bledo* ou *un pito* ou *un adarme*, ça m'est égal, je m'en fiche, je m'en moque comme de l'an quarante. ‖ *No importa*, ça ne fait rien, peu importe. ‖ *¿Y a ti qué te importa?*, qu'est-ce que ça peut te faire !, ça te regarde ?
importe m. Montant (total). ‖ Prix, valeur, *f.* (valor).
importunación f. Importunité.
importunamente adv. Importunément (de manera importuna). ‖ Inopportunément (de manera inoportuna).
importunar v. tr. Importuner.
importunidad f. Importunité.
importuno, na adj. Inopportun, e (que no es oportuno). ‖ ● Importun, e (molesto).
— SINÓN. ● *Pesado*, ennuyeux, *Latoso*, enquiquineur. *Intempestivo*, intempestif. *Indiscreto*, indiscret. *Cargante*, rasoir. *Pelma*, crampon. *Chinche, chinchoso*, empoisonneur.
imposibilidad f. Impossibilité.
imposibilitado, da adj. y s. Impotent, e (inválido). ‖ Perclus, e (tullido). ‖ Empêché, e (impedido) : *estar imposibilitado de salir*, être empêché de sortir.
imposibilitar v. tr. Rendre impossible : *la lluvia imposibilitó la defensa*, la pluie rendit la défense impossible. ‖ Empêcher, mettre dans l'impossibilité : *la lluvia me imposibilitó el salir*, la pluie m'empêcha de sortir.
— V. pr. Devenir impotent, e.
imposible adj. Impossible : *un acuerdo imposible*, un accord impossible. ‖ Impossible (intratable) : *ponerse imposible*, devenir impossible. ‖ FIG. Dégoûtant, e ; répugnant, e (sucio).
— M. Impossible : *pedir un imposible*, demander l'impossible. ‖ — *Dios no pide imposibles*, à l'impossible nul n'est tenu. ‖ *Hacer lo imposible*, faire l'impossible.
imposición f. Imposition : *imposición de manos*, imposition des mains. ‖ Dépôt, *m.* (cantidad en depósito). | Impôt, *m.*, contribution, imposition (impuesto). ‖ IMPR. Imposition. ‖ *Imposición de condecoraciones*, remise de décorations.
impositivo, va adj. Des impôts, fiscal, e.
impositor m. IMPR. Imposeur.
imposta f. ARQ. Imposte.
impostergable adj. Qu'on ne peut pas ajourner o remettre à plus tard.

impostor, ra m. y f. ● Imposteur : *esta mujer es una impostora,* cette femme est un imposteur. — Adj. Trompeur, euse.
— Sinón. ● *Charlatán,* charlatan. *Embaucador,* dupeur. *Mentiroso,* menteur.

impostura f. Imposture.

impotable adj. Non potable.

impotencia f. Impuissance : *estar reducido a la impotencia,* être réduit à l'impuissance.
— Sinón. *Esterilidad,* stérilité. *Infecundidad,* infécondité. *Incapacidad,* incapacité. *Imposibilidad,* impossibilité. *Inutilidad,* inutilité.

impotente adj. y s. Impuissant, e : *gobierno impotente contra la rebelión,* gouvernement impuissant contre la rébellion. || Impotent, e (sin fuerza).

impracticabilidad f. Impraticabilité.

impracticable adj. Irréalisable (proyecto, etc.). || Impraticable (camino).

imprecación f. Imprécation.

imprecar v. tr. Proférer des imprécations.

imprecatorio, ria adj. Imprécatoire.

imprecisión f. Imprécision.

impreciso, sa adj. Imprécis, e.

impregnable adj. Imprégnable.

impregnación f. Imprégnation.

impregnar v. tr. Imprégner : *impregnar en* ou *de,* imprégner de. || Fig. Empreindre : *cara impregnada de tristeza,* visage empreint de tristesse.
— V. pr. S'imprégner.

impremeditación f. Absence de préméditation.

impremeditadamente adv. Sans préméditation.

impremeditado, da adj. Non prémédité, e ; irréfléchi, e.

imprenta f. Imprimerie. || Fig. La presse (lo impreso) : *leyes de imprenta,* lois sur la presse ; *libertad de imprenta,* liberté de presse. || *Dar a la imprenta,* faire imprimer.

imprescindible adj. Indispensable.

imprescriptibilidad f. Imprescriptibilité.

imprescriptible adj. Imprescriptible.

impresentable adj. Qui n'est pas présentable.

impresión f. Impression (de un libro). || Impression : *buena, mala impresión,* bonne, mauvaise impression. || Enregistrement, *m.* (en disco o en cintas magnetofónicas). || — *Cambio de impresiones,* échange de vues. || *Impresión dactilar* ou *digital,* empreinte digitale. || — *Cambiar impresiones con,* échanger des impressions avec. || *Causar impresión en,* faire impression sur. || *La primera impresión es la que vale,* la première impression est la bonne, c'est la première impression qui compte. || *Tener la impresión de que,* avoir l'impression que.

impresionabilidad f. Impressionnabilité.

impresionable adj. Impressionnable.

impresionante adj. Impressionnant, e.

impresionar v. tr. Impressionner. || Enregistrer (los sonidos). || Frapper, faire impression (no dejar indiferente). || Toucher (conmover) : *su desgracia me impresiona,* son malheur me touche. || *Quedarse bien* ou *mal impresionado,* avoir une bonne o mauvaise impression.
— V. pr. Être impressionné, e.

impresionismo m. Impressionnisme.

impresionista adj. y s. Impressionniste.

impreso, sa adj. y s. m. Imprimé, e.

impresor m. Imprimeur.

impresora f. Imprimante.

imprevisible adj. Imprévisible.

imprevisión f. Imprévision (de algo). || Imprévoyance (en una persona).

imprevisor, ra adj. y s. Imprévoyant, e.

imprevisto, ta adj. ● Imprévu, e (que no se ha previsto) : *gastos imprevistos,* frais imprévus. ||
— *Lance imprevisto,* coup de théâtre. || *Lo imprevisto,* l'imprévu. || *Si ocurre algo imprevisto,* en cas d'imprévu.
— M. pl. Dépenses (*f.*) imprévues.
— Sinón. ● *Inesperado,* inattendu, inespéré. *Inopinado,* inopiné. *Súbito, repentino,* subit.

imprimación f. Impression, enduit, *m.* (de un lienzo).
— Observ. Ne pas confondre avec *impresión.*

imprimador m. Apprêteur (de lienzos).

imprimar v. tr. Imprimer, enduire (lienzos).

imprimátur m. Imprimatur.

imprimible adj. Imprimable.

imprimir v. tr. ● Imprimer. || Impr. Tirer (una estampa, un libro). || Fig. Imprimer (comunicar). | Écrire : *la virtud estaba impresa en su rostro,* la vertu était écrite sur son visage.
— Observ. Le participe passé de *imprimir* est irrégulier et fait *impreso. Imprimido* est archaïque.
— Sinón. ● *Editar,* éditer. *Publicar,* publier. *Estampar,* empreindre, imprimer. *Grabar,* graver.

improbabilidad f. Improbabilité.

improbable adj. Improbable.

improbar* v. tr. Désapprouver.

improbidad f. Improbité.

improbo, ba adj. Malhonnête, sans probité, improbe (p. us.) [sin probidad]. || Ingrat, e ; pénible (penoso) : *labor ímproba,* travail ingrat.

improcedencia f. Manque (*m.*) de fondement, manque (*m.*) d'opportunité.

improcedente adj. Indu, e ; inconvenant, e (inconveniente). || Non fondé, inadéquat, e (inadecuado). || Irrecevable : *propuesta improcedente,* proposition irrecevable.

improductividad f. Improductivité.

improductivo, va adj. Improductif, ive.

improfanable adj. Qui ne peut être profané.

impromptu m. Impromptu.

impronta f. Empreinte (reproducción). || Fig. Marque, empreinte (huella).

impronunciable adj. Imprononçable.

improperio m. Injure, *f.,* insulte, *f.* : *llenar a uno de improperios,* couvrir quelqu'un d'injures. || — Pl. Relig. Impropères.

impropiedad f. Impropriété.

impropio, pia adj. Impropre : *impropio para el comercio,* impropre au commerce. || Peu conforme : *impropio de su edad,* peu conforme à son âge. || Mat. *Expresión impropia,* expression fractionnaire.
— Observ. No omitir la segunda *r* en *impropre.*

improrrogable adj. Qui ne peut être prorogé.

improrrogablemente adv. Irrévocablement.

impróvido, da adj. Imprévoyant, e ; sans prévision.

improvisación f. Improvisation.

improvisadamente adv. À l'improviste.

improvisado, da adj. Improvisé, e : *discurso improvisado,* discours improvisé. || De fortune : *una reparación improvisada,* une réparation de fortune.

improvisador, ra adj. y s. Improvisateur, trice.

improvisar v. tr. Improviser.

improviso, sa adj. Imprévu, e. || — *Al* ou *de improviso,* à l'improviste. || *Reemplazar de improviso,* remplacer à l'improviste, remplacer au pied levé.

improvisto, ta adj. Imprévu, e. || — *A la improvista,* à l'improviste. || *De improvisto,* à l'impromptu, tout d'un coup o d'un seul coup.

imprudencia f. Imprudence. || Dr. *Imprudencia temeraria,* imprudence.

imprudente adj. y s. Imprudent, e.

imprudentemente adv. Imprudemment.

impúber o **impúbero, ra** adj. y s. Impubère.

impublicable adj. Impubliable.

impudencia f. Impudence.
impudente adj. Impudent, e.
impudentemente adv. Impudemment.
impudicia o **impudicicia** f. Impudicité.
— SINÓN. *Desvergüenza,* dévergondage. *Deshonestidad,* déshonnêteté. *Indecencia,* indécence. *Liviandad,* légèreté.
impúdico, ca adj. y s. Impudique.
— SINÓN. *Descarado,* effronté. *Desvergonzado,* dévergondé. *Deshonesto,* déshonnête. *Cínico,* cynique. *Inmoral,* immoral. *Impuro,* impur. *Indecente,* indécent.
impudor m. Impudeur, f.
impuesto, ta adj. Imposé, e. || — FAM. *Está muy impuesto,* il s'y connaît. || *Impuesto de* ou *en,* au courant de.
— M. ● Impôt (tributo) : *impuesto degresivo,* impôt dégressif ; *impuesto de utilidades* ou *sobre la renta,* impôt sur le revenu ; *gravar con un impuesto,* frapper d'un impôt. || — *Impuesto concertado,* forfait. || *Impuesto de lujo,* taxe de luxe.
— SINÓN. ● *Imposición,* imposition. *Tasa,* taxe. *Tributo,* tribut. *Contribución,* contribution. *Arbitrio,* droit d'octroi.
impugnable adj. Attaquable, contestable, réfutable.
impugnación f. Attaque, contestation, réfutation.
impugnador, ra adj. Qui conteste *o* réfute *o* attaque.
— M. y f. Adversaire (refutador).
impugnante adj. Qui attaque *o* conteste.
impugnar v. tr. Attaquer, combattre : *impugnar un argumento,* combattre un argument. || Contester, réfuter (refutar). || Contester : *impugnar una sucesión, un jurado,* contester une succession, un juré.
impugnativo, va adj. Qui conteste, qui réfute.
impulsar v. tr. Pousser (empujar). || FIG. Pousser, inciter (incitar).
impulsión f. Impulsion.
impulsividad f. Impulsivité, caractère (m.) impulsif.
impulsivo, va adj. y s. Impulsif, ive.
impulso m. Impulsion, f. || Élan : *tomar impulso para dar un salto,* prendre son élan pour sauter. || FIG. Élan : *impulsos del corazón,* élans du cœur. || — *Hacer una cosa llevado por un impulso,* faire quelque chose dans l'impulsion du moment. || *Por propio impulso,* de son propre mouvement. || *Tomar impulso con el pie derecho,* prendre son appel du pied droit (deportes).
impulsor, ra adj. Impulsif, ive. || Stimulateur, trice.
— M. Promoteur.
impune adj. Impuni, e.
impunemente adv. Impunément.
impunidad f. Impunité.
impuramente adv. Impurement, de manière impure.
impureza f. Impureté. || FIG. Impureté, souillure (mancha).
impurificar v. tr. Souiller, rendre impur, e (convertir en impuro). || HIST. Destituer [les libéraux espagnols après l'abolition de la Constitution de 1823].
impuro, ra adj. Impur, e.
imputabilidad f. Imputabilité.
imputable adj. Imputable.
imputación f. Imputation.
imputador, ra adj. y s. Qui impute.
imputar v. tr. Imputer.
— SINÓN. *Atribuir, achacar,* attribuer. *Reprochar, acusar,* reprocher. *Cargar,* imputer.
imputrescibilidad f. Imputrescibilité.
imputrescible adj. Imputrescible.
inabarcable adj. Trop vaste : *un programa inabarcable,* un programme trop vaste.
inabordable adj. Inabordable.

inabrogable adj. Inabrogeable.
inacabable adj. Interminable.
inaccesibilidad f. Inaccessibilité.
inaccesible adj. Inaccessible. || FIG. Inabordable : *precio inaccesible,* prix inabordable.
inaccesiblemente adv. D'une manière inaccessible.
inacción f. Inaction.
— SINÓN. *Inactividad,* inactivité. *Inercia,* inertie. *Holganza, desocupación,* désœuvrement. *Ociosidad,* oisiveté. *Farniente,* farniente. *Ocio,* loisir.
inacentuado, da adj. Inaccentué, e.
inaceptable adj. Inacceptable.
inacostumbrado, da adj. Inaccoutumé, e.
inactínico, ca adj. Fís. Inactinique.
inactividad f. Inactivité.
inactivo, va adj. Inactif, ive.
inactual adj. Inactuel, elle.
inadaptable adj. Inadaptable.
inadaptación f. Inadaptation.
inadaptado, da adj. y s. Inadapté, e.
inadecuado, da adj. Inadéquat, e.
inadmisibilidad f. Inadmissibilité.
inadmisible adj. Inadmissible.
inadoptable adj. Qu'on ne peut pas adopter.
inadvertencia f. Inadvertance : *por inadvertencia,* par inadvertance.
inadvertidamente adv. Par inadvertance.
inadvertido, da adj. Inattentif, ive ; distrait, e (distraído). || Inaperçu, e (no advertido).
inagotable adj. ● Inépuisable (tesoro, bondad, etc.). || Intarissable (fuente, conversación, etc.). || Infatigable : *un atleta inagotable,* un athlète infatigable.
— SINÓN. ● *Inextinguible,* intarissable. *Interminable, inacabable,* interminable.
inaguantable adj. Insupportable, intolérable.
inalámbrico, ca adj. Sans fil (telégrafo).
inalcanzable adj. Inaccessible, qui ne peut être atteint.
inalienabilidad f. Inaliénabilité.
inalienable adj. Inaliénable.
inalienación f. Inaliénation.
inalterabilidad f. Inaltérabilité.
inalterable adj. Inaltérable.
inalterablemente adv. Invariablement.
inalterado, da adj. Inaltéré, e.
inamistoso, sa adj. Inamical, e.
inamovibilidad f. Inamovibilité.
inamovible adj. Inamovible.
inane adj. Vain, e ; futile.
inanición f. MED. Inanition (desfallecimiento).
inanidad f. Inanité.
inanimado, da adj. Inanimé, e.
inánime adj. Inanimé, e.
inapagable adj. Inextinguible.
inapeable adj. FIG. Opiniâtre, entêté, e (tenaz). || Incompréhensible, inintelligible (incomprensible).
inapelable adj. Sans appel.
inapercibido, da adj. Inaperçu, e.
— OBSERV. Ce mot est un gallicisme employé pour *inadvertido.*
inapetencia f. Inappétence.
inapetente adj. Qui manque d'appétit, sans appétit.
inaplazable adj. Qu'on ne peut pas ajourner, inajournable. || Urgent, e : *necesidad inaplazable,* besoin urgent.
inaplicable adj. Inapplicable.
inaplicación f. Inapplication.
inaplicado, da adj. Inappliqué, e.
inapolillable adj. Antimite *o* antimites : *tejido inapolillable,* tissu antimite.
inapreciable adj. Inappréciable : *una ayuda inapreciable,* une aide inappréciable.
inaprensivo, va adj. Qui n'a pas peur.
inapropiado, da adj. Inadéquat, e.

inaprovechado, da adj. Inutilisé, e.
inaptitud f. Inaptitude.
inapto, ta adj. Inapte.
inarmonía f. Inharmonie.
inarmónico, ca adj. Inharmonieux, euse.
inarrugable adj. Infroissable.
inarticulado, da adj. Inarticulé, e.
in artículo mortis adv. In articulo mortis.
inasequible adj. Inaccessible. || FIG. Inabordable : precio inasequible, prix inabordable.
inasible adj. Insaisissable.
inasimilable adj. Inassimilable.
inasistencia f. Manque (m.) d'assistance.
inastillable adj. De sécurité (cristal).
inatacable adj. Inattaquable.
inatención f. Inattention.
inaudible adj. Inaudible : vibraciones inaudibles, vibrations inaudibles.
inaudito, ta adj. Inouï, e (increíble).
inauguración f. Inauguration. || — Inauguración de una casa particular, pendaison de crémaillère (fiesta). || Inauguración de una exposición de arte, vernissage.
inaugurador, ra adj. y s. Inaugurateur, trice.
inaugural adj. Inaugural, e : discursos inaugurales, discours inauguraux.
inaugurar v. tr. Inaugurer (dar principio). || Augurer (conjeturar). | Inaugurar un piso, pendre la crémaillère.
inaveriguable adj. Non vérifiable, invérifiable.
inca adj. y s. Inca. || — M. (Ant.). Inca (moneda de oro del Perú).
incaico, ca o incásico, ca adj. Inca.
incalculable adj. Incalculable.
incalificable adj. Inqualifiable, sans nom : un crimen incalificable, un crime sans nom.
incambiable adj. Inchangeable.
incandescencia f. Incandescence. || Lámpara de incandescencia, lampe à incandescence.
incandescente adj. Incandescent, e.
incansable adj. Infatigable : persona incansable, personne infatigable. || Inlassable.
incansablemente adv. Inlassablement : trabajar incansablemente, travailler inlassablement.
incantable adj. Inchantable.
incapacidad f. Incapacité, inaptitude. || FIG. Stupidité, bêtise, inintelligence (p. us.) [rudeza]. || DR. Incapacidad legal, inhabilité.
incapacitado, da adj. DR. Incapable, que la loi prive de certains droits. | Interdit, e (sujeto a interdicción).
incapacitar v. tr. Inhabiliter, déclarer incapable. || Rendre inapte à, interdire : su pasado le incapacita para ocupar tal cargo, son passé le rend inapte à occuper un tel poste. || DR. Interdire.
incapaz adj. Incapable : incapaz para desempeñar un cargo, incapable de remplir une fonction. || FIG. Incapable (inepto). || Amer. Insupportable (fastidioso).
— M. y f. FIG. Incapable.
incasable adj. Impossible à marier. || Hostile o réfractaire au mariage (enemigo del matrimonio).
incásico, ca adj. Incasique, inca.
incasto, ta adj. Impudique.
incautación f. Saisie, confiscation. || DR. Incautación preventiva, saisie conservatoire.
incautamente adv. Imprudemment.
incautarse v. pr. Saisir, s'emparer de, confisquer : la policía se incautó de diez pistolas, la police a saisi dix pistolets. || Periódico incautado por la policía, journal saisi par la police.
incauto, ta adj. Imprudent, e (imprudente). || Naïf, ive ; crédule (inocente).
incendaja f. Petit bois, m. (para prender fuego).
incendiado, da adj. Incendié, e.
incendiar v. tr. Incendier.
— V. pr. Prendre feu, brûler.

incendiario, ria adj. y s. Incendiaire (bomba, escrito).
incendio m. ● Incendie. || FIG. Feu (de las pasiones). || Damnificado por un incendio, incendié.
— SINÓN. ● Fuego, feu. Siniestro, sinistre. Quema, incendie.
incensación f. Encensement, m.
incensar* v. tr. Encenser.
incensario m. Encensoir. || FAM. Romperle a uno el incensario en las narices, casser l'encensoir sur le nez de quelqu'un, encenser quelqu'un.
incensurable adj. Irréprochable.
incentivo m. Aiguillon, stimulant (estímulo) : el interés es un incentivo potente, l'intérêt est un puissant stimulant. || Attrait (atractivo) : el incentivo de los placeres, l'attrait des plaisirs. || El incentivo de la ganancia, l'appât du gain.
incertidumbre f. Incertitude.
incesable o incesante adj. Incessant, e.
incesantemente adv. Sans cesse, incessamment (p. us.).
— OBSERV. Incessamment signifie sobre todo en seguida, sin tardar.
incesto m. Inceste.
incestuoso, sa adj. y s. Incestueux, euse.
incidencia f. Incident, m. (hecho inesperado). || Fís. Incidence : ángulo, punto de incidencia, angle, point d'incidence. || FIG. Incidence, conséquence. || Por incidencia, accidentellement.
incidental adj. Incident, e : observación incidental, remarque incidente. || — Adj. y s. f. GRAM. Incident, e.
incidentalmente adv. Incidemment.
incidente adj. y s. m. Incident, e.
incidentemente adv. Incidemment.
incidir v. intr. Tomber [dans une faute, dans une erreur]. || MED. Faire une incision, inciser (cortar). || GEOM. Tomber.
incienso m. Encens. || FIG. Flatterie, f., encens (lisonja). || FIG. Dar incienso a, encenser.
inciertamente adv. Avec incertitude, d'une manière incertaine.
incierto, ta adj. Incertain, e.
incineración f. Incinération.
incinerador m. Incinérateur.
incinerar v. tr. Incinérer.
incipiente adj. Qui commence, naissant, e : el día incipiente, le jour naissant. || Débutant, e. || En herbe : un poeta incipiente, un poète en herbe.
incircunciso, sa adj. y s. m. Incirconcis, e.
incircunscripto, ta adj. Qui n'est pas circonscrit.
incisión f. Incision. || Césure (en un verso).
incisivo, va adj. Incisif, ive.
— M. Incisive, f. (diente).
inciso, sa adj. Haché, e (estilo).
— M. GRAMM. Incise, f. (frase corta) : a modo de inciso, en incise. | Virgule, f. (coma). | Sous-alinéa.
incisura f. MED. Incision.
incitación f. Incitation, encouragement, m. : incitación al crimen, encouragement au crime.
incitador, ra adj. y s. Incitateur, trice.
incitamento o incitamiento m. Incitation, f., encouragement.
incitante adj. Incitant, e.
incitar v. tr. Inciter, pousser (estimular). || FIG. Pousser, inciter : incitar al gasto, pousser à la dépense. | Encourager (animar).
incitativa f. DR. Ordre (m.) émanant du tribunal supérieur.
incitativo, va adj. Stimulant, e ; incitant, e ; incitatif, ive.
incivil adj. Incivil, e.
incivilidad f. Incivilité.
incivilizable adj. Incivilisable.
inclasificable adj. Inclassable.
inclaustración f. Entrée en religion.

inclemencia f. Inclémence. ‖ — *A la inclemencia,* à découvert (al descubierto), en plein air (al aire libre). ‖ *Las inclemencias del tiempo,* les intempéries.

inclemente adj. Inclément, e.

inclinación f. Inclination : *hacer una ligera inclinación con la cabeza,* faire une légère inclination de la tête. ‖ Inclinaison (posición oblicua). ‖ ● Fig. Inclination, penchant, *m.* (propensión) : *tener inclinación hacia la música,* avoir un penchant pour la musique. ‖ Tendance, inclination : *inclinación al bien,* tendance au bien. ‖ Astr. Inclinaison.

— Sinón. ● *Tendencia, propensión,* tendance, propension. *Debilidad, predilección,* faible. *Disposición,* disposition. *Aptitud,* aptitude. *Afición,* goût. *Vocación,* vocation.

inclinador, ra adj. y s. Qui incline.

inclinante adj. Qui incline.

inclinar v. tr. Incliner, pencher : *inclinar la cabeza,* pencher la tête. ‖ Fig. Incliner : *inclinar a la clemencia,* incliner à la clémence. ‖ Fig. *Inclinar el fiel de la balanza,* faire pencher la balance.
— V. intr. Incliner, s'incliner : *inclinar a* ou *hacia la derecha,* incliner à droite. ‖ Ressembler (parecerse).
— V. pr. S'incliner, incliner, se pencher : *inclinarse hacia adelante,* se pencher en avant. ‖ — *Inclinarse a,* tendre à, être porté à o enclin à : *me inclino a creerle,* je tends à le croire ; *se inclina a la virtud,* il est porté à la vertu.

inclinativo, va adj. Qui incline o peut incliner.

ínclito, ta adj. Illustre.

incluido, da adj. Inclus, e. ‖ Ci-inclus (en una carta). ‖ — *Precio todo incluido,* prix forfaitaire. ‖ *Todo incluido,* tout compris.

incluir* v. tr. Inclure (en cartas, en precios). ‖ Insérer (introducir). ‖ Renfermer (contener). ‖ Comprendre, faire entrer : *incluir las islas Baleares entre las provincias españolas,* comprendre les îles Baléares dans les provinces espagnoles. ‖ Inscrire : *incluir un tema en el programa,* inscrire une question au programme. ‖ *Sin incluir,* non compris.

— Observ. El verbo francés *inclure,* de poco uso, se emplea sobre todo en el lenguaje comercial.

inclusa f. Hospice (*m.*) des enfants trouvés. ‖ *La Inclusa,* les Enfants Trouvés.

inclusero, ra m. y f. Fam. Enfant trouvé. ‖ *Un niño inclusero,* un enfant trouvé.

inclusión f. Inclusion.

inclusivamente o **inclusive** adv. Inclusivement, inclus, y compris : *hasta el sábado inclusive,* jusqu'à samedi inclus ; *los niños inclusive,* y compris les enfants.

inclusivo, va adj. Inclusif, ive.

incluso, sa adj. Inclus, e : *la carta inclusa,* la lettre incluse.
— Prep. Même, y compris : *todos vinieron, incluso los niños,* tous vinrent, même les enfants o les enfants y compris.
— Adv. Même (hasta). ‖ Ci-inclus (en una carta).

incoación f. Commencement, *m.* (principio).

incoagulable adj. Incoagulable.

incoar v. tr. Entamer, commencer (empezar). ‖ Intenter (un pleito).

incoativo, va adj. Initial, c (que empieza). ‖ Gram. Inchoatif, ive.

incobrable adj. Irrécouvrable.

incoercibilidad f. Incoercibilité.

incoercible adj. Incoercible.

incógnita f. Mat. Inconnue : *despejar la incógnita,* dégager l'inconnue ; *ecuación con dos incógnitas,* équation à deux inconnues. ‖ Fig. Inconnue.

incógnito, ta adj. Inconnu, e : *regiones incógnitas,* régions inconnues.

— M. Incognito : *guardar el incógnito,* garder l'incognito. ‖ *De incógnito,* incognito : *viajar de incógnito,* voyager incognito.

incognoscible adj. Inconnaissable.

incoherencia f. Incohérence.

incoherente adj. Incohérent, e.

incoherentemente adv. De façon incohérente.

íncola m. Habitant.

incoloro, ra adj. Incolore.

incólume adj. Sain et sauf, indemne : *salir incólume de un peligro,* sortir indemne d'un danger.

incombustibilidad f. Incombustibilité.

incombustible adj. Non combustible, incombustible (que no puede quemarse) : *el amianto es incombustible,* l'amiante est incombustible.

incomestible adj. Incomestible.

incomible adj. Immangeable.

incómodamente adv. Inconfortablement, incommodément. ‖ Mal à l'aise (a disgusto).

incomodar v. tr. Incommoder, gêner (causar incomodidad). ‖ Fâcher (disgustar). ‖ Vexer (vejar). ‖ Ennuyer, agacer (fastidiar). ‖ Déranger : *su visita me incomoda,* sa visite me dérange.
— V. pr. Se fâcher, se vexer (enfadarse).

incomodidad f. Incommodité. ‖ Gêne, dérangement, *m.* (molestia). ‖ Mécontentement, *m.* (disgusto). ‖ Malaise, *m.* (malestar). ‖ Manque (*m.*) de confort.

incomodo m. Incommodité, *f.* gêne, *f.*

incómodo, da adj. Incommode : *postura incómoda,* position incommode. ‖ Incommodant, e (molesto) : *un calor incómodo,* une chaleur incommodante. ‖ Incommodé, e (que sufre incomodidad). ‖ Mal à l'aise, *inv.* : *encontrarse incómodo en una silla, en una reunión,* se trouver mal à l'aise sur une chaise, dans une réunion. ‖ Inconfortable : *cama incómoda,* lit inconfortable.
— M. Incommodité, *f.,* gêne, *f.* (incomodidad).

incomparable adj. Incomparable.

incomparado, da adj. Incomparable.

incomparecencia f. Dr. Non-comparution, carence (ausencia). ‖ Dep. Walk over, *m.*

incompartible adj. Impartageable.

incompasivo, va adj. Impitoyable.

incompatibilidad f. Incompatibilité : *incompatibilidad de carácter* ou *de humor,* incompatibilité d'humeur.

incompatible adj. Incompatible.

incompetencia f. Incompétence.

incompetente adj. Incompétent, e. ‖ Dr. *Declarar incompetente,* dessaisir (un tribunal).

incompleto, ta adj. Incomplet, ète. ‖ Inachevé, e : *La Sinfonía incompleta,* la Symphonie inachevée.

incomprehensible adj. Incompréhensible.

incomprendido, da adj. y s. Incompris, e.

incomprensibilidad f. Incompréhensibilité.

incomprensible adj. Incompréhensible, insaisissable : *ideas incomprensibles,* idées insaisissables.

— Sinón. *Inconcebible,* inconcevable. *Inexplicable,* inexplicable. *Impenetrable,* impénétrable. *Indescifrable,* indéchiffrable. *Ininteligible,* inintelligible.

incomprensiblemente adv. Incompréhensiblement, de façon incompréhensible.

incomprensión f. Incompréhension.

incomprensivo, va adj. Incompréhensif, ive.

incompresibilidad f. Incompressibilité.

incompresible o **incomprimible** adj. Incompressible.

incomprobable adj. Incontrôlable, invérifiable.

incomunicable adj. Incommunicable.

incomunicación f. Dr. Mise au secret. ‖ Manque (*m.*) de communication. ‖ Isolement, *m.* (aislamiento).

incomunicado, da adj. Mis au secret (preso). ‖ Privé de communications, isolé, e (aislado) : *varios pueblos quedaron incomunicados después del* *terremoto*, de nombreux villages restèrent isolés *o* privés de communications après le tremblement de terre.

incomunicar v. tr. Mettre au secret (a un prisionero). ‖ Priver de communications, isoler (aislar). — V. pr. S'isoler.

inconcebible adj. Inconcevable.

inconcedible adj. Inaccordable.

inconciliable adj. Inconciliable.

inconcluso, sa adj. Inachevé, e.

inconcusamente adv. Indubitablement.

inconcuso, sa adj. Indubitable (indubitable). ‖ Incontesté, e ; sûr, e (seguro) : *verdad inconcusa*, vérité incontestée.

incondicional adj. y s. Inconditionnel, elle.

inconexión f. Manque (*m.*) de connexion *o* de rapport, *m.*

inconexo, xa adj. Sans connexion, sans rapport : *asuntos inconexos entre sí*, des affaires sans rapport entre elles.

inconfesable adj. Inavouable.

inconfeso, sa adj. Qui n'a pas avoué (un reo).

inconforme adj. Non conforme.

inconfortable adj. Inconfortable.

inconfundible adj. Qui ne peut pas être confondu, caractéristique, particulier, ère ; personnel, elle : *el estilo de este escritor es completamente inconfundible*, le style de cet écrivain est tout à fait personnel. ‖ Unique (único).

incongelable adj. Incongelable.

incongruamente adv. Incongrûment.

incongruencia f. Incongruité (inconveniencia). ‖ MED. Incongruence.

incongruente adj. Incongru, e.

incongruentemente adv. Incongrûment.

incongruo, grua adj. Incongru, e (incongruente). ‖ RELIG. Se dit d'une portion congrue insuffisante *o* du prêtre qui n'en bénéficie pas.

inconmensurabilidad f. Incommensurabilité.

inconmensurable adj. Incommensurable. ‖ FAM. *¡Es inconmensurable !*, il est impayable !

inconmovible adj. Inébranlable, inaltérable.

inconmutabilidad f. Incommutabilité.

inconmutable adj. Incommutable.

inconquistable adj. Imprenable (plaza, pueblo, etc.). ‖ Incorruptible, inflexible (persona).

inconsciencia f. Inconscience.

inconsciente adj. y s. Inconscient, e.

inconscientemente adv. Inconsciemment.

inconsecuencia f. Inconséquence.

inconsecuente adj. y s. Inconséquent, e.

inconsideración f. Inconsidération.

inconsiderado, da adj. y s. Inconsidéré, e.

inconsistencia f. Inconsistance.

inconsistente adj. Inconsistant, e.

inconsolable adj. Inconsolable.

inconstancia f. Inconstance.

inconstante adj. Incertain (el tiempo). ‖ — Adj. y s. Inconstant, e.

inconstantemente adv. Avec inconstance.

inconstitucional adj. Inconstitutionnel, elle.

inconstitucionalidad f. Inconstitutionnalité.

inconstruible adj. Qui ne peut être construit, e.

inconsulto, ta adj. *Amer.* Inconsidéré, e.

inconsútil adj. Sans couture.

incontable adj. Inracontable (que no puede ser narrado). ‖ Incalculable, innombrable (difícil de contar).

incontaminado, da adj. Non contaminé, e.

incontenible adj. Irrépressible (irreprimible).

incontestabilidad f. Incontestabilité.

incontestable adj. Incontestable.

incontestado, da adj. Incontesté, e.

incontinencia f. Incontinence. ‖ MED. *Incontinencia de orina*, incontinence d'urine.

incontinente adj. Incontinent, e. — Adv. Incontinent.

incontinenti adv. Incontinent, sur-le-champ, à l'instant.

incontrarrestable adj. Invincible, irrésistible.

incontrastable adj. Invincible (que no puede ser vencido). ‖ Irréfutable, incontestable (irrefutable).

incontrito, ta adj. Incontrit, e.

incontrolable adj. Incontrôlable (incomprobable).

incontrovertible adj. Irréfutable, indiscutable, incontestable.

inconvencible adj. Inflexible, qu'on ne peut pas convaincre.

inconveniencia f. Inconvenance, malséance. ‖ Inconvénient, *m. : estas son las inconveniencias de tener tantos hijos*, ce sont les inconvénients d'avoir tant d'enfants. ‖ Invraisemblance (inverosimilitud). ‖ Grossièreté (grosería), impertinence, incongruité (insolencia).

inconveniente adj. Inconvenant, e ; malséant, e ; inconvenable (p. us.). ‖ Impoli, e (desatento). — M. Inconvénient : *no tengo inconveniente en que usted salga*, je ne vois pas d'inconvénient à ce que vous sortiez. ‖ Raison, *f.* (motivo) : *poner inconvenientes para*, trouver des raisons pour ; *encontrar inconvenientes a*, trouver des raisons contre.

inconversable adj. Intraitable.

inconvertible adv. Inconvertible.

incoordinación f. Incoordination.

incordiar v. tr. FAM. Empoisonner, enquiquiner, assommer. ‖ *¡No incordies !*, ne sois pas si crampon ! [à un enfant].

incordio m. MED. Bubon. ‖ FIG. y FAM. Corvée, *f.*, enquiquinement, empoisonnement (molestia). | Enquiquineur, euse ; casse-pieds, *inv.* (persona molesta).

incorporable adj. Incorporable.

incorporación f. Incorporation (acción de incorporar). ‖ Redressement, *m.*, action de se mettre sur son séant après avoir été couché. ‖ Rattachement, *m.* (de un territorio). ‖ MIL. *Incorporación a filas*, incorporation.

incorporado, da adj. Incorporé, e. ‖ Assis, e (en la cama).

incorporal adj. Incorporel, elle. ‖ Impalpable (insensible al tacto).

incorporar v. tr. Incorporer : *incorporar una materia a* ou *con otra*, incorporer une matière à *o* avec une autre. ‖ MIL. Incorporer. ‖ Rattacher : *incorporar Saboya a Francia*, rattacher la Savoie à la France. — V. pr. S'incorporer. ‖ Se redresser, s'asseoir dans son lit, se mettre sur son séant (cuando se está acostado). ‖ MIL. *Incorporarse a filas*, entrer sous les drapeaux. ‖ *Incorporarse a su cargo*, rallier son poste. — OBSERV. El verbo francés *s'incorporer* nunca tiene el sentido de « sentarse ».

incorporeidad f. Incorporéité.

incorpóreo, a adj. Incorporel, elle.

incorrección f. Incorrection. — SINÓN. *Inconveniencia*, inconvenance. *Incongruencia*, incongruité. *Desatención, descortesía*, impolitesse. *Grosería*, grossièreté.

incorrecto, ta adj. Incorrect, e.

incorregibilidad f. Incorrigibilité.

incorregible adj. Incorrigible, indécrottable (fam.) : *perezoso incorregible*, paresseux indécrottable.

incorruptamente adv. Incorruptiblement.

incorruptibilidad f. Incorruptibilité.

incorruptible adj. Incorruptible.

incorrupto, ta adj. Incorrompu, e ; non corrompu, e. ‖ FIG. Incorrompu, e ; intact, e ; entier, ère. ‖ Pur, e (mujer).

incrasar v. tr. Engraisser.

increado, da adj. Incréé, e. ‖ *La sabiduría increada*, la sagesse incréée (el Verbo divino).
incredibilidad f. Incrédibilité.
incredulidad f. Incrédulité.
incrédulo, la adj. y s. Incrédule. ‖ Incroyant, e (en materia de religión).
increíble adj. Incroyable.
incrementar v. tr. Augmenter, accroître, développer : *incrementar una renta, las exportaciones*, augmenter un revenu, développer les exportations.
incremento m. Développement, accroissement : *el incremento de los intercambios comerciales*, le développement des échanges commerciaux. ‖ Développement : *el incremento de un negocio*, le développement d'un commerce. ‖ Accroissement, augmentation, *f.* : *el incremento de la renta*, l'accroissement du revenu. ‖ GRAM. Crément. ‖ MAT. Accroissement. ‖ *Incremento térmico*, élévation de la température.
increpador, ra adj. Qui réprimande.
increpar v. tr. Réprimander sévèrement (reñir). ‖ Apostropher (insultar).
incriminable adj. Incriminable.
incriminación f. Incrimination, accusation.
incriminar v. tr. Incriminer, accuser.
incristalizable adj. Incristallisable.
incruento, ta adj. Non sanglant, e.
incrustación f. Incrustation.
incrustante adj. Incrustant, e.
incrustar v. tr. Incruster : *incrustado con marfil, oro*, incrusté d'ivoire, d'or.
— V. pr. S'incruster.
incubación f. Incubation : *período de incubación*, période d'incubation.
incubador, ra adj. Incubateur, trice.
— F. Couveuse, incubateur, *m.*
incubar v. intr. Couver.
— V. tr. Couver, incuber (empollar). ‖ MED. Couver : *incubar una enfermedad*, couver une maladie.
íncubo adj. y s. m. Incube (demonio).
incuestionable adj. Indubitable, incontestable.
inculcación f. Inculcation.
inculcador adj. y s. Qui inculque.
inculcar v. tr. Inculquer. ‖ IMPR. Composer trop serré.
inculpabilidad f. Inculpabilité, absence de culpabilité. ‖ DR. *Veredicto de inculpabilidad*, verdict d'acquittement.
inculpable adj. Qui ne peut être accusé.
— OBSERV. En francés, *inculpable* significa *que l'on peut inculper.*
inculpación f. Inculpation.
inculpado, da adj. y s. Inculpé, e.
— SINÓN. *Acusado, reo*, accusé. *Delincuente*, délinquant. *Culpable*, coupable.
inculpar v. tr. Inculper, accuser.
incultamente adv. Sans culture.
incultivable adj. Incultivable.
inculto, ta adj. Inculte : *persona inculta*, personne inculte. ‖ Incultivé, e ; non cultivé, e (terreno).
— M. y f. Ignorant, e.
incultura f. Manque (*m.*) de culture, ignorance.
incumbencia f. Ressort, *m.* : *eso no es de mi incumbencia*, cela n'est pas de mon ressort. ‖ DR. Juridiction.
incumbir v. intr. Incomber, être du ressort de : *eso te incumbe a ti*, cela t'incombe.
incumplido, da adj. Inaccompli, e.
incumplimiento m. Inaccomplissement, non accomplissement. ‖ Manquement : *incumplimiento de la palabra dada*, manquement à la parole donnée. ‖ Non-exécution, *f.* : *incumplimiento de una orden*, non-exécution d'un ordre.
incumplir v. tr. Ne pas accomplir, faillir à, manquer à : *incumplir una promesa*, faillir à une pro-

messe. ‖ Ne pas respecter, manquer à : *incumplir una regla*, ne pas respecter une règle.
incunable adj. y s. m. Incunable (libro).
incurabilidad f. Incurabilité.
incurable adj. y s. Incurable. ‖ *Hospital de incurables*, les Incurables.
incuria f. Incurie.
incurioso, sa adj. y s. Négligent, e (negligente).
— OBSERV. La palabra francesa *incurieux* significa *indiferente, falto de curiosidad.*
incurrir v. intr. Encourir, attirer sur soi : *Fouquet incurrió en la desgracia de Luis XIV*, Fouquet encourut la disgrâce de Louis XIV ; *incurrir en castigo, en odio*, encourir le châtiment, la haine. ‖ Tomber : *incurrir en un error*, tomber dans l'erreur. ‖ Commettre : *incurrir en falta*, commettre une erreur. ‖ — *Incurrir en delito*, se rendre coupable d'un délit. ‖ *Incurrir en olvido*, oublier.
— OBSERV. Le verbe *incurrir* a un participe passé de forme irrégulière : *incurso.*
incursión f. Incursion. ‖ *Incursiones aéreas*, raids aériens.
— SINÓN. *Correría*, raid. *Razzia*, razzia. *Irrupción*, irruption. *Invasión*, invasion, envahissement.
incursionar v. intr. Faire des incursions.
incurso, sa adj. Coupable : *incurso en falta*, coupable d'une faute.
incuso, sa adj. y s. Incuse (moneda, medalla).
indagación f. Investigation, recherche. ‖ DR. Enquête.
indagador, ra adj. y s. Investigateur, trice ; enquêteur, euse.
indagar v. tr. Rechercher, faire des recherches sur, enquêter sur, s'enquérir de (investigar) : *comisión para indagar las causas de la explosión*, commission pour rechercher les causes de l'explosion.
indagatorio, ria adj. y s. DR. Relatif à l'enquête, d'enquête. ‖ *Comisión indagatoria*, commission d'enquête. ‖ — F. Première déclaration de l'inculpé.
indayé m. *Amer.* Épervier.
indebidamente adv. Indûment.
indebido, da adj. Indu, e (contra la razón o el uso). ‖ Illicite (ilícito). ‖ *Lo indebido*, l'indu.
indecencia f. Indécence. ‖ Obscénité.
indecente adj. Indécent, e. ‖ Malhonnête (deshonesto). ‖ Grossier, ère : *palabras indecentes*, paroles grossières. ‖ Infâme : *comida indecente*, repas infâme. ‖ Incorrect, e : *actitud indecente*, attitude incorrecte.
indecentemente adv. Indécemment. ‖ De façon incorrecte.
indecible adj. Indicible, inexprimable, ineffable. ‖ *Lo indecible*, au-delà de toute expression : *he sufrido lo indecible*, j'ai souffert au-delà de toute expression.
indecisión f. Indécision.
— SINÓN. *Indeterminación*, indétermination. *Irresolución*, irrésolution. *Incertidumbre*, incertitude. *Duda*, doute. *Vacilación*, hésitation. *Escrúpulo*, scrupule. *Perplejidad*, perplexité.
indeciso, sa adj. Indécis, e.
indeclarable adj. Qu'on ne peut pas déclarer.
indeclinable adj. GRAM. Indéclinable. ‖ Qu'on ne peut refuser (invitación).
indecoro m. Indécence, *f.* (indecencia). ‖ Irrévérence, *f.* (irreverencia).
indecoroso, sa adj. Irrévérencieux, euse. ‖ Indécent, e.
indefectibilidad f. Indéfectibilité.
indefectible adj. Indéfectible.
indefendible o **indefensable** o **indefensible** adj. Indéfendable.
indefensión f. Manque (*m.*) de défense.
indefenso, sa adj. Sans défense.
indefinible adj. Indéfinissable.

indefinido, da adj. y s. m. Indéfini, e. ‖ GRAM. *Pretérito indefinido,* passé simple.
indeformable adj. Indéformable.
indehiscencia f. BOT. Indéhiscence.
indehiscente adj. BOT. Indéhiscent, e.
indeleble adj. Indélébile.
indeleblemente adv. Indélébilement, de façon indélébile.
indeliberación f. Manque (*m.*) de délibération.
indeliberadamente adv. Sans réflexion.
indeliberado, da adj. Irréfléchi, e ; indélibéré, e.
indelicadeza f. Indélicatesse (falta de delicadeza).
indelicado, da adj. y s. Indélicat, e.
indemne adj. Indemne (ileso).
indemnidad f. Immunité (inmunidad). ‖ Indemnité (indemnización).
indemnizable adj. Indemnisable.
indemnización f. Indemnisation, dédommagement, *m.* (acción de indemnizar). ‖ Indemnité (compensación).
indemnizado, da adj. Dédommagé, e ; indemnisé, e.
indemnizar v. tr. Indemniser, dédommager.
indemorable adj. Qu'on ne peut pas ajourner.
indemostrable adj. Indémontrable, improuvable.
independencia f. Indépendance. ‖ *Con independencia de,* indépendamment de, en marge de, en dehors de.
independiente adj. y s. Indépendant, e.
independientemente adv. Indépendamment.
independista adj. y s. Indépendant, e.
independizar v. tr. Rendre indépendant, émanciper.
— V. pr. S'émanciper.
indescifrable adj. Indéchiffrable.
indescomponible adj. Indécomposable.
indescontable adj. Inescomptable.
indescriptible adj. Indescriptible.
— SINÓN. *Inexpresable,* inexprimable. *Indecible,* indicible. *Inenarrable,* inénarrable. *Inefable,* ineffable. *Indefinible,* indéfinissable.
indeseable adj. y s. Indésirable.
indesmallable adj. Indémaillable.
indesmontable adj. Indémontable.
indestructibilidad f. Indestructibilité.
indestructible adj. Indestructible.
indeterminable adj. Indéterminable.
indeterminación f. Indétermination.
indeterminadamente adv. Sans détermination.
indeterminado, da adj. Indéterminé, e. ‖ GRAM. Indéfini, e (artículo, pronombre).
indeterminismo m. Indéterminisme.
indeterminista adj. y s. Indéterministe.
index m. Index (dedo índice).
India n. pr. f. GEOGR. Inde.
Indiada f. *Amer.* Foule d'Indiens.
indiana f. Indienne (tela).
indianismo m. Indianisme.
indianista m. y f. Indianiste.
indiano, na adj. y s. Indien, enne (de América). ‖ — M. Se dit de celui qui revient d'Amérique après avoir fait fortune, oncle d'Amérique (fam.).
— OBSERV. L'adjectif et le substantif *indien* (de l'Inde ou d'Amérique) se traduisent de préférence par *indio, a.*
Indias n. pr. f. pl. GEOGR. Amérique, *sing.* ‖ *Tener un tío en Indias,* avoir un oncle d'Amérique.
— OBSERV. À l'époque de la colonisation, las *Indias* était le terme courant pour désigner l'Amérique. On retrouve cette dénomination dans des institutions telles que *los Archivos de Indias, el Consejo de Indias,* etc.
indicación f. Indication. ‖ Repère, *m.* (señal).
indicador, ra adj. Indicateur, trice. ‖ *Lámpara indicadora,* lampe témoin.
— M. Indicateur. ‖ *Indicador de dirección,* clignotant (auto). ‖ *Indicador de escape de gas,*

indique-fuites. ‖ *Indicador de fichero,* cavalier (para clasificar). ‖ *Indicador de horarios,* tableau horaire (de trenes). ‖ *Indicador de nivel,* indicateur de niveau, jauge. ‖ AUTOM. *Indicador de velocidad,* compteur de vitesse.
— F. Panneau (*m.*) indicateur (señal).
indicán m. MED. Indican.
indicar v. tr. Indiquer : *indicar con el dedo,* indiquer du doigt.
— SINÓN. *Mostrar,* montrer. *Señalar,* signaler. *Designar,* désigner. *Marcar,* marquer. *Denotar,* dénoter.
indicativo, va adj. y s. m. Indicatif, ive.
indicción f. Indiction (convocación).
índice m. Indice, signe (indicio). ‖ Index, table (*f.*) des matières (tabla). ‖ Catalogue (de una biblioteca). ‖ Index (dedo de la mano). ‖ Aiguille, *f.,* index (aguja de un cuadrante). ‖ MAT. Indice (de una raíz). ‖ Taux : *índice de alcohol,* taux d'alcool (en la sangre). ‖ Taux, indice (coeficiente) : *índice de incremento,* taux d'accroissement. ‖ Indice : *índice de precios,* indice des prix. ‖ RELIG. Index : *meter* ou *poner en el Índice,* mettre à l'index.
indiciar v. tr. Indiquer, laisser entrevoir (indicar). ‖ Soupçonner (sospechar).
indicio m. Indice. ‖ Trace, *f.* : *descubrir indicios de albúmina,* déceler des traces d'albumine.
indicioso, sa adj. Soupçonné, e.
índico, ca adj. Indien, enne : *océano Índico,* océan Indien.
indiferencia f. Indifférence.
indiferente adj. y s. Indifférent, e : *dejar indiferente,* laisser indifférent.
— SINÓN. *Saciado,* blasé. *Desprendido,* détaché. *Impasible,* impassible.
indiferentemente adv. Indifféremment.
indiferentismo m. Indifférentisme.
indígena adj. y s. Indigène.
— SINÓN. *Natural, nativo,* naturel. *Aborigen,* aborigène. *Autóctono,* autochtone.
indigencia f. Indigence, dénuement, *m.* : *estar en la indigencia más completa,* être dans le plus complet dénuement.
indigenismo m. Indigénisme.
— OBSERV. L'*indigénisme* est un mouvement politique et littéraire d'Amérique latine en faveur des indigènes.
indigenista adj. y s. Indigéniste.
indigente adj. y s. Indigent, e.
indigestarse v. pr. Ne pas bien digérer : *se le indigestó la comida,* il n'a pas bien digéré le repas. ‖ FIG. y FAM. Ne pas pouvoir digérer *o* sentir [une personne].
indigestión f. Indigestion : *padecer una indigestión,* avoir une indigestion.
indigesto, ta adj. Indigeste. ‖ FIG. Indigeste, confus, e (confuso).
indigete adj. y s. Indigète.
indignación f. Indignation.
indignado, da adj. Indigné, e.
indignante adj. Révoltant, e (que indigna).
indignar v. tr. Indigner.
— V. pr. S'indigner : *indignarse de* ou *por algo,* s'indigner de quelque chose ; s'indigner de *o* contre quelqu'un. ‖ *¡Es para indignarse !,* c'est révoltant, c'est rageant ! (fam.).
indignidad f. Indignité.
indigno, na adj. Indigne.
índigo m. Indigo (color). ‖ Indigotier (planta).
indigotina f. QUÍM. Indigotine.
indilgar v. tr. V. ENDILGAR.
indino, na adj. FAM. Polisson, onne ; diable (travieso). ‖ Méchant, e (malo).
indio, dia adj. y s. Indien, enne (de la India) ; hindou, e. ‖ Indien, enne (de América). ‖ — FIG. *En fila india,* en file indienne. ‖ *Un trabajo de indio,* un travail de Romain. ‖ — FAM. *Hablar*

como los indios, parler petit-nègre. | *Hacer el indio,* faire le zouave.

— M. Indium (metal).

— OBSERV. *Hindou* se dice hoy del individuo cuya religión es el hinduismo.

indiófilo, la adj. y s. Ami, amie des Indiens.

indirecta f. Allusion, insinuation : *echar indirectas,* faire des allusions. ‖ FAM. Pique, coup (*m.*) de patte : *tirar indirectas,* lancer *o* envoyer des piques. ‖ FAM. *Indirecta del padre Cobos,* allusion sans détours.

indirecto, ta adj. Indirect, e.

— SINÓN. *Desviado,* détourné. *Oblicuo,* oblique.

indiscernible adj. Indiscernable.

indisciplina f. Indiscipline.

indisciplinable adj. Indisciplinable.

indisciplinado, da adj. Indiscipliné, e.

indisciplinarse v. pr. Manquer à la discipline.

indiscreción f. Indiscrétion.

indiscreto, ta adj. y s. Indiscret, ète.

— SINÓN. *Curioso,* curieux. *Parlanchín,* bavard. *Entrometido,* indiscret. *Fisgador, fisgón,* fureteur. *Escudriñador, hurón,* fouineur (fam.).

indisculpable adj. Inexcusable.

indiscutible adj. Indiscutable. ‖ Incontestable : *prueba indiscutible,* preuve incontestable. ‖ Incontesté, e : *verdad indiscutible,* vérité incontestée.

indiscutiblemente adv. Indiscutablement. ‖ Incontestablement, sans conteste.

indisolubilidad f. Indissolubilité.

indisoluble adj. Indissoluble.

indispensable adj. Indispensable.

indisponer* v. tr. Indisposer, incommoder (hacer enfermar). ‖ FIG. Indisposer : *indisponer con,* indisposer contre.

— V. pr. Être indisposé, e. ‖ FIG. Se fâcher : *indisponerse con uno,* se fâcher avec quelqu'un. ‖ *Se ha indispuesto,* il a été indisposé.

indisponibilidad f. Indisponibilité.

indisponible adj. Indisponible.

indisposición f. Indisposition.

indispuesto, ta adj. Indisposé, e. ‖ *Sentirse indispuesto,* être pris de malaise, éprouver un malaise.

indisputable adj. Indiscutable (indiscutible).

indistinguible adj. Qu'on ne peut distinguer.

indistinto, ta adj. Indistinct, c.

individuación f. Individuation.

individual adj. Individuel, elle.

— M. Simple (tenis) : *individual caballeros,* simple messieurs.

individualidad f. Individualité, individuation.

individualismo m. Individualisme.

individualista adj. y s. Individualiste.

individualización f. Individualisation.

individualizar v. tr. Individualiser.

individuar v. tr. Individualiser.

individuo, dua adj. Individuel, elle.

— M. Individu. ‖ Membre (de una corporación, de una academia). ‖ FAM. Individu (hombre indeterminado o la persona propia). ‖ Personne, *f.* : *cuidar bien de su individuo,* bien soigner sa personne.

indivisibilidad f. Indivisibilité.

indivisible adj. Indivisible.

indivisión f. Indivision.

indiviso, sa adj. Indivis, e. ‖ DR. *Pro indiviso,* par indivis, indivisement.

Indo n. pr. m. GEOGR. Indus.

indo, da adj. y s. Hindou, e (cuya religión es el hinduismo). ‖ Indien, enne (indio).

indócil adj. Indocile.

— SINÓN. *Indisciplinado,* indiscipliné. *Indómito, indomable,* indomptable. *Reacio,* rétif. *Rebelde,* rebelle. *Refractario,* réfractaire.

indocilidad f. Indocilité.

indoctamente adv. Avec ignorance.

indocto, ta adj. Ignorant, e.

indocumentado, da adj. Sans papiers *o* pièces d'identité, dépourvu de pièces d'identité, qui n'a pas de pièces d'identité.

— M. y f. Personne dépourvue de pièces d'identité. ‖ FAM. *Es un indocumentado,* c'est un ignare, il ne sait rien du tout, il ne connaît rien à rien.

Indochina n. pr. f. GEOGR. Indochine.

indochino, na adj. y s. Indochinois, e.

indoeuropeo, a adj. y s. Indo-européen, enne.

indofenol m. QUÍM. Indophénol.

indogermánico, ca adj. y s. Indo-germanique.

indol m. QUÍM. Indole.

índole f. Caractère, *m.,* naturel, *m.* (idiosincrasia) : *ser de mala índole,* avoir mauvais caractère *o* être d'un naturel méchant. ‖ Genre, *m.,* sorte : *regalos de toda índole,* cadeaux de toutes sortes *o* en tous genres. ‖ Caractère, *m.,* nature : *dada la índole de nuestra revista,* étant donné le caractère de notre revue. ‖ *Personas de la misma índole,* personnes du même acabit *o* de la même espèce.

indolencia f. Indolence.

indolente adj. y s. Indolent, e.

indolentemente adv. Indolemment, avec indolence.

indoloro, ra adj. Indolore.

indomable adj. Indomptable.

indomado, da adj. Indompté, e ; inapprivoisé, e (no domesticado).

indomeñable adj. Indomptable.

indomesticable adj. Inapprivoisable.

indomesticado, da adj. Inapprivoisé, e.

indómito, ta adj. Indompté, e (no domado). ‖ Indomptable (indomable).

Indonesia n. pr. f. GEOGR. Indonésie.

indonesio, sia adj. y s. Indonésien, enne.

Indostán n. pr. m. Hindoustan, Indoustan, Inde, *f.*

— OBSERV. El término geográfico *Indostán,* cada vez menos usado, es sinónimo de *India* en el lenguaje corriente.

indostanés, esa *o* **indostano, na** adj. y s. (P. us.). De l'Hindoustan ; indien, enne.

indostánico, ca adj. (P. us.). De l'Hindoustan ; indien, enne.

indri m. ZOOL. Indri (lemúrido).

indubitable adj. Indubitable.

indubitadamente adv. Certainement, indubitablement, assurément.

inducción f. Induction.

inducido, da adj. y s. m. ELECTR. Induit, e.

inducidor, da adj. y s. Instigateur, trice.

inducimiento m. Induction, *f.*

inducir* v. tr. Induire : *inducir en error,* induire en erreur. ‖ Pousser, conduire, amener (mover a) : *indúzcalo a que lo haga,* amenez-le à le faire. ‖ Déduire, conclure, induire (p. us.) [deducir]. ‖ ELECTR. Induire.

inductancia f. ELECTR. Inductance.

inductivo, va adj. Inductif, ive.

inductor, ra adj. y s. m. Inducteur, trice.

indudable adj. Indubitable.

indulgencia f. Indulgence : *conceder indulgencia plenaria,* accorder une indulgence plénière.

indulgenciar v. tr. Indulgencier.

indulgente adj. Indulgent, e : *indulgente con* ou *hacia,* indulgent pour *o* envers *o* à.

— SINÓN. *Clemente,* clément. *Tolerante,* tolérant. *Benigno,* bénin.

indulina f. QUÍM. Induline.

indultar v. tr. Gracier.

indulto m. Grâce, *f.,* remise (*f.*) de peine : *petición de indulto,* recours en grâce. ‖ Indult (del Papa).

indumentaria f. Vêtement, *m.,* costume, *m.,* habillement, *m.* (vestido). ‖ Histoire du costume (estudio).

indumento m. Vêtement, habillement.

induración f. MED. Induration (endurecimiento).
indurar v. tr. Indurer.
industria f. Industrie : *industria clave,* industrie clef ; *industria pesada,* industrie lourde. ‖ Habileté, industrie (p. us.) [maña]. ‖ — *Caballero de industria,* chevalier d'industrie. ‖ *De industria,* exprès, à dessein. ‖ *Industria conservera,* conserverie. ‖ *Industria molinera,* minoterie, meunerie.
industrial adj. y s. m. Industriel, elle.
industrialismo m. Industrialisme.
industrialización f. Industrialisation.
industrializar v. tr. Industrialiser.
— V. pr. S'industrialiser.
industriarse v. pr. S'ingénier, se débrouiller.
industrioso, sa adj. Industrieux, euse.
induvia f. BOT. Induvie.
inecuación f. MAT. Inéquation.
inedia f. Diète (dieta).
inédito, ta adj. y s. m. Inédit, e : *algo inédito,* de l'inédit.
ineducable adj. Inéducable.
ineducación f. Impolitesse, manque (*m.*) d'éducation (falta de educación).
ineducado, da adj. Mal élevé ; malappris, e ; impoli, e.
inefabilidad f. Ineffabilité.
inefable adj. Ineffable.
ineficacia f. Inefficacité.
ineficaz adj. Inefficace.
inejecutable adj. Inexécutable. ‖ MÚS. Injouable.
inejecución f. Inexécution.
inelegancia f. Inélégance.
inelegante adj. Inélégant, e.
inelegantemente adv. Inélégamment.
inelegible adj. Inéligible.
ineluctable adj. Inéluctable.
ineludible adj. Inéluctable, inévitable.
inembargabilidad f. DR. Insaisissabilité.
inembargable adj. DR. Insaisissable.
inenarrable adj. Inénarrable.
inepcia f. Ineptie.
ineptitud f. Ineptie (necedad). ‖ ● Inaptitude (falta de aptitud).
— SINÓN. ● *Incapacidad,* incapacité. *Insuficiencia,* insuffisance. *Inexperiencia,* inexpérience. *Impericia,* impéritie. *Torpeza,* maladresse.
inepto, ta adj. Inepte.
— M. FAM. Incapable, nullité, *f.*
inequívoco, ca adj. Indubitable, évident, e ; non équivoque : *inequívocas señales de ebriedad,* des signes évidents d'ébriété.
inercia f. Inertie. ‖ MECÁN. *Fuerza de inercia,* force d'inertie.
inerme adj. BOT. y ZOOL. Inerme. ‖ Désarmé, e ; sans armes (sin armas).
inerte adj. Inerte.
inervación f. Innervation.
inervar v. tr. Innerver.
Inés n. pr. f. Agnès.
inescrutable o **inescudriñable** adj. Insondable, impénétrable (insondable) : *los caminos del Señor son inescrutables,* les voies du Seigneur sont insondables.
inesperadamente adv. De façon inespérée. ‖ Subitement : *murió inesperadamente,* il mourut subitement.
inesperado, da adj. Inespéré, e ; inattendu, e.
inestabilidad f. Instabilité.
inestable adj. y s. Instable.
inestético, ca adj. Inesthétique.
inestimable adj. Inestimable.
inestimado, da adj. Inestimé, e.
inevitable adj. Inévitable.
— SINÓN. *Forzoso,* forcé. *Obligatorio,* obligatoire. *Ineludible, ineluctable,* inéluctable.

inexactitud f. Inexactitude.
inexacto, ta adj. Inexact, e.
inexcusable adj. Inexcusable.
inexhaustible adj. Inexhaustible.
inexhausto, ta adj. Inépuisable (inagotable).
inexigibilidad f. Inexigibilité.
inexigible adj. Inexigible.
inexistente adj. Inexistant, e.
inexorabilidad f. Inexorabilité.
inexorable adj. Inexorable.
inexperiencia f. Inexpérience.
inexperto, ta o **inexperimentado, da** adj. Inexpérimenté, e.
inexpiable adj. Inexpiable.
inexpiado, da adj. Inexpié, e.
inexplicable adj. Inexplicable.
inexplicado, da adj. Inexpliqué, e.
inexplorable adj. Inexplorable.
inexplorado, da adj. Inexploré, e.
inexplotable adj. Inexploitable.
inexplotado, da adj. Inexploité, e.
inexpresable adj. Inexprimable.
inexpresivo, va adj. Inexpressif, ive.
inexpugnable adj. Inexpugnable, imprenable.
inextensibilidad f. Inextensibilité.
inextensible adj. Inextensible.
inextenso, sa adj. Inétendu, e.
in extenso loc. adv. In extenso.
inextinguible adj. Inextinguible, inapaisable : *sed inextinguible,* soif inextinguible.
inextirpable adj. Inextirpable.
in extremis loc. adv. In extremis.
inextricable adj. Inextricable.
infalibilidad f. Infaillibilité : *infalibilidad pontificia,* infaillibilité pontificale.
infalible adj. Infaillible.
infaliblemente adv. Infailliblement, immanquablement.
infalsificable adj. Infalsifiable.
infamación f. Diffamation.
infamador, ra adj. y s. Diffamateur, trice.
infamante adj. Infamant, e.
infamar v. tr. Rendre infâme.
— V. pr. Se rendre infâme.
infamatorio, ria adj. Infamant, e.
infame adj. y s. Infâme.
infamemente adv. Avec infamie.
infamia f. Infamie.
infancia f. Enfance : *ha vuelto a la infancia,* il est retombé en enfance. ‖ FIG. Enfance (principio) : *la infancia del mundo,* l'enfance du monde. ‖ — *En la primera infancia,* en bas âge. ‖ FIG. *No estás en la primera infancia,* tu n'es plus un gamin, tu n'es plus une gamine.
infanta f. Infante (hija del rey o esposa de un infante). ‖ Fillette (niña).
infantado m. Apanage o fief d'un infant.
infante m. Enfant (niño). ‖ Infant (hijo de rey). ‖ Fantassin (soldado de infantería).
infantería f. Infanterie : *infantería motorizada,* infanterie portée.
infanticida adj. y s. Infanticide.
infanticidio m. Infanticide (asesinato).
infantil adj. Infantile : *enfermedad infantil,* maladie infantile. ‖ Enfantin, e ; puéril, e (inocente) : *comportamiento infantil,* conduite enfantine. ‖ *Literatura infantil,* littérature pour enfants. ‖ DEP. *Prueba para infantiles,* épreuve catégorie enfants o minimes.
infantilidad f. Enfantillage, *m.* (niñería).
infantilismo m. Infantilisme.
infanzón, ona m. y f. Infançon, onne (noble español).
infanzonazgo m. Patrimoine de l'infançon.
infartar v. tr. MED. Engorger.

infarto m. MED. Engorgement (aumento). | Infarctus : *infarto del miocardio, pulmonar,* infarctus du myocarde, pulmonaire.

infatigable adj. Infatigable : *infatigable en el trabajo,* infatigable au travail.

infatuación f. Infatuation (engreimiento).

infatuar v. tr. Rendre fat o arrogant, e ; infatuer (p. us.).
— V. pr. S'infatuer, s'engouer. || S'enorgueillir, se griser : *infatuarse con un éxito,* s'enorgueillir d'un succès. || *Infatuarse con los aplausos,* être grisé par les applaudissements.

infausto, ta adj. Malheureux, euse.

infebril adj. Sans fièvre, apyrétique.

infección f. Infection.

infeccionar v. tr. Infecter (inficionar).

infeccioso, sa adj. Infectueux, euse : *enfermedad infecciosa,* maladie infectieuse.

infectar v. tr. Infecter : *llaga infectada,* plaie infectée.

infecto, ta adj. Infect, e (pestilente). || Infecté, e (inficionado).

infecundidad f. Infécondité (esterilidad).

infecundo, da adj. Infécond, e.

infelice adj. POÉT. Infortuné, e (infeliz).

infelicidad f. Malheur, *m.,* infortune.

infeliz adj. y s. Malheureux, euse (desgraciado). || FAM. Brave (bondadoso). || *Es un infeliz,* c'est un pauvre type.

infelizote m. Brave type.

inferencia f. Conséquence (ilación). || FILOS. Inférence (razonamiento).

inferior adj. y s. Inférieur, e.
— SINÓN. *Subordinado,* subordonné. *Subalterno,* subalterne. *Dependiente,* dépendant.

inferioridad f. Infériorité. || *Complejo de inferioridad,* complexe d'infériorité.

inferir* v. tr. Déduire, induire, inférer (p. us.) [sacar una consecuencia] : *de ello infiero que,* j'en déduis que, de cela j'induis que. || Causer, occasionner (llevar consigo). || Causer, faire (hacer) : *inferir una herida, un agravio,* faire une blessure, causer un tort.

infernáculo m. Marelle, *f.* (juego).

infernal adj. Infernal, e. || FIG. Infernal, e ; d'enfer : *ruido infernal,* bruit infernal o d'enfer. || *Fuego infernal,* feu d'enfer.

infernillo m. V. INFIERNILLO.

ínfero, ra adj. BOT. Infère.

infestación f. MED. Infestation.

infestar v. tr. Infester (causar estragos). || Infecter (corromper).
— V. pr. Être infesté, e.

infesto, ta adj. Nuisible.

infeudar v. tr. Inféoder (enfeudar).

inficionar v. tr. Infecter (infectar). || FIG. Corrompre (con malos ejemplos, etc.).

infidelidad f. Infidélité. || Manque (*m.*) de loyauté. || Les infidèles, *m. pl.* (no católicos).

infidente adj. Infidèle, déloyal, e.

infiel adj. y s. Infidèle. || *Infiel con* ou *a* ou *para* ou *para con sus promesas,* infidèle à ses promesses.

infiernillo m. Réchaud : *infiernillo de alcohol,* réchaud à alcool.

infierno m. Enfer : *ir al infierno,* aller en enfer. || FIG. y FAM. Enfer. || TECN. Enfer (en la extracción del aceite de oliva). || — Pl. Enfers (mitología). || — FAM. *Anda* ou *vete al infierno,* va-t'en au diable. || *El camino del infierno está empedrado de buenas intenciones,* l'enfer est pavé de bonnes intentions. || FAM. *En el quinto infierno* ou *en los quintos infiernos,* aux cinq cents diables, au diable vauvert, au diable, à tous les diables.

infiltración f. Infiltration. || FIG. Noyautage, *m.* (entre los adversarios).

infiltrado m. MED. Infiltrat.

infiltrar v. tr. Faire s'infiltrer. || FIG. Insinuer, suggérer (infundir).
— V. pr. S'infiltrer.
— OBSERV. El verbo francés *infiltrer* no puede ser más que pronominal.

ínfimo, ma adj. Infime.

infinidad f. Infinité. || FIG. y FAM. Foule, infinité : *una infinidad de cosas,* une foule de choses.

infinitamente adv. Infiniment.

infinitesimal adj. Infinitésimal, e.

infinitivo, va adj. y s. m. Infinitif, ive.

infinito, ta adj. y s. m. ● Infini, e.
— Adv. Infiniment, beaucoup : *lo celebro infinito,* je m'en réjouis infiniment. || *A lo infinito,* à l'infini, infiniment.
— SINÓN. ● *Absoluto,* absolu. *Ilimitado,* illimité. *inmenso,* immense.

infinitud f. Infinitude, infinité.

infirmación f. Infirmation, annulation.

infirmar v. tr. DR. Infirmer, déclarer nul, annuler (invalidar).

inflación f. Inflation (monetaria). || (P. us.). Gonflement, *m.* (hinchamiento). || FIG. Vanité, orgueil, *m.* (vanidad).

inflacionario, ria adj. Inflationniste.

inflacionismo m. Inflationnisme.

inflacionista adj. y s. Inflationniste.

inflado m. Gonflage (de un neumático), gonflement (globo, etc.).

inflador m. Gonfleur.

inflamabilidad f. Inflammabilité.

inflamable adj. Inflammable.

inflamación f. Inflammation.

inflamar v. tr. Enflammer.
— V. pr. S'enflammer.
— SINÓN. *Electrizar,* électriser. *Enardecer,* échauffer. *Encender,* embraser.

inflamatorio, ria adj. MED. Inflammatoire.

inflamiento m. Gonflement, gonflage. || Enflure, *f.* (hinchazón).

inflar v. tr. Enfler, gonfler : *el viento infla las velas,* le vent gonfle les voiles ; *inflar un neumático, un globo,* gonfler un pneu, un ballon. || FIG. Enfler, grossir, exagérer (exagerar). | Remplir o gonfler d'orgueil (envanecer).
— V. pr. Se gonfler, s'enfler (hincharse). || FIG. Se rengorger, se gonfler, être bouffi d'orgueil : *inflarse con un éxito,* se rengorger à la suite d'un succès.

inflexibilidad f. Inflexibilité (firmeza).

inflexible adj. Inflexible.

inflexión f. Inflexion.

infligir v. tr. Infliger : *infligir una multa de,* infliger une amende de.

inflorescencia f. BOT. Inflorescence.

influencia f. Influence. || *Ejercer influencia en,* influencer, avoir une influence sur.
— SINÓN. *Ascendiente, influjo,* ascendant. *Prestigio,* prestige. *Crédito,* crédit. *Dominio,* autorité.

influenciar v. tr. Influencer (influir).

influente adj. Influent, e.

influenza f. MED. Influenza, grippe.

influir* v. intr. Influer, avoir une influence : *el clima influye en* ou *sobre la vegetación,* le climat a une influence sur la végétation. || FIG. Influencer.

influjo m. Influence, *f.* (influencia). || Flux (flujo de la marea). || Influx, influxion, *f.* : *influjo nervioso, físico,* influx nerveux, physique.

influyente adj. Influent, e.

infolio m. inv. In-folio (libro).

información f. Information (noticia). || Renseignement, *m.* (teléfono, etc.). || DR. Enquête (judicial). | Information, informé, *m.* (penal). || — Pl. Informations (radio, televisión). || Références (de un criado). || Renseignements, *m.* (teléfono). || — DR.

Información de derecho ou *en derecho,* information authentique. | *Información sumaria,* information sommaire, procès-verbal. || — *A título de información,* à titre de renseignement *o* d'information. || *De información,* pour mémoire. || *Servicio de información,* service de presse (prensa), service de renseignements (que informa).

informado, da adj. Informé, e ; *fuentes bien informadas,* sources bien informées. || Renseigné, e. || Avec des références : *se necesita criada bien informada,* on demande domestique avec de sérieuses références *o* ayant de bonnes références.

informador, ra adj. y s. Informateur, trice. || — M. *Amer.* Rapporteur (ponente).

informal adj. Peu sérieux, euse. || Qui manque d'exactitude (no puntual). — M. y f. Fumiste (poco formal).

informalidad f. Manque (*m.*) de sérieux *o* de tenue *o* de ponctualité, légèreté.

informalmente adv. Peu sérieusement.

informante adj. Informant, e (que informa). — M. Informateur (que da informaciones). || Rapporteur (de una comisión).

informar v. tr. ● Informer, instruire. || Faire savoir : *los cosmonautas informaron que todo se hallaba bien,* les cosmonautes firent savoir que tout allait bien. || Renseigner : *informar a un transeúnte,* renseigner un passant. || Informer (filosofía). || *Informar a la dirección,* en référer à la direction.
— V. intr. DR. Informer de *o* sur (un crimen, etc.). | Instruire (instruir). | Plaider (un abogado). || Rapporter : *informar de las decisiones de una comisión,* rapporter les décisions d'une commission.
— V. pr. S'informer, se renseigner : *infórmense en nuestras oficinas,* renseignez-vous dans nos bureaux. || Aller aux renseignements (buscar informaciones). || Prendre des renseignements : *informarse sobre una criada,* prendre des renseignements sur une domestique.
— SINÓN. ● *Iniciar,* initier. *Enterar,* renseigner. *Anunciar,* annoncer. *Avisar,* avertir, aviser. *Comunicar,* communiquer. *Advertir, prevenir,* avertir, prévenir. *Enseñar,* apprendre. *Participar,* faire savoir. *Dar a conocer,* connaître, faire savoir.

informática f. Informatique.

informativo, va adj. Qui informe *o* renseigne, d'information, de renseignements : *servicios informativos de la televisión,* services d'information de la télévision.

informe adj. Informe.
— M. Information, *f.,* renseignement : *pedir informes de* ou *sobre,* demander des renseignements sur ; *tomar informes,* prendre des renseignements. || Rapport (de policía, etc.) : *el informe de la Comisión,* le rapport de la Commission. || MIL. Rapport. || Mémoire : *informe sobre la ley agraria,* mémoire sur la loi agraire. || DR. Plaidoyer, plaidoirie, *f.* (exposición). | Dossier (expediente). | Réquisition, *f.,* réquisitoire, acte d'accusation (del fiscal). || — Pl. Références, *f.* (de un empleado). || — *Hacer un informe,* rapporter, faire un rapport. || *Informe de peritos,* rapport des experts, expertise.

infortuna f. Influence néfaste (de los astros).

infortunadamente adv. Malheureusement.

infortunado, da adj. y s. Infortuné, e ; malheureux, euse (desgraciado) : *el infortunado dejó de existir en el hospital,* le malheureux cessa de vivre à l'hôpital.

infortunio m. Infortune, *f.*

infosura f. VETER. Fourbure (aguadura).

infracción f. Infraction.

infractor m. Infracteur, transgresseur.

infracturable adj. Incrochetable (puerta, etc.).

infraestructura f. Infrastructure.

in fraganti loc. adv. En flagrant délit.

infrangible adj. Infrangible.

infranqueable adj. Infranchissable.

infraoctava f. RELIG. Octave.

infraoctavo, va adj. Se dit des jours de l'octave.

infrarrojo, ja adj. y s. m. Fís. Infrarouge.

infrascripto, ta o **infrascrito, ta** adj. y s. Soussigné, e : *el infrascrito,* je soussigné. || — Adj. Qui est écrit au-dessous, ci-dessous.

infrasonido m. Fís. Infra-son.

infravalorar v. tr. Sous-estimer, sous-évaluer, mésestimer.

infringir v. tr. Enfreindre, transgresser.

infructífero, ra adj. Infructueux, euse : *campo infructífero,* champ infructueux.

infructuosidad f. Inefficacité.

infructuoso, sa adj. Infructueux, euse : *esfuerzo infructuoso,* effort infructueux.

ínfulas f. pl. Infules (antiguo ornamento sacerdotal). || Fanons, *m.* (de mitra episcopal). || FIG. Prétention, *sing.,* vanité, *sing.* || — FAM. *Darse ínfulas de gran señor,* jouer les grands seigneurs. | *Se da* ou *tiene muchas ínfulas,* il ne se prend pas pour n'importe qui.

infumable adj. Infumable. || FAM. Imbuvable (insoportable).

infundado, da adj. Sans fondement, non fondé, e.

infundibuliforme adj. BOT. Infundibuliforme.

infundíbulo m. ANAT. Infundibulum.

infundio m. Fausse nouvelle, *f.,* bobard (fam.).

infundioso, sa adj. Mensonger, ère.

infundir v. tr. Inspirer, communiquer, infuser (p. us.) : *infundir terror, unas dudas, respeto,* inspirer la terreur, des doutes, le respect. || Donner : *infundir ánimo,* donner du courage. || Inculquer : *consiguió infundirme sus ideas,* il a réussi à m'inculquer ses idées. || *Infundir sospechas,* éveiller des soupçons.

infurción f. Ancien tribut (*m.*) foncier.

infusibilidad f. Infusibilité.

infusible adj. Infusible.

infusión f. Infusion.

infuso, sa adj. Infus, e : *ciencia infusa,* science infuse.

infusorios m. pl. ZOOL. Infusoires (ciliados).

inga m. Inca (inca). || (Ant.). *Piedra inga,* pyrite.

ingá m. BOT. Inga.

ingeniar v. tr. Inventer (imaginar).
— V. pr. S'ingénier : *ingeniarse para vivir decentemente,* s'ingénier à vivre décemment. || *Ingeniárselas,* s'arranger : *siempre se las ingenia para no trabajar,* il s'arrange toujours pour ne pas travailler.

ingeniería f. Génie (*m.*) civil. || *Obra de ingeniería,* réalisation technique.

ingeniero m. Ingénieur. || — *Ingeniero agrónomo,* ingénieur agronome. || *Ingeniero civil,* ingénieur civil. || *Ingeniero consultor,* ingénieur-conseil. || *Ingeniero de caminos, canales y puertos,* ingénieur des Ponts et Chaussées. || *Ingeniero de minas,* ingénieur des Mines. || *Ingeniero de montes,* ingénieur des Eaux et Forêts. || *Ingeniero de sonido,* ingénieur du son. || *Ingeniero naval* ou *de la armada,* ingénieur du Génie maritime. || *Ingeniero químico,* ingénieur chimiste. || — *Cuerpo de ingenieros militares, navales,* génie militaire, maritime.

ingenio m. Génie (habilidad, talento). || Génie, personne (*f.*) de génie (persona). || Esprit (agudeza) : *tener ingenio,* avoir de l'esprit. || Ingéniosité, *f.,* habileté, *f.,* adresse, *f.* (habilidad) : *el ingenio de un inventor,* l'ingéniosité d'un inventeur. || Engin : *ingenio espacial,* engin spatial. || TECN. Presse (*f.*) à rogner (máquina de encuadernación). || *Ingenio de azúcar,* sucrerie, raffinerie de sucre.

ingeniosidad f. Ingéniosité : *la ingeniosidad de un mecanismo*, l'ingéniosité d'un mécanisme. || Fig. Subtilité (sutileza).

ingenioso, sa adj. Ingénieux, euse (hábil). || Spirituel, elle (divertido). || — *Echárselas de ingenioso* ou *mostrarse ingenioso*, faire de l'esprit. || *Salida ingeniosa*, mot o trait d'esprit. || *Ser ingenioso*, avoir de l'esprit o de l'idée.

ingénito, ta adj. Inné, e.

ingente adj. Très grand, e ; énorme : *ingentes recursos mineros*, d'énormes ressources minières.

ingenuidad f. Ingénuité, naïveté.

ingenuo, nua adj. y s. Ingénu, e ; naïf, ïve. || — F. Teatr. Ingénue (dama joven).

ingerencia f. Ingérence.

ingeridura f. Enture (injerto de un árbol).

ingerir* v. tr. Ingérer, avaler. || V. injerir. — V. pr. S'ingérer.

ingestión f. Ingestion.

Inglaterra n. pr. f. Geogr. Angleterre.

ingle f. Anat. Aine.

inglés, ésa adj. y s. Anglais, e. || *Patatas fritas a la inglesa*, chips. || — M. Anglais (lengua) : *hablar inglés*, parler anglais. || — F. Anglaise (letra).

inglesismo m. Anglicisme.

inglete m. Onglet (en la escuadra). || Tecn. *Caja de ingletes*, boîte à onglets.

ingobernable adj. Ingouvernable.

ingratitud f. Ingratitude : *mostrar ingratitud*, payer d'ingratitude, faire preuve d'ingratitude.

ingrato, ta adj. y s. Ingrat, e : *ingrato con* ou *para con*, ingrat envers. || — *De ingratos está lleno el mundo*, le monde est plein d'ingrats. || *Hijo ingrato*, fils ingrat.

ingravidez f. Impondérabilité (que no se puede pesar). || Apesanteur, absence de pesanteur, nonpesanteur (sin gravedad).

ingrávido, da adj. Sans poids, léger, ère. || Sans pesanteur (hacia la Tierra).

ingrediente m. Ingrédient.

ingresado, da adj. Encaissé, e (dinero). || Reçu, e ; admis, e (a un examen). || *Candidato no ingresado*, candidat non admis o malheureux.

ingresar v. intr. Rentrer (dinero, fondos). || Entrer, être admis, e (en una academia, escuela, hospital) : *falleció a poco de ingresar en el hospital*, il mourut peu après avoir été admis à l'hôpital ; *ingresar en la Universidad*, entrer à l'université. || *Este mes han ingresado en caja mil pesetas*, ce mois-ci la recette a été de mille pesetas. — V. tr. Déposer, mettre, porter, verser : *ingresar dinero en el banco*, déposer de l'argent à la banque ; *ingresar una cantidad en cuenta*, porter une somme en compte. || *Ingresar en caja*, encaisser. — V. pr. *Amer.* S'engager (alistarse).

ingreso m. Entrée, *f.* (entrada). || ● Admission, *f.* (en una academia, escuela, hospital). || Com. Recette, *f.*, encaissement, rentrée, *f.* (de dinero). | Encaisse, *f.* (caudal). | Dépôt (depósito). | Versement (en una cuenta corriente). || — Pl. Recettes, *f.* || — *Estar en ingreso*, être en septième (colegio). || *Examen de ingreso*, examen d'entrée. || *Examen de ingreso en el bachillerato*, examen d'entrée en sixième. || Com. *Gastos e ingresos*, entrées et sorties. — Sinón. ● *Entrada, alta*, entrée. *Admisión*, admission.

íngrimo, ma adj. *Amer.* Isolé, e ; seul, e.

inguinal o **inguinario, ria** adj. Inguinal, e.

ingurgitación f. Med. Ingurgitation.

ingurgitar v. tr. Ingurgiter (engullir).

inhábil adj. Inhabile : *inhábil en*, inhabile à. || Dr. Incapable, inhabile. || — *Día inhábil*, jour férié o chômé. || *Hora inhábil*, heure de fermeture.

inhabilidad f. Inhabilité. || Dr. Incapacité, inhabilité.

inhabilitación f. Dr. Déclaration d'incapacité o d'inhabilité, déchéance.

inhabilitar v. tr. Dr. Déclarer incapable : *inhabilitar a uno para ejercer una función*, déclarer quelqu'un incapable d'exercer une fonction. || Interdire (prohibir) : *inhabilitar a uno de ejercer un oficio*, interdire à quelqu'un l'exercice d'un métier. — V. pr. Devenir inhabile.

inhabitable adj. Inhabitable.

inhabitado, da adj. Inhabité, e (deshabitado). — Sinón. *Deshabitado*, inhabité. *Desierto, despoblado, yermo*, désert.

inhabitual adj. Inhabituel, elle.

inhacedero, ra adj. Infaisable.

inhalación f. Inhalation.

inhalador, ra adj. y s. m. Inhalateur, trice.

inhalar v. tr. Inhaler.

inherencia f. Inhérence.

inherente adj. Inhérent, e : *inherente al cargo que ocupa*, inhérent au poste qu'il occupe.

inhibición f. Inhibition (fisiológica o psíquica). || Refoulement, *m.* (de las tendencias condenables).

inhibir v. tr. Dr. Mettre opposition à. || Med. Inhiber (un proceso fisiológico o psicológico). || Refouler (las tendencias condenables). — V. pr. S'abstenir de, se soustraire à.

inhibitorio, ria adj. Dr. Inhibitoire. || Inhibitoire, inhibitif, ive ; inhibiteur, trice.

inhospitalario, ria adj. Inhospitalier, ère.

inhospitalidad f. Inhospitalité.

inhóspito, ta adj. Inhospitalier, ère.

inhumación f. Inhumation.

inhumanidad f. Inhumanité.

inhumano, na adj. Inhumain, e. — Sinón. *Despiadado*, impitoyable. *Implacable*, implacable. *Inflexible*, inflexible. *Inexorable*, inexorable. *Duro*, dur. *Brutal*, brutal.

inhumar v. tr. Inhumer.

iniciación f. Initiation : *iniciación a la filosofía, religiosa*, initiation à la philosophie, religieuse. || Commencement, *m.*, début, *m.* (principio). || Mise en train, mise en route (puesta en marcha) : *negociaciones con vistas a la iniciación de intercambios comerciales*, négociations en vue de la mise en route d'échanges commerciaux. || Déclenchement, *m.* (brusco) : *iniciación de un ataque*, déclenchement d'une attaque.

iniciado, da adj. y s. Initié, e : *los iniciados*, les initiés.

iniciador, ra adj. y s. Initiateur, trice.

inicial adj. Initial, e : *palabras iniciales*, mots initiaux. || *Desembolso inicial*, premier versement. — F. Initiale (letra).

iniciar v. tr. Initier : *iniciar a uno en*, initier quelqu'un à. || Commencer, entamer, amorcer : *iniciar conversaciones*, entamer des conversations. || Déclencher (bruscamente). — V. pr. S'initier : *iniciarse en grafología*, s'initier à la graphologie. || Commencer, être entamé o amorcé : *se inició el debate*, le débat commença o fut entamé.

iniciativa f. Initiative. || *Obrar por propia iniciativa*, agir de son propre chef o de son propre mouvement o de sa propre initiative.

iniciativo, va adj. Initial, e ; premier, ère.

inicio m. Commencement, début.

inicuo, cua adj. Inique.

inigualado, da adj. Inégalé, e.

inimaginable adj. Inimaginable.

inimitable adj. Inimitable.

ininflamabilidad f. Ininflammabilité.

ininflamable adj. Ininflammable.

ininteligencia f. Inintelligence.

ininteligente adj. Inintelligent, e.

ininteligentemente adv. Inintelligemment.
ininteligibilidad f. Inintelligibilité.
ininteligible adj. Inintelligible.
ininterrupción f. Ininterruption.
ininterrumpido, da adj. Ininterrompu, e.
iniquidad f. Iniquité.
injerencia f. Ingérence.
injeridura f. Enture (injerto de un árbol).
injerir v. tr. Insérer, introduire (injertar).
— V. pr. S'ingérer.
injertable adj. Qui peut être greffé, e.
injertado, da adj. Greffé, e.
injertador m. Greffeur.
injertar v. tr. Greffer.
injertera f. Plantation [d'arbres provenant d'une pépinière].
injerto m. AGRIC. Greffe, *f.* : *injerto de corona, de escudete, de púa, de aproximación, por empalme,* greffe en couronne, en écusson, en fente, par approche, en placage. | Greffon (yema implantada). | Greffage (acción). || MED. Greffe, *f.* : *injerto de la córnea,* greffe de la cornée. | Greffon.
injuria f. Injure : *llenar de injurias,* accabler d'injures. || — *Delito de injurias al jefe del Estado,* délit d'outrage au chef de l'Etat. || *Injurias y actos de violencia,* injures et voies de fait.
— SINÓN. *Invectiva,* invective. *Insulto, denuesto, dicterio,* insulte. *Escarnio,* raillerie. *Ofensa,* offense. *Afrenta, agravio,* affront. *Ultraje,* outrage.
injuriador, ra adj. y s. Qui injurie, insolent, e.
injuriante adj. Qui injurie.
injuriar v. tr. Injurier. || Endommager (dañar).
injurioso, sa adj. Injurieux, euse.
injusticia f. Injustice.
injustificable adj. Injustifiable.
injustificadamente adv. Sans justification.
injustificado, da adj. Injustifié, e.
injusto, ta adj. y s. Injuste.
— SINÓN. *Parcial,* partial. *Inicuo,* inique.
inmaculadamente adv. Sans tache.
inmaculado, da adj. Immaculé, e.
— F. *La Inmaculada,* l'Immaculée Conception.
inmadurez f. Immaturité.
inmanejable adj. Immaniable. || Intraitable. | *Amer.* Inconduisible (automóvil).
inmanencia f. Immanence.
inmanente adj. Immanent, e.
inmanentismo m. Immanentisme.
inmarcesible adj. Immarcescible (inmarchitable).
inmarchitable adj. Inflétrissable, immarcescible.
inmaterial, adj. Immatériel, elle.
inmaterialidad f. Immatérialité.
inmaterialismo m. Immatérialisme.
inmaterialista adj. y s. Immatérialiste.
inmaterializar v. tr. Immatérialiser.
inmaturo, ra adj. Vert, e (que no está maduro).
inmediación f. Contiguïté (carácter de lo inmediato). || FILOS. Immédiateté. || — Pl. Environs, *m.,* alentours, *m.,* abords, *m.* (los alrededores) : *las inmediaciones de una población,* les abords d'une ville.
inmediatamente adv. Immédiatement, aussitôt, illico (fam.). || *Inmediatamente después que* ou *inmediatamente que cenemos,* immédiatement après avoir dîné, dès que nous aurons dîné.
— SINÓN. *Al punto, en el acto,* sur-le-champ. *En seguida,* tout de suite. *Al instante,* à l'instant. *Incontinenti,* incontinent.
inmediato, ta adj. Immédiat, e. || Contigu, ë (vecino). || *Amer. De inmediato,* immédiatement.
— M. *Lo inmediato,* l'immédiat.
inmejorable adj. Parfait, e; excellent, e; incomparable.
inmemorial adj. Immémorial, e : *usos inmemoriales,* usages immémoriaux. || *Desde tiempo inme-*

morial, de toute éternité, depuis des temps immémoriaux.
inmensidad f. Immensité.
inmenso, sa adj. Immense. || FIG. y FAM. Formidable, extraordinaire (magnífico). || FIG. y FAM. *Pasarlo inmenso,* s'amuser comme un fou.
inmensurable adj. Immensurable, impossible à mesurer.
inmerecidamente adv. D'une manière imméritée.
inmerecido, da adj. Immérité, e.
inmergir v. tr. Immerger (sumergir).
inmersión f. Immersion. || Plongée (de un submarino).
inmerso, sa adj. Immergé, e (sumergido).
inmigración f. Immigration.
inmigrado, da adj. y s. Immigré, e.
inmigrante adj. y s. Immigrant, e.
inmigrar v. intr. Immigrer.
inmigratorio, ria adj. Relatif, relative à l'immigration.
inminencia f. Imminence.
inminente adj. Imminent, e.
inmiscuir v. tr. (P. us.). Mélanger, mêler.
— V. pr. FIG. S'immiscer : *inmiscuirse en un asunto,* s'immiscer dans une affaire.
— SINÓN. *Ingerirse,* s'ingérer. *Meterse, entremeterse,* se mêler.
inmobiliario, ria adj. Immobilier, ère.
— F. Société immobilière.
inmoderado, da adj. Immodéré, e.
inmodestia f. Immodestie.
inmodesto, ta adj. Immodeste.
inmolación f. Immolation.
inmolador m. Immolateur.
inmolar v. tr. Immoler : *inmolar corderos,* immoler des agneaux.
— V. pr. FIG. S'immoler.
inmoral adj. Immoral, e.
inmoralidad f. Immoralité.
inmoralismo m. Immoralisme.
inmoralista adj. y s. Immoraliste.
inmortal adj. Immortel, elle.
inmortalidad f. Immortalité.
inmortalizar v. tr. Immortaliser.
inmotivado, da adj. Immotivé, e.
inmoto, ta adj. Immobile (inmóvil).
inmóvil adj. Immobile.
inmovilidad f. Immobilité.
inmovilismo m. Immobilisme.
inmovilista adj. y s. Immobiliste.
inmovilización f. Immobilisation.
inmovilizar v. tr. Immobiliser.
inmudable adj. Immuable (inmutable).
inmueble adj. y s. Immeuble. || DR. *Bienes inmuebles,* biens immeubles, immobilier.
inmundicia f. Immondice.
inmundo, da adj. Immonde. || *El espíritu inmundo,* l'esprit immonde (el demonio).
inmune adj. Exempt, e (exento). || Immunisé, e (contra ciertas enfermedades).
inmunidad f. Immunité.
inmunización f. Immunisation.
inmunizador, ra adj. Immunisant, c.
inmunizar v. tr. Immuniser.
inmutabilidad f. Immutabilité, immuabilité.
inmutable adj. Immuable.
inmutación f. Altération, changement, *m.*
inmutar v. tr. Altérer, changer.
— V. pr. S'altérer (el semblante). || Se troubler, perdre contenance, broncher (fam.) : *no se inmutó,* il n'a pas perdu contenance.
inmutativo, va adj. Altérant, e (que altera).
innatismo m. FILOS. Innéisme.
innato, ta adj. Inné, e.
— SINÓN. *Natural,* naturel. *Congénito,* congénital. *Propio, peculiar,* propre.

innavegable adj. Innavigable.
innecesario, ria adj. Superflu, e; qui n'est pas nécessaire.
innegable adj. Indéniable, incontestable.
innervación f. Innervation (inervación).
innoble adj. Ignoble. ‖ *De modo innoble,* ignoblement.
innocuidad f. Innocuité.
innocuo, cua adj. Inoffensif, ive.
innominable adj. Innommable.
innominado, da adj. Innominé, e; innomé, e. ‖ *Hueso innominado,* os innominé *o* os iliaque.
innovación f. Innovation.
innovador, ra adj. y s. Innovateur, trice.
innovamiento m. Innovation, *f.*
innovar v. tr. y intr. Innover.
innumerabilidad f. Foule, infinité.
innumerable adj. Innombrable.
inobediencia f. Désobéissance.
inobediente adj. Désobéissant, e.
inobservable adj. Inobservable.
inobservado, da adj. Inobservé, e; non observé, e.
inobservancia f. Inobservance, inobservation.
inobservante adj. Non observateur, trice (de las leyes).
inocencia f. Innocence.
Inocencio n. pr. m. Innocent.
inocentada f. FAM. Niaiserie, bêtise (bobada). ‖ Plaisanterie, attrape (broma ridícula). ‖ Poisson (*m.*) d'avril (el día de los Inocentes). ‖ *Dar una inocentada,* faire une farce (el día de los Inocentes).
— OBSERV. En Espagne, ces plaisanteries ont lieu le 28 décembre, jour des Saints-Innocents, et non le 1er avril comme en France.
inocente adj. y s. Innocent, e : *inocente como una paloma,* innocent comme l'agneau qui vient de naître. ‖ Simple d'esprit, naïf, ïve (débil mental). ‖ — *Declarar inocente,* innocenter. ‖ *Hacerse el inocente,* faire l'innocent. ‖ *Los Santos Inocentes,* les Saints-Innocents.
inocentemente adv. Innocemment (de modo inocente). ‖ Candidement, niaisement (cándidamente).
inocentón, ona adj. y s. Niais, e; bébête. ‖ — M. y f. Grand dadais, *m.,* bécasse, *f.,* bêta, bêtasse.
inocuidad f. Innocuité.
inoculabilidad f. Inoculabilité.
inoculable adj. Inoculable.
inoculación f. Inoculation.
inoculador, ra adj. y s. Inoculateur, trice.
inocular v. tr. Inoculer.
— V. pr. S'inoculer.
— SINÓN. *Vacunar,* vacciner. *Transmitir, communicar,* transmettre. *Contagiar, contaminar,* contaminer.
inocultable adj. Qu'on ne peut pas cacher.
inocuo, cua adj. Inoffensif, ive; non nuisible.
inodoro, ra adj. Inodore.
— M. Water-closet (retrete).
inofensivo, va adj. Inoffensif, ive.
— SINÓN. *Anodino,* anodin. *Benigno,* bénin. *Inocuo,* inoffensif.
inoficioso, sa adj. DR. Inofficieux, euse.
inolvidable adj. Inoubliable.
inope adj. Indigent, e.
inoperable adj. Inopérable.
inoperante adj. Inopérant, e (sin efecto).
inopia f. Indigence, dénuement, *m.* ‖ FIG. *Estar en la inopia,* être dans les nuages.
inopinado, da adj. Inopiné, e.
inoportunidad f. Inopportunité.
inoportuno, na adj. Inopportun, e.
inordenado, da adj. Désordonné, e.
inorgánico, ca adj. Inorganique.
inoxidable adj. Inoxydable.
in pace m. inv. In-pace (calabozo).

in pártibus loc. adv. In partibus.
in péctore loc. adv. lat. In petto.
in promptu loc. adv. Impromptu.
in púribus loc. adv. lat. FAM. Nu, e.
inquebrantable adj. Que l'on ne peut briser, incassable (irrompible). ‖ FIG. Inébranlable.
inquietador, ra adj. Inquiétant, e.
inquietamente adv. Avec inquiétude.
inquietante adj. Inquiétant, e.
— SINÓN. *Amenazador,* menaçant. *Alarmante,* alarmant. *Sombrío,* sombre. *Grave,* grave.
inquietar v. tr. Inquiéter
— V. pr. S'inquiéter : *inquietarse por algo,* s'inquiéter de quelque chose.
inquieto, ta adj. Inquiet, ète : *inquieto por* ou *con,* inquiet de *o* sur. ‖ FIG. Agité, e : *mar, niño inquieto,* mer agitée, enfant agité. ‖ En éveil (curiosidad). ‖ *Amer.* Enclin, e (propenso).
inquietud f. Inquiétude (temor). ‖ FIG. Agitation (desasosiego).
inquilinaje m. Ensemble des locataires.
inquilinato m. Location, *f.* (acción de alquilar). ‖ Loyer (alquiler). ‖ Droit de jouissance (del inquilino). ‖ DR. *Impuesto de inquilinato,* impôt sur les loyers *o* locatif.
inquilino, na m. y f. Locataire (el que toma en alquiler). ‖ — M. *Amer.* Locataire rural, sorte de métayer.
inquina f. Aversion, haine. ‖ *Tener, tomar inquina a uno,* avoir, prendre quelqu'un en grippe.
inquiridor, ra adj. y s. Enquêteur, euse.
inquirir* v. tr. S'enquérir de, enquêter sur, s'informer de.
— SINÓN. *Indagar, buscar,* rechercher. *Investigar,* rechercher. *Preguntar,* demander. *Averiguar,* se renseigner. *Informarse,* s'informer.
inquisición f. Enquête, recherche (averiguación). ‖ Inquisition (antiguo tribunal eclesiástico).
inquisidor, ra adj. Inquisiteur, trice : *mirada inquisidora,* regard inquisiteur.
— M. Inquisiteur (juez de la Inquisición). ‖ *Inquisidor apostólico, de Estado, general, ordinario,* inquisiteur apostolique, d'Etat, général, ordinaire.
inquisitivo, va adj. Inquisitif, ive.
inquisitorial o **inquisitorio, ria** adj. Inquisitorial, e.
inri m. Inri (en la Cruz). ‖ FIG. Affront (afrenta) : *poner el inri,* faire un affront.
insabible adj. Impossible à savoir.
insaciabilidad f. Insatiabilité (de una persona). ‖ Inassouvissement, *m.* (de un deseo).
insaciable adj. Insatiable.
insacular v. tr. Mettre dans l'urne les billets pour un tirage.
insalivación f. Insalivation.
insalivar v. tr. Imprégner de salive.
insalubre adj. Insalubre.
insalubridad f. Insalubrité.
insalvable adj. Insurmontable.
insanable adj. Incurable, inguérissable.
insania f. Insanité (locura).
insano, na adj. Insane, dément, e (loco).
insatisfacción f. Insatisfaction.
insatisfecho, cha adj. Insatisfait, e. ‖ Inexaucé, e : *una súplica insatisfecha,* une prière inexaucée. ‖ Inassouvi, e : *venganza insatisfecha,* vengeance inassouvie.
insaturable adj. Insaturable.
inscribible adj. Inscriptible.
inscribir v. tr. Inscrire. ‖ GEOM. Inscrire.
— V. pr. S'inscrire. ‖ S'engager : *inscribirse en un campeonato,* s'engager dans un championnat.
inscripción f. Inscription. ‖ Engagement, *m.* (de un competidor).
inscrito, ta adj. GEOM. Inscrit, e : *polígono inscrito,* polygone inscrit. ‖ Inscrit, e : *inscrito en un registro,* inscrit sur un registre.

insecable adj. Qui ne peut sécher o sèche difficillement (que no se puede secar).

insectario m. Insectarium.

insecticida adj. y s. m. Insecticide.

insectil adj. Propre aux insectes.

insectívoro, ra adj. y s. m. pl. Insectivore.

insecto m. Insecte.

inseguramente adv. Sans sécurité.

inseguridad f. Insécurité.

inseguro, ra adj. Incertain, e ; qui n'est pas sûr. || Chancelant, e : *una salud insegura*, une santé chancelante.

inseminación f. Insémination : *inseminación artificial*, insémination artificielle.

insensatez f. Manque (m.) de bon sens. || Fig. Bêtise (tontería).

insensato, ta adj. y s. Insensé, e.

insensibilidad f. Insensibilité.

insensibilización f. Insensibilisation.

insensibilizador, ra adj. y s. m. Insensibilisateur, trice.

insensibilizar v. tr. Insensibiliser.

insensible adj. Insensible. || Inaccessible : *insensible a la piedad*, inaccessible à la pitié.

inseparable adj. y s. Inséparable.

insepulto, ta adj. Privé de sépulture, non enseveli, e.

inserción f. Insertion. || *Ruego de inserción*, prière d'insérer (en la prensa).

insertable adj. Insérable.

insertar v. tr. Insérer : *insertar una cláusula en un tratado*, insérer une clause dans un traité.
— V. pr. Bot. y Zool. S'insérer.

inserto, ta adj. Inséré, e.

inservible adj. Inutilisable, inemployable.

insidia f. Embûche, piège, m. (asechanza).

insidiador, ra adj. Insidieux, euse.

insidiar v. tr. Dresser o tendre des embûches, des pièges.

insidioso, sa adj. Insidieux, euse.

insigne adj. Insigne.

insignemente adv. Remarquablement, d'une façon insigne.

insignia f. Insigne, m. || Enseigne (estandarte). || Bannière (pendón). || Décoration (condecoración). || Mar. *Buque insignia*, navire amiral.

insignificancia f. Insignifiance.

insignificante adj. Insignifiant, e.
— Sinón. *Insubstancial*, insubstantiel. *Fútil*, futile. *Anodino*, anodin.

insinceridad f. Insincérité.

insincero, ra adj. Insincère.

insinuación f. Insinuation (indirecta). || Observation (advertencia). || Suggestion.

insinuante adj. Insinuant, e. || Provocant, e.

insinuar v. tr. Insinuer : *¿qué es lo que insinúas?*, qu'est-ce que tu insinues ? || Suggérer : *insinué que nos fuéramos al campo*, j'ai suggéré que nous allions à la campagne. || Laisser entendre : *insinuó que era él el autor de los robos*, il a laissé entendre que c'était lui l'auteur des vols.
— V. pr. S'insinuer. || Faire des avances : *insinuarse a una mujer*, faire des avances à une femme.

insinuativo, va adj. Insinuatif, ive.

insipidez f. Insipidité.

insípido, da adj. Insipide (soso).

insipiencia f. Ignorance.

insipiente adj. y s. Ignorant, e.

insistencia f. Insistance. || *De insistencia*, de relance (carta).
— Sinón. *Instancia*, instance. *Obstinación, porfía, terquedad*, obstination. *Testarudez*, entêtement.

insistente adj. Insistant, e ; qui insiste.

insistentemente adv. Instamment, avec insistance.

insistir v. intr. Insister : *insistir en* ou *sobre un punto*, insister sur un point ; *insistir en hablar*, insister pour parler ; *insistir a* ou *con uno*, insister auprès de quelqu'un. || — *Insiste en que los inquilinos abandonen la casa*, il insiste pour que les locataires abandonnent la maison. || *Insisto en que tienes la culpa*, j'insiste sur le fait que tu as tort.
— Sinón. *Instar*, presser. *Porfiar, hacer hincapié, insistir. Reclamar*, réclamer.

insociabilidad f. Insociabilité.

insociable adj. Insociable.

insocial adj. Peu sociable.

insolación f. Insolation, coup (m.) de soleil.

insolar v. tr. Insoler, exposer au soleil.
— V. pr. Attraper une insolation o un coup de soleil.

insoldable adj. Qu'on ne peut pas souder.

insolencia f. Insolence.

insolentar v. tr. Rendre insolent, e.
— V. pr. Devenir o être insolent, e.

insolente adj. y s. Insolent, e.

insolentemente adv. Insolemment.

insólito, ta adj. Insolite.

insolubilidad f. Insolubilité.

insolubilizar v. tr. Insolubiliser.

insoluble adj. Insoluble.

insoluto, ta adj. Qui n'a pas été acquitté, e (no pagado).

insolvencia f. Insolvabilité. || Dr. *Certificación de insolvencia*, procès-verbal de carence.

insolvente adj. y s. Insolvable.

insomne adj. Insomnieux, euse ; insomniaque.

insomnio m. Insomnie, f.

insondable adj. Insondable.

insonoridad f. Insonorité.

insonorización f. Insonorisation.

insonorizar v. tr. Insonoriser.

insonoro, ra adj. Insonore.

insoportable adj. Insupportable : *carácter insoportable*, caractère insupportable. || *Humor insoportable*, humeur massacrante.

insospechable adj. Insoupçonnable.

insospechado, da adj. Insoupçonné, e.

insostenible adj. Insoutenable. || Intenable.

inspección f. Inspection. || Contrôle, m. : *inspección de la leche*, contrôle du lait. || — Dr. *Inspección ocular*, transport sur les lieux. || *Inspección sanitaria*, contrôle sanitaire.

inspeccionar v. tr. Inspecter.

inspector, ra adj. y s. Inspecteur, trice. || Surveillant, e (de estudios).

inspectoría f. Amer. Commissariat (m.) de police.

inspiración f. Inspiration.

inspirado, da adj. y s. Inspiré, e.

inspirador, ra adj. y s. m. Inspirateur, trice.

inspirante adj. Inspirant, e.

inspirar v. tr. ● Inspirer.
— V. pr. S'inspirer : *inspirarse en la obra de Cervantes*, s'inspirer de l'œuvre de Cervantes.
— Sinón. ● *Sugerir*, suggérer. *Insinuar*, insinuer. *Persuadir*, persuader. *Instigar*, inciter. *Dictar*, dicter. *Imbuir, inculcar*, inculquer.

inspiratorio, va adj. Inspirant, e.

instabilidad f. Instabilité.

instable adj. Instable.

instalación f. Installation : *instalación frigorífica*, installation frigorifique. || Pose : *instalación de la primera piedra*, pose de la première pierre.

instalador m. Installateur. || Poseur (de carriles, etc.).

instalar v. tr. Installer : *instalar a uno en su casa*, installer quelqu'un chez soi. || Poser (la electricidad, el gas).
— V. pr. S'installer.

instancia f. Instance (solicitud) : *presentar una instancia*, introduire une instance ; *ceder a las*

instancias de uno, céder aux instances de quelqu'un. ‖ Pétition (petición). ‖ Exigence (exigencia) : *conciliar dos instancias,* concilier deux exigences. ‖ DR. Instance : *tribunal de primera instancia,* tribunal de première instance. ‖ — DR. *A instancia de,* à la demande, à la requête de, à la diligence de. ‖ *De primera instancia,* tout d'abord (en primer lugar). ‖ *En última instancia,* en dernier ressort. ‖ *Fallo en primera instancia,* jugement en premier ressort.
instantaneidad f. Instantanéité.
instantáneo, a adj. Instantané, e.
— F. FOT. Instantané, *m.* ‖ *Sacar instantáneas,* faire de l'instantané.
instante adj. Instant, e.
— M. Instant, moment : *en el mismo instante,* au même moment. ‖ — *A cada instante,* à chaque instant, à tout instant. ‖ *Al instante,* à l'instant, sur l'heure. ‖ *Desde el instante en que,* dès l'instant que. ‖ *En* ou *dentro de un instante,* dans un instant. ‖ *Por instantes,* à tout instant (sin cesar), d'un instant à l'autre.
instantemente adv. Instamment.
instar v. tr. Insister : *instar a uno,* insister auprès de quelqu'un ; *le insté a que entrara,* j'insistai pour qu'il entre. ‖ Prier instamment *o* avec instance : *le instamos para que pague la multa,* vous êtes instamment prié de payer votre amende.
— V. intr. Presser, être urgent (urgir) : *insta que vengas,* il est urgent que tu viennes.
instauración f. Instauration.
instaurador, ra adj. y s. Instaurateur, trice.
instaurar v. tr. Instaurer.
instigación f. Instigation. ‖ *A instigación de,* sur *o* à l'instigation de.
instigador, ra adj. y s. Instigateur, trice.
— SINÓN. *Incitador,* incitateur. *Inspirador,* inspirateur. *Promotor,* promoteur. *Agitador,* meneur. *Provocador,* provocateur.
instigar v. tr. Inciter.
instilación f. Instillation.
instilar v. tr. Instiller.
instintivamente adv. Instinctivement, d'instinct.
instintivo, va adj. Instinctif, ive.
instinto m. Instinct : *malos instintos,* mauvais instincts. ‖ *Por instinto,* d'instinct.
institución f. Institution. ‖ DR. *Institución de heredero,* institution d'héritier.
institucional adj. Institutionnel, elle.
institucionalización f. Institutionnalisation.
institucionalizar v. tr. Institutionnaliser.
instituido, da adj. Institué, e.
instituidor, ra adj. y s. Qui institue.
instituir* v. tr. Instituer.
instituta f. DR. Institutes, *pl.*
instituto m. Institut : *instituto geográfico, de belleza,* institut géographique, de beauté. ‖ Lycée (de segunda enseñanza). ‖ — *Instituto de la Vivienda,* office du logement. ‖ *Instituto laboral,* collège technique. ‖ *Instituto de Moneda Extranjera,* office des changes.
— OBSERV. Le mot *instituto,* dans le sens de lycée, est d'un usage plus courant que *liceo.*
institutor, ra adj. y s. Qui institue. ‖ *Amer.* Instituteur, trice (maestro).
— OBSERV. *Instituteur* (maître d'école) se traduit par *maestro.*
institutriz f. Préceptrice, institutrice.
instituyente adj. Qui institue.
instrucción f. Instruction : *instrucción primaria, pública,* instruction primaire, publique. ‖ MIL. Instruction : *instrucción de las tropas,* instruction des troupes. ‖ — Pl. ● Instructions. ‖ *Juez de instrucción,* juge d'instruction *o* instructeur. ‖ *Tener instrucción,* avoir de l'instruction.
— SINÓN. ● *Consigna,* consigne. *Orden,* ordre. *Precepto,* précepte.

instructivamente adv. D'une manière instructive.
instructivo, va adj. Instructif, ive.
instructor, ra adj. y s. Instructeur, trice. ‖ DR. *Juez instructor,* juge instructeur. ‖ — M. y f. Moniteur, trice (en un cuartel, de gimnasia).
instruido, da adj. Instruit, e : *instruido con el ejemplo,* instruit par l'exemple.
— SINÓN. *Ilustrado,* éclairé. *Culto,* cultivé. *Enterado,* calé (fam.).
instruir* v. tr. Instruire. ‖ Former, dresser (a un niño, un criado). ‖ DR. Instruire.
— V. pr. S'instruire.
instrumentación f. MÚS. Instrumentation.
instrumental adj. Instrumental, e : *música instrumental,* musique instrumentale. ‖ DR. Instrumentaire : *prueba instrumental,* preuve instrumentaire.
— M. Instruments, *pl.* [d'un orchestre, d'un médecin].
instrumentalismo m. FILOS. Instrumentalisme.
instrumentar v. tr. MÚS. Instrumenter, orchestrer.
instrumentista m. y f. MÚS. Instrumentiste.
instrumento m. Instrument : *instrumento músico,* instrument de musique. ‖ ● Instrument (herramienta, documento). ‖ Acte (acta). ‖ FIG. Instrument : *servir de instrumento a la venganza de uno,* servir d'instrument à la vengeance de quelqu'un. ‖ — MÚS. *Instrumento de cuerda, de percusión, de viento,* instrument à cordes, à percussion, à vent. | *Instrumentos de madera,* les bois. | *Instrumentos de metal,* les cuivres. ‖ FIG. *Ser el instrumento ciego de uno,* être l'âme damnée de quelqu'un. ‖ *Tocar un instrumento,* jouer d'un instrument.
— SINÓN. ● *Herramienta, apero, útil,* outil. *Utensilio,* ustensile.
insubordinación f. Insubordination.
insubordinado, da adj. y s. Insubordonné, e.
insubordinar v. tr. Soulever, révolter.
— V. pr. Se soulever, se révolter.
insubstancial adj. Insubstantiel, elle.
insubstancialidad f. Inconsistence.
insubstancialmente adv. D'une manière insubstantielle.
insubstituible adj. Irremplaçable.
insuficiencia f. Insuffisance.
insuficiente adj. Insuffisant, e.
insuficientemente adv. Insuffisamment.
insuflación f. MED. Insufflation.
insuflador m. Insufflateur.
insuflar v. tr. Insuffler.
insufrible adj. Insupportable.
ínsula f. île (isla).
insular adj. y s. Insulaire.
insularidad f. Insularité.
insulina f. MED. Insuline.
Insulindia n. pr. f. GEOGR. Insulinde.
insulinoterapia f. MED. Insulinothérapie.
insulsamente adv. Fadement, sans grâce.
insulsez f. Fadeur, insipidité. ‖ Fadaise (dicho insulso).
insulso, sa adj. Fade, insipide, fadasse (fam.). ‖ FIG. Plat, e ; sans attrait.
insultador, ra adj. y s. Insulteur, euse.
insultante adj. Insultant, e.
insultar v. tr. Insulter.
insulto m. Insulte, *f.*
insumergible adj. Insubmersible.
insumisión f. Insoumission.
insumiso, sa adj. y s. Insoumis, e.
insumo m. Facteur de production.
insuperable adj. Insurpassable, imbattable : *precios insuperables,* prix imbattables. ‖ Insurmontable : *dificultad insuperable,* difficulté insurmontable. ‖ Extrême, suprême : *un grado de perfección insuperable,* un degré de perfection suprême.

insupurable adj. Qui ne peut pas suppurer.
insurgente adj. y s. Insurgé, e.
insurrección f. Insurrection.
insurreccional adj. Insurrectionnel, elle.
insurreccionar v. tr. Soulever.
— V. pr. S'insurger.
insurrecto, ta adj. y s. Insurgé, e.
insustancial adj. Insubstantiel, elle.
insustancialidad f. Inconsistance.
insustituible adj. Irremplaçable.
intacto, ta adj. Intact, e.
intachable adj. Irréprochable.
intangibilidad f. Intangibilité.
intangible adj. Intangible.
integérrimo, ma adj. Très intègre.
integrable adj. MAT. Intégrable.
integración f. Intégration. ‖ Rattachement, m. (de
un territorio). ‖ *Integraciones bancarias,* fusions
bancaires.
integrador adj. m. y s. m. Intégrateur.
integral adj. Intégral, e. ‖ Intégrant, e (parte). ‖
— *Cálculo integral,* calcul intégral. ‖ *Pan integral,*
pain complet.
— F. MAT. Intégrale.
integrante adj. Intégrant, e.
integrar v. tr. Composer, constituer, former (for-
mar un todo) : *asamblea integrada de o* constituée par ; *los edificios que inte-
gran este hotel,* les bâtiments qui forment cet
hôtel. ‖ Faire partie de (formar parte). ‖ Compléter. ‖ Intégrer : *integrar en un conjunto,* intégrer
dans un ensemble. ‖ Réintégrer (reintegrar). ‖
MAT. Intégrer. ‖ *Amer.* Payer (pagar). ‖ Remettre
(entregar).
integridad f. Intégrité. ‖ Virginité (virginidad).
integrismo m. Intégrisme (doctrina política).
integrista adj. y s. Intégriste.
íntegro, gra adj. Intégral, e ; total, e (completo).
‖ FIG. Intègre (honrado).
intelección f. Intellection (entendimiento).
intelectiva f. Intellect, m.
intelecto m. Intellect, entendement.
intelectual adj. y s. Intellectuel, elle.
intelectualidad f. Intellectualité, les intellectuels,
m. pl.
intelectualismo m. Intellectualisme.
intelectualista adj. y s. Intellectualiste.
intelectualizar v. tr. Intellectualiser.
inteligencia f. Intelligence : *dar pruebas de inteligencia,* faire preuve d'intelligence. ‖ — *En ou
en la inteligencia de que,* en supposant que, supposé que, attendu que. ‖ *Estar en inteligencia con
alguien,* être d'intelligence avec quelqu'un. ‖ *Tener
inteligencia para los negocios,* avoir l'intelligence
des affaires. ‖ *Vivir en buena inteligencia,* vivre
en bonne intelligence.
inteligenciado, da adj. Au courant ; informé, e.
inteligenciarse v. pr. V. INGENIARSE.
inteligente adj. Intelligent, e.
— M. y f. Personne (f.) intelligente.
inteligentemente adv. Intelligemment.
inteligibilidad f. Intelligibilité.
inteligible adj. Intelligible.
intemerata f. FAM. Hardiesse (atrevimiento). ‖
— FAM. *Formar la intemerata,* faire un scandale.
‖ *Saber la intemerata,* en savoir un bout.
intemperancia f. Intempérance.
intemperante adj. Intempérant, e.
intemperie f. Intempérie. ‖ — *A la intemperie,*
en plein air. ‖ *Dormir a la intemperie,* dormir à
la belle étoile.
intempestivamente adv. Mal à propos, intempestivement.
intempestivo, va adj. Intempestif, ive.
intemporal adj. Intemporel, elle.
intemporalidad f. Intemporalité.

intención f. Intention : *con la intención basta,*
l'intention suffit, c'est l'intention qui compte ; *tener intención de salir,* avoir l'intention de sortir. ‖
Volonté, intention (voluntad) : *las últimas intenciones de un moribundo,* les dernières volontés
d'un moribond ; *las intenciones de un testador,*
les intentions d'un testateur. ‖ MED. Intention :
unión de primera intención, réunion par première
intention (cicatrización). ‖ — *Buena intención,*
bienveillance. ‖ *Con intención,* à dessein, exprès.
‖ *Con la intención de,* dans l'intention de. ‖ *Con
la mejor buena intención,* avec la meilleure volonté du monde. ‖ *De intención,* vicieux, euse
(animal). ‖ *De primera intención,* tout d'abord. ‖
Mala intención, malveillance, perversité. ‖ *Primera intención,* franchise : *obrar de primera
intención,* agir avec franchise. ‖ *Segunda intención,* arrière-pensée : *sin segunda intención,* sans
arrière-pensée. ‖ — MED. *Curar de primera intención,* donner les premiers soins o les soins d'urgence. ‖ *Tener mala intención,* être mal intentionné, être méchant. ‖ *Tener una segunda
intención,* avoir une idée derrière la tête.
intencionadamente adv. Intentionnellement.
intencionado, da adj. Intentionné, e.
intencional adj. Intentionnel, elle.
intencionalidad f. Intentionalité.
intendencia f. Intendance.
intendenta f. Intendante.
intendente m. Intendant.
intensamente adv. Intensément, avec intensité.
intensidad f. Intensité.
intensificación f. Intensification.
intensificar v. tr. Intensifier.
— V. pr. S'intensifier, se renforcer : *las relaciones
se intensificarán,* les relations se renforceront.
intensión f. Intensité.
— OBSERV. Ne pas confondre avec *intención,* intention.
intensivo, va adj. Intensif, ive. ‖ AGRIC. *Cultivo
intensivo,* culture intensive.
intenso, sa adj. Intense.
intentar v. tr. ● Tenter, essayer : *intentar salir de
un mal paso,* essayer de sortir d'un mauvais pas. ‖
DR. Intenter. ‖ *Con intentarlo no se pierde nada,*
on peut toujours essayer.
— SINÓN. ● *Procurar,* chercher à. *Hacer por,* tâcher
de. *Tratar,* essayer.
intento m. Tentative, f., essai (tentativa). ‖ Intention, f., dessein, projet (intención) : *tener intento
de salir,* avoir l'intention de sortir. ‖ — *Al primer
intento,* du premier coup. ‖ *Como de intento,*
comme par un fait exprès. ‖ *De intento,* exprès,
à dessein, de propos délibéré. ‖ *No pasar del
intento,* s'arrêter là, ne pas aller plus loin.
intentona f. FAM. Tentative téméraire.
interacción f. Interaction.
interaliado, da adj. Interallié, e.
interamericano, na adj. Interaméricain, e.
interandino, na adj. Interandin, e ; transandin, e.
interastral adj. Interastral, e.
interatómico, ca adj. Interatomique.
intercadencia f. Intercadence (del pulso). ‖ Inégalité (en la conducta, en los afectos).
intercadente adj. Intercadent, e (el pulso). ‖ Inégal, e ; inconstant, e ; changeant, e (inconstancia).
intercadentemente adv. Avec irrégularité. ‖
D'une manière inégale, irrégulièrement.
intercalación f. Intercalation.
intercalar adj. Intercalaire.
intercalar v. tr. Intercaler.
— SINÓN. *Interponer,* interposer. *Interpolar,* interpoler.

intercambiable adj. Interchangeable.
intercambiador m. Échangeur (de calor).
intercambiar v. tr. Échanger.
intercambio m. Échange : *intercambio de opiniones,* échange de vues. ‖ COM. Échange.

interceder v. intr. Intercéder : *interceder con* ou *cerca de alguno por otro*, intercéder auprès de quelqu'un en faveur d'une autre personne.
intercelular adj. Intercellulaire.
intercepción f. Interception.
interceptación f. Interception.
interceptador m. Intercepteur (avión).
interceptar v. tr. Intercepter. ‖ Barrer, couper (un camino) : *calle interceptada*, rue barrée. ‖ Interrompre (la circulación) : *continúa interceptada la circulación*, la circulation continue à être interrompue.
intercesión f. Intercession.
intercesor, ra adj. y s. Qui intercède, intercesseur (sin fem.), médiatrice, *f.*
intercesoriamente adv. Par intercession.
intercolumnio o **intercolunio** m. ARQ. Entrecolonnement.
intercomunicación f. Intercommunication.
intercomunicador m. Interphone (en las casas).
interconexión f. Interconnexion.
intercontinental adj. Intercontinental, e.
intercostal adj. ANAT. Intercostal, e : *músculos intercostales*, muscles intercostaux.
intercurrente adj. MED. Intercurrent, e.
interdental adj. Interdental, e.
interdepartamental adj. Interdépartemental, e.
interdependencia f. Interdépendance.
interdependiente adj. Interdépendant, e.
interdicción f. Interdiction. ‖ — *Interdicción civil*, interdiction civile o judiciaire (por locura o imbecilidad), interdiction légale, destitution des droits civiques (pena accesoria). ‖ *Interdicción de residencia* ou *de lugar*, interdiction de séjour.
interdicto m. Interdit (entredicho).
interdigital adj. Interdigital, e.
interés m. Intérêt : *dejarse guiar por el interés*, se laisser conduire par l'intérêt. ‖ FIG. Intérêt (inclinación) : *provocar el interés de*, susciter l'intérêt de. ‖ Intérêt (rédito) : *interés compuesto, simple*, intérêt composé, simple ; *colocar dinero a interés*, placer de l'argent à l'intérêt ; *un interés del 10 %* ou *de un 10 %*, un intérêt à 10 %. ‖ — Pl. Biens (bienes de fortuna). ‖ — *De interés*, digne d'intérêt, intéressant, e : *procedimiento de interés*, procédé d'intérêt. ‖ *Matrimonio de interés*, mariage d'intérêt o de raison. ‖ *Merecer interés*, être digne d'intérêt. ‖ *Prestar especial interés a*, attacher un intérêt tout particulier à. ‖ *Tener interés en* ou *por*. V. TENER. ‖ *Tomarse interés por algo, por uno*, prendre intérêt o s'intéresser à quelque chose, s'intéresser à quelqu'un.
interesado, da adj. y s. Intéressé, e : *interesado en el negocio*, intéressé à l'affaire.
interesante adj. Intéressant, e. ‖ — FAM. *En estado interesante*, dans un état intéressant (madre). ‖ *Hacerse el interesante*, faire l'intéressant.
interesar v. tr. e intr. Intéresser : *interesar a uno en una empresa*, intéresser quelqu'un à une entreprise ; *este libro me interesa mucho*, ce livre m'intéresse beaucoup. ‖ Être intéressant, e : *interesa saber si*, il est intéressant de savoir si. ‖ Avoir intérêt à : *me interesa hacer esto y no otra cosa*, j'ai intérêt à faire cela et pas autre chose.
— V. pr. S'intéresser : *interesarse por*, s'intéresser à.
interestelar adj. Interstellaire, interastral, e.
interfecto, ta adj. DR. Victime, se dit de la personne morte de mort violente.
— M. y f. DR. Victime. ‖ FAM. Individu o personne en question.
interferencia f. Fís. Interférence : *franjas de interferencia*, franges d'interférence. ‖ FIG. Ingérence, intervention.
interferente adj. Interférent, e.
interferir* v. intr. Interférer.

— V. tr. RAD. Brouiller : *interferir una emisión*, brouiller une émission.
interferómetro m. Interféromètre.
interferoscopio m. Interféroscope.
interfoliar v. tr. Interfolier.
interglaciar adj. Interglaciaire.
intergubernamental adj. Intergouvernemental, e.
ínterin m. Intérim.
— Adv. Pendant que, en attendant que, tandis que (mientras). ‖ *Por ínterin*, par intérim.
interinamente adv. Par intérim, provisoirement, intérimairement.
interinato m. Intérim.
interinidad f. Intérim, *m.*, intérimat, *m.* (p. us.).
interino, na adj. y s. Intérimaire. ‖ — Adj. Par intérim : *presidente interino*, président par intérim. ‖ Intérimaire, provisoire : *una solución interina*, une solution provisoire.
interior adj. Intérieur, e : *patio interior*, cour intérieure. ‖ Intérieur, e : *política interior*, politique intérieure. ‖ *Ropa interior*, linge de corps, dessous (de la mujer).
— M. Intérieur. ‖ Intérieur, inter (football) : *interior derecha, izquierda*, intérieur o inter droit, gauche. ‖ En ville (en una carta). ‖ — Pl. Entrailles, *f.* (entrañas).
interioridad f. Intériorité. ‖ — Pl. Vie (*sing.*) privée, affaires personnelles : *meterse en las interioridades de los demás*, se mêler de la vie privée d'autrui. ‖ FIG. Dessous, *m.* : *las interioridades de un asunto*, les dessous d'une affaire.
interjección f. GRAM. Interjection.
interjectivo, va adj. Interjectif, ive.
interlínea f. Interligne, *m.* (espacio). ‖ IMPR. Interligne (regleta).
interlineación f. o **interlineado** m. Interlinéation, *f.*, interlignage, *m.*
interlineal adj. Interlinéaire.
interlinear v. tr. Interligner.
interlocutor, ra m. y f. Interlocuteur, trice.
interlocutorio, ria adj. y s. m. DR. Interlocutoire. ‖ DR. *Formar auto interlocutorio*, interloquer.
interlope adj. Interlope (fraudulento).
interludio m. MÚS. Interlude (intermedio).
intermaxilar adj. y s. ANAT. Intermaxillaire.
intermediar v. intr. Intervenir.
intermediario, ria adj. y s. Intermédiaire. ‖ *Por un intermediario*, par personne interposée.
— SINÓN. *Mediador*, médiateur. *Comisionista*, commissionnaire. *Corredor*, courtier. *Viajante*, voyageur. *Mandatario*, mandataire.
intermedio, dia adj. Intermédiaire. ‖ *Precio intermedio*, prix modique.
— M. Intermède, intervalle (tiempo intermediario). ‖ TEATR. Intermède. ‖ Entracte (entreacto). ‖ Intersession, *f.* (en el Parlamento). ‖ — *En el intermedio llegó su amigo*, dans l'intervalle o entre-temps son ami arriva. ‖ *Por intermedio de*, par l'intermédiaire de, par le truchement de.
interminable adj. Interminable.
interministerial adj. Interministériel, elle.
intermisión f. Intermission, interruption.
intermitencia f. Intermittence : *con* ou *por intermitencia*, par intermittence.
intermitente adj. Intermittent, e. ‖ *Huelga intermitente*, grève perlée.
— M. AUTOM. Clignotant, clignoteur.
intermitir v. tr. Interrompre, suspendre.
intermolecular adj. Intermoléculaire.
intermuscular adj. Intermusculaire.
internación f. Pénétration. ‖ Internement, *m.*, internation (p. us.) [encierro].
internacional adj. y s. International, e : *organismos internacionales*, organismes internationaux.

internacionalidad f. Internationalité.
internacionalismo m. Internationalisme.
internacionalista adj. y s. Internationaliste.
internacionalización f. Internationalisation.
internacionalizar v. tr. Internationaliser.
internado, da adj. y s. Interné, e (encerrado). ‖
— M. Internat (colegio). ‖ *Poner en un internado*,
mettre dans un internat.
internamente adv. Intérieurement.
internamiento m. Internement.
internar v. tr. Interner (un loco, un adversario).
— V. pr. Pénétrer : *los moros se internaron en
España*, les Maures pénétrèrent en Espagne. ‖
S'enfoncer : *internarse en la selva*, s'enfoncer
dans la forêt. ‖ Fig. Approfondir (profundizar). ‖
S'insinuer (en la intimidad de uno). ‖ Dep. S'infiltrer : *el extremo se internó por la izquierda*,
l'ailier s'infiltra par la gauche.
internista adj. y s. Généraliste (médico).
interno, na adj. Interne. ‖ Intérieur, e : *fuero
interno*, for intérieur. ‖ Général, e (medicina).
— M. y f. Interne (de un hospital). ‖ Pensionnaire, interne (en un colegio). ‖ — *Colegio de
internos*, internat, pension, pensionnat. ‖ *Poner a
un niño interno*, mettre un enfant en pension.
internodio m. Entre-nœud.
inter nos loc. adv. lat. Fam. Inter nos, entre nous.
internuncio m. Intermédiaire (el que habla por
otro). ‖ Interlocuteur (interlocutor). ‖ Internonce
(dignatario pontificial).
interoceánico, ca adj. Interocéanique.
interocular adj. Interoculaire.
interóseo, a adj. Interosseux, euse.
interpaginar v. tr. Interfolier (interfoliar).
interparietal adj. Anat. Interpariétal, e.
interparlamentario, ria adj. Interparlementaire.
interpelación f. Interpellation.
interpelador, ra o **interpelante** adj. y s. Inter-
pellateur, trice.
interpelar v. tr. Interpeller.
— Sinón. *Llamar*, appeler. *Interrogar, preguntar*,
interroger.
interpenetración f. Interpénétration.
interplanetario, ria adj. Interplanétaire.
interpolación f. Interpolation.
interpolador, ra adj. y s. Interpolateur, trice.
interpolar v. tr. Interpoler (intercalar).
interponer* v. tr. Interposer. ‖ Dr. Interjeter
[appel] (apelación).
— V. pr. S'interposer.
interposición f. Interposition. ‖ Dr. Interjection
(recurso).
interpósita persona (por) loc. Dr. Par personne interposée. ‖ Dr. *Intervención de interpósita persona*, interposition de personnes.
interpretable adj. Interprétable.
interpretación f. Interprétation.
interpretador, ra adj. y s. Interprétateur, trice.
interpretar v. tr. Interpréter.
interpretariado m. Interprétariat.
interpretativo, va adj. Interprétatif, ive.
intérprete m. y f. Interprète : *intérprete jurado*,
interprète juré.
interprofesional adj. Interprofessionnel, elle.
interpuesto, ta adj. Interposé, e. ‖ Intercalaire :
cuartilla interpuesta, feuillet intercalaire.
interregno m. Interrègne.
interrex m. Interroi (en Roma).
interrogación f. Interrogation. ‖ *Signo de interrogación*, point d'interrogation.
— Observ. En espagnol, on place un point d'interrogation renversé (¿) au début des phrases interrogatives
et le point d'interrogation normal (?) à la fin de ces
phrases.
— En francés se pone el signo ortográfico (?) sólo al
final de la frase interrogativa.

interrogador, ra adj. y s. Interrogateur, trice.
interrogante adj. Interrogateur, trice. ‖ *Punto
interrogante*, point d'interrogation.
— M. Question, *f.* (pregunta).
interrogar v. tr. Interroger, questionner : *interrogar acerca de*, interroger sur.
interrogativo, va adj. Interrogatif, ive.
interrogatorio m. Interrogatoire.
interrumpidamente adv. D'une manière discon-
tinue.
interrumpir v. tr. Interrompre : *interrumpir a
uno con una pregunta*, interrompre quelqu'un
par une question.
— Sinón. *Cesar*, cesser. *Parar, detener*, arrêter. *Cortar*,
couper. *Interceptar*, intercepter. *Diferir*, différer. *Discontinuar*, discontinuer. *Suspender*, suspendre.
interrupción f. Interruption, arrêt, *m.* : *sin interrupción*, sans interruption.
interruptor, ra adj. Interrupteur, trice.
— M. Electr. Interrupteur. ‖ *Interruptor eléctrico automático*, minuterie.
intersecarse v. pr. Geom. Se couper.
intersección f. Intersection.
intersideral adj. Astr. Intersidéral, e.
intersindical adj. Intersyndical, e.
intersticial adj. Interstitiel, elle : *tejido intersticial*, tissu interstitiel.
intersticio m. Interstice (espacio). ‖ Intervalle.
intertrigo m. Med. Intertrigo.
intertropical adj. Intertropical, e.
interurbano, na adj. Interurbain, e : *conferencia
interurbana*, appel interurbain. ‖ — *Central interurbana, teléfono interurbano*, interurbain. ‖ *Pedir una conferencia interurbana*, demander l'inter.
intervalo m. Intervalle. ‖ *A intervalos*, par intervalles.
intervención f. Intervention. ‖ Contrôle, *m.* (oficio del interventor). ‖ Med. Intervention : *intervención quirúrgica*, intervention chirurgicale. ‖
Dr. *Intervención de interpósita persona*, interposition de personne.
intervencionismo m. Interventionnisme.
intervencionista adj. y s. Interventionniste.
intervenir* v. intr. Intervenir. ‖ Arriver, survenir
(acontecer). ‖ Participer (tomar parte) : *¿en
cuántas películas has intervenido?*, à combien
de films as-tu participé ? ‖ Mettre l'embargo sur,
saisir (embargar). ‖ *Ser intervenido por un
cirujano*, être opéré par un chirurgien.
— V. tr. Contrôler, vérifier (una cuenta). ‖ Med.
Opérer, faire une intervention (cirugía).
interventor, ra adj. y s. Intervenant, e. ‖ —
M. Contrôleur, vérificateur (verificador). ‖ Assesseur (en las elecciones). ‖ *Interventor de cuentas*,
commissaire aux comptes.
interversión f. Interversion.
interviú f. Interview. ‖ *Hacer una interviú*, interviewer, soumettre à une interview.
interviuvar v. tr. Interviewer (entrevistar).
intestado, da adj. y s. Dr. Intestat.
intestinal adj. Intestinal, e : *lombrices intestinales*, vers intestinaux.
intestino, na adj. Intestin, e : *divisiones intestinas*,
divisions intestines.
— M. Anat. Intestin. ‖ — Anat. *Intestino ciego*,
cæcum. ‖ *Intestino delgado*, intestin grêle. ‖ *Intestino grueso*, gros intestin.
intimación f. Intimation, sommation (mandato). ‖
Mise en demeure (emplazamiento). ‖ Dr. *Intimación judicial*, sommation par huissier.
intimar v. tr. Intimer : *intimar una orden*, intimer
un ordre. ‖ Sommer : *te intimamos a que pague
la multa*, nous vous sommons de payer votre
amende.
— V. intr. Nouer une amitié, se lier d'amitié, lier
amitié : *intimar con uno*, nouer une amitié avec
quelqu'un.

Intimatorio, ria adj. DR. D'intimation.
intimidable adj. Intimidable.
intimidación f. Intimidation.
intimidad f. Intimité. ‖ — *En la intimidad,* dans l'intimité. ‖ *Gente de su intimidad,* les personnes de son entourage proche.
— SINÓN. *Amistad,* amitié. *Confianza,* confiance. *Familiaridad,* familiarité. *Unión,* union.
intimidar v. tr. Intimider : *intimidar con amenazas,* intimider par des menaces.
intimista adj. Intimiste (poesía).
íntimo, ma adj. Intime.
— M. Intime, familier : *un íntimo de la casa,* un familier de la maison.
intitular v. tr. Intituler.
intocable adj. y s. Intouchable.
intolerable adj. Intolérable.
— SINÓN. *Insoportable, inaguantable, insufrible,* insupportable. *Excesivo,* excessif. *Doloroso,* douloureux.
intolerancia f. Intolérance.
intolerante adj. y s. Intolérant, e.
intonso, sa adj. Aux cheveux non coupés. ‖ FIG. Ignorant, e (inculto). ‖ Rustre (rústico). ‖ Qui n'a pas été rogné, e (libro).
intoxicación f. Intoxication.
intoxicado, da adj. y s. Intoxiqué, e.
intoxicar v. tr. Intoxiquer.
— V. pr. S'intoxiquer.
intraatómico, ca adj. Intra-atomique.
intracelular adj. Intracellulaire.
intradérmico, ca adj. Intradermique.
intradós m. ARQ. y AVIAC. Intrados.
intraducible adj. Intraduisible.
intramuros adv. Intra-muros.
intramuscular adj. Intramusculaire.
intranquilidad f. Inquiétude.
intranquilizador, ra adj. Inquiétant, e; alarmant, e.
intranquilizar v. tr. Faire perdre la tranquillité, inquiéter, alarmer.
intranquilo, la adj. Qui n'est pas tranquille, inquiet, ète.
intranscendencia f. Peu d'importance.
intranscendental o **intranscendente** adj. Peu important, e.
intransferible adj. Intransférable.
intransigencia f. Intransigeance.
intransigente adj. y s. Intransigeant, e; intraitable.
intransitable adj. Impraticable (camino).
intransitivo, va adj. y s. m. GRAM. Intransitif, ive.
intransmisible adj. Intransmissible.
intransportable adj. Intransportable.
intranuclear adj. Intranucléaire.
intrasmisible adj. V. INTRANSMISIBLE.
intratable adj. Intraitable.
ᶠ— SINÓN. *Inaguantable,* insupportable. *Insociable,* insociable. *Arisco,* sauvage.
intravenoso, sa adj. Intraveineux, euse. ‖ *Inyección intravenosa,* piqûre intraveineuse o intraveineuse (fam.).
intrepidez f. Intrépidité. ‖ Hardiesse, témérité (osadía).
intrépido, da adj. Intrépide. ‖ FIG. Irréfléchi, e (sin reflexión).
intriga f. Intrigue : *intrigas palaciegas,* intrigues de palais ; *tramar intrigas,* nouer des intrigues.
— SINÓN. *Enredo,* intrigue. *Artimaña,* menées. *Maquinación,* machination. *Maniobra,* manœuvre. *Manejo,* manège. *Trapicheo, tejemaneje,* manigances.
intrigante adj. y s. Intrigant, e.
— SINÓN. *Trapisondista, enredador,* brouillon. *Entremetido,* entremetteur. *Aventurero,* aventurier.
intrigar v. intr. Intriguer.
— V. tr. Intriguer : *su conducta me intriga,* sa conduite m'intrigue.

intrincadamente adv. D'une manière embrouillée, confusément.
intrincado, da adj. Embrouillé, e; confus, e (problema, asunto). ‖ Touffu, e; inextricable (bosque).
intrincamiento m. Embrouillement, complexité, f.
intrincar v. tr. Embrouiller, emmêler.
intríngulis m. inv. Arrière-pensée, f., intention (f.) cachée, idée (f.) derrière la tête. ‖ Difficulté, f., hic, nœud (dificultad) : *ahí está el intríngulis,* voilà le hic. ‖ Dessous, pl. (lado secreto) : *el intríngulis de un asunto,* les dessous d'une affaire.
intrínseco, ca adj. Intrinsèque.
introducción f. Introduction.
introducir* v. tr. ● Introduire. ‖ Amener, occasionner (provocar) : *introducir el desorden, la discordia,* amener le désordre, la discorde.
— V. pr. S'introduire.
— SINÓN. ● *Insertar,* insérer. *Incluir,* inclure. *Encartar,* encarter. *Meter,* mettre.
introductivo, va adj. Introductif, ive.
introductor, ra adj. y s. Introducteur, trice : *introductor de embajadores,* introducteur des ambassadeurs.
introductorio, ria adj. D'introduction, introductif, ive (nota, palabra).
introito m. Introït (oración). ‖ Début, introduction, f. (principio). ‖ TEATR. Prologue (prólogo).
intromisión f. Intromission, immixtion.
introspección f. Introspection.
introspectivo, va adj. Introspectif, ive.
introversión f. Introversion.
introvertido, da adj. y s. Introverti, e.
intrusamente adv. En intrus.
intrusión f. Intrusion.
intruso, sa adj. y s. Intrus, e.
intubación f. MED. Intubation, tubage, m.
intuición f. Intuition.
intuicionismo m. Intuitionnisme.
intuir* v. tr. Deviner, pressentir : *avanza hacia el pueblo que intuye cercano,* il avance vers le village dont il devine la présence; *se intuye la palpitación del campo en su poesía,* on devine la palpitation de la campagne dans sa poésie. ‖ Avoir l'instinct de, avoir le sens de, sentir : *este niño intuye la música,* cet enfant a le sens de la musique. ‖ Avoir l'intuition de : *intuir el porvenir,* avoir l'intuition de l'avenir.
intuitivo, va adj. y s. Intuitif, ive.
intuito m. Coup d'œil (ojeada). ‖ *Por intuito de,* eu égard à, en raison de.
intumescencia f. Intumescence.
intumescente adj. Intumescent, e.
intususcepción f. BIOL. Intussusception.
ínula f. BOT. Inule.
inulina f. QUÍM. Inuline.
inulto, ta adj. POÉT. Impuni, e.
inundable adj. Inondable.
inundación f. Inondation. ‖ FIG. Inondation, flot, m.
— SINÓN. *Desbordamiento,* débordement. *Diluvio,* déluge. *Crecida, riada,* crue.
inundar v. tr. Inonder. ‖ FIG. Inonder.
— SINÓN. *Anegar,* noyer. *Sumergir,* submerger. *Desbordar,* déborder.
inurbanidad f. Manque d'urbanité.
inurbano, na adj. Impoli, e; discourtois, e.
inusitadamente adv. Contre l'usage, de façon inusitée.
inusitado, da adj. Inusité, e.
— SINÓN. *Desusado,* inusité. *Insólito,* insolite. *Raro,* rare. *Desacostumbrado, inhabitual,* inhabituel.
inusual adj. Inhabituel, elle.
inútil adj. y s. Inutile. ‖ FAM. *Un inútil,* un propre o un bon à rien.
— SINÓN. *Vano,* vain. *Superfluo,* superflu. *Ocioso,* oiseux. *Improductivo,* improductif.

inutilidad f. Inutilité.
inutilizable adj. Inutilisable.
inutilizar v. tr. Inutiliser, rendre inutile. ‖ Mettre hors d'état : *los aviones inutilizaron uno de los barcos,* des avions mirent hors d'état un des bateaux.
invadeable adj. Qui n'est pas guéable (rivière).
invadir v. tr. Envahir.
invaginación f. MED. Invagination.
invaginar v. tr. MED. Invaginer.
invalidación f. Invalidation. ‖ DR. Infirmation.
invalidable adj. Invalidable. ‖ DR. Infirmable (un testimonio).
invalidar v. tr. Invalider. ‖ DR. Infirmer (anular).
invalidez f. Invalidité.
inválido, da adj. y s. Invalide.
invar m. Invar (metal).
invariabilidad f. Invariabilité.
invariable adj. Invariable.
invariación f. Invariabilité.
invariadamente adv. Invariablement.
invariado, da adj. Qui n'a pas varié, inchangé, e.
invariante m. FÍS. Invariant.
invasión f. Invasion.
invasor, ra adj. Envahissant, e. ‖ — Adj. y s. Envahisseur, euse.
invectiva f. Invective. ‖ *Fulminar invectivas contra uno,* invectiver quelqu'un, proférer des invectives contre quelqu'un.
invencibilidad f. Invincibilité.
invencible adj. Invincible. ‖ Insurmontable. ‖ *La Armada Invencible,* l'Invincible Armada.
invención f. Invention : *patente de invención,* brevet d'invention. ‖ — *De su propia invención,* de son cru, de son invention. ‖ *La Invención de la Santa Cruz,* l'invention de la sainte Croix.
— SINÓN. *Invento,* invention. *Descubrimiento,* découverte. *Hallazgo,* trouvaille. *Creación,* création.
invendible adj. Invendable.
invendido, da adj. Invendu, e.
inventar v. tr. Inventer. ‖ FIG. y FAM. *No haber inventado la pólvora,* ne pas avoir inventé la poudre o le fil à couper le beurre.
— SINÓN. *Imaginar, idear,* imaginer. *Descubrir,* découvrir. *Hallar, encontrar,* trouver. *Forjar,* forger.
inventariar v. tr. Inventorier, faire l'inventaire de.
inventario m. Inventaire : *hacer el inventario,* dresser o faire l'inventaire. ‖ *A beneficio de inventario,* sous bénéfice d'inventaire.
inventiva f. Faculté inventive, esprit (*m.*) inventif, imagination.
invento m. Invention, *f.*
inventor, ra m. y f. Inventeur, trice.
inverecundia f. Effronterie (desfachatez).
inverna f. Amer. Hivernage, *m.*
invernación f. Hibernation.
— OBSERV. Ce mot est un barbarisme employé pour *hibernación.*
invernáculo m. Serre, *f.* (para las plantas).
invernada f. Saison d'hiver, hiver, *m.*
invernadero m. Serre, *f.* (para las plantas). ‖ Hivernage (refugio de invierno). ‖ Pâturage d'hiver (pasto).
invernal adj. Hivernal, e.
— M. Étable (*f.*) d'hiver.
invernante adj. y s. Hivernant, e.
invernar* v. intr. Hiverner (pasar el invierno). ‖ Être en hiver, faire un temps d'hiver.
invernizo, za adj. Hivernal, e.
inverosímil adj. Invraisemblable : *un relato, una noticia inverosímil,* un récit, une nouvelle invraisemblable.
— SINÓN. *Inimaginable,* inimaginable. *Increíble,* incroyable. *Inaudito,* inouï.
inverosimilitud f. Invraisemblance.

inversión f. Inversion. ‖ Placement, *m.,* investissement, *m.* (de capitales). ‖ *Inversión de las alianzas,* renversement des alliances.
inversionista m. Bailleur de fonds.
inverso, sa adj. Inversé, e ; renversé, e : *la imagen inversa de un objeto,* l'image renversée d'un objet. ‖ Inverse : *en el orden inverso,* dans l'ordre inverse. ‖ Inverse, contraire, opposé, e : *venía en sentido inverso,* il venait en sens inverse. ‖ — *A* ou *por la inversa,* à l'inverse. ‖ *A la inversa de,* à l'inverse de, contrairement à, inversement à.
inversor m. FÍS. Inverseur.
invertebrado, da adj. y s. m. ZOOL. Invertébré, e.
invertido m. Inverti (homosexual).
invertina f. QUÍM. Invertine.
invertir* v. tr. Intervertir (cambiar) : *invertir los papeles,* intervertir les rôles. ‖ Invertir (simétricamente). ‖ Inverser : *invertir el sentido de una corriente,* inverser le sens d'un courant. ‖ Renverser : *invertir la imagen de un objeto,* renverser l'image d'un objet. ‖ Mettre, passer (temps) : *invirtieron 30 minutos en el recorrido,* ils mirent 30 minutes à faire le parcours. ‖ Investir (capitales). ‖ MAT. Inverser. ‖ Contrarier (haciendo tejido de punto).
investidura f. Investiture (toma de posesión).
investigable adj. Vérifiable.
investigación f. Investigation, enquête (policiaca, fiscal). ‖ ● Recherche : *investigación científica,* recherche scientifique. ‖ Recherche : *investigación de la paternidad,* recherche de paternité. ‖ *Consejo Superior de Investigaciones Científicas,* Conseil national de la recherche scientifique. ‖ *Investigación del mercado,* étude de o du marché.
— SINÓN. ● *Estudio,* étude. *Exploración,* exploration. *Tanteo, sondeo,* sondage.
investigador, ra adj. Investigateur, trice : *mirada investigadora,* regard investigateur.
— M. y f. Enquêteur, euse (que hace una encuesta). ‖ Chercheur, euse (científico).
investigar v. intr. Faire des recherches (científicas).
— V. tr. Enquêter sur : *investigar los móviles de un crimen,* enquêter sur les mobiles d'un crime.
investir* v. tr. Investir (conferir una dignidad).
— OBSERV. Le mot espagnol *investir* n'a pas le sens de « faire des investissements », qui se dit *invertir,* ni celui d' « assiéger », qui se traduit par *sitiar.*
inveteradamente adv. D'une manière invétérée.
inveterado, da adj. Invétéré, e.
inveterarse v. pr. S'invétérer.
invictamente adv. Invinciblement.
invicto, ta adj. Invaincu, e.
invierno m. Hiver : *en lo más crudo del invierno,* au cœur de l'hiver.
inviolabilidad f. Inviolabilité.
inviolable adj. Inviolable.
inviolado, da adj. Inviolé, e.
invisibilidad f. Invisibilité.
invisible adj. Invisible.
invitación f. Invitation.
invitado, da adj. y s. Invité, e. ‖ — M. y f. Hôte, hôtesse : *este ministro es el invitado de Francia,* ce ministre est l'hôte de la France.
invitador, ra o **invitante** adj. y s. Inviteur, euse.
invitar v. tr. Inviter : *invitar a una cena,* inviter à un dîner. ‖ Engager (impulsar) : *el tiempo invita a no hacer nada,* le temps engage à ne rien faire. ‖ *Invitar a una copa,* inviter à prendre un verre.
invitatorio m. ECLES. Invitatoire.
invocación f. Invocation.
invocador, ra adj. y s. Invocateur, trice.
invocar v. tr. Invoquer.
— SINÓN. *Evocar,* évoquer. *Llamar,* appeler. *Apelar,* faire appel. *Pedir,* demander. *Implorar,* implorer.

Invocatorio, ria adj. Invocatoire.
involución f. MED. Involution.
involucrado, da adj. Involucré, e.
involucrar v. tr. Insérer (introducir). || Mélanger (mezclar).
involucro m. BOT. Involucre. || *Involucro pequeño,* involucelle.
involuntario, ria adj. Involontaire.
involuta f. MAT. Enveloppée.
invulnerabilidad f. Invulnérabilité.
invulnerable adj. Invulnérable.
inyección f. Piqûre, injection : *poner una inyección,* faire une piqûre. || Injection : *motor de inyección,* moteur à injection.
— OBSERV. En el lenguaje corriente se emplea la palabra *piqûre* con preferencia a *injection,* al referirse al tratamiento terapéutico.
inyectable adj. Injectable.
— M. Substance (*f.*) injectable.
inyectado, da adj. Injecté, e : *ojos inyectados en sangre,* yeux injectés de sang.
inyectar v. tr. Injecter : *inyectar agua,* injecter de l'eau.
inyector, ra adj. y s. Injecteur, trice. || — M. MED. y TECN. Injecteur. || TECN. *Inyector de aire,* soufflante (de alto horno).
iñiguista adj. y s. Jésuite.
ion m. FÍS. Ion.
ionización f. QUÍM. Ionisation.
ionizar v. tr. Ioniser.
ionómetro m. Ionomètre.
ionona f. QUÍM. Ionone.
ionosfera f. Ionosphère.
iota f. Iota, *m.* (letra griega).
iotacismo m. GRAM. Iotacisme.
ipecacuana f. BOT. Ipécacuana, *m.,* ipéca, *m.*
iperita f. Ypérite (gas).
ípsilon f. Upsilon, *m.* (letra griega).
Ipso n. pr. m. GEOGR. Ipsus.
ipso facto loc. lat. Ipso facto (por el mismo hecho). || Aussitôt, illico [fam.] (en el acto).
ipso jure loc. lat. Ipso jure.
ir*

1. Sentidos generales del v. intr. — 2. Ir, con el gerundio. — 3. Ir, con el participio pasado. — 4. Ir, seguido de preposiciones. — 5. Locuciones. — 6. V. pr.

1. SENTIDOS GENERALES. — ● Aller (moverse) : *ir al campo,* aller à la campagne. || Aller, marcher (personas), aller, rouler, marcher (vehículos) : *ir despacio,* aller doucement. || Aller, s'étendre : *esta calle va del bulevar a la avenida,* cette rue va du boulevard à l'avenue. || Aller, seoir (p. us.) : *no te va bien este sombrero,* ce chapeau ne te va pas bien o ne te sied pas. || Aller, faire : *esta corbata va muy bien con tu nuevo traje,* cette cravate fait très bien avec ton nouveau costume. || Être : *vas muy bien peinada,* tu es très bien coiffée. || En être : *no sabe por dónde va,* il ne sait pas où il en est. || Y avoir une différence : *¡lo que va del padre al hijo!,* quelle différence il y a entre le père et le fils ! || Parier, y aller de (apostar) : *¿cuánto vas que yo llego primero?,* combien paries-tu que j'arrive le premier ?
2. IR, CON EL GERUNDIO. — Indique que l'action est en train de se réaliser ou en est à son commencement : *vamos andando,* nous marchons ; *su salud iba empeorando,* sa santé allait en empirant ; *va haciendo calor,* il fait de plus en plus chaud ; *iba anocheciendo,* il commençait à faire nuit.
3. IR, CON EL PARTICIPIO PASADO. — Indique le résultat de l'action : *van escritas seis cartas,* il

y a six lettres d'écrites ; *ya van vendidos diez cuadros,* il y a déjà dix tableaux de vendus.
4. IR, SEGUIDO DE PREPOSICIONES. — *Ir a,* aller à u au : *voy a Madrid, a Chile,* je vais à Madrid, au Chili ; aller en : *ir a España,* aller en Espagne ; aller chez : *voy al médico,* je vais chez le médecin ; aller : *voy a salir,* je vais sortir. || *Ir a dar a,* aboutir à : *camino que va a dar a la carretera,* chemin qui aboutit à la route. || *Ir a la ruina,* courir à sa perte. || *Ir a parar,* en venir : *¿a dónde quiere usted ir a parar?,* où voulez-vous en venir ? ; se trouver : *¿a dónde ha ido a parar este libro?,* où se trouve ce livre ? ; échouer (fam.) : *su reloj fue a parar al Monte de Piedad,* sa montre a échoué au mont-de-piété ; finir par être (acabar como).
— *Ir con,* aller avec : *ir con su madre al cine,* aller au cinéma avec sa mère ; *el azul va bien con el blanco,* le bleu va bien avec le blanc ; agir : *ir con cuidado,* agir prudemment ; être : *ir con tiento,* être prudent ; avoir : *ir con miedo,* avoir peur.
— *Ir contra,* aller contre : *esto va contra su dignidad,* cela va contre sa dignité.
— *Ir de,* aller en : *ir de paseo, de viaje,* aller en promenade, en voyage ; aller à : *ir de caza, de pesca,* aller à la chasse, à la pêche ; aller faire : *ir de compras, de juerga,* aller faire des courses, faire la foire ; être en : *ir de uniforme,* être en uniforme. || — FIG. *Ir de boca en boca,* passer de bouche en bouche. || *Ir del brazo,* aller bras dessus, bras dessous, se donner le bras.
— *Ir en,* aller en : *ir en coche, en avión,* aller en voiture, en avion ; aller à : *ir en bicicleta,* aller à bicyclette ; aller par : *ir en tren,* aller par le train ; y aller de : *en eso le va la salud,* il y va de sa santé ; *te va en ello el honor,* il y va de ton honneur.
— *Ir para,* aller sur, avoir près de, courir sur : *va para doce años,* il va sur ses douze ans. || *Ir para largo,* traîner en longueur. || *Ir para viejo,* vieillir.
— *Ir por,* aller chercher : *ir por vino a la bodega,* aller chercher du vin à la cave ; avoir environ : *María iba por los quince años,* Marie avait environ quinze ans.
— *Ir tras,* courir après (correr), poursuivre (perseguir), aller derrière (estar detrás), suivre (seguir).
5. LOCUCIONES. — *Ir adelante,* aller de l'avant. || *Ir bien,* aller bien, bien marcher : *sus negocios van bien,* ses affaires marchent bien. || *Ir de por sí* ou *ir por sí solo,* aller de soi. || *Ir descalzo,* aller pieds nus. || *Ir descaminado.* V. DESCAMINADO. || *Ir lejos,* aller loin. || *Ir sin sombrero,* aller nu-tête. || FIG. y FAM. *Ir sobre ruedas,* aller comme sur des roulettes. | *Ir tirando,* aller comme ci, comme ça ; se maintenir. | *Ir viviendo,* vivoter. | *Ir zumbando,* aller à toute vitesse. || — FAM. *A eso voy* ou *vamos,* c'est justement ce que je voulais o ce que nous voulions dire, c'est là que je veux o nous voulons en venir. || *Ahí van cien francos,* voilà cent francs. || *¡Allá va!,* attention !, gare ! || *¿Cómo le va?* ou *¿cómo va eso?,* comment ça va ?, ça va ? || *¿Cuánto va?,* combien pariez-vous ? || FAM. *Estar ido,* être toqué o cinglé (chiflado), être dans les nuages (en las nubes). | *Esto no me va ni me viene,* ça ne me concerne pas, ça ne me regarde pas (no importarle a uno), ça ne me fait ni chaud ni froid, ça m'est égal (dar igual). | *Esto no va contigo,* ça n'a rien à voir avec cela. || *¡Lo que va de ayer a hoy!,* les temps ont bien changé !, il s'en est passé des choses ! || FAM. *¡Qué va!,* allons donc ! | *tu parles o vous parlez!,* penses-tu o pensez-vous ! | *¿Quién va?* ou *¿quién va allá?,* qui va là ? || *Sin ir más lejos,* sans aller plus loin. | FAM. *Vamos a ver,*

voyons. | *¡Vamos despacio!,* du calme! | *¡Vaya!,* ou *¡vamos!,* allons! (impaciencia), allons donc! (incredulidad), quand même! (indignación, sorpresa), quoi!, eh quoi! (al final de una frase) : *es buen chico, ¡vaya!,* c'est un bon garçon, quoi! | *¡Vamos, anda!,* allons donc! | *¡Vaya calor!,* quelle chaleur! | *¡Vaya susto que me has dado!,* tu m'as fait une de ces peurs! | *¡Vaya por Dios!,* mon Dieu!, eh bien! | *Voy y vengo,* je ne fais qu'aller et venir, je ne fais qu'un saut, je reviens tout de suite. | *¡Ya voy!,* voilà, je viens!, j'arrive!
6. V. PR. — S'en aller, partir : *se fue ayer,* il est parti hier; *¡vámonos!,* allons-nous-en!; *¡idos!,* allez-vous-en!; *¡vete!,* vas-t'en! | FIG. S'en aller, passer (morirse). | Glisser : *se le fueron los pies,* ses pieds ont glissé. | Fuir (un recipiente). | Fuir, s'échapper (un líquido). | Filer (gastarse el dinero). | S'épuiser (consumirse). | S'échapper (un punto). | Passer, se faner (un color). | Se déchirer (desgarrarse). | Lâcher de partout (destrozarse). | FAM. S'oublier (ventosear). | — FIG. *Irse abajo,* s'écrouler, s'effondrer. | *Irse al otro mundo,* partir pour l'autre monde, faire le grand voyage. | MAR. *Irse a pique,* couler, aller au fond. | *Irse como se había venido,* s'en retourner o s'en aller comme on était venu. | *Irse de,* s'en aller de, se défaire de (en el juego de naipes). | *Irse de la lengua* ou *írsele a uno la lengua,* parler trop, avoir la langue trop bien pendue, ne pas savoir tenir sa langue. | *Irse de la memoria,* sortir de la tête o de la mémoire, échapper : *este nombre se me ha ido de la memoria,* ce nom m'est sorti de la mémoire *o* m'échappe. | *Irse de las manos,* glisser des mains, échapper : *el plato se le fue de las manos,* l'assiette lui a glissé des mains; échapper : *su autoridad se le va de las manos,* son autorité lui échappe. | *Írsele a uno de la mano,* filer entre les mains : *este negocio se le ha ido de la mano,* cette affaire lui a échappé. | *Írsele a uno la mano,* avoir la main leste (pegar), avoir la main lourde (echar más de la cuenta), forcer la note, ne pas y aller de main morte (exagerar). | *Irse por alto,* compter largement (tirar por alto). | FAM. *Irse uno que se las pela,* filer. | — FAM. *¡Allá se van los dos!,* les deux font la paire!, l'un vaut l'autre! | *¡Anda y vete por ahí!,* va te faire fiche! | *No irle a uno a la zaga,* n'avoir rien à envier à quelqu'un. | *¡Váyase lo uno por lo otro!,* l'un compense l'autre. | *¡Vete!* ou *¡iros a paseo!,* va o allez au diable! | *Vete a saber!,* allez savoir!, sait-on jamais!

— OBSERV. La construction *ir y* suivie d'un verbe est très courante dans le langage parlé pour exprimer une nuance de détermination. Elle peut se rendre par *eh bien!* ou ne pas se traduire : *si continúas así, voy y me marcho,* si tu continues comme ça, eh bien! je m'en vais; *cuando me insultó, fui y le di una torta,* quand il m'a insulté, je lui ai flanqué une gifle.

— SINÓN. ● *Acudir,* se rendre. *Llegar,* arriver. *Dirigirse,* se diriger. *Encaminarse,* s'acheminer. *Marchar,* marcher. *Seguir,* suivre. *Visitar,* visiter.

ira f. Colère : *la ira es mala consejera,* la colère est mauvaise conseillère. | FIG. Colère, fureur (de los elementos). | — *Descargar la ira en uno,* décharger sa colère sur quelqu'un. | *¡Ira de Dios!,* tonnerre de Dieu! | *Llenarse de ira,* se mettre en colère.
— OBSERV. En francés existe la palabra *ire* pero pertenece a la lengua poética.

iracundia f. Irascibilité. | Colère (ira).
iracundo, da adj. y s. Irascible, coléreux; euse; colérique. | FIG. y POÉT. Irrité, e (los elementos).
iradé m. Iradé (decreto del sultán).
Irak o **Iraq** n. pr. m. GEOGR. Irak.
Irán n. pr. m. GEOGR. Iran.
iraní o **iranio, nia** o **iranés, esa** adj. y s. Iranien, enne.

iraqués, esa o **iraquí** adj. y s. De l'Irak, irakien, enne; iraqien, enne.
irascibilidad f. Irascibilité.
irascible adj. Irascible (iracundo).
Irene n. pr. f. Irène.
Ireneo n. pr. m. Irénée.
iribú m. *Amer.* Urubu (aura).
iridáceas f. pl. BOT. Iridacées.
íride f. BOT. Iris (*m.*) fétide.
iridectomía f. MED. Iridectomie.
iridescente adj. Iridescent, e.
iridiado, da adj. Iridié, e.
iridio m. Iridium (metal).
iridiscente adj. Iridescent, e.
iris m. Arc-en-ciel (meteoro). | ANAT. Iris (del ojo). | Opale, *f.* (ópalo). | FOT. *Diafragma de iris,* diaphragme iris.
irisación f. Irisation.
irisado, da adj. Irisé, e.
irisar v. tr. e intr. Iriser.
iritis f. MED. Iritis.
Irlanda n. pr. f. GEOGR. Irlande.
irlandés, esa adj. y s. Irlandais, e.
irona f. QUÍM. Irone.
ironía f. Ironie.
irónico, ca adj. Ironique.
ironista n. y f. Ironiste (persona irónica).
ironizar v. tr. Ironiser.
iroqués, esa adj. y s. Iroquois, e.
irracional adj. Irraisonnable (carente de razón). | Irrationnel, elle (contrario a la razón). | MAT. Irrationnel, elle.
— M. Animal.
irracionalidad f. Irrationalité.
irracionalismo m. Irrationalisme.
irracionalista adj. y s. Irrationaliste.
irradiación f. Irradiation. | FIG. Rayonnement : *la irradiación de la cultura,* le rayonnement de la culture.
irradiar v. intr. y tr. Irradier. | Fís. Rayonner. | FIG. Rayonner (cultura).
irrazonable adj. Déraisonnable, irraisonnable : *niño irrazonable,* enfant irraisonnable.
irreal adj. Irréel, elle.
irrealidad f. Irréalité.
irrealismo m. Irréalisme.
irrealizable adj. Irréalisable.
irrebatible adj. Irréfutable.
irreconciliable adj. Irréconciliable.
irrecuperable adj. Irrécupérable. | Irrécouvrable (crédito, etc.).
irrecusable adj. Irrécusable.
irredentismo m. Irrédentisme.
irredentista adj y s. Irrédentiste.
irredento, ta adj. Irrédimé, e.
irredimible adj. Irrachetable.
irreducible adj. Irréductible : *fractura irreducible,* fracture irréductible.
irreductibilidad f. Irréductibilité.
irreductible adj. Irréductible : *fracción irreductible,* fraction irréductible.
irreemplazable adj. Irremplaçable.
irreflexión f. Irréflexion.
irreflexivamente adv. Sans réfléchir.
irreflexivo, va adj. Irréfléchi, e.
irreformable adj. Irréformable.
irrefractable adj. Irréfrangible.
irrefragable adj. Irréfragable.
irrefrangible adj. Irréfrangible.
irrefutable adj. Irréfutable : *argumento irrefutable,* argument irréfutable.
irregular adj. Irrégulier, ère.
irregularidad f. Irrégularité.
irreligión f. Irréligion.
irreligiosidad f. Irréligiosité.

irreligioso, sa adj. y s. Irréligieux, euse.
— SINÓN. *Ateo,* athée. *Librepensador,* libre penseur. *Descreído, impío,* mécréant. *Antirreligioso,* antireligieux. *Incrédulo,* incroyant. *Infiel,* infidèle.
irremediable adj. Irrémédiable.
irremisible adj. Irrémissible.
irremplazable adj. Irremplaçable.
irreparable adj. Irréparable.
irreprensible adj. Irrépréhensible.
irrepresentable adj. Injouable.
irreprimible adj. Irréprimable, irrépressible.
irreprochable adj. Irréprochable.
— SINÓN. *Intachable,* irréprochable. *Irreprensible,* irrépréhensible. *Justo,* juste.
irrescatable adj. Irrachetable.
irresistible adj. Irrésistible.
irresoluble adj. Insoluble (que no se puede resolver).
irresolución f. Irrésolution.
irresoluto, ta adj. y s. Irrésolu, e.
irrespetuoso, sa adj. Irrespectueux, euse. ‖ Irrévérencieux, euse.
irrespirable adj. Irrespirable.
irresponsabilidad f. Irresponsabilité.
irresponsable adj. Irresponsable.
irresuelto, ta adj. Irrésolu, e (problema).
irretroactividad f. Non-rétroactivité : *la irretroactividad de las leyes,* la non-rétroactivité des lois.
irrevelado, da adj. Irrévélé, e.
irreverencia f. Irrévérence.
irreverenciar v. tr. Traiter avec irrévérence.
irreverente adj. Irrévérent, e ; irrévérencieux, euse.
— M. y f. Personne irrévérencieuse.
irreversible adj. Irréversible.
irrevocabilidad f. Irrévocabilité.
irrevocable adj. Irrévocable.
irrigable adj. Irrigable.
irrigación f. Irrigation.
irrigador m. Irrigateur.
irrigar v. tr. Irriguer.
irrisible adj. Risible, dérisoire.
irrisión f. Dérision (mofa) : *hacer irrisión de,* tourner en dérision. ‖ FAM. Risée (objeto de burla) : *ser la irrisión del pueblo,* être la risée du village.
irrisorio, ria adj. Dérisoire : *oferta irrisoria,* offre dérisoire.
irritabilidad f. Irritabilité.
irritable adj. Irritable (persona). ‖ DR. Annulable, invalidable.
irritación f. Irritation. ‖ ● FIG. Irritation, emportement, *m.,* colère. ‖ DR. Annulation, invalidation. ‖ FIG. *Coger una irritación,* se mettre en colère.
— SINÓN. ● *Exacerbación,* exacerbation. *Paroxismo,* paroxysme. *Agitación,* agitation. *Cólera, ira,* colère.
irritado, da adj. Irrité, e. ‖ POÉT. *El mar irritado,* la mer démontée *o* irritée.
irritador, ra adj. Irritant, e. ‖ MED. Irritatif, ive.
irritamente adv. Sans validité.
irritamiento m. V. IRRITACIÓN.
irritante adj. Irritant, e.
irritar v. tr. Irriter. ‖ ● FIG. Exciter, exacerber, irriter (p. us.) [pasiones]. ‖ DR. Annuler.
— V. pr. S'irriter, se mettre en colère : *irritarse con* ou *por algo,* s'irriter de quelque chose, se mettre en colère pour quelque chose ; *irritarse con* ou *contra uno,* s'irriter *o* se mettre en colère contre quelqu'un.
— SINÓN. ● *Exacerbar,* exacerber. *Exasperar,* exaspérer. *Impacientar,* impatienter. *Crispar,* crisper. *Agriar,* aigrir.
írrito, ta adj. DR. Nul, nulle (sin valor).
irrogación f. Action de causer un dommage.

irrogar v. tr. Causer, occasionner [un dommage, un tort].
irrompible adj. Incassable.
irrumpir v. intr. Faire irruption, entrer brusquement.
irrupción f. Irruption.
irunés, esa adj. y s. D'Irun.
irupé m. *Amer.* Victoria regia (nenúfar).
Isaac n. pr. m. Isaac.
Isabel n. pr. f. Isabelle, Elisabeth.
isabelino, na adj. Elisabéthain, e (relativo a Isabel I de Inglaterra). ‖ Se dit de la monnaie à l'effigie d'Isabelle II (moneda). ‖ — Adj. y s. Partisan d'Isabelle II contre don Carlos. ‖ Isabelle (color).
isagoge f. Introduction, isagoge, *m.*
Isaías n. pr. m. Isaïe.
isalobara f. Isallobare.
isangas f. pl. *Amer.* Nasses pour pêcher les crevettes. ‖ Paniers, *m.*
isatis m. Isatis (zorro).
Isaura n. pr. f. Isaure.
isáurico, ca adj. D'Isaurie (Asia Menor).
isba f. Isba (casa rusa de madera).
iscatón m. *Amer.* Espèce de coton. ‖ FAM. *Cabeza de iscatón,* tête chenue.
isíaco, ca *o* **isíaco, ca** adj. Isiaque.
isidoriano, na adj. Relatif à saint Isidore.
— M. Religieux de saint Isidore.
Isidoro *o* **Isidro** n. pr. m. Isidore.
isidro, dra m. y f. Croquant, e ; péquenot, *m.*
— OBSERV. Ce mot est employé exclusivement à Madrid pour désigner un provincial.
Isis n. pr. f. Isis.
isla f. Île. ‖ Îlot, *m.,* pâté (*m.*) de maisons (de casas). ‖ *Amer.* Boqueteau, *m.* (bosquecillo). ‖ Terrain (*m.*) inondable [près d'un cours d'eau].
islam m. Islam.
islámico, ca adj. Islamique.
islamismo m. Islamisme.
islamita adj. y s. Islamite.
islamización f. Islamisation.
islamizar v. tr. Islamiser.
Islandia n. pr. f. GEOGR. Islande.
islandés, esa adj. y s. Islandais, e.
islándico, ca adj. y s. (P. us.). Islandais, e.
islario m. Description (*f.*) *o* carte (*f.*) des îles.
isleño, ña adj. y s. Insulaire.
isleta f. Îlot, *m.* ‖ Refuge, *m.* (acera).
islote m. Îlot.
Ismael n. pr. m. Ismaël.
ismaelita adj. y s. Ismaélite.
isobara f. Isobare (línea isobárica).
isobárico, ca adj. Isobare, isobarique. ‖ *Líneas isobáricas,* lignes isobares *o* isobares.
isocarenado, da adj. Isocarène.
isoclino, na adj. Isoclinal, e ; isocline.
Isócrates n. pr. m. Isocrate.
isocromático, ca adj. Isochromatique.
isocrónico, ca adj. Isochronique.
isocronismo m. Isochronisme.
isócrono, na adj. Isochrone.
isodáctilo, la adj. Isodactyle.
isodinamia f. Isodynamie.
isodinámico, ca adj. Isodynamique.
isoédrico, ca adj. Isoédrique.
isogamia f. Isogamie.
isógamo, ma adj. BOT. Isogame.
isoglosa adj. y s. f. Isoglosse.
isógono adj. Isogone, isogonique.
isohieta adj. Isohyète.
Isolda n. pr. f. Iseut, Yseult.
isomería f. QUÍM. Isomérie.
isomerización f. Isomérisation.
isómero, ra adj. y s. m. Isomère.
isométrico, ca adj. Isométrique.
isomorfismo m. Isomorphisme.

isomorfo, fa adj. QUÍM. Isomorphe.
isonomía f. QUÍM. Isonomie.
isoperímetro, tra adj. GEOM. Isopérimètre.
isópodo adj. y s. m. ZOOL. Isopode.
isoquímeno, na adj. Isochimène.
isósceles adj. GEOM. Isocèle : *triángulo isósceles*, triangle isocèle.
isoscelismo m. Isocélie, *f.*
isostasia f. Isostasie.
isostático, ca adj. Isostatique.
isotérmico, ca adj. Isotherme : *vagón isotérmico*, wagon isotherme.
isotermo, ma adj. y s. f. Isotherme.
isotonía f. QUÍM. Isotonie.
isotónico, ca adj. Isotonique.
isotopía f. Isotopie.
isótopo m. Isotope.
isotropía f. BOT. y FÍS. Isotropie.
isótropo, pa adj. y s. m. Isotrope.
isquemia f. MED. Ischémie.
isquiático, ca adj. Ischiatique.
isquion m. ANAT. Ischion (hueso).
Israel n. pr. m. GEOGR. Israël.
israelí adj. y s. Israélien, enne (del Estado de Israel).
israelita adj. y s. Israélite.
  — SINÓN. *Hebreo*, hébreu. *Semita*, sémite. *Judío*, juif.
israelítico, ca adj. Israélite.
istle m. Ixtle, chanvre de Tampico.
istmeño, ña adj. De l'isthme.
ístmico, ca adj. Isthmique : *juegos ístmicos*, jeux isthmiques.
istmo m. Isthme.
Istria n. pr. f. GEOGR. Istrie.
Itaca n. pr. GEOGR. Ithaque.
itacate m. *Amer.* Provisions (*f. pl.*) de bouche, vivres, *f. pl.*, viatique.
Italia n. pr. f. GEOGR. Italie.
italianismo m. Italianisme.

italianista m. y f. Italianisant, e.
italianización f. Italianisation.
italianizar v. tr. Italianiser.
italiano, na adj. y s. Italien, enne : *a la italiana*, à l'italienne.
itálico, ca adj. y s. Italique. || — F. Italique (letra).
ítalo, la adj. y s. POÉT. Italien, enne.
itapá f. *Amer.* Radeau, *m.* (balsa).
ítem adv. lat. Item (además).
  — M. Chapitre, article (artículo).
iteración f. (P. us.). Réitération.
iterar v. tr. Réitérer.
iterativo, va adj. Itératif, ive.
iterbio m. Ytterbium (metal).
itinerante adj. Itinérant, e : *embajador itinerante*, ambassadeur itinérant. || Volant, e : *campamento itinerante*, camp volant.
itinerario, ria adj. y s. Itinéraire.
itria f. MIN. Yttria.
itrialita f. MIN. Yttrialite.
itrio m. MIN. Yttrium.
ixoda o **ixodes** m. Ixode (garrapata).
ixtle m. *Amer.* Agave (pita).
izar v. tr. Hisser.
izote m. BOT. Yucca glorieux.
izquierda f. Main gauche (mano). || Gauche (lado, dirección). || Gauche (política). || — *A la izquierda*, à gauche, sur la gauche. || MIL. *¡Izquierda, mar!*, à gauche, gauche ! || FIG. y FAM. *Ser un cero a la izquierda*, être une nullité, être un zéro. || *Un hombre de izquierdas*, un homme de gauche.
izquierdear v. intr. Déraisonner (desbarrar).
izquierdismo m. Gauche, *f.* (partidos). || Tendance (*f.*) gauchisante, gauchisme, *m.* (tendencia).
izquierdista adj. De gauche, gauchisant, e. || *Un izquierdista*, un homme de gauche, un gauchisant.
izquierdo, da adj. Gauche : *mano izquierda*, main gauche. || EQUIT. Panard, e (caballo).
  — M. y f. Gaucher, ère (zurdo). || V. IZQUIERDA.

J

j f. J, *m.*
  — OBSERV. Le son de la *jota* n'existe pas en français, il est analogue au *ch* dur allemand [x].

jabado, da adj. *Amer.* Bariolé, e ; de plusieurs couleurs (gallo).
jabalcón m. ARQ. Jambe (*f.*) de force, contre-fiche.
jabalconar v. tr. ARQ. Placer des jambes de force, étançonner.
jabalí m. ZOOL. Sanglier : *jabalí alunado*, sanglier miré.
  — OBSERV. Pl. *jabalíes.*
jabalina f. Laie (hembra del jabalí). || Javelot, *m.* (en deportes). || Javeline (arma).
jabardear v. intr. Essaimer.
jabardillo o **jabardo** m. Essaim (de insectos). || Volée, *f.* (de pajarillos). || FIG. Essaim, multitude, *f.*
jabato m. Marcassin. || FIG. y FAM. *¡Es un jabato!*, c'est un lion (valiente).

jábega f. Seine, senne, sorte de boulier (red). || Embarcation de pêche.
jabegote m. Pêcheur à la seine.
jabeguero, ra adj. Relatif à la « jábega ».
  — M. Pêcheur à la seine (jabegote).
jabeque m. Chebec (embarcación). || FIG. y FAM. Balafre, *f.*, estafilade, *f.* (herida). || FIG. y FAM. *Pintar un jabeque*, balafrer, faire une estafilade.
jabera f. Air (*m.*) populaire andalou.
jabí m. *Amer.* Bois de fer, copayer (árbol).
jabirú m. ZOOL. Jabiru (pájaro).
jabladera f. TECN. Jabloir, *m.*, jabloire (doladera).
jable m. TECN. Jable (de los toneles). || TECN. *Hacer jables*, jabler.
jabón m. Savon : *pompa de jabón*, bulle de savon ; *jabón de afeitar, de tocador* ou *de olor, en escamas*, savon à barbe, de toilette, en paillettes. || FIG. y FAM. Savon (represión) : *dar* ou *echar un jabón a alguien*, passer un savon à quelqu'un. || *Amer.* Frousse, *f.* (miedo). || — *Jabón blando*,

savon noir. || *Jabón de Marsella,* savon de Marseille. || *Jabón de piedra,* savon dur. || *Jabón de sastre,* craie tailleur. || *Pastilla de jabón,* savonnette. || — FAM. *Dar jabón a uno,* passer la main dans le dos *o* faire du plat à quelqu'un.

jabonado m. Savonnage (jabonadura). || Linge savonné (ropa que se lava). || FAM. Savon (represión).

jabonador, ra adj. y s. Qui savonne.

jabonadura f. Savonnage, *m.* || — Pl. Eau (*sing.*) savonneuse. || Mousse (*sing.*) de savon (espuma). || FIG. y FAM. *Dar una jabonadura,* passer un savon.

jabonar v. tr. Savonner (la ropa, la barba, etc.). || FIG. y FAM. Savonner la tête à, passer un savon à.

jaboncillo m. Craie, *f.* : *jaboncillo de sastre,* craie tailleur. || Savonnette, *f.*, savon de toilette (pastilla de jabón). || BOT. Savonnier (árbol). || *Amer.* Savon à barbe.

jabonera f. Savonnière. || Boîte à savon (caja). || BOT. Saponaire, savonnière.

jabonería f. Savonnerie.

jabonero, ra adj. Savonnier, ère. || Blanc sale, blanc jaunâtre (los toros).

— M. Fabricant de savon, savonnier.

jaboneta f. o **jabonete** m. Savonnette, *f.*

jabonoso, sa adj. Savonneux, euse.

jaborandi m. BOT. Jaborandi, bois d'anisette.

jabotí m. *Amer.* Sorte de tortue (*f.*) noire.

jaca f. Bidet, *m.*, petit cheval, *m.* || Cheval, *m.* (en general) : *¡qué jaca más hermosa!,* quel beau cheval ! || *Amer.* Coq (*m.*) de combat.

jacal m. *Amer.* Hutte, *f.*, chaumière, *f.*

jacalón m. *Amer.* Hangar (cobertizo).

jacamar m. o **jacamara** f. *Amer.* Jacamar, *m.* (ave).

jacapa f. Oiseau (*m.*) d'Amérique.

jácara f. Romance, *m.* [de nature picaresque] (romance). || Musique et danse espagnoles. || Bande de joyeux noctambules [donnant des sérénades]. || FIG. y FAM. Histoire (patraña) : *contar jácaras,* raconter des histoires. || *No estar para jácaras,* ne pas avoir envie de rire.

jacarandá f. BOT. Jacaranda, *m.*

jacarandoso, sa adj. FAM. Guilleret, ette ; joyeux, euse.

jacaré m. *Amer.* Caïman.

jacarear v. intr. Chanter des « jácaras ». || FIG. y FAM. Aller en bande en chantant dans les rues. || Faire du charivari, du tapage (albórotar). || Donner des sérénades (rondar). | Ennuyer, assommer (molestar).

jacarero o **jacarista** m. Celui qui se promène en chantant dans les rues. || FIG. y FAM. Joyeux drille, gai luron.

jácena f. ARQ. Poutre maîtresse (viga).

jacerina f. Cotte de mailles.

jacinto m. BOT. Jacinthe, *f.*, hyacinthe, *f.* (ant.). || Hyacinthe, jacinthe (piedra preciosa).

Jacinto n. pr. m. Hyacinthe.

jaco m. Rosse, *f.*, haridelle, *f.*, bidet (caballo malo). || Jaque (*f.*) à armer (cota de malla). || Jaque, *f.* (vestido).

Jacob n. pr. m. Jacob.

jacobeo, a adj. De saint Jacques [le majeur]. || *Peregrinación jacobea,* pèlerinage à Saint-Jacques-de-Compostelle.

jacobinismo m. Jacobinisme.

jacobino, na adj. y s. Jacobin, e.

jacobita adj. y s. Jacobite.

Jacobo n. pr. Jacques.

jactancia f. Vantardise, jactance (p. us.).

jactanciosamente adv. Avec vantardise, avec jactance.

jactancioso, sa adj. y s. Vantard, e ; fanfaron, onne ; hâbleur, euse.

jactarse v. pr. Se vanter, se targuer (vanagloriarse) : *jactarse de noble,* se vanter d'être noble.

jaculatorio, ria adj. Jaculatoire.

— F. Oraison jaculatoire (oración breve).

jachalí m. Anona, *f.* (árbol).

jade m. Jade (piedra).

jadeante adj. Haletant, e ; essoufflé, e ; pantelant, e.

jadear v. intr. Haleter. || *Llegar jadeando,* arriver hors d'haleine.

jadeo m. Halètement, essoufflement : *las carreras producen jadeo,* les courses produisent l'essoufflement.

jaecero, ra m. y f. Sellier, bourrelier.

— OBSERV. Las palabras *sellier* y *bourrelier* no tienen forma femenina.

jaén m. Sorte de raisin (uva).

Jaén n. pr. GEOGR. Jaen.

jaenés, esa adj. y s. De Jaen.

jaez m. Harnais. || FIG. Caractère, nature, *f.* (carácter). | Sorte, *f.*, genre (género). | Espèce, *f.*, engeance, *f.*, acabit (despectivo) : *gente de este jaez,* des gens de cette espèce. || — Pl. Harnais.

jaezar v. tr. Harnacher.

Jafa n. pr. GEOGR. Jaffa.

Jafet n. pr. m. Japhet.

jafético, ca adj. Japhétique.

jagua f. BOT. Génipa, *m.* [plante de l'Amérique tropicale]. | Génipape, *m.* (fruta). || *Amer.* Anona (jachalí).

jaguar m. ZOOL. Jaguar.

jaguarzo m. BOT. Variété de ciste.

jagüel o **jagüey** m. *Amer.* Mare, *f.*

jagüilla f. *Amer.* Espèce de sanglier, *m.*

jaharrar v. tr. Crépir (una pared).

jaharro m. Crépi.

jai alai m. Jeu de paume, jai alai.

jaiba f. *Amer.* Crabe, *m.* (cangrejo).

Jaime n. pr. m. Jacques.

jaique m. Haïk (almalafa).

¡Ja, ja, ja! interj. Ha, ha, ha !

jalapa f. BOT. Jalap, *m.*

jalapeño, ña adj. y s. De Jalapa [Guatemala et Mexique].

jalar v. tr. FAM. Tirer, haler (tirar). || POP. Bouffer (comer).

— V. pr. FAM. *Amer.* Se soûler (embriagarse).

jalbegar v. tr. Badigeonner, chauler, passer à la chaux (enjalbegar). || FIG. Farder (el rostro).

jalbegue m. Crépi, badigeonnage (enlucido), lait de chaux (cal). || FIG. Fard (afeite).

jalde o **jaldo, da** adj. Jaune vif.

jalea f. Gelée. || — *Jalea de cidra,* cédrat confit. || *Jalea real,* gelée royale. || — FIG. y FAM. *Hacerse* ou *volverse uno una jalea,* être tout sucre et tout miel.

jaleador, ra adj. y s. Tapageur, euse (que hace ruido). || Animateur, trice (animador).

jalear v. tr. Exciter [les chiens] de la voix (caza). || Acclamer, faire une ovation : *el público jaleó al bailarín,* le public acclama le danseur. || Encourager, stimuler (animar). || *Amer.* Ennuyer, agacer (fastidiar).

jaleco m. Sorte de gilet, yélek.

jaleo m. Cris (*pl.*) pour exciter les chiens (caza). || Cris, *pl.*, applaudissements, *pl.* || Danse (*f.*) populaire andalouse. || FAM. Tapage, charivari, chahut, chambard, boucan (ruido) : *armar jaleo,* faire du chahut. | Foire, *f.* : *estar de jaleo,* faire la foire. | Histoire, *f.* : *hay que ver el jaleo que se ha formado,* il faut voir l'histoire que cela a fait. || — *Armar un jaleo,* faire du tapage. || *Hubo un jaleo enorme,* il y a eu un chahut monstre (ruido), ça a fait toute une histoire (escándalo).

jaleoso, sa adj. y s. Chahuteur, euse. || — Adj. Bruyant, e.

jalifa m. Ancienne autorité (*f.*) suprême représentant du sultan dans le Protectorat espagnol au Maroc.
jalifato m. Dignité (*f.*) et souveraineté (*f.*) du « jalifa ».
jalifiano, na adj. Du « jalifa ».
jalisciense adj. y s. De Jalisco [Mexique].
jalisco adj. m. *Amer.* Ivre.
jalma f. Bât, *m.* (enjalma).
jalón m. Jalon (estaca). ‖ *Amer.* Traction, *f.* (tirón). ‖ Traite, *f.* (distancia). ‖ FAM. Coup (trago). ‖ *Jalón de mira*, jalon-mire.
jalonamiento m. Jalonnement.
jalonar v. tr. Jalonner.
Jamaica n. pr. f. GEOGR. Jamaïque.
jamaicano, na adj. y s. Jamaïcain, e
jamancia f. POP. Becquetance, mangeaille.
jamar v. tr. POP. Bouffer, becqueter, boulotter (comer).
jamás adv. Jamais : *jamás lo he visto* ou *no lo he visto jamás*, je ne l'ai jamais vu. ‖ — *Jamás de los jamases*, au grand jamais. ‖ *Nunca jamás*, au grand jamais, jamais de la vie : *nunca jamás lo haré de nuevo*, au grand jamais je ne le referai. ‖ *Para siempre* ou *por siempre jamás*, à tout jamais, à jamais.
jamba f. ARQ. Jambe, jambage, *m.* (de chimenea). ‖ TECN. Jambage, *m.*, pied-droit, *m.* (montante).
jambado, da adj. y s. *Amer.* Glouton, onne ; goinfre.
jambaje m. ARQ. Jambage, jambe, *f.* ‖ Chambranle (marco de puerta, ventana).
jámbico, ca adj. Ïambique (verso).
jamboree m. Jamboree (reunión de exploradores).
jamelgo m. Rosse, *f.*, haridelle, *f.*, bidet, canasson (caballo malo).
jamo m. *Amer.* Filet de pêche, épervier.
jamón m. Jambon : *jamón ahumado*, jambon fumé ; *huevos con jamón*, œufs au jambon. ‖ — *Codillo de jamón*, jambonneau. ‖ *Jamón en dulce*, jambon cuit au vin blanc. ‖ *Jamón serrano*, jambon de montagne. ‖ *Manga de jamón*, manche à gigot. ‖ FAM. *¡Y un jamón!* ou *¡y un jamón con chorrera!*, rien à faire !, tu peux toujours courir !, et puis quoi encore !
jamona adj. FAM. Replète, bien en chair (rechoncha).
— F. FAM. Dondon, grosse dondon.
jamúas o **jamuga** f. o **jamugas** f. pl. Cacolet, *m. sing.* (montura).
jangada f. MAR. Radeau, *m.* (balsa). ‖ *Amer.* Jangada [bateau brésilien]. ‖ Train (*m.*) de bois (armadía). ‖ FAM. Bêtise, sottise (tontería). ‖ Vilain tour, *m.*, mauvais coup, *m.* (trastada).
jangua f. Jonque de guerre chinoise.
Jano n. pr. m. Janus.
jansenismo m. Jansénisme.
jansenista adj. y s. Janséniste.
Japón n. pr. m. GEOGR. Japon.
japonés, esa adj. y s. Japonais, e.
japuta f. Chabot, *m.* (pez).
jaque m. Échec (ajedrez). ‖ FAM. Matamore, fanfaron, vantard (valentón). ‖ — *Jaque al rey*, échec au roi. ‖ *Jaque mate*, échec et mat. ‖ *Jaque perpetuo*, échec perpétuel. ‖ — *Dar jaque*, mettre en échec. ‖ *Dar jaque y mate*, faire échec et mat. ‖ *Estar en jaque*, être (en) échec. ‖ FIG. *Tener en jaque*, tenir en échec. ‖ *Traer en jaque*, faire tourner en bourrique (fam.).
— Interj. Ouste !
jaqué m. Jaquette, *f.*
jaquear v. tr. Mettre en échec. ‖ FIG. Harceler.
jaqueca f. Migraine (dolor de cabeza). ‖ FIG. y FAM. Barbe : *¡qué jaqueca hacer esto !*, quelle barbe de faire ça. ‖ — FIG. y FAM. *Dar jaqueca*,

assommer, casser la tête. ‖ *¡Qué tío jaqueca!*, quel type barbant !
jaquecazo m. Forte migraine, *f.*
jaquecoso, sa adj. Migraineux, euse (con jaqueca). ‖ FIG. Assommant, e ; ennuyeux, euse (fastidioso).
jaquelado, da adj. BLAS. Échiqueté, e. ‖ TECN. Taillé en facettes (una piedra preciosa).
jaqués, esa adj. y s. De Jaca [Espagne].
jaquetón m. FAM. Matamore, fanfaron. ‖ ZOOL. Requin blanc (tiburón).
jáquima f. Licou, *m.*, licol, *m.* (cabestro). ‖ FAM. *Amer.* Cuite (borrachera).
jaquimazo m. Coup de licol.
jaquimón m. *Amer.* Licou (ronzal).
jara f. BOT. Ciste, *m.* ‖ Dard, *m.*, javelot, *m.* (arma).
jarabe m. Sirop. ‖ Danse (*f.*) populaire mexicaine (baile). ‖ — FIG. y FAM. *Jarabe de pico*, eau bénite de cour, promesses en l'air : *esto es todo jarabe de pico*, ce ne sont que des promesses en l'air ; bagou (labia) : *tener mucho jarabe de pico*, avoir beaucoup de bagou. ‖ — FIG. y FAM. *Dar jarabe a uno*, passer la main dans le dos à quelqu'un. ‖ *Dar a uno jarabe de palo*, administrer une volée de bois vert à quelqu'un, caresser les côtes à quelqu'un.
jarabear v. tr. Ordonner des sirops (el médico).
— V. pr. Prendre des sirops.
jaral m. Lieu planté de cistes. ‖ FIG. Fouillis, fatras.
jaramago m. BOT. Sisymbre (sisimbrio).
jarameño, ña adj. Se dit des taureaux élevés sur les rives du Jarama.
jaramugo m. Petit poisson, fretin, alevin.
jarana f. FAM. Noce, foire, ribouldingue : *andar de jarana*, faire la noce. ‖ Tapage, *m.*, chahut, *m.* (alboroto) : *armar jarana*, faire du chahut. ‖ Blague, tour, *m.* (engaño), tricherie (trampa). ‖ *Amer.* Plaisanterie (chanza). ‖ Dette (deuda). ‖ Petite guitare (guitarra).
jaranear v. intr. FAM. Faire la noce *o* la foire. ‖ *Amer.* Plaisanter.
jaranero, ra adj. Chahuteur, euse (ruidoso). ‖ *Amer.* Tricheur, euse (tramposo).
jaranista adj. *Amer.* V. JARANERO.
jarano m. Chapeau à larges bords.
jarca f. V. HARCA.
jarcia f. MAR. Cordage, *m.*, agrès, *m. pl.* ‖ Attirail (*m.*) de pêche (para pescar). ‖ FIG. Attirail, *m.* ‖ — Pl. MAR. Gréement, *m. sing.* ‖ MAR. *Jarcia muerta*, manœuvre dormante.
jarciar v. tr. MAR. Gréer [un bateau].
jardín m. Jardin : *jardín colgante*, jardin suspendu. ‖ MAR. Bouteille, *f.* (retrete de un navío). ‖ TECN. Jardinage, paillette, *f.* (mancha en una esmeralda). ‖ — *Jardín botánico*, jardin botanique *o* des plantes. ‖ *Jardín de la infancia*, jardin d'enfants.
— OBSERV. Le mot *jardín* désigne seulement un jardin d'agrément ; jardin potager se dit *huerto*.
— La palabra francesa *jardin* se aplica tanto al jardín como al *huerto* (jardin potager).
— SINÓN. *Parque*, parc. *Parterre*, parterre. *Rosaleda*, roseraie. *Vergel*, verger.
jardinera f. Jardinière. ‖ Jardinière (mueble para poner tiestos). ‖ Baladeuse (coche descubierto que llevan detrás los tranvías en verano).
jardinería f. Jardinage, *m.*
— SINÓN. *Horticultura*, horticulture. *Floricultura*, floriculture.
jardinero, ra m. y f. Jardinier, ère.
jararse v. pr. *Amer.* Mourir de faim. ‖ Fuir, s'évader (huir).
jareta f. Coulisse (dobladillo). ‖ MAR. Bastingage, *m.* (empalletado). ‖ Trélingage, *m.* (cordaje). ‖ FAM. Bavardage, *m.* ‖ FAM. *Dar jareta*, tailler une bavette.

jaretón m. Ourlet très large.
jarillo m. Bot. Arum (aro).
jaro, ra adj. Roux, rousse (pelo).
— M. y. f. Porc (*m.*) sauvage, truie (*f.*) sauvage, sanglier, *m.*, laie, *f.* ‖ — M. Broussailles, *f. pl.*, buissons, *pl.* (en un bosque).
jarocho, cha adj. y s. Grossier, ère. ‖ Paysan, paysanne de la côte de Veracruz [Mexique].
jarope m. Sirop (jarabe). ‖ Fig. y Fam. Breuvage désagréable.
jaropear v. tr. Fam. Droguer, gaver de médicaments.
jarra f. Jarre (con cuello y boca ancha). ‖ Pot, m. : *jarra de agua*, pot à eau. ‖ Chope (de cerveza). ‖ Ordre (*m.*) de la Jarre (orden antigua en Aragón). ‖ *De jarras* ou *en jarra* ou *en jarras*, les poings sur les hanches.
jarrazo m. Coup donné avec une cruche.
jarrero m. Potier (el que hace o vende jarros).
jarreta f. Petit pot, *m.*
jarrete m. Jarret (corvejón).
jarretera f. Jarretière (liga). ‖ Ordre (*m.*) de la Jarretière (orden).
jarro m. Pot. ‖ Pichet (para bebidas), chope, *f.* (para cerveza). ‖ Broc (de metal). ‖ — Fig. y Fam. *A jarros*, à seaux, à verse, à torrents. ‖ *Esto fue echarle un jarro de agua fría*, cela lui fit l'effet d'une douche froide.
jarrón m. Arq. Vase [d'ornement]. ‖ Potiche, *f.* (de porcelana).
jartar v. tr. e intr. Pop. V. Hartar.
Jartum n. pr. Geogr. Khartoum.
jaspe m. Jaspe (piedra).
jaspeado, da adj. Jaspé, e ; veiné, e ; marbré, e. — M. Jaspure, *f.*, jaspe. ‖ Jaspe (libro).
jaspear v. tr. Jasper, veiner, marbrer.
jativés, esa adj. y s. De Jativa [Espagne].
jato, ta m. y f. Veau, génisse.
Jauja n. pr. Fig. Pays de cocagne. ‖ *Tierra de Jauja*, pays de cocagne.
— Observ. *Jauja* est employé par allusion à la ville et à la province de *Jauja*, au Pérou, célèbres pour leur richesse et la douceur de leur climat.
jaula f. ● Cage (para animales). ‖ Cabanon, *m.* (para locos). ‖ Cageot, *m.* (embalaje). ‖ Box, *m.* (en un garaje). ‖ Parc, *m.* (para niños). ‖ Min. Cage d'extraction. ‖ Cabine (de ascensor). — Electr. *Jaula de ardilla*, cage d'écureuil. ‖ Fig. *Jaula de grillos*, panier de crabes.
— Sinón. ● *Pajarera*, volière. *Gallinero*, poulailler. *Pollera, caponera*, mue.
jauría f. Meute : *una jauría de perros, de acreedores*, une meute de chiens, de créanciers.
java f. Java (danza).
Java n. pr. Geogr. Java.
javanés, esa adj. y s. Javanais, e.
Javier n. pr. m. Xavier.
jayán, ana m. y f. Géant, e ; colosse, *m.;* armoire à glace, *f.* (fam.).
jazmín m. Bot. Jasmin : *jazmín de España* ou *real*, jasmin d'Espagne. ‖ Bot. *Jazmín de la India* ou *del Cabo*, gardénia.
jazz o **jazz-band** m. Jazz, jazz-band.
jebe m. Alun (alumbre). ‖ *Amer.* Caoutchouc (caucho).
jedive m. Khédive.
jeep m. (nombre registrado). Jeep, *f.* (coche todo terreno).
jefa f. Chef, *m.*, supérieure (superiora), présidente (presidenta). ‖ Cheftaine (de exploradores).
jefatura f. Dignité et fonctions de chef. ‖ Direction (dirección). ‖ *Jefatura de policía*, préfecture de police.
jefazo m. Fam. Grand chef.
jefe m. ● Chef. ‖ Patron (de una empresa industrial o comercial). ‖ Blas. Chef. ‖ Mil. Officier

supérieur. ‖ — *Jefe de cocina*, chef de cuisine, chef. ‖ *Jefe de comedor*, maître d'hôtel. ‖ *Jefe de cordada*, premier de cordée (alpinismo). ‖ *Jefe de escuadra*, chef d'escadre. ‖ *Jefe de familia*, chef de famille. ‖ *Jefe de estación*, chef de gare. ‖ *Jefe de gobierno*, chef de gouvernement. ‖ *Jefe de Estado*, chef d'État. ‖ *Jefe de negociado*, chef de bureau. ‖ — *En jefe*, en chef : *mandar en jefe*, commander o avoir le commandement en chef. ‖ *Redactor jefe*, rédacteur en chef.
— Sinón. ● *Adalid, caudillo, capitán, cabecilla*, chef. *Commandante*, commandant. *Lider*, leader. *Director*, directeur. *Patrono*, patron. *Superior*, supérieur. Fam. *Mandamás*, manitou.
jegüite m. *Amer.* Mauvaise herbe, *f.*
Jehová m. Jéhovah (Dios).
jeito m. Filet [pour la pêche des anchois et des sardines].
jeja f. Froment, *m.* (trigo candeal).
¡je, je, je! interj. Ah, ah, ah! ; hi, hi, hi!
jején m. *Amer.* Sorte de petit moustique.
jeme m. Espace entre les extrémités du pouce et de l'index écartés (15 cm). ‖ Fig. y Fam. Minois, frimousse, *f.* (de una mujer).
jemiquear v. intr. *Amer.* Geindre.
Jena n. pr. Geogr. Iéna.
Jenaro n. pr. m. Janvier.
jengibre m. Bot. Gingembre.
jeniquén m. Agave (pita).
jenízaro, ra adj. Fig. Mêlé, e ; mélangé, e (mezclado). ‖ *Amer.* Métis, isse.
— M. Janissaire (soldado).
jenneriano, na adj. Jennérien, enne.
jenny f. Tecn. Jenny (máquina de hilar algodón).
Jenofonte n. pr. m. Xénophon.
jeque m. Cheik (jefe árabe).
jerarca m. Pontife, supérieur. ‖ Haut dignitaire.
jerarquía f. Hiérarchie. ‖ Dignitaire, *m.*, personnalité : *el arzobispo y otras jerarquías eclesiásticas*, l'archevêque et d'autres dignitaires ecclésiastiques. ‖ Fig. Échelle : *jerarquía social, de valores*, échelle sociale, des valeurs. ‖ *Elevarse en la jerarquía*, gravir les échelons de la hiérarchie.
jerárquico, ca adj. Hiérarchique : *superior jerárquico*, supérieur hiérarchique.
jerarquización f. Hiérarchisation.
jerarquizar v. tr. Hiérarchiser.
jerbo m. Zool. Gerboise, *f.*
jeremiada f. Jérémiade, lamentation.
jeremías m. y f. inv. Geignard, e.
Jeremías n. pr. m. Jérémie.
jeremiquear v. intr. Geindre.
jeremiqueo m. Geignement, gémissement.
jerez m. Xérès (vin).
Jerez n. pr. Geogr. Xérès [Espagne].
jerezano, na adj. y s. De Xérès.
jerga f. Grosse toile (tela). ‖ Paillasse (colchón). ‖ ● Jargon, *m.*, argot, *m.* (lenguaje) : *la jerga estudiantil*, le jargon des étudiants. ‖ Charabia, *m.*, baragouin, *m.* (galimatías). ‖ Min. Jargon, *m.* (diamante amarillo). ‖ *Hablar en jerga*, parler charabia, baragouiner.
— Sinón. ● *Jerigonza*, jargon. *Caló*, argot gitan. *Germanía*, jars, jar.
jergal adj. Argotique.
jergón m. Paillasse, *f.* (colchón de paja). ‖ Fig. y Fam. Gros patapouf (persona gruesa). ‖ Jargon (piedra fina).
jerguilla f. Grosse toile (tela).
jeribeque m. Grimace, *f.* (mueca). ‖ Clignement d'œil (guiño).
Jericó n. pr. Geogr. Jéricho.
jerifato o **jerifazgo** m. Chérifat.
jerife m. Chérif (jefe árabe).

Jerifiano, na adj. Chérifien, enne.
Jerigonza f. Jargon, m., argot, m. (jerga). || Charabia, m., baragouin, m. (galimatías). || FIG. y FAM. Excentricité.
Jeringa f. Seringue. || FIG. y FAM. Ennui, m., embêtement, m., empoisonnement, m.
Jeringar v. tr. Injecter avec une seringue. || FIG. y FAM. Raser, empoisonner, faire suer (fastidiar).
Jeringazo m. Jet d'une seringue. || Contenu d'une seringue (contenido).
Jeringón, ona adj. Amer. Ennuyeux, euse.
Jeringuear v. tr. FAM. Amer. V. JERINGAR.
Jeringuilla f. BOT. Seringat, m., seringa, m. || Seringue (para inyecciones).
Jerjes n. pr. m. HIST. Xerxès.
Jeroglífico, ca adj. Hiéroglyphique.
— M. Hiéroglyphe. || Rébus (juego).
Jerónimo, ma adj. y s. Hiéronymite.
Jerónimo n. pr. m. Jérôme.
Jerpa f. BOT. Sarment stérile de la vigne.
Jerrycan m. Jerrican, jerrycan.
Jersey m. Pull-over.
— OBSERV. Pl. *jerseys* ou *jerseis*.

Jerusalén n. pr. GEOGR. Jérusalem.
Jesucristo m. Jésus-Christ.
Jesuita adj. y s. Jésuite.
Jesuítico, ca adj. Jésuitique.
jesuitismo m. Jésuitisme.
Jesús m. Jésus : *el niño Jesús*, l'Enfant Jésus, le petit Jésus. || — *Jesús Nazareno*, Jésus de Nazareth. || — FIG. y FAM. *En un decir Jesús* ou *en un Jesús*, en un clin d'œil. || FIG. *Sin decir Jesús*, subitement (morir).
— Interj. Jésus !, doux Jésus ! | *¡Jesús!* ou *¡Jesús, María y José!*, à vos souhaits ! (después de estornudar).
— OBSERV. *Le petit Jésus* es la forma cariñosa e infantil de designar al niño Jesús.
— *Jesús* est également un prénom masculin sans équivalent en français.
jesusear v. intr. FAM. Répéter souvent le nom de Jésus.
jeta f. Museau, m. || POP. Tête, gueule, bouille (cara). | Groin (hocico del cerdo). || POP. *Poner jeta*, faire la tête.
jetudo, da adj. Lippu, e ; au museau proéminent.
jíbaro, ra adj. y s. Amer. Campagnard, e ; paysan, anne (campesino). || Jivaro (jívaro).
jibia f. ZOOL. Seiche (molusco). || Os (m.) de seiche (jibión).
jibión m. Os de seiche.
jícara f. Tasse : *una jícara de chocolate*, une tasse de chocolat. || Amer. Calebasse.
jicarazo m. Coup porté avec une tasse. || FIG. Bouillon d'onze heures (veneno).
jicarón m. Grande tasse, f., bol.
jicote m. Amer. Bourdon (abejorro).
jicotera f. Amer. Guêpier, m.
jiennense adj. y s. De Jaén.
jifa f. Issues, pl. (despojos de matadero).
jiferada f. Coup (m.) de couperet, coup (m.) de couteau.
jifero, ra adj. De l'abattoir. || FIG. y FAM. Sale, dégoûtant, e (sucio).
— M. Couperet, couteau de boucher (cuchillo de carnicero). || Tueur, boucher (el que mata las reses).
jifia f. Espadon, m. (pez espada).
jigote m. V. GIGOTE.
¡ji, ji, ji! interj. Hi, hi, hi ! (expresión de risa).
jijona m. Touron [fait à Jijona].
jilguero m. Chardonneret (ave).
jili m. POP. Con, crétin.
jilipolla m. POP. Couillon, con.
jilipollada f. POP. Couillonnade, connerie. || FAM. Ânerie.

jilmaestre m. MIL. Aide conducteur d'une batterie.
jilote m. Amer. Épi de maïs (mazorca).
jilotear v. intr. Amer. Grener, commencer à mûrir (el maíz).
jimelga f. MAR. Jumelle (refuerzo de madera).
Jimena n. pr. f. Chimène.
jimenzar* v. tr. Espader (el cáñamo).
jimia f. Guenon (mona).
jimio m. Singe (simio).
jinda o **jindama** f. POP. Trouille, frousse (miedo).
jineta f. Genette (lanza corta). || Écuyère (mujer que monta a caballo). || Épaulette de sergent (hombrera). || ZOOL. Genette (animal). || *A la jineta*, à la genette.
jinete m. Cavalier, écuyer (caballista). || Cheval de selle (caballo). || *Jinete en un caballo negro*, monté sur un cheval noir.
jinetear v. intr. Se promener à cheval.
— V. tr. Amer. Dompter [des chevaux].
jingoísmo m. Chauvinisme.
jingoísta adj. y s. Chauvin, e.
jínjol m. Jujube (azufaifa).
jinjolero m. Jujubier (azufaifo).
jipa m. FAM. Amer. Panama (sombrero).
jipar v. intr. Hoqueter (hipar). || Haleter (jadear).
jipi m. FAM. Panama (sombrero).
jipido m. FAM. Hoquet (hipo). || Gémissement (hipido).
jipijapa m. Panama (sombrero).
— OBSERV. *Jipijapa* est le nom d'une ville de l'Équateur, célèbre pour ses chapeaux auxquels on a donné à tort le nom de Panama.
jiquilete m. Indigo (añil).
jira f. Morceau, m. o pièce d'étoffe. || Lambeau, m. (jirón). || Partie de campagne, pique-nique, m., déjeuner (m.) sur l'herbe.
— OBSERV. No confundir con *gira*, tour ou tournée (viaje).
jirafa f. Girafe. || Girafe (cine).
jirimiquear v. intr. Amer. Pleurnicher.
jirón m. Lambeau (pedazo) : *hacer jirones*, mettre en lambeaux. || FIG. Brin (porción pequeña). || Bordure, f. (de una falda). || BLAS. Giron.— *Hecho jirones*, en loques, en lambeaux. || *Un jirón de vida*, une tranche de vie.
jironado, da adj. Déchiré, e ; en lambeaux. || BLAS. Gironné, e.
jitomate m. Amer. Tomate, f.
jiu-jitsu m. Jiu-jitsu.
jívaro, ra adj. y s. Jivaro (indio).
¡jo! interj. Oh !, ho !
Joaquín n. pr. m. Joachim.
Job n. pr. m. Job. || *Más pobre que Job*, pauvre comme Job.
jobo m. BOT. Spondias.
jookey m. Jockey.
jocó m. Jocko (orangután).
jocoque m. Amer. Lait aigre.
jocosamente adv. Drôlement (chistosamente).
jocoserio, ria adj. Tragi-comique (obra, drama).
jocosidad f. Drôlerie (gracia). || Plaisanterie, blague (chiste).
jocoso, sa adj. Amusant, e ; drôle, comique (cómico) : *libro jocoso*, livre drôle, amusant.
jocundidad f. Gaieté, joie.
jocundo, da adj. Joyeux, euse ; jovial, e ; gai, e.
jofaina f. Cuvette.
jojoto m. Amer. Maïs au lait.
jolgorio m. FAM. Foire, f., noce, f. (fiesta). || Allégresse, f. (alegría).
jollín m. FAM. Bagarre, f., grabuge (disputa).
joma f. Amer. Bosse (joroba).
Jonás n. pr. m. Jonas.
Jonatán o **Jonatás** n. pr. m. Jonathan.
Jonia n. pr. f. GEOGR. Ionie.

jónico, ca adj. Ionique : *orden jónico,* ordre ionique. ‖ — Adj. y s. Ionien, enne.

jonio, nia adj. y s. Ionien, enne.

jonjabar v. tr. FAM. Embobiner (engatusar).

jonote m. *Amer.* Sorte de tilleul.

jonuco m. *Amer.* Grenier, soupente, *f.* (desván).

jopo m. Queue, *f.* (rabo).

¡jopo! interj. FAM. Hors d'ici !, ouste !

jora f. *Amer.* Maïs (*m.*) préparé pour faire la « chicha ».

jordán m. FIG. Fontaine (*f.*) de Jouvence. ‖ FIG. y FAM. *Ir al Jordán,* rajeunir (remozarse), relever de maladie (convalecer).

Jordán n. pr. m. GEOGR. Jourdain.

Jordania n. pr. f. GEOGR. Jordanie.

jordano, na adj. y s. Jordanien, enne.

jorfe m. Mur de soutènement (muro). ‖ Rocher taillé à pic (peñasco).

Jorge n. pr. m. Georges.

jornada f. Journée (de viaje, de trabajo). ‖ Étape : *viajar por pequeñas jornadas,* voyager par petites étapes. ‖ FIG. Vie, durée de la vie humaine. ‖ MIL. Journée (batalla). ‖ Journée [division usitée dans les pièces du théâtre classique espagnol]. | Épisode, *m.* : *película en varias jornadas,* film à épisodes. ‖ *Trabajo de media jornada, de jornada entera,* travail à mi-temps, à plein temps.

— OBSERV. Le mot *jornée* (temps depuis le lever jusqu'au coucher du soleil) se traduit par *día* : *une belle journée d'été,* un hermoso día de verano.

jornal m. Journée, *f.,* salaire [journalier] : *gana un buen jornal,* il a un bon salaire. ‖ Journée (*f.*) de terre (medida agraria). ‖ *A jornal,* à la journée, à tant par jour : *trabajar a jornal,* travailler à la journée.

jornalero, ra m. y f. Journalier, ère.

joroba f. Bosse (giba). ‖ FIG. y FAM. Corvée, embêtement, *m.* (molestia).

jorobado, da adj. y s. Bossu, e. ‖ — Adj. FIG. y FAM. Embêté, e ; empoisonné, e. ‖ — M. ZOOL. Poisson des Antilles.

jorobadura f. FAM. Embêtement, *m.,* ennui, *m.*

jorobar v. tr. FIG. y FAM. Casser les pieds, faire suer, raser, empoisonner, embêter.

jorobeta m. FAM. Bossu.

jorongo m. Poncho mexicain.

joropo m. *Amer.* Danse (*f.*) populaire de Colombie et du Venezuela.

jorrar v. tr. Traîner.

jorro m. Traîne, *f.,* drague, *f.* (red).

Josafat n. pr. GEOGR. Josaphat.

José n. pr. m. Joseph.

Josefa o **Josefina** n. pr. f. Joséphine.

josefino, na adj. y s. HIST. Partisan, partisane de Joseph Bonaparte. ‖ Membre du parti clérical au Chili.

Josué n. pr. m. Josué.

jota f. J, *m.* (nombre de la letra *j*). ‖ Jota, danse et musique populaires aragonaises. ‖ Valet, *m.* (en la baraja francesa). ‖ FIG. Iota, *m.,* brin, *m.,* rien, *m.* (cosa mínima). ‖ *Amer.* Sandale (ojota). ‖ — FIG. y FAM. *No decir ni jota,* ne pas dire un mot. | *No entiendo ni jota,* je n'y comprends rien du tout. | *No falta una jota,* il n'y manque pas un iota. | *No sabe una jota de su lección,* il ne sait pas un traître mot de sa leçon. | *No se ve una jota,* on n'y voit goutte o rien du tout. | *Sin faltar una jota,* sans oublier une virgule.

jote m. *Amer.* Vautour (ave).

joule m. Fís. Joule (julio).

joven adj. Jeune : *de muy joven se fue a Madrid,* très jeune encore elle partit à Madrid. ‖ *Galán joven,* jeune premier.

— M. y f. Jeune homme, *m.,* jeune fille, *f.,* jeune, *m.* (fam.). ‖ *Los jóvenes,* les jeunes gens, la jeunesse.

jovencito, ta adj. y s. Jeunet, ette. ‖ — M. Jeunot.

— M. y f. Jouvenceau, celle.

jovenzuelo, la adj. Jeunet, ette.

— M. y f. Petit jeune homme, *m.,* petite jeune fille, *f.*

jovial adj. Jovial (alegre). ‖ Jovien, enne (relativo a Júpiter).

jovialidad f. Jovialité, enjouement, *m.*

joviano, na adj. Jovien, enne (relativo a Júpiter).

joya f. Bijou, *m.* (alhaja). ‖ Joyau, *m.* (V. OBSERV.) | Cadeau, *m.* (regalo). ‖ Agrafe (brocamantón). ‖ FIG. Bijou, *m.* (cosa o persona) : *esta niña es una joya,* cette fillette est un bijou. | Perle (persona valiosa) : *este empleado es una joya,* cet employé est une perle. ‖ ARQ. Astragale, *m.* ‖ — Pl. Corbeille (*sing.*) de mariage, trousseau, *m. sing.* (equipo de novia).

— OBSERV. La palabra *bijou* es mucho más empleada que *joyau,* que designa objetos de más valor. Se dice por ejemplo *les joyaux de la couronne,* las joyas de la corona.
— Le mot *joya* est d'un usage plus fréquent que le français *joyau,* qui ne s'applique qu'à des ornements précieux portés par des personnages de haut rang.

joyante adj. *Seda joyante,* soie fine et lustrée.

joyel m. Petit bijou.

joyera f. Bijoutière, joaillère.

joyería f. Bijouterie, joaillerie.

joyero m. ● Bijoutier, joaillier (fabricante o comerciante). ‖ Écrin o coffret à bijoux (caja).

— SINÓN. ● *Orfebre, platero,* orfèvre. *Diamantista,* diamantaire. *Lapidario,* lapidaire.

joyo m. BOT. Ivraie, *f.* (cizaña).

Juan n. pr. m. Jean. ‖ *Juan Bautista,* Jean-Baptiste.
— M. FAM. *Amer.* Troufion. ‖ — FAM. *Juan Lanas,* bonne pâte (buen hombre), jean-foutre, Gros-Jean (incapaz). ‖ *Yo soy Juan Palomo, me lo guiso y yo me lo como,* tout pour moi, rien pour les autres.

Juana n. pr. f. Jeanne : *Juana de Arco,* Jeanne d'Arc.

juanas f. pl. Baguettes, quilles, ouvre-gants, *m. sing.*

juanear v. tr. *Amer.* Se payer la tête de.

juanete m. Pommette (*f.*) saillante (pómulo abultado). ‖ Os du gros orteil (del pie). ‖ Oignon (callo). ‖ MAR. Perroquet : *juanete mayor,* grand perroquet ; *juanete de proa,* petit perroquet. ‖ VETER. Oignon (del caballo).

juanetero m. MAR. Matelot chargé de la manœuvre des perroquets.

juanetudo, da adj. Qui a les pommettes saillantes (pómulos). ‖ Qui a les os des orteils très saillants (pie). ‖ Qui souffre d'oignons (que tiene juanetes).

juarda f. Suint, *m.,* graisse.

juarista adj. y s. Partisan de Júarez au Mexique.

jubete m. Cotte (*f.*) de mailles.

jubetero m. Pourpointier (sastre de jubetes).

jubilación f. Retraite (retiro, renta). ‖ Jubilation (alegría).

jubilado, da adj. Retraité, e ; en retraite.
— M. y f. Retraité, e.

jubilar adj. Jubilaire (relativo al jubileo).

jubilar v. tr. Mettre à la retraite. ‖ FIG. y FAM. Mettre au rancart (desechar por inútil).
— V. intr. Jubiler (alegrarse).
— V. pr. Prendre sa retraite. ‖ Se réjouir (regocijarse). ‖ *Amer.* S'instruire. ‖ FIG. y FAM. *Ya se puede jubilar,* il a fait son temps.

jubileo m. Jubilé. ‖ FIG. Va-et-vient, remueménage. ‖ — *Ganar el jubileo,* gagner le jubilé. ‖ FAM. *Por jubileo,* tous les trente-six du mois.

júbilo m. Allégresse, *f.,* jubilation, *f.* (p. us.). ‖ Joie, *f.* : *no caber en sí de júbilo,* ne pas se sentir de joie. ‖ *Mostrar júbilo,* jubiler.

jubilosamente adv. Avec joie, joyeusement.

jubiloso, sa adj. Joyeux, euse ; allègre.

jubo m. *Amer.* Petite couleuvre, *f.*

Jubón m. Pourpoint, justaucorps (vestidura). ‖ Brassière, f. (de niño).
judaico, ca adj. Judaïque.
judaísmo m. Judaïsme.
judaizante adj. y s. Judaïsant, e.
judaizar v. intr. Judaïser.
judas m. FIG. Judas (traidor). ‖ Mannequin de paille que l'on brûle publiquement lors de la semaine sainte dans certaines régions et particulièrement au Mexique (muñeco). ‖ — FIG. y FAM. *Estar hecho* ou *parecer uno un Judas,* être dépenaillé. ‖ *Ser más falso que Judas,* être faux comme un jeton.
— OBSERV. Un *judas* de porte se dit *mirilla.*

Judas n. pr. m. Judas.
Judea n. pr. f. GEOGR. Judée.
judeoalemán m. Yiddish (lengua).
judeocristianismo m. Judéo-christianisme.
judeocristiano, na adj. y s. Judéo-chrétien, enne.
judeoespañol adj. y s. Judéo-espagnol, e.
judería f. Juiverie, quartier (f.) juif, ghetto, m. (ant.) [barrio judío]. ‖ Tribut (m.) que payaient les juifs.
judía f. BOT. Haricot, m. ‖ — *Judía tierna,* haricot mange-tout, mange-tout. ‖ *Judía verde,* haricot vert.
judiada f. Juiverie.
judiar m. Champ de haricots.
judicatura f. Judicature. ‖ Magistrature (cuerpo constituido).
judicial adj. Judiciaire. ‖ — *Mandato judicial,* exploit. ‖ *Partido judicial,* arrondissement (de una provincia).
judiciario, ria adj. Judiciaire.
— M. Astrologue, mage (astrólogo).
judío, a adj. y s. Juif, ive. ‖ — M. Sorte de haricot (judión). ‖ *Amer.* Ani (ave).
judión m. Sorte de haricot.
Judit n. pr. f. Judith.
judo m. Judo (lucha).
judoka m. Judoka (luchador).
juego m. Jeu (recreo). ‖ Jeu, assortiment : *juego de cepillos, de útiles,* jeu de brosses, assortiment d'outils. ‖ Service : *juego de café, de té,* service à café, à thé. ‖ Garniture, f. (de botones, de chimenea). ‖ Parure, f. : *juego de cuna, de cama, de diamantes,* parure de berceau, de lit, de diamants. ‖ Train (de neumáticos). ‖ Jeu (holgura, movimiento) : *tener juego,* avoir du jeu. ‖ Train : *juego trasero,* train arrière. ‖ Taille, f. (en el bacarrá). ‖ — Pl. Jeux : *juegos olímpicos, florales,* jeux Olympiques, floraux. ‖ — *Juego de azar,* jeu de hasard. ‖ *Juego de Bolsa,* jeu de Bourse. ‖ *Juego de cartas* ou *de naipes,* jeu de cartes. ‖ *Juego de cubiletes,* tour de passe-passe. ‖ *Juego de damas,* jeu de dames. ‖ *Juego de desayuno,* déjeuner. ‖ *Juego de ingenio* ou *de imaginación,* jeu d'esprit. ‖ *Juego de la oca,* jeu de l'oie. ‖ *Juego de luces,* jeu de lumière. ‖ *Juego de mangas y cuello,* parure. ‖ *Juego de manos,* jeu de mains, tour de passe-passe, tour d'adresse. ‖ *Juego de manos, juego de villanos,* jeu de mains, jeu de vilains. ‖ *Juego de palabras* ou *de vocablos,* jeu de mots. ‖ *Juego de pelota,* jeu de pelote o de paume. ‖ *Juego de prendas,* gages. ‖ AUTOM. *Juego delantero,* train avant. ‖ — *A juego,* assorti, assortie : *corbata y pañuelo a juego,* cravate et pochette assortie. ‖ *Fuera de juego,* hors-jeu. ‖ — *Cegarse en el juego,* se piquer au jeu. ‖ *Conocer a uno el juego,* connaître o voir le jeu de quelqu'un. ‖ *Desgraciado en el juego, afortunado en amores,* malheureux au jeu, heureux en amour. ‖ *Entre bobos anda el juego,* ils s'entendent comme larrons en foire. ‖ *Hacer el juego de alguien,* jouer le jeu de quelqu'un. ‖ *Hacer juego,* aller ensemble : *estos dos candelabros hacen juego,* ces deux can-

délabres sont ensemble ; faire pendant : *este candelabro hace juego con ése,* ce candélabre fait pendant à celui-ci. ‖ *Hacer juego limpio,* jouer franc jeu, être fair play. ‖ *Hacer juegos de ojos,* rouler les yeux. ‖ *Hacer juegos malabares,* faire des tours de passe-passe, jongler. ‖ *Hacerle el juego a uno,* faire le jeu de quelqu'un. ‖ *¡Hagan juego!,* faites vos jeux ! ‖ *Poner en juego,* jouer : *poner en juego su situación,* jouer sa situation ; faire jouer (influencias, relaciones). ‖ *Queda poco tiempo de juego,* il reste peu de temps à jouer. ‖ *Tener buen juego,* avoir beau jeu (naipes).
juerga f. FAM. Noce, bombe, foire, bringue : *estar de juerga* ou *correrse una juerga,* faire la noce ; *irse de juerga,* aller faire la foire. ‖ *Vida de juerga,* vie de patachon.
juerguearse v. pr. FAM. Faire la noce. ‖ Prendre à la rigolade (no tomar en serio). ‖ Se moquer (burlarse).
juergueo m. FAM. Noce, f., bombe, f., foire, f. (juerga).
juerguista adj. y s. FAM. Noceur, euse ; fêtard, e.
jueves m. Jeudi : *el jueves que viene, el jueves pasado,* jeudi prochain, jeudi dernier. ‖ — *Jueves santo,* jeudi saint. ‖ FAM. *No es cosa* ou *nada del otro jueves,* ce n'est pas la mer à boire, il n'y a pas de quoi fouetter un chat (no ser difícil), ça ne casse rien, ça ne casse pas des briques (ser ordinario).
juez m. Juge : *juez de paz, de instrucción,* juge de paix, d'instruction. ‖ — Pl. Magistrature (f.) assise. ‖ — DEP. *Juez de línea* ou *de banda,* juge de touche. ‖ *Juez de menores,* juge pour enfants. ‖ FAM. *Juez de palo o lego,* juge botté, ignorant. ‖ *Juez de primera instancia,* juge de première instance. ‖ *Amer. Juez de raya,* juge à l'arrivée (en las carreras de caballos). ‖ *Juez de salida,* starter (carreras). ‖ *Juez de silla,* juge de ligne (tenis). ‖ — *El Juez Supremo,* le Souverain Juge. ‖ *Nadie puede ser juez en causa propia,* on ne peut être juge et partie.
jugada f. Coup, m. (lance de juego) : *buena jugada,* beau coup, coup heureux. ‖ FIG. Mauvais tour, m. : *me hizo una mala jugada,* il m'a joué un mauvais tour. ‖ — *Jugada de Bolsa,* coup de Bourse. ‖ FIG. *Mala jugada,* mauvais tour, sale tour : *hacer una mala jugada,* jouer un mauvais tour.
jugador, ra adj. y s. Joueur, euse. ‖ — *Jugador de manos,* prestidigitateur. ‖ *Jugador de ventaja,* tricheur (fullero).
jugar* v. intr. Jouer, s'amuser (divertirse). ‖ DEP. Jouer. ‖ Jouer (en la Bolsa) : *jugar al alza, a la baja,* jouer à la hausse, à la baisse. ‖ MECÁN. Jouer, avoir du jeu (moverse). ‖ — *Jugar a cara o cruz,* jouer à pile ou face. ‖ *Jugar a cartas vistas,* jouer cartes sur table. ‖ *Jugar al caballo perdedor,* miser sur le mauvais cheval. ‖ *Jugar a pares o nones,* jouer à pair ou impair. ‖ FIG. *Jugar con dos barajas* ou *a dos paños,* jouer double jeu, miser sur deux tableaux. ‖ *Jugar con los números,* jongler avec les chiffres. ‖ *Jugar con su salud,* jouer avec sa santé. ‖ *Jugar con uno,* jouer avec quelqu'un, se jouer de quelqu'un. ‖ *Jugar del vocablo,* jouer sur les mots. ‖ *Jugar fuerte* ou *grueso,* jouer gros jeu. ‖ *Jugar limpio,* jouer franc jeu. ‖ *Jugar sucio,* ne pas jouer franc jeu. ‖ — *Eso no es jugar limpio,* ce n'est pas de jeu.
— V. tr. Jouer. ‖ Jouer de (se dice de las armas) : *jugar la espada,* jouer de l'épée. ‖ — *Jugar doble contra sencillo,* jouer à deux contre un. ‖ *Jugar una mala pasada* ou *partida,* jouer un mauvais tour. ‖ — *El que juega con fuego se quema,* il ne faut pas jouer avec le feu, qui s'y frotte s'y pique.
— V. pr. Jouer : *jugarse la cabeza, la vida, el honor,* jouer sa tête, sa vie, son honneur. ‖ Être en jeu o en cause, se jouer : *lo que se juega es el*

porvenir del país, ce qui est en jeu, c'est l'avenir du pays. ‖ — FIG. *Jugarse el pellejo,* risquer sa peau. | *Jugarse hasta la camisa, el alma,* jouer jusqu'à sa dernière chemise, vendre son âme. | *Jugársela a alguien,* jouer un mauvais tour à quelqu'un. | *Jugárselo todo a una carta* ou *jugarse el todo por el todo,* jouer o risquer le tout pour le tout, jouer son va-tout. | *Me juego la cabeza que,* je donnerais ma tête à couper que, je mettrais ma main au feu que. | *Se juega su felicidad en eso,* il y va de son bonheur.

jugarreta f. FAM. Coup (m.) mal joué. ‖ FIG. y FAM. Mauvais tour, m., sale tour, m., tour (m.) pendable : *le hizo una jugarreta,* il lui a joué un tour pendable.

juglar m. Jongleur (trovador).

juglaresa f. Jongleresse.

juglaresco, ca adj. Des jongleurs : *poesía juglaresca,* poésie des jongleurs [poésie épique dont les jongleurs se font les interprètes].

juglaría o **juglería** f. Art (m.) des jongleurs, jonglerie, f.

jugo m. Jus : *jugo de limón,* jus de citron, *jugo de carne,* jus de viande. ‖ Suc : *jugo gástrico, pancreático,* suc gastrique, pancréatique. ‖ FIG. Suc, moelle, f., substance, f. : *sacar el jugo de un libro,* extraire la moelle d'un livre. ‖ — FIG. y FAM. *Sacarle el jugo a alguien,* presser quelqu'un comme un citron. | *Sacarle jugo al dinero,* tirer profit de son argent.

jugosidad f. Jus, m., suc (m.) abondant, qualité de ce qui est juteux. ‖ Substance (sustancia).

jugoso, sa adj. Juteux, euse. ‖ FIG. Lucratif, ive (provechoso). | Substantiel, elle (sustancioso). ‖ Savoureux, euse : *prosa jugosa,* prose savoureuse. | Riche (colores).

juguete m. Jouet. ‖ TEATR. Divertissement. ‖ FIG. *Ser el juguete de,* être le jouet de.

juguetear v. intr. Jouer, s'amuser (divertirse). ‖ Folâtrer, s'ébattre (retozar).

jugueteo m. Amusement (diversión). ‖ Ébat (retozo).

juguetería f. Magasin (m.) de jouets (tienda).

juguetón, ona adj. Joueur, euse : *niño juguetón,* enfant joueur. ‖ Folâtre (retozón).

juicio m. Jugement (discernimiento) : *tener el juicio recto,* avoir le jugement sain, avoir un jugement droit. ‖ Raison, f., esprit : *perder el juicio,* perdre la raison. ‖ Bon sens (sentido común). ‖ Sagesse, f. (sensatez). ‖ Jugement : *emitir un juicio sobre alguien,* porter un jugement sur quelqu'un. ‖ ● DR. Jugement : *juicio en rebeldía,* jugement par défaut o par contumace ; *juicio definitivo* ou *sin apelación,* jugement sans appel. ‖ — RELIG. *Juicio de Dios,* jugement de Dieu. ‖ *Juicio final,* jugement dernier. ‖ — *A juicio de,* de l'avis de. ‖ *A juicio de peritos,* au dire des experts. ‖ *A mi juicio,* à mon avis, à mon sens. | *Falto de juicio,* fou, dément. ‖ *La edad del juicio,* l'âge de raison. ‖ *Muela del juicio,* dent de sagesse. ‖ — *Asentar el juicio,* devenir raisonnable, se poser. ‖ *Emitir un juicio sobre,* porter o émettre un jugement sûr. ‖ *Estar en su juicio* ou *en su cabal juicio,* avoir tous ses esprits, tout son bon sens. ‖ *Estar fuera* ou *falto de juicio,* avoir perdu l'esprit, être fou. ‖ *Estar puesto en tela de juicio,* être en question. ‖ *No estar en su sano juicio,* ne pas avoir toute sa tête o tout son bon sens, avoir l'esprit dérangé. ‖ *Poner en tela de juicio,* mettre en question. ‖ *Quitar el juicio,* faire perdre la tête. ‖ *Sacar de juicio,* mettre hors de soi. ‖ *Someter al juicio pericial,* expertiser. ‖ *Volver en su juicio,* retrouver o reprendre ses esprits.

— SINÓN. ● *Fallo,* arrêt. *Arbitraje, laudo,* arbitrage. *Veredicto,* verdict. *Ordenanza,* ordonnance. *Sentencia,* sentence.

juicioso, sa adj. Judicieux, euse ; sensé, e ; sage (sensato). ‖ FIG. Judicieux, euse (atinado). ‖ — *Hacer juicioso,* assagir. ‖ *Volverse más juicioso,* s'assagir.

— SINÓN. *Reflexivo,* réfléchi. *Sensato,* sensé. *Prudente,* prudent.

jujeño, ña adj. y s. De Jujuy [Argentine].

julepe m. MED. Julep (poción). ‖ Jeu ˙de cartes (juego de naipes). ‖ FIG. y FAM. Savon, réprimande, f. (reprimenda). | Travail, peine, f. (ajetreo). ‖ *Amer.* Peur, f. (miedo) : *dar un julepe,* faire peur. ‖ *Dar julepe a,* laisser sans levée (juego de naipes).

julepear v. tr. *Amer.* Faire peur (asustar). | Fatiguer (cansar).

Julia n. pr. f. Julie.

Julián, Juliana n. pr. m. y f. Julien, Julienne.

juliana f. BOT. Julienne. ‖ CULIN. *Sopa juliana,* julienne.

juliano, na adj. Julien, enne : *era juliana,* ère julienne.

Julieta n. pr. f. Juliette.

julio m. Juillet (mes) : *el 29 de julio,* le 29 juillet. ‖ Fís. Joule (unidad de trabajo eléctrico).

Julio n. pr. m. Jules.

juma f. FAM. Cuite (borrachera).

jumarse v. pr. FAM. Prendre une cuite, se cuiter.

jumento, ta m. y f. Âne, ânesse. ‖ FIG. Imbécile.

— OBSERV. Le mot français *jument* se dit *yegua.*

jumera f. FAM. Cuite (borrachera).

jumo, ma adj. FAM. *Amer.* Ivre.

juncáceas f. pl. BOT. Joncacées.

juncal adj. Svelte, élancé, e (esbelto). ‖ Cambré, e (talle).

juncal o **juncar** m. Jonchaie, f., jonchère, f., joncheraie, f.

juncia f. BOT. Souchet, m.

juncial m. Lieu couvert de souchets.

junciera f. Vase (m.) en terre, au couvercle percé de petits trous, pour plantes aromatiques.

junción f. *Amer.* Confluent, m.

junco m. BOT. Jonc. ‖ Baguette, f. (de un marco). ‖ MAR. Jonque, f. (embarcación china). ‖ — BOT. *Junco de Indias,* jonc d'Inde, rotin. | *Junco florido,* jonc fleuri, flûteau. | *Junco oloroso,* jonc odorant.

jungla f. Jungle.

juniense adj. y s. De Junín [Pérou].

junino, na adj. y s. De Junín [Argentine].

junio m. Juin (mes) : *el 6 de junio,* le 6 juin.

júnior m. RELIG. Jeune profès, novice. ‖ Junior (el más joven, deportista).

junípero m. BOT. Genévrier (enebro).

Juno n. pr. f. MIT. Junon.

junquera f. BOT. Jonc, m. (junco). | Jonchaie (juncal).

junqueral m. Jonchaie, f., jonchère, f., joncheraie, f.

junquillo m. BOT. Jonquille, f. | Rotin (junco de Indias). ‖ Jonc (bastón). ‖ Baguette, f. (varilla). ‖ Baguette, f. (de un marco). ‖ ARQ. Baguette, f. (moldura).

junta f. Assemblée : *junta general,* assemblée générale. ‖ Réunion, séance (sesión). ‖ Conseil, m. : *junta administrativa, municipal,* conseil d'administration, municipal. ‖ Comité, m. : *junta de empresa,* comité d'entreprise. ‖ Bureau, m. : *junta de asistencia técnica,* bureau d'assistance technique ; *junta de beneficencia,* bureau de charité. ‖ Junte (en los países ibéricos) : *junta militar,* junte militaire. ‖ ARQ. Joint, m., jointure. ‖ MAR. Couture (entre tablones). ‖ TECN. Joint, m. : *junta estanca,* joint étanche ; *junta de culata,* joint de culasse. ‖ — Pl. *Amer.* Confluent, m. sing. (de dos ríos). ‖ — TECN. *Junta universal,* joint de cardan. | *Retundir juntas,* jointoyer.

juntamente adv. Ensemble, conjointement (conjuntamente). ‖ À la fois, ensemble (al mismo tiempo).

juntar v. tr. ● Joindre, unir : *juntar dos tablas*, joindre deux planches. ‖ Assembler (varias piezas). ‖ Unir : *la amistad les junta*, l'amitié les unit. ‖ Réunir, rassembler : *juntar amigos en su casa*, réunir des amis chez soi. ‖ Amasser (acopiar) : *juntar dinero*, amasser de l'argent. ‖ Pousser (puerta, ventana).
— V. pr. Se joindre. ‖ Se réunir, se rassembler (congregarse). ‖ Se rapprocher, s'approcher (arrimarse). ‖ Avoir une liaison (con una mujer). ‖ *Dios los cría y ellos se juntan*, qui se ressemble, s'assemble.
— SINÓN. ● *Agregar*, joindre. *Acoplar*, accoupler. *Enlazar*, raccorder. *Relacionar*, rattacher. *Anexar*, annexer.

juntera f. Feuilleret, *m.* (cepillo de carpintero).

juntillas V. PIE (*a pie juntillas*).

junto, ta adj. Joint, e : *dos tablas juntas*, deux planches jointes; *con las manos juntas*, à mains jointes. ‖ Côte à côte. ‖ Ensemble : *vivían juntos*, ils vivaient ensemble; *las niñas jugaban juntas*, les petites filles jouaient ensemble; *todo junto*, tout ensemble. ‖ Uni, e (unido). ‖ Réuni, e : *un territorio tan extenso como seis provincias juntas*, un territoire aussi vaste que six provinces réunies.
— Adv. *Aquí junto*, tout près. ‖ *En junto* ou *por junto*, en tout, au total. ‖ *Junto a*, près de, auprès de (cerca de), contre (contra).

juntura f. Jointure, joint, *m.* ‖ Articulation. ‖ ANAT. *Juntura serrátil*, engrenure (articulación fija).

Júpiter n. pr. m. MIT. Jupiter.

jupiterino, na o **jupiteriano, na** adj. y s. Jupitérien, enne.

jura f. Serment, *m.*, prestation de serment. ‖ *Jura de (la) bandera*, serment au drapeau.

jurado, da adj. Juré, e. ‖ Assermenté, e ; juré, e : *traductor jurado*, traducteur assermenté. ‖ *Enemigo jurado*, ennemi juré. ‖ — Adj. y s. Juré, e.
— M. Jury (tribunal). ‖ Membre du jury (miembro de este tribunal). ‖ *Jurado de cuentas*, expert comptable. ‖ *Jurado de empresa*, comité d'entreprise.

juramentado, da adj. y s. Assermenté, e : *traductor juramentado*, traducteur assermenté.

juramentar v. tr. Recevoir le serment [d'une personne]. ‖ Assermenter (hacer prestar juramento).
— V. pr. Prêter serment. ‖ Se jurer, se faire le serment de.

juramento m. Serment : *prestar juramento*, faire o prêter serment. ‖ Jurement : *juramento asertorio, promisorio*, jurement assertoire, promissoire. ‖ Juron (blasfemia) : *soltar juramentos*, lâcher des jurons. ‖ — *Bajo juramento*, sous la foi du serment. ‖ *Juramento falso*, faux serment. ‖ *Juramento judicial*, serment judiciaire. ‖ *Tomar juramento a*, recevoir le serment de.

jurar v. tr. Jurer, prêter serment : *jurar sobre el Evangelio*, jurer sur l'Evangile. ‖ — *Jurar el cargo*, prêter serment avant de prendre possession de son poste. ‖ *Jurar en falso*, faire o prêter un faux serment. ‖ *Jurar (la) bandera*, prêter serment au drapeau. ‖ *Jurar por Dios que*, jurer ses grands dieux que. ‖ *Jurar por la salud de uno*, jurer sur la tête de quelqu'un. ‖ *Jurar por lo más sagrado* ou *por todos los dioses*, jurer ses grands dieux. ‖ FAM. *Jurársela a alguien*, promettre de se venger de quelqu'un. ‖ *Lo juraría*, j'en jurerais. ‖ *No jurar el santo nombre de Dios en vano*, Dieu en vain tu ne jureras (mandamiento). ‖ *Te lo juro*, je te le jure, je te le promets.
— V. intr. Jurer (blasfemar).

jurásico, ca adj. y s. m. GEOL. Jurassique. ‖ Jurassien, enne (del Jura).

juratorio, ria adj. DR. Juratoire (fianza).
— F. Feuille d'argent o de parchemin portant le début des Évangiles sur laquelle prêtaient serment les magistrats d'Aragon.

jurel m. ZOOL. Saurel (pez).

jurero, ra m. y f. *Amer.* Faux témoin, *m.*

jurídico, ca adj. Juridique.

jurisconsulto m. Jurisconsulte.

jurisdicción f. Juridiction. ‖ FIG. *Caer bajo la jurisdicción de uno*, relever de la compétence de quelqu'un, incomber à quelqu'un, être de la juridiction de quelqu'un.

jurisdiccional adj. Juridictionnel, elle. ‖ *Aguas jurisdiccionales*, eaux territoriales.

jurispericia f. Jurisprudence.

jurisperito m. Légiste, jurisconsulte.

jurisprudencia f. Jurisprudence : *sentar jurisprudencia*, faire jurisprudence.

jurista m. Juriste.

juro m. Droit perpétuel de propriété. ‖ Pension, *f.* (renta).

jusbarba f. BOT. Fragon (*f.*) épineux, joubarbe.

justa f. Joute (combate). ‖ FIG. Joute (certamen). ‖ — *Justa acuática*, joute sur l'eau, joute lyonnaise, joute aquatique. ‖ *Justa poética*, joute poétique.

justador m. Jouteur.

justamente adv. Justement : *es justamente lo que quería*, c'est justement ce que je voulais. ‖ Juste : *tiene justamente para vivir*, il a juste de quoi vivre.

justar v. intr. Jouter.

justedad f. Justesse.

justicia f. ● Justice : *justicia cumplida*, justice est faite. ‖ Exécution (de un condenado a muerte). ‖ — *Justicia de paz*, justice de paix. ‖ *Justicia distributiva*, justice distributive. ‖ — *De justicia*, en bonne justice, à bon droit. ‖ *Ejecutor de la justicia*, exécuteur des hautes œuvres. ‖ *En justicia*, en justice, de droit. ‖ *Ministerio de Justicia*, ministère de la Justice. ‖ — *Administrar (la) justicia*, rendre o administrer la justice. ‖ *Es de justicia que*, il est juste que. ‖ *Hacer justicia*, faire o rendre justice. ‖ *Ir por justicia*, aller en justice. ‖ *Oír en justicia*, faire justice. ‖ *Pedir en justicia*, demander justice. ‖ *Tomarse la justicia por su mano*, se faire justice. ‖ — M. *Justicia mayor*, grand justicier, magistrat suprême [en Aragon].
— SINÓN. ● *Derecho*, droit. *Derechura*, droiture. *Rectitud*, rectitude. *Imparcialidad*, *ecuanimidad*, impartialité.

justiciable adj. Justiciable.

justicialismo m. Justicialisme.

justicialista adj. y s. Justicialiste.

justiciar v. tr. *Amer.* Exécuter (ajusticiar). ‖ Condamner (condenar).

justiciero, ra adj. y s. Justicier, ère. ‖ *Espíritu justiciero*, sens de la justice.

justificable adj. Justifiable.

justificación f. Justification. ‖ IMPR. Justification.

justificadamente adv. Justement, d'une façon juste.

justificado, da adj. Justifié, e.

justificador, ra adj. Justificateur, trice.
— M. Sanctificateur.

justificante adj. Justifiant, e.
— M. Pièce (*f.*) justificative, justificatif.

justificar v. tr. ● Justifier. ‖ IMPR. Justifier. ‖ — *El fin justifica los medios*, la fin justifie les moyens. ‖ *Sin razón que lo justifique*, sans raison valable.
— V. pr. Se justifier : *justificarse con alguien*, se justifier auprès de quelqu'un.
— SINÓN. ● *Disculpar*, disculper. *Descargar*, décharger. *Absolver*, innocenter. *Excusar*, excuser.

VOCABULARIO JURÍDICO — VOCABULAIRE JURIDIQUE

I. Derecho. — Le droit.

ley	loi
legal	légal
ilegal	illégal
quebrantar *ou* transgredir la ley	transgresser la loi
derecho del más fuerte	« droit du plus fort »
derecho natural	droit naturel
derecho consuetudinario	droit coutumier
derecho político *ou* constitucional	droit constitutionnel
derecho civil	droit civil
derecho público	droit public
derecho privado	droit privé
derecho penal	droit pénal
derecho del trabajo *ou* laboral	droit du travail
derecho fiscal	droit fiscal
derecho mercantil *ou* comercial	droit commercial
derecho internacional	droit international
derecho de gentes	droit des gens
derecho canónico	droit canon
jurisprudencia	jurisprudence
jurista	juriste
Código civil	Code civil
Código penal	Code pénal
Código penal militar	Code pénal militaire
Código de comercio	Code de commerce
Código de procedimiento civil	Code de procédure civile
Código de procedimiento criminal	Code de procédure pénale
Código de circulación	Code de la route

II. Cortes y tribunales. — Cours et tribunaux.

Tribunal de primera instancia	tribunal de première (*ou* grande) instance
Tribunal correccional	tribunal correctionnel
Audiencia de lo criminal	cour d'assises
Audiencia territorial, Tribunal de apelación	cour d'appel
Tribunal de casación	Cour de cassation
Magistratura del Trabajo	conseil des prud'hommes
Tribunal de comercio	tribunal de commerce
Tribunal tutelar de menores	tribunal pour enfants
Tribunal marítimo	tribunal maritime
Tribunal militar	tribunal militaire
Tribunal (*m.*) militar; consejo de guerra	cour (*f.*) martiale; conseil de guerre
Tribunal de excepción	tribunal d'exception

III. Funciones. — Fonctions.

a) *Los jueces. — Magistrature du siège (assises).*

juez	juge (au siège)
presidente	président
asesor	assesseur
juez de instrucción	juge d'instruction
juez de menores	juge pour enfants
consejero en Corte	conseiller à la cour
presidente de cámara	président de chambre
primer presidente	premier président

b) *Los fiscales. — Magistrature debout (ministère public).*

sustituto del fiscal	substitut du procureur de la République
fiscal, procurador de la República	procureur de la République
sustituto general	substitut général
fiscal del Tribunal Supremo, abogado general	avocat général
procurador general	procureur général

c) *Abogados y escribanos. — Avocats et greffe.*

pasante de abogado	avocat stagiaire
abogado demandante	avocat plaidant
foro, colegio de abogados	barreau
procurador	avoué
escribano	greffier

IV. Instrucción. — Instruction.

investigación; indagación; diligencias previas	enquête
interrogatorio	interrogatoire
audición de los testigos	audition des témoins
audición de las partes, de los litigantes	audition des parties
peritaje	expertise
inspección (*f.*) ocular	transport (*m.*) sur les lieux
pesquisa; visita domiciliaria	perquisition; visite domiciliaire
piezas de convicción	pièces à conviction
orden (*f.*) de comparecencia	mandat (*m.*) de comparution
orden (*f.*) de comparecer	mandat (*m.*) d'amener
orden (*f.*) de detención	mandat (*m.*) d'arrêt
detención preventiva	détention préventive
libertad provisional	mise en liberté provisoire

V. Procedimiento (*m.*) judicial; enjuiciamiento, m. — Procédure, f.

denuncia; querella	plainte
acta de acusación	acte d'accusation
lugar del crimen	lieu du crime
culpable; cómplice	coupable; complice
encubridor	receleur
en flagrante delito	flagrant délit (en)
audiencia (a puerta cerrada)	audience (à huis clos)
testigos	témoins
testigo de cargo	témoin à charge
testigo de descargo	témoin à décharge
testigo de vista *ou* ocular	témoin oculaire
debates	débats
barra	barre
banquillo	banc des accusés
reo; procesado	inculpé
citación, requerimiento, *m.*	assignation, *f.*
acusador	accusateur
defensor	défenseur
alegato, informe	plaidoyer
declararse culpable, solicitar la declaración de culpabilidad	plaider coupable
causa	cause
deliberación	délibération
veredicto	verdict
absolución, *f.*	acquittement, *m.*
veredicto de culpabilidad	verdict de culpabilité
condenación de rebeldía	condamnation par contumace
condenación en costas	condamnation aux dépens

VI. Infracciones. — Infractions.

delito	délit
crimen	crime
alta traición	haute trahison
falsificación de moneda	falsification de monnaie
falso testimonio	faux témoignage
perjurio	parjure
asesinato	assassinat
asesinato	meurtre
homicidio	homicide
infanticidio	infanticide
lesiones	coups et blessures
rapto *ou* secuestro de menores	enlèvement d'enfants
robo	vol
robo con fractura	vol avec effraction
malversación (*f.*) de fondos	détournement (*m.*) de fonds
extorsión	extorsion
encubrimiento	recel
fraude	fraude
corrupción	corruption
chantaje	chantage
ultraje	outrage
calumnia	calomnie

VII. Penas. — Peines.

pena de muerte	peine de mort
prisión, *f.*; arresto	emprisonnement, *m*
multa	amende
interdicción de residencia	interdiction de séjour
interdicción civil	destitution des droits civiques
trabajos forzados *ou* forzosos	travaux forcés

justificativo, va adj. Justificatif, ive.
justillo m. Gilet (camiseta).
justinianeo, a adj. De Justinien.
Justiniano n. pr. m. Justinien.
justipreciación f. Évaluation.
justipreciar v. tr. Estimer à son juste prix, évaluer (apreciar exactamente).
justiprecio m. Évaluation, f. (evaluación).
justo, ta adj. Juste. ‖ Juste, étroit, e (apretado). ‖ — *Justo es que*, il est juste que. ‖ — *En justa compensación*, par un juste retour des choses. ‖ *Más de lo justo*, plus que de raison. ‖ *Mil francos justos*, mille francs juste.
— M. Juste. ‖ *Pagan justos por pecadores*, les innocents paient pour les coupables.
— Adv. Juste, justement (justamente). ‖ — Exactement (cabalmente). ‖ — *Llegar justo*, arriver de justesse (a tiempo), arriver juste (en el momento oportuno). ‖ *Tener justo para vivir*, avoir juste de quoi vivre. ‖ *Vivir justo*, vivre à l'étroit.
jutía f. *Amer.* Agouti, m. (mamífero).
Jutlandia n. pr. f. GEOGR. Jutland, m.
Juvencio n. pr. m. Jouvence.

juvenil adj. Juvenile : *aspecto juvenil*, aspect juvénile. ‖ Jeune : *un traje juvenil*, un costume jeune.
— M. y f. DEP. Junior.
Juventa n. pr. f. Jouvence (diosa de la juventud).
juventud f. Jeunesse.
— SINÓN. *Adolescencia*, adolescence. *Nubilidad*, nubilité. *Pubertad*, puberté. *Mocedad*, jeunesse.

juzgable adj. Jugeable.
juzgado, da adj. Jugé, e.
juzgado m. Tribunal. ‖ Judicature, f. (judicatura).
juzgador, ra adj. Qui juge.
juzgar v. tr. ● Juger : *juzgar a un reo*, juger un accusé ; *juzgar sin apelación*, juger sans appel, juger en dernier ressort. ‖ Juger, estimer : *yo no juzgo oportuno hacer esto*, je ne juge pas opportun de faire cela. ‖ — *A juzgar por*, à en juger d'après. ‖ *Juzgar mal*, méjuger, juger mal. ‖ *Juzgar por las apariencias* ou *a la vista*, juger sur les apparences.
— SINÓN. ● *Decidir*, décider. *Deliberar*, délibérer. *Pronunciar*, prononcer. *Estatuir*, *fallar*, statuer. *Arbitrar*, arbitrer. *Resolver*, résoudre. *Sentenciar*, juger.

K

k f. K, *m.*
— OBSERV. Même prononciation en espagnol qu'en français.
ka f. K, *m.* (nom de la lettre *k*).
kabila adj. y s. Kabyle (cabila).
kabuki m. Kabuki (drama japonés).
kaftén m. *Amer.* Entremetteur (alcahuete).
kainita f. QUÍM. Kaïnite (sal).
káiser m. Kaiser.
kakatoes m. Kakatoès, cacatoès (cacatúa).
kaki o **kaqui** adj. y s. m. Kaki.
kala-azar m. MED. Kala-azar.
kaleidoscopio m. Kaléidoscope (calidoscopio).
kali m. BOT. Kali (sosa).
kamala f. BOT. Kamala, *m.*
kamichí m. Kamichi (pájaro).
kamikase m. Kamikaze (avión suicida).
kan m. Khan (príncipe). ‖ Kan (caravasar y mercado público).
kanato m. Khanat.
kantiano, na adj. y s. Kantien, enne.
kantismo m. Kantisme.
kappa f. Kappa, *m.* (letra griega).
karakul m. ZOOL. Karakul (caracul).
kart m. Kart (vehículo).
karting m. Karting (carrera de karts).
katangueño, ña adj. y s. Katangais, e.
kayac m. Kayac (embarcación).
kéfir m. Kéfir (bebida).
kenotrón m. Kénotron (tubo).
kepí o **kepis** m. Képi (quepis).
kermes m. ZOOL. Kermès (quermes).
kermesse f. Kermesse.
kibutz m. Kibboutz.
kieselgur m. Kieselguhr (silíceo).
kieserita f. MIN. Kiesérite.

kif m. Kif (polvo de cáñamo).
kilo m. Kilo (kilogramo).
kilocaloría f. Kilocalorie (caloría grande).
kilociclo m. Kilocycle.
kilográmetro m. Kilogrammètre.
kilogramo m. Kilogramme.
kilojulio m. Kilojoule.
kilolitro m. Kilolitre.
kilometraje m. Kilométrage.
kilometrar v. tr. Kilométrer.
kilométrico, ca adj. Kilométrique : *mojón kilométrico*, borne kilométrique. ‖ FIG. y FAM. Qui fait des kilomètres, interminable : *un pasillo kilométrico*, un couloir interminable.
— OBSERV. Pour les longs trajets en chemin de fer, on peut, en Espagne, acquérir un *billete kilométrico* qui se présente sous forme de coupons. Chaque coupon correspond à un certain nombre de kilomètres. Une réduction est consentie proportionnellement au nombre de kilomètres parcourus.
kilómetro m. Kilomètre : *kilómetro cuadrado*, kilomètre carré.
kilovatio m. Kilowatt.
kilovatio-hora m. Kilowatt-heure.
kilovoltio m. Kilovolt.
kilt m. Kilt (falda escocesa).
kimono m. Kimono.
kindergarten m. Jardin d'enfants.
kinesiterapeuta m. Kinésithérapeute (masajista).
kinesiterapia f. Kinésithérapie.
king-charles m. King-Charles (perro).
kiosco m. Kiosque : *kiosco de periódicos*, kiosque à journaux.
— OBSERV. L'orthographe *quiosco* est préférable.
kirie m. Kyrie. ‖ FIG. y FAM. *Llorar los kiries*, verser toutes les larmes de son corps.

kirieleisón m. Kyrie eleison. ‖ FAM. Chant funèbre. ‖ FIG. y FAM. *Cantar el kirieleisón*, demander grâce.
kirsch m. Kirsch (aguardiente de cerezas).
kiwi m. ZOOL. Kiwi.
klaxon m. Klaxon (bocina). ‖ *Tocar el klaxon*, klaxonner.
knock-out m. inv. Knock-out.
knut m. Knout (látigo).
koala m. ZOOL. Koala.
kola f. Kola, cola (planta).
koljoz m. Kolkhose (en Rusia).
kopek m. Kopeck (moneda rusa).
kraft m. Kraft (papel).

krameria f. BOT. Kramérie.
krausismo m. Système philosophique de Krause.
— OBSERV. Le *krausismo*, qui se fonde sur les doctrines panthéistes, a eu un grand retentissement en Espagne au XIXᵉ siècle.
krausista adj. Relatif au système de Krause.
— M. et f. Partisan de la doctrine de Krause.
kriptón m. Krypton (gas).
kronprinz m. Kronprinz.
kulak m. Koulak (campesino).
kumis m. Koumis, koumiss (bebida).
kummel m. Kummel (licor).
kurdo, da adj. et s. Kurde (curdo).
kwas o **kvas** m. Kwas, kvas (bebida eslava).

L

l f. L, *m.*
— OBSERV. Se prononce comme le *l* français.

la m. MÚS. La (nota) : *la sostenido*, « la » dièse. ‖ *Dar el la*, donner le « la ».
la art. f. sing. La : *la cabeza*, la tête.
— OBSERV. Lorsque les substantifs féminins commencent par *a* tonique, on remplace, pour des raisons d'euphonie, *la* par *el* (*el agua, el alma, el hambre*).
— El artículo *la* debe traducirse muy a menudo por el adjetivo posesivo en francés (*tenía la falda recogida*, elle avait sa jupe relevée). Pero se dice *alzar la mano*, lever la main (parte del cuerpo). El uso popular de *la* delante del nombre existe en español y en francés (*la María me lo dijo*, la Marie me l'a dit).
la pron. pers. La : *la saludo*, je la salue. ‖ Celle : *la del tercer piso*, celle du troisième [étage]. ‖ FAM. *La de*, la quantité de : *si vieras la de bollos que comimos*, si tu voyais la quantité de brioches que nous avons mangées. ‖ *La que*, celle qui o que : *la que quiero*, celle que je veux. ‖ — *Es... la que*, c'est... qui : *fue María la que vino*, c'est Marie qui est venue.
— OBSERV. On ne doit pas employer *la* comme datif au lieu de le : *la hablé dos palabras, la di la mano*, au lieu de *le hablé dos palabras, le di la mano*. Cet emploi défectueux de *la* reçoit le nom de *laísmo*. (Voir ce mot.)
lábaro m. Labarum.
label m. Label (etiqueta de garantía).
labelo m. BOT. Labelle.
laberíntico, ca adj Labyrinthique.
laberinto m. Labyrinthe.
laberintodonte m. Labyrinthodonte (anfibio fósil).
labia f. FAM. Bagout, *m. : tiene mucha labia*, il a beaucoup de bagout. ‖ *Hombre de labia*, beau parleur, homme qui a du bagout.
labiadas f. pl. BOT. Labiacées.
labiado, da adj. y s. f. BOT. Labié, e.
labial adj. y s. f. Labial, e : *músculos labiales*, muscles labiaux.
labialización f. Labialisation.
labializar v. tr. Labialiser.
labiérnago m. Alaterne (arbusto).
labihendido, da adj. Qui a un bec-de-lièvre.
lábil adj. QUÍM. Labile.
labio m. Lèvre, *f. : de labios abultados*, à grosses lèvres. ‖ FIG. Bouche, *f. : su labio enmudeció*, sa

bouche s'est tue. ‖ BOT. Lèvre, *f.* (lóbulo). ‖ — Pl. FIG. Paroles, *f. : le ofendieron mis labios*, mes paroles l'ont offensé. ‖ Lèvres, *f.* (de llaga). ‖ — *Labio belfo*, lippe. ‖ MED. *Labio leporino*, bec-de-lièvre. ‖ — FIG. *Cerrar* ou *sellar los labios*, se taire. | *En cuanto mueve los labios*, dès qu'il lève le petit doigt, dès qu'il ouvre la bouche. | *Estar pendiente* ou *colgado de los labios de*, être suspendu aux lèvres de, boire les paroles de. | *Hablar con el corazón en los labios*, parler à cœur ouvert. ‖ *Morderse los labios*, se mordre les lèvres. | *No morderse los labios*, ne pas se gêner pour dire ce que l'on pense. | *No despegar* ou *no despegar los labios*, ne pas desserrer les dents.
labioso, sa adj. *Amer.* Loquace, bavard, e.
labor f. Travail, *m.*, labeur, *m.* (p. us.) : *las labores de la casa*, les travaux de la maison. ‖ AGRIC. Labour, *m.*, labourage, *m.* (labranza) : *dar dos labores*, faire deux labours ; *meter en labor*, mettre en labour. ‖ Ouvrage, *m* (de costura) : *labores femeninas*, ouvrages de dame. ‖ École de couture pour petites filles (escuela). ‖ Travail, *m. : labores de aguja*, travaux d'aiguille. ‖ Millier (*m.*) de tuiles o de briques (tejas o ladrillos). ‖ Tabac (*m.*) manufacturé. ‖ MIN. Excavation. ‖ — Pl. Travaux (*m.*) de la terre. ‖ — *Caballo de labor*, cheval de labour. | *Cesta de labores*, panier à ouvrage. ‖ *Labor de benedictino*, travail de bénédictin. ‖ *Sus labores*, sans profession (fórmula administrativa).
— OBSERV. La formule *sus labores*, abrégée en S. L. représente l'expression complète *que hace sus labores de casa* et s'applique aux femmes qui ne travaillent pas en dehors de chez elles.
laborable adj. Ouvrable : *día laborable*, jour ouvrable. ‖ AGRIC. Labourable.
laboral adj. Du travail : *accidente, medicina laboral*, accident, médecine du travail ; *agregado laboral*, attaché du travail. ‖ — *Enseñanza laboral*, enseignement technique. ‖ *Universidad laboral*, école d'enseignement technique.
laboralista m. y f. Spécialiste du droit du travail (abogado).
laborante adj. Qui travaille.
laborar v. intr. Travailler : *labora por el bien de su país*, il travaille pour le bien de son pays.

laboratorio m. Laboratoire. ‖ *Ayudante de laboratorio*, laborantin, e ; préparateur, préparatrice de laboratoire.

laborear v. tr. Travailler. ‖ MIN. Creuser [une mine], faire des excavations.
— V. intr. MAR. Faire passer une corde dans une poulie.

laboreo m. AGRIC. Labourage (de la tierra). ‖ Travail, exploitation, *f.* (de las minas).

laboriosidad f. Application au travail, goût (*m.*) pour le travail.

laborioso, sa adj. Laborieux, euse : *alumno laborioso*, élève laborieux. ‖ Difficile, laborieux, euse : *parto laborioso, digestión laboriosa*, accouchement difficile, digestion difficile.

laborismo m. Travaillisme (partido inglés).

laborista adj. y s. Travailliste. ‖ *Partido laborista*, parti travailliste, labour-party.

labra f. Taille [des pierres, du bois].

labrada f. Labour, *m.*, champ (*m.*) labouré.

labradero, ra o **labradío, a** adj. Labourable.

labrado m. Taille (*f.*) des pierres (labra). ‖ — Pl. Labours, champs labourés.

labrador, ra adj. y s. Paysan, anne. ‖ — M. y f. Cultivateur, trice. ‖ — M. Laboureur (que ara). ‖ ‖ Agriculteur : *sindicato de labradores*, syndicat des agriculteurs. ‖ Propriétaire terrien (propietario).
— OBSERV. *Paysan*, palabra más frecuentemente empleada, se refiere a la clase social, *cultivateur* al oficio [textos administrativos u oficiales] y *laboureur* al que concretamente labra la tierra.

labradoresco, ca o **labradoriego, ga** o **labradoril** adj. Paysan, anne.

labradorita f. MIN. Labradorite.

labrantín m. Petit cultivateur.

labrantío, a adj. Cultivable.
— M. Champ, terrain cultivable. ‖ *Tierra de labrantío*, terre cultivable o labourable.

labranza f. Culture, labourage, *m.*, labour, *m.* (de la tierra). ‖ Champs (*m. pl.*) cultivés, terres (*pl.*) cultivées (campo). ‖ Ouvrage, *m.*, travail, *m.* (trabajo). ‖ *Aperos* ou *instrumentos de labranza*, instruments de labour.

labrar v. tr. Travailler : *labrar la madera, la piedra*, travailler le bois, la pierre. ‖ Façonner : *labrar un bloque de mármol*, façonner un bloc de marbre. ‖ Ouvrager, ouvrer (con minucia) : *labrar la plata*, ouvrager l'argent. ‖ Labourer (arar). ‖ Cultiver (cultivar). ‖ Bâtir (edificar). ‖ Tailler (piedras preciosas). ‖ (Ant.). Faire des travaux d'aiguille (las mujeres). ‖ FIG. Travailler à : *labrar la felicidad de uno*, travailler au bonheur de quelqu'un. ‖ Bâtir, forger (construir) : *labraremos la grandeza del país*, nous forgerons la grandeur du pays. ‖ Faire, causer (provocar). ‖ — *Labrar chocolate*, fabriquer du chocolat. ‖ *Labrar moneda*, battre monnaie. ‖ FIG. *Labrar su propia ruina*, être l'artisan de sa propre ruine.
— V. intr. Travailler : *labrar en madera, en mármol*, travailler le bois, le marbre.

labriego, ga m. y f. Paysan, anne (campesino). ‖ Laboureur, *m.* (que labra la tierra). ‖ Cultivateur, trice (que cultiva por su cuenta).

labro m. Labre (en los insectos). ‖ Labre (pez).

labrusca f. Lambruche, lambrusque (vid silvestre).

laca f. Laque (resina). ‖ Laque, *m.* (mueble, barniz). ‖ Laque (para el pelo). ‖ — *Barnizar con laca*, laquer (un mueble). ‖ *Dar laca*, laquer. ‖ *Goma laca*, gomme-laque. ‖ *Laca para uñas*, vernis à ongles. ‖ *Poner laca en*, laquer (el pelo).

lacasa f. QUÍM. Laccase.

lacayo m. Laquais, valet de pied : *servir a uno como lacayo*, être laquais chez quelqu'un. ‖ FIG. Laquais (persona servil).

lacayuno, na adj. FAM. De laquais, servil, e.

laceador m. *Amer.* Personne qui attrape au lasso.

lacear v. tr. Enrubanner (adornar con cintas). ‖ Attraper au lasso (coger con lazo). ‖ Amener [le gibier] à portée de .fusil. ‖ Prendre au collet (la caza menor).

lacedemón, ona adj. y s. Lacédémonien, enne.

Lacedemonia n. pr. f. GEOGR. Lacédémone.

lacedemonio, nia adj. y s. Lacédémonien, enne.

laceración f. Lacération.

lacerado, da adj. Malheureux, euse (infeliz). ‖ Lacéré, e (desgarrado). ‖ FIG. Atteint, e (honra).
— Adj. y s. Lépreux, euse (leproso). ‖ (Ant.). Avare.

lacerante adj. Blessant, e (palabras). ‖ Aigu, ë (dolor físico). ‖ Poignant, e (dolor moral). ‖ Déchirant, e (grito).

lacerar v. tr. Lacérer, déchirer (desgarrar). ‖ FIG. Blesser (herir). ‖ Porter atteinte à : *lacerar la reputación*, porter atteinte à la réputation. ‖ Meurtrir (el corazón).

laceria f. Misère, pauvreté (miseria). ‖ Ennui, *m.* (molestia). ‖ Peine, mal, *m.* (trabajo penoso).

lacería f. Rubans, *m. pl.* (bordados). ‖ ARQ. Entrelacs, *m.*

lacerioso, sa adj. Misérable, indigent, e.

lacero m. Chasseur au lasso (para toros, etc.). ‖ Chasseur au collet, braconnier (para la caza menor). ‖ Employé à la fourrière (empleado municipal).

lacértidos m. pl. Lacertiens, lacertiliens (reptiles).

lacertoso, sa adj. Musclé, e ; musculeux, euse (p. us.).

Lacetania n. pr. f. GEOGR. Lacétanie [ancien nom de la Catalogne].

lacetano, na adj. y s. Lacétan, e.

lacinia f. BOT. Laciniure.

Lacio n. pr. m. GEOGR. Latium.

lacio, cia adj. Fané, e ; flétri, e (marchito). ‖ Raide : *con los cabellos lacios*, les cheveux raides. ‖ FIG. Faible, abattu, e (flojo).

lacolito m. GEOL. Laccolite, *f.*, laccolithe, *f.*

lacón m. Épaule (*f.*) de porc, jambonneau.

Laconia n. pr. f. GEOGR. Laconie.

lacónico, ca adj. Laconique (conciso).

laconismo m. Laconisme (concisión).

lacra f. Marque o trace laissée par une maladie. ‖ FIG. Tare : *las lacras de la sociedad*, les tares de la société. ‖ Défaut, *m.*, vice, *m.* (defecto). ‖ Cancer, *m.*, gangrène, fléau, *m.* : *la miseria es una lacra que traspasa las fronteras*, la misère est un cancer qui dépasse les frontières. ‖ *Amer.* Ulcère, *m.*, plaie (llaga). ‖ Croûte (postilla).

lacrado m. Cachetage (de una carta).

lacrar v. tr. Cacheter à la cire (cerrar con lacre). ‖ Rendre malade, ébranler la santé de (poner enfermo). ‖ Contaminer (contagiar). ‖ FIG. Nuire, faire du tort à (dañar).
— V. pr. FIG. Ruiner sa santé.

lacre m. Cire (*f.*) à cacheter. ‖ — *Barra de lacre*, pain à cacheter. ‖ *Cerrar con lacre*, cacheter à la cire.
— Adj. Rouge (rojo).

lácrima christi m. Lacryma-christi (vino).

lacrimal adj. Lacrymal, e : *conductos lacrimales*, conduits lacrymaux.

lacrimatorio, ria adj. y s. m. Lacrymatoire (vaso).

lacrimógeno, na adj. Lacrymogène : *gases lacrimógenos*, gaz lacrymogènes.

lacrimosamente adv. En larmoyant, en pleurnichant.

lacrimoso, sa adj. Larmoyant, e. ‖ Pleurnichard, e : *una voz lacrimosa*, une voix pleurnicharde.

lactación f. (P. us.). Allaitement, *m.*, lactation.

lactancia f. Allaitement, *m.*, lactation (p. us.) : *lactancia materna*, allaitement maternel.

Lactancio n. pr. m. Lactance.

lactante adj. Nourri, nourrie au sein (niño). ‖ Qui allaite (madre).
— M. Nourrisson (niño).
lactar v. tr. Allaiter (amamantar). ‖ Nourrir avec du lait. ‖ Téter (mamar).
— V. intr. Se nourrir de lait.
lactario, ria adj. y s. m. Lactaire.
lactasa f. QUÍM. Lactase.
lactato m. QUÍM. Lactate.
lacteado, da adj. Lacté, e : *harina lacteada*, farine lactée.
lácteo, a adj. Lacté, e : *dieta láctea*, régime lacté. ‖ — ANAT. *Venas lácteas*, veines lactées. ‖ ASTR. *Vía láctea*, Voie lactée.
lactescencia f. Lactescence.
lactescente adj. Lactescent, e.
lacticinio m. Laitage (producto lácteo).
láctico, ca adj. QUÍM. Lactique.
lactífero, ra adj. ANAT. Lactifère.
lactina f. QUÍM. Lactine, lactose, m.
lactodensímetro m. Lacto-densimètre (pesaleche).
lactoflavina f. Lactoflavine (vitamina B₂). [Lactoflavine (vitamina B_2).]
lactómetro m. Lactomètre.
lactona f. QUÍM. Lactone.
lactosa f. QUÍM. Lactose, m.
lactosuria f. MED. Lactosurie.
lactucario m. QUÍM. Lactucarium.
lactumen m. MED. Croûtes (f. pl.) de lait, maladie (f.) laiteuse.
lacunario m. ARQ. Lambris (artesonado).
lacustre adj. Lacustre : *vivienda lacustre*, habitation lacustre ; *población lacustre*, cité lacustre.
lacha f. Anchois, m. (boquerón). ‖ FAM. Honte : *me da lacha*, ça me fait honte. ‖ FAM. *¡Qué mala lacha tiene este tío!*, il n'est pas drôle ce gars-là.
lacho, cha m. y f. FAM. *Amer.* Amoureux, euse.
lada f. BOT. Ciste, m. (jara).
ládano m. BOT. Ladanum (goma).
ladear v. tr. Pencher, incliner (inclinar). ‖ Tordre (doblar) : *ladear un clavo*, tordre un clou. ‖ FIG. Éviter (evitar). ‖ Éluder (una dificultad). ‖ *Ladear una montaña*, contourner une montagne.
— V. intr. S'incliner, pencher. ‖ FIG. S'écarter o dévier du droit chemin (salir del camino recto).
— V. pr. Se pencher (inclinarse). ‖ Se tordre (doblarse).
ladeo m. Inclinaison, f. (acción de inclinar). ‖ Écartement, déviation, f. (desviación). ‖ Gauchissement (torcimiento).
ladera f. Versant, m., pente, flanc, m. (de una montaña). ‖ Coteau, m. (de una colina).
ladi f. Lady.
ladierno m. BOT. Alaterne (arbusto).
ladilla f. Morpion, m. (insecto). ‖ Paumelle (especie de cebada). ‖ FIG. y FAM. *Pegarse como una ladilla*, se cramponner, s'accrocher (a una situación), être collant comme une sangsue, être crampon (a una persona).
ladillo m. Panneau (de coche). ‖ IMPR. Manchette, f., titre marginal.
ladinamente adv. Adroitement, astucieusement.
ladino, na adj. Malin, e ; rusé, e (astuto). ‖ Qui parle une ou plusieurs langues étrangères. ‖ Rhéto-roman, e (rético). ‖ *Amer.* Indien parlant espagnol. ‖ Métis, isse. ‖ *Lengua ladina*, l'espagnol [par opposition à l'arabe].
— M. Ladin (retorromano). ‖ Judéo-espagnol.
Ladislao n. pr. m. Ladislas.
lado m. ● Côté : *el lado izquierdo*, le côté gauche. ‖ Côté : *es pariente mío por el lado paterno*, c'est un parent du côté paternel. ‖ Place, f. (sitio) : *déjame un lado*, laisse-moi une place. ‖ GEOM. Côté. ‖ FIG. Côté : *por un lado me parece un negocio provechoso*, d'un côté l'affaire me semble avantageuse. ‖ Pl. FIG. Appuis (protectores), conseillers, entourage, sing. (íntimos). ‖ — *El lado bueno*, le bon côté. ‖ *Lado flaco*, point faible. ‖

— *Al lado*, à côté : *al lado de la casa*, à côté de la maison. ‖ *Al lado de*, à côté de (comparación). ‖ *A mi lado* ou *al lado mío*, à côté de moi. ‖ *¡A un lado!*, place !, rangez-vous ! (orden). ‖ *De lado*, de côté : *volverse de lado*, se tourner de côté. ‖ *Del lado de*, du côté de (hacia). ‖ *De un lado para otro*, de long en large : *andar de un lado para otro de una habitación*, marcher de long en large dans une pièce ; un peu partout (por todas partes). ‖ *De uno y otro lado*, de tous côtés. ‖ *Por el lado*, de côté. ‖ *Por el lado de*, du côté de. ‖ *Por mi lado*, de mon côté. ‖ *Por otro lado*, d'un autre côté. ‖ *Por todos los lados*, de tous côtés (de todas partes). ‖ *Por un lado*, d'un côté. ‖ — *Cada uno tira por su lado*, chacun tire de son côté. ‖ *Dar* ou *dejar de lado* ou *dejar a un lado* ou *hacer a un lado*, laisser de côté. ‖ *Dejar* ou *echar a un lado*, laisser o mettre de côté o à l'écart. ‖ *Hacer lado*, faire o laisser de la place. ‖ *Hacerse* ou *echarse a un lado*, se pousser, s'écarter (una persona), se ranger (un vehículo). ‖ *Ir lado a lado*, aller côte à côte (juntos), aller de pair (ser semejantes). ‖ *Irse* ou *echar por otro lado*, partir de son côté (ir por otro camino), essayer autre chose (utilizar otro medio). ‖ FIG. *Mirar de lado* ou *de medio lado*, regarder de haut (con desprecio), regarder de côté o du coin de l'œil (con disimulo). ‖ FIG. *Poner a un lado*, mettre de côté. ‖ *Ponerse del lado de*, se ranger du côté de. ‖ *Ver el lado bueno* ou *lo bueno de las cosas*, voir le bon côté des choses.
— SINÓN. ● *Costado, flanco*, flanc. *Orilla*, rive. *Borde*, bord. *Ala*, aile.
ladón m. BOT. Ciste (jara).
ladra f. Aboiement, m. (ladrido). ‖ Clabaudage, m. (caza).
ladrador, ra adj. Aboyeur, euse.
ladrales m. pl. Ridelles, f. (adral).
ladrante adj. Aboyant, e ; qui aboie.
ladrar v. intr. Aboyer : *ladrar a uno*, aboyer après quelqu'un. ‖ Japper (los perros pequeños). ‖ FIG. y FAM. Menacer, montrer les dents. | Hurler (colores). ‖ — FIG. y FAM. *Hoy está que ladra*, aujourd'hui il est d'une humeur de chien. | *Ladrar a la Luna*, aboyer à la lune. | *Ladrarle a uno el estómago*, avoir l'estomac qui crie famine.
ladrería f. Ladrerie.
— OBSERV. Esta palabra es un galicismo por *lepra*.
ladrido m. Aboiement (del perro). ‖ Jappement (de los perros pequeños). ‖ FIG. y FAM. Médisance, f. (murmuración). | Braillement (grito, respuesta áspera, etc.). ‖ *Dar ladridos*, aboyer, japper (un perro), brailler (una persona).
ladrillado m. Carrelage.
ladrillador m. Carreleur.
ladrillal o **ladrillar** m. Briqueterie, f.
ladrillar v. tr. Carreler (enladrillar).
ladrillazo m. Coup de brique. ‖ FAM. *Caer como un ladrillazo*, tomber sur l'estomac (un alimento).
ladrillera f. Moule (m.) à brique (molde). ‖ Briqueterie (fábrica).
ladrillero m. Briquetier.
ladrillo m. Brique, f. : *ladrillo hueco, macizo*, brique creuse, pleine. ‖ Carreau (del suelo). ‖ FIG. Carreau (en las telas). ‖ FIG. y FAM. Chose (f.) barbante o ennuyeuse, truc rasoir. ‖ — *Ladrillo azulejo*, carreau de faïence, « azulejo ». ‖ *Ladrillo de chocolate*, plaque de chocolat. ‖ *Ladrillo visto*, brique apparente. ‖ — *Color ladrillo*, rouge brique. ‖ *Fábrica de ladrillos*, briqueterie. ‖ FAM. *Un tío ladrillo*, un casse-pieds. ‖ — FAM. *Caer como un ladrillo*, tomber sur l'estomac (la comida). | *Este libro es un ladrillo*, ce livre est barbant o rasoir.
ladrilloso, sa adj. Briqueté, e.

ladrón, ona adj. y s. Voleur, euse. ‖ — M. Larron d'eau (portillo para el agua). ‖ Douille (*f.*) voleuse (en electricidad). ‖ Larron (de una pavesa). ‖ Larron : *el buen y el mal ladrón,* le bon et le mauvais larron (del Evangelio). ‖ — *¡Ladrón!, ¡ladrones!,* au voleur ! ‖ *Ladrón de capas,* tirelaine. ‖ *La ocasión hace al ladrón,* l'occasion fait le larron. ‖ *Piensa el ladrón que todos son de su condición,* chacun mesure les autres à son aune.
ladronamente adv. FIG. En cachette, furtivement.
ladroncillo m. Petit voleur.
ladronear v. intr. Voler (robar).
ladronera f. Repaire (*m.*) de voleurs (guarida de ladrones). ‖ Vol, *m.* (robo). ‖ Tirelire (alcancía). ‖ Larron (*m.*) d'eau (portillo para el agua). ‖ Machicoulis, *m.* (matacán).
ladronería f. Vol, *m.* (latrocinio).
ladronerío m. *Amer.* Bande (*f.*) de voleurs.
ladronesco, ca adj. FAM. Des voleurs.
— F. FAM. Bande de voleurs.
ladronzuelo, la m. y f. Petit voleur, petite voleuse ; chapardeur, euse (ratero).
lady f. Lady.
Laertes n. pr. m. MIT. Laërte.
lagaña f. Chassie (legaña).
lagar m. Pressoir.
lagarejo m. Petit pressoir. ‖ *Hacerse lagarejo,* s'écraser (la uva).
lagarero m. Pressureur, ouvrier d'un pressoir.
lagarta f. Femelle du lézard. ‖ FIG. y FAM. Vipère (mujer mala), femme rusée (astuta).
lagartear v. intr. FIG. Louvoyer (andar con rodeos). ‖ *Amer.* Immobiliser [en saisissant par les bras].
lagarterano, na adj. y s. De Lagartera (pueblo de Toledo). ‖ *Manteles lagarteranos,* nappes brodées de Lagartera.
lagartero, ra adj. Qui chasse les lézards (ave).
— F. Trou (*m.*) de lézard.
lagartija f. Petit lézard, *m.* ‖ FIG. *Moverse más que el rabo de una lagartija,* avoir la bougeotte *o* le tracassin.
lagartijero, ra adj. Qui chasse les lézards. ‖ TAUROM. *Media lagartijera,* coup d'épée où celle-ci ne pénètre qu'à moitié, mais a un effet fulgurant.
lagartijo m. Lézard des murailles. ‖ *Amer.* Gommeux.
lagarto m. Lézard (reptil). ‖ ANAT. Biceps (músculo). ‖ FIG. y FAM. Renard, malin, fin matois, fine mouche, *f.* (persona astuta). ‖ Épée (*f.*) rouge de l'ordre de Saint-Jacques. ‖ *Amer.* Caïman. ‖ *Lagarto de Indias,* caïman.
— Interj. Touchons du bois ! [exclamation superstitieuse].
lagartón, ona adj. y s. FIG. y FAM. Malin, igne ; matois, e.
lago m. Lac : *lago de agua salada,* lac salé. ‖ Loch (en Escocia). ‖ FIG. Mare, *f.* : *un lago de sangre,* une mare de sang.
lagoftalmía f. MED. Lagophtalmie.
lagópedo m. Lagopède (perdiz blanca).
lagotear v. intr. FAM. Faire des cajoleries.
lagotería f. FAM. Cajolerie (zalamería).
lagotero, ra adj. y s. FAM. Cajoleur, euse.
lágrima f. Larme : *con las lágrimas en los ojos,* les larmes aux yeux. ‖ BOT. Larme (de la vid). ‖ FAM. Larme (pequeña cantidad). ‖ — *Lágrima de Batavia,* larme batavique *o* de verre. ‖ FIG. *Lágrimas de cocodrilo,* larmes de crocodile. ‖ *Vino de lágrima,* vin de goutte. ‖ — *Bañado en lágrimas,* baigné de larmes, en larmes. ‖ *Con la voz empapada en lágrimas,* avec des larmes dans la voix. ‖ *Derramar lágrimas,* verser des larmes, répandre des pleurs. ‖ *Deshacerse en lágrimas,* fondre en larmes. ‖ *Enjugarse las lágrimas,* essuyer *o* sécher ses larmes. ‖ *Estar hecho un mar de lágrimas,* être tout en larmes, pleurer toutes les

larmes de son corps. ‖ *Hacer saltar las lágrimas,* faire venir les larmes aux yeux. ‖ *Le corrían las lágrimas,* ses larmes coulaient. ‖ FIG. *Lo que no va en lágrimas va en suspiros,* il passe sa vie à se plaindre. ‖ *Llorar a lágrima viva,* pleurer à chaudes larmes. ‖ FIG. *Llorar lágrimas de sangre,* pleurer des larmes de sang. ‖ *Se me saltaron las lágrimas a los ojos,* les larmes me vinrent *o* me montèrent aux yeux. ‖ FIG. *Ser el paño de lágrimas de alguien,* consoler quelqu'un, essuyer les pleurs *o* les larmes de quelqu'un, être le confident de quelqu'un.
lagrimal adj. Lacrymal, e : *conductos lagrimales,* conduits lacrymaux. ‖ *Carúncula lagrimal,* larmier (del ciervo).
— M. Larmier (ángulo del ojo). ‖ BOT. Ulcère *o* chancre à l'aisselle d'une branche.
lagrimar v. intr. Pleurer (llorar).
lagrimear v. intr. Larmoyer.
lagrimeo m. Larmoiement.
lagrimilla *o* **lagrimita** f. Petite larme. ‖ *Amer.* Moût, *m.* (mosto). ‖ *Soltar una lagrimita,* y aller de sa larme.
lagrimón, ona adj. Larmoyant, e.
— M. Grosse larme, *f.*
lagrimoso, sa adj. Larmoyant, e.
laguna f. GEOGR. Lagune. ‖ Lagon, *m.* (de un atolón). ‖ FIG. Lacune : *llenar una laguna,* combler une lacune ; *las lagunas de una educación,* les lacunes d'une éducation.
lagunajo m. Mare, *f.,* flaque (*f.*) d'eau (charco).
lagunar m. ARQ. Caisson (de techo artesonado).
lagunato m. *Amer.* Mare, *f.,* flaque, *f.* (charco). ‖ Lagune (laguna).
lagunero, ra adj. y s. De La Laguna (Canarias).
lagunoso, sa adj. Marécageux, euse (abundante en lagunas). ‖ Lacuneux, euse (escrito).
laicado m. Laïcat.
laical adj. Laïque (laico).
laicalizar v. tr. *Amer.* Séculariser.
laicidad f. Laïcité.
laicismo m. Laïcisme.
laicización f. Laïcisation.
laicizar v. tr. Laïciser.
laico, ca adj. y s. Laïque : *escuela laica,* école laïque.
lairén adj. Se dit d'une sorte de raisin à la peau dure.
laísmo m. Emploi défectueux des formes de *la, las* au lieu de *le, les,* au datif du pronom personnel féminin *ella* comme dans : *la dijeron,* ils lui dirent [au lieu de *le dijeron*] ; *las sucedió,* il leur arriva [au lieu de *les sucedió*].
laísta adj. y s. Qui emploie *la* ou *las* au lieu de *le* ou *les.* V. LAÍSMO.
laja f. Pierre plate. ‖ MAR. Bas-fond, *m.*
lakismo m. Lakisme (escuela poética inglesa).
lakista adj. y s. Lakiste (poeta inglés).
lama f. Vase, boue (cieno). ‖ BOT. Ulve (alga). ‖ Lamé, *m.* (tejido). ‖ Sable fin (arena). ‖ MIN. Boue qui se dépose au lavage des minerais. ‖ *Amer.* Vert-de-gris, *m.* ‖ Tissu (*m.*) de laine frangée. ‖ Mousse lacustre. ‖ — M. Lama (sacerdote). ‖ *Dalai-lama,* dalaï-lama, grand lama.
lamaísmo m. RELIG. Lamaïsme.
lamaísta adj. y s. Lamaïste.
lamasería f. Lamaserie (convento de lamas).
lambda f. Lambda, *m.* (letra griega).
lambdacismo m. Lambdacisme.
lambel m. BLAS. Lambel.
lamber v. tr. *Amer.* Lécher (lamer).
Lamberto n. pr. m. Lambert.
lambeta adj. *Amer.* Flatteur, euse.
lambetada f. *o* **lambetazo** m. *Amer.* Coup (*m.*) de langue.
lambido, da adj. *Amer.* Effronté, e.
lambrequín m. BLAS. Lambrequins, *pl.*

lamé m. Lamé (tejido).
lameculos m. Pop. Lèche-cul, *inv.*, lèche-bottes, *inv.* (cobista).
lamedal m. Bourbier (cenagal).
lamedor, ra adj. y s. Lécheur, euse ; qui lèche. ‖ — M. Sirop (jarabe). ‖ Fig. Cajolerie, *f.*, flatterie, *f.* (halago).
lamedura f. Lèchement, *m.*
lamelibranquios m. pl. Zool. Lamellibranches.
lamelicornios m. pl. Zool. Lamellicornes.
lameliforme adj. Lamelliforme.
lamelirrostros adj. y s. m. pl. Zool. Lamellirostres.
lamentable adj. Lamentable. ‖ Regrettable : *pérdida lamentable,* perte regrettable.
— Observ. El adjetivo francés *lamentable* tiene un sentido mucho más fuerte que su equivalente español. Por eso, en la mayoría de los casos, debe traducirse por *regrettable.*
lamentación f. Lamentation.
lamentador, ra adj. y s. Qui se lamente, geignard, e (fam.).
lamentar v. tr. e intr. ● Regretter, être désolé de (sentir) : *lamento este accidente,* je suis désolé de cet accident ; *lamento que no hayas podido venir,* je regrette o je suis désolé que tu n'aies pas pu venir. ‖ Déplorer : *tuvimos que lamentar muchas pérdidas,* nous avons eu à déplorer de nombreuses pertes. ‖ *Es de lamentar que,* il est à regretter que, il faut déplorer que.
— V. pr. Se lamenter, se désoler : *lamentarse de* ou *por las desgracias de su familia,* se lamenter sur les malheurs de sa famille. ‖ Se plaindre : *siempre te estás lamentando,* tu es toujours en train de te plaindre.
— Sinón. ● *Deplorar,* déplorer. *Gemir,* geindre. *Quejarse,* se plaindre. *Llorar,* pleurer.
lamento m. Lamentation, *f.* : *prorrumpir en lamentos,* se répandre en lamentations.
lamentoso, sa adj. Gémissant, e ; plaintif, ive : *una voz lamentosa,* une voix plaintive. ‖ Lamentable : *situación lamentosa,* situation lamentable.
lameplatos m. y f. inv. Gourmand, e (goloso). ‖ Fig. y Fam. Avale-tout, *inv.*, lécheur, euse (p. us.), personne qui se nourrit de restes.
lamer v. tr. Lécher.
— V. pr. Se lécher.
lamerón, ona adj. y s. Fam. Gourmand, e (goloso).
lametada f. o **lametazo** o **lametón** m. Lèchement, *m.*, coup (*m.*) de langue.
lameteo m. Fam. Léchage (acción de lamer).
lamia f. Lamie (pez y monstruo fabuloso).
lamido, da adj. Léché, e. ‖ Fig. Émacié (flaco). ‖ Très soigné, e (cuidado), tiré à quatre épingles (aseado), recherché, e (estilo). ‖ Léché, e (muy esmerado). ‖ (P. us.). Usé, e (gastado).
— M. Léchage (acción de lamer).
lámina f. Lame : *lámina de plomo,* lame de plomb (de metal). ‖ Plaque : *lámina de mármol,* plaque de marbre. ‖ Planche (plancha grabada). ‖ Planche (grabado). ‖ Image, gravure, estampe (estampa). ‖ Anat. y Bot. Lame. ‖ Fig. Aspect, *m.*, allure : *buena* ou *mala lámina,* bon o mauvais aspect (dicho de animales).
laminable adj. Qui peut être laminé, e.
laminación f. Laminage, *m.* ‖ *Tren de laminación,* laminoir.
laminado, da adj. Lamé, e (guarnecido de láminas). ‖ Laminé, e (en láminas).
— M. Laminage : *laminado en frío,* laminage à froid. ‖ Produit laminé (producto).
laminador m. Laminoir (máquina) : *pasar por el laminador,* passer au laminoir. ‖ Lamineur (obrero).
— Adj. m. Lamineur : *cilindro laminador,* cylindre lamineur.
laminadora f. Laminoir, *m.* (máquina).

laminar adj. Laminaire.
laminar v. tr. Laminer : *laminar el hierro,* laminer le fer. ‖ Lamer (cubrir con láminas).
laminaria f. Laminaire (alga).
laminectomía f. Med. Laminectomie.
laminero adj. m. y s. m. Lamineur (que lamina).
laminilla f. Lamelle. ‖ Paillette (de mica).
laminoso, sa adj. Anat. Lamineux, euse : *tejido laminoso,* tissu lamineux. ‖ Lamelleux, euse ; lamellé, e.
lamiscar v. tr. Fam. Lécher avidement.
lamoso, sa adj. Vaseux, euse ; fangeux, euse : *el cauce lamoso de un río,* le lit vaseux d'une rivière.
lampa f. Amer. Bêche (azada).
lampacear v. tr. Mar. Passer le faubert, fauberter.
lampalagua f. Anaconda, *m.* (reptil).
lampante adj. Lampant, e : *petróleo lampante,* pétrole lampant.
lampar v. intr. y pr. Brûler d'envie de : *lampo por beber,* je brûle d'envie de boire.
lámpara f. Lampe : *lámpara de aceite, eléctrica,* lampe à huile, électrique. ‖ Lampe (de radio o de televisión). ‖ Fam. Tache d'huile (mancha). ‖ — *Lámpara de arco,* lampe à arc. ‖ *Lámpara de incandescencia,* lampe à incandescence. ‖ *Lámpara de minero* ou *de seguridad,* lampe de mineur o de sûreté. ‖ *Lámpara de pie,* lampadaire. ‖ *Lámpara de rayos infrarrojos, ultravioleta,* lampe à infrarouges, à ultraviolets. ‖ *Lámpara de techo,* plafonnier (automóvil). ‖ *Lámpara indicadora,* lampe témoin. ‖ *Lámpara relámpago,* flash, lampe-éclair (foto).
lamparazo m. Coup donné avec une lampe.
lamparería o **lampistería** f. Lampisterie.
lamparero m. Lampiste.
lamparilla f. Petite lampe. ‖ Veilleuse (mariposa). ‖ Tremble, *m.* (árbol). ‖ Pop. Petit verre, *m.* (copita).
lamparín m. Cercle métallique qui soutient une lampe d'église.
lamparista o **lampista** m. Lampiste.
lamparón m. Grande lampe, *f.* ‖ Tache (*f.*) d'huile (mancha). ‖ Med. Écrouelles, *f. pl.* (escrófula). ‖ Veter. Lampas.
lampazo m. Bardane, *f.* (planta). ‖ Mar. Faubert. ‖ Fam. Amer. Coup (golpe), coup de fouet (latigazo).
lampiño, ña adj. Imberbe, glabre (sin barba). ‖ Bot. Glabre, sans poil (tallo). ‖ *Trigo lampiño,* touselle.
lampión m. (P. us.). Lanterne, *f.*, lampion (farol).
lampiro m. o **lampíride** f. Lampyre, *m.* (luciérnaga).
lampo m. Poét. Éclair, lueur (*f.*) fugace (relámpago).
lampote m. Lampas (tela).
lamprea f. Lamproie (pez).
lamprear v. tr. Assaisonner [un mets] avec du vin et des épices.
lampreazo m. Fam. Coup de fouet.
lamprehuela o **lampreílla** f. Petite lamproie, lamprillon, *m.*
Lampsaco n. pr. Geogr. Lampsaque.
lampuga f. Lampris *m.* (pez).
lana f. Laine. ‖ Toison, laine (del carnero vivo). ‖ Lainage, *m.* (tejido de lana). ‖ — *Lana de esquileo,* tonture. ‖ *Lana de vidrio,* laine de verre. ‖ *Batir la lana,* tondre les moutons. ‖ Fig. y Fam. *Cardarle a uno la lana,* passer un savon à quelqu'un (reñir). ‖ *Fue por lana y volvió trasquilado,* tel est pris qui croyait prendre.
lanada f. Écouvillon, *m.* (para los cañones).
lanado, da adj. Bot. Lanugineux, euse.
lanar adj. À laine : *ganado lanar,* bêtes à laine.
lanaria f. Bot. Saponaire (jabonera).
lancán m. Bac des Philippines.
Láncaster n. pr. Geogr. Lancastre.

lance m. Lancement, lancer, jet (lanzamiento). ‖ Situation, *f.*, circonstance, *f.*, conjoncture, *f.* (situación). ‖ Circonstance (*f.*) critique (ocasión crítica). ‖ Événement, péripétie, *f.* (en un drama, etc.). ‖ Incident (incidente). ‖ Affaire, *f.* : *un lance de honor*, une affaire d'honneur. ‖ Rencontre, *f.*, dispute, *f.* (riña). ‖ Coup (en el juego). ‖ Arme (*f.*) de jet (arma). ‖ TAUROM. Passe (*f.*) de cape. ‖ *Amer.* Suite, *f.* (serie). ‖ — *Lance apretado*, situation difficile o critique. ‖ *Lance de amor*, aventure galante. ‖ *Lance de fortuna*, hasard, coup de hasard. ‖ — *De lance*, d'occasion : *libros de lance*, livres d'occasion. ‖ *¡Vaya un lance!*, quelle histoire !

lancear v. tr. Blesser de coups de lance. ‖ TAUROM. Faire des passes de cape.

Lancelote n. pr. m. Lancelot.

lancéola f. BOT. Plantain, *m.* (llantén menor).

lanceolado, da adj. BOT. Lancéolé, e.

lancera f. Râtelier, *m.* (para las lanzas).

lancero m. Lancier. ‖ — Pl. Lanciers, quadrille (*sing.*) des lanciers (baile).

lanceta f. MED. Lancette. ‖ *Amer.* Aiguillon, *m.* (aguijón).

lancetada f. o **lancetazo** m. Coup (*m.*) de lancette.

lancetero m. Étui à lancettes.

lanciforme adj. Lanciforme.

lancinante adj. Lancinant, e : *dolor lancinante*, douleur lancinante.

lancinar v. intr. Lanciner, être lancinant, e.

lancha f. Pierre plate (piedra). ‖ MAR. Barque, canot, *m.* (barca). ‖ Chaloupe (embarcación mayor). ‖ Trébuchet, *m.* (trampa). ‖ MAR. *Lancha bombardera, cañonera* ou *obusera*, canonnière. ‖ *Lancha de desembarco*, péniche de débarquement. ‖ *Lancha rápida* ou *motora*, vedette. ‖ *Lancha salvavidas*, vedette de sauvetage. ‖ *Lancha torpedera*, vedette lance-torpilles.

lanchada f. Charge d'une barque o d'une chaloupe.

lanchaje m. Transport en chaloupe. ‖ Prix du transport (flete).

lanchar m. Carrière, *f.*

lanchero m. Patron d'une barque o d'une chaloupe.

lanchón m. Barcasse, *f.*, grande barque, *f.* ‖ Grande chaloupe, *f.*

landa f. Lande.

Landas n. pr. f. pl. GEOGR. Landes.

landés, esa adj. y s. Landais, e (de las Landas).

landgrave m. Landgrave.

landgraviato m. Landgraviat.

landó m. Landau (coche).

landre f. MED. Abcès, *m.*, bubon, *m.* (tumor).

landrecilla f. Noix : *landrecilla de ternera*, noix de veau.

landrilla f. Petit ver, *m.*, larve (parásito).

landsturm m. Landsturm.

lanería f. Lainerie, boutique où l'on vend de la laine.

lanero, ra adj. Lainier, ère ; de la laine : *industria lanera*, industrie lainière. ‖ — M. Lainier (comerciante). ‖ Entrepôt de laine (almacén).

langarote o **langaruto, ta** adj. FAM. Dégingandé, e.

langor m. Langueur, *f.*
— OBSERV. La palabra *langor* es un galicismo por *languidez.*

langosta f. Sauterelle, locuste (insecto). ‖ Langouste (crustáceo). ‖ FIG. y FAM. Plaie, fléau, *m.* (plaga).
— OBSERV. No se confunda la *langosta* (langouste) con el *bogavante* (homard).

langostero m. Langoustier (barco).

langostino o **langostín** m. Gros bouquet, grosse crevette, *f.* (crustáceo).
— OBSERV. Ne pas confondre avec la *langoustine* qui se dit *cigala.*

langostón m. Sauterelle (*f.*) verte (insecto).

langucia f. *Amer.* Voracité, faim (hambre).

Languedoc n. pr. m. GEOGR. Languedoc.

languedociano, na adj. y s. Languedocien, enne.

languidecer* v. intr. Languir.

languidez f. Langueur. ‖ Indolence, apathie : *obrar con languidez*, agir avec indolence.

lánguido, da adj. Languissant, e : *un enfermo lánguido*, un malade languissant. ‖ Langoureux, euse : *miradas lánguidas*, des regards langoureux.

lanicio, cia adj. Lanice.

lanífero, ra adj. POÉT. Lanifère, lanigère.

lanificación f. o **lanificio** m. Travail (*m.*) de la laine. ‖ Lainage, *m.* (tela de lana).

lanilla f. Duvet, *m.*, poil, *m.* [d'un lainage] (pelillo). ‖ *Traje de lanilla*, costume en lainage fin.

lanista m. HIST. Laniste (en Roma).

lanolina f. Lanoline.

lanosidad f. Duvet, *m.*, (pelusa).

lanoso, sa adj. Laineux, euse (lanudo).

lansquenete m. Lansquenet (soldado).

lantana f. Lantanier, *m.* (planta).

lantánidos m. pl. QUÍM. Lanthanides.

lantano m. Lanthane (metal).

lanudo, da adj. Laineux, euse : *un cordero lanudo*, un mouton laineux. ‖ FAM. *Amer.* Grossier, ère (tosco).

lanuginoso, sa adj. BOT. Lanugineux, euse.

lanugo m. ANAT. Lanugo.

lanza f. Lance. ‖ Timon, *m.* (del coche). ‖ Lancier, *m.* (soldado). ‖ Lance (de una manga de riego). ‖ — *Correr lanzas*, courir une lance. ‖ FIG. y FAM. *Echar lanzas en la mar*, porter de l'eau à la mer, donner des coups d'épée dans l'eau. ‖ *Estar con la lanza en ristre*, mettre sa lance en arrêt (en un combate), attendre de pied ferme (esperar). ‖ FIG. *Medir lanzas con alguien*, se mesurer avec quelqu'un. ‖ *No romper lanzas con nadie*, ne se disputer avec personne. ‖ *Romper una lanza en defensa de*, rompre une lance en faveur de.

lanzable adj. Éjectable : *asiento lanzable*, siège éjectable.

lanzabombas m. inv. Lance-bombes.

lanzacabos adj. inv. Porte-amarre (cañón).

lanzacohetes m. inv. Lance-fusées.

lanzada f. Coup (*m.*) de lance (golpe o herida).

lanzadera f. Navette (para coser). ‖ Marquise (anillo).

lanzado m. Lancer : *pesca al lanzado*, pêche au lancer.

lanzador, ra adj. y s. Lanceur, euse. ‖ *Lanzador de jabalina*, lanceur de javelot.

lanzafuego m. Boutefeu.

lanzagranadas m. inv. Lance-grenades.

lanzallamas m. inv. Lance-flammes.

lanzamiento m. Lancement, jet : *el lanzamiento de una piedra*, le jet d'une pierre. ‖ DEP. Lancer, lancement : *lanzamiento del disco*, lancement du disque. ‖ Jet : *un lanzamiento de 55 metros*, un jet de 55 mètres. ‖ Lâchage, largage (de un paracaidista). ‖ DR. Dépossession, *f.*, dépouillement (acción de despojar). ‖ MAR. Lancement (botadura). ‖ Élancement (inclinación de la roda). ‖ FIG. Lancement (periódico, producto).

lanzaminas m. inv. Lance-mines.

lanzaplatos m. inv. Ball-trap (del tiro al plato).

lanzar v. tr. Lancer : *lanzar una pelota*, lancer une balle. ‖ Lancer, jeter (arrojar). ‖ Lâcher (soltar en cetrería). ‖ Lancer (deportes) : *lanzar el disco*, lancer le disque. ‖ Larguer, lâcher (paracaidistas). ‖ DR. Dépouiller, déposséder. ‖ FIG. Lancer : *lanzar una moda*, lancer une mode. ‖

Lancer (miradas). | Pousser (gritos, suspiros). ‖ Rendre, vomir (vomitar).

— V. pr. Se lancer, s'élancer : *lanzarse en persecución de una persona,* se lancer à la poursuite d'une personne. ‖ Se jeter : *lanzarse al agua,* se jeter à l'eau. ‖ FIG. Se lancer : *lanzarse en el gran mundo, en los negocios,* se lancer dans le monde, dans les affaires.

— OBSERV. Le verbe *lanzar* au sens figuré est un gallicisme très employé en espagnol.

Lanzarote n. pr. m. Lancelot.

lanzatorpedos adj. y s. m. inv. Lance-torpilles.

lanzazo m. Coup de lance.

laña f. Agrafe, crampon, *m.,* bride (grapa). ‖ *Amer.* Noix de coco verte (coco verde).

lañador m. Raccommodeur de vaisselle.

lañar v. tr. Cramponner, agrafer (sujetar con lañas). ‖ Raccommoder (la loza). ‖ Ouvrir (el pescado).

Laocoonte n. pr. m. Laocoon.

Laodicea n. pr. GEOGR. Laodicée.

Laomedonte n. pr. m. Laomédon.

Laos n. pr. m. GEOGR. Laos.

laosiano, na adj. y s. Laotien, enne.

lapa f. Patelle, bernique (molusco). ‖ Fleurs (*pl.*), moisissure (en algunos líquidos). ‖ BOT. Bardane (lampazo). ‖ FAM. Crampon, *m.,* pot (*m.*) de colle. ‖ FIG. y FAM. *Pegarse como una lapa,* être collant, se coller comme une sangsue.

lapacho m. Lapacho [arbre d'Amérique du Sud].

laparotomía f. MED. Laparotomie.

lapicera f. *Amer.* Porte-crayon, *m. inv.* (portalápiz). | Porte-plume, *m. inv.* (palillero).

lapicero m. Porte-crayon, *inv.* (para poner el lápiz). | Crayon (lápiz). ‖ *Amer.* Porte-plume, *inv.* (palillero).

lápida f. Pierre qui porte une inscription. ‖ Plaque : *lápida conmemorativa,* plaque commémorative. ‖ *Lápida sepulcral* o *mortuoria,* pierre tombale, dalle funéraire.

lapidación f. Lapidation.

lapidar v. tr. Lapider. ‖ *Amer.* Tailler (piedras preciosas). ‖ FIG. *Lapidar a alguien con la mirada,* foudroyer quelqu'un du regard.

lapidario, ria adj. Lapidaire : *estilo lapidario,* style lapidaire.

— M. Lapidaire (de piedras preciosas). ‖ Marbrier (de lápidas). ‖ Lapidaire (piedra de afilar).

lapídeo, a adj. Pierreux, euse ‖ de pierre.

lapidificación f. Lapidification.

lapidificar v. tr. Lapidifier.

lapilli m. pl. GEOL. Lapilli (piedra volcánica).

lapislázuli m. Lapis-lazuli, lapis, *m.,* lazulite, *f.* (mineral).

lápiz m. Crayon : *lápiz de color,* crayon de couleur ; *escribir a* ou *con lápiz,* écrire au crayon. ‖ — *Lápiz de labios,* crayon o bâton o tube de rouge à lèvres. ‖ *Lápiz de plomo* ou *lápiz plomo,* graphite, plombagine.

lapizar m. Mine (*f.*) de graphite.

lapo m. FAM. Coup (con un palo, con la mano, etc.). | Crachat (escupitajo). ‖ *Amer.* Gifle, *f.* (bofetada). | Poire, *f.* (tonto).

lapón, ona adj. y s. Lapon, onne.

Laponia n. pr. f. GEOGR. Laponie.

lapso m. Laps (de tiempo). ‖ Lapsus (error).

lapso, sa adj. RELIG. Laps, e.

lapsus m. Lapsus (error).

laque m. *Amer.* Lasso à boules (boleadoras).

laquear v. tr. Laquer. ‖ *Amer.* Lancer le lasso à boules sur (un animal).

lar m. V. LARES.

larario m. Laraire.

larca f. *Amer.* Canal (*m.*) d'irrigation, rigole (acequia).

lardar o **lardear** v. tr. Graisser, beurrer (untar). ‖ Larder (mechar).

lardero adj. m. *Jueves lardero,* jeudi gras.

lardo m. Lard (tocino). ‖ Graisse, *f.* (grasa).

lardón m. IMPR. Larron (blanco en la hoja). | Addition (*f.*) en marge.

larense adj. y s. De Lara (ciudad de Venezuela).

lares adj. y s. m. pl. Lares (dioses) : *los lares paternos,* les lares paternels ; *los dioses lares,* les dieux lares. ‖ Foyer, *sing.* (hogar).

— OBSERV. Ce mot s'emploie quelquefois au singulier (*lar*) dans le sens de « foyer ».

larga f. Morceau (*m.*) de cuir ajouté à la forme d'une chaussure pour l'allonger. ‖ La plus longue queue au billard (billar). ‖ TAUROM. Passe de cape. ‖ — Pl. Retard, *m. sing.* (dilación). ‖ — *A la larga,* en long (en extensión), à la longue (después de mucho tiempo). ‖ *Dar largas a un asunto,* faire traîner une affaire en longueur.

largada f. *Amer.* Lâcher, *m.*

largamente adv. Longuement (por mucho tiempo) : *hablar largamente de un asunto,* parler longuement sur un sujet. ‖ Largement (generosamente) : *dar largamente,* donner largement.

largamiento m. Largage.

largar v. tr. Lâcher (soltar). ‖ Chasser : *largar los demonios,* chasser les démons. ‖ FAM. Lâcher, dire : *largar una palabrota,* lâcher un gros mot. | Flanquer, administrer, allonger : *largar una bofetada,* flanquer une gifle. | Coller : *largar una multa,* coller une amende. | Faire avaler (una conferencia, un discurso, etc.). | Se débarrasser de (deshacerse) : *largar un coche,* se débarrasser d'une voiture. | Jeter, lancer (arrojar). | Refiler, donner : *largar una buena propina,* donner un bon pourboire. ‖ MAR. Déployer (desplegar). | Larguer (un cable). ‖ — *Largar lastre,* jeter du lest. | *¡Largue no más!,* allez-y !

— V. pr. FAM. Prendre le large, filer (irse). ‖ MAR. Prendre le large. ‖ *Amer.* Se mettre à (comenzar a). ‖ — FAM. *Largarse con viento fresco,* filer, prendre le large. | *¡Lárgate con viento fresco,* va te faire voir ailleurs !

larghetto adv. y s. m. MÚS. Larghetto.

largo, ga adj. Long, longue : *una carretera muy larga,* une route très longue ; *un viaje largo,* un long voyage ; *el tiempo se me hace largo,* je trouve le temps long. | Grand, e (persona alta). ‖ FIG. Large (liberal). | Long, longue (extenso) : *discurso largo,* long discours. | Astucieux, euse ; rusé, e (astuto). | Long, longue ; nombreux, euse : *largos años,* de longues années. | Bon, bonne : *dos leguas largas,* deux bonnes lieues ; *una hora larga,* une bonne heure. | Bien compté, au bas mot : *catorce millones largos de turistas,* quatorze millions bien comptés de touristes. ‖ GRAM. Long, longue : *vocal larga,* voyelle longue. ‖ MAR. Largue (suelto, arriado), largue (viento). ‖ *Amer.* En longueur : *salto largo,* saut en longueur. ‖ — *Largo rato, largo tiempo,* longtemps. ‖ — *A largo plazo,* à long terme. ‖ *Avión de larga distancia,* long-courrier (avion). ‖ *Largo de decir,* long à dire. ‖ *Más largo que un día sin pan,* long comme un jour sans pain. ‖ — *Caer cuan largo es uno,* tomber de tout son long. ‖ FIG. y FAM. *Está con una cara muy larga,* il fait la tête, il fait une tête longue comme ça, il fait une tête de six pieds de long. | *Hacerse largo,* traîner en longueur. | *Poner cara larga.* V. CARA. | *Ser largo de manos* ou *tener las manos largas,* avoir la main leste o légère o prompte (para pegar), être entreprenant (con las mujeres).

— M. Longueur, *f.* : *el largo de un vestido,* la longueur d'une robe. ‖ Long : *dos metros de largo,* deux mètres de long. ‖ Longueur, *f.* (deportes). ‖ MÚS. Largo. ‖ MAR. Largue.

— Adv. Largement (abundantemente). ‖ — *A lo largo,* en long (longitudinalmente), au large, au loin (a gran distancia). ‖ *A lo largo de,* le long de, tout au long de (espacio), tout au long de : *a lo*

largo del día, tout au long de la journée. ‖ *A lo largo y a lo ancho*, de long en large, en long et en large. ‖ *A lo largo y a lo ancho de*, sur toute l'étendue de : *a lo largo y a lo ancho del territorio*, sur toute l'étendue du territoire. ‖ *A lo más largo*, tout au plus. ‖ *De largo*, long : *vestir de largo*, habiller long. ‖ *De largo a largo*, d'un bout à l'autre. ‖ *¡Largo!* ou *largo de ahí* ou *de aquí!*, hors d'ici!, allez-vous-en!, au large!, du vent! ‖ FAM. *Largo y tendido*, abondamment, longuement. ‖ *Ir a lo largo de*, longer, aller le long de. ‖ *Ir para largo*, traîner en longueur. ‖ *Pasar de largo*, passer sans s'arrêter (delante de algo). ‖ *Ponerse de largo*, faire son entrée dans le monde [jeune fille].
— OBSERV. La palabra francesa *large* significa *ancho*.

largor m. Longueur, *f.* (longitud).
largucho, cha adj. FAM. V. LARGUIRUCHO.
larguero m. TECN. Montant. ‖ Longrine, *f.* (viga). ‖ Traversin (almohada). ‖ Rallonge, *f.* : *mesa con largueros*, table à rallonges. ‖ AUTOM. Longeron. ‖ Barre (*f.*) transversale (deportes).
largueza f. Largesse, libéralité (generosidad). ‖ Longueur (longitud).
larguirucho, cha adj. FAM. Dégingandé, e (desgarbado), efflanqué, e (delgaducho).
largura f. Longueur (largo).
lárice m. BOT. Mélèze (alerce).
laricino, na adj. Du mélèze.
larije adj. *Uva larije*, variété de raisin de couleur rouge.
laringe f. ANAT. Larynx, *m.*
laringectomía f. MED. Laryngectomie.
laríngeo, a adj. Laryngé, e ; laryngien, enne.
laringitis f. MED. Laryngite.
laringología f. MED. Laryngologie.
laringólogo m. Laryngologiste, laryngologue.
laringoscopia f. MED. Laryngoscopie.
laringoscopio m. MED. Laryngoscope.
laringotomía f. MED. Laryngotomie.
larva f. MIT. y ZOOL. Larve.
larvado, da adj. MED. Larvé, e.
larval adj. Larvaire.
larvícola adj. Larvicole.
las art. def. f. pl. Les : *las manos*, les mains. ‖ Ses : *tiene las hijas muy cuidadas*, elle s'occupe beaucoup de ses filles. ‖ *A las*, aux : *ir a las Antillas*, aller aux Antilles.
— Pron. pers. f. pl. Les : *las vi*, je les vis. ‖ Celles : *las de Madrid son las mejores*, celles de Madrid sont les meilleures ; *las que veo*, celles que je vois. ‖ — FAM. *Las de López, las López*, les López. ‖ *Las hay*, il y en a : *¿hay cartas? — Las hay*, y a-t-il des lettres ? — Il y en a. ‖ *Las hay que*, il y a qui o que, il en est qui o que : *las hay que siempre hablan*, il y en a qui parlent tout le temps. ‖ *Son... las que*, ce sont... qui, c'est... qui : *son mis hermanas las que vienen*, ce sont mes sœurs qui arrivent ; *son ellas las que lo dijeron*, ce sont o c'est elles qui l'ont dit.
— OBSERV. Il ne faut pas employer *las* comme datif à la place de *les* (*les dije*, je leur ai dit, et non *las dije*).
lasca f. Éclat (*m.*) de pierre. ‖ Tranche (de jamón).
lascar v. tr. MAR. Mollir, lâcher progressivement. ‖ *Amer.* Blesser, meurtrir (lastimar).
lascivia f. Lascivité (liviandad).
lascivo, va adj. Lascif, ive. (libidinoso). ‖ FIG. Remuant, e (agitado). ‖ Gai, e (juguetón).
laser m. TECN. Laser.
lasitud f. (P. us.). Lassitude (cansancio).
laso, sa adj. Las, lasse (fatigado). ‖ Faible, mou, molle (flojo). ‖ TECN. Floche (seda).
látex m. Latex.
lástima f. Pitié (compasión) : *tengo lástima de él*, j'ai pitié de lui. ‖ Plainte, lamentation (queja) : *déjeme usted de lástimas*, cessez vos lamentations. ‖

Dommage, *m.* : *es lástima que no vengas*, c'est dommage que tu ne viennes pas. ‖ — *De lástima*, à faire pitié, lamentable, navrant, e ; désolant, e. ‖ — *Da lástima verle*, il fait peine à voir. ‖ *Dar* ou *hacer lástima*, faire pitié, faire de la peine : *me da lástima*, il me fait pitié. ‖ *Estar hecho una lástima*, être dans un état lamentable. ‖ FAM. *Llorar lástimas*, se répandre en jérémiades. ‖ *¡Qué lástima!*, quel dommage !, c'est malheureux ! ‖ *Ser digno de lástima*, être à plaindre. ‖ *Ser una lástima* ou *ser lástima*, être dommage : *es una lástima que tantas frutas se pierdan*, c'est dommage que tant de fruits se perdent ; être navrant, e : *era una lástima ver tantos heridos*, c'était navrant de voir tant de blessés. ‖ *Tener lástima de*, avoir pitié de, plaindre, prendre en pitié. ‖ *Tonto que da lástima*, bête à pleurer.
lastimado, da adj. Blessé, e.
lastimador, ra adj. Qui fait mal, qui blesse.
lastimadura f. Blessure légère.
lastimar v. tr. Faire mal, blesser : *le lastimaron en el brazo*, ils lui ont fait mal au bras ; *estos zapatos me lastiman*, ces souliers me font mal. ‖ Plaindre, avoir pitié (compadecer). ‖ FIG. Blesser, faire du mal, offenser (ofender). ‖ FIG. *Estar lastimado*, être blessé, se sentir blessé. ‖ *Lastimar los oídos*, écorcher o déchirer les oreilles. ‖ *Un color que lastima*, une couleur qui fait mal aux yeux.
— V. pr. Se faire mal : *me he lastimado el pie*, je me suis fait mal au pied.
lastimero, ra adj. Plaintif, ive : *un tono lastimero*, un ton plaintif.
lastimoso, sa adj. Pitoyable (persona). ‖ Navrant, e ; déplorable (cosa, suceso). ‖ Lamentable : *estar en un estado lastimoso*, être dans un état lamentable.
— SINÓN. *Deplorable*, déplorable, regrettable. *Lamentable*, lamentable.
lasto m. Endossement (endoso). ‖ Reçu (recibo).
lastra f. Pierre plate.
lastrado m. Lestage.
lastrar v. tr. Lester.
lastre m. MAR. Lest : *en lastre*, sur lest ; *largar* ou *echar* ou *soltar lastre*, jeter du lest. ‖ Ballast. ‖ FIG. Bons sens, jugement (juicio).
lata f. Fer-blanc, *m.* (hoja de lata). ‖ Boîte [de conserve], boîte en fer-blanc (envase) : *una lata de sardinas*, une boîte de sardines. ‖ Bidon, *m.* : *una lata de aceite*, un bidon d'huile. ‖ Latte (de madera). ‖ FIG. y FAM. Embêtement, *m.*, ennui, *m.*, barbe (molestia). ‖ Raseur, euse, casse-pieds, *inv.* (pelmazo). ‖ — *Barrio de las latas*, bidonville. ‖ FIG. y FAM. *Dar la lata*, casser les pieds, assommer, faire suer, raser, embêter (fastidiar). ‖ *Amer. Estar en la lata*, être ruiné. ‖ FIG. y FAM. *No tener ni una lata*, être sans le sou. ‖ *¡Qué lata!*, quelle barbe ! ‖ *Ser una lata*, être la barbe, être barbant o embêtant o ennuyeux o rasoir.
latacungueño, ña adj. y s. De Latacunga (Ecuador).
latamente adv. Longuement, amplement (con extensión). ‖ Au sens large (en sentido lato).
latania f. Latanier, *m.* (palmera).
lataz m. Loutre (*f.*) marine (nutria).
latazo m. Coup donné avec une boîte en fer-blanc. ‖ FIG. y FAM. Ennui, barbe, *f.* (molestia).
latente adj. Latent, e : *calor latente*, chaleur latente. ‖ *Estado latente*, état latent, latence.
lateral adj. Latéral, e : *pasillos laterales*, couloirs latéraux.
— M. Flanc (costado). ‖ TEATR. Côté : *lateral izquierdo, derecho*, côté cour, côté jardin. ‖ Contre-allée, *f.* (de una avenida). ‖ *Lateral de gol*, touche de but (rugby).
lateranense adj. De Latran.
laterita f. Latérite (arcilla).

latero, ra adj. FAM. Ennuyeux, euse ; raseur, euse (molesto).
— M. Ferblantier (hojalatero).
látex m. BOT. Latex.
laticífero adj. y s. m. Laticifère.
laticlavia f. Laticlave, m.
latido m. Battement (del corazón). ‖ Élancement (dolor agudo). ‖ Glapissement, jappement (ladrido).
latiente adj. Qui bat, palpitant, e (pulso). ‖ Glapissant, e (que ladra).
latifoliado, da adj. BOT. Latifolié, e.
latifundio m. Grande propriété (f.) rurale, latifundium.
— OBSERV. *Latifundio* peut avoir le pluriel latin *latifundia*, peu employé actuellement, ou le pluriel *latifundios*.
— El plural francés es *latifundia* o *latifundi*.
latifundista m. Grand propriétaire foncier.
latigazo m. Coup de fouet. ‖ Claquement de fouet (chasquido). ‖ FIG. Sermon, semonce, f. (reprimenda). ‖ FAM. Coup (trago) : *darse un latigazo*, boire un coup. ‖ *Dar latigazos*, fouetter.
látigo m. Fouet : *hacer restallar el látigo*, faire claquer son fouet. ‖ Cravache, f. (fusta). ‖ *Amer.* Coup de fouet (latigazo).
latiguear v. intr. Faire claquer son fouet. ‖ *Amer.* Fouetter (azotar).
latigueo m. Claquement de fouet.
latiguera f. Courroie (correa).
latiguillo m. Petit fouet. ‖ Refrain (estribillo). ‖ FIG. y FAM. Ficelle, f., ruse (f.) de métier. | Chiqué (de un actor). ‖ BOT. Stolon, coulant.
latín m. Latin : *aprender latín*, apprendre le latin. ‖ Mot latin, citation (f.) latine (voz latina). ‖ — FAM. *Latín de cocina* ou *macarrónico*, latin de cuisine. ‖ *Latín rústico* ou *vulgar*, latin vulgaire. ‖ — *Bajo latín*, bas latin. ‖ FIG. y FAM. *Echar latines*, latiniser, faire des citations latines à tout bout de champ. | *Eso es latín*, c'est de l'hébreu o du chinois. | *Saber latín* ou *mucho latín*, être malin comme un singe.
latinajo m. FAM. Latin de cuisine. | Mot latin, citation (f.) latine : *echar siempre latinajos*, faire des citations latines à tout bout de champ. ‖ FAM. *Saber algunos latinajos*, savoir quelques bribes de latin.
latinar v. intr. Parler latin, écrire en latin.
latinear v. intr. Parler latin (hablar). ‖ Écrire en latin (escribir). ‖ FAM. Fourrer du latin partout, latiniser.
latinidad f. Latinité. ‖ *Baja latinidad*, basse latinité.
latiniparla f. Abus (m.) de latinismes. ‖ FAM. *Una culta latiniparla*, un bas-bleu.
latinismo m. Latinisme.
latinista m. y f. Latiniste, latinisant, e.
latinización f. Latinisation.
latinizar v. tr. Latiniser.
— V. intr. FAM. Latiniser, fourrer du latin partout.
latino, na adj. y s. Latin, e. ‖ — Adj. Qui sait le latin (que sabe latín). ‖ Latin, e : *Iglesia latina*, Église latine. ‖ MAR. Latin, e : *vela latina*, voile latine.
Latinoamérica n. pr. f. GEOGR. Amérique latine.
latinoamericano, na adj. y s. Latino-américain, e.
— OBSERV. V. LATINO-AMERICAIN, 1.ª parte, pág. 424.
latir v. intr. Battre (el corazón, el pulso). ‖ Élancer (herida, tumor). ‖ Aboyer (ladrar). ‖ Glapir, japper (los perros pequeños). ‖ *A Antonio le latía el corazón cuando entró en la cueva*, Antoine avait le cœur qui battait lorsqu'il entra dans la grotte.
latirismo m. MED. Lathyrisme.
latirrostro m. Latirostre (pájaro).
latísimamente adv. Très largement.

latitud f. Largeur (anchura). ‖ Étendue (extensión). ‖ ASTR. y GEOGR. Latitude : *en la latitud de 40º*, à o sous la latitude de 40º. ‖ FIG. Latitude : *dejar a uno latitud para obrar*, laisser à quelqu'un toute latitude pour agir.
— OBSERV. *Latitud* au sens figuré est un gallicisme utilisé à la place de *libertad*.
latitudinal adj. Latitudinal, e : *planos latitudinales*, plans latitudinaux.
latitudinario, ria adj. y s. Latitudinaire.
latitudinarismo m. Latitudinarisme (doctrina).
lato, ta adj. Large (ancho). ‖ Étendu, e (extendido). ‖ Grand, e ; vaste (grande). ‖ FIG. *En sentido lato*, au sens large.
latomia f. Latomie (cantera). ‖ *Las latomias de Siracusa*, les latomies de Syracuse (cárcel).
latón m. Laiton.
Latona n. pr. f. MIT. Latone.
latonería f. Boutique d'objets en cuivre, ferblanterie (tienda).
latonero m. Dinandier (comerciante). ‖ Ferblantier (hojalatero). ‖ *Amer.* Micocoulier (árbol).
latoso, sa adj. FAM. Ennuyeux, euse ; assommant, e (fastidioso).
latría f. Latrie : *el culto de latría*, le culte de latrie.
latrocinar v. intr. Dérober, voler.
latrocinio m. Larcin, vol, chapardage (hurto).
lauca f. *Amer.* Pelade.
laucar v. tr. *Amer.* Tondre.
laucha f. *Amer.* Souris (ratón). ‖ Fil (m.) d'acier (alambre). ‖ FIG. Mauviette (persona despreciable).
laúd m. Luth (instrumento de música). ‖ Sorte de felouque, f. (embarcación). ‖ ZOOL. Luth (especie de tortuga). ‖ *Tañedor de laúd*, luthiste, joueur de luth.
laudable adj. Louable.
laudanizado, da adj. Laudanisé, e.
láudano m. Laudanum (medicamento).
laudar v. intr. DR. Se prononcer (un árbitro).
laudatoria f. Panégyrique, m.
laudatorio, ria adj. Laudatif, ive ; élogieux, euse.
laude f. Pierre tombale. ‖ — M. pl. RELIG. Laudes (oficio).
laudemio m. DR. Laudisme, lods, pl. (tributo antiguo).
laudo m. DR. Arbitrage, jugement arbitral, décision (f.) de l'arbitre, sentence (f.) arbitrale.
laura f. Laure (monasterio griego).
Laura n. pr. f. Laure.
lauráceas f. pl. BOT. Lauracées.
laureado, da adj. Couronné, e (recompensado). ‖ Lauré, e (adornado con laureles).
— M. y f. Lauréat, e (de un premio). ‖ Décoré, décorée de la « Laureada » (condecorado).
— F. Croix de l'ordre de Saint-Ferdinand [la plus haute décoration en Espagne].
Laureano n. pr. m. Laurien.
laurear v. tr. Couronner de lauriers. ‖ FIG. Récompenser, couronner, honorer (premiar). ‖ Décorer de la « Laureada ».
laurel m. BOT. Laurier. ‖ — Pl. FIG. Lauriers (recompensa). ‖ — *Laurel cerezo* ou *real*, laurier-cerise. ‖ *Laurel común*, laurier-sauce. ‖ *Laurel rosa*, laurier-rose. ‖ — FIG. *Cargarse de laureles*, être chargé o se couvrir de lauriers. | *Cosechar* ou *conquistar laureles*, cueillir des lauriers. | *Dormirse en los laureles*, s'endormir sur ses lauriers. | *Mancillar sus laureles*, flétrir ses lauriers.
láureo, a adj. De laurier.
lauréola o **laureola** f. Lauréole (planta). ‖ Couronne de laurier. ‖ Auréole, nimbe, m. (aréola).
laurífero, ra adj. POÉT. Chargé de lauriers.
lauro m. (P. us.). Laurier (laurel). ‖ FIG. Gloire, f.

lauroceraso m. Laurier-cerise (arbusto).
Lausana n. pr. GEOGR. Lausane.
laus deo loc. Gloire à Dieu.
lauto, ta adj. (P. us.). Riche (opulento).
lava f. Lave (del volcán). ‖ MIN. Lavage, *m.* (de los metales).
lavable adj. Lavable.
lavabo m. Lavabo (lavamanos). ‖ Cabinet de toilette (cuarto de aseo). ‖ Toilettes, *f. pl.* (servicios). ‖ RELIG. Lavabo (lavatorio).
lavacaras m. y f. inv. FIG. y FAM. Lécheur, euse.
lavacoches m. inv. Laveur de voitures.
lavacristales m. inv. Laveur de vitres.
lavada f. Lavage, *m.* (lavado).
lavadero m. Lavoir (público). ‖ Buanderie, *f.* (en una casa). ‖ MIN. Lavoir, laverie, *f.*
lavadientes m. (P. us.). Rince-bouche, *inv.*
lavado m. Lavage (de ropa, de un coche). ‖ Toilette, *f.* (una persona). ‖ Lavage (de los minerales). ‖ Lavage (del estómago). ‖ Lavis (dibujo). ‖ FIG. y FAM. Savon, réprimande, *f.* : *dar un buen lavado a uno*, passer un savon à quelqu'un. ‖ FAM. *Lavado de cerebro*, lavage de cerveau.
lavador, ra adj. y s. Laveur, euse. ‖ — *Lavador de oro*, orpailleur. ‖ *Oso lavador*, raton laveur. ‖ — M. *Amer.* Tamanoir (oso hormiguero). ‖ — F. Machine à laver.
lavadura f. Lavage, *m.* ‖ Lavure, eau sale (lavazas).
lavafrutas m. Rince-doigts, *inv.*
lavaje m. Lavage (de la lana).
lavajo m. Mare (charca).
lavamanos m. Lavabo, lave-mains (p. us.).
lavamiento m. Lavement (lavativa). ‖ Lavage (lavado).
lavanco m. Canard sauvage.
lavanda f. BOT. Lavande (espliego).
lavandería f. Blanchisserie. ‖ Laverie automatique.
lavandero, ra m. y f. Blanchisseur, euse. ‖ — F. Lavandière.
lavándula f. Lavande (espliego).
lavaojos m. Œillère, *f.*
lavaparabrisas m. inv. AUTOM. Lave-glace.
lavaplatos m. y f. Plongeur, euse. ‖ *Máquina lavaplatos* ou *lavaplatos*, machine à laver la vaisselle, lave-vaisselle. ‖ — M. *Amer.* Évier (fregadero).
lavar v. tr. ● Laver : *lavar a fondo*, laver à grande eau. ‖ Faire un lavis (dibujo). ‖ FIG. *Lavar la ofensa con sangre*, laver l'offense dans le sang.
— V. pr. Se laver : *lavarse la cabeza*, se laver les cheveux. ‖ FIG. *¡De eso me lavo las manos!*, je m'en lave les mains.
— SINÓN. ● *Enjuagar, aclarar, rincer, Limpiar, nettoyer.*
lavativa f. MED. Lavement (ayuda). ‖ Seringue, bac (*m.*) à lavement. ‖ FIG. y FAM. Embêtement, *m.*, ennui, *m.* (molestia).
lavatorio m. Lavage (lavado). ‖ ECLES. Lavement des pieds (ceremonia religiosa). ‖ Lavabo (de la misa). ‖ *Amer.* Lavabo (lavamanos).
lavavajillas m. inv. Machine (*f.*) à laver la vaisselle, lave-vaisselle.
lavazas f. pl. Lavures.
Lavinia n. pr. f. Lavinie.
lavotear v. tr. Laver vite et mal.
— V. pr. Se débarbouiller.
lavoteo m. Lavage mal fait. ‖ Débarbouillage (de la cara).
laxación f. o **laxamiento** m. Relâchement, *m.* (aflojamiento). ‖ Laxité, *f.* (laxitud).
laxante adj. Laxatif, ive; relâchant, e.
— M. Laxatif (medicina).
laxar v. tr. Relâcher, détendre. ‖ Prendre un laxatif, purger (vientre).
laxativo, va adj. y s. m. Laxatif, ive.

laxismo m. Laxisme.
laxitud f. Laxité.
laxo, xa adj. Lâche (no tenso). ‖ FIG. Relâché, e (la moral).
lay m. Lai (poema).
laya f. Nature, genre, *m.*, acabit, *m.* : *ser de la misma laya*, être du même genre, du même acabit. ‖ Bêche, louchet (instrumento agrícola). ‖ *Laya de dientes*, fourche à bêcher.
layador, ra m. y f. Bêcheur, euse.
layar v. tr. Bêcher.
Layo n. pr. m. Laïus.
lazada f. Nœud, *m.*, laçage, *m.*
lazar v. tr. Lacer. ‖ Prendre au lasso (sujetar).
lazareto m. Lazaret. ‖ Léproserie, *f.*
lazarillo m. Guide d'aveugle.
— OBSERV. Ce mot vient du nom du héros d'un roman picaresque publié anonymement au XVIe siècle sous le titre de « Lazarillo de Tormes ».
lazarino, na adj. y s. Lépreux, euse.
lazarista m. Lazariste.
Lázaro n. pr. m. Lazare.
lazo m. Nœud (nudo) : *atar un lazo*, faire un nœud. ‖ Collet, lacet, lacs (para cazar) : *coger con lazo*, prendre au collet. ‖ Lasso (para sujetar caballos, etc.). ‖ Lacet (de un camino). ‖ Boucle, *f.* (en patinaje). ‖ Corde, *f.* (cordel). ‖ FIG. Lien (vínculo) : *los lazos de la amistad*, les liens de l'amitié. ‖ Trait d'union : *España sirve de lazo entre Europa y América del Sur*, l'Espagne sert de trait d'union entre l'Europe et l'Amérique du Sud. ‖ Piège, lacs, *pl.* (trampa). ‖ ARQ. Entrelacs (ornamento). ‖ Figure (*f.*) de danse (en el baile). — *Lazo cerrado*, boucle (en el ferrocarril). ‖ *Lazo corredizo*, nœud coulant. ‖ — FIG. y FAM. *Armar* ou *tender un lazo*, tendre un piège, dresser une embûche. ‖ *Caer en el lazo*, tomber dans le piège, être pris au piège.
lazulita f. MIN. Lazulite, lapis-lazuli, *m.*
lazzarone m. Lazzarone (vagabundo napolitano).
— OBSERV. Pl. *lazzaroni.*
le, datif du pron. personnel de la 3e pers. du singulier des 2 genres. Lui : *le dije, le doy*, je lui dis, je lui donne. ‖ Accusatif du pron. pers. de la 3e pers. du masculin singulier. Le : *le veo*, je le vois. ‖ Accusatif du pron. pers. de la 2e pers. du singulier traduite par *usted*. Vous : *le vi ayer pero no le pude hablar*, je vous ai vu hier mais je n'ai pas pu vous parler. ‖ Emploi explétif : *le pregunté a mi hermano si...*, j'ai demandé à mon frère si... (le pron. personnel ne se traduit pas).
— OBSERV. Il est incorrect de dire *la di el libro a mi hermana* au lieu de dire *le di*. Il vaut mieux employer *le vi* que *lo vi* *acercarse*, en parlant de personnes, car *lo* devrait être réservé aux choses.
leal adj. Loyal, e : *un corazón leal*, un cœur loyal ; *sentimientos leales*, des sentiments loyaux. ‖ Fidèle (partidario del gobierno). ‖ Fidèle (animal doméstico). ‖ Fidèle, sûr, e (criado). ‖ Franc, franche d'allures (caballo). ‖ — Adj. y s. Loyaliste.
leala f. POP. Peseta.
lealtad f. Loyauté. ‖ Fidélité (de un criado). ‖ Fidélité (de los animales).
leandra f. POP. Peseta.
Leandro n. pr. m. Léandre.
lebeche m. Vent du sud-ouest.
lebel m. Lebel (fusil).
lebrada f. Ragoût (*m.*) de lièvre.
lebrato m. Levrault.
lebrel m. Lévrier. ‖ *Perro lebrel*, lévrier.
lebrero, ra adj. y s. Chasseur de lièvres. ‖ — M. Lévrier (lebrel).
lebrijano, na adj. y s. De Lebrija [ville d'Andalousie].

lebrillo m. Bassine, f., cuvette, f. (gran recipiente). ‖ Terrine, f. (pequeño recipiente).
lebrón m. Grand lièvre. ‖ Fig. y Fam. Poltron (cobarde). ‖ Amer. Rusé.
lebroncillo m. Levraut (lebrato).
lebruno, na adj. De lièvre, du lièvre.
lebuense adj. y s. De Lebú [ville du Chili].
lección f. Leçon. ‖ Lecture (lectura). ‖ Leçon (interpretación de un texto). ‖ — Fig. Dar a uno una lección, donner une leçon à quelqu'un. ‖ Dar la lección, réciter la leçon (discípulo). ‖ Dar lección, faire une leçon (el profesor). ‖ Dar lecciones, donner des leçons. ‖ Echar lección, donner une leçon à apprendre. ‖ Servir de lección, servir de leçon. ‖ Servir de lección por, apprendre à : esto le servirá de lección por haberse fiado de la gente, cela vous apprendra à faire confiance aux gens. ‖ Tomar la lección, faire réciter la leçon.
leccionario m. Relig. Lectionnaire.
lecitina f. Quím. Lécithine.
lectivo, va adj. Scolaire : año lectivo, année scolaire. ‖ De classe : día lectivo, jour de classe.
lector, ra m. y f. Lecteur, trice ; liseur, euse (que lee). ‖ Lecteur, trice (profesor). ‖ — M. Ecles., Tecn. Lecteur.
lectorado m. Relig. Ordre de lecteur. ‖ Poste de lecteur dans une université.
lectoral adj. Théologal, e (canónigo).
lectoría f. Emploi (m.) de lecteur dans une communauté. ‖ Poste (m.) de lecteur dans une université.
lectura f. Lecture. ‖ Culture, connaissances, pl. (conocimientos). ‖ Impr. Cicéro, m. (carácter) : lectura chica, cicéro petit œil ; lectura gorda, cicéro gros œil.
lecha f. Laitance, laite (de los peces).
lechada f. Lait (m.) de chaux (albañilería). ‖ Tecn. Pâte, bouillie de papier. ‖ Liquide (m.) laiteux, lait (líquido blanco).
lechal adj. y s. Jeune, qui tète, de lait (animal) : cordero lechal, agneau de lait. ‖ Bot. Laiteux, euse (planta). ‖ — M. Suc laiteux.
lechar adj. Jeune, qui tète (que mama). ‖ Laiteux, euse (plantas). ‖ Au lait abondant, laitier, ère (hembra) : vaca lechar, vache laitière.
lechar v. tr. Amer. Traire (ordeñar). | Badigeonner (blanquear).
lechaza f. Laitance, laite (de los peces).
lechazo m. Agneau de lait.
leche f. Lait, m. : leche cuajada, sin desnatar, en polvo, condensada, homogeneizada, lait caillé, cru o bourru, en poudre, condensé, homogénéisé ; la leche se ha cortado, le lait a tourné. ‖ Bot. Latex, suc laiteux (látex). ‖ — Ama de leche, nourrice. ‖ Café con leche, café crème o au lait. ‖ Cochinillo de leche, cochon de lait. ‖ Fig. Como una leche, très tendre. ‖ De leche, à lait, laitière : vaca de leche, vache à lait, vache laitière ; qui tète encore, de lait, jeune (cría) : ternera de leche, jeune veau. ‖ Dientes de leche, dents de lait. ‖ Amer. Dulce de leche, lait au caramel. ‖ Gota de leche, lactarium. ‖ Hermano, hermana de leche, frère, sœur de lait. ‖ — Pop. Estar de mala leche, être de mauvais poil. ‖ Fig. y Fam. Está ou trae ou tiene la leche en los labios, si on lui tordait le nez il en sortirait du lait, il est encore dans les langes. | Mamar una cosa en la leche, sucer quelque chose avec le lait.
lechecillas f. pl. Ris (m. sing.) de veau (de ternera) o d'agneau (de cordero). ‖ Fressure, sing. (asadura).
lechera f. Crémière, laitière (ant.) [vendedora]. ‖ Bidon (m.) de lait (recipiente grande). ‖ Laitière (recipiente pequeño de metal). ‖ Pot (m.) à lait (jarro). ‖ Amer. Vache laitière (vaca de leche).

‖ — El cuento de la lechera, la fable de Perrette et le pot au lait. ‖ Fig. Eso es el cuento de la lechera, c'est l'histoire de Perrette et du pot au lait. | Hacer las cuentas de la lechera, faire comme Perrette et le pot au lait, vendre la peau de l'ours avant de l'avoir tué.
lechería f. Débit (m.) de lait, laiterie (tienda).
lechero, ra adj. Laitier, ère : industria lechera, industrie laitière. ‖ Laitier, ère ; à lait : vaca lechera, vache laitière. ‖ Central lechera, laiterie (cooperativa). ‖ — M. y f. Laitier, ère.
lechetrezna f. Herbe aux verrues (planta).
lechigada f. Portée (de animales). ‖ Fig. y Fam. Bande de voyous (de pícaros).
lechiguana f. Amer. Sorte de guêpe (avispa).
lechín m. Olivier riche en huile (olivo). ‖ Olive, f. (aceituna).
lechino m. Med. Mèche, f. (para las heridas). ‖ Veter. Petite tumeur, f.
lecho m. Lit, couche, f. : estar en un lecho de rosas, être sur un lit de roses. ‖ Lit (de un río). Fondo (fond). ‖ Arq. Lit (de una piedra). ‖ Geol. Lit, strate, f. (estrato). ‖ — Abandonar el lecho, quitter le lit. ‖ En el lecho de la muerte, sur son lit de mort. ‖ Tecn. Lecho de colada, lit de coulée.
— Observ. Cama est le terme courant pour « lit » ; lecho, plus recherché, a un emploi voisin de celui de « couche » en français.
lechón m. Cochon de lait (cochinillo). ‖ Porc, cochon (puerco).
lechona f. Truie. ‖ — Adj. y s. f. Fig. y Fam. Cochonne (mujer sucia).
lechosa f. Bot. Papaye (papaya).
lechoso, sa adj. Laiteux, euse.
— M. Papayer (árbol).
lechuga f. Laitue (planta) : ensalada de lechuga, salade de laitue. ‖ Fraise, collerette (cuello). ‖ Godron, m. (pliegue en una tela). ‖ Lechuga repolluda, laitue pommée. ‖ Lechuga romana, romaine, laitue romaine. ‖ — Fig. y Fam. Como una lechuga, frais comme une rose o comme un gardon. | Ser más fresco que una lechuga, avoir du toupet o du culot.
lechugado, da adj. En forme de feuille de laitue.
lechuguilla f. Fraise, collerette (cuello). ‖ Laitue sauvage (lechuga silvestre).
lechuguina f. Fig. y Fam. Coquette, jeune femme élégante.
lechuguino m. Petite laitue, f. (lechuga). ‖ Plant de laitues (plantío). ‖ Fig. y Fam. Jeune gommeux, dandy (elegante). | Petit-maître (petimetre).
lechuza f. Chouette (ave). ‖ Fig. y Fam. Sorcière, vieille chouette (mujer fea y perversa).
lechuzo m. Fig. y Fam. Rat de cave (recaudador de contribuciones). ‖ — Adj. y s. m. Fig. y Fam. Hibou (hombre desagradable) : es muy lechuzo, c'est un vrai hibou.
lechuzo, za adj. De moins d'un an.
— M. y f. Mulet (m.) de moins d'un an.
ledo, da adj. Poet. Joyeux, euse.
leedor, ra adj. y s. Lecteur, trice.
leer v. tr. Lire : leer en voz alta, lire à haute voix o tout haut ; leer en voz baja, lire tout bas o à voix basse. ‖ Enseigner (un profesor). ‖ — Mús. Leer a primera vista, déchiffrer. ‖ Leer con la vista, lire des yeux. ‖ Leer de corrido, lire couramment. ‖ Leer de un tirón, lire d'un trait. ‖ Fig. Leer en los ojos ou en la mirada de alguien, lire dans les yeux de quelqu'un. | Leerle entre líneas, lire entre les lignes. ‖ Fam. Leer la cartilla a uno, faire la leçon o donner une bonne leçon à quelqu'un. ‖ Leer música, lire la musique. ‖ Leer por encima, parcourir.
lega f. Relig. Sœur converse.

legacía f. Légation (dignidad de legado).
legación f. Légation.
legado m. Legs (manda testamentaria). ‖ FIG. Héritage. ‖ Légat (entre los romanos). ‖ *Legado pontificio*, légat du pape.
legajar v. tr. *Amer*. Attacher o mettre en liasse.
legajo m. Liasse (*f.*) de papiers. ‖ Dossier (carpeta).
legal adj. Légal, e (establecido por la ley) : *procedimientos legales*, procédés légaux. ‖ Loyal, e (en el ejercicio de sus poderes).
legalidad f. Légalité (conforme con la ley) : *no salirse de la legalidad*, rester dans la légalité.
legalismo m. Légalisme.
legalista adj. y s. Légaliste.
legalizable adj. Légalisable.
legalización f. Légalisation.
legalizar v. tr. Légaliser. ‖ *Copia legalizada*, copie certifiée conforme.
legalmente adv. Légalement (conforme con la ley). ‖ Loyalement (lealmente).
légamo m. Limon, vase, *f.* (cieno). ‖ Partie (*f.*) argileuse de la terre des labours, terre (*f.*) glaise.
legamoso, sa adj. Boueux, euse ; fangeux, euse ; glaiseux, euse ; limoneux, euse ; vaseux, euse.
leganal m. Bourbier (cenagal).
Leganés n. pr. GEOGR. Leganés (village près de Madrid où il y a un hôpital psychiatrique). ‖ FAM. *Bueno para ir a Leganés*, bon pour Charenton.
legaña f. Chassie.
legañoso, sa adj. y s. Chassieux, euse. ‖ FIG. y FAM. Minable.
legar v. tr. Léguer (hacer donación por testamento). ‖ Déléguer (enviar en legación). ‖ FIG. Léguer, laisser en héritage (lengua, cultura).
legatario, ria m. y f. DR. Légataire : *legatario universal*, légataire universel.
legendario, ria adj. Légendaire.
— M. Recueil de légendes (de cualquier clase).
leghorn f. Leghorn (raza de gallinas).
legibilidad f. Lisibilité.
legible adj. Lisible.
legión f. Légion. ‖ — *Legión de Honor*, Légion d'honneur. ‖ *Legión extranjera*, Légion étrangère.
legionario, ria adj. De la Légion : *las fuerzas legionarias*, les forces de la Légion.
— M. Légionnaire.
legislación f. Législation.
legislador, ra adj. y s. Législateur, trice.
legislar v. intr. Légiférer.
legislativo, va adj. Législatif, ive : *Asamblea legislativa*, Assemblée législative.
legislatura f. Législature.
legisperito m. Jurisconsulte.
legista m. Légiste.
legítima f. DR. Réserve légale.
legitimación f. Légitimation.
legitimador, ra adj. Qui légitime.
legitimar v. tr. Légitimer.
legitimario, ria adj. Légitimaire.
legitimidad f. Légitimité.
legitimismo m. Légitimisme.
legitimista adj. y s. Légitimiste. ‖ Loyaliste (en Inglaterra).
legítimo, ma adj. Légitime : *legítima defensa*, légitime défense. ‖ Authentique, d'origine : *champán legítimo*, champagne authentique. ‖ Véritable : *cuero legítimo*, cuir véritable. ‖ Pur, e : *oro legítimo*, or pur.
lego, ga adj. Laïque (seglar). ‖ Lai, e : *hermano lego*, frère lai. ‖ FIG. Ignorant, e (sin instrucción). ‖ Profane, non initié, e. ‖ FIG. y FAM. *Ser lego en la materia*, être profane en la matière, n'y rien connaître.
— M. Frère convers.

legra f. MED. Rugine (instrumento). ‖ Curette (de ginecólogo). ‖ Rénette (de veterinario).
legración f. o **legrado** m. o **legradura** f. MED. Rugination, *f.* ‖ Curetage, *m.* (raspado en el útero).
legrar v. tr. MED. Ruginer (raer los huesos). ‖ Cureter, faire un curetage (en el útero).
legrón m. VETER. Rogne-pied.
legua f. Lieue (medida itineraria de 5 572 m). ‖ — *Legua cuadrada*, lieue carrée (3 105,5 hectares). ‖ *Legua de posta*, lieue kilométrique o de poste (4 km). ‖ *Legua marítima*, lieue marine (5 555 m). ‖ — FIG. *A la legua*, à une lieue. ‖ *Cómico de la legua*, comédien ambulant. ‖ FIG. *Se ve a la legua*, ça se voit de loin o d'une lieue.
legui m. Legging, *f.* (polaina).
leguleyo m. Avocaillon.
legumbre f. Légume, *m.* : *legumbres secas, verdes*, légumes secs, verts. ‖ *Fuente para legumbres*, légumier.
legumina f. QUÍM. Légumine.
leguminoso, sa adj. y s. f. BOT. Légumineux, euse.
lei m. pl. Lei (moneda rumana).
leíble adj. Lisible (legible).
leída f. Lecture.
leído, da adj. Très cultivé, e ; qui a beaucoup lu (persona). ‖ Lu, e (obra). ‖ — *Leído y conforme*, lu et approuvé. ‖ FAM. *Leído y escribido*, qui croit tout savoir, pédant.
leishmaniosis f. MED. Leishmaniose.
leísmo m. Emploi du pronom *le* comme seul accusatif masculin singulier, à l'exclusion de la forme *lo* : *este lápiz no te le doy* au lieu de *no te lo doy*.
leísta adj. y s. Qui emploie *le* au lieu de *lo*. V. LEÍSMO.
leitmotiv m. Leitmotiv (tema).
— OBSERV. C'est un germanisme qui peut être remplacé par *tema*.
lejanía f. Éloignement, *m.* (distancia) : *sonido debilitado por la lejanía*, son affaibli par l'éloignement. ‖ Lointain, *m.* (paraje lejano). ‖ *En la lejanía* ou *en las lejanías*, au loin, dans le lointain.
lejano, na adj. Lointain, e : *el Japón es un país lejano*, le Japon est un pays lointain. ‖ Éloigné, e : *un pariente lejano*, un parent éloigné ; *un lugar lejano de mi casa*, un endroit éloigné de chez moi. ‖ *Lejano Oriente*, Extrême-Orient.
lejía f. Lessive (agua alcalina). ‖ Eau de Javel (hipoclorito de sosa). ‖ FIG. y FAM. Savon, *m.* (reprimenda) : *dar a uno una buena lejía*, passer un bon savon à quelqu'un. ‖ *Lavar con lejía*, lessiver, laver à la lessive.
— OBSERV. *Lessive*, au sens de « linge lavé », se dit *colada*.
lejío m. Lessive (*f.*) des teinturiers.
lejísimos adv. Très loin.
— OBSERV. Il faut éviter d'utiliser la forme incorrecte *lejísimo*.
lejitos adv. FAM. Assez loin.
lejos adv. Loin. ‖ — *A lo lejos*, au loin : *mirar a lo lejos*, regarder au loin. ‖ *De lejos*, de loin : *es de lejos el mejor*, il est de loin le meilleur. ‖ *Desde lejos*, de loin. ‖ *Lejos de*, loin de : *lejos de París*, loin de Paris ; *estoy lejos de pensar en*, loin de moi l'idée de. ‖ *Ni de lejos*, loin de là. ‖ *Por más lejos que*, d'aussi loin que, du plus loin que : *por más lejos que pueda ver*, du plus loin que je puisse voir. ‖ *Ir* ou *llegar lejos*, aller loin. ‖ *Llevar lejos*, mener loin. ‖ *Ver muy lejos*, voir loin.
— M. Lointain. ‖ Apparence, *f.*, aspect (aspecto) : *tener buen lejos*, avoir bon aspect. ‖ Arrière-plan (pintura).
lejuelos adv. FAM. Un peu loin.

lele adj. *Amer*. Sot, sotte, niais, e (lelo).

lelilí m. Cri de guerre des Maures.

lelo, la adj. y s. Sot, sotte; niais, e (tonto). ‖ FAM. *Dejar, quedarse lelo*, laisser, rester bouche bée.

lema m. Devise, *f*. (en un escudo, en un monumento). ‖ Épigraphe, *f*. (en un libro). ‖ Sommaire (argumento sucinto). ‖ Thème, sujet (tema). ‖ Nom d'emprunt (concurso). ‖ MAT. Lemme.

lemanita f. Jade, *m*.

lemming m. ZOOL. Lemming (ratón campestre).

lemnáceas f. pl. BOT. Lemnacées.

lemnio, nia adj. y s. Lemnien, enne.

lemniscata f. GEOM. Lemniscate.

lemnisco, m. Lemnisque.

Lemosín n. pr. m. GEOGR. Limousin.

lemosín, ina adj. y s. Limousin, e. ‖ — M. Langue (*f*.) d'oc.

lempira m. Lempira (unidad monetaria de Honduras).

lémures m. pl. MIT. Lémures (almas de los muertos). ‖ FIG. Fantômes.

lemúridos m. pl. ZOOL. Lémuriens.

len adj. Boudiné, e (hilo laso).

lencería f. Lingerie (ropa blanca). ‖ Blanc, *m*. (géneros de lienzo). ‖ Lingerie (tienda de ropa blanca). ‖ Magasin (*m*.) de blanc (tienda de manteles, etc.). ‖ Lingerie (en un hospital).

lencero, ra m. y f. Linger, ère.

lendel m. Piste (*f*.) circulaire (de noria).

lendrera f. Peigne (*m*.) fin.

lendroso, sa adj. Plein, pleine de lentes.

lengua f. Langue (órgano). ‖ ● Langue (idioma) : *lengua de oc, de oïl*, langue d'oc, d'oïl; *tener don de lenguas*, avoir le don des langues. ‖ Nouvelle, renseignement, *m*. (noticia). ‖ Battant (*m*.) de cloche (badajo). ‖ Langue [de balance] (lengüeta). ‖ Langue (de tierra). ‖ CULIN. Langue. ‖ — *Lengua aglutinante*, langue agglutinante. ‖ BOT. *Lengua de buey*, langue-de-bœuf. ‖ FIG. *Lengua de escorpión, de hacha, de sierpe, de víbora, serpentina, viperina*, langue de vipère, mauvaise langue. ‖ *Lengua de estropajo* ou *de trapo*, bafouillage, bredouillement (pronunciación mala), babil, gazouillement (de los niños), bafouilleur, euse (persona). ‖ *Lengua de fuego*, langue de feu. ‖ *Lengua de gato*, langue-de-chat (bizcocho). ‖ *Lengua de glaciar*, langue de glacier. ‖ *Lengua madre* ou *matriz*, langue mère. ‖ *Lengua materna* ou *nativa*, langue maternelle. ‖ *Lengua muerta, sabia*, langue morte, savante. ‖ *Lengua pastosa* ou *gorda*, langue pâteuse. ‖ *Lengua viva*, langue vivante. ‖ *Lenguas hermanas*, langues sœurs. ‖ — *Con la lengua fuera* ou *de un palmo*, hors d'haleine, la langue pendante. ‖ FIG. *De lengua en lengua*, de bouche en bouche. ‖ *Largo de lengua*, mauvaise langue (malo), qui a la langue trop longue (imprudente). ‖ *Ligero de lengua*, imprudent, irréfléchi. ‖ *Mala lengua*, mauvaise langue. ‖ FIG. y FAM. *Media lengua*, babil, gazouillement (de los niños), bredouillement, bafouillage (pronunciación mala). ‖ FIG. y FAM. *Andar en lenguas*, voler de bouche en bouche, être sur toutes les lèvres. ‖ *Atar la lengua*, lier la langue. ‖ *Buscar la lengua*, provoquer, chercher noise (buscar pelea), délier la langue (incitar a hablar). ‖ *Calentársele a uno la lengua*, s'échauffer. ‖ *Destrabar la lengua*, délier la langue. ‖ *Dominar una lengua*, bien posséder une langue. ‖ FIG. *Hablar con lengua de plata*, donner des pots-de-vin. ‖ *Hacerse lenguas de*, faire de grands éloges sur, ne pas tarir d'éloges sur, ne parler que de. ‖ *Hay que darle siete vueltas a la lengua antes de hablar*, il faut tourner sept fois sa langue dans sa bouche avant de parler. ‖ *Irsele a uno la lengua* ou *irse de la len-*

gua, parler trop, ne pas savoir tenir sa langue, avoir la langue trop bien pendue. ‖ *Morderse uno la lengua*, se mordre la langue (callar). ‖ *No tener pelos* ou *pelillos en la lengua*, avoir la langue bien pendue, ne pas avoir la langue dans sa poche. ‖ *Pegársele a uno la lengua al paladar*, ne pas pouvoir parler, être muet. ‖ *Sacar la lengua*, tirer la langue (hacer burla). ‖ *Tener la lengua fuera*, tirer la langue. ‖ *Tener la lengua gorda*, être rond, être ivre (borracho), avoir la langue pâteuse (tener mal sabor de boca). ‖ *Tener una cosa en la punta de la lengua*, avoir quelque chose sur le bout de la langue. ‖ *Tener uno mala lengua*, être mauvaise langue. ‖ *Tener uno mucha lengua*, tener la lengua suelta, avoir la langue bien pendue. ‖ *Tirarle a uno de la lengua*, tirer les vers du nez à quelqu'un, faire parler quelqu'un. ‖ *Tomar lengua* ou *lenguas*, se renseigner. ‖ *Trabarse la lengua*, fourcher [la langue] : *se me ha trabado la lengua*, la langue m'a fourché. ‖ *Traer en lenguas a uno*, critiquer quelqu'un. ‖ *Tragarse la lengua*, avaler sa langue. ‖ *Venírsele a uno a la lengua una cosa*, avoir l'idée de quelque chose.

— SINÓN. ● *Lenguaje*, langage. *Idioma*, langue. *Habla*, parler. *Dialecto*, dialecte.

lenguado m. Sole, *f*. (pez) : *lenguado a la parrilla*, sole grillée.

lenguaje m. Langage : *lenguaje culto, grosero, cifrado*, langage cultivé, grossier, chiffré. ‖ FIG. Langage : *lenguaje de las flores*, langage des fleurs. ‖ Langue, *f*. : *lenguaje literario, técnico, vulgar*, langue littéraire, technique, usuelle.

lenguarada f. Coup (*m*.) de langue.

lenguaraz adj. y s. Polyglotte, qui parle plusieurs langues. ‖ FIG. Médisant, e; mauvaise langue (deslenguado). ‖ Bavard, e (hablador).

lengüeta f. Languette. ‖ Langue, languette (de una balanza). ‖ Épiglotte (epiglotis). ‖ Languette (de zapato). ‖ Languette, tenon, *m*. (espiga de una tabla). ‖ Fer (*m*.) d'une flèche (de saeta). ‖ Crochet, *m*. (de anzuelo, banderilla, etc.). ‖ Fraise à bois (herramienta). ‖ MÚS. Languette. ‖ *Poner lengüetas*, langueyer (órgano).

lengüetada f. o **lengüetazo** m. Coup (*m*.) de langue.

lengüetear v. intr. Lécher (lamer). ‖ *Amer*. Bavarder (hablar).

lengüetería f. Registres (*m. pl.*) à languette [d'un orgue].

lengüicorto, ta adj. FAM. Timide, réservé, e.

lengüilargo, ga adj. FAM. Bavard, e; qui a la langue bien pendue.

lenguón, ona adj. y s. *Amer*. Bavard, e.

lenidad f. Indulgence.

lenificación f. Adoucissement, *m*.

lenificar v. tr. Lénifier.

lenificativo, va adj. Lénitif, ive.

Leningrado n. pr. GEOGR. Leningrad.

leninismo m. Léninisme.

lenitivo, va adj. y s. m. Lénitif, ive.

lenocinio m. Entremise, *f*. ‖ *Casa de lenocinio*, maison close.

lente m. y f. Lentille, *f*. (óptica) : *lente de aumento*, lentille grossissante. ‖ Loupe, *f*. (lupa) : *mirar con lente*, regarder à la loupe. ‖ Verre, *m*. (de gafas). ‖ Monocle, *m*. (monóculo). ‖ — Pl. Lunettes, *f*. (gafas). ‖ Lorgnon, *m. sing*. (quevedos). ‖ — *Lente de contacto*, lentille cornéenne, lentille o verre de contact. ‖ *Lente de enfoque*, lentille de mise au point.

— OBSERV. Le caractère ambigu du genre de ce mot crée parfois des difficultés, mais habituellement il est masculin lorsqu'il a le sens de *lunettes* (*los lentes*) et féminin lorsqu'il s'applique à des *verres réfringents*.

lenteja f. Lentille (planta). || Lentille du balancier (de reloj). || Bot. *Lenteja acuática* ou *de agua*, lentille d'eau.

lentejar m. Champ de lentilles.

lentejuela f. Paillette.

lenticular adj. Lenticulaire, lentiforme. || *Hueso lenticular*, os lenticulaire.

lentigo m. Med. Lentigo, tache (f.) de rousseur (peca). || Grain de beauté (lunar).

lentilla f. Lentille cornéenne, lentille o verre (m.) de contact.

lentiscal m. Lieu planté de lentisques.

lentisco m. Lentisque (arbusto).

lentitud f. Lenteur.

lento adv. Mús. Lento.

lento, ta adj. ● Lent, e : *lento en* ou *para trabajar*, lent à travailler. || Med. Visqueux, euse. || — *A cámara lenta*, au ralenti (cine). || *A fuego lento*, à petit feu, à feu doux. || *Cámara lenta*, ralenti.
— Sinón. ● *Tardío*, tardif. *Pausado*, posé. *Calmoso, tranquilo*, calme.

Léntulo n. pr. m. Lentulus.

leña f. Bois (m.) de chauffage o à brûler. || Fig. y Fam. Volée, raclée (paliza), correction (castigo). || — *Leña menuda*, menu bois, petit bois. || *Leña muerta* ou *seca*, bois mort. || — Fig. y Fam. *Añadir* ou *echar* ou *poner leña al fuego*, jeter de l'huile sur le feu. | *Dar leña*, jouer dur (deportes). | *Dar* ou *repartir leña*, administrer une volée. | *Hubo leña*, il y a eu de la bagarre o du grabuge. || *Ir por leña*, aller chercher o ramasser du bois. || Fig. *Llevar leña al monte*, porter de l'eau à la rivière.

leñador, ra m. y f. Bûcheron, onne (que corta leña). || Marchand, marchande de bois (vendedor de leña).

leñatero m. Bûcheron (leñador). || *Amer.* Charpentier (ave).

leñazo m. Fam. Coup de bâton (garrotazo). | Coup (golpe).

leñera f. Bûcher, m. (lugar para guardar leña).

leñero m. Marchand de bois. || Bûcher (leñera). — Adj. m. Dur (un equipo).

leño m. Bûche, f. (trozo de árbol). || Bois (madera). || Fig. y Poet. Esquif (embarcación). || Fig. y Fam. Bûche, f., souche, f., cruche, f. (persona torpe). || Fam. *Dormir como un leño*, dormir à poings fermés o comme une souche.

leñoso, sa adj. Ligneux, euse.

Leo n. pr. Astr. Lion (constelación).

león m. Lion. || Fourmi-lion (hormiga león). || Fig. Lion : *valiente como un león*, brave comme un lion. || Astr. y Blas. Lion. || *Amer.* Puma. || — Blas. *León heráldico*, léopard. || *León marino*, lion de mer o marin (foca). || *Amer. León miquero*, eyra (puma). || — *Cachorro del león*, lionceau. || *Lago de leones*, fosse aux lions. || — Fig. *Desquijarar leones*, faire le fanfaron. | *No es tan fiero ou bravo el león como lo pintan*, il n'est pas si méchant que cela (una persona), ce n'est pas si difficile que ça (una cosa).

León n. pr. Geogr. Léon (ciudad).

León n. pr. m. Léon (nombre).

leona f. Lionne.

leonado, da adj. Fauve (color).

Leonardo n. pr. m. Léonard.

leonera f. Cage (jaula) o fosse aux lions. || Fig. y Fam. Maison de jeu, tripot, m. (casa de juego). | Chantier, m., bazar, m., capharnaüm, m. (cuarto desarreglado). || *Amer.* Prison (cárcel).

leonero m. Gardien de la fosse o de la cage aux lions. || Fig. y Fam. Tenancier d'un tripot.

leonés, esa adj. y s. De León (España).

leonino, na adj. Léonin, e : *facies leonina*, faciès léonin; *contrato leonino*, contrat léonin.

Leonor n. pr. f. Éléonore.

leontina f. Léontine (cadena de reloj).

leopardo m. Zool. Léopard.

leopoldina f. Sorte de képi (m.) espagnol (gorra). || Gourmette (cadena de reloj).

Leopoldina n. pr. f. Léopoldine.

Leopoldo n. pr. m. Léopold.

leotardo m. Collant (medias).

Leovigildo n. pr. m. Léovigild.

Lepanto n. pr. Geogr. Lépante. || *El Manco de Lepanto*, Cervantes.

Lepe n. pr. *Saber más que Lepe* ou *saber más que Lepe, Lepijo y su hijo*, en savoir long.

leperada f. *Amer.* Canaillerie.

leperaje m. *Amer.* Populace, f. (chusma).

lépero, ra adj. y s. *Amer.* Miséreux, euse; gueux, euse.

lepidio m. Bot. Lepidium, cresson alénois.

Lépido n. pr. m. Lépide.

lepidodendro m. Lépidodendron (árbol fósil).

lepidolita f. Min. Lépidolite, m.

lepidópteros m. pl. Zool. Lépidoptères.

lepidosirena f. Zool. Lépidosirène, m.

lepidosteido m. Lépidostée (pez).

lepiota f. Lépiote (hongo).

lepisma f. Lépisme, m. (insecto).

lepórido m. Léporide.

leporino, na adj. De lièvre. || *Labio leporino*, bec-de-lièvre.

lepra f. Med. Lèpre.

leprosería f. Léproserie.

leproso, sa adj. y s. Lépreux, euse.

leptocéfalo m. Leptocéphale.

leptorrinos m. pl. Zool. Leptorhiniens.

leptospira m. Leptospire (protozoario).

leptospirosis f. Med. Leptospirose.

lera f. Petit bouton (m.) de la peau.

lerda f. Veter. Jardon (tumor).

lerdo, da adj. y s. Gauche, lourd, e; maladroit, e (torpe).

lerdón m. Veter. Jardon (tumor).

leridano, na adj. y s. De Lérida.

Lerna n. pr. Geogr. Lerne : *hidra de Lerna*, hydre de Lerne.

lerneo, a adj. y s. De Lerne.

les pron. pers. m. y f. pl. Leur : *les presto (a ellos) mis joyas*, je leur prête mes bijoux. (No se confunda con *leur* y *leurs*, adj. poses.) || Vous : *les digo (a ustedes)*, je vous dis.

lesbiano, na o **lesbio, bia** adj. y s. Lesbien, enne. || — F. Lesbienne (mujer homosexual).

Lesbos n. pr. Geogr. Lesbos.

lesión f. Lésion · *lesión interna*, lésion interne. || Blessure (herida) : *lesión en la pierna*, blessure à la jambe. || Dommage, m. (daño). || Dr. Lésion (perjuicio). || — Pl. Dr. Coups (m.) et blessures.

lesionado, da adj. y s. Blessé, e.

lesionar v. tr. Léser, faire tort (causar un perjuicio). || Blesser, causer une lésion (herir). || Endommager (dañar).

lesivo, va adj. Nuisible, préjudiciable. || Dr. Lésionnaire (perjudicial).

lesna f. Alène (lezna).

leso, sa adj. Lésé, adj. m., lèse, adj. f. : *leso derecho natural*, droit naturel lésé; *lesa humanidad*, lèse-humanité; *lesa majestad*, lèse-majesté. || Fig. Troublé, e (trastornado). || *Amer.* Bête, niais, e (tonto).

leste m. Mar. Est (viento).

letal adj. (P. us.). Létal, e (mortífero).

letanía f. Litanie. || Procession (procesión). || Fig. y Fam. Litanie (sarta).

letárgico, ca adj. Med. Léthargique.

letargo m. Med. Léthargie, f. || Fig. Léthargie, f., torpeur, f. (modorra). || *Caer en estado de letargo*, tomber en léthargie.

letargoso, sa adj. Endormant, e (que adormece).
Leteo n. pr. m. MITOL. Léthé (río).
leteo, a MITOL. Relatif au Léthé.
Leticia n. pr. f. Laetitia.
leticiano, na adj. y s. De Létice [ville de Colombie].
letífero, ra adj. Mortel, elle (letal).
letificar v. tr. Réjouir (regocijar). ‖ Animer (animar).
letífico, ca adj. Réjouissant, e.
letón, ona adj. y s. Letton, onne. ‖ — M. Lette; letton (idioma).
Letonia n. pr. f. GEOGR. Lettonie.
letra f. Lettre : *la letra « a »,* la lettre *a.* ‖ Caractère, *m.* (en imprenta). ‖ Écriture : *tener buena letra,* avoir une belle écriture. ‖ Paroles, *pl.* (de una canción). ‖ Devise (lema). ‖ Sorte de romance (poesía). ‖ Traite, lettre de change (letra de cambio). ‖ FIG. y FAM. Astuce, ruse (astucia). ‖ — Pl. Mots, *m.,* mot, *m. sing. : te escribiré dos* ou *cuatro letras,* je t'écrirai deux mots ; *poner unas letras,* écrire un mot. ‖ Lettres : *licenciado en Letras,* licencié ès lettres ; *Facultad de Letras,* faculté des lettres ; *letras humanas* ou *bellas* ou *buenas letras,* belles-lettres ; *hombre, mujer de letras,* homme, femme de lettres. ‖ — *Letra abierta,* lettre ouverte. ‖ *Letra bastardilla,* italique, lettre bâtarde. ‖ *Letra blasonada,* lettre armoriée. ‖ *Letra corrida,* écriture courante. ‖ *Letra de imprenta* ou *de molde,* caractère d'imprimerie, lettre moulée. ‖ *Letra de llamada,* lettrine (para indicar una remisión). ‖ *Letra dominical,* lettre dominicale. ‖ *Letra florida,* lettre ornée, lettrine (mayúscula decorativa). ‖ *Letra gótica, mayúscula, minúscula,* lettre gothique, majuscule, minuscule. ‖ FIG. *Letra muerta,* lettre morte. ‖ *Letra negrilla,* caractère gras. ‖ *Letra redonda* ou *redondilla,* lettre ronde. ‖ *Letra romanilla,* lettre romaine. ‖ *Letras a la vista,* engagement à vue. ‖ *Letras divinas* ou *sagradas,* Écriture sainte. ‖ FIG. y FAM. *Letras gordas,* instruction sommaire. ‖ *Letra versalita,* petite capitale. ‖ *Letra volada,* lettrine (en la parte superior de una línea). ‖ *Primeras letras,* instruction primaire. ‖ — *A la letra,* à la lettre. ‖ *Al pie de la letra,* au pied de la lettre. ‖ *Con todas sus letras,* en toutes lettres. ‖ *De su puño y letra,* de sa propre main. ‖ *Letra por letra,* mot pour mot. ‖ — *Atarse a la letra* ou *atenerse a la letra,* s'en tenir ou s'attacher à la lettre, coller au texte. ‖ FIG. y FAM. *La letra con sangre entra,* on n'apprend rien sans mal, c'est en forgeant qu'on devient forgeron. | *La letra mata, mientras que el espíritu vivifica,* la lettre tue mais l'esprit vivifie. ‖ COM. *Protestar una letra,* protester une lettre de change. ‖ FIG. *Tener letra menuda,* avoir de l'astuce, être astucieux, en savoir long.
— OBSERV. *Lettre,* missive, se dit *carta.*
letrada f. FAM. Femme d'un avocat.
letrado, da adj. Lettré, e ; instruit, e (instruido). ‖ FAM. Poseur, euse ; pédant, e (presumido). ‖ — M. Avocat, homme de loi (abogado). ‖ *Letrado del Consejo de Estado,* avocat au Conseil d'État.
Letrán n. pr. m. Latran (palacio romano).
letrero m. Écriteau, panonceau, enseigne, *f.* (cartel). ‖ Étiquette, *f.* (etiqueta). ‖ *Letrero luminoso,* enseigne lumineuse.
letrilla f. Rondeau, *m.* (composición poética).
letrina f. Latrines, *pl.* ‖ FAM. Saleté (cosa sucia).
leu m. Leu (unidad monetaria rumana).
— OBSERV. Pl. *lei.*
Léucade n. pr. GEOGR. Leucade.
leucania f. Leucanie (mariposa).
leucemia f. MED. Leucémie.

leucémico, ca adj. y s. Leucémique.
leucina f. QUÍM. Leucine.
leucito m. BOT. Leucite.
leucoblasto m. Leucoblaste.
leucocito m. BIOL. Leucocyte.
leucocitosis o **leucocitemia** f. MED. Leucocytose, leucocythémie.
leucoderma f. Leucodermie.
leucodermo, ma adj. Leucoderme.
leucoma m. MED. Leucome.
leucomaína f. BIOL. Leucomaïne.
leucopenia f. MED. Leucopénie.
leucoplaquia o **leucoplasia** f. MED. Leucoplasie.
leucoplasto m. BOT. Leucite.
leucorrea f. MED. Leucorrhée.
leucosis f. Leucose.
leuctras n. pr. GEOGR. Leuctres.
leudar v. tr. Mêler le levain à la pâte.
— V. pr. Lever (la masa del pan).
leude f. HIST. Leude.
leudo, da adj. Levé, e (el pan).
lev m. Lev (moneda búlgara).
— OBSERV. Pl. *leva.*
leva f. Départ, *m.,* partance (de un barco). ‖ Levée de soldats (reclutamiento). ‖ MECÁN. Came : *árbol de levas,* arbre à cames. | Aube (álabe). ‖ Levier, *m.,* lève (palanca). ‖ *Amer.* Ruse (engaño). ‖ Redingote (levita).
levada f. Tas (*m.*) de vers à soie. ‖ Moulinet, *m.* (esgrima). ‖ MAR. Levier, *m.* (palanca).
levadero, ra adj. Recouvrable.
levadizo adj. m. *Puente levadizo,* pont-levis.
levador m. TECN. Leveur. | Aube, *f.* (álabe).
levadura f. Levain, *m.* (para el pan). ‖ Levure (de la cerveza, etc.). ‖ FIG. Levain, *m.,* germe, *m.* (germen).
levantada f. Lever, *m.* ‖ Développé, *m.,* épaulé, *m.* (halterofilia).
levantado, da adj. Levé, e. ‖ FIG. Élevé, e (sublime). ‖ Soutenu, e (estilo). ‖ *Votar por « levantados »* y *« sentados »,* voter par assis et levés.
levantador, ra adj. y s. Qui soulève (que levanta). ‖ Séditieux, euse (sedicioso).
levantamiento m. Levée, *f.* (acción de levantar). ‖ Érection, *f.* (de una estatua). ‖ Construction, *f.* (de un edificio). ‖ Haussement : *levantamiento de las cejas,* haussement des sourcils. ‖ Levé, lever (de un mapa). ‖ Élévation, *f.* ‖ Soulèvement, rébellion, *f.* (sedición). ‖ TECN. Levage. ‖ *Levantamiento de acta,* verbalisation. ‖ *Levantamiento de la veda,* ouverture de la chasse o de la pêche. ‖ *Levantamiento del cadáver,* levée du corps.
levantar v. tr. Lever : *levantar el brazo,* lever le bras. ‖ Dresser : *levantar una escala,* dresser une échelle. ‖ Soulever (mover hacia arriba) : *levantar un poco la mesa,* soulever légèrement la table ; *levantar una polvareda,* soulever un nuage de poussière. ‖ Élever, hisser (en el aire). ‖ Lever (alzar) : *levantar los ojos,* lever les yeux. ‖ Élever, ériger, construire : *levantar un templo,* élever un temple ; *levantar una fábrica,* construire une usine. ‖ Monter (en los naipes). ‖ Enlever (quitar) : *levantar el mantel,* enlever la nappe. ‖ Faire (un chichón, una ampolla). ‖ Dresser (un plano), lever (un dibujo). ‖ Dresser : *levantar obstáculos,* dresser des obstacles. ‖ DR. Dresser (un acta) : *levantar un atestado,* dresser un constat. ‖ Lever (el ancla). ‖ Lever (el telón). ‖ FIG. Soulever (trastornar) : *levantar el estómago,* soulever l'estomac. | Soulever (sublevar un pueblo), dresser (a uno) : *levantar al hijo contra el padre,* dresser le fils contre son père. | Élever (el pensamiento, el corazón). | Relever : *levantar al país, la economía nacional,* relever le pays, l'économie nationale. | Relever (un error). | Soulever, susciter,

provoquer : *las dificultades que levantan los problemas políticos,* les difficultés que suscitent les problèmes politiques. | Fonder, instituer, ériger (establecer). | Porter, faire : *levantar falso testimonio,* porter un faux témoignage. | Lever (una interdicción). | Lever (una sesión). | Lever (supprimir) : *levantar la excomunión,* lever l'excommunication. | Lever, hausser (la voz). | MIL. Lever, recruter (tropas). | Lever (un sitio). | EQUIT. Enlever (hacer galopar el caballo). | Cabrer (empinar al caballo). | Lever (en la caza). | IMPR. Lever : *levantar letra,* lever la lettre. | — FIG. *Levantar cabeza,* se remettre (estar mejor), relever la tête (salir de apuro). | *Levantar del suelo,* soulever. | *Levantar el ánimo,* remonter [le moral], redonner du courage. | *Levantar el cadáver,* procéder à la levée du corps. | *Levantar el campo, el sitio,* lever le camp, le siège. | *Levantar en alto,* soulever. | *Levantar la baza,* faire une levée (en los naipes). | *Levantar la casa,* déménager. | *Levantar la mano a alguien,* lever o porter la main sur quelqu'un. | *Levantar la veda,* ouvrir la chasse o la pêche. | FAM. *Levantarle a uno la tapa de los sesos,* brûler la cervelle à quelqu'un. | *Levantar polvo,* faire de la poussière. | *Levantar un proceso,* intenter un procès. | *No levantar cabeza,* ne pas lever les yeux. | *Sin levantar la vista,* sans lever les yeux.
— V. pr. Se lever : *levantarse temprano,* se lever de bonne heure. | S'élever (en el aire). | S'élever, se dresser (sobresalir). | FIG. Éclater (escándalo, riña). | Se soulever (un pueblo). | Se dresser contre (una persona). | — *Al levantarse el telón,* au lever du rideau. | *Al levantarse la sesión,* à la levée de la séance. | FAM. *Levantarse con el pie izquierdo,* se lever du pied gauche o du mauvais pied. | *Levantarse con una cosa,* s'emparer d'une chose, s'approprier quelque chose. | *Levantarse de la cama,* se lever. | *Levantarse de la mesa,* se lever de table. | *Levantarse de la silla, del suelo, etc.,* se lever. | *Levantarse en armas,* se soulever, prendre les armes. | *Levantarse la tapa de los sesos,* se faire sauter la cervelle, se brûler la cervelle. | *Levantarse pronto,* se lever de bonne heure o de bon matin. | FIG. *Levantársele a uno el estómago,* avoir mal au cœur.
levante m. Levant, orient. | Vent de l'est (viento). | Levant, région de Valence et de Murcie. | *Amer.* Calomnie, *f.*
levantino, na adj. y s. Levantin, e ; du Levant.
levantisco, ca adj. Turbulent, e (turbulento).
levar v. tr. MAR. Lever (el ancla).
— V. pr. MAR. Mettre à la voile.
leve adj. Léger, ère. | FIG. Léger, ère ; peu grave, de peu d'importance : *una herida leve,* une blessure légère.
levedad f. Légèreté.
levemente adv. Légèrement. | Sans gravité.
Leví n. pr. m. Lévi.
Leviatán n. pr. m. Léviathan.
levigación f. Lévigation.
levigar v. tr. Léviger.
levirato m. Lévirat.
levirrostros m. ZOOL. Lévirostres.
levita m. Lévite (de la tribu de Leví). | Diacre (diácono).
— F. Redingote (vestidura).
levitación f. Lévitation.
levítico, ca adj. Lévitique. | FIG. Clérical, e : *ambiente levítico,* atmosphère cléricale.
— M. Lévitique (libro de Moisés). | FIG. y FAM. Protocole, cérémonial.
levitón m. Sorte de longue redingote, *f.,* lévite, *f.*
levógiro, ra adj. QUÍM. Lévogyre.
levulosa f. QUÍM. Lévulose.

léxico, ca adj. Lexical, e : *problemas léxicos,* problèmes lexicaux.
— M. Lexique. | Dictionnaire grec.
lexicografía f. Lexicographie.
lexicográfico, ca adj. Lexicographique.
lexicógrafo m. Lexicographe.
lexicología f. Lexicologie.
lexicológico, ca adj. Lexicologique.
lexicólogo m. Lexicologue.
lexicón m. Lexique, lexicon.
ley f. DR. Loi : *someterse a una ley,* se soumettre à une loi ; *ley vigente,* loi en vigueur ; *dictar la ley,* faire la loi. | Loi : *la ley de la oferta y la demanda,* la loi de l'offre et de la demande ; *leyes de la física,* lois de la physique ; *ley de los grandes números,* la loi des grands nombres. | Affection (cariño) [avec les verbes *cobrar, tener* et *tomar*] : *tomar ley,* prendre en affection ; *tener ley,* avoir en affection. | Règle : *las leyes del juego,* les règles du jeu. | Religion : *la ley de los mahometanos,* la religion des mahométans. | Qualité (calidad), poids, *m.* (peso), dimension réglementaire (medida). | Titre, *m.,* aloi, *m.* (de un metal). | Statut, *m.* (de una asamblea). | Règlement, *m.* (de un concurso). | Pl. Le droit, *m. sing. : estudiar leyes,* faire son droit. | — *Ley agraria,* loi agraire. | *Ley antigua, de Moisés,* loi ancienne, loi mosaïque. | *Ley de despido,* loi de renvoi. | FIG. y FAM. *Ley del embudo,* deux poids et deux mesures : *aplicar la ley del embudo,* avoir deux poids et deux mesures. | *Ley del encaje,* loi du bon plaisir. | *Ley de préstamos y arriendos,* loi prêt-bail. | *Ley escrita,* loi écrite. | *Ley marcial,* loi martiale. | *Ley nueva,* loi nouvelle (de Cristo). | *Ley seca,* loi sèche, prohibition [aux États-Unis]. | — FAM. *A la ley,* propre, soigneusement. | *Al margen de la ley,* hors-la-loi, en dehors o en marge de la loi. | *A toda ley,* selon les règles, comme il faut. | *Bajo de ley,* de bas aloi. | *Con todas las de la ley,* dans les règles, dans les règles de l'art (cabalmente), selon les règles, en bonne forme, légalement (reglamentariamente). | *De buena ley,* de bon aloi, frappé au bon coin. | *De ley,* véritable, pur (metal). | *En buena ley,* à juste titre. | *Hombre de leyes,* homme de loi. | — *Allá van leyes do* ou *donde quieren reyes,* la raison du plus fort est toujours la meilleure. | *Bajar de ley,* baisser le titre (de un metal). | *Dictar la ley,* faire la loi. | *Hecha la ley, hecha la trampa,* les lois sont faites pour être violées. | *La costumbre hace ley* ou *tiene fuerza de ley,* la coutume fait loi. | *La ignorancia de la ley no excusa su cumplimiento,* nul n'est censé ignorer la loi. | *La ley acabó por triunfar,* force est restée à la loi. | *No ser ley,* ne pas être orthodoxe o réglementaire. | *Subir de ley,* augmenter le titre (metal). | *Tener fuerza de ley,* avoir force de loi, faire loi. | *Venir contra la ley,* enfreindre la loi.
Leyden n. pr. GEOGR. Leyde.
leyenda f. Légende (vida de santos). | Légende (cuento). | Légende (de una moneda). | — *Leyenda áurea,* légende dorée. | *Leyenda negra,* récit de la conquête de l'Amérique hostile aux colonisateurs espagnols.
lezna f. Alène (de zapatero).
lía f. Marc, *m.* (orujo). | Courroie, corde (soga de esparto). | Pl. Lie, *sing.* (heces del vino).
liana f. BOT. Liane (bejuco).
liar v. tr. Lier, attacher (atar). | Envelopper, rouler (enrollar) : *liar en una manta,* rouler dans une couverture. | Rouler : *liar un cigarrillo,* rouler une cigarette. | FIG. y FAM. Embobiner (engatusar). | Rouler (engañar). | Mêler : *no me líes en este asunto,* ne me mêle pas à cette histoire. | — FAM. *Liar el petate* ou *el hato,* faire son baluchon,

plier bagage (largarse), claquer (morir). | *Liar los bártulos*, v. BÁRTULO.
— V. pr. S'envelopper, se rouler : *liarse en una manta*, s'envelopper dans une couverture. ‖ FIG. S'embrouiller (trabucarse). ‖ FAM. Se mêler (intervenir). ‖ FIG. y POP. Avoir une liaison (amancebarse). ‖ — FAM. *Liarse a palos*, en venir aux coups. ‖ FIG. y FAM. *Liárselas* ou *liarlas*, plier bagage (escaparse o morir).

lías o **liásico** m. GEOL. Lias (terreno).
liásico, ca adj. GEOL. Liasique.
libación f. Libation.
libamen m. Offrande, *f.* (en el sacrificio).
libamiento m. Libation, *f.*
libanés, esa adj. y s. Libanais, e.
Líbano n. pr. m. GEOGR. Liban.
libar v. tr. Sucer (chupar). ‖ Butiner : *la abeja liba las flores*, l'abeille butine les fleurs. ‖ Déguster, goûter (probar). ‖ Faire des libations (para el sacrificio). ‖ Sacrifier (sacrificar).
libatorio m. Vase à libations.
libelar v. tr. DR. Libeller. ‖ Présenter une requête (petición).
libelista m. Libelliste, pamphlétaire.
libelo m. Libelle, pamphlet : *libelo infamatorio*, libelle infamant.
libélula f. Libellule (insecto).
líber m. BOT. Liber.
libera m. RELIG. Libera.
liberable adj. Libérable.
liberación f. Délivrance, libération (de la servidumbre). ‖ Libération (de un país). ‖ Mise en liberté (de presos). ‖ Quittance (recibo). ‖ *Amer.* Délivrance, accouchement, *m.* (parto). ‖ *Acto de liberación*, levée d'écrou.
liberado, da adj. Libéré, e : *país liberado*, pays libéré ; *acción liberada*, action libérée.
liberador, ra adj. y s. Libérateur, trice.
liberal adj. y s. Libéral, e : *liberal con uno*, libéral envers quelqu'un ; *profesión liberal*, profession libérale. ‖ — *Artes liberales*, arts libéraux. ‖ *Partido liberal*, parti libéral.
liberalidad f. Libéralité.
— SINÓN. *Largueza, esplendidez, largesse. Generosidad, dadivosidad,* générosité. *Prodigalidad,* prodigalité.
liberalismo m. Libéralisme.
liberalización f. Libéralisation. ‖ COM. Libération (de cupos) : *la liberalización del comercio*, la libération des échanges.
liberalizar v. tr. Libéraliser. ‖ COM. Libérer (cupos).
— V. pr. Devenir libéral, e.
liberalmente adv. Libéralement (con desprendimiento). ‖ *Amer.* Rapidement, avec promptitude (rápidamente).
liberar v. tr. Libérer. ‖ Dégager : *liberar un dedo cogido en un engranaje*, dégager un doigt pris dans un engrenage. ‖ FIG. Dégager : *liberar a uno de su promesa*, dégager quelqu'un de sa promesse.
Liberata o **Librada** n. pr. f. Livrade.
liberatorio, ria adj. Libératoire.
Liberia n. pr. f. GEOGR. Libéria, *m.*
liberiano, na adj. y s. Libérien, enne (de Liberia).
Liberio n. pr. m. Libère.
liberoleñoso, sa adj. BOT. Libéro-ligneux, euse.
libérrimo, ma adj. Entièrement o parfaitement libre, très libre.
libertad f. Liberté : *hipotecar su libertad*, engager sa liberté. ‖ Liberté, hardiesse (en el trato). ‖ Aisance (desembarazo). ‖ — Pl. Libertés : *tomarse libertades*, prendre des libertés. ‖ Libertés, privilèges, *m.* (prerrogativas). ‖ — *Libertad condicional*, liberté sous conditions. ‖ *Libertad de comercio, de conciencia, de cultos, de imprenta* ou *de prensa*, liberté du commerce, de conscience, du culte, de la presse. ‖ *Libertad provisional*, liberté

provisoire o sous caution. ‖ *Libertad vigilada*, liberté surveillée. ‖ — *Con entera* ou *con toda libertad*, en toute liberté. ‖ *Tener plena libertad de* ou *para*, avoir toute liberté de. ‖ *Tomarse la libertad de*, prendre la liberté de.
libertador, ra adj. y s. Libérateur, trice.
libertar v. tr. Délivrer. ‖ Libérer (de una deuda, de una obligación). ‖ Affranchir (de la esclavitud). ‖ Sauver (preservar).
libertario, ria adj. y s. Libertaire.
libertense adj. y s. De La Libertad (El Salvador).
liberticida adj. Liberticide.
libertinaje m. Libertinage.
libertino, na adj. y s. Libertin, e. ‖ — M. y f. Fils o fille d'affranchi (hijo de liberto).
liberto, ta m. y f. Affranchi, e (esclavo).
Libia n. pr. f. GEOGR. Libye.
líbico, ca adj. De la Libye, libyque.
libídine f. Luxure, libido.
libidinosamente adv. Luxurieusement.
libidinosidad f. Lascivité.
libidinoso, sa adj. y s. Libidineux, euse.
libido f. Libido (deseo sexual).
libio, bia adj. y s. Libyen, enne.
libra f. Livre (peso, medida o moneda). ‖ ASTR. Balance (signo del Zodíaco). ‖ *Amer.* Feuille de tabac de première qualité. ‖ — *Libra carnicera*, kilogramme. ‖ *Libra esterlina*, livre sterling. ‖ *Libra medicinal*, livre de pharmacien (12 onzas). ‖ — FIG. y FAM. *Entrar pocas* ou *pocos en libra*, être rare, ne pas courir les rues.
libración f. ASTR. Libration (de la Luna).
libraco m. FAM. Bouquin (libro).
librado m. COM. Tiré (persona contra la que se gira una letra).
librador, ra adj. y s. Libérateur, trice (que libra). ‖ — M. Main, *f.*, cornet [des commerçants] (cogedor). ‖ — M. y f. Tireur, euse (de una letra de cambio).
libramiento m. Délivrance, *f.* (acción de libertar). ‖ Exemption, *f.*, exonération, *f.* (de un cargo). ‖ Exemption, *f.*, dispense, *f.* (de un trabajo). ‖ Ordre de paiement (orden de pago).
librancista m. Porteur (de una letra de cambio).
libranza f. Ordre (*m.*) de paiement (orden de pago). ‖ Tirage, *m.* (emisión de una letra de cambio).
librar v. tr. Sauver (de un peligro). ‖ Affranchir, libérer : *librar de la tiranía*, affranchir de la tyrannie. ‖ Délivrer : *librar de un cuidado*, délivrer d'un souci. ‖ Dispenser (de un cargo o trabajo). ‖ Libérer, dégager (de una obligación). ‖ Placer (la confianza). ‖ Livrer (una batalla) : *librar combate por*, livrer bataille pour. ‖ Tirer (letras de cambio) : *librar un cheque contra X*, tirer un chèque sur X. ‖ Prononcer (una sentencia). ‖ Promulguer (un decreto). ‖ — *¡Dios me libre!* ou *¡líbreme Dios!*, Dieu m'en garde !, Dieu m'en préserve ! ‖ *Librar su esperanza en Dios*, mettre son espérance en Dieu. ‖ *Salir bien librado*, bien s'en tirer, en être quitte à bon marché.
— V. intr. Se rendre au parloir (una monja). ‖ Accoucher (parir). ‖ FAM. Avoir un jour de congé (los obreros).
— V. pr. Échapper à, éviter : *librarse de un golpe*, éviter un coup. ‖ Éviter, s'éviter, se dispenser (una cosa molesta). ‖ Se libérer, se dégager (de una obligación). ‖ Se défaire : *librarse de un prejuicio*, se défaire d'un préjugé. ‖ — FAM. *Librarse de una buena*, l'échapper belle. | *Librarse por los pelos*, échapper d'un cheveu o de justesse.
librazo m. Coup donné avec un livre.
libre adj. Libre : *es usted muy libre de ir*, libre à vous d'y aller. ‖ Libre (que no está preso). ‖ FIG. Dégagé, e ; peu encombré, e (sitio desembarazado). | Libre, insolent, e (atrevido). | Libre, osé, e (licencioso). | Indépendant, e (indepen-

diente). | Affranchi, e ; libre : *libre de toda obligación,* affranchi de toute obligation. | Dégagé, e : *libre de toda responsabilidad,* dégagé de toute responsabilité. | Exempt, e : *libre de impuestos,* exempt d'impôts. | Quitte : *libre de una deuda,* quitte d'une dette. | Célibataire, libre (soltero). | Perdu, e : *en mis ratos libres,* à mes moments perdus. || — *Libre albedrío* ou *arbitrio,* libre arbitre. || *Libre bajo palabra,* libre sur parole. || *Libre de,* sans : *libre de penas,* sans soucis. || *Libre de cuidado,* hors de danger. || *Libre en su lenguaje,* qui tient des propos libres. || — *Aire libre,* grand air. || *Estilo libre,* nage libre. || *Oyente libre,* auditeur libre (en un curso). || *Traducción libre,* traduction libre. || *Zona de libre cambio* ou *de libre comercio,* zone de libre échange. || — *Al aire libre,* en plein air. || *Con el espíritu libre,* l'esprit libre, en toute liberté d'esprit. || *Más libre que un pájaro,* libre comme l'air. || *Estudiar por libre,* étudier tout seul [en vue d'un examen]. || *Tener entrada libre en casa de alguien,* avoir ses entrées libres chez quelqu'un.

librea f. Livrée. || Livrée, pelage, *m.* (de los venados).

librecambio m. Libre-échange.

librecambismo m. Libre-échangisme, doctrine (*f.*) du libre-échange.

librecambista adj. y s. Libre-échangiste : *política librecambista,* politique libre-échangiste.

librepensador m. Libre penseur.

librepensamiento m. Libre pensée, *f.*

librería f. Librairie (tienda). || Bibliothèque (colección de libros y mueble). || Librairie (oficio).

libreril adj. De librairie.

librero, ra m. y f. Libraire. || — M. *Amer.* Bibliothèque, *f.*

libresco, ca adj. Livresque.

libreta f. Livret, *m.,* cahier, *m.* (cuaderno). || Carnet, *m.,* agenda, *m.* (agenda). || Pain (*m.*) d'une livre.

libretista m. Mús. Librettiste, parolier.

libreto m. Mús. Livret, libretto.

librillo m. Terrine, *f.* (lebrillo). || Petit livre (libro). || Pain (de cera). || Zool. Feuillet (de los rumiantes). || *Librillo de papel de fumar,* cahier de papier à cigarette.

libro m. Livre (para leer). || Registre (para recoger). || Cahier (cuaderno). || Carnet : *libro de señas,* carnet d'adresses. || Livret (teatro). || Zool. Feuillet (de los rumiantes). || — *Libro amarillo, azul, blanco, rojo,* etc., livre jaune, bleu, blanc, rouge, etc. (en diplomacia). || *Libro antifonario,* antiphonaire. || *Libro borrador,* brouillon. || Com. *Libro copiador,* copie de lettres, livre de copie de lettres. || Mar. *Libro de a bordo,* livre de bord. || *Libro de actas,* registre des procès-verbaux. || *Libro de asiento,* cahier de notes, registre. || *Libro de caballerías,* roman de chevalerie. || Com. *Libro de caja,* livre de caisse. || *Libro de familia,* livret de famille. || *Libro de horas,* livre d'heures. || Com. *Libro de inventario,* livre d'inventaire. || *Libro de mano,* manuscrit. || *Libro de memoria,* carnet de notes, aide-mémoire. || *Libro de música,* livre de musique. || *Libro de texto,* livre au programme, manuel [scolaire]. || Com. *Libro diario,* journal. || *Libro empastado* ou *encuadernado, en rústica,* livre relié, broché. || *Libro escolar,* livret scolaire. || *Libro mayor,* grand livre. || *Libros sagrados,* livres saints. || *Libro talonario,* carnet à souches. || — Fig. *A libro abierto,* à livre ouvert. || *Gran libro,* grand-livre de la Dette publique. || *Teneduría de libros,* tenue des livres. || — Fig. y Fam. *Ahorcar uno los libros,* jeter ses livres au feu (abandonar los estudios). | *Hablar como un libro,* parler comme un livre. || *Llevar*

los libros, tenir les livres (comercio). || Fig. *Meterse en libros de caballería,* se mêler de ce qui ne nous regarde pas.

librote m. Fam. Bouquin, pavé.

licantropía f. Med. Lycanthropie.

licántropo m. Med. Lycanthrope.

licaón m. Lycaon (lobo de África).

Licaón n. pr. m. Mit. Lycaon.

liceísta m. y f. Membre (*m.*) d'une société littéraire.

licencia f. Permission, licence : *con licencia de sus jefes,* avec la permission de ses chefs. || Licence : *licencia en derecho, en ciencias, en filosofía y letras,* licence en droit, ès sciences, ès lettres. || Licence : *licencia de exportación,* licence d'exportation. || Licence (libertad abusiva). || Permis, *m. : licencia de caza, de pesca,* permis de chasse, de pêche. || Licence (en poesía). || (Ant.). Mil. Congé, *m. : licencia absoluta,* congé définitif. | Libération, quille (fam.) : *licencia de la quinta,* libération du contingent. | Congé, *m. : licencia por enfermedad,* congé de maladie, de longue durée. || — Mil. *Dar la licencia a la quinta,* libérer le contingent. || *Dar licencia de ou para,* donner la permission de, autoriser à. || *Tomarse la licencia,* se permettre, prendre la liberté.

licenciable adj. Libérable (soldado).

licenciado, da adj. Licencié, e (estudiante). || Licencié, e ; congédié, e (despedido). || Mil. Libéré, e. || Pédant, e (presumido). — M. Avocat (abogado). || Soldat libéré (soldado). || — M. y f. Licencié, e : *licenciado en derecho, en ciencias, en filosofía y letras,* licencié en droit, ès sciences, ès lettres. || — *El licenciado Vidriera,* le Licencié de verre (de Cervantes). || Fam. *Licenciado Vidriera,* petit délicat, mauviette.

licenciamiento m. Licenciement (de empleados). || Examen de licence (de estudiantes). || Mil. Libération, *f.*

licenciar v. tr. Licencier, congédier (echar). || Conférer le grade *o* donner le diplôme de licencié (a un estudiante). || Autoriser (dar permiso). || Libérer, licencier (un soldado) : *licenciar la quinta,* libérer le contingent.
— V. pr. Passer sa licence, obtenir le grade *o* le diplôme de licencié : *licenciarse en derecho, en ciencias, en filosofía y letras,* passer sa licence en droit, ès sciences, ès lettres. || Devenir licencieux, euse (licencioso).

licenciatura f. Licence : *licenciatura de derecho, de ciencias, de filosofía y letras,* licence en droit, ès sciences, ès lettres.

licencioso, sa adj. Licencieux, euse.

liceo m. Société (*f.*) littéraire. || Lycée (escuela). || Lycée (en Atenas). || *El Liceo,* théâtre de l'Opéra à Barcelone.
— Observ. *Lycée* (établissement scolaire) se dit plutôt en espagnol *instituto* (de segunda enseñanza). Néanmoins, on trouve en Amérique en emploi aussi *liceo.*

licitación f. Dr. Licitation, vente aux enchères (subasta). || Com. Appel (*m.*) d'offres.

licitador m. Enchérisseur.

licitante adj. Enchérisseur.

licitar v. tr. Enchérir, acheter aux enchères (pujar).

lícito, ta adj. Licite, permis, e.

licitud f. Légalité, qualité de ce qui est licite.

licnis m. Bot. Lychnis.

Licomedes n. pr. m. Mit. Lycomède.

licoperdo o **licoperdón** m. Bot. Lycoperdon.

licopodíneas f. pl. Bot. Lycopodinées.

licopodio m. Bot. Lycopode, lycope (planta).

licor m. Liqueur, *f.* || Digestif, alcool (fam.) : *beber un licor después de cenar,* boire un digestif après le dîner.

licorera f. Coffret (*m.*) *o* bouteille à liqueurs.

licorista m. y f. Liquoriste, *m.*

licoroso, sa adj. Liquoreux, euse.

licosa f. Lycose (araña).
lictor m. Licteur.
licuable adj. Liquéfiable.
licuación f. Liquéfaction. ‖ TECN. Liquation.
licuado m. *Amer.* Milk-shake (batido).
licuador m. o **licuadora** f. Mixeur, *m.*
licuante adj. Liquéfiant, e. ‖ TECN. Qui liquate.
licuar v. tr. Liquéfier (volver líquido). ‖ TECN. Liquater.
licuefacción f. Liquéfaction.
licuefacer v. tr. Liquéfier (licuar).
licuefactible adj. Liquéfiable (licuable).
licuefactivo, va adj. Liquéfiant, e.
licuefactor m. TECN. Liquéfacteur.
licurgo m. FIG. Législateur.
Licurgo n. pr. m. Lycurgue.
lid f. Lutte, combat, *m.*, lice (pelea). ‖ FIG. Joute, discussion (disputa) : *toros de lidia,* homme accoutumé à ces discussions. ‖ *En buena lid,* loyalement, de bonne guerre.
líder m. Leader (jefe de un partido).
— OBSERV. Pl. *líderes.*
liderato o **liderazgo** m. Leadership.
lidia f. Combat : *toros de lidia,* taureaux de combat.
Lidia n. pr. f. GEOGR. Lydie.
lidiadero, ra adj. Qui peut être combattu.
lidiador, ra m. y f. Combattant, e. ‖ FIG. Lutteur, euse. ‖ — M. TAUROM. Toréador, torero.
lidiante adj. Combattant, e.
lidiar v. tr. TAUROM. Combattre [un taureau]. ‖ FIG. y FAM. *Harto de lidiar,* de guerre lasse.
— V. intr. Combattre, lutter. ‖ FIG. Batailler : *he tenido que lidiar con* ou *contra él,* il a fallu que je bataille avec lui. ‖ *Avoir affaire à.*
lidio, dia adj. y s. Lydien, enne (de Lidia).
lidita f. Lyddite (explosivo).
liebre f. Lièvre, *m.* (animal). ‖ FIG. y FAM. Lièvre, *m.* : *cobarde como una liebre,* poltron comme un lièvre. ‖ ASTR. Lièvre, *m.* ‖ — *Amer.* Liebre *corrida,* femme libre. ‖ *Liebre de mar* ou *marina,* lièvre de mer (molusco). ‖ — FIG. y FAM. *Agarrar* ou *coger una liebre,* ramasser une pelle o une bûche. ‖ *Correr como una liebre,* courir comme un lapin o comme un lièvre. ‖ *Donde menos se piensa, salta la liebre,* ça arrive toujours au moment où l'on s'y attend le moins. ‖ *Levantar la liebre,* lever le lièvre.
liebrecilla f. BOT. Bleuet, *m.* (aciano).
lied m. Lied.
— OBSERV. Pl. *lieder.*
Lieja n. pr. GEOGR. Liège (ciudad).
liejés, esa adj y s. Liégeois, e.
liendre f. Lente (huevo de piojo). ‖ FIG. y FAM. *Cascarle* ou *machacarle a uno las liendres,* flanquer une volée à quelqu'un (aporrear), secouer les puces à quelqu'un (reprender). ‖ *Sacar hasta las liendres,* presser comme un citron.
lientera o **lientería** f. MED. Diarrhée.
lienzo m. Tissu, étoffe, *f.* (tela en general). ‖ Toile, *f.* (por oposición a la lana, etc.). ‖ Morceau de tissu (porción de tela). ‖ Mouchoir (pañuelo). ‖ Toile, *f.* (cuadro). ‖ ARQ. Pan [de mur]. ‖ Courtine, *f.* (fortificación). ‖ *Amer.* Morceau de clôture (cerca).
liga f. Jarretelle, jarretière (de mujeres), fixe-chaussettes, *m. inv.*, jarretelle (de hombres). ‖ Bande, bandage, *m.* (venda). ‖ Ligue (confederación). ‖ DEP. Championnat, *m.* (campeonato), poule (grupo). ‖ Alliage, *m.* (aleación). ‖ Mélange, *m.,* union (mezcla). ‖ BOT. Gui, *m.* (muérdago). ‖ Glu (materia pegajosa). ‖ *Hacer buena* ou *mala liga con uno,* s'entendre o ne pas s'entendre avec quelqu'un, faire o ne pas faire bon ménage avec quelqu'un.

ligación f. Ligature (ligadura). ‖ Mélange, *m.* (mezcla). ‖ Liaison, union (enlace).
ligada f. MAR. Ligature.
ligado m. Liaison, *f.* (enlace de dos letras). ‖ MÚS. Liaison, *f.*
ligadura f. Ligature. ‖ Mélange, *m.* (mezcla, liga). ‖ FIG. Lien, *m.,* attache (sujeción). ‖ MED. Ligature (de un vaso), tenon, *m.* (para sujetar un diente). ‖ MÚS. Liaison. ‖ *Hacer una ligadura,* ligaturer.
ligamaza f. Viscosité (de las semillas).
ligamen m. Lien antérieur empêchant un nouveau mariage.
ligamento m. ANAT. Ligament. ‖ Liaison, *f.,* lien (ligación). ‖ Tissage (textiles).
ligamentoso, sa adj. Ligamenteux, euse.
ligamiento m. Ligature, *f.,* attache, *f.* (acción de ligar o atar). ‖ FIG. Union, *f.,* accord.
ligar v. tr. Lier, attacher (atar). ‖ Relier, rattacher : *ligar una cosa con otra,* relier une chose à une autre. ‖ Allier (los metales). ‖ FIG. Lier, contracter : *ligar amistad,* lier amitié. | Unir, lier : *el interés nos liga,* l'intérêt nous lie. | Lier : *estoy ligado por esta promesa,* je suis lié par cette promesse. ‖ Liguer (unir). ‖ MED. Ligaturer (una arteria). ‖ MÚS. Lier, lourer (p. us.) [notas]. ‖ CULIN. Lier (una salsa). ‖ *Amer.* Chaparder (sisar).
— V. intr. Réunir deux o plusieurs cartes de même couleur. ‖ Correspondre (tocar). ‖ FAM. Draguer (galantear). | S'entendre (entenderse). ‖ *Ligar con una chica,* faire la conquête d'une fille.
— V. pr. Être lié, se lier : *ligarse con* ou *por una promesa,* être lié par une promesse. ‖ S'allier, s'unir, se lier (unirse).
ligazón f. Liaison, union (enlace). ‖ MAR. Liaison.
ligereza f. Légèreté (de peso). ‖ FIG. Légèreté (de carácter).
ligero, ra adj. Léger, ère : *paso, sueño ligero,* pas, sommeil léger ; *comida ligera,* repas léger ; *metal ligero,* métal léger. ‖ Leste (ágil). ‖ FIG. Léger, ère (de carácter) : *mujer ligera,* femme légère. | Léger, ère (sin importancia). ‖ — *Ligero de manos,* qui a la main leste. | *Ligero de pies,* au pied léger. | *Ligero de tono,* léger (palabra). ‖ *Ligero en su conducta,* de vie légère. | *Peso ligero,* poids léger (boxeo). ‖ FIG. y FAM. *Ser ligero de cascos,* ne pas avoir de plomb dans la cervelle, être écervelé o sans cervelle, avoir une cervelle d'oiseau.
— Adv. Vite, rapidement (de prisa) : *hazlo ligero,* fais-le rapidement. ‖ — *A la ligera,* à la légère. ‖ *De ligero,* à la légère (sin reflexión).
ligio adj. m. Lige (feudo).
lignario, ria adj. Ligneux, euse.
lignícola adj. Lignicole.
lignificación f. BOT. Lignification.
lignificarse v. pr. Se lignifier (convertirse en madera).
lignina f. QUÍM. Lignine.
lignito m. Lignite (carbón).
lignoso, sa adj. Ligneux, euse.
lignum crucis m. Bois de la croix.
ligón m. o **ligona** f. Bêche, *f.* (azada).
ligón, ona adj. y s. Verni, e ; chanceux, euse [aux cartes]. ‖ Liant, e ; qui se lie facilement, personne liante (sociable) : *es una mujer muy ligona,* c'est une femme très liante. ‖ — M. FAM. Dragueur (con las mujeres).
ligua f. Casse-tête, *m. inv.* (arma filipina).
liguero m. Porte-jarretelles.
— Adj. *Campeonato liguero,* championnat (fútbol).
liguilla f. Bande étroite. ‖ Championnat (*m.*) avec peu de concurrents, poule (deportes).
lígula f. BOT. Ligule. ‖ ANAT. Épiglotte (epiglotis).
ligulado, da adj. BOT. Ligulé, e.

liguliforo, ra adj. y s. Bot. Liguliflore.
ligur adj. y s. Ligurien, enne.
ligures m. pl. Ligures.
Liguria n. pr. f. Geogr. Ligurie.
ligustre m. Fleur (f.) du troène.
ligustro m. Bot. Troène (alheña).
lija f. Roussette (pez). ‖ Papier (m.) de verre
(papel esmerilado). ‖ *Papel de lija*, papier de
verre.
lijadora f. Polissoir, m. (pulidor).
lijar v. tr. Polir au papier de verre (pulir).
lila f. Lilas, m. (arbusto y flor). ‖ Lainage, m.
(tela). ‖ — M. Lilas (color). ‖ — Adj. y s. Fam.
Gourde, sot, sotte ; niais, e ; jobard.
Lila n. pr. Geogr. Lille. ‖ *De Lila*, lillois, e.
lilaila f. Étoffe de laine. ‖ Fam. Tour, m., astuce
(astucia).
liliáceo, a adj. y s. f. Bot. Liliacé, e.
Liliput n. pr. m. Lilliput.
liliputiense adj. y s. Lilliputien, enne.
lima f. Bot. Lime, limette (limón). | Limettier, m.
(limero). ‖ Lime (herramienta). ‖ Arq. Arêtier, m.
(madero), arête (ángulo saliente). ‖ Fig. Polissage,
m. (enmienda). | Ver, m., chose qui ronge. ‖ —
Arq. *Lima hoya*, noue, cornière de toit de comble.
| *Lima tesa*, croupe, arête. ‖ *Lima sorda*, lime
sourde. ‖ Fig. *Comer como una lima*, manger
comme quatre o comme un ogre.
Lima n. pr. Geogr. Lima.
limado, da adj. Limé, e.
— M. Limage (acción de limar).
limador, ra adj. y s. Limeur, euse.
limadura f. Limage, m. (acción de limar). ‖ — Pl.
Limaille, *sing.* (trocitos de metal).
limalla f. Limaille.
limar v. tr. Limer, passer la lime sur. ‖ Fig. Limer,
polir (retocar). | Réduire (debilitar). ‖ Fig. *Limar
las asperezas*, arrondir les angles.
limatón m. Queue-de-rat, f., lime (f.) ronde. ‖
Amer. Arêtier (madero).
limaza f. Limace (babosa).
limbario, ria adj. Bot. Limbaire (del limbo).
limbo m. Limbe (de hoja, de astro). ‖ Mat. Limbe.
‖ Bord (de vestidura). ‖ Limbes, *pl.* (de las almas).
‖ Fig. y Fam. *Estar uno en el limbo*, être dans les
limbes, être dans les nuages (distraído).
Limburgo n. pr. m. Geogr. Limbourg.
limen m. Poét. Seuil (umbral).
limeño, ña adj. y s. De Lima.
limera f. Mar. Jaumière.
limero, ra m. y f. Marchand, marchande de limes.
‖ — M. Limettier (árbol).
limeta f. Fiasque, bouteille.
liminal adj. Liminal, e.
liminar adj. Liminaire : *advertencia liminar*, avertissement liminaire.
limiste m. Limestre (tela).
limitable adj. Limitable.
limitación f. Limitation. ‖ Limite (término).
limitado, da adj. Limité, e. ‖ Borné, e (poco inteligente).
limitáneo, a adj. Limitrophe.
limitar v. tr. Limiter, borner. ‖ Fig. Limiter : *hay
que limitar sus prerrogativas*, il faut limiter ses
prérogatives.
— V. intr. Limiter, confiner (lindar).
— V. pr. Se limiter, se borner : *limitarse a copiar*,
se borner à copier.
limitativo, va adj. Limitatif, ive.
límite m. Limite, f. ‖ Plafond (tope) : *el límite
presupuestario*, le plafond budgétaire. ‖ — *Todo
tiene sus límites*, il y a une limite à tout. ‖ *Velocidad límite*, vitesse limite.
limítrofe adj. Limitrophe : *limítrofe con Francia*,
limitrophe de la France.
limnea f. Limnée (molusco).
limnología f. Limnologie (estudio de los lagos).

limo m. Limon, boue, f. (légamo). ‖ *Amer.* Limettier (limero).
limón m. Citron (fruto). ‖ Citronnier (árbol). ‖
Limon (de un coche). ‖ Arq. Limon (de una escalera). ‖ — Fig. *Estrujar a uno como un limón*,
presser quelqu'un comme un citron. ‖ *Limón natural*, citron pressé. ‖ *Refresco de limón*, citronnade.
— Adj. inv. *Amarillo limón*, jaune citron.
limonada f. Citronnade (bebida). ‖ Fam. *Ni chicha
ni limonada*, ni chair ni poisson.
— Observ. La *limonade* en francés corresponde a la
gaseosa en español.
limonado, da adj. Jaune citron.
limonar m. Endroit planté de citronniers. ‖ Amer.
Citronnier (limonero).
limoncillo m. Amer. Nom de diverses plantes.
limonera m. Quím. Limonène.
limonera f. Limon, m., limonière (de un coche).
limonero, ra adj. y s. Limonier, ère (caballo). ‖ —
M. y f. Marchand, marchande de citrons. ‖ —
M. Citronnier (árbol). ‖ — F. Limonière (de un
coche).
limonita f. Limonite (mineral).
limosidad f. Caractère (m.) fangeux. ‖ Tartre (m.)
des dents (sarro).
limosna f. Aumône : *pedir limosna*, demander
l'aumône. ‖ *Dar una limosna*, faire l'aumône o
faire la charité.
— Sinón. *óbolo*, obole, *Socorro*, secours. *Auxilio*, aide.
limosnear v. intr. Mendier, demander l'aumône.
limosneo m. Mendicité, f.
limosnera f. Aumônière.
limosnero, ra adj. Charitable, aumônier, ère
(p. us.). ‖ Amer. Mendiant, e (pordiosero).
— M. Aumônier (recolector de lismona). ‖ Amer.
Mendiant (mendigo). ‖ — F. Aumônière (bolso).
limoso, sa adj. Limoneux, euse ; boueux, euse.
limpia f. Nettoyage, m. (limpieza). ‖ — M. Pop.
Cireur (limpiabotas).
limpiabarros m. inv. Décrottoir.
limpiabotas m. inv. Cireur [de chaussures].
limpiachimeneas m. inv. Ramoneur (deshollinador).
limpiada f. o **limpiado** m. Nettoyage, m. (limpieza).
limpiadera f. Rabot, m. (cepillo de carpintero). ‖
Agric. Curette (de un arado).
limpiadientes m. inv. Cure-dents (mondadientes).
limpiador, ra adj. y s. Nettoyeur, euse. ‖ *Limpiador de cristales*, laveur de vitres.
limpiadura f. Nettoyage, m. (acción de limpiar).
‖ — Pl. Saletés (basura).
limpiamanos m. inv. Essuie-mains (toalla).
limpiamente adv. Proprement. ‖ Fig. Adroite-
ment, en beauté (con destreza). | Sincèrement (con
sinceridad). | Honnêtement (honestamente).
limpiamiento m. Nettoyage, nettoiement.
limpiaparabrisas m. inv. Autom. Essuie-glace,
essuie-glaces.
limpiapipas m. inv. Cure-pipe.
limpiaplumas m. inv. Essuie-plume.
limpiar v. tr. ● Nettoyer : *limpiar una habitación*,
nettoyer une chambre ; *limpiar un vestido*, nettoyer
un vêtement. | Essuyer : *limpiar el sudor, el polvo*,
essuyer la sueur, la poussière. ‖ Ramoner (la chi-
menea). | Trier : *limpiar las lentejas*, trier les
lentilles. | Fig. Débarrasser (desembarazar).
Élaguer (podar). | Laver, blanchir : *limpiado de
culpas*, lavé de ses fautes. | Fig. y Fam. Chiper,
subtiliser, faucher (robar) : *me limpiaron el reloj*,
on m'a chipé ma montre. | Lessiver, ratiboiser
(quitar todo el dinero). | Gagner (en el juego). |
Panser (un caballo). ‖ Amer. Punir, châtier (cas-
tigar). | Tuer (matar). | Battre (azotar). ‖ — Fig.
y Fam. *Limpiar el polvo*, secouer les puces.
— Sinón. ● *Lavar*, laver. *Frotar*, frotter. *Desengrasar*,
dégraisser. *Barrer*, balayer. *Fregar*, laver.

limpiaúñas m. inv. Cure-ongles.
limpidez f. Limpidité.
límpido, da adj. Limpide.
limpieza f. Propreté, netteté : *la limpieza de un cuarto,* la propreté d'une pièce. ‖ Nettoyage, *m. : limpieza en seco,* nettoyage à sec. ‖ Nettoiement, *m.* (de la vía pública). ‖ Ménage, *m. : la limpieza del comedor,* le ménage de la salle à manger ; *hacer la limpieza,* faire le ménage. ‖ Fig. Pureté (pureza). | Désintéressement, *m.,* intégrité (honradez). | Habileté, adresse (destreza). ‖ — Fig. *Limpieza de corazón,* droiture, loyauté. | *Limpieza de manos,* probité, intégrité. ‖ *Limpieza de sangre,* pureté du sang. ‖ — *Artículos de limpieza,* produits d'entretien. ‖ Mil. *Operación de limpieza,* ratissage. ‖ — *Ejecutar un trabajo con toda limpieza,* exécuter un travail très proprement *o* très habilement *o* de main de maître. ‖ Fig. y Fam. *Hacer una limpieza general,* donner un coup de balai. ‖ Mil. *Hacer una operación de limpieza,* ratisser.
limpio, pia adj. Propre : *platos limpios,* des assiettes propres ; *un niño muy limpio,* un enfant très propre. ‖ Propre, net, nette (aseado). ‖ Pur, e (puro) : *limpio de cualquier delito,* pur de tout crime. ‖ Net, nette (sin cargas) : *beneficio limpio,* bénéfice net. ‖ Libre, exempt de : *limpio de toda sospecha,* exempt de tout soupçon. ‖ Net, nette (foto). ‖ Fig. y Fam. Lessivé, e ; sans un sou : *dejar limpio,* laisser sans un sou ; *quedarse limpio,* être lessivé ; rester sans un sou. ‖ Net, nette ; clair, e : *motivos poco limpios,* des motifs peu clairs. ‖ — Fig. *Limpio como una patena* ou *como los chorros del oro* ou *del agua,* propre comme un sou neuf. | *Limpio de polvo y paja,* net.
— Adv. Franc jeu : *jugar limpio,* jouer franc jeu. ‖ — *En limpio,* en substance (en resumen), net : *ganar un millón en limpio,* gagner un million net. ‖ *Poner en limpio,* mettre au propre *o* au clair (un escrito). ‖ *Sacar en limpio,* tirer au clair.
limpión m. Coup de brosse (con el cepillo), coup de balai (con la escoba), coup de chiffon (con el trapo), léger nettoyage. ‖ Fam. Nettoyeur (el que limpia). ‖ *Amer.* Torchon (trapo de limpiar). ‖ Fig. y Fam. *Date un limpión,* tu peux te fouiller.
lináceo, a adj. y s. f. Bot. Linacé, e.
linaje m. Lignée, *f.,* souche, *f.,* lignage (p. us.) [alcurnia]. ‖ Fig. Genre, espèce, *f. : este libro y los de su linaje,* ce livre et tous ceux de son genre ; *el linaje humano,* le genre humain. ‖ — Pl. Noblesse, *f. sing.*
linajista m. Généalogiste.
linajudo, da adj. et s. De haute noblesse, de haute lignée, de haut rang, huppé, e (fam.).
lináloe m. Bot. Aloès.
linar m. Linière, *f.*
linaria f. Bot. Linaire (planta).
linaza f. Linette (simiente). ‖ *Aceite de linaza,* huile de lin.
lince m. Zool. Lynx, loup-cervier (animal). ‖ Fig. y Fam. Lynx (persona muy perspicaz). ‖ *Ojos de lince* ou *ojos linces,* yeux de lynx.
lincear v. tr. Fig. y Fam. Surprendre, découvrir.
Linceo n. pr. m. Mit. Lyncée.
linchamiento m. Lynchage.
linchar v. tr. Lyncher.
lindamente adv. Joliment.
lindante adj. Contigu, ë ; attenant, e : *lindante con la casa,* contigu à la maison. ‖ Limitrophe (propiedad, país).
lindar v. intr. Toucher à, être contigu à, être attenant à, être limitrophe de (estar contiguo) : *tu jardín linda con el mío,* ton jardin touche au mien.
linde f. Limite, bornes, *pl.* ‖ Lisière, orée (de un

bosque, etc.) : *la linde del bosque,* l'orée du bois.
— Observ. Bien que l'Académie espagnole considère que le genre de ce mot est soit masculin soit féminin, *linde* est aujourd'hui seulement employé au féminin.
— Sinón. *Margen,* marge. *Límite,* limite. *Lindero,* lisière, orée. *Confines,* confins.
lindel m. *Amer.* Linteau (dintel).
lindera o **lindería** f. Limites, *pl.,* lisière.
lindero, ra adj. Contigu, ë ; attenant, e ; limitrophe (lindante) : *lindero con,* attenant à, contigu à, limitrophe de.
— M. Limite, *f.,* lisière, *f.,* orée, *f.* (de un bosque). ‖ Bord, lisière, *f.* (de un campo o huerto).
lindeza f. Beauté (belleza). ‖ Gentillesse (amabilidad). ‖ — Pl. Fig. y Fam. Gentillesses, amabilités (irónico).
lindo, da adj. Joli, e ; beau, belle (hermoso) : *linda casa,* jolie maison. ‖ Mignon, onne ; gentil, ille (bonito). ‖ Parfait, e (primoroso). ‖ Fig. Beau, belle ; charmant, e (irónico) : *¡lindo amigo!,* bel ami ! ‖ — Fam. *¡Estamos lindos!,* nous voilà bien ! | *Hacer algo por su linda cara,* faire quelque chose pour ses beaux yeux. | *Juzgar a uno por su linda cara,* juger quelqu'un sur sa mine. | *¡Lindas cosas me dicen de ti!,* j'en apprends de belles sur ton compte ! | *¡Sería demasiado lindo!,* ce serait trop beau !
— M. Fig. y Fam. Gommeux, dandy. ‖ *Lindo Don Diego,* bellâtre.
— Adv. *Amer.* Joliment. ‖ *De lo lindo,* terriblement, beaucoup, joliment : *nos aburrimos de lo lindo,* nous nous sommes beaucoup ennuyés.
— Observ. L'adjectif *lindo* est beaucoup plus employé en Amérique qu'en Espagne, où il est remplacé par *bonito, mono, precioso, hermoso.*
lindón m. Agric. Billon, ados.
lindura f. Beauté, joliesse (lindeza).
línea f. Ligne : *línea recta, quebrada,* ligne droite, brisée. ‖ Ligne (renglón). ‖ Genre, *m.,* sorte (clase). ‖ Ligne, lignée (parentesco). ‖ Ligne (comunicaciones) : *línea telegráfica, telefónica,* ligne télégraphique, téléphonique. ‖ Mil. Ligne (tropas). ‖ Ligne (en esgrima). ‖ Fig. Ligne (esbeltez). ‖ — Mar. *Línea de agua,* ligne d'eau. ‖ *Línea de banda,* ligne de touche (fútbol). ‖ *Línea de conducta,* ligne de conduite. ‖ Tecn. *Línea de exploración,* ligne de balayage. ‖ *Línea de flotación,* ligne de flottaison. ‖ *Línea de gol,* de *puerta,* ligne de but (fútbol). ‖ *Línea delantera* ou *de ataque,* ligne d'avants (fútbol). ‖ Astr. *Línea de los nodos,* ligne des nœuds. ‖ Mar. *Línea del viento,* direction du vent. | *Línea de máxima carga,* ligne de charge. ‖ *Línea de mira,* ligne de mire. ‖ *Línea de puntos,* pointillé. ‖ *Línea de saque,* ligne d'envoi (deportes). ‖ *Línea divisoria de las aguas* ou *de cresta,* ligne de partage des eaux *o* de faîte. ‖ *Línea férrea,* voie ferrée, ligne de chemin de fer. ‖ Astr. *Línea meridiana,* méridien. ‖ *Línea saliente,* arête. ‖ — *En líneas generales,* en gros, dans les grandes lignes. ‖ *En toda la línea,* sur toute la ligne. ‖ *Final de línea,* terminus. ‖ *Juez de línea,* juge de touche (deportes). ‖ — *Cruzar la línea,* passer la ligne, traverser l'équateur. ‖ Fig. *Leer entre líneas,* lire entre les lignes.
lineal adj. Linéaire, linéal, e.
lineamento o **lineamiento** m. Linéament.
linear adj. Bot. Linéaire.
linear v. tr. Tracer des lignes, ligner. ‖ Esquisser (bosquejar).
líneo, a adj. y s. f. Bot. Linacé, e.
linero, ra adj. Linier, ère (del lino).
linfa f. Biol. Lymphe. ‖ Poét. Onde, eau (agua).
linfangitis f. Med. Lymphangite.
linfático, ca adj. y s. Lymphatique.

linfatismo m. MED. Lymphatisme.
linfocito m. MED. Lymphocyte (leucocito).
linfocitosis f. MED. Lymphocytose.
linfogranuloma m. MED. Lymphogranulomatose, f.
linfoide adj. Lymphoïde.
lingote m. Lingot (barra de metal). || Gueuse, f. (fundición). || IMPR. Lingot, ligne-bloc, f. || — *Hierro en lingote*, fonte. || *Lingote de primera fusión* ou *de arrabio*, gueuse de fonte.
lingotera f. Lingotière (molde).
lingual adj. y s. f. Lingual, e.
linguátula f. Linguatule (arácnido).
linguete m. Cliquet (trinquete).
lingüiforme adj. Linguiforme.
lingüista m. Linguiste.
lingüístico, ca adj. y s. f. Linguistique.
linimento m. Liniment.
  — SINÓN. *Ungüento*, onguent. *Bálsamo*, baume.
linina f. Linine.
Linneo n. pr. Linné.
lino m. Lin (planta y textil). || Toile (f.) de lin (tela). || FIG. Voile, f. (de barco). || *Amer.* Linette, f. (linaza). || — BOT. *Lino silvestre*, linaigrette.
linóleo o **linóleum** m. Linoléum.
linón m. Linon (batista fina).
linotipia f. IMPR. Linotype (machine), linotypie (trabajo).
linotipista m. y f. Linotypiste, lino (fam.).
lintel m. ARQ. Linteau (dintel).
linterna f. Lanterne : *linterna mágica, sorda,* lanterne magique, sourde. || ARQ. Lanterne (torrecilla). || TECN. Lanterne (piñón). || Lampe de poche (aparato manual con pila).
linternazo m. Coup de lanterne. || FIG. y FAM. Coup (golpe).
linternilla f. ARQ. Lanterneau, m., lanternon, m.
linternón m. Grosse lanterne, f. || MAR. Fanal de poupe.
liño m. Rangée, f. (d'arbres ou d'arbustes).
liñudo, da adj. *Amer.* Laineux, euse.
lío m. Paquet, ballot (paquete). || FIG. y FAM. Confusion, f., embrouillement, imbroglio (embrollo). | Histoire, f. : *Pedro tiene líos con su familia,* Pierre a des histoires avec sa famille ; *andar metido en líos,* avoir des histoires. | Pagaille, f. (desorden). | Casse-tête : *el cálculo infinitesimal es un lío,* le calcul infinitésimal est un casse-tête. | Salade, f. (mezcla). | Liaison, f. (amancebamiento). || — FIG. y FAM. *Armar un lío,* embrouiller (embrollar), faire toute une histoire. | *Estar hecho un lío,* s'y perdre. | *Hacer* ou *formar un lío,* faire toute une histoire, faire un scandale. | *Hacerse un lío,* s'embrouiller.
liofilización f. Lyophilisation.
lionés, esa adj. y s. Lyonnais, e.
liorna f. FIG. y FAM. Pagaille, chahut, m., désordre, m. (confusión).
Liorna n. pr. GEOGR. Livourne.
lioso, sa adj. FAM. Qui aime faire des histoires (persona). || Embrouillé, e (cosa) : *explicación muy liosa,* explication très embrouillée.
  — M. y f. Personne qui aime faire des histoires. || *Lo lioso,* ce qui est ennuyeux, ce qui complique les choses.
lipasa f. Lipase (fermento).
lipegüe m. *Amer.* Pourboire (gratificación).
lipemanía f. MED. Lypémanie (melancolía).
lipemaniaco, ca adj. y s. MED. Lypémane, lypémaniaque.
lipemia f. Lipémie (grasa).
lipes o **lipis** f. Vitriol (m.) bleu.
lípido m. QUÍM. Lipide (graso).
lipiria f. MED. Fièvre intermittente.
lipoide m. Lipoïde.
lipoideo, a adj. Lipoïde.
lipoma m. MED. Lipome.

lipomatosis f. MED. Lipomatose.
liposoluble adj. Liposoluble.
lipotimia f. MED. Lipothymie (síncope).
lipovacuna f. MED. Lipovaccin, m.
licuefacción f. Liquéfaction.
  — OBSERV. Es barbarismo por *licuefacción.*
licuefactor adj. Liquéfacteur.
liquelique o **liquilique** m. *Amer.* Blouse, f.
liquen m. BOT. y MED. Lichen.
  — OBSERV. *Lichen* se pronuncia en francés como en español.
liquidable adj. Liquéfiable (que se puede licuar). || Liquidable (que puede ser liquidado).
liquidación f. COM. Liquidation. || Liquéfaction (acción de licuefacer). || *Liquidación judicial,* liquidation judiciaire.
liquidado, da adj. COM. Liquidé, e. || Liquéfié, e (licuado).
liquidador, ra adj. y s. COM. Liquidateur, trice.
liquidámbar m. BOT. Liquidambar (bálsamo).
liquidar v. tr. Liquéfier (convertir en líquido). || COM. Liquider, solder : *hay que liquidar todas las mercancías,* il faut solder toutes les marchandises. || Régler, payer, liquider (pagar). || Liquider, résoudre (poner fin) : *liquidar una situación difícil,* résoudre une situation difficile. || FAM. Liquider (quitarse de encima, matar).
liquidez f. Liquidité.
líquido, da adj. y s. m. Liquide : *dinero líquido,* argent liquide ; *el líquido elemento,* l'élément liquide. || *Líquido imponible,* quantité o somme imposable.
lira f. MÚS. Lyre. || Lire (moneda italiana). || Strophe de cinq ou six vers (en poesía). || Oiseau-lyre, m., lyre, ménure, m. (ave). || ASTR. Lyre. || FIG. Lyre (genio poético). || FAM. *Amer.* Rosse (rocín).
lirado, da adj. BOT. Lyré, e.
liria f. Glu (liga).
lírica f. Poésie lyrique.
lírico, ca adj. y s. m. Lyrique.
lirio m. Iris (azucena). || — BOT. *Lirio blanco,* lis (azucena). | *Lirio cárdeno,* iris. | *Lirio de los valles,* muguet. | *Lirio hediondo,* iris fétide o puant o sauvage.
lirismo m. Lyrisme.
lirón m. ZOOL. Loir. || Alisma, plantain d'eau (planta). || FIG. y FAM. Loir, marmotte, f. (dormilón) : *dormir como un lirón,* dormir comme un loir. || *Lirón gris,* lérot.
lirondo, da adj. *Mondo y lirondo,* v. MONDO.
lis f. Lis, m., lys, m. (ant.). || BLAS. Fleur de lis.
lisa f. Sorte de loche (pez). || Muge, m., cabot, m. (mújol).
Lisa n. pr. f. Lise.
lisamente adv. Franchement, nettement. || *Lisa y llanamente,* purement et simplement, tout bonnement.
Lisandro n. pr. m. Lysandre.
Lisboa n. pr. GEOGR. Lisbonne.
lisboeta adj. Lisbonnin, e; de Lisbonne.
lisbonense o **lisbonés, esa** adj. y s. Lisbonnin, e; de Lisbonne.
lisiado, da adj. y s. Estropié, e; impotent, e (tullido). || FAM. Moulu, e; rompu, e (cansado).
lisiadura f. Blessure, lésion.
lisiar v. tr. Blesser, estropier.
Lisias n. pr. m. Lysias.
lisible adj. Lisible.
  — OBSERV. Esta palabra en español es un galicismo por *legible.*
Lisímaco n. pr. m. Lysimaque.
lisimaquia f. BOT. Lysimaque (planta).
lisis f. MED. Baisse de la fièvre.
Lisístrata n. pr. f. Lysistrate.

liso, sa adj. Plat, e (llano) : *cien metros lisos,* cent mètres plat. ‖ Plat, e (senos). ‖ Uni, e ; lisse (sin aspereza). ‖ Uni, e (tela) : *camisa lisa,* chemise unie. ‖ *Amer.* Effronté, e.
— M. MIN. Face (f.) d'une roche.

lisonja f. Flatterie (alabanza).

lisonjeador, ra adj. y s. Flatteur, euse.

lisonjeante adj. Flatteur, euse.

lisonjear v. tr. Flatter (adular). ‖ FIG. Charmer (deleitar).

lisonjero, ra adj. y s. Flatteur, euse : *un resultado lisonjero,* un résultat flatteur. ‖ Agréable, charmant, e (agradable).

lista f. Rayure (raya) : *una camisa con listas,* une chemise à rayures. ‖ Carte (restaurante). ‖ ● Liste (enumeración) : *borrar de la lista,* rayer de la liste. ‖ Catalogue, *m.* (catálogo). ‖ Appel, *m.* (recuento) : *pasar lista a los alumnos,* faire l'appel des élèves. ‖ Feuille d'appel, liste (de los alumnos). ‖ — *Lista de correos,* poste restante : *escribir a lista de correos,* écrire poste restante. ‖ *Lista de precios,* tarif, liste de prix. ‖ *Lista de premios,* palmarès (en el colegio). ‖ *Lista negra,* liste noire. ‖ *Segunda lista,* contre-appel.
— SINÓN. ● *Catálogo,* catalogue. *Relación,* liste. *Repertorio,* répertoire. *Índice,* index. *Inventario,* inventaire.

listadillo m. *Amer.* Cotonnade (f.) rayée.

listado, da adj. Rayé, e.

listar v. tr. Enrôler, enregistrer (alistar). ‖ Rayer (una tela).

listear v. tr. Rayer.

listel m. ARQ. Listel, listeau, liston (moldura).

listero m. Pointeur, pointeau, personne qui fait l'appel.

listeza f. Intelligence. ‖ Promptitude, vivacité. ‖ Sagacité.

listín m. Petite liste, f. ‖ Répertoire téléphonique. ‖ *Amer.* Journal.

listo, ta adj. ● Vif, vive : *listo como una ardilla,* vif comme un écureuil. ‖ Intelligent, e (inteligente). ‖ Malin, igne (astuto) : *es más listo que Cardona,* il est malin comme un singe. ‖ Avisé, e ; dégourdi, e (sagaz). ‖ Prêt, e (preparado) : *estoy lista,* je suis prête ; *¿listo?,* prêt ? ‖ — FIG. y FAM. *Andar listo,* faire attention, prendre garde, faire gaffe (fam.). ‖ *Echárselas* ou *dárselas de listo,* faire le malin. ‖ *¡Estamos listos!,* nous voilà bien !, nous voilà frais ! ‖ *Pasarse de listo,* vouloir être trop malin *o* faire le malin. ‖ *¿Todo listo?,* tout est prêt ?
— SINÓN. ● *Desenvuelto,* débrouillard. *Despierto, despabilado, avispado,* éveillé. *Despejado,* déluré.

listón m. Baguette, f., latte, f., liteau (carpintería). ‖ Latte, f. (deportes). ‖ Ruban de soie étroit (cinta). ‖ Listel, listeau, liston (moldura).
— Adj. m. TAUROM. Qui a une longue rayure blanche sur le dos (toro).

listonado m. Ouvrage fait de baguettes *o* de liteaux.

listonar v. tr. Poser des baguettes *o* des liteaux.

lisura f. Égalité (del terreno). ‖ Surface plane (superficie plana). ‖ Poli, *m.* (tersura). ‖ FIG. Franchise, sincérité (sinceridad).

lita f. Petit ver, *m.,* larve (parásito).

litación f. Sacrifice, *m.*

litar v. intr. Offrir un sacrifice.

litargirio m. Litharge, f. (protóxido de plomo).

lite f. DR. Procès, *m.* (pleito).

litera f. Litière (vehículo). ‖ Couchette (en barco, en tren). ‖ Lit (*m.*) superposé (en un cuarto).

literal adj. Littéral, e : *traducción literal,* traduction littérale. ‖ *Actas literales,* procès-verbal in extenso (de una conferencia).
— M. *Amer.* Alinéa (de un párrafo).

literalidad f. Littéralité.

literalmente adv. Littéralement, à la lettre. ‖

Traducir literalmente, traduire littéralement *o* mot à mot.

literario, ria adj. Littéraire. ‖ *La república literaria,* la république des lettres.

literato, ta adj. Cultivé, e.
— M. Littérateur, homme de lettres, écrivain. ‖
— F. Femme de lettres, écrivain, *m.*

literatura f. Littérature : *la literatura española,* la littérature espagnole. ‖ FIG. Culture (instrucción general). ‖ Bla-bla, *m.* (charloteo).

literero m. Marchand, loueur *o* conducteur d'une litière.

litiasis f. MED. Lithiase.

lítico, ca adj. Lithique.

litigación f. Litige, *m.,* procès, *m.* (pleito). ‖ Plaidoirie (alegato).

litigante adj. Plaidant : *las partes litigantes,* les parties plaignantes.
— M. y f. Plaideur, euse.

litigar *o* **litigiar** v. tr. Plaider, être en procès. ‖ — V. intr. Être en litige. ‖ Se disputer, se battre (contender). ‖ *Litigar por pobre,* demander l'assistance judiciaire.

litigio m. Litige, procès (pleito). ‖ FIG. Litige, contestation, f., différend (contienda).

litigioso, sa adj. Litigieux, euse.

litina f. QUÍM. Lithine.

litinado, da adj. y s. m. Lithiné, e.

litio m. Lithium (metal).

litisconsorte m. y f. DR. Coïntéressé, e (cointeresado).

litisexpensas f. pl. DR. Frais, *m.,* dépens, *m.*

litispendencia f. DR. Litispendance.

litoclasa f. GEOL. Lithoclase (grieta en una roca).

litocola f. Lithocolle (cola).

litocromía f. Lithochromie.

litódomo m. Lithodome (molusco).

litófago, ga adj. ZOOL. Lithophage (que roe la piedra).

litofanía f. Lithophanie.

litogenesia f. Lithogenèse.

litografía f. Lithographie.

litografiar v. tr. Lithographier.

litográfico, ca adj. Lithographique.

litógrafo m. Lithographe.

litología f. Lithologie.

litológico, ca adj. Lithologique.

litopón m. QUÍM. Lithopone.

litoral adj. y s. m. Littoral, e : *cordones litorales,* cordons littoraux.
— SINÓN. *Ribera, orilla,* rive. *Costa,* côte. *Playa,* plage. *Borde,* bord.

litosfera f. GEOL. Lithosphère.

litote f. Litote (atenuación).

litotipografía f. Lithotypographie.

litotricia f. MED. Lithotritie.

litráceo, a *o* **litrarieo, a** adj. y s. f. BOT. Lythracé, e.

litre m. BOT. *Amer.* Espèce de térébinthe.

litri adj. FAM. Gommeux, euse ; poseur, euse.

litro m. Litre (medida).

Lituania n. pr. f. GEOGR. Lituanie.

lituano, na adj. y s. Lituanien, enne.

liturgia f. Liturgie.

litúrgico, ca adj. Liturgique.

liudar v. intr. Mettre du levain (leudar).

liudez f. *Amer.* Faiblesse, mollesse (debilidad).

liudo, da adj. Levé, e (cl pan). ‖ *Amer.* Mou, molle ; faible (flojo).

livianamente adv. Légèrement (sin fundamento). ‖ FIG. Superficiellement. ‖ D'une façon frivole (lascivamente).

liviandad f. Légèreté. ‖ Irréflexion, frivolité.

liviano, na adj. Léger, ère (ligero). ‖ FIG. Léger, ère (superficial, inconstante). ‖ Frivole, débauché, e (lascivo).

— M. Mou (bofe, pulmón). ‖ Âne qui guide le troupeau. ‖ — F. Chanson populaire andalouse.
lividecer v. intr. Devenir livide.
lividez f. Lividité.
lívido, da adj. Livide.
— OBSERV. Ce mot n'a que le sens de « bleuâtre » aussi bien en espagnol qu'en français, mais il est couramment employé dans les deux langues comme synonyme de *pâle.*
living-room m. Living-room, salle (*f.*) de séjour.
Livonia n. pr. f. GEOGR. Livonie.
livonio, nia adj. y s. Livonien, enne.
lixiviación f. QUÍM. Lixiviation.
lixiviar v. tr. QUÍM. Lixivier.
liza f. Lice (campo para la lid) : *entrar en liza,* entrer en lice. ‖ Combat, *m.,* lutte (lid). ‖ Muge, *m.* (pez).
lizo m. Lisse, *f.,* lice, *f.* (de un telar) : *bajo lizo,* basse lice. ‖ Gros fil (de un tejido).
lo pron. pers. neutro. Le : *yo lo creo,* je le crois ; *no lo es tampoco,* il ne l'est pas non plus.
— Pron. pers. 3e pers. masc. Le : *lo miro,* je le regarde. [La forme *le* est préférable pour les personnes : *le miro.*]
— Art. def. neutro. SUIVI D'UN ADJECTIF QUALIFICATIF. — Ce qui est, ce qu'il y a de : *lo bonito,* ce qui est joli ; *lo triste del caso,* ce qui est *o* ce qu'il y a de triste dans cette affaire. ‖ Le, la, l' [suivi d'un substantif en français] : *lo contrario,* le contraire ; *lo útil y lo agradable,* l'utile et l'agréable. ‖ — SUIVI D'UN PRONOM POSSESSIF. Ce qui est à (lo que pertenece) : *esto es tu tuyo,* voici ce qui est à toi. ‖ Ce qui concerne, les affaires de (lo que se refiere) : *sólo me ocupo de lo mío,* je ne m'occupe que de mes affaires *o* de ce qui me concerne. ‖ — *Lo cual,* ce qui (sujeto), ce que (complemento). ‖ *Lo de* (con sustantivo), les affaires de (lo que pertenece), ce qui concerne, l'affaire *o* les affaires qui concernent : *lo de mi padre,* les affaires de mon père *o* l'affaire qui concerne mon père ; a menudo no se traduce : *¿y lo de tu viaje a Francia?,* et ton voyage en France ? ‖ *Lo de* (con infinitivo), idée, projet, affaire, question : *lo de vender la casa resulta difícil,* le projet de vendre la maison se révèle difficile ; *lo de irse de viaje no le gusta nada,* l'idée de partir en voyage ne lui plaît pas du tout. ‖ *Amer. Lo de,* chez (en casa de). ‖ *Lo mucho que,* combien. ‖ *Lo propio,* la même chose. ‖ *Lo que,* ce qui (sujeto), ce que (complemento) : *lo que ha de pasar,* ce qui va arriver ; *lo que pienso,* ce que je pense ; *si tuviera lo que usted,* si j'avais ce que vous avez ; combien (cuanto) : *sabes lo que te aprecio,* tu sais combien je t'estime ; comme (lo mismo) : *hago lo que todos,* je fais comme tout le monde. ‖ *Lo... que,* comme, ce que : *no sabes lo cansada que estoy,* tu ne sais pas comme je suis fatiguée. ‖ *Lo sumo,* le summum. ‖ — *A lo,* comme, à la manière de ; à la façon de, en, à la : *a lo torero,* comme les toréadors ; *vivir a lo artista,* vivre en artiste ; *vestirse a lo español,* s'habiller à l'espagnole. ‖ *A lo sumo,* tout au plus. ‖ *De lo más,* des plus : *traje de lo más fino que hay,* costume des plus élégants. ‖ *De lo mejor que hay,* ce qu'il y a de mieux. ‖ *De lo que,* ce dont : *de lo que se trata aquí es...,* ce dont il s'agit c'est. ‖ *En lo* ou *por lo* (suivi d'un adjectif qui s'accorde), tant, à cause de : *por lo arrugada parecía muy vieja,* on la croyait très vieille, tant elle était ridée ; *por lo cerrado de su acento parecióme andaluz,* à cause de son accent marqué, je l'ai pris pour un Andalou. ‖ *En lo alto,* là-haut. ‖ *En lo alto de la casa, de la montaña,* en haut de la maison, au sommet de la montagne. ‖ *Más... de lo que,* plus... que : *es más inteligente de lo que pensaba,* il est plus intelligent que je

ne pensais. ‖ *Todo lo... que,* aussi... que : *no ha sido todo lo agradable que hubiera creído,* cela n'a pas été aussi agréable que je l'aurais cru. ‖ *Hacer todo lo posible,* faire tout son possible. ‖ *Lo que sea,* n'importe quoi.
loa f. Louange : *cantar loa a* ou *hacer loa de,* chanter les louanges de. ‖ TEATR. Prologue, *m.* (prólogo). | Pièce courte jouée au début d'une représentation. ‖ Éloge, *m.,* poème (*m.*) en l'honneur de quelqu'un (poema).
loable adj. Louable.
loán m. Mesure (*f.*) agraire des îles Philippines (2 ares 79).
loar v. tr. Louer, faire l'éloge de (alabar).
lob m. Lob (en tenis).
loba f. Louve (hembra del lobo). ‖ AGRIC. Ados, *m.* (entre surco y surco). ‖ Soutane (sotana).
lobado m. VETER. Loupe, *f.* (tumor).
lobado, da adj. BOT. y ZOOL. Lobulé, e ; lobulaire.
lobagante m. Homard (bogavante).
lobanillo m. Loupe, *f.* (tumor). ‖ BOT. Loupe, *f.* (excrecencia).
lobato m. Louveteau (cachorro del lobo).
lobectomía f. MED. Lobectomie.
lobelia f. BOT. Lobélie (quibey).
lobeliáceas f. pl. BOT. Lobéliacées.
lobera f. Liteau, *m.* (guarida del lobo).
lobero, ra adj. De loup.
— M. Louvetier, chasseur de loups. ‖ *Jefe de loberos,* lieutenant de louveterie, louvetier.
lobezno m. Louveteau (cachorro del lobo).
lobina f. ZOOL. Bar, *m.,* loup., m. (robalo).
lobo m. Loup (animal). ‖ *Loche, f.,* loche (*f.*) épineuse (pez). ‖ Lobe (lóbulo). ‖ Corbeau (garfio para la guerra). ‖ FIG. y FAM. Cuite, *f.* (borrachera). ‖ ASTR. Loup. ‖ POP. Voleur. ‖ *Amer.* Renard (zorro), coyote. ‖ — *Amer. Lobo acuático,* loutre. ‖ BLAS. *Lobo cebado,* loup ravissant. ‖ *Lobo cerval* ou *cervario,* loup-cervier. ‖ FIG. y FAM. *Lobo de mar,* loup de mer. ‖ BLAS. *Lobo escorchado,* loup écorché. ‖ *Lobo marino,* loup de mer, phoque (foca), loup de mer (marino experimentado). ‖ — *A paso de lobo,* à pas de loup. | *Caza de lobos,* louveterie. | *Cazador de lobos,* louvetier. ‖ *Del lobo un pelo,* c'est toujours cela de pris. | *El lobo feroz,* le grand méchant loup. ‖ — FIG. *Coger al lobo por las orejas,* tenir le loup par les oreilles. | *El hombre es un lobo para el hombre,* l'homme est un loup pour l'homme. | *Está como boca de lobo,* il y fait noir comme dans un four *o* comme dans un tunnel. | *Meter el lobo en el redil,* enfermer le loup dans la bergerie. | *Meterse en la boca del lobo,* se jeter dans la gueule du loup. | *Muda el lobo los dientes, y no las mientes,* le loup mourra dans sa peau. | *Quien con lobos anda a aullar se enseña,* on apprend à hurler avec les loups. | *Ser un lobo con piel de oveja,* cacher sa méchanceté sous des dehors patelins. | *Son lobos de una misma camada,* ils sont tous du même acabit, ils sont tous à mettre dans le même sac. | *Un lobo a otro no se muerden,* les loups ne se mangent pas entre eux.
lobo, ba adj. y s. *Amer.* Métis, isse (mestizo).
lóbrego, ga adj. Obscur, e ; ténébreux, euse ; lugubre. ‖ FIG. Triste, lugubre.
lobreguecer* v. tr. Obscurcir, assombrir.
— V. intr. Faire nuit (anochecer).
lobreguez f. Obscurité, ténèbres, *pl.*
lobulado, da o **lobular** adj. BOT. y ZOOL. Lobulé, e ; lobulaire, lobaire.
lóbulo m. Lobe.
lobuloso, sa adj. Lobuleux, euse.
lobuno, na adj. Du loup. ‖ Louvet, ette (caballo).
locación f. DR. Location.

LOCOMOTORAS — LOCOMOTIVES

1. carga (f.) mecánica del carbón
chargement (m.) mécanique du charbon
2. hogar
foyer
3. chimenea de doble escape
échappement double
4. depósito de agua 34 m3
réservoir d'eau 34 m3
5. recalentador de agua
réchauffeur d'eau
6. caldera tubular
chaudière tubulaire
7. domo ou cúpula (f.) de vapor
dôme (m.) de vapeur
8. calentador
surchauffeur

9. regulador
régulateur
10. cilindro
cylindre
11. salida del vapor
sortie de la vapeur
12. rueda motriz
roue motrice
13. biela motriz
bielle motrice
14. biela de acoplamiento
bielle d'accouplement
15. válvula de seguridad
soupape de sureté

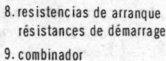

1. bogie, carretón
boggie porteur
2. eje motor
essieu moteur
3. engranaje de transmisión
engrenage d'entraînement
4. hilo de contacto
fil de contact
5. pantografo
pantographe
6. disyuntor
disjoncteur
7. contactor
contacteur

8. resistencias de arranque
résistances de démarrage
9. combinador
combinateur
10. inversores
inverseurs
11. motores
moteurs
12. ventiladores
ventilateurs
13. compresores
compresseurs
14. lubrificación
circulation d'huile

locador, ra m. y f. *Amer.* Locataire (de una casa), fermier, ère (de una finca).
local adj. Local, e : *color local,* couleur locale ; *privilegios locales,* privilèges locaux.
— M. Local. ‖ Siège (domicilio) : *el local de la Cámara de Comercio,* le siège de la Chambre de commerce.
localidad f. Localité (pueblo). ‖ Lieu, *m.* (lugar). ‖ Place (en un espectáculo). ‖ Local (local). ‖ — *No hay más localidades,* il n'y a plus de places, c'est complet (teatro). ‖ *Reserva de localidades,* location. ‖ *Venta de localidades,* location (acción de vender billetes), guichet (taquilla).
localismo m. Régionalisme, localisme.
localista adj. Régional, e; d'intérêt local : *problemas localistas,* problèmes d'intérêt local. ‖ Qui a l'esprit de clocher (una persona). ‖ De clocher : *asuntos localistas,* affaires de clocher. ‖ Limité, e ; borné, e (visión).
localizable adj. Localisable.
localización f. Localisation. ‖ Repérage, *m.,* localisation (encuentro).
localizar v. tr. Trouver, savoir où se trouve : *localizar un libro,* savoir où se trouve un livre. ‖ Situer (un lugar). ‖ Joindre : *no pude localizarte en todo el día,* je n'ai pas pu te joindre de la journée. ‖ Repérer, localiser (encontrar). ‖ Localiser : *localizar una epidemia,* localiser une épidémie. ‖ Circonscrire (un incendio).
locatario, ria m. y f. (P. us.). Locataire.
— OBSERV. On dit plutôt *inquilino, vecino* ou *arrendatario.*
locatis m. y f. FAM. Piqué, e ; cinglé, e ; fou, folle.
locativo, va adj. Locatif, ive.
— M. GRAM. Locatif.
locería f. Poterie (cacharrería).
locero m. Potier.
loción f. Lotion : *loción capilar,* lotion capillaire. ‖ *Dar una loción,* lotionner.
lock-out m. Lock-out (cierre patronal).
loco, ca adj. y s. ● Fou, folle, aliéné, e (alienado). ‖ — Adj. Fou *o* fol (*fol* delante de una palabra en masculino singular que empieza por una vocal o *h* muda), folle : *amor loco,* amour fou *o* fol amour ; *avena loca,* folle avoine. ‖ Fou, folle (excesivo, extraordinario) : *precio loco,* prix fou. ‖ TECN. Fou, folle (brújula, polea, etc.). ‖ — *Loco de atar* ou *de remate* ou *rematado* ou *como una cabra,* fou à lier. ‖ *Loco perdido,* fou furieux. ‖ *Risa loca,* fou rire. ‖ *Suerte loca,* veine de pendu, veine insensée. ‖ FIG. *A locas* ou *a tontas y a locas,* à tort et à travers, sans rime ni raison. ‖ *A lo loco,* comme un fou : *se tiró al agua a lo loco,* il se jeta à l'eau comme un fou ; à la légère, sans réfléchir : *decisión tomada a lo loco,* décision prise à la légère ; à la va-comme-je-te-pousse : *hacer un trabajo a lo loco,* faire un travail à la va-comme-je-te-pousse. ‖ *Cada loco con su tema,* à chaque fou *o* à chacun sa marotte. ‖ *Casa de locos,* maison de fous. ‖ FIG. *Cuanto más locos, más regocijo,* plus on est de fous, plus on rit. ‖ FIG. y FAM. *La loca de la casa,* la folle du logis. ‖ — FIG. y FAM. *Andar* ou *estar como loco,* être affolé *o* fou. ‖ *Es para volverse loco,* c'est à devenir fou. ‖ *Estar loco de* ou *por* ou *con,* être fou de, raffoler de. ‖ *Estar loco de contento* ou *de alegría,* être fou de joie. ‖ *Hacer el loco,* faire l'idiot (hacer (tonterías)). ‖ *Hacerse el loco,* faire l'innocent. ‖ *Traer* ou *volver loco,* rendre fou. ‖ *Volverse loco* ou *estar loco,* être fou, devenir fou. ●
— SINÓN. ● *Demente,* dément. *Alienado,* aliéné. *Desequilibrado,* déséquilibré. *Fam. Tocado, chaveta, chiflado, guillado,* toqué, cinglé, piqué.
locomoción f. Locomotion.
locomotiva f. *Amer.* Locomotive.
— OBSERV. Es galicismo por *locomotora.*
locomotor, ra adj. Locomoteur, trice.
— F. Locomotive (de un tren).
locomotriz adj. f. Locomotrice : *ataxia locomotriz,* ataxie locomotrice.
locomóvile o **locomóvil** adj. y s. f. Locomobile.
locotractor m. Locotracteur (de minas).
locrense adj. y s. Locrien, enne.

Lócrida n. pr. f. GEOGR. Locride.
locro m. *Amer.* Ragoût au maïs.
locuacidad f. Loquacité.
locuaz adj. Loquace.
locución f. Locution.
locuelo, la adj. y s. FAM. Foufou, fofolle.
locular adj. BOT. Loculaire.
locumba f. *Amer.* Eau-de-vie de Locumba [Pérou].
locura f. Folie : *hacer* ou *cometer locuras,* faire des folies. ‖ — *Acceso* ou *ataque de locura,* coup de folie. ‖ *Con locura,* à la folie. ‖ FIG. *Gastar una locura,* dépenser un argent fou.
Locusta n. pr. f. Locuste.
locutor, ra m. y f. Speaker, speakerine ; présentateur, trice ; annonceur, euse.
locutorio m. Parloir (de un convento, etc.). ‖ Cabine (*f.*) téléphonique.
locha f. Loche (pez).
lodachar, lodazal o **lodazar** m. Bourbier.
loden m. Loden (tejido).
lodo m. Boue, *f.* (fango). ‖ *Poner de lodo a uno,* couvrir quelqu'un de boue.
— SINÓN. *Barro,* boue. *Cieno,* vase. *Limo, légamo, limon. Fango,* fange.
lodoñero m. BOT. Gaïac (guayaco).
lodoso, sa adj. Boueux, euse (cenagoso).
loess m. GEOL. Lœss.
lofobranquios m. pl. ZOOL. Lophobranches.
lofóforo m. ZOOL. Lophophore.
loganiáceas f. pl. BOT. Loganiacées.
logarítmico, ca adj. Logarithmique.
logaritmo m. MAT. Logarithme.
loggia f. Loge (del Vaticano). ‖ ARQ. Loggia (galería sin columnas).
logia f. Loge (reunión de francmasones).
lógica f. Logique.
logicial m. Logiciel (de computadora).
logicismo m. Logicisme (doctrina).
lógico, ca adj. Logique. ‖ — *Como es lógico,* comme de raison, comme de juste. ‖ *Es lógico,* il est normal, c'est normal, c'est logique : *es muy lógico que se haya ido,* il est parfaitement normal qu'il soit parti.
— M. y f. Logicien, enne.
logis m. Maréchal des logis (mariscal).
logístico, ca adj. y s. f. Logistique.
logógrafo m. Logographe.
logogrifo m. Logogriphe (enigma).
logomaquia f. Logomachie.
logos m. FILOS. Logos.
logrado, da adj. Réussi, e.
lograr v. tr. Obtenir, remporter (alcanzar) : *el mejor de los dos luchadores logró la victoria,* le meilleur des deux lutteurs a obtenu la victoire. ‖ Réussir à, parvenir à (con infinitivo) : *logró escaparse,* il réussit à s'enfuir ; *ha logrado hacer lo que quería,* il a réussi à faire ce qu'il voulait. ‖ Réaliser (aspiración), combler, satisfaire (deseos). ‖ — *Dar por logrado,* escompter. ‖ *Lograr a la primera,* réussir du premier coup.
— V. pr. Réussir : *el plan de desarrollo se ha logrado,* le plan de développement a réussi.
logrear v. intr. Prêter avec usure.
logrería f. Métier (*m.*) d'usurier.
logrero, ra m. y f. Usurier, ère. ‖ FAM. Profiteur, euse (aprovechón).
logro m. Obtention, *f.* (acción de lograr). ‖ Réussite, *f.,* succès : *los logros técnicos conseguidos,* les réussites techniques obtenues. ‖ Satisfaction, *f.* (de una aspiración). ‖ Usure, *f.* (usura). ‖ Lucre (lucro). ‖ *Prestar* ou *dar a logro,* prêter avec usure.
logroñés, esa adj. y s. De Logroño [Espagne].
loica f. *Amer.* Oiseau (*m.*) chanteur, étourneau, *m.*
Loir n. pr. m. GEOGR. Loir (río).
Loira n. pr. m. GEOGR. Loire, *f.* (río).

loísmo m. Défaut qui consiste à employer *lo* au lieu de *le* au datif du pronom personnel *él* : *lo doy,* au lieu de *le doy,* je lui donne. ‖ Tendance à employer *lo* au lieu de *le* à l'accusatif : *lo miro* au lieu de *le miro,* je le regarde.
loísta adj. y s. GRAM. Partisan, partisane de l'emploi de *lo* comme accusatif et datif masculins du pronom *él.*
lojano, na adj. y s. De Loja [Équateur].
lojeño, ña adj. y s. De Loja [Espagne].
loma f. Coteau, *m.,* colline.
lomada f. *Amer.* Coteau, *m.,* colline.
lombarda f. Chou (*m.*) rouge (berza). ‖ Bombarde (arma antigua).
Lombardía n. pr. f. GEOGR. Lombardie.
lombardo, da adj. Brun au dos clair (toro).
lombardo, da adj. y s. Lombard, e (de Lombardía). ‖ — M. Banque (*f.*) pour le commerce.
lombricoide adj. Lombricoïde.
lombrigón m. Long ver, gros lombric.
lombriguera f. Trou (*m.*) creusé par le ver de terre.
lombriz f. Ver (*m.*) de terre, lombric, *m.* ‖ Ver, *m.* : *lombriz intestinal, solitaria,* ver intestinal, solitaire.
lomear v. intr. Remuer la croupe (el caballo).
lomera f. Croupière (de la guarnición del caballo). ‖ Dos, *m.* (de un libro). ‖ Faîte, *m.* (caballete de un tejado).
lometa f. Monticule (altonazo).
lomienhiesto, ta o **lominhiesto, ta** adj. Haut des reins (animal). ‖ FIG. y FAM. Hautain, e ; fier, ère.
lomillería f. *Amer.* Bourrellerie (talabartería).
lomillo m. Point de croix (costura). ‖ Fût (de la albarda). ‖ *Amer.* Coussins (*pl.*) matelassés placés sous la selle (almohada). ‖ Pl. Bât, *sing.* (aparejo).
lomo m. Échine, *f.,* dos (espalda de un animal). ‖ Filet (carne de cerdo). ‖ Entrecôte, *f.* (carne de vaca). ‖ Dos (de libro, de cuchillo). ‖ AGRIC. Ados, billon (caballón). ‖ — Pl. Côtes, *f.* (costillas). ‖ ANAT. Lombes, *f.* (espalda). ‖ — *A lomo de,* à dos de [mulet, âne, etc.]. ‖ *De tomo y lomo,* v. TOMO. ‖ *Arquear el lomo,* faire le gros dos (el gato). ‖ FIG. y FAM. *Hinchar el lomo,* se mettre en boule, être sur la défensive. ‖ *Pasar la mano por el lomo* ou *sobar el lomo,* passer la main dans le dos. ‖ *Sacudir el lomo a alguien,* secouer les puces à quelqu'un, passer un savon à quelqu'un.
lona f. MAR. Toile à voile (tela). ‖ Voile (vela). ‖ Toile : *zapatos de lona,* chaussures de toile. ‖ Bâche (para cubrir). ‖ Chapiteau, *m.* (de circo). ‖ — *Ciudad de lona,* village de toile. ‖ *Hacer besar la lona,* envoyer au tapis (boxeo).
loncotear v. tr. *Amer.* Tirer les cheveux.
loncha f. Tranche (lonja) : *una loncha de jamón,* une tranche de jambon. ‖ Pierre plate (lancha).
londinense adj. y s. Londonien, enne.
Londres n. pr. GEOGR. Londres.
longanimidad f. Longanimité (p. us.), magnanimité, grandeur d'âme.
longánimo, ma adj. Longanime (p. us.), magnanime.
longaniza f. Saucisse. ‖ — FIG. y FAM. *Allí no atan los perros con longanizas,* ce n'est pas un pays de cocagne, il ne faut pas croire que c'est le Pérou, on ne roule pas sur l'or. ‖ *Hay más días que longanizas,* rien ne presse, il y a plus de jours que de semaines.
longevidad f. Longévité.
longevo, va adj. Très âgé, e ; très vieux, vieille.
longicornio, nia adj. y s. m. ZOOL. Longicorne.
longilíneo, a adj. Longiligne.
longimetría f. Longimétrie.
longincuo, cua adj. Éloigné, e ; lointain, e.
Longino n. pr. m. Longin.

longitud f. Longueur : *su longitud es de seis metros*, sa longueur est de six mètres ; *salto de longitud*, saut en longueur. ‖ Long, *m.* : *tiene seis metros de longitud*, il a six mètres de long. ‖ Astr. y Geogr. Longitude : *35º longitud Oeste*, 35º de longitude Ouest. ‖ *Longitud de onda*, longueur d'onde.

longitudinal adj. Longitudinal, e : *planos longitudinales*, plans longitudinaux.

Longo n. pr. m. Longus.

longobardo, da adj. y s. Lombard, e.

longuera f. Langue de terre.

longuetas f. pl. Med. Bandes de toile, sangles.

longui adj. y s. Fam. *Hacerse el longui*, faire la sourde oreille.

lonja f. Tranche : *una lonja de jamón*, une tranche de jambon. ‖ Bourse de commerce (bolsa de comercio). ‖ Entrepôt (*m.*) de laine (almacén). ‖ Épicerie (tienda). ‖ Arq. Parvis (*m.*) d'une église. ‖ Esplanade (de edificios públicos). ‖ Halle des marées (de pescado).

lonjear v. tr. Amer. Racler [les peaux].

lonjeta f. Petite tranche (tira). ‖ Tonnelle (cenador).

lontananza f. Lointain, *m.* ‖ *En lontananza*, au loin, dans le lointain.

looping m. Looping (rizo).

loor m. Louange, *f.* (alabanza) : *en loor de*, à la louange de. ‖ *Decir loores de*, faire l'éloge de.

López n. pr. Fig. y Fam. *Esos son otros López*, ça, c'est une autre histoire.

loquear v. intr. Divaguer, dire *o* faire des folies. ‖ Fig. Folâtrer (retozar).

loquera f. Cabanon, *m.* (jaula de locos).

loquería f. Amer. Maison de fous, asile (*m.*) d'aliénés.

loquero m. Gardien d'une maison de fous.

loquincho, cha adj. Fam. Amer. Toqué, e.

lora f. Perruche, femelle du perroquet. ‖ Amer. Perroquet, *m.* (loro).

loran m. Mar. y Aviac. Loran (ayuda a la navegación a gran distancia).

lorcha f. Jonque (embarcación china).

lord m. Lord : *primer lord del Almirantazgo*, premier lord de l'Amirauté. ‖ *Cámara de los lores*, Chambre des lords. ‖ *Lord mayor*, lord-maire (de Londres).

lordosis f. Med. Lordose.

Lorena n. pr. f. Geogr. Lorraine.

lorenés, esa adj. y s. Lorrain, e.

Lorenza n. pr. f. Laurence.

lorenzana f. Grosse toile de Lorenzana.

Lorenzo n. pr. m. Laurent.

Loreto n. pr. f. Geogr. Lorette.

lorí m. Zool. Lori (papagayo).

loricaria f. Zool. Loricaire, *m.* (pez).

loriga f. Cotte de mailles (de hombre). ‖ Caparaçon, *m.*, armure du cheval (de caballo). ‖ Tecn. Frette (de una rueda).

lorigado, da adj. Couvert d'une cotte de mailles (soldado). ‖ Couvert d'une armure (caballo).

lorigón m. Haubergeon, cotte (*f.*) de mailles.

loriguero, ra adj. De la cotte de mailles.

loris m. Zool. Loris.

loro, ra adj. Brun foncé, *inv.* (color).
— M. Perroquet (papagayo). ‖ Laurier-cerise (laurocerano). ‖ Fam. Guenon, *f.* (mujer fea). ‖ — Fam. *Más viejo que un loro*, vieux comme Hérode. ‖ *Son economías del chocolate del loro*, ce sont des économies de bouts de chandelles.

lorquiano, na adj. De García Lorca.

lorquino, na adj. y s. De Lorca [ville de la prov. de Murcie].

los art. déf. m. pl. Les : *los hombres*, les hommes. ‖ — Pron. pers. Les : *los he visto*, je les ai vus. ‖ En (con *haber*, impersonal) : *¿hay libros?* — Los

hay, y a-t-il des livres ? — Il y en a. ‖ Ceux, celles : *los que he comprado*, ceux que j'ai achetés ; *los de mi padre*, ceux de mon père ; *los de la primera dentición*, celles de la première dentition (dientes). ‖ — *Los hay que*, il y en a qui, il y en a que : *los hay que no saben nada*, il y en a qui ne savent rien. ‖ *Los que*, ceux de nous, de vous, d'entre eux qui : *los que sois*, ceux d'entre vous qui sont ; *los que trabajamos*, ceux de nous qui travaillent. ‖ *Son ... los que*, ce sont ... qui, ce sont ... que : *son mis libros los que has cogido*, ce sont mes livres que tu as pris.
— Observ. Ne pas employer *los* au datif, il faut dire *les hablo*, je leur parle, et non *los hablo* (loísmo).
— *Los* debe traducirse a menudo por el adjetivo posesivo : *tengo los libros rotos*, mes livres sont déchirés. Pero se dice *tienes las manos sucias*, tu as les mains sales (parte del cuerpo).

losa f. Dalle (grande), carreau, *m.* (pequeña). ‖ Piège, *m.*, assommoir, *m.* (trampa). ‖ — *Losa sepulcral*, pierre tombale. ‖ — Fig. *Echar* ou *poner una losa encima*, mettre une pierre dessus. ‖ *Yo soy una losa*, je serai muet comme la tombe *o* je suis un tombeau.

losado m. Dallage, pavage, carrelage (enlosado).

losange m. Blas. Losange.

losar v. tr. Daller, paver, carreler (enlosar).

loseta f. Petite dalle, carreau, *m.* ‖ Piège, *m.*, assommoir, *m.* (trampa).

Lot n. pr. m. Loth.

lota f. Lotte, lote (pez).

Lotario n. pr. m. Lothaire.

lote m. Lot. ‖ — Fig. y Fam. *Darse un lote*, s'en mettre jusque là (comer mucho). ‖ *Todo el lote*, et tout et tout.

lotería f. Loterie : *el sorteo de la lotería*, le tirage de la loterie ; *administración de loterías*, bureau de loterie. ‖ Loto, *m.* (juego). ‖ *Caerle* ou *tocarle a uno la lotería*, gagner à la loterie.

lotero, ra m. y f. Vendeur, vendeuse de billets de loterie.

loto m. Lotus, lotos (planta acuática). ‖ Jujubier, lotus (arbusto). ‖ Fleur (*f.*) de lotus. ‖ Lotier : *loto de los pantanos*, lotier des marais.

Lovaina n. pr. Geogr. Louvain.

loxodromia f. Mar. Loxodromie.

loxodrómico, ca adj. Loxodromique.

loza f. Faïence. ‖ Vaisselle (del ajuar doméstico) : *fregar la loza*, faire la vaisselle.

lozanamente adv. Vigoureusement (con fuerza). ‖ Avec luxuriance (las plantas).

lozanía f. Vigueur (vigor). ‖ Jeunesse (juventud). ‖ Fraîcheur : *la lozanía del rostro*, la fraîcheur du visage. ‖ Exubérance, luxuriance (de las plantas). ‖ Fig. Fierté, orgueil, *m.* (altivez).

lozano, na adj. Luxuriant, e ; exubérant, e (vegetación). ‖ Frais, fraîche (tez) : *lozana como una rosa*, fraîche comme une rose. ‖ Fig. Robuste, vigoureux, euse ; plein de vie (persona).

lúa f. Gant (*m.*) de sparte pour nettoyer les chevaux.

lubigante m. Homard (bogavante).

lubina f. Loubine, bar, *m.* loup (*m.*) de mer (róbalo).

lubricación f. Lubrification.

lubricador, ra adj. Lubrificateur, trice.

lubricante adj. y s. m. Lubrifiant, e.

lubricar v. tr. Lubrifier.

lubricativo, va adj. Lubrifiant, e.

lubricidad f. Lubricité (lujuria).

lúbrico, ca adj. Lubrique (lujurioso).

lubrificación f. Lubrification.

lubrificador, ra adj. Lubrificateur, trice.

lubrificante adj. y s. m. Lubrifiant, e.

lubrificar v. tr. Lubrifier.
— Observ. Ce mot a été longtemps considéré comme un gallicisme.

Luca n. pr. GEOGR. Lucques (Italia).
Lucania n. pr. f. GEOGR. Lucanie.
lucano m. ZOOL. Lucane (insecto).
Lucano n. pr. m. Lucain.
lucano, na adj. y s. Lucanien, enne.
Lucas n. pr. m. Luc.
Lucayas n. pr. f. pl. GEOGR. Lucayes.
lucense adj. y s. De Lugo [ville d'Espagne].
lucera f. Lucarne.
lucerna f. Lustre, m. (araña). ‖ Lucarne (lumbrera). ‖ Ver (m.) luisant (luciérnaga).
Lucerna n. pr. GEOGR. Lucerne.
lucero m. Étoile (f.) brillante. ‖ Étoile (f.) du Berger, Vénus, f. (planeta). ‖ Guichet (postigo). ‖ Étoile, f. (lunar en la frente del caballo). ‖ FIG. Lustre, éclat, splendeur, f. (esplendor). ‖ — Pl. FIG. Yeux, feu (sing.) du regard (los ojos). ‖ El lucero del alba ou de la mañana ou de la tarde, l'étoile du matin o du soir, l'étoile du Berger (Vénus).
luces f. pl. V. LUZ.
Lucía n. pr. f. Lucie, Luce.
Luciano, na n. pr. m. y f. Lucien, Lucienne.
lucidamente adv. Brillamment.
lúcidamente adv. Avec lucidité, lucidement.
lucidez f. Lucidité (clarividencia). ‖ Clarté (del estilo).
lucido, da adj. Brillant, e : un hombre lucido, un homme brillant. ‖ Élégant, e (elegante). ‖ Gracieux, euse (con gracia). ‖ Généreux, euse (liberal). ‖ FIG. Brillant, e ; reluisant, e : una situación lucida, une situation brillante. ‖ FAM. ¡Estamos lucidos!, nous voilà propres !, nous voilà bien !, nous voilà frais !
lúcido, da adj. Lucide (clarividente). ‖ Clair, e (estilo). ‖ POÉT. Brillant, e (luciente).
lucidor, ra adj. Brillant, e.
luciente adj. Brillant, e.
luciérnaga f. Ver (m.) luisant, luciole (insecto).
lucifer m. Vénus, f., lucifer (lucero). ‖ FIG. Démon.
Lucifer n. pr. m. Lucifer.
luciferino, na adj. De Lucifer, luciférien, enne.
lucífero, ra adj. POÉT. Brillant, e ; resplendissant, e.
— M. Vénus, lucifer (lucero del alba).
lucífugo, ga adj. POÉT. Lucifuge (que huye de la luz).
Lucila n. pr. f. Lucile.
Lucilio n. pr. m. Lucilius.
lucillo o **lucillo** m. Urne (f.) funéraire.
lucímetro m. TECN. Lucimètre.
lucimiento m. Éclat, lustre. ‖ — FIG. Hacer algo con lucimiento, faire quelque chose brillamment. | Quedar con lucimiento, se tirer brillamment [d'une entreprise], réussir.
lucio m. Brochet (pez).
lucio, cia adj. Luisant, e ; brillant, e : el pelaje lucio del caballo, la robe brillante du cheval.
lución m. Orvet, serpent de verre (reptil).
lucir* v. intr. Briller, luire : el sol luce con resplandor, le soleil brille avec éclat. ‖ FIG. Briller (sobresalir). | Profiter (ser de provecho) : le luce lo que come, ce qu'il mange lui profite. | Faire de l'effet (causar gran efecto).
— V. tr. Éclairer, illuminer (iluminar). ‖ FIG. Montrer, faire briller, faire valoir : lucir su valor, montrer son courage. | Faire des effets de, exhiber : lucir las piernas, faire des effets de jambes. | Arborer, porter : luce una hermosa corbata, il arbore une belle cravate. ‖ Crépir (enlucir).
— V. pr. Se parer, se faire beau (engalanarse). ‖ FIG. Se tirer avec honneur, réussir (quedar bien). | Briller, se distinguer, se faire valoir (sobresalir) : Juan se ha lucido en una empresa tan difícil, Jean s'est distingué dans une entreprise aussi difficile.

‖ — Lucirse en una prueba, passer une épreuve brillamment. ‖ FAM. ¡Nos hemos lucido! tu parles d'une réussite !, nous voilà frais !, on a gagné !
lucrar v. tr. Gagner, obtenir (obtener).
— V. pr. Profiter (aprovecharse). ‖ S'enrichir : lucrarse a costa ajena, s'enrichir aux dépens d'autrui.
lucrativo, va adj. Lucratif, ive.
Lucrecio, cia n. pr. m. y f. Lucrèce.
lucro m. Lucre, gain (ganancia). ‖ Intérêt, profit (provecho). ‖ — DR. Lucro cesante, lucrum cessans, manque à gagner. ‖ Lucros y daños, profits et pertes.
lucroniense adj. y s. De Logroño [ville d'Espagne, autrefois Lucronium].
luctuosa f. Ancien droit (m.) sur les successions.
luctuoso, sa adj. Triste, affligeant, e.
lucubración f. Lucubration, élucubration.
lucubrar v. tr. Élucubrer.
Lúculo n. pr. m. Lucullus.
lúcuma f. Amer. Lucuma, m. (fruto).
lúcumo m. Amer. Lucuma (árbol).
lucumón m. Lucumon.
lucumonía f. Lucumonie.
lucha f. Lutte : entablar lucha con alguien, entrer en lutte avec quelqu'un. ‖ — En reñida lucha, de haute lutte. ‖ Lucha de clases, lutte des classes.
— SINÓN. Pugilato, pugilat. Torneo, tournoi. Disputa, dispute. Batalla, bataille. Combate, combat. Altercado, altercation. Pelea, lutte.
luchador, ra m. y f. Lutteur, euse.
luchana f. Barbe en pointe (barba).
luchar v. intr. Lutter : luchar cuerpo a cuerpo, lutter corps à corps. ‖ Se battre (pelear). ‖ Cansado de luchar, de guerre lasse. ‖ Luchar a brazo partido ou como fieras, se battre comme des lions.
ludibrio m. Honte, f. (vergüenza), mépris (desprecio). ‖ Risée, f. (irrisión) : ser el ludibrio del pueblo, être la risée du village. ‖ Y para mayor ludibrio suyo, et à sa plus grande honte.
lúdicro, cra adj. Ludique, du jeu.
ludimiento m. Frottement (rozamiento).
ludión m. Ludion (instrumento de física).
ludir v. tr. Frotter.
Ludovico n. pr. m. Ludovic.
ludria f. ZOOL. Loutre.
lué o **lués** f. Infection (sifilítica).
luego adv. Tout de suite (sin dilación) : vuelvo luego, je reviens tout de suite. ‖ Ensuite, après (después) : iré luego al cine, j'irai ensuite au cinéma. ‖ Plus tard (más tarde).
— Conj. Donc : pienso, luego existo, je pense, donc je suis. ‖ Amer. Quelquefois (algunas veces). | Près de, tout près (cerca). ‖ — Desde luego, évidemment, bien entendu, naturellement, bien sûr. ‖ Hasta luego, à tout à l'heure, au revoir. ‖ Luego como ou que, dès que, aussitôt que : luego que llegues, avísame, dès que tu arriveras préviens-moi. ‖ Luego de (avec l'infinitif), après : luego de comer se fue, après avoir mangé, il est parti. ‖ Luego después, tout de suite après. | Amer. Tan luego, en plus, en outre. | Tan luego como, aussitôt que, dès que.
luengo, ga adj. Long, longue (largo).
lueñe adj. (P. us.). Lointain, e.
luético, ca adj. y s. Syphilitique.
lugano m. Chardonneret (pájaro).
lugar m. Lieu, endroit (paraje) : el lugar donde voy de vacaciones, l'endroit où je vais en vacances. ‖ ● Place, f. (sitio de una persona o cosa) : no está en su lugar habitual, il n'est pas à sa place habituelle. ‖ Place, f. (espacio) : hacer lugar, faire de la place. ‖ Village, bourg, bourgade, f. (pueblo) : en un lugar de la Mancha de cuyo nombre no quiero acordarme, dans une bourgade de la Manche dont je ne veux pas me

rappeler le nom. ‖ Localité, *f.*, lieu-dit (localidad).
‖ Passage (de un libro) : *lo encontrarás en un lugar de tu libro de texto*, tu le trouveras dans un passage de ton manuel. ‖ Position, *f.*, rang, place, *f.*, poste : *ocupa un buen lugar en la empresa*, il occupe une bonne position dans l'entreprise. ‖ Place, *f.* : *este libro no está en su lugar*, ce livre n'est pas à sa place. ‖ Moment (tiempo, oportunidad) : *no es el lugar de decirlo*, ce n'est pas le moment de le dire. ‖ Temps : *no hay lugar para hacer tantas cosas*, le temps manque pour faire tant de choses. ‖ GEOM. Lieu. ‖ — *Lugar arqueológico*, site archéologique. ‖ *Lugar común*, lieu commun (tópico). ‖ *Lugar de perdición*, lieu de perdition, mauvais lieu. ‖ *Lugar de recreo*, lieu de plaisance. ‖ *Lugar de señorío*, fief seigneurial. ‖ *Lugar destacado*, haut lieu : *es un lugar destacado de la historia*, c'est un haut lieu de l'histoire. ‖ *Lugar preferente*, place de choix. ‖ *Lugar religioso*, tombe. ‖ *Lugar señorío*, fief seigneurial. ‖ *Los Santos Lugares*, les Lieux saints. ‖ *Unidad de lugar*, unité de lieu. ‖ — *En cualquier lugar*, n'importe où (en cualquier sitio), en tous lieux (en todos los sitios). ‖ *En el lugar llamado...*, au lieu-dit... ‖ *En el mismo lugar*, sur place. ‖ *En lugar de*, au lieu de. ‖ *En lugar seguro*, en lieu sûr. ‖ *En primer lugar*, en premier lieu. ‖ MIL. *En su lugar, ¡descanso!*, repos ! ‖ *En tiempo y lugar oportunos*, en temps et lieu. ‖ *En último lugar*, en dernier lieu. ‖ *Fuera de lugar*, hors de propos (palabras). ‖ *Sin lugar a dudas*, sans aucun doute. ‖ — *Consérvese en lugar fresco*, tenir au frais (conservas). ‖ *Dar lugar a*, donner lieu à : *dio lugar a que el criticasen*, il a donné lieu à des critiques. ‖ DR. *Ir al lugar del suceso*, se rendre sur les lieux. ‖ *No ha lugar*, il n'y a pas lieu. ‖ FIG. *Poner a alguien en su lugar*, remettre quelqu'un à sa place. ‖ *Ponerse uno en lugar de otro*, se mettre à la place de quelqu'un. ‖ *Tener lugar*, avoir lieu (suceder), avoir de la place, tenir (tener cabida), avoir le temps (tener tiempo), servir de, tenir lieu de (reemplazar).
— SINÓN. ● *Sitio*, endroit, place. *Espacio*, espace. *Punto*, point. *Emplazamiento*, emplacement.

lugarejo m. Petit village, trou (poblacho).
lugareño, ña adj. y s. Villageois, e. ‖ Campagnard, e ; paysan, anne (campesino).
lugartenencia f. Lieutenance.
lugarteniente m. Lieutenant.
lugre m. MAR. Lougre (embarcación).
lúgubre adj. Lugubre : *quejas lúgubres*, plaintes lugubres.
lugués, esa adj. y s. De Lugo.
luis m. Louis (moneda).
Luis, Luisa n. pr. m. y f. Louis, Louise.
luisa f. BOT. Citronnelle.
Luisiana n. pr. f. GEOGR. Louisiane.
Luisita n. pr. f. Louisette.
lujación f. Luxation.
lujo m. Luxe. ‖ — *De lujo*, de luxe. ‖ *Lujo asiático*, luxe oriental. ‖ *Permitirse el lujo de*, s'offrir le luxe de.
— SINÓN. *Fasto*, faste. *Suntuosidad*, somptuosité. *Esplendor*, splendeur. *Riqueza*, richesse. *Pompa*, pompe. *Boato*, ostentation, ostentation. *Aparato*, apparat.

lujoso, sa adj. Luxueux, euse.
lujuria f. Luxure. ‖ FIG. Excès, *m.*, profusion (demasía).
lujuriante adj. Luxuriant, e (vegetación). ‖ Luxurieux, euse (lascivo).
lujuriar v. intr. Se livrer à la luxure. ‖ S'accoupler (los animales).
lujurioso, sa adj. Luxurieux, euse.
— SINÓN. *Lascivo*, lascif. *Sensual*, sensuel. *Lúbrico*, lubrique. *Libidinoso*, libidineux. *Libertino*, libertin. *Liviano*, frivole.

lukum m. Loukoum, rahat-loukoum (dulce).
luliano, na adj. De Raymond Lulle.
lulismo m. Lullisme (sistema filosófico).
lulista adj. y s. Lulliste (partidario del lulismo).
lulú m. Loulou (perro).
lumaquela f. GEOL. Lumachelle (mármol).
lumbago m. MED. Lumbago, lombago.
lumbar adj. ANAT. Lombaire : *región lumbar*, région lombaire.
lumbrada o **lumbrarada** f. Grand feu, *m.*, brasier, *m.*
lumbre f. Feu, *m.* (de la chimenea, etc.). ‖ Lumière, clarté (luz). ‖ Jour, *m.* (en una ventana). ‖ Flamme (luz del fuego). ‖ Platine (de un arma de fuego). ‖ Pinces, *pl.* (de la herradura). ‖ — Pl. Briquet (*m. sing.*) à amadou. ‖ — *Al amor de la lumbre*, au coin du feu. ‖ *Dar lumbre*, donner du feu (dar fuego). ‖ *Encender la lumbre*, allumer le feu. ‖ *Pedir lumbre*, demander du feu.
lumbrera f. Lucarne (abertura en un techo). ‖ Claire-voie (en un buque). ‖ Lumière (cuerpo luminoso). ‖ Lumière [d'un rabot] (de cepillo). ‖ Lumière (de una locomotora). ‖ FIG. Lumière (persona muy sabia) : *no es ninguna lumbrera*, ce n'est pas une lumière. ‖ *Amer.* Loge (en la plaza de toros). ‖ — Pl. FIG. Yeux, *m.* (ojos).
lumbroso, sa adj. Lumineux, euse.
lumen m. FÍS. Lumen (unidad de flujo luminoso).
— OBSERV. Le pluriel doit être *lúmenes* bien que *lumen* soit également très employé.
lumia f. POP. Poule, prostituée.
luminar m. Luminaire, astre lumineux. ‖ FIG. Lumière, *f.* (sabio).
luminaria f. Lumière, lanterne [pour des illuminations]. ‖ Luminaire, *m.* (en las iglesias). ‖ — Pl. Illuminations.
luminescencia o **luminiscencia** f. Luminescence.
luminescente o **luminiscente** adj. Luminescent, e.
luminosamente adv. D'une manière lumineuse.
luminosidad f. Luminosité.
luminoso, sa adj. Lumineux, euse : *fuente luminosa*, fontaine lumineuse. ‖ Éclairant, e : *potencia luminosa*, pouvoir éclairant. ‖ FIG. Lumineux, euse : *idea luminosa*, idée lumineuse.
luminotecnia f. Technique de l'éclairage.
luminotécnico m. Éclairagiste.
lumitipia f. IMPR. Lumitype.
luna f. Lune (astro). ‖ Lune (tiempo) : *dos lunas de lluvia*, deux lunes de pluie. ‖ Miroir, *m.*, glace (espejo). ‖ Vitre, glace (de un escaparate). ‖ Verre (*m.*) de lunette (cristal de gafas). ‖ FIG. Égarement (*m.*) des lunatiques. ‖ Caprice, *m.*, extravagance (capricho). ‖ — *Luna creciente*, premier quartier, lune croissante. ‖ *Luna de abril*, lune rousse. ‖ *Luna llena*, pleine lune. ‖ *Luna menguante*, dernier quartier, lune décroissante. ‖ *Luna nueva*, nouvelle lune. ‖ FIG. *Luna de miel*, lune de miel. ‖ — *Armario de luna*, armoire à glace. ‖ *Claro de luna*, clair de lune. ‖ *Media luna*, demi-lune (la mitad), croissant (del astro), le Croissant (el Imperio turco), demi-lune (fortificación). ‖ *Pez luna*, poisson-lune. ‖ — FIG. y FAM. *Amer. A la luna de Paita* ou *Payta*, le bec dans l'eau, déçu dans son attente. ‖ *Estar de buena* ou *mala luna*, être bien *o* mal luné, être de bonne *o* de mauvaise humeur. ‖ FIG. *Estar en la Luna*, être dans la lune. ‖ *Ladrar a la Luna*, aboyer à la lune. ‖ *Pedir la Luna*, demander la lune. ‖ *Quedarse a la luna de Valencia*, rester le bec dans l'eau, être déçu dans son attente. ‖ *Tener lunas*, être lunatique.
lunación f. Lunaison.
lunado, da adj. Luné, e ; en forme de croissant.
lunar adj. Lunaire : *año lunar*, année lunaire.
— M. Grain de beauté (en la piel). ‖ Pois ;

tejido de lunares, tissu à pois. ‖ FIG. Tache, *f.*, souillure, *f.* (mancha). | Ombre, *f.*, léger défaut (defecto pequeño). ‖ *Lunar postizo*, mouche.

lunarejo, ja adj. *Amer.* Tacheté, e (con lunares).

lunario, ria adj. Lunaire.
— M. Calendrier (calendario). ‖ — F. BOT. Lunaire.

lunático, ca adj. y s. Lunatique.

lunch m. Lunch.

lunecilla f. Croissant, *m.* (joya).

lunero, ra adj. Lunatique.

lunes m. Lundi : *vendré el lunes por la mañana*, je viendrai lundi matin ; *viene los lunes* ou *cada lunes*, il vient le lundi o tous les lundis. ‖ — FIG. *Cada lunes y cada martes*, tous les jours. ‖ *El lunes pasado*, lundi dernier ; *el lunes que viene*, lundi prochain. ‖ *Amer. Hacer lunes* ou *lunes porteño*, chômer le lundi.

luneta f. Lentille. ‖ Verre (*m.*) de lunettes (de gafas). ‖ Croissant, *m.* (adorno). ‖ TEATR. Fauteuil (*m.*) d'orchestre (butaca). ‖ Lunette (de un torno). ‖ Lunette (fortification). ‖ ARQ. Première tuile (bocateja). | Lunette.

luneto m. ARQ. Lunette, *f.* (bovedilla).

lunfardismo m. Mot o expression argotique en Argentine.

lunfardo m. Argot, langue (*f.*) verte de Buenos Aires.
— Adj. Argotique [en Argentine].

lunisolar adj. ASTR. Luni-solaire.

lúnula f. GEOM. Lunule. ‖ Lunule (de la uña).

lupa f. Loupe : *mirar con lupa*, regarder à la loupe.

lupanar m. Lupanar.

lupercales f. pl. Lupercales (fiestas romanas).

lupia f. MED. Loupe (lobanillo).

lupino, na adj. Du loup.
— M. BOT. Lupin (altramuz).

lupulina f. BOT. Lupuline (planta).

lupulino m. Lupulin (polvo del lúpulo).

lúpulo m. BOT. Houblon.

lupus m. MED. Lupus.

luqués, esa adj. Lucquois, e ; de Lucques [Italie].

luquete m. Rondelle (*f.*) de citron (de limón), tranche (*f.*) d'orange (de naranja). ‖ ARQ. Calotte (*f.*) sphérique [de la voûte].

Lusiadas (Los) n. pr. m. pl. Les Lusiades (poema).

Lusitania n. pr. f. GEOGR. Lusitanie.

lusitanismo m. Mot o tournure (*f.*) portugaise.

lusitano, na o **luso, sa** adj. y s. Lusitanien, enne ; lusitain, e (portugués).

lustrabotas m. inv. *Amer.* Cireur (limpiabotas).

lustración f. Lustrage, *m.*, lustration.

lustrado m. Lustrage.

lustral adj. Lustral, e. ‖ *Agua lustral*, eau lustrale (de bautizo).

lustrar v. tr. Lustrer, astiquer (dar lustre). ‖ Cirer (los zapatos). ‖ Purifier par la lustration. ‖ Voyager (viajar).

lustre m. Lustre, brillant (brillo). ‖ Luisant : *el lustre de una tela*, le luisant d'une étoffe. ‖ Cirage (betún). ‖ FIG. Lustre, éclat (esplendor). ‖ — *Dar* ou *sacar lustre a*, faire briller. | *Para mi mayor lustre*, pour ma plus grande gloire.

lustrina f. Lustrine (tela). ‖ Lamé, *m.* (tela de oro y plata). ‖ *Amer.* Cirage, *m.* (betún).

lustro m. Lustre (espacio de cinco años).

lustrosamente adv. Brillamment.

lustroso, sa adj. Brillant, e ; lustré, e ; luisant, e.

Lutecia n. pr. f. HIST. Lutèce (París).

lutecio m. QUÍM. Lutécium (metal).

luteína f. BIOL. Lutéine.

lúteo, a adj. De boue. ‖ Jaune clair.

luteranismo m. Luthéranisme.

luterano, na adj. y s. Luthérien, enne.

Lutero n. pr. Luther.

luto m. Deuil : *vestirse* ou *ponerse de luto*, prendre le deuil ; *vestir de luto*, être en deuil. ‖ — Pl. Tentures (*f.*) de deuil. ‖ — *De luto*, en deuil. ‖ *Luto riguroso*, grand deuil. ‖ *Medio luto* ou *alivio de luto*, demi-deuil. ‖ — *Aliviar el luto*, prendre le demi-deuil. ‖ *Llevar luto por*, porter le deuil de.

lutria f. Loutre (nutria).

lux m. FÍS. Lux (unidad de luz).

luxación f. MED. Luxation.

Luxor n. pr. m. G EOGR. Louksor, Louqsor.

Luxemburgo n. pr. m. GEOGR. Luxembourg.

luxemburgués, esa adj. y s. Luxembourgeois, e.

luz f. Lumière. ‖ Lumière, jour, *m.* (que se recibe en una casa). ‖ Lampe : *tráeme una luz*, apporte-moi une lampe. ‖ Éclairage, *m.* (iluminación). ‖ Électricité : *pagar la luz*, payer l'électricité ; *en esta casa no hay luz*, dans cette maison il n'y a pas l'électricité. ‖ Courant, *m.* : *corte de luz*, coupure de courant. ‖ ARQ. Jour, *m.* (ventana). ‖ FIG. Lumière (sabio). | Nouvelle, avis, *m.* (noticia). ‖ Feu, *m.* (destello de un diamante). ‖ Portée (de un puente). ‖ — Pl. Lumières, culture, *sing.* (cultura) : *el siglo de las luces*, le siècle des lumières. | Intelligence, *sing.* (inteligencia). | Éclairage, *m. sing.* (de un coche). ‖ — *Luces de tráfico*, feux de signalisation. ‖ *Luz cenicienta*, lumière cendrée. ‖ *Luz cenital*, jour du haut (en una habitación), plafonnier (en un coche). ‖ *Luz de Bengala*, feu de Bengale. ‖ *Luz de carretera, de cruce*, feu de route o phare, feu de croisement o phare-code (coche). ‖ *Luz de medianería*, jour de souffrance. ‖ FIG. *Luz de mis ojos*, mon ange. ‖ AUTOM. *Luz de población*, lanterne, veilleuse : *poner luces de población*, mettre les phares en veilleuse. | *Luz de posición*, feu de position. ‖ MAR. *Luz de situación*, feu de position. ‖ *Luz eléctrica*, électricité. ‖ *Luz intermitente*, clignotant, clignoteur. ‖ *Amer. Luz mala*, feu follet (fuego fatuo). ‖ *Luz negra*, lumière noire. ‖ *Luz oblicua*, jour frisant. ‖ *Luz posterior*, feu arrière (coche). ‖ *Luz primaria*, jour direct. ‖ *Luz refleja* ou *secundaria*, reflet. ‖ *Luz roja*, feu rouge. ‖ *Luz y sonido*, son et lumière. ‖ *Año luz*, année-lumière, année de lumière. ‖ *Gusano de luz*, ver luisant. ‖ FIG. *Hombre de luces*, homme éclairé o cultivé. | *Hombre de pocas luces*, homme d'une intelligence limitée. ‖ CINEM. *Ingeniero de luces*, éclairagiste (luminotécnico). ‖ *La luz de sus ojos*, la prunelle de ses yeux. | *Media luz*, demi-jour. | *Pintor de la luz*, luministe. | *Traje de luces*, habit de lumières (torero). ‖ — FIG. *A buena luz*, en connaissance de cause. | *A la luz de*, à la lumière de. | *A la luz de las candilejas*, sous les feux de la rampe. | *A la luz del día*, en plein jour. ‖ FIG. *A dos luces*, avec ambiguïté. | *A primera luz*, au point du jour. | *A todas luces*, évident, de toute évidence, clair : *tu proyecto es a todas luces irrealizable*, il est évident que ton projet est irréalisable, ton projet est de toute évidence irréalisable. | *En plena luz*, au grand jour. | *Entre dos luces*, au point du jour (al amanecer), entre chien et loup, à la brune (en el crepúsculo), éméché, à moitié ivre (medio borracho). | *Sin servidumbre de luces*, vue imprenable. ‖ — *Dar a luz*, donner le jour, donner naissance à (parir), publier, donner le jour à (publicar). | *Dar (a) la luz*, allumer. | *Dar luz*, éclairer. ‖ FIG. *Hacer la luz*, faire la lumière. | *¡Hágase la luz!*, que la lumière soit ! ‖ *Sacar a luz*, publier, faire paraître (libro), mettre au grand jour (descubrir). ‖ *Salir a luz*, paraître, voir le jour (un libro), se faire jour (manifestarse, ser descubierto). | *Tener pocas luces*, ne pas être très intelligent o très malin. ‖ *Ver la luz del día*, voir le jour (nacer).

Luzón n. pr. GEOGR. Luçon, Luzon.

luzula f. BOT. Luzule.

LL

ll f. L (*m.*) mouillé.

— OBSERV. Le son du *ll* espagnol correspond au *l* mouillé français dans les mots *caille, alliance.* Mais il est de plus en plus fréquent de prononcer la *ll* comme la *y* espagnole : *pollo* (póyo), *llega* (yega). Ce phénomène s'appelle « yeísmo », il est très répandu dans plusieurs régions d'Espagne et dans certains pays d'Amérique latine. Les grammairiens condamnent le yeísmo.
— La lettre double *ll* est indivisible ; on doit écrire *pae- lla,* et non pael- la.

llaca f. *Amer.* Espèce de sarigue (zarigüeya).
llaga f. Plaie : *poner el dedo en la llaga,* mettre le doigt sur la plaie. ‖ Joint, *m.* (entre dos ladrillos). ‖ — *Renovar la llaga,* rouvrir la plaie. ‖ *Sanan llagas y no malas palabras,* la calomnie tue plus sûrement qu'une blessure.
llagar v. tr. Causer *o* faire une plaie à.
llama f. Flamme. ‖ FIG. Flamme (pasión vehemente). ‖ Marécage, *m.* (pantano). ‖ ZOOL. Lama, *m.* (mamífero). ‖ — *Arder en llamas,* être en flammes, flamber. ‖ *Llama auxiliar,* veilleuse.
llamada f. Appel, *m.* : *dar una llamada telefónica,* faire un appel téléphonique. ‖ Rappel, *m.* : *llamada al orden,* rappel à l'ordre. ‖ Renvoi, *m.* (remisión en un libro). ‖ Appel, *m.* (ademán). ‖ Offre d'immigration. ‖ MIL. Appel, *m.* (toque) : *tocar* ou *batir llamada,* sonner *o* battre l'appel. ‖ FIG. Appel, *m.* : *la llamada de la selva,* l'appel de la forêt. ‖ — *Llamada a escena,* rappel (teatro). ‖ *Llamada al timbre,* coup de sonnette. ‖ — *Amer. Billete de ida y llamada,* billet aller et retour. ‖ *Carta de llamada,* lettres de rappel (embajador). ‖ *Señal de llamada,* tonalité (teléfono). ‖ *Toque de llamada,* rappel.
llamadera f. Aiguillon, *m.*
llamado, da adj. Appelé, e. ‖ Dénommé, e : *el llamado Pedro,* le dénommé Pierre. ‖ Dit : *Enrique I llamado el Pajarero,* Henri Ier dit l'Oiseleur. ‖ Soi-disant, *inv.* : *los llamados jefes de la nación,* les soi-disant chefs de la nation. ‖ Prétendu, e : *los llamados juegos de suerte,* les prétendus jeux de hasard. ‖ Qu'on appelle (que se nombra) : *las llamadas rías de Galicia,* ce qu'on appelle les rias de Galice.
— M. *Amer.* Appel. ‖ *Muchos son los llamados, pocos los escogidos,* il y a beaucoup d'appelés mais peu d'élus.
llamador, ra m. y f. Personne (*f.*) qui appelle. ‖ — M. Heurtoir, *m.,* marteau (*m.*) de porte (aldaba). ‖ Bouton de sonnette (timbre).
llamamiento m. ● Appel : *un llamamiento angustioso,* un appel angoissé ; *llamamiento a la sublevación,* appel à la révolte. ‖ Appel (de Dios). ‖ Convocation, *f.* (convocatoria). ‖ MIL. Appel. ‖ DR. Nomination (*f.*) d'héritiers. ‖ *Llamamiento al orden,* rappel à l'ordre.
— SINÓN. ● *Apelación, llamada,* appel. *Manifiesto,* manifeste.

llamar v. tr. Appeler : *llamar a voces,* appeler à grands cris ; *llamar con la mano,* appeler de la main. ‖ ● Appeler : *¿cómo le llamaremos?,* comment l'appellerons-nous ? ‖ Convoquer (convocar). ‖ Appeler, faire venir : *llamar al embajador,* faire venir l'ambassadeur. ‖ Avertir (avisar). ‖ Attirer (atraer). ‖ Appeler (con la voz), sonner (con el timbre) : *llamar a la criada,* sonner la bonne. ‖ FIG. Appeler : *estar llamado a desempeñar un papel,* être appelé à jouer un rôle. ‖ — *Llamar al pan pan y al vino vino,* appeler un chat un chat. ‖ *Llamar de nuevo,* appeler de nouveau, rappeler. ‖ *Llamar la atención,* v. ATENCIÓN. ‖ *Volver a llamar,* appeler de nouveau, rappeler.
— V. intr. Sonner (con el timbre), frapper à la porte (con el aldabón o la mano). ‖ — *Llamar a escena,* rappeler (teatro). ‖ *Llamar a filas,* appeler sous les drapeaux. ‖ *Llamar a justicia,* appeler en justice, faire appel. ‖ *Llamar al orden,* rappeler à l'ordre. ‖ *Llamar por señas,* faire des signes. ‖ *Llamar por teléfono,* téléphoner. ‖ *No meterse donde no le llaman,* ne pas se mêler de ce qui ne vous regarde pas. ‖ *¿Quién llama?,* qui est là ?
— V. pr. S'appeler : *¿cómo te llamas?,* comment t'appelles-tu ? ; *me llamo Pablo,* je m'appelle Paul. ‖ MAR. Tourner (el viento). ‖ — *Llamarse a engaño,* se faire des illusions. ‖ *Llamarse de tú, de usted,* se tutoyer, se vouvoyer.
— SINÓN. ● *Nombrar,* nommer. *Denominar,* dénommer. *Apodar,* surnommer. *Bautizar,* baptiser. *Calificar de,* qualifier de.
llamarada f. Flambée (llama intensa y breve). ‖ FIG. Flambée : *llamarada de pasión,* flambée de passion. ‖ Rougeur vive, bouffée de sang (del rostro). ‖ Feu (*m.*) de paille (pasión pasajera). ‖ Emportement, *m.* (del ánimo).
llamativo, va adj. Criard, e ; voyant, e : *colores llamativos,* des couleurs criardes. ‖ Voyant, e : *esta mujer lleva trajes llamativos,* cette femme porte des toilettes voyantes. ‖ Qui attire l'attention (persona). ‖ Frappant, e : *un título llamativo,* un titre frappant.
llamazar m. Marécage (pantano).
llameante adj. Flambant, e (que arde). ‖ FIG. Flamboyant, e (resplandeciente).
llamear v. intr. Flamber (arder con llama). ‖ Flamboyer (echar llamas muy vivas).
llamingo m. *Amer.* Lama (animal).
llampo m. Poussier (parte menuda del mineral).
llana f. Truelle (palustre). ‖ Taloche, bouclier, *m.* (para llevar mezcla). ‖ Page [d'écriture] (plana). ‖ Plaine (llanura).
llanamente adv. FIG. Simplement (sin ostentación). ‖ Franchement (con ingenuidad). ‖ *Lisa y llanamente,* tout simplement.
llanca f. *Amer.* Minerai (*m.*) de cuivre. ‖ Petit caillou (*m.*) de minerai de cuivre (piedrezuela).

llanero, ra m. y f. *Amer.* Habitant de la plaine. | Indien, Indienne de la région de Vaupés (Colombia).

llaneza f. Fig. Simplicité, franchise (sinceridad). | Simplicité, laisser-aller, *m.* (del estilo). || — Fig. y Fam. *Alabo la llaneza*, ne vous gênez pas. | *Con toda llaneza*, en toute simplicité (simplemente), en toute franchise (francamente).

llanista m. Rouleur (ciclista).

llanito, ta m. y f. Fam. Habitant, habitante de Gibraltar (gibraltareño).

llano, na adj. Plat, e : *superficie llana*, surface plate ; *tierra llana*, pays plat. || Fig. Simple (sencillo, claro) : *vestido, negocio llano*, robe, affaire simple. | Simple, affable (persona, trato). | Contribuable (pechero). || Gram. Paroxyton (palabra, verso). || — Fig. *A la llana*, tout simplement (sencillamente), simplement, sans embarras (sin cumplidos). | *A la pata la llana*, à la bonne franquette, sans façons. || *Canto llano*, plainchant. || Fig. *De llano*, en toutes lettres, clairement. | *Estado llano*, tiers état. | *Número llano*, chiffre romain. | *Pueblo llano*, peuple, homme de la rue.
— M. Plaine, *f.* (llanura). || — Pl. Partie (*f. sing.*) droite d'un tricot sans augmentation ni diminution.

llanote, ta adj. Fig. Très simple.

llanque m. *Amer.* Espèce de sandale, *f.*

llanta f. Sorte de chou, *m.* (col). || Jante (de coche). || Feuillard, *m.* (pieza de hierro). || *Amer.* Bâche, banne (toldo). || *Llanta de goma*, pneu.

llantén m. Bot. Plantain. || *Llantén de agua*, plantain d'eau.

llantera f. Fam. Crise de larmes.

llantería f. o **llanterío** m. *Amer.* Pleurs, *m. pl.*

llantina f. Fam. Crise de larmes.

llanto m. ● Pleurs, *pl.* (acción). || Larmes, *f. pl.* : *enjugar el llanto de alguien*, essuyer les larmes de quelqu'un ; *crisis de llanto*, crise de larmes. || *Amer.* Complainte, *f.* (canto). || — *Anegarse en llanto*, pleurer à chaudes larmes. || *Deshacerse en llanto*, fondre en larmes. || *Estar deshecho en llanto*, être tout en larmes. || *Prorrumpir* ou *romper en llanto*, éclater en sanglots. || *Tener la voz ahogada en llanto*, avoir des larmes o des sanglots dans la voix.
— Sinón. ● *Lloro*, pleurs. *Lloriqueo, llorera*, pleurnicherie. *Plañido, gemido, gimoteo*, gémissement.

llantón m. Tecn. Brame (*f.*) brute.

llanura f. Plaine : *la llanura de Flandes*, la plaine de Flandre.

llapa f. *Amer.* Supplément, *m.*, surplus, *m.*, prime (adehala). | Mercure (*m.*) que l'on ajoute au minerai argentifère (azogue).

llapango, ga adj. y s. *Amer.* Qui va nu-pieds, *inv.* (descalzo).

llapar v. intr. Min. Ajouter du mercure au minerai argentifère.

llapingacho m. *Amer.* Omelette (*f.*) au fromage.

llar m. Fourneau (fogón). || — F. pl. Crémaillère, *sing.* (cadena en una chimenea).

llareta f. *Amer.* Plante médicinale.

llaullau m. *Amer.* Champignon comestible.

llave f. Clef, clé : *cerrar con llave*, fermer à clef ; *guardar bajo llave*, mettre sous clef. || Clef (para las tuercas) : *llave inglesa*, clef anglaise o à molette. || Robinet, *m.* (grifo). || Remontoir, *m.* (de un reloj). || Mús. Clef : *corneta de llaves*, trompette à clefs. | Piston, *m.* : *trombón de llaves*, trombonne à pistons. || Clef (clave) : *llave de fa, de sol*, clef de fa, de sol. || Fig. Clef (de un secreto). || Platine (de arma de fuego). || Coin, *m.* (cuña). || Clef (de dentista). || Interrupteur, *m.* (electricidad). || Impr. Accolade (corchete). || Clef, *m.*, prise (en lucha). || Pas-de-porte, *m.*

(traspaso). || — *Llave de paso*, robinet d'arrêt. || *Llave de tubo*, clé en tube. || *Llave doble*, clef à double tour. || *Llave falsa*, fausse clef. || *Llave maestra*, passe-partout. || *Llave universal*, clef universelle. || — *Ama de llaves*, gouvernante. || Fig. *Bajo llave* ou *debajo de llave*, sous clef. | *Debajo de siete llaves*, enfermé à double tour. | *Cerrar con siete llaves*, fermer à double tour. || *Doblar* ou *torcer la llave*, fausser la clef. || *Echar la llave*, fermer à clef. || Fig. *Guardar con siete llaves*, enfermer à double tour.

llavero, ra m. y f. Personne ayant la garde des clefs. || Geôlier, ère (de cárcel). || — M. Porteclefs, *inv.*, anneau pour les clefs.

llavín m. Petite clef, *f.*, clef, *f.* [de verrou de sûreté, etc.].

lleco, ca adj. En friche (tierra).

llegada f. Arrivée : *a mi llegada*, à mon arrivée.
— Sinón. *Arribada, arribo*, arrivage. *Venida*, venue. *Advenimiento*, avènement. *Acceso, accesión*, accession.

llegado, da adj. Qui est arrivé, e ; venu, e. || *Recién llegado*, nouveau venu.
— M. y f. Personne qui est arrivée o venue. || *Los recién llegados*, les nouveaux venus.

llegar v. intr. Arriver : *llegar a la meta*, arriver au but. || *llegó a tanta exasperación que le pegó*, il en arriva à un tel point d'exaspération qu'il le frappa ; *no ha llegado a ese extremo*, il n'en est pas arrivé là. || Arriver (ocurrir). || Parvenir, atteindre (después de mucho tiempo, esfuerzos, etc.) : *llegar a la vejez*, atteindre la vieillesse ; *llegó por fin a la ciudad*, il parvint enfin à la ville. || Arriver (tocar) : *llega su vez*, son tour arrive. || Monter, atteindre (una cantidad) : *el precio del viaje no llega a mil francos*, le prix du voyage n'atteint pas mille francs. || Arriver : *el abrigo le llega a las rodillas*, le manteau lui arrive aux genoux. || — *Llegar a*, peut signifier : 1) l'action pure et simple : *llegó a oir*, il entendit ; 2) une action progressive : *llegar a ser*, devenir ; *llegar a tener*, acquérir, arriver à avoir ; 3) finir par : *llegué a dudar si vendrías*, j'ai fini par me demander si tu viendrais ; *llegó a conocer todas las capitales del mundo*, il finit par connaître les capitales du monde entier ; 4) parvenir à, réussir à : *llegó a alcanzar este empleo*, il est parvenu à obtenir ce poste. || *Llegar a conocer a uno*, faire la connaissance de quelqu'un. || *Llegar a conocimiento de uno*, arriver à la connaissance de quelqu'un. || *Llegar a las manos*, parvenir (algo), en venir aux mains (reñir). || *Llegar al corazón*, aller droit au cœur, toucher profondément. || *Llegar al extremo de*, aller jusqu'à, en arriver à, en venir à. || *Llegar tarde*, être en retard (con retraso), arriver trop tard (fuera de tiempo). || — Fig. *¿Adónde quiere llegar?*, où veut-il en venir ? | *Esto fue llegar y besar el santo*, cela a marché comme sur des roulettes. | *No llegarle a uno a la suela del zapato* ou *a la punta de la bota*, ne pas arriver à la cheville de quelqu'un. | *No llegarle a uno el dinero*, ne pas joindre les deux bouts. | *No llegarle a uno la camisa al cuerpo*, ne pas en mener large. || *Si llego a saberlo...*, si [jamais] je l'avais su.
— V. tr. Réunir (juntar). || Rapprocher (arrimar).
— V. pr. Aller, se rendre : *llégate a casa de tu hermano*, va chez ton frère. || S'approcher (acercarse). || S'unir, se réunir (unirse).

llena f. Crue (de un río).

llenado m. Remplissage : *el llenado de una zanja*, le remplissage d'un fossé. || Embouteillage (en botellas).

llenar v. tr. Remplir : *llenar de vino un tonel*, remplir de vin un tonneau. || Fig. Satisfaire : *la razón de Pedro me llena*, le raisonnement de Pierre me satisfait. | Satisfaire entièrement : *esta persona no me llena*, cette personne ne me satisfait pas

entièrement. | Combler (de favores). | Occuper :
leía para llenar sus horas de espera, il lisait pour
occuper ses heures d'attente. | Remplir (de enojo,
de amor). | Couvrir (de injurias). | Féconder (el
macho a la hembra). | — FIG. y FAM. *Llenar el ojo
antes que la barriga* ou *tripa,* avoir les yeux plus
grands que le ventre. | *Llenar un claro,* combler
une lacune. | *Llenar un cometido,* remplir une
tâche. | *Llenar un hoyo de tierra,* combler un
fossé. | *Vuelva a llenar* (las copas), la même
chose, remettez-nous ça (fam.).

— V. intr. Être pleine (la Luna).

— V. pr. Se remplir. | Se couvrir : *llenarse los
dedos de tinta,* se couvrir les doigts d'encre. |
FAM. Se rassasier (de comer). | Éclater (de cólera).
| *Llenarse completamente,* être comble : *el teatro
se llena completamente en cada función,* le théâtre
est comble à chaque représentation.

llenazo m. Salle (*f.*) comble.

lleno, na adj. Plein, e ; rempli, e : *vaso lleno,* verre
plein ; *lleno de enojo,* rempli de colère. | ●
Plein, e ; comble : *sala llena,* salle comble. | Rem-
pli, e ; pétri, e : *lleno de orgullo,* pétri d'orgueil. |
BLAS. Rempli, e. | — *A manos llenas,* à pleines
mains. | *Dar de lleno en la cara,* frapper en
plein dans la figure. | *Dar el sol de lleno,* inon-
der, donner en plein dans : *el sol daba de lleno
en el cuarto,* le soleil inondait la pièce. | *De lleno*
ou *de lleno en lleno,* pleinement, tout à fait. |
Formas llenas, formes pleines. | *Luna llena,*
pleine lune. | *Voz llena,* voix chaude.

— M. Pleine lune, *m.* (plenilunio). | FAM. Abon-
dance, *f.* (abundancia). | FIG. Achèvement (perfec-
ción). | — Pl. MAR. Coque (*f. sing.*) arrondie
du navire. | — *Había un lleno en el estadio, en la
plaza de toros,* le stade, les arènes étaient combles.
| *Hay un lleno en el teatro,* le théâtre fait salle
comble.

— SINÓN. ● *Pleno,* plein. *Relleno,* rempli. *Completo,*
complet. *Colmado,* comblé. *Atiborrado, atestado, abarrotado,* bourré. ●

lleudar v. tr. Mettre du levain dans la pâte.

llevadero, ra adj. Supportable, tolérable : *un dolor
llevadero,* une douleur supportable. | Portable (un
traje).

llevar v. tr. ● Porter : *llevar al hijo en brazos,*
porter son fils dans ses bras ; *llevar en la cabeza,*
porter sur la tête ; *llevar la cabeza alta,* porter la
tête haute ; *el agua lleva los barcos,* l'eau porte
les bateaux. | Emporter (una cosa a lo lejos) :
el viento lo llevó todo, le vent a tout emporté. |
Emmener : *llévame a mi casa,* emmène-moi chez
moi. | Transporter : *el tren lleva carbón,* le train
transporte du charbon ; *el coche llevaba cuatro
personas,* la voiture transportait quatre personnes.
| Amener : *le llevé a mi opinión,* je l'ai amené
à mon opinion. | Porter, être plein o couvert de
(la tierra) : *el campo lleva muchos árboles,* la cam-
pagne est pleine d'arbres. | Porter (plantas) :
este árbol lleva pocas flores, cet arbre ne porte
pas beaucoup de fleurs. | Supporter : *llevar una
enfermedad con paciencia,* supporter patiemment
une maladie. | Aller, conduire, mener : *esta carre-
tera lleva a la ciudad,* cette route va à la ville ;
todos los caminos llevan a Roma, tous les che-
mins mènent à Rome. | Porter : *lleva un vestido
precioso,* elle porte une robe ravissante ; *ya no
lleva luto,* il ne porte plus le deuil. | Avoir [sur
soi] (dinero) : *llevo treinta pesetas,* j'ai sur moi
trente pesetas. | Avoir, remporter : *este número
lleva premio,* ce numéro remporte un prix. |
Avoir : *llevar mala conducta,* avoir une mauvaise
conduite. | Avoir : *ese vestido no lleva cinturón,*
cette robe n'a pas de ceinture. | Demander,
prendre (durar) : *me llevó un día este artículo,*
cet article m'a demandé une journée. | Être

depuis : *lleva un mes en la cama,* il est au lit
depuis un mois ; *llevamos aquí diez años,* nous
sommes ici depuis dix ans ; *lleva cinco años de
coronel,* il est colonel depuis cinq ans ; *el restaurante llevaba abierto diez años,* le restaurant était
ouvert depuis dix ans. | Contenir (contener) :
este vino lleva muchas heces, ce vin contient
beaucoup de lie. | Demander, faire payer, prendre :
no me ha llevado caro el sastre, le tailleur ne
m'a pas pris cher. | Amener, présenter (una per-
sona a otra). | Être chargé de, s'occuper de
(encargarse). | Conduire, diriger, mener : *lleva
bien su negocio,* il mène bien ses affaires. | Tenir :
llevar las cuentas, los libros, tenir les comptes,
les livres. | Présenter, renfermer : *este negocio
lleva muchas dificultades,* cette affaire présente
de nombreuses difficultés. | Amener, causer (oca-
sionar) : *eso te llevará muchos sinsabores,* cela va
t'amener bien des désagréments. | Conduire, me-
ner, entraîner : *¿adónde nos lleva la guerra?,*
où la guerre nous mène-t-elle ? ; *dejarse llevar,* se
laisser entraîner. | Louer, prendre à bail (una
finca). | Mener, guider (un caballo). | MAT. Re-
tenir (un número) : *veintitrés, pongo tres y llevo
dos,* vingt-trois, je pose trois et je retiens deux. |
Avoir : *llevar estudiado,* avoir étudié ; *llevo el
trabajo hecho,* j'ai fait tout mon travail. | Avoir
de plus (exceder en años, altura, puntos, etc.) :
su hijo me lleva dos años, son fils a deux ans de
plus que moi. | Avoir une avance de, devancer
de : *su coche me lleva diez kilómetros,* sa voiture
a dix kilomètres d'avance sur la mienne. | —
Llevar a cabo, v. CABO. | *Llevar a cuestas,* porter
sur le dos (un bulto), porter sur les épaules (una
responsabilidad). | *Llevar adelante,* v. ADELANTE. |
Llevar a los tribunales, mener devant les tribu-
naux, appeler en justice. | *Llevar a mal,* être mé-
content de. | *Llevar bien su barca,* bien mener
sa barque. | *Llevar consigo,* emporter (una cosa),
emmener (una persona), entraîner (acarrear). |
Llevar de la mano a, donner la main à, tenir par
la main. | *Llevar demasiado lejos,* mener trop
loin. | *Llevar el compás,* battre la mesure (con
la mano), suivre le rythme (bailando). | *Llevar en
peso,* porter à bout de bras. | *Llevar haciendo
algo una hora,* faire quelque chose depuis une
heure. | *Llevar idea de,* avoir l'intention de. |
Llevar la batuta, v. BATUTA. | *Llevar la contraria
a uno,* contrarier quelqu'un, faire obstacle à quel-
qu'un (poner obstáculo), contredire (contradecir). |
Llevar la mejor parte, avoir le dessus. | *Llevar
las de ganar,* avoir tous les atouts dans son jeu,
avoir la partie belle. | *Llevar las de perder,* n'avoir
aucune chance. | FIG. *Llevar la voz cantante,*
tenir les rênes (gobernando), mener la danse (ha-
blando). | *Llevar lo mejor,* l'emporter, avoir le des-
sus. | *Llevar lo peor,* avoir le dessous. | *Llevar
por delante,* s'occuper de (ocuparse de). | *Llevar
siempre la contraria,* avoir l'esprit de contra-
diction. | *Llevar su cruz,* porter sa croix. | *Llevar
su mal con paciencia,* prendre son mal en pa-
tience. | *Llevar su merecido,* v. MERECIDO. | *Lle-
var ventaja a,* l'emporter sur. | FAM. *Llevar y
traer,* cancaner, faire des commérages. | *No lle-
varlas todas consigo,* ne pas en mener large. |
Ser difícil de llevar, v. DIFÍCIL.

— V. pr. Emporter : *se llevó mis libros,* il a emporté mes livres ; *una fiebre se lo llevó,* une fièvre
l'emporta. | Remporter : *llevarse un premio,*
remporter un prix. | Obtenir, gagner : *en esta
operación se ha llevado un millón de pesetas,*
dans cette opération il a gagné un million de
pesetas. | Se porter (estilarse) : *esos sombreros
ya no se llevan,* ces chapeaux ne se portent plus. |
Retenir (en arithmétique). | FAM. Avoir : *llevarse
un susto,* avoir peur ; *llevarse un disgusto,* avoir
une contrariété. | Recevoir : *llevarse un bastonazo,*

recevoir un coup de bâton. ‖ — *Llevarse bien, mal,* s'entendre bien, mal. ‖ *Llevarse como perro y gato,* s'entendre comme chien et chat. ‖ *Llevarse el gato al agua,* emporter le morceau. ‖ *Llevarse la mejor parte,* prendre la meilleure part. ‖ *Llevarse la palma,* remporter la palme. ‖ *Llevarse un chasco,* avoir une déception, être profondément déçu. ‖ Fam. *No tener que llevarse a la boca,* ne rien avoir à se mettre sous la dent. | *¡Que se lo lleve el diablo!,* que le diable vous emporte *o* l'emporte! ‖ *Se lleva todo por delante,* rien ne l'arrête.
— Sinón. ● *Acarrear, transportar,* transporter. *Cargar,* charger. *Portear,* porter. *Trasladar, transferir,* transférer.

lliclla f. *Amer.* Châle, *m.* [des Indiennes des Andes].

lloica f. *Amer.* Linotte (pardillo).

lloque m. *Amer.* Bois noueux.

llorado, da adj. Regretté, e : *el llorado García Lorca,* le regretté García Lorca.

lloraduelos m. y f. Fig. y Fam. Pleurnicheur, euse; pleure-misère, *inv.* (persona quejumbrosa).

llorar v. intr. Pleurer : *no lloréis por mí,* ne pleurez pas sur moi. ‖ — *Tonto de llorar,* bête à pleurer. ‖ — *Allí será el llorar y el crujir de dientes,* il y aura des pleurs et des grincements de dents. ‖ *El que no llora no mama,* qui ne demande rien n'a rien. ‖ *Llorar a lágrima viva* ou *a mares* ou *a moco tendido,* pleurer à chaudes larmes. ‖ *Llorar de risa,* rire aux larmes. ‖ *Romper a llorar,* éclater en sanglots, fondre en larmes. — V. tr. Pleurer : *llorar la muerte de un amigo,* pleurer la mort d'un ami. ‖ Pleurer sur : *llorar sus desgracias,* pleurer sur ses malheurs.
— Sinón. *Sollozar,* sangloter. *Lagrimear,* larmoyer. *Lloriquear,* pleurnicher. *Gemir, gimotear,* geindre.

llorera f. Fam. Pleurnichement, *m.,* pleurnicherie.

llorica o **lloricón, ona** adj. y s. Pleurnicheur, euse.

lloriquear v. intr. Pleurnicher.

lloriqueo m. Pleurnichement, pleurnicherie, *f.*

lloro m. Pleurs, *pl.,* larmes, *f. pl.*

llorón, ona adj. y s. Pleurnicheur, euse; pleureur, euse. ‖ *Sauce llorón,* saule pleureur (árbol). ‖ — M. Plumet (penacho). ‖ — F. Pleureuse (plañidera). ‖ *Amer.* Éperon, *m.* (espuela).

llorosamente adv. En pleurant, en pleurs, en larmes.

lloroso, sa adj. Éploré, e ; en pleurs (llorando). ‖ Larmoyant, e (ojos, voz). ‖ Rouge (ojos encendidos). ‖ Triste, affligeant, e (triste).

llovedero m. *Amer.* Pluie (*f.*) persistante.

llovedizo, za adj. Qui laisse passer la pluie (techos). ‖ *Agua llovediza,* eau de pluie.

llover* v. impers. Pleuvoir. ‖ *Llover a cántaros* ou *a chorros* ou *a chuzos* ou *a mares,* pleuvoir à verse *o* à seaux *o* à torrents, tomber des cordes *o* des hallebardes. ‖ Fig. *Llueve sobre mojado,* ce n'est pas la première fois. ‖ — Fig. *Como quien oye llover,* comme si je chantais. ‖ *Como llovido* ou *llovido del cielo,* tombé du ciel. | *Habrá llovido para entonces,* il passera de l'eau sous le pont. | *Nunca llueve a gusto de todos,* il est difficile de contenter tout le monde.
— V. intr. Fig. Pleuvoir (desgracias, etc.).
— V. pr. Laisser passer l'eau (un techo).

llovizna f. Bruine, crachin, *m.,* pluie fine.

lloviznar v. impers. Bruiner.

llueca adj. f. Couveuse (gallina).

lluvia f. ● Pluie : *el barómetro indica lluvia,* le baromètre est à la pluie; *agua de lluvia,* eau de pluie. ‖ Fig. Pluie, grêle : *lluvia de pedradas,* une grêle de pierres. ‖ *Lluvia de estrellas,* pluie d'étoiles. ‖ *Lluvia de palos,* volée de coups de bâton. ‖ *Lluvia radiactiva,* retombées radioactives.
— Sinón. ● *Llovizna, cernidillo,* bruine. *Orvallo, calabobos, sirimili,* crachin. *Chaparrón, aguacero, chubasco,* averse. *Diluvio,* déluge.

lluvioso, sa adj. Pluvieux, euse.

M

m. f. M, *m.*

mabinga f. *Amer.* Fumier, *m.* (estiércol). | Fam. Mauvais tabac, *m.*

mable m. *Amer.* Bille, *f.* (canica).

maca f. Tache sur un fruit, tavelure (en una fruta). ‖ Mâchure (de prendas de lana). ‖ Fig. Défaut, *m.* (defecto).

macá m. *Amer.* Sorte de plongeon (ave).

Macabeo n. pr. m. Maccabée *o* Machabée.

macabro, bra adj. Macabre : *danza macabra,* danse macabre.

macaco, ca adj. *Amer.* Laid, e ; difforme (feo). | Bête, niais, e ; idiot, e (necio).
— M. Zool. Macaque (mono). ‖ Fig. y Fam. Macaque, singe (hombre feo). ‖ *Amer.* Croquemitaine (coco). ‖ — F. Zool. Macaque (*m.*) femelle. ‖ Fam. *Amer.* Cuite (borrachera).

macadam o **macadán** m. (P. us.). Macadam : *revestir de macadán,* revêtir de macadam.

macadamizar v. tr. Macadamiser.

macagua f. Rapace (*m.*) diurne d'Amérique du Sud (ave). ‖ Serpent (*m.*) venimeux de Venezuela.

macana f. Massue des Indiens d'Amérique (arma). ‖ Fig. y Fam. Vieux machin, *m.,* truc, *m.* (cosa deteriorada). | Vieillerie, clou, *m.* (antigualla). | Rossignol, *m.* (cosa invendible). ‖ *Amer.* Gourdin, *m.* (garrote). | Matraque, massue (porra). | Bourde, blague (despropósito). | Mensonge, *m.* (mentira).
— Interj. Fam. *Amer.* Ce sont des histoires ! ‖ *¡Que se deje de macanas!,* pas d'histoires!, pas de blagues!

macanada f. *Amer.* Bêtise.

macanazo m. Coup de « macana ». ‖ Fam. *Amer.* Bêtise, *f.* (disparate).

macaneador, ra adj. *Amer.* Farceur, euse ; blagueur, euse.

macanear v. intr. *Amer.* Blaguer. | Travailler ferme.

macanudo, da adj. FAM. Formidable, épatant, e ; extraordinaire, du tonnerre (extraordinario).

macaón m. Machaon (mariposa).

macaquear v. intr. *Amer.* Faire le singe.

macareno, na adj. y s. Du quartier de la Macarena [à Séville].

macareo m. Mascaret, barre, *f.* (en la desembocadura de un río).

Macario n. pr. m. Macaire.

macarrón m. Macaron (pastel). ‖ MAR. Macaron. ‖ — Pl. Macaroni, *inv.*

macarronea f. Macaronée.

macarrónico, ca adj. FAM. Macaronique. ‖ *Latín macarrónico,* latin de cuisine.

macarronismo m. FAM. Style macaronique.

macarse v. pr. Commencer à se gâter, blettir (las frutas).

Macasar n. pr. GEOGR. Macassar. ‖ — *Aceite de Macasar,* macassar [huile]. ‖ *Ébano de Macasar,* macassar [bois].

macear v. tr. Battre, frapper.

macedonia f. CULIN. Macédoine (de verduras, de frutas).

Macedonia n. pr. f. GEOGR. Macédoine.

macedónico, ca o **macedonio, nia** adj. y s. Macédonien, enne.

macegual m. *Amer.* Paysan indien.

maceo m. Battage (acción de macear).

maceración f. Macération. ‖ FIG. Macération (mortificación).

macerador m. Macérateur.

maceramiento m. Macération, f.

macerar v. tr. Macérer, faire macérer : *macerar frutas,* faire macérer des fruits.
— V. pr. FIG. Se mortifier.

macero m. Massier.

maceta f. Pot (*m.*) à fleurs (tiesto). ‖ Pot (*m.*) de fleurs (llena de flores). ‖ Petit maillet, *m.* (mazo pequeño). ‖ Manche, *m.* (mango). ‖ Masse (martillo de escultor). ‖ BOT. Corymbe, *m.*
— Adj. *Amer.* Aux pattes noueuses (caballo).

macetero m. Jardinière, *f.,* meuble portant des pots de fleurs. ‖ *Amer.* Pot à fleurs (tiesto).

macetón m. Grand pot à fleurs (tiesto). ‖ Caisse (*f.*) à fleurs (caja).

macfarlán o **macferlán** m. Macfarlane (abrigo sin mangas).

macicez f. Solidité.

macilento, ta adj. Émacié, e ; hâve : *rostro macilento,* visage émacié.

macillo m. Marteau (del piano).

macis f. Macis, *m.* (de la nuez moscada).

macizar v. tr. Combler, remplir (rellenar).

macizo, za adj. Massif, ive : *de oro macizo,* en or massif. ‖ FIG. Solide (sólido) : *argumentos macizos,* arguments solides.
— M. Massif (de montañas). ‖ Bloc (de edificios). ‖ Massif (de plantas). ‖ ARQ. Trumeau.

macla f. BLAS. y MIN. Macle.

macolla f. Touffe (de una planta).

macollar v. intr. y pr. Former une touffe.

macollo m. AGRIC. *Amer.* Touffe, *f.* | Rejet (retoño).

macón m. Rayon de cire sans miel.

macona f. Grande corbeille sans anse.

macrocefalia f. MED. Macrocéphalie.

macrocéfalo, la adj. y s. MED. Macrocéphale.

macrocosmo m. Macrocosme (universo).

macrodáctilo, la adj. ZOOL. Macrodactyle.

macrófago, ga adj. y s. m. Macrophage (destructor de células).

macrofotografía f. Macrophotographie.

macromolécula f. Macromolécule.

macromolecular adj. Macromoléculaire.

macrópodo adj. m. y s. m. Macropode.

macroscélido m. ZOOL. Macroscélide.

macroscópico, ca adj. Macroscopique.

macrospora f. Macrospore.

macrosporangio m. BOT. Macrosporange.

macruro, ra adj. y s. m. ZOOL. Macroure.

macuachi m. *Amer.* Indien misérable et sans instruction.

macuba f. Macouba, *m.* (tabaco). ‖ ZOOL. Aromie (insecto).

macuca f. BOT. Bunium, *m.* | Espèce de sorbier (arbusto).

macuco, ca adj. *Amer.* Extraordinaire, formidable (notable). | Malin, igne ; rusé, e (taimado).

mácula f. Macule, tache (mancha). ‖ Macula (del ojo). ‖ IMPR. Macule. ‖ FIG. Tache, souillure.

macular v. tr. Maculer, souiller.

maculatura f. IMPR. Maculature.

macuquero m. Exploitant clandestin d'une mine abandonnée.

macuquino, na adj. Rogné, e ; sans bordure (moneda).

macurca f. *Amer.* Courbature.

macuto m. Sac à dos (mochila). ‖ MIL. Havresac.

mach m. FÍS. Mach.

macha f. *Amer.* Mollusque (*m.*) comestible du Chili. ‖ Cuite (borrachera). | Virago (marimacho).

machaca f. Pilon, *m.* (para machacar). ‖ Broyeur, *m.* (para moler). ‖ — M. y f. FIG. y FAM. Raseur, euse (persona pesada).

machacadera f. Pilon, *m.* (para machacar). ‖ Broyeur, *m.* (para moler).

machacado m. Pilonnage, broyage, concassage.

machacador, ra adj. y s. Pileur, euse (que machaca). ‖ Broyeur, euse (que muele). ‖ Batteur, euse (que bate). ‖ — F. Broyeur, *m.,* concasseur, *m.*

machacante m. FAM. Pièce (*f.*) de cinq pesetas (moneda). ‖ MIL. Ordonnance, *f.* (soldado).

machacar v. tr. Piler (en un mortero). ‖ Broyer, écraser (moler). ‖ MIL. Pilonner (bombardear). ‖ FIG. y FAM. Répéter, rabâcher, ressasser (repetir). ‖ — FIG. *Hay que machacar el hierro mientras está caliente,* il faut battre le fer pendant qu'il est chaud. | *Machacando se aprende el oficio,* c'est en forgeant qu'on devient forgeron. | *Machacar en hierro frío,* donner des coups d'épée dans l'eau. | *Machacar los oídos,* rebattre les oreilles.
— V. intr. FIG. y FAM. Être assommant, e (aburrir). | Rabâcher (repetir). | Potasser, bûcher (estudiar con ahínco).

machacón, ona adj. y s. FAM. Rabâcheur, euse ; ressasseur, euse (que repite). | Raseur, euse (pesado). | Bûcheur, euse (muy estudioso). ‖ *Con machacona frecuencia,* avec une fréquence obsédante.

machaconería f. FAM. Rabâchage, *m.,* ressassage, *m.* (insistencia).

machada f. Troupeau (*m.*) de boucs. ‖ FIG. y FAM. Sottise, crétinerie (necedad). | Action virile (hombrada).

machado m. Hache, *f.,* cognée, *f.* (hacha).

machaje m. *Amer.* Ensemble des animaux mâles d'un troupeau.

machamartillo (a) loc. adv. Solidement (con solidez). ‖ FIG. Obstinément. ‖ — *Creer a machamartillo,* croire dur comme fer. ‖ *Cristianos a machamartillo,* chrétiens convaincus. ‖ *Repetir a machamartillo,* répéter sur tous les tons.

machango m. *Amer.* Sorte de singe sajou (mono).

machaquear v. tr. V. MACHACAR.

machaqueo m. Pilage (trituración). ‖ Broyage (molido). ‖ FIG. Pilonnage (bombardeo intenso). ‖ FIG. y FAM. Rabâchage (insistencia).

machaquería f. V. MACHACONERÍA.

machar v. tr. (P. us.). Piler (machacar). || — V. pr. *Amer.* S'enivrer.

machear v. intr. Engendrer plus de mâles que de femelles. || FAM. Jouer les durs.

machetazo m. Coup de coutelas.

machete m. Machette, *f.*, sabre d'abattis (espada corta). || Coutelas (cuchillo).

machetear v. tr. Donner des coups de machette (sable) *o* de coutelas (cuchillo de monte). || — V. intr. Planter des pieux (clavar estacas). || *Amer.* Insister (porfiar). | Travailler (trabajar). | Bûcher (empollar).

machetero m. Défricheur armé d'une machette (que desmonta). || Coupeur de canne à sucre (que corta la caña). || *Amer.* Manœuvre (peón). | Bûcheur (empollón).

machi o **machí** m. *Amer.* Guérisseur (curandero).

máchica f. *Amer.* Farine de maïs grillé.

machiega adj. f. *Abeja machiega,* reine des abeilles.

machihembrado m. Assemblage, emboîtement (carpintería).

machihembrar v. tr. Assembler, emboîter (carpintería).

machina f. TECN. Grue géante (grúa). | Martinet, *m.* (martinete).

machincuepa f. *Amer.* Cabriole, culbute (volte-reta). | FIG. Volte-face (en política).

macho adj. m. Mâle : *flor macho,* fleur mâle. || FIG. Fort (fuerte) : *vino macho,* vin fort. | Viril. || TECN. Mâle. || — M. Mâle. || Mulet (mulo). || Crochet (de un corchete). || Gland (borla). || FIG. Sot, âne (necio). || ARQ. Pied-droit, piédroit, pilier (pilar). || TECN. Pièce (*f.*) mâle (pieza que penetra en otra). | Tenon (espiga). | Martinet (maza). | Banc d'enclume (banco del yunque). | Enclume, *f.* (yunque). || — *Macho cabrío,* bouc. || TECN. *Macho de aterrajar* ou *de roscar,* taraud.

machón m. ARQ. Pied-droit, piédroit, pilier (macho).

machorra f. Femelle stérile *o* bréhaigne. || FAM. Virago, femme hommasse (marimacho).

machota f. Mailloche, maillet, *m.* (mazo). || Garçonne, femme *o* fille qui n'a pas froid aux yeux (valiente). || FAM. Virago (marimacho).

machote m. Mailloche, *f.*, maillet (mazo). || *Amer.* Brouillon (borrador). | Borne, *f.* (mojón). || *Dárselas de machote,* jouer les durs. || — Adj. m. Viril. || Courageux (valiente).

machucadura f. o **machucamiento** m. Meurtrissure, *f* (de una fruta). | Bosse, *f* (de un objeto). || Contusion, *f.* (herida).

machucar v. tr. Écraser (aplastar). || Meurtrir, taler (una fruta). || Bosseler (un objeto).

machucón m. *Amer.* V. MACHUCADURA.

madama f. Madame. || *Amer.* Balsamine (flor).
— OBSERV. Cette forme espagnolisée du français *madame* s'emploie rarement pour *señora mía.*

madamisela f. Mademoiselle.

madeja f. Écheveau, *m.* || FIG. Touffe (de pelo). || FIG. y FAM. Lavette, chiffe molle (hombre sin vigor). || *Enredarse la madeja,* se compliquer, s'embrouiller [une affaire].

madera f. Bois, *m.* : *madera blanca, en rollo, seca,* bois blanc, en grume, mort. || FIG. y FAM. Étoffe, aptitudes, *pl.*, dispositions, *pl.* : *tener madera,* avoir de l'étoffe. || *— A media madera,* à mi-bois. || *Madera anegadiza, aserradiza, de construcción,* bois canard, de sciage, de charpente *o* de construction *o* d'œuvre. || *Madera contrachapeada,* contreplaqué. || FIG. *No ser de madera de palo,* ne pas être de bois. | *Tener buena madera para pintor,* avoir tout ce qu'il faut *o* de l'étoffe pour être un

bon peintre *o* des aptitudes pour la peinture. | *Tocar madera,* toucher du bois. || — M. Madère (vino).

Madera n. pr. f. Madère (isla).

maderable adj. De charpente, de construction.

maderada f. Train (*m.*) de bois [flottant].

maderaje o **maderamen** m. Charpente, *f.* (armazón). || Boisage (enmaderamiento).

maderería f. Chantier (*m.*) de bois.

maderero m. Marchand de bois. || Flotteur (conductor de la maderada). || Charpentier (carpintero).

maderero, ra adj. Du bois.

madero m. Madrier, pièce (*f.*) de bois. || FIG. Navire, embarcation, *f.* (buque). || FAM. Bûche, *f.*, souche, *f.*, soliveau (necio).

madianitas m. pl. Madianites (antiguo pueblo de Arabia).

madona f. Madone (virgen).

mador m. MED. Moiteur, *f.*

madrás m. Madras (tejido).

madrastra f. Belle-mère, marâtre. || FIG. Marâtre (madre mala).
— OBSERV. *Madrastra* désigne la seconde femme du père ; *belle-mère* au sens de « mère du conjoint » se dit *suegra.*

madraza f. FAM. Maman gâteau.

madre f. Mère : *madre de familia,* mère de famille. || Mère (de los animales) : *una leona madre,* une mère lionne. | Directrice (de un hospital). || RELIG. Mère : *madre abadesa,* mère abbesse. || FAM. Mère (mujer vieja) : *la madre Juana,* la mère Jeanne. || FIG. Mère (origen) : *Grecia, madre de las artes,* Grèce, mère des arts. | Mère : *la ociosidad es madre de todos los vicios,* l'oisiveté est la mère de tous les vices. | Matrice (matriz). || Égout (*m.*) collecteur (cloaca maestra). || Canal (*m.*) d'irrigation principal (acequia). || Lie (del vino). || Mère (del vinagre). || Marc, m. (del café). || TECN. Mèche (árbol del timón, del cabrestante). || — *Día de la Madre,* fête des Mères. || *Lengua madre,* langue mère. || *Madre de leche,* nourrice. || *Madre Patria,* mère patrie. || *Madre política,* belle-mère. || *Madre soltera,* fille-mère. || *Reina madre,* reine mère. || — FAM. *Ahí está la madre del cordero,* voilà le nœud de l'affaire *o* la clef de l'énigme *o* le fin mot de l'histoire, tout est là. | *Como su madre le echó al mundo* ou *le parió,* nu comme un ver, en costume d'Adam. | FIG. y FAM. *Sacar de madre a uno,* impatienter quelqu'un, faire sortir quelqu'un de ses gonds. | *Salir de madre,* sortir de son lit, déborder (río).

madrecilla f. Oviducte, *m.* (huevera).

madreclavo m. Mère (*f.*) de girofle.

madreña f. Sabot, *m.* (almadreña).

madreperla f. Huître perlière.

madrépora f. Madrépore, *m.*

madreporarios m. pl. ZOOL. Madréporaires.

madrepórico, ca adj. Madréporique, madréporien, enne.

madreporita f. Madréporite (fósil).

madrero, ra adj. FAM. *Ser muy* ou *demasiado madrero,* être toujours pendu aux jupes de sa mère.

madreselva f. BOT. Chèvrefeuille, *m.*

Madrid n. pr. GEOGR. Madrid.

madrigado, da adj. FIG. y FAM. Expérimenté, e ; habile. || — Adj. f. Remariée (mujer). || — Adj. m. Bon étalon (animal).

madrigal m. POET. Madrigal.

madrigalesco, ca adj. Madrigalesque. || FIG. Délicat, e ; fin, e.

madriguera f. ● Terrier, *m.*, tanière. || FIG. Repaire, *m.* (guarida).
— SINÓN. ● *Cubil,* tanière, gîte. *Guarida,* repaire. *Escondrijo,* cachette.

madrileño, ña adj. y s. Madrilène.
Madriles (los) n. pr. m. pl. FAM. Madrid.
madrina f. Marraine : *madrina de guerra*, marraine de guerre. ‖ Témoin, *m.* (de boda). [V. OBSERV.] ‖ FIG. Protectrice (protectora). ‖ Poteau, *m.*, pieu, *m.* (poste). ‖ Lanière qui unit le mors de deux chevaux (correa). ‖ Jument de tête [dans un troupeau]. ‖ MAR. Renfort, *m.* ‖ *Amer.* Animaux (*m. pl.*) domestiques dressés pour conduire un troupeau sauvage.
— OBSERV. En Espagne, en plus de la *madrina* et du *padrino*, qui jouent le rôle de témoins le jour d'un mariage, il y a plusieurs *testigos*, parents ou amis des mariés, qui signent à la fin de la cérémonie et sont témoins devant la loi du mariage auquel ils ont assisté.
madrinazgo m. Parrainage.
madrino m. *Amer.* Bête (f.) servant de guide à un troupeau sauvage.
madrona f. Égout (*m.*) collecteur (alcantarilla).
madroncillo m. Fraise, f. (fruta).
madroñal m. o **madroñera** f. Lieu (*m.*) planté d'arbousiers.
madroñera f. Sorte de mantille.
madroño m. BOT. Arbousier (árbol). | Arbouse, f. (fruto del madroño). ‖ Pompon, gland (borlita). ‖ *La villa del oso y del madroño*, Madrid.
madrugada f. Aube, petit matin, *m.*, petit jour, *m.* (alba). ‖ Matin, *m.* : *a las dos de la madrugada*, à deux heures du matin. ‖ Lever (*m.*) matinal (acción de madrugar). ‖ *De madrugada*, à l'aube, de bon o de grand matin, au petit jour, au petit matin.
madrugador, ra adj. Matinal, e : *ser madrugador*, être matinal.
— M. y f. Personne (f.) matinale.
madrugar v. intr. Se lever de bonne heure. ‖ — *A quien madruga Dios le ayuda*, aide-toi, le ciel t'aidera. ‖ *No por mucho madrugar amanece más temprano*, chaque chose en son temps, rien ne sert de courir il faut partir à point o à temps.
madrugón, ona adj. Matinal, e.
— M. Lever matinal. ‖ *Darse un madrugón*, se lever de très bonne heure o à l'aube o de bon matin.
maduración f. Maturation, mûrissage, *m.*, mûrissement, *m.*
maduradero m. Fruitier (para conservar la fruta).
madurador, ra adj. Qui fait mûrir. ‖ MED. Qui hâte la formation du pus.
maduramiento m. Maturation, f.
madurar v. tr Mûrir. ‖ FIG. Mûrir : *madurar un proyecto*, mûrir un projet.
— V. intr. Mûrir.
madurativo, va adj. Qui fait mûrir. ‖ MED. Qui hâte la formation du pus.
— M. FIG. y FAM. Moyen énergique (medio).
madurez f. Maturité. ‖ FIG. Maturité (juicio).
maduro, ra adj. Mûr, e : *juicio maduro*, esprit mûr ; *edad madura*, âge mûr. ‖ *Maduro en años*, d'âge mûr.
maelstrom m. Maelström, malstrom.
maese m. (Ant.) Maître (maestro) : *maese Pedro*, maître Pierre. ‖ FAM. *Maese Zorro*, Maître Renard.
maestoso adv. MÚS. Maestoso.
maestra f. Maîtresse d'école, institutrice. ‖ Femme de l'instituteur (esposa del maestro). ‖ Professeur, *m.*, maîtresse : *maestra de piano*, professeur de piano. ‖ École [de filles] : *ir a la maestra*, aller à l'école. ‖ Reine des abeilles (abeja maestra). ‖ FIG. Apprentissage, *m.* : *la desgracia es la mejor maestra del hombre*, le malheur est le meilleur apprentissage de l'homme. ‖ TECN. Maîtresse ligne (la que sirve de guía). ‖ *Maestra de escuela* ou *de primeras letras*, maîtresse d'école, institutrice.
maestral adj. Magistral, e (digno de un maestro).

‖ De maître (perteneciente al maestre o al maestro).
— M. Mistral (viento). ‖ Cellule (f.) de la future reine dans une ruche (maestril).
maestralizar v. intr. MAR. Dévier du côté du vent (la brújula).
maestramente adv. Magistralement.
maestrante m. Membre d'une société d'équitation.
maestranza f. Société d'équitation (sociedad de equitación). ‖ MAR. Maistrance. ‖ MIL. Ateliers (*m. pl.*) militaires (talleres). | Corps (*m.*) des ouvriers d'une armée (operarios).
maestrazgo m. Maîtrise, *f.*, dignité (*f.*) de grand-maître. ‖ Magistère (en la Orden de Malta).
maestre m. Maître [d'un ordre militaire] : *el maestre de Santiago*, le maître de Santiago ; *gran maestre*, grand maître. ‖ — (Ant.) *Maestre de campo*, mestre de camp. ‖ MAR. *Maestre de jarcia*, maître chargé.
maestrear v. tr. Décider o trancher en maître. ‖ Émonder la vigne (podar).
— V. intr. FAM. Jouer les chefs, agir en maître.
maestresala m. Maître d'hôtel.
maestrescuela m. Écolâtre (dignidad religiosa). ‖ Chancelier (en las universidades).
maestría f. Maîtrise. ‖ Maestria : *pintar con maestría*, peindre avec maestria.
maestril m. Cellule (f.) de la future reine dans une ruche.
maestrillo m. Maître d'école. ‖ — FIG. *Cada maestrillo tiene su librillo*, à chaque fou sa marotte.
maestro, tra adj. Maître, esse. ‖ Dressé, e (adiestrado) : *perro maestro*, chien dressé. ‖ — *Clavija maestra*, cheville ouvrière. ‖ *Cuaderna maestra*, maître couple. ‖ — *Con ou de mano maestra*, de main de maître. ‖ *Golpe maestro*, coup de maître. ‖ *Llave maestra*, passe-partout. ‖ *Obra maestra*, chef-d'œuvre. ‖ MAR. *Palo maestro*, grand mât.
— M. Maître (de un arte) : *maestro de armas* ou *de esgrima*, maître d'armes ; *maestro armero*, maître armurier. ‖ ● Instituteur, maître d'école (profesor de primera enseñanza). ‖ Professeur (de una disciplina) : *maestro de inglés*, professeur d'anglais. ‖ Maître (práctico) : *maestro sastre*, maître tailleur. ‖ Maître : *inspirarse en los maestros*, s'inspirer des maîtres. ‖ MAR. Maître. ‖ MÚS. Maestro. ‖ — *Maestro de baile*, maître à danser (ant.), maître de ballet (en un teatro). ‖ *Maestro de capilla*, maître de chapelle. ‖ *Maestro de ceremonias*, maître de cérémonies. ‖ *Maestro de cocina*, chef, maître queux (cocinero). ‖ *Maestro de escuela*, maître d'école, instituteur. ‖ *Maestro de obras*, entrepreneur, chef de chantier, maître d'œuvre (ant.). ‖ — *Gran maestro*, grand maître (de ceremonias). ‖ *Hablar como maestro*, parler en maître. ‖ *Ser maestro* ou *maestro consumado en el arte de*, être passé maître en o dans l'art de.
— SINÓN. ● *Profesor*, professeur. *Ayo*, preceptor, précepteur. *Pedagogo*, pédagogue. *Dómine*, magister.
maffia o **mafia** f. Maffia.
Magallanes n. pr. HIST. Magellan. ‖ GEOGR. *Estrecho de Magallanes*, détroit de Magellan.
magallánico, ca adj. Magellanique.
magancear v. intr. *Amer.* Fainéanter, flemmasser.
maganel m. MIL. Mangonneau.
maganza f. FAM. *Amer.* Fainéantise, flemmardise.
maganzón, ona adj. y s. FAM. *Amer.* Fainéant, e ; flemmard, e.
magaña f. Ruse, astuce (ardid). ‖ Piège, *m.* (trampa). ‖ Défaut (*m.*) dans l'âme d'un canon (cañón).
magdalena f. Madeleine (pastel). ‖ FIG. Fille repentie (mujer arrepentida).
Magdalena n. pr. f. Madeleine. ‖ FIG. y FAM. *Estar hecho una Magdalena* ou *llorar como una Magdalena*, pleurer comme une Madeleine.

magdaleniense adj. y s. Magdalénien, enne.

Magdeburgo n. pr. GEOGR. Magdebourg.

magia f. Magie : *magia blanca, negra*, magie blanche, noire. ‖ FIG. Magie, envoûtement, *m.*, charme, *m.* (encanto). ‖ *Por arte de magia*, comme par enchantement, par l'opération du Saint-Esprit.

magiar adj. y s. Magyar, e.

mágico, ca adj. Magique : *poder mágico*, pouvoir magique. ‖ FIG. Magique, merveilleux, euse. ‖ *Varita mágica*, baguette magique.
— M. y f. Magicien, enne (mago). ‖ — F. Magie (magia).

magín m. FAM. Jugeote, *f.* (buen sentido). | Imagination, *f.* (imaginación). ‖ — FAM. *Duro de magín*, qui a la comprenette difficile. | *Idea de su magín*, idée de son cru. | *Se lo ha sacado de su magín*, c'est de son cru.

magíster m. FAM. Magister.

magisterial adj. Du magistère, de l'enseignement.

magisterio m. Magistère, enseignement (enseñanza). ‖ Corps enseignant, enseignants, *pl.*, instituteurs, *pl.* (conjunto de maestros). ‖ Profession (*f.*) d'instituteur (empleo). ‖ FIG. Gravité (*f.*) affectée.

magistrado m. Magistrat. ‖ *Los jueces y magistrados*, la magistrature assise *o* au siège.

magistral adj. Magistral, e : *en tono magistral*, d'un ton magistral.

magistratura f. Magistrature. ‖ — *Jueces de la magistratura del Trabajo*, juges prud'homaux. | *Magistratura del Trabajo*, conseil des prud'-hommes.

magma m. Magma.

magmático, ca adj. Magmatique.

magnanimidad f. Magnanimité.

magnánimo, ma adj. Magnanime.

magnate m. Magnat.

magnesia f. QUÍM. Magnésie.

magnesiano, na adj. QUÍM. Magnésien, enne.

magnésico, ca adj. QUÍM. Magnésique.

magnesífero, ra adj. Magnésifère.

magnesio m. Magnésium (metal).

magnesita f. Magnésite, écume de mer.

magnético, ca adj. Magnétique.

magnetismo m. Magnétisme. ‖ *Magnetismo animal*, magnétisme animal (hipnotismo).

magnetita f. MIN. Magnétite.

magnetizable adj. Magnétisable.

magnetización f. Magnétisation.

magnetizador m. Magnétiseur.

magnetizar v. tr. Magnétiser.

magneto f. Magnéto.

magnetoeléctrico, ca adj. Magnéto-électrique.

magnetófono m. Magnétophone.

magnetómetro m. Magnétomètre.

magnicida m. Magnicide (criminal).

magnicidio m. Magnicide (crimen).

magnificar v. tr. Magnifier.

magníficat m. Magnificat (himno).

magnificencia f. Magnificence.

magnificente adj. Magnifique.

magnífico, ca adj. Magnifique. ‖ *El Rector Magnífico*, Monsieur le Recteur.

magnitud f. Grandeur (tamaño). ‖ FIG. Importance, grandeur : *potencia nuclear de primera magnitud*, puissance nucléaire de première grandeur. | Envergure : *proyecto de gran magnitud*, projet de grande envergure. | ASTR. Magnitude.

magno, na adj. Grand, e : *Alejandro Magno*, Alexandre le Grand ; *Carta Magna*, Grande Charte ; *Magna Grecia*, Grande-Grèce. ‖ *Aula magna*, grand amphithéâtre.

magnolia f. BOT. Magnolia, *m.* (flor). | Magnolier, *m.* (árbol).

magnoliáceas f. pl. BOT. Magnoliacées.

magnolio m. Magnolier (árbol).

mago, ga adj. y s. m. Mage : *los Reyes Magos*, les Rois mages. ‖ Magicien, enne (que ejerce la magia) : *Simón el Mago*, Simon le Magicien. ‖ FIG. *No ser un mago*, ne pas être grand sorcier.

magostar v. tr. Griller [des marrons].

magosto m. Feu pour griller des marrons (hoguera). ‖ Marrons (*pl.*) grillés (castañas).

magra f. Tranche de jambon.

magrear v. tr. POP. Peloter.

Magreb n. pr. m. GEOGR. Maghreb.

magrez f. Maigreur.

magro, gra adj. Maigre. ‖ — M. Maigre (carne).

magrura f. Maigreur.

maguer o **magüer** conj. Quoique (aunque).
— OBSERV. *Magüer* est un barbarisme.

maguey o **magüey** m. Agave (pita).
— OBSERV. *Magüey* est un barbarisme.

magulladura f. o **magullamiento** m. Meurtrissure, *f.*

magullar v. tr. Meurtrir, contusionner (una persona). ‖ Meurtrir, abîmer (una fruta).

magullón m. *Amer.* Meurtrissure, *f.*

Maguncia n. pr. GEOGR. Mayence.

maguntino, na adj. y s. Mayençais, e (de Maguncia).

magyar adj. y s. Magyar.

mahaleb m. Mahaleb (cerezo).

maharajá m. Maharajah, maharadjah.
— OBSERV. En francés y en español el femenino hace *maharani*.

mahatma m. Mahatma.

mahdí o **mehedí** m. Mahdi.

mahdismo o **mehedismo** m. Mahdisme.

mah-jong m. Mah-jong (juego chino).

Mahmud n. pr. m. Mahmoud.

Mahoma n. pr. m. Mahomet.

mahometano, na adj. y s. Mahométan, e.

mahometismo m. Mahométisme.

mahometista adj. y s. Mahométan, e.

mahometizar v. intr. Professer le mahométisme.

mahón m. Nankin, tissu de coton (tela).

mahona f. Mahonne (galera turca).

mahonés, esa adj. y s. Mahonnais, e. ‖ — F. BOT. Giroflée de Mahon. ‖ Mayonnaise (salsa).

mahonia f. BOT. Mahonia, *m.*

mahrata m. Mahratte.

maicero m. *Amer.* Marchand de maïs.

maicillo m. *Amer.* Millet (planta).

mail-coach m. Mail-coach (berlina inglesa).

maillechort m. Maillechort (metal).

maimón m. Singe (mico). ‖ — Pl. Potage (*sing.*) andalou à l'huile avec des morceaux de pain.

maimonismo m. Doctrine (*f.*) de Maïmonide.

mainel m. ARQ. Meneau.

maitinada f. Aubade.

maitinante m. Prêtre obligé d'assister aux matines (en las catedrales).

maitines m. pl. Matines, *f.* : *cantar maitines*, chanter matines ; *llamar* ou *tocar a maitines*, sonner les matines.

maíz m. Maïs : *maíz tostado*, maïs grillé. ‖ — *Maíz de Guinea*, sorgho (zahína). ‖ *Roseta de maíz*, pop-corn, maïs éclaté.

maizal m. Champ de maïs.

maja f. Jeune élégante (mujer). ‖ Pilon, *m.* (del mortero).

majá m. *Amer.* Serpent de Cuba (serpiente). | Flemmard (perezoso).

majada f. Bergerie, parc, *m.* (aprisco). ‖ Fumier, *m.* (estiércol). ‖ *Amer.* Troupeau (*m.*) de moutons.

majadal m. Pâturage, prairie, *f.* (pastizal). ‖ Bergerie, *f.* (majada).

majadear v. intr. Passer la nuit dans une bergerie (el ganado).
— V. tr. Fumer (abonar).

majadería f. Bourde, sottise, bêtise (necedad).

majaderillo o **majaderito** m. Fuseau [à dentelle].

majadero, ra adj. y s. Sot, sotte, imbécile (necio). ‖ — M. Pilon (maza). ‖ Fuseau (majaderillo).

majado m. Purée, f. : *un majado de almendras*, une purée d'amandes. ‖ *Amer.* Blé o maïs pilé.

majador, ra adj. y s. Pileur, euse ; broyeur, euse.

majadura f. Pilage, *m.*, broiement, *m.* (machacadura).

majagranzas m. FAM. Raseur, casse-pieds, *inv.* (pesado). ‖ Lourdaud (torpe).

majagua f. BOT. Hibiscus, *m.*

majagual m. Terrain planté d'hibiscus.

majal m. Banc de poissons.

majamiento m. Pilage, broiement.

majar v. tr. Piler, broyer : *majar algo en el mortero*, broyer quelque chose dans le mortier. ‖ FIG. y FAM. Embêter, assommer, casser les pieds (aburrir). ‖ Battre (pegar). ‖ Écraser : *majar un ejército*, écraser une armée. ‖ FIG. *Majar a palos*, rouer de coups.

majareta adj. y s. FAM. Cinglé, e ; maboule ; toqué, e (loco).

majarete m. *Amer.* Crème (f.) au maïs ou au riz.

Majencio n. pr. m. Maixent, Maxence.

majería f. Groupe (*m.*) de jeunes élégants.

majestad f. Majesté. ‖ — *Su Divina Majestad*, Dieu (Dios). ‖ *Su Graciosa Majestad*, Sa Très Gracieuse Majesté. ‖ *Su Majestad Católica*, Sa Majesté Catholique. ‖ *Su Majestad Cristianísima*, Sa Majesté Très Chrétienne.

majestuosidad f. Majesté : *la majestuosidad de su cara*, la majesté de son visage.

majestuoso, sa adj. Majestueux, euse.

majeza f. FAM. Élégance, chic, *m.* [des gens du peuple].

majo, ja adj. y s. Élégant, e (dicho de gentes del pueblo). [V. OBSERV.] ‖ — Adj. FAM. Bien mis, e ; chic, *inv.* (compuesto) : *ir muy majo*, être très chic. ‖ Mignon, onne (mono). ‖ Joli, e ; beau, belle (hermoso). ‖ Sympathique. ‖ — Interj. FAM. Mon vieux ! ‖ — F. Ma belle !
— OBSERV. *Majo* s'est appliqué surtout, au XVIII⁰ s., aux jeunes gens du peuple qui adoptaient l'élégance et la liberté d'allures de la noblesse, tels que les a représentés Goya.

majolar m. Lieu planté d'aubépines.

majoleta f. Baie de l'aubépine.

majoleto m. BOT. Aubépine, f. (majuelo).

majuela f. Baie de l'aubépine (fruto). ‖ Lacet, *m.* (correa).

majuelo m. BOT. Aubépine, f. ‖ Jeune plant de vigne (viña nueva).

majzén m. Maghzen (gobierno marroquí).

maki m. ZOOL. Maki.

mal adj. [apocope de *malo* devant un substantif masculin]. Mauvais, e : *mal humor*, mauvaise humeur. ‖ *Mal color*, mauvaise mine (mala cara). ‖ — M. Mal. ‖ Malheur, mal (desgracia) : *los males de la guerra*, les malheurs o les maux de la guerre. ‖ — *Mal caduco*, mal caduc, haut mal. ‖ *Mal de la tierra*, mal du pays. ‖ *Mal de montaña*, mal des montagnes. ‖ *Mal de ojo*, mauvais œil. ‖ *Mal de orina*, incontinence d'urine. ‖ *Mal de piedra*, maladie de la pierre, gravelle. ‖ *Mal de San Vito*, danse de Saint-Gui. ‖ *Mal francés*, mal napolitain, syphilis. ‖ *Mal menor*, pis-aller. ‖ — *A grandes males grandes remedios*, aux grands maux, les grands remèdes. ‖ *De mal en peor*, de mal en pis. ‖ *Del mal el menos*, de deux maux il faut choisir le moindre. ‖ *Mal de muchos, consuelo de tontos*, on se console comme on peut. ‖ *Por mal que venga*, au pis aller. ‖ — *Acogerse al mal menor*, choisir le moindre mal. ‖ *Hacer mucho mal*, faire beaucoup de mal (hacer daño). ‖

Llevar a mal una cosa, mal supporter quelque chose. ‖ *¡Mal haya!*, maudit soit! ‖ *No hay mal que dure cien años*, tout finit par s'arranger. ‖ *No hay mal que por bien no venga*, à quelque chose malheur est bon. ‖ *Ser un mal a medias*, n'être qu'un demi-mal. ‖ *Tomar a mal*, prendre en mal, mal prendre, prendre en mauvaise part : *ha tomado a mal mi broma*, il a mal pris ma plaisanterie.

mal adv. Mal : *escribir mal*, écrire mal. ‖ Mauvais : *oler mal*, sentir mauvais. ‖ Difficilement : *mal puede ayudarme*, il peut difficilement m'aider. ‖ — *Mal de mi grado*, malgré moi, contre mon gré. ‖ *Mal que bien*, tant bien que mal, vaille que vaille. ‖ *Mal que le pese*, ne vous en déplaise. ‖ *Menos mal que*, heureusement que, encore heureux que (fam.) : *menos mal que has venido*, heureusement que tu es venu, encore heureux que tu sois venu. ‖ *¡Menos mal!*, heureusement ! ‖ — *Caer* ou *venir mal*, tomber mal. ‖ *Decir* ou *hablar mal de uno*, dire du mal de quelqu'un. ‖ *Estar a mal con alguien*, être mal avec quelqu'un. ‖ *Hacer mal*, faire mal, mal faire : *hacer mal su trabajo*, mal faire son travail ; avoir tort ; mal faire ; *hiciste mal obrando así*, tu as mal fait o tu as eu tort d'agir ainsi ; *hace mal en reír*, il a tort de rire. ‖ *No está mal*, ce n'est pas mal. ‖ *Por mal que le vaya*, au pis aller. ‖ *Salir mal*, échouer. ‖ *Ser un mal pensado*, avoir l'esprit mal tourné. ‖ *Si mal no recuerdo*, si j'ai bonne mémoire. ‖ *Sin pensar mal*, sans penser à mal. ‖ *Va de mal en peor*, ça va de mal en pis, ça va de plus en plus mal, ça va faire croître et embellir.

mala f. Malle (maleta). ‖ Malle-poste (correo).

malabar adj. y s. Malabare, malabre (p. us.). ‖ — *Hacer juegos malabares*, jongler, faire des tours d'adresse (en el circo), jongler ; *hacer juegos malabares con las palabras*, jongler avec les mots. ‖ *Juegos malabares*, jongleries, tours d'adresse.

malabárico, ca adj. y s. Malabare.

malabarismo m. Jongleries, f. pl., tours (pl.) d'adresse. ‖ FIG. Haute voltige, f. ‖ *Hacer malabarismos con*, jongler avec : *hacer malabarismos con los números*, jongler avec les chiffres.

malabarista m. y f. Jongleur, euse. ‖ *Amer.* Voleur adroit.

Malaca n. pr. GEOGR. Malacca.

malaca adj. *Amer.* Alezan avec une marque blanche sur le front (caballo).

malacate m. Manège (cabrestante). ‖ *Amer.* Fuseau (huso).

malacia f. MED. Malacie, malacia.

malacitano, na adj. y s. (Ant.). De Malaga.

malacodermos m. pl. ZOOL. Malacodermes.

malacología f. Malacologie (estudio de los moluscos).

malaconsejado, da adj. Mal conseillé, e.

malacopterigio, gia adj. y s. m. ZOOL. Malacoptérygien, enne (peces).

malacostumbrado, da adj. Qui a de mauvaises habitudes. ‖ Mal élevé, e (mal criado). ‖ Gâté, e (mimado).

malacuenda f. Serpillière (harpillera).

málaga m. Malaga (vino).

Málaga n. pr. GEOGR. Malaga. ‖ FIG. y FAM. *Salir de Málaga para entrar en Malagón*, tomber de Charybde en Scylla.

malagana f. FAM. Faiblesse, évanouissement, *m.*

malage m. Fadeur, f., manque de sel o de charme. ‖ — *Cantó con malage*, il a chanté sans grâce. ‖ *Es un malage*, c'est un empoisonneur.
— OBSERV. Ce mot est une déformation andalouse de *mal ángel*, qui signifie *fadeur, manque de charme.*

malagradecido, da adj. *Amer.* Ingrat, e.

malagueña f. Chanson populaire de la province de Malaga.

malagueño, ña adj. y s. Malaguène, habitant, habitante de Malaga.
malagueta f. Malaguette, maniguette, poivre (m.) de Guinée.
malamente adv. Pop. Mal. || *Quedar malamente*, ne pas bien s'en tirer.
malandante adj. Malheureux, euse; malchanceux, euse.
malandanza f. Malheur, m., mésaventure.
malandrín, ina adj. Coquin, e.
— M. Malandrin, coquin, mandrin.
malapata m. y f. Fam. Personne qui a la guigne *o* la poisse (gafe). | — F. Déveine, poisse, guigne (mala suerte).
Malaquías n. pr. m. Malachie.
malaquita f. Min. Malachite. || *Malaquita azul*, azurite.
malar adj. Anat. Malaire. || — M. Pommette, f.
malaria f. Med. Malaria, fièvre paludéenne, paludisme, m.
malasangre adj. y s. Malintentionné, e.
Malasia n. pr. f. Geogr. Malaisie.
malasio, a adj. y s. Malais, e.
malasombra m. y f. Fam. Empoisonneur, euse (guasa). || — F. Fam. Poisse, guigne (mala suerte). || Manque (m.) de charme, fadeur (falta de gracia).
malatería f. Maladrerie, ladrerie (leprosería).
malatía f. Ladrerie, lèpre (lepra).
malato, ta adj. y s. Ladre, lépreux, euse.
malavenido, da adj. En désaccord *o* en mauvais termes, qui s'entend mal.
malaventura o **malaventuranza** f. Malchance, malheur, m. (desventura).
malaventurado, da adj. y s. Malchanceux, euse; malheureux, euse (desafortunado).
malaxación f. Malaxage, m., malaxation.
malaxar v. tr. Malaxer (amasar).
malayo, ya adj. y s. Malais, e.
malbaratador, ra adj. y s. Gaspilleur, euse; dissipateur, trice.
malbaratar v. tr. Gaspiller, dissiper (malgastar). || Vendre à vil prix, bazarder (fam.) [vender].
malbarato m. Gaspillage (despilfarro).
malcarado, da adj. Peu avenant *o*; rébarbatif, ive.
malcasado, da adj. Mauvais époux, mauvaise épouse. || Mésallié, e (casado con una persona de clase o condición inferior). || *Estar malcasado*, être mal marié.
malcasar v. tr. Faire faire un mauvais mariage (con persona mal escogida). || Mésallier (con persona de condición inferior).
— V. pr. Faire un mauvais mariage. || Se mésallier.
malcomer v. intr. Mal manger.
malcomido, da adj. Mal nourri, e (mal alimentado), sous-alimenté, e (poco alimentado).
malconsiderado, da adj. Méprisé, e; déconsidéré, e.
malcontentadizo, za adj. Toujours mécontent, e; difficile.
malcontento, ta adj. y s. Mécontent, e : *malcontento con su suerte*, mécontent de son sort. ||
— M. Sorte de jeu de l'écarté (naipes).
malcriadez f. Amer. Mauvaise éducation. | Grossièreté.
malcriado, da adj. y s. Mal élevé, e; malappris, e.
malcriar v. tr. Mal élever (educar mal). || Gâter (mimar).
maldad f. Méchanceté : *cometer maldades*, faire des méchancetés.
maldecido, da adj. y s. Méchant, e (malo). || Maudit, e (maldito).
maldecidor, ra adj. y s. Médisant, e.
maldecir* v. tr. Maudire (echar maldiciones) : *maldijo a su hijo*, il maudit son fils.
— V. intr. Médire, dire du mal (calumniar) : *maldecir de alguien*, médire de quelqu'un.

maldiciente adj. y s. Médisant, e.
maldición f. Malédiction : *proferir una maldición*, lancer une malédiction. || Imprécation (imprecación). || — *Echar maldiciones contra uno*, jeter sa malédiction sur quelqu'un, poursuivre quelqu'un de ses malédictions.
— Interj. Malédiction!, malheur!
— Sinón. *Imprecación*, imprécation. *Anatema*, anathème. *Reprobación*, réprobation. *Condenación*, condamnation.
maldispuesto, ta adj. Indisposé, e (de salud). || Mal disposé, mal disposée (sin ganas).
maldita f. Fam. La langue, la bavarde.
maldito, ta adj. y s. Maudit, e; damné, e (condenado) : *id, malditos, al fuego eterno*, allez, maudits, au feu éternel. || — Adj. Maudit, e; satané, e; sacré, e : *¡maldito tiempo!*, maudit temps!; *¡maldito embustero!*, sacré menteur! || De malheur : *¡ese maldito individuo!*, cet individu de malheur! || Malheureux, euse : *no tengo ni una maldita peseta*, je n'ai même pas une malheureuse peseta. || — *Maldita la gana que tengo*, je n'en ai pas la moindre envie. || *No saber maldita la cosa*, ne rien savoir du tout.
Maldivas n. pr. f. pl. Geogr. *Islas Maldivas*, îles Maldives.
maleabilizar v. tr. Malléabiliser.
maleable adj. Malléable.
maleado, da adj. Corrompu, e; perverti, e.
maleador, ra adj. y s. V. maleante.
maleamiento m. Corruption, f.
maleante adj. Corrupteur, trice (que corrompe). || Pervers, e (perverso). || Malin, igne (maligno). || *Gente maleante*, mauvais sujets.
— M. Mauvais sujet, malfaiteur (malhechor).
malear v. tr. Corrompre. || Fig. Corrompre, pervertir.
— V. pr. Se corrompre, se débaucher, se dévergonder.
malecón m. Jetée, f., môle, digue, f. (dique).
maledicencia f. Médisance.
maledicente adj. y s. Médisant, e.
maleficencia f. Malfaisance.
maleficiente adj. Malfaisant, e.
maleficiado, da adj. Maléficié, e.
maleficiar v. tr. Faire du mal (a uno). || Endommager (una cosa). || Ensorceler, jeter un sort.
maleficio m. Maléfice.
maléfico, ca adj. Malfaisant, e (dañino). || Maléfique (en astrología).
— M. y f. Sorcier, ère (que hace maleficios).
malejo, ja adj. Assez méchant, e. || Assez mauvais, e.
malencarado, da adj. Mal élevé, e.
malentendido m. Malentendu.
maleolar adj. Anat. Malléolaire.
maléolo m. Anat. Malléole, f. (tobillo).
malespín m. Amer. Sorte de javanais, parler des voyous.
malestar m. Malaise : *sentir un malestar*, éprouver un malaise. || Fig. Malaise (inquietud).
maleta f. Valise (ropa). || Coffre (m.) à bagages (coche). || — *Hacer la maleta*, faire ses valises (para un viaje), faire sa malle *o* ses malles *o* son paquet (irse).
— M. Empoté, mazette, f. (p. us.) [torpe] (se dit surtout des mauvais toreros). || Amer. Balluchon *o* baluchon (lío de ropa). | Pauvre type (hombre despreciable).
maletera f. Amer. Mallette, petite valise.
maletero m. Malletier (que hace maletas). || Coffre à bagages (coche). || Porteur (estaciones).
maletilla m. Fam. Apprenti torero.
maletín m. Malette, f., petite valise, f. || Trousse, f. (de médico, veterinario). || — Mil. *Maletín de grupa*, portemanteau. || *Maletín de muestras*, boîte à échantillons, marmotte (muestrario).

maletón m. Grande valise, *f.* (maleta grande).

malevaje m. *Amer.* Canaille, *f.* (bandidaje).

malevo, va adj. Méchant, e ; malveillant, e (malévolo).

malévolamente adv. Avec malveillance, malveillamment.

malevolencia f. Malveillance.

malévolo, la adj. Malveillant, e ; malévole (p. us.).

maleza f. Mauvaises herbes, *pl.* (hierbas). ‖ Broussailles, *pl.* (zarzas). ‖ Fourré, *m.*, maquis, *m.* (arbustos). ‖ *Amer.* Pus, *m.*

malezal m. *Amer.* Maquis.

malformación f. MED. Malformation.

malgache adj. y s. Malgache (de Madagascar).

malgastador, ra adj. y s. Gaspilleur, euse.

malgastar v. tr. Gaspiller, dissiper (sus bienes). ‖ User (la salud).

malgeniado, da adj. *Amer.* Irritable.

malhablado, da adj. Grossier, ère ; mal embouché, e (fam.).

— M. y f. Grossier personnage, personne grossière.

malhadadamente adv. Malencontreusement.

malhadado, da adj. Infortuné, e.

malhaya adj. FAM. Maudit, e. ‖ — *Malhaya el que mal piense*, honni soit qui mal y pense. ‖ *Malhaya sea*, maudit soit.

malhecho, cha adj. Contrefait, e ; difforme.

— M. Méfait.

malhechor, ra adj. Malfaisant, e.

— M. y f. ● Malfaiteur, trice.

— SINÓN. ● *Delincuente*, délinquant. *Criminal*, criminel. *Bandolero, bandido*, brigand.

malherir* v. tr. Blesser grièvement.

malhojo m. Épluchures, *f. pl.* (de legumbres). ‖ Feuilles (*f. pl.*) mortes (hojarasca).

malhumor m. Mauvaise humeur, *f.*

malhumorado, da adj. De mauvaise humeur. ‖ *Responder con tono malhumorado*, répondre avec mauvaise humeur *o* sur un ton desagréable *o* chagrin.

malhumorar v. tr. Mettre de mauvaise humeur.

Malí n. pr. m. GEOGR. Mali.

malicia f. Malignité, malice (perversidad). ‖ Méchanceté (maldad). ‖ Malice (astucia, sutileza). ‖ FIG. y FAM. *Tener la malicia de que*, avoir idée que, soupçonner que (tener recelo) : *tengo la malicia de que eso no es así*, j'ai idée qu'il pourrait bien ne pas en être ainsi.

maliciable adj. Soupçonnable (sospechoso). ‖ Corruptible, qui peut se corrompre.

maliciarse v. pr. Se débaucher, se dévergonder (malearse). ‖ Soupçonner (sospechar) : *maliciarse de algo*, soupçonner quelque chose.

malicioso, sa adj. Malicieux, euse. ‖ Malicieux, euse ; malin, igne (astuto).

málico adj. m. QUÍM. Malique (ácido).

malignidad f. Malignité.

maligno, gna adj. Malin, igne (pernicioso) : *fiebre maligna*, fièvre maligne. ‖ Pervers, e : *intención maligna*, intention perverse. ‖ Méchant, e (malo).

— OBSERV. *Malin*, dans le sens de « rusé », se dit en espagnol *astuto*.

malilla f. Manille (juego). ‖ *Jugador de malilla*, manilleur, joueur de manille.

malinas f. Malines (encaje).

Malinas n. pr. GEOGR. Malines.

malintencionado, da adj. Malintentionné, e ; malveillant, e.

malmandado, da adj. y s. Désobéissant, e.

malmaridada adj. f. y s. f. Qui manque à ses devoirs [une épouse]. ‖ (Ant.). Mal mariée.

malmirado, da adj. Mal vu, e. ‖ Impoli, e ; grossier, ère (descortés).

malo, la adj. Mauvais, e (que no es bueno) : *este vino está malo*, ce vin est mauvais ; *una acción mala*, une mauvaise action ; *las malas lecturas*, les mauvaises lectures. ‖ Méchant, e (inclinado al mal) : *tu amigo es malo*, ton ami est méchant ; *malo con* ou *para* ou *para con sus hermanos*, méchant envers *o* avec ses frères. ‖ Malade, souffrant, e (enfermo) : *estar malo*, être malade. ‖ Mauvais, e ; désagréable : *vecinos muy malos*, voisins très désagréables ; *pasar un rato muy malo*, passer un très mauvais moment. ‖ Difficile (dificultoso) : *este verso es malo de entender*, ce vers est difficile à comprendre. ‖ FAM. Peu doué, e (sin habilidad) : *soy malo para las matemáticas*, je suis peu doué pour les mathématiques. ‖ Vilain, e, espiègle (muchacho travieso). ‖ — *Mala cabeza*, mauvaise tête. ‖ *Mala estación*, morte-saison. ‖ *Mala jugada*, sale tour. ‖ *¡Mala suerte!*, dommage !, pas de chance ! ‖ — *En mala hora*, au mauvais moment (inoportunamente). ‖ *Los ángeles malos*, les mauvais anges. ‖ *Por las buenas o por las malas*, de gré ou de force. ‖ *Por las malas*, de force. ‖ — FIG. *Andar a malas*, être brouillé *o* à couteaux tirés. ‖ *Dar mala vida*, rendre *o* faire la vie dure. ‖ *Eso es malo*, c'est mal. ‖ FIG. *Estar de malas*, ne pas avoir de chance, ne pas être en veine (en el juego), être de mauvaise humeur *o* de mauvais poil (fam.) [de mal humor]. | *Estar de malas con la justicia*, avoir maille à partir avec la justice. ‖ *Más vale malo conocido, que bueno por conocer*, le mieux est l'ennemi du bien. ‖ *No hay oficio malo*, il n'est pas de sot métier. ‖ FIG. *Poner mala cara*, faire grise mine *o* une drôle de tête *o* de bouille (fam.). | *Ponerse de malas con alguien*, se mettre mal avec quelqu'un. ‖ *Tener mala cara*, avoir mauvaise mine. ‖ *Tener mala suerte*, ne pas avoir de chance. ‖ FIG. *Venir de malas*, être de mauvaise humeur.

— M. Le Malin (el diablo). ‖ Le méchant (en una narración, película). ‖ *Lo malo es que*, l'ennui c'est que.

— Interj. Mauvais signe !

— OBSERV. Il ne faut pas confondre *ser malo*, être méchant, avec *estar malo*, être malade *o* avoir mauvais goût.

maloca f. *Amer.* Incursion, raid, *m.*

malogrado, da adj. Malheureux, euse ; infortuné, e [disparu avant d'avoir donné toute sa mesure] (artista, etc.) : *el malogrado poeta García Lorca*, le malheureux poète García Lorca.

malogramiento m. Échec (malogro).

malograr v. tr. Perdre, ne pas savoir profiter de, laisser passer : *malograr una ocasión*, laisser passer une occasion. ‖ *Malograr la vida*, rater sa vie.

— V. pr. Échouer, tourner court, tomber à l'eau (fracasar). ‖ Ne pas répondre aux espérances (autor, etc.). ‖ Être perdu, e (ocasión, tiempo). ‖ Avoir une mort prématurée (morir prematuramente). ‖ AGRIC. Avorter.

malogro m. Échec, insuccès (fracaso). ‖ Perte, *f.* (pérdida). ‖ AGRIC. Avortement.

maloliente adj. Malodorant, e ; qui sent mauvais.

— SINÓN. *Apestoso, hediondo*, puant. *Fétido*, fétide. *Mefítico*, méphitique.

malón m. *Amer.* Incursion (*f.*) *o* raid d'Indiens. ‖ FIG. Mauvais tour.

maloquear v. intr. *Amer.* Faire des incursions [les Indiens].

malparar v. tr. Maltraiter, mettre mal en point. ‖ — *Dejar malparado*, mettre dans un piteux état : *Francisco dejó malparado a Juan*, François a mis Jean dans un piteux état ; éprouver sérieusement : *esta enfermedad le ha dejado malparado*, cette maladie l'a sérieusement éprouvé. ‖ *Salir malparado de un negocio*, mal se tirer d'une affaire.

malparida f. Femme qui fait une fausse couche.

malparir v. intr. Faire une fausse couche (abortar).
malparto m. Fausse couche, f. (aborto).
malpensado, da adj. y s. Qui a l'esprit mal tourné.
malpigia f. BOT. Malpighie.
malpigiáceas f. pl. BOT. Malpighiacées.
malquerencia f. Malveillance (malevolencia). ‖ Antipathie (antipatía).
malquerer v. tr. Ne pas aimer.
malquerido, da adj. Mal aimé, e.
malquistar v. tr. Fâcher, brouiller.
— V. pr. Se fâcher, se brouiller : *me malquisté con el alcalde,* je me suis fâché avec le maire.
malquisto, ta adj. Fâché, e; brouillé, e.
malsano, na adj. Malsain, e. ‖ Maladif, ive.
malsonante adj. Malsonnant, e.
malsufrido, da adj. Peu endurant, e; malendurant, e.
malta f. Malt, m. (cebada). ‖ *Amer.* Bière brune (cerveza). ‖ TECN. *Fábrica de malta,* malterie.
Malta n. pr. GEOGR. Malte : *caballero de Malta,* chevalier de Malte.
maltaje m. TECN. Maltage.
maltear v. tr. TECN. Malter.
malteado m. TECN. Maltage.
maltería f. Malterie.
maltero m. Malteur.
maltés, esa adj. y s. Maltais, e.
maltón, ona adj. FAM. *Amer.* Jeunot, jeunette.
maltosa f. QUÍM. Maltose.
maltraer* v. tr. Maltraiter, malmener. ‖ FIG. *Llevar* ou *traer a maltraer,* en faire voir de toutes les couleurs.
maltraído, da adj. *Amer.* Déguenillé, e.
maltratamiento o maltrato m. Mauvais traitement.
maltratar v. tr. Maltraiter, malmener (tratar mal). ‖ Molester (importunar). ‖ Abîmer (echar a perder).
maltrecho, cha adj. Maltraité, e; en piteux état. ‖ *Dejar maltrecho,* malmener, maltraiter : *dejar maltrecho al enemigo,* malmener l'ennemi.
maltusianismo m. Malthusianisme.
maltusiano, na adj. y s. Malthusien, enne.
maluco, ca adj. y s. Des îles Moluques.
malucho, cha adj. FAM. Patraque, mal fichu, e; pas très bien, pas dans son assiette : *hoy está malucho,* aujourd'hui il est patraque.
malva f. BOT. Mauve. ‖ — BOT. *Malva loca, real* ou *rósea,* rose trémière. ‖ — POP. *Criar malvas,* manger les pissenlits par la racine. ‖ *Ser como una malva,* être doux comme un agneau.
— Adj. inv. y s. m. Mauve (color).
malváceas f. pl. BOT. Malvacées.
malvadamente adv. Méchamment (con maldad).
malvado, da adj. y s. Méchant, e; scélérat, e.
malvaloca f. BOT. Rose trémière (malvarrosa).
malvar m. Endroit couvert de mauves.
malvarrosa f. BOT. Rose trémière.
malvasía f. Malvoisie (uva y vino).
malvavisco m. BOT. Guimauve, f.
malveína f. QUÍM. Mauvéine.
malvender v. tr. Mévendre.
malversación f. Malversation. ‖ *Malversación de fondos,* détournement de fonds.
malversador, ra adj. y s. Concussionnaire (concusionario).
malversar v. tr. Détourner des fonds, malverser (p. us.).
Malvinas n. pr. f. pl. GEOGR. *Islas Malvinas,* îles Malouines.
malvinero, ra adj. y s. Des îles Malouines.
malvís m. Mauvis (ave).
malvivir v. intr. Vivre mal.
malvón m. *Amer.* Géranium.
malla f. Maille (de una red). ‖ Filet, m. (red). ‖ *Amer.* Maillot, m., costume (m.) de bain (baña-

dor). ‖ Maillot, m. (de un deportista). ‖ Sorte de capucine (capuchina). ‖ — *Cota de malla,* cote de mailles. ‖ *Malla pequeña,* maillon.
mallar v. intr. Mailler.
mallero m. Fabricant de filets.
malleto m. Maillet (de papelería).
mallo m. Maillet (mazo). ‖ Mail (juego y terreno).
Mallorca n. pr. GEOGR. Majorque.
mallorquín, ina adj. y s. Majorquin, e.
mama f. Mamelle (teta). ‖ Sein, m. (pecho). ‖ FAM. Maman (madre).
mamá f. FAM. Maman (madre).
mamacallos m. inv. FIG. y FAM. Nigaud.
mamacita f. *Amer.* Petite maman.
mamacona f. *Amer.* Prêtresse des Incas.
mamada f. Tétée. ‖ FAM. *Amer.* Aubaine (ganga). ‖ Cuite (borrachera).
mamadera f. Tire-lait, m. inv. ‖ *Amer.* Tétine (del biberón). ‖ Biberon, m. (biberón).
mamado, da adj. POP. Rond, e; soûl, e (borracho). ‖ *Amer.* Niais, e (tonto).
mamador, ra adj. Qui tète.
mamaíta o mamita f. FAM. *Amer.* Petite maman, petite mère.
mamalogía f. ZOOL. Mammalogie.
mamancona f. *Amer.* Vieille femme obèse, grosse mère.
mamandurria f. *Amer.* Sinécure, fromage, m.
mamantón, ona adj. De lait (animales).
mamar v. tr. Téter (el niño) : *dar de mamar,* donner à téter. ‖ FIG. y FAM. Sucer avec le lait : *mamar la honradez,* sucer l'honnêteté avec le lait. ‖ S'imprégner o acquérir dès l'enfance : *haber mamado un idioma,* s'être imprégné d'une langue dès l'enfance. ‖ Décrocher, dénicher, dégoter : *mamar un buen empleo,* décrocher une belle situation. ‖ Avaler, engloutir (engullir). ‖ *Quien no llora no mama,* qui ne demande rien n'a rien.
— V. pr. FAM. Se soûler (emborracharse). ‖ POP. Se taper : *mamarse dos años de mili,* se taper deux ans de service militaire. ‖ — *Amer. Mamarse a uno,* rouler, avoir, posséder quelqu'un (engañar), tuer, zigouiller (matar). ‖ FIG. y FAM. *No mamarse el dedo,* ne pas être né de la dernière pluie.
mamario, ria adj. ANAT. Mammaire, mamellaire.
mamarrachada f. FAM. Croûte (cuadro malo). ‖ Navet, m. (libro, película). ‖ Ânerie, bourde.
mamarrachista m. y f. FAM. Barbouilleur, euse (pintor malo).
mamarracho m. FAM. Imbécile (imbécil). ‖ Fantoche, polichinelle (fantoche). ‖ Croûte, f. (cuadro malo). ‖ Navet (libro, película).
mambí o mambís, isa adj. y s. Rebelle, séparatiste [à Cuba, en 1868].
mambla f. Mamelon, m., monticule, m.
mambo m. Mambo (baile).
Mambrú n. pr. m. Malbrough.
Mambrino n. pr. m. Mambrin.
mamela f. POP. Pot-de-vin, m. (comisión extra).
mamelón m. Mamelon.
mameluco m. Mameluk, mamelouk. ‖ FIG. y FAM. Nigaud, sot (necio). ‖ *Amer.* Combinaison (f.) de travail (prenda para obreros). ‖ Esquimau (para niños).
mamella f. Fanon, m. [de la chèvre, etc.].
mamellado, da adj. Qui a des fanons [chèvre, etc.].
Mamerto n. pr. m. Mamert.
mamey m. BOT. Mammée, f., abricotier de Saint-Domingue.
mamífero, ra adj. y s. m. Mammifère.
mamiforme adj. Mamelliforme.
mamila f. Mamelle (de la hembra). ‖ Téton, m. (del hombre).
mamilar adj. ANAT. Mamillaire.
mamilaria f. BOT. Mamillaire.
mamitis f. MED. Mammite.

mamola f. Caresse sous le menton. ‖ Fig. y Fam. *Hacer a uno la mamola*, se payer la tête de quelqu'un (burlarse).

mamón, ona adj. y s. Qui tète encore, au sein (que mama todavía). ‖ Goulu, e ; qui tète beaucoup (que mama demasiado). ‖ *Diente mamón*, dent de lait. ‖ — M. Nourrisson (nene). ‖ Bot. Branche (f.) gourmande, gourmand (chupón). ‖ Melicocea, arbre de l'Amérique tropicale (árbol). ‖ *Amer.* Papayer (árbol), papaye, f. (fruto). | Gâteau spongieux (bizcocho).

mamotreto m. Carnet de notes. ‖ Fig. y Fam. Gros bouquin (libraco). | Paperasses, f. pl. (papeluchos). | Chose (f.) encombrante.

mampara f. Paravent, m. (biombo). ‖ Porte capitonnée (puerta).

mamparo m. Mar. Cloison, f. : *mamparo estanco*, cloison étanche.

mamperlán m. Rebord en bois [d'une marche d'escalier en pierre].

mamporro m. Fam. Coup, gnon (golpe).

mampostear v. tr. Arq. Maçonner.

mampostería f. Maçonnerie. ‖ *Revestir con mampostería*, maçonner, revêtir d'une maçonnerie.

mampostero m. Maçon (albañil). ‖ Collecteur de dîmes, etc. (recaudador).

mampresar v. tr. Dompter [un cheval sauvage].

mampuesta f. Assise, rangée de pierres.

mampuesto, ta adj. De maçonnerie.
— M. Pierre, f., bloc (piedra). ‖ Parapet, défense, f. (parapeto). ‖ *Amer.* Appui (de un arma). ‖ *De mampuesto*, de réserve (de prevención), à couvert (a cubierto).

mamullar v. tr. Fig. y Fam. Marmotter (mascullar). ‖ Mâchonner (mascar).

mamut m. Zool. Mammouth.
— Observ. Pl. *mamutes*.

man f. [apocope de *mano*]. (Ant.). Main.

mana f. *Amer.* Manne. | Source (manantial).

maná m. Manne, f. (del cielo, de los árboles). ‖ Fig. Manne, f. ‖ Quím. *Azúcar de maná*, mannite.

manabita adj. y s. De Manabí (Ecuador).

manada f. Troupeau, m. (rebaño) : *manada de lobos*, bande de loups. ‖ Fig. y Fam. Bande (de personas). ‖ Poignée (de hierbas). ‖ — Fam. *A manadas*, en bandes (en tropa), à poignée (a puñados). ‖ *Llegar a manadas*, affluer.
— Observ. Existe la palabra *manade* en francés en el sentido de « rebaño », pero se emplea únicamente en Provenza.

manadero m. Berger (pastor). ‖ Source, f. (manantial).

manadero, ra adj. Jaillissant, e.

manager m. Manager (de un boxeador).

Managua n. pr. Geogr. Managua.

managuaco, ca adj. *Amer.* Rustre (rústico). | Qui a des taches blanches aux pattes o au museau (animal).

managüense adj. y s. De Managua (Nicaragua).

manante adj. Jaillissant, e.

manantial m. ● Source, f. ‖ Fig. Source, f. (origen y principio).
— Adj. De source : *agua manantial*, eau de source.
— Sinón. ● *Fuente*, fontaine. *Pozo*, puits. *Manadero, nacimiento*, source.

manantío, a adj. Jaillissant, e.

manar v. intr. Jaillir (brotar) : *mana sangre de la herida*, du sang jaillit de la blessure. ‖ Fig. Abonder (abundar).

Manasés n. pr. m. Manassé, Manassès.

manatí o **manato** m. Lamantin (mamífero).

manaza f. Fam. Grosse main, grosse patte, battoir, m.

manca f. *Amer.* Grand pot, m.

mancamiento m. Estropiement.

mancar v. tr. Estropier.

mancarrón m. *Amer.* Rosse, f., haridelle, f. (caballo malo). ‖ — Adj. y s. Fam. Raseur, euse (latoso).

manceba f. Maîtresse, concubine.

mancebía f. Maison close o de tolérance.

mancebo m. Jeune homme (joven). ‖ Célibataire, garçon (fam.) [soltero]. ‖ Commis, garçon (dependiente). ‖ Préparateur (de farmacia). ‖ — Pl. Jeunes gens (mozos).

mancera f. Mancheron, m. (esteva del arado).

mancerina f. Soucoupe (platillo).

mancilla f. Fig. Souillure, flétrissure.

mancillar v. tr. Souiller, flétrir.

mancipación f. Dr. Mancipation (transmisión de una propiedad). ‖ Vente et achat (venta y compra).

mancipar v. tr. Asservir, réduire en esclavage.

manco, ca adj. y s. Manchot, e : *manco de la izquierda*, manchot du bras gauche. ‖ Fig. Boiteux, euse : *verso manco*, vers boiteux. ‖ Mal : *estas fiestas tampoco son mancas*, ces fêtes ne sont pas mal non plus. ‖ — *El manco de Lepanto*, Cervantès [qui perdit un bras à cette bataille]. ‖ — Fam. *No ser cojo ni manco*, avoir la main leste o lourde (pegar). | *No ser manco*, ne pas être manchot, ne pas être embarrassé de ses dix doigts (ser hábil).

mancomún (de) loc. adv. o **mancomunadamente** adv. De concert, d'un commun accord.

mancomunar v. tr. Réunir, associer (personas). ‖ Réunir, mettre en commun (cosas). ‖ Unir (intereses). ‖ Dr. Rendre solidaires.
— V. pr. S'unir, s'associer : *mancomunarse con otro*, s'unir o s'associer à une autre personne.

mancomunidad f. Union, association. ‖ Fédération (de provincias, etc.). ‖ Copropriété (de una casa).

mancornar* v. tr. Terrasser un jeune taureau (derribar). ‖ Entraver, lier (atar). ‖ Attacher [deux bœufs] par les cornes. ‖ Fig. y Fam. Apparier (emparejar).

mancuerda f. Tour (m.) de corde [dans la torture].

mancuerna f. Paire, couple, m. (pareja). ‖ Corde, courroie (correa). ‖ — Pl. *Amer.* Boutons (m.) de manchettes.

mancha f. Tache : *sacar una mancha*, enlever une tache. ‖ Fig. Souillure, tache (infamia). | Accroc, m. : *hacer una mancha en su honra*, faire un accroc à son honneur. ‖ Anat. Tache : *mancha amarilla*, tache jaune. ‖ Artes. Ébauche, esquisse (boceto). ‖ Astr. Tache : *mancha solar*, tache solaire. ‖ Jardinage, m. (de los diamantes). ‖ *Amer.* Charbon, m. (tumor). ‖ — Fig. y Fam. *Extenderse como mancha de aceite*, faire tache d'huile. | *La mancha ha salido*, la tache est partie o a disparu (ha desaparecido), la tache est ressortie o a reparu (ha vuelto a aparecer).

Mancha n. pr. f. Geogr. Manche [région d'Espagne]. | Manche (departamento francés). | Manche (canal de la Mancha).

manchar v. tr. Tacher (hacer una mancha) : *manchar con* ou *de tinta*, tacher d'encre. ‖ Tacher, salir (ensuciar). ‖ Fig. ● Souiller, salir, noircir, tacher : *manchar la reputación de uno*, salir la réputation de quelqu'un. | Éclabousser, salir : *el escándalo ha manchado a su familia*, le scandale a éclaboussé sa famille. | Poser des taches de couleur (en una pintura).
— V. pr. Se tacher (hacerse una mancha). ‖ Se tacher, se salir (ensuciarse).
— Sinón. ● *Mancillar*, souiller. *Deshonrar*, déshonorer. *Profanar*, profaner. *Violar*, violer.

manchego, ga adj. y s. De la Manche [région d'Espagne]. ‖ — M. Fromage de la Manche (queso).

manchón m. Grosse tache, *f.* ‖ Endroit d'un champ où les plantes sont plus touffues.

manchú, a adj. y s. Mandchou, e.

Manchukuo n. pr. m. GEOGR. Mandchoukouo.

Manchuria n. pr. f. GEOGR. Mandchourie.

manda f. Offre, promesse (oferta). ‖ Don, *m.,* legs, *m.* (legado testamentario).

mandadero, ra adj. Docile (sumiso). — M. y f. Commissionnaire. ‖ — M. Chasseur, groom (botones).

mandado m. Commission, *f.,* course, *f.* (fam.) [recado] : *hacer los mandados,* faire les commissions. ‖ Ordre (orden). ‖ Mandat (encargo, delegación). ‖ *Amer. A su mandado,* à vos ordres.

mandador m. *Amer.* Fouet (látigo).

mandamás m. FAM. Grand manitou : *es el mandamás del pueblo,* c'est le grand manitou du village. ‖ Ponte : *es uno de los mandamás de la universidad,* c'est un des pontes de l'université. ‖ Chef de file : *ser el mandamás de una rebelión,* être le chef de file d'une rébellion.

mandamiento m. Commandement, ordre (orden). ‖ RELIG. Commandement : *los mandamientos de la ley de Dios,* les commandements de Dieu. ‖ DR. Mandement. ‖ Mandat : *mandamiento de arresto* ou *de detención,* mandat d'arrêt ; *mandamiento para comparecer,* mandat d'amener. ‖ — Pl. FIG. y FAM. Les cinq doigts.

mandanga f. FAM. Flegme, *m.,* calme, *m.* (pachorra). ‖ Came, cocaïne.

mandante adj. Commandant (que manda). — M. DR. Mandant.

mandar v. tr. ● Ordonner, donner l'ordre de (ordenar) : *me mandó que lo limpiase todo,* il m'a ordonné de tout nettoyer. ‖ Commander : *mandar un ejército,* commander une armée. ‖ Envoyer (enviar) : *mandar una carta,* envoyer une lettre ; *mandar a uno a la farmacia, de emisario,* envoyer quelqu'un à la pharmacie, en émissaire ; *mandar buscar,* envoyer chercher. ‖ Léguer (por testamento). ‖ Vouloir : *como lo manda la historia,* comme le veut l'histoire. ‖ EQUIT. Gouverner [son cheval]. ‖ — FAM. *Mandar al otro mundo* ou *al otro barrio,* envoyer dans l'autre monde. ‖ *Mandar a paseo* ou *a tomar aire fresco* ou *a hacer gárgaras* ou *con viento fresco,* envoyer promener *o* paître *o* sur les roses. ‖ *Mandar hacer,* faire faire. ‖ FAM. *Mandarlo todo a paseo,* envoyer tout promener *o* tout en l'air. ‖ *Mandar por,* envoyer chercher : *mandar por el periódico,* envoyer chercher le journal. ‖ *Amer. Mandar una bofetada,* flanquer une gifle. ‖ *Bien, mal mandado,* obéissant, désobéissant. ‖ *Lo que usted mande* ou *¡mande!,* à vos ordres, à votre service (criados). — V. intr. Commander : *mandar en jefe,* commander en chef ; *aquí mando yo,* c'est moi qui commande ici. ‖ TECN. Commander (un mecanismo). ‖ — *Como Dios manda,* v. DIOS. ‖ *Amer. ¡Mande!,* pardon ! — V. pr. Se déplacer seul, ne plus avoir besoin d'aide (un enfermo). ‖ Communiquer (dos habitaciones). ‖ *Amer.* Vouloir (servirse) : *mándese pasar,* veuillez entrer. ‖ S'en aller (irse), s'esquiver (solapadamente). ‖ *Amer. Mandarse cambiar* ou *mudar,* s'en aller, ficher le camp (fam.).

— OBSERV. Existe en francés la palabra *mander* pero se utiliza sobre todo en el sentido de « convocar » ; en el de « mandar » su empleo es anticuado.

— SINÓN. ● *Ordenar,* ordonner. *Imponer,* imposer. *Decretar,* décréter. *Dictar,* dicter.

mandarín m. Mandarin.

mandarina f. Mandarine (fruta).

mandarinato m. Mandarinat.

mandarinismo m. Mandarinisme.

mandarino o **mandarinero** m. BOT. Mandarinier (árbol).

mandarino, na adj. Mandarin, e.

mandarria f. MAR. Maillet (*m.*) de calfat.

mandatario m. Mandataire. ‖ *Amer.* Chef, président, dirigeant (gobernante).

mandato m. Ordre, commandement (orden). ‖ Mandat (de un diputado). ‖ Mandat (procuración, encargo, misión). ‖ Mandat (soberanía). ‖ Lavement des pieds le jeudi saint (ceremonia religiosa). ‖ — DR. *Mandato judicial,* exploit. ‖ *Territorio bajo mandato,* territoire sous mandat.

mandí m. *Amer.* Sorte de bagre (pez).

mandíbula f. ANAT. Mandibule. ‖ Mâchoire : *con la mandíbula desencajada,* la mâchoire décrochée. ‖ Maxille, *m.* (de insectos y crustáceos). ‖ FAM. *Reir a mandíbula batiente,* rire à gorge déployée *o* à s'en décrocher la mâchoire.

mandibular adj. ANAT. Mandibulaire.

mandil m. Tablier (delantal). ‖ Filet de pêche à mailles serrées (red). ‖ Chiffon, époussette, *f.* (para limpiar el caballo).

mandilar v. tr. Frotter [un cheval] avec une époussette, bouchonner.

mandilete m. Tape, *f.,* tapon (de un cañon). ‖ Gantelet, *m.* (de una armadura).

mandinga adj. *Amer.* Noir, e ; nègre, négresse (de raza negra). — Adj. y s. Mandingue (raza africana). ‖ — M. *Amer.* Le diable (el diablo). ‖ Diablotin (duende). ‖ Petit diable (niño travieso). ‖ Enchantement, sorcellerie, *f.* (brujería).

mandioca f. Manioc, *m.* (planta). ‖ Tapioca, *m.* (fécula).

mando m. Commandement : *el mando del ejército,* le commandement de l'armée. ‖ Cadre : *los mandos de un regimiento,* les cadres d'un régiment ; *los mandos de un país,* les cadres d'un pays. ‖ MECÁN. Commande, *f.* (órgano de transmisión). ‖ — Pl. Timonerie, *f. sing.* (de un barco). ‖ *Gouvernes, f.* (de un avión). ‖ — *Estar al mando de un superior,* être sous les ordres d'un supérieur. ‖ *Mando a distancia,* commande à distance, télécommande. ‖ *Mandos intermedios,* maîtrise. ‖ *Palanca de mando,* levier de commande (de una máquina, coche), manche à balai (de un avión). ‖ *Tablero de mandos,* tableau de bord. ‖ *Torre de mandos,* tour de contrôle (aeropuerto).

mandoble m. Coup d'épée porté à deux mains. ‖ FAM. Rapière, *f.* (espada grande). ‖ FIG. y FAM. Réprimande (*f.*) sévère, savon (fam.) [represión]. ‖ Ramponneau, coup (golpe).

mandolina f. MÚS. Mandoline.

mandón, ona adj. Qui aime à commander, autoritaire. — M. y f. Personne (*f.*) autoritaire. ‖ — M. Grand manitou (mandamás). ‖ *Amer.* Contremaître des mines. ‖ Juge de départ (en las carreras de caballos).

mandora f. MÚS. Mandore.

mandracho m. Tripot, maison (*f.*) de jeu.

mandrágora f. Mandragore (planta).

mandria adj. y s. Idiot, e ; propre à rien (necio). ‖ Poltron, onne (cobarde).

mandril m. Mandrill (mono). ‖ TECN. Mandrin (del torno) : *mandril de ranuras,* mandrin à coulisseau. ‖ TECN. *Mandril del embrague,* arbre cannelé.

mandrilado m. TECN. Alésage (calibrado).

mandriladora f. TECN. Aléseuse (máquina de calibrar). ‖ Alésoir, *m.* (para regularizar un tubo, un cilindro).

mandrilar v. tr. TECN. Aléser.

mandubí m. *Amer.* Cacahuète, *f.*

manduca f. FAM. Boustifaille, mangeaille (comida).

manducable adj. FAM. Mangeable.

manducación f. FAM. Bectance. ‖ Manduction (p. us.) [comida].

manducar v. tr. e intr. FAM. Bouffer, becqueter, manger (comer).

manducatoria f. FAM. Boustifaille (comida).

manea f. Entrave (maniota).

maneador m. Amer. Entrave, f. (maniota).

manear v. tr. Entraver (los animales). ‖ Amer. Gêner (estorbar).
— V. pr. Amer. S'embrouiller (enredarse).

manecilla f. Aiguille (de un reloj). ‖ Fermoir, m. (de un libro). ‖ Manette, maneton, m. (palanca). ‖ IMPR. Main (signo tipográfico). ‖ BOT. Vrille.

manejabilidad f. Maniabilité.

manejable adj. Maniable.

manejar v. tr. e intr. Manier : manejar la espada, manier l'épée. ‖ Utiliser (utilizar). ‖ Manier, conduire (los caballos). ‖ FIG. Diriger, mener, manœuvrer (dirigir). ‖ Gérer (administrar). ‖ Brasser (dinero, negocios). ‖ Amer. Conduire (un automóvil). ‖ — FIG. Manejar a uno a su antojo, mener quelqu'un par le bout du nez. ‖ Manejar el tinglado, tirer o tenir les ficelles. ‖ Manejar la navaja, jouer du couteau. ‖ Manejar los cuartos, tenir les cordons de la bourse.
— V. pr. Se déplacer tout seul (un enfermo) : ya se maneja un poco, il commence à se déplacer un peu tout seul. ‖ Se conduire (portarse). ‖ Savoir se conduire (portarse bien). ‖ Se débrouiller (arreglárselas).

manejo m. Maniement (d'un arma, de un caballo, de fondos). ‖ FIG. Conduite, f. (de un negocio). ‖ Manigances, f. pl., manège, menées, f. pl., manœuvres, f. pl. (intriga) : conozco su manejo, je connais ses manigances. ‖ Brassage (de muchos negocios). ‖ Amer. Conduite, f. (de un automóvil). ‖ Instrucciones de manejo, mode d'emploi.

maneota f. Entrave (maniota).

manera f. Manière, façon : no entiendo la manera como sucedió, je ne comprends pas la façon dont c'est arrivé ; manera de ser, manière d'être. ‖ ARTES. Manière. ‖ — Pl. Manières (modales) : maneras distinguidas, manières distinguées. ‖ — A la manera como, de la manière dont. ‖ A la manera de, à la manière de. ‖ A manera de, en guise de : a manera de prólogo, en guise de prologue. ‖ A su manera, à sa manière, à sa façon. ‖ A su manera de ver, à son avis, d'après sa façon de voir, d'après lui. ‖ Cada cual a su manera, chacun à sa façon o à sa guise. ‖ De cualquier manera, de n'importe quelle façon, n'importe comment. ‖ De mala manera, très mal : conduce su coche de mala manera, il conduit très mal sa voiture ; de la belle manière, de belle façon : me expulsó de mala manera, il m'expulsa de la belle manière ; grossièrement, très mal : me contestó de mala manera, il m'a très mal répondu. ‖ De (tal) manera que, de (telle) manière o sorte o façon que (de suerte que). ‖ De ninguna manera, en aucune façon, pas du tout. ‖ De otra manera, autrement. ‖ De todas maneras, de toute façon o manière. ‖ De una manera o de otra, d'une manière ou d'une autre, de manière ou d'autre. ‖ En gran manera, beaucoup, au plus haut point, dans une large mesure, largement : contribuyó en gran manera al desarrollo, il a largement contribué au développement. ‖ La manera como, la manière dont. ‖ Mal y de mala manera, à tort et à travers. ‖ Manera de, espèce de : una manera de mulo, une espèce de mulet. ‖ No hay manera, il n'y a pas moyen. ‖ Sobre manera, excessivement.

manes m. pl. Mânes (almas de los muertos).

Manes o **Maniqueo** n. pr. m. Manès.

manezuela f. Petite main, menotte (fam.). ‖ Poignée (manija). ‖ Manette (palanquilla). ‖ Fermoir, m. (broche).

manflora o **manflorita** m. Amer. Homme efféminé (afeminado).

Manfredo n. pr. m. Manfred.

manga f. Manche (del vestido) : manga de jamón ou afarolada, manche gigot. ‖ Tuyau, m. (de una bomba) : manga de riego, tuyau d'arrosage (para regar), lance d'incendie (de bombero). ‖ Trombe (tromba). ‖ Fusée de l'essieu (de carruaje). ‖ Sac (m.) de voyage (bolso de viaje). ‖ Bannière (estandarte). ‖ Épervier, m. (esparavel). ‖ Filet, m. (red) : manga de mariposas, filet à papillons. ‖ Chausse, filtre, m. (para filtrar). ‖ Chinois, m. (colador). ‖ MAR. Manche à air (de ventilación). ‖ Largeur (ancho del buque). ‖ MIL. Détachement, m. (destacamento). ‖ Rabatteurs, m. pl. (caza). ‖ BOT. Mangue (fruto). ‖ Manguier, m. (árbol). ‖ Amer. Passage, m., goulet, m., couloir, m. (paso). ‖ Foule (multitud). ‖ Manteau, m. (abrigo). ‖ — Pl. Bénéfices, m., profits, m. (utilidades). ‖ — Manga acuchillada, manche à crevés. ‖ Manga de agua, trombe d'eau (turbión). ‖ Manga de aire ou manga veleta, manche à air. ‖ Manga de ventilación, bouche d'air (en un edificio), gaine d'aération (en una mina). ‖ Manga de viento, tourbillon (torbellino). ‖ — FIG. y FAM. ¡A buena hora mangas verdes!, trop tard ! ‖ Andar manga por hombro, être sens dessus dessous. ‖ Esas son otras mangas, ça c'est une autre paire de manches, ça c'est une autre histoire. ‖ Estar en mangas de camisa, être en manches o en bras de chemise. ‖ FIG. y FAM. Hacer mangas y capirotes de, faire bon marché de (no hacer caso). ‖ Sacarse algo de la manga, présenter, apporter [une solution, etc.]. ‖ Ser de manga ancha ou tener manga ancha, avoir les idées larges, avoir la conscience large, être coulant. ‖ Traer algo en la manga, avoir quelque chose en réserve.

manganato m. QUÍM. Manganate.

manganear v. tr. Prendre au lasso.

manganel m. (Ant.). Mangonneau (máquina de guerra).

manganesa o **manganesia** f. Bioxyde (m.) de manganèse, pyrolusite.

manganésico, ca adj. Manganeux, euse; manganésien, enne.

manganesífero, ra adj. Manganésifère.

manganeso m. Manganèse (metal).

mangangá m. Amer. Gros bourdon (abejón). ‖ Raseur (fastidioso).

mangánico adj. m. Manganique (ácido).

manganilla f. Ruse, astuce, piège, m. (treta).

manganina f. Manganine (aleación).

manganita f. Manganite.

manganoso, sa adj. QUÍM. Manganeux, euse.

mangante adj. y s. FAM. Voleur, euse (ladrón).

mangar v. tr. FAM. Chiper, chaparder (robar).

manglar m. Endroit couvert de mangliers, mangrove, f.

mangle m. BOT. Manglier, palétuvier (árbol). ‖ Mangle, f. (fruto).

mango m. Manche (de un instrumento). ‖ Queue, f. (de la sartén). ‖ Manette, f., poignée, f. (puño). ‖ BOT. Manguier (árbol). ‖ Mangue, f. (fruto). ‖ — Mango de cuchillo, couteau (molusco). ‖ FIG. y FAM. Tener la sartén por el mango, tenir la queue de la poêle.

mangón m. Revendeur (revendedor). ‖ Amer. Parc à bétail.

mangoneador, ra m. y f. Personne (f.) qui aime commander.

mangonear v. intr. FAM. S'occuper de tout (dirigir). ‖ Commander (mandar). ‖ Se mêler de tout (entremeterse). ‖ Amer. Tirer la couverture à soi.

mangoneo m. FAM. Intervention (f.) indiscrète, ingérence, f. ‖ Direction, f., commandement (mando).

mangorrero, ra adj. Qui n'a pas de manche (cuchillo). ‖ FIG. y FAM. D'usage courant, habituel, elle (que se usa mucho). | Quelconque (de poco valor).

mangosta f. Mangouste (animal).

mangostán m. BOT. Mangoustanier (árbol). | Mangoustan (fruto).

mangote m. FAM. Manche (f.) longue et large. ‖ Manchette, f., fausse manche, f. (para proteger las mangas).

mangrullo m. Amer. Poste de guet sur un arbre.

mangual m. Fléau d'armes.

manguardia f. Culée (estribo de un puente).

manguear v. tr. Amer. Traquer, rabattre (la caza). | Parquer (el ganado). ‖ FIG. y FAM. Amadouer.

manguera f. Tuyau (m.) d'arrosage (manga). ‖ MAR. Manche de pompe (de bomba). ‖ Manche à air (ventilador). ‖ Trombe (tromba). ‖ Amer. Enclos (m.) pour le bétail (corral).

manguero m. Arroseur.

mangueta f. MED. Injecteur, m., bock, m. (para ayudas). ‖ ARQ. Montant, m. (de una ventana). | Jambe de force (jabalcón). ‖ TECN. Levier, m. (palanca). | Fusée [de l'essieu] (de coche). | Siphon, m. (de los retretes).

manguita f. Housse (funda).

manguito m. Manchon (de piel). ‖ Gant (manopla). ‖ Manchette, f., fausse manche f. (para proteger las mangas). ‖ MECÁN. Manchon, fourreau, frette, f. (anillo de acero). | Douille, f., manchon : manguito de acoplamiento, douille d'accouplement. ‖ Manguito roscado, raccord fileté.

maní m. BOT. Arachide, f. (planta). | Cacahouète, cacahuète, f. (fruto).

manía f. Manie : tener manías, avoir des manies. ‖ FIG. Maladie, manie : tener la manía de la velocidad, avoir la maladie de la vitesse. ‖ — Manía persecutoria, manie o folie o délire de la persécution. ‖ FIG. y FAM. Tenerle manía a uno, avoir pris quelqu'un en grippe.
— SINÓN. Extravío, égarement. Extravagancia, extravagance. Obsesión, obsession. Prejuicio, préjugé. Fam. Chifladura, dada, toquade.

maniaco, ca adj. y s. Maniaque. ‖ Maniaque, obsédé, e : los maniacos del volante, les obsédés du volant.

manialbo, ba adj. Balzan, e (caballo).

maniatar v. tr. Emmenotter (p. us.), lier les mains.

maniático, ca adj. y s. Maniaque.

manicomio m. Asile d'aliénés.

manicordio o **monacordio** m. MÚS. Manichordion, manicorde.

maniourto, ta adj. y s. FIG. y FAM. Radin, e ; pingre (avaro).

manicuro, ra m. y f. Manucure. ‖ — Hacer la manicura, faire les ongles, soigner les mains (una manicura). ‖ Hacerse la manicura, se faire faire les ongles, se faire soigner les mains (por la manicura), se faire les ongles, se soigner les mains (uno mismo).

manido, da adj. Faisandé, e (carne). ‖ FIG. Rebattu, e; banal, e (trillado, sobado) : un tema manido, un sujet rebattu.

manierismo m. Maniérisme (arte).

manierista adj. y s. Maniériste (arte).

manifestación f. Manifestation. ‖ Déclaration (declaración). ‖ Démonstration : manifestaciones de amistad, démonstrations d'amitié. ‖ — Asistir a ou hacer una manifestación, manifester. ‖ Manifestación naval, démonstration navale.

manifestador, ra adj. Qui manifeste.
— M. y f. Manifestant, e.

manifestante m. y f. Manifestant, e.

manifestar* v. tr. Manifester : manifestar su parecer, manifester son opinion. ‖ Montrer, témoigner (demostrar) : manifestar interés por

alguien, montrer de l'intérêt pour quelqu'un.‖ Faire savoir, déclarer : el ministro manifestó que, le ministre a fait savoir que. ‖ ECLES. Exposer (el Santísimo Sacramento).
— V. intr. Manifester.
— V. pr. Se manifester, se montrer.

manifiesto, ta adj. Manifeste (patente).
— M. Manifeste. ‖ ECLES. Exposition, f. (del Santísimo Sacramento). ‖ MAR. Manifeste. ‖ Poner de manifiesto, mettre en évidence, faire apparaître (subrayar) : el balance pone de manifiesto un beneficio, le bilan fait apparaître un bénéfice.

manigua f. o **manigual** m. Amer. Maquis, m. (breñal). | Forêt, f. (selva). ‖ Amer. Echarse a la manigua, prendre le maquis.

manija f. Poignée (de un instrumento). ‖ Entrave (maniota). ‖ Manette (palanca). ‖ Frette, bague (abrazadera de hierro). ‖ AGRIC. Gant (m.) de protection, manique, manicle. ‖ Amer. Courroie reliant le manche du fouet au poignet.

manila f. Manille, cigare (puro).

Manila n. pr. GEOGR. Manille.

manilargo, ga adj. Qui a de grandes mains. ‖ FIG. Généreux, euse ; libéral, e. | Qui a la main leste.

manilense o **manileño, ña** adj. y s. De Manille.

maniluvio m. Bain de mains, manuluve (p. us.).

manilla f. Bracelet, m. (pulsera). ‖ Manille (de los presos). | Aiguille (de reloj). ‖ Poignée (de puerta o ventana).

manillar m. Guidon (de bicicleta).

maniobra f. Manœuvre. ‖ MIL. Manœuvre : campo de maniobras, terrain de manœuvres.

maniobrabilidad f. Manœuvrabilité.

maniobrable adj. Manœuvrable.

maniobrar v. intr. Manœuvrer.

maniobrero, ra adj. MIL. Manœuvrier, ère.

maniobrista adj. y s. FAM. Manœuvrier, ère.

maniota f. Entrave (de un animal).

manipulación f. Manipulation. ‖ Manutention (de mercancías).

manipulado m. Manutention, f. (de mercancías).

manipulador, ra adj. y s. Manipulateur, trice ; manutentionnaire. ‖ — M. ELECTR. Manipulateur.

manipulante adj. y s. Manipulateur, trice.

manipular v. tr. Manipuler. ‖ Manutentionner (mercancías).

manípulo m. Manipule.

maniqueísmo m. Manichéisme.

maniqueo, a adj. y s. Manichéen, enne.

maniquete m. Mitaine, f. (mitón).

maniquí m. Mannequin. ‖ FIG. Pantin (hombre sin carácter).
— OBSERV. Pl. maniquíes.

manir* v. tr. Faisander. ‖ FIG. Tripoter (manosear).

manirroto, ta adj. y s. Prodigue, gaspilleur, euse ; panier percé (fam.) [despilfarrador] : es una manirrota, c'est un panier percé.

manís m. Amer. Frère (amigo).

manita f. QUÍM. Mannite.

manito, ta m. y f. Amer. Frère (hermano), sœur (hermana). ‖ — F. Amer. Petite main.
— OBSERV. Le mot manita est un barbarisme lorsqu'il est employé à la place de manecita.

manito m. Laxatif léger.

manitú m. Manitou.

manivacío, a adj. FAM. Les mains vides.

manivela f. Manivelle (manubrio).

manjar m. Mets, plat (comestible). ‖ FIG. Récréation, f., délassement (deleite). ‖ — CULIN. Manjar blanco, blanc-manger. ‖ Manjar de los dioses, nourriture des dieux.

manjarete m. Amer. Gâteau à la farine de maïs.

manlieva f. Ancien impôt, m. (tributo).

mano f. Main : *la mano derecha*, la main droite. ‖ Patte [de devant] (de los cuadrúpedos) : *las manos del caballo, del perro*, les pattes du cheval, du chien. ‖ Pied, *m.* (de los animales de carnicería) : *mano de cerdo*, pied de cochon *o* de porc. ‖ Trompe (del elefante). ‖ Fig. Patte (destreza) : *tener buena mano*, avoir de la patte. | Bras, *m.* (persona que ejecuta una cosa). | Couche (capa de color) : *dar una segunda mano de pintura*, passer une deuxième couche de peinture. ‖ Pilon, *m.* (de mortero). ‖ Meule, rouleau, *m.* (rodillo de piedra). ‖ Main (de papel). ‖ Aiguille (de un reloj). ‖ Volée : *dar una mano de azotes*, donner une volée de coups. ‖ Partie (partida de juego) : *una mano de cartas*, une partie de cartes. ‖ Manche (división de juego). ‖ Priorité (en la carretera). ‖ *Amer.* Ensemble de quatre objets semblables. ‖ — *Mano de hierro en guante de seda*, main de fer dans un gant de velours. ‖ *Mano de obra*, main-d'œuvre. ‖ Fam. *Mano de santo*, remède miraculeux. ‖ *Mano fuerte*, forte. ‖ Dr. *Manos muertas*, mainmorte. ‖ Fam. *Manos puercas*, pots-de-vin. | *¡Manos quietas!*, bas les pattes !

— *A mano* ou *a la mano*, à portée de la main, sous la main : *tener a mano*, avoir sous la main ; sur le chemin : *esta tienda me coge a mano*, cette boutique est sur mon chemin. ‖ *A mano alzada*, à main levée (dibujo). ‖ *A mano armada*, à main armée. ‖ *A mano derecha, izquierda*, à droite *o* à main droite, à gauche *o* à main gauche. ‖ Fig. *A manos llenas* ou *a mano abierta*, à pleines mains, à poignée. ‖ *¡Arriba las manos!*, haut les mains ! ‖ Fig. *Bajo mano*, en sous-main. | *Con el corazón en la mano*, à cœur ouvert. ‖ *Con las dos manos* ou *con ambas manos*, à deux mains, des deux mains. ‖ *Con las manos en los bolsillos*, les mains dans les poches. ‖ *Con las manos juntas*, les mains jointes. ‖ *Con las manos vacías*, les mains vides. ‖ *Con mano dura*, durement. ‖ *Con o de mano maestra*, de main de maître. ‖ *De mano a mano*, de la main à la main. ‖ *De mano en mano*, de main en main. ‖ Fig. *De primera mano*, de première main : *saber de primera mano*, tenir de première main. | *De segunda mano*, d'occasion (ventas), de seconde main (informaciones). ‖ *De su propia mano*, de sa main. ‖ Fig. *En buenas, malas manos*, en bonnes, mauvaises mains. ‖ *En manos de*, entre les mains de, aux mains de : *caer en manos de*, tomber aux mains de. ‖ *En propia mano*, en mains propres. ‖ Mil. *Golpe de mano*, coup de main. ‖ *Juego de manos*, tour de passe-passe. ‖ *Juegos de manos, juegos de villanos*, jeux de mains, jeux de vilains. ‖ *Mano a mano*, compétition [entre deux rivaux], corrida à laquelle ne participent que deux matadors [au lieu de trois] (corrida), tête-à-tête (entrevista). ‖ *Manos a la obra*, au travail, à l'œuvre : *estar manos a la obra*, être à l'œuvre. ‖ *Por segunda* ou *tercera mano*, par l'entremise d'une tierce personne. ‖ *Por su propia mano*, de sa main.

— Fig. *Abrir la mano*, se montrer plus coulant (conciliador), se montrer plus souple *o* tolérant (tolerante). | *Alargar la mano*, tendre la main. | *Alzarle la mano a uno*, lever la main sur quelqu'un. ‖ *Apretar la mano*, serrer la main (para saludar), serrer la vis (apretar las clavijas). ‖ Fig. *Atar a uno de manos* ou *las manos*, lier les mains de quelqu'un. | *Caerse de las manos*, tomber des mains, être assommant (ser pesado). | *Calentársele a uno las manos*, avoir la main qui lui démange (tener ganas de pegar). | *Cambiar de manos*, changer de main. | *Cargar la mano*, insister (insistir), y aller fort (abusar), ne pas y aller de main morte (tener rigor), saler la note (en los precios). | *Coger con las manos en la masa*, prendre la main dans le sac *o* sur le fait. ‖ *Cogidos de la mano*, la main dans la main. ‖ *Cosido a mano*, cousu main. ‖ Fig. *Dar de mano*, laisser, abandonner (abandonar), s'arrêter (en un trabajo). ‖ *Dar la mano*, donner la main, serrer la main (saludo), donner la main : *dar la mano a un niño*, donner la main à un enfant. ‖ Fig. *Dar la última mano*, mettre la dernière main. | *Darse buena mano en una cosa*, faire une chose avec habileté. | *Darse las manos*, se donner la main. | *Darse mano en ou para, s'ingénier à, se donner du mal pour. | *Dar su mano*, accorder sa main (la novia). | *Dar una mano de jabón*, faire tremper, faire subir un premier savonnage. | *Dejado de la mano de Dios*, abandonné des dieux, malheureux. | *Dejar de la mano una cosa*, laisser de côté quelque chose. ‖ Fig. y fam. *De la mano a la boca se pierde la sopa*, il y a loin de la coupe aux lèvres. ‖ *Echar mano a la espada*, mettre la main à l'épée. ‖ Fig. *Echar* ou *meter mano a una cosa*, mettre la main sur quelque chose. | *Echar mano de*, se servir de (una cosa), avoir recours à, recourir à, faire appel à (uno). | *Echar una mano*, donner un coup de main. | *Ensangrentarse las manos*, tremper ses mains dans le sang. | *Estar con las manos atadas* ou *atado de manos* ou *de pies y manos*, avoir les mains liées, être pieds et poings liés. ‖ Fig. y fam. *Estar con una mano atrás y otra delante*, être dans la mouise *o* sans le sou. ‖ Fig. *Estar de mano*, avoir la main (en el juego). | *Estar en la mano de todo el mundo*, être à la portée de tout le monde (fácil). | *Estar en mano de uno*, dépendre de quelqu'un, ne tenir qu'à quelqu'un : *está en tu mano aceptarlo*, il ne tient qu'à toi de l'accepter. | *Estar mano a mano*, être de même force, se valoir (dos jugadores *o* luchadores). | *Estar mano sobre mano*, rester les bras croisés, se tourner les pouces. ‖ *Estrechar la mano*, serrer la main. ‖ Fig. *Forzar la mano*, forcer la main. | *Ganar a uno por la mano*, devancer *o* gagner de la main *o* prendre de vitesse quelqu'un, damer le pion à quelqu'un. ‖ *Hablar con* ou *por las manos*, parler avec les mains. | *Irse de las manos*, glisser des mains, échapper : *el plato se le fue de la mano*, l'assiette lui a glissé des mains ; échapper : *su autoridad se le va de las manos*, son autorité lui échappe. | *Írsele a uno de la mano*, échapper, filer entre les mains : *ese negocio se le ha ido de la mano*, cette affaire lui a échappé. | *Írsele a uno la mano*, avoir la main leste (pegar), avoir la main lourde (echar más de la cuenta), forcer la note, ne pas y aller de main morte (exagerar). | *Lavarse las manos como Pilato*, s'en laver les mains. ‖ *Llegar* ou *venir a las manos*, parvenir (una carta), en venir aux mains (reñir). ‖ *Llevar de la mano a*, tenir par la main, donner la main à. ‖ Fig. *Meter las manos en*, mettre la main à, participer à. | *Meter* ou *poner las manos en el fuego*, en mettre sa main au feu. | *Meter mano a algo*, faire main basse sur quelque chose. | *Morderse uno las manos*, s'en mordre les doigts. | *No dejar una cosa de la mano*, ne pas oublier quelque chose. | *No estar mano sobre mano* ou *con las manos cruzadas*, faire œuvre de ses dix doigts. | *No mover ni pie ni mano*, ne remuer ni pied ni patte, immobile. | *No saber uno lo que se trae entre manos*, ne pas savoir de quoi il retourne. | *Pedir la mano de*, demander la main de. | *Poner en manos de*, confier (personas), remettre, confier (cosas). | *Poner* ou *levantar las manos encima de uno*, porter *o* lever la main sur quelqu'un. ‖ Fig. *Ponerse en manos de uno*, s'en remettre à quelqu'un. | *Ponerse las manos en la cabeza*, lever les bras au ciel. ‖ *Poniéndose la mano en el pecho*, la main sur le cœur. ‖ *¡Que Dios nos tenga en su*

Santa mano!, que Dieu nous protège ! ‖ FAM. *Quitarse una cosa de las manos*, s'arracher quelque chose [plusieurs personnes]. | *Sentar la mano a uno*, frapper quelqu'un, porter la main sur quelqu'un. | *Ser mano*, avoir la main (en el juego). | *Ser uno la mano derecha de otro*, être le bras droit de quelqu'un. | *Si a mano viene*, si l'occasion se présente, le cas échéant (acaso). | *Sin levantar mano*, sans repos, sans répit. | *Tender la mano*, tendre la main (un mendigo). | *Tener buena, mala mano*, avoir la main heureuse, malheureuse. | *Tener en sus manos*, avoir entre les mains, tenir en main. | *Tener entre manos*, s'occuper de (asunto). | *Tener las manos largas* ou *ser largo de manos*, avoir la main leste o prompte o légère (para pegar), être entreprenant (con las mujeres). | *Tener las manos limpias en un asunto*, ne pas avoir trempé dans une affaire. | *Tener mano con uno*, avoir de l'influence sur quelqu'un. | *Tener mano en un asunto*, intervenir dans une affaire. | *Tener mano izquierda*, savoir s'y prendre. | *Tener manos de trapo*, avoir les mains en beurre. | *Tiene mi felicidad en sus manos*, mon bonheur est entre ses mains. | *Tocar con la mano*, être près de, être sur le point d'atteindre o d'obtenir. | *Tomar en manos*, prendre en main. | *Traer a la mano*, rapporter (caza). ‖ *Untar la mano a uno*, graisser la patte à quelqu'un. | *Venir a las manos*, en venir aux mains. | *Vivir de sus manos*, vivre de son travail. | *Volver con las manos vacías*, revenir les mains vides, revenir bredouille.

mano m. FAM. *Amer.* Copain, ami (amigo). ‖ *¡Eh, mano!*, eh, mon vieux !

manodescompresor m. TECN. Manodétendeur.

manojo m. Botte, *f.* (haz) : *manojo de espárragos*, botte d'asperges. ‖ Faisceau : *un manojo de estacas*, un faisceau de piquets. ‖ FIG. Poignée, *f.* (puñado), tas (atajo). ‖ — *A manojos*, à foison, en abondance. ‖ FIG. *Estar hecho un manojo de nervios*, avoir les nerfs à vif o en boule o en pelote. | *Manojo de nervios*, paquet de nerfs.

manojuelo m. Petite botte, *f.*

manolesco, ca adj. Des « manolos ».

manoleta f. TAUROM. Passe de *muleta*, inventée par Manolete.

Manolo n. pr. m. FAM. Manuel.

manolo, la m. y f. Homme, femme du bas peuple de Madrid.

manométrico, ca adj. Fís. Manométrique.

manómetro m. Fís. Manomètre.

manopla f. Gantelet, *m.* (de la armadura). ‖ Fouet (*m.*) court de postillon. ‖ Moufle (guante). ‖ Gant (*m.*) de toilette (para lavarse). ‖ Manicle, manique (guante de los obreros). ‖ *Amer.* Coup-de-poing, *m.* (arma).

manoseador, ra m. y f. Tripoteur, euse.

manosear v. tr. Tripoter (tocar). ‖ FIG. *Tema manoseado*, sujet rebattu.

manoseo m. Tripotage.

manostato m. Manostat.

manota f. Grosse main, grosse patte.

manotada f. o **manotazo** m. Tape, *f.* ‖ *Quitar un libro de un manotazo*, arracher un livre des mains.

manoteado m. Gesticulation, *f.*

manotear v. tr. Frapper de la main, taper sur (golpear). ‖ *Amer.* Voler.
— V. intr. Gesticuler.

manoteo m. Gesticulation, *f.*

manotón m. FAM. Tape, *f.* (manotada).

manquear v. intr. FIG. Faire preuve de maladresse.

manquedad o **manquera** f. Absence d'un bras o d'une main. ‖ Paralysie d'un bras o d'une main (parálisis). ‖ FIG. Imperfection.

manresano, na adj. y s. De Manresa [ville de Catalogne].

mansalva (a) loc. adv. Sans danger, sans risque, en toute tranquillité.

mansarda f. Mansarde.
— OBSERV. Es galicismo por *buhardilla*.

mansedumbre f. Douceur, mansuétude (de una persona). ‖ Douceur, clémence (del clima).

mansejón, ona adj. Très doux, très douce ; docile (animal).

mansión f. Demeure (morada). ‖ (Ant.). Séjour, m. (estancia). | Mansion. ‖ — (Ant.) *Hacer mansión*, demeurer, séjourner. ‖ *Mansión señorial*, manoir.

mansito adv. Tout doucement.

manso, sa adj. Doux, douce : *manso como un cordero*, doux comme un agneau. ‖ Paisible (apacible). ‖ Domestique, dressé, e (animal domesticado). ‖ Calme, tranquille (cosas) : *aguas mansas*, eaux calmes.
— M. Sonnailler (de un rebaño). ‖ TAUROM. Bœuf conducteur. ‖ Métairie, *f.* (masada).

mansurrón, ona adj. Très doux, très douce ; très calme en apparence.

manta f. Couverture (de cama, para las caballerías). ‖ Couverture, plaid, *m.* (de viaje). ‖ Cape, manteau, *m.* (abrigo). ‖ FIG. y FAM. Volée de coups, correction (paliza). ‖ Mantelet, *m.* (mantelete). ‖ ZOOL. Raie cornue (raya). ‖ *Amer.* Sac (*m.*) pour transporter les minerais (costal). | Danse populaire (baile). | Cotonnade (tela de algodón). ‖ — *A manta* ou *a manta de Dios*, tant et plus, énormément, en abondance : *ha llovido a manta*, il a énormément plu. | *Manta sudadera*, tapis de selle. ‖ *Manta termógena*, couverture chauffante. ‖ FIG. *Liarse uno la manta a la cabeza*, y aller carrément, faire fi de tout, passer par-dessus tout. | *Tirar de la manta*, éventer la mèche, découvrir le pot aux roses.

mantarraya f. ZOOL. Manta, raie cornue.

manteador, ra adj. y s. Berneur, euse.

manteamiento m. Berne, *f.* (p. us.) [acción de mantear].

mantear v. tr. Berner, faire sauter dans une couverture.

manteca f. Graisse (grasa). ‖ Saindoux, *m.* (del cerdo). ‖ Beurre, *m.* (mantequilla). ‖ Crème du lait (de la leche). ‖ Beurre, *m.* (de cacao). ‖ FAM. Graisse (gordura). ‖ — *Manteca de vaca*, beurre. ‖ *Manteca requemada*, beurre noir. ‖ — FIG. *Derretirse como manteca*, fondre comme du beurre. | *Esto no se le ocurre ni al que asó la manteca*, cela ne viendrait même pas à l'idée du dernier des imbéciles. | *Ser como manteca*, être doux comme un agneau. | *Tener buenas mantecas*, être gras (gordo). | *Untar manteca*, beurrer.

mantecada f. Tartine de beurre, beurrée (p. us.). ‖ Petit gâteau (*m.*) au beurre (bollo).

mantecado m. Gâteau au saindoux (bollo). ‖ Glace (*f.*) à la vanille (helado).

mantecón adj. m. y s. m. FAM. Douillet, délicat.

mantecoso, sa adj. Gras, grasse ; crémeux, euse (la leche). ‖ Onctueux, euse (semejante a la manteca) : *chocolate mantecoso*, chocolat onctueux.

mantel m. Nappe, *f.* (de la mesa de comer o del altar). ‖ — FIG. *En mantel*, mantelé. ‖ *Mantel individual*, napperon.

mantelado, da adj. BLAS. Mantelé, e.

mantelería f. Service (*m.*) de table, linge (*m.*) de table, nappage, *m.* (p. us.).

manteleta f. Mantelet, *m.* (prenda de mujer).

mantelete m. Mantelet (fortificación). ‖ BLAS. Mantelet.

mantelillo m. Napperon.

mantellina f. Mantille (mantilla).

mantenedor m. Tenant, champion (en un torneo). ‖ Mainteneur [des jeux floraux]. ‖ Animateur (en una fiesta). ‖ Soutien : *mantenedor de familia*, soutien de famille.

mantenencia f. Maintien, *m.*, maintenance (ant.) [acción de mantener]. ‖ Soutien, *m.* (apoyo). ‖ Entretien, *m.* (cuidado). ‖ Subsistance (subsistencia).

mantener* v. tr. Nourrir (alimentar) : *mantener a uno con pan y agua*, nourrir quelqu'un de pain et d'eau. ‖ Entretenir : *mantener a su familia, a una mujer*, entretenir sa famille, une femme. ‖ Maintenir (sostener). ‖ Fig. Maintenir : *mantengo mi opinión*, je maintiens mon opinion ; *mantener una ley, la paz, su candidatura*, maintenir une loi, la paix, sa candidature. ‖ Entretenir (conservar en buen estado). ‖ Garder : *mantener sus derechos, su rango*, garder ses droits, son rang. ‖ — *Mantener a distancia* ou *a raya*, tenir à distance. ‖ *Mantener caliente*, tenir au chaud. ‖ *Mantener correspondencia con*, être en correspondance avec, entretenir une correspondance avec. ‖ *Mantener despierto a uno*, tenir quelqu'un éveillé. ‖ *Mantener la neutralidad*, rester dans la neutralité, rester neutre. ‖ *Mantener los ojos cerrados*, tenir o garder les yeux fermés. ‖ Fig. *Mantener una conversación*, tenir une conversation : *incapaz de mantener una conversación*, incapable de tenir une conversation ; avoir un entretien (celebrar una entrevista). | *Mantener un cambio de impresiones, una entrevista*, procéder à un échange de vues, avoir une entrevue. — V. pr. Se nourrir (alimentarse). ‖ Vivre : *se mantiene con su trabajo*, il vit de son travail. ‖ Se maintenir (en una posición, opinión, etc.). ‖ Se tenir : *mantenerse derecho*, se tenir droit. ‖ Se tenir, rester : *mantenerse tranquilo*, se tenir tranquille. ‖ Tenir : *nuestro trato se mantendrá*, notre marché tiendra. ‖ — *Mantenerse en su puesto*, rester à sa place, tenir son rang. ‖ Fig. y Fam. *Mantenerse en sus trece*, ne pas en démordre. ‖ *Mantenerse firme*, tenir bon. ‖ Fig. y Fam. *Mantenérselas tiesas*, ne pas en démordre. ‖ *Mantenerse serio*, garder o tenir son sérieux.

mantenido, da adj. Entretenu, e (una persona).

mantenimiento m. Subsistance, *f.* (subsistencia). ‖ Subsistance, *f.*, nourriture, *f.* (alimento). ‖ Entretien [*el mantenimiento de una carretera, de una familia*, l'entretien d'une route, d'une famille. ‖ Maintien (conservación) : *el mantenimiento del orden*, le maintien de l'ordre ; *el mantenimiento de una opinión*, le maintien d'une opinion. ‖ Soutien (de los precios).

manteo m. Berne, *f.* (manteamiento). ‖ Manteau (capa).

mantequera f. Beurrière (la que hace manteca). ‖ Marchande de beurre, crémière (vendedora). ‖ Baratte (máquina). ‖ Beurrier, *m.* (plato).

mantequería f. Crémerie (tienda). ‖ Beurrerie (fabricación de la mantequilla).

mantequero, ra adj. Beurrier, ère. — M. Marchand de beurre, crémier (vendedor). ‖ Beurrier (el que hace la manteca). ‖ Beurrier (plato). ‖ Corozo (árbol).

mantequilla f. Beurre, *m.* (manteca de vaca) : *mantequilla fresca, salada*, beurre frais, salé. ‖ *Mantequilla derretida, requemada*, beurre fondu, noir.

mantequillera f. *Amer.* V. MANTEQUERA.

mantequillero m. *Amer.* Crémier (vendedor). ‖ Beurrier (plato).

mantera f. Ouvrière faisant des couvertures.

mantero m. Fabricant o marchand de couvertures.

mantés, esa adj. y s. Fam. Coquin, e.

mantilla f. Mantille (de mujer). ‖ Lange, *m.* (de un niño). ‖ Housse (del caballo). ‖ Impr. Blanchet, *m.* ‖ — Pl. Langes, *m.*, maillot, *m.* sing. ‖ — *Estar en mantillas*, être au berceau o dans les langes, être encore au maillot (un niño), ne faire que commencer, en être à son tout début (empezar). ‖ Fig. y Fam. *Haber salido uno de mantillas*, être capable de se débrouiller tout seul, ne pas être né d'hier.

mantillo m. Terreau, humus (capa del suelo). ‖ Fumier fermenté (estiércol).

mantillón m. *Amer.* Housse, *f.* (gualdrapa).

Mantinea n. pr. Geogr. Mantinée.

mantisa f. Mat. Mantisse (de un logaritmo).

manto m. Mante, *f.*, cape, *f.* [de femme]. ‖ Châle (chal). ‖ Manteau (capa de ceremonia). ‖ Traîne, *f.* (cola). ‖ Manteau (de chimenea). ‖ Min. Filon de peu d'épaisseur (filón), couche, *f.* (capa). ‖ Zool. Manteau (de los moluscos). ‖ Fig. Manteau (lo que encubre) : *el manto de la indiferencia*, le manteau de l'indifférence. ‖ — *Manto capitular*, manteau de cérémonie [des chevaliers des ordres militaires]. ‖ *Tapar con un manto*, mettre o jeter un voile sur. — Observ. La palabra francesa *manteau* significa la mayoría de las veces *abrigo, gabán*.

mantón m. Châle. — Observ. Les *mantones de Manila*, richement brodés, sont réputés. Ils sont originaires de Manille.

Mantua n. pr. Geogr. Mantoue.

mantuano, na adj. y s. Mantouan, e.

manuable adj. Maniable.

manual adj. Manuel, elle : *trabajo manual*, travail manuel. ‖ Maniable (manejable). — M. Manuel (libro). ‖ Com. Brouillard (libro).

manubrio m. Manivelle, *f.* (manivela). ‖ Manche (mango). ‖ Poignée, *f.* (abrazadera). ‖ *Piano de manubrio*, piano mécanique.

Manucio n. pr. m. Manuce.

manucodiata f. Manucode, *m.* (ave).

Manuel, a n. pr. m. y f. Emmanuel, Emmanuelle.

manuela f. Fiacre, *m.*

manuelino adj. m. Manuélin (estilo).

manufactura f. Manufacture (fábrica). ‖ Fabrication. ‖ Produit (*m.*) manufacturé (producto).

manufacturable adj. Manufacturable.

manufacturado, da adj. Manufacturé, e : *producto manufacturado*, produit manufacturé.

manufacturar v. tr. Manufacturer (fabricar).

manufacturero, ra adj. Manufacturier, ère.

manu militari loc. adv. Manu militari.

manumisión f. Manumission (del esclavo).

manumiso, sa adj. Affranchi, e.

manumisor m. Dr. Affranchisseur.

manumitir v. tr. Dr. Affranchir.

manuscribir v. tr. Écrire à la main.

manuscrito, ta adj. y s. m. Manuscrit, e.

manutención f. Manutention (de mercancías). ‖ Entretien, *m.* (mantenimiento) : *la manutención de una familia*, l'entretien d'une famille. ‖ Entretien, *m.* (conservación).

manutener v. tr. Dr. Maintenir, protéger.

manzana f. Pomme (fruto). ‖ Pâté (*m.*) de maisons (grupo de casas). ‖ Pommeau, *m.* (de la espada). ‖ Pomme, boule (adorno). ‖ *Amer.* Pomme d'Adam (nuez). | Moyeu, *m.* (cubo). ‖ — Fig. *Manzana de Adán*, pomme d'Adam. | *Manzana de la discordia*, pomme de discorde. | *Manzana podrida*, brebis galeuse. | *Manzana reineta*, reinette, pomme de reinette. ‖ Fig. y Fam. *Estar sano como una manzana* ou *más sano que una manzana*, se porter comme un charme o comme le Pont-Neuf.

manzanar m. Pommeraie, *f.*

manzanera f. Pommier (*m.*) sauvage (maguillo).

manzanil adj. Pommé, e ; mélonide.

manzanilla f. Manzanilla, *m.* (vino). ‖ Bot. Mancenille (fruto). ‖ Camomille (planta e infusión). ‖ Petite olive (aceituna). ‖ Ergot, *m.* (del pie de algunos mamíferos). ‖ Pomme (adorno). ‖ Menton, *m.* (barba). ‖ — Bot. *Manzanilla hedionda,* camomille puante. ‖ *Manzanilla loca,* camomille tinctoriale.

manzanillo m. Bot. Mancenillier (árbol). ‖ Sorte d'olivier à petits fruits (olivo).

manzano m. Bot. Pommier (árbol).

maña f. Adresse, habileté, savoir-faire, *m. inv.* (habilidad). ‖ Astuce, ruse (astucia). ‖ Habitude (costumbre). ‖ Poignée, petite botte (manojo). ‖ — *Darse maña para,* s'ingénier à, faire tout pour. ‖ *Más vale maña que fuerza,* plus fait douceur que violence. ‖ *Tener maña* ou *en,* savoir s'y prendre pour, avoir le chic pour (fam.).

mañana f. Matin, *m.* : *esta mañana,* ce matin ; *a las tres de la mañana,* à trois heures du matin ; *estudio por la mañana,* j'étudie le matin. ‖ Matinée : *hermosa mañana,* belle matinée ; *he trabajado toda la mañana,* j'ai travaillé toute la matinée. ‖ — *Ayer mañana,* ayer por la mañana, hier matin. ‖ *De la mañana a la noche,* du matin au soir. ‖ *De la noche a la mañana,* du jour au lendemain : *de la noche a la mañana ha cambiado,* il a changé du jour au lendemain ; du soir au matin : *leer de la noche a la mañana,* lire du soir au matin. ‖ *Mañana por la mañana, por la noche,* demain matin, demain soir. ‖ *Tomar la mañana,* tuer le ver (con aguardiente). ‖ — M. Le lendemain, l'avenir (futuro) : *no pensar en el mañana,* ne pas penser au lendemain.
— Adv. Demain : *mañana será domingo,* demain ce sera dimanche ; *saldrá usted mañana mismo,* vous partirez dès demain. ‖ — *A partir de mañana,* dès demain. ‖ *De mañana,* de bonne heure (temprano), le matin (por la mañana). ‖ *De mañana en ocho días,* demain en huit. ‖ *El mundo de mañana,* le monde de demain. ‖ *Hasta mañana,* à demain. ‖ *Mañana será otro día,* demain il fera jour. ‖ *Mañana, tarde y noche,* matin, midi et soir. ‖ *Muy de mañana,* de bon o grand matin, de très bonne heure. ‖ *No dejes para mañana lo que puedes hacer hoy,* il ne faut pas remettre au lendemain ce que l'on peut faire le jour même. ‖ *Pasado mañana,* après-demain.
— Interj. Jamais [de la vie !], rien à faire !, pas question !

mañanear v. intr. Se lever de bonne heure o matin.

mañanero, ra adj. Matinal, e (madrugador).

mañanica o **mañanita** f. Fam. Point (*m.*) du jour, petit matin, *m.* ‖ *Mañanica de San Juan,* le matin de la Saint-Jean.

mañanita f. Liseuse (prenda de vestir). ‖ — Pl. *Amer.* Chants (*m.*) populaires mexicains en l'honneur d'une personne ou d'un événement.

mañear v. intr. Savoir s'y prendre, agir avec adresse.

mañerear v. intr. *Amer.* Savoir s'y prendre.

mañero, ra adj. Astucieux, euse ; adroit, e (astuto). ‖ Facile (fácil). ‖ *Amer.* Vicieux, euse (animal).

maño, ña m. y f. Fam. Aragonais, e. ‖ *Amer.* Mon vieux, ma vieille (expresión de cariño). ‖ Frère, sœur (hermano).

mañoco m. Tapioca. ‖ *Amer.* Farine (*f.*) de maïs.
— Observ. Le *manioc* se dit en espagnol *mandioca.*

mañosamente adv. Adroitement, habilement.

mañoso, sa adj. Adroit, e ; habile : *ser muy mañoso,* être très adroit. ‖ Fam. Bricoleur, euse (apañado). ‖ Malin, igne ; astucieux, euse ; rusé, e (astuto). ‖ *Amer.* Faux, fausse ; fourbe (falso). ‖ Vicieux, euse (animal que tiene resabios).

mañuela f. Astuce, ruse.

maorí adj. y s. Maori, e.

mapa m. Carte, *f.* : *el mapa de España,* la carte d'Espagne ; *mapa mudo,* carte muette ; *levantar un mapa,* dresser une carte. ‖ — Fig. y Fam. *Desaparecer del mapa,* disparaître de la circulation. ‖ *Esto no está en el mapa,* on n'a jamais vu ça. ‖ — F. Fam. Fine fleur, nec plus ultra, *m.* (lo mejor). ‖ *Llevarse la mapa,* remporter la palme.

mapache o **mapachín** m. Carcajou (mamífero).

mapamundi m. Mappemonde, *f.* ‖ Fam. Derrière (nalgas).

mapanare f. Fer-de-lance, *m.* o bothrops, *m.* [serpent du Venezuela].

mapuche adj. y s. Araucan, e.

mapuey m. Mapuey (plante).

mapurite m. *Amer.* Sorte de mouffette, *f.*

maque m. Laque, *f.* (laca). ‖ Vernis (charol).

maquear v. tr. Laquer. ‖ Vernir (barnizar). ‖ Fig. y Fam. *Estar bien maqueado,* être bien sapé.
— V. pr. Fam. Se saper.

maqueta f. Maquette (boceto). ‖ Impr. Maquette.

maquetista m. y f. Maquettiste.

maquiavélico, ca adj. Machiavélique.

maquiavelismo m. Machiavélisme.

Maquiavelo n. pr. Machiavel.

maquila f. Farinage, *m.* (tributo). ‖ Mesure (para maquilar). ‖ Makila, *m.* (bastón).

maquiladora f. *Amer.* Usine de sous-traitance.

maquilar o **maquilear** v. tr. Prélever le farinage.

maquilero m. Meunier qui prélève le farinage.

maquillador, ra m. y f. Maquilleur, euse.

maquillaje m. Maquillage. ‖ *Maquillaje de fondo,* fond de teint.

maquillamiento m. Maquillage.

maquillar v. tr. Maquiller. ‖ Fig. Maquiller (encubrir, falsificar).
— V. pr. Se maquiller (pintarse).

máquina f. ● Machine : *máchina de escribir,* machine à écrire ; *máquina de vapor,* machine à vapeur. ‖ Appareil, *m.* : *máquina de fotografiar* ou *de retratar* ou *fotográfica,* appareil photographique. ‖ Machinerie de théâtre (tramoya). ‖ Machine, locomotive (locomotora). ‖ Machine (fam.), bicyclette (bicicleta). ‖ Auto, voiture (coche). ‖ Fig. Machine : *la máquina del Estado,* la machine de l'État. ‖ Idée, projet, *m.* (proyecto). ‖ — *Máquina contable,* machine comptable. ‖ *Máquina de afeitar,* rasoir. ‖ *Máquina de calcular, de coser, de lavar, de sumar,* machine à calculer, à coudre, à laver, à additionner. ‖ *Máquina herramienta,* machine-outil. ‖ *Máquina infernal,* machine infernale. ‖ — Mar. *Cuarto* ou *sala de máquinas,* chambre des machines, machinerie. ‖ *Entrar en máquina,* mettre sous presse [un journal] : *al entrar en máquina este número,* au moment de mettre sous presse ce numéro. ‖ *Escrito a máquina,* tapé à la machine. ‖ *Ir a máquina parada,* faire du surplace (ciclismo).
— Sinón. ● *Artefacto, artilugio, artificio,* engin. *Aparato,* appareil. *Mecanismo,* mécanisme.

maquinación f. Machination.

maquinador, ra adj. y s. Machinateur, trice ; qui ourdit des machinations.

maquinal adj. Machinal, e : *movimientos maquinales,* des gestes machinaux.

maquinar v. tr. Machiner, tramer.

maquinaria f. Machines, pl., matériel, *m.* : *maquinaria agrícola,* machines agricoles. ‖ Machinerie (conjunto de máquinas). ‖ Mécanique : *conoce muy bien la maquinaria de este coche,* il connaît très bien la mécanique de cette voiture. ‖ Fig. Appareil, *m.* : *la maquinaria burocrática, administrativa,* l'appareil bureaucratique, administratif.

maquinilla f. Petite machine. ‖ Mar. Winch, *m.* (chigre). ‖ — *Café de maquinilla,* café filtre. ‖ *Maquinilla de afeitar,* rasoir.

maquinismo m. Machinisme.
maquinista m. Machiniste. ‖ Mécanicien (del tren). ‖ TEATR. Machiniste (tramoyista).
maquinizar v. tr. Mécaniser.
mar m. y f. Mer, f.´ : *mar interior*, mer intérieure ; *brazo de mar*, bras de mer ; *mar Mediterráneo*, mer Méditerranée. ‖ — *Mar agitado*, mer agitée. ‖ *Mar de arena*, mer de sable. ‖ *Mar de fondo*, lame de fond (marítimo), agitation latente o sourde, climat de tension (agitación). ‖ FIG. *Mar de sangre*, mer o flot de sang. ‖ *Mar en bonanza* ou *en calma*, bonace. ‖ *Mar enfurecido*, mer démontée. ‖ *Mar picado, rizado*, mer houleuse, moutonneuse. ‖ — *Alta mar*, haute mer, pleine mer, le large : *ganar alta mar*, gagner o prendre le large. ‖ *Golpe de mar*, coup de mer. ‖ — FAM. *A mares*, abondamment, à flots : *correr a mares*, couler à flots ; à seaux, à verse, à torrents (llover). ‖ *La mar*, une foule, un tas, énormément : *había la mar de niños*, il y avait une foule d'enfants ; tout ce qu'il y a de plus : *es la mar de tonto*, il est tout ce qu'il y a de plus idiot ; énormément, terriblement : *me gusta la mar*, il me plaît terriblement. ‖ *La mar de bien*, drôlement o terriblement o tout à fait bien. ‖ *La mar de personas*, une foule de gens, un monde fou. ‖ *La mar de trabajo*, énormément de travail, un travail terrible o fou o monstre. ‖ — FIG. y FAM. *Arar en el mar*, donner des coups d'épée dans l'eau, porter de l'eau à la rivière o de l'eau à la mer. ‖ *Echemos pelillos a la mar*, n'en parlons plus, passons l'éponge. ‖ *Estar hecho un brazo de mar*, être beau comme un astre, paré comme une châsse. ‖ *Estar hecho un mar de lágrimas*, être tout en larmes, pleurer toutes les larmes de son corps. ‖ *Hablar de la mar*, demander la lune. ‖ MAR. *Hacerse a la mar*, prendre la mer. ‖ *Irse* ou *hacerse mar adentro*, gagner o prendre le large. ‖ FIG. *Quien no se arriesga no pasa la mar*, qui ne risque rien n'a rien.
— OBSERV. V. MER, 1ª parte, pág. 468.

marabú m. Marabout (ave, pluma).
marabunta f. Marabunta (plaga de hormigas). ‖ FIG. Foule (muchedumbre).
marabuto m. Marabout (ermitaño).
maraca o **maracá** f. MÚS. Maracas, m.
maracayá m. *Amer.* Sorte d'ocelot.
maracucho, cha adj. y s. De Maracaïbo.
maracure n. Liane (f.) à curare (planta).
maragatería f. Troupe de muletiers.
maragato, ta adj. y s. De la Maragatería [région d'Espagne comprise dans la province de Léon]. ‖ — M. Muletier (arriero).
maranta f. BOT. Maranta (planta de América).
maraña f. Buisson, m., broussaille (maleza). ‖ Bourre [de soie]. ‖ BOT. Yeuse (encina). ‖ FIG. Emmêlement, m., enchevêtrement, m. (confusión). ‖ Affaire embrouillée (asunto intrincado). ‖ — *¡Qué maraña!*, quelle pagaille ! ‖ *Una maraña de mentiras*, un tissu de mensonges. ‖ *Una maraña de pelo*, des cheveux hirsutes, une tignasse.
marañón m. *Amer.* Sorte de spondias (árbol).
marasca f. Marasque (cereza amarga).
marasmo m. Marasme.
maratón m. Marathon (carrera).
Maratón n. pr. GEOGR. Marathon.
maravedí m. Maravédis (moneda).
— OBSERV. Le mot *maravedí* a trois pluriels : *maravedís, maravedises* et *maravedíes*, ce dernier étant peu usité.

maravilla f. Merveille : *eso es una maravilla*, c'est une merveille. ‖ Surprise, étonnement, m. (asombro) : *causar maravilla*, provoquer l'étonnement. ‖ BOT. Souci, m. (flor anaranjada). ‖ Sorte de volubilis (flor azul). ‖ Belle-de-nuit, merveille du Pérou (dondiego). ‖ — *A las mil maravillas* ou *de*

maravilla, à merveille : *hablar a las mil maravillas*, parler à merveille ; *ir de maravilla*, aller à merveille ; *venir de maravilla*, tomber à merveille. ‖ *Contar* ou *decir maravillas*, dire des merveilles. ‖ FIG. y FAM. *Hacer maravillas*, faire des merveilles. ‖ *Las siete maravillas del mundo*, les sept merveilles du monde.
maravillar v. tr. Surprendre, étonner (sorprender) : *me maravilla su fracaso*, son échec me surprend. ‖ ● Émerveiller (una cosa admirable). ‖ *Quedarse maravillado*, être surpris o étonné o ébahi (sorprendido), être émerveillé (ante algo admirable). ‖ — V. pr. S'étonner (asombrarse) : *no maravillarse de* ou *por nada*, ne s'étonner de rien. ‖ S'émerveiller (ante algo magnífico).
— SINÓN. ● *Deslumbrar*, éblouir. *Fascinar*, fasciner, *Asombrar*, étonner.

maravilloso, sa adj. Merveilleux, euse (admirable). ‖ *Lo maravilloso*, le merveilleux.
marbete m. Étiquette, f. (etiqueta). ‖ Bord, moulure, f. (orilla, filete).
Marburgo n. pr. GEOGR. Marbourg.
marca f. Marque, repère, m. (señal). ‖ Marque : *marca de fábrica, registrada* ou *patentada*, marque de fabrique, déposée. ‖ Marque : *marca con hierro candente*, marque au fer rouge. ‖ Trace, marque (cicatriz). ‖ Marquage, m. (acción) : *la marca del ganado*, le marquage du bétail. ‖ Toise (para medir). ‖ DEP. Record, m. : *batir* ou *vencer una marca*, battre un record. ‖ Performance (resultado). ‖ Marche (provincia fronteriza). ‖ MAR. Amer, m. ‖ — *Marca de agua*, filigrane. ‖ *De marca*, de marque : *género, personaje de marca*, produit, personnage de marque. ‖ FIG. y FAM. *De marca mayor*, de premier ordre (excelente), respectable, de belles dimensions (muy grande o voluminoso) ; de première : *un imbécil de marca mayor*, un imbécile de première ; gratiné, e ; énorme : *una tontería de marca mayor*, une bêtise énorme. ‖ *Papel de marca*, papier écolier o couronne.
Marca n. pr. f. GEOGR. Marche.
marcación f. MAR. Marque, amer, m. ‖ *Amer.* Marquage, m. [du bétail].
marcadamente adv. Nettement : *acento marcadamente español*, accent nettement espagnol.
marcado m. Marquage. ‖ Mise (f.) en plis (del cabello).
marcador, ra adj. y s. Marqueur, euse. ‖ IMPR. Margeur, euse. ‖ — M. Contrôleur (contraste de pesos y medidas). ‖ Tableau d'affichage (deportes). ‖ Marquoir (para la ropa). ‖ — *Marcador de paso*, régulateur cardiaque. ‖ *Marcador de votos*, tableau des scrutins. ‖ — DEP. *Abrir* ou *batir el marcador*, ouvrir le score. ‖ *Ir por delante en el marcador*, mener à la marque.
marcaje m. Marquage (deportes).
marcapasos m. inv. Régulateur cardiaque.
marcar v. tr. Marquer : *marcar la ropa, los gastos*, marquer le linge, les dépenses ; *marcar con hierro*, marquer au fer. ‖ Marquer (deportes) : *jugador que marca a otro*, joueur qui en marque un autre ; *marcar un gol, un tanto*, marquer un but (fútbol) ; *marcar una cesta, un tanto*, marquer un panier, un point (baloncesto). ‖ Composer (un número de teléfono). ‖ FIG. Marquer : *marcar con el sello de su genio*, marquer du sceau de son génie. ‖ IMP. Ajuster, marger. ‖ MAR. Prendre des amers. ‖ — *Marcar el compás*, battre la mesure (con la mano o la batuta), suivre le rythme (bailando, cantado). ‖ *Marcar el paso*, marquer le pas. ‖ *Marcar el pelo* ou *las ondas*, faire une mise en plis. ‖ *Marcar las cartas*, biseauter les cartes. ‖ — V. intr. Marquer. ‖ Marquer (deportes).

— V. pr. Marquer : *marcarse un tanto,* marquer un point. ‖ *Marcarse un detalle,* avoir une attention délicate.

marcasita f. MIN. Marcassite, marcasite.

Marcelino, na n. pr. m. y f. Marcellin, Marcelline.

Marcelo, la n. pr. m. y f. Marcel, Marcelle.

marceño, ña adj. Propre au mois de mars.

marcescencia f. Marcescence (marchitez).

marcescente adj. BOT. Marcescent, e.

marcesible adj. Marcescible (marchitable).

marcial adj. Martial, e : *ley marcial,* loi martiale. ‖ Martial, e : *porte marcial,* air martial. ‖ Martial, e (con hierro) : *pirita marcial,* pyrite martiale.

Marcial n. pr. m. Martial.

marcialidad f. Air (*m.*) martial, martialité.

marciano, na adj. y s. Marticn, enne (de Marte).

marco m. Cadre (de un cuadro, etc.). ‖ Encadrement (de puerta o ventana). ‖ FIG. Cadre : *dentro del marco de,* dans le cadre de. ‖ Étalon, *m.* (patrón). ‖ Mark (moneda alemana). ‖ Marc (moneda de oro). ‖ Dimensions (*f. pl.*) réglementaires (de un madero). ‖ Marc (medida antigua de peso).

Marco n. pr. m. Marc. ‖ — *Marco Antonio,* Marc Antoine. ‖ *Marco Aurelio,* Marc Aurèle.

márcola f. Émondoir, *m.* (hocino grande).

Marcomanos n. pr. m. pl. Marcomans (pueblo).

Marcos n. pr. m. Marc.

marcha f. Marche : *abrir la marcha,* ouvrir la marche. ‖ MÚS. Marche : *marcha fúnebre,* marche funèbre. ‖ Départ, *m.* : *¿a qué hora es la marcha?,* à quelle heure est le départ? ‖ Marche (deportes). ‖ Fonctionnement, *m.* (de una máquina). ‖ FIG. Marche : *la buena marcha de un negocio,* la bonne marche d'une affaire. ‖ — *Marcha atrás,* marche arrière : *meter la marcha atrás,* passer en marche arrière. ‖ *Marcha forzada,* marche forcée. ‖ *Marcha moderada,* ralentir (señal de tráfico). ‖ *Marcha Real,* hymne national espagnol. ‖ — *A toda vista,* à toute vitesse, à fond de train (fam.). ‖ MAR. y MECÁN. *La marcha de un motor,* l'allure d'un moteur. ‖ *Sobre la marcha,* en même temps. ‖ — *Avanzar a buena marcha,* aller bon train. ‖ FIG. *Dar marcha atrás,* faire marche arrière : *a última hora ha dado marcha atrás,* au dernier moment il a fait marche arrière. ‖ *Poner en marcha,* mettre en marche (un motor), déclencher (un mecanismo), déclencher (provocar). ‖ *Ponerse en marcha,* se mettre en marche. ‖ *Realizar algo a marchas forzadas,* mettre les bouchées doubles.

marchador, ra adj. *Amer.* Marcheur, euse (andarín). ‖ Amblcur, euse (caballo).
— M. DEP. Marcheur.

marchamar v. tr. Plomber, marquer (en las aduanas).

marchamero m. Plombeur.

marchamo m. Plomb (señal de las aduanas). ‖ FIG. Marque, *f.,* cachet, empreinte, *f.* ‖ *Amer.* Impôt perçu pour chaque bête sacrifiée dans un abattoir public.

marchanta (a la) loc. *Amer.* A qui mieux mieux.

marchante, ta adj. y s. Marchand, e. ‖ — M. Client (parroquiano).

marchapié m. MAR. Marchepied (cabo).

marchar v. intr. Marcher. ‖ FIG. Marcher : *el reloj no marcha,* la pendule ne marche pas ; *un negocio que marcha,* une affaire qui marche. ‖ *Marchar a tropezones,* avancer par à-coups. ‖ FIG. *Marchar sobre rieles,* aller comme sur des roulettes. ‖ MIL. *¡Marchen!,* marche !
— V. pr. S'en aller, partir (irse). ‖ *Marcharse por las buenas,* s'éclipser.

marchitable adj. Marcescible, qui se flétrit facilement.

marchitamiento m. Flétrissure, *f.,* étiolement, marcescence, *f.* (p. us.).

marchitar v. tr. Faner, flétrir (las flores, la hermosura).
— V. pr. Se faner, se flétrir, s'étioler, passer : *esta flor se marchitó,* cette fleur s'est fanée.

marchitez f. Flétrissure, étiolement, *m.,* marcescence (p. us.).

marchito, ta adj. Fané, e ; flétri, e.

Mardoqueo n. pr. m. Mardochée.

marea f. Marée. ‖ Brise marine (viento). ‖ Rosée (rocío). ‖ Bruine (llovizna). ‖ FIG. Marée, flot, *m.* (gran cantidad) : *marea humana,* flot humain. ‖ — *Marea alta, baja,* marée haute, basse. ‖ *Marea entrante, saliente* ou *menguante,* marée montante, descendante. ‖ *Marea viva,* grande marée. ‖ — FIG. *Contra viento y marea,* contre vent et marée. ‖ *Está alta o baja la marea,* la mer est haute ou basse.

mareaje m. Navigation, *f.* ‖ Direction, *f.,* route, *f.* (rumbo del navío).

mareamiento m. V. MAREO.

mareante adj. Navigant, e. ‖ FIG. y FAM. Assommant, e (pesado).
— M. Navigateur.

marear v. tr. MAR. Diriger, gouverner [un navire]. ‖ Écœurer, faire mal au cœur, soulever le cœur (un perfume). ‖ Donner mal au cœur : *el movimiento de este barco me marea,* le mouvement de ce bateau me donne mal au cœur. ‖ FIG. y FAM. Assommer, ennuyer, embêter (molestar, fastidiar). ‖ Étourdir : *me mareas con todas tus preguntas,* tu m'étourdis avec toutes tes questions. ‖ (P. us.). ‖ Vendre au détail (vender). ‖ CULIN. Faire revenir (rehogar). ‖ *Aguja de marear,* boussole (brújula).
— V. pr. Avoir mal au cœur o des nausées (tener náuseas). ‖ Avoir le mal de mer (en un barco). ‖ Être étourdi, e : *me mareo con tanto ruido,* je suis étourdi par tout ce bruit. ‖ S'avarier (las mercancías).

marejada f. Houle, mer houleuse. ‖ FIG. Effervescence, agitation (agitación). ‖ Vague, remous, *m. pl.* (oleada). ‖ Rumeur (rumor).

maremagno o **mare mágnum** m. FIG. y FAM. Nuée, *f.,* pullulement, foule, *f.* (de personas). ‖ Déluge, profusion, *f.* (de cosas).

maremoto m. Raz de marée.

marengo adj. y s. m. Marengo (color). ‖ CULIN. *A la marengo,* à la marengo (en pepitoria).

mareo m. Mal au cœur (náusea). ‖ Mal de mer (en un barco). ‖ Étourdissement, vertige (vértigo). ‖ FIG. y FAM. Ennui (molestia).

mareógrafo m. Marégraphe.

mareomotor, triz adj. Marémoteur, trice.

mareta f. Houle (de las olas).

marey m. *Amer.* Anacarde (anacardo).

marfil m. Ivoire : *marfil cansado,* vieil ivoire. ‖ — *Marfil vegetal,* ivoire végétal, corozo. ‖ *Negro de marfil,* noir d'ivoire. ‖ FIG. *Torre de marfil,* tour d'ivoire.

marfileño, ña adj. D'ivoire, ivoirin, e (poét.).

marga f. MIN. Marne. ‖ Serge (tela).

margal m. Marnière, *f.*

margar v. tr. AGRIC. Marner.

margarina f. Margarine.

margarita f. Marguerite (flor) : *deshojar la margarita,* effeuiller la marguerite. ‖ Perle (perla). ‖ ZOOL. Porcelaine (molusco). ‖ Petit coquillage, *m.* (concha cualquiera). ‖ MAR. Marguerite. ‖ FIG. *Echar margaritas a puercos,* jeter des perles aux pourceaux.

Margarita n. pr. f. Marguerite.

margen m. y f. Marge, *f.* : *el margen de una página,* la marge d'une page. ‖ Rive, *f.,* bord, *m.* (de un río). ‖ Apostille, *f.* (apostilla). ‖ FIG.

Marge, *f.*, facilité, *f.* (facilidad). ‖ COM. Marge, *f.* : *margen de ganancias*, marge bénéficiaire *o* de bénéfices. ‖ — *Al margen*, en marge, à l'écart : *vivir al margen de la sociedad*, vivre en marge de la société. ‖ FIG. *Dar margen*, donner l'occasion. | *Dejar margen*, laisser de la marge. ‖ *Firmar al margen*, émarger, signer en marge. ‖ FIG. *Por un escaso margen*, de justesse.
— OBSERV. Le genre du mot *margen* est ambigu ; toutefois on peut dire que généralement il est masculin dans le sens d' « espace » et féminin dans celui de « rive ».

marginador, ra adj. y s. m. IMPR. Margeur, euse.
marginal adj. Marginal, e. ‖ *Tecla marginal*, margeur (en una máquina de escribir).
marginalismo m. Marginalisme.
marginalista adj. y s. Marginaliste.
marginar v. tr. Laisser une marge, marger. ‖ Émarger, marginer (anotar al margen). ‖ Apostiller (apostillar).
margoso, sa adj. Marneux, euse.
margrave m. Margrave.
margraviato m. Margraviat.
marguay m. Margay (gato montés).
marguera f. Marnière.
marguero m. Marneur.
maría f. Ancienne monnaie d'argent espagnole (moneda). ‖ FAM. Cierge (*m.*) blanc.
María n. pr. f. Marie.
mariache o **mariachi** m. *Amer.* Musique (*f.*) populaire caractéristique de l'état de Jalisco (Mexique) et ensemble de musiciens qui l'interprète.
marial adj. Marial, e ; contenant des cantiques à la Vierge Marie (libro).
Mariana n. pr. f. Marianne.
Marianas n. pr. f. pl. GEOGR. *Islas Marianas*, îles Mariannes.
marianismo m. Marianisme.
marianista adj. y s. Marianiste (religioso).
mariano, na adj. Marial, e : *culto mariano*, culte marial.
marica f. Pie (urraca). ‖ — M. FIG. y FAM. Pédale, *f.*, tapette, *f.* (homosexual).
Maricastaña n. pr. f. *En tiempos de Maricastaña*, du temps que la reine Berthe filait, aux temps héroïques.
maricón m. POP. Pédale, *f.*, pédé (sodomita).
mariconería f. POP. Pédérastie.
maridable adj. Conjugal, e.
maridaje m. Ménage. ‖ FIG. Union, *f.*, bonne entente, *f.* (entre personas). | Harmonie, *f.*
maridar v. intr. Se marier, s'unir (casarse). ‖ Vivre maritalement (sin estar casados).
— V. tr. FIG. Assortir, marier (armonizar).
maridazo m. FAM. Ange (marido excelente).
marido m. Mari.
mariega f. *Amer.* Broussaille (maleza).
mariguana o **marihuana** o **marijuana** f. Marijuana, marihuana.
marimacho m. FAM. Femme (*f.*) hommasse, virago, *f.*
marimandona f. Femme autoritaire, gendarme, *m.* (fam.), madame *o* mademoiselle J'ordonne.
marimba f. Sorte de tam-tam, *m.* (tambor). ‖ *Amer.* Sorte de xylophone, *m.* (tímpano). | Raclée (paliza).
marimonda m. *Amer.* Atèle (mono).
marimoña f. BOT. Bouton-d'or, *m.* (francesilla).
marimoños f. FAM. Coquette.
marimorena f. FAM. Dispute, bagarre. ‖ FAM. *Armar la marimorena*, faire un bruit de tous les diables.
marina f. Marine. ‖ Marine (cuadro). ‖ — *Marina de guerra*, marine de guerre. ‖ *Marina mercante*, marine marchande.
marinaje m. Équipage (marinería).

marinar v. tr. Mariner (escabechar). ‖ MAR. Amariner (un barco apresado). | Former l'équipage.
marinear v. intr. Naviguer.
marinera f. Vareuse (de marinero). ‖ Marinière (blusa de mujer). ‖ Danse populaire du Pérou, du Chili et de l'Équateur (baile).
marinerazo m. Loup de mer.
marinería f. Équipage, *m.* (tripulación de un barco). ‖ Profession de marin.
marinero, ra adj. Marin, e : *barco marinero*, navire marin. ‖ Marinier, ère.
— M. Marin, matelot. ‖ Argonaute (molusco). ‖ FIG. *Marinero de agua dulce*, marin d'eau douce. ‖ *Traje de marinero*, costume marin. ‖ — F. Marinière (blusa de niño). ‖ *A la marinera*, à la marinière (salsa), à la matelote (plato de pescado).
marinismo m. Marinisme (preciosismo).
marinista adj. y s. Peintre de marines.
marino, na adj. Marin, e : *sal marina*, sel marin. ‖ *Azul marino*, bleu marine.
— M. Marin. ‖ *Marino mercante*, marin du commerce.
Mario n. pr. m. Marius.
marión m. Esturgeon (pez).
marioneta f. Marionnette (títere).
mariposa f. Papillon, *m.* (insecto). ‖ Pape, *m.* (ave). ‖ MECÁN. Écrou (*m.*) à oreilles (tuerca). ‖ Veilleuse (lamparilla de aceite). ‖ *Amer.* Colin-maillard, *m.* (juego). ‖ *Braza mariposa*, brasse papillon (natación).
mariposeador, ra adj. y s. Inconstant, e (voluble).
mariposear v. intr. FIG. Papillonner.
mariposón m. FAM. Papillon (hombre veleta).
mariquita f. Coccinelle (coleóptero). ‖ Punaise des bois (hemíptero). ‖ Perruche (perico). ‖ *Amer.* Danse populaire. ‖ — M. FAM. Pédale, *f.* ‖ *Mariquita azúcar*, pédale.
Mariquita n. pr. f. FAM. Marion, Mariette.
marisabidilla f. FAM. Bas-bleu, *m.*, femme savante.
mariscal m. MIL. Maréchal. ‖ (Ant.) *Mariscal de campo*, maréchal de camp.
mariscala f. Maréchale.
mariscalato m. o **mariscalía** f. Maréchalat, *m.*
mariscador m. Pêcheur de coquillages.
mariscar v. tr. Pêcher des coquillages.
marisco m. Coquillage. ‖ — Pl. Fruits de mer (comestibles).
marisma f. Marais (*m.*) au bord de la mer. ‖ — Pl. *Las Marismas*, région marécageuse à l'embouchure du Guadalquivir.
marismeño, ña adj. Des marais.
marisquero, ra m. y f. Pêcheur, pêcheuse de coquillages. ‖ Marchand, marchande de coquillages ; mareyeur, euse.
marista adj. y s. Mariste (religioso).
marital adj. Marital, e : *autorización marital*, autorisation maritale.
marítimo, ma adj. Maritime : *arsenal marítimo*, arsenal maritime.
maritornes f. FIG. y FAM. Maritorne (moza).
marjal m. Marécage, mouillère, *f.* (almarjal).
marjoleta f. Cervelle, poire à bon Dieu [baie de l'aubépine].
marjoleto m. Aubépine, *f.*
marketing m. Marketing.
marlo m. *Amer.* Épi de maïs.
Mármara n. pr. GEOGR. Marmara.
marmella f. Fanon, *m.* (de las cabras).
marmita f. Marmite (olla).
marmitón m. Marmiton (pinche de cocina).
mármol m. Marbre : *esculpido en mármol*, sculpté sur marbre *o* dans le marbre. ‖ — *Cantera de mármol*, marbrière. ‖ FIG. *De mármol*, de marbre.
marmolejo m. Colonnette, *f.* (columnita).
marmolería f. Marbrerie.

marmolillo m. Borne, *f.*, bouteroue, *f.* (guarda-cantón). ‖ Fig. Niais, idiot (idiota). ‖ Taurom. Taureau indolent.

marmolista m. Marbrier.

marmóreo, a adj. Marmoréen, enne.

marmosete m. Impr. Vignette, *f.*

marmota f. Marmotte (mamífero) : *dormir como una marmota*, dormir comme une marmotte. ‖ Toque de fourrure (de los niños). ‖ Fig. y fam. Bonniche, bonne (criada).

Marne n. pr. m. Geogr. Marne, *f.*

maro m. Bot. Herbe (*f.*) aux chats, marum.

marojo m. Sorte de gui (muérdago).

maroma f. Grosse corde, câble, m. ‖ Mar. Cordage, *m.* ‖ *Amer.* Voltige.

maromear v. intr. *Amer.* Voltiger, faire de l'équilibre. ‖ Fig. Se mettre toujours du côté du plus fort.

maromero m. *Amer.* Équilibriste.

maromo m. Pop. Jules.

maronita adj. y s. Maronite.

marota f. *Amer.* Femme hommasse, virago.

marplatense adj. y s. De Mar del Plata [République Argentine].

marqués m. Marquis : *el señor marqués,* monsieur le marquis. ‖ *Los marqueses,* le marquis et la marquise.

marquesa f. Marquise (título). ‖ Marquise (sillón, cobertizo). ‖ Fig. *Dárselas de marquesa,* faire la marquise.

marquesado m. Marquisat.

marquesina f. Marquise (cubierta volada).

marquesita f. Min. Marcassite, marcasite (marcasita).

marquetería f. Marqueterie. ‖ *Especialista en marquetería,* marqueteur.

marquilla f. Papier (*m.*) raisin.

marquista m. Propriétaire d'un cru.

marra f. Manque, *m.* (falta de una cosa). ‖ Marteau, *m.*, masse (almádena).

marrajo, ja adj. Rusé (toro). ‖ Fig. Malin, igne ; roublard, e (fam.) [malicioso]. — M. Requin (tiburón).

marramao o **marramáu** m. Miaou (maullido).

marrana f. Truie (hembra del cerdo). ‖ Fig. y fam. Cochonne (sucia, indecente). ‖ Tecn. Arbre, *m.* (de una noria).

marranada o **marranería** f. Fig. y fam. Cochonnerie, saleté (cochinada).

marranillo m. Porcelet, goret.

marrano m. Cochon (cerdo). ‖ Fig. y fam. Cochon. ‖ Tambour de la roue (de una noria). ‖ Sommier (de una prensa). ‖ Hist. Marrane, juif baptisé mais demeuré fidèle au judaïsme.

marrar v. tr. e intr. Manquer, rater (errar). ‖ Fig. S'égarer (desviarse). ‖ *Marrar el tiro,* manquer : *marrar el tiro a una liebre,* manquer un lièvre.

marras adv. Fam. De jadis, d'autrefois (de antes). ‖ En question : *la aventura, el individuo de marras,* l'aventure, l'individu en question. ‖ *¿Volvemos a lo de marras?,* allons-nous recommencer ?

marrasquino m. Marasquin (licor).

marro m. Palet (juego de la chita). ‖ Barres, *f. pl.* (juego de niños). ‖ Écart (movimiento del cuerpo). ‖ *Amer.* Masse, *f.* (mazo).

marrón m. Palet (para jugar al marro).

marrón adj. Marron (color castaño). ‖ Marron (deportista). — M. Marron (color castaño).

— Observ. *Marrón,* adjectif ou substantif, est un gallicisme très employé en espagnol.

marronazo m. Taurom. Coup maladroit.

marroquí adj. y s. Marocain, e. ‖ — M. Maroquin (tafilete).

— Observ. Pl. *marroquíes*

marroquín m. Maroquin (tafilete).

marroquinería f. Maroquinerie (preparación, taller, tienda). ‖ Maroquinage, *m.* (acción).

— Observ. Ce mot est un gallicisme courant pour *tafiletería,* de même que *marroquín* pour *tafilete,* et que *marroquinero* pour *tafiletero.*

marroquinero m. Maroquinier (tafiletero).

marrubial m. Terrain couvert de marrubes.

marrubio m. Bot. Marrube.

Marruecos n. pr. m. Geogr. Maroc.

marrulla o **marrullería** f. Roublardise, ruse.

marrullero, ra adj. y s. Roublard, e ; rusé, e.

Marsella n. pr. Geogr. Marseille.

marsellés, esa adj. y s. Marseillais, e. ‖ — M. Veste (*f.*) brodée (chaquetón). ‖ — F. Marseillaise (himno nacional francés).

marsiliense adj. y s. Massaliote (marsellés).

marsopa o **marsopla** f. Marsouin, *m.* (cetáceo).

marsupial adj. y s. m. Zool. Marsupial, e.

marta f. Marte, martre (mamífero). ‖ *Marta cebellina,* zibeline, marte zibeline.

Marta n. pr. f. Marthe.

martagón, ona adj. y s. Fam. Rusé, e ; matois, e (persona astuta). ‖ — M. Bot. Martagon (planta).

martajar v. tr. *Amer.* Broyer [le maïs].

Marte n. pr. m. Mars (planeta). ‖ Mars (dios).

martelo m. (P. us.) Jalousie, *f.* (celos). | Amour, passion, *f.* (enamoramiento).

martensita f. Martensite (metal).

martes m. Mardi (día) : *vendrá el martes,* il viendra mardi ; *viene el martes, cada martes,* il vient le mardi, tous les mardis. ‖ — *El martes pasado, que viene,* mardi dernier, mardi prochain. ‖ *En martes, ni te cases ni te embarques,* il ne faut rien entreprendre un vendredi. ‖ *Martes de Carnaval,* mardi gras.

martiano, na adj. De José Martí.

martillada f. Coup (*m.*) de marteau.

martillador m. Marteleur.

martillar v. tr. Marteler. ‖ Fig. Tourmenter. ‖ Fig. *Martillar en hierro frío,* donner des coups d'épée dans l'eau. | *Martillar los oídos,* casser les oreilles.

martillazo m. Coup de marteau.

martillear v. tr. Marteler.

martilleo m. Martelage, martèlement. ‖ Pilonnage (bombardeo intenso). ‖ Fig. Martèlement (ruido).

martillero m. *Amer.* Propriétaire d'une salle de ventes.

martillo m. Marteau (herramienta). ‖ Marteau (templador). ‖ Marteau (de reloj). ‖ Anat. Marteau (del oído interno). ‖ Dep. Marteau. ‖ Zool. Marteau (pez). ‖ Marteau (de presidente de sesión). ‖ Fig. Croix (*f.*) en tau (cruz). ‖ Salle (*f.*) de ventes (para subastas). ‖ — *Martillo de empedrador,* marteau d'assiette. ‖ *Martillo de fragua,* marteau de forge. ‖ *Martillo de herrador,* brochoir. ‖ *Martillo de orejas,* marteau à dent. ‖ *Martillo de picapedrero,* massette. ‖ *Martillo de remachar,* matoir. ‖ *Martillo neumático,* marteau piqueur o marteau pneumatique. ‖ *Martillo pilón,* marteau-pilon. ‖ — *A macha martillo,* v. Machamartillo (A). ‖ *A martillo,* à coups de marteau.

Martín, ina n. pr. m. y f. Martin, e.

martín cazador m. Zool. Martin-chasseur.

martín del río m. Zool. Héron bihoreau.

martín pescador m. Zool. Martin-pêcheur.

martina f. Sorte de congre (pez).

martineta f. *Amer.* Tinamou, *m.* (ave).

martinete m. Héron bihoreau (ave). ‖ Aigrette, *f.* (penacho). ‖ Marteau (de piano). ‖ Tecn. Martinet (martillo mecánico). | Mouton (para clavar estacas). ‖ Chant andalou (cante).

— Observ. El pájaro llamado *martinet* en francés corresponde al español *vencejo.*

martingala f. Martingale (juegos). ‖ Truc, m., artifice, m. (artimaña). ‖ Martingale (trabilla).

martiniano, na adj. De José Martí [héros et écrivain cubain].

Martinica (La) n. pr. f. GEOGR. La Martinique.

martiniqués, esa adj. y s. Martiniquais, e.

mártir m. y f. Martyr, e. ‖ Capilla de mártires, martyrium.

— OBSERV. No se confunda con martyre (martirio).

martirial adj. Des martyrs.

martirio m. Martyre.

— OBSERV. No se confunda con martyr (mártir).

martirizador, ra adj. Qui martyrise.

— M. Bourreau, tourmenteur.

martirizar v. tr. Martyriser.

martirologio m. Martyrologe.

Maruja n. pr. f. FAM. Mariette.

marusiño, ña adj. y s. FAM. Galicien, enne.

marxismo m. Marxisme : marxismo-leninismo, marxisme-léninisme.

marxista adj. y s. Marxiste.

marzo m. Mars : el 17 de marzo de 1915, le 17 mars 1915.

marzoleta f. Kenelle (baie de l'aubépine).

marzoleto m. BOT. Aubépine, f.

mas m. Mas (masada).

mas conj. Mais (pero).

— OBSERV. Mas, conjonction, ne porte pas d'accent.

más adv. Plus : trabajo más que tú, je travaille plus que toi; mi casa es más bonita que la tuya, ma maison est plus jolie que la tienne; dos más dos son cuatro, deux plus deux font quatre. ‖ Plus, davantage : no te digo más, je ne t'en dis pas plus. ‖ Plus de, davantage de (delante de un sustantivo) : tengo más trabajo que usted, j'ai plus de travail que vous. ‖ De plus (después de un sustantivo) : dos kilómetros más, deux kilomètres de plus. ‖ Plus de : son más de las nueve, il est plus de 9 heures. ‖ Encore : ¿quiere usted más sopa?, voulez-vous encore de la soupe?; quédate un poco más, reste encore un peu. ‖ Encore, autre : deme dos botellas más, donnez-moi encore deux bouteilles. ‖ FAM. Vraiment, tellement, terriblement (muy) : ¡eres más tonto!, tu es vraiment idiot!; ¡estaba más contento!, il était tellement content! ‖ — Más aún, bien plus. ‖ Más bien, plutôt. ‖ Más de la cuenta, trop. ‖ Más de lo dicho, plus qu'il n'avait été dit. ‖ Más de lo que, plus que ... le : vendré más tarde de lo que había dicho, je viendrai plus tard que je ne l'avais dit. ‖ Más de lo regular, plus qu'il n'est habituel. ‖ Más de una vez, plus d'une fois. ‖ Más o menos, plus ou moins. ‖ Más que nunca, plus que jamais. ‖ Más tarde o más temprano, tôt ou tard. ‖ Más y más, de plus en plus. ‖ — A cual más, à qui mieux mieux. ‖ A lo más, tout au plus. ‖ A más, en plus, en outre. ‖ A más y mejor, à qui mieux mieux. ‖ Cada día más, de plus en plus. ‖ Como el que más, comme pas un, comme personne. ‖ Cual más cual menos, tout un chacun. ‖ Cuando más, (tout) au plus. ‖ Cuanto más ... más, plus ... plus. ‖ Cuanto más ... menos, plus ... moins. ‖ De más, en trop, de trop : estar de más, être de trop. ‖ De más en más, de plus en plus. ‖ El ... más, le plus : es el libro más interesante de este escritor, c'est le livre le plus intéressant de cet écrivain. ‖ El que más y el que menos, tout un chacun. ‖ En más de ou que, plus que [estimer, apprécier, etc.]. ‖ La ... más, le plus : es la ciudad más triste que he visitado, c'est la ville la plus triste que j'aie visitée. ‖ Las ... más, les plus. ‖ Las más de las veces, la plupart du temps. ‖ Lo más, tout au plus (a lo más). ‖ Lo más mínimo, le moins du monde. ‖ Lo más posible, le plus possible. ‖ Lo más tarde, au plus tard. ‖ Los ... más, les plus. ‖ Los más de, las más de, la plupart de : las más de las mujeres son coquetas, la plupart des femmes sont coquettes. ‖ Mientras más ... más, plus ... plus. ‖ Mucho más, beaucoup plus, bien plus. ‖ Nada más, v. NADA. ‖ Nadie más que, v. NADIE. ‖ Ni más ni menos, ni plus ni moins, tout simplement. ‖ No más, pas davantage, pas plus, c'est tout (es todo), plus de : ¡no más tonterías!, plus d'idioties!; tout simplement, donc [explétif] : acércate no más, approche-toi donc. ‖ No ... más, ne ... plus. ‖ No ... más que, ne ... que : no pudo hacer más que esto, il n'a pu faire que cela. ‖ No ... ya más que, ne ... (plus) que : no me quedan ya más que mil francos, il ne me reste que mille francs. ‖ Poco más o menos, plus ou moins, à peu près. ‖ Por más que, avoir beau (con infinitivo), quelque ... que o quoi que (con subjuntivo), malgré (con sustantivo) : por más que hace, fracasa siempre, il a beau faire, il échoue toujours; por más que trabajase, il avait beau travailler; por más esfuerzos que hagas, malgré tous tes efforts o tu auras beau faire des efforts; por más robusto que sea, il a beau être robuste. ‖ ¿Qué más?, quoi d'autre?, quoi encore? ‖ Quien más quien menos, tout un chacun. ‖ Sin más, sans plus. ‖ Sin más ni más, tout simplement, sans autre forme de procès. ‖ Tanto más, d'autant plus. ‖ Tanto más cuanto que, d'autant plus que. ‖ Tanto y más, tant et plus. ‖ Todo lo más, tout au plus. ‖ Una vez más, une fois de plus, une fois encore. ‖ Y lo que es más, et qui plus est. ‖ Y más, et, et encore : flores y más flores, des fleurs et [encore] des fleurs. ‖ ¿Y qué más?, et après, et alors?

— A más correr, à toutes jambes, à toute vitesse, à toute allure. ‖ A más no poder, de toutes ses forces (esfuerzo físico), on ne peut plus, tout ce qu'il y a de plus, au possible : es tonto a más no poder, il est on ne peut plus stupide. ‖ A más tardar, au plus tard. ‖ FAM. ¡Más lo eres tú!, et toi donc! ‖ Poder más, prendre le dessus, être plus fort : el amor pudo más que el odio, l'amour prit le dessus sur la haine o plus fort que la haine. ‖ Querer más, aimer mieux, préférer. ‖ Tiene más de brillante que de sólido, il est plus brillant que solide. ‖ Valer más, valoir mieux : más vale, il vaut mieux.

— M. Plus. ‖ MAT. Plus (signo). ‖ El más allá, l'au-delà. ‖ Lo más, le plus : el que puede lo más, puede lo menos, qui peut le plus peut le moins. ‖ FIG. Tener sus más y sus menos, avoir des hauts et des bas.

— OBSERV. Debe observarse que el superlativo introduce una oración cuyo verbo se pone en indicativo en español y en subjuntivo en francés.

masa f. Masse (volumen). ‖ Pâte (mezcla). ‖ Pâte (del pan). ‖ FIG. Totalité, total, m. (conjunto) : masa de bienes, totalité des biens; masa de la quiebra, total de la faillite. ‖ Masse : las masas populares, les masses populaires. ‖ Masse (abundancia). ‖ MECÁN. Masse. ‖ ELECTR. Masse. ‖ — Masa coral, manécanterie. ‖ Masa crítica, masse critique. ‖ — Coger con las manos en la masa, prendre la main dans le sac o sur le fait. ‖ En la masa de la sangre. V. SANGRE. ‖ En masa, en masse : manifestación en masa, manifestation en masse.

masada f. Mas, m., métairie.

— OBSERV. Mas se dice sobre todo en Provenza, sur de Francia.

Masagetas m. pl. Massagètes (pueblo de Escitia).

masaje m. Massage. ‖ Dar masajes, masser, faire des massages.

masajista m. y f. Masseur, euse.

masato m. Amer. Boisson (f.) sucrée à base de maïs et de riz.

mascabado, da adj. Brut, e : *azúcar mascabado,* sucre brut [cassonade].

mascada f. *Amer.* Chique (de tabaco). | Bouchée (bocado). | Foulard, *m.* (pañuelo).

mascador, ra adj. y s. Mâcheur, euse.

mascadura f. Mastication.

mascar v. tr. ● Mâcher (masticar). ‖ Mâchonner (masticar mal). ‖ Chiquer : *tabaco de mascar,* tabac à chiquer. ‖ FIG. y FAM. Marmotter, mâchonner (mascullar). ‖ — FIG. y FAM. *Dárselo todo mascado a uno,* mâcher la besogne à quelqu'un. | *Estar mascando tierra,* manger les pissenlits par la racine.

— SINÓN. ● *Masticar,* mâcher, mastiquer. *Triturar,* triturer. *Mascujar,* mâchonner. *Rumiar,* ruminer.

máscara f. Masque, *m.* (careta, accesorio de teatro). ‖ Loup. *m.* (antifaz). ‖ — Pl. Cavalcade (*sing.*) de masques (mojiganga). ‖ Mascarade (mascarada). ‖ — *Máscaras* ou *baile de máscaras,* bal masqué. ‖ *Quitar la máscara,* ôter le masque. ‖ *Quitarse la máscara,* lever le masque. ‖ *Traje de máscara,* travesti.

mascarada f. Mascarade. ‖ Bal (*m.*) masqué (baile).

mascarilla f. Masque, *m.* (de belleza, mortuoria). ‖ Masque (*m.*) opératoire (de cirujano).

mascarita f. Petit masque, *m.* ‖ *Te conozco mascarita aunque vengas disfrazada,* je vous connais, beau masque ; je te vois venir avec tes gros sabots.

mascarón m. Grand masque. ‖ Mascaron (adorno). ‖ MAR. Figure (*f.*) de proue.

mascota f. Mascotte.

mascujada f. Mâchonnement, *m.*

mascujar v. tr. Mâchonner. ‖ FIG. Mâchonner, marmotter (hablar entre dientes). | Maugréer (refunfuñar).

masculillo m. Tape-cul (juego) : *dar masculillo,* faire du tape-cul. ‖ FIG. y FAM. Volée, *f.,* peignée, *f.* (porrazo).

masculinidad f. Masculinité.

masculinizar v. tr. Masculiniser.

masculino, na adj. y s. m. Masculin, e.

mascullamiento m. Mâchonnement.

mascullar v. tr. FAM. Marmotter, mâchonner (hablar entre dientes).

masera f. Pétrin, *m.* (artesa). ‖ Tourteau, *m.* (crustáceo).

masería f. Mas, *m.,* ferme.

masetero adj. m. y s. m. Masséter (músculo de la mandíbula inferior).

masi f. *Amer.* Sorte d'écureuil (ardilla).

masía f. Ferme (en Cataluña).

másico m. Massique (vino).

masicote m. QUÍM. Massicot (óxido de plomo).

— OBSERV. Le *massicot* (appareil) se dit en espagnol *guillotina.*

masilla f. Mastic, *m.* ‖ *Fijar con masilla, poner masilla,* mastiquer.

masita f. MIL. Masse [caisse spéciale]. ‖ *Amer.* Galette (pastelillo).

masivo, va adj. Massif, ive : *dosis masiva,* dose massive ; *manifestación masiva,* manifestation massive. ‖ *Producción masiva,* production en masse.

maslo m. Tige, *f.* (de una planta). ‖ Queue, *f.* (cola). ‖ Tronc de la queue d'un animal.

masón m. Franc-maçon (francmasón).

masonería f. Franc-maçonnerie (francmasonería).

masónico, ca adj. Maçonnique : *logia masónica,* loge maçonnique.

masoquismo m. Masochisme.

masoquista adj. y s. Masochiste.

masora f. Massorah, massore.

masoreta m. Massorète (doctor judío).

massé m. Massé (billar).

mastaba f. Mastaba, *m.* (tumba).

mastelerillo m. MAR. Cacatois. ‖ Mâtereau (mástil pequeño). ‖ — *Mastelerillo de juanete de popa* ou *mayor,* mât de cacatois de hune. ‖ *Mastelerillo de juanete de proa,* mât de cacatois de misaine.

mastelero m. MAR. Perroquet. ‖ — *Mastelero de gavia,* mât de perroquet de hune. ‖ *Mastelero de perico,* mât de perruche. ‖ *Mastelero de sobremesana,* mât de perroquet de fougue. ‖ *Mastelero mayor* ou *de gavia,* grand mât de hune.

masticación f. Mastication.

masticador adj. m. y s. m. Masticateur. ‖ — M. Mastigadour (del caballo).

masticar v. tr. Mâcher, mastiquer (los alimentos). ‖ FIG. Ruminer, réfléchir (meditar).

masticatorio, ria adj. y s. m. Masticatoire.

mastigador m. Mastigadour (del caballo).

mástil m. MAR. Mât (palo). | Perroquet (mastelero). ‖ MÚS. Manche (de una guitarra). ‖ Pied (sostén). ‖ Tige, *f.* (de una planta). ‖ Tuyau (de una pluma).

mastín m. Mâtin (perro).

mastitis f. MED. Mastite.

mastodonte m. Mastodonte.

mastoideo, a adj. ANAT. Mastoïdien, enne.

mastoides adj. ANAT. Mastoïde.

— M. Apophyse (*f.*) mastoïdienne.

mastoiditis f. MED. Mastoïdite.

mastuerzo m. Cresson alénois, nasitort, passerage (planta). ‖ *Mastuerzo de los prados,* cresson des prés, cressonnée. ‖ — Adj. m y s. m. FIG. y FAM. Imbécile, cornichon (necio).

masturbación f. Masturbation.

masturbar v. tr. Masturber.

mata f. Pied, *m.* (de una planta). ‖ Touffe [d'herbe]. ‖ Plantation : *una mata de olivos,* une plantation d'oliviers. ‖ BOT. Lentisque, *m.* (lentisco). ‖ MIN. Matte. ‖ — *Mata de la seda,* gomphocarpe (arbusto). ‖ *Mata de pelo,* touffe de cheveux. ‖ FIG. y FAM. *Andar a salto de mata,* être sur le qui-vive. | *Ser más tonto que una mata de habas,* être bête à manger du foin *o* comme ses pieds *o* comme une oie. | *Vivir a salto de mata,* vivre au jour le jour.

matabuey m. BOT. Plante (*f.*) ombellifère.

matacabras m. inv. Tramontane, *f.* (viento).

matacán m. Mâchicoulis (fortificación). ‖ Poison pour les chiens (veneno). ‖ Noix (*f.*) vomique (nuez vómica). ‖ Lièvre (liebre). ‖ Grosse pierre, *f.* (piedra).

matacandelas m. inv. Éteignoir.

mataco m. *Amer.* Tatou (armadillo). | FIG. Mule, *f.* (persona terca).

matachín m. Boucher (jifero). | FIG. y FAM. Spadassin, matamore (matamoros). ‖ Matassin (bufón antiguo).

matadero m. Abattoir. ‖ FIG. y FAM. Corvée, *f.,* travail éreintant : *esto es un matadero,* c'est un travail éreintant. ‖ FAM. *Amer.* Garçonnière, *f.* (piso).

matador, ra adj. y s. Tueur, euse (que mata). ‖ Meurtrier, ère (asesino). ‖ FIG. y FAM. Tuant, e ; claquant, e (cansado). | Tuant, e ; assommant, e (pesado). ‖ — M. TAUROM. Matador (torero). ‖ Matador (juegos).

matadura f. Plaie produite par le bât.

matafuego m. Extincteur d'incendie. ‖ Pompier (bombero).

matagallegos m. inv. BOT. Caille-lait (planta).

matahambre m. *Amer.* Massepain au manioc.

matalahúga o **matalahúva f.** Anis, *m.*

mátalas callando m. y f. FAM. Personne qui cache son jeu. | Roublard, e.

matalobos m. BOT. Aconit.

matalón, ona adj. Efflanqué, e ; étique (caballo). — M. Rosse, *f.* haridelle, *f.*

matalotaje m. MAR. Provisions (*f. pl.*) de bouche, vivres, *pl.* ‖ FIG. y FAM. Fouillis, fatras (desorden).

matalote adj. Efflanqué, e ; étique (caballo).
— M. Haridelle, f., rosse, f. ‖ Mar. *Matalote de proa, de popa,* matelot d'avant, d'arrière.
matamata f. Chélyde [tortue d'Amérique].
matambre m. *Amer.* Couche (f.) de graisse (del ganado).
matamoros m. Matamore.
matamoscas adj. inv. Tue-mouches (papel).
— M. inv. Chasse-mouches (con mango).
matancero, ra adj. y s. De Matanzas (Cuba).
— M. *Amer.* Tueur o boucher d'abattoir (jifero).
matanza f. Meurtre, m. (de una persona). ‖ Massacre, m., tuerie, f. (de muchas personas). ‖ Abattage, m. (de los animales). ‖ Époque où se fait l'abattage des porcs (época de la matanza). ‖ Charcuterie (productos del cerdo). ‖ *Hacer una matanza,* massacrer : *hacer una matanza de mil personas,* massacrer mille personnes.
mataperrada f. Fam. *Amer.* Gaminerie, polissonnerie.
mataperrear v. intr. *Amer.* Faire le diable o le polisson.
mataperros m. inv. Fam. Gamin, polisson.
matapolillas m. inv. Antimites.
matapolvo m. Pluie (f.) fine.
mataquintos m. Fam. Mauvais tabac, tabac gris.
matar v. tr. ● Tuer : *matar a un hombre,* tuer un homme. ‖ Éteindre (apagar) : *matar el fuego, la cal,* éteindre le feu, la chaux. ‖ Abattre (reses). ‖ Monter (naipes). ‖ Ternir (el brillo). ‖ Éteindre (un color). ‖ Adoucir (una arista). ‖ Fig. Tuer : *esa vida me mata,* cette vie me tue. | Faire mourir (de pesadumbre, de miedo) : *le vas a matar a disgustos,* tu vas le faire mourir de chagrin. | Tuer, assommer : *matar a preguntas,* tuer à force de questions. | Couler, ruiner : *matar una empresa,* couler une affaire. | Fig. *Matar a fuego lento,* faire mourir à petit feu. | *Matar dos pájaros de un tiro,* faire d'une pierre deux coups, faire coup double. | *Matar el gusanillo,* tuer le ver (beber). | *Matar el hambre,* tromper la faim. | *Matar el tiempo,* tuer le temps. | *Matarlas callando,* agir en douce, faire ses coups en dessous. ‖ — Taurom. *Entrar a matar,* se préparer à donner l'estocade (el torero). ‖ Fig. *Estar a matar con,* être à couteaux tirés avec, en vouloir à mort à. | *¡Que me maten si...!,* que je meure si...!, je veux bien être pendu si...!
— V. pr. Se tuer. ‖ Fig. Se tuer (trabajar mucho) : *matarse trabajando,* se tuer au travail ; *matarse por una cosa,* se tuer pour obtenir une chose.
— Sinón. ● *Abatir,* abattre. *Asesinar,* assassiner. *Eliminar, suprimir,* supprimer. *Exterminar,* exterminer. *Degollar,* égorger. *Rematar, acabar,* achever. *Ejecutar,* exécuter. *Inmolar,* immoler.
matarife m. Tueur o boucher d'abattoir (jifero).
matarrata f. Bataille [sorte de jeu de cartes].
matarratas m. inv. Mort-aux-rats, f. (para las ratas). ‖ Fam. Tord-boyaux (aguardiente).
matarrubia f. Bot. Chêne (m.) des garrigues (coscoja).
matasanos m. inv. Fig. y Fam. Charlatan, mauvais médecin, médicastre.
matasellar v. tr. Oblitérer.
matasellos m. inv. Oblitérateur (instrumento de correos). ‖ Oblitération, f. (acción). ‖ Tampon (marca).
matasiete m. Fig. y Fam. Matamore, fanfaron, tranche-montagne.
matasuegras m. inv. Langue (f.) de belle-mère (juguete).
matate m. *Amer.* Filet d'agave.
matatena f. *Amer.* Caillou, m.
matatías m. inv. Fam. Fesse-mathieu (usurero).
matazón f. *Amer.* Massacre, m.
match m. Match (encuentro deportivo).

mate adj. Mat, e : *oro, sonido mate,* or, bruit mat. ‖ Tecn. *Poner mate,* matir, rendre mat, e.
— M. Mat, échec au roi (al ajedrez) : *jaque y mate,* échec et mat. ‖ Smash (en el tenis). ‖ — *Dar jaque mate,* faire échec et mat. ‖ *Dar mate,* mater, faire mat.
mate m. *Amer.* Calebasse, f. (calabaza). | Maté (planta y bebida). | Calebasse (f.) où l'on boit le maté (vasija). | Fam. Coloquinte, f. (cabeza). ‖ — *Amer. Cebar el mate,* faire infuser le maté. ‖ *Hierba mate,* maté. | *Mate amargo* ou *cimarrón,* maté pur, maté sans sucre.
matear v. intr. Devenir épais (el trigo). ‖ Battre les buissons (caza). ‖ *Amer.* Boire du maté, prendre le maté.
matemático, ca adj. y s. f. Mathématique : *las matemáticas puras, aplicadas,* les mathématiques pures, appliquées. ‖ — M. y f. Mathématicien, enne.
Mateo n. pr. m. Mathieu. ‖ Matthieu (evangelista) : *evangelio según san Mateo,* Évangile selon saint Matthieu. ‖ Fig. y Fam. *Estar como Mateo con la guitarra,* être fou de joie.
materia f. Matière. ‖ Modèle, m. (de escritura). ‖ Med. Pus, m., humeur, matière purulente (pus). ‖ Fig. Sujet, m., matière (tema). | Affaire : *eso es otra materia,* c'est une autre affaire. ‖ — *Materia de Estado,* affaire d'État. ‖ Fís. *Materia escindible* ou *fisible,* matière fissile. ‖ *Materia gris,* matière grise. ‖ *Materia prima,* matière première. ‖ — *En materia de,* en matière de. ‖ *Entrar en materia,* entrer en matière.
material adj. Matériel, elle. ‖ Fig. Matérialiste : *espíritu demasiado material,* esprit trop matérialiste. ‖ Fig. y Fam. *El tiempo material para,* le temps matériel de.
— M. Matériel (instrumentos) : *material de una fábrica,* matériel d'une usine. ‖ Matériau (construcción). ‖ Cuir (cuero). ‖ — Pl. Matériaux. ‖ — *Material de oficina, escolar,* fournitures de bureau, scolaires. ‖ *Material refractario,* matière réfractaire.
materialidad f. Matérialité.
materialismo m. Matérialisme.
materialista adj. y s. Matérialiste.
materialización f. Matérialisation.
materializar v. tr. Matérialiser.
maternal adj. Maternel, elle.
maternidad f. Maternité. ‖ *Casa de maternidad* ou *maternidad,* maternité [clinique].
materno, na adj. Maternel, elle : *amor materno,* amour maternel ; *lengua materna,* langue maternelle.
matero, ra adj. y s. *Amer.* Amateur de maté.
matete m. *Amer.* Bouillie, f. (mezcla). | Dispute, f. (riña).
Matías n. pr. m. Mathias.
matico m. Bot. Matico (arbusto).
matidez f. Matité.
Matilde n. pr. f. Mathilde.
matinal adj. Matinal, e.
matinée f. Matinée (de teatro).
matiz m. Nuance, f. : *varios matices de azul,* plusieurs nuances de bleu. ‖ Fig. Nuance, f. : *texto rico en matices,* texte riche en nuances.
matización f. Nuancement, m. ‖ Nuances, pl.
matizar v. tr. Nuancer : *matizar con* ou *de amarillo,* nuancer de jaune. ‖ Harmoniser (armonizar). ‖ Moduler (sonidos).
matojo m. Buisson (zarzal).
matón m. Fam. Dur : *el matón del pueblo,* le dur du village.
matonear v. intr. Fam. Jouer les durs.
matonería f. o **matonismo** m. Forfanterie, f., crânerie, f.

matorral m. Buisson (zarzal). ‖ Maquis, garrigue, *f.* (monte bajo).

— Sinón. *Breña, maleza, brozas,* broussaille. *Espesura,* fourré. *Monte bajo,* taillis.

matoso, sa adj. Buissonneux, euse ; broussailleux, euse.

matraca f. Crécelle (instrumento). ‖ — Fig. y Fam. *Dar la matraca,* assommer, casser les pieds (dar la lata). ‖ *¡ Qué matraca!,* quelle scie !

matraquear v. intr. Faire du bruit avec la crécelle. ‖ Fig. y Fam. Se moquer de (burlarse). ‖ Assommer (ser pesado).

matraqueo m. Bruit de crécelle (ruido). ‖ Fig. y Fam. Insistance, *f.* ‖ Ennui (molestia).

matraquista m. y f. Fig. y Fam. Casse-pieds, *m. inv.,* raseur, euse (molesto). ‖ Moqueur, euse (zumbón).

matraz m. Quím. Matras, ballon (recipiente).

matrerear v. intr. *Amer.* Vagabonder.

matrería f. Astuce, roublardise.

matrero, ra adj. Rusé, e ; astucieux, euse ; roublard, e (fam.). ‖ *Amer.* Vagabond, e.

matriarcado m. Matriarcat.

matriarcal adj. Matriarcal, e.

matricaria f. Bot. Matricaire (planta).

matricida adj. y s. Matricide (asesino).

matricidio m. Matricide (crimen).

matrícula f. Matricule (lista). ‖ Immatriculation (de un soldado, un coche, etc.). ‖ Inscription (en la universidad). ‖ Autom. Plaque d'immatriculation (placa), numéro (*m.*) minéralogique *o* d'immatriculation (número). ‖ Mar. Équipage, *m.* (tripulación). ‖ — *Con matrícula de honor,* avec les félicitations du jury. ‖ *Matrícula de mar,* inscription maritime. ‖ Mar. *Puerto de matrícula,* port d'attache.

matriculación f. Inscription, immatriculation (matrícula).

matricular v. tr. Immatriculer, matriculer. ‖ Inscrire (en la universidad).

— V. pr. S'inscrire, se faire immatriculer. ‖ S'inscrire, prendre ses inscriptions (en la universidad).

matrimonial adj. Matrimonial, e.

— Sinón. *Conyugal,* conjugal. *Nupcial,* nuptial. *Marital,* marital.

matrimoniar v. intr. Se marier.

matrimonio m. ● Mariage (unión y sacramento). ‖ Ménage (marido y mujer) : *un matrimonio joven,* un jeune ménage. ‖ — *Matrimonio de conveniencia* ou *de interés,* mariage de raison. ‖ Fam. *Matrimonio por detrás de la iglesia,* mariage de la main gauche *o* en détrempe. ‖ *Matrimonio por poderes,* mariage par procuration. ‖ *Matrimonio rato,* mariage blanc. ‖ *Matrimonio secreto,* mariage secret. ‖ — *Cama de matrimonio,* lit à deux places, grand lit. ‖ *Contraer matrimonio con,* se marier avec, épouser. ‖ *Dar palabra de matrimonio,* promettre le mariage.

— Sinón. ● *Casamiento,* mariage, *Unión, enlace,* union. *Alianza,* alliance. *Nupcias,* noces.

matritense adj. y s. Madrilène (madrileño).

matriz f. Anat. Matrice. ‖ Matrice (molde). ‖ Écrou, *m.* (tuerca). ‖ Souche, talon, *m.* [d'un registre]. ‖ Roi (*m.*) des cailles (ave). ‖ Mat. e Impr. Matrice. ‖ — *Dar forma con una matriz,* matricer. ‖ *Matriz de terraja,* filière.

— Adj. f. Fig. Mère : *casa matriz,* maison mère.

matrona f. Matrone (persona de edad). ‖ Sage-femme (partera). ‖ Fouilleuse (en la aduana).

matufia f. Fam. *Amer.* Blague, farce.

matungo, ga adj. *Amer.* Efflanqué, e (caballo).

maturranga f. Ruse, artifice, *m.* (treta).

maturrango, ga adj. y s. *Amer.* Mauvais cavalier, mauvaise cavalière (mal jinete). ‖ Lourdaud, e (torpe). ‖ — M. *Amer.* Rosse, *f.,* haridelle, *f.* (matalón).

Matusalén n. pr. m. Mathusalem. ‖ Fig. *Más viejo que Matusalén,* vieux comme Mathusalem.

matute m. Contrebande, *f.* (contrabando) : *entrar de matute,* entrer en contrebande.

matutear v. intr. Faire de la contrebande.

matutero, ra m. y f. Contrebandier, ère.

matutino, na adj. Matinal, e ; du matin : *estrella matutina,* étoile du matin.

maula f. Rebut, *m.,* chose inutile (cosa inútil). ‖ Coupon, *m.,* chute d'étoffe (retal). ‖ Ruse, tromperie (engaño).

— M. y f. Fig. y Fam. Bon, bonne à rien (perezoso). ‖ Mauvais payeur, *m.* (mal pagador). ‖ *Un buen maula,* un fin matois.

maulería f. Friperie (tienda). ‖ Fam. Ruse, fourberie (engaño).

maulero, ra m. y f. Fripier, ère (tendero). ‖ Coquin, e (embustero).

maullador, ra adj. Miauleur, euse.

maullar v. intr. Miauler.

maullido m. Miaulement. ‖ *Dar maullidos,* pousser des miaulements, miauler.

Mauricia n. pr. f. Mauricette.

Mauricio n. pr. m. Maurice.

Mauritania n. pr. f. Geogr. Mauritanie.

mauritano, na adj. y s. Mauritanien, enne [de Mauritanie].

Mauro n. pr. m. Maur.

mausoolo m. (P. us.). Mausolée.

máuser m. Mauser (fusil).

mausoleo m. Mausolée.

Mausolo n. pr. m. Mausole.

maxilar adj. y s. m. Anat. Maxillaire.

máxima f. Maxime (sentencia). ‖ Température maximale : *las máximas del año,* les températures maximales de l'année.

— Adj. V. máximo.

maximalista adj. y s. Maximaliste (bolchevique).

máximamente adv. Principalement.

máxime adv. Principalement, surtout, à plus forte raison.

Maximiano n. pr. m. Maximien.

Maximiliano n. pr. m. Maximilien.

Maximino n. pr. m. Maximin.

Máximo n. pr. m. Maxime, Max.

máximo, ma adj. Le plus grand, la plus grande : *máximo común divisor,* le plus grand commun diviseur. ‖ Massif, ive : *dosis máxima,* dose massive. ‖ Maximal, e : *Uno de sus pintores máximos,* un de ses plus grands peintres.

— M. Maximum : *ley de los máximos,* loi des maximums ‖ — *Como máximo,* au maximum, tout au plus. ‖ *Hacer el máximo,* faire le maximum.

máximum m. Maximum.

maxvelio o **maxwell** m. Maxwell (unidad).

maya f. Pâquerette (planta).

maya adj. y s. Maya (del Yucatán).

mayador, ra adj. Miauleur, euse (maullador).

mayal m. Fléau (para desgranar). ‖ Bras de pressoir auquel est attelé le cheval (del molino).

mayar v. intr. Miauler (maullar).

mayestático, ca adj. Majestueux, euse.

mayéutica f. Filos. Maïeutique.

mayo m. Mai (mes del año). ‖ Mai, arbre de mai (palo). ‖ — *Hasta el cuarenta de mayo no te quites el sayo,* en avril ne te découvre pas d'un fil. ‖ *Venir como el agua de mayo,* arriver comme mars à marée en carême, tomber à pic.

mayólica f. Majolique, maïolique (loza esmaltada).

mayonesa f. Mayonnaise (salsa).

mayor adj. Plus grand, e (comparativo) : *mi casa es mayor que la suya,* ma maison est plus grande que la sienne. ‖ Plus grand, e (superlativo seguido del subjuntivo en francés) : *la falta mayor que ha cometido,* la plus grande faute qu'il ait commise. ‖ Majeur, e : *caso de fuerza mayor,* cas de

force majeure. ‖ Âgé, e (de edad) : *una señora mayor*, une dame âgée. ‖ Majeur, e (llegado a la mayoría de edad) : *hijo mayor*, fils majeur. ‖ Aîné, e (de más edad) : *hermano mayor*, frère aîné ; *rama mayor*, branche aînée. ‖ Majeur, e (grados, dignidades) : *caballerizo mayor*, grand écuyer ; *oficial mayor*, grand officier. ‖ — *Mayor de edad*, âgé (entrado en años), majeur (mayor de 21 años). ‖ *Mayor edad*, majorité (mayoría). ‖ MAT. *Mayor que*, plus grand que. ‖ — *Al por mayor*, en gros (comercio). ‖ *Altar mayor*, maître-autel. ‖ *Calle mayor*, grand-rue. ‖ *Cazador mayor*, maître d'équipage. ‖ *Caza mayor*, gros gibier. ‖ *En su mayor parte*, en majeure partie. ‖ *Estado mayor*, état-major. ‖ GEOGR. *Lago Mayor*, lac Majeur. ‖ *Las personas mayores*, les grandes personnes. ‖ *Misa mayor*, grand-messe. ‖ MAR. *Palo mayor*, grand mât. ‖ *Ser mayor que*, être l'aîné, être plus âgé que : *es dos años mayor que yo*, il est mon aîné de deux ans, il est plus âgé que moi de deux ans.
— M. Major (oficial superior). ‖ — Pl. Grands-parents (abuelos). ‖ Ancêtres (antepasados). ‖ *Los mayores*, les grandes personnes. ‖ — F. Majeure (de un silogismo). ‖ — M. y f. Aîné, e.

mayoral m. Maître berger (pastor). ‖ Postillon (de un carruaje). ‖ Contremaître (de obreros). ‖ (Ant.). Collecteur des impôts (mampostero). ‖ *Amer.* Receveur de tranvías). ‖ *Mayoral de labranza*, maître valet.

mayorazga f. Femme qui jouit d'un majorat. ‖ Héritière d'un majorat (sucesora).

mayorazgo m. Majorat. ‖ Possesseur d'un majorat. ‖ Fils aîné, héritier d'un majorat (heredero). ‖ FAM. Fils aîné (primogénito). ‖ Aînesse, f. (primogenitura).

mayordomía f. AVIAC. Traiteur, m.

mayordomo m. Majordome, maître d'hôtel (criado). ‖ Marguillier (de parroquia). ‖ Majordome (oficial) : *mayordomo mayor*, majordome major. ‖ HIST. *Mayordomo de palacio*, maire du palais (merovingio).

mayoría f. Majorité : *tres votos de mayoría*, majorité de trois voix. ‖ Majorité (mayor edad). ‖ MIL. Bureau (m.) du major. ‖ — *La inmensa mayoría*, la grande majorité. ‖ *La mayoría de las veces*, le plus souvent, la plupart du temps. ‖ *Mayoría absoluta, relativa*, majorité absolue, relative : *elegir por mayoría absoluta*, élire à la majorité absolue.

mayoridad f. Majorité (mayoría).

mayorista m. Marchand en gros, grossiste (comerciante).
— Adj. En gros (comercio).

mayoritario, ria adj. Majoritaire.

mayormente adv. Surtout.

mayúsculo, la adj. y s. f. Majuscule (letra). ‖ *Amistad, camaradería con mayúscula*, amitié avec un grand A, camaraderie avec un grand C. ‖ — Adj. FAM. Monumental, e ; énorme : *disparate mayúsculo*, sottise monumentale.

maza f. Massue (arma). ‖ Masse (insignia). ‖ Fléau, m., maillet, m. (para machacar el cáñamo). ‖ MÚS. Mailloche (del bombo). ‖ Masse, talon, m. (del taco de billar). ‖ MECÁN. Mouton, m. (de un martinete). ‖ *Amer.* Moyeu, m. (de rueda). ‖ FIG. y FAM. Personne assommante, raseur, euse (fam.). ‖ — *La maza y la mona*, saint Roch et son chien. ‖ DEP. *Maza de gimnasia*, mil. ‖ *Maza de jifero*, merlin (hacha).

mazacote m. Soude, f. (sosa). ‖ Mortier (mortero). ‖ Béton (hormigón). ‖ FIG. y FAM. Chose (f.) lourde, mastoc (obra artística) : *es un mazacote*, c'est du mastoc. ‖ Colle (f.) de pâte (plato mal guisado). ‖ Raseur, ɕuse (persona molesta). ‖ *Amer.* Fouillis (mezcla).

mazagrán m. Mazagran (café frío).

Mazalquivir n. pr. GEOGR. Mers-el-Kébir.

mazamorra f. *Amer.* Bouillie de maïs (gacha). ‖ MAR. Machemoure (restos de galleta). ‖ FIG. Salmigondis, m. (mezcla de cosas dispares).

mazapán m. Massepain.

mazar v. tr. Baratter [le lait].

Mazarino n. pr. m. Mazarin.

mazarota f. TECN. Masselotte.

mazazo m. Coup de massue o de maillet.

mazdeísmo m. Mazdéisme (religión).

mazmorra f. Cachot, m. (calabozo), oubliette (prisión subterránea).

maznar v. tr. Pétrir (amasar). ‖ Battre [le fer].

mazo m. Maillet, mail, mailloche, f. (martillo de madera). ‖ Paquet (manojo). ‖ FIG. y FAM. Raseur (pelma). ‖ MÚS. Mailloche, f. (del bombo). ‖ — *A Dios rogando y con el mazo dando*, aide-toi, le ciel t'aidera.

mazonería f. Maçonnerie (fábrica).

mazorca f. AGRIC. Épi, m. (de maíz). ‖ Cabosse (panoja del cacao). ‖ Fusée (de hilo). ‖ FIG. *Amer.* Clan, m., camarilla d'un dictateur.

mazorquero m. *Amer.* Dictateur. ‖ Partisan d'un dictateur.

mazorral adj. Grossier, ère (tosco). ‖ IMPR. Compact, e (sin espacios).

mazurca f. Mazurka (baile, música).

mazut m. Mazout.

me (dativo y acusativo del pron. pers. de la 1.ª pers. del sing.). Me, m' : *me dice*, il me dit ; *me dijeron*, on m'a dit ; *me lo dará*, il me le donnera ; *no quiso dármelo*, il n'a pas voulu me le donner ; *¿me lo quiere traer?*, veux-tu me l'apporter ? ; *me está usted fastidiando*, vous m'ennuyez. ‖ Moi (con el imperativo) : *dime*, dis-moi ; *démelo*, donnez-le moi.
— OBSERV. M' sustituye a *me* delante de una vocal.

mea culpa m. inv. Mea-culpa : *decir su mea culpa*, faire son mea-culpa.

meada f. FAM. Pissée, pipi, m.

meadero m. FAM. Urinoir, pissotière, f.

meados m. pl. POP. Urines, f., pisse, f. sing.

meajuela f. Mastigadour, m. (del caballo).

meandrina f. ZOOL. Méandrine.

meandro m. Méandre (de río). ‖ ARQ. Méandre.

mear v. intr. y pr. POP. Uriner, pisser.

meato m. ANAT. y BOT. Méat.

meauca f. Goéland (m.) argenté (gaviota).

Meca (La) n. pr. f. GEOGR. La Mecque. ‖ FAM. *Ir de la Ceca a la Meca*, aller de droite et de gauche, de côtés et d'autres.

¡mecachis! interj. FAM. Mince !, mince alors !

mecada f. *Amer.* Bêtise.

mecánica f. Mécanique : *mecánica ondulatoria*, mécanique ondulatoire. ‖ Mécanisme, m. : *romper la mecánica de un aparato*, casser le mécanisme d'un appareil. ‖ MIL. Corvée de quartier.

mecánico, ca adj. Mécanique (de la mecánica). ‖ — M. y f. Mécanicien, enne ; mécano (fam.). ‖ — M. Chauffeur, mécanicien (p. us.) [chófer].

mecanismo m. Mécanisme. ‖ — *Mecanismo administrativo*, appareil administratif. ‖ *Mecanismo de disparo, de expulsión*, mécanisme de détente, éjecteur.

mecanización f. Mécanisation. ‖ *Mecanización contable*, mécanographie.

mecanizado m. TECN. Usinage : *mecanizado con abrasivos*, usinage par abrasion.

mecanizado, da adj. Mécanographique : *servicios mecanizados*, services mécanographiques. ‖ MIL. Motorisé, e ; mécanisé, e.

mecanizar v. tr. Mécaniser. ‖ MIL. Motoriser, mécaniser. ‖ TECN. Usiner.

mecanografía f. Dactylographie.

mecanografiar v. tr. Dactylographier, écrire o taper à la machine.

mecanográfico, ca adj. Dactylographique.
mecanógrafo, fa m. y f. Dactylographe. ‖ — F. Dactylo (fam.).
mecanoterapia f. MED. Mécanothérapie.
mecapal m. *Amer.* Sangle (f.) de portefaix.
mecapalero m. *Amer.* Portefaix.
mecatazo m. *Amer.* Coup de fouet (latigazo). ‖ Coup, lampée, f. (trago).
mecate m. *Amer.* Corde, f.
mecatear v. tr. *Amer.* Fouetter (zurrar).
mecedero m. TECN. Palette, f. (mecedor).
mecedor, ra adj. Berceur, euse.
— M. Escarpolette, f., balançoire, f. (columpio). ‖ Palette, f. [pour remuer le vin, le savon, etc., dans les cuves]. ‖ — F. Rocking-chair, m., fauteuil (m.) à bascule.
mecedura f. Bercement, m.
mecenas m. Mécène.
mecenazgo m. Mécénat.
mecer v. tr. Bercer (un niño), balancer (la cuna). ‖ Balancer (en un columpio). ‖ Remuer (un líquido). — V. pr. Se bercer. ‖ Se balancer.
mecida f. o **mecimiento** m. Bercement, m., balancement, m.
meco, ca adj. *Amer.* Roux mêlé de noir (color). — M. y f. *Amer.* Indien, Indienne sauvage.
meconio m. MED. Méconium (alhorre).
mecha f. Mèche (de lámpara, de mina, quirúrgica). ‖ Mèche (de cabellos). ‖ Lardon, m. (tocino). ‖ Mèche, tenon, m. (espiga). ‖ — FIG. y FAM. *Aguantar mecha,* tenir bon, prendre son mal en patience. ‖ *A toda mecha,* à toute vitesse, à fond de train (fam.). ‖ *Mecha de seguridad* ou *lenta,* mèche de sûreté o lente.
mechador m. Lardoire, f.
mechar v. tr. Larder (la carne).
mechazo m. MIN. Raté (de la mina).
mechera f. Lardoire. ‖ POP. Voleuse à l'étalage (ladrona). ‖ *Aguja mechera,* lardoire.
mechero m. Briquet (encendedor). ‖ Bec (de una lámpara). ‖ Brûleur (de gas). ‖ Bassinet (del candelero). ‖ POP. Voleur à l'étalage (ladrón). ‖ *Mechero Bunsen,* bec Bunsen.
mechificar v. intr. *Amer.* Se moquer, railler.
mechinal m. Ope, boulin (albañilería). ‖ FIG. y FAM. Réduit, galetas (habitación pequeña).
mechón m. Grosse mèche, f. (mecha). ‖ ● Mèche, f. (de cabellos). ‖ Touffe, f. (de lana).
— SINÓN. ● *Mecha,* mèche. *Tupé,* toupet. *Hopa, copete, moño,* houppe. *Bucle, rizo,* boucle.
mechonear v. tr. *Amer.* Arracher [les cheveux].
mechoso, sa adj. Fourni, e ; touffu, e. ‖ Mécheux, euse (la lana). ‖ *Amer.* Guenilleux, euse (harapiento).
Mecklemburgo n. pr. m. GEOGR. Mecklembourg.
medalla f. Médaille : *el reverso de la medalla,* le revers de la médaille ; *conceder* ou *premiar con una medalla,* décerner une médaille.
medallista m. Médailliste, médailleur.
medallón m. Médaillon. ‖ ARQ. Médaille, f., médaillon.
medano o **médano** m. Dune, f. (duna). ‖ Banc de sable (banco de arena).
Medardo n. pr. m. Médard.
Medea n. pr. f. Médée.
medersa f. Médersa.
media f. Bas, m. (para las piernas) : *ponerse las medias,* mettre o enfiler ses bas. ‖ Moyenne : *hacer 60 km de media,* faire 60 km de moyenne ; *media horaria,* moyenne horaire. ‖ Demie (media hora) : *tocar la media,* sonner la demie. ‖ — *Media proporcional,* moyenne proportionnelle. ‖ *Hacer media,* tricoter.
Media n. pr. f. HIST. Médie.
mediacaña f. Gorge (tipo de moldura). ‖ Moulure (listón). ‖ Membron, m. (de un tejado). ‖ TECN.

Gouge (gubia). ‖ Lime demi-ronde (lima). ‖ Fer (m.) à friser (tenacillas).
mediación f. Médiation. ‖ *Por mediación de,* par l'intermédiaire de, par l'entremise de, par le truchement de.
mediado, da adj. À moitié plein, e ; à moitié vide : *está el jarro mediado,* la cruche est à moitié pleine. ‖ *A mediados de,* vers le milieu de. ‖ *A mediados de abril,* vers le milieu d'avril, à la mi-avril. ‖ *Mediada la noche,* vers le milieu de la nuit.
mediador, ra adj. y s. Médiateur, trice (que media). ‖ Intermédiaire (intermediario).
mediagua f. Toit (m.) à un seul versant.
medial adj. Médial, e.
mediana f. GEOM. Médiane.
medianamente adv. Moyennement, médiocrement.
medianejo, ja adj. Très médiocre.
medianería f. Mur (m.) mitoyen (pared). ‖ Mitoyenneté (condición).
medianero, ra adj. Placé au milieu (en medio). ‖ Mitoyen, enne (pared). ‖ — Adj. y s. Médiateur, trice (mediador). ‖ — M. Voisin, propriétaire d'une maison ou d'un champ mitoyen (vecino). ‖ Métayer (aparcero).
medianía f. Médiocrité : *vivir en la medianía,* vivre dans la médiocrité. ‖ Moyenne (término medio). ‖ FIG. Personne médiocre o quelconque.
medianil m. Mur mitoyen (medianería). ‖ IMPR. Marge (f.) intérieure.
mediano, na adj. ● Moyen, enne (regular) : *inteligencia mediana,* intelligence moyenne ; *mediano de cuerpo,* de taille moyenne. ‖ Médiocre (ni bueno ni malo). ‖ Médian, e : *línea mediana,* ligne médiane.
— SINÓN. ● *Ordinario,* ordinaire. *Mediocre,* médiocre. *Inferior,* inférieur. *Regular,* moyen.
medianoche f. Minuit, m. : *a medianoche,* à minuit. ‖ FIG. Petit sandwich (m.) au jambon.
mediante f. MÚS. Médiante.
mediante prep. Moyennant : *mediante dinero,* moyennant finances. ‖ Grâce à : *mediante esta ayuda,* grâce à cette aide ; *mediante él,* grâce à lui. ‖ — *Dios mediante,* Dieu aidant, avec l'aide de Dieu. ‖ *Mediante presentación de la tarjeta,* sur présentation de la carte.
mediar v. intr. Arriver à la moitié ; être à moitié écoulé : *mediaba el mes de junio cuando se marchó,* le mois de juin était à moitié écoulé lorsqu'il partit. ‖ Être o se trouver au milieu de o entre [deux choses] : *entre las dos casas media un jardín,* entre les deux maisons se trouve un jardin. ‖ Passer, s'écouler (transcurrir) : *entre las dos guerras mediaron veinte años,* vingt ans s'écoulèrent entre les deux guerres. ‖ S'interposer, intervenir : *mediar entre dos enemigos,* s'interposer entre deux ennemis ; *mediar en un asunto,* intervenir dans une affaire. ‖ Intercéder (rogar) : *mediar por* ou *en favor de uno,* intercéder auprès de quelqu'un. ‖ — *Mediado el mes,* vers le milieu du mois. ‖ *¿Qué diferencia media entre tú y yo?,* quelle différence y a-t-il entre toi et moi ?
mediastino m. ANAT. Médiastin.
mediatinta f. Demi-teinte.
mediatizar v. tr. Médiatiser.
mediato, ta adj. Médiat, e.
mediatriz f. GEOM. Médiatrice.
médica f. Doctoresse (que ejerce la medicina). ‖ Femme du médecin (mujer del médico).
medicación f. Médication.
medical adj. Médical, e.
medicamentar v. tr. V. MEDICINAR.
medicamento m. Médicament.
— SINÓN. *Medicina,* médicament. *Remedio,* remède. *Específico,* spécifique. *Pócima,* potion. *Droga,* drogue.
medicamentoso, sa adj. Médicamenteux, euse.
medicar v. tr. Donner des médicaments à.

MEDICINA (vocabulario). — MÉDECINE (vocabulaire)

sano	sain
enfermo, malo	malade
estar enfermo, malo	être malade
enfermizo	maladif
endeble, enclenque	chétif, souffreteux
indispuesto	indisposé
malo, achacoso	souffrant
doloroso	douloureux
inflamado	enflammé
dolorido	endolori
gravemente enfermo	gravement malade
dolor (m.) físico	douleur (f.) physique
indisposición	indisposition
catarro, constipado, resfriado	rhume (de cerveau)
estar acatarrado, resfriado	être enrhumé
tos	toux
enfriamiento	refroidissement
acceso (m.) de tos	quinte (f.) de toux
tos ferina	coqueluche
gripe	grippe
bronquitis	bronchite
fiebre intermitente	fièvre intermittente
contagioso	contagieux
acostarse, encamarse, guardar cama	s'aliter
estornudar	éternuer
tuberculosis	tuberculose
fiebre (f.) del heno	rhume (m.) des foins
escarlatina	scarlatine
sarampión, m.	rougeole (f.)
diabetes, f.	diabète (m.)
gota	goutte
tortícolis	torticolis
angina	angine
paperas, f. pl.	oreillons, m. pl.
viruela	variole
indigestión	indigestion
ictericia	jaunisse
urticaria	urticaire
jaqueca	migraine
neuralgia	névralgie
desmayo	évanouissement
desvanecerse, desmayarse	s'évanouir
vértigo	vertige
agotamiento	épuisement
desfallecimiento, m.	défaillance, f.
caer sin conocimiento	tomber sans connaissance
perder el conocimiento	perdre connaissance
sales	des sels
cicatriz	cicatrice
herida	blessure, plaie
sangrar, echar sangre la sangre, f.	saigner le sang, m.
contusión	contusion
esquince, m.	entorse, f.
torcedura	foulure
escayolar	plâtrer
escayolado	dans le plâtre
chichón, m. [par un coup], joroba [d'un bossu]	bosse, f.
hinchazón	enflure
ampolla	ampoule
furúnculo	clou, furoncle
grano	bouton
vacunarse	vacciner
vacuna, f.	se faire vacciner
vacunar	vaccin, m.
aliviar	soulager
recaída	rechute
régimen	régime
dieta	diète
cabestrillo, m.	écharpe, f.
un brazo en cabestrillo	un bras en écharpe
curar, vendar	panser
cura, f. [action], vendaje, venda, f. [bande de gaze]	pansement, m.
curación, cura	guérison
curar, sanar	guérir
indemne, ileso	indemne, sain et sauf
entrar en convalecencia	entrer en convalescence

medicastro m. Médicastre. ‖ Rebouteur, rebouteux (curandero).

medicina f. Médecine (arte) : *estudiante de medicina*, étudiant en médecine ; *estudiar medicina*, faire sa médecine. ‖ Médicament, m. ‖ *Medicina de equipo*, médecine de groupe.

medicinal adj. Médicinal, e. ‖ DEP. *Balón medicinal*, medicine-ball.

medicinalmente adv. Médicalement.

medicinar v. tr. Administrer des remèdes [à un malade], médicamenter (p. us.).
— V. pr. Prendre des médicaments.

medición f. Mesure, mesurage, m. ‖ *Medición por metros*, métrage.

médico, ca adj. Médical, e : *reconocimiento* ou *examen médico*, visite médicale. ‖ HIST. Médique (de los medos). ‖ — *Cuadro médico*, personnel médical. ‖ *Receta médica*, ordonnance médicale.
— M. Médecin. ‖ — *Médico consultor* ou *de apelación* ou *de consulta*, médecin consultant. ‖ *Médico de cabecera, de familia*, médecin traitant, de famille. ‖ *Médico espiritual*, médecin des âmes, directeur de conscience o spirituel. ‖ *Médico forense*, médecin légiste. ‖ MIL. *Médico militar* ou *castrense*, médecin militaire o médecin-major. ‖ *Médico rural*, médecin de campagne. ‖ — *Consejero médico*, médecin conseil. ‖ *Los Médicos*, la Faculté. ‖ — F. V. MÉDICA.

medicolegal adj. Médico-légal, e.

medicucho m. Médicastre, charlatan.

medida f. Mesure : *la medida del tiempo*, la mesure du temps ; *tres medidas de vino*, trois mesures de vin. ‖ Mesure (en costura). ‖ Taille (de un traje). ‖ FIG. Mesure, retenue (prudencia). ‖ Mesure : *medidas enérgicas*, mesures énergiques. ‖ — *Medida común*, commune mesure. ‖ *Medida del cuello*, encolure. ‖ — *A la medida*, sur mesure (traje) : *pantalón hecho a la medida*, pantalon sur mesure. ‖ *A medida de*, selon, conformément à : *a medida de mis deseos*, selon mes désirs. ‖ *A medida que*, à mesure que, au fur et à mesure que. ‖ *En la medida de lo posible*, dans la mesure du possible. ‖ *En la medida en que*, dans la mesure où. ‖ *En menor medida*, à une moindre échelle. ‖ — *Colmar* ou *llenar la medida*, combler la mesure. ‖ *Esto pasa de la medida*, cela passe toute mesure, cela dépasse les bornes.

medidor, ra adj. Qui mesure.
— M. Métreur, mesureur (que mide). ‖ *Amer.* Compteur. ‖ *Fiel medidor*, contrôleur des poids et mesures.

mediero, ra m. y f. Tricoteur, euse (que hace medias). ‖ Bonnetier, ère (que vende medias). ‖ Métayer, ère (aparcero).

medieval adj. Médiéval, e.

medievalidad f. Caractère (m.) médiéval.

medievalismo m. Médiévisme.

medievalista m. y f. Médiéviste.

medievo m. Moyen Âge.

medina f. Médina.

Medina n. pr. GEOGR. Médine.

medio m. Milieu (centro). ‖ Moyen (procedimiento) : *el fin justifica los medios*, la fin justifie les moyens. ‖ Moyen (posibilidad). ‖ Demi (mitad). ‖ Mesure, f. (medida) : *tomar los medios necesarios*, prendre les mesures nécessaires. ‖ Milieu (ambiente, círculo) : *en los medios bien informados*, dans les milieux bien informés. ‖ Médius (dedo). ‖ Demi (deporte) : *medio derecha, izquierda, de apertura, de melée*, demi droit, gauche, d'ouverture, de mêlée. ‖ Médium (médium). ‖ BIOL. Milieu. ‖ — Pl. Moyens (fortuna) : *su padre es un hombre con pocos medios*, son père est un homme qui n'a pas beaucoup de moyens. ‖ Moyens : *medios de producción, de transporte*, moyens de production, de transport. ‖ MAT. Moyens (de una proporción). ‖ TAUROM. Centre (*sing.*) de l'arène. ‖ — *El justo medio*, le juste milieu. ‖ *De medio a medio*, complètement (enteramente). ‖ *De por medio*, au milieu. ‖ *En los medios allegados a*, dans l'entourage de. ‖ *En medio de*, au milieu de : *en medio de la calle*, au milieu de la rue ; malgré (a pesar de) : *en medio de eso*, malgré cela. ‖ *Justo en medio*, juste au milieu, au beau milieu, en plein milieu. ‖ *Por medio de*, au milieu de : *el río pasa por medio del pueblo*, la rivière passe au milieu du village ; au moyen de, grâce à (gracias a), par l'intermédiaire de (mediante). ‖ — *Confundir el fin con el medio*, prendre le moyen pour la fin. ‖ *Echar por la calle de en medio*, ne pas y aller par quatre chemins, y aller carrément. ‖ *Estar corto de medios*, être à court d'argent, être désargenté. ‖ *Estar de por medio*, servir d'intermédiaire. ‖ *Meterse* ou *ponerse de por medio*, s'interposer (pelea), s'entremettre (negocio). ‖ *No hay medio*, il n'y a pas moyen. ‖ *Poner tierra de por medio*, s'éloigner, prendre le large. ‖ *Quitar de en medio a uno*, se débarrasser de quelqu'un. ‖ *Quitarse de en medio*, s'écarter, se pousser, s'ôter de là (cambiar de sitio) : *quítate de en medio*, ôte-toi de là ; disparaître (irse). ‖ *Vivir pared por medio*, être voisins.

medio, dia adj. Demi, e (después de un sustantivo) : *dos horas y media*, deux heures et demie. ‖ Demi, *inv.* (delante del sustantivo) : *saldré dentro de media hora*, je sortirai dans une demi-heure. (V. OBSERV.) ‖ Moyen, enne : *temperatura media*, température moyenne ; *el español medio*, l'Espagnol moyen. ‖ — *Media lengua*, langage enfantin. ‖ *Medio pariente*, cousin à la mode de Bretagne. ‖ — *Clase media*, classe moyenne. ‖ *Edad Media*, Moyen Âge. ‖ MAT. *Término medio*, moyen terme. ‖ — *A media cuesta*, à mi-côte. ‖ *A media pierna*, à mi-jambe. ‖ *A media voz*, à mi-voix. ‖ *A medio camino*, à mi-chemin. ‖ *A medio cuerpo*, à mi-corps. ‖ *De medio cuerpo*, en buste (pintura). ‖ *De medio pelo*, quelconque (gente), tape-à-l'œil (cosa). ‖ *No hay término medio*, il n'y a pas de milieu.
— Adv. À demi, demi-, *inv.* : *medio muerta de frío*, à demi morte ou demi-morte de froid. À moitié, à demi : *medio tonto*, à moitié idiot ; *una botella medio llena*, une bouteille à moitié pleine. ‖ — *A medias*, à moitié : *dormido a medias*, à moitié endormi ; *satisfecho a medias*, à moitié satisfait ; de moitié : *ir a medias en un negocio*, être *o* se mettre de moitié dans une affaire ; demi-, *inv.* : *medidas a medias*, demi-mesures ; *verdad a medias*, demi-vérité. ‖ *A medio* (con verbo al infinitivo), à moitié (con part. pas.) : *a medio terminar*, à moitié fini. ‖ *Es un escritor a medias*, il est vaguement écrivain. ‖ *Solución a medias*, solution moyenne.

— OBSERV. El francés antepone siempre el artículo indefinido al adjetivo *medio* : *esperó media hora*, il a attendu une demi-heure ; *compré medio kilo de garbanzos*, j'ai acheté un demi-kilo de pois chiches.

mediocre adj. Médiocre.
mediocridad f. Médiocrité.
mediodía m. Midi : *llegó a mediodía*, il arriva à midi. ‖ Midi (sur) : *se va al mediodía de Francia*, il s'en va dans le midi de la France.
medioeval adj. Médiéval, e ; moyenâgeux, euse.
medioevo m. Moyen Âge (Edad Media).
mediopensionista m. y f. Demi-pensionnaire.
medir* v. tr. Mesurer : *medir por litros, con metro*, mesurer au litre, au mètre. ‖ Scander (los versos). ‖ FIG. Mesurer : *medir las fuerzas, las consecuencias*, mesurer ses forces, les conséquences. ‖ *Medir con la vista*, mesurer du regard. ‖ FIG. *Medir de arriba abajo*, toiser (con la mirada). ‖ *Medir el suelo*, prendre un billet de parterre, ramasser une pelle (caerse). ‖ *Medir las costillas a uno*, caresser *o* chatouiller les côtes à quelqu'un.

‖ *Medir sus palabras*, mesurer ses paroles, peser ses mots. ‖ *Medir sus pasos*, y aller prudemment. — V. pr. FIG. Se mesurer : *medirse con uno*, se mesurer avec quelqu'un. ‖ Se contenir (moderarse). ‖ FIG. *Medirse consigo mismo*, mesurer ses propres forces.
meditabundo, da adj. Pensif, ive ; méditatif, ive.
meditación f. Méditation.
meditador, ra adj. Méditatif, ive.
meditar v. tr. e intr. Méditer : *meditar en* ou *sobre el pasado*, méditer sur le passé. ‖ Méditer (planear).
meditativo, va adj. Méditatif, ive.
mediterráneo, a adj. Méditerranéen, enne : *el clima mediterráneo*, le climat méditerranéen. ‖ *El (mar) Mediterráneo*, la [mer] Méditerranée.
médium m. Médium.
medo, da adj. y s. Mède (de Media).
medra f. Progrès, *m.*, développement, *m.*
medrar v. intr. Pousser (plantas). ‖ Se développer, grandir (animales). ‖ FIG. Prospérer (fortuna, persona, etc.). ‖ Faire fortune (enriquecerse). ‖ FAM. *¡Medrados estamos!*, nous voilà dans de beaux draps !, nous voilà bien !, nous voilà bien avancés !
medro m. Progrès, développement.
medrosamente adv. Craintivement, timidement.
medroso, sa adj. y s. Peureux, euse ; timide, craintif, ive (miedoso). ‖ Effrayant, e (espantoso).
médula o **medula** f. Moelle : *médula espinal*, moelle épinière. ‖ FIG. Moelle. ‖ BOT. Moelle (pulpa) : *médula de saúco*, moelle de sureau. — *Médula oblonga, ósea*, moelle allongée, osseuse. ‖ FAM. *Me sacarán hasta la médula*, ils me suceront jusqu'à la moelle, ils m'auront jusqu'au bout.
medular adj. Médullaire.
medulitis f. MED. Médullite.
meduloso, sa adj. Médulleux, euse ; qui est rempli de moelle.
medusa f. ZOOL. Méduse.
Medusa n. pr. f. MIT. Méduse.
Mefistófeles n. pr. m. Méphistophélès.
mefistofélico, oa adj. Méphistophélique.
mefítico, oa adj. Méphitique.
mefitismo m. Méphitisme.
megaceros m. Mégacéros.
megaciclo m. Mégacycle (unidad de frecuencia).
megacolon m. MED. Mégacôlon.
megadina f. Fís. Mégadyne (unidad de fuerza).
megafonía f. Sonorisation.
megáfono m. Mégaphone, porte-voix.
megajulio m. ELECTR. Mégajoule (unidad de trabajo).
megalítico, oa adj. Mégalithique.
megalito m. Mégalithe.
megalocéfalo, la adj. Mégalocéphale.
megalomanía f. Mégalomanie, folie des grandeurs.
megalómano, na adj. y s. Mégalomane.
megalosaurio m. ZOOL. Mégalosaure (fósil).
mégano m. Lais (tierra de aluvión).
megáptero m. ZOOL. Mégaptère.
Mégara n. pr. f. GEOGR. Mégare.
megaterio m. Mégathérium (mamífero fósil).
megatón m. Ffs. Mégatonne, *f.*
megohmio m. Ffs. Mégohm (unidad de resistencia).
mehala f. MIL. Méhalla.
meharista m. Méhariste.
meiosis f. BIOL. Méiose.
mejana f. Îlot (*m.*) dans un fleuve.
mejicanismo m. Mot (vocablo) ou tournure (*f.*) [giro] mexicains.
mejicano, na adj. y s. Mexicain, e.
Méjico n. pr. m. Mexique (país). ‖ Mexico (la capital).
— OBSERV. V. MÉXICO.

mejilla f. Joue : *en la mejilla*, sur la joue.
mejillón m. Moule, *f.* (molusco). ‖ *Criadero de mejillones*, moulière.
mejillonera f. Moulière.
mejor adj. Meilleur, e. ‖ — *A falta de otra cosa mejor*, faute de mieux. ‖ *En las mejores condiciones*, dans les meilleures conditions, au mieux. ‖ *Lo mejor*, le mieux : *lo mejor es enemigo de lo bueno*, le mieux est l'ennemi du bien. ‖ *Lo mejor del caso*, le plus beau de l'histoire. ‖ *Lo mejor del mundo*, le mieux du monde. ‖ *Lo mejor de lo mejor*, le fin du fin. ‖ *Lo mejor posible*, le mieux possible, au mieux, pour le mieux (de la mejor manera posible) ; de mon, ton, son mieux (todo lo que se puede) : *hice lo mejor posible*, j'ai fait de mon mieux. ‖ *Nada mejor*, rien de mieux. ‖ — *Encontrar algo mejor*, trouver quelque chose de mieux, trouver mieux. ‖ *Es lo mejor que hay*, c'est ce qu'il y a de mieux. ‖ *Hace mejor tiempo*, il fait meilleur. ‖ *Nunca he visto cosa mejor*, je n'ai jamais rien vu de mieux. ‖ *Obrar lo mejor posible*, faire pour le mieux o de son mieux.
— Adv. Mieux. ‖ Le mieux, la mieux (superlativo de bien) : *es el libro mejor escrito de este autor*, c'est le livre le mieux écrit de cet auteur. ‖ Plutôt : *escogería mejor este abrigo*, je choisirais plutôt ce manteau. ‖ Tant mieux : *nos vamos en seguida*. — *¡Mejor!*, nous partons immédiatement. — Tant mieux ! ‖ — *Mejor dicho*, ou plutôt, pour mieux dire. ‖ *Mejor que mejor*, tant mieux. ‖ — *A cual mejor*, à qui mieux mieux, à l'envi. ‖ *A lo mejor*, peut-être, si cela se trouve : *a lo mejor no vendrá*, peut-être ne viendra-t-il pas ; *a lo mejor lo tienes tú*, si cela se trouve, c'est toi qui l'as. ‖ *Cada vez mejor*, de mieux en mieux. ‖ *Mucho mejor*, bien mieux, beaucoup mieux. ‖ *Tanto mejor*, tant mieux. ‖ *Estar mejor*, aller o être mieux (de salud), être meilleur (el tiempo), être mieux (estar más a gusto). ‖ *Querer mejor*, préférer, aimer mieux. ‖ *Ser mejor*, être mieux, valoir mieux (ser de más valor), valoir mieux (ser preferible).
— M. y f. Meilleur, e : *es la mejor de las mujeres*, c'est la meilleure des femmes. ‖ *En el mejor de los casos*, dans le meilleur des cas, en mettant les choses au mieux, tout au mieux.
mejora f. Amélioration : *no hay mejora en su situación*, il n'y a pas d'amélioration dans sa situation. ‖ Amélioration, progrès, *m.* (adelanto) : *las mejoras derivadas de la civilización*, les améliorations apportées par la civilisation. ‖ Augmentation (del sueldo). ‖ Enchère (puja). ‖ DR. Préciput, *m.*, avantage, *m.* ‖ AGRIC. Bonification (de las tierras).
mejorable adj. Améliorable.
mejoramiento m. Amélioration, *f.* ‖ Adoucissement (de temperatura).
mejorana f. BOT. Marjolaine.
mejorar v. tr. ● Améliorer (volver mejor) : *mejorar su situación*, améliorer sa situation. ‖ Faire du bien à (un enfermo) : *la cura le ha mejorado mucho*, la cure lui a fait beaucoup de bien. ‖ Augmenter : *mejorar el sueldo*, augmenter le salaire. ‖ Réformer (las costumbres). ‖ Améliorer le sort de : *la nueva ley mejora a los funcionarios*, la nouvelle loi améliore le sort des fonctionnaires. ‖ Enchérir (pujar). ‖ DR. Avantager (en un testamento) : *mejorar a su hijo en el testamento*, avantager son fils dans son testament. ‖ AGRIC. Bonifier (el terreno).
— V. intr. Aller mieux (estar mejor de salud). ‖ S'améliorer, se remettre (el tiempo). ‖ Prospérer (prosperar). ‖ S'améliorer : *este niño que era tan malo ha mejorado mucho*, cet enfant qui était si méchant s'est beaucoup amélioré. ‖ Se remettre (prosperar de nuevo). ‖ — *Mejorar de salud*,

aller mieux. ‖ *Mejorar de situación*, améliorer sa situation.
— SINÓN. ● *Perfeccionar*, perfectionner. *Embellecer*, embellir. *Purificar*, purifier. *Reformar*, réformer. *Renovar*, renouveler.
mejorcito, ta dim. de *mejor*. adj. FAM. Un peu mieux : *el niño se encuentra mejorcito*, l'enfant va un peu mieux. ‖ Meilleur, e : *esta alumna es la mejorcita de la clase*, cette élève est la meilleure de la classe. ‖ *Lo mejorcito*, ce qu'il y a de mieux.
mejoría f. Amélioration (mejora). ‖ Amélioration, mieux, *m.* (en una enfermedad) : *hay mejoría*, il y a du mieux. ‖ Avantage, *m.*, supériorité (ventaja).
mejunje m. Mixture, *f.* ‖ FIG. Mixture, *f.*, breuvage (bebida).
melada f. Tartine de miel (rebanada). ‖ Marmelade de coing sèche.
melado, da adj. Miellé, e.
— M. Sirop (de la caña de azúcar). ‖ Gâteau au miel (dulce).
meladora f. Amer. Poêlon, *m.*
meladura f. Sirop, *m.*
meláfido m. Mélaphyre (roca).
melámpiro m. BOT. Mélampyre.
melampo m. TEATR. Lampe (*f.*) du souffleur.
melancolía f. Mélancolie : *caer en un estado de melancolía*, sombrer dans la mélancolie.
— SINÓN. *Tristeza*, tristesse. *Añoranza*, nostalgia, nostalgie. *Esplín*, spleen. Fam. *Murria, morriña*, cafard.
melancólico, ca adj. y s. Mélancolique.
melancolizar v. tr. Attrister, chagriner.
Melanesia n. pr. f. GEOGR. Mélanésie.
melanesio, sia adj. y s. Mélanésien, enne.
Melania n. pr. f. Mélanie.
melanina f. Mélanine (bioquímica).
melanita f. MIN. Mélanite (variedad de granate).
melanoderma adj. Mélanoderme.
melanosis f. MED. Mélanose.
melar adj. Miellé, e (con sabor a miel).
melar* v. tr. Donner la seconde cuisson [au sucre de canne].
— V. intr. Faire le miel et remplir les gâteaux de cire (las abejas).
melastomáceas f. pl. BOT. Mélastomacées.
melaza f. Mélasse.
Melbourne n. pr. GEOGR. Melbourne.
melca f. Sorgho, *m.* (planta).
melcocha f. Pâte de guimauve.
melcochero m. Marchand de pâte de guimauve.
Melchor n. pr. m. Melchior.
meleagrina f. Méléagrine (ostra).
Meleagro n. pr. m. Méléagre.
melée f. Mêlée (rugby) : *medio de melée*, demi de mêlée.
— OBSERV. *Mêlée* es una palabra francesa.
melena f. Chevelure, cheveux (*m. pl.*) longs (cabellos). ‖ FAM. Crinière, toison : *largas melenas*, longue crinière. ‖ Crinière (del león).
melena f. MED. Méléna, *m.*
melenudo, da adj. Chevelu, e.
melero m. Marchand de miel (vendedor). ‖ Réserve (*f.*) de miel.
melgar m. Luzernière, *f.*, champ de luzerne.
melia f. Mélia, *m.* (árbol).
meliáceas f. pl. BOT. Méliacées.
mélico, ca adj. Mélique (poesía).
melífero, ra adj. Mellifère.
melificación f. Mellification.
melificar v. intr. Fabriquer le miel (las abejas).
melífico, ca adj. Mellifique (que produce miel).
melifluo, flua adj. Melliflue : *un lenguaje melifluo*, un langage melliflue.
meliloto m. Trèfle ; mélilot (trébol).
melillense adj. y s. De Melilla.

melindre m. Beignet au miel (fruta de sartén). ‖ Gâteau, calisson (dulce). ‖ Fig. Minauderies, f. pl., manières, f. pl. ‖ *Andarse con melindres, hacer melindres* ou *gastar melindres,* faire des mines, minauder (por coquetería), faire des manières o des façons o des chichis (hacerse de rogar).
melindrear v. intr. Minauder, faire des manières.
melindrería f. Mièvrerie, affectation (melindre).
melindrosamente adv. En minaudant.
melindroso, sa adj. y s. Minaudier, ère ; qui fait des chichis (mujer). ‖ Capricieux, euse (niño).
melinita f. Mélinite (explosivo).
melisa f. Bot. Mélisse (toronjil). ‖ *— Agua de melisa,* eau de mélisse. ‖ Bot. *Melisa silvestre,* mélitte.
melito m. Sirop, mellite.
melívoro, ra adj. Mellivore.
melocotón m. Bot. Pêche, f. (fruto). ‖ Pêcher (árbol).
melocotonar m. Verger de pêchers.
melocotonero m. Bot. Pêcher (árbol).
melodía f. Mélodie.
melódico, ca adj. Mélodique.
melodio m. Mús. Mélodium.
melodioso, sa adj. Mélodieux, euse.
melodista m. Mélodiste.
melodrama m. Mélodrame.
melodramático, ca adj. Mélodramatique. ‖ *Ponerse melodramático,* tomber dans le mélodrame.
melodreña adj. f. *Piedra melodreña,* pierre à aiguiser (piedra de amolar).
meloe m. Méloé (insecto).
melófago m. Mélophage (insecto parásito).
meloja f. Eau miellée.
melojar m. Chênaie, f.
melojo m. Sorte de chêne, chêne pubescent.
melolonta m. Zool. Hanneton (abejorro).
melomanía f. Mélomanie.
melómano, na adj. y s. Mélomane.
melón m. Melon (fruta). ‖ Fig. y Fam. Cornichon (imbécil). ‖ Zool. Sorte de mangouste (f.) d'Espagne, ichneumon. ‖ *Melón de agua,* melon d'eau, pastèque.
melonada f. Fam. Ânerie, niaiserie.
melonar m. Melonnière, f.
meloncillo m. Petit melon (melón pequeño).
melonero, ra m. y f. Maraîcher, maraîchère qui cultive des melons (que siembra). ‖ Marchand, marchande de melons (que vende).
melonzapote m. *Amer.* Papaye, f.
melopea f. Mélopée. ‖ Fam. Cuite (borrachera) : *coger una melopea,* prendre une cuite.
melopeya f. Mélopée.
melosidad f. Douceur (suavidad).
meloso, sa adj. Mielleux, euse ; doucereux, euse.
melote m. Mélasse, f.
Melquisedec n. pr. m. Melchisédec.
melquita m. y f. Melchite.
melusina f. Blas. Mélusine.
Melusina n. pr. f. Mélusine.
mella f. Brèche, ébréchure (rotura, hendedura). ‖ Brèche, vide, m. (hueco). ‖ Fig. Dommage, m., diminution (menoscabo). ‖ — Fig. y Fam. *Hacer mella,* faire impression o de l'effet (impresionar), entamer (menoscabar) : *hacer mella a la reputación,* entamer la réputation ; faire une brèche : *hacer mella en su fortuna,* faire une brèche à sa fortune ; faire du tort à, porter atteinte à (perjudicar). ‖ *No hacer la menor mella,* glisser, ne pas faire le moindre effet : *las críticas no hacen la menor mella en él,* les critiques glissent sur lui. ‖ *Tener dos mellas en la dentadura,* avoir deux dents en moins o qui manquent.
mellado, da adj. Ébréché, e. ‖ — Adj. y s. Fig. Brèche-dent, personne à qui il manque des dents. (falto de algún diente).
melladura f. V. MELLA.

mellar v. tr. Ébrécher. ‖ Fig. Entamer, ternir (la honra, el crédito).
— V. pr. Perdre ses dents.
mellizo, za adj. y s. Jumeau, elle. ‖ Bot. Semblable (hermanado). ‖ — M. pl. Fig. y Fam. Hirondelles, f. (policías).
memada f. Fam. Ânerie, niaiserie.
membrana f. Membrane : *falsa membrana,* fausse membrane.
membraniforme adj. Membraniforme.
membranilla f. Membranule.
membranoso, sa adj. Membraneux, euse.
membrete m. En-tête (de cartas o documentos).
membrillar m. Plantation (f.) de cognassiers.
membrillero m. Bot. Cognassier (membrillo).
membrillo m. Bot. Cognassier (árbol). ‖ Coing (fruto) : *carne* ou *dulce de membrillo,* pâte de coing. ‖ *Veranillo del membrillo,* été de la Saint-Michel.
membrudamente adv. Vigoureusement.
membrudo, da adj. Robuste, vigoureux, euse ; membru, e (p. us.) [corpulento]. ‖ Blas. Membré, e.
memento m. Mémento.
memez f. Niaiserie, bêtise (simpleza).
memo, ma adj. y s. Sot, sotte ; idiot, e ; niais, e (tonto).
memorable adj. Mémorable.
memorándum o **memorando** m. Mémorandum.
memorar v. tr. (P. us.). Rappeler, remémorer.
memoria f. ● Mémoire, f. (facultad). ‖ Souvenir, m. (recuerdo) : *guardar memoria de,* garder le souvenir de. ‖ Mémoire, m. (documento). ‖ Rapport, m. (informe). ‖ Bordereau, m. (factura). ‖ Mémoire (de un ordenador). ‖ — Pl. Mémoires, m. (documento). ‖ Compliments, m., bon souvenir, m. sing : *dele memorias,* présentez-lui mon bon souvenir. ‖ — *Memoria explicativa,* exposé des motifs. ‖ — *De memoria,* par cœur : *aprender, saberse de memoria,* apprendre, savoir par cœur. ‖ *En memoria de,* en mémoire o à la mémoire de. ‖ *Flaco de memoria,* qui a une mauvaise mémoire. ‖ — Fig. *Borrar de la memoria,* effacer de la mémoire. ‖ *Borrarse de la memoria,* s'effacer de la mémoire, sortir de l'esprit (un recuerdo). ‖ *Hacer memoria de,* se souvenir de. ‖ *Irse de la memoria,* échapper, sortir de la mémoire o de la tête : *este nombre se me ha ido de la memoria,* ce nom m'échappe. ‖ *Refrescar la memoria,* rafraîchir la mémoire. ‖ *Si la memoria no me falla,* si j'ai bonne mémoire, pour autant que je me rappelle. ‖ *Traer a la memoria,* rappeler. ‖ *Venir a la memoria,* se souvenir de : *me vino a la memoria que,* je me suis souvenu que.
— SINÓN. ● *Recuerdo, recordación,* souvenir. *Remembranza,* remembrance. *Reminiscencia,* réminiscence.

memorial m. Mémorial (libro). ‖ Requête, f., placet (petición). ‖ Bulletin (boletín).
memorialesco, ca adj. Fam. Administratif, ive.
memorialista m. Mémorialiste.
memorión m. Bonne mémoire, f. (memoria grande). ‖ Personne (f.) qui apprend tout par cœur o qui ne se fie qu'à sa mémoire.
memorioso, sa adj. y s. Qui a une bonne mémoire.
memorista adj. y s. Qui a une bonne mémoire.
memorístico, ca adj. De mémoire.
memoriudo, da adj. *Amer.* V. MEMORIOSO.
memorización f. Mémorisation.
mena f. Minerai, m. (mineral). ‖ Mar. Grosseur [d'un câble].
ménade f. Mit. Ménade (bacante).
menaje m. Mobilier (de una casa). ‖ Matériel (de escuela). ‖ Ménage (ajuar). ‖ Batterie, f. (de cocina).
Menandro n. pr. m. Ménandre.

mención f. Mention : *mención honorífica*, mention honorable. ‖ *Hacer mención de*, faire mention de, mentionner.

mencionado, da adj. Mentionné, e ; nommé, e ; cité, e (personas) : *las personas anteriormente mencionadas*, les personnes déjà nommées. ‖ Ce, *m.*, cette, *f.*, ces, *pl.*, en question (cosas) : *la mencionada batalla*, cette bataille, la bataille en question.

mencionar v. tr. Mentionner, nommer. ‖ Signaler, faire remarquer (señalar). ‖ *Sin mencionar a*, sans parler de.

menchevique adj. y s. Menchevik.

menda (mi) loc. POP. Ma pomme, bibi.

mendaz adj. Menteur, euse (persona). ‖ Mensonger, ère (cosa).

mendelevio m. QUÍM. Mendélévium.

mendeliano, na adj. Mendélien, enne.

mendelismo m. Mendélisme (teoría de Mendel).

mendicación f. Mendicité (mendicidad).

mendicante adj. y s. Mendiant, e : *las órdenes mendicantes*, les ordres mendiants.

mendicidad f. Mendicité.

mendiganta f. Mendiante.

mendigante adj. y s. Mendiant, e.

mendigar v. tr. e intr. Mendier. ‖ FIG. Mendier : *mendigar aprobaciones*, mendier des approbations.

mendigo, ga m. y f. Mendiant, e.

— SINÓN. *Pordiosero*, gueux. *Indigente*, indigent. *Menesteroso*, nécessiteux. *Pobre*, pauvre, *Desvalido*, déshérité.

mendocino, na adj. y s. De Mendoza [Argentine].

mendrugo m. Croûton, morceau, quignon [de pain dur]. ‖ FIG. *Por un mendrugo de pan*, pour un morceau *o* une bouchée de pain.

menear v. tr. Remuer : *menear la mano, el café*, remuer la main, le café. ‖ FIG. Diriger (un negocio). ‖ — FIG. y FAM. *De no te menees pulguita*, gratiné. ‖ *Mejor es no meneallo* ou *peor es meneallo*, il vaut mieux ne pas revenir la dessus *o* ne pas aborder ce sujet.
— V. pr. S'agiter, bouger, remuer : *este niño se menea mucho*, cet enfant s'agite beaucoup. ‖ Bouger : *no te menees de aquí*, ne bouge pas d'ici. ‖ FAM. Se remuer.

menegilda f. FAM. Domestique, soubrette.

Menelao n. pr. m. Ménélas.

meneo m. Remuement, mouvement (movimiento). ‖ Dandinement (contoneo). ‖ Agitation, *f.* (agitación). ‖ FIG. y FAM. Cahot : *los meneos de la vida*, les cahots de la vie. ‖ Volée, *f.* (vapuleo). ‖ — FAM. *Dar un meneo a uno*, secouer les puces *o* donner une volée à quelqu'un (vapulear), siffler, huer quelqu'un (en un teatro, etc.). ‖ — FIG. y FAM. *Darle un meneo a*, faire un sort à : *le dio un meneo a la botella que casi se la bebió*, il a fait un sort à la bouteille, il a presque tout bu. ‖ *Ser objeto de un meneo*, se faire siffler *o* huer.

menequear v. tr. *Amer.* Remuer.

menester m. Besoin, nécessité, *f.* (necesidad). ‖ Occupation, *f.* (ocupación). ‖ Pl. Besoins naturels, nécessités (necesidades corporales). ‖ FAM. Outils, attirail, *sing.* (instrumentos de trabajo). ‖ — *Haber menester una cosa* ou *de una cosa*, avoir besoin d'une chose. ‖ *Ser menester*, falloir, être nécessaire : *es menester comer para vivir*, il faut manger pour vivre ; *no es menester que vayas ahí*, il n'est pas nécessaire que tu y ailles.

menesteroso, sa adj. y s. Nécessiteux, euse.

menestra f. Sorte de ragoût (con carne). ‖ Macédoine de légumes, jardinière (de verduras). ‖ — Pl. Légumes (*m.*) secs.

menestral m. Ouvrier, artisan.

menestralía f Artisanat, *m.*

Menfis n. pr. GEOGR. Memphis.

menfita adj. y s. De Memphis, memphite.

mengano, na m. y f. Un tel, Une telle : *Fulano y Mengano*, Un tel et Un tel.
— OBSERV. Le substantif *mengano* ne s'emploie qu'après le mot *fulano* pour désigner une personne dont on ignore le nom.

mengua f. Diminution (disminución). ‖ Manque, *m.* (falta). ‖ Pauvreté (pobreza). ‖ FIG. Discrédit, *m.* (descrédito). ‖ *En mengua de*, au détriment de : *lo hizo en mengua de su honra*, il l'a fait au détriment de son honneur.

menguado, da adj. y s. Lâche, pusillanime (cobarde). ‖ Sot, sotte (tonto). ‖ Avare, radin, e (avaro). ‖ — Adj. Limité, e (reducido) : *obtuvo tan menguados éxitos*, n'a remporté des succès si limités. ‖ *Jersey menguado*, pull-over diminué. ‖ — M. Point de diminution (punto).

menguante adj. Décroissant, e (que mengua). ‖ *Cuarto menguante*, dernier quartier (de la Luna). — F. Baisse (de las aguas de un río). ‖ Marée descendante (del mar). ‖ Dernier quartier, *m.* (de la Luna). ‖ FIG. Déclin, *m.*, décadence.

menguar v. intr. Diminuer, tomber, décroître (calor). ‖ Décroître (la Luna). ‖ FIG. Baisser, décliner (una persona). ‖ Diminuer (en las labores de punto).
— V. tr. Diminuer. ‖ FIG. Diminuer (rebajar) : *esto no mengua en nada su fama*, cela ne diminue absolument pas sa réputation.

mengue m. FAM. Diable.

menhir m. Menhir.

menianto m. Ményanthes, *pl.* (planta).

menina f. Ménine, fille d'honneur.

meninge f. ANAT. Méninge.

meníngeo, a adj. Méningé, e.

meningitis f. MED. Méningite.

meningococo m. MED. Méningocoque (microbio).

menipeo, a adj. y s. Ménippé, e : *Sátira menipea*, Satire ménippée.

Menipo n. pr. m. Ménippe.

menisco m. FÍS. y ANAT. Ménisque. ‖ MED. *Rotura del menisco*, déchirure du ménisque.

menispermáceas f. pl. BOT. Ménispermacées.

menjuí m. BOT. Benjoin.

menjunje o **menjurje** m. Mixture, *f.*, mélange, breuvage.

Meno n. pr. m. GEOGR. Main : *Francfort del Meno*, Francfort-sur-le-Main.

menologio m. Ménologe (catálogo de los mártires).

menonita m. Mennonite (anabaptista).

menopausia f. MED. Ménopause, retour (*m.*) d'âge.

menor adj. Plus petit, e (más pequeño). ‖ Moindre (más mínimo) : *el menor ruido le asusta*, le moindre bruit l'effraie. ‖ MÚS. Mineur, e : *en la menor*, en « la » mineur. ‖ — *Al por menor*, au détail. ‖ MAT. *Menor que*, plus petit que. ‖ *Por menor*, en détail (por extenso), au détail (venta). ‖ — *El menor, la menor*, le plus petit, la plus petite (superlativo de pequeño) : *deme la menor que hay*, donnez-moi la plus petite qu'il y ait (con subjuntivo en francés). ‖ *Es un mal menor*, un moindre mal. ‖ GEOGR. *Las Antillas Menores*, les Petites Antilles. ‖ *No tengo la menor idea*, je n'en ai pas la moindre idée.
— Adj. y s. Mineur, e (menor de edad). ‖ — *Menor de edad*, mineur. ‖ *Menor edad*, minorité. ‖ — *Hermana menor*, cadette, jeune sœur. ‖ *Hermano menor*, cadet, jeune frère. ‖ *Juez de menores*, juge pour enfants. ‖ *No apta para menores*, interdit aux moins de seize ans (película). ‖ RELIG. *Órdenes menores*, ordres mineurs. ‖ *Rama menor*, branche cadette. ‖ *Tribunal de menores*, tribunal pour enfants. ‖ — M. Frère mineur, franciscain. ‖ — Pl. Les petits (en el colegio). ‖ Classe (*f. sing.*) élémentaire (clase). ‖ — F. Mineure (segunda proposición del silogismo).

Menorca n. pr. GEOGR. Minorque.

menoría f. Minorité (minoría).

menorista m. Élève des classes élémentaires de grammaire, débutant. ‖ *Amer.* Petit commerçant, détaillant (minorista).

menorquín, ina adj. y s. Minorquin, e (de Menorca).

menorragia f. MED. Ménorragie.

menos adv. Moins (comparación) : *menos generoso,* moins généreux. ‖ Moins de (delante de un sustantivo y con idea de cantidad) : *menos soldados,* moins de soldats ; *menos viento,* moins de vent. ‖ De moins (después de un sustantivo) : *un litro menos,* un litre de moins. ‖ Moins (superlativo de poco) : *es el alumno menos inteligente de la clase,* c'est l'élève le moins intelligent de la classe ; *es el hombre menos amable que conozco,* c'est l'homme le moins aimable que je connaisse (subjuntivo en francés).
— *Menos aun cuando,* d'autant moins que. ‖ *Menos... de lo que,* moins que... ne : *es menos holgazán de lo que crees,* il est moins paresseux que tu ne le crois. ‖ *Menos mal,* v. MAL. ‖ *Menos que nada,* moins que rien. ‖ *Menos que nunca,* moins que jamais. ‖ — *A menos de,* à moins de. ‖ *Al* ou *a lo menos, por lo menos,* au moins, du moins, tout au moins. ‖ *A menos que,* à moins que. ‖ *Cada vez menos,* de moins en moins. ‖ *Cuando menos,* (tout) au moins. ‖ *De menos,* en moins. ‖ *Dos de menos,* deux de chute (bridge). ‖ *En menos,* moins : *lo estimo en menos que a ti,* je l'estime moins que toi. ‖ *En menos de nada,* en moins de rien. ‖ *Lo de menos es el ruido,* ce n'est pas tellement le bruit ; le bruit, ce n'est rien. ‖ *Lo menos,* au moins : *lo menos había mil personas,* il y avait au moins mille personnes. ‖ *Mientras menos... menos,* moins... moins. ‖ *Nada menos que,* rien (de) moins que. ‖ *Ni mucho menos,* loin de là, tant s'en faut. ‖ *No menos,* non moins. ‖ *Poco menos,* un peu moins : *poco menos de un litro,* un peu moins d'un litre ; peu s'en faut : *es poco menos que tonto,* il n'est pas idiot mais peu s'en faut. ‖ *Por menos,* à moins : *no trabajo por menos,* je ne travaille pas à moins. ‖ *Por menos de nada,* pour un rien. ‖ *Si al menos* ou *por lo menos,* si seulement, si encore. ‖ *Tanto menos,* d'autant moins. ‖ — *Echar de menos,* s'ennuyer de, regretter, manquer : *echo de menos a mi país,* je m'ennuie de mon pays ; *echo de menos a mi madre,* ma mère me manque. ‖ *Es lo menos que puede hacerse,* c'est bien le moins que l'on puisse faire. ‖ *No es la cosa para menos,* il y a bien de quoi. ‖ *No puedo menos de saludarle,* je ne peux pas faire moins que de le saluer. ‖ *Ser lo de menos,* être ce qui compte le moins (lo menos importante), ne pas avoir d'importance (no importar). ‖ *Ser menos,* être en reste : *no quiero ser menos,* je ne veux pas être en reste. ‖ *Son menos de las diez,* il est moins de 10 heures. ‖ *Tener en menos,* dédaigner, mépriser. ‖ *Venir a menos,* déchoir, tomber bien bas (fam.) : *una familia venida a menos,* une famille déchue.
— Prep. Sauf, excepté : *todo menos eso,* tout sauf ça ; *todos lo hicieron menos él,* tous l'ont fait, sauf lui. ‖ En moins, sauf : *todo incluido menos el transporte,* tout compris, sauf le transport *o* le transport en moins. ‖ Fors (ant.) : *todo está perdido menos el honor,* tout est perdu fors l'honneur. ‖ — MAT. Moins : *cuatro menos uno son tres,* quatre moins un font trois. ‖ *Son las tres menos diez,* il est 3 heures moins 10.
— M. Moins : *el más y el menos,* le plus et le moins. ‖ MAT. Moins (signo —).

menoscabador, ra adj. Amoindrissant, e.

menoscabar v. tr. Amoindrir, diminuer (disminuir). ‖ Entamer (mermar). ‖ FIG. Porter atteinte *o* un coup à, discréditer (desacreditar).

menoscabo m. Amoindrissement, diminution, *f.* (mengua). ‖ Dommage, dégât (daño). ‖ FIG. Discrédit (descrédito). ‖ — *Con menoscabo de,* au préjudice de, au détriment de. ‖ *Sufrir menoscabo en su fortuna,* subir de grosses pertes, voir sa fortune s'effriter.

menospreciable adj. Méprisable.

menospreciador, ra adj. Méprisant, e.

menospreciar v. tr. Mépriser (despreciar). ‖ Dédaigner (desdeñar). ‖ Minimiser, mésestimer, sous-estimer : *sin menospreciar la importancia de,* sans minimiser l'importance de.

menospreciativo, va adj. Méprisant, e.

menosprecio m. Mépris : *con menosprecio de,* au mépris de. ‖ *Hacer menosprecio de,* faire peu de cas de.

mensaje m. Message. ‖ *Mensaje de la Corona,* discours du trône.

mensajería f. Messageries, *pl.* (empresa).

mensajero, ra adj. y s. Messager, ère. ‖ *Paloma mensajera,* pigeon voyageur.
— SINÓN. *Emisario,* émissaire. *Recadero, mandadero,* commissionnaire. *Delegado,* délégué. *Correo,* courrier.

menstruación f. Menstruation. ‖ Menstrues, *pl.* (menstruo).

menstrual adj. Menstruel, elle.

menstruar v. intr. Avoir ses règles.

menstruo m. Menstrues, *f. pl.*

mensual adj. Mensuel, elle.

mensualidad f. Mensualité, mois, *m.* (salario) : *cobrar su mensualidad,* toucher son mois. ‖ Mensualité (renta) : *pagar en tres mensualidades,* payer en trois mensualités.

mensualización f. Mensualisation.

mensualizar v. tr. Mensualiser.

ménsula f. ARQ. Console. ‖ Support, *m.* (soporte).

mensura f. *Amer.* Mesure.

mensurabilidad f. Mensurabilité.

mensurable adj. Mésurable, mensurable.

mensuración f. Mensuration.

mensurar v. tr. Mesurer.

menta f. BOT. Menthe (hierbabuena).

mentado, da adj. Fameux, euse ; célèbre. ‖ Mentionné, e ; en question (mencionado).

mental adj. Mental, e : *cálculo mental,* calcul mental. ‖ *Atrasado mental,* arriéré.

mentalidad f. Mentalité. ‖ Esprit, *m.* : *tener mentalidad abierta,* avoir l'esprit ouvert.

mentalmente adv. Mentalement. ‖ *Hacer una multiplicación mentalmente,* faire une multiplication de tête *o* mentalement.

mentar* v. tr. Mentionner, nommer.

mente f. Esprit, *m.* : *tener en la mente,* avoir dans l'esprit. ‖ Propos, *m.,* intention (propósito) : *no estaba en mi mente hacer eso,* je n'avais pas l'intention de faire cela *o* il n'était pas dans mon propos de faire cela. ‖ — *Tener en la mente,* avoir en tête (pensar en), envisager, avoir en vue (proyectar) : *tengo en la mente salir para los Estados Unidos,* j'envisage de partir pour les États-Unis. ‖ *Traer a la mente,* rappeler : *esto me trae a la mente tristes recuerdos,* cela me rappelle de tristes souvenirs ; appeler : *esto trae a la mente otros pensamientos,* cela appelle d'autres réflexions. ‖ *Venir a la mente,* traverser l'esprit, passer par la tête : *la sospecha no le vino a la mente,* le soupçon ne lui a pas traversé l'esprit.

mentecatada *o* **mentecatería** *o* **mentecatez** f. Sottise, bêtise.

mentecato, ta adj. y s. Sot, sotte ; niais, e ; pauvre d'esprit (necio).

mentidero m. FAM. Potinière, *f.,* endroit à cancans.

mentido, da adj. Mensonger, ère ; fallacieux, euse.

mentir* v. intr. Mentir : *mentir como un sacamuelas,* mentir comme un arracheur de dents. ‖

Induire en erreur, tromper (equivocar) : *las apariencias le mienten*, les apparences le trompent. ‖ Contredir, démentir (las cosas). ‖ — *Mentir sin necesidad, por costumbre*, mentir pour mentir. ‖ *Miente más que habla* ou *más que la gaceta*, il ment comme il respire, il est menteur comme un arracheur de dents. ‖ *¡Miento!*, que dis-je!, non! ‖ *No mentir*, tu ne mentiras point (mandamiento divino).

mentira f. ● Mensonge, *m.* (embuste) : *mentira piadosa*, pieux mensonge. ‖ Mensonge, *m.*, histoire (fam.) : *siempre está contando mentiras*, il raconte toujours des histoires. ‖ FIG. y FAM. Albugo, *m.* (en las uñas). ‖ — *Decir mentira por* ou *para sacar la verdad*, plaider *o* prêcher le faux pour savoir le vrai. ‖ *De luengas tierras, luengas mentiras*, a beau mentir qui vient de loin. ‖ *¡Eso es mentira!* ou *¡mentira!*, c'est faux! ‖ *Parece mentira*, c'est incroyable, c'est invraisemblable, ce n'est pas croyable.
— SINÓN. ● *Embuste*, mensonge. *Engaño*, tromperie. *Falsedad*, fausseté. *Farsa*, farce. Fam. *Bola, trola*, bobard.

mentirijillas (de) o **de mentirillas** loc. adv. FAM. Pour rire.

mentirosamente adv. Mensongèrement.

mentiroso, sa adj. y s. Menteur, euse (que miente). ‖ — Adj. FIG. Mensonger, ère ; fallacieux, euse (engañoso) : *proposiciones mentirosas*, propositions fallacieuses.

mentís m. Démenti : *dar un mentís*, donner un démenti.

mentol m. Menthol.

mentolado, da adj. Mentholé, e ‖ *Cigarrillos mentolados*, cigarettes à la menthe.

mentón m. Menton : *mentón salido*, menton en galoche.

mentor m. Mentor.

menú m. Menu (minuta).
— OBSERV. Pl. *menús*.

menudamente adv. Très petitement. ‖ Par le menu, en détail, avec force détails (circunstanciadamente).

menudear v. tr. Répéter, recommencer. ‖ Raconter par le menu *o* minutieusement (contar). ‖ *Amer.* Vendre au détail.
— V. intr. Abonder, arriver souvent (ocurrir frecuentemente). ‖ Se multiplier, pleuvoir (fig.) : *menudean las averías*, les pannes se multiplient.

menudencia f. Minutie (esmero). ‖ Petitesse (pequeñez). ‖ Bagatelle, bricole (cosa baladí). ‖ Détail, *m.* (detalle). ‖ — Pl. Abats, *m.* (de las reses), abattis, *m.* (de las aves).

menudeo m. Répétition (*f.*) fréquente, fréquence, *f.* ‖ *Venta al menudeo*, vente au détail.

menudillo m. Boulet (del pie de los cuadrúpedos). ‖ — Pl. Abattis (de las aves).

menudo, da adj. Petit, e (pequeño). ‖ Menu, e (delgado). ‖ Minutieux, euse (exacto). ‖ Placé devant le substantif qu'il accompagne il se traduit de diverses façons : *¡menudo lío!*, fichue *o* sacrée *o* drôle d'affaire ; *¡menudo cuento!*, la belle histoire! ; *¡menudo porrazo!*, un de ces coups de massue ; *¡menudo precio!*, ce n'est pas donné! ; *¡menuda profesión!*, quel métier! ; *en menudo estado estaba*, il était dans un joli état. ‖ — *A menudo*, souvent. ‖ *La gente menuda*, le petit monde (los niños). ‖ *Por menudo*, par le menu, en détail (con detalles).
— M. pl. Abats (de las reses), abattis (de las aves). ‖ Menue monnaie, *f. sing.* (monedas).

menuro m. Ménure (ave lira).

meñique adj. Petit : *dedo meñique*, petit doigt.
— M. Petit doigt (dedo auricular).

meollada f. Cervelle (de una res).

meollar m. MAR. Bitord.

meollo m. Cervelle, *f.* (seso). ‖ Moelle, *f.* (médula). ‖ FIG. Moelle, *f.*, substance, *f.* (lo más principal). ‖ Cervelle, *f.*, jugement (juicio). ‖ FIG. *Entrar en el meollo del tema*, entrer dans le vif du sujet.

meón, ona adj. y s. Pisseur, euse. ‖ — F. FAM. Mioche (niña).

mequetrefe m. FAM. Freluquet, gringalet.

Mequínez n. pr. GEOGR. Meknès.

mequiote m. *Amer.* Tige (*f.*) de l'agave.

meramente adv. Simplement, purement.

merar v. tr. Mélanger (dos licores).

merca f. FAM. Achat, *m.*

mercachifle m. Colporteur (buhonero). ‖ FAM. Mercanti, margoulin (comerciante).

mercadear v. intr. Commercer.

mercadeo m. Commercialisation, *f.*, marketing.

mercader m. Marchand : *los mercaderes del templo*, les marchands du temple ; *el mercader de Venecia*, le marchand de Venise. ‖ Mercanti (en Oriente). ‖ FIG. *Hacer oídos de mercader*, faire la sourde oreille.

mercadera f. Marchande.

mercadería f. Marchandise (mercancía).

mercaderil adj. Des marchands.

mercado m. Marché : *mercado de pescado*, marché au poisson ; *lanzar un producto al mercado*, lancer un produit sur le marché ; *el domingo hay mercado*, le dimanche il y a marché. ‖ — *Mercado a tanto alzado*, marché à forfait. ‖ *Mercado libre, negro, paralelo*, marché libre, noir, parallèle. ‖ *Mercado sostenido, encalmado, en retroceso*, marché soutenu, calme, en retrait (Bolsa). ‖ — *Ir al mercado*, aller au marché, faire son marché.

mercadotecnia f. Marketing, *m.*, commercialisation.

mercancía f. Marchandise.
— SINÓN. *Mercadería*, marchandise. *Artículo, género*, article. *Producto*, produit.

mercante adj. y s. Marchand, e : *barco mercante*, vaisseau, navire marchand ; *marina mercante*, marine marchande.

mercantil adj. Mercantile (codicioso) : *espíritu mercantil*, esprit mercantile. ‖ Commercial, e : *operaciones mercantiles*, opérations commerciales. ‖ *Derecho mercantil*, droit commercial.

mercantilismo m. Mercantilisme.

mercantilista adj. y s. Mercantiliste.

mercantilización f. Commercialisation.

mercantilizar v. tr. Inculquer le mercantilisme. ‖ Commercialiser. ‖ *Mercantilizarlo todo*, tout ramener à l'argent.

mercar v. tr. Acheter (comprar).

merced f. Grâce, faveur (gracia). ‖ Grâce, seigneurie [ancien traitement de politesse] : *vuestra merced*, votre grâce. [V. OBSERV.] ‖ Merci (orden religiosa y militar). ‖ — *Merced a*, grâce à. ‖ *A la merced de*, à la merci de.
— OBSERV. *Vuestra merced* est aujourd'hui contracté en *usted*, qui s'écrit, en abrégé, *U.d.* ou *V.d.*

mercedario, ria adj. y s. De la Merci [religieux].

mercenario, ria adj. y s. Mercenaire.

mercería f. Mercerie.

mercerizado m. o **mercerización** f. Mercerisage, *m.* (de hilos y tejidos).

mercerizar v. tr. Merceriser. ‖ *Máquina para mercerizar*, merceriseuse.

mercero, ra m. y f. Mercier, ère.

mercurial adj. De Mercure (dios o planeta). ‖ Mercuriel, elle (que contiene mercurio).
— F. BOT. Mercuriale.

mercúrico, ca adj. QUÍM. Mercurique.

mercurio m. QUÍM. Mercure (metal).

Mercurio n. pr. m. MIT. y ASTR. Mercure.

mercurioso adj. m. QUÍM. Mercureux (óxido).

merdellón m. FAM. Calicot (hortera).

merecedor, ra adj. y s. Méritant, e. ‖ *Hacerse* ou *ser merecedor de*, être digne de, mériter.

merecer* v. tr. e intr. Mériter. ‖ Valoir, mériter : *el castillo merece una visita,* le château vaut une visite. ‖ Mériter de (con infinitivo) : *tu asunto merece ser contado,* ton affaire mérite d'être racontée. ‖ — *Lo tiene bien merecido,* il l'a bien mérité, il ne l'a pas volé. ‖ *Merecer la pena,* valoir la peine : *merece la pena visitar este pueblo,* cela vaut la peine de visiter ce village. ‖ *No merece la pena,* ça ne vaut pas la peine, ce n'est pas la peine.

merecidamente adv. D'une manière méritée, à juste titre.

merecido m. Dû. ‖ — *A cada uno su merecido,* à chacun selon ses œuvres. ‖ FIG. *Dar su merecido,* régler son compte. ‖ *Llevar* ou *tener su merecido,* avoir ce qu'on mérite o son dû.

merecimiento m. Mérite.

merendar* v. intr. Goûter, prendre son goûter. — V. tr. Manger à son goûter : *merendar una manzana,* manger une pomme à son goûter. — V. pr. FIG. y FAM. *Merendarse una cosa,* ne faire qu'une bouchée d'une chose.

merendero m. Guinguette, *f.* (donde se puede bailar). ‖ Buvette, *f.*

merendona f. FIG. Goûter (*m.*) magnifique.

merengar v. tr. Meringuer.

merengue m. Meringue, *f.* (dulce). ‖ FIG. Mauviette, *f.,* personne (*f.*) très délicate (enclenque). ‖ FIG. y FAM. *Durar menos que un merengue en la puerta de una escuela,* durer moins de temps qu'il ne faut pour le dire.

meretriz f. Prostituée.

mergánsar o **mergo** m. Cormoran (cuervo marino).

mericismo m. MED. Mérycisme (rumia).

merideño, ña adj. y s. De Mérida [ville d'Extrémadure (Espagne), du Mexique et du Venezuela].

meridiana f. Méridienne (cama o siesta).

meridiano, na adj. Méridien, enne ; de midi. ‖ Éclatant, e (luz). ‖ FIG. *Con claridad meridiana,* très clairement. | *Ser de una claridad meridiana,* être clair comme le jour. — M. ASTR. Méridien. ‖ — F. ASTR. y GEOM. Méridienne (cama o siesta).

meridional adj. y s. Méridional, e.

merienda f. Goûter, *m.* (comida). ‖ Repas, *m.* (en excursiones). ‖ — FIG. y FAM. *Juntar meriendas,* unir des intérêts. | *Merienda de negros,* foire, pagaille.

merindad f. Bailliage, *m.*

merino, na adj. y s. Mérinos (carnero, lana). ‖ — M. Bailli (magistrado antiguo).

mérito m. Mérite. ‖ — *De mérito,* de mérite (persona), méritoire (cosa). ‖ FIG. *Hacer méritos,* faire du zèle (esmerarse), faire ses preuves (dar prueba de sus aptitudes).

meritorio, ria adj. Méritoire (cosa). ‖ Méritant, e, de mérite (persona). — M. Stagiaire (empleado).

merleta f. BLAS. Merlette.

merlín m. MAR. Merlin (cuerda).

merlo m. Sorte de merlan (pez). ‖ Merle (ave). ‖ *Amer.* Idiot, e.

merlón m. Merlon (fortificación).

merluza f. Colin, *m.,* merluche, merlu, *m.* (pez). ‖ FIG. y FAM. Cuite (borrachera).

merma f. Diminution (disminución). ‖ Perte (pérdida).

mermar v. tr. e intr. Diminuer. ‖ Amenuiser (reducir). ‖ FIG. Entamer : *mermar la reputación,* entamer la réputation. | *Mermar un capital,* écorner un capital.

mermelada f. Confiture (frutas cortadas y cocidas con azúcar). ‖ Marmelade (de consistencia más blanda). — SINÓN. *Jalea,* gelée. *Compota,* compote. *Confitura,* confiture.

mero, ra adj. Simple, pur, e ; seul, e : *por el mero hecho,* par le simple fait ; *una mera casualidad,* un pur hasard. ‖ *Amer.* Même (mismo). — M. Mérou (pez).

merodeador, ra adj. y s. Maraudeur, euse.

merodear v. intr. Marauder.

merodeo m. Maraude, *f.,* maraudage.

Mérope n. pr. f. Mérope.

meróstomos m. pl. ZOOL. Mérostomes.

Meroveo n. pr. m. Mérovée.

merovingio, gia adj. y s. HIST. Mérovingien, enne.

mes m. Mois : *en el mes de mayo,* au mois de mai ; *dentro de un mes,* dans un mois ; *el mes pasado, que viene,* le mois dernier, le mois prochain, ‖ Mois, mensualité, *f.* (salario) : *cobrar el mes,* toucher son mois. ‖ Règles, *f. pl.* (menstruo). ‖ — *Alquilar una habitación al* ou *por mes,* louer une chambre au mois. ‖ *Pagar por meses,* payer au mois.

mesa f. Table : *en la mesa,* sur la table. ‖ Bureau, *m.* (escritorio de oficina). ‖ Bureau, *m.* (de una asamblea). ‖ GEOGR. Table (terreno elevado). | Plateau, *m.* (meseta). ‖ Palier, *m.* (de escalera). ‖ Table (de una piedra preciosa). ‖ Face (de hoja). ‖ Mense (renta eclesiástica). ‖ FIG. Table (comida) : *una mesa abundante,* une table abondante. ‖ — *Mesa camilla,* v. CAMILLA. ‖ *Mesa de altar,* table d'autel. ‖ MÚS. *Mesa de armonía,* table d'harmonie. ‖ *Mesa de batalla,* table de distribution (correos). ‖ *Mesa con largueros,* table à rallonges. ‖ *Mesa de juego,* table de jeu. ‖ *Mesas de nido,* tables gigognes. ‖ *Mesa de noche,* table de nuit. ‖ *Mesa de operaciones,* table d'opération. ‖ *Mesa electoral,* bureau de vote. ‖ *Mesa extensible,* table à rallonges. ‖ *Mesa redonda,* table d'hôte (en una pensión), table ronde (reunión). ‖ FIG. *Mesa revuelta,* miscellanées. ‖ MIN. *Mesa rotatoria,* table de rotation. ‖ RELIG. *Sagrada mesa,* sainte table. ‖ — *¡A la mesa!,* à table ! ‖ *Alzar* ou *quitar* ou *levantar la mesa,* desservir la table. ‖ *Estar a mesa y mantel de uno,* se faire nourrir par quelqu'un, vivre aux frais de quelqu'un. ‖ *Levantarse de la mesa,* sortir de table, se lever de table, quitter la table. ‖ *Poner la mesa,* mettre la table o le couvert, dresser la table. ‖ *Sentarse en la mesa,* se mettre à table, s'attabler. ‖ *Tener a uno a mesa y mantel,* nourrir quelqu'un. ‖ *Tener mesa franca,* tenir table ouverte (invitar a cenar). ‖ *Tener mesa franca en casa de uno,* avoir son couvert mis chez quelqu'un.

mesada f. Mois, *m.,* mensualité.

mesadura f. Action d'arracher o de s'arracher les cheveux.

mesalina f. FIG. Messaline, femme dépravée.

Mesalina n. pr. f. Messaline.

mesana f. MAR. Artimon, *m.* (mástil). | Voile d'artimon (vela).

mesar v. tr. Arracher [les cheveux o la barbe]. — V. pr. S'arracher [les cheveux o la barbe].

mescal m. *Amer.* Eau-de-vie (*f.*) d'agave.

mescolanza f. FAM. V. MEZCOLANZA.

meseguero, ra adj. Des moissons. — M. Surveillant des moissons (guarda de las mieses).

Mesenia n. pr. f. GEOGR. Messénie.

mesenio, nia adj. y s. Messénien, enne.

mesentérico, ca adj. ANAT. Mésentérique.

mesenterio m. ANAT. Mésentère.

mesero m. Ouvrier payé au mois.

meseta f. Plateau, *m.* (llanura) : *la meseta de Castilla,* le plateau de Castille. ‖ Palier, *m.* (de una escalera).

meseteño, ña adj. y s. Habitant, habitante d'un plateau.

mesiánico, ca adj. Messianique.

mesianismo m. Messianisme.

mesías m. Messie.

mesidor m. Messidor (décimo mes del calendario republicano francés).

mesilla f. Petite table (mesa pequeña). ‖ Palier, *m.* (de escalera). ‖ Appui, *m.* (de una ventana). ‖ Tablette (de balaustrada). ‖ Fig. Réprimande (reprensión). ‖ *Mesilla de noche*, table de nuit.

Mesina n. pr. Geogr. Messine. *Estrecho de Mesina*, détroit de Messine.

mesinés, esa adj. y s. De Messine.

mesmedad f. Fam. Nature.

mesmeriano, na adj. Mesmérien, enne.

mesmerismo m. Mesmérisme (doctrina del médico alemán Mesmer).

mesmo, ma adj. (Ant.). Fam. Même.

mesnada f. Compagnie de gens d'armes, suite. ‖ Fig. Groupe, *m.*, troupe.

mesnadero m. Homme d'armes.

mesocarpio m. Bot. Mésocarpe.

mesocéfalo, la adj. Mésocéphale.

mesodermo m. Anat. Mésoderme.

mesolítico, ca adj. y s. m. Mésolithique.

mesolote m. Amer. Agave double.

mesón m. Auberge, *f.*, hôtellerie, *f.* (albergue).

mesón m. Fís. Méson.

mesonero, ra m. y f. Hôtelier, ère ; aubergiste. — Adj. D'auberge.

Mesopotamia n. pr. f. Geogr. Mésopotamie.

mesopotámico, ca adj. Mésopotamien, enne ; mésopotamique (p. us.).

mesosfera f. Mésosphère.

mesotórax m. Zool. Mésothorax.

mesotorio m. Quím. Mésothorium.

mesotrón m. Fís. Mésotron, méson.

mesozoico, ca adj. Geo●. Mésozoïque.

mesta f. « Mesta » [association des éleveurs de troupeaux transhumants au Moyen Âge].

mesteño, ña adj. De la « mesta ».

mester m. (Ant.). Métier (oficio). ‖ Poésie, *f.* : *mester de clerecía*, poésie savante [cultivée par les clercs] ; *mester de juglaría*, poésie populaire [des troubadours, etc.].

mestizaje m. Métissage.

mestizar v. tr. Métisser, croiser (cruzar razas).

mestizo, za adj. y s. Métis, isse.

mesura f. Mesure, retenue, modération, circonspection (moderación). ‖ Respect, *m.*, politesse (respeto).

mesuradamente adv. Avec mesure, modérément.

mesurado, da adj. Mesuré, e ; modéré, e ; circonspect, e (moderado).

mesurar v. tr. Modérer (moderar). ‖ Mesurer : *mesurar sus palabras*, mesurer ses mots. ‖ *Mesurarse en sus palabras*, mesurer ses mots, parler avec retenue.

meta f. But, *m.*, objectif, *m.*, fin (finalidad) : *conseguir su meta*, atteindre son but. ‖ Réalisation : *llegar a la meta de sus deseos*, parvenir à la réalisation de ses désirs. ‖ Dep. Buts, *m. pl.* (portería). | Ligne d'arrivée, arrivée (en una carrera). ‖ — M. Gardien de but (fútbol).

metabolismo m. Biol. Métabolisme.

metacarpiano, na adj. Anat. Métacarpien, enne.

metacarpo m. Anat. Métacarpe.

metacéntrico, ca adj. Fís. Métacentrique.

metacentro m. Fís. Métacentre.

metafase f. Biol. Métaphase.

metafísico, ca adj. y s. f. Métaphysique. ‖ — M. y f. Métaphysicien, enne.

metáfora f. Métaphore.

metafórico, ca adj. Métaphorique.

metaforizar v. tr. Métaphoriser.

metafosfórico, ca adj. Quím. Métaphosphorique.

metagoge f. Figure de rhétorique, trope, *m.*

metal m. Métal. ‖ Laiton (latón). ‖ Fig. Timbre (de la voz). | Genre (calidad). ‖ Blas. Métal (oro o plata). ‖ — Fam. *El vil metal*, le vil métal. ‖ Mús. *Instrumentos de metal*, les cuivres. ‖ *Metal*

blanco, métal blanc, maillechort. ‖ *Metal precioso*, métal précieux.

metaldehído m. Quím. Métaldéhyde.

metalepsis f. Métalepse.

metalero, ra adj. Amer. Métallifère.

metálico, ca adj. Métallique. — M. Espèces, *f. pl.* (dinero) : *pagar en metálico*, payer en espèces.

metalífero, ra adj. Métallifère.

metalización f. Métallisation.

metalizar v. tr. Métalliser.

metalocromía f. Métallochromie.

metalografía f. Métallographie.

metalográfico, ca adj. Métallographique.

metaloide m. Quím. Métalloïde.

metaloscopia f. Métalloscopie.

metaloterapia f. Med. Métallothérapie.

metalurgia f. Métallurgie.

metalúrgico, ca adj. Métallurgique. — M. Métallurgiste, métallo (fam.).

metalurgista m. Métallurgiste.

metalla f. Feuille d'or.

metámero, ra adj. Quím. Métamère (isómero).

metamórfico, ca adj. Geol. Métamorphique.

metamorfismo m. Geol. Métamorphisme.

metamorfoseable adj. Métamorphosable.

metamorfosear v. tr. Métamorphoser.

metamorfosis o **metamórfosis** f. Métamorphose : *sufrir una metamorfosis*, subir une métamorphose.

metanero m. Méthanier (barco).

metano m. Quím. Méthane.

metaplasmo m. Gram. Métaplasme.

metapsíquico, ca adj. y s. Métapsychique.

Metastasio n. pr. m. Métastase.

metástasis f. Anat. Métastase.

metatarsiano adj. y s. m. Métatarsien, enne.

metatarso m. Anat. Métatarse.

metate m. Pierre, *f.* [pour broyer].

metátesis f. Gram. Métathèse.

metatórax m. Anat. Métathorax (de los insectos).

metazoarios m. pl. Zool. Métazoaires.

metazoo m. Zool. Métazoaire.

meteco m. Métèque.

metedor m. Lange, couche, *f.* (de los niños). ‖ Contrebandier (contrabandista). ‖ Impr. Table, *f.*, marbre.

metedura f. Fam. Action de mettre, pose, mise. ‖ Fam. *Metedura de pata*, gaffe, impair.

metejón m. Amer. Complication, *f.* | Perte, *f.* (en el juego).

Metelo n. pr. m. Métellus.

metempsicosis f. Métempsycose, métempsychose.

meteórico, ca adj. Météorique.

meteorismo m. Veter. Météorisme, météorisation, *f.*

meteorito m. Météorite, *f.*, aérolithe.

meteorización f. Veter. Météorisation.

meteorizar v. tr. Veter. Météoriser.

meteoro m. Météore.

meteorógrafo m. Météorographe.

meteorología f. Météorologie.

meteorológico, ca adj. Météorologique : *parte meteorológico*, bulletin météorologique.

meteorologista m. y f. Météorologiste, météorologue.

meteorólogo m. Météorologue, météorologiste.

meteoromancia f. Météoromancie.

meter v. tr.

---

1. Introducir. — 2. Causar. — 3. Otros sentidos. — 4. Locuciones. — 5. V. pr.

---

1. Introducir. — Mettre : *meter la mano en el bolsillo*, mettre la main dans sa poche ; *meter en*

la cama, mettre au lit ; *meter en la cárcel,* mettre en prison. ‖ Passer en contrebande, introduire en fraude (en fraude) : *meter tabaco,* passer du tabac en contrebande. ‖ FIG. Enfoncer, faire entrer : *meterle una idea en la cabeza,* lui enfoncer une idée dans la tête. ‖ Introduire, faire entrer : *meter a uno en un negocio,* introduire quelqu'un dans une affaire. ‖ FIG. y FAM. Fourrer : *¡en menudo lío me has metido!,* tu m'as fourré dans un drôle de pétrin! | Plonger : *estar metido en un problema,* être plongé dans un problème.
2. CAUSAR. — Faire (causar) : *meter miedo, ruido, jaleo, enredos,* faire peur, du bruit, du chahut, des histoires.
3. OTROS SENTIDOS. — Rentrer (una costura). ‖ Serrer (apretar) : *meter los renglones,* serrer les lignes. ‖ Jouer, mettre (en el juego, en la lotería, etc.). ‖ Mettre, engager : *meter la llave en la cerradura,* mettre la clef dans la serrure ; *meter su capital en un negocio,* engager son capital dans une affaire. ‖ — FAM. Flanquer, administrer (un golpe) : *meter una torta,* flanquer une gifle. ‖ MAR. Carguer [les voiles].
4. LOCUCIONES. — *Meter baza.* V. BAZA. ‖ *Meter en cintura* ou *en vereda,* mettre au pas. ‖ *Meter en razón,* faire entendre raison. ‖ FIG. y FAM. *Meter la nariz por todas partes,* fourrer son nez partout. | *Meter la pata,* faire une gaffe, mettre les pieds dans le plat, commettre un impair, commettre une bévue. ‖ *Meter las velocidades,* passer les vitesses. ‖ *Meter por los ojos,* v. OJOS. ‖ *Meter prisa,* presser, faire se dépêcher. ‖ — FAM. *Anda siempre metido con los golfillos de la calle,* il est toujours fourré avec les petits voyous de la rue. | *A todo meter,* à toute vitesse, à toute allure. ‖ FIG. *Estar muy metido en una sociedad,* être bien introduit dans une société. | *Tener metido en un puño,* avoir [bien] en main.
5. V. pr. — Se mettre : *meterse en la cama,* se mettre au lit. ‖ FIG. Se fourrer : *¿dónde te has metido?,* où t'es-tu fourré ? | S'engager : *se metió en ou por una calle,* il s'est engagé dans une rue. | Se faire, devenir : *meterse soldado,* se faire soldat. ‖ — FIG. *Meterse a,* se faire, devenir (con sustantivo) : *meterse a fraile,* se faire moine ; se mettre à (con infinitivo) : *meterse a escribir,* se mettre à écrire. | *Meterse con,* embêter, taquiner : *siempre se mete conmigo,* il m'embête tout le temps ; *meterse con alguien en plan de broma,* taquiner quelqu'un, histoire de rire ; attaquer : *todos los críticos se meten con él,* tous les critiques l'attaquent. | *Meterse en,* se jeter dans, plonger dans : *meterse en aventuras, en vicios,* se jeter dans les aventures, se plonger dans les vices ; s'engager : *meterse en un negocio,* s'engager dans une affaire ; se mêler : *siempre se mete donde no le llaman,* il se mêle toujours de ce qui ne le regarde pas ; *meterse en todo,* se mêler de tout ; entrer : *meterse en una discusión,* entrer dans une discussion ; *meterse en unas explicaciones inútiles,* entrer dans des explications inutiles ; *se metió en una tienda,* il est entré dans une boutique ; aller : *se metió en un cine, en un restaurante,* il est allé au cinéma, au restaurant. | *Meterse en gastos,* se mettre en frais. | *Meterse en la cabeza,* se mettre dans la tête o en tête. | *Meterse en sí mismo,* se renfermer sur soi-même. | *Métete en lo tuyo* ou *en tus cosas* ou *en lo que te importa,* occupe-toi de ce qui te regarde o de tes affaires. | *¿Por qué te metes?,* de quoi te mêles-tu ?
meticulosidad f. Méticulosité.
meticuloso, sa adj. Méticuleux, euse.
metidito, ta adj. FAM. *Metidita en carnes,* bien en chair.
metido, da adj. Abondant, e. ‖ Plein, e. ‖ V. ME-

TER. ‖ — *Metido en carnes,* bien en chair. ‖ *Pan metido en harina,* pain riche en farine.
— M. Coup (golpe) : *dar un metido,* donner un coup. ‖ Rentré (en costura). ‖ Lange (metedor). ‖ FIG. y FAM. Sortie, f. (reprensión) : *le dio un metido,* il lui a fait une sortie.
metileno m. QUÍM. Méthylène. ‖ *Azul de metileno,* bleu de méthylène.
metílico, ca adj. QUÍM. Méthylique.
metilo m. QUÍM. Méthyle.
metimiento m. Introduction, f. ‖ FAM. Influence, f., ascendant (influencia).
metódico, ca adj. Méthodique : *Enciclopedia Metódica,* Encyclopédie méthodique.
metodismo m. RELIG. Méthodisme.
metodista adj. y s. RELIG. Méthodiste.
metodizar v. tr. Ordonner, organiser, appliquer une méthode à.
método m. Méthode, f.
— SINÓN. *Procedimiento,* procédé. *Técnica,* technique. *Sistema,* système. *Marcha,* marche.
metodología f. Méthodologie.
metomentodo m. y f. FAM. Touche-à-tout, fureteur, euse.
metonimia f. Métonymie.
metonímico, ca adj. Métonymique.
metonomasia f. Métonomasie.
metopa f. ARQ. Métope.
metoposcopia f. Métoposcopie, métopomancie.
metraje m. CINEM. Métrage : *corto, largo metraje,* court, long métrage [film].
metralla f. Mitraille : *granada de metralla,* grenade à mitraille.
metrallazo m. Mitraillade, f.
metralleta f. Mitraillette (pistola ametralladora).
métrica f. POÉT. Métrique.
métrico, ca adj. Métrique : *sistema métrico,* système métrique. ‖ *Cinta métrica,* mètre à ruban.
metrificación f. Versification.
metrificador, ra m. y f. Versificateur, trice.
metrificar v. intr. y tr. Versifier (versificar).
metrista m. y f. Versificateur, trice.
metritis f. MED. Métrite.
metro m. Mètre (medida) : *metro cuadrado, cúbico,* mètre carré, cube. ‖ Mètre (verso). ‖ — Pl. Métrage, *sing.* (de una tela) : *¿cuántos metros le hacen falta?,* quel métrage vous faut-il ? ‖ *Medir por metros, con metro,* mesurer en mètres, au mètre.
metro m. Métro (transporte).
metrología f. Métrologie.
metrológico, ca adj. Métrologique.
metromanía f. Métromanie (manía de hacer versos).
metrónomo m. MÚS. Métronome.
metrópoli f. Métropole.
metropolita m. RELIG. Métropolite.
metropolitano, na adj. y s. m. Métropolitain, e.
metrorragia f. MED. Métrorragie.
mexicano, na adj. y s. Mexicain, e.
México n. pr. m. GEOGR. Mexique (país). | México (ciudad).
— OBSERV. L'orthographe *México* (avec un *x*) est la seule admise au Mexique bien que la prononciation soit *Méjico* [mexiko].
mezcal m. *Amer.* Agave (pita). | Mescal, eau-de-vie (f.) d'agave (aguardiente).
mezcalina f. Mescaline.
mezcla f. ● Mélange, m. : *una mezcla de buenas cualidades,* un mélange de bonnes qualités ; *una mezcla de varios ingredientes,* un mélange de plusieurs ingrédients. ‖ Mortier, m. (argamasa). ‖ CINEM. Mixage, m. ‖ RAD. Mélange, m.
— SINÓN. ● *Combinación,* combinaison. *Aleación,* alliage. *Mixtura,* mixture. *Amalgama,* amalgame. *Mezcolanza,* mélange.

mezclable adj. Qui peut être mélangé, e.
mezclado m. Ancienne étoffe (*f.*) bigarrée (tela).
mezclador, ra m. y f. Mélangeur, euse. ‖ — F. Mélangeur, *m.* (máquina).
mezcladura f. o **mezclamiento** m. Mélange, *m.*
mezclar v. tr. Mêler, mélanger : *mezclar colores,* mélanger des couleurs ; *mezclar una cosa con otra,* mêler o mélanger une chose à o avec une autre ; *mezclar agua con vino,* mêler de l'eau à du vin o avec du vin. ‖ FIG. Mêler : *mezclar la amabilidad con la brutalidad,* mêler l'amabilité à la brutalité.
— V. pr. Se mélanger, se mêler : *mezclarse con la multitud,* se mêler à o avec la foule. ‖ FIG. Se mêler : *se mezcló en mis asuntos,* il s'est mêlé de mes affaires.
mezclilla f. Mézeline (tela). ‖ *Tela de mezclilla,* étoffe chinée o mélangée.
mezcolanza f. Mélange, *m.* (mezcla). ‖ FAM. Méli-mélo, *m.,* bric-à-brac, *m.* (batiburrillo). ‖ Mixture (de líquidos).
mezote m. *Amer.* Agave sec.
mezquindad f. Mesquinerie.
mezquino, na adj. Mesquin, e.
mezquita f. Mosquée.
mezquite m. Sorte d'acacia (árbol).
mezzo-soprano m. MÚS. Mezzo-soprano.
mi m. MÚS. Mi (nota).
mi, mis adj. poses. de la 1ª pers. Mon, *m.,* ma, *f.,* mes, *pl.* : *mi libro,* mon livre ; *mi novia,* ma fiancée ; *mis zapatos,* mes chaussures. ‖ — *En mi casa,* chez moi. ‖ *Para mis adentros,* en moi-même, en mon for intérieur.
mí pron. pers. de la 1ª pers. del sing. Moi [employé avec une préposition] : *a mí,* à moi ; *para mí,* pour moi ; *nos ha acompañado a mi hermano y a mí,* il nous a accompagnés, mon frère et moi. ‖ — *¡A mí!,* à moi ! (socorro). ‖ *A mí me toca* ou *me corresponde hacerlo,* c'est à moi de le faire. ‖ *En cuanto a mí,* quant à moi, pour ma part. ‖ *Por lo que a mí respecta,* quant à moi, en ce qui me concerne. ‖ *Por mí mismo,* par moi-même, de moi-même.
— OBSERV. *Mí* ne se traduit pas dans les constructions : *a mí no me importa,* ça m'est égal ; *a mí me gusta el chocolate,* j'aime le chocolat, etc.
miaja f. Miette (migaja). ‖ FAM. *Una miaja de,* un tout petit peu de, une miette de.
mialgia f. MED. Myalgie.
miasma m. Miasme.
— OBSERV. L'emploi de *miasma* au féminin est incorrect.
miasmático, ca adj. Miasmatique.
miastenia f. MED. Myasthénie.
miatonía f. MED. Myatonie.
miau m. Miaou (maullido del gato).
mica f. MIN. Mica, *m.*
mica f. Guenon (mona). ‖ *Amer.* Cuite (borrachera).
micáceo, a adj. MIN. Micacé, e.
micacita f. MIN. Micaschiste, *m.*
micado m. Mikado (emperador del Japón).
Micaela n. pr. f. Michèle.
micción f. Miction.
micela f. Micelle (partícula).
micelial o **miceliano, na** adj. BOT. Mycélien, enne.
miceliario, ria adj. Micellaire.
micelio m. BOT. Mycélium.
Micenas n. pr. GEOGR. Mycènes.
micénico, ca adj. Mycénien, enne.
micer m. Messire (título antiguo). ‖ Maître (dicho de los abogados).
micifuz m. FAM. Minet, raminagrobis (gato).
mico m. Singe, sagouin (mono). ‖ FIG. y FAM. Paillard, porc (lujurioso). ‖ Petit bonhomme (hombre pequeño). ‖ Petit jeunot (jovenzuelo). ‖ — FIG. y

FAM. *Dar* ou *hacer mico,* poser un lapin (faltar a una cita). ‖ *Dejar a uno hecho un mico,* couvrir quelqu'un de honte. ‖ *Quedarse hecho un mico,* être tout penaud. ‖ *Ser el último mico,* être la cinquième roue du carrosse.
micodermo m. Mycoderme.
micología f. Mycologie.
micológico, ca adj. Mycologique.
micólogo, ga m. y f. Mycologue.
micorriza f. BOT. Mycorhize.
micosis f. MED. Mycose.
micra f. Micron, *m.* (micrón).
micro m. FAM. Micro, microphone.
microamperio m. Micro-ampère.
microanálisis m. Micro-analyse, *f.*
microbalanza f. Microbalance.
microbiano, na adj. Microbien, enne.
microbicida adj. y s. m. Microbicide.
microbio m. Microbe.
— SINÓN. *Bacteria,* bactérie. *Bacilo,* bacille. *Micrococo,* microcoque. *Microorganismo,* micro-organisme.
microbiología f. Microbiologie.
microbiológico, ca adj. Microbiologique.
microbiólogo m. Microbiologiste.
microbús m. Minibus (pequeño autobús).
microcefalia f. Microcéphalie.
microcéfalo, la adj. y s. Microcéphale.
microclima m. Microclimat.
micrococo m. BIOL. Micrococque, micrococcus.
microcopia f. Microfilm, *m.,* microcopie.
microcosmo m. Microcosme.
microcósmico, ca adj. Microcosmique.
microfaradio m. FÍS. Microfarad.
microfilm o **microfilme** m. Microfilm.
— OBSERV. Pl. *microfilmes.*
microfilmar v. tr. Microfilmer.
microfísica f. Microphysique.
micrófono m. Microphone, micro (fam.) : *hablar por el micrófono,* parler au micro.
microfotografía f. Microphotographie.
micrografía f. Micrographie.
micrógrafo m. Micrographe.
microlítico, ca adj. Microlithique, microlitique.
microlito m. Microlithe (roca).
microhmio o **microhm** m. ELECTR. Microhm (unidad eléctrica de resistencia).
micromanipulador m. Micromanipulateur.
micrométrico, ca adj. Micrométrique.
micrómetro m. Micromètre.
micrón m. Micron (micra).
Micronesia n. pr. f. GEOGR. Micronésie.
microonda f. Micro-onde.
microorganismo m. Micro-organisme.
micropétalo, la adj. BOT. Micropétale.
micrópilo m. BOT. Micropyle.
microscopia f. Microscopie.
microscópico, ca adj. Microscopique.
microscopio m. Microscope : *microscopio electrónico,* microscope électronique.
microsegundo m. Microseconde, *f.*
microsporangio m. BOT. Microsporange.
microsurco adj. m. y s. m. Microsillon (disco).
microteléfono m. Combiné (del teléfono).
microtermia f. Microthermie (caloría menor).
microtomo m. Microtome.
micuré m. *Amer.* Sarigue, *f.*
michino, na m. y f. FAM. Minet, ette.
micho, a m. y f. FAM. Minet, ette (gato).
midriasis f. MED. Mydriase.
midriático, ca adj. Mydriatique.
mieditis f. FAM. Frousse, pétoche, trouille (miedo).
miedo m. Peur, *f.* : *tener miedo a los duendes,* avoir peur des fantômes ; *miedo cerval,* peur bleue. ‖ — FAM. *De miedo,* du tonnerre, sensationnel, formidable. ‖ *Película de miedo,* film

d'épouvante. ‖ *Por miedo a,* de peur de. ‖ *Por miedo a* ou *de que,* de peur que ... ne. ‖ *Sin miedo y sin tacha,* sans peur et sans reproche. ‖ — *Dar* ou *meter miedo,* faire peur. ‖ *Fue mayor el miedo que el daño* ou *tuvimos más miedo que otra cosa,* il y a eu plus de peur que de mal. ‖ *Morirse de miedo,* mourir de peur. ‖ *Pasar mucho miedo,* avoir une de ces peurs, avoir terriblement peur. ‖ *Que da* ou *mete miedo,* à faire peur : *de un feo que mete miedo,* laid à faire peur. ‖ *Temblar de miedo,* trembler de peur. ‖ *Tener más miedo que vergüenza,* avoir une peur bleue (pasar miedo), être froussard (ser miedoso). ‖ *Tener miedo hasta de la sombra de sí mismo,* avoir peur de son ombre. ‖ *Tener miedo que...,* avoir peur que... ne : *tengo miedo que venga,* j'ai peur qu'il ne vienne. ‖ *Tener mucho miedo,* avoir grand peur, avoir très peur o une peur bleue.

miedoso, sa adj. y s. Peureux, euse.

miel f. Miel, *m.* : *dulce como la miel,* doux comme le miel. ‖ — *Miel de caña,* mélasse. ‖ FAM. *Miel sobre hojuelas,* encore mieux, tant mieux. ‖ — *Luna de miel,* lune de miel. ‖ *Panal de miel,* rayon de miel. ‖ — FIG. *Dejar a uno con la miel en los labios,* laisser quelqu'un sur sa faim o insatisfait. ‖ *No hay miel sin hiel,* il n'y a pas de roses sans épines. ‖ *Ser todo miel,* être tout miel, être tout sucre et tout miel.

mielga f. BOT. Luzerne (alfalfa). ‖ ZOOL. Petit requin, *m.* (escualo).

mielgo, ga adj. Jumeau, jumelle.

mielina f. ANAT. Myéline.

mielitis f. MED. Myélite.

miembro m. Membre (de una ecuación). ‖ FIG. Membre (de una comunidad) : *Estado miembro,* État membre ; *miembro por derecho propio,* membre de droit ; *miembro vitalicio,* membre à vie. ‖ — Pl. Membres, membrure, *f. sing.* (cuerpo).

miente f. (Ant.). Esprit, *m.,* pensée. ‖ — *Caer en* ou *en las mientes,* imaginer, avoir l'idée de. ‖ *Parar* ou *poner mientes en,* considérer, réfléchir à, faire attention à. ‖ *Traer a las mientes,* rappeler (recordar). ‖ *Venirse a las mientes,* avoir l'idée de.

mientras adv. y conj. Pendant que, tandis que : *mientras yo trabajo, él juega,* pendant que je travaille, il joue. ‖ Tant que : *mientras viva, pensaré en usted,* tant que je vivrai, je penserai à vous. ‖ — *Mientras más,* plus : *mientras más tiene, más desea,* plus il en a, plus il en veut. ‖ *Mientras que,* tandis que (oposición) : *él lo confesó, mientras que tú no dijiste nada,* il l'a avoué, tandis que toi tu n'as rien dit. ‖ *Mientras no se pruebe lo contrario,* jusqu'à preuve du contraire. ‖ *Mientras tanto,* pendant ce temps, entre-temps.

miera f. Huile de cade (aceite de enebro). ‖ Galipot, *m.* (resina).

miércoles m. Mercredi : *el miércoles pasado, que viene,* mercredi dernier, prochain ; *vendré el miércoles,* je viendrai mercredi ; *viene el miércoles, viene cada miércoles,* il vient le mercredi, il vient tous les mercredis. ‖ — *Miércoles de ceniza,* mercredi des cendres. ‖ *Miércoles santo,* mercredi saint.

mierda f. POP. Merde.

mierra f. Fardier, *m.* (narria).

mies f. Moisson.

miga f. Miette (migaja). ‖ Mie [de pain]. ‖ École maternelle (amiga). ‖ FIG. y FAM. Substance, moelle. ‖ — Pl. CULIN. Pain (*m. sing.*) réduit en miettes imbibé de lait et frit. ‖ — *Migas ilustradas,* miettes de pain frites avec des lardons. ‖ *Tierra de miga,* terre grasse o forte. ‖ — FIG. y

FAM. *Hacer buenas migas,* faire bon ménage. ‖ *Hacer malas migas,* faire mauvais ménage, ne pas s'entendre. ‖ *Hacer migas,* émietter (el pan), réduire en miettes (hacer trizas), lessiver (cansar), tout ficher par terre (fastidiar). ‖ FIG. *Tener mucha miga,* être très riche o plein de moelle (tener sustancia), être plein d'intérêt (ser interesante), donner du fil à retordre, ne pas être commode (ser complicado).

migaja f. Miette : *una migaja de pan,* une miette de pain.

migajón m. Mie (*f.*) de pain. ‖ FIG. y FAM. Moelle, *f.,* substance, *f.*

migala f. Mygale (araña).

migar v. tr. Mettre des morceaux o des miettes de pain [dans un liquide] : *migar la leche,* mettre des morceaux de pain dans du lait.

migración f. Migration.

migratorio, ria adj. Migrateur, trice (las aves). ‖ Migratoire : *movimiento migratorio,* mouvement migratoire. ‖ *Cultivo migratorio,* divagation des cultures.

Miguel n. pr. m. Michel.

miguero adj. m. *Lucero miguero,* étoile du Berger.

mihrab m. Mihrâb (de una mezquita).

mijar m. Champ de millet.

mije m. Amer. Mauvais tabac.

mijo m. BOT. Millet, mil.

mil adj. Mille : *mil hombres, mil años,* mille hommes, mille ans ; *el año mil,* l'an mille. ‖ Mil (en las fechas) : *el año mil novecientos setenta y cinco,* l'an mil neuf cent soixante-quinze. ‖ — *Las Mil y Una Noches,* les Mille et Une Nuits. ‖ *Mil millones,* un milliard : *cinco mil millones de francos,* cinq milliards de francs. ‖ — M. Mille (signo). ‖ — Pl. Milliers : *muchos miles de pesos,* des milliers de pesos. ‖ — FIG. *A las mil y quinientas,* à une heure indue, à une heure impossible. ‖ *Miles de veces,* mille fois. ‖ *Miles y miles, miles y millares,* des mille et des cents, des milliers et des milliers.

miladi f. Milady.

milagrería f. Récit (*m.*) fabuleux.

milagrero, ra adj. FAM. Qui voit partout des miracles (que imagina milagros). ‖ Faiseur, faiseuse de miracles (que los finge). ‖ Miraculeux, euse (milagroso).

milagro m. Miracle. ‖ TEATR. Miracle (en la Edad Media). ‖ — *La vida y milagros de uno,* les faits et gestes de quelqu'un. ‖ *Por milagro,* par miracle. ‖ — FIG. *Hacer milagros,* faire des miracles. ‖ *Vivir de milagro,* vivre de l'air du temps (vivir mal), l'avoir échappé belle (escapar).

milagroso, sa adj. Miraculeux, euse : *imagen milagrosa,* image miraculeuse. ‖ *Ser milagroso,* être miraculeux, tenir du miracle.

milamores f. BOT. Valériane sauvage, mâche.

Milán n. pr. GEOGR. Milan.

milanés, esa adj. y s. Milanais, e.

Milanesado n. pr. m. GEOGR. Milanais.

milano m. Milan (ave). ‖ Milan (pez). ‖ TECN. *Cola de milano,* queue-d'aronde.

Milcíades n. pr. m. Miltiade.

mildeu o **mildiu** m. AGRIC. Mildiou.

milenario, ria adj. y s. m. Millénaire.

milenarismo m. Millénarisme.

milenio m. Millénaire, période (*f.*) de mille ans.

milenrama f. BOT. Mille-feuille.

milésimo, ma adj. Millième. ‖ — M. Millième. ‖ — F. Millième, *m.* (milésima parte).

milesio, sia adj. y s. Milésien, enne (de Mileto). ‖ *Fábulas milesias,* contes milésiens.

Mileto n. pr. m. GEOGR. Milet.

milhojas f. BOT. Mille-feuille. ‖ — M. Millefeuille (pastel).

mili f. FAM. Service (*m.*) militaire, régiment, *m.* : *hacer la mili*, faire son service militaire.
mili pref. Milli : *milímetro*, millimètre.
miliamperímetro m. Milliampèremètre.
miliamperio m. ELECTR. Milliampère.
miliar adj. Milliaire (columna). || — Adj. y s. f. MED. Miliaire : *fiebre miliar*, fièvre miliaire.
miliario, ria adj. Milliaire (columna).
milibar m. FÍS. Millibar.
milicia f. Milice (tropa). || Service (*m.*) militaire. || Carrière militaire (profesión). || *Milicias concejiles*, milices bourgeoises *o* communales.
miliciano, na adj. De la milice.
— M. y f. Milicien, enne.
milicurie m. FÍS. Millicurie.
miligramo m. Milligramme.
mililitro m. Millilitre.
milimétrico, ca adj. Millimétrique.
milímetro m. Millimètre.
milimicra f. Millimicron, *m.*
militancia f. Militantisme, *m.*
militante adj. y s. Militant, e.
militar adj. y s. m. Militaire : *academia militar*, école militaire. || — *Cartilla militar*, livret matricule *o* militaire. || *Militar de infantería*, fantassin. || *Tribunal militar*, cour martiale.
militar v. intr. Servir dans l'armée. || Militer.
militara f. Femme (mujer), veuve (viuda) *o* fille (hija) d'un militaire.
militarismo m. Militarisme.
militarista adj. y s. Militariste.
militarización f. Militarisation.
militarizar v. tr. Militariser. || Réquisitionner (huelguistas).
militarote m. FAM. Militaire, culotte (*f.*) de peau.
milite m. Soldat.
militermia f. FÍS. Millithermie.
milivatio m. FÍS. Milliwatt.
milivoltio m. FÍS. Millivolt.
milmillonésimo, ma adj. y s. Milliardième.
miloca f. Sorte de hibou (ave).
milocha f. Cerf-volant, *m.* (cometa).
milonga f. Amer. Chanson et danse populaires.
milonguero, ra m. y f. Chanteur ou danseur de « milongas ».
milord m. Milord (título). || Milord (birlocho).
— OBSERV. Pl. *milores*.

milpa f. Amer. Champ (*m.*) de maïs.
milpear v. intr. Amer. Labourer (arar).
milpero m. Amer. Laboureur.
milpiés m. Cloporte (cochinilla).
— OBSERV. *Mille-pattes* se dit en espagnol *ciempiés*.

milrayas m. inv. Mille-raies (tejido).
milreis m. Milreis (moneda brasileña).
Milvio n. pr. m. Milvius.
milla f. Mille, *m.* (medida itineraria). || Mile (medida inglesa).
millar m. Millier : *un millar de francos*, un millier de francs. || Mille : *un millar de alfileres*, un mille d'épingles. || — Pl. Milliers (gran cantidad) : *millares y millares*, des milliers et des milliers. || *A millares*, par milliers.
— OBSERV. Un *milliard* se dit en espagnol *mil millones*.

millarada f. Millier, *m.*
millo m. BOT. Millet (mijo).
millón m. Million : *millones de muertos*, des millions de morts. || — *A millones*, par millions. || *Mil millones*, un milliard. || *Se lo he dicho millones de veces*, je le lui ai dit maintes et maintes fois.
millonada f. Quantité d'environ un million. || FIG. Petite fortune, les yeux de la tête, *m. pl.* : *este traje cuesta una millonada*, ce costume coûte les yeux de la tête.
millonario, ria adj. y s. Millionnaire.
millonésimo, ma adj. y s. Millionième.

mimar v. tr. Dorloter, cajoler (regalar). || Gâter (a los niños) : *niño mimado*, enfant gâté. || Pourrir (mimar con exceso). || Mimer (teatro).
mimbral m. Oseraie, *f.*
mimbre m. y f. Osier, *m.* || Brin (*m.*) *o* baguette (*f.*) d'osier (varita).
mimbrear v. intr. Osciller (moverse).
mimbreño, ña adj. D'osier.
mimbrera f. Osier, *m.* (arbusto). || Oseraie (mimbreral). || Saule, *m.* (sauce).
mimbreral m. Oseraie, *f.*
mimeografía f. Reproduction de documents.
mimeografiar v. tr. Polycopier.
mimeógrafo m. Machine (*f.*) à polycopier.
mimético, ca adj. Mimétique.
mimetismo m. Mimétisme.
mímico, ca adj. y s. f. Mimique.
mimo m. Mime (teatro, actor). || Câlinerie, *f.*, cajolerie, *f.*, caresse, *f.* (cariño). || Gâterie, *f.* (con los niños).
mimodrama m. Mimodrame.
mimógrafo m. Mimographe (autor de mimos).
mimología f. Mimologie.
mimosa f. BOT. Mimosa, *m.* (flor). || *Mimosa púdica* ou *vergonzosa*, sensitive.
mimosáceas f. pl. Mimosées (flores).
mimoso, sa adj. Minaudier, ère (melindroso). || Câlin, e ; caressant, e (afectuoso). || Gâté, e (mimado). || Délicat, e (delicado).
mina f. Mine : *mina de carbón, de lápiz*, mine de charbon, de crayon. || MIL. Mine : *mina anticarro, de acción retardada, contra personal, flotante*, mine antichar, à retardement, antipersonnel, flottante. || FIG. Mine, filon, *m.* : *encontrar una mina*, trouver un filon. || Mine (moneda griega). || — *Cámara, hornillo de mina*, chambre, fourneau de mine. || *Campo de minas*, champ de mines. || *Escuela de Ingenieros de Minas*, École des mines. || *Hoyo de mina*, trou de mine. || FIG. *Mina de oro*, mine d'or. || *Rastrear minas*, draguer les mines.
minado m. Minage (colocación de minas).
minador, ra adj. Mineur, euse.
— M. Sapeur-mineur (soldado). || Ingénieur des mines (ingeniero). || MAR. Mouilleur *o* poseur de mines (buque).
minar v. tr. ● Miner : *minar una montaña, un puerto*, miner une montagne, un port. || FIG. Miner, ronger (consumir) : *la enfermedad le mina*, la maladie le ronge. || FIG. *Minarle a uno el terreno*, couper à quelqu'un l'herbe sous le pied.
— SINÓN. ● *Zapar*, saper. *Excavar, socavar*, creuser. *Horadar*, perforer.

minarete m. Minaret.
— OBSERV. *Minarete* est un gallicisme pour *alminar*.

mineral adj. y s. m. Minéral, e : *reino mineral*, règne minéral. || — M. Minerai : *mineral de hierro*, minerai de fer.
mineralización f. Minéralisation.
mineralizador, ra adj. y s. m. QUÍM. Minéralisateur, trice.
mineralizar v. tr. Minéraliser.
mineralogía f. Minéralogie.
mineralógico, ca adj. Minéralogique.
mineralogista m. Minéralogiste.
minería f. Travail (*m.*) des mines (laboreo, trabajo). || Industrie minière (industria). || Mineurs, *m. pl.*, main-d'œuvre minière (los mineros). || *Escuela de minería*, l'École des mines.
minero, ra adj. Minier, ère : *zona minera*, zone minière.
— M. Mineur (obrero). || TECN. *Lámpara de minero*, lampe de mineur *o* de sûreté.
minerva f. Procession de la Fête-Dieu (procesión). || IMPR. Minerve, presse à platine (máquina de imprimir).
Minerva n. pr. f. Minerve.

MINA — MINE

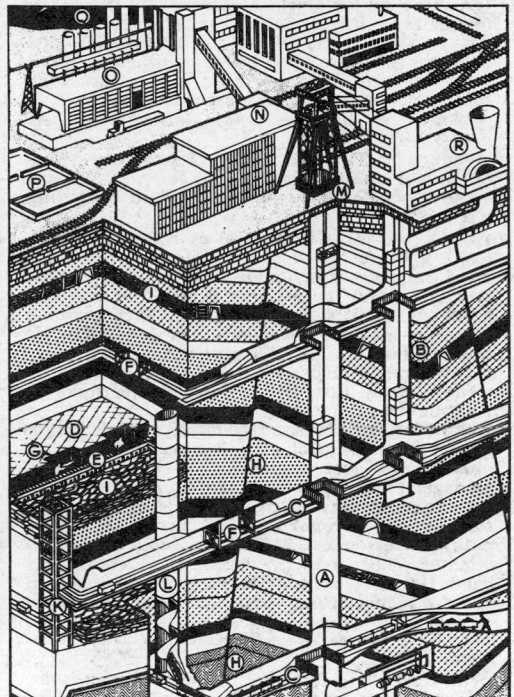

A. *Pozo de extracción.* Puits d'extraction; B. *Pozo de ventilación.* Puits d'aérage; C. *Estación de carga.* Station de chargement; D. *Frente de corte.* Front de taille; E. *Transportador mecánico.* Convoyeur; F. *Esclusas de ventilación, respiraderos.* Ecluses d'aérage; G. *Extracción con perforadora neumática.* Extraction au marteau pneumatique; H. *Falla.* Faille; I. *Terraplén.* Remblayage; K. *Pozo secundario o ciego.* Bure à matériel; L. *Tobogán* (m.) *helicoidal en un pozo ciego.* Bure hélicoïdale; M. *Armazón* (f.) *del pozo.* Chevalement; N. *Lavadero.* Lavoir; O. *Coquería.* Cokerie; P. *Depósito de decantación.* Bassin de décantation; Q. *Fábrica de recuperación de los subproductos.* Usine de récupération des sous-produits; R. *Ventilación.* Ventilation.

minervista adj. y s. IMPR. Minerviste.
mineta f. Minette (mineral).
mingitorio m. Urinoir.
mingo m. Bille (f.) rouge (bola de billar). || FAM. *Poner el mingo,* briller, se distinguer (sobresalir), se faire remarquer (imponerse), faire scandale (ser escandaloso).
miniar v. tr. Peindre en miniature.
miniatura f. Miniature. || *Pintar en miniatura,* miniaturer.
miniaturista m. y f. Miniaturiste.
miniaturización f. Miniaturisation.
miniaturizar v. tr. Miniaturiser.
minifalda f. Mini-jupe (falda muy corta).
minifundio m. Petite propriété, f.
mínima f. MÚS. Blanche (nota). || FIG. Détail, m., très petite chose.
minimizar v. tr. Minimiser (quitar importancia a).
mínimo, ma adj. Minime, très petit, e. || Minutieux, euse (minucioso). || Minimal, e : *temperatura mínima,* température minimale. || *Reducir a la mínima expresión,* réduire à sa plus simple expression.
— M. Minime (religioso). || Minimum : *mínimo vital,* minimum vital; *gana un mínimo de,* il gagne un minimum de. || — *Al mínimo* ou *a lo*

más mínimo, au minimum. || *El más mínimo,* le moindre. || *Lo más mínimo,* le moins du monde. || MAT. *Mínimo común múltiplo,* le plus petit commun multiple. || *Ni en lo más mínimo,* pas le moins du monde.
mínimum m. Minimum.
minino, na m. y f. FAM. Minet, ette (gato). || — Adj. y s. FAM. Petit, e (pequeño).
minio m. Minium (óxido de plomo).
ministerial adj. Ministériel, elle.
ministerio m. Ministère. || — *Ministerio de Comunicaciones,* ministère des P.T.T. *o* des P. et T. || *Ministerio de Educación Nacional* ou *de Instrucción Pública,* ministère de l'Éducation nationale (en España ahora *Ministerio de Educación Nacional y Ciencia*). || *Ministerio de Estado* (ant.) ou *de Asuntos Exteriores* ou *de Relaciones Exteriores,* ministère des Affaires étrangères. || *Ministerio de Gobernación* ou *del Interior,* ministère de l'Intérieur. || *Ministerio de Hacienda,* ministère des Finances. || *Ministerio de Información,* ministère de l'Information. || *Ministerio de la Vivienda,* ministère de la Construction. || *Ministerio del Ejército* ou *de la Guerra,* ministère des Armées *o* de la Défense nationale. || *Ministerio de Obras Públicas,* ministère des Travaux publics. || *Ministerio público* ou *fiscal,* ministère public, parquet.
ministra f. Femme d'un ministre.
ministrable adj. FAM. Ministrable.
ministril m. (Ant.). Officier de justice, huissier. || Ménestrel (trovador).
ministro m. Ministre : *ministro sin cartera,* ministre sans portefeuille. || *Primer ministro,* Premier ministre.
minnesinger m. Minnesänger, minnesinger, minnesaenger (juglar alemán).
mino m. Minet, minou (para llamar al gato).
minoano, na adj. Minoen, enne (de Minos).
minoración f. Diminution, amoindrissement, *m.*
minorar v. tr. Diminuer, amoindrir.
minoría f. Minorité. || *Minoría de edad,* minorité.
minoridad f. (P. us.). Minorité.
minorista m. Détaillant (comerciante al por-menor). || Clerc qui a reçu les ordres mineurs (clérigo de menores).
— Adj. Au détail (comercio).
minoritario, ria adj. Minoritaire.
Minotauro n. pr. m. MIT. Minotaure.
minucia f. Minutie. || — Pl. (Ant.). Dîme (*sing.*) sur les fruits. || Petits détails, *m.*
minuciosamente adv. Minutieusement.
minuciosidad f. Minutie.
minucioso, sa adj. Minutieux, euse. || *Minucioso por demás,* minutieux à l'excès.
minué m. Menuet (baile).
minuendo m. MAT. Le plus grand des deux nombres, dans une soustraction.
minúsculo, la adj. y s. f. Minuscule.
minusválido, da adj. y s. Handicapé, e.
minuta f. Menu, *m.* (comida). || Minute (borrador). || Bordereau, *m.* (factura). || Note (apunte). || Note des honoraires (cuenta de un abogado). || Liste, catalogue, *m.* (lista).
minutar v. tr. Faire la minute [d'un acte]. || Minuter (tiempo).
minutario m. Minutier (de un notario).
minutario, ria adj. Minutaire (en minuta).
minutería f. Minuterie (interruptor automático).
minutero m. Aiguille (*f.*) des minutes, minuterie, *f.*
minuto m. Minute, *f.* (tiempo) : *vuelvo dentro de un minuto,* je reviens dans une minute. || Minute, *f.* (de círculo). || *Minuto a minuto,* minute par minute.
miñangos m. pl. *Amer.* Petits morceaux.
Miño n. pr. m. GEOGR. Minho.

miñón m. Soldat [employé autrefois comme douanier, garde-chasse, etc.]. ‖ Scorie (f.) du fer (escoria).

miñona f. IMPR. Mignonnette.

mío, mía pron. poses. de la 1ª pers. Mien, mienne (con artículo) : *este libro es el mío*, ce livre est le mien. ‖ À moi (sin artículo) : *esto es mío*, ceci est à moi. ‖ Mon, *m.*, ma, *f.*, mes, *pl.* (después del sustantivo) : *la casa mía*, ma maison ; *amigo mío*, mon ami ; *este vestido mío*, ma robe ; *queridos hijos míos*, mes chers enfants. ‖ FIG. Mon cher, ma chère ; mon petit, ma petite (cariño) : *padre mío*, mon cher père ; *hermana mía*, ma petite sœur. ‖ — *¡Dios mío!*, mon Dieu ! ‖ *En derredor mío*, autour de moi. ‖ FIG. y FAM. *Ésta es la mía*, c'est à moi de jouer, c'est le moment que j'attendais. ‖ FAM. *¡Hijo mío!*, mon vieux ! ‖ *Lo mío*, mes affaires, ce qui m'appartient *o* me concerne : *no se meta en lo mío*, ne vous mêlez pas de mes affaires. ‖ *Lo mío, mío y lo tuyo de entrambos*, ce qui est à moi est à moi, ce qui est à toi est à nous deux. ‖ *Los míos*, les miens (familia). ‖ *¡Madre mía!*, mon Dieu ! ‖ *Un amigo mío*, un de mes amis, un ami à moi.

— OBSERV. La construction du type *la casa mía* est fréquente en espagnol et renforce l'idée de possession.

miocardio m. ANAT. Myocarde : *infarto del miocardio*, infarctus du myocarde.

miocarditis f. MED. Myocardite.

mioceno adj. m. y s. m. GEOL. Miocène.

miodinia f. MED. Myodynie, myalgie.

miografía f. Myographie.

miógrafo m. Myographe. ‖ *Gráfico de miógrafo*, myogramme.

miograma m. Myogramme.

miolema m. ZOOL. Myolemme, sarcolemme.

miología f. BIOL. Myologie.

mioma m. MED. Myome.

miopatía f. MED. Myopathie.

miope adj. y s. Myope.

miopía f. MED. Myopie.

miosis f. MED. Myosis.

miosota f. BOT. Myosotis, *m.* (raspilla).

mir m. Mir (comunidad agrícola en la Rusia zarista).

mira f. Mire : *punto de mira*, point de mire. ‖ Mire, viseur, *m.* (de escopeta) : *muesca de mira*, cran de mire. ‖ Beffroi, *m.* (torre). ‖ FIG. Intention, visée, dessein, *m.* (intención) : *con miras poco honradas*, avec des intentions peu honnêtes. ‖ But, *m.* (objetivo) : *tener por mira*, avoir pour but ; *tener miras altas*, avoir des buts élevés. ‖ — Pl. MAR. Canons (*m.*) de proue. ‖ — *Con miras a*, en vue de, ayant pour but de. ‖ *Estrechez de miras*, étroitesse de vues. ‖ *Línea de mira*, ligne de visée *o* de mire. ‖ FIG. *Poner la mira* ou *las miras en*, jeter les yeux sur (mirar), viser, avoir des vues sur (desear) : *poner la mira en la popularidad*, viser la popularité ; jeter son dévolu sur (echar el ojo a). ‖ *Tener sus miras en*, avoir pour but, prétendre à, viser (codiciar).

mirabálano m. BOT. Myrobalan, myrobolan.

mirabel m. Kochia [plante ornementale]. ‖ Tournesol (girasol). ‖ — *Ciruela mirabel*, mirabelle (fruto). ‖ *Ciruelo mirabel*, mirabellier (árbol).

mirada f. Regard, *m.* : *fulminar con la mirada*, foudroyer du regard ; *apartar la mirada de*, détacher le regard de. ‖ Yeux, *m.* pl. : *leer en la mirada*, lire dans les yeux. ‖ ● Coup (*m.*) d'œil (ojeada) : *echar una mirada*, jeter un coup d'œil ; *abarcar con una sola mirada*, embrasser d'un coup d'œil. ‖ Œillade (guiñada). ‖ — *Mirada aguda* ou *penetrante*, regard perçant. ‖ FIG. *Miradas atrás*, retours en arrière. ‖ — *Clavar* ou *fijar la mirada en*, fixer son regard sur, regarder fixement. ‖ *Detener la mirada en*, arrêter son regard

sur. ‖ *Huir de las miradas de*, fuir le regard de (no mirar en los ojos), se dérober aux regards de (evitar ser visto). ‖ *Seguir con la mirada*, suivre des yeux. ‖ *Ser el blanco de las miradas*, être le point de mire. ‖ *Tener la mirada perdida*, avoir les yeux dans le vague *o* le regard lointain. ‖ *Volver la mirada*, tourner ses regards.

— SINÓN. ● *Vista*, vue. *Ojeada, vistazo*, coup d'œil. *Atisbo*, guet.

miradero m. Point de mire. ‖ Observatoire, mirador (lugar de observación).

miradita f. Œillade (guiñada). ‖ Petit coup (*m.*) d'œil.

mirado, da adj. Circonspect, e ; réservé, e (receloso). ‖ Vu, e : *bien* ou *mal mirado*, bien *o* mal vu. ‖ Soigneux, euse (cuidadoso) : *es muy mirado con sus cosas personales*, il est très soigneux avec ses affaires personnelles. ‖ *Bien mirado, el asunto no tiene importancia*, en y regardant de près, l'affaire n'a pas d'importance.

mirador m. Mirador.

miraguano m. BOT. Petit palmier d'Amérique.

mirahuevos m. inv. Mire-œufs.

miramiento m. Regard (acción de mirar). ‖ Prudence, *f.*, circonspection, *f.* : *proceder con miramiento*, agir avec prudence. ‖ — Pl. ● Égards, ménagements : *tratar a uno sin miramientos*, traiter quelqu'un sans ménagements ; *tener miramientos con las personas de edad*, avoir des égards pour les personnes âgées. ‖ — *Andar con miramientos*, agir avec ménagement, prendre des gants (fam.). ‖ *Sin más miramientos*, sans aucun égard *o* ménagement, sans autre forme de procès.

— SINÓN. ● *Consideración*, considération. *Deferencia, atención*, déférence. *Respeto*, respect. *Reparo*, ménagement.

mirar v. tr. e intr. Regarder : *mirar un espectáculo*, regarder un spectacle. ‖ FIG. Penser à, réfléchir à : *mira lo que haces*, pense à ce que tu fais. ‖ Regarder, voir (informarse) : *mire usted si ha llegado una carta*, regardez *o* voyez si une lettre est arrivée. ‖ Voir, veiller : *mire a que no le falte nada*, veillez à ce qu'il ne manque de rien. ‖ *Mirar a*, regarder à, penser à : *sólo mira a su provecho*, il ne pense qu'à son profit ; regarder : *contentarse con mirar a la gente que pasa*, se contenter de regarder les gens qui passent ; *la casa mira al sur*, la maison regarde le sud ; donner sur : *la ventana mira a la calle*, la fenêtre donne sur la rue. ‖ *Mirar a la cara*, regarder en face. ‖ *Mirar a los ojos*, regarder dans les yeux. ‖ *Mirar al trasluz*, regarder par transparence (por transparencia), mirer (un huevo). ‖ FIG. *Mirar bien* ou *mal a uno*, apprécier *o* ne pas apprécier quelqu'un, avoir *o* ne pas avoir de sympathie pour quelqu'un. ‖ *Mirar con buenos* ou *malos ojos*, regarder d'un bon *o* d'un mauvais œil. ‖ *Mirar con los ojos abiertos como platos*, regarder avec des yeux ronds, écarquiller les yeux. ‖ *Mirar con mala cara*, regarder de travers. ‖ *Mirar de arriba abajo*, regarder de haut en bas, toiser. ‖ *Mirar de hito en hito*, regarder fixement (una cosa, una persona), regarder dans le blanc des yeux *o* droit dans les yeux, dévisager. ‖ *Mirar de reojo* ou *de soslayo* ou *con el rabillo del ojo*, regarder à la dérobée *o* du coin de l'œil. ‖ *Mirar de través*, regarder de travers. ‖ *Mirar frente a frente* ou *cara a cara*, regarder en face. ‖ FIG. *Mirarlo bien*, y regarder à deux fois. ‖ *Mirar por*, prendre soin de, penser à, veiller sur, ménager : *mirar por su salud*, prendre soin de sa santé ; *mira por tu reputación*, pense à ta réputation ; s'occuper de, veiller sur, prendre soin de : *mira por los niños*, occupe-toi des enfants. ‖ *Mirar por encima*, jeter un coup d'œil, regarder superficiellement. ‖ FIG. y FAM. *Mirar por encima del hombro*, regarder par-dessus l'épaule, regarder de haut. ‖ *Mirar por* *los cuatro costados,* regarder sur toutes les coutures (una persona), examiner à fond (un problema). ‖ — *¡Mira!,* regarde!, tiens! (sorpresa), écoute! (¡oye!), attention! (cuidado). ‖ *Mira que...,* remarque bien que... ‖ *¡Mira que no tiene suerte!,* il n'a vraiment pas de chance! ‖ *¡Mira quien habla!,* il ferait mieux de se taire! ‖ *Mire* ou *mire a ver,* essayez o regardez voir. ‖ Fig. *Mire cómo habla* ou *lo que habla,* mesurez vos paroles, faites attention à ce que vous dites. ‖ *Mire con quién habla,* faites attention à qui vous parlez. ‖ — *Bien mirado todo* ou *mirándolo bien,* tout bien pesé o considéré, réflexion faite, à la réflexion, tout bien réfléchi, tout compte fait. ‖ Fam. *De mírame y no me toques,* très fragile, à ne toucher qu'avec les yeux (cosa frágil), à ne pas prendre avec des pincettes (de carácter áspero). ‖ *No dignarse mirar a,* ne pas avoir un regard pour, ne pas daigner regarder. ‖ *Por donde le miren,* de quelque côté qu'on le considère. ‖ *Sin mirar en gastos,* sans regarder à la dépense. — V. pr. Se regarder : *mirarse al* ou *en el espejo,* se regarder dans la glace. ‖ — Fig. *Mirarse en alguno,* être aux petits soins o avoir beaucoup d'égards pour quelqu'un (querer mucho), prendre pour exemple (servir de ejemplo). ‖ *Mirarse unos a otros,* se regarder les uns les autres.

mirasol m. Bot. Tournesol (girasol).

miríada f. Myriade : *a miríadas,* par myriades.

miriagramo m. Myriagramme.

miriámetro m. Myriamètre.

miriápodo adj. y s. m. Zool. Myriapode.

mirífico, ca adj. Mirifique, mirobolant, e.

mirilla f. Judas, *m.* (para observar). ‖ Œilleton, *m.* (para dirigir visuales). ‖ Mil. Fente de visée (de carros de combate).

miriñaque m. Crinoline, *f.* (de falda). ‖ Breloque, *f.,* babiole, *f.* (alhaja). ‖ Chasse-pierres, *inv.* (de locomotora).

miriófilo m. Bot. Myriophylle.

mirística f. Bot. Muscadier, *m.* (árbol).

mirla f. Merlette (ave).

mirlo m. Merle (ave). ‖ Fig. y Fam. Gravité (*f.*) affectée, pose, *f.* ‖ — *Buscar un mirlo blanco,* chercher un mouton à cinq pattes o l'oiseau rare. ‖ Fig. *Un mirlo blanco,* un merle blanc, un oiseau rare.

mirmidón m. Myrmidon.

mirmillón m. Mirmillon (gladiador romano).

mirobálano m. Bot. Myrobalan, myrobolan.

mirobrigense adj. y s. De Ciudad Rodrigo [ville d'Espagne, autrefois *Miróbriga*].

mirón, ona adj. y s. Badaud, e; curieux, euse.

mirosina f. Myrosine.

mirra f. Bot. Myrrhe.

mirtáceas f. pl. Bot. Myrtacées.

mirtiforme adj. Bot. Myrtiforme.

mirtillo m. Bot. Myrtille, *f.*

mirto m. Bot. Myrte (arrayán).

mirza m. Mirza (título persa).

misa f. Messe. ‖ — *Misa cantada,* messe chantée. ‖ *Misa de campaña,* messe en plein air. ‖ *Misa de cuerpo presente,* messe des trépassés o de requiem o de funérailles. ‖ *Misa de difuntos,* messe des morts. ‖ *Misa del alba,* première messe. ‖ *Misa del gallo,* messe de minuit (la víspera de Navidad). ‖ *Misa mayor,* grand-messe. ‖ *Misa negra,* messe noire. ‖ *Misa pontifical,* messe pontificale. ‖ *Misa privada* ou *rezada,* messe basse. ‖ — *Ayudar a misa,* servir la messe. ‖ *Cantar misa,* dire sa première messe [un prêtre nouvellement ordonné]. ‖ *Decir misa,* dire la messe. ‖ Fig. *Estar como en misa,* garder un profond silence o un silence religieux. ‖ *Ir a misa,* aller à la messe. ‖ Fam. *No saber de la misa la media,* savoir trois fois rien, ne pas savoir le premier mot, parler

sans savoir [d'une affaire]. ‖ *Oir misa,* entendre la messe. ‖ Fam. *Ser de misa y olla,* être ignorant. ‖ *Tocar a misa,* sonner la messe.

misacantano m. Prêtre qui dit sa première messe.

misal m. Missel (libro).

misantropía f. Misanthropie.

misantrópico, ca adj. Misanthropique.

misántropo adj. m. y s. m. Misanthrope.

miscelánea f. Miscellanées, *pl.* (p. us.), mélanges, *m. pl.,* morceaux (*m. pl.*) choisis.

misceláneo, a adj. Mélangé, e.

miscibilidad f. Miscibilité.

miscible adj. Miscible (mezclable).

miserable adj. y s. Misérable. ‖ Avare, mesquin, e (tacaño). ‖ *Un sueldo miserable,* un salaire de misère.

miserear v. intr. Fam. Vivre misérablement. ‖ Pleurer misère (quejarse).

miserere m. Miserere. ‖ Med. *Cólico miserere,* colique de miserere, ileus.

miseria f. Misère : *vivir* ou *andar en la miseria,* vivre o être dans la misère. ‖ Avarice, mesquinerie, lésinerie (avaricia). ‖ Vermine (piojos). ‖ Fig. y Fam. Misère : *trabajar por una miseria,* travailler pour une misère. ‖ *Comérsele a uno la miseria,* être dans une misère noire.

misericordia f. Miséricorde : *pedir misericordia,* crier miséricorde. ‖ Miséricorde (en los coros de las iglesias).

misericordioso, sa adj. y s. Miséricordieux, euse : *misericordioso con los desvalidos,* miséricordieux envers les malheureux.

miseriuca f. Fam. Misère noire.

misero, ra adj. Fam. Qui va souvent à la messe. ‖ Fam. *Ser muy misera,* être une grenouille de bénitier.

mísero, ra adj. y s. V. MISERABLE.

misérrimo, ma adj. Très misérable.

misia o **misiá** f. Fam. *Amer.* Madame.

misil m. Missile (cohete).

misión f. Mission : *cumplir una misión,* remplir une mission. ‖ Relig. Mission.

misional adj. Missionnaire.

misionero, ra adj. y s. Missionnaire.

misionero, ra adj. y s. De Misiones (en Argentina y Paraguay).

Misisipí n. pr. m. Geogr. Mississippi.

misiva f. Missive (carta).

mismamente adv. Fam. Justement.

mismísimo, ma adj. Fam. Même. ‖ — *En el mismísimo centro,* au beau milieu. ‖ *Es el mismísimo demonio,* c'est le diable en personne.

mismo, ma adj. : *del mismo color,* de la même couleur ; *en la misma época,* à la même époque. ‖ Même (después de pronombres personales) : *yo mismo,* moi-même ; *él mismo,* lui-même ; *ellos mismos,* eux-mêmes, etc. ‖ Lui-même, elle-même, eux-mêmes (para corroborar la identidad de la persona) : *el mismo presidente* ou *el presidente mismo se levantó,* le président lui-même se leva. ‖ Même (hasta) : *sus mismos hermanos le odiaban,* même ses frères le haïssaient. ‖ Même (después de adverbios de lugar o tiempo) : *aquí mismo,* ici même ; *hoy mismo,* aujourd'hui même. ‖ — *Ahora mismo,* à l'instant, tout de suite. ‖ *Al mismo tiempo* ou *a un mismo tiempo,* au même moment, en même temps. ‖ *Así mismo,* de la même façon (de la misma manera), aussi (también). ‖ *Del mismo modo,* de la même façon (de la misma manera), également (también). ‖ *En el mismo suelo,* à même le sol. ‖ *En la misma ocasión,* à la même occasion. ‖ *En sí mismo,* en soi-même. ‖ *Lo mismo,* la même chose. ‖ *Lo mismo con,* de même pour. ‖ *Lo mismo que,* de même que. ‖ *Mañana mismo,* dès demain : *saldré mañana mismo,* je partirai dès demain. ‖ *Por* *lo mismo*, pour la même raison, pour cela, pour cette raison. ‖ *Por lo mismo que*, par le fait même que, du fait que. ‖ *Por sí mismo*, de soi-même, de lui-même. ‖ — *Es lo mismo*, c'est la même chose, c'est pareil, c'est tout un, c'est tout comme. ‖ *Eso viene a ser lo mismo*, cela revient au même. ‖ *Lo mismo da*, cela revient au même, c'est la même chose, c'est du pareil au même (es igual), ça m'est égal (igual me da). ‖ *Ver con los mismos ojos*, voir du même œil. ‖ *Volver a las mismas*, retomber dans les mêmes erreurs.

misoginia f. Misogynie.

misógino, na adj. y s. Misogyne.

misoneísmo m. Misonéisme (odio a la novedad).

misoneísta adj. y s. Misonéiste.

mispíquel m. Mispickel (metal).

miss f. Miss (señorita).

mistagogia f. RELIG. Mystagogie.

mistagogo m. RELIG. Mystagogue.

mistar v. tr. FAM. *No mistar*, ne pas souffler mot.

mistela f. Mistelle (bebida).

misterio m. Mystère : *hablar con misterio*, parler avec mystère *o* en grand mystère. ‖ TEATR. Mystère (auto). ‖ — *Andar con misterios, hacer misterios*, faire des mystères. ‖ *Hacer algo con misterio*, faire quelque chose secrètement. ‖ FIG. y FAM. *Que tiembla el misterio*, à tout casser.

misterioso, sa adj. Mystérieux, euse.

misticismo m. Mysticisme.

místico m. Mistique (embarcación de cabotaje).

místico, ca adj. y s. Mystique. ‖ — F. Mystique (parte de la teología). ‖ Littérature mystique (género literario).

misticón, ona adj. y s. FAM. Très dévot, e ; bigot, e.

mistificación f. Mystification (engaño).

mistificar v. tr. Mystifier (engañar).

mistol m. *Amer.* Jujubier.

mistral m. Mistral (viento).

Misuri n. pr. m. GEOGR. Missouri.

mita f. *Amer.* « Mita ». ‖ Ancien tribut, m. (tributo). ‖ Bétail (m.) transporté par le train. ‖ Récolte des feuilles de coca. ‖ FAM. Tour, m. (turno).

— OBSERV. La *mita* est une institution qui existait déjà à l'époque des Incas et qui fut reprise par les Espagnols, en vertu de laquelle, par tirage au sort, les Indiens étaient astreints à des travaux forcés rémunérés, pendant un certain laps de temps.

mitaca f. *Amer.* Récolte (cosecha).

mitad f. Moitié : *a mitad de precio*, à moitié prix. ‖ Milieu, m. (centro) : *en la mitad de la novela*, au milieu du roman. ‖ FAM. Moitié (esposa) : *mi cara mitad*, ma chère moitié. ‖ — *Mitad y mitad*, moitié moitié. ‖ — *En mitad de*, au milieu de. ‖ *En ou a la mitad del camino*, à moitié chemin *o* à mi-chemin. ‖ *Partir por la mitad*, couper *o* partager en deux *o* par la moitié (cortar), empoisonner, enquiquiner (molestar). ‖ — Adv. Moitié, mi- : *mitad hombre, mitad animal*, mi-homme, mi-animal.

mitayo m. Indien employé aux travaux publics forcés de la « mita ».

mítico, ca adj. Mythique.

mitigación f. Mitigation.

mitigador, ra adj. *o* **mitigante** adj. Qui mitige, adoucissant, e ; calmant, e.

mitigar v. tr. Mitiger : *mitigar una ley, una pena*, mitiger une loi, une peine. ‖ Calmer (un dolor). ‖ Calmer, étancher (la sed). ‖ Calmer, assouvir (el hambre). ‖ Freiner, enrayer : *mitigar el paro*, enrayer le chômage. ‖ Pallier (paliar).

Mitilene n. pr. GEOGR. Mytilène.

mitilicultor m. Mytiliculteur (criador de mejillones).

mitilicultura f. Mytiliculture (cria de mejillones).

mitin m. Meeting.

— OBSERV. Pl. *mítines*.

mitiquero, ra adj. *Amer.* Minaudier, ère (melindroso).

mito m. Mythe.

mitógrafo m. Mythographe.

mitología f. Mythologie.

mitológico, ca adj. Mythologique.

mitólogo m. Mithologue.

mitomanía f. Mythomanie.

mitómano, na adj. y s. Mythomane.

mitón m. Mitaine, *f.* (guante).

mitosis f. BIOL. Mitose.

mitote m. Danse (*f.*) des Aztèques (baile). ‖ *Amer.* Fête de famille (fiesta). ‖ Minauderie, *f.* (melindre). ‖ Querelle, *f.* (pendencia).

mitotear v. intr. *Amer.* Minauder, faire des manières.

mitotero, ra adj. y s. *Amer.* Minaudier, ère (melindroso). ‖ Remuant, e ; chahuteur, euse (bullanguero).

mitótico, ca adj. BIOL. Mitotique.

mitra f. Mitre : *recibir la mitra*, recevoir la mitre.

Mitra n. pr. m. HIST. Mithra (divinidad).

mitracismo m. Mithracisme, mithriacisme.

mitrado, da adj. Mitré, e : *abad mitrado*, abbé mitré. ‖ — M. Archevêque (arzobispo) *o* évêque (obispo), prélat.

mitral adj. ANAT. Mitral, e.

Mitrídates n. pr. m. HIST. Mithridate.

mitridatismo m. Mithridatisme, mithridatisation, *f.*

mitridatizar v. tr. Mithridatiser.

mitridato m. Mithridate (contraveneno).

miura m. Taureau de l'élevage de Miura, en Andalousie (toro). ‖ FIG. y FAM. *Más malo que un miura*, mauvais comme une teigne.

mixedema f. Myxœdème, *m.* (edema).

mixomatosis f. VETER. Myxomatose.

mixomicetos m. pl. BOT. Myxomycètes.

mixtificación f. Mystification (embaucamiento).

mixtificar v. tr. Mystifier (embaucar).

— OBSERV. Ce verbe et son substantif, bien que d'usage courant, ne sont pas admis par l'Académie.

mixtilíneo, a adj. GEOM. Mixtiligne.

mixtión f. Mixtion.

mixto, ta adj. Mixte : *escuela mixta*, école mixte ; *tren mixto*, train mixte. ‖ Métis, isse (mestizo). ‖ *Tribunal mixto*, commission paritaire. ‖ — M. Allumette, *f.* (fósforo). ‖ Amorce, *f.* (sustancia inflamable).

mixtura f. Mixture, mélange, *m.* ‖ Mixture (medicamento). ‖ *Amer.* Fleurs (*pl.*) offertes en cadeau (flores).

— OBSERV. La palabra *mixture* en francés es a menudo despectiva.

mixturar v. tr. Mélanger. ‖ TECN. Mixtionner.

mízcalo m. Lactaire délicieux (hongo).

mnemónico, ca adj. y s. Mnémonique.

mnemotecnia *o* **mnemotécnica** f. Mnémotechnie.

mnemotécnico, ca adj. Mnémotechnique.

moabita adj. y s. Moabite.

moaré m. Moire, *f.* (tela).

mobiliario, ria adj. Mobilier, ère. ‖ — M. Mobilier, meubles, *pl.*, ameublement. ‖ DR. Meubles (*pl.*) meublants.

moblaje m. Ameublement, mobilier, meubles, *pl.*

moblar* v. tr. Meubler (amueblar).

moca m. Moka (café).

mocar v. tr. Moucher.

mocarrera f. FAM. Morve, chandelle.

mocarro m. FAM. Morve, *f.*, chandelle, *f.*

mocasín m. Mocassin (calzado).

mocear v. intr. FAM. Faire le jeune homme.

mocedad f. Jeunesse (juventud). ‖ Frasque, fredaine (travesura). ‖ — Pl. Jeunesse, *sing.* : *en* *mis mocedades*, au temps de ma jeunesse. ‖ *Las mocedades del Cid*, la Jeunesse du Cid.

moceril adj. De la jeunesse, juvénile.

mocerío m. Groupe *o* bande (*f.*) de jeunes gens.

mocetón, ona m. y f. Grand gaillard, belle fille.

moción f. Motion (proposición) : *moción de censura*, motion de censure. ‖ Mouvement, *m.* (movimiento).

mocito, ta adj. Tout jeune, très jeune.
— M. y f. Tout jeune homme, toute jeune fille ; petit jeune homme, petite jeune fille (fam.).

moco m. Morve, *f.* ‖ Mucus, mucosité, *f.* (término científico). ‖ Champignon (del pabilo). ‖ Écoulement (de una vela). ‖ Caroncule, *f.* (del pavo). ‖ Battiture, *f.* (del hierro). ‖ MAR. Martingale, *f.* ‖ — FIG. y FAM. *Caérsele el moco*, être niais, être né de la dernière pluie. ‖ *Limpiar los mocos*, moucher. ‖ FIG. y FAM. *Llorar a moco tendido*, pleurer à chaudes larmes. ‖ *No es moco de pavo*, ce n'est pas de la petite bière, ce n'est pas piqué des vers, ce n'est pas du gâteau, ce n'est pas rien : *este trabajo no es moco de pavo*, ce travail n'est pas piqué des vers ; ce n'est pas de la blague *o* de la rigolade *o* de la bagatelle : *seis mil dólares no son moco de pavo*, six mille dollars, ce n'est pas de la bagatelle.

mocoso, sa adj. y s. Morveux, euse. ‖ FIG. Insignifiant, e (de poco valor).

mocosuelo, la adj. y s. Gamin, e.

mocosuena adv. FAM. *Traducir «mocosuena, mocosuene»*, traduire « rosa, la rose », traduire mécaniquement.

mochada f. Coup (*m.*) de tête (del toro, etc.).

mochales adj. POP. *Estar mochales*, être toqué *o* dingue *o* siphonné (loco). ‖ *Estar mochales por*, raffoler de, être éperdument amoureux de (enamorado).

mochar v. tr. Étêter (desmochar).

mochazo m. Coup de crosse.

moche m. *A troche y moche*, à tort et à travers.

mocheta f. Dos, *m.*, marteau, *m.* (de un hacha). ‖ ARQ. Mouchette.

mochete m. ZOOL. Crécerelle, *f.* (cernícalo).

mochila f. Havresac, *m.* (del soldado). ‖ Sac (*m.*) à dos (de excursionista, etc.). ‖ Vivres, *m. pl.* (víveres).

mocho, cha adj. Émoussé, e (sin punta). ‖ Écorné, e (sin cuernos.) ‖ Ébranché, e (mondado de ramas). ‖ Étêté, e (mondado de copa). ‖ FIG. y FAM. Tondu, e (pelado). ‖ *Amer.* Mutilé, e (mutilado). ‖ Conservateur, trice (conservador). ‖ Réactionnaire (reaccionario). ‖ *Escopeta mocha*, fusil hammerless.
— M. Manche (de un instrumento). ‖ Culasse, *f.* (culata).

mochuelo m. ZOOL. Hibou (ave). ‖ FIG. y FAM. Corvée, *f.* ‖ IMPR. Bourdon (omisión). ‖ — FIG. *Cada mochuelo a su olivo*, chacun à ses affaires *o* chez soi *o* à sa place. ‖ FAM. *Cargar con el mochuelo*, avoir tout sur le dos, endosser toute la responsabilité.

moda f. Mode : *tienda de modas*, magasin de modes. ‖ — *De* ou *a la moda*, à la mode. ‖ *Está de moda*, il est de mode de. ‖ *Estar* ou *ser de moda*, être à la mode. ‖ *Fuera* ou *pasado de moda*, démodé, passé de mode. ‖ *Revista de modas*, journal *o* revue *o* magazine de modes. ‖ *Seguir la moda*, suivre la mode.
— SINÓN. *Boga*, vogue. *Uso*, usage. *Novedad*, nouveauté.

modal adj. Modal, e.
— M. pl. Manières, *f.*, formes, *f.* : *modales distinguidos*, manières distinguées ; *modales finos*, belles manières. ‖ — *Con buenos modales*, en y mettant les formes (hablar, pedir). ‖ *Tener malos modales*, mal se conduire. ‖ FAM. *¡Vaya modales!*, en voilà des manières !, en voilà des façons !

modalidad f. Modalité. ‖ Catégorie (categoría).

modelado m. Modelage : *el modelado de una escultura*, le modelage d'une sculpture. ‖ Modelé : *el modelado de un rostro*, le modelé d'un visage.

modelador, ra adj. y s. Modeleur, euse.

modelar v. tr. Modeler. ‖ FIG. Modeler : *modelar su conducta a*, modeler sa conduite sur.

modelista m. y f. Modeleur, euse (modelador). ‖ Modéliste (de costura).

modelo adj. y s. ● Modèle : *tomar por modelo*, prendre pour modèle. ‖ Mannequin, *m.* (moda) : *desfile de modelos*, défilé de mannequins. ‖ — *Modelo publicitario*, cover-girl. ‖ *Modelo reducido*, modèle réduit. ‖ *Un niño modelo*, un enfant modèle.
— SINÓN. ● *Tipo*, type. *Ejemplo*, exemple. *Ejemplar*, exemplaire. *Muestra*, échantillon. *Espécimen*, spécimen. *Maqueta*, maquette. *Arquetipo*, archétype.

Módena n. pr. GEOGR. Modène.

modenés, esa adj. y s. Modénais, e.

moderación f. Modération. ‖ Retenue, modération, mesure : *obrar con moderación*, agir avec retenue ; *hablar con moderación*, parler avec mesure.

moderado, da adj. y s. Modéré, e.
— Adv. MÚS. Mezzo forte.

moderador, ra adj. y s. Modérateur, trice. ‖ — M. TECN. Ralentisseur. ‖ *Moderador de grafito*, modérateur de graphite.

moderantismo m. Modérantisme. ‖ *Partidario del moderantismo*, modérantiste.

moderar v. tr. ● Modérer : *moderar sus deseos*, modérer ses désirs.
— V. pr. Se modérer. ‖ *Moderarse en las palabras*, mesurer *o* peser ses mots.
— SINÓN. ● *Templar, temperar*, tempérer. *Suavizar*, adoucir. *Mitigar*, mitiger. *Atenuar*, atténuer. *Paliar*, pallier. *Amortiguar*, amortir. *Frenar*, freiner. *Calmar*, calmer. *Contener*, contenir.

moderativo, va adj. Modérateur, trice.

moderato adv. MÚS. Moderato.

modernamente adv. Récemment. ‖ Actuellement.

modernidad f. Modernité, modernisme, *m.*

modernismo m. Modernisme.

modernista adj. y s. Moderniste.

modernización f. Modernisation.

modernizar v. tr. Moderniser.
— V. pr. Se moderniser.

moderno, na adj. Moderne : *la edad moderna*, l'époque moderne. ‖ *A la moderna*, d'une façon moderne.
— M. *Lo moderno*, le moderne.

modestia f. Modestie. ‖ *Vestido con modestia*, modestement vêtu.

Modesto n. pr. m. Modeste.

modesto, ta adj. y s. Modeste.
— SINÓN. *Reservado, recatado*, réservé. *Humilde*, humble. *Simple, sencillo*, simple. *Moderado*, modéré.

modicidad f. Modicité.

módico, ca adj. Modique : *pagar una suma módica*, payer une somme modique.

modificable adj. Modifiable.

modificación f. Modification.
— SINÓN. *Reforma*, réforme. *Innovación*, innovation. *Variación*, variation. *Alteración*, altération. *Cambio*, changement. *Rectificación*, rectification. *Corrección*, correction. *Enmienda*, amendement.

modificador, ra adj. y s. Modificateur, trice.

modificante adj. y s. Modifiant, e ; modificateur, trice.

modificar v. tr. Modifier (transformar).

modificativo, va adj. Modificateur, trice.

modificatorio, ria adj. Qui modifie, modificateur, trice.

modillón m. ARQ. Modillon : *modillón de lóbulos* ou *de rollos*, modillon à copeaux.

modismo m. GRAM. Idiotisme.

modista m. y f. Couturier, ère.
— OBSERV. La palabra *modiste* corresponde en español a *sombrerera*.

modistería f. *Amer.* Magasin (*m.*) *o* boutique de modes.

modistil adj. FAM. Des couturières.

modistilla f. Cousette, midinette (aprendiza).

modisto m. Couturier.
— OBSERV. Ce mot est un barbarisme très fréquent employé pour *modista*.

modo m. ● Manière, *f.*, façon, *f.* (manera) : *a su modo,* à sa manière : *modo de obrar,* façon d'agir. || GRAM. y MÚS. Mode. || — Pl. Manières, *f.* (modales) : *buenos, malos modos,* bonnes, mauvaises manières. || — *Adverbio de modo,* adverbe de manière. || *Modo adverbial,* locution adverbiale. || *Modo de empleo,* mode d'emploi. || *Modo de ser,* manière d'être. || *Modo de ver,* façon de voir, point de vue. || — *A modo de,* en guise de, en manière de. || *Al* ou *a modo de,* à la manière de. || *A mi modo,* à ma façon, à ma manière. || *De cualquier modo,* de toute façon. || *De modo que,* de manière que, en sorte que. || *¿De modo que tú te marchas?,* alors tu t'en vas?, c'est comme ça que tu nous quittes? || *De ningún modo,* en aucune façon, nullement, pas du tout. || *De tal modo que,* de telle façon que. || *De todos modos,* de toute façon, de toute manière. || *En cierto modo,* d'une certaine manière. || *¡Vaya modos!,* quelles manières! || FAM. *¡Y de qué modo!,* et comment!
— SINÓN. ● *Manera,* manière. *Forma,* forme. *Guisa,* guise. *Disposición,* disposition. *Son,* façon.

modorra f. Sommeil (*m.*) profond *o* pesant (sueño pesado). || Engourdissement, *m.*, assoupissement, *m.* (sopor). || VETER. Tournis, *m.* (del ganado lanar).

modorrar v. tr. Causer le tournis (al ganado lanar). || Assoupir (adormecer).
— V. pr. Devenir blet, blette (una fruta).

modorro, rra adj. Assoupi, e (adormecido). || Atteint du tournis (cordero). || Blet, blette (fruta). || — Adj. y s. FIG. Ignorant, e (ignorante). || Intoxiqué par le mercure (minero).

modosidad f. Sagesse.

modoso, sa adj. Sage.

modulación f. Modulation. || *Porcentaje de modulación,* taux de modulation.

modulador, ra adj. y s. m. Modulateur, trice.

modular v. intr. y tr. Moduler. || RAD. *Frecuencia modulada,* modulation de fréquence.

módulo m. Module. || Mesure (*f.*) anthropométrique. || MÚS. Modulation, *f.* || Module (lunar).

modus vivendi m. Modus vivendi.

mofa f. Raillerie, moquerie. || *Hacer mofa de,* railler, se moquer de.

mofador, ra adj. y s. Railleur, euse ; moqueur, euse.

mofadura f. Raillerie.

mofar v. intr. Railler.
— V. pr. Se moquer de.

mofeta f. ZOOL. Mouffette, mofette (mamífero). || Mofette (gas irrespirable).

moflete m. FAM. Grosse joue, *f.*

mofletudo, da adj. Joufflu, e.

mogate m. Vernis de poterie.

mogol, la adj. y s. Mogol, e ; moghol, e : *el Gran Mogol,* le Grand Mogol.

mogolla f. *Amer.* Aubaine, belle affaire (ganga).

mogollo m. *Amer.* Raccroc (en el billar). | Fleurage (moyuelo).

mogollón m. Ingérence, *f.,* intervention, *f.* (entremetimiento). || FAM. *De mogollón,* à l'œil, gratuitement.

mogón, ona adj. À la corne cassée (res).

mogote m. Butte, *f.,* tertre (montículo). || Meule, *f.* (hacina). || Andouiller, dague, *f.* (del ciervo).

mogrollo m. Pique-assiette (gorrista). || FAM. Rustre (tosco).

mohair m. Mohair.

moharra f. Fer (*m.*) de lance.

mohatra f. Mohatra, *m.* (contrato fraudulento). || FIG. Fraude, tromperie.

mohatrar v. intr. Frauder.

mohatrero, ra m. y f. Fraudeur, euse (que engaña).

mohecer* v. tr. Moisir (enmohecer).

moheña f. BOT. Petite ortie.

mohicano, na adj. y s. Mohican, e (indio).

mohín m. Grimace, *f.,* moue, *f.*

mohíno, na adj. Boudeur, euse ; triste (melancólico), fâché, e ; marri, e (disgustado). || More, maure (caballo negro). || *Mulo mohíno,* bardot (burdégano). || Noir (buey).
— F. Bouderie (enojo).

moho m. Moisissure, *f.,* moisi (hongos). || Rouille, *f.* (del hierro). || Vert-de-gris (del cobre). || Monilie, *f.* (en peras y manzanas). || — *Criar moho,* moisir. || *Oler a moho,* sentir le moisi. || *Saber a moho,* avoir un goût de moisi.

mohosearse v. pr. *Amer.* Moisir.

mohoso, sa adj. Moisi, e (cosa orgánica). || Rouillé, e (hierro). || *Ponerse mohoso,* moisir.

moisés m. Moïse (cuna).

Moisés n. pr. m. Moïse.

mojado, da adj. Mouillé, e. || FIG. *Papel mojado,* lettre morte : *ser papel mojado,* rester lettre morte.
— F. Mouillure.

mojador, ra adj. Qui sert à mouiller.
— M. Mouilleur (humectador). || Mouilloir (para la ropa).

mojadura f. Mouillure (estado). || Mouillement, *m.,* mouillure (acción).

mojama f. Thon (*m.*) salé.

mojar v. tr. ● Mouiller, tremper : *mojar la ropa,* mouiller du linge ; *mojar la pluma en el tintero,* tremper la plume dans l'encrier. || Humecter (rociar). || FIG. Poignarder (herir). || FIG. y FAM. Arroser : *mojar una victoria,* arroser une victoire. | *Mojar el gaznate,* se rincer la dalle *o* le bec.
— V. intr. FIG. Avoir son mot à dire (en un negocio).
— V. pr. Se mouiller.
— SINÓN. ● *Empapar,* imbiber. *Humedecer,* humecter. *Regar, rociar,* arroser. *Bañar,* baigner. *Calar, remojar,* tremper. *Inundar,* inonder.

mojardón m. Mousseron (hongo).

mojarra f. Sorte de petit poisson (*m.*) de mer (pez). || Barque, chaloupe (lancha). || *Amer.* Couteau (*m.*) large et court (cuchillo).

mojarrilla m. y f. FAM. Boute-en-train, *inv.*

moje m. Bouillon (caldo), sauce, *f.,* jus (salsa).

mojí m. Torgniole, *f.,* gnon (porrazo).

mojicón m. FAM. Torgniole, *f.,* gnon, marron (golpe) : *pegarle un mojicón a uno,* flanquer un marron à quelqu'un. || Sorte de biscuit (bizcocho). || Petit pain (bollo).

mojiganga f. Mascarade (fiesta de máscaras). || Farce (teatro). || FIG. Farce, moquerie.

mojigatería f. Hypocrisie, tartuferie (hipocresía). || Bigoterie (beatería).

mojigatez f. Hypocrisie, tartuferie.

mojigato, ta adj. y s. Hypocrite, tartufe (hipócrita). || Bigot, e (beato).

mojinete m. Chaperon d'un mur (caballete). || Crête, *f.* (del tejado). || *Amer.* Fronton (de fachada).

mojón m. Borne, *f.* (en un camino). || Tas (montón). || Crotte, *f.* (excremento).

mojona f. Bornage, *m.* (amojonamiento).

mojonar v. tr. Borner (amojonar).

mojonera f. Limite, ligne de séparation.
moka m. Moka (café).
mola f. MED. Môle. ‖ Mola (antigua ofrenda).
molar adj. ANAT. Molaire. ‖ Meulier, ère (moleño).
— M. *Molar* ou *diente molar*, molaire.
molcajete m. CONSTR. Mortier.
moldar v. tr. Mouler (amoldar). ‖ Moulurer (moldurar).
Moldavia n. pr. f. GEOGR. Moldavie.
moldavo, va adj. y s. Moldave.
molde m. Moule. ‖ Aiguille, *f.* (en costura). ‖ CULIN. Moule. ‖ FIG. Modèle (modelo). ‖ IMPR. Forme, *f.* ‖ — *De molde*, à propos, à merveille, à pic [fam.] (a propósito), bien, parfaitement (bien). ‖ *Letras de molde*, caractères d'imprimerie, lettres moulées. ‖ *Pan de molde*, pain de mie.
moldeable adj. Qu'on peut mouler. ‖ FIG. Maniable (persona).
moldeado m. Moulage.
moldeador, ra adj. y s. m. TECN. Mouleur, euse.
moldeamiento m. Moulage.
moldear v. tr. Mouler (vaciar). ‖ Prendre un moulage (en un molde). ‖ Moulurer (moldurar). ‖ FIG. Modeler : *la vida moldea a los hombres*, la vie modèle les hommes.
moldura f. Moulure. ‖ — *Moldura cromada*, baguette (embellecedor de coche). ‖ ARQ. *Moldura ovalada*, godron. ‖ *Sacar una moldura*, pousser une moulure.
moldurar v. tr. Moulurer : *moldurar un techo*, moulurer un plafond.
mole adj. Mou, molle (muelle). ‖ *Huevos moles*, entremets fait avec des jaunes d'œufs (dulce).
— M. *Amer.* Plat de dinde relevé de piment (guisado). ‖ — F. Masse (cosa voluminosa).
molécula f. Fís. Molécule. ‖ *Molécula gramo*, molécule-gramme.
molecular adj. Fís. Moléculaire.
moledor, ra adj. y s. Broyeur, euse. ‖ FIG. y FAM. Raseur, euse (persona). ‖ — M. Broyeur (de caña de azúcar).
moledura f. Mouture (del trigo), broyage, *m.*, broiement, *m.* ‖ FIG. Fatigue, harassement, *m.* (cansancio).
molendero, ra m. y f. Meunier, ère. ‖ — M. Ouvrier chocolatier. ‖ *Amer.* Table (*f.*) de cuisine [sur laquelle on peut broyer].
moleño, ña adj. y s. f. Meulier, ère.
moler* v. tr. ● Moudre : *moler trigo*, moudre du blé. ‖ Broyer (machacar). ‖ FIG. Éreinter, fatiguer (cansar) [V. MOLIDO]. ‖ *Amer.* Presser [la canne à sucre]. ‖ — FAM. *Moler a golpes, a palos*, rouer de coups, battre comme plâtre. ‖ *Moler los hígados*, casser les pieds.
— SINÓN. ● *Machacar*, concasser. *Aplastar*, écraser. *Triturar*, triturer. *Pulverizar*, pulvériser.
molero m. Meulier (que hace muela).
moleskín o **molesquín** m. Moleskine, *f.*
molestamente adv. D'une façon ennuyeuse.
molestar v. tr. Gêner, déranger (incomodar) : *¿le molesta el humo?*, la fumée vous dérange-t-elle ? ‖ Ennuyer (fastidiar) : *me molestan estas visitas*, ces visites m'ennuient ; *¡no me molestes!*, ne m'ennuie pas ! ‖ Offenser, blesser (herir). ‖ Gêner, faire mal (hacer daño) : *me molestan estos zapatos*, ces souliers me font mal.
— V. pr. Se déranger, se gêner : *molestarse por alguien*, se déranger pour quelqu'un. ‖ Prendre la peine : *no se ha molestado en ayudarme*, il n'a pas pris la peine de m'aider. ‖ Se vexer, se formaliser (picarse) : *molestarse por*, se formaliser de. ‖ *No se moleste*, ne vous dérangez pas.
molestia f. Ennui, *m.*, tracas, *m.*, embêtement, *m.* (fam.) : *esto le acarreó muchas molestias*, cela lui a attiré *o* a causé beaucoup d'ennuis. ‖ Dérange-

ment, *m.* (fastidio) : *dar* ou *causar molestia a uno*, causer du dérangement à quelqu'un. ‖ Inconvénient, *m.* (inconveniente). ‖ ● Gêne (incomodidad). ‖ FIG. Peine (trabajo) : *tomarse la molestia de*, prendre *o* se donner la peine de. ‖ — Pl. Indispositions, troubles (*m.*) légers (de la salud). ‖ — *Acusar* ou *tener molestias en una pierna*, avoir mal à la jambe, souffrir de la jambe. ‖ *¡Qué molestia!*, quel embêtement !, quelle barbe ! (fam.). ‖ *Ser una molestia*, être ennuyeux : *es una molestia ir a este sitio ahora*, c'est ennuyeux d'aller maintenant à cet endroit. ‖ *Si no es molestia* ou *si no le sirve de molestia*, si ce n'est pas trop vous demander, si cela ne vous gêne pas.
— SINÓN. ● *Contrariedad*, contrariété. *Disgusto*, chagrin. *Fastidio*, ennui. *Incomodidad*, gêne.
molesto, ta adj. Ennuyeux, euse (fastidioso) : *¡qué molesto es hacer cada día la misma cosa!*, qu'il est donc ennuyeux de refaire tous les jours la même chose ! ‖ Désagréable (incómodo) : *viaje molesto*, voyage désagréable. ‖ Embarrassant, e ; gênant, e (que estorba) : *un paquete molesto*, un paquet embarrassant ; *una pregunta molesta*, une question embarrassante. ‖ Agaçant, e (irritante). ‖ FIG. Ennuyé, e ; fâché, e (enfadado). ‖ Gêné, e ; mal à l'aise, embarrassé, e (incómodo) : *estar molesto en un sillón*, être mal à l'aise dans un fauteuil. ‖ *Lo molesto*, l'ennui : *lo molesto es que no pueda venir*, l'ennui c'est qu'il ne puisse pas venir.
molestoso, sa adj. *Amer.* V. MOLESTO.
moleta f. Molette (à couleurs ou à cristaux). ‖ TECN. *Adornado con la moleta*, moletage, molettage. | *Adornar* ou *pulir con la moleta*, moleter.
moletear v. tr. Moleter.
molibdeno m. Molybdène (metal).
molicie f. Mollesse.
molido, da adj. Moulu, e : *trigo molido*, blé moulu. ‖ Broyé, e (triturado). ‖ FIG. y FAM. Moulu, e ; rompu, e ; vanné, e ; mort, e de fatigue ; éreinté, e ; claqué, e (fam.) : *estar molido*, être vanné. ‖ En poudre : *azúcar molido*, sucre en poudre.
— F. *Amer.* V. MOLIENDA.
mollenda f. Broiement, *m.*, broyage, *m.* (trituración). ‖ Mouture, moulage, *m.* (del trigo). ‖ Pressage, *m.* (de las aceitunas). ‖ Quantité moulue (cantidad). ‖ FIG. y FAM. Harassement, *m.*, fatigue. | Corvée, chose assommante.
mollente adj. Qui moud, qui broie. ‖ *Corriente y moliente*, courant, ordinaire.
molificar v. tr. Amollir.
molificativo, va adj. Qui amollit, amollissant, e.
molimiento m. Broiement, broyage (trituración). ‖ Mouture, *f.* (del trigo). ‖ Pressage (de las aceitunas). ‖ FIG. Harassement, éreintement, fatigue, *f.* (cansancio).
molinar m. Endroit où sont réunis plusieurs moulins.
molinera f. Meunière.
molinería f. Meunerie, minoterie (industria).
molinero, ra adj. Meunier, ère ; de la meunerie.
— M. Meunier (que tiene un molino), minotier (que tiene una industria de harina).
molinete m. Moulinet. ‖ Ventilateur (de ventana). ‖ Moulinet (movimiento). ‖ MAR. Guindeau. ‖ Tourniquet (puerta). ‖ *Amer.* Girandole, *f.*
molinillo m. Moulin : *molinillo de café, de pimienta*, moulin à café, à poivre. ‖ Moulinet, moussoir (de chocolatera). ‖ Moulinet (antiguo adorno del vestido).
molinismo m. Molinisme (doctrina religiosa de Luis Molina).
molinista adj. y s. Moliniste.
molino m. Moulin : *molino de agua, de viento*, moulin à eau, à vent ; *molino de sangre*, moulin à bras. ‖ FIG. Personne agitée (persona bulliciosa).

| Mouche (*f.*) du coche, personne (*f.*) agaçante (persona molesta). ‖ Fig. *Molinos de viento*, moulins à vent, ennemis imaginaires.

molinosismo m. Molinosisme (doctrina religiosa de Miguel de Molinos).

molinosista adj. y s. Molinosiste (quietista).

moloc m. Zool. Moloch (réptil).

Moloc n. pr. m. Moloch.

molón, ona adj. *Amer.* Rasoir, assommant, e.

molondro o **molondrón** m. Fam. Lourdaud (torpe). | Fainéant (perezoso).

moloso m. Molosse (perro de guardia).

molote m. *Amer.* Vacarme (alboroto). | Chignon (moño). | Pelote, *f.* (ovillo). | Omelette (*f.*) garnie d'un hachis (empanada).

molto adv. Mús. Molto (mucho).

molturación f. Mouture (del trigo). ‖ Broyage, *m.* (trituración). ‖ Pressage, *m.* (de las aceitunas).

molturado, da adj. Moulu, e : *trigo molturado*, blé moulu. ‖ Broyé, e (triturado). ‖ Pressé, e (las aceitunas).

molturar v. tr. Moudre.

Molucás n. pr. f. pl. Geogr. Moluques.

molusco m. Zool. Mollusque.

molla f. Maigre, *m.* (de la carne). ‖ Mie (miga). ‖ — Pl. Fam. Bourrelets, *m.* (rollos de carne).

mollar adj. Tendre. ‖ Fig. Lucratif, ive. ‖ — *Carne mollar*, viande maigre et sans os. ‖ *Tierra mollar*, terre meuble.

mollate m. Pop. Rouge, gros rouge, pinard (vino).

molle m. Mollé, faux poivrier (árbol).

molledo m. Partie (*f.*) charnue, chair, *f.*, gras.

molleja f. Gésier, *m.* (de las aves). ‖ Ris, *m.* (de ternera, de cordero). ‖ Mulette (de las aves de rapiña). ‖ Anat. Thymus, *m.* (timo).

mollejón m. Meule (*f.*) à aiguiser.

mollera f. Anat. Sommet (*m.*) de la tête. | Fontanelle (fontanela). ‖ Fig. Cervelle, jugeote (seso). ‖ — Fig. y Fam. *Cerrado de mollera*, qui a la tête dure, bouché. | *Ser duro de mollera*, avoir la tête dure, être bouché à l'émeri. | *Tener ya dura la mollera*, être trop vieux pour apprendre.

molleta f. Sorte de pain (*m.*) au lait (bollo). ‖ Pain (*m.*) mollet (panecillo). ‖ Pain (*m.*) bis (pan moreno).

mollete m. Gras, chair, *f.* (del brazo). ‖ Jouc, *f.* (moflete). ‖ Pain mollet.

molletudo, da adj. Joufflu, e (mofletudo).

mollina o **mollizna** f. Bruine, pluie fine.

molliznar o **molliznear** v. impers. Bruiner.

moma f. *Amer.* Colin-maillard, *m.* (gallina ciega).

momear v. intr. Faire des grimaces.

momentáneamente adv. Momentanément, pour le moment.

momentáneo, a adj. Momentané, e (breve).

momento m. Moment (tiempo muy corto) : *lo haré dentro de un momento*, je le ferai dans un moment. ‖ Moment (ocasión) : *escoger el momento favorable*, saisir le moment favorable ; *momento oportuno*, bon moment. ‖ Instant (v. Observ.). ‖ Fís. Moment. ‖ — *A cada momento*, à tout moment, à chaque instant. ‖ *A cualquier momento*, à n'importe quel moment. ‖ *Al momento*, à l'instant. ‖ *A momentos* ou *por momentos*, par moments, parfois. ‖ *Del momento*, actuel, elle : *la moda del momento*, la mode actuelle. ‖ *De momento* ou *por el momento*, pour le moment, pour l'instant. ‖ *Dentro de un momento*, dans un moment, dans un instant. ‖ *Desde el momento en que*, du moment où. ‖ *Desde el momento que*, du moment que. ‖ *De un momento a otro*, d'un moment à l'autre, incessamment. ‖ *En aquel momento*, à ce moment-là. ‖ *En el mejor momento*, au bon moment, à point nommé. ‖ *En el momento de* ou *en que*, au moment de *o* où. ‖ *En el momento que*, dès lors que, dès l'instant où, du

moment que. ‖ *En todo momento*, à chaque instant. ‖ *Últimos momentos*, derniers moments *o* instants. ‖ *¡Un momento!*, un instant !, un moment ! ‖ Fam. *¡Un momento, rico!*, minute, papillon ! ‖ — *No tener un momento libre*, ne pas avoir un moment à soi. ‖ *Tener buenos momentos*, avoir de bons moments.

— Observ. Existe en francés la misma diferencia de duración entre *moment* e *instant* que en español entre *momento* e *instante*. Pero el francés emplea más a menudo la palabra *instant* que el español *instante*.

momería f. Bouffonnerie, singerie, pitrerie.

momero, ra adj. y s. Bouffon, onne ; pitre, *m.*

momia f. Momie. ‖ Fig. *Estar hecho una momia*, avoir l'air d'une momie, n'avoir que la peau sur les os.

momificación f. Momification.

momificar v. tr. Momifier.

— V. pr. Se momifier.

momio, mia adj. Maigre (carne).

— M. Aubaine, *f.*, occasion, *f.* (ganga). ‖ Surplus, supplément, rabiot (fam.) [suplemento]. ‖ Fam. *De momio*, à l'œil, gratis (de balde).

momo m. Grimace, *f.*

momórdiga f. Bot. Momordique (balsamina).

mona f. Guenon (hembra del mono). ‖ Macaque, *m.*, magot, *m.* (mono). ‖ Fig. y Fam. Singe, *m.* (persona que imita). | Cuite (borrachera). | Ivrogne, *m.*, soulaud, *m.* (borracho). ‖ Sorte de jeu de cartes (juego). ‖ Taurom. Jambière métallique du picador. ‖ *Amer.* Mannequin, *m.* (maniquí). ‖ — Fig. y Fam. *Aunque la mona se vista de seda, mona se queda*, le singe est toujours singe, fût-il vêtu de pourpre. | *Corrido como una mona* ou *hecho una mona*, honteux et penaud, honteux comme un renard qu'une poule aurait pris. | *Dormir la mona*, cuver son vin. | *Mandar a freír monas*, envoyer promener *o* paître. | *Pillar una mona*, prendre une cuite. | *Pintar la mona*, poser, faire l'important.

monacal adj. Monacal, e.

monacato m. Monachisme, état monastique.

monacillo m. Enfant de chœur (monaguillo).

monacita f. Min. Monazite.

Mónaco n. pr. Geogr. Monaco.

monacordio m. Mús. Manichordion, manicorde.

monada f. Gentillesse (amabilidad). ‖ Jolie chose : *en esta tienda hay verdaderas monadas*, dans cette boutique il y a vraiment de jolies choses. ‖ Flatterie (halago). ‖ Cajolerie (carantoña). ‖ — Pl. Minauderies (melindres). ‖ Singeries, pitreries (gestos). ‖ — Fig. y Fam. *¡Menuda monada me ha hecho dándome un plantón!*, il m'a joué un drôle de tour et me posant un lapin ! ‖ *¡Qué monada!*, comme c'est gentil ! *o* comme c'est joli ! ‖ *¡Qué monada de pulsera!*, quel joli bracelet ! ‖ *Ser una monada*, être mignon, onne *o* joli, e : *esta niña es una verdadera monada*, cette fillette est mignonne comme tout.

mónada f. Filos. Monade.

monadelfo, fa adj. Bot. Monadelphe.

monadismo m. Filos. Monadisme.

monadista adj. y s. Filos. Monadiste.

monadología f. Filos. Monadologie.

monago m. o **monaguillo** m. Enfant de chœur.

monamente adv. Gentiment.

monandro, dra adj. Bot. Monandre.

monaquismo m. Monachisme.

monarca m. Monarque.

— Sinón. *Rey*, roi. *Soberano*, souverain. *Príncipe*, prince. *Emperador*, empereur.

monarquía f. Monarchie : *monarquía absoluta*, monarchie absolue.

monárquico, ca adj. Monarchique.

— M. y f. Monarchiste.

monarquismo m. Monarchisme.

monasterio m. Monastère.

monástico, ca adj. Monastique.
— SINÓN. *Monacal,* monacal. *Conventual,* conventuel. *Claustral,* claustral. *Cenobítico,* cénobitique.

monazita f. MIN. Monazite.

monda f. Taille, émondage, *m.* (de los árboles). ‖ Épluchage, *m.* (de frutas o legumbres). ‖ Épluchure (desperdicios) : *mondas de patatas,* épluchures de pommes de terre. ‖ Nettoyage, *m.* (limpia). ‖ Curage, *m.* (de los pozos). ‖ Exhumation (de restos humanos). ‖ POP. *Esto es la monda,* ça c'est le comble (es el colmo), c'est tordant (muy divertido).

mondadientes m. Cure-dent.

mondador, ra m. y f. Émondeur, euse (de árboles). ‖ Éplucheur, euse (de frutas o legumbres).

mondadura f. V. MONDA.

mondante adj. FAM. Crevant, e ; tordant, e ; à mourir de rire.

mondaoídos m. Cure-oreille, cure-oreilles.

mondapozos m. Cureur de puits.

mondar v. tr. Nettoyer, débarrasser de (quitar lo inútil). ‖ Monder : *cebada mondada,* orge mondé. ‖ Tailler, émonder, élaguer (podar). ‖ Éplucher, peler (las frutas o legumbres). ‖ Curer (un río). ‖ Tondre (pelar). ‖ FIG. y FAM. Plumer (en el juego). ‖ *Mondar a palos,* rouer de coups.
— V. pr. FAM. *Mondarse de risa,* se tordre de rire.

mondarajas f. pl. FAM. Épluchures.

mondo, da adj. Pur, e ; net, nette. ‖ FIG. y FAM. *Mondo y lirondo,* clair et net, pur et simple, tout simplement : *es la verdad monda y lironda,* c'est la vérité pure et simple.

mondón m. Tronc d'arbre écorcé.

mondonga f. FAM. Souillon, maritorne.

mondongo m. Boyaux, *pl.,* tripes, *f. pl.* (tripes). ‖ Tripes, *f. pl.* (guiso). ‖ FAM. Boyaux, *pl.* (intestinos). ‖ *Amer.* FIG. Accoutrement (adefesio).

mondonguería f. Triperie. ‖ Charcuterie (de embutidos).

mondonguero, ra m. y f. Tripier, ère. ‖ Charcutier, ère (de embutidos).

mondonguil adj. FAM. Des boyaux, des tripes.

monear v. intr. FAM. Faire des grimaces *o* des singeries (para divertir). ‖ Minauder, faire des minauderies (con afectación). ‖ *Amer.* Se donner des airs, poser (presumir).

moneda f. Monnaie. ‖ Pièce de monnaie (pieza). ‖ — *Moneda contante y sonante,* espèces sonnantes et trébuchantes. ‖ *Moneda de papel,* monnaie de papier. ‖ *Moneda falsa,* fausse monnaie. ‖ *Moneda fiduciaria,* monnaie fiduciaire. ‖ *Moneda imaginaria,* monnaie de compte. ‖ *Moneda menuda* ou *suelta,* menue monnaie, petite monnaie. ‖ *Moneda suelta* ou *fraccionaria,* appoint : *se ruega moneda fraccionaria,* on est prié de faire l'appoint. ‖ — *Casa de la Moneda,* hôtel de la Monnaie *o* des Monnaies, la Monnaie. ‖ *Papel moneda,* papier-monnaie. ‖ — *Acuñar* ou *labrar* ou *batir moneda,* battre monnaie. ‖ FIG. *Pagar a uno en* ou *con la misma moneda,* rendre *o* payer à quelqu'un la monnaie de sa pièce, rendre la pareille à quelqu'un. ‖ *Ser moneda común* ou *corriente,* être monnaie courante.

monedaje m. Monnayage.

monedar o **monedear** v. tr. Monnayer (amonedar).

monedero m. Monnayeur. ‖ Porte-monnaie, *inv.* (portamonedas). ‖ *Monedero falso,* faux-monnayeur.

monegasco, ca adj. y s. Monégasque (de Mónaco).

mónera f. BIOL. Monère.

monería f. V. MONADA.

monetario, ria adj. Monétaire.
— M. Collection (f.) de monnaies et de médailles.

monetización f. Monétisation.

monetizar v. tr. Monétiser. ‖ Monnayer (convertir en moneda).

monfí m. Brigand maure d'Andalousie.

mongol adj. y s. Mongol, e.

Mongolia n. pr. f. GEOGR. Mongolie.

mongólico, ca adj. Mongolique. ‖ — Adj. y s. MED. Mongolien, enne. ‖ Mongol, e (de Mongolia).

mongolismo m. MED. Mongolisme.

mongoloide adj. MED. Mongoloïde.

moni m. FAM. Fric, galette, *f.* (dinero).

Mónica n. pr. f. Monique.

monicaco m. FAM. Gringalet (hombrecillo).

monición f. DR. Admonition, monition.

monigote m. Frère lai, convers (de un convento). ‖ Polichinelle, pantin (muñeco ridículo). ‖ Bonhomme (dibujo mal hecho) : *hacer monigotes,* faire des bonshommes. ‖ Magot (de porcelana). ‖ FIG. y FAM. Pantin (persona sin personalidad).

monín, ina o **monino, na** adj. FAM. Mignon, onne ; mignonnet, ette.

monipodio m. Complot (conciliábulo). ‖ *El patio de Monipodio,* la cour des Miracles.

monís f. Babiole, bibelot, *m.*

monises m. pl. FAM. Fric, *sing.,* galette, *f. sing.,* ronds, pépettes, *f.* (dinero) : *tener monises,* avoir du fric.

monísimo, ma adj. Très joli, e ; très mignon, onne.

monismo m. FILOS. Monisme.

monista m. FILOS. Moniste.

monitor, ra m. y f. Moniteur, trice. ‖ — M. TECN. Monitor.

monitorio, ria adj. y s. m. Monitoire. ‖ — F. Monitoire, *m.*

monja f. Religieuse, bonne sœur (fam.), nonne. ‖ *Meterse a monja,* entrer au couvent, se faire religieuse.

monje m. Moine (fraile) : *el hábito no hace al monje,* l'habit ne fait pas le moine. ‖ Mésange (f.) charbonnière (ave). ‖ *El hábito hace al monje,* la belle plume fait le bel oiseau.

monjil adj. Monacal, e.
— M. Habit [de religieuse]. ‖ Robe (f.) de deuil (traje de luto).

monjío m. État monastique, vie (f.) religieuse (estado).

monjita f. Petite nonne, nonnette (fam.) [monja]. ‖ *Amer.* Veuve (ave).

mono, na adj. FAM. Joli, e ; mignon, onne (bonito) : *¡qué chica más mona!,* quelle jolie fille ! | Mignon, onne (gracioso) : *un niño muy mono,* un enfant très mignon.
— M. Singe (animal). ‖ Jocker (en los naipes). ‖ FIG. Singe (burlón). ‖ Silhouette (f.) informe, bouillage (de animal u hombre), bonhomme (monigote) : *pintar monos en la pared,* dessiner des bonshommes sur le mur. | Petit gommeux, godelureau (joven). | Salopette, *f.,* bleu, combinaison, *f.* (traje). ‖ — *Mono aullador,* singe hurleur. ‖ *Mono capuchino,* singe capucin. ‖ *Mono sabio,* singe savant (en el circo), « monosabio », valet d'arène (en la corrida). ‖ — FIG. *El último mono,* le dernier des derniers, la cinquième roue du carrosse.

monoácido, da adj. QUÍM. Monoacide.

monoatómico, ca adj. FÍS. Monoatomique.

monobase adj. y s. f. QUÍM. Monobase.

monobloque adj. y s. m. Monobloc.

monocamerismo m. Monocamérisme.

monocarril adj. y s. Monorail.

monocasco adj. Monocoque (barco, avión).

monocilíndrico, ca adj. Monocylindrique.

monocito m. BIOL. Monocyte.

monoclamídeas f. pl. BOT. Monochlamydées.

monoclinal adj. GEOL. Monoclinal, e.

monoclínico adj. m. Monoclinique.

monocorde adj. Monocorde (monótono).
monocordio m. Mús. Monocorde.
monocotiledóneo, a adj. y s. f. Bot. Monocotylédone.
monocromático, ca adj. Monochromatique.
monocromía f. Monochromie.
monocromo, ma adj. y s. m. Monochrome (de un solo color).
monocular adj. Monoculaire.
monóculo, la adj. Qui n'a qu'un œil.
— M. Monocle (lente). ‖ Bandeau sur un œil (vendaje).
monocultivo m. Monoculture, f.
monodia f. Mús. Monodie.
monoecia f. Bot. Monœcie.
monofásico, ca adj. Electr. Monophasé, e.
monofilo, la adj. Bot. Monophylle.
monofisismo m. Monophysisme (herejía).
monofisita adj. y s. Monophysite (hereje).
monogamia f. Monogamie.
monógamo, ma adj. y s. Monogame. ‖ — Adj. Monogamique.
monogenismo m. Monogénisme.
monografía f. Monographie.
monográfico, ca adj. Monographique.
monograma m. Monogramme.
monoico, ca adj. Bot. Monoïque.
monoideísmo m. Monoïdéisme.
monolingüe adj. y s. Monolingue.
monolítico, ca adj. Monolithique, monolithe.
monolito m. Monolithe.
monologar v. intr. Monologuer.
monólogo m. Monologue.
monomanía f. Monomanie (p. us.), idée fixe, marotte (fam.).
monomaniaco, ca adj. y s. Monomane, monomaniaque.
monomaniático, ca adj. Monomaniaque.
monómero adj. m. y s. m. Quím. Monomère.
monometalismo m. Monométallisme.
monometalista adj. y s. Monométalliste.
monómetro adj. m. y s. m. Poet. Monomètre.
monomio m. Mat. Monôme.
monomotor adj. m. y s. m. Aviac. Monomoteur.
mononuclear adj. y s. m. Mononucléaire.
mononucleosis f. Med. Mononucléose.
monoplano adj. m. y s. m. Monoplan.
monoplaza adj. y s. m. Monoplace.
monoplejía f. Med. Monoplégie.
monopolio m. Monopole.
monopolización f. Monopolisation.
monopolizador, ra adj. y s. Monopoleur, euse.
monopolizar v. tr. Monopoliser.
monóptero, a adj. y s. m. Arq. Monoptère.
monorrail o **monorriel** adj. y s. Monorail.
monorrimo, ma adj. y s. m. Poet. Monorime.
monosabio m. Taurom. « Monosabio », valet d'arène.
monosacáridos m. pl. Quím. Monosaccharides.
monosépalo, la adj. Bot. Monosépale.
monosilábico, ca adj. Gram. Monosyllabique. ‖ Lengua monosilábica, langue isolante.
monosilabismo m. Monosyllabisme.
monosílabo, ba adj. y s. Gram. Monosyllabe.
monospermo, ma adj. Bot. Monosperme.
monoteísmo m. Relig. Monothéisme.
monoteísta adj. y s. Monothéiste.
monotelismo m. Monothélisme (herejía).
monotelita adj. y s. Monothélite (hereje).
monotipia f. Impr. Monotype, m. (procedimiento).
monotipo m. Impr. Monotype, f. (máquina).
monotonía f. Monotonie.
monótono, na adj. Monotone.
monotremas m. pl. Zool. Monotrèmes.
monovalente adj. y s. m. Quím. Monovalent, e.
monseñor m. Monseigneur. ‖ Monsignore (prelado italiano).

monserga f. Fam. Histoire, baliverne : *todo eso no son más que monsergas*, ce ne sont là que des histoires. ‖ Barbe (tostón). ‖ Sermon, m. (discurso pesado). ‖ Fam. *¡Esas son monsergas!*, chansons que tout cela !
monstruo m. Monstre.
— Adj. inv. Fam. Monstre : *una cena monstruo*, un dîner monstre.
monstruosidad f. Monstruosité.
monstruoso, sa adj. Monstrueux, euse.
monta f. Monte (acaballadero, manera de montar). ‖ Somme, montant, m., total, m. (suma). ‖ Valeur, importance : *negocio de poca monta*, affaire sans importance ; *libro de poca monta*, livre sans valeur. ‖ Mil. Boute-selle, m. (toque de clarín). ‖ *Persona de poca monta*, personne sans envergure.
montacargas m. inv. Monte-charge (ascensor).
montadero m. Montoir (montador).
montado, da adj. Monté, e (soldado, artillería). ‖ Sellé, e (caballo). ‖ — *Montado en automóvil*, en automobile. ‖ *Montado en bicicleta*, à bicyclette. ‖ *Montado en un asno* ou *en una mula*, monté sur un âne o sur une mule. ‖ *Un hombre montado a caballo*, un homme à cheval. ·
— M. Soldat à cheval (soldado).
montador, ra m. y f. Monteur, euse (el que monta). ‖ Monteur, euse (operario). ‖ Cinem. Monteur, euse. ‖ — M. Montoir (para montar a caballo). ‖ *Montador mecánico electricista*, monteur-électricien.
montadura f. Action de monter. ‖ Harnachement, m. (del caballo). ‖ Monture (engaste).
montaje m. Montage (de una máquina). ‖ Montage (de cine). ‖ Organisation, f., mise (f.) sur pied (organización). ‖ Mil. Affût d'artillerie.
montanera f. Glandée (bellotera).
montanero m. Garde forestier.
montanismo m. Montanisme (herejía).
montanista adj. y s. Montaniste (hereje).
montano, na adj. (P. us.). De la montagne.
montante adj. Blas. Montant, e.
— M. Montant (de una máquina o armazón). ‖ Montant (galicismo por *importe*). ‖ Arq. Meneau (de ventana). ‖ Imposte, f. (carpintería). ‖ Espadón (arma). ‖ — F. Marée montante, flux, m.
montaña f. ● Montagne : *cadena de montañas*, chaîne de montagnes. ‖ Fig. Montagne : *una montaña de libros*, une montagne de livres. ‖ Amer. Maquis, m. (monte bajo), bois, m. (monte). ‖ — Fig. *Hacerse una montaña de algo*, se faire un monde de o se faire une montagne de o faire tout un plat de quelque chose. ‖ *Montaña rusa*, montagne russe (de un parque de atracciones).
— Sinón. ● *Monte*, mont. *Pico*, *picacho*, pic. *Cerro*, coteau. *Colina*, tertre, colline. *Cima*, sommet. *Montículo* monticule.
montañero, ra m. y f. Alpiniste. ‖ *Escuela de montañeros*, école de haute montagne.
montanés, esa adj. y s. Montagnard, e. ‖ De la région espagnole de Santander appelée *la Montaña*.
montañismo m. Alpinisme. ‖ *Escuela de montañismo*, école de haute montagne.
montañoso, sa adj. Montagneux, euse.
montaplatos m. inv. Monte-plats.
montar v. intr. Monter (subir). ‖ Monter : *montar a caballo, en un burro, en bicicleta, en coche, en avión*, monter à cheval, sur un âne, à bicyclette, en voiture, en avion. ‖ Avoir de l'importance : *este negocio monta poco*, cette affaire n'a pas grande importance. ‖ — Equit. *Montar a pelo*, monter à poil o à cru. ‖ *Montar en cólera*, se mettre en colère, s'emporter. ‖ *Montar en la grupa*, monter en croupe. ‖ *Silla de montar*, selle. ‖ *Tanto monta*, c'est pareil, cela revient au même. ‖ *Tanto monta, monta tanto Isabel como Fernando*, devise des Rois Catholiques qui indique

l'égalité des pouvoirs d'Isabelle et de Ferdinand.
— V. tr. Monter (una máquina, etc.). ‖ Monter :
montar un caballo, monter un cheval. ‖ Monter
à, s'élever à : *la cuenta montó cien pesetas*, la
note s'est élevée à cent pesetas. ‖ Fig. Monter (un
negocio, una organización, una casa). ‖ Installer
(una fábrica, etc.). ‖ Monter (engastar). ‖ Monter,
saillir (a la hembra). ‖ Armer (un arma). ‖ Teatr.
y Cinem. Monter. ‖ *Montar la guardia,* monter la
garde.

montaraz adj. Sauvage.

montazgo m. Droit payé pour le passage des
troupeaux.

monte m. Montagne, *f.* (montaña) : *montes altos,*
des montagnes élevées. ‖ Mont (aislado o con
nombre propio) : *Monte Blanco,* mont Blanc. ‖
Bois (bosque) : *monte espeso,* bois épais o touffu.
‖ Talon (naipes que quedan por robar). ‖ Banque,
f., baccara (juego). ‖ Amer. Campagne, *f.* (campo).
‖ Fig. y Fam. Tignasse, *f.* (cabellera). ‖ Mont-de-
piété, ma tante (montepío). ‖ — *Monte alto,* forêt,
futaie. ‖ *Monte bajo,* taillis, maquis, garrigue. ‖
Monte de piedad, mont-de-piété. ‖ Anat. *Monte
de Venus,* mont de Vénus. ‖ *Monte pío,* caisse de
secours ; mont-de-piété (en América). ‖ — *Administración de montes,* eaux et forêts. ‖ *Conejo de
monte,* lapin de garenne. ‖ *Echarse* ou *hacerse al
monte,* prendre le maquis. ‖ *Escuela de montes,*
école forestière.

montea f. Battue (cacería). ‖ Arq. Coupe, plan,
m. (dibujo). ‖ Stéréotomie (estereotomía). ‖ Montée
(de un arco o bóveda).

montear v. intr. Faire une battue, rabattre.
— V. tr. Arq. Tracer un plan. ‖ Voûter (formar
arcos).

Montecassino n. pr. m. Geogr. Mont-Cassin.

montenegrino, na adj. y s. Monténégrin, e.

Montenegro n. pr. m. Geogr. Monténégro.

montepío m. Caisse (*f.*) de secours. ‖ Amer. Mont-
de-piété.

montera f. Bonnet, *m.* (para la cabeza). ‖ Toque
(de los toreros). ‖ Verrière, toiture vitrée (cubierta
de cristales). ‖ Chapiteau, *m.* (de alambique). ‖
Mar. Triangle, *m.* (vela). ‖ Fam. *Ponerse el mundo
por montera,* se moquer de tout comme de l'an
quarante, prendre tout par-dessous la jambe.

montería f. Vénerie (arte de cazar). ‖ Chasse à
courre (caza mayor).

monterilla f. Mar. Voile triangulaire. ‖ —
M. Maire d'un village (alcalde).

montero m. Veneur (cacería) : *montero mayor,*
grand veneur. ‖ Rabatteur (ojeador). ‖ *Montero
de Espinosa* ou *de cámara,* gentilhomme de la
chambre du roi.

montés, esa adj. Sauvage : *gato montés,* chat
sauvage.

Montescos n. pr. m. pl. Les Montaigu.

montesino, na adj. Sauvage.

montevideano, na adj. y s. De Montevideo.

montgolfier m. o **montgolfiera** f. Montgolfière, *f.*

monticola adj. Monticole.

montículo m. Monticule.

montilla m. Vin de Montilla.

montillano, na adj. y s. De Montilla [ville d'An-
dalousie].

monto m. Montant, total (monta).

montón m. Tas. ‖ Fig. y Fam. Tas : *un montón de
cosas,* un tas de choses ; *un montón de años,* des
tas d'années. ‖ Masse, *f.* : *tener montones de
dinero,* avoir des masses d'argent. ‖ Monceau,
masse, *f.*, tas : *un montón de documentos,* un
monceau de documents. ‖ — Fig. *A montones,*
à foison, en masse, des tas de : *pasteles a montones,* des tas de gâteaux o des gâteaux à foison. ‖
De ou *a* ou *en montón,* en tas, en bloc. ‖ *Del
montón,* quelconque, ordinaire : *ser del montón,*

être quelconque. ‖ *Un montón de días, de gente,*
un temps, un monde fou.

montonera f. Amer. Troupe de rebelles à cheval
(de rebeldes). ‖ Meule (almiar).

montonero m. Bravache, poltron qui ne provoque
qu'entouré de ses partisans. ‖ Amer. Guérillero,
franc-tireur, rebelle (guerrillero).

montubio, bia m. y f. Amer. Paysan, paysanne de
la côte [Pérou et Équateur].
— Adj. Amer. Sauvage (montaraz).

montuno, na adj. Montagnard, e. ‖ Amer. Campagnard, e (rústico). ‖ Sauvage (montaraz).

montuoso, sa adj. Montueux, euse.

montura f. Monture (cabalgadura). ‖ Harnais, *m.*
(arreos). ‖ Monture (montaje delicado). ‖ Support,
m. (de telescopio). ‖ Fot. *Montura de enfoque,*
couronne de mise au point.

monumental adj. Monumental, e.

monumento m. Monument. ‖ Reposoir (el Jueves
Santo). ‖ Fig. Monument : *un monumento de
erudición,* un monument d'érudition. ‖ Fig. y
Fam. *Ser un monumento,* être magnifique o splendide.

monzón m. y f. Mousson, *f.* (viento).

moña f. Ruban, *m.* (lazo). ‖ Chignon, *m.* (moño).
‖ Taurom. Flot (*m.*) de rubans aux couleurs de
l'élevage [qu'on fixe sur l'échine des taureaux
pour les distinguer]. ‖ Nœud (*m.*) de rubans que
les toréadors se fixent sur la nuque. ‖ Poupée
(juguete). ‖ Fam. Cuite (borrachera).

moño m. Chignon (de pelo). ‖ Nœud de rubans
(lazo de cintas). ‖ Huppe, *f.* (de algunos pájaros).
‖ — Pl. Colifichets (adornos de mal gusto). ‖ —
Fig. y Fam. *Agarrarse del moño* ou *tirarse de
los moños,* se crêper le chignon. ‖ *Ponerse moños,*
se vanter, se donner des airs (presumir), s'envoyer
des fleurs (atribuirse méritos).

moñudo, da adj. Huppé, e (ave).

moquear v. intr. Couler [le nez].

moqueo m. Fam. Mucosité (*f.*) nasale, roupie, *f.*

moquero m. Mouchoir.

moqueta f. Moquette (alfombra).

moquete m. Fam. Coup de poing sur la figure,
mornifle, *f.*

moquetear v. tr. Fam. Donner des coups de poing
sur la figure.
— V. intr. Fam. Couler abondamment [le nez].

moquillo m. Rhume des chiens (catarro). ‖ Pépie, *f.* (de las aves). ‖ Fam. *Pasar el moquillo,*
en voir de toutes les couleurs.

moquita f. Roupie, mucosité nasale.

mor (por) loc. adv. À cause de (por culpa de).

mora f. Bot. Mûre (fruto). ‖ Dr. Retard, *m.*
(demora).

morabito m. Marabout (ermitaño). ‖ Ermitage
d'un marabout (ermita).

moráceas f. pl. Bot. Moracées.

morada f. Maison, demeure (casa). ‖ Séjour, *m.*
(estancia).
— Sinón. *Vivienda,* logement. *Domicilio,* domicile.
Hogar, foyer. *Residencia,* résidence.

morado, da adj. y s. m. Violet, ette. ‖ — Fig. y
Fam. *Estar morado,* être noir (borracho). ‖ *Pasarlas moradas,* en voir des vertes et des pas mûres,
en voir de toutes les couleurs o de dures. ‖ *Ponerse morado,* s'empiffrer, se gaver.

morador, ra adj. y s. Habitant, e. ‖ Locataire
(vecino de una casa).

moraga f. o **morago** m. Gerbe, *f.* (manojo).

moral adj. Moral, e : *principios morales,* principes
moraux. ‖ *En lo moral,* au moral.
— M. Mûrier (árbol). ‖ — F. Morale (ética). ‖
Moral, *m.* (ánimo) : *la moral de las tropas,* le
moral des troupes. ‖ — *Dar una lección de
moral,* faire la morale. ‖ *Levantar la moral,* relever le moral. ‖ *Tener la moral baja,* avoir mauvais
moral.

moraleja f. Moralité, morale (de una fábula).
moralidad f. Moralité. ‖ — Pl. (Ant.). Teatr. Moralités.
moralismo m. Moralisme.
moralista adj. y s. Moraliste.
moralización f. Moralisation.
moralizador, ra adj. y s. Moralisateur, trice; moraliseur, euse.
moralizar v. tr. e intr. Moraliser.
moranza f. Demeure.
morapio m. Fam. Rouge, gros rouge, pinard, rouquin (vino).
morar v. intr. Habiter, demeurer.
moratiniano, na adj. De Moratín.
moratoria f. Dr. Moratoire, m., délai, m. (plazo).
moratorio, ria adj. Moratoire.
Moravia n. pr. f. Geogr. Moravie.
moravo, va adj. y s. Morave.
morbidez f. Morbidesse.
morbididad f. V. morbilidad.
mórbido, da adj. Morbide.
morbífico, ca adj. (Ant.). Morbifique.
morbilidad f. Med. Morbidité (estadística).
morbo m. Maladie, ƒ. (enfermedad). ‖ — *Morbo comicial,* haut mal, épilepsie (epilepsia). ‖ *Morbo gálico,* syphilis. ‖ *Morbo regio,* jaunisse (ictericia).
morbosidad f. Morbidité.
morboso, sa adj. Malade (enfermo). ‖ Morbide (mórbido). ‖ Morbifique (que causa enfermedad).
morcajo m. Méteil (comuña).
morcilla f. Boudin, m. (embutido). ‖ Fig. Tradition [mot ou phrase due à l'imagination d'un interprète]. ‖ Fam. *¡Que te den morcilla!,* va te faire pendre ailleurs !
morcillero, ra m. y f. Charcutier, ère. ‖ Teatr. Acteur, actrice qui improvise, qui brode sur son texte.
morcillo, lla adj. Noir, e; truité, e; moreau, morelle (caballo).
— M. Biceps (músculo). ‖ Macreuse, ƒ. (espaldilla).
mordacidad f. Mordacité, mordant, m.
mordaga f. Fam. Cuite (borrachera).
mordaz adj. Mordant, e (corrosivo). ‖ Piquant, e; aigre (al paladar).\ ‖ Fig. Mordant, e; vif, vive; cuisant, e (maligno) : *reproches mordaces,* des reproches mordants.
mordaza f. Bâillon, m. (en la boca). ‖ Mar. Étrangloir, m. (del ancla). ‖ Veter. Pince (para castrar). ‖ Tecn. Mâchoire, mordache (de torno). | Éclisse (de carriles).
mordazmente adj. D'une façon mordante.
mordedor, ra adj. Mordant, e.
mordedura f. Morsure.
mordentado m. Mordançage.
mordentar v. tr. Mordancer.
mordente m. Mordant (tinte). ‖ Mús. Mordant.
morder* v. tr. Mordre. ‖ Piquer, mordre : *una serpiente le ha mordido,* un serpent l'a piqué. ‖ Fig. Déchirer à belles dents, médire de (murmurar). ‖ Impr. Mordre (lima). ‖ Tecn. Mordre (lima). ‖ — *Morder a dentelladas,* mordre à belles dents. ‖ Fig. y fam. *Morder el polvo,* mordre la poussière. — V. pr. Se mordre : *morderse los labios,* se mordre les lèvres. ‖ — *Morderse la lengua,* se mordre la langue. ‖ *Morderse las uñas,* se ronger les ongles. ‖ Fig. *Morderse los dedos, los puños,* s'en mordre les doigts. | *No morderse la lengua,* ne pas mâcher ses mots.
mordicante adj. Mordicant, e. ‖ Fig. Mordant, e (cáustico).
mordicar v. tr. Piquer, picoter.
mordido, a adj. Mordu, e.
— F. Touche (en la pesca).
mordiente adj. Mordant, e (que muerde).
— M. Mordant.

mordiscar o **mordisquear** v. tr. Mordiller.
mordisco o **mordiscón** m. Morsure, ƒ., coup de dent (mordedura) : *dar un mordisco,* faire une morsure, donner un coup de dent. ‖ Morceau que l'on arrache d'un coup de dent.
mordisqueo m. Mordillage.
moreda f. Mûrier, m. (árbol). ‖ Mûreraie (moreral).
morena f. Murène (pez). ‖ Pain noir, m. (pan). ‖ Javelle (de trigo). ‖ Moraine (de un glaciar).
moreno, na adj. y s. Brun, e. ‖ Bronzé, e (por el sol). ‖ Nègre, esse (de raza negra). ‖ Amer. Mulâtre, esse. ‖ — *Pan moreno,* pain bis. ‖ *Ponerse moreno,* brunir, bronzer. ‖ — F. Jolie brune, belle brune (chica).
morenote, ta adj. Très brun, e ; noiraud, e.
morenucho, cha o **morenillo, lla** adj. Fam. Moricaud, e.
morera f. Bot. Mûrier (m.) blanc.
moreral m. Terrain planté de mûriers blancs.
morería f. Quartier (m.) maure (barrio), médina. ‖ Pays (m.) mauresque.
moretón m. Fam. Bleu (equimosis).
Morfeo n. pr. m. Mit. Morphée.
morfina f. Morphine.
morfinismo m. Morphinisme.
morfinomanía f. Morphinomanie.
morfinómano, na adj. y s. Morphinomane.
morfología f. Morphologie.
morfológico, ca adj. Morphologique.
morfosis f. Morphose.
morganático, ca adj. Morganatique.
morgue f. Morgue.
— Observ. Galicismo por *depósito de cadáveres.*
moribundo, da adj. y s. Moribond, e.
morichal m. Terrain planté de « moriches ».
moriche m. Palmier d'Amérique, mauritia (palma). ‖ Oiseau d'Amérique (ave).
morigeración f. Décence, vie honnête.
morigerado, da adj. Honnête, rangé, e ; sage, de bonnes mœurs. ‖ Modéré, e (moderado).
morigerar v. tr. Modérer, régler (templar).
morilla f. Bot. Morille (cagarria).
morillo m. Chenet.
morir* v. intr. ● Mourir. ‖ Fig. Mourir : *morir de cansancio, de hambre,* mourir de fatigue, de faim. ‖ — *Morir a fuego lento* ou *de consunción,* mourir à petit feu. ‖ *Morir al pie del cañón,* mourir à la tâche o à la peine. ‖ *Morir con las botas puestas* ou *vestido,* mourir debout. ‖ *Morir de muerte natural,* mourir de mort naturelle o de sa belle mort. ‖ *Morir de repente,* mourir subitement. ‖ *Morir en el acto,* mourir sur le coup. ‖ *¡Muera !,* à mort ! ‖ — *Haber muerto,* être mort. ‖ *Ser muerto,* être tué (matado) : *ha sido muerto por,* il a été tué par.
— V. pr. Mourir : *morirse de frío,* mourir de froid. ‖ Se mourir (p. us.) : *¡me muero !,* je me meurs ! ‖ Fig. y fam. *Morirse de aburrimiento,* mourir o crever d'ennui. | *Morirse de envidia,* mourir de jalousie. | *Morirse de ganas de,* de *miedo, de risa,* mourir d'envie de, de peur, de rire. | *Morirse de viejo,* mourir de vieillesse. | *Morirse por,* aimer à la folie, être fou de. | *Que me muera si,* que je meure si, je veux mourir si.
— Observ. *Se morir* tiene el sentido de « estar a punto de morir ».
— Sinón. ● *Fallecer, finar,* décéder. *Fenecer,* mourir. *Expirar,* expirer. *Perecer,* périr. *Sucumbir,* succomber. Pop. *Espichar, diñarla,* casser sa pipe.
morisco, ca adj. y s. Mauresque, maure (moruno). ‖ Morisque (moro bautizado).
— Observ. Le terme de *morisco* s'est appliqué, spécialement au Moyen Age, aux Maures d'Espagne qui pendant la Reconquête se convertissaient et acceptaient la domination chrétienne.

morisma f. Religion mahométane. ‖ Les Maures, *m. pl.*, foule mauresque (multitud).
morisqueta f. Grimace (mueca).
morito m. Zool. Falcinelle (falcinelo).
morlaco, ca adj. y s. Finaud, e ; malin, igne (taimado). ‖ — M. Fam. Taureau. ‖ *Amer.* Peso (peso). ‖ Argent (dinero).
mormón, ona m. y f. Mormon, e.
mormonismo m. Mormonisme (secta religiosa).
moro, ra adj. y s. Maure, more, mauresque. ‖ Mahométan, e (mahometano). ‖ Indigène de Mindanao, malais, e. ‖ Balzan, e (caballo). ‖ Fig. y Fam. Pur, e ; non baptisé, e (vino). ‖ — Fig. *Haber moros y cristianos,* y avoir de la bagarre. | *Hay moros en la costa,* c'est un terrain dangereux, ayons l'œil ! ‖ *Prometer el oro y el moro,* promettre monts et merveilles.
morocada f. Coup (*m.*) de tête du bélier.
morocho, cha adj. Fig. y Fam. *Amer.* Robuste, bien portant, e ; costaud (sin fem.) [fuerte]. ‖ Brun, e ; moricaud, e (moreno).
— M. *Amer.* Sorte de maïs (maíz).
morón m. Monticule.
morondanga f. Fam. Méli-mélo, *m.*, fatras, *m.*
morondo, da adj. Nu, e (árbol). ‖ Tondu, e ; chauve (persona).
morosamente adv. Lentement, pesamment (con lentitud). ‖ Avec du retard, en retard (con dilación).
morosidad f. Retard, *m.*, lenteur (dilación). ‖ Lenteur, paresse, nonchalance (pereza). ‖ Manque (*m.*) de ponctualité, inexactitude. ‖ Dr. Morosité.
moroso, sa adj. En retard, retardataire : *deudor moroso,* débiteur en retard. ‖ Lent, e ; traînant, e (lento). ‖ Paresseux, euse ; nonchalant, e (perezoso). ‖ Morose (que se detiene). ‖ — *Delectación morosa,* délectation morose. ‖ *Moroso en el pago,* peu empressé à payer, mauvais payeur.
— Observ. La palabra francesa *morose* significa sobre todo *taciturno.*
morra f. Sommet (*m.*) de la tête. ‖ Mourre (juego).
morrada f. Coup (*m.*) donné avec la tête (golpe). ‖ Gifle (guantada).
morral m. Musette, *f.* (de tela), gibecière, *f.* (de cuero). ‖ Mil. Havresac. ‖ Fig. *Volver con el morral vacío,* revenir bredouille.
morralla f. Fretin, *m.* (pescadillos). ‖ Fig. Menu fretin, *m.* (gente). ‖ Fatras, *m.* (cosas).
morrena f. Geogr. Moraine (de glaciar).
morrillo m. Cou, collier (de animal). ‖ Taurom. Protubérance (*f.*) musculeuse du cou du taureau. ‖ Fam. Cou gros et court, cou de taureau. ‖ Galet, caillou rond (canto rodado). ‖ Moellon (mampostería).
morriña f. Mal (*m.*) du pays, nostalgie (nostalgia). ‖ Abattement, *m.*, tristesse (tristeza). ‖ Veter. Sorte d'hydropisie des moutons.
morrión m. Morion (casco antiguo). ‖ Shako (gorro militar).
morro m. Tête, *f.*, pomme, *f.* (la parte redonda). ‖ Crosse, *f.* (de pistola). ‖ Colline, *f.*, morne (monte). ‖ Caillou rond (guijarro). ‖ Museau, mufle (hocico de animal). ‖ Fam. Lippe, *f.* (de personas). ‖ Capot (de un coche) : *morro bajo,* capot plongeant. ‖ Nez (de un avión). ‖ Nez, tête, *f.* (de un cohete). ‖ — Fig. y Fam. *Estar de morros,* bouder, faire la tête (estar enfadado). ‖ *Morros de ternera,* museau de veau. ‖ Fam. *Poner morros,* faire la lippe. | *Romper los morros,* casser le nez *o* la figure.
morrocotudo, da adj. Fam. Formidable (imponente). | Terrible, énorme (grande). | Magnifique (magnífico). ‖ — *Me llevé un susto morrocotudo,* j'ai eu une peur bleue *o* j'ai eu une de ces peurs. ‖ *Un batacazo morrocotudo,* une de ces chutes.
morrón m. Fam. Coup, gnon (golpe).

morrongo, ga m. y f. Fam. Chat, chatte ; matou, *m.* (gato).
morrudo, da adj. Arrondi, e. ‖ À gros museau (hocicudo). ‖ *Amer.* Corpulent, e ; costaud (sin fem.).
morsa f. Zool. Morse, *m.* (mamífero).
morsana f. Bot. Fabagelle.
morse m. Morse (alfabeto).
mortadela f. Mortadelle.
mortaja f. Linceul, *m.* (sudario). ‖ Tecn. Mortaise (muesca). ‖ *Amer.* Papier (*m.*) à cigarettes.
mortal adj. Mortel, elle : *herida mortal,* blessure mortelle. ‖ Fig. Mortel, elle : *pecado mortal,* péché mortel. ‖ Certain, e ; concluant, e (cierto). ‖ Fam. Ennuyeux à mourir, mortel, elle (aburrido). ‖ — *Mortal de necesidad,* fatal, e. ‖ *Restos mortales,* restes mortels, dépouille mortelle. ‖ *Salto mortal,* saut périlleux.
— M. y f. Mortel, elle : *un mortal feliz,* un heureux mortel.
mortalidad f. Mortalité.
mortalmente adv. Mortellement, à mort : *mortalmente herido,* blessé à mort, mortellement blessé.
mortandad f. Mortalité.
mortecino, na adj. Mort de mort naturelle (animal). ‖ Fig. Mourant, e (que se apaga) : *luz mortecina,* lumière mourante. ‖ Blafard, e (débil). ‖ Éteint, e : *mirada mortecina,* regard éteint. ‖ Moribond e (moribundo).
morterada f. Hachis, *m.* (carne picada). ‖ Mil. Charge d'un mortier.
morterete m. Petit mortier (artillería). ‖ Lampion (de iluminación). ‖ Brique, *f.* (ladrillo).
mortero m. Mortier (almirez, bonete). ‖ Meule (*f.*) fixe (de molino). ‖ Mortier (argamasa). ‖ Mil. Mortier.
mortífero, ra adj. Meurtrier, ère ; mortifère (p. us.) : *epidemia mortífera,* épidémie meurtrière.
mortificación f. Mortification.
mortificador, ra o **mortificante** adj. Mortifiant, e. ‖ Blessant, e (hiriente).
mortificar v. tr. Mortifier. ‖ Ennuyer, blesser (molestar).
mortinatalidad f. Mortinatalité.
mortinato adj. y s. Mort-né, e.
mortuorio, ria adj. Mortuaire : *casa mortuoria,* maison mortuaire. ‖ — *Lecho mortuorio,* lit de parade *o* de mort. ‖ *Paño mortuorio,* drap funéraire *o* mortuaire.
morucho, cha adj. Fam. Brunet, ette.
— M. Jeune taureau dont les cornes sont garnies de boules.
morueco m. Bélier (carnero).
moruno, na adj. Maure, more, mauresque, moresque (moro).
morusa f. Fam. Fric, *m.*, galette (dinero).
Mosa n. pr. m. Geogr. Meuse, *f.*
mosaico m. Mosaïque, *f.*
mosaico, ca adj. Mosaïque (de Moisés).
mosaísmo m. Mosaïsme (de Moisés).
mosca f. Mouche (insecto). ‖ Mouche, impériale (barba). ‖ Mouche (para pescar) : *caña de mosca,* canne à mouche. ‖ Fig. y Fam. Fric, *m.*, galette (dinero). ‖ Poison, *m.*, mouche du coche (persona molesta). ‖ Ennui, *m.*, empoisonnement, *m.* (desazón). ‖ — Pl. Étincelles (chispas). ‖ — *Mosca de la carne,* mouche à viande. ‖ Fig. *Mosca muerta,* sainte nitouche. ‖ *Mosca tse-tsé,* mouche tsé-tsé. ‖ Med. *Moscas volantes,* mouches volantes. ‖ *Patas de mosca,* pattes de mouche (garabato). ‖ *Por si las moscas,* au cas où, pour le cas où. ‖ — Fig. y Fam. *Aflojar* ou *soltar la mosca,* les lâcher, casquer, allonger le fric, lâcher de l'argent, abouler la galette (pagar). | *Caer como moscas,* tomber comme des mouches. | *Cazar moscas,* gober les mouches. | *Estar mosca,* se méfier. | *Más moscas*

se cogen con miel que con hiel ou *se cazan con miel que con vinagre*, on prend plus de mouches avec du miel qu'avec du vinaigre. | *No matar ni una mosca*, ne pas faire de mal à une mouche. | *No se oye ni una mosca*, on entendrait une mouche voler. | *Papar moscas*, gober les mouches, regarder les mouches voler, bayer aux corneilles. | *¿Qué mosca le picó?*, quelle mouche vous a piqué?, qu'est-ce qui vous prend? | *Tener la mosca* ou *estar con la mosca detrás de la oreja*, avoir la puce à l'oreille.

moscada adj. f. Muscade : *nuez moscada*, noix muscade.

moscarda f. Mouche à viande. || Couvain, *m.* (de las abejas).

moscardear v. intr. Pondre (las abejas). || Moucheronner (los peces). || FIG. y FAM. Être curieux, fourrer son nez partout (ser curioso).

moscardón m. ZOOL. Œstre du bœuf (parásito). | Mouche bleue, *f.* (moscón). | Frelon (abejón). || FIG. y FAM. Raseur, casse-pieds, *inv.* (persona pesada).

moscardoneo m. Bourdonnement.

moscareta f. Motteux, *m.*, traquet, *m.* (pájaro).

moscarrón m. FAM. Mouche (*f.*) à bœufs (insecto).

moscatel adj. Muscat (uva).
— M. Muscat (vino).

moscón m. Mouche (*f.*) à viande, mouche (*f.*) bleue (insecto). || FIG. y FAM. Raseur, casse-pieds, *inv.* (persona pesada).

moscona f. Traînée.

mosconear v. tr. Assommer, ennuyer (molestar).
— V. intr. FIG. Être obstiné, e ; insister (porfiar). || Bourdonner (zumbar).

mosconeo m. Bourdonnement (zumbido). || FIG. Insistance, *f.* (insistencia).

Moscova n. pr. m. GEOGR. Moskova, *f.* (río).

Moscovia n. pr. f. GEOGR. Moscovie.

moscovita adj. y s. Moscovite.

Moscú n. pr. GEOGR. Moscou.

Mosela n. pr. m. GEOGR. Moselle, *f.*

moselano, na adj. y s. Mosellan, e.

mosén m. Mestre (título).
— OBSERV. Ce titre est aujourd'hui réservé aux prêtres dans certaines régions d'Espagne (Catalogne, Aragon).

mosqueador m. Émouchoir (mosquero). || FAM. Queue, *f.* (de animal).

mosqueadura f. Maille (caza). || FAM. Contrariété.

mosquear v. tr. Chasser les mouches, émoucher.
— V. pr. Chasser les mouches [autour de soi]. || Mailler (perdices). || FIG. Se piquer, prendre la mouche, se formaliser (enfadarse). | Soupçonner (sospechar).

mosqueo m. Émouchement (acción de mosquear). || FIG. Irritation, *f.*, dépit (pique).

mosquero m. Chasse-mouches, *inv.*, émouchoir (para espantar las moscas). || Attrape-mouches, *inv.* (para cogerlas).

mosquetazo m. Coup de mousquet, mousquetade, *f.*

mosquete m. Mousquet (arma).

mosquetería f. Mousqueterie. || TEATR. Parterre, *m.*

mosqueteril adj. FAM. Du parterre (teatro).

mosquetero m. Mousquetaire (soldado). || TEATR. Spectateur du parterre, spectateur debout.

mosquetón m. Mousqueton (arma o anilla).

mosquita f. Fauvette (ave). || FIG. y FAM. *Mosquita muerta*, sainte nitouche (mosca muerta).

mosquitero m. Moustiquaire, *f.*

mosquito m. Moustique (insecto). || Moucheron (mosca pequeña).

mostacero m. Moutardier, *m.*

mostacilla f. Cendrée, menuise, plomb (*m.*) de chasse, menu plomb, *m.* || Verroterie (abalorio).

mostacho m. Moustache, *f.* (bigote). || FIG. y FAM. Tache (*f.*) sur la figure (mancha). || MAR. Hauban de beaupré.

mostachón m. Macaron (bollo).

mostaza f. Moutarde. || Cendrée, plomb (*m.*) de chasse (perdigones). || — *El grano de mostaza*, le grain de sénevé (Biblia). || FIG. y FAM. *Se le subió la mostaza a las narices*, la moutarde lui a monté au nez.

mostense adj. y s. FAM. Prémontré, e (religioso).

mostillo m. Moût cuit et aromatisé.

mosto m. Moût.

mostrable adj. Montrable.

mostrador, ra adj. y s. Montreur, euse. || — M. Comptoir (en un bar, en una tienda). || Cadran (de reloj).

mostrar* v. tr. ● Montrer (enseñar). || Montrer, faire montre de (manifestar) : *mostrar interés*, montrer de l'intérêt ; *mostrar gran paciencia*, montrer une grande patience. || FIG. *Mostrar las uñas*, sortir ses griffes.
— V. pr. Se montrer. || Paraître : *mostrarse en público*, paraître en public.
— SINÓN. ● *Presentar*, présenter. *Exponer*, exposer. *Enseñar*, montrer. *Ostentar*, étaler. *Exhibir*, exhiber.

mostrenco, ca adj. DR. *Bienes mostrencos*, biens vacants (sin propietario aparente). | Épaves (res derelicta). || FAM. Lourdaud, e.

mota f. Nœud, *m.* (en el paño). || Petite tache (mancha). || FIG. Léger défaut, *m.* (defecto). || Motte, monticule, *m.* (eminencia de terreno). | *Tener una mota en el ojo*, avoir une poussière dans l'œil.

motacila f. ZOOL. Bergeronnette (aguzanieves).

mote m. Sobriquet, surnom (apodo) : *poner mote*, donner un sobriquet. || Devise, *f.* (sentencia).

moteado m. Moucheture, *f.* (de un tejido).

motear v. tr. Moucheter, tacheter, marqueter (pintar manchas).

motejador, ra adj. y s. Médisant, e.

motejar v. tr. Traiter de, qualifier de, taxer de : *le han motejado de avaro*, ils l'ont traité d'avare, ils l'ont taxé d'avarice.

motel m. Motel (hotel).

motete m. MÚS. Motet. || *Amer.* Sorte de hotte (cuévano).

motilidad f. Motilité.

motilón, ona adj. y s. Tondu, e (pelón). || — M. FAM. Frère convers (lego).

motín m. ● Émeute, *f.* (del pueblo). || Mutinerie, *f.*, insurrection, *f.* (de tropas).
— SINÓN. ● *Sedición*, sédition. *Amotinamiento*, mutinerie, émeute. *Agitación*, agitation. *Tumulto*, *asonada*, tumulte. *Revuelta*, révolte. *Alzamiento*, *levantamiento*, *sublevación*, soulèvement. *Insurrección*, insurrection.

motivación f. Motivation.

motivador, ra adj. Qui provoque.
— M. y f. Provocateur, trice.

motivar v. tr. Donner lieu à, motiver.

motivo m. Motif : *motivo de disputa*, motif de dispute. || Raison, *f.*, cause, *f.*, motif (causa). || Motif (en música, en pintura, etc.). || — *Con ese motivo*, à cette occasion. || *Con mayor* ou *con más motivo*, à plus forte raison. || *Con motivo de*, à l'occasion de (durante), à cause de (a causa de). || *De mi, tu, su motivo propio*, de mon, ton, son propre mouvement *o* propre chef. || *Exposición de motivos*, exposé des motifs. || *Sin motivo alguno*, sans aucune raison, sans motif. || — *Dar motivo a*, donner lieu à. || *No es motivo para*, ce n'est pas une raison pour.

moto f. Moto (motocicleta).

motoarado m. AGRIC. Mototracteur.

motobomba f. Motopompe.

motocarro m. Triporteur à moteur.

motocicleta f. Motocyclette : *montar en motocicleta*, monter à motocyclette.

motociclismo m. Motocyclisme.
motociclista m. y f. Motocycliste.
motociclo m. Motocycle.
motocompresor m. Motocompresseur.
motocross m. Motocross.
motocultivadora f. o **motocultor** m. AGRIC. Motoculteur, m.
motocultivo m. Motoculture, f.
motoguadañadora f. AGRIC. Motofaucheuse.
motolita f. Bergeronnette (ave).
motón m. MAR. Poulie, f. : *motón de rabiza*, poulie à fouet.
motonáutico, ca adj. Motonautique.
— F. Motonautisme, m.
motonave f. Bateau (m.) à moteur, motor-ship, m.
motonería f. MAR. Ensemble (m.) des poutres et cordages.
motoniveladora f. Niveleuse.
motopropulsor m. Motopropulseur.
motor, ra adj. Moteur, trice : *músculos motores*, muscles moteurs. | Mouvant, e (moviente). || *Lancha motora*, canot à moteur, vedette.
— M. Moteur : *motor de explosión, de reacción*, moteur à explosion, à réaction.
motora f. Canot, m. o vedette à moteur.
motorismo m. Motocyclisme.
motorista m. y f. Motocycliste.
motorización f. Motorisation.
motorizado, da adj. Motorisé, e : *división motorizada*, division motorisée.
motorizar v. tr. Motoriser.
motorreactor m. Moteur à réaction, motoréacteur.
motosegadora f. AGRIC. Motofaucheuse.
mototractor m. AGRIC. Mototracteur.
motovelero m. Voilier à moteur.
motovolquete m. TECN. Basculeur.
motricidad f. Motricité.
motrileño, ña adj. y s. De Motril [ville d'Andalousie].
motriz adj. f. Motrice : *fuerza motriz*, force motrice.
movedizo, za adj. Mouvant, e (no firme) : *arenas movedizas*, sables mouvants. || FIG. Inconstant, e, changeant, e (inconstante).
movedor, ra adj. y s. Qui meut; moteur, trice.
mover* v. tr. Remuer, mouvoir. || Remuer : *mover el brazo, la ensalada*, remuer le bras, la salade. || FIG. Pousser (incitar) : *mover a la rebelión*, pousser à la révolte; *movido por la curiosidad*, poussé par la curiosité. | Provoquer, susciter (provocar) : *mover discordia*, susciter la discorde. | Remuer (conmover) : *mover los hilos*, remuer (las masas, el pueblo, etc.). || Déplacer (los peones en el ajedrez, etc.). || — FIG. *Mover a*, exciter, inciter à : *mover a compasión*, inciter à la compassion, exciter la compassion. | *Mover a risa, a piedad*, faire rire, pitié, provoquer le rire, la pitié. | *Mover la curiosidad*, piquer la curiosité. | *Mover los hilos*, tenir o tirer les ficelles. | *Ser movido por*, être poussé o mû par : *ser movido por el interés*, être mû par l'intérêt.
— V. intr. ARQ. Partir (un arco).
— V. pr. Bouger : *¡no se mueva!*, ne bougez pas! || Remuer, bouger : *este niño no deja de moverse*, cet enfant n'arrête pas de remuer. || Se mouvoir (p. us.), se déplacer : *se mueve con dificultad*, il se meut avec difficulté. || FIG. Se remuer : *para conseguir una buena colocación hay que moverse*, pour obtenir une bonne situation il faut se remuer. || FIG. y FAM. Se remuer, se secouer : *¡muévete!*, secoue-toi! | *Moverse más que el rabo de una lagartija*, avoir le tracassin, avoir la bougeotte.
movible adj. Mobile.
movido, da adj. Mû, e; poussé, e : *movido de* ou *por la piedad*, mû par la pitié. || Flou, e (fotografía). || *Amer.* Maigrichon, onne; rachitique.

moviente adj. Qui meut, mouvant, e. || BLAS. y FILOS. Mouvant, e.
móvil adj. Mobile : *fiesta móvil*, fête mobile. || FIG. Mouvant, e (inestable). || — TECN. *Material móvil*, matériel roulant (ferrocarril). || *Timbre móvil*, timbre-quittance (en una letra), timbre fiscal (en un documento).
— M. Mobile : *el móvil de un crimen*, le mobile d'un crime. || Fís. Mobile. || Mobile (en arte).
movilidad f. Mobilité.
movilizable adj. Mobilisable.
movilización f. Mobilisation.
movilizar v. tr. Mobiliser.
movimiento m. Mouvement : *el movimiento del péndulo*, le mouvement du pendule. || Soulèvement, mouvement (revuelta). || FIG. Accès, crise, f. (de celos, risa, etc.). || Coup (en los juegos). || ASTR. y COM. Mouvement. || MÚS. Mouvement. || — COM. *Movimiento de existencias*, rotation des stocks. || *Movimiento de las piezas*, marche des pièces (juegos). || TECN. *Movimiento de tierras*, terrassement. || MIL. *Movimiento envolvente*, mouvement enveloppant o tournant. || TEATR. *Movimiento escénico*, jeu de scène. || *Movimiento perpetuo* ou *continuo*, mouvement perpétuel. || — *Dar movimiento a* ou *poner en movimiento*, mettre en mouvement. || *El movimiento se demuestra andando*, il faut prêcher l'exemple. || *Estar al corriente* ou *al tanto del movimiento*, être dans le mouvement.
moviola f. Moviola (para montar películas).
moxa f. MED. Moxa, m. (cauterio).
moxte V. OXTE.
moyo m. (Ant.). Muid (medida de capacidad).
moyuelo m. Fleurage (salvado). || Remoulage (afrecho).
moza f. Jeune fille (muchacha joven). || Domestique, servante (criada). || Amie, maîtresse (concubina). || Battoir, m. (de las lavanderas). || Crochet (m.) de trépied (de las trébedes). || Belle (última mano en el juego). || — *Buena moza*, belle femme (mujer), belle fille (muchacha). || *Es una real moza*, c'est une belle fille, c'est un beau brin de fille. || *Moza de fortuna* ou *del partido*, fille de joie.
mozalbete o **mozalbillo** m. Jeune garçon.
mozárabe adj. y s. Mozarabe.
— OBSERV. Se dit des chrétiens d'Espagne soumis à la domination musulmane, de la littérature et de l'art auxquels ils ont donné naissance. L'art *mozarabe*, surtout répandu dans le royaume de León au Xe et au début du XIe siècle, est caractérisé par l'emploi de l'arc outrepassé puis de la voûte nervée.
mozarabía f. Population mozarabe.
mozarrón, ona m. y f. Grand gaillard, m., belle fille, f.
moznado, da adj. BLAS. Morné, e.
mozo, za adj. Jeune (joven). || *En sus años mozos*, dans son jeune temps o dans sa jeunesse.
— M. y f. Jeune homme, m., jeune fille, f. || Célibataire, garçon, m., jeune fille, f. (soltero). || — M. Garçon (camarero). || Domestique (criado). || Porteur (de estación). || Conscrit (soldado). || *Mozo de caballos, de cuadra*, garçon, valet d'écurie. || *Mozo de café*, garçon de café. || *Mozo de carnicero*, garçon boucher. || *Mozo de comedor*, serveur. || *Mozo de cordel* ou *de cuerda*, portefaix, commissionnaire. || *Mozo de espuelas*, valet de pied. || TAUROM. *Mozo de estoques*, valet du matador. || *Mozo de habitación*, valet de chambre (en un hotel). || *Ser un buen mozo*, être beau garçon.
mozuelo, la m. y f. Garçonnet, m., garçon, m., fillette, f., jeune fille, f.
mu m. Mugissement, beuglement. || Meuh (onomatopeya).
muaré m. Moire, f. (tela).

mucamo, ma m. y f. *Amer.* Domestique, *m.* y *f.*, bonne, *f.*

mucerón m. Mousseron (hongo).

muceta f. Mozette (vestidura eclesiástica).

mucilaginoso, sa adj. Mucilagineux, euse.

mucilago o **mucílago** m. Bot. Mucilage.

múcor m. Bot. Mucor (moho).

mucoríneas f. pl. Mucoracées (mohos).

mucosidad f. Mucosité.

mucoso, sa adj. y s. f. Muqueux, euse

mucre adj. *Amer.* Acide, astringent.

mucrón m. Bot. Mucron.

mucronato, ta adj. Mucroné, e. || Xiphoïde : *apéndice mucronato,* appendice xiphoïde.

múcura o **mucura** f. *Amer.* Jarre (vasija).

mucus m. Mucus.

muchachada f. Marmaille, bande d'enfants (chiquillería). || Bande de garçons (pandilla). || Gaminerie (acción).

muchachear v. intr. Faire l'enfant (actuar como un niño), faire le jeune homme *o* la jeune fille (actuar como un joven).

muchachería f. V. MUCHACHADA.

muchachez f. Enfance (niñez). || Jeunesse (juventud).

muchachil adj. Enfantin, e (de niños). || Juvénil, e (de jóvenes).

muchacho, cha m. y f. Enfant, *m.* et *f.* (niño), petit garçon, *m.*, petite fille, *f.* || — M. Domestique, garçon (criado). || Jeune homme, garçon. || — F. Bonne, domestique (criada). || Jeune fille (joven).

muchachuelo, la m. y f. Gamin, e.

muchedumbre f. Foule.

mucho, cha adj. Beaucoup de : *mucha agua,* beaucoup d'eau; *muchos niños,* beaucoup d'enfants. || Nombreux, euse (con *los, sus,* etc.) : *sus muchas tareas,* ses nombreuses occupations. || — *Muchas gracias,* merci beaucoup. || *Muchas veces,* très souvent, bien des fois, maintes fois. || *Mucho ruido y pocas nueces,* beaucoup de bruit pour rien. || *Muchos meses sin noticias,* de longs mois sans nouvelles. || *Muchos, muchas,* beaucoup : *muchos piensan que,* beaucoup pensent que. || *Mucho tiempo,* longtemps. || — *Con mucha frecuencia,* très fréquemment. || *Los muchos que,* tous ceux qui *o* que. || *Son muchos* ou *muchas los* ou *las que,* nombreux *o* nombreuses sont ceux *o* celles qui, il y en a beaucoup qui.

— Adv. Beaucoup : *trabaja mucho,* il travaille beaucoup; *¿Te has divertido? — Mucho!,* tu t'es amusé ? — Beaucoup. || Beaucoup *o* bien des choses, beaucoup : *me queda mucho por hacer,* il me reste beaucoup de choses à faire; *¿te queda mucho todavía?,* il t'en reste encore beaucoup ? || Longtemps : *hace mucho que ya no le veo,* il y a longtemps que je ne le vois plus. || — *Mucho antes, después,* bien avant, après *o* plus tard. || *Mucho más, mucho menos,* beaucoup *o* bien plus, beaucoup *o* bien moins. || *Mucho mejor, mucho peor,* bien meilleur, bien pire : *el pastel está mucho mejor así,* le gâteau est bien meilleur comme ça; bien *o* beaucoup mieux, bien pis : *está mucho mejor,* il va beaucoup mieux. || — *Con mucho,* de beaucoup, de loin : *es con mucho el más simpático,* il est de beaucoup le plus sympathique; *han ganado, y con mucho,* ils ont gagné, et de loin. || FAM. *Muy mucho,* un peu beaucoup. || *Ni con mucho,* tant s'en faut, loin de là, il s'en faut de beaucoup. || *Ni mucho menos,* loin de là : *no es tonto, ni mucho menos,* il n'est pas sot, loin de là. || *Por mucho que,* avoir beau, quelque... que (con sustantivo), quoique (con verbo) : *por mucho que trabaje no logra nada,* il a beau travailler, il n'arrive à aucun résultat; *por mucho que digas, no lo haré,* quoi que tu dises, je ne le ferai pas; *por mucho esfuerzo que haga no* consigue nada, quelque effort qu'il fasse il n'arrive à rien. || — *Hace mucho calor, frío,* il fait très chaud, froid. || *Pesar mucho,* peser lourd. || *Tener en mucho,* tenir en grande estime. || *Tener mucho que contar,* en avoir long à raconter.

— Interj. Très bien!, bien joué ! (muy bien).

muda f. Linge (*m.*) propre *o* de rechange (ropa). || Mue (de los animales, de la voz). || Déménagement, *m.* (mudanza).

mudable adj. Changeant, e.

mudada f. *Amer.* Linge (*m.*) propre *o* de rechange.

mudanza f. Changement, *m.* (cambio). || Déménagement, *m.* (de domicilio) : *carro de mudanza,* voiture de déménagement. || Emménagement (instalación de una casa). || Figure, *f.* (de baile). || Mús. Mutation, *f.* || Estar de ou hacer la *mudanza,* déménager.

mudar v. tr. e intr. Changer (cambiar) : *mudar el agua en vino,* changer l'eau en vin. || Changer (a un niño). || Muer (un animal, la voz). || Muter (cambiar de destino). || Emménager (instalarse). || FIG. Changer (variar) : *mudar de idea, de parecer,* changer d'idée, d'avis. || — POP. *Muda el lobo los dientes más no las mientes,* le loup mourra dans sa peau. || *Mudar de casa,* déménager.

— V. pr. Se changer, changer de linge (de ropa). || Déménager (de domicilio).

mudéjar adj. y s. Mudéjar.

— OBSERV. Se dit des musulmans restés en Castille après la Reconquête, et de l'art auquel ils ont donné naissance du XIIᵉ au XVIᵉ siècle, caractérisé par l'influence de l'art de l'islam (clochers-minarets, revêtements polychromes, etc.).

mudez f. Mutisme, *m.*

mudo, da adj. y s. Muet, ette : *mudo de nacimiento,* muet de naissance. || — *Cine mudo, película muda,* cinéma muet, film muet. || *Letra muda,* lettre muette. || FIG. y FAM. *Mudo como un muerto* ou *como una tumba,* muet comme une carpe *o* comme la tombe. || *Quedarse mudo de asombro, de envidia,* en crever d'envie, de jalousie.

mueblaje m. Mobilier.

mueble m. Meuble. || BLAS. Meuble. || — Pl. Mobilier, sing. || — *Mueble cama,* meuble-lit. || *Tienda de muebles,* magasin d'ameublement *o* de meubles. — Adj. Meuble : *bienes muebles,* biens meubles.

mueblería f. Magasin (*m.*) de meubles (tienda).

mueblista m. Marchand (que vende) *o* fabricant (que fabrica) de meubles.

mueca f. Grimace : *hacer muecas,* faire des grimaces.

muela f. Meule (piedra). || Molaire (diente molar). || Dent (diente) : *el niño está echando las muelas,* l'enfant est en train de faire ses dents; *empastar una muela,* plomber une dent. || Butte, morne, *m.* (cerro). || BOT. Gesse (almorta). || — *Dolor de muelas,* mal aux dents, rage de dents. || *Muela cordal* ou *del juicio,* dent de sagesse. || *Muela picada,* dent gâtée. || *Muela postiza,* fausse dent. || FIG. y FAM. *No hay ni para una muela,* il n'y en a pas pour la dent creuse.

muellaje m. MAR. Droit de mouillage.

muelle adj. Doux, douce (suave). || Mou, molle (blando). || Moelleux, euse (cama, etc.). || Voluptueux, euse (voluptuoso).

— M. MAR. Quai (andén, de un puerto) : *atracar al muelle,* se mettre à quai. || Môle (malecón). || Ressort (de un mecanismo) : *colchón de muelles,* sommier à ressorts. || Cran d'arrêt (de una navaja). || — TECN. *Muelle antagonista* ou *de retorno,* ressort de rappel. || *Muelle en espiral,* ressort à boudin.

muellemente adv. Délicatement, doucement. || Moelleusement (blandamente). || Confortablement (comodamente).

muera f. Sel, *m.* (sal).

muérdago m. BOT. Gui.

muermo m. VETER. Morve, *f*. (del caballo).
muermoso, sa adj. VETER. Morveux, euse.
muerte f. Mort : *condenado a muerte*, condamné à mort ; *herido de muerte*, blessé à mort. ‖ Meurtre, *m.*, homicide, *m.* (homicidio). ‖ FIG. Mort (desaparición). ‖ TAUROM. Mise à mort. ‖ — DR. *Muerte civil*, mort civile. ‖ FIG. y FAM. *Muerte chiquita*, petite mort. ‖ *Muerte repentina*, mort subite. ‖ — *Aleteo de la muerte*, souffle de la mort. ‖ *A muerte*, à mort, à outrance : *guerra a muerte*, guerre à mort ; *combate a muerte*, combat à outrance. ‖ *A vida y a muerte*, à la vie et à la mort. ‖ *Con la muerte en el alma*, la mort dans l'âme. ‖ FIG. y FAM. *De mala muerte*, de rien du tout, minable. ‖ *De muerte*, à mort. ‖ *En el artículo de la muerte*, à l'article de la mort. ‖ *Entre la vida y la muerte*, entre la vie et la mort. ‖ *Estar a dos pasos de la muerte*, être à deux doigts de la mort. ‖ *Estar en su lecho de muerte*, être à son lit de mort. ‖ *Morir de muerte natural*, mourir de sa belle mort. ‖ *Pasar de vida a muerte*, passer de vie à trépas. ‖ FIG. *Sufrir mil muertes*, souffrir mille morts.
muerto, ta adj. y s. ● Mort, e : *muerto en acto de servicio*, mort au service de la patrie. ‖ FAM. Tué, e (matado) : *muerto en la guerra*, tué à la guerre. ‖ FIG. Eteint, e ; terne (colores). ‖ — M. Mort (naipes). ‖ — *Cal muerta*, chaux éteinte. ‖ *Lengua muerta*, langue morte. ‖ *Naturaleza muerta*, nature morte (bodegón). ‖ MAR. *Obra muerta*, œuvres mortes. ‖ MECÁN. *Punto muerto*, point mort. ‖ *Tiempo muerto*, temps mort. ‖ *Más muerto que vivo*, plus mort que vif. ‖ *Más pálido que un muerto*, pâle comme un mort o plus pâle que la mort. ‖ *Vivo o muerto*, mort ou vif. ‖ — *Caer como un muerto*, tomber comme une masse o raide. ‖ FIG. y FAM. *Cargar con el muerto*, avoir tout sur le dos, endosser toute responsabilité. ‖ *Echarle a uno el muerto*, laisser o mettre tout sur le dos de quelqu'un. ‖ *Estar más que muerto*, être mort et enterré. ‖ *Estar muerto de cansancio*, être mort de fatigue, être claqué o crevé. ‖ *Estar muerto de miedo*, être mort de peur. ‖ FIG. *Hacer el muerto*, faire la planche (natación). ‖ *Hacerse el muerto*, faire le mort. ‖ *Muerto el perro, se acabó la rabia*, morte la bête, mort le venin. ‖ *No tener donde caerse muerto*, être sur le pavé, n'avoir ni feu ni lieu. ‖ *Ser letra muerta*, rester lettre morte. ‖ *Ser un muerto de hambre*, être un meurt-de-faim o un crève-la-faim. ‖ *Tocar* ou *doblar a muerto*, sonner le glas.
— OBSERV *Muerto* es participio pasado de *morir*.
— SINÓN. ● *Fallecido, finado*, décédé. *Difunto*, défunt. *Cadáver*, cadavre.
muesca f. Mortaise, encoche (entalladura). ‖ Mortaisage, *m.* (acción). ‖ Entaille, marque (en el ganado). ‖ TECN. *Hacer muesca en*, mortaiser.
muestra f. Échantillon, *m.* (de una tela o mercancía). ‖ Montre (acción). ‖ Prélèvement, *m.* : *sacar una muestra de la leche*, faire un prélèvement sur le lait. ‖ Spécimen, *m.* (de un libro). ‖ Enseigne (de una tienda). ‖ Modèle, *m.* (modelo). ‖ Cadran, *m.* (esfera de reloj). ‖ Échantillonnage, *m.* (estadística). ‖ MIL. Revue : *pasar muestra*, passer en revue. ‖ Retourne (naipe). ‖ IMPR. Marche. ‖ FIG. Échantillon, *m.* : *nos dio una muestra de su saber*, il nous a donné un échantillon de son savoir. ‖ Preuve : *eso es muestra de que no me quiere*, c'est la preuve qu'il ne m'aime pas ; *ser buena muestra de algo*, en être la meilleure preuve. ‖ Signe, *m.* : *muestra de cansancio*, signe de fatigue. ‖ Témoignage, *m.* : *muestra de simpatía*, témoignage de sympathie. ‖ — *Botón de muestra*, échantillon. ‖ *Como botón de muestra*, à titre d'exemple, en échantillon. ‖ *Feria de muestras*, foire-exposition. ‖ TECN. *Muestra de*

perforación, carotte (en un pozo de petróleo). ‖ *Perro de muestra*, chien d'arrêt. ‖ *Vivienda* ou *piso de muestra*, appartement témoin. ‖ — *Dar muestras de*, faire preuve de, donner des preuves de. ‖ *Hacer muestra de*, faire montre de. ‖ FIG. *Para muestra basta un botón*, un exemple suffit, un simple échantillon suffit. ‖ *Por la muestra se conoce el paño*, à l'œuvre on reconnaît l'artisan.
muestrario m. Échantillonnage.
muestreo m. Échantillonnage (estadística).
muezín m. Muezzin (almuédano).
mufla f. TECN. Moufle, *m.* (hornillo).
muftí m. Mufti, muphti (jurisconsulto musulmán).
muga f. Borne (mojón). ‖ Frai, *m.* (de los peces).
mugido m. Mugissement, beuglement.
mugidor, ra o **mugiente** adj. Mugissant, e ; beuglant, e.
mugir v. intr. Mugir, beugler. ‖ FIG. Beugler (con ira). ‖ Mugir (el viento).
mugre f. Crasse, saleté (suciedad).
mugriento, ta adj. Crasseux, euse ; sale.
mugrón m. AGRIC. Marcotte, *f.* ‖ Rejeton (vástago).
muguete m. BOT. Muguet. ‖ MED. Muguet.
mujer f. Femme. ‖ — FAM. *Mujer de bandera, de tronío*, femme du tonnerre. ‖ *Mujer de gobierno*, gouvernante, femme de charge. ‖ *Mujer de la vida airada, de mal vivir, mundana* ou *perdida*, femme de mauvaise vie, femme perdue. ‖ *Mujer de su casa*, bonne ménagère, femme d'intérieur. ‖ *Mujer fatal*, femme fatale, vamp. ‖ *Mujer pública*, femme publique. ‖ CULIN. *Pollo a la buena mujer*, poulet bonne femme. ‖ *Ser mujer*, être femme. ‖ *Tomar mujer*, prendre femme.
mujercilla f. Petite bonne femme (mujer chiquita). ‖ Créature, fille des rues (prostituta).
mujerengo adj. m. *Amer.* Efféminé.
mujerero adj. m. *Amer.* Coureur, don Juan.
mujeriego, ga adj. Féminin, e (mujeril). ‖ — *A la mujeriega* ou *a mujeriegas*, en amazone, à l'écuyère. ‖ *Ser mujeriego*, courir les filles. ‖ — M. Coureur de filles o de jupons (dado a mujeres).
mujeril adj. Féminin, e. ‖ Efféminé, e (afeminado).
mujerío m. Femmes, *pl.* : *¡qué mujerío aquí!*, que de femmes ici !
mujerona f. Matrone.
mujeruca f. Bonne femme (pop.).
mujerzuela f. Petit bout de femme (mujer chiquita). ‖ Femme légère (mujercilla).
mujic m. Moujik (campesino ruso).
mújol m. Muge, mulet (pez).
mula f. Mule (animal). ‖ Mule (calzado). ‖ FIG. Mule : *testaruda como una mula*, têtu comme une mule. ‖ Brute, animal, *m.*, sauvage, *m.* (bruto). ‖ Âne, *m.*, animal, *m.* (idiota). ‖ *Amer.* Coussin, *m.* (de los cargadores).
mulada f. *Amer.* y FAM. Ânerie, bêtise (tontería). ‖ Folie : *¡qué mulada haber venido andando hasta aquí!*, c'est de la folie d'être venu à pied jusqu'ici.
muladar m. Dépotoir (vertedero de basuras). ‖ Fumier (estiércol). ‖ Tas d'ordures (basura). ‖ FIG. Dépotoir.
muladí adj. y s. Enfant de père musulman et de mère chrétienne. ‖ Renégat, e [en Espagne].
mular adj. Mulassier, ère. ‖ — *Ganado mular*, espèce mulassière, les mules. ‖ *Producción mular*, production mulassière.
mulato, ta adj. y s. Mulâtre, esse. ‖ FIG. Brun, e (moreno). ‖ — M. *Amer.* Minerai d'argent noirâtre o verdâtre.
mulé (dar) loc. POP. Zigouiller (matar).
mulero, ra adj. Muletier, ère (mular). ‖ Mulassier, ère (relativo a la producción). ‖ — M. Muletier (mozo).

muleta f. Béquille (para andar). ‖ TAUROM. « Muleta » : *torear de muleta,* faire des passes de « muleta ». ‖ FIG. Appui, *m.,* étai, *m.* (sostén).

muletada f. Troupeau (*m.*) de mules.

muletear v. tr. TAUROM. Travailler le taureau avec la « muleta ».

muletero m. Muletier. ‖ TAUROM. Torero qui travaille avec la « muleta ».

muletero, ra adj. Muletier, ère (mular).

muletilla f. TAUROM. « Muleta ». ‖ Bouton, *m.* (botón). ‖ Canne qui sert de béquille (bastón). ‖ FIG. Refrain, *m.,* rengaine (estribillo). | Mot (*m.*) o formule de remplissage, cheville (palabra inútil). | Tic, *m.* (de lenguaje).

muleto, ta m. y f. Jeune mulet, jeune mule.

muletón m. Molleton (tela). ‖ Molleton, sous-nappe, *f.* (mantel bajero). ‖ *Forrar con muletón,* molletonner (enguatar).

mulillas f. pl. TAUROM. Mules chargées de tirer le taureau mort hors de l'arène.

mulita m. *Amer.* Tatou (tatú).

mulo m. Mulet. ‖ FIG. y FAM. Âne, animal (idiota). | Mule, *f.* (testarudo). | Brute, *f.,* animal, sauvage (bruto). ‖ *— Hacer el mulo,* se conduire comme une brute. | *Trabajar como un mulo,* travailler comme un cheval.

multa f. Amende : *imponer* ou *poner una multa,* mettre une amende. ‖ Contravention (para un coche) : *echar una multa,* dresser une contravention.

multar v. tr. Condamner à une amende : *multar en mil pesetas,* condamner à mille pesetas d'amende.

multicaule adj. BOT. Multicaule.

multicelular adj. Multicellulaire.

multicolor adj. Multicolore.

multicopia f. Reproduction des documents.

multicopiar v. tr. Polycopier.

multicopista f. Machine à polycopier. ‖ *Tirar* ou *hacer a multicopista,* polycopier.

multifloro, ra adj. BOT. Multiflore.

multiforme adj. Multiforme.

multilateral adj. Multilatéral, e.

multilobulado, da adj. Multilobé, e.

multilocular adj. BOT. Multiloculaire.

multimillonario, ria adj. y s. Multimillionnaire, milliardaire.

multinacional adj. Multinational, e.

multípara adj. y s. f. Multipare (mujer o animal).

multiparidad f. Multiparité.

múltiple adj. Multiple.

múltiplex adj. y s. m. inv. Multiplex (telégrafo).

multiplicable adj. Multipliable.

multiplicación f. Multiplication.

multiplicado, da adj. Multiplié, e. ‖ TECN. *Directa multiplicada,* vitesse surmultipliée.

multiplicador, ra adj. y s. m. Multiplicateur, trice.

multiplicando m. MAT. Multiplicande.

multiplicar v. tr. Multiplier. ‖ *— Creced y multicaos,* croissez et multipliez. ‖ *Tabla de multiplicar,* table de multiplication.

— V. pr. FIG. Se multiplier, se mettre en quatre (afanarse).

multiplicativo, va adj. Multiplicatif, ive.

multiplicidad f. Multiplicité.

múltiplo, pla adj. MAT. Multiple.

— M. MAT. Multiple : *el mínimo común múltiplo,* le plus petit commun multiple.

multipolar adj. ELECT. Multipolaire.

multitubular adj. TECN. Multitubulaire. ‖ Multitube : *cañón multitubular,* canon multitube.

multitud f. Multitude : *una multitud de libros,* une multitude de livres. ‖ ● Multitude, foule (muchedumbre).

— SINÓN. ● *Afluencia,* affluence. *Masa,* masse. *Enjambre,* essaim. *Gentío, muchedumbre, tropel,* foule. *Barullo,* cohue. *Nube,* nuée. *Hormiguero,* fourmilière.

multivalvo, va adj. y s. m. Multivalve.

mullido, da adj. Moelleux, euse (blando). ‖ Douillet, ette (blando y cómodo) : *cama mullida,* lit douillet.

— M. Bourre, *f.* (para rellenar).

mullidor, ra adj. y s. Batteur, euse.

mullir* v. tr. Battre, ramollir (la lana). ‖ AGRIC. Ameublir (la tierra).

mullo m. *Amer.* Verroterie, *f.,* perle (*f.*) de verre (abalorio).

muncho, cha adj. y adv. (Ant.). POP. V. MUCHO.

mundanal adj. Mondain, e. ‖ *Huir del mundanal ruido,* fuir les rumeurs du monde.

mundanalidad f. Mondanité.

mundanear v. intr. Être mondain.

mundanería f. Mondanité.

mundano, na adj. Mondain, e. ‖ *— La vida mundana,* la vie mondaine, les mondanités. ‖ *Mujer mundana,* femme galante, demi-mondaine (prostituta).

mundial adj. Mondial, e.

— M. Championnat du monde.

mundillo m. Monde (sociedad) : *el mundillo financiero,* le monde des finances ; *el mundillo literario,* le monde des lettres. ‖ Séchoir (enjugador). ‖ Coussin pour broder (para hacer encaje). ‖ Moine (calentador para la cama). ‖ BOT. Boule (*f.*) de neige.

mundo m. Monde : *dar la vuelta al mundo,* faire le tour du monde. ‖ FIG. Monde : *el mundo de los negocios,* le monde des affaires. | Monde : *hay un mundo entre las dos versiones,* il y a un monde entre les deux versions. ‖ Grande malle, *f.* (baúl). ‖ BOT. Boule (*f.*) de neige. ‖ *— El gran mundo,* le grand monde. | *El mundo literario,* le monde des lettres. ‖ *El Nuevo, el Antiguo* ou *Viejo Mundo,* le Nouveau, l'Ancien *o* le Vieux Monde. ‖ FIG. *Medio mundo,* beaucoup de monde, un monde fou. | *Mujer de mundo,* femme du monde. ‖ *— * FIG. *Al fin del mundo,* au bout du monde (espacio), à la fin du monde (tiempo). | *Desde que el mundo es mundo,* depuis que le monde est monde. | *En este mundo de Dios* ou *en este bajo mundo,* dans ce bas monde, ici-bas. | *Por nada del mundo, por todo el oro del mundo,* pour rien au monde, pour tout l'or du monde. | *— * FIG. *Anda* ou *está el mundo al revés,* c'est le monde renversé *o* à l'envers. | *Conocido por* ou *en el mundo entero,* mondialement connu. | *Correr mundo,* courir le monde, rouler sa bosse (fam.). | *Dar un mundo por,* donner tout pour. | *Echar al mundo,* mettre au monde. | *Echarse al mundo,* se débaucher, se prostituer (una mujer). | *El mundo es de los audaces,* la fortune sourit aux audacieux, à cœur vaillant rien d'impossible. | *Entrar en el mundo,* faire son entrée dans le monde. | *Hacerse un mundo de algo,* se faire un monde de quelque chose. | *Irse al otro mundo,* aller dans l'autre monde (morir). | *No es cosa* ou *nada del otro mundo,* v. COSA. | *No ser de este mundo,* ne pas être de ce monde. | *Ponerse el mundo por montera,* v. MONTERA. | *Prometer este mundo y el otro,* promettre monts et merveilles (prometer mucho). | *Recorrer* ou *rodar mundo,* courir le monde, rouler sa bosse (fam.). | *Salir de este mundo,* passer dans l'autre monde (morir). | *Se le hundió el mundo,* il lui est arrivé une catastrophe. | *Tener mundo,* avoir du monde, de l'aisance. | *Traer al mundo,* mettre au monde. | *Valer un mundo,* coûter les yeux de la tête. | *Venir al mundo,* venir au monde. | *Ver mundo,* voir du pays. | *Vivir en el otro mundo,* habiter au bout du monde.

mundología f. Connaissance du monde, expérience. ‖ Savoir-vivre, *m. inv.,* les bons usages, *m. pl.* (reglas mundanas).

mundonuevo m. Cosmorama.

mundovisión m. Mondovision (televisión).
munición f. MIL. Munition. ‖ Plomb (*m.*) de chasse (perdigones) : *munición menuda*, petit plomb. ‖ Charge d'une arme à feu (carga). ‖ — *Disparar con munición de fogueo*, tirer à blanc. ‖ *Municiones de boca*, vivres. ‖ *Pan de munición*, pain de munition.
municionamiento m. MIL. Approvisionnement.
municionero, ra m. y f. Munitionnaire.
municipal adj. Municipal, e.
— M. Sergent de ville, agent.
municipalidad f. Municipalité.
municipalizar v. tr. Municipaliser.
munícipe m. Habitant d'un municipe (en Roma) *o* d'une commune (hoy).
municipio m. Municipalité, *f.* (término municipal). ‖ Commune, *f.* (conjunto de vecinos). ‖ Conseil municipal, municipalité, *f.* (concejo). ‖ Hôtel de ville, mairie, *f.* (alcaldía). ‖ Municipe (en Roma).
munificencia f. Munificence.
munífico, ca adj. Munificent, e.
muniqués, esa adj. y s. Munichois, e (de Munich).
munster m. Munster (queso).
muñeca f. Poignet, *m.* (del brazo). ‖ Poupée (juguete) : *muñeca de trapo, de serrín*, poupée de chiffon, de son. ‖ Mannequin, *m.* (maniquí). ‖ Tampon, *m.* (para barnizar o estarcir). ‖ Nouet, *m.* (utilizado en farmacia). ‖ FIG. y FAM. Poupée (muchacha hermosa). ‖ *Amer.* Maquette.
muñeco m. Baigneur, poupée, *f.* (juguete). ‖ ● Marionnette, *f.*, pantin (títere). ‖ Bonhomme (figura tosca, dibujo, etc.). ‖ FIG. y FAM. Gommeux, petit prétentieux (jovenzuelo presumido). ‖ *Muñeco de nieve*, bonhomme de neige.
— SINÓN. ● *Marioneta, títere*, marionnette. *Fantoche*, fantoche. *Polichinela*, polichinelle. *Guiñol*, guignol. *Monigote, pelele*, pantin.
muñeira f. Danse populaire de Galice.
muñequera f. Poignet (*m.*) de force (de los gimnastas). ‖ (P. us.) Bracelet, *m.* (de reloj).
muñequilla f. Tampon, *m.* (para barnizar). ‖ *Amer.* Jeune épi (*m.*) de maïs. ‖ *Dar con la muñequilla a*, tamponner (un mueble).
muñidor m. Bedeau (de una cofradía).
muñón m. Moignon (en una amputación). ‖ MIL. Tourillon (del cañón). ‖ *Muñón giratorio*, tourillon.
muñonera f. MIL. Encastrement, *m.*
murajes m. BOT. Mouron des champs.
mural adj. Mural, e : *mapa mural*, carte murale.
— M. Fresque, *f.*, peinture (*f.*) murale (fresco).
muralla f. Muraille (muro muy fuerte) : *la gran Muralla de China*, la grande Muraille de Chine. ‖ — Pl. Remparts, *m.* : *las murallas de Ávila*, les remparts d'Avila.
murallón m. Grosse muraille, *f.*
murar v. tr. Murer, entourer de murs.
Murcia n. pr. GEOGR. Murcie.
murciano, na adj. y s. Murcien, enne.
murciélago m. ZOOL. Chauve-souris, *f.*
murena f. Murène (pez).
murete m. Petit mur, muret, muretin, murette, *f.*
múrex m. ZOOL. Murex, *inv.*
murga f. Amurgue (alpechín). ‖ Troupe de musiciens ambulants (compañía de músicos). ‖ — FIG. y FAM. *Dar la murga*, raser, barber, embêter, casser les pieds. | *¡Qué murga!*, quelle barbe ! | *Ser una murga*, être barbant *o* rasoir *o* rasant.
— M. FAM. Casse-pieds, *inv.*, personne (*f.*) barbante *o* rasoir *o* embêtante.
murguista m. Musicien ambulant.
muriacita f. MIN. Anhydrite (anhidrita).
muriático, ca adj. (Ant.). QUÍM. Muriatique (clorhídrico).
muriato m. (Ant.). QUÍM. Muriate.

múrice m. ZOOL. Murex. ‖ POÉT. Pourpre, *f.*
múridos m. pl. ZOOL. Muridés (roedores).
murmullo m. Murmure (ruido sordo). ‖ Bourdonnement (zumbido).
murmuración f. Médisance, critique.
murmurador, ra adj. y s. Médisant, e (maldiciente).
murmurante adj. Murmurant, e. ‖ Médisant, e (maldiciente).
murmurar v. tr. e intr. Murmurer : *el viento murmura*, le vent murmure. ‖ FIG. Marmotter : *¿qué está usted murmurando?*, que marmottez-vous là ? | ● Marmonner (con hostilidad). ‖ Médire (criticar) : *murmurar de alguien*, médire de quelqu'un. ‖ Murmurer : *murmurar un secreto*, murmurer un secret.
— SINÓN. ● *Gruñir, refunfuñar, rezongar*, grogner. *Fam. Rajar*, rouspéter.
murmurio m. Murmure. ‖ FIG. y FAM. Médisance, *f.* (crítica).
muro m. Mur : *muro de contención*, mur de soutènement. ‖ Muraille, *f.* (muralla). ‖ *Muro del sonido*, mur du son.
— OBSERV. Le mot *mur* se traduit en espagnol beaucoup plus couramment par *pared* que par *muro*.
murria f. FAM. Cafard, *m.* : *tener murria*, avoir le cafard.
múrrino, na adj. Murrhin, e (vaso).
murrio, rria adj. Sombre, cafardeux, euse.
murtilla o **murtina** f. BOT. Myrte (*m.*) du Chili. ‖ Liqueur fermentée tirée de cette plante (licor).
murucuyá f. *Amer.* Grenadille (granadilla).
mus m. Jeu de cartes.
musa f. Muse.
musáceas f. pl. BOT. Musacées.
musageta adj. m. Musagète.
musaraña f. Musaraigne (ratón de campo). ‖ FIG. Bestiole, petit animal, *m.* (animalejo). ‖ — FIG. y FAM. *Mirar a las musarañas* ou *pensar en las musarañas*, bayer aux corneilles, regarder les mouches voler, être dans les nuages.
muscardina f. Muscardine (enfermedad del gusano de seda).
muscardino m. Muscardin (roedor).
muscari m. BOT. Muscari (almizcleña).
muscarina f. QUÍM. Muscarine (alcaloide).
múscidos m. pl. ZOOL. Muscidés.
muscíneas f. pl. BOT. Muscinées.
musco adj. Gris foncé, *inv.* (pardo).
muscoideo, a o **musciforme** adj. Muscoïde.
muscular adj. Musculaire.
musculatura f. Musculature. ‖ *Tener musculatura*, avoir du muscle.
músculo m. Muscle. ‖ *Tener músculos*, avoir du muscle.
musculoso, sa adj. Musculeux, euse (que tiene músculos). ‖ Musclé, e (robusto).
muselina f. Mousseline (tela).
museo m. ● Musée. ‖ Muséum : *museo de historia natural*, muséum d'histoire naturelle.
— SINÓN. ● *Galería*, galerie. *Pinacoteca*, pinacothèque. *Gliptoteca*, glyptothèque. *Exposición*, exposition. *Colección*, collection.
museografía o **museología** f. Muséographie, muséologie.
muserola f. Muserolle (correa).
musgo m. BOT. Mousse, *f.* ‖ *Cubierto de musgo*, moussu, couvert de mousse.
musgoso, sa adj. Moussu, e.
música f. Musique : *música de cámara, instrumental*, vocal, musique de chambre, instrumentale, vocale ; *poner música a*, mettre en musique. ‖ — FIG. y FAM. *Música celestial*, du vent, des paroles en l'air. ‖ *Música y letra*, paroles et musique. ‖ FIG. y FAM. *Música ratonera*, musique de chiens et de chats. ‖ — *Caja de música*, boîte à musique. ‖ *Escuela de música sacra*, maîtrise. ‖ FIG. y FAM. *Irse con*

MÚSICA — MUSIQUE

I. Elementos del lenguaje musical. — Eléments du langage musical.

sostenido	dièse
bemol	bémol
becuadro	bécarre
pentagrama, m.	portée, f.
línea (del pentagrama)	ligne (de la portée)
clave de sol	clef de sol
clave de fa	clef de fa
clave de do	clef d'ut
duración	durée
redonda, semibreve	ronde
blanca, mínima	blanche
negra	noire
negra con puntillo	noire pointée
corchea	croche
semicorchea	double croche
fusa	triple croche
semifusa	quadruple croche
dosillo; tresillo	duolet; triolet
seisillo	sixain o sextolet
pausa	pause
pausa breve, media pausa	demi-pause
suspiro	soupir
silencio de corchea	demi-soupir
semitono	demi-ton
calderón	point d'orgue
movimiento	mouvement
compás, m.	mesure, f.
llevar el compás	battre la mesure
compás de tres por cuatro	mesure à 3 temps
línea divisoria	barre de mesure.
tiempo	temps
ritmo	rythme
síncopa	syncope
ligadura	liaison
intervalo	intervalle
trino	trille
anacrusa	anacrouse
tonalidad	tonalité
modo	mode
mayor	majeur
menor	mineur
escala; gama	gamme
puntillo	point
arpegio	arpège
solfeo	solfège
solfear	solfier
diapasón	diapason
metrónomo	métronome
tónica	tonique
armónicos	harmoniques
bajo (m.) cifrado	basse (f.) chiffrée
acorde	accord
cadencia	cadence
sonido (m.) ou nota pedal	note (f.) pédale
contrapunto	contrepoint
atonal	atonal
serie	série
serial	sériel
música dodecafónica	musique dodécaphonique
batuta	baguette

II. Géneros y formas. — Genres et formes.

música vocal	musique vocale
música religiosa ou sacra	musique d'église o sacrée
música de cámara	musique de chambre
motete	motet
cantata	cantate
oratorio	oratorio
melodía	mélodie
canción de cuna	berceuse
serenata	sérénade
música instrumental	musique instrumentale
preludio	prélude
fuga	fugue
suite	suite
sonata	sonate
concierto	concerto, concert
sinfonía	symphonie
poema sinfónico	poème symphonique
música lírica	musique lyrique
ópera, f.	opéra, m.
ópera (f.) cómica	opéra-comique, m.
música escénica	musique de scène

III. Instrumentos de teclado. — Instruments à clavier.

piano	piano
piano vertical	piano droit
piano de cola	piano à queue
teclado	clavier
tecla	touche
pedal, m.	pédale, f.
sordina	sourdine
cuerda	corde
macillo	marteau
clave, clavecín	clavecin
órgano, m.	orgue, m.; orgues, f. pl.
manual	clavier d'orgue
contra; pedal, m.	pédale, f.
pedal de expresión	récit
registro	jeu
registros del fondo	jeux de fond
registros de lengüeta	jeux d'anches
registros de trompetería	jeux de mixture
tubo de órgano	tuyau d'orgue

IV. Instrumentos de cuerda. — Instruments à corde.

instrumentos de arco	instruments à archet
violín	violon
viola, f.	alto, m.
violoncelo	violoncelle
contrabajo, m.	contrebasse, f.
alma	âme
cuerda	corde
prima	chanterelle
ese	ouïe
sordina	sourdine
arco	archet
baqueta	baguette
cerdas, pl.; mecha	mèche
talón del arco	talon
punta del arco	pointe
arpa	harpe
cítara	cithare
laúd	luth
zanfonía, viella	vielle
guitarra	guitare
clavija	cheville
clavijero	chevillier
cuerda de tripa	corde à boyau
cordal	cordier
púa, f., plectro, m.	médiator, m., plectre, m.
traste, m.	touche, f.
mástil	manche

V. Instrumentos de viento. — Instruments à vent.

instrumentos de madera	les bois
flauta	flûte
flauta dulce	flûte à bec
oboe	hautbois
corno inglés	cor anglais
clarinete, m.	clarinette, f.
fagot	basson
contrafagot	contrebasson
instrumentos de metal	les cuivres
trompa, f.	cor, m.
trompeta	trompette
cornetín	bugle
trombón	trombone
tuba	tuba
saxofón	saxophone
boquilla, embocadura	embouchure
lengüeta, caña	anche

VI. Instrumentos de percusión. — Instruments à percussion.

tambor	tambour
timbal, m.	timbale, f.
bombo, m.	grosse caisse, f.
piel	peau
platillos, m. pl.	cymbales, f. pl.
triángulo	triangle
xilófono	xylophone
vibráfono	vibraphone
palillo, m.	baguette, f.
maza	mailloche

la música a otra parte, plier bagage. | *Mandar con la música a otra parte,* envoyer au diable. ‖ *Poner música a la letra,* mettre les paroles en musique. ‖ FIG. y FAM. *Venir con músicas,* raconter des histoires.

musical adj. Musical, e.

musicalidad f. Musicalité.

music-hall m. Music-hall.

músico, ca adj. Musical, e. ‖ *Instrumento músico,* instrument de musique. — M. y f. Musicien, enne.

musicógrafo, fa m. y f. Musicographe.

musicología f. Musicologie.

musicólogo, ga m. y f. Musicologue.

musicómano, na m. y f. Mélomane.

musiquero m. Casier à musique, porte-musique.

musiquilla f. FAM. Musiquette.

musitación f. Mussitation (susurro).

musitar v. tr. e intr. Marmotter, susurrer.

musivo, va adj. QUÍM. Mussif, ive (oro).

muslime adj. y s. Musulman, e.

muslímico, ca adj. Musulman, e.

muslo m. ANAT. Cuisse, f.

musmé f. Mousmé, mousmée (joven japonesa).

musmón m. ZOOL. Mouton sauvage, mouflon.

mustang o **mustango** m. Mustang (caballo).

mustela f. ZOOL. Sorte de requin (tiburón). | Belette (comadreja).

mustélidos m. pl. ZOOL. Mustélidés.

musteriense adj. y s. m. Moustérien, enne; moustiérien, enne (prehistoria).

mustiarse v. pr. Se faner, se flétrir.

mustio, tia adj. Triste, abattu, e; morne. ‖ Fané, e; flétri, e (plantas).

musulmán, ana adj. y s. Musulman, e.

mutabilidad f. Mutabilité.

mutable adj. Mutable.

mutación f. Changement, *m.* (cambio). ‖ BIOL. Mutation. ‖ TEATR. Changement (*m.*) de décor.

mutacionismo m. BIOL. Mutationnisme.

mutacionista adj. y s. BIOL. Mutationniste.

mutilación f. Mutilation.

mutilado, da adj. y s. Mutilé, e.

mutilador, ra adj. Mutilant, e. — M. Mutilateur.

mutilar v. tr. Mutiler. — SINÓN. *Amputar,* amputer. *Cortar,* couper. *Truncar,* tronquer.

mutis m. TEATR. Sortie (f.) de la scène. ‖ *Hacer mutis,* se taire (callarse), s'en aller (irse), sortir de scène (en teatro).

mutismo m. Mutisme, mutité, f.

mutual adj. Mutuel, elle (mutuo). — F. Mutuelle (mutualidad).

mutualidad f. Mutualité. ‖ Mutuelle : *mutualidad agrícola,* mutuelle agricole.

mutualismo m. Mutualisme.

mutualista adj. y s. Mutualiste.

mutuamente adv. Mutuellement.

mutuario, ria o **mutuatario, ria** m. y f. (P. us.). Emprunteur, euse.

mútulo, a m. y f. ARQ. Mutule, f.

mutuo, tua adj. y s. Mutuel, elle : *por mutuo consentimiento,* par consentement mutuel. ‖ Réciproque : *odio mutuo,* haine réciproque. ‖ — *Ayuda mutua,* entraide. ‖ *Seguro mutuo,* secours mutuel. ‖ — F. Mutuelle (mutualidad).

muy adv. Très : *muy inteligente,* très intelligent. ‖ Fort (más ponderativo que *très*) : *estoy muy satisfecha,* je suis fort satisfaite. ‖ Bien, très : *muy lejos,* très loin. ‖ Tout (con adverbio de manera) : *iba muy despacito,* il allait tout doucement ; *se fueron muy contentos,* ils sont partis tout contents. ‖ — *La realidad es muy otra,* la réalité est toute autre. | *Muy de nuestro tiempo,* bien de notre époque. ‖ FAM. *Muy mucho,* un peu beaucoup. ‖ *Muy Señor mío,* Monsieur o Cher Monsieur (más intimidad) [en tête de lettre]. ‖ *Por muy ... que,* avoir beau, tout ... que, si ... que : *por muy idiota que sea,* tout idiot qu'il est ; *por muy de prisa que vayas,* si vite que tu ailles, tu as beau aller vite ; *por muy valiente que sea,* il a beau être courageux. ‖ *Ser muy de,* être bien de : *eso es muy de él,* c'est bien de lui.

muyos m. pl. *Amer.* Tripes, f.

muz m. MAR. Nez, éperon (del tajamar).

my f. Mu, *m.* (letra griega).

N

n f. N, *m.* ‖ MAT. n (potencia). ‖ X... (fulano). — OBSERV. Le *n* espagnol se prononce comme le *n* français, mais n'en a jamais le son nasal.

naba f. BOT. Chou-rave, *m.*

nabab m. Nabab.

nabateo, a adj. y s. Nabatéen, enne.

nabí m. Nabi, prophète maure.

nabicol m. BOT. Chou-rave (naba).

nabiforme adj. En forme de navet.

nabiza f. Feuille tendre de navet (hoja). ‖ Navet (*m.*) très tendre (nabo).

nabo m. BOT. Navet (planta). ‖ Racine, f. (raíz cualquiera). ‖ FIG. Tronçon de queue (rabo). ‖ ARQ. Arbre, axe, noyau (parte central). ‖ *Cada cosa en su tiempo, y los nabos en adviento,* chaque chose en son temps.

naborí m. *Amer.* Indien libre qui servait comme domestique.

naboría f. *Amer.* Répartition des Indiens qui servaient comme domestiques.

Nabucodonosor n. pr. m. Nabuchodonosor.

nácar m. Nacre, *f.*

nacarado, da adj. Nacré, e : *tez nacarada,* teint nacré. ‖ — Adj. y s. m. Nacarat.

nacarar v. tr. Nacrer.

nacáreo, a o **nacarino, na** adj. De nacre, en nacre, nacré, e.

nacascolo o **nacascolote** m. *Amer.* Dividivi (árbol).

nacatamal m. *Amer.* Pâté de maïs farci de viande de porc.

nacedero, ra adj. Qui naît.

nacela f. ARQ. Nacelle (moldura).

nacer* v. intr. Naître (hombre o animal) : *le nació un hijo*, un fils lui est né. ‖ Naître, pousser (vegetal). ‖ Se lever (los astros, el día). ‖ Prendre naissance, prendre sa source (río). ‖ FIG. Naître, germer (originarse). ‖ — *Al nacer*, en naissant, à sa naissance. ‖ *Nacer con buena estrella* ou *con fortuna*, naître sous une bonne étoile. ‖ *Nació para militar*, il est né pour être militaire. ‖ — FIG. y FAM. *Haber nacido de pie*, être né coiffé. | *He vuelto a nacer hoy*, je l'ai échappé belle, pour un peu j'y restais. | *No haber nacido ayer*, ne pas être tombé de la dernière pluie, ne pas être né d'hier.

— OBSERV. Le verbe *nacer* a deux participes passés, l'un régulier *nacido*, l'autre irrégulier *nato*.

nacido, da adj. Né, e : *haber nacido en Málaga*, être né à Málaga. ‖ — *Bien* ou *mal nacido*, bien *o* mal né (linaje), bien *o* mal élevé (educación). ‖ *La señora de Boidin, nacida Leblanc*, Madame Boidin, née Leblanc (de soltera). ‖ *Recién nacido*, nouveau-né.

— M. y f. pl. *Los nacidos*, les humains (seres humanos). ‖ *Los nacidos en España*, les personnes nées en Espagne.

naciente adj. Naissant, e : *día naciente*, jour naissant, e. ‖ FIG. Naissant, e. ‖ BLAS. Naissant, e ; issant, e.

— M. Levant (oriente).

nacimiento m. Naissance, f. : *lugar de nacimiento*, lieu de naissance ; *regulación de nacimientos*, contrôle des naissances. ‖ Source, f. (manantial de un río). ‖ Crèche, f. [de Noël] (del portal de Belén). ‖ FIG. Naissance, f. (origen). ‖ — *De nacimiento*, de naissance, né : *ciego de nacimiento*, aveugle de naissance, aveugle-né. ‖ *Partida de nacimiento*, acte de naissance.

nación f. Nation : *Sociedad de Naciones*, Société des Nations. ‖ *De nación*, natif de : *nicaragüense de nación*, natif de Nicaragua.

— SINÓN. *Estado*, État. *Patria*, patrie. *País, tierra*, pays. *Territorio*, territoire.

nacional adj. National, e : *carretera nacional*, route nationale. ‖ Domanial, e (del Estado).

— M. Garde national (miliciano). ‖ — Pl. Ressortissants, nationaux : *los nacionales de un país*, les ressortissants d'un pays.

nacionalidad f. Nationalité.

nacionalismo m. Nationalisme.

nacionalista adj. y s. Nationaliste.

nacionalización f. Nationalisation.

nacionalizar v. tr Nationaliser.

nacionalsindicalismo m. National-syndicalisme.

nacionalsindicalista adj. y s. National-syndicaliste.

nacionalsocialismo m. National-socialisme.

nacionalsocialista adj. y s. National-socialiste.

naco m. *Amer.* Carotte, f. (de tabaco).

nacrita f. Nacrite (talco).

nada f. Néant, m. (el no ser) : *sacar de la nada*, tirer du néant. ‖ Rien, m. : *un nada le asusta*, un rien lui fait peur. ‖ *Una persona salida de la nada*, une personne sortie de rien.

— Pron. Rien : *no dice nada* ou *nada dice*, il ne dit rien ; *hablar para no decir nada*, parler pour ne rien dire ; *no tengo nada que ver con eso*, je n'y suis pour rien, je n'ai rien à voir là-dedans. ‖ Rien de (con adjetivo) : *no ha hecho nada nuevo*, il n'a rien fait de nouveau o de neuf.

— Adv. Pas du tout : *no es nada tonto*, il n'est pas sot du tout ; *no se detuvo nada*, il ne s'arrêta pas du tout.

— Interj. Ce n'est rien !, je t'en o je vous en prie ! (no es nada), non !, mais non ! (¡no !). ‖ *¡Nada, nada!*, non, non et non ! (negación reforzada).

— *Nada, bon*, passons : *nada hay que proseguir*, bon, il faut continuer. ‖ *Nada de*, rien de (con adj.) : *nada de extraordinario*, rien d'extraordinaire ; du tout (con sustantivo) : *no tiene nada de paciencia*, il n'a pas de patience du tout ; pas question de (con infinitivo o sustantivo) : *nada de ir a jugar hoy*, pas question d'aller jouer aujourd'hui. ‖ *Nada de eso!*, pas question !, qu'il n'en soit pas question ! (ni hablar), pas du tout !, ce n'est pas ça du tout (no se trata de eso). ‖ *Nada de nada*, rien de rien, rien du tout. ‖ *Nada más*, rien de plus, rien d'autre, simplement : *bebió un poco de agua, nada más*, il but simplement un peu d'eau ; à peine (construido con el infinitivo) : *nada más llegar*, à peine arrivé ; *nada más comer, se levantó*, à peine le repas terminé, il se leva ; à peine avait-il mangé qu'il se leva. ‖ *Nada más que eso*, rien que cela. ‖ *Nada más y nada menos*, un point, c'est tout. ‖ *Nada más y nada menos que*, ni plus ni moins que. ‖ *Nada menos*, rien de moins. ‖ *Nada menos que*, rien [de] moins que, ni plus ni moins que. ‖ *Amer. A cada nada*, à chaque instant. ‖ *Casi nada*, presque pas : *no habla casi nada*, il ne parle presque pas. ‖ *Como si nada*, comme si de rien n'était. ‖ *De nada*, de rien, il n'y a pas de quoi. ‖ FAM. *Ni nada*, même pas : *no quiere estudiar ni nada*, il ne veut même pas étudier. ‖ *Para nada*, pour rien, en pure perte. ‖ *Por nada*, pour rien, pour un rien. ‖ *Por nada del mundo* ou *en el mundo*, pour rien au monde, pour tout l'or du monde, pour un empire : *no lo haría por nada del mundo*, je ne le ferais pour rien au monde. ‖ *Pues nada*, bon, bien, c'est bien. ‖ *Y nada más*, un point c'est tout. ‖ — *Ahí es nada*, vous croyez que ça n'est rien ? ‖ *Como quien no dice nada*, sans en avoir l'air. ‖ *Con intentarlo no se pierde nada*, on peut toujours essayer. ‖ *En nada estuvo que cayera, nada faltó para que cayera*, il s'en fallut de peu qu'il ne tombât, il a bien failli tomber. ‖ *Estar para nada*, ne servir à rien. ‖ *¡No es nada!*, ce n'est rien ! (no importa), rien que cela ! (nada más), ce n'est pas sorcier ! (no es difícil), ce n'est pas extraordinaire ! (no es muy bueno). ‖ *No hace nada*, il y a un instant : *no hace nada que salió*, il est sorti il y a un instant. ‖ *No hay nada de eso*, il n'en est rien, ce n'est pas ça du tout. ‖ *No me dice nada*, cela ne me dit rien. ‖ *No saber nada de nada*, ne rien savoir du tout, ne savoir rien de rien. ‖ *No se hace nada con nada*, on ne fait rien de rien. ‖ *No ser nada*, être une nullité o un zéro. ‖ *No servir para nada*, ne servir à rien. ‖ *No tocarle nada a uno*, n'être rien à quelqu'un (parentesco). ‖ *Peor es nada*, c'est mieux que rien. ‖ *Reducir a nada*, réduire à néant. ‖ *Tener en nada*, faire peu de cas de, ne faire aucun cas de.

nadadera f. Ceinture natatoire.

nadadero m. Baignade, f.

nadador, ra m. y f. Nageur, euse.

— Adj. Nageur, euse (ave).

nadar v. intr. Nager : *nadar de espalda*, nager sur le dos. ‖ FIG. Nager : *nadar en la opulencia*, nager dans l'opulence. | Nager (en un vestido demasiado amplio). ‖ — FIG. y FAM. *Nadar en sudor*, être en sueur o en nage. | *Nadar entre dos aguas*, nager entre deux eaux. | *Saber nadar y guardar la ropa*, ménager la chèvre et le chou, savoir nager.

— V. tr. Nager : *nadar el crawl*, nager le crawl.

nadería f. Bagatelle, rien, m., bricole.

— SINÓN. *Bagatela, friolera, nimiedad*, bagatelle. *Minucia*, minutie. *Insignificancia*, insignifiance. *Futesa*, foutaise.

nadie pron. indef. Personne : *no había nadie,* il n'y avait personne ; *nadie lo sabe* ou *no lo sabe nadie,* personne ne le sait. ‖ — *A nadie se le ocurre hacer tal cosa,* personne n'aurait l'idée de faire une chose pareille. ‖ *Nadie es profeta en su tierra,* nul n'est prophète en son pays. ‖ *Nadie más,* personne d'autre.
— M. FIG. Personne (*f.*) insignifiante, nullité, *f.* ‖
— *No ser nadie,* n'être rien, être une personne insignifiante *o* quelconque (no ser importante) ; ne pas être n'importe qui, être quelqu'un (ser alguien). ‖ *Un don nadie,* une personne sans importance, un pas-grand-chose, un rien du tout.
— OBSERV. Lorsque *nadie* précède le verbe, la particule négative *no* disparaît.

nadilla pron. FAM. Rien du tout.

nadir m. ASTR. Nadir.

nado m. Nage, *f.* : *salvarse a nado,* se sauver à la nage.

nafé m. Nafé (fruto).

nafta f. Naphte, *m.* ‖ *Amer.* Essence (gasolina).

naftalina f. Naphtaline, naphtalène, *m.* (p. us.).

nafteno m. QUÍM. Naphtène.

naftol m. QUÍM. Naphtol.

nagual m. *Amer.* Sorcier (brujo). ‖ — F. *Amer.* Mensonge, *m.* (mentira).

naguralear v. intr. *Amer.* Mentir (decir mentiras). ‖ Voler (robar).

naipe m. Carte, *f.* [à jouer] : *barajar los naipes,* battre les cartes. ‖ — FIG. *Castillo de naipes,* château de cartes. ‖ *Tener buen* ou *mal naipe,* avoir *o* ne pas avoir de chance (en el juego).

naja f. ZOOL. Naja, *m.* (serpiente).

najarse v. pr. POP. Ficher le camp, se tirer, se tailler, se barrer (irse).

nalga f. Fesse.

nalgada f. Fessée (paliza).

nalgar adj. Fessier, ère.

nalgatorio m. FAM. Fesses, *f. pl.,* fessier.

nalgudo, da o **nalgón, ona** adj. FAM. Fessu, e, qui a de grosses fesses.

nambí adj. *Amer.* Qui a une oreille tombante.

nana f. FAM. Mémé, grand-maman (abuela). ‖ Berceuse (canción de cuna). ‖ *Amer.* Bobo, *m.* (pupa). ‖ Nourrice, bonne d'enfants (niñera). ‖ FAM. *En el año de la nana,* au temps jadis, au temps où la reine Berthe filait.

¡nanay! interj. FAM. Des clous !, des nèfles ! (¡ni hablar !).

nanismo m. Nanisme.

nanita o **nanaya** f. *Amer.* Grand-mère (abuela). ‖ Berceuse (canción de cuna).

nanosegundo m. Nanoseconde, *f.*

nanquín m. Nankin (tela).

nansú m. Nansouk (tela).

nantés, esa adj. y s. Nantais, e (de Nantes).

nao f. Nef (nave).

naonato, ta adj. y s. Né, née en mer.

napa f. Agneau (*m.*) tanné (piel).

napalm m. Napalm.

Napea n. pr. f. MIT. Napée (ninfa).

napelo m. BOT. Napel (anapelo).

napias f. pl. FAM. Pif, *m. sing.,* blair, *m. sing.,* truffe, *sing.* (p, us.) [narices].

napoleón m. Napoléon (moneda).

Napoleón n. pr. m. Napoléon.

napoleónico, ca adj. y s. Napoléonien, enne.

Nápoles n. pr. GEOGR. Naples.

napolitano, na adj. y s. Napolitain, e.

naranja f. Orange (fruto) : *un zumo de naranja,* un jus d'orange. ‖ — *Naranja agria,* orange amère. ‖ *Naranja dulce,* orange douce. ‖ *Naranja mandarina* ou *tangerina,* mandarine. ‖ *Naranja sanguina,* orange sanguine. ‖ FAM. *¡Naranjas!* ou *¡naranjas de la China!,* des nèfles !, des clous ! (¡ni hablar !). ‖ — FIG. *Media naranja,* coupole (cúpula) ; moitié (esposa).

— Adj. inv. y s. m. Orange : *un vestido naranja,* une robe orange ; *un naranja claro,* un orange clair.

naranjada f. Orangeade.

naranjado, da adj. Orange, *inv.* (naranja), orangé, e (anaranjado).

naranjal m. Orangeraie, *f.*

naranjazo m. Coup d'orange : *a naranjazos,* à coups d'oranges.

naranjero, ra adj. Des oranges. ‖ De moyen calibre (cañón, tubo).
— M. y f. Marchand, marchande d'oranges (vendedor). ‖ — M. Tromblon (trabuco).

naranjo m. Oranger (árbol).

Narbona n. pr. GEOGR. Narbonne.

narbonense adj. y s. Narbonnais, e.

narceína f. QUÍM. Narcéine.

narcisismo m. Narcissisme.

narcisista adj. y s. Narcissiste.

narciso m. BOT. Narcisse (flor). ‖ FIG. Narcisse.

Narciso n. pr. m. Narcisse.

narcoanálisis m. MED. Narco-analyse, *f.*

narcolepsia f. MED. Narcolepsie.

narcosis f. MED. Narcose.

narcótico, ca adj. y s. m. MED. Narcotique.
— SINÓN. *Soporífico,* soporifique. *Somnífero,* somnifère. *Hipnótico,* hypnotique. *Calmante,* tranquillisant, calmant. *Sedante,* sédatif.

narcotina f. QUÍM. Narcotine (alcaloide del opio).

narcotismo m. MED. Narcotisme.

narcotizante adj. y s. m. Narcotique.

narcotizar v. tr. MED. Narcotiser.

nardo m. BOT. Nard (planta y perfume). ‖ Tubéreuse, *f.* (tuberosa).

narguile m. Narghilé, narguilé (pipa turca).

narigada f. *Amer.* Prise (tabaco).

narigón, ona adj. y s. Qui a un grand nez, à long nez. ‖ — M. Grand nez (nariz).

narigudo, da adj. Qui a un grand nez, à long nez (narigón).

nariguera f. Anneau, *m.* (para la nariz).

narigueta f. Petit nez, *m.*
— Adj. *Amer.* Au long nez (narigudo).

nariz f. Nez, *m.* : *nariz aguileña* ou *aquilina, chata,* nez aquilin, camus. ‖ Narine (orificio nasal). ‖ Naseau, *m.* (de los animales). ‖ FIG. Odorat, *m.,* nez, *m.* (olfato). ‖ Flair, *m.,* nez, *m.* (perspicacia). ‖ Bouquet, *m.* (del vino). ‖ TECN. Mentonnet, *m.* (del picaporte). ‖ Bec, *m.* (de un alambique). ‖ — Pl. Nez, *m. sing.*
— Interj. FIG. *¡Narices!* Des nèfles !, des figues !
— *Nariz aplastada, perfilada,* nez écrasé, nez droit. ‖ *Nariz postiza,* faux nez. ‖ *Nariz respingada* ou *respingona* ou *remangada,* nez retroussé *o* en trompette (fam.). ‖ *Palmo de nariz,* pied de nez. ‖ *Ventana de la nariz,* narine. ‖ — *En las mismas narices de,* au nez de, au nez et à la barbe de. ‖ *¡Ni qué narices!,* allons donc !, tu parles !, vous parlez !, mon œil ! (fam.). ‖ *¡Qué poeta ni qué narices!,* vous parlez d'un poète !, il n'a rien d'un poète ! ‖ — FIG. y FAM. *Caerse de narices,* piquer du nez (un avión), se casser la figure (una persona). ‖ *Comerse las narices,* se manger le nez. ‖ *Dar con la puerta en las narices,* fermer la porte au nez. ‖ *Dar en las narices,* en mettre plein la vue, éclabousser : *el nuevo rico quiere dar en las narices con su lujo a todo el mundo,* le nouveau riche veut éclabousser tout le monde de son luxe. ‖ *Darle a uno en la nariz,* sentir, pressentir, avoir dans l'idée. ‖ *Estar hasta las narices,* en avoir par-dessus la tête, en avoir plein le dos. ‖ *Hablar con las narices,* parler du nez. ‖ *Hacer algo por narices,* faire quelque chose parce qu'on en a envie *o* parce que ça nous chante. ‖ *Me está usted hinchando las narices,* je sens la moutarde qui me monte au nez, vous commencez à

me taper sur les nerfs. | *Meter las narices en todo*, mettre o fourrer son nez partout. | *No saber dónde tiene uno las narices*, s'y entendre comme à ramer des choux. | *No ver más allá de sus narices*, ne pas voir plus loin que le bout de son nez. | *Pasar por debajo de las narices*, passer sous le nez. | *Quedarse con dos palmos de narices* ou *romperse las narices*, se casser le nez (fracasar al no encontrar a nadie), rester le bec dans l'eau (fracasar). | *Reírse en las narices de uno*, rire au nez de quelqu'un. | *Romper las narices*, casser la figure. | *Salirle a uno de las narices*, chanter : *sólo hace lo que le sale de las narices*, il ne fait que ce qui lui chante. | *Sangrar* ou *echar sangre por las narices*, saigner du nez. | *Sonarse* ou *limpiarse las narices*, se moucher. | *Tener algo delante de sus narices*, avoir quelque chose sous le nez.

narizón, ona adj. FAM. Qui a un grand nez.

narizota f. FAM. Grand nez, *m*., grand blair, *m*. (pop.). || — M. FAM. Homme qui a un grand nez.

narra m. Ptérocarpe pâle (árbol de Filipinas).

narrable adj. Racontable.

narración f. Narration, récit, *m*. (relato). || Narration (parte del discurso).

narrador, ra adj. Narratif, ive.
— M. y f. Narrateur, trice.

narrar v. tr. Raconter, narrer (p. us.).

narrativa f. Narration, récit, *m*. (relato). || Facilité o aisance pour raconter (facilidad).

narrativo, va adj. Narratif, ive.

narria f. Fardier, *m*. (vehículo).

nártex m. ARQ. Narthex.

narval m. Narval (cetáceo).

nasa f. Nasse (para el pescado). || Casier, *m*. (para los crustáceos). || Corbeille à pain (cesto).

nasal adj. y s. f. Nasal, e : *huesos nasales*, os nasaux. || — GRAM. *Consonante nasal*, consonne nasale. || ANAT. *Fosas nasales*, fosses nasales.

nasalidad f. Nasalité.

nasalización f. Nasalisation : *nasalización de un sonido*, nasalisation d'un son. || Nasillement, *m*. (gangueo).

nasalizar v. tr. Nasaliser.
— V. intr. Parler du nez, nasiller (defecto).

nasardo m. MÚS. Nasard (del órgano).

násico m. ZOOL. Nasique (mono).

nata f. Crème fraîche, crème (de la leche). || FIG. Crème, fleur (lo mejor). || MIN. *Amer*. Crasse, scorie (escoria). || — Pl. Crème (*sing*.) renversée (natillas). || — FIG. *La flor y nata*, la fine fleur, le gratin. || *Nata batida*, crème fouettée.

natación f. Natation (deporte). || Nage (acción).

natal adj. Natal, e : *la ciudad natal de Cervantes*, la ville natale de Cervantes.
— M. Naissance, *f*. (nacimiento). || Anniversaire (cumpleaños).

Natalia n. pr. f. Nathalie.

natalicio m. Naissance, *f*., jour de la naissance (día de nacimiento). || Anniversaire (cumpleaños).

natalidad f. Natalité : *índice de natalidad*, taux de natalité.

Natán n. pr. m. Nathan.

natatorio, ria adj. Natatoire.

natillas f. pl. Crème (*sing*.) renversée.

natividad f. Nativité.

Natividad n. pr. f. Noëlle. || Noël, *m*. (Navidad).

nativismo m. Nativisme. || *Amer*. Indigénisme.

nativista adj. y s. Nativiste. || *Amer*. Indigéniste.

nativo, va adj. Natif, ive (natural) : *oro nativo*, or natif ; *virtud nativa*, vertu native. || Naturel, elle ; inné, e (inato). || Maternel, elle : *lengua nativa*, langue maternelle. || Natal, e (natal) : *suelo nativo*, sol natal. || D'origine : *profesor nativo*, professeur d'origine.
— M. y f. ● Natif, ive.
— SINÓN. ● *Originario, natural, oriundo*, originaire. *Indígena*, indigène. *Aborigen*, aborigène.

nato, ta adj. Né, e : *enemigo nato*, ennemi-né. || DR. De droit.

natrón m. QUÍM. Natron, natrum.

natura f. Nature (naturaleza).

natural adj. Naturel, elle : *gas natural*, gaz naturel. || Originaire, natif, ive : *natural de Sevilla*, originaire de Séville. || Nature, naturel, elle (sencillo) : *persona muy natural*, personne très naturelle. || — *Es muy natural que*, il est très naturel que. || *Hijo natural*, enfant naturel. || MAT. *Logaritmo natural*, logarithme naturel. || *Muerte natural*, mort naturelle. || *Tamaño natural*, grandeur nature : *retrato de tamaño natural*, portrait grandeur nature.
— Adv. Naturellement, bien sûr (por supuesto).
— M. Naturel, nature, *f*. : *de un natural celoso*, d'une nature jalouse. || Ressortissant, natif, naturel : *los naturales de un país*, les ressortissants d'un pays. || TAUROM. Naturelle, *f*. [passe de muleta effectuée avec la main gauche]. || — *Al natural*, au naturel : *atún al natural*, thon au naturel. || *Parecerle a uno muy natural*, trouver tout naturel. || *Pintar del natural*, peindre d'après nature. || *Reproducir del natural*, prendre sur le vif. || *Ser lo más natural del mundo*, être tout ce qu'il y a de plus naturel.

naturaleza f. Nature : *la costumbre es una segunda naturaleza*, l'habitude est une seconde nature. || Naturel, *m*., nature (natural). || Nature (clase) : *objetos de naturaleza diferente*, objets de différente nature. || Nationalité (nacionalidad). || Naturalisation : *cartas de naturaleza*, lettres de naturalisation. || — *Naturaleza divina*, nature divine. || *Naturaleza humana*, nature humaine. || *Naturaleza muerta*, nature morte (bodegón).

naturalidad f. Naturel, *m*. (sencillez) : *habla falta de naturalidad*, langage qui manque de naturel. || Simplicité : *hablar con naturalidad*, parler avec simplicité ; *se lo dije con toda naturalidad*, je le lui ai dit en toute simplicité. || Vérité (de un retrato, de un personaje). || Nationalité (pertenencia a un pueblo). || — *Con toda* ou *mucha naturalidad*, avec beaucoup de naturel. || *No tener naturalidad*, manquer de naturel.

naturalismo m. Naturalisme, naturisme (doctrina, literatura). || Naturisme (desnudismo).

naturalista adj. y s. Naturaliste.

naturalización f. Naturalisation.

naturalizado, da adj. y s. Naturalisé, e.

naturalizar v. tr. Naturaliser.
— V. pr. Se faire naturaliser, se naturaliser.

naturismo m. Naturisme.

naturista adj. y s. Naturiste. || Naturiste (nudista).

nauclero m. POÉT. Nocher (piloto).

naucóride f. ZOOL. Naucore (insecto).

naufragar v. intr. Naufrager, faire naufrage. || FIG. Échouer (un negocio).

naufragio m. Naufrage. || FIG. Naufrage (pérdida).

náufrago, ga adj. y s. Naufragé, e. || — M. Requin (tiburón). || *Sociedad de salvamento de náufragos*, société de sauvetage.

naumaquia f. Naumachie (combate naval).

nauplio m. ZOOL. Nauplius.

náusea f. Nausée. || *Tener* o *sentir náuseas*, avoir des nausées (ganas de vomitar), avoir la nausée (asco).

nauseabundo, da adj. Nauséabond, e.

nausear v. intr. Avoir des nausées.

nauta m. POÉT. Nautonnier, marin (marinero).

náutica f. Science nautique, navigation. || *Escuela de náutica*, école de navigation.

náutico, ca adj. Nautique. || *Rosa náutica*, rose des vents.

nautilo m. ZOOL. Nautile (molusco).

nava f. GEOGR. Cuvette, dépression (llanura).

navaja f. Couteau, *m.* [à lame pliante], navaja. ‖ Canif, *m.* (cortaplumas). ‖ ZOOL. Couteau, *m.* (molusco). ‖ Défense [de sanglier] (colmillo). ‖ Aiguillon, *m.* (de insecto). ‖ — *Navaja barbera* ou *de afeitar*, rasoir [de barbier]. ‖ *Navaja de injertar*, greffoir. ‖ *Navaja de muelle*, couteau à cran d'arrêt.

navajada f. o **navajazo** m. Coup (*m.*) de couteau : *a navajazos*, à coups de couteau. ‖ *Andar a navajazos*, jouer du couteau.

navajero m. Étui à rasoirs (estuche). ‖ Frottoir, linge où l'on essuie le rasoir (paño).

naval adj. Naval, e : *combates navales*, combats navals.

navarca m. MAR. Navarque.

Navarra n. pr. f. GEOGR. Navarre.

navarro, rra adj. y s. Navarrais, e (de Navarra). ‖ Navarrin, e (caballo).

navazo m. Bas-fond, cuvette, *f.* (depresión). ‖ Mare, *f.* (charco).

nave f. Vaisseau, *m.*, nef (barco). ‖ ARQ. Nef : *nave principal*, nef centrale. ‖ Corps (*m.*) de bâtiment (cuerpo de edificio). ‖ Hall, *m.* (en una fábrica). ‖ Hangar, *m.* (cobertizo). ‖ — *Nave espacial*, vaisseau spatial. ‖ *Nave lateral*, bas-côté, collatéral. ‖ FIG. *Quemar las naves*, brûler ses vaisseaux, couper les ponts.

navecilla f. Navette (para el incienso). ‖ Nacelle (barquilla).

navegabilidad f. Navigabilité.

navegable adj. Navigable.

navegación f. Navigation : *navegación submarina*, navigation sous-marine. ‖ — *Certificado de navegación*, certificat de navigabilité. ‖ *Navegación aérea*, navigation aérienne. ‖ *Navegación a vela* ou *de recreo*, yachting. ‖ *Navegación costera* ou *de cabotaje*, navigation côtière o de cabotage. ‖ *Navegación de altura*, navigation au long cours o hauturière. ‖ *Navegación de estima*, navigation estimée o observée. ‖ *Navegación fluvial*, navigation fluviale o intérieure.

navegador, ra o **navegante** adj. Navigant, e (que navega).
— M. Navigateur.

navegar v. intr. Naviguer. ‖ FIG. Trafiquer (comerciar). ‖ Naviguer (trajinar). ‖ — *Navegar en conserva*, naviguer de conserve (juntos). ‖ FIG. *Saber navegar*, savoir naviguer, bien conduire sa barque.
— V. tr. MAR. Filer : *el barco navega cinco millas*, le bateau file cinq milles.

naveta f. Petite nef (barco). ‖ Navette (para el incienso). ‖ Tiroir, *m.* (gaveta). ‖ ARQ. Sorte de dolmen des îles Baléares.

navicert m. Navicert (licencia de navegación en tiempo de guerra).

navícula f. Navicule (alga).

navicular adj. Naviculaire.

navidad f. Nativité (natividad del Señor). ‖ Noël, *m.*, fête de Noël (fiesta cristiana). ‖ — Pl. Noël, *m. sing.* : *felices Navidades*, joyeux Noël ; *felicitar las Navidades*, présenter ses vœux à Noël. ‖ Noël, *m. sing.*, fêtes de Noël (fiestas) : *se acercan las Navidades*, les fêtes de Noël approchent. ‖ — *Árbol de Navidad*, arbre de Noël. ‖ *Canción de Navidad*, noël, chant de Noël (villancico). ‖ *Pascua de Navidad*, Noël (fiesta cristiana). ‖ *Por Navidad*, à (la) Noël. ‖ *Tarjeta de felicitación de Navidad*, carte de Noël.

navideño, ña adj. De Noël : *fiestas navideñas*, fêtes de Noël.

naviero, ra adj. Naval, e.
— M. Armateur (dueño de barcos). ‖ — F. Compagnie de navigation.

navío m. Navire, vaisseau (barco). ‖ — *Capitán de navío*, capitaine de vaisseau. ‖ ASTR. *Navío Argos*, le Navire (constelación).

náyade f. MIT. Naïade. ‖ BOT. Naïade.

nazareno, na adj. y s. Nazaréen, enne. ‖ — M. Pénitent [dans les processions de la semaine sainte]. ‖ BOT. Sorte de nerprun d'Amérique. ‖ *El Nazareno*, Jésus-Christ. ‖ — F. pl. Éperons (*m.*) de grande taille (espuelas).

Nazaret n. pr. GEOGR. Nazareth.

nazi adj. y s. Nazi.

nazismo m. Nazisme.

nearca m. MAR. Navarque.

nebladura f. Nielle (tizón del trigo). ‖ VETER. Tournis, *m* (modorra).

neblí m. Faucon.

neblina f. Brouillard, *m.*

neblinoso, sa adj. Brumeux, euse.

nebrisense adj. y s. De Lebrija (lebrijano).

nebulosa f. Nébuleuse.

nebulosidad f. Nébulosité.

nebuloso, sa adj. Nébuleux, euse ; nuageux, euse : *un cielo nebuloso*, un ciel nébuleux. ‖ FIG. Nébuleux, euse ; nuageux, euse : *un pensamiento nebuloso*, une pensée nébuleuse.

necear v. intr. Dire o faire des niaiseries.

necedad f. Sottise, niaiserie, bêtise : *soltar una necedad*, dire une niaiserie.

necesariamente adv. Nécessairement, de toute nécessité. ‖ Absolument : *tengo que ir necesariamente*, il faut absolument que j'y aille.

necesario, ria adj. Nécessaire. ‖ — *Es necesario*, il faut, il est nécessaire : *es necesario abonar este terreno*, il est nécessaire de o il faut fumer ce terrain ; il le faut, c'est nécessaire : *¿tienes que irte ahora?* — *Es necesario*, dois-tu partir maintenant ? — Il le faut. ‖ *No es necesario*, ce n'est pas nécessaire, ce n'est pas la peine. ‖ *Si es necesario*, si besoin est, s'il le faut, en cas de besoin : *si es necesario me iré esta noche*, s'il le faut je partirai ce soir ; au besoin (si no hay más remedio) : *si es necesario te declaras enfermo*, au besoin tu te fais porter malade.
— M. *Lo necesario*, le nécessaire : *carecer de lo necesario*, manquer du nécessaire. ‖ *Lo estrictamente necesario*, le strict nécessaire.

neceser m. Nécessaire (estuche) : *neceser de aseo*, nécessaire de toilette.

necesidad f. Nécessité. ‖ Besoin, *m.* : *necesidades de mano de obra*, besoins en main-d'œuvre. ‖ Besoin, *m.*, dénuement, *m.* (falta de lo necesario) : *estar en la necesidad*, être dans le besoin. ‖ Faim, inanition (hambre) : *caerse de necesidad*, tomber d'inanition. ‖ — Pl. Nécessités, besoins, *m.*, besoins (*m.*) naturels : *hacer sus necesidades*, faire ses besoins. ‖ — *Artículos de primera necesidad*, articles de première nécessité. ‖ *En caso de necesidad*, en cas de besoin, au besoin. ‖ *Por necesidad*, par nécessité. ‖ *Hacer de la necesidad virtud*, faire de nécessité vertu. ‖ *La necesidad carece de ley*, nécessité fait loi. ‖ *Tener necesidad de*, avoir besoin de. ‖ *Verse en la necesidad de*, se voir dans l'obligation de.
— OBSERV. *Nécessité* indica una necesidad más grave y más apremiante que *besoin*.

necesitado, da adj. y s. Nécessiteux, euse. ‖ — Adj. Dans le besoin, nécessitant, e (pobre) : *estar necesitado*, être dans le besoin. ‖ — *Andar necesitado de dinero*, être à court d'argent, avoir besoin d'argent. ‖ *Verse necesitado a*, se voir obligé à, se voir dans l'obligation de. ‖ *Verse necesitado de*, avoir besoin de.

necesitante adj. Nécessitant, e.

necesitar v. tr. Nécessiter, requérir (exigir). ‖ Avoir besoin de : *necesita dinero*, il a besoin d'argent ; *necesito tu ayuda*, j'ai besoin de ton aide. ‖ Demander : *se necesitan dos mecanógrafas*, on demande deux dactylographes. ‖ Falloir (ser necesario) : *necesito hablarte mañana*, il faut que je te parle demain ; *necesito diez mil francos antes de mañana*, il me faut dix mille francs avant demain. — V. intr. Avoir besoin de : *necesito de usted*, j'ai besoin de vous.

necio, cia adj. y s. Sot, sotte ; niais, e ; bête. ‖ *A pregunta necia, oídos sordos* ou *de mercader*, à folle demande point de réponse.

nécora f. ZOOL. Étrille (cangrejo).

necrobia f. ZOOL. Nécrobie (insecto).

necrófago, ga adj. Nécrophage.

necrofilia f. Nécrophilie.

necrofobia f. Nécrophobie.

necróforo m. ZOOL. Nécrophore (insecto).

necrología f. Nécrologie. ‖ Nécrologe, m. (lista).

necrológico, ca adj. Nécrologique : *nota necrológica*, notice nécrologique.

necromancia f. Nécromancie (nigromancia).

necrópolis f. Nécropole.

necropsia f. Nécropsie, autopsie.

necrosis f. MED. Nécrose.

néctar m. Nectar.

nectáreo, a adj. Nectarifère.

nectarina f. Nectarine, brugnon, m. (fruta).

nectario m. BOT. Nectaire (de la flor).

neerlandés, esa adj. y s. Néerlandais, e.

nefando, da adj. Abominable, infâme, odieux, euse : *un crimen nefando*, un crime odieux.

nefas (por fas o por) loc. À tort ou à raison.

nefasto, ta adj. Néfaste.

nefelión m. MED. Néphélion (en el ojo).

nefelometría f. QUÍM. Néphélémétrie.

nefralgia m. MED. Néphralgie.

nefrectomía f. MED. Néphrectomie.

nefrítico, ca adj. MED. Néphrétique. ‖ *Cólico nefrítico*, coliques néphrétiques.

nefritis f. MED. Néphrite.

nefrosis f. MED. Néphrose.

negable adj. Niable.

negación f. Négation. ‖ Refus, m. (negativa). ‖ GRAM. Négation. ‖ FIG. Opposé, m., négation : *es la negación de la belleza*, c'est l'opposé de la beauté.

negado, da adj. FIG. Incapable (incapaz). | Bouché, e (estúpido). — M. FIG. y FAM. Nullité, f.

negador, ra adj. y s. Qui nie, dénégateur, trice ; négateur, trice.

negar* v. tr. Nier : *negar un hecho*, nier un fait ; *no niego que eso sea cierto*, je ne nie pas que cela soit vrai. ‖ Démentir (desmentir). ‖ Refuser (rehusar) : *negar un permiso*, refuser une permission. ‖ Renier (abandonar) : *San Pedro negó a Jesús*, Saint Pierre renia Jésus. ‖ FIG. Refuser, ne pas accorder : *la naturaleza le ha negado la belleza*, la nature ne lui a pas accordé la beauté. ‖ *¿A qué negarlo?*, pourquoi le cacher ?, pourquoi ne pas le dire ? ‖ *Negar la entrada a*, refuser o interdire sa porte à. ‖ *No me negará que esto es verdad*, vous ne nierez pas que cela est vrai, vous n'allez pas me dire que cela n'est pas vrai. — V. pr. Refuser de, se refuser à : *se niega a pagar*, il refuse de payer ; *se niega a salir*, il refuse à sortir. ‖ *Negarse a sí mismo*, renoncer à soi-même, se renoncer.

negativa f. ● Refus, m., négative (repulsa) : *recibir una negativa*, essuyer un refus. ‖ Négation (negación). ‖ DR. *Negativa categórica*, fin de non-recevoir.

— SINÓN. ● *Negación*, négation. *Denegación*, dénégation. *Rechazamiento*, rejet.

negativamente adj. Négativement. ‖ *Responder negativamente*, répondre par la négative.

negativismo m. FILOS. Négativisme.

negativo, va adj. Négatif, ive. — M. FOT. Négatif.

negatón m. FÍS. Négaton (electrón).

negligé m. Négligé (bata).

negligencia f. ● Négligence (dejadez). ‖ Laisser-aller m. (conducta, indumentaria).

— SINÓN. ● *Abandono*, abandon, *Descuido*, dejadez, laisser-aller. *Incuria*, incurie. *Imprevisión*, imprévision.

negligente adj. y s. Négligent, e (descuidado). ‖ *Negligente en* ou *para sus negocios*, négligent dans ses affaires.

negociabilidad f. Négociabilité.

negociable adj. Négociable. ‖ Commerciable : *giro negociable*, effet commerciable.

negociación f. Négociation : *entablar negociaciones*, engager des négociations.

negociado m. Bureau, service (despacho) : *jefe de negociado*, chef de bureau.

negociador, ra adj. Qui négocie. — M. y f. Négociateur, trice.

negociante m. y f. Négociant, e : *negociante al por mayor*, négociant en gros. ‖ — M. Homme d'affaires (hombre de negocios).

negociar v. tr. e intr. Négocier (tratar). ‖ Négocier, commercer, faire du commerce : *negociar con Italia*, négocier avec l'Italie. ‖ Faire le commerce de (comerciar) : *negociar en granos*, faire le commerce des grains. ‖ — *Negociar al por mayor, al por menor*, faire le commerce en gros, au détail. ‖ *Negociar un tratado*, négocier un traité.

negocio m. Affaire, f. : *hombre de negocios*, homme d'affaires ; *dedicarse a los negocios*, être dans les affaires. ‖ Négoce (comercio) : *el negocio de los vinos al por mayor*, le négoce des vins en gros. ‖ Fonds de commerce, affaire, f. (casa comercial). ‖ — *Encargado de negocios*, chargé d'affaires (diplomático). ‖ *Negocio redondo*, affaire en or. ‖ *Negocio sucio*, affaire louche. ‖ *Volumen de negocio*, chiffre d'affaires. ‖ — *Hablar de negocios*, parler affaires. ‖ *Hacer negocio*, faire affaire. ‖ *Hacer un buen, mal negocio*, faire une bonne, mauvaise affaire. ‖ FIG. y FAM. *¡ Menudo negocio has hecho !*, tu as fait une belle affaire ! ‖ *Poner un negocio*, monter une affaire.

negra f. V. NEGRO.

negrada f. *Amer.* Esclaves (*m. pl.*) noirs.

negrear v. intr. Tirer sur le noir.

negrería f. o **negrerío** m. *Amer.* Négrerie, f. (mercado de negros). | Esclaves (*m. pl.*) noirs.

negrero, ra adj. y s. Négrier, m. ‖ — M. y f. FIG. Despote, m., tyran, m. | Négrier, m. (que explota a otro).

negreta f. ZOOL. Macreuse (ave).

negrilla f. IMPR. Caractère (*m.*) gras (letra). | Sorte de congre (pez). ‖ BOT. Parasite (*m.*) de l'olivier (hongo).

negrillo m. Orme (olmo). ‖ *Amer.* Minerai d'argent (mineral).

negrita f. IMPR. Caractère (*m.*) gras (negrilla).

negrito, ta m. y f. Négrillon, onne. ‖ Négrito, négritos (pigmeo).

negritud f. Négritude.

negro, gra adj. Noir, e : *cabellos negros*, cheveux noirs ; *manos negras*, mains noires (sucias). ‖ Noir, e : *raza negra*, race noire. ‖ Nègre, noir, e (de raza negra) : *tribu negra*, tribu nègre. ‖ FIG. Triste, sombre (triste) : *¡qué porvenir más negro !*, quel sombre avenir ! ; *la vida es negra*, la vie est triste. ‖ — *Lista negra*, liste noire. ‖ *Mercado negro*, marché noir. ‖ *¡Qué suerte más negra !* quelle manque de chance !, quelle déveine ! ‖ *Tan negro como el carbón* ou *negro como un tizón*, noir comme le charbon o comme l'encre. ‖ — FIG. y FAM. *Estar negro con*, être furieux après (con una persona) o à cause de (con una cosa). | *Estar negro de envidia*, mourir d'envie. | *Pasarlas negras*, en voir des vertes et des pas mûres, en

voir de toutes les couleurs, en voir de dures (pasarlo muy mal una persona). | *Poner negro*, agacer, rendre fou (poner nervioso), agonir d'injures (insultar), couvrir de bleus (de golpes). ‖ *Ponerse negro*, brunir (broncearse) ; enrager, devenir fou (ponerse furioso). | *Tener ideas negras*, avoir des idées noires, broyer du noir. | *Verlo todo negro*, voir tout en noir. | *Vérselas negras* ou *verse negro*, en voir de toutes les couleurs. — M. y f. Noir, e ; nègre, esse. ‖ — *Negro cimarrón*, nègre marron. ‖ FIG. *Trabajar como un negro*, travailler comme un nègre.
— OBSERV. *Nègre* tiene en francés un sentido despectivo, por lo cual es preferible emplear su sinónimo *noir*.
— M. Noir (color). ‖ FIG. Nègre (colaborador). ‖ Bronzage (bronceado). — QUÍM. *Negro animal*, noir animal. ‖ *Negro de humo, de marfil*, noir de fumée, d'ivoire. ‖ FIG. *Pintar en* ou *de negro*, peindre en noir.
— F. MÚS. Noire : *negra con puntillo*, noire pointée. ‖ Fleuret (*m.*) moucheté (espada). ‖ FIG. y FAM. *Hacer pasar las negras a alguien*, en faire voir de toutes les couleurs à quelqu'un. | *Tener* ou *venir la negra*, avoir la guigne, la poisse.

negrófilo, la adj. y s. Négrophile.
negroide adj. Négroïde.
negror m. o **negrura** f. Noirceur, *f.*, couleur (*f.*) noire. ‖ Obscurité, *f.*, épaisseur, *f.* (de la noche).
negruzco, ca adj. Noirâtre.
neguijón m. Carie (*f.*) des dents.
neguilla f. BOT. Nielle (planta abundante en los sembrados). | Nigelle (arañuela). ‖ Fève, tache sur les dents du cheval (del caballo).
negundo m. BOT. Negundo, negondo (arce).
negus m. Négus, négous (p. us.), négoush (p. us.).
neja f. *Amer.* Galette de maïs (tortilla).
nelumbio m. Nélombo, nélumbo (planta).
nematelmintos m. pl. ZOOL. Némathelminthes.
nematocisto m. Nématocyste.
nematodos m. pl. ZOOL. Nématodes.
Nemea n. pr. GEOGR. Némée.
nemeos adj. m. pl. Néméens (juegos).
nemoroso, sa adj. POÉT. Némoral, e (relativo al bosque). | Boisé, e ; couvert de forêts (cubierto de bosques).
nemotecnia f. Mnémotechnie.
nemotécnico, ca adj. Mnémotechnique.
nene, na m. y f. Bébé, *m.* (niño pequeño). ‖ Petit, e ; mon petit (expresion cariñosa) : *nena, ven aquí*, viens ici, mon petit.
nenias f. pl. Nénies (cantos fúnebres).
nenúfar m. BOT. Nénuphar (flor).
neocaledonio, nia adj. y s. Néo-calédonien, enne.
neocatolicismo m. Néo-catholicisme.
neocatólico, ca adj. y s. Néo-catholique.
neocelandés, esa adj. y s. Néo-zélandais, e.
neoclasicismo m. Néo-classicisme.
neoclásico, ca adj. y s. Néo-classique.
neocolonialismo m. Néo-colonialisme.
neocolonialista adj. y s. Néo-colonialiste.
neocomiense adj. GEOL. Néocomien.
neocristianismo m. Néo-christianisme.
neocristiano, na adj. y s. Néo-chrétien, enne.
neocriticismo m. Néo-criticisme.
neocriticista adj. y s. Néo-criticiste.
neocultivo m. Néo-culture, *f.*
neodarwinismo m. Néo-darwinisme.
neodimio m. GEOL. Néodyme.
neoescolástica adj. f. y s. f. Néo-scolastique.
neofascismo m. Néo-fascisme.
neófito, ta m. y f. Néophyte.
neógeno m. GEOL. Néogène.
neogótico, ca adj. y s. Néo-gothique.
neografía f. Néographie.
neogranadino, na adj. y s. De la Nouvelle-Grenade (Colombia).

neogriego, ga adj. Néo-grec, néo-grecque.
neohegelianismo m. FILOS. Néo-hégélianisme.
neoimpresionismo m. Néo-impressionnisme.
neokantiano, na adj. et s. Néo-kantien, enne.
neokantismo m. FILOS. Néo-kantisme.
neolatino, na adj. Néo-latin, e.
neoliberalismo m. Néo-libéralisme.
neolítico, ca adj. y s. m. Néolithique.
neologismo m. Néologisme.
neólogo, ga m. y f. Néologue, néologiste.
neomaltusianismo m. Néo-malthusianisme.
neomenia f. Néoménie, noumènie (de la Luna).
neomicina f. Néomycine (antibiótico).
neón m. Néon (gas) : *alumbrado de néon*, éclairage au néon.
neopitagorismo m. Néo-pythagorisme.
neoplasia f. MED. Néoplasie.
neoplasma m. MED. Néoplasme.
neoplatonismo m. Néo-platonisme.
neoplatónico, ca adj. y s. Néo-platonicien, enne.
neopositivismo m. Néo-positivisme.
neopreno m. Néoprène (caucho).
neorrealismo m. Néo-réalisme.
neorrealista adj. y s. Néo-réaliste.
neorromanticismo m. Néo-romantisme.
neorromántico, ca adj. y s. Néo-romantique.
neotenia f. BIOL. Néoténie.
neotomismo m. Néo-thomisme.
neovitalismo m. Néo-vitalisme.
neoyorquino, na adj. y s. New-yorkais, e.
neozelandés, sa adj. Néo-zélandais, e.
neozoico, ca adj. GEOL. Néozoïque.
nepa f. Nèpe (escorpión de agua).
nepalés, esa adj. y s. Népalais, e.
nepente m. Népenthès (bebida).
neperiano, na adj. MAT. Népérien, enne ; naturel, elle (logarithme).
nepote m. Parent du pape.
nepotismo m. Népotisme.
neptúneo, a adj. POÉT. De Neptune, de la mer.
neptúnico, ca adj. Neptunien, enne.
neptunio m. QUÍM. Neptunium.
Neptuno n. pr. m. Neptune.
nequáquam adv. FAM. Pas question (ni hablar).
nereida f. MIT. y ZOOL. Néréide.
nerita f. Nérite (molusco).
nerítico, ca adj. GEOL. Néritique.
Nerón n. pr. m. Néron.
neroniano, na adj. Néronien, enne.
nervadura f. ARQ. Nervure, nerf, *m.* ‖ BOT. Nervation.
nérveo, a adj. Nerveux, euse.
nervifoliado, da adj. BOT. Nervifolié, e.
nervino adj. m. MED. Nervin.
nervio m. ANAT. Nerf. | FIG. Nerf ; *el dinero es el nervio de la guerra*, l'argent est le nerf de la guerre. | Nerf, ressort (energía). ‖ ARQ. Nerf, nervure, *f.* ‖ MÚS. Nervure, *f.* ‖ MÚS. Corde, *f.* (d'instrument). ‖ TECN. Nerf [d'une reliure] (de libro).‖ MAR. Filière (*f.*) d'envergure. ‖ — *Nervio de buey*, nerf de bœuf. | FIG. y FAM. *Estar hecho un manojo de nervios*, avoir les nerfs en boule o en pelote. | *Poner los nervios de punta* ou *atacar los nervios*, taper o porter sur les nerfs, mettre les nerfs à vif. | *Ser un manojo de nervios*, être un paquet de nerfs. | *Tener los nervios de punta*, avoir les nerfs en boule o en pelote o à fleur de peau. | *Tener los nervios bien templados*, avoir les nerfs solides. | *Tener nervio*, avoir du nerf. ‖ *Tener un ataque de nervios*, avoir une crise de nerfs.
nerviosamente adj. Nerveusement.
nerviosidad f. Nervosité. ‖ Énervement, *m.* (irritación). ‖ Souplesse (de un metal). ‖ FIG. Force, vigueur (fuerza).

nerviosismo m. Nervosité, f., nervosisme. ‖ *Quitar el nerviosismo,* décontracter, détendre.

nervioso, sa adj. Nerveux, euse : *sistema nervioso,* système nerveux. ‖ Nerveux, euse (de nervios irritables). ‖ Énervé, e (irritado). ‖ Bot. Nervé, e. ‖ — *Poner nervioso,* énerver, porter *o* taper sur les nerfs (fam.). ‖ *Ponerse nervioso,* s'énerver.

nervosidad f. V. NERVIOSIDAD.

nervosismo m. V. NERVIOSISMO.

nervudo, da adj. Nerveux, euse.

nervura f. Nervure, nerf, m. (de un libro).

nesciente adj. Ignorant, e.

nesga f. Biais, m., lé, m. (dans un vêtement). ‖ Pointe (pieza triangular).

nesgado, da adj. Coupé en biais.

nesgar v. tr. Couper en biais.

nestorianismo m. Nestorianisme (herejía).

nestoriano, na adj. y s. Nestorien, enne.

neto, ta adj. Net, nette : *peso neto,* poids net ; *precio neto,* prix net. ‖ *En neto,* net (en limpio). — M. Arq. Piédestal.

neuma m. Mús. Neume.

neumático, ca adj. y s. f. Fís. Pneumatique. ‖ — M. Pneu, pneumatique (p. us.) [de rueda]. ‖ — *Juego de neumáticos,* train de pneus. ‖ *Neumático contra pinchazos,* pneu increvable.

neumococo m. Med. Pneumocoque.

neumogástrico, ca adj. Anat. Pneumogastrique.

neumografía f. Pneumographie.

neumología f. Pneumologie.

neumonía f. Med. Pneumonie.

neumónico, ca adj. Med. Pneumonique.

neumotomía f. Pneumonectomie, pneumectomie.

neumotórax m. Med. Pneumothorax.

neuralgia f. Med. Névralgie.

neurálgico, ca adj. Med. Névralgique.

neurastenia f. Med. Neurasthénie.

neurasténico, ca adj. y s. Med. Neurasthénique.

neurisma m. Med. Anévrisme (aneurisma).

neurita f. Anat. Fibre nerveuse.

neurítico, ca adj. Med. Névritique.

neuritis f. Med. Névrite.

neurocirugía f. Med. Neurochirurgie.

neuroesqueleto m. Zool. Squelette interne.

neurología f. Med. Neurologie.

neurólogo m. Med. Neurologue, neurologiste.

neuroma m. Med. Névrome (tumor).

neurona f. Anat. Neurone, m.

neurópata adj. y s. Med. Névropathe.

neuropatía f. Med. Névropathie.

neuropatología f. Med. Neuropathologie.

neurópteros m. pl. Zool. Névroptères.

neurosis f. Med. Névrose.

neurótico, ca adj. Med. Névrosique. ‖ — Adj. y s. Med. Névrosé, e (persona).

neurotomía f. Med. Névrotomie.

neurotropismo m. Med. Neurotropisme.

neurovegetativo, va adj. Neuro-végétatif, ive : *sistema neurovegetativo,* système neuro-végétatif.

neutoniano, na adj. Fís. V. NEWTONIANO.

neutonio m. Fís. Newton.

neutral adj. Neutre (nación). ‖ *Permanecer neutral,* rester dans la neutralité, rester neutre.

neutralidad f. Neutralité : *mantener la neutralidad,* rester dans la neutralité.

neutralismo m. Neutralisme.

neutralista adj. y s. Neutraliste.

neutralización f. Neutralisation.

neutralizador, ra o **neutralizante** adj. y s. m. Neutralisant, e.

neutralizar v. tr. Neutraliser.

neutrino m. Fís. Neutrino.

neutro, tra adj. Neutre.

neutrón m. Fís. Neutron.

nevada f. Chute de neige.

nevadilla f. Bot. Nivéole, renouée argentée (planta).

nevado, da adj. Enneigé, e ; couvert de neige : *la carretera está nevada,* la route est enneigée. ‖ Neigeux, euse : *las pendientes nevadas,* les pentes neigeuses. — M. Amer. Mont, montagne, f. ‖ *El nevado de Sajama,* le mont Sajama.

nevar* v. impers. Neiger. — V. tr. Fig. Couvrir de neige, blanchir (poner blanco).

nevasca f. Chute de neige (nevada). ‖ Tempête de neige (ventisca).

nevatilla f. Bergeronnette (ave).

nevazo m. Forte chute (f.) de neige.

nevazón m. Amer. Tempête (f.) de neige.

nevera f. Glacière, réfrigérateur, m., frigidaire, m. (refrigerador). ‖ Fig. Glacière (sitio muy frío) : *esta habitación es una nevera,* cette chambre est une glacière.

nevería f. Boutique de glacier-limonadier.

nevero m. Geol. Glacier (ventisquero). ‖ Glacier (vendedor de hielo).

nevisca f. Légère chute de neige.

neviscar v. impers. Neiger légèrement.

nevo m. Nævus (mancha en la piel).

nevoso, sa adj. Neigeux, euse : *tiempo nevoso,* temps neigeux.

new-deal m. New-deal (nueva organización).

newton m. Fís. Newton.

newtoniano, na o **neutoniano, na** adj. Fís. Newtonien, enne.

nexo m. Lien, trait d'union (vínculo). ‖ Rapport, liaison, f. (relación). ‖ *Palabras sin nexo,* mots sans suite, propos décousus.

ni conj. Ni : *ni pobre ni rico,* ni pauvre ni riche ; *ni uno, ni otro,* ni l'un ni l'autre. ‖ Même pas ; pas même ; ne... pas-même... (ni siquiera) : *ni lo dijo a sus amigos,* il ne l'a même pas dit à ses amis ; *no lo conseguirás ni obrando así,* tu n'y arriveras pas, même en agissant ainsi. ‖ — *Ni nada,* même pas : *no sabe leer ni nada,* il ne sait même pas lire ; rien : *no le gusta ni el arroz, ni la carne, ni el pescado, ni nada,* il n'aime rien, ni le riz, ni la viande, ni le poisson. ‖ *Ni... ni, ni... ni...* ne : *ni unos ni otros quisieron decirlo,* ni les uns ni les autres ne voulurent le dire ; ne ... ni ne (con dos verbos consecutivos) : *ni come ni duerme,* il ne mange ni ne dort. ‖ *Ni que,* même si, quand bien même (aun si) : *¡ni que fuesen niños!,* même si c'étaient des enfants ! , quand bien même ce serait des enfants ! ; comme si (como si) : *¡ni que fuera tonto!,* comme si j'étais idiot ! ‖ *Ni siquiera,* ne ... même pas : *ni siquiera me lo dijo,* il ne me l'a même pas dit. ‖ *Ni un ..., ni una...,* pas un, pas une : *no me quedaré ni un minuto más aquí,* je ne resterai pas une minute de plus ici. ‖ *Ni uno, ni una,* pas un, pas une : *ni uno se quedó,* pas un n'est resté. ‖ *No ... ni,* ne ... (ni) ... ni : *no podré ir a Toledo ni a Ávila,* je ne pourrai pas aller à Tolède ni à Avila *o* je ne pourrai aller ni à Tolède ni à Avila ; ne ... et ne pas (para enlazar dos oraciones negativas con verbos distintos) : *no vengas ni me escribas,* ne viens pas et ne m'écris pas ; ne ... ni ne : *no come ni duerme,* il ne mange ni ne dort. ‖ *No ... ni tampoco,* ne ... pas plus que, ne... non plus que (ant.).

Niágara n. pr. m. Niagara : *cataratas del Niágara,* chutes du Niagara.

niara f. Agric. Meule (almiar).

nibelungos m. pl. Mit. Nibelungen (enanos de la mitología germánica).

nicaragua f. Bot. Balsamine.

Nicaragua n. pr. f. Geogr. Nicaragua, m.

nicaragüense adj. y s. Nicaraguayen, enne.

Nicasio n. pr. m. Nicaise.

Nicea n. pr. GEOGR. Nicée.
niceno, na adj. y s. De Nicée.
nicociana f. BOT. Nicotiane (tabaco).
Nicodemo n. pr. m. Nicodème.
nicol m. Nicol (prisma).
Nicolás n. pr. m. Nicolas.
Nicolasa n. pr. f. Nicole.
Nicomedes n. pr. Nicomède.
nicotina f. QUÍM. Nicotine.
nicotínico, ca adj. Nicotinique.
nicotinismo o nicotismo m. MED. Nicotinisme.
nicromo m. Nichrome (aleación).
nictación f. Nictation, nictitation (parpadeo).
nictagináceas f. pl. BOT. Nyctaginacées.
nictálope adj. y s. MED. Nyctalope.
nictalopía f. MED. Nyctalopie.
nictitante adj. ZOOL. Nictitant, e.
nicho m. Niche, *f.* (hornacina).
nidación f. MED. Nidation.
nidada f. Nichée.
nidal m. Pondoir, nichoir (ponedero de las gallinas). ‖ Nichet (huevo dejado en el ponedero).
nidificación f. Nidification.
nidificar v. intr. Nidifier.
nido m. Nid. ‖ FIG. Nid : *nido de bandidos,* nid
de brigands. ‖ — *Nido de abejas,* nid d'abeilles
(en costura). ‖ *Nido de ametralladoras,* nid de
mitrailleuses. ‖ *Nido de urraca,* nid de pie (trinchera). ‖ FIG. *Nido de víboras,* panier de crabes. ‖
— *Camas, mesas de nido,* lits, tables gigognes. ‖
FIG. *Encontrar el pájaro en el nido,* trouver la
pie au nid. ‖ *En los nidos de antaño, no hay paja-
ros hogaño,* mais où sont les neiges d'antan ! ‖
Haberse caído del nido, être tombé de la dernière
pluie (atontado).
niebla f. Brouillard, *m.* ‖ BOT. Nielle. ‖ MED. Néphélion, *m.* (en el ojo). ‖ Nuage, *m.* (en la orina).
‖ FIG. Brouillard, *m.* (confusión). ‖ FAM. *Niebla
meona,* brume, crachin.
niel m. TECN. Nielle, *f.* (del metal).
nielado m. TECN. Niellure, *f.*
nielar v. tr. TECN. Nieller (un metal).
nieto, ta m. y f. Petit-fils, petite-fille. ‖ — M. pl.
Petits-enfants.
nietzscheano, na adj. y s. Nietzschéen, enne.
nieve f. Neige : *blanco como la nieve,* blanc
comme (la) neige. ‖ — CULIN. *A punto de nieve,*
en neige : *batir los huevos a punto de nieve,*
battre les œufs en neige. ‖ *Copo de nieve,* flocon
de neige. ‖ (*Información sobre el*) *estado de la
nieve,* bulletin d'enneigement.
nife m. GEOL. Nifé.
nigeriano, na adj. y s. Nigérien, enne.
nigromancia f. Nécromancie.
nigromante o nigromántico, ca m. y f. Nécromant, e; nécromancien, enne.
nigua f. ZOOL. Chique, nigua (parásito). ‖ —
Amer. Comer como nigua, manger comme quatre.
‖ *Pegarse como nigua,* être collant, se coller
comme une sangsue.
nihilismo m. Nihilisme.
nihilista adj. y s. Nihiliste.
níkel m. Nickel (metal).
nilgáu o nilgó m. Nilgaut (antílope).
Nilo n. pr. m. GEOGR. Nil (río).
nilón m. Nylon (textil).
nimbar v. tr. Nimber (aureolar).
nimbo m. Nimbe (aureola). ‖ Nimbus (nube).
nimboestrato m. Nimbo-stratus (nube).
Nimega n. pr. GEOGR. Nimègue.
Nimes n. pr. GEOGR. Nîmes. ‖ *De Nimes,* nîmois, e.
nimiamente adv. Excessivement (demasiado). ‖
Chichement (poco). ‖ Avec prolixité.
nimiedad f. Petitesse, mesquinerie (pequeñez). ‖

Bagatelle (fruslería). ‖ (Ant.). Excès, *m.* (demasía). ‖ Prolixité (prolijidad).
— OBSERV. Ce mot et l'adjectif qui en dérive ont
changé complètement de sens comme on peut le constater
par les diverses traductions.
nimio, mia adj. Insignifiant, e ; dérisoire, minime
(pequeño) : *de nimia importancia,* d'une importance minime. ‖ (Ant.). Excessif, ive (excesivo). ‖
Prolixe (prolijo). ‖ *Son cosas nimias,* ce sont des
bagatelles.
ninfa f. MIT. ● Nymphe. ‖ ANAT. y ZOOL. Nymphe.
‖ FIG. *Ninfa Egeria,* Nymphe Égérie.
— SINÓN. ● *Náyade,* naïade. *Nereida,* néréide. *Ondina,*
ondine. *Oreade,* oréade. *Sílfide,* sylphide.
ninfal adj. Nymphal, e.
ninfea f. BOT. Nymphéa (nenúfar).
ninfeáceo, a adj. y s. f. BOT. Nymphéacé, e.
ninfómana o ninfomaníaca f. Nymphomane.
ninfomanía f. MED. Nymphomanie.
ninfosis f. Nymphose.
ningún adj. indef. Aucun : *ningún hombre,* aucun
homme. ‖ *De ningún modo,* pas du tout, en aucune façon, nullement.
— OBSERV. *Ningún* est l'apocope de *ninguno.* Elle est
obligatoire devant un substantif masculin singulier.
ninguno, na adj. indef. Aucun, e (siempre con una
negación en francés) : *ninguna casa me conviene,*
aucune maison ne me convient ; *no voy a ninguna
escuela,* je ne vais à aucune école ; *no tiene valor
ninguno,* il n'a aucune valeur. ‖ Nul, nulle,
aucun, e : *ninguna esperanza,* nul espoir. ‖ — *De
ninguna manera,* en aucune façon, pas du tout. ‖
En ninguna parte, nulle part. ‖ *No es ningún
tonto,* il est loin d'être idiot, il n'a rien d'un idiot,
il n'est pas idiot du tout.
— Pron. indef. Aucun, e : *no tomo ninguno,* je
n'en prends aucun : *ninguno entre ellos,* aucun
d'entre eux. ‖ Personne, nul (nadie) : *ninguno lo
sabrá,* personne ne le saura. ‖ — *Como ninguno,*
comme personne. ‖ *Señales particulares, ninguna,*
signes particuliers, néant.
— OBSERV. Lorsque *ninguno* précède le verbe la particule *no* disparaît.
Nínive n. pr. HIST. Ninive.
ninivita adj. y s. Ninivite (de Nínive).
niña f. Petite fille, enfant (en la niñez) : *una niña
encantadora,* une charmante enfant. ‖ Jeune fille
(en la adolescencia). ‖ ANAT. Pupille (del ojo). ‖
FAM. Ma petite (término de cariño). ‖ FIG. *Querer
a alguien como a la niña de sus ojos,* tenir à quelqu'un comme à la prunelle de ses yeux.
niñada f. Enfantillage, *m.,* gaminerie.
niñear v. intr. Faire l'enfant.
niñería f. Enfantillage, *m.,* gaminerie.
niñero, ra adj. Qui aime les enfants (aficionado a
los niños). ‖ Enfant (que niñea).
— F. Bonne d'enfant.
niñez f. Enfance : *volver a la niñez,* retomber en
enfance. ‖ — Pl. Enfantillages, *m.* (niñerías).
niño, a adj. Jeune, petit, e : *es aún muy niña para
ir de compras,* elle est encore très jeune pour aller
faire les courses. ‖ Enfant (que hace niñerías).
— M. ● Petit garçon, enfant : *un niño muy simpático,* un enfant très sympathique. ‖ Enfant : *tengo
dos niños,* j'ai deux enfants. ‖ FAM. Mon petit (voz
de cariño). ‖ — *Niño bitongo* ou *zangolotino,* gros
garçon. ‖ *Niño bonito,* enfant gâté, chouchou
(fam.), enfant chéri. ‖ *Niño de la bola,* l'Enfant
Jésus. ‖ *Niño de pecho* ou *de teta,* nourrisson. ‖
Niño expósito ou *de la piedra,* enfant trouvé. ‖
Niño gótico, petit gommeux, bêcheur. ‖ *Niño
Jesús,* Enfant-Jésus, Petit Jésus. ‖ *Niño mimado,*
enfant gâté. ‖ — *Desde niño,* dès l'enfance. ‖ FIG.
y FAM. *Estar como niño con zapatos nuevos,* être

heureux comme un roi. | *¡Qué licenciado ni que niño muerto!*, il n'y a pas de licencié qui tienne ! — F. V. NIÑA.

— SINÓN. ● *Nene, bebé, bébé. Chico,* garçon. *Chiquillo, chaval,* gamin, gosse. *Arrapiezo,* loupiot, mioche. *Galopin,* galopin. *Pop. Mocoso,* morveux.

niobio m. Niobium (metal).

niobita f. Niobite.

nipa f. BOT. Nipa, *m.* (palma).

nipis m. Sorte de mousseline des Philippines (tela).

nipón, ona adj. y s. Nippon, onne.

níquel m. Nickel (metal).

niquelado m. o **niqueladura** f. Nickelage, *m.*

niquelar v. tr. Nickeler.

nirvana m. RELIG. Nirvâna.

níspero m. BOT. Néflier (arbusto). | Nèfle, *f.* (fruto). ‖ *Amer.* Sapotier (árbol).

níspola f. BOT. Nèfle.

nistagmo m. MED. Nystagmus (parpadeo).

nitidez f. Éclat, *m.* (brillo). ‖ Pureté : *la nitidez del agua,* la pureté de l'eau. ‖ Netteté : *una foto de gran nitidez,* une photo d'une grande netteté.

nítido, da adj. Net, nette ; clair, e : *foto nítida,* photo nette.

nitración f. QUÍM. Nitration.

nitral m. Gisement de nitre, salpêtrière, *f.*

nitratación f. QUÍM. Nitratation.

nitratar v. tr. QUÍM. Nitrater.

nitrato m. QUÍM. Nitrate : *nitrato sódico,* nitrate de sodium *o* de soude. ‖ *Nitrato de Chile,* salpêtre du Chili, nitrate de sodium naturel.

nitrería f. Nitrière.

nítrico, ca adj. QUÍM. Nitrique.

nitrificación f. QUÍM. Nitrification.

nitrificador, ra adj. Nitrifiant, e.

nitrificar v. tr. Nitrifier.

nitrilo m. QUÍM. Nitrile.

nitrito m. QUÍM. Nitrite.

nitro m. QUÍM. Nitre, salpêtre.

nitrobacteria f. Nitrobactérie, nitrobacter, *m.*

nitrobenceno m. QUÍM. Nitrobenzène.

nitrocelulosa f. Nitrocellulose.

nitrófilo, la adj. BOT. Nitrophile.

nitrogenado, da adj. Azoté, e.

nitrógeno m. Azote, nitrogène (gas).

— OBSERV. En francés se emplea más frecuentemente *azote* que *nitrogène.*

nitroglicerina f. QUÍM. Nitroglycérine.

nitrosación f. QUÍM. Nitrosation.

nitrosilo m. QUÍM. Nitrosyle.

nitroso, sa adj. QUÍM. Nitreux, euse ; azoteux, euse.

nitrosomonas m. QUÍM. Nitrosomonas.

nitrotolueno m. QUÍM. Nitrotoluène.

nitruración f. TECN. Nitruration.

nitruro m. QUÍM. Nitrure.

nivel m. Niveau. ‖ FIG. Échelon : *al nivel nacional, ministerial,* à l'échelon national, ministériel. ‖ TECN. Étage (de compresión). ‖ — *Nivel de agua,* niveau d'eau. ‖ *Nivel de aire,* niveau à bulle d'air, nivelle. ‖ *Nivel de albañil,* niveau de maçon. ‖ *Nivel de una carretera, de una vía férrea,* palier d'une route, d'une voie ferrée. ‖ *Nivel de vida,* niveau de vie. ‖ — *Al mismo nivel,* au même niveau. ‖ *Ángulo de nivel,* angle à niveau. ‖ *Conferencia de alto nivel,* conférence au sommet. ‖ *Paso a nivel,* passage à niveau. ‖ *Sobre el nivel del mar,* au-dessus du niveau de la mer.

nivelación f. Nivellement, *m.*

nivelador, ra adj. y s. Niveleur, euse ; nivélateur, trice. ‖ — F. Niveleuse (máquina).

nivelamiento m. FIG. Nivellement.

nivelar v. tr. Niveler. ‖ Niveler, terrasser, égaliser (el terreno). ‖ FIG. Mettre sur un même pied, niveler (igualar). | Corriger : *nivelar el desequilibrio de la balanza comercial,* corriger le déséquilibre de la balance commerciale.

— V. pr. FIG. *Nivelarse con los humildes,* se mettre au même niveau que les humbles.

niveleta f. TECN. Nivelette (tablilla de mira).

nivelostato m. Nivostat.

níveo, a adj. POÉT. Nivéen, enne ; neigeux, euse.

nivoso, sa adj. Neigeux, euse.

— M. Nivôse (cuarto mes del año republicano francés).

nix f. Nixe (ninfa de las aguas).

Niza n. pr. GEOGR. Nice (Francia).

nizam m. Nizam (soberano indio).

nizardo, da adj. y s. Niçois, e ; (de Niza).

no m. Nô (drama lírico japonés).

no adv. Non (en respuestas) : *no, señor,* non, monsieur. ‖ Ne ... pas (delante de un verbo) : *no vinieron,* ils ne sont pas venus ; *no lo hagas,* ne le fais pas ; *no comer,* ne pas manger ; *no tiene dinero,* il n'a pas d'argent. ‖ Ne (con nada, nadie, nunca, etc.) : *no vino nadie,* il n'est venu personne ; *no habla nunca,* il ne parle jamais. ‖ Pas (en frases sin verbo) : *todavía no,* pas encore ; *¿por qué no?,* pourquoi pas ?

— M. Non : *contestar con un no,* répondre par un non.

— *No agresión,* non-agression : *firmaron un pacto de no agresión,* ils signèrent un pacte de non-agression. ‖ *No alineación,* non-alignement. ‖ *No alineado,* non-aligné. ‖ *No beligerancia,* non-belligérance. ‖ *No beligerante,* non-belligérant. ‖ *No bien,* à peine... que, à peine... : *no bien llegué, me llamaron,* à peine fus-je arrivé qu'on m'appela *o* à peine arrivé, on m'appela. ‖ *No ... casi,* ne ... guère, à peine, ne ... presque pas : *no habla casi,* il ne parle guère, il parle à peine. ‖ *No combatiente,* non-combattant. ‖ DR. *No compareciente,* non-comparant. ‖ *No comprometido,* non-engagé. ‖ *No conformidad,* non-conformité. ‖ *No conformismo,* non-conformisme. ‖ *No conformista,* non-conformiste. ‖ *No más,* ne ... que, seulement (solamente) : *me dio dos pesetas no más,* il ne m'a donné que deux pesetas, il m'a seulement donné deux pesetas ; assez (basta de) : *no más gritos,* assez de cris ; c'est tout : *quiero esto, no más,* je veux ça, c'est tout ; dès que (en seguida). ‖ *No más de,* pas plus de. ‖ *No ... más que,* ne ... que : *no quiero más que tu dinero,* je ne veux que ton argent. ‖ *No menos de,* pas moins de. ‖ *No mucho,* pas beaucoup. ‖ *No ... nada,* ne ... pas du tout : *no te entiendo nada,* je ne te comprends pas du tout. ‖ *No obstante,* malgré, nonobstant (p. us.) [a pesar de], cependant (sin embargo). ‖ *No por cierto,* non certes. ‖ *No porque,* non que. ‖ *No ... sino,* ne pas ... mais : *no es militar sino abogado,* il n'est pas militaire mais avocat ; ne ... que : *no hace sino tonterías,* il ne fait que des sottises. ‖ *No sólo ... sino también o sino que,* non seulement ... mais encore. ‖ *No violencia,* non-violence. ‖ *No ya,* non seulement. ‖ FILOS. *No yo,* non-moi. ‖ — *¡A que no!,* chiche ! ‖ *¡Cómo no!,* bien sûr ! ‖ *Pero no,* mais pas : *acepto esto pero no otra cosa,* j'accepte cela mais pas autre chose. ‖ *¡Pues no!,* eh bien, non ! ‖ *¡Que no!,* bien sûr que non (claro que no). ‖ *Ya no,* ne plus : *ya no leo,* je ne lis plus. ‖ — *Contestar si o no,* répondre par oui ou non. ‖ *Cuidado no se escape,* attention qu'il ne s'échappe pas. ‖ *Decir que no,* dire non. ‖ FAM. *¡Eso sí que no!,* ça alors non ! ‖ *No digo que no,* je ne dis pas non. ‖ *No es que,* non pas que, ce n'est pas que. ‖ *No hay para qué o por qué,* il n'y a pas de raison pour, il n'y a pas de quoi.

— OBSERV. En Amérique latine, *no más* figure dans de nombreux idiotismes comme : *aquí no más,* ici même : *así no más,* comme ci, comme ça ; *ayer no más,* pas plus tard qu'hier ; *diga no más,* dites-le ; *tome no más,* prenez donc.
Placé au début de la phrase devant un adjectif ou un adverbe, *no* sert à souligner l'aspect négatif de cet adjectif

ou de cet adverbe : *no todos pueden hacer esto,* ce n'est pas tout le monde qui peut faire ça; *no siempre es posible,* ce n'est pas toujours possible.

nobelio m. Nobélium (metal).

nobiliario, ria adj. y s. m. Nobiliaire.

nobilísimo, ma adj. Très noble.

noble adj. y s. Noble. ‖ *Noble en su porte,* noble d'allure, distingué.

nobleza f. Noblesse : *hombre de una gran nobleza,* homme d'une grande noblesse. ‖ — *Nobleza de toga,* noblesse de robe. ‖ *Nobleza obliga,* noblesse oblige. ‖ *Tener sus títulos de nobleza,* avoir ses quartiers de noblesse.

noblote adj. FAM. Noble.

noceda f. o **nocedal** m. Bois (*m.*) de noyers, noiseraie, *f.*

nocible adj. Nocif, ive.

noción f. Notion : *no tiene noción de francés,* il n'a aucune notion de français. ‖ Idée (idea). ‖ Concept, *m.*

nocividad f. Nocivité.

nocivo, va adj. Nocif, ive : *gas nocivo,* gaz nocif. ‖ Nuisible : *nocivo a* ou *para la salud,* nuisible à la santé. ‖ *Ser nocivo,* nuire (perjudicar).

noctambulismo m. Noctambulisme.

noctámbulo, la adj. y s. Noctambule.

noctilio m. Noctule, *f.* (murciélago).

noctiluca f. Noctiluque (protozoario).

noctívago, ga adj. POÉT. Noctambule.

noctua f. ZOOL. Noctuelle (mariposa).

noctúidos m. pl. Noctuidés (insectos).

nocturnidad f. DR. Caractère (*m.*) nocturne [d'un délit].

nocturno, na adj. Nocturne : *aparición nocturna,* apparition nocturne. ‖ De nuit : *avión, tren, vuelo nocturno,* avion, train, vol de nuit. ‖ BOT. y ZOOL. Nocturne, de nuit : *aves nocturnas,* oiseaux nocturnes o de nuit. — M. MÚS. Nocturne.

noche f. Nuit : *es de noche,* il fait nuit ; *la noche anterior,* la nuit dernière. ‖ Soirée (primeras horas después del atardecer) : *por la noche vino mi amigo,* mon ami est venu dans la soirée. ‖ FIG. Nuit : *su origen se pierde en la noche de los tiempos,* son origine se perd dans la nuit des temps. ‖ — *Noche Buena,* nuit de Noël. ‖ *Noche de bodas,* nuit de noces. ‖ *Noche cerrada,* nuit noire. ‖ *Noche en claro* ou *en blanco* ou *en vela* ou *toledana,* nuit blanche. ‖ *Noche Vieja,* nuit de la Saint-Sylvestre. ‖ *Noche y día,* nuit et jour. ‖ — *A boca de noche,* à la tombée de la nuit, entre chien et loup. ‖ *Ayer noche,* hier soir. ‖ *Buenas noches,* bonsoir (durante la noche), bonne nuit (al irse a acostar) : *dar las buenas noches,* dire bonsoir o bonne nuit. ‖ *De la noche a la mañana,* V. MAÑANA. ‖ *De noche,* la nuit, de nuit (por la noche), en soirée (un espectáculo). ‖ *En las altas* ou *a altas horas de la noche,* à une heure avancée de la nuit. ‖ *Hasta la noche,* à ce soir. ‖ *Media noche,* minuit. ‖ *Traje de noche,* robe de soir. ‖ — *Al caer la noche,* à la tombée de la nuit. ‖ *Cerrada la noche* ou *ya entrada la noche,* une fois la nuit tombée. ‖ FIG. *De noche todos los gatos son pardos,* la nuit tous les chats sont gris. ‖ *Es la noche y el día,* c'est le jour et la nuit. ‖ *Hacer noche,* faire nuit. ‖ *Hacer noche en Burgos,* passer la nuit à Burgos. ‖ *Hacerse de noche,* faire nuit (anochecer). ‖ *Se está haciendo de noche,* il commence à faire nuit, la nuit tombe. ‖ *Trabajar de noche* ou *por la noche,* travailler la nuit.

nochebuena f. Nuit de Noël.

nochecita f. *Amer.* Crépuscule, *m.,* tombée de la nuit, nuit tombante.

nochero, ra m. y f. *Amer.* Gardien, gardienne de nuit. ‖ — M. *Amer.* Table (*f.*) de nuit.

nochevieja f. Nuit de la Saint-Sylvestre. ‖ — *Cena de nochevieja,* dîner de la Saint-Sylvestre. ‖ *Día de nochevieja,* la Saint-Sylvestre.

nodación f. MED. Raideur due à des nodosités.

nodal adj. Nodal, e.

nodo m. ANAT., ASTR. y FÍS. Nœud. ‖ MED. Nodus, tophus (en la gota).

No-Do m. CINEM. Actualités, *f. pl.*

— OBSERV. *No-Do* est la contraction de *noticiario documental* en Espagne.

nodriza f. Nourrice, nounou (fam.). ‖ TECN. Nourrice. ‖ — *Avión nodriza,* avion de ravitaillement. ‖ *Nave nodriza,* cabine mère (astronáutica).

nodular adj. Nodulaire.

nódulo m. Nodule. ‖ Nœud (nodo).

noduloso, sa adj. Noduleux, euse.

nogada f. CULIN. Sauce aux noix.

nogal m. BOT. Noyer (árbol).

nogalina f. Brou (*m.*) de noix (color).

noguera f. BOT. Noyer, *m.* (nogal).

nogueral m. Noiseraie, *f.,* endroit planté de noyers.

noli me tángere m. MED. Noli-me-tangere.

nómada adj. y s. Nomade.

nomadismo m. Nomadisme.

nomarca m. HIST. Nomarque.

nomarquía f. Nomarchie.

nombradamente adv. Nommément (expresamente).

nombradía f. Renom, *m.,* réputation, renommée (fama) : *de gran nombradía,* d'un grand renom.

nombrado, da adj. Nommé, e (llamado, mencionado). ‖ Fameux, euse ; renommé, e ; connu, e (célebre).

nombramiento m. Nomination, f.

nombrar v. tr. Nommer : *nombrar para un cargo,* nommer à un poste ; *nombrar alcalde,* nommer maire. ‖ DR. Instituer, nommer (un heredero).

nombre m. GRAM. Nom (sustantivo) : *nombre común, propio,* nom commun, propre. ‖ Prénom, petit nom (fam.) [nombre de pila]. ‖ Nom (fama) : *hacerse un nombre,* se faire un nom. ‖ — *Nombre de pila,* prénom, nom de baptême. ‖ *Nombre postizo,* faux nom. ‖ — *De este nombre,* du nom : *Felipe, cuarto de este nombre,* Philippe, quatrième du nom. ‖ *De nombre,* de nom : *rey de nombre,* roi de nom ; prénommé, e : *un chico, Pedro de nombre,* un garçon prénommé Pierre. ‖ *En nombre de,* au nom de. ‖ *En nombre del Rey,* au nom du roi, de par le roi. ‖ *En nombre mío, tuyo,* etc., en mon nom, en ton nom, etc. ‖ *Sin nombre,* sans nom (incalificable). ‖ — *Caer en el nombre de una persona,* mettre un nom sur un visage. ‖ *Dar un nombre a,* donner un nom à, nommer. ‖ *Decir el nombre de,* nommer, dire le nom de : *decir el nombre de sus cómplices,* nommer ses complices. ‖ *Llamar las cosas por su nombre,* appeler les choses par leur nom. ‖ FIG. *No tener nombre,* ne pas avoir de nom, être innommable. ‖ *Poner de nombre,* nommer : *mis padres me pusieron de nombre Úrsula,* mes parents m'ont nommée Ursule.

— OBSERV. *Nombre* en francés significa *número.*

nomenclador o **nomenclátor** m. Nomenclateur, catalogue. ‖ *Nomenclátor de calles,* liste des rues.

nomenclatura f. Nomenclature.

nomeolvides m. BOT. Ne-m'oubliez-pas, *inv.,* myosotis (planta).

nómina f. Liste (lista). ‖ État (*m.*) du personnel, feuille o état (*m.*) d'émargement (lista del personal). ‖ Feuille de paie (hoja de paga). ‖ Paie, paye (sueldo) : *cobrar la nómina,* toucher la paie. ‖ — *Estar en nómina,* faire partie du personnel. ‖ *Nómina de salarios,* bordereau des salaires.

nominación f. Nomination.

nominador, ra adj. Qui nomme.

nominal adj. Nominal, e : *valor nominal,* valeur nominale.

nominalismo m. FILOS. Nominalisme.
nominalista adj. y s. FILOS. Nominaliste.
nominar v. tr. Dénommer (nombrar).
nominativo, va adj. y s. m. Nominatif, ive.
nominilla f. Feuille de payement d'une pension.
nomo m. Nome (división administrativa griega).
nomografía f. Nomographie.
nomograma m. Nomogramme.
non adj. (P. us.). Impair, e.
— M. pl. Impair, *sing. : jugar a pares o nones,* jouer à pair ou impair. ‖ — FIG. y FAM. *Andar de nones,* être sans occupation (estar ocioso), être unique en son genre. | *Decir nones,* refuser catégoriquement *o* formellement. | *Quedar* ou *estar de non,* être de trop.
nona f. None (hora canónica). ‖ — Pl. Nones (del calendario romano).
nonada f. Bagatelle, vétille (fruslería).
nonagenario, ria adj. y s. Nonagénaire.
nonagésimo, ma adj. y s. Quatre-vingt-dixième. ‖ *Nonagésimo uno, segundo,* etc., quatre-vingt-onzième, douzième, etc.
— OBSERV. En Bélgica, Suiza y Canadá se dice *nonantième* en vez de *quatre-vingt-dixième.*
nonato, ta adj. Né grâce à une opération césarienne [enfant]. ‖ FIG. Qui n'existe pas encore.
noningentésimo, ma adj. y s. Neuf-centième.
nonio m. TECN. Vernier, nonius.
nono, na adj. Neuvième. ‖ Neuf : *Pío IX* (nono), Pie IX (neuf). ‖ *Décimo nono,* dix-neuvième.
non plus ultra loc. lat. Nec plus ultra.
nopal m. BOT. Nopal, figuier de Barbarie.
nopalera f. Endroit (*m.*) couvert de nopals.
noque m. Fosse, *f.* [de tanneur] (pozuelo). ‖ *Amer.* Sac de cuir (saco).
noquear v. tr. Mettre k. o., mettre knock-out, mettre hors de combat (boxeo).
norabuena f. Félicitations, *pl.*
— Adv. Heureusement, par bonheur.
noramala adv. Par malheur, hélas.
noray o **norai** m. MAR. Bitte (*f.*) d'amarrage, aurai.
Norberto n. pr. m. Norbert.
nordeste m. Nord-est.
nórdico, ca adj. y s. Nordique.
nordista adj. y s. Nordiste (en la guerra de Secesión norteamericana).
noreste m. Nord-est.
noria f. Noria (para sacar agua) : *noria de cangilones,* noria à godets. ‖ Grande roue (en una feria).
norma f. Règle, norme : *normas de competencia,* règles de la concurrence ; *ejecutar una obra según las normas,* exécuter une œuvre suivant les normes. ‖ Règle : *norma de conducta,* règle de conduite. ‖ Principe, *m.,* règle : *norma esencial,* principe essentiel ; *tengo por norma levantarme temprano,* j'ai pour principe de me lever de bonne heure.
normal adj. Normal, e : *es normal,* c'est normal ; *estado normal,* état normal. ‖ — *Escuela Normal,* Ecole normale. ‖ *La situación ha vuelto a la normal,* la situation est redevenue normale. ‖ *Superior a lo normal,* supérieur à la normale.
— F. MAT. Normale (perpendicular).
normalidad f. Normalité. ‖ — *Con normalidad,* normalement. ‖ *Con toda normalidad,* très normalement. ‖ *Vuelta a la normalidad en el país,* retour à une situation normale dans le pays, la situation est redevenue normale dans le pays.
normalista m. y f. Normalien, enne (alumno).
normalización f. Retour (*m.*) à une situation normale. ‖ Standardisation, normalisation (en la industria).
normalizar v. tr. Régulariser. ‖ Rétablir [une situation]. ‖ Normaliser, standardiser (en la industria).

Normandía n. pr. f. GEOGR. Normandie.
normando, da adj. y s. Normand, e.
normánico m. Norois, norrois (lengua noruega antigua).
normativo, va adj. Normatif, ive.
nornordeste m. Nord-nord-est.
nornoroeste o **nornorueste** m. Nord-nord-ouest.
noroeste m. Nord-ouest. ‖ *Viento noroeste,* noroît, norois.
nortada f. Bise ; vent du nord.
norte adj. y s. m. Nord. ‖ — M. FIG. Guide. ‖ Vent du nord (viento). ‖ — *Del Norte,* du Nord. ‖ MAR. *Norte de brújula,* nord du compas *o* de la boussole. ‖ FIG. *Perder el norte,* perdre le nord.
norteafricano, na adj. y s. Nord-africain, e.
Norteamérica n. pr. f. GEOGR. Amérique du Nord.
norteamericano, na adj. y s. Des États-Unis, américain, e ; nord-américain, e (estadounidense).
nortear v. tr. MAR. Aller vers le nord (el buque). ‖ — V. intr. Tourner au nord, nordir (el viento).
norteño, ña adj. Du Nord.
nórtico, ca adj. Du Nord, nordique.
Noruega n. pr. f. GEOGR. Norvège.
noruego, ga adj. y s. Norvégien, enne.
nos pron. pers. de 1ª pers. del pl. m. y f. Nous (complemento directo o indirecto) : *nos llama,* il nous appelle ; *nos dio caramelos,* il nous a donné des bonbons ; *sentémonos,* asseyons-nous. ‖ Nous (forma mayestática) : *Nos, arzobispo de Toledo,* Nous, archevêque de Tolède. ‖ — *Ruega por nos,* priez pour nous. ‖ *Venga a nos el tu reino,* que votre règne arrive (en el padrenuestro).
nosocomio m. Hôpital.
nosofobia f. Nosophobie.
nosogenia f. MED. Nosogénie.
nosografía f. MED. Nosographie.
nosología f. MED. Nosologie.
nosotros, tras pron. pers. de 1ª pers. del pl. m. y f. Nous : *para, entre nosotros,* pour, entre nous ; *nosotros somos buenos,* nous, nous sommes bons ; *nosotras somos hermosas,* nous, nous sommes belles. ‖ Nous autres (para insistir). ‖ — *Somos nosotros* ou *nosotras,* c'est nous. ‖ *Somos nosotros* ou *nosotras quienes* ou *los que* ou *las que,* c'est nous qui.
— OBSERV. Le verbe en espagnol pouvant être employé sans sujet (*iremos,* nous irons), l'emploi de *nosotros* au nominatif suppose une certaine insistance (*nosotros iremos,* nous, nous irons).
nostalgia f. Nostalgie.
nostálgico, ca adj. Nostalgique.
nóstico, ca adj. y s. m. Gnostique.
nostoc m. Nostoc (alga).
nostras adj. MED. Nostras.
nota f. ● Note, annotation (anotación). ‖ Note : *tomar nota de un pedido,* prendre note d'une commande. ‖ Note : *dar, sacar una mala nota,* donner, avoir une mauvaise note (un alumno). ‖ Mention (de aprobado, notable o sobresaliente). ‖ Remarque (observación). ‖ Notice (reseña) : *nota necrológica,* notice nécrologique. ‖ Mús. Note : *nota falsa,* fausse note. ‖ — *Nota diplomática,* mémorandum, note diplomatique. ‖ FIG. *De nota,* de marque (célebre). | *De mala nota,* mal famé, de mauvaise réputation. ‖ — FIG. y FAM. *Dar la nota,* se faire remarquer, se singulariser (singularizarse); donner le ton (dar el tono). | *Forzar la nota,* forcer la note. ‖ *Poner una nota infamante,* noter *o* marquer d'infamie.
— SINÓN. ● *Anotación, apunte,* annotation. *Glosa,* glose. *Apostilla,* apostille. *Comentario,* commentaire. *Observación,* observation.
nota bene f. Nota, *m.,* nota bene, *m. inv.*
notabilidad f. Notabilité.
notabilísimo, ma adj. Très remarquable.
notable adj. Remarquable (admirable) : *una obra notable,* une œuvre remarquable. ‖ Notable (digno

de atención) : *causar un perjuicio notable*, causer un préjudice notable.
— M. Notable : *asamblea de notables*, assemblée de notables. ‖ Mention (*f.*) assez bien *o* bien (en exámenes) : *sacó un notable*, il a eu une mention assez bien.
notación f. Annotation (nota). ‖ MAT. y MÚS. Notation (signos).
notar v. tr. Remarquer (observar) : *notar algo a primera vista*, remarquer quelque chose au premier coup d'œil ; *notar la diferencia*, remarquer la différence. ‖ Relever (una falta). ‖ Noter (un escrito) : *notar al margen*, noter en marge. ‖ Noter (p. us.) : *¿cuándo notaste los primeros síntomas?*, quand as-tu noté les premiers symptômes? ‖ Trouver : *te noto muy cambiado*, je te trouve bien changé. ‖ Sentir : *noto que hay algo que no funciona bien*, je sens qu'il y a quelque chose qui ne marche pas bien. ‖ Critiquer.
— V. pr. Se voir : *no se nota*, ça ne se voit pas. ‖ Se sentir : *me noto muy extraño*, je me sens tout drôle.
notaría f. Notariat, *m.* (profesión). ‖ Étude, cabinet (*m.*) de notaire (oficina).
notariado, da adj. Notarié, e.
— M. Notariat (corporación).
notarial adj. Notarial, e : *actas notariales*, actes notariaux.
notario m. Notaire : *ante notario*, par-devant notaire. ‖ — *Notario de diligencias*, huissier. ‖ *Pasante de notario*, clerc de notaire.
noticia f. Nouvelle : *traer noticias*, apporter des nouvelles. ‖ — FAM. *Noticia bomba*, nouvelle sensationnelle, bombe. ‖ *Noticia remota*, souvenir vague. ‖ *Últimas noticias*, dernières nouvelles. ‖ — *Circula la noticia que*, le bruit court que. ‖ *Enviar a alguien a buscar noticias*, envoyer quelqu'un aux nouvelles. ‖ *Es la primera noticia que tengo*, première nouvelle !, c'est la première fois que j'entends cela. ‖ *Estar atrasado de noticias*, retarder, être en retard. ‖ *¡Esto es noticia!*, en voilà une nouvelle !, quelle nouvelle ! ‖ *Las malas noticias llegan las primeras*, pas de nouvelles, bonnes nouvelles. ‖ FIG. *No tener noticia de*, ne jamais avoir entendu parler de, ne pas être au courant de. ‖ *No tengo noticia*, jamais entendu parler, aucune idée.
— SINÓN. *Novedad*, nouveauté. *Comunicación*, communication. *Información*, information. *Anuncio*, annonce. *Nueva*, nouvelle.
noticiar v. tr. Informer de, faire savoir.
noticiario m. Journal parlé, informations, *f. pl.* (radio). ‖ Actualités, *f. pl.* (cine).
noticiero, ra adj. D'information (periódico).
— M. y f. Journaliste (reportero). ‖ — M. Journal (periódico).
notición m. FAM. Nouvelle (*f.*) sensationnelle.
noticioso, sa adj. Informé, e ; renseigné, e. ‖ Savant, e (erudito). ‖ *Noticioso de ello, corrió a contárselo a su padre*, ayant appris cela, il courut le raconter à son père.
notificación f. Notification. ‖ — *Notificación de liquidación de impuestos*, rappel d'impôt. ‖ *Notificación de multa*, procès-verbal.
notificar v. tr. Notifier. ‖ Faire savoir, informer.
— SINÓN. *Significar*, signifier. *Enterar*, informer. *Intimar*, intimer. *Comunicar*, communiquer. *Avisar*, advertir, avertir. *Informar*, informer. *Participar*, faire part.
notificativo, va adj. Notificatif, ive.
notita f. Notule (apostilla).
noto, ta adj. Connu, e ; notoire (sabido). ‖ Naturel, elle ; illégitime : *hijo noto*, fils naturel.
— M. Autan, notus (ant.) [viento del Sur].
notonecta m. ZOOL. Notonecte (insecto).
notoriamente adv. Notoirement.
notoriedad f. Notoriété.

notorio, ria adj. Notoire, connu, e (conocido). ‖ — *Notorio a todos*, connu de tout le monde. ‖ *Ser público y notorio*, être de notoriété publique.
noúmeno m. FILOS. Noumène.
nova f. ASTR. Nova [étoile temporaire].
novación f. DR. Novation.
novador, ra adj. y s. Novateur, trice.
novar v. tr. DR. Nover.
novatada f. Brimade (en los cuarteles). ‖ Bizutage, *m.* (en los colegios). ‖ Pas (*m.*) de clerc (acción de un novato). ‖ — *Dar una novatada*, faire subir une brimade, brimer, bizuter. ‖ *Pagar la novatada*, essuyer les plâtres.
novato, ta adj. y s. Nouveau, velle ; novice : *novato en los negocios*, nouveau dans les affaires. ‖ — M. FAM. Bleu (bisoño). ‖ Bizut, bizuth, nouveau (en el colegio).
novatorio, ria adj. DR. Novatoire.
novecientos, tas adj. y s. Neuf cents : *trois mil novecientos*, trois mille neuf cents. ‖ Neuf cent : *novecientos cuarenta*, neuf cent quarante (seguido de otra cifra) ; *el año novecientos*, l'an neuf cent (cuando equivale a un ordinal). ‖ *Mil novecientos*, mille neuf cents, dix-neuf cents.
novedad f. Nouveauté : *almacén de novedades*, magasin de nouveautés. ‖ Nouveau, m., neuf, *m.* : *¿hay novedad?*, quoi de nouveau? ‖ Nouvelle (noticia) : *trae novedades*, il apporte des nouvelles. ‖ Changement, *m.* (alteración) : *sigo sin novedad*, il n'y a pas de changement [dans ma santé]. ‖ — *No es ninguna novedad*, cela n'a rien de nouveau. ‖ *Sin novedad*, rien de nouveau (siempre igual), sans encombre : *aterrizó sin novedad*, il a atterri sans encombre ; rien à signaler (militar) : *sin novedad en el frente*, rien à signaler sur le front. ‖ *Tener novedad*, attendre un heureux événement (una mujer). ‖ *Tengo novedad*, il y a du nouveau.
novedoso, sa adj. *Amer.* Nouveau, elle.
novel adj. y s. Nouveau, débutant, novice (nuevo). ‖ Débutant (principiante).
novela f. Roman, *m.* : *novela por entregas*, roman-feuilleton. ‖ FIG. Roman, *m.*, histoire (mentira). ‖ DR. Novelle. ‖ — *Novela corta*, nouvelle. ‖ *Novela de cupa y espada*, roman de cape et d'épée. ‖ *Novela de tesis*, roman à thèse. ‖ *Novela policiaca*, roman policier. ‖ *Novela río*, roman-fleuve. ‖ *Novela rosa*, roman à l'eau de rose. ‖ *Novelas ejemplares*, Nouvelles exemplaires (de Cervantes).
novelador, ra m. y f. Romancier, ère.
novelar v. tr. Romancer.
— V. intr. Écrire des romans. ‖ FIG. Raconter des histoires *o* des mensonges.
novelear v. intr. FIG. y FAM. Bâtir des romans.
novelería f. Goût (*m.*) de la nouveauté (afición a novedades). ‖ Goût (*m.*) pour les romans (afición a las novelas). ‖ Idées (*pl.*) romanesques.
novelero, ra adj. y s. Curieux, curieuse de tout (amigo de novedades). ‖ Inconstant, e (inconstante). ‖ Fantaisiste (cuentista).
novelesco, ca adj. Romanesque. ‖ Du roman, romanesque (referente a la novela). ‖ *Lo novelesco*, le romanesque.
novelista m. y f. Romancier, ère.
novelística f. Art (*m.*) du roman *o* du romancier. ‖ Les romans, *m. pl.* (literatura novelesca). ‖ Étude du roman.
novelístico, ca adj. Du roman.
novelizar v. tr. Romancer.
novelón m. Roman-fleuve.
novena f. Neuvaine.
novenario m. Les neuf premiers jours du deuil. ‖ Service funèbre célébré le neuvième jour après le décès (sufragios). ‖ Neuvaine, *f.* (novena).
noveno, na adj. y s. Neuvième. ‖ *La novena parte*, le neuvième.

noventa adj. y s. m. Quatre-vingt-dix : *a noventa días*, à quatre-vingt-dix jours.
— Observ. En Bélgica, Suiza y Canadá esta palabra se traduce por *nonante* en vez de *quatre-vingt-dix*.

noventavo, va adj. Quatre-vingt-dixième (nonagésimo).

noventayochista adj. y s. m. Relatif à la génération de 1898 (generación del 98).
— Observ. La *generación del 98* représente un groupe d'écrivains espagnols qui s'est formé à la suite de la perte de Cuba, de Porto Rico et des Philippines. L'année 1898 marquant la fin de la puissance coloniale espagnole, ces écrivains prennent conscience de l'isolement de leur pays, de l'échec de sa politique et, en même temps, de ses problèmes sociaux, économiques et artistiques. Les précurseurs de ce mouvement littéraire furent Larra, Ganivet, Joaquín Costa et Macías Picavea, suivis par les écrivains de la « génération de 98 » proprement dite dont les principaux sont Unamuno, Azorín, Valle Inclán, Baroja, Antonio Machado, Ramiro de Maeztu et Benavente.

noventón, ona adj. y s. Nonagénaire (nonagenario).

novia f. V. NOVIO.

noviazgo m. Fiançailles, *f. pl.*

noviciado m. Noviciat.

novicio, cia adj. y s. Novice. || FIG. Nouveau, elle : *novicio en los negocios*, nouveau dans les affaires.

noviembre m. Novembre : *el 11 de noviembre de 1918*, le 11 novembre 1918.

novilunio m. Nouvelle lune, *f.*

novilla f. Génisse.

novillada f. TAUROM. Course de jeunes taureaux. || Troupeau (*m.*) de jeunes taureaux (rebaño).
— Observ. La *novillada* est une course de taureaux dans laquelle on ne combat que de jeunes taureaux ou des taureaux de rebut.

novillero m. Bouvier qui a la garde des jeunes taureaux (vaquero). || FAM. Enfant qui fait l'école buissonnière (muchacho). || TAUROM. Torero combattant de jeunes taureaux et n'ayant pas reçu l' « alternative ».

novillo m. Jeune taureau. || FAM. *Hacer novillos*, faire l'école buissonnière.

novio, via m. y f. Fiancé, e (prometido). || Petit ami, petite amie (amigo). || Jeune marié, jeune mariée (recién casado). || *— El traje de novia*, la robe de mariée. || *Los novios*, les mariés. || *Viaje de novios*, voyage de noce. || *— Pedir la novia*, faire sa demande [en mariage]. || FIG. *Quedarse compuesta y sin novio*, rester le bec dans l'eau.
— Observ. La palabra *fiancé* es solamente aplicable cuando existe un compromiso matrimonial.

novísimo, ma adj. Tout nouveau, toute nouvelle. || Dernier, ère (último). || *Novísima Recopilación*, nouveau recueil de lois.
— M. pl. RELIG. Fins (*f.*) dernières de l'homme.

novocaína f. Novocaïne.

nuba f. Nouba (música de los regimientos de tiradores norteafricanos).

nubada o **nubarrada** f. Averse, ondée. || FIG. Foule, nuée (multitud).

nubarrado, da adj. Moiré, e (tela).

nubarrón m. Gros nuage, nuée, *f.* || FIG. Nuage.

nube f. Nuage, *m.* || Nuage, *m.* (de polvo, de humo, etc.). || FIG. Nuée : *nube de langostas*, nuée de sauterelles ; *una nube de chiquillos*, une nuée d'enfants. | Nuage, *m.* : *no hay una nube en mi felicidad*, il n'y a pas un nuage dans mon bonheur. | Nuée (en una piedra preciosa). || MED. Taie, albugo, *m.*, néphélion, *m.* (en la córnea de los ojos). || *— Nube ardiente* ou *peleana*, nuée ardente. || *Nube de verano*, nuage d'orage (tiempo), nuage (disgusto). || FIG. *Caer de las nubes*, tomber des nues. | *Como caído de las nubes*, tombé du ciel. | *Descargar la nube*, pleuvoir, grêler (llover, granizar), décharger sa colère, éclater (desahogar la cólera). | *Estar en las nubes*, être dans les nuages. | *Estar por las nubes*, être hors de prix. | *Pasar como una nube de verano*, ne pas durer. | *Poner en* ou *por las nubes*, porter aux nues.

Nubia n. pr. f. GEOGR. Nubie.

nubiense adj. y s. Nubien, enne.

núbil adj. Nubile (en edad de casarse).

nubilidad f. Nubilité.

nublado, da adj. Nuageux, euse : *un cielo nublado*, un ciel nuageux. || FIG. Troublé, e.
— M. Nuage, nuée, *f.* || FIG. Menace, *f.*, nuage (riesgo). | Nuée, *f.* (multitud).

nublar v. tr. Assombrir (oscurecer). || Cacher (ocultar).
— V. pr. S'assombrir, se couvrir de nuages, s'obscurcir (el cielo). || Se brouiller (la vista).

nublo, bla adj. Nuageux, euse.
— M. AGRIC. Nielle, *f.* (tizón).

nubloso, sa adj. Nuageux, euse : *un día nubloso*, une journée nuageuse. || FIG. Sombre (triste).

nubosidad f. Nébulosité.

nuboso, sa adj. Nuageux, euse ; nébuleux, euse.

nuca f. ANAT. Nuque.

nucela f. BOT. Nucelle, *m.*

nucleado, da adj. Nucléé, e.

nuclear adj. Nucléaire.

núcleo m. Noyau (hueso de una fruta). || FÍS. Noyau : *núcleo atómico*, noyau atomique. || ASTR., BIOL. y QUÍM. Noyau. || ELECTR. Noyau (de una bobina). || FIG. Noyau (de una asociación). | Centre. || *Núcleo residencial*, grand ensemble.

nucléolo m. BIOL. Nucléole.

nucleón m. FÍS. Nucléon.

nucleónico, ca adj. y s. f. FÍS. Nucléonique.

nucleoproteína f. BIOL. Nucléoprotéine.

nudillo m. Nœud, jointure, *f.* (articulación de los dedos). || Maille, *f.* (du tricot). || TECN. Cheville (*f.*) de bois. || FIG. *Comerse* ou *morderse los nudillos*, se mordre les doigts.

nudismo m. Nudisme.

nudista adj. y s. Nudiste.

nudo, da adj. DR. *Nuda propiedad*, nue-propriété. | *Nudo propietario*, nu-propriétaire.

nudo m. Nœud (de cuerda, de corbata, de árbol). || Nœud (de una novela, de una obra teatral). || Point noué (costura). || Nœud : *nudo de carreteras*, nœud routier ; *nudo de comunicación*, *ferroviario*, nœud de communications, ferroviaire. || FIG. Nœud : *el nudo de la cuestión*, le nœud de la question. || ANAT. Nœud. || GEOGR. Seuil. || MAR. Nœud (unidad de velocidad) : *navegar a quince nudos*, filer quinze nœuds. || *— Nudo corredizo*, nœud coulant. || *Nudo de envergue* ou *de mizo*, nœud plat. || *Nudo gordiano*, nœud gordien. || *Tener* ou *atravesársele* ou *hacérsele a uno un nudo en la garganta*, avoir la gorge serrée, avoir un nœud dans la gorge.

nudosidad f. MED. Nodosité.

nudoso, sa adj. Noueux, euse.

nuececilla f. BOT. Nucelle, *m.* (nucela).

nuera f. Bru, belle-fille.

nuestro, tra adj. poses. m. y f. Notre [pl. *nos*] : *nuestro país*, notre pays ; *nuestra casa*, notre maison ; *nuestros amigos*, nos amis. || *— En nuestro país*, *en nuestra casa*, chez nous, dans notre pays, dans notre maison. || *Nuestra Señora*, Notre-Dame. || *Padre nuestro que estás en los cielos*, Notre Père qui êtes aux cieux (en el Padrenuestro). || *Una prima nuestra*, une de nos cousines, une cousine à nous.
— Pron. poses. Nôtre, nôtres : *vuestra casa es mayor que la nuestra*, votre maison est plus grande que la nôtre. || À nous : *esta casa es nuestra*, cette maison est à nous.
— M. *Lo nuestro*, ce qui est à nous. || *— Pondremos de lo nuestro*, nous y mettrons du nôtre. ||

¡Vayamos a lo nuestro!, revenons à ce qui nous occupe o à nos moutons. ‖ — Pl. *Los nuestros,* les nôtres : *¿es usted de los nuestros?,* êtes-vous des nôtres ?

nueva f. Nouvelle. ‖ — Fig. *Hacerse de nuevas,* feindre la surprise. ‖ *La Buena Nueva,* la Bonne Nouvelle.

nuevamente adv. Nouvellement (recientemente). ‖ À nouveau, de nouveau (de nuevo).

Nueva York n. pr. Geogr. New York.

nueve adj. y s. m. Neuf : *el nueve de agosto,* le 9 août. ‖ *Son las nueve de la noche,* il est 9 heures du soir.

nuevo, va adj. Nouveau, nouvelle (reciente) : *nada nuevo bajo el Sol,* rien de nouveau sous le soleil. ‖ Neuf, neuve (poco o nada usado) : *casa nueva,* maison neuve; *completamente nuevo,* tout neuf. ‖ Fig. Nouveau, nouvelle; novice (novicio). ‖ — *Año Nuevo,* nouvel an, nouvelle année. ‖ *De nuevo,* à nouveau, de nouveau (otra vez), de neuf : *estar vestido de nuevo,* être habillé de neuf ; *¿qué hay de nuevo?,* quoi de neuf ? — M. *Lo nuevo,* la nouveauté, f., le nouveau : *lo nuevo gusta siempre,* la nouveauté plaît toujours ; le neuf : *tirar lo viejo y quedarse con lo nuevo,* jeter le vieux et garder le neuf.
— Observ. V. nouveau, 1ª parte, pág. 506.

nuez f. Noix (fruto) : *cascar nueces,* casser des noix. ‖ Anat. Pomme d'Adam (en el cuello). ‖ Noix (de ballesta, de fusil). ‖ — Fam. *Apretar a uno la nuez,* tordre le cou à quelqu'un. ‖ *Mucho ruido y pocas nueces,* beaucoup de bruit pour rien. ‖ *Nuez moscada, vómica,* noix muscade, vomique.

nueza f. Bot. Bryone. ‖ *Nueza negra,* tamier.

nulamente adv. En vain. ‖ Sans effet.
— Observ. L'adverbe espagnol *nulamente* n'a pas le sens négatif qu'a *nullement* en français.

nulidad f. Nullité. ‖ Fam. *Ser una nulidad,* être une nullité, être nul.

nulo, la adj. Nul, nulle : *hombre nulo,* homme nul ; *combate nulo,* match nul (boxeo, lucha). ‖ Dr. *Nulo y sin valor,* nul et non avenu.

Numancia n. pr. Geogr. Numance.

numantino, na adj. y s. Numantin, e.

numen m. Divinité, f. (dios). ‖ Inspiration, f. : *numen poético,* inspiration poétique.

numerable adj. Nombrable.

numeración f. Numération (cuenta) : *numeración decimal,* numération décimale. ‖ Numérotage, m., numérotation (acción de poner un número). ‖ Impr. Foliotage, m. ‖ Chiffres, m. pl. (sistema) : *numeración arábiga,* chiffres arabes.

numerador m. Mat. Numérateur. ‖ Tecn. Numéroteur (aparato).

numeral adj. Numéral, e.

numerar v. tr. Dénombrer, nombrer (contar). ‖ Numéroter (poner un número). ‖ Impr. Folioter.

numerario, ria adj. y s. m. Numéraire (dinero). ‖ Titulaire (profesor, etc.).

numérico, ca adj. Numérique.

número m. Nombre (cantidad) : *un número crecido de asistentes,* un grand nombre d'assistants. ‖ ● Chiffre (cifra) : *número romano,* chiffre romain. ‖ Numéro (en una serie) : *número premiado,* numéro gagnant (lotería). ‖ Numéro (publicación, espectáculo). ‖ Pointure, f. (de zapatos, cuellos, guantes). ‖ Taille, f. (de un traje). ‖ Nombre : *número singular, plural,* nombre singulier, pluriel. ‖ — *Número abstracto, concreto,* nombre abstrait, concret. ‖ Fís. *Número atómico,* nombre atomique. ‖ *Número cardinal, ordinal,* nombre cardinal, ordinal. ‖ *Número de matrícula,* numéro minéralogique (de un coche). ‖ Gram. *Número dual,* duel. ‖ *Número mixto,* nombre fractionnaire. ‖ *Número primo,* nombre premier. ‖ *Número quebrado* ou *fraccionario,* nombre

fractionnaire. ‖ *Número redondo,* chiffre rond. ‖ *Número suelto,* numéro (periódico). ‖ *Número uno,* le premier (el mejor). ‖ — *Académico de número,* membre de l'Académie, académicien. ‖ *Áureo número,* nombre d'or. ‖ *Libro de los Números,* livre des Nombres (del Pentateuco). ‖ — *De número,* en titre, titulaire. ‖ *El mayor número de,* le plus grand nombre de. ‖ *En gran número,* en grand nombre. ‖ *Ley de los grandes números,* loi des grands nombres. ‖ *Sin número,* sans nombre. ‖ — *Hacer número,* faire nombre. ‖ Fam. *Hacer números,* faire des comptes (calcular). ‖ *Ser el número uno,* être le premier ; être un as : *es el número uno del volante,* c'est un as du volant.
— Sinón. ● *Cifra, guarismo,* chiffre. *Signo,* signe.

numerosamente adv. En grand nombre.

numerosidad f. Multitude, le grand nombre, m.

numeroso, sa adj. Nombreux, euse : *familia numerosa,* famille nombreuse. ‖ Nombreux, euse ; beaucoup : *numerosos son los que hablan así,* nombreux sont ceux qui parlent ainsi ; *hay numerosos pueblos por el estilo,* il y a beaucoup de villages o de nombreux villages dans ce genre. ‖ Harmonieux, euse (armonioso).

númida adj. y s. Numide.

Numidia n. pr. f. Geogr. Numidie.

numismático, ca adj. y s. f. Numismatique. ‖ — M. y f. Numismate (perito en numismática).

numulita f. Zool. Nummulite (fósil).

numulítico, ca adj. y s. Nummulitique.

nunca adv. Jamais : *no volveré nunca* ou *nunca volveré,* je ne reviendrai jamais, jamais je ne reviendrai. ‖ — *Más que nunca,* plus que jamais. ‖ *Nunca jamás,* au grand jamais. ‖ *Nunca más,* jamais plus, plus jamais.
— Observ. *Jamais* va siempre acompañado en francés de la negación *ne* en las frases negativas.

nunciatura f. Nonciature.

nuncio m. Nonce : *nuncio apostólico,* nonce apostolique. ‖ Fig. Présage, signe précurseur, annonce, f. (presagio) : *un viento nuncio de lluvia,* un vent présage de pluie. ‖ Messager, porteur : *ha sido el nuncio de la buena nueva,* il a été le porteur de la bonne nouvelle. ‖ Fam. *¡Que te lo diga el nuncio!,* va demander au pape !

nuncupación f. Dr. Nuncupation.

nuncupativo, va adj. Dr. Nuncupatif, ive : *testamento nuncupativo,* testament nuncupatif.

nupcial adj. Nuptial, e. ‖ — *Banquete nupcial,* banquet de mariage. ‖ *Galas nupciales,* vêtements nuptiaux, robe de mariée.

nupcialidad f. Nuptialité.

nupcias f. pl. Noces, mariage, m. sing. : *contraer segundas nupcias,* se marier en secondes noces, faire un second mariage. ‖ *Hijos de segundas nupcias,* enfants du second lit.

nurse f. Nurse (niñera).

nutación f. Astr. y Bot. Nutation.

nutria o **nutra** f. Zool. Loutre (mamífero).

nutricio, cia adj. Nourricier, ère ; nutricier, ère.

nutrición f. Nutrition.

nutrido, da adj. Nourri, e (alimentado). ‖ Fig. Nourri, e : *aplausos nutridos,* applaudissements nourris. ‖ Dense, épais, aisse : *una muchedumbre nutrida,* une foule dense. ‖ Mil. *Fuego nutrido,* feu nourri (graneado).

nutrimento o **nutrimiento** m. Nourriture, f.

nutrir v. tr. ● Nourrir : *la sangre nutre el cuerpo,* le sang nourrit le corps. ‖ Fig. Nourrir. ‖ — V. pr. Se nourrir : *nutrirse con,* se nourrir de.
— Sinón. ● *Alimentar, sustentar,* nourrir, alimenter. *Fortalecer,* fortifier. *Criar, allaiter. Cebar,* engraisser.

nutritivo, va adj. Nourrissant, e ; nutritif, ive.

ny f. Nu, m. (letra griega).

nylon m. Nylon (tejido).

Ñ

ñ f. Ñ, *m.* (esta letra no existe en el alfabeto francés).
— OBSERV. Le son de ñ est celui de *gn* dans *agneau*.

ña f. FAM. *Amer.* Ma'me, madame.

ñaco m. *Amer.* Bouillie, *f.* (gachas).

ñacurutú m. *Amer.* Chouette, *f.* (lechuza).

ñame m. BOT. Igname, *f.* (planta).

ñandú m. ZOOL. Nandou (ave).
— OBSERV. Pl. *ñandúes.*

ñandubay m. *Amer.* Arbre mimosacé d'Amérique.

ñandutí m. *Amer.* Sorte de dentelle, *f.* [très répandue au Paraguay].

ñaña f. *Amer.* Grande sœur, sœur aînée (hermana). | Bonne d'enfants (niñera).

ñapa f. *Amer.* V. LLAPA.

ñapango, ga adj. y s. *Amer.* Métis, isse.

ñapindá m. Sorte de mimosa (planta).

ñaque m. Fouillis, bric-à-brac, *inv.*

ñato, ta adj. *Amer.* Camus, e (chato). || FIG. *Amer.* Laid, e (feo).

ñeque adj. *Amer.* Vigoureux, euse.
— M. Vigueur, *f.* || *Hombre de ñeque*, brave à trois poils.

ñiquiñaque m. FAM. Nullité, *f.* (persona). | Machin, truc (cosa).

ñisñil m. *Amer.* Massette, *f.* (anea).

ño m. FAM. *Amer.* M'sieur, monsieur.

ñoclo m. Petit gâteau.

ñoñería o **ñoñez** f. Niaiserie.

ñoño, ña adj. y s. FAM. Niais, e; imbécile, sot, sotte (tonto). || Douillet, ette; délicat, e (delicado).

ñoqui m. CULIN. Gnocchi, *inv.*

ñorbo m. *Amer.* Passiflore, *f.* (flor).

ñu m. ZOOL. Gnou (antílope).

ñudo m. (Ant.). Nœud (nudo).

O

o f. O, *m.* (letra). || *Nuestra Señora de la O*, la Sainte Vierge.

o conj. Ou.
— OBSERV. 1) *O* porte un accent écrit entre deux nombres exprimés en chiffres, afin d'éviter la confusion possible avec un zéro (10 ó 12, dix ou douze). 2) Au lieu de *o* on emploie la forme *u* devant tout mot commençant par *o* ou *ho* pour éviter l'hiatus (*uno u otro*, l'un ou l'autre; *siete u ocho*, sept ou huit; *ayer u hoy*, hier ou aujourd'hui).

oasis m. Oasis, *f.*

obcecación f. Aveuglement, *m.*, éblouissement, *m.*

obcecadamente adv. Aveuglément.

obcecado, da adj. Aveuglé, e; obnubilé, e : *obcecado por la pasión*, aveuglé par la passion. || Obstiné, e.

obcecar v. tr. Aveugler. || Éblouir (ofuscar).
— V. pr. Être aveuglé, e. || Être ébloui, e.

obedecedor, ra adj. Qui obéit, obéissant, e.

obedecer* v. tr. Obéir à : *obedecer las órdenes*, obéir aux ordres; *obedecer al superior*, obéir à son supérieur.
— V. intr. Obéir.

obedecimiento m. Obéissance, *f.*

obediencia f. ● Obéissance. || Obédience [ordres religieux].
— SINÓN. ● *Acatamiento, sumisión*, soumission. *Subordinación*, subordination. *Docilidad*, docilité. *Disciplina*, discipline. *Conformidad*, conformité.

obediencial adj. Obédientiel, elle. || *Letras obedienciales*, lettres d'obédience.

obedienciario m. Obédiencer (religioso).

obediente adj. Obéissant, e.

obelisco m. ARQ. Obélisque.

obencadura f. MAR. Haubans, *m. pl.*

obenque m. MAR. Hauban.

obertura f. MÚS. Ouverture.

obesidad f. Obésité.

obeso, sa adj. y s. Obèse.

óbice m. Obstacle, empêchement. || *Eso no fue óbice para que siguiese mi camino*, cela ne m'a pas empêché de poursuivre ma route.

obispado m. Évêché.

obispal adj. Épiscopal, e.

obispalía f. Évêché, *m.* (obispado). || Palais (*m.*) épiscopal.

obispillo m. Gros boudin (morcilla). ‖ Croupion [de volaille] (rabadilla).

obispo m. Évêque. ‖ — *Obispo in partibus*, évêque in partibus. ‖ *Obispo sufragáneo*, suffragant. ‖ Fam. *Trabajar para el obispo*, travailler pour le roi de Prusse.

óbito m. Décès.

obituario m. Obituaire (libro).

objeción f. Objection : *levantar* ou *poner objeciones*, soulever des objections.

— Sinón. *Impugnación*, contestation. *Reparo*, remarque. *Contradicción*, contradiction. *Oposición*, opposition. *Réplica*, réplique.

objetante adj. Qui objecte.
— M. Objecteur.

objetar v. tr. Objecter.

objetivación f. Objectivation.

objetivar v. tr. Objectiver.

objetividad f. Objectivité : *con toda objetividad*, en toute objectivité.

objetivismo m. Objectivisme.

objetivo, va adj. Objectif, ive.
— M. Fig. But, objectif (finalidad) : *perseguir un objetivo*, poursuivre un objectif. ‖ Fís., Fot. y Mil. Objectif. ‖ *Objetivo de inmersión*, objectif à immersion.

objeto m. Objet : *un objeto voluminoso*, un objet encombrant. ‖ ● But, fin, *f.*, objet (intención). ‖ — *Carecer de objeto*, être sans objet. ‖ *Con objeto de*, dans le but de, afin de, pour. ‖ *¿Con qué objeto?*, dans quel but ?, à quelle fin ? ‖ *Con tal objeto*, dans ce but. ‖ *Depósito de objetos perdidos*, bureau des objets trouvés. ‖ *Objeto de primera necesidad*, article de première nécessité. ‖ *Objetos de escritorio*, fournitures de bureau. ‖ *Ser objeto de*, être o faire l'objet de. ‖ *Tener por objeto*, avoir pour objet.

— Sinón. ● *Designio*, dessein. *Mira*, visée, vues. *Fin*, finalidad, fin. *Intención*, intention.

objetor m. Objecteur : *objetor de conciencia*, objecteur de conscience.

oblación f. Oblation.

oblada f. Offrande faite à l'église pour un défunt.

oblativo, va adj. De l'oblation.

oblato, ta adj. y s. Oblat, e (religioso). ‖ — F. Offrande pour payer le vin, les hosties et la cire. ‖ Oblation (hostia).

oblea f. Pain (*m.*) à cacheter. ‖ Cachet, *m.* (sello).

oblicuar v. intr. Obliquer.
— V. tr. Infléchir, mettre en position oblique.

oblicuidad f. Obliquité.

oblicuo, cua adj. Oblique.
— M. Anat. Oblique (músculo). ‖ F. Mat. Oblique (línea).

obligación f. Obligation (deber). ‖ Devoir, *m.* : *conocer sus obligaciones*, connaître ses devoirs ; *obligaciones matrimoniales*, devoirs conjugaux. ‖ Obligation (valor comercial). ‖ Contrainte : *obligaciones sociales*, contraintes sociales. ‖ — *Cumplir con sus obligaciones*, remplir ses devoirs, faire honneur à ses obligations, s'acquitter de ses devoirs. ‖ *Faltar a sus obligaciones*, manquer à ses devoirs. ‖ *Tener obligación de*, être obligé de, devoir. ‖ *Tenerle obligación a uno*, être redevable à quelqu'un.

obligacionista m. y f. Obligataire (tenedor de obligaciones).

obligado, da adj. Obligé, e : *estar* ou *verse obligado a trabajar*, être obligé de travailler. ‖ *Es obligado decir*, il faut dire.
— M. Fournisseur (abastecedor). ‖ Mús. Récitatif obligé.

obligar v. tr. ● Obliger : *obligar a*, obliger o de. ‖ Être tenu o obligé : *el médico está obligado a guardar el secreto profesional*, le médecin est tenu de garder le secret professionnel.
— V. pr. S'obliger, s'engager.

— Observ. En la forma transitiva se emplea preferentemente *à* con la forma activa y *de* con la pasiva.
— Sinón. ● *Exigir*, exiger. *Imponer*, imposer. *Compeler*, *constreñir*, contraindre. *Forzar*, forcer.

obligativo, va adj. Obligatoire.

obligatoriedad f. Caractère (*m.*) obligatoire.

obligatorio, ria adj. Obligatoire.

obliteración f. Med. Oblitération.

obliterador, ra adj. Med. Oblitérateur, trice.

obliterar v. tr. Med. Oblitérer (obstruir).

oblongo, ga adj. Oblong, gue.

obnubilación f. Obnubilation.

obnubilar v. tr. (P. us.). Obnubiler (obsesionar).

oboe m. Mús. Hautbois (instrumento).

oboísta m. Mús. Hautboïste (músico).

óbolo m. Obole, *f.* : *dar su óbolo*, verser son obole.

obra f. Œuvre, ouvrage, *m.* : *poner manos a la obra*, se mettre à l'œuvre o à l'ouvrage. ‖ Œuvre, travail, *m.* : *obra meritoria*, travail méritoire. ‖ Œuvre (poder) : *por obra de la Divina Providencia*, par l'œuvre de la Divine Providence. ‖ Œuvre (producción literaria o artística) : *las obras de Calderón*, les œuvres de Calderón ; *la obra musical de Wagner*, l'œuvre musicale de Wagner. ‖ Ouvrage, *m.* (libro). ‖ Œuvre (buena acción) : *las obras de beneficencia*, les œuvres de bienfaisance ; *las obras de misericordia*, les œuvres de miséricorde. ‖ Travail, *m.* : *obras públicas*, travaux publics ; *atención, obras*, attention, travaux ; *estar en obras*, y avoir des travaux : *la calle Luchana está en obras*, il y a des travaux dans la rue Luchana. ‖ Construction (edificio). ‖ Chantier, *m.* : *trabajar en la obra*, travailler sur le chantier. ‖ Tecn. Ouvrages, *m. pl.* [du haut fourneau]. ‖ Constr. Œuvre, *m.* ‖ Mús. Œuvre, *m.* ‖ — *Obra accesoria*, ouvrage détaché (fortificación). ‖ *Obra de caridad*, œuvre de charité. ‖ *Obra de construcción*, chantier. ‖ *Obra de encargo*, travail sur commande. ‖ *Obra de fábrica*, ouvrage d'art. ‖ Fig. *Obra del Escorial* ou *de romanos*, travail de Romains. ‖ *Obra de mampostería*, travail de maçonnerie. ‖ *Obra de teatro*, pièce de théâtre. ‖ *Obra exterior*, ouvrage avancé (fortificación). ‖ *Obra maestra*, chef-d'œuvre. ‖ *Obras pías* ou *buenas obras*, œuvres pies o de bienfaisance, bonnes œuvres. ‖ Mar. *Obras vivas*, *muertas*, œuvres vives, mortes. ‖ — *A pie de obra*, à pied d'œuvre. ‖ *Contratista de obras*, entrepreneur en bâtiment. ‖ *Maestro de obras*, maître d'œuvre. ‖ *¡Manos a la obra!*, à l'œuvre !, au travail ! ‖ *Por obra de*, par l'action de. ‖ *Por obra y gracia del Espíritu Santo*, par l'opération du Saint-Esprit. ‖ *Es obra de*, c'est l'affaire de : *es obra de dos días*, c'est l'affaire de deux jours. ‖ *Estar manos a la obra*, être à l'œuvre. ‖ *Maltratar de palabra y de obra*, maltraiter en paroles et en actions. ‖ *Obras son amores, que no buenas razones*, il n'y a que les faits qui comptent. ‖ *Poner en obra*, mettre en chantier (empezar). ‖ *Ponerse manos a la obra*, se mettre à l'œuvre o à l'ouvrage.

obrada f. Agric. Ouvrée (labor). ‖ (Ant.). Journal, *m.*, ouvrée (medida agraria).

obrador, ra adj. Agissant, e (que obra).
— M. Atelier (taller). ‖ Ouvroir (para la ropa).

obraje m. Manufacture, *f.* (fábrica). ‖ Atelier (taller).

obrajero m. Contremaître (capataz).

obrar v. tr. Faire (hacer) : *obrar el bien*, faire le bien. ‖ Bâtir, construire (construir).
— V. intr. Agir : *obrar libremente*, agir librement ; *obrar bien* ou *mal*, bien o mal agir ; *obrar como una persona honrada*, agir en honnête homme. ‖ Opérer, agir : *el remedio comienza a obrar*, le remède commence à opérer. ‖ Œuvrer (p. us.),

travailler (trabajar). ‖ Aller à la selle (exonerar el vientre). ‖ Se trouver, être : *el papel obra entre sus manos*, le papier se trouve entre ses mains. ‖ *Obra en mi poder su atenta carta del 19*, j'ai en ma possession *o* entre les mains *o* j'ai bien reçu votre honorée du 19.

obrerada f. FAM. Masse ouvrière, les ouvriers, *m. pl.* (conjunto de obreros).

obrería f. Fabrique [d'une église].

obrerismo m. Ouvriérisme. ‖ Main-d'œuvre, *f.* (conjunto de los obreros).

obrerista adj. Ouvriériste.

obrero, ra adj. y s. Ouvrier, ère : *clase obrera*, classe ouvrière. ‖ — *Obrero especializado*, ouvrier spécialisé. ‖ *Obrero estacional* ou *temporero*, ouvrier saisonnier. ‖ — M. Marguillier (de iglesia). ‖ — F. ZOOL. Ouvrière (abeja, etc.).

obrizo adj. m. *Oro obrizo*, or très pur.

obscenidad f. Obscénité.

obsceno, na adj. Obscène.

— SINÓN. *Indecente*, indécent. *Licencioso*, licencieux. *Pornográfico, sicalíptico*, pornographique. *Escabroso*, scabreux.

obscuramente adv. V. OSCURAMENTE.

obscurantismo m. V. OSCURANTISMO.

obscurantista adj. y s. V. OSCURANTISTA.

obscurecer* v. tr. V. OSCURECER.

obscurecimiento m. V. OSCURECIMIENTO.

obscuridad f. V. OSCURIDAD.

obscuro, ra adj. V. OSCURO.

obsecración f. Obsécration.

obseder v. tr. Obséder.

obsequiado, da adj. y s. Personne qui reçoit un cadeau *o* en l'honneur de qui on donne une réception, etc.

obsequiador, ra u **obsequiante** adj. Prévenant, e ; obligeant, e ; attentionné, e (obsequioso). ‖ Qui offre (que regala).

obsequiar v. tr. Faire cadeau, offrir : *obsequiar a un amigo con libros*, offrir des livres à un ami ; faire cadeau de livres à un ami. ‖ Offrir : *obsequiar con un vino de honor*, offrir un vin d'honneur ; *cada visitante fue obsequiado con un recuerdo*, on a offert un souvenir à chaque visiteur. ‖ Combler de prévenances, traiter avec empressement (agasajar). ‖ Courtiser (galantear).

obsequio m. Cadeau (regalo). ‖ Hommage : *obsequio del autor*, hommage de l'auteur. ‖ Prévenance, *f.*, attention, *f.* (agasajo). ‖ *Deshacerse en obsequios*, se répandre en politesses.

obsequiosamente adv. Obligeamment. ‖ Obséquieusement (con exceso).

obsequiosidad f. Obligeance. ‖ Obséquiosité (cumplidos excesivos).

obsequioso, sa adj. Obligeant, e ; empressé, e : *obsequioso con las damas*, empressé auprès des dames. ‖ Obséquieux, euse (excesivamente atento).

observable adj. Observable.

observación f. Observation (de un fenómeno). ‖ Observation, remarque. ‖ *Enfermo en observación*, malade en observation.

observador, ra adj. y s. Observateur, trice.

observancia f. Observance, observation (de las reglas). ‖ *Regular observancia*, stricte observance.

observante adj. y s. Observant, e (que observa). ‖ — M. Observantin (de la orden de San Francisco).

observar v. tr. Observer. ‖ Observer (cumplir). ‖ Remarquer : *he observado que ha cambiado mucho últimamente*, j'ai remarqué qu'il a beaucoup changé dernièrement. ‖ Constater (comprobar).
— V. pr. Se surveiller.

observatorio m. Observatoire.

obsesión f. Obsession. ‖ Hantise : *tener la obsesión de la muerte*, avoir la hantise de la mort.

obsesionar v. tr. Obséder : *obsesionado con recuerdos*, obsédé par des souvenirs.

obsesivo, va adj. Obsédant, e (que obsesiona). ‖ Obsessionnel, elle : *psicosis obsesiva*, psychose obsessionnelle.

obseso, sa adj. y s. Obsédé, e.

obsidiana f. MIN. Obsidienne.

obsidional adj. Obsidional, e (relativo al sitio de una plaza). ‖ HIST. *Corona obsidional*, couronne obsidionale.

obsoleto, ta adj. (P. us.). Obsolète (anticuado).

obstaculizar v. tr. Mettre un obstacle à, entraver (poner trabas). ‖ Faire obstacle à (oponerse).

obstáculo m. Obstacle : *vencer un obstáculo*, surmonter un obstacle. ‖ — DEP. *Carrera de obstáculos*, course d'obstacles. | *Carrera sin obstáculos*, course plate. ‖ *Poner obstáculos a*, faire obstacle à *o* mettre un obstacle *o* des obstacles à.

— SINÓN. *Dificultad*, difficulté. *Inconveniente*, inconvénient. *Impedimento*, empêchement. *Traba*, entrave. *Estorbo*, gêne.

obstante adj. *No obstante*, cependant, néanmoins, nonobstant (p. us.) [sin embargo], malgré (a pesar) : *no obstante mis consejos hace lo que le da la gana*, malgré mes conseils il fait ce qui lui chante.

obstar v. intr. Empêcher (estorbar) : *eso no obsta para que continúe*, cela ne m'empêche pas de continuer.
— V. impers. S'opposer à (ser contrario).

obstetricia f. MED. Obstétrique. ‖ *Procedimiento de obstetricia*, procédé obstétrical.

obstétrico, ca adj. MED. Obstétrique, obstétrical, e (relativo a la obstetricia).

obstinación f. Obstination (terquedad) ; opiniâtreté (empeño).

obstinado, da adj. Obstiné, e (terco) ; opiniâtre (empeñado).

obstinarse v. pr. S'obstiner, s'entêter : *obstinarse en una decisión*, s'obstiner dans une décision ; *se obstina en negarlo*, il s'obstine à le nier.

obstrucción f. Obstruction.

obstruccionismo m. Obstructionnisme.

obstruccionista adj. y s. Obstructionniste.

obstructor, ra adj. MED. Obstructif, ive.

obstruir* v. tr. Obstruer (cerrar). ‖ FIG. Entraver (estorbar).
— V. pr. S'obstruer, se boucher : *se obstruyó el lavabo*, le lavabo s'est bouché.

obtemperar v. tr. (P. us.). Obtempérer à : *obtemperar una orden*, obtempérer à un ordre.

obtención f. Obtention.

obtener* v. tr. Obtenir : *obtener buenos resultados*, obtenir de bons résultats.
— SINÓN. *Lograr, alcanzar*, réussir. *Conseguir*, obtenir. *Ganar*, gagner. *Conquistar*, conquérir.

obturación f. Obturation.

obturador, ra adj. Obturateur, trice.
— M. FOT. y TECN. Obturateur. ‖ *Obturador iris, de cortina*, obturateur à iris, à rideau.

obturante adj. Obturant, e.

obturar v. tr. Obturer. ‖ MED. Obturer (empastar).

obtusángulo adj. m. GEOM. Obtusangle : *triángulo obtusángulo*, triangle obtusangle.

obtuso, sa adj. MAT. Obtus, e. ‖ FIG. Obtus, e : *obtuso de entendimiento*, à l'esprit obtus.

obús m. Obus (proyectil). ‖ Obusier (cañón corto).

obusera f. *Lancha obusera*, canonnière.

obviar v. tr. Obvier à, pallier : *obviar un inconveniente*, pallier un inconvénient. ‖ Empêcher, s'opposer à (impedir).

obvio, via adj. FIG. Évident, e ; clair, e (evidente). ‖ *Obvio es decir...*, inutile de dire...

oc m. Oc : *lengua de oc*, langue d'oc.

oca f. Oie (ánsar). ‖ BOT. Oxalide tubéreuse. ‖ *Juego de la oca*, jeu de l'oie.

ocarina f. MÚS. Ocarina, *m.*

ocasión f. Occasion : *aprovechar la ocasión*, profiter de l'occasion. ‖ Occasion (mercancía de lance). ‖ (Ant.). Situation périlleuse, péril, *m.* ‖ — *De ocasión*, d'occasion (de segunda mano). ‖ *En cierta ocasión*, un jour, une fois. ‖ *En la primera ocasión*, à la première occasion. ‖ *En ocasiones*, parfois, à l'occasion. ‖ *En varias ocasiones*, à plusieurs reprises, en diverses occasions. ‖ — *A la ocasión la pintan calva*, il faut saisir l'occasion par les cheveux. ‖ *Asir* ou *coger* ou *agarrar la ocasión por los cabellos*, saisir l'occasion par les cheveux. ‖ *Dar ocasión a*, occasionner, donner lieu à (dar lugar a) ; être la cause, provoquer (causar). ‖ *Dar ocasión de*, donner l'occasion de. ‖ *La ocasión hace al ladrón*, l'occasion fait le larron.
ocasionadamente adv. Occasionnellement.
ocasionador, ra adj. Qui occasionne.
— M. Auteur, responsable.
ocasional adj. Occasionnel, elle.
ocasionalismo m. Occasionnalisme, occasionalisme.
ocasionalista adj. y s. Occasionnaliste.
ocasionar v. tr. Occasionner, donner lieu à (dar lugar a). ‖ Causer, être la cause de, provoquer (causar). ‖ Exposer (poner en peligro).
ocaso m. Coucher (de un astro) : *el ocaso del Sol*, le coucher du soleil. ‖ Couchant (occidente). ‖ FIG. Déclin (decadencia) : *el ocaso del Occidente*, le déclin de l'Occident. ‖ Fin, *f.* : *su ocaso se acerca*, sa fin approche. ‖ Crépuscule : *el ocaso de los dioses*, le crépuscule des dieux. ‖ FIG. *En el ocaso de la vida*, au déclin de sa vie, sur ses vieux jours.
occidental adj. y s. Occidental, e.
occidentalismo m. Occidentalisme.
occidentalista adj. y s. Occidentaliste.
occidentalización f. Occidentalisation.
occidentalizar v. tr. Occidentaliser.
occidente m. Occident : *al Occidente*, à l'Occident.
occidua f. ASTR. Occase (amplitud).
occipital adj. y s. m. ANAT. Occipital, e.
occipucio m. ANAT. Occiput.
occisión f. Meurtre, *m.*
occiso, sa adj. y s. Tué, e ; occis, e (p. us.).
Oceanía n. pr. f. GEOGR. Océanie.
oceánico, ca adj. Océanique (del océano). ‖ Océanien, enne (de Oceanía).
oceánida f. Océanide (ninfa).
océano m. Océan : *el océano Índico*, l'océan Indien. ‖ FIG. Océan : *un océano de amargura*, un océan d'amertume.
— Adj. m. (Ant.). *El mar océano*, la mer océane.
oceanografía f. Océanographie.
oceanográfico, ca adj. Océanographique.
oceanógrafo, fa m. y f. Océanographe.
ocelado, da adj. Ocellé, e.
ocelo m. Ocelle (mancha). ‖ Ocelle (ojo).
ocelote m. ZOOL. Ocelot (mamífero).
ocena f. MED. Ozène, *m.* (úlcera de la nariz).
ocio m. Oisiveté, *f.*, repos (inacción). ‖ Loisir (tiempo libre) : *ratos de ocio*, moments de loisir. ‖ Délassement, distraction, *f.* (entretenimiento).
ociosamente adv. Oisivement (sin ocupación). ‖ Inutilement (sin utilidad).
ociosear v. intr. *Amer.* Faineanter, ne rien faire (holgazanear).
ociosidad f. Oisiveté. ‖ *La ociosidad es madre de todos los vicios*, l'oisiveté est la mère de tous les vices.
ocioso, sa adj. y s. Oisif, ive : *vida ociosa*, vie oisive. ‖ — Adj. Oiseux, euse (inútil) : *palabras ociosas*, des propos oiseux.
ocluido, da adj. Occlus, e.
ocluir v. tr. MED. Occlure.
— V. pr. Se fermer.
oclusión f. MED. Occlusion.

oclusivo, va adj. y s. f. Occlusif, ive : *consonante oclusiva*, consonne occlusive.
ocozoal m. Serpent à sonnettes, crotale (serpiente).
ocozol m. *Amer.* Liquidambar (árbol).
ocre m. MIN. Ocre, *f.* : *ocre amarillo*, ocre jaune ; *ocre rojo*, ocre rouge (almagre).
— Adj. inv. Ocre.
octaédrico, ca adj. GEOM. Octaédrique.
octaedro m. GEOM. Octaèdre.
octagonal adj. GEOM. Octogonal, e.
octágono, na adj. y s. m. GEOM. Octogone.
octandria f. BOT. Octandrie.
octandro, dra adj. BOT. Octandre.
octano m. QUÍM. Octane. ‖ *Índice de octano*, indice d'octane.
octante m. MAR. y GEOM. Octant.
octava f. ECLES. y MÚS. Octave. ‖ Huitain, *m.* (estrofa).
octavar v. tr. e intr. Déduire le huitième d'une chose. ‖ MÚS. Octavier.
octavario m. Octave, *f.* (en la Iglesia).
Octavia n. pr. f. Octavie.
octaviano, na adj. HIST. D'Auguste, octavien, enne : *la paz octaviana*, la paix d'Auguste.
octavilla f. Feuille de papier de petit format. ‖ Tract, *m.* (hoja de propaganda). ‖ Huitain, *m.* (estrofa).
octavín m. MÚS. Octavin (flautín).
Octavio n. pr. m. Octave.
octavo, va adj. y s. Huitième. ‖ — *En octavo*, in-octavo (libro). ‖ *En octavo lugar*, huitièmement. ‖ *La octava parte*, le huitième.
octavón, ona m. y f. Octavon, onne (mestizo).
octeto m. MÚS. Octuor.
octingentésimo, ma adj. y s. Huit centième.
octocoralarios m. pl. ZOOL. Octocoralliaires.
octogenario, ria adj. y s. Octogénaire.
octogésimo, ma adj. y s. Quatre-vingtième.
— OBSERV. *Octogésimo uno, segundo,* etc. se dice en francés *quatre-vingt-unième, quatre-vingt-deuxième,* etc.
octogonal adj. GEOM. Octogonal, e.
octógono, na adj. y s. m. GEOM. Octogone.
octópodo, da adj. y s. m. ZOOL. Octopode.
octosilábico, ca adj. Octosyllabique, octosyllabe.
octosílabo, ba adj. y s. Octosyllabe.
octóstilo, la adj. ARQ. Octostyle (de ocho columnas).
octubre m. Octobre : *Madrid, 6* ou *a 6 de octubre de 1968*, Madrid, le 6 octobre 1968.
ocular adj. y s. m. Oculaire : *testigo ocular*, témoin oculaire.
oculista adj. y s. Oculiste.
ocultación f. Dissimulation. ‖ ASTR. Occultation. ‖ Recel, *m.* (encubrimiento). ‖ DR. *Ocultación de parto*, suppression de part o d'enfant.
ocultador, ra adj. Qui cache.
— M. y f. Receleur, euse. ‖ — M. FOT. Cache.
ocultamente adv. Occultement. ‖ Secrètement.
ocultar v. tr. Cacher : *ocultar su juego, un objeto*, cacher son jeu, un objet. ‖ ASTR. Occulter. ‖ Receler (encubrir). ‖ *Ocultar a* ou *de la vista de alguien*, dérober o cacher à la vue de quelqu'un.
— V. pr. Se cacher : *ocultarse de sus padres, de las miradas*, se cacher de ses parents, aux regards.
ocultis (de) loc. FAM. En catimini, en tapinois.
ocultismo m. Occultisme.
ocultista adj. y s. Occultiste.
oculto, ta adj. Occulte (secreto) : *influencia oculta*, influence occulte. ‖ Caché, e (escondido). ‖ *Ciencias ocultas*, sciences occultes.
ocume m. Okoumé.
ocupación f. Occupation : *tener muchas ocupaciones*, avoir beaucoup d'occupations. ‖ Affaire, occupation : *dedicarse a sus ocupaciones*, se consacrer à ses affaires. ‖ Profession, métier, *m.* (empleo). ‖ Occupation (de ciudad, de un país).

ocupacional adj. Professionnel, elle.

ocupante adj. y s. Occupant, e.

ocupar v. tr. Occuper : *ocupar sus horas libres en*, occuper ses heures creuses à. ‖ Occuper (un puesto, un país, un piso). ‖ Occuper (emplear obreros). ‖ *Ocupar espacio*, prendre o occuper de la place.
— V. pr. S'occuper : *ocuparse de un niño*, s'occuper d'un enfant ; *ocuparse en obras útiles*, s'occuper à des travaux utiles.

ocurrencia f. Circonstance, occasion, occurrence (p. us.). ‖ FIG. Mot (*m.*) d'esprit, boutade, bon mot, *m.* (chiste). ‖ Idée : *¡tienes cada ocurrencia!*, tu as de ces idées! ; *¡vaya ocurrencia!*, quelle drôle d'idée ! ‖ *Tener ocurrencia*, avoir de l'à-propos.

ocurrente adj. Qui arrive, qui a lieu (que sucede). ‖ FIG. Spirituel, elle (chistoso, gracioso). ‖ ECLES. Occurrent, e [fête].

ocurrir v. intr. Arriver, se passer, avoir lieu, advenir (acontecer) : *eso ocurre todos los años*, cela arrive tous les ans. ‖ Arriver : *¿qué te ocurre?*, qu'est-ce qui t'arrive ? ‖ — *Ocurra lo que ocurra*, quoi qu'il advienne, advienne que pourra. ‖ *¿Qué ocurre?*, que se passe-t-il ?, qu'y a-t-il ?
— V. pr. Venir à l'esprit o à l'idée, passer par la tête : *esta idea se me ocurrió ayer*, cette idée m'est venue hier à l'esprit ; *es lo único que se me ocurre*, c'est la seule chose qui me vienne à l'idée ; *cuenta todo lo que se le ocurre*, il raconte tout ce qui lui passe par la tête. ‖ Avoir l'idée de : *de repente se le ocurrió irse*, il a eu tout-à-coup l'idée de partir. ‖ S'aviser : *que no se te ocurra repetirlo*, ne t'avise pas de le répéter. ‖ — *A nadie se le ocurre hacer esto*, on n'a pas idée de faire ça. ‖ *¡Se le ocurre cada cosa!*, il a de ces idées ! ‖ *Se me ocurre que*, je pense que.

ochava f. Huitième, *m.* ‖ Octave (en liturgia). ‖ *Amer.* Pan (*m.*) coupé (chaflán). ‖ Coin, *m.* (esquina).

ochavado, da adj. Octogonal, e.

ochavar v. tr. Donner une forme octogonale à.

ochavo m. Liard (moneda) : *no tener ni un ochavo*, ne pas avoir un liard.

ochavón, ona adj. y s. Octavon, onne.

ochenta adj. y s. Quatre-vingts.
— OBSERV. *Quatre-vingts* se escribe sin *s* delante de otro número (*ochenta y dos*, quatre-vingt-deux) o cuando significa octogésimo. En Suiza se emplea *huitante* y a veces *octante* en lugar de *quatre-vingts*.

ochentavo, va adj. y s. Quatre-vingtième.

ochentón, ona adj. y s. FAM. Octogénaire.

ocho adj. y s. m. Huit : *ocho niños*, huit enfants ; *el año ocho*, l'an huit. ‖ Huitième : *en el año ocho de su reinado*, dans la huitième année de son règne. ‖ Huitièmement (en octavo lugar). ‖ — *Aplazar para dentro de ocho días*, remettre à huitaine. ‖ *Las ocho*, huit heures. ‖ *Unos ocho*, une huitaine : *unos ocho niños*, une huitaine d'enfants ; *dentro de unos ocho días*, dans une huitaine de jours.

ochocientos, tas adj. y s. m. Huit cents : *quatro mil ochocientos*, quatre mille huit cents. ‖ Huit cent : *ochocientos diez*, huit cent dix (seguido de otra cifra) ; *el año ochocientos*, l'an huit cent (cuando equivale a un ordinal). ‖ *Mil ochocientos*, mille huit cents, dix-huit cents.

oda f. Ode. ‖ *Oda corta*, odelette.

odalisca f. Odalisque.

odeón m. Odéon (teatro).

odiar v. tr. Détester, haïr : *odiar a o de muerte*, haïr à mort ; *te odio*, je te déteste.

odio m. Haine, *f.* ‖ — *Mirada de odio*, regard haineux. ‖ *Por odio a*, par haine de, en haine de. ‖ *Tener odio a uno*, détester o haïr quelqu'un, avoir quelqu'un en haine. ‖ *Tomar* ou *cobrar odio a*, prendre en haine.

odiosamente adv. Haineusement (con odio). ‖ Odieusement (de un modo odioso).

odiosidad f. Caractère (*m.*) odieux, ignominie. ‖ Haine (aversión).

odioso, sa adj. Odieux, euse ; détestable. ‖ — *Hacerse odioso*, se rendre odieux.

odisea f. Odyssée.

odómetro m. Odomètre.

odontalgia f. MED. Odontalgie (dolor de muelas).

odontálgico, ca adj. MED. Odontalgique.

odontología f. MED. Odontologie. ‖ *Escuela de odontología*, école dentaire.

odontólogo m. Odontologiste (p. us.), chirurgien-dentiste.

odorante adj. Odorant, e.

odorífero, ra adj. Odorant, e ; odoriférant, e.

odre m. Outre, *f.* (pellejo). ‖ FIG. y FAM. Sac à vin (borracho).

œrsted o **oerstedio** m. Fís. Œrsted (unidad).

oesnorueste m. Ouest-nord-ouest.

oessudueste m. Ouest-sud-ouest.

oeste adj. y s. Ouest. ‖ *Una película del Oeste*, un western.

oestral adj. BIOL. Œstral, e.

Ofelia n. pr. f. Ophélie.

ofendedor, ra adj. Qui offense.
— M. Offenseur.

ofender v. tr. ● Offenser, outrager.
— V. pr. S'offenser, s'offusquer : *ofenderse por todo*, s'offenser de tout. ‖ Se fâcher (reñir) : *ofenderse con su amigo*, se fâcher avec son ami.
— SINÓN. ● *Injuriar*, injurier. *Agraviar*, offenser. *Ultrajar*, outrager. *Afrentar*, faire affront. *Faltar*, manquer de respect.

ofendido, da adj. y s. Offensé, e.

ofensa f. Offense, outrage, *m.* (injuria).

ofensivo, va adj. Offensant, e ; outrageant, e (palabra o hecho). ‖ Offensif, ive (arma, guerra).
— F. Offensive : *pasar a la ofensiva*, passer à l'offensive.

ofensor, ra adj. Qui offense.
— M. Offenseur.

oferente adj. Qui offre, offrant, e.

oferta f. Offre (propuesta) : *oferta en firme*, offre ferme. ‖ Don, *m.* (regalo). ‖ *Ley de la oferta y la demanda*, loi de l'offre et de la demande.

ofertar v. tr. Offrir (en venta).

ofertorio m. Offertoire (parte de la misa). ‖ Huméral (humeral).

office m. Office (antecocina).

offset m. IMPR. Offset.

oficial adj. Officiel, elle. ‖ Légal, e : *hora oficial*, heure légale.
— M. Ouvrier (obrero). ‖ Employé [de bureau] (oficinista). ‖ (P. us.). Boucher (carnicero). ‖ Officier municipal (municipal). ‖ Official (juez eclesiástico). ‖ MIL. Officier : *oficial retirado, de complemento, de la escala activa, general, subalterno*, officier en retraite, de réserve, d'active, général, subalterne. ‖ — *Oficial de peluquero*, garçon coiffeur. ‖ *Oficial de sanidad*, officier de santé. ‖ *Primer oficial*, maître clerc (de un notario).

oficiala f. Ouvrière. ‖ Employée [de bureau] (oficinas). ‖ Officière (del Ejército de Salvación). — *Oficiala de costura*, première main. ‖ *Oficiala de modista*, petite main.

oficialía f. Emploi (*m.*) de bureau.

oficialidad f. MIL. Cadres, *m. pl.*, officiers, *m. pl.* ‖ Caractère (*m.*) officiel (de una noticia, etc.).

oficialización f. Officialisation.

oficializar v. tr. Officialiser.

oficiante m. Officiant.

oficiar v. tr. Célébrer (la misa). ‖ Communiquer officiellement (una noticia).
— V. intr. Officier (el sacerdote).

oficina f. Bureau, *m.* (despacho) : *oficina de Correos*, bureau de poste. ‖ Office, *m. : oficina de colocación*, office de la main-d'œuvre. ‖ Officine (de farmacia). ‖ FIG. Officine, laboratoire, *m.* ‖ — *Oficina de objetos perdidos*, Bureau des objets trouvés. ‖ *Oficina de Turismo*, syndicat d'initiative, office de tourisme. ‖ *Oficina Internacional del Trabajo*, Bureau international du travail.

oficinal adj. MED. Officinal, e : *planta oficinal*, plante officinale.

oficinesco, ca adj. FAM. Bureaucratique.

oficinista m. y f. Employé, employée de bureau.

oficio m. Métier (profesión) : *oficio manual*, métier manuel. ‖ Office, fonctions, *f. pl.* (función) : *desempeñar su oficio*, remplir ses fonctions *o* son office. ‖ Office, charge, *f.* (de escribano). ‖ Communication, *f.*, rapport (comunicación). ‖ Office (antecocina). ‖ ECLES. Office : *oficio de difuntos*, office des morts. ‖ — *Oficio divino* ou *mayor*, office divin. ‖ *Oficio parvo*, petit office. ‖ — *Artes y oficios*, arts et métiers. ‖ *Buenos oficios*, bons offices. ‖ *De oficio*, d'office. ‖ *Los gajes del oficio*, les inconvénients du métier. ‖ *Santo Oficio*, Saint-Office. ‖ — *Hacer su oficio*, faire son métier. ‖ *No hay oficio malo*, il n'y a point de sot métier. ‖ *No tener oficio ni beneficio*, ne rien avoir du tout. ‖ *Quien ha oficio, ha beneficio*, il n'est de si petit métier qui ne nourrisse son maître. ‖ *Ser albañil de oficio*, être maçon de son métier *o* de son état. ‖ *Ser del oficio*, être du métier. ‖ *Tener mucho oficio*, avoir du métier.

oficiosamente adv. Diligemment (con diligencia). ‖ Obligeamment (con complacencia). ‖ Officieusement (no oficialmente).

oficiosidad f. Diligence, activité (laboriosidad). ‖ Obligeance, empressement, *m.* (complacencia). ‖ Zèle (*m.*) déplacé, indiscrétion (importunidad).

oficioso, sa adj. Actif, ive ; diligent, e (diligente). ‖ Obligeant, e ; empressé, e (solícito). ‖ Indiscret, ète (importuno). ‖ Officieux, euse (no oficial).

ofidio, dia adj. y s. m. ZOOL. Ophidien, enne.

ofioglosa f. BOT. Ophioglosse, *m.*

ofiolatría f. Ophiolâtrie.

ofiología f. ZOOL. Ophiologie.

ofita f. Ophite, *m.* (piedra). ‖ Ophite, *m.* (miembro de una secta).

ofiuco m. ASTR. Ophicus, serpentaire.

ofiuro m. ZOOL. Ophiure, *f.*

ofrecer* v. tr. Offrir : *ofrecer un vino de honor*, offrir un vin d'honneur ; *ofrecer un sacrificio*, offrir un sacrifice. ‖ FIG. Offrir, présenter : *esto ofrece muchas ventajas*, ceci offre bien des avantages. | ● Offrir : *ofrecer su ayuda*, offrir son aide. | Offrir : *ofrecer poca resistencia*, offrir peu de résistance. ‖ — *Ofrecer el brazo*, offrir son bras. | *Ofrecer una copa*, offrir un verre. — V. pr. S'offrir : *ofrecerse en sacrificio*, s'offrir en sacrifice. ‖ Se proposer, s'offrir : *ofrecerse de acompañante*, se proposer comme accompagnateur ; *ofrecerse para hacer un trabajo*, s'offrir à faire un travail. ‖ FIG. Venir à l'esprit (ocurrir). ‖ — *Ofrecerse a la vista de*, s'offrir à la vue de. ‖ *¿Qué se le ofrece a usted?*, que désirez-vous ?, qu'y a-t-il pour votre service ?

— SINÓN. ● *Proponer*, proposer. *Prometer*, promettre. *Asegurar*, assurer. *Presentar*, présenter. *Brindar*, offrir.

ofrecimiento m. Offre, *f.*

ofrenda f. Offrande.

ofrendar v. tr. Offrir, donner une offrande : *ofrendar su alma a Dios*, offrir son âme à Dieu.

ofris m. BOT. Ophrys.

oftalmía f. MED. Ophtalmie.

oftálmico, ca adj. MED. Ophtalmique.

oftalmología f. MED. Ophtalmologie.

oftalmológico, ca adj. Ophtalmologique.

oftalmólogo m. Ophtalmologiste, ophtalmologue.

oftalmómetro m. Ophtalmomètre.

oftalmoscopia f. MED. Ophtalmoscopie.

oftalmoscopio m. MED. Ophtalmoscope.

ofuscación f. o **ofuscamiento** m. Aveuglement, *m.* (ceguera).

ofuscar v. tr. Offusquer (p. us.), aveugler, éblouir : *el sol me ofusca*, le soleil m'éblouit. ‖ FIG. Troubler, égarer, aveugler (conturbar) : *ofuscado por la pasión*, aveuglé par la passion. — V. pr. Être ébloui, e. ‖ FIG. Être troublé, e. — OBSERV. *Ofuscarse* n'a pas le sens de « s'offusquer », « être choqué par » (ofenderse).

ogro, ogresa m. y f. Ogre, esse.

¡oh! interj. Oh ! : *¡oh qué horror!*, oh ! quelle horreur ! ‖ Ô (usado como vocativo) : *¡oh, Júpiter!*, ô Jupiter !

ohm o **ohmio** m. ELECTR. Ohm.

óhmico, ca adj. ELECTR. Ohmique.

ohmiómetro m. ELECTR. Ohmmètre.

oíble adj. Audible.

oída f. Audition. ‖ *De* ou *por oídas*, par ouï-dire.

oidio m. BOT. Oïdium.

oído m. Oreille, *f.* (órgano) : *me duelen los oídos*, j'ai mal aux oreilles ; *taparse los oídos*, se boucher les oreilles. ‖ Ouïe, *f.*, oreille, *f.* (sentido) : *el oído fino*, avoir l'ouïe fine. ‖ Lumière, *f.* [d'une arme à feu]. ‖ — *Al oído*, à l'oreille. ‖ MÚS. *De oído*, d'oreille. ‖ *Duro de oído*, dur d'oreille. ‖ — *A pregunta necia, oídos sordos*, à folle demande, point de réponse. ‖ FIG. y FAM. *¡Oído al parche!*, attention ! ‖ — FIG. *Abrir los oídos*, ouvrir les oreilles. | *Aguzar el oído*, dresser o tendre l'oreille. | *Dar oídos a*, prêter l'oreille à, écouter (prestar atención), ajouter foi à (creer). | *Estar mal del oído*, être dur d'oreille. | *Hacer oídos de mercader* ou *oídos sordos*, faire la sourde oreille. | *Ha llegado a mis oídos*, j'ai appris, j'ai eu vent de. | *Lastimar el oído*, écorcher les oreilles *o* l'oreille. | *Machacar los oídos*, rebattre les oreilles. | *No dar crédito a sus oídos*, ne pas en croire ses oreilles. | *No dar oídos a*, refuser d'écouter, fermer l'oreille à. | *Prestar oído*, prêter l'oreille. | *Prestar oídos*, tendre l'oreille. | *Regalar el oído a uno*, chanter les louanges de quelqu'un. | *Ser fino de oídos*, avoir l'oreille fine. | *Ser todo oídos*, être tout ouïe, écouter de toutes ses oreilles. | *Tener oído*, avoir de l'oreille.

oidor, ra adj. y s. Auditeur, trice.

oidoría f. Charge d'auditeur.

oíl m. Oïl : *lengua de oíl*, langue d'oïl.

oír* v. tr. Entendre : *oir un ruido*, entendre un bruit ; *no se oye nada*, on n'entend rien. ‖ Écouter (atender, escuchar) : *oír un ruego*, écouter une demande. ‖ — *Oír al revés*, entendre de travers. | *Oír misa*, entendre la messe. ‖ (Ant.) *Oír teología*, suivre un cours de théologie. ‖ — *¡Oiga!*, écoutez ! (para llamar la atención), allô (teléfono). ‖ FAM. *¡Oye!*, dis donc ! : *pero, oye, ¿qué te has creído?*, mais, dis donc, qu'est-ce que tu t'es imaginé ? ; écoute ! (para llamar la atención). ‖ — *Al oírle hablar así*, à l'entendre. ‖ *Aquí donde usted me oye*, moi qui vous parle. ‖ *Dejar oír*, faire entendre. ‖ *¡Dios le oiga!*, Dieu vous entende ! ‖ FAM. *Es como quien oye llover*, c'est comme si je chantais. | *Estar harto de oír*, avoir les oreilles rebattues de. ‖ FIG. *Las paredes oyen*, les murs ont des oreilles. | *Ni visto ni oído*, ni vu ni connu. | *No hay peor sordo que el que no quiere oír*, il n'est pire sourd que celui qui ne veut pas entendre. ‖ *Se oyó una voz plañidera*, une voix plaintive se fit entendre. ‖ FIG. *Usted ha oído campanas (y no sabe dónde)*, vous en avez vaguement entendu parler, vous ne comprenez qu'à moitié.

— OBSERV. Existe también en francés el verbo *ouïr*. (Véase la observación en OUÏR, 1ª parte, pág. 522.)

oíslo m. y f. FAM. Moitié, *f.* (esposo o esposa...)

ojal m. Boutonnière, *f.* (para abrochar un botón) : *con una flor en el ojal,* une fleur à la boutonnière. ‖ Œil, orifice (agujero). ‖ POP. Boutonnière (herida) : *abrirle a uno un ojal,* faire une boutonnière à quelqu'un.

¡ojalá! interj. Je l'espère !, que Dieu vous entende !, plaise à Dieu ! ‖ Dieu veuille que, pourvu que : *¡ojalá apruebe!,* Dieu veuille qu'il réussisse ! ‖ Pourvu que : *¡ojalá se escape!,* pourvu qu'il s'échappe ! ‖ *¡Ojalá viviera aún!,* si seulement il vivait encore !

ojaranzo m. BOT. Sorte de ciste (planta). | Laurier-rose (adelfa). | Rhododendron (rododendro).

ojeada f. Coup (*m.*) d'œil : *echar* ou *dar una ojeada,* jeter un coup d'œil. ‖ FIG. Tour (*m.*) d'horizon : *dieron una ojeada a la situación actual,* ils ont fait un tour d'horizon de la situation actuelle.

ojeador m. Rabatteur (en la caza).

ojear v. tr. Regarder, examiner (mirar). ‖ Rabattre o faire lever [le gibier] (en la caza). ‖ FIG. Effaroucher, faire fuir (espantar). | Jeter le mauvais œil (aojar).

ojén m. Sorte d'anisette, *f.* (bebida).

ojeo m. Battue, *f.* (en la caza).

ojera f. Cerne, *m.* (de los ojos). ‖ *Tener ojeras,* avoir les yeux cernés.

ojeriza f. Rancune, haine. ‖ — *Tener ojeriza a uno,* avoir une dent contre quelqu'un, avoir pris quelqu'un en grippe, en vouloir à quelqu'un. ‖ *Tomar ojeriza a uno,* prendre quelqu'un en grippe.

ojeroso, sa adj. Battu, e ; cerné, e (los ojos). *Estar ojeroso,* avoir les yeux cernés o battus.

ojete m. Œillet (para pasar un cordón). ‖ POP. Trou de balle (ano).

ojetear v. tr. Faire des œillets (costura).

ojetera f. Bord (*m.*) d'un vêtement.

ojialegre adj. FAM. Qui a les yeux rieurs.

ojigarzo, za adj. Aux yeux bleus.

ojimiel m. Oxymel (medicamento).

ojimoreno, na adj. FAM. Qui a les yeux bruns.

ojinegro, gra adj. FAM. Qui a les yeux noirs.

ojituerto, ta adj. Loucheur, euse (bisojo).

ojiva f. ARQ. Ogive. ‖ MIL. Ogive (de proyectil).

ojival adj. Ogival, e ; en ogive. ‖ *Estilo ojival,* style ogival.

ojizarco, ca adj. FAM. Qui a les yeux bleu clair.

ojo m. Œil : *tener ante los ojos,* avoir sous o devant les yeux ; *saltar un ojo,* crever un œil. ‖ Œil (en el caldo, pan, queso). ‖ Chas (de aguja). ‖ Anneau (de llave). ‖ Trou (de cerradura). ‖ Arche, *f.* (de puente). ‖ Source, *f.* (manantial). ‖ Ocelle, œil (de la cola del pavo). ‖ Savonnage (jabonadura). ‖ Maille, *f.* (de red). ‖ IMPR. Œil (de una letra). ‖ TECN. Œil (de la herramienta). — Pl. Anneaux (de tijeras). ‖ — *¡Ojo!,* ou *¡mucho ojo!,* attention !, gare !, ouvrez l'œil ! ‖ *Ojo con,* attention à. ‖ FIG. y FAM. *Ojo a la funerala, ojo en compota,* œil au beurre noir, œil poché, coquard. | *Ojo de besugo,* œil globuleux. ‖ *Ojo de buey,* œil-de-bœuf (ventana). ‖ *Ojo de cristal,* œil de verre. ‖ *Ojo de gallo,* œil-de-perdrix (callo). ‖ *Ojo de gato,* œil-de-chat (ágata). ‖ *Ojo de muela,* œillard. ‖ *Ojo de perdiz,* œil-de-perdrix (en bordados y árboles). ‖ RAD. *Ojo mágico,* œil magique. ‖ *Ojos hundidos,* yeux creux. ‖ *Ojos oblicuos,* yeux obliques o bridés. ‖ *Ojos pícaros,* yeux fripons. ‖ FIG. *Ojo por ojo, diente por diente,* œil pour œil, dent pour dent. ‖ *Ojos rasgados,* yeux en amande o de biche o fendus. ‖ *Ojos saltones,* yeux saillants o à fleur de tête. ‖ *Ojos tiernos,* yeux fragiles, yeux humides o qui pleurent. ‖ — *A (los) ojos de,* aux yeux de (según). ‖ *A ojo,* au jugé, à l'œil. ‖ *A ojo de buen cubero,* à vue de nez, au pifomètre (fam.). ‖ *A ojos cerrados,* les yeux fermés. ‖ *A ojos vistas,* à vue d'œil (progresivamente) : *crecer a ojos vistas,* grandir à vue d'œil. ‖ FIG. *Como los ojos de la cara,* comme la prunelle de ses yeux. | *Con los ojos cerrados,* les yeux fermés. | *Dar un ojo,* savonner (la ropa). | *Delante de los ojos,* sous les yeux. | *En un abrir y cerrar de ojos,* en un clin d'œil. | *Hacer ojo,* mousser (el jabón). | *Hasta los ojos,* jusqu'au cou. | *Mal de ojo,* mauvais œil : *hacer mal de ojo,* avoir le mauvais œil. — FIG. *Abrir el ojo,* ouvrir l'œil. | *Abrir los ojos,* ouvrir o dessiller les yeux. | *Alegrársele a uno los ojos,* briller de joie [les yeux] : *se le alegraron los ojos,* ses yeux brillèrent de joie. ‖ *Alzar los ojos al cielo,* lever les yeux au ciel. ‖ FIG. *Andar con cien ojos,* être sur ses gardes. | *Andar ojo alerta,* ouvrir l'œil. | *Bailarle a uno los ojos de alegría,* être tout guilleret (être sumamente contento). | *Cerrar los ojos a,* fermer les yeux sur. | *Clavar los ojos en,* fixer les yeux sur. | *Comerse con los ojos,* couver o dévorer o manger des yeux. | *Costar* ou *valer un ojo de la cara,* coûter les yeux de la tête. | *Cuatro ojos ven más que dos,* deux avis valent mieux qu'un. | *Daría un ojo de la cara por,* je donnerais tout au monde pour, je donnerais gros pour. ‖ *¡Dichosos los ojos que te ven!,* comme je suis content de te voir !, quel bon vent t'amène ? ‖ FIG. *Donde pone el ojo pone la bala* ou *la piedra,* il ne rate jamais son coup. | *Dormir con un ojo* ou *con los ojos abiertos,* ne dormir que d'un œil, dormir en gendarme. | *Echar el ojo a,* jeter son dévolu sur, avoir des vues sur. | *El ojo del amo engorda al caballo,* rien ne vaut l'œil du maître. | *Entrar por los ojos,* taper dans l'œil. | *Estar ojo avizor,* avoir l'œil au guet. | *Hacer caer la venda de los ojos,* dessiller les yeux, faire tomber le bandeau des yeux. | *Írsele a uno los ojos por* ou *tras una cosa,* mourir d'envie de quelque chose (desear), loucher sur quelque chose (mirar). | *Llenar antes el ojo que la barriga* ou *la tripa,* avoir les yeux plus grands o plus que le ventre. | *Llorar con un ojo,* verser des larmes de crocodile. | *Me ha metido esto por los ojos,* il me l'a vanté, il m'en a fait l'article. | *Meterse por el ojo de una aguja,* se faufiler partout. ‖ *Mirar a* ou *en los ojos,* regarder dans les yeux o en face. ‖ FIG. *Mirar con buenos ojos,* regarder d'un bon œil. | *Mirar con el rabillo del ojo,* regarder du coin de l'œil. | *Mirar con ojos de carnero,* regarder avec des yeux de merlan frit. | *Mirar con ojos terribles,* faire les gros yeux. | *No dar crédito a sus ojos,* ne pas en croire ses yeux. | *No pegar el ojo* ou *los ojos,* ne pas fermer l'œil (no poder dormir bien o nunca). | *No quitar los ojos de encima,* ne pas quitter des yeux, couver du regard (mirar mucho), avoir o tenir à l'œil (vigilar). | *No quitar ojo a alguien,* avoir l'œil sur quelqu'un, avoir o tenir quelqu'un à l'œil. | *No tener dónde volver los ojos,* ne pas savoir vers qui se tourner. | *No tener ojo más que para,* n'avoir d'yeux que pour. | *No tener telarañas en los ojos,* ne pas avoir les yeux dans sa poche. | *Ofender los ojos,* offenser la vue. | *Ojos que no ven, corazón que no siente,* loin des yeux, loin du cœur. | *Pasar a los ojos de uno como un tonto,* passer aux yeux de quelqu'un pour un sot. ‖ *Pasar los ojos por,* parcourir des yeux o du regard. ‖ FAM. *Ponerle a uno un ojo a la funerala,* pocher l'œil à quelqu'un. ‖ FIG. *Poner los ojos ou el ojo en,* jeter les yeux sur. | *Poner los ojos en blanco,* se pâmer (de gusto), avoir les yeux révulsés (por un mareo). ‖ FIG. *Quebrarse los ojos,* se crever les yeux (de cansancio). | *Revolver los ojos,* rouler des yeux. | *Sacar los ojos a uno,* saigner quelqu'un (pedir mucho dinero). | *Saltar a los ojos,* sauter aux yeux. ‖ *Se le arrasaron los ojos en lágrimas,* ses yeux se remplirent de larmes. | *Se le humedecieron los ojos,* les larmes lui montèrent aux yeux. ‖ FIG. *Ser el ojo* ou *el ojito derecho,* être le chouchou o le préféré. | *Ser todo ojos,* être tout yeux. | *Tener buen ojo* ou *ojo clínico,* avoir l'œil américain *o* le compas dans l'œil. ‖ Fig. y Fam. *Tener cuatro ojos,* être un binoclard (llevar gafas). | *Tener entre ojos a uno,* avoir quelqu'un dans le nez, ne pas pouvoir sentir quelqu'un. ‖ Fig. *Tener los ojos vendados* ou *tener una venda en los ojos,* avoir un bandeau sur les yeux, être aveugle. | *Tener muy buen ojo,* avoir du flair (ser perspicaz). | *Tener ojo de buen cubero,* avoir le compas dans l'œil *o* l'œil américain. | Pop. *Tener un ojo aquí y el otro en Pekín,* avoir un œil qui dit zut à l'autre, avoir un œil à Paris et l'autre à Pontoise (ser bizco). ‖ Fig. *Traer entre ojos,* avoir à l'œil, surveiller. | *Ver con buenos, malos ojos,* voir d'un bon, mauvais œil. | *Ver con los mismos ojos,* voir du même œil.

ojoso, sa adj. Plein d'yeux (pan, queso, caldo).

ojota f. *Amer.* Sandale.

ojuelo m. Petit œil : *unos ojuelos vivarachos,* des petits yeux vifs.

okapí m. Zool. Okapi (mamífero).

okume m. Okoumé (árbol africano).

ola f. Mar. Vague. ‖ Fig. Poussée : *ola inflacionista,* poussée inflationniste. | Vague : *ola de protestas,* vague de protestations. ‖ — *La nueva ola,* la nouvelle vague. ‖ *Ola de calor, de frío,* vague de chaleur, de froid.

Olao n. pr. m. Olaf.

¡olé! u **¡olé!** interj. Bravo!, olé!

oleáceas f. pl. Bot. Oléacées.

oleada f. Grande vague, lame (ola). ‖ Paquet (*m.*) de mer. ‖ Fig. Remous, *m.* [de la foule]. | Vague : *oleada de suicidios,* vague de suicides. ‖ Bonne récolte d'huile (cosecha).

oleaginosidad f. Composition oléagineuse.

oleaginoso, sa adj. y s. m. Oléagineux, euse.

oleaje m. Houle, *f.* (marejada).

oleandro m. Bot. Oléandre, laurier-rose.

olear v. tr. Ecles. Administrer l'extrême-onction.

oleato m. Quím. Oléate.

olécranon m. Anat. Olécrane.

oledor, ra adj. (P. us.). Odoriférant, e (oloroso). ‖ Qui a le nez fin (que percibe el olor).

oleico, ca adj. Quím. Oléique.

oleícola adj. Oléicole.

oleicultor m. Oléiculteur.

oleicultura f. Oléiculture.

oleífero, ra adj. Oléifère, oléifiant, e : *planta oleífera,* plante oléifère.

oleiforme adj. Oléiforme.

oleína f. Quím. Oléine.

óleo m. Huile, *f.* (aceite). ‖ — *Los Santos óleos,* les saintes huiles. ‖ *Pintura al óleo,* peinture à l'huile.

oleoducto m. Pipe-line, oléoduc (p. us.).

oleografía f. Oléographie.

oleolato m. Quím. Oléolat.

oleómetro m. Oléomètre.

oleonafta f. Quím. Oléonaphte, *m.*

oleorresina f. Oléorésine.

oleosidad f. Caractère (*m.*) huileux.

oleoso, sa adj. Huileux, euse.

óleum m. Quím. Oléum.

oler* v. tr. Sentir [une odeur]. ‖ Fig. Flairer, renifler (husmear).
— V. intr. Sentir : *oler a tabaco,* sentir le tabac; *oler bien, mal,* sentir bon, mauvais. ‖ Fig. Sentir : *esto huele a mentira,* cela sent le mensonge. ‖ — Fig. y Fam. *Oler a chamusquina,* sentir le roussi. | *Oler a difunto,* sentir le cadavre *o* le sapin. | *Este asunto no me huele bien,* cette affaire me paraît louche *o* ne me semble pas très catholique. | *Este hombre me huele a bellaco,* cet homme m'a tout l'air d'un fripon.
— V. pr. Fig. Sentir : *me huelo que va a llover,* je sens qu'il va pleuvoir. | Pressentir, flairer

(fam.) : *olerse un peligro,* flairer un danger. | Soupçonner, subodorer : *me huelo una intriga,* je soupçonne une intrigue. | Se douter : *me lo olía,* je m'en doutais.

olfacción f. (P. us.). Olfaction.

olfatear v. tr. Flairer.

olfateo m. Olfaction, *f.* (p. us.), action (*f.*) de flairer.

olfativo, va adj. Anat. Olfactif, ive : *nervio olfativo,* nerf olfactif.

olfato m. Odorat. ‖ Flair (perros, etc.). ‖ Fig. Flair, nez (perspicacia) : *tener olfato,* avoir du flair.

olfatorio, ria adj. Olfactif, ive.

olíbano m. Oliban (incienso).

oliente adj. Qui sent, odorant, e. ‖ — *Bien oliente,* qui sent bon. ‖ *Mal oliente,* malodorant, e; qui sent mauvais.

oliera f. Chrismal, *m.* (vaso).

olifante m. Olifant (trompa).

oligarca m. Oligarque.

oligarquía f. Oligarchie : *la oligarquía financiera,* l'oligarchie financière.

oligárquico, ca adj. Oligarchique.

oligisto adj. m. y s. m. Min. Oligiste (mineral de hierro). ‖ *Oligisto rojo,* hématite.

oligoceno, na adj. y s. m. Geol. Oligocène.

oligoclasa f. Min. Oligoclase.

oligoelemento m. Biol. Oligo-élément.

oligofrenia f. Oligophrénie.

oligoquetos m. pl. Zool. Oligochètes (anélidos).

oliguria f. Med. Oligurie.

Olimpia n. pr. f. Hist. Olympie.

olimpiada f. Jeux (*m. pl.*) Olympiques (juegos). ‖ Olympiade (período de cuatro años).

olímpicamente adv. *Despreciar olímpicamente,* avoir un mépris olympien. ‖ *Mirar olímpicamente a uno,* regarder quelqu'un de toute sa hauteur.

olímpico, ca adj. Olympien, enne (del Olimpo) : *Júpiter olímpico,* Jupiter Olympien. ‖ Olympique (de Olimpia) : *juegos olímpicos,* jeux Olympiques. ‖ — *Ciudad olímpica,* ville olympique. ‖ Fig. *Desdén olímpico,* mépris olympien.

Olimpo n. pr. m. Mitol. Olympe.

olingo m. *Amer.* Singe hurleur (mono).

olinto n. pr. m. Olynthe.

oliscar v. tr. Flairer, sentir (oler). ‖ Fig. Flairer, renifler.
— V. intr. Sentir [mauvais] : *esta carne empieza a oliscar,* cette viande commence à sentir.

olisquear v. tr. Fam. Renifler.

oliva f. Olive (aceituna) : *aceite de oliva,* huile d'olive. ‖ Chouette, chevêche (lechuza). ‖ Arq. Olive (motivo). ‖ *Color verde oliva,* olive [couleur].

oliváceo, a adj. Olivacé, e.

olivar m. Oliveraie, *f.,* olivaie, *f.,* bois d'oliviers, olivette, *f.* (campo de olivos).

olivar v. tr. Agr. Couper les basses branches.

olivarda f. Faucon, *m.* (neblí).

olivarero, ra adj. De l'olivier, de l'olive : *región olivarera,* région de l'olivier; *industria olivarera,* industrie de l'olive. ‖ Relatif aux olives : *política olivarera,* politique relative aux olives.

olivario, ria adj. Olivaire.

olivera f. Olivier, *m.* (árbol).

Oliverio n. pr. m. Olivier.

olivero m. Grenier à olives.

olivetano m. Olivétain (religioso).

Oliveto n. pr. m. *Monte Oliveto,* mont des Oliviers.

olivícola adj. De la culture des olives.

olivicultor m. Oléiculteur, personne (*f.*) qui fait la culture des olives.

olivicultura f. Oléiculture, culture des olives.

olivífero, ra adj. Couvert d'oliviers.

olivillo m. Bot. Olivier nain.

olivina f. u olivino m. Min. Olivine, f.

olivo m. Olivier (árbol). ‖ — Olivo arbequín, olivier de Catalogne. ‖ Olivo silvestre ou acebucheno, olivier sauvage (acebuche). ‖ — Huerto de los Olivos, jardin des Oliviers. ‖ Monte de los Olivos, mont des Oliviers. ‖ Fig. Olivo y aceituno todo es uno, c'est bonnet blanc et blanc bonnet. ‖ Rama de olivo, rameau d'olivier. ‖ Fig. Tomar el olivo, sauter la barrière (el torero), prendre la clef des champs (marcharse).

olmeda f. u olmedo m. Ormaie, f., ormoie, f.

olmo m. Bot. Orme. ‖ Olmo pequeño, ormeau, ormille.

ológrafo, fa adj. Olographe (testamento).

olor m. ● Odeur, f. : un olor a rosa, une odeur de rose. ‖ Fumet (de un manjar, de la caza). ‖ Senteur, f., parfum (buen olor). ‖ Fig. Odeur. ‖ — Agua de olor, eau de toilette. ‖ Morir en olor de santidad, mourir en odeur de sainteté.

— Sinón. ● Fragancia, perfume, parfum. Aroma, arôme, bouquet. Efluvio, effluve. Emanación, émanation. Exhalación, exhalaison.

olorizar v. tr. Embaumer, parfumer.

oloroso, sa adj. Parfumé, e ; odorant, e.

olvidable adj. Oubliable.

olvidadizo, za adj. Oublieux, euse. ‖ Fig. Ingrat, e ; qui a la mémoire courte (desagradecido). ‖ — Hacerse el olvidadizo, feindre d'oublier o de ne pas se souvenir. ‖ Ser olvidadizo, avoir la mémoire courte.

olvidado, da adj. y s. Oublié, e. ‖ Oublieux, euse (olvidadizo). ‖ Fig. Ingrat, e.

olvidar v. tr. Oublier : olvidar un objeto, una fecha, a una persona, oublier un objet, une date, une personne. ‖ — V. pr. S'oublier (estar olvidado) : todo se olvida, tout s'oublie. ‖ Oublier : se me olvidó decírtelo ou me olvidé de decírtelo, j'ai oublié de te le dire ; se le olvidaron todos los favores, il a oublié tous les bienfaits. ‖ Fig. Olvidarse de sí mismo, ne pas penser à soi.

olvido m. Oubli. ‖ — Caer en el olvido, tomber dans l'oubli. ‖ Dar ou echar al ou en el olvido, oublier. ‖ Dejar en el olvido, laisser dans l'oubli. ‖ Enterrar en el olvido, enterrer. ‖ Entregar al olvido, livrer à l'oubli. ‖ Estar en el olvido, être dans l'oubli. ‖ Sacar del olvido, tirer de l'oubli.

olla f. Marmite (vasija). ‖ Pot-au-feu, m. inv. (guisado). ‖ Bouillonnement, m., tourbillon, m. (remolino). ‖ — Olla ciega, tirelire (alcancía). ‖ Mil. Olla de fuego, grenade, obus. ‖ Fig. Olla de grillos, cour du roi Pétaud, pétaudière. ‖ Olla de presión, autocuiseur. ‖ Olla podrida, pot-pourri.

ollao m. Mar. Œil-de-pie, œillet.

ollar adj. Ollaire : piedra ollar, pierre ollaire. — M. Naseau (de las caballerías).

ollera f. Zool. Sittelle (herrerillo).

ollería f. Poterie.

ollero, ra m. y f. Potier, ère. ‖ Cada ollero alaba su puchero, chacun vante sa marchandise.

ombligo m. Anat. Nombril, ombilic. ‖ Fig. Nombril, centre, ombilic. ‖ — Fig. y fam. Encogérsele a uno el ombligo, trembler de peur. ‖ Bot. Ombligo de Venus, nombril-de-Vénus, ombilic (planta). ‖ Ombligo marino, nombril marin.

ombliguero m. Bandage ombilical.

ombrina f. Ombrine (pez).

ombú m. Ombu (árbol de América).

omega f. Oméga, m. (letra griega).

omento m. Anat. y Zool. Épiploon (redaño).

Omeyas m. pl. Hist. Omeyyades (dinastía).

ómicron f. Omicron, m. (letra griega).

ominoso, sa adj. Abominable.

omisión f. Omission (abstención) : pecado de omisión, péché par omission. ‖ Négligence (descuido).

— Sinón. Olvido, oubli. Pretericíón, prétérition. Laguna, ilanco, lacune.

omiso, sa adj. Omis, e (no hecho o dicho). ‖ Négligent, e (descuidado). ‖ Hacer caso omiso de. V. caso.

omitir v. tr. Omettre : omitió decírmelo, il a omis de me le dire. ‖ Passer sous silence (silenciar).

ómnibus m. Omnibus (carruaje público). ‖ Tren ómnibus, train omnibus.

omnidireccional adj. Rad. Omnidirectionnel, elle.

omnímodamente adv. De toutes les manières.

omnímodo, da adj. Universel, elle ; général, e.

omnipotencia f. Toute-puissance, omnipotence.

omnipotente adj. Omnipotent, e ; tout-puissant, e.

omnipotentemente adv. Avec omnipotence.

omnipresencia f. Omniprésence.

omnipresente adj. Omniprésent, e.

omnisapiente adj. Omniscient, e.

omnisciencia f. Omniscience.

omnisciente adj. Omniscient, e.

ómnium m. Com. Omnium. ‖ Omnium (carrera).

omnívoro, ra adj. y s. Zool. Omnivore.

omofagia f. Omophagie.

omóplato u omoplato m. Anat. Omoplate, f.

onagra f. Bot. Onagre, m., herbe aux ânes, œnothère, m., onagraire.

onagrariáceas f. pl. Bot. Onagrariacées.

onagro m. Zool. Onagre (asno salvaje). ‖ Mil. Onagre (ballesta).

onanismo m. Onanisme.

onanista adj. Onaniste.

once adj. num. y s. m. Onze. ‖ — M. Onze (equipo de fútbol). ‖ Son las once de la noche, il est 11 heures du soir.

— Observ. El artículo que precede a onze no se elide (le 11 [le onze] février).

oncejo m. Martinet (pájaro).

onceno, na adj. y s. Onzième.

oncología f. Med. Oncologie.

onda f. Onde, vague (en el agua). ‖ Fís. Onde : ondas acústicas, hertzianas, amortiguadas, portadoras, ondes sonores, hertziennes, amorties, porteuses. ‖ Cran, m., ondulation (en el pelo). ‖ — Rad. Longitud de onda, longueur d'onde. ‖ Onda corta, ondes courtes. ‖ Onda de choque ou onda expansiva, souffle, onde de choc (explosión). ‖ Rad. Ondas largas, grandes ondes. ‖ Onda media, petites ondes, ondes moyennes.

ondeado, da adj. Qui ondoie, ondé, e. ‖ Ondulé, e (el pelo).

ondeante adj. Ondoyant, e.

ondear v. intr. y pr. Ondoyer : ondear al viento, ondoyer au vent. ‖ Flotter (la ropa, el pelo).

ondeo m. Ondoiement, ondulation, f.

ondímetro m. Fís. Ondemètre.

ondina f. Mitol. Ondine.

ondulación f. Ondulation. ‖ Cran, m., ondulation (pelo). ‖ Ondulación permanente, ondulation permanente.

ondulado, da adj. Ondulé, e.

ondulante adj. Ondulant, e (pelo), ondoyant, e (trigo).

ondular v. tr. e intr. Onduler (pelo), ondoyer (trigo).

ondulatorio, ria adj. Ondulatoire.

onduloso, sa adj. Onduleux, euse.

oneroso, sa adj. Onéreux, euse.

ónice m. Onyx (ágata).

onicofagia f. Med. Onychophagie.

onírico, ca adj. Onirique (de los sueños).

onirismo m. Onirisme.

oniromancia f. Oniromancie (adivinación por los sueños). ‖ Especialista en oniromancia, oniromancien, enne.

ónix m. Onyx (ágata).

onocentauro m. Onocentaure.

onomástico, ca adj. y s. Onomastique. || — *El día onomástico, el onomástico* ou *la onomástica*, le jour de la fête [d'une personne]. || *Índice onomástico*, index des noms.

onomatopeya f. Onomatopée.

onomatopéyico, ca adj. Onomatopéique.

onoquiles f. Bot. Orcanette, grémil, *m.*

ontogenia f. Ontogenèse, ontogénie.

ontogénico, ca adj. De l'ontogenèse.

ontología f. Filos. Ontologie.

ontológico, ca adj. Filos. Ontologique.

ontologismo m. Ontologisme.

ontólogo m. Filos. Ontologiste.

onubense adj. y s. De Huelva [ville d'Espagne, autrefois *Onuba*].

onza f. Once (medida de peso). || Zool. Once (mamífero).

onzavo, va adj. y s. m. Onzième.

oogonio m. Bot. Oogone, *f.*

oolítico, ca adj. Geol. Oolithique.

oolito m. Geol. Oolithe, *f.*

oosfera f. Bot. Oosphère.

oospora f. Bot. Oospore (huevo).

ooteca f. Oothèque (de los insectos).

opa adj. *Amer.* Bête, idiot, e (tonto).

opacamente adv. D'une manière opaque.

opacar v. tr. Rendre opaque, opacifier.

opacidad f. Opacité.

opaco, ca adj. Opaque. || Sourd, e (ruido). || Fig. Mélancolique (triste).

opalescencia f. Opalescence.

opalescente adj. Opalescent, e.

opalino, na adj. Opalin, e ; opale — F. Opaline.

opalizar v. tr. Opaliser.

ópalo m. Min. Opale, *f.* || *Color de ópalo*, opale.

opción f. Option.

ópera f. Opéra, *m.* (obra y edificio). || — *Ópera bufa*, opéra bouffe. || *Ópera cómica*, opéra-comique.

operable adj. Opérable.

operación f. Opération : *operación aritmética, quirúrgica, de Bolsa*, opération arithmétique, chirurgicale, de Bourse. || — Com. *Fondo de operaciones*, fonds de roulement. || *Operación cesárea*, césarienne. || Mil. *Operación de limpieza*, ratissage. || *Operación en firme*, marché ferme (Bolsa). || Mil. *Teatro de operaciones*, théâtre d'opérations.

operacional adj. Mil. Opérationnel, elle.

operado, da adj. y s. Opéré, e.

operador, ra m. y f. Opérateur, trice (de cine, radio).

operante adj. Fig. Agissant, e ; opérant, e.

operar v. tr. Opérer. || Fig. Opérer, faire de l'effet.

operario, ria m. y f. Ouvrier, ère : *operario electricista*, ouvrier électricien. || — M. Religieux qui assiste les malades (religioso).

operativo, va adj. Opérant, e (operante). || Mil. Opérationnel, elle.

operatorio, ria adj. Opératoire : *choque operatorio*, choc opératoire.

operculado, da adj. Operculé, e.

opercular adj. Operculaire.

opérculo m. Opercule.

opereta f. Opérette.

— Observ. V. opérette, 1ª parte, pág. 516.

opiáceo, a adj. Opiacé, e. || Fig. Lénifiant, e ; calmant, e.

opiado, da adj. Opiacé, e.

opiata f. Med. Opiat, *m.*

opilación f. Med. Opilation (obstrucción). | Aménorrhée (amenorrea). | Hydropisie (hidropesía).

opilarse v. pr. Med. Souffrir d'aménorrhée.

opimo, ma adj. Riche (rico). || Abondant, e.

opinable adj. Discutable.

opinante m. Opinant.

opinar v. tr. e intr. Penser : *¿qué opinas de esto?*, qu'en penses-tu ? || Donner son opinion, opiner (p. us.) : *opinar de* ou *sobre política*, donner son opinion en matière de politique. || Avoir une opinion : *opinar bien de uno*, avoir une bonne opinion de quelqu'un.

opinión f. Opinion : *la opinión pública*, l'opinion publique. || ● Avis, *m.* : *dar su opinión*, donner son avis. || (Ant.). Renommée, réputation (fama). || — *División de opiniones*, partage d'opinions. || *En mi opinión*, à mon avis. || *Salvo mejor opinión*, sauf meilleur avis. || *Según opinión de*, selon l'avis de, au dire de. || *Sondeo de la opinión pública*, sondage d'opinion. || — *Andar en opiniones*, se discréditer, faire jaser. || Fam. *Casarse uno con su opinión*, ne pas en démordre, s'entêter. || *Compartir la opinión de*, partager l'opinion de, abonder dans le sens de. || *Esta persona no me merece buena opinión*, je n'ai pas une bonne opinion de cette personne.

— Sinón. ● *Juicio, parecer*, avis. *Idea*, idée. *Sentimiento, sentir*, sentiment. *Criterio*, critère. *Creencia*, croyance.

opio m. Opium.

opiomanía f. Opiomanie.

opiómano, na adj. y s. Opiomane.

opíparamente adv. Splendidement.

opíparo, ra adj. Splendide, somptueux, euse : *banquete opíparo*, banquet somptueux. || Plantureux, euse (copioso).

opistobranquios m. pl. Zool. Opisthobranches.

opistódomo m. Arq. Opisthodome.

oploteca f. Collection d'armes.

opobálsamo m. Med. Opobalsamum.

oponente m. y f. Adversaire, rival, e.

oponer* v. tr. ● Opposer.

— V. pr. S'opposer : *oponerse a un proyecto*, s'opposer à un projet. || S'opposer, refuser : *oponerse a negociar*, s'opposer à toute négociation, refuser de négocier. || Être vis-à-vis (estar enfrente).

— Sinón. ● *Contraponer*, opposer. *Contrarrestar*, contrecarrer. *Enfrentar*, mettre face à face.

oponibilidad f. Opposabilité.

oponible adj. Opposable.

opopánax u opopónaco m. Opopanax (resina).

opopónace f. u opopanax m. Opopanax, *m.* (planta).

Oporto n. pr. Geogr. Porto.

oportunamente adv. Opportunément, au bon moment.

oportunidad f. Occasion : *tener la oportunidad de*, avoir l'occasion de. || Opportunité : *la oportunidad de una gestión*, l'opportunité d'une démarche. || Opportunité, à-propos, *m.* : *palabras faltas de oportunidad*, paroles manquant d'opportunité. || Chance (posibilidad) : *tener las mismas oportunidades*, avoir des chances égales. || — *Aprovechar la oportunidad*, profiter de l'occasion. || *No aprovechar la oportunidad*, perdre l'occasion. || *No dejar escapar la oportunidad*, ne pas laisser passer l'occasion.

oportunismo m. Opportunisme.

oportunista adj. y s. Opportuniste.

oportuno, na adj. Opportun, e ; bon, bonne (conveniente) : *momento oportuno*, moment opportun ; *juzgar oportuno*, juger bon. || Opportun, e ; adéquat, e : *tomar las medidas oportunas*, prendre les mesures adéquates. || Opportun, e : *una persona oportuna*, une personne opportune. || *Oportuno en las réplicas*, prompt à la répartie.

oposición f. Opposition. || Concours, *m.* (examen) : *hacer una oposición al Cuerpo Administrativo de Aduanas*, passer le concours de recrutement de l'Administration des douanes. || Astr.

Opposition. ‖ — *Catedrático por oposición*, professeur nommé par voie de concours. ‖ *En oposición con*, en opposition avec, à l'opposé de. ‖ *Ganar las oposiciones a una cátedra*, obtenir une chaire par voie de concours. ‖ *Oposición a cátedra*, concours en vue d'obtenir une chaire.

oposicionista m. y f. Membre de l'opposition, opposant, e.

opositar v. intr. Passer un concours.

opositor, ra m. y f. Adversaire, opposant, e (que se opone). ‖ Candidat, e (candidato). ‖ Concurrent, e ; candidat, e (en oposiciones, para un empleo).

opossum m. ZOOL. Opossum.

opoterapia f. MED. Opothérapie.

opresión f. Oppression. ‖ FIG. Oppression (de un pueblo). ‖ Étreinte (de una emoción).

opresivo, va adj. Oppressif, ive : *ley opresiva*, loi oppressive. ‖ FIG. Oppriment, e (clima, etc.).

opreso, sa adj. Opprimé, e.

opresor, ra adj. y s. m. Oppresseur (sin fem.), qui opprime. ‖ *Tiranía opresora*, tyrannie écrasante.

oprimente adj. Oppressant, e ; opprimant, e.

oprimido, da adj. y s. Opprimé, e : *los pueblos oprimidos*, les peuples opprimés. ‖ — Adj. Oppressé, e ; serré, e : *tener el corazón oprimido*, avoir le cœur serré.

oprimir v. tr. Presser, appuyer sur : *oprimir un botón*, presser un bouton. ‖ Oppresser (la respiración). ‖ FIG. ● Opprimer (vejar, tiranizar). | Serrer : *oprimir el corazón*, serrer le cœur. | Opprimer, étreindre (afligir) : *la emoción oprimía a los espectadores*, l'émotion étreignait les spectateurs.

— SINÓN. ● *Sojuzgar, subyugar*, subjuguer. *Someter*, soumettre. *Dominar*, dominer. *Tiranizar, esclavizar*, tyranniser. *Avasallar*, asservir. *Aherrojar*, enchaîner.

oprobiar v. tr. Déshonorer, couvrir d'opprobre.

oprobio m. Opprobre : *ser el oprobio de su familia*, être l'opprobre de sa famille ; *cubrir de oprobio*, couvrir d'opprobre.

— SINÓN. *Deshonra*, deshonneur. *Ignominia*, ignominie. *Infamia*, infamie. *Baldón, afrenta*, affront. *Descrédito*, discrédit.

oprobioso, sa adj. Déshonorant, e ; ignominieux, euse ; honteux, euse.

optación f. Optation.

optar v. intr. Opter : *optar a* ou *por*, opter pour. ‖ Choisir (escoger) : *optar entre dos candidatos*, choisir entre deux candidats.

optativo, va adj. y s. m. GRAM. Optatif, ive.

óptico, ca adj. Optique : *telégrafo óptico*, télégraphe optique. ‖ *Ilusión óptica*, illusion d'optique. — F. Fís. Optique. ‖ Stéréoscope, m. (aparato). ‖ FIG. Optique (enfoque). — M. Opticien (comerciante).

óptimamente adv. Excellemment, parfaitement.

optimismo m. Optimisme.

optimista adj. y s. Optimiste.

óptimo, ma adj. Excellent, e ; parfait, e ; optimal, e. ‖ — Adj. y s. m. Optimum. ‖ *Óptimo porvenir*, brillant avenir.

— Interj. Parfait !, très bien !

optometría f. Fís. Optométrie.

opuestamente adv. À l'opposé.

opuesto, ta adj. ● Opposé, e. ‖ BOT. y GEOM. Opposé, e. ‖ *En sentido opuesto*, en sens opposé o inverse.

— SINÓN. ● *Adverso*, adverse. *Contrario*, contraire. *Contradictorio*, contradictoire. *Antagónico*, antagonique.

opugnación f. (P. us.). Opposition.

opugnador m. (P. us.). Adversaire. ‖ Contradicteur (en una discusión).

opugnar v. tr. (P. us.). S'opposer à (impugnar). ‖ Assaillir (asaltar). ‖ Contredire (contradecir).

opulencia f. Opulence.

opulentamente adv. Opulemment.

opulento, ta adj. Opulent, e (rico, poderoso).

opuncia f. BOT. Opuntia, *m.*, oponce, *m.*, nopal, *m.*, figuier (*m.*) de Barbarie.

opus m. MÚS. Opus.

opúsculo m. Opuscule.

oque (de) loc. FAM. Gratis, à l'œil.

oquedad f. Creux, *m.*, cavité.

oquedal m. Futaie, *f.*

ora conj. Tantôt, soit : *ora de día, ora de noche*, tantôt le jour, tantôt la nuit.

oración f. ● Prière, oraison (p. us.) : *rezar sus oraciones*, faire o dire ses prières. ‖ Discours, *m.* (discurso). ‖ Phrase (frase). ‖ GRAM. Discours, *m.* : *parte de la oración*, partie du discours. ‖ — Pl. Prières. ‖ Angélus, *m. sing.* (toque de campana). ‖ — FIG. *Oración de ciego*, litanie, psalmodie. ‖ *Oración dominical*, oraison dominicale. ‖ *Oración fúnebre*, oraison funèbre. ‖ *Oración mental, vocal*, oraison mentale, vocale.

— SINÓN. ● *Plegaria, ruego, rezo*, prière. *Súplica*, supplique. *Suplicación*, supplication. *Imploración*, imploration.

oracional adj. GRAM. De la phrase.
— M. Livre de prières.

oráculo m. Oracle.

orador, ra m. y f. ● Orateur, *m.* (que habla en público) : *orador sagrado*, orateur sacré. ‖ — M. Prédicateur (predicador). ‖ Personne (*f.*) qui prie.

— SINÓN. ● *Tribuno*, tribun. *Declamador*, déclamateur. *Predicador*, prédicateur. *Disertador*, disertante, dissertateur, disserteur. *Conferenciante*, conférencier.

oral adj. Oral, e : *aprobar los exámenes orales*, être reçu aux examens oraux.
— M. Oral (examen).

Orán n. pr. GEOGR. Oran.

Oranesado n. pr. m. GEOGR. Oranais.

Orange n. pr. HIST. Orange.

orangista m. HIST. Orangiste.

orangután m. ZOOL. Orang-outan.

orante adj. Qui prie. ‖ *Estatua orante*, orant, e.

orar v. intr. Prier (hacer oración) : *orar por los difuntos*, prier pour les morts. ‖ Parler en public (hablar).

orate m. y f. Fou, folle : *casa de orates*, maison de fous.

oratoriano m. Oratorien (religioso).

oratorio, ria adj. Oratoire : *gesto oratorio*, geste oratoire.
— M. Oratoire (capilla). ‖ MÚS. Oratorio. ‖ — F. Art (*m.*) oratoire, éloquence.

orbe m. Orbe (círculo). ‖ Sphère, *f.* (esfera). ‖ Monde (mundo). ‖ ASTR. Orbe.

orbícola adj. Orbicole.

orbicular adj. y s. Orbiculaire.

órbita f. ASTR. y ANAT. Orbite. ‖ — ASTR. *Poner en órbita*, placer o mettre sur orbite. | *Puesta en órbita*, mise sur orbite.

orbital, ria adj. Orbital, e : *vuelo orbital*, vol orbital.

orbitario, ria adj. Orbitaire.

orca f. ZOOL. Orque, épaulard, *m.* (cetáceo).

Orcadas n. pr. f. pl. GEOGR. Orcades (islas).

orcaneta f. BOT. Orcanette, grémil, *m.*

orco m. Orque, *f.*, épaulard (cetáceo).

orchilla f. BOT. Orseille.

órdago m. Renvi (en juegos). ‖ FAM. *De órdago*, épatant, du tonnerre (magnífico) : *una película de órdago*, un film épatant ; gratiné, e : *una tontería de órdago*, une idiotie gratinée ; fini, e : *un tonto de órdago*, un idiot fini.

ordalías f. pl. Ordalies.

orden m. y f. Ordre, *m.* : *obedecer una orden*, obéir à un ordre. ‖ Rangement, ordre : *tener la manía del orden*, avoir la manie du rangement. ‖ Domaine (sector) : *en el orden económico se plantean unos problemas*, des problèmes se posent

dans le domaine économique. ‖ Ordre, *m.* (categoría) : *son problemas de orden financiero,* ce sont des problèmes d'ordre financier. ‖ ARQ., BOT. y ZOOL. Ordre, *m.* : *orden dórico, corintio, jónico,* ordre dorique, corinthien, ionique ; *orden de los coleópteros,* ordre des coléoptères. ‖ Ordre, *m.* : *orden de caballería,* ordre de chevalerie. ‖ DR. Mandat, *m.* : *orden de detención* ou de *arresto, de comparecer, de registro,* mandat d'arrêt, d'amener, de perquisition. | Arrêté, *m.* (decisión) : *por orden gubernativa,* par arrêté préfectoral). ‖ MIL. Ordre, *m.* : *orden cerrado, de batalla,* ordre serré, de bataille. ‖ ECLES. Ordre, *m.* ‖ COM. Ordre, *m.* (pedido). ‖ — *Orden cronológico,* ordre chronologique. ‖ MIL. *Orden de antigüedad,* rang d'ancienneté. | *Orden de combate,* formation de combat. ‖ *Orden de expedición,* bon de livraison. ‖ *Orden del día,* ordre du jour. ‖ *Orden de sucesión,* ordre de succession. ‖ COM. *Orden de pago,* ordonnance de payement, ordonnancement (libramiento). ‖ *Orden formal* ou *terminante,* injonction. ‖ *¡Orden y compostura!,* un peu de tenue ! ‖ ECLES. *órdenes mayores, menores, mendicantes,* ordres majeurs, mineurs, mendiants. ‖ — *A la orden de,* à l'ordre de. ‖ MIL. *¡A sus órdenes!* ou *¡a la orden!,* à vos ordres ! ‖ *De* ou *por orden de,* par ordre de, sur l'ordre de. ‖ *De primer orden,* de premier ordre. ‖ *En el orden natural de las cosas,* dans l'ordre des choses. ‖ *En orden a,* quant à (en cuanto a). ‖ *Hasta nueva orden,* jusqu'à nouvel ordre. ‖ *Llamada al orden,* rappel à l'ordre. ‖ *Por orden de aparición* ou *de entrada en escena,* par ordre d'entrée en scène. ‖ *Por su orden,* à sa place. ‖ *Real orden,* ordonnance royale. ‖ *Sin orden ni concierto,* à tort et à travers : *hablar sin orden ni concierto,* parler à tort et à travers ; sans aucun ordre (desordenado). ‖ — *Alterar el orden,* troubler l'ordre. ‖ *Citar en la orden del día,* citer à l'ordre du jour. ‖ *Llamar al orden,* rappeler à l'ordre. ‖ *Marchar en orden disperso,* marcher en tirailleur. ‖ COM. *Páguese a la orden de,* payer à l'ordre de. ‖ *Poner en orden,* mettre en ordre. ‖ *Restablecer el orden,* rétablir l'ordre.
— OBSERV. Le mot *orden* est du masculin sauf lorsqu'il a le sens de commandement ou celui d'ordre militaire ou religieux.

ordenable adj. Ordonnable.
ordenación f. Ordre, *m.,* ordonnance (disposición). ‖ Rangée (haciendo punto). ‖ ARQ. Ordonnance. ‖ ECLES. Ordination (de un sacerdote). ‖ Aménagement, *m.* : *ordenación rural, de los recursos de un país,* aménagement rural, du territoire. ‖ *Ordenación de pagos,* ordonnancement.
ordenada f. GEOM. Ordonnée.
ordenadamente adv. Avec ordre.
ordenado, da adj. Ordonné, e. ‖ Rangé, e. ‖ — *Ser ordenado,* avoir de l'ordre, être ordonné. ‖ *Todo bien ordenado,* en bon ordre.
ordenador, ra adj. y s. Ordonnateur, trice : *ordenador de pagos,* ordonnateur des paiements. ‖ — M. TECN. Ordinateur (calculador electrónico).
ordenamiento m. Ordonnance, *f.* (ordenanza). ‖ Mise (*f.*) en ordre. ‖ Rangement : *el ordenamiento de una biblioteca,* le rangement d'une bibliothèque.
ordenancista adj. Rigoureux, euse ; strict, e.
ordenando m. ECLES. Ordinand (religioso).
ordenante m. ECLES. Ordinant (obispo).
ordenanza f. Ordonnance (reglamento). ‖ Ordre, *m.,* disposition (mandato). ‖ MIL. Ordonnance (asistente). ‖ Garçon (*m.*) de bureau (en oficinas). ‖ (Ant.). Appariteur, *m.*
ordenar v. tr. Ordonner (mandar). ‖ Ordonner, mettre de l'ordre dans, mettre en ordre : *ordenar unos papeles,* ordonner des papiers. ‖ Ranger : *ordenar un armario,* ranger une armoire. ‖ ECLES.

Ordonner : *ordenar de diácono,* ordonner diacre. ‖ *Ordenar en filas,* mettre en rangs.
— V. pr. Se faire ordonner : *ordenarse de sacerdote,* se faire ordonner prêtre.
ordeñadero m. Seau à lait.
ordeñador, ra m. y f. Personne qui trait, trayeur, euse. ‖ — F. Trayeuse, machine à traire.
ordeñar v. tr. Traire : *ordeñar una vaca,* traire une vache. ‖ Cueillir à la main (las aceitunas).
ordeño m. Traite, *f.* [des vaches]. ‖ Cueillette (*f.*) à la main [des olives].
¡órdiga! interj. *¡Anda la órdiga!,* oh là là !
ordinal adj. Ordinal, e : *adjetivos numerales ordinales,* adjectifs numéraux ordinaux.
ordinariamente adv. Ordinairement (regularmente). ‖ Grossièrement (groseramente).
ordinariez f. Vulgarité (vulgaridad), grossièreté (grosería).
ordinario, ria adj. Ordinaire (corriente). ‖ Vulgaire (plebeyo) : *una mujer ordinaria,* une femme vulgaire. ‖ Ordinaire, quelconque (mediocre). ‖ Grossier, ère (grosero) ‖ — M. Ordinaire (gastos de casa). ‖ Ordinaire (correo, obispo). ‖ Messager (recadero). ‖ FIG. Personne (*f.*) vulgaire *o* grossière. ‖ — *De ordinario,* d'ordinaire, à l'ordinaire, d'habitude. ‖ *Ordinario de la misa,* ordinaire de la messe.
ordinariote, ta adj. FAM. Tout à fait vulgaire.
ordo m. ECLES. Ordo (calendario).
oréades f. pl. MIT. Oréades (ninfas).
orear v. tr. Aérer, rafraîchir (refrescar). ‖ Mettre à l'air, aérer, faire sécher (exponer al aire). ‖ — V. pr. Sécher (secarse). ‖ FIG. Prendre l'air (salir).
orégano m. Origan, marjolaine, *f.* (planta). ‖ FIG. *No todo el monte es orégano,* tout n'est pas rose, ce n'est pas toujours facile.
oreja f. ANAT. Oreille : *tener grandes orejas,* avoir de grandes oreilles ; *orejas tiesas, gachas,* oreilles dressées, tombantes. ‖ Languette, oreille (de zapato). ‖ Oreille (de vasija, de ancla, de gorra). ‖ *Oreja de abad,* sorte de crêpe (fruta de sartén), nombril-de-Vénus, omphalode (planta). ‖ BOT. *Oreja de fraile,* oreille-d'homme, asaret. | *Oreja de oso,* oreille-d'ours. | *Oreja de ratón,* oreille-de-souris. ‖ ZOOL. *Oreja marina* ou *de mar,* oreille-de-mer. ‖ — *Con las orejas gachas,* l'oreille basse. ‖ — *Aguzar las orejas,* dresser les oreilles (animal), dresser *o* tendre l'oreille (prestar atención). ‖ FIG. *Apearse por las orejas,* vider les arçons *o* les étriers. | *Calentar las orejas a,* échauffer les oreilles à (calentar los cascos), frotter *o* tirer les oreilles à quelqu'un (pegar). | *Descubrir* ou *enseñar la oreja,* montrer le bout de l'oreille. | *Haberle visto las orejas al lobo,* l'avoir échappé belle. | *Hacer orejas de mercader,* faire la sourde oreille. | *Mojar la oreja,* provoquer, chercher querelle. | *Tirar de la oreja a Jorge,* taquiner la dame de pique. ‖ *Tirar de las orejas,* tirer les oreilles. ‖ FIG. y FAM. *Untar la oreja con saliva a uno,* chercher noise à quelqu'un. | *Verle a uno la oreja,* voir venir quelqu'un.
— OBSERV. *Oreja* désigne le pavillon de l'oreille et *oído* le sens de l'*ouïe* « oreille ».

orejano, na adj. Non marqué, e [bétail].
orejar u **orejear** v. intr. Remuer les oreilles (un animal). ‖ FIG. Renâcler (obrar de mala gana). ‖ — V. tr. Amer. Prêter l'oreille à.
orejera f. Oreillette [d'un bonnet]. ‖ Oreillon, *m.* [d'un casque]. ‖ Oreille (de arado). ‖ Appui-tête, *m.,* appuie-tête, *m.,* oreille (de sillón). ‖ Pendant (*m.*) d'oreilles [que portaient certains Indiens]. ‖ *Sillón de orejeras,* fauteuil à oreilles.
orejón m. Oreille (*f.*) d'abricot (de melocotón). ‖ Orillon (fortificación). ‖ HIST. Haut dignitaire péruvien. ‖ FAM. Personne (*f.*) qui a de grandes oreilles.

orejudo, da adj. y s. Oreillard, e. ‖ — M. Zool. Oreillard (murciélago).

orejuela f. Oreille (asa).

orensano, na adj. y s. D'Orense [Galice].

oreo m. Brise, *f.*, air. ‖ Aération, *f.* (ventilación).

Orestes n. pr. m. Oreste.

Orestia n. pr. f. Orestie.

orfanato m. Orphelinat (asilo de huérfanos).

orfandad f. Orphelinage, *m.* (estado de huérfano). ‖ Pension accordée à un orphelin (pensión). ‖ Fig. Abandon, *m.*, isolement, *m.*

orfebre m. Orfèvre.

orfebrería f. Orfèvrerie.

orfelinato m. Orphelinat (orfanato).
— Observ. Ce mot est un gallicisme.

Orfeo n. pr. m. Orphée.

orfeón m. Mús. Orphéon.

orfeónico, ca adj. Orphéonique.

orfeonista m. Orphéoniste.

órfico, ca adj. y s. Orphique.

orfismo m. Orphisme.

organdí m. Organdi (tela).

organero m. Facteur d'orgues, organier.

organicismo m. Med. y Filos. Organicisme.

organicista adj. y s. Organiciste, organicien, enne.

orgánico, ca adj. Organique.

organigrama m. Organigramme (gráfico).

organillero m. Joueur d'orgue de Barbarie.

organillo m. Orgue de Barbarie, piano mécanique.

organismo m. Organisme. ‖ Institution, *f. : los organismos especializados de la O. N. U.*, les institutions spécialisées de l'O. N. U.

organista m. y f. Mús. Organiste.

organización f. Organisation. ‖ *Organización de las Naciones Unidas* (O. N. U.), Organisation des Nations unies.

organito m. Organite (elemento de la célula).

organizable adj. Organisable.

organizado, da adj. Organisé, e.

organizador, ra adj. y s. Organisateur, trice. ‖ — Adj. Organisant, e.

organizar v. tr. Organiser.
— V. pr. S'organiser.

órgano m. Organe : *los órganos de la digestión*, les organes de la digestion. ‖ Mús. Orgue (instrumento) : *entonar el órgano*, souffler l'orgue. ‖ Fig. Organe (medio o agente). ‖ *Caja de órgano*, buffet d'orgue. ‖ *Órgano de manubrio*, orgue de Barbarie.
— Observ. V. orgue, 1.ª parte, pág. 520.

organología f. Organologie.

organoterapia f. Organothérapie.

orgasmo m. Orgasme.

orgía f. Orgie.

orgiaco, ca o **orgiástico, ca** adj. Orgiaque.

orgullo m. ● Orgueil (arrogancia). ‖ Fierté, *f.* (sentimiento legítimo). ‖ Fig. Orgueil : *es el orgullo de la familia*, il est l'orgueil de la famille. ‖ *No caber en sí de orgullo* ou *reventar de orgullo*, crever d'orgueil.
— Sinón. ● *Soberbia*, superbe. *Altanería*, fierté. *Arrogancia, altivez*, arrogance. *Engreimiento, suficiencia*, suffisance. *Vanidad*, vanité. *Ostentación*, ostentation. *Vanagloria, ufanía*, gloriole. *Fatuidad*, fatuité. *ínfulas*, prétention.

orgulloso, sa adj. y s. Orgueilleux, euse : *orgulloso de* ou *por su riqueza*, orgueilleux de sa richesse. ‖ Fier, ère (legítimamente satisfecho) : *estar orgulloso de su padre*, être fier de son père. ‖ Fig. *Más orgulloso que don Rodrigo en la horca*, fier comme Artaban.

orictéropo m. Zool. Oryctérope.

orientable adj. Orientable.

orientación f. Orientation. ‖ Position (de un objeto). ‖ *Orientación profesional*, orientation professionnelle.

orientador, ra m. y f. Conseiller, ère ; orienteur, trice (p. us.).

oriental adj. y s. Oriental, e : *países orientales*, pays orientaux.

orientalismo m. Orientalisme.

orientalista adj. y s. Orientaliste.

orientalizar v. tr. Orientaliser.

orientar v. tr. Orienter. ‖ Exposer : *casa orientada al Sur*, maison exposée au sud.
— V. pr. S'orienter. ‖ Fig. Se repérer (en su trabajo).

oriente m. Orient (punto cardinal). ‖ Orient (de una perla). ‖ — *Cercano* ou *Próximo Oriente*, Proche-Orient. ‖ *Extremo* ou *Lejano Oriente*, Extrême-Orient. ‖ *Gran Oriente*, Grand-Orient (de la masonería). ‖ *Oriente Medio*, Moyen-Orient.

orificación f. Med. Aurification.

orificar v. tr. Med. Aurifier.

orífice m. Orfèvre.

orificio m. Orifice. ‖ — Tecn. Orificio de mira del alza, œilleton de hausse. | Orificio de vaciado ou de colada, trou de coulée.

oriflama f. Oriflamme.

orifrés m. Orfroi (galón).

origen m. Origine, *f. : de origen español*, d'origine espagnole. ‖ — *Desde su origen*, dès l'origine. ‖ *En su origen*, à l'origine. ‖ *Tener su origen en*, tirer sa source *o* son origine de.

Orígenes n. pr. m. Origène.

original adj. Original, e : *textos originales*, textes originaux. ‖ Originel, elle (relativo al origen) : *pecado original*, péché originel.
— M. y f. Original, e : *es un original*, c'est un original. ‖ — M. Original (texto, modelo, cuadro). ‖ Manuscrit (manuscrito). ‖ Impr. Copie, *f.*

originalidad f. Originalité.

originalmente adv. Originellement, à l'origine (desde el origen). ‖ Originalement (de un modo original).

originar v. tr. Causer, provoquer, être à l'origine de (causar).
— V. pr. Avoir *o* tirer son origine *o* sa source (proceder). ‖ Prendre naissance (nacer).

originariamente adv. Originairement, à l'origine.

originario, ria adj. Originaire.

orilla f. Bord, *m.* (del mar) : *a orillas del mar*, au bord de la mer. ‖ Bord, *m.*, rive, berge (de un río) : *en las orillas del Sena*, sur les rives de la Seine. ‖ Lisière (de un bosque, un campo). ‖ Lisière (de una tela). ‖ Trottoir, *m.* (de una calle). ‖ Brise, vent (*m.*) léger (vientecillo).

orillar v. tr. Border (una tela). ‖ Fig. Contourner, éviter (una dificultad). | Arranger (un asunto). | Régler : *orillar una diferencia*, régler un différend.
— V. intr. y pr. Atteindre le bord.

orillo m. Lisière, *f.* [d'une étoffe].

orín m. Rouille, *f.* ‖ — Pl. Urine, *f.* sing.

orina f. Urine.

orinal m. Vase de nuit, pot de chambre. ‖ Urinal (para enfermos).

orinar v. tr. e intr. Uriner.

Orinoco n. pr. m. Géogr. Orénoque.

orinque m. Mar. Orin (cabo).

oriol m. Zool. Loriot (oropéndola).

oriolano, na adj. y s. De Orihuela [ville d'Espagne, province d'Alicante].

orión m. Astr. Orion.

oriundez f. Origine.

oriundo, da adj. Originaire : *una planta oriunda de México*, une plante originaire du Mexique.

orla f. Bordure (de una tela). ‖ Encadrement, *m.* (de un retrato, etc.). ‖ Arq. y Blas. Orle, *m.*

orladura f. Bordure.

orlar v. tr. Border. ‖ Encadrer : *orlar un artículo en un periódico*, encadrer un article dans un journal. ‖ BLAS. Mettre un orle. ‖ *Orlar con* ou *de árboles*, border d'arbres.
orleanismo m. Orléanisme.
orleanista adj. y s. Orléaniste.
Orleáns n. pr. GEOGR. Orléans.
orlo m. MÚS. Sorte de hautbois. ‖ Un des registres de l'orgue (del órgano).
ornamentación f. Ornementation.
ornamental adj. Ornemental, e.
ornamentar v. tr. Ornementer.
ornamento m. Ornement.
ornar v. tr. Orner. ‖ Parer : *ornada de sus más bellas galas*, parée de ses plus beaux atours.
ornato m. ARQ. Ornement. ‖ Ornementation, *f.* (arte o manera de adornar). ‖ Parure, *f.* (adorno).
ornitodelfos m. pl. ZOOL. Monotrèmes.
ornitógala f. BOT. Ornithogale.
ornitología f. Ornithologie.
ornitológico, ca adj. Ornithologique.
ornitólogo m. Ornithologiste, ornithologue.
ornitomancia f. Ornithomancie.
ornitorrinco m. ZOOL. Ornithorynque.
oro m. Or : *un reloj de oro*, une montre en or ; *dólar, franco oro*, dollar, franc-or. ‖ Pl. «Oro», couleur (*f. sing.*) des cartes espagnoles correspondant au carreau. ‖ — *Oro alemán*, or en feuilles. ‖ *Oro batido*, or battu. ‖ *Oro blanco*, or blanc. ‖ *Oro de ley*, or véritable. ‖ *Oro en hojas* ou *en panes*, or en feuilles. ‖ *Oro en polvo*, poudre d'or. ‖ *Oro mate*, or mat. ‖ *Oro molido*, or moulu. ‖ — *Corazón de oro*, cœur d'or. ‖ *La Edad de Oro*, l'âge d'or. ‖ *Lavado del oro*, orpaillage. ‖ *Libro, regla de oro*, livre, règle d'or. ‖ *Pico de oro*, beau parleur. ‖ *Por todo el oro del mundo*, pour tout l'or du monde. ‖ — FIG. *Apalear oro*, rouler sur l'or, être cousu d'or, remuer de l'argent à la pelle. ‖ *Comprar a peso de oro*, acheter à prix d'or. ‖ *Chapado de oro*, plaqué or. ‖ FIG. *Es oro molido*, c'est de l'or en barre. | *Guardar como oro en paño*, garder précieusement *o* comme une relique. | *Hacerse de oro*, faire fortune. | *Ir de oro y azul*, être tiré à quatre épingles. | *No es oro todo lo que reluce*, tout ce qui brille n'est pas or. | *Oros son triunfos*, l'argent est roi. | *Pagar a peso de oro*, payer au poids de l'or. | *Pedir el oro y el moro*, demander la Lune. | *Prometer el oro y el moro*, promettre monts et merveilles. | *Ser oro en barras*, être de l'or en barre. | *Ser como un oro* ou *como los chorros de oro*, être propre comme un sou neuf. | *Ser como un ascua de oro*, être beau comme un astre (muy bello), être sur son trente et un (elegante). | *Ser una mina de oro*, être une mine d'or. | *Valer su peso en oro* ou *tanto oro como pesa*, valoir son pesant d'or.
orobanca f. BOT. Orobanche (planta).
orobancáceas f. pl. BOT. Orobanchacées.
orogénesis f. GEOL. Orogenèse.
orogenia f. GEOL. Orogénie.
orogénico, ca adj. GEOL. Orogénique.
orografía f. Orographie.
orográfico, ca adj. Orographique.
orometría f. Orométrie.
orondo, da adj. Ventru, e ; renflé, e (vasija). ‖ FAM. Fier, ère ; orgueilleux, euse (orgulloso).
oronja f. BOT. Oronge : *oronja vinosa* ou *rojiza*, oronge vineuse ; *falsa oronja*, fausse oronge.
oropel m. Oripeau. ‖ FIG. Clinquant, faux brillant (falsa apariencia) : *esto es todo oropel*, ce n'est que du clinquant.
oropéndola f. Loriot, *m.* (ave).
oropimente m. MIN. Orpiment.
Orosio n. pr. m. Orose.

oroya f. *Amer.* Panier (*m.*) qui glisse le long d'un va-et-vient.
orozuz m. Réglisse, *f.*
orquesta f. MÚS. Orchestre, *m.* : *orquesta de cámara*, orchestre de chambre ; *director de orquesta*, chef d'orchestre.
    — OBSERV. Le mot espagnol *orquesta* ne désigne jamais des places de théâtre comme le mot français *orchestre*.
orquestación f. MÚS. Orchestration.
orquestal adj. MÚS. Orchestral, e.
orquestar v. tr. MÚS. Orchestrer.
orquidáceas f. pl. BOT. Orchidacées.
órquide m. BOT. Orchis (planta).
orquídea f. BOT. Orchidée.
orquitis f. MED. Orchite.
ortega f. Gélinotte, poule des bois (ave).
orticonoscopio m. Orthiconoscope (televisión).
ortiga f. BOT. Ortie (planta). ‖ — ZOOL. *Ortiga de mar*, ortie de mer. ‖ *Ortiga muerta*, ortie blanche, lamier (planta).
ortigal m. Endroit plein d'orties.
orto m. Lever [d'un astre].
ortocentro m. GEOM. Orthocentre.
ortocromático, ca adj. FOT. Orthochromatique.
ortodoncia f. Orthodontie.
ortodoxia f. Orthodoxie.
ortodoxo, xa adj. y s. Orthodoxe.
ortodromia f. MAR. Orthodromie.
ortodrómico, ca adj. MAR. Orthodromique.
ortoédrico, ca adj. GEOM. Orthoédrique.
ortoepía f. Orthoépie.
ortoestático, ca adj. MED. Orthostatique.
ortofonía f. Orthophonie.
ortogénesis f. BIOL. Orthogenèse.
ortognatismo m. Orthognathisme.
ortogonal adj. GEOM. Orthogonal, e.
ortografía f. GRAM. Orthographe : *cometer una falta de ortografía*, faire une faute d'orthographe. ‖ ARQ. Orthographie.
ortografiar v. tr. Orthographier.
ortográfico, ca adj. Orthographique.
ortología f. Orthologie (p. us.), prosodie.
ortológico, ca adj. Orthologique (p. us.), prosodique.
ortopedia f. MED. Orthopédie.
ortopédico, ca adj. Orthopédique, orthopédiste.
    — M. y f. Orthopédiste.
ortopedista m. y f. Orthopédiste.
ortóptero adj. m. y s. m. ZOOL. Orthoptère.
ortorrómbico, ca adj. GEOM. Orthorhombique.
ortosa f. MIN. Orthose, orthoclase.
ortoscópico, ca adj. Orthoscopique.
ortotropo adj. m. BOT. Orthotrope.
oruga f. ZOOL. Chenille. ‖ BOT. Roquette (jaramago). ‖ MECÁN. Chenille (de vehículo). ‖ *Auto oruga*, autochenille (vehículo).
orujo m. Marc [du raisin ou des olives].
orvallar v. impers. Bruiner.
orvalle m. BOT. Sauge, orvale, *f.*
orvallo m. Bruine, *f.* (llovizna).
orza f. Pot, *m.* (vasija). ‖ MAR. Lof, *m.*, auloffée (movimiento). | Dérive (especie de quilla).
orzada f. MAR. Auloffée.
orzar v. intr. MAR. Lofer, aller au lof.
orzaya f. Bonne d'enfant (niñera).
orzuelo m. Piège (trampa). ‖ MED. Orgelet, compère-loriot.
os pron. pers. 2ª pers. pl. (dativo y acusativo). Vous : *os digo*, je vous dis ; *deteneos*, arrêtez-vous.
    — OBSERV. L'usage enclitique de ce pronom à l'impératif entraîne la chute du *d* final (*amaos*, aimez-vous) sauf avec le verbe *ir* (*idos*, partez).
osa f. Ourse. ‖ ASTR. *Osa Mayor, Osa Menor*, Grande Ourse, Petite Ourse.

osadamente adv. Hardiment (intrépidame..e), témérairement (sin reflexión).

osadía f. Hardiesse, audace (audacia).

osado, da adj. Hardi, e; audacieux, euse; osé, e.

osamenta f. Squelette, *m.*, carcasse (fam.) [esqueleto]. ‖ Ossements, *m. pl.* (conjunto de huesos).

osar v. intr. Oser (atreverse).

— OBSERV. Le verbe espagnol *osar* est beaucoup moins employé que son équivalent français *oser;* on emploie plus couramment son synonyme *atreverse.*

osario m. Ossuaire.

oscar m. Oscar (premio).

oscense adj. y s. De Huesca [ville d'Espagne, autrefois *Osca*].

oscilación f. Oscillation.

oscilador m. Fís. Oscillateur.

oscilante adj. Oscillant, e.

oscilar v. intr. Osciller : *péndulo que oscila,* pendule qui oscille. ‖ Fig. Varier, osciller : *los precios oscilan,* les prix varient.

oscilatorio, ria adj. Oscillatoire.

oscilógrafo m. Fís. Oscillographe.

oscilograma m. Oscillogramme.

oscilómetro m. Oscillomètre.

osco, ca adj. y s. Hist. Osque.

osculación f. Geom. Osculation.

osculador, ra adj. Geom. Osculateur, trice.

ósculo m. Baiser : *ósculo de paz,* baiser de paix.

oscurantismo m. Obscurantisme.

oscurantista adj. y s. Obscurantiste.

oscurecer* v. tr. Obscurcir, assombrir. ‖ Foncer (un color). ‖ Fig. Obscurcir (volver poco inteligible).

— V. intr. Commencer à faire sombre.

— V. pr. S'obscurcir, s'assombrir (el cielo). ‖ Fig. S'assombrir.

oscurecimiento m. Obscurcissement, assombrissement (del cielo). ‖ Occultation, *f.* (de una luz). ‖ Fonçage (de un color).

oscuridad f. Obscurité : *tener miedo a la oscuridad,* avoir peur de l'obscurité. ‖ Ombre (tinieblas). ‖ Fig. Obscurité, manque de clarté (del estilo).

oscuro, ra adj. Obscur, e. ‖ Foncé, e; sombre (color) : *llevar un traje oscuro,* porter un costume foncé. ‖ Fig. Sombre, obscur, e : *el porvenir es muy oscuro,* l'avenir est très sombre. | Obscur, e (estilo). ‖ — *A oscuras,* dans l'obscurité. ‖ *Está oscuro,* il fait sombre [le temps]. ‖ Fig. *Llevar una vida oscura,* vivre dans l'ombre. | *Oscuro como boca de lobo,* noir comme dans un four *o* comme dans un tunnel. | *Quedarse a oscuras,* n'y rien comprendre.

— OBSERV. L'Académie espagnole admet aussi l'orthographe *obscuro.*

Oseas n. pr. m. Osée.

oseína f. Osséine.

óseo, a adj. Osseux, euse : *tejido óseo,* tissu osseux.

osera f. Tanière de l'ours.

osezno m. Zool. Ourson (cachorro del oso).

Osián n. pr. m. Ossian.

osianismo m. Ossianisme.

osificación f. Ossification.

osificar v. tr. Ossifier.

— V. pr. S'ossifier.

Osiris n. pr. m. Mitol. Osiris.

ósmico, ca adj. Quím. Osmique.

osmio m. Osmium (metal).

osmómetro m. Fís. Osmomètre.

ósmosis u osmosis f. Fís. Osmose.

osmótico, ca adj. Osmotique.

osmunda f. Bot. Osmonde.

oso m. Zool. Ours : *oso blanco, negro, pardo,* ours blanc, noir, brun. ‖ Fig. Ours (persona insociable). ‖ — *Oso hormiguero,* fourmilier, tama-

noir. ‖ *Oso lavador,* raton laveur. ‖ *Oso marino,* sorte de phoque. ‖ — Fam. *Hacer el oso,* faire l'imbécile, le zouave (hacer reir), faire la cour, faire le joli cœur (cortejar).

ososo, sa adj. Osseux, euse (óseo).

¡oste! interj. V. ¡OXTE!

ostealgia f. Med. Ostéalgie.

osteína f. Quím. Ostéine, osséine.

osteítis f. Med. Ostéite.

ostensible adj. Ostensible.

ostensivo, va adj. Qui montre, qui manifeste.

ostentación f. Ostentation : *hablar con ostentación,* parler avec ostentation. ‖ Ostentation, étalage, *m.* (gala). ‖ — *Hacer ostentación de antimilitarismo,* afficher son antimilitarisme. ‖ *Hacer ostentación de sus riquezas,* faire ostentation *o* étalage de ses richesses, étaler ses richesses.

ostentador, ra adj. Ostentateur, trice (p. us.), qui étale : *ostentador de sus riquezas,* qui étale ses richesses.

— M. y f. Poseur, euse (presumido).

ostentar v. tr. Montrer (mostrar). ‖ Étaler : *ostentar sus joyas,* étaler ses bijoux. ‖ Arborer : *ostentar un sombrero nuevo,* arborer un chapeau neuf. ‖ Faire ostentation *o* étalage de, étaler : *ostentar sus riquezas,* faire étalage de ses richesses. ‖ Exhiber (exhibir). ‖ Afficher : *ostentar ideas revolucionarias,* afficher des idées révolutionnaires.

ostentatorio, ria adj. Ostentatoire.

ostento m. Prodige.

ostentoso, sa adj. Magnifique.

osteoblasto m. Ostéoblaste.

osteoesclerosis f. Med. Ostéosclérose.

osteogénesis f. Ostéogenèse (osificación).

osteolito m. Ostéolithe.

osteología f. Ostéologie.

osteológico, ca adj. Ostéologique.

osteólogo, ga m. y f. Ostéologue.

osteoma m. Med. Ostéome (tumor).

osteomielitis f. Med. Ostéomyélite.

osteoplastia f. Med. Ostéoplastie.

osteosarcoma m. Med. Ostéosarcome.

osteosíntesis f. Med. Ostéosynthèse.

osteotomía f. Med. Ostéotomie.

Ostia n. pr. Geogr. Ostie.

ostiaco, ca adj. Ostiaque, ostyak (lengua).

ostiario m. Portier (clérigo).

ostión m. Grande huître, *f.* (ostrón). ‖ Coquille (*f.*) Saint-Jacques (en Chile).

ostra f. Huître (molusco). ‖ Fig. y Fam. *Aburrirse como una ostra,* s'ennuyer comme un rat mort, s'ennuyer à mourir *o* mortellement *o* à cent sous de l'heure.

ostracismo m. Ostracisme : *condenar al ostracismo,* frapper d'ostracisme.

ostral m. Parc à huîtres.

ostrero, ra adj. Huîtrier, ère.

— M. y f. Marchand, marchande d'huîtres, écailler, ère (vendedor). ‖ — M. Parc à huîtres (ostral). ‖ Zool. Huîtrier (ave).

ostrícola adj. Ostréicole.

ostricultor m. Ostréiculteur.

ostricultura f. Ostréiculture.

ostro m. Grande huître, *f.* (ostra). ‖ Pourpre, *f.*

ostrogodo, da adj. y s. Ostrogoth, e; ostrogot, e.

ostrón m. Grande huître, *f.* (ostra).

otalgia f. Med. Otalgie.

otálgico, ca adj. Otalgique.

otaria f. Zool. Otarie.

otario, ria adj. *Amer.* Idiot, e (tonto). ‖ *Hacerse el otario,* faire l'idiot.

oteador, ra adj. y s. Guetteur, euse.

otear v. tr. Guetter, observer. ‖ Scruter : *otear el horizonte,* scruter l'horizon. ‖ Fig. Fureter (escudriñar).

otero m. Tertre, butte, *f.* (collado).

otitis f. MED. Otite.

otolito m. Otolithe, f. (concreción).

otología f. MED. Otologie.

otólogo m. Spécialiste en otologie.

otomán m. Ottoman (tejido).

otomano, na adj. y s. Ottoman, e. ‖ — F. Ottomane (sofá).

Otón n. pr. m. HIST. Othon.

otoñada f. Saison d'automne.

otoñal adj. Automnal, e ; d'automne : *la temporada otoñal,* la saison d'automne.

otoñar v. intr. Passer l'automne. ‖ Pousser en automne (la hierba).
— V. pr. Se ramollir sous la pluie (la tierra).

otoñizo, za adj. Automnal, e.

otoño m. Automne : *en el otoño,* en automne. ‖ Regain d'automne (hierba).

otorgamiento m. Concession, f., octroi : *el otorgamiento de un privilegio,* l'octroi d'un privilège. ‖ Consentement, permission, f. (permiso). ‖ DR. Contrat par-devant notaire, passation, f. (de una escritura).

otorgante adj. Qui accorde, qui octroie.

otorgar v. tr. Octroyer, concéder, consentir : *otorgar un indulto,* octroyer une grâce. ‖ Accorder : *otorgar la mano de su hija,* accorder la main de sa fille. ‖ Décerner, attribuer : *otorgar un premio,* décerner un prix. ‖ Conférer, donner (poderes). ‖ DR. Promettre o passer [un acte] par-devant notaire. ‖ *Quien calla otorga,* qui ne dit mot consent.

otorragia f. MED. Otorrhagie.

otorrea f. MED. Otorrhée.

otorrinolaringología f. MED. Oto-rhino-laryngologie.

otorrinolaringólogo m. MED. Oto-rhino-laryngologiste.

otoscopia f. MED. Otoscopie.

otoscopio m. Otoscope.

otro, tra adj. Autre : *tengo otra hermana,* j'ai une autre sœur. ‖ — *¡Otra!* ou *¡otra vez!,* bis !, une autre ! (espectáculos), encore ! (fastidio). ‖ *Otra vez,* encore : *vendrá otra vez,* il viendra encore ; *¡otra vez usted!,* encore vous ! ‖ — *Al otro día,* le lendemain. ‖ *Con otras palabras,* autrement dit, en d'autres termes. ‖ *De otro modo, de otra manera,* autrement. ‖ *En otra época,* dans le temps. ‖ *En otra ocasión,* à une autre occasion. ‖ *En otra parte,* autre part, ailleurs. ‖ *En otro tiempo,* autrefois. ‖ *Entre otras cosas,* entre autres, notamment. ‖ *Por otra parte ou por otro lado,* d'autre part, par ailleurs. ‖ — *Es otro yo,* c'est un autre moi-même. ‖ — FIG. *Esto es otro cantar,* c'est une autre histoire, c'est une autre paire de manches.
— Pron. Autre : *unos no sabían, otros no querían,* les uns ne savaient pas, les autres ne voulaient pas. ‖ — *Otros dos, tres,* etc., deux autres, trois autres, etc. ‖ *Otros muchos,* beaucoup d'autres. ‖ *Otros pocos,* quelques autres. ‖ *Otros tantos,* autant d'autres, tout autant : *llegaron otros tantos,* il en arriva tout autant ; autant de : *son otros tantos imbéciles,* ce sont autant d'imbéciles. ‖ *Otro tanto,* autant : *quiero otro tanto,* j'en veux autant. ‖ — *Cualquier otro que,* tout autre que. ‖ *Entre otras,* entre autres. ‖ *¡Hasta otra!,* à bientôt !, à la prochaine. ‖ *Uno a otro,* l'un l'autre : *mirarse uno a otro,* se regarder l'un l'autre. ‖ *Uno con otro,* l'un dans l'autre. ‖ — *¡Cuéntaselo a otro!,* à d'autres ! ‖ *Ése es otro que tal,* les deux font la paire. ‖ *¡Ésta es otra!,* en voilà une autre !, voilà la dernière ! ‖ *Hablar de esto y de lo otro,* parler de choses et d'autres.
— OBSERV. El francés antepone siempre a *autre* el artículo indeterminado ante un sustantivo : *vendré otro día,* je viendrai un autre jour.

otrora adv. Autrefois.

otrosí adv. En outre.
— M. DR. Clause, f., demande, f.

ova f. Ulve (alga).

ovación f. Ovation.

ovacionar v. tr. Ovationner, faire une ovation à.

ovado, da adj. Ovale (ovalado). ‖ Ové, e (en forma de huevo). ‖ Fécondé, e (ave fecundada).

oval u ovalado, da adj. Ovale.
— SINÓN. *Aovado, ovado,* ovale. *Oroide, ovoïde. Oriforme, oviforme.*

ovalar v. tr. Donner une forme ovale.

ovalización f. MECÁN. Ovalisation.

ovalizar v. tr. Ovaliser.

óvalo m. GEOM. Ovale.

ovar v. intr. Pondre (las aves).

ovárico, ca adj. Ovarien, enne ; ovarique (p. us.).

ovariectomía f. MED. Ovariectomie.

ovario m. ANAT. y BOT. Ovaire. ‖ ARQ. Ovale.

ovariotomía f. MED. Ovariotomie.

ovaritis f. MED. Ovarite.

ovas f. pl. Frai, m. sing. (hueva).

oveja f. Brebis (hembra del carnero). ‖ Mouton, m. (carnero). ‖ FIG. Ouaille, brebis. ‖ Amer. Lama, m. (llama). ‖ — FIG. *Oveja descarriada,* brebis égarée. | *Oveja negra,* brebis galeuse. ‖ — FIG. *Cada oveja con su pareja,* chacun avec sa chacune, qui se ressemble s'assemble. | *Encomendar las ovejas al lobo,* enfermer le loup dans la bergerie. | *Quedarse contando ovejas,* passer une nuit blanche, compter les moutons.
— OBSERV. L'espagnol emploie couramment le mot *oreja* pour désigner le « mouton » en général : *un rebaño de ovejas,* un troupeau de moutons.

ovejero, ra m. y f. Berger, ère.
— Adj. *Perro ovejero,* chien de berger.

ovejuno, na adj. De brebis, ovin, e. ‖ *Ganado ovejuno,* bétail ovin, bêtes à laine, ovins.

overa f. Ovaire (m.) d'oiseau.

overear v. tr. Amer. Rôtir, dorer au feu.

overo, ra adj. y s. m. Aubère (caballo).

overtura f. MÚS. Ouverture.

ovetense adj. y s. D'Oviedo [ville des Asturies].

Ovidio n. pr. m. Ovide.

óvidos m. pl. ZOOL. Ovidés.

oviducto m. ZOOL. Oviducte.

oviforme adj. Oviforme, ovoïde.

ovil m. Bergerie, f.

ovillar v. tr. Mettre en pelote.
— V. pr. Se pelotonner.

ovillejo m. Petite pelote, f. (ovillo). ‖ Composition (f.) poétique.

ovillo m. Pelote, f. (de hilo, de lana). ‖ FIG. Tas (montón). ‖ — *Hacerse un ovillo,* se pelotonner, se rouler en boule (acurrucarse), s'embrouiller (confundirse). ‖ *Por el hilo se saca el ovillo,* de fil en aiguille on arrive au bout.

ovino, na adj. y s. m. Ovin, e.

oviparidad f. Oviparité.

ovíparo, ra adj. y s. ZOOL. Ovipare.

oviscapto m. ZOOL. Oviscapte, ovipositeur, tarière, f.

ovo m. ARQ. Ove.

ovogénesis f. BIOL. Ovogenèse.

ovoide adj. Ovoïde.

óvolo m. ARQ. Ove (moldura).

ovovivíparo adj. y s. ZOOL. Ovovivipare.

ovulación f. Ovulation.

ovular adj. Ovulaire.

óvulo m. BOT. y BIOL. Ovule.

oxácido m. QUÍM. Oxacide, oxyacide.

oxalato m. QUÍM. Oxalate.

oxálico, ca adj. QUÍM. Oxalique.

oxalidáceas f. pl. BOT. Oxalidacées.

oxálida f. BOT. Oxalide, oxalis (acederilla).

oxear v. tr. Chasser [les poules].

oxford m. Oxford (tejido).

oxhídrico, ca adj. Quím. Oxhydrique : *soplete oxhídrico*, chalumeau oxhydrique.

oxhidrilo m. Quím. Oxhydrile.

oxiacetilénico, ca adj. Oxyacétylénique. ‖ *Soplete oxiacetilénico*, oxycoupeur.

oxicarbonado, da adj. Quím. Oxycarboné, e.

oxicloruro m. Quím. Oxychlorure.

oxicorte m. Tecn. Oxycoupage.

oxidable adj. Oxydable.

oxidación adj. Oxydation.

oxidante adj. y s. m. Oxydant, e.

oxidar v. tr. Quím. Oxyder.
— V. pr. S'oxyder. ‖ Se rouiller, s'oxyder : *el cerrojo se ha oxidado*, le verrou s'est rouillé.

oxidasa f. Quím. Oxydase.

óxido m. Quím. Oxyde. ‖ Rouille, *f.* (orín).

oxidorreducción f. Quím. Oxydoréduction.

oxigenado, da adj. Oxygéné, e : *agua oxigenada*, eau oxygénée.

oxigenación f. Oxygénation.

oxigenar v. tr. Quím. Oxygéner.
— V. pr. Fam. S'oxygéner (tomar el aire).

oxígeno m. Oxygène.

oxigenoterapia f. Med. Oxygénothérapie.

oxihemoglobina f. Oxyhémoglobine.

oxilita f. Quím. Oxylithe.

oximetría f. Oxymétrie.

oximiel u oximel m. Oxymel (ojimiel).

oxipétalo m. Bot. Oxypetalum.

oxisulfuro m. Quím. Oxysulfure.

oxítono m. Gram. Oxyton.

oxiuro m. Zool. Oxyure, *f.* (lombriz).

oxoniense adj. D'Oxford.

¡oxte! interj. Zut ! ‖ *Sin decir oxte ni moxte*, sans rien dire.

oyente adj. y s. Auditeur, trice. ‖ Auditeur, auditrice libre (estudiante).

ozocerita f. Min. Ozokérite, ozocérite (cera).

ozonador u ozonizador m. Ozonateur, ozoniseur.

ozonar u ozonificar v. tr. Ozoniser.

ozonización u ozonificación f. Ozonisation.

ozono m. Quím. Ozone.

ozonómetro m. Quím. Ozonomètre.

P

p f. P, *m.*

pabellón m. Pavillon (edificio) : *el pabellón español en la feria de X*, le pavillon espagnol à la foire de X. ‖ Immeuble (vivienda). ‖ Tente (*f.*) de campagne (tienda de campaña). ‖ Drapeau (bandera) : *izar el pabellón nacional*, hisser le drapeau national. ‖ Mar. Pavillon. ‖ Baldaquin, rideaux, *pl.* (cortina de cama). ‖ Tentures, *f. pl.* (de trono, de altar, etc.). ‖ Mús. Pavillon (de un instrumento). ‖ Blas. Pavillon. ‖ Mil. Faisceau (de fusiles). ‖ Anat. Pavillon (de la oreja). ‖ *Arriar pabellón*, baisser pavillon.

pabilo m. Mèche, *f.*, moucheron (de vela).

pablar v. intr. Fam. Parler. ‖ *Sin hablar ni pablar*, sans souffler mot.

Pablo n. pr. m. Paul.

pábulo m. Aliment. ‖ Fig. *Dar pábulo a las críticas*, donner prise à la critique.

paca f. Zool. Paca, *m.* (roedor). ‖ Balle, ballot, *m.* (fardo) : *una paca de algodón*, une balle de coton.

Paca n. pr. f. Fam. Fanchon [diminutif de *Francisca*, Françoise].

pacaá m. *Amer.* Pénélope, *f.* (ave).

pacaes m. pl. *Amer.* Ingas (árboles).

pacana f. Bot. Pacanier, *m.* (árbol). ‖ Noix pecan, pacane (fruto).

pacato, ta adj. Paisible, calme.

pacay m. *Amer.* Inga (árbol).
— Observ. Pl. *pacayes* ou *pacaes.*

pacayar m. *Amer.* Plantation (*f.*) d'ingas.

pacedero, ra adj. Pâturable, de pâturage.

pacedura f. Pâturage, *m.*

pacense adj. y s. De Béja [Portugal]. ‖ De Badajoz [Espagne].

paceño, ña adj. y s. De La Paz [Bolivie, Honduras et le Salvador].

pacer* v. tr. e intr. Paître.
— V. tr. Manger (comer). ‖ Ronger (roer). ‖ Faire paître, nourrir (apacentar).

paces f. pl. Paix, *sing.* (V. paz.)

paciencia f. Patience : *armarse de paciencia*, s'armer de patience ; *todo se alcanza con paciencia*, on arrive à tout avec de la patience. ‖ Lenteur, mollesse (lentitud). ‖ Gâteau (*m.*) aux amandes (bollo). ‖ — *Acabarle* ou *consumirle a uno la paciencia*, faire perdre patience à quelqu'un. ‖ *Acabársele a uno la paciencia*, perdre patience, être à bout. ‖ *Con paciencia se gana el cielo*, patience et longueur de temps font plus que force ni que rage, la patience vient à bout de tout. ‖ *Esperar con paciencia*, attendre patiemment. ‖ *Llevar* ou *tomar con paciencia*, prendre calmement. ‖ *Perder la paciencia*, perdre patience. ‖ *Probar la paciencia*, mettre la patience à rude épreuve. ‖ *Tener paciencia*, avoir de la patience (ser paciente), patienter, prendre patience (esperar). ‖ *Tener perdida la paciencia* ou *habérsele agotado a uno la paciencia*, être à bout.

paciente adj. Patient, e.
— M. Patient, e (enfermo).

pacientemente adv. Patiemment.

pacienzudo, da adj. Très patient, e.

pacificación f. Pacification. ‖ Fig. Apaisement, *m.* (apaciguamiento).

pacificador, ra adj. y s. Pacificateur, trice.

pacificar v. tr. Pacifier (un país). ‖ Fig. Pacifier, apaiser (los ánimos). ‖ Réconcilier (las personas).
— V. pr. Fig. S'apaiser (calmarse).

pacífico, ca adj. Pacifique.

Pacífico n. pr. m. Pacifique (océano).

pacifismo m. Pacifisme.

pacifista adj. y s. Pacifiste.

pack m. Pack (banco de hielo). ‖ Pack (rugby).

paco m. ZOOL. Alpaga. ‖ Franc-tireur (en Marruecos). ‖ *Amer.* Minerai d'argent (mineral). ‖ Gendarme (policía). ‖ Aphte (afta). ‖ Veilleur de nuit (sereno).
Paco n. pr. m. François [diminutif de *Francisco*].
paco, ca adj. *Amer.* Roux, rousse.
pacotilla f. Pacotille. ‖ MAR. Pacotille (ancheta). ‖ *De pacotilla,* de pacotille.
pacotillero m. Vendeur de pacotille. ‖ *Amer.* Colporteur (buhonero).
pactar v. intr. Faire un pacte, convenir de, pactiser. ‖ FIG. *Pactar con el diablo,* vendre son âme au diable, faire un pacte avec le diable.
pacto m. Pacte, accord. ‖ — *Pacto colectivo,* contrat collectif, convention collective. ‖ *Pacto de no agresión,* pacte de non-agression.
pactolo m. FIG. Pactole (fuente de riquezas).
Pactolo n. pr. m. Pactole.
pacú m. *Amer.* Poisson d'eau douce (pez).
pacuno, na adj. *Amer.* Commun, e ; ordinaire.
pachá m. Pacha (bajá) : *vivir como un pachá,* vivre comme un pacha.
— OBSERV. Ce mot est un gallicisme très employé.
pachamana f. *Amer.* La terre.
pachamanca f. *Amer.* Viande rôtie dans un trou creusé dans le sol.
pachanga f. Pachanga (baile).
pachiquil m. *Amer.* Tortillon, coussinet (rodete).
pachol m. *Amer.* Tignasse, f.
pacholí m. Patchouli (planta y perfume).
pachón, ona adj. y s. Basset (perro). ‖ *Amer.* Poilu, e ; velu, e (peludo), laineux, euse (lanudo). ‖ — M. FAM. Père tranquille.
pachorra f. FAM. Mollesse, lenteur, indolence (indolencia). ‖ Flegme, m. (tranquilidad).
pachorrudo, da adj. FAM. Lent, e ; mou, molle ; lymphatique (indolente). ‖ Flegmatique (tranquilo).
pachotada f. *Amer.* Balourdise, sottise (tontería).
pachucho, cha adj. Blet, ette (fruta). ‖ FIG. Faible, abattu, e (débil), patraque. ‖ FIG. *Estar pachucho,* ne pas être dans son assiette, être patraque.
pachulí m. Patchouli (planta y perfume).
paddock m. Paddock.
padecer* v. tr. e intr. Souffrir de, souffrir : *padecer dolores de estómago,* souffrir de douleurs à l'estomac ; *padecer hambre, frío,* souffrir de la faim, du froid ; *los males que padecen,* les maux dont ils souffrent. ‖ Endurer (aguantar) : *padecer privaciones,* endurer des privations. ‖ Être atteint de (dolencia) : *padecer sordera,* être atteint de surdité. ‖ Avoir, être atteint de (enfermedades) : *padece viruela,* il a la petite vérole. ‖ FIG. Souffrir : *padecer en la honra,* souffrir dans son honneur. ‖ Subir (soportar) : *padecer castigo, prisión,* subir un châtiment, l'emprisonnement. ‖ Supporter (aguantar) : *padecer las impertinencias de uno,* supporter les impertinences de quelqu'un. ‖ Connaître, éprouver (pasar) : *padecer grandes desgracias,* connaître de grands malheurs. ‖ Subir, recevoir (agravios o insultos) : — *padecer de,* manquer de (carecer), souffrir de : *padecer de los nervios,* souffrir des nerfs. ‖ *Padecer error* ou *engaño,* être dans l'erreur.
padecido, da adj. Qui a souffert.
padecimiento m. Épreuve, f., souffrance, f.
padilla f. Poêlon, m. (sartén chica). ‖ Four, m. (de panadero).
padrastro m. Beau-père (marido de la madre). ‖ FIG. y FAM. Père dénaturé (mal padre). ‖ FIG. Obstacle, empêchement (estorbo). ‖ MED. Envie, f. (en la uñas).
padrazo m. FAM. Papa gâteau.
padre m. ● Père. ‖ Prêtre, curé (sacerdote). ‖ Abbé, père : *el padre X,* l'abbé X. ‖ Père (anacoreta o santo). ‖ Mon Père (dirigiéndose a un religioso) : *sí, Padre,* oui mon Père. ‖ Reproduc-

teur (macho). ‖ Mère, f., origine, f. : *el ocio es padre de todos los vicios,* l'oisiveté est la mère de tous les vices. ‖ Créateur, premier auteur. ‖ — *Padre conscripto,* père conscrit (senador de Roma). ‖ *Padre de almas,* curé. ‖ *Padre de familia,* père de famille. ‖ *Padre espiritual,* père spirituel. ‖ *Padre Eterno,* Père Éternel. ‖ *Padre Nuestro,* Notre Père, Pater (oración). ‖ *Padre nutricio,* père nourricier. ‖ *Padre político,* beau-père. ‖ — *A padre ganador, hijo gastador,* à père avare, fils prodigue. ‖ FIG. y FAM. *De padre y muy señor mío,* gratiné, de première classe. ‖ *Dios Padre,* Dieu le Père. ‖ *El Padre Santo* ou *El Santo Padre,* le Saint Père. ‖ FIG. y FAM. *Llevarse una vida padre,* mener la bonne vie. ‖ *Llevarse un susto padre,* avoir une peur bleue. ‖ *No lo entiende ni su padre,* c'est absolument incompréhensible. ‖ *¡Qué lo haga su padre!,* à d'autres ! comptez là-dessus ! ‖ *Saberlo como el Padre Nuestro,* connaître sur le bout du doigt. ‖ *Tener un éxito padre,* avoir un succès bœuf. ‖ — Pl. Parents (padre y madre). ‖ Pères, ancêtres (antepasados). ‖ — *Padres mínimos,* petits pères. ‖ — *De padres a hijos,* de père en fils. ‖ FIG. *Entre padres y hermanos no metas las manos,* entre l'arbre et l'écorce, il ne faut pas mettre le doigt. ‖ *Los Santos Padres* ou *los Padres de la Iglesia,* les Pères de l'Église.
— SINÓN. ● *Progenitor,* progéniteur. *Papá,* papa. *Cabeza de familia,* chef de famille.
padrear v. intr. Engendrer (engendrar).
Padrenuestro m. Notre Père, Pater (oración). ‖ FIG. y FAM. *En un padrenuestro,* en un clin d'œil, en un rien de temps, en un tour de main.
padrillo m. *Amer.* Étalon (caballo).
padrinazgo m. Parrainage. ‖ FIG. Protection, f.
padrino m. Parrain. ‖ Témoin (boda, desafío). ‖ FIG. Protecteur, appui : *tener buenos padrinos,* avoir de bons appuis. ‖ — Pl. Le parrain et la marraine, les parents spirituels.
— OBSERV. V. MADRINA.
padrón m. Cens, recensement, rôle (censo) : *hacer el padrón,* faire le recensement. ‖ Modèle (dechado). ‖ Colonne, f., monument commémoratif. ‖ FIG. Injure, f., déshonneur (desdoro). ‖ FAM. Papa gâteau.
Padua n. pr. GEOGR. Padoue.
paduano, na adj. y s. Padouan, e. ‖ *Llanura paduana,* plaine du Pô.
paella f. Paëlla, riz (m.) à la valencienne.
paflón m. ARQ. Soffite (sofito).
paga f. Paye, paie (sueldo) : *cobrar la paga,* toucher sa paye ; *hoja de paga,* feuille de paie. ‖ Solde (de militar). ‖ Paiement, m. (pago). ‖ FIG. Châtiment, m. (de una culpa). ‖ Réciprocité (de un sentimiento). ‖ — *Buena, mala paga,* bon, mauvais payeur. ‖ MIL. *Media paga,* demi-solde. ‖ *Paga extraordinaria,* double paye.
pagable adj. Payable.
pagadero, ra adj. Payable : *pagadero a la vista, a plazos,* payable à vue, à crédit. ‖ — M. Échéance, f. (plazo).
pagado, da adj. Payé, e : *pagado por adelantado,* payé d'avance. ‖ Payé de retour, partagé, e (sentimiento). ‖ — *Asesino pagado,* tueur à gages. ‖ FIG. *Estamos pagados,* nous sommes quittes. ‖ *Pagado de sí mismo,* content de soi, imbu de sa personne, suffisant.
pagador, ra adj. y s. Payeur, euse. ‖ *Al buen pagador no le duelen prendas,* le bon payeur laisse volontiers ses gages.
pagaduría f. Trésorerie, paierie. ‖ *Depositaría-pagaduría,* recette et perception.
pagamento o **pagamiento** m. Paiement, payement.
paganismo m. Paganisme.
paganizar v. tr. e intr. Paganiser.

pagano, na adj. y s. ● Païen, enne. ‖ — M. FAM. Dindon de la farce, victime, *f.*, lampiste. | Celui qui paie.
— SINÓN. ● *Idólatra*, idolâtre. *Descreído*, mécréant. *Infiel*, infidèle. *Gentil*, païen.

pagar v. tr. ● Payer : *pagar al contado, por meses, a plazos*, payer au comptant *o* comptant, au mois *o* par mensualités, à tempérament *o* à terme. ‖ FIG. Rendre (una visita). | Payer (expiar) : *pagar cara una victoria*, payer cher une victoire ; *pagar un crimen*, payer un crime. | Rendre, payer en retour (el afecto) : *pagar a uno su cariño*, rendre son affection à quelqu'un ; *un amor mal pagado*, un amour mal payé en retour. | Payer : *pagar con ingratitud*, payer d'ingratitude. ‖ — *Pagar a escote*, payer son écot, partager les frais. ‖ *Pagar a toca teja*, payer cash *o* rubis sur l'ongle. ‖ *Pagar con su vida*, payer de sa vie. ‖ FIG. *Pagar el daño* ou *el pato* ou *los vidrios rotos*, payer les pots cassés, écoper, trinquer. | *Pagar en* ou *con la misma moneda*, rendre à quelqu'un la monnaie de sa pièce. ‖ *Pagar en metálico* ou *en efectivo*, payer en espèces. ‖ *Pagar las culpas ajenas*, payer pour les autres. ‖ — *A pagar a la recepción*, payable à la livraison. ‖ *¡Dios se lo pague!*, Dieu vous le rende ! ‖ FIG. y FAM. *El que la hace la paga*, qui casse les verres les paye. ‖ *Pagan justos por pecadores*, les innocents paient pour les coupables. ‖ *¡Ya me las pagarás!* ou *¡ me las has de pagar!*, tu me le paieras !, je te revaudrai ça !
— V. pr. Se payer. ‖ FIG. Se payer : *pagarse con razones*, se payer de raisons. ‖ FIG. *Pagarse de sí mismo*, être imbu de soi-même.
— SINÓN. ● *Abonar*, verser. *Satisfacer*, acquitter. *Saldar*, solder. *Remunerar*, rémunérer. *Costear, financiar, financer. Liquidar*, liquider, régler. *Desembolsar*, débourser. *Pop. Aflojar*, casquer.

pagaré m. Billet à ordre.

pagaya f. Pagaie (remo). ‖ *Remar con pagaya*, pagayer.

pagel m. Pagel (pez).

página f. Page : *en la página anterior*, à la page précédente. ‖ FIG. Page (episodio).

paginación f. Pagination.

paginar v. tr. Paginer, folioter.

pago m. Paiement, payement : *pago al contado*, paiement au comptant *o* comptant. ‖ Palement, versement : *hacer un pago*, effectuer un paiement. ‖ Domaine, terres, *f. pl.* (heredad). ‖ FIG. Prix : *recibir el pago de sus malas acciones*, recevoir le prix de ses mauvaises actions. | Rançon, *f.* : *el pago de la gloria*, la rançon de la gloire. ‖ *Amer.* Pays (país), village (pueblo). ‖ — *En pago*, en paiement (para pagar), pour prix, en récompense (como recompensa). ‖ *Pago a plazos*, paiement à tempérament. ‖ *Pago adelantado* ou *anticipado*, paiement à l'avance, paiement anticipé. ‖ *Pago contra entrega*, paiement à la livraison. ‖ *Pago de viñas*, clos, vignoble. ‖ *Amer. Pago en cuotas*, paiement à tempérament. ‖ *Pago en metálico*, paiement en espèces.

pago, ga adj. FAM. Payé, e.

pagoda f. Pagode.

pagro m. Pagre (pez).

paguro m. Pagure, bernard-l'ermite (crustáceo). ‖ Araignée (*f.*) de mer (araña de mar).

pahuinos m. pl. Pahouins (tribu del Congo).

paidología f. Paidologie, pédologie (estudio del niño).

paidólogo m. Paidologue, pédologue.

paila f. Poêle.

painel m. Panneau (panel).

paipai m. Éventail (abanico).

pairar v. intr. MAR. Mettre en panne.

pairo m. MAR. Panne, *f.* : *estar al pairo*, être en panne.

país m. Pays (nación). ‖ Feuille, *f.* (del abanico). ‖ *En el país de los ciegos, el tuerto es rey*, au royaume des aveugles les borgnes sont rois.

paisaje m. Paysage.

paisajista adj. y s. Paysagiste.

paisana f. Danse rustique.

paisanada f. *Amer.* Paysans, m. pl., gens (m. pl.) de la campagne.

paisanaje m. Population (f.) civile. ‖ Qualité (f.) de pays *o* de compatriote.

paisano, na adj. y s. FAM. Pays, e [de la même région] : *es un paisano mío*, c'est mon pays. | Compatriote [du même pays] : *un paisano mío*, un de mes compatriotes. ‖ — M. y f. *Amer.* Paysan, anne (campesino). ‖ — M. Civil (por oposición a *militar*) : *ir de paisano*, être en civil ; *traje de paisano*, costume civil.
— OBSERV. La palabra francesa *paysan* no significa *paisano* sino *campesino*.

Países Bajos n. pr. m. pl. Pays-Bas (Holanda).
— OBSERV. V. PAYS-BAS, 1.ª parte, pág. 544.

paja f. Paille : *paja centenaza*, paille de seigle. ‖ FIG. Paille, vétille (nadería). | Remplissage, m. (en un artículo) : *meter paja*, faire du remplissage. ‖ *Amer.* Robinet, m. (grifo). ‖ — AGRIC. Capa de paja, paillis. ‖ *Choza de paja*, paillote. ‖ *Funda de paja*, paillon (para botellas). ‖ FIG. *Hombre de paja*, homme de paille (testaferro). ‖ *Amer. Paja brava*, gynérion argenté, herbe des pampas. ‖ *Patatas paja*, pommes paille. ‖ *Vino de paja*, vin de paille. ‖ — FIG. *A humo de pajas*, à la légère. ‖ *Echar pajas*, tirer à la courte paille (juego). ‖ FIG. *En un quítame allá esas pajas*, en un clin d'œil, en moins de deux. | *Por un quítame allá esas pajas*, pour un oui, pour un non ; pour un rien *o* une vétille. | *Ver la paja en el ojo ajeno y no la viga en el nuestro*, voir la paille dans l'œil du prochain *o* de son voisin et ne pas voir la poutre que l'on a dans le sien.

pajar m. Pailler, grenier à foin.

pájara f. (P. us.). Oiseau, m. (pájaro). ‖ Cerf-volant, m. (cometa). ‖ Cocotte (de papel). ‖ FAM. Fine mouche (mujer astuta). | Sale bête (mujer mala). ‖ FAM. *Pájara nocturna*, belle-de-nuit (ramera).

pajarear v. intr. Faire la chasse aux oiseaux. ‖ FAM. Flâner (holgazanear).

pajarel m. ZOOL. Bouvreuil (pardillo).

pajarera f. Volière (jaula).

pajarería f. Oisellerie (tienda). ‖ Bande d'oiseaux.

pajarero, ra adj. Des oiseaux. ‖ FAM. Gai, e ; joyeux, euse (alegre). | Bariolé, e (telas). | Criard, e (colores). ‖ *Amer.* Ombrageux, euse (caballo).
— M. Oiselier (vendedor de pájaros). ‖ Oiseleur (cazador). ‖ *Enrique I el Pajarero*, Henri Iᵉʳ l'Oiseleur.

pajarete m. Un des vins de la région de Xérès (Jerez).

pajaril (hacer) loc. MAR. Amurer les voiles.

pajarilla f. Petit oiseau, m. ‖ Cerf-volant, m. (cometa). ‖ BOT. Ancolie (aguileña). ‖ Rate (del cerdo). ‖ — FAM. *Abrasársele a uno las pajarillas*, avoir très chaud. | *Alegrársele a uno las pajarillas*, être très content, se réjouir.

pajarita f. Cocotte (de papel). ‖ Cerf-volant, m. (cometa). ‖ — *Corbata de pajarita*, nœud papillon. ‖ *Cuello de pajarita*, col cassé. ‖ *Pajarita de las nieves*, bergeronnette (aguzanieves).

pajarito m. Petit oiseau, oisillon, oiselet (ave). ‖ — FIG. y FAM. *Comer como un pajarito*, avoir un appétit d'oiseau. | *Me lo ha dicho el pajarito verde*, mon petit doigt me l'a dit. | *Quedarse muerto como un pajarito*, s'éteindre doucement.

pájaro m. Oiseau : *coger pájaros*, attraper les oiseaux ; *coger los pájaros del nido*, dénicher les

oiseaux. ‖ Zool. Passereau (orden). ‖ Fig. Vieux renard, homme rusé (astuto). ‖ — *Pájaro bobo*, guillemot (pingüino). ‖ *Pájaro carpintero*, pivert. ‖ Fig. y Fam. *Pájaro de cuenta* ou *de cuidado*, drôle d'oiseau *o* de loustic. ‖ *Pájaro de mal agüero*, oiseau de malheur *o* de mauvais augure. ‖ Fam. *Pájaro gordo*, gros bonnet, grosse légume. ‖ *Pájaro mosca*, oiseau-mouche. ‖ *Pájaro niño*, manchot. ‖ — Fig. *A vista de pájaro*, à vol d'oiseau. ‖ .*El pájaro voló*, l'oiseau s'est envolé. ‖ *Más vale pájaro en mano que ciento volando*, un tiens vaut mieux que deux tu l'auras. ‖ *Matar dos pájaros de un tiro*, faire d'une pierre deux coups. ‖ *Pájaro viejo no entra en jaula*, ce n'est pas aux vieux singes qu'on apprend à faire la grimace. ‖ *Tener pájaros en la cabeza* ou *tener la cabeza llena de pájaros* ou *tener la cabeza a pájaros*, avoir la tête fêlée (tonto), être une tête sans cervelle (distraído).
— Observ. *Pájaro* désigne un oiseau de petite taille, comme en français le terme savant *passereau;* pour les autres oiseaux on emploie le mot *ave*.

pajarota o **pajarotada** f. Fam. Canard, *m.*, bateau, *m.* (noticia falsa).

pajarote m. Gros oiseau.

pajarraco m. Fam. Vilain oiseau (pájaro grande y feo). ‖ Fig. y Fam. Drôle d'oiseau.

pajaza f. Débris (*m. pl.*) de paille.

pajazo m. Veter. Tache, *f.* [sur l'œil d'un cheval].

paje m. Page. ‖ Mar. Mousse (grumete).

pajera f. Petit pailler, *m.*

pajería f. Magasin (*m.*) où on vend de la paille.

pajero, ra m. y f. Pailleur, euse (vendedor de paja).

pajilla f. Cigarette roulée dans une feuille de maïs.

pajizo, za adj. Jaune paille, paillé, e (color de paja). ‖ De paille (de paja).

pajolero, ra adj. Fam. Fichu, e ; sacré, e : *estoy harto de esta pajolera casa*, j'en ai assez de cette fichue maison. ‖ Chinois, e ; pointilleux, euse.

pajón m. Chaume (rastrojo). ‖ (Ant.). Chaumes, *pl.*

pajoso, sa adj. De paille, plein de paille.

pajote m. Agric. Paillis, paillasson.

pajuate o **pajuato, ta** adj. *Amer.* Niais, e (pazguato).

pajuela f. Mèche soufrée (para encender).

pajuerano m. *Amer.* Vacancier.

Pakistán n. pr. m. Geogr. Pakistan.

pakistaní adj. et s. Pakistanais, e.

pala f. Pelle (instrumento). ‖ Pelletée (contenido de la pala). ‖ Raquette (del juego de ping-pong). ‖ Pala (de pelota vasca). ‖ Batte (de béisbol). ‖ Pale (de remo, de hélice). ‖ Lame (de la azada, etc.). ‖ Aube (de noria). ‖ Battoir, *m.* (para lavar). ‖ Chaton, *m.* (de una sortija). ‖ Écharnoir, *m.* (de curtidores). ‖ Empeigne (del calzado). ‖ Pointe (del cuello de una camisa). ‖ Bot. Feuille (de chumbera). ‖ Palette (de un diente). ‖ Pince (incisivo del caballo). ‖ Corps (*m.*) d'épaulette (de charretera). ‖ Lame (de bisagra). ‖ — Fam. *A punta de pala*, à la pelle. ‖ *Pala cargadora*, pelle mécanique, pelleteuse. ‖ *Pala de zapador*, pelle-bêche. ‖ *Pala estrecha*, palot (laya).

palabra f. Parole (habla) : *pedir, conceder la palabra*, demander, accorder la parole ; *me repitieron sus palabras*, on m'a répété ses paroles ; *el delegado español tiene la palabra*, le délégué espagnol a la parole, la parole est au délégué espagnol. ‖ ● Mot, *m.* (vocablo) : *una palabra española*, un mot espagnol ; *no decir palabra*, ne pas dire un mot ; *¡ni una palabra!*, pas un mot ! ‖ Parole (promesa) : *hombre de palabra*, homme de parole ; *cumplir su palabra*, tenir parole. ‖ Propos, *m.* : *pronunciar palabras subversivas*, tenir des propos subversifs. ‖ Verbe (teología).
— Interj. Parole [d'honneur]! (se lo aseguro), ma parole ! (por Dios).

— *Palabra clave*, mot clef. ‖ *Palabra de doble sentido*, mot à double sens. ‖ *Palabra de honor*, parole d'honneur (promesa verbal). ‖ *Palabra de matrimonio*, promesse de mariage. ‖ *Palabras al aire* ou *al viento*, mots en l'air, paroles en l'air, du vent. ‖ *Palabras altisonantes* ou *rimbombantes*, grands mots. ‖ *Palabras cruzadas*, mots croisés (crucigrama). ‖ Fig. *Palabras encubiertas*, mots couverts (medias palabras). ‖ *Palabras mayores*, injures, grossièretés. ‖ — *A palabras necias, oídos sordos*, à folle demande, point de réponse. ‖ *Bajo palabra*, sur parole. ‖ Fig. *Con medias palabras*, à mots couverts : *decir con medias palabras*, dire à mots couverts ; *à demi-mot, comprender con medias palabras*, comprendre à demi-mot. ‖ *De palabra*, de vive voix. ‖ *En cuatro palabras*, en deux mots. ‖ *En pocas palabras*, bref, en peu de mots (en un discurso). ‖ *En toda la acepción* ou *extensión de la palabra*, dans toute l'acception du terme. ‖ *En una palabra*, bref, en un mot. ‖ *Juego de palabras*, jeu de mots. ‖ *Ni una palabra*, pas un mot, pas un traître mot. ‖ *Ni una palabra más*, pas un mot de plus, plus un mot. ‖ *Palabra por palabra*, mot à mot. ‖ *Pocas palabras pero buenas*, parlons peu mais parlons bien. ‖ *Última palabra*, dernier mot (para acabar), dernier cri (moda). ‖ — *Ahorrar palabras*, économiser ses paroles *o* sa salive. ‖ *Al buen entendedor, pocas palabras bastan*, à bon entendeur, salut. ‖ *Al decir* ou *al oir estas palabras*, à ces mots (para ligar), sur ces mots (para concluir). ‖ *Cogerle a uno la palabra*, prendre quelqu'un au mot. ‖ *Comerse las palabras*, avaler ses mots (al hablar), sauter des mots (al escribir). ‖ *Contentarse con palabras*, se payer de mots. ‖ *Cortar la palabra*, couper la parole. ‖ *Cumplir con su palabra*, tenir parole. ‖ *Dar palabra*, donner sa parole. ‖ *Decir la última palabra*, avoir le dernier mot. ‖ *Decirle a uno cuatro palabras bien dichas*, dire à quelqu'un ses quatre vérités. ‖ *Decir una palabra al oído*, glisser un mot à l'oreille. ‖ *Dejar a uno con la palabra en la boca*, ne pas laisser placer un mot à quelqu'un. ‖ *Dichas estas palabras, con estas palabras*, à ces mots, cela dit. ‖ *Dirigir la palabra*, adresser la parole. ‖ *Empeñar la palabra*, donner sa parole. ‖ *Entretener con buenas palabras*, bercer de belles paroles. ‖ *Estar colgado de las palabras de uno*, être suspendu aux lèvres de quelqu'un, boire les paroles de quelqu'un. ‖ *Faltar a su palabra*, manquer à sa parole. ‖ *Gastar palabras*, parler en vain *o* dans le vide. ‖ *Gastar pocas palabras*, être peu loquace, parler peu. ‖ *Hablar a medias palabras*, parler à mots couverts. ‖ *Hacer uso de la palabra*, prendre la parole. ‖ *Las palabras se las lleva el viento*, les paroles s'envolent, les écrits restent. ‖ *Llevar la palabra*, porter la parole. ‖ *Me basta con su palabra*, je vous crois sur parole. ‖ *Medir* ou *sopesar las palabras*, peser ses mots. ‖ *No decir palabra*, ne pas dire *o* ne pas souffler mot. ‖ *No entender palabra*, ne pas comprendre un traître mot. ‖ *No tener palabra*, ne pas avoir de parole. ‖ *Quitarle a uno las palabras de la boca*, couper la parole à quelqu'un. ‖ *Ser de pocas palabras*, être peu bavard. ‖ *Sin decir* ou *hablar palabra*, sans mot dire. ‖ *Tener la última palabra*, avoir le dernier mot. ‖ Fig. *Tener unas palabras con alguien*, avoir des mots avec quelqu'un. ‖ *Tomar la palabra*, prendre la parole. ‖ *Tomarle a uno la palabra*, prendre quelqu'un au mot. ‖ *Tratar mal de palabra a uno*, injurier quelqu'un.
— Sinón. ● *Término*, terme. *Expresión*, expression. *Voz, vocablo*, vocable.

palabrear v. intr. Fam. Bavarder, palabrer.

palabreo m. Bavardage, palabre, *m. y f.*

palabrería f. o **palabrerío** m. Fam. Verbiage, *m.*, bavardage, *m.*

palabrero, ra adj. y s. Bavard, e. ‖ De peu de parole (poco formal).

palabrita f. Petit mot, *m.* ‖ Mot, *m.* : *le dije cuatro palabritas,* je lui ai dit deux mots.

palabrota f. FAM. Gros mot, *m.* (palabra grosera). | Mot à coucher dehors (palabra complicada).

palace m. Palace (hotel).

palacete m. Hôtel particulier. ‖ Petit palais.

palaciego, ga adj. Du palais, de cour : *vida palaciega,* vie de cour. ‖ — Adj. y s. Courtisan, e (persona).

palacio m. Palais : *Palacio Real,* Palais-Royal ; *palacio episcopal,* palais épiscopal. ‖ Palais, château : *el palacio de Versalles,* le château de Versailles. ‖ Palais (casa suntuosa). ‖ — *El Palacio de Justicia,* le palais de justice. ‖ *Las cosas de palacio van despacio,* tout vient à point à qui sait attendre. ‖ FIG. *Palacio encantado,* château de la Belle au bois dormant.

palada f. Pelletée. ‖ Coup (*m.*) de rame (golpe de remo).

paladar m. ANAT. Palais. ‖ Goût, saveur, *f.* (sabor). ‖ FIG. Goût (gusto). ‖ *Tener el paladar delicado,* avoir le palais fin, être une fine bouche.

paladear v. tr. Savourer, déguster (saborear). ‖ FIG. Faire prendre goût à, donner le goût de (aficionar).
— V. intr. Remuer les lèvres (un recién nacido).

paladeo m. Dégustation, *f.* (saboreo).

paladial adj. y s. f. Palatal, e.

paladín m. Paladin. ‖ FIG. Champion (defensor) : *hacerse el paladín de la libertad,* se faire le champion de la liberté.

paladinamente adv. Ouvertement, manifestement, clairement.

paladino, na adj. Clair, e ; manifeste.
— M. Paladin.

paladio m. Palladium (metal).

paladión m. Palladium (estatua de Palas). ‖ FIG. Palladium, sauvegarde, *f.* (salvaguardia).

palado, da adj. BLAS. Palé, e.

palafito m. Palafitte (choza lacustre).

palafrén m. Palefroi.

palafrenero m. Palefrenier.

palamenta f. MAR. Rames, *pl.*, avirons, *m. pl.*

palanca f. Levier, *m.* ‖ Manette (manecilla). Poignée (del freno). ‖ Palanque (fortificación). ‖ Tremplin (*m.*) de haut vol (para zambullirse). ‖ FIG. Piston, *m.* (influencia). ‖ — FOT. *Palanca de arrastre,* levier d'armement. ‖ AVIAC. *Palanca de dirección,* dérive. | *Palanca de mando,* manche à balai. | *Palanca de mando del timón,* palonnier. ‖ *Salto de palanca,* plongeon de haut vol.

palangana f. Cuvette (jofaina). ‖ — M. FAM. *Amer.* Fanfaron, vantard. | Effronté, e (descarado).

palanganada f. FAM. *Amer.* Vantardise.

palanganear v. intr. FAM. *Amer.* Se vanter.

palanganero m. Table (*f.*) de toilette.

palangre m. MAR. Palangre, *f.*, palancre, *f.*

palangrero m. Pêcheur à la palangre (pescador). ‖ Bateau de pêche (barco).

palanquear v. tr. *Amer.* Soulever avec un levier.

palanquera f. Palissade.

palanquero m. Ouvrier qui manœuvre un soufflet.

palanqueta f. Petit levier, *m.,* pied-de-chèvre, *m.* (palanca). ‖ Pince-monseigneur (para forzar las puertas). ‖ MAR. Boulets (*m. pl.*) ramés.

palanquilla f. TECN. Billette.

palanquín m. Palanquin (litera). ‖ FAM. Portefaix (ganapán).

Palas n. pr. f. Pallas.

palastro m. Tôle, *f.* (chapa de hierro). ‖ Palastre, palâtre (de cerradura).

palatal adj. y s. f. GRAM. Palatal, e : *sonidos palatales,* sons palataux.

palatalización f. GRAM. Palatalisation.

palatalizar v. tr. GRAM. Palataliser.

Palatinado n. pr. m. GEOGR. Palatinat.

palatino, na adj. y. s. Palatin, e (de palacio). ‖ ANAT. Du palais, palatin, e : *bóveda palatina,* voûte du palais. ‖ — F. Palatine (piel).

palazo m. Coup de pelle.

palco m. Tribune, *f.* (tabladillo). ‖ Loge, *f.* (espectáculo) : *palco principal,* loge de première. ‖ — TEATR. *Palco de platea,* baignoire. | *Palco de proscenio,* loge d'avant-scène.

paloo m. *Amer.* Muguet (erupción en la boca).

paleador m. Pelleteur.

palear v. tr. Pelleter.

palemón m. Palémon (gamba).

palenque m. Enceinte, *f.* (recinto). ‖ Palissade, *f.* (empalizada). ‖ *Amer.* Poteau (para atar animales). ‖ — FIG. *Palenque político,* arène politique. | *Salir al palenque,* entrer en lice.

palentino, na adj. y s. De Palencia [Castille].

paleo m. TECN. Pelletage.

paleobotánica f. Paléobotanique.

paleógeno, na adj. y s. GEOL. Paléogène.

paleogeografía f. Paléogéographie.

paleografía f. Paléographie.

paleográfico, ca adj. Paléographique.

paleógrafo m. Paléographe.

paleolítico, ca adj. Paléolithique.

paleólogo m. Paléologue.

paleontología f. Paléontologie.

paleontológico, ca adj. Paléontologique.

paleontólogo m. Paléontologue, paléontologiste.

paleoterio m. ZOOL. Paléothérium (fósil).

paleozoico, ca adj. y s. m. Paléozoïque.

palermitano, na adj. y s. Palermitain, e.

Palermo n. pr. GEOGR. Palerme.

palero m. Draineur. ‖ MAR. Soutier (pañolero).

Palestina n. pr. f. GEOGR. Palestine.

palestino, na adj. y s. Palestinien, enne.

palestra f. Palestre. ‖ FIG. Échiquier, *m.* : *la palestra parlamentaria,* l'échiquier parlementaire. ‖ FIG. *Salir ou saltar a la palestra,* descendre dans l'arène, entrer en lice.

paléstrico, ca adj. Palestrique.

paleta f. Petite pelle. ‖ Pelle à gâteaux (de dulces). ‖ Palette (de pintor). ‖ Pelle (de cocina). ‖ Truelle (llana). ‖ Palette (de un diente). ‖ Palette (de raqueta). ‖ Bat, *m.* (de criquet). ‖ Palette (de reloj). ‖ Palette (de noria). ‖ Pale (de ventilador). ‖ Pelle à feu (badila). ‖ ANAT. Omoplate. ‖ MAR. Pale. ‖ TECN. Palette.

paletada f. Pelletée. ‖ Truellée. ‖ FAM. Balourdise. ‖ — FIG. y FAM. *A paletadas,* à la pelle (en gran cantidad). | *En dos paletadas,* en un tour de main, en deux coups de cuiller à pot.

paletazo m. Coup de corne.

paletear v. intr. Battre l'eau avec les rames sans avancer.

paleteo m. Action (*f.*) de ramer sans avancer.

paletilla f. ANAT. Omoplate. ‖ Palette, épaule (en carnicería) : *paletilla de cordero,* épaule de mouton. ‖ Paleron, *m.* (del ganado). ‖ Appendice (*m.*) xiphoïde (del esternón). ‖ Bougeoir, *m.* (palmatoria).

paleto, ta adj. FAM. Paysan, anne. | Rustre, grossier, ère.
— M. y F. FAM. Croquant, e ; pedzouille.

paletó m. (P. us.). Paletot.

paletón m. Panneton (de llave). ‖ Palette, *f.* (diente).

pali adj. y s. Pâli, e (lengua sánscrita).

palia f. Pavillon, *m.* (cortinas del tabernáculo). ‖ Pale (del cáliz).

paliacate m. *Amer.* Fichu, foulard.

paliación f. Palliation.

paliadamente adv. En cachette, avec dissimulation.

paliar v. tr. Pallier.

paliativo, va adj. y s. m. Palliatif, ive.

palidecer* v. intr. Pâlir.

palidez f. Pâleur.

pálido, da adj. Pâle : *ponerse muy pálido*, devenir très *o* tout pâle. || — *Estilo pálido*, style terne *o* sans éclat. || *Ponerse pálido*, pâlir. || *Rostro pálido*, visage pâle [chez les Indiens].
— SINÓN. *Blanquecino*, blafard. *Descolorido*, blême. *Lívido*, livide. *Terroso*, terreux. *Macilento*, hâve. *Cadavérico*, cadavérique.

paliducho, cha adj. FAM. Pâlot, otte ; palichon, onne.

palier m. MECÁN. Palier.

palikar m. Palikare (soldado griego).

palillero m. Porte-plume (portaplumas). || Porte-cure-dents, *inv.*, étui à cure-dents (de mondadientes). || Vendeur de cure-dents.

palillo m. Petit bâton, bâtonnet. || Cure-dents, *inv.* (mondadientes). || Fuseau (de encajera). || Porte-aiguille. || Baguette, *f.* (de tambor). || Longuet (de pan). || Côte, *f.* (de tabaco). || Rafle, *f.* (de uva). || — Pl. Baguettes, *f.* : *los chinos comen con palillos*, les Chinois mangent avec des baguettes. || Quilles, *f.* (del billar). || Spatules, *f.* (de los escultores). || FAM. Banderilles, *f.* || Castagnettes, *f.* (castañuelas).

palimpsesto m. Palimpseste.

palíndromo, ma adj. y s. m. Palindrome.

palingenesia f. Palingénésie (regeneración).

palingenésico, ca adj. Palingénésique.

palinodia f. Palinodie. || FIG. y FAM. *Cantar la palinodia*, chanter la palinodie, se rétracter, faire amende honorable.

palio m. Pallium (manto griego). || Pallium (pontifical). || Dais (dosel). || BLAS. Pairle (perla). || — *Bajo palio*, sous dais. || FIG. *Recibir con palio* ou *bajo palio*, recevoir en grande pompe.

palique m. FAM. Causerie, *f.*, conversation, *f.* || — FAM. *Dar palique a*, parler à. | *Estar de palique*, tailler une bavette, faire un brin de causette.

paliquear v. intr. FAM. Bavarder, causer.

palisandro m. Palissandre (árbol, madera).

palista m. Joueur de pala (pelota vasca).

palito m. Bâtonnet. || FAM. *Amer. Pisar el palito*, tomber dans le piège.

palitoque o **palitroque** m. Bout de bois (palo). || Banderille, *f.* (de toros). || Bâton (escritura).

paliza f. Raclée, volée [de coups] : *dar una paliza*, donner une raclée.
— SINÓN. *Tunda*, *apaleo*, bastonnade. *Corrección*, correction. *Fam*, *Azotaina*, *mano de azotes*, *soba*, fessée. *Rociada*, dégelée. *Zurribanda*, *zurra*, peignée. *Felpa*, raclée. *Vapuleo*, rossée. *Meneo*, secouée. *Solfa*, trempée.

palizada f. Palissade (valla). || Enceinte (sitio cercado). || Bâtardeau, *m.* (para atajar los ríos).

palma f. Palmier, *m.* (árbol). || Palme (hoja). || Dattier, *m.* (datilera). || Paume (de la mano). || Sole (de la pata del caballo). || Empaumure (de un guante). || FIG. Palme : *la palma del martirio*, la palme du martyre. || — Pl. Applaudissements, *m.*, battements (*m.*) de mains. || — *Palma datilera*, palmier-dattier. || *Palma indiana*, cocotier. || *Palmas de tango*, applaudissements scandés. || — *Batir* ou *dar palmas*, battre des mains, applaudir. || *Conocer como la palma de la mano*, connaître comme sa poche. || FIG. y FAM. *Llevarse la palma*, remporter la palme. | *Ser liso como la palma de la mano*, être plat comme une galette. | *Traer en palmas a uno*, choyer quelqu'un, faire tous les caprices de quelqu'un.

palmacristi f. Palma-christi, *m.* (ricino).

palmada f. Claque, tape (golpe con la palma de la mano). || — Pl. Battements (*m.*) de mains, applaudissements, *m.* || — *Dar palmadas*, battre des mains. || *Darse una palmada en la frente*, se frapper le front.

palmadita f. Tape : *dar una palmadita en el hombro*, donner une tape sur l'épaule.

palmado, da adj. Palmé, e.

palmar adj. ANAT. Palmaire : *músculo palmar*, muscle palmaire. || FIG. Évident, e ; clair, e. || Long d'un empan (longitud).
— M. Palmeraie, *f.* (sitio). || TECN. Carde, *f.* (cardencha). || FAM. *Más viejo que un palmar*, vieux comme Hérode.

palmar v. intr. FAM. Passer l'arme à gauche, casser sa pipe, mourir.
— V. tr. POP. Allonger.

palmarés m. États (*pl.*) de service (historial).
— OBSERV. Le *palmarès* d'un concours ou d'une rencontre sportive se dit en espagnol *lista de premios* ou *lista de los resultados.*

palmario, ria adj. Évident, e ; manifeste : *error palmario*, erreur manifeste.

palmatífido, da adj. Palmatifide, palmifide.

palmatoria f. Férule (de maestro). || Bougeoir, *m.*
— M. Palmature, *f.* (de objetos).

palmeado, da adj. Palmé, e.

palmear v. intr. Battre des mains, applaudir (dar palmas). || MAR. Déhaler. || *Amer.* Donner des claques *o* des tapes.

palmeño, ña adj. y s. De La Palma [Panama].

palmeo m. Mesurage par empans.

palmer m. Palmer (instrumento para medir).

palmera f. Palmier, *m.* (árbol). || Palme (hoja). || Dattier, *m.* (datilera). || Palmier, *m.* (galleta). || *Palmera datilera*, palmier dattier.

palmeral m. Palmeraie, *f.*

palmero m. Pèlerin de Terre sainte. || *Amer.* Palmier (árbol).

palmesano, na adj. y s. De Palma de Majorque.

palmeta f. Férule (palmatoria). || Coup (*m.*) de férule (palmetazo). || AGRIC. Palmette (forma dada a los árboles frutales).

palmetazo m. Coup de férule (con la palmatoria). || Claque, *f.*, tape, *f.* (palmada).

palmiche o **palmicho** m. Palmier royal (árbol). || Chou palmiste (fruto).

palmífido, da adj. BOT. Palmifide.

palmilobulado, da adj. BOT. Palmilobé, e.

palmipartido, da adj. BOT. Palmiparti, ite.

palmípedo, da adj. y s. m. ZOOL. Palmipède.

Palmira n. pr. GEOGR. Palmyre [Syric]. || Palmira [Colombie].

palmireño, ña adj. y s. De Palmira [Colombie].

palmisecado, da adj. BOT. Palmiséqué, e.

palmista f. *Amer.* Chiromancienne.

palmita f. Moelle du palmier, palmite, *m.* (médula). || *Llevar* ou *traer* ou *tener en palmitas a alguien*, choyer quelqu'un, faire les caprices de quelqu'un, être aux petits soins pour quelqu'un.

palmitato m. QUÍM. Palmitate.

palmítico adj. m. QUÍM. Palmitique.

palmitina f. Palmitine (cera).

palmito m. BOT. Palmiste, palmier nain. | Chamérops (palmera). | Cœur de palmier (tallo comestible). || FIG. y FAM. Minois, frimousse, *f.* (cara) : *buen palmito*, joli minois. | Allure, *f.* (aspecto) : *tener un buen palmito*, avoir belle allure.

palmo m. Empan, pan, paume, *f.* (medida). || — FIG. *Palmo de narices*, pied de nez : *hacer un palmo de narices*, faire un pied de nez. | *Palmo de tierra*, lopin de terre (espacio pequeño). || — FIG. y FAM. *Con un palmo de lengua*, la langue pendante, en tirant une langue d'un pied de long. | *Palmo a palmo*, pas à pas (paso a paso), d'un bout à l'autre : *este hombre conoce África palmo a palmo*, cet homme connaît l'Afrique d'un bout à l'autre. || — FIG. *Crecer a palmos*, pousser *o* grandir à vue d'œil. | *Dejar con un palmo de narices*, laisser pantois. | *Quedarse con dos palmos de narices*, se casser le nez (al no encontrara una persona), rester le bec dans l'eau (al no conseguir una cosa).

palmotear v. intr. Battre des mains (palmear).

palmoteo m. Applaudissement (aplauso). ‖ Claque, *f.*, tape, *f.* (palmada).

palo m. Bâton : *esgrimía un palo*, il brandissait un bâton. ‖ Bout de bois (trozo de madera). ‖ Bois (madera) : *pierna de palo*, jambe de bois ; *cuchara de palo*, cuiller en bois. ‖ Coup de bâton (golpe) : *dar palos* ou *dar de palos*, donner des coups de bâton. ‖ Manche (mango). ‖ Fam. Banderille, *f.* (toros). ‖ Mât (mástil) : *palo mayor*, grand mât. ‖ Barre, *f.*, perche, *f.* (vara). ‖ Quille, *f.* (para jugar al billar). ‖ Coup (jugada en el billar). ‖ Gibet, bois de justice (suplicio). ‖ Couleur, *f.* (des cartes) : *jugar del mismo palo*, jouer de la même couleur. ‖ Jambage (de una letra). ‖ Blas. Pal. ‖ Queue, *f.* (del fruto). ‖ Perchoir, juchoir (en un gallinero). ‖ Club (para jugar al golf). ‖ Pal (estaca). ‖ *Amer.* Arbre (árbol). | Gorgée, *f.* (trago). ‖ — *Palo brasil*, bois du Brésil. ‖ *Palo campeche*, bois de Campêche. ‖ *Amer. Palo de agua*, averse (chaparrón). ‖ Fig. *Palo de ciego*, coup donné à l'aveuglette, coup involontaire. ‖ *Palo de escoba*, manche à balai (mango), grande gigue, manche à balai (espingarda). ‖ *Palo de jabón*, savonnier. ‖ *Palo de Pernambuco*, bois de Pernambouc. ‖ *Palo de rosa*, bois de rose. ‖ *Palo dulce*, bois de réglisse. ‖ *Amer. Palo ensebado*, mât de cocagne (cucaña). ‖ *Palo santo*, gaiac (*palo santo es barbarismo en el sentido de palisandro*). ‖ — *Amer. A medio palo*, à moitié fait. ‖ *A palos*, à coups de bâton. ‖ Fig. *A palo seco*, sans rien. | *De tal palo tal astilla*, tel père, tel fils. ‖ — Fig. *Caérsele a uno los palos del sombrero*, être découragé. | *Dar palos de ciego*, taper dans le tas (golpear sin cuidado), aller à l'aveuglette, tâtonner (tantear). ‖ Fig. y Fam. *Dar un palo*, esquinter, démolir (criticar), être le coup de fusil : *en este restaurante te dan un palo*, dans ce restaurant c'est le coup de fusil. | *Moler a palos*, rouer de coups, battre comme plâtre. | *Ser más tieso que el palo de una escoba*, être raide comme un piquet. ‖ Fig. *Amer. Ser un palo*, être remarquable.

paloduz m. Réglisse, *f.*, bâton de réglisse.

paloma f. Pigeon, *m.* ‖ Colombe : *la paloma de la paz*, la colombe de la paix. ‖ Fig. Agneau, *m.* (persona bondadosa). | Colombe (mujer pura). ‖ ‖ Fam. Anisette à l'eau (aguardiente). ‖ Mar. Milieu (*m.*) d'une vergue. ‖ — Pl. Moutons, *m.* (olas pequeñas). ‖ Zool. Colombins, *m.* (pájaros). ‖ — *Paloma buchona*, pigeon boulant. ‖ *Paloma casera*, pigeon domestique. ‖ *Paloma de moño*, pigeon huppé. ‖ *Paloma mensajera*, pigeon voyageur. ‖ *Paloma silvestre*, pigeon sauvage. ‖ *Paloma torcaz*, palombe, pigeon ramier, ramier. ‖ *Paloma zurita*, biset. ‖ Fig. *Ser una paloma sin hiel*, être doux comme un agneau.

palomadura f. Mar. Ralingue.

palomar adj. Mar. *Hilo palomar*, merlin fin.
— M. Pigeonnier, colombier.

palomariego, ga adj. Domestique [pigeon].

palomera f. Petit pigeonnier, *m.*

palomería f. Chasse aux pigeons.

palomero, ra m. y f. Éleveur, éleveuse de pigeons.

palometa f. Écrou (*m.*) papillon, papillon, *m.* (tuerca). ‖ Perche (pescado).

palomilla f. Teigne, mite (polilla). ‖ Petit papillon, *m.* (mariposa). ‖ Console (soporte). ‖ Crapaudine (chumacera). ‖ Pommeau, *m.* (de una albarda). ‖ Hanche (del caballo). ‖ Bot. Fumeterre, *m.* (fumaria). | Orcanette (onoquiles). ‖ Zool. Nymphe (ninfa). ‖ Fam. *Amer.* Populace (plebe). ‖ — Pl. Moutons, *m.*, moutonnement, *m. sing.* (del mar).

palomina f. Colombine (excremento de palomas). ‖ Bot. Fumeterre, *m.* (fumaria).

palomino m. Pigeonneau. ‖ Fig. *Un palomino atontado*, un grand dadais.

palomita f. Pop-corn, *m.*, maïs (*m.*) grillé (roseta). ‖ Anisette à l'eau. ‖ *Cuello de palomita*, col cassé.

palomo m. Pigeon. ‖ Fam. Niais, dindon (necio). ‖ *Amer.* Garrot (palomilla del caballo). ‖ — Anat. *Hueso palomo*, coccyx.

palor m. (P. us.). Paleur, *f.* (palidez).

palotada f. Coup (*m.*) de baguette. ‖ Fam. *No dar palotada*, n'être bon à rien (no acertar), n'avoir même pas commencé (no haber empezado).

palotazo m. Taurom. Coup de corne (de lado).

palote m. Baguette, *f.* ‖ Bâton, bâtonnet (escritura). ‖ *Amer.* Rouleau (de cocina).

palotear v. intr. Frapper des bâtons les uns contre les autres [en dansant]. ‖ Fam. Se bagarrer, discuter.

palpabilidad f. Palpabilité.

palpable adj. Palpable.

palpablemente adv. Sensiblement, d'une façon tangible : *la producción ha aumentado palpablemente*, la production a augmenté sensiblement.

palpación o **palpadura** f. o **palpamiento** m. Palpation, *f.*

palpador m. Tecn. Palpeur (pie de rey).

palpar v. tr. Palper, tâter.
— V. intr. Tâtonner (a oscuras).

palpebral adj. Anat. Palpébral, e : *músculos palpebrales*, muscles palpébraux.

palpitación f. Palpitation.

palpitante adj. Palpitant, e : *con el corazón palpitante*, le cœur palpitant. ‖ Frémissant, e : *palpitante de júbilo*, frémissant de joie.

palpitar v. intr. Palpiter. ‖ Battre (latir).

pálpito m. Pressentiment (corazonada).

palpo m. Zool. Palpe.

palta f. *Amer.* Poire d'avocat (aguacate).

palto m. *Amer.* Avocatier (árbol).

palúdico, ca adj. Paludéen, enne ; palustre : *fiebre palúdica*, fièvre paludéenne.
— M. y f. Personne (*f.*) atteinte de paludisme.

paludina f. Paludine (molusco).

paludismo m. Med. Paludisme.

palurdo, da adj. Fam. Paysan, anne. | Rustre, grossier, ère.
— M. y f. Fam. Croquant, e ; pedzouille.

palustre m. Truelle, *f.* (llana de albañil).
— Adj. Paludéen, enne ; palustre, des marais.

pallador m. *Amer.* V. payador.

pallar v. tr. Min. Trier [le minerai].

pallar m. *Amer.* Haricot blanc (judía).

pallete m. Mar. Défense, *f.*, paillet (trenzado de cabo).

pambil m. *Amer.* Palmier.

pamela f. Capeline (sombrero de mujer).

pamema f. Fam. Histoire : *déjate de pamemas*, cesse de faire des histoires.

pampa f. Pampa, plaine (llanura).
— Adj. *Amer.* De la pampa : *indio pampa*, Indien de la pampa. | À la tête blanche (animal). | De mauvaise foi. ‖ — *Amer. A la pampa*, à la belle étoile. | *Estar en sus pampas*, être à l'aise. | *Quedar en pampa*, être déçu.

pámpana f. Feuille de vigne.

pampanada f. Verjus, *m.* (zumo).

pampanilla f. Pagne, *m.* (taparrabo).

pámpano m. Pampre. ‖ Feuille (*f.*) de vigne (pámpana). ‖ Saupe, *f.* (pez).

pampanoso, sa adj. Chargé de pampres.

pampeano, na adj. y s. *Amer.* De la pampa.

pampear v. intr. *Amer.* Parcourir la pampa.

pamperada f. *Amer.* Saison du vent d'ouest.

pampero, ra adj. De la pampa.
— M. y f. Habitant, habitante de la pampa. ‖ M. Vent d'ouest de la pampa, pampéro.

pampirolada f. Sauce au pain et à l'ail. ‖ FIG. y FAM. Bêtise (necedad).

pamplina f. Mouron, *m.*, alsine (planta). ‖ FIG. y FAM. Bêtise, fadaise, niaiserie, sornette (necedad) : *déjeme de pamplinas*, cessez de me raconter des bêtises ; *¡basta de pamplinas!*, laissez-là toutes ces sornettes! | Vétille (cosa sin importancia). ‖ *Pamplina de agua*, mouron d'eau, samole.

pamplinada o **pamplinería** f. FAM. Niaiserie, bêtise, sottise.

pamplinero, ra o **pamplinoso, sa** adj. Niais, e ; bête, sot, sotte.

Pamplona n. pr. GEOGR. Pampelune (Navarra).

pamplonés, esa o **pamplonica** adj. y s. De Pampelune.

pamporcino m. Cyclamen, pain de pourceau.

pampringada f. Tartine de graisse. ‖ FIG. y FAM. Ânerie, bourde.

pamue adj. y s. Guinéen, enne ; indigène de la Guinée espagnole.

pan m. Pain : *pedazo de pan*, morceau de pain. ‖ FIG. Blé (trigo). ‖ Pâte, *f.* (masa) : *pan de higo*, pâte de figues. ‖ FIG. Feuille, *f.* [d'or o d'argent battu] : *oro en panes*, or en feuilles. | Pain : *ganarse el pan*, gagner son pain. ‖ — *Pan ázimo*, pain azyme. ‖ *Pan bazo* ou *moreno*, pain bis. ‖ *Pan bendito*, pain bénit. ‖ *Pan blanco* ou *candeal*, pain blanc. ‖ *Pan casero*, pain de ménage. ‖ *Pan de azúcar*, pain de sucre. ‖ *Pan de centeno*, pain de seigle o noir. ‖ *Pan de flor*, pain de gruau o anglais. ‖ *Pan de lujo*, pain de fantaisie. ‖ *Pan de molde* ou *francés*, pain de mie. ‖ *Pan de munición*, pain de munition, boule de son. ‖ *Pan de Viena*, pain viennois. ‖ *Pan duro*, pain rassis. ‖ FIG. *Pan francés*, manifestation bruyante (espectáculo). ‖ *Pan genovés*, pain de Gênes. ‖ *Pan integral*, pain complet. ‖ *Pan rallado*, chapelure, panure. ‖ *Pan tierno*, pain frais. ‖ *« Pan toast »*, biscotte. ‖ *Pan tostado*, pain grillé. ‖ *Pan tierno*, pain frais. ‖ — *Árbol del pan*, arbre à pain. ‖ FIG. *Cara de pan mascado*, figure de papier mâché. ‖ *Cesta pura el pan*, panière. ‖ *El pan nuestro de cada día*, notre pain quotidien. ‖ FIG. *Pedazo de pan*, personne en or o qui est la bonté même. | *Por mucho pan nunca mal año*, abondance de bien ne nuit pas. | *Por un mendrugo de pan*, pour une bouchée de pain. ‖ *Sopa de pan*, panade. | *Tierra de pan llevar*, terre à blé. ‖ — *A falta de pan buenas son tortas*, faute de grives on mange des merles. ‖ FAM. *Con su pan se lo coma*, grand bien lui fasse, c'est son affaire. | *Dame pan y llámame tonto*, j'y trouve mon profit. ‖ *Amer. Echar panes*, se vanter. ‖ FAM. *Es pan comido*, c'est du gâteau, c'est du tout cuit, c'est simple comme bonjour (es muy fácil). ‖ *Estar a pan y agua*, être au pain et à l'eau, être au pain sec. ‖ *Llamar al pan pan y al vino vino*, appeler un chat un chat. ‖ *No sólo de pan vive el hombre*, l'homme ne vit pas seulement de pain. ‖ FIG. *Repartirse como pan bendito*, s'enlever comme des petits pains. | *Ser un pan* ou *ser bueno como un pedazo de pan* ou *ser más bueno que el pan*, être bon comme le pain, être la bonté même. | *Vivir con pan y cebolla*, vivre d'amour et d'eau fraîche.

Pan n. pr. m. MIT. Pan.

pana f. Velours (*m.*) à côtes o côtelé. ‖ *Pana de canutillo*, velours à côtes o côtelé.

panabasa f. MIN. Panabase.

pánace f. Opopanax, *m.*, panax, *m.* (planta).

panacea f. Panacée (remedio).

panadear v. tr. Boulanger.

panadeo m. Boulange, *f.*, boulangerie, *f.*

panadería f. Boulangerie (tahona). ‖ Boulange, boulangerie (oficio del panadero).

panadero, ra m. y f. Boulanger, ère.

panadizo m. MED. Panaris, mal blanc.

panado, da adj. Pané, e : *agua panada*, eau panée.

panafricanismo m. Panafricanisme.

panafricano, na adj. Panafricain, e.

panal m. Rayon (de colmena). ‖ Pâte (*f.*) sucrée et parfumée (dulce). ‖ *En forma de panal*, en nid d'abeilles.

Panamá n. pr. m. GEOGR. Panama.
— M. Panama (jipijapa).

panameño, ña adj. y s. Panaméen, enne [de Panamá].

panamericanismo m. Panaméricanisme.

panamericanista adj. y s. Panaméricaniste.

panamericano, na adj. Panaméricain, e.

panarabismo m. Panarabisme.

panarizo m. Panaris (panadizo).

panarra m. FAM. Propre à rien, imbécile.

panatela f. Sorte de biscuit, *m.* ‖ (P. us.). Panatela, *m.* (cigarro).

panatenaico, ca adj. Panathénaïque, panathénien, enne.

panateneas f. pl. Panathénées (fiestas griegas).

pancalismo m. FILOS. Pancalisme.

pancarta f. Pancarte.
— OBSERV. Ce mot, qui était un gallicisme, est maintenant admis par l'Académie.

pancera f. Braconnière (armadura).

pancilla f. Caractère (*m.*) rond (en los libros de coro).

pancista adj. y s. FAM. Opportuniste.

panclastita f. QUÍM. Panclastite (explosivo).

pancosmismo m. FILOS. Pancosmisme.

pancraciasta m. Pancratiaste (atleta).

Pancracio n. pr. m. Pancrace.

páncreas m. ANAT. Pancréas.

pancreático, ca adj. Pancréatique : *jugo pancreático*, suc pancréatique.

pancreatina f. Pancréatine.

pancreatitis f. MED. Pancréatite.

pancromático, ca adj. Panchromatique.

pancho m. ZOOL. Jeune daurade, *f.* (besugo). ‖ FAM. Panse, *f.*, ventre (panza).

Pancho n. pr. m. FAM. François [diminutif de *Francisco*].

pancho, cha adj. FAM. *Quedarse tan pancho*, ne pas s'émouvoir.

panda f. Panda, *m.* (mamífero del Himalaya). ‖ Galerie de cloître. ‖ FAM. Bande (pandilla).

pandano m. BOT. Pandanus.

pandear v. intr. y pr. Fléchir, s'incurver (viga), se bomber (pared, tabla).

pandectas f. pl. DR. Pandectes. ‖ Répertoire, *m.* sing. (cuaderno).

pandemia f. MED. Pandémie.

pandémico, ca adj. Pandémique.

pandemonio o **pandemónium** m. Pandémonium.

pandeo m. Courbure, *f.* (de viga), bombement (de pared).

pandera f. Tambourin, *m.* (pandero).

panderada f. Ensemble (*m.*) de tambourins. ‖ FIG. y FAM. Sottise (tontería).

panderazo m. Coup de tambourin.

pandereta f. Tambourin, *m.*, tambour (*m.*) de basque. ‖ — *La España de pandereta*, l'Espagne d'opérette. ‖ FIG. y FAM. *Zumbar la pandereta*, flanquer une raclée.

panderetazo m. Coup de tambourin.

panderete m. *Tabique de panderete*, galandage.

panderetear v. intr. Jouer du tambourin (tocar).

pandereteo m. Tambourinage.

panderetero, ra m. y f. Tambourinaire, joueur, joueuse de tambourin. ‖ Vendeur o fabricant de tambours de basque.

pandero m. Tambourin, tambour de basque.

pandiculación f. Pandiculation (desperezo).

pandilla f. ● Bande : *una pandilla de niños,* une bande d'enfants. ‖ Équipe : *¡vaya pandilla!,* quelle équipe ! ‖ Clique (camarilla).
— SINÓN. ● *Clan,* clan, *Banda, cuadrilla, caterva, partida,* bande. *Mafia,* mafia.

pandillaje m. Menées (*f. pl.*) d'une bande.

pandillero o **pandillista** m. Intrigant.

pandino, na adj. y s. De Pando [ville de Bolivie].

pandit m. Pandit (brahmán).

pando, da adj. Bombé, e (combado). ‖ Lent, e (lento). ‖ FIG. Calme, grave (pausado).
— M. Plateau (entre montañas).

Pandora n. pr. f. MITOL. Pandore : *caja de Pandora,* boîte de Pandore.

pandorga f. Cerf-volant, *m.* (cometa). ‖ Quintaine (estafermo). ‖ FIG. y FAM. Grosse mère (mujer). ‖ *Amer.* Plaisanterie.

panduro m. (Ant.). Pandour (soldado húngaro).

panear v. intr. *Amer.* Fanfaronner.

panecillo m. Petit pain. ‖ FIG. *Venderse como panecillos,* se vendre comme des petits pains.

panegírico m. Panégyrique.

panegirista m. Panégyriste.

panegirizar v. tr. Faire le panégyrique de.

panel m. Panneau.

panela f. Biscuit, *m.*

panera f. Corbeille à pain (cesta del pan). ‖ Panier (*m.*) à défourner (para sacar el pan). ‖ Grenier, *m.* (granero). ‖ Nasse (nasa).

panero m. Panier à pain. ‖ Petite natte (*f.*) ronde (estera).

paneslavismo m. Panslavisme.

paneslavista adj. y s. Panslaviste.

panete m. *Amer.* Sot, sotte.

panetela f. Panade (sopa de pan). ‖ Panatela, *m.* (cigarro).

panetería f. Paneterie (de palacio).

panetero m. (Ant.). Panetier.

paneuropeo, a adj. y s. Paneuropéen, enne.

panfilismo m. Bonté (*f.*) extrême.

pánfilo, la adj. FAM. Mou, molle ; indolent, e (desidioso). ‖ Flemmard, e (remolón). ‖ Benêt, *m.,* sot, sotte (tonto).

Pánfilo n. pr. m. Pamphile.

panfletista m. Pamphlétaire.

panfleto m. Pamphlet.
— OBSERV. *Panfleto* et *panfletista* sont des anglicismes qu'il vaut mieux remplacer par leurs équivalents *libelo, libelista.*

pangaré adj. *Amer.* Brun clair (caballo).

pangermanismo m. Pangermanisme.

pangermanista adj. y s. Pangermaniste.

pango m. *Amer.* Intrigue, *f.*

pangolín m. ZOOL. Pangolin (mamífero).

panhelenismo m. Panhellénisme.

paniaguado m. (P. us.). Serviteur, domestique. ‖ FAM. Protégé (protegido) : *los paniaguados del ministro,* les protégés du ministre.

pánico, ca adj. Panique.
— M. Panique, *f.* : *sembrar el pánico,* jeter o semer la panique.

panícula f. BOT. Panicule.

paniculado, da adj. BOT. Paniculé, e.

panículo m. ANAT. Pannicule.

paniego, ga adj. À blé, qui donne beaucoup de blé : *tierra paniega,* terre à blé. ‖ Qui mange beaucoup de pain (persona).

panificable adj. Panifiable.

panificación f. Panification.

panificar v. tr. Panifier.

panislamismo m. Panislamisme.

panizo m. Panic (planta). ‖ Maïs (maíz).

panjí m. Arbre du Paradis.

panléxico m. Panlexique (diccionario).

panlogismo m. FILOS. Panlogisme.

panocha o **panoja** f. Épi, *m.* (de maíz). ‖ Friture de petits poissons réunis par la queue.

panocho, cha adj. y s. Murcien, enne. ‖ — M. Dialecte de Murcie.

panoli adj. y s. POP. Sot, sotte ; idiot, e.

panoplia f. Panoplie.

panóptico, ca adj. y s. m. Panoptique.

panorama m. ● Panorama. ‖ Tour d'horizon (estudio) : *el panorama de la situación económica,* le tour d'horizon de la situation économique. ‖ FIG. *Cambio de panorama,* changement de décor.
— SINÓN. ● *Vista,* vue. *Paisaje,* paysage. *Espectáculo,* spectacle. *Perspectiva,* perspective.

panorámico, ca adj. Panoramique : *pantalla panorámica,* écran panoramique.
— F. Panoramique, *m.* (toma de vistas).

panormitano, na adj. y s. Palermitain, e.

panoso, sa adj. Farineux, euse (harinoso).

panpsiquismo m. FILOS. Panpsychisme.

panqué o **panqueque** m. *Amer.* Crêpe, *f.*

pantagruélico, ca adj. Pantagruélique.

pantagruelismo m. Pantagruélisme.

pantagruelista m. y f. Pantagruéliste.

pantalán m. Jetée, *f.* (malecón).

pantalón m. o **pantalones** m. pl. Pantalon, sing. (de hombre). ‖ Culotte, *f.* sing. (de mujer). ‖ Culottes, *f. pl.* (de niños) : *aún lleva pantalones cortos,* il porte encore des culottes courtes. ‖ — *Pantalón bombacho,* pantalon de golf (de deporte), pantalon bouffant (de gaucho, etc.). ‖ *Pantalón corto,* short (de deporte). ‖ *Pantalón tubo,* pantalon fuseau. ‖ *Pantalón vaquero,* blue-jean. ‖ — *Falda pantalón,* jupe-culotte. ‖ FAM. *Llevar* ou *ponerse los pantalones,* porter la culotte.

Pantalón n. pr. m. Pantalon (bufón italiano).

pantalonero, ra m. y f. Pantalonnier, ère.

pantalla f. Abat-jour, *m.* inv. (de lámpara). ‖ Écran, *m.* (cine) : *en la pantalla,* sur l'écran. ‖ Écran, *m.,* garde-feu, *m.* (de chimenea). ‖ AVIAC. Panneau, *m.* ‖ FIG. Paravent, *m.* : *servir de pantalla,* servir de paravent (una persona). ‖ *Amer.* Éventail, *m.* ‖ — *Hacer pantalla con la mano,* mettre la main en visière o en abat-jour. ‖ *La pantalla pequeña,* le petit écran (televisión). ‖ *Llevar a la pantalla,* porter à l'écran. ‖ *Pantalla acústica,* enceinte, baffle.

pantanal m. Marais, marécage.

pantano m. Marais, marécage. ‖ Lac de barrage (embalse). ‖ Barrage (presa).

pantanoso, sa adj. Marécageux, euse. ‖ FIG. Difficile, épineux, euse (negocio).

panteísmo m. Panthéisme.

panteísta adj. y s. Panthéiste.

panteístico, ca adj. Panthéistique.

panteón m. Panthéon. ‖ Caveau de famille (sepultura).

pantera f. ZOOL. Panthère.

pantógrafo m. Pantographe.

pantómetra f. Pantomètre, *m.*

pantomima f. Pantomime.

pantomimo m. (Ant.). Pantomime, mime.

pantorrilla f. Mollet, *m.*

pantorrillera f. Molletière.

pantorrilludo, da adj. Qui a de gros mollets.

pantufla f. o **pantuflo** m. Pantoufle, *f.*

panucho m. *Amer.* Galette (*f.*) de maïs aux haricots secs.

panza f. FAM. Panse, bedaine, ventre, *m.* (barriga). ‖ Panse (de rumiante, de vasija).

panzada f. Coup (*m.*) sur la panse. ‖ FAM. Ventrée (hartazgo). ‖ — FAM. *Darse una panzada,* se rassasier (saciarse), avoir une indigestion (estar harto). ‖ *Darse una panzada de reír,* se tordre de rire.

panzazo m. FAM. *Darse un panzazo,* faire un plat (en el agua).

panzón, ona o **panzudo, da** adj. Ventru, e (cosa), ventripotent, e ; ventru, e (hombre).

pañal m. Lange, couche, *f.* (de recién nacido). ‖ Pan (de camisa). ‖ — Pl. Couches, *f.* (pedazo de lienzo), maillot, *sing.* : *niño en pañales,* enfant au maillot. ‖ Fig. Enfance, *f. sing.* (niñez). ‖ — Fig. *Criarse en buenos pañales,* recevoir une éducation choisie. ‖ *Dejar en pañales a uno,* laisser quelqu'un loin derrière. ‖ *Estar en pañales,* être au maillot (un niño), être novice, être encore au berceau (ser novato), être à ses débuts, être naissant o embryonnaire : *la aviación estaba entonces en pañales,* l'aviation était alors à ses débuts ; *una industria en pañales,* une industrie naissante. ‖ *Poner pañales,* langer, emmailloter.

pañería f. Draperie.

pañero, ra adj. Du drap : *industria pañera,* industrie du drap.
— M. y f. Drapier, ère (persona).

pañete m. Toile (*f.*) de mauvaise qualité. ‖ — Pl. Linge, *sing.* (en las imágenes de Cristo).

paño m. Drap (tela de lana) : *traje de paño negro,* costume de drap noir. ‖ Tissu, étoffe, *f.* (tela). ‖ Torchon (trapo de cocina). ‖ Lé (ancho de una tela). ‖ Tenture, *f.* (colgadura). ‖ Tableau (en la ruleta). ‖ Med. Serviette, *f.* : *paño higiénico,* serviette hygiénique. ‖ Ternissure, *f.* (falta de brillo). ‖ Glace, *f.* (de un diamante). ‖ Crépi (enlucido). ‖ Pan de mur (pared). ‖ Envie, *f.* (mancha en la piel). ‖ Mar. Toile, *f.* (vela). ‖ Fig. Tapis. ‖ — Pl. Draperies, *f.* ‖ — Med. *Paño caliente,* enveloppement. ‖ *Paño de altar,* nappe d'autel. ‖ *Paño de billar,* tapis de billard, tapis vert. ‖ *Paño de manos,* essuie-mains (toalla). ‖ *Paño de paracaídas,* fuseau de parachute. ‖ *Paño fúnebre* ou *mortuorio,* poêle, drap mortuaire. ‖ Fig. *Paños calientes,* palliatifs, remèdes inefficaces. ‖ *Paños menores,* sous-vêtements. ‖ — *Al paño,* à la cantonnade. ‖ Fig. y Fam. *Conocer el paño,* connaître la musique. ‖ *El buen paño en el arca se vende,* à bon vin point d'enseigne. ‖ Fig. y Fam. *Estar en paños menores,* être en petite tenue o en tenue légère. ‖ *Jugar a dos paños,* jouer double jeu, miser sur deux tableaux. ‖ *No andarse con paños tibios* ou *templados* ou *calientes,* ne pas prendre de gants, ne pas y aller de main morte. ‖ *Por la muestra se conoce el paño,* à l'œuvre on reconnaît l'artisan. ‖ *Ser del mismo paño,* être du même gabarit, être bâti sur le même modèle, être taillé sur le même patron. ‖ *Ser el paño de lágrimas de alguien,* consoler quelqu'un, essuyer les pleurs o les larmes de quelqu'un, être le confident de quelqu'un.

pañol m. Mar. Soute, *f.* ‖ *Pañol de municiones,* dépôt de munitions.

pañolería f. Boutique de mouchoirs o de foulards.

pañolero m. Marchand de mouchoirs o de foulards. ‖ Mar. Soutier.

pañoleta f. Fichu, *m.* ‖ Cravate étroite (del torero).

pañolón m. Châle. ‖ Grand mouchoir (pañuelo grande).

pañosa f. Taurom. « Muleta ».

pañuelo m. Mouchoir (para las narices). ‖ Foulard (en la cabeza), fichu (en los hombros). ‖ — *Pañuelo de bolsillo,* pochette, mouchoir de poche. ‖ *Ser grande como un pañuelo,* être grand comme un mouchoir de poche.

papa m. Pape (sumo pontífice). ‖ *Ser más papista que el papa,* être plus royaliste que le roi.

papa f. Pomme de terre, patate (pop.) [patata]. ‖ Fam. Canard, *m.,* bateau, *m.* (noticia falsa). ‖ — Pl. Fig. y Fam. Pitance, *sing.,* nourriture, *sing.* (comida). ‖ — *Papa de caña* ou *real,* topinambour. ‖ *Amer. Papa del aire,* igname. ‖ *Papa dulce,* patate douce (batata). ‖ Fig. *No saber ni papa de,* ne pas savoir un traître mot de, ne rien savoir de, ne pas avoir la moindre idée de : *de esto no sé ni papa,* je n'en sais pas un traître mot.

papá m. Fam. Papa. ‖ *Papá Noel,* le Père Noël.

papable adj. Papable (un cardenal).

papacia f. *Amer.* Feuille de bananier.

papada f. Double menton, *m.* (de una persona). ‖ Pli (*m.*) du cou, fanon, *m.* (del buey). ‖ Joue (trozo de carne). ‖ Veter. Jabot (*m.*) œsophagien (enfermedad).

papado m. Papauté, *f.* (dignidad). ‖ Pontificat (duración).

papafigo m. Becfigue (ave). ‖ Loriot (oropéndola).

papagaya f. Perroquet (*m.*) femelle.

papagayo m. Perroquet (ave). ‖ Scare, poisson-perroquet (pez). ‖ *Amer.* Cerf-volant (cometa). ‖ Fig. y Fam. *Hablar como un papagayo,* parler comme un perroquet.

papahígo m. (P. us.). Passe-montagne (gorro). ‖ Becfigue (ave). ‖ Mar. Grand-voile, *f.*

papahuevos m. inv. Fam. Gobe-mouches, nigaud (papanatas). ‖ *Amer.* Grosse tête, *f.* (de carnaval).

papaína f. Quím. Papaïne.

papaíto m. Fam. Papa, petit papa.

papal adj. Papal, e : *decretos papales,* décrets papaux.
— M. *Amer.* Champ de pommes de terre.

papalina f. Bonnet (*m.*) à oreilles (gorra). ‖ Capeline (de mujer). ‖ Fam. Cuite (borrachera).

papalino m. Papalin (soldado del papa).

papalote m. Cerf-volant (cometa).

papamoscas m. inv. Gobe-mouches (ave). ‖ Fig. Gobe-mouches, nigaud (bobo).

papanatas m. inv. Fam. Gobe-mouches, nigaud, serin (tonto). ‖ Badaud (mirón).

papanatismo m. Fam. Badaudage.

papar v. tr. Avaler. ‖ Fig. y Fam. *Papar moscas,* bayer aux corneilles, gober les mouches, regarder les mouches voler.

páparo m. Jobard, nigaud (palurdo).

paparreta f. Fam. *Hacerse una paparreta,* être réduit en bouillie.

paparrucha o **paparruchada** f. Fam. Blague, bateau, *m.* (mentira). ‖ Ouvrage (*m.*) sans valeur, navet, *m.*

papas m. Papas (sacerdote griego).

papaveráceas f. pl. Bot. Papavéracées.

papaverina f. Quím. Papavérine.

papaya f. Papaye (fruto).

papayo m. Papayer (árbol).

papel m. Papier : *papel corriente,* papier ordinaire. ‖ Papier (escrito). ‖ Morceau de papier (pedazo) ; *dame un papel para apuntar esto,* donne-moi un morceau de papier pour noter cela. ‖ Teatr. Rôle : *primeros, segundos papeles,* premiers, seconds rôles. ‖ Fig. Rôle : *tu papel es obedecer,* ton rôle c'est d'obéir. ‖ Com. Papier-monnaie, billets (*pl.*) de banque. ‖ — Pl. Papiers (documentación). ‖ Journaux (periódicos). ‖ Mar. Papiers : *papeles de a bordo,* papiers de bord. ‖ Fam. Cajoleries, *f.* (carantoñas).
— *Papel autográfico,* papier autographique. ‖ *Papel carbón,* papier carbone. ‖ *Papel cebolla,* biblia, papier pelure, bible. ‖ *Papel comercial,* papier de format commercial. ‖ *Papel cuadriculado,* papier quadrillé. ‖ *Papel cuché,* papier couché. ‖ *Papel de Armenia,* papier d'Arménie. ‖ *Papel de barba,* papier non rogné. ‖ *Papel de calcar,* papier calque. ‖ *Papel de dibujo,* papier à dessin. ‖ *Papel de envolver,* papier d'emballage. ‖ *Papel de escribir* ou *de cartas,* papier à lettres. ‖ *Papel de estaño,* papier d'étain. ‖ *Papel de estraza* ou *de añafea,* papier d'emballage, papier gris. ‖ *Papel de filtro,* papier-filtre. ‖ *Papel de fumar,* papier à cigarettes. ‖ *Papel de lija* ou *de vidrio,* papier de verre. ‖ *Papel de marca,* papier écolier

o couronne. || *Papel de música* ou *pautado*, papier à musique *o* réglé *o* rayé. || *Papel de pagos*, papier timbré. || *Papel de pegar*, papier collant. || *Papel de periódico*, papier journal. || *Papel de plata*, papier d'argent. || *Papel de pruebas*, papier bulle. || *Papel de seda* ou *de culebrilla*, papier de soie. || *Papel en blanco*, papier blanc. || *Papel engomado*, papier collant *o* gommé. || *Papel esmerilado*, papier-émeri, papier d'émeri. || *Papel glaseado* ou *de brillo*, papier glacé. || *Papel higiénico* ou *sánico*, papier hygiénique. || *Papel kraft*, papier kraft. || FIG. y FAM. *Papel mojado*, paperasse (papel), lettre morte : *ser papel mojado*, rester lettre morte. || *Papel moneda*, papier-monnaie. || *Papel pintado*, papier peint. || *Papel secante*, buvard, papier buvard. || *Papel sellado*, papier timbré. || *Papel sin sellar*, papier libre. || *Papel tela*, papier toile *o* joseph. || *Papel vegetal*, papier sulfurisé. || *Papel vergé* ou *verjurado*, papier vergé. || *Papel vitela*, vélin, papier vélin. || *Papel volante*, imprimé. || — *Blanco como el papel*, blanc *o* pâle comme un linge. || *Fábrica de papel*, papeterie. || — *Arreglar los papeles*, mettre les papiers en règle. || *Desempeñar* ou *representar un papel*, jouer un rôle. || *Emborronar papel*, noircir du papier. || FIG. *Encajar muy bien en un papel*, avoir le physique de l'emploi. | *Hacer buen, mal papel*, faire bonne, mauvaise figure. | *Hacer papel de*, faire figure de. | *Hacer un pobre papel*, faire piètre figure. | *Se cambiaron los papeles*, les rôles sont renversés. | *Venir a uno con papeles*, faire des cajoleries à quelqu'un, entortiller quelqu'un.

papelear v. intr. Paperasser. || FIG. y FAM. Faire l'important (querer aparentar).

papeleo m. Maniement de paperasses. || Paperasserie, *f.* : *el papeleo administrativo*, la paperasserie administrative. || *Amigo de papeleo*, paperassier.

papelera f. Cartonnier, *m.*, classeur, *m.* (mueble). || Papeterie (fábrica). || Corbeille à papier (cesto).

papelería f. Papeterie (tienda). || Paperasse (papeles en desorden).

papelero, ra adj. y s. Papetier, ère. || FIG. Poseur, euse ; prétentieux, euse (ostentoso). | Comédien, enne (disimulador).
— M. *Amer.* Vendeur de journaux.

papeleta f. Billet, *m.* : *papeleta de rifa*, billet de tombola. || Fiche (ficha). || Bulletin, *m.* [de vote] : *papeleta en blanco*, bulletin en blanc. || Reconnaissance (de monte de piedad). || Petit papier, *m.* (papel en el cual va inscrita una pregunta en un examen). || Question d'examen [tirée au sort] (pregunta). || Attestation (calificación de un examen). || FIG. Affaire difficile (asunto difícil). | Corvée (incordio) : *¡menuda papeleta!*, quelle corvée ! || — FIG. *Le ha tocado una mala papeleta*, vous êtes tombé sur une drôle d'affaire. | *Plantear una papeleta difícil*, poser un problème.

papeletear v. intr. Faire des fiches.

papelillo o **papelito** m. Sachet (de medicina). || Confetti. || Cigarette, *f.* (cigarro).

papelista m. Papetier (fabricante o comerciante). || Poseur de papiers peints. || FIG. *Amer.* Poseur, prétentieux (vanidoso).

papelón, ona adj. y s. FAM. Poseur, euse ; prétentieux, euse (presumido). || — M. Paperasse, *f.* (papelucho). || Carton mince (cartulina). || Cornet (cucurucho). || *Amer.* Sucre brun (meladura). || FAM. *Amer.* Rôle ridicule. | Gaffe, *f.* (plancha).

papelonado, da adj. BLAS. Papelonné, e.

papelonear v. intr. FAM. Poser, faire l'important, e.

papelote o **papelucho** m. FAM. Paperasse, *f.* (escrito). || Bout de papier, morceau de papier.

papera f. MED. Goitre, *m.* (bocio). || — Pl. Oreillons, *m.* (enfermedad). || Écrouelles (lamparones).

papi m. FAM. Papa.

papiamento m. Dialecte parlé à Curaçao.

papila f. ANAT. Papille.

papilar adj. ANAT. Papillaire.

papilífero, ra adj. Papillifère.

papiliforme adj. Papilliforme.

papilionáceo, a adj. y s. f. pl. Papilionacé, e.

papiloma m. MED. Papillome.

papiloso, sa adj. Papilleux, euse.

papilla f. Bouillie. || FIG. Adresse, finesse (cautela). || — FIG. y FAM. *Echar la primera papilla*, vomir tripes et boyaux. | *Hacer papilla a uno*, réduire quelqu'un en bouillie, mettre quelqu'un en capilotade. | *Hecho papilla*, à ramasser à la petite cuillère (muy cansado), réduit en bouillie, en compote, en purée (destrozado).

papillote m. Papillote, *f.* || *Poner papillotes*, papilloter.

Papiniano n. pr. m. Papinien.

papión m. Babouin, papion (mono).

papiro m. Papyrus.

pápiro m. POP. Fafiot, billet de banque.

papirolada f. Sauce au pain et à l'ail. || FIG. Baliverne (necedad).

papirología f. Papyrologie.

papirólogo, ga m. y f. Papyrologue.

papirotada f. o **papirotazo** m. Chiquenaude, *f.*, pichenette, *f.* (capirote). || *Amer.* Sottise, *f.* (sandez).

papirote m. Chiquenaude, *f.*, pichenette, *f.* || FIG. y FAM. Sot, nigaud (tonto).

papirusa f. POP. *Amer.* Belle fille.

papisa f. Papesse.

papismo m. Papisme.

papista adj. y s. Papiste. || FIG. *Ser más papista que el papa*, être plus royaliste que le roi.

papo m. Fanon (de los animales). || Double menton (sotabarba). || Jabot (buche de las aves). || MED. Goitre (bocio). || — Pl. Ancienne coiffure (*f. sing.*) de femmes.

paporreta f. *Amer.* Baliverne.

paprika f. Paprika, *m.*

papú adj. y s. m. Papou, e.

Papuasia n. pr. f. GEOGR. Papouasie.

papudo, da adj. Qui a un gros jabot (las aves).

pápula f. MED. Papule.

papuloso, sa adj. Papuleux, euse.

papusa f. POP. *Amer.* Môme, gosse (chica).

paquear v. intr. Tirailler (un soldado aislado).

paquebote m. MAR. Paquebot.

paquete m. Paquet (caja) : *un paquete de cigarrillos*, un paquet de cigarettes. || ● Paquet (lío), colis (de mayor bulto) : *paquete postal*, colis postal. || Paquebot (buque). || Équipier (moto). || FAM. Snob. || Blague, *f* (embuste) : *dar un paquete*, faire une blague. || POP. Empoisonnement, corvée, *f.* (cosa pesada) : *¡vaya un paquete!*, quelle corvée ! || MIL. y FAM. *Meter un paquete*, passer un savon, engueuler (pop.).
— SINÓN. ● *Bulto, fardo*, ballot. *Lío*, paquet. *Hatillo*, baluchon. *Bala*, balle.

paquete, ta adj. *Amer.* Élégant, e.

paquetería f. Petit commerce, *m.* || *Amer.* Luxe, *m.*, élégance. || Mercerie.

paquetero, ra adj. y s. Paqueteur, euse. || — M. y f. Distributeur, distributrice de journaux. || — M. Contrebandier (matutero). || IMPR. Paquetier.

paquidermia f. MED. Pachydermie.

paquidermo adj. y s. m. ZOOL. Pachyderme.

Paquistán n. pr. m. GEOGR. Pakistan.

paquistaní adj. y s. Pakistanais, e.

par adj. Pair : *número par*, nombre pair. || Pareil, eille (semejante).
— M. Paire, *f.* (dos unidades) : *un par de zapatos*, une paire de chaussures. || Pair (dignidad). || Couple, *f.*, deux : *un par de huevos*, une couple d'œufs. || Deux : *voy a decirle un par de palabras*,

je vais lui dire deux mots. ‖ ARQ. Chevron. ‖ FÍS. Couple (electricidad). ‖ MECÁN. Couple (de fuerzas). ‖ — F. pl. MED. Placenta, *m. sing.* ‖ — *A la par* ou *al par*, au pair (monedas) : *cambio a la par*, change au pair. ‖ *A la par*, ensemble (conjuntamente), également (igualmente), au pair (acciones). ‖ *A la par que*, en même temps que, tout en (con el gerundio) : *cantaba a la par que bailaba*, il chantait tout en dansant ; doublé de : *es un sabio a la par que un artista*, c'est un savant doublé d'un artiste ; tout en étant : *es un vestido moderno a la par que elegante*, cette robe est moderne tout en étant élégante. ‖ *A pares*, par paires. ‖ *Sin par*, sans égal. ‖ — *Abierto de par en par*, grand ouvert. ‖ *Abrir de par en par*, ouvrir à deux battants, ouvrir tout grand. ‖ *Ir a la par de*, aller de pair avec. ‖ *Jugar a pares y nones*, jouer à pair ou impair.

para prep.

---

1. Destino. — 2. Sitio, dirección. — 3. Tiempo. — 4. Relación, comparación. — 5. Locuciones.

---

1. DESTINO. — Pour : *este libro es para ti*, ce livre est pour toi ; *para cantar bien*, pour bien chanter ; *no veo su utilidad para el comercio*, je ne vois pas son utilité pour le commerce. ‖ À : *servir para*, servir à ; *cepillo para el pelo*, brosse à cheveux ; *pinzas para depilar*, pince à épiler ; *medidas necesarias para la producción*, mesures nécessaires à la production ; *ser capaz para los negocios*, être apte aux affaires ; *nombrar para un cargo*, nommer à un poste. ‖ De : *no tengo tiempo para comer*, je n'ai pas le temps de manger ; *no tengo permiso para salir*, je n'ai pas le droit de sortir. ‖ Comme : *le han contratado para secretario*, on l'a engagé comme secrétaire.
2. SITIO, DIRECCIÓN. — Vers (hacia) : *caminó para el árbol*, *para el coche*, il marcha vers l'arbre, vers la voiture. ‖ À (a, hacia) : *voy para casa*, *para el pueblo*, je vais à la maison, au village. ‖ Auprès de (a una persona) : *mandaron un embajador para el rey*, ils envoyèrent un ambassadeur auprès du roi.
3. TIEMPO. — Pour : *tiene pan para dos días*, il a du pain pour deux jours ; *me voy para una semana*, je pars pour une semaine. ‖ Pour, à : *volverá para Navidad*, il reviendra pour Noël *o* à Noël. ‖ *Va para dos años que*, il y a près de deux ans que.
4. RELACIÓN, COMPARACIÓN. — Pour, en ce qui concerne (por lo que toca). ‖ Pour (comparación) : *hace buen tiempo para la estación*, il fait beau temps pour la saison ; *para un hombre normalmente tan antipático se ha portado muy amablemente*, pour un homme d'ordinaire si antipathique il a été très aimable.
5. LOCUCIONES. — *Para abajo*, vers le bas. ‖ *Para arriba*, vers le haut. ‖ *Para atrás*, en arrière. ‖ *Para con*, envers, à l'égard de, à l'endroit de : *ingrato para con sus padres*, ingrat envers ses parents. ‖ *Para eso*, pour cela. ‖ *Para mí*, à mon avis, pour moi (a mi parecer). ‖ *Para que*, pour que : *para que venga*, pour qu'il vienne ; que, pour que : *ven para que te felicite*, viens que je te félicite. ‖ *¿Para qué?*, pourquoi? : *¿para qué vienes?*, pourquoi viens-tu? ; à quoi : *¿para qué sirve esto?*, à quoi cela sert-il?, à quoi bon? (¿de qué me serviría?) ‖ *Dar para*, donner de quoi, donner de l'argent pour [acheter] : *dar para pan*, donner de quoi acheter du pain ; *dar para vestirse*, donner de quoi s'habiller. ‖ *Decir para sí*, dire à part soi, se dire, dire en soi-même. ‖ *Estar para*, v. ESTAR. ‖ *Haber nacido para pintor*, être né peintre, être fait pour la peinture. ‖ *Ir*

para los cuarenta años, aller sur ses quarante ans. ‖ *Ir para viejo*, vieillir, se faire vieux. ‖ *No es para tanto*, il n'y a pas de quoi fouetter un chat. ‖ *Para concluir*, en conclusion, pour conclure. ‖ *Ser para*, être bon à : *ser para todo*, être bon à tout faire ; *ser para nada*, n'être bon à rien ; être à, être digne de : *este hombre es para matarle*, cet homme est à tuer ; être à : *es para volverse loco*, c'est à devenir fou. ‖ *Tener para sí que*, avoir dans l'idée que, penser que, croire que.

para m. Para (moneda turca).
parábasis f. Parabase.
parabellum m. Parabellum (pistola).
parabién m. Félicitation, *f.* ‖ *Dar el parabién*, féliciter.
parábola f. Parabole : *la parábola del rico avariento*, la parabole du mauvais riche.
parabolicidad f. Parabolicité.
parabólico, ca adj. y s. f. Parabolique.
parabolizar v. tr. Présenter sous forme de parabole, symboliser.
paraboloidal adj. Paraboloïdal, e.
paraboloide m. GEOM. Paraboloïde.
parabrisas m. inv. Pare-brise.
paraca f. *Amer.* Vent (m.) du large (del Pacífico).
paracaídas m. inv. Parachute : *tirarse* ou *lanzarse en paracaídas*, sauter en parachute. ‖ — *Lanzamiento en paracaídas*, parachutage. ‖ *Lanzar en paracaídas*, parachuter.
paracaidismo m. Parachutisme.
paracaidista adj. y s. Parachutiste.
paracentesis f. MED. Paracentèse.
paracleto o **paráclito** m. Paraclet (Espíritu Santo).
paracronismo m. Parachronisme.
parachispas m. inv. Pare-étincelles.
parachoques m. inv. Pare-chocs.
parada f. Arrêt, *m.* (acción y sitio) : *en la parada del tren*, à l'arrêt du train ; *la parada del autobús*, l'arrêt de l'autobus. ‖ Station (de taxis). ‖ Arrêt, *m.*, parade (fútbol). ‖ Barrage, *m.* (presa de un río). ‖ Pause (detención). ‖ Parc, *m.* (para rebaños). ‖ Haras, *m.* (acaballadero). ‖ Relais, *m.* (para caballos de reemplazo). ‖ Parade (del caballo). ‖ Parade (teatro). ‖ Mise (en el juego). ‖ Parade (esgrima). ‖ MIL. Parade. ‖ MÚS. Pause, silence, *m.* ‖ *Amer.* Fanfaronnade. ‖ — *Hacer parada*, s'arrêter, faire halte. ‖ *Parada de sementales*, monte. ‖ *Parada y fonda*, arrêt buffet (en una estación).
paradera f. Vanne (de molino). ‖ Paradière (red de pesca).
paradero m. Endroit (sitio). ‖ Destination, *f.* : *un paradero extraño*, une destination étrange. ‖ Demeure, *f.*, maison, *f.* (morada). ‖ FIG. Fin, *f.*, terme (término). ‖ *Amer.* Gare, *f.* (apeadero). ‖ *No conozco su paradero*, je ne sais pas où il se trouve *o* où il habite.
paradigma m. GRAM. Paradigme (ejemplo).
paradisíaco, ca o **paradisíaco, ca** adj. Paradisiaque.
parado, da adj. Arrêté, e ; *estaba parado en medio de la calle*, il était arrêté au milieu de la rue. ‖ Immobile (quieto). ‖ Arrêté, e (cosa, máquina). ‖ En chômage (sin trabajo). ‖ FIG. Lent, e ; indolent, e (poco activo). ‖ Oisif, ive ; désœuvré, e (desocupado). ‖ *Amer.* Debout (de pie). ‖ — FIG. *Bien, mal parado*, en bon, en mauvais état (una persona), en bonne, en mauvaise voie (asunto pendiente). | *Dejar mal parado*, esquinter, abîmer. | *Quedarse parado*, rester interdit. | *Salir bien* ou *mal parado*, s'en tirer bien *o* mal.
— M. Chômeur (obrero sin trabajo).
paradoja f. Paradoxe, *m.*
paradójico, ca adj. Paradoxal, e.
parador, ra adj. Qui s'arrête.
— Adj. y s. Audacieux, euse ; qui mise beaucoup (en los juegos). ‖ — M. Auberge, *f.*, relais

(mesón). ‖ Parador, hostellerie, *f. u* hôtel en général luxeux, administrés par l'Etat.
paraestatal adj. Paraétatique, de l'État.
parafasia f. MED. Paraphasie.
parafernal adj. DR. Paraphernal, e : *bienes parafernales*, biens paraphernaux.
parafina f. QUÍM. Paraffine.
parafinado m. Paraffinage.
parafinar v. tr. Paraffiner.
parafiscal adj. Parafiscal, e : *organismos parafiscales*, organismes parafiscaux.
parafiscalidad f. Parafiscalité.
paráfisis f. Paraphyse.
parafraseador, ra m. y f. Paraphraseur, euse.
parafrasear v. tr. Paraphraser.
paráfrasis f. Paraphrase.
parafrástico, ca adj. Paraphrastique.
paragoge f. GRAM. Paragoge.
paragógico, ca adj. Paragogique.
parágrafo m. (P. us.). Paragraphe (párrafo).
paragranizo adj. m. Paragrêle : *cohete paragranizo*, fusée paragrêle.
paraguas m. inv. Parapluie.
paraguay m. *Amer.* Perroquet du Paraguay (ave). | Barbe (*f.*) de maïs.
Paraguay n. pr. m. GEOGR. Paraguay (país y río).
paraguaya f. Pêche, brugnon, *m.* (pérsico).
paraguayo, ya adj. y s. Paraguayen, enne.
paraguazo m. Coup de parapluie.
paragüería f. Magasin (*m.*) de parapluies.
paragüero, ra m. y f. Marchand, marchande de parapluies. ‖ — M. Porte-parapluie, *inv.* ‖ — F. *Amer.* Porte-parapluie, *inv.*
parahusar v. tr. Forer.
parahúso m. Foret.
paraíso m. Paradis. ‖ TEATR. Paradis, poulailler. ‖ — *Ave del paraíso*, oiseau de paradis. ‖ *Paraíso terrenal*, paradis terrestre.
paraje m. Endroit : *un paraje desconocido*, un endroit inconnu. ‖ Endroit, site : *un paraje salvaje*, un site sauvage. ‖ État, situation, *f.* (estado). ‖ MAR. Parage. ‖ — Pl. Parages.
paraláctico, ca adj. ASTR. Parallactique.
paralaje f. ASTR. Parallaxe.
paralelas f. pl. Barres parallèles.
paralelepípedo m. GEOM. Parallélépipède, parallélipipède.
paralelismo m. GEOM. Parallélisme.
paralelo, la adj. Parallèle : *paralelo a* ou *con*, parallèle à ; *correr paralelo a*, être parallèle à. ‖ — DEP. *Barras paralelas*, barres parallèles. ‖ *Las «Vidas paralelas» de Plutarco*, les «Vies parallèles» de Plutarque. ‖ *Mercado paralelo*, marché parallèle.
— F. Parallèle (línea). ‖ Tranchée (foso). ‖ — M. Parallèle : *el paralelo treinta y ocho*, le trente-huitième parallèle.
paralelogramo m. GEOM. Parallélogramme.
paralipómenos m. pl. Paralipomènes (Biblia).
parálisis f. MED. Paralysie : *parálisis infantil*, paralysie infantile. ‖ FIG. Paralysie, arrêt, *m.*
paralítico, ca adj. y s. Paralytique.
paralización f. MED. Paralysie. ‖ FIG. Paralysie : *la paralización del tráfico*, la paralysie de la circulation.
paralizador, ra o **paralizante** adj. Paralysant, e.
paralizar v. tr. Paralyser.
paralogismo m. Paralogisme.
paralogizar v. tr. User de paralogismes.
paramagnético, ca adj. ELECTR. Paramagnétique.
paramecio m. Paramécie, *f.*
paramentar v. tr. Orner, parementer.
paramento m. Ornement, parement. ‖ Caparaçon (de caballo). ‖ ARQ. Parement. ‖ — Pl. Ornements, parement, *sing.* (altar).
paramera f. Région désertique.

paramétrico, ca adj. Paramétrique.
parámetro m. GEOM. Paramètre.
paramidofenol m. Paramidophénol.
paramilitar adj. Paramilitaire.
paramnesia f. MED. Paramnésie.
páramo m. Étendue (*f.*) désertique. ‖ FIG. Endroit glacial, pôle Nord.
paranaense adj. y s. Du Parana [fleuve d'Amérique du Sud et État du Brésil].
parangón m. Modèle, parangon (p. us.) [dechado]. ‖ Comparaison, *f.*, rapprochement, parangon (p. us.) [comparación].
parangonar v. tr. Comparer. ‖ IMPR. Parangonner.
paraninfo m. Grand amphithéâtre (en una universidad). ‖ Témoin (en una boda).
paranoia f. MED. Paranoïa.
paranoico, ca adj. et s. Paranoïaque.
paranomasia o **paronomasia** f. Paronomase.
paraparo m. Savonnier (árbol).
parapetarse v. pr. S'abriter, se protéger (protegerse). ‖ Se barricader : *se ha parapetado en su habitación*, il s'est barricadé dans sa chambre. ‖ FIG. Se retrancher : *parapetarse tras el secreto profesional*, se retrancher derrière le secret professionnel.
parapeto m. Parapet (baranda). ‖ Enceinte, *f.*, clôture, *f.* (cerca). ‖ MIL. Pare-éclats, *inv.* (contra la metralla).
paraplejía f. MED. Paraplégie.
parapléjico, ca adj. et s. MED. Paraplégique.
paraquímico, ca adj. Parachimique.
parar v. intr. ● S'arrêter, arrêter (detenerse) : *el autobús para aquí cerca*, l'autobus s'arrête près d'ici. ‖ Cesser, arrêter : *no paraba de decir bobadas*, il ne cessait pas de dire des âneries. ‖ Aboutir : *el camino va a parar en un bosque*, le chemin aboutit à un bois. ‖ FIG. Tomber o arriver entre les mains de (llegar a poder de). ‖ Loger, habiter : *pararé en casa de mi tío*, je logerai chez mon oncle. ‖ Descendre, être descendu : *paro en el hotel*, je descends à l'hôtel ; *paro en el hotel X*, je suis descendu à l'hôtel X. ‖ Chômer (no trabajar). ‖ FIG. S'en tenir, s'arrêter : *no paró en esto*, il ne s'en est pas tenu là. | Décider de *o* que, se mettre d'accord pour : *pararon en que se marcharían al día siguiente*, ils décidèrent de partir le lendemain. ‖ — *¿Adónde vamos a parar?*, où allons-nous ? ‖ FIG. *Ir a parar*, en arriver : *de haber actuado de otra manera no hubiera ido a parar allí*, s'il avait agi autrement il n'en serait pas arrivé là. | *Ir a parar en*, aboutir à : *¿en qué va a parar todo esto?*, à quoi tout cela va-t-il aboutir ? ; échouer : *su reloj ha ido a parar en el Monte de Piedad*, sa montre a échoué au mont-de-piété. ‖ *No paró hasta que lo consiguió*, il n'eut de cesse qu'il ne l'ait obtenu. ‖ *Parar a alguien*, clouer quelqu'un sur place (el miedo, la sorpresa, etc.), remettre à sa place (poner en su sitio). ‖ *Sin parar*, sans arrêt (sin descanso). ‖ *Venir a parar en*, v. VENIR. ‖ *Y pare usted de contar*, cela ne va pas plus loin, un point c'est tout.
— V. tr. Arrêter : *para el coche aquí*, arrête la voiture ici. ‖ Tomber en arrêt devant (perro de caza). ‖ Parer (precaver). ‖ Parer (esgrima). ‖ Arrêter (balón). ‖ — FIG. *Parar los pies* ou *el carro a uno*, remettre quelqu'un à sa place. | *Parar mientes en*, considérer.
— V. pr. S'arrêter : *en esta calle uno no se puede parar*, on ne peut pas s'arrêter dans cette rue. ‖ S'arrêter : *pararse en tonterías*, s'arrêter à des bêtises. ‖ *Amer.* Se lever (ponerse de pie).
— *Pararse a pensar*, réfléchir. ‖ *Pararse en pelillos*, s'attacher à des vétilles, faire des histoires pour des riens. ‖ *Pararse en seco*, s'arrêter net o pile. ‖ — *No pararse en barras*, ne pas se laisser

arrêter par quoi que ce soit, ne faire ni une ni deux. ‖ *Sin pararse en barras*, sans aucun égard (sin miramientos), sans s'arrêter à quoi que ce soit, en allant droit au but.
— SINÓN. ● *Detener*, arrêter. *Inmovilizar*, immobiliser. *Paralizar*, paralyser. *Frenar*, freiner.

pararrayo m. o **pararrayos** m. inv. Paratonnerre (edificios), parafoudre (aparatos eléctricos).

parasanga f. Parasange (medida persa).

parasceve f. Parascève (Viernes Santo).

paraselene f. ASTR. Parasélène.

parasicología f. Parapsychologie.

parasimpático, ca adj. y s. m. Parasympathique.

parasitario, ria adj. Parasitaire.

parasiticida adj. y s. m. Parasiticide.

parasítico, ca adj. Parasitique (p. us.), parasitaire.

parasitismo m. Parasitisme.

parásito, ta adj. y s. m. Parasite. ‖ FIG. Parasite (gorrón). ‖ — Pl. Parasites (en la radio).

parasitología f. MED. Parasitologie.

parasol m. Parasol (quitasol). ‖ FOT. Pare-soleil.

parata f. AGRIC. Terrasse (bancal).

paratífico, ca adj. y s. MED. Paratyphique.

paratifoideo, a adj. y s. f. MED. Paratyphoïde.

paratiroides adj. y s. f. pl. ANAT. Parathyroïdes.

paratuberculoso, sa adj. MED. Paratuberculeux, euse.

parcamente adv. Sobrement, chichement.

Parcas m. pr. f. pl. MITOL. Parques.

parcela f. Parcelle. ‖ Particule (átomo). ‖ *División en parcelas*, parcellement, division en lots, lotissement.

parcelable adj. Morcelable.

parcelación f. Parcellement, m., morcellement, m. ‖ Lotissage, m., lotissement, m. (de un terreno).

parcelar v. tr. Parceller. ‖ Aménager (un bosque).

parcelario, ria adj. Parcellaire. ‖ *Concentración parcelaria*, remembrement.

parcial adj. Partiel, elle (incompleto) : *vista parcial*, vue partielle. ‖ Partial, e (injusto) : *juicios parciales*, jugements partiaux. ‖ — Adj. y s. Partisan, e (partidario).

parcialidad f. Partialité (preferencia). ‖ Parti, m., clan, m., faction (grupo).

parcialmente adv. Partiellement (en parte). ‖ Partialement (injustement).

parcimonia f. Parcimonie (parsimonia).

parcísimo, ma adj. Très sobre (sobrio). ‖ Très chiche, très avare (mezquino).

parco, ca adj. Sobre (sobrio). ‖ Modéré, e (moderado). ‖ Chiche, mesquin, e (mezquino). ‖ Faible, modéré (escaso). ‖ Avare : *parco en confidencias*, avare de confidences; *parco en el hablar* ou *en palabras*, avare de paroles. ‖ — *Parco en cumplidos*, chiche de compliments. ‖ *Parco en el comer*, sobre, frugal. ‖ *Parco en gastar*, chiche, regardant, pingre (fam.).

parchar v. tr. *Amer.* Raccommoder.

parchazo m. MAR. Claquement des voiles. ‖ FIG. y FAM. Moquerie, f. ‖ FIG. y FAM. *Pegar un parchazo a uno*, rouler o tromper o avoir quelqu'un.

parche m. Emplâtre (emplasto). ‖ Pièce, f. (para remendar). ‖ Rustine, f. (en un neumático). ‖ Plaque, f. (colorete). ‖ Raccord, retouche (f.) mal faite (pintura). ‖ FIG. Chose (f.) o personne (f.) qui détonne. ‖ TAUROM. Cocarde, f., flot de rubans qu'on colle au front du taureau. ‖ Peau (f.) de tambour (piel del tambor). ‖ FIG. Tambour (tambor). ‖ Emplâtre (añadido desacertado). ‖ MED. Timbre (para la tuberculosis). ‖ — *Bolsillo de parche*, poche plaquée. ‖ FIG. y FAM. *¡Oído al parche!*, attention!, prenez garde! ‖ *Pegar un parche a uno*, refaire o tromper o avoir quelqu'un (engañar sacando dinero).

parchís o **parchesi** m. Sorte de jeu des petits chevaux.

pardal m. (Ant.). Léopard (leopardo). ‖ Moineau (gorrión). ‖ Bouvreuil (pardillo). ‖ BOT. Aconit (anapelo). ‖ FIG. y FAM. Renard (hombre astuto).
— Adj. Paysan, anne; campagnard, e (campesino).

pardear v. intr. Être brun, paraître brun.

pardejón, ona adj. *Amer.* Qui tire sur le brun.

¡pardiez! interj. FAM. Pardi!

pardillo, lla adj. y s. Campagnard, e; paysan, anne. ‖ — M. Bouvreuil (ave).

pardo, da adj. Brun, e : *oso pardo*, ours brun. ‖ Gris, e; sombre (cielo, tiempo, etc.). ‖ Sourd, e (voz). ‖ *Amer.* Mulâtre, esse. ‖ — *De noche todos los gatos son pardos*, la nuit tous les chats sont gris. ‖ *Gramática parda*, débrouillardise, système D.

pardusco, ca adj. Brunâtre.

pareado, da adj. Appareillé, e; assorti, e (emparejado). ‖ *Versos pareados*, rimes plates.
— M. pl. Vers rimant ensemble.

parear v. tr. Apparier, assortir, appareiller (formar pares). ‖ Appareiller (los animales). ‖ TAUROM. Poser les banderilles.

parecer m. Avis, opinion, f. : *a mi parecer*, à mon avis; *mudar de parecer*, changer d'avis; *tomar parecer de uno*, prendre l'avis de quelqu'un. ‖ Physique, air (aspecto) : *buen parecer*, physique agréable. ‖ DR. Parère (dictamen). ‖ — *Arrimarse al parecer de uno*, suivre l'avis de quelqu'un. ‖ *Parecer de peritos*, dire d'experts. ‖ *Según el parecer de*, au dire de, de l'avis de, d'après. ‖ *Ser del parecer que*, être d'avis que.

parecer* v. intr. e impers. Avoir l'air, paraître, sembler : *parece cansado*, il semble o il a l'air fatigué. ‖ Sembler : *parece que vienen*, il semble qu'ils viennent; *parece increíble a su edad*, cela semble incroyable à son âge. ‖ Paraître, apparaître (aparecer). ‖ Trouver, penser (juzgar) : *¿qué te parece?*, qu'en penses-tu?, comment trouves-tu cela? ‖ Être d'accord, vouloir bien (consentir) : *allá iremos si le parece*, nous irons là-bas si vous le voulez bien. ‖ Convenir, aller (ser conveniente). ‖ Vouloir, juger bon de (querer). ‖ — *Parecer bien* ou *mal a uno*, sembler bien o mal à quelqu'un (satisfacer o no), paraître bien o mal, trouver bien o mal : *¿le parece bien proceder así?*, cela vous paraît bien de procéder ainsi?, vous trouvez cela bien d'agir ainsi? ‖ *Parecer tener*, paraître : *no parece tener la edad que tiene*, il ne paraît pas son âge. ‖ — *A lo que parece* ou *al parecer*, à ce qu'il semble, apparemment, paraît-il. ‖ *Como le parezca*, comme vous voudrez. ‖ *Esto parece seda*, on dirait de la soie. ‖ *Me ha parecido verle*, j'ai cru le voir, il m'a semblé le voir. ‖ *Parece mentira que*, c'est incroyable que, qui aurait cru que. ‖ *Parece que*, on dirait que : *parece que va a llover*, on dirait qu'il va pleuvoir. ‖ *Parece ser*, il paraît. ‖ *Parece ser que*, il semble que, on dirait que. ‖ *Según lo que parece*, à ce qu'il semble, apparemment. ‖ *Si le parece bien*, si bon vous semble, si cela vous va, si vous êtes d'accord.
— V. pr. Ressembler : *se parece mucho a su padre*, il ressemble beaucoup à son père. ‖ Se ressembler : *estos dos hermanos no se parecen nada*, ces deux frères ne se ressemblent pas du tout; *se parecen en el carácter, en las facciones, en lo físico*, ils se ressemblent de caractère, de traits, physiquement.
— OBSERV. Si la locución francesa *avoir l'air* tiene un sujeto femenino, el adjetivo : 1) queda invariable, si se aplica a la expresión del rostro : *parece tonta*, elle a l'air idiot (*idiot* concuerda con *air*), 2) concuerda con el sujeto si se aplica a la apariencia general (personas y cosas) : *parece cansada*, elle a l'air fatiguée.
No traduzca *parece que* por *il paraît que* (locución que significa en francés *dicen que*) sino por *il semble que*.

parecido, da adj. Pareil, eille ; semblable (semejante) : *éste o uno parecido*, celui-ci ou un semblable. ‖ Ressemblant, e : *un retrato muy parecido*, un portrait très ressemblant. ‖ — *Algo parecido*, quelque chose d'approchant *o* de semblable. ‖ FAM. *Bien parecido*, pas mal (una persona). ‖ *Ser parecido a*, ressembler à.
— M. Ressemblance, *f.* ‖ — *Parecido de familia*, air de famille. ‖ *Tener parecido con uno*, ressembler à quelqu'un.

pared f. ● Mur, *m.* (de casa, etc.) : *pared de ladrillos*, mur de brique. ‖ Paroi (de vaso, de órgano). ‖ FIG. Face (cara). ‖ — ARQ. *Pared divisoria* ou *intermedia*, mur de refend. ‖ *Pared maestra*, gros mur. ‖ *Pared medianera*, mur mitoyen. ‖ *Pared por medio*, séparé par un mur : *nuestros pisos están pared por medio*, nos appartements sont séparés par un mur. ‖ — *Entre cuatro paredes*, entre quatre murs. ‖ FIG. *Entre la espada y la pared*, v. ESPADA. ‖ *Lienzo de pared*, pan de mur. ‖ — FIG. y FAM. *Como si hablara a la pared*, comme si je parlais à un mur. ‖ *Darse contra las paredes*, se taper la tête contre les murs. ‖ *Estar pegado a la pared*, être fauché (sin un cuarto). ‖ *Las paredes oyen*, les murs ont des oreilles. ‖ *Vivir pared por medio*, être voisins.
— SINÓN. ● *Muro*, mur. *Muralla*, muraille. *Tabique*, cloison. *Tapia*, mur de clôture. *Paredón*, gros mur.

paredón m. Gros mur. ‖ Pan de mur (en ruinas). ‖ Poteau d'exécution. ‖ *¡Al paredón!*, au poteau !

paregórico, ca adj. MED. Parégorique : *elixir paregórico*, élixir parégorique.

pareja f. Paire (par). ‖ Couple, *m.* (hombre y mujer o macho y hembra) : *ser una buena pareja*, former un beau couple. ‖ Paire (personas o animales) : *una pareja de amigos*, une paire d'amis ; *una pareja de palomas*, une paire de pigeons. ‖ Deux gendarmes (guardias). ‖ Cavalier, ère ; danseur, euse (en el baile). ‖ Partenaire, *m.* (juego). ‖ Doublé, *m.* (caza). ‖ Pendant, *m.* (objeto semejante). ‖ Paire (naipes). ‖ — Pl. Doublet, *m. sing.* (en los dados). ‖ — *Cada oveja con su pareja*, chacun avec sa chacune, qui se ressemble s'assemble. ‖ *Doble pareja*, deux paires (poker). ‖ *Por parejas*, deux par deux. ‖ — FIG. *Hacer pareja con*, faire la paire avec, faire pendant avec.

parejo, ja adj. Pareil, eille (semejante). ‖ Régulier, ère (regular) : *costura pareja*, couture régulière. ‖ Plat, e (llano). ‖ — *Correr parejo*, aller de pair. ‖ *Por parejo*, pareillement, à égalité.

parejura f. Ressemblance (parecido).

paremia f. Adage, *m.*, proverbe, *m.* (refrán).

paremiología f. Parémiologie (tratado de proverbios).

parencéfalo m. ANAT. Parencéphale, cervelet.

parénesis f. Parénèse.

parénquima m. ANAT. y BOT. Parenchyme.

parenquimatoso, sa adj. ANAT. y BOT. Parenchymateux, euse. ‖ BOT. Palissadique, parenchymateux, euse.

parentales o **parentalies** f. pl. Parentales, parentalies (fiestas en honor de los muertos).

parentela f. Parenté, parentèle (ant.) [conjunto de parientes].

parentesco m. Parenté, *f.* (lazo de familia). ‖ FIG. *Parentesco espiritual*, parenté spirituelle. ‖ *Parentesco político*, belle famille.

paréntesis m. inv. Parenthèse, *f.* ‖ — *Abrir* ou *cerrar el paréntesis*, ouvrir *o* fermer la parenthèse. ‖ *Entre paréntesis*, entre parenthèses.

pareo m. Assortiment, union, *f.* ‖ Pareo (taparrabos). ‖ Pariade, *f.* (de las aves).

paresa f. Pairesse.

paresia f. MED. Parésie.

parestesia f. MED. Paresthésie.

pargo m. ZOOL. Pagre.

parhelia f. o **parhelio** m. ASTR. Parhélie, *m.*, parélie, *m.*

parhilera f. ARQ. Faîtage, *m.*

paria m. Paria.

parida adj. f. y s. f. *Recién parida*, nouvelle accouchée (mujer), qui vient de mettre bas (animal).

paridad f. Parité (igualdad).

paridera adj. f. Féconde (hembra).
— F. Lieu (*m.*) où le bétail met bas (sitio).

paridígito adj. y s. m. Paridigité.

páridos m. pl. Paridés (aves).

pariente, ta m. y f. Parent, e (miembro de la familia) : *pariente cercano*, proche parent ; *pariente lejano, político*, parent éloigné, par alliance. ‖ — *Medio pariente*, cousin à la mode de Bretagne *o* éloigné. ‖ *Parientes políticos*, belle famille. ‖ — M. FAM. Mari (marido). ‖ — F. POP. Bourgeoise (mujer).
— OBSERV. *Parents* [père et mère] se dit en espagnol *padres*.
— SINÓN. *Familiar*, familier. *Deudo*, parent. *Allegado*, *afín*, proche. *Colateral*, collatéral.

parietal adj. Pariétal, e : *órganos parietales*, organes pariétaux ; *arte parietal*, art pariétal.
— M. ANAT. Pariétal.

parietaria f. BOT. Pariétaire, perce-muraille.

parificar v. tr. Prouver *o* appuyer par des exemples.

parigual adj. Semblable (igual).

parihuelas f. pl. Civière, *sing.*, brancard, *m. sing.*

parima o **parina** f. *Amer.* Sorte de héron (ave).

paripé m. FAM. *Dar el paripé*, donner le change (engañar). ‖ *Hacer el paripé*, se donner de grands airs, la faire à la pose (presumir), jouer la comédie : *se detestan, pero en público hacen el paripé*, ils se détestent, mais en public ils jouent la comédie ; faire semblant : *no entiende una palabra de inglés, pero hace el paripé*, il ne comprend pas un mot d'anglais, mais il fait semblant.

parir v. intr. y tr. Mettre bas (los animales). ‖ Vêler (la vaca). ‖ Pouliner (la yegua). ‖ Enfanter, accoucher (la mujer) : *parirás con dolor*, tu enfanteras dans la douleur. ‖ FIG. *¡Éramos pocos y parió la abuela!* ou *¡por si fuera poco, parió la abuela!*, c'est le bouquet, il ne manquait plus que ça, c'est le comble !
— V. pr. FIG. Sortir (producir).

Paris n. pr. m. Pâris.

París n. pr. GEOGR. Paris.

parisianismo m. Parisianisme.

parisién o **parisino, na** o **parisiense** adj. y s. Parisien, enne.
— OBSERV. *Parisién y parisino*, a pesar de su empleo corriente, son galicismos.

parisílabico, ca o **parisílabo, ba** adj. Parisyllabique, parisyllabe.

paritario, ria adj. Paritaire : *comité paritario*, commission paritaire.

parkerización f. TECN. Parkérisation.

parking m. Parking, parc de stationnement, parcage (de vehículos).

parla f. (P. us.). Bavardage, *m.*

parlador, ra adj. y s. Bavard, e (hablador).

parlamentar v. intr. Parlementer. ‖ FAM. Bavarder (charlar).

parlamentario, ria adj. y s. m. Parlementaire : *régimen parlamentario*, régime parlementaire.

parlamentarismo m. Parlementarisme.

parlamento m. Parlement (asamblea). ‖ Pourparlers, *pl.*, négociation, *f.* (ajuste). ‖ Discours (discurso). ‖ TEATR. Tirade, *f.* ‖ FAM. Bavardage (charla).

parlanchín, ina adj. y s. FAM. Bavard, e.

parlante adj. BLAS. Parlant, e : *armas parlantes*, armes parlantes.

parlar v. intr. Bavarder (charlar).
parlatorio m. Bavardage (charla). ‖ Parloir (locutorio).
parlería f. Bavardage, m. (charla). ‖ Cancan, m., bavardage, m., commérage, m. (chisme).
parlero, ra adj. Bavard, e. ‖ Cancanier, ère (chismoso). ‖ Chanteur, euse (pájaros). ‖ Fig. Expressif, ive (expresivo) : *ojos parleros*, yeux expressifs.
parleta f. Fam. Parlote (charla).
parlón, ona adj. y s. Fam. Bavard, e.
parlotear v. intr. Fam. Papoter, bavarder.
parloteo m. Fam. Papotage, bavardage.
Parma n. pr. Geogr. Parme.
parmelita f. Parmélie (liquen).
Parménides n. pr. m. Parménide.
parmesano, na adj. y s. Parmesan, e. ‖ *Queso parmesano*, parmesan.
parnasianismo m. Ecole (f.) parnassienne (literatura).
parnasiano, na adj. y s. Parnassien, enne.
Parnaso n. pr. m. Parnasse (montaña). ‖ Fig. Parnasse (poesía, poetas).
parné o **parnés** m. Pop. Fric, galette, f., pognon, grisbi (dinero).
paro m. Mésange, f. (ave). ‖ Arrêt, débrayage (suspensión en el trabajo). ‖ Chômage (paro forzoso) : *paro estacional*, chômage saisonnier. ‖ — Zool. *Paro carbonero*, mésange charbonnière. ‖ *Paro encubierto*, sous-emploi. ‖ *Estar en paro forzoso*, être en chômage.
parodia f. Parodie.
parodiar v. tr. Parodier.
paródico, ca adj. Parodique.
parodista m. Parodiste.
paroli o **parolí** m. Paroli (en el juego).
parón m. Equit. Refus.
paronimia f. Paronymie.
paronímico, ca adj. Paronymique.
parónimo, ma adj. Paronymique.
— M. Paronyme (vocablo).
paronomasia f. Paronomase (en retórica).
paróptico, ca adj. Paroptique.
parótida f. Anat. Parotide.
parotiditis m. Med. Parotidite, f., oreillons, pl.
paroxismal adj. Med. Paroxysmique.
paroxismo m. Paroxysme.
paroxístico, ca adj. Paroxystique.
paroxítono, na adj. y s. m. Gram. Paroxyton.
parpadear v. intr. Ciller, papilloter (los ojos). ‖ Vaciller, trembloter (la luz).
parpadeo m. Cillement, clignement d'yeux, papillotage. ‖Tremblotement (de la luz).
párpado m. Anat. Pauplère, f.
parpar v. intr. Nasiller, cancanner (el pato).
parque m. Parc : *parque zoológico*, parc zoologique. ‖ Parc (de niño). ‖ — *Parque automóvil*, parc automobile (de un país). ‖ *Parque de artillería*, parc d'artillerie. ‖ *Parque de coches*, parc de stationnement, parking. ‖ *Parque de incendios*, poste d'incendie. ‖ *Parque nacional*, parc national.
parqué o **parquet** m. Parquet.
— Observ. Le premier mot est admis par l'Académie.
parquear v. tr. Amer. Garer, ranger (aparcar).
parquedad f. Parcimonie (ahorro). ‖ Mesure, modération (templanza). ‖ Petitesse : *la parquedad de las raciones*, la petitesse des portions.
parquímetro m. Parcmètre, parcomètre.
parra f. Treille (vid). ‖ — *Parra virgen*, vigne vierge. ‖ — *Hoja de parra*, feuille de vigne. ‖ Fig. y Fam. *Subirse a la parra*, se fâcher [tout rouge], monter sur ses grands chevaux (enfadarse), demander trop cher (ser exigente).
parrafada f. o **parrafeo** m. Fam. Causerie, f., bavardage, m. (charla). ‖ Laïus, m. (perorata). ‖ Fam. *Echar una parrafada*, tailler une bavette.
parrafear v. intr. Causer, s'entretenir, bavarder.

párrafo m. Paragraphe. ‖ — Fam. *Echar un párrafo*, bavarder, tailler une bavette. ‖ *Hacer párrafo aparte*, aller à la ligne (escribiendo). ‖ *Párrafo aparte*, alinéa, à la ligne (punto y aparte), pour changer de sujet, parlons d'autre chose (cambio de conversación).
— Observ. La palabra francesa *paraphe* significa firma ou *rúbrica*.
parragón m. Touchau (piedra de toque).
parral m. Treille, f. (vid).
parranda f. Fam. Noce, fête, foire (juerga) : *andar* ou *estar de parranda*, faire la noce ; *irse de parranda*, aller faire la foire. ‖ Troupe de musiciens o de chanteurs (cuadrilla).
parrandear v. intr. Fam. Faire la noce o la foire.
parrandeo m. Fam. Noce, f., fête, f., foire, f. (juerga).
parrandista m. Fam. Noceur, fêtard (juerguista). ‖ Musicien ambulant (de cuadrilla).
parricida m. y f. Parricide (criminal).
parricidio m. Parricide (crimen).
parrilla f. Gril, m. ‖ Foyer, m. (de locomotora, de horno). ‖ Grill-room, m. (en un restaurante). ‖ Grille (armas). ‖ Petite cruche (recipiente). ‖ Clayette (de refrigerador). ‖ — Pl. Gril, m. sing. ‖ — *Bistec a la parrilla*, bifteck grillé o sur le gril. ‖ *Carne asada en la parrilla*, grillade.
párroco m. Curé (cura). ‖ *Cura párroco*, curé.
parrocha f. Sardine en saumure (sardina).
parrón m. Vigne (f.) sauvage (vid). ‖ Amer. Treille, f. (parral).
parroquia f. Rel. Paroisse. ‖ Clientèle (de comerciante, de médico).
parroquial adj. Paroissial, e : *iglesia parroquial*, église paroissiale ; *servicios parroquiales*, services paroissiaux.
parroquiano, na m. y f. Client, e ; habitué, e (de un comerciante, de un bar).
— Observ. Bien que *parroquia* signifie *paroisse*, *parroquiano* n'est pas usité au sens de *paroissien*, qui se dit *feligrés*.
parsec m. Astr. Parsec.
parsi adj. y s. Parsi, e ; parse.
parsimonia f. Parcimonie (parquedad). ‖ Mesure, modération (templanza).
parsimonioso, sa adj. Parcimonieux, euse.
parsismo m. Parsisme (religión de Zoroastro).
parte f. ● Partie : *parte de la oración*, partie de la phrase o du discours; *parte del ejército quedó allí*, une partie de l'armée est restée là-bas. ‖ Part (en un reparto). ‖ Participation (comercio). ‖ Mat. Partie (v. Observ.). ‖ Endroit, m., partie : *parte sensible*, endroit sensible. ‖ Endroit, m. (sitio) : *en aquella parte*, à cet endroit. ‖ Côté, m. : *por la parte de Toledo*, du côté de Tolède ; *echar por otra parte*, partir d'un autre côté. ‖ Parti, m., faction (parcialidad, bando). ‖ Partage, m. (porción). ‖ Teatr. Rôle, m. (papel) : *hacer su parte*, jouer son rôle. ‖ Acteur, m., actrice (actor). ‖ Parti, m., côté, m. (en una contienda) : *¿por qué parte estás?*, de quel côté es-tu ? ‖ Dr. Partie (litigante, contratante). ‖ Mús. Partie. ‖ — Γ. pl. Parties génitales (órganos de la generación). ‖ — *Parte alícuota*, partie aliquote. ‖ Dr. *Parte civil*, partie civile. ‖ *Parte contraria*, partie adverse. ‖ *Partes pudendas* ou *vergonzosas*, parties honteuses. ‖ — *A* ou *en otra parte*, ailleurs. ‖ *A partes iguales*, à parts égales. ‖ *A una y otra parte*, des deux côtés. ‖ *De algún, poco, mucho tiempo a esta parte*, depuis quelque temps, peu de temps, longtemps. ‖ *De mi parte*, de ma part (en nombre mío). ‖ *De parte a parte*, de part en part (de un lado a otro), de bout en bout, complètement (sin omitir nada). ‖ *De parte de*, de la part de (en nombre de), du côté de (a favor de).

‖ *De una y otra parte,* de part et d'autre (cada uno), des deux côtés (por ambos lados). ‖ *En alguna* ou *en cierta parte de,* quelque part en. ‖ *En cualquier otra parte,* partout ailleurs. ‖ *En cualquier parte donde,* partout où. ‖ *En esta parte,* ici, par ici. ‖ *En mala parte,* en mauvaise part. ‖ *En ninguna parte, en parte alguna,* nulle part. ‖ *En parte,* en partie. ‖ *En todas partes,* partout. ‖ *La mayor parte,* la plupart (con el verbo en el plural). ‖ *La mayor parte de,* la plupart de, la majeure partie de, la plus grande partie de. ‖ *La parte del león,* la part du lion. ‖ *Parte por parte,* en détail. ‖ *Por mi parte,* quant à moi, pour ma part, en ce qui me concerne (en cuanto a mí), de mon côté (por mi lado). ‖ *Por otra parte,* par ailleurs, d'autre part (además). ‖ *Por partes,* séparément, point par point. ‖ *Por partes iguales,* en parties égales. ‖ *Por* ou *de todas partes,* de toutes parts, partout. ‖ *Por una y otra parte, por ambas partes,* des deux côtés, de part et d'autre. ‖ — DR. *Constituirse parte,* se porter o se constituer partie civile. ‖ *Dar parte,* avertir. ‖ *Dar parte de,* faire part de, rendre compte de. ‖ *Dar parte en,* admettre à o dans (un negocio). ‖ FAM. *En salva sea la parte,* quelque part. ‖ *En todas partes cuecen habas,* c'est partout pareil, nous sommes tous logés à la même enseigne. ‖ *Ir a la parte en,* prendre part à, participer à. ‖ DR. *Llamarse a la parte,* se constituer partie civile. ‖ *Llevar la mejor* ou *la peor parte,* avoir le dessus o le dessous. ‖ *No ser* ou *tener parte en,* n'avoir rien à voir dans. ‖ *Poner* ou *hacer de su parte, y* mettre du sien. ‖ *Por todas partes se va a Roma,* tous les chemins mènent à Rome. ‖ *Saber de buena parte,* savoir de bonne source o de bonne part (p. us.). ‖ *Ser juez y parte,* être juge et partie. ‖ *Ser parte en,* prendre part à, participer à (participar), être partie (en un juicio). ‖ *Tener de su parte,* avoir en sa faveur o pour soi. ‖ *Tener* ou *tomar parte en,* avoir part à, prendre part à (colaborar), partager (compartir). ‖ *Tomar en mala parte,* prendre en mauvaise part, prendre mal. — M. Rapport (informe). ‖ Dépêche, *f.* (telegrama). ‖ Bulletin : *parte de guerra, facultativo, meteorológico,* bulletin de guerre, de santé, météorologique. ‖ Communiqué (comunicado). ‖ *Parte de boda,* faire-part de mariage.

— OBSERV. *Parte* s'emploie également pour exprimer les fractions : *las dos terceras partes,* les deux tiers ; *las tres cuartas partes,* les trois quarts ; *las cinco sextas partes,* les cinq sixièmes ; *las seis séptimas partes,* les six septièmes. (Después del número *cinq* se añade simplemente el sufijo *-ième* a cualquier número.) De même : *la tercera, la cuarta parte,* le tiers, le quart ; *la quinta, la décima parte,* le cinquième, le dixième.

— SINÓN. ● *Trozo, fragmento, pedazo, cacho,* morceau. *Pieza,* pièce. *Fracción,* fraction. *Partícula,* particule. *Porción,* portion. *División,* division. *Sección,* section.

partear v. tr. Accoucher.
parteluz m. Meneau (de ventana).
partenogénesis f. BIOL. Parthénogenèse.
partenogenético, ca adj. BIOL. Parthénogénétique.
Partenón n. pr. m. Parthénon.
partenueces m. inv. Casse-noix (ave).
partera f. Sage-femme, accoucheuse.
partero m. Accoucheur.
parterre m. Parterre (de jardín, de teatro o cine).
partesana f. Pertuisane (arma).
partesanero m. Pertuisanier (soldado).
partible adj. Divisible, partageable.
partición f. Partage, *m.* (reparto). ‖ Partition, partage, *m.,* division (de un territorio). ‖ Partage, *m.* (de una herencia). ‖ DR. Divis, *m.* (divisa). ‖ MAT. Division, partage, *m.* (división). ‖ BLAS. Partition.
participonero, ra adj. Participant, e (partícipe). ‖ Bénéficiaire (beneficiario).

participación f. Participation : *participación en un crimen,* participation à un crime. ‖ Communication (aviso). ‖ Faire-part, *m.,* lettre o billet (*m.*) de faire part (de boda).
participante adj. Participant, e (que toma parte). — M. y f. Informateur, trice (que comunica). ‖ Participant, e : *los participantes en un concurso,* les participants à un concours.
participar v. tr. Annoncer, communiquer : *participar una buena noticia,* annoncer une bonne nouvelle. — V. intr. Participer à, prendre part à : *participar en un trabajo,* participer à un travail. ‖ Participer, tenir : *el mulo participa del burro y del caballo,* le mulet participe de l'âne et du cheval. ‖ Avoir part à : *participar de una herencia,* avoir part à un héritage. ‖ Partager (compartir) : *participar de la misma opinión,* partager la même opinion.
partícipe adj. y s. Participant à (que colabora). ‖ Intéressé dans (que tiene interés). ‖ Bénéficiaire de (beneficiario). ‖ — *Hacer partícipe de,* faire partager (hacer compartir), faire part (informar). ‖ *Nos hace partícipes de,* il nous fait participer à, il nous rend témoins de. ‖ *Ser partícipe con uno,* collaborer avec quelqu'un (en un negocio), partager avec quelqu'un (en un logro). ‖ *Ser partícipe en,* prendre part à, participer à.
participial adj. GRAM. Participial, e : *empleos participiales,* emplois participiaux.
participio m. GRAM. Participe. ‖ — *Participio activo* ou *de presente,* participe présent. ‖ *Participio pasivo* ou *de pretérito,* participe passé.
partícula f. ● Particule. ‖ Parcelle (parcela).
— SINÓN. ● *Molécula,* molécule. *Átomo,* atome. *Corpúsculo,* corpuscule.
particular adj. Particulier, ère : *particular a* ou *de un país,* particulier à un pays ; *en ciertos casos particulares,* dans certains cas particuliers ; *el interés particular debe desaparecer ante el interés general,* l'intérêt particulier doit s'effacer devant l'intérêt général. ‖ Personnel, elle : *asuntos particulares,* affaires personnelles. ‖ Privé, e : *correspondencia particular,* correspondance privée. ‖ — *Alojarse en una casa particular,* habiter chez quelqu'un o chez l'habitant. ‖ *Casa particular,* maison particulière. ‖ *Clase particular,* cours particulier. ‖ *En particular,* en particulier. ‖ *No venga a mi despacho sino a mi casa particular,* ne venez pas à mon bureau mais chez moi o à mon domicile. — M. Sujet, question, *f.,* matière, *f.* (asunto) : *no sé nada de este particular,* je ne sais rien à ce sujet. ‖ Particulier (persona). ‖ Civil : *vestido de particular,* habillé en civil. ‖ *Sin otro particular,* ne voyant rien d'autre à ajouter (en la correspondencia).
— SINÓN. *Singular,* singulier. *Personal,* personnel. *Especial,* spécial. *Característico,* caractéristique. *Propio, peculiar,* propre.
particularidad f. Particularité.
particularismo m. Particularisme.
particularista adj. y s. Particulariste.
particularización f. Particularisation.
particularizar v. tr. Particulariser (detallar). ‖ Préférer, favoriser (preferir). — V. pr. Se particulariser : *particularizarse en,* se particulariser sur o par.
particularmente adv. Particulièrement, en particulier.
partida f. Départ, *m.* (salida). ‖ Bande (cuadrilla) : *partida de ladrones,* bande de voleurs. ‖ Acte, *m.* (de nacimiento, de matrimonio, de defunción). ‖ Extrait, *m.* (copia) : *partida de nacimiento,* extrait de naissance. ‖ COM. Poste, *m.,* rubrique (asiento en una cuenta). ‖ Position, poste,

m. (de un presupuesto) : *partida arancelaria,* poste tarifaire ; *el comercio de exportación tiene como principales partidas,* le commerce d'exportation a comme postes principaux. | Lot, *m.* (cantidad) : *una partida de muebles,* un lot de meubles. ‖ Mɪʟ. Parti, *m.,* troupe. ‖ Partie (juego) : *echar una partida de naipes,* faire une partie de cartes. ‖ Manche (manos de juego). ‖ Mᴀʀ. Partance. ‖ Fᴀᴍ. Tour. *m.* : *jugar una mala partida,* jouer un mauvais tour. ‖ — *Partida de campo,* partie de campagne. ‖ *Partida de caza,* partie de chasse. ‖ *Partida de gente, de niños,* foule de gens, ribambelle *o* tas d'enfants. ‖ Fᴀᴍ. *Partida serrana,* tour de cochon, sale tour. ‖ — *Dar la partida por ganada,* crier victoire, avoir partie gagnée. ‖ *Las Siete Partidas,* recueil des lois d'Alphonse X le Sage (xɪɪɪᵉ s.). ‖ Cᴏᴍ. *Por partida simple* ou *doble,* en partie simple *o* double.

partidario, ria adj. y s. ● Partisan, e. ‖ — M. Guérillero, partisan. ‖ *Amer.* Métayer (aparcero).

— Sɪɴᴏ́ɴ. ● *Adepto,* adepte. *Adherente,* adhérent. *Afiliado,* affilié. *Allegado,* partisan. *Simpatizante,* sympathisant. *Militante,* militant. *Prosélito,* prosélyte. *Sectario,* sectaire. *Secuaz, acólito,* acolyte. *Satélite,* satellite.

partidismo m. Esprit de parti, partialité, *f.* (en opiniones), favoritisme (por uno).

partidista adj. Partisan, e : *querellas partidistas,* querelles partisanes.

partido, da adj. Divisé, e ; partagé, e. ‖ Bʟᴀs. Parti, e.
— M. Parti (parcialidad). ‖ ● Camp (lado) : *abandonar el partido de la oposición,* quitter le camp de l'opposition. ‖ Parti, profit (provecho) : *sacar partido,* tirer parti *o* profit. ‖ Appui (amparo). ‖ Moyen, procédé (proceder). ‖ Equipe, *f.* (de jugadores) : *el partido contrario,* l'équipe adverse. ‖ Partie, *f.* : *partido de pelota,* partie de pelote. ‖ Match (de fútbol) : *partido de desempate,* match d'appui ; *partido de vuelta,* match retour. ‖ District (distrito). ‖ Parti (político, etc.). ‖ Parti (de matrimonio) : *un buen partido,* un beau parti. ‖ *Amer.* Métairie, *f.* (aparcería). | Raie, *f.* (crencha). ‖ *Darse a partido,* céder. ‖ *Partido judicial,* arrondissement (de una provincia). ‖ *Tomar el partido de,* prendre le parti de (decidir). ‖ *Tomar partido por,* prendre parti pour, prendre la défense de.

— Sɪɴᴏ́ɴ. ● *Facción, bandería,* faction. *Secta,* secte. *Clan,* clan. *Grupo,* groupe.

partidor m. Répartiteur (repartidor). ‖ Fendeur : *partidor de leña,* fendeur de bois. ‖ Instrument pour fendre (para romper). ‖ Mᴀᴛ. Diviseur (divisor). ‖ Tᴇᴄɴ. Partiteur.

partidura f. Raie (crencha).

partimiento m. Partage.

partir v. tr. Diviser (dividir) : *partir en dos,* diviser en deux. ‖ Partager (repartir) : *partir entre cuatro,* partager entre quatre personnes ; *partir como hermanos,* partager en frères. ‖ Casser (romper) : *partir nueces,* casser des noix. ‖ Fendre, casser : *partir leña,* fendre du bois. ‖ Couper (con un cuchillo) : *partir una manzana por la mitad,* couper une pomme en deux. ‖ Rompre (con las manos) : *partir el pan,* rompre le pain. ‖ Mᴀᴛ. Diviser (dividir). ‖ — Fɪɢ. *Partir a uno por el eje* ou *por en medio* ou *por la mitad,* empoisonner, enquiquiner (fastidiar). |*Partir el corazón,* fendre *o* briser le cœur. ‖ Fᴀᴍ. *Partir la cara,* casser la figure. ‖ *Partir la diferencia,* partager la différence (dividir), couper la poire en deux (transigir). ‖ Fɪɢ. *Estar a partir un piñón,* s'entendre comme larrons en foire, être comme les deux doigts de la main. | *¡Que le parta un rayo!,* qu'il

aille se faire pendre ailleurs!, que le diable l'emporte !
— V. intr. Partir (marcharse) : *partir para Laponia,* partir pour la Laponie. ‖ Fɪɢ. Partir : *partir de un supuesto falso,* partir d'une supposition fausse. ‖ — *A partir de,* à partir de. ‖ *A partir de hoy,* à dater de ce jour, à partir d'aujourd'hui.
— V. pr. Partir (irse). ‖ Se casser (romperse). ‖ Se diviser (dividirse). ‖ — Fɪɢ. *Partirse de risa,* se tordre de rire. | *Partirse el pecho,* se donner beaucoup de mal, se décarcasser (fam.). ‖ *Partirse el pecho por uno,* se mettre en quatre pour quelqu'un. | *Quien parte y reparte se lleva la mejor parte,* on n'est jamais si bien servi que par soi-même.

partitivo, va adj. y s. m. Gʀᴀᴍ. Partitif, ive.

partitura f. Mᴜ́s. Partition.

parto m. Accouchement (de una mujer) : *el parto sin dolor,* l'accouchement sans douleur ; *parto prematuro,* accouchement avant terme *o* prématuré. ‖ Mise bas, *f.,* parturition, *f.* (de un animal). ‖ Fɪɢ. Enfantement (producción). | Fruit (obra del ingenio, resultado). ‖ — *Parto de la oveja,* agnelage, agnèlement. ‖ *Parto de la yegua,* poulinement. ‖ — *Asistir en un parto,* faire un accouchement. ‖ Fɪɢ. *Es el parto de los montes,* c'est la montagne qui accouche d'une souris. ‖ *Estar de parto,* être en couches. ‖ *Morir de parto,* mourir en couches.

parto, ta adj. y s. Parthe : *la flecha del parto,* la flèche du Parthe.

parturienta adj. f. Qui a accouché.
— F. Parturiente, accouchée.

párulis m. Mᴇᴅ. Parulie, *f.* (flemón).

parusía f. Rᴇʟɪɢ. Parousie.

parva f. Aɢʀɪᴄ. Airée (mies tendida en la era). ‖ Fɪɢ. Tas, *m.,* monceau, *m.* (montón). | Ribambelle (de niños). | Casse-croûte, *m.,* collation (comida ligera).

parvada f. Airée (mies tendida en la era). ‖ Couvée (pollada). ‖ *Amer.* Bande (bandada).

parvedad f. Petitesse (pequeñez). ‖ Collation (comida ligera). ‖ *Hacer algo con parvedad de medios,* faire quelque chose avec des moyens réduits *o* avec peu de moyens.

parvidad f. Petitesse (parvedad).

parvo, va adj. Petit, e. ‖ *Oficio parvo de la Virgen,* petit office de la Vierge.

parvulez f. Petitesse (pequeñez). ‖ Simplicité (simplicidad).

párvulo, la adj. y s. Petit, e (niño pequeño). ‖ Fɪɢ. Innocent, e ; naïf, ive (ingenuo). ‖ — M. Enfant (niño). ‖ *Escuela de párvulos,* école maternelle.

pasa f. Raisin (*m.*) sec. ‖ Mᴀʀ. Passe (canal estrecho). ‖ Passe (en los juegos). ‖ — Fɪɢ. y Fᴀᴍ. *Estar hecho una pasa,* être ratatiné *o* desséché (el cuerpo), être parcheminé (el rostro). ‖ *Pasas de Corinto,* raisins de Corinthe.

pasable adj. Passable.

pasacalle m. Mᴜ́s. Passacaille, *f.*

pasacana f. *Amer.* Fruit (*m.*) du chardon.

pasacintas m. inv. Passe-lacet.

pasada f. Passage, *m.* ‖ Passée (de las aves de paso). ‖ Petit revenu, *m.,* revenu (*m.*) suffisant pour vivre. ‖ Tᴇᴄɴ. Passe, chariotage, *m.* (en el torno). ‖ Eǫᴜɪᴛ. Passade. ‖ — *Dar una pasada,* donner un coup. ‖ *De pasada,* en passant : *dicho sea de pasada,* soit dit en passant. ‖ Fᴀᴍ. *Hacer una mala pasada,* jouer un mauvais tour *o* un tour pendable.

pasadera f. Pierre permettant de franchir un ruisseau (piedra). ‖ Mᴀʀ. Bitord, *m.,* cordage (*m.*) mince (meollar).

pasaderamente adv. Passablement.

pasadero, ra adj. Passable (mediano). ‖ Supportable, tolérable (aguantable). ‖ Fragile (la salud). ‖ Praticable (transitable).
— M. Pierre (f.) permettant de franchir un ruisseau.

pasadillo m. Broderie (f.) à double face (bordadura).

pasadizo m. Corridor (pasillo). ‖ Passage (en las calles, etc.).

pasado, da adj. Passé, e; vieilli, e (anticuado). ‖ Passé, e (descolorido). ‖ Passé, e (fruta), faisandé, e (carne). ‖ — El pasado día 3, le 3 du mois écoulé. ‖ Huevo pasado por agua, œuf à la coque. ‖ Mes pasado, mois dernier. ‖ Pasado de moda, démodé. ‖ Pasado mañana, après-demain.
— M. Passé : olvidar lo pasado ou el pasado, oublier le passé. ‖ Lo pasado pasado está, ce qui est fait est fait ; le passé est le passé, n'en parlons plus.

pasador, ra m. y f. Passeur, euse ; contrebandier, ère (contrabandista). ‖ — M. Passoire, f. (colador). ‖ Espagnolette, f. (de ventana). ‖ Targette, f., verrou (pestillo). ‖ Passe-lacet (pasacintas). ‖ Barrette, f. (para el pelo). ‖ Épingle, f. (de corbata). ‖ Brochette, f. (para las condecoraciones). ‖ Agrafe, f. (broche). ‖ Coulant (de bolsa). ‖ Tecn. Goujon, goupille, f. (varilla de bisagra). ‖ Mar. Épissoir (especie de punzón). ‖ — Pl. Boutons de manchettes (gemelos). ‖ Pasador de seguridad, verrou de sûreté.

pasaje m. Passage (paso). ‖ Passage (de un libro). ‖ Passage (precio, derecho). ‖ Billet, passage (billete en un barco o avión). ‖ Passagers (pl.) d'un navire (pasajeros). ‖ Passage (calle). ‖ Mar. Chenal, passe, f. (estrecho). ‖ Mús. Changement de ton. ‖ Amer. Billet (de transporte).

pasajero, ra adj. ● Passager, ère (que dura poco). ‖ Passant, e (sitio frecuentado). ‖ — Adj. y s. Passager, ère (viajero). ‖ — Ave pasajera, oiseau de passage o migrateur. ‖ Capricho pasajero, passade.
— Observ. Le substantif passant se traduit en espagnol par transeúnte et non par pasajero.
— Sinón. ● Provisional, provisorio, provisoire, Efímero, éphémère. Fugaz, fugace. Transitorio, transitoire. Temporal, temporaire. Interino, intérimaire. Corto, court. Breve, bref.

pasajuego m. Coup qui renvoie la balle au fronton [à la pelote basque].

pasamanar v. tr. Passementer.

pasamanería f. Passementerie.

pasamanero, ra m. y f. Passementier, ère.

pasamano m. Passement (galón). ‖ Rampe, f., main (f.) courante (barandal). ‖ Mar. Passavant.

pasamontañas m. inv. Passe-montagne.

pasante adj. Passant, e.
— M. Stagiaire (de abogado, de médico). ‖ Clerc (de notario) : primer pasante, maître clerc. ‖ Répétiteur, maître répétiteur (de colegio).

pasantía f. Place de répétiteur (en facultades) o de stagiaire (en profesiones). ‖ Stage, m. (tiempo que dura).

pasapasa m. Tour de passe-passe (prestidigitación).

pasaperro m. Coser a pasaperro, relier des feuillets perforés avec un cordon passant dans les trous.

pasaportar v. tr. Délivrer un passeport. ‖ Fam. Tuer (matar). ‖ Expédier (despachar) : pasaportar un trabajo, expédier un travail ; pasaportó a su hijo al extranjero, il a expédié son fils à l'étranger.

pasaporte m. Passeport : expedir un pasaporte, délivrer un passeport. ‖ Mil. Feuille (f.) de route. ‖ Fig. Carte (f.) blanche (licencia) : dar pasaporte para, donner o laisser carte blanche pour. ‖ Fig.

Dar pasaporte a uno, expédier o se débarrasser de quelqu'un.

pasaportear v. tr. Amer. Délivrer un passeport.

pasapuré m. inv. Passe-purée, presse-purée.

pasar v. tr. Passer (llevar, trasladar). ‖ Passer, transmettre (un mensaje). ‖ Transmettre, remettre, passer : pasar los poderes a, transmettre ses pouvoirs à. ‖ Passer (transmitir) : le he pasado mi constipado, je lui ai passé mon rhume. ‖ Passer avec succès, être reçu à (examen, concurso). ‖ Passer, traverser (sierra, río). ‖ Passer (introducir). ‖ Passer (de contrabando). ‖ Passer, faire circuler (moneda falsa). ‖ Passer (colar un líquido). ‖ Doubler, dépasser (un coche). ‖ Fig. Dépasser, franchir (los límites). ‖ Dépasser, surpasser (superar). ‖ Endurer, souffrir (desgracias, dolor físico) : ¡lo que he pasado!, ce que j'ai enduré ! ‖ Avoir (miedo). ‖ Avoir, souffrir de (frío, hambre) : pasar hambre, souffrir de la faim. ‖ Laisser passer : no hay que pasarle todas sus faltas, il ne faut pas laisser passer toutes ses erreurs. ‖ Passer (el tiempo) : pasé la noche desvelado, j'ai passé la nuit sans dormir ; pasar el tiempo divirtiéndose, passer son temps à s'amuser. ‖ Passer, sauter (omitir). ‖ Tourner : pasar las páginas de un libro, tourner les pages d'un livre. ‖ Dessécher (un fruto). ‖ Com. Passer (en cuenta). ‖ — Pasar a alguien a cuchillo, passer quelqu'un au fil de l'épée. ‖ Pasar al toro con la muleta, faire une passe avec la muleta. ‖ Pasar el balón a, faire une passe à, passer le ballon à. ‖ Fam. Pasar las de Caín ou la de Dios es Cristo ou las negras, en voir de dures o de toutes les couleurs. ‖ Pasar lista, faire l'appel. ‖ Pasarlo bien, s'amuser. ‖ Fam. Pasarlo bomba, s'amuser comme un fou. ‖ Pasarlo mal, s'ennuyer (aburrirse), vivre mal, avoir des difficultés (tener dificultades). ‖ Fig. Pasar por la piedra (uno), laisser quelqu'un loin derrière (en deportes). ‖ Pasar por las armas a uno, passer quelqu'un par les armes. ‖ Pasar revista a, passer en revue. ‖ Pasar un mal rato, passer un mauvais quart d'heure o un mauvais moment. ‖ — Aquí no pasó nada, n'en parlons plus, ce n'est rien. ‖ ¿Cómo lo pasas?, comment ça va ? ‖ ¿Cómo lo pasas en Francia?, et ton séjour en France, comment se passe-t-il ? ‖ ¡Que lo pase bien!, amusez-vous bien ! ‖ ¿Qué tal lo pasó en la fiesta?, et cette fête, comment s'est-elle passée ? ‖ Ya te he pasado muchas, je t'ai déjà passé beaucoup de choses.
— V. intr. Passer : pasar de un sitio a otro, passer d'un endroit dans un autre ; pasaré por tu casa, je passerai chez toi ; pasar con el disco cerrado, abierto, passer au rouge, au vert (un vehículo). ‖ Entrer : ¡pase!, entrez! ; dígale que pase, dites-lui d'entrer. ‖ Devenir (volverse) : de joven pasó a hombre sin cambiar en nada, de jeune homme il est devenu un homme sans changer le moins du monde. ‖ Passer, circuler (noticia, especie). ‖ Passer, avoir cours (moneda). ‖ Passer (transcurrir) : ¿cómo pasó la sesión?, comment s'est passée la séance ? ‖ Se passer, arriver : y el accidente, ¿cómo pasó?, cet accident, comment est-il arrivé ? ‖ Passer, se passer (acabarse) : todo pasa, tout passe. ‖ Prendre : esto conmigo no pasa, avec moi, cela ne prend pas. ‖ Être reçu à un examen (ser aprobado). ‖ Passer son tour (en juegos). ‖ — Pasar a, passer à, en venir à : paso ahora a su pregunta, j'en viens à votre question ; se mettre à (empezar) : pasó a recitar otra poesía, il s'est mis à réciter un autre poème ; aller (estar a punto) : paso ahora a hablarles de mi viaje, je vais vous parler maintenant de mon voyage. ‖ Pasar a mejor vida, partir pour un monde meilleur. ‖ Pasar a ser, devenir. ‖ Pasar con, s'arranger de o avec, s'accommoder de (arreglarse), faire un

stage chez (abogado, médico). ‖ *Pasar de* (cierto número), dépasser, être plus de, avoir plus de : *pasan de veinte*, ils sont plus de vingt *o* il y en a plus de vingt *o* ils dépassent la vingtaine ; avoir plus, dépasser : *no pasa de los cuarenta*, il n'a pas plus de quarante ans. ‖ *Pasar de largo*, V. LARGO. ‖ *Pasar (de las palabras) a las manos*, en venir aux mains, se livrer à des voies de fait. ‖ *Pasar de moda*, passer de mode (quedarse anticuado). ‖ *Pasar de vida a muerte*, passer de vie à trépas. ‖ *Pasar en blanco* ou *en silencio*, passer sous silence. ‖ *Pasar por*, passer pour : *pasar por sabio, por tonto*, passer pour savant, pour un idiot ; endurer, en passer par, supporter (sufrir), admettre, tolérer (tolerar). ‖ FIG. *Pasar por alto*, passer sur, passer sous silence, omettre, laisser de côté (omitir), oublier, passer par-dessus (olvidar). ‖ *Pasar por casa de uno*, passer chez quelqu'un. ‖ *Pasar por ello*, y passer. ‖ *Pasar por encima*, parcourir, jeter un coup d'œil sur (un escrito), passer par-dessus, fermer les yeux sur (hacer la vista gorda). ‖ *Pasar por la imaginación* ou *por la cabeza*, venir à l'esprit, passer par la tête, traverser l'esprit. ‖ *Pasar por un puente*, passer sur un pont. ‖ *Pasar sin*, se passer de : *pasar sin carne*, se passer de viande ; s'empêcher de : *no puede pasar sin hablar*, il ne peut s'empêcher de parler. ‖ *Pase (por una vez)*, une fois n'est pas coutume, passe pour cette fois. ‖ *Paso*, je passe, parole (naipes). ‖ — *De ahí no pasa*, ça ne va pas plus loin. ‖ FIG. *Esto pasa de la raya*, ça dépasse les bornes. | *Esto pasa de castaño oscuro*, c'est trop fort, c'est le comble, c'est un peu raide. ‖ *Ir pasando*, vivoter. ‖ *Lo mismo pasa con él*, il en est de même pour lui *o* avec lui, c'est la même chose.
— V. impers. Arriver, se passer : *¿qué pasa?*, que se passe-t-il ? ‖ Arriver : *¿qué te pasó?*, que t'est-il arrivé ? ‖ — *Pasa a veces que*, il arrive que. ‖ *Pasa que, lo que pasa es que*, ce qui se passe *o* ce qui arrive, c'est que, il se trouve que. ‖ *Pase lo que pase*, quoi qu'il advienne.
— V. pr. Passer : *pasarse al enemigo*, passer à l'ennemi. ‖ Passer les bornes (excederse). ‖ Passer, se passer (acabarse). ‖ Oublier : *se me ha pasado lo que me dijiste*, j'ai oublié ce que tu m'as dit. ‖ Se gâter (frutas, legumbres). ‖ Être trop cuit, e (guisado). ‖ Se faner, passer (flores). ‖ Fuir, être poreux, euse (recipiente). ‖ Jouer, avoir du jeu, ne pas bien aller (estar holgado). ‖ — *Pasarse de*, être trop : *pasarse de bueno*, être trop bon (no se confunda con el francés *se passer de*, que significa *pasar sin*). ‖ FIG. *Pasarse de la raya*, dépasser les bornes, exagérer. | *Pasarse de listo* ou *de vivo*, vouloir faire le malin, vouloir être trop malin. | *Pasarse de rosca*, v. ROSCA. ‖ *Pasarse el peine*, se donner un coup de peigne. ‖ *Pasarse el tiempo cantando*, passer son temps à chanter. ‖ *Pasárselo en grande*, s'amuser comme un fou, s'en donner à cœur joie. ‖ *Pasarse por*, se rendre, passer : *pasarse por la oficina*, se rendre au bureau.

pasarela f. Passerelle (puentecillo). ‖ MAR. Passerelle. ‖ Partie de l'avant-scène (en los teatros). ‖ AVIAC. *Pasarela de acceso*, passerelle télescopique.

pasatiempo m. Passe-temps, *inv.*

pasavante m. MAR. Laissez-passer, *inv.*, passavant.

pasavoleo m. Renvoi par-dessus la corde (pelota).

pascal m. Pascal (unidad de presión).

pascua f. Pâque (fiesta judía) : *celebrar la Pascua*, fêter la Pâque. ‖ Noël, la Noël (Navidad) : *¡felices Pascuas y próspero Año Nuevo!*, joyeux Noël et heureuse année ! ‖ Pâques (pascua de Resurrección) : *vendrá por Pascua*, il viendra à Pâques. ‖ L'Épiphanie, les Rois (los Reyes). ‖ Pentecôte (Pentecostés). ‖ — *Pascua del Espíritu*

Santo, Pentecôte. ‖ *Pascua de Navidad*, Noël. ‖ *Pascua de Resurrección*, Pâques. ‖ *Pascua florida*, dimanche de Pâques. ‖ — FIG. y FAM. *Cara de pascua*, mine réjouie. ‖ *Comulgar por Pascua florida*, faire ses Pâques. ‖ *Dar las pascuas*, souhaiter la bonne année. ‖ FIG. *Estar como unas pascuas*, être gai comme un pinson. ‖ FAM. *Hacer la pascua*, enquiquiner, empoisonner, casser les pieds (fastidiar). ‖ FIG. *Ocurrir de Pascuas a Ramos*, arriver de loin en loin *o* de temps en temps. ‖ *Pasar las Pascuas en familia*, passer les fêtes de Noël et du jour de l'an en famille. ‖ FAM. *Y Santas Pascuas*, un point c'est tout.
— OBSERV. V. PÂQUES, en la primera parte, pág. 531.

pascual adj. Pascal, e.

Pascual n. pr. m. Pascal.

pascuilla f. Dimanche (m.) de Quasimodo.

pase m. Permis (permiso). ‖ Laissez-passer, *inv.*, permis de libre circulation (autorización). ‖ Carte (f.) d'invitation. ‖ DEP. y TAUROM. Passe, f. ‖ Feinte, f. (en esgrima). ‖ COM. Passavant. ‖ Passage (de una película). ‖ *Amer.* Passeport. ‖ — DEP. *Pase adelantado* ou *pase adelante*, passe en profondeur *o* en avant. ‖ *Pase de favor*, billet de faveur. ‖ DEP. *Pase hacia atrás*, passe en retrait.

paseante adj. y s. Promeneur, euse. ‖ FAM. *Paseante en corte*, flâneur, euse ; désœuvré, e ; oisif, ive (ocioso).
— OBSERV. *Passant* en francés significa *transeúnte*.

pasear v. tr. Promener.
— V. intr. y pr. Se promener : *pasearse por el campo*, se promener dans la campagne.

paseíllo m. Défilé (de toreros).

paseo m. ● Promenade, f., tour (fam.), balade, f. (fam.) : *dar un paseo*, faire une promenade, faire un tour. ‖ Promenade, f. (sitio). ‖ Défilé (de toreros). ‖ — FIG. *Dar el paseo*, fusiller, liquider. ‖ *Mandar* ou *enviar a paseo*, envoyer promener *o* paître. ‖ *Paseo marítimo*, bord de mer. ‖ FIG. *¡Váyase a paseo!*, allez au diable !, allez vous coucher !, allez vous faire pendre !
— SINÓN. ● *Excursión*, excursion. *Vuelta*, tour. *Caminata*, randonnée. *Callejeo*, flânerie.

pasera f. Séchoir (m.) à fruits, fruitier, m.

paserino m. Passerine, f. (ave).

pasero, ra adj. Qui marche au pas (caballería). ‖ — M. y f. Marchand, marchande de raisins secs.

pasibilidad f. Passibilité.

pasible adj. Passible, sensible.
— OBSERV. Le mot espagnol *pasible* n'a pas le sens juridique du terme français *passible*, qui se rend par *merecedor*.

pasicorto, ta adj. Qui marche à petits pas, qui trottine.

pasiego, ga adj. y s. De la vallée de Pas [dans la province espagnole de Santander]. ‖ — F. Nourrice (ama).

Pasifae n. pr. f. Pasiphaë.

pasiflora f. BOT. Passiflore.

pasifloráceas f. pl. BOT. Passifloracées.

pasilargo, ga adj. Qui marche à grands pas.

pasillo m. Couloir, corridor (corredor). ‖ TEATR. Promenoir. ‖ Point de boutonnière (en costura). ‖ RELIG. Cantique de la semaine sainte. ‖ TEATR. Saynète, f. (sainete). ‖ *Amer.* Natte, f. (estera). ‖ — *Pasillo aéreo*, couloir aérien. ‖ *Pasillo rodante*, tapis roulant.

pasión f. Passion : *dejarse llevar por la pasión*, se laisser emporter par la passion ; *tener pasión por la música*, avoir la passion de la musique. ‖ RELIG. Passion : *la Pasión según San Mateo*, la Passion selon saint Matthieu.

pasional adj. Passionnel, elle.

pasionaria f. BOT. Passiflore, fleur de la Passion.

pasionario m. Passionnaire (libro litúrgico).

pasioncilla f. Amourette, passionnette (p. us.).
pasionista adj. y s. Passionniste (religioso).
pasito adv. Tout doucement.
pasitrote m. Petit trot.
pasividad f. Passivité.
pasivo, va adj. Passif, ive. || — *Clases pasivas*, les retraités et pensionnés de l'État. || *Pensión pasiva*, pension, retraite de l'État. || GRAM. *Voz pasiva*, voix passive, passif.
— M. COM. Passif. || *En el pasivo*, au passif.
pasmado, da adj. Stupéfait, e ; ébahi, e ; médusé, e (de asombro). || Gelé, e ; glacé, e ; transi, e (de frío). || Gelé, e (plantas). || BLAS. Pâmé e. || — *Cara de pasmado*, mine ébahie. || FIG. *Me dejó pasmado*, les bras m'en sont tombés, cela m'a stupéfié o ébahi. || *Pasmado de admiración*, béat d'admiration.
pasmar v. tr. Ébahir, stupéfier (asombrar) : *su respuesta me ha pasmado*, sa réponse m'a stupéfié. || Geler, glacer, transir (enfriar mucho). || Geler (helar las plantas). || Faire défaillir (desmayar).
— V. pr. Être ébahi o stupéfait de o par (quedarse asombrado). || Geler, être transi o glacé (tener frío). || Geler (las plantas). || S'évanouir, défaillir, se pâmer (desmayarse). || MED. Contracter le tétanos. || Se ternir (los colores).
pasmarota f. FAM. Simagrées, pl.
pasmarote m. FAM. Cloche, f., niais (bobo).
pasmazón f. Amer. Pâmoison (pasmo). | Blessure faite par la selle à un cheval.
pasmo m. Refroidissement (enfriamiento). || Pâmoison, f., évanouissement (desmayo). || MED. Tétanos. || FIG. Étonnement, stupéfaction, f., saisissement, ébahissement (asombro). | Sujet d'étonnement (lo que ocasiona el asombro).
pasmoso, sa adj. Étonnant, e ; stupéfiant, e ; saisissant, e ; ahurissant, e.
paso m. Pas (movimiento) : *dar un paso*, faire un pas ; *aminorar el paso*, ralentir le pas. || Pas (distancia) : *a tres pasos*, à trois pas. || Passage (acción) : *al paso del tren*, au passage du train. || Allure, f. (movimiento de un ser animado). || ● Passage (sitio) : *el paso está libre*, le passage est libre ; *paso protegido*, passage protégé. || Passage (derecho). || Franchissement (de un obstáculo). || Degré, marche, f. (peldaño). | Pas (huella). || Piste, f. (rastro de la caza). || Parole, f. (naipes). || Pas (compás de baile). || Fait (lance). || Progrès (adelanto). || Démarche, f. (gestiones) : *dar pasos*, faire des démarches. || Moment critique (conflicto). || Point (en costura). || GEOGR. Pas (estrecho) : *Paso de Calais*, pas de Calais. || « Paso » [char portant des statues figurant des scènes de la Passion]. || TEATR. « Paso », intermède (pieza). || MECÁN. Pas (de hélice ou de tornillo). || Amer. Gué (vado).
— Adv. Doucement, lentement : *hable paso*, parlez doucement.
— *Paso a nivel*, passage à niveau. || EQUIT. *Paso castellano*, pas allongé ; *Paso de ambladura* ou *de andadura*, amble. || MIL. *Paso de ataque* ou *de carga*, acompasado, ligero, de maniobra, pas de charge, cadencé, sans cadence, de route. || *Paso de costado*, passage (del caballo). || *Paso de cuatro*, pas de quatre (danza). || MIL. *Paso de la oca*, pas de l'oie. || *Paso del Ecuador*, passage o baptême de la ligne (línea ecuatorial), milieu de la durée des études (mitad de la carrera). || *Paso de peatones*, passage pour piétons, passage clouté. || MAR. *Paso de popa a proa*, passavant. || MÚS. *Paso doble*, paso doble. || *Paso gimnástico* ou *ligero*, pas de gymnastique, pas gymnastique. || *Paso firme*, pas décidé. || *¡Paso!* ou *¡paso libre!*, place ! || *Paso a paso* ou *paso por paso*, pas à pas, peu à peu. || — *A buen paso*, d'un bon pas, bon train. || FIG. *A cada paso*, à chaque

pas, à chaque instant, à tout bout de champ. | *A dos pasos*, à deux pas (a poca distancia). | *A ese paso*, à ce train-là, à cette allure. || *Al paso*, au passage (al pasar), au pas : *ir al paso*, marcher au pas. || *Al paso que*, tandis que, alors que (al mismo tiempo), comme, de même que (como). || *Al paso que va*, au train o au rythme où il va. || *A paso largo, lento*, à grands pas, à pas lent. || *A pocos pasos*, à quelques pas. || *Ave de paso*, oiseau de passage. || *Con paso alegre*, d'un pas joyeux. || *Con pasos contados*, à pas comptés. || *Con pasos de gigante* ou *a pasos agigantados*, à pas de géant. || *De paso*, au passage, en passant : *de paso, iré a ver a mi tía*, au passage, j'irai voir ma tante ; de passage : *estando de paso en Madrid, caí enfermo*, de passage à Madrid, je suis tombé malade ; en passant : *dicho sea de paso*, soit dit en passant ; *de paso nos habló de los Reyes Católicos*, il nous a parlé en passant des Rois Catholiques ; par la même occasion : *le fui a ver y de paso le dije que me devolviera mi libro*, je suis allé le voir et par la même occasion je lui ai dit de me rendre mon livre. || *Mal paso*, mauvais pas : *sacar de un mal paso*, tirer d'un mauvais pas ; mauvaise passe : *estar en un mal paso*, être dans une mauvaise passe. || FIG. *Por sus pasos contados*, en suivant son petit bonhomme de chemin. || *Primeros pasos*, premiers pas (de un niño, de una ciencia), débuts : *dar sus primeros pasos en la diplomacia*, faire ses débuts dans la diplomatie. || *Prohibido el paso*, passage interdit. || *Servidumbre de paso*, passage.
— *Abrir paso*, ouvrir un passage, laisser passer (dejar el paso). || *Abrirse* ou *hacerse paso*, s'ouvrir o se frayer un passage (en una muchedumbre), faire une percée (las tropas). || *Abrirse paso a codazos*, jouer des coudes. || *Abrirse paso en la vida*, faire son chemin, percer. || *Adelantar cuatro pasos*, avancer de quatre pas, faire quatre pas en avant. || *Alargar el paso*, allonger le pas. || FIG. *Andar a paso de buey* ou *de carreta* ou *de tortuga*, marcher comme une tortue. | *Andar en malos pasos*, être sorti du droit chemin, filer un mauvais coton. || *Apretar* ou *acelerar el paso*, presser le pas. || *Ceda el paso*, vous n'avez pas la priorité (señal de tráfico). || *Ceder el paso*, céder le passage. || *Cerrar el paso*, boucher le passage, barrer la route. || *Coger al paso*, prendre au passage ; prendre (juego de damas). || *Cortar el paso a uno*, barrer le chemin à quelqu'un. || *Dar (el) paso a uno*, laisser passer quelqu'un. || *Dar los primeros pasos*, faire les premiers pas. || *Dar paso a* ou *dejar paso a*, ouvrir la voie à. || *Dar un buen paso*, faire un grand pas. || *Dar un paso adelante*, faire un pas en avant (al andar), faire un pas en avant : *ha dado un paso adelante en su vida*, il a fait un pas en avant dans sa vie ; avancer d'un pas, progresser : *las negociaciones han dado un paso adelante*, les négociations ont avancé d'un pas. || *Dar un paso atrás*, faire un pas en arrière (al andar), reculer (retroceder). || *Dar un paso en falso*, faire un faux-pas (andando), faire un faux-pas o une fausse manœuvre, prendre un faux départ. || *Dejar paso libre*, laisser passer, laisser le passage libre. || FIG. *Estar a dos pasos de la muerte*, être à deux doigts de la mort (en peligro). || MIL. *Ir al paso*, marcher au pas. || *Ir a pasos contados*, marcher à pas comptés. || *Lo difícil es el primer paso*, il n'y a que le premier pas qui coûte. || FIG. *Llevar a buen paso*, mener bon train o tambour battant. || MIL. *Llevar el paso*, marcher au pas. | *Marcar el paso*, marquer le pas. || FIG. *Medir sus pasos*, y aller prudemment. || *Prohibido el paso*, passage interdit. || FIG. *Salir al paso de*, aller au-devant de, couper court à : *salir al paso de las críticas*, couper court aux critiques ; tomber

dessus : *hoy Pablo me salió al paso,* aujourd'hui Paul m'est tombé dessus ; aller à la rencontre de (*salir al encuentro*). | *Salir del paso,* se tirer d'affaire. || *Seguir los pasos a uno,* suivre tous les pas de quelqu'un (observar). || *Seguir los pasos de uno,* suivre o filer quelqu'un (seguir). marcher sur les pas o sur les traces de quelqu'un (imitar). || *Volver sobre sus pasos,* revenir sur ses pas, rebrousser chemin (desandar lo andado), faire marche arrière, se rétracter (desdecirse).
— SINÓN. ● *Pasillo,* couloir. *Corredor,* corridor. *Galería,* galerie. *Pasaje,* passage. *Travesía,* traversée.

paso, sa adj. Sec, sèche (fruta). || — *Ciruela pasa,* pruneau. || *Uvas pasas,* raisins secs.

pasodoble m. Paso doble.

paspié m. Passe-pied, *inv.* (danza).

pasqueño, ña adj. y s. De Cerro de Pasco (Perú).

pasquín m. (Ant.). Pasquin, pasquinade, *f.* (epigrama). || Affiche, *f.* (cartel). || Tract (octavilla).

pasquinada f. Pasquinade (broma).

pássim adv. Passim (aquí y allá).

passing-shot m. Passing-shot (tenis).

pasta f. Pâte (masa) : *pasta de hojaldre,* pâte feuilletée. || Reliure, couverture cartonnée (de un libro). || Empâtement, *m.* (empaste). || CULIN. Beurre, *m. : pasta de anchoas, de cangrejos,* beurre d'anchois, d'écrevisses. || POP. Galette, fric, *m.* (dinero). | Indolence, mollesse (pachorra). || — Pl. Pâtes (tallarines) : *pastas alimenticias,* pâtes alimentaires. | Petits fours, *m.* (pastelillos), petits gâteaux, *m.* || — *Libro en pasta,* livre relié. | *Media pasta,* demi-reliure. || *Pasta de dientes, dentífrica,* dentifrice, pâte dentifrice. || *Pasta de hígado,* pâté de foie. || FIG. y FAM. *Ser de buena pasta,* être une bonne pâte. | *Tiene muy buena pasta,* il a de l'étoffe.

pastaca f. *Amer.* Ragoût, *m.* (guiso).

pastaflora f. Pâte fine. || FIG. y FAM. *Ser de pastaflora,* être une bonne pâte (persona).

pastaje o **pastal** m. *Amer.* Pâturage (pasto).

pastar v. tr. e intr. Paître.

pasteca f. MAR. Poulie, galoche (polea).

pastel m. Gâteau : *pastel de crema, de almendras,* gâteau à la crème, aux amandes. || Pâté : *pastel de carne,* pâté de viande. || Pastel (color, lápiz o dibujo). || Tricherie, *f.* (trampa). || FIG. y FAM. Salade, *f.* (lío). || IMPR. Pâté (letras confundidas). || — *Azul pastel,* bleu pastel. || *Dibujo al pastel,* pastel. || *Hierba pastel,* pastel (planta). || *Lápiz de pastel,* pastel. || — FIG. y FAM. *Descubrir el pastel,* découvrir le pot aux roses (adivinar), vendre la mèche, casser le morceau (chivarse). || *Pintar* ou *dibujar al pastel,* dessiner ou pastel, pasteller.

pastelear v. intr. FIG. y FAM. Temporiser, gagner du temps (temporizar). | Faire de la lèche (dar coba).

pasteleo m. FIG. y FAM. Temporisation, *f.* | Lèche, *f.,* léchage de bottes (coba).

pastelería f. Pâtisserie.

pastelero, ra m. y f. Pâtissier, ère. || FIG. y FAM. Temporisateur, trice. | Lécheur, euse ; lèche-bottes, *inv.* (cobista).

pastelillo m. Petit gâteau (de dulce o fruta). | Petit pâté (de carne).

pastelista m. y f. Pastelliste (pintor).

pastense adj. y s. De Pasto [ville de Colombie].

pasterización o **pasteurización** f. Pasteurisation.

pasterizado, da o **pasteurizado, da** adj. Pasteurisé, e (leche).

pasterizar o **pasteurizar** v. tr. Pasteuriser, pastoriser.

pasteuriano, na adj. Pasteurien, enne ; pastorien, enne (de Pasteur).

pastiche m. Pastiche, pastichage.
— OBSERV. Ce mot est un gallicisme employé pour *imitación, remedo.*

pastilla f. Morceau, *m.* (trozo). || Morceau, *m.,* carré, *m.* (de chocolate). || Pastille (de menta, etc.). || Cachet, *m.* (tableta). || — *Pastilla de café con leche,* caramel. || *Pastilla de jabón,* savonnette.

pastinaca f. Pastenague (pez). || BOT. Panais, *m.*

pastizal m. Pâturage, herbage, pacage.

pasto m. ● Pâturage, pacage (sitio). || Pâture, *f.* (acción). || Fourrage, pâture, *f.* (hierba). || FIG. Pâture, *f.* (alimento) : *su pasto son las novelas,* les romans sont sa pâture ; *este incidente ha servido de pasto a los periódicos,* cet incident a servi de pâture aux journaux. || — *Pasto comunal,* vaine pâture, pâturage communal. || FIG. *Pasto espiritual,* nourriture spirituelle. || *Pasto seco, verde,* fourrage sec, vert. || — FIG. y FAM. *A pasto,* à foison. | *A todo pasto,* à discrétion, en grande quantité. || *De pasto,* ordinaire (vino). || *Derecho de pasto,* droit de pacage. || — *Dar de pasto,* donner en pâture. | FIG. *Dar pasto a,* alimenter (calumnia, etc.). | *Ser pasto de,* être la proie de : *la casa ha sido pasto del fuego* ou *de las llamas* ou *del incendio,* la maison fut la proie des flammes. | *Ser pasto de la actualidad,* défrayer la chronique.
— SINÓN. ● *Pradera,* prairie. *Prado,* pré. *Herbazal,* herbage. *Pastizal, apacentadero,* pâturage. *Aprisco, majada,* parc. *Dehesa,* pâture. *Pasturaje,* pacage.

pastor, ra m. y f. Berger, ère ; pâtre, *m.* (que cuida del ganado). || — M. Pasteur (sacerdote). || *El Buen Pastor,* le Bon Pasteur.

pastoral adj. Pastoral, e : *cantos pastorales,* chants pastoraux.
— F. Pastorale.

pastorcillo, lla m. y f. Pastoureau, elle (zagal) : *los pastorcillos de Provenza,* les pastoureaux de Provence.

pastorear v. tr. Mener paître (apacentar). || FIG. Guider, diriger (el sacerdote).
— V. intr. Paître, pâturer.

pastorela f. Pastourelle (música y poesía).

pastoreo m. Garde (*f.*) des troupeaux, pâturage, pacage.

pastoría f. Bergers, *m. pl.* || Garde de troupeaux (oficio de los pastores). || ECLES. Pastorat, *m.*

pastoril adj. Pastoral, e : *novelas pastoriles,* romans pastoraux.

pastosidad f. État (*m.*) pâteux. || Empâtement, *m.* (de la lengua). || Épaisseur (de una pintura).

pastoso, sa adj. Pâteux, euse (blando y suave). || Empâté, e (cuadro). || Riche, épais, aisse (pintura). || — *Boca, lengua pastosa,* bouche, langue pâteuse. || *Ponerse pastosa,* s'épaissir, devenir pâteuse (la lengua). || *Voz pastosa,* voix chaude o bien timbrée (armoniosa).

pastueño adj. m. Franc (el toro).

pastura f. (P. us.). Pâture, fourrage, *m.* (comida). || Pâturage, *m.,* pacage, *m.* (sitio).

pasturaje m. Pâturage, pacage (sitio). || Droits (*pl.*) de pâture (derechos).

pasudo, da adj. *Amer.* Crépu, e (cabello).

pata f. Patte (pierna de animal). || Pied, *m.* (pie de animal) : *de pata hendida,* à pied fourchu. || FAM. Patte, jambe (pierna del hombre). || Pied, *m.* (de mueble) : *una mesa de cuatro patas,* une table à quatre pieds. || Patte (de vestidos). || Égalité (empate). || Cane (hembra del pato). || — MECÁN. *Pata de araña,* patte d'araignée. || FIG. y FAM. *Pata de banco,* bêtise, bourde : *salir con una pata de banco,* dire une bourde. || *Pata de cabra,* guinche (herramienta de zapatero). | *Pata de gallina,* cadranure (enfermedad de los árboles). || *Pata de gallo,* pied de coq (planta), pied de poule (tela), patte d'oie (arruga), bêtise, ânerie, bourde (despropósito). ‖ Mar. *Pata de ganso,* patte-d'oie : *a pata de ganso,* en patte-d'oie. ‖ *Pata de mosca,* patte de mouche (garabato). ‖ *Pata de palo,* jambe de bois. ‖ Fam. *Patas arriba,* les quatre fers en l'air (caído), sens dessus dessous (desordenado). ‖ — Fam. *¡Abajo las patas!,* bas les pattes ! ‖ *A cuatro patas,* à quatre pattes (a gatas). ‖ *A la pata coja,* à cloche-pied. ‖ Fig. *A la pata la llana,* à la bonne franquette, sans façons. ‖ Fam. *A pata,* à pattes (andando), pieds nus (descalzo). ‖ *¡En cada pata!,* et les mois de nourrice ! [à une personne qui se dit plus jeune qu'elle n'est]. ‖ *Mala pata,* guigne, poisse, déveine. ‖ *Metedura de pata,* gaffe, impair. ‖ *Echar las patas por alto,* faire fi de toutes les convenances. ‖ — Fig. y Fam. *Creerse descendiente de la pata del Cid,* se croire sorti de la cuisse de Jupiter. ‖ *Echar la pata,* être supérieur, dépasser, faire la pige (superar). ‖ *Enseñar la pata,* montrer le bout de l'oreille. ‖ *Estirar la pata,* casser sa pipe, claquer (morir). ‖ *Meter la pata,* faire une gaffe, mettre les pieds dans le plat, commettre un impair o une bévue. ‖ *Poner a uno de patas en la calle,* flanquer o mettre quelqu'un à la porte. ‖ *Tener mala pata,* ne pas avoir de veine o de chance, avoir la poisse o la guigne.

pataca f. Topinambour, *m.* (aguaturna).

patacón m. Monnaie (*f.*) ancienne. ‖ *Amer.* Pièce, *f.* (peso).

patache m. Mar. Patache, *f.* (embarcación).

patacho m. *Amer.* Patache, *f.* ‖ Recul (de un arma).

patada f. Coup (*m.*) de pied (puntapié). ‖ Fam. Pas, *m.* (paso). ‖ — Fig. y Fam. *A patadas,* abondamment, à la pelle. ‖ *Dar patadas en el suelo,* taper des pieds par terre. ‖ *Darse (de) patadas,* jurer : *el verde se da de patadas con el azul,* le vert jure avec le bleu. ‖ *Echar a alguien a patadas,* flanquer quelqu'un dehors à coups de pieds dans le derrière. ‖ *Hacer algo a patadas,* bâcler quelque chose. ‖ *Hacer algo en dos patadas,* faire une chose en moins de deux o en deux temps trois mouvements. ‖ *Largar una patada en el trasero,* donner des coups de pieds dans le derrière, envoyer son pied quelque part.

patagón, ona adj. y s. Patagon, onne.

Patagonia n. pr. f. Geogr. Patagonie.

patagónico, ca adj. Patagonique.

patagrás m. *Amer.* Fromage gras.

patalear v. intr. Trépigner (en el suelo). ‖ Gigoter (el niño en la cuna).

pataleo m. Trépignement. ‖ Fig. y Fam. *El derecho de pataleo,* le droit de rouspéter.

pataleta f. Fam. Crise de nerfs [simulée].

pataletear v. intr. Fam. *Amer.* Trépigner.

patán m. Fam. Paysan, rustre (rústico). ‖ Rustaud, balourd (palurdo).

patanería f. Fam. Balourdise.

¡pataplún! interj. Patatras !

patarata f. Fadaise, sornette (tontería). ‖ Simagrée (carantoña).

patarráez m. Mar. Pataras.

pataruco, ca adj. *Amer.* Balourd, e.

patasca f. *Amer.* Ragoût (*m.*) de porc et de maïs (guiso). ‖ Dispute, querelle (disputa).

patata f. Pomme de terre : *patata temprana,* pomme de terre nouvelle. ‖ Patate (batata) : *patata dulce,* patate douce. ‖ — *Patata de caña,* topinambour (pataca). ‖ *Patatas al vapor,* pommes vapeur. ‖ *Patatas fritas,* frites, pommes frites, pommes de terre frites. ‖ *Patatas fritas a la inglesa,* chips. ‖ *Patatas paja,* pommes paille.
— Observ. El uso en francés de la palabra *patate* por *pomme de terre* es familiar.

patatal o **patatar** m. Champ de pommes de terre.

patatero, ra adj. De la pomme de terre.

— M. y f. Marchand, marchande de pommes de terre (vendedor). ‖ — M. Fam. Officier sorti du rang.

patatín patatán (que) Fam. Et patati et patata.

patatús m. Fam. Évanouissement, malaise. ‖ Fam. *Darle a uno un patatús,* tomber dans les pommes, tourner de l'œil.

patavino, na adj. y s. Padouan, e.

patay m. *Amer.* Pain de caroube.

paté adj. Blas. Patté, e (cruz).

pateador, ra adj. *Amer.* Qui rue.

pateadura f. o **pateamiento** m. Fam. Trépignement, *m.* ‖ Piétinement, *m.* (pisoteo). ‖ Savon, *m.,* verte semonce, *f.* (reprensión).

patear v. tr. Fam. Donner des coups de pied. ‖ Mépriser (despreciar). ‖ Piétiner (pisotear). ‖ Siffler, huer (abuchear) : *patear una obra de teatro,* siffler une pièce. ‖ Laver la tête, passer un savon (reprender). ‖ *Amer.* Donner une indigestion (causar indigestión).
— V. intr. Fam. Trépigner, taper des pieds (impacientarse, irritarse). ‖ Fig. y Fam. Se démener. ‖ *Amer.* Ruer (caballo). ‖ Avoir du recul (arma de fuego).

patela f. Anat. Patelle (rótula).

patena f. Ecles. Patène. ‖ Fig. *Limpio como una patena,* propre comme un sou neuf.

patentado, da adj. y s. Patenté, e.

patentar v. tr. Breveter, patenter (invento). ‖ Déposer : *marca patentada,* marque déposée.

patente adj. Évident, e ; patent, e. ‖ Criant, e ; éclatant, e : *verdad patente,* vérité éclatante. ‖ *Letras patentes,* lettres patentes.
— F. Patente. ‖ Brevet, *m.* : *patente de invención,* brevet d'invention. ‖ Mar. Patente. ‖ — *Patente de corso,* lettre de marque. ‖ Mar. *Patente de sanidad, limpia, sucia,* patente de santé, nette, suspecte.

patentemente adv. Manifestement.

patentizar v. tr. Mettre en évidence, manifester, montrer.

pateo m. Fam. Trépignement (de impaciencia, rabia). ‖ Piétinement (pisoteo).

pátera f. Patère (vaso).

paterfamilias m. Paterfamilias.

paternal adj. Paternel, elle : *autoridad paternal,* autorité paternelle.

paternalismo m. Paternalisme.

paternalista adj. Paternaliste.

paternidad f. Paternité : *investigación de la paternidad,* recherche de la paternité.

paterno, na adj. Parternel, elle : *abuelo paterno,* grand-père paternel.
— Observ. Existe en francés la palabra *paterne,* pero significa *almibarado.*

paternóster m. Pater, Notre Père (oración). ‖ Fig. y Fam. Nœud compliqué (nudo).

pateta m. Fam. Le diable (Patillas).

patético, ca adj. Pathétique (conmovedor). ‖ — Adj. y s. m. Anat. Pathétique (músculo).

patetismo m. Pathétisme.

patiabierto, ta adj. Fam. Aux jambes torses, bancal, e.

patialbo, ba o **patiblanco, ca** adj. Aux pattes blanches.

patibulario, ria adj. Patibulaire : *rostro patibulario,* mine patibulaire.

patíbulo m. Échafaud (cadalso). ‖ Fig. *Carne de patíbulo,* gibier de potence.

paticojo, ja adj. y s. Fam. Boiteux, euse.

paticorto, ta adj. Bas sur pattes.

patidifuso, sa adj. Fam. Épaté, e ; bouche bée, baba (sorprendido) : *quedarse patidifuso,* rester baba o bouche bée, être épaté.

patiestevado, da adj. Cagneux, euse (estevado).

patihendido, da adj. Aux pieds fourchus.

patilargo, ga adj. Haut sur pattes.

patilla f. Patte (pelo en las sienes). ‖ Favori, *m.* (favorito). ‖ Gachette (disparador). ‖ Branche (de gafas). ‖ Mús. Position de la main gauche sur la « vihuela ». ‖ — Pl. Guiches (peinado femenino). ‖ *Patillas cortas,* pattes de lapin (peinado).
patilludo, da adj. Aux longs favoris.
patín m. Patin (para patinar). ‖ Chausson (calzado de niños pequeños). ‖ Aviac. Béquille, *f.* (de aterrizaje). ‖ Patin. ‖ Mecán. Patin. ‖ Pétrel (ave). ‖ — *Patín de cuchilla,* patin à glace. ‖ *Patín de ruedas,* patin à roulettes.
pátina f. Patine. ‖ *Dar pátina,* patiner.
patinadero m. Patinoire, *f.*
patinador, ra m. y f. Patineur, euse.
patinaje m. Patinage : *patinaje sobre ruedas,* patinage à roulettes.
patinar v. intr. Patiner (patinador). ‖ Patiner, déraper (vehículo). ‖ Riper (desplazarse). ‖ *Pista de patinar,* patinoire.
— V. tr. Patiner (dar pátina).
patinazo m. Dérapage, patinage (de un vehículo). ‖ Fig. y Fam. Bourde, *f.,* bévue, *f.* (planchazo). ‖ — Fig. y Fam. *Dar un patinazo,* se gourer, se mettre le doigt dans l'œil. ‖ *Dio un patinazo y se salió de la carretera,* il dérapa et quitta la route.
patinejo m. Courette, *f.,* petit patio (patio pequeño).
patineta f. Patinette, trottinette.
patinillo m. Courette, *f.* (de una casa).
patio m. Cour, *f.* : *patio de escuela,* cour d'école. ‖ Patio (en una casa española). ‖ — Teatr. *Butaca de patio,* fauteuil d'orchestre. | *Patio de butacas,* orchestre. ‖ *Patio de Monipodio,* cour des Miracles.
patiquebrar v. tr. Casser la patte [d'un animal].
patita f. Fig. y Fam. *Poner a uno de patitas en la calle,* flanquer o mettre quelqu'un à la porte.
patitieso, sa adj. Paralysé des jambes, qui a la jambe raide o les jambes raides. ‖ Fig. y Fam. Raide (tieso). ‖ — Fig. y Fam. *Dejar patitieso,* renverser, ahurir, stupéfier. | *Quedarse patitieso,* être ahuri o stupéfait.
patito m. Caneton.
patitos m. pl. *Amer.* Fleurs (*f.*) du flamboyant (ceibo).
patituerto, ta adj. Qui a les jambes torses, bancal, e. ‖ Fig. y Fam. Tordu, e (torcido).
patizambo, ba adj. Cagneux, euse ; aux genoux cagneux. ‖ Panard, e (caballo).
— M. Pied-bot.
pato m. Canard. ‖ — Fig. y Fam. *Estar hecho un pato,* être trempé comme une soupe. | *Pagar el pato,* payer les pots cassés, écoper, trinquer. ‖ — *La edad del pato,* l'âge ingrat. ‖ *Pato de flojel,* elder (ave).
patochada f. Sottise, ânerie, coq-à-l'âne, *m. inv.* (disparate).
patogenia f. Med. Pathogénie.
patogénico, ca adj. Pathogénique.
patógeno, na adj. Pathogène.
patognomónico, ca adj. Pathognomonique.
patojear v. intr. *Amer.* Marcher en canard.
patojo, ja adj. Bancal, e ; qui marche en canard. ‖ *Amer.* Gamin, e (chiquillo).
patología f. Med. Pathologie.
patológico, ca adj. Pathologique.
patólogo, ga adj. y s. Pathologiste.
patoso, sa adj. Fam. Assommant, e (cargante). | Pataud, e ; maladroit, e (torpe).
patota f. Fam. *Amer.* Bande de voyous.
patotero m. Fam. *Amer.* Voyou, blouson noir.
patraña f. Fam. Bateau, *m.,* bobard, *m.* (mentira).
patrañero, ra adj. y s. Fam. Farceur, euse.
patria f. Patrie : *volver a la patria,* retourner dans sa patrie ; *la madre patria,* la mère patrie. ‖ — *Merecer bien de la patria,* bien mériter de la

patrie. ‖ *Patria celestial,* patrie céleste (el cielo). ‖ *Patria chica,* ville natale.
patriarca m. Patriarche. ‖ *Llevar una vida de patriarca,* mener une vie de patriarche.
patriarcado m. Patriarcat.
patriarcal adj. Patriarcal, e : *regímenes patriarcales,* régimes patriarcaux.
— F. Église patriarcale. ‖ Patriarcat, *m.* (patriarcado).
patriciado m. Patriciat.
Patricio n. pr. m. Patrice (nombre francés), Patrick (nombre inglés).
patricio, cia adj. y s. Patricien, enne. ‖ Patricial, e (de los patricios). ‖ Noble (aristócrata). ‖ — M. Patrice (dignatario).
patrimonial adj. Patrimonial, e : *bienes patrimoniales,* biens patrimoniaux.
patrimonio m. Patrimoine. ‖ Fig. Apanage : *la vitalidad es el patrimonio de la juventud,* la vitalité est l'apanage de la jeunesse. | Lot : *glorias que son el patrimonio de las naciones antiguas,* gloires qui sont le lot des vieilles nations. ‖ — *Patrimonio forestal del Estado,* forêt domaniale. ‖ *Patrimonio real,* domaine de la couronne o royal.
patrio, tria adj. De la patrie. ‖ Paternel, elle (del padre) : *patria potestad,* puissance paternelle. ‖ *Amer.* Sans propriétaire (caballo).
patriota adj. y s. Patriote.
patriotería f. Chauvinisme, *m.*
patriotero, ra adj. y s. Fam. Chauvin, e ; cocardier, ère ; patriotard, e.
patriótico, ca adj. Patriotique.
patriotismo m. Patriotisme.
patrístico, ca adj. y s. f. Patristique.
patrocinador, ra adj. y s. Protecteur, trice ; personne qui patronne. ‖ — F. Dame patronnesse (de obras pías, etc.).
patrocinar v. tr. Patronner (una cosa). ‖ Protéger, appuyer (a uno). ‖ *Fiesta patrocinada por,* fête sous le patronage de.
patrocinio m. Patronage, appui, protection, *f.* (amparo). ‖ *Patrocinio de Nuestra Señora, de San José,* fête du patronage de la Sainte Vierge, de saint Joseph.
Patroclo n. pr. m. Patrocle.
patrología f. Patrologie.
patrón m. Patron (de un barco). ‖ Patron (modelo). ‖ Bot. Sujet (planta que se injerta). ‖ Étalon (monedas) : *patrón oro,* étalon-or. ‖ — Bot. *Patrón de injerto,* porte-greffe. ‖ — Fig. *Cortado por el mismo patrón,* fait o taillé sur le même modèle, sorti du même moule. | *Donde hay patrón, no manda marinero,* c'est toujours le patron qui commande.
patrona f. Hôtesse, patronne (de casa de huéspedes). ‖ *Vivir de patrona,* vivre dans une pension de famille.
patronal adj. Patronal, e : *sindicatos patronales,* syndicats patronaux. ‖ *Cierre patronal,* lock-out.
patronato m. Patronat (conjunto de los patronos). ‖ Patronage (asociación benévola). ‖ Fondation, *f.* (fundación). ‖ Institut (instituto). ‖ Centre : *Patronato Nacional de Protección a la Mujer,* Centre national de protection de la femme. ‖ Société, *f.* : *patronato de Amigos de...,* société des Amis de... ‖ Office : *patronato de casas militares,* office de logement pour militaires. ‖ *Patronato de apuestas mutuas,* pari mutuel.
patronazgo m. Patronage : *bajo el patronazgo de,* sous le patronage de. ‖ *A Santa Bárbara corresponde el patronazgo de la artillería,* sainte Barbe est la patronne des artilleurs.
patronear v. tr. Mar. Commander (un barco).
patronímico, ca adj. Patronymique.
— M. Patronyme, nom patronymique (nombre patronímico).

patrono, na m. y f. ● Patron, onne (jefe). ‖ Patron, onne ; protecteur, trice (santo).

— SINÓN. ● *Amo,* maître. *Empresario,* entrepreneur. *Empleador,* employeur. *Director,* directeur.

patrulla f. Patrouille. ‖ FIG. Bande, groupe, *m.* (cuadrilla).

patrullar v. intr. Patrouiller, aller en patrouille.

patrullero, ra adj. Patrouilleur (sin fem.), de reconnaissance (avión, buque).

— M. Patrouilleur (barco).

patudo, da adj. FAM. Qui a de grands pieds. ‖ Pattu, e ; pataud, e (animal). ‖ FIG. *Ángel patudo,* sainte nitouche.

patulea f. FAM. Marmaille (chiquillos). ‖ Soldatesque (soldadesca). ‖ Cohue (muchedumbre).

patuleco, ca o **patuleque** adj. *Amer.* Bancal, e (renco).

patullar v. intr. Marcher bruyamment. ‖ FIG. y FAM. Se remuer, se démener (afanarse).

paucifloro, ra adj. Pauciflore (de pocas flores).

paují o **paujil** m. Pauxi, hocco à casque (ave).

paúl m. Marécage (terreno pantanoso).

paúl adj. y s. m. RELIG. Lazariste (de San Vicente de Paúl).

Paula n. pr. f. Paule.

paular m. Marécage (pantano). ‖ Bourbier (atolladero).

paular v. intr. FAM. Parler. ‖ — FAM. *Ni paula ni maula,* il n'ouvre pas la bouche. ‖ *Sin paular ni maular,* sans mot dire.

paulatinamente adv. Lentement, en douceur, peu à peu.

paulatino, na adj. Lent, e. ‖ *De un modo paulatino,* doucement.

pauliciano m. Paulicien.

paulina f. Bulle d'excommunication. ‖ FIG. y FAM. Diatribe, réprimande (represión). ‖ Lettre anonyme (carta anónima).

Paulina n. pr. f. Pauline.

paulinismo m. Paulinisme.

paulista adj. y s. De São Paulo [Brésil]. ‖ — M. Pauliste (miembro de una congregación).

Paulita n. pr. f. Paulette.

Paulo n. pr. m. Paul (papa).

paulonia f. Paulownia, *m.* (árbol).

pauperismo m. Paupérisme.

pauperización f. Paupérisation (empobrecimiento).

paupérrimo, ma adj. Très pauvre.

pausa f. ● Pause (interrupción). ‖ Lenteur (lentitud). ‖ MÚS. Pause, silence, *m.* ‖ *A pausas,* par intervalles.

— SINÓN. ● *Parada, detención,* arrêt. *Alto,* halte. *Interrupción,* interruption. *Reposo, descanso,* repos.

pausado, da adj. Lent, e ; calme, posé, e. ‖ *Pausado en el hablar,* qui parle lentement.

— Adv. Lentement, calmement.

pausar v. tr. Interrompre, arrêter.

pauta f. Règle (regla). ‖ Ligne, lignes, *pl.* (rayas). ‖ FIG. Modèle, *m.,* règle (dechado). ‖ MÚS. Patte (del papel). ‖ *Amer.* Transparent, *m.* (falsilla). ‖ FIG. *Dar* o *marcar la pauta,* donner le ton.

pautador m. Régleur.

pautar v. tr. Régler, rayer. ‖ FIG. Régler : *vida pautada,* vie réglée. ‖ MÚS. Tracer des portées sur (pentagrama). ‖ *Papel pautado,* papier rayé (para escribir), papier à musique.

pava f. Dinde (ave). ‖ FIG. Dinde (mujer sosa). ‖ — *Pava real,* paonne. ‖ FIG. y FAM. *Pelar la pava,* faire la cour.

pava f. Soufflet (*m.*) de forge (fuelle). ‖ FAM. Mégot, *m.* (colilla). ‖ *Amer.* Bouilloire (para el mate).

pavada f. Troupeau (*m.*) de dindons. ‖ FIG. y FAM. Sottise, bêtise, niaiserie.

pavana f. Pavane (danza).

pavear v. intr. *Amer.* Se moquer (burlarse). ‖ Faire la cour (enamorados).

pavera f. Grande casserole (para cocer pavos).

pavero, ra adj. Vaniteux, euse (presumido).

— M. y f. Éleveur, éleveuse de dindons. ‖ — M. Chapeau andalou (sombrero).

pavés m. Pavois (escudo grande).

pavesa f. Flammèche, brandon, *m.* ‖ — FIG. y FAM. *Estar hecho una pavesa,* être exténué. ‖ *Pavesa humana,* torche vivante.

pavesada f. MAR. Pavois, *m.* (empavesada).

pavesina f. Petit bouclier, *m.*

pavezno m. Dindonneau (pavipollo).

pavía f. Pavie (fruto).

Pavía n. pr. GEOGR. Pavie. ‖ FIG. *Echar por las de Pavía,* monter sur ses grands chevaux.

paviano, na adj. y s. Pavesan, anne (de Pavía).

pávido, da adj. Craintif, ive.

pavimentación f. Revêtement (*m.*) du sol o de la route (revestimiento en general), pavage, *m.,* pavement, *m.* (con adoquines), dallage, *m.* (con losas), carrelage, *m.* (con ladrillos).

pavimentar v. tr. Paver (con adoquines). ‖ Daller (con losas). ‖ Carreler (con ladrillos).

pavimento m. Pavé, pavage, pavement (de adoquines). ‖ Carrelage (de ladrillos). ‖ Dallage (de losas).

pavimentoso, sa adj. Pavimenteux, euse.

pavipollo m. Dindonneau. ‖ FAM. Cloche, *f.* (bobo). ‖ *Pavipollo real,* paonneau.

pavisoso, sa o **pavitonto, ta** adj. FAM. Cloche, sot, sotte, gourde, cruche (mentecato).

— M. y f. Cruche, *f.,* cloche, *f.,* gourde, *f.* : *este chico es un pavitonto,* ce garçon est une cloche.

pavo m. Dindon. ‖ FIG. y FAM. Âne, cloche, *f.* (necio). ‖ *Amer.* Passager clandestin (polizón). ‖ — *Pavo real,* paon. ‖ — FAM. *Edad del pavo,* âge ingrat. ‖ — FAM. *Comer pavo,* faire tapisserie (en un baile), avoir une déception [en Amérique]. ‖ *Encendido como un pavo,* rouge comme un coq. ‖ *Esto no es moco de pavo,* v. MOCO. ‖ *Hincharse como un pavo real,* prendre de grands airs, faire la roue. ‖ *Subírsele a uno el pavo,* piquer un fard, rougir jusqu'à la racine des cheveux. ‖ *Tener pavo,* être sot o bête.

pavón m. Paon (pavo real). ‖ Paon (mariposa). ‖ TECN. Brunissage, bleuissage (del acero).

pavonada f. FAM. Balade, petit tour, *m.* (paseo). ‖ FIG. Étalage, *m.* (ostentación).

pavonado, da adj. Bleu foncé, *inv.* ‖ Bruni, e ; bleui, e (acero).

— M. Bruni, brunissage, bleuissage (del acero).

pavonar v. tr. Brunir, bleuir (acero).

pavonazo m. Pourpre (color).

pavonear v. tr. Leurrer, endormir, amuser (engañar).

— V. intr. y pr. ● Se pavaner (ostentar).

— SINÓN. ● *Presumir,* se donner de grands airs. *Fanfarronear,* fanfaronner. *Gallear,* crâner. *Engallarse,* se dresser sur ses ergots. *Fam. Farolear,* bluffer.

pavoneo m. Fatuité, *f.,* prétention, *f.,* grands airs, *pl.*

pavor m. Frayeur, *f.,* épouvante, *f.,* peur (*f.*) panique.

pavorde m. Prévôt (eclesiástico).

pavorido, da adj. Effrayé, e ; épouvanté, e (despavorido).

pavorosamente adv. Épouvantablement, d'une façon épouvantable (de una manera espantosa). ‖ En tremblant de peur (con pavor).

pavoroso, sa adj. Effrayant, e ; épouvantable (espantoso).

paya f. *Amer.* Chant (*m.*) dialogué.

payada f. *Amer.* Chanson o mélodie de chanteur ambulant.

payador m. *Amer.* Chanteur ambulant.

— — OBSERV. Le mot *payador* a désigné au XIXᵉ siècle, dans les pays de la Plata notamment, des chanteurs ambulants qui improvisaient en s'accompagnant de la guitare. Santos Vega est le type immortel des *payadores* argentins.

payadura f. *Amer.* Chant (*m.*) dialogué.

payanés, esa adj. y s. De Popayán (Colombia).

payar v. intr. *Amer.* Improviser des chants dialogués accompagnés à la guitare.

payasada f. Clownerie, pitrerie.

payasear v. intr. Faire *o* dire des clowneries.

payaso m. Clown, paillasse (p. us.), pitre. ‖ *Hacer el payaso, dárselas de payaso,* faire le clown *o* le pitre.

payé m. *Amer.* Fétiche (amuleto). ‖ Sorcier (brujo).

payés, esa m. y f. Paysan, anne [en Catalogne et aux Baléares]. ‖ *Payeses de remensa,* serfs de la glèbe (en la Cataluña medieval).

payo, ya adj. y s. Paysan, anne. ‖ Qui n'est pas gitan (en el lenguaje de los gitanos). ‖ POP. Andouille (mentecato). ‖ *Amer.* Albinos (albino).

paz f. Paix. ‖ RELIG. Instruments (*m. pl.*) de paix (imagen que besaban los fieles). ‖ — Pl. Paix, *sing.* : *firmar las paces,* faire la paix (individuos) ; *hacer las paces,* faire la paix, se réconcilier. ‖ — *Paz fingida,* paix fourrée. ‖ *Paz octaviana,* paix romaine. ‖ — *A la paz de Dios,* au revoir (hasta la vista). ‖ FIG. *Aquí paz y después gloria,* n'en parlons plus, l'affaire est close. ‖ *Dejar en paz,* laisser tranquille *o* en paix, ficher la paix (fam.) : *déjame en paz,* fiche-moi la paix. ‖ *Descansar en paz,* reposer en paix. ‖ *Estar en paz,* être en état de paix (no estar en guerra), être quitte (no deberse nada). ‖ *Firmar la paz,* signer la paix (Estados). ‖ *No dejar en paz,* ôter tout repos (una preocupación). ‖ *Poner paz entre varias personas,* réconcilier plusieurs personnes, faire la paix entre plusieurs personnes. ‖ *Poner paz,* rétablir *o* faire la paix. ‖ *Quedar en paz,* être en paix (no estar en guerra), être quitte (no deberse nada). ‖ *Que en paz descanse* [en abrégé q. e. p. d.], qu'il repose en paix, paix à son âme, Dieu ait son âme (en esquelas se emplea en francés la frase *Priez pour lui* o la locución latina *Requiescat in pace*) ; feu, e (difunto) : *mi marido, que en paz descanse,* era militar, feu mon mari était militaire. ‖ *Tener la conciencia en paz,* avoir la conscience en paix. — Interj. Paix ! ‖ *¡Vaya en paz !,* allez en paix !

pazguatería f. Niaiserie, sottise.

pazguato, ta adj. y s. Nigaud, e ; niais, e.

pazo m. Château, manoir (en Galicia).

¡pche! o **¡pchs!** interj. Peuh !, bah !

pe f. P, *m.* [nom de la lettre p]. ‖ *De pe a pa,* d'un bout à l'autre, de A jusqu'à Z.

pea f. POP. Cuite (borrachera).

peaje m. Péage.

peajero, ra m. y f. Péager, ère.

pealar v. tr. *Amer.* Entraver (el caballo).

peán m. Péan, paean (himno).

peana f. Socle, *m.* (zócalo). ‖ Marches, *pl.* (del altar). ‖ FIG. *Adorar al santo por la peana,* courtiser la mère pour avoir la fille.

peatón m. Piéton (transeúnte). ‖ Facteur rural (correo). ‖ *Paso de peatones,* passage pour piétons, passage clouté.

peatonal adj. Piétonnier, ère.

pebe m. *Amer.* Gosse (niño).

pebete m. Parfum à brûler (perfume). ‖ FIG. y FAM. Puanteur, *f.* (mal olor). ‖ Mèche, *f.,* amorce, *f.* (de cohete). ‖ *Amer.* Gosse (niño).

pebetero m. Brûle-parfums, *inv.,* cassolette, *f.*

pebrada f. o **pebre** m. y f. Poivrade, *f.,* vinaigrette, *f.* (salsa). ‖ Poivre, *m.* (pimienta).

pebrina f. Pébrine (del gusano de seda).

peca f. Tache de rousseur *o* de son (fam.) [en la cara].

pecabilidad f. Peccabilité.

pecable adj. Peccable.

pecadero m. FAM. *Amer.* Bistrot (taberna), tripot (garito).

pecadillo m. Peccadille, *f.*

pecado m. ● Péché : *pecado mortal, venial, original,* péché mortel, véniel, originel. ‖ Défaut (defecto en una cosa). ‖ — *Pecado confesado es medio perdonado,* faute avouée est à moitié pardonnée. ‖ *Pecado nefando,* sodomie, péché contre nature. ‖ — *De mis pecados,* que j'adore, de mon cœur : *esta niña de mis pecados,* cette enfant que j'adore. ‖ *Feo como un pecado,* laid comme les sept péchés capitaux. ‖ *Por mis pecados,* pour mon malheur. ‖ — *En el pecado va la penitencia,* on est toujours puni par où l'on a péché. ‖ *No hay pecado sin remisión,* à tout péché miséricorde.

— SINÓN. ● *Falta, yerro, culpa,* faute. *Caída,* chute. *Desliz,* faux-pas.

pecador, ra adj. y s. Pécheur, cheresse. ‖ *¡Pecador de mí !,* pauvre de moi ! ‖ — F. Prostituée.

— OBSERV. No se confunda *pécheur, cheresse* (acento agudo) con *pêcheur, euse* (acento circunflejo) que significa *pescador.*

pecaminoso, sa adj. Coupable, pécamineux, euse (p. us.) : *intención pecaminosa,* intention coupable.

pecán m. ZOOL. Pékan (marta del Canadá).

pecana f. *Amer.* Mortier, *m.* (almirez).

pecar v. intr. Pécher. ‖ — *No peca de generoso,* ce n'est pas la générosité qui l'étouffe. ‖ *Pecar con,* pécher par : *pecar con la intención,* pécher par intention. ‖ *Pecar de,* pécher par : *pecar de severo,* pécher par sévérité ; *pecar de goloso, de necio,* pécher par gourmandise, par bêtise. ‖ *Pecar de confiado,* être beaucoup trop confiant. ‖ *Pecar de palabra,* pécher en paroles. ‖ *Pecar por,* pécher par : *pecar por ignorancia,* pécher par ignorance.

pecarí o **pécari** m. Pécari (mamífero).

pecblenda f. MIN. Pechblende.

peccata minuta loc. lat. FAM. Faute (*f.*) légère, peccadille, *f.*

peceño, ña adj. Couleur de poix (caballo). ‖ Qui a le goût de poix.

pecera f. Aquarium, *m.* (acuario en general), bocal, *m.* (si es redondo).

pecina f. Fange (cieno).

pecinal m. Mare, *f.* (charco), bourbier (cenagal).

pecio m. Épave, *f.* (de un naufragio).

peciolado, da adj. BOT. Pétiolé, e.

peciolo o **peciolo** m. BOT. Pétiole.

pecopteris m. Pécoptéris (helecho).

pécora f. Bête à laine (res). ‖ FIG. y FAM. *Mala pécora,* chipie, sale bête (mujer).

— OBSERV. La palabra francesa *pécore* tiene el sentido de mujer o jovencita presumida y tonta.

pecoso, sa adj. Criblé de taches de rousseur (rostro). ‖ *Niña pecosa,* petite fille au visage criblé de taches de rousseur.

pectén m. ZOOL. Pecten.

pectina f. QUÍM. Pectine.

pectíneo, a adj. ANAT. Pectiné, e (músculo).

pectiniforme adj. En forme de peigne.

pectoral adj. Pectoral, e : *músculos pectorales,* muscles pectoraux ; *pasta pectoral,* pâte pectorale. — M. Croix (*f.*) pectorale (de obispos). ‖ Pectoral (de sacerdote judío). ‖ Pectoral (adorno).

pectosa f. QUÍM. Pectose, *m.*

pecuario, ria adj. De l'élevage. ‖ *Industria pecuaria,* élevage.

peculiar adj. Propre, particulier, ère ; caractéristique : *traje peculiar de una región,* costume particulier à une région *o* caractéristique d'une région.

peculiaridad f. Particularité.

peculio m. Pécule.

pecunia f. Fam. Galette, fric, *m.*, pécune (ant.) [dinero].

pecuniariamente adj. Pécuniairement, du point de vue financier (económicamente). ‖ En espèces (en metálico).

pecuniario, ria adj. Pécuniaire : *pena pecuniaria*, peine pécuniaire.

pechada f. *Amer.* Coup, *m.*, poussée (empujón). ‖ Emprunt, *m.* (sablazo). ‖ Fam. *Darse una pechada de trabajar*, beaucoup travailler, travailler d'arrache-pied.

pechar v. tr. Payer un impôt (pagar). ‖ Fam. *Amer.* Taper (pedir dinero). ‖ Bousculer (empujar), renverser (atropellar).
— V. intr. Fam. Se charger, se coltiner : *pechar con un trabajo*, se charger d'un travail, se coltiner un travail.

pechblenda f. Min. Pechblende.

pechera f. Plastron, *m.* (de camisa de hombre). ‖ Devant, *m.* (de otras prendas de vestir). ‖ Jabot, *m.* [de dentelle] (chorrera). ‖ Poitrail, *m.* (arnés del caballo). ‖ Fam. Poitrine (de la mujer). ‖ *Amer.* Tablier, *m.* (mandil).

pechero, ra adj. y s. Taillable (que paga un tributo). ‖ Roturier, ère (plebeyo). ‖ — M. Bavoir.

pecherón, ona adj. Fam. *Amer.* Trop bon, trop bonne, bonasse.

pechiblanco, ca adj. Au poitrail blanc.

pechicolorado m. Bouvreuil (pardillo).

pechiche m. *Amer.* Cajolerie, *f.* (mimo).

pechina f. Coquille, pétoncle, *m.* (venera). ‖ Arq. Pendentif, *m.* (de bóveda).

pechirrojo m. Bouvreuil (pardillo).

pechisacado, da adj. Fig. Arrogant, e ; hautain, e.

pecho m. Anat. Poitrine, *f.* : *en el pecho*, sur la poitrine ; *angina de pecho*, angine de poitrine. ‖ Poitrine, *f.* (de la mujer). ‖ Sein : *dar el pecho a un nene*, donner le sein à un nourrisson. ‖ Poitrail (de animal). ‖ Côte, *f.*, raidillon (repecho). ‖ Fig. Cœur (corazón) : *hombre de pecho*, homme de cœur. ‖ Courage, force (*f.*) d'âme (valor, esfuerzo). ‖ Voix, *f.* (calidad de la voz). ‖ Coffre (fuerza de la voz). ‖ — Pl. Poitrine, *f. sing.*, gorge, *f. sing.* (de mujer). ‖ — *Pecho arriba*, en haut de la côte. ‖ *A lo hecho pecho*, ce qui est fait est fait. ‖ *A pecho descubierto*, à découvert (sin protección), à cœur ouvert (con franqueza). ‖ *Niño de pecho*, nourrisson. ‖ — Fig. *Abrir su pecho*, ouvrir son cœur (confiarse). ‖ *Apretar contra su pecho*, presser contre son sein *o* contre son cœur. ‖ Fig. *Criar a sus pechos*, protéger, prendre sous son aile. ‖ *Dar el pecho*, donner le sein, faire téter (la madre), faire face (a un peligro). ‖ Fig. *Descubrir el pecho*, découvrir son cœur. ‖ *Echarse o tomarse a pecho una cosa*, prendre une chose à cœur. ‖ Fig. y Fam. *Echarse entre pecho y espalda*, s'envoyer (tragar), se taper (un trabajo). ‖ *Partirse el pecho*, v. Partirse. ‖ *Sacar el pecho*, bomber le torse *o* la poitrine. ‖ *Tomar el pecho*, prendre le sein, téter (un niño).

pecho m. Redevance, *f.*, taille, *f.* (tributo). ‖ Fig. Tribut, redevance, *f.* (contribución).

pechuga f. Blanc, *m.* [de volaille] (pecho de ave) : *una pechuga de pollo*, un blanc de poulet. ‖ Fig. y Fam. Poitrine (pecho). ‖ Fig. Côte raide, raidillon, *m.* (cuesta).

pechugona adj. f. Qui a beaucoup de poitrine.

pedagogía f. Pédagogie.

pedagógico, ca adj. Pédagogique.

pedagogo m. Pédagogue. ‖ Précepteur (ayo). ‖ Maître d'école (maestro de escuela). ‖ Fam. Pédant, cuistre.

pedal m. Pédale, *f.* : *los pedales de una bicicleta*, les pédales d'une bicyclette. ‖ Mús. Pédalier (teclado del órgano). ‖ *Dar a los pedales*, pédaler.

pedalada f. Coup (*m.*) de pédale.

pedalear v. intr. Pédaler.

pedaleo m. Action (*f.*) de pédaler, pédalage (p. us.).

pedáneo adj. m. Dr. *Juez pedáneo*, juge de paix.

pedanía f. *Amer.* District, *m.*

pedante adj. y s. Pédant, e.
— Sinón. *Vanidoso*, vaniteux. *Presumido*, prétentieux. *Sabihondo, sabidillo*, savantasse.

pedantear v. intr. Faire le pédant, pédantiser (p. us.).

pedantería f. Pédanterie, pédantisme, *m.*

pedantesco, ca adj. Pédantesque.

pedantismo m. Pédantisme.

pedazo m. Morceau : *un pedazo de pan*, un morceau de pain. ‖ — Fig. y Fam. *Pedazo de alcornoque, de animal, de bruto*, espèce *o* bougre d'animal, d'imbécile, de sauvage. ‖ Fig. *Pedazo del alma* ou *del corazón*, rayon de soleil, cœur. ‖ *A pedazos*, en morceaux, en pièces. ‖ Fig. *Por un pedazo de pan*, pour une bouchée de pain. ‖ — Fig. y Fam. *Caerse a pedazos*, tomber en morceaux *o* en pièces. | *Caerse uno a pedazos* ou *estar hecho pedazos*, tomber de fatigue, être éreinté *o* vanné (estar agotado). ‖ Fig. *Ganarse un pedazo de pan*, gagner son pain. ‖ *Hacer pedazos*, mettre en morceaux *o* en pièces. ‖ *Hacerse pedazos*, se déchirer (rasgarse), tomber en miettes *o* en morceaux (romperse). ‖ Fig. y Fam. *Morirse por los pedazos de uno*, raffoler de quelqu'un, avoir quelqu'un dans la peau. | *Ser un pedazo de pan*, être bon comme le pain, être la bonté même.

pederasta m. Pédéraste.

pederastia f. Pédérastie.

pedernal m. Silex. ‖ Pierre (*f.*) à fusil *o* à feu (piedra de chispa). ‖ Fig. *Duro como un pedernal*, dur comme la pierre.

pedestal m. Piédestal (de estatua) : *pedestales de mármol*, piédestaux de marbre. ‖ Socle (peana). ‖ Fig. Appui (base).

pedestre adj. Pédestre. ‖ Fig. Plat, e (llano). | Vulgaire (vulgar). ‖ *Carrera pedestre*, course à pied.

pedestrismo m. Course (*f.*) à pied (deportes).

pediatra o **pediatra** m. Med. Pédiatre.

pediatría f. Med. Pédiatrie.

pedicelado, da adj. Bot. Pédicellé, e.

pedicelario m. Pédicellaire.

pedicelo m. Bot. Pédicelle.

pedicular adj. Pédiculaire.

pedículo m. Bot. y Anat. Pédoncule, pédicule (pedúnculo).

pediculosis f. Med. Pédiculose, phtiriase.

pedicuro, ra m. y f. Pédicure (callista).

pedida f. *Sortija, pulsera de pedida*, bague, bracelet de fiançailles.

pedido m. Com. Commande, *f.* : *entregar un pedido*, livrer une commande ; *los pedidos pendientes*, les commandes en attente ; *hacer un pedido*, passer une commande. ‖ Demande, *f.* (petición) : *hacer, cumplir un pedido*, faire, accorder une demande. ‖ — *A pedido de*, à *o* sur la demande de. ‖ *Hoja de pedido*, bulletin de commande.

pedidor, ra adj. Qui demande.
— M. y f. Com. Demandeur, euse. ‖ Solliciteur, euse (solicitante).

pedigree o **pedigrí** m. Pedigree.

pedigüeño, ña adj. y s. Fam. Quémandeur, euse.

pediluvio m. Med. Pédiluve (p. us.), bain de pieds.

pedimano, na adj. y s. Zool. Pédimane.

pedimento m. Demande, *f.* ‖ Dr. Requête, *f.* | Pétitoire (en derecho inmobiliario). ‖ Dr. *Pedimento del fiscal*, acte d'accusation, réquisitoire.

pedir* v. tr. Demander (v. Observ.) : *pedir informes, la palabra*, demander des renseignements, la parole ; *pedir de comer*, demander à manger. ‖ Demander, commander (encargar) : *pedir un café*, commander un café. ‖ Mendier (pedir limosna). ‖ Demander (requerir) : *tal oficio pide* paciencia, ce métier demande de la patience. ‖ Demander (poner precio) : *pedir muy caro*, demander très cher. ‖ Demander en mariage (a una mujer). ‖ — *A pedir de boca*, au bon moment, à pic (en el momento oportuno), à souhait (a medida de sus deseos). ‖ *No hay más que pedir*, il n'y a rien à dire, on ne peut pas demander mieux. ‖ *Pedir disculpas*, présenter des excuses. ‖ Dr. *Pedir en justicia*, ester en justice. ‖ *Pedir limosna*, demander l'aumône. ‖ Fig. *Pedir peras al olmo* ou *pedir la Luna*, demander la lune, demander l'impossible. ‖ *Pedir prestado*, emprunter (una cosa). ‖ *Pedir socorro* ou *auxilio*, appeler au secours.

— Observ. *Pedir* signifie uniquement *faire une demande, solliciter*, et non *poser une question*, qui se dit *preguntar*.

— En francés *pedir que* se traduce por *demander de* si el sujeto del verbo de la oración subordinada es al mismo tiempo complemento de pedir (*me pide que retrase mi viaje*, il me demande de retarder mon voyage) y por *demander que* si el sujeto del segundo verbo no es complemento de pedir (*ella pide que se retrase el viaje*, elle demande qu'on retarde le voyage).

— *Pedir* con el infinitivo se traduce por *demander à* (pido ser admitido, je demande à être admis).

pedo m. Fam. Pet (ventosidad). ‖ Cuite, *f.* (borrachera) : *estar pedo*, avoir une cuite. ‖ *Pedo de lobo*, vesse-de-loup (hongo).

pedología f. Pédologie (paidología). ‖ Pédologie (ciencia del suelo).

pedólogo m. Pédologue (paidólogo).

pedorrera f. Fam. Pétarade, suite de pets. ‖ — Pl. Chausses collantes.

pedorrero, ra adj. Fam. Péteur, euse.

pedorreta f. Claquement (*m.*) sec des lèvres.

pedrada f. Coup (*m.*) de pierre : *a pedradas*, à coups de pierre. ‖ Fig. y Fam. *Llegar* ou *caer como pedrada en ojo de boticario*, arriver comme marée o mars en carême, arriver o tomber à merveille, tomber à pic.

pedrea f. Jet (*m.*) de pierre. ‖ Combat (*m.*) à coups de pierre (combate). ‖ Grêle (granizo). ‖ Fig. y Fam. Petits (*m. pl.*) lots, lots (*m. pl.*) de consolation (premios menores).

pedregal m. Terrain pierreux o rocailleux.

pedregón m. Grosse pierre, *f.*

pedregoso, sa adj. Rocailleux, euse ; pierreux, euse.

pedrera f. Carrière (cantera).

pedrería f. Pierreries, pl., pierres (*pl.*) précieuses.

pedrero m. Carrier, tailleur de pierres (cantero). ‖ (Ant.). Pierrier (pieza de artillería). ‖ Frondeur (hondero).

pedrisca f. Grêle (granizo).

pedriscal m. Terrain pierreux o rocailleux.

pedrisco m. Grêle, *f.* (granizo). ‖ Grêle (*f.*) de pierres (pedrea). ‖ Rocaille, *f.* (pedregal).

pedriza f. Terrain (*m.*) pierreux o rocailleux (pedregal). ‖ Mur (*m.*) de pierres (valla).

pedrizo, za adj. Pierreux, euse ; rocailleux, euse.

Pedro n. pr. m. Pierre. ‖ *Entrar como Pedro por su casa*, entrer comme un moulin o comme chez soi o sans se gêner.

pedrojiménez m. Raisin et vin de Xérès.

pedrusco m. Grosse pierre, *f.*

pedunculado, da adj. Bot. Pédonculé, e.

peduncular adj. Bot. Pédonculaire.

pedunculillo m. Bot. Pédicelle.

pedúnculo m. Bot. y Anat. Pédoncule, pédicule.

peer v. intr. y pr. Pop. Péter.

pega f. Pie (urraca). ‖ Collage, *m.* (pegadura). ‖ Enduit (*m.*) de poix (baño de pez). ‖ Zool. Rémora, *m.* (pez). ‖ Fam. Blague, attrape (chasco). ‖ Colle (pregunta difícil) : *poner una pega a un alumno*, poser une colle à un élève. ‖ Os, *m.* : *hay una pega*, il y a un os (hay un pero). ‖ Anicroche (engorro) : *asunto lleno de pegas*, affaire pleine

d'anicroches. ‖ Difficulté : *hoy no hay ninguna pega para conseguir un pasaporte*, aujourd'hui on n'a aucune difficulté à obtenir un passeport. ‖ Inconvénient, *m.* (inconveniente). ‖ Volée, raclée (zurra). ‖ Min. Mise à feu (de barreno). ‖ — Pop. *De pega*, à la manque, à la gomme. ‖ Fam. *Esto es la pega*, c'est ça le hic. ‖ *Poner pegas a*, trouver à redire (criticar), faire obstacle à (impedir).

pegada f. Frappe (deportes).

pegadillo m. Petit emplâtre.

pegadizo, za adj. Collant, e (pegajoso). ‖ Fig. Collant, e (pesado). ‖ Contagieux, euse : *tener una risa pegadiza*, avoir un rire contagieux. ‖ Qui accroche (música, etc.). ‖ Faux, fausse, postiche.

pegado m. Emplâtre (parche). ‖ Aliment qui reste collé à la casserole. ‖ — Fig. y Fam. *Estar pegado*, être nul o ignare, nager complètement : *estar pegado en matemáticas*, nager complètement en mathématiques. ‖ *Oler a pegado*, sentir le brûlé.

pegador m. Min. Ouvrier qui met le feu aux explosifs de mines. ‖ Puncheur (boxeador).

pegadura f. Collage, *m.* (acción de pegar). ‖ Adhérence, contact, *m.* (unión).

pegajosidad f. Viscosité.

pegajoso, sa adj. Collant, e (que se pega). ‖ Gluant, e (viscoso). ‖ Poisseux, euse ; collant, e : *tener las manos pegajosas*, avoir les mains poisseuses. ‖ Contagieux, euse (contagioso). ‖ Fig. y Fam. Mielleux, euse (meloso). ‖ Collant, e ; assommant, e (cargante).

pegamento m. Colle, *f.*

pegamiento m. Collage.

pegamoide m. Quím. Pégamoïd.

pegapega f. Amer. Glu (liga).

pegar v. tr. Coller : *pegar un sello en un sobre*, coller un timbre sur une enveloppe. ‖ Poser, fixer (fijar). ‖ Coudre (coser). ‖ Pousser : *pegar gritos, voces*, pousser des cris, des hurlements. ‖ Tirer : *pegar un tiro*, tirer un coup de feu. ‖ ● Battre, frapper (golpear) : *pegar a un niño*, battre un enfant. ‖ Donner, assener, envoyer, flanquer (fam.) [golpes] : *pegar un palo*, donner un coup de bâton. ‖ Coller, flanquer, donner : *pegar un tortazo*, coller une gifle. ‖ Coller, passer, donner : *le he pegado mi enfermedad*, je lui ai collé ma maladie. ‖ — *Pegar cuatro gritos a alguien*, passer un savon à quelqu'un. ‖ *Pegar duro* ou *fuerte*, frapper dur (golpear), en mettre un coup (a un trabajo), taper dur (el sol). ‖ *Pegar fuego*, mettre le feu. ‖ *Pegar la hebra*, tailler une bavette, discuter le coup. ‖ *Pegar saltos*, faire des bonds. ‖ *Pegar saltos de alegría*, sauter de joie. ‖ Mil. *Codos pegados al cuerpo*, coudes collés au corps, coudes au corps. ‖ *Goma de pegar*, colle. ‖ *No pegar ojo*, ne pas fermer l'œil. ‖ *Papel de pegar*, papier collant. ‖ *Pelo pegado*, des cheveux plaqués. ‖ *Sin pegar un tiro*, sans coup férir.

— V. intr. Prendre (fuego, planta). ‖ Aller (sentar bien o mal) : *dos colores que no pegan uno con otro*, deux couleurs qui ne vont pas ensemble. ‖ Tomber bien (venir a propósito). ‖ Toucher (estar contiguo). ‖ Heurter (tropezar). ‖ *No pega*, ça ne va pas, ça ne colle pas (fam.) [no convence], ça ne prend pas (no venga con cuentos). ‖ *Quien pega primero pega dos veces*, le premier coup en vaut deux.

— V. pr. Se coller. ‖ Se coller : *pegarse a la pared*, se coller au mur. ‖ Serrer (un vehículo) : *pegarse a la acera*, serrer le trottoir. ‖ Attacher (un guiso) : *el arroz se ha pegado*, le riz a attaché. ‖ Se plaquer : *pegarse al suelo*, se plaquer par terre. ‖ Fig. Coller (molestar). ‖ S'attraper : *el acento del Sur se pega fácilmente*, l'accent du Sud s'attrape facilement. ‖ Se transmettre (una costumbre). ‖ Mener (llevar) : *¡ hay que ver la vida*

que se pega !, il faut voir la vie qu'il mène ! | S'introduire dans, se joindre à, s'infiltrer (introducirse). | Se passionner pour, s'enticher de (aficionarse). ‖ — Fig. y Fam. *Pegarse como una lapa*, être collant, se coller comme une sangsue. | *Pegársela a uno*, rouler o posséder quelqu'un, la faire à quelqu'un, monter le coup à quelqu'un (engañar). | *Pegársele a uno las sábanas*, v. SÁBANA. | *Pegarse una buena vida*, mener la belle vie, se donner du bon temps. ‖ *Pegarse un tiro*, se tirer un coup de pistolet, se suicider. ‖ — Fig. *Coche que se pega muy bien a la carretera*, voiture qui tient bien la route o qui a une bonne tenue de route. | *¡Es para pegarse un tiro!*, il y a de quoi se taper la tête contre les murs. | *Esta canción se me ha pegado al oído*, je ne peux pas me défaire de cette chanson.
— SINÓN. ● *Golpear*, frapper. *Azotar*, fouetter. *Flagelar*, flageller. *Fustigar*, fustiger. *Apalear*, battre. *Zurrar*, rosser.

pegásides f. pl. Poét. Muses.
pegaso m. Pégase (pez).
Pegaso n. pr. m. Mitol. Pégase.
pegatina f. Autocollant, *m.*
pegmatita f. Min. Pegmatite.
pego (dar el) loc. Fam. Rouler, mettre dedans, donner le change (engañar).
pegote m. Emplâtre (de pez). ‖ Fig. y Fam. Pâtée, *f.*, cataplasme (cosa espesa). | Pique-assiette (gorrón). | Ornement ridicule, emplâtre (parche). ‖ Fam. *¡Qué pegote!*, quel crampon ! (persona), quelle horreur ! (cosas).
pegual m. *Amer.* Sangle, *f.* (sobrecincha).
peguero m. Fabricant o marchand de poix.
pegujal o **pegujar** m. Petit champ, lopin de terre (porción de tierra).
pegujalero m. Petit cultivateur (labrador). ‖ Petit éleveur (ganadero).
pegujón o **pegullón** m. Pelote (*f.*) de laine (mechón de lana). ‖ Touffe (*f.*) de poils (de pelo).
pegunta f. Marque (con pez al ganado lanar).
peguntar v. tr. Marquer à la poix (el ganado).
peguntoso, sa adj. Collant, e ; poisseux, euse ; visqueux, euse (pegajoso).
pehuén m. *Amer.* Espèce d'araucaria (árbol).
pehuenche adj. y s. *Amer.* « Pehuenche », habitant, habitante des Andes.
peina f. Grand peigne, *m.* (peineta).
peinada f. Fam. Coup (*m.*) de peigne.
peinado, da adj. Peigné, e ; coiffé, e.
— M. Coiffure, *f.* ‖ Peignage (de textiles).
peinador, ra m. y f. Coiffeur, euse. ‖ — M. Peignoir (bata). ‖ *Amer.* Coiffeuse, *f.* (tocador). ‖ — F. Peigneuse, cardeuse (para la lana).
peinadura f. Coiffure (acción). ‖ — Pl. Peignures.
peinar v. tr. Peigner (limpiar el pelo). ‖ Coiffer, peigner (componer el pelo). ‖ Démêler (desenredar). ‖ Effleurer (rozar). ‖ Peigner (la lana). ‖ Fig. y Fam. *Peinar canas*, avoir des cheveux blancs, ne plus être tout jeune. | *Peinar los naipes*, truquer un jeu de cartes.
— V. pr. Se coiffer, se peigner.
peinazo m. Linteau (de puerta o ventana).
peine m. Peigne. ‖ Peigne, carde, *f.* (de tejer). ‖ Fig. y Fam. Roublard, vieux singe (hombre astuto), fine mouche, *f.* (mujer). ‖ Teatr. Gril (enrejado). ‖ — *Pasarse el peine*, se donner un coup de peigne. ‖ *Peine espeso*, décrassoir ; peigne fin. | *Pelar a sobre peine*, rafraîchir (el pelo).
peinería f. Fabrique o boutique de peignes.
peinero o **peinetero** m. Fabricant o marchand de peignes.
peineta f. Grand peigne, *m.*, peigne (*m.*) de mantille. ‖ *Amer.* Peigne (*m.*) fin (lendrera).
— OBSERV. La *peineta* est un grand peigne, légèrement cintré, généralement en écaille et décoré, qui, planté droit dans le chignon, sert à maintenir la mantille.

peje m. Poisson (pez). ‖ Fig. y Fam. Débrouillard, homme astucieux (astuto). ‖ — *Peje araña*, vive (pez). | *Peje diablo*, scorpène (pez).
pejemuller m. Lamantin (cetáceo).
pejepalo m. Stockfisch, morue (*f.*) séchée.
pejerrey m. Athérine, *f.* (pez marino). ‖ Poisson d'eau douce comestible (en Argentina).
pejesapo m. Baudroie, *f.*, lote (*f.*) de mer.
pejiguera f. Fam. Corvée, embêtement, *m.* (molestia, fastidio).
Pekín n. pr. Geogr. Pékin.
pekinés, esa adj. y s. Pékinois, e. ‖ — M. Pékinois (perro).
pela f. Épluchage, *m.* (de frutas o legumbres). ‖ Épluchures, *pl.*, pelures, *pl.* (mondaduras). ‖ Fam. Peseta. ‖ *Amer.* Raclée, dégelée (paliza).
pelada f. Peau délainée. ‖ Fam. *Amer.* *La Pelada*, la Camarde (muerte).
peladera f. Med. Pelade.
peladero m. Échaudoir (en un matadero). ‖ Fig. y Fam. Tripot (garito).
peladilla f. Dragée (almendra confitada). ‖ Fig. Caillou, *m.* (guijarro). ‖ Fam. Pruneau, *m.* (proyectil).
peladillo m. Sorte de pêche (fruto). ‖ — Pl. Laine (*f. sing.*) de mouton.
Pelado n. pr. m. Geogr. *Monte Pelado*, montagne (*f.*) Pelée (volcán de Martinica).
pelado, da adj. Tondu, e ; rasé, e (cabeza). ‖ Pelé, e (la piel). ‖ Dénudé, e ; pelé, e (terreno). ‖ Pelé, e (mondado). ‖ Décharné, e (hueso). ‖ Dépouillé, e (estilo). ‖ Rond (número) : *un número pelado*, un chiffre rond. ‖ Poli, e (guijarro). ‖ Fam. Tout juste : *tengo veinte pesetas peladas*, j'ai tout juste vingt pesetas. ‖ *Amer.* Insolent, e. ‖ Fam. *Estar pelado*, être fauché, être sans le sou, être à sec, être raide.
— M. Coupe, *f.* (de pelo). ‖ Fam. Sans-le-sou.
pelador m. Écorceur (que descorteza). ‖ Éplucheur (que pela).
peladura f. Écorçage, *m.* (de árboles). ‖ Épluchage, *m.* (de frutas). ‖ Épluchure (mondadura).
pelafustán m. Fam. Pauvre type.
pelagallos m. inv. Fam. Vagabond.
pelagatos m. inv. Fam. Pauvre diable, pauvre hère, va-nu-pieds. ‖ Fam. *Había cuatro pelagatos*, il y avait quatre pelés et un tondu.
Pelagia n. pr. f. Pélagie.
pelagianismo m. Pélagianisme (herejía).
pelagiano, na adj. y s. Pélagien, enne.
pelágico, ca adj. Pélagique (de alta mar) : *fauna pelágica*, faune pélagique.
Pelagio n. pr. m. Pélage (hereje).
pelagra f. Med. Pellagre.
pelagroso, sa adj. y s. Med. Pellagreux, euse.
pelaire m. Cardeur de draps.
pelaje m. Pelage, robe, *f.* (de un animal). ‖ Fig. y Fam. Allure, *f.* (apariencia).
pelambrar v. tr. Pelaner, plamer (las pieles).
pelambre m. Poil, pelage (pelo). ‖ Peaux (*f. pl.*) soumises au pelanage (que se apelambran). ‖ Pelain (baño de cal). ‖ Pelade, *f.* (alopecia). ‖ — F. Fam. Tignasse (cabellera).
— OBSERV. Ce mot s'emploie très souvent au féminin.
pelambrera f. Plamerie (sitio). ‖ Pelade (alopecia). ‖ Poil (*m.*) épais (pelo). ‖ Fam. Tignasse, tifs, *m. pl.* (cabellera).
pelambrón m. *Amer.* Miséreux.
pelamen m. Fam. Poil, pelage (pelambre).
pelámide f. Pélamide, pélamyde (pez).
pelanas m. inv. Fam. Pauvre diable (pelagatos).
pelandusca f. Pop. Prostituée, poule, grue (ramera).
pelantrín m. Petit fermier (labrantín). ‖ *Amer.* Miséreux.

pelapatatas m. inv. Éplucheur de pommes de terre.

pelar v. tr. Couper (el pelo). ‖ Éplucher, peler : *pelar patatas*, éplucher des pommes de terre ; *pelar un melocotón*, peler une pêche. ‖ Décortiquer (mariscos). ‖ Plumer (ave). ‖ Dénuder, mettre à nu (desnudar). ‖ Fig. y Fam. Plumer (sacar dinero a uno). ‖ Dépouiller, faucher (despojar). ‖ Éreinter (criticar). ‖ — Fig. *Pelar la pava*, faire la cour. ‖ *Amer. Pelar los ojos*, écarquiller les yeux. ‖ — Fig. y Fam. *Du*r*o de pelar*, dur, difficile (cosas) ; dur à cuire (persona). ‖ *Hace un frío que pela*, il fait un froid de canard. — V. pr. Fam. Se faire couper les cheveux. ‖ *Amer.* Se tromper (confundirse). ‖ — Fam. *Correr uno que se las pela*, courir comme un dératé. ‖ *Irse uno que se las pela*, tricoter des jambes, prendre ses jambes à son cou. ‖ *Pelárselas*, se dépêcher, se grouiller. ‖ *Pelárselas por una cosa*, mourir d'envie de quelque chose (desear), se décarcasser pour quelque chose (hacer todo lo posible).

pelargonio m. Bot. Pélargonium (flor).

pelásgico, ca adj. Pélasgique, pélasgien, enne.

pelasgo, ga adj. y s. Hist. Pélasge.

Pelayo n. pr. m. Pélage (rey).

peldaño m. Marche, *f.*, degré (de escalera). ‖ Échelon (de escalera de mano).

pelea f. Bataille, lutte, bagarre (fam.) [contienda]. ‖ Combat, *m.* (animales) : *una pelea de gallos*, un combat de coqs. ‖ Fig. Lutte. ‖ Fam. *Buscar pelea*, chercher la bagarre.

peleado, da adj. Fâché, e (reñido).

peleador, ra adj. Combattant, e (peleante). ‖ Batailleur, euse ; bagarreur, euse (aficionado a pelear).

peleano, na adj. Péléen, enne (del Monte Pelado).

pelear v. intr. Combattre, lutter (luchar). ‖ Se battre (batallar). ‖ Se disputer (con palabras). ‖ Combattre, batailler : *el Cid peleó contra los moros*, le Cid a combattu contre les Maures. ‖ Fig. Lutter (elementos, cosas). ‖ Lutter (contra las pasiones). ‖ Fig. *Pelear por*, se battre pour, lutter pour (afanarse por algo). — V. pr. Se battre, se bagarrer (fam.) : *pelearse a puñetazos*, se battre à coups de poing. ‖ Fam. Se disputer, se fâcher, se quereller (enemistarse).

pelecípodos m. pl. Zool. Pélécypodes.

pelechar v. intr. Se couvrir de poils (de pelo) *o* de plumes (de plumas). ‖ Muer (mudar el pelo o la pluma). ‖ Fig. y Fam. Se remplumer (mejorar de fortuna o salud), reprendre du poil de la bête (salud).

pelel m. (P. us.). Pale-ale, bière (*f.*) blonde (cerveza clara).

pelele m. Pantin, mannequin (muñeco). ‖ Barboteuse, *f.* (de un niño). ‖ Fig. y Fam. Pantin : *era un pelele en sus manos*, il était un pantin entre ses mains. ‖ Fantoche (persona inútil).

pelendengue m. Colifichet (perendengue).

peleón, ona adj. y s. Bagarreur, euse ; batailleur, euse (amigo de pelea). ‖ *Vino peleón*, vinasse, pinard (pirriaque).

pelero m. *Amer.* Couverture (*f.*) de cheval.

peletería f. Pelleterie (oficio y comercio). ‖ Magasin (*m.*) de fourrures (tienda). ‖ Fourrures, *pl.*, pelleterie (pieles).

peletero, ra adj. y s. Pelletier, ère. ‖ — M. Fourreur.

peliagudo, da adj. À poils longs et fins (animal). ‖ Fig. y Fam. Ardu, e : *un trabajo peliagudo*, un travail ardu. ‖ Épineux, euse : *un asunto peliagudo*, une affaire épineuse. ‖ Astucieux, euse (astuto).

peliblanco, ca o **pelicano, na** adj. Aux cheveux blancs (persona). ‖ À poil blanc (animal).

pelícano o **pelicano** m. Pélican (ave). ‖ Pélican, davier (de dentista). ‖ — Pl. Bot. Ancolie, *f. sing.* (aguileña).

pelicorto, ta adj. À poil court (animal). ‖ Aux cheveux courts (persona).

película f. Pellicule (piel). ‖ Tecn. Pellicule (hoja de gelatina sensible). ‖ Film, *m.* (cine) : *película sonora, de miedo*, film parlant, d'épouvante ; *película en jornadas* ou *de episodios*, film à épisodes. ‖ — Fam. *De película*, du tonnerre, formidable. ‖ *Echar una película*, passer un film.

peliculado m. Fot. Pelliculage.

pelicular adj. Pelliculaire.

peliculero m. Fam. Amateur, passionné de cinéma (aficionado). ‖ Cinéaste. ‖ Fig. Comédien (cuentista, mentiroso).

peliculoso, sa adj. Pelliculeux, euse.

peligrar v. intr. Être en danger, courir un danger : *usted peligra en una región tan apartada*, vous êtes en danger dans une région aussi isolée. ‖ Être en danger, être menacé : *actualmente peligran gravemente los valores eternos de la persona humana*, actuellement les valeurs éternelles de la personne humaine sont gravement menacées. ‖ *Hacer peligrar*, mettre en danger, menacer : *estas tensiones internas hacen peligrar el equilibrio del país*, ces tensions internes mettent en danger l'équilibre du pays.

peligro m. Danger, péril (riesgo) : *huir del peligro*, fuir le danger ; *arrostrar el peligro*, braver le péril. ‖ — *Con peligro de muerte*, au péril de sa vie. ‖ *En peligro*, en danger. ‖ Mar. *En peligro de naufragio*, en perdition. ‖ *Fuera de peligro*, hors de danger. ‖ — *Correr el peligro de*, courir le risque de, risquer de : *corremos el peligro de perder el tren*, nous risquons de rater le train. ‖ *Correr peligro* ou *estar en peligro*, être en danger. ‖ *Correr un peligro*, courir un danger. ‖ *Quien busca el peligro, en él perece*, il ne faut pas jouer avec le feu. ‖ *Vivir entre peligros*, vivre parmi les dangers.
— Sinón. *Riesgo*, risque. *Amenaza*, menace. *Inseguridad*, insécurité.

peligrosidad f. Danger, *m.*, caractère (*m.*) dangereux.

peligroso, sa adj. Dangereux, euse : *peligroso de manejar*, dangereux à manier : *es peligroso asomarse al exterior*, il est dangereux de se pencher au-dehors. ‖ Périlleux, euse : *empresa peligrosa*, entreprise périlleuse. ‖ Fig. Aventureux, euse ; intrépide (arriesgado).

pelilargo, ga adj. Aux longs cheveux.

pelillo m. Petit poil, poil follet (pelo). ‖ Fig. y Fam. Vétille, *f.*, rien, bêtise, *f.* (nadería). ‖ — Fig. y Fam. *Echar pelillos a la mar*, passer l'éponge (olvidar). ‖ *No repara en pelillos*, rien ne l'arrête, il ne s'arrête pas à des vétilles. ‖ *No tener pelillos en la lengua*, ne pas avoir la langue dans sa poche, ne pas mâcher ses mots. ‖ *Pararse en pelillos*, faire des histoires pour des riens, s'attacher à des vétilles.

pelilloso, sa adj. Fig. y Fam. Pointilleux, euse.

pelinegro, gra adj. Aux cheveux noirs (persona), au pelage noir (animal).

pelirrojo, ja adj. y s. Roux, rousse ; rouquin, e (fam.).

pelirrubio, bia adj. y s. Blond, e.

pelitieso, sa adj. Aux cheveux raides.

pelitre m. Pyrèthre (planta).

pelma o **pelmazo** adj. y s. m. Fam. Enquiquineur, casse-pieds, inv. (persona pesada).

pelo m. Poil (de hombre *o* animal). ‖ Cheveu (un cabello). ‖ Cheveux, *m. pl.* (cabellos) : *cortar el pelo*, couper les cheveux ; *cortarse el pelo*, se faire couper les cheveux. ‖ Poil, pelage, robe, *f.* (pelos *o* color de un animal). ‖ Duvet (de ave, de planta).

‖ Brin, poil (hebra). ‖ Poil (de una tela). ‖ Gendarme, défaut (en un diamante). ‖ TECN. Paille, *f.* (defecto). ‖ — *Pelo a pelo,* troc pour troc. ‖ *Pelo de camello,* poil de chameau (tela). ‖ FIG. y FAM. *Pelo de Judas,* poil de carotte, rouquin (persona), cheveux roux (cabellos). ‖ *Pelo de la dehesa,* air campagnard, air paysan, rusticité. ‖ — *A contra pelo,* à rebrousse-poil. ‖ *Al pelo,* au quart de poil (con gran precisión), dans le sens du poil (en las telas). ‖ FIG. y FAM. *A medios pelos,* à moitié ivre. ‖ FIG. *A pelo,* nu-tête, tête nue (sin sombrero), à poil, à cru (equitación). ‖ *Con pelos y señales,* avec force détails ; en long, en large et en travers ; noir sur blanc. ‖ FIG. y FAM. *De medio pelo,* quelconque, très ordinaire : *gente de medio pelo,* des gens quelconques ; à la gomme, bon marché, à la noix : *un cartesianismo de medio pelo no sirve para nada,* un cartésianisme bon marché ne sert à rien. ‖ *Por el pelo de una hormiga,* à un poil près. ‖ *Por los pelos,* de justesse : *la victoria fue obtenida por los pelos,* la victoire a été remportée de justesse ; d'un cheveu : *escapó por los pelos de caer en la trampa,* il s'en est fallu d'un cheveu qu'il ne tombât dans le piège. ‖ FIG. *Agarrarse* ou *asirse de un pelo,* saisir le moindre prétexte. ‖ *Buscar pelos en la sopa,* trouver à redire à tout, chercher la petite bête. ‖ *Coger la ocasión por los pelos,* saisir l'occasion au vol *u* aux cheveux. ‖ *Cortar un pelo en el aire,* couper un cheveu en quatre. ‖ *Cuando las ranas críen pelos,* quand les poules auront des dents, à Pâques ou à la Trinité. ‖ *Dar para el pelo,* administrer une raclée. ‖ *Depender de un pelo,* ne tenir qu'à un cheveu. ‖ *Echar buen pelo,* se remplumer. ‖ *Echar pelos a la mar,* passer l'éponge. ‖ *Estar en un pelo de,* être à un doigt de. ‖ *Estar hasta los pelos* ou *hasta la punta de los pelos,* en avoir plein le dos, en avoir sa claque, en avoir par-dessus la tête. ‖ *Librarse por los pelos,* échapper d'un cheveu *o* de justesse. ‖ *Lucirle a uno el pelo,* avoir une mine resplendissante (bien de salud). ‖ *No tener pelo de tonto,* n'avoir rien d'un imbécile, ne pas être idiot, être futé. ‖ *No tener pelos en la lengua,* ne pas avoir la langue dans sa poche, ne pas mâcher ses mots. ‖ *No ver el pelo a uno,* ne pas voir quelqu'un. ‖ *Quitar el pelo de la dehesa,* dégrossir. ‖ *Relucirle a uno el pelo,* être gros et gras. ‖ *Se le pusieron los pelos de punta,* ses cheveux se dressèrent sur sa tête. ‖ *Soltarse el pelo,* v. SOLTAR. ‖ *Tirarse de los pelos,* s'arracher les cheveux (de desesperación), se manger le nez (pelearse). ‖ *Tomarle el pelo a uno,* se payer la tête de quelqu'un, mettre quelqu'un en boîte, faire marcher quelqu'un (burlarse). ‖ *Traído por los pelos,* tiré par les cheveux. ‖ *Venir al pelo,* tomber bien *o* à pic, arriver au bon moment.

pelón, ona adj. y s. Tondu, e (esquilado). ‖ Chauve (calvo). ‖ FIG. y FAM. Peu intelligent, e (de escaso entendimiento). ‖ Fauché, e (sin dinero). — F. MED. Pelade (alopecia). ‖ FAM. *La Pelona,* la Camarde (la Muerte).

pelonería f. FAM. Dèche, pauvreté (pobreza).

peloponesio, sia adj. y s. Péloponnésien, enne.

Peloponeso n. pr. m. GEOGR. Péloponnèse, Péloponèse.

pelosilla f. Piloselle (planta).

peloso, sa adj. Poilu, e ; velu, e.

pelota f. Balle : *jugar a la pelota,* jouer à la balle. ‖ Boule (de manteca, etc.). ‖ Pelote basque (juego vasco). ‖ FAM. Ballon, *m.* (de fútbol, etc.). ‖ Paume : *juego de pelota,* jeu de paume. ‖ FIG. y FAM. Bille (cabeza). ‖ *Amer.* Radeau (*m.*) en cuir durci. ‖ — *Pelota bombeada,* chandelle (fútbol). ‖ *Pelota corta,* amorti (tenis). ‖ *Pelota rasante,* drive (tenis). ‖ — FIG. y FAM. *Dejar a uno en pelota,* plumer quelqu'un (quitar todo el dinero),

laisser nu comme un ver, mettre tout nu (desnudar). ‖ *Estar en pelota,* être à poil *o* tout nu *o* nu comme un ver. ‖ *Jugar a la pelota con uno,* faire tourner quelqu'un en bourrique, se moquer de quelqu'un. ‖ *La pelota está aún en el tejado,* la partie n'est pas encore jouée, il n'y a encore rien de décidé. ‖ *Rechazar* ou *devolver la pelota,* renvoyer la balle.

pelotari m. Joueur de pelote basque, pelotari.

pelotazo m. Coup donné dans *o* avec une balle.

pelote m. Bourre, *f.,* crin (para rellenar). ‖ Poil de chèvre (pelo de cabra).

pelotear v. tr. Vérifier (una cuenta). ‖ — V. intr. Faire des balles (tenis). ‖ FIG. Se disputer (reñir). ‖ *Amer.* Traverser un cours d'eau en bac.

peloteo m. Échange de balles (tenis). ‖ FIG. Echange : *peloteo de notas diplomáticas,* échange de notes diplomatiques. ‖ COM. *Letra de peloteo,* effet de cavalerie.

pelotera f. FAM. Dispute, chamaillerie. ‖ FAM. *Armar una pelotera,* se disputer.

pelotilla f. Petite balle. ‖ FIG. y FAM. Lèche, léchage (*m.*) de bottes (adulación). ‖ FIG. y FAM. *Hacer la pelotilla,* faire de la lèche, lécher les bottes (adular).

pelotillero m. FAM. Lèche, *f.,* léchage de bottes.

pelotillero m. FAM. Lécheur, lèche-bottes, *inv.*

pelotón m. Peloton. ‖ MIL. Peloton, piquet : *pelotón de ejecución,* peloton d'exécution.

pelta f. Pelte (escudo).

peltado, da adj. BOT. Pelté, e.

peltasta m. Peltaste (soldado).

peltre m. Étain (estaño) : *cuchara de peltre,* cuiller d'étain.

peltrero m. Ouvrier travaillant l'étain, étameur.

peluca f. Perruque (cabellera postiza) : *llevar* (una) *peluca,* porter une perruque. ‖ FIG. y FAM. Savon, *m.* (represión).

pelucón, ona m. y f. Conservateur, trice (en Chile).

pelucona f. FAM. Once d'or (moneda).

peluche f. Peluche.

— OBSERV. Ce mot est un gallicisme employé pour *felpa.*

peludear v. intr. *Amer.* S'embourber (carro). ‖ Se tirer d'affaire (salir de apuro).

peludo, da adj. ● Velu, e ; poilu, e (de mucho pelo). ‖ Chevelu, e (de cabello abundante). ‖ — M. *Amer.* Tatou (armadillo). ‖ FAM. Cuite, *f.* (borrachera).

— SINÓN. ● *Velloso, velludo,* velu. *Piloso,* pileux. *Cabelludo,* chevelu.

peluquería f. Salon (*m.*) de coiffure. ‖ *Ir a la peluquería,* aller chez le coiffeur.

peluquero, ra m. y f. Coiffeur, euse.

— SINÓN. *Barbero,* barbier. *Fígaro,* figaro. *Rapabarbas, merlan.*

peluquín m. Petite perruque, *f.* ‖ — FIG. y FAM. *Ni hablar del peluquín,* il n'en est pas question. ‖ *Tomarle el peluquín a uno,* se payer la figure *o* la bille de quelqu'un.

pelusa f. Duvet, *m.* (de planta), foin, *m.* (de alcachofa). ‖ Peluche (de telas). ‖ FAM. Jalousie (entre niños). ‖ — *Soltar pelusa,* pelucher (una tela). ‖ *Tener pelusa,* être jaloux, ouse : *Vicente no tiene pelusa de su hermanita,* Vincent n'est pas jaloux de sa petite sœur.

pelusilla f. Piloselle (planta). ‖ FAM. Jalousie (envidia).

pelvi m. Pehlvi, e (lengua persa).

pelviano, na adj. ANAT. Pelvien, enne : *cavidad pelviana,* cavité pelvienne.

pelvis f. ANAT. Bassin, *m.,* pelvis, *m.* ‖ Bassinet, *m.* (del riñón). ‖ *Pelvis menor,* petit bassin.

— Observ. *Pelvis,* en francés, es sinónimo poco usado de *bassin.* Corresponde, en su sentido más estricto, a la pelvis menor.

pella f. Motte : *pella de mantequilla,* motte de beurre. ‖ Panne, graisse (manteca de animal). ‖ Pomme (de coliflor). ‖ — Fig. y Fam. *Hacer pella,* sécher (no asistir a clase). | *Tener una pella de dinero,* avoir une petite fortune.

pellada f. Truellée (de argamasa).

pelleja f. Peau (pellejo). ‖ Fam. Grue, peau (ramera). ‖ — Fig. y Fam. *Jugarse la pelleja,* risquer sa peau. | *Salvar la pelleja,* sauver sa peau.

pellejería f. Peausserie. ‖ Peaux, *pl.* ‖ — Pl. *Amer.* Ennuis, *m.,* contretemps, *m.*

pellejero adj. m. y s. m. Peaussier.

pellejina f. Petite peau.

pellejo m. Peau, *f.* ‖ Peau, *f.,* cuir (de animal). ‖ Peau, *f.,* pelure, *f.* (de fruta). ‖ Outre, *f.* (odre). ‖ Fig. y Fam. Pochard (borracho). ‖ — Fig. y Fam. *Dar, dejar* ou *perder el pellejo,* laisser sa peau (morir). | *Defender el pellejo,* défendre sa peau. | *Jugarse* ou *arriesgar el pellejo,* risquer sa peau, faire bon marché de sa peau. | *No caber en el pellejo,* crever dans sa peau (ser muy gordo). | *No caber en el pellejo de gozo, de orgullo,* ne pas se tenir de joie, crever d'orgueil. | *No tener más que el pellejo,* n'avoir que la peau et les os. | *No quisiera estar* ou *hallarme en su pellejo,* je ne voudrais pas être dans sa peau, je n'aimerais pas être à sa place. | *Quitar a uno el pellejo,* descendre *o* tuer quelqu'un (matar), déchirer quelqu'un à belles dents, éreinter quelqu'un (murmurar), plumer quelqu'un (dejar sin dinero). | *Salvar el pellejo,* sauver sa peau.

pellejudo, da adj. À peau flasque.

pellica f. Peau (pellejo). ‖ Couverture de peau (manta). ‖ Pelisse (pellico).

pellico m. Pelisse, *f.* (de pastores). ‖ Vêtement de peau.

pellingajo m. *Amer.* Lavette, *f.* (estropajo).

pelliza f. Pelisse (de pieles). ‖ Mil. Pelisse (dormán).

pellizcador, ra adj. y s. Pinceur, euse.

pellizcar v. tr. Pincer : *pellizcar hasta hacer sangre,* pincer jusqu'au sang. ‖ Prendre un peu [d'une chose] : *pellizcar un pastel,* prendre un peu de gâteau.

pellizco m. Pincement (acción de pellizcar). ‖ Pinçon (hematoma). ‖ Pincée, *f.,* petite quantité, *f.* (pequeña porción). ‖ Fig. Pincement : *pellizco en el corazón,* pincement au cœur. ‖ — *Dar* ou *tirar un pellizco,* pincer. | *Darse* ou *cogerse un pellizco,* se pincer. ‖ *Pellizco de monja,* pinçon (con las uñas), macaron (dulce).

pellón o **pellote** m. Long manteau de peau (vestido). ‖ *Amer.* Coussinet de selle. | Peau (*f.*) de mouton.

pelluzgón m. Touffe, *f.* (de pelo, lana, etc.).

pena f. Peine : *como un alma en pena,* comme une âme en peine. ‖ ● Peine, chagrin, *m.* (pesadumbre). ‖ Mal, *m.,* difficulté : *lo he hecho con mucha pena,* j'ai eu beaucoup de mal à le faire. ‖ Penne (pluma de ave). ‖ Mar. Penne. ‖ *Amer.* Timidité (vergüenza). ‖ (Ant.). Ruban, *m.* (cinta), ‖ — Pl. Mal, *m. sing.* : *he pasado muchas penas para terminar este trabajo,* j'ai eu beaucoup de mal à terminer ce travail ; *me ha costado muchas penas,* il m'a donné beaucoup de mal. ‖ — *Pena capital* ou *de muerte, aflictiva, infamante,* peine capitale *o* de mort, afflictive, infamante. ‖ — *A duras penas,* à grand-peine. ‖ *A penas,* à peine. ‖ *Bajo* ou *so pena de,* sous peine de. | *Con pena,* avec peine. ‖ *¡Qué pena!,* quel dommage ! ‖ — *Causar* ou *dar pena,* faire peine *o* de la peine. ‖ *Da pena verlo,* ça fait de la peine de le voir, il fait pitié à voir. ‖ *¡Es una pena!,* c'est dommage !,

c'est malheureux ! ‖ *Merecer la pena,* valoir la peine. ‖ *No merece la pena molestarse tanto,* ça n'est pas *o* ça ne vaut pas la peine de se donner tant de mal. ‖ *Pasar la pena negra,* faire son purgatoire, en voir de dures. ‖ *Ser de pena,* être lamentable. ‖ *Valer la pena,* valoir la peine *o* le coup (fam.). ‖ *Vivir sin pena ni gloria,* aller son petit bonhomme de chemin, vivre comme tout le monde, mener une existence sans heurts et sans éclat.

— Sinón. ● *Dolor,* douleur. *Tristeza,* tristesse. *Sufrimiento, padecimiento,* souffrance. *Amargura,* amertume. *Pesadumbre,* chagrin. *Tormento,* tourment. *Aflicción, desconsuelo,* affliction. *Desolación,* désolation. *Congoja,* angoisse.

penable adj. Punissable.

penacho m. Huppe, *f.,* aigrette, *f.* (de aves). ‖ Panache (de un morrión). ‖ Fig. Panache (de vapor, humo, etc.). | Panache (soberbia). ‖ Mil. *Penacho de plumas,* plumet.

penachudo, da adj. Empanaché, e (casco). ‖ À aigrette, huppé, e (ave).

penado, da adj. Pénible (penoso o trabajoso). ‖ À goulot étroit (vasija). ‖ — M. y f. Condamné, e (delincuente).

penal adj. Pénal, e : *edictos penales,* édits pénaux. ‖ *Certificado de penales,* extrait de casier judiciaire. ‖ — M. Prison, *f.* (cárcel), pénitencier (penitenciaría).

penalidad f. Peine, souffrance (trabajos). ‖ Dep. Pénalisation, pénalité. ‖ Dr. Pénalité. ‖ Fig. *Pasar muchas penalidades,* en voir de dures.

penalista m. Spécialiste du droit pénal.

penalización f. Sanction (castigo). ‖ Pénalisation (deporte).

penalizar v. tr. Pénaliser.

penalty m. Dep. Penalty. | Coup de pied de réparation (rugby). ‖ *Punto de penalty,* point de réparation.

penar v. tr. Condamner à une peine, punir. ‖ — V. intr. Souffrir, peiner (padecer). ‖ Fig. *Penar por una cosa,* désirer ardemment *o* soupirer après une chose.

penates m. pl. Pénates (dieux). ‖ Fam. Pénates (domicilio) : *volver a los penates,* rentrer dans ses pénates.

penca f. Bot. Feuille charnue. | Raquette (hoja del nopal). ‖ Fouet, *m.* (azote). ‖ *Amer.* Régime (*m.*) de bananes (plátanos). | Figuier (*m.*) de Barbarie (chumbera). | Agave, *m.* (pita).

pencazo m. Coup de fouet.

penco m. Fam. Rosse, *f.,* canasson (jamelgo). ‖ *Amer.* Agave (pita).

pencón, ona adj. y s. De Concepción [Chili].

pencudo, da adj. À feuilles charnues.

pendanga f. Valet (*m.*) de carreau. ‖ Fam. Poule (ramera).

pendejo m. Poil du pubis. ‖ Fig. y Fam. Lâche, froussard, lavette, *f.* (cobarde). ‖ Fam. *Amer.* Crétin (imbécil).

pendencia f. Dispute, querelle, bagarre (contienda) : *armar una pendencia,* provoquer une bagarre ; *se armó una pendencia,* une bagarre éclata.

pendenciar v. intr. Se disputer, se quereller.

pendenciero, ra adj. Querelleur, euse ; batailleur, euse ; bagarreur, euse (fam.).

pender v. intr. Pendre : *los frutos penden de las ramas,* les fruits pendent aux branches. ‖ Dépendre : *esto pende de su decisión,* cela dépend de sa décision. ‖ Fig. Être en suspens (pleito, negocio). ‖ *Pender de un hilo* ou *de un pelo,* ne tenir qu'à un cheveu.

pendiente adj. Pendant, e ; suspendu, e : *pendiente de una rama,* pendant à une branche. ‖ Fig. En suspens : *problemas pendientes,* problèmes en

suspens. | Courant, e; en cours : *asuntos pendientes,* affaires courantes. | En attente : *los pedidos pendientes,* les commandes en attente. | En instance : *expediente pendiente,* dossier en instance. || — FIG. *Dejar pendiente,* recaler (en un examen). | *Estar pendiente,* être en suspens (no resuelto), dépendre, être à la merci de : *estoy pendiente de un capricho suyo,* je suis à la merci d'un de ses caprices; attendre, être dans l'attente : *estoy pendiente de sus decisiones,* je suis dans l'attente de vos décisions; être suspendu *o* collé *o* pendu : *estar pendiente de la radio,* être suspendu à la radio; épier : *estar pendiente de los defectos de uno,* épier les défauts de quelqu'un. | *Estar pendiente de los labios de alguien,* être suspendu *o* pendu aux lèvres de quelqu'un, boire les paroles de quelqu'un.
— F. ● Pente, côte (cuesta) : *pendiente suave, pronunciada* ou *empinada,* pente douce, raide. | Versant, *m.* (de un monte o tejado). || FIG. Pente : *estar en la pendiente del vicio,* être sur la pente du vice. || — *En pendiente,* en pente. || FIG. y FAM. *Remontar la pendiente,* remonter la pente, reprendre du poil de la bête.
— M. Boucle (*f.*) d'oreille (zarcillo). || BLAS. Pendant. || MIN. Toit.
— SINÓN. ● *Cuesta,* côte. *Subida,* montée. *Declive,* déclivité. *Inclinación,* inclinaison. *Rampa,* rampe. *Repecho,* raidillon.
pendil o **pendingue** m. Manteau, cape, *f.* (manto).
pendol m. MAR. Abattage en carène.
péndola f. Balancier, *m.,* pendule, *m.* (del reloj). || Pendule, *m.* : *péndola compensadora,* pendule compensateur. || ARQ. Poinçon, *m.* (de tejado). | Tirant, *m.,* tige de suspension (de puente colgante). || POÉT. y FAM. Plume : *escribir con ágil péndola,* écrire d'une plume alerte.
pendolaje m. MAR. Droit de prise.
pendolario o **pendolista** m. Copiste, scribe. || FIG. Rond-de-cuir (chupatintas).
pendolón m. ARQ. Poinçon.
pendón m. Bannière, *f.* (insignia militar). || Pennon (insignia feudal). || Bannière, *f.* (de cofradía). || Rejeton (de un árbol). || FIG. y FAM. Échalas, grande perche, *f.* (mujer sin garbo). || Gourgandine, *f.,* grue, *f.* (mujer de mala vida).
pendonear v. intr. FAM. Battre le pavé, vadrouiller.
pendonista m. Porte-bannière, *inv.*
pendular adj. Pendulaire.
péndulo, la adj. Pendant, e (colgante).
— M. Pendule (cuerpo oscilante). || Balancier (de reloj).
pene m. ANAT. Pénis.
Penélope n. pr. f. MITOL. Pénélope.
peneque adj. FAM. Rond, e; saoul, e (borracho).
penetrabilidad f. Pénétrabilité.
penetrable adj. Pénétrable. || FIG. Accessible (fácil de entender).
penetración f. Pénétration. || MIL. Percée.
penetrador, ra adj. FIG. Pénétrant, e.
penetrante adj. Pénétrant, e. || FIG. Perçant, e (voz).
penetrar v. tr. Pénétrer. || Percer : *penetrar un secreto,* percer un secret.
— V. intr. Pénétrer.
— V. pr. Se pénétrer : *penetrarse de la realidad de un hecho,* se pénétrer de la réalité d'un fait.
pénfigo m. MED. Pemphigus.
penicilina f. MED. Pénicilline.
penicillium m. Pénicillium (moho).
peniforme adj. Penniforme.
penígero, ra adj. POÉT. Ailé, e.
penillanura f. GEOGR. Pénéplaine.
peninos m. *Amer.* Premiers pas (pinitos).
Peninos n. pr. m. pl. GEOGR. Pennines, *f.*

península f. GEOGR. Péninsule (porción grande de tierra). || Presqu'île (porción pequeña de tierra).
peninsular adj. y s. Péninsulaire.
penique m. Penny (moneda inglesa).
penitencia f. Pénitence. || — *Como penitencia,* en *o* pour pénitence. || *Cumplir la penitencia,* accomplir *o* faire sa pénitence. || *Hacer penitencia,* faire pénitence (un pecador), partager un modeste repas : *venga a casa a hacer penitencia,* venez donc chez moi partager mon modeste repas.
penitenciado, da adj. Condamné par l'Inquisition. || *Amer.* Emprisonné, e (encarcelado).
penitencial m. Pénitentiel.
penitenciales adj. pl. Pénitentiaux, pénitentiels, elles : *salmos penitenciales,* psaumes pénitentiaux.
penitenciar v. tr. Imposer une pénitence.
penitenciaría f. Pénitencerie. || La Sacrée Pénitencerie (tribunal eclesiástico en Roma). || Pénitencier, *m.* (cárcel).
penitenciario, ria adj. Pénitentiaire : *régimen penitenciario,* régime pénitentiaire.
— M. Pénitencier (presbítero o cardenal).
penitente adj. y s. Pénitent, e.
peno, na adj. y s. Carthaginois, e (cartaginés).
penny m. Penny (penique).
penol m. MAR. Bout de vergue. | Penne (de antena).
penoso, sa adj. Pénible (trabajoso). || Pénible, douloureux, euse : *eso ha causado penosa impresión,* ceci a causé une impression pénible. || Pesant, e (duro) : *una penosa esclavitud,* un esclavage pesant. || Peiné, e; attristé, e (afligido).
penquisto, ta adj. y s. De Concepción [Chili].
pensado, da adj. Pensé, e. || Pesé, e; réfléchi, e (proyecto, decisión). || Prévu, e : *¿qué tiene pensado para mañana?,* qu'avez-vous prévu pour demain ? || — *Bien pensado, no vale la pena,* tout bien pesé, cela ne vaut pas la peine. || *De pensado,* de propos délibéré (de intento), après mûre réflexion (con previa meditación). || *El día menos pensado,* le jour où l'on s'y attend le moins. || *No sea mal pensado,* n'ayez pas l'esprit mal tourné. || *Ser un mal pensado,* avoir l'esprit mal tourné. || *Una cosa mal pensada,* une chose faite *o* dite à la légère.
pensador, ra adj. Pensif, ive (meditabundo).
— M. y f. Penseur, euse : *libre pensador,* libre penseur.
pensamiento m. Pensée, *f.* || ● Sentence, *f.,* pensée. || FIG. Soupçon (sospecha). || POÉT. Penser. || BOT. Pensée, *f.* (flor). || — *Libertad de pensamiento,* liberté de penser. || *Libre pensamiento,* libre pensée. || — *Con el pensamiento puesto en,* en pensant à. || *Ni por pensamiento,* nullement, en aucune façon, pas question. || *No pasarle a uno por el pensamiento,* ne pas venir à l'idée *o* à l'esprit de quelqu'un. || *Venir al pensamiento,* venir à l'idée, passer par la tête (fam.).
— SINÓN. ● *Sentencia,* sentence. *Máxima,* maxime. *Aforismo,* aphorisme. *Axioma,* axiome. *Apotegma,* apophtegme. *Divisa,* devise. *Adagio,* adage. *Proverbio,* proverbe. *Refrán, dicho,* dicton. *Reflexiones,* réflexions. *Apuntes, observaciones,* observations. *Consideraciones,* considérations. *Notas,* notes.
pensante adj. Pensant, e.
pensar* v. tr. e intr. ● Penser à, réfléchir à : *piensa bien este problema,* réfléchis bien à ce problème; *piénsalo,* penses-y. || Penser : *¿en qué piensas?,* à quoi penses-tu ? || Penser (tener intención) : *pienso salir mañana,* je pense partir demain. || Prévoir, concevoir (concebir) : *pensado para durar mucho,* conçu pour durer longtemps. || — *Pensar con los pies,* raisonner comme une pantoufle. || *Pensar en lo peor,* envisager le pire. || *Pensarlo mucho,* y regarder à deux fois, y réfléchir mûrement. || *Pensar mal de uno,* penser du

mal de quelqu'un. ‖ *Pensar que*, penser *o* se dire que. ‖ *Pensándolo mejor* ou *bien*, réflexion faite, à la réflexion, en y réfléchissant bien, tout compte fait, tout bien considéré. ‖ *Piense lo que piense*, quoi que vous en pensiez, ne vous en déplaise. ‖ *Pienso, luego existo*, je pense, donc je suis. ‖ — *Dar qué pensar*, donner à penser *o* à réfléchir. ‖ *Llegó cuando menos se pensaba*, il est arrivé au moment le plus inattendu *o* au moment où l'on y pensait le moins. ‖ *¡Ni lo piense!*, n'y songez pas! ‖ *¡Ni pensarlo!*, pas question! ‖ *Sin pensar* ou *sin pensarlo*, sans y penser, sans réfléchir. ‖ *Sólo con pensarlo*, rien que d'y penser.
— SINÓN. ● *Reflexionar, discurrir*, réfléchir. *Meditar, cavilar*, méditer. *Especular*, spéculer. *Recogerse, ensimismarse*, se recueillir. *Deliberar*, délibérer. *Razonar*, raisonner.

pensativo, va adj. Pensif, ive.
pensil adj. Suspendu, e ; *jardín pensil*, jardin suspendu.
— M. FIG. Jardin délicieux, paradis, éden.
Pensilvania n. pr. f. GEOGR. Pennsylvanie.
pensilvano, na adj. y s. Pennsylvanien, enne.
pensión f. Pensión : *pensión alimenticia, de retiro, pasiva*, pension alimentaire, de retraite, de l'État. ‖ Pension (casa de huéspedes). ‖ FIG. y FAM. Charge (gravamen). ‖ — *Cobrar la pensión*, toucher sa retraite (persona jubilada). ‖ *Media pensión*, demi-pension.
pensionado, da adj. y s. Pensionné, e ; pensionnaire. ‖ — M. Pensionnat, pension, *f.* (colegio).
pensionar v. tr. Pensionner.
pensionario m. Pensionnaire (que paga una pensión).
pensionista m. y f. Pensionnaire (de colegio). ‖ Pensionné, e ; pensionnaire (del Estado). ‖ *Medio pensionista*, demi-pensionnaire (en un colegio).
pensum m. Pensum (castigo). ‖ Programme de travail.
pentacordio m. MÚS. Pentacorde.
pentadáctilo, la adj. Pentadactyle.
pentaédrico, ca adj. GEOM. Pentaèdre.
pentaedro m. GEOM. Pentaèdre.
pentagonal adj. Pentagonal, e ; pentagone : *prismas pentagonales*, prismes pentagonaux.
pentágono, na adj. y s. m. GEOM. Pentagone.
pentagrama o **pentágrama** m. MÚS. Portée, *f.*
pentámero, ra adj. y s. ZOOL. Pentamère (insecto).
pentametileno m. QUÍM. Pentaméthylène.
pentámetro m. POÉT. Pentamètre.
pentano m. QUÍM. Pentane.
pentapétalo, la adj. Pentapétale.
Pentápolis n. pr. f. HIST. Pentapole.
pentapolitano, na adj. y s. Pentapolitain, e.
pentarquía f. Pentarchie.
pentasílabo, ba adj. y s. m. Pentasyllabe.
pentateuco m. Pentateuque (libro sagrado).
pentatlón m. Pentathlon (atletismo).
pentatoma m. Pentatome (chinche).
pentatónico, ca adj. MÚS. Pentatonique.
Pentecostés n. pr. m. Pentecôte, *f.* : *en* ou *por Pentecostés*, à la Pentecôte.
pentedecágono m. GEOM. Pentadécagone.
pentélico, ca adj. Pentélique.
penteno m. QUÍM. Pentène.
pentepétalo, la adj. Pentapétale.
pentodo m. Pentode, *f.;* penthode, *f.*
pentosa f. QUÍM. Pentose.
pentotal m. MED. Pentothal, penthiobarbital.
penúltimo, ma adj. y s. Avant-dernier, ère ; pénultième (p. us.).
penumbra f. Pénombre.
penumbroso, sa adj. Plongé dans la pénombre.
penuria f. Pénurie (escasez). ‖ *Estar en la penuria*, se trouver dans l'embarras, être dans la gène (sin dinero).

peña f. Rocher, *m.* ‖ Cercle, *m.* (de amigos). ‖ FIG. *Ser una peña*, avoir un cœur de pierre.
peñaranda (en) loc. POP. Au clou, chez ma tante (empeñado).
peñascal m. Rochers, *pl.*, terrain couvert de rochers.
peñasco m. Rocher (peña). ‖ ANAT. Rocher (del oído). ‖ ZOOL. Rocher (molusco).
peñascoso, sa adj. Rocheux, euse.
peñol m. Rocher (peñasco).
péñola f. Plume [pour écrire].
peñón m. Rocher : *el Peñón de Gibraltar*, le rocher de Gibraltar.
peo m. FAM. Pet (pedo). | Cuite, *f.* (borrachera).
peón m. (P. us.). Piéton (que camina a pie). ‖ Manœuvre (obrero), homme de peine (azacán). ‖ Toupie, *f.* (juguete). ‖ Pion (damas, ajedrez). ‖ Ruche, *f.* (colmena). ‖ Péon (en poesía). ‖ MECÁN. Arbre (árbol). ‖ MIL. Fantassin (infante). ‖ TAUROM. Écarteur, péon [auxiliaire du matador]. ‖ — *Peón caminero*, cantonnier. ‖ *Peón de albañil*, aide-maçon.
peonada f. Journée d'un manœuvre (trabajo). ‖ *Amer.* Equipe d'ouvriers (obreros), équipe de péons *o* d'ouvriers agricoles (en una hacienda).
peonaje m. MIL. Infanterie, *f.* ‖ Equipe (*f.*) de manœuvres (obreros).
peonar v. intr. *Amer.* Travailler comme manœuvre *o* comme péon.
peonería f. Journal, *m.*, ouvrée (tierra labrada en un día).
peonía f. Pivoine (planta). ‖ Lopin (*m.*) de terre (heredad).
peonza f. Toupie (trompo). ‖ — FIG. y FAM. *Bailar como una peonza*, tourner comme une toupie. | *Ser una peonza*, ne pas tenir en place, avoir la bougeotte.
peor adj. Pire, moins bien : *tu ejercicio es peor que el suyo*, ton devoir est pire que le sien. ‖ Plus mauvais, e : *llevarse la peor parte*, avoir la plus mauvaise part.
— Adv. Pis : *peor que nunca*, pis que jamais. ‖ — *Peor para ti, para él*, tant pis pour toi, pour lui. ‖ *Peor que peor* ou *tanto peor*, tant pis. ‖ — *Cada vez peor*, de pire en pire. ‖ *En el peor de los casos* ou *poniéndose en el peor de los casos*, en mettant les choses au pire, au pis aller. ‖ *Lo peor*, le pire. ‖ *Y lo que es peor*, qui pis est.
peoría f. Aggravation (empeoramiento).
pepa f. *Amer.* Pépin, *m.* (pepita). | Blague (bola). | Bille (canica).
Pepa n. pr. f. [dim. de *Josefa*, Joséphine]. Josianne. ‖ *¡Viva la Pepa!*, vive la Joie !
pepe m. POP. Mauvais melon (melón). ‖ FAM. *Amer.* Gommeux (petimetre).
Pepe n. pr. m. [dim. de *José*, Joseph]. José. ‖ FAM. *Como un Pepe*, comme tout le monde.
pepenar v. tr. *Amer.* Ramasser (recoger). | Trier [le minerai].
pepián m. *Amer.* Ragoût, fricassée, *f.*
pepinar m. Champ de concombres.
pepinazo m. FIG. y FAM. Explosion, *f.*, pétard. | Shoot, boulet de canon (en fútbol).
pepinillo m. Cornichon (planta).
pepino m. Concombre (planta) : *poner a macerar pepinos*, faire dégorger des concombres. ‖ FAM. Marmite, *f.* (obús). ‖ — FIG. y FAM. *Me importa un pepino*, je m'en moque comme de l'an quarante, ça m'est égal, je m'en fiche. | *No importar un pepino*, n'avoir aucune importance. ‖ *Pepino del diablo*, concombre d'âne (cohombrillo).
pepita f. Pépin, *m.* (de fruto). ‖ Pépite (de oro). ‖ Pépie (enfermedad de las gallinas). ‖ *Amer.* Grain, *m.* (de cacao). ‖ *Pepita de San Ignacio*, fève de Saint-Ignace.

Pepita n. pr. f. [dim. de *Pepa*]. Josette.
pepito m. Petit sandwich de viande, sorte d'hamburger (bocadillo). ‖ *Amer.* Gommeux, godelureau (lechuguino).
Pepito n. pr. m. [dim. de *Pepe, José, Joseph*]. José.
pepitoria f. Fricassée de poule *o* de poulet (guisado). ‖ FIG. Méli-mélo, *m.*, brouillamini, *m.* (confusión).
pepitoso, sa adj. Qui a beaucoup de pépins (fruta). ‖ Qui a la pépie (gallina).
pepla f. FAM. Barbe : *¡qué pepla ir allí ahora!,* quelle barbe d'aller là-bas maintenant !
peplo m. Péplum, péplos (túnica antigua).
pepona f. Poupard, *m.*, poupée de carton (muñeca).
pepónide f. Péponide, pépon, *m.*
pepsina f. QUÍM. Pepsine.
péptico, ca adj. Peptique.
peptona f. QUÍM. Peptone.
pequeñajo, ja m. y f. FAM. Nabot, *m.* : *esta chica es una pequeñaja,* cette fille est un nabot.
— OBSERV. Existe la forma femenina *nabote* pero es poco empleada.
pequeñez f. Petitesse (tamaño). ‖ Enfance (infancia). ‖ Jeune âge, *m.* (corta edad). ‖ FIG. Petitesse (mezquindad). ‖ Bagatelle, vétille, rien, *m.* (cosa insignificante) : *una pequeñez le asusta,* un rien lui fait peur; *no reparar en pequeñeces,* ne pas s'arrêter à des vétilles. ‖ *Pequeñez de miras,* étroitesse de vue.
pequeñín, ina o **pequeñuelo, la** adj. Tout petit, toute petite.
pequeño, ña adj. y s. Petit, e. ‖ — *De pequeño,* étant petit, encore enfant. ‖ FIG. *Dejar pequeño,* laisser loin derrière, éclipser. ‖ *El hijo más pequeño,* le plus jeune fils, le fils cadet. ‖ *En pequeño,* en petit, en plus petit. ‖ *Los infinitamente pequeños,* les infiniment petits. ‖ *Pequeño burgués,* petit bourgeois.
— OBSERV. *Pequeño* se place généralement après le nom : *un libro pequeño,* un petit livre.
— SINÓN. *Chico,* petit. *Exiguo,* exigu. *Minúsculo,* minuscule. *Diminuto,* très petit. *Ínfimo,* infime. *Parvo,* petit.

pequín m. Pékin (tela).
Pequín n. pr. GEOGR. Pékin.
pequinés, esa adj. y s. Pékinois, e. ‖ — M. Pékinois (perro).
pera f. Poire (fruto) : *pera de agua,* poire fondante. ‖ Barbiche (barba). ‖ Poire (interruptor eléctrico). ‖ FIG. Sinécure, fromage, *m.* (empleo). ‖ — *Sidra de peras,* poiré (perada). ‖ — FIG. y FAM. *Estar como pera ou perita en dulce,* être comme un coq en pâte. ‖ *No partir peras con nadie,* faire cavalier seul. ‖ *Partir peras con uno,* être à tu et à toi avec quelqu'un. ‖ *Pedir peras al olmo,* demander la Lune, demander l'impossible. ‖ FAM. *Ponerle a uno las peras a cuarto,* serrer la vis à quelqu'un, apprendre à vivre à quelqu'un.
— Adj. Pimpant, e; toujours bien mis, e (elegante). ‖ *Pollo pera,* gommeux, snobinard.
perada f. Compote de poires (conserva). ‖ Poiré, *m.* (bebida).
peral m. Poirier (árbol).
peraleda f. Verger (*m.*) planté de poiriers.
peralejo m. BOT. Byrsonyme, arbre d'Amérique.
peraltar v. tr. ARQ. Surhausser (un arco). ‖ TECN. Relever (carreteras) : *curva peraltada,* virage relevé.
peralte m. ARQ. Surhaussement. ‖ Virage relevé, dévers (en las carreteras).
peralto m. GEOM. Hauteur, *f.*
perborato m. QUÍM. Perborate.
perbunan f. QUÍM. Caoutchouc (*m.*) synthétique.
perca f. Perche (pez).

percal m. Percale, *f.* ‖ FIG. *Conocer bien el percal,* connaître la musique, s'y connaître.
percalina f. Percaline (tela).
percance m. Contretemps (contratiempo). ‖ Profit, bénéfice (provecho). ‖ *Los percances del oficio,* les inconvénients du métier.
percatarse v. pr. S'apercevoir, se rendre compte (reparar) : *me he percatado del peligro,* je me suis rendu compte du danger. ‖ Se renseigner, s'informer (enterarse) : *tiene que percartarse de todo ello,* il faut vous informer de tout cela *o* vous renseigner sur tout cela.
percebe m. Pouce-pied, pousse-pied, anatife (molusco). ‖ FIG. y FAM. Moule, *f.*, cloche, *f.* (necio).
percepción f. Perception (sensación). ‖ Idée (idea). ‖ Perception (de dinero).
percepcionismo m. Perceptionnisme, perceptionisme.
perceptibilidad f. Perceptibilité (sensación).
perceptible adj. Perceptible (que se siente). ‖ Percevable (visible). ‖ Percevable, recouvrable (que se cobra).
perceptivo, va adj. FILOS. Perceptif, ive.
perceptor, ra adj. y s. Percepteur, trice (que percibe o distingue).
— OBSERV. Le *percepteur* (d'impôts) se dit en espagnol *recaudador* (de contribuciones).
percibible adj. Percevable (cobrable).
percibir v. tr. Percevoir (sentir) : *percibió un ruido leve,* il perçut un léger bruit. ‖ Percevoir, toucher (cobrar dinero).
percibo m. Perception, *f.* ‖ Recouvrement, perception, *f.* (acción de cobrar).
perclorato m. QUÍM. Perchlorate.
perclórico, ca adj. QUÍM. Perchlorique.
percloruro m. QUÍM. Perchlorure.
percolador m. Percolateur.
percudir v. tr. Salir (ensuciar), tacher (manchar).
percusión f. Percussion : *instrumentos de percusión,* instruments à percussion; *arma de percusión,* arme à percussion. ‖ MED. Percussion.
percusor m. Percuteur (de un arma).
percutiente adj. Percutant, e.
percutir v. tr. Percuter.
percutor m. Percuteur (de un arma).
percha f. Cintre, *m.* (para colgar ropa, etc.). ‖ Portemanteau, patère, *f.* (colgador fijo en la pared). ‖ Perche (pértiga). ‖ Cardage, *m.* (del paño). ‖ Lacet, *m.* (lazo de carga). ‖ Perchoir, *m.* (de las aves). ‖ Râtelier, *m.* (para utensilios). ‖ ZOOL. Perche (perca, pez). ‖ MAR. Varangue (varenga). ‖ FIG. y FAM. *Tener buena percha,* être bien fait, être bien de sa personne.
perchar v. tr. Carder [le drap].
perchel m. Armature (*f.*) des filets de pêche (aparejos). ‖ Lieu de pêche, pêcherie, *f.* (sitio).
perchero m. Portemanteau (percha).
percherón, ona adj. y s. Percheron, onne (caballo para el tiro).
perchista m. y f. Équilibriste, funambule.
perdedero m. Occasion (*f.*) de perte.
perdedor, ra adj. y s. Perdant, e. ‖ *Buen* ou *mal perdedor,* beau *o* mauvais joueur.
perder* v. tr. e intr. Perdre (un libro, una fortuna, la vida) : *perder mucho dinero en el juego,* perdre beaucoup d'argent au jeu. ‖ FIG. Perdre : *perder el tiempo en tonterías,* perdre son temps à des bêtises; *perder la razón* ou *el juicio,* perdre l'esprit *o* la raison. ‖ Rater, manquer : *perder el tren, la ocasión,* rater le train, l'occasion. ‖ Manquer de, perdre (cortesía) : *perderle el respeto a uno,* manquer de respect envers quelqu'un. ‖ Abîmer, endommager (echar a perder). ‖ Ruiner (arruinar). ‖ Perdre, baisser (decaer). ‖ Fuir, perdre (desinflarse). ‖ — FIG. *Perder el color,* changer de couleur. ‖ *Perder el tino* ou *los estribos*

ou *el dominio de sí mismo*, perdre la tête *o* les pédales (fam.), perdre contenance *o* le contrôle de soi-même. ‖ *Perder en el cambio*, perdre au change. ‖ Fig. y Fam. *Perder la cabeza*, perdre la tête. ‖ *Perder los colores*, perdre ses couleurs *o* sa belle mine. ‖ *Perder pie*, perdre pied. ‖ *Perder sus facultades*, perdre ses moyens. ‖ — Fig. y Fam. *Andar* ou *estar perdido por uno*, être fou de quelqu'un. ‖ *Dar algo por perdido*, faire son deuil de quelque chose. ‖ *Echar a perder*, abîmer, endommager (estropear), manquer, rater (fam.) : *echar a perder un guiso*, manquer un plat. ‖ *El que todo lo quiere, todo lo pierde*, qui trop embrasse, mal étreint. ‖ *Hasta perder la respiración*, à perdre haleine. ‖ *No hay tiempo que perder*, il n'y a pas de temps à perdre. ‖ *No perder de vista a alguien*, ne pas perdre quelqu'un de vue. ‖ *Pierda cuidado*, ne vous en faites pas, n'ayez crainte. ‖ Fig. *Ponerse perdido*, se cochonner, se salir. ‖ *Quien fue a Sevilla perdió su silla*, qui va à la chasse perd sa place.
— V. pr. Perdre : *se le pierde todo*, il perd tout. ‖ Se perdre (extraviarse *o* desaparecer). ‖ Fig. Se perdre (corromperse). | Perdre la tête (conturbarse). | Être fou : *perderse por alguien*, être fou de quelqu'un. | Se perdre (una mujer). ‖ — *Hasta perderse de vista*, à perte de vue. ‖ *Nada se pierde por esperar*, on ne perd rien à attendre. ‖ *¡No te lo pierdas!*, surtout, ne rate pas cela ! ‖ *¡Tú te lo pierdes!*, tant pis pour toi !

perdible adj. Perdable.

perdición f. Perte. ‖ Fig. Perte, ruine (ruina). | Perte (por el amor). | Dérèglement, *m.* (desarreglo). ‖ Perdition, perte (condenación eterna).

pérdida f. Perte (privación) : *sentir la pérdida de alguien*, regretter la perte de quelqu'un. ‖ — Pl. Mil. Pertes. ‖ — *Pérdida del sentido* ou *del conocimiento*, perte de connaissance. ‖ Com. *Pérdida total*, perte sèche. | *Pérdidas y ganancias*, profits et pertes. ‖ — *No tiene pérdida*, on trouve facilement. | *Vender con pérdida*, vendre à perte.

perdidamente adv. Éperdument (con exceso) : *perdidamente enamorado*, éperdument amoureux. ‖ Inutilement.

perdidizo, za adj. Fam. Qu'on fait semblant de perdre, qu'on cache (cosa). ‖ Qui se cache, qui se sauve (persona).

perdido, da adj. Perdu, e. ‖ Fam. Très sale. | Couvert, e : *estar perdido de barro*, être couvert de boue. | Invétéré, e : *un borracho perdido*, un ivrogne invétéré. ‖ — *A fondo perdido*, à fonds perdus. ‖ *A ratos perdidos*, à mes (tes, ses, etc.) moments perdus. ‖ *Depósito* ou *oficina de objetos perdidos*, bureau des objets trouvés. ‖ Fig. y Fam. *Estar más perdido que Carracuca*, être cuit, être complètement perdu. ‖ *Loco perdido*, fou à lier. ‖ *Trabajo perdido*, peine perdue.
— M. Fam. Vaurien (golfo). ‖ Impr. Passe, *f.* | *Hacerse el perdido*, se cacher.

perdidoso, sa adj. Fam. Perdant, e.

perdigón m. Perdreau (pollo de perdiz). ‖ Chanterelle, *f.* (perdiz que sirve de reclamo). ‖ Plomb de chasse, chevrotine, *f.* (munición). ‖ Fam. Gaspilleur (derrochador). | Malchanceux (en juegos). | Postillon (de saliva) : *echar perdigones*, envoyer des postillons. | Crotte (*f.*) de nez (moco). | Recalé, redoublant (suspendido).

perdigonada f. Décharge *o* volée de plomb *o* de chevrotines (tiro de perdigones). ‖ Blessure faite par une décharge de plombs (herida).

perdigonera f. Sac (*m.*) à plomb de chasse.

perdiguero, ra adj. Qui chasse la perdrix. ‖ *Perro perdiguero*, chien de chasse, braque.
— M. Vendeur de gibier (el que vende caza).

perdimiento m. Perte, *f.*

perdis m. Pop. Vaurien (calavera).

perdiz f. Perdrix. ‖ — *Ojo de perdiz*, œil-de-perdrix (tela). ‖ *Perdiz blanca, pardilla*, perdrix blanche, grise. ‖ *Perdiz de mar*, perdrix de mer (glaréola). ‖ *Y vivieron felices, comieron perdices y a mí no me dieron...*, ils se marièrent, ils furent heureux et ils eurent beaucoup d'enfants... (al final de un cuento).

perdón m. Pardon. ‖ — *Con perdón*, avec votre permission, sauf votre respect. ‖ *Con perdón sea dicho*, soit dit sans vouloir vous offenser.
— Sinón. *Remisión*, rémission. *Indulto, gracia*, grâce. *Absolución*, absolution. *Indulgencia*, indulgence. *Clemencia*, clémence.

perdonable adj. Pardonnable.

perdonador, ra adj. y s. Qui pardonne.

perdonar v. tr. Pardonner (una ofensa). ‖ Fig. Pardonner : *una enfermedad que no perdona*, une maladie qui ne pardonne pas. ‖ Excuser de (dispensar) : *perdone la molestia*, excusez-moi de vous déranger. ‖ Manquer, rater (perder, dejar) : *no perdonar un baile*, ne pas manquer un bal. ‖ Faire grâce (omitir) : *no perdonar un detalle*, ne pas faire grâce d'un détail. ‖ Reculer devant, laisser passer (no aprovechar) : *no perdonar medio de enriquecerse*, ne reculer devant aucun moyen de s'enrichir. ‖ Renoncer à (renunciar). ‖ Exempter (exceptuar). ‖ Passer (un capricho, una falta). ‖ — *Perdonar la vida*, faire grâce de la vie, gracier. ‖ *¡Perdone usted!*, pardon !, je vous demande pardon, excusez-moi.

perdonavidas m. inv. Fig. y Fam. Matamore, fanfaron (valentón).

perdulario, ria adj. y s. Négligent, e (descuidado). ‖ — M. y f. Vaurien, enne (pillo).

perdurabilidad f. Éternité (de lo eterno). ‖ Durabilité (de lo duradero).

perdurable adj. Éternel, elle ; perpétuel, elle ; impérissable (eterno). ‖ Durable (duradero).

perdurablemente adv. Éternellement.

perdurar v. intr. Durer longtemps (durar). ‖ Subsister (subsistir).

perecedero, ra adj. Périssable : *productos perecederos*, denrées périssables. ‖ Qui a une fin (que ha de acabarse).

perecer* v. intr. Périr. ‖ Mourir.
— V. pr. *Perecerse por*, mourir d'envie de.

perecimiento m. Disparition, *f.* (de personas *o* cosas), mort, *f.* (de personas).

perecuación f. Péréquation (reparto por igual).

pereda f. Verger (*m.*) de poiriers (peraleda).

peregrinación f. Pérégrination (viaje). ‖ Pèlerinage, *m.* (a un santuario) : *peregrinación a Santiago de Compostela* pèlerinage à Saint-Jacques-de-Compostelle.

peregrinaje m. (P. us.). Pèlerinage.

peregrinamente adv. Étrangement (de un modo raro). ‖ Merveilleusement (con primor).

peregrinante adj. En pèlerinage.
— M. Pèlerin (peregrino).

peregrinar v. intr. Aller en pèlerinage (a un santuario). ‖ Voyager (por tierras extrañas).

peregrinidad f. Étrangeté.

peregrino, na adj. Voyageur, euse (que viaja). ‖ De passage, migrateur, trice (aves). ‖ Exotique (de otros países). ‖ Fig. Étrange, bizarre, singulier, ère ; drôle (raro) : *una idea peregrina*, une drôle d'idée, une idée étrange.
— M. y f. Pèlerin, e (que va a un santuario).
— Observ. El sustantivo *pèlerine* se emplea poco en este sentido.

perejil m. Bot. Persil.

perención f. (P. us.). Péremption.

perendeca f. Fam. Garce, fille de joie.

perendengue m. Colifichet, fanfreluche, *f.* (adorno). ‖ Pendant d'oreille (arete).

perengano, na m. y f. Un tel, Une telle. ‖ *Mengano o Perengano,* Un tel ou Un tel.
— OBSERV. Le mot *Perengano* ne s'emploie qu'après les substantifs *Fulano, Mengano* et *Zutano,* pour indiquer une personne dont on ignore le nom.
perennal o **perenne** adj. Permanent, e ; perpétuel, elle ; perenne (p. us.). ‖ BOT. Vivace (planta). ‖ Persistant, e (hojas). ‖ Éternel, elle : *tu recuerdo será perenne,* ton souvenir sera éternel.
perennemente adv. Perpétuellement.
perennidad f. Perpétuité, pérennité.
perentoriamente adv. Péremptoirement (terminantemente). ‖ De façon urgente o pressante.
perentoriedad f. Caractère (*m.*) péremptoire. ‖ Urgence.
perentorio, ria adj. Péremptoire (terminante) : *con tono perentorio,* sur un ton péremptoire. ‖ Urgent, e ; pressant, e (apremiante).
pereza f. Paresse. ‖ ZOOL. Paresseux, *m.* (perezoso). ‖ — *Pereza mental,* paresse d'esprit. ‖ *Sacudir la pereza,* secouer sa paresse.
perezosamente adv. Paresseusement. ‖ Lentement, sans se presser.
perezoso, sa adj. y s. ● Paresseux, euse. ‖ — M. ZOOL. Paresseux (desdentado). ‖ FIG. *Ni corto ni perezoso,* de but en blanc, sans crier gare.
— SINÓN. ● *Holgazán, haragán,* fainéant. *Gandul,* cossard. *Indolente,* indolent. *Negligente, flojo,* négligent. *Vago,* fainéant, feignant, faignant.
perfección f. Perfection : *canta a la perfección,* elle chante à la perfection.
perfeccionador, ra adj. Qui perfectionne.
perfeccionamiento m. Perfectionnement. ‖ TECN. Parachèvement.
perfeccionar v. tr. Perfectionner : *perfeccionar una máquina,* perfectionner une machine. ‖ Parfaire : *perfeccionar una obra de arte,* parfaire une œuvre d'art.
perfectamente adv. Parfaitement.
perfectibilidad f. Perfectibilité.
perfectible adj. Perfectible.
perfecto, ta adj. Parfait, e (excelente). ‖ FIG. Parfait, e (absoluto) : *un perfecto imbécil,* un parfait imbécile. ‖ — GRAM. *Futuro perfecto,* futur antérieur. ‖ *Pretérito perfecto,* passé composé, passé indéfini, parfait.
perfidia f. Perfidie.
pérfido, da adj. y s. Perfide.
perfil m. Profil (parte lateral) : *perfil izquierdo,* profil gauche ; *ver a uno de perfil,* voir quelqu'un de profil. ‖ Contour, silhouette, *f.* (contorno) : *el perfil de un caballo,* la silhouette d'un cheval. ‖ Profil (de montaña). ‖ Délié (de las letras). ‖ FIG. Esquisse, *f.,* portrait (retrato moral). ‖ GEOM. Profil. ‖ Coupe, *f.* (en geología). ‖ TECN. Profilé, profil. ‖ — Pl. Silhouette, *f. sing. :* *los perfiles de un niño,* la silhouette d'un enfant. ‖ Égards (miramientos). ‖ — *De perfil,* de profil. ‖ *Medio perfil,* trois quarts : *un retrato de medio perfil,* un portrait de trois quarts. ‖ *Tomar perfiles,* décalquer.
perfilado, da adj. Profilé, e (de perfil). ‖ Effilé, e ; long et étroit (rostro). ‖ Bien fait, e ; bien dessiné, e ; régulier, ère (nariz, boca, etc.).
perfiladura f. Profil, *m.*
perfilar v. tr. Profiler. ‖ FIG. Parfaire, mettre la dernière main à, fignoler (rematar).
— V. pr. Se profiler. ‖ FIG. Se dessiner : *ya se perfila el resultado final,* le résultat final se dessine. ‖ Se dessiner, se découper : *el campanario se perfila en el cielo,* le clocher se découpe sur le ciel. ‖ Se pomponner (aderezarse).
perfoliado, da adj. BOT. Perfolié, e.
perforación f. Perforation. ‖ Percement, *m. : la perforación de un túnel, de un monte,* le percement d'un tunnel, d'une montagne. ‖ TECN. Poin-

çonnement, *m.,* poinçonnage, *m.* (taladro). | Forage, *m.* (sondeo). ‖ MED. Perforation.
perforado m. Perforage, perforation, *f.*
perforador, ra adj. Perforateur, trice.
— F. TECN. Perforatrice, perforeuse, perceuse (taladradora), poinçonneuse (con punzón).
perforante adj. Perforant, e.
perforar v. tr. Perforer. ‖ Percer (un túnel). ‖ TECN. Poinçonner (taladrar con punzón). ‖ MED. *Úlcera perforada,* ulcère perforant.
perforista f. Perforeuse (persona).
performance f. Performance (resultado notable).
perfumadero m. Brûle-parfum, *inv.,* cassolette, *f.* (pebetero).
perfumador m. Brûle-parfum, *inv.* (pebetero). ‖ Vaporisateur (pulverizador).
perfumar v. tr. Parfumer.
— V. intr. Embaumer (exhalar perfume).
— V. pr. Se parfumer.
perfume m. Parfum.
— SINÓN. *Aroma,* arôme. *Buqué, aroma,* bouquet. *Fragancia,* fragance. *Esencia,* essence. *Husmo, tufo,* fumet. *Efluvio,* effluve.
perfumería f. Parfumerie.
perfumero, ra o **perfumista** m. y f. Parfumeur, euse.
perfusión f. MED. Perfusion.
pergaminero, ra m. y f. Parcheminier, ère.
pergamino m. Parchemin. ‖ — Pl. FIG. y FAM. Peau (*f. sing.*) d'âne, parchemins (títulos). ‖ — *Pergamino vegetal,* papier-parchemin. ‖ FIG. *Tener pergaminos,* avoir ses quartiers de noblesse.
Pérgamo n. pr. GEOGR. Pergame.
pergenio m. *Amer.* Mioche, gamin (rapazuelo).
pergeñar v. tr. FAM. Ébaucher.
pergeño m. Allure, *f.* (apariencia).
pérgola f. Pergola (emparrado). ‖ Terrasse (en la techumbre).
perhidrol m. Perhydrol (agua oxigenada).
peri f. MIT. Péri (genio persa).
periantio m. BOT. Périanthe.
periartritis f. MED. Périarthrite.
peribolo m. Péribole (de los templos griegos).
pericardio m. ANAT. Péricarde.
pericarditis f. MED. Péricardite.
pericarpio m. BOT. Péricarpe.
pericecitis f. Pérityphlite.
pericia f. Compétence (saber). ‖ Habileté, adresse, expérience (práctica).
pericial adj. D'expert. ‖ — *Dictamen* ou *examen* ou *prueba pericial,* expertise. ‖ *Someter al juicio pericial,* expertiser.
periciclo m. BOT. Péricycle.
periclitar v. intr. Péricliter.
perico m. Perruche, *f.* (ave). ‖ Grand éventail (abanico). ‖ Toupet (pelo). ‖ Pot de chambre (orinal). ‖ MAR. Perruche, *f.* ‖ — *Huevos pericos,* œufs brouillés (huevos revueltos). ‖ *Perico ligero,* aï, paresseux (mamífero).
Perico n. pr. m. (dim. de *Pedro*). FAM. Pierrot. ‖ FAM. *Perico el de los palotes,* Un tel, n'importe qui.
pericón m. Grand éventail (abanico). ‖ Danse (*f.*) populaire (baile argentino).
pericote m. *Amer.* Mulot (rata del campo).
pericráneo m. ANAT. Péricrâne.
peridoto m. MIN. Péridot.
periecos m. pl. Périœciens.
periespíritu m. Périsprit.
periferia f. Périphérie.
periférico, ca adj. Périphérique.
periflebitis f. MED. Périphlébite.
perifollo m. BOT. Cerfeuil. ‖ — Pl. FIG. y FAM. Fanfreluches, *f.,* colifichets (adorno).
perifonía f. (P. us.). Radiodiffusion.
perifrasear v. intr. Périphraser.

perífrasis f. Périphrase (circunloquio).
perifrástico, ca adj. Périphrastique.
perigallo m. Pli, fanon (del cuello). ‖ Ruban (cinta). ‖ TECN. Moufle, f. (de poleas).
perigeo m. ASTR. Périgée.
perigonio m. BOT. Périgone.
Perigord n. pr. m. GEOGR. Périgord.
perihelio m. ASTR. Périhélie.
perilla f. Barbiche (barba). ‖ Poire (interruptor eléctrico). ‖ Pomme (adorno). ‖ Pommeau, m. (de silla de montar). ‖ Bout (m.) de cigare (del puro). ‖ Lobe, m. (de oreja). ‖ MAR. Pomme de mât. ‖ — FIG. y FAM. De perilla ou de perillas, à point, à propos. ‖ — MAR. Perilla de mesana, pic. ‖ FIG. y FAM. Venir de perilla ou de perillas, tomber à pic o à merveille, bien tomber.
perillán m. FAM. Coquin, fripon.
perimétrico, ca adj. Périmétrique.
perímetro m. GEOM. Périmètre. ‖ Perímetro de caderas, tour de hanches.
perínclito, ta adj. Héroïque, valeureux, euse.
perineal adj. ANAT. Périnéal, e.
perineo m. ANAT. Périnée.
perineumonía f. MED. Péripneumonie.
perineumónico, ca adj. MED. Péripneumonique.
perinola f. Toton, m. (juguete). ‖ Cochonnet, m. (dado). ‖ Pomme (adorno).
periodicidad f. Périodicité.
periódico, ca adj. Périodique. ‖ Publicación periódica, périodique (diario).
— M. ● Journal (diario) : puesto de periódicos, kiosque à journaux.
— SINÓN. ● Diario, rotativo, journal, quotidien. Gaceta, gazette. órgano, organe. Hoja, feuille. Revista, revue, magazine. Semanario, hebdomadaire. Boletín, bulletin.
periodicucho m. FAM. Feuille (f.) de chou, canard (periódico).
periodismo m. Journalisme.
periodista m. Journaliste.
— SINÓN. Redactor, rédacteur. Reportero, reporter. Corresponsal, correspondant. Cronista, chroniqueur. Gacetillero, échotier.
periodístico, ca adj. Journalistique. ‖ Artículo periodístico, article de journal.
período o **periodo** m. Période, f. ‖ Règles, f pl. (menstruación). ‖ — Período de arrendamiento, durée du bail. ‖ GRAM. Período de frase, membre de phrase. ‖ Período de prácticas, stage. ‖ Período de sesiones, session (de una asamblea).
periostio m. ANAT. Périoste.
periostitis f. MED. Périostite.
periostosis f. MED. Périostose.
peripatético, ca adj. y s. Pépinatéticien, enne. ‖ FIG. y FAM. Extravagant, e (ridículo).
— OBSERV. Le féminin en espagnol n'a pas le sens de « prostituée » qu'a le mot français péripatéticienne.
peripatetismo o **peripato** m. Péripatétisme.
peripecia f. Péripétie.
periplo m. Périple.
períptero, ra adj. y s. m. ARQ. Périptère.
peripuesto, ta adj. FAM. Pomponné, e ; attifé, e (ataviado). ‖ FIG. Estar muy peripuesto, être tiré à quatre épingles.
periquear v. intr. Courir le guilledou (una mujer). ‖ Amer. Faire la cour (requebrar).
periquete m. FAM. Instant. ‖ En un periquete, en un clin d'œil, en un tour de main, en moins de deux.
Periquillo n. pr. m. (dim. de Pedro). FAM. Pierrot.
periquito m. Perruche, f. (ave).
periscios m. pl. Périsciens.
periscópico, ca adj. Périscopique.
periscopio m. MAR. Périscope.
perisístole f. MED. Périsystole.
perisodáctilos m. pl. ZOOL. Périssodactyles.

perisología f. Périssologie (pleonasmo).
perisperma m. BOT. Périsperme.
perisplenitis f. MED. Périsplénite.
peristáltico, ca adj. ANAT. Péristaltique.
peristasis f. (P. us.). Sujet, m. matière.
peristilo m. ARQ. Péristyle.
perístole f. BIOL. Mouvement (m.) péristaltique.
peristoma m. Péristome.
peritación f. o **peritaje** m. Expertise, f.
peritecio m. BOT. Périthèce.
peritiflitis f. MED. Pérityphlite.
perito, ta adj. Compétent, e (sabio). ‖ Expert, e (práctico). ‖ Perito en la materia, expert en la matière.
— M. Expert. ‖ Sous-ingénieur (agrícola, aeronáutico, industrial, etc.). ‖ — Perito en contabilidad ou perito mercantil, expert comptable. ‖ Perito tasador, commissaire priseur. ‖ — A juicio de peritos, au dire des experts.
— OBSERV. El término sous-ingénieur es cada vez menos empleado en francés. Perito puede traducirse la mayoría de las veces por ingénieur. La jerarquía profesional en Francia se basa más bien en la categoría de la Escuela.
peritoneal adj. ANAT. Péritonéal, e.
peritoneo m. ANAT. Péritoine.
peritonitis f. MED. Péritonite.
perjudicado, da adj. y s. Lésé, e.
perjudicador, ra adj. Nuisible.
— M. y f. Ennemi, e.
perjudicante adj. Nuisible.
perjudicar v. tr. Nuire à, porter atteinte à, porter préjudice à, léser : perjudicar los intereses de uno, nuire aux intérêts de quelqu'un. ‖ Nuire à, faire du tort à (en lo moral).
perjudicial adj. Préjudiciable, nuisible.
— SINÓN. Dañino, nocivo, nuisible. Pernicioso, pernicieux. Deletéreo, délétère. Peligroso, dangereux. Malo, mauvais. Malsano, malsain. Mefítico, méphitique.
perjuicio m. Dommage, préjudice (daño). ‖ Tort (daño moral) : reparar el perjuicio que se ha hecho, réparer le tort qu'on a fait. ‖ — Causar perjuicio, nuire, porter préjudice (en lo físico o lo moral), causer du tort (en lo moral). ‖ Con ou en perjuicio mío, suyo, à mes, à ses dépens, à mon, son désavantage. ‖ Sin perjuicio de, sans préjudice de. ‖ Sin perjuicio que, quitte à : un sistema llamado hoy liberalismo sin perjuicio que tome mañana otro nombre, un système nommé libéralisme quitte à prendre demain un autre nom.
perjurar v. intr. y pr. Se parjurer.
— V. intr. Jurer souvent.
perjurio m. Parjure (juramento en falso).
perjuro, ra adj. y s. Parjure (persona).
perla f. Perle : perla cultivada, perle de culture. ‖ IMPR. Perle (carácter). ‖ BLAS. Pairle, m. (palio). ‖ FIG. Perle (persona o cosa excelente). ‖ — De perlas, parfaitement, on ne peut micux. ‖ FIG. Ensartar perlas, enfiler des perles (perder el tiempo). | Hablar de perlas, parler d'or. | Venir de perlas, tomber à point o à pic, tomber à merveille.
— Adj. inv. Perle : gris perla, gris perle.
perlado, da adj. Perlé, e (en forma de perla). ‖ Cebada perlada, orge perlé.
perlé adj. m. Algodón perlé, coton perlé.
perlería f. Série o tas (m.) de perles.
perlero, ra adj. Perlier, ère : industria perlera, industrie perlière.
perlesía f. MED. Paralysie. | Atonie musculaire des vieillards.
perlongar v. intr. MAR. Longer la côte (costear).
permanecer* v. intr. Rester : permanecer inmóvil, rester immobile. ‖ Rester, demeurer, séjourner (residir) : Juan permaneció dos años en Londres, Jean est resté deux ans à Londres.
permanencia f. Permanence (duración constante) : la permanencia de las leyes, la permanence des lois. ‖ Séjour (estancia) : durante mi

permanencia en el extranjero, pendant mon séjour à l'étranger. ‖ Durée : *los cosmonautas batieron el récord de permanencia en el espacio,* les cosmonautes ont battu le record de durée dans l'espace. ‖ Constance (perseverancia).

permanente adj. Permanent, e. ‖ *Servicio permanente,* permanence.
— F. Permanente (de los cabellos).

permanentemente adv. D'une manière permanente, en permanence.

permanganato m. QUÍM. Permanganate.

permeabilidad f. Perméabilité.

permeable adj. Perméable. ‖ FIG. Perméable (influenciable).

permi m. FAM. Perme, *f.* (permiso) : *tener un permi de quince días,* avoir une perme de quinze jours.

pérmico, ca o **permiano, na** adj. y s. m. GEOL. Permien, enne.

permisible adj. Autorisable, qu'on peut permettre.

permisión f. Permission.

permisividad f. Permissivité.

permiso m. Permission, *f.* : *dar, pedir permiso para salir,* donner, demander la permission de sortir. ‖ Permis (de residencia, de caza, etc.) : *permiso para* ou *de construir,* permis de construire. ‖ Licence, *f.* : *permiso de camping,* licence de camping. ‖ Permission, *f.* (del soldado) : *de* ou *con permiso,* en permission; *permiso limitado,* permission libérable. ‖ Tolérance, *f.* (moneda). ‖ — *Permiso al país de origen,* congé dans les foyers (diplomático). ‖ *Permiso de conducir* ou *de conducción,* permis de conduire. ‖ *Permiso de salida,* exeat. ‖ — *Con permiso* ou *con su permiso* ou *con permiso de usted,* avec votre permission. ‖ *Licencia por permiso ilimitado,* congé de longue durée. ‖ *Militar con permiso,* permissionnaire.

permitido, da adj. Permis, e.

permitidor, ra adj. y s. Qui permet.

permitir v. tr. Permettre : *me permite que vuelva tarde,* il me permet de rentrer tard. ‖ — *Permítame que le diga,* permettez-moi de vous dire. ‖ *¿Usted permite?,* vous permettez?
— V. pr. Se permettre : *me permito dirigirme a usted,* je me permets de m'adresser à vous. ‖ *Permitirse el lujo de,* se payer le luxe de.

permuta f. Permutation, échange, *m.*

permutabilidad f. Permutabilité.

permutable adj. Permutable.

permutación f. Permutation.

permutador m. Permuteur.

permutante m. y f. Permutant, e.

permutar v. tr. Permuter (cambiar) : *permutar empleos,* permuter des emplois.

perna f. Jambonneau, *m.* (molusco).

pernada f. Coup (*m.*) donné avec la jambe. ‖ DR. Cuissage, *m.* ‖ *Dar pernadas,* gigoter.

pernaza f. FAM. Grande jambe, guibolle.

perneador, ra adj. Bon marcheur, bonne marcheuse.

pernear v. intr. Gigoter (fam.). ‖ FIG. y FAM. Se démener (afanarse). | Pester, fulminer (irritarse).

pernera f. Jambe de pantalon (pernil).

perneta f. Petite jambe. ‖ FAM. *En pernetas,* jambes nues.

perniabierto, ta adj. Qui a les jambes écartées.

pernicioso, sa adj. Pernicieux, euse; dangereux, euse. ‖ *Fiebre perniciosa,* fièvre maligne.

pernil m. Hanche et cuisse, *f.* (de un animal). ‖ Jambon (de cerdo). ‖ Jambe, *f.* (de pantalón). ‖ Cuissot (de caza mayor).

pernio m. Penture, *f.* (de gozne).

perniquebrar* v. tr. Rompre les jambes, casser une jambe (accidente).
— V. pr. Se casser une jambe.

pernituerto, ta adj. Bancal, e; bancroche (fam.).

perno m. Boulon (tornillo).

pernoctar v. intr. Découcher (pasar la noche fuera de su propio domicilio). ‖ Passer la nuit, coucher : *pernoctaremos en Burgos,* nous passerons la nuit à Burgos.

pero m. Pommier à fruits allongés (árbol). ‖ Pomme (*f.*) de forme allongée (fruto). ‖ Amer. Poirier (peral).

pero conj. Mais : *es bonito, pero caro,* c'est joli, mais cher. ‖ FAM. *¡Pero bueno!,* non mais !
— M. FAM. Défaut (defecto) : *sin pero,* sans défaut. | Inconvénient (dificultad) : *tener muchos peros,* présenter beaucoup d'inconvénients. | Objection, *f.* (reparo) : *sin poner peros,* sans soulever d'objection. ‖ — *No hay pero que valga,* il n'y a pas de mais qui tienne, pas d'excuse. | *Poner* ou *encontrar peros,* trouver à redire.

perogrullada f. FAM. Lapalissade, vérité de La Palisse.

perogrullesco, ca adj. Digne de La Palisse.

Perogrullo n. pr. m. Monsieur de La Palisse *o* de La Pallice. ‖ *Verdad de Perogrullo,* vérité de La Palisse, lapalissade.

perol m. Bassine, *f.* (vasija de metal). ‖ Casserole, *f.* (cacerola).

perolero m. Ferblantier (hojalatero).

peroné m. ANAT. Péroné (hueso).

peroneo, a adj. y s. m. Péronier, ère.

peronosporáceas f. pl. BOT. Péronosporacées.

peroración f. Péroraison.

perorador, ra m. y f. Péroreur, euse.

perorar v. intr. Parler, prononcer un discours. ‖ FAM. Pérorer (hablar vanamente).

perorata f. Discours, *m.,* tirade, laïus, *m.* (discurso molesto) : *echar una perorata,* faire un laïus, débiter une tirade.

peroxidar v. tr. QUÍM. Péroxyder.

peróxido m. QUÍM. Péroxyde.

perpendicular adj. y s. f. GEOM. Perpendiculaire.

perpendicularidad f. Perpendicularité.

perpetración f. Perpétration.

perpetrador, ra adj. y s. Qui perpètre.

perpetrar v. tr. Perpétrer, commettre (un delito).

perpetua f. BOT. Immortelle (siempreviva). ‖ BOT. *Perpetua de las nieves,* edelweiss.

perpetuación f. Perpétuation.

perpetuar v. tr. Perpétuer : *perpetuar el recuerdo de los caídos,* perpétuer le souvenir des morts.

perpetuidad f. Perpétuité : *a perpetuidad,* à perpétuité.

perpetuo, tua adj. Perpétuel, elle. ‖ — *Cadena perpetua,* travaux forcés à perpétuité, emprisonnement à vie, détention perpétuelle. ‖ *Nieves perpetuas,* neiges éternelles.

perpiaño adj. m. ARQ. *Arco perpiaño,* arc-doubleau.
— M. Parpaing (piedra).

Perpiñán n. pr. GEOGR. Perpignan.

perplejamente adv. Avec perplexité.

perplejidad f. Perplexité.

perplejo, ja adj. Perplexe.

perquirir* v. tr. Rechercher. ‖ Perquisitionner (hacer pesquisas).

perquisición f. Perquisition (pesquisa).

perquisidor, ra adj. Perquisiteur, trice (indagador).
— M. Perquisitionneur.

perra f. Chienne (animal). ‖ FAM. Cuite (borrachera). | Sou, *m.* (dinero) : *no tengo ni* ou *estoy sin una perra,* je n'ai pas un sou. | Colère (rabieta) : *coger una perra,* piquer une colère. | Entêtement, *m.* (obstination). ‖ — Pl. FAM. Argent, *m.* sing. (dinero) : *tiene muchas perras,* il a beaucoup d'argent. ‖ — *Perra chica, gorda,* monnaie de 5 centimes, de 10 centimes [en Espagne].

perrada f. Meute (jauría). ‖ FIG. y FAM. Vacherie, tour (m.) de cochon.

perramente adv. FIG. y FAM. Salement, très mal. ‖ *Vivir perramente*, mener une vie de chien.

perrengue m. FAM. Enfant coléreux, braillard (que se emperra con facilidad). ‖ FIG. y FAM. Négro, nègre.

perrera f. Chenil, m. ‖ Fourrière (de perros sin dueño). ‖ Fourgon (m.) qui ramasse les chiens errants (camión). ‖ Corvée (trabajo). ‖ FAM. Mauvais payeur, m. (mal pagador). ‖ Colère (rabieta).

perrería f. Meute (jauría). ‖ Bande [de coquins]. ‖ FIG. y FAM. Tour (m.) pendable o de cochon, saleté, vacherie (mala acción) : *hacer una perrería*, jouer un tour pendable, faire une vacherie. ‖ Saleté, grossièreté (insulto).

perrero m. Gardien de chenil. ‖ Bedeau (de iglesia).

perrilla f. FAM. Sou, m., radis, m. (perra chica) : *no tener una perrilla*, ne pas avoir un sou o un radis. ‖ Amer. Orgelet, m., (orzuelo).

perrillo m. Petit chien (perro pequeño). ‖ Chien (gatillo de escopeta). ‖ Mors (freno del caballo).

perro m. Chien (animal). ‖ FAM. Sou (moneda). ‖ — *Perro alano*, dogue. ‖ *Perro caliente*, hot dog. ‖ *Perro cobrador*, chien qui rapporte. ‖ *Perro corredor*, chien courant. ‖ *Perro danés*, danois. ‖ Amer. *Perro de agua*, coypou, myopotame. ‖ *Perro de aguas* ou *de lanas*, caniche. ‖ *Perro de casta*, chien de race. ‖ *Perro de muestra*, chien d'arrêt. ‖ *Perro de Pomerania*, loulou de Poméranie. ‖ *Perro de presa* ou *perro dogo*, bouledogue. ‖ *Perro faldero*, chien de manchon. ‖ *Perro galgo* ou *lebrel*, lévrier. ‖ *Perro ganadero*, chien de berger. ‖ *Perro gozque*, roquet. ‖ *Perro guardián*, chien de garde. ‖ *Perro marino*, chien de mer (cazón). ‖ *Perro mastín*, mâtin. ‖ *Perro pachón* ou *perro tranvía* (fam.), basset. ‖ *Perro pekinés*, chien pékinois. ‖ *Perro perdiguero*, braque. ‖ *Perro podenco*, épagneul. ‖ *Perro raposero*, terrier. ‖ *Perro rastrero*, limier. ‖ FIG. *Perro sarnoso*, brebis galeuse. ‖ *Perro sin dueño*, chien perdu o errant. ‖ *Perro sabueso*, sorte de griffon. ‖ FIG. y FAM. *Perro viejo*, vieux renard (hombre astuto). ‖ — FAM. *¡A otro perro con ese hueso!*, à d'autres!, cela ne prend pas avec moi! (no me lo creo). ‖ *Cuidado con el perro*, attention, chien méchant. ‖ FAM. *De perros*, de chien, de cochon : *tiempo de perros*, temps de chien o de cochon. ‖ *El perro del hortelano* (*que no come las berzas ni las deja comer*), le chien du jardinier [qui ne mange pas les choux et ne permet pas qu'on les mange]. ‖ *Perro ladrador poco mordedor*, chien qui aboie ne mord pas. ‖ — FIG. *Allí no atan los perros con longanizas*, ce n'est pas un pays de cocagne, il ne faut pas croire que c'est le Pérou (no ser la vida fácil). ‖ *Andar como perros y gatos*, s'entendre comme chien et chat. ‖ *A perro flaco todas son pulgas*, c'est sur les plus infortunés que s'abattent toutes les souffrances, aux chevaux maigres vont les mouches. ‖ *A perro viejo no hay tus tus*, ce n'est pas à un vieux singe que l'on apprend à faire la grimace. ‖ *Dar perro a uno*, poser un lapin à quelqu'un (dar un plantón). ‖ *Darse a perros*, enrager, fulminer, être furieux (irritarse). ‖ *Echar a perros*, jeter par la fenêtre, gaspiller. ‖ *Echar perros a uno*, lâcher les chiens sur quelqu'un. ‖ *Estar más malo que los perros*, être malade comme un chien. ‖ *Estar de un humor de perros*, être d'une humeur de chien. ‖ *Llevar una vida de perros*, mener une vie de chien. ‖ *Marcharse como un perro con cencerro* ou *salir a espeta perros*, partir la tête basse. ‖ *Muerto el perro se acabó la rabia*, morte la bête, mort le venin. ‖ FIG. y FAM. *No atar los perros con longaniza*, v. LONGANIZA. ‖

Por dinero baila el perro, point d'argent, point de Suisse. ‖ *Recibir a alguien como los perros en misa*, recevoir quelqu'un comme un chien dans un jeu de quilles.

perro, rra adj. FAM. Épouvantable, affreux, euse ; horrible : *pasé una noche perra*, j'ai passé une nuit épouvantable. ‖ *Vida perra*, chienne de vie. ‖ FAM. *¡Qué suerte más perra!*, quelle poisse!, quelle déveine!

perroquete m. MAR. Perroquet (juanete).

perruno, na adj. Canin, e.

persa adj. y s. Persan, e (de la Persia moderna). ‖ Perse (de la Persia antigua).

persal m. QUÍM. Persel.

persecución f. Persécution (tormento). ‖ Poursuite (acosamiento) : *ir en persecución de uno*, se lancer à la poursuite de quelqu'un. ‖ *Carrera de persecución*, poursuite (en ciclismo).

persecutorio, ria adj. Poursuivant, e (que acosa). ‖ Persécuteur, trice (que atormenta). ‖ *Manía persecutoria*, folie o manie de la persécution.

Perséfone n. pr. f. MITOL. Perséphone.

perseguidor, ra adj. y s. Persécuteur, trice. ‖ DR. Poursuivant, e. ‖ — M. Poursuiteur, m. (en ciclismo). ‖ Poursuiveur, poursuivant (que persigue).

perseguimiento m. Persécution, f. (tormento). ‖ Poursuite, f. (acosamiento) : *en perseguimiento de*, à la poursuite de.

perseguir* v. tr. Poursuivre (acosar o seguir). ‖ Persécuter : *Diocleciano persiguió a los cristianos*, Dioclétien persécuta les chrétiens. ‖ DR. Poursuivre (judicialmente). ‖ FIG. Rechercher, poursuivre (procurar) : *perseguir el bienestar del pueblo*, rechercher le bien-être du peuple. ‖ Briguer (pretender) : *Juan persigue un puesto en el ministerio*, Jean brigue un poste au ministère.

Perseidas n. pr. f. pl. ASTR. Perséides.

Perseo n. pr. m. MITOL. Persée.

perseverancia f. Persévérance : *perseverancia en el trabajo, en luchar*, persévérance dans le travail, à lutter.

— SINÓN. *Tesón*, opiniâtreté. *Firmeza, entereza*, fermeté. *Constancia*, constance. *Tenacidad*, ténacité. *Persistencia*, persistance.

perseverante adj. y s. Persévérant, e.

perseverantemente adv. Avec persévérance.

perseverar v. intr. Persévérer : *perseverar en una empresa*, persévérer dans une entreprise. ‖ Persister à, continuer à (con infinitivo) : *persevera en callarse*, il persiste à se taire.

Persia n. pr. f. GEOGR. Iran, m. (hoy), Perse (en la Antigüedad).

persiana f. Persienne (postigo), store, m. (enrollable). ‖ Perse (tela). ‖ *Persiana veneciana*, store vénitien.

persicaria f. BOT. Persicaire (duraznillo).

pérsico m. Pêcher (árbol). ‖ Pêche, f. (fruto).

Pérsico adj. m. GEOGR. *Golfo Pérsico*, golfe Persique.

persignar v. tr. Faire le signe de la croix sur, bénir.

— V. pr. Se signer.

persistencia f. Persistance : *persistencia en el error*, persistance dans l'erreur. ‖ Obstination : *su persistencia en rehusar*, son obstination à refuser.

persistente adj. Persistant, e.

persistir v. intr. Persister : *persistir en creer*, persister à croire ; *persistir en el vicio*, persister dans le vice.

persona f. Personne (hombre o mujer). ‖ Personnalité (hombre importante). ‖ Personnage, m. (en una obra literaria). ‖ GRAM. Personne : *la tercera persona*, la troisième personne. ‖ — DR. *Persona jurídica* ou *social* ou *civil*, personne morale o civile. || *Persona mayor*, grande personne. || DR. *Persona natural*, personne physique. || FIG. y FAM. *De persona a persona*, entre nous. | *Enciclopedia en persona*, encyclopédie vivante. || *En la persona de*, dans la personne de. || *En persona*, en personne, personnifié, e : *es el diablo en persona*, c'est le diable en personne. || *Sin acepción de personas*, sans acception de personne. || *Tercera persona*, tierce personne, tiers. || — *Dárselas de persona importante*, prendre de grands airs, faire l'important. || *Ser una buena persona*, être très gentil.

— OBSERV. Le mot espagnol *persona* ne correspond pas au pronom indéfini français *personne*, qui se dit *nadie*, sauf dans les phrases du type : *no lo dije a persona alguna*, je ne l'ai dit à personne.

personaje m. Personnage.
personal adj. Personnel, elle : *un asunto personal*, une affaire personnelle. || Particulier, ère : *el interés personal debe desaparecer ante el interés general*, l'intérêt particulier doit s'effacer devant l'intérêt général.
— M. Personnel (empleados). || FAM. Monde, gens, pl. (gente). || Ancien impôt (tributo). || — *El personal dirigente*, les cadres. || *Personal docente*, enseignants.
personalidad f. Personnalité.
personalismo m. Personnalisme (doctrina).
personalista m. Personnaliste.
personalización f. Personnalisation.
personalizar v. tr. Personnaliser.
personarse v. pr. Se présenter (presentarse) : *se personó en mi casa*, il se présenta chez moi. || Se rendre sur les lieux : *la policía se personó rápidamente*, la police se rendit rapidement sur les lieux. || Se rencontrer (reunirse). || DR. Comparaître (comparecer).
personería f. Procuration.
personero m. Procureur, mandataire.
personificación f. Personnification.
personificar v. tr. Personnifier (simbolizar) : *este hombre personifica la República*, cet homme personnifie la République. || Personnaliser : *personificar el vicio*, personnaliser le vice. || *Es la avaricia personificada*, c'est l'avarice personnifiée *o* en personne.
perspectiva f. Perspective. || Point (*m.*) de vue (punto de vista). || — *En perspectiva*, en perspective. || *Perspectiva aérea, caballera, lineal*, perspective aérienne, cavalière, linéaire.
perspectivo, va adj. Perspectif, ive.
perspicacia o **perspicacidad** f. Excellente vue, vue pénétrante (mirada). || FIG. Perspicacité (penetración).
perspicaz adj. Pénétrant, e (mirada). || Perspicace (que tiene perspicacia).
perspicuo, cua adj. Clair, e. || FIG. Clair, e (estilo, orador).
perspiración f. Perspiration.
persuadidor, ra adj. Persuasif, ive.
— M. y f. Personne (*f.*).
persuadir v. tr. Persuader : *le persuadí de mi sinceridad, de que no mentía*, je l'ai persuadé de ma sincérité, que je ne mentais pas.
— V. pr. Se persuader, croire.
persuasible adj. Plausible (creíble).
persuasión f. Persuasion.
persuasiva f. Force de persuasion.
persuasivo, va adj. Persuasif, ive.
persuasor, ra adj. Persuasif, ive.
— M. y f. Personne (*f.*) persuasive.
persulfato m. QUÍM. Persulfate.
persulfurado, da adj. QUÍM. Persulfuré, e.
persulfuro m. QUÍM. Persulfure.
pertenecer* v. intr. Être, appartenir : *eso no me pertenece*, ce n'est pas à moi ; *te pertenece avi-

sarle de ello*, il t'appartient *o* c'est à toi de l'en avertir. || Appartenir : *el pino pertenece a la familia de las coníferas*, le pin appartient à la famille des conifères || *Esto pertenece al pasado*, cela appartient au passé, c'est du passé.
— OBSERV. Se usa menos en francés el verbo *appartenir* que la locución *être à*.
perteneciente adj. Appartenant, *inv.* : *las casas pertenecientes a mi padre*, les maisons appartenant à mon père. || DR. Appartenant, e.
pertenencia f. Possession, propriété (propiedad) : *reivindicar la pertenencia de una cosa*, revendiquer la propriété de quelque chose. || Possession (territorio). || Appartenance (adhesión) : *pertenencia a un partido*, appartenance à un parti. || Dépendance : *una finca con todas sus pertenencias*, une propriété avec toutes ses dépendances.
pértica f. (Ant.). Mesure de longueur (2,70 m).
pértiga f. Perche (vara). || *Salto de pértiga*, saut à la perche.
pértigo m. Timon (de carro).
pertiguear v. tr. Gauler (varear).
pertiguero m. Suisse (de iglesia).
pertinacia f. Obstination, pertinacité (p. us.) [terquedad]. || FIG. Persistance (duración).
pertinaz adj. Tenace, obstiné, e. || Persistant, e.
pertinazmente adv. Obstinément.
pertinencia f. Pertinence.
pertinente adj. Pertinent, e : *una demanda pertinente*, une requête pertinente.
pertinentemente adv. Pertinemment.
pertrechar v. tr. Munir, équiper, approvisionner (proveer). || FIG. Préparer (disponer).
— V. pr. Se munir : *pertrecharse de* ou *con lo necesario*, se munir du nécessaire.
pertrechos m. pl. Munitions, *f.* || Équipement, *sing.*, matériel, *sing.* (de guerra). || Équipement, *sing.*, attirail, *sing.* : *pertrechos de pescar*, attirail de pêche. || Outils (instrumentos).
perturbación f. Perturbation (desorden) : *sembrar la perturbación*, jeter la perturbation. || Trouble, *m.* (disturbio) : *perturbaciones sociales*, troubles sociaux. || Trouble, *m.* (emoción). || MED. Trouble, *m.* || ASTR. Perturbation, *m.*
perturbadamente adv. En désordre. || Tout troublé : *ella contestó perturbadamente que no había ido*, elle répondit, toute troublée, qu'elle n'y était pas allée.
perturbador, ra adj. Perturbateur, trice (que trastorna). || Émouvant, e (conmovedor). || Embarrassant, e ; déconcertant, e (que desasosiega).
— M. y f. Perturbateur, trice.
perturbar v. tr. Perturber, troubler (trastornar). || Troubler (desasosegar a uno). || Émouvoir, toucher (conmover). || Déranger : *el tiempo, un proyecto*).
Perú n. pr. m. GEOGR. Pérou. || — FIG. *No vale un Perú*, ce n'est pas le Pérou. | *Valer un Perú*, valoir une fortune (cosa), être en or (persona).
peruanismo m. Mot (vocablo) *o* tournure (*f.*) [giro] propre aux Péruviens.
peruano, na adj. y s. Péruvien, enne.
perulero, ra adj. y s. (P. us.). Péruvien, enne (peruano). || — M. y f. Personne qui a fait fortune au Pérou. || — M. Pichet (vasija).
perusino, na adj. y s. Pérugin, e.
perversidad f. Perversité.
perversión f. Perversion, pervertissement, *m.*
perverso, sa adj. y s. Pervers, e : *un alma perversa* : une âme perverse.
pervertidor, ra adj. y s. Corrupteur, trice ; pervertisseur, euse (p. us.).
pervertimiento m. Perversion, *f.*, pervertissement.
pervertir* v. tr. Pervertir (corromper). || Dénaturer (un texto).
— V. pr. Se pervertir, se corrompre.

pervivencia f. Survivance (supervivencia).
pervivir v. intr. Survivre (supervivir).
pesa f. Poids, *m.* : *una balanza y sus pesas,* une balance et ses poids. ‖ Poids, *m.* (de un reloj, para gimnasia). ‖ Combiné, *m.* (microteléfono). ‖ — Pl. Haltères (gimnasia). ‖ *Pesas y medidas,* poids et mesures.
pesabebés m. inv. Pèse-bébé.
pesacartas m. inv. Pèse-lettre.
pesada f. Pesée.
pesadamente adv. Lourdement.
pesadez f. Lourdeur, poids, *m.* : *la pesadez de un bulto,* le poids d'un paquet. ‖ Lourdeur, pesanteur (del estómago). ‖ (P. us.). Fís. Pesanteur (gravedad). ‖ Lenteur : *la pesadez de sus movimientos,* la lenteur de ses mouvements. ‖ Fig. Obstination, entêtement, *m.* (terquedad). | Ennui, *m.* (molestia). — Fig. y Fam. Este hombre, ¡qué pesadez!, que cet homme est assommant ! ‖ ¡Qué pesadez!, que c'est assommant !, que c'est ennuyeux ! ‖ *Sentir pesadez de cabeza,* avoir la tête lourde.
pesadilla f. Cauchemar, *m.* ‖ *Es mi pesadilla,* c'est mon cauchemar o ma bête noire.
pesado, da adj. Lourd, e ; pesant, e : *un paquete pesado,* un paquet lourd. ‖ Fig. Lourd, e ; profond, e (sueño). | Lourd, e (tiempo, cabeza, broma). | Gras, grasse ; lourd, e (un terreno). | Lourd, e (tardo). | Pesant, e ; lourd, e ; pénible (penoso). | Ennuyeux, euse ; assommant, e ; embêtant, e (molesto). ‖ — *Broma pesada,* plaisanterie lourde, grosse plaisanterie. ‖ *Camión de carga pesada,* poids lourd. ‖ *Día pesado,* temps lourd. ‖ Fig. y Fam. *Más pesado que un saco de plomo,* ennuyeux comme la pluie. | *¡Qué tío más pesado!,* quel enquiquineur !, quel raseur ! | *Ser un pesado,* ne pas être marrant o drôle, être assommant.
pesador, ra adj. Qui sert à peser. — M. y f. Peseur, euse.
pesadumbre f. Lourdeur (pesadez). ‖ Fig. Ennui, *m.,* tracas, *m.* (molestia). | Chagrin, *m.* (sentimiento) : *tener mucha pesadumbre,* avoir beaucoup de chagrin.
pesaje m. Pesage (peso) : *el pesaje de los boxeadores,* le pesage des boxeurs.
— Observ. Ce mot est un gallicisme employé pour *peso.*
pesaleche m. Pèse-lait.
pesalicores m. inv. Fís. Aréomètre, pèse-liqueur (areómetro).
pésame m. Condoléances, *f. pl.* : *dar el pésame,* présenter ses condoléances. ‖ *Mi más sentido pésame,* toutes mes condoléances, sincères condoléances.
pesante adj. Pesant, e (que pesa).
pesantez f. Pesanteur (gravedad).
pesar m. Chagrin, peine, *f.* (pena) : *cuéntame tus pesares,* raconte-moi tes peines. ‖ Regret (arrepentimiento) : *con pesar,* à regret. ‖ — *A pesar,* malgré : *a pesar de su padre,* malgré son père ; bien que : *a pesar de que hayas venido,* bien que tu sois venu ; *a pesar de estar malo,* bien qu'il soit malade ; en dépit de, malgré : *se irá a pesar de mi negativa,* elle partira en dépit de mon refus. ‖ *A pesar de los pesares,* malgré tout, en dépit de tout. ‖ *A pesar de todo,* malgré tout, tout de même, quand même (fam.) : *me lo han prohibido, pero lo haré a pesar de todo,* on me l'a défendu, mais je le ferai quand même. ‖ *A pesar de todos,* en dépit de tout le monde, envers et contre tous. ‖ *A pesar mío, suyo,* etc., contre mon gré, contre son gré ; malgré moi, malgré lui. ‖ *Sentir pesar por,* regretter.
pesar v. tr. Peser. ‖ Fig. Peser (examinar) : *pesar el pro y el contra,* peser le pour et le contre. ‖ Fig. *Pesarle algo a uno en el alma,* regretter quelque chose de tout son cœur. | *Pesar sus palabras,* peser ses mots. — V. intr. Peser. ‖ Fig. Peser, être d'un grand poids (tener eficacia). | Peser (en la conciencia). | Regretter : *me pesa que no haya venido,* je regrette qu'il ne soit pas venu. ‖ — *Pesar corrido,* faire bon poids. ‖ *Pesar menos que,* être plus léger que. ‖ *Pesar poco,* être léger. ‖ — *Mal que le pese,* ne lui o vous en déplaise. ‖ *Pese a,* malgré, en dépit de : *pese a sus tareas vino,* il est venu malgré ses occupations. ‖ Fig. *Pese a quien pese,* envers et contre tous.
pesario m. Med. Pessaire.
pesaroso, sa adj. Peiné, e ; chagriné, e ; désolé, e.
pesasales m. inv. Pèse-sel.
pesca f. Pêche : *ir, estar de pesca,* aller, être à la pêche. ‖ Poisson, *m.* (lo que se pesca) : *aquí hay mucha pesca,* ici il y a beaucoup de poisson. ‖ Pêche (lo pescado) : *buena pesca,* bonne pêche. ‖ — *Pesca con caña, con red,* pêche à la ligne, au filet. ‖ *Pesca de bajura* ou *de litoral, de altura,* pêche côtière, en haute mer. ‖ Fig. y Fam. *Y toda la pesca,* et toute la bande (personas), et tout et tout, et tout ce qui s'ensuit (y todo lo demás).
pescada f. Merluche (pez vivo). ‖ Colin, *m.* (considerado como un manjar).
pescadería f. Poissonnerie.
pescadero, ra m. y f. Poissonnier, ère.
pescadilla f. Merlan, *m.* ‖ Pop. *Es la pescadilla mordiéndose la cola,* c'est l'histoire du poisson qui se mord la queue.
pescado m. Poisson. ‖ — *Día de pescado,* jour maigre. ‖ Fig. *Ni carne ni pescado,* ni chair ni poisson.
— Observ. *Pescado* désigne le poisson une fois pêché, et *pez* le poisson encore dans l'eau.
pescador, ra adj. y s. Pêcheur, euse. ‖ — M. Zool. Baudroie, *f.* | — F. Marinière (camisa).
pescante m. Siège du cocher. ‖ Support (consola). ‖ Teatr. Machine, *f.* (tramoya). ‖ Mar. Bossoir, portemanteau. | Constr. Potence, *f.*
pescar v. tr. Pêcher : *pescar con caña,* pêcher à la ligne. ‖ Fig. y Fam. Pêcher : *¿dónde has pescado esta noticia?,* où as-tu pêché cette nouvelle ? | Attraper (coger) : *pescar un resfriado,* attraper un rhume. | Pincer, coincer (a uno desprevenido). | Pincer, épingler (hacer prisionero). | Coller : *difícil de pescar en geografía,* difficile à coller en géographie. | Accrocher, décrocher (lograr) : *pescar un marido, una colocación,* accrocher un mari, une place. | Racoler, rabattre (clientes). — Fig. *Pescar a* ou *en río revuelto,* pêcher en eau trouble. | *No sabe lo que se pesca,* il ne sait pas ce qui l'attend.
pescocear v. tr. Amer. Calotter.
pescozada f. o **pescozón** m. Calotte, *f.,* coup (*m.*) sur la nuque.
pezcozudo, da adj. Qui a le cou très gros.
pescuezo m. Cou. ‖ Fig. Orgueil, arrogance, *f.* (soberbia). ‖ — Fig. y Fam. *Apretar, estirar* ou *torcer a uno el pescuezo,* tordre le cou à quelqu'un. | *Ser más malo que la carne de pescuezo,* être méchant comme une teigne (una persona), être très mauvais o dégoûtant (comida). | *Torcer uno el pescuezo,* casser sa pipe (morir).
pesebre m. Râtelier, mangeoire, *f.,* crèche, *f.*
pesero m. Amer. Taxi que l'on prend en commun.
peseta f. Peseta (moneda española). ‖ Fig. y Fam. *Cambiar la peseta,* rendre, dégobiller (vomitar).
pesetada f. Amer. Farce (chasco).
peseteja f. Fam. Peseta.
pesetero, ra adj. Fam. Qui coûte une peseta.
pesillo m. Trébuchet (balanza). ‖ *Pesillo de precisión,* pesette.
pésimamente adv. Très mal.
pesimismo m. Pessimisme.

pesimista adj. y s. Pessimiste : *espíritu pesimista*, esprit pessimiste.

pésimo, ma adj. Très mauvais, e ; désastreux, euse (cosa).

peso m. Poids : *el peso del aire*, le poids de l'air. ‖ Peso (moneda). ‖ Balance, *f.* (balanza). ‖ Pesage (de los jockeys, de los boxeadores). ‖ FIG. Poids (importancia o eficacia) : *argumento de peso*, argument de poids. | Charge, *f.*, poids (gravamen). ‖ TECN. Peson. ‖ — *Peso atómico, molecular, específico*, poids atomique, moléculaire, spécifique. ‖ *Peso de baño*, pèse-personnes, balance. ‖ *Peso duro* ou *fuerte*, peso (moneda). ‖ *Peso en vivo*, poids vif (carnicería). ‖ *Peso gallo, ligero, mosca, pesado, pluma, semi-pesado*, poids coq, léger, mouche, lourd, plume, mi-lourd (boxeo). ‖ *Peso muerto*, port en lourd (carga máxima), poids mort (lastre). ‖ — *Al peso*, au poids. ‖ *A peso de oro*, au poids de l'or ; à prix d'or (a precio muy subido) : *comprar a peso de oro*, acheter à prix d'or. ‖ *En peso*, en l'air. ‖ FIG. *Caerse de* ou *por su peso*, tomber sous le sens, aller de soi, couler de source. ‖ *Dar buen peso*, faire bon poids. | FIG. *No tener mucho peso* ou *ser cosa de poco peso*, ne pas peser lourd. | *Quitar un peso de encima*, enlever un poids. ‖ *Valer su peso en oro*, valoir son pesant d'or.

pespuntador, ra m. y f. Piqueur, euse.

pespuntar v. tr. Piquer, coudre.

pespunte m. Point arrière. ‖ *Medio pespunte*, point devant.

pespuntear v. tr. Piquer, coudre.

pesquera f. Pêcherie.

pesquería f. Pêche (acción). ‖ Pêcherie (sitio).

pesquero, ra adj. De pêche : *buque pesquero*, bateau de pêche ; *puerto pesquero*, port de pêche. — M. Bateau de pêche.

pesquis m. FIG. y FAM. Jugeote, *f.* (cacumen) : *no tener pesquis*, ne pas avoir de jugeote. | Flair, nez (perspicacia).

pesquisa f. Recherche, enquête : *pesquisas sobre la producción del carbón*, recherches sur la production du charbon. ‖ Perquisition (en casa de uno). ‖ — M. *Amer.* Détective.

pesquisar v. tr. Rechercher (buscar). ‖ Enquêter (la policía). ‖ Perquisitionner (en casa de uno).

pesquisidor, ra adj. y s. Enquêteur, euse ; qui recherche.

pestaña f. Cil, *m.* (del ojo). ‖ Galon, *m.* (adorno de una tela). ‖ Bord, *m.*, rentré, *m.* (en una costura). ‖ Rebord, *m.* (borde saliente). ‖ TECN. Joue. | Languette (de una lata de sardinas). Boudin, *m.* (en las ruedas de ferrocarriles). — Pl. BOT. Cils, *m.* ‖ — FIG. *No mover pestaña*, ne pas sourciller. | *No pegar pestaña*, ne pas fermer l'œil. | *Quemarse las pestañas trabajando*, travailler d'arrache-pied, se tuer au travail.

pestañear v. intr. Cligner des yeux, ciller. ‖ FIG. *Sin pestañear*, sans sourciller.

pestañeo m. Clignement d'yeux.

— OBSERV. No se confunda con *clin d'œil* (guiño).

pestañoso, sa adj. A longs cils. ‖ BOT. Cilié, e.

pestazo m. FAM. Puanteur, *f.* (hedor).

peste f. Peste : *peste bubónica*, peste bubonique. ‖ FIG. y FAM. Puanteur, infection (mal olor). | Peste, fléau, *m.* (cosa mala). | Pourriture, corruption (depravación). | Peste, poison, *m.*, fléau, *m.* (persona malvada). | Invasion (exceso). ‖ — Pl. Jurons, *m.* ‖ FIG. y FAM. *Decir* ou *hablar pestes de uno*, dire pis que pendre de quelqu'un. | *Echar pestes*, pester. | *Huir de uno como de la peste*, fuir quelqu'un comme la peste. | *¡Mala peste se lo lleve !*, la peste soit de lui !

pestífero, ra adj. Pestiféré ; pesteux, euse. | Pestilentiel, elle (que tiene mal olor). ‖ — Adj. y s. Pestiféré, e (enfermo de la peste).

pestilencia f. Pestilence.

pestilencial f. Pestilentiel, elle.

pestilente adj. Pestilent, e.

pestillo m. Targette, *f.*, verrou (cerrojo). ‖ Pêne (de la cerradura) : *pestillo de golpe*, pêne dormant.

pestiño m. Sorte de beignet.

Pesto n. pr. GEOGR. Paestum.

pestorejazo o **pestorejón** m. (P. us.). Coup sur la nuque.

pestorejo m. Nuque, *f.*

pestoso, sa adj. Puant, e.

pesuña f. ZOOL. V. PEZUÑA.

pesuño m. ZOOL. Onglon.

petaca f. Blague à tabac. ‖ Porte-cigares, *m. inv.* (para cigarros puros). ‖ Porte-cigarettes, *m. inv.*, étui (*m.*) à cigarettes (para pitillos). ‖ FIG. Lit (*m.*) en portefeuille : *hacer la petaca*, faire le lit en portefeuille. ‖ *Amer.* Malle (baúl).

petacona o **petacuda** f. FAM. *Amer.* Dondon (mujer muy gruesa).

petalismo m. (Ant.). Pétalisme (ostracismo en Siracusa).

pétalo m. BOT. Pétale.

petaloideo, a adj. BOT. Pétaloïde.

petanca f. Pétanque (juego de bolas).

petanque m. MIN. Minerai d'argent natif.

petardear v. tr. MIL. Pétarder (derribar con petardos). ‖ FIG. Taper (pedir prestado).

petardero m. MIL. Qui pose des pétards. ‖ FIG. y FAM. Tapeur (sablista). | Escroc (estafador).

petardista m. y f. FAM. Tapeur (sablista). | Escroc (estafador).

petardo m. Pétard (explosivo). ‖ FIG. y FAM. Escroquerie, *f.* (estafa). | Épouvantail, laideron, repoussoir (mujer fea). ‖ FIG. y FAM. *¡Vaya petardo !*, quelle horreur ! | *Pegar un petardo*, taper, emprunter (pedir prestado), escroquer (estafar).

petaso m. Pétase (sombrero romano).

petate m. Natte, *f.* (estera). ‖ Sac de marin, barda (fam.). ‖ FAM. Balluchon, bagages, *pl.* (de pasajero). | Vieux renard, coquin (embustero). | Pauvre diable. ‖ FIG. y FAM. *Liar el petate*, plier bagage, faire son paquet.

petatería f. *Amer.* Fabrique de nattes.

petenera f. Chanson populaire espagnole. ‖ FIG. *Salirse por peteneras*, s'en tirer par une pirouette.

petequia f. MED. Pétéchie.

petequial adj. MED. Pétéchial, e.

peticano o **peticanon** m. IMPR. Petit canon.

petición f. Demande (acción de pedir). ‖ Demande, requête, pétition (administrativa u oficial). ‖ — *Petición de indulto*, pourvoi o recours en grâce. ‖ *Petición de mano*, demande en mariage. ‖ *Petición de más*, plus-pétition. ‖ *Petición de principio*, pétition de principe. ‖ — *A petición de*, à la demande de. ‖ *Consulta previa petición de hora*, consultation sur rendez-vous.

peticionario, ria adj. y s. *Amer.* Pétitionnaire (solicitante).

petifoque m. MAR. Petit-foc.

petit-grain m. *Amer.* Petit-grain (fruto).

petigrís m. Petit-gris (piel).

petillo m. Petit plastron.

petimetre, tra m. y f. Petit-maître, *m.*, gandin, *m.*, précieuse, *f.* (currutaco).

petirrojo m. Rouge-gorge (ave).

petiso, sa adj. *Amer.* Petit, e. — M. *Amer.* Bidet (caballejo).

petisú m. Petit chou (pastelillo).

petitoria f. Demande, réclamation.

petitorio, ria adj. Pétitoire (suplicante). — M. FAM. Réclamations, *f. pl.* Liste (*f.*) des médicaments (en una farmacia). ‖ *Medicamento incluido en el petitorio del Seguro de Enfermedad*, médicament remboursé par la Sécurité sociale.

peto m. Plastron (de armadura o de vestido). ∥ TAUROM. Caparaçon. ∥ Bavette, *f.* (de un delantal). ∥ ZOOL. Plastron (de tortuga). ∥ *Peto de trabajo,* salopette o bleu de travail.
Petra n. pr. f. Pierrette.
petral m. Sangle, *f.,* poitrinière, *f.* (correa).
Petrarca n. pr. m. Pétrarque.
petrarquismo m. Pétrarquisme.
petrarquista adj. y s. Pétrarquiste.
petrel m. ZOOL. Pétrel.
pétreo, a adj. Pierreux, euse ; pétreux, euse (p. us.), pétré, e (p. us.). ∥ De pierre, dur, e. ∥ *Arabia Pétrea,* Arabie Pétrée.
petrificación f. Pétrification.
petrificante adj. Pétrifiant, e.
petrificar v. tr. Pétrifier. ∥ FIG. Figer, pétrifier.
petrífico, ca adj. Pétrifiant, e.
petrografía f. Pétrographie.
petroleado m. AUTOM. Pulvérisation, *f.*
petrolear v. tr. AUTOM. Pulvériser.
petróleo m. Pétrole : *petróleo crudo* ou *en bruto,* pétrole brut. ∥ *Petróleo lampante,* pétrole lampant, huile lampante.
petrolero, ra adj. Pétrolier, ère. ∥ *Amer.* Pétrolifère.
— M. Pétrolier (buque). ∥ — M. y f. Pétroleur, euse (incendiario). ∥ Personne (*f.*) qui vend du pétrole au détail.
petrolífero, ra adj. Pétrolifère.
petroquímica f. Pétrochimie.
petroso, sa adj. ANAT. Pétreux, euse. ∥ Pierreux, euse (pétreo).
petulancia f. Arrogance, fierté (presunción).
— OBSERV. *Pétulance* en francés significa *vivacidad, impetuosidad.*
petulante adj. y s. Fier, ère ; arrogant, e.
— OBSERV. *Pétulant* significa *vivo, impetuoso.*
petulantemente adv. Avec arrogance.
petunia f. BOT. Pétunia, *m.*
peucédano m. BOT. Peucedan.
peyorativo, va adj. Péjoratif, ive (despectivo).
peyote m. Peyotl (planta).
pez m. Poisson. ∥ FIG. Tas (montón). ∥ — Pl. ASTR. Poissons. ∥ — *Peces de colores,* poissons rouges. ∥ FIG. *Pez de cuidado,* drôle de loustic o d'oiseau. ∥ *Pez de san Pedro,* saint-pierre, poisson de saint Pierre. ∥ *Pez espada,* espadon, poisson-épée. ∥ FIG. y FAM. *Pez gordo,* gros bonnet, grosse légume, gros bras, huile (persona importante). ∥ *Pez luna,* poisson-lune. ∥ *Pez martillo,* marteau [requin]. ∥ *Pez mujer,* lamentin (manatí). ∥ *Pez piloto,* pilote. ∥ *Pez sierra,* poisson-scie (priste). ∥ — FIG. y FAM. *Cayó el pez,* l'affaire est dans le sac. ∥ *El pez grande se come al pequeño,* le gros poisson mange le petit. ∥ *Estar como el pez en el agua,* être comme un poisson dans l'eau. ∥ *Estar pez,* être ignare o nul, nager complètement. ∥ *Por la boca muere el pez,* trop parler nuit.
— OBSERV. *Pez* désigne le poisson vivant, et *pescado* uniquement le poisson pêché.
pez f. Poix. ∥ MED. Méconium, *m.* (alhorre). ∥ *Pegarse como la pez,* coller comme poix. ∥ *Pez griega,* colophane (colofonia).
pezcozón m. FAM. Taloche, *f.* (capón).
pezón m. BOT. Queue, *f.* (de hoja, fruto). ∥ Mamelon, bout de sein (de la teta). ∥ Bout, tête, *f.* (extremo).
pezonera f. Chapeau, *m.* (de rueda).
pezote m. ZOOL. *Amer.* Coati.
pezpalo m. Stockfisch, morue (*f.*) séchée.
pezpita f. o **pezpítalo** m. Bergeronnette, *f.* (aguzanieves).
pezuelo m. TECN. Penne, *f.* (de una tela).
pezuña f. Sabot, *m.* (de animal).
— OBSERV. *Pezuña* désigne un sabot fourchu (mouton, etc.), tandis que *casco* désigne le sabot du cheval.

pfennig m. Pfennig (moneda alemana).
phi f. Phi, *m.* (letra griega).
pi f. Pi, *m.* (letra griega). ∥ MAT. Pi, *m.* (número).
piache (tarde) loc. FAM. Après la bataille, trop tard.
piada f. Piaillement, *m.* ∥ FIG. y FAM. Expression familière empruntée à une autre personne.
piador, ra adj. Piailleur, euse ; piauleur, euse.
piadosamente adv. Pieusement (con devoción). ∥ Avec piété, avec compassion (con lástima).
piadoso, sa adj. Pieux, euse : *alma piadosa,* âme pieuse. ∥ Miséricordieux, euse. ∥ *Mentira piadosa,* pieux mensonge.
piafador, ra adj. y s. m. Piaffeur, euse (caballo).
piafar v. intr. Piaffer.
pial m. *Amer.* Lasso (lazo).
pialar v. tr. *Amer.* Entraver [un animal].
piamadre o **piamáter** f. ANAT. Pie-mère.
piamente adv. Pieusement (con devoción).
Piamonte n. pr. m. GEOGR. Piémont.
piamontés, esa adj. y s. Piémontais, e.
pián m. Pian (enfermedad).
pian, pian o **pian, piano** loc. adv. FAM. Piano, piano ; lentement.
pianillo m. Orgue de Barbarie (organillo).
pianino m. MÚS. Pianino, petit piano droit.
pianísimo adv. MÚS. Pianissimo.
pianista m. y f. Pianiste (músico). ∥ — M. Facteur de pianos (fabricante).
pianístico, ca adj. Pianistique.
piano m. MÚS. Piano. ∥ — *Piano de cola,* piano à queue. ∥ *Piano de manubrio,* orgue de Barbarie, piano mécanique. ∥ *Piano de media cola,* crapaud, piano demi-queue. ∥ *Piano diagonal,* piano oblique. ∥ *Piano recto* ou *vertical,* piano droit.
— Adv. MÚS. Piano.
pianoforte m. Piano-forte.
pianola f. Pianola, *m.,* piano (*m.*) mécanique.
piante m. y f. FAM. Râleur, euse.
piapoco m. *Amer.* Toucan (ave).
piar m. Pépiement.
piar v. intr. Piailler, piauler (el pollo). ∥ Pépier (las aves). ∥ FIG. y FAM. Râler (protestar). ∥ *Piar por,* réclamer.
piara f. Troupeau, *m.* [surtout de porcs].
piasava f. Piassava, *m.* (planta).
piastra f. Piastre (moneda).
pibe, ba m. y f. FAM. *Amer.* Gosse, gamin, e.
piberío m. *Amer.* Marmaille, *f.* (chiquillos).
pica f. Pique (arma). ∥ Pic m. (herramienta). ∥ Piquier, *m.* (soldado). ∥ TAUROM. Pique. ∥ MED. Pica, *m.* ∥ Marteau (*m.*) brettelé (martillo). ∥ — FIG. y FAM. *No ha puesto una pica en Flandes,* il n'a rien fait d'extraordinaire.
picacho m. Pic, piton (montaña).
picada f. Coup (*m.*) de bec (picotazo). ∥ Piqûre (picadura). ∥ Touche (en la pesca). ∥ *Amer.* Piste, sentier, *m.* (sendero). ∥ Gué, *m.* (vado). ∥ Charbon, *m.* (carbunclo).
picadero m. Manège (de caballos). ∥ MAR. Tin (madero). ∥ FAM. Garçonnière, *f.* (cuarto). ∥ Abattoir (matadero).
picadillo m. Hachis (cocina). ∥ FIG. *Hacer picadillo,* mettre en pièces (un ejército), hacher menu comme chair à pâté (una persona), mettre en charpie o en pièces (algo).
picado m. Piqûre, *f.* ∥ Piqué (de avión) : *descender en picado,* descendre en piqué. ∥ Cognement (de un motor). ∥ Poinçonnage, poinçonnement (de un billete). ∥ Piquage (de las piedras). ∥ MÚS. Stacatto. ∥ Hachis (picadillo).
picado, da adj. Piqué, e (bebida, fruta). ∥ Gâté, e : *tener un diente picado,* avoir une dent gâtée. ∥ Piqué, e ; mordu, e (por una serpiente, etc.). ∥ Piqué, e (por un insecto). ∥ CULIN. Haché, e. ∥

Panel superior (español)

gas natural

gasolina natural — gas licuable

árbol de navidad

torre de desgasolinado

gasolina bruta

reforming

tratamiento químico

disolventes

petróleo lampante flamígero

gasoil ligero

gasoil pesado

destilado para aceites de engrase

residuos

oleoducto

gas de desintegración

gas de cracking

gasolina desintegrada

condensador

combustibles

filtro de tratamiento por contacto con arcilla

horno

almacenamiento en refinería

desparafinación

depósito de almacenamiento

estación de bombeo

horno de betún

gas natural

gas licuable

gasolina de aviación

gasolina de automóvil

disolventes

petróleo lampante (queroseno)

gasoil

combustible fluido

gas de desintegración

fuel-oil industrial

aceites industriales

cera de petróleo parafina

ceras, encáusticos, aislantes, etc.

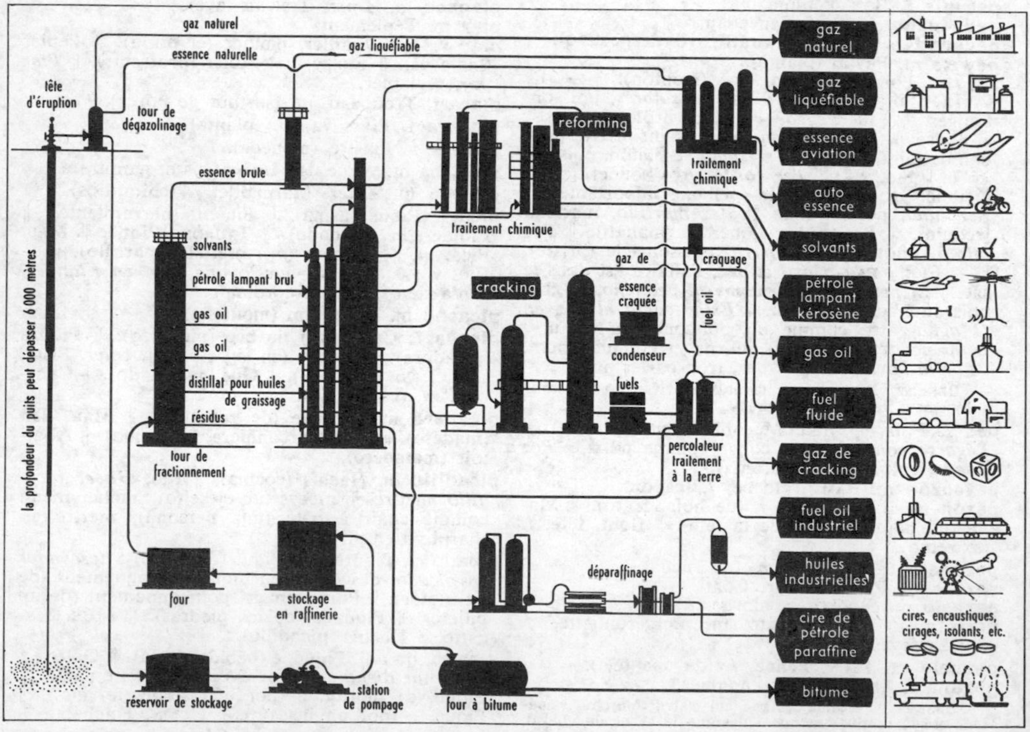

betún

Panel inferior (français)

gaz naturel

essence naturelle — gaz liquéfiable

tête d'éruption

tour de dégazolinage

essence brute

reforming

traitement chimique

traitement chimique

solvants

pétrole lampant brut

gas oil

gas oil

distillat pour huiles de graissage

résidus

tour de fractionnement

la profondeur du puits peut dépasser 6 000 mètres

cracking

gaz de craquage

essence craquée

fuel oil

condenseur

fuels

percolateur traitement à la terre

four

stockage en raffinerie

déparaffinage

réservoir de stockage

station de pompage

four à bitume

gaz naturel

gaz liquéfiable

essence aviation

auto essence

solvants

pétrole lampant kérosène

gas oil

fuel fluide

gaz de cracking

fuel oil industriel

huiles industrielles

cire de pétrole paraffine

cires, encaustiques, cirages, isolants, etc.

bitume

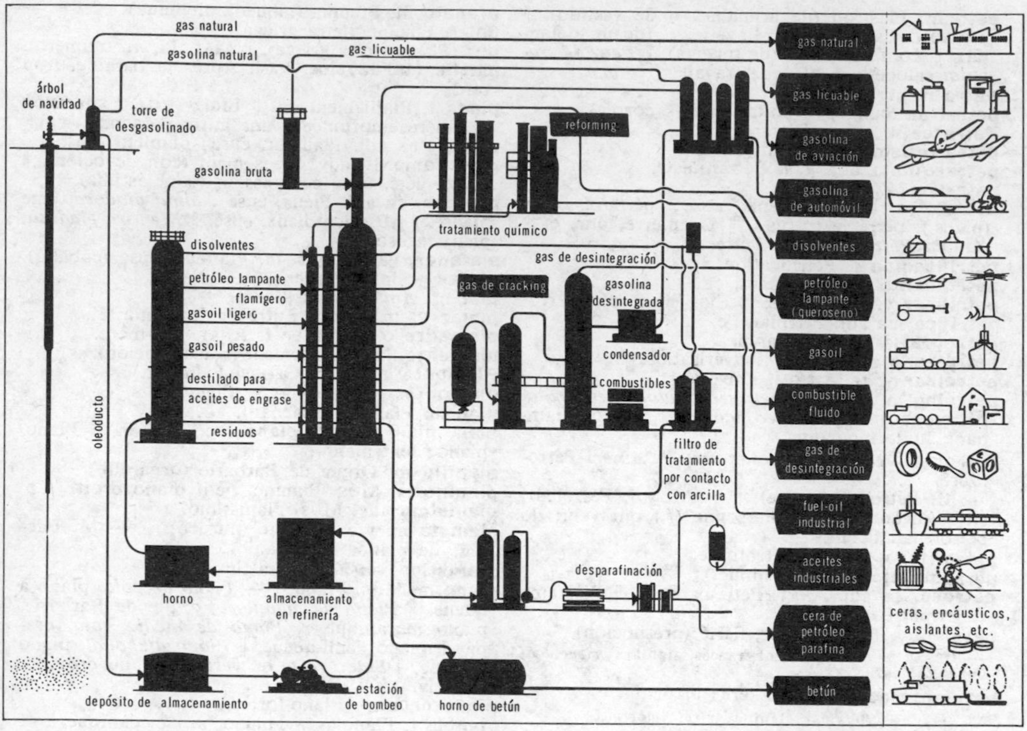

PETRÓLEO
PÉTROLE (I)

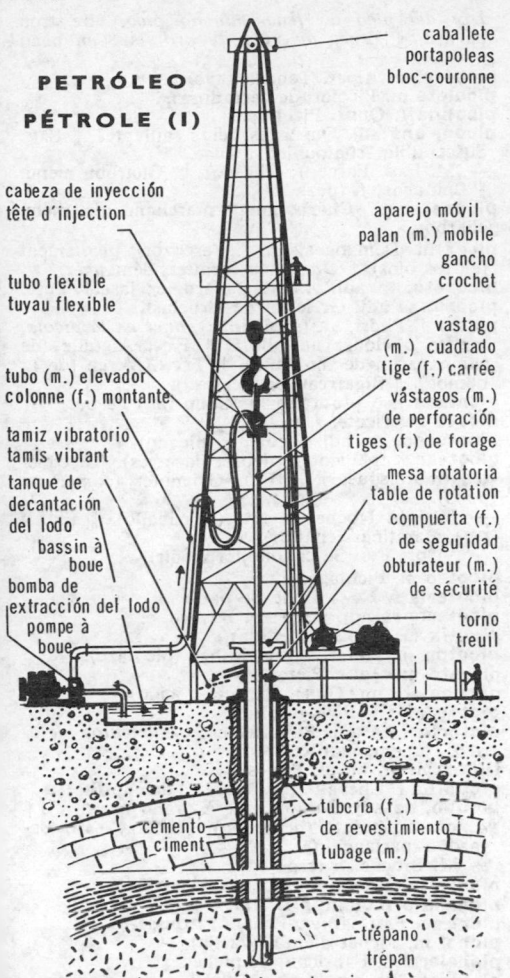

caballete
portapoleas
bloc-couronne

cabeza de inyección
tête d'injection

aparejo móvil
palan (m.) mobile

gancho
crochet

tubo flexible
tuyau flexible

vástago
(m.) cuadrado
tige (f.) carrée

tubo (m.) elevador
colonne (f.) montante

vástagos (m.)
de perforación
tiges (f.) de forage

tamiz vibratorio
tamis vibrant

mesa rotatoria
table de rotation

tanque de
decantación
del lodo
bassin à
boue

compuerta (f.)
de seguridad
obturateur (m.)
de sécurité

bomba de
extracción del lodo
pompe à
boue

torno
treuil

tubería (f.)
de revestimiento
tubage (m.)

cemento
ciment

trépano
trépan

FAM. Piqué, e; froissé, e; vexé, e (ofendido). ‖ *Amer.* Pompette (achispado). ‖ — *Mar picado,* mer houleuse, ‖ MÚS. *Nota picada,* note piquée. ‖ *Picado de viruelas,* marqué de petite vérole, grêlé.

picador m. TAUROM. Picador. ‖ Dresseur de chevaux (adiestrador). ‖ Mineur (minero). ‖ Hachoir (de cocina).

picadura f. Piqûre. ‖ Morsure, piqûre (de serpientes). ‖ Piqûre (de insectos). ‖ Coup (m.) de bec (de aves). ‖ Tache (en las frutas). ‖ Tabac (m.) à fumer (tabaco). ‖ Trou, m., marque (de viruela). ‖ *Tener una picadura en un diente,* avoir une dent gâtée o abîmée.

picafigo m. ZOOL. Becfigue (papahigo).

picaflor m. Oiseau-mouche, colibri. ‖ FIG. *Amer.* Papillon (mariposón).

picajón, ona o **picajoso, sa** adj. FAM. Chatouilleux, euse; susceptible.

picamaderos m. ZOOL. Pic, pivert.

picana f. *Amer.* Aiguillon, m. (del boyero).

picanear v. tr. *Amer.* Aiguillonner (aguijar).

picante adj. Piquant, e : *salsa picante,* sauce piquante. ‖ Relevé, e; épicé, e (comida). ‖ FIG. Acerbe, piquant, e : *palabras picantes,* mots

acerbes. ‖ Piquant, e : *un chiste picante,* une histoire piquante.
— M. Saveur (f.) piquante (de un manjar). ‖ FIG. Piquant (de las palabras). ‖ *Amer.* Plat très épicé.

picantemente adv. D'une manière piquante.

picaño, ña adj. Coquin, e (pícaro).

picapedrero m. Tailleur de pierre.

picapica f. *Amer.* Poil (m.) à gratter (planta). ‖ *Polvillos de picapica,* poudre à éternuer.

picapleitos m. inv. FAM. Chicaneur (pleitista). ‖ Avocat sans cause, avocaillon.

picaporte m. Loquet (barrita). ‖ Clef, f. (llave). ‖ Bouton o poignée (f.) de porte (tirador). ‖ Marteau de porte (aldaba).

picaposte m. ZOOL. Pic (pájaro carpintero).

picapuerco m. ZOOL. Épeichette, f. (pipo).

picar v. tr. Piquer (herir). ‖ Poinçonner (los billetes). ‖ TAUROM. Piquer [le taureau]. ‖ Mordre, piquer (serpientes). ‖ Piquer (insectos). ‖ Donner des coups de bec à (aves). ‖ Picorer (comer las aves). ‖ Mordre à (el pez) : *picar el anzuelo,* mordre à l'hameçon. ‖ Grappiller (comer un poco). ‖ Piquer (sal, pimienta, etc.). ‖ Piquer : *los ojos me pican cuando hay humo,* les yeux me piquent lorsqu'il y a de la fumée. ‖ Gratter, démanger (escocer) : *esta herida me pica,* cette blessure me démange. ‖ Hacher : *picar la carne,* hacher la viande. ‖ Tailler (piedras). ‖ Trancher (con hacha). ‖ Piquer, éperonner (espolear). ‖ Dresser (adiestrar). ‖ Piquer (en el billar). ‖ MIL. Harceler (acosar). ‖ MÚS. Piquer. ‖ FIG. Provoquer, exciter (estimular). ‖ Froisser, vexer (enojar). ‖ Piquer (el amor propio, la curiosidad). ‖ Piquer : *el viento frío pica la piel,* le vent froid pique la peau. ‖ — FIG. y FAM. *Picar el anzuelo,* mordre à l'hameçon. ‖ *Picarle a uno en el amor propio,* piquer quelqu'un d'honneur. ‖ *Picarle a uno mucho la boca,* avoir la bouche emportée. ‖ — FIG. y FAM. *A quien le pique que se rasque,* qui se sent galeux se gratte. ‖ *¿Qué mosca le pica?,* quelle mouche le pique?, qu'est-ce qui lui prend? — V. intr. Piquer (sal, pimienta, etc.). ‖ Piquer (un avión). ‖ Taper (el sol). ‖ Taper, piquer (tomar) : *picar en una fuente,* taper dans un plat. ‖ Pointer (en una fábrica). ‖ Ouvrir [un livre] au hasard. ‖ Cogner (un motor). ‖ Piquer, pincer (el frío). ‖ FIG. Mordre (dejarse engañar). ‖ Se laisser tenter (los compradores). ‖ — *Picar en,* avoir des dons de : *picar en poeta,* avoir des dons de poète; être assez : *picar en valiente,* être assez courageux; avoir une teinture de (saber superficialmente). ‖ FIG. y FAM. *Picar más* ou *muy alto,* viser trop haut, avoir de hautes visées.
— V. pr. Se piquer. ‖ Se miter (la ropa). ‖ Se piquer (el vino, la madera). ‖ Se gâter, s'abîmer (dientes, frutas). ‖ S'agiter, moutonner (el mar). ‖ Être en chaleur (los animales). ‖ FIG. Se froisser, se formaliser, se vexer, prendre la mouche, se piquer : *se pica por cualquier cosa,* il se froisse pour n'importe quoi. ‖ *Amer.* S'enivrer. ‖ — FIG. *El que se pica, ajos come,* il n'y a que la vérité qui blesse; qui se sent morveux, se mouche; qui se sent galeux, se gratte. ‖ *Picarse con,* vouloir rivaliser avec, s'attaquer à (rivalizar). ‖ *Picarse de,* se piquer d'être : *picarse de valiente,* se piquer d'être courageux; se piquer de (calidades intelectuales) : *picarse de gracioso, de poeta,* se piquer d'esprit, de poésie.

pícaramente adv. Astucieusement, malignement (con astucia). ‖ Bassement (con vileza). ‖ *Mirar pícaramente a uno,* regarder quelqu'un avec des yeux pleins de malice o mutins.

picaraza f. Pie (urraca).

picarazado, da adj. *Amer.* Grêlé, e (picado de viruela).

picardear v. tr. Corrompre, pervertir.

— V. intr. Faire des polissonneries. ‖ S'amuser (divertirse).
— V. pr. Tomber dans le vice, être perverti.
picardía f. Bassesse (vileza). ‖ Ruse, fourberie, friponnerie (bellaquería). ‖ Sottise, espièglerie (travesura). ‖ Malice (astucia). ‖ Grivoiserie : *contar picardías*, raconter des grivoiseries. ‖ Canaille (pícaros). ‖ FIG. *Tener mucha picardía*, avoir plus d'un tour dans son sac.
Picardía n. pr. f. GEOGR. Picardie.
picardo, da adj. y s. Picard, e (de Picardía). ‖ — M. Picard (dialecto).
picaresca f. Bande de coquins o de voyous (pandilla). ‖ Vie de coquin, vie louche (vida). ‖ Picaresque, *m.*, roman (*m.*) picaresque : *la picaresca es una creación literaria española*, le roman picaresque est une création littéraire espagnole.
picarescamente adv. D'une manière picaresque.
picaresco, ca adj. Picaresque. ‖ Espiègle, mutin, e : *una mirada picaresca*, un regard mutin.
pícaro, ra adj. y s. Vaurien, enne ; voyou, fripon, onne (bribón). ‖ Malin, igne ; débrouillard, e (astuto). ‖ FIG. Coquin, e (tómase en buen sentido) : *ese chico es un pícaro*, cet enfant est un coquin. ‖ — M. Pícaro, filou (tipo de la literatura española). ‖ — *A pícaro, pícaro y medio*, à malin, malin et demi. ‖ *Pícaro de cocina*, marmiton (pinche).
picarón, ona adj. FAM. Coquin, e.
picatoste m. Rôtie, *f.*, croûton.
picaza f. Pie (urraca).
picazo m. Petit de la pie, piat. ‖ Coup de bec (picotazo). ‖ Coup de pic (con la pica).
picazo, za adj. *Amer.* Pie (color).
— M. Cheval pie.
picazón f. Picotement, *m.* (leve), démangeaison (escozor fuerte). ‖ FIG. y FAM. Mécontentement, *m.* (disgusto). ‖ *Causar picazón*, picoter, démanger.
picea f. BOT. Épicéa, *m.*, pesse, picéa, *m.* (abeto).
Picio n. pr. *Más feo que Picio*, laid comme un pou o à faire peur.
pickpocket m. Pickpocket (ratero).
pick-up m. Pick-up (tocadiscos). ‖ TECN. Pick-up. (fonocaptor).
picnic m. Pique-nique (comida campestre).
picnómetro m. Pycnomètre.
pico m. Bec (de ave). ‖ Pointe, *f.*, saillie, *f.* (parte saliente). ‖ Angle, coin (de un mueble) : *golpearse contra el pico de la mesa*, se cogner contre o heurter le coin de la table. ‖ Pointe, *f.* (de un cuello, de un pañuelo). ‖ Pic (herramienta). ‖ Bec (de vasija). ‖ Pic (montaña). ‖ Pointe, *f.* (para un niño). ‖ Corne, *f.* (de un sombrero). ‖ Picot (de madera, de un martillo). ‖ FIG. Croûton (extremo del pan). ‖ Gressin, longuet (panecillo de forma alargada). ‖ Appoint (de una suma). ‖ FIG. y FAM. Caquet (habladuría). ‖ Bec, bouche, *f.* (boca). ‖ MAR. Corne, *f.* ‖ *Amer.* Pousse-pied (percebe). ‖ — Pl. Piques (en los naipes). ‖ — *Pico de cigüeña*, géranium. ‖ *Pico de cisne*, bec-de-cygne (cirujía). ‖ TECN. *Pico de colada*, bec de coulée. ‖ *Pico de cuervo*, bec de corbin (instrumento). ‖ *Pico verde*, pivert (ave). ‖ *Sombrero de dos picos*, bicorne. ‖ *Sombrero de tres picos*, tricorne. ‖ FIG. y FAM. *De pico*, en paroles. ‖ *Y pico*, et quelques : *cien pesetas y pico*, cent pesetas et quelques ; *dos años y pico*, deux ans et quelques ; *et quelques*, environ, passé : *son las tres y pico*, il est trois heures passées o environ trois heures. ‖ — FIG. y FAM. *Andar de* ou *a picos pardos*, faire la noce (estar de juerga), courir la pretantaine o le guilledou (ser amigo de juergas). ‖ *Callar* ou *cerrar el pico*, se taire, fermer son bec, la fermer, la boucler (callarse), faire taire, clouer le bec, rabattre le caquet (hacer callar). ‖ *Costar un pico*, coûter une petite fortune. ‖ *Darse el pico*, se bécoter. ‖ *Hincar el pico*, casser sa pipe, passer l'arme à gauche. ‖

Irse del pico ou *tener mucho pico*, être trop bavard. ‖ *Tener un pico de oro*, être un beau parleur.
picofeo m. *Amer.* Toucan (ave).
picolete m. Picolet (de cerradura).
picolina f. QUÍM. Picoline.
picón, ona adj. Qui a les dents saillantes. ‖ FAM. Susceptible, chatouilleux, euse.
— M. FAM. Farce, *f.* (chasco). ‖ Charbon menu. ‖ Épinoche, *f.* (pez).
piconero m. Charbonnier, marchand de menu charbon.
picor m. Démangeaison, *f.*, (escozor), picotement (en los ojos). ‖ *Dar picor*, gratter, démanger.
picoreto, ta adj. *Amer.* Bavard, e ; jaseur, euse.
picoso, sa adj. Grêlé, e (de viruelas).
picota f. Pilori, *m.* (suplicio) : *poner en la picota*, mettre o clouer au pilori. ‖ FAM. Aiguille (de campanario, de montaña). ‖ TECN. Verge (de la bomba). ‖ Bigarreau, *m.* (cereza).
picotada f. o **picotazo** m. Coup (*m.*) de bec.
picote m. Picote, *f.* (tela).
picoteado, da adj. Picoté, e (picado).
picotear v. tr. Picoter, picorer (las aves). ‖ Becqueter (mordisquear). ‖ FIG. Grignoter (comer un poco).
— V. intr. Hocher la tête (el caballo). ‖ FIG. y FAM. Baratiner (charlar).
— V. pr. FIG. Se chamailler (reñir).
picoteo m. Picotage.
picotería f. FAM. Envie de parler.
picotero, ra adj. y s. FAM. Bavard, e.
picotín m. Picotin (medida).
picotón m. *Amer.* Coup de bec (picotazo).
picrato m. QUÍM. Picrate.
pícrico adj. m. QUÍM. Picrique (ácido).
pictografía f. Pictographie.
pictórico, ca adj. Pictural, e : *ornamentos pictóricos*, ornements picturaux.
Pictos n. pr. m. pl. Pictes.
pioudilla f. Chevalier, *m.* (especie de chorlito).
picudo, da adj. Pointu, e. ‖ À grand bec (ave). ‖ À museau pointu (hocicudo). ‖ FIG. y FAM. Bavard, e (parlanchín).
— M. Broche, *f.* (espetón).
picuro m. *Amer.* Agouti (mamífero).
pichana o **pichanga** f. *Amer.* Balai, *m.*
piche m. FAM. *Amer.* Peur, *f.*, frousse, *f.*
pichel m. Pichet d'étain (vasija).
pichelero m. Fabricant de pichets.
pichicato, ta adj. *Amer.* Chiche, radin, e (avaro).
pichiciego, ga adj. *Amer.* Myope (miope).
pichicho m. *Amer.* Petit chien (perro).
pichincha f. *Amer.* Aubaine (ganga).
pichinchero, ra adj. y s. *Amer.* Veinard, e.
pichón m. Pigeonneau (pollo de paloma). ‖ Pigeon : *tiro de pichón*, tir au pigeon. ‖ FIG. y FAM. Poulet (término cariñoso) : *ven acá pichón*, viens, mon poulet.
pichón, ona m. y f. *Amer.* Bambin, e ; gosse.
— Adj. FAM. *Amer.* Peureux, euse (miedoso).
pichona f. Pigeonne (ave). ‖ FAM. Poulette.
pidgin-english m. Pidgin, pidgin-english.
pídola f. Saute-mouton, *m.* (juego).
pidón, ona adj. y s. FAM. Quémandeur, euse.
pie m. Pied (de hombre o planta) : *tener los pies planos*, avoir les pieds plats. ‖ Patte, *f.* (de un animal). ‖ Pied (de mueble, escalera, montaña). ‖ Pied (planta entera). ‖ Lie, *f.* (poso). ‖ Bas (de un escrito) : *al pie de la página*, au bas o dans le bas de la page. ‖ Légende, *f.* (de foto o dibujo). ‖ Nom du signataire (membrete). ‖ Pied (de las medias). ‖ Pied (medida). ‖ Pied (de verso). ‖ FIG. Base, *f.* (fundamento). ‖ MAT. Pied (de una recta). ‖ Pressée, *f.* (de uvas). ‖ Fonds (de comercio). ‖ — Pl. Pied, *sing.* (de cama) : *a los pies de la*

cama, au pied du lit. || Entrée, *f. sing.* (de
iglesia). || Jambes, *f.* : *tener buenos* ou *muchos
pies*, avoir de bonnes jambes.
— MIL. *Pie a tierra*, à pied. || *Pie de altar*, casuel
(emolumentos). || *Pie de atleta*, pied d'athlète
(dolencia). || *Pie de amigo*, appui (estaca). || FIG. y
FAM. *Pie de banco*, ânerie, bourde (necedad). ||
BOT. *Pie de becerro*, pied-de-veau, gouet, arum
(aro). || *Pie de burro*, gland de mer. || *Pie de
cabalgar*, pied de montoir. || *Pie de cabra*, pied-
de-chèvre (palanca), anatife (crustáceo). || *Pie de
imprenta*, nom de l'imprimeur. || *Pie de liebre*,
trèfle, pied-de-lièvre (trébol). || ARQ. *Pie dere-
cho*, pied-droit. || TECN. *Pie de rey*, palpeur (barra
calibradora), pied à coulisse (compás de corre-
dera). || POÉT. *Pie forzado*, rime imposée. || *Pie
plano*, pied plat. || *Pie prensatelas*, pied-de-biche
(costura). || POÉT. *Pie quebrado*, vers court
alternant avec d'autres plus longs. || *Pie zambo*,
pied bot. || — *A cuatro pies*, à quatre pattes. ||
FIG. *A los pies de alguien*, aux pieds de quelqu'un.
|| *Al pie de*, à côté de (junto), près de (casi). ||
Al pie de fábrica, à la sortie de l'usine (precio). ||
Al pie de la escalera, au bas de l'escalier. || *Al pie
de la letra*, au pied de la lettre. || *Al pie de la obra*,
à pied d'œuvre (materias). || FIG. *Al pie del cañón*,
à pied d'œuvre (una persona). || *A pie*, à pied
(andando). || *A pie enjuto*, à pied sec. || *A pie
firme*, de pied ferme. || *A pie juntillas* ou *juntillo*
ou *con los pies juntos*, à pieds joints : *saltar a pie
juntillas*, sauter à pieds joints ; mordicus, dur
comme fer : *creer a pie juntillas*, croire mordicus.
|| FIG. *Con el pie en el estribo*, le pied à l'étrier. |
Con pies de plomo, avec prudence. || *De pie* ou *en
pie*, debout : *estar de pie*, être debout. | *De pies
a cabeza*, de la tête aux pieds (enteramente), de
pied en cap, de toutes pièces (armado). || *En pie*,
sur pied (curado), sur pied (las cosechas). || *En
pie de guerra*, sur le pied de guerre. || FIG. *En un
pie de igualdad*, sur un pied d'égalité, sur le même
pied. || *Gente de a pie*, infanterie (soldados), gens
de pied (criados). || *Pie a pie*, petit à petit. | *Pies
contra cabeza*, tête-bêche.
— *Atado de pies y manos*, pieds et poings liés. ||
FIG. *Besar los pies, las manos*, baiser les pieds,
les mains (en una carta). || FIG. y FAM. *Buscar
cinco* ou *tres pies al gato*, chercher midi à qua-
torze heures, chicaner. | *Caer de pie como los
gatos*, retomber sur ses pieds. || *Dar con el pie*
(en el suelo), taper du pied [par terre], faire du
pied (a alguien). || FIG. *Dar pie*, donner l'occa-
sion de, donner sujet de, prêter le flanc à. | *Echar
pie a tierra*, mettre pied à terre. || FIG. *Entrar con
buen pie*, partir du bon pied (negocio). | *Esperar
a pie firme*, attendre de pied ferme. || FAM. *Estar
con un pie en el aire*, être comme l'oiseau sur la
branche. || FIG. *Estar en pie*, se poser (problema).
| *Faltarle a uno los pies*, perdre l'équilibre. ||
Golpear el suelo con el pie, taper du pied. || *Hacer
pie*, avoir pied (en el agua). || FIG. *Hacer una
cosa con los pies*, faire une chose par-dessus la
jambe, bâcler quelque chose (hacerla muy mal).
| *Irsele los pies a uno*, glisser : *se le fueron los
pies*, il a glissé. | *Levantarse con el pie izquierdo*,
se lever du pied gauche *o* du mauvais pied. |
Meter un pie en algún sitio, avoir un pied quelque
part. | *Morir al pie del cañón*, mourir à la tâche
o à la peine. | *Nacer de pie* ou *de pies*, naître
coiffé. || FIG. y FAM. *No dar pie con bola*, faire
tout de travers. || *No levanta dos pies del suelo*,
il est haut comme trois pommes. | *No poner
más los pies en un sitio*, ne plus mettre les pieds
dans un endroit. | *No tener ni pies ni cabeza*,
n'avoir ni queue ni tête, ne pas tenir debout. ||
No tenerse en pie, ne pas tenir debout : *desde su
enfermedad no se tiene en pie*, depuis sa maladie
il ne tient pas debout ; *tu historia no se tiene en*

pie, ton histoire ne tient pas debout. || FIG. *Pa-
rarle a uno los pies*, remettre quelqu'un à sa place
(poner a alguien en su sitio). | *Pensar con los
pies*, raisonner comme une pantoufle. || *Perder
pie*, perdre pied (en el agua), perdre *o* lâcher pied
(confundirse). || FIG. *Poner en pie*, mettre sur
pied *o* debout, échafauder. | *Poner pie*, prendre
pied. || *Poner pie en tierra*, mettre pied à terre. ||
FIG. *Poner pies en pared*, s'entêter, ne pas vouloir
en démordre. | *Poner pies en polvorosa*, prendre
la poudre d'escampette, prendre la clé des champs,
décamper. | *Quedar en pie*, subsister (una difi-
cultad). | *Saber de qué pie cojea uno*, connaître
le défaut de la cuirasse de quelqu'un *o* son point
faible, savoir où le bât le blesse. || *Sacar los
pies del plato* ou *de las alforjas*, se dévergonder
(una persona). | *Ser más viejo que el andar a pie*,
être vieux comme le monde. | *Ser pies y manos de
uno*, être le bras droit de quelqu'un. | *Tener el
estómago en los pies*, avoir l'estomac dans les
talons (tener hambre). || *Tener los pies hacia fuera*,
avoir les pieds en dehors. || FIG. *Tener un pie en
el sepulcro*, avoir un pied dans la tombe. | *Traba-
jar con los pies*, travailler comme un pied. | *Tratar
a alguien con la punta del pie*, traiter quelqu'un
par-dessus la jambe, ne pas ménager quelqu'un. ||
Volver pie atrás, retourner sur ses pas *o* en arrière
(desandar lo andado), reculer, faire marche arrière
(desdecirse).

piedad f. ● Pitié (compasión) : *hombre sin piedad*,
homme sans pitié ; *dar piedad*, faire pitié. || Piété
(religiosa o filial). || ARTES. Pietà, Mater Dolorosa
(la Virgen). || — *Con piedad*, avec pitié (senti-
miento) : *mirar a alguien con piedad*, regarder
quelqu'un avec pitié, avec bonté, charitablement
(en acción) : *acudir a un herido con piedad*, secou-
rir un blessé charitablement. || *Por piedad*, par
pitié.
— SINÓN. ● *Compasión*, compassion. *Misericordia*,
miséricorde. *Conmiseración*, commisération *Lástima*,
pitié.

piedra f. Pierre. || Grêle (granizo). || MED. Calcul,
m., pierre (en el riñón). | *Tour*, *m.* (de inclusa).
|| FIG. Pierre : *corazón de piedra*, cœur de pierre.
— *Piedra alumbre*, alun. || *Piedra amoladera* ou
de amolar ou *de afilar*, pierre à aiguiser. || *Piedra
angular* ou *fundamental*, pierre angulaire. || *Piedra
arenisca*, grès. || *Piedra berroqueña*, granit, gra-
nite. || *Piedra de cal*, pierre à chaux. || *Piedra de
campana*, phonolite. || *Piedra de construcción*,
pierre à bâtir. || *Piedra de chispa*, pierre à feu *o*
à fusil. || *Piedra de encendedor* ou *de mechero*,
pierre à briquet. || FIG. *Piedra de* ou *del escán-
dalo*, objet de scandale. || *Piedra de Huamanga*,
albâtre. || *Piedra del altar*, pierre d'autel. || *Piedra
de pipas*, écume de mer. || *Amer. Piedra de sapo*,
mica. || *Piedra de sillería* ou *sillar*, pierre de taille.
|| *Piedra de toque*, pierre de touche. || *Piedra filo-
sofal*, pierre philosophale. || *Piedra imán*, pierre
d'aimant, magnétite. || *Piedra infernal*, pierre
infernale. || *Piedra meteórica*, pierre météorique. ||
Piedra molar, pierre meulière. || *Piedra ollar*,
pierre ollaire. || *Piedra oscilante*, pierre branlante.
|| *Piedra plana*, pierre plate. || *Piedra pómez*,
pierre ponce. || *Piedra preciosa*, pierre précieuse.
— FIG. *Ablandar las piedras*, attendrir les pierres.
| *Cerrar a piedra y lodo*, boucher *o* fermer hermé-
tiquement. | *Es un día señalado con piedra
blanca*, ce jour est marqué d'une pierre blanche. |
Hasta las piedras lo saben, tout le monde le sait.
| *No dejar piedra por mover*, remuer ciel et terre,
se démener. | *Piedra movediza, nunca moho la
cobija*, pierre qui roule n'amasse pas mousse. ||
Poner la primera piedra, poser la première pierre.
|| FIG. *Tirar la piedra y esconder la mano*, faire
ses coups en dessous, jeter la pierre et cacher le
bras. | *Tirar piedras al tejado ajeno*, jeter des

pierres dans le jardin de quelqu'un. ‖ *Tirar piedras contra uno*, jeter des pierres à quelqu'un (apedrear), jeter la pierre à quelqu'un (censurar).
piedrecita f. Caillou, *m.*
piel f. ● Peau : *de piel blanca*, à peau blanche. ‖ Cuir, *m.* (cuero) : *piel de Rusia*, cuir de Russie. ‖ Fourrure (de animal con pelo largo). ‖ Fourrure (para prenda de vestir). ‖ Peau, pelure (de las frutas). ‖ — Pl. Fourrure, *sing.* : *un abrigo de pieles*, manteau de fourrure. ‖ — FIG. *Piel de gallina*, chair de poule. ‖ *Piel de olor*, peau d'Espagne. ‖ *Piel de zapa*, peau de chagrin. ‖ *Un piel roja*, un Peau-Rouge. ‖ — FIG. y FAM. *Cambiar de piel*, faire peau neuve. | *Dar la piel para obtener algo*, faire n'importe quoi *o* vendre son âme au diable pour obtenir quelque chose. | *Ser de la piel del diablo*, avoir le diable au corps *o* dans la peau. ‖ *Suavizar las pieles*, palissonner les peaux.
— SINÓN. ● *Dermis*, derme. *Epidermis*, épiderme. *Tegumento*, tégument. *Pellejo*, peau. *Cutis*, peau.
piélago m. POÉT. Mer, *f.*, océan. ‖ Haute mer, *f.* (alta mar).
pielero m. Peaussier.
pielitis f. MED. Pyélite.
pienso m. Aliment (del ganado) : *piensos compuestos*, aliments composés. ‖ Picotin (del caballo).
piéride f. Piéride (mariposa).
pierna f. Jambe (del hombre). ‖ Patte (de animal). ‖ Cuisse (de ave). ‖ Cuissot, *m.* (de caza mayor). ‖ Gigot, *m.* (de carnero para guisar). ‖ Branche (de compás). ‖ Jambage, *m.* (de letra). ‖ Loge, lobe (*m.*) de noix (de nuez). ‖ — *Pierna de madera*, jambe de bois, pilon. ‖ — FIG. y FAM. *A pierna suelta* ou *tendida*, à son aise, tranquillement. | *Cortarle a uno las piernas*, mettre à quelqu'un des bâtons dans les roues. | *Dormir a pierna suelta*, dormir à poings fermés. | *Estirar las piernas*, se dégourdir les jambes.
piernitendido, da adj. Qui a les jambes allongées.
pierrot m. Pierrot (payaso).
pietismo m. RELIG. Piétisme (doctrina).
pietista m. y f. RELIG. Piétiste.
pieza f. Pièce : *las piezas de un motor*, les pièces d'un moteur. ‖ Pièce (de música, de teatro). ‖ Pièce (remiendo). ‖ Pièce (caza, tejido). ‖ Pièce (moneda). ‖ Pièce (ajedrez, heráldica). ‖ Pièce (habitación). ‖ Pièze (unidad de presión). ‖ — *Pieza de artillería*, pièce d'artillerie. ‖ *Pieza de autos*, dossier d'un procès. ‖ *Pieza de convicción*, pièce à *o* de conviction. ‖ *Pieza de recambio* ou *de repuesto*, pièce de rechange *o* détachée. ‖ — FIG. y FAM. *Dejar de una pieza*, scier, ahurir : *esta noticia me ha dejado de una pieza*, cette nouvelle m'a scié. | *De una pieza*, tout d'une pièce, d'un seul morceau. | *Dos piezas*, deux-pièces (traje). ‖ FIG. *¡Es una buena* ou *linda pieza*, c'est un drôle de numéro ! | *Me he quedado de una pieza*, les bras m'en tombent *o* m'en sont tombés, j'en suis resté bouche bée.
piezgo m. FIG. Outre, *f.* (odre).
piezoelectricidad f. FÍS. Piézo-électricité.
piezoeléctrico, ca adj. FÍS. Piézo-électrique.
piezómetro m. FÍS. Piézomètre.
pífano m. MÚS. Fifre.
pifia f. Fausse-queue (en el billar). ‖ FIG. y FAM. Gaffe, boulette (descuido) : *cometer una pifia*, faire une gaffe. ‖ *Amer.* Raillerie (burla).
pifiar v. tr. Faire fausse queue (en el billar). ‖ FAM. Faire une gaffe. ‖ *Amer.* Se moquer (burlarse).
— V. intr. Canarder (flauta).
pigargo m. Pygargue (ave).
pigmentación f. Pigmentation.
pigmentar v. tr. Pigmenter.

pigmentario, ria adj. Pigmentaire.
pigmento m. Pigment.
pigmeo, a m. y f. Pygmée.
pignoración f. Engagement, *m.* (en el Monte de Piedad).
pignorar v. tr. Engager (en el Monte de Piedad).
pignoraticio, cia adj. DR. Pignoratif, ive : *contrato pignoraticio*, contrat pignoratif.
pigre adj. Paresseux, euse ; négligent, e.
pigricia f. Paresse.
pijama m. Pyjama.
pije adj. FAM. *Amer.* De mauvais goût, ridicule. | Prétentieux, euse ; bêcheur, euse (cursi).
pijo, ja adj. y s. POP. Crétin, e.
pijota f. Petit merlan, *m.* (pescadilla). ‖ *Hacer pijotas*, faire des ricochets.
pijotada f. V. PIJOTERÍA.
pijotear v. intr. *Amer.* Économiser. ‖ Retarder un paiement (demorar).
pijotería f. FAM. Bricole (pequeñez). | Crétinerie, bêtise, niaiserie (tontería).
pijotero, ra adj. y s. FAM. Assommant, e (pesado). | Sacré, e : *este pijotero niño*, ce sacré gosse. ‖ FAM. *Amer.* Chiche, radin, e (cicatero).
piki m. Protège-bas (de medias).
pila f. Pile (rimero), tas, *m.* (montón) : *una pila de leña*, un tas de bois. ‖ FIG. Tas, *m.* (serie) : *tiene una pila de niños*, il a un tas d'enfants. ‖ Bassin, *m.*, vasque (de fuente). ‖ Évier, *m.* (de cocina). ‖ Bénitier, *m.* (de agua bendita). ‖ Fonts (*m. pl.*) baptismaux (para bautizar) : *sacar de pila*, tenir sur les fonts baptismaux. ‖ Auge (bebedero). ‖ ARQ. Pile (machón de un puente). ‖ Fís. Pile (eléctrica, etc.) : *pila atómica*, pile atomique. ‖ BLAS. Pile. ‖ MIN. Cuve [pour le métal fondu]. ‖ *Nombre de pila*, nom de baptême, prénom.
pilada f. Pilée (de paño). ‖ Augée (de mortero). ‖ Pile, tas, *m.* (montón).
Pílades n. pr. m. Pylade.
pilar m. Borne, *f.* (mojón). ‖ ARQ. Pilier (columna). | Pile, *f.* (de un puente). ‖ Bassin, vasque, *f.* (de fuente). ‖ FIG. Pilier (apoyo). ‖ Pilier (rugby). ‖ ANAT. *Pilar del velo del paladar*, pilier du voile du palais.
pilar v. tr. Broyer, piler.
Pilar n. pr. f. Pilar (de María del Pilar). ‖ *Virgen del Pilar*, Vierge du Pilar [à Saragosse].
pilastra f. ARQ. Pilastre, *m.*
Pilato (Poncio) n. pr. Ponce Pilate.
pilatuna f. FAM. *Amer.* Rosserie, mauvais tour, *m.* (jugarreta).
pilca f. *Amer.* Mur (*m.*) de pierre et de boue (pared).
pilcate m. *Amer.* Gamin (chico).
pilcha f. FAM. *Amer.* Nippe (prenda).
píldora f. Pilule. ‖ FIG. y FAM. Mauvaise nouvelle. ‖ FIG. y FAM. *Dorar la píldora*, dorer la pilule. | *Tragarse la píldora*, avaler la pilule.
pildorero m. Pilulier.
pileta f. Petit bénitier, *m.* (de agua bendita). ‖ Petit bassin, *m.* (fuente). ‖ *Amer.* Piscine.
pilguanejo m. *Amer.* Galopin.
pilífero, ra adj. Pilifère.
piliforme adj. Piliforme.
pililo, la adj. *Amer.* Déguenillé, e ; loqueteux, euse (haraposo).
pilo m. Pilum (arma).
pilocarpina f. QUÍM. Pilocarpine.
pilocarpo m. BOT. Pilocarpe.
pilón m. Bassin, vasque, *f.* (de fuente). ‖ Auge, *f.* (bebedero). ‖ Mortier (mortero). ‖ Pain de sucre (catite). ‖ Poids mobile de la romaine (de la balanza). ‖ ARQ. Pylône (puerta monumental). ‖ *Martillo pilón*, marteau-pilon.
pilongo, ga adj. Maigre (flaco). ‖ *Castaña pilonga*, châtaigne séchée au four.

pilórico, ca adj. Pylorique.
píloro m. ANAT. Pylore.
pilorriza f. BOT. Coiffe (cofia).
pilosebáceo, a adj. Pilo-sébacé, e.
pilosidad f. Pilosité.
piloso, sa adj. Pileux, euse; pilaire : *sistema piloso*, système pileux.
pilotaje m. MAR. y AVIAC. Pilotage : *pilotaje sin visibilidad*, pilotage sans visibilité. || CONSTR. Pilotis, pilotage (p. us.) [conjunto de pilotes].
pilotar o pilotear v. tr. Piloter.
pilote m. Pilot, pieu (estaca). || — Pl. Pilotis, *sing.: construido sobre pilotes*, bâti sur pilotis.
pilotín m. (P. us.). MAR. Pilotin.
piloto m. Pilot : *piloto práctico*, pilote côtier. || Second (de un buque). || Pilote (de un avión). || AUTOM. Feu arrière, stop (luz posterior), feu de position (luz de posición). || Lampe (f.) témoin (para indicar el funcionamiento de un aparato). || Veilleuse, f. (en los aparatos de gas). || — *Piloto de altura*, pilote hauturier. || *Piloto de línea* ou *civil*, pilote de ligne. || *Piloto de pruebas*, pilote d'essai.
— Adj. Pilote (que sirve de modelo) : *pescadería, fábrica piloto*, poissonnerie, usine pilote.
pilpilén m. Échassier du Chili (ave zancuda).
piltra m. POP. Pieu, *m.*, plumard, *m.*, pageot, *m.* (cama). || POP. *Meterse en la piltra*, se pieuter.
piltrafa f. FAM. Carne (carne mala). || *Amer.* Aubaine (ganga). || — Pl. Restes, *m.* déchets, *m.* (residuos). || FIG. y FAM. *Hacer piltrafas*, mettre en charpie.
pilular adj. Pilulaire.
pillada f. FAM. Filouterie, friponnerie (bribonada). | Polissonnerie (de los niños). || *Amer.* Pillage.
pillador, ra adj. y s. (P. us.). Pillard, e.
pillaje m. Pillage (saqueo).
pillapilla m. *Jugar al pillapilla*, jouer à courir.
pillar v. tr. Piller (saquear). || FAM. Attraper, coincer : *pillar a un ladrón*, attraper un voleur. || Attraper : *pillar el tren*, attraper le train. | Attraper : *pillar un resfriado*, attraper un rhume. || FAM. *Me pilla bastante lejos*, c'est assez loin. | *Me pilla de camino*, c'est sur mon chemin.
— V. pr. Se prendre, se coincer (los dedos).
pillastre o pillastrón m. FAM. Coquin, vaurien (bribón). | Polisson, coquin, garnement (niño).
pillear v. intr. FAM. Mener une vie de vaurien. | Faire des polissonneries (los niños).
pillería f. FAM. Bande de coquins, canaille. | Friponnerie (bribonada). | Polissonnerie (de niño).
pilloto o pillín m. FAM. Galopin, polisson, coquin, garnement (pilluelo).
pillo, lla m. y f. FAM. Coquin, e; scélérat, e (bribón). | Canaille (tunante). || — *A pillo, pillo y medio*, à malin, malin et demi. || *Dárselas de pillo*, faire son malin.
— SINÓN. *Pícaro, picarón*, coquin. *Tuno, tunante*, fripouille. *Granuja, pilluelo*, galopin, garnement.
pilluelo, la m. y f. FAM. Garnement, *m.*, galopin, *m.*, polisson, onne; coquin, e (chico malo). | Gamin, e (niño) : *el pilluelo de París*, le gamin de Paris. || — M. Voyou (chico malcriado).
¡pim! interj. Pan!, paf! || *Pim pum pum*, jeu de massacre (pimpampum).
pimentada f. *Amer.* Friture de poivrons.
pimental m. Champ de piments, poivrière, *f.*
pimentar v. tr. FIG. y FAM. Pimenter (sazonar).
pimentero m. Poivrier (arbusto). || Poivrière, *f.* (utensilio).
pimentón m. Gros poivron, poivron. || Paprika doux. || Piment rouge [moulu] (polvo).
pimentonero m. Marchand de poivrons. || ZOOL. Oiseau noir à poitrine rouge (pájaro).
pimienta f. Poivre, *m.* : *echar pimienta*, mettre du poivre. || FIG. y FAM. Sel, *m.*, piquant, *m.* || — FIG.

y FAM. *Sal y pimienta*, piment, piquant. | *Ser como una pimienta*, être vif comme la poudre, être du vif-argent. | *Tener mucha pimienta*, coûter les yeux de la tête.
pimiento m. Piment (planta). || Poivron, piment (fruto). || Piment rouge [moulu] (pimentón). || Poivrier (pimentero). || — *Pimiento chile*, piment (guindilla). || *Pimiento de cornetilla*, poivre long. || *Pimiento morrón*, piment carré, poivron. || — FIG. y FAM. *Me importa un pimiento*, je m'en moque comme de l'an quarante.
pimpampum m. Jeu de massacre (en las ferias).
pimpante adj. Pimpant, e (peripuesto).
pimpi m. FAM. Nigaud (bobo). | Bêcheur (presumido).
pimpinela f. BOT. Pimprenelle (planta).
pimplar v. tr. FAM. Siffler (beber).
— V. intr. FAM. Picoler.
pimpollada f. o pimpollar m. Taillis, *m.*
pimpollear o pimpollecer* v. intr. AGRIC. Rejeter (echar pimpollos).
pimpollo m. Rejeton, rejet (vástago). || Arbrisseau, petit arbre (árbol nuevo). || Bouton de rose (capullo). || FIG. y FAM. Chérubin, petit ange (niño). | Beau garçon (joven), jolie fille (chica).
pimpolludo, da adj. Aux rejets abondants (planta).
pina f. Borne (mojón). || Tronçon (*m.*) de jante (de rueda).
pinabete m. Sapin (abeto).
pinacate m. *Amer.* Sorte de scarabée.
pinacolina f. QUÍM. Pinacoline.
pinacoteca f. Pinacothèque.
pináculo f. Pinacle. || Pinacle (juego de naipes). || FIG. *En el pináculo*, au pinacle : *poner a alguien en el pináculo*, porter quelqu'un au pinacle.
pinado, da adj. BOT. Penné, e; paripenné, e (hoja).
pinar m. Pinède, *f.*, pineraie, *f.*, pinière, *f.*, pignade, *f.*
pinariego, ga adj. Du pin.
pinastro m. Pinastre, pin maritime (pino).
pinatífido, da adj. BOT. Pinnatifide (hoja).
pinaza f. Pinasse (embarcación).
pincarrasca f. o pincarrasco m. Pin (*m.*) d'Alep (pino carrasco).
pincarrascal m. Forêt (*f.*) de pins d'Alep.
pincel m. Pinceau. || FIG. Pinceau (pintor o modo de pintar). | Œuvre, *f.*, tableau (obra). || MAR. Brosse (*f.*) à goudronner. || *Pincel plano*, queue-de-morue.
pincelada f. Coup (*m.*) de pinceau, touche. || MED. Badigeonnage, *m.* (de la garganta). || FIG. Touche, trait, *m.* (rasgo) : *pincelada fuerte*, trait vigoureux. || FIG. *Dar la última pincelada*, mettre la dernière main.
pincelar v. tr. Peindre (pintar).
pincelazo m. Coup de pinceau (pincelada).
pincelero, ra m. y f. Marchand, marchande de pinceaux. || — M. Boîte (*f.*) à pinceaux (caja). || Pincelier (para lavar los pinceles).
pinciano, na adj. y s. De Valladolid.
pinchaco m. *Amer.* Tapir (animal).
pinchadura f. Piqûre.
pinchar v. tr. Piquer : *las espinas pinchan*, les épines piquent. || FIG. Énerver, taquiner, agacer, asticoter (fam.) [irritar]. | Fâcher (enojar).
— V. intr. Crever (neumático). || FIG. y FAM. *Ni pincha ni corta*, il n'a pas son mot à dire, il n'a pas voix au chapitre, il n'a que le droit de se taire.
— V. pr. Se piquer (con un alfiler). || Crever (neumático). || FIG. y FAM. Se taquiner, s'asticoter (meterse uno con otro).
pinchaúvas m. inv. FAM. Pauvre diable, pauvre type (infeliz). | Grappilleur, maraudeur.
pinchazo m. Piqûre, *f.* || Crevaison, *f.* (de neumático). || FIG. Coup d'épingle, pique, *f.* (dicho malicioso).
— OBSERV. *Piqûre*, terme médical, se dit *inyección*.

pinche m. Marmiton (de cocina). ‖ FIG. y FAM. *Haber sido pinche antes de cocinero,* avoir fait ses preuves, avoir mis la main à la pâte, avoir été à bonne école.

pincho m. Pointe, *f.* ‖ Piquant (de planta o animal). ‖ CULIN. Brochette, *f.* ‖ *Amer.* Épingle (*f.*) à chapeau. | *Pincho moruno,* chiche kebab (de carne).

pinchular v. tr. *Amer.* Parer, attifer.

pindárico, ca adj. Pindarique.

pindarismo m. Pindarisme.

Píndaro n. pr. m. Pindare.

Pindo n. pr. m. GEOGR. Pinde.

pindó m. *Amer.* Cocotier (coco).

pindonga f. FAM. Vadrouilleuse, femme qui traîne dans la rue.

pindonguear v. intr. FAM. Vadrouiller.

pindongueo m. FAM. Vadrouille, *f.*

pineal adj. ANAT. Pinéal, e : *cuerpos pineales,* corps pinéaux.

pineda f. Pinède, pinière, pineraie (pinar).

pineno m. QUÍM. Pinène.

pínfano m. MÚS. Tympanon (tímpano).

pingajo m. FAM. Lambeau, loque, *f.*

pinganilla f. *Amer.* Gommeux, *m.* (currutaco). ‖ *Amer. En pinganillas,* accroupi (en cuclillas), dans l'incertitude (en situación incierta).

pinganillo m. Glaçon (carámbano).

pinganitos (en) loc. Haut placé (bien colocado).

pingo m. FAM. Loque, *f.* (pingajo). ‖ Dévergondée, *f.* (mujer). ‖ *Amer.* Cheval (caballo). | Diable (diablo). ‖ — Pl. FAM. Frusques, *f.,* nippes, *f.* (trapos, vestidos). ‖ FIG. y FAM. *Andar de pingo,* vadrouiller (callejear).

pingorote m. FAM. Pointe, *f.,* bout.

pingorotudo, da adj. FAM. Haut perché, e (alto). ‖ Haut placé, e (bien situado).

pingotear v. intr. Sauter (el caballo).

ping pong m. Ping-Pong (tenis de mesa).

pingucho m. FAM. *Amer.* Casse-croûte (almuerzo ligero).

pingue m. Pinque, *f.* (embarcación).

pingüe adj. Gras, grasse (graso). ‖ Gros, grosse : *obtener pingües beneficios,* faire de gros bénéfices. ‖ Rentable (negocio). ‖ Abondant, e ; copieux, euse (abundante).

pingüino m. ZOOL. Pingouin.

pínico adj. Pinique (ácido).

pinífero, ra adj. POÉT. Pinifère.

pinillo m. Bugle, *f.* (planta).

pinitos m. pl. FAM. Premiers pas [d'un enfant, etc.] : *hacer pinitos,* faire ses premiers pas.

pinjante m. Breloque, *f.,* pendentif (joya).

pinnípedo, da adj. y s. ZOOL. Pinnipède.

pino, na adj. Raide (pendiente). ‖ — M. Pin (árbol). ‖ FIG. y POÉT. Nef, *f.,* navire (embarcación grande), esquif (pequeño). ‖ — Pl. FAM. Premiers pas : *hacer pinos,* faire ses premiers pas. ‖ — *Pino albar* ou *royo* ou *silvestre,* pin sylvestre. ‖ *Pino alerce,* mélèze. ‖ *Pino carrasco,* pin d'Alep. ‖ *Pino de Virginia,* pitchpin. ‖ *Pino negral* ou *negro,* pin Laricio. ‖ *Pino piñonero* ou *real,* pin parasol, pin pignon. ‖ *Pino rodeno* ou *marítimo,* pin maritime, pinastre. ‖ — *A pino,* à toute volée (las campanas). ‖ FIG. y FAM. *En el quinto pino,* au diable, au diable vauvert (muy lejos). ‖ *Hacer el pino,* faire le poirier *o* l'arbre droit.

pinocha f. Aiguille de pin. ‖ Épi, *m.* [de maïs].

pinol o **pinole** o **pínole** m. *Amer.* Farine (*f.*) de maïs grillé.

pinolero, ra m. y f. FAM. *Amer.* Nicaraguayen, enne (nicaragüense).

pinoso, sa adj. Qui abonde en pins.

pinrel m. POP. Panard, ripaton (pie).

pinsapar m. Sapinière.

pinsapo m. Pinsapo, sorte de sapin (árbol).

pinta f. Tache, moucheture (mancha). ‖ Goutte (gota). ‖ Marque [sur les cartes à jouer]. ‖ Pinte (medida). ‖ Atout, *m.* (triunfo). ‖ FIG. Allure, air, *m.,* aspect, *m.* (aspecto) : *tiene pinta de pícaro,* il a l'air d'un coquin ; *tener buena pinta,* avoir belle allure. ‖ *Amer.* Couleur d'un animal (color). ‖ Race (casta). ‖ — M. Vaurien, voyou (golfo). ‖ — Pl. Fièvre (*sing.*) typhoïde (tabardillo).

pintada f. Pintade (ave). ‖ Graffiti, *m.* (inscripción). ‖ *Pollo de pintada,* pintadeau.

pintadillo m. Chardonneret (jilguero).

pintado, da adj. Peint, e : *papel pintado,* papier peint ; *pintado de azul,* peint en bleu. ‖ Fardé, e (rostro). ‖ Tacheté, e ; moucheté, e (la piel de los animales). ‖ FIG. Pareil, eille ; semblable (parecido). ‖ FIG. y FAM. *El más pintado,* le plus malin. | *Es su padre pintado,* c'est son père tout craché. | *No puedo verle ni pintado,* je ne peux pas le voir en peinture. | *Venir como pintado,* tomber à pic, aller à merveille.

‖ — M. Peinture, *f.* (acción de pintar).

pintamonas m. FAM. Barbouilleur (mal pintor).

pintar v. tr. Peindre (con pintura) : *pintar un retrato,* peindre un portrait ; *pintar de rojo una habitación,* peindre une pièce en rouge. ‖ Dessiner, faire (dibujar) : *píntame un caballo,* dessine-moi un cheval. ‖ Tracer (escribir). ‖ FIG. Peindre, dépeindre (describir). | Jouer un rôle, avoir de l'importance (importar). ‖ — *Pintar al fresco,* peindre à fresque. ‖ *Pintar al óleo,* peindre à l'huile. ‖ *Pintar al temple,* peindre en détrempe. ‖ *Pintar con brocha,* peindre à la brosse. ‖ FIG. y FAM. *Pintarla,* poser, se donner des airs. ‖ — *A la ocasión la pintan calva,* il faut saisir l'occasion aux cheveux. ‖ FIG. y FAM. *No pintar nada,* être déplacé, ne pas être à sa place : *no pintar nada en una reunión,* être déplacé dans une réunion ; ne pas avoir son mot à dire (no tener influencia).

‖ — V. intr. Se colorer, mûrir (las frutas). ‖ FIG. Percer, se découvrir (mostrarse).

‖ — V. pr. Se farder, se maquiller (el rostro). ‖ FIG. Se peindre, se refléter : *la felicidad se pintaba en su rostro,* le bonheur se peignait sur son visage. ‖ FIG. y FAM. *Se la pinta solo,* il n'a pas son pareil, il n'y en a pas deux comme lui.

pintarrajar o **pintarrajear** v. tr. FAM. Barbouiller, peinturlurer.

pintarrajo m. FAM. Barbouillage, peinturlurage.

pintarroja f. ZOOL. Chien (*m.*) de mer, roussette (lija).

pintear v. intr. Bruiner (lloviznar).

pintiparado, da adj. Tout pareil, toute pareille (semejante). ‖ À propos : *llegar pintiparado,* arriver à propos. | Juste, parfaitement bien : *esta corbata viene pintiparada con este traje,* cette cravate va parfaitement bien avec ce costume. ‖ *Es pintiparado a su hermano,* il est tout le portrait de son frère.

pintiparar v. tr. FAM. Comparer (comparar). | Rendre semblable (asemejar). ‖ FAM. *Ir pintiparado,* aller à merveille (sentar bien).

Pinto n. pr. FAM. *Estar entre Pinto y Valdemoro,* être éméché, e ; être entre deux vins (medio borracho).

pinto, ta adj. Peint, e (pintado).

pintón, ona adj. Mûrissant, e (fruta). ‖ FAM. Entre deux vins, éméché, e (borracho).

pintonear v. intr. Mûrir (las frutas).

pintor m. ● Peintre : *pintor de cuadros,* artiste peintre. ‖ *Amer.* Vaniteux (fachendoso). ‖ — *Pintor de brocha gorda,* peintre en bâtiment [et de portes, etc.], barbouilleur, mauvais peintre. ‖ TEATR. *Pintor escenógrafo,* peintre décorateur.

— SINÓN. ● *Retratista,* portraitiste. *Colorista,* coloriste. *Pastelista,* pastelliste. *Acuarelista,* aquarelliste.

pintora f. Femme peintre.
pintoresco, ca adj. Pittoresque.
pintoresquismo m. Pittoresque.
pintorrear v. tr. FAM. Peinturlurer : *pintorrear de azul y rojo*, peinturlurer en rouge et bleu.
pintura f. Peinture. ‖ FIG. Peinture (descripción). ‖ — *Pintura a la aguada*, gouache. ‖ *Pintura al fresco, al óleo*, peinture à fresque, à l'huile. ‖ *Pintura al pastel*, pastel. ‖ *Pintura al temple*, peinture à la détrempe. ‖ FIG. y FAM. *No poder ver a uno ni en pintura*, ne pas pouvoir voir quelqu'un en peinture.
pinturero, ra adj. y s. FAM. Coquet, ette. | Prétentieux, euse.
pínula f. TECN. Pinnule.
pin up f. Pin-up.
pinza f. Pince (de animal). ‖ Pince (costura) : *pinzas sueltas*, pinces lâchées. ‖ TECN. Pince. ‖ — Pl. Pince, *sing.* (instrumento) : *pinzas para* ou *de depilar*, pince à épiler. ‖ Pince (*sing.*) o épingle (*sing.*) à linge (para colgar la ropa). ‖ — *Pinzas de dentista*, davier. ‖ *Pinza sujetapapeles*, pince à dessin. ‖ FIG. y FAM. *Sacárselo a uno con pinzas*, tirer les vers du nez à quelqu'un.
pinzón m. Pinson (ave).
pinzote m. MAR. Barre, *f.* (del timón).
piña f. Pomme de pin, pigne (del pino). ‖ Pomme, cône, *m.*, fruit, *m.* (de otros árboles). ‖ Ananas, *m.* (ananás). ‖ FAM. Coup (*m.*) de poing. ‖ FIG. Groupe (*m.*) uni. ‖ MAR. Nœud, *m.* (nudo).
piñal m. *Amer.* Plantation (*f.*) d'ananas.
piñata f. (P. us.). Marmite (olla). ‖ Panier (*m.*) de friandises. ‖ *Domingo de piñata*, premier dimanche de carême.
— OBSERV. La *piñata* est un récipient rempli de friandises que l'on brise à coups de bâton le premier dimanche de carême au cours d'un bal masqué.
piñón m. Pignon (simiente del pino). ‖ Pignon (rueda) : *piñón de cambio*, pignon de renvoi. ‖ BOT. Médicinier, pignon d'Inde. ‖ Dernier âne d'un troupeau (burro). ‖ Noix, *f.* (del fusil). ‖ — TECN. *Piñón mayor*, pédalier (de bicicleta). | *Piñón planetario*, planétaire de différentiel. ‖ FIG. y FAM. *Estar a partir un piñón*, s'entendre comme larrons en foire, être comme les deux doigts de la main.
piñonata f. o **piñonate** m. Sorte de nougat (*m.*) de pignons (turrón).
piñonear v. intr. Faire entendre un déclic (el fusil). ‖ Cacaber (la perdiz). ‖ FIG. y FAM. Ne plus se comporter comme un enfant (un joven). | Faire le jeune homme (un viejo).
piñoneo m. Déclic (del fusil). ‖ Cri (de la perdiz). ‖ FIG. y FAM. Frasque, *f.*, fredaine, *f.* (calaverada).
piñonero adj. m. *Pino piñonero*, pin pignon, pin parasol (árbol).
— M. ZOOL. Pinson (pinzón real).
pío m. Pépiement (de las aves). ‖ Piaillement, piaulement, piaillerie, *f.* (del pollo). ‖ FAM. Envie, *f.* (deseo). ‖ FIG. y FAM. *No decir ni pío*, ne pas piper, ne pas souffler mot, ne pas dire un mot.
Pío n. pr. m. Pie : *Pío nono [IX]*, Pie IX [neuf].
pío, a adj. Pie : *obra pía*, œuvre pie. ‖ Pieux, euse (devoto). ‖ Charitable (compasivo). ‖ Pie (caballo).
piocha f. Pioche (zapapico). ‖ Aigrette (joya o adorno). ‖ *Amer.* Barbiche (perilla).
piógeno, na adj. MED. Pyogène.
piojento, ta o **piojero, ra** adj. Pouilleux, euse. ‖ *Hierba piojenta* ou *piojera*, herbe aux poux, staphisaigre.
piojería f. Pouillerie.
piojillo m. Pou des oiseaux.
piojo m. Pou. ‖ — *Como piojos en costura*, serré comme des sardines. ‖ *Piojo de mar*, pou de mer (crustáceo). ‖ FIG. y FAM. *Piojo pegadizo*, crampon (persona molesta). | *Piojo resucitado*, parvenu.

piojoso, sa adj. Pouilleux, euse. ‖ FIG. Chiche, radin, e (mezquino).
piola f. MAR. Lusin, *m.* ‖ Saute-mouton : *jugar a la piola*, jouer à saute-mouton. ‖ *Amer.* Ficelle (bramante).
piolar v. intr. Piailler (los pajaritos).
piolet m. Piolet (alpinismo).
pión, ona adj. Piailleur, euse ; piaillard, e. ‖ FIG. Râleur, euse.
pionero m. Pionnier (precursor, adelantado).
pionía f. Graine de flamboyant (bucare).
piorno m. BOT. Genêt d'Espagne (gayomba). | Cytise (codeso).
piorrea f. MED. Pyorrhée.
pipa f. Grenouille d'Amérique (rana).
pipa f. Pipe : *fumar en pipa* ou *la pipa*, fumer la pipe. ‖ Barrique, tonneau, *m.* (tonel). ‖ Pépin, *m.* (pepita). ‖ Graine (de girasol). ‖ Pipeau, *m.* (flautilla). ‖ MÚS. Anche (lengüeta). ‖ Détonateur, *m.* (de una bomba). ‖ — TECN. *Pipa del distribuidor*, doigt du distributeur (automóvil). ‖ *Piedra de pipas*, écume de mer. ‖ — FIG. y FAM. *Eso es el cuento de la buena pipa*, ça n'en finit pas.
pipe-line m. Pipe-line (oleoducto).
piperáceas f. pl. BOT. Pipéracées.
piperacina f. QUÍM. Pipérazine.
pipería f. Tonnellerie.
piperidina f. QUÍM. Pipéridine.
piperina f. Pipérine (farmacia).
piperonal m. QUÍM. Pipéronal.
pipermín m. Peppermint, liqueur (*f.*) de menthe.
pipero, ra adj. y s. Pipier, ère (que hace pipas). ‖ Tonnelier (que hace toneles). ‖ Vendeur, vendeuse de graines de tournesol.
pipeta f. Pipette.
pipí m. POP. Andouille, *f.* (tonto). | Troufion (soldado).
pipí m. FAM. Pipi : *hacer pipí*, faire pipi.
pipián m. *Amer.* Ragoût de viande avec une sauce aux amandes pilées (guiso).
pipiar v. intr. Pépier (plar).
pípila f. *Amer.* Dinde.
pipilo m. *Amer.* Dindonneau.
Pipino n. pr. m. Pépin : *Pipino el Breve*, Pépin le Bref.
pipiolo m. FAM. Bleu, novice, blanc-bec, béjaune (inexperto), bizut ou bizuth (de una escuela).
pipirigallo m. BOT. Sainfoin.
pipiripao m. FAM. Gueuleton, festin.
pipiritaña f. Pipeau, *m.* (caramillo).
pipirrana f. Salade de concombres et de tomates (en Andalucía).
pipistrelo m. ZOOL. Pipistrelle, *f.* (murciélago).
pipo m. Petite (*f.*) épeiche (ave).
pipón, ona adj. *Amer.* Repu, e (harto). ‖ Ventru, e (barrigón).
— M. *Amer.* Grosse (*f.*) barrique (tonel).
pipote m. Tonnelet, baril.
pipra f. *Amer.* Coq (*m.*) de roche.
pipudo, da adj. FAM. Épatant, e ; magnifique, du tonnerre (espléndido).
pique m. Brouille, *f.* (resentimiento). ‖ Point d'honneur (amor propio). ‖ MAR. Fourcat, varangue, *f.* ‖ *Amer.* Chique, *f.* (nigua). | Piment (ají). | Sentier (senda). ‖ — *A pique*, opportunément, sur le point de (a punto de), à pic, perpendiculairement (a plomo). ‖ MAR. *Echar a pique*, couler, envoyer par le fond (un barco), anéantir, couler (una empresa). ‖ *Estar a pique de*, être sur le point de, manquer de, faillir (sólo en el pasado) : *he estado a pique de caerme*, j'ai failli tomber. ‖ *Irse a pique*, couler à pic, couler, sombrer (buque).
piqué m. Piqué (tela).
piquera f. Trou (*m.*) de vol (de colmenas). ‖ Bonde (de tonel). ‖ TECN. Trou (*m.*) de coulée (altos hornos). | Bec, *m.* (de lámpara).

piquería f. Troupe de piquiers.
piquero m. Piquier (soldado).
piqueta f. Pic, *m.*, pioche. || *Amer.* Piquette (aguapié). | Piolet, *m.* (bastón de montañero).
piquetazo m. *Amer.* Coup de bec (picotazo).
piquete m. Piqûre, *f.* (pinchazo). || Petit trou (agujero). || Piquet (jalón). | Piquet : *piquete de huelga,* piquet de grève. || Peloton, piquet : *piquete de ejecución,* peloton d'exécution. || *Amer.* Cour, *f.* (corral).
piquituerto m. ZOOL. Bec-croisé.
pira f. Bûcher, *m.* (hoguera). || FIG. y FAM. *Ir de pira,* sécher les cours (no asistir a clase).
piragua f. Pirogue (embarcación). || Canoë, *m.* (de madera) : *carrera de piraguas,* course de canoës. || Kayac, *m.* (de tela).
piragüero m. Piroguier.
piral f. ZOOL. Pyrale (pirausta).
piramidal adj. Pyramidal, e.
pirámide f. Pyramide : *pirámide truncada,* pyramide tronquée ; *pirámide de las edades,* pyramide des âges. || *Tronco de pirámide,* tronc de pyramide.
piramidión m. ARQ. Pyramidion.
piraña f. *Amer.* Piranha, *m.*, piraya, *m.* (pez).
pirarse v. pr. FAM. Se tirer, se tailler (largarse). || *Estoy deseando pirármelas,* j'ai bien envie de me tailler.
pirata m. ● Pirate. || FIG. Cœur de pierre (hombre despiadado).
— Adj. FIG. Pirate (clandestino) : *edición, emisión pirata,* édition, émission pirate.
— SINÓN. ● *Corsario,* corsaire. *Filibustero,* flibustier. *Bucanero,* boucanier.
piratear v. intr. Pirater. || FIG. Voler (robar).
piratería f. Piraterie.
pirático, ca adj. De pirate.
pirausta f. ZOOL. Pyrale (insecto).
piraya f. *Amer.* Piranha, *m.*, piraya, *m.* (pez).
pirca f. *Amer.* Mur (*m.*) de pierres et de boue.
pircar v. tr. *Amer.* Entourer d'un mur de pierres et de boue.
pirenaico, ca adj. y s. Pyrénéen, enne.
pireneíta f. MIN. Pyrénéite.
pireno m. QUÍM. Pyrène.
pirenomicetos m. pl. Pyrénomycètes (hongos).
Pireo (El) n. pr. m. GEOGR. Le Pirée.
piretoterapia f. MED. Pyrétothérapie.
piretro m. BOT. Pyrèthre (pelitre).
pirex m. Pyrex (vidrio que resiste al fuego).
pirexia f. MED. Pyrexie.
pirgüín o **pirhuin** m. *Amer.* Sorte de sangsue (sanguijuela).
pirheliómetro m. Pyrhéliomètre.
piri m. POP. *Darse el piri,* se tirer, se tailler (irse).
pirí m. *Amer.* Bâche, *f.* (toldo).
pírico, ca adj. Relatif au feu.
piridina f. QUÍM. Pyridine.
piriforme adj. Piriforme.
pirindola f. Toton, *m.* (perinola).
pirindolo m. FAM. Truc (chisme).
pirineo, a adj. Pyrénéen, enne (pirenaico).
Pirineos n. pr. m. pl. GEOGR. Pyrénées, *f.*
piripi adj. *Ponerse piripi,* être gai, e ; éméché, e (un poco ebrio).
pirita f. MIN. Pyrite.
piritoso, sa adj. Pyriteux, euse.
pirlitero m. Aubépine, *f.* (espino majuelo).
pirocelulosa f. Pyrocellulose.
piroelectricidad f. Pyro-électricité.
pirofórico, ca adj. QUÍM. Pyrophorique.
piróforo m. QUÍM. Pyrophore.
pirofosfato m. QUÍM. Pyrophosphate.
pirofosfórico adj. m. QUÍM. Pyrophosphorique.
pirogálico, ca adj. QUÍM. Pyrogallique.

pirogenación f. Pyrogénation.
pirogenado, da adj. Pyrogéné, e.
pirograbado m. Pyrogravure, *f.*
pirograbar v. tr. Pyrograver.
pirógrafo m. Pyrographe.
píroia f. BOT. Pyrole.
piroleñoso, sa adj. QUÍM. Pyroligneux, euse.
pirolisis f. Pyrolyse.
pirolusita f. MIN. Pyrolusite.
piromancia f. Pyromancie.
pirómano, na adj. y s. Pyromane.
pirometría f. Pyrométrie.
pirométrico, ca adj. Pyrométrique.
pirómetro m. Pyromètre (termómetro).
piropear v. tr. FAM. Lancer des compliments, dire des galanteries.
piropo m. FAM. Compliment, galanterie, *f.* [surtout dans la rue] : *decir* ou *echar piropos,* dire des galanteries, lancer des compliments. || MIN. Escarboucle, *f.* (carbúnculo).
piróscafo m. Pyroscaphe (barco de vapor).
pirosfera f. GEOL. Pyrosphère.
pirosis f. MED. Pyrosis, *m.*
pirosulfúrico, ca adj. Pyrosulfurique.
pirotecnia f. Pyrotechnie.
pirotécnico, ca adj. Pyrotechnique.
— M. Pyrotechnicien, poudrier (obrero).
piroxeno m. MIN. Pyroxène.
piroxilina f. QUÍM. Pyroxyline.
piróxilo m. QUÍM. Pyroxyle.
pirrarse v. pr. FAM. Raffoler : *pirrarse por la música,* raffoler de musique.
pirriaque m. POP. Pinard, picrate (vino).
pírrico, ca adj. y s. Pyrrhique (danza). || *Victoria pírrica,* victoire à la Pyrrhus.
pirriquio m. POÉT. Pyrrhique.
Pirro n. pr. m. Pyrrhus.
Pirrón n. pr. m. Pyrrhon.
pirrónico, ca adj. y s. Pyrrhonien, enne.
pirronismo m. Pyrrhonisme (escepticismo).
pirueta f. Pirouette.
piruetear v. intr. Pirouetter.
pirueteo m. Pirouettement.
pirulí m. Sucre d'orge, sucette, *f.*
pirulo m. Gargoulette, *f.* (botijo).
pirúvico, ca adj. QUÍM. Pyruvique.
pis m. FAM. Pipi (orina).
pisa f. Foulage, *m.* (del paño). || Pressurage, *m.*, foulage, *m.* (aceituna o uva). || Accouplement, *m.* (de los animales). || FAM. Raclée (zurra).
Pisa n. pr. GEOGR. Pise.
pisada f. Pas, *m.*, trace [de pas] (huella). || Pas : *se oían sus pisadas,* on entendait ses pas. || Trace, foulée, passée (d'un animal). || Pressurage, *m.* (de la fruta). || Écrasement, *m.* (aplastamiento). || Foulage, *m.* (de paños). || *Seguir las pisadas de uno,* suivre les traces de quelqu'un.
pisador, ra adj. y s. Fouleur, euse. || Qui a le pas relevé (caballo).
pisadura f. Trace, pas, *m.* (pisada).
pisano, na adj. y s. Pisan, e.
pisapapeles m. inv. Presse-papier.
pisar v. tr. Marcher sur : *pisarle el pie a uno,* marcher sur le pied de quelqu'un. || Fouler : *pisar la tierra, uvas, paños,* fouler le sol, le raisin, le drap. || MÚS. Pincer (las cuerdas). | Frapper (las teclas). || Couvrir, féconder (el macho). || FIG. Humilier, rabaisser (a uno). | Piétiner, fouler aux pieds (pisotear). | Souffler, enlever (quitar) : *pisarle el puesto a uno,* enlever à quelqu'un son poste. || — *Pisar el acelerador,* appuyer sur l'accélérateur. || *Pisar el escenario,* monter sur scène. || *Pisar las huellas de alguien,* marcher sur les traces de quelqu'un. || *Pisar las tablas,* monter sur les planches. || FIG. *Pisarle a uno el terreno,* aller sur les brisées de quelqu'un, couper l'herbe sous

les pieds à quelqu'un. | *Pisar los talones,* marcher sur les talons, suivre de près, talonner. || — FIG. *Ir* ou *andar pisando huevos,* marcher sur des œufs. | *No dejarse pisar,* ne pas se laisser marcher sur les pieds. || *No vuelvo a pisar más esa casa,* je ne remettrai plus les pieds dans cette maison.
— V. intr. Être l'un sur l'autre [deux étages d'un édifice].

pisaúvas m. inv. Fouleur [de raisin].

pisaverde m. FAM. Gandin, dandy (joven presumido).

piscator m. Almanach avec prévisions météorologiques.

piscatorio, ria adj. De la pêche.

piscícola adj. Piscicole.

piscicultor m. Pisciculteur.

piscicultura f. Pisciculture.

piscifactoría f. Établissement (*m.*) piscicole.

pisciforme adj. Pisciforme.

piscina f. Piscine (para bañarse). || Bassin, *m.* (estanque). || Piscine sacrée (de iglesia).

Piscis n. pr. m. ASTR. Les Poissons.

piscívoro, ra adj. y s. ZOOL. Piscivore.

pisco m. *Amer.* Eau-de-vie (*f.*) de Pisco (Perú). | Cruchon, pichet (botijo).

piscolabis m. FAM. Collation, *f.* || *Amer.* Apéritif. || *Tomar un piscolabis,* manger une bouchée.

pisiforme m. ANAT. Pisiforme.

piso m. Étage (de una casa) : *casa de seis pisos,* maison de six étages. || Appartement (vivienda) : *piso de tres habitaciones,* appartement de trois pièces. || Sol (suelo). || Plancher (de madera). || Chaussée, *f.* (de la calle). || Étage (capa geológica). || — *Piso bajo,* rez-de-chaussée. || *Piso de muestra* ou *piloto,* appartement témoin. || *Piso de soltero,* garçonnière. || *Piso principal,* premier étage (de una casa), corbeille (en el teatro). || — *Casa de pisos,* immeuble à usage d'habitation.

pisolita f. MIN. Pisolithe.

pisolítico, ca adj. MIN. Pisolithique.

pisón m. Hie, *f.,* demoiselle, *f.,* marteau à dame, pilon, pison (de cantero). || *Amer.* V. PISOTÓN.

pisonear v. tr. Tasser, damer (apisonar).

pisotear v. tr. Piétiner, fouler aux pieds.

pisoteo m. Piétinement.

pisotón m. FAM. Action (*f.*) de marcher sur le pied. || *Darle a uno un pisotón,* marcher sur le pied de quelqu'un.

pispar v. tr. POP. Chiper (robar). || *Amer.* Surveiller, guetter (acechar).

pisqueño, ña adj. y s. De Pisco (Perú).

pista f. Piste (huella). || Piste (de carreras, de aviones, etc.). || — *Pista de aterrizaje,* piste o aire d'atterrissage. || *Pista para ciclistas,* piste o trottoir cyclable. || — *Corredor en pista,* pistard (en ciclismo). || FAM. *Ponerse a la pista,* se mettre en chasse. || *Seguir la pista,* suivre à la piste (perseguir), filer (un policía a un ladrón), ne pas perdre de vue.

pistachero m. Pistachier (alfóncigo).

pistacho m. Pistache, *f.* (fruto).

pistilo m. BOT. Pistil.

pisto m. Jus de viande (jugo). || Ratatouille (*f.*) niçoise (fritada). || FIG. y FAM. *Darse pisto,* faire de l'épate o de l'esbrouffe, la ramener (pop.).

pistola f. Pistolet, *m.* (arma) : *tiro de pistola,* coup de pistolet. || Pistolet, *m.* : *pintura a la pistola,* peinture au pistolet.

pistolera f. Étui (*m.*) à pistolet.

pistolero m. Bandit, gangster (bandolero). || Tueur [à gages].

pistoletazo m. Coup de revolver o de pistolet.

pistón m. Piston (émbolo) : *el recorrido del pistón,* la course du piston. || Capsule, *f.,* amorce, *f.* (de arma de fuego). || MÚS. Clef, *f.,* piston (de instrumento). | Cornet à piston (corneta de llaves).

pistonudo, da adj. POP. Formidable, épatant, e ; au poil, du tonnerre.

pita f. BOT. Agave, *m.* (planta). || Fibre d'agave (hilo). || Sifflets, *m. pl.,* huées, *pl.* (en el teatro). || Bille (canica). || *Recibir una pita,* se faire siffler.

pitaco m. Hampe (*f.*) de l'agave.

pitada f. Coup (*m.*) de sifflet. || FIG. y FAM. Impair, *m.,* gaffe : *dar una pitada,* faire un impair o une gaffe. || *Amer.* Bouffée (de cigarro).

Pitágoras n. pr. m. Pythagore : *tabla de Pitágoras,* table de Pythagore.

pitagórico, ca adj. y s. Pythagoricien, enne. || — Adj. Pythagorique.

pitagorismo m. Pythagorisme.

pitahaya o **pitajaña** f. *Amer.* Cactus (*m.*) à grandes fleurs (cacto).

pitancero m. Pitancier (de convento).

pitanza f. Pitance, ration (ración de comida). || FAM. Pitance (alimento cotidiano). | Prix, *m.* (precio), salaire, *m.* (sueldo). || FAM. *Amer.* Aubaine (ganga).

pitaña f. Chassie (legaña).

pitar v. intr. Siffler [dans un sifflet]. || FIG. y FAM. Marcher, gazer (marchar). || FIG. y FAM. *Salir pitando,* filer, partir en quatrième vitesse.
— V. tr. Siffler : *pitar una obra de teatro,* siffler une pièce de théâtre. || (P. us.). Payer (pagar). || *Amer.* Fumer (fumar).

pitarra f. Chassie (legaña).

pitarrasa f. MAR. Patarasse.

pitarroso, sa adj. Chassieux, euse (legañoso).

pitay m. MED. *Amer.* Herpès.

pitchpín m. BOT. Pitchpin (árbol).

pitear v. intr. *Amer.* Siffler.

pitecántropo m. ZOOL. Pithécanthrope.

pitejo m. FAM. Croque-mort.

pitezna f. Détente [d'un piège].

pitia f. Pythie (de Delfos).

Pitias n. pr. m. Pythias.

pitiático, ca adj. y s. Pithiatique.

pitiatismo m. Pithiatisme.

pítico, ca adj. Pythien, enne (de Delfos). || Pythique : *juegos píticos,* jeux Pythiques o Pythiens.

pitido m. Sifflement (ruido producido por el aire, etc.). || Coup de sifflet (con el pito) : *le llamó con un pitido,* il l'a appelé d'un coup de sifflet.

pitillera f. Porte-cigarettes, *m. inv.,* étui (*m.*) à cigarettes (petaca). || Cigarière (mujer).

pitillo m. Cigarette, *f.* : *liar un pitillo,* rouler une cigarette ; *echar un pitillo,* griller une cigarette.

pítima f. MED. Cataplasme, *m.* || FAM. Cuite (borrachera).

pitiminí m. Rosier pimprenelle (rosal). || *Rosa de pitiminí,* rose pompon.

pitio, tia adj. Pythien, enne ; pythique.
— F. Pythie (pitonisa).

pitío m. Sifflement aigu (pitido). || Petit cri, piaillement (pío).

pitipié m. MAT. Échelle, *f.*

pitiriasis f. MED. Pityriasis, *m.*

pitirre m. *Amer.* Tyran (ave).

pitirrear v. intr. *Amer.* Piauler, pépier.

pitirrojo m. ZOOL. Rouge-gorge.

pito m. Sifflet (instrumento). || Bec (de vasija). || FAM. Sèche, *f.,* cigarette, *f.* (cigarrillo). || Osselet (taba). || ZOOL. Tique (insecto). | Pic (pájaro). || *Amer.* Pipe, *f.* || — FAM. *Pito catalán,* pied de nez. | *Pitos flautos,* balivernes. || — FAM. *Cuando pitos, flautas, cuando flautas, pitos,* lorsqu'on veut blanc c'est noir, lorsqu'on veut noir c'est blanc. | *Entre pitos y flautas,* pour une raison ou pour une autre. | *Me oyes como quien oye el pito del sereno,* c'est comme si je chantais. | *No me importa un pito* ou *no se me da un pito,* je m'en moque comme de l'an quarante. | *No toco pito* *en eso*, je n'ai pas voix au chapitre, cela ne me regarde pas (no tengo nada que decir), je n'ai rien à voir là-dedans (no tengo nada que ver). | *No valer un pito* ou *tres pitos*, ne rien valoir, ne pas valoir tripette *o* un radis. | *Ser el pito del sereno*, être la cinquième roue du carrosse.

pitoche m. FAM. Sifflet (pito). || FAM. *No me importa un pitoche*, je m'en moque comme de l'an quarante.

pitoitoy m. *Amer.* Sorte de grue, *f.*

pitón m. Python (serpiente). || Corne, *f.* (de los toros, etc.). || Bec (de botijos y porrones). || Bourgeon (de un árbol). || *Amer.* Tuyau d'arrosage (manga de riego). || *Pitón de escalada*, piton (alpinismo).

pitonazo m. Coup de corne.

pitonisa f. Pythonisse.

pitorrearse v. pr. FAM. Se payer la tête, se moquer [de quelqu'un]. || Se moquer [de quelque chose].

pitorreo m. FAM. Rigolade, *f.*, plaisanterie, *f.* || — FAM. *Tomarlo todo a pitorreo*, prendre tout à la rigolade. | *Traerse un pitorreo con*, se payer la tête de.

pitorro m. Bec (de vasija).

pitpit m. Pipit, pitpit (ave).

pitraco m. FAM. Bidoche, *f.* (carne).

pituita f. ANAT. Pituite.

pituitario, ria adj. ANAT. Pituitaire : *membrana pituitaria*, membrane pituitaire.

pituso, sa adj. Mignon, onne (niños). — M. y f. FAM. Gosse, enfant.

piular v. intr. Pépier (las aves). || Piailler, piauler (el pollo). || FIG. y FAM. Râler (protestar).

piurano, na adj. y s. De Piura (Perú).

piuria f. MED. Pyurie.

pivotante adj. BOT. Pivotant, e (raíz).

pivote m. TECN. Pivot (gorrón). || Pivot (baloncesto). || Plaque (*f.*) tournante (ferrocarriles).

píxide f. BOT. Pyxide. || ECLES. Pyxide, ciboire, *m.* (de iglesia).

pixidio m. BOT. Pyxide, *f.*

piyama m. Pijama (pijama).

pizarra f. Ardoise (piedra y tablilla para escribir). || Tableau, *m.*, tableau (*m.*) noir (encerado) : *salir a la pizarra*, aller au tableau.

pizarral m. Ardoisière, *f.*

pizarreño, ña adj. Ardoiseux, euse ; ardoisier, ère ; ardoisé, e.

pizarrería f. Ardoiserie.

pizarrero m. Ardoisier.

pizarrín m. Crayon d'ardoise.

Pizarro n. pr. Pizarre.

pizarrón m. *Amer.* Tableau noir (encerado).

pizarroso, sa adj. Ardoiseux, euse ; ardoisé, e.

pizca f. FAM. Petit morceau, *m.*, miette : *yo sólo como una pizca de pan*, je ne mange qu'un petit morceau de pain. | Pincée, soupçon, *m.* (de sal, etc.). | Goutte (cosa líquida). | Un tout petit peu : *con una pizca de suerte hubiera ganado yo*, avec un tout petit peu de chance, c'est moi qui aurais gagné ; *se parece una pizca a su padre*, il ressemble un tout petit peu à son père. || — FAM. *Ni pizca*, pas du tout : *eso no me gusta ni pizca*, je n'aime pas ça du tout ; *no tiene ni pizca de autoridad*, il n'a pas d'autorité du tout. | *No haber pizca de*, ne pas y avoir de... du tout : *no hay pizca de vino*, il n'y a pas de vin du tout.

pizcar v. tr. FAM. Pincer (pellizcar).

pizote m. ZOOL. *Amer.* Blaireau (tejón).

pizpereta o **pizpireta** adj. f. FAM. Guillerette (alegre).

pizpita o **pizpitilla** f. ZOOL. Bergeronnette.

pizza f. CULIN. Pizza.

pizzicato m. MÚS. Pizzicato.

placa f. Plaque. || Plaque (lámina). || FOT. Plaque. || Plaquette (medalla conmemorativa). || Panneau (*m.*) indicateur (para señalar). || Panonceau, *m.* (rótulo). || *Placa giratoria*, plaque tournante.

placaje m. Placage (rugby). || *Hacer un placaje*, plaquer (rugby).

placear v. tr. Vendre au marché (vender). || Divulguer (publicar). || FIG. Roder (para adquirir experiencia).

pláceme m. Félicitation, *f.* || *Dar el pláceme*, féliciter.

placenta f. ANAT. y BOT. Placenta, *m.*

placentación f. BOT. Placentation.

placentario adj. BIOL. Placentaire. — M. pl. Placentaires (mamíferos).

placentero, ra adj. Joyeux, euse (alegre). || Agréable, charmant, e ; délicieux, euse : *es un jardín placentero*, c'est un jardin délicieux (agradable). || Amusant, e ; attrayant, e (entretenido).

placentín, ina o **placentino, na** adj. y s. De Plaisance (Italia), de Plasencia (España).

placer m. ● Plaisir (diversión, gusto) : *los placeres de la vida*, les plaisirs de la vie. || Bon plaisir (voluntad) : *tal es mi placer*, tel est mon bon plaisir. || MAR. Banc de sable (arena). || MIN. Placer, gisement aurifère. || *Amer.* Pêcherie (*f.*) de perles. || — *A placer*, à plaisir (con gusto), à loisir (lentamente). || *Un viaje de placer*, un voyage d'agrément.
— SINÓN. ● *Agrado, recreo*, agrément. *Delicia*, délice. *Deleite, fruición* délectation. *Goce*, plaisir. *Gozo*, joie. *Regodeo*, satisfaction.

placer* v. intr. Plaire : *me place estudiar*, il me plaît d'étudier. || *Si me place*, si cela me plaît.
— OBSERV. *Placer*, d'ailleurs peu usité, s'emploie surtout comme verbe impersonnel ; au sens personnel on dit plutôt *gustar* (*me gusta este libro*, ce livre me plaît).

placero, ra adj. De la place, public, publique. — M. y f. Marchand, e (en la plaza). || FIG. Flâneur, euse (callejero).

plácet m. Placet (diplomático).

placible adj. Agréable.

placidez f. Placidité.

Plácido n. pr. m. Placide.

plácido, da adj. Placide (quieto). || Tranquille (tranquilo). || Agréable (grato).

placiente adj. Plaisant, e ; agréable.

plácito m. Avis (parecer).

plafón m. ARQ. Soffite (sofito).
— OBSERV. *Plafond* se dit en espagnol *techo* ou *cielo raso*.

plaga f. Plaie, fléau, *m.* (de un pueblo). || Calamité, catastrophe (infortunio). || Mal, *m.*, maux, *m. pl.* (daño o enfermedad). || FIG. Fléau, *m.* (de la agricultura) : *las langostas a veces una plaga*, les sauterelles sont parfois un fléau. | Grêle, invasion, épidémie (abundancia de cosas malas). | Foison (de cosas buenas) : *hay plaga de frutas*, il y a des fruits à foison. | *Las diez plagas de Egipto*, les dix plaies d'Égypte.

plagal adj. y s. m. MÚS. Plagal, e : *movimientos plagales*, mouvements plagaux.

plagar v. tr. Couvrir (cubrir) : *plagar de heridas*, couvrir de blessures. || Remplir, bourrer (fam.) : *carta plagada de faltas*, lettre bourrée de fautes. || *Estar plagado de*, être surchargée de : *plagado de hijos*, surchargé d'enfants ; être couvert *o* criblé *o* cousu de : *plagado de deudas*, criblé de dettes.
— V. pr. Se couvrir, être couvert : *plagarse de granos*, être couvert de boutons.

plagiar v. tr. Plagier (copiar). || *Amer.* Kidnapper (raptar).

plagiario, ria adj. y s. Plagiaire. || — M. y f. Pasticheur, euse (imitador).

plagio m. Plagiat. || Pastichage (imitación).

plagióstomos m. pl. ZOOL. Plagiostomes.

plan m. Plan : *hacer planes,* faire des plans ; *el plan de la obra,* le plan de l'ouvrage. ‖ Plan : *plan quinquenal,* plan quinquennal ; *plan de ordenación,* plan d'aménagement. ‖ Projet (intención) : *no tengo ningún plan para esta tarde,* je n'ai aucun projet pour cet après-midi. ‖ Plan, niveau (altura). ‖ FIG. y FAM. Petit ami, petite amie. ‖ MAR. Fond de cale. ‖ MED. Régime : *estar a plan,* être au régime. ‖ MIN. Étage (piso). ‖ *Amer.* Plaine, *f.* (planicie). ‖ — *En plan de,* comme, en : *en plan de vencedor,* en vainqueur ; à titre de (a título de). ‖ *En plan de broma,* pour rire, pour plaisanter ; *meterse con alguien en plan de broma,* taquiner quelqu'un pour rire. ‖ *En plan grande,* sur un grand pied. ‖ *En un plan de intimidad,* sur un pied d'intimité. ‖ *Plan de ataque,* plan d'attaque.
— OBSERV. Il ne faut pas confondre *plan,* qui signifie surtout *projet* ou *structure,* et *plano,* qui correspond à *surface, dessin.*

plana f. Page (página). ‖ Page d'écriture (en la escuela). ‖ Plaine (llanura). ‖ TECN. Plane. ‖ — MIL. *Plana mayor,* état-major. ‖ — *A plana y renglón,* copie conforme (imprenta), parfaitement, exactement (perfectamente). ‖ *A toda plana,* sur toute la page, sur toute la largeur (titular), pleine page (página entera). ‖ FIG. *Corregir* ou *enmendar la plana,* trouver à redire, critiquer. ‖ *En primera plana,* en première page, à la une (en los periódicos). ‖ *Estar en la primera plana de la actualidad,* tenir *o* avoir la vedette.

planada f. (P. us.). Plaine (llanada).

planador m. TECN. Planeur.

planazo m. *Amer.* Coup du plat de l'épée.

plancton m. BIOL. Plancton.

plancha f. Plaque (de metal). ‖ Fer (*m.*) à repasser (utensilio). ‖ Repassage, *m.* (ropa planchada). ‖ IMPR. Planche, forme. ‖ FIG. y FAM. Gaffe, impair, *m.* : *tirarse una plancha,* faire une gaffe, commettre un impair. ‖ Planche (nadando) : *hacer la plancha,* faire la planche. ‖ Pied (*m.*) en avant (fútbol). ‖ MAR. Passerelle (pasarela). ‖ — MAR. *Plancha de agua,* radeau. ‖ *Plancha de blindaje,* plaque blindée.
— OBSERV. El francés *planche* corresponde al español *tabla.*

planchada f. Passerelle (puentecillo). ‖ Appontement, *m.* (para embarcarse).

planchado m. Repassage.

planchado, da adj. FAM. Sans le rond (sin dinero).

planchador, ra m. y f. Repasseur, euse. ‖ *Máquina planchadora,* machine à repasser.

planchar v. tr. Repasser [le linge]. ‖ *Amer.* Flatter (adular). ‖ *Mesa de planchar,* planche à repasser.
— OBSERV. No se confunda *repasser* en francés con *repasar* en español que corresponde a *raccommoder.*

planchazo m. FAM. Gaffe, *f.,* impair (metedudura de pata) : *tirarse un planchazo,* faire une gaffe, commettre un impair. ‖ Pied en avant (en fútbol).

plancheta f. Planchette (en topografía).

planchón m. Grande plaque, *f.* ‖ FAM. Gaffe, *f.* (planchazo).

planeador m. Planeur (avión).

planeamiento m. Projet.

planear v. tr. Faire le plan [d'un ouvrage]. ‖ Planifier (planificar). ‖ Projeter, avoir en projet : *planear un viaje,* projeter un voyage. ‖ Envisager : *planear una reforma,* envisager une réforme. ‖ Préparer, organiser : *planear una conspiración,* préparer une conspiration.
— V. intr. Planer (avión) : *vuelo planeado,* vol plané. ‖ Faire des plans (hacer planes).

planeo m. Vol plané (aviación).

planeta m. ASTR. Planète, *f.*

planetario, ria adj. Planétaire. ‖ TECN. *Piñón planetario,* planétaire de différentiel. ‖ — M. Planétarium. ‖ Planétaire (de automóvil).

planetarium m. Planétarium.

planetícola m. y f. Habitant, habitante d'une planète.

planetoide m. Planétoïde, astéroïde.

planicie f. Plaine (llanura). ‖ Plateau, *m.* (meseta).

planificación f. Planification, planning, *m.* : *planificación del trabajo,* planification du travail.

planificador m. Planificateur.

planificar v. tr. Planifier.

planilla f. *Amer.* Liste, tableau, *m.*

planimetría f. Planimétrie.

planímetro m. Planimètre.

planisferio m. Planisphère.

planning m. Planning (plan).

plano, na adj. Plat, e ; plan, e : *terreno plano,* terrain plat ; *superficie plana,* surface plane. ‖ Plat, e : *zapatos planos,* chaussures plates ; *pies planos,* pieds plats. ‖ MAT. Plan, e : *geometría plana,* géométrie plane. | Plat, e : *ángulo plano,* angle plat.
— M. Plan : *el plano de la ciudad,* le plan de la ville ; *el primer plano de un cuadro,* le premier plan d'un tableau. ‖ ARQ. Plan. ‖ GEOM. Plan. ‖ — *Plano americano,* plan américain (cine). ‖ *Plano de fondo,* arrière-plan (en pintura). ‖ *Plano de tiro,* plan de tir. ‖ *Plano general* ou *largo* ou *de conjunto,* plan général *o* d'ensemble. ‖ — *De plano,* clairement, carrément. ‖ *De primer plano,* de premier plan. ‖ *En el primer, segundo plano,* au premier, au second plan. ‖ *Primer plano,* gros plan (cine). ‖ — *Caer de plano,* tomber de tout son long. ‖ *Dar de plano,* frapper du plat de l'épée (con el sable), tomber perpendiculairement (el sol). ‖ *Hacer* ou *alzar* ou *levantar un plano,* lever un plan (topografía). ‖ FIG. *Poner en primer plano,* mettre en vedette.

planocóncavo, va adj. Plan-concave.

planoconvexo, xa adj. Plan-convexe.

planorbis f. ZOOL. Planorbe.

planta f. Plante (vegetal) : *planta de adorno, forrajera, carnosa, trepadora,* plante d'agrément, fourragère, grasse, grimpante. ‖ Plan, *m.* (plano) : *planta de la casa,* plan de la maison. ‖ Étage, *m.* : *vivo en la primera planta,* j'habite au premier étage. ‖ Plante (del pie). ‖ Usine (fábrica) : *planta siderúrgica,* usine sidérurgique. ‖ Centrale : *planta eléctrica,* centrale électrique. ‖ Plant, *m.* (plantío). ‖ MAT. Pied, *m.* (de una perpendicular). ‖ FIG. Plan, *m.,* projet, *m.* (plan). ‖ Position des pieds (danza, esgrima). ‖ — FIG. y FAM. *Buena planta,* belle prestance. ‖ FIG. *Hacer de nueva planta,* refaire entièrement. ‖ *Planta baja,* rez-de-chaussée. ‖ *Tener buena planta,* être bien planté, avoir une belle prestance *o* allure (apuesto).

plantación f. Plantation. ‖ Plantage, *m.* (acción).

plantado, da adj. Planté, e. ‖ — FIG. y FAM. *Bien plantado,* de belle prestance. | *Dejar a uno plantado,* laisser quelqu'un en plan, poser un lapin à quelqu'un (no ir a una cita), plaquer quelqu'un, laisser tomber quelqu'un (abandonar). | *Dejarlo todo plantado,* tout planter là. | *Quedarse plantado,* rester en carafe (sin poder hacer nada).

plantador, ra adj. Qui plante. ‖ — M. Planteur (el que planta). ‖ Plantoir (instrumento agrícola). ‖ — F. Planteuse (máquina).

plantagináceas f. pl. BOT. Plantaginacées.

plantaina f. BOT. Plantain, *m.* (llantén).

plantar adj. ANAT. Plantaire.

plantar v. tr. Planter. ‖ FIG. Implanter (establecer). ‖ FIG. y FAM. Envoyer (un golpe), flanquer (una bofetada). | Mettre : *plantar en la calle,* mettre dehors ; *plantar en la cárcel,* mettre en prison. | Laisser en plan, laisser tomber, plaquer

(abandonar). | Clouer le bec, laisser sans voix (dejar callado).
— V. pr. FIG. y FAM. Se planter : *plantarse en la puerta, en la calle,* se plantér à la porte, dans la rue. | Arriver, débarquer : *en dos horas me plantaré en su casa,* dans deux heures je débarquerai chez lui. | S'arrêter (pararse). | S'arrêter (un animal). | S'installer : *plantarse en Cádiz,* s'installer à Cadix. | *Amer.* Se parer (ataviarse). || *Me planto,* servi (cartas).

plantario m. Pépinière (almáciga).

plante m. Revendications (*f. pl.*) présentées en commun. || Débrayage (huelga). || FIG. *Dar un plante a alguien,* remettre quelqu'un à sa place.

planteamiento m. Façon (*f.*) de poser [un problème]. || Mise (*f.*) en œuvre, travaux (*pl.*) préliminaires. || Exposé, énoncé : *planteamiento de un problema,* exposé d'un problème.

plantear v. tr. Projeter, organiser (organizar). || Poser (una cuestión) : *plantear la cuestión de confianza,* poser la question de confiance. || FIG. Instaurer, établir, implanter : *plantear un sistema,* instaurer un système.
— V. pr. Se poser (una cuestión) : *se nos plantea el problema de saber,* le problème se pose de savoir.

plantel m. Pépinière *f.* (criadero). || Plant (terreno). || FIG. Pépinière, *f.* (cantera). | Groupe (conjunto).

plantificación f. Établissement, *m.*

plantificar v. tr. Établir (plantear). || FIG. y FAM. Lâcher, laisser en plan (dejar plantado). | Fourrer, mettre (meter).
— V. pr. FAM. Débarquer : *se plantificó en casa sin avisar,* il a débarqué à la maison sans prévenir.

plantígrado, da adj. y s. ZOOL. Plantigrade.

plantilla f. Semelle (suela interior). || Personnel, *m.,* effectif, *m.* (de una administración) : *estar en plantilla en una empresa,* faire partie du personnel d'une entreprise. || Tableau (*m.*) o liste des effectifs (lista). || Patron, *m.,* modèle, *m.* (modelo). | Plan, *m.* (plano). || Peigne, *m.* (de los decoradores). || Pistolet, *m.* (de los dibujantes). || Platine (de arma de fuego). || Gabarit, *m.* (gálibo). || — *Plantilla de estarcir,* pochoir. || *Puesto de plantilla,* poste permanent.

plantío, a adj. Cultivable (labrantío), cultivé, e (labrado).
— M. Plantation, *f.,* plant (lugar). || Plantation, *f.* (acción). || *Tierra de plantío,* terrain cultivable.

plantista m. Horticulteur.

plantón m. AGRIC. Plant (vegetal). | Plançon (estaca). || Planton (portero). || Huissier (comisionado). || — FIG. y FAM. *Dar un plantón,* poser un lapin. | *Estar de plantón* ou *tener plantón,* monter la garde (un centinela), faire le pied de grue (esperar).

plántula f. BOT. Plantule.

planudo, da adj. Plat, e (embarcación).

plañidero, ra adj. Plaintif, ive : *una voz plañidera,* une voix plaintive.
— F. Pleureuse.

plañido o **plañimiento** m. Plainte, *f.,* gémissement.

plañir* v. intr. (P. us.). Gémir, se plaindre, pleurer (lamentarse).

plaqué m. Plaqué (metal).

plaqueado, da adj. y s. m. Plaqué, e (chapeado).

plaqueta f. Plaquette (placa pequeña). || BIOL. Plaquette (de sangre).

Plasencia n. pr. GEOGR. Plaisance [Italie]. || Plasencia [Espagne].

plasenciano, na adj. y s. De Plasencia [Espagne] o Plaisance [Italie].

plasma m. BIOL. Plasma (sangre).

plasmar v. tr. Former, façonner.
— V. pr. FIG. Se concrétiser, prendre forme.

plasmático, ca adj. BIOL. Plasmatique.

plasmodio m. Plasmodium.

plasmólisis f. BIOL. Plasmolyse (célula).

plasta f. Pâte molle. || Bouillie (cosa aplastada). | FIG. y FAM. Bousillage, *m.,* chose mal faite.

plasticidad f. Plasticité.

plástico, ca adj. Plastique : *materias plásticas,* matières plastiques.
— M. Plastique (industrial). || Plastic, plastique (explosivo). || — *Voladura con plástico,* plastiquage, plasticage. || *Volar* ou *agredir con plástico,* plastiquer. || — F. Plastique, sculpture.

plastificación f. Plastification.

plastificado, da adj. Plastifié, ée.
— M. Plastification, *f.*

plastificante adj. y s. m. Plastifiant, e.

plastificar v. tr. Plastifier.

plastrón m. Plastron (pechera).

plata f. Argent, *m.* (metal) : *estatua de plata,* statue d'argent. || FIG. Argent, *m.* (dinero) : *tener mucha plata,* avoir beaucoup d'argent. || Argenterie (vajilla u objetos de plata) : *limpiar la plata,* nettoyer l'argenterie. || — *Plata alemana,* maillechort. || *Plata sobredorada,* vermeil. || — FAM. *Limpio como la plata,* propre comme un sou neuf. || *Amer. Sin plata,* désargenté. || — FIG. *Hablar en plata,* parler clair, parler d'or. | *Hacer plata,* gagner beaucoup d'argent, gagner gros. | *Tender* ou *hacer un puente de plata,* faire un pont d'or. | *Traer algo en bandeja de plata,* apporter quelque chose sur un plateau *o* tout cuit.
— OBSERV. *Plata* désigne surtout le métal; *argent* au sens de « monnaie », « richesse », se dit plutôt *dinero,* sauf en Amérique.

platabanda f. BOT. y ARQ. Plate-bande.

plataforma f. Plate-forme. || FIG. Prétexte, *m.,* paravent, *m.* (pretexto). | Tremplin, *m.* : *esto le va a servir de plataforma para alcanzar los máximos honores,* cela va lui servir de tremplin pour atteindre les plus hauts honneurs. || — *Plataforma de salida,* plot (natación). || *Plataforma giratoria,* plaque tournante (ferrocarril). || *Plataforma móvil,* trottoir roulant. || *Plataforma rodante,* chariot (cine).

platal m. FAM. *Amer.* Grosse somme, *f.,* fortune, *f.* (dineral).

platanal o **platanar** m. Bananeraie, *f.,* platanaie, *f.* (plantío de plátanos).

platanazo m. Chute, *f.* (caída). || Effondrement [d'un gouvernement, etc.].

platanera f. Bananeraie (plantío). || Vendeuse de bananes.

platanero m. Bananier (plátano).

plátano m. Bananier (árbol frutal). || Banane, *f.* (fruto). || Platane (árbol).

platea f. TEATR. Orchestre, *m.,* parterre, *m.* (patio). || *Amer.* Fauteuil, *m.* (butaca). || *Palco de platea,* baignoire.

plateado, da adj. Argenté, e : *bronce plateado,* bronze argenté. || *Amer.* Fortuné, e (adinerado).
— M. Argenture, *f.,* argentage (plateadura).

plateador m. Argenteur.

plateadura f. Argenture.

platear v. tr. Argenter.

plateau m. CINEM. Plateau (plató).

platelmintos m. pl. ZOOL. Plathelminthes.

platense adj. Du Río de la Plata [fleuve] *o* de La Plata [ville de l'Argentine].

plateresco, ca adj. ARQ. Plateresque (estilo).

platería f. Orfèvrerie. || Bijouterie (joyería).

platero m. Orfèvre (artista). || Bijoutier (joyero). || *Platero de oro,* orfèvre.

plática f. Conversation, entretien, *m.* (charla) : *estar de plática,* être en conversation, avoir un entretien. || Causerie (religiosa). || MAR. Pratique : *a libre plática,* en libre pratique.

platicar v. intr. Parler, converser, s'entretenir (conversar). ‖ *Amer.* Parler (hablar). | Dire (decir).
platija f. Plie, limande (acedía).
platillo m. Soucoupe, *f.* (de una taza). ‖ Petite assiette, *f.* (plato). ‖ Disque (pieza). ‖ Plateau (de balanza). ‖ Sébile, *f.* (de ciego). ‖ Mús. Cymbale, *f.* (instrumento). ‖ *Platillo volante*, soucoupe volante.
platina f. Tecn. Platine (de un reloj, de una máquina neumática, de un microscopio). ‖ Impr. Marbre, *m.* : *quedarse en la platina*, rester sur le marbre.
platinado m. Tecn. Platinage.
platinar v. tr. Platiner.
platinífero, ra adj. Platinifère.
platinista m. Ouvrier qui travaille le platine.
platinita f. Platinite (metal).
platino m. Platine (metal) : *esponja de platino*, mousse de platine. ‖ — Pl. Vis (*f.*) platinées (motor). ‖ — *Rubia platino*, blonde platinée. ‖ *Teñir de rubio platino*, platiner.
platinoide m. Quím. Platinoïde.
platinotipia f. Platinotypie.
platirrinia f. Nez (*m.*) épaté (nariz chata).
platirrinos m. pl. Zool. Platyrrhiniens, platyrhiniens (monos).
plato m. Assiette, *f.* (vasija) : *plato llano, hondo* ou *sopero*, assiette plate, creuse o à soupe o à potage. ‖ Plat (manjar) : *almuerzo compuesto de tres platos*, déjeuner composé de trois plats ; *plato del día*, plat du jour. ‖ Plateau (de balanza, de bicicleta, de embrague). ‖ Platine, *f.* (de tocadiscos). ‖ Fig. Cible, *f.* (objeto de críticas). | Sujet de conversation (tema de hablillas). ‖ Arq. Métope, *f.* (metopa). | — Fig. *Plato de segunda mesa*, plat réchauffé (manjar), du réchauffé (lo ya conocido), d'occasion, de seconde main (lo ya usado). ‖ *Plato fuerte* ou *de resistencia*, plat de résistance. ‖ *Plato giratorio*, plateau (de un tocadiscos). ‖ *Plato montado*, pièce montée. ‖ *Primer plato*, entrée. ‖ *Tiro al plato*, tir au pigeon d'argile. ‖ — Culin. *Al plato*, sur le plat. ‖ Fig. *Comer en el mismo plato*, manger à la même écuelle. | *¿En qué plato hemos comido juntos?*, quand avons-nous gardé les cochons ensemble ? | *Pagar los platos rotos*, payer les pots cassés. | *Parece que no ha roto un plato en su vida*, on lui donnerait le bon Dieu sans confession. | *Ser plato del gusto de uno*, être du goût de quelqu'un.
plató m. Cinem. Plateau (escenario).
platón m. *Amer.* Cuvette, *f.* (palangana). ‖ Plat (fuente).
Platón n. pr. Platon.
platónicamente adv. Platoniquement.
platónico, ca adj. y s. Platonicien, enne (de Platón). ‖ — Adj. Platonique (puro, inmaterial).
platonismo m. Platonisme.
platudo, da adj. Fam. *Amer.* Riche, fortuné, e ; qui a de l'argent.
plausibilidad f. Plausibilité.
plausible adj. Plausible.
Plauto n. pr. Plaute.
playa f. Plage : *en la playa*, sur la plage.
play back m. Cinem. Play back.
playera f. Chemise-veste. ‖ — Pl. Chanson (*sing.*) populaire d'Andalousie. ‖ Sandales de plage (sandalias).
plaza f. Place : *en la plaza*, sur la place. ‖ Marché, *m.* (mercado) : *ir a la plaza*, aller au marché. ‖ Place (asiento, sitio). ‖ Place, emploi, *m.* (empleo). ‖ Mil. Engagement, *m.* [dans l'armée]. ‖ Ville (población). ‖ Place, place forte (ciudad fortificada). ‖ Tecn. Sole (de un horno). ‖ Parvis, *m.* (de una iglesia). ‖ — *Plaza de abastos*, marché, halle. ‖ *Plaza de armas*, place forte (fortificada), place d'armes (campo de ejercicio). ‖

Plaza fuerte, place forte. ‖ *Plaza mayor*, grand-place. ‖ *Plaza de toros*, arènes. ‖ — Mil. *Asentar* ou *sentar plaza*, s'enrôler, s'engager dans l'armée. ‖ *Hacer plaza*, faire de la place. ‖ Fig. *Sacar a la plaza pública*, crier sur tous les toits, proclamer. ‖ *Sentar plaza de*, passer pour.
plazo m. Délai (espacio de tiempo) : *un plazo de tres días*, un délai de trois jours ; *en breve plazo*, à bref délai ; *en el plazo de un año*, dans un délai d'un an. ‖ Échéance, *f.* (vencimiento del término), échéance, *f.* (cantidad). ‖ Terme : *a plazo vencido*, à terme échu ; *plazo perentorio*, terme de rigueur. ‖ — *Plazo de despedida*, délai de congé o de préavis. ‖ *Plazo de respiro*, délai de grâce. ‖ *A corto, a largo plazo*, à courte, à longue échéance (pronto, tarde), à court, à long terme (capitales). ‖ *Operación a plazo*, marché à terme (en la Bolsa). ‖ — *Comprar, vender a plazos*, acheter à crédit o à tempérament o à terme.
plazoleta o **plazuela** f. Petite place (de calle). ‖ Rond-point, *m.* (de jardín o alameda). ‖ Square, *m.* : *los niños juegan en la plazoleta*, les enfants jouent dans le square.
pleamar f. Mar. Marée haute, pleine mer.
plebe f. Plèbe.
plebeyez f. État (*m.*) de plébéien. ‖ Fig. Vulgarité.
plebeyo, ya adj. y s. Plébéien, enne.
plebiscitar v. tr. Plébisciter.
plebiscitario, ria adj. Plébiscitaire.
plebiscito m. Plébiscite.
pleca f. Impr. Tiret, *m.*
plectognatos m. pl. Zool. Plectognathes.
plectro m. Mús. Plectre (púa). ‖ Fig. Inspiration, *f.* (en poesía).
plegable adj. Pliant, e ; pliable. ‖ Pliant, e : *cama plegable*, lit pliant. ‖ Ployable (flexible).
plegadera f. Coupe-papier, *m. inv.* (para cortar). ‖ Plioir, *m.* (para plegar).
plegado m. o **plegadura** f. Pliage, *m.*, pliure, *f.* (acto de plegar). ‖ Plissé, *m.* (tableado de una tela, etc.). ‖ Plissage, *m.* (acción de tablear). ‖ Plissure, *f.* (conjunto de pliegues). ‖ Ployage, *m.* (encorvamiento).
plegador, ra adj. y s. Plieur, euse. ‖ — M. Plioir (para plegar). ‖ — F. Impr. Machine à plier : *plegadora de bolsas, de cuchillas*, machine à plier à poches, à couteaux.
plegadura f. V. plegado.
plegamiento m. Geol. Plissement.
plegar* v. tr. Plier (hacer un doblez). ‖ Plisser (tablear una tela, etc.). ‖ Geol. Plisser. — V. pr. Se plier (someterse).
plegaria f. Prière, *f.* ‖ Angelus, *m.* (toque de campanas). ‖ *Hacer plegarias*, prier instamment.
pleistoceno, na adj. y s. m. Geol. Pleistocène.
pleita f. Tresse de sparte.
pleiteador, ra o **pleiteante** adj. Plaidant, e : *las partes pleiteantes*, les parties plaidantes. — M. y f. Plaideur, euse.
pleitear v. intr. Dr. Plaider. ‖ Fig. Discuter.
pleitesía f. Hommage, *m.* (homenaje). ‖ *Rendir pleitesía a*, s'incliner devant.
pleitista adj. Plaidant, e. ‖ — Adj. y s. Chicaneur, euse ; procédurier, ère.
pleito m. Dr. Procès : *ganar, perder un pleito*, gagner, perdre un procès. ‖ Affaire, *f.* (caso) : *el pleito de X contra Y*, l'affaire X contre Y. ‖ Querelle, *f.*, dispute, *f.* (pendencia). ‖ — Pl. Fam. Chicane, *f. sing.* : *ser aficionado a pleitos*, aimer la chicane. ‖ — *Abogado sin pleito*, avocat sans cause. ‖ *Armar pleito*, intenter un procès, aller en justice. ‖ *Poner un pleito a*, faire o intenter un procès contre. ‖ *Tener un pleito con alguien*, être en procès avec quelqu'un.

plenamar f. Marée haute, pleine mer (pleamar).

plenario, ria adj. Plénier, ère : *indulgencia, asamblea, sesión plenaria*, indulgence, assemblée, séance plénière.

plenilunio m. Pleine lune, *f.* (luna llena).

plenipotencia f. Pleins pouvoirs, *m. pl.*

plenipotenciario, ria adj. y s. m. Plénipotentiaire.

plenitud f. Plénitude. ‖ FIG. Épanouissement, *m.* (de una persona). ‖ MED. Pléthore. ‖ FIG. *Alcanzar la plenitud*, s'épanouir.

pleno, na adj. Plein, e : *en plena actividad*, en pleine activité. ‖ Plein, e : *en pleno invierno*, en plein hiver ; *en plena posesión de*, en pleine possession de ; *con pleno derecho*, de plein droit. ‖ — *A plena luz*, en pleine lumière, au grand soleil. ‖ *La asamblea en pleno*, toute l'assemblée o l'assemblée tout entière o au grand complet. ‖ *Pleno empleo*, plein emploi. ‖ *Plenos poderes*, pleins pouvoirs. — M. Plénière, *f.*, séance (*f.*) plénière (reunión). ‖ Plein (en el juego).

— OBSERV. *Pleno* s'emploie surtout au sens abstrait ; au sens concret, *plein* se dit plutôt *lleno*.

pleonasmo m. GRAM. Pléonasme (repetición).

pleonástico, ca adj. Pléonastique (tautológico).

plepa f. FAM. V. PEPLA.

pleroma m. BOT. Pleroma.

plesiosauro m. ZOOL. Plésiosaure (fósil).

pletina f. Fer (*m.*) plat, plat, *m.* (metalurgia).

plétora f. Pléthore.

pletórico, ca adj. Pléthorique.

pleura f. ANAT. Plèvre.

pleural adj. ANAT. Pleural, e : *derrames pleurales*, épanchements pleuraux.

pleuresía f. MED. Pleurésie.

pleurítico, ca adj. y s. MED. Pleurétique. ‖ — Adj. ANAT. Pleural, e : *derrames pleuríticos*, épanchements pleuraux.

pleuritis f. MED. Pleurite.

pleurodinia f. MED. Pleurodynie.

pleuronéctidos m. pl. ZOOL. Pleuronectidés.

pleuronecto m. ZOOL. Pleuronecte (pez).

pleuroneumonía f. MED. Pleuropneumonie.

pleuroto m. Pleurote (hongo).

plexiglás m. Plexiglas (materia plástica).

plexo m. ANAT. Plexus : *plexo sacro, solar*, plexus sacré, solaire.

pléyade f. Pléiade. ‖ — Pl. ASTR. Pléiades.

plica f. Pli (*m.*) cacheté (sobre).

pliego m. Pli (pliegue). ‖ Papier, feuille (*f.*) de papier (hoja de papel). ‖ Pli (documento cerrado). ‖ IMPR. Cahier, signature, *f.* ‖ Cahier, mémoire (resumen). ‖ — *Pliego de cargos*, liste des fautes relevées contre un fonctionnaire. ‖ *Pliego de condiciones*, cahier des charges.

pliegue m. Pli (doblez). ‖ Pli (tabla) : *los pliegues de una falda*, les plis d'une jupe. ‖ GEOL. Plissement, pli (ondulación del terreno). ‖ *Máquina de hacer pliegues*, plisseuse.

plieguecillo m. Petite feuille (*f.*) de papier (hoja). ‖ Petit pli (pliego).

Plinio n. pr. m. Pline : *Plinio el Antiguo, el Joven*, Pline l'Ancien, le Jeune.

plinto m. ARQ. Plinthe, *f.*, socle (de columna). ‖ Cheval-arçons (en gimnasia).

— OBSERV. La *plinthe* d'un mur se dit *cenefa* ou *zócalo*.

plioceno m. GEOL. Pliocène.

plisado m. Plissage (acción y efecto de plisar). ‖ Plissé (tablas, tableaux). ‖ *Taller de plisado*, pliure.

plisar v. tr. Plisser : *plisar una falda*, plisser une jupe.

— OBSERV. Ce mot, quoique très employé, est un gallicisme de même que le substantif *plisado*.

plomada f. Fil (*m.*) à plomb (de albañil). ‖ Plombée (red, ropa). ‖ Mine de plomb, crayon, *m.* (lápiz). ‖ MAR. Sonde (sonda). ‖ Plombs, *m. pl.* (de red de pesca).

plomar v. tr. Plomber (sellar con plomo).

plomazo m. Trou o blessure (*f.*) causés par des plombs de chasse.

plombagina f. MIN. Plombagine (grafito).

plombagináceas f. pl. BOT. Plombaginacées.

plomear v. intr. Faire mouche.

plomería f. Plomberie (taller). ‖ Couverture en plomb (tejado).

plomero m. Plombier. ‖ Couvreur de toits (de tejados).

plomífero, ra adj. MIN. Plombifère. ‖ FIG. y FAM. Assommant, e (pesado).

plomizo, za adj. Plombé, e.

plomo m. Plomb (metal). ‖ Fil à plomb (plomada). ‖ Plomb (de fusil, de red). ‖ Fusible, plomb (electricidad). ‖ FAM. Super (gasolina). ‖ — *Plomo blanco*, cérusite, carbonate de plomb. ‖ *Plomo corto*, plomb à balles. ‖ *Plomo de obra, dulce*, plomb argentifère, affiné. ‖ — FIG. y FAM. *Andar con pies de plomo*, regarder où on met les pieds, agir avec prudence (actuar con suma prudencia). ‖ *A plomo*, à plomb (verticalmente), à pic (con oportunidad). ‖ FIG. y FAM. *Caer a plomo*, s'étaler, s'aplatir. ‖ *Caer como un plomo*, tomber comme une masse. ‖ *Ser un plomo*, être assommant, e (ser cargante). ‖ *Tener un sueño de plomo*, avoir un sommeil de plomb.

plomo, ma adj. Amer. Plombé, e.

plomoso, sa adj. Plombé, e.

¡pluf! interj. Plouf !

pluma f. Plume : *pluma de ganso*, plume d'oie ; *colchón de plumas*, lit de plume. ‖ MAR. Mât (*m.*) de charge. ‖ Plume (para escribir) : *dibujo con pluma*, dessin à la plume ; *tomar la pluma*, prendre la plume. ‖ FIG. Plume (letra o talento). ‖ Fléau, *m.*, flèche (de grúa). ‖ Amer. Robinet, *m.* (grifo). ‖ — F. pl. Empennage, *m. sing.*, empenne, *m. sing.* (de una flecha). ‖ — *Estuche de plumas*, plumier. ‖ *Peso pluma*, poids plume (boxeador). ‖ *Pluma estilográfica*, plume stylographique, stylo. ‖ — *Al correr de la pluma* ou *a vuela pluma*, au courant de la plume. ‖ FIG. y FAM. *Vestirse* ou *adornarse* ou *engalanarse con plumas ajenas*, se parer des plumes du paon.

plumada f. Trait (*m.*) de plume (rasgo). ‖ Petit mot, *m.*, billet, *m.* (carta corta).

plumado, da adj. Emplumé, e.

— OBSERV. El francés *plumé* significa *desplumado*.

plumaje m. Plumage. ‖ Pennage (de las aves de rapiña). ‖ Plumet (penacho).

plumajería f. Plumasserie.

plumajero, ra m. y f. Plumassier, ère.

plumaria adj. f. *Arte plumaria*, art de faire des dessins à l'aide de plumes, art des plumassiers.

plumazo m. Trait de plume : *lo tachó de un plumazo*, il l'a barré d'un trait de plume. ‖ Matelas de plume (colchón). ‖ Coussin de plume (almohada).

plumazón f. Plumage, *m.* (plumaje).

plumbagina f. MIN. Plombagine (plombagina).

plumbagináceas f. pl. BOT. Plombaginacées.

plumbagíneo, a adj. y s. BOT. Plombaginacé, e.

plúmbeo, a adj. De plomb. ‖ FIG. De plomb (sueño). ‖ Rasoir, ennuyeux, euse (pesado).

plumeado m. Hachures, *f. pl.* (en pintura).

plumear v. tr. Hachurer, hacher (en pintura).

plumería f. o **plumerío** m. Tas (*m.*) de plumes.

plumerillo m. o **plumerilla** f. BOT. Amer. Mimosa (*m.*) à fleurs rouges.

plumero m. Plumeau (para quitar el polvo). ‖ Plumier (estuche). ‖ MIL. Plumet (penacho). ‖ Amer. Porte-plume, *inv.*, porteplume. ‖ — FIG. y FAM.

Se ve el plumero, on voit la ficelle. | *Vérsele a uno el plumero,* montrer le bout de l'oreille.
plumetís m. Plumetis.
plumier m. Plumier (estuche).
plumífero, ra adj. POÉT. Orné de plumes.
— M. FAM. Plumitif, rond-de-cuir (empleado).
plumilla f. Petite plume. || Plume (de estilográfica). || BOT. Plumule.
plumista m. Plumitif (empleado).
plumón m. Duvet, plumule, *f.* (p. us.) [de las aves]. || Édredon (colcha).
plumoso, sa adj. Plumeux, euse.
plum pudding m. Plum-pudding.
plúmula f. BOT. Plumule.
plural adj. y s. m. Pluriel, elle : *poner una palabra en plural,* mettre un mot au pluriel. || — Adj. Plural, e : *votaciones plurales,* votes pluraux.
pluralidad f. Pluralité. || *A pluralidad de votos,* à la majorité des voix.
pluralismo m. Pluralisme.
pluralista m. Pluraliste.
pluralizar v. tr. Mettre au pluriel, pluraliser.
pluricelular adj. BIOL. Pluricellulaire.
pluriempleado m. Cumulard.
pluriempleo m. Cumul d'emplois, emplois multiples.
plurilingüe adj. y s. Polyglotte.
pluripartidismo m. Multiplicité (*f.*) des partis.
pluripartidista adj. À partis multiples.
plurivalente adj. y s. m. QUÍM. Polyvalent.
plus m. MIL. Supplément de solde. || Gratification, *f.* || Prime, *f.* (prima). || *Plus de carestía de vida,* indemnité de cherté de vie. || *Plus petición,* plus-pétition (reclamación excesiva).
pluscafé m. *Amer.* Pousse-café.
pluscuamperfecto m. GRAM. Plus-que-parfait.
plusmarca f. Record, *m.* (récord).
plusmarquista m. y f. Recordman, *m.*, record-woman, *f.*
plus ultra loc. lat. Nec plus ultra. || *Ser el plus ultra,* être le nec plus ultra, être le summum.
plusvalía f. Plus-value.
plúteo m. Étagère, *f.*, rayon (anaquel).
Plutarco n. pr. m. Plutarque.
Pluto n. pr. m. Plutus.
plutocracia f. Ploutocratie.
plutócrata m. Ploutocrate.
plutocrático, ca adj. Ploutocratique.
Plutón n. pr. m. Pluton.
plutoniano, na o **plutónico, ca** adj. Plutonien, enne ; plutonique.
plutonio m. MIN. Plutonium (metal).
plutonismo m. GEOL. Plutonisme.
pluvial adj. Pluvial, e : *regímenes pluviales,* régimes pluviaux. || ECLES. *Capa pluvial,* chape pluviale.
pluviógrafo m. Pluviographe.
pluviometría f. Pluviométrie.
pluviómetro m. Pluviomètre.
pluviométrico, ca adj. Pluviométrique.
pluviosidad f. Pluviosité.
pluvioso, sa adj. Pluvieux, euse.
— M. Pluviôse (mes del calendario revolucionario francés).
p. m. (abreviatura de *post-meridiem*). De l'après-midi : *a las tres p. m.,* à trois heures de l'après-midi.
pneumococo m. MED. Pneumocoque.
Po n. pr. m. GEOGR. Pô (río).
poa f. Pâturin, *m.* (planta).
pobeda f. Allée de peupliers (alameda).
población f. Ville : *en la población,* en ville. | Localité, agglomération. || Population (habitantes). || Peuplement, *m.* (acción de poblar). || Boisement, *m.* (forestal). || Empoissonnement, *m.* (de un río).
poblacho m. Trou, bled (pueblo).

poblada f. *Amer.* Soulèvement, *m.*, révolte (sedición). | Foule (gentío).
poblado, da adj. Peuplé, e (con gente o animales). || Garni, e (con cosas). || Boisé, e : *monte muy poblado,* montagne très boisée. || Planté, e : *poblado de álamos,* planté de peupliers. || Fourni, e (la barba).
— M. ● Localité, *f.*, agglomération, *f.* [urbaine] (lugar) : *atravesar un poblado,* traverser une agglomération.
— SINÓN. ● *Población,* ville. *Pueblo,* village. *Aldea, lugar,* bourg, bourgade. *Caserío,* hameau.
poblador, ra adj. y s. Qui peuple. || Habitant, e. || Colonisateur, trice.
poblano, na m. y f. *Amer.* Villageois, e (aldeano). || — Adj. y s. De Puebla [ville du Mexique].
poblar* v. tr. Peupler (con gente o animales). || Planter (con plantas). || Boiser (con árboles). || Fonder (fundar). || Garnir (con cosas). || *Poblar de peces,* empoissonner (un río).
— V. pr. Se peupler. || Croître, se développer (crecer). || Se couvrir de feuilles (un árbol).
pobo m. Peuplier blanc (álamo blanco).
pobre adj. Pauvre : *las clases pobres,* les classes pauvres ; *pobre de trigo,* pauvre en blé. || FIG. Pauvre : *el pobre de tu padre,* ton pauvre père. | Pauvre, piètre, mince (escaso) : *pobre consuelo,* mince consolation. | Malheureux, euse ; pauvre : *ese pobre diputado,* ce malheureux député. || — M. y f. Pauvre, esse. || — *¡Pobre de él!,* le pauvre ! | *¡Pobre de mí!,* hélas !, malheureux que je suis ! | FAM. *¡Pobre desgraciado!,* pauvre type ! | *Pobre de solemnidad,* sans le sou, indigent. || *¡Pobre de ti!,* mon pauvre [ami, vieux, garçon, etc.]. | *¡Pobre de ti si!,* gare à toi si, malheur à toi si. || *Pobre limosnero,* mendiant. || — DR. *Abogacía de pobres,* assistance judiciaire. || FIG. *Hacer un pobre papel,* faire piètre figure. | *Ser más pobre que Carracuca* ou *que una rata* ou *que las ratas,* être pauvre comme Job.
pobrecito, ta adj. y s. Pauvre, malheureux, euse : *¡pobrecito!,* le pauvre !
pobrería f. o **pobrerío** m. Pauvreté, *f.* (escasez). || Pauvres, *m. pl.* (pobres). || Mendiants, *m. pl.* (mendigos).
pobrete, ta adj. y s. Pauvret, ette ; malheureux, euse. || — M. FIG. y FAM. Bonne bête, *f.*, brave garçon, brave homme.
pobretear v. intr. Faire le pauvre.
pobretería f. Pauvreté (escasez). || FAM. Pauvres, *m. pl.* (pobres). | Mendiants, *m. pl.* (mendigos).
pobretón, ona adj. Très pauvre, misérable.
— M. y f. Malheureux, euse.
pobreza f. ● Pauvreté (falta de dinero). || Pauvreté : *pobreza de metales,* pauvreté en métaux. || FIG. Mesquinerie (falta de magnanimidad). | Manque, *m.* (falta) : *pobreza de recursos,* manque de ressources. || — DR. *Beneficio de pobreza,* assistance judiciaire. || *Pobreza no es vileza,* pauvreté n'est pas vice.
— SINÓN. ● *Miseria,* misère. *Necesidad,* besoin. *Indigencia,* indigence. *Penuria,* pénurie. *Privación,* privation.
pocero m. Puisatier (el que hace pozos). || Cureur, vidangeur (el que los limpia). || Égoutier (alcantarillero).
pocilga f. Porcherie. || FIG. y FAM. Porcherie, écurie (lugar sucio).
pocillo m. Cuve (*f.*) de pressoir, fosse, *f.* || Tasse, *f.* (jícara).
pócima f. Potion.
poción f. Potion.
poco, ca adj. Peu (*inv.*) de : *poca agua,* peu d'eau ; *pocos árboles,* peu d'arbres [v. OBSERV.]. || (Con ser, parecer, etc.) Rare, peu abondant, e (con sustantivo singular), rares, peu nombreux, euses (con sustantivo plural) : *aquí son pocas las casas*

antiguas, les maisons anciennes sont rares ici. ‖ — *Pocas palabras pero buenas*, parlons peu mais parlons bien. ‖ *Pocas veces*, peu souvent, rarement. ‖ *Poco tiempo*, pas [très] longtemps, peu de temps : *salió hace poco tiempo*, il est sorti il n'y a pas longtemps. ‖ *Ser poca cosa*, être peu de chose *o* pas grand-chose.
— Adv. Peu : *bebo poco*, je bois peu. ‖ Bien peu (muy poco) : *trabaja poco*, il travaille bien peu. ‖ Peu de temps : *se quedó poco aquí*, il est resté peu de temps ici. ‖ Pas grand-chose (con ciertos verbos) : *poco entiendo en todo ello*, je n'y comprends pas grand-chose. ‖ — *Poco antes, después*, peu avant, peu après. ‖ *Poco a poco*, petit à petit, peu à peu. ‖ *¡Poco a poco!*, doucement ! ‖ *Poco más, poco menos*, un peu plus, un peu moins : *poco más viejo que yo*, un peu plus âgé que moi ; guère plus, guère moins, environ (con cifra) : *tiene poco más de treinta años*, il n'a guère plus de trente ans. ‖ *Poco más o menos*, à peu près, à peu de chose près, plus ou moins. ‖ *Poco o nada*, peu ou point. ‖ — *A poco de*, peu après que. ‖ *A poco que*, pour peu que (con el subjuntivo en francés). ‖ *Dentro de poco*, dans peu de temps, sous peu, avant peu. ‖ FAM. *De poco más o menos*, quelconque. ‖ *Muy poco*, très peu, bien peu (no bastante). ‖ *No poco*, beaucoup (con verbo), beaucoup de (con sustantivo), très (con adjetivo). ‖ *O poco menos*, ou peu s'en faut. ‖ *Por poco*, un peu plus, il s'en est fallu de peu, faillir : *por poco me caigo*, j'ai failli tomber, un peu plus je tombais. ‖ *Por poco que*, pour peu que. ‖ *Un poco*, un peu : *un poco de pan*, un peu de pain. ‖ *Un poco más*, encore un peu : *un poco más de vino*, encore un peu de vin. ‖ *Unos pocos, unas pocas*, quelques (adjetivo) : *unas pocas casas*, quelques maisons ; quelques-uns, quelques-unes (pronombre) : *unas pocas de las que me quedan*, quelques-unes de celles qui me restent. ‖ — *Desde hace poco*, depuis peu. ‖ *Equivocarse por muy poco*, se tromper de peu. ‖ *Estar en poco*, s'en falloir de peu, pour un peu : *estuvo en poco que le pegase*, il s'en fallut de peu qu'il ne le frappât, pour un peu il l'aurait frappé. ‖ *Hace poco*, il n'y a pas longtemps. ‖ *Hay pocos que*, il y en a peu qui. ‖ FIG. *Muchos pocos hacen un mucho*, les petits ruisseaux font les grandes rivières. ‖ *Poco a poco hila la vieja el copo*, petit à petit, l'oiseau fait son nid. ‖ *No es poco*, c'est déjà beaucoup, c'est déjà bien. ‖ *Poco falta para*, peu s'en faut que. ‖ *Poco ha faltado* ou *poco faltó para que*, pour un peu, il s'en est fallu de peu que, peu s'en fallut que. ‖ *Por muy poco que sea*, si peu que ce soit. ‖ *Por poco que sea*, tant soit peu, un tant soit peu. ‖ *Tener en poco*, estimer peu, ne pas avoir une grande estime pour (una persona), faire bon marché de (un consejo, etc.). ‖ *Vivir con poco*, vivre de peu. ‖ *Y por si fuera poco...*, et pour couronner le tout...
— OBSERV. En francés se sustituye muy a menudo *peu* por el giro *pas beaucoup* (con verbo o sustantivo) o *pas très* (con adjetivo) : *tiene poco dinero*, il n'a pas beaucoup d'argent ; *es poco listo*, il n'est pas très intelligent.

poco a poco loc. MÚS. Poco a poco.
pocho, cha adj. Pâle, terne (descolorido). ‖ Blet, ette (fruta). ‖ FIG. Abîmé, e (estropeado). | Patraque (pachucho). ‖ *Amer.* Boulot, otte (rechoncho). | Maladroit, e (torpe).
— F. FAM. *Amer.* Blague (mentira).
pochocho, cha adj. *Amer.* Boulot, otte (rechoncho).
poda f. AGRIC. Taille, élagage, *m.*, ébranchage, *m.*, émondage, *m.* (de los árboles).
podadera f. AGRIC. Serpe, sécateur, *m.*
podador m. Élagueur, émondeur.
podagra f. MED. Podagre, goutte.

podar v. tr. Tailler (árboles frutales). ‖ Élaguer, ébrancher, émonder, tailler (árboles ordinarios). ‖ FIG. Élaguer (quitar lo inútil). | Tondre (cortar al rape).
podaria f. MAT. Podaire.
podatario m. COM. Fondé de pouvoir.
podazón f. AGRIC. Époque de la taille des arbres.
podenco, ca adj. y s. m. Épagneul, e (perro).
poder m. Pouvoir (dominio, autoridad). ‖ Possession, *f.* (posesión). ‖ Puissance, *f.* (militar). ‖ Puissance, *f.* (fuerza, capacidad) : *tiene un gran poder de trabajo*, il a une grande puissance de travail. ‖ — Pl. Pouvoirs : *transmitir los poderes*, transmettre *o* passer ses pouvoirs. ‖ — *Poder absoluto, ejecutivo, judicial, legislativo*, pouvoir absolu, exécutif, judiciaire, législatif. ‖ *Poder adquisitivo*, pouvoir d'achat. ‖ *Poder ante notario*, pouvoir par-devant notaire. ‖ MIL. *Poder disuasivo*, force de frappe *o* de dissuasion. ‖ — *A su poder* ou *a todo poder*, de toutes ses forces. ‖ *Bajo el poder de*, au pouvoir de (caer, estar, etc.). ‖ *Entrega* ou *transmisión de poderes*, passation des pouvoirs. ‖ *Plenos poderes*, pleins pouvoirs. ‖ — *Casarse por poderes*, se marier par procuration. ‖ *Dar poderes*, donner procuration. ‖ *Dar poder para*, autoriser à, habiliter à, charger de. ‖ *De poder a poder*, à égalité. ‖ *Estar en poder de*, être au pouvoir de (uno), être en la possession de (una cosa) [No se confunda con *en possession de*, en posesión de]. ‖ FIG. *Hacer un poder*, faire un effort. ‖ *Llegar a poder de*, parvenir à quelqu'un *o* entre les mains de quelqu'un. ‖ *Obrar en poder*, être entre les mains : *su carta obra en mi poder*, votre lettre est entre mes mains. ‖ *Obrar por poder*, agir par procuration. ‖ *Tener en su poder*, avoir entre les mains, avoir reçu (un documento), avoir en sa possession (una cosa), avoir en son pouvoir (poder hacer).
poder* v. tr. Pouvoir : *puedo hacerlo*, je peux le faire.
— V. impers. Se pouvoir, être possible : *puede que llueva*, il se peut qu'il pleuve. | — *A más no poder*, tout ce qu'il y a de plus, on ne peut plus, extrêmement, au possible : *ser avaro a más no poder*, être avare au possible ; de toutes ses forces (con mucho esfuerzo). ‖ *A poder ser*, si possible. ‖ *El que puede lo más puede lo menos*, qui peut le plus peut le moins. ‖ *Hasta no poder más* ou *hasta más no poder*, jusqu'à n'en plus pouvoir, à satiété (hasta la saciedad), tant et plus, extrêmement, au possible (mucho), de toutes mes (tes, ses, etc.) forces. ‖ *No poder con uno*, ne pouvoir venir à bout de : *no puedo con este niño*, je ne peux pas venir à bout de cet enfant ; ne pas pouvoir supporter (no aguantar). ‖ *No poder más*, n'en plus pouvoir. ‖ *No poder más que*, ne pouvoir que. ‖ *No poder menos que* ou de, *no poder sino*, ne pas pouvoir s'empêcher de : *no puede menos de hablar*, il ne peut s'empêcher de parler ; ne pas pouvoir faire autrement que, devoir : *no puedo menos que invitarle a cenar*, je ne peux pas faire autrement que de l'inviter à dîner. ‖ *No puede ser*, c'est impossible. ‖ *Puede ser que*, il est possible que, il se peut que. ‖ *¿Se puede?*, puis-je *o* peut-on entrer ?
poderdante m. y f. Commettant, e.
poderhabiente m. y f. Fondé, fondée de pouvoirs.
poderío m. Puissance, *f.*
poderosamente adv. Puissamment.
poderoso, sa adj. y s. Puissant, e. ‖ *Poderoso caballero es Don Dinero*, le veau d'or est toujours debout, l'argent ouvre toutes les portes.
podestá m. Podestat (alcalde italiano).
podio m. Podium.
podómetro m. Podomètre.
podón m. AGRIC. Serpe, *f.*

podre f. Pus, *m.* (humor).
podredumbre f. Pourriture, putréfaction. ‖ Pus, *m.* (humor). ‖ FIG. Inquiétude, souci, *m.* ‖ AGRIC. Pourriture.
podredura o **podrición** f. (P. us.). Putréfaction (putrefacción).
podridero m. Pourrissoir.
podrido, da adj. Pourri, e. ‖ — *Lo podrido,* le pourri. ‖ *Oler a podrido,* sentir le pourri.
podrir* v. tr. V. PUDRIR.
podzol m. Podzol.
poema m. Poème. ‖ MÚS. Poème : *poema sinfónico,* poème symphonique. ‖ FIG. *¡Es un poema!,* c'est tout un poème !
poemario m. Recueil de poèmes.
poemático, ca adj. Relatif au poème.
— F. Thème, *m.*
poesía f. Poésie.
poeta m. Poète.
— SINÓN. *Vate,* poète. *Rapsoda,* rhapsode. *Bardo,* barde. *Cantor,* chantre.
poetastro m. FAM. Rimailleur, poétereau.
poético, ca adj. y s. f. Poétique.
poetisa f. Poétesse, femme poète.
poetizar v. tr. Poétiser.
pogrom o **pogromo** m. Pogrom, pogrome.
poíno m. Chantier (para los toneles).
poise m. Fís. Poise (unidad de viscosidad).
poiseuille m. Fís. Poiseuille (unidad de viscosidad dinámica).
póker m. Poker : *póker de ases,* poker d'as. ‖ Carré, poker (naipes) : *póker de ases,* carré d'as.
polaco, ca adj. y s. Polonais, e. ‖ — M. Polonais (lengua). ‖ — F. Redingote militaire (prenda de vestir). ‖ Polonaise (danza).
polacra f. Polacre (embarcación).
polaina f. Guêtre. ‖ *Amer.* Contrariété.
polaquiuria f. MED. Pollakiurie.
polar adj. Polaire : *círculo, estrella polar,* cercle, étoile polaire.
polaridad f. Polarité.
polarímetro m. Fís. Polarimètre.
polariscopio m. Fís. Polariscope.
polarización f. Polarisation.
polarizador, ra adj. Polarisateur, trice.
— M. Polariseur.
polarizar v. tr. Fís. Polariser. ‖ FIG. Polariser (concentrar).
— V. pr. Se polariser.
polca f. Polka (música y baile).
pólder m. Polder.
polea f. Poulie.
poleadas f. pl. Bouillie, *sing.* (gachas).
polemarca m. HIST. Polémarque.
polémico, ca adj. y s. f. Polémique.
polemista m. y f. Polémiste.
polemizar v. intr. Entamer *o* soutenir une polémique, polémiquer, polémiser.
polemología f. Polémologie.
polemoniáceas f. pl. BOT. Polémoniacées.
polemonio m. BOT. Polémonie, *f.*
polen m. BOT. Pollen.
polenta f. Polenta [bouillie de maïs].
poleo m. BOT. Pouliot. ‖ FIG. Vent froid.
poli m. FAM. Flic (policía). ‖ — F. Police (cuerpo de policía).
poliácido, da adj. y s. m. QUÍM. Polyacide.
polialcohol m. QUÍM. Polyalcool.
poliandra adj. f. Polyandre.
poliandria f. Polyandrie.
poliaquenio m. BOT. Polyakène.
poliarquía f. Polyarchie.
poliartritis f. MED. Polyarthrite.
polibase f. Polybase.
Policarpo n. pr. m. Polycarpe.
policéfalo, la adj. Polycéphale.

policía f. Police : *policía judicial, urbana,* police judiciaire, municipale. ‖ Politesse (cortesía). ‖ Netteté, propreté (aseo). ‖ MIL. *Revista de policía,* revue de détail. ‖ *Servicio urgente de policía,* police secours.
— M. Policier (agente).
policiaco, ca o **policíaco, ca** adj. Policier, ère : *película, novela policiaca,* film, roman policier.
policial adj. Policier. ‖ — M. *Amer.* Policier, agent de police.
policíclico, ca adj. Polycyclique.
policitación f. DR. Pollicitation.
policlínica f. MED. Polyclinique (consultorio de varias especialidades). ‖ Policlinique (consultorio municipal).
policroísmo m. Fís. Polychroïsme.
policromía f. Polychromie.
policromo, ma adj. Polychrome.
policultivo m. AGRIC. Polyculture, *f.*
polichinela m. Polichinelle.
polidactilia f. Polydactylie.
polideportivo m. Salle (*f.*) omnisports (sala para varios deportes).
polidipsia f. MED. Polydipsie.
poliédrico, ca adj. Polyédrique.
poliedro adj. y s. m. GEOM. Polyèdre.
poliestireno m. QUÍM. Polystyrène.
polietileno m. QUÍM. Polyéthylène.
Polieucto o **Poliuto** n. pr. m. Polyeucte.
polifagia f. Polyphagie.
polifásico, ca adj. Fís. Polyphasé, e.
Polifemo n. pr. m. Polyphème.
polifonía f. MÚS. Polyphonie.
polifónico, ca adj. Polyphonique.
poliforme adj. Multiforme.
polígala f. Polygala, *m.,* polygale (planta).
poligaláceas adj. f. y s. f. pl. BOT. Polygalacées.
poligamia f. Polygamie.
polígamo, ma adj. y s. m. Polygame.
poligenismo m. BIOL. Polygénisme.
poliglotía f. Connaissance de plusieurs langues.
poligloto, ta o **polígloto, ta** adj. y s. Polyglotte.
poligonáceas adj. f. y s. f. pl. BOT. Polygonacées.
poligonación f. Polygonation.
poligonal adj. GEOM. Polygonal, e.
polígono m. GEOM. y MIL. Polygone.
poligrafía f. Polygraphie.
polígrafo m. Polygraphe.
polilla f. Mite (insecto).
polimería f. QUÍM. Polymérie.
polimerización f. QUÍM. Polymérisation.
polimerizar v. tr. QUÍM. Polymériser.
polímero, ra adj. y s. m. QUÍM. Polymère.
polimetría f. Diversité des mètres dans un poème.
polímetro m. Polymètre.
polimorfismo m. Polymorphisme.
polimorfo, fa adj. Polymorphe.
Polinesia n. pr. f. GEOGR. Polynésie.
polinesio, sia adj. y s. Polynésien, enne.
polineuritis f. MED. Polynévrite.
polínico, ca adj. BOT. Pollinique.
polinización f. BOT. Pollinisation.
polinomio m. MAT. Polynôme.
polinuclear adj. Polynucléaire.
poliomielitis f. MED. Poliomyélite.
poliomielítico, ca adj. y s. Poliomyélitique.
poliorcética f. MIL. Poliorcétique.
polipasto m. Moufle, *f.,* palan (poleas).
polipéptido m. QUÍM. Polypeptide.
polipero m. Polypier.
polipétalo, la adj. BOT. Polypétale.
poliploide adj. Polyploïde.
pólipo m. ZOOL. y MED. Polype.
polipodio m. BOT. Polypode (helecho).
poliporo m. BOT. Polypore.

poliposo, sa o **polipoideo, a** adj. Polypeux, euse.
políptero m. Polyptère (pez).
políptico m. Polyptique.
polisacárido m. Quím. Polysaccharide.
polisarcia f. Med. Polysarcie.
polisemia f. Gram. Polysémie.
polisílabo, ba o **polisilábico, ca** adj. Gram. Polysyllabique, polysyllabe.
— M. Polysyllabe.
polisíndeton m. Gram. Polysyndète, f.
polisintético, ca adj. Gram. Polysynthétique (lengua).
polisón m. Pouf, crinoline, f. (de faldas).
polispasto m. Moufle, f. (poleas).
polissoir m. Polissoir (para las uñas).
polista m. Joueur de polo.
— F. Poliste (avispa).
polistilo, la adj. Arq. Polystyle.
polisurco adj. Agric. Polysoc.
politburó m. Politburo.
politécnico, ca adj. Polytechnique. || *Escuela politécnica,* École polytechnique.
— M. Polytechnicien.
politeísmo m. Polythéisme.
politeísta adj. y s. Polythéiste.
política f. Politique (arte de gobernar). || Politesse (cortesía). || Fig. Politique (plan). || *Política de buena vecindad,* politique de bon voisinage.
politicastro, tra m. y f. Politicien, enne; politicard, e.
político, ca adj. Politique : *economía política,* économie politique. || Courtois, e (cortés). || Beau-, belle- (pariente) : *padre político,* beau-père; *hermana, hija política,* belle-sœur, belle-fille. || Par alliance (para los tíos, primos y sobrinos). || *Por parte política,* par alliance.
— M. Homme d'État, politicien.
— Observ. *Politicien* es a menudo despectivo en francés.
politición, ona adj. y s. Passionné de politique. || Cérémonieux, euse.
politiquear v. intr. Fam. Faire de la politique, politiquer.
politiqueo m. o **politiquería** f. Fam. Politicaillerie.
politización f. Politisation.
politizar v. tr. Politiser.
poliuria f. Med. Polyurie.
poliúrico, ca adj. y s. Med. Polyurique.
polivacuna f. Med. Polyvaccin, m.
polivalente adj. Quím. Polyvalent, e. || Fig. Polyvalent, e.
polivalvo, va adj. Zool. Multivalve.
póliza f. Police (de seguros) : *suscribir, rescindir una póliza,* souscrire, résilier une police. || Timbre (m.) quittance (sello del impuesto). || Titre (m.) de mouvement (de mercancías). || *Póliza adicional,* avenant (seguro).
polizón m. Passager clandestin (en un buque). || Badaud (ocioso).
— Observ. La palabra francesa *polisson* significa *pillo, pícaro.*
polizonte m. Fam. Flic (policía).
poljé m. Geol. Poljé (depresión).
polo m. Pôle : *polo Norte, Sur,* pôle Nord, Sud. || Electr. Pôle : *polo negativo, positivo,* pôle négatif, positif. || Air populaire andalou (canto). || Esquimau (helado). || Polo (camisa). || Polo (juego). || Fig. Pôle (término opuesto). || Pôle, zone, f. : *polo de desarrollo,* zone de développement. || — *Polo acuático,* water-polo. || Fig. *Ser el polo opuesto de,* être tout le contraire de.
polola f. Fam. Amer. Fille.
pololear v. tr. Amer. Ennuyer, embêter (molestar). | Faire la cour à (requebrar).
polonés, esa adj. y s. (P. us.). Polonais, e. || — F. Mús. Polonaise.

Polonia n. pr. f. Geogr. Pologne.
polonio m. Quím. Polonium.
poltrón, ona adj. Paresseux, euse ; indolent, e.
— F. Bergère (silla poltrona).
— Observ. La palabra francesa *poltron* significa *cobarde.*
poltronear v. intr. Fam. Flemmaser.
poltronería f. Paresse, fainéantise.
— Observ. El sustantivo francés *poltronnerie* significa *cobardía.*
polución f. Pollution.
poluto, ta adj. Poet. Souillé, e (manchado).
Pólux n. pr. m. Mit. Pollux.
polvareda f. Nuage, m. o tourbillon (m.) de poussière : *levantar una polvareda,* soulever un nuage de poussière. || Fig. Traînée de poudre (perturbación). || Fig. *Armar* ou *levantar* ou *mover polvareda,* faire beaucoup de bruit.
polvear v. tr. Saupoudrer (espolvorear).
polvera f. Poudrier, m.
polvero m. Amer. Nuage de poudre (polvareda). | Mouchoir (pañuelo).
polvo m. Poussière, f. (de la tierra). || Poussière, f. (suciedad) : *hacer* ou *levantar polvo,* faire de la poussière. || Poudre, f. (materia pulverizada) : *café, leche en polvo,* café, lait en poudre. || Pincée, f. (porción pequeña) : *un polvillo de sal,* une pincée de sel. || Pl. Poudre, f. sing. (cosmético). || — *Polvo cósmico,* poussière cosmique. || *Polvo de carbón,* poussier. || *Polvos de arroz,* poudre de riz. || Fig. y Fam. *Polvos de la Madre Celestina,* poudre de perlimpinpin. || — Fig. y Fam. *Limpio de polvo y paja,* net (precio, sueldo). || *Nieve en polvo,* neige poudreuse. || *Oro en polvo,* d'or. || *Tabaco en polvo,* tabac à priser. || — *Convertirse en polvo,* tomber en poussière. || Fig. *Escribir en el polvo,* écrire sur le sable. || *Estar hecho polvo,* être épuisé o crevé (fam.), être lessivé (fam.). | *Hacer polvo,* défaire, battre à plate couture (vencer), rouer de coups, battre comme plâtre (pegar), réduire en miettes (romper), couper bras et jambes (dejar sin fuerzas), ficher par terre : *tu decisión ha hecho polvo todos mis proyectos,* ta décision a fiché par terre tous mes projets. || *Hacerse polvo,* tomber en poussière. || Fig. *Hacerse polvo la vista,* se crever les yeux : *con tanto trabajo la vista se le ha hecho polvo,* il s'est crevé les yeux à travailler autant. | *Levantar* ou *sacar del polvo a uno,* tirer quelqu'un de la poussière. | *Morder el polvo,* mordre la poussière. | *Reducir a polvo,* réduire o mettre en poudre. | *Sacudir el polvo a uno,* secouer les puces à quelqu'un (reprender), tabasser quelqu'un (pegar).
pólvora f. Poudre (explosivo) : *pólvora de cañón,* poudre à canon. || Feux (m. pl.) d'artifice (pirotecnia). || Fig. Mauvais caractère, m. (mal genio). | Ardeur, vivacité. || — *Algodón pólvora,* coton-poudre. || *Fábrica de pólvora y explosivos,* poudrerie. || Fig. *Pólvora sorda,* personne dissimulée, faux jeton (fam.). || — *Correr la pólvora,* exécuter une fantasía. || Fig. y Fam. *Descubrir la pólvora,* enfoncer une porte ouverte. | *Gastar la pólvora en salvas,* faire beaucoup de bruit pour rien, tirer sa poudre aux moineaux. | *No ha inventado la pólvora,* il n'a pas inventé la poudre. || *Propagarse como un reguero de pólvora,* se répandre comme une traînée de poudre. || Fig. y Fam. *Se le ha mojado la pólvora,* il s'est calmé. | *Ser una pólvora* ou *un polvorilla,* être vif comme la poudre (muy vivo).
polvorear v. tr. Saupoudrer.
polvorero m. Amer. Artificier.
polvoriento, ta adj. Poussiéreux, euse (sucio) : *vestido, cuarto polvoriento,* robe, pièce poussiéreuse. || Poudreux, euse (empolvado o que lo parece) : *carretera polvorienta,* route poudreuse.

polvorín m. Poudre (f.) très fine (explosivo). ‖ Poire (f.) à poudre (frasco). ‖ Poudrière, f., (almacén de pólvora). ‖ FIG. Poudrière : *este país es un polvorín,* ce pays est une poudrière. ‖ Personne (f.) très vive. ‖ *Amer.* Petite teigne, f. (garrapata). ‖ *Hacer saltar el polvorín,* mettre le feu aux poudres.

polvorista m. Artificier, poudrier.

polvorón m. Sorte de sablé (pastelillo).

polvoroso, sa adj. Poussléreux, euse (sucio). Poudreux, euse (empolvado o que lo parece). ‖ Pulvérulent, e (hecho polvo). ‖ FIG. *Poner pies en polvorosa,* prendre la poudre d'escampette.

polvoso, sa adj. *Amer.* Poussiéreux, euse.

polla f. Poulette (gallina joven). ‖ Poule (juegos). ‖ Pari, m. (en las carreras). ‖ FIG. y FAM. Jouvencelle, jeune fille (muchacha). ‖ *Amer.* Course (de caballos). ‖ — ZOOL. *Polla cebada,* poularde. ‖ *Polla de agua,* poule d'eau.

pollada f. Couvée [d'une poule].

pollancón, ona m. y f. Gros poulet, grosse poulette. ‖ FIG. y FAM. Grand garçon, grande fille.

pollastre m. Poulet. ‖ FIG. y FAM. Jeune garçon, jouvenceau.

pollastro, tra m. y f. Jeune coq, m., gros poulet, m., jeune poule, f., poulette, f. ‖ FIG. y FAM. Jeune garçon, m., jouvenceau, m.; jeune fille, f., jouvencelle, f. ‖ — M. FIG. y FAM. Zigoto.

pollazón f. Couvée (pollada).

pollear v. intr. FAM. Sortir : *mis hijos empiezan ya a pollear,* mes enfants commencent déjà à sortir. ‖ Jouer au jeune homme (una persona mayor).

pollera f. Youpala, m., chariot (m.) d'enfant. ‖ Jupon, m. (falda interior). ‖ *Amer.* Jupe (falda).

pollería f. Marchand de volailles (tienda).

pollero, ra m. y f. Marchand, marchande de volailles, volailler, ère. — F. Poulailler, m. (gallinero). ‖ Poussinière, f., cage à poulets (caja de los polluelos).

pollerón m. *Amer.* Jupe (f.) d'amazone.

pollino, na m. y f. Ânon, m., petite ânesse, f. (asno pequeño). ‖ FIG. y FAM. Âne, m. (ignorante).

pollito, ta m. y f. FIG. y FAM. Petit, e; bambin, e (niño, niña). ‖ Jeune garçon, jeune fille (jovencito). ‖ — M. Poussin (pollo chico).

pollo m. Poussin (cría de la gallina al nacer). ‖ Poulet (ya más crecido). ‖ Petit (de las aves). ‖ Couvain (de abejas). ‖ POP. Crachat (gargajo). ‖ Chat [dans la gorge]. ‖ FIG. y FAM. Jeune garçon (hasta los 15 años), garçon, jeune homme (después). ‖ — Pl. FIG. y FAM. Jeunes gens, garçons : *chicas y pollos,* filles et garçons. ‖ — FAM. *Pollo pera,* gandin (lechuguino). ‖ *Pollo tomatero,* poulet de grain.

polluelo m. Poussin.

pomada f. Pommade. ‖ *Untar de pomada,* pommader.

pomar m. Verger (de árboles frutales). ‖ Pommeraie, f. (manzanar).

pomarrosa f. BOT. Jambose (fruto del yambo).

pomelo m. BOT. Pamplemousse (toronja). ‖ Pamplemoussier (árbol).

Pomerania n. pr. f. GEOGR. Poméranie.

pomerano, na adj. y s. Poméranien, enne.

pómez adj. f. *Piedra pómez,* pierre ponce.

pomicultor m. Pomiculteur.

pomo m. Pommeau (de espada, de bastón). ‖ Bouton (de puerta). ‖ (P. us.). BOT. Fruit à pépins. ‖ Flacon à liqueurs (licores). ‖ Flacon de parfum.

pomol m. *Amer.* Galette (f.) de maïs.

pomología f. AGRIC. Pomologie.

pomológico, ca adj. Pomologie.

pomólogo m. Pomologue, pomologiste.

Pomona n. pr. f. MIT. Pomone.

pompa f. Pompe [apparat] : *con gran pompa,* en grande pompe. ‖ Bulle : *pompa de jabón,* bulle de savon. ‖ Bouffant, m. (de una ropa). ‖ Roue (del pavo real). ‖ MAR. Pompe à eau (bomba). ‖ — Pl. FIG. Pompes (placeres). ‖ — FIG. *Hacer pompa,* faire étalage (ostentar). ‖ *Pompas fúnebres,* pompes funèbres.

pompearse v. pr. FAM. Se pavaner, parader.

Pompeya n. pr. GEOGR. Pompéi.

pompeyano, na adj. y s. Pompéien, enne.

Pompeyo n. pr. m. Pompée.

pomponearse v. pr. FAM. Se pavaner, parader.

pomposidad f. Pompe, apparat, m.

pomposo, sa adj. Pompeux, euse.

pómulo m. ANAT. Pommette, f.

ponci o poncidre o poncil m. Poncirue (limón).

poncha f. *Amer.* Couverture (manta).

ponchada f. *Amer.* Tas, m., grande quantité (abundancia).

ponchazo m. *Amer.* Coup de poncho.

ponche m. Punch.

ponchera f. Bol (m.) à punch.

poncho m. *Amer.* Poncho. ‖ Capote (f.) militaire. ‖ FIG. y FAM. *Amer. Estar a poncho,* nager (estar pez).

ponderable adj. Digne d'éloge (elogiable). ‖ Pondérable (que se puede pesar).

ponderación f. Mesure, pondération : *esto sobrepasa toda ponderación,* cela dépasse toute mesure. ‖ Éloge (m.) exagéré (encarecimiento). ‖ Pondération (equilibrio). ‖ *Estar por encima de toda ponderación,* être au-dessus de tout éloge.

ponderadamente adv. Avec pondération, avec mesure.

ponderado, da adj. Pondéré, e; mesuré, e.

ponderador, ra adj. Pondérateur, trice (que equilibra). ‖ Pondéré, e (que examina).

ponderal adj. Pondéral, e : *títulos ponderales,* titres pondéraux.

ponderar v. tr. Peser, examiner (examinar). ‖ Pondérer (equilibrar). ‖ Vanter (celebrar mucho) : *ponderar un libro,* vanter un livre.

ponderativo, va adj. Excessif, ive (que encarece). ‖ Pondéré, e (reflexivo). ‖ Qui équilibre, pondérateur, trice.

ponderosidad f. Poids, m. (peso). ‖ Pondération, mesure, circonspection (consideración).

ponderoso, sa adj. Pesant, e; pondéreux, euse (pesado).

ponedero, ra adj. Mettable (ropa). ‖ — Adj. f. Pondeuse (aves). — M. Pondoir (nidal).

ponedor, ra adj. Metteur, euse (que pone). ‖ — Adj. f. Pondeuse, couveuse (gallina). — M. Enchérisseur (postor).

ponencia f. DR. Charge de rapporteur (cargo). ‖ Rapport, m., exposé, m. (informe).

ponente adj. y s. m. DR. Rapporteur.

ponentino, na o ponentisco, ca adj. y s. Occidental, e; ponantais, e.

poner* v. tr. Mettre, poser (colocar) : *pon este libro en la mesa,* pose ce livre sur la table. ‖ Mettre, placer : *estaría mejor poner este cuadro aquí,* il vaudrait mieux mettre ce tableau ici. ‖ Mettre : *poner a un niño interno,* mettre un enfant en pension. ‖ Mettre : *poner un abrigo a un niño,* mettre un manteau à un enfant. ‖ Mettre (disponer) : *poner la mesa,* mettre la table. ‖ Mettre (escribir) : *poner por escrito,* mettre par écrit. ‖ Miser (en el juego). ‖ MAT. Poser : *pongo 6 y llevo 3,* je pose 6 et je retiens 3. ‖ Planter : *poner un clavo,* planter un clou. ‖ Poser (enunciar) : *poner sus condiciones,* poser ses conditions. ‖ Rendre (con adjetivo) : *poner triste,* rendre triste (v. OBSERV.). ‖ Porter, mettre : *poner un nombre en una lista,* mettre un nom sur une liste; *poner una cantidad en cuenta,* porter une somme en

compte. || Jeter, mettre : *poner en un apuro*, jeter dans l'embarras. || Mettre, supposer (suponer) : *pongamos que no dije nada*, mettons que je n'aie rien dit. || Parier (apostar) : *pongo diez pesetas a que lo hago*, je parie dix pesetas que je le fais. || Mettre (tardar) : *puso dos horas en venir*, il a mis deux heures pour venir. || Placer : *a Juan lo han puesto de secretario*, Jean a été placé comme secrétaire. || Donner (un nombre, un mote). || Traiter de : *poner a alguien de embustero*, traiter quelqu'un de menteur. || Exposer : *poner en un peligro*, exposer à un danger. || Amener, mettre : *el avión te pone en Madrid en una hora*, l'avion te met à Madrid en une heure. || Poser (instalar) : *poner el gas*, poser le gaz. || Passer (una película) : *ponen esta película en el cine Médicis*, ce film passe au Médicis. || Jouer, donner (en el teatro). || Pondre (las gallinas). || *Poner a*, mettre à : *poner a asar*, mettre à rôtir. || *Poner a buen recaudo*, mettre en sûreté, mettre en lieu sûr (a salvo). || *Poner a fuego y a sangre*, mettre à feu et à sang. || *Poner al día*, mettre à jour. || *Poner a mal tiempo buena cara*, faire contre mauvaise fortune bon cœur. || *Poner a prueba*, mettre à l'épreuve. || *Poner a punto*, mettre au point. || *Poner a* ou *de un lado*, mettre de côté. || Fig. *Poner a uno de vuelta y media* ou *por los suelos* ou *como un trapo*, traiter quelqu'un de tous les noms, traîner quelqu'un dans la boue. || *Poner a votación*, mettre aux voix. || *Poner bien a uno*, faire l'éloge de quelqu'un. || Fig. *Poner buena cara a*, faire bonne figure à. || *Poner cara de*, faire une tête de. || *Poner casa*, s'installer, emménager (para uno mismo), installer (para otra persona). || *Poner ceño*, froncer les sourcils. || Fig. y Fam. *Poner como nuevo*, bien arranger, remettre à neuf (una cosa), remettre, retaper (fam.) [una persona]. || *Poner cuidado en*, faire attention à. || *Poner de comer*, donner à manger. || *Poner de mal humor*, mettre de mauvaise humeur. || *Poner de nombre*, nommer, donner le nom de : *mis padres me pusieron de nombre Miguel*, mes parents m'ont nommé Michel. || *Poner de su bolsillo*, mettre de sa poche. || *Poner de su lado a uno*, mettre quelqu'un de son côté. || *Poner de su parte* ou *de su lado*, y mettre du sien. || *Poner en claro*, tirer au clair, éclaircir : *poner en claro un asunto*, tirer une affaire au clair. || *Poner en condiciones de*, mettre à même de. || *Poner en duda*, mettre en doute. || *Poner en ejecución* ou *en práctica*, mettre en œuvre. || *Poner en la calle*, mettre dehors o à la porte. || *Poner en limpio*, mettre au propre u au clair (escrito). || *Poner en pie*, mettre sur pied, échafauder. || *Poner en tela de juicio*, mettre en question. || *Poner entre la espada y la pared*, mettre au pied du mur. || *Poner los ojos en*, jeter ses regards sur. || *Poner los pelos de punta*, faire dresser les cheveux sur la tête. || *Poner a uno*, maltraiter quelqu'un (maltratar), dire du mal de quelqu'un (hablar mal). || *Poner mala cara*, faire la tête (a uno), faire grise mine (a una cosa). || *Poner malo a uno*, rendre quelqu'un malade. || *Poner manos a la obra*, se mettre au travail, mettre la main à la pâte. || *Poner música a*, mettre en musique. || Fig. *Poner por las nubes*, porter aux nues. || *Poner por testigo a*, prendre à témoin. || *Poner término*, mettre fin. || *Poner tienda*, ouvrir boutique. || *Poner tierra de por medio*, prendre le large, s'éloigner. || *Ir muy bien puesto*, être très bien mis o habillé (vestido). || *¿Me puede usted poner con X ?* (al teléfono), puis-je parler à X ?
— V. pr. Se mettre (colocarse) : *ponerse de pie*, se mettre debout. || Devenir : *ponerse colorado*, devenir tout rouge ; *ponerse furioso*, devenir furieux. || S'habiller (vestirse) : *ponerse de azul*, s'habiller en bleu. || Mettre, passer (para abri-

garse) : *¡ponte una chaqueta!*, passe une veste ! || Se coucher (los astros). || Se tacher, se salir (mancharse) : *se ha puesto de grasa hasta los pelos*, il s'est taché de graisse jusqu'aux cheveux. || Tomber : *ponerse enfermo*, tomber malade. || Répondre : *ponerse al teléfono*, répondre au téléphone. || S'y mettre : *no es que sea un trabajo difícil, pero hay que ponerse*, ce n'est pas que ce soit un travail difficile mais il faut s'y mettre. || Parier : *me pongo contigo que termino este trabajo*, je te parie que je le termine ce travail. || Arriver, être : *en media hora nos ponemos en tu casa*, en une demi-heure nous sommes chez toi. || Se placer : *ponerse de chófer*, se placer comme chauffeur. || Tomber en arrêt (un perro). || Se poser (las aves, los aviones). || — *Ponerse a*, se mettre à : *se puso a llorar*, il s'est mis à pleurer. || *Ponerse al corriente* ou *al tanto*, se mettre au courant. || *Ponerse a cubierto, a régimen*, se mettre à couvert, au régime. || *Ponerse bueno*, se rétablir, se remettre. || *Ponerse a servir*, se placer [comme domestique]. || *Ponerse cómodo* ou *a sus anchas*, se mettre à l'aise, faire comme chez soi. || Fam. *Ponerse como el quico*, s'en mettre jusque-là, se taper la cloche. || *Ponerse de acuerdo*, se mettre o tomber d'accord. || *Ponerse de largo*, débuter dans le monde (una chica). || *Ponerse de luto*, prendre le deuil. || *Ponerse de mal en peor*, empirer, aller de mal en pis, s'aggraver. || Fam. *Ponerse de tiros largos*, se mettre sur son trente et un. || *Ponerse en camino*, se mettre en route. || *Ponerse en contacto* ou *en relación*, se mettre en rapport. || *Ponerse en contra de*, s'opposer à. || *Ponerse en el lugar de uno*, se mettre à la place de quelqu'un. || *Ponerse guapo*, se faire beau. || Fam. Amer. *Ponérsela*, prendre une cuite (emborracharse). || Fig. y Fam. *Ponerse las botas*, se taper la cloche (comer mucho), faire son beurre, mettre du foin dans ses bottes, se sucrer (ganar dinero). | *Ponérselo todo a uno como a Felipe II*, avoir la partie belle. || *Ponerse malo*, tomber malade (por accidente), se rendre malade (por imprudencia). || *Ponerse trágico*, tourner au tragique (una cosa), prendre un air tragique (una persona).
— Observ. Il est souvent préférable de traduire en français le verbe *poner* suivi d'un adjectif par le verbe qui correspond à cet adjectif (*poner triste a uno*, attrister quelqu'un ; *poner roja el agua*, rougir l'eau).

poney m. Poney.
pongis m. Pongé (tejido).
pongo m. Zool. Pongo (orangután). || Amer. Domestique indien (criado). | Gorge, f. (de un río).
.ponientada f. Vent (m.) d'ouest.
poniente m. Couchant, ouest, ponant (p. us.) [occidente]. || Vent d'ouest (viento).
pontaje o **pontazgo** m. Péage.
pontear v. tr. Jeter un pont.
ponteduro m. Amer. Nougat de maïs (turrón).
pontevedrés, esa adj. y s. De Pontévédra [Galice].
póntico, ca adj. y s. Pontique, du Pont-Euxin.
pontificado m. Pontificat (del papa). || Épiscopat (de un obispo).
pontifical adj. Pontifical, e (del papa) : *ornamentos pontificales*, ornements pontificaux. || Épiscopal, e (del obispo).
— M. Pontifical (ritual). || Fig. y Fam. *De pontifical*, en habit de cérémonie, en grande tenue.
pontificar v. intr. Relig. Pontifier (p. us.). || Être élevé à la dignité de pontife. || Fig. y Fam. Pontifier (dárselas de enterado).
pontífice m. Relig. Pontife : *sumo pontífice*, souverain pontife. || Fig. Pontife.
pontificio, cia adj. Pontifical, e.
pontón m. Mar. Ponton.
pontonero m. Mil. Pontonnier.
ponzoña f. Venin, m. (de los animales). || Poison, m. (de los vegetales o minerales). || Fig. Caractère

(*m*.) nuisible, danger, *m*. (de una cosa nociva). | Poison, *m*. : *la ponzoña de una doctrina mala*, le poison d'une mauvaise doctrine. | Venin, *m*., fiel, *m*. (malevolencia).

ponzoñoso, sa adj. Empoisonné, e (cosas o plantas). ‖ Venimeux, euse (animales). ‖ FIG. Venimeux, euse ; fielleux, euse (malevolente). | Empoisonné, e ; dangereux, euse (dañoso).

pool m. Pool (servicio).

popa f. MAR. Poupe. ‖ — FIG. *De popa a proa*, d'un bout à l'autre. | *Ir viento en popa*, avoir le vent en poupe.

popayaneso, sa o **popayanense** adj. y s. De Popayán (Colombia).

pope m. Pope (sacerdote ruso).

popelín m. o **popelina** f. Popeline, *f*. (tela).

popelineta f. Popelinette (tela).

popí m. *Amer*. Manioc (mandioca).

poplíteo, a adj. ANAT. Poplité, e.

popote m. *Amer*. Paille, *f*. (paja). | BOT. Arundinaria (especie de bambú). ‖ FIG. *Estar hecho un popote*, être maigre comme un clou.

populachería f. Popularité de mauvais aloi.

populachero, ra adj. ● Populacier, ère (del pueblo). ‖ Au goût du peuple : *drama populachero*, drame au goût du peuple.
— SINÓN. ● *Vulgar*, vulgaire. *Plebeyo*, plébéien. *Arrabalero*, faubourien. *Popular*, populaire.

populacho m. Bas peuple, populace, *f*., populo.

popular adj. Populaire : *un artista popular*, un artiste populaire. ‖ Du peuple : *la educación popular*, l'éducation du peuple.

popularidad f. Popularité.

popularismo m. Populisme.

popularizar v. tr. Populariser.

populéon m. Populéum (ungüento calmante).

populetano, na adj. De Poblet (Cataluña).

populista o **popularista** adj. y s. Populiste.

pópulo m. FAM. Populo.

populoso, sa adj. Populeux, euse.

popurrí m. MÚS. Pot-pourri.

poquedad f. Petitesse : *la poquedad de sus recursos*, la petitesse de ses ressources. ‖ Pusillanimité (poco valor). ‖ Vétille (pequeñez).

póquer m. V. PÓKER.

poquitín m. FAM. Un tout petit peu.

poquito, ta adj. Un petit peu. ‖ — Adj. pl. Quelques.
— M. Peu, petit peu : *un poquito*, un petit peu. ‖ — *A poquito(s)*, petit à petit. ‖ *Poquito a poco*, peu à peu, petit à petit.

por prep.

---

1. Causa, medio, agente. — 2. Destino, designio. — 3. Sitio. — 4. Tiempo. — 5. Con un infinitivo. — 6. Modo. — 7. Distributiva. — 8. Sentidos diversos. — 9. Locuciones.

---

1. CAUSA, MEDIO, AGENTE. — Par (agente) : *la carta fue escrita por él*, la lettre a été écrite par lui. ‖ Par (causa) : *por tu culpa he perdido el tren*, j'ai manqué le train par ta faute. ‖ À cause de (motivo) : *por su mucha edad no trabaja*, il ne travaille pas à cause de son grand âge. ‖ Pour, à cause de : *le han despedido por perezoso*, on l'a renvoyé pour sa paresse. ‖ De : *inquieto por*, inquiet de. ‖ Parce que (seguido de un participio pasado). ‖ *Por causa tuya*, à cause de toi.
2. DESTINO, DESIGNIO. — Pour : *lo hice por ti*, je l'ai fait pour toi ; *lo hice por ayudarte*, je l'ai fait pour t'aider ; *tomar por jefe, por esposa*, prendre pour chef, pour femme. ‖ À : *interesarse por alguien*, s'intéresser à quelqu'un.
3. SITIO. — Par : *ir a Madrid por Burgos*, aller à Madrid par Burgos ; *por aquí*, par ici. ‖ À, par

(en) : *al pasar por Madrid*, en passant à Madrid. ‖ Vers : *eso está por Pamplona*, c'est vers Pamplune. ‖ Dans, par : *por toda la ciudad*, par o dans toute la ville ; dans : *pasearse por la calle*, se promener dans la rue.
4. TIEMPO. — Vers (fecha aproximada) : *vendré por el 15 de marzo*, je viendrai vers le 15 mars. ‖ À (fecha) : *llegó por Navidad, por San Juan*, il est arrivé à Noël, à la Saint-Jean. ‖ En (época) : *por el verano*, en été. ‖ Pour (plazo) : *vendré por tres días*, je viendrai pour trois jours. ‖ À : *cien kilómetros por hora*, cent kilomètres à l'heure. ‖ *Por la mañana, por la noche*, le matin, le soir o la nuit.
5. CON UN INFINITIVO. — Pour (para) : *por no equivocarse*, pour ne pas se tromper. ‖ Pour (a causa de) : *le han castigado por haber mentido*, on l'a puni pour avoir menti. ‖ Parce que, comme (porque) : *no vine por tener mucho trabajo*, je ne suis pas venu parce que j'avais beaucoup de travail ; *por no saber qué hacer, me fui*, comme je ne savais que faire, je suis parti. ‖ À (sin) : *todo está aún por hacer*, tout est encore à faire.
6. MODO. — Par : *por señas*, par signes ; *por fuerza*, par la force. ‖ Par : *viajar por el tren*, voyager par le train. ‖ À : *la conocí por el sombrero*, je l'ai reconnue à son chapeau. ‖ Selon (conforme) : *juzgar por*, juger selon. ‖ Par, de : *amable por naturaleza*, aimable de nature. ‖ *Por escrito*, par écrit.
7. DISTRIBUTIVA. — Par : *a diez pesetas por persona*, à dix pesetas par personne. ‖ À : *comprar por metros, por docenas, por cientos*, acheter au mètre, à la douzaine, au cent. [Par douzaines, etc., se dit *a docenas*.] De : *quinientos francos por hora*, cinq cents francs de l'heure.
8. SENTIDOS DIVERSOS. — Pour, contre : *trocar una cosa por otra*, échanger une chose pour une autre. ‖ Pour, à la place de (en vez de) : *pagar por otro*, payer pour un autre. ‖ Pour, comme : *tener un tugurio por casa*, avoir un taudis pour o comme maison. ‖ Pour (a favor de). ‖ Pour (precio) : *por cien pesetas*, pour cent pesetas. ‖ Chercher (con ir, mandar, etc.) : *vino por fósforos*, il est venu chercher des allumettes ; *lo mandé por vino*, je l'ai envoyé chercher du vin. ‖ Pour, au sujet de, quant à, en ce qui concerne (por lo que toca) : *por lo que dijiste ya veremos*, pour u au sujet de que tu m'as dit, nous verrons plus tard. ‖ Pour, quant à, en ce qui concerne : *por mí, pour moi*, en ce qui me concerne. ‖ Fois (multiplicación) : *tres por cuatro, doce, trois fois quatre, douze*. ‖ Sur (superficie) : *dos metros por cuatro*, deux mètres sur quatre. ‖ Pour, contre : *diez ciudadanos por cada labrador*, dix citadins pour un cultivateur.
9. LOCUCIONES. — *Por ciento*, pour cent : *interés del tres por ciento*, intérêt à trois pour cent. ‖ *Por cierto*, à propos. ‖ *Por cuanto*, parce que, du fait que. ‖ *Por delante*, par-devant. ‖ *Por dentro*, à l'intérieur, en dedans, au-dedans. ‖ *¡Por Dios!*, je t'en prie !, je vous en prie ! (por favor), mon Dieu ! ‖ *Por donde*, par où ; d'où (de lo cual). ‖ *Por ejemplo*, par exemple (verbigracia), en o pour exemple : *tomar a uno por ejemplo*, prendre quelqu'un pour exemple. ‖ *Por el honor*, sur l'honneur. ‖ *Por el mundo*, de par le monde. ‖ *Por entre*, à travers, entre. ‖ *Por eso* ou *por eso mismo*, c'est pour cela que, c'est pourquoi : *por eso lo hago* ou *lo hago por eso*, c'est pour cela que je le fais ; justement, précisément : *pero él no viene*. — *¡Por eso!*, mais il ne vient pas. — Justement ! ‖ *Por esta vez*, pour cette fois. ‖ *Por favor*, s'il te plaît, s'il vous plaît. ‖ *Por fuera*, v. FUERA. ‖ *Por lo cual*, ce qui fait que, si bien que, c'est pourquoi, par conséquent, donc. ‖

Por lo largo y por lo ancho, de long en large. ‖ *Por lo menos,* pour le moins, au moins. ‖ *Por lo ... que,* tellement, tant : *no pude moverlo por lo pesado que era,* je n'ai pas pu le remuer, tellement il était lourd ; *por lo mucho que le quiere,* tellement il l'aime. ‖ *Por mandato de,* sur l'ordre de. ‖ *Por más, por mucho, por muy que,* avoir beau (v. OBSERV.). ‖ *Por medio de,* v. MEDIO. ‖ *Por menos que,* si peu que... ‖ *Por ... que,* si ... (que) : *por buena que sea,* si bonne qu'elle soit *o* si bonne soit-elle. ‖ *Por mucha prisa que tenga,* si pressé qu'il soit, si pressé soit-il. ‖ *Por poco que sea,* si peu que ce soit. ‖ *Por que,* parce que [que dans ce sens ne porte pas d'accent écrit]. ‖ *Por qué,* pourquoi : *no sé por qué viene tan a menudo,* je ne sais pas pourquoi il vient si souvent. ‖ *Por si acaso,* pour le cas où, au cas où : *por si acaso vienes,* pour le cas où tu viendrais. ‖ *Por sí mismo,* par lui-même. ‖ *Por sí solo,* tout seul. ‖ *Por tanto,* par conséquent, donc. ‖ *Por uno que calla, diez gritan,* pour un qui se tait, dix crient. ‖ *Por un sí o por un no,* pour un oui, pour un non. ‖ — *Agradecer por,* remercier de. ‖ *Empezar por,* commencer par : *empezó por reírse,* il commença par rire. ‖ *Estar por,* v. ESTAR. ‖ *Juzgar a uno por las apariencias,* juger quelqu'un sur les apparences. ‖ *Por eso es por lo que,* c'est pourquoi. ‖ *Preguntar por,* demander : *han preguntado por ti,* ils t'ont demandé ; demander des nouvelles de.

— OBSERV. Hay que distinguir tres casos en la traducción de *por más, por mucho, por muy que* : 1. — Con *un adjetivo* : *por más su por muy guapa que es su sea,* elle a beau être jolie, si jolie qu'elle soit, si jolie soit-elle (con el subjuntivo en francés). 2. — Con *un verbo* : *por más su por mucho que trabaje,* il a beau travailler. 3. — Con *un sustantivo* : *por más libros que tiene, no sabe nada,* malgré *o* avec tous les livres qu'il a (siempre el indicativo en francés), il ne sait rien.

porcachón, ona *o* **porcallón, ona** adj. y s. FAM. Cochon, onne.
porcelana f. Porcelaine.
porcelanista adj. y s. m. Porcelainier, ère.
porcentaje m. Pourcentage : *le dan cierto porcentaje sobre las ventas,* on lui donne un certain pourcentage sur les ventes. ‖ Pourcentage, taux : *porcentaje de modulación,* taux de modulation.
porcentual adj. En pourcentage.
porcino, na adj. Porcin, e. ‖ *Pan porcino,* pain de pourceau (planta). ‖ — M. Pourceau (cochinillo). ‖ — Pl. Porcins.
porción f. ● Part : *la porción de cada uno,* la part de chacun. ‖ Partie, portion (p. us.) : *le dio una porción de lo que tenía,* il lui donna une partie de ce qu'il avait. ‖ Part : *dame una porción de este pastel,* donne-moi une part de ce gâteau. ‖ Ration (en la comunidad). ‖ Somme (de dinero). ‖ FIG. Quantité : *una porción reducida de frutas,* une petite quantité de fruits. ‖ Foule, grand nombre, m. : *llegó una porción de gente,* une foule de gens est arrivée.
— SINÓN. ● *Ración,* ration. *Parte,* part. *Pedazo, trozo,* morceau.
porcionero, ra *o* **porcionista** adj. y s. Bénéficiaire (de), participant, e (à). ‖ DR. Portionnaire.
porciúncula f. Portioncule.
porcuno, na adj. Porcin, e (del puerco). ‖ — M. pl. Porcins.
porche m. Porche. ‖ Atrium, portique (atrio). ‖ Arcade, f. (soportal).
pordiosear v. intr. Mendier (pedir limosna). ‖ FIG. Mendier (pedir mucho una cosa).
pordioseo m. *o* **pordiosería** f. Mendicité, f.
pordiosero, ra adj. y s. Mendiant, e.
porfía f. Obstination, entêtement, m. ‖ *A porfía,* à l'envi, à qui mieux mieux (a cual más).

porfiadamente adv. Obstinément, avec entêtement.
porfiado, da *o* **porfiador, ra** adj. y s. Obstiné, e : *un representante porfiado,* un représentant obstiné. ‖ — Adj. Acharné, e ; serré, e : *una discusión porfiada,* une discussion acharnée.
porfiar v. intr. S'entêter (continuar) : *porfiar en negar,* s'entêter à nier. ‖ S'acharner à, s'obstiner à (intentar porfiadamente). ‖ Se disputer (disputarse). ‖ Lutter, rivaliser (rivalizar). ‖ Insister, s'entêter (importunar). ‖ — *Porfiar en que,* s'entêter à vouloir (querer), maintenir que, soutenir que (afirmar). ‖ *Porfiar sobre* ou *acerca de,* se disputer au sujet de *o* pour savoir si.
porfírico, ca *o* **porfídico, ca** adj. MIN. Porphyrique (de pórfido). ‖ Porphyroïde (parecido al pórfido).
pórfiro *o* **pórfido** m. MIN. Porphyre.
porfirizar v. tr. Porphyriser.
porfirogéneto adj. m. y s. m. Porphyrogénète.
pormenor m. Détail [ne pas confondre avec *por menor,* au détail] : *los pormenores de un asunto,* les détails d'une affaire. ‖ À-côté : *los pormenores de la historia,* les à-côtés de l'histoire. ‖ — Pl. Tenants et aboutissants : *conocer bien los pormenores de un proceso,* bien connaître les tenants et les aboutissants d'un procès.
pormenorizar v. tr. Raconter en détail, détailler, entrer dans les détails de.
pornografía f. Pornographie.
pornográfico, ca adj. Pornographique.
pornógrafo m. Pornographe.
poro m. Pore (agujero). ‖ *Amer.* Calebasse (f.) pour le maté.
porongo m. *Amer.* Calebasse, f.
pororó m. *Amer.* Pop-corn, maïs grillé.
porosidad f. Porosité.
poroso, sa adj. Poreux, euse.
porotada f. *Amer.* Plat (m.) de haricots.
poroto m. *Amer.* Haricot.
porque conj. Parce que (motivo) : *no vino porque no quiso,* il n'est pas venu parce qu'il n'a pas voulu. ‖ Pour que (para que). ‖ *Porque no* ou *porque sí,* parce que, parce que c'est comme ça (para negar o afirmar tajantemente).
porqué m. FAM. Pourquoi, *inv.,* cause, f., motif (motivo) : *saber el porqué de cada cosa,* savoir le pourquoi de chaque chose.
porquería f. FAM. Cochonnerie, saleté (basura, grosería, cosa de poco valor) : *quítame esta porquería,* enlève-moi cette saleté ; *siempre cuenta porquerías,* il raconte toujours des cochonneries ; *este reloj es una porquería,* cette montre, c'est de la saleté. ‖ — *Esta calle es una porquería,* cette rue est dégoûtante (muy sucia). ‖ *Esta película es una porquería,* ce film ne vaut rien (muy mala).
porqueriza f. Porcherie (pocilga).
porquerizo, za *o* **porquero, ra** m. y f. Porcher, ère.
porqueta f. ZOOL. Cloporte, m.
porra f. Massue (arma). ‖ Bâton (m.) blanc (de guardia de la circulación). ‖ Matraque (arma de caucho). ‖ TECN. Marteau (m.) de forge (de fragua). ‖ Caisse commune (en los juegos de naipes). ‖ Le dernier (m.) à jouer (en los juegos de muchachos). ‖ Beignet, m. (churro de Madrid). ‖ FIG. y FAM. Poison, m. (persona pesada). ‖ Vanité (presunción), f. ‖ — FAM. *Guardia de la porra,* agent de la circulation. ‖ FIG. y FAM. *Irse a la porra,* tomber à l'eau (un proyecto), être fichu (estropearse). ‖ *Mandar a la porra,* envoyer promener *u* au diable *o* sur les roses *o* paître. ‖ *¡Qué porra!,* quelle barbe ! ‖ *¡Vete a la porra!,* va te faire voir ailleurs !, va-t'en au diable !
— Interj. Zut !
porráceo, a adj. Porracé, e (verdoso).

porrada f. Coup, *m.* (golpe). ‖ Coup (*m.*) de massue (con la porra). ‖ FIG. y FAM. Sottise, ânerie (necedad). | Tas, *m.*, floppée, quantité (montón) : *una porrada de cosas,* un tas de choses. ‖ FAM. *Una porrada de dinero,* un argent fou, beaucoup d'argent.

porrazo m. Coup. ‖ *Amer.* Quantité, *f.* (montón). ‖ — *De golpe y porrazo,* v. GOLPE. ‖ *Pegarse un porrazo contra,* rentrer dans : *se pegó un porrazo contra un árbol,* il est rentré dans un arbre.

porrección f. ECLES. Porrection.

porrería f. FAM. Ânerie, sottise (necedad).

porreta f. Feuille, *f.* [de poireau, d'oignon, etc.].

porrilla f. Marteau (*m.*) de forgeron. ‖ VETER. Osselet, *m.* (enfermedad).

porrillo m. Marteau de carrier (maza de cantero).

porrillo (a) loc. FAM. À foison, à la pelle.

porrina f. Blé (*m.*) en herbe (mies vérde). ‖ Feuille de poireau (porreta).

porrino m. Plant de poireau.

porrita f. Enjeu, *m.* (dinero jugado en las cartas).

porro, rra adj. FIG. y FAM. Gourde (torpe).
— M. POP. Joint (cigarrillo de marihuana).

porrón, ona adj. FAM. Gourde (torpe).
— M. Cruche, *f.* [à long bec]. ‖ Gargoulette, *f.* (botijo). ‖ Sauce (*f.*) à l'ail (salsa).

porrudo, da adj. FAM. Gourde.

porta f. MAR. Sabord, *m.* ‖ *A porta gayola,* passe faite à l'entrée du taureau dans l'arène.
— Adj. f. ANAT. Porte : *vena porta,* veine porte.

portaagujas m. inv. MED. y TECN. Porte-aiguille.

portaaviones m. inv. Porte-avions.

portabáculo m. Porte-crosse, *inv.*

portabandera f. Porte-étendard, *m. inv.*

portabombas adj. Bombardier.

portabotellas m. inv. Porte-bouteilles.

portacaja f. MIL. Baudrier, *m.* (tahalí).

portacarabina m. inv. MIL. Porte-mousqueton, porte carabine.

portacartas m. inv. Porte-documents.

portacruz m. Porte-croix, *inv.*

portachuelo m. Gorge, *f.* (entre dos montes).

portada f. Portail, *m.* (de casa, iglesia). ‖ IMPR. Couverture (de una revista). | Page de titre (de un libro). ‖ FIG. Façade (fachada).

portadilla f. IMPR. Faux titre, *m.* (anteportada).

portadocumentos m. inv. Porte-documents (cartera). ‖ Porte-cartes (para la documentación).

portador, ra adj. y s. Porteur, euse. ‖ — M. COM. Porteur : *pagar al portador,* payer au porteur.

portaequipajes s. m. inv. Porte-bagages, galerie, *f.* (en un coche). ‖ Porte-bagages (de bicicleta).

portaespada m. Porte-épée, *inv.*

portaestandarte m. Porte-étendard, *inv.* (oficial).

portafusil m. Bretelle (*f.*) de fusil.

portagavillas m. y f. Ramasseur, ramasseuse de gerbes.

portaguión m. inv. MIL. Porte-fanion.

portaherramientas m. inv. TECN. Porte-outil.

portaje m. Péage (portazgo).

portal m. Vestibule (zaguán). ‖ Porche (de edificio). ‖ Arcades, *f. pl.,* galerie (*f.*) couverte (soportal). ‖ Portique (pórtico). ‖ Crèche, *f.* (de Navidad).

portalada f. Portail, *m.* (pórtico).

portalámparas m. Douille, *f.* [d'une ampoule].

portalápiz m. Porte-crayon, *inv.*

portalibros m. Courroie (*f.*) pour porter des livres.

portalón m. Portail (puerta). ‖ MAR. Coupée, *f.*

portamaletas m. inv. Coffre (de un coche).

portamantas m. inv. Courroie (*f.*) de cuir. ‖ Portemanteau (de viaje).

portamira m. Porte-mire, *inv.*

portamonedas m. inv. Porte-monnaie.

portaminas m. inv. Porte-mine.

portamorral m. inv. Porte-carnier.

portanario m. ANAT. Pylore (píloro).

portante m. Amble (del caballo). ‖ FIG. y FAM. *Tomar el portante,* filer, prendre la porte.

portantillo m. Trottinement.

portanuevas m. y f. inv. Porteur, porteuse de nouvelles.

portañica o **portañuela** f. Patte de la braguette.

portañola f. MAR. Sabord, *m.* (porta).

portaobjeto m. Porte-objet, *inv.* (de microscopio).

portapaz m. o f. Patène, *f.,* paix, *f.* (liturgia).

portaplanos m. inv. Porte-cartes.

portaplatos m. inv. Porte-plat (salvamanteles).

portapliegos m. inv. Portefeuille.

portaplumas m. inv. Porte-plume.

portar v. intr. MAR. Porter.
— V. pr. Se conduire, se comporter : *portarse bien,* bien se conduire.
— OBSERV. La expresión francesa *bien se porter* equivale a *estar bien de salud.*

portarretrato m. Porte-photo.

portarrodillos m. inv. Cage (*f.*) de laminoir.

portatacos m. inv. Râtelier (en el billar).

portátil adj. Portatif, ive.

portaventanero m. Menuisier.

portaviandas m. inv. Porte-plat.

portaviones m. inv. Porte-avions.

portavoz m. Porte-voix, *inv.* (bocina). ‖ Porte-parole, *inv.* (persona autorizada).

portazgo m. Péage.

portazguero m. Péager.

portazo m. Claquement de porte. ‖ *Dar a uno un portazo,* fermer la porte au nez de quelqu'un.

porte m. Port, transport (transporte). ‖ Conduite, *f.* (comportamiento). ‖ Allure, *f.,* port (compostura). ‖ — *Franco de porte,* franco de port. ‖ *Porte debido,* port dû.

porteador, ra adj. y s. Porteur, euse.

portear v. tr. Porter (llevar) : *portear en hombros,* porter sur ses épaules. ‖ Claquer (la puerta).
— V. intr. Claquer (una puerta). ‖ *Amer.* S'en aller (marcharse).

portense adj. y s. De Porto [Portugal].

portento m. Prodige, merveille, *f.* (cosa extraordinaria).

portentoso, sa adj. Prodigieux, euse ; merveilleux, euse.

porteño, ña adj. y s. De Puerto de Santa María [Espagne], de Buenos Aires [Argentine], de Cortés [Honduras], de Valparaíso [Chili], de Puerto Barrios [Guatemala].

porteo m. Port, transport.

pórter m. Porter (cerveza).

portería f. Loge de concierge (habitación). ‖ Emploi (*m.*) de concierge (empleo). ‖ RELIG. Porterie (conventos). ‖ But, *m.,* cage (fútbol) : *portería defendida por un guardameta excelente,* cage gardée par un goal excellent.

porteril adj. De concierge : *conversación porteril,* conversation de concierge.

portero, ra m. y f. Concierge. ‖ Portier, ère (de edificio importante, de convento). ‖ — M. COM. Gardien de but, portier (guardameta). ‖ *Portero de estrados,* huissier (de tribunal). ‖ *Portero eléctrico,* portier robot.
— Adj. RELIG. *Hermano portero,* frère portier.

portezuela f. Petite porte. ‖ Portière (de coche).

pórtico m. Portique : *un pórtico griego,* un portique grec. ‖ Porche (cubierto) : *el pórtico de la Gloria en Santiago de Compostela,* le porche de la Gloire à Saint-Jacques-de-Compostelle. ‖ Portail : *los pórticos laterales de la catedral de Chartres,* les portails latéraux de la cathédrale de Chartres. ‖ Parvis (atrio).

portier m. Portière, *f.* (cortina).

portilla f. MAR. Hublot, *m.* ‖ Barrière, porte d'un champ.

portillera f. Portillon, *m.* (portillo).

portillo m. Brèche, *f.* (de muro, plato, etc.). ‖ Portillon (puerta pequeña). ‖ Poterne, *f.* (poterna). ‖ Guichet (postigo). ‖ Col (entre montañas).

portland m. Portland (cemento).

portón m. Grande porte, *f.:* ‖ Porte (*f.*) de vestibule.

portorriqueño, ña adj. y s. Portoricain, e; de Puerto Rico.

portuario, ria adj. Portuaire.

portuense adj. y s. De Puerto de Santa María [Espagne]. ‖ D'Ostie [Italie].

Portugal n. pr. m. GEOGR. Portugal.

portugués, esa adj. y s. Portugais, e. ‖ — M. Portugais (lengua).

portuguesada f. FAM. Gasconnade, exagération.

portuguesismo m. Lusitanisme.

portulano m. MAR. Portulan (mapa).

porvenir m. Avenir. ‖ *En el* ou *en lo porvenir,* à l'avenir (de hoy en adelante), dans l'avenir (en el futuro).
— SINÓN. *Futuro,* futur. *Mañana,* lendemain. *Posteridad,* postérité.

pos (en) adv. Derrière (detrás). ‖ *Ir en pos de,* courir après, être en quête de, être à la recherche de.

posada f. Auberge (mesón). ‖ Petit hôtel, *m.,* pension de famille (casa de huéspedes). ‖ Demeure, domicile, *m.* (morada). ‖ Hospitalité : *dar posada,* offrir l'hospitalité.

posadeño, ña adj. y s. De Posadas [Argentina].

posaderas f. pl. FAM. Derrière, *m. sing.,* postérieur, *m. sing.,* fesses.

posadero, ra m. y f. Hôtelier, ère (de hotel). ‖ Patron, onne (de casa de huéspedes). ‖ Aubergiste (de mesón).

posar v. intr. Se poser, se percher (un pájaro). ‖ Poser (para foto o pintura). ‖ Poser (darse importancia). ‖ Loger (alojarse). ‖ Reposer (descansar).
— V. pr. Déposer (un líquido), retomber (partículas). ‖ S'arrêter, se reposer. ‖ Se poser (un pájaro), se percher.
— OBSERV. *Posar* est un gallicisme dans le sens de *servir de* ou *como modelo a un pintor* et de *darse tono* ou *importancia.*

poscomunión f. RELIG. Postcommunion.

posdata f. Post-scriptum, *m. inv.*

pose f. FOT. Pose (exposición). ‖ Pose (afectación). ‖ Pose (sesión de un modelo).
— OBSERV. *Pose* est un gallicisme.

poseedor, ra adj. y s. Possesseur, *m.* : *ella es la poseedora,* elle est le possesseur. ‖ Détenteur, trice : *el poseedor de un récord,* le détenteur d'un record.

poseer v. tr. Posséder. ‖ Détenir (un récord).
— V. pr. Se dominer, se posséder (este verbo sólo se usa en la forma negativa).

poseído, da adj. y s. Possédé, e. ‖ — Adj. Dominé, e (por un afecto, etc.). ‖ Imbu de sa personne (engreído).

Poseidón n. pr. m. MIT. Poséidon.

posesión f. Possession (propiedad). ‖ Possession (colonia de un Estado). ‖ Possession (del demonio). ‖ *Amer.* Propriété (finca rústica). ‖ — Pl. Propriété, *sing.* : *ha muerto en sus posesiones,* il est mort dans sa propriété. ‖ — *Dar posesión de un cargo a uno,* installer quelqu'un dans un poste, mettre quelqu'un en possession d'un poste. ‖ *Estar en posesión de,* détenir : *está en posesión del récord de los 110 metros vallas,* il détient le record des 110 mètres haies. ‖ *Toma de posesión,* installation (en un cargo), investiture (investidura). ‖ *Tomar posesión,* prendre possession,

entrer en possession. ‖ *Tomar posesión de un empleo* ou *cargo,* entrer en fonction.

posesional adj. DR. Possessionnel, elle.

posesionar v. tr. Mettre en possession.
— V. pr. Prendre possession de, entrer en possession de. ‖ S'emparer (apoderarse).

posesionero m. Propriétaire d'un pâturage.

posesivo, va adj. Possessif, ive : *adjetivo, pronombre posesivo,* adjectif, pronom possessif.

poseso, sa adj. y s. Possédé, e : *poseso del demonio,* possédé du démon.

posesor, ra adj. y s. Possesseur (sin fem.), détenteur, trice.

posesorio, ria adj. DR. Possessoire. ‖ DR. *Ejecución del acto posesorio,* mise en possession.

posfecha f. Postdate.

posguerra f. Après-guerre, *m.* o *f.*

posibilidad f. Possibilité. ‖ Occasion (oportunidad). ‖ — Pl. Chances : *calcular las posibilidades de éxito,* calculer les chances de réussite.

posibilitar v. tr. Faciliter (facilitar). ‖ Permettre (permitir). ‖ Rendre possible (hacer posible).

posible adj. ● Possible : *hacer posible,* rendre possible. ‖ Éventuel, elle : *posibles clientes,* clients éventuels. ‖ — *En* ou *dentro de lo posible,* autant que possible. ‖ *En la medida de lo posible,* dans la mesure du possible. ‖ *¡ No es posible !,* pas possible !, par exemple ! ‖ *Si es posible,* si possible. ‖ *Tan pronto como sea posible,* dès que possible.
— M. pl. Moyens (fortuna).
— SINÓN. ● *Probable,* probable. *Viable,* viable. *Factible, hacedero,* faisable. *Realizable, realisable.*

posición f. Position (postura). ‖ Situation : *posición social,* situation sociale. ‖ Rang, *m.* : *ocupar una posición honorable,* tenir un rang honorable. ‖ Mise, pose (acción de poner). ‖ MIL. Position. ‖ — *Entrar en posición,* mettre en batterie (cañón). ‖ FIG. *Hallarse en una mala posición,* être en mauvaise posture.

positivado m. FOT. Tirage.

positividad f. Positivité.

positivismo m. FILOS. Positivisme.

positivista adj. y s. FILOS. Positiviste.

positivo, va adj. y s. m. Positif, ive. ‖ — F. FOT. Positif, *m.,* épreuve positive.

pósito m. Grenier communal.

positón o **positrón** m. FÍS. Positon.

posma f. FAM. Flegme, *m.* (indiferencia). ‖ — Adj. y s. FAM. Raseur, euse (pesado). | Nonchalant, e (negligente).

posmoso, sa adj. FAM. Flemmard, e.

poso m. Lie, *f.* (de vino u otro líquido). ‖ Marc (del café). ‖ FIG. Fond (sedimento). ‖ *Formar poso,* déposer (líquido).

posología f. MED. Posologie.

pospelo (a) loc. À rebrousse-poil.

pospierna f. Cuisse (de caballería).

posponer* v. tr. Subordonner : *posponer el interés personal al general,* subordonner l'intérêt personnel à l'intérêt général. ‖ Mettre en second lieu, faire passer après (estimar menos).
— OBSERV. Existe en francés el verbo *postposer,* pero se emplea poco.

posposición f. Second rang, *m.,* seconde place.

posta f. Poste, relais, *m.* (de caballos). ‖ Morceau, *m.* (pedazo). ‖ Chevrotine, petite balle de plomb. ‖ Mise (envite). ‖ ARQ. Volute. ‖ — Pl. ARQ. Postes (adorno). ‖ — *A posta,* exprès (adrede). ‖ *Caballo de posta,* postier, cheval de poste. ‖ *Correr la posta,* courir la poste.

postal adj. Postal, e : *paquete postal,* colis postal ; *tarjeta postal,* carte postale ; *giros postales,* mandats postaux.
— F. Carte postale (tarjeta).

postbalance m. *Venta postbalance,* vente après inventaire.

postcombustión f. Tecn. Postcombustion.
postdata f. Post-scriptum, *m. inv.*
postdiluviano, na adj. Postdiluvien, enne.
postdorsal adj. m. Post-dorsal (p. us.).
poste m. Poteau : *poste telegráfico, indicador,* poteau télégraphique, indicateur. ‖ Poteau, pilier. ‖ Piquet (estaca). ‖ Tecn. Pylône. ‖ Dep. Poteau (de una portería). ‖ Fig. Piquet (castigo). ‖ — Fam. *Más tieso que un poste,* droit comme un piquet. | *Quedarse parado como un poste,* être planté comme un piquet.
postelero m. Mar. Défense, *f.* (defensa).
postema f. Med. Apostème, *m.* (abceso). ‖ Fig. Personne assommante, raseur, euse (persona pesada).
poste restante f. Amer. Poste-restante (lista de correos).
postergación f. Ajournement, *m.* (retraso). ‖ Mise à l'écart (relegación). ‖ Oubli, m. (olvido).
postergar v. tr. Ajourner (aplazar). ‖ Laisser en arrière (dejar atrás). ‖ Léser (a un empleado). ‖ Mettre à l'écart, négliger (descuidar). ‖ Laisser de côté (dejar de lado).
posteridad f. Postérité (descendencia).
— Sinón. *Descendencia,* descendance. *Prole, progenie, progenitura,* progéniture.
posterior adj. Postérieur, e.
posteriori (a) loc. adv. A posteriori.
posterioridad f. Postériorité.
posteriormente adj. Par la suite, postérieurement (más tarde).
postescolar adj. Postscolaire.
posteta f. Impr. Battée (de encuadernadores). | Assemblage, *m.* (de pliegos impresos).
postfijo m. Suffixe (sufijo).
postguerra f. Après-guerre, *m.* o *f.*
posthipófisis f. Anat. Posthypophyse.
postigo m. Volet (de ventana). ‖ Porte (*f.*) dérobée (puerta falsa). ‖ Porte (*f.*) à un battant. ‖ Guichet (puerta abierta en otra mayor). ‖ Poterne, *f.* (de ciudad).
postilla f. Med. Croûte. ‖ Apostille (aclaración).
postillón m. Postillon (conductor).
postilloso, sa adj. Med. Couvert de croûtes.
postín m. Fam. Pose, *f.,* grands airs, *pl.* (presunción). | Chic : *un traje de mucho postín,* un costume qui a beaucoup de chic. ‖ *Darse postín,* crâner, se donner de grands airs, poser.
postinear v. intr. V. postín (*darse*).
postinero, ra adj. Fam. Prétentieux, euse ; poseur, euse (presumido). | Chic (elegante).
postizo, za adj. Postiche : *cabellos postizos,* cheveux postiches. ‖ Faux, fausse : *diente postizo,* fausse dent ; *cuello postizo,* faux col ; *nombre postizo,* faux nom. ‖ Artificiel, elle : *pierna postiza,* jambe artificielle.
— M. Postiche (de pelo).
postmeridiano, na adj. Postméridien, enne ; de l'après-midi.
postónico, ca adj. Gram. Qui suit l'accent tonique.
postoperatorio, ria adj. Postopératoire.
postor m. Enchérisseur, offrant (en una subasta). ‖ — *Al mayor* ou *mejor postor,* au plus offrant. ‖ *Mayor postor,* dernier enchérisseur, plus offrant. | *Venderse al mejor postor,* se vendre au plus offrant, être à l'enchère.
postpalatal adj. Postpalatal, e.
postración f. Prostration (abatimiento). ‖ Accablement, *m.* (desánimo). ‖ Abaissement, *m.* (humillación). ‖ Prosternation, prostration (arrodillamiento). ‖ *Enfermedad de postración,* maladie de langueur.
postrador, ra adj. Qui abat, affaiblissant, e.
postrar v. tr. Abattre (derribar). ‖ Fig. Abaisser (humillar). | Affaiblir, abattre, accabler, prostrer : *postrado por la calentura,* abattu par la fièvre. |

Abattre, accabler : *postrado por la desgracia,* abattu par le malheur.
— V. pr. S'agenouiller, se prosterner (arrodillarse). ‖ S'affaiblir (debilitarse). ‖ Être accablé, e (por las desgracias).
postre adj. Dernier, ère (postrero).
— M. Dessert : *tomar de postre fruta,* prendre des fruits comme dessert o pour le dessert. ‖ — *A la postre,* à la fin, finalement, en fin de compte. ‖ *A los postres,* au dessert.
postremo, ma adj. Ultime, dernier, ère.
postrer adj. m. Dernier (postrero) : *el postrer suspiro,* le dernier soupir.
— Observ. Ce mot est l'apocope de l'adjectif *postrero.*
postreramente adv. À la fin.
postrero, ra adj. y s. Dernier, ère : *el día postrero,* le dernier jour.
postrimer adj. Apocope de *postrimero.*
postrimería f. Fin [de la vie, etc.]. ‖ Relig. Fin dernière (novísimo). ‖ *En las postrimerías del siglo,* à la fin du siècle.
postrimero, ra adj. Dernier, ère.
post scriptum m. inv. Post-scriptum (posdata).
postsincronización f. Cinem. Postsynchronisation (doblaje).
postsincronizar v. tr. Cinem. Postsynchroniser.
postulación f. Postulation. ‖ Quête (colecta).
postulado m. Postulat.
postulador m. Postulateur.
postulante, ta adj. y s. ● Postulant, e. ‖ Quêteur, euse (que hace una colecta).
— Sinón. ● *Pretendiente,* prétendant. *Candidato,* candidat. *Aspirante,* aspirant. *Solicitante,* postulant.
postular v. tr. Postuler. ‖ Préconiser : *postular medidas,* préconiser des mesures.
— V. intr. Quêter (hacer una colecta).
póstumo, ma adj. Posthume.
postura f. Posture, position (situación). ‖ Pose (posición) : *tomar una postura indolente,* prendre une pose indolente. ‖ Fig. Attitude : *no saber qué postura tomar,* ne pas savoir quelle attitude prendre. | Position : *su postura no es muy clara,* sa position n'est pas très claire. ‖ Ponte, pondaison (de los huevos). ‖ Œuf, m. (huevo). ‖ Plant, *m.* (arbolillo). ‖ Taxe (de mercancías). ‖ Enchère (en una almoneda). ‖ Pacte, *m.,* convention (convenio). ‖ Pari, m. (apuesta). ‖ Mise (en juegos).
postventa o **posventa** adj. Après-vente.
potable adj. Potable. ‖ Fig. Potable (aceptable).
potaje m. Plat de légumes secs. ‖ Fig. Bazar (mezcla confusa).
potamoquero m. Potamochère (cerdo).
potasa f. Quím. Potasse.
potásico, ca adj. Quím. Potassique.
potasio m. Quím. Potassium (metal).
pote m. Pot (tarro). ‖ Marmite, *f.* (para cocer). ‖ Ragoût (cocido en Galicia). ‖ Fig. y Fam. Moue, *f.* (gesto). ‖ — Fig. y Fam. *A pote,* énormément (mucho). | *Darse pote,* crâner, bêcher, poser, se donner de grands airs.
potencia f. Fís., Mat. y Filos. Puissance : *la potencia de un motor,* la puissance d'un moteur ; *potencia al freno* ou *efectiva,* puissance au frein. ‖ Puissance (Estado). ‖ Virilité. ‖ — Pl. Puissances. ‖ Facultés. ‖ — Mat. *Elevar un número a la cuarta potencia,* élever un nombre à la quatrième puissance o à la puissance quatre. ‖ *En potencia,* en puissance. ‖ Mat. *Tres elevado a la cuarta potencia,* trois puissance quatre.
potenciación f. Mat. Élévation.
potencial adj. y s. m. Potentiel, elle. ‖ Gram. *Modo potencial,* conditionnel. | *Potencial simple,* conditionnel présent.
potencialidad f. Potentialité.

potenciar v. tr. Donner de la puissance à. ‖ Renforcer la puissance. ‖ Permettre, rendre possible (facultar). ‖ Accroître les possibilités de.

potenciómetro m. Fís. Potentiomètre.

potentado m. Potentat.

potente adj. Puissant, e : *una máquina potente*, une machine puissante. ‖ Viril, e (capaz de engendrar).

potentemente adv. Puissamment.

potentila f. Potentille (planta).

potenza f. BLAS. Potence.

potenzado, da adj. BLAS. Potencé, e.

poterna f. Poterne (en las fortificaciones).

potestad f. Puissance, pouvoir, *m.* : *patria potestad* ou *potestad paternal*, puissance paternelle. ‖ Podestat, *m.* (gobernador en Italia).

potestativo, va adj. DR. Potestatif, ive.

potingue m. FAM. Médicament (medicina). | Breuvage (brebaje). | Cosmétique.

potómetro m. BOT. Potomètre.

potosí m. FIG. *No vale un Potosí*, ce n'est pas le Pérou. | *Ser un Potosí*, être une mine d'or. | *Valer un Potosí*, valoir son pesant d'or o un empire.

— OBSERV. Les expressions ont pour origine le nom de la ville de Potosí, en Bolivie, célèbre pour ses mines d'argent.

potosino, na adj. De Potosí [ville de Bolivie].

potra f. Pouliche. ‖ FAM. Hernie (hernia). ‖ FIG. y FAM. Veine, pot, *m.* (suerte) : *tener potra*, avoir de la veine o du pot.

potrada f. Troupeau (*m.*) de poulains.

potranca f. Jeune pouliche.

potranco m. Poulain (potro).

potrear v. tr. FAM. Ennuyer (molestar). ‖ *Amer.* Dresser des poulains.

potrero, ra adj. Relatif au poulain.

— M. Gardien de poulains. ‖ Pâturage (dehesa). ‖ FAM. Chirurgien qui opère les hernies (cirujano). ‖ *Amer.* Enclos.

potrillo m. Jeune poulain.

potro m. Poulain. ‖ Chevalet (de tormento). ‖ Travail (para veterinarios o herradores). ‖ Cheval de bois (gimnasia). ‖ *Potro con arzón*, cheval-arçons (gimnasia).

potroso, sa adj. y s. MED. Hernieux, euse. ‖ FAM. Veinard, e ; chançard, e (afortunado).

poya f. Droit (*m.*) de fournage.

poyete m. Petit banc de pierre. ‖ FIG. y FAM. *Quedarse en el poyete*, rester vieille fille (solterona), faire tapisserie (en un baile).

poyo m. Banc de pierre (banco).

poza f. Mare (charca).

pozal m. Seau de puits (cubo). ‖ Margelle, *f.* (brocal). ‖ Cuve (*f.*) de pressoir (pocillo). ‖ Jarre, *f.* (tinaja).

pozanco m. Mare, *f.*, flaque, *f.*

pozo m. Puits (de agua, de mina). ‖ Trou (en un río). ‖ Fosse, *f.* (hoyo seco). ‖ Cagnotte, *f.* (en los naipes). ‖ MAR. Cale, *f.* (bodega). ‖ Sentine, *f.* (sentina). | Vivier (de peces). ‖ *Amer.* Source, *f.* (manantial). | Mare, *f.* (charca). ‖ — *Pozo airón*, puits sans fond. ‖ *Pozo artesiano*, puits artésien. ‖ FIG. *Pozo de ciencia*, puits de science. ‖ *Pozo negro*, fosse d'aisances ; puisard, puits perdu (de aguas residuales). ‖ MAR. *Pozo perdido*, sentine. ‖ — FAM. *Mi gozo en un pozo*, c'est fichu, tout est tombé à l'eau.

pracrito o **prácrito** m. Prâkrit (idioma de la India).

práctica f. Pratique. ‖ Expérience. ‖ Méthode. ‖ — Pl. Travaux (*m.*) pratiques (clases). ‖ Pratiques (devociones). ‖ — *Es práctica establecida*, c'est l'usage [établi]. ‖ *La práctica hace maestro*, c'est en forgeant qu'on devient forgeron. ‖ *Período de prácticas*, stage. ‖ *Poner en práctica*, mettre en œuvre o en pratique.

practicabilidad f. Praticabilité.

practicable adj. Praticable. ‖ Praticable, carrossable (transitable).

— M. Praticable (teatro).

practicaje m. Pilotage dans un port.

practicante adj. y s. Infirmier, ère (auxiliar de medicina). ‖ Préparateur, trice (de botica). ‖ Pratiquant, e (en religión).

practicar v. tr. Pratiquer : *practicar la virtud*, pratiquer la vertu. ‖ ● Pratiquer, faire : *practicar los deportes*, pratiquer le sport, faire du sport. ‖ Faire : *practicar la esgrima*, faire de l'escrime.

— V. intr. RELIG. Pratiquer, être pratiquant.

— SINÓN. ● *Ejercer, ejercitar*, exercer. *Instruirse*, s'instruire. *Adiestrarse*, s'exercer. *Entrenarse*, s'entraîner.

práctico, ca adj. Pratique (cómodo). ‖ Expérimenté, e ; exercé, e (ejercitado). ‖ *Clases prácticas*, travaux pratiques.

— M. Pilote [côtier], pratique, *f.* (piloto). ‖ — *Barco de práctico*, bateau pilote. ‖ MED. *Práctico facultativo*, praticien.

practicón, ona m. y f. FAM. Personne qui a du métier, vétéran (sin fém.).

pradera f. Prairie.

pradial m. Prairial (noveno mes del calendario republicano francés).

prado m. Pré. ‖ Promenade, *f.* (paseo público).

Praga n. pr. GEOGR. Prague.

pragmático, ca adj. y s. f. DR. Pragmatique.

pragmatismo m. Pragmatisme.

pragmatista adj. y s. Pragmatiste.

praseodimio m. Praséodyme (metal).

prasio m. MIN. Prase.

prasma f. Prasme (ágata verde).

pratense adj. (P. us.). Des prés.

praxis f. FIL. Praxis. ‖ Pratique (práctica).

Praxiteles n. pr. m. Praxitèle.

preadamismo m. Préadamisme.

preadamita o **preadamítico, ca** adj. y s. Préadamite.

Prealpes n. pr. m. pl. GEOGR. Préalpes, *f.*

preámbulo m. ● Préambule. ‖ FIG. Détour (rodeo).

— SINÓN. ● *Prefacio*, préface. *Introducción*, introduction. *Prólogo*, prologue. *Preludio*, prélude. *Exordio*, exorde. *Advertencia*, avant-propos. *Proemio*, proème.

preamplificador m. RAD. Préamplificateur.

prebenda f. Prébende (de canónigo). ‖ FIG. y FAM. Prébende, sinécure (oficio lucrativo).

prebendado adj. y s. Prébendé, e. ‖ — M. Prébendier.

prebendar v. tr. Conférer une prébende.

— V. intr. Obtenir une prébende.

prebostal adj. Prévôtal, e : *tribunales prebostales*, tribunaux prévôtaux.

prebostazgo m. (Ant.). Prévôté, *f.*

preboste m. Prévôt.

precalentamiento m. TECN. Préchauffage.

precambriano, na o **precámbrico, ca** adj. y s. m. GEOL. Précambrien, enne.

precariedad f. Précarité.

precario, ria adj. Précaire.

precaución f. Précaution.

precaucionarse v. pr. Se précautionner.

precautelar v. tr. Prévenir.

precaver v. tr. Prévenir, prévoir (prever).

— V. pr. Parer, se parer, se prémunir : *precaverse de un peligro, contra la miseria*, parer à un danger, à la misère.

precavidamente adv. Avec prévoyance.

precavido, da adj. Prévoyant, e : *toda persona precavida coge el paraguas al salir*, toute personne prévoyante prend son parapluie en sortant. ‖ Avisé, e (astuto).

precedencia f. Antériorité (de fecha). ‖ Préséance (preeminencia). ‖ Supériorité (excelencia).

precedente adj. Précédent, e (sin complemento). ‖ Précédant, *inv.* (con complemento) : *los años precedentes a éste*, les années précédant celle-ci. — M. Précédent (antecedente).

preceder v. tr. Précéder.

precéltico, ca adj. Préceltique.

preceptista adj. y s. Auteur de préceptes.

preceptivo, va adj. Obligatoire. — F. Préceptes, *m. pl.*, règles, *pl.* (literaria).

precepto m. Précepte (de un arte, etc.). ‖ Instructions, *f. pl.*, ordre (orden). ‖ — *Cumplir con el precepto*, remplir ses devoirs. ‖ *Fiestas de precepto*, fêtes d'obligation.

preceptor, ra m. y f. Précepteur, trice.

preceptorado m. Préceptorat.

preceptoril adj. Préceptoral, e.

preces f. pl. Prières (oraciones).

precesión f. ASTR. Précession : *precesión de los equinoccios*, précession des équinoxes. ‖ Réticence (reticencia).

preciado, da adj. Estimé, e ; apprécié, e (estimado) : *una obra muy preciada*, une œuvre très appréciée. ‖ (Ant.). FIG. Prétentieux, euse ; vaniteux, euse (jactancioso).

preciador, ra adj. y s. Appréciateur, trice (tasador).

preciar v. tr. Apprécier (estimar, tasar). — V. pr. Être content de soi, être vaniteux, euse (estar engreído). ‖ Se piquer de, se flatter de, se vanter de (jactarse) : *preciarse de orador*, se piquer d'être un orateur. ‖ Se respecter : *como cualquier español que se precie*, comme tout Espagnol qui se respecte.

precinta f. Cachet, *m.* (en las aduanas). ‖ Bordure de cuir aux coins d'une malle.

precintado m. Plombage (de un paquete).

precintador m. Plombeur (marchamador).

precintar v. tr. Sceller, mettre les plombs à, plomber (un paquete). ‖ DR. Apposer les scellés à, sceller. ‖ Border de cuir les coins d'une malle. ‖ AUTOM. *Circuito precintado*, circuit scellé.

precinto m. Pose (*f.*) des scellés. ‖ Plomb (marchamo). ‖ DR. Scellés, *pl.*, bande (*f.*) de sûreté, lien scellé. ‖ Vignette, *f.* (derecho para un coche). ‖ Cachet (de una botella). ‖ — DR. *Colocación de precinto*, apposition des scellés. ‖ *Violación* ou *quebrantamiento de precinto*, bris de scellés.

precio m. Prix : *precio de coste*, prix de revient. ‖ — *Precio alambicado* ou *estudiado*, prix étudié. ‖ *Precio barato* ou *bajo*, bas prix. ‖ *Precio corriente*, prix marchand. ‖ *Precio de fábrica*, prix de fabrique, prix coûtant. ‖ *Precio de tasa*, prix taxé. ‖ *Precio fuerte*, prix fort. ‖ *Precio por unidad*, prix unitaire. ‖ *Precio tope*, prix plafond, prix máximal. ‖ — *A cualquier precio*, à n'importe quel prix, à quelque prix que ce soit. ‖ FIG. *Al precio de*, au prix de. ‖ *A precio de coste*, à prix coûtant. ‖ *A precio de oro*, à prix d'or. ‖ *De gran* ou *de mucho precio*, de grand prix (cosa), de grande valeur (persona). ‖ *Fuera de precio*, hors de prix. ‖ *No tener precio*, ne pas avoir de prix. ‖ *Poner a precio*, mettre à prix. ‖ *Poner precio a*, fixer le prix de. ‖ *Tener en precio*, apprécier. — OBSERV. *Prix*, récompense, se dit *premio*.

preciosidad f. Grand prix, *m.*, grande valeur (valor). ‖ Charme, *m.*, beauté (encanto). ‖ Personne o chose ravissante. ‖ Préciosité (culteranismo). ‖ *¡Qué preciosidad de niña!*, quelle petite fille ravissante o adorable !

preciosismo m. Préciosité, *f.* (afectación).

preciosista adj. y s. Précieux, euse.

precioso, sa adj. Précieux, euse (de gran precio) : *piedra preciosa*, pierre précieuse. ‖ FIG. Ravissant, e ; très joli, e (hermoso) : *esta mujer es preciosa*, cette femme est ravissante. ‖ Magnifique,

splendide, très joli, e : *un coche precioso*, une voiture magnifique. ‖ Fin, e ; spirituel, elle (chistoso, festivo). — F. Précieuse (marisabidilla).

preciosura f. *Amer.* Personne o chose ravissante.

precipicio m. Précipice : *caer al precipicio*, tomber dans le précipice.

precipitación f. Précipitation.

precipitadamente adv. Précipitamment.

precipitadero m. Précipice (precipicio).

precipitado, da adj. Précipité, e. — M. QUÍM. Précipité (sedimento). ‖ QUÍM. *Precipitado en forma de copos*, floculation.

precipitar v. tr. Précipiter. — V. pr. Se précipiter : *precipitarse contra el enemigo*, se précipiter sur l'ennemi. ‖ *No precipitarse*, prendre son temps, ne pas se précipiter.

precipitosamente adv. Précipitamment.

precipitoso, sa adj. Glissant, e (resbaladizo). ‖ Abrupt, e ; escarpé, e (empinado). ‖ Précipité, e (precipitado).

precipuo, pua adj. Principal, e.

precisamente adv. Précisément, justement (justamente). ‖ Nécessairement (por fuerza).

precisar v. tr. Indiquer, déterminer (indicar). ‖ Avoir besoin de (necesitar) : *preciso datos*, j'ai besoin de renseignements. ‖ Demander, rechercher : *se precisa un director adjunto*, on demande un directeur adjoint. ‖ Préciser (poner más claro) : *precisa tu idea*, précise ta pensée. ‖ Obliger à (forzar). ‖ *Verse precisado a*, être forcé de o obligé à. — V. impers. Falloir : *me precisa trabajar*, il me faut travailler.

precisión f. Précision : *instrumento de precisión*, instrument de précision. ‖ Précision, justesse (exactitud). ‖ Besoin, *m.* (necesidad) : *tengo precisión de tu ayuda*, j'ai besoin de ton aide. ‖ *Tirar con precisión*, tirer juste.

preciso, sa adj. Précis, e ; net, nette (claro) : *respuesta precisa*, réponse nette. ‖ Nécessaire (necesario). ‖ Exact, e ; précis, e (exacto). ‖ — *El día preciso de nuestra marcha*, le jour même de notre départ. ‖ Ser preciso, falloir : *es preciso que vengas*, il faut que tu viennes.

precitado, da adj. Précité, e ; précédemment mentionné, e.

preclaramente adv. De manière illustre.

preclaro, ra adj. Illustre, fameux, euse.

precocidad f. Précocité.

precognición f. Prescience.

precolombino, na adj. Précolombien, enne (anterior a Colón).

precombustión f. Précombustion (de motor diesel).

precompresión f. TECN. Précompression.

preconcebido, da adj. Préconçu, e (proyecto, plan, idea).

preconcebir* v. tr. Former à l'avance [un plan], préconcevoir.

preconización f. Préconisation.

preconizador, ra adj. Qui préconise. — M. Préconiseur, préconisateur.

preconizar v. tr. Préconiser, prôner (recomendar).

preconocer* v. tr. Connaître d'avance, prévoir.

precordial adj. ANAT. Précordial, e : *trastornos precordiales*, troubles précordiaux.

precoz adj. Précoce (fruta, persona). — SINÓN. *Prematuro*, prématuré. *Anticipado*, anticipé. *Temprano*, hâtif.

precursor, ra adj. Précurseur. ‖ Avant-coureur, précurseur : *signos precursores de la desgracia*, signes avant-coureurs du malheur. — M. Précurseur. — OBSERV. Esta palabra no tiene forma femenina en francés.

predecesor, ra m. y f. Prédécesseur (sin fem.) : *fue su predecesora*, elle fut son prédécesseur.
— OBSERV. Esta palabra no tiene forma femenina en francés.
predecir* v. tr. Prédire.
predestinación f. Prédestination.
predestinado, da adj. y s. Prédestiné, e.
predestinar v. tr. Prédestiner.
predeterminación f. Prédétermination.
predeterminante adj. Prédéterminant, e.
predeterminar v. tr. Prédéterminer.
predial adj. Prédial, e.
prédica f. Prêche, *m.* (sermón protestante).
predicable adj. Que l'on peut prêcher, prédicable. — M. GRAM. Prédicable.
predicación f. Prédication.
predicaderas f. pl. FAM. Éloquence, *sing.*
predicado m. GRAM. Prédicat, attribut.
— OBSERV. La palabra *attribut* es mucho más empleada que el término *prédicat.*
predicador, ra m. y f. Prédicateur, trice, prêcheur, euse. ‖ — M. ZOOL Mante (*f.*) religieuse (insecto).
predicamento m. FILOS. Prédicament. ‖ FIG. Influence, *f.,* poids.
predicante m. Prédicant.
predicar v. tr. e intr. Prêcher : *predicar con el ejemplo*, prêcher d'exemple ; *predicar en el desierto*, prêcher dans le désert. ‖ FIG. Sermonner (amonestar o reprender). ‖ *Una cosa es predicar y otra dar trigo*, les conseilleurs ne sont pas les payeurs.
predicativo, va adj. GRAM. Prédicatif, ive.
predicción f. Prédiction.
predicho, cha adj. Prédit, e.
predigerido, da adj. Prédigéré, e.
predilección f. Prédilection.
predilecto, ta adj. Préféré, e ; favori, ite : *mi hijo predilecto*, mon fils préféré. ‖ De prédilection : *ciudad predilecta de los pintores*, ville de prédilection des peintres. ‖ — *Hijo predilecto de la patria*, enfant chéri de la patrie. ‖ *La hija predilecta de la Iglesia*, la fille aînée de l'Eglise.
predio m. Propriété, *f.,* fonds (heredad). ‖ — *Predio rústico*, propriété à la campagne, domaine. ‖ *Predio urbano*, immeuble (casa).
— SINÓN. *Propiedad, heredad*, propriété. *Dominio*, domaine. *Tierras*, terres. *Finca, hacienda*, ferme. *Posesión*, possession.
predisponer* v. tr. Prédisposer.
predisposición f. Prédisposition.
predominación o **predominancia** f. Prédominance.
predominante adj. Prédominant, e.
predominar v. tr. e intr. Prédominer. ‖ FIG. Dominer (una casa, etc.).
predominio m. Prédominance, *f.*
predorsal adj. Prédorsal, e.
preelegir v. tr. Élire o choisir d'avance.
preeminencia f. Prééminence, primauté.
preeminente adj. Prééminent, e.
preestablecer v. tr. Préétablir.
preestablecido, da adj. Préétabli, e.
preexcelencia f. Préexcellence.
preexistencia f. Préexistence.
preexistente adj. Préexistant, e.
preexistir v. intr. Préexister.
prefabricación f. Préfabrication.
prefabricado, da adj. Préfabriqué, e.
prefacio m. Préface, *f.* ‖ *Hacer un prefacio a un libro*, faire une préface, préfacer un livre.
prefecto m. Préfet.
prefectoral adj. Préfectoral, e.
prefectura f. Préfecture.
preferencia f. Préférence. ‖ Prédilection. ‖ Tribunes, *pl.* (localidad en un campo de fútbol). ‖

— *Con preferencia a*, de préférence à. ‖ *De preferencia*, de préférence. ‖ *Preferencia de paso*, priorité (en una carretera).
preferencial adj. Préférentiel, elle.
preferente adj. Qui préfère. ‖ Préférentiel, elle : *trato preferente*, traitement préférentiel. ‖ Préférable (que se prefiere). ‖ De choix (excelente) : *ocupar un lugar preferente*, occuper une place de choix. ‖ *Turno preferente*, tour de faveur.
preferentemente o **preferiblemente** adv. Préférablement, de préférence.
preferible adj. Préférable.
preferir* v. tr. Préférer, aimer mieux : *preferir con mucho* ou *mucho más*, préférer de beaucoup. ‖ Aimer : *el que menos prefiero*, celui que j'aime le moins.
— OBSERV. No se diga en francés *préférer* le cinéma *que* le théâtre, sino *au* théâtre. Con infinitivos, dígase : *prefiero quedarme aquí a salir*, je préfère rester ici *plutôt que* sortir, o mejor, j'aime mieux rester ici *que* sortir.
prefiguración f. Préfiguration.
prefigurar v. tr. Préfigurer.
prefijación f. GRAM. Préfixation.
prefijado, da adj. Préfixé, e.
prefijar v. tr. Préfixer, fixer d'avance.
prefijo, ja adj. Préfixé, e. ‖ — Adj. y s. m. GRAM. Préfixe. ‖ — M. Indicatif (teléfono).
prefinición f. DR. Action de préfinir, préfixion.
prefinir v. tr. Préfinir.
prefoliación f. BOT. Préfoliation, préfoliaison.
preformación f. Préformation.
preformado, da adj. Préformé, e.
preformar v. tr. Préformer.
prefulgente adj. Resplendissant, e.
preglaciar adj. GEOL. Préglaciaire.
pregón m. Annonce (*f.*) publique (noticia). ‖ Cri [des marchands]. ‖ Ban (para un matrimonio).
pregonar v. tr. Crier, annoncer publiquement (publicar en voz alta). ‖ Crier, annoncer [des marchandises] (un vendedor). ‖ FIG. Publier, crier sur tous les toits, claironner, carillonner (revelar) : *pregonar una noticia*, claironner une nouvelle. ‖ Prôner, vanter (alabar). ‖ (P. us.). Bannir (proscribir). ‖ *Pregonar a bombo y platillos* ou *a voz en grito*, crier sur tous les toits.
pregonero, ra adj. y s. Divulgateur, trice. ‖ — M. Crieur public. ‖ *Dar un cuarto al pregonero*, crier quelque chose sur tous les toits.
pregunta f. Demande, question (interrogación) : *pregunta indiscreta*, demande indiscrète ; *hacer preguntas*, poser des questions. ‖ — *A pregunta necia, oídos sordos* ou *oídos de mercader*, à folle demande, point de réponse. ‖ FIG. y FAM. *Andar* ou *estar* ou *quedar a la cuarta pregunta*, être fauché, tirer le diable par la queue, être dans la mouise. ‖ *Estrechar a preguntas*, accabler de questions, mettre o tenir sur la sellette.
preguntador, ra adj. y s. Questionneur, euse.
preguntar v. tr. Demander : *te pregunto cuándo te marchas*, je te demande quand tu pars. ‖ Interroger, questionner : *preguntar a un candidato*, interroger un candidat. ‖ *Preguntar por*, prendre des nouvelles de : *preguntar por alguien*, prendre des nouvelles de quelqu'un ; demander (querer ver) ; demander : *preguntan por usted en el teléfono*, on vous demande au téléphone. ‖ — V. pr. Se demander : *me pregunto qué hora es*, je me demande quelle heure il est.
— OBSERV. *Demander* dans le sens de *solliciter* se dit en espagnol *pedir.*
preguntón, ona adj. y s. FAM. Questionneur, euse : *un niño preguntón*, un enfant questionneur.
prehistoria f. Préhistoire.
prehistoriador, ra m. y f. Préhistorien, enne.
prehistórico, ca adj. Préhistorique.

prehomínidos m. pl. Préhominidés, préhominiens.

preincaico, ca adj. Hist. Antérieur aux Incas.

prejudicial adj. Dr. Préjudiciel, elle. — M. pl. Dr. Préjudiciaux.

prejuicio m. Préjugé : *tener prejuicios sociales*, avoir des préjugés sociaux. ‖ Parti pris : *no lo encuentras inteligente porque tienes prejuicio*, tu ne le trouves pas intelligent parce que tu es de parti pris.

prejuzgar v. tr. Préjuger.

prelacía f. Prélature.

prelación f. Préséance. ‖ — *Orden de prelación*, ordre de préférence. ‖ *Tener prelación*, primer : *haría falta que la generosidad tuviese prelación sobre el egoísmo*, la générosité devrait primer sur l'égoïsme.

prelada f. Supérieure (de convento).

prelado m. Prélat. ‖ Supérieur (de convento).

prelaticio, cia adj. De prélat.

prelatura f. Prélature.

preliminar adj. y s. m. pl. Préliminaire.

preludiar v. intr. y tr. Mús. Préluder à. ‖ Fig. Préluder (iniciar).

preludio m. Prélude.

prematuramente adv. Prématurément. ‖ *Dar a luz prematuramente*, accoucher avant terme.

prematuro, ra adj. y s. Prématuré, e.

premeditación f. Préméditation.

premeditadamente adv. Avec préméditation.

premeditar v. tr. Préméditer.

premiación f. Amer. Remise *o* distribution des prix (reparto de premios).

premiado, da adj. y s. Lauréat, e : *premiado en un concurso literario*, lauréat d'un concours littéraire. ‖ Gagnant, e : *número premiado*, numéro gagnant. ‖ Récompensé, e ; primé, e : *premiado por sus buenas acciones*, récompensé de ses bonnes actions.

premiador, ra adj. y s. Rémunérateur, trice.

premiar v. tr. Récompenser : *premiar a uno por su heroísmo con una condecoración*, récompenser quelqu'un de son héroïsme par une décoration. ‖ Décerner un prix (en un certamen).

premilitar adj. Prémilitaire.

premio m. Récompense, f. (recompensa). ‖ Prix : *distribución ou reparto de premios*, distribution *o* remise des prix ; *llevarse el premio*, remporter le prix ; *premio de estímulo*, prix d'encouragement. ‖ Lot (lotería). ‖ Com. Prime, f. ‖ — *Como premio de*, pour prix de, en récompense de. ‖ *Lista de premios*, palmarès (escuela). ‖ *Premio de consolación*, lot de consolation. ‖ *Premio gordo*, gros lot (en lotería).

premiosamente adv. Étroitement. ‖ D'une manière pressante.

premiosidad f. Étroitesse (estrechez). ‖ Gêne, difficulté (molestia, dificultad).

premioso, sa adj. Étroit, e ; serré, e (ajustado). ‖ Pressant, e ; urgent, e (urgente). ‖ Lourd, e : *carga premiosa*, lourde charge. ‖ Fig. Rigide, strict, e (rígido). | Emprunté, e (tieso). | Lourdaud, e (tardo). | Qui écrit *o* parle péniblement. | Lourd, e ; embarrassé, e (estilo, lenguaje).

premisa f. Prémisse (en lógica).

premolar m. Prémolaire, f. (diente).

premonición f. Prémonition.

premonitorio, ria adj. Med. Prémonitoire.

premonstratense adj. y s. m. Relig. Prémontré, e.

premoriente adj. y s. m. Dr. Prémourant, e ; prédécédé, e.

premorir* v. intr. Prédécéder.

premura f. Instance : *pedir algo con premura*, demander quelque chose avec instance. ‖ Urgence (apremio). ‖ Hâte (prisa).

prenatal adj. Prénatal, e.

prenda f. Gage, *m.* (garantía). ‖ Arrhes, *m. pl.* (señal). ‖ Objet (*m.*) de valeur (alhaja). ‖ Vêtement, *m.* (ropa). ‖ Fig. Bijou, *m.*, perle : *este niño es una prenda*, cet enfant est un bijou. | Personne aimée. | Qualité (cualidad). ‖ Com. Nantissement *m.* ‖ Pl. Gages, *m.* (juego). ‖ — Fig. y fam. *Buena prenda*, drôle d'oiseau. ‖ — *Dar en prenda*, donner un gage. ‖ *No dolerle prendas a uno*, remplir scrupuleusement ses obligations. ‖ Fig. y fam. *No soltar prenda*, ne rien dire. ‖ Dr. *Sacar prendas*, saisir (embargar). ‖ Fig. y fam. *Soltar prenda*, lâcher prise.

prendarse v. pr. S'éprendre (enamorarse).

prendedero m. Agrafe, *f.*, broche, *f.* (broche). ‖ Ruban à cheveux (cinta para el pelo).

prendedor m. Personne (*f.*) chargée d'arrêter quelqu'un. ‖ Broche, *f.*, agrafe, *f.* (broche). ‖ Agrafe, *f.* (de una estilográfica).

prender v. tr. Saisir (asir). ‖ Arrêter, prendre (detener a alguien). ‖ Faire prisonnier (encarcelar). ‖ Attacher, fixer (sujetar) : *prender un vestido con alfileres*, attacher une robe avec des épingles. ‖ Accrocher (enganchar) : *las malezas prendieron su falda*, les broussailles accrochèrent sa jupe. ‖ Mettre (fuego) : *han prendido fuego a todo el barrio*, ils ont mis le feu à tout le quartier. ‖ Amer. Allumer (encender).
— V. intr. S'enraciner, prendre racine (arraigar). ‖ Prendre (un injerto, una vacuna). ‖ Prendre (el fuego) : *el fuego no prende*, le feu ne prend pas.
— V. pr. Se parer, s'orner (engalanarse [una mujer]). ‖ S'accoupler (los animales). ‖ Amer. S'enivrer (embriagarse).
— Observ. Le verbe *prender* a deux participes passés : *prendido* et *preso*. On réserve plutôt la forme *prendido* pour exprimer le sens de « attaché », « fixé » et *preso* pour le sens de « arrêté », « emprisonné ».

prendería f. Friperie.

prendero, ra m. y f. Fripier, ère (comerciante). ‖ — M. Porte-jupe, *inv.* (percha).

prendido m. Ajustement (de mujer). ‖ Patron (para encaje). ‖ Dentelle (*f.*) faite sur un patron.

prendimiento m. Capture, *f.*, arrestation, *f.* (de un malhechor). ‖ Arrestation, *f.* (de Cristo).

prenoción f. Prénotion.

prenombrado, da adj. Amer. Précité, e ; mentionné ci-dessus (antedicho).

prenombre m. Prénom.
— Observ. On traduit de préférence *prénom* par *nombre* ou *nombre de pila* (nom de baptême).

prensa f. Presse (máquina para imprimir) : *libro en prensa*, ouvrage sous presse. ‖ Tecn. Presse : *prensa hidráulica*, presse hydraulique. ‖ Pressoir, *m.* (de uva). ‖ Presse (publicaciones, periódicos) : *libertad de prensa*, liberté de la presse. ‖ — *Dar a la prensa*, faire imprimer. ‖ *Entrar ou poner en prensa*, être mis sous presse : *este libro va a entrar en prensa*, ce livre va être mis sous presse. ‖ *Meter en prensa*, mettre sous presse (un libro). ‖ Fig. *Tener buena ou mala prensa*, avoir bonne *o* mauvaise presse.

prensacabos m. inv. Mar. Taquet-coinceur.

prensada f. Pressée.

prensado m. Calandrage (de los tejidos). ‖ Pressurage, pressage (acción de prensar).

prensador, ra adj. y s. Presseur, euse.

prensadura f. Pressage, *m.* ‖ Pressurage, *m.* (de la uva, etc.).

prensaestopas m. inv. Tecn. Presse-étoupe.

prensar v. tr. Presser (con una prensa). ‖ Pressurer (estrujar la uva, etc.).

prensible adj. Préhensible.

prensil adj. Préhensile, prenant, e : *cola prensil*, queue préhensile.

prensilla f. Pied-de-biche, *m.* (costura).

prensión f. Préhension.

prensista m. Pressier (oficial de una imprenta).
prensor adj. m. ANAT. Préhenseur.
prenunciar v. tr. Prédire, présager.
prenuncio m. Prédiction, f., présage.
prenupcial adj. Prénuptial, e.
preñado, da adj. Enceinte, grosse (mujer). ‖ Pleine (animal). ‖ FIG. Bombé, e (pared). ‖ Plein, e ; chargé, e (cargado) : *ojos preñados de amenazas,* yeux chargés de menaces. | Gonflé, e : *nube pre- ñada de agua,* nuage gonflé d'eau.
— M. Grossesse, f. (embarazo). ‖ Fœtus (feto).
preñar v. tr. Féconder (a una mujer). ‖ Couvrir (a un animal). ‖ FIG. Remplir (llenar).
preñez f. Gestation (de un animal hembra). ‖ Grossesse (de mujer). ‖ FIG. Perspective, attente (espera de un suceso).
preocupación f. Préoccupation, souci, m.
— SINÓN. *Inquietud, desasosiego, intranquilidad,* in- quiétude. *Cuidado, desvelo,* souci. *Ansia,* anxiété. *Tri- bulación,* tribulation.
preocupadamente adv. D'un air préoccupé.
preocupado, da adj. Préoccupé, e ; soucieux, euse.
preocupar v. tr. Préoccuper. ‖ *Es lo que menos me preocupa,* c'est le moindre *o* le cadet de mes soucis.
— V. pr. Se préoccuper, se soucier : *preocuparse por su salud,* se préoccuper de sa santé. ‖ S'en faire : *no se preocupe,* ne vous en faites pas. ‖ *No preocuparse por nada,* ne se soucier de rien, être insouciant, e.
preparación f. Préparation.
preparado m. Préparation, f. (medicina).
preparador, ra m. y f. Préparateur, trice. ‖ — M. Entraîneur (caballos, deportes).
preparamiento m. Préparation, f.
preparar v. tr. ● Préparer : *está bien preparado para la vida,* il est bien préparé pour la vie. ‖ Monter (un complot).
— V. pr. Se préparer : *prepararse para salir,* se préparer à sortir.
— SINÓN. ● *Disponer, prevenir,* disposer. *Arreglar, acomodar,* arranger. *Aprestar,* apprêter. *Organizar,* orga- niser. *Elaborar,* élaborer.
preparativo, va adj. Préparatoire.
— M. Préparatif (preparación).
preparatorio, ria adj. Préparatoire.
— M. Année (f.) préparatoire.
preponderancia f. Prépondérance.
preponderante adj. Prépondérant, e.
preponderar v. intr. Peser davantage, avoir la pré- pondérance (tener un crédito superior). ‖ Préva- loir (prevalecer una opinión).
preponer* v. tr. Préférer. ‖ Mettre devant (ante- poner).
preposición f. GRAM. Préposition. ‖ *Preposición inseparable,* préfixe.
preposicional adj. Prépositionnel, elle.
prepositivo, va adj. GRAM. Prépositif, ive.
prepósito m. Supérieur d'un ordre.
— OBSERV. *Préposé* se traduce por *encargado.*
prepotencia f. Prépotence, puissance supérieure.
prepotente adj. Tout-puissant, toute-puissante (muy poderoso).
prepucio m. ANAT. Prépuce.
prerrafaelismo m. Préraphaélisme.
prerrafaelista o **prerrafaelita** adj. y s. Préra- phaélite.
prerrogativa f. Prérogative (privilegio).
prerromanticismo m. Préromantisme.
presa f. Prise (acción de prender, cosa apre- sada) : *una buena presa,* une bonne prise. ‖ Prise (lucha, alpinismo). ‖ Prise (agarradero). ‖ Proie (de un animal) : *el zorro y su presa,* le renard et sa proie. ‖ Barrage, m. (embalse) : *presa arqueada,* barrage-voûte. ‖ Prise d'eau, digue (de molino). ‖ Bâtardeau, m. (presa de embalse provisional). ‖

Canal, m. (acequia). ‖ MAR. Prise. ‖ Amer. Tranche (tajada), morceau, m. (pedazo). ‖ — Pl. Crocs, m. (colmillo). ‖ Serres (de ave de rapiña). ‖ — *Ave de presa,* oiseau de proie. ‖ *Presa de,* en proie à : *ser presa del remordimiento,* être en proie au remords ; la proie de : *la casa fue presa de las llamas,* la maison fut la proie des flammes. ‖ *Presa de contención,* barrage de retenue. ‖ — FIG. *Hacer presa,* saisir, attraper. | *Soltar la presa,* lâcher prise.
presagiar v. tr. Présager (augurar).
presagio m. Présage, augure (augurio).
— SINÓN. *Augurio,* augure. *Predicción, vaticinio,* pré- diction. *Profecía,* prophétie. *Pronóstico,* pronostic. *Pre- sentimiento,* pressentiment. *Conjetura,* conjecture.
presagioso, sa adj. Qui présage, annonciateur, trice.
presantificado, da adj. y s. Présanctifié, e.
presbicia f. MED. Presbytie.
présbita o **présbite** adj. y s. Presbyte.
presbiterado o **presbiterato** m. Sacerdoce, prê- trise, f. (sacerdocio).
presbiteral adj. Presbytéral, e.
presbiterianismo m. Presbytérianisme.
presbiteriano, na adj. y s. Presbytérien, enne.
presbiterio m. Presbytérium (de iglesia).
— OBSERV. Le mot français *presbytère* se traduit par *casa del cura* ou *casa parroquial.*
presbítero m. Prêtre (clérigo).
presciencia f. Prescience.
presciente adj. Prescient, e.
prescindible adj. Dont on peut se passer.
prescindir v. intr. Faire abstraction de, ne pas tenir compte de. ‖ Se passer de : *ya no puedo prescindir de su ayuda,* je ne peux plus me passer de son aide. ‖ *Prescindiendo de,* abstraction faite de, indépendamment de.
prescribir v. tr. Prescrire (ordenar). ‖ MED. Pres- crire (recetar). ‖ DR. Prescrire.
— V. intr. FIG. Devenir caduc, être périmé, e.
prescripción f. DR. Prescription, forclusion. ‖ MED. *Prescripción* ou *prescripción facultativa,* ordonnance.
prescriptible adj. Prescriptible.
prescrito, ta o **prescripto, ta** adj. Prescrit, e ; fixé, e (señalado). ‖ DR. Périmé, e (juicio).
presea f. Bijou, m., joyau, m. (alhaja).
preselección f. Présélection.
preselector m. RAD. Présélecteur.
presencia f. Présence. ‖ Aspect, m., allure, pres- tance (figura) : *mujer de buena presencia,* femme de belle prestance. ‖ — *En presencia,* en pré- sence. ‖ *Hacer acto de presencia,* faire acte de présence. ‖ *Presencia de ánimo,* présence d'esprit.
presencial adj. Relatif à la présence. ‖ *Testigo pre- sencial,* témoin oculaire.
presenciar v. tr. Être témoin de (testigo) : *pre- senciar un accidente,* être témoin d'un accident. ‖ Assister à : *el jefe del Estado presenció una co- rrida,* le chef de l'État assista à une course de taureaux. ‖ Être présent à, assister à : *es la pri- mera vez que presencio esta asamblea,* c'est la première fois que je suis présent à cette assemblée.
presentable adj. Présentable.
presentación f. Présentation. ‖ Tenue (aspecto) : *su presentación es siempre impecable,* sa tenue est toujours impeccable. ‖ DR. Production (de un documento). ‖ Amer. Demande, requête (súplica). ‖ — *Carta de presentación,* lettre d'introduction. ‖ *Pagar a presentación,* payer à vue *o* sur présen- tation. ‖ *Presentación de la Virgen,* Présentation de la Vierge (fiesta). ‖ *Presentación en sociedad,* entrée dans le monde.
presentador, ra m. y f. Présentateur, trice.
— Adj. Qui présente.
presentante adj. Qui présente.

presentar v. tr. Présenter. ‖ Présenter, poser : *presentar su candidatura*, poser sa candidature. ‖ Déposer (una queja, un proyecto, una propuesta, etc.) : *presentar una denuncia*, déposer une plainte. ‖ FIG. Présenter, offrir : *esta situación presenta ventajas*, cette situation offre des avantages. ‖ Proposer : *presentar a alguien para un puesto*, proposer quelqu'un pour un poste. ‖ DR. Produire (testigos). ‖ — *Le presento el testimonio de mi consideración*, recevez l'assurance de ma considération distinguée, je vous présente mes sincères salutations. ‖ *Presentar armas*, présenter les armes. ‖ *Presentar la cuestión de confianza*, poser la question de confiance. ‖ DR. *Presentar una demanda*, intenter une action. | *Presentar una instancia*, introduire une instance. ‖ *Ser presentado en la sociedad*, faire ses débuts *o* son entrée dans le monde.
— V. pr. Se présenter : *presentarse a su debido tiempo*, se présenter en temps utile ; *presentarse a senador*, se présenter comme sénateur. ‖ DR. Comparaître en justice.
presente adj. Présent, e. ‖ GRAM. *Participio presente*, participe présent.
— M. Présent (regalo). ‖ GRAM. Présent. ‖ — *En el presente*, à présent, en ce moment. ‖ *Lo presente*, le présent. ‖ — *Hacer presente*, porter à la connaissance. ‖ *Mejorando lo presente*, sauf votre respect. ‖ *Tener presente*, se souvenir, se rappeler (recordar) ; ne pas perdre de vue, ne pas oublier : *hay que tener presente esta posibilidad*, il ne faut pas oublier cette possibilité.
presentemente adv. À présent, en ce moment.
presentimiento m. Pressentiment.
— SINÓN. *Barrunto, corazonada*, pressentiment. *Intuición*, intuition.
presentir* v. tr. Pressentir.
presero m. Gardien d'un bief de moulin *o* d'un canal d'irrigation *o* d'un barrage.
preservación f. Préservation.
preservador, ra adj. Préservateur, trice.
preservar v. tr. Préserver : *la vacuna nos preserva contra la viruela*, le vaccin nous préserve de la variole.
preservativo, va adj. y s. m. Préservatif, ive.
presidario m. V. PRESIDIARIO.
presidencia f. Présidence.
presidencial adj. Présidentiel, elle : *silla presidencial*, fauteuil présidentiel.
presidenta f. Présidente.
presidente m. Président.
presidiario m. Forçat, bagnard (prisionero).
presidio m. Bagne (prisión). ‖ Forçats, *pl.*, bagnards, *pl.* (conjunto de presidiarios). ‖ Travaux (*pl.*) forcés : *diez años de presidio*, dix ans de travaux forcés. ‖ Place (*f.*) forte (fortaleza). ‖ Garnison, *f.* (guarnición).
— OBSERV. La palabra *préside* existe en francés y se aplica a las posesiones españolas de África del Norte que fueron, en otros tiempos, lugar de deportación.
presidir v. tr. Présider : *presidir una sesión*, présider une session. ‖ FIG. Présider à : *la caridad preside todos sus actos*, la charité préside à tous ses actes. ‖ *Presidir el duelo*, conduire *o* mener le deuil.
praesidium m. Présidium, praesidium (presidencia del Consejo Supremo de los Soviets).
presilla f. Ganse, cordonnet, *m.* (cordoncillo). ‖ Patte (de tela). ‖ Point (*m.*) de boutonnière (costurilla). ‖ Tirette (para colgar los vestidos). ‖ Passant, *m.* (del cinturón).
presión f. Pression : *ejercer presión*, faire pression. ‖ MED. *Presión arterial*, pression artérielle. ‖ *Presión atmosférica*, pression atmosphérique.
presionar v. tr. Appuyer, presser (apretar). ‖ FIG. Faire pression sur.

preso, sa adj. Pris, e (cogido). ‖ Emprisonné, e (detenido).
— M. y f. ● Prisonnier, ère ; détenu, e.
— SINÓN. ● *Prisionero*, prisonnier. *Detenido, arrestado, recluso*, détenu. *Cautivo*, captif. *Presidiario*, bagnard. *Penado*, condamné. *Internado*, interné.
prestable adj. Prêtable.
prestación f. Prestation : *prestaciones sociales*, prestations sociales. ‖ Allocation : *prestación por maternidad*, allocation de maternité. ‖ Performance (de un vehículo, etc.). ‖ — *Prestación de juramento*, prestation de serment.
prestadizo, za adj. Qui peut être prêté, e.
prestado, da adj. Prêté, e (a alguien). ‖ Emprunté, e (de alguien). ‖ D'emprunt : *nombre prestado*, nom d'emprunt. ‖ — *Dar prestado*, prêter. ‖ *De prestado*, d'emprunt : *vivir de prestado*, vivre d'emprunt. ‖ *Tomar* ou *pedir prestado*, emprunter.
prestador, ra adj. y s. Prêteur, euse.
— OBSERV. No confundir con *préteur* (pretor).
prestamente adv. Rapidement, prestement.
prestamera f. (Ant.). Bourse d'études accordée aux séminaristes. ‖ Prestimonie (beneficio).
prestamería f. Jouissance d'une prestimonie.
prestamero m. Boursier dans un séminaire.
prestamista m. y f. Prêteur, prêteuse [sur gages], bailleur (*m.*) de fonds.
— OBSERV. No confundir con *préteur* (pretor).
préstamo m. Prêt : *casa de préstamos*, maison de prêt. ‖ Emprunt : *pedir un préstamo a un amigo*, faire un emprunt à un ami. ‖ — COM. *Ley de préstamo y arriendo*, loi prêt-bail. ‖ MAR. *Préstamo a la gruesa*, prêt à la grosse *o* à la grosse aventure. ‖ *Préstamo sobre prendas*, prêt sur gages.
prestancia f. Prestance.
prestar v. tr. Prêter : *prestar dinero sobre prenda*, prêter de l'argent sur gage ; *prestar con interés*, prêter à intérêt. ‖ — *Prestar atención, oídos*, prêter attention, l'oreille. ‖ *Prestar auxilio* ou *socorro* ou *ayuda*, prêter secours *o* main forte. ‖ *Prestar juramento*, prêter serment. ‖ *Prestar servicio*, rendre service. ‖ *Prestar testimonio*, rendre témoignage. ‖ *Prestar una declaración jurada*, faire une déclaration sous la foi du serment. ‖ *Tomar prestado*, emprunter.
— V. intr. Être utile, servir. ‖ Prêter, s'étirer (dar de sí una tela, etc.).
— V. pr. Se prêter (consentir).
prestatario, ria m. y f. Emprunteur, euse.
preste m. (Ant.), Prêtre. ‖ *Preste Juan*, Prêtre Jean (personaje fabuloso de la Edad Media).
presteza f. Agilité, promptitude, prestesse (p. us.).
prestidigitación f. Prestidigitation.
prestidigitador m. Prestidigitateur.
— SINÓN. ● *Ilusionista*, illusionniste. *Escamoteador*, escamoteur.
prestigiador, ra adj. Prestigieux, euse.
— M. y f. Mystificateur, trice.
prestigiar v. tr. Donner de l'éclat à, rehausser le prestige de.
prestigio m. Prestige. ‖ Tour de passe-passe, mystification, *f.* (engaño). ‖ *Éxito de prestigio*, succès d'estime.
prestigioso, sa adj. Prestigieux, euse.
presto, ta adj. Preste (diligente). ‖ Prêt, e ; préparé, e (dispuesto).
— Adv. Rapidement, prestement.
presto, prestísimo adv. MÚS. Presto, prestissimo.
presumible adj. Présumable.
presumido, da adj. y s. Prétentieux, euse ; présomptueux, euse. ‖ Coquet, ette. ‖ Prétentieux, euse ; poseur, euse (fam.), crâneur, euse (fam.), bêcheur, euse (fam.).

presumir v. tr. Présumer (conjeturar). ‖ *Amer.* Faire la cour (cortejar).
— V. intr. Se donner de grands airs, poser, crâner (fam.). ‖ Se vanter (jactarse) : *presume de lo que carece,* il se vante de ce qu'il n'a pas. ‖ Se croire : *presume de listo,* il se croit intelligent. ‖ Être prétentieux *o* crâneur (fam.) : *Rafael presume muchísimo,* Raphaël est extrêmement prétentieux *o* crâneur. ‖ — *Presumir de sabio,* se croire très savant, se prendre pour un savant. ‖ *Presumir de valiente,* faire le brave.
presunción f. Prétention, présomption, fatuité (orgullo). ‖ DR. Présomption (suposición) : *presunción de ley* ou *de solo derecho,* présomption légale.
presuntamente adv. Par présomption.
presuntivo, va adj. Présumé, e (supuesto).
presunto, ta adj. Présumé, e (supuesto) : *es el presunto autor del crimen,* c'est l'auteur présumé du crime. ‖ Présomptif, ive : *heredero presunto,* héritier présomptif. ‖ Prétendu, e : *un presunto hidalgo,* un prétendu gentilhomme.
presuntuosamente adv. Présomptueusement, prétentieusement (con vanagloria).
presuntuosidad f. Présomption (vanagloria).
presuntuoso, sa adj. y s. Présomptueux, euse ; prétentieux, euse (orgulloso).
presuponer* v. tr. Présupposer. ‖ Établir un budget.
presuposición f. Présupposition. ‖ Motif, *m.,* cause.
presupuestar v. intr. Établir un budget.
presupuestario, ria adj. Budgétaire.
presupuesto, ta adj. y s. Présupposé, e. ‖ *Presupuesto que,* supposé que.
— M. Budget (de ingresos y gastos) : *equilibrar el presupuesto,* équilibrer le budget. ‖ Motif, cause, *f.,* prétexte. ‖ Devis (de una obra) : *hacer un presupuesto aproximado,* établir un devis approximatif. ‖ *Ley de presupuesto,* loi de finances.
— F. Supposition (supuesto).
presura f. Angoisse (angustia). ‖ Hâte (prisa). ‖ Empressement, *m.* (diligencia). ‖ Acharnement, *m.* (ahínco).
presurización f. Pressurisation.
presurizar v. tr. Pressuriser.
presurosamente adv. À la hâte (prontamente). ‖ Avec empressement (con diligencia).
presuroso, sa adj. Pressé, e (que tiene prisa) : *presuroso de marcharse,* pressé de partir. ‖ Empressé, e.
pretal m. Bricole, *f.* (petral).
pretencioso, sa adj. Prétentieux, euse.
— OBSERV. Ce mot est un gallicisme employé pour *presumido.*
pretender v. tr. Prétendre à, briguer (solicitar) : *pretender honores,* prétendre aux honneurs, briguer les honneurs. ‖ Essayer, chercher à, prétendre (procurar) : *Antonio pretende convencerme,* Antoine essaie de me convaincre ; *no pretendas que vaya a hacerlo yo,* ne cherche pas à me le faire faire.
pretendido, da adj. Prétendu, e ; soi-disant.
— OBSERV. Ce mot est un gallicisme pour *presunto, supuesto.*
pretendiente, ta adj. y s. Prétendant, e (a una mujer, al trono). ‖ Aspirant, e ; candidat, e : *pretendiente a una función,* candidat à une fonction.
pretensado, da adj. TECN. Précontraint, e : *hormigón pretensado,* béton précontraint.
— M. TECN. Précontrainte, *f.*
pretensar v. tr. TECN. Précontraindre.
pretensión f. Prétention.
pretensor, ra adj. y s. Prétendant, e.

pretérición f. Omission. ‖ Prétérition (en retórica).
preterir* v. tr. Omettre. ‖ Oublier, laisser de côté.
— OBSERV. Il n'est employé que dans les temps où entre la lettre *i* (*pretería, preterimos,* etc.).
pretérito, ta adj. Passé, e.
— M. GRAM. Passé : *pretérito anterior,* passé antérieur ; *pretérito indefinido,* passé simple. ‖ — GRAM. *Pretérito imperfecto,* imparfait. ‖ *Pretérito perfecto,* passé composé, passé défini. ‖ *Pretérito pluscuamperfecto,* plus-que-parfait.
pretexta f. Prétexte (toga).
pretextar v. tr. Prétexter.
pretexto m. Prétexte. ‖ — *Con el* ou *so pretexto de,* sous prétexte de. ‖ *Con el pretexto de que,* sous prétexte que. ‖ *¡No quiero pretextos!,* il n'y a pas de mais qui tienne.
— SINÓN. *Excusa, disculpa,* excuse. *Motivo,* motif. *Evasiva,* faux-fuyant, échappatoire.
pretil m. Garde-fou, parapet.
pretina f. Ceinture (correa). ‖ FIG. y FAM. *Meter* ou *poner a uno en pretina,* mettre quelqu'un au pas, serrer la vis à quelqu'un.
pretor m. Préteur (magistrado romano).
— OBSERV. No confundir con *prêteur* (prestador y prestamista).
pretoría f. Préture (pretura).
pretorial adj. Prétorial, e : *derechos pretoriales,* droits prétoriaux.
pretorianismo m. Prétorianisme.
pretoriano, na adj. Prétorial, e. ‖ — Adj. y s. m. Prétorien, enne.
pretorio, ria adj. Prétorial, e.
— M. Prétoire.
pretura f. Préture.
preu m. FAM. Propé, *f.* (preuniversitario).
preuniversitario m. Propédeutique, *f.* (curso y examen).
prevalecer* v. intr. Prévaloir : *su opinión prevaleció,* son opinion a prévalu. ‖ L'emporter sur (sobresalir). ‖ AGRIC. Prendre racine (arraigar). ‖ Pousser (crecer). ‖ FIG. Prospérer (prosperar).
— V. pr. Se prévaloir.
prevaleciente adj. Qui prévaut.
prevaler* v. intr. Prévaloir.
— V. pr. Se prévaloir, tirer avantage : *prevalerse de su alcurnia,* se prévaloir de sa naissance.
prevaricación f. DR. Prévarication.
prevaricador, ra adj. y s. Prévaricateur, trice.
prevaricar v. intr. Prévariquer, forfaire (magistrado). ‖ FAM. Dérailler, délirer.
prevaricato m. Prévarication, *f.*
prevención f. Disposition, précaution (precaución). ‖ Prémunition (protección). ‖ Prévention (contra accidentes). ‖ Prévention, méfiance (desconfianza). ‖ Préjugé, *m.,* parti (*m.*) pris (prejuicio) : *tener prevención contra uno,* avoir du parti pris contre quelqu'un. ‖ Poste, *m.* (de policía) : *llevar a alguien a la prevención,* conduire quelqu'un au poste. ‖ MIL. Poste, *m.* (guardia de cuartel). ‖ DR. Prévention : *cumplir seis meses de prevención,* faire six mois de prévention. ‖ *Con prevención,* à l'avance (de antemano).
prevenido, da adj. Préparé, e ; disposé, e (dispuesto). ‖ Averti, e ; prudent, e : *hombre prevenido vale por dos,* un homme averti en vaut deux. ‖ *Estar prevenido contra alguien,* avoir du parti pris *o* être prévenu contre quelqu'un.
prevenir* v. tr. Préparer, disposer (preparar). ‖ Prévenir : *prevenir un peligro,* prévenir un danger. ‖ Prévoir (prever). ‖ Devancer (anticipar). ‖ Empêcher, éviter (evitar). ‖ Prévenir, avertir (avisar). ‖ Prémunir (proteger). ‖ Influencer. ‖ *Más vale prevenir que curar,* mieux vaut prévenir que guérir.

— V. pr. Se préparer (prepararse). ‖ Se prémunir (protegerse). ‖ Parer : *prevenirse contra toda eventualidad*, parer à toute éventualité.

preventivo, va adj. Préventif, ive. ‖ — *Clínica de medicina preventiva*, centre de médecine préventive *o* de dépistage. ‖ DR. *Prisión* ou *detención preventiva*, détention préventive.

preventorio m. Préventorium (sanatorio).

prever* v. tr. Prévoir.

previamente adv. Au préalable, préalablement.

previo, via adj. Préalable : *autorización previa*, autorisation préalable ; *cuestión previa*, question préalable. ‖ — *Previa enmienda al texto*, après avoir fait un amendement au texte. ‖ *Previo aviso*, préavis, avis préalable : *previo aviso de un mes*, préavis d'un mois.

previsible adj. Prévisible.

previsión f. Prévision (lo que se prevé). ‖ Estimation (evaluación) : *previsión de cosechas*, estimation des récoltes. ‖ Prévoyance (calidad de previsor). ‖ *Caja de previsión*, caisse de prévoyance.

previsionista adj. y s. Prévisionniste.

previsor, ra adj. Prévoyant, e.

previsto, ta adj. Prévu, e : *tenía previsto su fracaso*, j'avais prévu son échec.

prez m. y f. Gloire, *f.* : *para honra y prez de*, pour l'honneur et la gloire de.

Príamo n. pr. m. Priam.

priapea f. Priapée.

priapismo m. MED. Priapisme.

prieto, ta adj. Ferme (carne). ‖ Serré, e (apretado). ‖ Très foncé, e (color). ‖ MED. *Vómito prieto* ou *negro*, fièvre jaune.

prima f. Prime (hora canónica, parte del día). ‖ MÚS. Chanterelle (cuerda). ‖ Cousine : *prima carnal*, cousine germaine. ‖ COM. Prime (premio) : *prima a la exportación, de seguro*, prime à l'exportation, d'assurance. ‖ MIL. Première partie de la nuit. ‖ MAR. *Prima de flete*, primage.

primacía f. Primauté (superioridad). ‖ Primatie (dignidad de primado). ‖ FILOS. Primat, *m.*

primacial adj. Primatial, e.

primada f. FAM. Bêtise : *es una primada pagar diez francos por lo que vale cinco*, c'est une bêtise de payer dix francs ce qui en vaut cinq.

primado m. Primat : *el primado de España*, le primat d'Espagne.

primado, da adj. Primatial, e.

prima donna f. Prima donna.

primal, la adj. y s. Agnelet, agnelle [d'un an] (cordero). ‖ Chevreau, chevrette [d'un an] (cabrito).

primario, ria adj. Primaire. ‖ — *Escuela primaria*, école primaire. ‖ GEOL. *Terrenos primarios*, terrains primaires.

— M. ELECTR. Primaire. ‖ — F. École primaire.

primate m. Haut personnage (prócer). ‖ — Pl. ZOOL. Primates.

primavera f. Printemps, *m.* (estación). ‖ BOT. Primevère (planta). ‖ Étoffe de soie imprimée de fleurs (tela). ‖ — M. y f. FIG. y FAM. Idiot, e ; poire, *f.* (pasmado).

primaveral adj. Printanier, ère.

primazgo m. Cousinage. ‖ Primatie, *f.* (primacía).

primer adj. Premier (primero) : *primer ministro*, Premier ministre ; *primer piso*, premier étage.

— OBSERV. *Primer* est l'apocope de *primero*. *Primero* perd le *o* final devant un substantif masculin singulier.

primera f. Prime (juego). ‖ Première (velocidad). ‖ Première (clase) : *viajar en primera*, voyager en première. ‖ Premier, *m.* (charada). ‖ — *A la primera*, du premier coup : *conseguirlo a la primera*, réussir du premier coup.

primeramente adv. Premièrement, primo (en primer lugar).

primerizo, za adj. Novice, débutant, e (principiante). ‖ — Adj. f. y s. f. Primipare (primípara).

primero, ra adj. y s. Premier, ère : *el primer hombre, la primera empleada*, le premier homme, la première employée ; *artículos de primera necesidad*, articles de première nécessité. ‖ — *Primera actriz*, jeune première. ‖ *Primera enseñanza*, enseignement primaire. ‖ *Primera Sección de Estado Mayor*, premier bureau d'état-major. ‖ *Primeras materias*, matières premières. ‖ *Primero de cordada*, premier de cordée (alpinismo). ‖ *Primero entre sus pares*, le premier entre ses pairs. ‖ — *A primeros de mes*, au début du mois. ‖ *Página primera*, page une.

— Adv. D'abord : *haz esto primero*, fais ça d'abord. ‖ Premièrement (en una enumeración). ‖ Plus tôt, avant : *llegaré primero que tú*, j'arriverai avant toi *o* plus tôt que toi. ‖ Plutôt (más bien) : *primero morir que vivir en la esclavitud*, plutôt mourir que vivre dans l'esclavage.

primevo, va adj. Aîné, e ; plus âgé, e.

primicerio m. Primicier (chantre).

primicias f. pl. Prémices : *las primicias del campo*, les prémices des champs. ‖ FIG. Primeur, *sing.* : *tener las primicias de una noticia*, avoir la primeur d'une nouvelle.

primidi m. Primidi (primer día de la década en el calendario republicano francés).

primigenio, nia adj. Primitif, ive.

primilla f. Pardon (*m.*) d'une faute.

primípara adj. f. y s. f. MED. Primipare.

primitivismo m. Primitivisme.

primitivo, va adj. Primitif, ive.

— M. Primitif (pintor). ‖ — F. MAT. Primitive.

primo, ma adj. Premier, ère : *materia prima*, *número primo*, matière première, nombre premier.

— M. y f. Cousin, e : *primo hermano* ou *carnal*, cousin germain ; *primo segundo*, cousin issu de germain. ‖ FIG. y FAM. Idiot, e ; poire, *f.*, dupe, *f.* : *este pobre chico es un primo*, ce pauvre garçon est une poire. ‖ — FIG. y FAM. *Hacer el primo*, se faire avoir (dejarse engañar). | *Tiene cara de primo*, c'est une bonne poire.

primogénito, ta adj. y s. Aîné, e ; premier-né, première-née *o* premier-née.

primogenitura f. Primogéniture, aînesse : *derecho de primogenitura*, droit d'aînesse. ‖ *Vender su primogenitura por un plato de lentejas*, vendre son droit d'aînesse pour un plat de lentilles.

primoinfección f. MED. Primo-infection.

primor m. Délicatesse, *f.* (finura). ‖ Habileté, *f.* (destreza). ‖ Merveille, *f.*, splendeur, *f.*, chef-d'œuvre : *ese bordado es un primor*, cette broderie est une merveille. ‖ — *Esta chica es un primor*, cette fille est ravissante *o* jolie comme un cœur. ‖ *Que es un primor*, à merveille, à ravir, à la perfection : *canta que es un primor*, il chante à ravir.

primordial adj. Primordial, e.

primordialidad f. Primordialité.

primorear v. intr. Travailler avec une grande délicatesse. ‖ Jouer avec virtuosité (música).

primorosamente adv. Avec soin, à merveille.

primoroso, sa adj. Exquis, e ; charmant, e ; ravissant, e (encantador). ‖ Habile, expert, e (diestro). ‖ Délicat, e ; soigné, e : *labor primorosa*, ouvrage délicat.

prímula f. BOT. Primevère.

primuláceas f. pl. BOT. Primulacées.

princeps adj. Princeps (príncipe).

princesa f. Princesse. ‖ FIG. y FAM. *Dárselas de princesa*, faire la princesse.

principado m. Principauté, *f.* (territorio). ‖ Principat (título). ‖ Primauté, *f.* (primacía). ‖ — Pl. Principautés (séptimo coro de los ángeles).

principal adj. ● Principal, e : *los papeles principales*, les rôles principaux. ‖ Noble, illustre : *un caballero muy principal*, un chevalier très illustre o noble. ‖ Essentiel, elle; de première importance : *un asunto principal*, une affaire de première importance. ‖ Premier, ère : *piso principal*, premier étage.
— M. Principal (capital). ‖ Patron (jefe de una casa de comercio, fábrica, etc.). ‖ Premier étage (de una casa). ‖ *Lo principal*, l'essentiel.
— SINÓN. ● *Primordial*, primordial. *Fundamental*, fondamental. *Capital*, capital. *Esencial*, essentiel. *Cardinal*, cardinal. *Importante*, important.

príncipe adj. Princeps : *edición príncipe*, édition princeps.
— M. Prince : *príncipe de sangre*, prince du sang. ‖ — *El Príncipe Azul*, le Prince Charmant. ‖ *Vivir a lo príncipe*, vivre en prince.
principesco, ca adj. Princier, ère.
principianta f. Débutante, apprentie.
principiante adj. y s. Débutant, e.
principiar v. tr. e intr. Commencer.
principio m. Commencement, début : *al principio no sabía nada*, au commencement, il ne savait rien; *el principio de las negociaciones*, le début des négociations. ‖ Principe (máxima, fundamento) : *los principios de la moral*, les principes de la morale. ‖ Entrée, f. (comidas). ‖ Rudiment : *principios de metafísica*, rudiments de métaphysique. ‖ — *Al principio*, au commencement, au début. ‖ *A principios de* ou *del mes*, au début du mois, dans les premiers jours du mois. ‖ *Del principio al fin*, du commencement à la fin. ‖ *El principio de conservación*, l'instinct de conservation. ‖ *En principio*, en principe. ‖ *En un principio*, au début, au commencement. ‖ *Es el principio del fin*, c'est le commencement de la fin. ‖ *Principio quieren las cosas*, il y a un commencement à tout. ‖ *Tener principio*, commencer.
pringada f. Viande, lard et chorizo du « cocido ».
pringar v. tr. Graisser. ‖ Saucer, tremper dans la sauce (con pan). ‖ Tacher, faire des taches de graisse. ‖ FAM. Blesser (herir). ‖ Faire tremper [dans une affaire]. ‖ Noircir, salir (la fama). ‖ FAM. *¡Ya la has pringado!*, tout est fichu !
— V. intr. FAM. Bosser, trimer (trabajar). ‖ Faire son beurre (sacar tajada). ‖ *Amer.* Bruiner (lloviznar).
— V. pr. Tacher, faire des taches de graisse sur : *me he pringado el vestido*, j'ai taché ma robe. ‖ FIG. Tremper (en un asunto feo). ‖ Se salir (denigrarse).
pringón, ona adj. FAM. Gras, asse; graisseux, euse.
— M. FAM. Tache (f.) de graisse.
pringoso, sa adj. Graisseux, euse; gras, asse : *papeles pringosos*, papiers gras.
pringue m. y f. Graisse, f. ‖ Crasse, f., saleté, f. (suciedad).
priodonte m. ZOOL. Priodonte.
prior, ra m. y f. Prieur, e : *gran prior*, grand prieur.
prioral adj. Du prieur o de la prieure.
priorato m. Prieuré (comunidad). ‖ Priorat (cargo).
priorato m. Vin rouge de Priorato [région de Tarragone].
priori (a) loc. lat. A priori.
prioridad f. Priorité : *con prioridad*, en o par priorité.
prioritario, ria adj. Prioritaire.
prisa f. Hâte (prontitud) : *tuvimos que hacerlo con mucha prisa*, nous avons dû le faire en toute hâte. ‖ Rapidité. ‖ Escarmouche, lutte (escaramuza). ‖ — *A prisa* ou *de prisa*, en hâte, vite. ‖ *A toda prisa*, en toute hâte, à toute vitesse. ‖

Andar ou *estar con prisas*, être très pressé. ‖ *¡De prisa!*, pressons !, vite ! ‖ *Correr prisa*, presser, être urgent o pressé. ‖ *Darse prisa*, se presser, se hâter, se dépêcher. ‖ *De prisa y corriendo*, en vitesse, à toute vitesse. ‖ *Hay prisas*, on est pressé. ‖ *Meter* ou *dar prisa a uno*, presser quelqu'un, dire à quelqu'un de se dépêcher. ‖ *Tener prisa*, être pressé. ‖ *Tener prisa por* ou *en*, avoir hâte de, être pressé de.
priscilianismo m. RELIG. Priscillianisme.
priscilianista o **prisciliano, na** adj. y s. RELIG. Priscillianiste.
prisco m. BOT. Alberge, f. (albérchigo).
prisión f. Prison (cárcel) : *prisión del Estado*, prison d'État. ‖ ● Emprisonnement, m., détention (encarcelamiento). ‖ Prise (acción de prender). ‖ Lien, m. (atadura moral). ‖ — Pl. Fers, m. (grillos). ‖ — DR. *Prisión por deudas*, contrainte par corps. ‖ *Prisión preventiva*, détention préventive. ‖ *Reducir a uno a prisión*, emprisonner o incarcérer quelqu'un.
— SINÓN. ● *Encarcelamiento*, incarcération. *Detención*, détention. *Reclusión*, réclusion.
prisionero, ra adj. y s. Prisonnier, ère.
prisma m. GEOM. Prisme.
prismático, ca adj. GEOM. Prismatique.
— M. pl. Jumelles, f. [à prismes].
prístino, na adj. Originel, elle; primitif, ive. ‖ Pur, e.
pritane m. Prytane (magistrado griego).
pritaneo m. Prytanée.
privación f. Privation : *pasar privaciones*, endurer des privations.
privadamente adv. En privé : *discutir privadamente de algo*, discuter de quelque chose en privé.
privado, da adj. Privé, e : *vida privada*, vie privée. ‖ Particulier, ère : *clase privada*, leçon particulière.
— M. Familier, favori (del rey). ‖ Privé : *en público y en privado*, en public et dans le privé.
privanza f. Faveur.
privar v. tr. Priver. ‖ Interdire (prohibir) : *el médico le privó de tabaco*, le médecin lui a interdit le tabac.
— V. intr. Être en faveur (tener privanza) : *privar con uno*, être en faveur auprès de quelqu'un. ‖ Avoir du succès, être à la mode o en vogue (tener aceptación). ‖ Avoir la haute main (tener mucha influencia).
— V. pr. Se priver : *privarse de fumar*, se priver de fumer. ‖ *No se priva de nada*, il ne se refuse rien.
privativamente adv. En privé, dans l'intimité.
privativo, va adj. GRAM. Privatif, ive. ‖ Propre (propio). ‖ *Ser privativo de*, être l'apanage de : *las grandes ideas son privativas del genio*, les grandes idées sont l'apanage du génie.
privilegiado, da adj. y s. Privilégié, e.
privilegiar v. tr. Accorder un privilège, privilégier (p. us.).
privilegio m. Privilège (ventaja).
— SINÓN. *Prerrogativa*, prérogative. *Monopolio*, monopole. *Derecho*, droit. *Exclusiva*, exclusivité. *Exención*, exemption. *Ventaja*, avantage.
pro m. y f. Profit, m. ‖ *El pro y el contra*, le pour et le contre. ‖ *En pro de*, en faveur de, au profit de : *campaña en pro de damnificados*, campagne en faveur des sinistrés. ‖ *Hombre de pro*, homme de bien, honnête homme. ‖ *No estar ni en pro ni en contra*, n'être ni pour ni contre.
— Prep. En faveur de, au profit de. ‖ DR. *Pro indiviso*, par indivis.
proa f. MAR. Proue : *mascarón de proa*, figure de proue. ‖ FIG. *Poner la proa a*, viser à. ‖ *Poner la proa a uno*, être contre quelqu'un.

probabilidad f. Probabilité : *cálculo de probabilidades*, calcul des probabilités. ‖ Chance : *calcular las probabilidades de éxito*, calculer les chances de réussite.

probabilismo m. Probabilisme.

probabilista adj. y s. Probabiliste.

probable adj. Probable (casi cierto). ‖ Prouvable (que puede probarse).

probación f. Preuve (prueba). ‖ Probation (noviciado).

probado, da adj. Prouvé, e (demostrado). ‖ Éprouvé, e (acreditado) : *es remedio probado*, c'est un remède éprouvé. ‖ Éprouvé, e (por adversidades o desgracias).

probador, ra adj. Qui prouve, probant, e. ‖ Qui essaie.
— M. y f. Essayeur, euse (sastre). ‖ — M. Salon d'essayage.

probanza f. DR. Preuve.

probar* v. tr. Éprouver, mettre à l'épreuve (experimentar) : *probar su valor*, éprouver son courage. ‖ ● Prouver (demostrar). ‖ Essayer : *probar un vestido*, essayer une robe. ‖ Goûter : *probar el vino*, goûter le vin. ‖ Essayer, tenter : *probó levantarse*, il a essayé de se lever. ‖ *Probar de todo*, goûter à tout. ‖ *Probar ventura* ou *fortuna*, tenter sa chance, tenter fortune. ‖ *No probar ni bocado*, ne rien prendre, ne rien se mettre sous la dent (fam.).
— V. intr. Convenir (sentar). ‖ — *Probar a*, essayer de. ‖ *Probar bien*, réussir, convenir : *este régimen me prueba bien*, ce régime me réussit. ‖ *Probar no cuesta nada*, ça ne coûte rien d'essayer, on peut toujours essayer.
— V. pr. Essayer : *me he probado un abrigo*, j'ai essayé un manteau.
— SINÓN. ● *Demostrar*, démontrer. *Justificar*, justifier. *Convencer*, convaincre. *Confirmar*, confirmer. *Evidenciar*, rendre évident. *Atestiguar*, témoigner. *Patentizar*, montrer.

probática adj. f. Probatique (piscina).

probatoria f. DR. Délai, m.

probatorio, ria adj. Probatoire.

probatura f. FAM. Essai, m. (prueba).

probeta f. QUÍM. Éprouvette. ‖ MIL. Mortier-éprouvette.

probidad f. Probité (honradez).

problema m. Problème : *plantear, resolver* ou *solucionar un problema*, poser, résoudre un problème. ‖ Question, f. : *eso es un problema económico*, c'est là une question économique ; *problemas sociales*, questions sociales.

problemático, ca adj. Problématique.
— F. Les problèmes, m. pl.

probo, ba adj. Probe (honrado).

proboscidios m. pl. ZOOL. Proboscidiens.

procacidad f. Effronterie, insolence.

procaína f. Procaïne.

procaz adj. Effronté, e ; insolent, e.

procedencia f. Origine. ‖ Provenance (de un tren, barco, etc.). ‖ DR. Bien-fondé, m., recevabilité (de una petición, de una demanda, etc.). ‖ Bien-fondé, m. (de una idea).

procedente adj. Originaire. ‖ En provenance : *el tren procedente de Madrid*, le train en provenance de Madrid. ‖ DR. Recevable, pertinent, e (petición). ‖ Pertinent, e ; sensé, e (sensato) : *una demanda procedente*, une requête pertinente.

proceder m. Conduite, f., procédé (conducta).

proceder v. intr. Procéder, provenir, venir : *esta palabra procede del latín*, ce mot vient du latin. ‖ Agir, se comporter (portarse). ‖ Procéder (ejecutar) : *proceder a una elección*, procéder à une élection. ‖ Convenir (ser conveniente) : *procede ir con método*, il convient d'agir méthodiquement. ‖ Être pertinent *o* sensé (ser sensato). ‖ DR. Être pertinent, e *o* recevable. ‖ — DR. *Proceder contra uno*, entamer des poursuites contre quel-

qu'un. ‖ *Proceder de consuno*, agir de concert. ‖ DR. *Según proceda*, ainsi qu'il appartiendra. ‖ *Si procede*, s'il y a lieu.

procedimiento m. Procédé, méthode, f. ‖ DR. Procédure, f.

procela f. POÉT. Tourmente (borrasca).

proceloso, sa adj. Orageux, euse (borrascoso).

prócer adj. Grand, e ; éminent, e.
— M. Membre de la Haute Chambre (en el parlamento). ‖ Haut personnage (persona importante). ‖ Homme illustre : *los próceres de la patria*, les hommes illustres de la patrie.

procero, ra o **prócero, ra** adj. Grand, e ; éminent, e.

procesado, da adj. Du procès. ‖ — Adj. y s. Accusé, e ; inculpé, e ; prévenu, e.

procesal adj. Du procès. ‖ *El derecho procesal*, la procédure.

procesamiento m. Accusation, f. : *auto de procesamiento*, arrêt d'accusation.

procesar v. tr. Instruire un procès (contra alguno). ‖ Inculper, accuser (a una persona) : *procesar por robo*, inculper de vol.

procesión f. Procession. ‖ — FIG. y FAM. *No se puede repicar y andar en la procesión*, on ne peut être à la fois au four et au moulin. ‖ *La procesión va por dentro*, je garde ça pour moi.

procesional adj. Processionnel, elle.

procesionalmente adv. En procession.

procesionaria adj. f. y s. f. ZOOL. Processionnaire.

procesionario m. Processionnal (libro).

proceso m. ● Procès (pleito). ‖ DR. Procédure, f. ‖ Cours (transcurso) : *en el proceso de una vida*, au cours d'une vie. ‖ Processus (evolución). ‖ ANAT. Procès : *proceso ciliar*, procès ciliaire. ‖ *Proceso de datos*, traitement de l'information.
— SINÓN. ● *Pleito*, procès. *Causa*, cause, affaire. *Atestado*, acte. *Litigio*, litige. *Sumario*, procès.

proclama f. Proclamation. ‖ — Pl. Bans, m. (amonestaciones) : *correr las proclamas*, publier les bans.

proclamación f. Proclamation (notificación pública). ‖ Acclamation (alabanza pública).

proclamador, ra m. y f. Proclamateur, trice.

proclamar v. tr. Proclamer (anunciar). ‖ Acclamer (aclamar).
— V. pr. Se proclamer.

proclítico, ca adj. y s. m. GRAM. Proclitique.

proclive adj. Enclin, e (inclinado).

proclividad f. Penchant, m. (propensión).

procomún o **procomunal** m. Utilité (f.) publique.

procónsul m. Proconsul.

proconsulado m. Proconsulat.

proconsular adj. Proconsulaire.

procordados m. pl. ZOOL. Procordés, prochordés.

procreación f. Procréation.

procreador, ra adj. y s. Procréateur, trice.

procrear v. tr. Procréer.

proctitis f. MED. Proctite.

proctología f. MED. Proctologie.

procuestor m. Proquesteur.

procura f. Procuration. ‖ DR. Postulation. ‖ RELIG. Procure. ‖ *Amer.* Recherche (busca).

procuración f. Procuration. ‖ Charge de procureur o d'avoué.

procurador, ra adj. Qui s'efforce, qui essaie.
— M. Procureur (fiscal). ‖ Avoué (abogado). ‖ Procureur (en las comunidades religiosas). ‖ Procurateur (magistrado romano). ‖ — *Procurador a* ou *de* ou *en Cortes*, membre du Parlement. ‖ FIG. y FAM. *Procurador de pobres*, personne qui se mêle de ce qui ne la regarde pas.

procuradora f. Procuratrice.

procuraduría f. Procure (en una comunidad religiosa). ‖ Procuratie (oficio). ‖ Étude d'avoué (oficina).

procurar v. tr. Essayer de, tâcher de : *procura venir temprano*, essaie d'arriver de bonne heure. || Procurer, fournir (facilitar) : *le ha procurado un piso muy bueno*, il lui a procuré un appartement très bien. || Procurer, donner (ocasionar) : *ese niño sólo me procura satisfacciones*, cet enfant ne me donne que des satisfactions. || *Procurar que*, veiller à ce que, faire en sorte que.
— V. pr. Se procurer (conseguir).
prodigalidad f. Prodigalité (gasto excesivo). || Abondance, profusion.
pródigamente adv. Prodigalement (p. us.), avec prodigalité.
prodigar v. tr. Prodiguer. || FIG. Prodiguer : *prodigar cuidados*, prodiguer des soins. || *No prodigar*, être économe de.
— V. pr. S'exhiber, parader. || Payer de sa personne, se prodiguer.
prodigio m. Prodige.
prodigiosidad f. Caractère (*m.*) prodigieux.
prodigioso, sa adj. Prodigieux, euse (maravilloso). || *Parecer prodigioso*, tenir du prodige.
pródigo, ga adj. Prodigue : *pródigo de* ou *en alabanzas*, prodigue de *o* en louanges; *pródigo con todos*, prodigue envers tous. || *El Hijo pródigo*, l'enfant prodigue.
pródromo m. Prodrome (síntoma, principio).
producción f. Production.
— SINÓN. *Elaboración*, élaboration. *Fabricación*, fabrication. *Creación*, création.
producente adj. Productif, ive.
producible adj. Productible.
producir* v. tr. Produire. || COM. Produire, donner : *producir beneficios*, donner des bénéfices.
— V. pr. Se produire (hablar) : *producirse en los congresos*, se produire dans les congrès.
productibilidad f. Productibilité.
productible adj. Productible.
productividad f. Productivité.
productivo, va adj. Productif, ive. || Rentable (negocio).
producto, ta adj. (P. us.). Produit, e.
— M. Produit : *productos agrícolas, manufacturados*, produits agricoles, manufacturés. || Produit, denrée, *f.* (alimento) : *productos alimenticios*, produits alimentaires; *productos coloniales* ou *ultramarinos*, denrées coloniales. || Produit : *producto nacional bruto*, produit national brut. || MAT. Produit.
productor, ra adj. y s. Producteur, trice. || — M. CINEM. Producteur. || — M. y f. Travailleur, euse.
proemial adj. Relatif à la préface d'un livre.
proemio m. Préface, *f.*, avant-propos, proème.
proeza f. Prouesse (hazaña).
profanación f. Profanation.
— SINÓN. *Sacrilegio*, sacrilège. *Violación*, violation. *Perjurio*, parjure. *Escarnio*, outrage.
profanador, ra adj. y s. Profanateur, trice.
profanar v. tr. Profaner.
profano, na adj. y s. Profane.
profase f. BIOL. Prophase.
profecía f. Prophétie.
profectício, cia adj. DR. Profectif, ive (bienes).
proferir* v. tr. Proférer, prononcer.
profesar v. tr. Professer : *profesar la medicina*, professer la médecine. || Professer, déclarer (una opinión). || Vouer : *profesar un amor profundo a*, vouer un amour profond à. || Prononcer [ses vœux] (religión).
profesión f. Profession. || *Hacer profesión de*, faire profession de.
— SINÓN. *Oficio*, métier. *Carrera*, carrière. *Actividad*, activité. *Ocupación*, occupation.
profesional adj. y s. Professionnel, elle. || MIL. *Ejército profesional*, armée de métier.

profesionalismo m. Professionnalisme.
profeso, sa adj. y s. Profès, esse (religioso).
profesor, ra m. y f. Professeur, *m.* : *ser profesora de español*, être professeur d'espagnol. || *Profesor auxiliar*, professeur suppléant.
profesorado m. Professorat, professeurs, pl., corps enseignant, enseignants, pl.
profesoral adj. Professoral, e : *trabajos profesorales*, travaux professoraux.
profeta m. Prophète. || *Nadie es profeta en su tierra*, nul n'est prophète en son pays.
profético, ca adj. Prophétique.
profetisa f. Prophétesse.
profetizador, ra adj. Qui prophétise.
— M. y f. Pronostiqueur, euse.
profetizar v. tr. Prophétiser.
profiláctico, ca adj. MED. Prophylactique.
— F. MED. Prophylaxie.
profilaxis o **profilaxia** f. MED. Prophylaxie.
prófugo, ga adj. y s. Fugitif, ive (fugitivo).
— M. Insoumis, déserteur (del servicio militar). || DR. Réfractaire.
profundamente adv. Profondément.
profundidad f. Profondeur.
profundizar v. tr. e intr. Approfondir. || FIG. Approfondir, creuser (una idea, cosa, etc.). || *Profundizar las cosas*, aller au fond des choses.
profundo, da adj. Profond, e : *miseria profunda*, misère profonde.
profusamente adv. Profusément, à profusion.
profusión f. Profusion. || Prodigalité, libéralité. || *Con profusión*, à foison, avec profusion.
profuso, sa adj. Abondant, e. || MED. Profus, e : *sudores profusos*, sueurs profuses.
progenie f. Race, descendance, progéniture (generación).
progenitor m. Progéniteur. || — Pl. Ancêtres.
progenitura f. Progéniture (progenie).
progesterona f. Progestérone.
prognatismo m. Prognatisme.
prognato, ta adj. y s. Prognathe.
progne f. POÉT. Hirondelle (golondrina).
programa m. Programme.
programación f. Programmation.
programador, a adj. y s. Programmateur, trice. || — M. Programmeur (electrónica).
programar v. tr. Programmer. || Envisager : *programar una reforma*, envisager une réforme.
progresar v. intr. Progresser, faire des progrès.
progresión f. Progression (adelanto). || MAT. *Progresión aritmética, geométrica*, progression arithmétique, géométrique.
progresismo m. Progressisme (doctrina política).
progresista adj. y s. Progressiste : *periódico progresista*, journal progressiste.
progresividad f. Progressivité.
progresivo, va adj. Progressif, ive.
progreso m. Progrès.
prohibición f. Défense, interdiction, prohibition. || Prohibition (de bebidas alcohólicas en los Estados Unidos).
prohibicionista adj. y s. Prohibitionniste.
prohibido, da adj. Défendu, e; prohibé, e. || — *Dirección prohibida*, sens interdit (calle). || *Prohibido aparcar*, défense de stationner. || *Prohibido el paso*, passage interdit. || *Prohibido fijar carteles*, défense d'afficher. || *Prohibido fumar*, défense de fumer.
prohibir v. tr. Défendre, interdire, prohiber (vedar) : *te prohibo que salgas*, je t'interdis de sortir. || *Se prohibe la entrada*, défense d'entrer, entrée interdite.
— OBSERV. El francés *prohiber* es más bien voz de vocabulario administrativo (*armas prohibidas*, armes prohibées); *défendre* es el verbo más corriente; *interdire* es más fuerte y supone un castigo o una sanción.

prohibitivo, va o **prohibitorio, ria** adj. Prohibitif, ive : *ley prohibitiva*, loi prohibitive.
prohijamiento m. Adoption, *f.*
prohijar v. tr. Adopter (a un niño, opiniones).
prohombre m. Autorité, *f.* (persona notable). ‖ Dirigeant (dirigente).
proindivisión f. DR. Indivision.
pro indiviso loc. lat. DR. Par indivis.
proís o **proíz** m. MAR. Bitte, *f.* (noray).
prójima f. FAM. Femme (mujer). | Demi-mondaine (mujer libertina). | Moitié (esposa).
prójimo m. Prochain : *amar al prójimo como a sí mismo*, aimer son prochain comme soi-même. ‖ FAM. Individu (sujeto).
prolactina f. Prolactine.
prolán m. Prolan.
prolapso m. MED. Prolapsus.
prole f. Progéniture.
prolegómenos m. pl. Prolégomènes (introducción).
prolepsis f. Prolepse (anticipación).
proletariado m. Prolétariat.
proletario, ria adj. y s. Prolétaire.
proletarización f. Prolétarisation.
proletarizar v. tr. Prolétariser.
proliferación f. Prolifération.
proliferar v. intr. Proliférer.
prolífero, ra adj. Prolifère.
prolífico, ca adj. Prolifique.
prolijidad f. Prolixité.
prolijo, ja adj. Prolixe : *estilo prolijo*, style prolixe. ‖ Exhaustif, ive ; approfondi, e (exhaustivo).
prologar v. tr. Préfacer, faire la préface de.
prólogo m. Préface, *f.*, avant-propos, prologue.

— OBSERV. El francés *prologue* es sobre todo un discurso preliminar a una obra y *préface* una presentación de ella que puede ser de cualquier persona y no forzosamente del mismo autor. *Avant-propos* suele ser un texto de presentación muy breve.

prologuista m. Préfacier.
prolonga f. MIL. Prolonge (armón).
prolongable adj. Qu'on peut prolonger.
prolongación f. Prolongation.
prolongadamente adv. Longuement : *hablar prolongadamente*, parler longuement.
prolongado, da adj. Prolongé, e. ‖ Oblong, gue (apaisado).
prolongador, ra adj. y s. Qui prolonge.
prolongamiento m. Prolongement.
prolongar v. tr. Prolonger.
— V. pr. Se prolonger.
— SINÓN. *Alargar*, allonger. *Estirar*, étirer. *Dilatar*, élargir. *Extender*, étendre.
promediar v. tr. Partager en deux.
— V intr. Intervenir, servir de médiateur [dans une affaire]. ‖ Arriver à la moitié. ‖ *Al promediar el mes de junio*, à la mi-juin.
promedio m. Milieu (punto de división en dos). ‖ Moyenne, *f.* (término medio) : *el promedio de las exportaciones*, la moyenne des exportations.
promesa f. Promesse : *cumplir su* ou *con su promesa*, tenir sa promesse. | Vœu, *m.* (religioso). ‖ FIG. Espoir, *m.* : *este joven bailarín es la promesa del cuerpo de baile*, ce jeune danseur est l'espoir du corps de ballet. ‖ — FIG. *Promesa de borracho*, serment d'ivrogne. | *Promesas de cortesano*, bonnes paroles, boniments.
prometedor, ra adj. y s. Prometteur, euse.
prometeo m. QUÍM. Prométhéum.
Prometeo n. pr. m. MIT. Prométhée.
prometer v. tr. Promettre : *prometer hacer algo*, promettre de faire quelque chose. ‖ Assurer, affirmer. ‖ FIG. *Prometer el oro y el moro*, promettre monts et merveilles.
— V. intr. Promettre : *este niño promete*, cet enfant promet.
— V. pr. Se promettre. ‖ Se fiancer (desposarse).

‖ FAM. *Prometérselas felices*, s'en promettre de belles.
prometido, da adj. y s. Promis, e (futuro). ‖ — *Cumplir con lo prometido*, tenir sa promesse. ‖ *Lo prometido es deuda*, chose promise, chose due.
prominencia f. Proéminence.
prominente adj. Proéminent, e.
promiscua adj. f. DR. Promiscue.
promiscuación f. Action de manger de la viande et du poisson un jour maigre d'abstinence.
promiscuar v. intr. RELIG. Ne pas faire maigre (en los días de vigilia). ‖ FIG. Mélanger.
promiscuidad f. Promiscuité.
promisión f. Promission. ‖ *Tierra de Promisión*, Terre promise o de promission.
promisorio, ria adj. DR. Promissoire : *juramento promisorio*, serment promissoire. ‖ Prometteur, euse (alentador).
promoción f. Promotion. ‖ *Partido de promoción*, match de barrage (deportes).
promontorio m. Promontoire.
promotor, ra o **promovedor, ra** adj. y s. Promoteur, trice.
promover* v. tr. Promouvoir (elevar) : *promover a uno a capitán*, promouvoir quelqu'un au grade de capitaine. ‖ Favoriser (hacer progresar). ‖ Provoquer, occasionner (hacer surgir).
promovido, da adj. Promu, e.
promulgación f. Promulgation.
promulgador, ra adj. y s. Promulgateur, trice.
promulgar v. tr. Promulguer (una ley, etc.). ‖ FIG. Publier, divulguer (divulgar una cosa).
pronación f. ANAT. Pronation.
pronador, ra adj. y s. m. ANAT. Pronateur, trice.
pronaos m. ARQ. Pronaos (de templo griego).
prono, na adj. Enclin à. ‖ Sur le ventre (echado sobre el vientre). ‖ *Decúbito prono*, décubitus ventral.
pronombre m. GRAM. Pronom.
pronominado, da o **pronominal** adj. GRAM. Pronominal, e : *verbos pronominados*, verbes pronominaux.
pronosticación f. Pronostic, *m.* (pronóstico).
pronosticador, ra m. y f. Pronostiqueur, euse.
pronosticar v. tr. Pronostiquer.
pronóstico m. Pronostic. ‖ Prévisions météorologiques. ‖ MED. *Pronóstico reservado*, diagnostic réservé.
prontamente adv. Rapidement, promptement.
prontito adv. FAM. Tout de suite (en seguida). | Très vite (muy rápido).
prontitud f. Promptitude.
pronto, ta adj. Prompt, e (rápido) ; *pronto a enfadarse*, prompt à se fâcher. ‖ Rapide : *una pronta curación*, une guérison rapide. ‖ Prêt, e (dispuesto) : *pronto para salir*, prêt à sortir. ‖ *Ser pronto de genio*, avoir un caractère irritable, être soupe au lait (fam.).
— M. Mouvement d'humeur : *le dio un pronto*, il eut un mouvement d'humeur. ‖ FAM. *El primer pronto*, le premier mouvement.
— Adv. Vite, rapidement (de prisa). ‖ Tôt (temprano) : *llegó muy pronto*, il est arrivé très tôt. ‖ *Amer.* Soudain (de pronto). ‖ — *Al pronto*, tout d'abord, au début. ‖ *Cuanto más pronto mejor*, le plus tôt sera le mieux. ‖ *De pronto*, brusquement, soudain, tout à coup (de repente), vite (apresuradamente). ‖ *Hasta pronto*, à bientôt. ‖ *Lo más pronto*, au plus tôt, au plus vite. ‖ *Por de* ou *lo pronto*, pour le moment (por ahora), entre-temps (mientras tanto). ‖ *Tan pronto*, si vite. ‖ *Tan pronto... como*, dès que, aussitôt que (en cuanto), tantôt... tantôt : *tan pronto ríe como llora*, tantôt il rit, tantôt il pleure.
prontuario m. Résumé. ‖ Abrégé, manuel (compendio). | Agenda (libro de apuntes).
pronunciable adj. Prononçable.

pronunciación f. Prononciation.
pronunciado, da adj. Prononcé, e. ‖ Fig. Accusé, e (marcado).
— Observ. Au sens d' « accusé », *pronunciado* est un gallicisme.
pronunciador, ra adj. y s. Qui prononce.
pronunciamiento m. « Pronunciamiento », soulèvement, putsch (alzamiento). ‖ Dr. Prononcé [d'un jugement].
— Observ. Al referirse a la historia de los países de lengua española se utiliza en francés la palabra castellana *pronunciamiento*.
pronunciar v. tr. Prononcer : *pronunciar un discurso*, prononcer un discours. ‖ Dr. Prononcer, rendre : *pronunciar un fallo*, rendre un arrêt.
— V. intr. Dr. Prononcer (fallar).
— V. pr. Se soulever, s'insurger (sublevarse). ‖ Se prononcer.
— Observ. *Pronunciarse* es galicismo cuando se emplea como sinónimo de *declararse, manifestarse.*
pronuncio m. Relig. Prononce.
propagación f. Propagation.
propagador, ra adj. y s. Propagateur, trice : *propagador de noticias falsas*, propagateur de fausses nouvelles.
propaganda f. Propagande (a favor de una idea, opinión, etc). ‖ Propagande, publicité (comercial).
propagandista adj. y s. Propagandiste.
propagandístico, ca adj. De propagande. ‖ Publicitaire.
propagante adj. Qui propage.
propagar v. tr. ● Propager. ‖ Fig. Répandre, diffuser : *propagar una noticia*, répandre une nouvelle. ‖ Divulguer (algo secreto).
— V. pr. Se propager, se répandre.
— Sinón. ● *Difundir*, diffuser. *Divulgar, propalar,* divulguer. *Publicar*, publier. *Revelar*, révéler. *Pregonar*, crier.
propágulo m. Bot. Propagule, *f.*
propalación f. Divulgation, ébruitement, *m.*
propalador, ra adj. Propagateur, trice.
propalar v. tr. Divulguer, propager, répandre, ébruiter : *propalar una noticia*, divulguer une nouvelle.
propano m. Quím. Propane (gas).
proparoxítono adj. Gram. Proparoxyton (esdrújulo).
propasar v. tr. Outrepasser.
— V. pr. Dépasser les bornes (èxcederse).
propedéutico, ca adj. y s. f. Propédeutique.
propender v. intr. Tendre vers, pencher pour (inclinarse), avoir de l'inclination o un penchant pour (aficionarse).
— Observ. Le participe passé régulier de ce verbe est *propendido*. Le participe irrégulier *propenso* est utilisé seulement comme adjectif.
propensión f. Penchant, *m.*, propension. ‖ Med. Prédisposition.
propenso, sa adj. Enclin, e ; porté, e ; sujet, ette : *ser propenso a la ira*, être porté à la colère.
propergol m. Propergol.
propiamente adv. Proprement : *propiamente dicho*, proprement dit.
propiciación f. Propitiation.
propiciador, ra adj. y s. Propitiateur, trice.
propiciar v. tr. Apaiser (aplacar) : *propiciar la ira divina*, apaiser la colère divine. ‖ Rendre propice (hacer propicio). ‖ Amer. Patronner (patrocinar).
propiciatorio, ria adj. Propitiatoire.
— M. Prie-Dieu (reclinatorio). ‖ Propitiatoire.
propicio, cia adj. Propice : *ocasión propicia*, occasion propice. ‖ Adéquat, e ; qui convient le mieux : *es la persona más propicia para este trabajo*, c'est la personne qui convient vraiment le mieux pour faire ce travail. ‖ *Ser propicio a*, être enclin o porté à.

propiedad f. Propriété (posesión). ‖ Propriété (característica). ‖ Ressemblance (semejanza). ‖
— Dr. *Nuda propiedad*, nue-propriété. ‖ *Propiedad horizontal* ou *de casa por pisos*, copropriété. ‖ — *Dicho con propiedad*, proprement dit. ‖ *Emplear una palabra con propiedad*, employer le mot juste. ‖ *Hablando con propiedad*, à proprement parler. ‖ *Pertenecer en propiedad*, appartenir en propre.
— Observ. Le mot espagnol *propiedad* n'a pas le sens de « domaine » (finca).
propietario, ria adj. y s. Propriétaire. ‖ — Dr. *Nudo propietario*, nu-propriétaire. ‖ *Propietario de bienes inmuebles*, propriétaire foncier.
propíleo m. Arq. Propylée.
propina f. Pourboire, *m.* : *dar una propina a un camarero*, donner un pourboire à un garçon de café. ‖ Récompense. ‖ Fam. *De propina*, pardessus le marché.
propinar v. tr. Donner à boire. ‖ Administrer (una medicina). ‖ Fig. Flanquer, administrer (dar) : *propinar una paliza*, flanquer une raclée. ‖ Distribuer (a varios) : *propinar golpes*, distribuer des coups.
propincuidad f. Proximité.
propincuo, cua adj. Proche.
propio, pia adj. Propre (que pertenece) : *su propio hijo*, son propre fils. ‖ Propre (característico) : *carácter propio*, caractère propre ; *en su propio interés*, dans votre propre intérêt. ‖ Gram. Propre : *sentido, nombre propio*, sens, nom propre. ‖ Propre (conveniente). ‖ Naturel, elle ; véritable : *pelo propio*, cheveux naturels. ‖ Lui-même, elle-même, etc. ; *el propio interesado debe firmar*, l'intéressé lui-même doit signer. ‖ — *Amer. Al propio*, à dessein (expresamente). ‖ — *Al propio tiempo*, en même temps. ‖ *Con su propia mano*, de sa propre main. ‖ *En propias manos*, en main propre. ‖ Fam. *Es muy propio de él*, c'est bien de lui. ‖ *Lo propio*, comme, la même chose (lo mismo) : *haré lo propio que tú*, je ferai comme o la même chose que toi. ‖ *Lo propio sucede con*, il en est de même avec. ‖ *Ser propio de*, appartenir à, être le propre de : *la irreflexión es propia de los jóvenes*, l'irréflexion appartient aux jeunes ; être caractéristique : *la vizna es propia de esa región*, la bruine est caractéristique de cette région. ‖ *Ser propio para*, être ce qui convient le mieux pour.
— M. Messager, courrier (mensajero) : *despachar un propio*, envoyer un messager. ‖ — Pl. Communaux, biens communaux.
— Observ. Le mot espagnol *propio* n'a pas le sens de « propreté », qui se rend par *limpio*.
propóleos m. Propolis, f. (sustancia cérea).
proponedor, ra adj. y s. Qui propose.
proponer* v. tr. Proposer : *proponer un parecer*, proposer un avis.
— V. pr. Se proposer : *se propone salir mañana para Madrid*, il se propose de partir demain à Madrid.
proporción f. Proportion : *guardar las proporciones*, observer les proportions ; *las proporciones del cuerpo humano*, les proportions du corps humain. ‖ Taille (tamaño). ‖ Possibilité (oportunidad). ‖ Occasion (coyuntura) : *esperar una buena proporción*, attendre une bonne occasion. ‖ — *A proporción de*, conformément à (según). ‖ *Guardando las proporciones*, toute proportion gardée. ‖ *No hay ninguna proporción*, il n'y a pas de commune mesure, il n'y a aucun rapport. ‖ Mat. *Porporción aritmética* ou *geométrica*, proportion arithmétique o géométrique.
proporcionable adj. Proportionnable. ‖ Disponible.
proporcionado, da adj. Proportionné, e.
proporcional adj. Proportionnel, elle.

proporcionalidad f. Proportionnalité. ‖ Proportion (proporción).

proporcionalmente adv. Proportionnellement.

proporcionar v. tr. Proportionner : *proporcionar sus gastos a sus recursos*, proportionner ses dépenses à ses moyens. ‖ Fournir, procurer (facilitar) : *proporcionar trabajo a alguien*, fournir du travail à quelqu'un. ‖ Procurer, rapporter (procurar) : *proporcionar provecho*, rapporter du profit. ‖ Adapter : *proporcionar los medios al objeto*, adapter les moyens à la fin. ‖ *Proporcionar una entrevista*, ménager une entrevue. — V. pr. Se procurer : *proporcionarse dinero*, se procurer de l'argent.

proposición f. Proposition. ‖ Proposition, offre (oferta).

propósito m. Intention, f. (intención) : *tengo propósito* ou *el propósito de salir*, j'ai l'intention de sortir. ‖ Dessein (proyecto). ‖ But, propos (objeto). ‖ Sujet (materia). ‖ — *A propósito*, à propos (con relación a), à propos, à point, à point nommé, (oportunamente), exprès (a posta). ‖ *A propósito de*, à propos de. ‖ *Con el propósito de*, dans le but de, pour. ‖ *De propósito*, de propos délibéré, à dessein, exprès. ‖ *Fuera de propósito*, hors de propos. ‖ *Poco a propósito*, mal à propos. ‖ *Venga o no venga a propósito*, à tort ou à raison.

propretor m. HIST. Propréteur.

propretura f. HIST. Propréture.

propuesta f. Proposition : *a propuesta de*, sur proposition de.

propugnación f. Défense, protection.

propugnar v. tr. Défendre, protéger.

propulsa f. Rejet, m. (rechazo).

propulsar v. tr. Rejeter, repousser (rechazar). ‖ Propulser (impeler).

propulsión f. Propulsion : *propulsión a chorro* ou *por reacción*, propulsion à réaction.

propulsivo, va adj. Propulsif, ive.

propulsor, ra adj. Propulsif, ive : *un cohete propulsor*, une fusée propulsive. — M. Propulseur.

prorrata f. Prorata, m. inv. ‖ *A prorrata*, au prorata.

prorratear v. tr. Partager au prorata.

prorrateo m. Partage au prorata.

prórroga f. Prorogation. ‖ MIL. Prorogation, sursis, m. ‖ Prolongation (de un partido). ‖ *Prórroga tácita*, tacite reconduction (de un acuerdo, etc.).

prorrogable adj. Qui peut être prorogé.

prorrogación f. Prorogation.

prorrogar v. tr. Proroger.

prorrogativo, va adj. Prorogatif, ive.

prorrumpir v. intr. Jaillir (brotar). ‖ FIG. Éclater : *prorrumpir en risa, en llanto* ou *en sollozos*, éclater de rire, en sanglots. ‖ Fuser : *críticas prorrumpían por todos lados*, des critiques fusaient de tous côtés. ‖ — *Prorrumpir en gritos*, pousser des cris. ‖ *Prorrumpir en insultos*, vomir des injures. ‖ *Prorrumpir en lágrimas*, fondre en larmes. ‖ *Prorrumpir en suspiros*, exhaler des soupirs.

prosa f. Prose. ‖ FIG. y FAM. *Gastar mucha prosa*, avoir beaucoup de bagout.

prosado, da adj. En prose.

prosador, ra m. y f. FIG. y FAM. Bavard, e (hablador).

prosaico, ca adj. Prosaïque. ‖ Terre à terre, prosaïque : *espíritu prosaico*, esprit terre à terre.

prosaísmo m. Prosaïsme.

prosapia f. Lignée, lignage, m. (alcurnia).

proscenio m. TEATR. Proscenium (teatro antiguo). ‖ Avant-scène, f. (teatro moderno).

proscribir v. tr. Proscrire, bannir (echar). ‖ FIG. Proscrire, interdire (prohibir).

proscripción f. Proscription, bannissement, m. (destierro). ‖ FIG. Proscription, interdiction (prohibición).

proscriptor, ra adj. Qui proscrit. — M. Proscripteur.

proscrito, ta adj. y s. Proscrit, e.

prosector m. MED. Prosecteur.

prosectorado m. Prosectorat.

prosecución f. Poursuite : *la prosecución de un negocio, de un ideal*, la poursuite d'une affaire, d'un idéal.

proseguible adj. Qui peut se poursuivre.

proseguimiento m. Poursuite, f.

proseguir* v. tr. Poursuivre, continuer : *proseguir su camino*, poursuivre son chemin. ‖ Continuer : *prosiguió hablando*, il continua à parler. ‖ *Proseguir con* ou *en su tarea*, poursuivre sa tâche. — OBSERV. *Proseguir* a le sens de « continuer », *perseguir* celui de « courir après ».

proselitismo m. Prosélytisme.

proselitista adj. Prosélytique.

prosélito m. Prosélyte.

Proserpina n. pr. f. Proserpine.

prosificar v. tr. Mettre en prose.

prosimios m. pl. ZOOL. Prosimiens, lémuriens.

prosista m. Prosateur.

prosístico, ca adj. De la prose.

prosobranquios m. pl. Prosobranches (moluscos).

prosodia f. GRAM. Prosodie.

prosódico, ca adj. GRAM. Prosodique.

prosopopeya f. Prosopopée. ‖ FIG. Emphase (gravedad afectada).

prospección f. Prospection.

prospectar v. tr. Prospecter.

prospectiva f. Prospective.

prospecto m. Prospectus.

prospector m. Prospecteur (geología).

prósperamente adv. De façon prospère.

prosperar v. tr. (P. us.). Rendre prospère, donner la prospérité à. — V. intr. Prospérer.

prosperidad f. Prospérité.

Próspero n. pr. m. Prosper.

próspero, ra adj. Prospère : *comercio próspero*, commerce prospère. ‖ *¡Feliz y próspero Año Nuevo!*, bonne et heureuse année !

próstata f. MED. Prostate.

prostático, ca adj. MED. Prostatique.

prostatitis f. MED. Prostatite.

prosternación f. Prosternation, prosternement, m.

prosternarse v. pr. Se prosterner.

próstesis f. GRAM. Prosthèse, prothèse.

prostíbulo m. Maison (f.) de tolérance.

próstilo m. ARQ. Prostyle.

prostitución f. Prostitution.

prostituir* v. tr. Prostituer. ‖ FIG. *Prostituir su talento*, prostituer son talent. — V. pr. Se prostituer.

prostituta f. Prostituée. — SINÓN. *Ramera, meretriz,* prostituée. *Buscona,* racoleuse, raccrocheuse. *Cortesana,* courtisane. *Hetaira, hetera,* hétaïre. *Pelandusca, tía,* poule. *Moza del partido,* fille de joie. *Gamberra,* grue. *Zorra, garce.*

protactinio m. QUÍM. Protactinium (metal).

protagonista m. y f. Protagoniste, m. ‖ Héros, héroïne (de una novela, un poema). ‖ Acteur principal, actrice principale (teatro, cine).

protagonizar v. tr. Jouer (espectáculo).

protalo m. BOT. Prothalle.

protandria f. BOT. Protérandrie.

protargol m. QUÍM. Protargol.

prótasis f. Protase.

proteasa f. QUÍM. Protéase.

protección f. Protection.

proteccionismo m. Protectionnisme.

proteccionista adj. y s. m. Protectionniste.

protector, ra o **protectriz** adj. y s. Protecteur, trice. ‖ — M. Protège-dents, inv. (boxeo). ‖ Protège-bas, inv. (de las medias). ‖ Protecteur (de Inglaterra).

protectorado m. Protectorat.
protectoría f. Protectorat, *m.* (ministerio del protector).
protectorio, ria adj. Protecteur, trice.
proteger v. tr. Protéger : *¡Qué Dios le proteja!,* que Dieu vous protège!
— Sinón. *Defender,* défendre. *Sostener,* soutenir. *Preservar,* préserver. *Abrigar;* abriter. *Amparar,* protéger. *Inmunizar,* immuniser. *Salvaguardar,* sauvegarder.
protegido, da m. y f. Protégé, e ; favori, ite. ‖ *Paso protegido,* passage protégé.
proteico, ca adj. Protéique.
proteido m. Quím. Protéide.
proteiforme adj. Protéiforme.
proteína f. Quím. Protéine.
proteínico, ca adj. Quím. Protéique.
próteles m. Zool. Protèle.
proteo m. Protée.
Proteo n. pr. m. Mit. Protée..
proteolítico, ca adj. Protéolytique.
protervia o **protervidad** f. Poét. Perversité.
protervo, va adj. y s. Pervers, e.
prótesis f. Gram. Prosthèse, prothèse. ‖ Med. Prothèse : *prótesis dental,* prothèse dentaire.
protesta o **protestación** f. Protestation. ‖ Dr. *Bajo protesta,* à son corps défendant.
protestable adj. Dr. Protestable.
protestador, ra adj. y s. Protestataire.
protestante adj. y s. Protestataire (que protesta). ‖ Relig. Protestant, e.
protestantismo m. Protestantisme.
protestar v. intr. ● Protester (reclamar). ‖ Fam. Râler, rouspéter (refunfuñar) : *esta persona siempre está protestando,* cette personne est toujours en train de rouspéter. ‖ *Protestar de su inocencia,* protester de son innocence.
— V. tr. Protester (una letra).
— Sinón. ● *Reclamar,* réclamer. *Murmurar,* murmurer. *Refunfuñar,* rouspéter.
protesto m. Protestation, *f.* (protesta). ‖ Com. Protêt.
protestón, ona m. y f. Fam. Râleur, euse ; rouspéteur, euse.
protético, ca adj. Gram. Prothétique.
prótidos m. pl. Quím. Protides.
protistas m. pl. Protistes.
protococales f. pl. Bot. Protococcales.
protocolar o **protocolario, ria** adj. Protocolaire.
protocolar o **protocolizar** v. tr. Faire figurer au protocole.
protocolización f. Insertion au protocole.
protocolo m. Protocole. ‖ Dossier médical.
protocordados m. pl. Zool. Protocordés.
protofitos m. pl. Bot. Protophytes.
protogina f. Min. Protogine.
protoginia f. Bot. Protogynie.
protohistoria f. Protohistoire.
protohistórico, ca adj. Protohistorique.
protomártir m. Protomartyr : *San Esteban fue el protomártir,* saint Etienne fut le protomartyr.
protomédico m. Protomédecin.
protón m. Fís. Proton.
protonema m. Bot. Protonéma.
protónico, ca adj. Fís. Protonique.
protonotario m. Protonotaire. ‖ *Protonotario apostólico,* protonotaire apostolique.
protoplasma m. Biol. Protoplasme.
protoplasmático, ca o **protoplásmico, ca** adj. Biol. Protoplasmique.
protopterus m. Protoptère (pez).
protórax m. Zool. Prothorax.
protosulfuro m. Quím. Protosulfure.
prototipo m. Prototype.
protóxido m. Quím. Protoxyde.
protozoarios o **protozoos** m. pl. Zool. Protozoaires.

protráctil adj. Protractile.
protrombina f. Quím. Prothrombine.
protuberancia f. Protubérance.
protuberante adj. Protubérant, e.
protutor, ra m. y f. Dr. Protuteur, trice.
provecto, ta adj. Ancien, enne (antiguo). ‖ Avancé, e ; mûr, e (maduro) : *hombre de edad provecta,* homme d'un âge avancé.
provecho m. ● Profit : *sin provecho alguno,* sans aucun profit. ‖ Progrès (adelantamiento). ‖ — Fam. *¡Buen provecho!,* bon appétit ! ‖ *Buen provecho le haga!,* grand bien vous fasse ! ‖ *De provecho,* utile (útil), profitable (provechoso). ‖ *En provecho de,* au profit de. ‖ Fam. *Hombre de provecho,* homme de bien. ‖ *Para su provecho,* pour son bien. ‖ Fam. *Persona de provecho,* personne bien. ‖ *Sacar provecho de,* tirer profit de, profiter de.
— Sinón. ● *Fruto,* fruit. *Ventaja,* avantage. *Utilidad,* utilité. *Ganancia,* profit. *Beneficio,* bénéfice. *Lucro,* gain, lucre.
provechosamente adv. Avec profit.
provechoso, sa adj. Profitable : *provechoso a* ou *para la salud,* profitable à la santé.
proveedor, ra adj. y s. Fournisseur, euse ; pourvoyeur, euse (p. us.) [abastecedor]. ‖ — M. Mil. Pourvoyeur. ‖ *Proveedor de fondos,* bailleur de fonds.
proveeduría f. Emploi (*m.*) de pourvoyeur (cargo). ‖ Magasin (*m.*) de provisions.
proveer v. tr. Pourvoir : *proveer una plaza de víveres,* pourvoir de vivres une place forte. ‖ Approvisionner : *este carbonero me provee de carbón,* ce charbonnier m'approvisionne en charbon. ‖ Fournir (proporcionar). ‖ Préparer (disponer). ‖ Dr. Prononcer [une sentence]. ‖ Dr. *Para mejor proveer,* jusqu'à plus ample informé.
— V. pr. Se pourvoir. ‖ Fam. Aller à la selle.
proveído m. Dr. Sentence, *f.,* arrêt.
proveimiento m. Approvisionnement, fourniture, *f.* (suministro).
provena f. Agric. Bouture, provin, *m.* (vástago).
proveniente adj. Provenant, en provenance (procedente).
provenir* v. intr. Provenir, venir (proceder).
Provenza n. pr. f. Geogr. Provence (Francia).
provenzal adj. y s. Provençal, e. ‖ — M. Provençal (lengua). ‖ *A lo provenzal,* à la provençale.
provenzalismo m. Provençalisme.
proverbial adj. Proverbial, e : *dichos proverbiales,* des dictons proverbiaux.
proverbio m. Proverbe (refrán). ‖ — Pl. Proverbes (libro de la Biblia).
proverbista m. y f. Fam. Amateur de proverbes.
providencia f. Providence : *la Divina Providencia,* la Divine Providence. ‖ Mesure (disposición) : *tomar las providencias necesarias para,* prendre les mesures nécessaires pour. ‖ Fig. Providence. ‖ Dr. Arrêt, *m.* (resolución). ‖ — *A la Providencia,* à la grâce de Dieu. ‖ *Tomar una providencia,* prendre une détermination.
providencial adj. Providentiel, elle.
providencialismo m. Providentialisme.
providencialista adj. Providentialiste.
providencialmente adj. Providentiellement. ‖ Provisoirement (interinamente).
providenciar v. tr. Prendre [des mesures *o* des dispositions]. ‖ Dr. Dicter [une résolution].
providente adj. Avisé, e (próvido). ‖ Prudent, e.
próvido, da adj. Prévoyant, e ; avisé (prevenido). ‖ Propice, bienveillant, e (benévolo).
provincia f. Province. ‖ Département, *m.* : *capital de provincia,* chef-lieu de département. ‖ *Vivir en provincias,* vivre en province.
— Observ. Antiguamente Francia se dividía en *provinces.* Hoy su territorio se divide en *départements.*

provincial adj. Provincial, e. || *Diputación provincial*, conseil général.
— M. RELIG. Provincial.
provinciala f. Supérieure (superiora religiosa).
provincialato m. RELIG. Provincialat.
provincialismo m. Provincialisme.
provinciano, na adj. y s. Provincial, e.
provisión f. Provision : *hacer provisión de azúcar*, faire provision de sucre ; *provisiones de boca*, provisions de bouche. || Mesure (medida). || — COM. *Hacer una provisión de fondos*, verser une provision. || *Provisión a una vacante*, pourvoi à une vacance.
provisional adj. Provisoire : *libertad provisional*, liberté provisoire. || *Lo provisional*, le provisoire.
— OBSERV. *Provisional* es más correcto que *provisorio*, usado en Hispanoamérica.
provisionalmente adv. Provisoirement.
provisor m. Fournisseur (proveedor). || RELIG. Grand vicaire, vicaire général.
provisora f. Cellérière [d'un couvent].
provisorato m. o **provisoría** f. Charge (*f.*) de cellérier. || Cellier, *m.* (despensa).
provisorio, ria adj. *Amer.* Provisoire.
provisto, ta adj. Pourvu, e.
provitamina f. QUÍM. Provitamine.
provocación f. Provocation.
provocador, ra adj. y s. Provocateur, trice.
provocante adj. Provocant, e.
provocar v. tr. Provoquer. || Provoquer, susciter (mover) : *provocar la risa* ou *a risa*, provoquer le rire.
provocativo, va adj. Provocant, e : *un escote provocativo*, un décolleté provocant. || Agressif, ive. | Provocateur, trice.
proxeneta m. y f. Proxénète.
proxenetismo m. Proxénétisme.
proxeno m. Proxène (magistrado griego).
próximamente adv. Prochainement, sous peu, bientôt (en breve). || Environ, à peu près (aproximadamente).
proximidad f. Proximité, voisinage, *m.* (cercanía).
próximo, ma adj. Proche (cercano). || Prochain, e : *el año próximo*, l'année prochaine ; *la próxima vez*, la prochaine fois. || — *Estar próximo a*, être près de o à proximité de (al lado), être sur le point de (a punto de). || *Mes próximo pasado*, mois dernier.
proyección f. Projection. || FIG. Rayonnement, *m.* : *la proyección de la cultura*, le rayonnement de la culture. | Influence. || — *Proyección cónica*, projection conique. || FIG. *Tener proyección*, rayonner (la cultura).
proyectar v. tr. Projeter. || Projeter, envisager : *proyecto salir para los Estados Unidos*, j'envisage de partir pour les États-Unis. || *Sombra proyectada*, ombre portée.
proyectil m. Projectile || Projectile, engin : *proyectil teledirigido* ou *teleguiado*, projectile téléguidé ; *proyectil balístico*, engin balistique.
proyectista m. y f. Projeteur, euse.
proyectivo, va adj. Projectif, ive.
proyecto, ta adj. Projeté, e.
— M. ● Projet : *no es más que un proyecto*, ce n'est encore qu'un projet.
— SINÓN. ● *Bosquejo, boceto*, ébauche. *Esbozo, apunte*, esquisse. *Croquis*, croquis. *Esquema*, schéma. *Maqueta*, maquette.
proyector, ra adj. Qui permet de projeter.
— M. Projecteur (para proyectar imágenes). || Condenseur (óptico). || Réflecteur (reflector).
proyectura f. ARQ. Projecture.
prudencia f. Prudence. || Modération (templanza). || Sagesse (cordura).
— SINÓN. *Moderación*, modération. *Mesura, medida*,

mesure. *Precaución, cautela*, précaution. *Discreción*, discrétion. *Sensatez*, bon sens.
prudencial adj. Prudent, e. || FAM. Approximatif, ive : *cálculo prudencial*, calcul approximatif.
prudencialmente adv. Prudemment.
prudenciarse v. pr. *Amer.* Se modérer, se maîtriser.
prudente adj. Prudent, e ; sage : *un consejero prudente*, un sage conseiller. || Raisonnable : *acostarse a una hora prudente*, se coucher à une heure raisonnable.
prudentemente adv. Prudemment.
prueba f. Preuve (razón) : *dar una prueba de lo que se afirma*, donner une preuve de ce qu'on affirme ; *salvo prueba en contrario* ou *en contra*, sauf preuve du contraire ; *con las pruebas en la mano*, preuves en main. || Épreuve (en un examen). || Composition (en clase) : *mañana tenemos prueba de inglés*, demain nous avons une composition d'anglais. || Essai, *m.* (ensayo) : *pruebas nucleares*, essais nucléaires ; *piloto de prueba*, pilote d'essai. || Épreuve : *la prueba del fuego*, l'épreuve du feu. || MAT. Preuve : *prueba del nueve*, preuve par neuf. || DR. Preuve. || FOT. e IMPR. Épreuve. || Dégustation (de bebidas). || FIG. Épreuve : *la vida está llena de pruebas*, la vie est remplie d'épreuves. | Preuve, témoignage, *m.*, marque : *prueba de amistad*, témoignage d'amitié. || — Pl. Acrobaties (ejercicios acrobáticos). | *Prueba mixta*, combiné (esquí). || FOT. *Prueba negativa*, négatif. | *Prueba positiva*, épreuve positive. | FAM. *Pruebas al canto*, preuves à l'appui. || — *A prueba*, à l'essai. || *A prueba de agua, de bomba*, etc., à l'épreuve de l'eau, des bombes, etc. || *A toda prueba*, à toute épreuve. | *Banco de pruebas*, banc d'essai. | *Salón de pruebas*, salon d'essayage. || IMPR. *Última prueba*, tierce. || — *Dar prueba de*, faire preuve de. || *Dar pruebas de atrevimiento*, payer d'audace. || *Dar pruebas de sus aptitudes*, faire ses preuves. || *Hacer una prueba*, tourner un bout d'essai (cine). || *Poner* ou *someter a prueba*, mettre à l'épreuve (la amistad, etc.), mettre à l'essai (un empleado, un avión, etc.). || *Prueba de ello es que*, la preuve en est que.
pruriginoso, sa adj. MED. Prurigineux, euse.
prurigo m. MED. Prurigo.
prurito m. Prurit, démangeaison, *f.* (comezón). || FIG. Démangeaison, *f.*, envie, *f.* (deseo excesivo).
Prusia n. pr. f. GEOGR. Prusse.
prusiano, na adj. y s. Prussien, enne.
prusiato m. QUÍM. Prussiate.
prúsico adj. m. QUÍM. Prussique.
psi f. Psi, *m.* (letra griega).
psicastenia f. MED. Psychasthénie.
psicasténico, ca adj. Psychasténique.
psicoanálisis m. Psychanalyse.
— OBSERV. L'orthographe sans *p* des mots qui commencent par *psico* ou *psico*, récemment admise par l'Académie espagnole, est celle qui s'impose maintenant.
psicoanalista adj. y s. m. Psychanalyste.
psicoanalítico, ca adj. Psychanalytique.
psicocirugía f. MED. Psychochirurgie.
psicodélico, ca adj. Psychadélique.
psicodrama m. Psychodrame.
psicofísica f. Psychophysique.
psicofisiología f. Psychophysiologie.
psicología f. Psychologie.
psicológico, ca adj. Psychologique : *guerra psicológica*, guerre psychologique.
psicologismo m. FILOS. Psychologisme.
psicologista adj. y s. Psychologiste.
psicólogo, ga adj. y s. Psychologue.
psicometría f. Psychométrie.
psicomotor, ra adj. Psychomoteur, trice.
psiconeurosis f. MED. Psychonévrose.

psicópata m. y f. MED. Psychopathe.
psicopatía f. MED. Psychopathie.
psicopático, ca adj. MED. Psychopathe.
psicopatología f. MED. Psychopathologie.
psicopedagogía f. Psychopédagogie.
psicopompo adj. m. Psychopompe.
psicosis f. MED. Psychose.
psicosomático, ca adj. Psychosomatique.
psicotecnia f. Psychotechnique.
psicotécnico, ca m. y f. Psychotechnicien, enne.
— Adj. Relatif à la psychotechnique.
psicoterapia f. MED. Psychothérapie.
psicrometría f. Psychrométrie.
psicrómetro m. Fís. Psychromètre.
psique o **psiquis** f. Âme (alma).
Psique o **Psiquis** n. pr. f. MIT. Psyché.
psiquiatra m. MED. Psychiatre.
psiquiatría f. MED. Psychiatrie.
psiquiátrico, ca adj. MED. Psychiatrique.
psíquico, ca adj. Psychique.
psiquismo m. Psychisme.
psitácidos m. pl. ZOOL. Psittacidés.
psitacismo m. Psittacisme.
psitacosis f. MED. Psittacose.
psoas m. Psoas (músculo).
psoco o **psocóptero** m. ZOOL. Psoque.
psora f. MED. Psore.
psoriasis f. MED. Psoriasis.
psórico, ca adj. MED. Psoriasique.
pteranodón m. Ptéranodon (reptil volador).
pteridofitas f. pl. BOT. Ptéridophytes.
pteridospermas f. pl. Ptéridospermées.
pterigoideo, a adj. y s. m. Ptérygoïdien, enne.
pterigotos m. pl. ZOOL. Ptérygotes.
pterodáctilo m. ZOOL. Ptérodactyle (fósil).
pterópodos m. pl. ZOOL. Ptéropodes.
pterosaurios m. pl. Ptérosauriens.
ptialina f. BIOL. Ptyaline.
ptialismo m. MED. Ptyalisme.
ptolemaico, ca adj. Ptolémaïque.
Ptolomeo n. pr. m. Ptolémée.
ptomaína f. BIOL. Ptomaïne.
ptosis f. MED. Ptôse.
púa f. Pointe. ‖ Piquant, m. (de erizo o puerco espín). ‖ Dent (de peine). ‖ AGRIC. Greffon, m., greffe (de injerto). ‖ Mús. Médiator, m., plectre (plectro). ‖ Amer. Ergot, m. (espolón de ave).
púber, ra adj. y s. Pubère : joven púbera, jeune fille pubère.
pubertad f. Puberté.
pubescencia f. Pubescence.
pubescente adj. Pubescent, e.
pubiano, na adj. ANAT. Pubien, enne.
pubis m. ANAT. Pubis.
publicable adj. Publiable.
publicación f. Publication (obra publicada). ‖ Publication, parution (de un libro). ‖ Se ruega la publicación, prière d'insérer.
publicador, ra adj. Qui publie.
— M. y f. Éditeur, trice.
publicano m. Publicain.
publicar v. tr. Publier.
— V. pr. Paraître, être publié, e (libro) : .acaba de publicarse, vient de paraître.
publicidad f. Publicité. ‖ — Dar publicidad a, rendre public. ‖ Publicidad a bombos y platillos, publicité tapageuse o à grand renfort de trompettes.
— SINÓN. Propaganda, propagande. Reclamo. réclame. Bombo, ruido, tam-tam.
publicista m. y f. Publiciste. ‖ Publicitaire (que se ocupa de publicidad).
publicitario, ria adj. Publicitaire.
público, ca adj. Public, ique. ‖ Notoire : ladrón público, voleur notoire. ‖ — Es público que, il est bien connu que, tout le monde sait que. ‖

Público y notorio, de notoriété publique. ‖ Ser del dominio público, être tombé dans le domaine public.
— M. Public : aviso al público, avis au public. ‖ FIG. Monde : la sala estaba llena de público, la salle était pleine de monde. | Audience, f. : los críticos de más público, les critiques qui ont la plus grande audience. ‖ — FIG. Dar al público, publier. ‖ Público en general, grand public. ‖ Sacar al público ou hacer pública una cosa, rendre public quelque chose, étaler quelque chose au grand jour.
pucallpeño, ña adj. y s. De Pucallpa (Perú).
pucará m. Amer. Fortin (fortaleza incaica). | Site archéologique.
puccinia f. Puccinie (hongo).
puchera f. FAM. Ganar para la puchera, gagner sa croûte.
pucherazo m. Coup de marmite. ‖ FIG. y FAM. Truquage électoral. ‖ FIG. y FAM. Dar pucherazos, truquer les élections.
puchero m. Marmite, f., pot-au-feu (vasija). ‖ Pot-au-feu (guisado). ‖ FIG. y FAM. Pitance, f., croûte, f. (alimento diario). ‖ — FIG. y FAM. Calentar ou hacer cocer el puchero, faire bouillir la marmite. | Hacer pucheros, faire la lippe. | ¡Hay que ganarse el puchero!, il faut gagner sa croûte ! | Oler a puchero de enfermo, sentir le roussi.
puches m. o f. pl. Bouillie, f. sing. (gachas).
pucho m. Mégot (colilla). ‖ Amer. Reste.
pudding m. Pudding.
pudelación f. o **pudelado** m. o **pudelaje** m. Puddlage, m.
pudelador adj. m. y s. m. TECN. Puddleur.
pudelar v. tr. TECN. Puddler.
pudendo, da adj. Honteux, euse (vergonzoso). ‖ Partes pudendas, parties naturelles u honteuses.
pudibundez f. Pudibonderie.
pudibundo, da adj. Pudibond, e (pudoroso).
pudicicia f. Pudicité (castidad).
púdico, ca adj. Pudique.
pudiente adj. y s. Riche, puissant, e (rico).
pudín m. Pudding, pouding.
pudinga f. GEOL. Poudingue, m.
pudor m. Pudeur, f.
pudoroso, sa adj. Pudique. ‖ Pudibond, e (pudibundo).
pudrición f. Putréfaction.
pudridero m. Pourrissoir.
pudrimiento m. Putréfaction, f.
pudrir* v. tr. Pourrir, putréfier.
— V. pr. Pourrir, se pourrir. ‖ — FIG. y FAM. Por ahí te pudras, va te faire voir ailleurs. | Pudrirse de aburrimiento, mourir d'ennui, se morfondre. | Pudrírsele la sangre a uno, se faire du mauvais sang. | Un por ahí te pudras, un spider (de coche).
puebla f. (Ant.). Ville (población).
pueblacho m. FAM. Patelin, trou, bled : pueblacho perdido, trou perdu.
pueblada f. Amer. Soulèvement, m. (motín).
pueblerino, na adj. Villageois, e (lugareño). ‖ FIG. Provincial, e : gustos pueblerinos, goûts provinciaux.
pueblero, ra m. y f. Amer. V. PUEBLERINO.
pueblo m. Ville, f. (población). ‖ Village (población muy pequeña). ‖ Peuple : el pueblo español, le peuple espagnol. ‖ Peuple (gente común). ‖ — Pueblo bajo, bas peuple. ‖ Pueblo humilde, menu o petit peuple.
puente m. ● Pont (en un río). ‖ Pont (entre dos fiestas) : hacer puente, faire le pont. ‖ ELECTR. Pont : puente de Wheatstone, pont de Wheatstone. ‖ Mús. Chevalet (de violín). ‖ MAR. Passerelle, f. (plataforma sobre la cubierta). ‖ MED. Bridge (en las muelas). ‖ — Puente aéreo, pont

aérien. ‖ *Puente basculante*, pont à bascule. ‖ *Puente colgante*, pont suspendu. ‖ *Puente de aterrizaje* ou *de despegue*, pont d'envol (en los portaviones). ‖ *Puente de barcas* ou *de pontones*, pont de bateaux. ‖ FIG. *Puente de los asnos*, pont aux ânes. ‖ *Puente de mando*, passerelle de manœuvre. ‖ *Puente en esviaje*, pont biais. ‖ *Puente ferroviario*, pont rail. ‖ *Puente giratorio*, pont tournant. ‖ *Puente grúa de corredera*, pont roulant. ‖ *Puente levadizo*, pont-levis. ‖ *Puente transbordador*, pont transbordeur. ‖ *Puente trasero*, pont arrière (coche). ‖ *Puente vial* ou *de carretera*, pont-route, pont routier. ‖ — *Cabeza de puente*, tête de pont. ‖ FIG. *Hacer* ou *tender un puente de plata a uno*, faire un pont d'or à quelqu'un. ‖ *Tender un puente sobre*, jeter un pont sur.
— OBSERV. Le *pont* d'un navire se traduit par *cubierta*, *puente* désignant la *passerelle* de commandement.
— SINÓN. ● *Pasarela*, passerelle. *Viaducto*, viaduc.

puentecillo m. Ponceau (pequeño puente).

puerca f. Truie (hembra del cerdo). ‖ Cloporte, *m.* (cochinilla). ‖ Penture (pernio de puerta). ‖ FIG. y FAM. Souillon, cochonne (sucia). | Salope (mujer venal).

puercada f. *Amer.* V. PORQUERÍA.

puercamente adv. Salement (con suciedad).

puerco, ca adj. Sale, cochon, onne (sucio).
— M. Porc (cerdo). ‖ FIG. y FAM. Cochon (sucio). | Cochon, salaud, saligaud (sinvergüenza). ‖ — *Puerco espín*, porc-épic. ‖ *Puerco marino*, cochon de mer (cetáceo). ‖ — FIG. y FAM. *A cada puerco le llega su San Martín*, chacun son tour. | *Echar lirios* ou *margaritas a los puercos*, jeter des perles aux pourceaux.

puericia f. Âge (*m.*) puéril.

puericultor, ra m. y f. Puériculteur, trice.

puericultura f. Puériculture.

pueril adj. Puéril, e.

puerilidad f. Puérilité.

puerilismo m. Puérilisme.

puérpera f. Accouchée.

puerperal adj. Puerpéral, e.

puerperalidad f. Puerpéralité.

puerperio m. Suites (*f. pl.*) de couche.

puerro m. BOT. Poireau (planta).

puerta f. Porte ‖ *abrir una puerta*, ouvrir une porte ; *escuchar detrás de las puertas*, écouter aux portes. ‖ Portière (de coche, vagón, etc.). ‖ Buts, *m. pl.* (deportes), cage (en fútbol), porte (eskí). ‖ — *Puerta accesoria*, porte secondaire. ‖ *Puerta automática*, portillon automatique (en el metro). ‖ *Puerta cochera*, porte cochère. ‖ *Puerta corredora*, porte à glissière. ‖ *Puerta excusada o falsa*, fausse porte. ‖ *Puerta secreta*, porte secrète o dérobée. ‖ *Puerta trasera*, porte de derrière. ‖ *Puerta vidriera*, porte vitrée (interior), porte-fenêtre (dando al balcón). ‖ — FIG. *A las puertas de*, au seuil de ; *estar a las puertas de un conflicto*, être au seuil d'un conflit ; aux portes de : *a las puertas de la muerte*, aux portes de la mort. ‖ *A puerta cerrada*, à huit clos. ‖ FIG. *De puerta en puerta*, de porte en porte. ‖ *Puerta a puerta*, porte-à-porte. ‖ — FIG. *Abrir la puerta a*, ouvrir la porte à. | *Coger* ou *tomar la puerta*, prendre la porte (marcharse). | *Cuando una puerta se cierra, cien se abren*, une de perdue, dix de retrouvées. | *Dar a uno con* ou *cerrar la puerta en las narices*, fermer la porte au nez de quelqu'un. | *Dejar* ou *reservarse una puerta abierta* ou *una puerta de escape*, se ménager une porte de sortie. | *Tener puerta abierta*, avoir ses entrées.

puertaventana f. Porte-fenêtre (contraventana).

puerto m. ● Port (abrigo para la navegación). ‖ Défilé, col (desfiladero). ‖ FIG. Port, refuge (amparo). ‖ — *Puerto aéreo*, aéroport. ‖ MAR. *Puerto de amarre* ou *de matrícula*, port d'attache. ‖

FIG. y FAM. *Puerto de arrebatacapas*, foire d'empoigne. ‖ *Puerto de arribada*, escale. ‖ *Puerto de carga*, port marchand. ‖ *Puerto deportivo*, port de plaisance. ‖ *Puerto de salvación*, port de salut. ‖ *Puerto franco* ou *libre*, port franc. ‖ — FIG. *Llegar a buen puerto*, arriver à bon port. ‖ *Tomar puerto*, relâcher, arriver au port.
— SINÓN. ● *Rada*, rade. *Abra*, havre. *Desembarcadero*, débarcadère. *Fondeadero*, mouillage. *Dársena*, bassin. *Apostadero*, station navale.

puertocarrense adj. y s. De Puerto Carreño (Chile).

Puerto Príncipe n. pr. GEOGR. Port-au-Prince (Haití).

Puerto Rico n. pr. GEOGR. Porto-Rico.

puertorriqueño, ña adj. y s. Portoricain, e.

pues conj. Puisque (ya que) : *págalo, pues lo compraste*, paie-le puisque tu l'as acheté. ‖ Parce que, car : *no pude salir, pues vino mi abuela*, je n'ai pas pu sortir car ma grand-mère est venue. ‖ Donc (conclusión) : *¡pues ven!*, viens donc ! ‖ Eh bien! (consecuencia) : *pues te arrepentirás*, eh bien, tu le regretteras ! ‖ Oui (afirmación). ‖ Pardi! (interjección familiar). ‖ Heu ! (duda). ‖ Comment? (interrogación). ‖ — *Así, pues*, donc, ainsi donc, de cette façon. ‖ *Pues bien*, donc, de cette façon (por lo tanto), bon (bueno). ‖ *¡Pues claro!*, bien sûr!, parbleu ! ‖ *Pues que*, étant donné que, puisque (puesto que). ‖ *¿Pues qué?*, alors ? ‖ *¿Y pues?*, et alors ? (fam.).
— OBSERV. Employée au début d'une phrase, la particule *pues* renforce l'idée que l'on veut exprimer (*¡Pues! ¡no faltaba más!*, il ne manquait plus que ça!). Selon l'intonation et l'usage, cette particule peut avoir des sens très variés : *pues peor*, tant pis ; *pues mejor*, tant mieux ; *¡Pues no!*, sûrement pas!, il n'en est pas question !

puesta f. Coucher, *m.* : *puesta del sol*, coucher du soleil. ‖ Mise (cantidad que se apuesta). ‖ Ponte, pondaison (de huevos). ‖ Mise : *puesta en cultivo, en órbita, en servicio*, mise en culture, en orbite, en service. ‖ *Amer.* Ex æquo (empate en las carreras de caballos). ‖ — *Puesta al día*, mise à jour. ‖ *Puesta a punto*, mise au point. ‖ *Puesta de espaldas*, tomber (en la lucha). ‖ *Puesta de largo*, débuts o entrée dans le monde. ‖ *Puesta en marcha*, mise en marche (de una máquina), mise en œuvre (de un proyecto).

puestear v. tr. *Amer.* Guetter (acechar).

puestero m. *Amer.* Marchand ambulant, colporteur (el que tiene o atiende un puesto). | Gardien de troupeau (en las estancias).

puesto, ta adj. Mis, e ; habillé, e (vestido) : *bien* ou *mal puesto*, bien o mal habillé.
— M. Petite boutique, *f.*, marchand, marchande, *f.* (tiendecita) : *puesto de periódicos*, marchand de journaux ; *puesto de flores*, marchand de fleurs. ‖ Étal (en el mercado). ‖ Poste, situation, *f.* (empleo) : *tener un buen puesto*, avoir une bonne situation. ‖ Poste (sitio) : *el puesto del piloto*, le poste du pilote. ‖ Place, *f.* (lugar) : *déjame tu puesto*, laisse-moi ta place. ‖ Affût (en la caza). ‖ MIL. Poste : *puesto avanzado*, poste avancé o de combat ; *puesto de mando*, poste de commandement. ‖ — *Puesto de abastecimiento*, poste de ravitaillement. ‖ *Puesto de socorro*, poste de secours. ‖ — *Copar los dos primeros puestos*, faire un doublé (deportes). ‖ *Tener el primer puesto en la clase*, être le premier en classe, avoir la première place en classe. ‖ *Tener su puesto*, tenir sa place.
— Conj. *Puesto que*, puisque (pues que), du moment que, étant donné que.

puf m. Pouf (taburete bajo).
— OBSERV. Ce mot est un gallicisme.

¡puf! interj. Pouah !

pufo m. FAM. Tromperie, f. (engaño). ‖ Dette, f. (deuda) : *dejar de pufo mil pesetas,* laisser mille pesetas de dettes.

púgil o **pugilista** m. Pugiliste (gladiador que combatía a puñadas). ‖ Boxeur (boxeador).

pugilato m. Pugilat (pelea).

pugna f. Lutte (lucha). ‖ Opposition. ‖ *Pugna de intereses,* épreuve de force.

pugnacidad f. Combativité (belicosidad).

pugnar v. intr. Lutter, combattre (luchar). ‖ FIG. Insister (porfiar). ‖ *Pugnar por entrar,* s'efforcer d'entrer.

puja f. Enchère (en una subasta).

pujador, ra m. y f. Enchérisseur, euse.

pujamen m. MAR. Bordure (f.) inférieure d'une voile.

pujamiento m. Abondance (f.) d'humeurs, afflux de sang.

pujante adj. Fort, e ; vigoureux, euse ; robuste (robusto).

pujanza f. Force (fuerza), vigueur (robustez).

pujar v. tr. Enchérir (en una subasta). ‖ Lutter (pugnar).
— V. intr. Surenchérir, monter (en una subasta). ‖ FAM. Pousser (en las deposiciones). ‖ S'exprimer avec difficulté. ‖ Hésiter (vacilar). ‖ FIG. Faire la moue (hacer pucheros).

pujavante m. Boutoir, bute, f., rénette, f. (de herrador).

pujido m. Plainte, f. (lamento).

pujo m. MED. Épreinte, f. ‖ FIG. Envie, f., désir (ganas, deseo). ‖ Tentative, f. (conato).

pulcritud f. Soin, m. (esmero) : *trabajar con pulcritud,* travailler avec soin. ‖ Propreté.

pulcro, cra adj. Propre, soigné, e.

pulchinela m. Polichinelle (polichinela).

pulga f. ZOOL. Puce. ‖ Puce (peón para jugar). ‖ — *Pulga de mar,* puce de mer. ‖ — FAM. *A perro flaco todo son pulgas,* v. PERRO. ‖ *No aguantar pulgas,* ne pas supporter la plaisanterie, être très chatouilleux. ‖ *Tener malas pulgas,* avoir mauvais caractère, être un mauvais coucheur. ‖ *Sacudirle las pulgas a uno,* secouer les puces à quelqu'un. ‖ *Sacudirse uno las pulgas,* ne pas se laisser marcher sur les pieds.

pulgada f. Pouce, m. (medida).

pulgar m. Pouce (dedo). ‖ Tirant (viña). ‖ *Dedo pulgar,* pouce.

pulgarada f. Pichenette (papirote). ‖ Pincée (polvo) : *una pulgarada de tabaco,* une pincée de tabac. ‖ Pouce, m. (pulgada).

Pulgarcito n. pr. m. Le Petit Poucet.

pulgón m. ZOOL. Puceron.

pulgoso, sa adj. Couvert o plein de puces.

pulguera f. Nid (m.) à puces. ‖ BOT. Herbe aux puces, pulicaire (zaragatona).

pulguero m. *Amer.* Nid à puces (pulguera).

pulguiento, ta adj. *Amer.* Plein o couvert de puces.

pulguillas m. y f. inv. FAM. Personne (f.) qui a la bougeotte.

pulicán o **pelicán** m. Davier [de dentiste].

pulicaria f. BOT. Pulicaire.

pulidamente adv. Délicatement, soigneusement.

pulidez f. Beauté (primor). ‖ Élégance, soin, m. (pulcritud).

pulido, da adj. Poli, e : *metal pulido,* métal poli. ‖ Beau, belle (de buen parecer). ‖ Soigné, e ; raffiné, e (pulcro).
— M. Polissage (pulimento).

pulidor, ra adj. Polisseur, euse (que pule).
— M. Polissoir (instrumento). ‖ TECN. Polisseuse, f., ponceuse, f. (máquina). ‖ Paumelle, f. (de devanador).

pulimentar v. tr. Polir (pulir).

pulimento m. Polissage (acción). ‖ Poli (aspecto).

pulir v. tr. ● Polir (alisar). ‖ Mettre la dernière touche à, fignoler (fam.) [perfeccionar una cosa]. ‖ Orner, parer (adornar). ‖ FIG. Travailler, polir : *pulir su estilo,* travailler son style. ‖ Dégrossir (civilizar). ‖ POP. Faucher (hurtar). ‖ Vendre, bazarder (vender).
— V. pr. Se polir, s'affiner.
— SINÓN. ● *Afinar,* affiner. *Pulimentar,* polir. *Alisar,* lisser. *Lustrar,* lustrer. *Bruñir,* brunir. *Esmerilar,* polir à l'émeri. *Lijar,* polir au papier de verre.

pulmón m. Poumon : *gritar con todas las fuerzas de los pulmones,* crier à pleins poumons ; *pulmón de acero,* poumon d'acier.

pulmonado, da adj. y s. m. pl. ZOOL. Pulmoné, e.

pulmonar adj. Pulmonaire.

pulmonaria f. BOT. Pulmonaire.

pulmonía f. MED. Pneumonie.

pulmoníaco, ca o **pulmoniaco, ca** adj. Pneumonique (relativo a la pulmonía). ‖ Qui souffre de pneumonie.

pulorosis f. VETER. Pullorose.

pulpa f. Pulpe (tejidos animales o vegetales) : *pulpa dental,* pulpe dentaire ; *pulpa de un fruto,* pulpe d'un fruit. ‖ *Pulpa de madera,* pâte à papier.

pulpario, ria adj. Pulpaire.

pulpejo m. Tissu charnu. ‖ Talon (del caballo).

pulpería f. *Amer.* Épicerie (tienda).

pulpero m. *Amer.* Épicier, propriétaire d'une « pulpería ».

pulpeta f. CULIN. Paupiette.

pulpitis f. MED. Pulpite.

púlpito m. Chaire, f. (de un predicador).

pulpo m. Poulpe, pieuvre, f. (cefalópodo). ‖ Pieuvre, f., araignée, f. (para fijar). ‖ FIG. y FAM. *Es un pulpo,* il est collant.

pulposo, sa adj. Pulpeux, euse.

pulque m. *Amer.* Pulque [boisson mexicaine].

pulquería f. *Amer.* Débit (m.) de pulque.

pulquero, ra m. y f. *Amer.* Tenancier, tenancière d'une « pulquería ».

pulquérrimo, ma adj. Très propre, impeccable.

pulsación f. Pulsation. ‖ Frappe (mecanografía).

pulsador, ra adj. Pulsateur, trice.
— M. Bouton, poussoir (de timbre eléctrico) : *pulsador del timbre,* bouton de sonnette.

pulsar v. tr. Jouer de (tocar) : *pulsar un instrumento músico,* jouer d'un instrument de musique. ‖ Appuyer sur : *pulsar el botón,* appuyer sur le bouton. ‖ Prendre le pouls (tomar el pulso). ‖ FIG. Sonder [le terrain] (tantear un asunto) : *pulsar la opinión pública,* sonder l'opinion publique.
— V. intr. Battre (latir el pulso).

pulsátil adj. Pulsatif, ive.

pulsativo, va adj. Pulsatif, ive.

pulsear v. intr. Faire bras de fer.

pulsera f. Bracelet, m. (joya). ‖ — *Pulsera de pedida,* bracelet de fiançailles. ‖ *Reloj de pulsera,* montre-bracelet.

pulso m. ANAT. Pouls. ‖ Poignet (muñeca). ‖ *Amer.* Bracelet (pulsera). ‖ Force (f.) dans les poignets (fuerza). ‖ FIG. Prudence, f. : *obrar con pulso,* agir avec prudence. ‖ — *Pulso arrítmico,* pouls irrégulier. ‖ *Pulso sentado,* pouls régulier. ‖ — *A pulso,* à bout de bras, à la force du poignet. ‖ *Echar un pulso,* faire bras de fer. ‖ *Tomar el pulso,* tâter le pouls, prendre le pouls (pulsar).

pulsómetro m. TECN. Pulsomètre (bomba).

pulsorreactor m. AVIAC. Pulsoréacteur (motor).

pultáceo, a adj. Pultacé, e.

pululación f. Pullulement, m., pullulation.

pululante adj. Qui pullule, pullulant, e.

pulular v. intr. Pulluler.

pulverizable adj. Pulvérisable.

pulverización f. Pulvérisation.
pulverizador m. Pulvérisateur. ‖ Gicleur (del carburador). ‖ Pistolet (para pintar). ‖ Pulvérisateur, vaporisateur (de perfume).
pulverizar v. tr. Pulvériser. ‖ FAM. Claquer (su fortuna).
pulverulencia f. Pulvérulence.
pulverulento, ta adj. Pulvérulent, e.
pulla f. Grossièreté (palabra grosera). ‖ Trait (m.) d'esprit, mot (m.) piquant (expresión aguda y picante). ‖ Quolibet, m., boutade (chirigota). ‖ FAM. Pique, vanne : *tirar pullas a uno*, lancer des vannes à quelqu'un. ‖ *Amer.* Machette.
pullman m. Pullman.
pull-over m. Pull-over.
¡pum! interj. Pan !, poum !
puma m. ZOOL. Puma.
¡pumba! interj. Boum !
puna f. *Amer.* Puna (páramo). ‖ Puna, mal (m.) des montagnes (soroche).
punción f. MED. Ponction : *punción lumbar,* ponction lombaire. ‖ Douleur (punzada).
puncionar v. tr. Ponctionner (hacer punciones).
punching ball m. Punching-ball.
pundonor m. Point d'honneur.
pundonoroso, sa adj. Digne. ‖ Consciencieux, euse (concienzudo).
puneño, ña adj. y s. De Puno [Pérou].
pungimiento m. Élancement (punzada).
pungir v. tr. Élancer, lanciner (punzar).
punible adj. Punissable (castigable).
punicáceas f. pl. BOT. Punicacées.
punición f. Punition (castigo).
púnico, ca adj. Punique (cartaginés). ‖ FIG. *Fe púnica,* foi punique, mauvaise foi.
punir v. tr. (P. us.). Punir (castigar).
punitivo, va adj. Punitif, ive : *expedición punitiva,* expédition punitive.
punitorio, ria adj. *Amer.* Punitif, ive.
punta f. Pointe (extremo agudo). ‖ Bout, m. (extremo) : *punta del pie,* bout du pied. ‖ Corne (asta del toro). ‖ Pointe (lengua de tierra). ‖ Aigreur (sabor agrio del vino). ‖ Arrêt, m. (del perro de caza). ‖ Mégot, m. (colilla). ‖ Clou, m. (clavo). ‖ FIG. Grain, m., brin, m. : *tener una punta de loco,* avoir un grain de folie. ‖ MIL. Pointe. ‖ Troupeau, m. (de ganado). ‖ *Amer.* Groupe, m. (de personas). ‖ Ensemble, m. (de cosas). ‖ Source (cabecera de río). ‖ — Pl. Dentelle, *sing.* (encaje). ‖ — TECN. *Punta de diamante,* pointe de diamant. ‖ *Punta de París,* petit clou. ‖ *Punta seca,* pointe sèche. ‖ *A punta de,* à force de. ‖ FAM. *A punta de pala,* à la pelle. ‖ FIG. *Con la punta de la lengua,* du bout des lèvres : *beber con la punta de la lengua,* boire du bout des lèvres. ‖ *De punta a cabo* ou *a punta,* d'un bout à l'autre, de A jusqu'à Z. ‖ *En puntas,* sur la pointe des pieds (de puntillas). ‖ *Horas de punta* ou *horas punta,* heures de pointe. ‖ — *Bailar de puntas,* faire des pointes. ‖ FIG. y BAM. *Estar hasta (la punta de) los pelos,* en avoir par-dessus la tête, en avoir plein le dos, en avoir sa claque. ‖ *Estar vestido de punta en blanco,* être tiré à quatre épingles. ‖ *Esto me pone los nervios de punta,* ça me porte sur les nerfs, ça me tape sur les nerfs, ça me met les nerfs à vif. ‖ *Poner los pelos de punta,* faire dresser les cheveux sur la tête. ‖ *Ponerse de punta* (el pelo), se hérisser, se dresser sur la tête [cheveux]. ‖ *Ponerse de punta con uno,* se fâcher avec quelqu'un. ‖ *Sacar punta a,* aiguiser (afilar), tailler (un lápiz), trouver à redire (criticar), mal interpréter : *saca punta a todo lo que digo,* il interprète mal tout ce que je dis (fam.). ‖ FIG. *Tener algo en la punta de la lengua,* avoir quelque chose sur le bout de la langue. ‖ *Tener los nervios de*

punta, avoir les nerfs en pelote *o* en boule *o* à fleur de peau. ‖ *Vestirse de punta en blanco,* s'habiller de pied en cap (de pies a cabeza), se mettre sur son trente et un (de tiros largos).
puntada f. Point, m. : *coser a puntadas largas,* coudre à grands points. ‖ FIG. Note (apunte). ‖ Douleur lancinante (punzada). ‖ Point (m.) de côté (dolor de costado). ‖ Pique (indirecta). ‖ FAM. *No dar puntada,* se la couler douce, ne pas en ficher une rame.
puntal m. Étai (madero). ‖ FIG. Appui (sostén). ‖ Fondement, base, f. (elemento principal). ‖ Pilier : *este chico es el puntal del equipo,* ce garçon est le pilier de l'équipe. ‖ MAR. Épontille, f. ‖ Creux : *puntal a la cubierta superior,* creux au pont supérieur.
puntano, na adj. y s. De San Luis [Argentine].
puntapié m. Coup de pied. ‖ *Puntapié de castigo, de botepronto,* coup de pied de pénalité, tombé (en el rugby).
puntarenense adj. y s. De Punta Arenas [Chili], de Puntarenas [Costa Rica].
punteado m. MÚS. Pincement, pincé (de la guitarra). ‖ Pointillé (serie de puntos). ‖ Pointillage (acción). ‖ FAM. *Amer. Estar punteado,* être un peu ivre *o* rond (borracho).
puntear v. tr. MÚS. Pincer (las cuerdas). ‖ Pointer (una nota). ‖ Pointer, cocher (en una lista). ‖ Pointiller (trazar puntos). ‖ Pointer (una cuenta). ‖ Pointer (hacer puntos). ‖ *Amer.* Marcher en tête.
puntel m. TECN. Fêle, f., felle, f., canne, f. pontil (en las fábricas de vidrio).
punteo m. MÚS. Pincement (de guitarra). ‖ COM. Pointage.
puntera f. Bout, m. (de media, de calzado). ‖ FAM. Coup (m.) de pied. ‖ *De puntera,* avec la pointe du pied (fútbol).
puntería f. Pointage, m., visée (de un arma). ‖ Tir, m. : *enmendar la puntería,* rectifier le tir. ‖ Adresse, précision (destreza). ‖ — *Dirigir la puntería,* viser. ‖ *Puntería en alcance,* pointage en hauteur. ‖ *Tener buena* ou *mala puntería,* être bon *o* mauvais tireur, bien *o* mal viser.
puntero, ra adj. y s. Bon tireur, bonne tireuse. ‖ FIG. *Alumno puntero,* le meilleur de la classe. ‖ — M. Baguette, f. (para señalar). ‖ TECN. Poinçon, étampe, f. (de herrero). ‖ Laie, f., marteau bretté (de cantero).
punterola f. MIN. Pointerolle.
puntiagudo, da adj. Pointu, e.
— SINÓN. *Agudo,* aigu. *Acerado,* acéré. *Aguzado,* aiguisé. *Penetrante,* pénétrant.
puntilla f. Engrêlure, picot, m., dentelle fine (encaje). ‖ Petite pointe (tachuela). ‖ Poignard, m. [pour achever les taureaux]. ‖ FIG. Coup (m.) de grâce. ‖ TECN. Pointe à tracer. ‖ *Amer.* Canif, m. (cortaplumas). ‖ — *Dar la puntilla a,* achever (un toro), achever, donner le coup de grâce à (una persona). ‖ *De puntillas,* sur la pointe des pieds ; *andar de puntillas,* marcher sur la pointe des pieds ; à pas de loup, sur la pointe des pieds (sin meter ruido) : *marcharse de puntillas,* s'en aller à pas de loup.
puntillazo m. FAM. Coup de grâce.
puntillero m. TAUROM. Torero chargé de donner le coup de grâce au taureau.
puntillo m. Vétille, f. (cosilla). ‖ MÚS. Point. ‖ Point d'honneur (pundonor).
puntillismo m. Pointillisme (pintura).
puntillista adj. y s. Pointilliste (pintor).
puntilloso, sa adj. Pointilleux, euse (quisquilloso). ‖ Tatillon, onne (reparón).
puntiseco, oa adj. Aux extrémités sèches.
puntizón m. IMPR. Pointure, f. (agujero en el papel). ‖ Pontuseau (rayado del papel).

punto m. Point (señal). ‖ Mire, f. (del fusil).
‖ Point (costura) : *punto por encima, de Venecia, de cadeneta, de cruz, de dobladillo,* point de surjet, de Venise, de chaînette, de croix, d'ourlet. ‖ Tricot : *vestido de punto,* robe en tricot. ‖ Point (medida tipográfica). ‖ Endroit (lugar). ‖ Maille, f. : *escapársele a uno un punto, coger un punto,* laisser tomber une maille, rattraper une maille ; *punto de elástico, crecido,* maille à côte, ajoutée. ‖ Station (f.) de voitures. ‖ Point (naipes, dados, exámenes, juegos, etc.). ‖ FIG. Un peu, légèrement : *tienen un punto de acidez,* elles sont légèrement acides o un peu acides. ‖ Point (de una discusión). ‖ Thème (asunto). ‖ Point (en física) : *punto de fusión,* point de fusion. ‖ Point d'honneur (pundonor). ‖ Ponte, f. (en los juegos de azar). ‖ MAR. Point : *señalar, hacer el punto,* faire le point. ‖ Point (coeficiente). ‖ MÚS. Point. ‖ — *Amer. Punto acápite,* point à la ligne. ‖ *Punto de admiración,* point d'exclamation. ‖ *Punto de apoyo,* point d'appui. ‖ FIG. *Punto débil* ou *punto flaco,* faible, point faible, faiblesse : *conclusión que ofrece puntos flacos,* conclusion qui présente des faiblesses. ‖ MED. *Punto de costado,* point de côté. ‖ *Punto de honor* ou de *honra,* point d'honneur. ‖ *Punto de inflamación, de flujo, de rocío,* point d'éclair, d'écoulement, de rosée (petróleo). ‖ *Punto de partida,* point de départ. ‖ *Punto de penalty,* point de réparation (fútbol). ‖ *Punto de referencia,* point de repère. ‖ *Punto de vista,* point de vue : *desde este punto de vista,* à ce point de vue. ‖ FIG. *¡Punto en boca!,* motus!, silence!, chut!, bouche cousue! ‖ *Punto interrogante,* point d'interrogation. ‖ *Punto menos que...,* quasiment, presque... ‖ *Punto muerto,* point mort (mecánica), point mort, impasse : *las negociaciones están en punto muerto,* les négociations sont au point mort. ‖ *Punto por punto,* point par point, en détail. ‖ FÍS. *Punto remoto,* punctum remotum. ‖ *Punto ruso,* point d'épine o de Paris o russe. ‖ *Puntos cardinales,* points cardinaux. ‖ *Puntos de sutura,* points de suture. ‖ *Puntos suspensivos,* points de suspension. ‖ *Punto y aparte,* point à la ligne (escritura), une autre histoire : *eso ya es punto y aparte,* ça c'est une autre histoire. ‖ *Punto y coma,* point virgule. ‖ *Al punto,* sur-le-champ, immédiatement, aussitôt. ‖ *Al punto que,* au moment où. ‖ *A punto,* à point, à temps, à point nommé. ‖ *A punto fijo,* exactement, sûrement. ‖ ARQ. *Arco de medio punto,* arc en plein cintre. ‖ FIG. y FAM. *¡Buen punto!,* joli garçon! ‖ *Coche de punto,* voiture de place. ‖ FIG. y FAM. *Después de él, punto redondo,* après lui, il faut tirer l'échelle. ‖ *De todo punto,* absolument : *es de todo punto imposible,* c'est absolument impossible. ‖ *En punto,* juste, tapante (fam.) : *son las dos en punto,* il est deux heures juste o tapantes ; juste : *llegó a la hora en punto,* il est arrivé à l'heure juste. ‖ CULIN. *En su punto,* cuit à point. ‖ *Hasta cierto punto,* jusqu'à un certain point, dans une certaine mesure. ‖ *Hasta tal punto,* à tel point. ‖ *Labores de punto,* travaux d'aiguille. ‖ *Línea de puntos,* pointillé. ‖ *Por puntos,* aux points : *victoria por puntos,* victoire aux points (en boxeo). ‖ *Tejido de punto,* jersey. ‖ — FIG. *Bajar el punto a una cosa,* adoucir o modérer quelque chose. ‖ *Coger los puntos,* remmailler (media). ‖ FIG. *Conocer los puntos que calza uno,* bien connaître quelqu'un, connaître quelqu'un comme sa poche. ‖ *Dar en el punto,* toucher du doigt la difficulté. ‖ *Dar punto a una cosa,* mettre fin à quelque chose, terminer quelque chose. ‖ *Dar puntos de ventaja,* donner des points. ‖ FIG. *Encontrar el punto débil en la coraza,* trouver le défaut de la cuirasse. ‖ *Encontrar el punto de estación,* faire le point (topografía). ‖ *Estar a punto de,* être sur le point de : *estoy a punto de*

salir, je suis sur le point de sortir ; faillir, être sur le point de : *estuvo a punto de caerse,* il a failli tomber. ‖ *Hacer punto,* tricoter. ‖ FIG. *No perder punto,* ne rien laisser échapper. ‖ *Poner a punto,* mettre au point (un proyecto). ‖ FIG. y FAM. *Poner en su punto,* mettre au point. ‖ *Poner los puntos sobre las íes,* mettre les points sur les i. ‖ *Poner punto en boca,* rester bouche cousue. ‖ *Poner punto final a,* mettre un terme à, mettre le point final à. ‖ *Poner punto y aparte,* aller à la ligne. ‖ FIG. *Ser el punto de mira,* être le point de mire. ‖ *Ser un punto filipino,* être un drôle de lascar. ‖ *Subir de punto una cosa,* grossir quelque chose, exagérer quelque chose.

puntuación f. Ponctuation. ‖ Nombre (m.) de points.

puntual adj. Ponctuel, elle (exacto en hacer las cosas). ‖ Ponctuel, elle ; à l'heure, exact, e : *es muy puntual,* il est toujours à l'heure. ‖ Précis, e ; exact, e (preciso), détaillé, e : *un puntual relato,* un récit détaillé.
— Adv. À l'heure : *llegó puntual a la cita,* il arriva à l'heure au rendez-vous.

puntualidad f. Ponctualité. ‖ Exactitude, précision. ‖ *Falta de puntualidad,* retard.

puntualizar v. tr. Préciser (concretar) : *puntualicemos el lugar de la cita,* précisons l'endroit du rendez-vous. ‖ Fixer, graver dans la mémoire (grabar en la memoria). ‖ Raconter en détail (referir detalladamente). ‖ Perfectionner, donner la dernière touche à, mettre la dernière main à, mettre au point (perfeccionar).

puntualmente adv. Ponctuellement (con puntualidad. ‖ À l'heure : *llegar puntualmente,* arriver à l'heure. ‖ Avec certitude.

puntuar v. tr. Ponctuer. ‖ DEP. Marquer des points (sacar puntos).

puntura f. Piqûre (punzada). ‖ IMPR. Pointure (pieza de la prensa). ‖ VETER. Saignée (sangría).

punzada f. Piqûre (herida). ‖ FIG. Élancement, m. (dolor intermitente). ‖ FIG. Souffrance morale. ‖ — *Dar punzadas,* élancer : *el dedo me da punzadas,* le doigt m'élance. ‖ *Punzada en el costado,* point de côté.

punzador, ra adj. Piquant, e.

punzadura f. Piqûre (punzada).

punzante adj. Piquant, e (que punza). ‖ Lancinant, e : *dolor punzante,* douleur lancinante (en lo físico). ‖ FIG. Poignant, e (en lo moral). ‖ Piquant, e (satírico). ‖ Mordant, e (sarcástico). ‖ Cuisant, e (mortificante).

punzar v. tr. Piquer. ‖ FIG. Lanciner, élancer (un dolor). ‖ Tourmenter.

punzó adj. Ponceau (rojo muy vivo).

punzón m. TECN. Pointeau : *punzón del carburador,* pointeau du carburateur. ‖ Burin (buril). ‖ Poinçon (para marcar monedas). ‖ Piquoir (dibujo). ‖ Corne (f.) d'un jeune animal (pitón).

puña f. Coup (m.) de poing (puñetazo).

puñado m. Poignée, f. (porción) : *un puñado de arena,* une poignée de sable. ‖ FIG. Poignée : *un puñado de gente,* une poignée de gens. ‖ FIG. *A puñados,* abondamment, à poignée, à foison.

puñal m. Poignard. ‖ *Poner el puñal en el pecho,* mettre le couteau o le poignard sous la gorge.

puñalada f. Coup (m.) de poignard. ‖ FIG. Peine, affliction soudaine. ‖ — FIG. y FAM. *Coser a puñaladas a uno,* larder o transpercer quelqu'un de coups de poignard. ‖ *Dar una puñalada trapera,* porter un coup en traître o un coup de Jarnac. ‖ *¡No es puñalada de pícaro!,* il n'y a pas le feu, ça ne presse pas! ‖ *Puñalada de misericordia,* coup de grâce.

puñeta f. POP. *Hacer la puñeta,* empoisonner, enquiquiner, embêter (molestar). ‖ *Ser la puñeta,* être la barbe o barbant o embêtant o empoisonnant.

puñetazo m. Coup de poing (puñada).
puñete m. Coup de poing (puñetazo). || Bracelet (pulsera).
puñetero, ra .adj. y s. POP. Empoisonneur, euse ; enquiquineur, euse. || — Adj. POP. Empoisonnant, e ; enquiquinant, e : *un trabajo puñetero*, un travail enquiquinant. | De chien : *una vida puñetera*, une vie de chien.
puño m. Poing (mano cerrada). || Poignée, *f.* (puñado). || Poignet, manchette, *f.* (de una camisa). || Poignée, *f.* (mango). || MAR. Point (de una vela) : *puño de la amura*, point d'amure. || (Ant). *Amer.* Coup de poing (puñetazo). || — MAR. *Puño de boca*, empointure. || — *A fuerza de puño*, à la force du poignet. || FIG. y FAM. *Como un puño*, gros comme le poing : *un huevo como un puño*, un œuf comme le poing ; énorme : *una mentira como un puño*, un mensonge énorme. || *De su puño y letra*, de sa [propre] main. || FIG. y FAM. *Hombre de puños*, homme à poigne. || — *Amenazar a alguien con el puño*, montrer le poing à quelqu'un. || *Caber en un puño*, tenir dans le creux de la main (ser pequeño). || FIG. y FAM. *Creer a puño cerrado*, croire fermement o dur comme fer. | *Estar con el corazón metido en un puño*, avoir le cœur gros. | *Meter a uno en un puño*, tenir quelqu'un à sa merci. | *Roerse* ou *comerse* ou *morderse los puños*, se ronger les poings, se mordre les doigts.
pupa f. Éruption sur les lèvres. || Bouton (*m.*) de fièvre (en los labios). || Croûte (postilla). || Bobo, *m.* (en lenguaje infantil). || FIG. y FAM. *Hacer pupa a uno*, faire du mal à quelqu'un (causar daño a alguien).
pupila f. Pupille (del ojo). || Pupille (huérfana menor de edad). || FAM. *Tener pupila*, avoir du flair.
pupilaje m. DR. Pupillarité, *f.*, tutelle, *f.* (condición de pupilo). || Tutelle, *f.* (tutela). || Pension, *f.* (casa de huéspedes). || Pension, *f.* (precio).
pupilar adj. Pupillaire.
pupilo, la m. y f. Pupille (huérfano). || Pensionnaire (huésped). || FIG. Poulain, *m.* (protegido). || — *Casa de pupilos*, pension de famille (casa de huéspedes). || *Medio pupilo*, demi-pensionnaire (de una casa de huéspedes o de un colegio).
pupinización f. ELECTR. Pupinisation.
pupíparo, ra adj. ZOOL. Pupipare.
pupitre m. Pupitre (mueble de madera).
pupo m. *Amer.* Nombril (ombligo).
puposo, sa adj. Couvert de boutons o de croûtes.
puquial o **puquio** m. *Amer.* Source, *f.*
puramente adv. Purement.
puraqué m. *Amer.* Gymnote (pez).
puré m. Purée, *f.* || Soupe (*f.*) passée. || FIG. y FAM. *Hacerse puré*, être réduit en bouillie.
pureza f. Pureté (calidad de puro). || FIG. Virginité (doncellez).
purga f. Purge (medicina). || FIG. Purge (eliminación).
purgación f. MED. Purgation (acción de purgarse). | Règles, *pl.* (menstruación). || — Pl. MED. Blennorragie, *sing.*
purgador m. TECN. Purgeur.
purgamiento m. Purgation, *f.*
purgante adj. y s. Qui purge. || *Iglesia purgante*, Église souffrante, les âmes du Purgatoire. || — M. Purge, *f.*, purgatif.
purgar v. tr. Purger (a un enfermo). || Nettoyer (limpiar). || FIG. Purifier (purificar). | Purger, expier : *purgar una pena* ou *una condena*, purger une peine. || TECN. Purger. || *Purgar los caracoles*, faire dégorger les escargots.
— V. pr. Se purger.
purgativo, va adj. Purgatif, ive (que purga).
purgatorio m. Purgatoire : *ánima* ou *alma del Purgatorio*, âme du purgatoire. || FIG. Purgatoire.

puridad f. Pureté (pureza). || (Ant.). Secret, *m.* (secreto). || *Hablar en puridad*, parler clairement.
purificación f. Purification (acción y efecto de purificar). || *La fiesta de la Purificación*, la Chandeleur.
purificador, ra adj. y s. Purificateur, trice. || — M. ECLES. Purificatoire (para el cáliz). | Manuterge (para los dedos).
purificar v. tr. Purifier.
— V. pr. Se purifier.
— SINÓN. *Limpiar*, nettoyer. *Depurar*, épurer. *Purgar*, purger. *Sanear*, assainir.
purificatorio, ria adj. Purificatoire.
Purísima n. pr. f. RELIG. L'Immaculée Conception.
purismo m. Purisme.
purista adj. y s. Puriste.
puritanismo m. Puritanisme.
puritano, na adj. y s. Puritain, e.
puro, ra adj. y s. ● Pur, e (sin mezcla) : *oro puro*, or pur. || Pur, e ; chaste (casto). || — *A puro de*, à force de : *de puro gritar se puso afónico*, à force de crier il devint aphone. || *De puro cansado se desmayó*, il s'évanouit tant il était fatigué. || *Una corona de pura plata*, une couronne tout en argent, *un castillo de pura piedra*, un château tout en pierres. || *Un pura sangre*, un pur-sang. || — M. Cigare.
— SINÓN. ● *Intacto*, intact. *Incorrupto*, incorrompu. *Perfecto*, parfait. *Correcto*, correct. *Límpido*, limpide.
púrpura f. Pourpre, *m.* (molusco). || Pourpre (colorante, tela). || Pourpre, *m.* (color). || POÉT. Sang, *m.* (sangre). || FIG. Pourpre (dignidad). || MED. Purpura, *m.*, pourpre. || BLAS. Pourpre, *m.*, l'un des émaux du blason. || *Púrpura de Casio*, pourpre de Cassius, pourpre minéral.
purpurado m. Cardinal (prelado).
purpurar v. tr. Empourprer (teñir de púrpura). || Habiller de pourpre.
purpúrea f. BOT. Pavée.
purpurear v. intr. Tirer sur le pourpre.
purpúreo, a adj. Pourpre, pourpré, e.
purpurina f. Purpurine (sustancia colorante roja).
purpurino, na adj. Pourpré, e ; purpurin, e (purpúreo).
purulencia f. MED. Purulence.
purulento, ta adj. MED. Purulent, e.
puruña f. *Amer.* Jarre (tinaja).
pus m. MED. Pus.
pus adj. *Amer.* Puce, marron (color chocolate claro).
puseyismo m. Puseyisme (de Pusey).
pusilánime adj. y s. Pusillanime (tímido).
pusilanimidad f. Pusillanimité (cobardía).
pústula f. MED. Pustule.
pustuloso, sa adj. MED. Pustuleux, euse : *erupción pustulosa*, éruption pustuleuse. || Pustulé, e ; couvert de pustules : *cara pustulosa*, visage pustulé.
pusuquear v. intr. *Amer.* Vivre en parasite.
puta f. POP. Putain.
putada f. POP. Vacherie (mala jugada).
putrefacción f. Putréfaction.
putrefactivo, va adj. Putréfactif, ive.
putrefacto, ta adj. Putréfié, e ; pourri, e.
putrescencia f. (P. us.). Putrescence.
putrescente adj. Putrescent, e.
putrescible adj. Putrescible, pourrissable.
putridez f. Putridité, putrescibilité. || Putréfaction.
pútrido, da adj. Pourri, e (podrido). || Putride : *miasmas pútridos*, miasmes putrides.
putsch m. Putsch (alzamiento).
puya f. TAUROM. Fer, *m.* [de la pique]. | Coup (*m.*) de pique. || FIG. Pique (pulla).
puyazo m. TAUROM. Coup de pique. || FIG. Pique, *f.* (pulla).
puyo m. *Amer.* Sorte de poncho.
puzolana f. Pouzzolane (roca volcánica).

q f. Q, *m.*

— OBSERV. Cette lettre est toujours suivie en espagnol d'un *u* muet et le groupe a le même son que *k* en français.

quantum m. Fís. Quantum.

— OBSERV. Pl. *quanta.*

Quattrocento n. pr. m. Quattrocento (el siglo XV).

que pron. rel. Qui (sujeto) : *el hombre que vive aquí,* l'homme qui habite ici. ‖ Que (complemento) : *el libro que estoy leyendo,* le livre que je suis en train de lire. ‖ Lequel, laquelle, lesquels, lesquelles (peut être précédé de l'article défini en espagnol) : *el cuchillo con (el) que corto el pan,* le couteau avec lequel je coupe le pain ; *la silla en (la) que estoy sentado,* la chaise sur laquelle je suis assis. ‖ Quoi : *no hay de qué estar orgulloso,* il n'y a pas de quoi se vanter ; *es en lo que pensaba,* c'est ce à quoi je pensais. ‖ — *Al que, a la que,* à qui (personas) : *la mujer a la que me dirijo,* la femme à qui je m'adresse ; à *o* vers lequel, laquelle, où : *la ciudad a la que me dirijo,* la ville où je me rends. ‖ *De que, del que, de la que, de los que, de las que,* dont : *el libro del que hablo,* le livre dont je parle ; *las revistas de las que varias son nuestras,* les revues dont plusieurs sont à nous. ‖ *El de que,* celui dont. ‖ *En el momento en que,* au moment où. ‖ *La de que,* celle dont. ‖ *Lo que,* ce qui : *lo que es verdad,* ce qui est vrai ; ce que : *lo que digo,* ce que je dis ; comme : *hace lo que todos,* il fait comme tout le monde ; *no pienso lo que usted,* je ne pense pas comme vous ; combien, à quel point : *no puedes imaginarte lo perezoso que es,* tu ne peux t'imaginer à quel point il est paresseux. ‖ — *Dar que pensar,* donner à penser. ‖ *De que se trata,* en question, dont il s'agit : *el asunto de que se trata,* l'affaire en question. ‖ *El día que llegaste,* le jour où tu es arrivé *o* de ton arrivée. ‖ *Es por lo que,* c'est pourquoi. ‖ *Es su padre el que manda,* c'est son père qui commande. ‖ *Lo que es peor,* ce qui est pire, qui pis est. ‖ FAM. *¡Lo que faltaba!,* c'est complet ! il ne manquait plus que ça ! (no faltaba más). ‖ *Por más que digan,* quoi qu'on dise, on a beau dire, on peut dire tout ce qu'on veut. ‖ *Por más que quieran,* quoi qu'on veuille. ‖ *Sea lo que sea* o *lo que fuere,* quoi qu'il en soit. ‖ *Yo que tú,* à ta place, si j'étais toi ; *yo que Vicente,* à la place de Vincent, si j'étais Vincent.

— Conj. Que : *quiero que vengas,* je veux que tu viennes. ‖ De (con verbos que encierran la idea de orden o ruego, seguido del infinitivo en francés) : *te dije que volvieras más tarde,* je t'ai dit de revenir plus tard ; *le ruego que venga,* je vous prie de venir. ‖ Que ne (con verbos como temer, impedir, dudar) : *me temo que haya caído en el barranco,* je crains qu'il ne soit tombé dans le ravin ; *temo que no venga,* je crains qu'il ne vienne pas. ‖ Car, parce que : *hable más fuerte que oigo mal,* parlez plus fort car j'entends mal. ‖ Ou : *¡cállate que te mato!,* tais-toi ou je te tue !

‖ — *Que no,* non : *¿qué dices?* — *que no,* que dis-tu ? — non ; mais non (claro que no) ; non, non et non (enérgicamente) ; et non pas, mais pas : *era su tía que no su madre,* c'était sa tante et non pas sa mère ; sans que, que : *no hay día que su novia no le escriba,* il ne se passe pas de jour que sa fiancée ne lui écrive. ‖ *Que sí,* oui, si (sí) ; mais oui, mais si (claro que sí), si (enérgicamente). ‖ — *Antes que, que,* avant que : *no iré antes que todo esté listo,* je n'irai pas avant que tout ne soit prêt. ‖ *A que,* je parie que, gageons que : *a que llego primero,* je parie que j'arrive le premier ; à ce que : *no me resigno a que mi criada me responda,* je ne me résigne pas à ce que ma bonne me réponde. ‖ *¡Claro que no!,* mais non !, bien sûr que non ! ‖ *¡Claro que sí!,* mais oui !, bien sûr que oui ! ‖ *El que,* le fait que, que : *me extraña el que no me hayan dicho nada,* cela m'étonne qu'on ne m'ait rien dit, le fait qu'on ne m'ait rien dit me surprend. ‖ *Más, menos... que,* plus, moins... que. ‖ *Por más que,* v. MÁS. ‖ *Tan... que,* si... que. ‖ *Tanto más cuanto que,* d'autant plus que. ‖ *Ya que,* puisque. ‖ — *Corre que corre,* et je te cours, le voilà qui court. ‖ *Cualquier otro que no fuese,* tout autre que. ‖ *¡Dale que dale!,* allez, du nerf ! (ánimo !), c'est toujours la même chanson, encore ! ‖ *Decir que no, que sí,* dire non, oui. ‖ *Estar que,* être dans un tel état que. ‖ *No hay más que,* il suffit de. ‖ *Que da gloria* ou *gusto,* à merveille, à ravir : *canta que da gusto,* il chante à ravir. ‖ *Que da gloria verlo,* c'est un plaisir à voir. ‖ *Que da miedo,* à faire peur. ‖ *Que da rabia,* rageant. ‖ *¡Que lo echen!,* sortez-le ! ‖ *¡Que me dejen en paz!,* qu'on me laisse en paix *o* tranquille !, qu'on me fiche la paix ! (fam.) ‖ *¡Que no se vuelva a hablar más de esto!,* qu'il n'en soit plus question ! ‖ *¡Que se divierta!,* amusez-vous bien ! ‖ *¡Que se vaya!,* qu'il s'en aille !, sortez-le !, à la porte ! ‖ *Que tengan ustedes mucha suerte,* je vous souhaite beaucoup de chance. ‖ *¡Que te vayas!,* va-t'en !, fiche le camp ! (fam.).

qué adj. interr. y exclamat. Quel, quelle, quels, quelles : *¿qué edad tiene usted?,* quel âge avez-vous ? ; *¡qué suerte!,* quelle chance ! ; *¡qué chico más simpático!,* quel garçon sympathique ! ; *¡qué idea tan rara!,* quelle drôle d'idée ! ‖ Comme, que : *¡qué calor hace!,* comme il fait chaud ! ; *¡qué guapa estás!,* que tu es jolie ! ; *¡qué despacio va este tren!,* comme ce train va lentement ! ‖ — *¡Qué bien!,* chic !, chic alors ! ‖ *¡Qué de!,* que de : *¡qué de gente!,* que de monde ! ‖ *¡Qué divertido!,* comme c'est drôle !

— Pron. interr. Que, qu'est-ce que (fam.) : *¿qué pasa?,* que se passe-t-il ? ; *¿qué dices?,* qu'est-ce que tu dis ? ; *¿qué es esto?,* qu'est-ce que c'est que ça ? ‖ Quoi : *¿de qué se trata?,* de quoi s'agit-il ? ; *¿en qué piensa usted?,* à quoi pensez-vous ? ; *¿para qué sirve esto?,* à quoi ça sert ? ‖ — *¿Qué?,* quoi ?, hein (fam.) [interrogación]. ‖ *¿Qué más?,* v. MÁS. ‖ *¿Qué tal?,* comment : *¿qué* *tal le pareció la película?*, comment avez-vous trouvé le film? ; *¿qué tal el viaje?*, comment s'est passé le voyage? ‖ FAM. *¿Qué tal?*, comment ça va?, ça va? ‖ — *¿De qué?*, à quoi, que? : *¿de qué le sirve tener un coche si no sabe conducir?*, que lui sert *o* à quoi lui sert d'avoir une voiture s'il ne sait pas conduire? ‖ *¿Para qué?*, v. PARA. ‖ *¿Por qué?*, pourquoi?, que? : *¿por qué no lo decía?*, que ne le disiez-vous? ‖ *¿Pues qué?*, et alors?, eh quoi? ‖ *¿Y a mí qué?*, qu'est-ce que ça peut bien me faire? ‖ *¿Y qué?*, et alors? ‖ — *El qué dirán*, le qu'en-dira-t-on. ‖ *¿Qué dice?*, que dites-vous? ‖ *¿Qué es de Pedro?*, que devient Pierre? ‖ *¿Qué es de su vida?*, que devenez-vous? ‖ *¿Qué es lo que?*, qu'est-ce que? ‖ *¿Qué hay?*, comment ça va?, ça va? ‖ *¿Qué hay de nuevo?*, quoi de neuf? ‖ *¿Qué le parece?*, qu'en pensez-vous? ‖ *¿Qué más da?*, qu'importe?, qu'est-ce que ça peut faire?, peu importe. ‖ *¿Qué sé yo?*, que sais-je? ‖ *Tener con qué vivir*, avoir de quoi vivre. ‖ *Un no sé qué*, un je-ne-sais-quoi.

quebracho m. Quebracho (árbol). ‖ Bois de fer (quiebrahacha).

quebrada f. Ravin, *m.*, vallée encaissée (hondonada). ‖ *Amer.* Torrent.

quebradero m. FIG. y FAM. *Quebradero de cabeza*, casse-tête, cassement de tête.

quebradizo, za adj. Cassant, e ; fragile : *el cristal es quebradizo*, le verre est fragile. ‖ FIG. Fragile, délicat, e : *salud quebradiza*, santé fragile. | Faible (voz).

quebrado, da adj. Cassé, e ; brisé, e (roto). ‖ Accidenté, e (terreno). ‖ FIG. Éteint, e (color). ‖ Brisé, e : *voz quebrada*, voix brisée. ‖ — *Comerciante quebrado*, failli. ‖ *Línea quebrada*, ligne brisée. ‖ *Número quebrado*, nombre fractionnaire. ‖ — Adj. y s. Failli, e (comerciante). ‖ MED. Hernieux, euse. ‖ — M. MAT. Fraction, *f.* : *quebrado decimal*, fraction décimale. ‖ Vers de quatre syllabes alternant avec d'autres plus longs (verso).

quebradura f. Cassure. ‖ GEOGR. Découpure (de la costa). ‖ Fissure (grieta). ‖ MED. Hernie.

quebrajar v. tr. Fendre, fendiller.

quebrajoso, sa adj. Cassant, e (quebradizo). ‖ Fendillé, e (agrietado). ‖ Accidenté, e (relieve). ‖ (P. us.). Fragile.

quebrantable adj. Qu'on peut violer (ley). ‖ Ébranlable (que puede estremecerse).

quebrantador, ra adj. y s. Contrevenant, e.

quebrantahuesos m. inv. ZOOL. Gypaète, vautour barbu (ave que vive en regiones montañosas). | Pygargue, orfraie, *f.* (ave acuática). ‖ FIG. y FAM. Casse-pieds (pesado).

quebrantamiento m. Cassement. ‖ FIG. Violation, *f.*, infraction, *f.* : *quebrantamiento de la ley*, violation de la loi, infraction à la loi. | Violation, *f.* (de un compromiso). | Rupture, *f.* (del ayuno). | Affaiblissement (de la salud). ‖ — *Quebrantamiento de destierro*, rupture de ban. ‖ *Quebrantamiento de forma*, vice de forme. ‖ DR. *Quebrantamiento de sellos*, bris de scellés.

quebrantaolas m. inv. MAR. Brise-lames.

quebrantar v. tr. Casser, briser : *quebrantar una tinaja*, casser une jarre. ‖ Concasser (machacar) : *quebrantar habas*, concasser des fèves. ‖ Fendre (hender). ‖ FIG. Violer, enfreindre, transgresser : *quebrantar la ley*, transgresser la loi. | Rompre (el ayuno). | Briser, abattre : *quebrantar el valor, la moral*, briser le courage, abattre le moral. | Ébranler : *quebrantar una convicción*, ébranler une conviction. | Ébranler, affaiblir (salud). | Tiédir, dégourdir (templar un líquido). | Adoucir (color). ‖ — *Quebrantar el destierro*, être en rupture de ban, rompre son ban. ‖ FIG. *Quebrantarse la cabeza* ou *los sesos*, se casser la tête.

quebranto m. Affaiblissement, délabrement (de la salud). ‖ Abattement (del ánimo). ‖ Affliction, *f.*, brisement de cœur (dolor profundo). ‖ Perte, *f.*, dommage (pérdida). ‖ *Quebranto de fortuna*, ruine.

quebrar* v. tr. Casser, briser, rompre : *quebrar un vaso*, casser un verre. ‖ Plier (doblar) : *quebrar el cuerpo*, plier le corps. ‖ FIG. Briser, casser : *voz quebrada por la emoción*, voix brisée par l'émotion. | Interrompre subitement, mettre brusquement fin, briser : *la muerte del líder quebró la racha de triunfos de su partido*, la mort du leader mit brusquement fin à la vague de triomphes de son parti. | Adoucir, tempérer (templar). ‖ — V. intr. Rompre, céder. ‖ COM. Faire faillite. ‖ *Antes quebrar que doblar*, plutôt rompre que plier. ‖ — V. pr. Se briser, se rompre, se casser. ‖ MED. Contracter une hernie. ‖ FIG. Se briser : *se le quebró la voz con la emoción*, sa voix se brisa sous le coup de l'émotion. ‖ — FAM. *No quebrarse*, ne pas se casser la tête. | *Quebrarse la cabeza*, se casser la tête, se creuser la tête *o* la cervelle.

quebrazas f. pl. Paille, *sing.* (en una hoja de metal).

quebrazón f. *Amer.* Cassure (quebradura).

quechemarín m. MAR. Chasse-marée, *inv.* (lugre).

quechol m. *Amer.* Flamant (ave).

quechua adj. y s. Quechua, quichua.

quechuismo m. Mot *o* tournure (*f.*) quechua.

queda f. Couvre-feu, *m.* : *tocar a queda*, sonner le couvre-feu. ‖ *Toque de queda*, couvre-feu.

quedar v. intr. Rester, demeurer (permanecer). ‖ Rester : *me quedan cien pesetas*, il me reste cent pesetas ; *¿queda pan?*, reste-t-il du pain? ‖ Devenir : *quedó muy pálido*, il est devenu tout pâle ; *quedaron amigos*, ils sont devenus amis ; *su pantalón le quedó corto*, son pantalon est devenu trop court. ‖ Être : *queda lejos*, c'est loin ; *la junta quedó constituida al día siguiente*, l'assemblée fut constituée le lendemain ; *su segunda novela queda muy por debajo de la primera*, son second roman est très inférieur au premier. ‖ En rester : *ahí quedó la conversación*, la conversation en resta là. ‖ — FIG. y FAM. *Quedar algo como pintado*, aller comme un gant. ‖ *Quedar bien*, faire bien : *el cuarto queda muy bien con su nuevo empapelado*, la pièce fait très bien avec son nouveau papier peint ; aller bien, faire bien : *quedan bien tus nuevos zapatos con tu traje gris*, tes nouvelles chaussures vont bien avec ton costume gris ; s'en tirer brillamment *o* avec honneur : *el torero ha quedado bien*, le torero s'en est tiré brillamment ; s'en tirer à son avantage : *no sólo fue absuelto sino que encima quedó bien*, non seulement il fut acquitté mais, en plus, il s'en tira à son avantage ; bien se conduire, bien se comporter (portarse bien). ‖ *Quedar con vida*, se tirer sain et sauf. ‖ *Quedar de acuerdo*, demeurer *o* être *o* tomber d'accord. ‖ *Quedar en*, convenir de, convenir que, décider que : *quedamos en salir mañana*, nous avons convenu de sortir demain ; dire que : *quedó en venir esta noche*, il a dit qu'il viendrait ce soir ; promettre (prometer). ‖ *Quedar mal*, ne pas faire bien (no sentar bien), ne rien donner : *la foto quedaba muy mal después del retoque*, la photo ne donnait absolument rien après la retouche ; s'en tirer, s'en tirer sans gloire : *el cantor quedó tan mal que le pitaron*, le chanteur s'en tira si mal qu'il fut sifflé ; mal se conduire, mal se comporter : *he quedado muy mal con mi hermano*, je me suis très mal conduit envers mon frère. ‖ *Quedar para*, prendre rendez-vous pour : *hemos quedado para mañana*, nous avons pris rendez-vous pour demain. ‖ *Quedar por*, rester à : *queda mucho por hacer*, il reste beaucoup à faire ;

passer pour : *queda por valiente,* il passe pour courageux. ‖ — *¿Dónde habíamos quedado?,* où en étions-nous ? ‖ *¿En qué quedamos?,* que décidons-nous ? (decisión), en fin de compte : *¿en qué quedamos?, ¿es verdad o es mentira?,* en fin de compte, c'est vrai ou ce n'est pas vrai ? ‖ *Esto queda a mi cuidado,* je m'en charge. ‖ *Esto queda entre nosotros,* ceci reste entre nous. ‖ *He quedado con Conchita a las ocho,* j'ai rendez-vous avec Conchita à huit heures. ‖ *La carta quedó sin contestar,* la lettre resta sans réponse. ‖ *Por mí que no quede,* je n'y vois pas d'inconvénient, je suis d'accord. ‖ *Queda de usted atentamente,* veuillez agréer *o* recevez l'assurance de mes meilleurs sentiments (en una carta). ‖ *Queda de usted su affmo. y s.s.,* je vous prie d'agréer, Monsieur, mes salutations distinguées (en una carta). ‖ *Queda entendido que,* il est entendu que. ‖ *Queda por pagar,* reste à payer. ‖ *Queda por saber si,* (il) reste à savoir si. ‖ *Queda que quizás se haya usted equivocado,* il n'en reste pas moins que vous vous êtes peut-être trompé. ‖ *Que no quede por eso,* qu'à cela ne tienne. ‖ FAM. *Ya le queda poco,* il n'en a plus pour longtemps.

— V. pr. Rester, demeurer : *se quedó un año en Lima,* il resta un an à Lima ; *quedarse en cama, en casa,* rester au lit, chez soi ; *quedarse silencioso,* demeurer silencieux. ‖ Séjourner, rester, passer : *se quedó una semana en Capri,* il séjourna une semaine à Capri. ‖ Devenir : *quedarse ciego, sordo,* devenir aveugle, sourd. ‖ Rester : *quedarse soltero,* rester célibataire. ‖ Être, devenir : *quedarse huérfano,* être orphelin. ‖ — FIG. *Quedarse ahí,* y rester (morir). ‖ *Quedarse a la cuarta pregunta,* être sur la paille *o* sans le sou. ‖ *Quedarse anticuado,* passer de mode. ‖ *Quedarse así,* en rester *o* en demeurer là. ‖ *Quedarse atrás,* rester en arrière. ‖ *Quedarse boquiabierto* ou *con la boca abierta,* rester bouche bée. ‖ *Quedarse como quien ve visiones,* être abasourdi. ‖ *Quedarse con,* garder : *se quedó con mi libro,* il a gardé mon livre ; *quédate con tu abrigo,* garde ton manteau ; *me lo quedo,* je le garde [pour moi] ; prendre : *¿se queda usted con este bolso?,* prenez-vous ce sac ? ; rester : *después de efectuar esta compra me quedé con diez francos,* après avoir fait cet achat il me resta dix francs. ‖ FIG. *Quedarse con dos palmos de narices,* rester le bec dans l'eau (al no conseguir una cosa), se casser le nez (al no encontrar a una persona). ‖ *Quedarse con el gusto de,* rester sur le goût de (un alimento), ne pas avoir eu le plaisir de (no haber podido). ‖ *Quedarse con hambre,* rester sur sa faim, avoir encore faim. ‖ FIG. *Quedarse con las ganas,* rester sur sa faim. ‖ *Quedarse con la última palabra,* avoir le dernier mot. ‖ *Quedarse con una impresión,* rester sur une impression. ‖ FIG. *Quedarse con uno,* avoir *o* rouler quelqu'un (engañar). | *Quedarse con vida,* s'en tirer sain et sauf. ‖ *Quedarse cortado,* rester *o* demeurer court. | *Quedarse corto,* rester au-dessous de la vérité (al referir un suceso), rester au-dessous du compte, avoir calculé trop juste (en un cálculo). | *Quedarse en agua de borrajas,* finir en eau de boudin *o* en queue de poisson. | *Quedarse en el poyete,* faire tapisserie (en un baile), rester vieille fille (quedar solterona). | *Quedarse en la calle,* rester sur le carreau (fracaso), se trouver *o* être à la rue, rester sur le pavé (arruinado *o* sin empleo). | *Quedarse en el sitio,* rester sur le carreau, tomber raide mort (muerto). | *Quedarse helado,* rester saisi *o* abasourdi. | *Quedarse in albis o a oscuras,* ne rien comprendre *o* piger (fam.). | *Quedarse limpio,* être plumé *o* lessivé. | *Quedarse parado,* s'arrêter. | *Quedarse para vestir imágenes,* rester vieille fille, coiffer sainte Catherine. | FIG. y FAM. *Quedarse plantado,* rester en carafe. ‖ *¡Quédate quieto!,* reste tranquille !,

tiens-toi tranquille. ‖ — FAM. *Me he quedado de una pieza,* les bras m'en sont tombés. ‖ *No saber con qué quedarse,* n'avoir que l'embarras du choix. ‖ FIG. *Y me quedo corto,* j'en passe, et des meilleurs.

quedito, ta adv. Tout doucement, tout bas.

quedo, da adj. Calme, tranquille. ‖ Bas, basse (voz) : *en voz queda,* à voix basse. — Adv. Doucement, bas : *hablar muy quedo,* parler tout bas.

quehacer m. Travail, besogne, *f.,* labeur : *nuestro quehacer cotidiano,* notre labeur quotidien. ‖ — Pl. Affaires, *f.,* occupations, *f.* : *ir a sus quehaceres,* aller à ses affaires. ‖ Travaux, besognes, *f.* : *los quehaceres domésticos,* les travaux ménagers.

queilitis f. Chéilite (inflamación de los labios).

queja f. Plainte : *las quejas de un enfermo,* les plaintes d'un malade. ‖ Reproche, *m.,* grief, *m.* : *las quejas de una persona perjudicada,* les reproches d'une personne lésée. ‖ Doléance : *las quejas de un acreedor,* les doléances d'un créancier. ‖ DR. Plainte : *presentar una queja,* déposer une plainte. ‖ — *Dar quejas,* se plaindre, exhaler des plaintes, gémir. ‖ *Tener queja de,* avoir à se plaindre de.

quejarse v. pr. Se plaindre, gémir, geindre (gemir) : *quejarse lastimosamente,* geindre pitoyablement. ‖ Se plaindre : *quejarse de uno,* se plaindre de quelqu'un. ‖ — *No tener por qué quejarse,* ne pas être à plaindre, ne pas avoir à se plaindre. ‖ *Quejarse de algo a uno,* faire grief de quelque chose à quelqu'un. ‖ *Quejarse de hambre,* crier famine. ‖ *Quejarse de vicio,* crier famine sur un tas de blé, se plaindre *o* trouver que la mariée est trop belle.

quejica o **quejicoso, sa** adj. y s. Geignard, e ; râleur, euse.

quejido m. Gémissement, plainte, *f.* : *los quejidos de un herido,* les gémissements d'un blessé. ‖ *Dar quejidos,* pousser des gémissements *o* des plaintes.
— SINÓN. *Lamentación, lamento,* lamentation. *Queja,* plainte. *Gemido,* gémissement.

quejigal m. Rouvraie, *f.* (robledal).

quejigo m. BOT. Chêne rouvre, rouvre (roble).

quejoso, sa adj. Mécontent, e : *estoy quejoso de tu comportamiento,* je suis mécontent de ton comportement.

quejumbre f. Plainte continuelle, jérémiade.

quejumbrón, ona adj. Geignard, e.

quejumbroso, sa adj. Plaintif, ive ; geignard, e ; ronchonneur, euse (fam.).

quelonios m. pl. ZOOL. Chéloniens (tortugas).

quema f. Brûlage, *m.,* brûlement, *m.* (acción de quemar). ‖ Feu, *m.* : *condenado a la quema,* condamné au feu. ‖ Incendie, *m.* (incendio) : *la quema de los conventos,* l'incendie des couvents. ‖ Vente au rabais, liquidation, soldes, *m. pl.* (liquidación de géneros). ‖ *Amer.* Écobuage, *m.* ‖ FIG. *Huir de la quema,* fuir le danger, ne pas attendre son reste.

quemadero m. Bûcher (para los sentenciados). ‖ Incinérateur (para basuras).

quemado m. Brûlé : *oler a quemado,* sentir le brûlé. ‖ Brûlis (chamicera).

quemador, ra adj. y s. m. Brûleur, euse : *quemador de gas,* brûleur à gaz.

quemadura f. Brûlure. ‖ Brunissure (de las plantas heladas). ‖ *Quemadura de sol,* coup de soleil.

quemante adj. Brûlant, e.

quemar v. tr. ● Brûler : *quemar papeles,* brûler des papiers ; *alcohol de quemar,* alcool à brûler. ‖ FAM. Griller, brûler : *el sol nos quema,* le soleil nous grille. ‖ Flamber (tirar el dinero). ‖ Cuire (tostar la piel). ‖ Vendre au rabais, liquider (malbaratar). ‖ AGRIC. Griller (el sol *o* las heladas).

| Brouir (desecar las plantas heladas). || Fig. Surentraîner, pomper (fam.) : *un entrenador que quema a sus jugadores*, un entraîneur qui surentraîne ses joueurs ; perdre, user : *la actuación reiterada quema a los actores*, jouer trop fréquemment perd les acteurs. || — *A quema ropa*, à brûlepourpoint. || Fig. *Quemar etapas*, brûler les étapes. | *Quemar la sangre*, faire bouillir, exaspérer, taper sur le système (fam.) : *su cachaza me quema la sangre*, son calme me fait bouillir | *Quemar las naves*, brûler ses vaisseaux, couper les ponts. | *Quemar una colección de fuegos artificiales*, tirer un feu d'artifice.
— V. intr. Brûler. || Fam. *Estar quemado*, avoir le coup de pompe (de cansancio), être fini : *para mí es un político quemado*, pour moi c'est un homme politique fini.
— V. pr. Se brûler : *quemarse con una cerilla*, se brûler avec une allumette. || Brûler (un asado). || Fig. Brûler (juegos) : *¡que te quemas!*, tu brûles ! (en el escondite). | Se galvauder, galvauder sa réputation : *esta actriz actúa poco para no quemarse*, cette actrice joue peu pour ne pas galvauder sa réputation. || — Fig. *Quemarse la sangre*, se faire du mauvais sang *o* de la bile. | *Quemarse las cejas*, se crever les yeux. | *Quemarse las pestañas estudiando*, pâlir sur ses livres.

— Sinón. ● *Arder*, brûler. *Abrasar*, embraser. *Encender*, allumer. *Incendiar*, incendier. *Incinerar*, incinérer. *Consumir*, consumer. *Devorar*, dévorer. *Calcinar*, calciner. *Carbonizar*, carboniser. *Escaldar*, échauder.

quemarropa (a) loc. À brûle-pourpoint (contestación). || À bout portant (disparo).

quemazón f. Brûlure. || Fig. Démangeaison (comezón). || Vente au rabais, soldes, *m. pl.*, liquidation (liquidación de géneros). || *Amer.* Mirage, *m.* (espejismo). || Fig. *Sentía una gran quemazón por no haber cumplido lo prometido*, il se reprochait vivement *o* il était rongé par le regret de n'avoir pas tenu sa promesse.

quena f. *Amer.* Flûte indienne.

— Observ. La *quena* est une petite flûte droite à cinq trous utilisée surtout par les Indiens du Pérou et de Bolivie.

quenopodiáceas f. pl. Bot. Chénopodiacées.
quenopodio m. Bot. Chénopode.
quepis m. Képi.
queque m. *Amer.* Petit pain (bollo).
queratina f. Kératine.
queratitis f. Med. Kératite.
queratoplastia f. Med. Kératoplastie.
queratosis f. Med. Kératose.
queratotomía f. Med. Kératotomie.
quercitrina f. Quím. Quercitrine.
quercitrón m. Quercitron (tintura).
querella f. Plainte, querelle (ant.). [queja]. || Dr. Plainte.

— Observ. Le mot espagnol *querella* n'a pas le sens du français *querelle*, qui se dit *disputa, pendencia*.

querellante adj. y s. Dr. Plaignant, e.
querellarse v. pr. Dr. Porter plainte.
querelloso, sa adj. Geignard, e (quejoso).
querencia f. Instinct (*m.*) qui ramène les animaux vers un endroit favori (instinto). || Attachement (*m.*) de l'animal pour certains endroits (cariño). || Lieu (*m.*) favori de l'animal (sitio). || Fam. Gîte, *m.* (del hómbre).. || (P. us.). Affection, attachement, *m.* || Taurom. « Querencia », refuge, *m.*

— Observ. Dans cette dernière acception, le mot *querencia* désigne un lieu de l'arène vers lequel le taureau a toujours tendance à aller et où il est plus dangereux qu'ailleurs.

querencioso, sa adj. Qui retourne toujours vers le même endroit.
querendón, ona m. y f. Amant, *m.*, maîtresse, *f.*
querer* v. tr. Vouloir : *¿quiere darme su dirección?*, voulez-vous me donner votre adresse ? ;

haga lo que quiera, faites ce que vous voudrez ; *¿quieren callarse?*, voulez-vous vous taire ? || Aimer (tiernamente) : *querer a sus hijos*, aimer ses enfants. || Affectionner (tener afecto a). || — *Querer con locura*, aimer à la folie. || *Querer decir*, vouloir dire, revenir à dire. || *Querer es poder*, vouloir c'est pouvoir. || *Querer mal a uno*, en vouloir à quelqu'un. || — *Como quien no quiere la cosa*, sans avoir l'air d'y toucher, mine de rien, comme si de rien n'était. || *Como quiera*, comme vous voudrez. || *Como quiera que*, puisque, comme. || *Cuando quiera*, n'importe quand. || *¡Dios lo quiera!*, Dieu le veuille ! || *Donde quiera*, n'importe où. || Fam. *Gente de quiero y no puedo*, des gens qui vivent au-dessus de leurs moyens. || *¡No lo quiera Dios!*, à Dieu ne plaise ! || *No quiero tus excusas*, je ne veux pas de vos excuses. || *¿Qué más quieres?*, que veux-tu de plus ? || Fam. *¡Qué más quisieras tú!*, tu voudrais bien !, si c'était vrai ! || *Que quiera que no quiera* ou *quiera o no quiera*, bon gré mal gré, de gré ou de force. || *¿Qué quiere decir esto?*, qu'est-ce que ça veut dire ? || *¿Qué quieres?*, que veux-tu ? || *Quien bien te quiere te hará llorar*, qui aime bien châtie bien. || *Quiérase o no*, qu'on le veuille ou non. || *Quiere llover*, on dirait qu'il va pleuvoir. || *Sin querer*, sans le vouloir, sans le faire exprès. || *Si quieres ser bien servido, sírvete a ti mismo*, on n'est jamais si bien servi que par soi-même.
— V. pr. S'aimer. || Fam. *Quererse como tórtolos*, filer le parfait amour, s'aimer d'amour tendre.

querer m. Affection, *f.*, amour.
queretano, na adj. De Querétaro [Mexique].
querido, da adj. Aimé, e : *querido por sus hijos*, aimé de ses enfants. || Cher, ère : *querido tío*, cher oncle ; *mi querida prima*, ma chère cousine. || Chéri, e : *Conchita querida*, Conchita chérie. || — *Fórmula tan querida por*, formule chère à. || *Mi querido amigo*, mon cher ami, mon cher (fam.). || — Adj. y s. Chéri, e : *querido mío*, mon chéri. || — M. Ami, petit ami (amante). || — F. Maîtresse, amante, petite amie (fam.) [amante].

— Observ. La palabra francesa *chéri* se utiliza sólo entre personas unidas por el amor.

querindongo, ga m. y f. Fam. Amant, e.
quermes m. Zool. Kermès (insecto).
quermese f. Kermesse.
querochar v. intr. Pondre (las abejas).
Queronea n. pr. Geogr. Chéronée.
queroseno m. Kérosène.
Quersoneso n. pr. m. Geogr. Chersonèse, *f.*
querubín m. Chérubin.
quesadilla f. Talmouse (pastel).
quesera f. Fromagère (que hace o vende queso). || Fromagerie (donde se fabrica el queso). || Assiette à fromage (plato). || Cloche à fromage.
quesería f. Fromagerie.
quesero, ra adj. y s. Fromager, ère : *industria quesera*, industrie fromagère. || — M. y f. Amateur (sin fem.) de fromage.
queso m. Fromage. || — *Queso de bola*, fromage de Hollande. || *Queso de cabra*, fromage de chèvre, chabichou. || *Queso de cerdo*, fromage de tête. || *Queso de Chester*, chester. || *Queso de pasta blanda*, fromage mou *o* à pâte molle. || — *Medio queso*, passe-carreau (de sastre). || — Fig. y Fam. *Darla con queso a uno*, avoir *o* rouler quelqu'un (engañar), tromper, cocufier (al marido, a la mujer).
quetzal m. Quetzal (ave). || Quetzal (moneda de Guatemala).
quevedesco, ca adj. De Quevedo.
quevedos m. pl. Pince-nez, *sing.*, lorgnon, *sing.*, binocle, *sing.*
¡quiá! interj. Fam. Allons donc ! (¡vaya!), pas question ! (¡ca!).
quiasma m. Anat. Chiasma (cruce).

quibey m. Bot. Lobélie, *f.* (planta).
quicial m. Tecn. Jambage, montant (de puerta o ventana).
quicio m. Tecn. Gond (gozne), jambage (marco de puerta o ventana). ‖ — Fig. *Fuera de quicio,* détraqué (persona), fou, folle (cosa). | *Sacar de quicio a uno,* mettre o pousser quelqu'un à bout, mettre quelqu'un hors de soi, faire sortir quelqu'un de ses gonds. | *Sacar de quicio una cosa,* fausser o dénaturer une chose. | *Salir de quicio,* sortir de ses gonds.
quico m. Fam. *Ponerse como el quico,* se taper la cloche, s'en mettre jusque-là.
quiché adj. y s. Quiché [indien du Guatemala].
quichua adj. y s. Quechua, quichua.
quichuismo m. Mot o tournure (*f.*) quechua.
quid m. Hic : *¡ahí está el quid!,* voilà le hic! ‖ — *Dar en el quid,* mettre dans le mille, frapper juste. ‖ *Quid pro quo,* quiproquo.
quidam m. Fam. Quidam (fulano).
quiebra f. Cassure, brisure (rotura). ‖ Crevasse (grieta). ‖ Com. Faillite : *estar en quiebra,* être en faillite. | Krach (crac). ‖ Fig. Faillite : *la quiebra de los valores humanos,* la faillite des valeurs humaines. ‖ Com. *Declararse en quiebra,* faire faillite, déposer son bilan.
quiebrahacha m. Bois de fer (árbol).
quiebro m. Inflexion (*f.*) du corps, écart (ademán). ‖ Dribble, dribbling (fútbol). ‖ Mús. Roulade, *f.* ‖ Taurom. Écart. ‖ *Dar un quiebro,* dribbler (fútbol), faire un écart (el torero).
quien pron. rel. Qui : *quien va a Sevilla pierde su silla,* qui va à la chasse perd sa place ; *aquellos para quienes hablo,* ceux pour qui je parle. ‖ Celui qui, celle qui : *quien te ha dicho esto es un ignorante,* celui qui t'a dit cela est un ignorant. ‖ Quelqu'un : *ya encontraré quien me haga este trabajo,* je trouverai bien quelqu'un qui me fera ce travail. ‖ — *A quien,* que (complemento directo) : *la persona a quien quiero,* la personne que j'aime ; à qui, auquel, à laquelle (complemento indirecto) : *las personas a quienes o a quien hablo,* les personnes auxquelles je parle. ‖ *Como quien,* comme quelqu'un qui, comme si : *callaba como quien no oye,* il se taisait comme s'il n'entendait pas. ‖ *De quien,* dont : *las mujeres de quienes hablo,* les femmes dont je parle. ‖ — *Como quien dice,* comme qui dirait, pour ainsi dire. ‖ *Como quien no quiere la cosa,* sans avoir l'air d'y toucher, mine de rien, comme si de rien n'était. ‖ *En casa de quien,* chez qui. ‖ *Es... quien,* c'est... qui : *es su madre quien manda,* c'est sa mère qui commande. ‖ *Habrá quien lo sepa,* il y en a sûrement qui le savent. ‖ *Hay quien dice,* il y a des gens qui disent, il y en a qui disent. ‖ *No es quien para hacer esto,* il n'est pas qualifié pour faire cela, ce n'est pas à lui de faire cela. ‖ *No hay quien se ocupe de él,* personne ne s'occupe de lui o il n'y a personne pour s'occuper de lui. ‖ *Quien mucho abarca poco aprieta,* qui trop embrasse mal étreint.
quién pron. interr. o exclam. Qui : *¿quiénes son estos dos chicos?,* qui sont ces deux garçons ? ; *dime quién es,* dis-moi qui c'est ; *¿a quién has encontrado?,* qui as-tu rencontré ? ; *¿de quién es esto?,* à qui est-ce ? ‖ — *¡Quién pudiera!,* si seulement je pouvais ! ‖ *Quién... quién, qui... qui,* l'un... l'autre. ‖ *¿Quién sabe?,* qui sait ? ; sait-on jamais ? ‖ *¿Quién vive?,* qui vive ?
quienquiera pron. indet. Quiconque : *quienquiera que le vea,* quiconque le verra. ‖ *Quienquiera que sea,* qui que ce soit.
— Observ. Le pluriel *quienesquiera* est rare.
quietismo m. Filos. Quiétisme (doctrina). ‖ Fig. Immobilisme.
quietista adj. y s. Filos. Quiétiste.

quieto, ta adj. Tranquille : *niño que se está quieto,* enfant qui reste tranquille ; *¡quédate quieto!,* tiens-toi tranquille ! ‖ Immobile (sin moverse). ‖ — *No poder estarse quieto,* ne pas tenir o rester en place. — Interj. Du calme !
quietud f. Quiétude, tranquillité.
quijada f. Anat. Mâchoire.
quijero m. Talus d'un canal.
quijo m. Amer. Quartz aurifère o argentifère.
quijones m. pl. Bot. Peigne-de-Vénus, *sing.*
quijotada f. Extravagance, folle entreprise.
quijote m. Cuissart (de la armadura). ‖ Croupe, *f.* (del caballo).
Quijote (Don) n. pr. m. Don Quichotte. ‖ *El Quijote,* le Don Quichotte (obra de Cervantes). ‖ Fig. y Fam. *Un Quijote,* un don Quichotte.
quijotería f. Don-quichottisme, *m.*
quijotesco, ca adj. Digne de Don Quichotte.
quijotil adj. De Don Quichotte.
quijotismo m. Don-quichottisme.
quila f. Amer. Bambou (*m.*) arborescent, chusquea, *m.*
quilatador m. Essayeur, contrôleur (de oro).
quilate m. Carat : *oro de 18 quilates,* or à 18 carats. ‖ Ancienne monnaie (*f.*) valant un demi-denier. ‖ — Fig. y Fam. *De muchos quilates,* d'une grande valeur, précieux, euse. | *No tiene dos quilates de juicio,* il n'a pas deux sous de jugeotte.
quilatera f. Crible (*m.*) pour trier les perles suivant leur grosseur.
quilífero, ra adj. Anat. Chylifère.
quilificación f. Biol. Chylification.
quilma f. Sac, *m.* (costal).
quilo m. Biol. Chyle. ‖ Fig. y Fam. *Sudar el quilo,* suer sang et eau.
quilo m. Kilo (kilogramo).
quilombo m. Amer. Maison (*f.*) de tolérance (lupanar). | Hutte, *f.* (choza).
quilla f. Mar. Quille : *quilla de balance,* quille de roulis. | Bréchet, *m.* (de las aves). ‖ *Dar de quilla a un barco,* coucher un bateau.
quillay m. Amer. Quillaja, bois de Panama (palo de jabón).
quillotra f. Fam. Concubine (manceba).
quillotrar v. tr. (P. us.). Fam. Stimuler, exciter (excitar). | Enjôler, séduire (enamorar). | Songer (meditar). | Attifer (engalanar).
— V. pr. Se plaindre (quejarse).
quillotro m. (P. us.). Fam. Stimulant (estímulo). | Signe, indice (señal). | Amourette, *f.* (amorío). | Tracas, ennui (quebradero de cabeza). | Galanterie, *f.* (requiebro). | Parure, *f.* (gala). | Ami.
quimba f. Amer. Dandinement, *m.* (contoneo).
quimera f. Chimère. ‖ Fig. Querelle (contienda) : *buscar quimera,* chercher querelle. | Chimère (imaginación) : *vivir de quimeras,* se nourrir o se repaître de chimères.
quimérico, ca adj. Chimérique.
quimerista adj. y s. Rêveur, euse (soñador). ‖ Querelleur, euse (pendenciero).
química f. Chimie : *química general, biológica, mineral ou inorgánica, orgánica,* chimie générale, biologique, minérale o inorganique, organique.
químico, ca adj. Chimique : *productos químicos,* produits chimiques. ‖ Chimiste : *ingeniero químico,* ingénieur chimiste.
— M. y f. Chimiste.
quimioterapia f. Med. Chimiothérapie.
quimista m. Alchimiste (alquimista).
quimo m. Biol. Chyme.
quimono m. Kimono.
quina f. Quinquina, *m.* (árbol). ‖ Med. Quinquina, *m.* ‖ — Fig. y Fam. *Más malo que la quina,* dégoûtant (una cosa), méchant comme la gale (una persona). | *Tragar quina,* avaler des couleuvres.

QUÍMICA — CHIMIE

I. Laboratorio. — Laboratoire.

mechero Bunsen	bec Bunsen
producto	produit
frasco	flacon
aparato	appareil
indicador de pH	indicateur coloré
matraz	ballon
tornasol	tournesol
probeta graduada	éprouvette graduée
reactivo	réactif
tubo de ensayo	tube à essais
retorta	cornue
copela	coupelle
crisol	creuset
pipeta	pipette

II. Composición. — Composition.

átomo	atome
fórmula desarrollada	formule développée
monovalente; bivalente	monovalent; bivalent
elemento; cuerpo simple	élément; corps simple
mezcla, f.	mélange, m.
aleación, f.	alliage, m.
solución, f., disolución, f.	solution
molécula	molécule
cuerpo	corps
compuesto	composé
valencia	valence
enlace, m.	liaison, f.

III. Elementos. — Éléments.

plomo	plomb (Pb)
hierro	fer (Fe)
oro	or (Au)
potasio	potassium (K)
carbono	carbone (C)
cobre	cuivre (Cu)
sodio	sodium (Na)
mercurio	mercure (Hg)
oxígeno	oxygène (O)
azufre	soufre (S)
plata, f.	argent, m. (Ag)
nitrógeno	azote (N)
hidrógeno	hydrogène (H)
cinc	zinc (Zn)
estaño	étain (Sn)

IV. Compuestos. — Composés.

ácido	acide
ácido clorhídrico	acide chlorhydrique
ácido sulfúrico	acide sulfurique
ácido sulfhídrico; sulfuro de hidrógeno	acide sulfhydrique; hydrogène sulfuré
base	base
hidrato; hidróxido	hydrate; hydroxyde
potasa caústica	potasse caustique
sosa cáustica	soude caustique
sal, f.	sel, m.
sufijo - uro	suffixe - ure
sufijo - ato	suffixe - ate
sufijo - ito	suffixe - ite
sufijo - oso	suffixe - eux
sufijo - ico	suffixe - ique
carbonato de potasio ou potásico	carbonate de potassium, potasse carbonatée
sosa, carbonato sódico	soude du commerce, carbonate neutre de sodium
química orgánica	chimie organique
derivado	dérivé
éster	ester
ácido graso	acide gras
ácido orgánico	acide organique
hidrocarburo	hydrocarbure
serie	série

V. Reacción química. — Réaction chimique.

análisis, m.	analyse, f.
reacción de doble descomposición	réaction de double décomposition
reacción endotérmica	réaction endothermique
reacción exotérmica	réaction exothermique
precipitación; precipitado	précipitation; précipité
fermentación	fermentation
ecuación	équation
catalizador	catalyseur
catálisis	catalyse
oxidación	oxydation
reducción	réducteur
reductor	réduction
síntesis	synthèse
reversible	réversible

---

quinado, da adj. *Vino quinado,* quinquina.

quinal m. MAR. Faux hauban.

quinario, ria adj. y s. m. Quinaire (cultos durante cinco días).

quincalla f. Quincaillerie (objetos).

quincallería f. Quincaillerie (tienda).

quincallero, ra m. y f. Quincaillier, ère.

quince adj. num. y ord. Quinze : *Luis XV* (quince), Louis XV [quinze]. || — *El día quince,* le 15. || *El siglo XV* (quince), le xve [quinzième] siècle. || *Unos quince libros,* une quinzaine de livres.

— M. Quinze (equipo de rugby). || — FIG. y FAM. *Dar quince y raya a,* faire la pige à, damer le pion à, être très supérieur à, être cent fois o nettement mieux que.

quincena f. Quinzaine. || MÚS. Double octave, m. || *Pagar cada quincena,* payer tous les quinze jours.

quincenal adj. Bimensuel, elle.

quincenalmente adv. Tous les quinze jours.

quinceno, na adj. Quinzième.

— M. y f. Mulet, mule de quinze mois.

quincuagena f. Cinquantaine.

quincuagenario, ria adj. Qui comprend cinquante unités. || — Adj. y s. Quinquagénaire (cincuentón).

quincuagésima f. ECLES. Quinquagésime.

quincuagésimo, ma adj. y s. m. Cinquantième. || *Quincuagésimo uno,* cinquante et unième ; *quincuagésimo dos,* cinquante-deuxième, etc.

quincha f. *Amer.* Claie de jonc (cerco). | Charpente de jonc (armazón).

quinchar v. tr. *Amer.* Clôturer avec des claies de jonc (cercar). | Couvrir avec une charpente de jonc [unc hutte].

quinde m. *Amer.* Colibri (ave).

quindecenviros m. pl. Quindecemvirs (en Roma).

quingentésimo, ma adj. y s. Cinq centième.

quingo m. *Amer.* Zigzag.

quinielas f. pl. Concours (m. sing.) de pronostics, paris (m.) mutuels (fútbol).

quinielista m. y f. Parieur, euse (fútbol).

quinientos, tas adj. Cinq cents : *quinientos hombres,* cinq cents hommes. || Cinq cent : *quinientos veinte,* cinq cent vingt (seguido de otra cifra) ; *el año quinientos,* l'an cinq cent (cuando equivale a un ordinal). || *Mil quinientos,* mille cinq cents, quinze cents.

quinina f. Quinine.

quino m. Quinquina (árbol).

quinoa m. Quinoa (planta).

quínola f. Sorte de bouillotte (juego de naipes).

quinoleína f. QUÍM. Quinoléine.

quinona f. QUÍM. Quinone.

quinqué m. Quinquet (lámpara). || POP. *Tener mucho quinqué,* avoir du nez.

quinquefolio m. BOT. Quintefeuille, f. (planta). || ARQ. Quintefeuille (adorno).

quinquenal adj. Quinquennal, e : *planes quinquenales,* plans quinquennaux.

quinquenio m. Espace de cinq ans, quinquennalité, f., quinquennat.

quinqui m. Fam. Quincaillier (vendedor de quincalla). ‖ Pop. Malfaiteur.

quinquina f. Quinquina, m. (quina).

quinta f. Villa, maison de campagne (casa). ‖ Mil. Conscription (reclutamiento). ‖ Contingent, m., classe (reemplazo) : es de la misma quinta que yo, il est de la même classe que moi. ‖ Quinte (esgrima). ‖ Mús. Quinte. ‖ — Mil. Entrar en quintas, arriver à l'âge du service militaire. ‖ Librarse de quintas, être exempté du service militaire. ‖ Quinta de efectivos reducidos, classe creuse.

quintaesencia f. Quintessence.

quintaesenciado, da adj. Quintessencié, e.

quintaesenciar v. tr. Quintessencier.

quintal m. Quintal (peso). ‖ Quintal métrico, quintal métrique (peso de cien kilos).

— Observ. L'ancien quintal espagnol pesait cent livres.

quintana f. Maison de campagne, villa.

quintar v. tr. Prendre un sur cinq (uno de cada cinco). ‖ Mil. Tirer au sort. ‖ Agric. Donner le cinquième labour.
— V. intr. Arriver à son cinquième jour (la luna). ‖ Enchérir d'un cinquième (pujar).

quinteo m. Tirage au sort, désignation (f.) d'un [consigné, otage, etc.] sur cinq.

quintería f. Propriété, ferme (finca).

quinterno m. Quine (lotería). ‖ Cahier de cinq feuilles (cuaderno).

quintero m. Fermier (arrendatario). ‖ Valet de ferme (mozo de labranza).

quinteto m. Mús. Quintette.

quintidi m. Quintidi (quinto día del calendario republicano francés).

quintil m. Cinquième mois de l'année romaine.

quintilla f. Quintil, m. (estrofa de cinco versos).

quintillizos, zas m. y f. pl. Quintuplets, ettes.

quintillón m. Quintillion.

Quintín n. pr. m. Quentin. ‖ V. San Quintín.

quinto, ta adj. Cinquième : quinta columna, cinquième colonne. ‖ Cinq : Felipe V (quinto), Philippe V [cinq]. ‖ — Carlos V (quinto), Charles Quint. ‖ En quinto lugar, cinquièmement. ‖ La quinta columna, la cinquième colonne. ‖ La quinta parte, le cinquième, la cinquième partie. ‖ Quinto, cinquièmement (en una enumeración).
— M. Cinquième. ‖ Mil. Conscrit, recrue, f., bleu (fam.).

— Observ. El emperador Carlos V, que en España fue Carlos I, es tradicionalmente conocido en Francia como Charles Quint.

quintuplicación f. Quintuplication.

quintuplicar v. tr. Quintupler.

quíntuplo, pla adj. y s. m. Quintuple.

quinua f. Quinoa, m. (planta).

quinzavo, va adj. y s. m. Quinzième.

quiñón m. Lopin de terre.

quiñonero m. Petit cultivateur.

Quío n. pr. Geogr. Chio.

quío, a adj. y s. Chiote.

quiosco m. Kiosque : quiosco de música, de periódicos, kiosque à musique, à journaux.

quipos o quipus m. pl. Quipos.

— Observ. Les quipos sont des cordelettes à nœuds dont les Incas se servaient pour l'enregistrement de renseignements divers, grâce à la signification qu'ils donnaient à la couleur des cordelettes, au nombre des nœuds, etc.

quiquiriquí m. Cocorico (canto del gallo).

quiragra f. Med. Chiragre.

quirite m. Quirite (ciudadano de Roma).

quirófano m. Salle (f.) d'opération.

quiromancia f. Chiromancie.

quiromántico, ca adj. De la chiromancie.
— M. y f. Chiromancien, enne.

quiropráctica f. Med. Chiropractie, chiropraxie.

quiropráctico m. Med. Chiropracteur.

quirópteros m. pl. Zool. Chiroptères, chéiroptères.

quirquincho m. Tatou (armadillo).

quirúrgico, ca adj. Chirurgical, e.

quirurgo m. Chirurgien (cirujano).

quiscal m. Quiscale (ave).

quisicosa f. Fam. Énigme, colle.

quisque pron. Fam. Cada quisque, chacun, e ; tout un chacun (cada cual).

quisquilla f. Vétille, bagatelle (pequeñez). ‖ Crevette (camarón). ‖ — Adj. y s. V. quisquilloso. ‖ Color quisquilla, rose pâle, saumon clair.

quisquilloso, sa adj. Pointilleux, euse : jefe quisquilloso, chef pointilleux. ‖ Chatouilleux, euse (susceptible).
— M. y f. Personne pointilleuse o chatouilleuse.

quisto, ta adj. Bienquisto ou malquisto, bien o mal vu ; aimé o peu aimé.

quiste m. Med. Kyste.

quistoso, sa adj. Kystique.

quita f. Remise d'une dette (de una deuda). ‖ De quita y pon, v. quitar.

quitación f. Revenu, m.

quitaesmalte m. Dissolvant (para las uñas).

quitaipón m. Pompon (quitapón).

quitamanchas adj. y s. m. inv. Détachant, e.

quitanieves m. inv. Chasse-neige.

quitapesares m. inv. Fam. Consolation, f.

quitapiedras m. inv. Chasse-pierres (de locomotora).

quitapón m. Pompon (adorno). ‖ De quitapón, amovible, mobile.

quitar v. tr. ● Enlever, ôter : quitar una mancha, enlever une tache ; quitar la tapa, ôter le couvercle. ‖ Retirer : quitar lo que se acaba de ofrecer, retirer ce qu'on vient d'offrir ; me quitaron el pasaporte, on m'a retiré mon passeport. ‖ Ôter (restar) : quitar uno de tres, ôter un de trois. ‖ Débarrasser : quitar la ganga a un mineral, débarrasser un minerai de sa gangue ; quitar a uno la preocupación, débarrasser quelqu'un d'un souci. ‖ ◆ Arracher (con violencia) : le quitó el bolso de las manos, il lui arracha le sac des mains. ‖ Dérober (robar). ‖ Empêcher : esto no quita que sea un holgazán, cela n'empêche pas que ce soit un fainéant o il n'empêche que c'est un fainéant. ‖ Fig. Ôter, retirer, enlever : su fracaso no le quita nada de sus cualidades, son échec ne lui retire rien de ses qualités. ‖ — Quitar de encima ou de en medio, débarrasser : me lo ha quitado de en medio, il m'en a débarrassé ; supprimer (matar). ‖ Fig. y Fam. Quitar el hipo, laisser baba, couper le sifflet, suffoquer. ‖ Quitar la idea de, décourager de, enlever l'idée de : le he quitado la idea de irse, je l'ai découragé de partir. ‖ Quitar la mesa, débarrasser la table, ôter le couvert, débarrasser (fam.). ‖ Fig. y Fam. Quitar la vida, tuer : este niño me quita la vida, cet enfant me tue. ‖ Quitarle la razón a alguien, donner tort à quelqu'un. ‖ Quitar ojo ou quitar los ojos de alguien, v. ojo. ‖ Quitar un peso de encima, enlever un poids. ‖ De quita y pon, amovible : impermeable con capucha de quita y pon, imperméable avec capuche amovible. ‖ Fig. y Fam. En un quítame allá esas pajas, en moins de deux, en un clin d'œil. ‖ Ni quito ni pongo rey, ça ne me regarde pas. ‖ Por un quítame allá esas pajas, pour un oui pour un non, pour un rien o une vétille. ‖ ¡Qué me quiten lo bailado!, c'est toujours ça de pris o de gagné, c'est autant de pris o de gagné! ‖ ¡Quita, hombre!, allons donc!, tais-toi!
— V. pr. S'enlever, s'ôter : mancha que se quita fácilmente, tache qui s'enlève facilement. ‖ Ôter, enlever, retirer : quitarse la boina, ôter son béret ; quitarse los zapatos, retirer ses chaus-

sures; *quítese de ahí*, ôtez-vous de là. ‖ — *Quitarse años*, se rajeunir. ‖ FAM. *Quitarse de encima*,
V. ENCIMA. | *Quitarse de en medio*, V. MEDIO. ‖
Quitarse el sombrero, se découvrir (para saludar),
tirer son chapeau (de admiración). ‖ *Quitarse la
chaqueta*, enlever la veste, tomber la veste (fam.).
‖ — *Eso, quíteselo usted de la cabeza*, rayez cela
de vos tablettes *o* de vos papiers. ‖ FAM. *¡Quítate
de en medio!*, ôte-toi de là! | *¡Quítate de mi
vista!*, vas te cacher!, disparais *u* ôte-toi de ma
vue! | *¡Quítese de ahí!*, ôtez-vous de là!
— SINÓN. ● *Suprimir*, supprimer. *Separar*, séparer.
Extirpar, extirper. *Eliminar*, éliminer. *Retirar*, retirer.
— ◆ *Robar*, voler. *Arrebatar*, arracher. *Despojar*, dé-
pouiller. *Desposeer*, déposséder. *Tomar, coger*, prendre.
Fam. Birlar, chiper.

quitasol m. Parasol.

quitasueño m. FAM. Cauchemar (preocupación).
quite m. Parade, *f.* (esgrima). ‖ TAUROM. « Quite »,
action (*f.*) ayant pour objet de détourner l'attention du taureau. ‖ — TAUROM. *Dar el quite*, exécuter un « quite », écarter le taureau de son
adversaire. ‖ *Estar al quite*, être prêt à exécuter
un « quite » (tauromaquia), se tenir prêt à donner
un coup de main (en defensa de uno).
quiteño, ña adj. y s. De Quito [Équateur].
quitina f. QUÍM. Chitine.
quitinoso, sa adj. Chitineux, euse.
quitón m. Chiton (molusco).
quitrín m. *Amer.* Sorte de calèche.
quiyá m. *Amer.* Sorte de cabiai (roedor).
quizá o **quizás** adv. Peut-être : *quizá venga*, peut-
être viendra-t-il.
quórum m. Quorum (de una asamblea).

R

r f. R, *m.*
— OBSERV. L'*r* espagnol doit être prononcé de telle
sorte qu'il produise l'effet d'une vibration. L'*r* initial,
l'*r* situé après les lettres *l, n, s*, et les deux *rr* sont
plus forts et comportent plusieurs vibrations. L'*r* ne
doit pas être prononcé à la parisienne avec le dos de
la langue, car on risquerait de le confondre avec la jota.
Orthographiquement le double *rr* ne doit pas être coupé
en deux à la fin d'une ligne, mais reporté à la ligne
suivante.
ra m. inv. Ra (redoble del tambor).
raba f. Rogue (hueva de bacalao).
rabada f. Train (*m.*) de derrière (de un animal). ‖
Râble, *m.* (solomillo).
rabadán m. Maître berger (mayoral).
rabadilla f. Croupion, *m.* (de las aves). ‖ Râble,
m. (de conejo, de liebre). ‖ FIG. y FAM. *Romperse
la rabadilla*, casser son verre de montre.
rabanal m. Champ de radis.
rabanera f. Marchande des quatre-saisons (verdulera). ‖ FIG. y FAM. Poissarde, femme grossière.
rabanero, ra adj. FIG. y FAM. Court, e (vestidos). |
Grossier, ère.
rabanillo m. Radis (rábano).
rabaniza f. Graine de radis (simiente). ‖ Roquette
(planta).
rábano m. Radis (planta). ‖ — *Rábano blanco*,
raifort. ‖ *Rábano silvestre*, raifort sauvage. ‖ FAM.
Tomar el rábano por las hojas, interpréter tout
de travers.
rabdología f. Rabdologie.
rabdomancia f. Rabdomancie.
rabear v. intr. Remuer la queue. ‖ MAR. Osciller
de l'arrière.
rabel m. Rebec (instrumento de música).
rabelesiano, na adj. y s. Rabelaisien, enne.
rabera f. Derrière, *m.* (parte posterior). ‖ Traverse
(en los carros). ‖ Manche, *f.* [d'un outil].
rabí m. Rabbi (título). ‖ Rabbin (rabino).
rabia f. Rage (enfermedad). ‖ FIG. Rage, colère :
reventar de rabia, écumer de rage. ‖ — FIG. *Dar
rabia*, enrager (invirtiendo la frase), mettre en

colère, faire rager, mettre en rogne (fam.) : *me
da rabia leer tales mentiras*, j'enrage de lire de
tels mensonges, ça me fait rager de lire de tels
mensonges. | *Muerto el perro se acabó la rabia*,
morte la bête, mort le venin. | *Que da rabia*, ra-
geant, e. | *Rabia, rabieta* ou *rabia, rabiña*, bisque
bisque rage. | *Tener rabia a uno*, ne pas pouvoir
voir quelqu'un, avoir quelqu'un dans le nez. |
Tomarle rabia a uno, prendre quelqu'un en
grippe.
rabiamarillo m. Oiseau d'Amérique, cacique.
rabiar v. intr. Avoir la rage (padecer de rabia). ‖
FIG. Enrager, rager, bisquer (fam.), se mettre en
rogne (fam.). — FIG. *Rabiar de hambre, de sed*,
mourir de faim, de soif. | *Rabiar por*, mourir
d'envie de : *está rabiando por irse*, il meurt d'envie de sortir. — FIG. *A rabiar*, enragé, à tous
crins . *republicano a rabiar*, républicain enragé;
à tout rompre : *aplaudieron a rabiar*, ils ont
applaudi à tout rompre. | *Está que rabia*, il est
furieux. | *Estar a rabiar con uno*, être à couteaux
tirés *o* fâché à mort avec quelqu'un. | *Hacer rabiar
a uno*, faire enrager quelqu'un. | *Me gusta a ra-
biar*, j'adore, je suis fou de. | *Pica que rabia*, ça
pique en diable. | *Soy más alto que tú, ¡rabia!*,
je suis plus grand que toi, tralala!
rabiatar v. tr. Attacher par la queue.
rabiblanco, ca adj. À queue blanche.
rábico, ca adj. MED. Rabique, de la rage.
rabicorto, ta adj. À queue courte. ‖ FIG. y FAM.
Court-vêtu, e : *una chiquilla rabicorta*, une
gamine court-vêtue.
rabieta f. FAM. Colère, rogne (de un niño).
rabihorcado m. Frégate, *f.* (ave).
rabijunco m. Oiseau d'Amérique du Sud, phaéton
(ave).
rabilargo, ga adj. À longue-queue. ‖ FIG. y FAM.
À robe traînante, habillé trop long.
— M. Rollier (ave).
rabillo m. Petite queue, *f.* ‖ Queue, *f.* (de una
hoja o fruto). ‖ Patte, *f.* (de pantalón o de chaleco). ‖ Ivraie, *f.* (cizaña). ‖ Tache, *f.* (mancha en

los cereales). || Coin (del ojo). || FAM. *Mirar con el rabillo del ojo,* regarder du coin de l'œil.
rabimocho, cha adj. *Amer.* À queue courte *o* à la queue coupée.
rabinato m. Rabbinat (dignidad de rabino).
rabínico, ca adj. Rabbinique.
rabinismo m. Rabbinisme.
rabinista m. y f. Rabbiniste.
rabino m. Rabbin.
rabino, na adj. y s. Bêcheur, euse.
rabión m. Rapide [d'un fleuve].
rabiosamente adv. Rageusement.
rabioso, sa adj. Enragé, e : *perro rabioso,* chien enragé. || FIG. Furieux, euse ; en colère (enojado) : *estar rabioso con alguien,* être furieux après quelqu'un. | Rageur, euse : *tono rabioso;* ton rageur. || Enragé, e (fanático). || Éclatant, e ; criard, e (color). || *Rabioso de ira,* écumant de colère.
rabisalsera adj. f. FAM. Effrontée (mujer).
rabiza f. Scion, *m.* (de la caña de pescar). || MAR. Bout, *m.,* poignée (de cordaje).
rabo m. Queue, *f.* : *el rabo de un perro,* la queue d'un chien. || Queue, *f.* (de una hoja o fruto). || Coin (del ojo). || Queue, *f.* (de una letra). || FIG. Queue, *f.* (cosa que cuelga). || — *Rabo de gallo,* cirrus (nube). || *Rabo de junco,* paille-en-queue (ave). || *Rabo de zorra,* érianthus (planta). || — FIG. y FAM. *Aún está el rabo por desollar,* il y a encore fort à faire, le plus dur reste à faire. | *Irse con el rabo entre las piernas,* s'en aller la queue entre les jambes, s'en aller bredouille. | *Volver con el rabo entre las piernas,* revenir bredouille.
rabón, ona adj. À queue très courte *o* sans queue. || Démanché, e ; sans manche (cuchillo).
— F. *Amer.* Cantinière. || FAM. *Hacer rabona,* faire l'école buissonnière (hacer novillos).
rabosear v. tr. Friper, froisser.
rabotada f. o **rabotazo** m. FIG. y FAM. Grossièreté, *f.,* muflerie, *f.*
rabotear v. tr. Couper la queue (desrabotar).
raboteo m. Coupe (*f.*) de la queue (a las ovejas).
racahut m. Racahout (fécula alimenticia árabe).
racamenta f. o **racamento** m. MAR. Racage, *m.*
racanear v. intr. FAM. Tirer au flanc (ser vago). | Être radin (ser avaro).
rácano, na adj. FAM. Flemmard, e (vago). | Radin, e (avaro).
racémico, ca adj. QUÍM. Racémique (ácido).
racial adj. Racial, e : *problemas raciales,* problèmes raciaux.
racimal adj. Relatif à la grappe.
racimar v. tr. Grappiller.
— V. pr. Se réunir, se disposer en grappe.
racimo m. Grappe, *f.* : *racimo de uvas,* grappe de raisin. || Régime (de dátiles, de plátanos). || FIG. Grappe, *f.* (conjunto).
racimoso, sa adj. Qui porte des grappes, chargé de grappes.
racimudo, da adj. À grosses grappes.
raciniano, na adj. Racinien, enne.
raciocinación f. Raisonnement, *m.* || Ratiocination.
— OBSERV. *Ratiocination* tiene un sentido peyorativo en francés.
raciocinar v. intr. Raisonner. || Ratiociner.
— OBSERV. *Ratiociner* tiene un sentido peyorativo en francés.
raciocinio m. Raisonnement : *carecer de raciocinio,* manquer de raisonnement.
ración f. Ration. || Portion (en una fonda, en un bar) : *una ración de gambas,* une portion de crevettes. || — FIG. *A ración,* parcimonieusement. | *Poner a media ración,* mettre à la portion congrue. || FIG. *Tener su ración de,* avoir son content de.
racionabilidad f. Raison, jugement, *m.*
racional adj. Rationnel, elle : *método racional,* méthode rationnelle. || Raisonnable (dotado de razón) : *ser racional,* être raisonnable.

— M. Être doué de raison. || Rational (ornamento del sumo sacerdote hebreo).
racionalidad f. Rationalité.
racionalismo m. Rationalisme.
racionalista adj. y s. Rationaliste.
racionalización f. Rationalisation.
racionalizar v. tr. Rationaliser.
racionamiento m. Rationnement ; *cartilla de racionamiento,* carte de rationnement. || MIL. Distribution (*f.*) de vivres.
racionar v. tr. Rationner : *racionar el pan,* rationner le pain. || MIL. Distribuer leur ration [aux soldats].
— V. pr. Être rationné, e.
racionero m. Prébendier.
racionista m. y f. Personne qui jouit d'un traitement. || Rationnaire (racionado). || — M. Gagiste (en el teatro).
racismo m. Racisme.
racista adj. y s. Raciste.
racket m. Racket.
racor m. Raccord (empalme). || AUT. Durit, *f.*
racha f. Rafale (ráfaga de viento). || FIG. Série. || Vague : *una racha de triunfos,* une vague de triomphes. || FIG. y FAM. Courte période de chance (en el juego). || — FIG. y FAM. *Estar de racha* ou *tener una buena racha,* avoir de la veine, être en veine. | *Tener una mala racha,* être dans une mauvaise passe.
rada f. Rade.
Radamanto n. pr. m. MITOL. Rhadamanthe.
radar m. Radar.
radarista m. Radariste (operador de radar).
Radegunda n. pr. f. Radegonde.
radiación f. Fís. Radiation. || *Poder de radiación,* pouvoir de rayonnement.
radiactividad f. Radio-activité, radioactivité.
radiactivo, va adj. Radio-actif, ive ; radioactif, ive.
radiado, da adj. y s. m. BOT. Radié, e. || ZOOL. Radiaire (animal). || — Adj. Diffusé, e ; retransmis, e ; radiodiffusé, e.
radiador m. Radiateur : *radiador de gas,* radiateur à gaz.
radial adj. Radial, e.
radialtímetro m. Radio-altimètre, radioaltimètre.
radián m. Radian (unidad angular).
radiante adj. Radiant, e ; rayonnant, e : *calor radiante,* chaleur rayonnante. || FIG. Rayonnant, e ; radieux, euse : *rostro radiante,* visage radieux. || — *Radiante de alegría,* radieux, rayonnant de joie. |' *Superficie radiante,* surface de rayonnement.
radiar v. intr. Irradier, émettre des radiations *o* un rayonnement.
— V. tr. Irradier, soumettre à des radiations. || RAD. Retransmettre, radiodiffuser, diffuser. || MED. Traiter par des rayons.
radiativo, va adj. Radiatif, ive.
radicación f. Enracinement, *m.,* radication (p. us.) [arraigamiento]. || FIG. Établissement, *m.*
radical adj. y s. m. Radical, e : *medios radicales,* moyens radicaux.
radicalismo m. Radicalisme (política radical).
radicalsocialismo m. Radical-socialisme.
radicalsocialista adj. y s. Radical-socialiste.
radicante adj. Enraciné, e. || FIG. Issu, e ; émanant, e. || Radicant, e (de muchas raíces).
radicar v. intr. Résider : *radicado en Madrid,* résidant à Madrid. || Se trouver, être situé, e : *una finca que radica en la provincia de Guadalajara,* une propriété qui se trouve dans la province de Guadalajara. || FIG. *Radicar en,* résider dans, être dû à, tenir à.
— V. pr. S'établir, se domicilier (domiciliarse). || S'enraciner (arraigarse).
radicícola adj. BOT. Radicicole.

radicifloro, ra adj. BOT. Radiciflore.
radicívoro, ra adj. Radicivore.
radicotomía f. MED. Radicotomie.
radícula f. BOT. Radicule.
radicular adj. Radiculaire.
radiestesia f. Radiesthésie.
radiestesista m. y f. Radiesthésiste.
radífero, ra adj. Radifère (que contiene radio).
radio m. Rayon : *radio de curvatura*, rayon de courbure. ‖ Rayon (de una rueda). ‖ FIG. Rayon ; *radio de acción*, rayon d'action ; *en un radio de cien kilómetros*, dans un rayon de cent kilomètres. ‖ ANAT. Radius (hueso). ‖ QUÍM. Radium (metal). — *Radio de giro*, rayon de braquage (de un vehículo). ‖ BOT. *Radio medular*, rayon médullaire. ‖ — F. Radio, poste (*m.*) de radio, poste (*m.*) de T.S.F. (aparato). ‖ — *Dirección por radio*, radiocommande. ‖ *Radio galena*, poste à galène. ‖ *Señalar por radio*, radiobaliser. ‖ *Técnico de radio*, radio-électricien, radioélectricien.
radio m. Radio (abrev. de *radiotélégraphiste* o *radiotéléphoniste*).
radioactividad f. V. RADIACTIVIDAD.
radioactivo, va adj. V. RADIACTIVO.
radioaficionado, da m. y f. Radio-amateur, radio amateur (sin fem.).
radioalineación f. Radio-alignement, *m.*, radioalignement, *m.*
radioaltímetro m. Radio-altimètre, radioaltimètre.
radioastronomía f. Radio-astronomie, radioastronomie.
radiobaliza f. Radiobalisage, *m.*
radiobiología f. Radiobiologie.
radiocarpiano, na adj. ANAT. Radio-carpien, enne (músculo).
radiocinematografía f. Radiocinématographie.
radiocobalto m. Radiocobalt.
radiocompás m. Radiocompas.
radiocomunicación f. Radiocommunication.
radioconductor m. Radioconducteur.
radiocroísmo m. Radiochroïsme.
radiocubital adj. ANAT. Radio-cubital, e.
radiodermatitis o **radiodermitis** f. MED. Radiodermite.
radiodetección f. Radiodétection.
radiodiagnosis f. o **radiodiagnóstico** m. Radiodiagnostic, *m.*
radiodifundir v. tr. Radiodiffuser.
radiodifusión f. Radiodiffusion : *estación de radiodifusión*, station de radiodiffusion.
radiodifusor, ra adj. De radiodiffusion : *estación radiodifusora*, station de radiodiffusion.
radioelectricidad f. Radio-électricité, radioélectricité.
radioeléctrico, ca adj. Radio-électrique, radioélectrique.
radioelemento m. Radio-élément, radioélément.
radioemisora f. Station de radiodiffusion, poste (*m.*) émetteur.
radioescucha m. y f. Auditeur, trice (de la radio).
radiofaro m. Radiophare.
radiofonía f. Radiophonie, radio (fam.).
radiofónico, ca adj. Radiophonique. ‖ *Crónica radiofónica, reportaje radiofónico*, radioreportage.
radiófono m. Radiophone.
radiofotografía f. Radiophotographie.
radiofrecuencia f. Radiofréquence.
radiógeno, na adj. Radiogène.
radiogoniometría f. Radiogoniométrie.
radiogoniométrico, ca adj. Radiogoniométrique.
radiogoniómetro m. Radiogoniomètre, radiocompas.
radiografía f. Radiographie, radio (fam.). ‖ *Hacerse una radiografía*, se faire faire une radio, passer à la radio.
radiografiar v. tr. Radiographier.
radiográfico, ca adj. Radiographique.

radiograma m. Radiogramme, radiotélégramme.
radioisótopo m. Fís. Radio-isotope.
radiolarios m. pl. ZOOL. Radiolaires.
radiolocalización f. Radiodétection, radiolocation, radiolocalisation.
radiología f. MED. Radiologie.
radiólogo m. MED. Radiologiste, radiologue.
radiometalografía m. Radiométallographie.
radiometría f. Radiométrie.
radiométrico, ca adj. Radiométrique.
radiómetro m. ASTR. y Fís. Radiomètre.
radiomicrómetro m. Radiomicromètre.
radionavegación f. Radionavigation.
radionavegante m. Radionavigant.
radioquímica f. Radiochimie.
radiorreceptor m. Radiorécepteur.
radioscopia f. Radioscopie.
radioscópico, ca adj. Radioscopique.
radiosensibilidad f. Radiosensibilité.
radioseñalización f. Radiosignalisation.
radiosonda f. Radiosonde.
radiosondeo m. Radiosondage.
radiotécnica f. Radiotechnie.
radiotécnico, ca adj. y s. f. Radiotechnique. ‖ — M. Radiotechnicien.
radiotelefonía f. Radiotéléphonie.
radiotelefónico, ca adj. Radiotéléphonique.
radiotelefonista m. Radiotéléphoniste.
radiotelegrafía f. Radiotélégraphie.
radiotelegrafiar v. tr. Radiotélégraphier.
radiotelegráfico, ca adj. Radiotélégraphique. ‖ *Despacho radiotelegráfico*, radiotélégramme.
radiotelegrafista m. y f. Radiotélégraphiste.
radiotelegrama m. Radiotélégramme.
radiotelescopio m. Radiotélescope.
radioterapia f. Radiothérapie (rayos X). ‖ Radiumthérapie (radium).
radioterápico, ca adj. Radiothérapique.
radiotorio m. Radiothorium.
radiotransmisión f. Émission de radio.
radiotransmisor m. Poste émetteur, émetteur.
radioyente m. y f. Auditeur, trice (de la radio).
radiumterapia f. Radiumthérapie.
radón m. QUÍM. Radon (gas).
raedera f. Racloir, *m.*, raclette. ‖ Sorte de truelle (llana). ‖ Petite pelle (azada).
raedor, ra adj. y s. Racleur, euse. ‖ — M. Racloire, *f.* (rasero).
raedura f. Raclement, *m.*, raclage, *m.* (acción de raer). ‖ Raclure (parte raída). ‖ Élimage, *m.*, usure (de un traje).
raer* v. tr. Racler. ‖ FAM. Râper, élimer (traje). ‖ FIG. Rayer (de una lista).
Rafael n. pr. m. Raphaël.
rafaelesco, ca adj. Raphaélesque.
ráfaga f. Rafale (de viento). ‖ Jet, *m.* [de lumière], éclair, *m.* (golpe de luz). ‖ Rafale (de ametralladora).
rafe m. y f. ANAT. Raphé, *m.* ‖ — M. Avant-toit (alero).
rafia f. BOT. Raphia, *m.*
raglán m. Raglan.
— Adj. Raglan : *mangas raglán*, manches raglan.
ragua f. Extrémité supérieure de la canne à sucre.
rahat lokum m. Rahat-loukoum, rahat-lokoum (dulce oriental).
raíble adj. Qui peut être raclé, e.
raicear v. intr. *Amer.* Prendre racine, s'enraciner.
raicilla o **raicita** f. Radicelle.
raid m. Raid (incursión).
raído, da adj. Râpé, e : *traje raído*, costume râpé.
raigal adj. Radical, e : *pedúnculos raigales*, pédoncules radicaux.
— M. Extrémité (*f.*) de la pièce de bois correspondant à la racine de l'arbre.
raigambre f. Racines, pl. (de una planta). ‖ FIG. Racines, *pl.*, fondements, *m. pl.* ‖ *Costumbre de*

honda raigambre en Castilla, coutume profondément enracinée en Castille.

raigón m. Grosse racine, *f.* (tocón). ‖ Racine, *f.* (de un diente). ‖ Fam. Chicot (de un diente echado a perder).

raíl o **rail** m. Rail (riel). ‖ *Rail guía,* rail à gorge.

raimiento m. Raclage (acción). ‖ Raclure, *f.* (resultado).

Raimundo n. pr. m. Raymond.

raíz f. Bot. Racine. ‖ Anat. Racine (de un diente). ‖ Gram. Racine. ‖ Mat. Racine : *raíz cuadrada, cúbica,* racine carrée, cubique. ‖ — Bot. *Raíz adventicia, pivotante* ou *columnar* ou *nabiforme,* racine adventive, pivotante. ‖ — *A raíz de,* à la suite de, aussitôt après, tout de suite après. ‖ *Bienes raíces,* biens-fonds. ‖ — Fig. *Arrancar* ou *cortar de raíz,* déraciner (árbol), extirper (abuso), couper à la racine *o* dans sa racine (mal). ‖ *Echar raíces,* prendre racine, jeter des racines (una planta), s'ancrer (instalarse). ‖ Fig. *Sacar de raíz,* extirper. ‖ *Tener raíces,* être enraciné : *la virtud tiene raíces profundas en su corazón,* la vertu est profondément enracinée dans son cœur.

raja f. Tranche (de melón, sandía, salchichón, etc.): *hacer rajas,* couper des tranches. ‖ Coupure (cortadura). ‖ Fente (hendidura). ‖ Fente (de chaqueta). ‖ Fêlure (en un plato). ‖ Fissure (grieta). ‖ Bois (*m.*) sur quartier, rondin (*m.*) fendu (leño).

rajá m. Rajah, radjah (soberano de la India).

rajabroqueles m. inv. Fig. y Fam. (P. us.). Matamore.

rajadera f. Hachette, fendoir, *m.*

rajado, da adj. y s. Fig. y Fam. Dégonflé, e.

rajadizo, za adj. Facile à fendre.

rajadura f. Fente (hendedura).

rajamiento m. Fam. Dégonflage, reculade, *f.*

rajar v. tr. Couper en tranches : *rajar un melón,* couper un melon en tranches. ‖ Fendre (hender). — V. intr. Fam. Se vanter, s'étaler (jactarse). ‖ Jacasser (parlotear). ‖ Rouspéter (refunfuñar). — V. pr. Se fendre. ‖ Fam. Se dégonfler (acobardarse).

Rajastán o **Rayastán** n. pr. m. Geogr. Rajasthan.

rajatabla (a) adv. Point par point, rigoureusement.

rajatablas m. *Amer.* Réprimande, *f.*

rajeta f. Drap (*m.*) grossier, rasette. ‖ M. y f. Pop. Dégonflé, e ; froussard, e (miedoso).

rajón, ona adj. y s. Fam. *Amer.* Fanfaron, onne. ‖ Dégonflé, e ; froussard, e (miedoso).

rajuela f. Éclat (*m.*) de bois (astilla). ‖ Pierre (piedra).

ralea f. Espèce, race (raza). ‖ Engeance : *mala ralea,* mauvaise engeance. ‖ Proie spécifique (de aves de cetrería). ‖ — *De baja ralea,* de bas étage. ‖ *Gente de la misma ralea,* gens du même acabit *o* à mettre dans le même sac.

ralear v. intr. S'éclaircir : *esta tela ya ralea,* ce tissu s'éclaircit déjà. ‖ Ne pas être bien venu (racimo de uva).

ralentí m. Cinem. Ralenti (cámara lenta). ‖ Ralenti (motor) : *funcionar al ralentí,* marcher au ralenti.

raleza f. Espacement, *m.,* dispersion.

ralo, la adj. Rare, clairsemé, e (pelo, árboles). ‖ Espacé, e (dientes). ‖ Mince (tela). ‖ Espacé, e ; disséminé, e (diseminado).

rallado, da adj. Râpé, e : *queso rallado,* fromage râpé. — M. Râpage.

rallador m. Râpe, *f.* (rallo).

ralladura f. Râpure.

rallar v. tr. Râper : *rallar queso,* râper du fromage. ‖ Fig. y Fam. Raser (molestar).

rallo m. Râpe, *f.* (rallador). ‖ Alcarazas, gargoulette, *f.* (vasija).

rallye m. Rallye.

rama f. Branche. ‖ Fig. Branche : *las diferentes ramas del saber,* les différentes branches du savoir.

‖ Branche (de una familia). ‖ Impr. Ramette. ‖ Mat. Branche (de una curva). ‖ — *En rama,* brut (no manufacturado) : *algodón en rama,* coton brut. ‖ — Fig. y Fam. *Andarse por las ramas,* tourner autour du pot. ‖ *No andarse por las ramas,* ne pas y aller par quatre chemins. — Observ. No hay que confundir el español *rama* (de árbol) con el francés *rame* (remo, tren o resma).

ramada f. Branchage, *m.,* ramure, ramée (ramaje).

ramadán m. Ramadan (noveno mes musulmán).

ramaje m. Branchage, ramure, *f.,* ramée, *f.* ‖ Ramage (de una tela). — Observ. Le mot espagnol *ramaje* n'a pas le sens de *chant* (des oiseaux) qu'a le substantif français *ramage*.

ramal m. Embranchement (de vía). ‖ Branchement (derivación). ‖ Ramification, *f.* (de una cordillera). ‖ Tronçon (tramo). ‖ Volée, *f.* (de escalera). ‖ Brin (de cuerda). ‖ Licou (ronzal). ‖ Rameau (de mina). ‖ Rad. Brin. ‖ — *Ramal de conexión,* bretelle (autopista). ‖ *Ramal de trinchera,* boyau.

ramalazo m. Coup de licou *o* de corde. ‖ Rafale, *f.,* coup de vent (racha de viento). ‖ Fig. Marque (*f.*) sur la peau. ‖ — *Tener un ramalazo de,* avoir quelque chose de. ‖ *Tener un ramalazo de loco,* avoir un grain de folie.

rambla f. Ravin, *m.* ‖ Cours, *m.* promenade, avenue (paseo). ‖ Tecn. Perche (para los paños). ‖ *Amer.* Quai, *m.* (muelle). ‖ *Las Ramblas,* les Ramblas [avenue principale de Barcelone].

ramblazo o **ramblizo** m. Ravin.

rameado, da adj. À ramages : *tejido rameado,* tissu à ramages.

ramear v. tr. Ramager (un tejido).

ramera f. Prostituée.

rami m. Rami (juego de naipes).

ramificación f. Ramification (de un camino). ‖ Fig. Conséquence, suite, effet, *m.* (consecuencia). ‖ Ramification, prolongement, *m.* (consecuencia más lejana). ‖ Subdivision (subdivisión). — Sinón. *Bifurcación,* bifurcation. *Ramal, empalme,* embranchement.

ramificado, da adj. Ramifié, e ; rameux, euse.

ramificarse v. pr. Se ramifier. ‖ Fig. Se ramifier, se subdiviser (subdividirse).

ramilla f. Ramille. ‖ Fig. Broutille.

ramillete m. Bouquet : *ramillete de flores,* bouquet de fleurs. ‖ Fig. Pièce (*f.*) montée (pastel). ‖ Surtout (de mesa). ‖ Fig. Recueil, collection, *f.* : *ramillete de máximas,* recueil de maximes. ‖ Grappe, *f.* : *ramilletes de muchachas,* des grappes de jeunes filles.

ramilletero, ra m. y f. Bouquetier, ère. ‖ — M. Vase [à fleurs].

ramina f. Filasse de ramie.

ramio m. Ramie, *f.* (planta).

Ramiro n. pr. m. Ramire.

ramitos m. pl. Rameaux, ramilles, *f.*

ramiza f. Branchages, *m.* pl. : *cabaña de ramiza,* hutte de branchages. ‖ Ramilles, *pl.* (támaras).

ramnáceas f. pl. Bot. Rhamnacées.

ramno m. Bot. Rhamnus (cambrón).

ramo m. Rameau (rama pequeña). ‖ Bouquet : *ramo de flores,* bouquet de fleurs. ‖ Gerbe, *f.* (ramillete grande) : *ramo de gladiolos,* gerbe de glaïeuls. ‖ Botte, *f.* (manojo de hierbas). ‖ Fig. Branche, *f.* (subdivisión). ‖ Grain : *ramo de locura,* grain de folie. ‖ *Domingo de Ramos,* dimanche des Rameaux.

ramojo m. Fagot, bourrée, *f.* (de ramas cortadas).

ramón m. Ramée, *f.,* branchages, *pl.*

Ramón n. pr. m. Raymond.

ramonear v. tr. Tailler (los árboles). ‖ Brouter [aux arbres] (los animales).

ramoneo m. Taille, *f.* (poda). ‖ Époque (*f.*) de la taille (época).

ramoso, sa adj. Branchu, e (p. us.), touffu, e ; rameux, euse.

rampa f. MED. Crampe (calambre). ‖ Rampe (plano inclinado). ‖ *Rampa de lanzamiento,* rampe de lancement.

rampante adj. BLAS. Rampant, e : *león rampante,* lion rampant.

ramplón, ona adj. FIG. Vulgaire, quelconque, de mauvais goût : *artículo ramplón,* article de mauvais goût : *tío ramplón,* type quelconque. | Pompier (sin fem.) : *versos ramplones,* des vers pompiers.

ramplonería f. Vulgarité, mauvais goût, grossièreté (vulgaridad).

rampojo m. Rafle, *f.* (escobajo).

rampollo m. Bouture, *f.*

rana f. Grenouille : *ancas de rana,* cuisses de grenouille. ‖ Tonneau, *m.* (juego). ‖ — *Rana de zarzal,* rainette. ‖ *Rana marina* ou *pescadora,* baudroie, crapaud de mer (pejesapo). ‖ — FIG. y FAM. *Cuando las ranas crien* ou *tengan pelos,* quand les poules auront des dents, à Pâques ou à la Trinité. | *No ser una rana,* ne pas être un imbécile. | *Salir rana,* rater : *mi proyecto ha salido rana,* mon projet a raté ; ne pas être ce qu'on espérait, ne pas être réussi.

rancajo m. Écharde, *f.* (espina, astilla).

ranciar v. tr. Faire rancir.

— V. pr. Rancir, devenir rance.

rancidez o **ranciedad** f. Rancidité. ‖ Rancissement, *m.*

rancio, cia adj. Rance. ‖ FIG. Rance, vieux jeu, *inv.* : *una solterona un poco rancia,* une vieille fille un peu rance. | Ancien, enne ; vieux, vieille : *rancia nobleza,* ancienne noblesse ; *de rancio abolengo,* de vieille souche. ‖ *Ponerse rancio,* rancir, devenir rance.

— M. Rance : *oler a rancio,* sentir le rance. ‖ Rancio (vino). ‖ Graisse, *f.* (del paño).

rancheadero m. Campement.

ranchear v. intr. y pr. Camper.

— V. tr. *Amer.* Piller.

rancheo m. *Amer.* Pillage.

ranchera f. *Amer.* Chanson populaire.

ranchería f. Campement, *m.* (conjunto de ranchos).

ranchero m. Cuisinier (el que guisa el rancho). ‖ Chef d'un campement. ‖ *Amer.* Fermier (dueño de un rancho).

rancho m. Soupe, *f.,* rata (fam.) [comida de los soldados]. ‖ FAM. Petit comité (grupo de personas). ‖ MAR. Carré d'équipage, poste (alojamiento). | Quart (marinos de servicio). ‖ Rancho, ranch (finca en Norteamérica). ‖ *Amer.* Chaumière, *f.* (bohío). ‖ — *Hacer rancho aparte,* faire bande à part. ‖ *Rancho de carboneros,* charbonnière. ‖ *Rebajar de rancho,* donner un prêt franc.

randa f. Dentelle, *f.* ‖ Réseau, *m.* (de un encaje). ‖ — M. FAM. Filou, pickpocket.

randera f. Dentellière.

ranfla f. *Amer.* Rampe.

rangífero m. Renne (reno).

rango m. Rang (categoría) : *de alto* ou *mucho rango,* de haut rang. ‖ *Amer.* Générosité, *f.,* libéralité, *f.* (generosidad). | Haridelle, *f.* (rocín). ‖ — *Conservar* ou *mantener su rango,* tenir son rang. ‖ *Tene rango de,* avoir rang de.

ránidos m. pl. ZOOL. Ranidés.

ranilla f. Fourchette (del caballo). ‖ VETER. Maladie des bovins.

ránula f. MED. Grenouillette.

ranqueles m. pl. Indiens de la Pampa.

ranunculáceas f. pl. BOT. Renonculacées.

ranúnculo m. BOT. Renoncule, *f.*

ranura f. Rainure. ‖ Fente (de un teléfono público, de una máquina tragaperras). ‖ — *Hacer una*

ranura en, faire une rainure dans, rainer. ‖ MECÁN. *Ranura de engrase,* patte-d'araignée.

raña f. Crochet (*m.*) à pêcher les poulpes. ‖ Maquis, *m.,* taillis, *m.* (monte bajo).

raño m. Serran, perche (*f.*) de mer (pez). ‖ Digon (instrumento de pesca).

rapabarbas m. inv. FAM. Barbier, figaro (barbero).

rapacejo m. Talon, armature (*f.*) d'une frange (alma del fleco). ‖ Frange, *f.* (fleco). ‖ Gamin (muchacho).

rapacería f. Rapacité. ‖ Gaminerie (muchachada).

rapacidad f. Rapacité.

rapador, ra m. y f. Tondeur, euse. ‖ — M. FAM. Barbier, figaro (barbero).

rapadura f. o **rapamiento** m. Rasage, *m.* (de la barba). ‖ Tonte, *f.* (del pelo). ‖ *Amer.* Pain (*m.*) de sucre (panela).

rapapiés m. Serpenteau (cohete).

rapapolvo m. FAM. Savon (reprensión) : *dar un rapapolvo a alguien,* passer un savon à quelqu'un.

rapar v. tr. Raser (afeitar). ‖ Tondre, couper les cheveux ras (cortar el pelo al rape). ‖ FIG. y FAM. Faucher, chiper (hurtar). ‖ TECN. Raser.

— V. pr. Se raser (afeitarse). ‖ Se faire tondre.

— OBSERV. El francés *râper* corresponde en español a *rallar, raspar* y *raer.*

rapaz adj. y s. Rapace. ‖ — M. pl. ZOOL. Rapaces.

rapaz, za o **rapazuelo, la** m. y f. Gamin, e ; petit garçon, petite fille, gosse.

rape m. ZOOL. Baudroie, *f.* (pez). ‖ Rasage rapide (afeitado). ‖ — *Al rape,* ras : *pelo cortado al rape,* cheveux coupés ras. ‖ FIG. y FAM. *Dar un rape,* passer un savon (reprender).

rapé m. Rapé (tabaco en polvo).

rapidez f. Rapidité.

rápido, da adj. Rapide.

— M. Rapide (tren, río).

rapincacho o **rapingacho** m. *Amer.* Omelette (*f.*) au fromage et aux pommes de terre.

rapiña f. Rapine (hurto). ‖ *Ave de rapiña,* oiseau de proie.

— SINÓN. *Bandidaje,* banditisme. *Bandolerismo,* brigandage. *Pillaje,* pillage. *Depredación,* déprédation.

rapiñador, ra m. y f. Rapineur, euse.

rapiñar v. tr. e intr. FAM. Rapiner (hurtar).

rapónchigo m. Raiponce, *f.* (planta).

raposa f. Renard, *m.* (zorro). ‖ Renarde (zorra). ‖ FIG. y FAM. Renard, *m.,* vieux renard, *m.*

raposear v. intr. Ruser.

raposeo m. Ruse, *f.*

raposera f. Renardière.

raposería o **raposía** f. Ruse, astuce.

raposo m. Renard (zorro). ‖ FIG. Renard, vieux renard (astuto).

rapsoda m. Rhapsode, rapsode.

rapsodia f. Rhapsodie, rapsodie.

raptar v. tr. Enlever (una persona).

rapto m. Enlèvement, rapt : *rapto de menores,* enlèvement d'enfants. ‖ Extase, *f.,* ravissement (éxtasis). ‖ Impulsion, *f.* (impulso). ‖ Transport, élan (transporte). ‖ Accès (de cólera). ‖ MED. Syncope, *f.* ‖ *El rapto de las Sabinas,* l'enlèvement des Sabines.

raptor, ra adj. y s. Ravisseur, euse.

raque m. Pillage d'épaves.

raquear v. intr. Piller les épaves.

Raquel n. pr. f. Rachel.

raquero, ra adj. y s. Pirate (pirata). ‖ — M. Pilleur d'épaves. ‖ Voleur qui opère dans un port (ratero).

raqueta f. Raquette (de tenis, etc.). ‖ Râteau, *m.* (de croupier). ‖ Raquette (para andar por la nieve). ‖ Sisymbre, *m.* (jaramago).

raquialgia f. MED. Rachialgie.

raquianestesia f. MED. Rachianesthésie, rachianalgésie.

raquídeo, a adj. Rachidien, enne : *bulbo raquídeo*, bulbe rachidien.

raquis m. ANAT. y BOT. Rachis.

raquítico, ca adj. y s. Rachitique.

raquitismo m. Rachitisme.

raquítomo m. MED. Rachitome.

raramente adv. Rarement (rara vez). ‖ Étrangement (extrañamente). ‖ Bizarrement (ridículamente).

rarefacción f. Raréfaction. ‖ Rareté (del aire).

rarefacer* v. tr. Raréfier (enrarecer).

rarefacto, ta adj. Raréfié, e.

rareza f. Rareté. ‖ Bizarrerie, extravagance (acción extravagante). ‖ *Tener rarezas*, avoir de drôles d'idées, être un peu bizarre.

rarificar v. tr. Raréfier (enrarecer).

rarificativo, va o **rarificante** adj. Raréfiant, e.

rarísimo, ma adj. Rarissime.

raro, ra adj. Rare (poco frecuente). ‖ FIG. ● Bizarre, drôle, étrange (extraño) : *una manera muy rara de expresarse*, une façon bizarre o une drôle de façon de s'exprimer. ‖ FIG. Rare (gas). ‖ — FIG. *Mirar como un bicho raro*, regarder comme une bête curieuse. ‖ *¡Qué cosa más rara!*, c'est vraiment curieux ! ‖ *Rara vez*, rarement. ‖ FIG. *Sentirse raro*, se sentir tout drôle, ne pas être dans son assiette.
— SINÓN. ● *Extraño, peregrino,* étrange. *Insólito,* insolite. *Único,* unique. *Extraordinario,* extraordinaire. *Singular,* singulier. *Estrambótico, extravagante,* extravagant. *Estrafalario,* bizarre.

ras m. *A ras de,* au ras de. ‖ *A ras de tierra,* à ras de terre ; en rase-mottes (avión). ‖ *Ras con ras,* au même niveau (al mismo nivel), ras, à ras (tocando ligeramente).

rasa f. Clairière, clairure (de un tejido). ‖ Plateau (m.) dénudé (meseta).

rasadura f. Action de rader.

rasamente adv. Ouvertement, clairement.

rasancia f. MIL. Rasance.

rasante adj. Rasant, e : *tiro rasante,* tir rasant. ‖ En rase-mottes (vuelo).
— F. Pente, inclinaison (de un camino). ‖ *Cambio de rasante,* haut d'une côte.

rasar v. tr. Raser : *rasar el suelo,* raser le sol. ‖ Rader, racler (pasar el rasero). ‖ AVIAC. *Rasando el suelo,* en rase-mottes.

rasca f. Amer. Ivresse, cuite (fam.) [borrachera].

rascacielos m. inv. Gratte-ciel (edificio).

rascacio m. Rascasse, f. (pez).

rascada f. Amer. Grattement, m.

rascadera f. Grattoir, m. ‖ FAM. Étrille (almohaza).

rascado, da adj. Gratté, e. ‖ Irritable, impatient, e. ‖ FAM. Effronté, e (atrevido).

rascador m. Grattoir, raclette, f. (raedera). ‖ Épingle (f.) à cheveux ornée de pierreries. ‖ Frottoir (para las cerillas). ‖ AGRIC. Égreneuse, f. (para desgranar). ‖ MIL. Rugueux (de una granada). ‖ AUTOM. *Rascador de aceite,* racleur d'huile.

rascadura f. Grattement, m. (en la piel). ‖ Grattage, m. (para quitar algo).

rascamiento m. Grattement.

rascar v. tr. Gratter (con la uña). ‖ Racler (raspar). ‖ FAM. Gratter, racler (la guitarra). ‖ FIG. *El comer y el rascar, todo es empezar,* l'appétit vient en mangeant.
— V. pr. Se gratter. ‖ Amer. S'enivrer (emborracharse). ‖ — FIG. *A quien le pique que se rasque,* qui se sent morveux se mouche, qui se sent galeux se gratte. ‖ *Rascarse los bolsillos,* racler les fonds de tiroirs o ses fonds de poche.

rascaso m. Rascasse, f. [poisson des Antilles].

rascatripas m. inv. FAM. Violoneux, racleur (violinista malo).

rascón, ona adj. Âpre, âcre, râpeux, euse (vino).
— M. Poule (f.) d'eau, râle d'eau (polla de agua).

rasera f. Écumoire.

rasero m. Radoire, f., racloire, f. ‖ FIG. *Medir por el mismo rasero,* mettre sur le même pied o sur un pied d'égalité.

rasete m. Satinette, f. (tela).

rasgado, da adj. Déchiré, e. ‖ FIG. Fendu, e (boca). ‖ En amande, de biche, fendu, e (ojos).
— M. Déchirure, f. (rasgón).

rasgadura f. Déchirure.

rasgar v. tr. Déchirer (romper).
— V. pr. Amer. Mourir.

rasgo m. Trait. ‖ — Pl. Traits (du visage). ‖ — *Explicar a grandes rasgos,* expliquer dans les grandes lignes o à grands traits. ‖ *Rasgo de ingenio,* trait de génie.

rasgón m. Déchirure, f.

rasgueado m. Arpège sur une guitare.

rasguear v. tr. Plaquer des accords o des arpèges sur [un instrument à cordes].
— V. intr. Faire des traits de plume.

rasgueo m. Arpèges (pl.) o accords (pl.) plaqués sur une guitare, accompagnement.

rasguñar v. tr. Égratigner (arañar). ‖ Esquisser, croquer (un boceto).

rasguño m. Égratignure, f. (arañazo). ‖ Éraflure, f. (superficial). ‖ Esquisse, f., croquis (boceto).

rasilla f. Mousseline de laine (tela). ‖ Brique creuse (ladrillo).

raso, sa adj. Ras, e. ‖ Plat, e (llano). ‖ Découvert, e ; dégagé, e ; *cielo raso,* ciel découvert. ‖ Simple : *soldado raso,* simple soldat. ‖ Sans dossier (sin respaldo). ‖ — *Al raso,* à la belle étoile (al aire libre), ras (muy corto). ‖ *Cielo raso,* faux plafond (techo). ‖ *En campo raso,* en rase campagne. ‖ *Hacer tabla rasa,* faire table rase.
— M. Satin (tela).

raspa f. Arête (de un pescado). ‖ BOT. Axe, m. (eje). ‖ Rafle (escobajo). ‖ Amer. Réprimande, savon, m. (reprimenda). ‖ Voleur, m., filou, m. (ratero).

raspado m. MED. Curetage. ‖ Raclage (raedura). ‖ Raturage (para borrar).

raspador m. Grattoir (para raspar lo escrito). ‖ TECN. Racloir, raclette, f., curette, f. ‖ Rabot (de mina).

raspadura f. Grattage, m. ‖ Raclage, m. (raspado). ‖ Râpage, m. (rallado). ‖ Raturage, m. (para borrar). ‖ Raclure, râpure, gratture (residuo del raspado). ‖ Amer. Cassonade.

raspamiento m. Grattage (raspadura).

raspante adj. Qui gratte, râpeux, euse. ‖ Âpre, râpeux, euse (vino).

raspar v. tr. Gratter. ‖ Racler (para quitar una parte superficial). ‖ Racler le gosier (un vino, licor, etc.). ‖ Voler, chiper (hurtar). ‖ Raturer. ‖ TECN. Râper. ‖ Amer. Réprimander, gronder (reprender). ‖ *Raspando,* de justesse : *aprobar raspando,* être reçu de justesse.

raspear v. intr. Gratter (la pluma).

raspetón (de) loc. Amer. En passant, au passage (de pasada). ‖ En biais (de soslayo).

raspilla f. BOT. Myosotis, m.

raspón m. Amer. Savon, engueulade, f. (fam.) [reconvención]. ‖ Écorchure, f. (desolladura).

rasposo, sa adj. Râpeux, euse (áspero).

raspudo, da adj. Qui a de grosses arêtes (trigo).

rasqueta f. MAR. Racle. ‖ TECN. Raclette (raedera). ‖ Amer. Étrille (almohaza).

rasquetear v. tr. Amer. Étriller (almohazar).

rastacuero m. Rastaquouère, rasta (advenedizo).

rastra f. Trace, traînée (huella). ‖ Fardier, m. (carro). ‖ Herse (agrícola). ‖ Chapelet, m. (de fruta seca). ‖ Amer. Boucle de ceinture ronde des gauchos. ‖ — *A la rastra* ou *a rastras,* en traînant, en faisant glisser (arrastrando), à contrecœur (de

mal grado). ‖ Fam. *Andar a rastras*, se traîner. ‖
Ir a rastras de uno, être à la remorque de quel-
qu'un. | *Llevar a rastras*, traîner : *llevar a alguien
a rastras al médico*, traîner quelqu'un chez le médecin ; avoir à la traîne : *llevo dos asignaturas a
rastras*, j'ai deux matières à la traîne.
rastrallar v. intr. Claquer (el látigo).
rastreado m. Danse (*f.*) espagnole du XVIIᵉ siècle.
rastreador, ra adj. Qui suit la trace.
rastrear v. tr. Suivre la piste de, suivre à la trace.
‖ Traîner au fond de l'eau (en la pesca). ‖ Vendre
[la viande] au marché.
— V. intr. Raser le sol (un avión). ‖ Agric. Râteler. ‖ Fig. S'informer, enquêter.
rastrel m. Arq. Listel (ristrel).
rastreo m. Traînement. ‖ Agric. Râtissage, râtelage (con el rastrillo), hersage (con la grada).
rastrera f. Mar. Bonnette basse (arrastradera).
rastreramente adv. Bassement.
rastrero, ra adj. Rampant, e : *animal rastrero*,
animal rampant. ‖ Fig. Rampant, e ; vil, e :
carácter rastrero, caractère rampant. | Vil, e (con-
ducta). | Terre à terre : *ambiciones rastreras*,
ambitions terre à terre. ‖ Bot. Rampant, e (tallo).
‖ *Perro rastrero*, limier.
— M. Employé des abattoirs. ‖ Marchand de bestiaux.
rastrillada f. Râtelée. ‖ *Amer.* Traces, pl., piste.
‖ — Pl. Râtelures.
rastrillado m. Râtelage (en el campo). ‖ Ratissage
(en jardines). ‖ Peignage (de textiles).
rastrillador, ra m. y f. Râteleur, euse. ‖ Peigneur, euse (de textiles). ‖ — F. Agric. Herse.
rastrillaje m. Agric. Râtelage, ratissage.
rastrillar v. tr. Ratisser : *rastrillar las avenidas de
un jardín*, ratisser les allées d'un jardin. ‖ Agric.
Râteler, racler (con el rastro). | Herser (con la
grada). ‖ Tecn. Peigner (cáñamo, lino). ‖ *Amer.*
Tirer (disparar). | Gratter (un fósforo).
rastrillo m. Peigne (para el cáñamo, el lino). ‖
Râteau (rastro). ‖ Mil. Herse, *f.* (de fortificación).
‖ Teatr. Herse, *f.* ‖ Tecn. Râteau (de cerradura).
rastro m. Agric. Râteau (para recoger hierba,
paja, etc.). ‖ Herse, *f.* (grada). | Marcotte, *f.* (mu-
grón). ‖ Abattoir (matadero). ‖ Fig. Trace, *f.* :
ni rastro de, pas trace de ; *no encontrar rastro de*,
ne pas trouver trace de. | Piste : *seguir el rastro*,
suivre à la piste. ‖ *El Rastro*, le marché aux puces
(en Madrid).
rastrojar v. tr. Agric. Chaumer, déchaumer.
rastrojera f. Chaumes, *m. pl.* ‖ Saison pendant
laquelle les troupeaux paissent dans les chaumes.
rastrojo m. Chaume (paja). ‖ Chaumes, pl. (campo
segado). ‖ *Amer.* Buisson.
rasura o **rasuración** f. Raclure (raedura). ‖ —
Pl. Tartre, *m. sing.* (tártaro).
rasurador m. Rasoir électrique.
rasurar v. tr. (P. us.). Raser (afeitar).
rata f. Rat, *m.* (mamífero roedor) : *rata de alcantarilla*, rat d'égout. ‖ — *Rata blanca*, souris blanche. ‖ *Rata
de agua*, rat d'eau. ‖ Fig. y Fam. *Rata de hotel*,
rat d'hôtel (hombre), souris d'hôtel (mujer). ‖ — Fig.
Rata de sacristía, grenouille de bénitier. ‖ — Fig.
y Fam. *Más pobre que las ratas* ou *que una rata*,
pauvre comme Job. | *No había ni una rata*, il n'y
avait pas un chat. | *No mataría ni a una rata*, il ne
ferait pas de mal à une mouche. | *No se salvó
ni una rata*, ils y sont tous passés, aucun n'en a
réchappé.
ratafía f. Ratafia, *m.* (licor).
ratania f. Ratanhia, *m.* (planta).
rata parte loc. lat. Prorata, *m.* (prorrata).
rataplán m. Rataplan (del tambor).
rata por cantidad loc adv. Au prorata.
rateado, da adj. Au prorata.
ratear v. intr. Se traîner. ‖ Aut. Avoir des ratés.

— V. tr. Chaparder, voler (robar). ‖ Distribuer
au prorata.
ratel m. Ratel (especie de tejón).
rateo m. Partage au prorata (prorrateo).
ratería f. Filouterie, filoutage, *m.*
raterismo m. Fam. Filouterie, *f.*
ratero, ra adj. Bas, basse ; vil, e ; rampant, e (despreciable). ‖ Voleur, euse (ladrón). ‖ — *Perro
ratero*, ratier. ‖ *Un tío ratero*, un filou.
— M. y f. Voleur, euse ; filou (sin fem.). ‖ Pickpocket, *m.* (carterista). ‖ *Ratero de hotel*, rat
d'hôtel.
raticida m. Raticide.
ratificación f. Ratification. ‖ Dr. Récolement (de
testigos).
ratificar v. tr. Ratifier. ‖ Dr. Récoler.
— V. pr. Être ratifié, e.
ratificatorio, ria adj. De ratification.
ratina f. Ratine (tela).
ratio m. Ratio (en contabilidad).
rato adj. m. Non encore consommé (matrimonio).
rato m. Moment, instant : *salió hace un rato*, il
est sorti il y a un moment. ‖ — *A cada rato*, à
chaque o à tout instant. ‖ *Al poco rato*, peu de
temps après. ‖ *A ratos*, par moments. ‖ *A ratos
perdidos* ou *en los ratos perdidos*, à ses moments
perdus. ‖ *A ratos... y a ratos*, tour à tour : *a ratos
está sonriente y a ratos serio*, il est tour à tour
souriant et sérieux. ‖ *De rato en rato*, de temps
en temps. ‖ *Amer. Hasta cada rato*, à bientôt, à
tout à l'heure (hasta luego). ‖ Fam. *¡Hasta otro
rato!*, à la prochaine !, à bientôt ! (hasta luego).
Un buen rato, un bon moment. ‖ Fig. y Fam. *Un
rato*, rudement, drôlement, bigrement, terriblement : *esta película es un rato buena*, ce film est
drôlement bien. ‖ — *Dar un mal rato*, faire passer
un mauvais quart d'heure. ‖ *Hace mucho rato que*,
il y a longtemps que. ‖ Fam. *Hay para rato*, il y
en a pour un bon moment. ‖ *Para pasar el rato*,
pour passer le temps. ‖ *Pasar un mal rato*, passer
un mauvais quart d'heure o un mauvais moment.
‖ Fam. *Saber un rato de*, être drôlement fort en. |
Tener ratos, avoir de bons moments (persona).
ratón m. Souris, *f.* (animal). ‖ — *Ratón almizclero*,
rat musqué. ‖ *Ratón campesino*, mulot. ‖ — Fam.
Es un ratón de biblioteca, c'est un rat de bibliothèque. ‖ *Más vale ser cabeza de ratón que cola
de león*, il vaut mieux être le premier dans son
village que le second à Rome.
ratona f. Souris (hembra del ratón).
ratoncillo m. Raton, petite souris, *f.*
ratoncito m. *Amer.* Colin-maillard (juego). ‖ Fam.
El ratoncito Pérez, la petite souris (personaje
infantil).
ratonera f. Souricière (trampa para ratones). ‖ Ra-
tière, piège (*m.*) à rats (trampa para ratas). ‖ Trou
(*m.*) de souris (madriguera del ratón). ‖ *Amer.*
Masure (casucha). ‖ Fig. y Fam. *Caer en la ratonera*, tomber dans le piège, se jeter dans la souricière.
ratonero, ra o **ratonesco, ca** o **ratonil** adj. Souriquois, e ; trotte-menu, inv. : *la raza ratonil*, la
gent trotte-menu. ‖ *Música ratonera*, musique de
chiens et de chats, cacophonie.
ratonicida m. Raticide.
rauco, ca adj. Poét. Rauque (ronco).
raudal m. Torrent (corriente de agua). ‖ Fig. Torrent : *un raudal de lágrimas*, un torrent de larmes.
| Flot : *raudales de luz*, des flots de lumière. ‖
A raudales, à flots.
raudo, da adj. Rapide, violent, e.
Raúl n. pr. m. Raoul.
ravenala f. Bot. Ravenala, *m.*
ravioles o **raviolis** m. pl. Ravioli.
raya f. Raie (señal). ‖ Raie (del peinado). ‖ Rayure
(lista) : *camisa a rayas*, chemise à rayures. ‖ Pli,

m. (del pantalón). ‖ Rayure (de una arma de fuego). ‖ Tiret, *m.* (en un escrito). ‖ Limite (límite). ‖ Trait, *m.* (alfabeto morse). ‖ Zool. Raie (pez). ‖ *Amer.* Paie, salaire, *m.* (sueldo). ‖ Palet, *m.* (juego). ‖ — Fig. y Fam. *Cruz y raya,* c'est fini, qu'il n'en soit plus question, l'affaire est close. ‖ *Tres en raya,* marelle (juego de niñas). ‖ — Fig. y Fam. *Dar ciento y raya* ou *quince y raya a,* damer le pion à, être très supérieur à, être cent fois o nettement mieux que, faire la pige à. | *Mantener a raya,* tenir à distance (un inferior), tenir en respect. ‖ *Pasar la raya,* mordre la ligne (atletismo). ‖ Fig. *Pasarse de la raya,* dépasser les bornes. | *Poner raya a,* mettre un frein à.

rayadera f. Impr. Régleuse.

rayadillo m. Tissu de coton rayé, cotonnade (*f.*) rayée (tela).

rayado, da adj. Rayé, e (cañón, papel).
— M. Rayure, *f.* (rayadura). ‖ Réglure, *f.* (pauta). ‖ Rayage (de un cañón).

rayadura f. Rayure.

rayano, na adj. Limitrophe. ‖ *Rayano en,* proche de, près de.

rayar v. tr. Rayer (tirar rayas, tachar). ‖ Souligner (subrayar).
— V. intr. Confiner, toucher, être limitrophe : *esta casa raya con la mía,* cette maison confine à la mienne o est limitrophe de la mienne o touche à la mienne. ‖ Fig. Confiner, toucher, friser : *este acto raya en la locura,* cet acte confine à la folie o frise la folie. | Friser : *rayar en los cuarenta años,* friser la quarantaine. | Côtoyer, friser : *rayar en lo ridículo,* côtoyer le ridicule. ‖ Poindre (el día, el alba). ‖ — *Al rayar el alba,* au point du jour, à l'aube, au chant du coq. ‖ Fig. *Rayar a gran altura,* briller, se distinguer.

rayero m. *Amer.* Juge d'une course de chevaux.

rayo m. Rayon : *los rayos del sol,* les rayons du soleil. ‖ Rayon, rai : *un rayo de luz,* un rai de lumière. ‖ Foudre, *f.* (meteoro) : *ser alcanzado por el rayo,* être frappé par la foudre. ‖ Rayon (de una rueda). ‖ Foudre, carreau : *los rayos de Júpiter,* les carreaux de Jupiter. ‖ Fig. Vif-argent : *esta niña es un rayo,* cette enfant est du vif-argent. ‖ — *Rayos cósmicos,* rayons cosmiques. ‖ *Rayos X,* rayons X. ‖ — Fig. *Con la velocidad del rayo,* comme la foudre, comme un éclair. | *Más vivo que un rayo,* vif comme l'éclair. ‖ — *Arrojar rayos,* darder ses rayons. ‖ *Caer fulminado por un rayo,* tomber foudroyé, être foudroyé. ‖ Fig. *Echaba rayos por los ojos,* ses yeux lançaient des éclairs. | *Echar rayos y centellas,* être furibond o furieux. | *Mal rayo me parta si...,* que le diable m'emporte si...! | ¡*Que le parta un rayo!,* que le diable l'emporte !, qu'il aille se faire pendre ailleurs ! | *Salir como un rayo,* partir comme un trait. | *Temer a uno como al rayo,* craindre quelqu'un comme la foudre. | *¡Y a mí que me parta un rayo!,* et moi alors !

rayón m. o **rayona** f. Rayonne, *f.* (tejido).

rayuela f. Petite raie. ‖ Palet, *m.* (juego).

rayuelo m. Bécassine, *f.*

raza f. Race : *raza negra,* race noire. ‖ Fam. Gent : *la raza ratonil,* la gent trotte-menu. ‖ Veter. Seime. ‖ *De raza,* racé, e (animal).

razón f. Raison. ‖ Raison, cause, motif, *m.* (motivo). ‖ Commission (recado) : *llevar una razón,* faire une commission. ‖ Mat. Rapport, *m.,* relation (proporción), raison (de una progresión). ‖ — *Razón de Estado,* raison d'État. ‖ *Razón de más para,* raison de plus pour. ‖ Fam. *Razón de pie de banco,* raisonnement boiteux o cornu. ‖ *Razón de ser,* raison d'être. ‖ Mat. *Razón directa, inversa,* raison directe, inverse. ‖ *Razón social,* raison sociale. ‖ — *A razón de,* à raison de. ‖ *Cerrado por vacaciones. Razón : café La Perla,* fermé pour cause de vacances. S'adresser au café

La Perla. ‖ *Con mayor razón,* à plus forte raison. ‖ *Con razón,* à juste titre, avec raison : *se ha quejado con razón,* il s'est plaint à juste titre ; et pour cause (claro). ‖ *Con razón o sin ella,* à tort ou à raison. ‖ *En razón a* ou *de,* en raison de. ‖ *Por una razón o por otra,* pour une raison ou pour une autre. ‖ *Sin razón,* sans raison, à tort. ‖ *Uso de razón,* usage de la raison. ‖ — *Asistirle a uno la razón,* avoir la raison pour soi. ‖ *Atenerse* ou *avenirse a razones,* entendre raison, se rendre à la raison. ‖ *Con razón que le sobra* ou *con toda la razón* ou *con mucha razón,* à [très] juste titre. ‖ *Dar la razón a uno,* donner raison à quelqu'un. ‖ *Dar razón de,* renseigner sur. ‖ *Entrar en razón,* entendre raison. ‖ *Estar cargado de razón,* avoir entièrement raison (persona), être fondé (argumento). ‖ *Lo hizo con mucha razón,* il a très bien fait, il a eu entièrement raison de le faire. ‖ *Meter* ou *poner* ou *hacer entrar en razón a,* faire entendre raison à, mettre à la raison. ‖ *No hay razón que valga,* il n'y a pas de raison qui tienne. ‖ *No tener razón,* avoir tort, ne pas avoir raison. ‖ *Obras son amores, que no buenas razones,* il n'y a que les faits qui comptent. ‖ *Perder la razón,* perdre la raison. ‖ *Ponerse en razón,* se montrer raisonnable. ‖ *Quitar la razón a alguien,* donner tort à quelqu'un. ‖ *Reducirse a la razón,* se rendre à la raison. ‖ *Tener razón,* avoir raison : *usted tiene toda la razón,* vous avez tout à fait raison.

razonable adj. Raisonnable : *pretensión razonable,* prétention raisonnable. ‖ Raisonnable, honnête : *precio razonable,* prix honnête.

razonadamente adv. D'une manière raisonnée, raisonnablement.

razonado, da adj. Raisonné, e.

razonador, ra adj. y s. Raisonneur, euse.

razonamiento m. Raisonnement : *razonamiento fundado,* raisonnement fondé.

razonar v. intr. ● Raisonner : *razonar bien,* raisonner bien o juste. ‖ Parler (hablar).
— V. tr. Justifier : *razonar un informe,* justifier un rapport.
— Sinón. ● *Pensar,* penser. *Argumentar,* argumenter. *Filosofar,* philosopher. *Raciocinar,* raisonner. *Discurrir,* réfléchir.

razzia f. Razzia.

re m. Mús. Ré.

rea f. (P. us.). Accusée.

Rea n. pr. f. Mitol. Rhéa.

reabrir v. tr. Rouvrir.

reabsorbente adj. Résorbant, e.

reabsorber v. tr. Réabsorber. ‖ Résorber.
— V. pr. Se résorber.

reabsorción f. Réabsorption. ‖ Résorption.

reacción f. Réaction : *reacción en cadena,* réaction en chaîne. ‖ *Avión de reacción,* avion à réaction.

reaccionar v. intr. Réagir. ‖ Quím. Réagir.

reaccionario, ria adj. y s. Réactionnaire.

reacio, cia adj. Rétif, ive ; récalcitrant, e. ‖ Réticent, e : *se mostró reacio a su propuesta,* il se montra réticent à sa proposition. ‖ *Reacio en,* rétif à, peu enclin à.

reactancia f. Electr. Réactance.

reactivación f. Réactivation (de un suero). ‖ Recrudescence (recrudescencia). ‖ Reprise (de la Bolsa). ‖ Relance (de la economía).

reactivar v. tr. Relancer (la economía).

reactivo, va adj. y s. m. Réactif, ive.

reactor m. Fís. y Mecán. Réacteur. ‖ Avion à réaction (avión).

reactorista m. Aviac. Pilote d'avion à réaction.

reacuñación f. Nouvelle frappe, nouvelle émission (de moneda).

readaptación f. Réadaptation. ‖ Réadaptation, reconversion, reclassement, *m.* : *readaptación profesional,* réadaptation professionnelle.

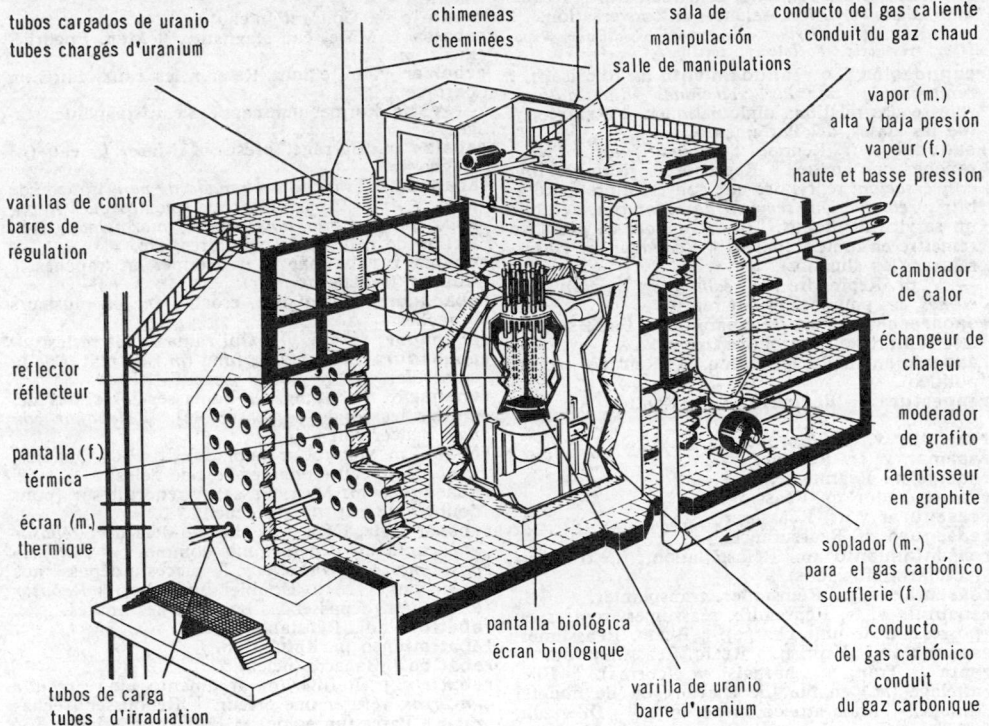

tubos cargados de uranio
tubes chargés d'uranium

chimeneas
cheminées

sala de manipulación
salle de manipulations

conducto del gas caliente
conduit du gaz chaud

vapor (m.)
alta y baja presión
vapeur (f.)
haute et basse pression

varillas de control
barres de régulation

cambiador de calor
échangeur de chaleur

reflector
réflecteur

moderador de grafito
ralentisseur en graphite

pantalla (f.)
térmica

écran (m.)
thermique

soplador (m.)
para el gas carbónico
soufflerie (f.)

pantalla biológica
écran biologique

conducto del gas carbónico
conduit du gaz carbonique

tubos de carga
tubes d'irradiation

varilla de uranio
barre d'uranium

---

readaptar v. tr. Réadapter. ‖ Reconvertir, reclasser (obreros).

readmisión f. Réadmission.

readmitir v. tr. Réadmettre. ‖ Reprendre (a un empleado).

reafirmar v. tr. Réaffirmer.

reagrupación f. Regroupement, m.

reagrupamiento m. Regroupement.

reagrupar v. tr. Regrouper.

reajustar v. tr. Rajuster, réajuster (los precios). ‖ Remanier (las leyes, etc.).

reajuste m. Rajustement, réajustement : *reajuste de los salarios*, le rajustement des salaires. ‖ Remaniement : *reajuste de un gobierno*, remaniement d'un gouvernement.

real adj. Réel, elle (efectivo) : *necesidades reales*, besoins réels. ‖ Royal, e (del rey) : *palacio real*, palais royal ; *estandartes reales*, étendards royaux. ‖ Royal, e : *águila, tigre, pino real*, aigle, tigre, pin royal. ‖ Fig. Royal, e (regio). ‖ Fig. Royal, e (regio). ‖ Fig. *Camino real*, v. CAMINO. ‖ FAM. *No me da la real gana de*, je n'ai pas la moindre envie de. ‖ *Una real moza*, une belle fille, un beau brin de fille.
— M. Réal (moneda de 25 céntimos) : *dos reales*, deux réaux. ‖ Champ de foire (ferial). ‖ MIL. Camp [dans ce sens, s'emploie aussi au pluriel]. ‖ — *Alzar* ou *levantar el real* ou *los reales*, lever le camp. ‖ *Lo real*, le réel. ‖ FAM. *No tener ni un real*, ne pas avoir un sou. | *No valer un real*, ne pas valoir un sou. | *Sentar sus reales*, dresser sa tente, établir son camp, s'installer, s'établir.

realce m. Relief : *bordar de realce*, broder en relief. ‖ Fig. Relief : *dar realce a su estilo*, donner du relief à son style. | Éclat (esplendor) : *dar*

realce a una fiesta, donner de l'éclat à une fête. ‖ *Poner de realce*, mettre en relief.

realejo m. Mús. Régale, petit orgue (órgano).

realengo, ga adj. Du domaine royal. ‖ *Bienes de realengo*, biens de la couronne o de l'État.
— M. Amer. Charge, f., obligation, f. (carga).

realeza f. Royauté.

realidad f. Réalité. ‖ *En realidad*, en réalité.

realillo m. Réal (moneda).

realismo m. Réalisme (doctrina filosófica y artística). ‖ Royalisme (fidelidad a la monarquía).

realista adj. y s. Réaliste (en arte, filosofía). ‖ Royaliste (partidario de la monarquía).

realizable adj. Réalisable.

realización f. Réalisation. ‖ Réalisation (cine, televisión). ‖ Mise en ondes (radio).

realizador, ra adj. y s. Réalisateur, trice. ‖ — M. Réalisateur, metteur en scène (cine). ‖ Réalisateur (televisión). ‖ Metteur en ondes (radio).

realizar v. tr. Réaliser : *realizar un proyecto*, réaliser un projet. ‖ Effectuer, faire : *realizar un viaje*, effectuer un voyage ; *realizar gestiones*, faire des démarches. ‖ DR. Réaliser : *realizar sus bienes*, réaliser ses biens.
— V. pr. Se réaliser : *sus esperanzas se realizaron*, ses espoirs se sont réalisés. ‖ Avoir lieu, se réaliser (tener lugar).

realmente adv. Réellement, vraiment.

realquilar v. tr. Sous-louer (subarrendar).

realzado, da adj. Rehaussé, e.

realzar v. tr. Surélever, relever, rehausser. ‖ Fig. Rehausser, donner du relief à (una fiesta). | Rehausser, mettre en valeur o en relief (belleza).

reanimable adj. Ranimable.

reanimación f. Réanimation, ranimation.

reanimar v. tr. ● Ranimer, réanimer. ‖ Rallumer,

ranimer (la llama olímpica). ‖ FIG. Remonter (vigorizar) : *eso reanima*, cela remonte. ‖ *Reanimar la conversación*, relancer la conversation.
— SINÓN. ● *Confortar, reconfortar*, réconforter. *Vigorizar*, revigorer, *Fortalecer*, fortifier.

reanudación f. o **reanudamiento** m. Reprise, *f.* : *reanudación de las relaciones diplomáticas*, reprise des relations diplomatiques. ‖ Rentrée, *f.* (de las clases, del Parlamento).

reanudar v. tr. Renouer : *reanudar una amistad*, renouer une amitié. ‖ Reprendre : *reanudar una conversación*, reprendre une conversation. ‖ Rétablir : *reanudar un servicio de autobuses*, rétablir un service d'autobus. ‖ — *Reanudar el paso*, se remettre en route, repartir. ‖ *Reanudar las clases*, rentrer (los alumnos).
— V. pr. Reprendre : *se reanudaron las conversaciones*, les pourparlers ont repris.

reaparecer* v. intr. Réapparaître. ‖ Faire sa rentrée (un artista, un político).

reaparición f. Réapparition. ‖ Rentrée (actor, político).

reapertura f. Réouverture. ‖ Rentrée (de cursos, etc.).

reargüir* v. tr. Rétorquer.

rearmar v. tr. Réarmer.

rearme m. Réarmement.

reasegurador m. Réassureur.

reasegurar v. tr. Réassurer.

reaseguro m. Réassurance, *f.*

reasentamiento m. Réinstallation, *f.*, transfert (colonos, refugiados).

reasentar v. tr. Réinstaller, transplanter.

reasumir v. tr. Reprendre, réassumer, rentrer en possession de [une charge]. ‖ RELIG. Réassumer.

reasunción f. Reprise. ‖ RELIG. Réassomption.

reata f. Trait, *m.*, harnais, *m.* (correa). ‖ File, attelage (*m.*) en file [de chevaux ou de mulets] (hilera). ‖ Mule attelée en flèche. ‖ — *De reata*, en file. ‖ *Enganche de reata*, attelage en flèche.

reatar v. tr. Rattacher (volver a atar). ‖ Atteler en file *o* en flèche [des chevaux *o* des mulets].

reato m. Pénitence, *f.* [après la confession].

reavivar v. tr. Raviver.

rebaba f. Bavure. ‖ Coulure (de un molde de fundición). ‖ Morfil, *m.* (de una cuchilla).

rebaja f. Réduction, remise, ristourne (descuento). ‖ Rabais, *m.* : *vender con rebaja*, vendre au rabais.

rebajado, da adj. Rabaissé, e. ‖ FIG. Rabaissé, e ; humilié, e. ‖ ARQ. Surbaissé, e. ‖ Assourdi, e (color).
— M. Réformé, exempté de service, conscrit dispensé du service militaire.

rebajador m. FOT. Bain de virage, réducteur.

rebajamiento m. Rabaissement. ‖ FIG. Abaissement, humiliation, *f.* ‖ ARQ. Surbaissement. Assourdissement (de los colores). ‖ FOT. Virage. ‖ TECN. Ravalement (de la madera).

rebajar v. tr. Baisser (bajar). ‖ Rabattre, faire une réduction *o* un rabais de : *rebajar mil pesetas*, rabattre mille pesetas. ‖ Mettre au rabais (mercancías, etc.). ‖ FIG. Rabaisser, abaisser, humilier (humillar). ‖ Diminuer, réduire : *rebajarle el sueldo a uno*, diminuer le traitement de quelqu'un. ‖ ARQ. Surbaisser. ‖ Assourdir, rabattre (color). ‖ FOT. Virer. ‖ — *Estar rebajado de gimnasia*, être dispensé de gymnastique. ‖ MIL. *Rebajar de rancho*, donner un prêt franc.
— V. pr. S'abaisser, se rabaisser. ‖ Se porter malade (un empleado). ‖ MIL. Être exempté *o* dispensé : *Pérez se rebajó de la faena de cocina*, Pérez a été dispensé de la corvée de cuisine.

rebaje m. MIL. Dispense, *f.* ‖ *Rebaje de rancho* ou *de rancho y sobras*, prêt franc.

rebajo m. TECN. Feuillure, *f.* ‖ Ravalement (de la madera). ‖ ARQ. Recoupement (derrame del basamento).

rebalaje m. Courant [d'eau].

rebalsa f. Mare, eau stagnante. ‖ MED. Engorgement, *m.*

rebalsar v. tr. e intr. Retenir les eaux, faire un barrage.
— V. pr. Former une nappe d'eau stagnante, stagner.

rebalse m. Barrage (presa). ‖ Mare, *f.*, eau (*f.*) stagnante.

rebanada f. Tranche : *rebanada de pan*, tranche de pain. ‖ *Amer.* Toast, *m.*, rôtie (picatoste). ‖ *Rebanada de pan con mantequilla, mermelada*, etc., tartine de beurre, de confitures, etc.

rebanar o **rebanear** v. tr. Couper en tranches. ‖ Couper, trancher (cortar).

rebañadera f. Araignée, crochet (*m.*) à plusieurs branches.

rebañador, ra adj. y s. Qui ramasse les restes.

rebañadura f. Reste, *m.*, fond (*m.*) du plat *o* de la casserole.

rebañar v. tr. Manger *o* ramasser les restes de, gratter les fonds de [casserole]. ‖ *Rebañar con pan*, saucer son pain.

rebaño m. Troupeau (ganado). ‖ FIG. Ouailles, *f. pl.*, troupeau (congregación de fieles).

rebasadero m. MAR. Passe, *f.*, endroit sûr [pour doubler un cap ou un écueil].

rebasar v. tr. Dépasser, aller au-delà de : *rebasar una cantidad*, dépasser une somme : *el éxito rebasó nuestros pronósticos*, le succès a dépassé nos prévisions. ‖ MAR. Doubler (un cabo). ‖ *Rebasar los límites*, dépasser les bornes *o* les limites.

rebatible adj. Réfutable.

rebatimiento m. Réfutation, *f.*

rebatiña f. Bagarre (pelea).

rebatir v. tr. Réfuter (un argumento, etc.) : *rebatir un error*, réfuter une erreur. ‖ Repousser (rechazar). ‖ Parer (un golpe). ‖ Baisser (rebajar).

rebato m. Tocsin, alarme, *f.* : *tocar a rebato*, sonner le tocsin *o* l'alarme. ‖ MIL. Attaque (*f.*) par surprise (ataque repentino).

rebautizar v. tr. Rebaptiser.

rebeca f. Cardigan, *m.* (jersey).

Rebeca n. pr. f. Rébecca.

rebeco m. Chamois, isard (gamuza).

rebelarse v. pr. Se rebeller, se révolter : *rebelarse contra el gobierno*, se rebeller contre le gouvernement. ‖ Se rebeller, se rebiffer (fam.) : *este chico acabó rebelándose contra su padre*, ce garçon a fini par se rebeller contre son père.

rebelde adj. y s. Rebelle. ‖ DR. Contumace, contumax.

rebeldía f. Rébellion, révolte. ‖ DR. Contumace. ‖ — DR. *Condenado en rebeldía*, condamné par défaut *o* par contumace. ‖ *Declararse en rebeldía*, être en rébellion (sublevarse), faire défaut, ne pas comparaître (en un juicio). ‖ *Sentencia en rebeldía*, jugement par défaut.

rebelión f. Rébellion. ‖ Révolte : *La rebelión de las masas*, la Révolte des masses (obra de Ortega y Gasset).

rebencazo m. Coup de fouet.

rebenque m. Fouet (látigo). ‖ MAR. Raban (cuerda). ‖ *Amer.* Fouet [à large lanière de cuir et manche court]. ‖ MAR. *Sujetar con rebenques*, rabanter.

rebenqueada f. Coup (*m.*) de fouet.

rebién adv. Fort bien.

rebina f. AGRIC. Rebinage, *m.*

rebinar v. tr. AGRIC. Reterser, retercer.

rebisabuelo, la m. y f. Trisaïeul, e.

rebisnieto, ta m. y f. Fils, fille de l'arrière-petit-fils.

reblandecer* v. tr. Ramollir (ablandar).
— V. pr. Se ramollir.

reblandecimiento m. Ramollissement. ‖ MED. Ramollissement : *reblandecimiento cerebral,* ramollissement cérébral.

rebobinado m. Réenroulement, rebobinage.

rebobinar v. tr. Rebobiner.

rebolear v. tr. *Amer.* Lancer le lasso à boules.

rebollar o **rebolledo** m. Rouvraie, *f.*

rebonito, ta adj. FAM. Très joli, e ; ravissant, e.

reborde m. Rebord : *en el reborde,* sur le rebord.

rebordeador m. Outil pour faire des rebords.

rebordear v. tr. Faire *o* former un rebord.

rebosadero m. Déversoir.

rebosadura f. o **rebosamiento** m. Débordement, *m.* (de un líquido).

rebosante adj. Débordant, e : *estar rebosante de vitalidad,* être débordant de vitalité. ‖ Resplendissant, e : *rebosante de salud,* resplendissant de santé.

rebosar v. intr. Déborder (un recipiente). ‖ FIG. Déborder : *rebosar de entusiasmo,* déborder d'enthousiasme. ‖ Regorger : *rebosar de riquezas,* regorger de richesses. ‖ — FIG. *Rebosar de alegría,* être rayonnant de bonheur, déborder de joie. ‖ *Rebosar de salud,* être resplendissant de santé.

rebotador, ra adj. Rebondissant, e.

rebotadura f. Rebondissement, *m.* (rebote). ‖ Rebroussement, *m.* (de las telas).

rebotar v. intr. Rebondir : *la pelota rebotó en el suelo,* la balle a rebondi par terre.
— V. tr. River (un clavo). ‖ Rebrousser (los paños). ‖ Repousser (rechazar). ‖ FAM. Irriter, mettre hors de soi.
— V. pr. Se troubler (turbarse). ‖ Se fâcher (irritarse).

rebote m. Rebond, rebondissement (de la pelota). ‖ Ricochet (balas o piedras). ‖ *De rebote,* par ricochet.

rebotica f. Arrière-boutique (de una farmacia).

rebozadamente adv. Secrètement, en cachette, sous le manteau.

rebozar v. tr. Couvrir le visage [de quelqu'un] avec son manteau *o* sa cape. ‖ CULIN. Enrober (pescado, frituras).
— V. pr. Se couvrir le visage avec son manteau.

rebozo m. Façon (*f.*) de porter son manteau en se couvrant le visage. ‖ Mantille, *f.* (mantilla). ‖ FIG. Prétexte. ‖ — *De rebozo,* en cachette. ‖ *Sin rebozo,* ouvertement, franchement.

rebramo m. Bramement (del ciervo).

rebrincar v. intr. Bondir, faire des bonds.

rebrotar v. intr. Repousser (retoñar).

rebrote m. Pousse, *f.,* rejeton. ‖ FIG. Renouveau.

rebudiar v. intr. Grommeler (el jabalí).

rebudio m. Grognement (del jabalí).

rebueno, na adj. FAM. Très bon, très bonne.

rebufar v. intr. Gronder de nouveau (un animal).

rebufe m. Mugissement (del toro).

rebufo m. Explosion, *f.* (de un arma de fuego).

rebujar v. tr. V. ARREBUJAR.

rebujina o **rebujiña** f. FAM. Vacarme, *m.,* tapage, *m.,* tohu-bohu, *m.* (alboroto). ‖ Foule (muchedumbre).

rebullente adj. Grouillant, e.

rebullicio m. Tumulte, remue-ménage.

rebullir* v. intr. Commencer à s'agiter.
— V. pr. S'agiter, remuer (moverse).

rebumbio m. *Amer.* Vacarme, tapage (alboroto).

reburujar v. tr. FAM. Envelopper pêle-mêle.

rebusca f. Recherche. ‖ Grappillage, *m.* (de uvas). ‖ Glanage, *m.* (de cereales). ‖ Glane (espigueo). ‖ FIG. Rebut, *m.* (desecho).

rebuscado, da adj. Recherché, e. ‖ FIG. Précieux, euse ; recherché, e (estilo).

rebuscador, ra adj. y s. Chercheur, euse. ‖ Grappilleur, euse (de uvas). ‖ Glaneur, euse (espigador).

rebuscamiento m. Recherche, *f.* (afectación).

rebuscar v. tr. Rechercher. ‖ Glaner (espigar). ‖ Grappiller (en las viñas).

rebusco m. Recherche, *f.* (rebusca).

rebuznador, ra adj. y s. Qui brait.

rebuznar v. intr. Braire.

rebuzno m. Braiment.

recabar v. tr. Obtenir : *recabar fondos para,* obtenir des fonds pour. ‖ Demander, solliciter (solicitar). ‖ *Recabar toda la atención,* retenir toute l'attention.

recadero, ra m. y f. Commissionnaire. ‖ — M. Garçon de courses.

recado m. Commission, *f.* : *enviar un recado,* faire faire une commission ; *le daré el recado,* je lui ferai la commission. ‖ Message (mensaje). ‖ Accessoires, pl. : *recado de pesca,* accessoires de pêche. ‖ *Amer.* Selle, *f.* ‖ — FAM. *Llevar recado,* avoir reçu une semonce. ‖ *Recado de escribir,* écritoire.

recaer* v. intr. Retomber. ‖ Rechuter (un enfermo). ‖ FIG. Retomber, rejaillir : *la culpa recae sobre él,* la faute retombe sur lui. ‖ Retomber : *la conversación recae siempre sobre el mismo tema,* la conversation retombe toujours sur le même sujet. ‖ Échoir : *el premio recayó en el más digno,* le prix échut au plus digne.

recaída f. Rechute. ‖ *Tener una recaída,* faire une rechute, rechuter.

recalada f. MAR. Atterrissage, *m.*

recalador, ra adj. Pénétrant, e.

recalar v. tr. Pénétrer dans.
— V. intr. Nager sous l'eau (bucear). ‖ MAR. Atterrir, arriver en vue d'un point de la côte. ‖ *Amer.* Arriver (llegar).

recalamiento m. Recalescence, *f.*

recalcada f. MAR. Inclinaison, action de donner de la bande.

recalcadamente adv. Avec insistance.

recalcadura f. Compression, serrement, *m.* ‖ FIG. Répétition.

recalcar v. tr. Serrer, presser (apretar). ‖ Bourrer (rellenar). ‖ FIG. Souligner : *recalcar la importancia,* souligner l'importance. ‖ Appuyer, mettre l'accent sur : *recalcar una frase, una sílaba,* appuyer sur une phrase, sur une syllabe. ‖ Appuyer : *siempre he pensado lo mismo, recalcó su primo,* j'ai toujours pensé la même chose, appuya son cousin. ‖ Ressasser, rabâcher, répéter : *siempre está recalcando lo mismo,* il est toujours en train de rabâcher la même chose.
— V. intr. MAR. Donner de la bande.
— V. pr. S'asseoir commodément, s'acagnarder (arrellanarse).

recalcificación f. Recalcification.

recalcitrante adj. Récalcitrant, e (reacio).

recalcitrar v. intr. Reculer (retroceder). ‖ FIG. Regimber, se montrer récalcitrant, e (resentir).

recalentador m. Réchauffeur (calentador de agua). ‖ TECN. Surchauffeur, resurchauffeur.

recalentamiento m. Réchauffement, réchauffage. ‖ Surchauffe, *f.* (calentamiento excesivo). ‖ Recuit (recocido).

recalentar* v. tr. Réchauffer. ‖ Surchauffer (calentar demasiado). ‖ Metre en chaleur (poner en celo). ‖ FIG. Échauffer, exciter (a las personas).
— V. pr. Se réchauffer. ‖ Être en chaleur (estar en celo). ‖ S'échauffer, se gâter (ciertas sustancias). ‖ Pourrir (maderas). ‖ FIG. S'échauffer (excitarse).

recalescencia f. Recalescence.

recalmón m. MAR. Accalmie, *f.*

recalzar v. tr. AGRIC. Butter, rechausser (plantas). ‖ ARQ. Reprendre en sous-œuvre, rechausser.

recalzo m. Doublure, *f.* (de la llanta). ‖ ARQ. Reprise (*f.*) en sous-œuvre, rechaussement. ‖ AGRIC. Rechaussement.

recalzón m. Doublure, *f.* [de la jante d'une roue].
recamado m. Broderie (*f.*) en relief.
recamador, ra m. y f. Brodeur, brodeuse en relief.
recamar v. tr. Broder en relief (bordar).
recámara f. Garde-robe (vestuario). ‖ Chambre, magasin, *m.* (de armas de fuego). ‖ Fourneau, *m.* (de mina). ‖ Réserve, arrière-pensée, dissimulation. ‖ *Amer.* Chambre (alcoba). ‖ Fig. *Antonio tiene mucha recámara,* Antoine est très sournois.
recambiable adj. Rechargeable.
recambiar v. tr. Rechanger (cambiar de nuevo). ‖ Faire changer (una pieza). ‖ Com. Retourner [une lettre de change].
recambio m. Rechange. ‖ Recharge, *f.,* cartouche, *f.* (de una estilográfica). | Pièce (*f.*) de rechange (pieza). ‖ — *De recambio,* de rechange. ‖ *Rueda de recambio,* roue de secours *o* de rechange.
recancamusa f. Fam. Ruse, astuce (cancamusa).
recancanilla f. Cloche-pied, *m.* (juego de niños). ‖ Fig. y Fam. Insistance. ‖ *Hablar con recancanilla,* insister sur les mots.
recantón m. Borne, *f.* (guardacantón).
recapacitar v. tr. e intr. Remémorer (recordar). ‖ Réfléchir à *o* sur (pensar). ‖ *Recapacitar sobre una cosa,* repasser une chose dans sa mémoire.
recapitulación f. Récapitulation.
recapitulador, ra m. y f. Récapitulateur, trice.
recapitular v. tr. Récapituler.
recapitulativo, va adj. Récapitulatif, ive.
Recaredo n. pr. m. Reccared.
recarga f. Recharge.
recargable adj. Rechargeable.
recargar v. tr. Recharger (cargar de nuevo). ‖ Surcharger : *recargado de adornos,* surchargé d'ornements. ‖ Alourdir : *recargar los impuestos,* alourdir les impôts. ‖ Grever : *esto recarga mi presupuesto,* cela grève mon budget. ‖ Majorer (un precio) : *recargar del diez por ciento,* majorer de dix pour cent. ‖ Aggraver (una condena). ‖ Fig. Encombrer, charger : *recargar su memoria,* encombrer sa mémoire. ‖ Mil. Faire faire du rabiot. ‖ Fig. *Recargar el cuadro* ou *las tintas,* en rajouter, forcer la note.
recargo m. Surcharge, *f.* (de impuestos). ‖ Majoration, *f.* (de los precios) : *un recargo del diez por ciento,* une majoration de dix pour cent. ‖ Recharge, *f.* (recarga). ‖ Surtaxe, *f.* (sobretasa). ‖ Dr. Aggravation, *f.* (de pena). ‖ Med. Poussée (*f.*) de fièvre. ‖ Mil. Rabiot (tiempo suplementario).
recatadamente adv. Prudemment (con prudencia). ‖ Honnêtement (decentemente). ‖ Modestement (humildemente).
recatado, da adj. Prudent, e ; circonspect, e. ‖ Réservé, e. ‖ Honnête.
recatar v. tr. Cacher (encubrir).
— V. pr. Se défier. ‖ *Recatarse de la gente,* éviter les gens, fuir le monde.
recato m. Réserve, *f.,* circonspection, *f.,* prudence, *f.* ‖ Pudeur, *f.* (pudor). ‖ Honnêteté, *f.* (en las mujeres).
recauchutado m. Rechapage, recaoutchoutage (de un neumático).
recauchutar v. tr. Rechaper, recaoutchouter (un neumático).
recaudación f. Recette (en una sala de espectáculo). ‖ Recette (cobro) : *la recaudación ascendió a 2 000 pesetas,* la recette s'est élevée à 2 000 pesetas ; *hacer una buena recaudación,* faire une bonne recette. ‖ Perception, recouvrement, *m.* (contribuciones, tasas, impuestos). ‖ Perception, recette (sitio) : *ir a la Recaudación,* aller à la perception.
recaudador m. Percepteur, receveur. ‖ Garçon de recettes (cobrador en un banco). ‖ — *Oficina del*

recaudador, perception, recette. ‖ *Recaudador de contribuciones,* percepteur.
recaudamiento m. V. RECAUDACIÓN.
recaudar v. tr. Recueillir (recibir). ‖ Recouvrer, percevoir (contribuciones). ‖ Mettre en sûreté (asegurar).
recaudo m. Précaution, *f.* (precaución). ‖ Dr. Caution, *f.* (fianza). ‖ *A buen recaudo,* en lieu sûr, en sûreté (cosa).
recazo m. Garde, *f.* (de la espada). ‖ Dos (del cuchillo). ‖ Pied (de la candileja).
recebar v. tr. Caillouter, recharger (empedrar una carretera).
recebo m. Cailloutis, rechargement, gravier.
recelar v. tr. Soupçonner, pressentir (barruntar) : *recelo que va a venir hoy,* je soupçonne qu'il viendra aujourd'hui. ‖ Craindre, avoir peur (temer) : *recelo que me suceda alguna desgracia,* je crains qu'il ne m'arrive un malheur. ‖ Se méfier : *recelar de todo,* se méfier de tout. ‖ Mettre en chaleur (a una yegua).
— Observ. El francés *receler* tiene los sentidos de « encubrir » o de « encerrar » y « entrañar ».
recelo m. Méfiance, *f.* (desconfianza) : *acoger con cierto recelo,* accueillir avec une certaine méfiance. ‖ Soupçon, suspicion, *f.* (suspicacia). ‖ Crainte, *f.* (temor). ‖ — *Mirar con recelo,* regarder d'un air méfiant. ‖ *Tener recelo de,* se méfier de.
receloso, sa adj. Méfiant, e ; soupçonneux, euse : *receloso con sus amigos,* méfiant envers ses amis. ‖ Craintif, ive (temeroso).
recensión f. Notice, compte rendu, *m.,* recension (de una obra).
recental adj. De lait : *ternero recental,* veau de lait.
— M. Jeune animal.
recentar* v. tr. Mettre le levain dans la pâte.
— V. pr. Se renouveler.
recentísimo, ma adj. Très récent, e.
recepción f. Réception. ‖ Réception (en un hotel). ‖ Réception (fiesta). ‖ Dr. Audition des témoins.
recepcionista m. y f. Réceptionniste.
recepta f. Livre (*m.*) des amendes [au Conseil des Indes].
receptáculo m. Réceptacle.
receptividad f. Réceptivité.
receptivo, va adj. Réceptif, ive.
receptor, ra adj. y s. Receveur, euse. ‖ Récepteur, trice : *aparato receptor,* poste récepteur. ‖ Réceptionnaire (que recibe). ‖ — M. Récepteur (radio, televisión). ‖ Receveur (de trasplante). ‖ *Receptor universal,* receveur *o* récepteur universel (de sangre). ‖ — F. Réceptrice (máquina).
receptoría f. Bureau (*m.*) du receveur, recette.
recesión f. Récession (en economía).
recésit m. Congé, vacances, *f. pl.* (recle).
recesivo, va adj. Récessif, ive.
receso m. (P. us.). Récession, *f.* ‖ *Amer.* Vacances, *f. pl.* (vacaciones). ‖ *Amer. Entrar en receso,* suspendre ses séances (una asamblea).
receta f. Recette (de cocina). ‖ Ordonnance (del médico). ‖ Fig. Recette (fórmula) : *tener una receta para hacer fortuna,* avoir une recette pour faire fortune. ‖ Fig. y Fam. *Receta de vieja,* remède de bonne femme.
recetador m. Médecin traitant (médico).
recetante adj. Qui prescrit.
— M. Médecin traitant (médico).
recetar v. tr. Med. Ordonner, prescrire.
recetario m. Ordonnance, *f.* (del médico). ‖ Livre d'ordonnances (en un hospital). ‖ Pharmacopée, *f.*
Recia n. pr. f. Geogr. Rhétie.
reciamente adv. Fortement, fort, violemment, vigoureusement.
reciario m. Rétiaire (gladiador).
recibí m. *Poner el recibí a* ou *en,* acquitter.
recibidor, ra adj. Qui reçoit.

— M. Receveur. ‖ Salon. ‖ Entrée, *f.* (entrada). ‖ Antichambre, *f.* (antesala).

recibimiento m. Réception, *f.* ‖ Accueil (acogida) : *tuvo muy mal recibimiento*, on lui a fait un très mauvais accueil. ‖ Réception, *f.* (fiesta). ‖ Entrée, *f.* ‖ Salon. ‖ Antichambre, *f.* (antesala).

recibir v. tr. e intr. Recevoir. ‖ Recevoir, accueillir : *el ministro fue recibido con gran pompa*, le ministre fut reçu en grande pompe ; *no recibieron muy bien su propuesta*, ils n'ont pas très bien accueilli sa proposition. ‖ Recevoir, agréer : *reciba mi sincera enhorabuena*, agréez mes sincères félicitations. ‖ Prendre (tomar). ‖ TAUROM. V. OBSERV. ‖ — COM. *Recibí* ou *recibimos*, pour acquit (en un cheque). ‖ *Recibir con los brazos abiertos*, recevoir à bras ouverts. ‖ *Recibir una negativa*, essuyer un refus. ‖ *Ser recibido como los perros en misa*, être reçu comme un chien dans un jeu de quilles.
— V. pr. Obtenir un grade *o* un diplôme : *recibirse de doctor*, obtenir le grade de docteur.
— OBSERV. Dans le langage tauromachique, on emploie surtout ce verbe dans l'expression *matar recibiendo* ; dans ce cas, le matador donne l'estocade en attendant la charge du taureau. L'expression contraire est *matar a volapié*, qui signifie donner l'estocade en s'élançant vers la bête.

recibo m. Reçu (término general), récépissé (resguardo), quittance, *f.* (en que se declara haber sido pagado). ‖ Réception, *f.* (recibimiento). ‖ Petit salon. ‖ Antichambre, *f.* (antesala). ‖ — *Acusar recibo*, accuser réception. ‖ *Indicación de recibo*, acquittement. ‖ FAM. *No estar de recibo*, ne pas être présentable. ‖ *Ser de recibo*, être recevable.

reciclado o **reciclaje** m. Recyclage.

reciclar v. tr. Recycler.

recidiva MED. Récidive, rechute.
— OBSERV. El francés *récidive* tiene también el sentido de « reincidencia », « reiteración ».

reciedumbre f. Force, vigueur.

recién adv. Récemment, nouvellement : *casa recién construida*, maison récemment construite ; *una flor recién abierta*, une fleur nouvellement éclose. ‖ Nouveau, elle : *recién nacido*, nouveau-né ; *recién llegado*, nouveau venu. ‖ — *Recién afeitado*, rasé de frais. ‖ *Recién salido*, frais paru (periódico). ‖ *Recién salido del colegio*, frais émoulu du lycée. ‖ — *Estar recién*, venir de : *está recién llegado*, il vient d'arriver ; *está recién hecho*, cela vient d'être fait ; *estaba recién comido*, il venait de manger.
— OBSERV. En Espagne, *recién*, qui est l'apocope de *recientemente*, ne s'emploie que devant les participes passés. En Amérique, il est très employé avec les verbes actifs dans le sens de « il y a peu de temps » (*recién llegamos*, nous venions d'arriver *o* à peine arrivés ; *recién en 1886*, dès 1886).

reciente adj. ● Récent, e : *una noticia reciente*, une nouvelle récente. ‖ Frais, fraîche : *de fecha reciente*, de fraîche date.
— SINÓN. ● *Actual*, actuel. *Nuevo*, neuf. *Moderno*, moderne. *Fresco*, frais. *Flamante*, flambant.

recientemente adv. Récemment.

recinto m. Enceinte, *f.*

recio, cia adj. Robuste, vigoureux, euse (vigoroso). ‖ Fort, e ; corpulent, e (grueso). ‖ Rigoureux, euse ; rude (frío, temperatura). ‖ Impétueux, euse (tempestad, corriente de agua). ‖ Dru, e : *chaparrón recio*, averse drue. ‖ *En lo más recio del combate*, au plus fort du combat.
— Adv. Fort, haut : *hablar recio*, parler haut. ‖ Dru : *llover recio*, pleuvoir dru. ‖ *De recio*, fortement, violemment, impétueusement.

recio, cia adj. y s. Rhétique, de la Rhétie. ‖ — Adj. y s m. GEOL. Rhétien, enne.

récipe m. (P. us.). Récipé (de la receta). ‖ FAM.

Ordonnance, *f.*, récipé (receta). ‖ Savon (reprimenda) : *dar un récipe*, passer un savon.

recipiendario m. Récipiendaire (nuevo electo).

recipiente adj. Qui reçoit.
— M. Récipient. ‖ Cloche (*f.*) à air comprimé.

reciprocación f. GRAM. Réciprocité.

reciprocarse v. pr. Payer de retour (un afecto). ‖ Se correspondre, être réciproque.

reciprocidad f. Réciprocité. ‖ — *Medidas de reciprocidad*, mesures de rétorsion. ‖ *Proceder en justa reciprocidad*, rendre la réciproque *o* la pareille.

recíproco, ca adj. y s. f. Réciproque.

recitación f. Récitation.

recitado m. MÚS. Récitatif, récit.

recitador, ra adj. Récitateur, trice.
— M. y f. Récitant, e.

recital m. Récital : *músico que ha dado recitales por todo el mundo*, musicien qui a donné des récitals dans le monde entier.

recitar v. tr. Réciter : *recita como un papagayo*, il récite comme un perroquet. ‖ Réciter, dire (un poema).
— SINÓN. *Declamar*, déclamer. *Decir*, dire. *Pronunciar*, prononcer.

recitativo m. MÚS. Récitatif.

reciura f. Vigueur, force, solidité. ‖ Rigueur (del frío).

reclamación f. Réclamation.

reclamador, ra o **reclamante** adj. y s. DR. Réclamant, e.

reclamar v. tr. ● Réclamer : *reclamar lo que se le debe a uno*, réclamer son dû. ‖ Appeler (las aves).
— V. intr. Réclamer (protestar) : *reclamar contra un fallo*, réclamer contre une sentence. ‖ — MAR. *Izar a reclamar*, étarquer. ‖ *Reclamar en juicio*, réclamer en justice.
— SINÓN. ● *Pedir*, demander. *Exigir*, exiger. *Solicitar*, solliciter. *Reivindicar*, revendiquer.

reclame m. MAR. Poulie, *f.*

reclamo m. Appeau (pito). ‖ Appelant (ave amaestrada). ‖ Chanterelle, *f.* (perdiz hembra). ‖ Réclame, *f.* (publicidad) : *artículo de reclamo*, article en réclame. ‖ Appel (llamada). ‖ IMPR. Réclame, *f.* ‖ FIG. Attrait, appât, leurre. ‖ — *Acudir al reclamo*, répondre à l'appel.

recle m. Congé, vacances, *f. pl.* (en los conventos).

reclinación f. Action de s'appuyer *o* de s'incliner.

reclinar v. tr. Incliner, pencher (el cuerpo).
— V. pr. S'appuyer : *reclinarse* en ou *sobre la mesa*, s'appuyer sur la table. ‖ Incliner [une chose sur une autre].

reclinatorio m. Prie-Dieu, *inv.* (para arrodillarse).

recluido, da adj. y s. Reclus, e (encerrado).

recluir* v. tr. Incarcérer (encarcelar). ‖ Reclure (encerrar).
— V. pr. Se reclure.
— OBSERV. *Reclure* sólo se conjuga en los tiempos compuestos.

reclusión f. Réclusion. ‖ Maison de réclusion (prisión). ‖ Retraite (refugio).

recluso, sa adj. y s. Reclus, e.

recluta m. MIL. Recrue, *f.* ‖ Conscrit (quinto). ‖ — F. Recrutement, *m.*, conscription (reclutamiento).

reclutador m. MIL. Recruteur.

reclutamiento m. MIL. Recrutement, conscription, *f.* (alistamiento). ‖ Recrues, *f. pl.* (conjunto de reclutas).

reclutar v. tr. MIL. Recruter. ‖ *Amer.* Rassembler (reunir el ganado).

recobrable adj. Recouvrable.

recobrar v. tr. Recouvrer, retrouver : *recobrar la salud, la vista*, recouvrer la santé, la vue ; *recobrar el apetito*, retrouver l'appétit. ‖ Retrouver : *recobrar el buen humor*, retrouver sa bonne

humeur. ‖ ● Reprendre : *recobrar aliento*, reprendre haleine ; *recobrar ánimo*, reprendre courage. ‖ Regagner : *recobrar la confianza*, regagner la confiance. ‖ — *Recobrar el espíritu* ou *el sentido*, reprendre ses esprits. ‖ *Recobrar la esperanza*, se remettre *o* se remettre à espérer. ‖ *Recobrar las fuerzas*, reprendre des forces. ‖ *Recobrar su dinero*, retrouver son argent (encontrar), rentrer dans ses fonds (cubrir gastos). ‖ *Recobrar sus derechos*, rentrer dans ses droits. — V. pr. Se dédommager (desquitarse). ‖ Revenir à soi (volver en sí). ‖ Se remettre, récupérer (recuperarse).
— SINÓN. ● *Recuperar*, récupérer. *Rescatar*, racheter. *Volver a tomar*, reprendre. *Reconquistar*, reconquérir.

recobro m. Recouvrement. ‖ Dédommagement (desquite). ‖ Reprise (*f.*) des sens. ‖ Convalescence, *f.* (convalescencia).

recocer* v. tr. Recuire (volver a cocer). ‖ Cuire longtemps, mijoter (cocer mucho tiempo). ‖ TECN. Recuire (metales).
— V. pr. Cuire longtemps, mijoter (cocer mucho). ‖ FIG. Se consumer.

recocido, da adj. Recuit, e.
— M. Recuit (metales). ‖ Recuisson, *f.* (vidrio).

recocina f. Office, *m.* (de la cocina).

recochinearse v. pr. FAM. Se payer la tête de, tourner en ridicule (burlarse). | Se rincer l'œil (viendo un espectáculo licencioso). | Se délecter.

recochineo m. FAM. Moquerie, *f.*, raillerie, *f.* (burla). | Délectation, *f.* ‖ *Y encima con recochineo*, et par-dessus le marché en se payant ma (ta, sa...) tête.

recocho, cha adj. Très cuit, e.

recodadero m. Accoudoir.

recodar v. intr. Former un coude (un río).

recodar v. intr. Former un coude (un río). ‖ — V. intr. y pr. S'accouder.

recodo m. Coude (de río). ‖ Tournant (de carretera). ‖ Détour (de un camino). ‖ Angle (ángulo). ‖ Recoin : *casa con muchos recodos*, maison pleine de recoins.

recogeabuelos m. inv. Barrette, *f.* (para el pelo).

recogedero m. Débarras (lugar). ‖ Pelle (*f.*) à balayures (pala).

recogedor, ra adj. Qui recueille.
— M. y f. Ramasseur, euse. ‖ — M. AGRIC. Ramasseuse, *f.* (instrumento). ‖ Pelle *f.* (de basuras).

recogemigas m. inv. Ramasse-miettes.

recogepelotas m. inv. Ramasseur de balles.

recoger v. tr. Reprendre (coger de nuevo). ‖ Recueillir : *recoger datos*, recueillir des renseignements. ‖ Ramasser : *recoger leña*, ramasser du bois ; *recoge el libro que se ha caído*, ramasse le livre qui est tombé. ‖ Retirer (sacar) : *recoger dos entradas de teatro*, retirer deux billets de théâtre. ‖ Prendre, passer prendre, aller chercher (a uno) : *le recogeré a las ocho*, je passerai vous prendre à 8 [huit] heures. ‖ Rentrer (poner al abrigo) : *recoger las mieses*, rentrer la moisson. ‖ Accueillir, recueillir (dar asilo). ‖ Saisir, retirer de la circulation : *recoger un periódico*, saisir un journal. ‖ Retrousser, trousser (la falda). ‖ — *Quien siembra vientos recoge tempestades*, qui sème le vent récolte la tempête. ‖ EQUIT. *Recoger el caballo*, rassembler. ‖ FIG. *Recoger el guante*, relever le gant *o* le défi. | *Recoger laureles*, cueillir des lauriers.
— V. pr. Se recueillir (ensimismarse). ‖ Se retirer, rentrer chez soi : *se recoge temprano*, il rentre chez lui de bonne heure. ‖ Retrousser (la falda). ‖ *Recogerse el pelo*, relever ses cheveux. ‖ *Recogerse en sí mismo*, se replier sur soi-même, rentrer en soi-même.

recogida f. Levée (del correo). ‖ Ramassage, *m.* : *la recogida de la basura, de los papeles*, le ramas-

sage des ordures, des papiers. ‖ Récolte (cosecha). ‖ Saisie (de un periódico).

recogidamente adv. Avec recueillement. ‖ Solitairement (con soledad).

recogido, da adj. Trapu, e ; court, e ; ramassé, e (animal). ‖ FIG. Retiré, e ; reclus, e (apartado del mundo).

recogimiento m. Recueillement (del espíritu). ‖ AGRIC. Rentrée, *f.* (del ganado). ‖ *Vivir con gran recogimiento*, vivre dans le plus grand recueillement.

recolar* v. tr. Filtrer de nouveau.

recolección f. Récolte (cosecha). ‖ Collecte : *recolección de informaciones estadísticas*, collecte d'informations statistiques. ‖ Stricte observance (de la regla en los conventos).

recolectar v. tr. Récolter (cosechar). ‖ Collecter (colectar).

recolector m. Collecteur, percepteur.

recoleto, ta adj. Tranquille, paisible, peu fréquenté, e (calle, plaza). ‖ Retiré, e (persona).
— M. y f. Récollet, ette (religioso).

recomendable adj. Recommandable. ‖ — *No recomendable*, peu recommandable (persona). ‖ *No ser recomendable*, être à déconseiller (cosa).

recomendablemente adv. D'une manière recommandable.

recomendación f. Recommandation. ‖ — *Carta de recomendación*, lettre de recommandation. ‖ *Valerse de la recomendación de alguien*, se recommander de quelqu'un.

recomendado, da adj. Recommandé, e. ‖ FAM. Pistonné, e.
— M. y f. Protégé, e.

recomendante m. Recommandeur.

recomendador, ra adj. Qui recommande.
— M. y f. Auteur (sin fem.) d'une recommandation.

recomendar* v. tr. ● Recommander (aconsejar). ‖ Recommander (confiar).
— SINÓN. ● *Aconsejar*, conseiller. *Preconizar*, préconiser.

recomendatorio, ria adj. Propre à recommander.

recomenzar* v. tr. Recommencer.

recomerse v. pr. FIG. Se ronger (de impaciencia).

recompensa f. Récompense : *como recompensa*, en récompense.
— SINÓN. *Premio*, prix. *Prima*, prime. *Regalo*, cadeau. *Galardón*, récompense. *Gratificación*, gratification. *Retribución*, rétribution.

recompensable adj. Digne de récompense.

recompensar v. tr. Récompenser : *recompensar por un trabajo*, récompenser d'un travail.

recomponer* v. tr. Recomposer. ‖ Réparer (arreglar).

recomposición f. Recomposition.

recompresión f. TECN. Recompression.

recompuesto, ta adj. Recomposé, e.

reconcentración f. *o* **reconcentramiento** m. Concentration, *f.*

reconcentrar v. tr. Concentrer.
— V. pr. Se concentrer (abstraerse). ‖ Rentrer en soi-même.

reconciliable adj. Réconciliable.

reconciliación f. Réconciliation.

reconciliador, ra adj. y s. Réconciliateur, trice.

reconciliar v. tr. Réconcilier.
— V. pr. Se réconcilier.

reconcomerse v. pr. FIG. Se ronger les sangs, se consumer (de impaciencia).

reconcomio m. FIG. Démangeaison (*f.*) intérieure (deseo). | Rancune, *f.* (rencor). | Remords (remordimiento). | Doute, soupçon (sospecha).

recondenado, da adj. FAM. Sacré, e : *¡recondenada vida!*, sacrée vie !

recondenar v. tr. Condamner de nouveau, recondamner.

reconditez f. Caractère (*m.*) caché. ‖ Recoins, *m. pl.*, fond, *m.* : *la reconditez del alma*, les recoins de l'âme.

recóndito, ta adj. Secret, ète ; caché, e. ‖ *Lo más recóndito de un asunto*, le fonds et le tréfonds d'une affaire.

reconducción f. DR. Reconduction (prórroga).

reconducir* v. tr. DR. Prolonger par reconduction, reconduire (prorrogar).

reconfirmar v. tr. Reconfirmer.

reconfortación f. Réconfort, *m.*

reconfortante adj. y s. m. Réconfortant, e.

reconfortar v. tr. Réconforter.

reconocedor, ra adj. y s. Qui reconnaît.

reconocer* v. tr. ● Reconnaître (examinar). ‖ Reconnaître, convenir de : *reconocer sus faltas*, reconnaître ses torts ; *lo reconozco*, je le reconnais, j'en conviens. ‖ Reconnaître (un gobierno). ‖ Reconnaître : *reconocer por hijo*, reconnaître pour fils. ‖ MED. Examiner, faire subir un examen médical. ‖ MIL. Reconnaître, faire une reconnaissance. ‖ Fouiller (registrar). ‖ — FIG. *Reconocer el terreno*, reconnaître o tâter le terrain. ‖ *Reconocer la evidencia*, se rendre à l'évidence.
— V. pr. Se reconnaître. ‖ Se reconnaître : *reconocerse culpable*, se reconnaître coupable.
— SINÓN. ● *Examinar*, examiner. *Inspeccionar*, inspecter. *Mirar*, regarder. *Explorar*, explorer. *Registrar*, fouiller. *Estudiar*, étudier. *Sondear*, sonder.

reconocible adj. Reconnaissable.

reconocidamente adv. Avec reconnaissance (con gratitud). ‖ Évidemment, clairement.

reconocido, da adj. Reconnaissant, e (agradecido).

reconocimiento m. Reconnaissance, *f.* : *el reconocimiento de un error*, la reconnaissance d'une erreur ; *el reconocimiento de un niño*, la reconnaissance d'un enfant. ‖ Aveu (confesión). ‖ Fouille, *f.* (registro). ‖ Reconnaissance, *f.*, gratitude, *f.* (gratitud). ‖ MIL. Reconnaissance, *f.* : *avión de reconocimiento*, avion de reconnaissance. ‖ — *Reconocimiento de deuda*, reconnaissance de dette. ‖ MED. *Reconocimiento médico*, examen médical, visite médicale. ‖ — *En reconocimiento a los servicios prestados*, en reconnaissance des services rendus.

reconquista f. Reconquête.
— OBSERV. On donne particulièrement le nom de *Reconquista* à la période qui s'étend de 718 (bataille de Covadonga) à 1492 (prise de Grenade par les Rois Catholiques) pendant laquelle les Espagnols luttèrent contre les envahisseurs musulmans qui avaient occupé une grande partie de la Péninsule.

reconquistar v. tr. Reconquérir.

reconsiderar v. tr. Reconsidérer.

reconstitución f. Reconstitution.

reconstituir* v. tr. Reconstituer.

reconstituyente adj. y s. m. Reconstituant, e.
— SINÓN. *Tónico*, tonique. *Fortificante*, fortifiant.

reconstrucción f. Reconstruction.

reconstructivo, va adj. Reconstructif, ive.

reconstruir* v. tr. Reconstruire.

recontar* v. tr. Recompter (contar de nuevo). ‖ Recenser (votos).

recontento, ta adj. Enchanté, e ; ravi, e.
— M. Grande joie, *f.*, ravissement.

¡recontra! interj. Zut !

reconvalecer* v. intr. Entrer de nouveau en convalescence.

reconvención f. Reproche, *m.* (censura). ‖ DR. Reconvention.

reconvencional adj. Reconventionnel, elle.

reconvenir* v. tr. Reprocher, faire des reproches : *reconvenir a uno por alguna cosa*, reprocher quelque chose à quelqu'un, faire des reproches à quelqu'un au sujet de quelque chose.

reconversión f. Reconversion (a otra actividad). ‖ Recyclage, *m.* (nueva formación).

reconvertir* v. tr. Reconvertir, recycler.
— V. pr. Se reconvertir.

recopilación f. Résumé, *m.*, abrégé, *m.* (compendio). ‖ Recueil, *m.*, compilation : *recopilación de las leyes*, recueil de lois.
— OBSERV. On donne le nom de *Recopilación* au recueil officiel des lois espagnoles établi en 1567. La *Nueva Recopilación* et la *Novísima Recopilación* sont deux mises à jour de ce recueil effectuées respectivement en 1775 et 1805.

recopilador m. Compilateur.

recopilar v. tr. Compiler.

récord m. Record (marca) : *batir, tener, establecer un récord*, battre, détenir, établir un record. ‖ FAM. *En un tiempo récord*, en un temps record.

recordable adj. Mémorable.

recordación f. Souvenir, *m.* (recuerdo). ‖ Remémoration.

recordador, ra o **recordante** adj. Qui rappelle, évocateur, trice.

recordar* v. tr. Rappeler (traer a la memoria) : *recordar un hecho a uno*, rappeler un fait à quelqu'un. ‖ Se rappeler, se souvenir de (acordarse de) : *recuerdo tu visita*, je me rappelle ta visite : *ese acontecimiento sucedió y recuerdo todas sus circunstancias*, cet événement est arrivé et je m'en rappelle toutes les circonstances (*en es complemento de nombre*) ; *recuerdo que llegó muy tarde*, je me souviens qu'il est venu très tard. ‖ Rappeler (parecerse a) : *esta muchacha me recuerda a su madre*, cette fillette me rappelle sa mère. ‖ (Ant.). Amer. Réveiller (despertar). ‖ — *Hacer algo para recordar un acontecimiento*, faire quelque chose en souvenir d'un événement. ‖ *Le recordaré en mis oraciones*, je ne vous oublierai pas dans mes prières. ‖ *Si bien recuerdo*, si j'ai bonne mémoire. ‖ *Si mal no recuerdo*, si je me souviens bien, pour autant que je me souvienne, si j'ai bonne mémoire.
— V. intr. y pr. S'éveiller (despertarse).
— OBSERV. No es correcto emplear la preposición *de* con *se rappeler*.

recordativo, va adj. Qui rappelle, évocateur, trice.

recordatorio m. Souvenir mortuaire (estampa en recuerdo de los difuntos). ‖ Pense-bête (medio para hacer recordar). ‖ Rappel (advertencia). ‖ Leçon, *f.* : *para que te sirva de recordatorio*, pour que cela te serve de leçon.

recordman, recordwoman m. y f. Recordman, recordwoman.
— OBSERV. Ces mots sont fréquemment employés, bien qu'il existe un équivalent en espagnol qui est *plusmarquista*.

recorrer v. tr. Parcourir : *recorrer una ciudad*, parcourir une ville. ‖ Parcourir, courir : *este corredor ha recorrido una gran distancia*, ce coureur a parcouru une grande distance. ‖ Parcourir (un escrito). ‖ Fouiller (registrar). ‖ IMPR. Habiller, remanier. ‖ *Recorrer mundo*, courir le monde, voir du pays.

recorrida f. Amer. V. RECORRIDO.

recorrido m. Parcours (trayecto). ‖ FAM. Volée, *f.* (paliza). ‖ IMPR. Habillage, remaniement [texte sur une demi-colonne]. ‖ MECÁN. Course, *f.* : *el recorrido del émbolo*, la course du piston. ‖ IMPR. *Hacer un recorrido*, habiller, faire un habillage.

recortable m. Découpage (juego).

recortado, da adj. Découpé, e. ‖ — M. Découpage.

recortadura f. Découpure. ‖ — Pl. Rognures.

recortar v. tr. Découper (imágenes, etc.). ‖ Recouper (volver a cortar). ‖ Rogner (el borde de una pieza). ‖ FIG. Couper : *recortar las alas*, couper les ailes. ‖ Profiler, silhouetter (pintura).
— V. pr. Se découper, se profiler : *la torre se recortaba en el cielo*, la tour se découpait sur le ciel.

recorte m. Découpage (acción). ‖ Découpure, *f.* (fragmento cortado). ‖ Coupure, *f.* : *recorte de prensa,* coupure de presse. ‖ Recoupe, *f.* (metales, telas). ‖ TAUROM. Écart (del torero). ‖ — Pl. Rognures, *f.,* chutes, *f.* (de metal, cuero, papel).

recoser v. tr. Recoudre. ‖ Raccommoder (zurcir).

recosido m. Raccommodage (acción de recoser). ‖ Reprise, *f.* (zurcido).

recostadero m. Accoudoir (reclinatorio).

recostar* v. tr. Appuyer (apoyar). ‖ Pencher (inclinar).
— V. pr. S'appuyer : *recostarse en* ou *sobre,* s'appuyer sur. ‖ Se pencher. ‖ Se renverser sur le dos.

recova f. Commerce (*m.*) d'œufs et de volailles. ‖ Marché (*m.*) à la volaille. ‖ Meute (jauría). ‖ *Amer.* Marché, *m.*

recovar v. intr. Acheter des œufs et des volailles pour les revendre.

recoveco m. Détour (vuelta). ‖ FIG. Détour (artificio). ‖ Détour, repli, recoin : *los recovecos del alma, del corazón,* les replis de l'âme, du cœur.

recovero, ra m. y f. Marchand, marchande de volailles.

recre m. Congé, vacances, *f. pl.* (recle).

recreable adj. Récréatif, ive.

recreación f. Récréation.

recrear v. tr. Récréer, distraire (entretener). ‖ Recréer (crear de nuevo). ‖ *Recrear la vista,* réjouir la vue.
— V. pr. Se distraire, se récréer (entretenerse). ‖ Se délasser (solazarse) : *recrearse en leer,* se délasser en lisant. ‖ FAM. Passer de très bons moments (disfrutar) : *recrearse con un hermoso espectáculo,* passer de très bons moments en voyant un beau spectacle. ‖ Se réjouir : *recrearse con el mal ajeno,* se réjouir des malheurs des autres.

recreativo, va adj. Récréatif, ive : *velada recreativa,* soirée récréative. ‖ *Sociedad recreativa,* cercle.

recrecer* v. intr. Monter (río).
— V. pr. Reprendre courage, reprendre le dessus (reanimarse).

recrecimiento m. Augmentation, *f.,* accroissement. ‖ Montée, *f.* (de un río). ‖ FIG. Ardeur (*f.*) nouvelle.

recremento m. MED. Récrément.

recreo m. ● Récréation, *f.* (colegio) : *estar en el recreo,* être en récréation. ‖ Agrément : *viaje de recreo,* voyage d'agrément. ‖ FIG. Plaisir, régal : *esto es un recreo para la vista,* c'est un plaisir pour les yeux, c'est un régal pour la vue. ‖ *Amer.* Guinguette, *f.* (merendero). ‖ — *De recreo,* de plaisance : *barco de recreo,* bateau de plaisance ; *casa de recreo,* maison de plaisance. ‖ *Tren de recreo,* train de plaisir.
— SINÓN. ● *Recreación,* récréation. *Entretenimiento,* amusement. *Diversión, distracción,* distraction. *Pasatiempo,* passe-temps. *Regocijo,* réjouissance. *Esparcimiento,* détente. *Juego,* jeu.

recría f. Élevage, *m.*

recriador m. Éleveur.

recriar v. tr. Élever (animales).

recriminación f. Récrimination, reproche, *m.*

recriminador, ra adj. Récriminateur, trice.

recriminar v. tr. Récriminer : *recriminar a uno,* récriminer contre quelqu'un. ‖ Reprocher : *recriminar a uno su conducta,* reprocher à quelqu'un sa conduite.
— V. pr. S'incriminer, s'accuser : *recriminarse unos a otros,* s'incriminer réciproquement.

recriminatorio, ria adj. Récriminatoire.

recristalización f. Recristallisation.

recrudecer* v. intr. Être en recrudescence : *recrudece la criminalidad,* la criminalité est en recrudescence. ‖ Redoubler : *el frío recrudece,* le froid redouble. ‖ Empirer (empeorar).

recrudecimiento m. o **recrudescencia** f. Recrudescence, *f.* : *recrudecimiento del frío, de una enfermedad, de la criminalidad,* recrudescence du froid, d'une maladie, de la criminalité.

recrudescente adj. Recrudescent, e.

rectal adj. ANAT. Rectal, e.

rectamente adv. En ligne droite, tout droit. ‖ FIG. Avec droiture, droitement (con justicia). ‖ Avec justesse o bon sens (con juicio). ‖ Avec exactitude.

rectangular adj. GEOM. Rectangulaire.

rectángulo adj. m. y s. m. GEOM. Rectangle.

rectificable adj. Rectifiable.

rectificación f. Rectification. ‖ Rectification (de un pistón, etc.). ‖ ELECTR. Redressement, *m.* (de corriente). ‖ Redressement, *m.* (de una cuenta).

rectificador, ra adj. Qui rectifie, rectificateur, trice.
— M. ELECTR. Redresseur (de corriente). ‖ QUÍM. Rectificateur. — F. Rectifieuse (máquina).

rectificar v. tr. Rectifier. ‖ ELECTR. Redresser (corriente). ‖ MECÁN. Rectifier (un cilindro).

rectificativo, va adj. y s. m. Rectificatif, ive.

rectilineal adj. Rectilinéaire.

rectilíneo, a adj. Rectiligne.

rectitis f. MED. Rectite.

rectitud f. Rectitude. ‖ FIG. Rectitude, droiture (justicia).

recto, ta adj. Droit, e : *ángulo recto,* angle droit ; *línea recta,* ligne droite. ‖ FIG. Droit, e : *corazón recto,* cœur droit ; *conciencia recta,* esprit droit. ‖ GRAM. Propre (sentido).
— Adv. Tout droit : *siga recto,* allez tout droit.
— M. ANAT. Rectum (del intestino). ‖ Droit (músculo) : *recto del abdomen,* grand droit. ‖ Recto (de una página). ‖ — F. GEOM. Droite.

rectocolitis f. MED. Recto-colite.

rector, ra adj. Recteur, trice. ‖ Directeur, trice : *principio rector,* principe directeur ; *fuerza rectora,* force directrice. ‖ *País rector del mundo occidental,* pays à la tête du monde occidental.
— M. Recteur (de universidad). ‖ Recteur, supérieur (de colegios religiosos). ‖ FIG. Dirigeant (dirigente). ‖ Ligne (*f.*) directrice : *rector del pensamiento,* ligne directrice de la pensée.
— OBSERV. En Espagne, le recteur d'Université reçoit le titre de *Magnífico* (Rector Magnífico de la Universidad de Salamanca).

rectorado m. Rectorat (cargo).

rectoral adj. Rectoral, e.
— F. Presbytère.

rectoría f. Rectorat, *m.* ‖ Rectorat, *m.,* bureau (*m.*) du recteur. ‖ Cure (casa del cura). ‖ FIG. Direction.

rectoscopia f. MED. Rectoscopie.

rectoscopio m. MED. Rectoscope.

recua f. Troupeau, *m.,* troupe (de caballos o mulas). ‖ FIG. y FAM. Troupe, bande.

recuadrar v. tr. Quadriller (cuadricular). ‖ Encadrer : *recuadrar un artículo en un periódico,* encadrer un article dans un journal.

recuadro m. Entrefilet (en un periódico). ‖ Cadre (marco).

recuarta f. Quatrième corde de la guitare à cordes doublées.

recubrimiento m. Recouvrement.

recubrir v. tr. Recouvrir. ‖ Couvrir.

recuelo m. Lessive (*f.*) forte (lejía).

recuento m. Vérification (*f.*) d'un compte. ‖ Dépouillement, recensement (de votos). ‖ Dénombrement (enumeración). ‖ *Hacer el recuento de votos,* dépouiller le scrutin. ‖ *Recuento de glóbulos,* numération globulaire.

recuerdo m. Souvenir : *un recuerdo confuso,* un souvenir confus. ‖ Souvenir, mémoire, *f.* : *en recuerdo de,* en mémoire de. ‖ Mémoire : *de triste recuerdo,* de triste mémoire. ‖ Rappel (evocación) : *el recuerdo del pasado,* le rappel du passé.

‖ Rappel (vacuna). ‖ Souvenir : *tienda de recuerdos*, boutique de souvenirs. ‖ — *Dele recuerdos a*, veuillez me rappeler au bon souvenir de, présentez mes salutations à, dites bien des choses de ma part à, faites mes amitiés à. ‖ *Dosis de recuerdo*, rappel d'un vaccin. ‖ *Muchos recuerdos*, bons o meilleurs souvenirs.

reculada f. Recul, *m.* (retroceso). ‖ Fig. Reculade.

recular v. intr. Reculer : *recular un paso*, reculer d'un pas.

reculativo, a adj. *Amer.* Qui marche à reculons.

reculo, la adj. Sans queue [volaille].

reculones (a) loc. Fam. À reculons.

recuñar v. tr. Min. Creuser avec un coin.

recuperable adj. Récupérable. ‖ Récupérable, de récupération (material). ‖ Recouvrable (recobrable).

recuperación f. Récupération. ‖ Recouvrement, *m.* (recobro). ‖ Rattrapage, *m.*, récupération (de un retraso). ‖ Recouvrement, *m.* (de la salud). ‖ Repêchage, *m.* (de un astronauta). ‖ Redressement, *m.* (de un país).

recuperador adj. m. y s. m. Récupérateur : *muelle recuperador*, ressort récupérateur.

recuperar v. tr. Récupérer (un objeto). ‖ Retrouver, recouvrer (salud, vista, etc.) ‖ Reprendre (un puesto). ‖ Reprendre : *recuperar el conocimiento*, reprendre connaissance. ‖ Regagner : *recuperar la confianza, el cariño de uno*, regagner la confiance, l'affection de quelqu'un. ‖ Rattraper, regagner : *recuperar el tiempo perdido*, rattraper le temps perdu. ‖ Récupérer : *recuperar una hora de trabajo*, récupérer une heure de travail. ‖ — *Hallarse totalmente recuperado*, être tout à fait remis (un enfermo). ‖ *Recuperar el sentido*, reprendre ses esprits, revenir à soi, reprendre connaissance.
— V. pr. Se remettre, se relever : *recuperarse de una enfermedad*, se remettre d'une maladie. ‖ Récupérer : *después de haber dormido tanto me he recuperado*, après avoir tant dormi, j'ai récupéré. ‖ Se remettre (de une emoción). ‖ Reprendre (los negocios).

recuperativo, va adj. Reconstituant, e.

recurrencia f. Med. Récurrence.

recurrente adj. Med. Récurrent, e. ‖ — Adj. y s. Dr. Appelant, e.

recurrir v. intr. Recourir, avoir recours, faire appel : *recurrir a alguien, a la astucia*, recourir à quelqu'un, à la ruse. ‖ Appeler, faire appel : *recurro a su competencia*, j'en appelle à votre compétence. ‖ Dr. Faire appel, se pourvoir.

recurso m. Recours (acción de recurrir). ‖ Ressource, *f.*, moyen (medio). ‖ Ressource, *f.* : *hombre de recursos*, homme de ressources. ‖ Ressource, *f.* : *recursos económicos, naturales*, ressources économiques, naturelles. ‖ Dr. Recours, pourvoi : *recurso de casación*, recours o pourvoi en cassation. ‖ Appel, interjection, *f.* : *recurso de queja*, appel comme d'abus. ‖ — *Carecer de recursos económicos*, ne pas avoir beaucoup de moyens, ne pas être en fonds. ‖ *Como* ou *en último recurso*, en dernier recours, en dernier ressort. ‖ *Haber agotado todos los recursos*, être à bout de ressource. ‖ *No hay otro recurso*, il n'y a pas d'autre solution. ‖ Dr. *Recurso de urgencia*, référé.

recusable adj. Récusable.

recusación f. Récusation, rejet, *m.*

recusar v. tr. Récuser, rejeter.

rechace m. Rejet.

rechazable adj. Refusable.

rechazamiento m. Refus : *rechazamiento de una oferta*, refus d'une offre. ‖ Rejet : *rechazamiento de una petición*, rejet d'une demande.

rechazar v. tr. ● Repousser : *rechazar una oferta*,

la tentación, un ataque, repousser une offre, la tentation, une attaque. ‖ Repousser, refouler : *rechazar al enemigo*, repousser l'ennemi. ‖ Rejeter : *rechazar una petición*, rejeter une demande. ‖ Réfuter (refutar). ‖ Nier (negar). ‖ Refuser (rehusar) : *rechazar un regalo*, refuser un cadeau. ‖ Éconduire (a un pretendiente).
— Sinón. ● *Repudiar*, répudier. *Recusar*, récuser. *Excluir*, exclure. *Rehusar*, refuser. *Declinar*, décliner. *Desechar*, rejeter.

rechazo m. Contrecoup, ricochet (rebote). ‖ Refoulement (retroceso). ‖ Fig. Refus, rejet (negación). ‖ Med. Rejet. ‖ — *Choque de rechazo*, choc en retour. ‖ *De rechazo*, par contrecoup.

rechifla f. Sifflement (*m.*) prolongé. ‖ Fig. Moquerie, persiflage, *m.* (burla). ‖ Huées, *pl.* (abucheo) : *se retiró en medio de una rechifla*, il se retira au milieu des huées.

rechiflar v. tr. Siffler longuement.
— V. pr. Se moquer, persifler (burlarse).

rechinador, ra adj. Grinçant, e (que rechina). ‖ Fig. Qui rechigne (que gruñe).

rechinamiento m. Grincement. ‖ Fig. Rechignement.

rechinante adj. Grinçant, e.

rechinar v. intr. Grincer (chirriar). ‖ Crisser (la arena). ‖ Fig. Rechigner (gruñir). ‖ — *El rechinar de dientes*, le grincement des dents. ‖ *Rechinar los dientes*, grincer des dents.

rechistar v. intr. Chuchoter (chistar). ‖ *Sin rechistar*, sans répliquer, sans mot dire (sin contestar), sans broncher, sans tiquer (sin protestar).

rechoncho, cha adj. Fam. Trapu, e ; ramassé, e (persona).

rechupado, da adj. Fam. Très maigre, émacié, e ; maigrichon, onne.

rechupete (de) loc. Fam. Délicieux, euse ; à s'en lécher les babines o les doigts.

red f. Filet, *m.* (para pescar, cazar). ‖ Filet, *m.* : *red de tenis*, filet de tennis. ‖ Réseau, *m.* (ferroviario, de carreteras, de teléfono, de distribución). ‖ Lacis, *m.* (de hilos entrelazados). ‖ Filet, *m.*, résille (redecilla). ‖ Grille : *red de estadísticas*, grille de statistiques. ‖ Fig. Piège, *m.*, rets, *m.* (trampa). ‖ Réseau, *m.* : *red de espionaje*, réseau d'espionnage. ‖ — *Red barredera*, drague, traîne. ‖ *Red de carreteras*, réseau routier. ‖ *Red vascular*, réseau vasculaire. ‖ — Fig. *Caer en la red*, tomber dans le piège o dans le panneau. ‖ *Caer en las propias redes*, se laisser prendre à son propre piège. ‖ *Echar* ou *tender las redes*, tendre ses filets.

redacción f. Rédaction.
— Sinón. *Composición*, composition. *Escritura*, écriture.

redaccional adj. Rédactionnel, elle.

redactar v. tr. Rédiger : *redactar un artículo*, rédiger un article. ‖ Dresser, établir, rédiger (estatutos).

redactor, ra m. y f. Rédacteur, trice. ‖ *Redactor jefe*, rédacteur en chef.

redada f. Mar. Coup (*m.*) de filet. ‖ Fig. Rafle, coup (*m.*) de filet (de la policía). ‖ Bande (de ladrones).

redaño m. Anat. Épiploon. ‖ — Pl. Fam. Courage, *sing.*, cran, *sing.* (valor).

redar v. tr. Jeter le filet.

redargüir* v. tr. Rétorquer. ‖ Dr. Contester.

redecilla f. Filet, *m.* (tejido). ‖ Filet, *m.*, résille (para el pelo). ‖ Filet (*m.*) à provisions (para la compra). ‖ Filet, *m.* (para el equipaje). ‖ Zool. Bonnet, *m.*, réseau, *m.* (de rumiantes).

redecir* v. tr. Redire, répéter.

rededor m. Alentours, *pl.* (contorno). ‖ *Al* ou *en rededor*, V. ALREDEDOR.

redel m. Mar. Couple (cuaderna).

redención f. Rédemption. ‖ Rachat, *m.* (rescate) : *la redención de los cautivos,* le rachat des captifs. ‖ Salut, *m.* ‖ Fig. Remède, *m.*

redentor, ra adj. y s. Rédempteur, trice.

redentorista m. Rédemptoriste.

redescuento m. Com. Réescompte.

redhibición f. Dr. Rédhibition.

redhibir v. tr. Annuler la vente [d'une chose défectueuse].

redhibitorio, ria adj. Dr. Rédhibitoire.

redición f. Redite, répétition oiseuse.

redicho, cha adj. Redit, e : *está dicho y redicho,* ça a été dit et redit. ‖ Rebattu, e (trillado). ‖ Fam. Poseur, euse; crâneur, euse; prétentieux, euse (postinero). ‖ — Adj. f. Pimbêche, prétentieuse.

rediente m. Redan, redent (en fortificaciones).

¡rediez! interj. Parbleu!

redil m. Bercail. ‖ Fig. Bercail : *hacer volver al redil a una oveja descarriada,* ramener au bercail une brebis égarée.

redilear v. tr. Parquer (el ganado).

redimible adj. Rachetable.

redimidor, ra m. y f. Racheteur, euse (de cautivos).

redimir v. tr. Racheter, rédimer (p. us.) : *redimir cautivos,* racheter des captifs. ‖ Éteindre une dette (una deuda). ‖ Dr. Lever une hypothèque. — V. pr. Se racheter.

redingote m. Redingote, *f.*

rédito m. Intérêt : *colocar dinero a rédito,* placer de l'argent à intérêt.

redituable adj. Qui rapporte, productif, ive.

redituar v. tr. Rapporter (una renta).

redivivo, va adj. Ressuscité, e; revenu à la vie.

redoblado, da adj. Redoublé, e. ‖ Mil. *Paso redoblado,* pas redoublé.

redobladura f. o **redoblamiento** m. Redoublement, *m.*

redoblante m. Caisse (*f.*) roulante (tambor).

redoblar v. tr. Redoubler (reiterar) : *redoblar sus esfuerzos,* redoubler d'efforts. ‖ River (un clavo). ‖ Redoubler : *redoblar una consonante,* redoubler une consonne. ‖ Surcontrer (bridge). ‖ *Redoblar sus gritos,* crier de plus belle. — V. intr. Battre le tambour.

redoble m. Redoublement (redoblamiento). ‖ Roulement (de tambor). ‖ Surcontre (bridge). ‖ — *Al redoble del tambor,* tambour battant. ‖ *Hacer redoble,* surcontrer (bridge).

redoblón m. Rivet.

redoma f. Cornue (de química).

redomado, da adj. Fieffé, e : *pícaro redomado,* fieffé fripon.

redomón, ona adj. Amer. À moitié dompté, e. — M. Amer. Cheval à moitié dompté.

redonda f. (P. us.). Région (comarca). ‖ Pâturage, *m.* (dehesa). ‖ Mar. Fortune (vela). ‖ Mús. Ronde. ‖ *A la redonda,* à la ronde : *diez leguas a la redonda,* dix lieues à la ronde.

redondamente adv. En rond, en cercle. ‖ Fig. Clairement, sans ambages (rotundamente).

redondear v. tr. Arrondir. ‖ Fig. Arrondir : *redondear una cantidad,* arrondir une somme. ‖ *Redondear los bajos,* arrondir (un traje). — V. pr. Fig. S'arrondir (engordar, enriquecerse).

redondel m. Rond, cercle (círculo). ‖ Manteau sans collet (capa). ‖ Arène, *f.* (en la plaza de toros).

redondete, ta adj. Rondelet, ette.

redondez f. Rondeur. ‖ ● Rotondité : *la redondez de la Tierra,* la rotondité de la Terre. — Sinón. ● *Esfericidad,* sphéricité. *Curvatura,* courbure. *Rotundidad,* rotondité.

redondilla f. Quatrain, *m.* (poesía). ‖ Ronde (letra).

— Observ. La *redondilla* se compose de quatre octosyllabes à rimes embrassées.

redondo, da adj. Rond, e : *redondo como una bola,* rond comme une bille. ‖ Fig. Noble à quatre quartiers (noble). ‖ Clair, e (sin rodeos). ‖ Total, e : *triunfo redondo,* succès total. ‖ — *Cuenta redonda,* compte rond. ‖ *En redondo,* à la ronde (a la redonda), catégoriquement, tout net : *negarse en redondo,* refuser catégoriquement. ‖ *Negocio redondo,* affaire en or, excellente affaire. ‖ *Número redondo,* chiffre rond. ‖ — Fig. y Fam. *Caerse redondo* ou *en redondo,* tomber raide. ‖ *Dar una vuelta en redondo,* faire un tour complet. ‖ Fig. *Virar en redondo,* v. virar. — M. Rond. ‖ — F. Ronde (letra). ‖ Mús. Ronde (nota).

redopelo m. Rebroussement. ‖ Fig. y Fam. Bagarre, *f.,* crêpage de chignons (entre muchachas). ‖ *A* ou *al redopelo,* à rebrousse-poil.

redorar v. tr. Redorer. ‖ Fam. *Redorar su escudo* ou *su blasón,* redorer son blason.

redrojo m. Grappillon (de uvas). ‖ Fleur (*f.*) o fruit tardif. ‖ Fig. y Fam. Gringalet.

redropelo m. V. REDOPELO.

redruejo m. Grappillon.

reducción f. Réduction (aminoración). ‖ Med. Remboîtage, *m.,* remboîtement, *m.* (de un hueso). ‖ Amer. Réduction, village (*m.*) d'Indiens baptisés.

— Observ. Les « reducciones » étaient les villages d'Indiens créés par les missionnaires espagnols pendant la colonisation. Les plus célèbres ont été celles des *Misiones jesuíticas del Paraguay.*

reducibilidad f. Réductibilité.

reducible adj. Réductible.

reducida f. Mat. Réduite (de fracción).

reducido, da adj. Réduit, e. ‖ Petit, e (pequeño). ‖ Faible : *un rendimiento muy reducido,* un rendement très faible. ‖ Étroit, e (estrecho). ‖ Mil. *Quinta de efectivos reducidos,* classe creuse.

reducimiento m. Réduction, *f.*

reducir* v. tr. ● Réduire : *reducir en una cuarta parte,* réduire d'un quart ; *reducir a polvo,* réduire en poussière ; *reducir al silencio,* réduire au silence ; *reducir a la razón,* réduire à la raison. ‖ Ramener : *la tasa ha sido reducida del 10 % al 5 %,* la taxe a été ramenée de 10 % à 5%. ‖ Quím. Réduire. ‖ Med. Remboîter (un hueso). ‖ Mat. Réduire (un quebrado). ‖ Abaisser (una ecuación). ‖ *Reducir a su más mínima expresión,* réduire à sa plus simple expression. — V. pr. Se réduire : *reducirse a lo más preciso,* se réduire au strict nécessaire. ‖ Se ramener, se résoudre, revenir : *todo esto se reduce a nada,* tout cela se résout à rien. ‖ Revenir : *esto se reduce a decir,* cela revient à dire. ‖ Fig. Se limiter, se borner : *tú te reduces a cumplir tu obligación,* tu te bornes à remplir tes devoirs.

— Sinón. ● *Aminorar, menguar,* amoindrir. *Disminuir, menoscabar,* diminuer. *Restringir,* restreindre. *Acortar,* raccourcir. *Achicar,* réduire. *Abreviar,* abréger.

reductible adj. Réductible.

reducto m. Réduit (fortificación).

reductor, ra adj. Tecn. Réducteur, trice. ‖ — Adj. m. y s. m. Quím. Réducteur. ‖ — M. Réducteur (de velocidad). ‖ *Reductor de presión,* détendeur.

redundancia f. Redondance.

redundante adj. Redondant, e.

redundantemente adv. Avec redondance.

redundar v. intr. (P. us.). Déborder (rebosar). ‖ Redonder (p. us.) : *redundar en citas,* redonder de citations. ‖ — *Esto redundará en perjuicio de usted,* cela tournera à votre désavantage, cela retombera sur vous. ‖ *Esto redundará en provecho de usted,* cela tournera à votre avantage o profit. ‖ *Redundar en,* aboutir à.

reduplicación f. Redoublement, *m*. (acción de reduplicar). ‖ Réduplication (figura de retórica).
reduplicar v. tr. Redoubler (redoblar).
reduplicativo, va adj. Réduplicatif, ive.
reduvio m. ZOOL. Réduve (insecto).
reedición f. Réédition.
reedificación f. Réédification, reconstruction.
reedificador, ra adj. y s. Reconstructeur, trice.
reedificar v. tr. Réédifier, rebâtir, reconstruire.
reeditar v. tr. Rééditer.
reeducación f. Rééducation.
reeducar v. tr. Rééduquer.
reelección f. Réélection.
reelecto, ta adj. y s. Réélu, e.
reelegibilidad f. Rééligibilité.
reelegible adj. Rééligible.
reelegido, da adj. y s. Réélu, e ; renommé, e.
reelegir* v. tr. Réélire, renommer.
reembarcar v. tr. Rembarquer, réembarquer.
— V. pr. Se réembarquer, se rembarquer.
reembarco m. Rembarquement (de personas).
reembargar v. tr. DR. Ressaisir.
reembarque m. Rembarquement (de cosas).
reembolsable adj. Remboursable.
reembolsar v. tr. Rembourser.
reembolso m. Remboursement : *contra reembolso*, contre remboursement.
reemplazable adj. Remplaçable.
reemplazante m. y f. Remplaçant, e.
reemplazar v. tr. Remplacer : *reemplazar de improviso* ou *en el último momento*, remplacer au pied levé.
— SINÓN. *Relevar*, relever. *Suceder*, succéder. *Suplir*, suppléer. *Suplantar*, supplanter. *Sustituir*, remplacer.
reemplazo m. Remplacement. ‖ Classe, *f.* (quinta). ‖ Remplaçant (en la milicia). ‖ MIL. *De reemplazo*, en disponibilité, en non-activité.
reemprender v. tr. Reprendre (reanudar).
reencarnación f. Réincarnation.
reencarnarse v. pr. Se réincarner.
reencuadernación f. Remboîtage, *m.*, remboîtement, *m.*, nouvelle reliure.
reencuadernar v. tr. Remboîter, relier de nouveau (un libro).
reencuentro m. Rencontre, *f.*, retrouvailles, *f. pl.* (fam.). ‖ MIL. Engagement, rencontre, *f.*
reenganchado m. MIL. Rengagé.
reenganchamiento m. MIL. V. REENGANCHE.
reenganchar v. tr. MIL. Rengager, réengager.
— V. pr. MIL. Se rengager, se réengager, rempiler (pop.).
reenganche m. MIL. Rengagement, réengagement. ‖ Prime, *f.* (premio).
reengendrar v. tr. Engendrer de nouveau.
reensayar v. tr. Essayer de nouveau.
reensayo m. Nouvel essai (de máquina). ‖ TEATR. Nouvelle répétition, *f.*
reenviar v. tr. Renvoyer (reexpedir).
reenvidar v. tr. Relancer, renvier (juegos).
reenvío m. Renvoi (reexpedición).
reenvite m. Renvi (en el juego).
reestrenar v. tr. Reprendre (teatro, cine).
reestreno m. Reprise, *f.* (teatro, cine).
reestructuración f. Refonte : *la reestructuración de las instituciones*, la refonte des institutions. ‖ Réorganisation.
reestructurar v. tr. Refondre (las instituciones). ‖ Réorganiser.
reexaminar v. tr. Réexaminer, revoir (repasar).
reexpedición f. Réexpédition, renvoi, *m.* (de una carta). ‖ *Se ruega la reexpedición*, prière de faire suivre (una carta).
reexpedir* v. tr. Réexpédier, renvoyer, retourner. ‖ *Se ruega reexpedir al destinatario*, prière de faire suivre (una carta).
reexportación f. Réexportation.
reexportar v. tr. Réexporter.

refacción f. Collation (alimento). ‖ Réfection (de un edificio). ‖ COM. Réfaction (descuento). ‖ Prime (que se da por añadidura).
refaccionario, ria adj. De réfection, pour la réfection.
refajo m. Jupon (enagua). ‖ Jupe, *f.* (falda).
refección f. Réfection (ant.) [alimento]. ‖ Réfection, réparation (compostura). ‖ Relèvement, *m.*, réfection (reedificación).
refectorio m. Réfectoire.
referencia f. Référence. ‖ Renvoi, *m.* (remisión). ‖ — Pl. Références (informes). ‖ — *Con referencia a*, en ce qui concerne. ‖ *Por referencias*, par ouï-dire. ‖ *Punto de referencia*, point de repère. ‖ *Hacer referencia a*, faire allusion à.
referendario m. V. REFRENDARIO.
referéndum m. Référendum.
referente adj. Se référant à, relatif à, qui se rapporte à, concernant, *inv.*
referible adj. Rapportable.
referir* v. tr. Rapporter, raconter, référer (p. us.) : *referir hechos interesantes*, rapporter des faits intéressants.
— V. pr. Se rapporter, avoir trait, se référer (remitirse) : *esto se refiere a lo que te dije ayer*, cela a trait à ce que je t'ai dit hier. ‖ Faire allusion, parler de (aludir) : *no me refiero a usted*, je ne parle pas de vous. ‖ GRAM. Se rapporter.
refilado m. IMPR. Rogne, *f.*, rognure, *f.* (con la guillotina).
refilar v. tr. IMPR. Rogner.
refilón (de) loc. En passant (de pasada) : *ver algo de refilón*, voir quelque chose en passant. ‖ De travers (de soslayo). ‖ En écharpe (vehículo) : *chocar de refilón contra un coche*, prendre une voiture en écharpe.
refinación f. Raffinage, *m.* (refinado).
refinadera f. Rouleau, *m.* (para el chocolate).
refinado, da adj. Raffiné, e : *azúcar refinado*, sucre raffiné. ‖ Affiné, e ; raffiné, e (metal). ‖ ● FIG. Raffiné, e (distinguido).
— M. TECN. Raffinage : *el refinado del petróleo*, le raffinage du pétrole. ‖ Raffinage, affinage (metales).
— SINÓN. ● *Distinguido*, distingué. *Delicado*, délicat. *Obsequioso*, obséquieux.
refinador, ra adj. y s. Raffineur, euse.
refinadura f. Raffinage, *m.*
refinamiento m. Raffinement, recherche, *f.* (esmero) : *vestido con refinamiento*, vêtu avec recherche.
refinar v. tr. TECN. Raffiner (azúcar, petróleo). ‖ Affiner, raffiner (metal). ‖ FIG. Polir (el estilo).
— V. pr. Apprendre les bonnes manières, se dégrossir (fam.).
refinería f. Raffinerie : *refinería petrolífera*, raffinerie de pétrole.
refino, na adj. Surfin, e (muy fino).
— M. Raffinage (refinado). ‖ Épicerie, *f.* (tienda de comestibles).
reflectante adj. Réfléchissant, e : *superficie reflectante*, surface réfléchissante.
reflectar v. tr. FÍS. Réfléchir (reflejar).
reflector, ra adj. y s. FÍS. Réfléchissant, e ; réflecteur, trice.
— M. Réflecteur. ‖ Projecteur.
reflectorizado, da adj. Réfléchissant, e (placa).
reflejado, da adj. Réfléchi, e : *rayo reflejado*, rayon réfléchi.
reflejante adj. Réfléchissant, e : *superficie reflejante*, surface réfléchissante.
reflejar v. tr. Réfléchir, refléter, renvoyer : *el espejo refleja los rayos luminosos*, le miroir réfléchit les rayons lumineux. ‖ FIG. Traduire, refléter : *nuestros ojos reflejan nuestros sentimientos*, nos

yeux traduisent nos sentiments. | Refléter, respirer : *una cara que refleja la bondad,* un visage qui respire la bonté.
— V. pr. Se réfléchir, se refléter. || Fig. Se refléter : *la felicidad se reflejaba en su rostro,* le bonheur se reflétait sur son visage. | Se répercuter, répercuter : *la baja de las tarifas ferroviarias se refleja en los precios,* la diminution des tarifs ferroviaires se répercute sur les prix.
reflejo, ja adj. Réfléchi, e : *rayo reflejo,* rayon réfléchi ; *verbo reflejo,* verbe réfléchi. || Réflexe : *movimiento reflejo,* mouvement réflexe.
— M. Reflet : *reflejos en el agua,* reflets dans l'eau. || Réflexe : *reflejo condicionado,* réflexe conditionné. || Fig. Reflet (imagen).
reflexibilidad f. Réflexibilité.
reflexible adj. Réflexible.
reflexión f. Fís. Réflexion. || Réflexion (acción de reflexionar). || — *Con reflexión,* en y réfléchissant bien, à la réflexion. || *Sin reflexión,* sans réfléchir.
reflexionar v. intr. Réfléchir : *reflexionar sobre un asunto,* réfléchir à une question.
reflexivamente adv. À la forme réfléchie *o* pronominale.
reflexivo, va adj. Réfléchissant, e (que refleja). || Réfléchi, e : *un niño reflexivo,* un enfant réfléchi. Gram. Réfléchi, e ; pronominal, e (verbo, forma). || Réflexif, ive (psicología).
reflorecer* v. intr. Refleurir.
reflorecimiento m. Refleurissement. || Fig. Nouvel épanouissement.
refluir* v. intr. Refluer (un líquido).
reflujo m. Reflux (marea).
refocilación f. Réjouissance, joie.
refocilar v. tr. Réjouir, combler d'aise.
— V. pr. Se réjouir (alegrarse) : *refocilarse con,* se réjouir de. || Se délecter.
refocilo m. V. REFOCILACIÓN.
reforma f. Réforme : *reforma agraria,* réforme agraire. || Relig. Réforme. || Modification, transformation.
reformable adj. Réformable.
reformación f. Réforme, réformation.
reformado, da adj. Réformé, e.
reformador, ra adj. y s. Réformateur, trice.
reformar v. tr. Réformer. || Transformer : *reformar una cocina,* transformer une cuisine. || Transformer, modifier, apporter des modifications à (modificar).
— V. pr. Se réformer.
reformativo, va adj. Réformateur, trice.
reformatorio, ria adj. Réformateur, trice.
— M. Maison (f.) de correction *o* de redressement.
reformismo m. Réformisme.
reformista adj. y s. Réformiste.
reforzado, da adj. Renforcé, e.
— M. Extra-fort, galon.
reforzador, ra adj. Qui renforce.
— M. Renforçateur (fotografía).
reforzar* v. tr. Renforcer : *reforzar un tubo, una pared,* renforcer un tube, un mur. || *Reforzar el ánimo a alguien,* réconforter quelqu'un, rendre courage à quelqu'un.
— V. pr. Se renforcer.
refracción f. Fís. Réfraction : *índice, ángulo de refracción,* indice, angle de réfraction.
refractar v. tr. Fís. Réfracter.
refractario, ria adj. Réfractaire.
refractivo, va adj. Réfractif, ive.
refractómetro m. Réfractomètre.
refractor m. Réfracteur.
refrán m. Proverbe. || — Fig. *Según reza el refrán,* comme dit le proverbe. | *Tener refranes para todo,* avoir réponse à tout.
— Observ. Existe en francés la palabra *refrain* pero significa *estribillo.*

refranero m. Recueil de proverbes.
refranesco, ca adj. Proverbial, e.
refrangibilidad f. Réfrangibilité.
refrangible adj. Réfrangible.
refranista m. y f. Amateur (sin fem.) de proverbes.
refregadura f. Frottement, *m.* || Trace (señal).
refregamiento m. Frottement.
refregar* v. tr. Frotter. || Fig. y Fam. Jeter à la figure, ressortir (un reproche).
refregón m. Fam. Frottement. | Marque, *f.,* trace, *f.* (señal).
refreír* v. tr. Refrire (freír de nuevo). || Trop faire frire (patatas, etc.), trop faire cuire (carne).
refrenable adj. Réprimable.
refrenada f. Saccade (sofrenada).
refrenado, da adj. Contenu, e (el caballo). || Fig. Refréné, e (las pasiones).
refrenamiento m. Refrènement.
refrenar v. tr. Serrer la bride (a un caballo). || Fig. Refréner, mettre un frein à (las pasiones).
refrendación f. Visa, *m.* (de un pasaporte). || Contreseing, *m.* (firma).
refrendador, ra adj. Qui ratifie *o* qui contresigne.
refrendar v. tr. Viser (un pasaporte). || Contresigner, légaliser (legalizar). || Ratifier, approuver (una ley). || Fig. Cautionner (afianzar).
refrendario m. Référendaire, contresignataire.
refrendata f. Signature du référendaire, contreseing, *m.*
refrendo m. Visa. || Contreseing. || Approbation, *f.* : *ley sometida al refrendo popular,* loi soumise à l'approbation du peuple.
refrentado m. Tecn. Surfaçage (pulido).
refrentar v. tr. Tecn. Surfacer (pulir).
refrescante adj. Rafraîchissant, e.
refrescar v. tr. Rafraîchir (líquidos, etc.). || Fig. Raviver (recuerdos). || Fig. *Refrescar la memoria,* rafraîchir la mémoire.
— V. intr. Se rafraîchir : *el tiempo refresca,* le temps se rafraîchit. || Fraîchir (el viento). || Rafraîchir (un líquido). || *Esta tarde ha refrescado un poco,* cet après-midi le temps s'est rafraîchi un peu *o* ça s'est un peu rafraîchi.
— V. pr. Se rafraîchir (beber fresco). || Prendre le frais (tomar el fresco).
refresco m. Rafraîchissement. || *De refresco,* de renfort. || *Refresco de limón,* citronnade.
refresquería f. Amer. Buvette (bar).
refriega f. Rencontre, engagement, *m.* (combate).
— Sinón. *Eucuentro,* rencontre. *Choque,* choc. *Escaramuza,* accrochage. *Contienda,* dispute. *Combate,* combat.
refrigeración f. Réfrigération. || Collation (comida). || Refroidissement, *m.* (de un motor).
refrigerador, ra adj. y s. m. Réfrigérateur, trice.
refrigerante adj. y s. m. Réfrigérant, e. || — Adj. Rafraîchissant, e (refrescante).
refrigerar v. tr. Réfrigérer (enfriar). || Congeler (congelar) : *carne refrigerada,* viande congelée. || Fig. Réconforter (reparar las fuerzas). || Tecn. Refroidir (motor), réfrigérer.
refrigerio m. Rafraîchissement (refresco). || Collation, *f.* (comida). || Fig. Rafraîchissement : *lugar de refrigerio,* lieu de rafraîchissement. | Paix, *f.* : *refrigerio eterno,* paix éternelle.
refringencia f. Fís. Réfringence.
refringente adj. Fís. Réfringent, e.
refringir v. tr. Fís. Réfracter (refractar).
— V. pr. Se réfracter.
refrito, ta adj. Refrit, e.
— M. Fig. y Fam. Réchauffé : *esta obra de teatro es un refrito,* cette pièce de théâtre est du réchauffé.
refuerzo m. Renfort. || Fot. Renforçage, renforcement. || Mil. Renfort : *enviar nuevos refuerzos,* envoyer de nouveaux renforts ; *llegar de refuerzo,* arriver en renfort.

refugiado, da adj. y s. Réfugié, e.
refugiar v. tr. Réfugier.
  — V. pr. Se réfugier.
refugio m. Refuge. ‖ — *Refugio atómico*, abri antiatomique. ‖ MIL. *Refugio de invierno*, quartier d'hiver.
  — SINÓN. *Abrigo*, abri. *Albergue*, refuge. *Asilo*, asile. *Cobijamiento, cobijo, protección*, protection.
refulgencia f. Resplendissement, m. (p. us.), éclat, m.
refulgente adj. Resplendissant, e.
refulgir v. intr. Resplendir, briller.
refundición f. Refonte.
refundidor, ra m. y f. Celui, celle qui refond (libro, ley).
refundir v. tr. Refondre, recouler : *refundir un cañón*, refondre un canon. ‖ FIG. Refondre : *refundir una obra*, refondre un ouvrage.
refunfuñador, ra adj. y s. Bougon, onne ; ronchonneur, euse (fam.).
refunfuñadura f. Bougonnement, m., ronchonnement, m. (fam.).
refunfuñar v. intr. FIG. y FAM. Grogner, bougonner, grommeler, ronchonner.
refunfuño m. Bougonnement, ronchonnement (fam.).
refunfuñón, ona adj. FAM. Grognon, onne ; ronchon, onne.
refutable adj. Réfutable.
refutación f. Réfutation.
refutar v. tr. Réfuter : *refutar un argumento*, réfuter un argument.
regadera f. Arrosoir, m. (para regar) : *alcachofa de regadera*, pomme d'arrosoir. ‖ Rigole (reguera). ‖ FAM. *Está como una regadera*, il est cinglé o toqué.
regadero m. Rigole, f.
regadío, a adj. Irrigable, arrosable : *tierras regadías*, terres irrigables.
  — M. Terrain d'irrigation (campo). ‖ Arrosage, irrigation, f. (de un terreno). ‖ *De regadío*, irrigable.
regadizo, za adj. Irrigable, arrosable.
regador, ra m. y f. Arroseur, euse. ‖ *Barredora-regadora*, arroseuse-balayeuse.
regadura f. Arrosage, m.
regaifa f. Tarte (torta). ‖ TECN. Meule gisante.
regajo m. Mare, f. (charco). ‖ Ruisseau (arroyo).
regala f. MAR. Plat-bord, m.
regalada f. Écurie royale.
regaladamente adv. Confortablement : *estar instalado regaladamente en un sillón*, être installé confortablement dans un fauteuil. ‖ Délicieusement (muy bien) : *comer regaladamente*, manger délicieusement.
regalado, da adj. Donné en cadeau, offert, e. ‖ Doux, douce, délicat, e (suave). ‖ FIG. y FAM. Délicieux, euse (delicioso). | Donné, e (muy barato) : *estos zapatos están regalados*, ces chaussures sont données. ‖ — FIG. *No la quieren ni regalada*, ils n'en veulent à aucun prix. | *Tener* ou *llevar vida regalada*, mener une vie agréable.
regalamiento m. Cadeau.
regalar v. tr. Offrir, faire cadeau de : *regalar un reloj*, offrir une montre. ‖ Flatter (halagar). ‖ — FIG. *Regalar el oído*, flatter l'oreille : *cumplidos que regalan el oído*, compliments qui flattent l'oreille ; être un régal pour l'oreille (música). | *Regalar la vista*, être un plaisir pour les yeux.
  — V. pr. Se régaler : *regalarse con pasteles*, se régaler de gâteaux.
regalía f. Régale (prerrogativa real). ‖ Regalia (en Gran Bretaña). ‖ FIG. Privilège, m., prérogative. | Prime (sueldo). ‖ *Amer.* Cadeau, m., présent, m. (regalo).
regalismo m. Système des théoriciens de la régale.
regalista m. Partisan des régales.

regaliz m. o **regaliza** f. Réglisse, f. : *barra de regaliz*, bâton de réglisse. ‖ Réglisse, f., jus (m.) de réglisse.
regalo m. Cadeau, présent (obsequio) : *dar de regalo*, donner en cadeau. ‖ Régal (placer) : *esta música es un regalo para el oído*, cette musique est un régal pour l'oreille. ‖ Régal (festín). ‖ Aisance, f., confort (comodidad). ‖ *Vivir con gran regalo*, vivre dans l'aisance.
regalón, ona adj. FAM. Douillet, ette ; qui aime ses aises (cómodo). | Délicat, e (delicado). ‖ — *Vida regalona*, vie aisée o de coq en pâte. ‖ *Tener una vida regalona*, mener une vie agréable.
regante m. Cultivateur ayant droit d'arrosage (dueño). ‖ Arroseur (empleado).
regañadientes (a) loc. À contrecœur, en rechignant, en maugréant : *obedecer a regañadientes*, obéir en rechignant.
regañar v. intr. Se fâcher, se disputer (enfadarse). ‖ Se fendre, s'entrouvrir (frutas).
  — V. tr. Gronder, disputer : *regañar a un niño*, gronder un enfant.
regañina f. Gronderie.
regaño m. Gronderie, f., semonce, f.
regañón, ona adj. y s. FAM. Ronchonneur, euse ; bougon, onne.
regañuza f. Gronderie, semonce (reprensión). ‖ Brouille, dispute (pelea).
regar* v. tr. Arroser : *regar las flores*, arroser les fleurs. ‖ Arroser (un río). ‖ FIG. Répandre, semer (desparramar). ‖ FIG. *Regar con lágrimas*, arroser de larmes.
  — SINÓN. *Rociar, asperjar*, asperger. *Bañar*, baigner. *Irrigar*, irriguer.
regata f. MAR. Régate. ‖ DEP. Voile : *aficionado a la regata*, amateur de voile. ‖ Rigole (reguera).
regate m. Dérobade, f., feinte, f. (del cuerpo). ‖ DEP. Dribbling (con el balón), feinte f. (del cuerpo). ‖ FIG. y FAM. Échappatoire, f.
regateador, ra adj. y s. Marchandeur, euse.
regatear v. tr. Marchander (el comprador y el vendedor). ‖ Détailler (vender al por menor). ‖ Marchander, donner à regret (dar con parsimonia).
  — V. intr. Chipoter (poner dificultades). ‖ DEP. Dribbler (con el balón), feinter, faire une feinte (con el cuerpo). ‖ MAR. Courir une régate.
regateo m. Marchandage (entre comprador y vendedor). ‖ Vente (f.) au détail (venta al por menor). | DEP. Dribbling (balón), feinte, f. (del cuerpo). ‖ FIG. y FAM. Chipotage (dificultades). | Dérobade, f. (escapatoria).
regatería o **regatonería** f. Vente au détail.
regatero, ra adj. y s. Marchandeur, euse (de los precios). ‖ Détaillant, e (vendedor al por menor).
regato m. Mare, f. (charco). ‖ Ruisselet (arroyo).
regatón m. Bouterolle, f., bout de fer de lance o de flèches (contera). ‖ Bout, embout (de un bastón). ‖ Pique, f. (de un bastón de esquiador). ‖ Embout (de un tubo).
regatón, ona adj. y s. Détaillant, e (vendedor al por menor). ‖ Marchandeur, euse (que regatea mucho).
regatonear v. tr. Vendre au détail.
regatonería f. Vente au détail.
regazo m. Giron : *el regazo materno*, le giron maternel. ‖ FIG. Giron, sein.
regencia f. Régence.
  — Adj. inv. Régence : *estilo Regencia*, style Régence.
regeneración f. Régénération (renovación). ‖ Régénérescence (transformación).
regenerador, ra adj. y s. Régénérateur, trice.
regenerar v. tr. Régénérer. ‖ TECN. Régénérer (caucho).

regenta f. Femme du prote (en una imprenta). ‖ Femme du président d'un tribunal. ‖ « *La Regenta* », la Présidente [roman de Clarín].
— OBSERV. *Regenta* ne désigne pas la *régente* d'un royaume, qui se dit *reina regente.*

regentar v. tr. Diriger (dirigir). ‖ Tenir, gérer (un estanco). ‖ FIG. Régenter (dirigir ostentando superioridad).

regente adj. y s. Régent, e. ‖ *Reina regente*, régente. ‖ — M. IMPR. Prote.

regentear v. tr. Régenter (con autoridad).

regiamente adv. Royalement.

regicida adj. y s. Régicide (asesino).

regicidio m. Régicide (crimen).

regidor, ra adj. y s. Qui gouverne, dirigeant, e. ‖ — M. Conseiller municipal, échevin (concejal). ‖ Régisseur (administrador). ‖ Régisseur (cine). ‖ — F. Femme d'un conseiller municipal.

regiduría o **regiduría** f. Charge de conseiller municipal o d'échevin. ‖ CINEM. Régie.

régimen m. Régime. ‖ MECÁN. Régime. ‖ MED. Régime (plan) : *ponerse a régimen*, se mettre au régime. ‖ Régime (derecho, geografía, gramática).
— OBSERV. Au pluriel, l'accent de *régimen* se déplace pour donner *regímenes.*

regimental adj. Régimentaire.

regimentar* v. tr. Enrégimenter.

regimiento m. MIL. Régiment. ‖ Conseil municipal (concejo). ‖ Charge (*f.*) de conseiller municipal o d'échevin (oficio).

regio, gia adj. Royal, e. ‖ *Agua regia*, eau régale.

región f. Région.

regional adj. Régional, e.

regionalismo m. Régionalisme.

regionalista adj. y s. Régionaliste.

regionalización f. Régionalisation.

regionalizar v. tr. Régionaliser.

regir* v. tr. Régir. ‖ GRAM. Régir, gouverner. ‖ — V. intr. Être en vigueur : *aún rige este decreto*, ce décret est toujours en vigueur. ‖ MAR. Gouverner, obéir au gouvernail. ‖ FIG. y FAM. *No regir*, dérailler, battre la breloque : *este tipo no rige*, ce type-là déraille. ‖ — V. pr. Se guider. ‖ FIG. Se fier : *se rige por su buen sentido*, il se fie à son bon sens.

registrado, da adj. Déposé, e : *marca registrada*, marque déposée.

registrador, ra adj. y s. Enregistreur, euse : *caja registradora*, caisse enregistreuse. ‖ Contrôleur, euse (que inspecciona). ‖ — M. Employé d'octroi (fielato). ‖ *Registrador de la propiedad*, conservateur des hypothèques.

registrar v. tr. Fouiller : *registrar a un ladrón*, fouiller un voleur. ‖ Fouiller (cajón, bolsillos). ‖ Contrôler (inspeccionar). ‖ Enregistrer (anotar en un registro). ‖ Inscrire (inscribir). ‖ Immatriculer (matricular). ‖ Déposer (una patente). ‖ Écrouer (inscribir en el registro de la cárcel). ‖ Enregistrer, constater : *hemos registrado un aumento de la criminalidad*, nous avons enregistré un accroissement de la criminalité. ‖ *La policía registró el barrio a fondo*, la police a passé le quartier au peigne fin. ‖ — V. intr. Fouiller : *registró en el armario*, il fouilla dans l'armoire. ‖ — V. pr. Fouiller : *registrarse los bolsillos*, fouiller ses poches. ‖ S'inscrire (matricularse). ‖ Se produire, avoir lieu (ocurrir).

registro m. Enregistrement (transcripción). ‖ Registre (libro). ‖ Rôle (estado). ‖ Contrôle (inspección). ‖ Fouille, *f.* (en la aduana). ‖ Signet (para señalar las páginas). ‖ MÚS. Registre (extensión de la voz o de un instrumento). ‖ Registre (de órgano, clave, piano). | Jeu (del órgano) : *registros de lengüeta*, jeux d'anches. ‖ TECN. Regard (trampilla). ‖ — *Registro central*, fichier central. ‖

Registro central de penados y rebeldes, casier judiciaire (servicio). ‖ *Registro civil*, état civil. ‖ *Registro de antecedentes penales*, casier judiciaire (boletín). ‖ *Registro de la propiedad*, enregistrement, conservation o bureau des hypothèques (oficina), registre foncier. ‖ *Registro del sonido*, prise de son. ‖ *Registro genealógico*, pedigree (animales). ‖ *Registro mercantil*, registre du commerce. ‖ *Registro parroquial*, registre paroissial. FIG. *Tocar todos los registros*, miser sur tous les tableaux, frapper à toutes les portes (intentarlo todo), essayer de faire vibrer la corde sensible (llamar a la sensibilidad).

regla f. Règle : *trazar una línea con* [*la*] *regla*, tirer un trait à la règle. ‖ Règle (reglamento, norma). ‖ MAT. Règle : *regla de tres*, règle de trois. ‖ Pl. Règles (menstruo). ‖ — *Regla de aligación*, règle de mélange. ‖ *Regla de cálculo*, règle à calcul. ‖ — *Con todas las reglas del arte*, dans les règles de l'art, dans les règles. ‖ *En regla*, en règle : *batalla en regla*, bataille en règle. ‖ *Por regla general*, en règle générale. ‖ — *Estar en regla*, être en règle. ‖ *Obrar según las reglas*, agir dans les règles. ‖ FIG. *Salir de regla*, dépasser la mesure, y aller un peu fort.

reglado, da adj. Réglé, e. ‖ — *Papel reglado*, papier réglé o rayé.

reglaje m. Réglage (ajuste).

reglamentación f. Réglementation.

reglamentar v. tr. Réglementer (sujetar a reglamento). ‖ Régler (decidir).

reglamentario, ria adj. Réglementaire.

reglamentarismo m. Réglementarisme.

reglamento m. Règlement. ‖ MIL. Règlement (ordenanzas).

reglar adj. Régulier, ère (religioso).

reglar v. tr. Régler (pautar).

regleta f. IMPR. Réglette, interligne. ‖ Réglet, *m.* (regla pequeña).

regletear v. tr. IMPR. Interligner, blanchir.

reglón m. Règle (*f.*) de maçon (de albañil).

regocijado, da adj. Joyeux, euse (que causa alegría). ‖ Joyeux, euse ; réjoui, e (alegre).

regocijar v. tr. Réjouir. ‖ — V. pr. Se réjouir, s'en donner à cœur joie.

regocijo m. Joie, *f.*, allégresse, *f.*, réjouissance, *f.* ‖ *Con gran regocijo de*, à la grande satisfaction de, à la grande joie de.

regodearse v. pr. Se délecter : *regodearse con una lectura*, se délecter à lire. ‖ Se régaler : *regodearse con buena música*, se régaler de bonne musique. ‖ POP. Se rincer l'œil (con un espectáculo licencioso). ‖ Se réjouir : *regodearse en* ou *con la desgracia ajena*, se réjouir du malheur d'autrui.

regodeo m. Délectation, *f.* : *comerse una perdiz con regodeo*, manger une perdrix avec délectation. ‖ Satisfaction, *f.*, plaisir, joie, *f.*, réjouissance, *f.*

regodeón, ona o **regodiento, ta** adj. Amer. Délicat, e.

regojo m. Miette, *f.* (de pan). ‖ FAM. Mioche (chaval).

regoldano, na adj. Du châtaignier sauvage. ‖ *Castaña regoldana*, châtaigne sauvage.

regoldar* v. intr. FAM. Éructer, roter.

regoldo m. Châtaigner sauvage.

regoldón, ona adj. FAM. Qui éructe.

regona f. Canal (*m.*) d'irrigation.

regordete, ta adj. FAM. Grassouillet, ette ; rondelet, ette.

regresar v. intr. Revenir, rentrer : *regresar a casa*, rentrer chez soi.

regresión f. Régression : *epidemia en regresión*, épidémie en régression. ‖ Recul, *m.* (retroceso) : *regresión de las exportaciones*, recul des exportations. ‖ Retour, *m.* : *regresión a procedimientos* *antiguos,* retour à de vieux procédés. ‖ BIOL. y GEOL. Régression.

regresivo, va adj. Régressif, ive.

regreso m. Retour : *un regreso fácil,* un retour facile. ‖ *De regreso de,* retour de, au retour de.

regruñir* v. intr. Grogner avec force.

reguarnecer* v. tr. Regarnir.

regüeldo m. FAM. Rot, éructation, *f.*

reguera f. Rigole.

reguero m. Traînée, *f.* (señal) : *la noticia se propagó como un reguero de pólvora,* la nouvelle se répandit comme une traînée de poudre ; *reguero de sangre,* traînée de sang. ‖ Rigole, *f.* (reguera).

regulación f. Régulation. ‖ Contrôle, *m.* (de precios, cambios). ‖ Régularisation : *regulación de un curso de agua,* régularisation d'un cours d'eau. ‖ Réglementation : *regulación del mercado,* réglementation du marché. ‖ Réglage, *m.* (graduación). ‖ *La regulación de los nacimientos,* le contrôle *o* la régulation des naissances.

regulado, da adj. Réglé, e (ordenado). ‖ Régulier, ère (regular). ‖ Réglé, e (un aparato).

regulador, ra adj. y s. m. Régulateur, trice.

regular adj. Régulier, ère : *movimiento regular,* mouvement régulier. ‖ Régulier, ère : *clero regular,* clergé régulier. ‖ FAM. Comme ci, comme ça ; ni bien ni mal : *una película regular,* un film comme ci, comme ça. ‖ Entre les deux : *¿le gusta el chocolate muy espeso o líquido?* — *Regular,* préférez-vous le chocolat très épais ou liquide ? — Entre les deux. ‖ Moyennement : *el agua estaba regular de fría,* l'eau était moyennement froide. ‖ Médiocre, moyen : *un alumno regular,* un élève médiocre. ‖ *Por lo regular,* en général. — M. MIL. Régulier.

regular v. tr. Régler (poner en orden) : *regular la circulación,* régler la circulation. ‖ Régler (un mecanismo). ‖ Contrôler (precios, cambios). ‖ Réglementer (el mercado). ‖ Régulariser (un curso de agua).

regularidad f. Régularité.

regularización f. Régularisation.

regularizar v. tr. Régulariser.

regularmente adv. Régulièrement. ‖ Moyennement (medianamente). ‖ Généralement, normalement : *regularmente voy al cine dos veces por semana,* normalement, je vais au cinéma deux fois par semaine.

regulativo, va adj. Régulateur, trice.

régulo m. Roitelet (reyezuelo). ‖ Basilic (basilisco). ‖ Roitelet (ave). ‖ QUÍM. Régule.

regurgitación f. Régurgitation.

regurgitar v. intr. Régurgiter.

regusto m. Arrière-goût.

rehabilitable adj. Réhabilitable. ‖ DR. Restituable.

rehabilitación f. Réhabilitation. ‖ MED. Rééducation : *tratamiento de rehabilitación para paralíticos,* traitement de rééducation pour paralytiques.

rehabilitado, da adj. y s. Réhabilité, e.

rehabilitador, ra adj. Réhabilitant, e.

rehabilitar v. tr. Réhabiliter. ‖ Réintégrer (un funcionario). ‖ MED. Rééduquer. ‖ DR. Restituer.

rehacer* v. tr. ● Refaire. — V. pr. Se refaire, reprendre du poil de la bête (fam.) [fortalecerse]. ‖ FIG. Se remettre (serenarse) : *no se rehará,* il ne s'en remettra pas. ‖ Se ressaisir, reprendre le dessus (dominarse). — SINÓN. ● *Reparar,* réparer. *Reponer,* remettre. *Restaurar,* restaurer. *Restablecer,* rétablir.

rehacimiento m. Réfection, *f.*

rehala f. Troupeau (*m.*) appartenant à différents propriétaires.

rehalero m. Berger d'un troupeau appartenant à différents propriétaires.

rehecho, cha adj. Refait, e. ‖ FIG. Reposé, e (des-

cansado). ‖ Remis, e (de una enfermedad o desgracia).

rehén m. Otage.

rehenchido m. Rembourrage (relleno).

rehenchir* v. tr. Remplir (volver a henchir). ‖ Regonfler (volver a hinchar). ‖ Rembourrer : *rehenchir un cojín con paja,* rembourrer un coussin de paille.

rehervir* v. intr. Rebouillir (hervir de nuevo). ‖ FIG. Bouillir (de ira). ‖ Brûler (de entusiasmo). ‖ S'enflammer (arder). — V. pr. Fermenter.

rehilandera f. Moulin (*m.*) à vent (juguete).

rehilar v. tr. Retordre [le fil].

rehilete m. Fléchette, *f.* (flechilla). ‖ Banderille, *f.* (banderilla). ‖ Volant (juego). ‖ FIG. Pointe, *f.* (dicho malicioso).

rehiletero m. TAUROM. Banderillero [poseur de banderilles].

rehílo m. Frisson (temblor ligero).

rehogar v. tr. Faire mijoter (cocer a fuego lento). ‖ Faire revenir (freir o calentar).

rehollar* v. tr. Fouler aux pieds.

rehoya f. o **rehoyo** m. Fosse (*f.*) profonde (hoyo). ‖ Ravin, *m.* (barranco).

rehuida f. Fuite.

rehuir* v. tr. Fuir, refuser : *rehuir un compromiso,* fuir un engagement. ‖ Refuser : *rehuyo hacer este trabajo,* je refuse de faire ce travail. ‖ Éviter : *rehuía pasar por esos barrios,* il évitait de passer dans ces quartiers. ‖ Éviter, fuir : *rehuían su mirada,* ils évitaient son regard. ‖ Esquiver (esquivar). — V. pr. Fuir, s'esquiver. — OBSERV. Lorsque le *u* de *rehuir* est tonique, il doit porter un accent écrit (*rehúyo, rehúyes, rehúye, rehúyen*).

rehumedecer* v. tr. Tremper.

rehusable adj. Refusable.

rehusar v. tr. Refuser : *rehusar la comida,* refuser de manger ; *rehusar trabajar,* refuser de travailler. ‖ Décliner, ne pas accepter, refuser : *rehusar una invitación,* décliner une invitation.

reidor, ra adj. y s. Rieur, euse.

reimportación f. Réimportation.

reimportar v. tr. Réimporter.

reimposición f. COM. Réimposition.

reimpresión f. Réimpression.

reimpreso, sa adj. Réimprimé, e.

reimprimir v. tr. Réimprimer.

reina f. Reine : *la reina viuda,* la reine douairière ; *reina madre,* reine mère. ‖ Reine (abeja maestra). ‖ Reine (dama en el ajedrez). ‖ — *Reina claudia,* reine-claude (ciruela). ‖ *Reina de belleza,* reine de beauté. ‖ *Reina de los prados,* reine-des-prés (flor).

reinado m. Règne : *durante el reinado de Luis XIV,* sous le règne de Louis XIV. ‖ FIG. Règne.

Reinaldo n. pr. m. Renaud.

reinante adj. Régnant, e.

reinar v. intr. Régner : *reinar en* ou *sobre España,* régner sur l'Espagne. ‖ FIG. Régner : *la camaradería reinaba en la escuela,* la camaraderie régnait à l'école. ‖ — *Dividir para reinar,* diviser pour régner. ‖ *El rey reina pero no gobierna,* le roi règne et ne gouverne pas.

reincidencia f. DR. Récidive, récidivité.

reincidente adj. y s. Récidiviste.

reincidir v. intr. Récidiver. ‖ Redonner, retomber (recaer) : *reincidir en el mismo vicio,* retomber dans le même vice.

reincorporación f. Réincorporation.

reincorporar v. tr. Réincorporer. — V. pr. MIL. Rejoindre son corps.

reineta f. Reinette (manzana).

reingresar v. intr. Rentrer.

reingreso m. Réintégration, *f.,* retour.

reino m. Royaume (de un rey). ‖ Règne : *reino animal, vegetal,* règne animal, végétal. ‖ — *El reino de los cielos,* le royaume des cieux. ‖ GEOGR. *Reino Unido,* Royaume-Uni.

reinscripción f. Réinscription.

reinscribir v. tr. Réinscrire.

reinstalación f. Réinstallation.

reinstalar v. tr. Réinstaller.

reintegrable adj. Réintégrable. ‖ Remboursable (billete de lotería).

reintegración f. Réintégration.

reintegrar v. tr. Réintégrer. ‖ Rendre, restituer : *reintegrar una suma a uno,* rendre une somme à quelqu'un. ‖ Rembourser (lotería). ‖ Rallier, rejoindre (volver a), reprendre (volver a ocupar) : *reintegrar su cargo,* rallier son poste. ‖ Revêtir d'un timbre fiscal : *documento debidamente reintegrado,* document dûment revêtu de timbres fiscaux.

— V. pr. Être réintégré à. ‖ Reprendre : *reintegrarse a sus actividades,* reprendre ses activités.

— OBSERV. El francés *réintégrer* significa *volver a y rehabilitar.*

reintegro m. Paiement (pago). ‖ Remboursement (lotería). ‖ Apposition (f.) du timbre fiscal. ‖ Réintégration, f. ‖ DR. Rapport, retour (en una sucesión). ‖ *Cobrar el reintegro,* être remboursé à la loterie.

reír* v. intr. Rire : *echarse a reír,* se mettre à rire. ‖ — *Reír a carcajadas,* rire aux éclats, s'esclaffer. ‖ *Reír a mandíbula batiente,* rire à gorge déployée o à s'en décrocher la mâchoire. ‖ *Reír como un bendito,* rire aux anges. ‖ *Reír como un descosido,* rire à gorge déployée o comme un bossu o comme un fou o à ventre déboutonné. ‖ *Reír con ganas,* rire de bon cœur. ‖ *Reír con risa de conejo,* rire jaune. ‖ *Reír de dientes afuera,* rire du bout des lèvres o du bout des dents o jaune. ‖ *Reír para su capote* ou *para su sayo* ou *para su coleto* ou *para sus adentros* ou *a solas,* rire sous cape o dans sa barbe. ‖ — *Al freír será el reír* ou *quien ríe el último, ríe mejor,* rira bien qui rira le dernier. ‖ *Dar que reír,* prêter à rire.

— V. tr. Rire de, trouver drôle : *reír una gracia,* rire d'un bon mot.

— V. pr. Rire : *no hay de que reírse,* il n'y a pas de quoi rire. ‖ Rire, se moquer, se rire (burlarse) : *reírse de uno,* rire de quelqu'un. ‖ Se mettre à rire (echarse a reír). ‖ FIG. Bâiller, rire (abrirse). ‖ — FIG. *Me río yo de los peces de colores,* je m'en moque comme de l'an quarante o comme de ma première chemise. ‖ *Reírse de uno en su cara* où *en sus barbas,* rire au nez o à la barbe de quelqu'un.

— OBSERV. L'emploi de *reírse* (forme pronominale) est très courant en espagnol dans le sens de *rire* (forme intransitive).

reis m. pl. Réis (moneda portuguesa).

reiteración f. Réitération, récidive. ‖ DR. Récidive.

reiteradamente adv. Réitérativement (p. us.), à plusieurs reprises.

reiterar v. tr. Réitérer. ‖ *Reiteradas veces,* à plusieurs reprises.

reiterativo, va adj. Réitératif, ive.

reitre m. Reître (soldado alemán).

reivindicación f. Revendication.

reivindicador, ra adj. Revendicateur, trice ; qui revendique.

reivindicar v. tr. Revendiquer.

reivindicatorio, ria o **reivindicativo, va** adj. Revendicatif, ive ; qui sert à revendiquer.

reja f. Grille (de la ventana). ‖ Grillage, m. (alambrera). ‖ AGRIC. Soc, m. (del arado). | Labour, m. : *dar una reja,* donner un labour. ‖ FAM. *Entre rejas,* sous les verrous (cárcel).

rejal m. Galandage (pila de ladrillos).

rejalgar m. MIN. Réalgar.

rejera f. MAR. Amarre.

rejilla f. Grillage, m. (de ventana). ‖ Guichet, m. (de una abertura). ‖ Cannage, m. (de una silla). ‖ Chaufferette (calientapiés). ‖ Guichet, m. (de confesionario). ‖ Bouche de chaleur, bouche d'air. ‖ Filet, m. (en el ferrocarril). ‖ Grille (de un horno, de una alcantarilla, de una chimenea). ‖ Grille (de una lámpara de radio). ‖ Résille (de una vidriera). ‖ — *De rejilla,* canné, e : *silla de rejilla,* chaise cannée. ‖ *Radiador de rejilla,* radiateur en nid d'abeilles. ‖ *Rejilla del radiador,* calandre (de un coche).

rejo m. Aiguillon. ‖ Clou (clavo). ‖ BOT. Radicule, f. ‖ *Amer.* Fouet (látigo).

rejón m. TAUROM. « Rejón », javelot. ‖ Pique, f. (garrocha). ‖ Poignard (puñal). ‖ Pointe, f. (del trompo).

rejonazo m. Coup de javelot.

rejoncillo m. Javelot (rejón).

rejoneador m. Toréador à cheval.

rejonear v. tr. e intr. Toréer à cheval.

rejoneo m. TAUROM. Combat à cheval.

rejuela f. Petite grille (reja). ‖ Chaufferette (braserillo).

rejuvenecedor, ra adj. Rajeunissant, e.

rejuvenecer* v. tr. et intr. Rajeunir.

— V. pr. Rajeunir. ‖ Se rajeunir (quitarse años).

rejuvenecimiento m. Rajeunissement.

relación f. Relation : *relaciones comerciales,* relations commerciales. ‖ Rapport, m., relation : *mantener relaciones amistosas,* entretenir o avoir des relations amicales. ‖ Liste (lista) : *relación de víctimas,* liste des victimes. ‖ Relevé, m., état, m. : *relación de gastos,* relevé des dépenses. ‖ Rapport, m., relation, récit, m. (relato). ‖ DR. Rapport, m. (de un juez). ‖ MAT. Rapport, m., relation : *relación geométrica,* rapport géométrique ; *relación de las masas,* rapport des masses. ‖ FIG. Rapport, m., relation : *relación entre la causa y el efecto,* relation entre la cause et l'effet. ‖ GRAM. Relation. ‖ — Pl. Relations (personas conocidas). ‖ — MECÁN. *Relación de compresión,* taux de compression. ‖ *Relación de interesados,* intitulé d'inventaire. ‖ *Relaciones de parentesco,* rapports de parenté. ‖ *Relaciones públicas,* relations publiques. ‖ — *Con relación a,* par rapport à. ‖ *En relación con,* en rapport avec. ‖ *Ponerse en relación,* se mettre en rapport, entrer en relation. ‖ *Sacar a relación,* rapporter. ‖ *Tener relación con,* avoir rapport à (referirse a). ‖ *Tener relaciones con,* fréquenter (ser novios).

relacionable adj. Rapportable (imputable).

relacionado, da adj. Relatif à, concernant, *inv.* (que se refiere). ‖ Se rattachant à, lié à (que está ligado). ‖ — *Bien* ou *mal relacionado,* qui a de bonnes o de mauvaises relations. ‖ *Todo lo relacionado a,* tout ce qui se rattache à o qui concerne o qui est relatif à.

relacionar v. tr. Rattacher, relier : *relacionar un hecho con otro,* rattacher un fait à un autre. ‖ Mettre en rapport : *relacionar una persona con otra,* mettre une personne en rapport avec une autre. ‖ Rapporter (hacer relación de un hecho).

— V. pr. Se rattacher, être lié, e (tener conexión). ‖ Se rapporter (referirse). ‖ Se mettre en rapport (personas).

relajación f. Relâchement, m. (de las costumbres, del ardor). ‖ Relaxation (músculo, ánimo). ‖ MED. Décontraction (músculo), relâchement, m. (del útero, etc.). ‖ Relâchement, m. (soltura de vientre). ‖ FIG. Relâchement, m., diminution : *relajación de la tensión internacional,* relâchement de la tension internationale.

relajador, ra adj. Relâchant, e. ‖ Délassant, e (divertido).

relajamiento m. V. RELAJACIÓN.

relajante adj. Relâchant, e.

relajar v. tr. Relâcher : *relajar la disciplina*, relâcher la discipline. ‖ Décontracter (músculo). ‖ Relever (de una obligación). ‖ Remettre au pouvoir (a un reo). ‖ Détendre : *este espectáculo relaja*, ce spectacle détend.
— V. pr. Se relâcher : *la moralidad se ha relajado*, la morale s'est relâchée. ‖ Se relaxer, se détendre, se décontracter (músculo, ánimo).

relajo m. *Amer.* Dépravation, *f.*, débauche, *f.* (depravación). | Scandale. | Moquerie, *f.* (burla).

relamer v. tr. Pourlécher.
— V. pr. Se pourlécher. ‖ FIG. y FAM. Se farder, se pomponner (afeitarse, componerse). ‖ FIG. y FAM. *Relamerse de gusto*, s'en lécher *o* s'en pourlécher les babines (comiendo algo suculento), s'en frotter les mains (de júbilo).

relamido, da adj. Affecté, e ; recherché, e (demasiadamente pulcro).

relámpago m. Éclair. ‖ VETER. Taie, *f.* (en el ojo). ‖ FOT. *Luz relámpago*, flash. ‖ FIG. *Pasar como un relámpago*, passer comme un éclair.
— Adj. Éclair : *visita relámpago*, visite éclair ; *guerra relámpago*, guerre éclair.

relampagueante adj. Étincelant, e.

relampaguear v. intr. Faire des éclairs. ‖ FIG. Étinceler (centellear). | Lancer des éclairs (los ojos iracundos).
— V. impers. Y avoir des éclairs.

relampagueo m. Éclairs, *pl.* (relámpagos). ‖ Éclair (centelleo).

relance m. Hasard (suceso casual). ‖ Nouveau coup de sort (en los juegos de envite). ‖ *De relance*, par hasard.

relanzar v. tr. Repousser (rechazar).

relapso, sa adj. y s. Relaps, e.

relatador, ra m. y f. Narrateur, trice ; conteur, euse.

relatar v. tr. Raconter, narrer, relater : *relatar una historia*, raconter une histoire. ‖ Rapporter (referir) : *relatar hechos interesantes*, rapporter des faits intéressants.

relatividad f. Relativité : *teoría de la relatividad*, théorie de la relativité.

relativismo m. FILOS. Relativisme.

relativista adj. y s. FILOS. Relativiste.

relativo, va adj. Relatif, ive. ‖ — *En lo relativo a*, relativement à, en ce qui concerne. ‖ *Lo relativo*, le relatif.

relato m. Récit (narración). ‖ Compte rendu, rapport (informe).
— SINÓN. *Relación*, relation *Narración*, narration. *Cuento*, histoire. *Descripción*, description. *Informe*, rapport.

relator, ra m. y f. Narrateur, trice ; conteur, euse. ‖ — M. Rapporteur (en los tribunales superiores y reuniones). ‖ *Relator del Consejo de Estado*, maître des requêtes.

relatoría f. Charge de rapporteur (empleo). ‖ Bureau (*m.*) du rapporteur (oficina).

relé m. ELECTR. y RAD. Relais.

relectura f. Seconde lecture.

releer v. tr. Relire.

relegación f. Relégation (confinamiento).

relegar v. tr. Reléguer : *relegar al olvido una cosa*, reléguer une chose dans l'oubli.

releje m. Ornière, *f.* (rodada). ‖ Fil (de navaja). ‖ Talus (de un muro). ‖ ARQ. Retrait, retraite, *f.* ‖ Renfort (de un cañón).

relente m. Fraîcheur (*f.*) nocturne, serein (p. us.).

relevación f. Relèvement, *m.* (acción de relevar). ‖ DR. Allégement (*m.*) d'une peine (alivio). | Exemption (exención).

relevador m. ELECTR. Relais.

relevancia f. Importance.

relevante adj. Éminent, e ; remarquable, hors ligne. ‖ Brillant, e : *prestar relevantes servicios*, rendre de brillants services.

relevar v. tr. Relayer, prendre la relève de (sustituir). ‖ Remplacer (reemplazar). ‖ Relever : *relevar a uno de una obligación*, relever quelqu'un d'une obligation. ‖ Relayer (deportes). ‖ Donner du relief à (en pintura). ‖ Relever (revocar). ‖ MIL. Relever (una centinela).
— V. pr. Se relayer (turnarse).

relevo m. MIL. Relève, *f.* ‖ Relais (deportes) : *carrera de relevos*, course de relais. ‖ Relais (posta). ‖ — *Caballos de relevo*, relais. ‖ *Relevo estilos*, relais quatre nages. ‖ *Tomar el relevo*, prendre la relève *o* le relais.

relicario m. Reliquaire.

relieve m. Relief : *mapa en relieve*, carte en relief. ‖ — Pl. Reliefs (de comida). ‖ — *Alto relieve*, haut-relief. ‖ *Bajo relieve*, bas-relief. ‖ FIG. *De relieve*, important. ‖ *Medio relieve*, demi-relief. ‖ — *Formar relieve*, faire saillie. ‖ *Poner de relieve*, mettre en relief.

religar v. tr. Rattacher, relier (atar de nuevo). ‖ Allier de nouveau (un metal con otro).

religión f. Religion. ‖ *Entrar en religión*, entrer en religion.

religionario m. (Ant.). Religionnaire.

religiosamente adv. Religieusement. ‖ FIG. Religieusement, scrupuleusement.

religiosidad f. Religiosité. ‖ FIG. Scrupule, *m.*, exactitude.

religioso, sa adj. Religieux, euse. ‖ Pieux, euse ; religieux, euse : *hombre muy religioso*, homme très pieux. ‖ FIG. Scrupuleux, euse ; ponctuel, elle (exacto) : *pagador religioso*, payeur scrupuleux. | Scrupuleux, euse ; consciencieux, euse (concienzudo). ‖ — *Cumplir con sus deberes religiosos*, faire ses dévotions. ‖ *Hacerse religioso*, entrer en religion.
— M. y f. ● Religieux, euse.
— SINÓN. ● *Fraile*, *monje*, moine. *Clérigo*, clerc. *Cenobita*, cénobite.

relimpio, pia adj. FAM. Très propre, propre comme un sou neuf, archipropre.

relinchador, ra adj. Qui hennit.

relinchante adj. Hennissant, e.

relinchar v. intr. Hennir.

relincho m. Hennissement : *dar relinchos*, pousser des hennissements.

relindo, da adj. Très joli, e ; ravissant, e.

relinga f. MAR. Ralingue.

relingar v. tr. e intr. MAR. Ralinguer.

reliquia f. Relique. ‖ FIG. Vestige, *m.* : *las reliquias del pasado*, les vestiges du passé. | Séquelle, trace (de una enfermedad).

reloj m. Horloge, *f.* : *el reloj de la torre, de la estación*, l'horloge du clocher, de la gare ; *dar cuerda a un reloj*, remonter une horloge. ‖ Montre, *f.* : *reloj de pulsera*, montre-bracelet ; *reloj de repetición*, montre à répétition. ‖ Pendule, *f.* (de sobremesa, de pared, etc.) : *poner en hora un reloj*, mettre une pendule à l'heure. ‖ — *Reloj de agua*, clepsydre. ‖ *Reloj de arena*, sablier. ‖ *Reloj de campana*, pendule à sonnerie. ‖ *Reloj de cuco*, coucou. ‖ BOT. *Reloj de Flora*, horloge de Flore. ‖ *Reloj de péndulo*, horloge à balancier. ‖ *Reloj de sol* ou *solar*, cadran solaire. ‖ *Reloj despertador*, réveille-matin. ‖ *Reloj parlante*, horloge parlante. ‖ DEP. *Carrera contra reloj*, course contre la montre. ‖ FIG. *Marchar como un reloj*, fonctionner comme un chronomètre (cosa), être réglé comme une horloge *o* du papier à musique (persona). | *Ser puntual como un reloj*, être réglé comme une horloge *o* comme du papier à musique.

relojería f. Horlogerie. ‖ — *Bomba con mecanismo de relojería*, bombe à retardement. ‖ *Mecanismo de relojería*, mécanisme d'horlogerie.

I. Las religiones. — Les religions.

cristianismo	christianisme
cristiandad	chrétienté
catolicismo	catholicisme
protestantismo	protestantisme
judaísmo	judaïsme
islamismo	islamisme
bramanismo	brahmanisme
budismo	bouddhisme
paganismo	paganisme
fetichismo	fétichisme

II. El sentimiento religioso. — Le sentiment religieux.

adoración	adoration
devoción	dévotion
oración, plegaria	prière
invocación, advocación	invocation
ofrenda	offrande
fervor, m.	ferveur, f.
misticismo	mysticisme
contemplación	contemplation
bienaventuranza	béatitude
éxtasis, m.	extase, f.
superstición	superstition
magia	magie
tentación	tentation
blasfemia, f.	blasphème, m.
sacrilegio	sacrilège
anatema	anathème
profanación	profanation
impiedad	impiété
incredulidad	incrédulité
conversión	conversion
ateísmo	athéisme

III. El mundo de lo invisible ou sobrenatural. Le monde de l'invisible.

Dios	Dieu
el Salvador	le Sauveur
el Espíritu Santo	le Saint-Esprit
ángel	ange
arcángel	archange
querubín	chérubin
serafín	séraphin
legiones celestes	légions célestes
diablo, demonio	diable, démon
el más allá	l'au-delà
paraíso	paradis
cielo	ciel
purgatorio	purgatoire
infierno	enfer
limbo, m.	limbes, m. pl.
elegido	élu
los condenados, los réprobos	les damnés, les réprouvés
gracia	grâce
alma	âme
visión	vision
aparición	apparition
misterio	mystère
milagro	miracle
mito	mythe

IV. Libros sagrados. — Livres saints.

la Biblia	la Bible
el Antiguo Testamento	l'Ancien Testament
el Nuevo Testamento	le Nouveau Testament
Evangelio	Evangile
Talmud	Talmud
Alcorán, Corán	Coran

V. Clero. — Clergé.

clero secular	clergé séculier
clero regular	clergé régulier
papa	pape
cardenal	cardinal
arzobispo	archevêque
obispo	évêque

canónigo	chanoine
sacerdote	prêtre
cura ; cura párroco	curé
padre	père
vicario	vicaire
monje	moine
religiosa, monja, hermana	religieuse, nonne, sœur
pastor	pasteur
rabino	rabbin
pope	pope
mitra	mitre
báculo (m.) pastoral	crosse, f.
casulla	chasuble
capa	chape
sotana	soutane

VI. Lugares y objetos del culto. Lieux et objets du culte.

abadía	abbaye
santuario	sanctuaire
catedral	cathédrale
iglesia	église
templo	temple
basílica	basilique
capilla	chapelle
convento	couvent
monasterio	monastère
ermita	ermitage
colegiata	église collégiale o collégiale
nave	nef
crucero	transept
púlpito, m.	chaire, f.
altar mayor	maître-autel
coro	chœur
rosetón, m.	rosace, f.
cruz	croix
urna (f.) con reliquias; relicario, m.	châsse, f. ; reliquaire, m.
pila bautismal, f.	fonts baptismaux, m. pl.
custodia, f.; ostensorio	ostensoir, m.
copón	ciboire
cáliz	calice
sagrario	tabernacle
incensario	encensoir
pila (f.) del agua bendita	bénitier, m.
púlpito, m.	chaire, f.
órgano	orgue
vidriera, f.	vitrail, m.
fresco, m.	fresque, f.
icono	icône
sinagoga	synagogue
mezquita	mosquée
pagoda	pagode

VII. Sacramentos. — Sacrements.

bautismo	baptême
confesión	confession
comunión	communion
confirmación	confirmation
orden	ordination
matrimonio	mariage
extremaunción	extrême-onction

VIII. Oficios. — Offices.

misa	messe
misa mayor o cantada	grand-messe
misa rezada	messe basse
vísperas	vêpres
completas	complies
sermón; plática, f.	sermon, m.
salmo	psaume
letanías	litanies
cántico	cantique
vía Crucis	chemin de croix
procesión	procession
rosario	rosaire
parte del rosario	chapelet
rosario	chapelet
hisopo	goupillon

relojero, ra m. y f. Horloger, ère.
reluciente adj. Reluisant, e ; brillant, e : *una perla reluciente,* une perle brillante.
relucir* v. intr Briller, luire : *el sol reluce,* le soleil brille ‖ Reluire, briller, étinceler : *un cubilete de plata que reluce,* un gobelet d'argent qui étincelle. ‖ Miroiter : *la laguna relucía a lo lejos,* la lagune miroitait au loin. ‖ FIG. Briller (destacarse). ‖ — *Hacer relucir,* faire briller. ‖ FIG. *No es oro todo lo que reluce,* tout ce qui brille n'est pas or. ‖ *Sacar a relucir,* faire ressortir (poner de relieve), ressortir : *siempre saca a relucir todos los favores que me hizo,* il ressort toujours tous les services qu'il m'a rendus. ‖ *Salir a relucir,* apparaître.
reluctancia f. ELECTR. Réluctance.
reluctante adj. Réticent, e.
relumbrante adj. Brillant, e ; étincelant, e. ‖ Éblouissant, e (resplandeciente).
relumbrar v. intr. Briller, étinceler (resplandecer).
relumbrón m. Éclair (golpe de luz). ‖ FIG. Faux brillant. ‖ Clinquant, oripeaux, *pl.* (oropel) : *vestirse de relumbrón,* porter des oripeaux. ‖ *De relumbrón,* clinquant.
relumbroso, sa adj. Brillant, e.
rellanar v. tr. Aplanir de nouveau.
— V. pr. Se carrer, s'asseoir commodément (en un sillón).
rellano m. Palier (de escalera). ‖ Replat (en una vertiente).
rellena f. *Amer.* Boudin, *m.* (morcilla).
rellenar v. tr. Remplir : *rellenar un formulario,* remplir un formulaire. ‖ Farcir : *rellenar un pollo,* farcir un poulet. ‖ Rembourrer, bourrer : *rellenar un sillón,* rembourrer un fauteuil. ‖ Combler, boucher (un hueco). ‖ Colmater (una brecha). ‖ Ouiller (los toneles). ‖ Remblayer (terraplenar). ‖ *Rellenar las juntas,* rejointoyer.
— V. pr. Se remplir. ‖ Se bourrer, se gaver (atascarse).
relleno, na adj. Remplie, e. ‖ Plein, e : *cara rellena,* visage plein. ‖ Farci, e : *aceitunas rellenas,* olives farcies. ‖ Fourré, e (caramelo, pastel).
— M. Farce, *f.* (cocina). ‖ Remplissage (acción de llenar). ‖ Rembourrage, garnissage (de un asiento). ‖ Rembourrure, *f.* (borra). ‖ Remplissage, remplage : *material de relleno,* matériau de remplissage. ‖ Colmatage (de una brecha). ‖ Ouillage (de los toneles). ‖ FIG. Remplissage (parte superflua).
remachado m. Rivure, *f.*
remachador m. Riveur.
remachadora f. Riveteuse, riveuse, rivoir, *m.* (máquina).
remachar v. tr. River, riveter. ‖ Rabattre (un clavo). ‖ FIG. Mettre dans la tête, ancrer : *remachen bien esta teoría,* mettez-vous bien cette théorie dans la tête. ‖ Marteler, appuyer sur : *remachar sus palabras,* marteler ses mots. ‖ Couronner : *remachar su victoria,* couronner sa victoire.
remache m. Rivetage, rivure, *f.* (acción de remachar). ‖ Rivet, rivure, *f.* (p. us.) [roblón]. ‖ FIG. Couronnement, fin, *f.*
remador, ra m. y f. Rameur, euse.
remadura f. Action de ramer.
remalladora f. Remailleuse (máquina).
remalladura f. Remaillage, remmaillage, *m.*
remallar v. tr. Remailler (una red).
remanencia f. Fís. Rémanence.
remanente adj. Rémanent, e.
— M. Reste. ‖ *Remanente de beneficios,* bénéfices rapportés.
remangar v. tr. Relever, retrousser, trousser (la ropa o las mangas). ‖ *Con la camisa remangada,* en bras o en manches de chemise.

— V. pr. Se trousser. ‖ Trousser, retrousser, relever : *se remangó las faldas,* elle releva ses jupes.
remango m. Retroussement.
remansarse v. pr. Former une nappe, stagner (río).
remanso m. Nappe (*f.*) d'eau dormante. ‖ FIG. Refuge, havre : *remanso de paz,* havre de paix.
remar v. intr. Ramer : *remar contra corriente,* ramer contre le courant. ‖ FIG. *Remar en la misma galera,* être logé à la même enseigne.
remarcable adj. Remarquable.
— OBSERV. *Remarcable* est un gallicisme pour *muy notable.*
remarcar v. tr. Remarquer (marcar de nuevo).
— OBSERV. El verbo francés *remarquer* significa sobre todo *notar.*
rematadamente adv. Complètement.
rematado, da adj. Fini, e ; achevé, e : *es un pillo rematado,* c'est un coquin fini. ‖ DR. Condamné sans appel. ‖ *Loco rematado,* fou à lier.
rematador m. Buteur [qui tire au but] (fútbol).
rematamiento m. Fin, *f.,* terme.
rematante m. Adjudicataire.
rematar v. tr. Achever : *rematar a un herido,* achever un blessé. ‖ DR. Adjuger (subasta). ‖ Arrêter [un point] (costura). ‖ FIG. Parachever : *rematar una labor,* parachever un travail. ‖ Terminer, mettre fin à : *remató su conferencia con una alusión al ministro,* il termina sa conférence par une allusion au ministre. ‖ Couronner : *el éxito remató sus esfuerzos,* le succès couronna ses efforts. ‖ Donner le coup de grâce (a alguien). ‖ *Amer.* Arrêter net (al caballo).
— V. intr. Se terminer : *el campanario remataba en punta,* le clocher se terminait en pointe. ‖ Tirer au but (fútbol).
remate m. Fin, *f.,* terme (término). ‖ Achèvement (última mano). ‖ ARQ. Couronnement (de un edificio). ‖ Pointe, *f.* : *remate de un campanario,* pointe d'un clocher. ‖ DR. Adjudication, *f.* (en una subasta). ‖ Tir au but (fútbol). ‖ Arrêt (costura). ‖ FIG. Couronnement : *el remate de su carrera política,* le couronnement de sa carrière politique. ‖ — *Como remate,* pour finir. ‖ *De remate,* complètement. ‖ *Loco de remate,* fou à lier. ‖ *Por remate,* à la fin, en dernier lieu. ‖ FIG. y FAM. *Tonto de remate,* bête à manger du foin, bête comme ses pieds, idiot fini. ‖ — FIG. *Dar remate,* a couronner : *dio remate a su viaje con la visita al centro de investigaciones nucleares,* il couronna son voyage par la visite au centre de recherches nucléaires.
rematista m. *Amer.* Adjudicataire.
rembolsar v. tr. Rembourser.
rembolso m. Remboursement.
remecer v. tr. Secouer, agiter.
remedable adj. Imitable.
remedador, ra adj. y s. Imitateur, trice.
remedar v. tr. Contrefaire, imiter (imitar) : *remedar la voz de otro,* contrefaire la voix de quelqu'un. ‖ Singer, imiter (para burlarse).
remediable adj. Remédiable.
remediador, ra adj. y s. Qui remédie.
remediar v. tr. ● Remédier à, porter remède à : *remediar un daño,* remédier à un mal. ‖ FIG. Éviter, empêcher (evitar). ‖ Arranger : *tu venida no remediará nada,* ta venue n'arrangera rien du tout. ‖ *No poder remediarlo,* n'y rien pouvoir.
— SINÓN. ● *Suplir,* suppléer. *Paliar,* pallier. *Subsanar, reparar,* réparer.
remediavagos m. inv. Aide-mémoire.
remedio m. Remède : *remedio contra la tos,* remède contre la toux ; *remedio casero,* remède de bonne femme. ‖ FIG. Remède, arrangement (arreglo). ‖ DR. Recours (recurso). ‖ — *A grandes males, grandes remedios,* aux grands maux

les grands remèdes. || *El remedio es peor que la enfermedad*, le remède est pire que le mal. || *La Virgen de los Remedios*, Notre-Dame de Recouvrance. || *No hay más remedio que*, il n'y a rien d'autre à faire que, il n'y a pas d'autre solution o d'autre choix que de, il ne nous reste qu'à. || *No hay remedio*, on n'y peut rien, c'est sans remède. || *No tener más remedio*, ne pas pouvoir faire autrement, ne pas avoir d'autre solution. || *No tener para un remedio*, ne pas avoir un sou vaillant. || *Poner remedio a*, remédier à. || *Por no haber otro remedio*, par la force des choses. || *¿Qué remedio me queda?*, que faire alors? || *Sin remedio*, sans remède, sans rémission.

remedir* v. tr. Remesurer.

remedo m. Imitation, *f.*, copie, *f.* || Contrefaçon, *f.* || Pastiche, pastichage (de una obra).

remellado, da adj. Ébréché, e. || Fendu, e (labios, ojos).

remellar v. tr. Effleurer, remailler, remmailler (las pieles).

remembranza f. Souvenir, *m.*

rememoración f. Remémoration, souvenir, *m.*

rememorar v. tr. Remémorer.

rememorativo, va adj. Remémoratif, ive.

remendable adj. Raccommodable.

remendado, da adj. Raccommodé, e; rapiécé, e (zurcido). || Moucheté, e; tacheté, e (animales).

remendar* v. tr. Raccommoder, rafistoler (fam.) [lo roto]. || Rapiécer (echando remiendos). || Ramender, raccommoder, remmailler (una red). || Rapetasser, ravauder (lo viejo y de manera tosca). || FIG. Corriger.

remendón, ona adj. y s. Ravaudeur, euse; rapetasseur, euse (p. us.). || FAM. Rafistoleur, euse. || *Zapatero remendón*, savetier.

remeneo m. Dandinement.

remensa f. V. PAYÉS.

remense adj. y s. Rémois, e (de Reims).

remera f. Rémige (pluma).

remero, ra m. y f. Rameur, euse.

remesa f. COM. Remise, envoi, *m.*, expédition.

remesar v. tr. COM. Envoyer, expédier.

remesero m. Convoyeur de fonds.

remeter v. tr. Remettre, réintroduire. || Border : *remeter las sábanas*, border le lit.

remezón m. *Amer.* Tremblement de terre.

remiendo m. Raccommodage, rapiéçage, rapiécement. || Ramendage, remmaillage, raccommodage (de una red). || Rafistolage (chapucería). || Pièce, *f.* : *echar un remiendo a un pantalón*, mettre une pièce à un pantalon. || IMPR. Bilboquet. || *— A remiendos*, par morceaux. || FAM. *Echar un remiendo a una cosa*, rafistoler o raccommoder quelque chose. || *No hay mejor remiendo que el del mismo paño*, on n'est jamais si bien servi que par soi-même.

rémige f. Rémige (pluma).

Remigio n. pr. m. Rémi.

remilgadamente adv. En minaudant.

remilgado, da adj. Minaudier, ière; maniéré, e. || *Hacer el remilgado*, faire la petite o la fine bouche (ser exigente), faire des manières (ser melindroso).

remilgarse v. pr. Minauder, faire des manières.

remilgo m. Minauderie, *f.* || *Andar con remilgos* ou *hacer remilgos*, faire des manières o des simagrées o des façons (ser melindroso), faire la petite o la fine bouche (ser exigente).

remilgoso, sa adj. *Amer.* Minaudier, ère; maniéré, e.

remilitarización f. Remilitarisation.

remilitarizar v. tr. Remilitariser.

reminiscencia f. Réminiscence.

remirado, da adj. Scrupuleux, euse.

remirar v. tr. Regarder à plusieurs reprises. || Examiner attentivement.

remisamente adv. Négligemment.

remisibilidad f. Rémissibilité.

remisible adj. Rémissible.

remisión f. Remise (entrega) : *la remisión de un paquete*, la remise d'un colis. || Rémission, pardon, *m.* : *la remisión de los pecados*, la rémission des péchés. || DR. Renvoi, *m.* (de la instancia). | Remise (de una pena). || Renvoi, *m.* : *texto lleno de remisiones*, texte plein de renvois. || *— No hay pecado sin remisión*, à tout péché miséricorde. || *Sin remisión*, sans rémission (sin remedio).

remisivo, va adj. Qui renvoie, de référence.

remiso, sa adj. Peu enthousiaste, réticent, e : *muchedumbre remisa a la hora de aplaudir*, foule peu enthousiaste à l'heure d'applaudir. || Indécis, e (flojo). || *— No ser remiso en*, être tout prêt à. || *Ser remiso a* ou *en*, être peu chaud pour, n'avoir guère envie de.

remisor, ra m. y f. *Amer.* Expéditeur, trice.

remisorias f. pl. DR. Renvoi (*m. sing.*) d'une affaire à une autre juridiction.

remisorio, ria adj. Absolutoire.

remite m. Nom et adresse de l'expéditeur.

remitencia f. MED. Rémittence.

remitente adj. Qui remet, qui pardonne. || MED. Rémittent, e. || — M. y f. Expéditeur, trice : *el remitente de una carta*, l'expéditeur d'une lettre. || Expéditeur, trice; envoyeur (sin fem.) : *devolución al remitente*, retour à l'expéditeur; *devuélvase al remitente*, faire retour à l'envoyeur.

remitido m. Communiqué.

remitir v. tr. Remettre, envoyer (enviar). || Remettre (condonar). || Remettre (aplazar). || Délivrer : *remitir un pedido*, délivrer une commande. || Remettre : *remitir los pecados*, remettre les péchés. || Renvoyer : *el autor nos remite a la primera parte*, l'auteur nous renvoie à la première partie. || DR. Renvoyer. || — V. intr. Faiblir, s'apaiser, se calmer : *ha remitido el temporal*, l'orage s'est apaisé. || Renvoyer : *remitir a la página diez*, renvoyer page 10. || — V. pr. S'en remettre : *remitirse a la Providencia*, s'en remettre à la Providence. || S'en remettre, s'en rapporter : *remitirse a la decisión de alguien*, s'en rapporter à la décision de quelqu'un. || Se rapporter (referirse). || Se reporter : *remítanse a la primera parte de esta obra*, reportez-vous à la première partie de cet ouvrage.

remo m. Rame, *f.*, aviron. || Aviron, canotage (deporte). || (Ant.). Galères, *f. pl.* || — Pl. Membres, abattis (fam.) [del hombre]. || Ailes, *f.* (alas). || *— A remo*, à la rame. || *Barca de remo*, bateau à rames. || *Forzar de remos*, faire force de rames.

Remo n. pr. m. Rémus.

remoción f. Remuement, *m.* || Changement, *m.*, remaniement, *m.* (cambio). || *Remoción de tierras*, terrassement.

remojar v. tr. Tremper : *remojar pan en la sopa*, tremper du pain dans la soupe. || Faire tremper (la ropa, legumbres, etc.). || Remouiller (telas). || Retremper (volver a mojar). || FIG. y FAM. Arroser : *remojar un éxito*, arroser un succès; *hay que remojarlo*, il faut arroser ça. || *Amer.* Donner un pourboire. || — V. pr. Tremper : *pan que se remoja en el agua*, pain qui trempe dans l'eau. || Se tremper.

remojo m. Trempage. || Remouillage (de las telas). || *Amer.* Pourboire (propina). || — FIG. *Darse un remojo*, se baigner. || *Echar* ou *poner a* o *en remojo*, faire tremper (garbanzos, ropa, etc.), laisser mûrir (un asunto).

remojón m. FAM. Douche, *f.* (lluvia) : *¡qué remojón!*, quelle douche !

remolacha f. Betterave : *remolacha azucarera, forrajera*, betterave à sucre o sucrière, fourragère. ‖ Betterave rouge (encarnada y comestible).

remolachero, ra adj. y s. m. Betteravier, ère.

remolar m. Avironnier (obrero).

remolcador, ra adj. y s. m. Remorqueur, euse. ‖ *Remolcador de altura*, remorqueur de haute mer.

remolcar v. tr. Remorquer. ‖ FIG. Remorquer. ‖ MAR. *Remolcar abarloado*, remorquer à couple.

remoldeado m. TECN. Remoulage.

remoler* v. tr. Moudre très finement.

remolido m. Minéral non lavé (mineral).

remolienda f. *Amer.* Noce, bringue (jarana).

remolinante adj. Tourbillonnant, e.

remolinar v. intr. y pr. Tourbillonner. ‖ FIG. S'attrouper (amontonarse).

remolinear v. tr. Faire tournoyer.
— V. intr. Tourbillonner.

remolino m. Remous (del agua). ‖ Tourbillon (aire, polvo, agua, etc.). ‖ Tourbillonnement, tournoiement (movimiento). ‖ Épi (del cabello). ‖ FIG. Remous (de la muchedumbre). ‖ MAR. Révolin. ‖ *Formar remolinos*, tourbillonner, tournoyer.

remolón, ona adj. y s. Lambin, e (perezoso). ‖ — M. Broche, *f.*, dague, *f.* (del jabalí). ‖ — *Hacerse el remolón*, tirer au flanc. ‖ *Ser remolón para*, se faire tirer l'oreille pour.

remolonear v. intr. Lambiner.

remoloneo m. Lambinage.

remolque m. Remorque, *f.* : *remolque volquete*, remorque basculante. ‖ Remorquage (acción de remolcar). ‖ — *A remolque*, à la remorque, à la traîne : *ir a remolque de alguien*, être à la remorque de quelqu'un. ‖ *Grúa remolque*, dépanneuse. ‖ *Remolque habitable* ou *de turismo*, caravane.

remonín, ina o **remonísimo, ma** o **remono, na** adj. FAM. Très joli, e ; ravissant, e.

remonta f. Ressemelage (*m.*) complet, remontage, *m.* (del calzado). ‖ MIL. Remonte (servicio), haras, *m.* (depósito de sementales). ‖ Fond (*m.*) de culotte (del pantalón de montar).

remontar v. tr. Ressemeler complètement, remonter (zapatos). ‖ MIL. Remonter, pourchasser (la caza).
— V. intr. MAR. Remonter au vent.
— V. pr. Remonter : *remontarse hasta la época prehistórica*, remonter jusqu'à l'époque préhistorique. ‖ S'enfuir dans la montagne (esclavos).

remontista m. Officier de la remonte.

remoquete m. FIG. Sobriquet, surnom (apodo). ‖ Coup de poing (puñetazo).

rémora f. Rémora, *m.* (pez). ‖ FIG. Rémora, *m.* (p. us.), obstacle, *m.* : *las viejas estructuras constituyen una rémora para el progreso*, les vieilles structures constituent un obstacle au progrès.

remorder* v. tr. Remordre (volver a morder). ‖ FIG. Causer du remords, ronger. ‖ *El recuerdo de su crimen le remuerde la conciencia*, il est rongé par le remords en pensant à son crime.

remordimiento m. Remords : *estar torturado por el remordimiento*, être rongé par le remords.

remosquearse v. pr. FAM. S'effaroucher. ‖ IMPR. Se mâchurer (el pliego).

remostar v. tr. Mettre du moût [dans le vin].
— V. pr. S'écraser (uvas, frutas). ‖ Avoir le goût du moût (el vino).

remotamente adv. D'une manière éloignée. ‖ FIG. Confusément, vaguement : *lo recuerdo remotamente*, je m'en souviens vaguement.

remoto, ta adj. Lointain, e ; éloigné, e : *países remotos*, pays lointains ; *causas remotas*, des causes éloignées. ‖ Reculé, e : *en tiempos remotos*, en des temps reculés. ‖ — *La remota Antigüedad*, la haute Antiquité. ‖ *Ni la más remota probabilidad*, pas la moindre probabilité.

remover* v. tr. Déplacer (una cosa). ‖ Remuer (el café). ‖ FIG. Remuer, agiter : *remover recuerdos*, remuer des souvenirs. ‖ Déplacer (a uno de su empleo). ‖ — FIG. *Remover las cenizas*, remuer les cendres. ‖ *Remover la tierra*, remuer o retourner la terre.
— V. pr. S'agiter, remuer.

removible adj. Remuable.

remozamiento m. Regain de jeunesse, rajeunissement. ‖ FIG. Rajeunissement : *el remozamiento de las instituciones*, le rajeunissement des institutions. ‖ Rafraîchissement (de un vestido).

remozar v. tr. Rajeunir. ‖ FIG. Rafraîchir : *remozar un vestido*, rafraîchir un vêtement. ‖ FAM. Ragaillardir.
— V. pr. Rajeunir, se rajeunir.

remplazable adj. Remplaçable.

remplazante m. y f. Remplaçant, e.

remplazar v. tr. Remplacer (reemplazar).

remplazo m. V. REEMPLAZO.

rempujar v. tr. FAM. Pousser.

rempujón m. FAM. Poussée, *f.*

remullir* v. tr. Rendre moelleux.

remunerable adj. Rémunérable.

remuneración f. Rémunération : *remuneración en especie*, rémunération en nature.

remunerador, ra adj. y s. Rémunérateur, trice.

remunerar v. tr. Rémunérer.

remunerativo, va adj. Rémunérateur, trice.

remuneratorio, ria adj. Rémunératoire.

remusgar v. intr. (P. us.). Soupçonner (sospechar).

remusgo m. Soupçon (barrunto). ‖ Bise, *f.* (viento).

renacentista adj. inv. Renaissance, de la Renaissance, renaissant, e : *estilo renacentista*, style Renaissance.

renacer* v. intr. Renaître.

renaciente adj. Renaissant, e.

renacimiento m. Renaissance, *f.* ‖ FIG. Relèvement, redressement (de un pueblo). ‖ Renouveau.
— Adj. inv. Renaissance (renacentista).

renacuajo m. ZOOL. Têtard. ‖ FIG. y FAM. Avorton.

renadío m. Recoupe, *f.*, regain (de prados).

renal adj. Rénal, e. ‖ MED. *Cólico renal*, colique néphrétique.

Renania n. pr. f. GEOGR. Rhénanie.

renano, na adj. y s. Rhénan, e.

renardita f. MIN. Renardite.

Renata n. pr. f. Renée.

Renato n. pr. m. René.

rencilla f. Querelle (riña). ‖ Ressentiment, *m.*, rancune, rancœur (rencor).

rencilloso, sa adj. Querelleur, euse. ‖ Rancunier, ère (rencoroso).

renco, ca adj. Boiteux, euse.

rencor m. Rancune, *f.* (resentimiento). ‖ Rancœur, *f.* (amargura). ‖ *Guardar rencor a alguien por algo*, garder rancune à quelqu'un de quelque chose, tenir rigueur à quelqu'un de quelque chose, en vouloir à quelqu'un de quelque chose.

rencorosamente adv. Avec rancune.

rencoroso, sa adj. Rancunier, ère.

renda f. AGRIC. Binage, *m.* (bina).

rendaje m. Bride, *f.*

rendajo m. ZOOL. Geai (arrendajo).

rendibú m. *Hacer el rendibú a uno*, recevoir quelqu'un en y mettant les formes.

rendición f. Reddition : *la rendición de Breda*, la reddition de Bréda.

rendidamente adv. Avec soumission.

rendido, da adj. Rendu, e ; soumis, e (sumiso). ‖ Épuisé, e ; rendu, e ; rompu, e (cansado). ‖ *Rendido de amor por*, follement épris de.

rendija f. Fente : *mirar por la rendija de la puerta*, regarder par la fente de la porte.

rendimiento m. Soumission, *f.* (sumisión). ‖ Respect, déférence, *f.* ‖ Grande fatigue, *f.*, épuisement

(fatiga). ‖ ● Rendement : *el rendimiento de una fábrica*, le rendement d'une usine.
— SINÓN. ● *Producción*, production. *Beneficio*, bénéfice. *Ganancia*, profit.

rendir* v. tr. Vaincre, soumettre (al enemigo). ‖ Rendre : *rendir una plaza, las armas* ou *el arma*, rendre une place, les armes. ‖ Rendre (producir). ‖ Épuiser (agotar) : *este paseo me ha rendido*, cette promenade m'a épuisé. ‖ Rendre (vomitar). ‖ — *Rendir cuentas*, rendre des comptes. ‖ *Rendir culto a*, rendre un culte à. ‖ *Rendir el alma*, rendre l'âme. ‖ *Rendir gracias*, rendre grâces. ‖ *Rendir homenaje*, rendre hommage. ‖ *Rendir pleitesía a*, rendre hommage à, s'incliner devant.
— V. pr. Se rendre, mettre bas les armes (un vencido). ‖ Se soumettre (someterse). ‖ S'épuiser, se fatiguer (cansarse). ‖ Donner sa langue au chat (en el juego). ‖ MAR. Se briser, éclater (una verga).
— OBSERV. *Rendir* n'a pas le sens de « restituer » une chose, qui se dit *devolver*.

renegado, da adj. y s. Rénégat, e.
renegador, ra adj. y s. Blasphémateur, trice ; renieur, euse (p. us.).
renegar* v. intr. ● Renier : *renegar de su fe, de su familia*, renier sa foi, sa famille ; *todos sus amigos renegarían de usted*, tous vos amis vous renieraient. ‖ Blasphémer, renier (blasfemar). ‖ FAM. Jurer (decir injurias).
— SINÓN. ● *Renunciar*, renoncer. *Abjurar*, abjurer. *Apostatar*, apostasier.
renegón, ona adj. y s. FAM. Blasphémateur, trice.
renegrido, da adj. Noirâtre (negruzco).
rengífero m. Renne (reno).
renglón m. Ligne, *f.* (escrito). ‖ FIG. Article (de una cuenta). | Chapitre : *el renglón de las importaciones*, le chapitre des importations. ‖ — *A renglón seguido*, tout de suite après, là-dessus, immédiatement après. ‖ FIG. *Dejar, quedarse entre renglones*, laisser, rester dans l'encrier.
renglonadura f. Réglure (del papel).
rengo, ga adj. y s. Boiteux, euse (renco).
renguear v. intr. *Amer.* Boiter (renquear).
renguera f. *Amer.* Claudication.
reniego m. Juron (dicho injurioso).
reniforme adj. Réniforme.
renio m. Rhénium (metal).
renitencia f. MED. Rénitence.
renitente adj. y s. Rénitent, e.
reno m. ZOOL. Renne.
renombrado, da adj. Renommé, e (famoso).
renombre m. Renom : *hombre de renombre*, homme de renom. ‖ Renommée, *f.* (fama). ‖ Surnom (sobrenombre).
renovable adj. Renouvelable.
renovación f. Renouvellement, *m.* (de un pasaporte, del personal de una casa). ‖ Rénovation (de votos religiosos). ‖ Renouveau, *m.* (renacimiento). ‖ Remise à neuf. ‖ DR. Reconduction.
renovar* v. tr. Renouveler : *renovar un pasaporte, votos, el personal de una casa*, renouveler un passeport, des vœux, le personnel de la maison. ‖ Rénover, remettre à neuf : *renovar tapices*, rénover les tapisseries. ‖ Rénover : *renovar las instituciones*, rénover les institutions. ‖ Renouer : *renovar una alianza*, renouer une alliance. ‖ FIG. *Renovar la herida*, rouvrir la blessure *o* la plaie, retourner le couteau dans la plaie.
— V. pr. Se renouveler.
renquear v. intr. FAM. Clopiner, tirer la jambe.
renqueo m. Claudication, *f.*
renta f. Rente : *renta de bienes raíces* ou *de la tierra* ou *del suelo*, rente foncière. ‖ Revenu, *m.* : *impuesto sobre la renta*, impôt sur le revenu ; *renta per cápita*, revenu par habitant. ‖ Rapport, *m.* : *immueble de renta*, immeuble de rapport. ‖

Fermage, *m.* (de un arrendatario). ‖ — *Renta bruta*, revenu brut. ‖ *Renta de una finca urbana*, valeur locative. ‖ *Renta nacional*, revenu national. ‖ *Renta pagada por el Estado*, rente sur l'État. ‖ *Renta pública*, dette publique. ‖ *Renta vitalicia*, rente viagère, viager. ‖ — *Administración de rentas*, régie. ‖ *A renta*, à bail, à ferme. ‖ *Viviendas de renta limitada*, habitations à loyer modéré, H. L. M. ‖ *Tener buenas, malas rentas*, être bien, mal renté. ‖ *Vivir de sus rentas*, vivre de ses rentes.
rentabilidad f. Rentabilité.
rentabilizar v. tr. Rentabiliser.
rentable adj. Rentable (productivo).
rentado, da adj. Renté, e (acaudalado).
rentar v. tr. Rapporter (producir). ‖ Renter (conceder una renta). ‖ *Amer.* Louer (alquilar).
rentero, ra adj. Tributaire.
— M. y f. Fermier, ère (colono).
rentista m. y f. Rentier, ère.
rentístico, ca adj. Financier, ère : *reforma rentística*, réforme financière.
renuevo m. Renouveau. ‖ BOT. Rejeton (de un árbol). | Rejet (de una planta). ‖ FIG. Regain, renouveau. ‖ BOT. *Echar renuevos*, donner des rejets, rejeter.
renuncia f. Renonciation, abandon, *m.* (de un derecho). ‖ DR. Résignation. ‖ Renoncement, *m.* : *la renuncia a los honores*, le renoncement aux honneurs. ‖ *Hacer renuncia de*, renoncer à.
renunciable adj. Auquel on peut renoncer.
renunciación f. Renoncement, *m.*
renunciamiento m. Renoncement.
renunciante adj. Qui renonce.
renunciar v. intr. Renoncer : *renunciar a un proyecto*, renoncer à un projet. ‖ Abandonner : *renunciar a la lucha*, abandonner la lutte. ‖ Renoncer, abdiquer : *renunciar a sus derechos*, abdiquer ses droits, renoncer à ses droits. ‖ Renoncer, ne pas fournir la couleur (en los naipes). ‖ Déclarer forfait (en una competición). ‖ Se démettre : *renunciar a su mando*, se démettre de son commandement. ‖ DR. Délaisser (una herencia).
— V. pr. Renoncer : *renunciarse a sí mismo*, renoncer à soi-même.
renunciatario, ria m. y f. Renonciataire.
renuncio m. Renonce, *f.* (naipes) : *hacer renuncio*, faire une renonce. ‖ FIG. Mensonge flagrant.
renvalsar v. tr. Faire une feuillure.
renvalso m. Feuillure, *f.* (en carpintería).
reñidamente adv. Obstinément, opiniâtrement, avec acharnement.
reñidero m. Lieu destiné aux combats de coqs.
reñido, da adj. Brouillé, e ; fâché, e : *estar reñido con un amigo*, être brouillé avec un ami. ‖ Disputé, e ; acharné, e : *un partido muy reñido*, un match très disputé. ‖ Serré, e : *la lucha va a ser muy reñida*, la lutte va être très serrée. ‖ Incompatible : *lo útil no está reñido con lo bello*, l'utile n'est pas incompatible avec le beau. ‖ *En reñida lucha*, de haute lutte.
reñidor, ra adj. y s. Querelleur, euse. ‖ Grognon, onne (regañón).
reñidura f. FAM. Gronderie, réprimande.
reñir* v. intr. Se disputer, se quereller, se chamailler (fam.) : *Pablo siempre está reñido con su hermana*, Paul passe son temps à se disputer avec sa sœur. ‖ Se brouiller, se fâcher : *riñó con su novia*, il se brouilla avec sa fiancée. ‖ *Reñir por*, livrer bataille pour, se battre pour.
— V. tr. Gronder, réprimander : *reñir a un niño mentiroso*, gronder un enfant menteur. ‖ Disputer (combatir).
reo m. y f. Inculpé, e. ‖ Accusé, e (reconocido culpable) : *absolver a un reo*, acquitter un accusé. ‖

Reo de Estado, criminel d'État *o* politique. ‖ — M. Truite (*f.*) de mer (pez).

— OBSERV. Le féminin de ce mot étant identique au masculin, on dira *la reo* et non *la rea*.

reoca f. FAM. *Es la reoca*, c'est le comble, il ne manquait plus que ça (es el colmo), c'est impayable (es muy gracioso).

reóforo m. Fís. Rhéophore.

reojo (mirar de) loc. Regarder du coin de l'œil. ‖ FIG. Regarder de travers (con enfado).

reómetro m. Rhéomètre.

reordenar v. tr. ECLES. Réordonner.

reorganización f. Réorganisation. ‖ Remaniement, *m.* (de un gobierno, etc.).

reorganizador, ra adj. y s. Réorganisateur, trice.

reorganizar v. tr. Réorganiser. ‖ Remanier (el gobierno).

reorientación f. Réorientation.

reostático, ca adj. Fís. Rhéostatique.

reóstato o **reostato** m. Fís. Rhéostat.

reótomo m. Fís. Rhéotome.

repanchingarse o **repantigarse** v. pr. S'enfoncer, se vautrer : *repantigarse en un sillón*, se vautrer dans un fauteuil.

repanocha f. FAM. V. REOCA.

reparable adj. Réparable : *daño reparable*, mal réparable. ‖ Remarquable (digno de atención).

reparación f. Réparation : *taller de reparaciones*, atelier de réparations. ‖ Réfection (refección). ‖ FIG. Réparation (de una ofensa). ‖ *Reparación de encajes*, remplissage.

reparada f. Écart, *m.* (del caballo).

reparador, ra adj. Réparateur, trice. ‖ FIG. Réparateur, trice : *un sueño reparador*, un repos réparateur.
— M. y f. Réparateur, trice.

reparamiento m. Réparation, *f.*

reparar v. tr. ● Réparer, mettre en état : *reparar un reloj*, réparer une horloge. ‖ FIG. Réparer (ofensa). | Rattraper (una falta). ‖ Remplir (encaje).
— V. intr. Remarquer, faire attention à : *nadie reparó en él*, personne ne fit attention à lui. ‖ S'apercevoir de, remarquer : *reparar en un error*, s'apercevoir d'une erreur. ‖ S'arrêter à, s'attacher à : *reparar en un detalle*, s'attacher à un détail. ‖ — *Reparar en pelillos* ou *en pormenores*, s'arrêter à des riens *o* à des vétilles *o* à des détails. ‖ — *No repara en nada*, rien ne l'arrête, il ne recule devant rien. ‖ *No reparar en gastos*, ne rien épargner, ne pas regarder à la dépense (no vacilar en los gastos).
— SINÓN. ● *Arreglar*, arranger. *Componer*, raccommoder. *Remendar*, rafistoler. *Apañar*, rétaper. *Reformar*, réformer.

reparativo, va adj. Réparateur, trice.

reparo m. Réparation, *f.* ‖ Objection, *f.* : *siempre pone reparos a todo*, il fait toujours des objections à tout. ‖ Remarque, *f.*, observation, *f.* (advertencia). ‖ Réticence, *f.*, réserve, *f.* : *aprobar algo con cierto reparo*, approuver quelque chose avec une certaine réticence. ‖ Reproche : *estás siempre poniendo reparos a la cocina de este país*, tu ne cesses de faire des reproches à la cuisine de ce pays. ‖ — *No andar con reparos*, ne pas hésiter, ne pas faire d'histoires. ‖ *No tener reparo en*, être capable de : *no tiene reparo en hacer cualquier cosa*, il est capable de faire n'importe quoi. ‖ *Sin reparo*, sans ménagement.

reparón, ona adj. y s. FAM. Critiqueur, euse (criticón). | Pointilleux, euse ; tatillon, onne (puntilloso).

repartición f. Partage, *m.*, répartition. ‖ Livraison (distribución). ‖ *Repartición por lotes* ou *parcelas*, lotissement.

repartidor, ra m. y f. Livreur, euse (que entrega).

‖ Distributeur, trice (que distribuye). ‖ — M. Livreur, garçon livreur (de compras). ‖ DR. Répartiteur (en los tribunales).

repartimiento m. Répartition, *f.*, partage. ‖ DR. Répartition, *f.* ‖ Répartement (del impuesto).

repartir v. tr. Répartir, partager : *repartir una suma entre varias personas*, répartir une somme entre plusieurs personnes. ‖ Distribuer : *repartir los premios, el correo*, distribuer les prix, le courrier. ‖ Livrer : *repartir la leche*, livrer le lait. ‖ Distribuer : *repartir tortazos*, distribuer des gifles. ‖ Lotir (distribuir en lotes). ‖ — *Repartir el roscón de reyes*, tirer les rois. ‖ FIG. y FAM. *Repartir leña*, administrer une volée [de bois vert].

reparto m. Répartition, *f.* : *el reparto de las tierras de labor*, la répartition des terres arables. ‖ Répartition, *f.*, partage : *el reparto de una suma entre varios herederos*, la répartition d'une somme entre plusieurs héritiers. ‖ Partage : *el reparto de Polonia*, le partage de la Pologne. ‖ Distribution, *f.* : *reparto de premios*, distribution des prix ; *reparto del correo*, distribution du courrier. ‖ Livraison, *f.* : *reparto a domicilio*, livraison à domicile. ‖ Distribution, *f.* (teatro, cine). ‖ — *Coche de reparto*, voiture de livraison. ‖ *Error en el reparto de las cartas*, fausse donne, maldonne (en el juego). ‖ *Tocarle a uno en un reparto*, tocarle ou caerle a uno en suerte en un reparto, échoir, avoir en partage : *le ha tocado esta finca en el reparto*, cette ferme lui est échue en partage, il a eu cette ferme en partage.

repasadera f. TECN. Rabot (*m.*) à moulures.

repasar v. tr. Repasser : *repasar por una calle*, repasser par une rue. ‖ Repasser, revoir, examiner de nouveau (examinar de nuevo). ‖ Repasser, réviser, revoir (lección, papel) : *repasar una lección, un programa de ciencias*, réviser une leçon, un programme de sciences. ‖ Revoir (para corregir). ‖ Raccommoder, repriser (la ropa).

repasata f. FAM. Savon, *m.* (reprimenda) : *dar una repasata a uno*, passer un savon à quelqu'un.

repaso m. Repassage, révision, *f.* (de una lección). ‖ Raccommodage, reprisage (de la ropa). ‖ FAM. Savon (repasata). ‖ *Dar un repaso a*, jeter un coup d'œil sur, revoir *o* réviser rapidement : *el actor dio un repaso a su papel*, l'acteur jeta un coup d'œil sur son rôle.

repatriación f. Rapatriement, *m.*

repatriar v. tr. Rapatrier.
— V. pr. Être rapatrié.

repechar v. intr. Monter une côte.

repecho m. Côte, *f.*, raidillon, grimpette, *f.* (fam.) [cuesta]. ‖ *A repecho*, en remontant.

repeinar v. tr. Recoiffer.

repelar v. tr. Tirer *o* arracher les cheveux. ‖ Faire faire [au cheval] un temps de galop. ‖ Tondre [l'herbe] légèrement (la hierba). ‖ FIG. Rogner (cercenar). ‖ *Amer.* Grogner (refunfuñar).

repelente adj. Qui repousse, rebutant, e (que disgusta). ‖ FIG. Repoussant, e ; répugnant, e ; dégoûtant, e (asqueroso). | Hideux, euse (muy feo).

repeler v. tr. Repousser, rejeter (rechazar). ‖ Chasser : *repeler a intrusos de su domicilio*, chasser des intrus de son domicile. ‖ FIG. Rebuter (disgustar). | Répugner, dégoûter (asquear) : *las arañas me repelen*, les araignées me répugnent.

repelo m. Contre-poil. ‖ Fibre, *f.* (de la madera). ‖ FIG. Dégoût, répugnance, *f.* (repugnancia). ‖ *Dar un repelo*, dégoûter, soulever le cœur.

repelón m. Action (*f.*) de tirer les cheveux. ‖ Galop (del caballo). ‖ *A repelones*, à contrecœur.

repeluco o **repeluzno** m. Frisson.

repellado m. Replâtrage.

repellar v. tr. Replâtrer.

repente m. FAM. Sursaut, mouvement subit (movimiento). | Accès : *un repente de ira*, un accès de colère. | Brusque pressentiment : *me dio el repente que iba a suicidarse*, j'ai eu le brusque pressentiment qu'il allait se suicider. | Idée (*f.*) soudaine. | — *De repente*, soudain, tout à coup. | *Muerto de repente*, mort subitement.

repentinamente adv. Subitement.

repentino, na adj. Subit, e ; soudain, e : *muerte repentina*, mort subite.

repentista m. y f. Improvisateur, trice (improvisador).

repentizar v. intr. Mús. Déchiffrer.

repercudida f. Répercussion.

repercusión f. Répercussion. | Fig. Répercussion, contrecoup, *m.* | Bruit, *m.*, retentissement, *m.* : *un discurso que ha tenido mucha repercusión*, un discours qui a fait beaucoup de bruit o qui a eu un grand retentissement.

repercutir v. intr. ● Se répercuter.
— V. tr. Répercuter.
— V. pr. Retentir (sonido).
— Sinón. ● *Reflejar*, réfléchir. *Repetir*, répéter. *Resonar*, retentir.

repertorio m. Répertoire. | Teatr. Répertoire : *poner en el repertorio*, mettre au répertoire.

repesar v. tr. Repeser.

repesca f. Repêchage, *m.*

repescar v. tr. Repêcher.

repetición f. ● Répétition. | Redoublement, *m.* (del año escolar). | Mús. Reprise. | — *Reloj, fusil de repetición*, montre, fusil à répétition.
— Sinón. ● *Insistencia*, insistance. *Estribillo*, refrain. *Cantinela*, rengaine. *Aliteración*, allitération. *Fam. Matraca, lata*, scie.

repetidamente adv. Maintes fois, à plusieurs reprises.

repetido, da adj. Répété, e. | Nombreux, euse (numeroso). | *En repetidas ocasiones* ou *repetidas veces*, à plusieurs reprises, maintes fois.

repetidor, ra adj. y s. Répétiteur, trice. | Redoublant, e (alumno). | *Poste repetidor*, relais (televisión). | — M. Répéteur (teléfono). | Relais : *repetidor de televisión*, relais de télévision.

repetir* v. tr. Répéter : *repetir una frase*, répéter une phrase. | Recommencer, refaire : *repetir un experimento*, recommencer une expérience. | Redoubler : *repetir curso*, redoubler une classe. | Reprendre (un plato). | Redoubler : *repetir una consonante*, redoubler une consonne. | Reprendre (comenzar de nuevo). | Teatr. Reprendre (reestrenar). | Dr. Répéter. | *Repetir en todos los tonos*, répéter sur tous les tons, ressasser.
— V. intr. Revenir : *la sardina repite*, le goût de la sardine revient. | *Estar repetido*, faire double emploi (ser inútil), être en double : *estos sellos están repetidos*, ces timbres sont en double.
— V. pr. Se répéter. | Revenir : *fiesta que se repite siempre en la misma fecha*, fête qui revient toujours à la même date. | Revenir (sabor). | — *No ha habido que repetírselo dos veces*, il ne se l'est pas fait dire deux fois. | *¡Que se repita!*, bis !

repicar v. tr. Sonner (las campanas). | Repiquer (picar de nuevo). | Faire repic (en el juego de los cientos). | Hacher menu (cortar muy fino).
— V. intr. Carillonner (las campanas). | Battre (el tambor). | Fig. *No se puede repicar y andar en la procesión*, on ne peut être à la fois au four et au moulin.

repintar v. tr. Repeindre.
— V. pr. Se farder, se maquiller soigneusement (el rostro). | Impr. Maculer.

repipi adj. y s. Bêcheur, euse.

repique m. Carillonnement, volée, *f.* (de campanas). | Repic (naipes).

repiquetear v. intr. Carillonner (campanas). | Battre (tambor). | Fig. Tambouriner : *la lluvia*

repiqueteaba en el tejado, la pluie tambourinait sur le toit.

repiqueteo m. Carillonnement (campanas). | Tambourinage (tambor, etc.). | Crachement (de una ametralladora).

repisa f. Arq. Console. | Étagère (estante).

replantación f. Replantation, replantage, *m.*

replantar v. tr. Agric. Replanter, repiquer. | Transplanter (trasplantar).

replantear v. tr. Tracer [un plan] sur le terrain. | Poser à nouveau.

repleción f. Réplétion.

replegable adj. Repliable.

replegamiento m. Repliement.

replegar* v. tr. Replier (doblegar). | Aviac. Escamoter (el tren de aterrizaje).
— V. pr. Mil. Se replier (las tropas).

repletivo, va adj. Réplétif, ive.

repleto, ta adj. Plein, e ; rempli, e : *calle repleta de gente*, rue pleine de monde. | Replet, ète (rechoncho). | Plein, e ; bien garni, e : *bolsa repleta*, bourse bien garnie. | Repu, e (ahíto).

réplica f. Réplique. | Repartie, riposte : *tener la réplica viva*, avoir la repartie facile. | *Sin réplica*, sans conteste (indiscutiblemente), muet (cortado) : *se quedó sin réplica*, il est resté muet.

replicar v. tr. Répliquer, répartir, riposter.

replicón, ona adj. y s. Fam. Raisonneur, euse (respondón).

repliegue m. Repli. | Mil. Repli, repliement (de las tropas). | Fig. Détour, recoin : *los repliegues del alma humana*, les détours de l'âme humaine.

repoblación f. Repeuplement, *m.* repopulation (de un país). | Repeuplement, *m.*, rempoissonnement, *m.*, alevinage, *m.* (de un río, un estanque). | — *Repoblación forestal*, reboisement.

repoblar* v. tr. Repeupler. | Reboiser (de árboles). | Repoblar con peces, rempoissonner.

repodar v. tr. Retailler (las ramas).

repollar v. intr. Pommer (las plantas).

repollo m. Chou pommé. | Pomme, *f.* (de lechuga).

repolludo, da adj. Pommé, e (planta). | Fig. Trappu, e (rechoncho).

reponer* v. tr. Remettre, replacer (poner de nuevo). | Reprendre, remonter (obra de teatro). | Réparer (restablecer). | Remettre (salud). | Répondre, répliquer (replicar).
— V. pr. Se remettre, se rétablir (salud). | Se remettre, se ressaisir (de una emoción).

reportaje m. Reportage. | *Reportaje radiofónico*, radioreportage.

reportamiento m. Retenue, *f.*, modération, *f.*

reportar v. tr. Faire un report, reporter (en litografía).
— V. pr. Se calmer, s'apaiser (serenarse). | Se contenir, se modérer (moderarse).

reporte m. Impr. Report (litografía).

repórter m. Reporter.

reporteril adj. Qui concerne le reporter, du reporter.

reporterismo m. Reportage, journalisme.

reportero, ra adj. Qui concerne le reporter.
— M. Reporter (periodista). | *Reportero de la radio*, radioreporter.

reportista m. Impr. Reporteur.

reposacabezas m. inv. Appui-tête, appuie-tête.

reposadamente adv. Posément.

reposadero m. Casse, *f.* (en los hornos).

reposado, da adj. Reposé, e (descansado). | Calme, posé, e ; tranquille.

reposapiés m. inv. Repose-pied (de moto, etc.).

reposar v. intr. y pr. Reposer : *aquí reposa el cuerpo de*, ici repose le corps de. | Se reposer, reposer : *suele reposar un rato*, il a l'habitude de se reposer un instant. | Se délasser (solazándose). | Reposer (un líquido).

reposición f. Reposition, remise en place, replacement, *m.* ‖ Reprise (teatro, cine). ‖ Renouvellement, *m.* : *reposición de existencias*, renouvellement des stocks.

reposo m. Repos : *gozar de un bien merecido reposo*, jouir d'un repos bien gagné. ‖ — *Dejar en reposo*, laisser reposer. ‖ *Tierra en reposo*, terre au repos.
— Sinón. *Descanso*, repos. *Tregua*, trêve, répit. *Pausa*, pause. *Calma, tranquilidad*, calme, détente.

repostar v. intr. y pr. S'approvisionner (un barco), faire une escale technique (un avión). ‖ Se ravitailler (de gasolina). ‖ *Repostar a tope*, faire le plein (de gasolina).

repostería f. Pâtisserie (pastelería). ‖ Office, *m.* (antecocina).

repostero m. Pâtissier (pastelero). ‖ Officier de la maison du roi (cargo palaciego). ‖ Draperie (*f.*) aux armes d'un seigneur (paño).

repotente adj. f. Fam. *Me da la repotente gana de salir*, j'ai une sacrée envie o une envie folle de sortir.

reprender v. tr. ● Reprendre, réprimander : *reprender a un alumno*, réprimander un élève. ‖ Blâmer : *le reprendió su mala conducta*, il le blâma de sa mauvaise conduite.
— Sinón. ● *Amonestar*, réprimander. *Censurar*, censurer. *Criticar*, critiquer. *Regañar, reñir*, gronder. *Reprochar*, reprocher. *Sermonear*, sermonner.

reprensible adj. Répréhensible, réprimandable.

reprensión f. Réprimande, répréhension (p. us.).

reprensivo, va adj. De blâme, répréhensif, ive (p. us.) : *en tono reprensivo*, sur un ton de blâme.

reprensor, ra adj. Qui réprimande.

represa f. Barrage, *m.*, retenue d'eau (embalse). ‖ Tecn. Retenue (en un saetín).

represalia f. Représaille : *tomar* ou *ejercer represalias*, user de représailles.

represar v. tr. Barrer (un río), endiguer, retenir (las aguas). ‖ Fig. Réprimer, contenir.

representable adj. Représentable.

representación f. ● Représentation. ‖ Dr. Représentation. ‖ — *Gastos de representación*, frais de représentation. ‖ Dr. *Heredero por representación*, représentant. ‖ *Hombre de representación*, homme qui jouit d'une certaine autorité.
— Sinón. ● *Imagen*, image. *Símbolo*, symbole. *Figura*, figure.

representador, ra adj. Représentant, e.

representante adj. y s. m. Représentant, e : *representante comercial*, représentant de commerce. ‖ Comédien, enne (comediante).

representar v. tr. Représenter (volver a presentar). ‖ *Representar . este dibujo representa una casa*, ce dessin représente une maison ; *representar a un ministro*, représenter un ministre. ‖ Paraître, faire : *no representa la edad que tiene*, il ne fait pas son âge. ‖ Jouer, représenter (teatro). ‖ Représenter (equivaler) : *obra que representa diez años de trabajo*, œuvre qui représente dix ans de travail.
— V. pr. Se représenter.

representativo, va adj. Représentatif, ive.

represión f. Répression. ‖ Refoulement, *m.* (de un sentimiento, de un deseo).

represivo, va adj. Répressif, ive.

reprimenda f. Réprimande, remontrance.

reprimible adj. Répressible.

reprimir v. tr. Réprimer : *reprimir un levantamiento*, réprimer un soulèvement. ‖ Fig. Refouler, rentrer : *reprimir el llanto*, refouler ses larmes. ‖ Retenir : *reprimir las ganas de reir*, retenir l'envie de rire.

reprise f. Autom. Reprise (poder de aceleración).

reprobable adj. Réprouvable, blâmable.

reprobación f. Réprobation.

reprobadamente adv. Avec réprobation.

reprobado, da adj. Réprouvé, e.

reprobador, ra adj. Réprobateur, trice.

reprobar* v. tr. Réprouver, blâmer (condenar) : *repruebo su comportamiento*, je réprouve sa conduite. ‖ Reprocher (recriminar) : *reprobar a alguien su comportamiento*, reprocher à quelqu'un sa conduite.

reprobatorio, ria adj. Réprobateur, trice.

réprobo, ba m. y f. Réprouvé, e.

reprochable adj. Reprochable.

reprochador, ra m. y f. Critiqueur, euse.

reprochar v. tr. Reprocher.

reproche m. Reproche.

reproducción f. Reproduction. ‖ Med. Récidivité (de una enfermedad).

reproducible adj. Reproductible.

reproducir* v. tr. Reproduire : *reproducir un cuadro*, reproduire un tableau.
— V. pr. Se reproduire. ‖ Med. Récidiver, se reproduire (una enfermedad).

reproductibilidad f. Reproductibilité.

reproductividad f. Reproductivité.

reproductor, ra adj. y s. Reproducteur, trice.

reprografía f. Reprographie.

repropio, pia adj. Rétif, ive ; ramingue (el caballo).

reprueba f. Nouvelle épreuve, contre-épreuve.

reps m. Reps (tela).

reptación f. Reptation.

reptante adj. Rampant, e ; reptatoire.

reptar v. intr. Ramper.

reptil adj. y s. m. Reptile.

república f. République.

republicanismo m. Republicanisme.

republicanizar v. tr. Républicaniser.
— V. pr. Se républicaniser.

republicano, na adj. y s. Républicain, e.

repúblico m. Homme d'État.

repudiable adj. Répudiable.

repudiación f. Répudiation. ‖ Fig. Désaveu, *m.* (de una doctrina). ‖ Dr. *Repudiación de la herencia*, répudiation de succession.

repudiar v. tr. Répudier (a la mujer propia). ‖ Fig. Désavouer, renier : *repudiar una doctrina*, désavouer une doctrine. ‖ Dr. Répudier.

repudio m. Répudiation, *f.*

repudrir* v. tr. Pourrir complètement.
— V. pr. Se pourrir complètement. ‖ Fig. y Fam. Se consumer, se ronger.

repuesto, ta adj. Replacé, e (puesto de nuevo). ‖ Rétabli, e (en un cargo). ‖ Rétabli, e (de salud).
— M. Provisions, *f. pl.* (comestibles). ‖ Pièce (*f.*) de rechange (pieza) ‖ Dressoir (mueble). ‖ — *De repuesto*, en réserve (de reserva), de rechange (de recambio). ‖ *Rueda de repuesto*, roue de secours o de rechange.

repugnancia f. ● Répugnance : *sentir repugnancia a* ou *hacia*, avoir de la répugnance pour. ‖ Incompatibilité : *repugnancia entre dos teorías*, incompatibilité entre deux théories. ‖ *Dar repugnancia*, répugner, dégoûter, écœurer.
— Sinón. ● *Asco, hastío*, dégoût. *Antipatía*, antipathie. *Aversión*, aversion. *Náuseas*, nausées. *Repulsión*, répulsion.

repugnante adj. Répugnant, e.

repugnantemente adv. Avec répugnance.

repugnar v. intr. Répugner, dégoûter : *los sapos me repugnan*, les crapauds me répugnent.

repujado m. Tecn. Repoussé, repoussage.

repujar v. tr. Tecn. Repousser (labrar a martillo).

repular v. tr. Ourler.

repulgo m. Ourlet (dobladillo). ‖ Rebord (de pastelería). ‖ Excroissance, *f.* (en los árboles).

repulido, da adj. Mis avec recherche, tiré à quatre épingles (acicalado).
— M. Repolissage.

repulir v. tr. Repolir (volver a pulir). ‖ FIG. Parer (acicalar).

repulsa f. Rejet, *m.*, refus, *m.* (negativa).

repulsado m. TECN. Repoussage (de los metales).

repulsar v. tr. Rejeter, repousser, refuser.

repulsión f. Répulsion. ‖ Rejet, *m.* (repulsa).

repulsivo, va adj. Répulsif, ive (repelente).

repullo m. Fléchette, *f.* (flechilla). ‖ Sursaut, soubresaut (sobresalto). ‖ *Dar un repullo,* sursauter.

repunta f. Pointe [de terre] (cabo). ‖ FIG. Indice, *m.* (indicio).

repuntador m. *Amer.* Celui qui rassemble les bêtes.

repuntar v. intr. Commencer à monter *o* à descendre (la marea).
— V. tr. *Amer.* Rassembler [les bêtes d'un troupeau].
— V. pr. Se piquer, aigrir (el vino). ‖ FIG. y FAM. Se brouiller.

repunte m. Début de la marée montante *o* descendante (marea). ‖ *Amer.* Rassemblement du troupeau (del ganado).

repurgar v. tr. Nettoyer *o* purifier de nouveau.

reputación f. Réputation : *manchar la reputación de uno,* salir la réputation de quelqu'un.
— SINÓN. *Consideración,* considération. *Notoriedad,* notoriété. *Renombre,* renom. *Prestigio,* prestige. *Celebridad,* célébrité. *Fama,* renommée. *Crédito,* crédit. *Popularidad,* popularité. *Gloria,* gloire.

reputado, da adj. Réputé, e.

reputar v. tr. Réputer.

requebrar* v. tr. Faire sa cour à, conter fleurette à. ‖ Flatter (adular).

requemado, da adj. Brûlé, e (color). ‖ Hâlé, e (la tez).

requemar v. tr. Brûler (quemar). ‖ Brûler, griller (las plantas). ‖ Hâler (la tez). ‖ Échauffer (la sangre).
— V. pr. Brûler, griller. ‖ FIG. Se consumer, souffrir en silence.

requerible adj. Requérable (exigible).

requerido, da adj. Requis, e.

requeridor, ra o **requeriente** adj. y s. Requérant, e.

requerimiento m. DR. Assignation, *f.,* sommation, *f.,* mise (*f.*) en demeure, commandement (intimación). ‖ Requête, *f.* (demanda).

requerir* v. tr. Requérir, prier (rogar). ‖ Requérir, réclamer, avoir besoin de (necesitar) : *este enfermo requiere muchos cuidados,* ce malade requiert beaucoup de soins. ‖ Exiger, requérir : *las circunstancias lo requieren,* les circonstances l'exigent. ‖ Requérir, appeler : *esta conducta requiere un castigo,* cette conduite appelle un châtiment. ‖ DR. Intimer. ‖ *Requerir de amores,* parler d'amour, faire la cour.

requesón m. Fromage blanc (queso). ‖ Lait caillé (cuajada).

requete, préfixe indiquant l'intensité : *requetebueno,* excellent.

requeté m. « Requeté », volontaire carliste. ‖ Corps de volontaires carlistes.

requetebién adv. FAM. Très bien, parfaitement bien.

requetelleno, na adj. FAM. Archicomble, plein à craquer.

requiebro m. Propos galant, galanterie, *f.* ‖ MIN. Minerai bocardé. ‖ *Decir requiebros,* conter fleurette, tenir des propos galants.

réquiem m. Requiem.

requintar v. tr. Surenchérir. ‖ Surpasser (exceder). ‖ MÚS. Quinter.

requinto m. Surenchères, *f. pl.* (puja). ‖ Impôt (de los indios del Perú). ‖ MÚS. Clarinette (*f.*) à sons très aigus (clarinete). ‖ Petite guitare, *f.* (guitarrilla).

requirente adj. y s. Requérant, e.

requisa f. Réquisition (requisición). ‖ Revue, inspection.

requisar v. tr. Réquisitionner.

requisición f. Réquisition.

requisito, ta adj. Requis, e. ‖ Intimé, e. ‖ Examiné, e.
— M. Condition (*f.*) requise : *este documento llena todos los requisitos,* ce document remplit toutes les conditions requises. ‖ Formalité, *f.* : *cumplir con todos los requisitos,* remplir toutes les formalités. ‖ *— Con todos los requisitos,* en bonne et due forme. ‖ *Ser requisito indispensable,* être de règle.

requisitoria f. DR. Réquisitoire, *m.*

res f. Bête, animal, *m.* : *reses de matadero,* bêtes de boucherie. ‖ Bête, tête de bétail : *rebaño de veinte reses,* troupeau de vingt bêtes. ‖ *Amer.* Bœuf : *carne de res,* viande de bœuf. ‖ *Res vacuna,* bête à cornes.
— OBSERV. Le mot *res* ne s'applique qu'à des animaux, domestiques ou sauvages, d'assez grande taille.

resabiado, da adj. Vicieux, euse (animal).

resabiar v. tr. Rendre vicieux, communiquer un vice *o* une mauvaise habitude.
— V. pr. Contracter un vice (animal o persona), prendre de mauvaises habitudes (persona).

resabido, da adj. Parfaitement su, e ‖ Pédant, e (que se precia de sabio).

resabio m. Vice, mauvaise habitude, *f.* (vicio). ‖ Vice (de un caballo). ‖ Arrière-goût (sabor desagradable).

resaca f. MAR. Ressac, *m.* ‖ COM. Retraite (letra de cambio). ‖ FAM. Gueule de bois : *tener resaca,* avoir la gueule de bois.

resacar v. tr. MAR. Haler un câble.

resalado, da adj. FIG. y FAM. Qui a beaucoup de charme *o* d'esprit ; plein d'esprit.

resalir* v. intr. Saillir, faire saillie.

resaltar v. intr. Ressortir, se détacher : *las flores rojas resaltaban sobre el césped,* les fleurs rouges ressortaient sur le gazon. ‖ Saillir, faire saillie (un balcón). ‖ Rebondir (rebotar). ‖ FIG. Se distinguer (sobresalir). ‖ *Hacer resaltar,* mettre en relief *o* en valeur, faire ressortir.

resalte m. Saillie, *f.* (resalto).

resalto m. Rebond (rebote). ‖ ARQ. Redan, redent. ‖ Saillie, *f.,* ressaut (parte que sobresale). ‖ Rehaut (pintura).

resalvo m. BOT. Baliveau, lais, recrû.

resallar v. tr. Sarcler de nouveau.

resallo m. Nouveau sarclage.

resanar v. tr. TECN. Redorer, ramender (las doraduras).

resarcible adj. Indemnisable.

resarcimiento m. Dédommagement, indemnisation, *f.*

resarcir v. tr. Dédommager, indemniser.
— V. pr. Se dédommager : *resarcirse de una pérdida,* se dédommager d'une perte.

resbalada f. *Amer.* Glissade (resbalón).

resbaladero, ra adj. Glissant, e (resbaladizo).
— M. Terrain glissant. ‖ Glissoir (para la madera).

resbaladizo, za adj. Glissant, e. ‖ *Suelo resbaladizo,* chaussée glissante.

resbalador, ra adj. Qui glisse.

resbaladura f. Trace de glissade.

resbalamiento m. V. RESBALÓN.

resbalante adj. Glissant, e.

resbalar v. intr. y pr. Glisser : *resbalar en el hielo,* glisser sur la glace. ‖ Déraper (un coche). ‖ FIG. Faire un faux pas (incurrir en un desliz).

resbalón m. Glissade, *f.* (acción de resbalar) : *dar un resbalón,* faire une glissade. ‖ Dérapage, dérapement (de un coche). ‖ FIG. Faux pas (desliz).

resbaloso, sa adj. Glissant, e (resbaladizo).
rescaldar v. tr. Échauder.
rescatable adj. Rachetable.
rescatador, ra m. y f. Racheteur, euse.
rescatar v. tr. Racheter : *rescatar un cautivo,* racheter un captif. ‖ Délivrer (libertar). ‖ Repêcher, recueillir (náufragos, astronautas). ‖ Sauver. ‖ Fig. Arracher : *rescatar al olvido,* arracher à l'oubli. — V. pr. Se racheter.
rescate m. Rachat (acción de rescatar). ‖ Repêchage (de un astronauta). ‖ Sauvetage (de gente en peligro). ‖ Rançon, *f.* (dinero). ‖ *Exigir* ou *imponer rescate,* mettre à rançon, rançonner.
rescaza f. Rascasse (pez).
rescindible adj. Résiliable, rescindable (contrato).
rescindir v. tr. Dr. Résilier, résoudre, rescinder (p. us.) [anular un contrato].
rescisión f. Dr. Résiliation, résolution, rescision (p. us.) [de un contrato].
rescisorio, ria adj. Dr. Rescisoire (que rescinde).
rescoldo m. Braises, *f. pl.,* cendre (*f.*) chaude. ‖ Fig. Lueur, *f.,* reste : *rescoldo de esperanza,* lueur d'espoir.
rescripto o rescrito m. Dr. Rescrit : *rescrito pontificio,* rescrit pontifical.
rescriptorio, ria adj. De rescrit.
resecación f. Dessèchement, *m.*
resecar v. tr. Réséquer (un órgano). ‖ Dessécher (secar mucho). — V. pr. Se dessécher.
resección f. Med. Résection (de un órgano).
reseco, ca adj. Desséché, e. ‖ Fig. Sec, sèche (muy flaco).
reseda f. Réséda, *m.* (planta).
resedáceas f. pl. Bot. Résédacées.
resellar v. tr. Refrapper (las monedas).
resello m. Refrappement (de las monedas).
resembrar* v. tr. Ressemer, réensemencer.
resentido, da adj. y s. Qui est plein de ressentiment, fâché, e. ‖ — *Estar resentido contra uno,* en vouloir à quelqu'un, être fâché contre quelqu'un. ‖ *Estar resentido por,* être fâché de, avoir sur le cœur (llevar a mal).
resentimiento m. Ressentiment, rancœur, *f.*
— Sinón. *Rencor,* rancune. *Malevolencia,* malveillance. *Animosidad,* animosité. *Hostilidad,* hostilité. *Enemistad,* inimitié. *Animadversión,* animadversion. *Odio,* haine.
resentirse* v. pr. Se ressentir : *resentirse de una herida,* se ressentir d'une blessure. ‖ — *Resentirse con* ou *contra uno,* en vouloir à quelqu'un, être fâché contre quelqu'un. ‖ *Resentirse de* ou *por algo,* se ressentir de quelque chose, s'offenser *o* être fâché de quelque chose. ‖ *Resentirse de la pierna,* avoir encore mal à la jambe, garder une faiblesse à la jambe.
reseña f. Signalement, *m.* (descripción de un individuo). ‖ Notice : *reseña biográfica,* notice biographique. ‖ Compte rendu, *m.* (de una obra literaria). ‖ *Reseña histórica,* historique (exposición).
reseñar v. tr. Rédiger le signalement de. ‖ Faire le compte rendu de (obra literaria).
resequido, da adj. Desséché, e.
resero m. Amer. Conducteur *o* gardien d'un troupeau. ‖ Marchand de bétail.
reserva f. Réserve (cosa reservada). ‖ Réserve (discreción). ‖ Réserve, quant-à-moi, quant-à-soi : *él guarda reserva,* il reste sur son quant-à-soi. ‖ Réserve (de pesca). ‖ Réservation (en un hotel, avión, etc.). ‖ Mil. Réserve : *escala de reserva,* cadre de réserve. ‖ Dr. Réserve : *reserva legal* ou *legítima,* réserve légale. ‖ Réserve (de indígenas). ‖ Ecles. Réserve. ‖ — Pl. Réserves. ‖ — *Reserva de costas,* distraction des dépenses. ‖ *Reserva mental,* arrière-pensée. ‖ — *A reserva de,* sous réserve de. ‖ *Con muchas reservas,* sous toutes réserves. ‖ *De reserva,* en réserve. ‖ *En reserva,*

de réserve : *general en reserva,* général de réserve. ‖ *Sin reserva,* sans réserve. ‖ Mil. *Situación de reserva,* mise en disponibilité. — M. y f. Remplaçant, e (deportes).
reservable adj. Qui peut être réservé, e.
reservación f. Réservation.
reservadamente adv. Avec réserve, en secret.
reservado, da adj. Réservé, e. ‖ Réservé, e ; retenu, e (habitación de hotel). ‖ Réservé, e ; renfermé, e (poco comunicativo). ‖ Réservé, e (discreto). — M. Cabinet particulier (en un restaurante). ‖ Petite salle, *f.* (en una taberna). ‖ Ecles. Réserve, *f.* ‖ Réserve, *f.* (espacio reservado).
reservar v. tr. Réserver. ‖ Réserver, retenir (una habitación en un hotel, un asiento en un avión). ‖ Fig. Ménager : *reservar una salida,* ménager une sortie. ‖ Ecles. Remettre [le saint sacrement] dans son tabernacle. — V. pr. Se réserver : *me reservo para mañana,* je me réserve pour demain. ‖ Se ménager (cuidarse). ‖ *Reservarse el juicio acerca de algo,* faire des réserves sur quelque chose.
reservativo, va adj. De réserve.
reservista m. Mil. Réserviste.
reservón, ona adj. Fam. Très réservé, e ; effacé, e. ‖ Taurom. Peu combatif, ive (el toro).
resfriado, da adj. Refroidi, e. ‖ Enrhumé, e (acatarrado). — M. Med. Rhume (catarro) : *coger un resfriado,* attraper un rhume. ‖ Refroidissement (enfriamiento).
resfriadura f. Veter. Morfondure.
resfriamiento m. Refroidissement.
resfriante m. Réfrigérant (de alambique).
resfriar v. tr. Refroidir (enfriar). ‖ Fig. Refroidir (templar el ardor). — V. intr. Refroidir. — V. pr. S'enrhumer (acatarrarse). ‖ Se refroidir, prendre froid (enfriarse).
resfrío m. V. Resfriado.
resguardar v. tr. Défendre, garantir, protéger : *mampara que resguarda del viento,* écran qui protège du vent. ‖ Fig. Défendre, abriter, protéger. — V. pr. Se défendre, se prémunir, prendre des précautions, s'abriter, se protéger.
resguardo m. Défense, *f.* ‖ Garantie, *f.* (bancario). ‖ Reçu, récépissé (recibo). ‖ Reconnaissance, *f.* (vale). ‖ Talon (de un recibo). ‖ Douane, *f.,* octroi (aduana).
residencia f. Résidence. ‖ Foyer, *m.* : *residencia de estudiantes,* foyer d'étudiants. ‖ Siège, *m.* (de una administración). ‖ *Interdicción de residencia,* interdiction de séjour.
residencial adj. Résidentiel, elle : *barrio residencial,* quartier résidentiel ; *unidad residencial,* unité résidentielle.
residenciar v. tr. Demander compte de son mandat [à un fonctionnaire]. ‖ Demander des comptes [à un particulier].
residente adj. y s. Résidant, e : *residente en París,* résidant à Paris. ‖ *Ministro residente,* résident. ‖ — M. Résident (que vive en el extranjero).
residir v. intr. Résider, demeurer, habiter : *residir en Bogotá, en el campo,* résider à Bogota, habiter à la campagne. ‖ Fig. Résider (radicar) : *ahí es donde reside la dificultad,* c'est là que réside la difficulté.
residual adj. Résiduel, elle : *materias residuales,* matières résiduelles. ‖ Résiduaire : *aguas residuales,* eaux résiduaires. ‖ *Aire residual,* air résiduel.
residuo m. Résidu (desecho) : *residuo de la combustión,* résidu de la combustion. ‖ Mat. Résidu. ‖ Reste (sobra). ‖ — Pl. Déchets.
resiembra f. Réensemencement, *m.*
resigna f. Résignation.

resignación f. Résignation.

resignadamente adv. Avec résignation.

resignado, da adj. y s. Résigné, e.

resignar v. tr. Résigner.

— V. pr. Se résigner, prendre son parti : *resignarse a* ou *con*, se résigner à, prendre son parti de ; *hay que resignarse*, il faut se résigner, il faut en prendre son parti.

resignatario m. Résignataire.

resiliencia f. Fís. Résilience (resistencia de un material al choque).

resina f. Résine.

resinar v. tr. Résiner : *resinar un pino*, résiner un pin.

resinero, ra adj. Résinier, ère.

— M. Résinier, gemmeur (obrero).

resinífero, ra adj. Résinifère.

resinoso, sa adj. Résineux, euse.

resisa f. Ancien impôt, *m.*

resistencia f. Résistance : *resistencia pasiva*, résistance passive. ‖ Résistance (eléctrica). ‖ Résistance, endurance : *resistencia física*, résistance physique.

resistente adj. Résistant, e (que resiste). ‖ Solide, résistant, e (material). ‖ Endurant, e ; dur, e : *resistente al trabajo*, dur au travail.

— M. Résistant (miembro de la Resistencia).

resistir v. intr. ● Résister : *resistir al enemigo*, résister à l'ennemi. ‖ Avoir de la résistance, résister : *ya estás cansado, tú no resistes nada*, tu es déjà fatigué, tu n'as aucune résistance.

— V. tr. Résister à : *resistir la tentación*, résister à la tentation. ‖ Résister à : *este producto no resiste el calor*, ce produit ne résiste pas à la chaleur. ‖ Supporter, endurer : *no resisto el calor*, je ne supporte pas la chaleur. ‖ Résister à, supporter : *este libro no resiste la crítica*, ce livre ne résiste pas à la critique. ‖ Supporter (aguantar) : *no resisto esta persona*, je ne supporte pas cette personne. ‖ Défier : *precio que resiste toda competencia*, prix qui défie toute concurrence.

— V. pr. Se débattre (forcejear). ‖ Se refuser à : *se resiste a morir*, il se refuse à mourir.

— Sinón. ● *Oponerse*, s'opposer. *Reaccionar*, réagir. *Defenderse*, se défendre. *Rechazar, repeler*, repousser. *Forcejear*, résister.

resistividad f. Electr. Résistivité.

resma f. Rame (de papel).

resmilla f. Ramette (de papel).

resobado, da adj. Rebattu, e (trillado).

resobrino, na m. y f. Petit-neveu, petite-nièce.

resol m. Réverbération (*f.*) du soleil.

resolano, na adj. Ensoleillé, e.

— F. Endroit (*m.*) ensoleillé et à l'abri du vent.

resoluble adj. Résoluble.

resolución f. Résolution (de un problema). ‖ Résolution (texto). ‖ ● Décision, détermination (decisión). ‖ — *En resolución*, en résumé. ‖ *Hombre de resolución*, homme résolu o décidé.

— Sinón. ● *Decisión*, décision. *Determinación*, détermination.

resolutivamente adv. Résolument.

resolutivo, va adj. y s. m. Résolutif, ive. ‖ *Parte resolutiva*, dispositif (de una resolución, de una ley).

resoluto, ta adj. Résolu, e ; décidé, e (resuelto).

resolutorio, ria adj. Dr. Résolutoire.

resolvente adj. y s. m. Résolutif, ive ; résolvant, e (p. us.).

resolver* v. tr. Résoudre : *resolver un problema*, résoudre un problème. ‖ Régler (diferencia, dificultad). ‖ Résoudre de, décider de : *resolvió marcharse*, il résolut de partir. ‖ Résoudre (descomponer). ‖ Med. Résoudre. ‖ — *Han resuelto que*, il a été résolu o décidé que. ‖ *Resolver por unanimidad*, statuer à l'unanimité (una asamblea).

— V. pr. Se résoudre : *el agua se resuelve en vapor*, l'eau se résout en vapeur. ‖ Se résoudre, se décider : *resolverse a salir*, se résoudre à partir. ‖ Med. Se résoudre, fondre.

resollar* v. intr. Respirer bruyamment (respirar). ‖ Fig. Donner signe de vie : *hace tiempo que no resuella*, il y a longtemps qu'il ne donne pas signe de vie.

resonación f. Résonnement, *m.*

resonador, ra adj. y s. m. Résonateur, trice.

resonancia f. Résonance. ‖ Mús. Harmonique. ‖ Fig. Retentissement, *m.*, bruit, *m.* : *discurso que ha tenido gran resonancia*, discours qui a eu un grand retentissement o qui a fait beaucoup de bruit.

resonante adj. Résonnant, e (sonoro). ‖ Fig. Retentissant, e : *una victoria resonante*, une victoire retentissante.

resonar* v. intr. Résonner. ‖ Fig. Retentir.

resoplar v. intr. Souffler : *resoplar como un buey*, souffler comme un bœuf. ‖ S'ébrouer, souffler (caballo).

resoplido o **resoplo** m. Souffle [bruyant] (resuello fuerte). ‖ Ébrouement (del caballo). ‖ *Dar un resoplido*, souffler avec force.

resorber v. tr. Résorber.

— V. pr. Se résorber.

resorcina f. Quím. Résorcine, résorcinol, *m.*

resorción f. Résorption.

resorte m. Ressort : *resorte de láminas*, ressort à lames. ‖ Fig. Ressort, corde, *f.* : *tocar todos los resortes*, faire jouer tous les ressorts. ‖ Dep. Détente, *f.* ‖ *Conocer todos los resortes de algo*, connaître toutes les ficelles de quelque chose.

respaldar m. Dossier (respaldo).

respaldar v. tr. Écrire au verso. ‖ Fig. Appuyer (una demanda). | Garantir, cautionner : *depósitos respaldados por el oro*, dépôts garantis par l'or.

— V. pr. S'adosser : *respaldarse contra un árbol*, s'adosser à un arbre.

respaldo m. Dossier (de una silla). ‖ Dos, verso (de un escrito). ‖ Fig. Appui (apoyo). | Garantie, *f.*, caution, *f.*

respectar v. intr. Concerner, se rapporter à : *por lo que respecta a tu hermano, nos arreglaremos*, en ce qui concerne ton frère, nous nous arrangerons.

— Observ. Ne pas confondre avec *respetar*, respecter.

respectivamente o **respective** adv. Respectivement.

respectivo, va adj. Respectif, ive.

respecto m. Rapport. ‖ — *Al respecto* ou *a este respecto*, à ce sujet, là-dessus, à cet égard, à ce propos : *me pidieron aclaraciones al respecto*, on m'a demandé des éclaircissements à ce sujet. ‖ *Con respecto a* ou *respecto a* ou *respecto de*, quant à, en ce qui concerne, à l'égard de (en cuanto a), par rapport à (con relación a). ‖ *Respecto a mí*, en ce qui me concerne, à mon égard, quant à moi.

— Observ. Ne pas confondre avec *respeto*, respect.

résped m. Langue (*f.*) de serpent, dard (de las sierpes). ‖ Aiguillon, dard (de la abeja).

respetabilidad f. Respectabilité.

respetable adj. Respectable.

— M. Fam. Le public.

respetador, ra adj. Respectueux, euse.

respetar v. tr. Respecter : *respetar la vejez*, respecter la vieillesse. ‖ Autom. *No respetar la prioridad*, refuser la priorité.

— V. pr. Se respecter.

respeto m. ● Respect : *infundir respeto*, inspirer du respect ; *respeto humano*, respect humain. ‖ — Mil. Rechange : *caja de respeto*, boîte de rechange. ‖ Respect (de la ley). ‖ — Pl. Respects,

hommages. ‖ — De respeto, respectable (respectable). ‖ — Campar por sus respetos, n'en faire qu'à sa tête, agir à sa guise, faire ce qu'on veut (independizarse), faire bande à part (hacer rancho aparte). ‖ Faltarle el respeto a uno, manquer de respect à quelqu'un.
— SINÓN. ● Reverencia, révérence. Veneración, vénération. Obediencia, obéissance. Consideración, considération. Deferencia, déférence. Miramientos, égards, Devoción, dévotion.

respetuosidad f. Déférence, respect, m.

respetuoso, sa adj. Respectueux, euse. ‖ Dirigir sus saludos respetuosos, présenter ses respects.

respigar v. tr. Glaner (espigar).

respingado, da adj. Retroussé, e : nariz respingada, nez retroussé.

respingar v. intr. Regimber. ‖ Remonter (la falda). ‖ FIG. y FAM. Regimber (resistir).

respingo m. Regimbement (p. us.), résistance, f. ‖ FIG. Sursaut (salto). ‖ Pegar ou dar un respingo, sursauter.

respingón, ona adj. Regimbeur, euse (indócil). ‖ FAM. Nariz respingona, nez retroussé.

respirable adj. Respirable.

respiración f. Respiration : respiración artificial, respiration artificielle. ‖ Haleine (aliento). ‖ Hasta perder la respiración, à perdre haleine.

respiradero m. Soupirail : los respiraderos del sótano, les soupiraux du sous-sol. ‖ Évent, trou d'aération (orificio de aeración). ‖ Tube, tuba (pesca submarina). ‖ TECN. Écluse (f.) d'aérage (en una mina). ‖ Ventouse, f. (ventosa). ‖ FIG. Répit, repos, pause, f. (descanso).

respirador, ra adj. Qui respire. ‖ — Adj. m. y s. m. Respirateur : músculos respiradores, muscles respirateurs.

respirar v. intr. ● Respirer : respirar a todo pulmón, respirer à pleins poumons. ‖ Souffler, reprendre haleine : dejar respirar a los caballos, laisser souffler les chevaux. ‖ — FIG. y FAM. No respirar, ne pas souffler mot. ‖ FIG. Sin respirar, sans répit.
— SINÓN. ● Aspirar, aspirer. Inspirar, inspirer. Espirar, expirer. Exhalar, exhaler. Soplar, resollar, souffler. Jadear, haleter.

respiratorio, ria adj. Respiratoire : aparato respiratorio, appareil respiratoire.

respiro m. Respiration, f. (respiración). ‖ FIG. Repos, pause, f. (descanso). ‖ Relâche, f., répit (tregua). ‖ Répit, repos : no dar respiro, ne pas laisser de répit. ‖ — Plazo de respiro, délai de grâce. ‖ Respiro de alivio, soupir de soulagement.

resplandecer* v. intr. Resplendir ; el sol resplandece, le soleil resplendit. ‖ Rayonner : su rostro resplandece de felicidad, son visage rayonne de bonheur. ‖ FIG. Briller (sobresalir).

resplandeciente adj. Resplendissant, e. ‖ FIG. Brillant, e (sobresaliente). ‖ Éclatant, e : resplandeciente de salud, de belleza, éclatant de santé, de beauté.

resplandecimiento m. Éclat, resplendissement.

resplandor m. Éclat : el resplandor del sol, l'éclat du soleil. ‖ Flamboiement (llamas, vidrieras, etc.). ‖ FIG. Éclat, resplendissement.

responder v. tr. Répondre.
— V. intr. ● Répondre : responder a un llamamiento, a una carta, a un favor, répondre à un appel, à une lettre, à un bienfait. ‖ Répondre (salir fiador) : respondo de ello, j'en réponds. ‖ Répondre (motor).
— SINÓN. ● Contestar, répondre. Replicar, retrucar, répliquer. Objetar, objecter.

respondón, ona adj. Raisonneur, euse ; discutailleur, euse ; répondeur, euse (p. us.). ‖ Esta persona es muy respondona, cette personne veut toujours avoir le dernier mot.

responsabilidad f. Responsabilité : cargar con una responsabilidad, assumer une responsabilité.

responsabilizarse v. pr. Assumer la responsabilité, prendre sur soi la responsabilité.

responsable adj. Responsable : hacer responsable a uno de, rendre responsable quelqu'un de. ‖ — No me hago responsable de nada, je ne réponds de rien. ‖ Responsable civilmente, civilement responsable.

responsar o **responsear** v. intr. Chanter des répons.

responso m. Répons (para los difuntos) : rezar un responso, dire un répons.

responsorio m. RELIG. Répons, responsorial.

respuesta f. Réponse. ‖ Réplique (réplica). ‖ — Dar la callada por respuesta, ne pas daigner répondre, répondre par le silence. ‖ Tener siempre respuesta, avoir réponse à tout.

resquebradura f. Fissure, fente, fendillement, m. (grieta). ‖ Fêlure (cascadura). ‖ Craquelure (del barniz, de la pintura).

resquebrajadizo, za adj. Fragile, qui se fend ou se fêle facilement.

resquebrajadura f. o **resquebrajamiento** m. V. RESQUEBRADURA.

resquebrajar v. tr. Fendiller. ‖ Craqueler (la pintura, el barniz).
— V. pr. Se fendiller. ‖ Craquer (techo). ‖ Se craqueler (pintura, barniz).

resquebrajo m. Fente, f., fêlure, f.

resquebrajoso, sa adj. Fragile, qui se fend o se fêle facilement.

resquebrar* v. tr. V. RESQUEBRAJAR.

resquemar v. tr. Brûler (un alimento). ‖ FIG. Tourmenter.
— V. intr. Brûler.

resquemor m. Tourment (inquietud). ‖ Remords cuisant (remordimiento).

resquicio m. Jour, fente, f. (de la puerta). ‖ Fente, f. (hendidura). ‖ Entrebâillement (de una puerta entreabierta). ‖ FIG. Occasion, f., moment libre (ocasión). ‖ FIG. Un resquicio de esperanza, une lueur d'espoir.

resta f. Soustraction (operación aritmética). ‖ Reste, m. (residuo).

restablecer* v. tr. Rétablir.
— V. pr. Être rétabli (una institución). ‖ Se rétablir, se remettre (de salud).

restablecimiento m. Rétablissement.

restallar v. intr. Claquer (el látigo). ‖ Craquer (crujir).

restante adj. Restant, e.

restañadero m. Estuaire (estuario).

restañadura f. o **restañamiento** m. Rétamage, m. (con estaño). ‖ Étanchement, m. (de la sangre).

restañar v. tr. Rétamer (volver a estañar). ‖ Étancher (la sangre).
— V. intr. Claquer (restallar).
— V. intr. y pr. S'étancher.

restaño m. Étanchement. ‖ Ancienne étoffe (f.) brochée (tela). ‖ Rétamage.

restar v. tr. Soustraire, ôter, retrancher : restar dos de cinco, soustraire deux de cinq ; restar una cantidad de otra, retrancher une quantité d'une o à une autre. ‖ FIG. Enlever, retirer (quitar). ‖ Ôter : restar importancia, ôter de l'importance. ‖ Renvoyer (la pelota en el tenis).
— V. intr. Faire une soustraction. ‖ Rester : esto es lo que resta de su capital, c'est tout ce qui reste de son capital ; no nos resta más que marcharnos, il ne nous reste plus qu'à partir. ‖ En lo que resta de año, dans le restant de l'année, d'ici la fin de l'année.
— OBSERV. Le verbe restar employé intransitivement n'a jamais le sens de « demeurer » (dans un endroit).

restauración f. Restauration.

restaurador, ra adj. Qui restaure.
— M. y f. Restaurateur, trice.
restaurant o **restaurante** m. Restaurant.
restaurar v. tr. Restaurer.
restinga f. MAR. Bas-fond, m. (en el mar).
restingar m. MAR. Parage semé de bas-fonds.
restitución f. Restitution.
restituible adj. Restituable.
restituidor, ra adj. Qui restitue.
— M. y f. Restituteur (sin fem.).
restituir* v. tr. Restituer, rendre.
restitutorio, ria adj. DR. Restitutoire.
resto m. Reste, restant : *el resto de su fortuna,* le reste de sa fortune. ‖ Reliquat (saldo de una cuenta). ‖ Va-tout (juego de cartas). ‖ Relanceur (en tenis). ‖ MAT. Reste. ‖ — Pl. Ruines, *f.* (de un monumento). ‖ Restes, dépouille, *f. sing.* : *restos mortales,* dépouille mortelle. ‖ FIG. *Echar* ou *envidar el resto,* jouer son reste o son va-tout o le tout pour le tout.
restón m. Renvoyeur (tenis).
restorán m. Restaurant.
restregadura f. o **restregamiento** m. Frottement, *m.* (refregamiento). ‖ Trace (*f.*) de frottement (señal).
restregar* v. tr. Frotter énergiquement.
restregón m. Frottement énergique.
restricción f. Restriction : *restricciones a las importaciones,* restrictions à l'importation.
restrictivamente adv. Avec restriction.
restrictivo, va adj. Restrictif, ive.
restricto, ta adj. Restreint, e (limitado).
restringente adj. Restringent, e.
— M. MED. Astringent.
restringible adj. Qui peut être restreint.
restringir v. tr. Restreindre. ‖ MED. Resserrer.
— V. pr. Se restreindre.
restriñidor, ra adj. y s. Astringent, e.
restriñimiento m. MED. Astriction, *f.,* resserrement.
restriñir* v. tr. Resserrer (astringir).
resucitación f. MED. Ressuscitation (p. us.), rappel (*m.*) à la vie.
resucitado, da adj. y s. Ressuscité, e. ‖ — M. y f. FIG. Revenant, e (persona perdida de vista).
resucitar v. tr. e intr. Ressusciter.
resudación f. Sueur légère.
resudar v. intr. Suer légèrement. ‖ Exsuder (los árboles).
resudor m. Sueur (*f.*) légère.
resueltamente adv. Résolument. ‖ Carrément : *lanzarse resueltamente,* y aller carrément.
resuelto, ta adj. Résolu, e ; décidé, e. ‖ Assuré, e : *tono resuelto,* ton assuré.
resuello m. Souffle : *dejar sin resuello,* couper le souffle. ‖ — *Hasta perder el resuello,* à perdre haleine. ‖ *Quedarse sin resuello,* être à bout de souffle *u* hors d'haleine. ‖ FIG. *Quitarle a uno el resuello,* effrayer quelqu'un.
resulta f. Suite, conséquence, effet, *m.* (efecto). ‖ Décision (de una deliberación). ‖ *De resultas,* à la suite de : *se metió en la cama de resultas de una enfermedad,* il s'est mis au lit à la suite d'une maladie ; du coup : *de resultas, me he ido al campo,* du coup je suis parti à la campagne.
resultado m. Résultat : *el resultado del examen,* le résultat de l'examen ; *el resultado de una multiplicación,* le résultat d'une multiplication. ‖ Résultat, aboutissement, issue, *f.* : *el resultado de un pleito,* l'issue d'un procès. ‖ — *Tener por resultado,* avoir pour effet. ‖ *Tener resultado satisfactorio,* réussir : *esta operación quirúrgica ha tenido resultado satisfactorio,* cette opération chirurgicale a réussi.
— SINÓN. *Desenlace,* dénouement. *Conclusión,* conclusion. *Consecuencia,* conséquence. *Corolario,* corollaire.

resultancia f. Résultat, *m.*
resultando m. DR. Attendu.
resultante adj. y s. f. Résultant, e.
resultar v. intr. Résulter : *de tantas medidas discriminatorias resultó un descontento general,* un mécontentement général résulta de toutes ces mesures discriminatoires. ‖ Être : *aquí la vida resulta muy barata,* ici la vie est très bon marché ; *resultó herido en el accidente,* il fut blessé dans l'accident ; *esta persona me resulta muy simpática,* cette personne m'est très sympathique. ‖ Rester, demeurer : *sus esfuerzos resultaron vanos,* ses efforts demeurèrent vains. ‖ Ressortir, s'ensuivre : *de eso resulta que,* il ressort de cela que. ‖ Aller : *este collar resulta muy bien con este vestido,* ce collier va très bien avec cette robe. ‖ Aller, satisfaire, donner un résultat satisfaisant : *eso no resulta,* ça ne va pas. ‖ — *Estar resultando a uno,* commencer à trouver : *esta novela me está resultando muy pesada,* je commence à trouver ce roman bien ennuyeux. ‖ *Resulta que,* il se trouve que, il apparaît que : *resulta que cuando llegué a la estación el tren había salido,* il se trouve que le train était parti lorsque j'arrivai à la gare ; finalement : *parecía que iba a quedarse soltero pero resulta que se casó,* on aurait cru qu'il allait rester célibataire mais finalement il s'est marié. ‖ *Resultar un fracaso,* échouer, se solder par un échec : *las negociaciones resultaron un fracaso,* les négociations ont échoué. ‖ *Tres personas resultaron muertas en el accidente,* trois personnes trouvèrent la mort dans l'accident. ‖ *Viene a resultar lo mismo,* ça revient au même.
— OBSERV. El verbo francés *résulter,* mucho menos usado que el español *resultar,* se suele emplear sólo en el infinitivo, en los participios y en las terceras personas.
resumen m. Résumé : *en resumen,* en résumé. ‖ Exposé, sommaire. ‖ *Hacer un resumen de,* faire un résumé de, résumer.
resumidamente adv. En résumé. ‖ Brièvement (en pocas palabras).
resumidero m. *Amer.* Puisard, égoût (alcantarilla).
resumido, da adj. Résumé, e. ‖ *En resumidas cuentas,* en résumé, bref, en un mot.
resumir v. tr. ● Résumer.
— V. pr. Se résumer.
— SINÓN. ● *Reducir, résumer. Condensar,* condenser. *Extractar, compendiar,* résumer. *Sintetizar,* synthétiser.
resurgencia f. Résurgence (de un curso de agua).
resurgimiento m. Renaissance, *f.* (renacimiento). ‖ Résurgence, *f.* (de un curso de agua). ‖ FIG. Redressement : *el resurgimiento de Italia,* le redressement de l'Italie. ‖ Relance, *f.* : *el resurgimiento de la economía,* la relance de l'économie.
resurgir v. intr. Resurgir, réapparaître.
resurrección f. Résurrection. ‖ — *Domingo de Resurrección,* dimanche de Pâques. ‖ *Pascua de Resurrección,* Pâques.
retablero m. Artiste qui fait des retables.
retablo m. Retable. ‖ *El Retablo de maese Pedro,* les Tréteaux de maître Pierre.
retacar v. tr. Queuter (billar).
retacería f. Coupons, *m. pl.*
retaco m. Fusil court. ‖ FIG. y FAM. Pot à tabac, nabot, e (enano).
retador, ra adj. y s. Provocateur, trice.
retaguardia f. Arrière-garde. ‖ *Quedarse a retaguardia,* rester en arrière.
retahíla f. Ribambelle, kyrielle : *una retahíla de niños,* une ribambelle d'enfants. ‖ Chapelet, *m.* : *una retahíla de injurias,* un chapelet d'injures. ‖ Litanie (enumeración).
retajar v. tr. Tailler en rond.
retal m. Coupon (de una tela). ‖ Rognure, *f.,* morceau (de pieles, metales, etc.).

retallar v. tr. Retoucher (una lámina grabada).
retallecer v. intr. Pousser des rejetons.
retallo m. Rejeton (planta), saillie, *f.* (pared).
retama f. Genêt, *m.* (planta). ‖ — *Retama de escobas*, genêt à balais. ‖ *Retama de olor*, genêt d'Espagne.
retamal o **retamar** m. Bot. Genêtière, *f.*
retamilla f. *Amer.* Épine-vinette (agracejo).
retamo m. *Amer.* Genêt (planta).
retar v. tr. Provoquer, défier, lancer un défi. ‖ Fam. Reprocher, accuser.
retardación f. Retard, *m.*
retardado, da adj. Retardé, e : *movimiento retardado*, mouvement retardé. ‖ *Bomba de efecto retardado*, bombe à retardement.
retardar v. tr. Retarder.
retardatriz adj. f. *Fuerza retardatriz*, force retardatrice.
retardo m. Retard. ‖ *Bomba de retardo*, bombe à retardement.
retasa o **retasación** f. Réévaluation.
retasar v. tr. Réévaluer.
retazo m. Morceau, coupon (tela). ‖ Fig. Fragment, morceau.
retejar v. tr. Renfaîter, réparer, recouvrir (un tejado).
retejer v. tr. Tisser très serré, retisser.
retejido m. Retissage.
retejo m. Renfaîtage.
retel m. Balance, *f.* (red de pesca).
retemblar* v. intr. Trembler fortement.
retén m. Piquet (de bomberos, de soldados en el cuartel). ‖ Renfort (refuerzo). ‖ Réserve, *f.* : *de retén*, en réserve. ‖ Tecn. *Retén de grasa*, bague d'étanchéité.
retención f. Rétention (acción de retener). ‖ Retenue : *la retención de las mercancías en la aduana*, la retenue des marchandises à la douane. ‖ Med. Rétention : *retención de orina*, rétention d'urine.
retenedor adj. Qui retient.
— M. Entrebâilleur, chaîne (*f.*) d'entrebâillement *o* de sûreté (de puerta).
retener* v. tr. ● Retenir : *retener una cantidad de dinero*, retenir une somme d'argent. ‖ Retenir, garder : *retener a alguien a almorzar*, garder quelqu'un à déjeuner. ‖ — *Retener el aliento*, retenir son souffle. ‖ *Retener en la memoria*, conserver *o* garder dans la mémoire. ‖ *Retener la lengua*, tenir sa langue.
— V. pr. Se retenir (moderarse).
— Sinón. ● *Guardar*, garder. *Conservar*, conserver. *Reservar*, réserver, retenir.
retenida f. Mar. Retenue (cable).
retenimiento m. V. retención.
retentiva f. Mémoire (memoria).
retentivo, va adj. Qui retient.
retesar v. tr. Tendre, raldlr (endurecer).
Retia n. pr. f. Rhétie.
reticencia f. Réticence.
reticente adj. Réticent, e.
rético, ca adj. y s. m. Rhétique, rétique. ‖ — M. Romanche, rhéto-roman (lengua).
reticulado, da adj. Réticulé, e.
retícula f. Réticule, *m.* (de óptica). ‖ Artes. Grisé, *m.*
reticular adj. Réticulaire.
retículo m. Réticule. ‖ Zool. Bonnet (de los rumiantes).
retina f. Anat. Rétine.
retiniano, na adj. Anat. Rétinien, enne.
retinitis f. Med. Rétinité (enfermedad).
retintín m. Tintement (en los oídos). ‖ Fig. y fam. Ton moqueur, persiflage : *preguntar con retintín*, demander sur un ton moqueur *o* avec persiflage.
retiración f. Impr. Retiration : *prensa de retiración*, presse à retiration.

retirada f. Mil. Retraite : *la retirada del ejército de ocupación*, la retraite de l'armée d'occupation. ‖ Retraite : *tocar retirada*, battre la retraite. ‖ Retrait, *m.* : *retirada del permiso de conducir*, retrait du permis de conduire ; *la retirada del mar*, le retrait de la mer ; *la retirada de un proyecto de ley*, le retrait d'un projet de loi. ‖ Enlèvement, *m.* : *retirada de la nieve*, enlèvement de la neige. ‖ Rappel, *m.* (de un embajador). ‖ — *Batirse en retirada*, battre en retraite. ‖ Mil. *Cubrir la retirada*, couvrir la retraite.
retiradamente adv. À l'écart : *vivir retiradamente*, vivre à l'écart. ‖ Fig. En cachette, en secret.
retirado, da adj. Retiré, e ; écarté, e (apartado). ‖ — Adj. m. Mil. En retraite. ‖ — Adj. y s. Retraité, e (militar, comerciante).
retiramiento m. Retraite, *f.* (retiro).
retirar v. tr. Retirer, enlever : *retira la mano*, retire ta main. ‖ Mettre à la retraite (jubilar). ‖ Fig. Retirer : *retirar la confianza a uno*, retirer sa confiance à quelqu'un ; *retiro lo dicho*, je retire ce que j'ai dit. ‖ Reprendre : *retirar su palabra*, reprendre sa parole. ‖ Rappeler : *retirar un embajador*, rappeler un ambassadeur. ‖ Impr. Retirer.
— V. pr. Se retirer, prendre sa retraite (jubilarse). ‖ Se retirer : *retirarse a su cuarto, al campo*, se retirer dans sa chambre, à la campagne. ‖ Se retirer (el mar). ‖ — *No se retire*, ne quittez pas, ne raccrochez pas (al teléfono). ‖ *Puede usted retirarse*, vous pouvez disposer. ‖ *Retirarse a dormir*, aller se coucher, se retirer [dans ses appartements].
retiro m. ● Retraite, *f.* : *un retiro campestre*, retraite champêtre ; *hacer un retiro*, faire une retraite. ‖ Retraite, *f.* (pensión) : *cobrar el retiro*, toucher sa retraite. ‖ Relig. Retraite, *f.*, récollection, *f.* (de corta duración). ‖ Mil. Retraite, *f.* : *dar el retiro a un militar*, mettre un militaire à la retraite.
— Sinón. ● *Alejamiento*, éloignement. *Aislamiento*, isolement. *Clausura*, clôture. *Encierro*, retraite. *Soledad*, solitude.
reto m. Défi, provocation, *f.* (desafío). ‖ Menace, *f.* (amenaza) : *echar retos*, proférer des menaces. ‖ — *Aceptar el reto*, relever le défi. ‖ *Echar un reto*, lancer un défi. ‖ *Reto en duelo*, provocation en duel.
retobado, da adj. *Amer.* Sauvage (salvaje). ‖ Têtu, e (obstinado). ‖ Sournois, e (socarrón).
retobar v. tr. *Amer.* Recouvrir de cuir. ‖ Protester. ‖ Envelopper (envolver).
— V. pr. *Amer.* Se fâcher.
retobo m. *Amer.* Rebut (desecho). ‖ Housse, *f.* (funda).
retocador, ra m. y f. Fot. Retoucheur, euse.
retocar v. tr. Retoucher. ‖ Raccorder (maquillaje, pintura). ‖ *Retocar el peinado*, donner un coup de peigne.
retoñar o **retoñecer*** v. intr. Bot. Pousser des rejetons, repousser, bourgeonner, rejeter (una planta). ‖ Fig. Se reproduire.
retoño m. Bot. Rejeton, pousse, *f.*, rejet. ‖ Fig. y fam. Rejeton (hijo).
retoque m. Retouche, *f.* ‖ Raccord (al maquillaje, de pintura).
retor m. Retors (tela).
retorcedor m. Retordoir.
retorcedura f. V. retorcimiento.
retorcer* v. tr. Retordre. ‖ Tordre (estrujar). ‖ Tortiller (torcer mucho). ‖ Tordre : *retorcer el pescuezo*, tordre le cou. ‖ Retrousser (el bigote). ‖ Fig. Retourner : *retorcer un argumento*, retourner un argument. ‖ Altérer (un sentido).
— V. pr. Se tordre : *retorcerse de dolor*, se tordre de douleur. ‖ Se tortiller.

retorcido, da adj. Tordu, e ; retors, e. ‖ FIG. Mal tourné, e : *tener el espíritu retorcido,* avoir l'esprit mal tourné. ‖ FIG. *Tener el colmillo retorcido,* être un vieux renard, avoir beaucoup d'expérience. — M. Retordage.

retorcimiento m. Retordage (del hilo). ‖ Torsion, f. ‖ FIG. Entortillement (del estilo).

retórica f. Rhétorique. ‖ — Pl. FAM. Balivernes, histoires : *no me venga con retóricas,* ne me racontez pas d'histoires.

retórico, ca adj. Rhétorique. ‖ — Adj. y s. Rhétoricien, enne (versado en retórica). ‖ — M. Rhéteur (en la Antigüedad).

retornamiento m. Retour.

retornar v. tr. Retourner, renvoyer (devolver). — V. intr. y pr. Retourner, revenir (volver atrás). ‖ Retordre (torcer). ‖ FIG. Revenir : *retornar uno en sí,* revenir à soi.

retornelo m. MÚS. Ritournelle, f.

retorno m. Retour : *retorno al campo,* retour à la terre. ‖ Échange (cambio). ‖ *Retorno de llama,* retour de flamme.

retorromano, na adj. y s. Rhéto-roman, e. ‖ — M. Romanche (lengua).

retorsión f. Rétorsion. ‖ Rétorsion (represalia).

retorta f. Cornue, retorte (p. us.) [vasija de laboratorio].

retortero m. Tour (vuelta). ‖ — FAM. *Andar al retortero,* ne savoir où donner de la tête. | *Traer a uno al retortero,* faire tourner quelqu'un en bourrique.

retortijón m. Entortillement. ‖ *Retortijón de tripas,* tiraillement d'estomac (hambre), mal au ventre (dolor).

retostar* v. tr. Griller de nouveau (volver a tostar). ‖ Griller longuement. ‖ Bronzer (broncear).

retozador, ra adj. Folâtre (juguetón). ‖ Bondissant, e (que salta).

retozar v. intr. Folâtrer, batifoler, s'ébattre (juguetear). ‖ Bondir (saltar). ‖ Gambader (brincar).

retozo m. Bond, saut, gambade, f. (brinco). ‖ Folâtrerie, f. ‖ — Pl. Ébats.

retozón, ona adj. Folâtre.

retracción f. Rétraction.

retractable adj. Rétractable.

retractación f. Rétractation, dédit, m. ‖ Retrait, m. (en la Bolsa). ‖ *Retractación pública,* amende honorable.

retractar v. tr. Rétracter : *retractar una opinión,* rétracter une opinion. — V. pr. Se rétracter, se dédire, se reprendre. ‖ Rétracter : *retractarse de sus errores,* rétracter ses erreurs.

retractibilidad f. Rétractibilité.

retráctil adj. Rétractile. ‖ Escamotable (tren de aterrizaje).

retractilidad f. Rétractilité.

retractivo, va adj. Rétractif, ive.

retracto m. Retrait : *retracto de autorización,* retrait d'autorisation. ‖ DR. Préemption, f.

retractor adj. m. Rétracteur.

retraer* v. tr. Détourner de, dissuader de (disuadir). ‖ DR. Retraire. — V. pr. Se retirer (retirarse). ‖ S'abstenir (abstenerse).

retraído, da adj. Retiré, e. ‖ FIG. Renfermé, e (poco comunicativo).

retraimiento m. Retraite, f., vie (f.) retirée. ‖ FIG. Réserve, f., timidité, f., caractère renfermé.

retranca f. Avaloire (del arnés). ‖ Amer. Frein, m. (de coche). ‖ — *Correa de retranca,* courroie de reculement. ‖ FIG. *Tener mucha retranca,* avoir beaucoup d'expérience (una persona).

retranquear v. tr. Bornoyer (sillares). ‖ Placer o construire en retrait (casa).

retransmisión f. Retransmission.

retransmitir v. tr. Retransmettre (radiar).

retransmisor m. TECN. Retransmetteur.

retrasado, da adj. y s. Retardataire. ‖ — *Estar retrasado,* retarder (un reloj). ‖ *Niño retrasado,* enfant retardé.

retrasar v. tr. Retarder : *la lluvia nos ha retrasado,* la pluie nous a retardés ; *he retrasado mi viaje,* j'ai retardé mon voyage. ‖ Ralentir : *la nieve retrasa los coches,* la neige ralentit les voitures. — V. intr. Retarder de : *mi reloj retrasa diez minutos,* ma montre retarde de dix minutes. — V. pr. Se retarder, s'attarder : *me he retrasado en casa de Pedro,* je me suis attardé chez Pierre. ‖ Prendre du retard : *el avión se ha retrasado mucho,* l'avion a pris beaucoup de retard. ‖ Se mettre en retard : *me he retrasado mirando los escaparates,* je me suis mis en retard en regardant les vitrines. ‖ Être o arriver en retard : *yo nunca me retraso,* je n'arrive jamais en retard.

retraso m. Retard : *tener retraso en su trabajo,* avoir du retard dans son travail ; *llevar un retraso de cinco minutos,* avoir cinq minutes de retard o être cinq minutes en retard ; *llegar con retraso,* arriver en retard.

retratador, ra m. y f. Portraitiste.

retratar v. tr. Faire le portrait de, portraiturer (p. us.) [un pintor]. ‖ Photographier (fotografiar). ‖ FIG. Peindre, dépeindre : *retratar las costumbres,* dépeindre les coutumes. — V. pr. Se refléter : *la imagen de Narciso se retrataba en el agua,* l'image de Narcisse se reflétait dans l'eau. ‖ Se faire photographier (fotografía). ‖ FAM. Passer à la caisse, les lâcher (pagar).

retratista f. Amer. Studio (m.) de photographe.

retratista m. y f. Portraitiste.

retrato m. ● Portrait : *hacer un retrato de cuerpo entero, de medio cuerpo,* faire un portrait en pied, en buste ; *retrato de tamaño natural,* portrait grandeur nature. ‖ Photographie, f. ‖ FIG. Portrait (descripción). ‖ — FIG. *Es el retrato de,* c'est le portrait de. | *Es el vivo retrato de su padre,* c'est tout le portrait de son père, c'est le portrait vivant de son père.
— SINÓN. ● *Efigie,* effigie. *Imagen,* image. *Figura,* figure. *Fotografía,* photographie.

retrayente adj. y s. DR. Retrayant, e.

retrechar v. intr. Reculer (el caballo).

retrechería f. FAM. Echappatoire, subterfuge, m.

retrechero, ra adj. FAM. Rusé, e ; roublard, e (astuto). | Pétillant, e : *ojos retrecheros,* des yeux pétillants. | Enjôleur, euse : *mirada retrechera,* regard enjôleur.

retrepado, da adj. Renversé, e [en arrière] : *cómodamente retrepado en su mecedora,* commodément renversé sur son rocking-chair.

retreparse v. tr. Se renverser [en arrière] : *retreparse en una silla,* se renverser sur une chaise.

retreta f. MIL. Retraite : *tocar retreta,* battre o sonner la retraite. ‖ Amer. Série (retahíla).

retrete m. Cabinets, pl., toilettes, f. pl.

retribución f. ● Rétribution. ‖ Cachet, m. (de un artista).
— SINÓN. ● *Remuneración,* rémunération. *Pago,* paiement. *Premio,* prix. *Prima,* prime. *Recompensa,* récompense.

retribuir* v. tr. Rétribuer (pagar). ‖ Amer. Payer de retour (corresponder a un favor).

retribuyente adj. Qui rétribue.

retrillar v. tr. Rebattre [le blé].

retro pref. Rétro. ‖ DR. *Venta con pacto de retro,* vente à réméré.

retroacción f. Rétroaction.

retroactividad f. Rétroactivité.

retroactivo, va adj. Rétroactif, ive : *ley de efecto retroactivo,* loi à effet rétroactif.

retrocarga (de) adv. Qui se charge par la culasse (arma).

retroceder v. intr. ● Reculer : *retroceder un paso*, reculer d'un pas. ‖ Refluer : *la muchedumbre retrocedió hacia la salida*, la foule reflua vers la sortie. ‖ Fig. Revenir, se reporter : *para comprender los acontecimientos de hoy, hay que retroceder al siglo pasado*, pour comprendre les événements d'aujourd'hui, il faut se reporter au siècle dernier. ‖ Se replier (valores en la Bolsa). ‖ Régresser (disminuir). ‖ Autom. Rétrograder (velocidades). ‖ Mil. Se replier. ‖ Avoir du recul (arma de fuego). ‖ *No retroceder de una pulgada*, ne pas reculer d'un pouce.
— Sinón. ● *Retirarse*, se retirer. *Retrogradar*, rétrograder. *Cejar*, céder. *Recular*, reculer.

retrocesión f. Dr. Rétrocession. ‖ Dr. *Hacer la retrocesión de*, rétrocéder.

retrocesivo, va adj. Dr. Rétrocessif, ive.

retroceso m. Recul. ‖ Recul, repoussement (p. us.) : *el retroceso de un cañón*, le recul d'un canon. ‖ Marche (*f.*) arrière (de una máquina de escribir). ‖ Fig. Recul, retour en arrière. ‖ Régression, *f.* (regresión). ‖ Med. Aggravation, *f.* (de una enfermedad). ‖ Tecn. Refoulement (de un pistón). ‖ Rappel. ‖ Rétro, effet rétrograde (en el billar). ‖ Tecn. *Retroceso de manivela*, retour de manivelle.

retrocohete m. Rétrofusée, *f.*

retroflexión f. Med. Rétroflexion.

retrogradación f. Rétrogradation.

retrogradar v. intr. Rétrograder (retroceder).

retrógrado, da adj. y s. Rétrograde.

retrogresión f. Rétrogression.

retropropulsión f. Rétropropulsion.

retrospección f. Rétrospection.

retrospectivo, va adj. y s. f. Rétrospectif, ive.

retrotraer* v. tr. Antidater. ‖ Ramener (hacer volver) : *recuerdo que nos retrotrae a nuestra infancia*, souvenir qui nous ramène à notre enfance.

retrovendendo (de) loc. Dr. *Contrato de retrovendendo*, vente à réméré.

retrovender v. tr. Dr. Vendre à réméré, rémérer (p. us.).

retrovendición o **retroventa** f. Dr. Vente à réméré, rachat, *m.*, réméré, *m.*

retroversión f. Med. Rétroversion, rétroflexion.

retrovisor m. Rétroviseur.

retrucar v. intr. Faire un contre (billar). ‖ Renvier (en el juego del truque). ‖ Répliquer (replicar).

retruco m. Contre (en el billar). ‖ Renvi (reenvite).

retruécano m. Calembour, jeu de mots (juego de palabras). ‖ *Andar en retruécanos*, faire des calembours, jouer sur les mots.

retruque m. Contre (billar). ‖ Renvi fait sur la première mise (juego del truque). ‖ *Amer.* Réplique (*f.*) pertinente.

retumbante adj. Retentissant, e ; résonnant, e. ‖ Fig. Ronflant, e (estilo).

retumbar v. intr. Retentir, résonner : *la sala retumbaba con los aplausos*, la salle retentissait d'applaudissements o résonnait sous les applaudissements. ‖ Tonner (el cañón).

retumbo m. Retentissement.

reucliniano, na adj. Reuchlinien, enne.

reúma o **reuma** m. Med. Rhumatisme.

reumático, ca adj. y s. Rhumatisant, e : *anciano reumático*, vieillard rhumatisant. ‖ — Adj. Rhumatismal, e : *dolor reumático*, douleur rhumatismale.

reumatismo m. Med. Rhumatisme.

reunión f. ● Réunion. ‖ Rassemblement, *m.* (de mucha gente). ‖ Rencontre (encuentro). ‖ Entretien, *m.* (conversación) : *el director tuvo una reunión con sus empleados*, le directeur a eu un

entretien avec ses employés. ‖ Ralliement, *m.* : *lugar, señal de reunión*, point, signe de ralliement. ‖ Session (período de sesiones de una asamblea).
— Sinón. ● *Asamblea*, assemblée. *Congreso*, congrès. *Mitin*, meeting. *Comicio*, comice. *Concilio*, concile.

reunir v. tr. ● Réunir, rassembler : *reunir las tropas*, réunir les troupes. ‖ Recueillir : *reunir datos*, recueillir des renseignements. ‖ Collectionner (coleccionar sellos, etc.). ‖ *Reunir sus fuerzas*, rassembler ses forces.
— V. pr. Se réunir, se rassembler. ‖ Rejoindre, retrouver : *me reuniré con vosotros a las 8*, je vous rejoindrai à 8 heures. ‖ Siéger (una asamblea).
— Sinón. ● *Agrupar*, grouper. *Unir*, unir. *Juntar*, rassembler. *Convocar*, convoquer. *Congregar*, réunir.

reusense adj. De Reus [ville de Catalogne].

revacunación f. Med. Revaccination, piqûre de rappel, rappel (*m.*) de vaccin.

revacunar v. tr. Revacciner.

reválida f. Examen (*m.*) de fin d'études. ‖ Dr. Revalidation. ‖ *Reválida (de bachillerato)*, baccalauréat.
— Observ. Le mot *reválida* s'applique à l'examen que subit un candidat à la fin de ses études ou d'un cycle d'études, comme c'est le cas de la *reválida de cuarto curso*, sorte de brevet de fin d'études.

revalidación f. Dr. Revalidation.

revalidar v. tr. Revalider.
— V. pr. Passer l'examen de fin d'études.

revalorar v. tr. Revaloriser.

revalorización f. Revalorisation.

revalorizar o **revalorar** v. tr. Revaloriser.

revaluación f. Réévaluation.

revaluar v. tr. Réévaluer.

revancha f. Revanche : *tomar la revancha*, prendre sa revanche ; *como revancha*, à charge de revanche.
— Observ. *Revancha* est un gallicisme très employé pour *desquite*.

revanchista adj. y s. Revanchard, e.

revejecer* v. intr. Vieillir prématurément.

revejido, da adj. Vieux, vieille avant l'âge.

revelación f. Révélation.

revelado m. Fot. Développement.

revelador, ra adj. y s. Révélateur, trice. ‖ Dénonciateur, trice : *carta reveladora*, lettre dénonciatrice. ‖ — M. Fot. Révélateur.

revelamiento m. Révélation, *f.*

revelante adj. Révélateur, trice.

revelar v. tr. ● Révéler (decir). ‖ Fot. Développer.
— V. pr. Se révéler.
— Sinón. ● *Manifestar*, manifester. *Decir*, dire. *Confesar*, avouer. *Declarar*, déclarer. *Denunciar*, dénoncer.

revellín m. Ravelin (fortificación). ‖ Rebord de cheminée.

revenar v. intr. Produire de jeunes pousses (un árbol).

revendedera f. Revendeuse.

revendedor, ra adj. y s. Revendeur, euse.

revender v. tr. Revendre.

revenimiento m. Éboulement (mina).

reveno m. Bot. Jeune pousse, *f.*, revenue, *f.*

reventa f. Revente.

reventadero m. Passage difficile, mauvais pas. ‖ Fig. y Fam. Corvée, *f.*

reventador m. Teatr. Cabaleur (p. us.).

reventante adj. Claquant, e ; éreintant, e (agotador).

reventar* v. intr. Crever : *las burbujas reventaban en la superficie del agua*, les bulles crevaient à la surface de l'eau. ‖ Éclater : *el neumático reventó*, le pneu a éclaté. ‖ Céder : *la presa ha reventado*, le barrage a cédé. ‖ Fig. y Fam. Mourir d'envie : *está que revienta por ir al cine*, il meurt d'envie

d'aller au cinéma. | Crever (morir). | Éclater (de cólera). ‖ — FIG. y FAM. *Comer hasta reventar,* manger à en crever. | *Reventado de cansancio,* mort de fatigue, crevé. | *Reventado de trabajo,* abruti de travail. | *Reventar de gordo,* crever dans sa peau. | *Reventar de rabia,* être fou de colère, enrager. | *Reventar de risa,* mourir o crever o pouffer o se tordre de rire. | *Reventar de vergüenza,* crever de honte.
— V. tr. Crever, faire éclater. ‖ Écraser (aplastar). ‖ FIG. y FAM. Crever, claquer (fatigar). | Assommer, casser les pieds (fastidiar).
— V. pr. Crever. ‖ Percer (abceso). ‖ S'écraser (aplastarse). ‖ Éclater (un neumático). ‖ Craquer (calzado). ‖ FIG. Se crever (de cansancio).
reventazón f. Éclatement, m. ‖ Amer. Contrefort, m. (de una sierra).
reventón adj. m. *Clavel reventón,* œillet double.
— M. Éclatement (de neumático). ‖ FAM. *Darse un reventón de trabajar,* se tuer o se crever au travail.
reverberación f. Réverbération.
reverberante adj. Réverbérant, e.
reverberar v. tr. e intr. Réverbérer.
reverbero m. Réverbère : *horno de reverbero,* four à réverbère. ‖ Réverbère (farol). ‖ Amer. Réchaud (infiernillo).
reverdecer* v. intr. Reverdir. ‖ FIG. Reverdir (remozarse).
reverdeciente adj. Reverdissant, e.
reverdecimiento m. Reverdissement.
reverencia f. Révérence.
reverenciable adj. Respectable, vénérable.
reverencial adj. Révérenciel, elle.
reverenciar v. tr. Révérer, honorer (honrar).
reverendísimo, ma adj. Révérendissime.
reverendo, da adj. y s. Révérend, e. ‖ — Adj. FAM. Énorme, de taille, de première grandeur : *una reverenda porquería,* une cochonnerie de taille.
reverente adj. Révérencieux, euse.
reversibilidad f. Réversibilité.
reversible adj. Réversible.
reversión f. Réversion.
reversivo, va adj. Réversif, ive.
reverso m. Revers, envers. ‖ FIG. *El reverso de la medalla,* l'opposé.
revertir* v. intr. DR. Retourner, revenir.
revés m. Revers, envers. ‖ FIG. Revers (desgracia, derrota). | Revers de main, mornifle, f. (fam.) [botefada]. ‖ Revers (tenis). ‖ — *Al revés,* à l'envers, devant derrière : *ponerse el jersey al revés,* mettre son pull-over à l'envers ; à l'envers, à rebours (invertido el orden), de travers (mal) : *comprender, oir, ir al revés,* comprendre, entendre, aller de travers. ‖ — *De revés* ou *por el revés,* à l'envers, à revers : *tomar de revés,* prendre à l'envers. ‖ *Es el mundo al revés,* c'est le monde renversé. ‖ *Reveses de fortuna,* revers de fortune.
revesa f. MAR. Contre-courant, m.
revesado, da adj. Obscur, e ; embrouillé, e.
revesino m. Reversi, reversis (juego de naipes).
revestido o **revestimiento** m. Revêtement. ‖ Revêtement, lambris (de pared). ‖ TECN. Armature, f. (de un cable).
revestir* v. tr. Revêtir (un traje). ‖ Revêtir, recouvrir (cubrir con un revestimiento). ‖ Revêtir, lambrisser (pared). ‖ Recouvrir : *revestir con metal,* recouvrir de métal. ‖ TECN. Chemiser (tubería). ‖ FIG. Revêtir : *revestir importancia,* revêtir de l'importance.
— V. pr. Se revêtir. ‖ FIG. S'armer : *revestirse de paciencia,* s'armer de patience.
revientabuey m. Bupreste (insecto).
revientacaballo m. BOT. Lobélie, f. (lobelia).
revigorizar v. tr. Revigorer, ragaillardir (fam.).
revirada f. MAR. Revirade.

revisaclón o **revisada** f. Amer. Révision.
revisar v. tr. Réviser, reviser (examinar de nuevo). ‖ Revoir (volver a ver). ‖ Contrôler (billetes).
revisión f. Révision, revision. ‖ Contrôle, m. (de billetes). ‖ MIL. Conseil (m.) de révision (junta de clasificación). ‖ *Revisión de cuentas,* vérification des comptes.
revisionismo m. Révisionnisme.
revisionista adj. y s. Révisionniste.
revisor m. Réviseur, reviseur. ‖ Contrôleur (de billetes).
revisoría f. Emploi (m.) de réviseur o de contrôleur.
revista f. Revue, magazine, m. : *revista científica,* revue scientifique. ‖ ● Inspection (inspección). ‖ Revue (espectáculo). ‖ — *Pasar revista a,* passer en revue : *pasar revista a un regimiento,* passer un régiment en revue. ‖ *Revista de modas,* journal de mode. ‖ *Revista de prensa,* revue de presse.
— SINÓN. ● *Inspección,* inspection. *Examen,* examen. *Revisión,* révision. *Control,* contrôle.
revistar v. tr. Passer en revue.
revistero m. Chroniqueur (de un periódico). ‖ Porte-revues (para poner revistas).
revisto, ta adj. Revu, e.
revitalizar v. tr. Revitaliser.
revivificación f. Revivification.
revivificar v. tr. Revivifier.
revivir v. intr. ● Revivre. ‖ FIG. Se rallumer : *la discordia revivió,* la discorde se ralluma.
— SINÓN. ● *Resucitar,* ressusciter. *Renacer,* renaître. *Resurgir,* réapparaître.
reviviscencia f. Reviviscence.
reviviscente adj. Reviviscent, e.
revocabilidad f. Révocabilité.
revocable adj. Révocable.
revocación f. Révocation. ‖ Rappel, m. (de un embajador).
revocador m. Ravaleur (albañil).
revocadura f. V. REVOQUE.
revocar v. tr. Révoquer (anular) : *revocar una orden, una ley, un decreto,* révoquer un ordre, une loi, un décret. ‖ Dissuader (disuadir). ‖ Révoquer, relever de ses fonctions (destituir a un funcionario). ‖ Repousser, refouler : *el viento revoca el humo,* le vent repousse la fumée. ‖ Ravaler, crépir (las paredes).
revocativo, va adj. Révocatif, ive.
revocatorio, ria adj. Révocatoire.
revoco m. Ravalement, crépissage (revoque). ‖ Crépi (mezcla de cal y arena).
revolcadero m. Lieu où se vautrent les animaux. ‖ Bauge, f. (del jabalí).
revolcar* v. tr. Renverser, terrasser. ‖ FAM. Recaler (en un examen).
— V. pr. Se rouler, se vautrer : *revolcarse sobre el césped, en el suelo,* se rouler sur le gazon, par terre ; *revolcarse en el fango,* se vautrer dans la fange. ‖ FAM. *Revolcarse de risa,* se rouler par terre de rire.
revolcón m. Chute, f. : *sufrir un revolcón sin consecuencias,* faire une chute sans conséquences. ‖ TAUROM. Bousculade, f. (del torero). ‖ FIG. y FAM. *Dar un revolcón a uno,* donner une leçon o flanquer une piquette à quelqu'un.
revolear v. intr. Voltiger, voleter.
revolotear v. intr. Voltiger.
revoloteo m. Voltigement.
revoltijo o **revoltillo** m. Fouillis. ‖ *un revoltijo de papeles,* un fouillis de papiers. ‖ Méli-mélo, salmigondis (fam.), salade, f. (fam.) [mezcolanza]. ‖ Ramassis (montón). ‖ Œufs (pl.) brouillés (huevos).
revoltoso, sa adj. Turbulent, e ; remuant, e (travieso). ‖ Séditieux, euse ; rebelle (sedicioso).

revolución f. Révolution.
— SINÓN. *Rebelión*, rébellion. *Insurrección*, insurrection. *Sublevación, alzamiento*, soulèvement. *Motín*, mutinerie. *Asonada*, émeute. *Sedición*, sédition.

revolucionar v. tr. Révolutionner.

revolucionario, ria adj. y s. Révolutionnaire.

revolver* v. tr. Remuer : *revolver papeles, la ensalada*, remuer des papiers, la salade. || Fouiller dans : *revolver un cajón*, fouiller dans un tiroir. || Mettre sens dessus dessous, bouleverser : *revolver la casa*, mettre la maison sens dessus dessous. || Soulever, barbouiller (fam.) : *revolver el estómago*, soulever le cœur. || FIG. Troubler : *esto ha revuelto los ánimos*, cela a troublé les esprits. | Brouiller (malquistar). || — FIG. *Revolver Roma con Santiago*, remuer ciel et terre.
— V. intr. Remuer, s'agiter (moverse). || Se retourner, faire volte-face : *el toro se revolvió con bravura*, le taureau se retourna prêt à l'attaque. || Se rouler (revolcarse) : *revolverse en la hierba*, se rouler dans l'herbe. || FIG. Se gâter, se mettre à la pluie (el tiempo).

revólver m. Revolver (arma).

revoque m. Ravalement, crépissage (operación de revocar). || Crépi (mezcla de cal y arena). || Replâtrage (repellado).

revuelco m. Renversement, piétinement (del lidiador por el toro).

revuelo m. Second vol. || FIG. Trouble, confusion, f. (turbación) : *la noticia produjo gran revuelo en los ánimos*, la nouvelle jeta un grand trouble dans les esprits. || — FIG. *De revuelo*, en passant. | *Levantar revuelo*, faire du bruit.

revuelta f. Révolte, sédition (motín). || Tournant, m., détour, m. (vuelta). || Coin, m. (esquina).

revueltamente adv. En désordre.

revuelto, ta adj. Facile à manier, agile, docile (caballo). || Brouillé, e (tiempo). || Turbulent, e (revoltoso). || Embrouillé, e ; confus, e (enredado). || — *Huevos revueltos*, œufs brouillés. || *Mar revuelto*, mer démontée. || *Pelo revuelto*, cheveux ébouriffés *o* en bataille.

revuelvepiedras m. inv. Tourne-pierre (ave).

revulsión f. MED. Révulsion.

revulsivo, va adj. y s. m. MED. Révulsif, ive.

rey m. Roi. || Roi (juego). || FIG. Roi : *el rey de la selva, del acero*, le roi de la jungle, de l'acier. || — *Rey de arenques*, roi des harengs (pez). || *Rey de armas*, roi d'armes. || *Rey de codornices*, roi des cailles, râle des genêts. || *Rey de gallos*, roi burlesque pendant le carnaval. || *Rey Sol*, Roi-Soleil. || — *A rey muerto, rey puesto*, le roi est mort, vive le roi. || FIG. *Del tiempo del rey que rabió*, au temps de ma mère l'Oie, au temps que la reine Berthe filait. || *El día de Reyes*, le jour *o* la fête des Rois. || *En nombre del rey*, de par le roi. || *Un festín de rey*, un festin de roi. || — FIG. *Atendido a cuerpo de rey*, servi comme un roi. | *Cada uno es rey en su casa*, charbonnier est maître chez lui *o* chez soi. | *Ni quito ni pongo rey*, ça ne me regarde pas. | *No temer rey ni roque*, ne craindre ni Dieu ni diable. | *Ser tratado a cuerpo de rey*, être comme un coq en pâte, être traité comme un prince. || *Servir al rey*, faire son service militaire. || FIG. *Vivir a cuerpo de rey*, vivre comme un prince.

reyerta f. Dispute, querelle, rixe (disputa).

reyezuelo m. Roitelet (rey de poca monta). || Roitelet (ave).

rezado, da adj. Prié, e. || *Misa rezada*, messe basse.

rezagado, da m. y f. Retardataire, traînard, e. || *Ir rezagado*, être à la traîne.

rezagar v. tr. Laisser en arrière (dejar atrás). || Retarder (retrasar).
— V. pr. Rester en arrière, traîner.

rezago m. Retard (retraso). || *Amer.* Résidu, reste (residuo).

rezar v. tr. Réciter, dire (una oración). || Dire (una misa). || Dire (un escrito). || — *Rezar el rosario, un responso*, dire son chapelet, un répons. || FIG. y FAM. *Ser más fácil que rezar un credo*, être simple comme bonjour *o* bête comme chou.
— V. intr. Prier, dire sa prière. || Prier : *rezar a Dios*, prier Dieu. || Dire : *según reza el refrán*, comme dit le proverbe. || S'appliquer à, être valable pour : *esta ley no reza para los ex combatientes*, cette loi ne s'applique pas aux anciens combattants. || *Esto no reza conmigo*, cela ne me regarde pas *o* ne me concerne pas.

rezno m. Larve (f.) de l'œstre (larva). || Ricin (planta).

rezo m. Prière, f. (oración). || Office (oficio liturgico).

rezón m. Grappin, hérisson (ancla pequeña).

rezongador, ra adj. y s. FAM. Grognon, onne ; ronchonneur, euse.

rezongar v. intr. FIG. y FAM. Grogner, ronchonner, rouspéter.

rezonglón, ona o **rezongón, ona** o **rezonguero, ra** adj. y s. FAM. Grognon, onne ; ronchonneur, euse ; rouspéteur, euse.

rezongo o **rezongueo** m. Grognement.

rezumadero m. Endroit humide.

rezumar v. tr. Laisser passer *o* s'écouler : *la pared rezuma humedad*, le mur laisse passer l'humidité. || FIG. Dégager, distiller : *canción que rezuma tristeza*, chanson qui dégage de la tristesse.
— V. intr. Suinter : *el aceite rezuma a través de la loza*, l'huile suinte à travers la faïence. || Perler : *el sudor le rezuma por la frente*, la sueur perle [sur son front]. || Ressuer (pared).
— V. pr. Suinter : *el botijo se rezuma*, la gargoulette suinte.

rezumo m. Ressuage.

rhesus m. MED. *Factor Rhesus*, facteur Rhésus.

Rhodesia n. pr. f. GÉOGR. V. RODESIA.

ría f. « Ria », estuaire, m., golfe, m. (golfo profundo en Galicia). || ÉQUIT. Rivière (obstáculo).

¡ria! interj. Dia ! (usada por los carreteros).

riacho o **riachuelo** m. Ruisseau, petite rivière, f.

riada f. Crue (crecida). || Inondation (inundación). || FIG. Flot, m., ruée : *riada de visitantes*, flot de visiteurs.

ribadense adj. y s. De Ribadeo [Galice].

ribadoquín m. (Ant.). Ribaudequin (cañón).

ribagorzano, na adj. y s. De Ribagorza [ancien comté de l'Aragon].

ribaldo, a adj. y s. (Ant.). Ribaud, e.

ribazo m. Berge, f., talus.

ribera f. Rive, rivage, m., berge (de un río) : *en la ribera*, sur le rivage. || Rivage, m. (del mar).

riberano, na adj. y s. *Amer.* Riverain, e.

ribereño, ña adj. y s. Riverain, e : *los países ribereños del Danubio*, les pays riverains du Danube.

riberiego, ga adj. Sédentaire (ganado).

ribete m. Liséré, passepoil (orla). || Bordure, f. (para reforzar). || — Pl. FIG. Traces, f. (índices). || — *Tener ribetes cómicos*, avoir des côtés comiques. || *Tiene ribetes de poeta*, il est un peu poète sur les bords (fam.), il est poète par certains côtés.

ribeteado, da adj. Bordé, e. || BLAS. Resarcelé, e. || *Tener los ojos ribeteados de rojo*, avoir le bord des yeux rouge.

ribetear v. tr. Border, passepoiler, mettre un liséré à (una tela). || FIG. Border.

ricacho, cha o **ricachón, ona** m. y f. FAM. Richard (sin fem.), rupin, e.

ricadueña o **ricahembra** f. Femme *o* fille d'un gentilhomme, femme *o* jeune fille noble.

ricahombría f. Noblesse.

ricamente adv. Richement (con opulencia). ‖ Merveilleusement, très bien (muy a gusto) : *he descansado ricamente*, je me suis très bien reposé.

Ricardo n. pr. m. Richard.

ricial adj. Qui donne un regain (tierra de retoño). ‖ À pâturage (prado).

ricinado, da adj. Riciné, e.

ricino m. BOT. Ricin (planta) : *aceite de ricino*, huile de ricin.

rico, ca adj. Riche : *un rico propietario*, un riche propriétaire. ‖ FIG. Riche (abundante). ‖ Exquis, e ; délicieux, euse : *una comida muy rica*, un repas exquis. ‖ Mignon, onne ; adorable : *¡qué niño más rico!*, quel enfant adorable !, qu'il est mignon ce petit ! ‖ FAM. Mignon, onne ; petit, e : *come, rico*, mange mon petit. ‖ — *Hacerse rico*, s'enrichir, faire fortune. ‖ POP. *Oye rico, ¿qué te has creído?*, dis-donc, mon vieux, qu'est-ce que tu t'imagines ? ‖ *¡Rica!*, ma belle !, ma mignonne ! ‖ *¡Un momento, rico!*, minute, papillon !
— M. y f. ● Riche. ‖ — RELIG. *La parábola del rico avariento*, la parabole du nouveau riche. ‖ *Nuevo rico*, nouveau riche, parvenu.
— SINÓN. ● *Adinerado, afortunado*, fortuné. *Capitalista*, capitaliste. *Plutócrata*, ploutocrate. *Potentado*, potentat. *Nabab*, nabab. *Creso*, Crésus. Fam. *Ricacho, ricachón*, richard, rupin.

rictus m. Rictus.

ricura f. Délice, m. ‖ *¡Qué ricura de niño!*, comme il est mignon ce petit !, quel enfant adorable !

ridiculez f. Extravagance, chose ridicule, ridicule, m. ‖ *Es una ridiculez hacer esto*, il est ridicule de faire cela.

ridiculizar v. tr. Ridiculiser, couvrir de ridicule.

ridículo m. Réticule (bolso de señora).

ridículo, la adj. y s. m. Ridicule : *ser ridículo*, être ridicule. ‖ — *Hacer el ridículo* ou *quedar en ridículo*, se rendre ridicule, se ridiculiser. ‖ *Importarle a uno poco quedar en ridículo*, braver le ridicule. ‖ *Poner en ridículo*, tourner en ridicule, ridiculiser.
— SINÓN. *Risible*, risible. *Burlesco*, burlesque. *Grotesco*, grotesque. *Extravagante*, extravagant.

riego m. Arrosage : *riego por aspersión*, arrosage en pluie. ‖ Irrigation, f. (regadío) : *canal de riego*, canal d'irrigation. ‖ *Boca de riego*, prise d'eau, bouche d'arrosage o d'eau. ‖ *Riego asfáltico*, cut-back. ‖ ANAT. *Riego sanguíneo*, irrigation sanguine.
— SINÓN. *Irrigación, regadío*, irrigation. *Aspersión*, aspersion.

riel m. Rail : *los rieles del tranvía*, les rails du tramway. ‖ Lingot (de metal). ‖ Tringle (f.) chemin de fer (para las cortinas).

rielar v. intr. POET. Brasiller (el mar). ‖ Scintiller (las estrellas).

rielera f. Lingotière.

rienda f. Rêne, guide (correa). ‖ FIG. Rêne : *las riendas del Estado*, les rênes de l'État ; *llevar las riendas*, tenir les rênes. ‖ Bride : *soltar la rienda a sus pasiones*, lâcher la bride à ses passions. ‖ — *A rienda suelta*, à bride abattue, à toute bride, à fond de train. ‖ *Falsa rienda*, fausse rêne. ‖ — FIG. *Aflojar la rienda*, lâcher la bride. ‖ *Coger de nuevo las riendas de*, reprendre en main. ‖ *Dar rienda suelta a*, lâcher la bride à, donner libre cours à. ‖ *Llevar de las riendas*, tenir de bride.

riente adj. Riant, e.

riesgo m. Risque. ‖ — *A riesgo de*, au risque de. ‖ *Con riesgo de*, quitte à, au risque de : *con riesgo de perder su colocación*, quitte à perdre sa situation. ‖ *Con riesgo de su vida*, au péril de sa vie. ‖ *Correr riesgo de*, courir le risque de. ‖ *Por su cuenta y riesgo*, à ses risques et périls. ‖ *Seguro a todo riesgo*, assurance tous risques.

riesgoso, sa adj. *Amer.* Périlleux, euse ; dangereux, euse.

rifa f. Tombola, loterie.

rifado, da adj. Tiré au sort.

rifador m. Celui qui met un objet en loterie ou en tombola.

rifar v. tr. Procéder au tirage [d'une tombola ou d'une loterie]. ‖ Tirer au sort (sortear).
— V. pr. MAR. Se déchirer (una vela). ‖ FIG. y FAM. *Esta joven se rifa entre los hombres*, tous les hommes s'arrachent o se disputent cette jeune fille.

rifeño, ña adj. y s. Rifain, e (del Rif).

rifirrafe m. FAM. Bagarre, f. (riña).

rifle m. Rifle : *rifle de seis tiros*, rifle à six coups.

riflero m. *Amer.* Soldat armé d'un rifle.

rigidez f. Rigidité, raideur.

rígido, da adj. Rigide : *una barra de acero rígida*, une barre d'acier rigide. ‖ Raide : *pierna rígida*, jambe raide. ‖ FIG. Rigide : *hombre rígido*, homme rigide ; *moral rígida*, morale rigide. ‖ Sévère, de fer : *disciplina rígida*, discipline sévère. ‖ FIG. *Rígido como un cadáver*, raide comme un mort.

rigodón m. Rigodon (danza).

rigor m. Rigueur, f. (severidad) : *el rigor de un padre*, la rigueur d'un père. ‖ Rigueur, f., inclémence, f., rudesse, f. : *el rigor del invierno*, la rigueur de l'hiver. ‖ Rigueur, f. : *el rigor de un razonamiento*, la rigueur d'un raisonnement. ‖ — *De rigor*, de rigueur. ‖ *En rigor*, en réalité, à proprement parler. ‖ FIG y FAM. *Ser el rigor de las desdichas*, être malheureux comme les pierres.

rigorismo m. Rigorisme.

rigorista adj. y s. Rigoriste.

rigurosidad f. Rigueur.

riguroso, sa adj. Rigoureux, euse.
— SINÓN. *Rudo, brusco*, rude. *Áspero*, âpre. *Inclemente*, inclément. *Crudo*, rigoureux.

rijoso, sa adj. Chamailleur, euse ; querelleur, euse (camorrista). ‖ Sensuel, elle ; lascif, ive (sensual). ‖ En rut : *caballo rijoso*, cheval en rut.

rilar v. intr. Trembler, grelotter.

rima f. Rime.

rima f. Tas, m. (rimero).

rimador m. Rimailleur, rimeur (poetastro).

rimar v. intr. y tr. Rimer.

rimaya f. Rimaye (de un nevero).

rimbombancia f. Aspect (m.) tapageur.

rimbombante adj. Retentissant, e ; ronflant, e : *discurso rimbombante*, discours retentissant. ‖ Ronflant, e : *estilo rimbombante*, style ronflant. ‖ Tapageur, euse ; voyant, e : *vestido rimbombante*, robe tapageuse.

rimel m. Rimmel (para los ojos).

rimero m. Tas, pile, f. (montón).

Rin n. pr. m. GEOGR. Rhin.

rinalgia f. MED. Rhinalgie.

rinanto m. BOT. Rhinante.

rincón m. Coin, encoignure, f., angle : *en el rincón de la habitación*, dans le coin de la pièce. ‖ Coin, recoin (lugar apartado). ‖ — *Poner* ou *castigar en el rincón*, mettre au coin (a un niño castigado). ‖ *Por todos los rincones*, dans tous les coins.
— OBSERV. Le mot *rincón* s'applique exclusivement à un *angle rentrant* par opposition au mot *esquina*, qui correspond à un *angle saillant*.

rinconada f. Encoignure.

rinconera f. Encoignure, coin, m., écoinçon, m. (de mueble). ‖ Encoignure (mueble).

ring m. Ring (de boxeo y lucha).

ringlera f. File, rangée.

ringlero m. Raie, f. (del papel).

ringorrango m. Fioriture, f.

ringrave m. HIST. Rhingrave (título alemán).

ringraviato m. HIST. Rhingraviat.

rinitis f. MED. Rhinite. ‖ *Rinitis alérgica*, rhume des foins.

rinoceronte m. ZOOL. Rhinocéros.

rinofaringe f. ANAT. Rhino-pharynx, *m.*

rinofaringitis f. MED. Rhino-pharyngite.

rinolaringitis f. MED. Rhino-laryngite.

rinología f. MED. Rhinologie.

rinoplastia f. MED. Rhinoplastie.

rinoscopia f. MED. Rhinoscopie.

riña f. Rixe, bagarre (pelea) : *una riña sangrienta*, une rixe sanglante. ‖ Dispute, chamaillerie (agarrada) : *riña de niños*, chamaillerie d'enfants. ‖ Crêpage (*m.*) de chignon (de mujeres). ‖ *Riña de gallos*, combat de coqs.

riñón m. ANAT. Rein : *tener dolor de riñones*, avoir mal aux reins. ‖ CULIN. Rognon : *riñones al jerez*, rognons aux xérès. | FIG. Cœur, centre : *vivo en el mismo riñón de Madrid*, j'habite au cœur même de Madrid. | Fond : *el riñón del asunto*, le fond de l'affaire. | ARQ. Rein. ‖ MIN. Rognon. ‖ — Pl. Reins (lomos). | — FIG. *Costar un riñón*, coûter les yeux de la tête. | *Cubrirse el riñón*, mettre du foin dans ses bottes. | *Tener el riñón bien cubierto*, avoir les reins solides, avoir du foin dans ses bottes. | *Tener riñones*, avoir de l'estomac *o* du sang dans les veines, ne pas avoir froid aux yeux.

riñonada f. ANAT. Reins, *m. pl.*, région lombaire. ‖ Rognonnade (guiso). ‖ — FIG. y FAM. *Costar una riñonada*, coûter les yeux de la tête. ‖ *Chuleta de riñonada*, côtelette de gigot.

río m. Rivière, *f.* (corriente de agua que desemboca en otro río) : Fleuve (corriente de agua que desemboca en el mar) : *río costanero*, fleuve côtier. | FIG. Ruisseau (de lágrimas, sangre). ‖ — *Río abajo*, en aval. ‖ *Río arriba*, en amont. ‖ *Río de lava*, coulée de lave. ‖ — FIG. *Cuando el río suena agua lleva*, il n'y a pas de fumée sans feu. | *Pescar en río revuelto*, pêcher en eau trouble. | *Todavía ha de correr mucha agua por el río*, d'ici là, il passera beaucoup d'eau sous les ponts.

— OBSERV. La palabra *río*, antepuesta a un nombre de río, no se traduce generalmente : *el río Amazonas*, l'Amazone.

riobambeño, ña adj. y s. De Riobamba (Ecuador).

riojano, na adj. y s. De la Rioja (Argentina y España).

rioplatense adj. y s. Du Rio de la Plata.

riostra f. ARQ. Jambe de force, moise, entretoise.

ripia f. Latte, volige (tabla delgada). ‖ Dosse (de un madero aserrado).

ripiar v. tr. Remplir de gravats (enripiar).

ripio m. Résidu (residuo). ‖ Gravats, *pl.*, décombres, *pl.* (escombros). ‖ Remplage (relleno en albañilería). | FIG. Remplissage (palabras inútiles). | Cheville, *f.* (palabra superflua del verso). ‖ — FIG. *Meter ripio*, faire du remplissage (en un escrito). | *No perder ripio*, ne pas perdre une miette de ce que l'on dit, avoir l'oreille à tout. | *Poeta de ripio y cascote*, barbouilleur de papier, rimailleur.

ripioso, sa adj. Plein de chevilles, de mirliton : *versos ripiosos*, vers pleins de chevilles, vers de mirliton.

ripolín m. Ripolin (pintura).

ripuario, ria adj. y s. Ripuaire.

Riquete n. pr. m. Riquet : *Riquete el del Copete*, Riquet à la houppe.

riqueza f. Richesse.

riquísimo, ma adj. Richissime. ‖ FIG. Délicieux, euse (comida).

risa f. Rire, *m.* ‖ Risée : *ser la risa de todo el mundo*, être la risée de tout le monde. ‖ — *Risa burlona* ou *socarrona*, rire moqueur, ricanement. ‖ *Risa de conejo*, rire jaune. ‖ *Risa nerviosa* ou *loca*, fou rire. ‖ — *¡Qué risa!*, que c'est drôle ! ‖ — *Caerse* ou *morirse de risa*, mourir de rire. ‖

Dar risa, faire rire. ‖ *Desternillarse de risa*, se tordre de rire, se tenir les côtes de rire (fam.). ‖ *Es cosa de risa* ou *es de risa*, c'est à mourir de rire, c'est absolument crevant *o* roulant. ‖ *Llorar de risa*, rire aux larmes. ‖ *Me entró la risa*, j'ai eu terriblement envie de rire *o* j'ai été pris d'une envie de rire terrible. ‖ *Reir con risa de conejo*, rire jaune. ‖ *Reventar de risa*, mourir *o* crever *o* se tordre *o* pouffer de rire. ‖ *Ser motivo de risa*, prêter à rire. ‖ *Tener un ataque de risa*, avoir le fou rire.

riscal m. Terrain accidenté parsemé de rochers.

risco m. Roc, rocher escarpé.

riscoso, sa adj. Parsemé de rochers, rocailleux, euse.

risible adj. Risible.

risilla o **risita** f. Petit rire (*m.*), risette (sonrisa). ‖ Rire (*m.*) jaune (risa falsa).

— OBSERV. *Risette* se emplea sólo hablando de niños pequeños.

risión f. Dérision (mofa). ‖ Risée (hazmerreír).

risorio m. Risorius (músculo).

risotada f. Éclat (*m.*) de rire. ‖ — *Dar risotadas*, rire aux éclats. ‖ *Soltar una risotada*, éclater de rire.

rispidez f. Âpreté.

ríspido, da o **rispo, pa** adj. Âpre.

ristra f. Chapelet, *m.* : *una ristra de ajos*, de *cebollas*, un chapelet d'aulx, d'oignons. | FIG. y FAM. File, série. | Chapelet, *m.* (de mentiras). ‖ *En ristra*, en rang d'oignons.

ristre m. Arrêt : *lanza en ristre*, lance en arrêt.

ristrel m. Listel (listel).

risueño, ña adj. Souriant, e : *cara risueña*, visage souriant. ‖ Gai, e ; joyeux, euse (contento). ‖ FIG. Riant, e : *pradera risueña*, prairie riante. | Favorable : *suerte risueña*, destin favorable.

Rita n. pr. f. Rita. ‖ — FIG. y FAM. *¡Cuéntaselo a Rita!*, à d'autres ! | *¡Que lo haga Rita!*, ce n'est pas moi qui vais le faire !

ritidoma m. BOT. Rhytidome.

ritmar v. tr. Rythmer (dar ritmo).

rítmico, ca adj. y s. f. Rhytmique. ‖ — Adj. Rhytmé, e (cadencioso).

ritmo m. Rythme. ‖ *Dar ritmo*, rythmer.

— SINÓN. *Compás*, mesure. *Cadencia*, cadence.

rito m. Rite.

ritón m. Rhyton (jarro antiguo).

ritornelo m. MÚS. Ritournelle, *f.*

ritual adj. Rituel, elle. ‖ — *Libro ritual*, rituel. — M. Rituel (libro ritual). ‖ FIG. *Ser de ritual*, être de tradition.

ritualidad f. Observance des rites.

ritualismo m. Ritualisme.

ritualista adj. y s. Ritualiste.

rival adj. y s. Rival, e : *vencer a sus rivales*, vaincre ses rivaux.

— SINÓN. *Competidor*, concurrent. *Contendiente*, adversario, adversaire. *Contrario*, contraire. *Enemigo*, ennemi. *Antagonista*, antagoniste.

rivalidad f. Rivalité.

rivalizar v. intr. Rivaliser, faire assaut de : *rivalizar en ardor, en cortesía*, rivaliser d'ardeur, de politesse.

rixdal m. Rixdale, *f.* (moneda).

riza f. Chaume, *m.* (rastrojo).

rizado, da adj. Frisé, e : *tener el pelo rizado*, avoir les cheveux frisés. ‖ Ridé, e (la superficie del agua). ‖ *Mar rizado*, mer moutonnée. — M. Frisure, *f.* (del pelo).

rizador m. Fer à friser.

rizar v. tr. Friser (el pelo). ‖ Rider (la superficie del agua). ‖ Plisser (tela, papeles). — V. pr. Friser (la cabellera). ‖ Se rider (el agua del mar).

rizo, za adj. Bouclé, e.

— M. Boucle, *f.*, frisette, *f.* (fam.) [de cabellos]. ‖ Velours bouclé (terciopelo). ‖ Aviac. Looping, boucle, *f.* : *rizar el rizo*, faire un looping, boucler la boucle. ‖ Mar. Ris : *tomar rizos*, prendre des ris. ‖ *Nudo de rizo*, nœud plat.

rizocarpáceas f. pl. Bot. Rhizocarpacées.

rizófago, ga adj. Rhizophage (animal).

rizófora f. Bot. Rhizophore, *m.*, manglier, *m.*

rizoma m. Bot. Rhizome.

rizópodos m. pl. Zool. Rhizopodes (protozoarios).

rizoso, sa adj. Frisé, e [naturellement] (el pelo).

ro interj. Dodo.

roa f. Mar. Étrave.

roano, na adj. Rouan, anne (caballo).

rob o **robre** o **rubber** m. Rob, robre.

robador, ra adj. y s. Voleur, euse.

robaliza f. Bar (*m.*) femelle (pez).

róbalo o **robalo** m. Bar (pez).

robar v. tr. Voler : *robar mil pesetas*, voler mille pesetas. ‖ Dérober (hurtar). ‖ Enlever (raptar). ‖ Fig. Conquérir, ravir (el corazón, el alma). ‖ Piocher (juego de cartas). ‖ — *Robar con fractura* ou *efracción*, cambrioler (una casa).

Roberto n. pr. m. Robert.

robezo m. Zool. Chamois (rebeco).

robín m. Rouille, *f.* (orín).

robinia f. Bot. Robinier, *m.*, faux acacia, *m.*

robla f. (Ant.). Tribut (*m.*) qu'on payait pour faire transhumer les troupeaux.

robladero, ra adj. Qui peut être rivé, e.

robladura f. Rivure, rivetage, *m.*

roblar v. tr. River (un clavo).

roble m. Chêne, chêne rouvre, rouvre (árbol). ‖ Fig. y fam. Chêne (persona fuerte). ‖ *Más fuerte que un roble*, fort comme un chêne o comme un turc (fuerte), solide comme un roc (resistente).

robledal m. o **robleda** f. o **robledo** m. Chênaie, *f.*, rouvraie, *f.*

roblizo, za adj. Solide ; dur, e.

roblón m. Rivet : *roblón de cabeza plana, fresada, redonda*, rivet à tête plate, fraisée, ronde.

roblonar v. tr. Riveter.

robo m. ● Vol : *cometer un robo*, commettre un vol ; *robo a mano armada*, vol à main armée. ‖ Rentrée, *f.* (en los juegos de cartas). ‖ (Ant.). Enlèvement (rapto). ‖ — *Robo con agravantes*, vol qualifié. ‖ *Robo con fractura o efracción*, vol avec effraction, cambriolage.

— Sinón. ● *Estafa*, escroquerie. *Hurto, latrocinio*, larcin. *Ratería*, filouterie. *Rapiña*, rapine.

roborante adj. Fortifiant, e (medicamento).

roborar v. tr. Fortifier. ‖ Fig. Corroborer (corroborar).

roborativo, va adj. Fortifiant, e (reconstituyente).

robot m. Robot.

— Observ. Pl. *robots.*

roburita f. Roburite (explosivo).

robustecer* v. tr. Fortifier, rendre robuste.

— V. pr. Se fortifier, prendre des forces.

robustecimiento m. Action (*f.*) de fortifier. ‖ Raffermissement (fortalecimiento).

robustez f. Robustesse.

robusto, ta adj. Robuste.

roca f. Roche : *roca sedimentaria*, roche sédimentaire. ‖ Roc, *m.* : *escalar una roca*, escalader un roc. ‖ Fig. *Firme como una roca*, ferme o solide comme un roc.

rocadero m. (Ant.). Caroche, *f.*, bonnet des condamnés (coroza). ‖ Haut de la quenouille (de la rueca).

rocalla f. Rocaille. ‖ Verroterie grossière (abalorio grueso).

Rocallosas o **Rocosas** n. pr. f. pl. Geogr. *Montañas Rocallosas*, montagnes Rocheuses.

rocalloso, sa adj. Rocailleux, euse.

rocambola f. Bot. Rocambole.

roce m. Frôlement, effleurement : *el leve roce de su mano le causaba escalofríos*, le léger frôlement de sa main lui donnait des frissons. ‖ Frottement (rozamiento). ‖ Fig. Contact : *hay que evitar el roce con la mala gente*, il faut éviter le contact des mauvaises gens. | Frottement, friction, *f.* : *hubo roces entre las dos naciones vecinas*, il y eut des frictions entre les deux nations voisines.

rociada f. Aspersion. ‖ Rosée (rocío). ‖ Fig. Grêle : *rociada de golpes*, grêle de coups. | Pluie : *rociada de perdigones*, pluie de plombs de chasse. | Semonce, savon, *m.* (represión) : *echar una rociada a*, faire une semonce à, passer un savon à. ‖ — Fig. *Rociada de injurias*, pluie o bordée d'injures. | *Rociada de palos*, dégelée, volée de coups.

rociadera f. Arrosoir, *m.* (regadera).

rociador m. Goupillon.

rociadura f. Aspersion (rociada).

rociar v. tr. Asperger : *rociar con agua*, asperger d'eau. ‖ Arroser : *rociar una maceta de flores*, arroser un pot de fleurs. ‖ Arroser : *una comida rociada con una botella de champán*, un repas arrosé d'une bouteille de champagne. ‖ Mouiller (humedecer).

— V. intr. Se déposer, tomber [la rosée] : *ha rociado durante la noche*, la rosée s'est déposée pendant la nuit.

rocín m. Rosse, *f.*, roussin (caballo). ‖ Fig. Rustre (hombre tosco).

rocinante m. Rossinante, *f.*

rocino m. Rosse, *f.*, roussin (caballo).

rocío m. Rosée, *f.* ‖ Bruine, *f.* (llovizna). ‖ *Rocío del mar*, embruns.

rococó m. Rococo (estilo).

Rocosas n. pr. f. pl. Geogr. V. Rocallosas.

rocoso, sa adj. Rocheux, euse.

rocote m. Amer. Piment (especie de ají).

rochela f. Amer. Vacarme, *m.*

roda f. Mar. Étrave.

rodaballo m. Turbot (pez). ‖ Fig. y fam. Vieux renard, malin.

rodado, da adj. Roulé, e. ‖ Rodé, e (automóvil). ‖ Tisonné, e (caballo). ‖ Fig. Rodé, e (experimentado). ‖ — *Canto rodado*, galet. ‖ *Tránsito rodado* ou *circulación rodada*, circulation [routière], trafic automobile.

— F. Ornière, trace des roues.

rodador m. Rouleur (ciclista).

rodadura f. Roulement, *m.*, roulage, *m.*

rodaja f. Rondelle (de cuero). ‖ Rondelle, tranche (de limón, salchichón). ‖ Darne (de pescado). ‖ Rouelle (de vaca). ‖ Molette, rosette (de espuelas). ‖ Roulette (ruedecilla). ‖ Bourrelet, *m.* (de grasa). ‖ Tecn. Galet, *m.*

rodaje m. Rouages, pl. : *el rodaje de un reloj*, les rouages d'une montre. ‖ Rodage (de un motor, un automóvil) : *en rodaje*, en rodage. ‖ Tournage (de una película). ‖ Roulage (rodadura). ‖ *Secretaria de rodaje*, script-girl (cine).

rodal m. Coin de terre (terreno pequeño).

rodamiento m. Roulement : *rodamiento de bolas, de rodillos*, roulement à billes, à galets.

rodamina f. Quím. Rhodamine.

rodaniano, na adj. Rhodanien, enne.

Ródano n. pr. m. Geogr. Rhône.

rodante adj. Roulant, e.

rodapelo m. Rebroussement (redopelo).

rodapié m. Soubassement (de cama, de mesa). ‖ Garniture (*f.*) de balcon. ‖ Frise, *f.* (friso).

rodaplancha f. Bouterolle (de la llave).

rodar* v. intr. Rouler : *la canica rueda*, la bille roule ; *este coche rueda bien*, cette voiture roule bien. ‖ Dégringoler, dévaler : *rodar por las escaleras* ou *escaleras abajo*, dégringoler un escalier. ‖ Fig. Traîner, errer : *se pasa el tiempo rodando* *por las calles,* il passe son temps à traîner dans les rues. ‖ — FIG. *Andar rodando,* traîner : *libros que andan rodando por encima de la mesa,* livres qui traînent sur la table. ‖ *Caerse rodando,* rouler, dégringoler : *el niño se ha caído rodando desde lo alto de la escalera,* l'enfant dégringola du haut de l'escalier. ‖ FAM. *Echarlo todo a rodar,* envoyer tout promener, ficher tout en l'air. ‖ FIG. *Rodar por el mundo,* rouler sa bosse. | *¡Ruede la bola!,* vogue la galère!, advienne que pourra! — V. tr. Rouler : *rodar un tonel,* rouler un tonneau. ‖ Roder (un motor, un automóvil). ‖ Tourner (una película).

Rodas n. pr. GEOGR. Rhodes.
rodear v. tr. ● Entourer, enclore : *rodear un huerto con* ou *de tapias,* entourer un jardin de murs. ‖ Ceinturer, enceindre, entourer : *rodear una ciudad con murallas,* ceinturer une ville de murailles. ‖ Ceindre, entourer : *rodear la cabeza con una venda,* entourer la tête d'un bandeau. ‖ Contourner : *la carretera rodea la montaña,* la route contourne la montagne. ‖ *Amer.* Rassembler (el ganado). — V. pr. S'entourer. ‖ *Rodearse de precauciones,* s'entourer de précautions.
— SINÓN. ● *Circundar,* environner. *Ceñir,* ceindre. *Encerrar,* enfermer. *Envolver,* envelopper.
rodela f. Rondache, rondelle (escudo).
rodelero m. Rondachier (soldado).
rodenal m. Forêt (*f.*) de pins maritimes.
rodeno, na adj. Rouge (rojo, rojizo). ‖ *Pino rodeno,* pin maritime.
rodeo m. Détour, crochet : *dar un rodeo,* faire un détour. ‖ Tour (vuelta). ‖ FIG. Détour : *hablar sin rodeos,* parler sans détours. ‖ « Rodeo » (reunión del ganado y espectáculo en América). ‖ — FIG. *Andar* ou *andarse con rodeos,* tourner autour du pot (fam.). | *Dejémonos de rodeos,* parlons peu, mais parlons bien, parlons net, assez tergiversé. | *No andarse con rodeos,* ne pas y aller par quatre chemins.
rodera f. Ornière (carril).
rodericense adj. y s. De Ciudad Rodrigo (provincia de Salamanca).
Rodesia o **Rhodesia** n. pr. f. GEOGR. Rhodésie.
rodete m. Chignon (de caballos). ‖ Bourrelet, coussinet, torche, *f.,* tortillon (para cargar algo sobre la cabeza). ‖ Rouet (de cerradura).
rodezno m. Roue (*f.*) hydraulique. ‖ Roue (*f.*) dentée.
ródico, ca adj. QUÍM. Rhodique.
rodilla f. ANAT. Genou, *m.* ‖ — *De rodillas,* à genoux (de hinojos), à deux genoux (humildemente) : *pedir algo de rodillas,* demander quelque chose à deux genoux. ‖ — FIG. *Doblar la rodilla,* fléchir o plier le genou. ‖ *Hincar la rodilla,* mettre un genou en terre. ‖ *Hincarse de rodillas,* se mettre à genoux, s'agenouiller.
rodillada f. o **rodillazo** m. Coup (*m.*) de genou.
rodillazo m. TAUROM. Passe (*f.*) de muleta exécutée à genoux.
rodillera f. Genouillère (protección o adorno). ‖ — Pl. Genoux (*m.*) d'un pantalon, poches aux genoux.
rodillo m. Rouleau. ‖ Roule (de cantero). ‖ — *Rodillo apisonador,* rouleau compresseur. ‖ IMPR. *Rodillos entintadores,* rouleaux encreurs. ‖ *Rodillo trazador,* roulette (del sastre).
rodio m. QUÍM. Rhodium.
rodio, dia adj. y s. Rhodien, enne (de Rodas).
rododafne f. BOT. Laurier-rose, *m.* (adelfa).
rododendro m. BOT. Rhododendron.
Rodofíceas f. pl. BOT. Rhodophycées.
Rodolfo n. pr. m. Rodolphe.
rodomiel m. Miel rosat (miel rosada).
rodrigado, da adj. Ramé, e (planta).

rodrigar v. tr. Échalasser, ramer, tuteurer (encañar una planta).
rodrigazón f. Époque où l'on doit échalasser o tuteurer.
Rodrigo n. pr. m. Rodrigue.
rodrigón m. Échalas, tuteur, rame, *f.* (para las plantas). ‖ FIG. y FAM. Chaperon, porte-respect [vieux domestique qui accompagnait les dames].
roedor, ra adj. y s. Rongeur, euse.
roedura f. Rongement, *m.,* grignotage, *m.,* grignotement, *m.* (acción). ‖ Mangeure (parte roída).
roel m. BLAS. Tourteau.
roela f. Flan, *m.* (en numismática).
roentgen m. FÍS. Röntgen.
roentgenoterapia f. MED. Röntgenthérapie.
roer* v. tr. Ronger : *el perro roe un hueso,* le chien ronge un os. ‖ Grignoter : *roer una galleta,* grignoter un biscuit. ‖ FIG. Ronger. ‖ — FIG. y FAM. *Dar que roer,* donner du fil à retordre. | *Duro de roer,* dur à avaler : *una asignatura dura de roer,* une matière dure à avaler.
— V. pr. Se ronger : *roerse las uñas,* se ronger les ongles. ‖ FIG. *Roerse los puños,* se mordre les doigts, se ronger les poings (de rabia).
rogación f. Prière (acción de rogar). ‖ — Pl. Rogations (procesión).
rogador, ra o **rogante** adj. Qui prie.
rogar* v. tr. ● Prier : *le ruego que venga,* je vous prie de venir. ‖ Supplier, prier (con súplicas) : *se lo ruego,* je vous en supplie. ‖ — *Hacerse (de) rogar,* se faire prier. ‖ *Ruega por nos,* priez pour nous. ‖ *Se ruega no fumar,* prière de ne pas fumer. ‖ *Se ruega publicación,* prière d'insérer.
— SINÓN. ● *Pedir,* demander. *Instar,* prier instamment. *Suplicar,* supplier. *Implorar,* implorer. *Acudir a,* recourir à.
rogativa f. Prière publique. ‖ Prière : *hacer rogativas para pedir algo,* faire des prières pour demander quelque chose. ‖ — Pl. Rogations.
rogativo, va adj. Suppliant, e.
rogatorio, ria adj. DR. Rogatoire : *comisión rogatoria,* commission rogatoire.
Rogelio o **Roger** n. pr. m. Roger.
roído, da adj. Rongé, e.
rojear v. intr. Tirer sur le rouge (tirar a rojo). ‖ Rougeoyer (enrojecer).
rojete m. Rouge, fard (afeite).
rojez f. Rougeur.
rojizo, za adj. Rougeâtre. ‖ Roux, rousse (pelo).
rojo, ja adj. Rouge. ‖ Roux, rousse (el pelo). ‖ — FAM. *Estar más rojo que un cangrejo,* être rouge comme une écrevisse. ‖ VETER. *Mal rojo,* rouget du porc. ‖ *Ponerse rojo,* rougir. ‖ *Ponerse rojo de ira,* devenir rouge de colère, se fâcher tout rouge. ‖ — Adj. y s. m. FAM. Rouge (comunista). ‖ — M. ● Rouge. ‖ — *Rojo blanco,* rouge blanc. ‖ *Rojo candente,* rouge feu. ‖ *Rojo cereza,* rouge cerise. ‖ *Rojo de labios,* rouge à lèvres. ‖ *Rojo vivo,* rouge vif. ‖ *El disco está en rojo,* le feu est au rouge. ‖ FIG. *La discusión llegó al rojo vivo,* la discussion arriva à son paroxysme o devint passionnée. | *La situación está al rojo vivo,* la situation est explosive o à son paroxysme. ‖ *Poner al rojo,* chauffer au rouge.
— SINÓN. ● *Colorado,* rouge. *Encarnado,* incarnat. *Bermejo,* vermeil. *Bermellón,* vermillon. *Escarlata, grana,* écarlate. *Púrpura,* pourpre . *Carmesí,* cramoisi. *Granate,* grenat.
Rojo n. pr. m. GEOGR. *Mar Rojo,* mer (*f.*) Rouge.
rol m. Rôle (lista). ‖ MAR. Rôle d'équipage.
Rolando n. pr. m. Roland.
rolar v. intr. MAR. Tourner (el viento). ‖ *Amer.* Fréquenter (tener trato). | S'entretenir avec (platicar con).
Roldán n. pr. m. Roland.
roldana f. Rouet, *m.,* réa, *m.* (de una polea).
roldón m. BOT. Redoul.

rollizo, za adj. Potelé, e ; dodu, e ; rondelet, ette : *niño rollizo*, enfant potelé ; *brazo rollizo*, bras dodu.
— M. Rondin (madero).

rollo m. Rouleau (de papel, etc.). || Rouleau à pâtisserie (de pastelero). || Bille, *f.*, bois en grume (de madera). || Fam. Empoisonneur, casse-pieds, *inv. : este tío es un rollo*, ce type est un empoisonneur. || (Ant.). Colonne (*f.*) de pierre. || — Fam. *Esta película es un rollo*, ce film est barbant *o* rasoir *o* assommant. | *¡ Largue el rollo !*, vas-y !, accouche ! (pop.). | *Soltó su rollo clásico*, il ressortit son bla-bla habituel. | *¡ Vaya rollo !*, quelle barbe !

rollona f. Fam. Bonne d'enfant (niñera).

Roma n. pr. Geogr. Rome. || — Fig. y Fam. *A Roma por todo*, hardiment. | *Cuando a Roma fueres, haz como vieres*, il faut vivre à Rome comme à Rome. | *Hablando del rey de Roma por la puerta asoma*, quand on parle du diable *o* du loup on en voit la queue. | *Por todas partes se va a Roma*, tous les chemins mènent à Rome. | *Remover Roma con Santiago*, remuer ciel et terre.

romadizo m. Med. Rhume de cerveau.

romaico, ca adj. y s. m. Roméique.

Román n. pr. m. Romain.

romana f. Romaine (balanza).

romance adj. y s. m. Roman, e : *las lenguas romances*, les langues romanes. || — M. Espagnol, castillan, langue (*f.*) espagnole : *para saber callar en romance y hablar en latín discreción es menester*, pour savoir se taire en castillan et parler en latin il faut être un grand sage. || Langue (*f.*) vulgaire [par opposition au latin]. || « Romance » (composición poética con versos octosílabos). || — Fig. *En buen romance*, en bon français, clairement. | *Romance de ciego*, complainte. || *Romance de gesta*, chanson de geste. || *Romance corto*, « romance » (versos de menos de ocho sílabas). || *Romance real*, « romance » (endecasílabos).

— Observ. Le *romance* est une composition poétique formée d'octosyllabes dont les vers pairs sont assonancés et les impairs libres.

romancero, ra m. y f. Auteur *o* chanteur de « romances ». || — M. « Romancero » (recueil de « romances » espagnols).

romanche m. Romanche (lengua de Suiza).

romaneo m. Pesage avec la romaine.

romanesco, ca adj. Romain, e (de los romanos).

románico, ca adj. Artes. Roman, e.

romanilla adj. f. y s. f. Ronde (letra).

romanismo m. Ensemble des institutions romaines.

romanista m. y f. Romaniste.

romanizar v. tr. Romaniser.

romano, na adj. y s. Romain, e. || — *Lechuga romana*, romaine. | *Números romanos*, chiffres romains. || Fig. *Una obra de romanos*, un travail de Romain.

romanticismo m. Romantisme.

romántico, ca adj. y s. Romantique. || Fig. Romantique (sentimental). | Romanesque (novelesco).

romanticón, ona adj. Romanesque : *espíritu romanticón*, esprit romanesque.

romanza f. Mús. Romance.

Romaña n. pr. f. Geogr. Romagne.

romaza f. Bot. Patience, rumex, *m.* (planta).

rombal adj. Geom. Rhombique, en forme de losange.

rómbico, ca adj. Rhombique.

rombo m. Geom. Losange, rhombe (ant.). || Turbot (rodaballo).

romboédrico, ca adj. Geom. Rhomboédrique.

romboedro m. Geom. Rhomboèdre.

romboidal adj. Geom. Rhomboïdal, e ; en forme de losange, en losange.

romboide m. Rhomboïde.

romboideo, a adj. Geom. Rhomboïde.

Romeo n. pr. m. Roméo.

romería f. Pèlerinage, *m.* (peregrinación). || Fête patronale (fiesta). || Pardon, *m.* (en Bretaña).

romero, ra adj. Qui va en pèlerinage.
— M. y f. Pèlerin, e (peregrino). || — M. Bot. Romarin (arbusto). || Capelan (pez).

romo, ma adj. Émoussé, e : *punta roma*, pointe émoussée. || Camus, e ; camard, e (nariz). || *Macho romo*, bardot (híbrido de caballo y mula).

rompecabezas m. inv. Casse-tête (arma). || Fig. Casse-tête (acertijo). | Puzzle (juego).

rompedera f. Poinçon, *m.* (martillo con punzón).

rompedero, ra adj. Cassant, e ; fragile.

rompedor, ra adj. y s. Brise-tout (rompelotodo).

rompedura f. V. rompimiento.

rompehielos m. inv. Brise-glace (barco).

rompehuelgas m. inv. Fam. Briseur de grève, jaune (esquirol).

rompelotodo m. inv. Brise-tout.

rompenueces m. inv. Casse-noisettes, casse-noix.

rompeolas m. inv. Brise-lames.

romper v. tr. ● Casser, briser : *romper una silla, un espejo*, casser une chaise, briser un miroir. || Rompre : *romper las amarras, un palo*, rompre les amarres, un bâton ; *romper el pan*, rompre le pain. || Déchirer (tela, papel). || Abîmer (zapatos, trajes). || Fendre : *el barco rompe las aguas*, le bateau fend l'onde. || Fig. Casser, rompre : *romper la cabeza a uno*, casser la tête à quelqu'un ; *romper un contrato*, rompre un contrat. | Rompre : *romper el silencio*, rompre le silence. | Ouvrir : *romper las hostilidades*, ouvrir les hostilités ; *romper el fuego*, ouvrir le feu. | Enfreindre, violer (una ley). || Agric. Rompre (roturar). || Mil. Rompre : *¡rompan filas!*, rompez les rangs ! || — *Parece que en su vida no ha roto un plato*, on lui donnerait le bon Dieu sans confession. || *Romper el ayuno*, rompre le jeûne. || Fig. *Romper el hielo*, briser la glace. || Fig. y Fam. *Romper la cara* ou *las narices*, casser la figure *o* la gueule (pop.). | *Romper la crisma*, rompre le cou. || Fig. *Romper una lanza con alguien*, rompre une lance avec quelqu'un. | *Romper lanzas por alguien*, rompre une lance en faveur de quelqu'un.
— V. intr. Déferler, briser (las olas). || Fig. Rompre, briser, casser : *romper con uno*, briser avec quelqu'un ; *estos novios han roto*, ces fiancés ont rompu. | Rompre : *romper con el pasado*, rompre avec le passé. || — Fig. *Romper a*, se mettre à : *romper a hablar*, se mettre à parler. | *Romper a llorar* ou *en llanto*, éclater en sanglots, se mettre à pleurer. | *Romper la marcha*, ouvrir la marche. || — Fig. *Al romper el alba*, au point du jour. | *Al romper el día*, au lever du jour. || Fig. y Fam. *Mujer de rompe y rasga*, femme qui n'a pas froid aux yeux. || *Quien rompe paga*, qui casse les verres les paye.
— V. pr. Casser, rompre : *la cuerda se rompió*, la corde a cassé. || Se casser, se briser, se rompre : *romperse una pierna*, se casser une jambe. || Ne pas marcher, être en panne : *se rompió el ascensor, mi coche*, l'ascenseur ne marche pas, ma voiture est en panne. || — Fig. *Romperse la cara, la crisma*, se rompre le cou, se casser la figure. | *Romperse las narices*, se casser le nez (fracasar), se casser les dents (encontrar mucha dificultad). | *Romperse los cascos* ou *la cabeza*, se casser la tête, se creuser la tête *o* l'esprit *o* le cerveau *o* la cervelle.

— Observ. El verbo francés *casser* es el verbo más corriente ; *rompre* se emplea sobre todo cuando se trata de un objeto alargado o en sentido abstracto ; *briser* implica cierta violencia y significa hacer algo añicos.
— Sinón. ● *Partir, quebrar*, casser, briser. *Hender, rajar*, fendre. *Fracturar*, fracturer. *Cascar*, fêler. *Destrozar*, mettre en pièces.

rompesquinas m. inv. FIG. y FAM. Fanfaron, fier-à-bras, casseur d'assiettes.
rompible adj. Cassable.
rompido, da adj. BLAS. Rompu, e.
rompiente m. Brisant (escollo).
rompimiento m. Rupture, *f*. || Fente, *f*. (quiebra).
Rómulo n. pr. m. Romulus.
ron m. Rhum. || *Destilería de ron*, rhumerie.
ronca f. Bramement (*m*.) du daim en rut. || Pertuisane (arma).
roncador, ra adj. Ronflant, e (que ronca). — M. y f. Ronfleur, euse.
roncamente adv. Grossièrement.
roncar v. intr. Ronfler (durmiendo). || Raire (el gamo). || FIG. Mugir (mar, viento).
roncear v. intr. Lambiner, traîner (remolonear). || FAM. Cajoler, flatter (halagar). || MAR. Marcher lentement.
roncería f. Lenteur (lentitud). || FAM. Cajolerie, flatterie (halago). || MAR. Lenteur.
roncero, ra adj. Lambin, e (remolón). || FAM. Grognon, onne (regañón). | Cajoleur, euse ; flatteur, euse (halagador). || MAR. Lourd, e ; mauvais marcheur, mauvaise marcheuse (embarcación).
Roncesvalles n. pr. GEOGR. Roncevaux.
ronco, ca adj. Rauque (áspero) : *voz ronca*, voix rauque. || Enroué, e (que tiene ronquera) : *estar ronco*, être enroué. || *Ponerse ronco*, s'enrouer.
roncha f. Éruption cutanée.
ronda f. Ronde (inspección). || Ronde, guet, *m*. (patrulla). || Tournée (del cartero). || Groupe (*m*.) de jeunes gens donnant des sérénades. || Orchestre (*m*.) de jeunes gens (tuna). || FAM. Tournée (convidada) : *pagar una ronda*, payer une tournée. || Boulevard (*m*.) périphérique *o* extérieur (camino de circunvalación). || DEP. Tour, *m*. (carrera ciclista por etapas). || *Amer.* Ronde (corro). || *Camino de ronda*, chemin de ronde.
rondador, ra adj. y s. Qui fait une ronde. || — M. y f. Rôdeur, euse (que vagabundea). || — M. *Amer.* Sorte de syrinx *o* de flûte (*f*.) de Pan (en Ecuador).
rondalla f. Petite société philarmonique, troupe de musiciens [jouant d'instruments à cordes]. || Conte, *m*. (cuento).
rondar v. intr. Faire une ronde (para vigilar). || Rôder (merodear).
— V. tr. Tourner autour (dar vueltas). || FIG. Guetter : *el sueño me está rondando*, le sommeil me guette ; *la gripe le está rondando*, la grippe le guette. | Rôder autour, planer sur, guetter : *la muerte estaba rondando la casa*, la mort planait sur la maison. | Friser : *rondar la cuarentena*, friser la quarantaine. | Tourner autour de (a una persona). | Faire la cour (a una mujer). || *Rondar la calle*, faire les cent pas.
rondel m. Rondeau (poema).
rondeño, ña adj. y s. De Ronda [ville d'Espagne]. || — F. Chanson populaire de Ronda.
rondó m. MÚS. Rondo, rondeau.
rondón (de) loc. Sans crier gare : *entrar de rondón*, entrer sans crier gare.
ronquear v. intr. Être enroué.
ronquedad f. Dureté (de un sonido).
ronquera f. Enrouement, *m*. || *Tener* ou *padecer ronquera*, être enroué.
ronquido m. Ronflement.
ronronear v. intr. Ronronner.
ronroneo m. Ronronnement, ronron (fam.).
ronza f. MAR. *Estar a la ronza*, être sous le vent.
ronzal m. Licou, licol, longe, *f*. || MAR. Cordage (palanca).
ronzar v. tr. Croquer, faire craquer [un aliment sous la dent]. || MAR. Soulever avec un palan.
roña f. Crasse (mugre). || Gale (del carnero). || Rouille (moho). || FIG. y FAM. Radinerie, pingrerie (roñería). || — M. V. ROÑICA.

roñería f. FAM. Radinerie, pingrerie.
roñica adj. y s. FAM. Radin, e ; pingre ; rapiat, e : *mi tío es un roñica*, mon oncle est un radin.
roñosería f. FAM. V. ROÑERÍA.
roñoso, sa adj. Crasseux, euse (mugriento). || Galeux, euse (carnero). || Rouillé, e (mohoso). || — Adj. y s. FAM. Radin, e ; pingre, rapiat, e (avaro).
ropa f. Vêtement, *m*. : *el abrigo es ropa de invierno*, le manteau est un vêtement d'hiver. || Vêtements, *m*. pl., habits, *m*. pl. : *quitarse la ropa*, ôter ses vêtements. || — *Ropa blanca*, linge de maison, blanc (para uso doméstico), lingerie (de una persona). || *Ropa de cama*, literie. || *Ropa hecha*, confection. || *Ropa interior*, linge, linge de corps : *mudarse de ropa interior*, changer de linge ; dessous (de una mujer) : *ropa interior bordada*, des dessous brodés. || *Ropa vieja*, vieux vêtements, nippes (pingos), salmigondis, miroton (guisado). || — *Andar* ou *ir ligero de ropa*, être légèrement vêtu. || *A quema ropa*, à brûle-pourpoint (de improviso), à bout portant (desde muy cerca). || *Con la ropa hecha jirones*, en haillons, en guenilles. || FIG. *Hay ropa tendida*, il y a des oreilles indiscrètes. | *Lavar la ropa sucia en casa*, laver son linge sale en famille. || *Quitarse la ropa*, se déshabiller, enlever ses vêtements, ôter ses habits. || FIG. *Saber nadar y guardar la ropa*, avoir l'œil à tout, ménager la chèvre et le chou. | *Tentarse la ropa*, se tâter (pop.), réfléchir mûrement, hésiter (vacilar).
ropaje m. Draperie, *f*. (artes). || Vêtements, pl. (ropa). || FIG. Couverture, *f*., manteau, voile : *la virtud sirve de ropaje a muchas hipocresías*, la vertu sert de manteau à bien des hypocrisies. | Couverture, *f*. : *traicionar a uno bajo el ropaje de la amistad*, trahir quelqu'un sous couverture d'amitié.
ropavejería f. Friperie.
ropavejero, ra m. y f. Fripier, ère.
ropería f. Magasin (*m*.) de confection. || Vestiaire, *m*. (vestuario). || *Ropería de viejo*, friperie (ropavejería).
ropero m. Armoire (*f*.) à linge (para ropa blanca). || Penderie, *f*., garde-robe, *f*. (guardarropa). || Ouvroir (vestuario de una parroquia). || Bonnetière, *f*. (armario pequeño). || — M. y f. Linger, ère [d'une communauté].
ropilla f. Pourpoint, *m*.
roque m. Tour, *f*. (ajedrez). || FIG. y FAM. *Estar roque*, être endormi. | *Quedarse roque*, s'endormir.
Roque n. pr. m. Roch.
roqueda f. o **roquedal** m. Terrain (*m*.) rocailleux.
roquedo m. Rocher (peñasco).
roquefort m. Roquefort (queso).
roqueño, ña adj. Rocheux, euse. || Dur comme la pierre (duro).
roquero, ra adj. De roche. || Construit sur le roc.
roqués adj. m. *Halcón roqués*, rochier.
roqueta f. Roquette (fortificación).
roquete m. Rochet (vestidura eclesiástica).
rorcual m. ZOOL. Rorqual, baleinoptère (ballena).
rorro m. Bébé (niño pequeñito). || *Amer.* Poupée, *f*. (muñeca).
ros m. MIL. Espèce de shako.
rosa f. Rose : *un ramo de rosas*, un bouquet de roses. || Rosace (rosetón). || — *Rosa de Jericó*, rose de Jéricho. || *Rosa de los vientos* ou *náutica*, rose des vents. || *Rosa de pitiminí*, rose pompon. || *Rosa de té*, rose thé. || *Rosa silvestre*, églantine. || — *Agua de rosa*, eau de rose. || FIG. *Color de rosa*, rose, couleur rose. || *Palo de rosa*, bois de rose. || FIG. y FAM. *Estar como las propias rosas*, être parfaitement bien *o* comme un coq en pâte. || FIG. *La vida no es senda de rosas*, tout n'est pas rose dans la vie. | *No hay rosa sin espinas*, il n'y a pas de roses sans épines. | *Pintar las cosas color*

de rosa, peindre les choses en rose. | *Verlo todo de color rosa,* voir tout en rose. | *Vivir en un lecho de rosas,* être sur un lit de roses.
— Adj. inv. y s. m. Rose (color) : *tejidos rosa,* des étoffes roses ; *un rosa claro,* un rose clair. ‖ *Novela rosa,* roman à l'eau de rose.
— OBSERV. El adjetivo francés *rose* concuerda siempre en género y número con el sustantivo.

Rosa n. pr. f. Rose.

rosáceo, a adj. Rosacé, e. ‖ MED. *Acné rosácea,* rosacée, acné rosacée, couperose.
— F. pl. BOT. Rosacées.

rosadelfa f. Azalée (azalea).

rosado, da adj. Rose (color de rosa). ‖ Rosé, e ; rose pâle : *tez rosada,* teint rosé. ‖ Rosat, *inv.* : *miel rosada,* miel rosat. ‖ *Amer.* Rubican (caballo). ‖ *Color rosado,* rose. ‖ — Adj. m. y s. m. Rosé (vino).

rosal m. Rosier : *rosal trepador,* rosier grimpant. ‖ *Rosal silvestre,* églantier, rosier sauvage.

rosaleda o **rosalera** f. Roseraie.

Rosalía n. pr. f. Rosalie.

Rosamunda n. pr. f. Rosemonde.

rosanilina f. QUÍM. Rosaniline.

rosariero m. Marchand de chapelets, patenôtrier (ant.).

rosarino, na adj. y s. De Rosario (Argentina).

rosario m. Chapelet : *rosario de marfil,* chapelet d'ivoire ; *rezar el rosario,* dire son chapelet ; *las cuentas del rosario,* les grains du chapelet. ‖ Rosaire : *mes del rosario,* mois du rosaire. ‖ FIG. Chapelet, série, *f.* : *rosario de desdichas,* série de malheurs. ‖ FIG. y FAM. Colonne *(f.)* vertébrale. ‖ — FIG. y FAM. *Acabar como el rosario de la aurora,* tourner court, finir en eau de boudin (una reunión). ‖ *Rosario hidraúlico,* chapelet hydraulique.
— OBSERV. V. CHAPELET, 1ª parte, pág. 138.

Rosario n. pr. f. Rosario (abrégé de Virgen del Rosario), Notre-Dame du Rosaire.

rosbif m. Rosbif.

rosca f. Filet, *m.* (de un tornillo). ‖ Couronne (pan). ‖ Bourrelet *(m.)* de graisse (carnosidad). ‖ Rond, *m.* (de humo). ‖ *Amer.* Tortillon, *m.* (rodete). ‖ — *Paso de rosca,* pas de vis. ‖ *Rosca de Arquímedes,* vis d'Archimède. ‖ FIG. y FAM. *Hacer la rosca a uno,* passer la main dans le dos de quelqu'un, lécher les bottes à quelqu'un. ‖ FIG. *Hacerse una rosca,* se rouler en boule. ‖ *Pasarse de rosca,* dépasser les bornes (pasarse de los límites), forcer son talent (exagerar), se surentraîner (deportes), foirer (tornillo).

roscado, da adj. En forme de pas de vis.
— M. TECN. Filetage.

roscar v. tr. Fileter.

rosco m. Couronne *(f.)* de pain [pan]. ‖ Gimblette, *f.* (bollo). ‖ Bouée, *f.* (para nadar).

roscón m. Couronne, *f.* (rosca). ‖ — *Repartir el roscón de Reyes,* tirer les Rois. ‖ *Roscón de Reyes,* galette des Rois.

roseína f. QUÍM. Roséine.

Rosellón n. pr. m. GEOGR. Roussillon.

róseo, a adj. Rosé, e.

roséola f. MED. Roséole.

rosero, ra m. y f. Cueilleur, cueilleuse de safran.

roseta f. Rosette (rosa pequeña). ‖ Rougeur [au visage]. ‖ — Pl. Pop-corn, *m. sing.,* grains *(m.)* de maís éclatés.

rosetón m. ARQ. Rosace, *f.* ‖ Rougeur, *f.* (en la cara).

rosicler m. Teinte *(f.)* rosée de l'aurore, roseur *(f.)* de l'aurore.

rosoli m. Rossolis (licor).

rosón m. Œstre (rezno).

rosquilla f. Gimblette (bollo). ‖ Chenille qui se roule sur elle-même (larva). ‖ — *Rosquilla tonta,*

gimblette à l'anis. ‖ FIG. y FAM. *Venderse como rosquillas,* se vendre comme des petits pains.

rosquillero, ra m. y f. Marchand, marchande de gimblettes.

rostrado, da o **rostral** adj. Rostral, e : *columna, corona rostral,* colonne, couronne rostrale.

rostrituerto, ta adj. Renfrogné, e.

rostro m. Visage, figure, *f.* : *un rostro sonriente,* un visage souriant ; *rostro afilado,* visage en lame de couteau. ‖ MAR. Rostre, éperon. ‖ — FIG. *A rostro descubierto,* à visage découvert. | *Hacer rostro,* faire face. | *Salvar el rostro,* sauver la face. | *Taparse el rostro,* se voiler la face. ‖ FIG. y FAM. *Tener mucho rostro,* avec un toupet o un culot monstre. ‖ FIG. *Torcer el rostro,* faire la grimace. | *Volver el rostro,* détourner les yeux o la tête (desdén, asco), tourner les talons (huir).

rota f. Déroute (derrota). ‖ BOT. Rotang, *m.* (planta). | Rotin, *m.* (caña). ‖ Rote (tribunal romano).

rotáceo, a adj. BOT. Rotacé, e.

rotación f. Rotation. ‖ — AGRIC. *Por rotación,* par roulement. | *Rotación de cultivos,* rotation des cultures, assolement.

rotacismo m. Rhotacisme (fonética).

rotador, ra o **rotatorio, ria** adj. Rotateur, trice ; rotatoire.

rotario m. Rotarien.

rotativo, va adj. Rotatif, ive.
— F. IMPR. Rotative (fam.). ‖ — M. Journal (periódico) : *rotativo matutino,* journal du matin.

roten m. Rotang (planta). ‖ Rotin (bastón).

rotería f. *Amer.* Plèbe, bas peuple, *m.*

rotíferos m. pl. ZOOL. Rotifères.

roto, ta adj. Cassé, e ; brisé, e : *reloj roto,* montre brisée. ‖ Rompu, e : *cuerda rota,* corde rompue. ‖ Déchiré, e (tela, papel). ‖ Abîmé, e ; percé, e (zapatos). ‖ — M. *Amer.* Homme du peuple. ‖ FIG. *Nunca falta un roto para un descosido,* on trouve toujours plus malheureux que soi.

rotograbado m. IMPR. Rotogravure, *f.*

rotonda f. Rotonde.

rotor m. MECÁN. Rotor : *rotor conductor,* rotor entraîneur. ‖ AVIAC. Rotor (de helicóptero).

rotoso, sa adj. *Amer.* Déguenillé, e.

rótula f. ANAT. y MECÁN. Rotule.

rotulación f. Composition du texte [d'une enseigne, d'un écriteau, d'une nomenclature, etc.].

rotulador m. Marqueur, crayon feutre (lápiz). ‖ Dessinateur de lettres (pintor).

rotular v. tr. Dessiner des lettres. ‖ Mettre la légende à (un plano, etc.).

rotuliano, na o **rotular** adj. Rotulien, enne.

rótulo m. Enseigne, *f.* : *rótulo luminoso,* enseigne lumineuse. ‖ Écriteau (letrero). ‖ Panonceau (placa). ‖ Nomenclature, *f.* (de un mapa).

rotundamente adv. Catégoriquement, net : *negarse rotundamente,* refuser net.

rotundidad f. Rotondité : *la rotundidad de la Tierra,* la rotondité de la Terre. ‖ FIG. Sonorité (del lenguaje).

rotundo, da adj. Sonore, bien frappé, e : *frase rotunda,* phrase sonore. ‖ À l'emporte-pièce : *fórmula rotunda,* formule à l'emporte-pièce. ‖ Retentissant, e ; éclatant, e : *éxito rotundo,* succès retentissant. ‖ Catégorique : *una negativa rotunda,* un refus catégorique.

rotuno, na adj. *Amer.* Plébéien, enne.

rotura f. Rupture (de un cable, eje, viga). ‖ Cassure, brisure (quiebra). | Fracture (de un hueso). ‖ Déchirure (de un tejido).

roturación f. AGRIC. Défrichage, *m.,* défrichement, *m.*

roturador, ra adj. y s. Défricheur, euse. ‖ — F. AGRIC. Défricheuse (arado).

roturar v. tr. AGRIC. Défricher, défoncer.

round m. Round (asalto de boxeo).

roya f. Bot. Rouille : *roya parda del trigo,* rouille brune du blé.

royalty f. Royalty (derechos de autor o de inventor).

royo, ya adj. Blond, e (rubio). ‖ Roux, rousse (rojo). ‖ *Pino royo,* pin commun.

roza f. Essartage, *m.,* essartement, *m.* (acción de rozar). ‖ Essart, *m.* (tierra rozada).

rozable adj. Qui peut être défriché, défrichable.

rozadora f. Min. Haveuse (máquina).

rozadura f. Éraflure : *la bala le produjo una rozadura en el casco,* la balle fit une éraflure sur son casque. ‖ Écorchure (desolladura). ‖ Entretaillure (caballos).

rozagante adj. Fringant, e ; pimpant, e (persona). ‖ Fringant, e (caballo). ‖ Splendide, magnifique.

rozamiento m. Frôlement, effleurement (roce). ‖ Mecán. Friction, *f.,* frottement. ‖ Agric. Essartage, essartement (desbroce).

rozar v. tr. Frôler, effleurer : *la rueda rozó con el bordillo de la acera,* la roue frôla la bordure du trottoir. ‖ Érafler (causando un arañazo). ‖ Raser : *rozar las paredes,* raser les murs. ‖ Accrocher légèrement, érafler : *rozar un coche,* accrocher légèrement une voiture. ‖ Agric. Essarter (un terreno). ‖ Receper, recéper (talar un árbol). ‖ Fig. Frôler : *rozar un accidente,* frôler un accident. ‖ Friser : *rozar la cuarentena,* friser la quarantaine. ‖ Côtoyer, friser : *rozar el ridículo,* côtoyer le ridicule. — V. pr. Se frôler, s'effleurer. ‖ S'entretailler (los caballos). ‖ Fig. Se frotter : *rozarse con artistas,* se frotter aux artistes. ‖ Mar. Raguer (desgastarse).

rozno m. Ânon (borrico pequeño).

rozo m. Essartement (roza). ‖ Menu bois (leña menuda).

rozón m. Faucillon.

rúa f. Rue (calle).

ruán m. Rouennerie, *f.* (tela).

Ruán n. pr. Geogr. Rouen.

ruana f. Étoffe de laine. ‖ Manteau, *m.* (poncho).

ruanés, esa adj. y s. Rouennais, e.

ruano, na adj. Rouan, anne (caballo).

rubefacción f. Med. Rubéfaction.

rubefaciente adj. y s. m. Med. Rubéfiant, e.

rúbeo, a adj. Rougeâtre.

rubéola f. Med. Rubéole.

rubescente adj. Rubescent, e.

rubeta f. Rainette (rana de zarzal).

rubí m. Rubis. ‖ — *Rubí balaje,* rubis balais. ‖ *Rubí claro,* rubicelle.

— Observ. Pl. *rubíes.*

rubia f. Bot. Garance (granza). ‖ Sorte de goujon (pez). ‖ Rubi, *m.* (moneda árabe). ‖ Fam. Femme blonde, blonde (mujer de pelo rubio). ‖ Peseta (moneda). ‖ Canadienne, commerciale (coche).

rubiáceas f. pl. Bot. Rubiacées.

rubial m. Garancière, *f.* (campo de granzas).

rubiales m. y f. inv. Fam. Blondinet, ette (rubio).

rubicán adj. y s. m. Rubican (caballo).

rubicela f. Rubicelle (rubí claro).

Rubicón n. pr. m. Geogr. Rubicon. ‖ *Atravesar* ou *pasar el Rubicón,* franchir le Rubicon.

rubicundez f. Rougeur. ‖ Rousseur (del pelo). ‖ Med. Rubéfaction.

rubicundo, da adj. Rubicond, e. ‖ Roux, rousse (el pelo). ‖ Éclatant de santé (rebosante de salud).

rubidio m. Rubidium (metal).

rubificar v. tr. Rougir. ‖ Med. Rubéfier.

rubio, bia adj. y s. Blond, e : *tiene el pelo rubio,* il a les cheveux blonds. ‖ — M. Blond (color). ‖ Grondin, rouget grondin (pez). ‖ *Rubio desteñido,* blond filasse.

rubión adj. m. y s. m. *Trigo rubión,* blé roux.

rublo m. Rouble (moneda rusa).

rubor m. Rougeur, *f.* (color). ‖ Fig. Honte, *f.* : *producir, sentir rubor,* faire, avoir honte.

ruborizado, da adj. Rougissant, e (de emoción).

ruborizar v. tr. Faire rougir. — V. pr. Rougir, devenir rouge. ‖ Fig. Rougir : *no ruborizarse por nada,* ne rougir de rien.

ruborosamente adv. En rougissant.

ruboroso, sa adj. Rougissant, e.

rúbrica f. Rubrique (título o sección de periódico). ‖ Paraphe, *m.,* parafe (rasgos de la firma). ‖ — *Rúbrica musical,* indicatif musical. ‖ *Ser de rúbrica,* être de rigueur.

rubricante adj. Qui paraphe.

rubricar v. tr. Parapher, parafer. ‖ Fig. Signer : *Manolete hubiera podido rubricar esta magnífica verónica,* Manolete aurait pu signer cette magnifique véronique. ‖ Terminer, couronner (concluir) : *este acontecimiento rubricó su carrera,* cet événement a couronné sa carrière.

rubro, ra adj. Rouge (encarnado). — M. Amer. Rubrique, *f.,* titre (rúbrica) ; poste.

rucio, cia adj. Gris, e (animal). — M. Grison, baudet (asno).

ruco, ca adj. Amer. Vieux, vieille (caballo).

ruche (estar) loc. Fam. Être sans le sou, tirer le diable par la queue.

rucho m. Baudet, âne (borrico).

ruda f. Bot. Rue (planta). ‖ Fig. y Fam. *Ser más conocido que la ruda,* être connu comme le loup blanc.

rudeza f. Rudesse.

rudimental o **rudimentario, ria** adj. Rudimentaire.

rudimento m. Rudiment.

— Sinón. *Principio,* principe. *Germen,* germe. *Embrión,* embryon. *Noción,* notion.

rudo, da adj. Rude : *una ruda prueba,* une rude épreuve. ‖ Grossier, ère (basto).

rueca f. Quenouille (para hilar).

rueda f. Roue : *vehículo de dos ruedas,* véhicule à deux roues. ‖ Roue (suplicio). ‖ Darne (rodaja de pescado). ‖ Meule (de molino). ‖ Rouet, *m.* (de arcabuz). ‖ Ronde (corro) : *formar la rueda,* faire la ronde. ‖ Rouelle (rodaja). ‖ Tecn. Roue : *rueda hidráulica,* roue hydraulique. ‖ — *Rueda catalina,* roue d'échappement (relojería). ‖ *Rueda delantera, trasera,* roue avant, arrière. ‖ *Rueda de paletas* ou *de álabes,* roue à aubes. ‖ *Rueda de prensa,* conférence de presse. ‖ *Rueda de queso,* roue o meule de fromage. ‖ *Rueda de recambio* ou *de repuesto,* roue de secours o de rechange. ‖ *Rueda de trinquete* ou *dentada,* roue à rochet. ‖ *Rueda libre,* roue libre. ‖ *Ruedas gemelas,* roues jumelées. ‖ — *Barco de ruedas,* bateau à aubes. ‖ *Juego de ruedas,* rouages. ‖ Fig. *La rueda de la fortuna* ou *del destino,* la roue de la fortune. ‖ *Patinaje sobre ruedas,* patinage à roulettes. ‖ *Sillón de ruedas,* fauteuil roulant. ‖ — Fig. y Fam. *Comulgar con ruedas de molino,* prendre des vessies pour des lanternes, tout gober. ‖ *Hacer la rueda,* faire la roue (pavo). ‖ Fig. *Ir como sobre ruedas,* aller comme sur des roulettes.

ruedo m. Paillasson (esterilla). ‖ Taurom. Arène, *f.* (redondel). ‖ Fig. *Echarse al ruedo,* entrer en lice, descendre dans l'arène.

ruego m. Prière, *f.* ‖ — *A ruego mío,* à ma prière. ‖ *Le envío estos datos con el ruego de que los publique,* je vous envoie ces renseignements en vous priant de les publier.

rufián m. Ruffian, rufian. ‖ Souteneur, maquereau (pop.) [chulo]. ‖ *El Rufián dichoso,* le Mauvais garçon bienheureux o le Souteneur devenu saint (de Cervantes).

rufianear v. intr. Servir d'entremetteur.

rufianesco, ca adj. De ruffian, de souteneur. — F. Pègre, canaille.

Rufino n. pr. m. Rufin.
rufo, fa adj. Blond, e (rubio). ‖ Roux, rousse (bermejo). ‖ Bouclé, e (rizado).
rugby m. Rugby (deporte).
rugido m. Rugissement. ‖ Fig. Hurlement.
rugidor, ra o **rugiente** adj. Rugissant, e.
ruginoso, sa adj. Rouillé, e (mohoso).
rugir v. intr. Rugir. ‖ Hurler (el viento).
rugosidad f. Rugosité.
rugoso, sa adj. Rugueux, euse.
— Sinón. *Arrugado*, ridé. *Desigual*, inégal.
ruibarbo m. Bot. Rhubarbe, *f.*
ruido m. Bruit : *los ruidos de la calle*, les bruits de la rue. ‖ Fig. y Fam. Bruit : *esta noticia va a armar mucho ruido*, cette nouvelle va faire beaucoup de bruit. ‖ Chambard, bruit (escándalo) : *aquí va a haber ruido*, il va y avoir du chambard. ‖ — *Hacer* ou *meter mucho ruido*, faire beaucoup de bruit. ‖ *Mucho ruido y pocas nueces* ou *mucho ruido por nada*, beaucoup de bruit pour rien. ‖ *Ruido ambiental*, nuisance.
ruidosamente adv. Bruyamment, à grand bruit. ‖ *Aplaudir ruidosamente*, applaudir à tout rompre.
ruidoso, sa adj. Bruyant, e. ‖ Retentissant, e (estrepitoso). ‖ Fig. Tapageur, euse : *publicidad ruidosa*, publicité tapageuse.
ruin adj. Misérable, minable (fam.), piètre : *persona de ruin aspecto*, personne d'aspect misérable o d'un piètre aspect. ‖ Vil, e ; bas, basse : *una ruin traición*, une vile trahison. ‖ Mesquin, e ; pingre (mezquino). ‖ Vicieux, euse (caballo). ‖ *A ruin, ruin y medio*, à malin, malin et demi.
ruina f. ● Ruine : *las ruinas de un castillo*, les ruines d'un château. ‖ Délabrement, *m.* : *la ruina de un edificio*, le délabrement d'un édifice. ‖ Fig. Ruine (pérdida de fortuna) : *ir a la ruina*, courir à la ruine. ‖ Perte : *labrar su ruina*, travailler à sa perte. ‖ Délabrement, *m.*, décadence (moral). ‖ Ruine (persona). ‖ Effondrement, *m.* : *la ruina del Imperio Romano*, l'effondrement de l'Empire romain. ‖ *Caerse en ruinas*, tomber en ruine.
— Sinón. ● *Restos*, ruines. *Vestigios*, vestiges.
ruindad f. Bassesse, vilenie (vileza). ‖ Mesquinerie, pingrerie (tacañería).
ruinmente adv. Bassement (vilmente). ‖ Mesquinement (con tacañería).
ruinoso, sa adj. Ruineux, euse : *gastos ruinosos*, des dépenses ruineuses. ‖ Qui menace ruine, en ruine, délabré, e : *castillo ruinoso*, château délabré. ‖ *En estado ruinoso*, délabré, en ruine.
ruiponce m. Bot. Raiponce, *f.*
ruiseñor m. Rossignol (pájaro).
rulado m. Agric. Roulage.
ruleta f. Roulette (juego de azar). ‖ Tecn. Roulette.
rulo m. Rouleau.
ruma f. *Amer.* Tas, *m.*, pile (montón).
Rumania n. pr. f. Geogr. Roumanie.
rumano, na adj. y s. Roumain, e.
rumazón f. Mar. Arrimage, *m.* (arrumazón).
rumba f. Rumba (baile).
rumbeador o **rumbero** m. *Amer.* Guide.
rumbear v. intr. *Amer.* S'orienter (orientarse). ‖ Danser la rumba.
rumbo m. Mar. y Aviac. Cap, route, *f.* : *hacer rumbo a*, mettre o avoir le cap sur, faire route vers. ‖ Mar. Rumb, rhumb (ángulo de dirección). ‖ Fig. Direction, *f.* : *tomar otro rumbo*, prendre une autre direction. ‖ Faste, apparat, pompe, *f.* : *celebrar una boda con mucho rumbo*, célébrer un mariage avec beaucoup de faste o en grande pompe. ‖ Générosité, *f.*, largesse, *f.*, magnificence, *f.* (generosidad). ‖ — *Rumbo a*, en direction de, vers (hacia), le cap sur (un barco). ‖ *Sin rumbo fijo*, sans but, selon l'inspiration du moment, au

hasard. ‖ — Mar. *Abatir* ou *corregir el rumbo de un barco*, corriger la route d'un bateau. ‖ *Cambiar de rumbo*, se dérouter. ‖ *El jefe del Estado marca el rumbo de la política del país*, le chef d'Etat décide de l'orientation que doit prendre la politique du pays. ‖ Mar. *Navegar rumbo a*, faire voile sur. ‖ Fig. *Perder el rumbo*, perdre le nord. ‖ *Tomar buen rumbo*, bien tourner (un asunto).
rumboso, sa adj. Fam. Pompeux, euse ; fastueux, euse (magnífico). ‖ Large, généreux, euse ; magnificent, e (dadivoso).
Rumelia n. pr. f. Geogr. Roumélie.
rúmex m. Bot. Rumex.
rumí m. Roumi.
— Observ. Los árabes dan este nombre a los cristianos.
rumia o **rumiadura** f. Rumination. ‖ Fig. Ruminement, *m.*, remâchement, *m.*
rumiante adj. y s. m. Ruminant, e.
rumiar v. tr. Ruminer (un animal). ‖ Fig. y Fam. Ruminer, remâcher : *rumiar un proyecto*, ruminer un projet. ‖ Grommeler (rezongar).
rumión, ona adj. Fam. Grognon, onne ; bougon, onne (gruñón).
rumor m. Rumeur, *f.* ‖ Fig. Bruit : *corre* ou *cunde el rumor*, le bruit court. ‖ — *El rumor general* ou *público*, la rumeur publique. ‖ *Rumores de pasillo*, bruits de couloir. ‖ *Según los rumores*, d'après les rumeurs, d'après les bruits qui courent.
rumorear v. tr. e intr. Murmurer.
— V. pr. Courir le bruit : *se rumorea que va a haber una revolución*, le bruit court qu'il va y avoir une révolution.
rumoroso, sa adj. Murmurant, e ; gazouillant, e : *arroyo rumoroso*, ruisseau gazouillant.
runas f. pl. Runes (antiguos caracteres escandinavos).
rundún m. *Amer.* Oiseau-mouche.
rúnico, ca adj. Runique.
runrún m. Fam. Rumeur, *f.*, bruit (ruido). ‖ Fig. y Fam. Rumeur, *f.*, bruit (hablilla) : *corre el runrún*, le bruit court. ‖ Ronron (del gato).
runrunearse v. pr. Courir le bruit, murmurer : *se runrunea que es muy grave*, le bruit court o on murmure que c'est très grave.
ruñar v. tr. Tecn. Jabler (los toneles).
ruolz m. Ruolz (metal blanco).
Ruperto n. pr. m. Rupert.
rupestre adj. Rupestre : *pintura rupestre*, peinture rupestre.
rupia f. Roupie (moneda).
rupicabra o **rupicapra** f. Chamois, *m.* (gamuza).
ruptor m. Electr. Rupteur.
ruptura f. Rupture (de un contrato, de las hostilidades, de las relaciones diplomáticas). ‖ Fracture (fractura). ‖ Mil. Rupture, percée. ‖ Electr. *Corriente de ruptura*, courant de rupture.
rural adj. Rural, e : *los problemas rurales*, les problèmes ruraux. ‖ De campagne : *cura, médico rural*, curé, médecin de campagne. ‖ Terrien, enne : *propietario rural*, propriétaire terrien. ‖ *Guarda rural*, garde champêtre.
rusco m. Bot. Fragon épineux (brusco).
Rusia n. pr. f. Geogr. Russie.
rusificación f. Russification.
rusificar v. tr. Russifier.
ruso, sa adj. y s. Russe. ‖ — M. Russe (idioma).
rusófilo, la adj. y s. Russophile.
rusticidad f. Rusticité. ‖ Rustauderie (patanería).
rústico, ca adj. Rustique. ‖ *En rústica*, broché : *edición en rústica*, édition brochée.
— M. Campagnard, paysan. ‖ Rustaud (palurdo).
rustiquez f. Rusticité.
Rut n. pr. f. Ruth.
ruta f. Route, itinéraire, *m.*, parcours, *m.* (itinerario) : *seguir la ruta de Don Quijote*, suivre l'itinéraire de Don Quichotte. ‖ Fig. Voie, chemin, *m.*

(derrotero) : *señalar la ruta de la victoria*, montrer la voie de la victoire. ‖ *Hoja de ruta*, feuille de route *o* de déplacement.
— OBSERV. L'emploi du mot *ruta* pour désigner une voie de communication terrestre est un gallicisme.

rutáceas f. pl. BOT. Rutacées.
Rutenia n. pr. f. GEOGR. Ruthénie.
rutenio m. Ruthénium (metal).
ruteno, na adj. y s. Ruthène.
rutilante adj. Rutilant, e.

rutilar v. intr. Rutiler.
rutilo m. MIN. Rutile.
rútilo, la adj. (P. us.). Resplendissant, e ; rutilant, e (resplandeciente).
rutina f. Routine : *apartarse de la rutina diaria*, s'écarter de la routine journalière ; *por mera rutina*, par pure *o* simple routine.
rutinario, ria o **rutinero, ra** adj. Routinier, ère : *procedimiento rutinario*, procédé routinier.
ruzafa f. Jardin, *m.* (jardín de recreo).

S

s f. S, *m.*
— OBSERV. Le *s* espagnol est toujours prononcé, même à la fin d'un mot, avec la valeur du *ss* français.

sábado m. Samedi : *vendré el sábado*, je viendrai samedi ; *el sábado pasado, que viene*, samedi dernier, samedi prochain. ‖ RELIG. Sabbat (de los judíos). ‖ — *Sábado de Gloria* ou *Santo*, samedi saint. ‖ *Tener sábado inglés*, faire la semaine anglaise, ne pas travailler le samedi après-midi.
sabalar m. Alosier, alosière, *f.* (red).
sabalera f. Grille d'un four à réverbère.
sábalo m. Alose, *f.* (pez).
sabana f. Savane (llanura).
sábana f. Drap, *m.*, drap (*m.*) de lit (de cama) : *sábana bajera, encimera*, drap de dessous, de dessus. ‖ Nappe d'autel (de altar). ‖ — *La Sábana Santa*, le saint suaire. ‖ FIG. y FAM. *Pegársele a uno las sábanas*, faire la grasse matinée : *a Pedro se le han pegado las sábanas*, Pierre a fait la grasse matinée ; rester trop longtemps au lit, se lever trop tard, ne pas pouvoir se tirer du lit : *siempre llega tarde porque se le pegan las sábanas*, il arrive toujours en retard parce qu'il ne peut pas se tirer du lit.
sabandija f. Bestiole (animal). ‖ FIG. Sale bête, vermine (persona despreciable).
sabanear v. intr. *Amer.* Parcourir la savane à la recherche d'un troupeau.
sabanero, ra adj. y s. De la savane. ‖ — M. *Amer.* Rabatteur *o* gardien d'un troupeau. ‖ Étourneau (pájaro).
sabanilla f. Nappe d'autel (del altar).
sabañón m. Engelure, *f.* ‖ FIG. y FAM. *Comer como un sabañón*, manger comme quatre *o* comme un ogre.
sabático, ca adj. Sabbatique, du sabbat.
sabatino, na adj. y s. Sabbathien, enne (secta). ‖ Sabbatine : *bula sabatina*, bulle sabbatine. ‖ — F. Sabbatine (lección). ‖ Office (*m.*) religieux du samedi.
sabedor, ra adj. Informé, e ; au courant : *ser sabedor de*, être informé de.
sabeísmo m. RELIG. Sabéisme (herejía).
sabela f. Sabelle (gusano marino).
sabelianismo m. Sabellianisme (herejía).
sabeliano, na adj. y s. Sabellien, enne (herético).
sabelotodo m. y f. FAM. « Je-sais-tout », savantasse.

sabeo, a adj. Sabéen, enne (de Saba).
saber m. Savoir : *persona de gran saber*, personne d'un grand savoir. ‖ *El saber no ocupa lugar*, les études n'ont jamais fait de mal à personne, on n'en sait jamais trop.
— SINÓN. *Ciencia*, science. *Erudición*, érudition. *Conocimiento*, connaissance. *Cultura*, culture. *Sabiduría*, savoir.
saber* v. tr. Savoir : *saber leer, su lección*, savoir lire, sa leçon ; *saber griego*, savoir le grec ; *no querer saber nada*, ne rien vouloir savoir. ‖ Être fort : *sabe muchas matemáticas*, il est très fort en mathématiques. ‖ Apprendre (enterarse) : *supe que habías venido*, j'ai appris que tu étais venu. ‖ Connaître (conocer) : *yo sé muy bien la historia de Francia*, je connais très bien mon histoire de France. ‖ — *Sabe Dios*, Dieu seul le sait. ‖ *Sabe Dios si*, Dieu sait si. ‖ FIG. *Saber al dedillo* ou *de corrido* ou *de carretilla*, savoir sur le bout du doigt. ‖ *Saber algo como el Padre Nuestro*, savoir *o* connaître quelque chose sur le bout du doigt. ‖ *Saber algo de buena tinta*, savoir quelque chose de source sûre *o* de bonne source. ‖ FAM. *Saber arreglárselas*, savoir comment s'y prendre *o* savoir y faire. ‖ *Saber cuántas son cinco*, en savoir long, en connaître un rayon (fam.). ‖ *Saber más de la cuenta*, en savoir long. ‖ *Saber de fijo* ou *a punto fijo*, savoir avec certitude, être parfaitement sûr de. ‖ *Saber de memoria*, savoir par cœur (algo aprendido), connaître par cœur (una máquina). ‖ FIG. *Saber latín*, être malin comme un singe. ‖ *Saber mucho de un asunto*, en savoir long sur une affaire. ‖ *Saber un rato de*, en savoir long sur. ‖ — *Cada uno sabe dónde le aprieta el zapato*, chacun sait où le bât le blesse. ‖ *¡Conque ya lo sabes!*, tiens-toi le pour dit. ‖ *¡Lo sabré yo!*, je ne le sais que trop !, je le sais mieux que personne ! ‖ *No saber dónde meterse*, ne pas savoir où se mettre. ‖ *No saber nada de nada*, ne rien savoir du tout, savoir trois fois rien. ‖ FAM. *No saber ni jota* ou *ni papa de ello*, ne pas en avoir la moindre idée. ‖ *No saber uno a qué atenerse*, ne pas savoir à quoi s'en tenir. ‖ *No saber uno a qué carta quedarse*, ne pas savoir sur quel pied danser. ‖ *No saber uno a qué santo encomendarse*, ne savoir à quel saint se vouer. ‖ FAM. *No saber uno dónde tiene las narices*, s'y entendre comme à ramer des choux. ‖ *No saber por dónde se anda*, ne pas savoir ce qu'on fait. ‖ *¿Qué sé yo?*, que

sais-je ? ‖ *Que yo sepa,* [pour autant] que je sache, à ma connaissance. ‖ *Se las sabe todas,* il est au courant de tout (estar al tanto), il a plus d'un tour dans son sac (tener experiencia). ‖ *¡Si lo sabré!,* je suis bien placé pour le savoir, je suis payé pour le savoir. ‖ *Sin saberlo (yo, tú,* etc.). à (mon, ton, etc.) insu. ‖ *¡Tú qué sabes!,* qu'est-ce que tu en sais! ‖ *Un no sé qué,* un je-ne-sais-quoi. ‖ FAM. *Van a saber quién soy yo,* ils vont avoir de mes nouvelles, je leur ferai voir de quel bois je me chauffe. ‖ *¡Vete a saber!,* va donc savoir!, sait-on jamais! ‖ *¡Y qué sé yo!,* et que sais-je encore! ‖ *¿Yo qué sé?,* comment voulez-vous que je le sache ?, qu'est-ce que j'en sais (fam.) ?
— V. intr. Savoir. ‖ — *Saber a,* avoir le goût de, sentir : *esto sabe a miel,* cela a un goût de miel; donner l'impression de, faire l'effet de ; *los consuelos le saben a injurias,* les consolations lui font l'effet d'injures. ‖ *Sabe a gloria,* c'est divin, c'est exquis, c'est délicieux. ‖ *Saber de,* avoir des nouvelles : *hace un mes que no sé de mis padres,* je n'ai pas eu de nouvelles de mes parents depuis un mois; s'y connaître en : *sabe de mecánica,* il s'y connaît en mécanique ; connaître : *sé de sitios que son muy tranquilos,* je connais des endroits qui sont très tranquilles. ‖ *Saber mal,* avoir mauvais goût : *esta sopa sabe mal,* cette soupe a mauvais goût ; déplaire, gêner : *me sabe muy mal ir a verle después de lo que ha pasado,* ça me gêne beaucoup d'aller le voir après ce qui s'est passé ; ne pas être apprécié : *lo que has hecho me sabe muy mal,* je n'ai pas du tout apprécié ce que tu as fait. ‖ — *A saber,* à savoir, savoir, c'est-à-dire : *Queda por saber,* reste à savoir : *queda por saber si vendrá,* reste à savoir s'il viendra.
— V. pr. Se savoir : *todo llega a saberse,* tout arrive à se savoir. ‖ Savoir, avoir appris : *yo me sé la lección,* je sais ma leçon. ‖ *Se lo sabe todo,* il sait tout.
sabiamente adv. Savamment (con ciencia). ‖ Sagement (con prudencia).
sabidillo, lla adj. y s. FAM. Pédant, e; savantasse. ‖ — M. « Je-sais-tout ». ‖ — F. Bas-bleu, m. (mujer).
sabido, da adj. Connu, e : *sabido es que,* il est bien connu que. ‖ Qui prétend tout savoir, qui sait tout : *es un tío muy sabido,* c'est un type qui prétend tout savoir. ‖ — *Como es sabido,* comme chacun sait (como todos lo saben), cela va sans dire (no hace falta decirlo). ‖ *Es cosa sabida que,* il est bien connu que.
sabiduría f. Sagesse (prudencia). ‖ Savoir, m., science (instrucción). ‖ RELIG. Sagesse. ‖ — *La sabiduría eterna* ou *increada,* la Sagesse éternelle. ‖ *Libro de la Sabiduría,* Livre de la Sagesse.
sabiendas (a) loc. adv. Sciemment (a propósito), en connaissance de cause (a ciencia cierta).
sabihondez f. FAM. Pédantisme, m.
sabihondo, da adj. y s. FAM. Pédant, e; savantasse. ‖ FAM. *Es un sabihondo,* c'est une grosse tête.
sabina f. BOT. Sabine.
Sabina n. pr. f. Sabine.
Sabiniano n. pr. m. Sabinien.
sabino, na adj. y s. HIST. Sabin, e. ‖ Rouan, anne (caballo).
sabinol m. QUÍM. Sabinol.
sabio, bia adj. y s. Savant, e (que posee sabiduría). ‖ Sage (prudente) : *los Siete Sabios de Grecia,* les Sept Sages de la Grèce. ‖ — *De sabios es mudar de opinión,* il n'y a que les sots pour ne jamais changer d'avis. ‖ *Perro sabio,* chien savant.
sabiondo, da adj. V. SABIHONDO.
sabir m. Sabir.
sablazo m. Coup de sabre (golpe). ‖ FIG. y FAM. Emprunt, tapage (p. us.). ‖ FIG. y FAM. *Dar un*

sablazo a uno, taper quelqu'un (pedir dinero prestado).
sable m. Sabre (arma) : *desenvainar el sable,* dégainer le sabre. ‖ BLAS. Sable (negro). ‖ FIG. Art de taper les gens. ‖ *Tirar el sable,* faire du sabre (esgrima).
sableador, ra m. y f. FAM. Tapeur, euse; emprunteur, euse.
sablear v. intr. FAM. Taper (pedir dinero prestado).
sablista adj. y s. FAM. Tapeur, euse; emprunteur, euse (sableador).
saboga f. Alose (pez).
saboneta f. Savonnette, montre à savonnette (reloj de bolsillo).
sabor m. Goût, saveur, f. : *un sabor a naranja,* un goût d'orange. ‖ FIG. Saveur, f. : *un poema de sabor clásico,* un poème de saveur classique. ‖ — Pl. Olives, f. (del bocado del caballo). ‖ — *Mal sabor de boca,* mauvais goût (alimento), impression désagréable. ‖ FIG. *Sabor local,* couleur locale. ‖ *Sin sabor,* plat, sans attrait, fade.
saborear v. tr. ● Savourer (percibir el sabor). ‖ FIG. Savourer, goûter (apreciar). ‖ Assaisonner, parfumer (dar sabor).
— V. pr. Se délecter, se régaler (deleitarse) : *saborearse con,* se délecter de.
— SINÓN. ● *Probar, catar, gustar,* goûter. *Paladear, degustar,* déguster.
saboreo m. Dégustation, f.
sabotaje m. Sabotage (deterioración).
saboteador, ra m. y f. Saboteur, euse.
sabotear v. tr. Saboter : *sabotear una empresa,* saboter une entreprise.
Saboya n. pr. f. GEOGR. Savoie.
saboyana f. Jupe, basquine ouverte par-devant (vestido). ‖ Savarin, m. (pastel).
saboyano, na adj. y s. Savoyard, e.
sabroso, sa adj. Délicieux, euse; savoureux, euse (de buen sabor). ‖ FIG. Délicieux, euse; exquis, e. ‖ Savoureux, euse : *una broma sabrosa,* une plaisanterie savoureuse.
sabucal m. Endroit couvert de sureaux.
sabuco m. BOT. Sureau (saúco).
sabueso, sa adj. y s. *Perro sabueso,* sorte de griffon. ‖ — M. FIG. Limier, fin limier (pesquisidor).
sabugo m. BOT. Sureau (saúco).
saburral adj. MED. Saburral, e.
saca f. Extraction (efecto de sacar). ‖ Sac, m. (costal). ‖ Sac (m.) postal (del correo). ‖ COM. Exportation (exportación). ‖ Approvisionnement, m. (de efectos estancados). ‖ Copie, duplicata, m. (de un documento). ‖ Fournée de prisonniers qui sont exécutés à titre de représailles.
sacabala f. Tire-balle, m.
sacabocados m. inv. Emporte-pièce (para taladrar).
sacabotas m. inv. Tire-botte.
sacabrocas m. inv. Pince (de zapatero).
sacabuche m. MÚS. Trombone à coulisse.
sacaclavos m. inv. Arrache-clou.
sacacorchos m. inv. Tire-bouchon.
sacacuartos m. inv. V. SACADINERO.
sacadinero o **sacadineros** m. Babiole, f. (alhajuela). ‖ — M. y f. Quémandeur, euse; tapeur, euse (sablista).
sacador, ra adj. y s. Tireur, euse (que saca). ‖ Serveur, euse; servant, m. (tenis). ‖ — M. IMPR. Recette, f. (tablero de recepción de pliegos), receveur (operario).
sacadura f. Pince, entaille en biais (en costura).
sacáis m. pl. POP. Mirettes, f. (ojos).
sacaleches m. inv. Tire-lait.
sacaliña f. Harpon, m. (garrocha). ‖ FIG. Astuce, ruse (socaliña).
sacamanchas m. inv. Détachant (quitamanchas).
sacamantecas m. inv. FAM. Éventreur.

sacamiento m. Enlèvement, extraction, f.
sacamuelas m. y f. inv. FAM. Arracheur, arracheuse de dents (mal dentista). ‖ — M. inv. Charlatan (vendedor). ‖ Moulin à paroles (hablador). ‖ *Mentir más que un sacamuelas*, mentir comme un arracheur de dents.
sacaperras adj. y s. m. inv. V. SACADINEROS.
sacapuntas m. inv. Taille-crayon.
sacar v. tr. Tirer (la lengua, un buen número). ‖ Sortir : *sacar un pañuelo del bolsillo*, sortir son mouchoir de sa poche ; *sacó la pistola*, il sortit son pistolet. ‖ Enlever, ôter : *sacar un armario de un cuarto*, enlever une armoire d'une pièce ; *sacar una mancha*, enlever o ôter une tache. ‖ Arracher (diente, ojo). ‖ Puiser, tirer (agua). ‖ Prendre (billete). ‖ Faire faire : *he sacado el pasaporte en París*, j'ai fait faire mon passeport à Paris. ‖ Retirer : *fue mi hermano quien sacó mi pasaporte*, c'est mon frère qui a retiré mon passeport. ‖ Retirer : *le han sacado del colegio*, ils l'ont retiré du collège. ‖ Sortir (nuevo modelo). ‖ Lancer, créer (una moda). ‖ Prélever : *sacar muestras*, prélever des échantillons. ‖ FIG. Puiser, tirer (fuerzas). ‖ Remporter, obtenir : *sacar la mayoría en las elecciones*, remporter la majorité aux élections. ‖ Relever (un error, una falta). ‖ Déduire, conclure (deducir). ‖ Tirer : *sacar una película de una novela*, tirer un film d'un roman. ‖ Tirer (extraer) : *el azúcar se saca de la remolacha*, on tire le sucre de la betterave. ‖ Faire (fichas, papeletas). ‖ Montrer, faire voir (enseñar) : *sacar los dientes*, montrer les dents ; *¿me puede sacar ese nuevo modelo?*, pouvez-vous me faire voir ce nouveau modèle ? ‖ Donner (un apodo, un mote). ‖ Trouver (encontrar). ‖ Gagner (un premio). ‖ Sortir, retirer, tirer : *sacar dinero del banco*, sortir de l'argent de la banque. ‖ Tirer : *ha sacado mucho dinero de sus cuadros*, il a tiré beaucoup d'argent de ses tableaux. ‖ Faire sortir, tirer : *sacar de prisión*, faire sortir de prison. ‖ Faire sortir : *tienes que sacar a tu hermana más, la pobrecita se aburre*, tu devrais faire sortir ta sœur davantage, la pauvre petite s'ennuie. ‖ Obtenir, décrocher : *sacar un diploma*, décrocher un diplôme. ‖ FIG. Tirer, arracher : *no se le puede sacar una palabra*, on ne peut pas en tirer un mot. ‖ Sortir, ressortir : *siempre nos saca la historia de su vida*, il nous ressort toujours l'histoire de sa vie. ‖ Dégager : *podemos sacar tres grupos*, nous pouvons dégager trois groupes. ‖ DEP. Servir, faire le service (tenis). ‖ Faire la touche, jouer la rentrée de touche, remettre en touche (desde la banda), donner le coup d'envoi (desde el centro), dégager (de la portería), botter (un córner) [fútbol]. ‖ MAT. Extraire (una raíz cuadrada). ‖ Faire, prendre : *sacar fotos*, faire des photos ; *sacar una foto a uno*, prendre une photo de quelqu'un, prendre quelqu'un en photo. ‖ — *Sacar a bailar*, inviter à danser. ‖ *Sacar a colación*, faire mention de, ressortir. ‖ *Sacar adelante*, élever (su familia), faire prospérer, mener à bien (un negocio). ‖ *Sacar a flote*, renflouer, remettre à flot (un barco, un negocio). ‖ *Sacar a la vergüenza pública*, mettre au pilori. ‖ *Sacar a ou por suerte*, tirer au sort. ‖ *Sacar a la venta*, mettre en vente. ‖ *Sacar a luz*, publier, faire paraître (publicar), étaler o mettre au grand jour (descubrir), faire la lumière sur (dar aclaraciones sobre). ‖ *Sacar a pasear a uno*, emmener quelqu'un en promenade. ‖ *Sacar apuntes* ou *datos*, prendre des notes. ‖ *Sacar a relucir*, v. RELUCIR. ‖ *Sacar a subasta*, mettre o vendre aux enchères. ‖ *Sacar a uno de sus costumbres*, déranger quelqu'un dans ses habitudes, faire sortir quelqu'un de ses habitudes. ‖ *Sacar brillo a los zapatos*, cirer les chaussures. ‖ *Sacar copia de*, tirer copie de, faire une copie de. ‖ *Sacar cuartos*, gagner de l'argent :

sólo le interesa sacar cuartos, il ne pense qu'à gagner de l'argent ; soutirer de l'argent (pedir dinero). ‖ *Sacar de apuro*, tirer d'embarras o d'affaire. ‖ *Sacar de banda*, faire la touche (fútbol). ‖ *Sacar defectos a todos*, trouver des défauts à tout le monde. ‖ FIG. *Sacar de la cabeza* ou *del magín*, ôter de la tête. ‖ *Sacar del arroyo*, tirer de la boue o du ruisseau. ‖ *Sacar del olvido*, tirer de l'oubli. ‖ *Sacar de mentira verdad*, plaider le faux pour savoir le vrai. ‖ *Sacar de pila*, tenir sur les fonts baptismaux, être parrain o marraine. ‖ *Sacar de pobre*, tirer de la pauvreté, sauver de la misère. ‖ *Sacar de puerta*, faire le dégagement (fútbol). ‖ FIG. *Sacar de quicio* ou *de sus casillas*, faire sortir de ses gonds, mettre hors de soi, pousser à bout. ‖ *Sacar de raíz*, extirper. ‖ *Sacar de sí a uno*, mettre quelqu'un hors de soi, faire perdre la tête à quelqu'un. ‖ *Sacar de un mal paso*, tirer d'un mauvais pas. ‖ *Sacar el cuello*, tendre le cou. ‖ *Sacar el dobladillo*, donner l'ourlet. ‖ FIG. *Sacar el jugo a uno*, presser quelqu'un comme un citron. ‖ *Sacar el pecho*, bomber le torse o la poitrine. ‖ *Sacar en claro* ou *en limpio*, tirer au clair. ‖ *Sacar en ou a hombros*, porter en triomphe (un torero). ‖ *Sacar fuerzas de flaqueza*, prendre son courage à deux mains, faire un ultime effort. ‖ *Sacar la casa adelante*, faire marcher la maison. ‖ *Sacar la espada*, tirer l'épée. ‖ *Sacar la verdad a uno*, arracher o faire dire la vérité à quelqu'un. ‖ *Sacar las cuentas*, faire les comptes. ‖ FIG. *Sacar los pies del plato*, se dévergonder. ‖ *Sacar pajas*, tirer à la courte paille. ‖ *Sacar partido* ou *provecho* ou *un beneficio*, tirer profit, profiter, tirer parti. ‖ *Sacar puntos a*, rendre des points à. ‖ MED. *Sacar sangre*, faire une prise de sang. ‖ *Sacar una buena media*, tenir une bonne moyenne. ‖ *Sacar una buena* ou *mala nota*, avoir une bonne o une mauvaise note. ‖ *Sacar una conclusión*, tirer une conclusion. ‖ *Sacar un problema*, résoudre un problème. ‖ *Sacar veinte metros de ventaja*, prendre vingt mètres d'avance (un corredor). ‖ — V. pr. Enlever : *sácate los zapatos*, enlève tes chaussures. ‖ Se faire faire : *me he sacado una foto en casa del fotógrafo*, je me suis fait faire une photo chez le photographe.
sacarato m. QUÍM. Saccharate, sucrate.
sacarífero, ra adj. Saccharifère.
sacarificación f. Saccharification.
sacarificar v. tr. Saccharifier.
sacarimetría f. TECN. Saccharimétrie.
sacarímetro m. TECN. Saccharimètre.
sacarina f. QUÍM. Saccharine.
sacarino, na adj. Saccharin, e.
sacaroideo, a adj. Saccharoïde.
sacarol m. Saccharol.
sacarolado m. Saccharolé.
sacaromicetos m. pl. Saccharomyces.
sacarosa f. QUÍM. Saccharose, *m.*
sacaruro m. Saccharure.
sacatacos m. inv. Tire-bourre (de una escopeta).
sacatapón m. Tire-bouchon.
sacatrapos m. inv. Tire-bourre.
sacerdocio m. Sacerdoce.
sacerdotal adj. Sacerdotal, e.
sacerdote m. Prêtre.
— SINÓN. *Cura*, prêtre, curé, abbé. *Padre*, père. *Abate*, abbé. *Pastor*, pasteur. *Rabino*, rabbin. *Pope*, pope.
sacerdotisa f. Prêtresse.
saciable adj. Facile à rassasier o à satisfaire.
saciar v. tr. Rassasier (hartar). ‖ FIG. Assouvir : *saciar su venganza*, assouvir sa vengeance. ‖ — V. pr. Se rassasier (hartarse). ‖ FIG. Se satisfaire : *saciarse con poco*, se satisfaire de peu. ‖ *Saciarse de sangre*, s'abreuver de sang.
— SINÓN. ● *Hartarse, llenarse*, se rassasier. *Atracarse, atiborrarse*, se bourrer, s'empiffrer. *Ahitarse*, se

gaver. *Saturarse*, se saturer. *Empacharse*, avoir une indigestion.

saciedad f. Satiété : *hasta la saciedad*, jusqu'à satiété.

saco m. Sac (costal y su contenido). ‖ Blouse, *f.*, sarrau (vestidura). ‖ Sac, pillage (saqueo). ‖ ANAT. Sac. ‖ MAR. Anse, *f.*, sac (ensenada). ‖ *Amer.* Veste, *f.* (chaqueta). ‖ Sac à main (bolso). ‖ — FIG. *Saco de malicias* ou *de prestidigitador*, sac à malice. ‖ *Saco de mentiras*, tissu de mensonges. ‖ *Saco de dormir*, sac de couchage. ‖ *Saco de noche* ou *de viaje*, sac de voyage. ‖ FIG. *Saco roto*, panier percé (manirroto). ‖ MIL. *Saco terrero*, sac à terre. ‖ — *Carrera de sacos*, course en sac. ‖ *Tela de saco*, toile à sac *o* de jute. ‖ *Traje saco*, robe sac. ‖ — *Entrar* ou *meter a saco*, mettre à sac, saccager, piller. ‖ *La avaricia rompe el saco*, l'avarice perd tout en voulant tout gagner. ‖ FIG. *No caer en saco roto*, ne pas tomber dans l'oreille d'un sourd. ‖ *No echar una cosa en saco roto*, prendre bonne note de quelque chose. ‖ FAM. *Vaciar el saco*, vider son sac.

sacoleva f. MAR. Sacolève, sakolève, sacoléva, *m.*

sacra f. Canon, *m.* (en la misa).

sacramentado, da adj. Administré, e (con el viático). ‖ Consacré, e (hostia). ‖ — *Jesús sacramentado*, le pain eucharistique, l'hostie. ‖ *Ser sacramentado*, recevoir les derniers sacrements.

sacramental adj. Sacramentel, elle. ‖ — *Auto sacramental*, v. AUTO. ‖ *Especies sacramentales*, espèces sacramentelles, saintes espèces. ‖ *Palabras sacramentales*, paroles sacramentelles.
— M. Sacramental. ‖ — F. Confrérie qui se voue au culte du saint sacrement (cofradía). ‖ *La Sacramental de San Isidro*, le cimetière de la confrérie de Saint-Isidore [à Madrid].

sacramentar v. tr. Administrer les derniers sacrements [à un malade]. ‖ Consacrer (la hostia).

sacramentario m. RELIG. Sacramentaire.

sacramente adv. Vénérablement (sagradamente).

sacramento m. RELIG. Sacrement : *los últimos sacramentos*, les derniers sacrements. ‖ — *El sacramento del altar*, le saint sacrement de l'autel. ‖ *El Santísimo Sacramento*, le saint sacrement. ‖ *Recibir los sacramentos*, recevoir les derniers sacrements.

sacre m. Sacre, sacret (clase de halcón).

sacrificable adj. Sacrifiable.

sacrificadero m. Autel des sacrifices.

sacrificado, da adj. Dévoué, e : *es una persona muy sacrificada*, c'est une personne très dévouée.

sacrificador, ra m. y f. Sacrificateur, trice.

sacrificante adj. Qui sacrifie.

sacrificar v. tr. ● Sacrifier. ‖ Abattre (una res para el consumo).
— V. pr. Se sacrifier, se dévouer : *sacrificarse por uno*, se sacrifier pour quelqu'un.
— SINÓN. ● *Inmolar*, immoler. *Ofrecer, ofrendar*, offrir.

sacrificatorio, ria adj. Sacrificatoire.

sacrificio m. Sacrifice. ‖ — *Ofrecer un sacrificio*, faire un sacrifice, sacrifier : *ofrecer un sacrificio a los dioses*, sacrifier aux dieux. ‖ *Sacrificio de reses*, abattage.

sacrilegio m. Sacrilège, profanation, *f.*

sacrílego, ga adj. y s. Sacrilège.

sacrismoche o **sacrismocho** m. FAM. Croquemort (hombre vestido de negro).

sacristán m. Sacristain.

sacristana f. Femme du sacristain (mujer del sacristán). ‖ Sacristine (religiosa).

sacristía f. Sacristie (en las iglesias). ‖ Charge de sacristain (sacristanía).

sacro, cra adj. Sacré, e : *vía sacra*, voie sacrée. ‖ ANAT. Sacré, e (del sacro). ‖ Saint, e : *Sacra Familia*, Sainte Famille. ‖ — ECLES. *El Sacro*

Colegio, le Sacré Collège. ‖ *El Sacro Imperio Romano Germánico*, le Saint Empire romain germanique. ‖ *Fuego sacro*, feu sacré. ‖ *Historia sacra*, histoire sainte. ‖ *Hueso sacro*, sacrum. ‖ *Sacra Faz*, Sainte Face.
— M. ANAT. Sacrum.

sacrosantamente adv. D'une manière sacrosainte.

sacrosanto, ta adj. Sacro-saint, e.

sacrovertebral adj. ANAT. Sacro-vertébral, e.

sacudida f. Secousse.

sacudido, da adj. Secoué, e (movido). ‖ FIG. Sauvage, farouche (arisco) : *un muchacho muy sacudido*, un garçon très sauvage. ‖ Déluré, e ; dessalé, e (desenfadado). ‖ FIG. *Está más sacudido que una estera*, il est très déluré.

sacudidor, ra adj. Qui secoue.
— M. Époussette, *f.*

sacudidura f. o **sacudimiento** m. Secouement, *m.* (p. us.), agitation, *f.* ‖ Secousse, *f.* (sacudida). ‖ MED. Succussion, *f.*

sacudir v. tr. Secouer. ‖ Battre : *sacudir una alfombra*, battre un tapis (dando golpes). ‖ FIG. y FAM. Flanquer : *sacudir una bofetada, una paliza*, flanquer une gifle, une volée. ‖ Battre, flanquer une volée (pegar). ‖ Secouer (reñir). ‖ — *Sacudir el polvo*, secouer la poussière (traje), épousseter (mueble), secouer les puces, administrer une volée, tabasser (paliza). ‖ FIG. *Sacudir el yugo*, secouer le joug. ‖ FAM. *Sacudir la mosca*, les lâcher, abouler le fric (pagar).
— V. pr. Se secouer. ‖ FIG. Se libérer de, se débarrasser de : *intentaba sacudirse una persona tan pesada*, il essayait de se libérer d'une personne si ennuyeuse. ‖ POP. Les lâcher, cracher (dinero) : *¡sacúdase!*, vous allez les lâcher !

sacudón m. *Amer.* Secousse, *f.*

sáculo m. ANAT. Saccule.

sachadura f. Sarclage, *m.*

sachar v. tr. Sarcler.

sachem m. Sachem.

sacho m. Sarcloir.

sádico, ca adj. y s. Sadique.

sadismo m. Sadisme.

saduceo, a adj. y s. Saducéen, enne ; sadducéen, enne.

saeta f. Flèche (arma). ‖ Aiguille de montre (manecilla). ‖ Boussole (brújula). ‖ Chant (*m.*) religieux, « saeta » (copla).
— OBSERV. La *saeta* est une prière courte, fervente et d'inspiration populaire qui est chantée principalement lors des processions de la semaine sainte en Andalousie.

saetada f. o **saetazo** m. Coup (*m.*) de flèche (golpe). ‖ Blessure, *f.* (herida).

saetear v. tr. Percer de flèches (asaetear).

saetera f. Meurtrière (aspillera). ‖ FIG. Vasistas, *m.*, lucarne (ventanilla).

saetero m. Archer (soldado).

saetilla f. Fléchette (saeta pequeña). ‖ Aiguille de montre (manecilla). ‖ BOT. Sagittaire, *m.*

saetín m. Bief (de molino). ‖ Cheville, *f.*, clou (clavito).

safari m. Safari (cacería).

safena adj. f. y s. f. ANAT. Saphène : *vena safena*, veine saphène.

sáfico, ca adj. Saphique : *verso sáfico*, vers saphique.

safismo m. Saphisme (lesbianismo).

Safo n. pr. f. Sappho, Sapho.

saga f. Sorcière (bruja). ‖ Saga (leyenda escandinava).

sagacidad f. Sagacité.

sagatí m. Étamine, *f.* (tela).

sagaz adj. Sagace. ‖ Astucieux, euse.

sagita f. GEOM. Flèche.

sagitado, da adj. Sagitté, e.

sagital adj. Sagittal, e.

sagitaria f. Bot. Sagittaire.

sagitario m. Archer (saetero). ‖ Astr. Sagittaire (constelación y signo del zodiaco).

sagrado, da adj. Sacré, e (dedicado a Dios). ‖ Saint, e : *Sagrada Familia*, Sainte Famille. ‖ — *Fuego sagrado*, feu sacré. ‖ *Historia sagrada*, Histoire sainte. ‖ *Sagrada Escritura*, Ecriture sainte. ‖ *Sagrado Corazón*, Sacré-Cœur. ‖ — M. Asile, lieu de refuge (asilo). ‖ — *Acogerse a sagrado*, demander asile. ‖ *Estar acogido a sagrado*, bénéficier du droit d'asile.
— Sinón. *Sacro*, sacré, saint. *Santo*, saint. *Sacrosanto*, sacro-saint. *Bendito*, béni, bénit.

sagrario m. Tabernacle (para el Santísimo). ‖ Sanctuaire (parte del templo). ‖ Paroisse (f.) ayant pour siège la cathédrale.

sagú m. Sagoutier, sagouier (palmera). ‖ Sagou (fécula).

saguaipé m. *Amer.* Douve (f.) du foie (parásito).

sagüí m. Zool. Sagouin (zagüí).

saguntino, na adj. y s. Sagontin, e; de Sagonte.

Sagunto n. pr. Geogr. Sagonte.

Sáhara o **Sahara** n. pr. m. Geogr. Sahara.

sahariana f. Saharienne (prenda de vestir).

sahariano, na o **sahárico, ca** adj. y s. Saharien, enne.

sahino m. V. saíno.

sahornarse v. pr. S'écorcher.

sahumado, da adj. Parfumé, e; aromatisé, e. ‖ Fam. *Amer.* Éméché, e (achispado).

sahumador m. Brûle-parfum (perfumador). ‖ Séchoir à linge (para la ropa).

sahumadura f. o **sahumerio** m. Fumigation, f. ‖ Fumée, f., vapeur, f. (humo). ‖ Substance (f.) aromatique (sustancia aromática).

saiga m. Zool. Saïga (antílope).

saimirí m. Zool. Saïmiri (mono).

saín m. Graisse, f. (grasa). ‖ Crasse, f., saleté, f. (en los vestidos).

sainar v. tr. Engraisser (los animales).

sainete m. Teatr. Saynète, f. (pieza jocosa y corta), lever de rideau (que se representa al principio de las funciones teatrales).

sainetear v. intr. Jouer des saynètes.

sainetero o **sainetista** m. Auteur de saynètes.

sainetesco, ca adj. Comique, vaudevillesque.

saíno o **sahino** m. Zool. Pécari.

saja o **sajadura** f. Incision, coupure.

sajar v. tr. Inciser, couper.

sajón, ona adj. y s. Saxon, onne : *lengua sajona*, langue saxonne.

Sajonia n. pr. f. Geogr. Saxe. ‖ *Baja Sajonia*, Basse Saxe.

sajú m. Zool. Sajou, sapajou (mono).

sajuriana f. *Amer.* Danse populaire.

sakí m. Zool. Saki (mono). ‖ Saké, saki (bebida).

sal f. Sel, *m.* : *sal marina*, sel marin ; *sal gema* ou *pedrés*, sel gemme. ‖ Fig. Sel, piquant (gracia) : *tener sal*, avoir du piquant. ‖ — Pl. Sels, *m.* (para reanimar). ‖ Sels : *sales de baño*, sels de bain. ‖ — *Sal ática*, sel attique. ‖ Quím. *Sal amoniaco* ou *amoniaca*, sel ammoniac. ‖ *Sal común*, sel ordinaire. ‖ *Sal de acederas*, sel d'oseille. ‖ *Sal de frutas*, sel de fruit. ‖ *Sal de la Higuera*, sel d'Angleterre o d'Epsom o de magnésie o de Sedlitz. ‖ *Sal de plomo* ou *de Saturno*, sel de Saturne. ‖ *Sal infernal*, nitrate d'argent. ‖ *Sal morena* ou *de cocina*, sel gris, gros sel, sel de cuisine. ‖ — Fig. *Con su sal y pimienta*, avec tout son piquant. ‖ Fam. *Echar en sal una cosa*, mettre une chose au frigidaire. ‖ *Echar sal*, mettre du sel, saler. ‖ Fam. *Poner sal en la mollera*, mettre du plomb dans la cervelle.

sala f. Salle (cuarto grande). ‖ Salle de séjour (sala de estar). ‖ Salon, *m.* (salón). ‖ Chambre, cour (tribunal) : *Sala de lo criminal*, chambre criminelle, cour d'assises. ‖ — Dr. *Sala de apelación, de jus-*

ticia, cour d'appel, de justice. ‖ *Sala de batalla*, tri, bureau de tri (en correos). ‖ *Sala de esgrima*, salle d'armes. ‖ *Sala de espera*, salle d'attente. ‖ *Sala de estar*, salle de séjour. ‖ *Sala de estreno*, salle d'exclusivité (cine). ‖ *Sala de fiestas*, salle de bal (de baile), salle des fêtes (en el ayuntamiento), cabaret (pública). ‖ *Sala de máquinas*, salle des machines. ‖ *Sala de prevención*, salle de police. ‖ *Sala de recibir*, salon.

salacot m. Casque colonial.

saladamente adv. Spirituellement, avec esprit (con agudeza). ‖ Gracieusement (con gracia).

saladar m. Marais salant (marismas). ‖ Terrain imprégné de sel, pré salé (terreno).

saladería f. Industrie des salaisons.

saladero m. Saloir (lugar para salar). ‖ Fabrique (f.) de salaisons (casa para salar). ‖ « Saloir », ancienne prison (f.) de Madrid (cárcel). ‖ *Amer.* Abattoir où l'on sale ensuite la viande, « saladero ».

saladillo adj. m. *Tocino saladillo*, petit salé.

salado, da adj. Salé, e. ‖ Fig. Gracieux, se (gracioso). | Spirituel, elle ; drôle, amusant, e (ingenioso). | Drôle : *¡qué salado es este niño!*, que cet enfant est drôle ! | Mignon, onne : *tiene tres niños muy salados*, il a trois enfants très mignons. ‖ *Amer.* Malchanceux, euse (desgraciado). — M. Bot. Arroche (f.) de mer (caramillo).
— Observ. La palabra francesa *salé*, en sentido figurado, significa « licencioso », « verde » (chistes).

salador, ra m. y f. Saleur, euse. ‖ — M. Saloir (saladero).

saladura f. Salage, *m.*, salaison.

salamanca f. Zool. *Amer.* Salamandre (salamandra). | Petit lézard, *m.* (lagartija). | Sorcellerie (brujería).

Salamanca n. pr. Geogr. Salamanque.

salamandra f. Zool. Salamandre. ‖ Salamandre (calorífero). ‖ *Salamandra acuática*, triton.

salamanqueja f. *Amer.* Gecko, *m.* (lagarto).

salamanqués, esa adj. y s. De Salamanque.

salamanquesa f. Gecko, *m.*, gekko, *m.* (lagarto). ‖ *Salamanquesa de agua*, triton.

salamanquino, na adj. y s. De Salamanque.
— F. *Amer.* Lézard, *m.* (lagartija).

salangana f. Salangane (ave).

salar m. *Amer.* Saline, f.

salar v. tr. Saler. ‖ *Amer.* Déshonorer.

salariado m. Salariat.

salarial adj. Des salaires, salarial, e : *incremento salarial*, augmentation des salaires.

salariar v. tr. Salarier (asalariar).

salario m. Salaire ; *salario base* ou *básico*, salaire de base ; *deducir del salario*, retenir sur le salaire. ‖ Gages, *pl.* (de los criados). ‖ — *Fijación de salarios máximos*, blocage des salaires. ‖ *Salario a destajo, colectivo*, salaire aux pièces, collectif. ‖ *Salario de pacto colectivo*, salaire conventionnel o contractuel. ‖ *Salario por hora*, salaire à l'heure u horaire. ‖ *Salario por unidad de tiempo*, salaire au temps. ‖ *Salario tope* ou *máximo*, salaire maximum, plafond de rémunération.

salaz adj. Salace.

salazón f. Salaison.

salbanda f. Min. Salbande (arcilla).

salceda f. o **salcedo** m. Saulaie, f., saussaie, f.

salcochar v. tr. Cuire à l'eau salée.

salcocho m. *Amer.* Cuisson (f.) à l'eau salée.

salchicha f. Saucisse. ‖ Mil. Saucisson, *m.* (con pólvora).

salchichería f. Charcuterie.

salchichero, ra m. y f. Charcutier, ère.

salchichón m. Saucisson (embutido).

saldar v. tr. Solder (una cuenta, mercancías). ‖ Fig. *Saldar una cuenta*, s'acquitter d'une obligation, régler une affaire.

saldista m. Soldeur.

saldo m. COM. Solde : *saldo acreedor, deudor,* solde créditeur, débiteur. ‖ Solde (liquidación de mercancías). ‖ *Saldo de cuenta,* arrêté de compte.

saldubense adj. De Saragosse [autrefois *Sálduba*].

saledizo, za adj. En saillie, saillant, e. — M. ARQ. Avant-corps, *inv.* | Encorbellement, saillie, *f.* (balcón, etc.).

salega f. o **salegar** m. Lieu (*m.*) où l'on donne du sel au bétail.

salep m. Salep (fécula).

salera f. Auge contenant du sel pour les bestiaux.

Salerno n. pr. GEOGR. Salerne.

salero m. Salière, *f.* (para echar sal). ‖ Grenier à sel (almacén). ‖ TECN. Salinage. ‖ FIG. y FAM. Charme, piquant, chien (en una mujer) : *esta chica tiene mucho salero,* cette fille a beaucoup de charme. | Élégance, *f.*, chic (elegancia). ‖ *Un actor con mucho salero,* un acteur très drôle *o* plein d'esprit.

saleroso, sa adj. FIG. y FAM. Qui a du charme *o* du piquant : *chica muy salerosa,* jeune fille qui a beaucoup de charme. | Drôle, plein d'esprit (divertido).

salesa f. Visitandine, religieuse de la Visitation. ‖ *Las Salesas,* le Palais de justice [à Madrid].

salesiano, na adj. y s. Salésien, enne.

saleta f. Chambre d'appel (Sala de apelación).

salgar v. tr. Donner du sel [aux bestiaux].

salguera f. o **salguero** m. BOT. Saule, *m.* (sauce).

salicáceas f. pl. BOT. Salicacées.

salicaria f. BOT. Salicaire (planta).

salicilato m. QUÍM. Salicylate.

salicílico, ca adj. QUÍM. Salicylique.

salicina f. QUÍM. Salicine.

salicíneas f. pl. BOT. Salicacées.

sálico, ca adj. Salique : *ley sálica,* loi salique.

salicor m. BOT. Salicorne, *f.*

salida f. Sortie : *a la salida del cine,* à la sortie du cinéma. ‖ Départ, *m.* (partida en general) : *a su salida de Madrid,* à son départ de Madrid ; *la salida del tren, de la carrera,* le départ du train, de la course. ‖ Sortie : *salida de emergencia* ou *de incendio,* sortie de secours. ‖ Issue : *calle sin salida,* voie sans issue. ‖ Fuite (de un líquido). ‖ Saillie (parte saliente). ‖ Lever, *m.* (de un astro). ‖ Publication, parution, mise en vente (de un libro, revista). ‖ Tirage, *m.* (de un periódico). ‖ FIG. Issue, moyen, *m.* (medio). | Issue (fin). ‖ Débouché, *m.* : *los licenciados en ciencias tienen muchas salidas,* les licenciés ès sciences ont beaucoup de débouchés. | Solution (solución) : *no veo la salida que se va a encontrar para este problema económico,* je ne vois pas quelle solution on va trouver à ce problème économique. ‖ FAM. Mot (*m.*) d'esprit, boutade (ocurrencia), repartie (réplica). | AVIAC. Redressement, *m.* (después de un picado). | COM. Écoulement, *m.*, vente (venta) : *salida difícil,* vente difficile. | Débouché, *m.* (posibilidad de venta). | Sortie (transporte de mercancías). | Débit, *m.*, retrait, *m.* (de una cuenta). | MIL. Sortie. ‖ TEATR. Entrée [d'un acteur] : *salida a escena,* entrée en scène. | Ouverture (naipes). — *Salida de baño,* sortie de bain (albornoz). | *Salida de caja,* débit. ‖ *Salida del cascarón* ou *del huevo,* éclosion. ‖ FAM. *Salida de pie* ou *de pata de banco,* bourde, ânerie. ‖ *Salida de tono,* sortie, éclat. ‖ *Salida libre del agua,* écoulement libre. ‖ DEP. *Salida nula,* faux départ. ‖ — *De salida,* de prime abord, dès le début. ‖ *Línea de salida,* ligne de départ. ‖ — *Dar la salida,* donner le signal du départ. ‖ COM. *Dar salida,* écouler : *damos salida a todas nuestras existencias,* nous écoulons tous nos stocks. ‖ FIG. *Encontrar salida,* se vendre, s'écouler (productos). | *Encontrar salida a sus productos,* trouver un débouché pour ses produits. | *Prepararse una salida,* se ménager une porte de

sortie. ‖ *Tener salida,* aboutir : *una calle que tiene salida en,* une rue qui aboutit sur *o* dans. ‖ FIG. *Tener salida para todo,* avoir réponse à tout.

salidero, ra adj. Qui aime se promener. — M. Issue, *f.*, sortie, *f.* (salida).

salidizo m. ARQ. Avant-corps, *inv.* | Encorbellement, saillie, *f.* (balcón, etc.).

salido, da adj. Saillant, e (saliente). ‖ En chaleur (animales).

saliente adj. Saillant, e : *ángulo saliente,* angle saillant. ‖ MIL. *Guardia saliente,* garde descendante. — M. (P. us.). Orient, levant (oriente). ‖ Saillie, *f.* (relieve). ‖ Angle (pico).

salífero, ra adj. Salin, e.

salificable adj. QUÍM. Salifiable.

salificación f. QUÍM. Salification.

salificar v. tr. QUÍM. Salifier.

salín m. Grenier à sel (salero). ‖ TECN. Salinage.

salina f. Saline, marais (*m.*) salant (en el mar). ‖ Saline (mina).

salinero m. Salinier, saunier.

salinero, ra adj. Salicole : *industria salinera,* industrie salicole.

salinidad f. Salinité.

salino, na adj. Salin, e.

salio, lia adj. y s. HIST. Salien, enne.

salir* v. intr. Sortir : *el tren salió de la estación,* le train sortit de la gare ; *salir de casa,* sortir de chez soi. ‖ Partir (marcharse) : *el rápido sale a las dos,* le rapide part à 2 heures ; *salir de viaje,* partir en voyage. ‖ Sortir : *sale mucho con sus amigos,* il sort beaucoup avec ses amis. ‖ Paraître : *le gusta mucho salir en los periódicos,* il aime beaucoup paraître dans les journaux. ‖ Passer : *este artista sale mucho en la televisión,* cet artiste passe souvent à la télévision. ‖ Se lever (un astro). ‖ Lever, pousser (vegetales). ‖ Pousser (pelos). ‖ Faire saillie, dépasser (relieve). ‖ Sortir, paraître (publicarse). ‖ S'élever : *una voz salió en su defensa,* une voix s'éleva pour prendre sa défense. ‖ Avoir la main (juegos). ‖ Sortir (en la lotería). ‖ Être élu, e (ser elegido). ‖ Partir, s'en aller (una mancha). ‖ DEP. Prendre le départ (corredores). ‖ TEATR. Entrer en scène. ‖ FIG. Se sortir, se tirer : *por fin hemos salido de ésta,* nous nous en sommes enfin tirés. ‖ Se révéler, être : *salió muy inteligente,* il se révéla très intelligent ; *el melón salió muy sabroso,* le melon fut excellent. ‖ Marcher : *¿cómo le salió el examen?,* comment votre examen a-t-il marché ? ‖ Revenir [à l'esprit] : *no me sale su apellido,* son nom ne me revient pas. ‖ Se présenter, s'offrir (una oportunidad). ‖ Trouver : *me ha salido una colocación muy buena,* j'ai trouvé une très bonne situation. ‖ — *Salir a,* ressembler : *el niño ha salido a su madre,* l'enfant ressemble à sa mère ; revenir à, coûter : *la comida me salió a cuarenta pesetas,* le repas m'est revenu à quarante pesetas ; aboutir à, donner sur : *la calle sale a la plaza,* la rue aboutit à la place. ‖ — FIG. *Salir adelante,* s'en tirer, réussir. | *Salir a flote,* s'en tirer, s'en sortir. | *Salir al encuentro de,* aller à la rencontre de *u* au-devant de. ‖ FIG. *Salir a la calle,* paraître (publicarse). | *Salir a la palestra,* entrer en lice. | *Salir a la pizarra,* passer au tableau. | *Salir a la superficie,* faire surface (submarino). ‖ *Salir al escenario,* entrer en scène. ‖ *Salir al paso de,* v. PASO. | *Salir a pasear* ou *de paseo,* aller *o* sortir se promener. ‖ *Salir barato, caro,* revenir bon marché, coûter cher. ‖ *Salir bien, mal,* réussir, échouer *o* rater, bien *o* mal marcher : *la estratagema le salió bien, mal,* son stratagème a réussi, a échoué ; *este dibujo me ha salido bien, mal,* j'ai réussi, raté mon dessin ; bien, mal s'en tirer : *la operación era grave, pero el enfermo ha*

salido bien, l'opération était grave mais le malade s'en est bien tiré. ‖ *Salir bien librado* ou *parado*, bien s'en tirer, s'en tirer avec honneur. ‖ *Salir con*, obtenir : *no salió con su pretensión*, il n'a pas obtenu ce qu'il désirait ; sortir (fam.) : *ahora sales tú con eso*, c'est maintenant que tu nous sors ça. ‖ *Salir de*, cesser d'être, ne plus être (dejar de ser) : *salió de ministro*, il a cessé d'être ministre, il n'est plus ministre ; venir d'être nommé : *sale de teniente*, il vient d'être nommé lieutenant ; se défaire, écouler, vendre (vender). ‖ *Salir de apuros*, se tirer d'affaire. ‖ *Salir de cuidado*, v. CUIDADO. ‖ *Salir de dudas*, être fixé. ‖ *Salir de la habitación* (un enfermo), quitter la chambre. ‖ *Salir del cascarón* ou *del huevo*, éclore, sortir de l'œuf. ‖ *Salir del paso*, se tirer d'affaire. ‖ *Salir de madre*, sortir de son lit, déborder (un río). ‖ *Salir de sus casillas*, sortir de ses gonds. ‖ *Salir de una enfermedad*, sortir *o* relever de maladie. ‖ *Salir de un compromiso*, se dégager d'un engagement. ‖ FIG. *Salir disparado*, partir comme un trait *o* comme une flèche. ‖ *Salir empatados*, se partager les voix (votación). ‖ *Salir en defensa de*, prendre la défense de. ‖ *Salir fiador de*, se porter garant de. ‖ FIG. *Salir mal parado*, mal finir, mal s'en tirer. ‖ FAM. *Salir pitando* ou *de estampía*, filer, partir en quatrième vitesse. ‖ FAM. *Salir por*, prendre la défense de (en una contienda), se porter garant de (salir fiador de). ‖ *Salir por peteneras*, s'en tirer par une pirouette. ‖ — *A lo que salga* ou *a lo que saliere* ou *salga lo que saliere*, au petit bonheur la chance, à l'aveuglette (al buen tuntún). ‖ *Pedro salió airoso de la prueba*, Pierre s'est bien tiré de l'épreuve. ‖ *Recién salido*, frais émoulu (de una escuela). ‖ *Salga lo que saliere*, quoi qu'il advienne, advienne que pourra. ‖ *¡Tiene a quien salir!*, il a de qui tenir !
— V. pr. Sortir : *el agua se sale por el agujero*, l'eau sort par le trou. ‖ Fuir : *el depósito se sale*, le réservoir fuit. ‖ S'échapper : *el gas se sale*, le gaz s'échappe. ‖ Quitter : *río que se ha salido de su cauce*, fleuve qui a quitté son lit ; *salirse de la carretera*, quitter la route (un coche). ‖ Déborder (rebosar). ‖ FIG. *Salirse con la suya*, arriver à ses fins, avoir *u* obtenir gain de cause (quedar vencedor), s'en tirer à bon compte (con suerte), n'en faire qu'à sa tête (obrar a su antojo) : *Tomás siempre se sale con la suya*, Thomas n'en fait jamais qu'à sa tête. ‖ *Salirse de las reglas*, s'écarter des règles, manquer aux règles. ‖ *Salirse de lo corriente*, sortir de l'ordinaire. ‖ *Salirse del tema*, sortir *o* s'écarter du sujet. ‖ *Salirse de madre*, déborder, sortir de son lit (río). ‖ FIG. *Salirse de tono*, dire des inconvenances. ‖ *Salirse por la tangente*, prendre la tangente. ‖ *No salirse de la legalidad*, rester dans la légalité. ‖ *No se sale de pobre*, il est toujours aussi pauvre, il n'arrive pas à s'en tirer. ‖ *Se le salieron los colores a la cara*, le rouge lui monta au front, il rougit.

salitrado, da adj. Salpêtreux, euse.

salitral adj. Salpêtreux, euse.
— M. Salpêtrière, *f.*

salitre m. Salpêtre.

salitrería f. Salpêtrière (fábrica).

salitrero, ra adj. Salpêtreux, euse.
— M. Salpêtrier (que trabaja en salitre). ‖ — F. Salpêtrière (yacimiento).

salitroso, sa adj. Salpêtreux, euse.

saliva f. Salive. ‖ — FIG. *Estoy gastando saliva en balde*, j'use ma salive pour rien, je dépense beaucoup de salive pour rien. ‖ *Tragar saliva*, avaler *o* ravaler sa salive, se mordre les lèvres.

salivación f. Salivation.

salivadera f. *Amer.* Crachoir, *m.*

salivajo m. Crachat.

salival o **salivar** adj. Salivaire : *glándulas salivales*, glandes salivaires.

salivar v. intr. Saliver. ‖ *Amer.* Cracher (escupir).

salivazo m. Crachat.

saliveras f. pl. Olives, patenôtres (del freno del caballo).

salivoso, sa adj. Qui salive beaucoup, salivant, e.

salmanticense o **salmantino, na** adj. y s. De Salamanque.

salmear v. tr. e intr. Psalmodier.

salmer m. ARQ. Sommier.

salmista m. Psalmiste (autor de salmos).

salmo m. Psaume.

salmodia f. Psalmodie.

salmodiar v. tr. e intr. Psalmodier.

salmón m. Saumon (pez). ‖ *Cría de salmones*, salmoniculture.

salmonado, da adj. Saumoné, e : *trucha salmonada*, truite saumonée.

salmonelosis f. VETER. y MED. Salmonellose.

salmoncillo m. Saumoneau (pez).

salmonete m. Rouget, barbet (pez).

salmónidos m. pl. ZOOL. Salmonidés.

salmorejo m. Vinaigrette, *f.*, saupiquet (salsa).

salmuera f. Saumure. ‖ *Salazón en salmuera*, saumurage.

salobral adj. Salin, e (terrain).

salobre adj. Saumâtre.

salobreño, ña adj. Salin, e (tierra).

salobridad f. Goût (m.) saumâtre.

salol m. QUÍM. Salol.

saloma f. Chant (m.) cadencé des matelots pendant une manœuvre pénible, ahan, m. (ant.).

Salomón n. pr. m. Salomon.

salomónico, ca adj. Salomonien, enne (de Salomón). ‖ — ARQ. *Columna salomónica*, colonne torse. ‖ *Hacer un corte salomónico*, rendre un jugement de Salomon (fallo), couper la poire en deux.

salón m. Salon (sala). ‖ Salle, *f.* : *salón de actos*, salle des fêtes. ‖ Salon (exposición) : *salón del automóvil*, Salon de l'automobile. ‖ Salon (literario, etc.). ‖ — *Salón de espera*, salle des pas perdus (de un tribunal). ‖ *Salón de peluquería, de té*, salon de coiffure, de thé.

saloncillo m. Foyer (de teatro). ‖ Cabinet particulier (de un café).

Salónica n. pr. GEOGR. Salonique.

salpicadero m. Tableau de bord (de un coche).

salpicadura f. Éclaboussement, *m.* (acción). ‖ Éclaboussure (efecto).

salpicar v. tr. Éclabousser (de un líquido). ‖ Tacheter, moucheter (de manchitas). ‖ FIG. Parsemer, émailler : *salpicar de chistes la conversación*, parsemer la conversation de bons mots ; *texto salpicado de citas*, texte émaillé de citations. ‖ Consteller : *salpicado de estrellas*, constellé d'étoiles.

salpicón m. CULIN. Salpicon. ‖ (Ant.). Miroton. ‖ Bœuf en salade. ‖ Éclaboussure, *f* (salpicadura). ‖ *Amer.* Jus de fruit (bebida). ‖ *Salpicón de mariscos*, cocktail de fruits de mer.

salpimentar* v. tr. Saupoudrer de sel et de poivre, assaisonner. ‖ FIG. Assaisonner, agrémenter, pimenter, épicer (sazonar).

salpimienta f. Mélange (m.) de sel et de poivre.

salpingitis f. MED. Salpingite.

salpresar v. tr. Conserver et comprimer dans le sel (pescado, carne, etc.).

salpullido m. Éruption (f.) cutanée (erupción).

salsa f. Sauce : *salsa blanca*, sauce blanche ; *salsa de tomate*, sauce tomate. ‖ FIG. Assaisonnement, *m.*, sauce : *no hay mejor salsa que el apetito*, il n'est sauce que d'appétit. ‖ FAM. Charme, *m.*, piquant, *m.* (salero). ‖ — FIG. *En su propia salsa*, dans son élément. ‖ *Media salsa*, court-bouillon. ‖ *Salsa mahonesa* ou *mayonesa*, mayonnaise. ‖ *Salsa rubia*, roux. ‖ *Trabar una salsa*, lier une sauce.

salsera f. Saucière (para salsa). ‖ Godet, *m*. (salserilla).

salsereta o **salserilla** f. Godet, *m*. (de pintor).

salsero adj. m. *Tomillo salsero*, serpolet.

salseruela f. Godet, *m*. (salserilla).

salsifí m. Bot. Salsifis. ‖ *Salsifí de España* o *negro*, salsifis noir, scorsonère.

salsoláceas f. pl. Bot. Salsolacées.

saltabanco o **saltabancos** m. Charlatan, saltimbanque. ‖ Montreur de marionnettes (titiritero).

saltabardales o **saltabarrancos** m. y f. Fig. y Fam. Écervelé, e ; hurluberlu (sin fem.)

saltable adj. Franchissable ou franc.

saltadero m. Sautoir. ‖ Jet d'eau (surtidor).

saltadizo, za adj. Qui est prêt à éclater. ‖ Fragile, cassant (quebradizo).

saltador, ra adj. y s. Sauteur, euse. ‖ Plongeur, euse (de trampolín). ‖ *Saltador de pértiga*, perchiste, sauteur à la perche. ‖ — M. Corde (*f*.) à sauter (comba).

saltamontes m. Sauterelle (*f*.) verte.

saltaojos m. Bot. Pivoine, *f*.

saltar v. intr. Sauter : *saltó desde la azotea*, il a sauté de la terrasse. ‖ Bondir (brincar) : *saltaba de impaciencia*, il bondissait d'impatience. ‖ Rebondir (pelota). ‖ Éclater (estallar). ‖ Sauter (desprenderse). ‖ S'élancer dans (salir con ímpetu). ‖ Jaillir (brotar). ‖ Partir, sauter : *el tapón ha saltado*, le bouchon est parti. ‖ Fig. Sauter : *saltar de un tema a otro*, sauter d'un sujet à l'autre ; *alumno que salta de cuarto a sexto*, élève qui saute de troisième en première. | Sauter, bondir (enfadarse) : *saltó al oír tales insultos*, il a sauté en entendant de telles injures. ‖ Sauter, exploser, voler en éclats (explotar). ‖ — *Saltar a la comba*, sauter à la corde. ‖ Fig. *Saltar a la palestra*, v. PALESTRA. | *Saltar a la vista* o *a los ojos*, sauter aux yeux. ‖ *Saltar a tierra*, sauter à terre. ‖ *Saltar con pértiga*, sauter à la perche. ‖ Fig. *Saltar con una impertinencia*, sortir o lâcher une impertinence. | *Saltar de alegría*, sauter de joie. ‖ — Fig. *Cuando* ou *donde menos se piensa salta la liebre*, ça arrive toujours au moment où on s'y attend le moins. | *Estar a la que salta*, être prêt à profiter de la première occasion qui se présente. | *Saltó y dijo*, il se mit à dire, il lança [idée de commencement d'action]. ‖ Fam. *Y ahora saltas tú con eso*, c'est maintenant que tu sors o dis ça.

— V. tr. Sauter : *saltar un arroyo, una tapia*, sauter un ruisseau, un mur. ‖ Faire sauter o exploser (con un explosivo). ‖ Couvrir, saillir (el macho a la hembra). ‖ Fig. Sauter (omitir). ‖ Crever (un ojo). ‖ — *Hacer saltar las lágrimas a uno*, faire venir o jaillir les larmes aux yeux de quelqu'un. ‖ *Saltar la tapia*, sauter o faire le mur. ‖ *Saltarle la tapa de los sesos a uno*, brûler o faire sauter la cervelle de quelqu'un.

— V. pr. Sauter (en un escrito, un escalafón, una comida) : *me he saltado una página*, j'ai sauté une page. ‖ — Fam. *Saltarse algo a la torera*, faire fi de quelque chose, prendre quelque chose par-dessous la jambe. ‖ *Saltarse la tapa de los sesos*, se faire sauter la cervelle, se brûler la cervelle. | *Saltarse un semáforo*, brûler un feu rouge. ‖ *Se le saltaron las lágrimas*, ses yeux se remplirent de larmes, les larmes lui vinrent o lui montèrent aux yeux, il fondit en larmes.

saltarelo m. Saltarelle, *f*. (baile).

saltarín, ina adj. Sautillant, e. ‖ — Adj. y s. Danseur, euse (que baila). ‖ Fig. Écervelé, e ; hurluberlu (sin fem.) [atolondrado].

saltarregla f. Sauterelle (falsa escuadra).

salteado m. Culin. Sauté.

salteador m. Brigand, voleur de grand chemin.

salteamiento m. Brigandage.

saltear v. tr. Brigander (p. us.), voler à main armée. ‖ Espacer : *saltear las visitas*, espacer les

visites. ‖ Culin. Faire sauter, sauter (sofreír). ‖ Fig. Prendre par surprise. | Assaillir (asaltar) : *salteado por la duda*, assailli par le doute. ‖ *Hilera de chopos y sauces salteados*, rangée d'arbres où les peupliers alternent avec les saules.

salteño, ña adj. y s. De Salta (Argentina) o de Salto (Uruguay).

salteo m. Brigandage.

salterio m. Psautier (libro). ‖ Mús. Psaltérion.

saltimbanqui m. Saltimbanque, baladin.

— SINÓN. *Acróbata*, acrobate. *Trapecista*, trapéziste. *Volatinero*, funambule. *Equilibrista*, équilibriste.

saltito o **saltillo** m. Petit saut. ‖ *Dar saltitos* ou *andar a saltitos*, sautiller.

salto m. ● Saut, bond (brinco) : *de un salto*, d'un bond ; *dar* ou *pegar un salto*, faire un bond. ‖ Chute, *f*. (de agua) ; saut, chute, f. (en un río). ‖ Précipice (despeñadero). ‖ Dénivellation, *f*. (desnivel). ‖ Omission, *f*. (omisión). ‖ Saut : *salto de altura, de longitud, con pértiga*, saut en hauteur, en longueur, à la perche (atletismo) ; *salto del ángel, de la carpa*, saut de l'ange, de carpe (natación). ‖ Plongeon, saut : *salto de trampolín*, plongeon du tremplin. ‖ Saute-mouton (juego de niños). ‖ Fig. Tremplin : *la televisión ha sido para él un salto a la fama*, la télévision a été pour lui un tremplin vers la célébrité. ‖ — *Salto de cama*, saut-de-lit. ‖ Equit. *Salto de carnero*, saut-de-mouton. ‖ *Salto de lobo*, saut-de-loup. ‖ Mar. *Salto de viento*, saute de vent. ‖ *Salto mortal*, saut périlleux. ‖ — *A salto de mata*, à la diable (de cualquier manera), au jour le jour (vivir), au déboulé (liebre). ‖ *A saltos*, par bonds. ‖ *En un salto*, d'un bond : *en un salto se puso en la silla*, d'un bond il est monté sur la chaise ; en un tour de main, en moins de deux (rápidamente). ‖ — *Dar saltos de alegría*, sauter de joie. ‖ *Dar* ou *pegar un salto a casa de alguien*, faire un saut chez quelqu'un. ‖ *Dar un salto atrás*, faire un bond en arrière. ‖ Fig. *El corazón me dio un salto*, mon cœur n'a fait qu'un bond. | *Ir en un salto a* ou *plantarse* ou *ponerse en un salto en*, faire un saut à o jusqu'à, ne faire qu'un saut jusqu'à.

— SINÓN. ● *Bote, brinco*, bond. *Cabriola*, cabriole. *Pirueta*, pirouette.

saltón, ona adj. Sauteur, euse (que anda a saltos). ‖ Globuleux, euse ; à fleur de tête, saillant, e ; protubérant, e (ojos).

— M. Sauterelle (*f*.) verte (saltamontes).

salubérrimo, ma adj. Très salubre.

salubre adj. Salubre.

salubridad f. Salubrité.

salud f. Santé (del cuerpo) : *gozar de buena salud*, être en bonne santé ; *salud delicada* ou *poca salud*, santé délicate, petite santé ; *salud de hierro*, santé de fer. ‖ Salut, *m*. : *la salud eterna*, le salut éternel. ‖ — *Comité de Salud Pública*, Comité de salut public. ‖ — *Beber a la salud de uno*, boire à la santé de quelqu'un. ‖ Fig. *Curarse en salud*, se ménager une porte de sortie, ménager ses arrières (precaverse). ‖ *Estar rebosante de salud* ou *vender salud*, être resplendissant de santé, respirer la santé, avoir de la santé à revendre. ‖ *Gastar salud*, jouir d'une bonne santé. ‖ *Jurar por la salud de alguien*, jurer sur la tête de quelqu'un. | *Mirar por su salud*, ménager sa santé. ‖ *Recobrar la salud*, recouvrer la santé.

— Interj. Fam. Salut ! ‖ *¡A su salud!* ou *¡salud y pesetas!* ou *¡salud!*, à votre santé !, à la vôtre !

saludable adj. Salutaire. ‖ Salubre ; (à salubre).

saludador m. Guérisseur (curandero).

saludar v. tr. Saluer : *saludar con la mano*, saluer de la main ; *saludar el advenimiento de la libertad*, saluer l'avènement de la liberté. ‖ Fam. Regarder : *este alumno no ha saludado siquiera la lección*, cet élève n'a même pas regardé la leçon.

|| FIG. Guérir par magie (curar por ensalmo). || — *Le saluda atentamente*, veuillez agréer mes salutations distinguées (cartas). || *Le saluda atentamente su seguro servidor*, veuillez agréer l'expression de mes sentiments dévoués (cartas). || *Salude de mi parte a*, transmettez mon meilleur souvenir à.

saludo m. ● Salut. || Salutation, *f.* : *atentos saludos* ou *saludos cordiales de*, sincères salutations de. || — *Reciba un atento saludo de*, agréez mes sincères salutations (cartas). || *Reciba un saludo de X*, bien à vous X (cartas). ¡ *Saludos respetuosos*, mes respects. || *¡Un saludo a X!*, mon meilleur souvenir à X !
— SINÓN. ● *Salutación*, salutation. *Reverencia*, révérence. *Salva*, salve. *Inclinación*, inclination.

salutación f. Salutation. || RELIG. *Salutación angélica*, salutation angélique.

salutífero, ra adj. Salutaire.

salutista m. y f. Salutiste (miembro del Ejército de Salvación).

salva f. Salve : *tirar una salva*, tirer une salve. || Tonnerre, *m.*, salve : *salva de aplausos*, tonnerre d'applaudissements. || Essai (*m.*) des mets (prueba de la comida). || Jugement (*m.*) de Dieu, ordalie (de un acusado). || Plateau, *m.* (bandeja). || — *Cartucho para salvas*, cartouche à blanc. || FIG. *Gastar la pólvora en salvas*, faire beaucoup de bruit pour rien, tirer sa poudre aux moineaux.

salvable adj. Sauvable.

salvación f. Salut, *m.* : *la salvación eterna*, le salut éternel. || *Ejército de Salvación*, Armée du Salut. || *Este enfermo no tiene salvación*, ce malade est incurable *o* ne s'en relèvera pas *o* n'en réchappera pas. || *Tabla de salvación*, planche de salut.

salvadera f. Sablier, *m.* (para secar la tinta).

salvado m. Son (afrecho).

Salvador (El) n. pr. m. Le Salvador : *viene de El Salvador*, il vient du Salvador.

salvador, ra adj. y s. Qui sauve, sauveur (sin fem.); salvateur, salvatrice. || Sauveteur (naufragio, accidente). || *El Salvador (del mundo)*, le Sauveur (du monde), Jésus-Christ.

salvadoreño, ña adj. y s. Du Salvador.

salvaguarda f. Sauvegarde.

salvaguardar v. tr. Sauvegarder.

salvaguardia f. Sauvegarde. || FIG. Gardien, enne : *la O.N.U. es la salvaguardia de la paz*, l'O.N.U. est la gardienne de la paix.

salvajada f. Action propre des sauvages. || Acte (*m.*) de sauvagerie (crueldad). || Horreur, atrocité : *las salvajadas de la guerra*, les horreurs de la guerre.

salvaje adj. y s. Sauvage : *animal salvaje*, bête sauvage. || — M. y f. Sauvageon, onne.

salvajería f. V. SALVAJADA.

salvajino, na adj. y s. m. Sauvagin, e. || *Carne salvajina*, gibier. || — F. Sauvagine (pieles). || Bêtes (*pl.*) sauvages (fieras monteses). || Gibier, *m.* (carne).
— OBSERV. El adjetivo francés *sauvagin* se aplica a la carne de las aves acuáticas salvajes.

salvajismo m. Sauvagerie, *f.* : *acto de salvajismo*, acte de sauvagerie.

salvamanteles m. Dessous de plats *o* de bouteilles. || Garde-nappe.

salvamento m. Sauvetage (acción de salvar). || Salut (salvación). || — *Bote de salvamento*, canot de sauvetage. || *Sociedad de salvamento de náufragos*, société de sauvetage.

salvar v. tr. Sauver (de un peligro) : *salvar a un náufrago*, sauver un naufragé ; *salvar su honor*, sauver son honneur. || Franchir, sauter : *salvar un arroyo, un obstáculo*, franchir un ruisseau, un obstacle. || Enjamber, franchir : *el puente salva*

el río, le pont enjambe la rivière. || Éviter, contourner : *salvar una dificultad*, contourner une difficulté. || Exclure, écarter (excluir) : *salvando la posibilidad de*, en écartant la possibilité de. || Authentifier une correction faite dans un acte notarié (autorizar un documento). || FIG. Racheter : *su simpatía lo salva todo*, sa gentillesse rachète tout. || *El honor está salvado*, l'honneur est sauf.
— V. pr. Se sauver. || Réchapper : *salvarse de un accidente*, réchapper à un accident. || — FAM. *Salvarse por los pelos*, échapper de justesse *o* d'un cheveu. || *¡Sálvese quien pueda!*, sauve qui peut !

salvavidas m. Bouée (*f.*) de sauvetage (boya). || Ceinture (*f.*) de sauvetage (cinturón). || Canot de sauvetage (bote, lancha). || Chasse-pierres, *inv.* (en tranvías). || *Chaleco salvavidas*, gilet de sauvetage.

salve f. RELIG. Salvé, *m.* (oración).
— Interj. Salut !

salvedad f. Réserve, exception (en lo que se dice) : *con la salvedad de*, sous réserve de, à l'exception de ; *un reglamento sin salvedad*, un règlement sans réserve. || Certification (de un documento).

salvia f. BOT. Sauge, salvia, *m.*

salvilla f. Plateau, *m.* (bandeja).

salvo, va adj. ● Sauf, sauve. || — *Sano y salvo*, sain et sauf. || FAM. *Se dio un golpe en salva sea la parte*, il a reçu un coup sur le derrière.
— Adv. Sauf, excepté, hormis : *todos vinieron, salvo él*, ils vinrent tous, sauf lui. || — *Salvo casos en que*, sauf dans les cas où. || *Salvo el parecer de usted*, sauf avis contraire de votre part, sauf contre-ordre de votre part. || *Salvo que*, sauf que, si ce n'est que. || *Salvo unas pocas excepciones*, à quelques exceptions près. || — *A salvo*, sain et sauf (ileso), sauf, sauve : *el honor está a salvo*, l'honneur est sauf. || *Dejar a salvo*, sauvegarder, préserver (salvaguardar) ; épargner : *la revolución no dejó a salvo ningún convento*, la révolution n'a épargné aucun couvent. || *Poner a salvo*, mettre en lieu sûr. || *Ponerse a salvo*, se mettre à l'abri.
— SINÓN. ● *Sano*, sain. *Indemne*, *ileso*, indemne. *Intacto*, intact.

salvoconducto m. Sauf-conduit.

sámago m. Aubier (de la madera).

sámara f. BOT. Samare (fruto).

samario m. Samarium (metal).

samario, ria adj. y s. De Santa Marta [Colombie].

samaritano, na adj. y s. Samaritain, e.

samaruguera f. Filet, *m.* (red).

samba f. Samba (baile).

sambenito m. San-benito, sanbenito, casaque, *f.* [des condamnés de l'Inquisition] (capotillo). || Écriteau portant l'accusation (letrero). || FIG. Discrédit, mauvaise réputation, *f.* (mala fama). | Tabou (tabú). || — FIG. *A mí me han colgado ese sambenito*, on m'a fait cette mauvaise réputation. | *Le han colgado el sambenito de embustero*, on lui a fait une réputation de menteur.

sambumbia f. *Amer.* Boisson rafraîchissante.

samnita adj. y s. HIST. Samnite.

Samotracia n. pr. GEOGR. Samothrace.

samovar m. Samovar (tetera rusa).

samoyedo, da adj. y s. Samoyède.

sampa f. Sampa (árbol).

sampaguita f. BOT. Sorte de jasmin.

sampán m. MAR. Sampan (embarcación china).

samurai m. Samouraï (guerrero japonés).

samuro m. *Amer.* Urubu, aura, *f.* (ave).

san adj. (apócope de *santo*). Saint : *por San Juan*, à la Saint-Jean.
— OBSERV. *Santo* s'apocope en *san* lorsqu'il est placé devant un nom propre, sauf quand il s'agit de Tomás, Tomé, Toribio et Domingo.

sanable adj. Guérissable, curable.

sanador, ra adj. Qui guérit.
— M. y f. Personne (f.) qui guérit.
sanalotodo m. Emplâtre. ‖ FIG. Panacée, f.
sanamente adv. Sainement. ‖ FIG. Sincèrement (sinceramente).
sanar v. tr. e intr. Guérir.
sanate m. Amer. Quiscale (ave).
sanativo, va adj. Curatif, ive.
sanatorio m. Sanatorium (para tuberculosos). ‖ Clinique, f. : mi mujer ha dado a luz en el sanatorio, ma femme a accouché à la clinique. ‖ Hôpital, m. (hospital). ‖ Sanatorio psiquiátrico, maison de santé, clinique psychiatrique.
San Bernardo (perro de) m. Saint-bernard (perro).
sanción f. Sanction.
sancionable adj. Digne de sanction.
sancionador, ra adj. y s. Qui sanctionne.
sancionar v. tr. ● Sanctionner : sancionar una ley, sanctionner une loi. ‖ Sanctionner, infliger une sanction à, prendre une sanction contre : este comerciante ha sido sancionado por venta ilícita de mercancías, on a infligé une sanction à ce commerçant pour vente illicite de marchandises.
— SINÓN. ● Aprobar, approuver. Confirmar, confirmer. Ratificar, ratifier. Validar, valider. Homologar, homologuer.
sanco m. Amer. Bouillie (f.) de maïs (gachas).
sancochar v. tr. Blanchir, cuire légèrement (un guiso), faire revenir (la carne).
sancocho m. Amer. Sorte de pot-au-feu avec des bananes (olla).
sancta m. Saint (partie antérieure de l'Arche d'alliance du Temple de Jérusalem).
sanctasanctórum m. Saint des saints. ‖ FIG. Fin du fin (cosa de gran precio). ‖ Saint des saints (lo muy secreto).
sanctus m. RELIG. Sanctus (misa).
Sancho n. pr. m. Sancho (Panza). ‖ — Al buen callar llaman Sancho, le silence est d'or [la parole est d'argent], il faut savoir parler avec modération. ‖ Allá va Sancho con su rocín, c'est saint Roch et son chien.
sanchopancesco, ca adj. Digne de Sancho Pança, terre-à-terre.
sandalia f. Sandale.
sándalo m. BOT. Santal (planta). ‖ Bois de santal (leña).
sandáraca f. Sandaraque (resina).
sanderling m. ZOOL. Sanderling.
sandez f. Sottise, bêtise.
sandía f. Pastèque, melon (m.) d'eau.
sandial o **sandiar** m. Carré o champ de pastèques.
sandio, dia adj. y s. Niais, e ; sot, sotte.
sandix m. Sandix, sandyx (color).
sanducero, ra adj. y s. De Paysandú [Uruguay].
sandunga f. FAM. Charme, m. (encanto). ‖ Allure (donaire). ‖ Amer. Bombe, foire (parranda). ‖ Danse typique du Mexique (baile).
sandunguero, ra adj. FAM. Charmant, e (encantador). ‖ Qui a de l'allure.
sandwich m. Sandwich (emparedado).
— OBSERV. Pl. sandwiches o sandwichs.
saneado, da adj. Assaini, e (terreno, moneda). ‖ À l'aise (una persona). ‖ Sain, e : tiene una situación muy saneada, il a une situation très saine.
saneamiento m. Assainissement (de un terreno, de la moneda). ‖ DR. Garantie, f. ‖ Artículos de saneamiento, appareils sanitaires.
sanear v. tr. Assainir (un terreno, la moneda). ‖ DR. Garantir.
sanedrín m. Sanhédrin (tribunal judío).
sanfasón (a la) adv. Amer. Sans façon.
San Gotardo n. pr. m. GEOGR. Saint-Gothard.
sangradera f. Lancette (lanceta). ‖ Palette (vasija para la sangre). ‖ FIG. Saignée (caz). ‖ Vanne (compuerta).

sangrador m. Saigneur. ‖ Chirurgien, barbier (antiguo cirujano). ‖ FIG. Vanne, f. (compuerta). ‖ Sangrador de pinos, résinier, gemmeur.
sangradura f. Saignée (del brazo). ‖ FIG. Saignée (en un canal).
sangrante adj. Saignant, e.
sangrar v. tr. Saigner : sangrar a un enfermo, saigner un malade. ‖ Saigner (un canal). ‖ Gemmer (un pino). ‖ IMPR. Composer en alinéa. ‖ FIG. y FAM. Saigner (sacar todo el dinero).
— V. intr. Saigner : sangrar por la nariz, saigner du nez. ‖ — FIG. Estar sangrando, être tout frais o tout récent (ser reciente). ‖ FAM. Sangrar como un cochino ou un toro, saigner comme un bœuf.
— V. pr. Se faire saigner.
sangraza f. Sang (m.) corrompu.
sangre f. Sang (m.) ‖ FIG. Sang, m. (linaje, parentesco). ‖ — Sangre azul, sang bleu. ‖ Sangre fría, sang-froid : perder la sangre fría, perdre son sang-froid ; a sangre fría, de sang-froid. ‖ Amer. Sangre ligera, pesada, sympathique, antipathique. ‖ A sangre y fuego, à feu et à sang. ‖ ZOOL. De sangre caliente, à sang chaud. ‖ Donante de sangre, donneur de sang. ‖ La voz de la sangre, la voix du sang. ‖ Naranja de sangre, orange sanguine. ‖ Pura sangre, pur-sang (caballo). ‖ — Tracción de ou a sangre, traction animale. ‖ — Azotar a alguien hasta hacerle sangre, fouetter quelqu'un jusqu'au sang. ‖ FIG. Chupar la sangre a uno, saigner quelqu'un à blanc. ‖ Dejar helada la sangre, tourner le sang o les sangs. ‖ Derramar sangre, faire couler le sang. ‖ Echar sangre como un toro ou un cochino, saigner comme un bœuf. ‖ Echar sangre por las narices, saigner du nez. ‖ FIG. Estar bañado en sangre, être tout en sang. ‖ Estar chorreando sangre, perdre beaucoup de sang, être tout en sang. ‖ Hacer sangre, faire saigner. ‖ FIG. La letra con sangre entra, v. LETRA. ‖ Lavar con sangre, laver dans le sang (un agravio, una afrenta). ‖ Le bulle o hierve la sangre, le sang bout dans ses veines, il a le sang chaud. ‖ Llevar ou tener en la sangre ou llevar ou tener en la masa de la sangre, avoir dans le sang (algo), avoir dans la peau (alguien). ‖ No llegó la sangre al río, il n'y a pas eu de mal, ce n'est pas allé plus loin. ‖ Quemarle ou freirle a uno la sangre, faire bouillir o exaspérer quelqu'un, taper sur le système à quelqu'un (fam.). ‖ Quemarse uno la sangre, se faire du mauvais sang, se faire de la bile. ‖ Sudar sangre, suer sang et eau. ‖ Tener la sangre gorda, être lymphatique. ‖ Tener las manos manchadas de sangre, avoir du sang sur les mains. ‖ Tener mala sangre, être méchant. ‖ Tener sangre de chinches, être assommant. ‖ Tener sangre de horchata, être flegmatique o impassible (tranquilo), avoir du sang de navet (sin energía). ‖ Tener sangre en las venas, avoir du sang dans les veines.
sangregorda m. y f. FAM. Chiffe, f.
sangría f. ANAT. y MED. Saignée. ‖ Saignée (en un canal, un árbol). ‖ « Sangria » [boisson sucrée rafraîchissante, à base de vin rouge et de jus de citron]. ‖ FIG. Saignée : hacer una sangría en el capital, pratiquer une saignée dans le capital. ‖ IMPR. Alinéa, m. ‖ TECN. Coulée (de fundición). ‖ FIG. Sangría monetaria, hémorragie monétaire.
sangrientamente adv. D'une manière sanglante.
sangriento, ta adj. Sanglant, e. ‖ FIG. Sanglant, e : batalla, injuria sangrienta, reproches sangrientos, bataille, injure sanglante, reproches sanglants. ‖ Sanguinaire : el león sangriento, le lion sanguinaire.
sanguaraña f. Amer. Danse populaire péruvienne. ‖ — Pl. Amer. Détours, m., circonlocutions (circunloquios).
sanguaza f. Sang (m.) corrompu. ‖ FIG. Suc (m.) rougeâtre (jugo).

sangüesa f. Bot. Framboise.
sanguífero, ra adj. Qui contient du sang.
sanguijuela f. Zool. Sangsue. ‖ Fig. Sangsue.
sanguina f. Sanguine (lápiz, dibujo y naranja).
sanguinaria f. Sanguine (piedra preciosa). ‖ Bot. Sanguinaire. ‖ — Bot. *Sanguinaria mayor,* renouée (centinodia). ‖ *Sanguinaria menor,* perce-neige (nevadilla).
sanguinario, ria adj. Sanguinaire.
sanguíneo, a adj. Sanguin, e : *grupo sanguíneo,* groupe sanguin ; *vasos sanguíneos,* vaisseaux sanguins.
sanguino, na adj. Sanguin, e. ‖ *Naranja sanguina,* orange sanguine.
— M. Bot. Alaterne (aladierna). ‖ Cornouiller (cornejo). ‖ — F. Sanguine (naranja).
sanguinolencia f. Caractère (m.) o état (m.) sanguinolent.
sanguinolento, ta adj. Sanguinolent, e.
sanguinoso, sa adj. Sanguin, e (sanguíneo).
sanguiñuelo m. Bot. Sanguinelle, f.
sanguis m. Relig. Le sang divin sous l'apparence du vin.
sanguisorba f. Bot. Pimprenelle, sanguisorbe (pimpinela).
sánico, ca adj. *Papel sánico,* papier hygiénique.
sanícula f. Bot. Sanicle, sanicule.
sanidad f. Service (m.) sanitaire (servicio gubernativo). ‖ (P. us.). Santé (salud). ‖ Hygiène : *medidas de sanidad,* mesures d'hygiène. ‖ Mil. *Cuerpo de sanidad militar,* service de santé.
sanie o **sanies** f. Med. Sanie.
sanioso, sa adj. Med. Sanieux, euse.
sanitario, ria adj. Sanitaire : *cordón sanitario, medidas sanitarias,* cordon sanitaire, mesures sanitaires.
— M. Mil. Officier du service de santé.
sanjuanada f. Fête de la Saint-Jean.
sanjuanero, ra adj. De (la) Saint-Jean (frutas). ‖ De San Juan [Cuba].
sanjuanista adj. De l'ordre militaire de Saint-Jean de Jérusalem.
— M. Chevalier de Saint-Jean de Jérusalem.
sanluisero, ra adj. y s. De San Luis [Argentine].
sanluqueño, ña adj. y s. De Sanlúcar de Barrameda [Andalousie].
sanmartiniano, na adj. De San Martín [général argentin].
sanmiguelada f. Époque de la Saint-Michel, fin septembre.
sano, na adj. ● Sain, e. ‖ En bon état, intact, e ; potable (fam.) : *no queda un plato sano en toda la casa,* il ne reste pas une assiette potable dans toute la maison. ‖ Fig. Sain, e : *una filosofía sana,* une philosophie saine. ‖ — *Sano de cuerpo y alma,* sain de corps et d'esprit. ‖ *Sano y salvo,* sain et sauf. ‖ — Fig. *Cortar por lo sano,* trancher dans le vif, crever l'abcès, employer les grands moyens. ‖ *Estar en su sano juicio,* être sain d'esprit, avoir tous ses esprits o tout son bon sens. ‖ *Estar más sano que una manzana,* se porter comme un charme o comme le Pont-Neuf. ‖ *No estar en su sano juicio,* ne pas avoir toute sa tête o tout son bon sens, avoir l'esprit dérangé.
— Sinón. ● *Saludable, salutífero,* salutaire. *Salubre,* salubre. *Higiénico,* hygiénique. *Bueno,* bon.
San Petersburgo n. pr. Geogr. Saint-Pétersbourg.
San Quintín n. pr. Geogr. e Hist. Saint-Quentin. ‖ Fig. y Fam. *Se armó la de San Quintín,* il y a eu du grabuge.
sanscritista m. y f. Sanskritiste.
sánscrito, ta adj. y s. m. Sanscrit, e ; sanskrit, e.
sanseacabó loc. Fam. Un point c'est tout (nada más). ‖ Ça suffit. ‖ La fin de tout : *eso fue el sanseacabó,* cela a été la fin de tout. ‖ C'est une affaire réglée (es cosa hecha).

San Sebastián n. pr. Geogr. Saint-Sébastien.
sansevieria f. Sansevière.
sansimoniano, na adj. y s. Filos. Saint-simonien, enne.
sansimonismo m. Filos. Saint-simonisme.
sansirolé m. Fam. Gobe-mouches, *inv.,* godiche (bobalicón).
Sansón n. pr. m. Samson.
santabárbara f. Mar. Sainte-barbe, soute aux poudres.
santacruceño, ña adj. y s. De Santa Cruz [Argentine].
santafecino, na adj. y s. De Santa Fe [Argentine].
santafereño, na adj. y s. De Santa Fe [Colombie].
santalina f. Santaline.
santandereano adj. y s. De Santander [Colombie].
santanderino, na o **santanderiense** adj. y s. De Santander [Espagne].
santateresa f. Zool. Mante religieuse.
santera f. Femme du sacristain.
santero, ra adj. Cagot, e ; bigot, e (beato).
— M. y f. Gardien, gardienne d'un sanctuaire (que cuida un santuario). ‖ Quêteur, euse (que pide limosna).
Santiago n. pr. Geogr. Santiago [ville du Chili, de Cuba, etc.].
Santiago n. pr. m. Jacques (persona). ‖ Saint-Jacques (orden). ‖ — Fig. *Remover Roma con Santiago,* remuer ciel et terre. ‖ *¡Santiago!* ou *¡Santiago y cierra España!* ou *¡ Santiago y a ellos!,* ancien cri de guerre des Espagnols. ‖ *Santiago de Compostela,* Saint-Jacques-de-Compostelle. ‖ *Camino de Santiago,* voie lactée (vía láctea), chemin de Saint-Jacques.
santiagueño, ña adj. Mûr à la Saint-Jacques (frutas). ‖ — Adj. y s. De Santiago del Estero [Argentine].
santiaguero, ra adj. y s. De Santiago de Cuba.
santiagués, esa adj. y s. De Saint-Jacques-de-Compostelle.
santiaguino, na adj. y s. De Santiago du Chili.
santiaguista adj. y s. Chevalier de l'ordre de Saint-Jacques.
santiamén m. Instant. ‖ Fam. *En un santiamén,* en un clin d'œil, en moins de rien, en un tour de main : *hizo su trabajo en un santiamén,* il a fait son travail en un tour de main ; en moins de rien, en un clin d'œil : *llegué a Madrid en un santiamén,* je suis arrivé à Madrid en moins de rien.
santidad f. Sainteté : *olor de santidad,* odeur de sainteté. ‖ *Su Santidad,* Sa Sainteté.
santificable adj. Qui peut être sanctifié.
santificación f. Sanctification.
santificador, ra adj. y s. Sanctificateur, trice.
santificante adj. Sanctifiant, e.
santificar v. tr. Sanctifier.
santiguada f. Signe (m.) de croix.
santiguamiento m. Signe de la croix.
santiguar v. tr. Faire le signe de la croix sur. ‖ Faire des signes de croix sur [quelqu'un] (los curanderos). ‖ Fig. Gifler (abofetear).
— V. pr. Faire le signe de la croix, se signer (persignarse).
santísimo, ma adj. Très saint, e. ‖ — Fam. *Hacerle a uno la santísima pascua,* enquiquiner o empoisonner quelqu'un, casser les pieds à quelqu'un (fastidiar). ‖ *La Virgen Santísima,* la (très) Sainte Vierge. ‖ Fam. *Todo el santísimo día,* toute la sainte journée, à longueur de journée.
— M. le saint sacrement.
santo, ta adj. Saint, e : *Semana Santa,* semaine sainte. ‖ *Espíritu Santo,* Saint-Esprit. ‖ Fam. *Hacer su santa voluntad* ou *su santo gusto,* faire ses quatre volontés, n'en faire qu'à sa tête. ‖ *La Tierra santa,* la Terre sainte. ‖ *Padre Santo* ou *Santo Padre,* Saint-Père. ‖ *Santo Oficio,* Saint-Office. ‖ *Un santo varón,* v. VARÓN. ‖ — Fam.

¡Qué santa paciencia!, quelle patience! | *Sentado en el santo suelo,* assis à même le sol o par terre. | *Todo el santo día,* toute la sainte journée, à longueur de journée. | *¡Y santas Pascuas!,* un point c'est tout. — M. y f. Saint, e. ‖ — M. Fête, *f.* : *hoy es mi santo,* c'est aujourd'hui ma fête ; *felicitar a uno (por) su santo,* souhaiter sa fête à quelqu'un. ‖ Statue, *f.* (imagen). ‖ *—¿ A santo de qué...?,* en quel honneur...?, pourquoi diable...? ‖ *El día* ou *la fiesta de Todos los Santos,* la Toussaint. ‖ *Por todos los santos (del cielo),* par tous les Saints. ‖ *Santo de pajares,* saint de bois. | *Santo y seña,* mot de passe, consigne, mot d'ordre. ‖ — Fam. *Adorar el santo por la peana,* courtiser la mère pour avoir la fille. | *Alabar a su santo,* prêcher pour son saint. | *Alzarse* ou *cargar con el santo y la limosna,* tout embarquer, tout rafler. | *Aquello fue llegar y besar el santo,* ça a marché comme sur des roulettes. | *Desnudar a un santo para vestir a otro,* découvrir saint Pierre pour habiller saint Paul. | *Hacerse el santo,* faire le petit saint (hipócrita), faire le bon apôtre. | *Írsele a uno el santo al cielo,* perdre le fil de ses pensées (en una conversación), sortir complètement de la tête o de l'esprit : *ayer era tu cumpleaños y se me ha ido el santo al cielo,* c'était hier ton anniversaire et cela m'est complètement sorti de la tête. | *No es santo de mi devoción,* je ne le porte pas dans mon cœur, je n'ai aucune sympathie pour lui. | *No saber a qué santo encomendarse,* ne pas savoir à quel saint se vouer. | *Quedarse para vestir santos,* rester vieille fille, coiffer sainte Catherine (quedarse soltera). | *Ser bueno como un santo,* être sage comme une image. | *Tener el santo de espaldas,* ne pas avoir de chance o de veine, avoir les dieux contre soi. | *Todos los santos tienen novena,* mieux vaut tard que jamais.

Santo Domingo n. pr. Geogr. Saint-Domingue.

santolina f. Bot. Santoline.

santón m. Santon (mahometano). ‖ Fig. y Fam. Pharisien, tartufe (hipócrita). | Pontife, grand manitou, grand patron (persona influyente).

santónico m. Bot. Santonine, *f.* (planta). ‖ Semen-contra (vermífuga).

santonina f. Quím. Santonine (medicamento).

Santoña n. pr. f. Geogr. Saintonge (provincia de Francia).

santoñés, esa adj. y s. De Santoña [Vieille Castille]. ‖ Saintongeais, e ; de Saintonge (Francia).

santoral m. Vie (*f.*) des saints, recueil de vies de saints (vidas de santos). ‖ Office des saints (libro de coro). ‖ Commun des saints, martyrologe (lista). ‖ *Santoral del día,* fête à souhaiter.

santuario m. Sanctuaire. ‖ *Amer.* Trésor (tesoro).

santurrón, ona adj. y s. Bigot, e ; bondieusard, e (beato). ‖ Tartufe, faux dévot, fausse dévote (hipócrita).

santurronería f. Bigoterie, tartuferie, bondieuserie (fam.).

saña f. Fureur, rage (furor). ‖ Acharnement, *m.* (porfía) : *perseguirle a uno con saña,* poursuivre quelqu'un avec acharnement.

sañoso, sa o **sañudo, da** adj. Furieux, euse (enfurecido). ‖ Acharné, e ; furieux, euse (encarnizado).

Saona n. pr. m. Geogr. Saône, *f.* (río de Francia).

sapajú m. Zool. Sapajou (mono).

sapan m. Bot. Sapan, sappan.

saperda f. Zool. Saperde.

sapidez f. Sapidité.

sápido, da adj. Sapide.

sapiencia f. Sagesse (sabiduría). ‖ Livre (*m.*) de la Sagesse (Biblia). ‖ Connaissances, *pl.,* savoir, *m.* : *la sapiencia de este chico me admira,* je suis émerveillé par les connaissances de ce garçon. ‖ (Ant.). Sapience.

sapiencial adj. De la sagesse. ‖ *Libros sapienciales,* livres sapientiaux.

sapiente adj. Sage, savant, e (sabio).

sapindáceas f. pl. Bot. Sapindacées.

sapo m. Crapaud (batracio). ‖ *Amer.* Tonneau (juego de la rana). ‖ Fig. y Fam. *Echar sapos y culebras* ou *gusarapos,* tempêter, pester.

saponáceo, a adj. Saponacé, e (jabonoso).

saponaria f. Bot. Saponaire (jabonera).

saponificable adj. Saponifiable.

saponificación f. Quím. Saponification.

saponificar v. tr. Quím. Saponifier.

saponina f. Quím. Saponine.

saporro, rra adj. *Amer.* Boulot, otte (regordete).

sapotáceas f. pl. Bot. Sapotacées.

sapote m. Bot. Sapote, *f.* (zapote).

saprófago, ga adj. y s. m. Zool. Saprophage.

saprofito, ta adj. y s. m. Bot. Saprophyte.

saque m. Service (tenis). ‖ Coup d'envoi (fútbol) : *hacer el saque,* donner le coup d'envoi. ‖ Servant, serveur (jugador). ‖ *Amer.* Distillerie, *f.* (de aguardiente). ‖ — *Saque de banda,* touche, dégagement en touche (fútbol). ‖ *Saque de centro,* coup d'envoi. ‖ *Saque de esquina,* corner. ‖ *Saque de puerta,* remise en jeu, dégagement en sortie (fútbol). ‖ — *Línea de saque,* ligne d'envoi. ‖ *Ventaja al saque,* avantage au service o dehors (tenis). ‖ — *Hacer* ou *tener el saque,* servir, être au service (tenis). ‖ *Hacer el saque de puerta,* dégager (fútbol). ‖ *Romper el saque,* enlever le service (tenis). ‖ Fig. y Fam. *Tener un buen saque,* avoir une bonne descente (beber), avoir un bon coup de fourchette (comer).

saqueador, ra adj. y s. Pillard, e ; pilleur, euse ; saccageur, euse.

saqueamiento m. Pillage (saqueo).

saquear v. tr. Piller, mettre à sac, saccager.

saqueo m. Pillage, sac : *el saqueo de Roma,* le sac de Rome.

saquera adj. f. *Aguja saquera,* grosse aiguille, carrelet.

saquería f. Fabrique de sacs. ‖ Marchand (*m.*) de sacs (tienda).

saquero, ra m. y f. Ouvrier, ouvrière qui fait des sacs.

saquete m. Sachet. ‖ Gargousse, *f.,* sachet (del cañón).

saquito m. Sachet.

Sara n. pr. f. Sarah.

saraguate o **saraguato** m. *Amer.* Singe hurleur.

sarampión m. Med. Rougeole, *f.* ‖ Fig. Maladie, *f.* : *el amor es un sarampión de todas las edades,* l'amour est une maladie qui arrive à tout âge.

sarandí m. *Amer.* Phyllanthe (arbusto).

sarao m. Soirée, *f.* (reunión).

sarape m. *Amer.* Sorte de poncho (capote de monte).

sarapico m. Zool. Courlis, courlieu (zarapito).

sarasa m. Fam. Tapette, *f.* (marica).

sarazo adj. m. *Amer.* Mûrissant (maíz). | Fig. Éméché (achispado).

sarcasmo m. Sarcasme.

sarcástico, ca adj. Sarcastique.

— Sinón. *Irónico,* ironique. *Satírico,* satirique. *Mordaz,* mordant. *Burlón,* moqueur. *Sardónico,* sardonique.

sarcófago m. Sarcophage.

sarcoma m. Med. Sarcome (tumor). ‖ Med. *Sarcoma benigno,* sarcoïde.

sarcomatoso, sa adj. Med. Sarcomateux, euse.

sarcoplasma m. Sarcoplasme.

sarcopto m. Zool. Sarcopte (arador).

sarcótico, ca adj. Med. Sarcotique.

sarda f. Zool. Maquereau, *m.* (caballa).

sardana f. Sardane (danza catalana).

sardanapalesco, ca adj. Sardanapalesque. ‖ *Llevar una vida sardanapalesca,* mener une vie de débauche *o* de Sardanapale.
Sardanápalo n. pr. m. Sardanapale.
sardanés, esa adj. y s. Cerdan, e ; de la Cerdagne.
sardina f. ZOOL. Sardine : *sardinas en espetones,* brochettes de sardines. ‖ FIG. *Estar como sardinas en banasta* ou *en lata,* être serré comme des sardines *o* des harengs en caque.
sardinal m. Sardinier (red).
sardinel m. ARQ. Galandage (obra de laJrillos).
sardinero, ra adj. y s. Sardinier, ère. ‖ *Barco sardinero,* sardinier.
sardineta f. Sardine (galón).
sardo, da adj. Tacheté, e (el ganado). ‖ — Adj. y s. Sarde, de Sardaigne (de Cerdeña). ‖ — M. Sarde (lengua).
sardónice f. MIN. Sardoine (piedra).
sardónico, ca adj. Sardonique : *risa sardónica,* rire sardonique.
sarga f. Serge (tela). ‖ Patte-mouille (para planchar). ‖ Toile peinte pour tentures (tela pintada). ‖ BOT. Osier (m.) blanc.
sargadilla f. BOT. Chénopode, m. (quenopodio).
sargado, da adj. Sergé, e (asargado).
sargazo m. BOT. Sargasse, f. ‖ GEOGR. *Mar de los Sargazos,* mer des Sargasses.
sargenta f. Hallebarde (alabarda). ‖ Femme du sergent. ‖ FIG. y FAM. Grenadier, m., gendarme, m., dragon, m. : *mi portera es una sargenta,* ma concierge est un gendarme.
sargentear v. tr. FIG. y FAM. Régenter, commander en maître.
sargentería f. Fonctions (pl.) du sergent.
sargentía f. Grade (m.) de sergent.
sargento m. Sergent. ‖ FIG. y FAM. Gendarme, dragon : *su director es un sargento,* son directeur est un gendarme. ‖ *Sargento mayor,* sergent-major, sergent-chef.
sargentona f. FAM. Grenadier, m., virago.
sargo m. ZOOL. Sargue (pez).
sargueta f. Sergette (tela).
sari m. Sari (traje femenino en la India).
sariga f. *Amer.* Sarigue (zarigüeya).
sarisa f. Sarisse (lanza macedónica).
Sarmacia n. pr. f. GEOGR. Sarmatie.
sármata adj. y s. Sarmate (de Sarmacia).
sarmentoso, sa adj. Sarmenteux, euse. ‖ Rabougri, e (árbol, planta). ‖ FIG. Décharné, e ; racorni, e : *viejo de miembros sarmentosos,* vieillard aux membres décharnés.
sarmiento m. Sarment. ‖ FIG. *El pobre está ya hecho un sarmiento,* le pauvre, le voilà tout décharné *o* sec comme un fagot. ‖ *Ponerse como un sarmiento,* se racornir.
sarna f. MED. Gale. ‖ FIG. y FAM. *Más viejo que la sarna,* vieux comme le monde *o* les rues.
sarnoso, sa adj. y s. Galeux, euse. ‖ FIG. *Perro sarnoso,* brebis galeuse.
sarong m. Sarong.
sarpullido m. Éruption (f.) cutanée.
sarracena f. BOT. Sarracénie.
sarracénico, ca adj. Sarracénique.
sarraceno, na adj. y s. Sarrasin, e. ‖ *Trigo sarraceno,* sarrasin, blé noir.
Sarre n. pr. m. GEOGR. Sarre, f.
sarrillo m. Râle (estertor). ‖ Tartre (sarro). ‖ BOT. Gouet, arum (aro).
sarrio m. Isard (gamuza).
sarro m. Dépôt (sedimento en una vasija). ‖ Tartre (en una caldera). ‖ Tartre (de los dientes). ‖ BOT. Rouille, f. (roya). ‖ Saburre, f. (de la lengua).
sarroso, sa adj. Couvert d'un dépôt (vasija). ‖ Tartreux, euse (dientes). ‖ Saburral, e (lengua). ‖ Attaqué de rouille, rouillé, e (planta).
sarrusófono m. MÚS. Sarrussophone (instrumento).

sarta f. Chapelet, m. : *sarta de cebollas,* chapelet d'oignons. ‖ FIG. File (de personas). ‖ Ribambelle : *una sarta de niños,* une ribambelle d'enfants. ‖ Kyrielle : *en medio de su discurso soltó toda una sarta de citas,* au milieu de son discours, il débita toute une kyrielle de citations. ‖ Chapelet, m. : *soltó una sarta de mentiras,* il a débité un chapelet de mensonges. ‖ *Esta carta es una sarta de embustes,* cette lettre est un tissu de mensonges.
sartén f. Poêle (à frire). ‖ FIG. Fournaise : *esta región es una sartén,* cette région est une fournaise. ‖ FIG. y FAM. *Tener la sartén por el mango,* tenir la queue de la poêle.
sartenada f. Poêlée.
sartenazo m. Coup de poêle à frire. ‖ FIG. y FAM. Coup violent.
sarteneja f. Poêlon, m.
sartenejal m. *Amer.* Sol crevassé.
sartorio adj. m. y s. m. ANAT. Couturier (músculo).
sasafrás m. BOT. Sassafras.
sastra f. Couturière (modista). ‖ Ravaudeuse (que arregla los trajes), lingère (en una casa). ‖ Femme du tailleur (mujer del sastre).
sastre m. Tailleur. ‖ — *Sastre* ou *traje sastre,* tailleur *o* costume tailleur. ‖ *Sastre de señoras,* couturier. ‖ *Sastre de viejo,* ravaudeur. ‖ — FIG. y FAM. *Cajón de sastre,* fouillis, capharnaüm. ‖ *Entre sastres no se paga la hechura,* entre collègues on peut se rendre de petits services. ‖ *Ver algo desde el tendido de los sastres,* être aux premières loges.
sastrería f. Métier (m.) de tailleur (oficio). ‖ Atelier (m.) *o* boutique du tailleur. ‖ *Ir a la sastrería,* aller chez le tailleur.
Satán o **Satanás** n. pr. m. Satan.
satánico, ca adj. Satanique, démoniaque, diabolique.
satanismo m. Satanisme.
satélite m. ASTR. Satellite : *satélite artificial,* satellite artificiel. ‖ MECÁN. Satellite (piñón). ‖ — Adj. y s. Satellite : *país satélite,* pays satellite. ‖ — *Ciudad satélite,* ville satellite. ‖ *Satélite de Satán,* suppôt de Satan.
satelización f. Satellisation.
satelizar v. tr. Satelliser.
satén m. Satin (raso).
satín m. Bois semblable au noyer.
satinado, da adj. Satiné, e : *papel satinado,* papier satiné.
— M. Satinage.
satinador, ra adj. y s. Satineur, euse.
satinar v. tr. Satiner.
sátira f. Satire (crítica)
— SINÓN. *Epigrama,* épigramme. *Crítica,* critique. *Pulla,* quolibet.
satiriasis f. MED. Satyriasis, m.
satírico, oa adj. Satirique (de la sátira). ‖ Satyrique (del sátiro).
— M. Auteur satirique.
satirio m. ZOOL. Rat d'eau.
satirizar v. tr. e intr. Satiriser.
sátiro m. MIT. Satyre. ‖ ZOOL. Satyre. ‖ FIG. Satyre.
satisdación f. DR. Caution (fianza).
satisfacción f. Satisfaction : *dar plena satisfacción,* donner toute satisfaction. ‖ Satisfaction, assouvissement, m. (de un deseo, de un apetito). ‖ — *A satisfacción,* à volonté. ‖ *Pedir satisfacción de una ofensa,* exiger satisfaction *o* réparation d'une offense. ‖ *Tener mucha satisfacción de sí mismo,* être très satisfait de sa personne, être très content de soi.
satisfacer* v. tr. e intr. Satisfaire. ‖ Réparer (una afrenta). ‖ Subvenir : *satisfacer sus necesidades,* subvenir à ses besoins. ‖ Assouvir (las pasiones).

‖ — *Satisfacer* (*a*) *la demanda*, répondre à la demande. ‖ *Satisfacer todos los requisitos*, remplir toutes les conditions requises. ‖ DR. *Satisfacer una demanda*, faire droit à une requête, satisfaire une demande. ‖ *Satisfacer una deuda*, acquitter une dette.
— V. pr. Se venger. ‖ *Satisfacerse con razones*, se payer de raisons.
satisfaciente adj. Satisfaisant, e.
satisfactoriamente adv. D'une manière satisfaisante.
satisfactorio, ria adj. Satisfaisant, e : *contestación satisfactoria*, réponse satisfaisante. ‖ TEOL. Satisfactoire.
satisfecho, cha adj. Satisfait, e ; content, e. ‖ Suffisant, e ; satisfait de sa personne, content de soi (vanidoso). ‖ — *Darse por satisfecho con*, se contenter de. ‖ FAM. *Me he quedado satisfecho*, c'était très bien o parfait.
sátrapa m. Satrape.
satrapía f. Satrapie.
saturabilidad f. QUÍM. Saturabilité.
saturable adj. QUÍM. Saturable.
saturación f. Saturation.
saturado, da adj. Saturé, e. ‖ FIG. Saturé, e (harto).
saturador m. Saturateur.
saturante adj. QUÍM. Saturant, e.
saturar v. tr. Saturer.
saturnales f. pl. HIST. Saturnales.
saturnino, na adj. Saturnien, enne (triste). ‖ Saturnin, e (del plomo) : *cólico saturnino*, colique saturnine.
Saturnino, na n. pr. m. y f. Saturnin, e.
saturnio, nia adj. Saturnien, enne.
saturnismo m. MED. Saturnisme.
Saturno n. pr. m. ASTR. y MIT. Saturne.
sauce m. BOT. Saule (árbol). ‖ — *Sauce cabruno*, marsault. ‖ *Sauce llorón*, saule pleureur.
sauceda f. o **saucedal** m. o **saucera** f. BOT. Saulaie, f., saussaie, f.
saúco m. BOT. Sureau (arbusto).
saudade f. Nostalgie (añoranza).
saudí adj. f. Saoudite : *Arabia Saudí*, Arabie Saoudite.
saudoso, sa adj. Nostalgique, triste.
Saúl n. pr. m. Saül.
Saulo n. pr. m. Saul.
sauna f. Sauna, m.
saurios m. pl. ZOOL. Sauriens.
sausería f. Office (m.) de bouche, serdeau, m. (cargo).
sausier m. Serdeau, officier de bouche.
sauzal m. Saussaie, f. (sauceda).
sauzgatillo m. BOT. Gattilier.
savia f. BOT. Sève. ‖ FIG. Sève.
saxafrax f. BOT. Saxifrage.
saxátil adj. BOT. Saxatile, saxicole.
saxífraga f. BOT. Saxifrage.
saxifragáceas f. pl. BOT. Saxifragacées.
saxofón o **saxófono** m. MÚS. Saxophone.
saya f. Jupe (falda). ‖ Jupon, m. (enaguas).
sayal m. Bure, f. (tela).
sayo m. Casaque, f. ‖ Saie, f., sayon (abrigo de los soldados romanos). ‖ — FIG. y FAM. *Cortar a uno un sayo*, casser du sucre sur le dos de quelqu'un (murmurar). ‖ *Decir para su sayo*, dire à part soi o à son bonnet. ‖ *Hacer de su capa un sayo*, n'en faire qu'à sa tête. ‖ *Hasta el cuarenta de mayo no te quites el sayo*, en avril ne te découvre pas d'un fil.
sazón f. Maturité (madurez). ‖ Goût, m., saveur (sabor). ‖ Assaisonnement, m. (aderezo). ‖ FIG. Occasion (oportunidad). ‖ — *A la sazón*, à ce moment-là, alors. ‖ *En sazón*, à point, mûr e

(fruta), à propos, au bon moment (oportunamente). ‖ *Fuera de sazón*, hors de propos, hors de saison.
— Adj. *Amer.* Mûr, e : *plátano sazón*, banane mûre.
— OBSERV. *Saison*, époque de l'année, se dit *estación*.
sazonado, da adj. Assaisonné, e (bien aderezado). ‖ FIG. Plein d'esprit, piquant, e (humorístico).
sazonar v. tr. Assaisonner (manjares). ‖ FIG. Mettre au point (madurar). ‖ Agrémenter, pimenter (amenizar) : *sazonar un relato con salidas ingeniosas*, pimenter un récit de traits d'esprit.
— V. pr. Arriver à maturité, mûrir (madurar).
scooter m. Scooter (motocicleta).
scout m. Scout (explorador).
scratch adj. y s. m. Scratch (carrera).
script-girl f. CINEM. Script-girl, scripte (secretaría de rodaje).
scherzo m. MÚS. Scherzo.
schnorchel m. MAR. Schnorchel.
se pron. pers. 1. — Se (acusativo con acción reflexiva) : *mi padre se pasea*, mon père se promène ; *paseándose*, en se promenant. ‖ Vous (con usted ou ustedes) : *cállese, cállense*, taisez-vous.
2. — On (acusativo con acción no reflexiva) : *se siega el trigo en agosto*, on moissonne le blé au mois d'août ; *se piden voluntarios*, on demande des volontaires ; *se me entregaron dos cartas*, on m'a remis deux lettres. [Dans ce cas, la construction espagnole est pronominale, quoique son sens ne soit pas réfléchi.]
3. — On (indefinido) : *aquí se habla demasiado*, on parle trop ici ; *se dice que*, on dit que ; *se felicitó a los vencedores*, on félicita les vainqueurs ; *Señor, se le llama*, Monsieur, on vous appelle. [Dans ce cas le pronom espagnol *se* joue le rôle d'un véritable sujet.]
4. — Lui, *m.* y *f.* sing., leur, *m.* y *f.* pl. (dativo) : *se lo diré*, je lui o leur dirai ; *a ellos, se las mandaré*, à eux, je les leur enverrai. ‖ Vous (con usted ou ustedes) : *se lo diremos*, nous vous le dirons [l'ordre des pronoms en espagnol est inverse de l'ordre français : le complément indirect est placé le premier].
— OBSERV. Le pronom *se* est enclitique lorsqu'il est complément d'un verbe à l'infinitif (*callarse*), au gérondif (*quejándose*), ou à l'impératif (*siéntense*). Il ne faut pas oublier que la forme pronominale remplace souvent en espagnol la voix passive (*se resolvió el problema*, le problème fut résolu).
sebáceo, a adj. Sébacé, e : *glándulas sebáceas*, glandes sébacées. ‖ Suiffeux, euse (que tiene sebo).
Sebastián n. pr. m. Sébastien.
sebista m. y f. *Amer.* Paresseux, euse.
sebo m. Suif, graisse, m. (de animal). ‖ Graisse, f. (gordura cualquiera). ‖ ANAT. Sébum. ‖ POP. Cuite, f. (borrachera). ‖ FAM. *Amer. Hacer sebo*, faire du lard, fainéanter.
seborrea f. MED. Séborrhée.
seboso, sa adj. Gras, grasse ; suiffé, e (untado con sebo). ‖ Graisseux, euse (grasiento).
seca f. Sécheresse (sequía). ‖ MED. Petit ganglion, m. (infarto).
secadal m. Terrain sec o non irrigué.
secadero, ra adj. Qui peut se conserver sec (frutas).
— M. Séchoir (aparato, lugar). ‖ Sécherie, f. (de pescado).
secado m. Séchage. ‖ Dessiccation, f., séchage (de las maderas). ‖ Essorage (de la ropa).
secador m. Séchoir. ‖ Sèche-cheveux, inv., séchoir (de pelo). ‖ *Amer.* Serviette, f. (toalla).
secadora f. Sécheuse (aparato). ‖ Essoreuse (para la ropa).
secamente adv. Sèchement.
secamiento m. Séchage (secado).

secano m. Terrain non irrigué. ‖ Banc de sable (banco de arena). ‖ *Campo de secano,* champ de culture sèche.

secante adj. y s. m. Buvard (papel). ‖ Siccatif, ive (sustancia) : *pintura secante,* peinture siccative. ‖ — Adj. y s. f. MAT. Sécant, e. ‖ — M. DEP. Joueur qui marque son adversaire.

secar v. tr. Sécher (la ropa, etc.) ‖ Essorer (secar la ropa con una máquina). ‖ Essuyer (enjugar) : *secar los platos,* essuyer la vaisselle. ‖ Dessécher : *el sol seca la tierra, las frutas,* le soleil dessèche la terre, les fruits. ‖ Tarir (fuente, pozo). ‖ FIG. Ennuyer, assommer (aburrir). | Sécher (las lágrimas). ‖ DEP. Marquer.
— V. pr. Sécher. ‖ Se faire sécher : *secarse al sol después de un baño,* se faire sécher au soleil après un bain. ‖ Se dessécher (río, suelo). ‖ Tarir (fuente, pozo). ‖ Sécher (planta). ‖ FIG. Dépérir (persona o animal). | Se dessécher (el alma). | Tarir (las lágrimas).

secarrón, ona adj. FAM. Sec, sèche; revêche.

sección f. Section (cortadura) : *la sección de un hueso,* la section d'un os. ‖ Section (parte o grupo). ‖ Coupe (dibujo). ‖ Partie (de un capítulo). ‖ Rayon, *m.* (en un almacén) : *sección caballeros,* rayon hommes. ‖ MAT. y MIL. Section. ‖ IMPR. Page, chronique (en un periódico) : *la sección deportiva,* la page des sports, la chronique sportive.

seccionador m. ELECTR. Sectionneur.

seccionamiento m. Sectionnement.

seccionar v. tr. Sectionner.

secesión f. Sécession (de un Estado).

secesionista adj. y s. Sécessioniste.

seco, ca adj. Sec, sèche (sin humedad) : *la ropa está seca,* le linge est sec ; *terreno, tiempo seco,* terrain, temps sec. ‖ À sec (sin agua) : *río seco,* rivière à sec. ‖ Sec, sèche, sans jus (guisado). ‖ Desséché, e (plantas sin vigor). ‖ Séché, e (flores de herbario). ‖ Sec, sèche (fruta, leña, pan). ‖ FIG. Sec, sèche, décharné, e (flaco). ‖ Sec, sèche (sin azúcar) : *champaña seco,* champagne sec. ‖ Sec, sèche (sonido, golpe) : *un ruido seco,* un bruit sec. | Sec, sèche (genio, corazón, estilo, etc.). ‖ — *Ama seca,* nourrice sèche. ‖ *A palo seco,* à sec de voile (barco). ‖ *A secas,* tout court : *llamarse Pedro a secas,* s'appeler Pierre tout court. ‖ *En seco,* à sec : *limpieza en seco,* nettoyage à sec ; net, pile : *parar en seco,* s'arrêter net ; au sec (fuera del agua). ‖ *Hojas secas,* feuilles mortes. ‖ — FIG. *Dejar seco,* laisser sur le carreau. | *Estar seco,* avoir la pépie (tener sed). ‖ *Guardarse en sitio seco,* tenir au sec (una medicina). ‖ FIG. *Parar a uno en seco,* clouer le bec à quelqu'un. | *Quedar seco,* tomber raide mort. | *Ser más seco que una pasa* ou *un higo* ou *una avellana,* être sec comme un coup de trique.

secoya f. BOT. Séquoia, *m.* (árbol).

secreción f. ANAT. Sécrétion.

secreta f. Enquête secrète (sumaria). ‖ RELIG. Secrète (oración). ‖ Cabinets, *m. pl.* (excusado). ‖ POP. Police secrète, la secrète.

secretar v. tr. Sécréter.

secretaría f. Secrétariat, *m.* (cargo y oficina de un secretario). ‖ Secrétairerie : *secretaría de Estado,* secrétairerie d'État (en el Vaticano y en los Estados Unidos).

secretariado m. Secrétariat (secretaría).

secretario, ria m. y f. Secrétaire : *secretario municipal,* secrétaire de mairie. ‖ (Ant.). Confident, e ; secrétaire. ‖ — *Secretaria de rodaje,* script-girl. ‖ *Secretario de Estado,* secrétaire d'Etat. ‖ — M. ZOOL. Secrétaire (ave).

secretear v. intr. FAM. Faire des messes basses.

secreteo m. FAM. Chuchotement, mystères, *pl.* ‖ *Andar con secreteos,* faire des messes basses.

secreter m. Secrétaire (mueble).

secretina f. Sécrétine (hormona).

secreto, ta adj. Secret, ète.
— M. ● Secret : *estar en el secreto,* être dans le secret. ‖ MÚS. Table (*f.*) d'harmonie, sommier. ‖ — *Bajo secreto de confesión,* sous le sceau de la confession. ‖ *Cerradura de secreto,* serrure à secret. ‖ *De* ou *en secreto,* en secret, secrètement. ‖ *Guardar un secreto,* garder un secret, observer le secret. ‖ FAM. *Secreto a voces,* secret de polichinelle. ‖ *Secreto profesional, de Estado,* secret professionnel, d'État.
— SINÓN. ● *Misterio,* mystère. *Arcano,* arcane. *Clave, cifra,* clef, chiffre.

secretor, ra o **secretorio, ria** adj. ANAT. Sécréteur ; sécréteur, trice ; sécrétoire.

secta f. Secte.

sectador, ra adj. y s. Sectateur, trice.

sectario, ria adj. y s. Sectateur, trice (partidario). ‖ Sectaire (fanático).

sectarismo m. Sectarisme.

sector m. Secteur : *sector circular, esférico,* secteur circulaire, sphérique ; *sector económico,* secteur économique. ‖ MIL. Secteur.

sectorial adj. Sectoriel, elle.

secuano, na adj. y s. Séquanais, e (del Sena).

secuaz adj. y s. Partisan (sin fem.), acolyte, séide : *Al Capone y sus secuaces,* Al Capone et ses acolytes.
— OBSERV. Ce mot a toujours une nuance péjorative.

secuela f. Séquelle, suite (consecuencia).

secuencia f. REL. Séquence. ‖ CINEM. Séquence.

secuestración f. (P. us.). Séquestration.

secuestrador, ra adj. y s. Qui séquestre. ‖ — M. Pirate de l'air (de un avión).

secuestrar v. tr. Séquestrer. ‖ Saisir (un periódico). ‖ Détourner (un avión). ‖ FIG. Séquestrer (aislar).

secuestro m. Séquestration, *f.* (de una persona). ‖ Séquestre (de bienes). ‖ Saisie, *f.* (de un periódico, de un libro). ‖ Détournement (de un avión).

secular adj. Séculier, ère (seglar) : *clero secular,* clergé séculier. ‖ Séculaire (de cien años o más) : *árbol secular,* arbre séculaire. ‖ FIG. Séculaire : *un prejuicio secular,* un préjugé séculaire. ‖ — Adj. y s. Séculier, ère (eclesiástico). ‖ *Brazo secular,* bras séculier.

secularización f. Sécularisation (de un religioso). ‖ Désaffection (de una iglesia).

secularizar v. tr. Séculariser (un religioso). ‖ Désaffecter (una iglesia).

secundar v. tr. Seconder. ‖ Assister : *secundar a un cirujano,* assister un chirurgien.
— SINÓN. *Colaborar,* collaborer. *Asistir,* assister. *Ayudar,* aider. *Auxiliar,* auxilier. *Coadyuvar,* contribuer.

secundario, ria adj. Secondaire.
— M. Secondaire.

secundinas f. pl. ANAT. Placenta, *m. sing.*

secura f. (P. us.) Sécheresse (sequedad).

sed f. Soif : *tener sed,* avoir soif. ‖ FIG. Soif : *la sed del oro,* la soif de l'or. ‖ — *Apagar la sed,* étancher la soif, désaltérer. ‖ *Quitar la sed,* désaltérer : *bebida que quita la sed,* boisson qui désaltère. ‖ *Rabiar de sed,* mourir de soif.

seda f. Soie (textil) : *seda artificial,* soie artificielle ; *seda cruda, floja,* soie écrue o crue o grège, floche ; *gusano de seda,* ver à soie. ‖ Soie (cerda de puerco o de jabalí). ‖ — FIG. *Aunque la mona se vista de seda, mona se queda,* le singe est toujours singe, fût-il vêtu de pourpre. | *Entrar como una seda,* entrer comme dans du beurre. | *Hecho una seda,* doux comme un agneau. | *Ir* ou *marchar como una seda,* aller comme sur des roulettes, bien marcher, tourner rond. | *Ser como una seda,* être doux comme de la soie (suave), être doux comme un agneau (dócil).

sedación f. MED. Sédation.

sedadera f. Affinoir, *m.* (de cáñamo).

sedal m. Ligne, f. (para la pesca). ‖ MED. Séton.
sedante adj. y s. m. Calmant, e ; sédatif, ive.
sedar v. tr. (P. us.). Calmer.
sedativo, va adj. y s. m. MED. Sédatif, ive.
sede f. Siège, m. (episcopal). ‖ Siège, m. : *la sede de la O.N.U.*, le siège de l'O.N.U. ‖ — *Santa Sede,* Saint-Siège. ‖ *Sede social,* siège social (sociedad).
sedear v. tr. Saietter, brosser (joyas).
sedentario, ria adj. y s. Sédentaire.
sedente adj. (P. us.). Assis, e (estatua).
sedeño, ña adj. Soyeux, euse (de seda). ‖ Couvert de soies (animal).
— F. Étoupe (estopa).
sedera f. Soie (del joyero).
sedería f. Soierie. ‖ Magasin (m.) de soieries.
sedero, ra adj. De la soie : *industria sedera,* industrie de la soie.
— M. Soyeux (negociante en seda).
sedicente adj. Soi-disant, *inv.*
— OBSERV. Este adjetivo, considerado anteriormente como un barbarismo en español, equivale a *supuesto.*
sedición f. Sédition (rebelión).
sedicioso, sa adj. y s. Séditieux, euse ; frondeur, euse (rebelde).
sediente adj. DR. *Bienes sedientes,* biens-fonds.
sediento, ta adj. Assoiffé, e. ‖ FIG. Desséché, e ; sec, sèche (campos). ‖ Avide, assoiffé, e : *sediento de riquezas,* assoiffé de richesses.
sedimentación f. Sédimentation.
sedimentar v. tr. Déposer (un sedimento).
— V. pr. Se déposer.
sedimentario, ria adj. Sédimentaire.
sedimento m. Sédiment. ‖ Dépôt (en los líquidos).
— SINÓN. *Asiento, depósito,* dépôt. *Residuo,* résidu. *Poso,* lie.
sedoso, sa adj. Soyeux, euse.
seducción f. Séduction. ‖ *Mujer que tiene mucha seducción,* femme très séduisante.
seducir* v. tr. Séduire : *seducir con hermosas promesas,* séduire par de belles promesses.
seductivo, va adj. Séduisant, e.
seductor, ra adj. y s. Séducteur, trice. ‖ — Adj. Séduisant, e.
sefardí o **sefardita** adj. y s. Sefardi, Sefaraddi.
— OBSERV. El plural de la palabra francesa es *sefardim* o *sefaraddim.*
— *Sefardí* est le nom donné aux juifs d'origine espagnole ou portugaise, qu'on trouve à l'heure actuelle dans les Balkans et en Afrique du Nord notamment et qui ont conservé la façon de parler du XVᵉ siècle, époque à laquelle ils furent expulsés de la Péninsule.
segable adj. Fauchable.
segadera f. Faucille (hoz), faux (guadaña).
segador m. Faucheur (trabajador). ‖ ZOOL. Faucheux, faucheur (araña).
segadora adj. f. y s. f. Moissonneuse : *segadora atadora,* moissonneuse-lieuse. ‖ Faucheuse (guadañadora). ‖ *Segadora trilladora,* moissonneuse-batteuse.
segar* v. tr. Faucher. ‖ FIG. Faucher : *segados en plena juventud,* fauchés en pleine jeunesse.
Segismundo n. pr. m. Sigismond.
seglar adj. y s. Laïque (laico) : *el apostolado seglar,* l'apostolat laïque. ‖ — M. Séculier (lego).
segmentación f. Segmentation.
segmentar v. tr. Segmenter.
segmentario, ria adj. Segmentaire.
segmento m. GEOM. y MECÁN. Segment : *segmento de cierre hermético,* segment d'étanchéité.
Segovia n. pr. GEOGR. Ségovie.
segoviano, na o **segoviense** adj. y s. De Ségovie.
segregación f. Ségrégation : *segregación racial,* ségrégation raciale.
segregacionismo m. Ségrégationisme.
segregacionista adj. y s. Ségrégationiste.

segregar v. tr. Séparer (apartar). ‖ Sécréter (secretar).
segregativo, va adj. Ségrégatif, ive.
segrí m. Étoffe (f.) de soie ancienne.
segueta f. Scie à chantourner o à contourner o à découper.
seguida f. (P. us.). Suite. ‖ — *De seguida,* tout de suite. ‖ *En seguida,* aussitôt, tout de suite (sin esperar) : *lo llamé y vino en seguida,* je l'appelai et il vint aussitôt ; *voy en seguida,* j'y vais tout de suite ; aussitôt après (acto continuo) : *lo haré en seguida,* je le ferai aussitôt après.
seguidamente adv. De suite (de seguida). ‖ Aussitôt (en seguida). ‖ Aussitôt après (acto continuo).
seguidilla f. MÚS. Séguedille.
seguido, da adj. Suivi, e. ‖ De suite : *dos días seguidos,* deux jours de suite. ‖ Rapproché, e : *ha tenido tres niños muy seguidos,* elle a eu trois enfants très rapprochés. ‖ En ligne droite (camino, carretera). ‖ — *Acto seguido,* sur-le-champ, tout de suite après, immédiatement après. ‖ *Iban tres camiones seguidos,* il y avait trois camions l'un derrière l'autre, trois camions se suivaient.
— Adv. Tout droit : *vaya seguido,* allez tout droit. ‖ *Amer.* Souvent (a menudo). ‖ *Todo seguido,* tout droit : *siga usted, es todo seguido,* continuez, c'est tout droit.
seguidor, ra adj. Qui suit.
— M. Partisan, adepte (partidario), supporter (en deportes). ‖ Suiveur (ciclismo).
seguimiento m. Suite, f., succession, f.
seguir* v. tr. ● Suivre (ir detrás o después). ‖ Suivre (un discurso, una opinión, etc.). ‖ Continuer : *seguir su camino,* continuer son chemin. ‖ Continuer, poursuivre : *sigamos nuestras investigaciones,* poursuivons nos recherches. ‖ — FIG. *El que la sigue la mata,* on arrive toujours à ses fins. ‖ *Seguir con los ojos a uno,* suivre quelqu'un des yeux. ‖ *Seguir de cerca a uno,* suivre quelqu'un de près. ‖ *Seguir las zancadas de,* rester dans la foulée de. ‖ *Seguir su curso,* suivre son cours.
— V. intr. Suivre (venir después). ‖ Être toujours : *sigue en París,* il est toujours à Paris ; *mi tío sigue enfermo,* mon oncle est toujours malade. ‖ Continuer à o de : *sigue trabajando,* il continue à travailler. ‖ — *¡Que siga bien!,* bonne continuation ! ‖ *Seguir con su trabajo,* poursuivre son travail. ‖ FIG. y FAM. *Seguir en sus trece,* ne pas vouloir en démordre, rester sur ses positions. ‖ *Seguir en su trabajo,* faire toujours le même travail. ‖ *Seguir siendo,* être toujours, continuer à être, rester : *a pesar de su edad sigue siendo guapa,* elle reste belle malgré son âge. ‖ *¡Sigamos!,* enchaînons ! (teatro). ‖ *Sigue,* à suivre (folletín), T.S.V.P. (carta, documento).
— V. pr. Se suivre. ‖ S'ensuivre, découler (inferirse).
— SINÓN. ● *Acompañar,* accompagner. *Escoltar,* escorter.

seguiriya f. MÚS. Séguedille (en flamenco).
según prep. Selon, suivant : *según los casos,* selon les cas ; *te pagaré según tu trabajo,* je te paierai selon ton travail ; *según te encuentres mañana,* selon l'état dans lequel tu seras demain. ‖ Selon, d'après (con pronombres o nombres de persona) : *según ellos,* selon eux ; *según eso,* d'après cela ; *Evangelio según San Lucas,* Évangile selon saint Luc. ‖ Comme (como) : *sigue todo según estaba,* tout est comme avant. ‖ À mesure que, au fur et à mesure que (conforme) : *según nos acercábamos, el ruido aumentaba,* à mesure que nous approchions, le bruit s'amplifiait. ‖ À ce que : *según dicen,* à ce qu'on dit ; *según veo,* à ce que je vois. ‖ — *Según el artículo 5 de la ley,* aux termes de l'article 5 de la loi. ‖ *Según están las*

cosas, dans l'état actuel des choses. ‖ *Según que*, selon que.
— Adv. Tellement, tant : *no podía moverse*, *según estaba de cansado*, il ne pouvait bouger, tellement il était fatigué. ‖ Ça dépend, c'est selon (fam.) : *vendrá o no*, *según*, il viendra ou non, cela dépend. ‖ — *Es según*, c'est selon, ça dépend. ‖ *Según y conforme* ou *según y como*, tel, telle que : *te lo entrego según y como me lo dieron*, je te le remets tel qu'on me l'a donné ; c'est selon, ça dépend (depende).

segunda f. Double-tour, *m.* (cerraduras). ‖ Seconde : *viajar en segunda*, voyager en seconde. ‖ Seconde (velocidad). ‖ Seconde (de esgrima). ‖ FIG. Arrière-pensée (reserva mental). | Sous-entendu, *m.* : *hablar con segundas*, parler par sous-entendus.

segundar v. tr. Recommencer, renouveler (repetir). ‖ Seconder, aider (auxiliar).
— V. intr. Venir en second lieu.

segundario, ria adj. Secondaire.

segundero, ra adj. De la seconde récolte.
— M. Trotteuse *f.* (en un reloj).

segundilla f. Clochette de couvent.

segundo, da adj. Deuxième, second, e. ‖ — *De segunda mano*, de seconde main, d'occasion. ‖ *En segundo lugar*, deuxièmement. ‖ *Segunda enseñanza*, enseignement secondaire. ‖ *Segunda intención*, sous-entendu : *hablar con segundas intenciones*, parler par sous-entendus ; arrière-pensée : *sin segunda intención*, sans arrière-pensée. ‖ *Segundo jefe*, commandant en second. ‖ *Segundo piso*, second, deuxième étage. ‖ *Sobrino segundo*, neveu au deuxième degré *o* à la mode de Bretagne (fam.).
— OBSERV. *Deuxième* y *second* son sinónimos, pero *deuxième* se emplea más bien en una enumeración de más de dos y *second* cuando la enumeración no pasa de dos.
— Adv. Deuxièmement (en segundo lugar).
— M. Seconde, *f.* (del reloj). ‖ Second (en una jerarquía). ‖ Second (piso). ‖ GEOM. Seconde, *f.* ‖ Soigneur (en boxeo). ‖ MAR. *El segundo de a bordo*, le commandant en second, le second.

segundogénito, ta adj. y s. Cadet, ette ; second, e.

segundogenitura f. Droit (*m.*) *o* privilège (*m.*) du cadet.

segundón m. Cadet, puîné.

seguntino, na adj. y s. De Sigüenza [Espagne].

segur f. Hache (hacha). ‖ Faucille (hoz).

seguramente adv. Sûrement.

seguridad f. Sécurité, sûreté. ‖ ● Assurance, certitude (certidumbre). ‖ Caution, garantie (fianza). ‖ Sûreté (destreza, firmeza). ‖ — *Con toda seguridad*, en toute sécurité (sin riesgo), avec certitude (decir). ‖ *De seguridad*, de sûreté (mecanismo) : *cerradura de seguridad*, serrure de sûreté. ‖ *Dirección General de Seguridad*, Sûreté nationale. ‖ *En la seguridad de que*, avec l'assurance que. ‖ *En seguridad*, en sûreté, en sécurité. ‖ *Seguridad en sí mismo*, assurance. ‖ *Seguridad Social*, Sécurité sociale. ‖ *Tener la seguridad de*, être sûr de, avoir la certitude que.
— SINÓN. ● *Confianza*, confiance. *Firmeza*, fermeté. *Aplomo*, aplomb. *Calma*, *tranquilidad*, calme.

seguro, ra adj. Sûr, e ; certain, e (cierto) : *estoy seguro de que ha venido*, je suis sûr qu'il est venu. ‖ En sécurité, à l'abri (libre de peligro). ‖ Sûr, e (firme). ‖ Confiant, e ; tranquille (sin recelo). ‖ *Dar por seguro*, assurer, affirmer.
— M. Assurance, *f.* : *seguro a todo riesgo*, assurance tous risques ; *seguro contra accidentes*, assurance accidents ; *seguro contra robo*, assurance vol ; *seguro contra tercera persona*, assurance au tiers ; *seguro de incendios*, assurance contre l'incendie ; *seguro de vida*, assurance sur la vie ; *compañía de seguros*, compagnie

d'assurances. ‖ Cran d'arrêt, sécurité, *f.*, sûreté, *f.* (de armas). ‖ — *A buen seguro*, sûrement, sans aucun doute. ‖ *De seguro*, à coup sûr. ‖ *En seguro*, en sûreté (a salvo). ‖ *Seguros sociales*, assurances sociales, sécurité sociale. ‖ *Sobre seguro*, sans prendre de risque, à coup sûr : *apostar sobre seguro*, parier à coup sûr.

seibo m. Amer. Flamboyant (ceibo).

seis adj. y s. m. Six. ‖ — *Dan las seis*, 6 [six] heures sonnent. ‖ *El seis de enero*, le 6 [six] janvier.

seisavo, va adj. y s. Sixième.

seiscientos, tas adj. y s. m. Six cents : *dos mil seiscientos*, deux mille six cents. ‖ Six cent : *seiscientos veinte*, six cent vingt (seguido de otra cifra) ; *el año seiscientos*, l'an six cent (cuando equivale a un ordinal). ‖ *Mil seiscientos*, mille six cents, seize cents.

seise m. Enfant de chœur (monaguillo).

seisillo m. Mús. Double triolet.

seísmo m. Séisme (terremoto).
— SINÓN. *Terremoto*, tremblement de terre. *Sacudida*, secousse. *Cataclismo*, cataclysme.

selacios m. pl. ZOOL. Sélaciens.

selaginella f. BOT. Sélaginelle.

selección f. Sélection : *selección natural*, sélection naturelle. ‖ Choix, *m.* : *una selección de libros*, un choix de livres. ‖ — FOT. *Selección de color*, séparation des couleurs. ‖ *Selección por méritos*, recrutement sur titres.

seleccionado, da adj. y s. DEP. Sélectionné, e.

seleccionador, ra adj. y s. DEP. Sélectionneur, euse.

seleccionar v. tr. Sélectionner. ‖ Choisir (elegir).

selectividad f. RAD. Sélectivité.

selectivo, va adj. Sélectif, ive. ‖ *Curso selectivo* ou *selectivo*, année préparatoire (en las escuelas técnicas superiores).

selecto, ta adj. Choisi, e : *poesías selectas*, poésies choisies. ‖ FIG. Choisi, e (superior) : *sociedad*, *vinos selectos*, société choisie, vins choisis. ‖ *Ser de lo más selecto*, être ce qu'il y a de mieux.
— OBSERV. *Select* es familiar en francés y significa sólo *elegante* (sociedad, club, etc.).

selector m. Sélecteur.

seleniato m. QUÍM. Séléniate.

selénico, ca adj. m. QUÍM. Sélénique.

selenio m. QUÍM. Sélénium.

selenioso adj. m. QUÍM. Sélénieux.

selenita f. Sélénite.

selenitoso, sa adj. QUÍM. Séléniteux, euse.

seleniuro m. QUÍM. Séléniure.

selenografía f. ASTR. Sélénographie.

selenográfico, ca adj. Sélénographique.

selenógrafo m. ASTR. Sélénographe.

selenosis f. Albugo, *m.* (mancha en las uñas) .

seléucidas m. pl. HIST. Séleucides.

Seleuco n. pr. HIST. Séleucos.

self f. ELECTR. Self.

selfinducción f. Self-induction, auto-induction.

selva f. Forêt : *selva virgen*, forêt vierge. ‖ — *La ley de la selva*, la loi de la jungle. ‖ GEOGR. *Selva Negra*, Forêt-Noire.

selvático, ca adj. Forestier, ère ; sylvestre (de las selvas). ‖ Sauvage (inculto).

selvoso, sa adj. Sylvestre (de las selvas). ‖ Boisé, e ; couvert de forêts (país).

sellado, da adj. Scellé, e (documento oficial). ‖ Cacheté, e : *carta sellada*, lettre cachetée. ‖ Timbré, e : *papel sellado*, papier timbré. ‖ AUTOM. *Circuito sellado*, circuit scellé.
— M. Scellage.

selladora f. Machine à affranchir.

selladura f. Scellage, *m.* (de un documento oficial). ‖ Cachetage, *m.* (de una carta). ‖ Timbrage, *m.* (con timbre).

sellar v. tr. Sceller (un documento oficial). ‖ Mettre un cachet sur : *me sellaron este papel en el consulado*, on m'a mis un cachet sur ce papier au consulat. ‖ Cacheter (una carta) : *sellar con lacre*, cacheter à la cire. ‖ Timbrer (timbrar). ‖ DR. Mettre les scellés sur. ‖ Contrôler, poinçonner (monedas y joyas). ‖ FIG. Empreindre de, marquer de, marquer du sceau de (marcar). ‖ Sceller (la amistad). | Terminer (concluir). ‖ — *Papel sin sellar*, papier libre. ‖ FIG. *Sellar su suerte*, sceller son destin.

sello m. Timbre (viñeta de papel) : *sello fiscal*, timbre fiscal. ‖ Sceau (de documento oficial). ‖ Cachet (de metal o caucho y su marca). ‖ Tampon (de caucho). ‖ Cachet (medicina). ‖ Poinçon, contrôle (de monedas y joyas). ‖ FIG. Cachet, marque, *f.*, griffe, *f.* : *sus obras llevan su sello*, ses œuvres portent sa marque. | Marque, *f.*, empreinte, *f.* : *el sello del genio*, l'empreinte du génie. | Cachet : *un sello de elegancia*, un cachet d'élégance. ‖ — Pl. DR. Scellés : *quebrantamiento* ou *violación de sellos*, bris de scellés. ‖ — *Sello de correo*, timbre-poste. ‖ BOT. *Sello de Salomón*, sceau-de-Salomon. ‖ — *Echar el sello a una cosa*, mettre la dernière main à une chose. ‖ *Estampar* ou *poner su sello*, apposer son sceau o son cachet. ‖ FIG. *Marcar con el sello de*, marquer du sceau de o au coin de.

semafórico, ca adj. Sémaphorique.

semáforo m. Sémaphore (ferroccarril, marítimo). ‖ Feux (*pl.*) de signalisation (de tráfico urbano).

semana f. Semaine : *semana inglesa*, semaine anglaise ; *semana grande* ou *mayor* ou *santa*, semaine sainte. ‖ Semaine (salario semanal). ‖ — *Durante la semana*, en semaine, pendant la semaine. ‖ *Entre semana*, dans la semaine, dans le courant de la semaine. ‖ *Fin de semana*, weekend (sábado y domingo), nécessaire de toilette (maletín). ‖ *La semana pasada, que viene*, la semaine dernière, prochaine. ‖ FAM. *La semana que no tenga viernes*, la semaine des quatre jeudis.

— OBSERV. En espagnol on utilise l'expression *Semana Santa* pour désigner l'époque de Pâques (*iré a Francia en Semana Santa*, j'irai en France pour Pâques).

semanal adj. Hebdomadaire. ‖ — *Descanso semanal*, jour de fermeture (en una tienda). ‖ *Salario semanal*, semaine.

semanalmente adv. Chaque semaine.

semanario, ria adj. Hebdomadaire (semanal). ‖ — M. Hebdomadaire (periódico). ‖ Semainier (navajas de afeitar). ‖ Semainier (pulseras).

semanero, ra m. y f. Semainier, ère.

semanilla f. Semaine sainte (libro de oraciones).

semántico, ca adj. y s. f. Sémantique.

semasiología f. Sémantique.

semblante m. Visage, mine, *f.*, figure, *f.* : *semblante risueño*, mine réjouie ; *buen semblante*, bonne mine. ‖ FIG. Aspect (apariencia). ‖ — *En su semblante*, sur son visage. ‖ *Mal semblante*, mauvaise mine (salud), mine o air désagréable (humor). ‖ *Mudar de semblante*, changer de visage (persona), changer d'aspect (cosas).

semblantear v. tr. *Amer.* Dévisager.

semblanza f. Notice biographique, portrait, *m.*

sembradera f. Semoir, *m.* (máquina).

sembradío, a adj. Cultivable.

sembrado m. Terre (*f.*) cultivée, champ ensemencé, semis. ‖ *Bosques y sembrados*, les bois et les champs.

sembrador, ra adj. Qui sème. ‖ — M. y f. Semeur, euse. ‖ — F. Semoir, *m.* (sembradera).

sembradura f. Ensemencement, *m.* ‖ Semis, *m.* (sembrado).

sembrar* v. tr. AGRIC. Semer. ‖ FIG. ● Semer : *sembrar el pánico, la discordia, a los cuatro vientos*, semer la panique, la discorde, à tous vents. |

Répandre, diffuser (una doctrina). ‖ Parsemer, joncher (un camino con flores, palmas). ‖ — *Quien siembra recoge*, il faut semer pour récolter. ‖ *Quien siembra vientos recoge tempestades*, qui sème le vent récolte la tempête.

— SINÓN. ● *Esparcir*, répandre. *Diseminar*, disséminer. *Divulgar*, divulguer. *Propagar, propalar*, propager. *Difundir*, diffuser. *Publicar*, publier.

sembrío m. *Amer.* Champ o terre (*f.*) cultivée.

semeja f. Ressemblance (parecido). ‖ Signe, *m.*, indice, *m.* (señal).

semejable adj. Comparable.

semejado, da adj. Qui ressemble à.

semejante adj. ● Semblable : *dos objetos semejantes*, deux objets semblables. ‖ Semblable, pareil, eille : *en semejante caso*, dans un cas semblable ; *con semejante frescura*, avec un toupet pareil. ‖ Ce, cette ; en question : *nunca vi a semejante tipo*, je n'ai jamais vu ce type-là. ‖ GEOM. Semblable. ‖ — M. Semblable.

— SINÓN. ● *Parecido*, ressemblant. *Análogo*, analogue. *Equivalente*, équivalent. *Similar*, similaire. *Idéntico*, identique. *Igual*, pareil, égal. *Homólogo*, homologue.

semejanza f. Ressemblance (parecido). ‖ Similitude : *la semejanza de los métodos*, la similitude des méthodes. ‖ Comparaison (símil). ‖ GEOM. Similitude : *relación de semejanza*, rapport de similitude. ‖ *A semejanza de*, comme, à l'instar de, à l'imitation de.

semejar v. intr. Ressembler. ‖ — V. pr. Se ressembler.

semen m. BIOL. Semence, *f.*, sperme. ‖ BOT. Semence, *f.*

semencontra m. inv. MED. Semen-contra.

semental adj. m. y s. m. Étalon (animal macho).

sementera f. Semailles, *pl.* (acción y tiempo). ‖ Terrain (*m.*) ensemencé, semis, *m.* (tierra). ‖ FIG. Source, origine, germe, *m.*

sementero m. Semoir (saco).

semestral adj. Semestriel, elle.

semestre m. Semestre.

semiárido, da adj. Semi-aride.

semiautomático, ca adj. MIL. Semi-automatique.

semibreve f. MÚS. Demi-temps.

semicircular adj. Semi-circulaire, demi-circulaire.

semicírculo m. GEOM. Demi-cercle.

semicircunferencia f. GEOM. Demi-circonférence.

semiconductor m. ELECTR. Semi-conducteur.

semiconsonante adj. y s. f. GRAM. Semi-consonne.

semicoque m. Semi-coke.

semicorchea f. MÚS. Double croche. ‖ *Silencio de semicorchea*, quart de soupir.

semidiámetro m. GEOM. Demi-diamètre.

semidifunto, ta adj. À demi mort, e ; à moitié mort, e.

semidiós, osa m. y f. Demi-dieu, demi-déesse.

semidirecto, ta adj. Semi-direct, e.

semidoble adj. BOT. y RELIG. Semi-double.

semidormido, da adj. À moitié endormi, e ; assoupi, e.

semieje m. Demi-axe.

semiesfera f. Hémisphère, *m.*

semiesférico, ca adj. Hémisphérique.

semiestator m. Demi-stator.

semifallo m. Singleton (bridge).

semifinal f. Demi-finale.

semifinalista adj. y s. Demi-finaliste.

semifino, na adj. Demi-fin, e.

semifusa f. MÚS. Quadruple croche.

semilunar adj. ANAT. En croissant, semi-lunaire.

semilla f. Graine, semence (menos usado). ‖ FIG. Semence : *la sangre de los mártires fue semilla de los cristianos*, le sang des martyrs a été la semence des chrétiens. | Source (origen). ‖ FIG. *Echar la semilla de la discordia*, semer la discorde.

semillero m. Pépinière, f. || Fig. Pépinière, f. (cantera) : *esta escuela es un semillero de estadistas*, cette école est une pépinière d'hommes d'État. | Foyer, source, f. : *esto ha sido un semillero de disturbios*, ceci a été un foyer de troubles.

semimanufacturado, da adj. Semi-œuvré, e.

seminal adj. Biol. Séminal, e.

seminario m. Séminaire (colegio eclesiástico). || Pépinière, f. (semillero). || Séminaire (de investigaciones). || — *Seminario de teología*, scolasticat. || *Seminario mayor, menor*, grand, petit séminaire.

seminarista m. Séminariste.

seminífero, ra adj. Anat. Séminifère.

semínima f. Mús. Noire, semi-minime (nota).

seminómada adj. y s. Semi-nomade.

seminomadismo m. Semi-nomadisme.

semioculto, ta adj. À demi caché, e.

semioficial adj. Semi-officiel, elle.

semiología f. Med. Séméiologie, sémiologie.

semiológico, ca adj. Med. Séméiologique, sémiologique.

semiólogo m. Med. Séméiologue, sémiologue.

semioruga adj. Semi-chenillé : *vehículo semioruga*, véhicule semi-chenillé.

semiótica f. Sémiotique.

semipermeable adj. Fís. Semi-perméable.

semipesado adj. m. y s. m. Mi-lourd (boxeo).

semipleno, na adj. Incomplet, ète ; insuffisant, e.

semiprecioso, sa adj. Fin, e (piedra).

semiproducto m. Demi-produit.

semirrecto adj. m. À 45° (ángulo).

semirrefinado, da adj. À demi raffiné, e.

semirremolque m. Semi-remorque, f.

semirrígido, da adj. Semi-rigide.

semita adj. y s. Sémite.

semítico, ca adj. Sémitique.

semitismo m. Sémitisme.

semitista m. y f. Sémitiste, sémitisant, e.

semitono m. Mús. Demi-ton, semi-ton.

semitransparente adj. À demi transparent, e.

semivocal f. Gram. Semi-voyelle.

semnopiteco m. Zool. Semnopithèque.

sémola f. Semoule.

semoviente adj. Dr. *Bienes semovientes*, cheptel vif (ganado).

sempiterno, na adj. Éternel, elle (eterno). || Fig. Sempiternel, elle (fastidioso). — F. Bot. Immortelle.

sen m. Séné (planta). || Sen (unidad monetaria).

sena f. Séné, m. (planta). || Six, m. (dados o dominó).

Sena n. pr. m. Geogr. Seine, f.

senado m. Sénat.

senadoconsulto m. Sénatus-consulte.

senador m. Sénateur.

senaduría f. Dignité sénatoriale, sénatorerie.

senatorio, ria o **senatorial** adj. Sénatorial, e.

sencillamente adv. Simplement.

sencillez f. ● Simplicité (naturaleza). || Simplicité : *un mecanismo de una gran sencillez*, un mécanisme d'une grande simplicité.
— Sinón. ● *Naturalidad*, naturel. *Franqueza*, franchise. *Llaneza, simplicidad*, simplicité, *Campechanía*, bonhomie.

sencillo, lla adj. Simple : *no hay cosa más sencilla*, il n'y a rien de plus simple || Fig. Simple, naïf, ive (crédulo). || *Sencillo a la par que elegante*, simple et de bon goût.

sencillote adj. Fam. Très simple (campechano).

senda f. Sentier, m., sente (p. us.). || Fig. Chemin, m. : *tomar la mala senda*, prendre le mauvais chemin.

senderear v. tr. Conduire par un sentier. || Tracer un sentier (abrir un camino). — V. intr. Fig. Prendre des moyens o des chemins détournés.

sendero m. Sentier, sente, f. (p. us.) [senda].

sendos, das adj. pl. Chacun un, chacun une ; chacune un, chacune une : *los tres hombres llevaban sendos sombreros*, les trois hommes portaient chacun un chapeau.

Séneca n. pr. m. Sénèque. || Fig. Puits de science, homme très savant.

senectud f. Sénilité, vieillesse.

Senegal n. pr. m. Geogr. Sénégal.

senegalés, esa adj. y s. Sénégalais, e.

senescal m. Sénéchal.

senescalado m. o **senescalía** f. Sénéchaussée, f.

senescencia f. Biol. Sénescence.

senescente adj. Sénescent, e.

senestrado, da adj. Blas. Sénestré, e ; sénescent, e.

senil adj. Sénile (de la vejez).

senilidad f. Sénilité.

senior m. Senior.

seno m. Sein (pecho). || Fig. Sein : *en el seno del mar*, dans le sein de la mer. | Giron, sein (de la Iglesia). || Mar. Anse, f. (bahía pequeña). | Sein (de una vela). || Anat. y Mat. Sinus. || *El seno de Abrahán*, le sein d'Abraham.

sensación f. Sensation : *causar sensación*, faire sensation. | Clou, m. : *este número ha sido la sensación de la noche*, ce numéro a été le clou de la soirée.

sensacional adj. Sensationnel, elle.

sensacionalista adj. À sensation.

sensatez f. Bon sens, m. (buen sentido). || Sagesse : *la sensatez de una contestación*, la sagesse d'une réponse.

sensato, ta adj. Sensé, e.

sensibilidad f. Sensibilité.

sensibilización f. Fot. Sensibilisation.

sensibilizador, ra adj. y s. m. Sensibilisateur, trice.

sensibilizar v. tr. Fot. Sensibiliser.

sensible adj. ● Sensible (perceptible). || ◆ Sensible (impresionable).
— Sinón. ● *Perceptible*, perceptible. *Apreciable*, appréciable, *Aparente*, apparent. *Manifiesto, patente*, manifeste. *Palpable*, palpable.
— ◆ *Impresionable*, impressionnable. *Tierno*, tendre. *Susceptible*, susceptible.

sensiblería f. Sensiblerie.

sensiblero, ra adj. D'une sensibilité extrême o outrée, exagérément sensible.

sensitiva f. Bot. Sensitive.

sensitivo, va adj. Sensitif, ive.

sensorial o **sensorio, ria** adj. Sensoriel, elle.

sensual adj. Sensuel, elle.

sensualidad f. Sensualité.

sensualismo m. Sensualisme (filosofía). || Sensualité, f., sensualisme (sensualidad).

sensualista adj. y s. Sensualiste.

sentada f. Séance (p. us.) [asentada]. || *Amer.* Court galop, m. (remesón). || *De una sentada*, en une seule fois, d'un trait, tout d'une traite.

sentadero m. (P. us.). Siège.

sentadillas (a) adv. En amazone.

sentado, da adj. Assis, e. || Fig. Sensé, e (sesudo). | Sage (quieto). | Réfléchi, e ; posé, e (reflexivo). || Bot. Sessile. || — *Cabeza sentada*, esprit posé o rassis. || *Pan sentado*, pain rassis. || — Fig. *Dar por sentado*, considérer comme bien établi o comme définitif o comme acquis. | *Estar sentado*, occuper une situation bien assise. | *Haber sentado la cabeza*, s'être assagi. | *Quiero dejar bien sentado que*, il doit être bien établi que. | *Sentado esto*, ceci posé. || Fam. *¡Ya puedes esperar sentado!*, tu peux toujours courir !, tu peux toujours attendre !

sentamiento m. Arq. Assiette, f.

sentar* v. tr. Asseoir. || Inscrire, consigner (inscribir). || Rabattre (las costuras). || — Fig. *Sentar*

cabeza, s'assagir, se calmer (volverse razonable), se ranger (llevar una vida ordenada). | *Sentar las bases de*, jeter les bases de. | *Sentar la mano a uno*, frapper quelqu'un, porter la main sur quelqu'un. || *Sentar plaza*, s'enrôler (un soldado). || *Sentar por escrito*, coucher o mettre par écrit. || *Sentar sus reales*, établir son camp, dresser sa tente, s'installer, s'établir. || *Sentar un precedente*, établir un précédent.
— V. intr. FIG. *Sentar bien* ou *mal*, réussir, ne pas réussir (comida), aller bien, mal, seoir, ne pas seoir (vestido, color, forma) : *le sienta bien este chaleco*, ce gilet vous va bien ; faire du bien, du mal (a la salud), convenir, ne pas convenir (convenir o no), plaire, ne pas plaire : *le ha sentado mal lo que le dije*, ce que je lui ai dit ne lui a pas plu. | *Sentar como anillo al dedo*, aller comme un gant.
— V. pr. S'asseoir : *sentarse en una silla*, s'asseoir sur une chaise. || Laisser o faire une marque, marquer (hacer una huella). || Se déposer : *el poso del café se ha sentado en el fondo de la taza*, le marc du café s'est déposé au fond de la tasse. || *— Sentarse a la mesa*, se mettre à table. || FIG. *Sentársele a uno el juicio*, s'assagir, devenir raisonnable.

sentencia f. Sentence (máxima). || DR. Sentence, jugement, m., arrêt, m. : *pronunciar la sentencia*, rendre la sentence. || — DR. *Con la sentencia en suspenso*, avec sursis. | *Sentencia en rebeldía*, jugement par contumace o par défaut. | *Sentencia firme*, jugement sans appel. | *Visto para sentencia*, mis en délibéré.

sentenciar v. tr. Juger (juzgar). || Condamner : *sentenciar a destierro*, condamner à l'exil.

sentencioso, sa adj. Sentencieux, euse.

sentidamente adv. Avec émotion.

sentido m. Sens : *esta frase tiene varios sentidos*, cette phrase a plusieurs sens ; *sentido común*, sens commun ; *buen sentido*, bon sens ; *el sentido de la vista*, *del olfato*, le sens de la vue, de l'odorat. ● Connaissance, f. (conocimiento). || Sens (dirección) : *calle en sentido único*, rue à sens unique. || *De doble sentido*, à double sens. || *En contra del sentido común*, en dépit du bon sens. || *En el sentido de que*, en ce sens que. || *En todos los sentidos*, dans tous les sens (una palabra), de long en large, dans tous les sens. || — FIG. *Aguzar el sentido*, prêter toute son attention, faire grande attention. || FAM. *Costar un sentido*, coûter les yeux de la tête o un prix fou. || *Dar mal sentido a algo*, prendre quelque chose dans son mauvais sens o en mal. || *Dar sentido torcido a*, entendre malice à. || *Esto no tiene sentido*, cela n'a aucun sens, ça ne rime à rien. || FAM. *Llevar* ou *pedir un sentido*, demander un prix fou. || *Perder el sentido*, se trouver mal, perdre connaissance (desmayarse), perdre le souffle (de admiración), perdre la tête (volverse loco). || FAM. *Poner sus cinco* ou *todos sus sentidos en una cosa*, apporter tous ses soins o toute son attention à une chose. || *Recuperar el sentido*, reprendre connaissance o ses esprits, revenir à soi || *Tomar una cosa en buen*, *en mal sentido*, prendre quelque chose dans le bon sens o en bien o en bonne part, dans le mauvais sens o en mal o en mauvaise part.
— SINÓN. ● *Raciocinio*, raisonnement. *Conocimiento*, connaissance. *Juicio*, *entendimiento*, jugement. *Discernimiento*, discernement. *Razón*, raison. Fam. *Caletre*, *jugoete*.

sentido, da adj. Bien senti, e : *elogios sentidos*, des éloges bien sentis. || Émouvant, e : *una sentida manifestación de duelo*, une manifestation émouvante de douleur. || Sincère (sincero) : *sentida emoción*, émotion sincère. || Ému, e : *un sentido recuerdo*, un souvenir ému. || FIG. Susceptible. || *Sentido pésame*, sincères condoléances.

sentimental adj. Sentimental, e.

sentimentalismo m. Sentimentalité, f., sentimentalisme.

sentimiento m. Sentiment : *tener buenos sentimientos*, avoir de bons sentiments. || Peine, f., tristesse, f. (aflicción). || Regret (pesar) : *tengo el sentimiento de decírselo*, j'ai le regret de vous le dire. || — *Con mi mayor sentimiento*, avec tous mes regrets. || *Le acompaño en el sentimiento*, je partage votre douleur.

sentina f. MAR. Sentine.

sentir m. Sentiment : *el sentir de la nación*, le sentiment de la nation. || Avis (parecer) : *en mi sentir*, à mon avis.

sentir* v. tr. Sentir : *sentir frío, hambre*, sentir le froid, la faim. || Entendre (oír) : *se sintió una fuerte explosión*, on entendit une forte explosion. || Sentir (apreciar) : *sentir la poesía*, sentir la poésie. || Éprouver, ressentir, avoir (en lo moral) : *sintió mucha pena*, il a eu beaucoup de peine. || Regretter, être désolé, être peiné (afligirse) : *siento que se vaya*, je regrette que vous partiez ; *siento no haberlo visto*, je suis désolé de ne pas l'avoir vu. || Penser, juger (opinar). || Sentir, pressentir (barruntar). || — *Sentir en el alma*, regretter vivement o du fond du cœur, être désolé o navré. || *Sin sentir*, sans s'en rendre compte.
— V. pr. Se sentir : *sentirse enfermo, obligado a*, se sentir malade, obligé à. || Souffrir : *sentirse de la cabeza*, souffrir de la tête. || Se plaindre (quejarse). || Se fendiller (rajarse). || Se faire sentir : *comienza a sentirse el frío*, le froid commence à se faire sentir. || Se gâter (pudrirse). || — *No se siente una mosca*, on entendrait une mouche voler. || *Sentirse como un pez en el agua*, être comme un poisson dans l'eau. || *Sentirse con ánimos para*, se sentir le courage de.

sentón m. *Amer.* Saccade, f. (del jinete).

senusita adj. y s. Sénousiste.

seña f. Signe, m. : *hablar por señas*, parler par signes ; *hacer señas*, faire des signes. || MIL. Contre-mot, m. || — Pl. Adresse, sing. : *le di mis señas*, je lui ai donné mon adresse. || Signalement, m. (filiación). || — *Dar señas de contento*, donner des signes de contentement. || *Por más señas*, pour être plus précis, pour plus de détails. || *Santo y seña*, mot de passe. || *Seña de reunión*, signe de ralliement. || *Seña mortal*, signe certain.

señá f. (contracción de *señora*). POP. Ma'me (madame) : *señá Juana*, ma'me Jeanne.

señal f. Marque (marca). || Signal, m. : *señal de alarma*, signal d'alarme ; *dar la señal*, donner le signal. || Signe, m. (signo, indicio) : *buena, mala señal*, bon, mauvais signe. || Signe, m., geste, m. : *hacer una señal con la mano*, faire un geste de la main. || Marque, trace (cicatriz). || Preuve, témoignage, m. (prueba). || Signe (m.) distinctif (en un pasaporte). || Signe, m. (prodigio). || Marque : *poner una señal en un libro*, mettre une marque dans un livre. || Repère, m. || Acompte, m., arrhes, pl. (dinero) : *dejar una señal*, laisser des arrhes. || Tonalité (teléfono). || FIG. Échantillon, m. : *dar una señal de su talento*, donner un échantillon de son talent. || — *Señal accionadora*, signal de commande. || RELIG. *Señal de la Cruz*, signe de croix. || *Señal del casco*, consigne (de las botellas). || *Señal de prohibido estacionar*, panneau d'interdiction de stationner. || *Señal de tráfico*, panneau indicateur o de signalisation (placa). || *Señales de socorro*, signaux de détresse. || *Señales de tráfico*, signaux de la circulation, signalisation routière. || — *En señal de*, en signe de, comme preuve de. || *Explicar con pelos y señales*, expliquer avec force détails o en long, en large et en travers. || *Ni señal*, pas la moindre trace. || *No dar señales de vida*, ne pas donner signe de vie.

señala o **señalada** f. *Amer.* Marque (del ganado).

señaladamente adv. Particulièrement : *muy señaladamente*, et tout particulièrement.

señalado, da adj. FIG. Remarquable, fameux, euse ; insigne (insigne) : *de manera muy señalada*, d'une façon très remarquable. ‖ Fixé, e : *el día señalado*, le jour fixé. ‖ Remarqué, e : *una ausencia señalada*, une absence remarquée. ‖ FIG. *Un día señalado*, un grand jour.

señalamiento m. DR. Assignation, *f.* ‖ Signalisation, *f.* (uso de las señales).

— OBSERV. El francés *signalement* corresponde en español a *filiación*.

señalar v. tr. ● Marquer (poner una señal) : *señalar con lápiz*, marquer au crayon. ‖ Montrer (indicar) : *señalar con el dedo*, montrer du doigt. ‖ Faire remarquer (hacer observar). ‖ Signaler : *señalar algo a la atención del público*, signaler quelque chose à l'attention du public. ‖ Remarquer : *el periodista señala en el artículo la importancia del problema*, le journaliste remarque dans l'article l'importance de la question. ‖ Fixer, marquer (una cita). ‖ Fixer (fecha). ‖ Indiquer : *el reloj señala la hora*, l'horloge indique l'heure. ‖ Marquer (dejar cicatriz). ‖ Parapher (rubricar). ‖ Marquer (cartas). ‖ Désigner : *señalar a alguien para hacer algo*, désigner quelqu'un pour faire quelque chose. ‖ DR. Assigner.

— V. pr. FIG. Se signaler, se distinguer (distinguirse). ‖ Se dessiner (perfilarse).

— SINÓN. ● *Trazar*, tracer. *Rayar*, rayer. *Marcar*, marquer.

señalización f. Signalisation (tráfico).

señalizar v. tr. Signaliser.

señero, ra adj. Seul, e (solo). ‖ Sans égal (sin par). ‖ FIG. *Figura señera*, héros, figure de proue.

señor, ra adj. Distingué, e ; noble (distinguido). ‖ FAM. Beau, belle, drôle de, de taille : *una señora herida*, une belle blessure, une blessure de taille, une drôle de blessure.

— M. y f. Maître, maîtresse (dueño, amo). ‖ *Dárselas* ou *echárselas de señor, de señora*, faire le seigneur, jouer à la grande dame. ‖ — M. Monsieur : *un señor mayor*, un monsieur d'un certain âge ; *el señor Pérez*, monsieur Pérez. ‖ Seigneur (feudal). ‖ Sire (título real). ‖ DR. Sieur. ‖ — *A lo gran señor*, en grand seigneur, sur un grand pied. ‖ *A tal señor, tal honor*, à tout seigneur, tout honneur. ‖ FAM. *De padre y muy señor mío*, de taille, gratiné, e ; de première classe, énorme (descomunal). ‖ *El Señor, Nuestro Señor*, le Seigneur, Notre-Seigneur. ‖ *El señor conde, marqués*, monsieur le comte, le marquis. ‖ *El señor obispo*, monseigneur l'évêque. ‖ *Estimado señor*, cher Monsieur. ‖ *Muy señor mío*, cher Monsieur. ‖ *Señor de horca y cuchillo*, seigneur haut justicier. ‖ *¡Sí señor!*, mais si !, comme je vous le dis ! (es así), bravo ! (en el cante flamenco). ‖ *Su señor padre*, monsieur votre père. ‖ — *El señor no está*, Monsieur n'est pas là (criados). ‖ *Es mi dueño y señor*, c'est mon seigneur et maître. ‖ *Ser siempre señor de sus actos*, être toujours maître de ses actes. ‖ *Ser todo un señor*, être un gentleman.

— F. Dame : *una señora mayor*, une dame d'un certain âge ; *señora de compañía*, dame de compagnie ; *peluquería de señoras*, coiffeur pour dames. ‖ Madame (tratamiento de cortesía) : *la Señora de Pérez*, Madame Pérez [*de* signifie *épouse* de M. Pérez] ; *sí, señora*, oui, madame ; *Señora Doña Isabel Martín de Ibarra*, Madame Isabelle Ibarra (née Martin). ‖ FAM. Femme (esposa) : *recuerdos a su señora*, mon bon souvenir à votre femme (la forma « à votre dame » es vulgar). ‖ — *La señora condesa, la señora marquesa*, madame la comtesse, madame la marquise. ‖ *La señora de Tal*, madame Une Telle. ‖ *La Señora madre*, Madame mère. ‖ *La señora no está*, Madame n'est

pas là (criados). ‖ *Nuestra Señora*, Notre-Dame. ‖ *Señoras y señores*, Mesdames, Messieurs. ‖ *Su señora madre*, madame votre mère.

— Interj. Seigneur !, Seigneur Dieu !

señorada f. Action noble o chevaleresque. ‖ Abus (m.) d'autorité.

señoreaje m. Seigneuriage.

señorear v. tr. Dominer, commander (mandar). ‖ FIG. Dominer (desde lo alto). ‖ Dominer, maîtriser (las pasiones). ‖ FAM. Donner du Monsieur à tout bout de champ.

— V. pr. S'emparer (apoderarse).

señoría f. Seigneurie (título, territorio, gobierno) : *Su Señoría*, Votre Seigneurie.

señorial adj. Seigneurial, e. ‖ FIG. Imposant, e (imponente). ‖ Aristocratique (aristocrático). ‖ Élégant, e : *un barrio señorial*, un quartier élégant. ‖ De grand seigneur (comportamiento). ‖ — FIG. *Un coche señorial*, une voiture de grande classe. ‖ *Un piso señorial*, un appartement cossu.

señoril adj. De grand seigneur, de grande dame, seigneurial, e.

señorilmente adv. En grand seigneur, en grande dame.

señorío m. Pouvoir, autorité, *f.* (mando). ‖ Seigneuriage (derecho del señor). ‖ Domaine (territorio). ‖ Seigneurie, *f.* (dignidad señorial). ‖ FIG. Dignité, *f.* (dignidad). ‖ Gravité, *f.* (seriedad). ‖ Maîtrise (*f.*) de soi (voluntad). ‖ Le beau monde (gente distinguida). ‖ *Señorío feudal*, suzeraineté.

señorita f. Jeune fille, demoiselle (p. us.). ‖ Mademoiselle (tratamiento de cortesía) : *Señorita Pelayo*, mademoiselle Pelayo. ‖ FAM. Madame o mademoiselle (nombre que dan los criados a sus amas) : *Señorita, le llaman*, Mademoiselle, on vous demande ; *¿está la señorita en casa?*, Mademoiselle est-elle là ? ; *la señorita Isabel me lo dijo*, Mademoiselle Isabelle me l'a dit. ‖ *Señorita de compañía*, demoiselle de compagnie.

— OBSERV. Les domestiques espagnols désignent parfois familièrement leur maîtresse sous le nom de *señorita*, même s'il s'agit d'une femme mariée.

señoritingo, ga m. y f. FAM. Petit monsieur, petite péronelle, fils, fille à papa.

señoritismo m. Règne des fils à papa, les fils à papa : *hay que acabar con el señoritismo*, il faut en finir avec les fils à papa.

señorito m. FAM. Monsieur (nombre que dan los criados a sus amos) : *el señorito ha salido*, Monsieur est sorti ; *el señorito me lo ha dado*, Monsieur me l'a donné. ‖ Patron (hablando entre criados) : *el señorito se ha comprado un nuevo coche*, le patron a acheté une nouvelle voiture. ‖ Fils de famille, fils à papa (fam.) [hijo de un padre influyente y rico] : *es un barrio lleno de señoritos*, c'est un quartier plein de fils à papa.

señorón, ona adj. Distingué, e (muy señor). ‖ FAM. Qui prend des airs de grand seigneur o de grande dame. ‖ *Tú, como eres muy señorón, no harás un trabajo tan humilde*, grand seigneur comme tu l'es, tu ne feras pas un travail si humble.

señuelo m. Leurre. ‖ Appeau (cimbel), miroir à alouettes (para alondras). ‖ FIG. Piège (trampa) : *caer en el señuelo*, tomber dans le piège. ‖ Mirage : *la juventud se marcha a otros países tras el señuelo de los salarios altos*, les jeunes gens partent pour d'autres pays attirés par le mirage des salaires élevés. ‖ *Amer.* Groupe de bêtes domestiquées conduisant un troupeau sauvage (mansos).

seo f. Cathédrale (en Aragón).

sépalo m. BOT. Sépale.

sepaloideo, a adj. Sépaloïde.

separable adj. Séparable.

separación f. Séparation. ‖ Écartement, *m.* (distancia). ‖ DR. *Separación matrimonial*, séparation de corps.

separado, da adj. Séparé, e. ‖ Écarté, e : *tiene los dientes muy separados*, il a les dents très écartées. ‖ *Por separado*, séparément.

separador, ra adj. y s. m. Séparateur, trice.

separar v. tr. ● Séparer (*apartar*). ‖ Écarter : *bajo las piernas separadas de Gulliver pasaba todo el pueblo*, sous les jambes écartées de Gulliver passait le peuple tout entier. ‖ Mettre à part (poner de lado). ‖ Détacher : *separar el brazo del cuerpo*, détacher le bras du corps. ‖ Suspendre : *separar a un funcionario de su puesto*, suspendre un fonctionnaire [de ses fonctions].
— V. pr. Se séparer (*los esposos*). ‖ Se défaire : *nunca me separaré de esta joya*, je ne me défairai jamais de ce bijou. ‖ S'éloigner, s'écarter : *el barco se separaba cada vez más de la costa*, le bateau s'éloignait de plus en plus de la côte. ‖ Abandonner : *se ha separado de su negocio*, il a abandonné son affaire. ‖ Dr. Se désister de, renoncer à.
— Sinón. ● *Dividir*, diviser. *Desmembrar*, démembrer. *Disociar*, dissocier. *Desunir*, désunir. *Disgregar*, désagréger. *Aislar*, isoler.

separata f. Impr. Tirage (*m.*) à part.

separatismo m. Séparatisme.

separatista adj. y s. Séparatiste.

separativo, va adj. Séparatif, ive.

sepedón m. Zool. Seps (lagarto).

sepelio m. Inhumation, *f.*, enterrement : *el sepelio fue presidido por el primer ministro*, l'inhumation a eu lieu sous la présidence du Premier ministre.

sepia f. Sépia.

seps m. Zool. Seps (lagarto).

septembrino, na adj. De septembre, septembral, e.

septenado o **septenato** m. Septennat.

septenal adj. Septennal, e.

septenario, ria adj. y s. m. Septénaire.

septenio m. Septennat.

septentrión m. Septentrion (*norte*).

septentrional adj. Septentrional, e.

septenviro m. Septemvir.

septeto m. Mús. Septuor.

septicemia f. Med. Septicémie.

septicémico, ca adj. y s. Septicémique.

septicidad f. Septicité.

séptico, ca adj. Septique.

septiembre m. Septembre.
— Observ. Le dictionnaire de l'Académie espagnole de la langue admet également l'orthographe *setiembre* qui est celle qui a été adoptée par la plupart des écrivains américains de langue espagnole, et même par certains écrivains espagnols (Unamuno, Cela) qui la font alterner avec l'orthographe *septiembre*. Il faut remarquer en outre que, dans la prononciation de ce mot, le *p* n'est pour ainsi dire pas sensible.

septillo m. Mús. Groupe de sept notes, valant pour six.

séptima f. Septième (*juegos*). ‖ Mús. Septième. ‖ Septime (*esgrima*).

Septimania n. pr. f. Septimanie.

séptimo, ma adj. y s. Septième : *el séptimo cielo*, le septième ciel. ‖ Sept : *Carlos VII* (séptimo), Charles VII [sept]. ‖ — *En séptimo lugar*, septièmement, septimo (p. us.). ‖ *La séptima parte*, le septième.

septingentésimo, ma adj. y s. Sept centième. ‖ *Septingentésimo uno*, etc., sept cent unième, etc.

septuagenario, ria adj. y s. Septuagénaire.

septuagésima f. Septuagésime (*fiesta*).

septuagésimo, ma adj. y s. Soixante-dixième. ‖ *Septuagésimo uno*, etc., soixante et onzième, etc.

septuplicar v. tr. Septupler.
— V. pr. Septupler.

séptuplo, pla adj. y s. m. Septuple.

sepulcral adj. Sépulcral, e. ‖ — *Lápida sepulcral*, pierre tombale. ‖ Fig. *Silencio sepulcral*, silence de mort. ‖ *Voz sepulcral*, voix sépulcrale.

sepulcro m. Sépulcre, tombeau. ‖ — *El Santo Sepulcro*, le Saint-Sépulcre. ‖ *Sepulcro blanqueado*, sépulcre blanchi. ‖ Fig. *Ser un sepulcro*, être muet comme une tombe. ‖ *Tener un pie en el sepulcro*, avoir un pied dans la tombe.

sepultador, ra adj. Qui enterre o ensevelit.
— M. y f. Ensevelisseur, euse.

sepultamiento m. Enterrement, ensevelissement.

sepultar v. tr. Ensevelir, enterrer. ‖ Emmurer : *mineros sepultados*, des mineurs emmurés. ‖ Fig. Ensevelir (*ocultar, olvidar*) : *recuerdos sepultados en la noche de los tiempos*, des souvenirs ensevelis dans la nuit des temps ; *una caja sepultada entre otros objetos*, une boîte ensevelie parmi d'autres objets. ‖ Plonger, abîmer (*absorber*) : *sepultado en sus pensamientos*, plongé dans ses pensées.

sepulto, ta adj. Enseveli, e.
— Observ. Ce mot est le participe passé irrégulier de *sepultar*.

sepultura f. Sépulture. ‖ Tombe, tombeau, *m.* (*tumba*). ‖ — *Dar sepultura*, ensevelir, enterrer. ‖ Fam. *Estar con un pie aquí y otro en la sepultura*, avoir un pied dans la tombe. ‖ *Genio y figura hasta la sepultura*, chassez le naturel, il revient au galop ; on est comme on est ; le loup mourra dans sa peau.

sepulturero m. Fossoyeur.

sequedad f. Sécheresse.

sequedal o **sequeral** m. Terrain très sec.

sequía f. Sécheresse.

sequío m. Terrain non irrigué (*secano*).

séquito m. Suite, *f.*, cortège (*de personas*). ‖ Fig. Cortège : *la guerra y su séquito de horrores*, la guerre et son cortège d'horreurs.

ser m. Être : *los seres humanos*, les êtres humains. ‖ Existence, *f.*, vie, *f.* ‖ Essence, *f.* (*esencia*).

ser* v. intr.

> 1. Sentidos generales. — 2. Ser de. — 3. Ser para. — 4. Usos diversos.

1. Sentidos generales. — Être : *soy español*, je suis Espagnol (v. Observ. 1.) ; *somos dos*, nous sommes deux. ‖ Arriver (*suceder*) : *¿Cómo fue eso?*, comment cela est-il arrivé ? ‖ Avoir lieu (*tener lugar*) : *la toma de Granada fue en 1492*, la prise de Grenade eut lieu en 1492. ‖ Être, coûter (*costar*) : *¿A cuánto es la carne?*, à combien est la viande ?, combien coûte la viande ? ‖ Être à (*pertenecer*) : *este libro es mío*, ce livre est à moi. ‖ Faire : *dos y dos son cuatro*, deux et deux font quatre. ‖ Être qui, que, etc. : *soy yo el que lo hice* ou *quien lo hizo*, c'est moi qui l'ai fait. (V. Observ. 3.)

2. Ser de. — Être en (*materia*) : *la mesa es de madera*, la table est en bois. ‖ Être à (*pertenecer*) : *es de Juan*, c'est à Jean. ‖ Être de : *es muy de él*, c'est bien de lui. ‖ Être avec, être du parti de (*ser del partido de uno*) : *soy de Don Juan*, je suis avec Don Juan. ‖ Être : *¡hay que ver cómo es de goloso!*, il faut voir comme il est gourmand ! ‖ Falloir, être à (*deber*) : *es de ver*, il faut voir, c'est à voir. ‖ Advenir de, devenir : *¿qué habría sido de mí?*, que serait-il advenu de moi ? ; *¿qué ha sido de tu novia?*, qu'est devenue ta fiancée ?

3. Ser para. — Être pour : *es para escribir*, c'est pour écrire. ‖ Être à : *es para morirse de risa*, c'est à mourir de rire. ‖ Être doué pour o apte à (*apto para*). ‖ *Ser para poco*, ne pas être bon o ne pas servir à grand chose.

4. Usos diversos. — *A no ser*, si ce n'est. ‖ *A no ser que*, à moins que. ‖ *¡Así sea!*, ainsi soit-il ! ‖ *Aun cuando fuera*, fût-il. ‖ *Aunque fuese*, fût-ce. ‖ *¡Cómo es eso!*, eh bien !, voyons ! ‖ *¿Cómo es*

que...?, comment se fait-il que...? ‖ *De no ser,* si ce n'était. ‖ *De no ser así,* sinon, autrement. ‖ *Érase que se era* ou *érase una vez,* il était une fois (en cuentos). ‖ *Eso es,* c'est cela, c'est ça (fam.). ‖ *Esto es...,* c'est-à-dire... ‖ *Lo que sea,* n'importe quoi, ce que vous voudrez. ‖ Fam. *Más eres tú!,* tu ne t'es par regardé!, tu peux parler! ‖ *¡No es para menos!,* il y a de quoi! ‖ *No puede ser,* ce n'est pas possible. ‖ *¡No somos nada!,* nous ne sommes pas grand-chose! ‖ *O sea en otros términos,* autrement dit. ‖ *O sea que,* c'est-à-dire que (esto es), autrement dit, si bien que (en conclusión). ‖ *Por un si es no es,* pour un rien. ‖ *Sea,* soit. ‖ *Sea lo que Dios quiera,* que la volonté de Dieu soit faite. ‖ *Sea lo que fuere* ou *lo que sea,* quoi qu'il en soit. ‖ *Sea o no sea,* de toute façon, quoi qu'il en soit. ‖ *Ser de lo que no hay,* être unique en son genre, ne pas avoir son pareil. ‖ *Si yo fuera usted,* si j'étais vous, à votre place. ‖ Fam. *Un si es no es,* un tant soit peu, un tantinet. ‖ *Ya sea... ya sea,* soit... soit.
— Observ. 1. — *Ser,* à la différence de *estar,* indique une qualité essentielle ou permanente du sujet : *es una mujer,* c'est une femme ; *es joven, española, simpática, secretaria,* etc., elle est jeune, Espagnole, sympathique, secrétaire, etc. D'autre part, c'est *ser* que l'on emploie comme auxiliaire pour la voix passive, lorsque le complément d'agent est exprimé : *el carbón es extraído por los mineros,* le charbon est extrait par les mineurs.
2. — Al principio de la oración, *es* se traduce por *c'est* o *il est,* según los casos : *a)* Seguido de un sustantivo o si el sujeto está sobrentendido, se dice *c'est* (pl. *ce sont*) : *es mi madre,* c'est ma mère ; *son mis hermanas,* ce sont mes sœurs ; *fue una empresa difícil de realizar,* ce fut une entreprise difficile à réaliser. *b)* Seguido de un pronombre personal : *soy yo, son ellos,* c'est moi, ce sont eux. *c)* Seguido de un adjetivo y si el sujeto va después de éste, se emplea *il est ... de : es agradable pasearse por la noche,* il est agréable de se promener le soir. *d)* Con un adverbio solo (sin correlativo) se dice *il est : es tarde,* il est tard.
3. — En francés, las expresiones correlativas *c'est ... qui, c'est ... que* son invariables : *fue al director a quien me dirigí,* c'est au directeur à qui je me suis adressé ; *aquí es donde paso mis vacaciones,* c'est ici que je passe mes vacances ; *así es como se debe hacer,* c'est ainsi qu'il faut faire. En el plural se dice *o'ont* en la 1ª y la 2ª persona (*somos nosotros los que,* c'est nous qui), y *ce sont* en la 3ª.

sera f. Couffe, couffin, *m.* (espuerta).
sérac m. Geol. Sérac (en un glaciar).
seráfico, ca adj. Séraphique. ‖ *Doctor Seráfico,* Docteur séraphique [saint Bonaventure].
serafín m. Séraphin. ‖ Fig. Chérubin.
Serafín n. pr. m. Séraphin.
serapeo m. Serapeum (templo).
serbal m. Bot. Sorbier (árbol).
Serbia n. pr. f. Geogr. Serbie.
serbio, bia adj. y s. Serbe.
serbocroata adj. et s. Serbo-croate.
serena f. Sérénade.
serenar v. tr. Calmer (el mar, etc.). ‖ Fig. Rasséréner, calmer (a uno). ‖ Calmer, apaiser (los espíritus, las pasiones). ‖ Clarifier (un líquido).
— V. pr. Se calmer.
serenata f. Sérénade. ‖ Fig. y Fam. *Dar la serenata,* casser les pieds.
serenero m. *Amer.* Fichu (pañuelo).
serenidad f. Sérénité (p. us.), calme, *m.* (calma, sosiego). ‖ Sérénité (del cielo). ‖ Sérénité (título).
serenísimo, ma adj. Sérénissime (título).
sereno, na adj. Serein, e (claro) : *tiempo sereno,* temps serein. ‖ Fig. Calme, serein, e (p. us.) [apacible] : *no sé como puede permanecer tan sereno,* je ne sais pas comment il peut rester si calme. ‖ Calme, paisible : *ahora el país está muy sereno,* maintenant le pays est très calme. ‖ Sobre : *para conducir hay que estar sereno,* pour conduire il faut être sobre. ‖ Fig. *Ponerse sereno,* se dessoûler.

— M. Veilleur de nuit, « sereno » (vigilante). ‖ Serein (humedad nocturna). ‖ *Al sereno,* à la belle étoile.
— Observ. Le *sereno* est un veilleur de nuit chargé de la surveillance d'un certain nombre de maisons dont il a les clés. Il porte un gourdin ferré (*chuzo*) avec lequel il frappe le sol pour indiquer qu'il a entendu l'appel et qu'il arrive. Il annonçait jadis les heures.
sereta f. o **serete** m. Petit cabas, *m.,* couffin, *m.*
sergas f. pl. Prouesses (hazañas). ‖ *Las sergas de Esplandián,* les exploits d'Esplandian.
Sergio n. pr. m. Serge.
serial m. Feuilleton (en la radio o televisión).
seriamente adv. Sérieusement.
seriar v. tr. Sérier.
sericícola adj. Séricicole.
sericicultor o **sericultor** m. Sériciculteur.
sericicultura o **sericultura** f. Sériciculture.
sericígeno, na adj. Séricigène.
sérico, ca adj. De soie.
serie f. Série : *en serie,* en série. ‖ Tranche (de un empréstito). ‖ Série (en el billar). ‖ Fig. Série, suite : *toda una serie de acontecimientos,* toute une suite d'événements. ‖ — *Fuera de serie,* hors série (cosa), hors série, hors pair, hors concours (persona). ‖ *Novela por series,* roman-feuilleton.
seriedad f. Sérieux, *m.* : *me lo dijo con toda seriedad,* il me l'a dit avec le plus grand sérieux. ‖ — *Falta de seriedad,* manque de sérieux. ‖ *Qué poca seriedad tienes,* tu n'es pas très sérieux. ‖ *Un hombre de gran seriedad,* un homme très sérieux. ‖ *¡Un poco de seriedad!,* trêve de plaisanteries!, un peu de sérieux!
serigrafía f. Sérigraphie.
serijo o **serillo** m. Petit cabas.
serina f. Quím. Sérine.
seringa f. *Amer.* Caoutchouc, *m.*
serio, ria adj. Sérieux, euse. ‖ — *Mantenerse serio,* garder son sérieux. ‖ *Ponerse serio,* prendre un air sérieux.
— Adv. *En serio,* sérieusement : *hablar en serio,* parler sérieusement. ‖ *No hablar en serio,* plaisanter. ‖ *Tomar en serio,* prendre au sérieux. ‖ *Va en serio,* c'est sérieux, c'est pour de bon.
sermón m. Relig. ● Sermon : *Sermón de la Montaña,* Sermon sur la montagne. ‖ Fam. Sermon (represión) : *echar un sermón,* faire un sermon.
— Sinón. ● *Predicación,* prédication. *Exhortación,* exhortation. *Homilía,* homélie. *Plática,* causerie.
sermonario, ria adj. Du sermon.
— M. Sermonnaire (libro).
sermoneador, ra m. y f. Sermonneur, euse.
sermonear v. tr. e intr. Faire un sermon, prêcher (predicar). ‖ Fam. Sermonner.
sermoneo m. Fam. Sermon, semonce, *f.*
serodiagnóstico m. Med. Sérodiagnostic.
serología f. Sérologie.
serón m. Couffe, *f.,* couffin.
serosidad f. Sérosité.
seroso, sa adj. Séreux, euse ; sérique.
— F. Anat. Membrane séreuse.
seroterapia f. Med. Sérothérapie.
serpa f. Agric. Marcotte (acodo).
serpentaria f. Bot. Serpentaire.
serpentario m. Zool. Serpentaire, secrétaire. ‖ Bot. Serpentaire, *f.*
serpentear v. intr. Serpenter (culebrear).
serpenteo m. Serpentement, mouvement sinueux.
serpentín m. Serpentin (de alambique). ‖ Mil. Serpentin (pieza de artillería).
serpentina f. Serpentin, *m.* (de papel). ‖ Min. y Mil. Serpentine.
serpentino, na adj. Serpentin, e.
serpentón m. Mús. Serpent (instrumento).
serpezuela f. Serpenteau, *m.*

serpiente f. ZOOL. Serpent, *m.* ‖ FIG. y FAM. Serpent, *m.* (persona pérfida). ‖ — *Serpiente de anteojo*, serpent à lunettes, naja. ‖ *Serpiente de cascabel*, serpent à sonnettes, crotale. ‖ FIG. *Serpiente de verano*, serpent de mer (en los periódicos).

serpiginoso, sa adj. MED. Serpigineux, euse.

serpigo m. MED. Serpigo.

serpol m. BOT. Serpolet (tomillo).

serpollar v. intr. Pousser des rejetons (un árbol).

serpollo m. Drageon (que nace al pie de un árbol). ‖ Rejeton (renuevo).

sérpula f. ZOOL. Serpule (gusano).

serradizo, za adj. De sciage (madera).

serrado, da adj. Dentelé, e ; en dents de scie.

serrador, ra adj. y s. Scieur, euse.

serraduras f. pl. Sciure, *sing.* (serrín).

serrallo m. Sérail (harén) : *El rapto del serrallo*, l'Enlèvement au sérail. ‖ FIG. Mauvais lieu, lupanar.

serranía f. Montagne, région montagneuse.

serraniego, ga adj. Montagnard, e.

serranil m. Couteau de chasse.

serranilla f. Sorte de pastourelle.

serrano, na adj. y s. Montagnard, e. ‖ FAM. Mon beau, ma belle (término cariñoso). ‖ — *Jamón serrano*, jambon de montagne. ‖ FAM. *Mi cuerpo serrano*, ma pomme, bibi. ‖ *Partida serrana*, mauvais tour. ‖ — F. Bergerie, pastourelle (en poesía).

serrar* v. tr. Scier (aserrar).

serrátil adj. ANAT. Serratile. ‖ *Juntura serrátil*, engrenure.

serrato adj. m. y s. m. Dentelé (músculo) : *serrato mayor*, grand dentelé.

serrátula f. BOT. Serratule, serratula, *m.*, sarrette.

serrería f. Scierie.

serreta f. Petite scie (sierra pequeña). ‖ Siguette, caveçon, *m.* (del caballo).

serretazo m. Saccade, *f.* (sofrenada).

serrijón m. Chaînon (de montaña).

serrín m. Sciure, *f.* (aserrín).

serrucho m. Égoïne, *f.*, scie (*f.*) égoïne *o* à main.

sertão m. Sertao [région semi-aride du Brésil nord-oriental].

— OBSERV. Pl. *sertões.*

Sertorio n. pr. m. Sertorius.

servato m. BOT. Fenouil de porc, peucédan.

serventesio m. Sirventès, sirvente (poesía).

Servia n. pr. f. GEOGR. Serbie.

servible adj. Utile, utilisable, qui peut servir.

servicial adj. Serviable.

servicialmente adv. Obligeamment.

servicio m. Service : *estar al servicio de uno*, être au service de quelqu'un. ‖ Domestiques, *pl.*, gens (*pl.*) *o* employés (*pl.*) de maison : *es cada día más difícil encontrar servicio*, il est de plus en plus difficile de trouver des domestiques. ‖ Service (favor) : *prestar un servicio*, rendre un service. ‖ Service (juego) : *servicio de café, de té, de mesa*, service à café, à thé, de table. ‖ Service (en un restaurante). ‖ Chambre (*f.*) de bonne : *un piso de cuatro habitaciones y servicio*, un appartement de quatre pièces avec chambre de bonne. ‖ Service (en el tenis). ‖ Vase de nuit (orinal). ‖ Lavement (lavativa). ‖ — Pl. Toilettes, *f.* (cuarto de aseo). ‖ — MAR. *Barco de servicio*, bâtiment de servitude (en un puerto). ‖ *En acto de servicio*, au service de la patrie, en service commandé, sur le champ d'honneur (morir). ‖ *Galería de servicio*, galerie souterraine (obras públicas). ‖ *Hoja de servicio*, état de service (de los militares), palmarès (de los deportistas). ‖ *Servicio de comunicación*, desserte. ‖ *Servicio militar*, service militaire. ‖ *Servicio Nacional del Trigo*, Office du blé. ‖ *Servicio permanente*, permanence. ‖ *Servicio público*, service public. ‖ — *El lunes será puesto en ser-*

vicio ou *entrará en servicio el nuevo teleférico*, le nouveau téléphérique sera mis en service lundi. ‖ *Estar de servicio*, être de service. ‖ *Hacer un flaco servicio*, rendre un drôle de service. ‖ *Prestar servicio*, servir (criado, funcionario). ‖ *Prestar un servicio*, rendre un service.

— OBSERV. Il existe en Espagne une institution appelée *servicio social*, qui n'a pas d'équivalent en français. Il s'étend sur trois mois (à plein temps) ou six mois (à mi-temps) pendant lesquels les jeunes filles espagnoles sont soumises à un enseignement social, politique, religieux, artisanal, etc.

servidor, ra m. y f. ● Domestique, *m.* y *f.*, serviteur, *m.*, servante, *f.* ‖ — M. Servant (de una máquina). ‖ — *Servidor de usted*, à votre service, à votre disposition, je suis votre serviteur. ‖ *Su seguro servidor*, votre tout dévoué (en una carta), votre très humble serviteur. ‖ *Un servidor*, votre serviteur (en un relato).

— Interj. Présent ! (cuando se pasa lista).

— SINÓN. ● *Sirviente*, serviteur. *Criado*, domestique. *Lacayo*, laquais.

servidumbre f. ● Servitude. ‖ Domesticité (conjunto de criados). ‖ Domestiques, *m. pl.*, employés (*m. pl.*) de maison, gens (*m. pl.*) de maison : *tomar una nueva servidumbre*, prendre de nouveaux domestiques. ‖ DR. Servitude : *servidumbre de paso*, servitude de passage ; *servidumbre de andén*, servitude de marchepied. ‖ *Sin servidumbre de vistas* ou *de luces*, vue imprenable.

— SINÓN. ● *Sujeción*, sujétion. *Sumisión*, soumission. *Esclavitud*, esclavage. *Yugo*, joug. *Vasallaje*, vassalité.

servil adj. Servile. ‖ — M. y s. HIST. Absolutiste, conservateur [surnom donné par les libéraux aux conservateurs en Espagne au début du XIXe s.].

servilismo m. Servilité, *f.*, servilisme (p. us.). ‖ HIST. Absolutisme, conservatisme.

servilón, ona adj. y s. Très servile. ‖ — Adj. m. y s. m. HIST. Absolutiste, conservateur.

servilleta f. Serviette (de table). ‖ FAM. *Doblar la servilleta*, casser sa pipe (morir).

servilletero m. Rond de serviette.

servio, via adj. y s. Serbe.

serviola f. MAR. Bossoir, *m.*

servir* v. tr. e intr. Servir : *servir a su amo, a la patria*, servir son maître, la patrie. ‖ Rendre service, être utile : *¿en qué puedo servirle ?*, puis-je vous rendre service ?, en quoi puis-je vous être utile ? ‖ Être utile, servir : *consejos que sirven para toda la vida*, des conseils qui sont utiles toute la vie. ‖ Servir (hacer el servicio militar). ‖ Servir (en el tenis). ‖ Servir (en los naipes). ‖ Marcher (funcionar). ‖ — *No se puede servir a Dios y al diablo*, on ne peut servir à la fois Dieu et le diable. ‖ *Para servirle*, à votre service. ‖ FAM. *¡Pues sí que le sirve de mucho !*, cela lui fait une belle jambe ! ‖ *Servir de estorbo*, gêner, embarrasser, ne faire qu'embarrasser. ‖ *Servir en la mesa*, servir à table. ‖ *Servir para*, servir à : *¿para qué puede servir eso ?*, à quoi cela peut-il servir ? ; *no me sirve para nada*, cela ne me sert à rien. ‖ *Un whisky bien servido*, un whisky bien tassé.

— V. pr. Se servir : *sírvase usted mismo*, servez-vous vous-mêmes. ‖ Vouloir : *sírvase usted decirme su apellido*, veuillez me dire votre nom ; *sírvase sentarse*, veuillez vous asseoir.

servitas m. pl. Servites (orden religiosa).

servocroata adj. y s. Serbo-croate.

servofreno m. MECÁN. Servofrein.

servomando m. MECÁN. Servocommande, *f.*

servomotor m. MECÁN. Servomoteur.

servomecanismo m. Servomécanisme.

sesada f. Cervelle (sesos del animal y fritada).

sésamo m. BOT. Sésame (alegría). ‖ *¡Sésamo ábrete !*, Sésame, ouvre-toi !

sesamoideo, a adj. ANAT. Sésamoïde (hueso).

sesbania f. BOT. Sesbanie.

sesear v. intr. Prononcer en espagnol les *c* et les *z* comme des *s*.

sesenta adj. y s. m. inv. Soixante, *inv.* || — *Sesenta y uno, y dos,* etc., soixante et un, soixante deux, etc. || *Unos sesenta,* une soixantaine. || *Unos sesenta años,* une soixantaine d'années, la soixantaine (edad).

sesentavo, va adj. y s. Soixantième.

sesentón, ona adj. y s. FAM. Sexagénaire.

seseo m. Défaut qui consiste à prononcer en espagnol les *c* et les *z* comme des *s*.

— OBSERV. Le *seseo* est propre à l'Andalousie, aux îles Canaries et aux pays d'Amérique de langue espagnole.

sesera f. Crâne, *m.* (de animal). || FAM. Cervelle, jugeote : *este chico no tiene mucha sesera,* ce garçon n'a pas beaucoup de cervelle. | Cervelle (cerebro).

sesgadamente adj. En biais.

sesgado, da adj. En biais, *inv.*

sesgadura f. Biaisement, *m.*

sesgar v. tr. Couper en biais.

sesgo, ga adj. En biais, *inv.*

— M. Biais. || FIG. Biais (medio). | Tournure, *f.* (rumbo) : *tomar un mal sesgo,* prendre une mauvaise tournure. || *Al sesgo,* en biais (oblicuamente), de travers (no en la dirección debida).

sésil adj. BOT. Sessile.

sesión f. Séance : *sesión de cine,* séance de cinéma. || Séance (réunion) : *sesión a puerta cerrada,* séance à huis clos ; *sesión de apertura, plenaria,* séance d'ouverture, plénière ; *en sesión pública,* en séance publique. || Session (de un concilio). || Pose (pintor o escultor). || — *Abrir, levantar la sesión,* ouvrir, lever la séance. || *Celebrar sesión,* siéger, tenir une séance (una asamblea). || *Cine de sesión continua,* cinéma permanent. || *Período de sesiones,* session (de una asamblea).

seso m. ANAT. Cervelle, *f.* || FIG. Cervelle, *f.,* jugeote, *f.,* bon sens (juicio) : *tienes muy poco seso,* tu n'as vraiment pas beaucoup de cervelle. || — Pl. CULIN. Cervelle, *f. sing.* : *sesos de carnero,* cervelle de mouton. || — FIG. y FAM. *Calentarse* ou *devanarse los sesos,* se creuser la cervelle o la tête o les méninges. | *Estrujarse los sesos,* se creuser la cervelle, se presser le citron (pop.). | *Levantarse* ou *saltarse la tapa de los sesos,* se brûler la cervelle, se faire sauter la cervelle. | *Perder el seso,* perdre la tête. | *Romper los sesos a uno,* casser la tête à quelqu'un. | *Romperse los sesos haciendo algo,* se casser la tête à faire quelque chose. | *Ser un sin seso,* être écervelé. | *Sorber el seso a uno,* tourner la tête à quelqu'un : *le tiene sorbido el seso,* il lui a tourné la tête.

sesquiáltero, ra adj. Sesquialtère.

sesquicentenario m. Cent cinquantième anniversaire.

sesquióxido m. QUÍM. Sesquioxyde.

sesteadero m. Endroit où le bétail se couche pour la sieste.

sestear v. intr. Faire la sieste. || FIG. Dormir.

sesteo m. Sieste, *f.*

sestercio m. Sesterce (moneda romana).

sestero o **sestil** m. Endroit où le bétail se couche pour la sieste.

sesudamente adv. Sensément, sagement.

sesudez f. Sagesse, bons sens, *m.*

sesudo, da adj. Sensé, e ; sage (prudente). || Réfléchi, e (reflexivo, sentado).

set m. Set (juego en tenis). || Set, plateau (cine).

Set n. pr. m. Seth.

seta f. Champignon, *m.* (hongo).

— OBSERV. *Seta* désigne essentiellement les champignons possédant un chapeau.

setal m. Champignonnière, *f.*

setecientos, tas adj. y s. m. Sept cents : *dos mil setecientos,* deux mille sept cents. || Sept cent : *setecientos veinte,* sept cent vingt (seguido de otra cifra) ; *el año setecientos,* l'an sept cent (cuando equivale a un ordinal). || *Mil setecientos,* mille sept cents, dix-sept cents.

setena f. Groupe (*m.*) de sept.

setena adj. y s. m. Soixante-dix. || *Setenta y uno, setenta y dos,* etc., soixante et onze, soixante-douze, etc.

— OBSERV. En Bélgica y Suiza *soixante-dix* se dit *septante.*

setentavo, va adj. y s. Soixante-dixième.

setentón, ona adj. y s. FAM. Septuagénaire.

setiembre m. V. SEPTIEMBRE.

sétimo, ma adj. y s. V. SÉPTIMO.

seto m. Haie, *f.* : *seto vivo,* haie vive.

setter m. Setter (perro).

seudoartritis f. MED. Pseudarthrose.

seudomembrana f. MED. Pseudomembrane.

seudoneurópteros m. pl. ZOOL. Pseudo-névroptères.

seudonimia f. Pseudonymie.

seudónimo adj. y s. m. Pseudonyme : *escribir con un seudónimo,* écrire sous un pseudonyme.

seudópodo m. Pseudopode.

severidad f. Sévérité. || *Obrar con severidad,* sévir, agir avec rigueur o sévérité.

Severino n. pr. m. Séverin.

severo, ra adj. ● Sévère : *mirada severa,* regard sévère. || FIG. Sévère : *la severa fachada del monasterio,* la façade sévère du monastère.

— SINÓN. ● *Duro,* dur. *Riguroso,* rigoureux. *Inflexible,* inflexible. *Estricto,* strict.

sevicia f. Sévices, *m. pl.* (malos tratos).

Sevilla n. pr. GEOGR. Séville. || *Quien fue* ou *va a Sevilla perdió* ou *pierde su silla,* qui va à la chasse, perd sa place.

sevillano, na adj. y s. Sévillan, e.

— F. pl. Airs (*m.*) et danses de Séville.

Sevres n. pr. GEOGR. Sèvres.

sexagenario, ria adj. y s. Sexagénaire.

sexagésima f. RELIG. Sexagésime.

sexagesimal adj. Sexagésimal, e.

sexagésimo, ma adj. y s. Soixantième. || *Sexagésimo primero, segundo,* etc., soixante et unième, soixante-deuxième, etc.

sex-appeal m. Sex-appeal.

sexcentésimo, ma adj. y s. Six centième.

sexenio m. Espace de six ans.

sexo m. Sexe. || — *Bello sexo,* beau sexe. || *Sexo débil, fuerte,* sexe faible, fort.

sexología f. Sexologie.

sexólogo m. Sexologue.

sexta f. RELIG. Sexte (hora). || Série de six cartes (en juegos). || MÚS. Sixte (intervalo).

sextante m. MAR. Sextant.

sextario m. Sétier (medida antigua).

sexteto m. MÚS. Sextuor.

sextidi m. Sextidi (sexto día de la década en el calendario republicano francés).

sextilla f. Sixain, *m.,* sizain, *m.*

sextillo m. MÚS. Sextolet, double triolet (seisillo).

sextina f. POET. Sextine.

sexto, ta adj. y s. Sixième. || Six : *Alphonso VI* (sexto), Alphonse VI [six]. || *En sexto lugar,* sixièmement, sexto. || — M. Sixième. || FAM. Le sixième commandement (del Decálogo).

sextuplicar v. tr. Sextupler.

séxtuplo, pla adj. y s. m. Sextuple.

sexuado, da adj. y s. m. Sexué o.

sexual adj. Sexuel, elle.

sexualidad f. Sexualité.

sforzando adv. MÚS. Sforzando.

shah m. Chah, shah (soberano persa).

shaker m. Shaker (coctelera).

shakespeariano, na adj. Shakespearien, enne.

shakó m. Shako (chacó).

shantung m. Chantoung (tela).

sheriff m. Shérif.

sherry m. Sherry, xérès (vino de Jerez).

shimmy m. Shimmy (danza, de un automóvil).

shook m. MED. Choc.

short m. Short (pantalón corto).

shrapnel m. MIL. Shrapnel (granada).

shunt m. ELECTR. Shunt (derivación).

shuntado m. Shuntage (ferrocarril).

si conj. Si (s' delante de *il, ils*) : *si vienes mañana, avísame*, si tu viens demain, préviens-moi ; *si no lloviera saldríamos a pasear*, s'il ne pleuvait pas nous sortirions nous promener (v. OBSERV.). ‖ *Alors que* : *¿por qué lo aceptas si ayer lo rechazaste?*, pourquoi l'acceptes-tu alors qu'hier tu l'as refusé? ‖ Valeur de renforcement au début d'une proposition indépendante : *¿si me habrá mentido?*, est-ce qu'il m'aurait menti? ; *¡si será posible!*, est-ce possible! ; *¡si en esta habitación no hay nadie!*, vous voyez bien que dans cette pièce il n'y a personne! ; *¡si repito que no quiero!*, puisque je vous répète que je ne veux pas! ‖ Combien : *¡sabes si lo estimo!*, tu sais combien je l'estime! ‖ — *Como si*, comme si (v. OBSERV.) : *quiero a este niño como si fuera mi hijo*, j'aime cet enfant comme si c'était mon fils ; *como si nada*, comme si de rien n'était. ‖ *Incluso si*, même si, quand bien même : *incluso si me amenazaran, no lo haría*, même si on me menaçait, je ne le ferais pas. ‖ *Si bien*, bien que (con el subjuntivo) : *si bien no sabía nada*, bien qu'il ne sache o ne sût rien. ‖ *Si no*, sinon, sans cela, sans quoi. ‖ *Si... si*, si... ou (alternativa) : *no supo decir si ocurrió de noche si de día*, il n'a pas su dire si cela eut lieu la nuit ou le jour ; *no sé qué prefiero, si ir al teatro, si al cine*, je ne sais ce que je préfère, si c'est d'aller au théâtre ou au cinéma.

— OBSERV. Después de *si* condicional o de *como si* el subjuntivo imperfecto español se traduce en francés por el imperfecto del indicativo : *si fuera rico compraría una casa*, si j'étais riche j'achèterais une maison.

sí pron. pers. refl. 3ª persona. Lui, elle (pl. *eux, elles*) : *sólo piensa en sí*, il ne pense qu'à lui. ‖ Soi (en frases impersonales) : *hablar de sí*, parler de soi. ‖ — *Cada uno para sí*, chacun pour soi. ‖ *De por sí*, de lui-même, etc. ‖ *De por sí ou en sí*, en soi : *una cosa buena en sí*, une chose bonne en soi. ‖ *Entre sí ou para sí*, en lui-même, etc., à part soi, *inv.* : *dijo entre sí*, il a dit à part soi. ‖ — *Dar de sí*, s'allonger, prêter (una tela), se faire (zapatos). ‖ *Decir para sí*, se dire. ‖ *Metido entre sí*, renfermé. ‖ *Mirar para sí mismo*, s'occuper de soi. ‖ *Poner fuera de sí*, mettre hors de soi. ‖ *Volver en sí*, revenir à soi.

sí adv. Oui : *¿Vienes conmigo? — Sí*, viens-tu avec moi? — Oui. ‖ Si (después de una frase negativa) : *¿no hiciste nada? — Si*, tu n'as rien fait? — Si. ‖ — *Claro que sí* ou *sí por cierto*, mais oui, mais si, bien sûr que oui, bien sûr que si. ‖ FAM. *¡Eso sí que no!*, ça non!, jamais de la vie! ‖ *Pero sí* (después de una frase negativa), mais par contre, mais en revanche : *no tiene hermano, pero sí cuatro hermanas*, il n'a pas de frère mais par contre il a quatre sœurs. ‖ *Porque sí*, parce que, parce que ça me (te, lui, etc.) plaît, parce que c'est comme ça. ‖ *Por sí o por no*, en tout cas, à tout hasard. ‖ *¡Pues sí!*, comment donc! ‖ *Sí que* (delante de un verbo), c'est... que, voilà [formule de renforcement] : *ahora sí que nos vamos a reir*, c'est maintenant que nous allons rire ; *ésta sí que sabe lo que quiere*, en voilà une qui sait ce qu'elle veut. ‖ — *Contestar si o no*, répondre par oui ou par non. ‖ *Decir que sí*, dire oui : *no decir ni que sí ni que no*, ne dire ni oui ni non. ‖ *Hablar porque sí*, parler pour ne rien dire.

— M. Oui (consentimiento). ‖ — *Dar el sí*, donner son approbation (aceptar), prononcer le grand oui (para casarse). ‖ *Sin que falte ni un sí ni un no*, sans qu'il y manque un iota.

sial m. GEOL. Sial.

sialismo m. MED. Sialisme.

sialis m. ZOOL. Sialis.

sialorrea f. Sialorrhée.

Siam n. pr. m. GEOGR. Siam.

siamés, esa adj. y s. Siamois, e. ‖ *Hermanos siameses*, frères siamois. ‖ — M. Siamois (idioma).

sibarita adj. y s. Sybarite.

sibarítico, ca adj. Sybaritique.

sibaritismo m. Sybaritisme.

Siberia n. pr. f. GEOGR. Sibérie.

siberiano, na adj. y s. Sibérien, enne.

sibil m. Grotte, *f.*

sibila f. Sibylle.

sibilante adj. Sifflant, e (letra, sonido).

sibilino, na adj. Sibyllin, e.

sic adv. Sic.

sicamor m. BOT. Cyclamor (ciclamor).

sicario m. Sicaire.

sicastenia f. Psychasthénie.

sicigia f. ASTR. Syzygie.

Sicilia n. pr. f. GEOGR. Sicile.

siciliano, na adj. y s. Sicilien, enne.

siclo m. Sicle (peso y moneda).

sicoanálisis f. Psychanalyse, *m.*

— OBSERV. V. PSICOANÁLISIS.

sicoanalista m. y f. Psychanalyste.

sicocirugía f. MED. Psychochirurgie.

sicodélico, ca adj. Psychadélique.

sicodrama m. MED. Psychodrame.

sicofanta m. (Ant.). Sycophante (denunciador).

sicofísica f. Psychophysique.

sicofisiología f. Psychophysiologie.

sicología f. Psychologie.

sicológico, ca adj. Psychologique.

sicologismo m. FILOS. Psychologisme.

sicologista adj. y s. Psychologiste.

sicólogo m. Psychologue.

sicometría f. Psychométrie.

sicómoro o **sicomoro** m. Sycomore.

siconeurosis f. MED. Psychonévrose.

sicópata m. y f. MED. Psychopathe.

sicopatía f. MED. Psychopathie.

sicopatología f. MED. Psychopathologie.

sicosis f. Psychose.

sicoterapia f. MED. Psychothérapie.

sículo, la adj. y s. Sicilien, enne.

sidecar m. Side-car.

— OBSERV. Pl. *sidecares*.

sideral o **sidéreo, a** adj. ASTR. Sidéral, e.

siderita f. MIN. Sidérite. ‖ BOT. Sidéritis, crapaudine.

siderolítico, ca adj. Sidérolithique.

siderosa f. MIN. Sidérose, sidérite.

siderosis f. MED. Sidérose.

sideróstato m. Sidérostat.

sideroxilón m. BOT. Sidéroxylon.

siderurgia f. Sidérurgie.

siderúrgico, ca adj. Sidérurgique.

sidra f. Cidre, *m.* (bebida).

sidrería f. Cidrerie.

siega f. Moisson.

siembra f. Semailles, *pl.* (acción y tiempo de sembrar). ‖ Champ (*m.*) ensemencé (sembrado).

siemens m. Siemens (unidad de conductancia).

siempre adv. Toujours : *siempre tendrá dinero*, il aura toujours de l'argent. ‖ Tout le temps (sin descanso) : *siempre habla*, il parle tout le temps. ‖ — *De siempre*, habituel, de siempre, c'est le client habituel ; de toujours : *un amigo de siempre*, un ami de toujours. ‖ *Estar*

siempre con, être toujours avec (ir con), avoir toujours : *está siempre con la misma palabra en la boca*, il a toujours le même mot à la bouche. ‖ *Lo de siempre*, comme toujours, comme d'habitude, toujours pareil. ‖ *Para* ou *por siempre*, pour toujours. ‖ *Para* ou *por siempre jamás*, à tout jamais. ‖ *Siempre pasa lo mismo*, c'est toujours pareil. ‖ *Siempre que* ou *siempre y cuando que*, pourvu que, du moment que, si toutefois (con que), chaque fois que (cada vez).

siempretieso m. Poussah (juguete).

siempreviva f. Immortelle (planta).

sien f. Tempe : *con las sienes entrecanas*, les tempes grisonnantes.

Siena n. pr. GEOGR. Sienne. ‖ *Tierra de Siena* ou *siena*, terre de Sienne (ocre).

sienés, esa adj. y s. Siennois, e (de Siena).

sienita f. GEOL. Syénite.

sierpe f. POÉT. Serpent, m. (serpiente). ‖ BOT. Rejeton, m.

sierpecilla f. ZOOL. Serpenteau, m.

sierra f. TECN. Scie : *sierra abrazadera, de arco, de cinta, de contornar, para metales*, scie en long, en archet, à ruban, à chantourner, à métaux. ‖ Chaîne de montagnes, « sierra » (cordillera). ‖ Montagne : *pasar las vacaciones en la sierra*, passer ses vacances à la montagne. ‖ ZOOL. Scie, poisson-scie, m. (pez). ‖ *En forma de sierra*, en dents de scie.

Sierra Leona n. pr. f. GEOGR. Sierra Leone.

siervo, va m. y f. Serf, serve (esclavo). ‖ Serviteur, m., servante, f. : *siervo de Dios*, serviteur de Dieu.

sies m. pl. Oui, inv.

sieso m. ANAT. Rectum.

siesta f. Sieste : *dormir* ou *echar la siesta*, faire la sieste.

siete adj. Sept.
— M. Sept, inv. : *el siete de corazones*, le sept de cœur. ‖ FAM. Accroc (rasgón). ‖ TECN. Varlet, valet (barrilete). ‖ Amer. Anus (ano). ‖ FIG. y FAM. *Comer más que siete*, manger comme quatre. ‖ *Hablar más que siete*, être bavard comme une pie. ‖ *Saber más que siete*, en savoir long. ‖ *Ser más ladrón que siete*, être voleur comme une pie. ‖ *Son las siete*, il est sept heures.

sietecolores m. inv. Oiseau multicolore d'Amérique.

sieteenrama m. BOT. Tormentille, f. (tormentila).

sietemesino, na adj. Prématuré de sept mois. ‖ — M. FAM. Avorton, fausse couche, f.

sieteñal adj. Qui a sept ans.

sifilete m. ZOOL. Siflet (ave del paraíso).

sifílide f. MED. Syphilide.

sífilis f. MED. Syphilis.

sifilítico, ca adj. y s. MED. Syphilitique.

sifón m. Siphon. ‖ Siphon (de agua gaseosa). ‖ FAM. Eau (f.) de Seltz : *échame un poco de sifón en el vaso*, mets un peu d'eau de Seltz dans mon verre.
— OBSERV. L'emploi du mot *sifón* dans le sens d' « eau de Seltz » est un barbarisme très employé.

sifonóforos m. pl. ZOOL. Siphonophores.

Sigfrido n. pr. m. Siegfried.

sigilado, da adj. Sigillé, e (sellado).

sigilar v. tr. Sceller (sellar). ‖ Taire, cacher (ocultar).

sigilario, ria adj. y s. f. Sigillaire.

sigilo m. Sceau (sello). ‖ FIG. Secret. ‖ — *Con gran sigilo*, en grand secret, très discrètement. ‖ *Sigilo sacramental*, sceau de la confession.

sigilografía f. Sigillographie.

sigiloso, sa adj. Secret, ète. ‖ Discret, ète (persona).

sigla f. Sigle, m. (inicial) : *O.N.U. es la sigla de la Organización de las Naciones Unidas,*

O. N. U. est le sigle de l'Organisation des Nations unies.

siglo m. Siècle : *ser del siglo XX* (veinte), être du XX⁽ᵉ⁾ [vingtième] siècle ; *al correr de los siglos*, au cours des siècles. ‖ FIG. Siècle : *fuera del siglo*, hors du siècle. ‖ Éternité, f., siècle : *hace un siglo que no le he visto*, il y a une éternité que je ne l'ai vu. ‖ Monde : *retirarse del siglo*, se retirer du monde. ‖ Siècle, temps : *hay que ser de su siglo*, il faut être de son temps. ‖ — *Dentro de un siglo*, dans cent sept ans. ‖ *En el siglo*, dans le monde : *Santa Teresa de Jesús, en el siglo Teresa de Cepeda y Ahumada*, sainte Thérèse d'Avila, dans le monde Thérèse de Cepeda y Ahumada. ‖ *Por los siglos de los siglos*, dans tous les siècles des siècles, à tout jamais. ‖ *Siglo de Oro*, siècle d'or.

sigma f. Sigma, m. (letra griega).

sigmoideo, a o **sigmoides** adj. ANAT. Sigmoïde.

signar v. tr. Signer (firmar).
— V. pr. Se signer (persignarse).
— OBSERV. En espagnol le mot courant traduisant *signer* est *firmar*.

signatario, ria m. y f. Signataire (firmante).

signatura f. Signe, m., marque (señal). ‖ Signature (firma). ‖ IMPR. Signature. ‖ Cote (para clasificar un libro).

significación f. Signification, sens, m. ‖ FIG. Importance : *un hecho de gran significación*, un fait de grande importance.

significado, da adj. Signifié, e ; indiqué, e (señalado). ‖ FIG. Important, e ; connu, e ; réputé, e (conocido).
— M. ● Sens, signification, f. (sentido).
— SINÓN. ● *Significación*, signification. *Sentido*, sens. *Acepción*, acception.

significante adj. Significatif, ive : *una demostración significante*, une démonstration significative.
— M. Signifiant.

significar v. tr. Signifier, avoir le sens de. ‖ Désigner, signifier : *en latín « magister » significa maestro*, en latin « magister » désigne le maître. ‖ FIG. Représenter : *esto significa mucho para mí*, cela représente beaucoup pour moi. ‖ Signifier, notifier.
— V. pr. Se distinguer (distinguirse).

significativo, va adj. Significatif, ive. ‖ FIG. Important, e.

signo m. ● Signe : *la llegada de las golondrinas es el signo precursor de la primavera*, l'arrivée des hirondelles est le signe précurseur du printemps. ‖ Signe : *signo de puntuación*, signe de ponctuation. ‖ Point : *signo de admiración, de interrogación*, point d'exclamation, d'interrogation. ‖ ASTR. Signe (del zodiaco). ‖ MAT. y MÚS. Signe. ‖ Signal : *signos Morse*, signaux en morse. ‖ Tendance, f. (tendencia) : *signo político*, tendance politique. ‖ — *Bajo el signo de*, sous le signe de. ‖ *Signo monetario*, unité monétaire.
— SINÓN. ● *Indicio, huella*, trace. *Señal*, signal. *Vestigio*, vestige. *Síntoma*, symptôme.

siguapa f. Amer. Sorte d'effraie (ave).

siguiente adj. y s. Suivant, e. ‖ — *El año siguiente*, l'année suivante. ‖ *El día siguiente*, le lendemain.

sil m. Sil (ocre).

sílaba f. Syllabe : *sílaba abierta*, syllabe ouverte ; *sílaba aguda*, syllabe accentuée ; *sílaba cerrada* ou *trabada*, syllabe fermée.

silabar o **silabear** v. intr. Parler en détachant les syllabes.

silabario m. Syllabaire.

silábico, ca adj. Syllabique.

silabismo m. Syllabisme.

silba f. Sifflets, m. pl., huées, pl. (rechifla).

silbador, ra adj. y s. Siffleur, euse.

silbante adj. Sifflant, e. ‖ MED. Sibilant, e.

silbar v. intr. y tr. Siffler : *silbar al perro*, siffler son chien. ‖ FIG. Siffler : *silbar a un actor*, siffler un acteur.

silbatina f. *Amer.* Sifflets, *m. pl.*, huées, *pl.*

silbato m. Sifflet (pito).

silbido m. Sifflement (silbo). ‖ Coup de sifflet : *dar un silbido*, donner un coup de sifflet. ‖ — Pl. Sifflets.

silbo m. Sifflement.

silbón m. Canard siffleur (ave).

silbotear v. intr. y tr. Siffloter.

silenciador m. TECN. Silencieux (de coche, de arma de fuego).

silenciar v. tr. Étouffer (ahogar un ruido). ‖ Taire, passer sous silence (callar).

silencio m. Silence : *silencio sepulcral*, silence de mort ; *sufrir en silencio*, souffrir en silence. ‖ MÚS. Silence (pausa). ‖ — *En silencio*, en silence. ‖ *Entregar al silencio*, livrer à l'oubli. ‖ *Guardar silencio*, garder le silence, faire silence. ‖ *Imponer silencio*, imposer (le) silence. ‖ *Pasar en silencio*, passer sous silence (callar). ‖ MÚS. *Silencio de corchea*, demi-soupir.

silencioso, sa adj. ● Silencieux, euse.
— M. Silencieux, pot d'échappement silencieux (en un automóvil).
— SINÓN. ● *Taciturno*, taciturne. *Reservado, callado*, réservé.

silene m. BOT. Silène.

Sileno n. pr. m. MIT. Silène.

silente adj. Silencieux, euse.

silepsis f. GRAM. Syllepse.

Silesia n. pr. f. GEOGR. Silésie.

silesiana f. Silésienne (tela).

silesiano, na o **silesio, sia** adj. y s. Silésien, enne (de Silesia).

sílex m. Silex (pedernal).

sílfide f. Sylphide.

silfo m. MITOL. Sylphe. ‖ ZOOL. Silphe (insecto).

silguero m. ZOOL. Chardonneret (jilguero).

silicato m. QUÍM. Silicate.

sílice f. QUÍM. Silice (roca).

silíceo, a adj. Siliceux, euse.

silícico, ca adj. QUÍM. Silicique.

silicio m. QUÍM. Silicium.

siliciuro m. QUÍM. Siliciure.

silicona f. QUÍM. Silicone.

silicosis f. MED. Silicose.

silicua f. BOT. Silique.

silicuoso, sa adj. BOT. Siliqueux, euse.

silícula f. BOT. Silicule.

silo m. Silo (almacén de grano).

silogismo m. Syllogisme.

silogístico, ca adj. Syllogistique.

silogizar v. intr. User de syllogismes.

silueta f. Silhouette. ‖ Profil, *m.* (perfil).

siluetear v. tr. Silhouetter.

siluriano, na o **silúrico, ca** adj. y s. GEOL. Silurien, enne.

siluro m. Silure (pez).

silva f. Mélange, *m.*, recueil, *m.* (colección). ‖ Silves, *pl.* (combinación métrica).

silvanita f. MIN. Sylvanite.

silvano m. Sylvain (divinidad de la selva).

silvático, ca adj. Sylvestre (selvático).

silvestre adj. Sauvage : *fruta silvestre*, fruit sauvage. ‖ Sylvestre, forestier, ère (de la selva). ‖ FIG. Rustique (rústico).

Silvestre n. pr. m. Sylvestre.

Silvia n. pr. f. Sylvie.

silvícola adj. Sylvicole.

silvicultor m. Sylviculteur.

silvicultura f. Sylviculture.

silvinita f. Sylvinite.

silvoso, sa adj. Sylvestre, forestier, ère (de la selva). ‖ Boisé, e (región).

silla f. Chaise (asiento) : *sentarse en una silla*, s'asseoir sur une chaise. ‖ Selle (de jinete). ‖ FIG. Siège (sede y dignidad). ‖ — *Caballo de silla*, cheval de selle. ‖ *Juez de silla*, juge de ligne (tenis). ‖ *Llevar a un niño en la silla de la reina*, faire la chaise à un enfant. ‖ *Silla arzobispal*, archevêché. ‖ *Silla curul*, chaise curule. ‖ *Silla de coro*, stalle. ‖ *Silla de manos*, chaise à porteurs. ‖ *Silla de montar*, selle. ‖ *Silla de posta*, chaise de poste. ‖ *Silla de rejilla*, chaise cannée. ‖ *Silla de ring*, fauteuil de ring. ‖ *Silla de tijera* ou *plegable*, chaise pliante. ‖ *Silla eléctrica*, chaise électrique. ‖ *Silla episcopal* ou *obispal*, siège épiscopal. ‖ *Silla gestatoria*, chaise gestatoire, sedia gestatoria (del Papa). ‖ *Silla inglesa*, selle anglaise. ‖ *Silla poltrona*, bergère.

sillada f. Partie plane au milieu d'une côte, palier, *m.*

sillar m. Pierre (*f.*) de taille (piedra). ‖ Dos du cheval (lomo).

sillería f. Sièges, *m. pl.* (asientos). ‖ Stalles, *pl.* (del coro). ‖ Fabrique de chaises (taller). ‖ Sellerie (de sillas de montar). ‖ ARQ. Ouvrage (*m.*) en pierres de taille.

sillero, ra m. y f. Chaisier, ère (fabricante de sillas). ‖ Rempailleur, euse ; empailleur, euse (reparador de sillas). ‖ — M. Sellier (que hace sillas de montar).

silleta f. Petite chaise.

silletazo m. Coup de chaise.

silletero m. Porteur [de chaise].

sillín m. Selle, *f.* (de bicicleta o motocicleta). ‖ Selle (*f.*) anglaise (silla de montar). ‖ Sellette, *f.* (correa).

sillón m. Fauteuil : *sillón de ruedas, de orejeras, giratorio*, fauteuil roulant, à oreilles, pivotant. ‖ Fauteuil : *sillón de ring*, fauteuil de ring. ‖ Selle (*f.*) à dossier (de montar).

sillonero, ra adj. *Amer.* Qui supporte aisément la selle (caballo).

sima f. Précipice, *m.*, gouffre, *m.* ‖ FIG. Abîme, *m.*, gouffre, *m.* (abismo).
— OBSERV. Ne pas confondre *sima*, précipice, avec *cima*, cime.

simaruba f. BOT. Simaruba.

simarubáceas f. pl. BOT. Simarubacées.

simbionte adj. y s. m. BIOL. Symbiote.

simbiosis f. BIOL. Symbiose.

simbiótico, ca adj. BIOL. Symbiotique.

simbólico, ca adj. Symbolique.

simbolismo m. Symbolisme.

simbolista adj. y s. Symboliste.

simbolización f. Symbolisation.

simbolizar v. tr. Symboliser.

símbolo m. Symbole : *símbolo de los apóstoles*, symbole des Apôtres ; *símbolo del hierro*, symbole du fer.
— SINÓN. *Emblema*, emblème. *Atributo*, attribut. *Divisa, lema*, devise. *Representación*, représentation.

Simeón n. pr. m. Siméon.

simetría f. Symétrie.

simétrico, ca adj. Symétrique.

símico, ca adj. ZOOL. Simien, enne.

simiente f. AGRIC. Semence (semilla). ‖ FIG. Semence (germen).

simiesco, ca adj. Simiesque.

símil adj. Similaire.
— M. Similitude, *f.* ‖ Comparaison, *f.* : *hacer un símil entre dos países*, faire une comparaison entre deux pays.

similar adj. Similaire.

similicadencia f. Assonance vicieuse.

similigrabado m. Similigravure, *f.*

similitud f. Similitude, similarité.

similitudinario, ria adj. (P. us.). Similaire, semblable.

simio m. Singe (mono). ‖ — Pl. Simiens.
simón m. Fiacre (coche de punto).
Simón n. pr. m. Simon.
simonía f. Simonie.
simoniaco, ca o **simoniático, ca** adj. y s. Simoniaque.
simpa f. *Amer.* Natte (trenza de pelo).
simpatía f. Sympathie (inclinación) : *inspirar simpatía*, inspirer de la sympathie. ‖ Gentillesse (amabilidad). ‖ MED. Sympathie. ‖ TECN. *Explotar por simpatía* : exploser par sympathie.
simpático, ca adj. Sympathique (agradable) : *me cae* ou *me es muy simpático*, il m'est *o* je le trouve très sympathique. ‖ Gentil, ille (solícito). ‖ *Tinta simpática*, encre sympathique.
— M. ANAT. Sympathique : *gran simpático*, grand sympathique.
simpatizante adj. y s. Sympathisant, e.
simpatizar v. intr. Sympathiser.
simplaina o **simplainas** m. y f. FAM. Naïf, ive ; niais, e ; simplet, ette (tonto).
simple adj. Simple (puro). ‖ Fade (soso). ‖ Seul, e : *una página a simple columna*, une page d'une seule colonne. ‖ Simple : *un simple gesto*, un simple geste. ‖ BOT. Simple. ‖ FIG. Simple, naïf, ive (sencillo). ‖ QUÍM. *Cuerpo simple*, corps simple.
— M. Simple d'esprit (bobo). ‖ Simple (tenis). ‖ — Pl. MED. Simples (plantas medicinales).
simplemente adv. Simplement. ‖ *Pura y simplemente*, purement et simplement.
simpleza f. Naïveté (ingenuidad). ‖ Sottise, simplicité, niaiserie (necedad).
simplicidad f. Simplicité (de una cosa). ‖ Simplicité, naïveté (candor).
simplicísimo, ma adj. Très simple.
simplicista adj. y s. Simpliste.
simplificable adj. Simplifiable.
simplificación f. Simplification.
simplificador, ra adj. y s. Simplificateur, trice.
simplificar v. tr. Simplifier.
simplismo m. Simplisme.
simplista adj. y s. Simpliste.
simplón m. adj. y s. Simplet, ette.
simposio o **simpósium** m. Symposium, symposion.
simulación f. Simulation.
simulacro m. Simulacre. ‖ *Hacer el simulacro de*, faire semblant de.
simuladamente adv. Avec simulation.
simulado, da adj. Simulé, e.
simulador, ra adj. y s. Simulateur, trice : *es un hábil simulador*, c'est un habile simulateur.
simular v. tr. e intr. Simuler : *simula un sentimiento que no tiene*, il simule un sentiment qu'il n'a pas. ‖ Feindre : *se pasa la vida simulando*, il passe sa vie à feindre. ‖ Faire semblant : *simula que trabaja*, il fait semblant de travailler.
simúlido m. ZOOL. Simulie, *f.*
simultanear v. tr. Faire coïncider, mener de front, faire en même temps : *simultanea la carrerra de derecho y la de ciencias*, il mène de front son droit et ses études scientifiques. ‖ Faire alterner : *simultanea el trabajo con el descanso*, il fait alterner le travail et le repos. ‖ *Simultanear la risa con el llanto*, passer du rire aux larmes.
— V. pr. Coïncider.
simultaneidad f. Simultanéité.
simultaneísmo m. Simultanéisme.
simultáneo, a adj. Simultané, e.
simún m. Simoun (viento).
sin prep. Sans : *sin él no podría hacer nada*, sans lui je ne pourrais rien faire. ‖ — *Estar sin* (con un infinitivo), ne pas être : *el cuarto está sin hacer*, la chambre n'est pas faite. ‖ *Hijas sin casar*, filles non mariées. ‖ *Sin cesar*, sans cesse. ‖ *Sin Dios*, athée. ‖ *Sin duda*, sans doute. ‖ *Sin*

embargo, cependant, néanmoins. ‖ *Sin eso* ou *sin lo cual*, sans quoi, autrement. ‖ *Sin hogar*, sans abri. ‖ *Sin inconvenientes*, sans inconvénient. ‖ *Sin querer*, sans le vouloir.
sinagoga f. Synagogue.
Sinaí n. pr. m. GEOGR. Sinaï.
sinalagmático, ca adj. DR. Synallagmatique (bilateral).
sinalefa f. GRAM. Synalèphe.
sinantéreas f. pl. BOT. Synanthérées.
sinántropo m. ZOOL. Sinanthrope.
sinapismo m. MED. Sinapisme. ‖ FIG. y FAM. Empoisonneur, euse ; raseur, euse ; casse-pieds, *inv.* (persona pesada).
sinarquía f. Synarchie (gobierno).
sinartrosis f. ANAT. Synarthrose.
sincerador, ra adj. Justificateur, trice.
sincerar v. tr. Justifier, disculper.
— V. pr. Se justifier. ‖ S'ouvrir, ouvrir son cœur : *sincerarse con sus amigos*, s'ouvrir à ses amis.
sinceridad f. Sincérité.
sincero, ra adj. Sincère.
sincipital adj. Sincipital, e.
sincipucio m. ANAT. Sinciput.
sinclinal m. GEOL. Synclinal.
síncopa f. GRAM. y MÚS. Syncope.
sincopadamente adv. D'une manière syncopée.
sincopal adj. Syncopal, e.
sincopar v. tr. GRAM. y MÚS. Syncoper. ‖ FIG. Abréger (abreviar).
síncope m. MED. Syncope, *f.*
sincretismo m. Syncrétisme.
sincrociclotrón m. FÍS. Synchrocyclotron.
sincrónico, ca adj. Synchronique, synchrone.
sincronismo m. Synchronisme.
sincronización f. Synchronisation.
sincronizador m. CINEM. Synchroniseuse, *f.*
sincronizar v. tr. Synchroniser.
síncrono, na adj. Synchrone : *motor síncrono*, moteur synchrone.
sincrotrón m. FÍS. Synchrotron.
sindáctilo, la adj. ZOOL. Syndactyle.
sindéresis f. Jugement, *m.*
sindicable adj. Qui peut se syndiquer.
sindicado, da adj. y s. Syndiqué, e. ‖ — M. Syndicat, syndicataire (junta de síndicos).
sindicador, ra adj. y s. DR. Accusateur, trice (que acusa).
sindical adj. Syndical, e.
sindicalismo m. Syndicalisme.
sindicalista adj. y s. Syndicaliste.
sindicar v. tr. Syndiquer.
— V. pr. Se syndiquer (afiliarse a un sindicato).
sindicato m. Syndicat : *sindicato obrero*, syndicat ouvrier.
sindicatura f. Charge de syndic.
síndico m. Syndic.
sindineritis f. FAM. *Tener sindineritis*, être fauché.
síndrome m. MED. Syndrome.
sinécdoque f. Synecdoque.
sinecura f. Sinécure.
sine die loc. adv. Sine die (sin fijar fecha ni día).
sine qua non loc. adv. Sine qua non (indispensable).
sinéresis f. GRAM. Synérèse.
sinergia f. Synergie.
sinérgico, ca adj. Synergique.
sinestesia f. Synesthésie.
sinfín m. Infinité, *f.*, grand nombre, *m.* ‖ *Decía un sinfín de tonterías*, il disait des bêtises à n'en plus finir.
sinfinidad f. FAM. Multitude.
sínfisis f. ANAT. Symphyse.
sinfonía f. Symphonie : *sinfonía incompleta*, symphonie inachevée.
sinfónico, ca adj. Symphonique.
— F. Orchestre (*m.*) symphonique.

sinfonista m. Symphoniste.
Singapur n. pr. GEOGR. Singapour.
singar v. intr. MAR. Godiller.
singladura f. MAR. Cinglage, *m.* ‖ FIG. Voie (rumbo, camino).
singlar v. intr. MAR. Cingler.
single m. Simple (tenis). ‖ Single (coche cama).
singleton m. Singleton (semifallo en el bridge).
singracia f. Manque (*m.*) de grâce (en lo físico), manque (*m.*) d'esprit (en lo moral).
— Adj. Fade, quelconque : *una mujer singracia,* une femme quelconque.
singular adj. Singulier, ère. ‖ Drôle, singulier, ère : *una idea singular,* une drôle d'idée. ‖ *Singular combate,* combat singulier.
— M. GRAM. Singulier.
singularidad f. Singularité. ‖ Caractère (*m.*) particulier, particularité.
singularizar v. tr. Singulariser. ‖ GRAM. Employer au singulier.
— V. pr. Se singulariser (distinguirse).
sinhueso f. FAM. Bavarde, langue (lengua). ‖ FAM. *Darle a la sinhueso,* blablater.
siniestra f. Gauche, main gauche (zurda).
siniestrado, da adj. y s. Sinistré, e.
siniestramente adv. Sinistrement.
siniestro, tra adj. Gauche (izquierdo). ‖ FIG. Sinistre (funesto) : *espectáculo siniestro,* spectacle sinistre. ‖ — *A diestro y siniestro,* à tort et à travers. ‖ *Golpear a diestro y a siniestro,* frapper à droite et à gauche.
— M. Sinistre (catástrofe).
sinnúmero m. Infinité, *f.,* grand nombre, nombre incalculable : *hubo un sinnúmero de víctimas,* il y eut un grand nombre de victimes.
sino m. Sort (hado, destino).
sino conj. Mais (para contraponer un concepto afirmativo a uno negativo) : *no era él sino su hermano,* ce n'était pas lui mais son frère. ‖ Que : *nadie ha venido sino tu hermano,* il n'y a que ton frère qui soit venu *o* personne d'autre que ton frère n'est venu. ‖ — *No parece sino que,* on dirait (vraiment) que. ‖ *No... sino, ne... que : no haces sino molestarnos,* tu ne fais que nous ennuyer. ‖ *No sólo... sino que* ou *sino que también,* non seulement... mais encore : *no sólo pide, sino que exige,* non seulement il demande mais encore il exige. ‖ *Sino que,* mais (pero) : *no basta que usted lo diga, sino que quiero verlo,* il ne suffit pas que vous le disiez, mais je veux le voir ; sauf que, si ce n'est que (salvo) : *iba todo muy bien, sino que llovió un poco,* tout allait très bien, sauf qu'il a plu un peu.
sinodal adj. Synodal, e.
sinódico, ca adj. ASTR. y RELIG. Synodique.
sínodo m. Synode (junta). ‖ *El Santo Sínodo,* le saint-synode (en Rusia).
sinojaponés, esa adj. Sino-japonais, e.
sinología f. Sinologie.
sinólogo, ga m. y f. Sinologue.
sinonimia f. Synonymie.
sinonímico, ca adj. Synonymique.
sinónimo, ma adj. y s. m. Synonyme.
sinople m. BLAS. Sinople.
sinopsis f. Synopsis.
sinóptico, ca adj. Synoptique : *cuadro sinóptico,* tableau synoptique.
sinovia f. ANAT. Synovie.
sinovial adj. ANAT. Synovial, e. ‖ — *Cápsula sinovial,* bourse synoviale. ‖ *Derrame sinovial,* épanchement de synovie *o* synovial.
sinovitis f. MED. Synovite.
sinrazón f. Injustice. ‖ Égarement, *m.,* aberration : *las sinrazones de la política,* les aberrations de la politique. ‖ Non-sens, *m.* (disparate).

sinsabor m. Fadeur, *f.* (desabor). ‖ FIG. Ennui (molestia). ‖ Peine, *f.* (pena). ‖ Déboire, désagrément : *este trabajo me ha causado muchos sinsabores,* ce travail m'a causé bien des déboires.
sinsombrerismo m. FAM. Désaffection (*f.*) du port du chapeau.
sinsonte m. Moqueur (ave).
sinsustancia m. y f. FAM. Minus, zéro, *m.* (persona insustancial).
sintáctico, ca adj. GRAM. Syntaxique, syntactique.
sintaxis f. GRAM. Syntaxe.
sinterización f. TECN. Frittage, *m.*
síntesis f. Synthèse : *síntesis química,* synthèse chimique.
sintético, ca adj. Synthétique : *caucho sintético,* caoutchouc synthétique.
sintetizar v. tr. Synthétiser.
sintoísmo m. Shintoïsme, shinto (religión).
sintoísta adj. y s. Shintoïste.
síntoma m. Symptôme (señal).
sintomático, ca adj. Symptomatique.
sintomatología f. Symptomatologie.
sintonía f. ELECTR. Syntonie. ‖ Indicatif, *m.* (de una emisión). ‖ FIG. Harmonie : *sintonía espiritual,* harmonie spirituelle. ‖ RAD. *Bobina de sintonía,* bobine d'accord.
sintónico, ca adj. MÚS. Syntonique.
sintonismo m. Syntonie, *f.*
sintonización f. Syntonisation. ‖ RAD. *Botón de sintonización,* bouton de recherche de station.
sintonizar v. tr. Syntoniser. ‖ RAD. Accorder. ‖ *Sintonizan ustedes con Radio San Sebastián,* vous êtes à l'écoute de Radio Saint-Sébastien.
sinuosidad f. Sinuosité. ‖ FIG. Méandre, détour, *m.* : *las sinuosidades de la diplomacia,* les méandres de la diplomatie.
sinuoso, sa adj. Sinueux, euse.
— SINÓN. *Ondulado,* ondulé. *Tortuoso,* tortueux.
sinusitis f. MED. Sinusite.
sinusoidal adj. GEOM. Sinusoïdal, e.
sinusoide f. GEOM. Sinusoïde.
sinvergonzón, ona adj. y s. V. SINVERGÜENZA.
sinvergüencería f. FAM. Culot, *m.,* toupet, *m.,* effronterie.
sinvergüenza adj. y s. Petit voyou, fripon, onne ; canaille (granuja). ‖ Crapule (canalla). ‖ — *¡Qué sinvergüenza eres!,* tu ne manques pas de culot ! ‖ *Un tío sinvergüenza,* un type sans scrupule.
sinvergüenzada f. FAM. Culot, *m.,* toupet, *m.,* effronterie.
sinvivir m. Souci de tous les instants.
sionismo m. Sionisme.
sionista adj. y s. Sioniste.
siquiatra o **siquiatra** m. MED. Psychiatre.
siquiatría f. MED. Psychiatrie.
síquico, ca adj. Psychique.
siquiera conj. Même si (aunque) : *préstame el coche, siquiera sea por unos días,* prête-moi ta voiture même si c'est pour quelques jours.
— Adv. Au moins (por lo menos) : *dame siquiera las gracias,* dis-moi au moins merci ; *¡si ganáramos siquiera para comer!,* si nous gagnions au moins de quoi manger ! ‖ Ne serait-ce que : *si pudiera irme siquiera una semana,* si je pouvais partir ne serait-ce qu'une semaine. ‖ Même : *sin enterarse siquiera de lo que pasaba,* sans même se rendre compte de ce qui se passait. ‖ Soit (bien, ya) : *siquiera venga, siquiera no venga,* soit qu'il vienne, soit qu'il ne vienne pas. ‖ *Ni siquiera* ou *no... siquiera,* ne... même pas : *no tiene siquiera zapatos,* il n'a même pas de souliers ; *ni siquiera me lo dijo,* il ne me l'a même pas dit.
Siracusa n. pr. GEOGR. Syracuse.
siracusano, na adj. y s. Syracusain, e.
sirena f. Sirène (ninfa). ‖ Sirène (señal acústica).
sirénidos o **sirenios** m. pl. ZOOL. Siréniens.
sirex m. ZOOL. Sirex.

sirga f. MAR. Corde (cuerda para halar). | Halage, *m.* (acción). || — MAR. *A la sirga*, halé. || *Camino de sirga*, chemin de halage.

sirgar v. tr. MAR. Haler.

Siria n. pr. f. GEOGR. Syrie.

siriaco, ca adj. y s. Syrien, enne (de Siria). || — M. Syriaque (idioma antiguo).

sirigote m. *Amer.* Petite selle, *f.* (silla).

sirimiri m. Crachin, bruine, *f.* (llovizna).

siringa f. Arbre (*m.*) à caoutchouc. || MÚS. Syrynx, flûte de Pan.

siringuero m. *Amer.* Ouvrier chargé de la récolte du caoutchouc, « seringuero ».

sirio, ria adj. y s. Syrien, enne.

sirle m. Crotte, *f.* [d'ovins].

sirope m. Sirop (jarabe).

siroco m. Sirocco (viento).

sirte f. Banc (*m.*) de sable.

sirvienta f. Domestique, servante.

sirviente m. Domestique, serviteur. || MIL. Servant (del cañón).

— Adj. m. De service, serviteur, servant. || — *Personal sirviente*, domestiques. || DR. *Predio sirviente*, fonds servant o assujetti.

sisa f. FAM. Chapardage, *m.*, carottage, *m.*, gratte [profits illicites]. || Échancrure (de un vestido), emmanchure, entournure (de las mangas). || Impôt, *m.* (impuesto). || Assiette (para dorar).

sisador, ra adj. y s. Qui fait danser l'anse du panier, rabioteur, euse ; carotteur, euse.

sisal m. BOT. Sisal, agave (pita).

sisallo m. BOT. Arroche (*f.*) de mer (caramillo).

sisar v. tr. Carotter, chaparder, rabioter (en las compras). || Échancrer (un vestido). || Diminuer la mesure o le poids des denrées, carotter.

— V. intr. Faire danser l'anse du panier.

sisear v. tr. e intr. Siffler, huer : *sisear a un actor*, siffler un acteur. || Faire psitt : *sisear a una mujer en la calle*, faire psitt à une femme dans la rue.

siseo m. Sifflet, huées, *f. pl.* || Psitt.

Sísifo n. pr. m. MIT. Sisyphe.

sisimbrio m. BOT. Sisymbre (jaramago).

sísmico, ca adj. Sismique, séismique.

sismo m. Séisme (seísmo).

sismógrafo m. Sismographe, séismographe.

sismograma m. Sismogramme.

sismología f. Sismologie, séismologie.

sisón m. ZOOL. Canepetière, *f.* (ave).

sisón, ona adj. y s. FAM. V. SISADOR.

sistema m. Système : *sistema nervioso, métrico*, système nerveux, métrique. || — *Por sistema*, systématiquement, par principe. || *Sistema acoplador*, système de couplage (de radio). || *Sistema tributario*, régime fiscal (de los impuestos).

sistemar v. tr. *Amer.* Systématiser.

sistemático, ca adj. y s. f. Systématique.

sistematización f. Systématisation.

sistematizar v. tr. Systématiser.

sístilo adj. y s. m. ARQ. Systyle.

sístole f. ANAT. Systole.

sistro m. MÚS. Sistre (instrumento).

sitacismo m. Psittacisme (psitacismo).

sitiado, da adj. y s. Assiégé, e.

sitiador, ra adj. y s. Assiégeant, e.

sitial m. Fauteuil de cérémonie.

sitiar v. tr. Assiéger.

sitibundo, da adj. POÉT. Assoiffé, e ; altéré, e (sediento).

sitio m. Place, *f.* : *vete a tu sitio*, va à ta place ; *ponga la silla en este sitio*, mettez la chaise à cette place. || Endroit, lieu (lugar) : *un sitio agradable*, un endroit agréable. || Place, *f.* (espacio) : *ocupar mucho sitio*, prendre o tenir beaucoup de place ; *dejar sitio a*, faire de la place à. || MIL. Siège (cerco) : *estado de sitio*, état de siège. || *Amer.* Terrain (solar). || — *A* ou *en algun sitio*,

quelque part. || *Cada uno en su sitio*, chacun à sa place. || *Cualquier sitio*, n'importe où, partout. || *En el mismo sitio*, sur le terrain. || *En* ou *a ningún sitio*, nulle part. || *Otro sitio*, ailleurs, autre part. || *Real sitio*, résidence royale. || — *Cambiar de sitio*, changer de place, déplacer (algo), changer de place, se déplacer (alguien). || *Ceder el sitio*, céder la place. || FIG. *Dejar a uno en el sitio*, tuer quelqu'un net, laisser quelqu'un sur le carreau. || MIL. *Levantar el sitio*, lever le siège. || FIG. *Poner a uno en su sitio*, remettre quelqu'un à sa place. || *Poner sitio a*, mettre le siège devant, assiéger. || FIG. *Quedar en el sitio*, tomber raide mort, être tué sur le coup, rester sur le carreau.

sitios adj. pl. DR. *Bienes sitios*, biens fonds.

sito, ta adj. Situé, e (colocado). || DR. Sis, sise : *una casa sita en Madrid*, une maison sise à Madrid. || DR. *Bienes sitos*, biens fonds.

situación f. Situation. || Situation, emplacement, *m.* (sitio). || *Amer. Precio de situación*, prix réduit.

situado, da adj. Situé, e. || DR. Sis, sise. || FIG. *Estar bien situado*, avoir une bonne situation (en la vida).

situar v. tr. Situer, placer (colocar). || Affecter, assigner (dinero).

— V. pr. MAR. Relever sa position (en el mapa).

siútico, ca adj. FAM. *Amer.* V. CURSI.

siutiquez o **siutiquería** f. FAM. *Amer.* V. CURSILERÍA.

siux m. Sioux (indio norteamericano).

sixtino, na adj. Sixtin, e.

Sixto n. pr. m. Sixte.

sketch m. Sketch (en cine y teatro).

skull m. Scull (embarcación).

slalom m. Slalom (prueba de habilidad).

slam m. Chelem (juego de bridge).

slang m. Slang (argot inglés).

slogan m. Slogan (lema publicitario).

sloop m. MAR. Sloop (balandra).

smash m. Smash (mate).

smoking m. Smoking.

— OBSERV. L'Académie espagnole propose maintenant la forme *esmoquin*.

snack-bar m. Snack-bar (cafetería).

snipe m. Snipe (barco).

snob adj. y s. Snob.

snobismo m. Snobisme.

so m. FAM. Espèce de : *so tonto*, espèce d'idiot.

so prep. Sous : *so pretexto*, sous prétexte ; *so pena*, sous peine ; *so capa*, sous cape ; *so color*, sous couleur, sous prétexte.

¡so! interj. Ho ! [pour arrêter un cheval].

soasar v. tr. Saisir, griller légèrement (asar).

soba f. Pétrissage, *m.* || Foulage, *m.* (pieles). || FAM. Volée, tripotée (paliza) : *dar una soba*, flanquer une volée. | Tripotage, *m.* (manoseo).

sobacal adj. ANAT. Axillaire.

sobaco m. ANAT. Aisselle, *f.*

sobadero m. Foulerie, *f.* (cueros).

sobado, da adj. FAM. Tripoté, e (manido) : *una sobada caja de madera*, une boîte en bois qui a été tripotée. || Rebattu, e : *un tema sobado*, un sujet rebattu. || Foulé, e (pieles). || Pétri, e (amasado). || Rossé, e (a golpes).

sobador m. Fouloir.

sobadura f. Pétrissage, *m.* || Foulage, *m.* (de las pieles). || FAM. Tripotage, *m.*

sobajar o **sobajear** v. tr. Friper, froisser (arrugar). || Tripoter (manosear). || FIG. Froisser, vexer (humillar).

sobaquera f. Dessous-de-bras, *m.*

sobaquillo (de) adv. TAUROM. *Poner las banderillas de sobaquillo*, planter les banderilles de côté, alors que la tête du taureau est déjà passée.

sobaquina f. Sueur, gousset, *m.* (ant.).

sobar v. tr. Pétrir. ‖ Fouler (las pieles). ‖ Fig. Rosser (zurrar). ‖ Fam. Peloter, tripoter (tocar).

sobarba f. Muserolle (de la brida). ‖ Double menton, m. (papada).

sobarbada f. Saccade (sofrenada). ‖ Fig. Savon, m., réprimande (reprensión).

sobarbo m. Mecán. Aube, f. (de rueda).

sobeo m. Fam. Tripotage (de una cosa), pelotage (de una persona). ‖ Courroie, f. (de un carro).

soberado m. Amer. Grenier (desván).

soberanear v. intr. Agir en souverain, régner.

soberanía f. Souveraineté. ‖ — Plaza de soberanía, ville sous la souveraineté de l'Espagne (Ceuta, Melilla). ‖ Soberanía feudal, suzeraineté.

soberano, na adj. y s. Souverain, e : potencia soberana, puissance souveraine ; remedio soberano, remède souverain. ‖ — Adj. Fig. Magistral, e : dar una paliza soberana, donner une râclée magistrale.

soberbia f. Orgueil, m., superbe : la soberbia de un monarca, la superbe d'un monarque. ‖ Magnificence (magnificencia). ‖ Fig. Colère, emportement, m. (ira).

soberbiamente adv. Orgueilleusement. ‖ Fig. Superbement, magnifiquement.

soberbio, bia o **soberbioso, sa** adj. Coléreux, euse (colérico). ‖ Hautain, e ; arrogant, e. ‖ Fig. Superbe, magnifique (magnífico). ‖ Fougueux, euse (caballo).

sobo m. V. Soba.

sobón, ona adj. y s. Fam. Peloteur, euse (acariciador). | Flemmard, e (remolón).

sobordo m. Mar. Inspection, f. (de la carga). | Registre, manifeste de douane (libro).

sobornación f. Subornation, corruption.

sobornador, ra adj. y s. Suborneur, euse.

sobornal m. Surcharge, f. (sobrecarga).

sobornar v. tr. Suborner, soudoyer.

soborno m. Subornation, f., corruption, f. : soborno de testigos, subornation de témoins. ‖ Pot-de-vin (gratificación). ‖ Amer. Surcharge, f. (sobrecarga).

sobra f. Reste, m., excédent, m., surplus, m. (exceso). ‖ — Pl. Résidus, m., déchets, m. (desechos). ‖ Reliefs, m., restes, m. (de una comida). ‖ Rabiot, m. sing. (fam.) [de rancho]. ‖ — De sobra, de trop, en trop, plus qu'il n'en faut, à revendre : tiene dinero de sobra, il a de l'argent de trop. ‖ Sé de sobra que, je sais parfaitement que, je ne sais que trop que. ‖ Tener de sobra donde escoger, n'avoir que l'embarras du choix. ‖ Tener tiempo de sobra, avoir du temps de reste, avoir tout son temps o du temps devant soi, avoir largement le temps.

sobradamente adv. Extrêmement, de trop (mucho). ‖ Le conozco sobradamente, je le connais on ne peut mieux, je ne le connais que trop.

sobradillo m. Auvent (tejadillo). ‖ Soupente, f. (de una escalera).

sobrado, da adj. De trop, en trop, de reste, à revendre (de sobra) : tiene sobrada paciencia, il a de la patience de reste. ‖ — Con sobrada razón, à très juste titre. ‖ Estar sobrado de dinero, avoir de l'argent de reste o plus qu'il n'en faut o à ne savoir qu'en faire. ‖ Estar sobrado de luz, être inondé de lumière. ‖ Tener sobrada razón, n'avoir que trop raison. ‖ Tener sobrados motivos para, avoir toutes les raisons de.
— M. Arq. Comble (desván). ‖ Amer. Étagère, f. (vasar). ‖ — Pl. Amer. Restes (sobras).
— Adv. Largement, de trop.

sobrante adj. Restant, en trop (que sobra).
— M. Reste, restant, excédent.

sobrar v. intr. Rester (quedar) : me sobran tres pesetas, il me reste trois pesetas ; sobra vino, il est resté du vin. ‖ Être de trop (estar de más). ‖ Avoir en trop : en esta pared sobran dos cuadros,

sur ce mur il y a deux tableaux en trop. ‖ Avoir trop de : en esta pared sobran cuadros, sur ce mur il y a trop de tableaux. ‖ Avoir plus qu'il n'en faut : me sobra el dinero para hacerlo, j'ai plus d'argent qu'il n'en faut pour le faire. ‖ — Basta y sobra, en voilà assez, ça suffit comme ça. ‖ Me sobra tiempo, j'ai tout le temps o tout mon temps o largement le temps. ‖ No estar sobrado de, ne pas avoir trop de. ‖ Sobrarle a uno la gracia, avoir de l'esprit à revendre.

sobrasada f. Sorte de saucisson (embutido).

sobrasar v. tr. Placer sur o sous la braise.

sobre m. Enveloppe, f. (de carta) : poner en un sobre, mettre sous enveloppe. ‖ Sachet : un sobre de sopa, un sachet de soupe.

sobre prep. Sur : sobre la mesa, sur la table ; discutir sobre un tema, discuter sur un sujet. ‖ Environ, à peu près : tengo sobre mil pesetas, j'ai environ mille pesetas. ‖ Vers : vendré sobre las ocho, je viendrai vers 8 heures. ‖ Sur (repetición) : dice tonterías sobre tonterías, il dit bêtise sur bêtise. ‖ Après (después) : sobre comida, après le repas. ‖ En plus de, non seulement : sobre ser caro, es feo, non seulement c'est cher, mais c'est laid. ‖ Au-dessus de : tres grados sobre cero, trois degrés au-dessus de zéro. ‖ — Sobre modo, à l'excès, excessivement (en demasía), extrêmement (mucho). ‖ Sobre seguro, à coup sûr, sans prendre de risque : jugar sobre seguro, jouer à coup sûr. ‖ Sobre todo, surtout.

sobreabundancia f. Surabondance.

sobreabundante adj. Surabondant, e.

sobreabundantemente adv. Surabondamment.

sobreabundar v. intr. Surabonder.

sobreagudo, da adj. Suraigu, ë.

sobrealiento m. Haleine, f., souffle.

sobrealimentación f. Suralimentation.

sobrealimentar v. tr. Suralimenter.

sobrealzar v. tr. Surhausser, surélever.

sobreañadir v. tr. Surajouter.

sobreasada f. Sorte de saucisson (embutido).

sobreasar v. tr. Refaire griller o rôtir.

sobrebota f. Amer. Guêtre.

sobrecalentar v. tr. Tecn. Surchauffer (el vapor).

sobrecama f. Dessus-de-lit, m., courtepointe (p. us.).

sobrecaña f. Veter. Suros, m. (del caballo).

sobrecarga f. Surcharge (de peso, en un sello). ‖ Surfaix, m. (correa).

sobrecargar v. tr. Surcharger. ‖ Rabattre (una costura).

sobrecargo m. Mar. Commis, subrécargue.

sobrecarta f. Enveloppe (sobre).

sobreceja f. Bas (m.) du front.

sobrecejo o **sobreceño** m. Froncement des sourcils (ceño). ‖ Poner sobreceño, froncer les sourcils.

sobrecielo m. Dais (dosel).

sobrecincha f. Surfaix, m. (del caballo).

sobrecito m. Sachet : un sobrecito de azafrán, un sachet de safran.

sobrecoger v. tr. Saisir (de miedo, de frío). ‖ Surprendre, prendre au dépourvu (de improviso). — V. pr. Être o rester saisi.

sobrecogimiento m. Saisissement (de frío, de temor). ‖ Fig. Saisissement (pasmo).

sobrecomprimir v. tr. Pressuriser (un avión).

sobrecosido m. o **sobrecostura** f. Couture (f.) rabattue.

sobrecubierta f. Seconde enveloppe. ‖ Jaquette (de un libro).

sobredicho, cha adj. Susdit, e (susodicho).

sobrediente m. Surdent, f.

sobredorado m. Surdorure, f.

sobredorar v. tr. Surdorer, dorer.

sobreedificar v. tr. Surélever : casa sobreedificada de un piso, maison surélevée d'un étage.

sobreentender* v. tr. Sous-entendre (sobrentender). — V. pr. Être sous-entendu.

sobreentendido, da adj. Sous-entendu, e.

sobreentrenamiento m. DEP. Surentraînement.

sobreentrenar v. tr. DEP. Surentraîner.

sobreesdrújulo, la adj. y s. GRAM. Accentué sur la syllabe précédant l'antépénultième (comme *dígamelo,* dites-le-moi).

sobreestadía f. MAR. Surestarie.

sobreexceder v. tr Surpasser.

sobreexcitable adj. Surexcitable.

sobreexcitación f. Surexcitation.

sobreexcitante adj. y s. m. Surexcitant, e.

sobreexcitar v. tr. Surexciter.

sobreexponer v. tr. FOT. Surexposer.

sobreexposición f. FOT. Surexposition.

sobrefalda f. Jupe.

sobrefaz f. Surface (superficie).

sobrefino, na adj. Surfin, e.

sobrefusión f. FÍS. Surfusion.

sobrehaz f. Surface (sobrefaz). || Couverture (cubierta). || FIG. Apparence.

sobrehilado m. Surfilage, surfil.

sobrehilar v. tr. Surfiler.

sobrehílo m. Surfil.

sobrehueso m. VETER. Suros. || MED. Tumeur (*f.*) dure sur un os.

sobrehumano, na adj. Surhumain, e.

sobreimpresión f. Surimpression.

sobrejalma f. Couverture placée sur le bât.

sobrejuanete m. MAR. Vergue (*f.*) *o* voile (*f.*) de perroquet.

sobrelecho m. ARQ. Lit inférieur [d'une pierre].

sobrellave f. Serrure de sûreté

sobrellenar v. tr. Trop remplir.

sobrellevar v. tr. Supporter, endurer (aguantar).

sobremanera adv. À l'excès, excessivement (en demasía). || Extrêmement (mucho).

sobremano f. VETER. Tumeur au sabot d'un cheval.

sobremarca f. Surenchère (bridge).

sobremesa f. Tapis (*m.*) de table (tapete). || Dessert, *m.* (postre). || *— De sobremesa,* après le repas. || *Dichos de sobremesa,* propos de table. || *Programa de sobremesa,* programme de début d'après-midi (radio, televisión). || *Reloj de sobremesa,* pendule. || *Quedarse un rato de sobremesa,* rester un moment à table après le repas.

sobremesana f. MAR. Perroquet (*m.*) de fougue (vela).

sobremuñonera f. Susbande (del cañón).

sobrenadar v. intr. Surnager.

sobrenatural adj. Surnaturel, elle.

sobrenjalma f. Couverture placée sur le bât.

sobrenombre m. Surnom (mote). || *Dar el sobrenombre de,* surnommer, donner le surnom de.

sobrentender* v. tr. Sous-entendre : *una frase sobrentendida,* une phrase sous-entendue. V. pr. Être sous-entendu.

sobrepaga f. Gratification, prime, surpaye.

sobrepaño m. Étoffe (*f.*) qui en recouvre une autre.

sobreparto m. Suites (*f. pl.*) de couches.

sobrepasar v. tr. Dépasser : *sobrepasar los límites en un 10 %,* dépasser les limites de 10 %. || Surpasser (superar). — V. pr. *Sobrepasarse a sí mismo,* se surpasser.

sobrepaso m. Amble, *f.* (ambladura).

sobrepelo m. *Amer.* Couverture (*f.*) de cheval.

sobrepelliz f. Surplis, *m.*

sobrepeso m. Surcharge, *f.* || *Sobrepeso de equipaje,* excédent de bagages.

sobreponer* v. tr. Superposer (poner encima). || Rajouter (añadir). — V. pr. Surmonter (dificultades) : *sobreponerse a su dolor,* surmonter sa douleur. || L'emporter sur (un enemigo).

sobreporte m. Surcharge (*f.*) de port (correos).

sobreprecio m. Augmentation, *f.* [de prix]. || *Pagar con sobreprecio,* surpayer.

sobreprima f. Surprime (seguros).

sobreproducción f. Surproduction.

sobrepuerta f. Tringle de rideau. || Portière, rideau, *m.* (antepuerta).

sobrepuesto, ta adj. Superposé, e. — M. Application, *f.* (ornamentación). || Chapeau de ruche (de colmenas). || *Amer.* Pièce (*f.*) de cuir qui recouvre la selle.

sobrepuja f. Surenchère, surenchérissement, *m.*

sobrepujamiento m. Avantage (ventaja).

sobrepujar v. tr. Surpasser (aventajar). || Dépasser (dejar atrás). || Surenchérir, enchérir sur (en una subasta).

sobrequilla f. MAR. Contre-quille.

sobrero, ra adj. Restant, e (sobrante). || — Adj. m. y s. m. TAUROM. De réserve (toro).

sobrerrienda f. *Amer.* Fausse rêne.

sobresalienta f. TEATR. Doublure.

sobresaliente adj. Qui dépasse, en saillie. || Supérieur, e ; excellent, e (insigne). || Qui se distingue (destacado). || — Remarquable, hors ligne, hors pair (notable). || — Adj. y s. Reçu avec mention très bien (exámenes). || — M. Mention (*f.*) très bien (exámenes). || TAUROM. Remplaçant (torero). || — M. y f. Doublure, *f.* (actor que reemplaza a otro).

sobresalir* v. intr. Dépasser (exceder). || ● Ressortir (resaltar). || S'avancer : *una roca sobresalía por encima del abismo,* un rocher s'avançait au-dessus de l'abîme. || ARQ. Saillir (un balcón). || FIG. Se distinguer (distinguirse). | Être de premier ordre (una cosa).

— SINÓN. ● *Resaltar,* ressortir. *Despuntar, descollar, señalarse, distinguirse,* se distinguer. *Destacarse,* se détacher. *Singularizarse,* se singulariser.

sobresaltado, da adj. En sursaut : *despertarse sobresaltado,* se réveiller en sursaut. || Effrayé, e (asustado). || En émoi (excitado).

sobresaltar v. tr. Effrayer (asustar). || Faire sursauter (sobrecoger). || Surprendre (acometer de repente). — V. intr. Se détacher (destacarse). — V. pr. S'effrayer (asustarse). || Sursauter (sobrecogerse). || Se troubler, perdre contenance (turbarse).

sobresalto m. Sursaut (movimiento brusco). || FIG. Soubresaut (susto). | Émotion, *f.,* trouble (turbación). || *De sobresalto,* soudain (de repente), à l'improviste (de improviso).

sobresaturación f. Sursaturation.

sobresaturar v. tr. Sursaturer.

sobresdrújulo, la adj. y s. GRAM. Accentué sur la syllabe précédant l'antépénultième (comme dans *devuélvemelo,* rends-le-moi).

sobreseer v. intr. Surseoir à.

sobreseimiento m. Interruption, *f.* suspension, *f.* || DR. Non-lieu : *auto de sobreseimiento,* ordonnance de non-lieu.

sobresello m. Contreseing, second cachet.

sobresembrar* v. tr. AGRIC. Sursemer.

sobrestadía f. MAR. Surestarie.

sobrestante m. Contremaître. || *Sobrestante de obras públicas,* piqueur, agent voyer [ponts et chaussées].

sobrestimación f. Surestimation.

sobrestimar v. tr. Surestimer (persona), surévaluer (cosa). || Surfaire : *reputación sobrestimada,* réputation surfaite.

sobresueldo m. Gratification, *f.,* prime, *f.,* surpaye, *f.*

sobretasa f. Surtaxe : *sobretasa postal,* surtaxe postale.

sobretensión f. ELECTR. Survoltage, *m.,* surtension.

sobretodo m. Pardessus (abrigo). || Cache-misère (para ocultar un traje raído).

sobrevenida f. Survenue (p. us.), arrivée soudaine.
sobrevenir* v. intr. Survenir.
sobrevidriera f. Grillage, *m.* (de ventana). ‖ Double vitrage, *m.*
sobreviento m. Coup de vent. ‖ MAR. *A sobreviento*, au vent (a barlovento).
sobrevista f. Visière d'un casque.
sobreviviente adj. y s. Survivant, e (superviviente).
sobrevivir v. intr. Survivre.
sobrevolar* v. tr. Survoler (aviones).
sobrevoltado, da adj. ELECTR. Survolté, e.
sobrevoltaje m. ELECTR. Survoltage.
sobrexcedente adj. Qui surpasse.
sobrexceder v. tr. Surpasser.
sobrexcitación f. Surexcitation.
sobrexcitar v. tr. Surexciter.
sobriedad f. Sobriété.
— SINÓN. *Frugalidad*, frugalité. *Templanza*, tempérance. *Moderación*, modération. *Mesura*, mesure.
sobrino, na m. y f. Neveu, *m.*, nièce, *f.* ‖ — *Sobrino carnal*, neveu. ‖ *Sobrino político*, neveu par alliance. ‖ *Sobrino segundo*, petit-neveu. ‖ *Sobrino tercero*, arrière-petit-neveu.
sobrio, bria adj. Sobre : *sobrio en el comer, en el hablar*, sobre dans sa nourriture, sobre en paroles. ‖ Dépouillé, e ; sobre (estilo). ‖ Sévère : *la arquitectura sobria del Escorial*, l'architecture sévère de l'Escurial.
soca f. *Amer.* Dernier rejeton (*m.*) de la canne à sucre (de la caña).
socaire m. MAR. Côté sous le vent. ‖ *Al socaire*, à l'abri [du vent].
socaliña f. Astuce, ruse (ardid).
socaliñar v. tr. Soutirer (sacar con maña).
socaliñero, ra adj. y s. Malin, igne ; rusé, e.
socalzar v. tr. *Amer.* Reprendre en sous-œuvre.
socapa f. Prétexte, *m.* ‖ *A socapa*, en cachette.
socapar v. tr. *Amer.* Couvrir (encubrir).
socarrar v. tr. Brûler légèrement, roussir (tostar).
socarrén m. ARQ. Avant-toit (alero).
socarrina f. FAM. Brûlure légère, roussissement, *m.*
socarrón, ona adj. Narquois, e (malicioso) : *sonrisa socarrona*, sourire narquois. ‖ Moqueur, euse (guasón). ‖ Sournois, e (taimado).
socarronamente adv. Narquoisement (maliciosamente). ‖ D'un air goguenard (burlonamente). ‖ Sournoisement (disimuladamente).
socarronería f. Sournoiserie.
socava f. Creusement, *m.* ‖ Trou (*m.*) au pied d'une plante [pour l'arrosage].
socavación f. Creusement, *m.*
socavar v. tr. Creuser. ‖ FIG. Saper, miner.
socavón m. Galerie, *f.* (galería). ‖ Excavation, *f.* (hoyo). ‖ Affaissement de la chaussée, effondrement (hundimiento). ‖ *La calle tiene numerosos socavones*, la rue est défoncée en de nombreux endroits.
sociabilidad f. Sociabilité.
sociable adj. Sociable.
social adj. Social, e. ‖ COM. *Razón social*, raison sociale.
socialdemocracia f. Social-démocratie.
socialdemócrata adj. y s. Social-démocrate.
socialismo m. Socialisme.
socialista adj. y s. Socialiste.
socialistoide adj. y s. FAM. Socialisant, e.
socialización f. Socialisation.
socializar v. tr. Socialiser.
sociedad f. Société : *alta, buena sociedad*, haute, bonne société. ‖ ● Société, compagnie (comercial). ‖ — *Sociedad accidental* ou *en participación*, société en participation. ‖ *Sociedad anónima, comanditaria* ou *en comandita*, société anonyme, en commandite. ‖ *Sociedad cooperativa*, coopérative. ‖ *Sociedad de responsabilidad limitada*, société à responsabilité limitée. ‖ *Sociedad matriz*, société mère. ‖ *Sociedad regular colectiva*, société

en nom collectif. ‖ — *Nota* ou *ecos de sociedad*, carnet mondain (en un periódico). ‖ *Ser presentada en sociedad*, faire son entrée dans le monde.
— SINÓN. ● *Compañía*, compagnie. *Consorcio*, consortium. *Agrupación*, groupement. *Trust*, trust.
societario, ria adj. y s. Sociétaire.
sociniano, na adj. y s. RELIG. Socinien, enne.
Socino n. pr. m. Socin.
socio, cia m. y f. Sociétaire, membre (de una sociedad, de un club). ‖ COM. Associé, e. ‖ FAM. Type, individu. ‖ — *Hacerse socio*, s'inscrire, devenir membre. ‖ *Socio de número*, membre titulaire.
sociología f. Sociologie.
sociológico, ca adj. Sociologique.
sociologismo m. Sociologisme.
sociologista adj. y s. Sociologiste.
sociólogo, ga m. y f. Sociologue.
sociometría f. Sociométrie.
socolor m. Prétexte. ‖ *Socolor de*, sous couleur de, sous prétexte de.
socollada f. MAR. Claquement (*m.*) d'une voile (de la vela). ‖ Coup (*m.*) de tangage (de la proa).
socorredor, ra adj. Secourable, qui porte secours.
socorrer v. tr. Secourir : *socorrer a los pobres*, secourir les pauvres.
socorrido, da adj. Secourable (que socorre). ‖ Bien approvisionné, e (abastecido). ‖ FAM. Commode, pratique (cómodo) : *un traje muy socorrido*, une robe très pratique. ‖ Passe-partout, *inv.* (trillado) : *un tema muy socorrido*, un sujet passe-partout.
socorrismo m. Secourisme.
socorrista m. y f. Secouriste.
socorro m. Secours : *prestar socorro*, porter secours. ‖ MIL. Renfort, secours (tropa). ‖ — *Agua de socorro*, ondoiement (bautismo). ‖ *Casa de socorro*, poste de secours (clínica de urgencia). ‖ *Señales de socorro*, signaux de détresse.
— *Dar socorro*, porter secours. ‖ *Ir en socorro de*, aller au secours de. ‖ *Pedir socorro*, appeler au secours (en caso de peligro), demander du secours (pedir auxilio).
— Interj. Au secours !
Sócrates n. pr. m. Socrate.
socrático, ca adj. Socratique.
socucho o **sucucho** m. *Amer.* Réduit (tabuco).
sochantre m. Sous-chantre.
soda f. QUÍM. Soude (sosa). ‖ Soda, *m.* (bebida).
sódico ca adj. QUÍM. Sodique, sodé, e.
sodio m. QUÍM. Sodium.
sodoku m. MED. Sodoku.
sodomía f. Sodomie.
sodomita adj. y s. Sodomite.
soez adj. Grossier, ère.
sofá m. Sofa, canapé. ‖ *Sofá cama*, canapé-lit.
sofaldar v. tr. Retrousser, soulever.
sofí adj. y s. m. Soufi (sufí).
Sofía n. pr. f. Sophie. ‖ GEOGR. Sofia, Sophia.
sofión m. Rebuffade, *f.* : *le echaron un sofión*, il a essuyé une rebuffade. ‖ Tromblon (trabuco).
sofisma m. Sophisme.
sofista adj. y s. Sophiste.
sofisticación f. Sophistication.
sofisticado, da adj. Sophistiqué, e.
sofisticar v. tr. Sophistiquer.
sofístico, ca adj. et s. f. Sophistique.
sofito m. ARQ. Sofite.
soflama f. Réverbération (del fuego). ‖ Rougeur (en el rostro). ‖ FIG. Effronterie, insolence (descaro). ‖ Tromperie (engaño).
soflamar v. tr. Duper (engañar). ‖ FIG. Faire rougir (avergonzar). ‖ Humilier, confondre (humillar).
— V. pr. Brûler, griller (tostarse).
sofocación f. Suffocation (pérdida del aliento). ‖ Étouffement, *m.* (ahogo). ‖ FIG. Étouffement (de

una revolución, de un escándalo). ‖ Fig. y Fam. Gròs ennui, m. (disgusto).

sofocador, ra o **sofocante** adj. Suffoquant, e (humo, gas). ‖ Étouffant, e (calor, clima). ‖ Ennuyeux, euse (molesto).

sofocar v. tr. Suffoquer (hacer perder la respiración). ‖ Fam. Suffoquer (causar emoción violenta), faire rougir, faire honte (avergonzar). ‖ Étouffer (apagar) : *sofocar una revolución,* étouffer une révolution. ‖ Ennuyer, embêter (molestar). ‖ *Sofocar un incendio,* éteindre o maîtriser un incendie. — V. pr. Étouffer (de calor). ‖ Fig. Rougir (ruborizarse). ‖ S'étouffer (atragantarse).

Sófocles n. pr. m. Sophocle.

sofoco m. Étouffement, suffocation, f. (sofocación). ‖ Fig. Gros ennui (disgusto), contrariété, f., chagrin (pena).

sofocón m. o **sofoquina** f. Fam. Coup (m.) au cœur (emoción). ‖ Très gros ennui, m. (gran disgusto), grosse contrariété, f., gros chagrin, m. (gran pena).

sófora f. Bot. Sophora, m.

sofreír* v. tr. Faire revenir, passer légèrement à la poêle, faire sauter.

sofrenada f. Saccade. ‖ Fig. Savon, m. (fam.), réprimande (represión).

sofrenar v. tr. Saccader (al caballo). ‖ Fig. Tancer, réprimander (reprender). ‖ Réprimer, mettre un frein à, refréner (las pasiones).

sofrología f. Sophrologie.

software m. Software, logiciel (de computadora).

soga f. Corde (cuerda). ‖ Arpent, m. (medida agraria). ‖ *Amer.* Lanière de cuir (tira de cuero). ‖ — Fig. *Dar soga a uno,* faire parler quelqu'un (darle cuerda), se moquer de quelqu'un (burlarse). ‖ *Echar la soga tras el caldero,* jeter le manche après la cognée. ‖ *Estar con la soga al cuello,* être dans le pétrin. ‖ *No hay que mentar la soga en casa del ahorcado,* il ne faut pas parler de corde dans la maison d'un pendu.

soguería f. Corderie.

soguero m. Cordier.

soguilla f. Cordelette (de esparto). ‖ Natte (de pelo). ‖ — M. Fam. Garçon de courses, commissionnaire (recadero).

soja f. Bot. Soja, m., soya, m.

sojuzgador, ra adj. y s. Subjugueur, euse.

sojuzgar v. tr. Subjuguer, dominer.

sol m. Soleil : *sol poniente, naciente, de medianoche,* soleil couchant, levant, de minuit. ‖ Sol (unidad monetaria del Perú). ‖ Fig. Amour : *¡qué sol de niño!,* quel amour d'enfant ! ‖ Taurom. Place (f.) au soleil, soleil (en las plazas de toros) : *tendido de sol,* gradins au soleil. ‖ — *Al sol,* au soleil. ‖ *Bajo el sol,* au soleil : *estoy a gusto bajo el sol,* je me trouve bien au soleil ; sous le soleil : *nada nuevo bajo el sol,* rien de nouveau sous le soleil. ‖ *De sol a sol,* du lever au coucher du soleil, du matin au soir. ‖ *El Rey Sol,* le Roi-Soleil. ‖ Fig. *Más hermoso que un sol,* beau comme le jour, beau comme un astre. ‖ *Quemadura de sol,* coup de soleil. ‖ *Reloj de sol,* cadran solaire. ‖ Fam. *Sol de justicia,* soleil de plomb. ‖ Bot. *Sol de las Indias,* soleil, tournesol. ‖ Taurom. *Sol y sombra,* place qui n'est à l'ombre que pendant une partie de la corrida. ‖ — *Al ponerse el sol,* au coucher du soleil, au soleil couchant. ‖ *Al salir el sol,* au lever du soleil. ‖ Fig. y Fam. *Arrimarse al sol que más calienta,* se mettre du côté du plus fort, se tenir près du soleil. ‖ *Da el sol de pleno,* le soleil donne en plein. ‖ *El sol aprieta,* le soleil tape dur. ‖ Fig. y Fam. *No dejar a uno ni a sol ni a sombra,* être toujours sur le dos de quelqu'un, ne pas quitter quelqu'un d'une semelle, suivre quelqu'un comme un petit chien.

‖ *Tomar el sol,* se chauffer au soleil (para calentarse), s'exposer au soleil (tomar baños de sol), se faire brunir (broncearse).

sol m. Quím. Sol (coloide). ‖ Mús. Sol (nota).

solado, da adj. Parqueté, e (con madera). ‖ Carrelé, e (con ladrillos). ‖ — M. Plancher, parquet (de madera). ‖ Carrelage (enladrillado), dallage (enlosado).

solador m. Parqueteur (con madera). ‖ Carreleur (con ladrillos). ‖ Dalleur (con losas).

soladura f. Parquetage, m. (de madera). ‖ Carrelage, m. (de ladrillo). ‖ Dallage, m. (con losas).

solamente adv. Seulement : *no solamente,* non seulement. ‖ *Solamente que,* à la seule condition que, seulement si.

solana f. Endroit (m.) ensoleillé. ‖ Soleil, m. : *ahora hay mucha solana,* maintenant il y a beaucoup de soleil. ‖ Véranda (en una casa).

solanáceas f. pl. Bot. Solanacées.

solanera f. Coup (m.) de soleil. ‖ V. solana.

solano m. Vent d'est (viento). ‖ Bot. Morelle (f.) noire.

solapa f. Revers, m. (de una chaqueta). ‖ Rabat, m. (de libro, de sobre). ‖ Fig. Prétexte, m., apparence.

solapadamente adv. Sournoisement, en cachette, en tapinois.

solapado, da adj. Sournois, e ; dissimulé, e.

solapar v. tr. Mettre des revers à (un traje). ‖ Fig. Cacher, dissimuler (ocultar). ‖ Recouvrir (cubrir).

solar adj. Solaire : *rayos solares,* rayons solaires. ‖ Anat. *Plexo solar,* plexus solaire. — M. Terrain vague (terreno inutilizado). ‖ Terrain à bâtir (para la construcción). ‖ Manoir (casa solar). ‖ Maison, f., lignée, f. (linaje).

solar* v. tr. Ressemeler (calzado). ‖ Carreler (enladrillar). ‖ Parqueter, planchéier (con madera). ‖ Daller (con losas).

solariego, ga adj. Familial, e (del patrimonio). ‖ Ancien, enne ; noble (noble). ‖ *Casa solariega,* manoir, gentilhommière.

solario m. Solarium.

solaz m. Distraction, f., loisir (esparcimiento). ‖ Consolation, f., soulagement (alivio). ‖ *A solaz,* avec plaisir.

solazar v. tr. Récréer, distraire (divertir). ‖ Soulager (aliviar). — V. pr. Se distraire.

solazo m. Fam. Soleil qui tape dur.

soldable adj. Soudable.

soldada f. Salaire, m. (sueldo). ‖ Solde (del soldado).

soldadesca f. Soldatesque.

soldadesco, ca adj. Soldatesque. ‖ *A la soldadesca,* à la soldate.

soldadito m. Soldat : *soldadito de plomo,* soldat de plomb.

soldado m. Soldat. ‖ — *Soldado bisoño,* conscrit, jeune recrue, bleu (fam.). ‖ *Soldado cumplido,* soldat qui a fini son temps de service. ‖ *Soldado de primera, de segunda clase,* soldat de première, de deuxième classe. ‖ *Soldado desconocido,* soldat inconnu. ‖ *Soldado raso,* simple soldat, soldat de deuxième classe. ‖ *Soldado voluntario,* engagé volontaire.

soldador m. Soudeur (obrero). ‖ Fer à souder (instrumento).

soldadote m. Fam. Soudard.

soldadura f. Soudure : *soldadura autógena,* soudure autogène. ‖ Soudure, soudage, m. (acción). ‖ Fig. Remède, m. (reparación). ‖ — *Soldadura a tope,* soudure en about. ‖ *Soldadura en frío,* soudure à froid. ‖ *Soldadura fuerte,* soudure forte, brasure.

soldar* v. tr. Tecn. Souder. ‖ Fig. Réparer (una falta). — V. pr. Se souder.

soleá f. Chant et danse populaires andalous de caractère mélancolique.
— OBSERV. Pl. *soleares*.

soleado, da adj. Exposé au soleil ; ensoleillé, e.

soleamiento m. Exposition (*f.*) au soleil.

solear v. tr. Mettre *o* exposer au soleil.

soleares f. pl. V. SOLEÁ.

solecismo m. GRAM. Solécisme.

soledad f. Solitude. ‖ Regret, *m.*, nostalgie (melancolía). ‖ V. SOLEÁ.

soledoso, sa adj. Solitaire (solitario).

solemne adj. Solennel, elle. ‖ FIG. Suprême, de taille : *es una solemne tontería*, c'est une bêtise suprême.

solemnemente adv. Solennellement.

solemnidad f. Solennité. ‖ FAM. *Pobre de solemnidad*, sans le sou.

solemnizar v. tr. Solenniser, célébrer.

solen m. ZOOL. Solen, couteau (molusco).

solenoide m. FÍS. Solénoïde.

sóleo adj. m. y s. m. ANAT. Soléaire (músculo).

soler* v. intr. Avoir l'habitude de *o* coutume de (acostumbrar) : *suele venir el lunes*, il a l'habitude de venir le lundi. ‖ Être *o* arriver *o* faire en général *o* généralement *o* souvent *o* d'ordinaire (ser frecuente) : *los españoles suelen ser morenos*, les Espagnols sont en général bruns ; *suele equivocarse*, il lui arrive souvent de se tromper ; *aquí suele hacer mucho frío*, ici il fait généralement très froid.
— OBSERV. Ce verbe correspond à l'ancien verbe français *souloir*.

solera f. Solive (viga). ‖ Meule gisante (de molino). ‖ Fond (*m.*) de canal. ‖ TECN. Sole (de horno). | Radier, *m.* (encachado en un puente *o* alcantarilla). ‖ CONSTR. Sablière. ‖ Lie (del vino). ‖ Réserve (reserva de vino). ‖ FIG. Tradition, ancienneté (tradición). ‖ — *Casa con solera*, maison qui a des années d'expérience. ‖ *Marca de solera*, grande marque, marque prestigieuse. ‖ *Vino de solera*, vin vieux.

solercia f. Adresse (habilidad).

solería f. Cuir (*m.*) pour semelles. ‖ Carrelage, *m.*, dallage, *m.* (suelo).

soleta f. Semelle (de la media). ‖ Pièce (remiendo). ‖ FIG. y FAM. *Picar* ou *tomar soleta*, filer, prendre la poudre d'escampette (irse).

solevantar v. tr. Soulever.

solfa f. Solfège, *m.* (solfeo). ‖ FAM. Volée, raclée (paliza). ‖ — FIG. y FAM. *Echar una solfa*, passer un savon. | *Poner en solfa*, ridiculiser, tourner en ridicule. | *Tomar a solfa*, prendre à la rigolade.

solfatara f. Solfatare.

solfear v. tr. MÚS. Solfier. ‖ FIG. y FAM. Battre, rosser (zurrar).

solfeo m. MÚS. Solfège (arte). ‖ FIG. y FAM. Volée, *f.*, raclée, *f.* (paliza).

solicitable adj. Sollicitable.

solicitación f. Sollicitation. ‖ *Solicitación de fondos*, appel de fonds.

solicitador, ra adj. Solliciteur, euse.
— M. Agent (agente).

solícitamente adv. Diligemment, avec empressement.

solicitante adj. y s. Solliciteur, euse. ‖ — M. Pétitionnaire.

solicitar v. tr. Solliciter : *solicitar un empleo*, solliciter un emploi. ‖ Demander (rogar). ‖ FIG. Rechercher : *una persona muy solicitada*, une personne très recherchée.

solícito, ta adj. Empressé, e. ‖ Attentionné, e ; plein d'attentions : *es muy solícito conmigo*, il est plein d'attentions envers moi. ‖ — *El camarero se acercó, solícito*, le garçon s'approcha avec empressement. ‖ *Mostrarse solícito con*, se montrer empressé envers, s'empresser auprès de.

solicitud f. Sollicitude, empressement, *m.* (cuidado). ‖ Demande, requête (petición) : *dirigir una solicitud*, adresser une demande. ‖ Pétition (instancia).

solidago m. BOT. Solidago.

solidar v. tr. Consolider. ‖ FIG. Appuyer sur des preuves.

solidaridad f. Solidarité.

solidario, ria adj. Solidaire. ‖ MECÁN. Solidaire (piezas).

solidarizar v. tr. Solidariser.
— V. pr. Se solidariser : *solidarizarse con los huelguistas*, se solidariser avec les grévistes.

solideo m. Calotte, *f.* (de eclesiástico).

solidez f. Solidité : *la solidez de un muro, de un argumento*, la solidité d'un mur, d'un argument.

solidificación f. Solidification.

solidificar v. tr. Solidifier.
— V. pr. Se solidifier.

sólido, da adj. ● Solide.
— M. MAT. y FÍS. Solide.
— SINÓN. ● *Duro*, dur. *Consistente*, consistant. *Compacto*, compact. *Macizo*, massif. *Firme*, ferme. *Fuerte*, fort.

soliloquiar v. intr. FAM. Monologuer, parler tout seul, soliloquer (p. us.).

soliloquio m. Soliloque, monologue.

solimán m. QUÍM. Sublimé corrosif.

solio m. Trône.

solípedo, da adj. y s. m. ZOOL. Solipède.

solipsismo m. FILOS. Solipsisme.

solista adj. y s. MÚS. Soliste.

solitaria f. Ver (*m.*) solitaire (tenia) : *tener la solitaria*, avoir le ver solitaire. ‖ Chaise de poste à une seule place (silla).

solitario, ria adj. y s. Solitaire. ‖ — M. Solitaire (diamante). ‖ Solitaire (ermitaño). ‖ Patience, *f.* (juego de naipes). ‖ Solitaire (juego).

solito, ta adj. FAM. Tout seul, toute seule.

sólito, ta adj. Habituel, elle.

soliviantado, da adj. Agité, e ; inquiet, ète.

soliviantar v. tr. Exciter à la rébellion, monter contre.

soliviar v. tr. Soulever.

solo, la adj. Seul, e (v. OBSERV.). ‖ Simple, seul, e : *zapatos con una sola suela*, souliers à simple semelle *o* avec une seule semelle. ‖ MÚS. Solo : *violín solo*, violon solo. ‖ — *A solas*, seul, tout seul (uno), seul à seul, en tête à tête (dos personas). ‖ *Café solo*, café noir. ‖ *Como él solo*, comme pas un. ‖ *Como un solo hombre*, comme un seul homme. ‖ *Conversación a solas*, tête-à-tête. ‖ *De solo a solo*, seul à seul. ‖ *Eso marcha solo*, cela va tout seul.
— M. MÚS. Solo. ‖ Cavalier seul (danza).
— OBSERV. Se dice a menudo en francés *tout seul* o *toute seule* en vez de *seul* (*vive sola*, elle vit toute seule ; *lo hice solo*, je l'ai fait tout seul).

sólo adv. Seulement : *sólo quiero que vengas*, je veux seulement que tu viennes. ‖ Ne... que (con empleado que *seulement*) : *sólo mañana podré hacerlo*, je ne pourrai le faire que demain. ‖ Seul, e (con sustantivo *o* pronombre personal) : *sólo él lo sabe*, lui seul le sait. ‖ — *Con sólo* (con infinitivo), rien qu'en : *con sólo decir esto, le enojarás*, rien qu'en disant cela tu le fâcheras ; rien que de : *sólo con verlo, estoy harto*, rien que de le regarder, j'en ai déjà assez ; (con sustantivo *o* pronombre personal), rien qu'avec : *con sólo esto, ya puedes arreglártelas*, rien qu'avec cela, tu peux déjà te débrouiller. ‖ *Con sólo que*, pourvu que. ‖ *No sólo... sino que*, non seulement... mais encore. ‖ *Sólo que*, seulement, mais : *yo iré, sólo que no me divierte nada*, j'irai, seulement ça ne m'amuse pas du tout. ‖ *Sólo un momento*, rien qu'un moment. ‖ *Tan sólo*, ne... que, seulement.

solomillo m. Aloyau. ‖ Chateaubriand o château-briant (de vaca asada). ‖ *Solomillo bajo,* faux filet.

solomo m. Aloyau (solomillo). ‖ Filet de porc (de cerdo).

solsticial adj. ASTR. Solsticial, e.

solsticio m. ASTR. Solstice : *solsticio de invierno, de verano,* solstice d'hiver, d'été.

soltar* v. tr. Lâcher : *suéltame,* lâche-moi ; *soltó a los perros,* il a lâché les chiens. ‖ Relâcher, élargir (un preso). ‖ Défaire, détacher : *soltar un nudo,* défaire un nœud. ‖ Donner : *soltar un poco de cuerda,* donner un peu de corde. ‖ Perdre (puntos). ‖ Dégager : *esto suelta mucho humo,* cela dégage beaucoup de fumée. ‖ Relâcher (el vientre). ‖ FIG. Résoudre : *soltar una dificultad,* résoudre une difficulté. ‖ AVIAC. y MAR. Larguer. ‖ FAM. Dire, raconter (contar). ‖ Sortir : *me soltó una grosería,* il m'a sorti une grossièreté. ‖ Débiter : *nos soltó un discurso pesadísimo,* il nous a débité un discours très ennuyeux. ‖ Lâcher, laisser échapper, accoucher de : *soltar un disparate,* lâcher une sottise. ‖ Décocher, flanquer, ficher (dar) : *soltar un puñetazo,* décocher un coup de poing. ‖ Se fendre de : *soltar quinientos francos,* se fendre de cinq cents francs. ‖ — *Soltar coces,* lancer des ruades, ruer. ‖ *Soltar injurias a uno,* agonir quelqu'un d'injures. ‖ POP. *Soltar la mosca* ou *la pasta,* abouler le fric, casquer, les lâcher. ‖ *Soltar la lengua,* délier la langue. ‖ *Soltar la risa,* éclater de rire. ‖ *Soltar prenda,* lâcher prise. ‖ *Soltar una andanada,* lâcher une bordée. ‖ *Soltar una carcajada* ou *una risotada,* partir d'un éclat de rire, éclater de rire. ‖ FAM. *Soltar un gallo,* faire un canard o un couac. ‖ *Soltar un grito,* pousser un cri. ‖ — FAM. *Sin soltar un cuarto,* sans bourse délier, sans dépenser un centime. ‖ *¡Suelta!,* accouche ! (explícate).
— V. pr. Se détacher : *el barco se soltó de las amarras,* le bateau s'est détaché des amarres. ‖ Lâcher (cuerda, nudo, etc.) : *el muelle se ha soltado,* le ressort a lâché. ‖ Filer (puntos). ‖ Se desserrer (un tornillo). ‖ S'échapper (un líquido). ‖ FIG. Se relâcher (el vientre). ‖ Se faire : *soltarse en un trabajo,* se faire à un travail. ‖ Se dégourdir (volverse desenvuelta una persona) : *ya era hora de que se soltara este chico,* il était temps que ce garçon se dégourdisse. ‖ S'y mettre, se lancer : *hasta hace unos días no andaba, acaba de soltarse ahora,* il ne marchait pas il y a quelques jours, il vient de s'y mettre. ‖ Se débrouiller : *ya empiezo a soltarme en inglés,* je commence à me débrouiller en anglais. ‖ — *Soltarse de mano,* lâcher les mains (de un manillar de bicicleta), lâcher prise (lo que se tiene agarrado). ‖ *Soltarse el pelo,* se décoiffer (despeinarse) ; montrer ce dont on est capable (demostrar su valor), jeter sa gourme, se dégourdir, se dessaler (hacer su santa voluntad), se déchaîner, se lancer (animarse). ‖ *Soltársele a uno la lengua,* avoir la langue bien pendue.
— OBSERV. Le participe passé de *soltar* est irrégulier (*suelto, suelta*).

soltería f. Célibat, *m.*

soltero, ra adj. y s. Célibataire : *quedarse soltero,* rester célibataire. ‖ *Apellido de soltera,* nom de jeune fille. ‖ *Despedirse de soltera,* enterrer sa vie de garçon. ‖ *La Señora López, de soltera Gómez,* Mᵐᵉ [madame] López, née Gómez.
— SINÓN. *Solterón,* vieux garçon. *Solterona,* vieille fille. *Célibe,* célibataire.

solterón, ona adj. y s. Vieux garçon, *m.,* vieille fille, *f.*

soltura f. Action de lâcher. ‖ FIG. Aisance, facilité (facilidad y gracia) : *hablar con mucha soltura,* parler avec beaucoup d'aisance. ‖ Désinvolture (descaro). ‖ DR. Élargissement, *m.,* mise en liberté (de un preso). ‖ — FIG. *Con soltura,* couramment :

hablar un idioma con soltura, parler couramment une langue. ‖ *Soltura de palabras,* facilité de langage. ‖ *Soltura de vientre,* relâchement.

solubilidad f. Solubilité.

solubilizar v. tr. Solubiliser, rendre soluble.

soluble adj. Soluble.

solución f. Solution : *la solución de un problema,* la solution d'un problème. ‖ Solution (en un líquido). ‖ Soluté, *m.,* solution (farmacéutica). ‖ Dénouement, *m.* : *la solución del drama,* le dénouement du drame. ‖ — *Solución de continuidad,* solution de continuité. ‖ MAT. *Solución extraña,* solution étrangère.

solucionar v. tr. Résoudre, solutionner.

solutrense adj. y s. m. Solutréen, enne (prehistoria).

solvencia f. Solvabilité (calidad de buen pagador). ‖ Payement, *m.* (pago).

solventar v. tr. Acquitter, payer (une dette). ‖ Résoudre (resolver).

solvente adj. Solvable (que puede pagar).
— M. Solvant.

solla f. Plie, limande (pez).

sollado m. MAR. Entrepont, faux pont.

sollamar v. tr. Flamber, griller.

sollastre m. Marmiton (pinche). ‖ FIG. Coquin (pillo).

sollo m. ZOOL. Esturgeon (pez). ‖ FIG. y FAM. *Estar gordo como un sollo,* être bien en chair.

sollozante adj. Sanglotant, e.

sollozar v. intr. Sangloter.

sollozo m. Sanglot : *estallar* ou *prorrumpir en sollozos,* éclater en sanglots.

soma m. BIOL. Soma.

soma f. Farine de seconde qualité (harina).

Somalia n. pr. f. GEOGR. Somalie.

somanta f. FAM. Volée, raclée (tunda). ‖ Fessée (a los niños). ‖ FAM. *Le dio una somanta de palos,* il lui a donné une raclée.

somatén m. Milice, *f.* [en Catalogne] (milicia). ‖ Tocsin (rebato) : *tocar a somatén,* sonner le tocsin. ‖ FIG. y FAM. Désordre, agitation, *f.* (alboroto).

somático, ca adj. MED. Somatique.

somatología f. MED. Somatologie.

sombra f. ● Ombre : *la sombra de un árbol,* l'ombre d'un arbre. ‖ FIG. Ombre (fantasma) : *las sombras de los muertos,* les ombres des morts. ‖ Esprit, *m.* (agudeza) : *decir algo con mucha sombra,* dire quelque chose avec beaucoup d'esprit. ‖ Ombre (apariencia) : *la sombra de una duda,* l'ombre d'un doute. ‖ RAD. Ombre. ‖ TAUROM. Place à l'ombre, côté (*m.*) à l'ombre [dans les arènes]. ‖ *Amer.* Ombrelle (quitasol). ‖ Bâche (toldo). ‖ Transparent, *m.* (falsilla). ‖ — *Sombra proyectada,* ombre portée. ‖ *Sombras chinescas,* ombres chinoises. ‖ — POP. *A la sombra,* à l'ombre, sous les verrous (en chirona). ‖ *A la sombra de,* à l'ombre de. ‖ FIG. *Ni por sombra,* pas le moins du monde. ‖ *Ni sombra de,* pas l'ombre de. ‖ — FIG. *Burlarse* ou *reírse de su sombra,* se moquer de tout. ‖ *Dar sombra,* donner de l'ombre (un árbol). ‖ *Desconfiar hasta de su sombra,* avoir peur de son ombre. ‖ *Hacer sombra,* faire de l'ombre (dar sombra), faire ombre, porter o faire ombrage, faire du tort (perjudicar). ‖ FIG. *No ser más que la sombra* ou *ni sombra de lo que era,* n'être plus que l'ombre de soi-même. ‖ *No tener ni sombra de,* ne pas avoir une ombre de : *eso no tiene ni sombra de verdad,* il n'y a pas ombre de vérité là-dedans. ‖ *Sentarse a la sombra,* s'asseoir à l'ombre. ‖ FAM. *Tener buena sombra,* être sympathique (agradar), porter chance (traer suerte), être drôle, avoir de l'esprit (tener chiste). ‖ *Tener mala sombra,* être antipathique (desagradar), porter malheur (traer mala suerte), ne pas

avoir de chance (tener mala suerte). | *Tener miedo hasta de su sombra*, avoir peur de son ombre.
— SINÓN. ● *Penumbra*, pénombre. *Oscuridad*, obscurité.

sombraje o **sombrajo** m. Abri de branchage (para resguardarse). ‖ FAM. Ombre, *f.* (sombra). ‖ FIG. *Caérsele a uno los palos del sombrajo*, être découragé o anéanti.

sombrar v. tr. Faire de l'ombre.

sombreado m. Nuance, *f.*, ombre, *f.* (gradación de color).

sombreador m. Bâton de mascara (maquillaje).

sombrear v. tr. Faire de l'ombre sur (dar sombra). ‖ Ombrager (árboles). ‖ Ombrer (dibujo). ‖ Foncer (un color).

sombrerazo m. Coup de chapeau (saludo).

sombrerera f. Chapelière (mujer del sombrerero). ‖ Modiste (la que hace sombreros de señora). ‖ Carton (*m.*) à chapeaux (caja).
— OBSERV. Le mot espagnol *modista* signifie *couturière*.

sombrerería f. Chapellerie, magasin (*m.*) de chapeaux.

sombrerero m. Chapelier.

sombrerete m. Petit chapeau. ‖ BOT. Chapeau (de las setas). ‖ Abat-vent, *inv.* (de chimenea).

sombrerillo m. BOT. Chapeau (de las setas). | Nombril-de-Vénus (ombligo de Venus).

sombrero m. Chapeau : *ponerse el sombrero*, mettre son chapeau. ‖ Abat-voix, *inv.* (del púlpito). ‖ (Ant.). Privilège des grands d'Espagne [qui restaient couverts devant le roi]. ‖ BOT. Chapeau (de las setas). ‖ MAR. Chapeau (del cabrestante). ‖ MECÁN. Chapeau. ‖ — *Sombrero calañés*, chapeau à bords étroits. ‖ *Sombrero cordobés* ou *de alas anchas*, chapeau de feutre à larges bords. ‖ *Sombrero chambergo* chapeau à la Schomberg. ‖ *Sombrero de campana*, chapeau cloche. ‖ *Sombrero de canal* ou *de canoa* ou *de teja*, chapeau de prêtre. ‖ *Sombrero de copa*, chapeau haut de forme, haut-de-forme. ‖ *Sombrero de jipijapa*, panama. ‖ *Sombrero de muelles*, claque. ‖ *Sombrero de tres picos* ou *de tres candiles*, tricorne. ‖ *Sombrero flexible*, chapeau mou. ‖ *Sombrero hongo*, chapeau melon (bombín). ‖ *Sombrero jíbaro*, chapeau de paille. ‖ — *Calarse el sombrero*, enfoncer son chapeau. ‖ *Quitarse el sombrero*, ôter son chapeau, se découvrir (para saludar), tirer son chapeau (de admiración). ‖ *Sin sombrero*, sans chapeau, nu-tête, tête nue.

sombrilla f. Ombrelle (quitasol).

sombrío, a adj. Sombre, obscur, e (oscuro). ‖ Ombragé, e (sombreado). ‖ FIG. Sombre, morne (melancólico).
— SINÓN. ● *Oscuro*, obscur. *Tenebroso*, ténébreux. *Lúgubre*, *tétrico*, lugubre. *Negro*, noir.

somero, ra adj. Sommaire.

someter v. tr. Soumettre : *someter a los rebeldes*, soumettre les rebelles; *someter un proyecto*, soumettre un projet. ‖ Soumettre, saisir : *someter un proyecto de ley a una comisión*, saisir une commission d'un projet de loi, soumettre un projet de loi à une commission. ‖ Soumettre, mettre : *someter a tortura*, soumettre à la torture; *someter a dura prueba*, mettre à dure épreuve. ‖ — *Someter a tratamiento*, soigner (a un enfermo). ‖ *Someter a votación*, mettre aux voix.

sometimiento m. Soumission, *f.*

somier m. Sommier (de cama).

somnambulismo m. Somnambulisme.

somnámbulo, la adj. y s. Somnambule.

somnífero, ra adj. y s. m. Somnifère.

somnolencia f. Somnolence. ‖ Envie de dormir : *tengo mucha somnolencia*, j'ai très envie de dormir.

somnolente o **somnolento, ta** adj. Somnolent, e (soñoliento).

somontano, na adj. y s. Du Haut Aragon.

somorgujar v. tr. Plonger.
— V. intr. Nager sous l'eau (bucear).
— V. pr. Plonger.

somorgujo m. Plongeon, grèbe, *f.* (ave).

somormujar v. tr. V. SOMORGUJAR.

son m. Son (sonido) : *al son del acordeón*, au son de l'accordéon. ‖ FIG. Bruit (noticia). | Manière, *f.*, façon, *f.* (modo) : *en este son*, de cette façon. ‖ MÚS. Nom d'une danse afro-antillaise. ‖ — FIG. *¿A qué son haría eso?*, pourquoi donc o sous quel prétexte ferais-je cela? | *A qué son viene esa pregunta?*, à quoi rime cette question? | *¿A son de qué?*, pour quelle raison? | *Bailar al son que tocan*, hurler avec les loups, suivre le mouvement. | *En este mismo son transcurrió la fiesta*, toute la fête se déroula dans cette atmosphère. | *En son de*, sur le ton de, sur un ton de : *en son de burla*, sur un ton de moquerie o sur le ton de la plaisanterie. | *No saber a qué son bailar*, ne pas savoir sur quel pied danser. | *Sin ton ni son*, sans rime ni raison. | *Venir en son de paz*, venir avec des intentions pacifiques.

sonada f. MÚS. Sonate.

sonadero m. Mouchoir (pañuelo).

sonado, da adj. Fameux, euse (famoso). ‖ Qui fait du bruit : *un escándalo muy sonado*, un scandale qui fait beaucoup de bruit. ‖ — *Fiesta muy sonada*, fête carillonnée. ‖ FAM. *Hacer una que sea sonada*, faire du joli o du propre. ‖ *Los días sonados*, les jours de fête.

sonador, ra adj. Sonnant, e (que suena). ‖ Bruyant, e ; sonore (ruidoso).
— M. Mouchoir (pañuelo).

sonaja f. Hochet, *m.* (de niño). ‖ — Pl. Tambourin, *m. sing.*, sorte de tambour de basque (pandereta).

sonajero m. Hochet (de niño).

sonambulismo m. Somnambulisme.

sonámbulo, la adj. y s. Somnambule.

sonante adj. Sonnant, e : *dinero contante y sonante*, espèces sonnantes et trébuchantes. ‖ Sonore (sonoro).

sonar m. MAR. Sonar (aparato de detección por el sonido).

sonar* v. intr. Sonner : *sonar a hueco*, sonner creux. ‖ Tinter, sonner : *la campana suena*, la cloche tinte. ‖ Sonner (reloj, teléfono). ‖ Rendre o avoir un son : *esta trompeta no suena bien*, cette trompette n'a pas un joli son. ‖ Se prononcer (una letra) : *en la palabra « que » la « u » no suena*, dans le mot « que » le « u » ne se prononce pas. ‖ Être cité o prononcé (mencionarse). ‖ FAM. Dire quelque chose, être familier : *no me suena ese nombre*, ce nom ne me dit rien; *esto me suena algo*, cela me dit quelque chose; *esta palabra me suena*, ce mot m'est familier. ‖ — *Como suena*, comme cela se prononce (como se pronuncia), comme je vous le dis (literalmente). ‖ FIG. *Cuando el río suena agua lleva*, il n'y a pas de fumée sans feu. | *Sonar a*, sembler, avoir tout l'air de : *eso me suena a burla*, ça m'a tout l'air d'une plaisanterie. | *Su conversación suena a filosofía barata*, sa conversation sent la philosophie à bon marché.
— V. tr. Moucher (las narices). ‖ MÚS. Jouer de (un instrumento).
— V. pr. Se moucher (las narices).

sonata f. MÚS. Sonate.

sonatina f. MÚS. Sonatine.

sonco m. *Amer.* Foie [d'animal de boucherie].

soncho m. *Amer.* Coati (mamífero).

sonda f. MAR. Sonde. ‖ MED. y TECN. Sonde.

sondable adj. Sondable.

sondaleza f. MAR. Ligne de sonde.

sondar o **sondear** v. tr. Sonder. ‖ ● FIG. Sonder : *sondar la opinión pública*, sonder l'opinion publique.
— SINÓN. ● *Tantear, pulsar*, tâter. *Explorar*, explorer. *Ahondar*, approfondir.

sondeador m. Sondeur.

sondeo m. Sondage. ‖ Forage (del petróleo). ‖ TECN. *Muestra de sondeo*, carotte (petróleo).

sonecillo m. Son faible, son léger. ‖ Air vif léger (son alegre).

sonetista m. Sonnettiste (p. us.), auteur de sonnets.

soneto m. Sonnet : *soneto con estrambote*, sonnet estrambot.

songa f. *Amer.* Raillerie (sorna). ‖ *A la songa*, avec dissimulation.

sonido m. ● Son : *sonido estereofónico*, son stéréophonique. ‖ MED. Bruit. ‖ — *Luz y sonido*, son et lumière. ‖ *Velocidad del sonido*, vitesse du son o sonique.
— SINÓN. ● *Son*, son. *Ruido*, bruit. *Rumor*, rumeur. *Murmullo, zumbido*, bourdonnement.

soniquete m. V. SONSONETE.

sonómetro m. Fís. Sonomètre.

sonoramente adv. De façon sonore, avec sonorité.

sonoridad f. Sonorité.

sonorización f. Sonorisation.

sonorizar v. tr. Sonoriser.

sonoro, ra adj. Sonore : *una voz sonora*, une voix sonore. ‖ — *Cabeza sonora*, tête d'enregistrement (magnetófono). ‖ *Cine sonoro*, cinéma parlant. *Efectos sonoros*, bruitage (cine, radio, teatro). ‖ FAM. *Le dio una sonora bofetada*, il lui a donné une gifle retentissante.

sonreír* v. intr. Sourire : *este niño sonríe siempre*, cet enfant sourit toujours. ‖ FIG. Sourire : *la vida le sonríe*, la vie lui sourit.
— V. pr. Sourire.

sonriente adj. Souriant, e.

sonrisa f. Sourire, m. : *estaba con la sonrisa en los labios*, il avait le sourire aux lèvres.

sonrojado, da adj. Rouge [de honte]. ‖ Rougissant, e (de emoción).

sonrojar v. tr. Faire rougir (avergonzar).
— V. pr. Rougir (avergonzarse).

sonrojo m. Honte, *f.* (vergüenza). ‖ Affront, outrage (afrenta).

sonrosar o **sonrosear** v. tr. Colorer de rose. ‖ *Tez sonrosada*, teint rose.
— V. pr. Rougir (de vergüenza).

sonroseo m. Rougeur, *f.*

sonsacador, ra adj. y s. FIG. Enjôleur, euse.

sonsacamiento m. Enjôlement.

sonsacar v. tr. Soutirer (sacar). ‖ FIG. Enjôler (engatusar). ‖ Tirer les vers du nez à (hacer hablar). ‖ Débaucher (atraer).

sonso, sa adj. *Amer.* Sot, sotte (zonzo).

sonsonete m. Tambourinage, tambourinement (golpecitos). ‖ FIG. Rengaine, *f.*, ritournelle, *f.* (estribillo). ‖ Ton (ironique, railleur, etc.).

soñación f. FAM. *Ni por soñación*, jamais de la vie (ni por sueños).

soñador, ra adj. y s. Rêveur, euse.
— SINÓN. *Imaginativo*, imaginatif. *Quimérico*, chimérique. *Utopista*, utopiste.

soñar* v. tr. Rêver, songer (menos usado) : *soñó que era rico*, il rêva qu'il était riche.
— V. intr. Rêver : *soñar despierto*, rêver tout éveillé. ‖ — *¡Ni lo sueñe !*, n'y songez pas ! ‖ *Ni soñarlo*, pas question. ‖ *Soñando*, en rêve. ‖ *Soñar con*, rêver de : *soñar con fantasmas, con ir a Grecia*, rêver de fantômes, d'aller en Grèce ; rêver à (discurrir) : *soñar con un proyecto*, rêver à un projet. ‖ FAM. *Soñar con los angelitos*, faire de beaux rêves (tener sueños agradables), dormir. ‖

Soñar con quimeras, se bercer d'illusions. ‖ *Soñar en un mundo mejor*, rêver d'un monde meilleur.

soñarrera f. Sommeil (*m.*) pesant, torpeur. ‖ Envie de dormir.

soñera f. FAM. Envie de dormir.

soñolencia f. Somnolence (somnolencia). ‖ Envie de dormir.

soñolientamente adv. D'un air somnolent, en dormant à moitié.

soñoliento, ta adj. Somnolent, e. ‖ Endormi, e : *una cara soñolienta*, un visage endormi.

sopa f. Soupe, potage, m. (plato) : *sopa de leche*, soupe au lait ; *sopa de fideos*, potage au vermicelle. ‖ Trempette, morceau (m.) de pain. ‖ — *Sopa borracha*, soupe au vin. ‖ *Sopa de ajo*, soupe à l'ail. ‖ *Sopa de cangrejos*, bisque d'écrevisses. ‖ *Sopa de cebolla*, soupe à l'oignon. ‖ *Sopa de sobre*, potage en sachet. ‖ *Sopa de tomate*, soupe à la tomate. ‖ *Sopa de verduras*, potage aux légumes. ‖ *Sopa juliana*, julienne. ‖ — FIG. *Comer la sopa boba*, vivre en parasite. ‖ *Dar sopas con honda a*, être bien supérieur à. ‖ *De la mano a la boca se pierde la sopa*, il y a loin de la coupe aux lèvres. ‖ *¡Está hasta en la sopa !*, on ne voit que lui ! ‖ *Estar hecho una sopa*, être trempé comme une soupe o jusqu'aux os. ‖ *Mojar la sopa*, tremper la soupe. ‖ FIG. *Venir como pelo en la sopa*, venir comme un cheveu sur la soupe.
— OBSERV. Soupe designa un líquido alimenticio en que se moja pan. Suele ser más espesa que el *potage*.

sopaipa f. Beignet, m. (buñuelo).

sopanda f. Soupente (de los coches antiguos).

sopapear v. tr. FAM. Gifler, donner une claque.

sopapina f. Volée (paliza).

sopapo m. FAM. Gifle, *f.*, claque, *f.* (bofetada).

sopero, ra adj. Creux, euse : *plato sopero*, assiette creuse. ‖ FAM. Soupier, ère : *persona muy sopera*, personne très soupière. ‖ *Cuchara sopera*, cuillère à soupe.
— F. Soupière (fuente).

sopesar v. tr. Soupeser. ‖ FIG. Peser (examiner) : *sopesar con atención las cosas*, peser mûrement les choses.

sopetear v. tr. Saucer (mojar pan en la salsa). ‖ FIG. Malmener.

sopetón m. Tranche (f.) de pain grillé trempée dans l'huile (pan tostado). ‖ FAM. Taloche, *f.* (golpe). ‖ *De sopetón*, à l'improviste, sans crier gare : *llegar de sopetón*, arriver sans crier gare ; à brûle-pourpoint, de but en blanc : *decir algo de sopetón*, dire quelque chose à brûle-pourpoint.

sopicaldo m. Bouillon léger.

sopista m. y f. (Ant.). Mendiant, e. ‖ — M. Étudiant vivant de la charité publique.

sopita f. Mouillette (de pan) : *mojar sopitas en un huevo*, tremper des mouillettes dans un œuf.

sopitipando m. FAM. Évanouissement (desmayo). ‖ FAM. *Le dio un sopitipando*, il est tombé dans les pommes.

sopladero m. Soupirail.

soplado, da adj. FIG. y FAM. Rond, e (borracho). ‖ Pomponné, e (compuesto). ‖ Suffisant, e ; bouffi d'orgueil (vanidoso).
— M. Soufflage (del vidrio). ‖ MIN. Crevasse, *f.*

soplador, ra m. y f. Souffleur, euse. ‖ — M. Soufflet (aventador). ‖ Soufflerie, *f.* (de gas carbónico). ‖ Souffleur (de vidrio). ‖ *Amer.* Souffleur (apuntador). ‖ — F. TECN. Souffleuse.

sopladura f. Soufflement, m. (acción). ‖ Soufflage, m. (de vidrio). ‖ Soufflure, bulle (venteadura).

soplamocos m. inv. FAM. Taloche, *f.*, mornifle, *f.*

soplar v. intr. Souffler : *soplar con la boca*, souffler avec la bouche ; *el viento sopla*, le vent souffle.
— V. tr. Souffler : *soplar el fuego, una vela*, souffler le feu, une chandelle. ‖ Gonfler : *soplar de*

aire una vejiga, gonfler d'air une vessie. ‖ FIG.
Inspirer (la musa). | Souffler : *soplar la lección a
un alumno*, souffler sa leçon à un élève. | Souffler
(juego de damas). ‖ FAM. Dénoncer, moucharder
(delatar) | Cafarder, cafter (entre niños). | Souf-
fler, faucher (birlar). ‖ TECN. Souffler (el vidrio).
‖ — FIG. y FAM. *Este negocio ya no sopla como
antes*, cette affaire ne marche plus comme avant. |
Saber de qué lado sopla el viento, savoir d'où
vient le vent. | *¡Sopla!*, oh là là !, sapristi !,
fichtre ! | *Soplar una torta*, flanquer une gifle.
— V. pr. FAM. S'envoyer, se taper : *me soplé
medio pollo*, je me suis envoyé un demi-poulet.
sopleque m. *Amer*. Vaniteux, euse ; suffisant, e.
soplete m. Chalumeau : *soplete oxhídrico*, chalumeau oxhydrique.
soplido m. Soufflement.
soplillo m. Soufflet (aventador).
soplo m. Souffle. ‖ MED. Souffle : *soplo cardiaco*,
souffle au cœur. ‖ FIG. Souffle (inspiración). |
Seconde, *f*., instant : *llego en un soplo*, j'arrive
dans une seconde. ‖ FIG. y FAM. Mouchardage,
cafardage (delación). | Mouchard, cafard (soplón).
‖ — FIG. y FAM. *Dar el soplo*, moucharder, cafarder. ‖ FIG. *La vida es un soplo*, la vie est brève.
soplón, ona adj. y s. FAM. Mouchard, e ; cafard, e ;
rapporteur, euse (entre niños). ‖ — M. y f. FAM.
Mouchard, e (de la policía).
soplonear v. intr. FAM. Moucharder (delatar).
soplonería f. FAM. Mouchardage, *m*., cafardage, *m*.
soponcio m. FAM. Évanouissement. ‖ FAM. *Me dio
un soponcio*, je suis tombé dans les pommes, j'ai
tourné de l'œil.
sopor m. MED. Sopor. ‖ FIG. Assoupissement, somnolence, *f*.
soporífero, ra adj. y s. m. Soporifique, somnifère.
soporífico, ca adj. y s. m. Soporifique.
soportable adj. Supportable.
soportador, ra adj. y s. Qui supporte.
soportal m. Porche (de una casa). ‖ — Pl. Arcades,
f. (de una calle).
soportar v. tr. Supporter : *soportar el frío*, supporter le froid. ‖ Essuyer (una tormenta, un huracán). ‖ ● FIG. Souffrir, supporter : *no poder
soportar a uno*, ne pas pouvoir souffrir quelqu'un.
— V. pr. Se supporter (tolerarse).
— SINÓN. ● *Sobrellevar*, endurer. *Sufrir*, souffrir. *Resistir*, résister. *Tolerar*, tolérer. *Pasar*, passer. *Aguantar*,
supporter.
soporte m. Support. ‖ BLAS. Support. ‖ *Soporte de
banco de carpintero*, valet d'établi.
sopranista m. y f. MÚS. Soprano.
soprano m. y f. MÚS. Soprano (tiple).
sor f. Sœur (religiosa) : *Sor María*, sœur Marie.
sorber v. tr. Gober : *sorber un huevo*, gober un
œuf. ‖ FIG. Absorber, boire : *la esponja sorbe el
agua*, l'éponge boit l'eau. | Engloutir : *el mar
sorbe las naves*, la mer engloutit les navires. ‖
FAM. *Sorber el seso a uno*, tourner la tête à quelqu'un.
sorbete m. Sorbet : *sorbete de limón*, sorbet au
citron. ‖ *Amer*. Chapeau haut de forme (chistera).
sorbetera f. Sorbetière (heladora).
sorbetón m. FAM. Lampée, *f*., gorgée, *f*.
sorbible adj. Absorbable.
sorbo m. Gorgée, *f*. : *tomar un sorbo de leche*,
prendre une gorgée de lait. ‖ *Beber a sorbos*,
boire à petites gorgées. ‖ *De un sorbo*, d'un trait.
Sorbona (La) n. pr. f. La Sorbonne (Universidad
de París).
sorche o **sorchi** m. FAM. Bleu (recluta), troufion
(soldado).
sorda f. ZOOL. Bécassine (agachadiza). ‖ MAR.
Brague, cordage, *m*.
sordamente adv. Sourdement. ‖ Secrètement, en
secret : *actuar sordamente*, agir en secret.

sordera f. Surdité : *padecer sordera*, être atteint
de surdité.
sórdidamente adv. Sordidement, de façon sordide.
sordidez f. Sordidité.
sórdido, da adj. Sordide.
sordina f. Sourdine. ‖ — *A la sordina*, en sourdine. ‖ FIG. *Poner sordina a*, mettre en sourdine.
sordo, da adj. y s. Sourd, e : *sordo de nacimiento*,
sourd de naissance. ‖ — Adj. FIG. Sourd, e : *voz
sorda, dolor sordo*, voix, douleur sourde. ‖ — *A la
sorda* ou *a lo sordo*, en sourdine. ‖ *A pregunta
necia, oídos sordos*, à folle demande point de
réponse. ‖ *Hacerse el sordo* ou *hacer oídos sordos*, faire la sourde oreille. ‖ FAM. *Más sordo
que una tapia*, sourd comme un pot. ‖ *No hay
peor sordo que el que no quiere oir*, il n'est pire
sourd que celui qui ne veut pas entendre. ‖ *Sordo
a las súplicas*, sourd aux prières.
sordomudez f. Surdi-mutité.
sordomudo, da adj. y s. Sourd-muet, sourde-
muette.
sorgo m. BOT. Sorgho.
sorianense adj. y s. De Soriano [Uruguay].
soriano, na adj. y s. De Soria [Vieille Castille].
sorites m. Sorite (raciocinio).
sorna f. Goguenardise (mofa). ‖ — *Hablar con
sorna*, parler d'un ton goguenard. ‖ *Mirar con
sorna*, regarder d'un air goguenard.
soro m. BOT. Sore (helecho).
sorocharse v. pr. *Amer*. Avoir le mal des mon-
tagnes. | Se troubler, rougir (avergonzarse).
soroche m. *Amer*. Mal des montagnes. | Rougeur,
f. (rubor). | Galène, *f*. (piedra).
sorprendente adj. Surprenant, e ; étonnant, e.
sorprendentemente adv. D'une façon surpre-
nante, étonnamment.
sorprender v. tr. Surprendre, étonner : *eso me
sorprende*, cela me surprend. ‖ Surprendre : *sorprender a un ladrón, un secreto*, surprendre un
voleur, un secret.
— V. pr. S'étonner, être surpris.
sorprendido, da adj. Surpris, e ; étonné, e : *quedarse sorprendido*, être étonné.
sorpresa f. Surprise : *dar una sorpresa*, faire une
surprise. ‖ Fève (del roscón de Reyes). ‖ *Coger
de sorpresa*, prendre au dépourvu.
sorpresivo, va adj. *Amer*. Surprenant, e ; inattendu, e.
sorrostrada f. Insolence.
sorteable adj. Que l'on peut tirer au sort.
sorteado, da adj. Tiré au sort.
sorteador, ra adj. y s. Qui tire au sort.
sorteamiento m. Tirage au sort.
sortear v. tr. Tirer au sort. ‖ FIG. Éviter, esquiver :
sortear una dificultad, un adversario, esquiver une
difficulté, un adversaire. ‖ DEP. Esquiver, dribbler
(regatear). ‖ TAUROM. Combattre [le taureau],
effectuer des passes. | Négocier (una curva).
sorteo m. Tirage au sort : *elegido por sorteo*, désigné par tirage au sort. ‖ Tirage (de la lotería). ‖
Sorteo extraordinario de Navidad, tranche spéciale de Noël.
sortija f. Bague (anillo). ‖ Boucle (de pelo). ‖
Furet, *m*. (juego). ‖ *Sortija de sello*, chevalière.
sortilegio m. Sortilège.
sortílego, ga adj. y s. Sorcier, ère.
sosa f. BOT. y QUÍM. Soude. ‖ *Sosa cáustica*, soude
caustique.
sosaina adj. y s. FAM. Niais, e.
sosamente adv. Fadement. ‖ Sans esprit, sans
humour : *cuenta los chistes muy sosamente*, il
raconte les histoires sans aucun humour. ‖ Bêtement : *contestar sosamente*, répondre bêtement. ‖
Sans élégance : *ir sosamente vestido*, être habillé
sans élégance.
sosegado, da adj. Calme, paisible.
sosegador, ra adj. Calmant, e ; apaisant, e.

sosegar* v. tr. Calmer, apaiser (aquietar). || Tranquilliser (tranquilizar) : *esta buena noticia le sosegó*, cette bonne nouvelle l'a tranquillisé.
— V. intr. Reposer (descansar). || Tranquilliser (tranquilizar).
— V. pr. Se calmer, s'apaiser.
sosera o **sosería** f. Niaiserie, bêtise.
sosia m. Sosie.
sosiego m. Calme (calma). || Tranquillité, *f.* : *esta noticia le produjo cierto sosiego*, cette nouvelle lui a amené une certaine tranquillité.
soslayar v. tr. Mettre en travers. || FIG. Éviter, esquiver (eludir).
soslayo (al o **de)** loc. En travers, de travers (ladeado). || FIG. De côté, du coin de l'œil, à la dérobée : *mirar de soslayo*, regarder de côté.
soso, sa adj. Fade (sin sal). || ● FIG. Fade (sin gracia). | Niais, e ; bête (tonto). | Sans esprit, sans humour : *un chiste muy soso*, une histoire sans aucun humour. | Plat, e ; fade : *un estilo muy soso*, un style très plat.
— SINÓN. ● *Insípido, insulso,* insipide. *Desaborido,* fade. *Anodino,* anodin. *Sosaina,* niais.
sospecha f. ● Soupçon, *m.* : *despertar las sospechas,* éveiller les soupçons. || DR. Suspicion : *tener en sospecha,* tenir en suspicion. || *Tener sospechas de,* avoir des soupçons sur, douter de.
— SINÓN. ● *Recelo,* suspicion. *Duda,* doute. *Suposición,* supposition. *Suspicacia, desconfianza,* méfiance.
sospechable adj. Suspect, e ; soupçonnable.
sospechar v. tr. e intr. Soupçonner : *sospecho que Pedro miente,* je soupçonne Pierre de mentir. || Se douter de (dudar) : *lo sospechaba,* je m'en doutais. || Suspecter, avoir des doutes sur (recelar) : *sospecho su buena fe,* je suspecte sa bonne foi. || *Sospechar de uno,* soupçonner quelqu'un : *sospechar un robo de uno,* soupçonner quelqu'un d'un vol.
— V. pr. Se douter de.
sospechosamente adv. De manière suspecte.
sospechoso, sa adj. y s. Suspect, e.
sostén m. Soutien, appui. || Soutien-gorge (prenda de mujer). || MAR. Assiette, *f.* || — *Sostén de* ou *con cuerpo, sostén largo,* bustier (prenda de mujer). || *Sostén de familia,* soutien de famille.
sostenedor, ra adj. Qui soutient.
— M. Souteneur, soutien.
— OBSERV. El francés *souteneur* tiene también el sentido de *chulo, rufián.*
sostener* v. tr. ● Soutenir : *sostener con una viga,* soutenir par une poutre ; *sostener un ataque,* soutenir une attaque. || FIG. Soutenir, appuyer : *buscar un argumento para sostener una opinión,* chercher un argument pour appuyer une opinion. | Supporter : *sostener una situación muy desagradable,* supporter une situation très désagréable. | Entretenir : *sostener una correspondencia con alguien,* entretenir une correspondance avec quelqu'un ; *sostener buenas relaciones,* entretenir de bonnes relations. | Tenir : *sostener una conversación,* tenir une conversation. || Porter : *el agua del mar sostiene más que el agua dulce,* l'eau de mer porte mieux que l'eau douce. || ARQ. Supporter : *columnas que sostienen una bóveda,* colonnes supportant une voûte. || *Sostener una entrevista,* avoir une entrevue.
— V. pr. Se soutenir. || Se nourrir (sustentarse). || FIG. Se soutenir : *sostenerse mutuamente,* se soutenir mutuellement.
— SINÓN. ● *Soportar, aguantar,* supporter. *Sustentar,* soutenir. *Mantener,* maintenir.
sostenible adj. Soutenable.
sostenido, da adj. MÚS. Dièse, diésé, e : *fa sostenido,* « fa » dièse. || Soutenu, e (en la Bolsa).
— M. MÚS. Dièse : *doble sostenido,* double dièse.
sostenimiento m. Soutien, soutènement (apoyo). || Entretien (mantenimiento). || Maintien (de rela-

ciones). || Affirmation, *f.* (de una opinión). || Soutenance, *f.* (de tesis).
sota f. « Sota », valet, *m.* (naipe).
sotabanco m. ARQ. Sommier (de bóveda). || Mansarde, *f.* (desván).
sotabarba f. Collier, *m.* (barba).
sotacola f. Culière (ataharre).
sotacoro m. Chapelle (*f.*) sous le chœur.
sotacura m. *Amer.* Vicaire (eclesiástico).
sotana f. Soutane (vestidura talar).
sotanilla f. Soutanelle.
sótano m. Sous-sol (piso habitable). || Cave, *f.* (bodega).
sotaventarse v. pr. MAR. Se mettre sous le vent.
sotavento m. MAR. Côté sous le vent.
sotechado m. Endroit couvert.
soteño, ña adj. Forestier, ère ; sylvestre.
soterramiento m. Enfouissement.
soterraño, ña adj. y s. m. Souterrain, e.
soterrar* v. tr. Enfouir.
sotileza f. (Ant.). Subtilité (sutileza).
soto m. Bois (bosque). || Buisson (matorral).
sotoministro m. Procureur (en los jesuitas).
sotreta f. *Amer.* Rosse, canasson, *m.* (penco).
sotuer m. BLAS. Sautoir.
soufflé m. CULIN. Soufflé.
soviet m. Soviet.
soviético, ca adj. y s. Soviétique.
sovietización f. Soviétisation.
sovietizar v. tr. Soviétiser.
sovjoz m. Sovkhose (granja soviética).
spider m. AUTOM. Spider.
sport m. Sport : *chaqueta de sport,* veste sport, *coche de sport,* voiture de sport.
— OBSERV. En Espagne, *sport* s'emploie uniquement pour qualifier certains vêtements ou voitures. Le mot usuel est *deporte* (*j'aime le sport,* me gusta el deporte).
sprat m. Sprat (especie de arenque).
sprint m. DEP. Sprint.
sprinter m. DEP. Sprinter (velocista).
sputnik m. Spoutnik (satélite artificial).
staccato adv. y s. m. MÚS. Staccato.
stajanovismo m. Stakhanovisme.
stajanovista m. y f. Stakhanoviste.
staliniano, na o **stalinista** adj. Stalinien, enne.
stalinismo m. Stalinisme.
stand m. Stand (caseta).
standard m. Standard : *modelo standard,* modèle standard.
standardización f. Standardisation.
standardizar v. tr. Standardiser.
standing m. Sur place (ciclismo).
starter m. AUTOM. Starter (estrangulador).
statice m. BOT. Statice.
statu quo m. Statu quo.
steeple-chase m. Steeple-chase (carrera de obstáculos).
sténcil m. Stencil (cliché de multicopista).
stick m. Stick (hockey).
stock m. Stock (existencias).
stock-car m. Stock-car.
stop m. Stop (señal de tráfico). || Stop (en un telegrama).
stout m. Stout (cerveza).
strip-tease m. Strip-tease. || *Mujer que hace strip-tease,* stripteaseuse.
stupa m. Stupa (monumento fúnebre indio).
su (pl. *sus*) adj. pos. de la 3ª persona. Son, *m.,* sa, *f.* (pl. *ses*) [de él, de ella] : *su padre,* son père, *su madre,* sa mère ; *sus hermanas,* ses sœurs. || Leur (pl. *leurs*) [de ellos, de ellas] || Votre (pl. *vos*) [de usted, de ustedes] : *su hermano (de usted),* votre frère ; *sus hermanas (de usted, de ustedes),* vos sœurs.
— OBSERV. Se emplea *son* en vez de *sa* delante de una palabra femenina empezando por una vocal o una h muda : *su historia,* son histoire.

suarismo m. FILOS. Congruisme.

suasorio, ria adj. Persuasif, ive.

suave adj. Doux, douce, suave (p. us.) : *cutis suave*, peau douce ; *cuesta suave*, pente douce ; *viento suave*, vent doux. ‖ Souple (guantes). ‖ FIG. Doux, douce. ‖ GRAM. Doux, douce (consonante). — FIG. *Más suave que un guante*, souple comme un gant. ‖ *Suave como un erizo*, gracieux comme un chardon, aimable comme une porte de prison, comme un fagot d'épines.

suavidad f. Douceur, suavité (p. us.). ‖ Souplesse (de los guantes).

suavito adv. FAM. Tout doucement.

suavización f. Adoucissement, *m.* ‖ Relâchement, *m.* (de una tensión).

suavizador, ra adj. Adoucissant, e. — M. Cuir à rasoir (para afeitar).

suavizar v. tr. Adoucir. ‖ FIG. *Suavizar asperezas*, arrondir les angles.

suba f. *Amer.* Hausse (alza).

subacetato m. QUÍM. Sous-acétate.

subafluente m. Affluent d'un affluent.

subagente m. Sous-agent.

subagudo, da adj. Subaigu, ë.

subalimentación f. Sous-alimentation (desnutrición).

subalimentar v. tr. Sous-alimenter.

subalpino, na adj. Subalpin, e.

subalterno, na adj. y s. m. Subalterne. ‖ — M. FAM. Sous-fifre.

subarrendador, ra m. y f. Personne qui sous-loue.

subarrendamiento m. Sous-location, *f.* ‖ COM. Sous-bail.

subarrendar* v. tr. Sous-louer. ‖ COM. Sous-bailler.

subarrendatario, ria m. y f. Sous-locataire.

subarriendo m. Sous-location, *f.*

subasta f. DR. Vente aux enchères, adjudication. ‖ — *Sacar a subasta*, mettre aux enchères. ‖ *Salir a subasta*, être mis aux enchères. ‖ *Vender en pública subasta*, vendre aux enchères.

subastar v. tr. DR. Mettre *o* vendre aux enchères, adjuger.

subcampeón m. Deuxième au classement.

subcarbonato m. Sous-carbonate.

subcarpeta f. Chemise (para documentos).

subclase f. BOT. y ZOOL. Sous-classe.

subclavio, via adj. ANAT. Sous-clavier, ère.

subcomisión f. Sous-commission.

subcomisario m. Sous-commissaire.

subconsciencia f. Subconscience.

subconsciente adj. y s. m. Subconscient, e.

subcontrario, ria adj. Subcontraire.

subconsumo m. Sous-consommation, *f.*

subcontratista m. Sous-traitant.

subcontrato m. Sous-traité. ‖ *Ceder* ou *tomar en subcontrato*, sous-traiter.

subcortical adj. Sous-cortical, e.

subcutáneo, a adj. Sous-cutané, e.

subdelegación f. Subdélégation.

subdelegado m. Subdélégué.

subdelegar v. tr. Subdéléguer.

subdesarrollado, da adj. Sous-développé, e.

subdesarrollo m. Sous-développement.

subdiaconado m. Sous-diaconat.

subdiácono m. Sous-diacre.

subdirección f. Sous-direction.

subdirector, ra adj. y s. Sous-directeur, sous-directrice. ‖ *Subdirector de museo*, conservateur de musée.

súbdito, ta adj. y s. Sujet, ette (de un monarca). ‖ — M. y f. Ressortissant, e (de un país).

subdividir v. tr. Subdiviser. ‖ *Subdividir en dos secciones*, dédoubler.

subdivisión f. Subdivision.

subdivisionario, ria adj. Subdivisionnaire.

subdominante f. MÚS. Sous-dominante.

subempleo m. Sous-emploi.

subepidérmico, ca adj. Sous-épidermique.

suberina f. BOT. Subérine.

suberoso, sa adj. Subéreux, euse (de corcho).

subestación f. ELECTR. Sous-station.

subestimar v. tr. Sous-estimer, sous-évaluer.

subexponer v. tr. FOT. Sous-exposer.

subfebril adj. MED. Subfébrile.

subgénero m. Sous-genre.

subgobernador m. Sous-gouverneur.

subibaja m. Bascule, *f.* (columpio).

subida f. Montée (acción). ‖ Ascension (de una montaña). ‖ ● Côte, montée (cuesta). ‖ FIG. Montée : *subida de los precios*, montée des prix. — SINÓN. ● *Cuesta*, côte. *Pendiente*, pente. *Repecho*, raidillon. *Rampa*, rampe.

subidero, ra adj. Qui sert à monter. — M. Montée, *f.*

subido, da adj. FIG. Vif, vive : *rojo subido*, rouge vif. ‖ Fort, e (olor). ‖ Élevé, e (precio). ‖ Surfin, e (acendrado, puro). ‖ — FIG. *Subido de color* ou *de color subido*, corsé, e ; vert, e ; épicé, e ; fort, e (licencioso), haut en couleur (un cuadro). ‖ *Subido de tono*, osé, e ; fort, e ; salé, e ; corsé, e (atrevido).

subíndice m. MAT. Indice.

subinquilino, na m. y f. Sous-locataire.

subinspector m. Sous-inspecteur.

subintendente m. Sous-intendant.

subintración f. MED. Chevauchement, *m.* (fracturas óseas).

subintrante adj. MED. Subintrant, e (fiebre). ‖ Chevauchant, e (fractura).

subintrar v. intr. MED. Se chevaucher.

subir v. tr. Monter : *subir el equipaje*, monter les bagages ; *subir una cuesta*, monter une côte. ‖ Augmenter, hausser (el precio). ‖ Augmenter (un sueldo). ‖ Élever (una pared). ‖ Lever, relever : *subir la cabeza*, lever la tête. ‖ MÚS. Hausser (tono). ‖ FIG. Gravir : *subir los escalones*, gravir les échelons. ‖ *Subir la cuesta*, remonter la pente *o* le courant.
— V. intr. Monter : *subir a un árbol*, monter sur un arbre ; *subir al tercer piso*, monter au troisième étage ; *subir en ascensor*, monter en ascenseur ; *subir al coche*, monter en *o* dans la voiture. ‖ Monter (un río, la marea, una pared). ‖ FIG. Monter (precio, fiebre). ‖ COM. Se monter, s'élever, monter : *la cuenta sube a 1 000 pesetas*, l'addition s'élève à 1 000 pesetas. ‖ MÚS. Monter (tono). ‖ — FIG. *Subir a las tablas*, monter sur les planches. ‖ *Subir al trono*, monter sur le trône. ‖ *Subir de categoría*, monter : *un barrio que sube de categoría*, un quartier qui monte. ‖ *Subir de tono*, s'échauffer : *la discusión sube de tono*, la discussion s'échauffe.
— V. pr. Monter : *subirse la cuesta*, monter la côte. ‖ Se hisser sur, grimper sur (con esfuerzo) : *se subió al tejado*, il se hissa sur le toit. ‖ Remonter : *súbete los calcetines*, remonte tes chaussettes. ‖ — FIG. *Se le subió el humo a las narices*, la moutarde lui est montée au nez. ‖ *Se le subió el pavo* ou *se le subieron los colores a la cara*, le rouge lui monta au visage, il a rougi jusqu'à la racine des cheveux, il a piqué un fard (fam.). ‖ *Se le subió la sangre a la cabeza* ou *se subió a la parra*, il est monté sur ses grands chevaux. ‖ *Se le subieron los humos a la cabeza*, il est devenu prétentieux. ‖ *Subirse a la cabeza*, monter à la tête (vino), tourner la tête (honores, etc.). ‖ *Subirse de tono*, hausser le ton.
— OBSERV. Existe en francés el verbo *subir* pero significa *sufrir*.

súbitamente adv. Subitement.

súbito adv. Soudain.

súbito, ta adj. Subit, e; soudain, e (repentino). ‖ Violent, e (impetuoso). ‖ *De súbito*, soudain.
subjefe m. Sous-chef.
subjetividad f. Subjectivité.
subjetivismo m. Subjectivisme.
subjetivista adj. y s. Subjectiviste.
subjetivo, va adj. Subjectif, ive.
subjuntivo adj. m. y s. m. GRAM. Subjonctif.
sublevación f. Soulèvement, m. (alzamiento).
sublevar v. tr. Soulever (excitar). ‖ Révolter : *esta injusticia me subleva*, cette injustice me révolte.
— V. pr. ● Se soulever (rebelarse). ‖ S'élever, se dresser, s'insurger, se révolter : *sublevarse contra las injusticias*, s'élever contre les injustices.
— SINÓN. ● *Rebelarse*, se rebeller. *Alzarse*, se soulever. *Amotinarse*, se révolter.
sublimación f. Sublimation.
sublimado m. QUÍM. Sublimé.
sublimar v. tr. Sublimer.
sublime adj. Sublime. ‖ *Lo sublime*, le sublime.
sublimidad f. Sublimité.
sublingual adj. ANAT. Sublingual e.
sublunar adj. Sublunaire.
submarinismo m. Plongée (*f.*) sous-marine.
submarinista m. MAR. Sous-marinier. | — M. y f. DEP. Plongeur, euse.
submarino, na adj. Sous-marin, e.
— M. MAR. Sous-marin (buque).
submaxilar adj. ANAT. Sous-maxillaire.
submúltiplo, pla adj. y s. m. MAT. Sous-multiple.
subnormal adj. y s. MED. Anormal, e; retardé, e (anormal) : *niños subnormales*, enfants anormaux. ‖ — F. MAT. Sous-normale.
suboficial m. Sous-officier.
suborbitario, ria adj. Sous-orbitaire.
suborden m. BOT. y ZOOL. Sous-ordre.
subordinación f. Subordination.
subordinado, da adj. y s. Subordonné, e. ‖ GRAM. *Oración subordinada*, proposition subordonnée.
subordinar v. tr. Subordonner. ‖ Soumettre : *subordinar la razón a la fe*, soumettre la raison à la foi.
subpoblado, da adj. Sous-peuplé, e.
subprefecto m. Sous-préfet.
subprefectoral adj. Sous-préfectoral, e.
subprefectura f. Sous-préfecture.
subproducción f. Sous-production.
subproducto m. Sous-produit.
subramal m. GEOGR. Chaînon secondaire.
subrayado, da adj. Souligné, e.
— M. Soulignement. ‖ *Lo subrayado*, ce qui est souligné.
subrayar v. tr. Souligner. ‖ FIG. Souligner, ponctuer (insistir) : *subrayar cada palabra con un ademán*, ponctuer chaque mot d'un geste.
subreino m. Embranchement (en zoología).
subrepción f. Subreption.
subrepticio, cia adj. Subreptice.
subrigadier m. MIL. Sous-brigadier.
subrogación f. DR. Subrogation.
subrogado, da adj. DR. Subrogé, e.
subrogador adj. m. y s. m. Subrogateur.
subrogar v. intr. Subroger : *subrogar una cosa con* ou *por otra*, subroger une chose à une autre.
subrogativo, va adj. DR. Subrogatif, ive.
subrogatorio, ria adj. Subrogatoire.
subsanar v. tr. Excuser (disculpar). ‖ Réparer (remediar) : *subsanar un olvido*, réparer un oubli. ‖ Corriger (una falta).
subscribir v. tr. V. SUSCRIBIR.
— OBSERV. L'usage tend à faire prévaloir la forme sans *b* de ce verbe et de ces dérivés : *suscribir, suscripción*, etc.
subscripción f. Souscription. ‖ Abonnement, m. (abono).
subscripto, ta adj. Souscrit, e.

subscriptor, ra m. y f. Souscripteur (sin fem.). ‖ Abonné, e : *subscriptor de un diario*, abonné à un journal.
subscrito, ta adj. Souscrit, e.
subsecretaría f. Sous-secrétariat, m.
subsecretario, ria m. y f. Sous-secrétaire. ‖ *Subsecretario de Estado*, sous-secrétaire d'État.
subsecuente adj. Subséquent, e (subsiguiente).
subseguirse* v. pr. Suivre immédiatement, s'ensuivre.
subsidencia f. GEOL. Subsidence.
subsidiario, ria adj. Subsidiaire.
subsidio m. ● Subside. ‖ Allocation, *f.* : *subsidio de paro*, allocation de chômage ; *subsidios familiares*, allocations familiales. ‖ Indemnité, *f.* : *subsidio de vivienda*, indemnité de logement.
— SINÓN. ● *Ayuda*, aide. *Subvención*, subvention. *Socorro*, secours. *Asignación*, allocation.
subsiguiente adj. Subséquent, e.
subsiguientemente adv. Subséquemment.
subsistencia f. Subsistance.
subsistente adj. y s. m. Subsistant, e.
subsistir v. intr. Subsister.
subsolar adj. Subsolaire.
subsónico, ca adj. Subsonique : *avión subsónico*, avion subsonique.
substancia f. Substance (materia). ‖ FIG. Substance (lo esencial). ‖ — *En substancia*, en substance. ‖ FIG. *Hombre sin substancia* ou *de poca substancia*, homme quelconque, homme sans intérêt. ‖ *Sin substancia*, quelconque, fade (insulso). ‖ *Substancia gris*, matière grise.
— OBSERV. V. SUBSTANCE, 1ª parte, pág. 703.
substanciación f. DR. Instruction.
substancial adj. Substantiel, elle.
substancialidad f. Substantialité.
substancialismo m. FILOS. Substantialisme.
substancialista adj. Substantialiste.
substanciar v. tr. Abréger, résumer (compendiar). ‖ DR. Instruire [un procès].
substancioso, sa adj. Substanciel, elle.
substantivar v. tr. GRAM. Substantiver.
substantividad f. Qualité de substantif.
substantivo, va adj. y s. m. GRAM. Substantif, ive.
substitución f. Substitution.
substituible adj. Remplaçable, substituable.
substituidor, ra adj. y s. Qui remplace, qui substitue.
substituir* v. tr. Substituer, remplacer : *substituyeron a Gómez por Salinas*, on a substitué Salinas à Gómez, on a remplacé Gómez par Salinas. ‖ Se substituer, remplacer : *la República substituyó a la Monarquía*, la république s'est substituée à la monarchie. ‖ Mettre à la place de : *substituir un olmo por un álamo*, mettre un peuplier à la place d'un orme. ‖ Doubler, remplacer (teatro) : *substituir a un actor*, doubler un acteur.
— OBSERV. V. SUBSTITUER, 1ª parte, pág. 703.
substituto, ta m. y f. Substitut (sin fem.), remplaçant, e. ‖ Suppléant, c : *el substituto de un diputado*, le suppléant d'un député. ‖ *Substituto general*, substitut général.
substracción f. Subtilisation, soustraction (robo). ‖ MAT. Soustraction (resta).
substraendo m. MAT. Plus petit terme (en una sustracción).
substraer* v. tr. Soustraire, subtiliser (robar). ‖ MAT. Soustraire.
— V. pr. Se soustraire : *substraerse a* ou *de*, se soustraire à.
— OBSERV. La forme *sustraer*, sans b, est de plus en plus courante.
substrato m. FILOS. y GEOL. Substrat, substratum.
subsuelo m. Sous-sol (del terreno).
substangente f. GEOM. Sous-tangente.
subte m. *Amer.* Métro.

subtender* v. tr. Geom. Sous-tendre.
subteniente m. Mil. Sous-lieutenant.
subtensa f. Geom. Corde (de un arco).
subtenso, sa adj. Geom. Sous-tendu, e.
subterfugio m. Subterfuge.
subterráneo, a adj. y s. m. Souterrain, e. ‖ — M. Amer. Métropolitain, métro.
subtipo m. Biol. Sous-genre.
subtitular v. tr. Sous-titrer.
subtítulo m. Sous-titre.
subtropical adj. Subtropical, e.
suburbano, na adj. Suburbain, e. — M. Habitant des faubourgs o de la banlieue, banlieusard (vecino). ‖ Train de banlieue (tren).
suburbicario, ria adj. Suburbicaire.
suburbio m. Faubourg (arrabal).
subvención f. Subvention.
subvencional adj. Subventionnel, elle.
subvencionar v. tr. Subventionner.
subvenir* v. intr. Subvenir, pourvoir : subvenir a los gastos, subvenir aux dépenses.
subversión f. Subversion.
subversivo, va adj. Subversif, ive.
subversor, ra adj. y s. Perturbateur, trice; factieux, euse.
subvertir* v. tr. Bouleverser, perturber (trastornar).
subyacente adj. Sous-jacent, e; subjacent, e.
subyugación f. Subjugation.
subyugar v. tr. Subjuguer.
succínico adj. m. Quím. Succinique.
succino m. Succin (ámbar).
succión f. Succion.
sucedáneo, a adj. y s. m. Succédané, e.
suceder v. intr. Succéder : la noche sucede al día, la nuit succède au jour. ‖ Succéder (heredar). ‖ ● Arriver (ocurrir) : eso sucede a menudo, cela arrive souvent ; sucedió que, il arriva que. ‖ — Suceda lo que suceda, quoi qu'il arrive, advienne que pourra. ‖ Sucede con los técnicos lo que con los ingenieros, il en est des techniciens comme des ingénieurs. — V. pr. Se succéder, se suivre : los días se suceden, les jours se suivent. ‖ Se succéder : el padre y el hijo se sucedieron en esta empresa, le père et le fils se sont succédé dans cette entreprise. — Observ. En los tiempos compuestos del verbo francés se succéder el participio pasado queda invariable, a pesar de emplearse con être (se sucedieron, ils se sont succédé). — Sinón. ● Ocurrir, advenir, acaecer, acontecer, arriver. Pasar, se passer. Sobrevenir, survenir.
sucedido m. Fam. Événement (suceso).
sucesible adj. Dr. Successible.
sucesión f. Succession, suite (serie) : una sucesión de desgracias, une succession de malheurs. ‖ Dr. Succession : sucesión intestada, testada, succession légale o ab intestat, testamentaire. ‖ Derechos de sucesión, droits de succession, successibilité, droits successifs.
sucesivamente adv. Successivement. ‖ Y así sucesivamente, et ainsi de suite.
sucesivo, va adj. Successif, ive. ‖ — En días sucesivos, dans les jours qui viennent, prochainement. ‖ En lo sucesivo, à l'avenir, désormais, dorénavant (de aquí adelante), par la suite (después).
suceso m. ● Événement (acontecimiento). ‖ Fait divers (en los periódicos). ‖ Succès (éxito). ‖ En el lugar del suceso, sur le lieu de l'accident (accidente), sur le lieu du sinistre (siniestro). — Observ. Suceso est un gallicisme dans le sens de succès. — Sinón. ● Acontecimiento, acaecimiento, événement. Hecho, fait. Episodio, épisode. Incidente, incident.
sucesor, ra adj. Qui succède. — M. y f. Successeur (sin fem.).
sucesorio, ria adj. Dr. Successoral, e. ‖ Comunidad sucesoria, communauté d'héritiers.

suciamente adv. Salement, d'une manière sale.
suciedad f. Saleté. — Sinón. Basura, saleté. Roña, mugre, crasse. Inmundicia, immondice. Fam. Cochambre, cochonnerie.
sucintamente adv. Succinctement.
sucinto, ta adj. Succinct, e (breve) : relato sucinto, respuesta sucinta, récit succinct, réponse succincte.
sucio, cia adj. Sale : un trapo sucio, un chiffon sale; un blanco sucio, un blanc sale. ‖ Fig. Sale. ‖ Salissant, e : un trabajo sucio, un travail salissant. ‖ — Fig. y Fam. Estar más sucio que el palo de un gallinero, être sale comme une peigne. ‖ Lengua sucia, langue sale o chargée. — Adv. Malhonnêtement. ‖ Jugar sucio, ne pas être fair-play.
sucre m. Sucre [unité monétaire de l'Équateur].
sucrense adj. y s. De Sucre [Venezuela]. ‖ V. Sucreño.
sucreño, ña adj. y s. De Sucre [Bolivie].
súcubo m. Succube (demonio).
sucucho m. Amer. Réduit, galetas (cuchitril).
suculencia f. Succulence.
suculentamente adv. De façon succulente, merveilleusement bien : hemos comido suculentamente, nous avons merveilleusement bien mangé.
suculento, ta adj. Succulent, e.
sucumbir v. intr. Succomber. ‖ Fig. Succomber : sucumbir a la tentación, succomber à la tentation. ‖ Dr. Perdre son procès, être condamné.
sucursal adj. y s. f. Succursale. — Sinón. Filial, filiale. Anejo, annexe. Agencia, agence. Rama, branche.
súchil m. Amer. Frangipanier (árbol).
sud m. Amer. Sud (Sur).
sudación f. Sudation.
sudadero m. Étuve (f.) sudatoire (para baños de vapor). ‖ Tapis de selle (debajo de la silla de montar).
sudado, da adj. Trempé de sueur : camisa sudada, chemise trempée de sueur.
Sudáfrica n. pr. f. Geogr. Afrique du Sud.
sudafricano, na adj. y s. Sud-africain, e.
Sudamérica n. pr. f. Geogr. Amérique du Sud.
sudamericano, na adj. y s. Sud-américain, e.
Sudán n. pr. m. Geogr. Soudan.
sudanés, esa adj. y s. Soudanais, e; soudanien, enne (del Sudán).
sudar v. intr. ● Transpirer, suer. ‖ Fig. Suer, suinter (una cosa). ‖ Suer (trabajar) : sudar a todo sudar, suer sang et eau. ‖ — Estar sudando, être en sueur. ‖ Fam. Sudar a chorros ou a mares, être en nage, suer à grosses gouttes. — V. tr. Suer. ‖ Fam. Sudar la gota gorda ou el quilo ou tinta, suer à grosses gouttes (transpirar mucho), suer sang et eau (para hacer un trabajo). — Observ. La palabra francesa suer es mucho más familiar que su sinónimo transpirer. — Sinón. ● Transpirar, transpirer. Exudar, exuder. Trasudar, transsuder.
sudario m. Suaire, linceul. ‖ El Santo Sudario, le saint suaire.
sudatorio, ria adj. Sudatoire.
sudestada f. Amer. Vent (m.) du sud-est.
sudeste m. Sud-est. ‖ Mar. Suroît (viento que sopla del sudeste).
sudetes m. pl. Sudètes.
sudista adj. y s. Hist. Sudiste.
sudoeste m. Sud-ouest.
sudor m. Sueur, f., transpiration, f. ‖ Fig. Suintement (rezumadura). ‖ — Fam. Costarle a uno muchos sudores, demander bien des efforts. ‖ Chorrear sudor, ruisseler de sueur. ‖ Estar bañado de ou empapado en sudor, être tout en sueur o ruisselant de sueur o en nage o en eau o trempé. ‖ Tener la frente cubierta ou perlada de sudor ou de gotas de sudor, avoir le front perlé de sueur. ‖

Y ganarás el pan con el sudor de tu frente, tu gagneras ton pain à la sueur de ton front.

sudorífero, ra adj. Sudorifère, sudoripare.

sudorífico, ca adj. y s. m. MED. Sudorifique.

sudoríparo, ra adj. ANAT. Sudoripare.

sudoroso, sa adj. Qui sue beaucoup. ‖ En sueur, trempé de sueur (bañado en sudor).

sudsudeste m. Sud-sud-est.

sudsudoeste m. Sud-sud-ouest.

sudueste m. MAR. Sud-ouest.

suecia f. Suède, *m.* (piel).

Suecia n. pr. f. GEOGR. Suède.

sueco, ca adj. y s. Suédois, e. ‖ FIG. y FAM. *Hacerse el sueco,* faire le sourd, faire la sourde oreille. ‖ — M. Suédois (idioma).

suegra f. Belle-mère.

— OBSERV. Le mot espagnol *suegra* signifie mère du *conjoint;* au sens de « femme du père », *belle-mère* se dit en espagnol *madrastra.*

suegro m. Beau-père. ‖ — Pl. Beaux-parents (suegro y suegra).

— OBSERV. Le mot espagnol *suegro* signifie père du *conjoint;* au sens de « mari de la mère », *beau-père* se dit en espagnol *padrastro.*

suela f. Semelle. ‖ Cuir (*m.*) à semelles (cuero). ‖ Procédé, *m.* (del taco de billar). ‖ FAM. Semelle, carne, corne (carne). ‖ — *Echar medias suelas,* ressemeler. ‖ FIG. *No llegarle a uno a la suela del zapato,* ne pas arriver à la cheville de quelqu'un. ‖ *Un pícaro de siete suelas,* un fieffé coquin, un coquin de la pire espèce.

suelazo m. FAM. *Amer.* Bûche (caída) : *dar un suelazo,* ramasser une bûche.

sueldo m. Salaire (salario mensual) : *sueldo a convenir,* salaire à débattre. ‖ Traitement (de un funcionario). ‖ Appointements, pl. (de un empleado). ‖ Gages, *pl.* (de un criado). ‖ (Ant.). Sou, sol (moneda). ‖ — *A sueldo,* moyennant salaire : *hacer algo a sueldo,* faire quelque chose moyennant salaire ; appointé (empleado), à gages (asesino). ‖ *Estar a sueldo,* être salarié. ‖ *Estar a sueldo de,* être à la solde de. ‖ *Sueldo base,* salaire de base. ‖ *Sueldo de hambre,* salaire de misère.

suelo m. Sol : *suelo fértil,* sol fertile. ‖ Terre, *f.* : *los niños estaban jugando en el suelo,* les enfants jouaient par terre ; *caerse al suelo,* tomber par terre. ‖ Sol, plancher (piso de una casa), parquet (de madera). ‖ Fond (de un recipiente). ‖ Plancher (de un automóvil). ‖ FIG. Sol : *suelo natal,* sol natal. ‖ — FIG. *Arrastrar a uno por los suelos,* traîner quelqu'un dans la boue. ‖ *Arrastrarse por el suelo,* se traîner par terre (ir por el suelo), ramper (humillarse). ‖ FIG. *Besar el suelo,* s'étaler, se casser la figure. ‖ *Echarse por los suelos,* se traîner dans la boue. ‖ *Dar con los huesos en el suelo,* se flanquer par terre, prendre un billet de parterre. ‖ *¡Del suelo no pasa!,* ça ne tombera pas plus bas (algo caído). ‖ *En el santo suelo,* à même le sol, par terre. ‖ *Estar por los suelos,* être tombé bien bas (persona), être très bas (precio), être très bon marché (cosa). ‖ *Medir el suelo* ou *dar consigo en el suelo,* tomber de tout son long, s'étaler, prendre un billet de parterre, ramasser une pelle. ‖ *Poner por los suelos,* traîner dans la boue. ‖ *Venirse al suelo,* s'effondrer, s'écrouler.

suelta f. Lâchage, *m.* ‖ Lâcher, *m.* (de palomas, globos, etc.). ‖ Élargissement, *m.,* mise en liberté, libération (de un preso). ‖ Entrave (traba del caballo). ‖ Attelage (*m.*) de réserve (bueyes). ‖ Halte, repos, *m.* (descanso). ‖ *Dar suelta,* mettre en liberté, relâcher, libérer (dar libertad).

sueltamente adv. Avec aisance (con soltura).

suelto, ta adj. Libre, en liberté (libre). ‖ FIG. Souple : *movimientos sueltos,* mouvements souples. ‖ Agile, leste (ágil). ‖ Décontracté, e ; désinvolte, très à l'aise (desembarazado). ‖ Déluré, e ; hardi, e (atrevido). ‖ Coulant, e ; aisé, e

(conversación, estilo). ‖ Dépareillé, e (solo) : *muebles sueltos,* meubles dépareillés. ‖ Isolé, e (aislado) : *esos son hechos sueltos,* ce sont des faits isolés ; *frases, palabras sueltas,* phrases isolées, mots isolés. ‖ Sans consistance, qui n'a pas pris (poco compacto) : *la mayonesa está suelta,* la mayonnaise est sans consistance *o* n'a pas pris. ‖ Qui n'est pas ajusté : *un traje suelto en la cintura,* une robe qui n'est pas ajustée à la taille. ‖ En monnaie : *un duro suelto,* un douro en monnaie. ‖ À l'unité : *vender cigarrillos sueltos,* vendre des cigarettes à l'unité. ‖ Relâché, e (vientre). ‖ Blanc (verso). ‖ — *Cabo suelto,* question en suspens, affaire non réglée. ‖ *Dinero suelto,* petite monnaie. ‖ *Hojas sueltas,* feuilles mobiles *o* volantes. ‖ *Pelo suelto,* cheveux flottants *o* défaits *o* épars *o* tombant sur le dos. ‖ *Piezas sueltas,* pièces détachées. ‖ FIG. *Estar muy suelto,* se débrouiller : *ya está muy suelto en inglés,* il se débrouille déjà bien en anglais. ‖ *Ser suelto de manos,* avoir la main leste. ‖ *Tener la lengua muy suelta,* avoir la langue bien pendue.

— M. Monnaie, *f.* : *no tengo suelto,* je n'ai pas de monnaie. ‖ Entrefilet (de periódico).

sueño m. ‖ Sommeil : *sueño pesado, de plomo,* sommeil lourd, de plomb : *tener mucho sueño,* avoir très *o* grand sommeil. ‖ Somme (de corta duración) : *echar* ou *echarse un sueño,* faire un somme. ‖ Rêve, songe (p. us.) : *anoche tuve un sueño horrible,* cette nuit j'ai fait un rêve affreux. ‖ FIG. Rêve, songe (ilusión). ‖ — *El sueño de una noche de verano,* le songe d'une nuit d'été. ‖ MED. *Enfermedad del sueño,* maladie du sommeil. ‖ *En sueños,* en rêve, en songe (p. us.). ‖ *Entre sueños,* à moitié endormi : *está entre sueños,* il est à moitié endormi. ‖ *La clave de los sueños,* la clef des songes. ‖ *Mi sueño dorado,* le rêve de ma vie, mon rêve. ‖ *Ni por sueños,* jamais de la vie, il n'en est pas question. ‖ *Sueño eterno,* sommeil éternel. ‖ — *Caerse de sueño,* tomber de sommeil. ‖ *Coger el sueño,* s'endormir. ‖ *Conciliar el sueño,* trouver le sommeil. ‖ *Dar sueño,* endormir : *este discurso da sueño,* ce discours endort. ‖ FAM. *Descabezar un sueño,* faire *o* piquer un somme. ‖ *Dormir el sueño de los justos,* dormir le sommeil du juste. ‖ *¡Es un sueño!,* c'est un rêve ! ‖ *La vida es sueño,* la vie est un songe. ‖ *Quitar el sueño,* empêcher de dormir, faire perdre le sommeil.

— SINÓN. ● *Pesadilla,* cauchemar. *Ensueño,* rêve.

suero m. Petit-lait (de la leche). ‖ BIOL. y MED. Sérum : *suero fisiológico,* sérum physiologique. ‖ — *Suero lácteo,* sérum de lait. ‖ *Vacuna con suero,* sérovaccination.

sueroterapia f. MED. Sérothérapie.

suerte f. ● Sort, *m.,* destin, *m.* : *así lo ha querido la suerte,* le sort en a décidé ainsi. ‖ Chance (buena o mala fortuna) : *tener suerte,* avoir de la chance ; *tener mala suerte,* ne pas avoir de chance ; *¡qué suerte la mía!,* quelle chance j'ai ! ‖ Sort, *m.* (futuro, condición) : *mejorar su suerte,* améliorer son sort. ‖ Tirage (*m.*) au sort (elección) : *elegir por suerte,* désigner par tirage au sort. ‖ Sorte, genre, *m.* : *de toda suerte,* de toutes sortes. ‖ Qualité (calidad) : *primera suerte,* première qualité. ‖ Tour, *m.* (de prestigitador). ‖ Champ, *m.,* parcelle (terreno). ‖ TAUROM. « Suerte » (tercio) : *suerte de banderillas,* « suerte » de banderilles. ‖ *Amer.* Billet (*m.*) de loterie (billete de lotería). ‖ — *¡Buena suerte!* ou *¡suerte!,* bonne chance ! ‖ *Con* ou *de (buena) suerte,* chanceux, euse ; verni, e (fam.). ‖ *De suerte que,* en sorte que (objeto) : *haz de suerte que venga,* fais en sorte qu'il vienne. ‖ *De tal suerte que,* de telle sorte que (consecuencia) : *cayó de tal suerte que se hirió,* il tomba de telle sorte qu'il se blessa. ‖ *Golpe de suerte,*

coup de chance. ‖ *Mala suerte,* malchance. ‖
¡*Mala suerte!,* manque de chance ! ‖ *Por suerte,*
heureusement, par bonheur (felizmente). ‖ Fam.
¡*Qué suerte negra!* ou ¡*suerta perra!,* quelle
poisse !, quelle déveine !, quelle guigne ! ‖ — *Caerle*
ou *tocarle a uno en suerte,* échoir à quelqu'un
(tocarle a uno), avoir la chance de : *me ha caído
en suerte nacer rico,* j'ai eu la chance de naître
riche. ‖ *Cambia la suerte,* la chance tourne, le
sort change. ‖ *Dar (buena) suerte,* porter chance,
porter bonheur. ‖ *Dar* ou *traer mala suerte,* porter
malheur. ‖ *Echar suertes,* tirer au sort. ‖ *Entrar
en suerte,* participer à un tirage au sort. ‖ *La
suerte es ciega,* la fortune est aveugle. ‖ *La suerte
está echada,* le sort est en est jeté. ‖ *Poner en
suerte* (el toro), placer [le taureau]. ‖ *Tener una
suerte loca* ou *de mil demonios,* avoir une veine
de pendu o de tous les diables. ‖ *Tentar la suerte,*
tenter o courir sa chance. ‖ *Tocarle a uno la
suerte,* être désigné par le sort : *le tocó la suerte,*
il a été désigné par le sort.
— Sinón. ● *Estrella,* étoile. *Fortuna,* fortune. *Hado,
sino,* sort.

suertero, ra adj. Amer. Chanceux, euse.
— M. Amer. Marchand de billets de loterie.
sueste m. Sud-est (sudeste). ‖ Suroît (sombrero).
suéter m. Sweater, chandail.
Suetonio n. pr. m. Suétone.
sufete m. Suffète (magistrado supremo de Cartago y de otras repúblicas fenicias).
suficiencia f. Capacité, aptitude (capacidad). ‖
Fig. Suffisance (presunción). ‖ *Aire de suficiencia,*
air suffisant.
suficiente adj. Suffisant, e (bastante). ‖ Fig. Suf-
fisant, e (engreído). | Capable (capaz) : *Juan es
suficiente para hacer esto,* Jean est capable de
faire cela. ‖ — *Lo suficiente,* ce qu'il faut, suffisamment : *gana lo suficiente para vivir,* il gagne
suffisamment pour vivre. ‖ *Ser suficiente,* suffire.
suficientemente adv. Suffisamment.
sufijo, ja adj. y s. m. Gram. Suffixe.
sufra f. Dossière (arreo).
sufragáneo, a adj. y s. m. Suffragant, e : *obispo
sufragáneo,* évêque suffragant.
sufragar v. tr. Aider (ayudar). ‖ Payer, supporter
(pagar) : *sufragar los gastos de un pleito,* supporter les frais d'un procès. ‖ Financer : *sufragar un
proyecto,* financer un projet.
— V. intr. Amer. Voter : *sufragar por uno,* voter
pour quelqu'un.
sufragio m. Suffrage : *elección por sufragio universal, restringido,* élection au suffrage universel,
restreint. ‖ Relig. Repos : *misa en sufragio del
alma de,* messe pour le repos de l'âme de.
sufragismo m. Droit de vote pour la femme.
sufragista f. Suffragette.
sufrelotodo m. Souffre-douleur.
sufrible adj. Supportable, tolérable.
sufrido, da adj. ● Patient, e ; endurant, e (paciente). ‖ Non salissant, e (color). ‖ Résigné, e
(que se conforma con todo). ‖ Fig. y Fam. Complaisant (marido). ‖ Fig. *Un color poco sufrido,*
une couleur salissante.
— Sinón. ● *Paciente, pacienzudo,* patient. *Tolerante,*
tolérant. *Calmoso, calme. Resignado,* résigné.
sufridor, ra adj. Patient, e.
sufrimiento m. Souffrance, f. (dolor). ‖ Patience,
f., résignation, f. (conformidad).
sufrir v. tr. Souffrir de (padecer) : *sufrir hambre,*
souffrir de la faim. ‖ Subir, passer : *sufrir un
examen,* subir un examen. ‖ Avoir : *ha sufrido
un grave accidente,* il a eu un grave accident ;
sufrir una multa, avoir une amende. ‖ Subir,
essuyer : *sufrir una derrota, un tiroteo,* essuyer
une défaite, des coups de feux ; *sufrir reveses de
fortuna, un fracaso,* subir des revers de fortune,

essuyer un échec. ‖ Supporter : *sufrir las consecuencias de,* supporter les conséquences de. ‖
Éprouver : *sufrir una decepción,* éprouver une
déception. ‖ Souffrir, tolérer, permettre (permitir) :
no sufriré insolencias tuyas, je ne tolérerai pas ces
insolences de ta part. ‖ — *He tenido que sufrir
una verdadera pesadilla,* cela a été pour moi un
véritable cauchemar. ‖ Fam. *No poder sufrir a
uno,* ne pas pouvoir sentir o souffrir quelqu'un. ‖
Fig. *Sufrir su calvario,* porter sa croix.
— V. intr. Souffrir : *sufrir del estómago,* souffrir
de l'estomac ; *en esta vida hay que sufrir mucho,*
on doit souffrir beaucoup ici-bas. ‖ Fam. *Sufrir
como un condenado,* souffrir le martyre.
sufusión f. Med. Suffusion. | Cataracte (enferme-
dad de los ojos).
sugerencia f. Suggestion. ‖ Proposition : *hacer
una sugerencia a la asamblea,* faire une proposition à l'assemblée.
sugerente o **sugeridor, ra** adj. Suggestif, ive.
sugerir* v. tr. Suggérer : *le sugerí que hablara,* je
lui ai suggéré de parler.
sugestión f. Suggestion : *sugestión hipnótica,* suggestion hypnotique.
sugestionable adj. Influençable.
sugestionador, ra adj. Suggestif, ive.
sugestionar v. tr. Suggestionner.
sugestivo, va adj. Suggestif, ive. ‖ *Lo sugestivo,*
ce qui est suggestif, la suggestivité.
suicida m. y f. Suicidé, e. ‖ Fam. Casse-cou (persona que arrostra grandes peligros).
— Adj. Suicidaire, suicide.
suicidarse v. pr. Se suicider.
suicidio m. Suicide.
suidos m. pl. Zool. Suidés (porcinos).
suimanga m. Zool. Souïmanga, suï-manga.
suindá m. Amer. Chouette, f. (ave).
suite f. Suite, appartement, m. (en un hotel). ‖
Mús. Suite.
Suiza n. pr. f. Geogr. Suisse.
suizo, za adj. Suisse, *inv.,* de la Suisse.
— M. y f. Suisse, Suissesse (persona). ‖ —
M. Petit pain au lait, petite brioche, f. (bollo).
— Observ. El femenino es *suisse* cuando se trata de
cosas y *Suissesse* si son personas.
sujeción f. Assujettissement, m. (acción de sujetar). ‖ Sujétion, contrainte (dependencia, obligación). ‖ Obligation : *odia las sujeciones,* il déteste
les obligations. ‖ Lien, m., attache, fixation (ligadura). ‖ — Tecn. *Elementos de sujeción de una
armazón,* éléments de fixation d'une charpente. |
Sujeción con grapas, agrafage.
sujetador, ra adj. Assujettissant, e.
— M. Soutien-gorge (prenda femenina). ‖ Attache,
f. (de papeles).
sujetalibros m. inv. Serre-livres.
sujetapapeles m. inv. Presse-papier (pisapapeles).
‖ Pince (f.) à dessin (pinzas para sujetar papeles),
attache, f. (clip).
sujetar v. tr. Fixer (fijar) : *el cuadro está sujeto
por un clavo,* le tableau est fixé par un clou. ‖
Attacher : *sujeta su corbata con un alfiler,* il
attache sa cravate avec une épingle. ‖ Tenir :
sujétame este libro un momento, tiens-moi ce livre
un instant. ‖ Tenir, retenir : *dos guardias le suje-
taban y le impedían seguir la lucha,* deux agents le
retenaient et l'empêchaient de continuer à se
battre. ‖ Retenir : *unos tirantes muy bonitos le
sujetan la falda,* de très jolies bretelles retiennent
sa jupe. ‖ Fig. Assujettir, soumettre (someter). ‖
Maîtriser (dominar). | Astreindre (obligar). ‖ Pla-
quer (rugby). ‖ *Sujetar con grapas,* agrafer (papeles).
— V. pr. S'assujettir. ‖ Se tenir, s'accrocher :
para no caer me sujeté a las ramas de un árbol,
pour ne pas tomber, je me suis tenu aux branches
d'un arbre. ‖ Tenir : *sin tirantes este pantalón no*

se sujeta, sans bretelles ce pantalon ne tient pas.

sujeto, ta adj. Sujet, ette (propenso). ‖ Exposé à, soumis à (expuesto) : *país sujeto a epidemias*, pays exposé aux épidémies. ‖ Soumis, e ; assujetti, e ; passible : *sujeto a derechos arancelarios*, soumis aux *o* passible de droits de douane. ‖ — *Estar sujeto a ciertas condiciones*, requérir certaines conditions. ‖ *Estar sujeto por muchas obligaciones*, être lié par de nombreuses obligations. ‖ *Tener a alguien muy sujeto*, ne laisser aucune liberté à quelqu'un.
— M. Sujet (tema). ‖ Sujet : *sujeto de derecho*, sujet de droit. ‖ Sujet, individu (persona) : *un mal sujeto*, un mauvais sujet ; *un sujeto peligroso*, un individu dangereux. ‖ GRAM. y FILOS. Sujet. ‖ ZOOL. y BOT. Sujet.

sulco m. Salière, *f.* (del caballo).

sulfamida f. MED. Sulfamide, *m.*

sulfatación f. Sulfatage, *m.*

sulfatado, da adj. QUÍM. Sulfaté, e.
— M. Sulfatage.

sulfatador, ra adj. Qui sulfate.
— M. y f. Pulvérisateur, *m.* (máquina).

sulfatar v. tr. Sulfater.

sulfato m. QUÍM. Sulfate.

sulfhídrico adj. QUÍM. Sulfhydrique. ‖ *Ácido sulfhídrico*, hydrogène sulfuré.

sulfitado m. TECN. Sulfitage.

sulfito m. QUÍM. Sulfite.

sulfocarbonato m. Sulfocarbonate.

sulfocarbónico, ca adj. Sulfocarbonique.

sulfonación f. QUÍM. Sulfonation.

sulfonal m. QUÍM. Sulfonal.

sulfonato m. Sulfonate.

sulfosal f. QUÍM. Sulfosel, *m.*

sulfovínico, ca adj. Sulfovinique.

sulfuración f. Sulfuration. ‖ FIG. *¡Qué sulfuración!*, quelle contrariété !

sulfurado, da adj. Sulfuré, e.
— M. AGRIC. Sulfurage.

sulfurar v. tr. QUÍM. Sulfurer. ‖ FIG. Fâcher, mettre en colère *o* hors de soi (irritar).
— V. pr. FIG. Se fâcher, s'emballer, monter sur ses grands chevaux, se monter : *no se sulfure*, ne vous emballez pas.

sulfúreo, a adj. QUÍM. Sulfureux, euse (sulfuroso).

sulfúrico, ca adj. QUÍM. Sulfurique. ‖ *Ácido sulfúrico*, acide sulfurique, hydrogène sulfuré.

sulfurizar v. tr. Sulfuriser.

sulfuro m. QUÍM. Sulfure.

sulfuroso, sa adj. QUÍM. Sulfureux, euse.

sulky m. Sulky (coche).

Sulpicio n. pr. m. Sulpice.

sultán m. Sultan.

sultana f. Sultane.

sultanato m. o **sultanía** f. Sultanat, *m.*

sultánico, ca adj. De sultan.

suma f. Somme : *la suma de 3 y 4 es 7*, la somme de 3 plus 4 égale 7. ‖ ● Addition : *hacer una suma*, faire une addition. ‖ Somme (recopilación). ‖ — *En suma*, en somme, somme toute. ‖ *Suma anterior*, report. ‖ *Suma teológica*, somme théologique. ‖ COM. *Suma y sigue*, à reporter.
— SINÓN. ● *Total*, total. *Adición*, addition.

sumaca f. *Amer.* Petit bateau (*m.*) de cabotage.

sumador, ra adj. y s. Additionneur, euse. ‖ F. Additionneuse (máquina de sumar).

sumamente adv. Extrêmement, au plus haut point.

sumando m. MAT. Terme d'une addition.

sumar v. tr. MAT. Additionner. ‖ Abréger, résumer (abreviar). ‖ Ajouter (añadir). ‖ Totaliser, réunir : *tres países que suman cien millones de habitantes*, trois pays qui réunissent cent millions d'habitants. ‖ *Máquina de sumar*, additionneuse.
— V. intr. Monter à, s'élever à, faire au total (ascender a) : *suma cien pesetas*, cela fait au total

cent pesetas. ‖ *Suma y sigue*, à reporter (en una cuenta), j'en passe et des meilleures (en una conversación).
— V. pr. FIG. Se joindre : *sumarse a una conversación, a una manifestación*, se joindre à une conversation, à une manifestation. ‖ Se rallier à (adherirse). ‖ S'ajouter (añadirse).

sumaria f. DR. Procédure. ‖ Instruction d'un procès. ‖ *Instruir sumaria*, instruire un procès.

sumarial adj. DR. Procédurier, ère. | De l'instruction.

sumariamente adv. Sommairement.

sumariar v. tr. DR. Citer en justice, intenter un procès à. | Instruire un procès.

sumario, ria adj. Sommaire : *justicia sumaria*, justice sommaire.
— M. Sommaire. ‖ DR. Instruction (*f.*) judiciaire. ‖ — *El secreto del sumario*, le secret de l'instruction. ‖ DR. *Nuevas diligencias en el sumario*, supplément d'enquête.

sumarísimo, ma adj. DR. Très sommaire.

sumergible adj. Submersible.
— M. Submersible, sous-marin.

sumergimiento m. Submersion, *f.*

sumergir v. tr. Submerger. ‖ FIG. Plonger (hundir). ‖ — FIG. *Estar sumergido entre la muchedumbre*, être noyé dans la multitude. ‖ *Un submarino sumergido*, un sous-marin en plongée.
— V. pr. Plonger.

sumerio, ria adj. y s. Sumérien, enne.

sumersión f. Submersion.

sumidero m. Bouche (*f.*) d'égout (alcantarilla). ‖ Puisard (pozo negro).

sumiller m. (Ant.). Sommelier. ‖ Sommelier (botillero).

sumillería f. (Ant.). Sommellerie.

suministración f. V. SUMINISTRO.

suministrador, ra adj. Qui fournit.
— M. y f. Fournisseur (sin fem.), pourvoyeur, euse (proveedor).

suministrar v. tr. Fournir (proveer) : *suministrar una información*, fournir un renseignement.
— SINÓN. *Aprovisionar, abastecer*, approvisionner. *Proveer*, pourvoir. *Avituallar*, ravitailler. *Surtir*, fournir.

suministro m. Fourniture, *f.* ‖ Livraison, *f.* : *suministro a domicilio*, livraison à domicile. ‖ Distribution, *f.* (de agua, aire, etc.). ‖ Approvisionnement : *servicio de suministro*, service d'approvisionnement. ‖ — Pl. MIL. Vivres (víveres).

sumir v. tr. Enfoncer (hundir). ‖ Plonger (en el agua). ‖ ECLES. Consommer (consumir). ‖ FIG. Plonger : *sumido en sus pensamientos*, plongé dans ses pensées.
— V. pr. S'enfoncer. ‖ Se creuser (las mejillas, el pecho). ‖ FIG. Se plonger, s'abîmer (en los pensamientos). | Se plonger (en el sueño).

sumisamente adv. Avec soumission, humblement.

sumisión f. Soumission.

sumiso, sa adj. Soumis, e : *sumiso a las leyes*, soumis aux lois.

súmmum m. Summum. ‖ *Ser el súmmum*, être ce qu'il y a de mieux.

sumo, ma adj. Suprême, extrême : *hombre de suma bondad*, homme d'une extrême bonté. ‖ FIG. Suprême, énorme : *suma necedad*, sottise énorme. ‖ — *A lo sumo*, tout au plus, au maximum. ‖ *De sumo*, pleinement, entièrement. ‖ *En sumo grado*, au plus haut degré, à l'extrême. ‖ *Sumo Pontífice*, souverain pontife.

súmula f. Principes, *m. pl.*, éléments, *m. pl.* [de la lógica].

suna f. V. SUNNA.

sunlight m. CINEM. Sunlight (foco potente).

sunna f. Sunna (ley mahometana).

sunnita adj. y s. Sunnite (musulmán).

suntuario, ria adj. Somptuaire.

suntuosidad f. Somptuosité.

suntuoso, sa adj. Somptueux, euse.
supedáneo m. Support.
supeditación f. Subordination (dependencia).
supeditar v. tr. Opprimer, assujettir (sujetar). ‖
Fig. Subordonner (subordinar) : *mi viaje está supeditado a la decisión de mis padres*, mon voyage est subordonné à la décision de mes parents. ‖ Soumettre, faire dépendre de (someter). ‖ *Estar supeditado a*, dépendre de : *no estoy supeditado a nadie*, je ne dépends de personne. — V. pr. Se soumettre.
súper f. Super, m. (gasolina).
superable adj. Surmontable (fácil de vencer). ‖ Surpassable (fácil de superar).
superabundancia f. Surabondance.
superabundante adj. Surabondant, e.
superabundantemente adv. Surabondamment.
superabundar v. intr. Surabonder.
superación f. Dépassement, m. ‖ Franchissement, m. (de un obstáculo). ‖ Fig. Résolution : *superación de una dificultad*, résolution d'une difficulté.
superactividad f. Suractivité.
superafinación f. Suraffinage, m.
superalimentación f. Suralimentation.
superalimentar v. tr. Suralimenter.
superante adj. Excédant, e.
superar v. tr. ● Surpasser, dépasser (exceder). ‖ Dépasser : *la época del colonialismo está superada*, l'époque du colonialisme est dépassée. ‖ Fig. Surmonter, résoudre (una dificultad). — V. pr. Se dépasser, se surpasser : *en la vida hay que intentar siempre superarse*, dans la vie il faut toujours essayer de se surpasser. — Sinón. ● *Arentajar, ganar*, surpasser. *Rebasar, exceder, sobrepasar*, dépasser. *Dominar*, dominer.
superávit m. inv. Com. Excédent.
supercapitalización f. Surcapitalisation.
supercarburante m. Supercarburant.
supercemento m. Superciment.
superciliar adj. Anat. Sourcilier, ère.
supercompresión f. Surcompression. ‖ *Motor con supercompresión*, moteur surcomprimé.
supercomprimir v. tr. Surcomprimer.
superconductividad f. Electr. Supraconduction.
supercostal adj. Anat. Surcostal, e.
superchería f. Supercherie.
superdirecta f. Surmultipliée (caja de cambios).
superdominante f. Mús. Sus-dominante.
superdotado, da adj. Surdoué, e.
super ego m. Filos. Sur-moi.
supereminencia f. Prééminence (superioridad).
supereminente adj. Suréminent, e ; prééminent, e.
supererogación f. Surérogation.
supererogatorio, ria adj. Surérogatoire.
superestructura f. Arq. y Mar. Superstructure.
superfetación f. Biol. Superfétation.
superficial adj. Superficiel, elle.
superficialidad f. Manque (m.) de profondeur. ‖ *¡Es de una superficialidad!*, il est d'un superficiel !
superficie f. Surface : *la superficie del agua*, la surface de l'eau. ‖ Superficie (extensión) : *la superficie de una ciudad, de un piso*, la superficie d'une ville, d'un appartement. ‖ Geom. Surface (área). — Tecn. *Pulido de una superficie*, surfaçage. ‖ *Salir a la superficie*, faire surface (un submarino). ‖ Agric. *Superficie aprovechable*, surface exploitable. ‖ *Superficie arrendada*, terrain affermé o cédé à bail. ‖ *Superficie de rodadura*, surface de roulement (carretera). ‖ *Superficie de rozamiento*, surface de friction. ‖ *Superficie de trabajo*, plan de travail (en una cocina). ‖ *Superficie sustentadora*, surface portante (en los aviones).
superfino, na adj. Surfin, e.
superfluidad f. Superfluité.
superfluo, a adj. Superflu, e. ‖ *Lo superfluo*, le superflu.
superfortaleza f. Superforteresse (avión).

superfosfato m. Quím. Superphosphate.
superheterodino, na adj. y s. m. Superhétérodyne. (radio).
superhombre m. Surhomme.
superintendencia f. Surintendance.
superintendente, ta m. y f. Surintendant, e.
superintensidad f. Electr. Surintensité.
superior adj. Supérieur, e : *calidad superior*, qualité supérieure. ‖ *La magistratura superior*, la haute magistrature.
superior, ra m. y f. Supérieur, e : *obedecer a un superior*, obéir à un supérieur ; *la superiora del convento*, la supérieure du couvent.
superiorato m. Fonctions (f. pl.) de supérieur o de supérieure.
superioridad f. Supériorité. ‖ *La superioridad*, l'autorité supérieure.
superlativo, va adj. y s. m. Superlatif, ive : *terminación superlativa*, terminaison superlative. ‖ *En grado superlativo*, au superlatif, au plus haut degré.
supermercado m. Supermarché.
supernova f. Astr. Supernova.
supernumerario, ria adj. y s. Surnuméraire. ‖ En disponibilité. ‖ Mil. *Situación de supernumerario sin sueldo*, congé sans solde, mise en disponibilité sans traitement.
súpero, ra adj. Bot. Supère.
superovariado, da o **superovárico, ca** adj. Bot. Supérovarié, e.
superoxidación f. Quím. Suroxydation.
superoxidar v. tr. Suroxyder.
superoxigenado, da adj. Suroxygéné, e.
superpoblación f. Surpeuplement, m., surpopulation.
superpoblado, da adj. Surpeuplé, e.
superponer* v. tr. Superposer. ‖ Fig. Faire passer avant : *superpone su interés personal a todo*, il fait passer avant tout son intérêt personnel. — V. pr. Se superposer.
superponible adj. Superposable.
superposición f. Superposition.
superpresión f. Tecn. Surpression.
superproducción f. Surproduction. ‖ Cinem. Superproduction (película).
superpuesto, ta adj. Superposé, e.
superrealismo m. Surréalisme (surrealismo).
supersaturación f. Quím. Sursaturation.
supersaturar v. tr. Quím. Sursaturer.
supersónico, ca adj. Supersonique : *avión supersónico*, avion supersonique.
superstición f. Superstition.
supersticioso, sa adj. y s. Supersticieux, euse.
supérstite m. Dr. Survivant, e.
supertensión f. Electr. Surtension (sobretensión).
supervaloración f. Surestimation.
supervalorar v. tr. Surestimer, surévaluer.
supervención f. Dr. Survenance.
supervenir* v. intr. Survenir (sobrevenir).
supervisar v. tr. Superviser.
supervisión f. Supervision.
supervisor, ra adj. y s. Réviseur, euse ; contrôleur, euse ; inspecteur, trice.
supervivencia f. Survie (de seres vivos). ‖ Survivance (de pueblos, usos, etc.). ‖ Maintien, m. : *la supervivencia del régimen*, le maintien du régime.
superviviente adj. y s. Survivant, e.
supervivir v. intr. Survivre (sobrevivir).
supervoltaje m. Electr. Survoltage.
supinación f. Supination.
supinador adj. m. y s. m. Anat. Supinateur.
supino, na adj. Couché sur le dos (boca arriba). ‖ *Ignorancia supina*, ignorance crasse. — M. Gram. Supin.
súpito, ta adj. Amer. Pantois, e (perplejo).
suplantación f. Supplantation.

suplantador, ra adj. y s. Remplaçant, e.
suplantar v. tr. Supplanter.
suplefaltas m. y f. Suppléant, e.
suplementario, ria adj. Supplémentaire.
suplemento m. Supplément.
— SINÓN. *Complemento*, complément. *Anexo*, annexe. *Apéndice*, appendice.
suplencia f. Suppléance.
suplente adj. y s. Suppléant, e : *juez suplente*, juge suppléant. || Remplaçant, e (deportes). || — M. TEATR. Doublure, *f.*
supletorio, ria adj. Supplémentaire : *camas supletorias*, lits supplémentaires. || DR. Supplétoire.
súplica f. Supplication (acción). || Supplique (petición escrita). || Requête : *que el presidente escuche mi humilde súplica*, que le président écoute mon humble requête. || Prière : *elevar a Dios una ferviente súplica*, élever vers Dieu une fervente prière. || — *A súplica de*, sur la demande de. || DR. *Recurso de súplica*, appel.
suplicación f. Supplication. || Plaisir, *m.* oublie (pastel). || DR. Appel, *m.* || *A suplicación de*, sur la demande de.
suplicante adj. y s. Suppliant, e.
suplicar v. tr. Supplier : *le suplico que venga*, je vous supplie de venir ; *se lo suplico*, je vous en supplie. || Prier (rogar). || Solliciter (en una solicitud). || DR. Faire appel. || — *Carta suplicada a*, lettre aux bons soins de. || *Suplicada*, aux bons soins de M. X. [lettre].
suplicatoria f. o **suplicatorio** m. DR. Commission (*f.*) rogatoire.
suplicio m. ● Supplice. || FIG. Supplice, tourment (vivo dolor). || *Último suplicio*, dernier supplice, peine capitale.
— SINÓN. ● *Tormento*, tourment. *Tortura*, torture. *Martirio*, martyre. *Pena*, peine.
suplidor, ra adj. y s. Suppléant, e.
suplir v. tr. Suppléer (completar). || Suppléer (reemplazar) : *suplir a un profesor*, suppléer un professeur. || Suppléer à (remediar) : *suplir la falta de instrucción*, suppléer au manque d'instruction. || Remplacer : *súplanse los puntos suspensivos por los sufijos correspondientes*, remplacez les points de suspension par les suffixes correspondants. || Rattraper, excuser : *su buena voluntad suple sus fallos*, sa bonne volonté excuse ses erreurs.
suponer* v. tr. Supposer. || Supposer, impliquer : *esta obra supone muchísimo trabajo*, cet ouvrage implique un travail considérable. || *Suponiendo que*, en supposant que, si tant est que, supposé que.
suposición f. Supposition. || DR. *Suposición de parto, de infante*, supposition de part, d'enfant
SINÓN. *Supuesto*, supposition. *Hipótesis*, hypothèse. *Conjetura*, conjecture. *Presunción*, présomption.
supositivo, va adj. Suppositif, ive.
supositorio m. MED. Suppositoire.
supraconductividad f. Supraconduction.
supradicho, cha adj. Susdit, e.
suprahepático, ca adj. ANAT. Sus-hépatique.
supramaxilar adj. y s. m. ANAT. Sus-maxillaire.
supranacional adj. Supranational, e.
supranacionalidad f. Supranationalité.
suprarrealismo m. Surréalisme.
suprarrealista adj. y s. Surréaliste.
suprarrenal adj. ANAT. Surrénal, e.
suprasensible adj. Suprasensible.
supraspina f. ANAT. Fosse sus-épineuse (omóplato).
supraterrestre adj. Supraterrestre.
suprema f. Conseil (*m.*) suprême [de l'Inquisition]. || CULIN. Suprême, *m.* (manjar).
supremacía f. Suprématie.

supremo, ma adj. Suprême : *Tribunal Supremo*, Cour suprême. || *El Ser Supremo*, l'Être Suprême.
supresión f. Suppression.
supreso, sa adj. Supprimé, e.
suprimir v. tr. Supprimer.
supuesto, ta adj. Supposé, e (hipotético). || Imaginaire (fingido) : *una supuesta enfermedad*, une maladie imaginaire. || Soi-disant, e ; prétendu, e : *un supuesto pintor*, un soi-disant peintre. || — *Dar algo por supuesto*, donner quelque chose pour acquis. || *Por supuesto*, naturellement, évidemment, certainement, bien entendu, bien sûr. || *Supuesto que*, vu que, étant donné que, puisque (ya que). || *Un nombre supuesto*, un faux nom, un nom d'emprunt.
— M. Hypothèse, *f.*, supposition, *f.* (hipótesis) : *en este supuesto*, dans cette hypothèse. || Sous-entendu (segunda intención). || Donnée, *f.* (dato) : *carecemos de los más elementales supuestos*, nous manquons des données les plus élémentaires. || — *En el supuesto de que*, en supposant que, si tant est que, dans l'hypothèse que. || MIL. *Supuesto táctico*, grandes manœuvres.
supuración f. MED. Suppuration.
supurante adj. Suppurant, e.
supurar v. intr. MED. Suppurer.
suputación f. Supputation.
suputar v. tr. Supputer.
sur m. Sud.
sura f. Surate (del Alcorán).
surá m. Surah (tela).
surafricano, na adj. y s. Sud-africain, e.
suramericano, na adj. y s. Sud-américain, e.
surata f. Surate (sura).
surcar v. tr. Sillonner (p. us.), tracer un sillon o des sillons dans (con el arado). || FIG. Sillonner (los mares). | Fendre (hender el agua, el aire). | Sillonner : *frente surcada de arrugas*, front sillonné de rides.
surco m. AGRIC. Sillon : *hacer surcos en*, tracer des sillons dans. || Ride, *f.* (arruga). || Sillon (de un disco).
surcoreano, na adj. y s. Sud-coréen, enne.
sureño, ña o **surero, ra** adj. y s. Du sud, méridional, e. || — M. Vent du sud (viento).
sureste m. Sud-est.
surexprès adj. y s. m. Sud-express.
surgente adj. Jaillissant, e.
surgidero m. MAR. Mouillage (fondeadero).
surgimiento m. Surgissement.
surgir v. intr. Surgir. || Jaillir (agua). || MAR. Mouiller (fondear). || FIG. Apparaître, faire son apparition : *hace diez años que surgió este artista*, il y a dix ans que cet artiste a fait son apparition. | Apparaître, naître, surgir : *una polémica surgió a propósito de mi artículo*, une polémique est apparue o est née o a surgi à propos de mon article.
suri m. *Amer.* Nandou (ave).
suricata f. ZOOL. Suricate, *m.*
suripanta f. FAM. Figurante [de théâtre]. | Gourgandine, femme de mauvaise vie.
surmenaje m. Surmenage (cansancio).
suroeste m. Sud-ouest.
surrealismo m. Surréalisme.
surrealista adj. y s. Surréaliste.
sursuncorda m. FAM. Le pape, le roi, etc. [autorité imaginaire] : *esto lo ha hecho el sursuncorda*, c'est le pape qui l'a fait.
surtida f. MIL. Sortie (de los sitiados). || Poterne (fortificación). || MAR. Cale (en un puerto).
surtidero m. Bonde, *f.* (de un estanque). || Jet d'eau (chorro).
surtido, da adj. COM. Assorti, e : *caramelos surtidos*, bonbons assortis. || Approvisionné, e ; fourni, e ; achalandé, e (fam.) : *una tienda bien surtida*, une boutique bien approvisionnée.

— M. Assortiment (de objetos) : *surtido de galletas*, assortiment de gâteaux secs. | Choix : *en esta tienda hay un gran surtido de corbatas*, dans cette boutique, il y a un grand choix de cravates.
— OBSERV. La traducción del adjetivo *surtido* por *achalandé*, en lugar de por *approvisionné o fourni*, es un barbarismo muy empleado.

surtidor, ra adj. y s. Qui fournit, fournisseur (sin fem.). ‖ — M. Pompe (*f.*) à essence, distributeur d'essence (de gasolina). ‖ Gicleur (del carburador de un automóvil). ‖ Jet d'eau (chorro). ‖ — Pl. Grandes eaux, *f.* : *los surtidores de Versalles*, les grandes eaux de Versailles.

surtimiento m. Fourniture, *f.* (surtido).

surtir v. tr. Fournir, pourvoir (proveer). ‖ Assortir (colores). ‖ COM. Assortir. ‖ *Surtir efecto*, avoir *o* faire de l'effet (medicamento), prendre effet (entrar en vigor). ‖ — V. intr. Jaillir (brotar). ‖ MAR. Mouiller. ‖ — V. pr. Se pourvoir, se fournir, s'approvisionner (abastecerse).

surto, ta adj. MAR. Mouillé, e (fondeado).

surucucú m. *Amer.* Surucucu (serpiente).

surumpe o **surupí** m. *Amer.* Ophtalmie (*f.*) des neiges.

¡sus! interj. Allons!, sus!

Susana n. pr. f. Suzanne.

susceptibilidad f. Susceptibilité.

susceptible adj. Susceptible : *producto susceptible de mejora*, produit susceptible d'amélioration. ‖ ● Susceptible (irritable).
— SINÓN. ● *Irritable*, irritable. *Irascible*, irascible. *Puntilloso*, pointilleux. *Quisquilloso, picajoso*, chatouilleux.

suscitar v. tr. Susciter.

suscribir v. tr. Souscrire (firmar) : *suscribir un contrato*, souscrire un contrat. ‖ FIG. Approuver (asentir) : *suscribo su conducta*, j'approuve votre conduite. ‖ Abonner (abonar). ‖ — V. pr. S'abonner (abonarse) : *suscribirse a una revista*, s'abonner à une revue. ‖ Souscrire (obligarse a contribuir). ‖ Se rallier (a una opinión). ‖ — *El que suscribe*, je soussigné. ‖ *Me suscribo su atento y seguro servidor*, veuillez accepter l'assurance de mes meilleurs sentiments.

suscripción f. Souscription. ‖ Abonnement, *m.* (abono).

suscriptor, ra m. y f. Souscripteur (sin fem.). ‖ Abonné, e (de un periódico, etc.).

suscrito, ta adj. Souscrit, e.

suso adv. Dessus, en haut.

susodicho, cha adj. y s. Susdit, e ; susnommé, e ; nommé plus haut, précité, e.

suspendedor, ra adj. y s. Qui suspend.

suspender v. tr. Suspendre (colgar) : *suspender del techo*, suspendre au plafond. ‖ FIG. Suspendre (interrumpir) : *suspender una sesión*, suspendre une séance. | Arrêter, suspendre, cesser : *suspender un trabajo*, cesser un travail. | Étonner, ébahir (admirar) : *esto me tiene suspendido*, j'en suis tout ébahi. | Suspendre (a un empleado). | Recaler (fam.), refuser, ajourner (exámenes) : *el profesor de matemáticas me ha suspendido*, le professeur de mathématiques m'a recalé. ‖ *Ser suspendido en un examen*, échouer à un examen, être refusé *o* recalé (fam.) à un examen.
— V. pr. Se suspendre (colgarse). ‖ Se cabrer (caballo). ‖ FIG. Être suspendu, e.

suspense m. Suspense (de una película, etc.).

suspensión f. Suspension. ‖ Suspension, retrait, *m.* (de un permiso). ‖ Arrêt, *m.*, suspension : *suspensión de las pruebas nucleares*, arrêt des essais nucléaires. ‖ Levée : *suspensión de la inmunidad parlamentaria*, levée de l'immunité parlementaire. ‖ Cessation : *suspensión de pagos*, cessation de paiements. ‖ Suspense (eclesiástica). ‖ MECÁN.

Suspension : *suspensión (de) Cardán*, suspension cardan, à la Cardan. ‖ QUÍM. Suspension.

suspensivo, va adj. Suspensif, ive. ‖ *Puntos suspensivos*, points de suspension.

suspenso, sa adj. Suspendu, e (colgado, diferido). ‖ FIG. Étonné, e ; ébahi, e (admirado). | Refusé, e ; ajourné, e ; recalé, e (fam.), collé, e (fam.) [exámenes]. ‖ — *Con el corazón en suspenso*, le cœur serré. ‖ *En suspenso*, en suspens. ‖ — M. Ajournement. ‖ Note (*f.*) éliminatoire (nota en un examen) : *me he llevado un suspenso en historia*, j'ai eu une note éliminatoire en histoire. ‖ — *Dar un suspenso*, donner une note éliminatoire, refuser, recaler (fam.). ‖ *Tener un suspenso*, être refusé *o* recalé (fam.).

suspensores m. pl. *Amer.* Bretelles, *f.* (tirantes).

suspensorio adj. m. y s. m. ANAT. y BOT. Suspenseur. ‖ — M. Suspensoir (vendaje).

suspicacia f. Méfiance, défiance (desconfianza).

suspicaz adj. Méfiant, e.

suspicazmente adv. Avec méfiance.

suspirado, da adj. FIG. Désiré ardemment.

suspirar v. intr. Soupirer : *suspirar por una cosa, por una persona*, soupirer après *o* pour une chose, pour une personne.

suspiro m. Soupir : *dar un suspiro*, pousser un soupir : *dar* ou *exhalar el último suspiro*, rendre le dernier soupir. ‖ MÚS. Soupir. ‖ Sifflet de verre (pito). ‖ BOT. Pensée, *f.* (trinitaria). ‖ *Suspiro de monja*, pet-de-nonne (dulce).

sustancia f. Substance (materia). ‖ FIG. Substance (lo esencial). ‖ — *En sustancia*, en substance. ‖ FIG. *Hombre sin sustancia* ou *de poca sustancia*, homme quelconque, homme sans intérêt. ‖ *Sin sustancia*, quelconque, fade (insulso). ‖ *Sustancia gris*, matière grise.
— OBSERV. V. SUBSTANCE, 1ª parte, pág. 703.

sustanciación f. DR. Instruction.

sustancial adj. Substantiel, elle.

sustancialidad f. Substantialité.

sustancialismo m. FILOS. Substantialisme.

sustancialista adj. Substantialiste.

sustanciar v. tr. Abréger, résumer (compendiar). ‖ DR. Instruire [un procès].

sustancioso, sa adj. Substantiel, elle.

sustantivar v. tr. GRAM. Substantiver.

sustantividad f. Qualité de substantif.

sustantivo, va adj. y s. m. GRAM. Substantif, ive.

sustentable adj. Soutenable.

sustentación f. Sustentation. ‖ Entretien, *m.* (de una familia). ‖ Support, *m.*, soutien, *m.* (base). ‖ Suspension (en retórica). ‖ *Plano de sustentación*, plan de sustentation (en un avión).

sustentáculo m. Soutien, appui.

sustentador, ra adj. Qui soutient. ‖ Nourrissant, e (alimenticio). ‖ *Superficie sustentadora*, surface portante (avión). ‖ — M. Soutien.

sustentamiento m. V. SUSTENTACIÓN.

sustentante adj. Qui soutient. ‖ — M. Soutenant (de una tesis). ‖ Soutien, appui (apoyo). ‖ MAR. Crochet.

sustentar v. tr. Soutenir (sostener). ‖ Nourrir, sustenter (alimentar). ‖ Entretenir (mantener) : *sustentar una familia*, entretenir une famille. ‖ Soutenir (una teoría). ‖ AVIAC. Sustenter. ‖ — V. pr. Se nourrir, se sustenter : *sustentarse con*, se nourrir de.

sustento m. Subsistance, *f.*, nourriture, *f.* (alimento). ‖ Soutien (apoyo). ‖ FAM. *Ganarse el sustento*, gagner sa vie *o* sa croûte.

sustitución f. Substitution, remplacement, *m.*

sustituible adj. Remplaçable, substituable.

sustituidor, ra adj. y s. Qui remplace, qui substitue.

sustituir* v. tr. Substituer, remplacer : *sustituyeron a Gómez por Salinas*, on a substitué Salinas a

Gómez, on a remplacé Gómez par Salinas. ‖ Se substituer, remplacer : *la República sustituyó a la Monarquía,* la république s'est substituée à la monarchie. ‖ Mettre à la place de : *sustituir un olmo por un álamo,* mettre un peuplier à la place d'un orme. ‖ Doubler, remplacer (teatro) : *sustituir a un actor,* doubler un acteur.

— Observ. V. substituer, 1ª parte, pág. 703.

sustituto, ta m. y f. Substitut (sin fem.), remplaçant, e. ‖ Suppléant, e : *el sustituto de un diputado,* le suppléant d'un député. ‖ *Sustituto general,* substitut général.

susto m. Peur, *f.* : *dar un susto,* faire peur. ‖ — *Llevarse un susto,* avoir peur : *llevarse un susto mayúsculo,* avoir une peur bleue. ‖ *No pasó del susto,* il a eu plus de peur que de mal, il en a été quitte pour la peur. ‖ Fig. y Fam. *Que da un susto al miedo,* à faire peur (muy feo). ‖ *¡Qué susto me has dado!,* tu m'as fait une des ces peurs! ‖ *¡Vaya un susto que me llevé ayer!,* j'ai eu une de ces peurs hier!, ce que j'ai pu avoir peur hier!

sustracción f. Subtilisation, soustraction (robo). ‖ Mat. Soustraction (resta).

sustraendo m. Mat. Plus petit terme (en una resta).

sustraer* v. tr. Soustraire, subtiliser (robar). ‖ Mat. Soustraire.

— V. pr. Se soustraire : *sustraerse a* ou *de,* se soustraire à.

susurrante adj. Murmurant, e.

susurrar v. intr. Chuchoter, susurrer (p. us.). ‖ Fig. Murmurer, chuchoter (el agua, el viento, etc.). ‖ *Se susurra que,* on raconte que, on dit que, le bruit court que (dicen).

susurro m. Murmure, susurrement (p. us.).

susurrón, ona adj. y s. Fam. Médisant, e ; murmurateur, trice (p. us.).

sutache o **sutás** m. Soutache, *f.* (galón).

sutil adj. Subtil, e (ingenioso). ‖ Fin, e ; mince (tenue). ‖ Mar. Léger, ère.

sutileza o **sutilidad** f. Subtilité (del ingenio). ‖

Subtilité (sofisma). ‖ Finesse (finura). ‖ Instinct, *m.,* flair, *m.* (de los animales).

sutilización f. Subtilisation.

sutilizador, ra adj. y s. Qui subtilise, subtiliseur (sin fem.).

sutilizar v. tr. Amincir (adelgazar). ‖ Fig. Subtiliser, polir, raffiner (pulir).

— V. intr. Subtiliser (discurrir).

— Le verbe *sutilizar* n'a pas le sens de « dérober adroitement ».

sutra m. Soûtra.

sutura f. Suture. ‖ *Punto de sutura,* point de suture.

sutural adj. Sutural, e.

suturar v. tr. Suturer.

suyo, ya adj. pos. (colocado después del sustantivo). À lui, à elle, un de ses (de él, de ella), à eux, à elles, un de leurs (de ellos, de ellas), à vous, un de vos (de usted, de ustedes) : *un hermano suyo,* un de ses frères, un frère à lui ; *otra tontería suya,* encore une de ses bêtises. ‖ De lui, d'elle, etc. (refiriéndose a un autor) : *esta frase es suya,* cette phrase est de lui. ‖ À lui, à elle, etc. (característico) : *tiene un estilo muy suyo,* il a un style bien à lui. ‖ *Suyo afectísimo,* votre tout dévoué, bien à vous (en las cartas).

— M. *Lo suyo,* le sien : *a cada uno lo suyo,* à chacun le sien. ‖ — Fig. *Ir a lo suyo,* ne s'intéresser o ne penser qu'à soi, ne s'occuper que de ses affaires. ‖ *Los suyos,* les siens, les vôtres (parientes). ‖ Fig. *Llevarse* ou *recibir lo suyo,* en prendre pour son compte. ‖ — F. Fig. *Hacer de las suyas,* faire des siennes. ‖ *Salirse con la suya,* V. salirse. ‖ *Ver la suya,* trouver l'occasion favorable.

— Pron. pos. *El suyo, la suya,* le sien, la sienne (de él, de ella), le leur, la leur (de ellos, de ellas), le vôtre, la vôtre (de usted, de ustedes). ‖ — *De suyo,* de lui-même, d'elle-même, etc., par nature. ‖ Fig. y Fam. *¡Ésta es la suya!,* à vous de jouer !

svástica f. Svastika (cruz gamada).

swing m. Swing (boxeo y jazz).

syllabus m. Syllabus.

T

t f. T, *m.*

— Observ. Le *t* espagnol a le même son que le *t* français. Les deux éléments du groupe *ti* [devant une voyelle] gardent leur valeur propre : le *t* de *patio* se prononce comme le *t* de *tablas.*

taba f. Astragale, *m.* (hueso). ‖ — Pl. Osselets, *m.* (juego). ‖ Fig. y Fam. *Menear las tabas,* tricoter des jambes, marcher vite.

tabacal m. Plantation (*f.*) de tabac.

tabacalero, ra adj. Du tabac.

— M. y f. Planteur, planteuse de tabac (persona que cultiva tabaco). ‖ Marchand, marchande de tabac (vendedor de tabaco). ‖ *La Tabacalera,* la Régie espagnole des tabacs.

tabaco m. Tabac. ‖ Cigare (puro). ‖ Cigarettes, *f. pl.* (cigarrillos) : *compra tabaco,* achète des cigarettes. ‖ Carie, *f.* (enfermedad del árbol). ‖ — *De color tabaco,* couleur tabac. ‖ *Expendeduría de tabaco,* bureau de tabac. ‖ *Tabaco de mascar,* tabac à chiquer. ‖ *Tabaco en polvo* ou *rapé,* tabac à priser. ‖ *Tomar tabaco,* priser.

tabacoso, sa adj. Fam. Qui prise beaucoup (que toma mucho rapé).

tabalada f. Fam. Gifle (bofetada). ‖ Chute violente sur le derrière.

tabalario m. Fam. Derrière (asentaderas).

tabalear v. tr. Balancer.

— V. intr. Tambouriner (con los dedos).

tabanazo m. Fam. Gifle, *f.,* baffe, *f.*

tabanco m. Étal, éventaire (puesto de venta). ‖ *Amer.* Grenier, galetas (desván).

tabanera f. Endroit (*m.*) plein de taons.
tábano m. Taon (insecto).
tabaque m. Corbeille, *f.* (cestillo). ‖ Broquette, *f.* (clavo).
tabaquera f. Tabatière (caja). ‖ Fourneau, *m.* (de pipa). ‖ *Amer.* Blague à tabac (petaca).
tabaquería f. Bureau (*m.*) de tabac (estanco).
tabaquero, ra adj. Du tabac.
— M. y f. Ouvrier, ouvrière des manufactures de tabac (obrero). ‖ Buraliste, marchand, marchande de tabac (estanquero).
tabaquismo m. Tabagisme.
tabaquista m. y f. Priseur, euse (que toma rapé).
tabardete m. MED. Fièvre (*f.*) typhoïde.
tabardillo m. MED. Fièvre (*f.*) typhoïde (enfermedad). ‖ Insolation, *f.* (insolación). ‖ FIG. y FAM. Casse-pieds, *inv.*, crampon, plaie, *f.* : *es un tabardillo,* quel casse-pieds !
tabardo m. Tabard, tabar (abrigo).
tabarra f. FAM. Ennui, *m.*, chose assommante, scie. ‖ FAM. *Dar la tabarra,* casser les pieds, raser.
tabarrera f. FAM. Ennui, *m.*, scie (tabarra). ‖ Guêpier, *m.* (avispero).
tabarro m. Taon (tábano). ‖ Guêpe, *f.* (avispa).
tabasqueño, ña adj. y s. De Tabasco [Mexique].
tabelión m. (P. us.). Tabellion (escribano).
tabellar v. tr. Plier o marquer [une pièce de tissu].
taberna f. Taverne, cabaret, *m.* (antiguamente) ; café, *m.*, bistrot, *m.* (fam.) [hoy].
— OBSERV. En la actualidad *taverne* designa ciertos restaurantes de gran categoría y *cabaret* se emplea sólo en el sentido de « sala de fiestas ».
— SINÓN. *Bodega,* cave. *Cantina,* buvette. *Bochinche,* boui-boui. *Tasca,* bistrot. *Tabernucha,* caboulot.
tabernáculo m. Tabernacle.
tabernario, ria adj. De café. ‖ FIG. Vulgaire, grossier, ère (grosero).
tabernero, ra m. y f. Cabaretier, ère ; tavernier, ère (antiguamente), patron, patronne de café [hoy].
tabernucha f. o **tabernucho** m. FAM. Bistrot, *m.*, caboulot, *m.*
tabes f. MED. Tabès, *m.* ‖ *Enfermo de tabes,* tabétique.
tabético, ca adj. Tabétique.
tabica f. Contremarche (de escalera).
tabicar v. tr. Cloisonner (cerrar con tabique). ‖ Murer (tapiar una puerta, etc.). ‖ FIG. Boucher (tapar). ‖ *Esmalte tabicado,* émail cloisonné.
— V. pr. Se boucher : *tabicarse las narices,* se boucher le nez.
tabique m. Cloison, *f.* (pared delgada). ‖ ANAT. Cloison, *f.* : *tabique nasal,* cloison nasale. ‖ — *Tabique de carga,* mur de refend. ‖ *Tabique de panderete,* galandage. ‖ *Tabique sordo,* double cloison.
tabla f. Planche (de madera). ‖ Plaque (de otra materia). ‖ Tablette (anaquel). ‖ Table (de un diamante). ‖ Pli (*m.*) plat (de un vestido) : *falda con tablas,* jupe à plis plats. ‖ Bande (billar). ‖ Table (índice de un libro). ‖ Table, tableau, *m.* (lista, catálogo). ‖ Panneau (*m.*) d'affichage (para anuncios). ‖ Plan (*m.*) d'eau (en un río). ‖ Étal, *m.* (mostrador de carnicería). ‖ Plan, *m.* (de un cuadro). ‖ Peinture sur bois, panneau (*m.*) de bois peint (pintura). ‖ AGRIC. Planche, carré, *m.* ‖ MAT. Table : *tabla de logaritmos,* table de logarithmes ; *tabla de multiplicar,* table de multiplication. ‖ — Pl. Partie (*f. sing.*) de l'arène proche des barrières (parte del ruedo). ‖ Partie (*f. sing.*) nulle, match (*m. sing.*) nul (en ajedrez) : *hacer tablas,* faire partie nulle. ‖ Planches (teatro) : *pisar las tablas* ou *subir a las tablas,* monter sur les planches. ‖ — MÚS. *Tabla de armonía,* table d'harmonie. ‖ *Tabla de cortar,* planche à découper. ‖ *Tabla de chilla,* volige. ‖ MAR. *Tabla de escantillones,* gabarit. | *Tabla de guindola,* barre

du triangle. | *Tabla de jarcia,* haubans. ‖ *Tabla de lavar,* planche à laver. ‖ *Tabla de salarios,* barème des salaires. ‖ FIG. *Tabla de salvación,* planche de salut. ‖ DEP. *Tabla finlandesa,* table finlandaise. ‖ *Tablas de la ley,* tables de la loi o de Moïse. ‖ *Tablas reales,* trictrac (juego). ‖ — *A raja tabla,* point par point, rigoureusement, strictement. ‖ *Caballeros de la Tabla Redonda,* chevaliers de la Table ronde. ‖ FIG. *Escaparse en una tabla,* l'échapper belle o de justesse. | *Hacer tabla rasa,* faire table rase. | *Pisar bien las tablas* ou *tener muchas tablas,* avoir de l'aisance o de la présence (actor), connaître la partie, avoir du métier o de la pratique, en connaître un bout (fig.).
— OBSERV. Le mot français *table* désignant un meuble se traduit en espagnol par *mesa.*
tablacho m. Vanne, *f.* (compuerta).
tablada f. *Amer.* Halle aux viandes [près d'un abattoir]. | Plaine (llanura).
tablado m. Plancher (suelo de tablas). ‖ Tribune, *f.* (tribuna). ‖ Scène, *f.*, planches, *f. pl.* (escenario). ‖ Estrade, *f.* (tarima). ‖ Tréteaux, *pl.* : *la compañía ambulante ha dispuesto su tablado en la Plaza Mayor,* la compagnie ambulante a monté ses tréteaux sur la grand-place. ‖ Plancher (de un carro). ‖ Fond (de una cama). ‖ Échafaud (patíbulo). ‖ — *Sacar al tablado,* inciter à monter sur les planches (a un actor), crier sur les toits, publier (pregonar algo). ‖ *Salir al tablado,* entrer en scène. ‖ *Subir al tablado,* monter sur les planches.
tabladura f. MÚS. Tablature.
tablaje m. Boiserie, *f.* (conjunto de tablas). ‖ Tripot (garito).
tablajería f. Vice (*m.*) du jeu (vicio de jugar). ‖ Tripot, *m.* (garito). ‖ Étal, *m.* (de carnicería).
tablajero m. Charpentier qui dresse des estrades (carpintero). ‖ Tenancier de tripot (gariero). ‖ Boucher (carnicero).
tablao m. Cabaret andalou.
— OBSERV. *Tablao* est une déformation andalouse du mot *tablado.*
tablar m. Planche, *f.*, carré (de huerta).
tablazo m. Coup de planche (golpe). ‖ MAR. Bas-fond.
tablazón f. Plancher, *m.* ‖ Bordage, *m.* (de un buque).
tableado, da adj. y s. m. Plissé, e.
tablear v. tr. Débiter en planches (un madero). ‖ AGRIC. Diviser en planches (un huerto). | Herser (aplanar). ‖ Laminer (el hierro). ‖ Plisser (un vestido).
tableo m. Débitage en planches (madera). ‖ AGRIC. Division (*f.*) en planches (huertos). | Hersage (aplanamiento). ‖ Laminage (del hierro).
tablero adj. De sciage (madero).
— M. Planche, *f.* (tabla). ‖ Plaque, *f.* (placa). ‖ Panneau : *tablero de fibra,* panneau de fibre. ‖ Tableau noir (encerado). ‖ Panneau o tableau d'affichage (para anuncios). ‖ Tableau de bord de coche, de avión). ‖ Échiquier (de ajedrez). ‖ Damier (de damas). ‖ Tablier (de tablas reales). ‖ Jacquet (caja de chaquete). ‖ Arbrier (de ballesta). ‖ Tablier (de puente). ‖ Comptoir (mostrador). ‖ Éventaire de vendedor ambulant. ‖ Établi (de sastre). ‖ Tripot (garito). ‖ Planche, *f.*, carré (de huerta). ‖ MAR. Cloison, *f.* (mamparo). ‖ — *Tablero contador,* boulier [pour compter]. ‖ *Tablero de dibujo,* planche à dessin. ‖ *Tablero de mandos,* tableau de bord. ‖ *Tablero equipolado,* échiquier équipollé (blasón). ‖ FIG. *Tablero político,* échiquier politique.
tablestaca f. TECN. Palplanche.
tableta f. Tablette. ‖ Tablette (de chocolate). ‖ Comprimé, *m.* (de aspirina). ‖ *Amer.* Macaron, *m.* (alfajor). ‖ — Pl. Claquettes o crécelle (*sing.*) de lépreux (tablillas de San Lázaro).

tableteado m. Claquement. ‖ Crachement, crépitement (de una ametralladora).
tabletear v. intr. Claquer. ‖ Crépiter, cracher
(ametralladora).
tableteo m. Claquement. ‖ Crépitement, crachement (de una ametralladora).
tablilla f. Planchette (tableta). ‖ Panneau, *m.*,
écriteau, *m.* (para anuncios). ‖ Bande (billar). ‖
Éclisse (para las fracturas). ‖ — *Tablilla de anuncios*, tableau d'affichage. ‖ *Tablillas de San Lázaro*, claquettes o crécelle de lépreux.
tablón m. Grosse planche, *f.* ‖ Plan d'eau (en un
río). ‖ Panneau o tableau d'affichage (de anuncios). ‖ Plongeoir (trampolín). ‖ POP. Cuite, *f.*
(borrachera). ‖ *Tablón de anuncios*, tableau d'affichage.
tabor m. MIL. Tabor.
Tabor n. pr. m. GEOGR. Tabor
tabú adj. y s. m. Tabou.
tabuco m. Galetas (cuchitril).
tabulador m. Tabulateur.
tabuladora f. TECN. Tabulatrice.
tabular adj. Tabulaire.
tabular v. tr. Présenter sous forme de tableaux.
taburete m. Tabouret.
tac m. Tac (onomatopeya).
taca f. Placard, *m.* (alacena). ‖ Tache (mancha). ‖
MECÁN. Taque (forja).
tacada f. Coup (*m.*) de queue (billar). ‖ Série [de
carambolages] (carambolas en billar). ‖ MAR.
Taquets, *m. pl.*
tacana f. Minerai (*m.*) d'argent (mineral).
tacañamente adv. Chichement, avec ladrerie.
tacañear v. intr. Lésiner (cicatear).
tacañería f. Lésinerie, ladrerie, pingrerie.
tacaño, ña adj. y s. Ladre, avare, pingre.
— SINÓN. *Avaro*, avare. *Roñoso*, *agarrado*, radin. *Ruin*,
ladre. *Mezquino*, mesquin. *Parco*, parcimonieux. *Cicatero*,
lésineur. *Mirado*, regardant.
tacatá o **tacataca** m. Youpala, chariot d'enfant.
tacazo m. Coup de queue de billard. ‖ FIG. y FAM.
Gros mot (palabrota).
taceta f. Gobelet (*m.*) de cuivre (molinos).
tacita f. Petite tasse. ‖ — POP. *La Tacita de Plata*,
la ville de Cadix. ‖ FIG. *Ser una tacita de plata*,
être propre comme un sou neuf.
Tácito n. pr. m. Tacite.
tácito, ta adj. Tacite.
taciturnidad f. Taciturnité.
taciturno, na adj. Taciturne.
taco m. Cheville, *f.*, tampon (tarugo). ‖ Taquet
(cuña). ‖ Crampon (de calzado). ‖ Bourre, *f.* (cartucho, mina). ‖ Baguette (*f.*) de fusil (baqueta). ‖
Queue (*f.*) de billard (billar). ‖ Baguette, *f.* (violín). ‖ Canonnière, *f.* (juego de niños). ‖ Bloc (de
calendario, para escribir). ‖Carnet [de tickets] :
taco de billetes de metro, carnet de tickets de
métro. ‖ IMPR. Mentonnière, *f.* ‖ Carré (trocito) :
tacos de queso, carrés de fromage. ‖ Coup (de
vino). ‖ Gros mot (juramento) : *soltar un taco*,
lâcher un gros mot. ‖ *Amer.* Talon (tacón). ‖ —
Calendario de taco, calendrier à effeuiller. ‖ *Taco
de billetes*, liasse de billets (dinero). ‖ *Taco de
suela*, queue à procédé (billar). ‖ *Taco limpio* ou
seco, queue sans procédé (billar). ‖ — FIG. y FAM.
Estar hecho un taco, ne plus rien y comprendre. |
Hacerse un taco, s'embrouiller.
tacómetro m. TECN. Tachymètre.
tacón m. Talon : *zapatos de tacones altos*, chaussures à talons hauts ; *tacón aguja*, talon aiguille.
taconazo m. Coup de talon [du soulier].
taconear v. intr. Faire claquer o sonner ses talons
(al andar). ‖ Faire des claquettes (el bailarín).
taconeo m. Bruit fait avec les talons en marchant
(ruido al andar). ‖ Claquettes, *f. pl.* (de bailarín).

táctico, ca adj. Tactique : *el uso táctico de los
aviones*, l'emploi tactique des avions.
— M. Tacticien. ‖ — F. Tactique.
táctil adj. Tactile : *sensación táctil*, sensation
tactile.
tactismo m. Tactisme (tropismo).
tacto m. Toucher, tact : *sentido del tacto*, sens du
toucher. ‖ FIG. Tact (delicadeza) : *falta de tacto*,
manque de tact ; *tener tacto*, avoir du tact. ‖ *Tacto
de codos*, coude à coude (en el ejército).
tacuacín m. *Amer.* Sarigue, *f.* (mamífero).
tacuara f. *Amer.* Bambou, *m.* (bambú).
tacuaral m. *Amer.* Terrain planté de bambous.
tacurú m. *Amer.* Termite (insecto). | Termitière, *f.*
(termitera).
tacha f. Tache, défaut, *m.* (mancha) : *vida sin
tacha*, vie sans tache. ‖ Tare (defecto moral o
físico). ‖ TECN. Broquette, broche (especie de
clavo). ‖ DR. Reproches, *m. pl.* ‖ *El Caballero sin
miedo y sin tacha*, le Chevalier sans peur et sans
reproche (Bayardo).
tachable adj. Blâmable. ‖ DR. Reprochable.
tachadura f. Biffage, *m.*, rature.
tachar v. tr. Rayer, biffer, barrer (borrar) : *tachar
una palabra inútil*, rayer un mot inutile. ‖ DR.
Récuser (a un testigo). ‖ FIG. Accuser, reprocher,
blâmer (censurar) : *tacharle a uno de cobarde, de
trabajar poco*, reprocher à quelqu'un d'être peu-
reux, de peu travailler. | Taxer (calificar) : *tachar
a uno de avaricia*, taxer quelqu'un d'avarice. ‖
Tachar lo que no interesa, rayer les mentions inutiles (en un formulario).
tachero m. *Amer.* Ouvrier chargé des chaudrons
[dans une sucrerie]. | Ferblantier (hojalatero).
tachismo m. Tachisme (pintura).
tachista m. y f. Tachiste (pintor).
tacho m. *Amer.* Chaudron (recipiente de latón). |
Chaudière, *f.*, grand chaudron (paila grande). ‖
FIG. *Amer. Irse al tacho*, échouer.
tachón m. Rature, *f.*, trait de plume. ‖ Galon,
ruban (cinta). ‖ Caboche, *f.*, clou à tête dorée
(tachuela dorada).
tachonar v. tr. Galonner, enrubanner (con cintas).
‖ Clouter, garnir de clous dorés (con clavos). ‖
FIG. Orner, parsemer (adornar). ‖ FIG. *Cielo
tachonado de estrellas*, ciel constellé d'étoiles.
tachuela f. Semence, broquette (clavo). ‖ *Amer.*
Casserole (cacerola).
Tadeo n. pr. m. Tadée.
tael m. Tael (moneda china).
tafetán m. Taffetas (tela). ‖ — Pl. FIG. Drapeaux
(banderas). ‖ FIG. Atours, falbalas (galas de una
mujer).
tafia f. Tafia, *m.* (aguardiente).
tafilete m. Maroquin. ‖ *Tafilete graneado*, maroquin à gros grain.
tafileteado m. Maroquinage.
tafiletear v. tr. Garnir de maroquin.
tafiletería f. Maroquinerie.
tafiletero m. Maroquinier.
tagalo, la adj. y s. Tagal, e (indígena de las Filipinas). ‖ — M. Tagal (lengua de los tagalos).
tagarino, na adj. y s. Se disait des Maures qui
vivaient en pays chrétien.
tagarnina f. Pissenlit, *m.* (planta). ‖ FAM. Mauvais
cigare, *m.*, mauvaise cigarette (cigarro malo). |
Mauvais tabac, *m.*, foin, *m.* (tabaco malo).
tagarote m. Hobereau (halcón). ‖ FAM. Gratte-
papier (escribiente). | Hobereau (hidalgo pobre). |
Escogriffe (hombre desgarbado).
tagua f. *Amer.* Foulque (ave). | Corozo, *m.* (planta).
tahalí m. Baudrier (tira de cuero).
taharal m. Terrain planté de tamaris.
taheño, ña adj. À barbe rousse.
tahona f. Boulangerie (panadería). ‖ Moulin, *m.*
[mû par un cheval].
tahonero, ra m. y f. Boulanger, ère (panadero).

tahúlla f. Mesure agraire de Murcie [11,18 ares].

tahúr m. Joueur invétéré (a las cartas). ‖ Tricheur (fullero).

tahurería f. Tripot, m. (garito). ‖ Vice (m.) du jeu (vicio). ‖ Tricherie (fullería).

taicún m. Shogoun (título en el Japón).

taifa f. Bande, faction, parti, m. (bandería). ‖ FIG. y FAM. Bande de voyous, canaille (personas de mala vida).
— OBSERV. L'expression *reyes de taifa* désigne les roitelets qui se partagèrent l'Espagne arabe après la désagrégation du califat de Cordoue en 1031.

taiga f. Taïga (selva).

Tailandia n. pr. f. GEOGR. Thaïlande.

tailandés, esa adj. y s. Thaïlandais, e.

taimado, da adj. y s. Rusé, e ; sournois, e.

taimarse v. tr. *Amer.* Devenir rusé.

taimería f. Ruse, sournoiserie.

taita m. Papa (en lenguaje infantil).
— OBSERV. Nom d'amitié donné aux Antilles aux Noirs âgés, en Argentine et au Chili au père et aux personnes respectables : *taita cura*, monsieur le curé. En Argentine, parmi les gauchos, il désigne le spadassin et correspond a *matón*.

taja f. Entaille, coupure (cortadura). ‖ Bouclier, m. (tarja).

tajada f. Tranche (de carne, melón, sandía). ‖ FAM. Enrouement, m. (ronquera). | Cuite (borrachera). ‖ — FIG. y FAM. *Hacer tajadas*, couper en petits morceaux, mettre en pièces. | *Llevarse la tajada del león* ou *llevarse la mejor tajada*, se tailler la part du lion. | *Sacar tajada*, emporter le morceau (conseguir algo), se sucrer, avoir part au gâteau (sacar provecho). | *Sacar tajada de todas partes*, manger à tous les râteliers.

tajadera f. Couteau, m., hachoir, m. (cuchillo). ‖ Ciseau (m.) à froid (cortafrío).

tajadero m. Tranchoir, billot (madera donde se corta la carne).

tajado, da adj. Tranché, e. ‖ Taillé à pic, escarpé, e (escarpado). ‖ BLAS. Taillé, e (escudo). ‖ FAM. Saoul, e (borracho).

tajador, ra adj. Tranchant, e (que taja).
— M. Billot, tranchoir (tajo).

tajadura f. Coupure, entaille.

tajamar m. Taille-mer, *inv.* (del barco). ‖ Avant-bec (de puente). ‖ *Amer.* Môle (malecón). | Barrage (presa).

tajante adj. ● Tranchant, e. ‖ FIG. Tranchant, e : *respuesta tajante*, réponse tranchante. | Catégorique : *es tajante*, il est catégorique. | Cassant, e ; tranchant, e : *hablar con tono tajante*, parler sur un ton cassant.
— M. Boucher (cortador).
— SINÓN. ●* *Cortante*, coupant. *Afilado*, aiguisé, affilé. *Incisivo*, incisif.

tajaplumas m. inv. Canif (cortaplumas).

tajar v. tr. Trancher, couper (cortar). ‖ Tailler (pluma).
— V. pr. FAM. Se saouler (emborracharse).

tajibo m. *Amer.* Sorte de courge.

tajo m. Entaille, f., coupure, f. (corte). ‖ Estafilade, f. (chirlo). ‖ Taille, f. (mina). ‖ Chantier (obra) : *ir al tajo*, aller sur le chantier. ‖ Tâche, f. (tarea). ‖ Ravin taillé à pic (escarpa alta). ‖ Brèche : *el tajo de Roncesvalles*, la brèche de Roncevaux. ‖ Tranchant, fil (filo). ‖ Billot (para picar la carne). ‖ Billot (de suplicio). ‖ Coup d'épée frappé de droite à gauche (en esgrima). ‖ *Amer.* Chemin. ‖ — *Mina a tajo abierto*, mine à ciel ouvert. ‖ *Tirar tajos y estocadas*, frapper d'estoc et de taille.

Tajo n. pr. m. Tage (río).

tajón m. Billot (tajo).

tajuelo m. Petit billot. ‖ Escabeau (asiento). ‖ MECÁN. Crapaudine, f. (tejuelo).

tal adj. Tel, telle : *tal es mi parecer*, tel est mon avis ; *vivo en la calle tal*, j'habite dans telle rue. ‖

Tel, telle, pareil, eille (semejante) : *nunca he visto tal espectáculo*, je n'ai jamais vu un tel spectacle o un spectacle pareil o pareil spectacle (el artículo indefinido es obligatorio en francés delante de *tel*) ; *en tales circunstancias*, dans de telles circonstances (*de* en vez de *des* en el plural). ‖ Tel, telle, si grand, e : *tal es su poderío que nadie le resiste*, son pouvoir est tel que personne ne lui résiste. ‖ Ce, cette, le o la... en question : *no conozco a tal hombre*, je ne connais pas cet homme o l'homme en question. ‖ Tel, telle, tant (cifra) : *en la página tal*, à telle page, à la page tant.
— Pron. Ceci, cela (neutro) : *tal no haré*, je ne ferai pas cela ; *¿quién dijo tal?*, qui a dit cela ? ‖ Quelqu'un, une (alguno) : *tales habrá que ya lo sepan*, sans doute y en a-t-il quelques-uns qui le savent déjà. ‖ — *El tal, la tal*, il, elle, l'homme o la femme en question : *el tal me lo dijo*, il me l'a dit. ‖ FIG. y FAM. *Una tal*, une prostituée, une créature. ‖ *Un tal, una tal*, un certain o dénommé, une certaine o dénommée : *habló un tal Rodríguez*, un certain Rodriguez prit la parole. ‖ *Como* ou *cual... tal*, de même que... de même. ‖ *Con tal que*, pourvu que, à condition que, si : *con tal que vengas, todo irá bien*, pourvu que tu viennes, tout ira bien. ‖ *De tal manera que*, de telle sorte que. ‖ *Fulano, fulana de tal*, un tel, une telle. ‖ *Otro tal*, un autre, un pareil (semejante), autant (otro tanto). ‖ *¿Qué tal?*, comment ça va ?, comment allez-vous ?, ça va ? (cómo está), comment cela a-t-il marché ? (¿cómo fue la cosa ?), qu'en pensez-vous ?, qu'en dites-vous ? (¿qué le parece ?). ‖ *Tal como* ou *tal cual*, tel, telle que : *tal como la veo va a morir*, telle que je la vois, elle va mourir. ‖ *Tal cual*, quelques : *se veía tal cual casucha*, on voyait çà et là quelques pauvres masures ; médiocre, comme ci comme ça : *una solución tal cual*, une solution comme ci comme ça ; tel quel : *lo dejé todo tal cual*, j'ai tout laissé tel quel (no se diga en este caso *tel que*). ‖ *Tal para cual*, l'un vaut l'autre, les deux font la paire. ‖ *Tal... que*, tellement o si... que : *tal estaba de mala que no pudo levantarse*, elle était si malade qu'elle ne put se lever ; de telle façon... que : *tal me habló que no supe qué decirle*, il me parla de telle façon que je ne sus que lui dire. ‖ *Tal vez*, peut-être : *tal vez venga*, il viendra peut-être, peut-être viendra-t-il. ‖ *Y tal y cual*, et cetera et cetera : *me contó sus desgracias, sus enfermedades, sus esperanzas frustradas y tal y cual*, il me raconta ses malheurs, ses maladies, ses espoirs déçus, et cetera et cetera. ‖ — *No hay tal*, ce n'est pas vrai, il n'en est rien (es falso). ‖ *No hay tal como*, il n'y a rien de tel que : *no hay tal como viajar*, il n'y a rien de tel que de voyager. ‖ *Si tal hubiera*, si c'était vrai, s'il en était ainsi. ‖ *Tal y como están las cosas*, dans l'état actuel des choses, de la façon dont les choses se présentent, étant donné l'état des choses, les choses étant ce qu'elles sont. ‖ FAM. *¡Voto a tal!*, sacrebleu !

tala f. Coupe, taille (de árboles). ‖ Élagage, m. (poda). ‖ Dévastation, destruction, ravage, m. (destrucción). ‖ Bâtonnet, m. (juego de niños). ‖ Abattis, m. (defensa). ‖ *Amer.* Sorte de micocoulier (árbol).

talabarte m. Ceinturon.

talabartería f. Bourrellerie, sellerie.

talabartero m. Bourrelier, sellier.

talabricense adj. y s. De Talavera de la Reina [ville de la Nouvelle-Castille, autrefois *Talabriga*].

talador, ra adj. Qui coupe (que tala) o qui émonde (que poda) les arbres.
— M. y f. Bûcheron, onne (que corta), émondeur, euse (que poda).

taladrador, ra adj. y s. Perceur, euse.

taladrar v. tr. Percer (horadar). ‖ Poinçonner (un billete). ‖ TECN. Forer, percer. ‖ FIG. Percer (herir los oídos).
taladrilla f. Vrillette (insecto).
taladro m. Foret, tarière (barrena). ‖ Tamponnoir (cortafrío). ‖ Trou percé avec le foret (agujero). ‖ *Taladro de mano,* chignole.
talamera f. Arbre (*m.*) sur lequel on place l'appeau.
talamete m. MAR. Tille, *f.* (del barco).
tálamo m. Chambre (*f.*) nuptiale (alcoba). ‖ Lit nuptial (cama). ‖ BOT. Thalame, réceptacle. ‖ ANAT. Thalamus. ‖ ANAT. *Tálamos ópticos,* couches optiques.
talán m. Ding-dong [de cloche].
talanquera f. Barrière, palissade.
talante m. Humeur, *f.* : *estar de buen, de mal talante,* être de bonne, de mauvaise humeur.
talar adj. Long, longue : *vestido talar,* robe longue. ‖ (Ant.). Talaire : *toga talar,* toge talaire.
— M. pl. Talonnières, *f.* (alas de Mercurio).
talar v. tr. Couper, abattre (cortar). ‖ Tailler, émonder (podar). ‖ FIG. Détruire, dévaster, ravager (destruir).
talasoterapia f. MED. Thalassothérapie.
talavera m. Faïence (*f.*) de Talavera (cerámica).
talaverano, na adj. y s. De Talavera.
talayote m. Mégalithe des Baléares.
talco m. Talc (mineral).
talcoso, sa adj. Talqueux, euse ; talcaire.
talcualillo, lla adj. FAM. Comme ci comme ça (regular). ‖ Un petit peu mieux (los enfermos).
tálea f. Palissade [des camps romains].
taled m. Taled, taleth (velo judío).
talega f. Sac, *m.* (bolsa) : *talega de pan, de ropa sucia,* sac à pain, à linge. ‖ Résille (para el cabello). ‖ FIG. Bas (*m.*) de laine, magot, *m.* (dinero). ‖ FAM. Péchés, *m. pl.* (pecados).
talegada f. Sachée, sac, *m.* [contenu].
talegallo m. ZOOL. Talégalle, gallinacé d'Australie.
talegazo m. Coup donné avec un sac. ‖ FAM. Chute, *f.* (caída).
talego m. Sac (saco). ‖ FIG. y FAM. *Estar hecho un talego,* être trappu.
taleguilla f. Petit sac, *m.* (talego pequeño). ‖ TAUROM. Culotte de torero.
talento m. Talent (moneda, peso). ‖ Talent : *hombre de mucho talento,* homme d'un grand talent. ‖ Intelligence, *f.,* esprit (inteligencia).
talentoso, sa o **talentudo, da** adj. FAM. Talentueux, euse ; de talent : *escritor talentoso,* écrivain de talent.
talerazo m. *Amer.* Coup de cravache.
talero m. *Amer.* Cravache, *f.*
tálero o **taler** m. (Ant.). Thaler (moneda alemana).
Tales n. pr. m. Thalès.
Talgo m. (nombre registrado). Talgo [train articulé d'invention espagnole].
Talía n. pr. f. Thalie.
talio m. Thallium (metal).
talión m. Talion : *ley del talión,* loi du talion.
talismán m. Talisman.
talismánico, ca adj. Talismanique.
talma f. Pèlerine.
talmente adv. Tellement, si.
Talmud n. pr. m. Talmud.
talmúdico, ca adj. Talmudique.
talmudista m. y f. Talmudiste.
talo m. BOT. Thalle (de los líquenes).
talófitas f. pl. BOT. Thallophytes, *m.*
talón m. Talon (de pie, de calzado, de media). ‖ Volant (de un talonario). ‖ Talon (del arco de violín). ‖ Talon de la cubierta del neumático). ‖ ARQ. Talon (moldura). ‖ MAR. Talon (de la quilla). ‖ Étalon (monedas). ‖ — FIG. y FAM. *Ir* ou *estar pegado a los talones de uno,* être toujours sur les talons de quelqu'un. ‖ *Pisarle a*

uno los talones, marcher sur les talons de quelqu'un, suivre quelqu'un de près, talonner quelqu'un. ‖ *Talón de Aquiles,* talon d'Achille. ‖ *Talón reforzado,* talonnette, talon renforcé (de media, de calzado).
talonada f. Coup (*m.*) de talon [donné au cheval].
talonador m. Talonneur (rugby).
talonaje m. Talonnage (rugby).
talonar v. tr. Talonner (rugby).
talonario, ria adj. A souche : *libro talonario,* registre à souche.
— M. Registre à souche. ‖ *Talonario de cheques,* carnet de chèques, chéquier.
talonazo m. Coup de talon.
talonera f. Talonnette (en los pantalones, en el interior del calzado).
talpa o **talparia** f. MED. Loupe, kyste (*m.*) sébacé (absceso en el cráneo).
talque m. Terre (*f.*) talqueuse o réfractaire (para hacer crisoles).
talquera f. Poudreuse.
talud m. Talus.
talla f. Sculpture (en madera). ‖ Taille : *hombre de poca talla,* homme de petite taille. ‖ Taille (de traje). ‖ Taille (tributo). ‖ Taille, taillerie (de diamante). ‖ Rançon (de un cautivo). ‖ Taille (juego de la banca). ‖ Toise (para medir). ‖ FIG. Taille, envergure : *la talla de este ministro,* l'envergure de ce ministre. ‖ MAR. Moufle, poulie. ‖ MED. Taille (operación de la vejiga). ‖ — FIG. *De talla,* d'envergure. ‖ *Media talla,* demi-bosse (escultura). ‖ FIG. *Tener talla para* ou *ser de talla para,* être de taille à (capaz de), être taillé pour (propio para).
tallado, da adj. Taillé, e (cortado). ‖ BLAS. Tigé, e. ‖ FIG. *Bien* ou *mal tallado,* qui a la taille bien o mal prise, bien o mal fait.
— M. Taille, *f.* (de piedras preciosas). ‖ Sculpture, *f* (escultura). | Gravure, *f.* (de metales).
tallador m. Graveur (grabador). ‖ MIL. Toiseur.
talladura f. Gravure (entalladura).
tallar adj. m. y s. m. Taillis (bosque). ‖ *Monte tallar,* bois taillis.
tallar v. tr. Tailler (cargar de impuestos). ‖ Tailler (piedras finas). ‖ Sculpter (maderas). ‖ Graver (metales). ‖ FIG. Évaluer, apprécier (tasar, apreciar). ‖ Toiser, passer à la toise (medir). ‖ Tailler (juegos).
— V. intr. *Amer.* Causer, bavarder (charlar).
— V. pr. Passer à la toise.
tallarín m. Nouille, *f.*
talle m. Taille, *f.* (cintura) : *talle esbelto,* taille fine o bien prise. ‖ Tour de taille : *tiene 60 centímetros de talle,* elle a 60 centimètres de tour de taille. ‖ Silhouette, *f.,* allure, *f.,* tournure, *f.* (disposición del cuerpo). ‖ FIG. Forme, *f.,* aspect. ‖ — *De buen talle,* bien proportionné, bien fait. ‖ *Marcar el talle,* marquer la taille. ‖ FIG. *Talle de avispa,* taille de guêpe.
tallecer* v. intr. Germer (las semillas). ‖ Pousser des rejetons (los árboles).
taller m. Atelier (para trabajar) : *taller de costura, de reparaciones,* atelier de couture, de dépannage o de réparations.
— OBSERV. *Atelier d'artiste* se dit en espagnol *estudio.*
tallista m. Sculpteur sur bois (escultor). ‖ Graveur (que graba).
tallo m. ● Tige, *f.* (de la planta) : *tallo inclinado,* tige tombante. ‖ Pousse, *f.,* rejeton (renuevo). ‖ Thalle (de los líquenes). ‖ Germe (germen). ‖ *Amer.* Chou (col).
— SINÓN. ● *Cepa,* souche. *Estípite,* stipe. *Caña,* chaume. *Bohordo,* hampe. *Retallo,* rejeton.
talludo, da adj. À grosse tige. ‖ FIG. Grand, e ; élancé, e (alto). | Enraciné, e (vicio). | Mûr, e (maduro) : *persona talluda,* personne mûre.
talluelo m. Petite tige, *f.*

tamal m. *Amer.* Pâté [de viande et de farine de maïs]. || Fig. Intrigue, *f.* (intriga).

tamalear v. tr. Fam. *Amer.* Tripoter (manosear).

tamalería f. *Amer.* Boutique où l'on vend des pâtés de viande et de maïs.

tamalero, ra m. y f. *Amer.* Marchand, marchande de pâtés [de viande et de maïs].

tamanduá m. Tamandua (oso hormiguero).

tamango m. *Amer.* Chaussure (*f.*) des gauchos (calzado de los gauchos).

tamañito, ta adj. Fam. Penaud, e ; confus, e (confundido).

tamaño, ña adj. Si gros, si grosse ; si grand, e (tan grueso, grande). || Si petit, si petite (tan pequeño). || Très grand, e ; comme ça (fam.) : *abría tamaños ojos*, il ouvrait des yeux comme ça. || *Tamaño como*, aussi grand que (tan grande), aussi petit que (tan pequeño).
— M. Taille, *f.*, grandeur, *f.*, dimensions, *f.* pl. (dimensión), volume (volumen). || Importance, *f.* : *tamaño de la explotación*, importance de l'exploitation. || Format (de un libro, etc.). || — Fam. *Del tamaño de un perro sentado*, haut comme une botte, haut comme trois pommes. || *Tamaño natural*, grandeur nature (retrato).

támara f. Dattier, *m.* (palmera). || Palmeraie (terreno poblado de palmas). || — Pl. Régime (*m. sing.*) de dattes (dátiles).

tamarao m. Buffle des Philippines.

tamarindo m. Tamarinier, tamarin (árbol). || Tamarin (fruto).

tamarisco o **tamariz** m. Bot. Tamaris (taray).

tamarugal m. *Amer.* Bois de caroubier.

tamarugo m. *Amer.* Espèce de caroubier.

tambaleante adj. Chancelant, e ; titubant, e (al andar). || Fig. Branlant, e : *un mueble tambaleante*, un meuble branlant. | Chancelant, e : *instituciones tambaleantes*, institutions chancelantes.

tambalear v. intr. y pr. Chanceler. || Tituber (al andar). || Fig. Être ébranlé : *las estructuras de esta organización se han tambaleado*, les structures de cette organisation ont été ébranlées. | Être branlant : *este mueble se tambalea*, ce meuble est branlant.

tambaleo m. Chancellement. || Titubement (al andar).

tambanillo m. Arq. Fronton.

tambarria f. *Amer.* Noce, fête (parranda).

tambero, ra adj. *Amer.* Docile (manso). | De l'auberge. | De l'étable.
— M. y f. *Amer.* Aubergiste (ventero). | Fermier, ère (granjero).

también adv. Aussi : *yo también*, moi aussi.
— Observ. El español *también* precede a menudo al verbo, mientras que el francés *aussi* tiene que seguirle : *también vine*, je suis venu aussi. *Aussi* puede, sin embargo, preceder al verbo si va acompañado del pronombre personal : (él) *también lo hizo*, lui aussi l'a fait.

tambo m. *Amer.* Auberge, *f.* (parador). | Étable, *f.* (vaquería). | Laiterie, *f.*, crémerie, *f.* (mantequería).

tambor m. ● Tambour (instrumento, persona). | Tamis (para el azúcar). || Brûloir (para tostar café). || Tambour (para bordar). || Barillet : *revólver de tambor*, revolver à barillet. || Réduit (aposento en el interior de otro). || Anat. Tambour (del oído). || Arq. Tambour (de cúpula o columna). | Abaque (de capitel). || Mar. Tambour (de las ruedas). | Tambour (del timón). || Mecán. Tambour (del freno, de máquina de lavar). || — Fig. *A tambor o con tambor batiente*, tambour battant. | *Con gaita y tambor*, joyeusement. || *Tambor mayor*, tambour-major. || *Tocar el tambor*, battre le *o* du tambor.
— Sinón. ● *Caja*, caisse. *Tamboril, pandero*, tambourin. *Timbal, atabal*, timbale.

tambora f. Mús. Grosse caisse (bombo). || Fam. Tambour, *m.* (tambor).

tamborear v. intr. Tambouriner.

tamboreo m. Tambourinement.

tamborete m. Petit tambour. || Mar. Chouquet, chouque.

tamboril m. Tambourin.

tamborilada f. Fig. y Fam. Chute sur le derrière (caída). | Taloche, coup, *m.* (bofetón).

tamborilazo m. Fig. y Fam. Taloche, *f.*

tamborilear v. intr. Tambouriner (con los dedos). || Jouer du tambourin (tocar el tamboril).
— V. tr. Louer, vanter [quelqu'un] (celebrar). || Impr. Taquer.

tamborileo m. Tambourinement, tambourinage.

tamborilero m. Tambourineur, tambourinaire (en Provenza).

tamborilete m. Petit tambourin. || Impr. Taquoir.

tamborín o **tamborino** m. Tambourin.

tameme m. *Amer.* Porteur (mozo de cuerda).

Támesis n. pr. m. Geogr. Tamise, *f.*

tamiz m. Tamis. || — Fig. *Pasar por. el tamiz*, passer au crible. || *Tamiz vibratorio*, tamis vibrant.

tamizado m. Tamisage.

tamizar v. tr. Tamiser : *luz tamizada*, lumière tamisée.
— Sinón. *Cribar*, cribler. *Cerner*, bluter. *Colar, pasar*, passer.

tamo m. Duvet (pelusa). || Poussière (*f.*) de paille (polvo de semillas trilladas). || Mouton (polvo bajo los muebles).

tamojal m. Terrain couvert de buissons.

tamojo m. Buisson (matojo).

tampoco adv. Non plus : *él tampoco irá*, il n'ira pas non plus ; *ni yo tampoco*, ni moi non plus.

tampón m. Tampon (sello).

tam-tam m. Mús. Tam-tam (tantán).

tamujal m. Terrain planté de nerpruns.

tamujo m. Bot. Nerprun.

tamul m. Tamoul, tamil (lengua).

tan m. Ran (onomatopeya), roulement de tambour.

tan (apócope de *tanto*) adv. Si, tellement : *no seas tan necio*, ne sois pas si bête. || — *Tan... como*, aussi... que : *tan blando como la cera*, aussi mou que la cire ; *no me curaré tan fácilmente como dices*, je ne guérirai pas aussi facilement que tu le dis. || *Tan es así que*, tant il est vrai que, c'est tellement *o* si vrai que. || *Tan pronto como*, aussitôt que, sitôt, sitôt que : *tan pronto como llegues avísame*, aussitôt que tu seras arrivé, préviens-moi ; *tan pronto como acabe este trabajo, haré otro*, sitôt ce travail fini, j'en ferai un autre. || *Tan... que, si... que* : *el viento es tan fuerte que rompe las ramas*, le vent est si fort qu'il casse les branches. || *Tan siquiera*, au moins, seulement, ne serait-ce que : *si tuviera tan siquiera mil pesetas*, si j'avais seulement mille pesetas. || *Tan sólo tienes que decidirte*, il suffit de te décider, tu n'as qu'à te décider. || — *Cuan... tan*, autant... autant : *cuan bueno era el padre, tan malo es el hijo*, autant le père était bon, autant le fils est méchant. || *De tan... como*, tant, tellement : *no podía dormir de tan preocupado como estaba*, je ne pouvais dormir, tant j'étais soucieux.
— Observ. La forme *tan* ne peut précéder que des adjectifs et des adverbes ou des noms pris adjectivement : *me encuentro tan a gusto aquí*, je me trouve si bien ici ; *soy tan poeta como tú*, je suis aussi poète que toi. L'article indéfini n'est pas exprimé devant *tan* : *tan importante negocio*, une affaire aussi importante.

tanaceto m. Tanaisie, *f.* (planta).

tanagra f. Figurine de Tanagra (estatuita). || Tangara, *m.* (ave).

tanate m. *Amer.* Sac, musette, *f.*

Tancredo n. pr. m. Tancrède.

tanda f. Tour, *m.* (turno). || Série (serie) : *una tanda de naturales*, une série de passes naturelles.

‖ Équipe (de obreros). ‖ Partie (partida). ‖ Couche (capa). ‖ Tâche (tarea). ‖ Quantité (cantidad). ‖ Volée (de golpes, palos). ‖ *Amer.* Séance (espectáculo). | Manie, vice, *m.* (resabio).

tándem m. Tandem.

tandeo m. Répartition (*f.*) des eaux des canaux d'irrigation.

tanganillas (en) m. adv. En équilibre instable.

tanganillo m. Cale, *f.*, support, soutien.

tángano m. Bouchon (chito).

tangará m. Tangara (ave).

tangencia f. GEOM. Tangence.

tangencial adj. Tangentiel, elle.

tangente adj. y s. f. GEOM. Tangent, e. ‖ FIG. y FAM. *Escaparse* ou *salirse por la tangente*, s'échapper par *o* prendre la tangente, s'en tirer par une pirouette.

Tánger n. pr. GEOGR. Tanger.

tangerino, na adj. y s. De Tanger.

tangibilidad f. Tangibilité.

tangible adj. Tangible.

tango m. Tango (música y baile). ‖ Bouchon (chito).

tangón m. MAR. Tangon (botalón).

tanguear v. intr. Danser le tango.

tanguillo m. Toupie, *f.* (trompo). ‖ Danse et chant andalou.

tanguista f. Chanteuse de cabaret, entraîneuse.

tánico, ca adj. Tannique.

tanino m. Tannin, tanin.

tanque m. Réservoir (depósito). ‖ Citerne, *f.* (cisterna). ‖ Tank, char d'assaut (carro de combate). ‖ Propolis, *f.* (de las abejas).

tanquista m. MIL. Conducteur de char d'assaut.

tanrec m. Tanrec (mamífero).

tanta f. *Amer.* Pain (*m.*) de maïs.

tantalio m. Tantale (metal).

tántalo m. Tantale (ave y metal).

Tántalo n. pr. m. MIT. Tantale : *suplicio de Tántalo*, supplice de Tantale.

tantán m. Tam-tam (batintín).

tantarán o **tantarantán** m. Rataplan.

tanteador m. Pointeur, marqueur (en el juego). ‖ Tableau d'affichage (marcador en deportes). ‖ Buteur (fútbol).

tantear v. tr. Mesurer (medir). ‖ Compter les points au jeu (apuntar los tantos). ‖ FIG. Tâter, sonder, reconnaître (ensayar, probar) : *tantear el terreno*, tâter le terrain. | Tâter, sonder (las intenciones) : *tantear al adversario*, tâter l'adversaire. | Étudier, examiner (un proyecto). | Tâtonner (titubear). ‖ ARTES. Ébaucher (un dibujo). ‖ DR. Retraire, exercer le droit de retrait. ‖ *Amer.* Évaluer (calcular aproximadamente).
— V. pr. DR. Retraire.

tanteo m. Mesure, *f.* (medida). ‖ Essai (prueba). ‖ Examen, réflexion, *f.* (examen). ‖ FIG. Sondage (de las intenciones). | Tâtonnement (titubeo). ‖ Score (fútbol, rugby). ‖ Nombre de points, pointage (tenis, naipes, competiciones). ‖ ARTES. Ébauche, *f.* ‖ DR. Retrait. ‖ *Al tanteo*, à vue d'œil.

tanto, ta

---

1. Adjetivo. — 2. Adverbio. — 3. Sustantivo. — 4. Pronombre.

---

1. ADJETIVO. — Tant de : *no bebas tanto vino*, ne bois pas tant de vin ; *¡tengo tantas amigas!*, j'ai tant d'amies ! ‖ Autant de (comparación) : *tengo tantos amigos como él*, j'ai autant d'amis que lui [remarquer la traduction de *que* par *como*]. ‖ Si grand, e ; tel, telle : *¡llegó con tanto retraso!*, il est arrivé avec un tel retard ! ‖ Tant, si nombreux, euses : *¡pero eran tantos!*, mais il y en avait tant ! *o* ils étaient si nombreux ! ‖ Tant de : *¡tanta fuente, tanto pájaro!*, tant de sources, tant d'oiseaux ! ‖ — *De tanto frío como hacía*, il faisait tellement froid. ‖ *No ser tanto como para*, ne pas être assez grand pour : *la diferencia no fue tanta como para hacer variar el resultado*, la différence ne fut pas assez grande pour faire changer le résultat. ‖ *Otros tantos, otras tantas*, autant de : *las estrellas son otros tantos soles*, les étoiles sont autant de soleils. ‖ *Tantos cuantos son*, tous, au grand complet. ‖ *Tantos... tantos...*, autant de... autant de : *tantas cabezas, tantos pareceres*, autant de têtes, autant d'avis. ‖ *Y tantas*, et quelques : *mil pesetas y tantas*, mille pesetas et quelques.

2. ADVERBIO. — Tant, autant : *no hables tanto*, ne parle pas tant ; *no es preciso trabajar tanto*, ce n'est pas la peine de travailler autant. ‖ Tant, tellement : *llovió tanto que la carretera quedó inundada*, il a tellement plu que la route a été inondée. ‖ Tant, tellement : *¡trabajas tanto!*, tu travailles tellement ! ‖ Tant : *su fortuna sube a tanto*, sa fortune se monte à tant ; *pagar tanto cada uno*, payer tant par tête. ‖ Si longtemps : *para venir aquí no tardará tanto*, il ne mettra pas si longtemps pour venir ici ; *hace tanto que no te veo*, il y a si longtemps que je ne t'ai vu. ‖ *Tanto ... como*, tant ... que : *tanto aquí como en otra parte*, tant ici qu'ailleurs ; autant que : *de eso sé tanto como él*, j'en sais autant que lui à ce sujet. ‖ *Tanto más ... cuanto más* ou *cuanto que*, d'autant plus ... que : *los objetos parecen tanto más pequeños cuanto más lejos están*, les objets semblent d'autant plus petits qu'ils sont éloignés. ‖ *Tanto más ... porque* ou *puesto que* ou *tanto más ... que* ou *cuanto que*, d'autant plus ... que : *tiene tanto más mérito porque está muy enfermo*, il a d'autant plus de mérite qu'il est très malade. ‖ *Tanto mejor*, tant mieux. ‖ *Tanto peor*, tant pis. ‖ *Tanto por ciento*, tant pour cent. ‖ *Tanto que*, tant et si bien que. ‖ *Tanto tiempo*, si longtemps. ‖ *Tanto tienes, tanto vales*, plus on est riche, mieux on est considéré. ‖ *Tanto y más*, tant et plus. ‖ — *A tanto*, à un tel point : *a tanto había llegado la decadencia*, la décadence était arrivée à un tel point. ‖ *Algún tanto*, un peu, quelque peu. ‖ *Al tanto*, au courant : *estar al tanto de lo que pasa*, être au courant de ce qui se passe. ‖ *De* ou *con tanto*, avec, tant (con un nombre) : *de tanto calor como hacía*, avec la chaleur qu'il faisait, tant il faisait chaud ; à force de (con verbo) : *de tanto mirar*, à force de regarder. ‖ *En tanto* ou *entre tanto* ou *mientras tanto*, entre-temps, pendant ce temps. ‖ *En tanto que*, tant que. ‖ *Eso es tanto como*, cela revient à, autant : *eso es tanto como decir que*, cela revient à dire que, autant dire que. ‖ *Ni tanto ni tan poco* ou *ni tan calvo*, ni trop, ni trop peu. ‖ *No tanto ... como*, non pas tant ... que : *su fracaso se debe no tanto a su ignorancia como a su pereza*, son échec est dû non pas tant à son ignorance qu'à sa paresse. ‖ *No ... tanto como para*, ne ... au point de : *no ha engordado tanto como para no caber más en su traje del año pasado*, il n'a pas grossi au point de ne plus pouvoir entrer dans son costume de l'an dernier. ‖ *Otro tanto*, autant : *haz otro tanto*, fais-en autant. ‖ *Otro tanto más*, encore autant. ‖ *Por lo tanto*, par conséquent, donc. ‖ *Por tanto*, c'est pourquoi ‖ *Un tanto*, tant soit peu, un tant soit peu (algo), quelque peu, plutôt (bastante). ‖ FAM. *¡Y tanto!*, je comprends (mucho).

3. SUSTANTIVO. — Jeton, fiche, *f.* (ficha). ‖ Point (juegos) : *jugar una partida a cien tantos*, jouer une partie en cent points ; *apuntarse un tanto*, marquer un point. ‖ But (de fútbol). ‖ Somme, *f.* (suma). ‖ Part, *f.*, pourcentage : *me darás un*

tanto de la ganancia, tu me donneras une part du bénéfice. ‖ *Un tanto por ciento,* un pourcentage, un tant pour cent.

4. PRONOMBRE. — Cela, ça : *a tanto arrastra el vicio,* c'est à cela que le vice entraîne ; *no lo decía para tanto,* je ne le disais pas pour ça. ‖ — *Las tantas,* très tard : *son las tantas,* il est très tard ; *llegó a las tantas de la noche,* il est arrivé très tard dans la nuit. ‖ *No es para tanto,* il n'y a pas de quoi fouetter un chat, ce n'est pas la peine d'en faire toute une histoire.

tanza f. Ligne (pesca).

tañedor, ra m. y f. Joueur, joueuse [d'un instrument de musique].

tañer* v. tr. Jouer de : *tañer un instrumento,* jouer d'un instrument.
— V. intr. Sonner (las campanas) : *tañer a muerto,* sonner le glas. ‖ Tambouriner (tabalear).

tañido m. Son (sonido). ‖ Son, sonnerie, *f.* tintement [de cloches].

tañimiento m. Jeu (de un instrumento).

tao m. Tau, croix (*f.*) de Saint-Antoine (insignia de las órdenes militares).

taoísmo m. Taoïsme.

taoísta adj. y s. Taoïste.

tapa f. Couvercle, *m.* : *la tapa de un cofre,* le couvercle d'un coffre. ‖ Couverture (de un libro). ‖ Amuse-gueule, *m.* (aperitivo). ‖ Corne (casco del caballo). ‖ Talon, *m.* (de calzado). ‖ Vanne (compuerta). ‖ Abattant, *m.* (de pupitre). ‖ FIG. y FAM. *Levantar(se)* ou *saltar(se) la tapa de los sesos,* (se) faire sauter *o* (se) brûler la cervelle.
— OBSERV. Le mot *tapa* désigne un léger hors-d'œuvre (olives, amandes salées, petits cubes de fromage, etc.) servi généralement dans les bars espagnols pour accompagner un apéritif.

tapabalazo m. MAR. Pelardeau, pellardeau, palardeau (en el barco).

tapaboca m. Gifle, *f.* (golpe en la boca). ‖ Cachenez (bufanda). ‖ FIG. y FAM. Réponse (*f.*) qui laisse sans réplique.

tapabocas m. inv. Cache-nez (bufanda). ‖ Bouchon, tape, *f.* (del cañón).

tapacamino m. *Amer.* Engoulevent (ave).

tapacete m. MAR. Capot, dôme.

tapacubos m. inv. Enjoliveur (auto).

tapaculo m. Gratte-cul (escaramujo). ‖ Espèce de limande (pez).

tapada f. Femme voilée. ‖ *Amer.* Démenti, *m.* (mentís).

tapadera f. Couvercle, *m.* : *la tapadera de un cazo,* le couvercle d'une casserole. ‖ Tampon, *m.* (de una alcantarilla). ‖ FIG. Couverture, paravent, *m.* (encubridor).

tapadero m. Bouchon (tapón). ‖ Couvercle (tapadera). ‖ FIG. Paravent, couverture, *f.*

tapadillo m. Action (*f.*) de se voiler le visage. ‖ Mús. Flûte, *f.* (del órgano). ‖ Pl. FIG. Cachotteries, *f.,* messes (*f.*) basses (cosas ocultas) : *andar con tapadillos,* faire des cachotteries. ‖ *De tapadillo,* en cachette, en tapinois (a escondidas), en douce (callandito).

tapado, da adj. y s. *Amer.* À robe unie (caballo). ‖ — M. *Amer.* Manteau (abrigo). ‖ Trésor enterré.

tapador, ra adj. Qui ferme, qui bouche.
— M. Couvercle (tapadera).

tapadura f. Bouchage, *m.* (de un agujero). ‖ Fermeture (cierre).

tapafunda f. Capuchon, *m.* (de pistolera).

tapagujeros m. inv. FIG. y FAM. Mauvais maçon (albañil). ‖ Bouche-trou (sustituto).

tapajuntas m. inv. Baguette, *f.,* couvre-joint (moldura).

tápalo m. *Amer.* Châle (mantón).

tapamiento m. Fermeture, *f.,* bouchage.

tapar v. tr. Fermer (cerrar). ‖ ● Boucher (una botella, un agujero, etc.) : *tener la nariz tapada,*

avoir le nez bouché. ‖ Couvrir (una cacerola, una olla). ‖ Couvrir (con la ropa). ‖ Recouvrir (la cama). ‖ FIG. Cacher (encubrir, disimular). ‖ MIL. Colmater (una brecha). ‖ — FIG. *Tapar con un manto,* jeter *o* mettre un voile sur. ‖ FAM. *Tapar la boca,* V. BOCA.
— V. pr. Se couvrir. ‖ Se boucher : *taparse los oídos,* se boucher les oreilles.
— SINÓN. ● *Taponar,* boucher. *Obstruir,* obstruer. *Interceptar* (chemin), *atajar* (le passage), *vallar* (avec une barrière), barrer. *Obturar,* obturer. *Calafatear,* calfeutrer. *Cerrar,* fermer. *Cegar,* aveugler.

tapara f. Calebasse (fruto del taparo).

taparo m. BOT. Calebassier (güira).

taparrabo m. Pagne (de salvaje). ‖ Slip, cachesexe, *inv.* (bañador).

tape m. *Amer.* Indien guarani.

tapera f. *Amer.* Ruines (*pl.*) d'un village (pueblo). ‖ Maison en ruine (casa).

tapete m. Tapis (alfombra pequeña). ‖ Napperon (en una mesa). ‖ Têtière (de butacas). ‖ Tapis (de billar). ‖ — FIG. *Estar, poner sobre el tapete,* être, mettre sur le tapis. ‖ *Tapete verde,* tapis vert.

tapetí m. ZOOL. Tapeti.

tapia f. Mur (*m.*) en pisé (de adobe). ‖ Mur (*m.*) de clôture (muro de cerca). ‖ — FIG. y FAM. *Más sordo que una tapia,* sourd comme un pot. ‖ *Saltar la tapia,* faire le mur.

tapial m. Banche, *f.,* grand côté d'une meule à pisé. ‖ Bloc de pisé. ‖ Mur en pisé (tapia).

tapiar v. tr. Élever un mur de clôture autour de (cerrar con tapias). ‖ FIG. Murer : *tapiar una ventana,* murer une fenêtre.

tapicería f. Tapisserie (arte u obra de tapicero). ‖ Magasin (*m.*) du tapissier (tienda). ‖ Tissu (*m.*) d'ameublement (de muebles). ‖ Garniture (de un coche).

tapicero, ra m. y f. Tapissier, ère. ‖ Tapissier décorateur, tapissière décoratrice ; tapissier, ère (que pone tapices).

tapioca f. Tapioca, *m.*

tapir m. Tapir (mamífero).

tapiz m. Tapisserie, *f.* : *tapices de alto lizo, de bajo lizo,* tapisseries de haute lisse, de basse lisse.
— OBSERV. *Tapis* se dit en espagnol *alfombra.*

tapizar v. tr. Tapisser. ‖ Couvrir, recouvrir [un meuble, l'intérieur d'une voiture].

tapón m. Bouchon (de botellas). ‖ Bonde, *f.* (de toneles). ‖ Tampon (de tela o papel). ‖ MED. Tampon (venda). ‖ Bouchon (de cerumen). ‖ FIG. y FAM. Pot à tabac (persona baja y gruesa). ‖ Goulot d'étranglement (obstrucción). ‖ — *Al primer tapón zurrapas,* tout ne va pas bien du premier coup. ‖ *Estado tapón,* État tampon. ‖ *Tapón corona,* bouchon capsule. ‖ FIG. y FAM. *Tapón de alberca,* pot à tabac. ‖ *Tapón de paja,* torche, bouchon de paille.

taponamiento m. Bouchage, obstruction, *f.* ‖ Colmatage (de agujero, brechas, etc.). ‖ Tamponnement (en cirugía). ‖ FIG. Encombrement, embouteillage (de coches). ‖ Affluence, *f.,* cohue, *f.* (de gente).

taponar v. tr. Boucher (cerrar con tapón). ‖ Obstruer, colmater (brechas). ‖ MED. Tamponner.

taponazo m. Choc (golpe) *o* bruit (ruido) d'un bouchon qui saute. ‖ FAM. Shoot, boulet de canon (fútbol).

taponería f. Fabrique de bouchons (fábrica). ‖ Magasin (*m.*) de bouchons (tienda). ‖ Industrie du bouchon (industria).

taponero, ra adj. Du bouchon : *industria taponera,* industrie du bouchon.

tapsia f. Thapsia, *m.* (planta).

tapujo m. Déguisement (embozo). ‖ FIG. y FAM. Cachotterie, *f.* : *andar con tapujos,* faire des cachotteries.

taque m. Déclic [d'une porte qu'on ferme à clef].
‖ Coup frappé à une porte (golpe en la puerta).
taqué m. Taquet (de un mecanismo).
taquear v. tr. *Amer.* Bourrer [une arme]. ‖ Fig.
Bourrer (llenar).
— V. intr. *Amer.* Faire claquer ses talons (taconear).
taqueógrafo m. (Ant.). Tachéographe.
taquera f. Râtelier (*m.*) pour les queues de billard.
taquia f. Excréments (*m. pl.*) du lama.
taquicardia f. MED. Tachycardie.
taquigrafía f. Sténographie, tachygraphie (p. us.).
— OBSERV. En francés, al contrario del español, casi
sólo se emplea la palabra *sténographie* en lugar de
tachygraphie.
taquigrafiar v. tr. Sténographier.
taquigráfico, ca adj. Sténographique, tachygraphique (p. us.).
taquígrafo, fa m. y f. Sténographe, tachygraphe
(p. us.).
taquilla f. Casier, *m.* (casillero). ‖ Armoire (armario). ‖ Guichet, *m.* (para venta de billetes). ‖
Recette (dinero cobrado). ‖ Fig. *Hacer taquilla*
ou *tener buena taquilla* ou *ser un éxito de taquilla*,
faire recette (una película, un artista, etc.).
taquillaje m. Recette, *f.* (en espectáculos).
taquillero, ra adj. Qui fait recette (actor, espectáculo), à succès (autor).
— M. Guichetier. ‖ — F. Employée d'un guichet.
taquimeca f. FAM. Sténodactylo.
taquimecanógrafa f. Sténodactylo.
taquimetría f. Tachéométrie.
taquímetro m. Tachéomètre (topografía).
— OBSERV. El *tachymètre* en francés sirve para medir
la velocidad y corresponde al *tacómetro.*
tara f. Tare (peso). ‖ Taille (tarja). ‖ Tare (defecto).
— OBSERV. Pris dans le sens de « défaut », le mot
tara est un gallicisme.
tarabilla f. Traquet (*m.*) de moulin (cítola). ‖ Bobinette (*f.*) de puerta). ‖ Garrot, *m.* (de sierra). ‖
Fig. y FAM. Moulin (*m.*) à paroles (persona que
habla mucho). ‖ Bavardage, *m.*, caquet, *m.* (tropel
de palabras).
tarabita f. Ardillon, *m.* (hebijón). ‖ *Amer.* Va-et-vient, *m.* (andarivel).
taracea f. Marqueterie.
taraceado, da adj. En marqueterie.
taracear v. tr. Marqueter : *taraceado con marfil*,
marqueté d'ivoire.
tarado, da adj. Taré, e ; dégénéré, e.
— OBSERV. Cet adjectif est un gallicisme.
taraje m. Tamaris (árbol).
taramhana adj, y s, FAM. Écervelé, e (alocado).
tarando m. Renne (reno).
taranta f. Chant (*m.*) populaire de Murcie (canto).
‖ *Amer.* Évanouissement, *m.* (desmayo). ‖ Idée
soudaine. ‖ Accès (*m.*) de folie.
tarantela f. Tarentelle (música y baile).
tarántula f. Tarentule (araña). ‖ Fig. *Picado de
la tarántula*, piqué o mordu de la tarentule.
tarar v. tr. Indiquer la tare (de una vasija).
tarara f. AGRIC. Tarare, *m.* (aventadora).
tarará f. Sonnerie de trompette.
tararear v. tr. Fredonner.
tarareo f. Fredonnement.
tarasca f. Tarasque (monstruo). ‖ Fig. y FAM.
Mégère, chipie, harpie (mujer perversa).
tarascada f. Coup (*m.*) de dent (mordedura). ‖
Coup (*m.*) de griffe (arañazo). ‖ Fig. y FAM. Grossièreté (dicho injurioso).
tarascar v. tr. Mordre.
tarascón m. o **tarascona** f. Tarasque, *f.* (monstruo). ‖ *Amer.* Coup (*m.*) de dent (mordedura).
taray m. Tamaris (árbol).
taraza f. Taret, *m.* (molusco).

tarazana f. o **tarazanal** m. Arsenal, *m.* (atarazana).
tardador, ra adj. Lent, e. ‖ — Adj. y s. Retardataire.
tardanza f. Retard, *m.* (retraso, detención). ‖ Lenteur (lentitud).
tardar v. intr. Mettre longtemps, tarder : *el tren
tarda en llegar*, le train tarde o met longtemps à
arriver. ‖ Mettre : *tardaré una hora en acabar este
libro*, je mettrai une heure o à pour finir ce livre ;
¿cuánto tarda el tren de París a Madrid?, combien de temps met le train de Paris à Madrid ? ‖
En avoir pour : *tardará 10 minutos*, il en aura
pour 10 minutes ; *tardaré mucho*, j'en ai pour
longtemps ; *no tardo ni un minuto*, j'en ai pour un
instant. ‖ Être long : *¡cuánto tardas en vestirte!*,
comme tu es long à t'habiller ! ‖ Prendre : *este
trabajo tardará una hora*, ce travail prendra une
heure. ‖ — *A más tardar*, au plus tard. ‖ *No tardar nada en*, avoir tôt fait de, ne pas mettre longtemps à o pour.
tarde f. Après-midi, *m.* o *f. inv.* (desde mediodía
hasta las 5 o las 6) : *por la tarde*, dans l'après-midi. ‖ Soirée, soir, *m.* (hasta el anochecer). ‖ —
A la caída de la tarde, à la tombée de la nuit o du
jour. ‖ *Buenas tardes*, bonjour (hasta las 6), bonsoir (hasta el anochecer). ‖ *Dar las buenas tardes*,
souhaiter le bonjour, dire bonjour o bonsoir. ‖
Función de la tarde, matinée. ‖ *Tarde de toros*,
corrida : *hoy es tarde de toros*, aujourd'hui il y a
corrida. ‖ *Vendré por la tarde*, je viendrai cet
après-midi o ce soir (hoy), je viendrai dans l'après-midi o dans la soirée (hoy u otro día).
— Adv. Tard : *levantarse tarde*, se lever tard. ‖
En retard (con retraso) : *llegar tarde a la oficina*,
arriver en retard au bureau. ‖ Trop tard (demasiado tarde) : *ya es tarde para marcharse*, il est
trop tard pour partir. ‖ — *Tarde o temprano*, tôt
ou tard. ‖ FAM. *Tarde piache*, trop tard. ‖ — *De
tarde en tarde*, de temps en temps, de loin en
loin. ‖ *Hacérsele tarde a uno*, se mettre en retard,
laisser passer le temps : *se me hizo tarde y no
pude ir al teatro*, je me suis mis en retard et je
n'ai pas pu aller au théâtre. ‖ *Lo más tarde*, au
plus tard. ‖ *Más vale tarde que nunca* ou *nunca es
tarde si la dicha es buena*, mieux vaut tard que
jamais.
tardecer v. intr. Tomber le jour (atardecer).
tardíamente adv. Tardivement.
tardígrado, da adj. y s. m. ZOOL. Tardigrade.
tardío, a adj. Tardif, ive (que tarda en venir). ‖
Lent, e (pausado) : *tardío en decidirse*, lent à se
décider.
tardísimo adv. Très tard.
tardo, da adj. Lent, e (lento). ‖ Tardif, ive (con
retraso). ‖ Lent, e (torpe) : *tardo en comprender*,
lent à comprendre. ‖ Long, longue ; lent, e ; *¡qué
tardo es vistiéndose!*, qu'il est long à s'habiller ! ‖
Ser muy tardo, avoir l'esprit lent, ne pas être très
éveillé.
tardón, ona adj. FAM. Très lent ; lambin, e (que
tarda mucho). ‖ Lent, e (torpe).
tarea f. Tâche, travail, *m.* : *señalar una tarea a un
alumno*, donner une tâche à un élève. ‖ Travail,
m., besogne : *agobiado de tarea*, accablé de travail ; *una tarea difícil*, une besogne difficile. ‖
Devoir, *m.* : *tareas escolares*, devoirs scolaires. ‖
Fig. Travail, *m.*, peine (cuidado). ‖ — *Coger en
plena tarea*, prendre en plein travail. ‖ Fig. *Dar
tarea*, donner du mal. ‖ *Eso no es tarea de unos
días*, ce n'est pas l'affaire de quelques jours. ‖
Fig. y FAM. *Tarea te mando*, je te souhaite bien du
plaisir.
tarentino, na adj. y s. Tarentin, e.
Tarento n. pr. GEOGR. Tarente.
targui adj. y s. Targui, e.
— OBSERV. Pl. *touareg.*

tárgum m. Targum (biblia caldea).

tarifa f. Tarif, m. : *tarifa completa*, plein tarif ; *tarifa reducida*, tarif réduit ; *tarifa de fuera de temporada*, tarif hors saison (hotel) ; *tarifa de temporada baja*, tarif hors saison (avión).

tarifar v. tr. Tarifer (señalar una tarifa).

tarifeño, ña adj. y s. De Tarifa [Andalousie].

tarima f. Estrade (tablado). || Escabeau, m., petit banc, m. (banquillo). || Tabouret, m. (para los pies). || Parquet, m. (entarimado).

tarja f. Tarje (escudo). || Entaille (muesca). || Ancienne monnaie (moneda). || Fiche, jeton (m.) de service (ficha). || Taille (vara). || FAM. Coup, m. (golpe).

tarjar v. tr. Marquer sur la taille.

tarjeta f. Carte : *tarjeta de visita, de invitación*, carte de visite, d'invitation. || Cartouche, m. (para mapas y cartas). || ARQ. Cartouche, m. || — *Tarjeta de identidad, de trabajo*, carte d'identité, de travail. || *Tarjeta perforada*, carte perforée. || *Tarjeta postal*, carte postale.

tarjeteo m. FAM. Échange de cartes.

tarjetera f. Amer. Porte-cartes, m. inv.

tarjetero m. Porte-cartes, inv.

tarlatana f. Tarlatane (tejido).

taro m. Amer. Caracara (ave de rapiña).

tarpán m. Tarpan (caballo salvaje de Asia).

Tarpeya n. pr. f. Tarpeia. || *Roca Tarpeya*, roche Tarpéienne.

tarpón m. Tarpon (pez).

tarquín m. Vase f. (cieno).

tarquina f. MAR. Voile en losange.

Tarquino n. pr. m. Tarquin.

tarquino, na adj. y s. Amer. De race [bovine].

tarraconense adj. y s. Tarragonais, e [de Tarragone, autrefois *Tárraco*]. || — F. HIST. Tarraconaise.

tárraga f. Ancienne danse espagnole.

Tarragona n. pr. GEOGR. Tarragone.

tarraja f. Filière (terraja).

tarrasense adj. y s. De Tarrasa [Catalogne].

tarreñas f. pl. Cliquettes (castañuelas).

tarrico m. BOT. Arroche (f.) de mer.

tarro m. Pot : *un tarro de mermelada*, un pot de confiture. || Amer. Chapeau haut de forme.

tarsectomía f. MED. Tarsectomie.

társidos m. pl. ZOOL. Tarsiens.

tarsio, sia adj. y s. De Thasos (isla).

tarsio m. Tarsier (animal).

tarso m. ANAT. Tarse.

tarta f. Tarte (pastel relleno). || *Tarta de boda*, gâteau de mariage.

tártago m. Épurge, f. (planta). || FIG. y FAM. Tuile, f., embêtement (suceso infeliz).

tartajear v. intr. Bégayer.

tartajeo m. Bégaiement.

tartajoso, sa adj. y s. Bégayeur, euse ; bègue.

tartamudear v. intr. Bégayer.

tartamudeo m. o **tartamudez** f. Bégaiement, m.

tartamudo, da adj. y s. Bègue.

tartán m. Tartan (tela).

tartana f. Tartane (barco). || Carriole (carro de dos ruedas con toldo).

Tartaria n. pr. f. GEOGR. Tartarie.

tártaro, ra adj. y s. Tartare. || — M. QUÍM. Tartre. || Tartre des dents (sarro). || POÉT. Tartare (infierno).

tartaroso, sa adj. Tartreux, euse.

tartera f. Gamelle (fiambrera). || Tourtière (tortera).

tartesio, sia adj. y s. De l'ancienne Tartesse [île de l'embouchure du Guadalquivir].

tartita f. Tartelette.

tartrato m. QUÍM. Tartrate.

tártrico, ca adj. QUÍM. Tartrique.

tartufería f. Tartuferie (hipocresía).

tartufo m. Tartufe (mojigato).

tarugo m. Morceau de bois. || Cale, f. (calzo). || Gros morceau (pedazo). || Pavé de bois (para pavimentar calles). || FIG. y FAM. Bûche, f., soliveau (zoquete). || *Tarugo de pan*, gros quignon de pain.

tarumba adj. FAM. Fou, folle ; toqué, e : *tarumba por una mujer*, toqué d'une femme. || — FAM. *Estar tarumba*, être tout étourdi (atontado), marcher sur la tête, travailler du chapeau (chiflado). | *Volver tarumba*, étourdir, faire tourner la tête (aturdir), rendre dingue, faire tourner en bourrique (volver loco). | *Volverse tarumba*, être tout étourdi (aturdido), devenir dingue (loco).

tas m. Tas (yunque pequeño).

tasa f. Taxe (impuesto). || *tasa de compensación*, taxe compensatoire ; *tasa de exportación*, taxe à l'exportation. || Taux, m. (índice) : *tasa de natalidad*, taux de natalité ; *tasa de incremento*, taux d'accroissement. || Mesure, règle (medida, regla). || *Sin tasa* ou *sin tasa ni medida*, sans compter (gastar), sans frein (obrar), sans bornes (sin límites).

tasación f. Taxation (justiprecio). || Évaluation (cálculo). || Mise à prix (fijación).

tasadamente adv. Modérément (con tasa). || FIG. Mesquinement (escasamente).

tasador, ra adj. Qui taxe. || — Adj. m. y s. m. Taxateur, estimateur. || — M. Commissaire priseur (en las subastas).

tasajear v. tr. Amer. Découper et saler [la viande].

tasajo m. Viande (f.) séchée o boucanée (carne seca o acecinada). || Morceau de viande (pedazo de cualquier carne).

tasajudo, da adj. Amer. Efflanqué, e (flaco).

tasar v. tr. Taxer (fijar el precio). || Évaluer, estimer (valorar) : *tasar un cuadro*, évaluer un tableau. || FIG. Mesurer : *tasar la comida a un enfermo*, mesurer la nourriture à un malade. | Limiter, restreindre (restringir). | Rationner : *aquí nos tasan el papel*, ici on nous rationne le papier.

tasca f. Bistrot, m., gargote, taverne (taberna). || Tripot, m. (casa de juego). || FAM. *Ir de tascas*, aller prendre un verre.

tascar v. tr. Espader (el cáñamo). || FIG. Brouter avec bruit (la hierba). || FAM. *Tascar el freno*, ronger son frein.

tasio, sia adj. y s. De Thasos (isla).

Tasmania n. pr. f. GEOGR. Tasmanie.

tasmanio, nia adj. y s. Tasmanien, enne.

tasquil m. Éclat de pierre. || Recoupe, f. (de piedras preciosas).

tata m. Amer. FAM. Papa (papá). || — F. FAM. Nounou (niñera).

tataíba m. Amer. Mûrier sauvage.

tatarabuelo, la m. y f. Trisaïeul, e ; arrière-arrière-grand-père, arrière-arrière-grand-mère (fam.).

tataradeudo, da m. y f. Parent éloigné, parente éloignée. || Ancêtre (antepasado).

tataranieto, ta m. y f. Arrière-arrière-petit-fils, arrière-arrière-petite-fille.

Tátaros n. pr. m. pl. Tatares, tartares.

tatarrete m. Pot (tarro).

tatas f. pl. *Andar a tatas*, commencer à marcher, faire ses premiers pas (un niño), marcher à quatre pattes (andar a gatas).

¡tate! interj. Attention ! (cuidado !). || Doucement !, hé là ! (para detener). || Tiens !, j'y suis (ya veo).

tatetí m. Amer. Marelle, f. (tres en raya).

tatito m. FAM. Amer. Papa (papá).

tato m. FAM. Grand frère (hermano mayor).

tato, ta adj. Qui prononce le c et l's comme le t.

tatú m. ZOOL. Tatou (animal).

tatuador adj. m. y s. m. Tatoueur.

tatuaje m. Tatouage.

tatuar v. tr. Tatouer.

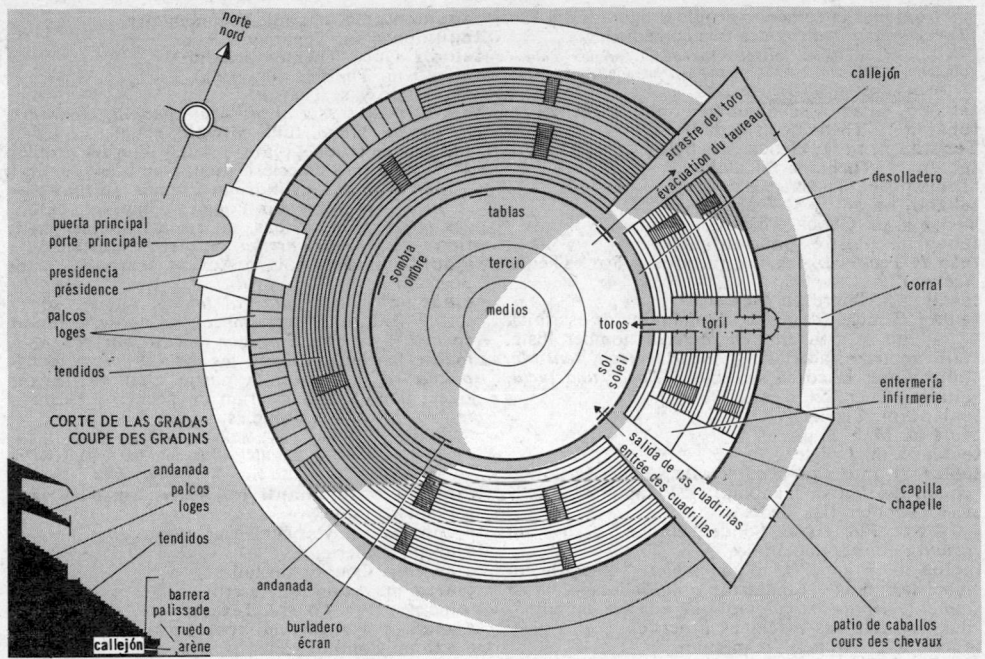

Labels on diagram:
norte / nord
callejón
arrastre del toro / évacuation du taureau
desolladero
puerta principal / porte principale
tablas
presidencia / présidence
tercio
medios
corral
palcos / loges
toros
toril
tendidos
sol / soleil
enfermería / infirmerie
CORTE DE LAS GRADAS / COUPE DES GRADINS
sombra / ombre
salida de las cuadrillas / entrée des cuadrillas
capilla / chapelle
andanada / palcos / loges
tendidos
barrera / palissade
ruedo / arène
callejón
andanada
burladero / écran
patio de caballos / cours des chevaux

tau m. Tau, croix (f.) de Saint-Antoine (tao). ‖ Fɪɢ. Tau (divisa). ‖ — F. Tau, m. (letra griega).

taujía f. Damasquinage (ataujía).

taumaturgia f. Thaumaturgie.

taumatúrgico, ca adj. Thaumaturgique.

taumaturgo m. Thaumaturge.

táuridas f. pl. Astr. Tauridés.

Táuride n. pr. Geogr. Tauride.

taurino, na adj. Taurin, e.

Tauro n. pr. m. Geogr. Taurus. ‖ Astr. Taureau.

tauróbolo m. Taurobole (sacrificio).

taurófilo, la adj. Amateur (sin fem.) de courses de taureaux.

tauromaquia f. Tauromachie.

tauromáquico, ca adj. Tauromachique.

tautología f. Tautologie (pleonasmo).

tautológico, ca adj. Tautologique.

taxáceas f. pl. Bot. Taxacées.

taxativo, va adj. Précis, e : de un modo taxativo, de façon précise.

taxi m. Fam. Taxi (coche de alquiler).

taxiarquía f. Taxiarchie, taxiarchat, m. (unidad táctica).

taxidermia f. Taxidermie.

taxidérmico, ca adj. Taxidermique.

taxidermista m. y f. Taxidermiste.

taxímetro m. Taximètre (aparato). ‖ Taxi (coche de alquiler).

taxista m. y f. Chauffeur (m.) de taxi.

taxonomía f. Taxonomie, taxinomie.

taxonómico, ca adj. Taxonomique, taxinomique.

taylorismo m. Taylorisme.

taylorización f. Taylorisation (organización metódica del trabajo).

taza f. Tasse : una taza de café, une tasse de café. ‖ Bassin, m., vasque (de una fuente). ‖ Cuvette (de retrete). ‖ Coquille (de la espada).

tazmía f. (Ant.). Dîme (tributo). ‖ Répartition de la dîme. ‖ Registre (m.) des dîmes perçues (cuaderno).

tazón m. Bol (taza grande).

te pron. pers. Te : te veo, je te vois ; te hablo, je te parle. ‖ T' (delante de una vocal) : te oigo, je t'entends. ‖ Toi (en imperativo) : ¡cállate!, tais toi! ‖ Te (delante de un infinitivo) : quiero hablarte, je veux te parler.

te f. Té, m. (letra t). ‖ Té, m. (escuadra).

té m. Thé (planta, bebida). ‖ Théier (arbusto). ‖ Thé (reunión) : té baile, thé dansant. ‖ Té de los jesuitas ou del Paraguay, maté.

tea f. Torche (antorcha).

teatino m. Théatin.

teatral adj. Théâtral, e : grupos teatrales, groupes théâtraux. ‖ Obra teatral, pièce de théâtre.

teatralidad f. Théâtralité.

teatro m. Théâtre : el teatro de la ópera, de Calderón, le théâtre de l'Opéra, de Calderon. ‖ Fɪɢ. Théâtre : esta ciudad fue el teatro de un gran suceso, cette ville fut le théâtre d'un grand événement. ‖ Obra de teatro, pièce de théâtre. ‖ Mɪʟ. Teatro de operaciones, théâtre des opérations. ‖ Teatro ligero, théâtre boulevardier. ‖ — Dedicarse al teatro ou trabajar en el teatro, faire du théâtre. ‖ Dejar el teatro, renoncer au théâtre. ‖ Fɪɢ. Echarle teatro, jouer la comédie, prendre de grands airs. ‖ Hacer *teatro,* jouer la comédie (propio y figurado). ‖ FIG. *Tener mucho teatro,* être très comédien.

— SINÓN. *Coliseo,* colisée. *Escenario,* scène. *Tablas,* planches. *Tablado,* scène, planches, estrade. *Candilejas,* rampe.

tebaico, ca adj. Thébaïque (del opio). ‖ Thébain, e.

tebaida f. Thébaïde (soledad)

Tebaida n. pr. f. GEOGR. Thébaïde.

tebaína f. Thébaïne (alcaloide).

tebaísmo m. Thébaïsme.

tebano, na adj. y s. Thébain, e.

Tebas n. pr. GEOGR. Thèbes.

tebeo m. Illustré [pour enfants].

teca f. Teck, *m.,* tek, *m.* (árbol). ‖ BOT. Thèque (célula).

tecali m. Albâtre du Mexique.

tecla f. Touche (de piano, de máquina de escribir). ‖ — FIG. y FAM. *Dar en la tecla,* tomber juste, faire mouche (acertar). ‖ *Tocar la tecla sensible,* faire vibrer la corde sensible. ‖ *Tocar una tecla,* lancer un ballon d'essai.

teclado m. Clavier.

tecle m. MAR. Poulie, *f.*

tecleado m. Doigté.

teclear v. intr. Frapper (teclas). ‖ Taper [à la machine] (escribir a máquina). ‖ Pianoter. ‖ FIG. y FAM. Tapoter (los dedos).

— V. tr. FIG. y FAM. Sonder, étudier : *teclear un asunto,* étudier une affaire.

tecleo m. Frappe (*f.*) d'un clavier. ‖ Jeu (de un pianista), doigté (digitación). ‖ Pianotage. ‖ *Se oía el tecleo de las máquinas de escribir,* on entendait le bruit des machines à écrire.

tecnecio m. QUÍM. Technétium.

técnica f. Technique : *la técnica de un pintor,* la technique d'un peintre.

tecnicidad f. Technicité.

tecnicismo m. Technicité, *f.* (carácter técnico). ‖ Terme technique (palabra).

técnico, ca adj. Technique.

— M. y f. Technicien, enne.

tecnicolor m. Technicolor.

tecnocracia f. Technocratie.

tecnócrata m. y f. Technocrate.

tecnografía f. Technographie.

tecnográfico, ca adj. Technographique.

tecnología f. Technologie.

tecnológico, ca adj. Technologique.

tecnólogo m. Technologue, technologiste.

tecol m. *Amer.* Ver de l'agave.

tecolines m. pl. *Amer.* Fric, *sing.* (dinero).

tecolote m. *Amer.* Sorte de hibou (búho).

tecomate m. *Amer.* Calebasse, *f.* (calabaza).

tectónico, ca adj. y s. f. Tectonique.

techado m. Toit, toiture, *f.* (tejado).

techador m. Couvreur [de toits].

techar v. tr. Couvrir, poser la toiture.

techo m. Plafond (parte interior) : *techo artesonado,* plafond à caissons *o* lambrissé. ‖ ● Toit (tejado) : *techo de paja,* toit de paille *o* de chaume. ‖ FIG. Toit, foyer : *acoger a uno bajo su techo,* accueillir quelqu'un sous son toit *o* dans son foyer. ‖ — *Techo corredizo,* toit ouvrant (de coche). ‖ *Vivir bajo el mismo techo,* habiter sous le même toit.

— OBSERV. No hay que confundir en francés *plafond* (techo de una habitación) con *toit* (tejado de la casa).

— SINÓN. ● *Techumbre, techado,* toiture. *Tejado,* toit. *Cubierta,* couverture. *Sófito,* soffite.

techumbre f. Toiture.

tedéum o **te deum** m. Te Deum.

tediar v. tr. Haïr, détester.

tedio m. Ennui (aburrimiento). ‖ Répugnance, *f.,* aversion, *f.*

tedioso, sa adj. Ennuyeux, euse (fastidioso). ‖ Répugnant, e (que repugna).

tegenaria f. Tégénaire (araña).

tegumentario, ria adj. Tégumentaire.

tegumento m. Tégument.

teína f. QUÍM. Théine (alcaloide).

teísmo m. Théisme (doctrina).

teísta adj. y s. Théiste.

teja f. Tuile : *teja acanalada, canalón, cumbrera, de copete, plana,* tuile cornière, canal *o* romaine, faîtière, de croupe, plate. ‖ Aile [d'un fer profilé]. ‖ Chapeau (*m.*) d'ecclésiastique (sombrero de cura). ‖ MAR. Mortaise cylindrique du mât. ‖ FIG. y FAM. *A toca teja,* rubis sur l'ongle, comptant, cash. ‖ *De tejas abajo,* ici-bas, en ce bas monde (en la tierra). ‖ *De tejas arriba,* au ciel (en el cielo).

tejadillo m. Petit toit. ‖ Auvent, marquise, *f.* (de puerta).

tejado m. Toit : *subir al tejado,* monter sur le toit. ‖ Toiture, *f.* (techumbre). ‖ Capote, *f.* (de un coche). ‖ — FIG. *Empezar la casa por el tejado,* mettre la charrue avant les bœufs. ‖ *Está aún la pelota en el tejado,* la partie n'est pas encore jouée, il n'y a encore rien de décidé. ‖ *Hasta el tejado,* jusqu'aux combles.

— OBSERV. No hay que confundir en francés *toit* (parte superior de la casa) con *plafond* (techo, parte superior de la habitación).

tejamaní o **tejamanil** m. *Amer.* Sorte de latte servant de tuile.

tejano, na adj. y s. Du Texas, texan, e.

tejar m. Tuilerie, *f.*

tejar v. tr. Couvrir de tuiles.

tejaroz m. Avant-toit (alero).

Tejas n. pr. m. GEOGR. Texas.

tejavana f. Hangar, *m.* (cobertizo).

tejazo m. Coup de tuile.

tejedera f. Tisseuse (tejedora). ‖ Araignée d'eau (insecto).

tejedor, ra adj. y s. Tisseur, euse (que teje). ‖ FIG. y FAM. *Amer.* Intrigant, e (intrigante). ‖ — M. y f. Tisserand, e (obrero). ‖ — M. Araignée (*f.*) d'eau (insecto). ‖ Tisserin (ave).

tejedura f. Tissage, *m.* (acción de tejer). ‖ Texture (textura).

tejeduría f. Tisseranderie, métier (*m.*) du tisserand (arte de tejer). ‖ Atelier (*m.*) du tisserand (taller).

tejemaneje m. FAM. Adresse, *f.,* habileté, *f.* (destreza). ‖ Manigances, *f. pl.,* micmac, intrigues, *f. pl.,* manège (manejos enredosos). ‖ — FAM. *¿Qué tejemanejes te traes?,* qu'est-ce que tu manigances? ‖ *Traerse unos tejemanejes,* manigancer quelque chose.

tejer v. tr. Tisser (entrelazar hilos). ‖ Tresser (trenzar). ‖ FIG. Disposer, ordonner, arranger (componer). ‖ Ourdir, tramer, machiner (maquinar) : *tejer una intriga,* ourdir une intrigue. ‖ *Amer.* Intriguer (intrigar). ‖ FIG. *Tejer y destejer,* faire et défaire.

tejería f. Tuilerie (tejar).

tejeringo m. Sorte de beignet (churro).

tejero m. Tuilier.

tejido m. ● Tissu (tela). ‖ Textile : *tejido artificial,* textile artificiel. ‖ Tissage (acción de tejer). ‖ FIG. Tissu : *tejido de embustes,* tissu de mensonges. ‖ BIOL. Tissu. ‖ *Tejido de punto,* jersey.

— SINÓN. ● *Tela,* étoffe. *Lienzo,* toile. *Paño,* drap. *Textura,* tissure. *Entretejedura,* entrelacement.

tejo m. Palet (para jugar). ‖ Disque de métal (plancha metálica circular). ‖ Lingot (pedazo de oro). ‖ Flan (de moneda). ‖ MECÁN. Crapaudine, *f.* (tejuelo). ‖ BOT. If (árbol).

tejocote m. *Amer.* Aubépine, *f.* (planta).

tejoleta f. Tuileau, *m.* (pedazo de teja). ‖ Cliquette (tarreña). ‖ Tesson, *m.* (en un muro).

tejón m. Blaireau (mamífero).

tejonera f. Taissonnière (madriguera).

tejuela f. Petite tuile, tuilette. ‖ Tuileau, *m.* (tejoleta). ‖ Arçon, *m.* (de silla de montar).

tejuelo m. Palet (tejo). ‖ Etiquette, *f.* [au dos d'un livre]. ‖ MECÁN. Crapaudine, *f.*

tela f. Tissu, *m.*, étoffe (tejido) : *tela de mezclilla*, étoffe chinée *o* mélangée. ‖ Toile : *tela de lino*, toile de lin ; *tela de colchón*, toile à matelas. ‖ Membrane (membrana) : *telas del cerebro*, membranes du cerveau. ‖ Peau (en la superficie de un líquido). ‖ Taic (nube en el ojo). ‖ Enceinte (sitio cerrado). ‖ Sorte d'alosière (red de pesca). ‖ FAM. Fric, *m.*, galette (dinero). ‖ — *Tela de araña*, toile d'araignée. ‖ *Tela de cebolla*, pelure d'oignon. ‖ *Tela de rizo*, tissu-éponge. ‖ *Tela de saco*, toile à sacs *o* de jute. ‖ *Tela metálica*, toile métallique (para tamices), grillage (alambrada). ‖ *Papel tela*, papier Joseph. ‖ — *Encuadernación en tela*, reliure toile. ‖ FIG. *Estar en tela de juicio*, être sujet à caution. ‖ *Estar puesto en tela de juicio*, être [mis] en question. ‖ FIG. y FAM. *Hay tela cortada* ou *para rato* ou *de que cortar*, il y a du pain sur la planche. ‖ FIG. *Poner en tela de juicio*, mettre en question *o* en doute. ‖ FIG. y FAM. *Tener tela*, être plein de substance.

telamón m. ARQ. Télamon (atlante).

telar m. Métier à tisser (máquina). ‖ Cintre (del teatro). ‖ Cousoir (de los encuadernadores). ‖ ARQ. Épaisseur *f.* (de puerta o ventana). ‖ — FIG. *Poner de nuevo una obra en el telar*, remettre un ouvrage sur le métier *o* en chantier. ‖ *Tener en el telar*, avoir en train, avoir en chantier, avoir sur le métier [un travail].

telaraña f. Toile d'araignée. ‖ FIG. Bagatelle, vétille (cosa de poca importancia). ‖ — FIG. y FAM. *Mirar las telarañas*, bayer aux corneilles. ‖ *No tener telarañas en los ojos*, ne pas avoir les yeux dans sa poche. ‖ *Tener telarañas en los ojos*, avoir un bandeau sur les yeux, être aveugle, avoir la berlue.

telarañoso, sa adj. Couvert de toiles d'araignées.

telautógrafo m. Télautographe *o* téléautographe.

telecine o **telecinematógrafo** m. Télécinéma, télécinématographique.

telecomunicación f. Télécommunication. ‖ *Especialista en telecomunicaciones*, télémécanicien.

telediario m. Journal télévisé.

teledinamia f. Télédynamie.

teledinámico, ca adj. Télédynamique.

teledirigido, da adj. Téléguidé, e.

teledirigir v. tr. Téléguider, télécommander.

teleférico, ca adj. y s. m. Téléphérique, téléférique. ‖ — TECN. *Teleférico industrial*, aérocâble. ‖ *Teleférico monocable*, télécabine, télébenne.

telefilme m. Film télévisé, téléfilm.

telefio m. Trique-madame, *f.*, tripe-madame, *f.*

telefonazo m. FAM. Coup de téléphone, coup de fil (llamada telefónica).

telefonear v. tr. e intr. Téléphoner.

telefonema m. Télégramme téléphoné.

telefonía f. Téléphonie : *telefonía sin hilos*, téléphonie sans fil.

telefónico, ca adj. Téléphonique. ‖ — *Compañía Telefónica* ou *Telefónica*, Compagnie des téléphones. ‖ *Llamada telefónica*, coup de téléphone.

— OBSERV. En Francia el servicio de teléfonos junto con el de correos y telégrafos corre a cargo del ministerio de *Postes et Télécommunications* (P. T. T.), antes *Postes, Télégraphes, Téléphones*.

telefonista m. y f. Standardiste (de centralita), téléphoniste (de la telefónica).

teléfono m. Téléphone. ‖ *Llamar por teléfono*, téléphoner.

telefoto f. Téléphoto.

telefotografía f. Téléphotographie.

telegrafía f. Télégraphie : *telegrafía sin hilos*, télégraphie sans fil.

telegrafiar v. tr. e intr. Télégraphier.

telegráfico, ca adj. Télégraphique : *giro telegráfico*, mandat télégraphique.

telegrafista m. y f. Télégraphiste.

telégrafo m. Télégraphe.

telegrama m. Télégramme.

teleguiar v. tr. Téléguider (teledirigir).

teleimpresor m. Téléimprimeur, téléscripteur.

telele m. *Amer.* Malaise.

Telémaco n. pr. m. Télémaque.

telemando m. Télécommande, *f.*

telemecánico, ca adj. y s. f. Télémécanique.

telemedición f. Télémesure.

telemetría f. Télémétrie.

telemétrico, ca adj. Télémétrique.

telémetro m. Télémètre.

telenque adj. FAM. *Amer.* Niais, e (bobo).

teleobjetivo m. Téléobjectif.

teleología f. Téléologie.

teleológico, ca adj. Téléologique.

teleósteos m. pl. ZOOL. Téléostéens.

teleosaurio m. Téléosaure (cocodrilo fósil).

telépata adj. y s. Télépathe.

telepatía f. Télépathie, télésthésie.

telepático, ca adj. Télépathique.

teleproceso m. Télétraitement.

telequinesia f. Télékinésie.

telera f. Régulateur, *m.* (del arado). ‖ Armon, *m.* (del carro). ‖ Montant, *m.* (de prensa). ‖ Entretoise (de la cureña). ‖ MAR. Hernier, *m.* (del palo).

telero m. Rancher (del carro).

telerón m. Entretoise, *f.*

telerradiografía f. Téléradiographie.

telescópico, ca adj. Télescopique.

telescopio m. Télescope.

teleseñalización f. Télésignalisation.

telesilla m. Télésiège.

telespectador, ra m. y f. Téléspectateur, trice.

telesquí m. Téléski.

telestesia f. Télésthésie.

teleta f. Buvard, *m.* (papel secante).

teletipo m. Télétype.

televidente m. y f. Téléspectateur, trice.

televisar v. tr. Téléviser.

televisión f. Télévision : *ver en la televisión*, voir à la télévision.

televisivo, va adj. Propre à la télévision.

televisor m. Téléviseur, poste de télévision.

telex m. Télex.

telilla f. Sorte de camelot léger (tela). ‖ Pellicule (capa delgada en un líquido).

telina f. Clovisse (almeja).

telofase f. BIOL. Télophase.

telón m. Rideau (teatro). ‖ FIG. *Telón de acero*, rideau de fer. ‖ *Telón de boca*, rideau de scène. ‖ *Telón de foro*, toile de fond, lointain. ‖ *Telón metálico*, rideau de fer (teatro, garaje).

telonero, ra adj. y s. Artiste qui essuie les plâtres, artiste qui passe en lever de rideau (en un espectáculo). ‖ — *Partido telonero*, match d'ouverture, lever de rideau (en deportes). ‖ *Ser telonero*, essuyer les plâtres, passer en lever de rideau (en el teatro).

telson m. ZOOL. Telson.

telurhídrico, ca adj. QUÍM. Tellurhydrique.

telúrico, ca adj. Tellurique, tellurien, enne.

telurio m. Tellure (metal).

telurismo m. Tellurisme.

teluroso, sa adj. QUÍM. Tellureux, euse.

telururo m. QUÍM. Tellurure.

telliz f. Caparaçon, *m.* (arreo del caballo).

telliza f. Courtepointe (sobrecama).

tema m. Sujet (asunto) : *el tema de un libro*, le sujet d'un livre. ‖ Sujet, propos (de una conversación) : *cambiemos de tema*, changeons de sujet. ‖ Thème (traducción inversa). ‖ Sujet, question, *f.* (en un programa de examen) : *salir* ou *salirse del*

tema, sortir du sujet o de la question. ‖ Question, *f.,* problème (problema). ‖ Marotte, *f.,* idée (*f.*) fixe (locura) : *cada loco con su tema,* à chacun sa marotte. ‖ GRAM., MIL. y MÚS. Thème.
— OBSERV. En francés se dice más *sujet* que *thème.*

temario m. Programme. ‖ Programme, ordre du jour (de una conferencia).

temático, ca adj. Thématique.
— F. Thème, *m.,* sujet, *m.* (tema), doctrine (doctrina), idéologie (ideología), philosophie (filosofía).

tembladal m. Bourbier (tremedal).

tembladera f. Coupe à parois très mince (vasija). ‖ Aigrette (tembleque). ‖ Torpille (pez). ‖ Amourette, tremblette, brize (planta). ‖ Tremblement, *m.* (temblor). ‖ *Amer.* Bourbier (tremedal).

tembladeral m. *Amer.* Bourbier.

tembladero, ra adj. Tremblant, e.
— M. Bourbier (tremedal).

temblador, ra adj. y s. Trembleur, euse. ‖ — M. y f. Quaker, quakeresse (cuáquero).

temblante adj. Tremblant, e.
— M. Bracelet (manilla, pulsera).

temblar* v. intr. Trembler : *temblar de frío, por su vida,* trembler de froid, pour sa vie ; *temblar como un azogado,* trembler comme une feuille. ‖ — FIG. y FAM. *Dejó temblando la botella,* il a fait un sort à la bouteille, il n'a laissé que le fond de la bouteille, il a sifflé presque toute la bouteille. ‖ FIG. *Echarse a temblar,* avoir des frissons dans le dos, en trembler.
— SINÓN. *Trepidar,* trépider. *Estremecerse,* frémir. *Palpitar,* palpiter. *Temblequear,* trembloter. *Agitarse,* s'agiter. *Titiritar, tiritar,* grelotter.

tembleque adj. Tremblotant, e.
— M. Aigrette, *f.* (joya). ‖ Trembleur (persona que tiembla).

temblequear v. intr. FAM. Trembloter.

temblequeteo m. FAM. Tremblotement.

tembletear v. intr. FAM. Trembloter.

temblón, ona adj. y s. FAM. Trembleur, euse ; froussard, e (temblador). ‖ *Álamo temblón,* tremble, peuplier tremble.

temblor m. Tremblement. ‖ Frisson : *me dan temblores pensando en lo que va a pasar,* j'ai des frissons en pensant à ce qui va se passer. ‖ FIG. Tremblement. ‖ — *Temblor de la voz,* chevrotement, tremblement de la voix. ‖ *Temblor de tierra,* tremblement de terre (terremoto).

tembloroso, sa adj. Tremblant, e : *muy temblorosa,* toute tremblante.

temedor, ra adj. Craintif, ive.

temer v. tr. Craindre, avoir peur de : *teme mucho a su padre,* il craint beaucoup son père, il a très peur de son père. ‖ — *No temer ni a Dios ni al diablo* ou *no temer ni rey ni roque,* ne craindre ni Dieu ni diable, n'avoir ni foi ni loi. ‖ *No vendrá, lo temo,* il ne viendra pas, j'en ai peur o je le crains.
‖ — V. intr. y pr. Craindre, avoir peur : (*me*) *temo que venga,* je crains qu'il ne vienne ; (*me*) *temo que no venga,* je crains qu'il ne vienne pas. ‖ — *Me lo temo,* je le crains, j'en ai bien peur. ‖ (*Me*) *temo mucho que,* je crains fort que, j'ai bien peur que. ‖ *Ser de temer,* être à craindre o à redouter.
— OBSERV. Con los verbos *craindre que, avoir peur que,* el francés emplea siempre el *ne* expletivo que no se traduce en español.

temerario, ria adj. y s. Téméraire.

temeridad f. Témérité (osadía).

temerosamente adv. Craintivement.

temeroso, sa adj. ● Peureux, euse ; craintif, ive (medroso). ‖ Redoutable (que causa temor). ‖ *Temeroso de,* craignant : *temerosos de sus superiores,* craignant leurs supérieurs.
— SINÓN. ● *Tímido,* timide. *Timorato,* timoré. *Receloso, medroso, asustadizo,* craintif. *Miedoso,* peureux.

temible adj. Redoutable. ‖ Dangereux, euse (peligroso).

Temis n. pr. f. MIT. Thémis.

Temístocles n. pr. m. Thémistocle.

temor m. Crainte, *f.,* peur, *f.* : *el temor al castigo,* la crainte du châtiment ; *el temor de Dios,* la crainte de Dieu. ‖ — *Con el temor de ofenderle,* dans la crainte o par crainte o craignant de l'offenser. ‖ *Con temor,* avec crainte, craintivement. ‖ *Por temor de* ou *a la guerra,* dans la crainte de la guerre, par peur de la guerre. ‖ *Por temor de no llegar a tiempo,* de peur de ne pas arriver à temps. ‖ *Por temor de que no se avengan,* de crainte o de peur qu'ils ne s'entendent pas. ‖ *Sin temor a equivocarse,* sans crainte de se tromper. ‖ *Tener mucho temor a,* avoir très peur de, craindre beaucoup.
— SINÓN. *Inquietud,* inquiétude. *Alarma,* alarme. *Miedo,* peur. *Pánico,* panique. *Horror,* horreur. *Terror,* terreur. *Espanto,* épouvante. *Pavor,* frayeur. Pop. *Canguelo, jindama,* trouille, frousse.

tempanador m. Instrument pour ouvrir les ruches.

tempanar v. tr. Mettre le chapeau [d'une ruche] (a una colmena).

tímpano m. Glaçon (de hielo). ‖ Cymbale, *f.* (timbal). ‖ Peau (*f.*) d'un tambour (piel de pandero). ‖ Flèche (*f.*) de lard (de tocino). ‖ Tympan (tímpano). ‖ Chapeau (de colmena). ‖ Fond (de tonel). ‖ FIG. Glaçon : *esta mujer es un témpano,* cette femme est un glaçon.

temperación f. Adoucissement, *m.,* modération.

temperadamente adv. Modérément.

temperado, da adj. Tempéré, e.

temperamental adj. Du tempérament.

temperamento m. Tempérament. ‖ MÚS. Tempéramento.
— OBSERV. *Vente à tempérament* se dit en espagnol *venta a plazos.*

temperancia f. Tempérance.

temperante adj. Tempérant, e.

temperar v. tr. Tempérer, adoucir. ‖ MED. Calmer.
— V. intr. *Amer.* Changer d'air.
— V. pr. S'adoucir (el tiempo).

temperatísimo, ma adj. Très tempéré, e.

temperatura f. Température : *temperatura máxima, mínima,* température maximale, minimale. ‖ MED. Température (fiebre, calentura).

temperie f. Température [de l'atmosphère].

tempero m. État de la terre favorable aux semailles.

tempestad f. Tempête (temporal). ‖ Orage, *m.* (tormenta). ‖ FIG. Tempête : *tempestad de aplausos,* tempête d'applaudissements. ‖ Tempête, bordée, déluge, *m.* : *tempestad de injurias,* bordée d'injures. ‖ Tourmente : *la tempestad revolucionaria,* la tourmente révolutionnaire. ‖ — FIG. *Después de la tempestad viene la calma,* après la pluie le beau temps. ‖ *Levantar tempestades,* soulever une tempête.

tempestear v. intr. FIG. y FAM. Tempêter (echar pestes).

tempestivamente adv. Opportunément.

tempestividad f. Opportunité.

tempestivo, va adj. Opportun, e.

tempestuoso, sa adj. Tempétueux, euse.

tempisque m. *Amer.* Sidéroxydon [arbre à fruit comestible].

templa f. Détrempe (pintura). ‖ *Amer.* Suc (*m.*) de canne (guarapo).

templadamente adv. Modérément.

templado, da adj. Tempérant, e (sobrio). ‖ Tiède (tibio) : *agua templada,* eau tiède. ‖ Tempéré, e (clima, país) : *zona templada,* zone tempérée. ‖ Doux, douce (temperatura). ‖ Accordé, e (instrumentos). ‖ FIG. Tempéré, e (estilo). ‖ Modéré, e (moderado). ‖ TECN. Trempé, e (cristal, metal).

‖ — Fig. y Fam. *Estar bien* ou *mal templado*, être de bonne *o* de mauvaise humeur. | *Nervios bien templados*, nerfs bien trempés *o* solides.

templador, ra adj. Tempérant, e. ‖ — Adj. m. y s. m. Trempeur (obrero). ‖ — M. Mús. Accordeur (de instrumentos). | Accordoir (llave para templar instrumentos). ‖ Tecn. Raidisseur.

templadura f. Mús. Accordage, *m.* (de instrumentos). ‖ Trempe (de metales).

templanza f. Tempérance (virtud). ‖ Modération (continencia). ‖ Douceur (del clima). ‖ Harmonie [des couleurs] (en pintura).

templar v. tr. Tempérer, modérer (moderar). ‖ Tiédir, attiédir (líquidos). ‖ Adoucir (temperatura, luz, color). ‖ Tecn. Tremper (un metal, cristal). ‖ Fig. Tempérer, adoucir (suavizar). | Calmer, apaiser (la cólera). | Tremper (dar temple). ‖ Artes. Harmoniser (colores). ‖ Mar. Proportionner [la voilure] au vent. ‖ Mús. Accorder (instrumentos). ‖ Fig. y Fam. *Templar gaitas*, arrondir les angles. — V. intr. S'adoucir : *el tiempo ha templado mucho*, le temps s'est beaucoup adouci. — V. pr. Se tempérer, se modérer : Tiédir (líquidos). ‖ Fig. Être tempérant, être sobre (sobrio).

templario m. Templier.

temple m. Trempe, *f.* (del metal, del cristal). ‖ Ordre des templiers, Temple (orden militar). ‖ Température, *f.* (temperatura). ‖ Fig. Humeur, *f.* : *estar de buen temple*, être de bonne humeur. ‖ Trempe, *f.* (energía) : *tener temple*, avoir de la trempe. ‖ Mús. Accord (de los instrumentos). ‖ — *Dar temple*, tremper. ‖ Fig. *De temple*, calme, de sang-froid. ‖ *Pintura al temple*, peinture en détrempe.

templete m. Pavillon, kiosque (pabellón, quiosco). ‖ Petit temple (templo pequeño). ‖ Niche, *f.* (nicho).

templo m. Temple. ‖ Eglise, *f.* (iglesia). ‖ — Fig. y Fam. *Como un templo*, énorme : *una mentira como un templo*, un mensonge énorme ; formidable, magnifique, du tonnerre : *una mujer como un templo*, une femme du tonnerre. | *Es una verdad como un templo*, c'est la pure vérité *o* la vérité vraie.

tempo m. Mús. Tempo (movimiento).

temporada f. Saison : *temporada de verano*, *teatral*, saison d'été, théâtrale ; *la buena temporada*, la belle saison. ‖ Séjour, *m.* : *pasar una temporada en Málaga*, faire un séjour à Malaga. ‖ Époque, période : *la mejor temporada de mi vida*, la meilleure époque de ma vie. ‖ Villégiature : *estar de temporada en el campo*, être en villégiature à la campagne. ‖ — *De fuera de temporada*, hors saison . *turfiu de fuera de temporada*, tarif hors saison (hoteles). ‖ *De temporada baja*, hors saison (aviones). ‖ *Hace una temporada que no trabaja*, il y a un certain temps *o* un bon moment qu'il ne travaille pas. ‖ *Por temporadas*, de temps à autre, par périodes. ‖ *Temporada baja*, saison creuse. ‖ *Temporada de calma* ou *de poca venta* ou *de venta reducida*, morte-saison.

temporadita f. V. temporada.

temporal adj. Temporel, elle (contrapuesto a espiritual o eterno) : *el poder temporal de los papas*, le pouvoir temporel des papes ; *la existencia temporal del hombre*, l'existence temporelle de l'homme. ‖ Temporaire (de poca duración) : *un poder temporal*, un pouvoir temporaire. ‖ Anat. Temporal, e (de la sien) : *músculos temporales*, muscles temporaux. — M. Tempête, *f.* (tempestad). ‖ Mauvais temps, pluie (*f.*) persistante (lluvia). ‖ Journalier, saisonnier (obrero). ‖ Anat. Temporal (hueso). ‖ — *Capear el temporal*, braver la tempête (un barco), laisser passer l'orage (con una persona enfadada). ‖ *Correr un temporal*, essuyer une tempête (en el mar).

temporalidad f. Temporalité. ‖ — Pl. Temporel, *m. sing.* (de los beneficios eclesiásticos).

temporalizar v. tr. Rendre temporel.

temporario, ria adj. Temporaire (temporal).

témporas f. pl. Quatre-temps, *m.*

temporero, ra adj. Saisonnier, ère ; temporaire (temporario). — M. Saisonnier (obrero).

temporización f. Temporisation.

temporizar v. intr. Temporiser.

tempranal adj. Précoce, hâtif, ive.

tempranamente adv. De bonne heure (temprano). ‖ Trop tôt (prematuramente).

tempranero, ra adj. Précoce, hâtif, ive.

tempranito adv. Fam. De très bonne heure.

temprano, na adj. Précoce (adelantado). ‖ Hâtif, ive (plantas). ‖ — *Frutas, verduras tempranas*, primeurs. | *Patata temprana*, pomme de terre nouvelle. — M. Primeur, *f.* : *ya es tiempo de recoger los tempranos*, c'est le moment de récolter les primeurs. — Adv. Tôt, de bonne heure : *levantarse temprano*, se lever de bonne heure. ‖ *Más temprano*, plus tôt.

ten m. Fam. *Ten con ten*, modération, prudence, tact.

tenacear v. tr. Tenailler (atenazar). — V. intr. Fig. Insister, s'obstiner.

tenacidad f. Ténacité.

tenacillas f. pl. Pincettes (tenazas pequeñas). ‖ Pince (*sing.*) à sucre. | Fer (*m. sing.*) à friser (para rizar el pelo). ‖ Pinces à épiler (pinzas de depilar). ‖ Pince (*sing.*) pour tenir la cigarette (para tener cogido el cigarillo). ‖ Mouchettes (despabiladeras).

tenallón m. Tenaillon (de fortificación).

tenante m. Blas. Tenant.

tenar m. Anat. Thénar.

tenaz adj. Tenace : *ofrecer una tenaz resistencia*, offrir une résistance tenace.

tenaza f. o **tenazas** f. pl. Tenailles, *pl.* (herramientas). ‖ Pincettes, *pl.* (para el fuego). ‖ Pinces, *pl.* (de los crustáceos, de los forjadores). ‖ Tenailles, *pl.* (en una fortificación). ‖ Tecn. Mors, *m.* (del torno). ‖ — Fig. *Hacer la tenaza*, tenir fortement, serrer comme dans un étau (asir mordiendo), prendre en fourchette (las cartas). | *No se puede coger ni con tenazas*, il n'est pas à prendre avec des pincettes.

tenazada f. o **tenazazo** m. Coup (*m.*) de tenailles.

tenazón (a o **de)** loc. adv. Au jugé.

tenca f. Tanche (pez). ‖ Amer. Sorte d'alouette (alondra).

tendajo m. Échoppe, *f.* (tenducho).

tendal m. Bâche, *f.*, toile, *f.*, tendelet (toldo). ‖ Séchoir (tendedero). | Limon (de carro). ‖ Amer. Plaine, *f.* (llanura). | Traînée, *f.* (cosas en el aire o en el suelo). | Foule, *f.* (multitud).

tendedero m. Étendoir, tendoir (de cuerda), séchoir (con varillas).

tendedor, ra m. y f. Étendeur, euse.

tendel m. Cordeau (cuerda). ‖ Liaison, *f.* (capa de mortero).

tendencia f. Tendance : *tener tendencia a* ou *hacia*, avoir tendance à.

tendencioso, sa adj. Tendencieux, euse : *noticia tendenciosa*, nouvelle tendencieuse.

tendente adj. Tendant, e.

ténder m. Tender (de la locomotora).

tender* v. tr. Tendre, étendre (extender) : *tender la ropa*, étendre le linge. ‖ Tendre (alargar) : *tender la mano*, tendre la main. ‖ Tendre, dresser : *tender un lazo, una emboscada*, tendre un piège, une embuscade. ‖ Tendre, jeter (redes). ‖ Poser (una línea telegráfica, vía). ‖ Jeter, lancer (un

puente). ‖ Mettre : *tender las velas*, mettre les voiles. ‖ Plâtrer (revestir las paredes con una capa de cal).
— V. intr. Tendre, viser : *no sé a qué fin tiende su proposición*, je ne sais à quelle fin tend sa proposition ; *tiende a superar a todos los demás*, il vise à dépasser tous les autres ; *tender a la perfección*, tendre à la perfection.
— V. pr. S'étendre, s'allonger, se coucher : *tenderse en* ou *por el suelo*, se coucher par terre. ‖ Abattre *o* étaler son jeu (el jugador). ‖ Courir ventre à terre (caballo).

tenderete m. Éventaire, étalage (puesto de venta al aire libre). ‖ Échoppe, *f.* (tenducha). ‖ Sorte de réussite (juego).

tendero, ra adj. y s. Commerçant, e. ‖ — M. Fabricant de tentes de campagne.

tendidamente adv. Amplement, longuement.

tendido, da adj. Tendu, e. ‖ Étendu, e ; allongé, e (una persona). ‖ — *A galope tendido*, au triple galop, au grand galop. ‖ FIG. y FAM. *Dejar a uno tendido en el suelo*, coucher quelqu'un par terre. ‖ *Hablar largo y tendido*, parler longuement *o* abondamment.
— M. Pose, *f.* : *el tendido de un cable entre Madrid y Sevilla*, la pose d'un câble entre Madrid et Séville. ‖ Ligne, *f.* : *tendido telefónico*, ligne téléphonique. ‖ Lancement (de un puente). ‖ Étendage : *el tendido de la ropa*, l'étendage du linge. ‖ Levée, *f.* (encajes). ‖ Égout, pente, *f.* (del tejado). ‖ Couche (*f.*) de plâtre (capa de yeso). ‖ Gradins, *pl.* (gradería) : *tendido de sol, de sombra* : gradins exposés au soleil, à l'ombre. ‖ — *Hacer el tendido de*, poser (vía, línea telegráfica). ‖ FIG. *Para el tendido*, pour la galerie.

tendiente adj. Tendant, e (que tiende).

tendinoso, sa adj. Tendineux, euse.

tendón m. Tendon : *tendón de Aquiles*, tendon d'Achille.

tenducha f. o **tenducho** m. FAM. Échoppe, *f.*, petite boutique, *f.*

tenebrario m. Herse, *f.* (candelabro).

tenebrión m. Ténébrion (insecto).

tenebrosidad f. Caractère (*m.*) ténébreux, mystère, *m.*

tenebroso, sa adj. Ténébreux, euse.

tenedero m. MAR. Mouillage.

tenedor m. Fourchette, *f.* (utensilio de mesa) : *un tenedor de plata*, une fourchette en argent. ‖ Possesseur, détenteur (que posee). ‖ Porteur (de efectos comerciales) : *tenedor de una letra de cambio*, porteur d'une lettre de change. ‖ *Tenedor de libros*, teneur de livres, comptable.

teneduría f. Tenue : *teneduría de libros*, tenue des livres. ‖ Comptabilité (arte y oficina).

tenencia f. Possession (posesión). ‖ Lieutenance (cargo de teniente). ‖ — *Tenencia de alcaldía*, mairie d'arrondissement. ‖ *Tenencia de armas*, port *o* détention d'armes.

tener* v. tr. Avoir : *tener dinero*, avoir de l'argent ; *tener gracia*, avoir de l'esprit ; *tener hambre, sed*, avoir faim, soif ; *tener mucho frío*, avoir très froid ; *tener cinco minutos de retraso*, avoir cinq minutes de retard. ‖ Tenir (tener cogido) : *tener un sombrero en la mano*, tenir un chapeau à la main ; *tener un niño en brazos*, tenir un enfant dans les bras. ‖ Tenir : *el ruido me ha tenido despierto toda la noche*, le bruit m'a tenu éveillé toute la nuit. ‖ Tenir : *tener consejo, una asamblea*, tenir conseil, une assemblée. ‖ Tenir : *tener los libros, la caja*, tenir les livres, la caisse. ‖ Avoir, faire : *el cuarto tiene ocho metros por diez*, la pièce a huit mètres sur dix. ‖ Tenir, contenir (contener). ‖ Peser, faire [tel poids] (pesar). ‖ Tenir (mantener) : *tener en buen estado*, tenir en bon état.

— *Tener a bien*, juger bon : *tuve a bien quedarme más tiempo*, j'ai jugé bon de rester plus longtemps ; vouloir, vouloir bien, avoir l'obligeance de : *tenga a bien enviarnos...*, veuillez nous envoyer... ‖ *Tener a honra*, être fier de, se faire un point d'honneur *o* une gloire de. ‖ *Tener al corriente*, tenir au courant. ‖ *Tener al día*, tenir à jour. ‖ *Tener a la vista* ou *ante los ojos*, avoir sous les yeux. ‖ *Tener algo de*, avoir quelque chose de, tenir de : *este niño tiene algo de su padre*, cet enfant a quelque chose de son père ; *esto tiene algo de novela*, cela tient du roman. ‖ *Tener a mano*, avoir sous la main. ‖ *Tener a menos*, trouver au-dessous de soi *o* indigne de soi : *tiene a menos trabajar*, il trouve que travailler est indigne de lui. ‖ *Tener ante sí*, être saisi : *el comité tiene ante sí un informe*, le comité est saisi d'un rapport ; avoir sous les yeux (ante los ojos). ‖ *Tener a pecho*, avoir à cœur de. ‖ *Tener a quien salir*, avoir de qui tenir. ‖ *Tener capacidad para*, v. CAPACIDAD. ‖ *Tener con qué* ou *para vivir*, avoir de quoi vivre. ‖ *Tener cuidado con*, faire attention à. ‖ *Tener de beber, de comer*, avoir à boire, à manger. ‖ *Tener empeño en*, tenir à : *tiene empeño en verte*, il tient à te voir. ‖ *Tener en cuenta*, v. CUENTA. ‖ *Tener en mano*, avoir en main, tenir : *tener en mano a sus alumnos*, tenir ses élèves. ‖ *Tener en menos*, dédaigner, mépriser. ‖ *Tener en mucho*, avoir *o* tenir en grande estime, avoir beaucoup de respect pour. ‖ *Tener en vilo*, tenir en haleine. ‖ *Tener hecho*, avoir fait : *tiene hecho un estudio interesante sobre los mayas*, il a fait une étude intéressante sur les Mayas ; être devenu : *tenemos nuestro jardín hecho un barrizal*, notre jardin est devenu un vrai bourbier. ‖ *Tener interés*, tenir à : *tengo interés en llegar a tiempo*, je tiens à arriver à temps ; *no tengo ningún interés en eso*, je n'y tiens pas. ‖ *Tener interés por*, tenir à (desear) : *no tengo ningún interés por ello*, je n'y tiens pas du tout ; s'intéresser à : *tener mucho interés por las ciencias*, s'intéresser beaucoup aux sciences. ‖ *Tener lugar*, avoir lieu. ‖ *Tener paciencia*, avoir de la patience, être patient. ‖ *Tener para sí*, croire, avoir dans l'idée : *tengo para mí que ya ha llegado*, j'ai dans l'idée qu'il est déjà arrivé. ‖ *Tener por*, avoir pour *o* comme : *tener por amigo*, avoir comme ami ; tenir pour, considérer comme : *tener a uno por tonto*, tenir quelqu'un pour sot. ‖ *Tener presente*, se rappeler, ne pas oublier : *hay que tener presente que*, il ne faut pas oublier que. ‖ *Tener puesto*, avoir mis, porter : *tengo puesta mi falda azul*, j'ai mis ma jupe bleue. ‖ *Tener que*, devoir, falloir : *tengo que irme*, je dois m'en aller, il faut que je m'en aille. ‖ *Tener sobre sí*, avoir la charge de (una cosa), avoir à sa charge (una persona). ‖ *Tener una mala postura* ou *una mala posición*, se tenir mal. ‖ — *Allí tiene...*, voilà. ‖ *Aquí tiene...*, voici. ‖ *¡ Conque ésas tenemos !*, ah, c'est comme ça !, c'est là où vous vouliez en venir ! ‖ *Esto no tiene ni pies ni cabeza*, cela ne tient pas debout, cela n'a ni queue ni tête. ‖ *No saber uno lo que tiene*, ne pas connaître sa chance. ‖ *No tendremos ni para empezar con esto*, avec ça nous n'irons pas loin. ‖ *No tener donde caerse muerto*, n'avoir ni feu ni lieu, être sur le pavé. ‖ *No tenerlas todas consigo*, ne pas en mener large, ne pas être très rassuré (tener miedo), ne pas avoir toutes les chances de son côté. ‖ *No tener más que*, n'avoir qu' : *no tiene más que hablar para que sea obedecido*, il n'a qu'à parler pour être obéi. ‖ *No tener más que lo puesto*, n'avoir que sa chemise. ‖ *No tengo nada que ver con esto*, je n'ai rien à voir avec cela, cela ne me regarde pas. ‖ *Quien más tiene, más quiere*, plus on en a, plus on en veut. ‖ *Quien tuvo retuvo*, on garde toujours quelque chose de sa splendeur passée. ‖ *Téngase por dicho que...*, tenez-vous bien pour dit que... ‖ *Tengo sabido que...*, je crois savoir que. ‖ *Tiene la palabra el señor X*, Monsieur X a la parole, la parole est à Monsieur X. ‖ *Tiene mucho de su padre*, il a beaucoup de son père, il tient beaucoup de son père. ‖ *Ya te lo tengo dicho*, je te l'ai déjà dit. ‖ *Ya tiene años*, il n'est plus tout jeune.

— V. pr. Se tenir : *tenerse tranquilo*, se tenir tranquille. ‖ — *Tenerse de* ou *en pie*, tenir debout. ‖ FAM. *Tenérselas tiesas*, tenir bon, ne pas se laisser faire. ‖ *Tenerse por*, se croire : *se tiene por muy listo*, il se croit très malin. ‖ *¡Tente!*, arrête!, arrête-toi!

— OBSERV. L'auxiliaire *avoir* se traduit normalement par *haber*. On peut toutefois employer également *tener* si l'on veut insister sur le fait qu'il s'agit d'un résultat acquis, définitif : *tengo mi coche vendido*, ma voiture est vendue (cf. *he vendido mi coche*, j'ai vendu ma voiture). Dans ce cas, le participe passé en espagnol s'accorde avec son complément même s'il le précède : *tengo ahorradas grandes cantidades de dinero*, j'ai de grosses sommes en réserve (cf : *he ahorrado grandes cantidades de dinero*, j'ai économisé de grosses sommes).

tenería f. Tannerie (curtiduría).

tenesmo m. MED. Ténesme (pujo).

tenguerengue (en) loc. adv. En équilibre instable.

tenia f. Ténia, taenia (gusano). ‖ ARQ. Filet, *m.* ténia (moldura).

tenida f. Réunion. ‖ Tenue (de masones).

tenienta f. Lieutenante.

tenientazgo m. Lieutenance, *f.*

teniente adj. Possesseur (que posee). ‖ Vert, e (frutos). ‖ FIG. y FAM. Dur d'oreille (algo sordo). | Chiche, ladre (miserable, escaso).

— M. Lieutenant. ‖ — *Teniente coronel*, lieutenant-colonel. ‖ *Teniente de alcalde*, adjoint au maire *o* maire adjoint. ‖ *Teniente de navío*, lieutenant de vaisseau. ‖ *Teniente general*, lieutenant général, général de corps d'armée.

tenífugo, ga adj. y s. m. MED. Ténifuge.

tenis m. Tennis : *campo de tenis*, court de tennis. ‖ *Tenis de mesa*, Ping-Pong, tennis de table.

tenista m. y f. Joueur, joueuse de tennis.

tenor m. Teneur, *f.* : *el tenor de una carta*, la teneur d'une lettre. ‖ Ténor (en música). ‖ — *A este tenor*, si c'est ainsi, de cette façon (en este caso), à ce sujet (a este respecto). ‖ *A tenor*, à l'avenant (por el estilo) : *todo está a tenor*, tout est à l'avenant ; de même : *comimos estupendamente y bebimos a tenor*, nous avons merveilleusement bien mangé et nous avons bu de même. ‖ *A tenor de*, d'après.

tenorino m. Ténorino.

tenorio m. FIG. Don Juan : *¡es un tenorio!*, c'est un don Juan !

tenotomía f. MED. Ténotomie.

tensar v. tr. Tendre : *tensar un cable*, tendre un câble.

tensiómetro o tensímetro m. Tensiomètre.

tensión f. Tension : *tensión arterial*, tension artérielle. ‖ ELECTR. Tension : *alta, baja tensión*, haute, basse tension. ‖ FIG. Tension : *tensión de espíritu*, tension d'esprit ; *tensión entre dos países*, tension entre deux pays.

tenso, sa adj. Tendu, e (tirante) : *cuerda tensa*, corde tendue. ‖ FIG. Tendu, e : *espíritu tenso*, esprit tendu. ‖ MIL. Tendu, e (tiro, trayectoria).

tensón f. Tenson (composición poética de los provenzales).

tensor, ra adj. Qui tend. ‖ — Adj. m. y s. m. ANAT. Tenseur. ‖ — M. TECN. Tendeur, raidisseur. ‖ — Pl. DEP. Extenseur, *sing.*, sandow, *sing.*

tentación f. Tentation : *caer en la tentación*, tomber dans la tentation.

tentacular adj. Tentaculaire : *apéndices tentaculares*, appendices tentaculaires.

tentáculo m. Tentacule.

tentadero m. Lieu clos où l'on éprouve les jeunes taureaux.

tentador, ra adj. Tentant, e ; alléchant, e (cosa) : *proposición tentadora*, proposition alléchante. ‖ Qui tâte (que palpa). ‖ — Adj. y s. FIG. Tentateur, trice (persona). ‖ *El tentador*, le tentateur (el diablo).

tentadura f. Essai (*m.*) du minerai d'argent.

tentalear v. tr. Tâtonner.

tentar* v. tr. Tâter (examinar por medio del tacto). ‖ ● Tenter (instigar, atraer) : *la serpiente tentó a Eva*, le serpent tenta Ève. ‖ Tenter (intentar) : *tentar una empresa*, tenter une entreprise. ‖ Sonder (una herida).

— V. pr. Se tâter.

— SINÓN. ● *Seducir*, séduire. *Engolosinar*, allécher. *Provocar*, provoquer. *Incitar*, inciter.

tentativa f. Tentative.

— SINÓN. *Intento*, essai. *Prueba*, épreuve.

tentemozo m. Étai (puntal). ‖ Chambrière, *f.*, servante, *f.* (de vehículo). ‖ Ramponneau, poussah (juguete). ‖ Montant de la bride du cheval (quijera del caballo).

tentempié m. Collation, *f.*, en-cas, *inv.*, encas, *inv.* (refrigerio). ‖ Ramponneau, poussah (juguete).

tentenelaire m. y f. Sang-mêlé, *inv.* (hijo de cuarterón y mulata). ‖ — M. *Amer.* Colibri (ave).

tentetieso m. Ramponneau, poussah (juguete).

tentredo m. Tenthrède, *f.* (insecto).

tenue adj. Ténu, e ; fin, e : *un hilo tenue*, un fil ténu. ‖ Faible (luz). ‖ Faible, ténu, e (voz, sonido). ‖ Léger, ère : *el aire es más tenue que el agua*, l'air est plus léger que l'eau. ‖ Futile (de poca sustancia). ‖ Simple (estilo).

— OBSERV. La palabra francesa *ténu* se emplea menos que su equivalente español *tenue*.

tenuemente adv. Faiblement, légèrement.

tenuidad f. Ténuité (p. us.), finesse. ‖ Faiblesse (sonido, luz). ‖ Légèreté (ligereza). ‖ Futilité (poca importancia). ‖ Simplicité (en el estilo).

tenuirrostro m. ZOOL. Ténuirostre (pájaro).

teñible adj. Que l'on peut teindre.

teñido, da adj. Teint, e : *un abrigo teñido de azul*, un manteau teint en bleu. ‖ Teinté, e (coloreado). — M. Teinture, *f.* (acción). ‖ Teinte, *f.*, coloris (color), couleur, *f.* (de la piel).

teñidura f. Teinture (tinte).

teñir* v. tr. Teindre : *teñir de azul*, teindre en bleu. ‖ Teinter, colorer (colorear). ‖ Affaiblir (un color).

— V. pr. Se teindre : *teñirse de rubio*, se teindre en blond *o* en blonde. ‖ FIG. Acquérir une teinture.

Teobaldo n. pr. m. Thibaud.

teobromina f. QUÍM. Théobromine.

teocali m. Téocalli (templo mexicano).

teocracia f. Théocratie.

teocrático, ca adj. Théocratique.

Teócrito n. pr. m. Théocrite.

teodicea f. Théodicée.

teodolito m. Théodolite.

Teodora n. pr. f. Théodora.

Teodorico n. pr. m. Théodoric.

Teodoro n. pr. m. Théodore.

teodosiano, na adj. Théodosien, enne.

Teodosio n. pr. m. Théodose.

Teófanes n. pr. m. Théophane.

teofilantropía f. Théophilanthropie.

teofilántropo, pa m. y f. Théophilanthrope.

teofilina f. Théophylline.

Teófilo n. pr. m. Théophile.

Teofrasto n. pr. m. Théophraste.
teogonía f. Théogonie.
teogónico, ca Théogonique.
teologal adj. Théologal, e : *virtudes teologales*, vertus théologales.
teología f. Théologie. ‖ FIG. y FAM. *No meterse en teologías*, ne pas se mêler de ce que l'on ne connaît pas.
teológico, ca adj. Théologique.
teologizar v. intr. Théologiser.
teólogo, ga adj. Théologal, e (teologal).
— M. y f. Théologien, enne.
teorema m. Théorème.
teoremático, ca adj. Théorématique.
teorético, ca adj. Théorétique.
teoría f. Théorie.
— SINÓN. *Especulación*, spéculation. *Suposición*, supposition. *Hipótesis*, hypothèse.
teórica f. Théorie, partie théorique.
teórico, ca adj. Théorique.
— M. y f. Théoricien, enne.
teorizante m. Théoricien (teórico).
teosofía f. Théosophie.
teosófico, ca adj. Théosophique.
teósofo m. Théosophe.
tepe m. Motte (*f.*) de terre couverte de gazon.
tepeizcuinte m. Paca (roedor americano).
tepidario m. Tépidarium.
teponascle m. *Amer.* Arbre utilisé en construction. | Instrument de percussion en bois.
tepozán m. *Amer.* Arbre de la famille des scrofulariacées.
tequila f. *Amer.* Tequila, eau-de-vie d'agave.
tequio m. *Amer.* Corvée, *f.*
terapeuta m. y f. MED. Thérapeute.
terapéutica f. MED. Thérapeutique, thérapie.
terapéutico, ca adj. Thérapeutique.
terapia f. MED. Thérapie, thérapeutique.
teratógeno, na adj. Tératogène.
teratología f. Tératologie.
teratológico, ca adj. Tératologique.
teratólogo m. Tératologiste.
terbio m. Terbium (metal).
tercamente adv. Obstinément.
tercelete m. ARQ. *Arco tercelete*, tierceron.
tercena f. Entrepôt (*m.*) de la régie. ‖ *Amer.* Boucherie (carnicería).
tercenista m. Entreposeur.
tercer adj. (apócope de *tercero*). Troisième : *vivo en el tercer piso*, j'habite au troisième étage. ‖ Tiers : *el tercer mundo*, le tiers monde.
— OBSERV. *Tercero* est toujours apocopé devant un nom masculin singulier même si un autre adjectif se trouve interposé. Il peut l'être quelquefois devant un nom féminin : *la tercer noche*, la troisième nuit.
tercera f. Tierce (juegos) : *tercera mayor, real*, tierce majeure, au roi. ‖ Tierce (esgrima). ‖ Entremetteuse (alcahueta). ‖ MÚS. Tierce.
— OBSERV. V. TERCERO.
terceramente adv. Troisièmement, en troisième lieu (en tercer lugar).
tercería f. Médiation, entremise (de un tercero). ‖ Proxénétisme, *m.* : *hacer tercería* faire du proxénétisme. ‖ DR. Tierce opposition.
tercerilla f. POET. Tercet, *m.*
tercerista m. DR. Tiers opposant.
tercero, ra adj. Troisième : *la tercera calle a la derecha*, la troisième rue à droite. ‖ Trois : *Carlos III (tercero)*, Charles III [trois]. ‖ Tiers, tierce (intermediario) : *una tercera persona*, une tierce personne. ‖ — RELIG. *Orden tercera*, tiers ordre. ‖ *Por tercera persona*, par personne interposée. ‖ *Seguro contra tercera persona*, assurance au tiers. ‖ *Ser tercero*, être en tiers (en una reunión). ‖ *Tercera parte*, tiers (división) : *cinco es la tercera parte de quince*, cinq est le tiers de quinze.
— M. Tiers, tierce personne, *f.* : *causar daño a un tercero*, porter tort à un tiers. ‖ Entremetteur (alcahuete). ‖ Tierçaire (religioso). ‖ Receveur des dîmes (encargado de recoger los diezmos). ‖ Tierce, *f.* (60 parte del segundo). ‖ Troisième (piso) : *vivo en el tercero*, j'habite au troisième. ‖ Quatrième, *f.* (de bachillerato) : *mi hijo está en tercero*, mon fils est en quatrième (v. OBSERV. en BACHILLERATO). ‖ — *Ser el tercero en discordia*, être le troisième larron. ‖ DR. *Tercero en discordia*, tiers arbitre.
— OBSERV. *Tercero*, devant un nom masculin singulier est apocopé en *tercer*. (V. ce mot).
tercerol m. MAR. Troisième [objet quelconque situé en troisième position].
tercerola f. Mousqueton *m.* (arma de fuego). ‖ Tiercerolle (barril). ‖ Petite flûte (flauta). ‖ FAM. Troisième classe (en los trenes).
terceto m. Tercet (estrofa). ‖ MÚS. Trio.
tercia f. Tiers, *m.* (tercio). ‖ Mesure de longueur de douze à trente pieds (medida de longitud). ‖ RELIG. Tierce. ‖ Tierce (juegos). ‖ Dépôt (*m.*) des dîmes (de los diezmos). ‖ BLAS. Tierce. ‖ AGRIC. Tiercement, *m.*
terciado, da adj. En bandoulière (la escopeta, etc.). ‖ De taille moyenne (toro). ‖ BLAS. Tiercé, e : *terciado en faja*, tiercé en fasce. ‖ — *Azúcar terciado*, sucre roux, cassonade. ‖ *Madera terciada*, bois déroulé.
— M. Épée (*f.*) large et courte (espada). ‖ Ruban large (cinta).
terciador, ra adj. y s. Médiateur, trice.
terciana f. Fièvre tierce. ‖ *Terciana de cabeza*, céphalée intermittente.
tercianario, ria adj. y s. Malade atteint de fièvre tierce (enfermo). ‖ Tierce (fiebre).
tercianela f. Sorte de gros (tela).
terciar v. tr. Mettre en travers (ladear una cosa). ‖ Jeter sur son épaule (la capa). ‖ Porter en bandoulière (un arma) : *terciar la escopeta*, porter le fusil en bandoulière. ‖ Diviser en trois (dividir). ‖ Équilibrer : *terciar la carga de un burro*, équilibrer la charge d'un âne. ‖ AGRIC. Tiercer, tercer, terser (dar la tercera labor). ‖ Tailler [une plante] près de terre. ‖ *Amer.* Baptiser, couper, mettre de l'eau dans (aguar).
— V. intr. S'interposer, intervenir.
— V. pr. Se présenter (una posibilidad). ‖ *Si se tercia*, si l'occasion se présente, à l'occasion, éventuellement, si ça se trouve.
terciario, ria adj. Troisième, troisième (tercero en orden). ‖ ARQ. En tiers-point (arco). ‖ — Adj. y s. m. Tertiaire (geología). ‖ — M. y f. Tertiaire, tierciaire, tierçaire (religioso).
terciazón f. AGRIC. Troisième labour, *m.*
tercio, cia adj. Troisième (tercero).
— M. Tiers (tercera parte). ‖ Charge, *f.*, ballot (sobre una acémila). ‖ Chacune des trois parties du rosaire (del rosario). ‖ EQUIT. Chacune des trois phases de la course du cheval [départ, course et arret]. ‖ MAR. Association, *f.* [d'armateurs et de pêcheurs]. ‖ MIL. Régiment d'infanterie [aux XVIe et XVIIe s.]. | Légion (*f.*) étrangère (legión). ‖ Groupement [de gendarmerie] (guardia civil). ‖ TAUROM. Chacune des trois phases d'une corrida : *tercio de varas, de banderillas, de muerte*, phase des piques, des banderilles, de la mise à mort. | Chacune des trois zones concentriques de l'arène, en particulier la deuxième, comprise entre la zone des barrières, et le centre de l'arène. ‖ — Pl. Membres (del cuerpo del hombre). ‖ DR. *Tercio de libre disposición*, quotité disponible (en una herencia).
terciodécuplo, pla adj. Treize fois plus grand, e.
terciopelado, da adj. Velouté, e.
terciopelero m. Veloutier.
terciopelo m. Velours.
— OBSERV. *Velours à côtes* se dit *pana*.

terco, ca adj. Têtu, e ; entêté, e ; buté, e ; obstiné, e.
terebella f. ZOOL. Térébelle (gusano marino).
terebenteno m. Térébenthène.
terebintáceas f. pl. BOT. Térébinthacées.
terebinto m. Térébinthe (arbusto).
terebrante adj. MED. Térébrant, e (dolor).
terebrátula f. Térébratule.
terenciano, na adj. De Térence.
Terencio n. pr. m. Térence.
Teresa n. pr. f. Thérèse.
teresiano, na adj. De sainte Thérèse d'Avila.
tergal m. (nombre registrado). Tergal (tejido).
tergiversable adj. Qui peut être interprété faussement *o* tendancieusement.
tergiversación f. Interprétation fausse *o* tendancieuse : *la tergiversación del pensamiento de un filósofo,* l'interprétation fausse de la pensée d'un philosophe.
— OBSERV. Ce mot n'a pas le sens d' « hésitation ».
tergiversador, ra adj. Qui interprète faussement *o* tendancieusement.
tergiversar v. tr. Fausser, déformer, interpréter faussement *o* tendancieusement : *tergiversar los principios de una doctrina,* fausser les principes d'une doctrine.
— OBSERV. El francés *tergiverser* significa *vacilar, titubear.*
teriaca f. Thériaque (triaca).
teriacal adj. Thériacal, e (triacal).
terliz m. Treillis (tela).
termal adj. Thermal, e : *agua, estación termal,* eau, station thermale.
termalidad f. Thermalité.
termas f. pl. Thermes, *m.*
termes m. ZOOL. Termite (comején).
termia f. FÍS. Thermie.
termicidad f. Thermicité.
térmico, ca adj. Thermique. || *Regulación térmica,* thermorégulation (fisiológica).
termidor m. Thermidor (undécimo mes del calendario republicano francés).
termidoriano, na adj. y s. Thermidorien, enne.
terminación f. Terminaison (modo de acabarse una cosa). || Achèvement, *m.,* accomplissement, *m.* : *la terminación de una obra,* l'achèvement d'un travail. || Fin (final) : *la terminación de una comedia,* la fin d'une comédie. || Finition (acabado). || Terminaison (de un vocablo). || Phase terminale (de una enfermedad).
terminacho m. FAM. Mot malsonnant (palabra indecente o poco culta). | Barbarisme, horreur, *f.* (término bárbaro).
terminal adj. Terminal, e. || *Estación terminal,* aérogare (aviones), terminus (trenes, autobuses). — M. ELECTR. Plot, borne, *f.,* cosse, *f.* || Terminal (en informática). || *Terminal aéreo,* aérogare.
terminante adj. Final, e (que termina). || Formel, elle : *las prescripciones de esta ley son terminantes,* les prescriptions de cette loi sont formelles. || Catégorique : *negativa terminante,* refus catégorique. || Exprès, esse ; formel, elle ; péremptoire : *prohibición terminante,* interdiction formelle. || Concluant, e : *resultados terminantes,* résultats concluants.
terminantemente adv. Formellement : *queda terminantemente prohibido...,* il est formellement interdit de...
terminar v. tr. Terminer, finir : *terminar la carrera,* terminer ses études. || *Dar algo por terminado,* mettre un terme à quelque chose (acabar), considérer quelque chose comme terminé. — V. intr. y pr. Se terminer, finir (acabarse) : *¿cómo terminó la reunión?,* comment la réunion s'est-elle terminée ? || Arriver à son terme, se terminer (llegar a su fin) : *la conferencia se está terminando,* la conférence arrive à son terme. ||

Terminer, finir : *el espectáculo termina a las 11,* le spectacle termine à 11 heures. || Finir : *no he terminado de comer,* je n'ai pas fini de manger. || Finir par (con el gerundio) : *terminó yéndose a América,* il a fini par s'en aller en Amérique. || En finir : *termina ya,* finis-en. || Finir : *este chico terminará mal,* ce garçon va mal finir. || Rompre (reñir) : *estos novios han terminado,* ces fiancés ont rompu ; *he terminado con toda esta gente,* j'ai rompu avec tous ces gens. || Devenir : *voy a terminar loco,* je vais devenir fou. || Finir : *este cuadro no está bien terminado,* ce tableau n'est pas bien fini. || — *Éramos muy amigos, pero terminamos mal,* nous étions très amis mais ça a mal fini *o* nous nous sommes quittés en mauvais termes. || *No termino de comprender,* je n'arrive pas à comprendre. || *Se ha terminado el carbón y no podemos encender la calefacción,* il n'y a plus de charbon et nous ne pouvons pas allumer le chauffage. || *Se nos ha terminado el carbón,* nous n'avons plus de charbon.
terminativo, va adj. Terminatif, ive.
terminista m. y f. Pédant, e.
término m. Terme, fin, *f.* : *término de la vida,* fin de la vie ; *poner término a,* mettre un terme à, mettre fin à. || Terme (palabra) : *con los términos adecuados,* en termes propres. || Terminus (de una línea de transporte). || Plan : *en el primer término,* au premier plan. || ● Limite, *f.* (frontera). || Territoire, région, *f.* (región). || Municipalité, *f.,* commune, *f.* (municipio). || Borne, *f.* (mojón). || Point de ralliement (lugar señalado). || But, objet (objetivo). || Délai (plazo) : *en el término de un año,* dans un délai d'un an. || GRAM. y MAT. Terme. || — Pl. Confins, frontières, *f.* (extremos). || Termes : *estar en buenos, en malos términos,* être en bons, en mauvais termes. || — *Término medio,* moyen terme. || *Término municipal,* territoire communal. || *Término perentorio,* terme de rigueur. || *Términos del intercambio,* termes de l'échange. || — *En primer término,* en premier lieu, tout d'abord (en primer lugar). || *En segundo término,* à l'arrière-plan (en un cuadro), en second *o* en deuxième lieu (en segundo lugar). || *En términos de,* sur le point de, à la veille de (en vísperas), en état de (capaz). || *En términos de que,* de telle sorte que. || *En términos generales,* dans l'ensemble. || *En términos propios,* en termes propres *o* clairs. || *En último término,* finalement. || *Llevar a buen término,* mener à bien *o* à bonne fin *o* à bon terme. || *Mantenerse en el término medio,* se tenir dans un juste milieu. || *Medios términos,* biais, échappatoires. || *No hay término medio,* il n'y a pas de milieu. || *Por término medio,* en moyenne.
— SINÓN. ● *Límite, mojón,* limite, borne. *Confín,* confin. *Fin, fin. Final, fin,* fin.
Término n. pr. m. MIT. Terme (dios).
terminología f. Terminologie.
terminológico, ca adj. Terminologique.
terminote m. FAM. Mot à coucher dehors.
términus m. Terminus (estación terminal).
termita f. QUÍM. Thermite (soldadura).
termita o **termite** m. ZOOL. Termite (comején).
— OBSERV. *Termita* est un gallicisme.
termitero m. Termitière, *f.*
termo o **termos** m. Thermos, *f.,* bouteille (*f.*) Thermos, bouteille (*f.*) isolante.
termobomba f. Thermopompe.
termocauterio m. Thermocautère.
termodinámica f. Thermodynamique.
termoelectricidad f. Thermo-électricité.
termoeléctrico, ca adj. Thermo-électrique. || *Par termoeléctrico,* thermocouple, couple thermo-électrique.
termoestable adj. Thermodurcissable.

termógeno, na adj. Thermogène.

termógrafo m. Thermographe.

termoiónico, ca adj. Thermoïonique, thermo-ionique.

termología f. Thermologie.

termológico, ca adj. Thermologique.

termomagnetismo m. Thermomagnétisme.

termometría f. Thermométrie.

termométrico, ca adj. Thermométrique.

termómetro m. Thermomètre : *termómetro de alcohol*, thermomètre à alcool. ‖ — *Termómetro clínico*, thermomètre médical. ‖ *Termómetro de máxima y mínima*, thermomètre à maximum et minimum.

termonuclear adj. Thermonucléaire.

termopar m. ELECTR. Thermocouple.

termopila f. ELECTR. Thermopile.

Termópilas n. pr. f. pl. GEOGR. Thermopyles.

termoplástico, ca adj. Thermoplastique.

termopropulsión f. Thermopropulsion.

termoquímica f. Thermochimie.

termoquímico, ca adj. Thermochimique.

termorregulación f. Thermorégulation.

termoscópico, ca adj. Thermoscopique.

termoscopio m. Thermoscope.

termosifón m. Thermosiphon.

termostato m. Thermostat.

termoterapia f. MED. Thermothérapie.

terna f. Trois personnes. ‖ Terne, *m.* (dados).

— M. Triduum (triduo).

ternario, ria adj. Ternaire.

— M. Triduo (triduo).

terne adj. m. y s. m. FAM. Fanfaron (valentón). ‖ — M. *Amer.* Poignard (façón).

ternera f. Génisse (animal). ‖ Veau, *m.* (carne) : *chuleta, asado de ternera*, côte, rôti de veau. ‖ *Filete de ternera*, escalope.

ternero m. Veau. ‖ *Ternero recental*, veau de lait.

ternerón, ona adj. FAM. Très sensible.

terneza f. Tendresse (ternura). ‖ — Pl. Paroles tendres, gentillesses.

ternezuelo, la adj. Tendre.

ternilla f. Cartilage, *m.* (de la nariz). ‖ — Pl. Tendron, *m. sing.* (de la carne).

ternilloso, sa adj. Cartilagineux, euse.

ternísimo, ma adj. Très tendre.

terno m. Trio (tres cosas). ‖ Terne (lotería). ‖ Complet (traje de hombre). ‖ FIG. y FAM. Juron (voto). ‖ *Echar ternos*, lâcher des jurons, jurer.

ternura f. Tendresse. ‖ Tendreté (de la carne).

tero m. *Amer.* Sorte de pluvier (ave).

terpeno m. QUÍM. Terpène.

terpina f. QUÍM. Terpine.

terpinol m. QUÍM. Terpinol, terpinéol.

Terpsícore n. pr. f. MIT. Terpsichore.

terquedad o **terquería** o **terqueza** f. Obstination, entêtement, *m.*

terracota f. Terre cuite.

terradillo m. Terrasson.

terrado m. Terrasse, *f.* (azotea).

terraja f. Filière : *terraja de cojinetes*, filière à coussinets. ‖ Calibre, *m.* (para molduras). ‖ Taraud, *m.* (macho de roscar). ‖ Tourne-à-gauche, *m. inv.* (del cerrajero).

terraje f. Fermage (terrazgo).

terrajero m. Fermier (terrazguero).

terral adj. m. y s. m. *Viento terral*, vent de terre, sorte de sirocco.

terramicina f. MED. Terramicine (medicina).

terranova m. Terre-neuve, *inv.* (perro).

Terranova n. pr. GEOGR. Terre-Neuve.

terraplén m. Terre-plein. ‖ Remblai (de la vía del ferrocarril). ‖ MIN. Remblayage.

terraplenado m. Remblai, remblayage.

terraplenador m. Terrassier.

terraplenar v. tr. Remblayer (hacer un terraplén), terrasser (nivelar).

terráqueo, a adj. Terrestre, terraqué, e (p. us.) : *globo terráqueo*, globe terrestre.

terrario m. Terrarium.

terrateniente m. y f. Propriétaire foncier, propriétaire terrien, terrien, enne (p. us.).

terraza f. Terrasse (azotea). ‖ Terrasse : *sentarse en la terraza de un café*, s'asseoir à la terrasse d'un café. ‖ AGRIC. Terrasse (bancal). | Plate-bande (arriate). ‖ Jarre (jarra).

terrazgo m. Champ (campo). ‖ Fermage (arrendamiento). ‖ (Ant.). Terrage, tènement (derecho feudal).

terrazguero m. Fermier.

terrazo m. Sol (en pintura). ‖ Granito (revestimiento del suelo).

terrear v. intr. Être clairsemé (un campo).

terremoto m. Tremblement de terre.

terrenal adj. Terrestre : *vida terrenal*, vie terrestre. ‖ *Paraíso terrenal*, paradis terrestre.

terreno, na adj. Terrestre : *los intereses terrenos*, les intérêts terrestres.

— M. ● Terrain. ‖ FIG. Domaine (esfera) : *en el terreno de la filosofía*, dans le domaine de la philosophie. ‖ — *Terreno de acarreo*, terrain d'alluvion. | *Terreno de honor*, pré, terrain [d'un duel]. ‖ — *Sobre el terreno*, sur les lieux, sur place. ‖ *Vehículo todo terreno*, véhicule tout terrain. ‖ — *Ceder terreno*, perdre du terrain, reculer. ‖ FIG. *Descubrir* ou *medir* ou *tantear* ou *reconocer el terreno*, sonder o tâter o reconnaître le terrain. | *Ganar, perder terreno*, gagner, perdre du terrain. | *Meterse en el terreno de uno*, marcher sur les plates-bandes o sur les brisées de quelqu'un. | *Minarle a uno el terreno*, couper l'herbe sous le pied de quelqu'un. | *Saber uno el terreno que pisa*, connaître le terrain (conocer el asunto), savoir à qui on a affaire (conocer a uno).

— SINÓN. ● *Tierra*, terre. *Suelo*, sol. *Campo*, champ. *Gleba*, glèbe. *Terruño*, terroir.

térreo, a adj. Terreux, euse.

terrera f. Pente escarpée. ‖ Alouette (ave).

terrero, ra adj. Terreux, euse (piso). ‖ De terre : *saco terrero*, sac de terre. ‖ Bas, à ras de terre (vuelo). ‖ Qui lève peu les sabots (caballo). ‖ FIG. Bas, basse (humilde).

— M. Terrasse, *f.* (terrado). ‖ Tas de terre (montón de tierra). ‖ Terril (de mina). ‖ Alluvions, *f. pl.* (tierra de aluvión). ‖ But (blanco).

terrestre adj. Terrestre : *el globo terrestre*, le globe terrestre.

terrezuela f. Petit lopin (*m.*) de terre.

terrible adj. Terrible.

terrícola m. y f. Terrien, enne (habitante de la Tierra).

— Adj. Terricole.

terrier m. Terrier (perro).

terrífico, ca adj. Terrible.

terrígeno, na adj. Terrigène.

territorial adj. Territorial, e. ‖ — *Crédito territorial*, crédit foncier. ‖ *Impuesto territorial*, impôt foncier.

territorialidad f. Territorialité.

territorio m. Territoire.

terrizo, za adj. De terre (hecho de tierra).

— M. y f. Pot (*m.*) de terre non vernissé.

termómetro m. Tertre.

terrón m. Motte, *f.* (de tierra). ‖ Morceau : *terrón de azúcar*, morceau de sucre. ‖ Marc (residuo de aceitunas). ‖ AGRIC. *Destripar terrones*, émotter.

terror m. Terreur, *f.* : *terror pánico*, terreur panique ; *infundir terror*, inspirer la terreur.

terrorífico, ca adj. Terrifiant, e ; terrible.

terrorismo m. Terrorisme.

terrorista adj. y s. Terroriste.

terrosidad f. Caractère (*m.*) terreux.

terroso, sa adj. Terreux, euse.

terruño m. Pays natal (país natal). ‖ Terroir : *saber al terruño*, sentir le terroir. ‖ Motte (*f.*) de terre (terrón).
tersar v. tr. Polir.
terso, sa adj. Clair, e (claro). ‖ Poli, e (bruñido). ‖ Resplendissant, e (resplandeciente). ‖ Lisse (liso) : *piel tersa*, peau lisse. ‖ FIG. Pur, e (estilo).
tersura o **tersidad** f. Éclat, *m.* (resplandor). ‖ Poli, *m.*, brillant, *m.* (bruñido). ‖ Douceur (cutis). ‖ Pureté (del estilo).
tertulia f. Réunion entre amis (reunión). ‖ Petite soirée (de noche). ‖ Promenoir, *m.* (de teatro). ‖ Arrière-salle (de café). ‖ *Tener (una) tertulia*, se réunir.
Tertuliano n. pr. m. Tertullien.
tertuliano, na o **tertulio, lia** m. y f. Habitué, e [d'une réunion entre amis]. ‖ Invité, e (invitado).
tertuliante adj. *Amer.* V. TERTULIANO.
tertuliar v. intr. *Amer.* Se réunir entre amis.
terutero o **teruteru** m. *Amer.* Sorte de pluvier.
terzuelo m. Tiers (tercera parte de una cosa). ‖ Tiercelet (halcón).
Tesalia n. pr. f. GEOGR. Thessalie.
tesaliense o **tesalio, lia** adj. y s. Thessalien, enne.
Tesalónica n. pr. f. GEOGR. Thessalonique.
tesar v. tr. Raidir, embraquer (una cuerda).
— V. intr. Reculer (los bueyes).
Teseo n. pr. m. Thésée.
tesina f. Mémoire, *m.* (en la universidad).
tesis f. Thèse (de doctorado). ‖ Thèse : *novela de tesis*, roman à thèse. ‖ FILOS. Thèse.
tesitura f. MÚS. Tessiture. ‖ FIG. Situation, circonstance : *en esta tesitura*, dans cette situation. ‖ État (*m.*) d'âme (estado de ánimo).
tesmoforias f. pl. Thesmophories (fiestas en la antigua Atenas).
tesmóteta m. Thesmothète.
teso, sa adj. Raide (tieso).
— M. Sommet, crête, *f.* (cima). ‖ Petite saillie, *f.* (salida).
tesón m. Fermeté, *f.*, opiniâtreté, *f.* ‖ Ténacité, *f.* (tenacidad). ‖ *Sostener con tesón una opinión*, soutenir mordicus une opinion.
tesonería f. Obstination, entêtement, *m.*
tesonero, ra adj. Obstiné, e. ‖ Opiniâtre : *labor tesonera*, travail opiniâtre. ‖ Tenace (tenaz).
tesorería f. Charge du trésorier (cargo). ‖ Trésorerie (oficina).
tesorero, ra m. y f. Trésorier, ère.
tesoro m. Trésor. ‖ *Tesoro público*, trésor public.
Tespia n. pr. GEOGR. Thespies.
tespíades f. pl. Thespiades (las musas).
tespio, pia adj. y s. Thespien, enne.
Tespis n. pr. m. Thespis.
test m. Test (prueba) : *sufrir un test*, passer un test. ‖ *Someter a un test*, faire passer un test, tester.
testa f. Front, *m.* (frente). ‖ Tête (cabeza). ‖ FIG. y FAM. Tête (entendimiento). ‖ *Testa coronada*, tête couronnée.
testáceo, a adj. ZOOL. Testacé, e.
testación f. Rature (tachadura).
testada f. Coup (*m.*) de tête (golpe).
testado, da adj. Qui a laissé un testament (persona). ‖ Réglée par testament (sucesión).
testador, ra m. y f. Testateur, trice.
testaferro m. Homme de paille, prête-nom.
testamentaría f. Exécution testamentaire. ‖ Montant (*m.*) de la succession (caudal). ‖ Papiers (*m. pl.*) de la succession (documentos). ‖ Réunion des exécuteurs testamentaires (junta).
testamentario, ria adj. Testamentaire.
— M. y f. Exécuteur, exécutrice testamentaire (albacea).
testamento m. Testament. ‖ — *Testamento abierto*, testament authentique. ‖ *Testamento cerrado* ou *escrito*, testament mystique o secret. ‖

Testamento ológrafo, testament olographe. ‖ — *Antiguo, Nuevo Testamento*, Ancien, Nouveau Testament. ‖ *Hacer (el) testamento*, faire son testament. ‖ *Quebrantar el testamento*, annuler son testament.
testar v. intr. Tester (hacer testamento).
— V. tr. Biffer (tachar).
testarada f. Coup (*m.*) de tête (cabezazo). ‖ Obstination, inflexibilité (terquedad).
testarazo m. Coup de tête (cabezazo).
testarrón, ona adj. y s. FAM. Cabochard, e ; têtu, e.
testarronería f. FAM. Entêtement, *m.*
testarudez f. Entêtement, *m.*
testarudo, da adj. y s. Têtu, e ; entêté, e ; cabochard, e (fam.).
— SINÓN. *Terco, porfiado, tozudo*, entêté. *Inflexible, inflexible. Obstinado*, obstiné. *Pertinaz*, opiniâtre. *Encarnizado*, acharné. *Tenaz*, tenace. *Cabezudo*, cabochard.
testera f. Façade (de una casa). ‖ Face (de una cosa). ‖ Front, *m.* (de un animal). ‖ Fond, *m.*, dossier, *m.* (de un coche). ‖ Chanfrein, *m.* (de la armadura de un caballo). ‖ Place d'honneur (en una mesa). ‖ Paroi (de horno de fundición).
testerada f. o **testerazo** m. Coup (*m.*) de tête (cabezazo).
testero m. Façade, *f.* (testera). ‖ Front de mine (en minas). ‖ Pan de mur (lienzo de pared).
testicular adj. ANAT. Testiculaire.
testículo m. ANAT. Testicule.
testificación f. Attestation.
testifical adj. Testimonial, e : *prueba testifical*, preuve testimoniale.
testificante adj. Qui atteste, qui témoigne (testigo).
testificar v. tr. Attester, témoigner de.
— V. intr. Témoigner.
testificata f. Attestation légale.
testificativo, va adj. Probant, e.
testigo m. y f. Témoin, *m.* : *esta mujer es una testigo segura*, cette femme est un témoin sûr. ‖ — M. Témoin. ‖ DEP. Témoin (en una carrera de relevos). ‖ TECN. Carotte, *f.* (de sondeo). ‖ — DR. *Testigo abonado*, témoin irrécusable. ‖ *Testigo de cargo, de descargo*, témoin à charge, à décharge. ‖ *Testigo de oídas*, témoin auriculaire. ‖ *Testigo de vista* ou *ocular*, témoin oculaire. ‖ — *Dios es testigo*, Dieu m'est témoin. ‖ *Examinar testigos*, entendre des témoins. ‖ *Lámpara testigo*, lampe témoin. ‖ *Poner* ou *tomar por testigo*, prendre à témoin. ‖ *Pongo por testigo al cielo*, j'en atteste le ciel.
testimonial adj. Testimonial, e.
— F. pl. Preuves testimoniales (instrumento auténtico). ‖ Lettres testimoniales (de los obispos).
testimoniar v. tr. Témoigner de : *ruinas que testimonian la presencia de una civilización*, ruines qui témoignent de la présence d'une civilisation.
— V. intr. Témoigner.
testimoniero, ra adj. y s. Calomniateur, trice.
testimonio m. ● Témoignage. ‖ Attestation (*f*) légale (hecho por escribano). ‖ FIG. Témoignage, marque, *f.* : *testimonio de simpatía*, témoignage de sympathie. ‖ Preuve, *f.* (prueba). ‖ — *Falso testimonio*, faux témoignage. ‖ *Levantar un falso testimonio*, porter un faux témoignage, accuser à faux. ‖ FIG. *Según el testimonio de*, de l'aveu de : *según el testimonio de todos*, de l'aveu de tous. ‖ *Testimonio de pésame*, condoléances.
— SINÓN. ● *Testificación*, attestation. *Muestra*, marque. *Prueba*, preuve. *Señal*, signe. *Prenda*, gage.
testón m. Teston (moneda antigua).
testosterona f. Testostérone (hormona).
testudo m. (Ant.). MIL. Tortue, *f.* (cubierta formada con escudos).

testuz m. Front (animales). Chanfrein (del caballo). || Nuque, *f.* (nuca). || Têt, test (del ciervo).
tesura f. Raideur (rigidez).
teta f. Mamelle, tétine (de los mamíferos). || Sein, *m.* (de mujer). || Mamelon, *m.* (pezón). || Fig. Mamelon, *m.* (mogote). || — *Dar la teta,* donner le sein. || *Niño de teta,* enfant à la mamelle. || *Quitar la teta,* sevrer. || *Teta de vaca,* grosse meringue (merengue), barbe-de-capucin (planta), raisin à grains allongés (uva).
tetania f. o **tetanismo** m. Med. Tétanie, *f.*, tétanisme, *m.*
tetánico, ca adj. Tétanique.
tetanizar v. tr. Tétaniser.
tétanos m. Med. Tétanos.
tetera f. Théière. || *Amer.* Tétine (de biberón).
tetilla f. Mamelle (de los mamíferos machos). || Tétine (del biberón).
tetina f. Tétine (del biberón).
Tetis n. pr. f. Thétis.
tetón m. Moignon [de branche]. || Tecn. Téton.
tetracordio m. Mús. Tétracorde.
tetradáctilo, la adj. Zool. Tétradactyle.
tetraédrico, ca adj. Geom. Tétraédrique.
tetraedro m. Geom. Tétraèdre.
tetragonal adj. Tétragone. || Fís. *Sistema tetragonal,* système quadratique.
tetragonio m. Bot. Tétragonia, tétragone, *f.*
tetrágono, na adj. y s. Tétragone. || — M. (P. us.). Quadrilatère.
tetragrama m. Mús. Portée, *f.* (en el canto gregoriano).
tetralogía f. Tétralogie.
tetrámero, ra adj. Zool. Tétramère.
tetrápodo, da adj. y s. m. Zool. Tétrapode.
tetráptero, ra adj. Zool. Tétraptère.
tetrarca m. Tétrarque.
tetrarquía f. Tétrarchat, *m.* (dignidad). || Tétrarchie (gobierno, territorio).
tetrasilábico, ca adj. Tétrasyllabique.
tetrasílabo, ba adj. Tétrasyllabique, tétrasyllabe. — M. Mot tétrasyllabique.
tetrástilo adj. m. y s. m. Arq. Tétrastyle.
tetrástrofo m. Poét. Quatrain : *tetrástrofo monorrimo,* quatrain monorime.
tetravalente adj. Quím. Tétravalent, e.
tétrico, ca adj. Lugubre, triste (melancólico).
tetrodo m. Rad. Tétrode.
Tetuán n. pr. Geogr. Tétouan.
tetuaní adj. De Tétouan.
teucali m. Téocalli (templo mexicano).
teucrio m. Bot. Germandrée, *f.* (germandrina).
teucro, cra adj. y s. Troyen, enne (troyano).
teúrgia f. Théurgie.
teúrgico, ca adj. Théurgique.
teúrgo m. Théurgiste (mago).
teutón, ona adj. y s. Teuton, onne.
teutónico, ca adj. Teutonique.
textil adj. y s. m. Textile : *industria textil,* industrie textile.
texto m. Texte : *restablecer un texto,* restituer un texte. || *Libro de texto,* livre de classe.
textorio, ria adj. Textile, du tissage.
textual adj. Textuel, elle.
textura f. Texture (trama de un tejido). || Tissage, *m.* (acción). || Fig. Texture, structure (estructura).
teyú m. *Amer.* Lézard vert (lagarto).
tez f. Teint, *m.* (del rostro humano).
thai adj. y s. Thaï, ïe. || — M. Thaï (idioma del sudeste asiático).
theta f. Thêta, *m.* (letra griega).
ti pron. pers. Toi : *a ti,* à toi; *para ti* ou *por ti,* pour toi. || — Fam. *¿A ti qué te importa?,* qu'est-ce que cela peut bien te faire ? || *No quiero a nadie tanto como a ti,* je n'aime personne autant que toi.
tía f. Tante. || Fam. Mère (calificativo) : *la tía María,* la mère Marie. | Bonne femme (mujer

cualquiera). | Poule, fille de joie (prostituta). || — *Tía abuela,* grand-tante.· || *Tía carnal,* tante. || *Tía segunda* ou *tercera,* tante au deuxième *u* au troisième degré, tante à la mode de Bretagne. || — Fam. *A tu tía* ou *cuéntaselo a tu tía,* à d'autres, mon œil, je t'en fiche. | *No hay tu tía,* rien à faire, n'y compte pas, tu peux te brosser. || Pop. *¡Tu tía!,* et ta sœur !
tialina f. Biol. Ptyaline.
tialismo m. Med. Ptyalisme.
tiamina f. Thiamine (vitamina B 1).
tiangue o **tianguis** m. *Amer.* Marché.
tiara f. Tiare.
Tíber n. pr. m. Geogr. Tibre.
Tiberíades n. pr. Geogr. Tibériade.
tiberio m. Fam. Chahut, chambard : *armar un tiberio,* faire du chahut ; *se armó un tiberio,* ça a fait du chambard.
Tiberio n. pr. m. Tibère.
Tíbet n. pr. m. Geogr. Tibet.
tibetano, na adj. y s. Tibétain, e.
tibia f. Anat. Tibia, *m.* || Flûte (flauta).
tibial adj. Tibial, e (de la tibia).
tibiamente adv. Sans enthousiasme, mollement, tièdement : *una propuesta tibiamente acogida,* une proposition mollement accueillie.
tibiar v. tr. (P. us.). Refroidir. — V. pr. *Amer.* Se fâcher.
tibieza f. Tiédeur (calor templado). || Fig. Tiédeur, manque (*m.*) d'enthousiasme (en las opiniones).
tibio, bia adj. Tiède : *agua tibia,* eau tiède. || Fig. Tiède (poco fervoroso). | Froid, e (trato, acogida).
tibor m. Potiche, *f.* [chinoise] (jarro).
Tíbulo n. pr. m. Tibulle.
Tiburcio n. pr. m. Tiburce.
tiburón m. Zool. Requin. || *Amer.* Égoïste, profiteur (egoísta). | Don Juan, coureur.
tic m. Med. Tic. || Fig. Tic (manía).
Ticiano n. pr. m. Titien.
ticket m. Ticket.
tico, ca adj. y s. *Amer.* Fam. Costaricien, enne (costarricense).
tictac m. Tic-tac (onomatopeya).
tiemblo m. Tremble, peuplier tremble (álamo temblón).
tiempo m. Temps (duración) : *no tengo tiempo para hacerlo,* je n'ai pas le temps de le faire. || Temps : *hace mal tiempo,* il fait mauvais temps. || Temps, époque, *f.* : *en tiempo de César,* au temps *o* à l'époque de César. || Époque, *f.* : *¡qué tiempos los actuales!,* quelle époque que la nôtre ; *en nuestro tiempo,* à notre époque. || Saison, *f.* (estación) : *fruta del tiempo,* fruit de saison. || Moment (momento) : *no era tiempo de llorar,* ce n'était pas le moment de pleurer. || Âge : *¿qué tiempo tiene este niño?,* quel âge a cet enfant ? || Autom. Dep. y Mús. Temps. || Gram. Temps : *tiempo simple, compuesto,* temps simple, composé. || — Fot. *Tiempo de exposición,* temps de pose. || *Tiempo de Pasión,* temps de la Passion. || Fam. *Tiempo de perros,* temps de chien. || Astr. *Tiempo medio,* temps moyen. || — *A largo tiempo,* longtemps après. || *Al mismo tiempo,* en même temps. || *Al tiempo* ou *a tiempo que,* tandis que, en même temps que. || *Antes de tiempo,* en avance, avant l'heure (en adelanto), avant terme (parto). || *A su (debido) tiempo,* en son temps : *cada cosa a su tiempo,* chaque chose en son temps ; en temps voulu *o* utile : *pagaré a su debido tiempo,* je paierai en temps voulu. || *A tiempo,* à temps. || *A través de los tiempos,* à travers les âges. || *A un tiempo,* en même temps, à la fois. || *Bastante, demasiado, más tiempo,* assez, trop, plus longtemps : *hace bastante tiempo que nos conocemos,* il y a assez longtemps que nous nous

connaissons. || *Breve* ou *corto tiempo*, peu de
temps. || *Cierto tiempo*, un certain temps. || *Con
el tiempo*, à la longue (a la larga), avec le temps.
|| *Con tiempo*, en prenant son temps : *hacer un
trabajo con tiempo*, faire un travail en prenant
son temps ; à l'avance : *hay que sacar las entradas con tiempo*, il faut prendre les billets à
l'avance ; à temps (a tiempo). || Fig. *Cual el
tiempo tal el tiento*, à la guerre comme à la
guerre. || *De tiempo inmemorial*, de toute éternité,
depuis des temps immémoriaux. || *En el tiempo
en que*, à l'époque où. || *En la noche de los tiem-
pos*, dans la nuit des temps. || *En los buenos
tiempos*, au bon vieux temps. || *En mis tiempos*,
de mon temps. || *En otros tiempos* ou *en tièmpos*
ou *en un tiempo*, autrefois, jadis. || *En tiempo
hábil* ou *oportuno*, en temps utile. || *En tiempos
de*, au temps de. || *En tiempos remotos*, dans le
temps, à une époque lointaine, au temps jadis. ||
Fuera de tiempo, hors de saison, hors de propos.
|| *Por aquel tiempo*, en ce temps-là ; à cette
époque-là. || *Primer, segundo tiempo*, première,
deuxième mi-temps (deportes). || — *Acomodarse
al tiempo*, suivre son temps, prendre le temps
comme il vient, s'adapter aux circonstances. ||
Ahora no es tiempo, il n'est plus temps. || *An-
dando el tiempo*, avec le temps. || *Andar con el
tiempo*, vivre avec son temps. || *Darle a uno
tiempo de*, avoir le temps de : *no me da tiempo
de ir allí*, je n'ai pas le temps d'y aller. || *Dar
tiempo al tiempo*, laisser faire le temps, laisser
venir. || *Desde hace tiempo*, il y a longtemps. ||
Echar ou *emplear mucho tiempo en*, mettre long-
temps à. || *El tiempo corre muy rápido*, le temps
passe très vite. || *El tiempo es oro*, le temps c'est
de l'argent. || *El tiempo se me hace largo*, le
temps me dure o me paraît long, je trouve
le temps long. || *Engañar al tiempo*, tromper le
temps. || *En los tiempos que corren* ou *en estos
tiempos*, par le temps qui court, par les temps
qui courent. || Fig. *En tiempos del rey que rabió*
ou *en tiempos de Maricastaña*, au temps que la
reine Berthe filait, au temps de ma mère l'Oye,
aux temps héroïques, aux temps où les bêtes
parlaient. || *Eran los tiempos de*, c'était au temps
de o à l'époque de. || *Estamos siempre a tiempo
de*, nous pouvons toujours, il est toujours temps
de. || *Estar sin tiempo para nada*, n'avoir le
temps de rien faire. || *Ganar el tiempo perdido*
ou *ganar tiempo*, rattraper le temps perdu. ||
Ganar tiempo, gagner du temps. || *Gastar el
tiempo*, gaspiller son temps. || *Haber cumplido el
tiempo de su servicio* (*militar*), avoir fait son
temps. || *Hace buen, mal tiempo*, il fait beau o
beau temps, il fait mauvais [temps]. || *Hace muchí-
simo tiempo*, il y a bien o très longtemps. || *Hace
tiempo* ou *hace mucho tiempo* ou *tiempo ha*, il y
a longtemps. || *Hacer* ou *poner a mal tiempo
buena cara*, faire contre mauvaise fortune bon
cœur. || Fig. *Le faltó tiempo para decirlo*, il
n'eut rien de plus pressé que de le dire. || *Matar*
ou *hacer tiempo*, tuer o faire passer le temps. ||
Mientras más tiempo dure..., tant que durera...
|| *No hay tiempo que perder*, il n'y a pas de temps
à perdre. || *No tener tiempo suficiente para*, ne
pas avoir assez de temps pour. || *Pasarse el tiempo
leyendo*, passer son temps à lire. || *Perder el
tiempo*, perdre son temps (estar ocioso), perdre
du temps (no aprovecharlo). || *Ser de su tiempo*,
être de son temps, marcher avec son temps, être
dans le vent (fam.). || *Tomar el tiempo como* ou
conforme viene, prendre le temps comme il vient.
|| *Tomarse tiempo* ou *tomarlo con tiempo*, prendre
son temps. || *Tomar tiempo*, prendre du temps. ||
Ya es tiempo de ou *para*, il est temps de. || *Y si
no, al tiempo*, tu verras, vous verrez, l'avenir te
dira.

tienda f. ● Boutique, magasin, *m.* : *tienda de modas*, boutique de modes ; *tienda de antigüedades*,
magasin d'antiquités ; *abrir* ou *poner tienda*,
ouvrir (une) boutique. || Épicerie (de comestibles).
|| Tente (de campaña) : *dormir en la tienda*, dor-
mir sous la tente. || — *Tienda de campaña*, tente :
dormir en tienda de campaña, dormir o coucher
sous la tente ; *armar una tienda de campaña*,
dresser une tente. || *Tienda de comestibles* ou *de
ultramarinos*, épicerie, magasin d'alimentation. ||
MED. *Tienda de oxígeno*, tente à oxygène. ||
MIL. *Batir tiendas*, lever le camp. || Fig. *Cerrar la
tienda*, fermer boutique. || *Ir de tiendas*, faire des
courses, courir les magasins.
— OBSERV. *Boutique* designa un establecimiento generalmente más pequeño que *magasin*.
— L'espagnol d'aujourd'hui a adopté le mot *boutique* pour
désigner un petit magasin élégant, de modes, etc.
— SINÓN. ● *Comercio*, commerce. *Almacén*, magasin.
Establecimiento, établissement. *Puesto*, échoppe. *Despacho*, débit. *Bazar*, bazar.

tienta f. Sonde (de cirujano). || TAUROM. Essai (*m.*)
o épreuve à laquelle sont soumis les jeunes taureaux en vue de déterminer leur aptitude au
combat. || — *Andar a tientas*, marcher à tâtons
o en tâtonnant. || *A tientas*, à tâtons.

tientaguja f. TECN. Sonde.

tiento m. Toucher (sentido del tacto). || Bâton
d'aveugle (de los ciegos). || Balancier (contra-
peso). || Appui-main, appuie-main (del pintor).
|| Adresse, *f.*, sûreté (*f.*) de main, coup de main
(pulso). || Fig. Tact, prudence, *f.*, doigté (mira-
miento). || FAM. Coup (golpe). || MÚS. Accords
(*pl.*) que fait le musicien avant de jouer. || ZOOL.
Tentacule. || *Amer.* Lanière (*f.*) de cuir (tira de
cuero). || — Fig. *Andar con tiento*, agir avec
prudence, y aller doucement (fam.). || *A tiento*, à
tâtons. || FAM. *Coger el tiento*, attraper le truc o
le coup de main. || FAM. *Dar un tiento a la bota*
ou *a la botella*, boire un coup.

tientos m. pl. Chant et danse andalous.

tierno, na adj. ● Tendre. || Fig. Tendre : *corazón
tierno*, cœur tendre. || Tendre (color). || *Amer.*
Vert, e (frutos). || — *Desde la más tierna edad*,
depuis l'âge le plus tendre. || *Ojos tiernos*, yeux
fragiles, yeux humides o qui pleurent. || *Pan
tierno*, pain frais.
— SINÓN. ● *Blando, flojo*, mou. *Delicado, suave*, doux.

tierra f. Terre. || Pays, *m.* (patria) : *Argentina es
mi tierra*, l'Argentine est mon pays. || Pays, *m.*,
région (región) : *¿cuál es su tierra?*, de quelle
région êtes-vous ? ; *es de mi tierra*, il est de la
même région que moi ; *he probado mal la
tierra*, le pays ne lui a pas réussi. || *Jeto, m.* (halte-
rofilia). || — *Tierra adentro*, à l'intérieur des terres
(sin movimiento), dans o vers l'intérieur des terres
(con movimiento). || MAR. *Tierra a tierra*, en lon-
geant la côte. || *Tierra de batán*, terre à foulon. ||
Tierra de cultivo ou *de labranza*, terrain de
culture. || *Tierra de Jauja*, pays de cocagne.
|| *Tierra de miga*, terre forte o grasse. || *Tierra
de nadie*, no man's land. || *Tierra de pan llevar*
ou *paniega*, terre à blé. || *Tierra de Promi-
sión* ou *Prometida*, Terre Promise, Terre de Pro-
mission (p. us.). || *Tierra de Siena*, terre de Sienne.
|| *Tierras adentro*, arrière-pays. || *Tierras de aca-
rreo*, terres de remblai. || QUÍM. *Tierras raras*,
terres rares. || *Tierra Santa*, Terre sainte. || —
Cuerpo a tierra, à plat ventre. || *De la tierra*, du
pays : *vino de la tierra*, vin du pays. || — FAM.
En toda tierra de garbanzos, partout. || *Las tierras
colindantes*, les tenants et les aboutissants d'une
terre. || *La tierra de María Santísima*, l'Anda-
lousie. || *Movimiento de tierras*, terrassement. ||
Por tierra, à terre, par terre. || ELECTR. *Toma de
tierra*, prise de terre. || — FAM. *Besar la tierra*,
s'étaler. || Fig. *Besar uno la tierra que otro pisa*,

baiser la trace des pas de quelqu'un. ‖ *Dar en tierra,* tomber. ‖ Fig. *Dar por tierra,* réduire à néant. ‖ *Dar tierra con uno* ou *con una cosa,* renverser quelqu'un *o* quelque chose, jeter à terre. ‖ *Echar por tierra,* abattre, jeter à terre (derrumbar), ruiner, réduire à néant, mettre par terre : *objeción que echa por tierra un razonamiento,* objection qui ruine un raisonnement. ‖ Fig. *Echarse por tierra,* ramper (humillarse). ‖ Agric. *Echar tierra,* terrer. ‖ Fig. *Echar tierra encima de* ou *a un asunto,* étouffer *o* enterrer une affaire. ‖ *En tierra de ciegos, el tuerto es rey,* au royaume des aveugles, les borgnes sont rois. ‖ Fam. *Estar comiendo* ou *mascando tierra,* manger les pissenlits par la racine. ‖ *Pegarse a la tierra,* s'aplatir face contre terre. ‖ *Poner pie en tierra,* mettre pied à terre. ‖ Fig. y Fam. *Poner tierra (de) por medio,* prendre le large. ‖ *Tirar por tierra,* flanquer par terre. ‖ Fig. *Tomar tierra,* se poser, toucher terre, atterrir (avión). ‖ *Tragársele a uno la tierra,* disparaître de la circulation, s'envoler. ‖ *Venir* ou *venirse a tierra,* s'écrouler. ‖ *Ver tierras,* voir du pays.

tierruca f. Terroir, *m.* (terruño). ‖ Fam. *La Tierruca,* la province de Santander [Espagne].

tiesamente adv. Fortement, fermement.

tieso, sa adj. Raide : *pierna tiesa,* jambe raide. ‖ Rigide : *vara tiesa,* bâton rigide. ‖ Tendu, e (tenso). ‖ Fig. Raide, guindé, e (afectadamente grave). ‖ Ferme, inflexible (terco). — Fig. y Fam. *Dejar tieso,* mettre sur la paille (sin dinero). ‖ *Estar tieso,* être raide *o* raide comme un passe-lacet, être fauché. ‖ *Ser más tieso que un ajo* ou *que un huso* ou *que el palo de una escoba,* être raide comme un piquet *o* comme un échalas *o* comme un manche à balai *o* comme la justice *o* droit comme un I. ‖ *Tenérselas tiesas,* ne pas se laisser faire, tenir bon.

tiesta f. Aisselette (toneles).

tiesto m. Pot à fleurs (maceta). ‖ Tesson (pedazo de vasija). ‖ *Tiesto de flores,* pot de fleurs.

tiesura f. Raideur : *tiesura de una pierna,* raideur d'une jambe. ‖ Rigidité (rigidez). ‖ Fig. Raideur (gravedad exagerada).

tifa f. Bot. Typha, *m.*

tifáceo, a adj. y s. f. Typhacé, e.

Tifeo n. pr. m. Mit. Typhée.

tífico, ca adj. y s. Med. Typhique.

tiflitis f. Med. Typhlite (cecitis).

tifo m. V. TIFUS.

tifobacilosis o **tifoideobacilosis** f. Med. Typhobacillose, typho-tuberculose.

tifoemia f. Typhoémie.

tifogénico, ca adj. Typhogène.

tifoideo, a adj. y s. f. Med. Typhoïde : *fiebre tifoidea,* fièvre typhoïde.

tifoídico, ca adj. Med. Typhoïque, typhoïdique.

tifomanía f. Med. Typhomanie.

tifón m. Typhon.

tifosis f. Med. Typhose.

tifotoxina f. Med. Typhotoxine.

tifus m. Med. Typhus. ‖ Fam. Claque, *f.* ‖ — *Tifus asiático,* choléra. ‖ *Tifus de América,* fièvre jaune (fiebre amarilla).

tigra f. Amer. Jaguar (*m.*) femelle.

tigre m. Tigre. ‖ Amer. Jaguar. ‖ *Tigre hembra,* tigresse.

tigrero m. Amer. Chasseur de jaguars.

tigrillo m. Amer. Espèce d'ocelot.

Tigris n. pr. m. Geogr. Tigre.

tija f. Tige (de la llave).

tijera f. Ciseaux, *m. pl.* ‖ Chevalet, *m.,* chèvre (para aserrar madera). ‖ Fossé, *m.,* rigole (para desagüe). ‖ Tondeur, *m.* (esquilador). ‖ Ciseau, *m.* (en lucha libre). ‖ Soupente (correa de coche). ‖ Cerceau, *m.* (pluma). ‖ Fig. Mauvaise langue

(murmurador). ‖ — *Asiento de tijera,* pliant. ‖ *Catre, escalera de tijera,* lit pliant, échelle pliante. ‖ Dep. *Salto de tijera,* saut en ciseaux, ciseau. ‖ *Silla de tijera,* chaise pliante. ‖ *Tijeras para podar* o *de jardinero,* sécateur. ‖ — Fig. *Cortado con la misma tijera,* taillé sur le même modèle, à mettre dans le même panier. ‖ *Echar* ou *meter la tijera en,* commencer à couper.

— Observ. Dans le sens de *ciseaux,* l'espagnol emploie de préférence le pluriel (*unas tijeras,* des ciseaux, une paire de ciseaux).

tijereta f. Petits ciseaux, *m. pl.* ‖ Vrille (de la viña). ‖ Dep. Ciseau, *m.* (salto). ‖ Zool. Perce-oreille, *m.,* forficule, *m.* ‖ Amer. Sorte de cormoran (ave). ‖ — Fig. y Fam. *Decir tijeretas,* couper *o* fendre les cheveux en quatre. ‖ Dep. *Salto de tijereta,* saut en ciseaux, ciseaux.

tijeretada f. o **tijeretazo** m. Coup (*m.*) de ciseaux.

tijeretear v. tr. Tailler (cortar). ‖ Fig. y Fam. Faire et défaire, disposer à sa guise (en negocios ajenos).

tijereteo m. Découpage, déchiqueture, *f.,* coup de ciseaux (acción de tijeretear). ‖ Cliquetis des ciseaux (ruido).

tijerilla o **tijeruela** f. Vrille (tijereta).

tila f. Tilleul, *m.* (árbol, flor e infusión).

tilacino m. Thylacine (marsupial).

tilbe m. Amer. Nasse, *f.*

tílburi m. Tilbury.

tildado, da adj. Tildé, e (letra). ‖ Fig. Accusé, e ; taxé, e (tasado).

tildar v. tr. Mettre le tilde [sur une lettre]. ‖ Biffer, effacer (borrar). ‖ Fig. Accuser, taxer : *le tildan de avaro,* on le taxe d'avare, on l'accuse d'être avare.

tilde f. Tilde, *m.* (sobre la ñ). ‖ Accent, *m.* : «*fue*» *se escribe ahora sin tilde,* « fue » s'écrit maintenant sans accent. ‖ Fig. Marque (nota denigrativa). ‖ Vétille (cosa mínima). ‖ Fig. *Poner tilde a,* faire des reproches à, critiquer.

tiliáceas f. pl. Bot. Tiliacées.

tiliche m. Amer. Pacotille, *f.*

tilichero m. Amer. Colporteur (buhonero).

tilín m. Drelin (de la campanilla). ‖ — Fam. Amer. *En un tilín,* en un clin d'œil (en un tris). ‖ Fig. y Fam. *Hacer tilín,* ravir, enchanter : *no me hace tilín hacer esto ahora,* cela ne m'enchante pas de faire ça maintenant ; plaire : *esta persona me hace tilín,* cette personne me plaît.

tilingo, ga adj. y s. Amer. Sot, sotte (lelo).

tilo m. Tilleul (árbol).

tilla f. Mar. Tillac, *m.*

tillado m. Plancher (entablado).

tillandsia f. Bot. Tillandsie, tillandsia.

tillar v. tr. Planchéier.

timador m. Fam. Escroc, filou, estampeur.

tímalo m. Ombre (pez de río), lavaret (de lago).

timar v. tr. Fam. Carotter, escroquer, flouer (p. us.) : *le timaron 1 000 pesetas* on lui a carotté 1 000 pesetas, on l'a escroqué de 1 000 pesetas. ‖ Rouler, refaire, empiler, estamper (engañar) : *me han timado,* on m'a roulé, je me suis fait rouler.

— V. pr. Fam. Se faire de l'œil (hacerse guiños). ‖ Pop. *Timarse con una mujer,* faire une touche.

timba f. Fam. Partie (partida de juego). ‖ Tripot, *m.* (garito).

timbal m. Mús. Timbale, *f.* ‖ Petit tambour (atabal). ‖ Vol-au-vent, *inv.,* timbale, *f.* (manjar).

— Observ. *Timbale,* verre en métal, se dit *cubilete.*

timbalero m. Timbalier.

timbrado, da adj. Timbré, e. ‖ *Papel timbrado,* papier timbré (papel sellado), papier à en-tête (con membrete).

— M. Timbrage (sellado).

timbrar v. tr. Timbrer. ‖ *Máquina de timbrar,* timbreuse.

timbrazo m. Coup de sonnette.

timbre m. Sonnette, *f.* (de la puerta). ‖ Timbre (campanilla). ‖ Timbre (sonido) : *timbre metálico, de voz,* timbre métallique, de voix. ‖ Timbre (fiscal). ‖ Blas. Timbre. ‖ *— Timbre concertado,* abonnement au timbre. ‖ Fig. *Timbre de gloria,* titre de gloire. ‖ *Timbre móvil,* timbre-quittance (en una letra de cambio), timbre fiscal (en un documento). ‖ *Tocar el timbre,* sonner, appuyer sur la sonnette.

— Observ. Le mot espagnol *timbre* ne signifie jamais *timbre-poste,* qui se dit *sello.*

timeleáceas f. pl. Bot. Thyméléacées.

tímico, ca adj. Anat. Thymique.

timidez f. Timidité.

tímido, da adj. Timide.

timo m. Ombre (pez). ‖ Fam. Carottage, estampage, escroquerie, *f.* (hurto) : *un timo de 1 000 pesetas,* une escroquerie de 1 000 pesetas. | Jeu de dupes, escroquerie, *f.* (engaño). ‖ Anat. Thymus. ‖ — Fig. y Fam. *Dar un timo,* escroquer, rouler. | *Esta película es un timo,* ce film est une escroquerie. | *Hacer el timo del sobre,* faire le coup de l'enveloppe.

timocracia f. Timocratie.

timol m. Quím. Thymol.

timón m. Timon (del coche, del arado). ‖ Gouvernail (de avión, barco) : *timón de profundidad,* gouvernail de profondeur. ‖ Barre, *f.* (caña) : *golpe de timón,* coup de barre. ‖ Baguette, *f.* (del cohete). ‖ Fig. Barre, *f.,* timon (dirección de un negocio). ‖ — Mar. *Caña del timón,* barre, timon. | *Guardín del timón,* tire-veilles, drosse. | *Llevar el timón,* tenir la barre.

timonear v. intr. Diriger.

timonel m. Timonier.

timonera f. Rectrice (pluma). ‖ Mar. Timonerie (del barco).

timonero m. Timonier.

timorato, ta adj. Timoré, e (tímido). ‖ (P. us.). Craignant Dieu (pío).

Timoteo n. pr. m. Timothée.

timpánico, ca adj. Tympanique.

timpanillo m. Impr. Petit tympan.

timpanismo m. Med. Tympanisme (hinchazón).

timpanítico, ca adj. Tympanique.

timpanitis f. Med. Tympanite.

timpanización f. Med. Enflure, tympanisme, *m.*

timpanizarse v. pr. Enfler.

tímpano m. Anat. Tympan. ‖ Arq. e Impr. Tympan. ‖ Mús. Tympanon. ‖ Fond (de tonel).

tina f. Jarre (tinaja). ‖ Cuve (de fotógrafo, de tintorero, etc.). ‖ Baignoire, *f.* (baño).

tinaco m. Cuve, *f.* (tina pequeña).

tinada f. Tas (*m.*) de bois (montón de leña). ‖ Étable (cobertizo).

tinaja f. Jarre (vasija de barro).

tinajera o **tinajería** f. Cave où l'on garde les jarres d'huile ou de vin.

tinajero m. Potier qui fabrique des jarres.

tinajón m. Grande jarre, *f.*

tinamú m. Zool. Tinamou.

tincazo m. Amer. Chiquenaude, *f.*

tindalización f. Fís. Tyndallisation.

Tíndaro n. pr. m. Mit. Tyndare.

tinelo m. (Ant.). Office, salle (*f.*) à manger des domestiques.

tinerfeño, ña adj. y s. De Ténériffe.

tineta f. Petite jarre.

tinge m. Grand duc (ave).

tingitano, na adj. y s. Tingitan, e ; de Tanger [autrefois *Tingis*].

tinglado m. Hangar (cobertizo). ‖ Baraque, *f.* (casucha). ‖ Fig. Stratagème (artificio). ‖ — Fig.

Manejar el tinglado, tenir *o* tirer les ficelles. | *¡Menudo tinglado se ha formado para esta fiesta!,* on en a fait des histoires pour cette fête !

tingle m. Tringlette, *f.* (herramienta de vidriero).

tinieblas f. pl. Ténèbres. ‖ *Ángel de tinieblas,* ange des ténèbres.

tino m. Adresse, *f.* (acierto). ‖ Fig. Bon sens, jugement : *estar falto de tino,* manquer de bon sens. | Sagesse, *f.* (cordura) : *obrar con tino,* agir avec sagesse. ‖ Cuve, *f.* (tina). ‖ Pressoir (lagar). ‖ — Fig. *Hablar sin tino,* déraisonner. | *Perder el tino,* perdre la tête. | *Sacar de tino,* étourdir (con un golpe), abasourdir (asombrar), mettre hors de soi (exasperar). | *Sin tino,* sans mesure.

tinta f. Encre : *tinta china, simpática,* encre de Chine, sympathique ; *escribir con tinta,* écrire à l'encre. ‖ Teinte (color). ‖ — Pl. Couleurs : *pintar con tintas negras,* peindre sous de sombres couleurs. ‖ — Fig. *Medias tintas,* demi-mesures (hechos), généralités, paroles vagues (dichos vagos). ‖ *Media tinta,* demi-teinte. ‖— Fig. *Hacer gastar mucha tinta,* faire couler beaucoup d'encre. | *Mis informes son de buena tinta,* je tiens mes renseignements de bonne source *o* d'une source sûre. | *Recargar* ou *cargar las tintas,* forcer la note, en rajouter (fam.). | *Sudar tinta,* suer sang et eau.

tintar v. tr. Teindre (teñir).

tinte m. Teinture, *f.* (acción). ‖ Teinturerie, *f.,* teinturier (tienda) : *llevar un vestido al tinte,* porter une robe chez le teinturier. ‖ Fig. Teinture, *f.* (barniz). | Tendance, *f.* : *tener un tinte político,* avoir une tendance politique.

tinterazo m. Coup donné avec un encrier.

tinterillar v. intr. Amer. Plaider.

tinterillo m. Fam. Rond-de-cuir (chupatintas). | Avocaillon (picapleitos).

tintero m. Encrier. ‖ Fig. y Fam. *Dejarse algo en el tintero* ou *quedársele a uno algo en el tintero,* laisser quelque chose dans l'encrier.

tintilíneo m. Tintement.

tintillo adj. m. y s. m. Clairet (vino).

tintín m. Tintement.

tintinear v. intr. Tintinnabuler (cascabelear). ‖ Tinter (una campana).

tintineo m. Tintement.

tintirintín m. Taratata (de trompeta).

tinto, ta adj. Teint, e (teñido). ‖ Rouge : *vino tinto,* vin rouge.

— M. Vin rouge (vino).

tintóreo, a adj. Bot. Tinctorial, e.

tintorería f. Teinturerie, teinturier, *m.* : *lleva el vestido a la tintorería,* porte la robe chez le teinturier *o* à la teinturerie.

tintorero, ra m. y f. Teinturier, ère.

— F. Requin, *m.* (tiburón).

Tintoreto n. pr. m. Le Tintoret.

tintura f. Teinture. ‖ Fard, *m.* (afeite). ‖ Fig. Teinture (noción superficial). ‖ *Tintura de yodo,* teinture d'iode.

tiña f. Teigne (insecto). ‖ Med. Teigne. ‖ Fig. y Fam. Radinerie, ladrerie (miseria).

tiñería f. Fam. Radinerie, ladrerie (tiña).

tiñoso, sa adj. y s. Teigneux, euse. ‖ Fig. y Fam. Radin, e ; ladre (miserable).

tiñuela f. Cuscute du lin (rascalino).

tío m. Oncle. ‖ Père [titre donné à un homme âgé] : *el tío José,* le père Joseph. ‖ Fam. Type (individuo) : *un tío estupendo,* un chic type ; *un tío raro,* un drôle de type. | Espèce de (con adjetivo) : *tío pillo,* espèce de coquin. ‖ Amer. Vieux Noir, vieux Nègre [terme d'amitié en Argentine]. ‖ — Fig. y Fam. *El tío del saco,* le croquemitaine. | *El Tío Sam,* l'Oncle Sam (Estados Unidos). | *Tener un tío en las Indias,* avoir un oncle d'Amérique. ‖ *Tío abuelo,* grand-oncle. ‖ *Tío segundo, tercero,* oncle au deuxième, au troisième degré, oncle à la mode de Bretagne. ‖ *Tío vivo,*

chevaux de bois, manège. ‖ FAM.. ¡*Vaya un tío!*, ça, c'est quelqu'un!, quel type formidable! (admiración), quel sale type! (reprobación).
tiol m. QUÍM. Thiol.
tiónico, ca adj. QUÍM. Thionique.
tionina f. MED. Thionine (colorante).
tiorba f. MÚS. Théorbe, *m.*, téorbe, *m.*
tiovivo m. Chevaux (*pl.*) de bois, manège.
tipa f. FAM. Fille (mujer despreciable).
tiparraca f. POP. Garce, typesse.
tiparraco m. FAM. Type, sale type, drôle d'individu.
tipejo, ja m. y f. FAM. Polichinelle, *m.*, fantoche, *m.* (persona ridícula). | V. TIPARRACO.
típico, ca adj. Typique. ‖ *Típico de*, caractéristique de.
tipificación f. Classification (clasificación). ‖ Standardisation, normalisation (uniformación).
tipificado, da adj. Typifié, e.
tipificar v. tr. Standardiser, normaliser.
tiple m. Petite guitare, *f.* (guitarrita). ‖ MAR. Voile (*f.*) ferlée (vela). | Mâtereau (palo). ‖ — M. y f. MÚS. Soprano.
tipo m. Type (modelo). ‖ Genre, sorte, *f.* (clase). ‖ Taux : *tipo de cambio, de interés, de descuento*, taux de change, d'intérêt, d'escompte. ‖ Genre : *comedia musical de tipo americano*, comédie musicale de genre américain. ‖ Variété, *f.*, sorte, *f.* : *existen numerosos tipos de árboles*, il existe de nombreuses variétés d'arbres. ‖ FAM. Type (persona) : *un tipo raro*, un drôle de type. | Bonhomme : *un gran tipo*, un grand bonhomme. | Silhouette, *f.*, ligne, *f.* (figura). ‖ BOT. y ZOOL. Embranchement : *el tipo de los vertebrados*, l'embranchement des vertébrés. ‖ IMPR. Caractère (letra). ‖ — FAM. *Jugarse el tipo*, risquer sa peau. ‖ FIG. *Persona con un tipo muy acusado*, personne très typée. ‖ *Tener buen tipo*, être bien fait : *esta mujer tiene muy buen tipo*, cette femme est très bien faite.
tipografía f. Typographie.
tipográfico, ca adj. Typographique.
tipógrafo, fa adj. y s. Typographe, typo (fam.). ‖ *Cajista tipógrafo*, ouvrier typographe.
tipología f. Typologie.
tipometría f. Typométrie.
tipómetro m. IMPR. Typomètre.
tipoy m. Tunique (*f.*) des Indiennes guaranies.
tiptología f. Typtologie.
típula f. Tipule (insecto).
tiquete m. *Amer.* Ticket.
tiquín m. Gaffe, *f.*, perche, *f.* (bichero).
tiquismiquis m. pl. FAM. Scrupules ridicules (reparos vanos). | Chichis, manières, *f.* (remilgos) : *¡déjate de tiquismiquis!*, pas tant de chichis!; *tener tiquismiquis*, faire des manières. | Histoires, *f.* (enredos). ‖ FAM. *No andarse con tiquismiquis*, ne pas y aller par quatre chemins.
tira f. Bande (de tela, papel, etc.). ‖ Lanière : *las tiras de cuero de un flagelo*, les lanières de cuir d'un fouet. ‖ Bride : *zapatos con tiras*, chaussures à brides. ‖ MAR. Garant, *m.* [de poulie]. ‖ — FAM. *Sacar las tiras del pellejo*, écorcher vif (criticar). ‖ *Tiras de periódico ilustrado*, bandes dessinées.
tirabala m. Sarbacane, *f.*, canonnière, *f.* (juguete).
tirabeque m. (P. us.). Pois mange-tout. ‖ Lance-pierres, *inv.* (tiragomas).
tirabotas m. Tire-botte.
tirabuzón m. Tire-bouchon (rizo de cabello). ‖ Tire-bouchon (sacacorchos). ‖ AVIAC. Vrille, *f.* ‖ DEP. Tire-bouchon (salto). ‖ — Pl. Anglaises, *f.* (rizo). ‖ FAM. *Sacar con tirabuzón*, arracher la verité; *sacar la verdad con tirabuzón*, arracher la vérité.
tirachinos m. inv. Lance-pierres.
tirada f. IMPR. Tirage, *m.* (libro, periódico) : *tirada aparte*, tirage à part. ‖ Tirade (de versos). ‖ Tir, *m.* (al pichón, al plato). ‖ FAM. Trotte (distancia).

‖ *De* ou *en una tirada*, d'une seule traite, tout d'une traite.
tiradero m. Affût, tiré, poste de chasse.
tirado, da adj. FAM. Courant, e ; qui se trouve partout (que abunda). | Facile, pas difficile, simple comme bonjour : *este trabajo está tirado*, ce travail n'est pas difficile. | Donné, e ; bon marché, *inv.* (barato) : *este reloj está tirado*, cette montre est donnée. ‖ Délié, e (letra). ‖ Allongé, e (embarcación). ‖ TECN. Trait, e : *oro tirado*, or trait. ‖ — M. TECN. Tirage (de los metales). ‖ IMPR. Tirage.
tirador, ra m. y f. Tireur, euse : *tirador con arco*, tireur à l'arc ; *tirador de primera*, tireur d'élite. ‖ — M. Poignée, *f.*, bouton (de puerta, de cajón). ‖ Cordon (de campanilla). ‖ Lance-pierres, *inv.* (tiragomas). ‖ MIL. Tirailleur. ‖ IMPR. Pressier (prensista). ‖ TECN. Filière, *f.* (de metales). ‖ Tréfileur (trefilador). ‖ Tireur (de oro). ‖ *Amer.* Ceinturon de gaucho (cinturón). ‖ — F. FOT. Tireuse.
tirafondo m. Tire-fond, *inv.* (ferrocarril).
tiragomas m. inv. Lance-pierres (tirador).
tiralíneas m. inv. Tire-ligne. ‖ FIG. *Con tiralíneas*, au compas.
tiramollar v. intr. MAR. Affaler (un cabo).
tirana f. Chanson populaire espagnole.
tiranía f. Tyrannie.
tiranicida m. y f. Tyrannicide (asesino).
tiranicidio m. Tyrannicide (crimen).
tiránico, ca adj. Tyrannique.
tiranización f. Tyrannie (tiranía). ‖ Caractère (*m.*) tyrannique : *se está acentuando la tiranización del régimen*, le caractère tyrannique du régime est de plus en plus marqué.
tiranizar v. tr. Tyranniser.
tirano, na adj. Tyrannique.
‖ — M. y f. Tyran, *m.* (sin fem.).
tiranosaurio m. Tyrannosaure (reptil).
tirante adj. Tendu, e (tenso). ‖ FIG. Tendu, e : *relaciones tirantes*, rapports tendus ; *situación tirante*, situation tendue. ‖ *Estar tirante con alguien*, être en froid avec quelqu'un.
‖ — M. Trait (de caballería). ‖ Bretelle, *f.* (del pantalón). ‖ Épaulette, *f.* (de combinación). ‖ Tirant (de botas). ‖ ARQ. Tirant. ‖ TECN. Entretoise, *f.* (riostra).
tirantez f. Tension, raideur. ‖ FIG. Tension, tiraillements, *m.* pl. : *tirantez entre el presidente y sus ministros*, tension entre le président et ses ministres. ‖ ARQ. Ligne de force.
tiranuelo, la m. y f. Tyranneau, *m.* (sin fem.).
tirapié m. Tire-pied.
tirar v. tr. Jeter : *tirar un libro al suelo*, jeter un livre par terre. ‖ Renverser : *tirar agua en el suelo*, renverser de l'eau par terre. ‖ Lancer, jeter (arrojar) : *tirar piedras a uno*, lancer des pierres à quelqu'un. ‖ Jeter (deshacerse) : *tirar viejos papeles*, jeter de vieux papiers. ‖ Abattre : *tirar una casa*, abattre une maison. ‖ ● Tirer : *tirar un cañonazo*, tirer un coup de canon. ‖ Lancer (un cohete). ‖ Larguer (paracaídista, bomba). ‖ Tirer (una línea, un plano). ‖ Tirer, étirer (estirar). ‖ Gaspiller (malgastar) : *tirar dinero*, gaspiller de l'argent. ‖ Tirer (cerveza). ‖ MAT. Abaisser (perpendicular). ‖ IMPR. Y FOT. Tirer : *se han tirado cinco mil ejemplares de este libro*, ce livre a été tiré à 5 000 exemplaires ; *tirar una foto a partir de un negativo*, tirer une épreuve à partir d'un négatif. ‖ Faire : *tírame una foto*, fais-moi une photo. ‖ FAM. Faire des allusions désobligeantes, dire du mal de : *me está siempre tirando*, il ne cesse de faire des allusions désobligeantes à mon sujet. ‖ Vendre très bon marché (vender barato). ‖ DEP. Botter : *tirar un saque de esquina*, botter un corner. | Tirer (en fútbol) : *tirar a gol*, tirer au but. ‖ *Amer.* Transporter. ‖ — *Tirar abajo una*

puerta, enfoncer une porte. ‖ Fig. *Tirar el dinero por la ventana*, jeter l'argent par les fenêtres. ‖ *Tirar una estocada*, pousser une estocade. ‖ *Tirar un mordisco*, donner un coup de dent. ‖ *Tirar un pellizco*, pincer.

— V. intr. Tirer (una chimenea) : *esta chimenea tira bien*, cette cheminée tire bien. ‖ Tirer : *tirar con arco*, tirer à l'arc ; *tirar al aire*, tirer en l'air. ‖ Tirer : *la piel me tira*, la peau me tire. ‖ Tourner (torcer) : *tire usted a la derecha*, tournez à droite. ‖ Dévier, dériver (desviarse). ‖ Fam. Tirer (un motor). ‖ Fig. Attirer (atraer) : *a Vicente siempre le tiró el mar*, Vincent fut toujours attiré par la mer. ‖ Fam. Se maintenir, tenir le coup, durer : *el enfermo tirará sin duda un año más*, le malade se maintiendra sans doute encore un an. | Tenir le coup, faire : *este traje tirará todavía un año más*, ce costume tiendra bien le coup encore un an. | S'en tirer, tenir le coup : *tira con 300 francos al mes*, il s'en tire avec 300 francs par mois. ‖ — *Tirar a*, tirer sur : *tirar a azul*, tirer sur le bleu ; avoir tendance à (tener propensión). ‖ *Tirar a bulto*, tirer au jugé *o* au hasard. ‖ Fam. *Tirar al monte*, retourner à de vieilles habitudes. ‖ Fig. *Tirar a matar* a ou *tirar con bala* a, tirer à boulets rouges sur. ‖ *Tirar de*, tirer, traîner : *caballo que tira de un carro*, cheval qui tire une charrette ; tirer sur : *tirar de la brida, de la cuerda*, tirer sur la bride, sur la corde ; tirer : *tirar del pelo, de las orejas*, tirer les cheveux, les oreilles ; tirer par : *le hizo salir tirándole del pelo*, il le fit sortir en le tirant par les cheveux ; attirer : *el imán tira del acero*, l'aimant attire l'acier. ‖ Fig. *Tirar de espaldas*, renverser (asombrar). | *Tirar de la lengua*, tirer les vers du nez, faire parler. | *Tirar largo* ou *de largo* ou *por largo*, faire les choses en grand, voir grand (calcular), dépenser largement (gastar). | *Tirar por*, avoir un faible pour (sentirse inclinado), prendre, passer par : *si tiráramos por este camino llegaríamos antes*, si nous prenions ce chemin nous arriverions plus tôt. | *Tirar por lo alto*, avoir de grandes ambitions. ‖ — Fig. *A más tirar* ou *a todo tirar*, tout au plus, à tout casser (fam.). | *Dejar tirado a uno*, laisser tomber quelqu'un (abandonar), laisser quelqu'un loin en arrière, enfoncer quelqu'un (superar), laisser quelqu'un comme deux ronds de flan, en boucher un coin à quelqu'un (dejar asombrado). ‖ *Estar tirando*, traîner en longueur, se traîner. ‖ Fig. y Fam. *Ir tirando*, aller comme ci comme ça. ‖ Fig. *La patria siempre tira*, on se sent toujours attiré par sa patrie, on a toujours un penchant pour sa patrie. ‖ Fam. *Tirando*, comme ci, comme ça, on fait aller. ‖ *Tirando por alto*, tout au plus ‖ *Tirando por bajo*, au bas mot. ‖ Fam. *Tira y afloja*, va-et-vient : *un tira y afloja de aseveraciones y negaciones*, un va-et-vient d'affirmations et de refus ; politique de bascule (en política), marchandage (trato), succession d'exigences et de concessions.

— V. pr. Se jeter : *tirarse al agua*, se jeter à l'eau ; *tirarse de cabeza*, se jeter la tête la première. ‖ S'étendre, s'allonger (tenderse) : *tirarse en la cama*, s'étendre sur le lit. ‖ Dep. Faire un plongeon (fútbol). ‖ Fig. y Fam. Tirer : *tirarse un año de cárcel*, tirer un an de prison. | S'envoyer, se farcir (pop.) : *voy a tirarme un año en provincias*, je vais m'envoyer un an en province ; *se ha tirado un viaje pesadísimo*, il s'est envoyé un voyage assommant. | *Tirarse a fondo*, plastronner, se fendre (esgrima). ‖ Fig. y Fam. *Tirarse al suelo de risa*, se rouler par terre de rire. | *Tirarse a matar*, être à couteaux tirés. | *Tirarse de cabeza en la piscina*, plonger dans la piscine. | *Tirarse del moño*, se crêper le chignon (pelearse las mujeres). | *Tirarse un planchazo* ou *una plancha*, faire une gaffe, commettre un impair, se mettre le doigt

dans l'œil jusqu'au coude (pop.). ‖ Impr. *Tírese*, bon à tirer.

— Sinón. ● *Disparar*, tirer. *Descargar*, décharger. *Tirotear*, tirailler. *Ametrallar*, mitrailler. *Fulminar*, fulminer. *Hacer fuego*, faire feu.

tiratacos m. inv. Sarbacane, *f.*, canonnière, *f.* (juguete).

tiratrón m. Electr. Thyratron.

tiravira f. Trévire. ‖ *Arriar con la tiravira*, trévirer.

tiricia f. Fam. Jaunisse (ictericia).

tirilla f. Galon, *m.* ‖ Pied (*m.*) de col (de cuello postizo).

tirio, ria adj. y s. Tyrien, enne. ‖ Fig. *Tirios y troyanos*, guelfes et gibelins, partisans et adversaires.

tirita f. Pansement (*m.*) adhésif.

tiritaña f. Tiretaine (tela). ‖ Fig. Pacotille.

tiritar v. intr. Grelotter.

tiritera f. Grelottement, *m.*

tiritón m. Tremblement, frisson (escalofrío). ‖ *Dar tiritones*, faire trembler, donner des frissons.

tiritona f. Fam. Tremblement, *m.* ‖ — Fam. *Dar una tiritona*, faire trembler. | *Tener una tiritona*, trembler, avoir la tremblote.

tiro m. Coup : *tiro de pistola*, coup de pistolet. ‖ Coup de feu (disparo) : *se oyen tiros*, on entend des coups de feu. ‖ Balle, *f.* (bala) : *le mató de un tiro*, il l'a tué d'une balle. ‖ Trace (*f.*) de balle (huella) : *se veían en la pared muchos tiros*, on voyait sur le mur de nombreuses traces de balles. ‖ Tir : *tiro con bola, de enfilada, de fogueo, oblicuo, rasante*, tir à boulet, d'enfilade, à blanc, d'écharpe *o* plongeant, rasant ; *línea de tiro*, ligne de tir. ‖ Portée, *f.* (alcance) : *a un tiro de bala*, à une portée de fusil. ‖ Trait : *a tiro de ballesta*, un trait d'arbalète. ‖ Jet : *a un tiro de piedra*, à un jet de pierre ; *un tiro de 55 metros*, un jet de 55 mètres (deporte). ‖ Pièce (*f.*) d'artillerie (cañón). ‖ Attelage (de caballería) : *tiro par*, attelage à quatre chevaux. ‖ Trait : *animales de tiro*, bêtes de trait. ‖ Corde, *f.*, câble (cuerda). ‖ Tirage (de una chimenea). ‖ Étage, volée, *f.* (de escalera). ‖ Longueur, *f.* (longitud). ‖ Carrure, *f.* (anchura del vestido). ‖ Ampleur (*f.*) à l'entrejambe (de un pantalón). ‖ Shoot (fútbol). ‖ Min. Puits (pozo). | Profondeur, *f.* (profundidad). ‖ Veter. Tic. ‖ Amer. Tirage (de imprenta). ‖ — Pl. Bélière, *f. sing.* (para colgar la espada). ‖ Amer. Bretelles, *f. pl.* ‖ — *Tiro a discreción*, feu à volonté. ‖ *Tiro a gol*, tir au but (remate). ‖ *Tiro al blanco*, tir à la cible. ‖ *Tiro al plato*, tir au pigeon d'argile. ‖ *Tiro de gracia*, coup de grâce. ‖ *Tiro de pichón*, tir aux pigeons. ‖ *Tiro errado*, coup manqué. ‖ *Tiro escalonado*, barrage roulant. ‖ — *A tiro*, à portée. ‖ *A tiro hecho*, à coup sûr (con seguridad), avec précision (apuntando bien), exprès (adrede). ‖ Fig. *De tiros largos*, tiré à quatre épingles, en grand tralala, sur son trente et un. | *De un tiro*, d'un seul coup. | *Ni a tiros*, quoi qu'on fasse, en aucune façon, pour rien au monde. ‖ — *Dar ou pegar un tiro a*, tirer sur. | *Darse ou pegarse un tiro en la cabeza*, se tirer une balle dans la tête. ‖ *Errar el tiro*, manquer son coup. ‖ *La niña no quería comer sus gachas ni a tiros*, il n'y avait pas moyen de faire prendre sa bouillie à la petite. ‖ Fam. *Le salió el tiro por la culata*, ça lui est retombé sur le nez *o* sur la tête *o* sur le dos, ça a raté. ‖ *Liarse a tiros*, échanger des coups de feu. ‖ Veter. *Padecer tiro*, tiquer. ‖ Fig. *Ponerse a tiro*, se trouver sur le chemin de : *si se me pone a tiro se lo digo*, s'il se trouve sur mon chemin, je le lui dis. ‖ *Sin pegar un tiro*, sans coup férir.

Tiro n. pr. m. Geogr. Tyr.

tiroidectomía f. Med. Thyroïdectomie.

tiroideo, a adj. Anat. Thyroïdien, enne ; thyroïde.

tiroides m. ANAT. Glande (f.) thyroïde, thyroïde, f.
tiroidina f. MED. Thyroïdine.
tiroiditis f. MED. Thyroïdite.
Tirol n. pr. m. GEOGR. Tyrol.
tirolés, esa adj. y s. Tyrolien, enne.
tirón m. Secousse, f. (sacudida) : *dar un tirón,* donner une secousse. ‖ Tiraillement (de estómago). ‖ Contracture, f., crampe, f. (de un músculo). ‖ FAM. Trotte, f. (distancia) : *hay un tirón de aquí a tu casa,* il y a une trotte d'ici chez toi. ‖ FIG. Nostalgie, f. (añoranza). | Penchant (inclinación). ‖ — *A tirones,* par à-coups. ‖ *De un tirón,* d'un seul coup (al primer intento), tout d'une traite, d'un trait (de una sola vez) : *leer una novela de un tirón,* lire un roman tout d'une traite ; d'affilée, d'un trait, tout d'une traite : *hacer cincuenta kilómetros de un tirón,* faire cinquante kilomètres d'affilée. ‖ *Ni a dos tirones,* en aucune façon, pour rien au monde. ‖ — *Dar tirones,* tirailler. ‖ *Dar un tirón de orejas,* tirer les oreilles. ‖ *Sufrir un tirón en un músculo,* se claquer un muscle.
tironianas adj. f. pl. *Notas tironianas,* notes tironiennes.
tiroriro m. FAM. Taratata (onomatopeya de los instrumentos de viento). ‖ — Pl. Cuivres (los instrumentos de viento).
tirosina f. QUÍM. Tyrosine.
tirotear v. tr. Tirer sur : *le tirotearon desde el tejado,* du toit ils ont tiré sur lui. ‖ *Fue tiroteado por los ladrones,* les voleurs lui tirèrent dessus, il essuya des coups de feu tirés par les voleurs.
— V. intr. Tirailler.
— V. pr. Échanger des coups de feu.
tiroteo m. Fusillade, f., coups (pl.) de feu, échange de coups de feu. ‖ Coups (pl.) de fusil o de feu (ruido) : *se oía un tiroteo a los lejos,* on entendait des coups de fusil au loin.
tirotricina f. QUÍM. Tyrothricine.
tiroxina f. Thyroxine (hormona).
Tirreno n. pr. m. GEOGR. *Mar Tirreno,* mer Tyrrhénienne.
tirreno, na adj. y s. Tyrrhénien, enne.
tirria f. FAM. Hostilité, antipathie. ‖ — FAM. *Tener tirria a uno,* avoir une dent contre quelqu'un, en vouloir à quelqu'un, avoir quelqu'un en grippe. | *Tomar tirria a uno,* prendre quelqu'un en grippe.
tirso m. Thyrse. ‖ BOT. Thyrse (panoja).
tisana f. Tisane.
tisanuros m. pl. ZOOL. Thysanoures.
tísico, ca adj. y s. Phtisique.
tisiología f. MED. Phtisiologie.
tisiólogo m. MED. Phtisiologue.
tisis f. MED. Phtisie.
tiste m. *Amer.* Boisson (f.) au cacao.
tisú m. Drap d'or o d'argent (tela).
— OBSERV. Pl. *tisúes* o *tisús.*
tita f. FAM. Tantine, tata.
titán m. Titan.
titánico, ca adj. Titanesque, titanique. ‖ QUÍM. Titanique. ‖ FIG. *Un trabajo titánico,* un travail de titan.
titanio m. Titane (metal).
titear v. tr. *Amer.* Se moquer de (burlarse).
títere m. Marionnette, f. ‖ FIG. Polichinelle, pantin (persona que se deja dominar). ‖ — FIG. *No queda títere con cabeza,* il ne reste rien debout, tout est saccagé. ‖ *Teatro de títeres,* théâtre de marionnettes, guignol.
titeretada f. FAM. Sottise, niaiserie.
titerista m. y f. V. TITIRITERO.
tití m. ZOOL. Ouistiti (mono).
titilación f. Titillation.
titilador, ra o **titilante** adj. Titillant, e. ‖ Scintillant, e (astro).
titilar o **titilear** v. intr. Titiller. ‖ Scintiller (astro).
titileo m. Scintillement (de un astro).

titímalo m. Tithymale (planta).
titirimundi m. Cosmorama (mundonuevo).
titiritaina f. FAM. Charivari, m., raffut, m.
titiritar v. intr. Grelotter.
titiritero, ra m. y f. Montreur, montreuse de marionnettes. ‖ Danseur, danseuse de corde, équilibriste (volatinero), bateleur, euse (saltimbanqui).
tito m. BOT. Gesse, f. (almorta).
tito m. FAM. Tonton (tío).
Tito n. pr. m. Titus ‖ *A lo Tito,* à la Titus (peinado).
Tito Livio n. pr. m. Tite-Live.
titubeante adj. Titubant, e ; chancelant, e : *con paso titubeante,* d'un pas chancelant ; *un andar titubeante,* une démarche titubante. ‖ Bredouillant, e (que farfulla). ‖ FIG. Hésitant, e (que duda).
titubear v. intr. Tituber, chanceler (oscilar). ‖ FIG. Hésiter : *titubea en venir,* il hésite à venir ; *titubeaba si lo haría,* j'hésitais à le faire ; *titubea en la elección de un oficio,* il hésite dans le choix d'un métier o sur le métier qu'il va choisir.
titubeo m. Titubation, f., chancellement (acción de oscilar). ‖ FIG. Hésitation, f. : *titubeo en hablar,* hésitation à parler.
titulado, da adj. y s. Diplômé, e [d'un titre universitaire]. ‖ FIG. *Un titulado pintor,* un soi-disant peintre.
titular adj. Titulaire, en titre : *juez titular,* juge titulaire ; *profesor titular,* professeur en titre.
— M. y f. Titulaire. ‖ *Hacer titular,* titulariser. ‖ — M. Gros titre : *anunciar con grandes titulares,* annoncer avec de gros titres. ‖ Manchette, f. (encabezamiento en la primera plana). ‖ Titulaire, intitulé (de una cuenta).
titular v. tr. Intituler (llamar). ‖ QUÍM. Titrer.
— V. intr. Obtenir un titre.
— V. pr. Se qualifier, se donner le titre de.
titularización f. Titularisation.
titularizar v. tr. Titulariser.
titulillo m. IMPR. Titre courant (folio explicativo).
título m. Titre (inscripción, subdivisión, calidad, dignidad). ‖ Titre : *título de propiedad,* titre de propriété. ‖ Diplôme, titre : *título de bachiller, de licenciado,* diplôme de bachelier, de licencié. ‖ Noble, personne (f.) titrée (dignatario). ‖ — *A título de,* à titre de. ‖ *Conceder un título,* donner un titre. ‖ *Con el mismo título,* qui a le même titre (igual), au même titre (por el mismo motivo). ‖ *¿Con qué título?,* à quel titre ? ‖ CINEM. e IMPR. *Máquina de componer títulos,* titreuse. ‖ *Título al portador,* titre au porteur. ‖ *Título cotizable,* titre coté. ‖ *Título de pago,* titre de paiement. ‖ *Título de piloto,* brevet de pilote.
tixotropía f. Thixotropie.
tiza f. Craie : *escribir con tiza,* écrire à la craie. ‖ Blanc, m., craie (de billar).
tizate m. *Amer.* Craie, f. (tiza).
Tiziano n. pr. m. Titien.
tizna f. Suie (tizne).
tiznado, da adj. *Amer.* Gris, e ; ivre (ebrio).
tiznadura f. Noircissement, m. (acción). ‖ Noircissure (tiznón).
tiznajo m. Tache (f.) noire, noircissure, f.
tiznar v. tr. Tacher de noir (manchar de negro). ‖ Salir (manchar, ensuciar). ‖ Charbonner : *tiznar una pared,* charbonner un mur. ‖ FIG. Noircir, flétrir : *tiznar la reputación,* noircir la réputation.
— V. pr. Se tacher de noir, se salir (mancharse). ‖ *Amer.* S'enivrer (emborracharse).
tizne m. y f. Suie, f.
tiznón m. Noircissure, f., tache (f.) noire, tache (f.) de suie.
tizo m. Fumeron (carbón).
tizón m. Tison (palo a medio quemar). ‖ FIG. Tache, f., souillure, f. (mancha en la fama). ‖

Bot. Nielle, *f.*, charbon (parásito). ‖ Arq. Boutisse, *f.* (del sillar) : *a tizón*, en boutisse. ‖ *Negro como un tizón*, noir comme un corbeau.

tizona f. Fam. Rapière, flamberge.

— Observ. *Tizona* était le nom de l'épée du Cid, comme *Durandal* le nom de celle de Roland.

tizonada f. o **tizonazo** m. Coup (*m.*) porté avec un tison (golpe). ‖ — Pl. Fig. y Fam. Feux (*m.*) de l'enfer, chaudières (*f.*) de l'enfer (infierno).

tizoncillo m. Nielle, *f.*, charbon.

tizonear v. intr. Tisonner (el fuego).

tlacuache m. *Amer.* Sarigue, *f.* (zarigüeya).

tlapalería f. *Amer.* Droguerie, droguiste, *m.*

tlascalteca adj. y s. De Tlascala (México).

tlaspi m. Thlaspi (planta).

tlazol m. *Amer.* Bout de la tige du maïs.

tmesis f. Gram. Tmèse.

toa f. *Amer.* Corde (maroma).

toalla f. Serviette, serviette de toilette (en el cuarto de baño). ‖ Essuie-mains, *m. inv.* (para las manos). ‖ *Toalla de felpa*, serviette-éponge.

toallero m. Porte-serviette, *inv.*

toar v. tr. Mar. Touer (remolcar).

toast m. Toast (tostada).

toba f. Tuf, *m.*, tuffeau, *m.*, tufeau, *m.* (piedra). ‖ Tartre, *m.* (sarro). ‖ Chardon (*m.*) aux ânes (cardo borriquero).

tobáceo, a adj. Tufier, ère.

tobar m. Carrière (*f.*) de tuf.

tobera f. Tuyère *de escape, de aire comprimido*, tuyère d'éjection, à air comprimé.

tobiano, na adj. Truité, e ; tacheté, e (caballo).

Tobías n. pr. m. Tobie.

tobillera adj. f. Fam. *Niña tobillera*, gamine.

tobillo m. Anat. Cheville, *f.* ‖ Fig. *No llegarle a uno al tobillo*, ne pas arriver à la cheville de quelqu'un.

tobogán m. Toboggan.

toboseño, ña adj. y s. Habitant, habitante du Toboso [Nouvelle-Castille].

toca f. Coiffe. ‖ Coiffe, cornette (de religiosas). ‖ Toque (casquete). ‖ Batiste, linon, *m.* (tela).

tocable adj. Que l'on peut toucher. ‖ Jouable (obra musical).

tocadiscos m. inv. Tourne-disque, tourne-disques.

tocado adj. Fig. y Fam. Toqué, e ; timbré, e ; loufoque (loco). ‖ Fam. *Tocado de la cabeza*, cinglé, maboul, piqué, toqué.
— M. ● Coiffure, *f.* ‖ Coiffure, *f.* (peinado). ‖ Touche, *f.* (esgrima).

— Sinón. ● *Toca*, toque. *Sombrero*, chapeau. *Chapeo*, couvre-chef. *Gorro*, bonnet. *Boina*, béret. *Pamela*, capeline.

tocador, ra adj y s. Joueur, euse : *tocador de arpa*, joueur de harpe. ‖ *Tocador de guitarra*, guitariste. ‖ — M. Table (*f.*) de toilette (mueble para el aseo). ‖ Coiffeuse, *f.* (mueble para una mujer). ‖ Cabinet de toilette (cuarto). ‖ Nécessaire de toilette (neceser). ‖ *Artículos de tocador*, objets de toilette.

tocadura f. Coiffure (tocado). ‖ Fam. Loufoquerie, folie, extravagance (locura).

tocamiento m. Action (*f.*) de toucher.

tocante adj. Touchant, *inv.*, contigu, ë. ‖ *Tocante a*, en ce qui concerne, quant à, en matière de : *no diré nada tocante a la economía*, je ne dirai rien en ce qui concerne l'économie ; concernant, relatif, ive : *asuntos tocantes a la economía*, des affaires concernant l'économie.

tocar v. tr. ● Toucher : *tocar algo con el dedo*, toucher quelque chose du doigt. ‖ Jouer de : *tocar la guitarra, el piano, el violín*, jouer de la guitare, du piano, du violon. ‖ Battre (tambor) : *tocar llamada*, battre l'appel. ‖ Sonner, *tocar la campana*, sonner la cloche ; *tocar diana*, sonner la diane. ‖ Passer : *tocar discos*, passer des disques. ‖ Toucher (esgrima). ‖ Toucher (metal precioso). ‖ Faire escale, toucher : *el barco tocará los*

siguientes puertos, le bateau fera escale dans les ports suivants o touchera aux ports suivants. ‖ ‖ Retoucher (una pintura). ‖ Toucher à, aborder : *tocar un asunto arduo*, aborder un sujet ardu. ‖ — *Tocar a muerto*, sonner le glas. ‖ *Tocar a rebato*, sonner le tocsin. ‖ *Tocar el timbre*, sonner. ‖ Fig. *Tocar en lo vivo*, toucher au vif. ‖ *Tocar la bocina*, klaxonner, corner. ‖ Fig. *Tocar por encima*, survoler (un asunto). ‖ *Tocar todos los registros*, v. Registro.
— V. intr. Frapper : *tocar a la puerta*, frapper à la porte. ‖ Être à, appartenir : *me toca decirlo*, c'est à moi de le dire ; *ne le toca a usted hacer este trabajo*, ce n'est pas à vous de faire ce travail, il ne vous appartient pas de faire ce travail. ‖ Gagner (en suerte) : *le tocó el gordo*, il a gagné le gros lot. ‖ Échoir, avoir : *tocar en un reparto*, échoir en partage. ‖ Être le tour de ; à moi, à toi, à lui, etc., de ; être à moi, à toi, à lui, etc., de : *a usted le toca tomar la palabra*, c'est votre tour de prendre la parole ; *a ti te toca jugar*, à toi de jouer, c'est à toi de jouer. ‖ Être parent avec, avoir un lien de parenté avec (ser pariente) : *Antonio no me toca nada*, Antoine n'est pas du tout parent avec moi ; *¿qué te toca Antonio?*, quel lien de parenté as-tu avec Antoine ? ‖ Faire escale, toucher (avión, barco) : *el avión tocará en Palma*, l'avion fera escale à Palma. ‖ Fig. Toucher : *le tocó Dios en el corazón*, Dieu lui a touché le cœur. ‖ — *Por lo que a mí me toca*, en ce qui me concerne. ‖ *Tocar a misa*, sonner la messe. ‖ *Tocar a su fin*, toucher o tirer à sa fin. ‖ *Tocar con*, toucher à : *mi casa toca con la suya*, ma maison touche à la sienne.
— V. pr. Se toucher. ‖ Se coiffer (peinarse).

— Sinón. ● *Palpar*, palper. *Tentar*, tâter. *Tantear*, tâtonner. *Manosear*, *sobar*, tripoter.

tocata f. Mús. Toccata. ‖ Fam. Raclée (paliza).

tocateja (a) adv. Rubis sur l'ongle, comptant, cash : *pagar a tocateja*, payer rubis sur l'ongle.

tocay m. Tokai, tokay (vino).

tocayo, ya m. y f. Homonyme.

tocinera f. Charcutière. ‖ Planche à saler le lard (tablón).

tocinería f. Charcuterie.

tocinero m. Charcutier.

tocino m. Lard. ‖ — *Tocino de cielo*, sorte de flan. ‖ *Tocino entreverado*, petit lard, lard maigre. ‖ *Tocino gordo*, gros lard, lard gras. ‖ *Tocino saladillo*, petit salé.
— Interj. Vinaigre ! (en el juego de la comba).

toco m. *Amer.* Niche, *f.* (hornacina).

tocología f. Med. Obstétrique (obstetricia).

tocólogo m. Médecin accoucheur, accoucheur.

tocomate m. *Amer.* Calebasse, *f.* (calabaza).

tocón m. Souche, *f.* (de un árbol). ‖ Moignon (muñón).

toconal m. Terrain couvert de souches d'arbre. ‖ Oliveraie, *f.* (olivar).

tocuyo m. *Amer.* Cotonnade, *f.*

todabuena f. Toute-bonne (planta).

todavía adv. Encore : *duerme todavía* ou *todavía duerme*, il dort encore ; *no ha venido todavía*, il n'est pas encore venu. ‖ Toujours : *¿trabajas todavía en la misma oficina?*, travailles-tu toujours dans le même bureau ? ‖ — *Si todavía*, si encore. ‖ *Todavía más*, encore plus, encore davantage : *el rico quiere enriquecerse todavía más*, le riche veut s'enrichir encore plus. ‖ *Todavía no*, pas encore.

todito, ta adj. Fam. Tout, e ; tout entier, toute entière : *ha llorado todita la noche*, il a pleuré toute la nuit. ‖ Absolument tous, absolument toutes : *se ha comido toditos los pasteles*, il a mangé absolument tous les gâteaux.

todo, da adj. y pron. indef. Tout, e : *todos los hombres*, tous les hommes ; *han venido todas*,

elles sont toutes venues ; *todo buen cristiano*, tout bon chrétien ; *todo está preparado*, tout est prêt. ‖ Tout, e : *mi falda está toda manchada*, ma jupe est toute tachée. ‖ Tout (*inv.*) en, ne... que, tout, *inv.* : *este pescado es todo raspas*, ce poisson est tout en arêtes *o* n'est qu'arêtes ; *la calle era toda baches*, la rue n'était que nids de poule. ‖ Tout entier, tout entière : *España toda aprueba esta decisión*, l'Espagne tout entière approuve cette décision. ‖ Vrai, e ; accompli, e : *es todo un mozo*, c'est un vrai jeune homme.
— Adv. Tout, entièrement.
— *Todo aquel que*, quiconque. ‖ *Todo el mundo*, tout le monde. ‖ *Todo el que*, tous ceux qui : *todo el que quiera venir que me siga*, que tous ceux qui veulent venir me suivent. ‖ *Todo incluido*, tout compris. ‖ *Todo lo contrario*, bien au contraire. ‖ *Todo lo más*, tout au plus. ‖ *Todo lo... que*, aussi... que : *no ha sido todo lo simpático que creía*, il n'a pas été aussi sympathique que je croyais. ‖ *Todo lo que* ou *todo cuanto*, tout ce que *o* qui. ‖ *Todo o nada*, quitte ou double (juego). ‖ *Todo quisque*, tout un chacun, tout le monde. ‖ *Todos*, tout le monde : *lo dicen todos*, tout le monde le dit. ‖ *Todos cuantos*, tous ceux qui *o* que. ‖ *Todos los... que*, tous les... qui. ‖ *Todos ustedes*, tous autant que vous êtes, vous tous. ‖ — *Abajo del todo, arriba del todo*, tout en bas, tout en haut. ‖ *Ante todo*, avant tout. ‖ *A pesar de todo*, tout de même, malgré tout. ‖ *Así y todo*, malgré tout. ‖ *A toda velocidad* ou *a toda marcha* ou *a todo correr*, à toute vitesse, à toute allure. ‖ *A todo esto*, pendant ce temps-là (mientras tanto) ; à propos (hablando de esto). ‖ *A todo riesgo*, tous risques (seguro). ‖ *A todo vapor*, à toute vapeur. ‖ *Con toda mi alma* ou *de todo corazón*, de tout mon cœur. ‖ *Con todas sus fuerzas*, de toutes ses forces. ‖ *Con todo*, malgré tout, néanmoins. ‖ *Con todo y con eso*, ce n'est pas le tout mais. ‖ *Criada para todo*, bonne à tout faire. ‖ *Del todo*, tout à fait, absolument : *estamos decididos del todo*, nous sommes tout à fait décidés ; tout, e : *está triste del todo*, il est tout triste. ‖ *Después de todo*, après tout. ‖ *De todas formas* ou *en todo caso*, de toute façon *o* en tout cas. ‖ *En todo y por todo*, en tout et pour tout. ‖ *La fiesta de Todos los Santos*, la Toussaint. ‖ *Lo... todo*, tout : *lo sabe todo*, il sait tout ; *lo he dicho todo*, j'ai tout dit. ‖ *O todo o nada*, tout ou rien. ‖ *Sobre todo*, surtout. ‖ *Y todo*, quoique, même : *cansado y todo iré*, même fatigué, j'irai ; même, jusqu'à (incluso) : *perdió su perro fiel y todo*, il a perdu jusqu'à son chien fidèle. ‖ — *Considerándolo todo*, tout bien considéré. ‖ *De todo hay en la viña del Señor*, il faut de tout pour faire un monde. ‖ *Eso es todo*, c'est tout. ‖ *Fue todo uno*, ce fut tout un. ‖ *Hacer todo lo posible*, faire tout son possible. ‖ *Ser toda sonrisa*, être tout sourire. ‖ *Ser todo ojos*, tout oídos, être tout yeux, tout oreilles. ‖ *Ser todo un hombre*, être un homme cent pour cent *o* un homme avec un grand H. ‖ *Todo eran quejas*, ce n'étaient que plaintes, tout n'était que plaintes. ‖ *Y eso es todo*, et voilà tout.

todo m. Tout : *jugarse el todo por el todo*, risquer *o* jouer le tout pour le tout. ‖ — *El todo*, mon tout (en las charadas). ‖ *Quien todo lo quiere todo lo pierde*, qui trop embrasse mal étreint. ‖ FIG. *Ser el todo*, mener la danse, faire le jour et la nuit.

todopoderoso, sa adj. y s. Tout-puissant, toute-puissante. ‖ *El Todopoderoso*, le Tout-puissant (Dios).

toesa f. (Ant.). Toise (medida de longitud).

tofana adj. f. *Agua tofana*, aqua toffana (veneno).

toffee m. Caramel (pastilla de café con leche).

tofo m. MED. Tophus (nodo).

toga f. Toge (de los romanos). ‖ Robe, toge (de magistrado).

togado, da adj. Qui porte la toge (romanos). ‖ Qui porte la robe (magistrados).
— M. Homme de robe. ‖ — Pl. *Los togados*, les gens de robe *o* de loi.

toisón m. Toison, *f.* ‖ *Orden del Toisón de oro*, ordre de la Toison d'or.
— OBSERV. La *toison d'or* qui fut conquise par Jason et les Argonautes se dit *vellocino de oro*.

tokai m. Tokai, tokay (vino).

tolanos m. pl. Inflammation (*f. sing.*) de la gencive des animaux. ‖ FAM. Cheveux courts poussant sur la nuque (abuelos).

toldadura f. Bâche (toldo).

toldar v. tr. V. ENTOLDAR.

toldería f. *Amer.* Campement (*m.*) d'Indiens.

toldero m. Marchand de sel au détail.

toldilla f. MAR. Dunette (del barco).

toldillo m. Chaise (*f.*) à porteurs. ‖ *Amer.* Moustiquaire, *f.* (mosquitero).

toldo m. Vélum (en un patio, en una calle, etc.). ‖ Banne, *f.* (de una tienda). ‖ Store (en una ventana). ‖ Parasol (en la playa). ‖ Bâche, *f.* (en un carro o camión). ‖ *Amer.* Tente, *f.* [des Indiens].

tole m. FIG. Tollé. ‖ FAM. *Tomar el tole*, filer, plier bagages, prendre ses cliques et ses claques.

toledano, na adj. y s. Tolédan, e. ‖ FIG. *Pasar una noche toledana*, passer une nuit blanche.

Toledo n. pr. GEOGR. Tolède.

tolemaico, ca adj. Ptoléméen, enne ; de Ptolémée (astrónomo). ‖ Ptolémaïque (de los reyes de Egipto).

tolerable adj. Tolérable.

tolerancia f. Tolérance : *tolerancia religiosa*, tolérance religieuse.

tolerante adj. Tolérant, e.

tolerantismo m. Tolérantisme.

tolerar v. tr. Tolérer (aguantar o permitir). ‖ Supporter (sufrir con paciencia). ‖ — *Película tolerada por la censura*, film ayant reçu le visa de la censure. ‖ *Tolerada para menores*, pour tous (película cinematográfica).

tolete m. MAR. Tolet (escálamo). ‖ *Amer.* Trique, *f.* (garrote).

toletole m. FAM. Brouhaha.

tolita f. Tolite (explosivo).

tolmo m. Rocher arrondi.

Tolomeo n. pr. m. Ptolémée.

Tolón n. pr. GEOGR. Toulon.

tolondro, dra adj. y s. Étourdi, e. ‖ — M. Bosse, *f.* (chichón).

tolondrón m. Bosse, *f.* (chichón). ‖ *A tolondrones*, par à-coups (a ratos).

tolonés, esa adj. y s. Toulonnais, e.

Tolosa n. pr. Tolosa [Pays basque espagnol]. ‖ *Tolosa (de Francia)*, Toulouse.

tolosano, na adj. y s. De Tolosa [en Espagne]. ‖ Toulousain, e (de Tolosa de Francia).

tolteca adj. y s. Toltèque.

tolú m. *Bálsamo de tolú*, baume de Tolu.

tolueno m. QUÍM. Toluène.

toluidina f. QUÍM. Toluidine.

toluol m. QUÍM. Toluol.

tolva f. Trémie (molinos). ‖ Fente (de una urna o cepillo).

tolvanera f. Nuage (*m.*) de poussière, tourbillon (*m.*) de poussière.

tollina f. FAM. Raclée, volée : *dar una tollina*, flanquer une raclée.

tollo m. Chien de mer (cazón). ‖ Affût (de los cazadores). ‖ Bourbier (atolladero). ‖ Boue, *f.* (lodo).

tollón m. Passage étroit (coladero).

toma f. Prise : *toma de contacto*, prise de contact. ‖ Prise (conquista) : *la toma de Granada*, la prise de Grenade. ‖ Dose (medicamentos) : *una toma* *de quinina,* une dose de quinine. ‖ Prise (de agua, de aire). ‖ Prise (enchufe). ‖ Prélèvement, *m.* : *toma de muestras,* prélèvement d'échantillons. ‖ RAD. Prise : *toma de antena,* prise d'antenne. ‖ *Amer.* Rigole (acequia). ‖ — *Toma de conciencia,* prise de conscience. ‖ *Toma de datos,* saisie des données (en informática). ‖ *Toma de hábito,* prise de voile (de una monja), prise d'habit (de un religioso). ‖ *Toma de mando,* prise de commandement. ‖ *Toma de posesión,* prise de possession *o* de fonctions, installation dans ses fonctions (de un cargo), investiture (de la presidencia, de un gobierno). ‖ *Toma de rapé,* prise de tabac. ‖ *Toma de sangre,* prise de sang. ‖ *Toma de tierra,* prise de terre (de una antena), arrivée au sol (de un paracaidista), atterrissage (de un avión). ‖ *Toma de vistas,* prise de vues.

tomada f. Prise (captura).

tomadero m. Poignée, *f.,* manche (agarradero). ‖ Prise, *f.* (de agua).

tomado, da adj. POP. Ivre (ebrio). ‖ *Voz tomada,* voix prise *o* voilée *o* couverte.

tomador, ra adj. y s. Preneur, euse (que toma). ‖ FAM. Chapardeur, euse (ladrón). ‖ *Amer.* Buveur, euse (bebedor). ‖ *Perro tomador,* chien de prise. ‖ — M. COM. Preneur, bénéficiaire : *tomador del crédito,* bénéficiaire du crédit. ‖ MAR. Raban, cordage.

tomadura f. Prise (toma). ‖ Dose (de una medicina). ‖ FAM. *Esto es una tomadura de pelo,* on se paie notre tête.

tomahawk m. Tomahawk (hacha de guerra).

tomaína f. QUÍM. Ptomaïne.

tomar v. tr. Prendre (coger) : *tomar entradas,* prendre des places ; *tomar un taxi,* prendre un taxi. ‖ Prendre : *tomar una medida enérgica,* prendre une mesure énergique ; *tomar malas costumbres,* prendre de mauvaises habitudes. ‖ Prendre (sacar) : *tomar una foto,* prendre une photo. ‖ Prendre (el pulso). ‖ Prendre : *tomar el desayuno,* prendre son petit déjeuner. ‖ Prendre : *tomar una ciudad,* prendre une ville. ‖ Prendre : *tomar un criado, un pedido,* prendre un domestique, une commande. ‖ Prendre, emprunter : *tomar el camino más corto,* prendre le chemin le plus court. ‖ Emprunter : *tomar una cita de un autor,* emprunter une citation à un auteur. ‖ Tirer : *tomar una palabra del griego,* tirer un mot du grec. ‖ Couvrir (el macho a la hembra). ‖ *Amer.* Boire. ‖ — *¡Toma!,* tiens, tenez : *toma, aquí tienes un lápiz,* tiens, voici un crayon ; bah !, allons donc ! (incredulidad), tiens ! (sorpresa), c'est bien fait ! (castigo). ‖ *Tomar a bien, tomar a mal,* prendre du bon côté *o* prendre en bonne part *o* bien prendre ; prendre du mauvais côté *o* prendre en mauvaise part *o* mal prendre. ‖ *Tomar a broma,* tourner en dérision *o* en plaisanterie (ridiculizar), ne pas prendre au sérieux (tomar a guasa). ‖ *Tomar afecto a,* prendre en affection, s'attacher à. ‖ *Tomar aliento,* reprendre haleine. ‖ *Tomar a pecho,* prendre à cœur. ‖ *Tomar a una persona por otra,* prendre une personne pour une autre. ‖ *Tomar como ejemplo a,* prendre exemple sur, prendre pour exemple. ‖ *Tomar de la mano,* prendre par la main. ‖ *Tomar de nuevo,* reprendre. ‖ *Tomar el pecho,* téter, prendre le sein. ‖ FIG. *Tomar el pelo a uno,* se payer la tête *o* la figure de quelqu'un. ‖ FAM. *Tomar el portante,* prendre la porte. ‖ *Tomar estado,* se marier (casarse), entrer en religion (profesar). ‖ *Tomar frío,* prendre froid. ‖ *Tomar fuerzas,* reprendre des forces. ‖ *Tomar la palabra,* prendre la parole (hablar), prendre au mot (creer). ‖ *Tomar las armas,* prendre les armes. ‖ FIG. *Tomarlas tu tomarla con uno,* prendre quelqu'un en grippe (tomar tirria), prendre quelqu'un à partie, s'en prendre à quelqu'un (criticar). ‖ *Tomar las de Villadiego,*

prendre la poudre d'escampette, prendre la clef des champs. ‖ *Tomar las lecciones,* faire réciter les leçons. ‖ *Tomarlo por anticipación* ou *anticipadamente,* s'y prendre à l'avance. ‖ *Tomar nota,* prendre note. ‖ *Tomar odio a,* prendre en haine. ‖ *Tomar partido por,* prendre parti pour. ‖ *Tomar por,* prendre pour : *¿me tomas por quién?,* pour qui me prends-tu? ‖ *Tomar prestado,* emprunter. ‖ *Tomar sangre,* prendre *o* prélever du sang. ‖ *Tomar tiempo,* prendre du temps. ‖ *Tomar tierra,* se poser, atterrir. ‖ FAM. *¡Tómate esa!,* attrape ! ‖ *Toma y daca,* échange (trueque), donnant donnant (de mano a mano). ‖ — *Dibujo tomado de una fotografía,* dessin d'après une photographie. ‖ *Lo toma o lo deja,* c'est à prendre ou à laisser. ‖ FIG. *Más vale un toma que dos te daré,* un bon tiens vaut mieux que deux tu l'auras. ‖ *Si lo toma usted así,* si vous le prenez ainsi *o* sur ce ton. ‖ *Volver a tomar,* reprendre.
— V. intr. Prendre : *tome a la derecha,* prenez à droite.
— V. pr. Se rouiller (cubrirse de moho). ‖ Se piquer (vino). ‖ Prendre : *tomarse la libertad de,* prendre la liberté de. ‖ Se prendre (medicina). ‖ — FIG. *Tomarse con,* avoir maille à partir avec. ‖ *Tomarse el trabajo* ou *la molestia de,* prendre *o* se donner la peine de.

Tomás n. pr. m. Thomas. ‖ *Santo Tomás de Aquino,* saint Thomas d'Aquin.

tomatada f. Friture de tomates.

tomatal m. Champ de tomates.

tomatazo m. Coup de tomate : *le recibieron a tomatazos,* on l'a accueilli à coups de tomate. ‖ *Recibir tomatazos,* recevoir des tomates.

tomate, m. Tomate, *f.* (fruto y planta). ‖ FAM. Trou (agujero), patate, *f.* (en un calcetín). ‖ — FIG. *Colorado como un tomate,* rouge comme une tomate *o* una pivoine *o* une écrevisse. ‖ *Salsa de tomate,* sauce tomate. ‖ FAM. *Tener tomate,* être pénible *o* fastidieux : *este trabajo tiene mucho tomate,* ce travail est extrêmement pénible.

tomatera f. Tomate (planta). ‖ FAM. *Tener tomatera,* prendre de grands airs, se croire.

tomatero, ra m. y f. Marchand, marchande de tomates. ‖ *Pollo tomatero,* poulet de grain.

tomavistas m. inv. Appareil de prise de vues, caméra, *f.*

tómbola f. Tombola.

tómbolo m. Tombolo (cordón litoral).

tomentoso, sa adj. BOT. Tomenteux, euse.

tomillar m. Endroit couvert de thym.

tomillo m. Thym (planta).

tomineja f. o **tominejo** m. Oiseau-mouche, *m.*

tomisa f. Thomise, *m.* (araña).

tomismo m. RELIG. Thomisme.

tomista adj. y s. RELIG. Thomiste.

tomístico, ca adj. Relatif à saint Thomas.

tomiza f. Corde de sparte.

tomo m. Tome (de un libro). ‖ FIG. Importance, *f.* (importancia). ‖ *De tomo y lomo,* de taille, extraordinaire (importante), de la pire espèce (muy malo).

tomografía f. Tomographie.

ton m. *Sin ton ni son,* sans rime ni raison.

tonada f. Chanson (canción). ‖ Air, *m.* (música). ‖ *Amer.* Accent, *m.* (dejo).

tonadilla f. « Tonadilla » [petite pièce musicale en vogue au XVIIIe s.]. ‖ Couplet, *m.* (cuplé).

tonadillero, ra m. y f. Chansonnier, ère ; auteur (m.) de chansons. ‖ — F. Chanteuse de « tonadillas ».

tonal adj. MÚS. Tonal, e : *sistemas tonales,* systèmes tonals.

tonalidad f. Tonalité.

tonante adj. POÉT. Tonnant, e : *Júpiter tonante,* Jupiter tonnant.

tonar v. intr. POÉT. Tonner.

tonca adj. f. Bot. *Haba tonca,* tonka, fève de tonka.

tondino m. Arq. Tondin.

tondo m. Arq. Gorge, *f.* (mediacaña).

tonel m. ● Tonneau (cuba). || Aviac. Tonneau (acrobacia). || Agric. Tonne, *f. : tonel de estiércol líquido,* tonne à purin.

— Sinón. ● *Barril,* baril. *Tina,* tine. *Pipa,* fût, futaille. *Barrica,* barrique. *Bocoy,* boucaut.

tonelada f. Tonne (peso). || Mar. Tonneau, *m.* (medida) : *tonelada de arqueo,* tonneau de jauge. | Provision de tonneaux (tonelería).

tonelaje m. Tonnage (de un navío) : *tonelaje bruto,* tonnage brut.

tonelería f. Tonnellerie (arte o taller del tonelero). || Tonnelage, *m.* (arte del tonelero). || Provision de tonneaux (provisión de toneles).

tonelero, ra adj. Du tonnelier, des tonneaux.
— M. Tonnelier.

tonelete m. Tonnelet, barrique, *f.* (tonel). || Tonnelet (vestidura antigua). || Jupe (*f.*) courte d'enfant (traje de niño). || Tutu (faldilla de bailarina). || Armadura de tonelete, armure à tonne.

tonga f. Couche (capa). || Amer. Pile (pila).

tongada f. Couche (capa).

tongo m. Chiqué (engaño). | Chapeau melon (sombrero).

tongonearse v. pr. Amer. Se dandiner.

tongoneo m. Amer. Dandinement.

tonicidad f. Tonicité.

tónico, ca adj. Tonique : *acento, remedio tónico,* accent, remède tonique.
— M. Tonique, remontant, fortifiant : *la quina es un tónico,* la quinine est un tonique. || *Tónico cardiaco,* tonicardiaque. || — F. Mús. Tonique. || Fig. Tendance, ton, *m. : la tónica general,* la tendance générale. || Tenue (en Bolsa). || Fig. *Marcar la tónica,* donner le ton.

tonificación f. Tonification.

tonificante adj. Tonifiant, e.

tonificar v. tr. Med. Fortifier, tonifier.

tonillo m. Ton monotone (tono monótono). || Accent (dejo). || Emphase, *f.* (afectación).

tonina f. Thonine, thon (*m.*) frais (atún). || Dauphin, *m.* (delfín).

Tonkín o **Tonquín** n. pr. m. Geogr. Tonkin.

tono m. Ton (de la voz, de un color, del estilo, etc.). || Med. Tonus (de un músculo). || Mús. Ton. || — *A este tono,* dans ce cas-là. | *A tono con,* en harmonie o en accord avec. || *De buen* ou *mal tono,* de bon o mauvais ton. || *En tono airado,* d'un ton o sur un ton furieux. || *Salida de tono,* sortie, éclat. || — Fig. *Bajar el tono,* baisser le ton. | *Dar buen tono,* faire bien. | *Dar con el tono adecuado,* trouver le ton qu'il faut. | *Dar el tono,* donner le ton. || Fam. *Darse tono,* faire l'important, prendre de grands airs. || *Decir en todos los tonos,* répéter sur tous les tons. || Fig. *Estar a tono con,* correspondre à : *paga una renta que no está a tono con sus ingresos,* il paie un loyer qui ne correspond pas à ses revenus ; être dans la note (armonizar). | *Mudar de tono,* changer de ton. | *Ponerse a tono con alguien,* se mettre au diapason de quelqu'un. | *Subir* ou *subirse de tono,* hausser le ton, s'échauffer.

Tonquín n. pr. m. Geogr. Tonkin.

tonquinés, esa adj. y s. Tonkinois, e.

tonsila f. Anat. Tonsille (amígdala).

tonsura f. Tonsure. || *Prima tonsura,* simple tonsure.

tonsurado adj. m. y s. m. Tonsuré.

tonsurar v. tr. Tonsurer (un clérigo). || Tondre (cortar el pelo o la lana).

tontada f. Sottise, bêtise.

tontaina o **tontainas** adj. y s. Fam. Idiot, e.

tontamente adv. Sottement, bêtement.

tontarrón, ona adj. y s. Fam. Bêta, asse ; idiot, e.

tontear v. intr. Dire o faire des sottises o des bêtises. || Flirter (flirtear).

tontedad o **tontera** f. Sottise.

tontería f. Sottise, bêtise. || Fig. Bêtise, bricole (nadería).

tontillo m. Panier, crinoline, *f.* (de una falda). || Bouffant (de casaca).

tontina f. Tontine (asociación). || Fam. Sotte.

tontivano, na adj. Prétentieux, euse ; fat (sin fem.), pimbêche (sin masc.).

tonto, ta adj. y s. ● Sot, sotte ; idiot, e ; imbécile : *¡qué tonto!,* quel idiot ! ; *¡tonto tú!,* idiot toi-même. || — M. Clown (payaso). || — *A tontas y a locas,* à tort et à travers. || *¡No tan tonto!,* pas si bête ! || — *Hacer el tonto,* faire l'idiot. || *Hacerse uno el tonto,* faire l'innocent. | *Hasta los tontos lo saben,* tout le monde le sait. || *Ponerse tonto,* exagérer, y aller un peu fort (exagerar), faire l'idiot (hacer el tonto), faire le malin, se donner des airs (presumir). || *Ser tonto de capirote* ou *de remate* ou *ser más tonto que una mata de habas,* être bête à manger du foin.

— Sinón. ● *Imbécil, mamarracho,* imbécile. *Mentecato,* pauvre d'esprit. *Bobo, idiota,* idiot. *Cernícalo,* buse. *Necio, majadero,* sot. *Borrico,* âne. *Ganso,* oie.

tontuelo, la adj. Fam. Bêta, asse ; petit sot, petite sotte.

tontura f. Sottise, bêtise (tontería).

toña f. Bâtonnet, *m.* (juego). || Coup, *m.* (golpe). || Fam. Cuite (borrachera).

¡top! interj. Top !

topacio m. Topaze, *f.* || — *Topacio ahumado,* quartz enfumé. || *Topacio quemado,* topaze brûlée.

topada f. Coup (*m.*) de tête o de corne.

topar v. tr. e intr. Se heurter (tropezar) : *topar con la cabeza,* se heurter la tête. || Cosser, se doguer (los carneros). || Rencontrer, tomber sur (con alguien) : *topar con un amigo,* rencontrer un ami ; trouver (una cosa). || Fig. Consister, résider (estribar, consistir) : *la dificultad topa en esto,* la difficulté consiste o réside en cela. | Réussir, marcher (salir bien) : *lo pediré por si topa,* je le demanderai pour le cas où cela réussirait. || Tamponner (trenes). || Mar. Assembler bout à bout (dos maderos).
— V. pr. Se rencontrer. || Se heurter (tropezar). || *Toparse con,* tomber sur.

toparquía f. Toparchie.

tope m. Arrêt (mecanismo). || Butoir (de puerta). || Tampon (de locomotora, vagón). || Butoir, heurtoir, tampon (al final de una línea férrea). || Fig. Limite, *f.,* frein : *poner tope a sus ambiciones,* mettre un frein à ses ambitions ; *ambición sin tope,* ambition sans limite. || Plafond, limite, *f.* (máximo) : *precio tope,* prix plafond. | Bagarre, *f.* (riña). || Mar. Bout d'un mât (del mastelero). | Vigie, *f.* (marinero). || Amer. Combat de coqs simulé. || — *Al tope,* emboîté. || Fig. *Estar hasta los topes,* être bondé o plein à craquer (lleno), en avoir par-dessus la tête (estar harto). || *Fecha tope,* date limite. || Fig. *Llegar al tope,* plafonner. | *Rebasar el tope,* crever le plafond. || *Repostar a tope,* faire le plein (gasolina). || *Tope de retención,* butée.

topear v. tr. Amer. V. topar.

topera f. Taupinière.

topetada f. Coup (*m.*) de tête o de corne.

topetar v. intr. Cosser, se doguer (los carneros). || Se heurter (toparse).

topetazo m. Coup de tête o de corne. || Tamponnement (de dos trenes).

topetón m. Heurt, choc (encuentro de una cosa con otra). || Coup de tête o de corne (topetada).

topetudo, da adj. Batailleur, euse (animales).

tópico, ca adj. y s. m. MED. Topique. ‖ — M. Lieu commun, cliché (lugar común).
topil m. *Amer.* Alguazil.
topinada f. FAM. Maladresse.
topinambur m. BOT. Topinambour.
topinera f. Taupinière.
topino, na adj. Qui a les jambes courtes (caballo).
topo m. Taupe, *f.* (mamífero). ‖ FIG. y FAM. Maladroit, e. ‖ *Amer.* Lieue (*f.*) et demie (medida). ‖ Grande épingle, *f.* (alfiler). ‖ FIG. y FAM. *Ver menos aue un topo*, être myope comme une taupe.
topocho, cha adj. FAM. *Amer.* Trapu, e (gordo).
topografía f. Topographie.
topográfico, ca adj. Topographique.
topógrafo m. Topographe.
topolino, na m. y f. Jeune.
topología f. Topologie.
toponimia f. Toponymie.
toponímico, ca adj. Toponymique.
topónimo m. Toponyme.
toque m. Attouchement. ‖ Léger choc, coup léger (golpecito). ‖ Sonnerie, *f.* (de las campanas, del teléfono). ‖ Sonnerie, *f.*, coup : *toque de corneta*, coup de clairon. ‖ Touche, *f.* (pincelada). ‖ Touche, *f.* (ensayo de metales preciosos). ‖ FIG. Avertissement (advertencia). ‖ Coup (golpe). ‖ *Amer.* Tour (turno). ‖ — *Toque de alarma*, tocsin (rebato), cri d'alarme (aviso). ‖ *Toque de alba*, angélus du matin. ‖ FIG. *Toque de atención*, mise en garde. ‖ DEP. *Toque de balón*, frappe, touche. ‖ *Toque de diana*, la diane. ‖ *Toque de difuntos*, sonnerie aux morts. ‖ *Toque de oración*, angélus. ‖ *Toque de queda*, couvre-feu. ‖ *Toque de timbre*, coup de sonnette. ‖ — *Piedra de toque*, pierre de touche. ‖ *Último toque*, fini, finition, mise au point, fignolage (fam.). ‖ — FIG. *Dar el toque de alarma*, donner l'alarme. ‖ FIG. *Dar el último toque*, mettre la dernière main, fignoler. ‖ *Dar otro toque a un cliente*, relancer un client. ‖ *Darse un toque*, se refaire une beauté. ‖ *Dar un toque a uno*, mettre quelqu'un à l'épreuve (probar), mettre en garde, rappeler à l'ordre (llamar la atención), sonder quelqu'un (sondear). ‖ MED. *Dar unos toques en la garganta*, badigeonner la gorge.
toquetear v. tr. FAM. Tripoter, toucher.
— V. intr. FAM. Farfouiller.
toqueteo m. FAM. Tripotement.
toqui m. *Amer.* Chez les anciens Araucans, chef de l'État en temps de guerre.
toquilla f. Fichu, m. (pañuelo).
tora f. Thora, tora, torah (de los israelitas). ‖ *Hierba tora*, orobranche (planta).
toracentesis o **toracocentesis** f. MED. Thoracentèse.
torácico, ca adj. ANAT. Thoracique.
toracoplastia f. MED. Thoracoplastie (plastia).
torada f. Troupeau (*m.*) de taureaux.
toral adj. Principal, e. ‖ *Arco toral*, grand arc.
— M. TECN. Moule (molde). ‖ Lingot (barra de metal).
tórax m. ANAT. Thorax.
torbellino m. Tourbillon (de viento). ‖ FIG. Tourbillon. ‖ FIG. *Irrumpir como un torbellino*, entrer en coup de vent *o* comme un tourbillon.
torcal m. Endroit où il y a des grottes.
torcaz o **torcazo, za** adj. y s. f. *Paloma torcaz*, pigeon ramier, ramier.
torcecuello m. Torcol (ave).
torcedero, ra adj. Tors, e.
— M. Tordoir.
torcedor, ra m. y f. Tordeur, euse (que tuerce lana, seda, etc.). ‖ — M. Fuseau (huso). ‖ Tordoir (tortor).
torcedura f. Torsion. ‖ MED. Entorse. ‖ Piquette (vino malo).

torcer* v. tr. Tordre : *torcer una cuerda, el brazo de alguien*, tordre une corde, le bras de quelqu'un. ‖ Dévier (desviar) : *torcer el vuelo*, dévier le vol ; *torcer el curso de un razonamiento*, dévier le cours d'un raisonnement. ‖ Tourner (doblar) : *le vi al torcer la esquina*, je l'ai vu en tournant au coin de la rue. ‖ FIG. Fausser, dénaturer (interpretar mal) : *torcer las intenciones de uno*, fausser les intentions de quelqu'un. ‖ Faire une entorse à (la justicia, la verdad). ‖ Circonvenir, disposer en sa faveur (las autoridades). ‖ — FIG. y FAM. *Dar su brazo a torcer y no dar su brazo a torcer*, v. BRAZO. ‖ *Torcer el gesto, el semblante*, faire la grimace, la moue. ‖ *Torcer los ojos*, loucher.
— V. intr. Tourner, obliquer : *el camino tuerce a la derecha*, le chemin tourne à droite.
— V. pr. Se tordre. ‖ Tourner (la leche). ‖ Se piquer, devenir aigre (vino). ‖ Gauchir (ladearse). ‖ FIG. Tourner mal (un negocio, una persona) : *este muchacho se ha torcido*, ce garçon a mal tourné. ‖ Se laisser corrompre (un juez). ‖ FIG. *Se me ha torcido la suerte*, la chance a tourné.
torcida f. Mèche [de bougie]. ‖ Fans, *m. pl.* (partidarios).
torcidamente adv. De travers.
torcidillo m. Cordonnet de soie.
torcido, da adj. Tordu, e. ‖ Tors, e : *piernas torcidas*, jambes torses. ‖ De travers, oblique (oblicuo). ‖ Voilé, e (metal, rueda). ‖ Tortueux, euse (tortuoso). ‖ FIG. Retors, e (hipócrita).
— M. Bâtonnet de fruits confits (frutas en dulce). ‖ Piquette, *f.* (vino malo). ‖ Cordonnet de soie (hebra de seda). ‖ Tordage (de la seda).
torcijón m. Tranchée, *f.*
torcimiento m. V. TORCEDURA.
torcionario m. Tortionnaire.
torculado, da adj. En forme de vis.
tórculo m. Petite presse, *f.*
tordillo, lla adj. Gris, e (gris).
— M. y f. Cheval gris, jument grise.
tordo, da adj. Gris, e (gris). ‖ Pommelé, e (caballo).
— M. y f. Grive, *f.* (ave).
— M. *Amer.* Étourneau (estornino). ‖ — *Tordo alirrojo*, mauvis (ave). ‖ *Tordo mayor*, grande grive, drenne, draine (cagaaceite).
toreador m. (P. us.). Toréador.
— OBSERV. Le mot usuel en espagnol est *torero*.
torear v. intr. y tr. Toréer, combattre un taureau (lidiar un toro). ‖ — *Llevar el toro toreado*, avoir totalement maîtrisé le taureau. ‖ *Toro toreado*, taureau vicieux.
— V. tr. FIG. y FAM. Se payer la tête de (tomar el pelo). ‖ Faire marcher (burlarse). ‖ FIG. y FAM. *No dejarse torear por nadie*, ne se laisser faire par personne.
toreo m. Tauromachie, *f.* (arte de torear). ‖ Travail [du toréador], façon (*f.*) de combattre les taureaux (acción). ‖ FIG. y FAM. Moquerie, *f.* (burla). ‖ FIG. y FAM. *Se acabó el toreo*, finie la plaisanterie (se acabó la burla).
torera f. Boléro, *m.* (chaquetilla). ‖ FIG. y FAM. *Saltarse algo a la torera*, prendre quelque chose par-dessous la jambe, faire fi de quelque chose.
torería f. Ensemble (*m.*) des toreros.
torero, ra adj. De torero, des toreros.
— M. Torero, toréador.
toresano, na adj. De Toro [province de Zamora].
torete m. Taurillon, petit taureau (toro joven). ‖ FIG. y FAM. Casse-tête, *inv.* (dificultad). ‖ Nouvelle (*f.*) du jour (novedad).
toribio m. FAM. Gribouille (tonto). ‖ — Pl. Maison (*f. sing.*) de correction.
toril m. TAUROM. Toril.
— OBSERV. Le *toril* est l'endroit où l'on tient les taureaux enfermés avant le combat.

torillo m. Cheville (*f.*) qui unit deux jantes d'une roue.

torio m. Thorium (metal).

torita f. Min. Thorite.

torito m. Taurillon. ‖ *Amer.* Coffre (pez). | Scarabée (insecto). | Oiseau du Chili (ave). | Orchidée, *f.* (orquídea).

tormenta f. Tempête (en el mar). ‖ Orage, *m.*, tourmente (poét.) [en la tierra]. ‖ Fig. Tempête. ‖ *Hacer frente a la tormenta*, braver la tempête *o* l'orage.

tormentila f. Tormentille (planta).

tormentín m. Mar. Tourmentin (vela).

tormento m. Tourment (dolor). ‖ Torture, *f.*, question, *f.* (del reo) : *dar tormento*, mettre à la torture, soumettre à la question. ‖ Catapulte, *f.*, baliste, *f.* (máquina de guerra). ‖ Fig. Tourment.

tormentoso, sa adj. Orageux, euse. ‖ Mar. Qui résiste mal aux tempêtes (barco).

torna f. Retour, *m.* (vuelta). ‖ Barrage, *m.* (para el riego). ‖ — *Cuando se vuelvan las tornas*, lorsque la chance *o* le vent aura tourné *o* les choses auront changé. ‖ *Volverle a uno las tornas*, payer de retour, rendre la pareille (corresponder uno al proceder de otro).

tornaboda f. Lendemain (*m.*) de noces.

tornachile m. *Amer.* Gros piment.

tornada f. Retour, *m.* (vuelta). ‖ Envoi, *m.* (estrofa final). ‖ Veter. Tournis, *m.* (del carnero).

tornadizo, za adj. Changeant, e : *carácter tornadizo*, caractère changeant.

tornado m. Tornade, *f.* (huracán).

tornaguía f. Récépissé, *m.*

tornamiento m. Changement, transformation, *f.*

tornapunta f. Étai, *m.* (puntal). ‖ Mar. Barre de fer qui étaye le bordage de certains navires.

tornar v. tr. Rendre (devolver).
— V. intr. Retourner (regresar). ‖ Recommencer : *tornó a hablar*, il recommença à parler.
— V. pr. Devenir : *tornarse loco*, devenir fou. ‖ Se changer, se transformer, se tourner : *su duda se había tornado en admiración*, leur doute s'était transformé en admiration.

tornasol m. Tournesol (planta). ‖ Tournesol (materia colorante). ‖ Reflet, chatoiement (viso).

tornasolado, da adj. Chatoyant, e ; changeant, e (tejido, color).

tornasolar v. tr. Faire chatoyer, moirer.
— V. pr. Chatoyer.

tornátil adj. Tourné, e (hecho a torno). ‖ Fig. Inconstant, e (tornadizo).

tornatrás adj. y s. Métis dans lequel une race prédomine (mestizo).

tornavía f. Plaque tournante.

tornaviaje m. Voyage de retour.

tornavoz m. Abat-voix, *inv.* [d'une chaire].

torneado, da adj. Tourné, e ; façonné au tour. ‖ Fig. Bien fait, e ; fait au tour, galbé, e (esbelto).
— M. Tecn. Tournage. ‖ Fig. *Lo torneado de sus piernas*, le galbe de ses jambes.

torneador m. Tourneur (tornero). ‖ Jouteur (en un torneo).

torneadura f. Tournure, copeau, *m.* (viruta). ‖ Tecn. Tournage, *m.* (torneado).

tornear v. tr. Tourner, façonner au tour : *tornear una pata de mesa*, tourner un pied de table.
— V. intr. Tourner (dar vueltas). ‖ Participer à un tournoi, combattre (en un torneo).

torneo m. Tournoi. ‖ Veter. Tournis (enfermedad de los carneros).

tornera f. Sœur tourière, tourière (de un convento).

tornería f. Métier (*m.*) de tourneur (arte del tornero). ‖ Atelier (*m.*) *o* boutique de tourneur, tournerie (taller o tienda).

tornero m. Tourneur (que hace obras en el torno). ‖ Tourier (de un convento).

tornés, esa adj. Tournois, *inv.* : *libra tornesa*, livre tournois.

tornillazo m. Tête-à-queue, *inv.*

tornillo m. Vis, *f.* : *tornillo sin fin*, vis sans fin. ‖ Fig. y fam. Désertion, *f.* (de un soldado). ‖ — *Tornillo de banco*, presse. ‖ *Tornillo de calce*, vis calante. ‖ *Tornillo de mordazas*, étau. ‖ *Tornillo micrométrico*, palmer. ‖ — Fig. y fam. *Apretarle a uno los tornillos*, serrer la vis à quelqu'un, visser quelqu'un. | *Le falta un tornillo* ou *tiene flojos los tornillos*, il est un peu marteau, il travaille du chapeau, il a la tête fêlée.

torniquete m. Tourniquet. ‖ Med. Tourniquet, garrot. ‖ Impr. Tournette.

torniscón m. Fam. Taloche, *f.*, torgniole, *f.* (pop.), torgnole, *f.* (pop.) [golpe].

torno m. Tour (máquina herramienta) : *labrar a torno*, travailler au tour. ‖ Treuil (para levantar pesos). ‖ Rouet (para hilar). ‖ Tour (de convento, comedor). ‖ Coude (recodo). ‖ Tour (movimiento circular). ‖ Tecn. Toupie, *f.*, toupilleuse, *f.* (para la madera). ‖ Roulette, *f.* (de dentista). ‖ — *En torno a*, autour de (alrededor). ‖ *Torno de mano*, treuil. ‖ *Torno elevador*, appareil de levage.

toro m. Taureau : *toro de lidia*, taureau de combat. ‖ Arq. Tore, toron (moldura). ‖ Astr. Taureau (Tauro). ‖ Geom. Tore. ‖ — Pl. Course (*f. sing.*) de taureaux, corrida, *f. sing.* : *¿le gustan los toros?*, aimez-vous les corridas ? ‖ — Fig. *Coger al toro por los cuernos*, prendre le taureau par les cornes. | *Echarle* ou *soltarle a uno el toro*, dire à quelqu'un son fait (decir las cuatro verdades), mettre quelqu'un devant la difficulté. | *Estar hecho un toro*, écumer de colère, être fou de rage. | *Hay toros y cañas*, ça barde, il y a de la bagarre. | *Ir al toro*, prendre le taureau par les cornes, aller au fait. | *¡Otro toro!*, passons à autre chose. | *Ser fuerte como un toro*, être fort comme un turc *o* comme un bœuf. | *Ser un toro corrido*, être un vieux renard. | *Ver los toros desde la barrera*, ne pas se mêler à la bagarre, se tenir loin du danger.

toronja f. Sorte de cédrat.

toronjil m. o **toronjina** f. Mélisse, *f.* (planta).

toronjo m. Bigaradier (árbol).

torozón m. Veter. Colique, *f.*, tranchée, *f.*

torpe adj. ● Maladroit, e (inhábil). ‖ Bête (necio). ‖ Lourd, e ; gauche (de movimientos). ‖ Lent, e (en comprender). ‖ Incorrect, e (conducta). ‖ Bas, basse : *torpes instintos*, bas instincts. ‖ — Fig. y fam. *Más torpe que un arado*, bête comme une oie *o* comme ses pieds. ‖ *Torpe de oídos*, dur d'oreille.
— Sinón. ● *Obtuso*, obtus. *Inhábil*, inhabile. *Desmañado*, maladroit. *Rudo*, rude.

torpedeamiento m. Torpillage.

torpedear v. tr. Torpiller. ‖ Fig. Torpiller (hacer fracasar).

torpedeo m. Torpillage.

torpedero m. Torpilleur (barco).

torpedista m. Torpilleur (marino).

torpedo m. Torpille, *f.* (pez). ‖ Torpille, *f.* (de guerra). ‖ Autom. Torpédo, *f.* (coche).

torpemente adv. Lourdement (pesadamente). ‖ Maladroitement, gauchement (sin destreza).

torpeza f. Maladresse, gaucherie (falta de destreza). ‖ Bêtise, stupidité (necedad). ‖ Lourdeur (pesadez). ‖ Turpitude (bajeza, liviandad).

tórpido, da adj. Med. Torpide.

torpón, ona adj. Gauche.

torpor m. Torpeur, *f.*

torques f. Torque (collar antiguo).

torrado m. Pois chiche grillé.

torrar v. tr. Griller (tostar).

torre f. Tour : *la torre Eiffel*, la tour Eiffel. ‖ Tour (ajedrez). ‖ Clocher, *m.* (campanario cuadrado). ‖ Maison de campagne (quinta). ‖ Mar. Tourelle (de buque de guerra). ‖ — *Torre albarrana* ou *flanqueante,* tour flanquante. ‖ ARQ. *Torre de ángulo,* tour d'angle. ‖ FIG. *Torre de Babel,* tour de Babel. ‖ *Torre de control* ou *de mando,* tour de contrôle (aeródromo), îlot (portaviones). ‖ MIN. y QUÍM. *Torre de desgasolinado,* tour de dégazolinage. ‖ *Torre de extracción,* tour de chevalement. ‖ *Torre del homenaje,* donjon. ‖ *Torre de perforación,* derrick.

torrear v. tr. Flanquer de tours.

torrecilla f. Petite tour, tourelle.

torrefacción f. Torréfaction.

torrefactar v. tr. Torréfier.

torrefacto, ta adj. Torréfié, e.

torrefactor m. Torréfacteur.

torreja f. *Amer.* Pain (*m.*) perdu (torrija).

torrencial adj. Torrentiel, elle : *lluvia torrencial,* pluie torrentielle. ‖ Torrentueux, euse (río).

torrente m. Torrent. ‖ Flux sanguin (de sangre). ‖ FIG. Torrent, flot (abundancia) : *torrente de injurias,* torrent d'injures. ‖ *A torrentes,* à torrents.

torrentera f. Ravin, *m.,* lit (*m.*) d'un torrent (cauce).

torrentoso, sa adj. Torrentueux, euse.

torreón m. Grosse tour, *f.*

torrero m. Gardien de phare. ‖ Fermier (granjero).

torreta f. ARQ. y FOT. Tourelle. ‖ MIL. Tourelle (carro de combate, avión).

torreznada f. Friture de lardons.

torreznero, ra adj. y s. FAM. Paresseux, euse ; feignant, e.

torrezno m. Lardon. ‖ *Tortilla de torreznos,* omelette au lard.

tórrido, da adj. Torride : *clima tórrido,* climat torride.

torrija f. Pain (*m.*) perdu.

torrontera f. o **torrontero** m. Boue (*f.*) laissée par une inondation.

torsión f. ● Torsion. ‖ MECÁN. Torsion : *barra de torsión,* barre de torsion.

— SINÓN. ● *Retorcimiento,* tortillement. *Contorsión,* contorsion. *Distorsión,* distorsion.

torso m. Torse.

torta f. Galette. ‖ FIG. Galette (cosa aplastada). ‖ FAM. Claque, gifle, baffe (bofetada) : *pegar una torta,* flanquer une baffe. | Cuite (borrachera). ‖ IMPR. Fonte (paquete de caracteres). | Forme tombée en pâte (plana). ‖ AGRIC. Tourteau, *m.* (tortada). ‖ *Amer.* Sandwich, *m.* ‖ — FIG. *Ni torta,* rien du tout : *no se ve ni torta,* on ne voit rien du tout. | *Pegarse una torta,* v. TORTAZO. | *Son tortas y pan pintado,* c'est simple comme bonjour (no es difícil), c'est de la blague, c'est trois fois rien (no es nada). ‖ FAM. *Tener una torta,* avoir une tête à claques.

tortada f. Tourte. ‖ AGRIC. Tourteau, *m.* : *harina de tortada,* farine de tourteau.

tortazo m. FAM. Gifle, *f.,* baffe, *f.* (bofetada). ‖ — FIG. y FAM. *Pegarse un tortazo,* se casser la figure (caerse), se cogner (chocar). | *Pegarse un tortazo con el coche,* rentrer dans le décor.

tortedad f. État (*m.*) de celui qui est borgne.

tortera f. Tourtière (cazuela).

tortícolis m. o f. MED. Torticolis, *m.* : *tener tortícolis,* avoir le torticolis.

— OBSERV. Ce mot est employé plus souvent au féminin.

tortilla f. Omelette : *tortilla de jamón, de patatas,* omelette au jambon, aux pommes de terre ; *tortilla a la francesa, de viento,* omelette nature, soufflée. ‖ *Amer.* Galette de maïs. ‖ — FIG. *Hacer tortilla,* aplatir comme une galette. | *Hacerse una tortilla,* être réduit en bouillie. | *Se ha vuelto la tortilla,* la chance o le vent a tourné (se ha trocado la fortuna), la situation s'est renversée (suceder las cosas al contrario de lo que se esperaba).

tortillo m. BLAS. Tourteau.

tórtola f. Tourterelle (pájaro).

tortolillo m. Tourtereau (pájaro).

tórtolo m. Tourtereau (pájaro). ‖ — Pl. FIG. Tourtereaux (enamorados).

tortor m. Tour de corde (vuelta). ‖ Tordoir, tortoir (torcedor).

tortosino, na adj. y s. De Tortosa [Catalogne].

tortuga f. Tortue. ‖ MIL. Tortue (testudo). ‖ — FIG. *Andar a paso de tortuga,* marcher comme une tortue. | *A paso de tortuga,* à pas de tortue.

tortuosidad f. Tortuosité.

tortuoso, sa adj. Tortueux, euse.

tortura f. Torture (tormento). ‖ FIG. Torture, tourment, *m.* (angustia).

torturar v. tr. Torturer.

— V. pr. Se torturer (atormentarse).

torva f. Tourbillon (*m.*) de neige (nieve). ‖ Rafale de pluie (lluvia).

torviscal m. Lieu planté de garou.

torvisco m. Garou, sainbois, sain-bois (planta).

torvo, va adj. Torve : *mirada torva,* regard torve.

tory adj. y s. m. Tory (conservador).

torzadillo m. Cordonnet de soie très fin.

torzal m. Cordonnet, tors de soie (hilo de seda). ‖ FIG. Entrelacement (unión de varias cosas). ‖ *Amer.* Lasso de cuir (lazo de cuero).

torzón m. VETER. Tranchée, *f.,* colique, *f.*

torzonado, da adj. VETER. Qui a des coliques.

torzuelo m. ZOOL. Tiercelet (terzuelo).

tos f. Toux. ‖ — *Acceso* ou *ataque de tos,* quinte de toux. ‖ MED. *Tos ferina,* coqueluche.

tosca f. Tuf, *m.* (piedra).

toscamente adv. Grossièrement, lourdement.

Toscana n. pr. f. GEOGR. Toscane.

toscano, na adj. y s. Toscan, e. ‖ — M. Toscan (dialecto).

tosco, ca adj. Grossier, ère ; rustique : *una silla tosca,* une chaise rustique. ‖ FIG. Grossier, ère ; rustre, lourd, e.

tosedor, ra adj. y s. Tousseur, euse.

toser v. intr. Tousser. ‖ FIG. y FAM. *A mí nadie me tose,* personne ne peut rivaliser avec moi, je n'ai peur de personne.

tósigo m. Poison. ‖ FIG. Tourment, angoisse, *f.* (pena).

tosigoso, sa adj. Empoisonné, e (empozoñado). ‖ — Adj. y s. Tousseur, euse (que padece tos).

tosiquear v. intr. Toussoter.

tosiqueo m. Toussotement.

tosquedad f. Grossièreté, rusticité.

tostación f. TECN. Grillage, m.

tostada f. Tranche de pain grillée, toast, *m.* ‖ FIG. y FAM. *Dar* ou *pegar la tostada a uno,* rouler quelqu'un. | *No veo la tostada,* je ne vois pas ce qu'il y a de drôle. | *Olerse la tostada,* en avoir le pressentiment, le voir venir.

tostadero m. Grilloir. ‖ *Tostadero de café,* brûlerie de café.

tostadillo m. *Horno de tostadillo,* fourneau à réverbère.

tostado, da adj. ● FIG. Hâlé, e (la tez). | Foncé, e (el color). ‖ Grillé, e : *pan tostado,* pain grillé. | Torréfié (el café).

— M. Bronzage (de la piel). ‖ Torréfaction, *f.* (del café). ‖ *Amer.* Maïs grillé.

— SINÓN. ● *Bronceado,* bronzé. *Moreno,* brun. *Curtido,* tanné.

tostador, ra adj. Grilleur, euse. ‖ Qui torréfie (el café, etc.).

— M. y f. Personne qui grille o qui torréfie. ‖ — M. Torréfacteur, brûloir (de café), grille-pain, toasteur (de pan), poêle (para castañas).

tostadura f. V. TOSTADO.

tostar* v. tr. Griller, rôtir. ‖ Torréfier, griller (el café). ‖ FIG. Griller, brûler (calentar demasiado). | Hâler, bronzer (la piel). | Rosser (zurrar).

tostón m. Pois chiche grillé (torrado). ‖ Rôtie (*f.*) imprégnée d'huile (tostada). ‖ Cochon de lait rôti (cochinillo). ‖ FIG. Chose (*f.*) trop grillée, charbon (cosa demasiado tostada). ‖ FAM. Casse-pieds, *inv.*, raseur (persona pesada). │ Navet (película). ‖ FIG. y FAM. *Dar el tostón*, raser, barber, casser les pieds. │ *¡Qué tostón!*, quelle barbe! │ *Ser un tostón*, être assommant *o* barbant (discurso, etc.).

Tot n. pr. m. Thot, Thoth (dios egipcio).

total adj. y s. m. Total, e : *fue un triunfo total*, ce fut un triomphe total.

— Adv. Bref : *total, que me marché*, bref, je suis parti. ‖ — *En total*, au total, en tout (en conjunto), en tout et pour tout (solamente). ‖ *Total...*, somme toute : *total que no hemos ganado nada*, somme toute, nous n'avons rien gagné. ‖ *...total, porque, ...tout* ça parce que.

totalidad f. Totalité.

totalitario, ria adj. Totalitaire.

totalitarismo m. Totalitarisme.

totalización f. Totalisation.

totalizador, ra adj. Totalisateur, trice.

— M. Totalisateur (máquina de sumar).

totalizar v. tr. Totaliser (sumar).

totalmente adv. Totalement, en totalité.

totay m. *Amer.* Palmier.

tótem m. Totem.

— OBSERV. Pl. *tótemes o tótems.*

totémico, ca adj. Totémique.

totemismo m. Totémisme.

totilimundi m. Cosmorama (mundonuevo). ‖ FAM. Tout le monde.

totoneca o totonaca adj. y s. Totonaque (indios de México).

totora f. *Amer.* Roseau, m. (planta). │ Barque en roseaux (en el lago Titicaca).

totoral m. Endroit couvert de roseaux.

totovía f. Alouette (cogujada).

totuma f. o **totumo** m. *Amer.* Calebasse, *f.* (fruto y vasija).

tour m. Tour (unidad de ángulo).

toxemia f. MED. Toxémie : *toxemia del embarazo*, toxémie gravidique.

toxicidad f. Toxicité.

tóxico, ca adj. y s. m. Toxique.

toxicología f. Toxicologie.

toxicológico, ca adj. Toxicologique.

toxicólogo m. Toxicologue.

toxicomanía f. Toxicomanie.

toxicómano, na adj. y s. Toxicomane.

toxicosis f. Toxicose.

toxina f. Toxine.

tozolada f. o **tozolón** m. Coup (*m.*) sur la nuque.

tozudez f. Obstination, entêtement, *m.*

tozudo, da adj. y s. Têtu, e ; entêté, e.

tozuelo m. Nuque, *f.* (cerviz).

traba f. Lien, *m.*, assemblage, *m.* (unión). ‖ Entrave (caballos). ‖ FIG. Entrave, obstacle, *m.* (estorbo). ‖ DR. Saisie (embargo). ‖ FIG. *Poner trabas a*, mettre obstacle à, mettre des entraves à, entraver.

trabacuenta f. Erreur de compte (error). ‖ FIG. Dispute (disputa).

trabadero m. Paturon (caballos).

trabado, da adj. Entravé, e (animales). ‖ Travat (sin fem.), balzan d'un côté (caballo).

trabadura f. V. TRABA.

trabajado, da adj. Travaillé, e. ‖ FIG. Fatigué, e (cansado). │ Travaillé, e : *estilo trabajado*, style travaillé.

trabajador, ra adj. y s. Travailleur, euse : *trabajador estacional*, travailleur saisonnier.

— SINÓN. *Obrero, operario*, ouvrier. *Jornalero*, journalier. *Asalariado*, salarié. *Proletario*, prolétaire. *Bracero*, manœuvre.

trabajar v. intr. ● Travailler : *trabajar en una*

obra, travailler à un ouvrage ; *trabajar de oficinista*, travailler comme employé de bureau. ‖ FAM. Jouer (un actor). ‖ Travailler (la madera). ‖ FIG. Travailler à, s'efforcer de : *trabajar en imitar a su maestro*, travailler à imiter son maître. ‖ — FIG. y FAM. *Matarse trabajando*, se tuer au travail. ‖ *Trabajar a destajo*, travailler à la tâche *o* à la pièce *u* aux pièces. ‖ FIG. *Trabajar a marcha forzada*, mettre les bouchées doubles (trabajar mucho y muy de prisa). │ *Trabajar como un condenado* ou *como un negro*, travailler comme un galérien *o* comme un damné *o* comme un nègre. ‖ *Trabajar de*, exercer le métier de, être (oficio) : *trabaja de sastre*, il est tailleur ; jouer le rôle de, faire (actor) : *trabaja de Don Juan*, il fait Don Juan. ‖ *Trabajar de balde*, travailler pour rien *o* pour des prunes (fam.). ‖ *Trabajar de sol a sol*, travailler du matin au soir. ‖ *Trabajar en balde*, travailler pour rien, perdre sa peine. ‖ *Trabajar en el teatro*, faire du théâtre. ‖ *Trabajar mucho*, travailler beaucoup, abattre de la besogne. ‖ FIG. y FAM. *Trabajar para el obispo*, travailler pour le roi de Prusse. ‖ *Trabajar por horas*, travailler à l'heure.

— V. tr. Travailler : *trabajar madera*, travailler le bois. ‖ FIG. Tourmenter (molestar). ‖ Dresser (un caballo).

— V. pr. Étudier, examiner sous *o* sur toutes les coutures, éplucher (fam.) : *me estoy trabajando este asunto*, je suis en train d'étudier cette question. ‖ Travailler, chercher à s'attirer les bonnes grâces de (persona).

— SINÓN. ● *Laborar*, travailler. *Bregar*, trimer. *Atarearse*, s'affairer. *Ocuparse*, s'occuper.

trabajo m. ● Travail : *trabajos manuales, intelectuales*, travaux manuels, intellectuels. ‖ Peine, *f.* (esfuerzo) : *es trabajo perdido* ou *inútil*, c'est peine perdue. ‖ Travail, besogne, *f.* (tarea). ‖ Travail, emploi : *trabajo de jornada entera, de media jornada*, emploi à plein temps, à mi-temps. ‖ Travail (estudio). │ Jeu (de un actor). ‖ Fís. Travail. ‖ — Pl. Peines, *f.*, souffrances, *f.* (miserias). ‖ — *Trabajo clandestino*, travail noir. ‖ FIG. *Trabajo de negros* ou *de chino*, travail de Romain *o* de forçat *o* de cheval. │ *Trabajo de zapa*, travail de sape. ‖ *Trabajo estacional*, travail saisonnier. ‖ *Trabajos de Hércules*, travaux d'Hercule. ‖ *Trabajos forzados* ou *forzosos* travaux forcés. ‖ — *Accidente de trabajo*, accident du travail. ‖ *Con mucho* ou *con gran trabajo*, à grand-peine. ‖ *Día de trabajo*, jour ouvrable. ‖ *Programa de trabajo*, programme du temps. ‖ *Puesto de trabajo*, emploi. ‖ *Sin trabajo*, sans peine (sin dificultad), sans emploi (obrero). ‖ — *Costar trabajo*, v. COSTAR. ‖ *Darle duro al trabajo*, travailler d'arrache-pied, abattre de la besogne. ‖ *Darse* ou *tomarse el trabajo de*, se donner le mal de, prendre la peine de. ‖ *Darse un trabajo loco*, se donner un mal de chien. ‖ *Dar trabajo*, donner du travail. ‖ FIG. *No hay atajo sin trabajo*, on n'a rien sans peine, nul bien sans peine. ‖ *Pasar muchos trabajos*, avoir les pires difficultés. ‖ FIG. *Trabajo te* ou *le mando*, je te *o* vous souhaite bien du plaisir.

— SINÓN. ● *Labor*, labeur. *Obra*, ouvrage. *Negocio*, affaire. *Ocupación*, occupation. *Misión*, mission. *Tarea*, tâche. *Faena*, besogne.

trabajosamente adv. Péniblement.

trabajoso, sa adj. Pénible (que cuesta trabajo). ‖ Difficile (difícil) : *trabajoso de hacer*, difficile à faire. ‖ Laborieux, euse ; pénible (falto de espontaneidad). ‖ FIG. y FAM. *¡Qué trabajoso eres!*, que tu es compliqué!

trabal adj. *Clavo trabal*, cheville à chevrons.

trabalenguas m. inv. Allitération, *f.*

trabamiento m. Assemblage.

trabanco m. Tribart (trangallo).

trabar v. tr. Lier (atar). ‖ Assembler, joindre (juntar). ‖ Entraver, empêtrer (un animal). ‖ Épaissir (espesar un líquido). ‖ Lier (una salsa). ‖ FIG. Lier, nouer, se lier de : *trabar amistad,* nouer amitié. ‖ Engager, entamer (una batalla, una conversación). — V. pr. Se lier. ‖ S'empêtrer, s'emberlificoter (fam.) [las piernas]. ‖ Prendre (mayonesa). ‖ Fourcher (lengua) : *se le ha trabado la lengua,* la langue lui a fourché.

trabazón f. Assemblage, m. (juntura). ‖ Épaisseur, consistance (de un líquido). ‖ FIG. Liaison, enchaînement, m. (conexión). | Consistance (consistencia). ‖ CULIN. Liaison.

trabe f. Poutre (viga).

trábea f. Trabea (toga romana).

trabilla f. Sous-pied, m., patte (del pantalón). ‖ Martingale (de chaqueta, etc.). ‖ Maille perdue (punto que queda suelto).

trabuca f. Pétard, m. (cohete).

trabucación f. Renversement, m. ‖ FIG. Confusion (confusión).

trabucador, ra adj. y s. Brouillon, onne.

trabucaire adj. m. y s. m. FAM. Rebelle, partisan.

trabucante adj. Qui renverse. ‖ *Moneda trabucante,* monnaie trébuchante.

trabucar v. tr. Renverser, mettre sens dessus dessous (trastornar). ‖ FIG. Troubler (trastornar el entendimiento). | Mélanger, confondre (confundir). — V. intr. y pr. FIG. Se tromper, dire une chose pour une autre (al hablar o al escribir). ‖ *Se me ha trabucado la lengua,* la langue m'a fourché.

trabucazo m. Coup de tromblon (de escopeta). ‖ FIG. Surprise, f. (susto). ‖ Coup (golpe).

trabuco m. Trébuchet (catapulta). ‖ Espingole, f. (arma de fuego). ‖ Canonnière, f. (juguete). ‖ *Trabuco naranjero,* tromblon (arma).

traca f. Chapelet (m.) de pétards. ‖ MAR. Virure.

trácala f. *Amer.* Tour, m., ruse (trampa).

tracalada f. *Amer.* Foule (muchedumbre). | Chapelet, m. (sarta).

tracalero, ra adj. y s. *Amer.* Tricheur, euse.

tracamundana f. FAM. Troc, m., échange, m. (trueque). | Vacarme, m., tohu-bohu, m. (jaleo).

tracción f. Traction. ‖ — *Tracción animal* ou *de sangre,* traction animale. ‖ *Tracción delantera,* traction avant (de un coche).

Tracia n. pr. f. GEOGR. Thrace.

tracio, cia adj. y s. Thrace (de Tracia).

tracoma m. MED. Trachome.

tractivo, va adj. Tractif, ive.

tracto m. Laps de temps. ‖ ECLES. Trait (en la misa). ‖ ANAT. Tractus : *tracto genital,* tractus génital.

tractor m. Tracteur : *tractor oruga, tracteur sur* chenilles.

tractorista m. y f. AGRIC. Tractoriste, conducteur, conductrice de tracteur.

tradescantia m. BOT. Tradescantia.

trade-unión f. Trade-union, trade union.

tradición f. Tradition. ‖ DR. Remise (entrega).

tradicional adj. Traditionnel, elle ; de tradition : *es tradicional que,* il est de tradition que.

tradicionalismo m. Traditionalisme.

tradicionalista adj. y s. Traditionaliste.

tradicionario, ria adj. y s. Traditionnaire.

tradicionista m. y f. Auteur (m.) qui recueille des traditions.

traditor m. Traditeur.

traducción f. Traduction. ‖ — *Traducción directa,* version. ‖ *Traducción inversa,* thème.

traducible adj. Traduisible.

traducir* v. tr. Traduire : *traducir del español al* francés, traduire de l'espagnol en français. ‖ — *Traducir directamente* ou *de corrido,* traduire à

livre ouvert. ‖ *Traducir literalmente,* faire le mot à mot, traduire littéralement. — V. pr. Se traduire.

traductor, ra adj. y s. Traducteur, trice : *traductor jurado,* traducteur assermenté.

traedizo, za adj. Apportable (cosa). ‖ Amenable (cosa movediza).

traedor, ra adj. y s. Porteur, euse. ‖ — M. y f. Personne qui amène.

traer* v. tr. Apporter : *traer una carta, noticias,* apporter une lettre, des nouvelles. ‖ Amener : *traer a un prisionero, a un niño de la mano,* amener un prisonnier, un enfant par la main. ‖ Porter : *hoy trae un traje nuevo,* aujourd'hui il porte un costume neuf. ‖ Rapporter : *traer castañuelas de España,* rapporter des castagnettes d'Espagne. ‖ Attirer (atraer). ‖ Causer, amener (acarrear) : *eso le trajo muchos disgustos,* cela lui a causé bien des ennuis. ‖ Faire valoir, alléguer, apporter (argumento, testimonio). ‖ Avoir (consecuencias, resultado). ‖ Avoir : *el mes de abril trae treinta días,* le mois d'avril a trente jours. ‖ — *Traer aguas,* faire une adduction d'eaux. ‖ *Traer a las mientes,* rappeler. ‖ *Traer a mal traer,* malmener. ‖ *Traer aparejado* ou *consigo,* entraîner, avoir pour résultat o pour conséquence (acarrear) : *la guerra trae aparejados numerosos males,* la guerre entraîne de nombreux maux. ‖ *Traer a uno de aquí para allí,* ne pas laisser à quelqu'un un instant de repos (no dejar en paz), assommer, ennuyer (fastidiar). ‖ *Traer buena, mala suerte,* porter bonheur, malheur. ‖ *Traer de cabeza,* rendre fou, faire perdre la tête. ‖ *Traer entre manos,* v. MANO. ‖ FAM. *Traer frito a uno,* enquiquiner o ennuyer quelqu'un, casser les pieds à quelqu'un. ‖ *Traer loco a uno,* rendre quelqu'un fou, faire perdre la tête à quelqu'un. ‖ *Traer puesto,* porter : *trae puesta su chaqueta nueva,* il porte sa veste neuve. ‖ *Traer y llevar,* potiner, cancaner (chismear). ‖ — *Este río trae mucha agua,* ce fleuve roule beaucoup d'eau o est très abondant. ‖ FAM. *Me trae sin cuidado,* je m'en fiche, je m'en moque, c'est le dernier o le cadet de mes soucis. ‖ *¿Qué le trae por aquí?,* quel bon vent vous amène ? — V. pr. Apporter : *tráete el libro que te pedí,* apporte le livre que je t'ai demandé. ‖ *Traerse entre manos,* s'occuper de : *traerse entre manos un negocio,* s'occuper d'une affaire ; fabriquer (fam.), manigancer (fam.) : *¿qué te traes entre manos?,* qu'est-ce que tu fabriques ? ‖ FAM. *Traérselas,* être gratiné o terrible (persona o cosa), ne pas être piqué des vers (ser difícil) : *se las trae,* ça n'est pas piqué des vers.

— OBSERV. *Apporter* se aplica sólo a cosas, mientras *amener* se refiere a seres dotados de un movimiento propio, personas o cosas. El uso de *amener* en el sentido de *apporter* es popular. *Traer* seguido de un adjetivo se traduce por *causer* con el sustantivo que corresponde al adjetivo o por el verbo correspondiente al mismo adjetivo (*traer inquieto,* causer de l'inquiétude, inquiéter).

trafagar v. intr. (P. us.). Trafiquer (traficar).

tráfago m. Trafic (tráfico). ‖ Occupations, f. pl., affaires, f. pl. (negocios).

traficante adj. y s. Trafiquant, e ; trafiqueur, euse (p. us.).

traficar v. intr. Trafiquer, faire le commerce de : *traficar en droga,* faire le commerce de la drogue. ‖ FIG. Trafiquer : *traficar con su crédito,* trafiquer de o avec sa réputation. | Voyager (viajar).

tráfico m. Trafic (negocios) : *tráfico de divisas,* trafic de devises. ‖ Trafic, circulation, f. (tránsito) : *calle de mucho tráfico,* rue à grande circulation. ‖ Traite f. : *tráfico de negros,* traite des Noirs. ‖ — *Accidente de tráfico,* accident de la circulation. ‖ *Guardia de tráfico,* agent de la circulation. ‖ *Policía de tráfico,* police de la route. ‖

Tráfico rodado, circulation routière, trafic automobile.

tragabolas m. inv. Passe-boules.

tragacanto m. Tragacanthe, *f.* (arbusto).

tragaderas f. pl. FAM. Gosier, *m. sing.,* avaloire, *sing.* (p. us.) [esófago]. ‖ FIG. y FAM. *Tener buenas tragaderas,* tout avaler, gober tout, prendre tout pour de l'argent comptant (ser crédulo), avoir la conscience élastique (tener pocos escrúpulos), avoir une bonne descente (beber mucho), avoir un bon coup de fourchette (comer mucho).

tragadero m. FAM. Gosier, avaloire, *f.* (p. us.) [tragaderas]. ‖ Trou (agujero).

tragador, ra adj. y s. Avaleur, euse. ‖ Belle *o* bonne fourchette, gros mangeur, grosse mangeuse (tragón).

tragahombres m. inv. FAM. Matamore, fanfaron.

trágala m. Chanson (*f.*) dirigée contre les absolutistes espagnols de 1820. ‖ FAM. *Cantar a uno el trágala,* forcer la main à quelqu'un, contraindre quelqu'un.

tragaldabas m. y f. inv. FAM. Glouton, onne; goinfre (sin fem.).

tragaleguas m. y f. inv. FAM. Bon marcheur, bonne marcheuse.

tragaluz m. ● Lucarne, *f.,* tabatière, *f.* (en un tejado). ‖ Vasistas (de puerta o ventana). ‖ Soupirail (de sótano). ‖ ARQ. Mezzanine, *f.*
— SINÓN. ● *Claraboya, lumbrera, lucerna,* lucarne. *Ojo de buey,* œil-de-bœuf. *Ventanillo,* vasistas.

tragamillas m. y f. inv. FAM. Mangeur, mangeuse de kilomètres.

tragante adj. Qui avale.
— M. TECN. Gueulard (de un horno).

tragantona f. FAM. Gueuleton, *m.* (comilona). ‖ FIG. Violence qu'on se fait pour admettre quelque chose. ‖ FAM. *Darse una tragantona,* faire un gueuleton, se taper la cloche (comiendo), avoir une indigestion (leyendo, etc.).

tragaperras f. À sous : *máquina tragaperras,* appareil *o* machine à sous.

tragar v. tr. e intr. Avaler : *tragar con dificultad,* avaler difficilement.
— V. tr. y pr. ● Avaler (comer o beber). ‖ FIG. Engloutir (comer vorazmente). ‖ Engloutir (hundirse) : *tragado por el mar,* englouti par la mer. ‖ Avaler (creer) : *se traga cuanto le dicen,* il avale tout ce qu'on lui dit ; *duro de tragar,* dur à avaler. ‖ Encaisser, avaler (soportar) : *tragarse un insulto,* avaler une insulte. ‖ — FIG. y FAM. *No hay quien se lo trague,* ça ne prend pas, ça ne marche pas. ‖ *No poder tragar a uno,* ne pas pouvoir encaisser quelqu'un, ne pas pouvoir voir quelqu'un en peinture. ‖ *Tenerse tragado algo,* pressentir quelque chose. ‖ *Tragar el anzuelo,* tomber dans le panneau, mordre à l'hameçon. ‖ *Tragar la píldora* ou *tragársela,* avaler la pilule. ‖ *Tragar quina,* avaler des couleuvres. ‖ *Tragar saliva,* avaler *o* ravaler sa salive.
— SINÓN. ● *Absorber,* absorber. *Engullir,* engloutir. *Ingerir,* ingérer. *Deglutir,* déglutir. *Ingurgitar,* ingurgiter. *Zampar,* avaler.

tragasables m. inv. Avaleur de sabres.

tragasantos m. inv. FAM. Bondieusard, e; calotin, e (santurrón).

tragazón f. FAM. Gloutonnerie, goinfrerie.

tragedia f. Tragédie. ‖ *Parar* ou *terminar en tragedia,* finir tragiquement.

trágicamente adv. Tragiquement. ‖ Tragiquement, au tragique : *tomar algo trágicamente,* prendre quelque chose au tragique.

trágico, ca adj. Tragique (funesto). ‖ — *Actor trágico, actriz trágica,* tragédien, enne. ‖ *Ponerse trágico,* tourner au tragique (situación), prendre les choses au tragique (persona).
— M. Tragique, poète tragique (autor). ‖ — *Lo*

trágico, le tragique. ‖ *Tomar por la trágico,* prendre au tragique.

tragicomedia f. Tragi-comédie.

tragicómico, ca adj. Tragi-comique.

trago m. Gorgée, *f.,* coup (fam.) : *echar un trago de vino,* boire un coup [de vin]. ‖ Trait : *beber de un trago,* avaler d'un trait. ‖ FAM. Boisson, *f.,* bouteille, *f.* (bebida) : *ser muy aficionado al trago,* être très porté sur la bouteille. ‖ FIG. y FAM. Coup dur (adversidad), mauvais moment, mauvais quart d'heure (mal momento). ‖ — *Beber a tragos,* boire par petites gorgées, siroter (fam.). ‖ FIG. *De un trago,* d'un seul coup. ‖ POP. *Echarse un trago al coleto,* s'en jeter un derrière la cravate. ‖ FIG. y FAM. *Fue un mal trago,* ce fut un sale coup, ce fut dur à avaler. ‖ *Pasar un trago amargo,* passer un mauvais quart d'heure.

trago m. ANAT. Tragus (de la oreja).

tragón, ona adj. y s. FAM. Glouton, onne ; goinfre (sin fem.), goulu, e.

tragonería f. FAM. Gloutonnerie, goinfrerie.

tragontina f. BOT. Gouet *m.* (aro).

tragopán m. Tragopan (faisán de la India).

traición f. Trahison (delito) : *alta traición,* haute trahison. ‖ ● Traîtrise (perfidia). ‖ — *A traición,* traîtreusement, par trahison, en traître. ‖ *Hacer traición a su país,* trahir son pays, commettre une trahison envers son pays.
— SINÓN. ● *Deslealtad,* déloyauté. *Infidelidad,* infidélité. *Felonía,* félonie. *Alevosía,* traîtrise. *Perfidia,* perfidie.

traicionar v. tr. Trahir : *traicionar su país,* trahir son pays; *traicionar el pensamiento de un autor,* trahir la pensée d'un auteur.

traicionero, ra adj. y s. Traître, esse.

traída f. Apport, *m.* (acción de traer). ‖ — *Canal de traída,* canal d'amenée. ‖ *Traída de aguas,* adduction d'eaux.

traído, da adj. Apporté, e ; amené, e. (V. TRAER.) ‖ FIG. Usé, e (vestidos). ‖ Rebattu, e (repetido). ‖ — FIG. *Bien traído,* bien amené (chiste). ‖ *Traído por los pelos,* tiré par les cheveux. ‖ *Traído y llevado,* malmené.

traidor, ra adj. y s. Traître, esse. ‖ Vicieux, euse (caballos).

traidoramente adv. Traîtreusement.

trailer m. CINEM. Film-annonce, bande-annonce, *f.* (avance).

trailla f. Laisse, couple (para atar los perros). ‖ Harde (conjunto de traíllas trabadas). ‖ Mèche (del látigo). ‖ TECN. Ravale (para igualar terrenos). ‖ Scraper, *m.,* décapeuse (de tractor).

traillar v. tr. Aplanir, niveler.

traína f. Traîne, traille (red).

trainera f. Traînière, chalutier, *m.* (barco).

traíña f. Traîne, chalut *m.* (red).

Trajano n. pr. m. Trajan.

trajano, na adj. Trajan, e. ‖ *Columna Trajana,* colonne Trajane.

traje m. Vêtement : *traje de hombre,* vêtement d'homme. ‖ Costume (pantalón, chaqueta y chaleco) : *traje a la medida, de confección,* costume sur mesure, de confection. ‖ Habit (para actos solemnes) : *traje de ceremonia* ou *de gala,* habit de cérémonie. ‖ Robe, *f.* (de mujer) : *traje camisero,* robe chemisier. ‖ — *Traje de baño,* maillot *o* costume de bain. ‖ *Traje de calle,* costume de ville. ‖ *Traje de casa,* déshabillé. ‖ *Traje de cristianar* o *de domingo,* habits du dimanche. ‖ *Traje de diario,* costume de tous les jours, tenue de ville. ‖ *Traje de etiqueta,* tenue de soirée. ‖ *Traje de luces,* habit de lumière (de torero). ‖ *Traje de noche,* robe du soir. ‖ *Traje de vuelo, espacial,* combinaison de vol, spatiale. ‖ *Traje regional,* costume régional. ‖ *Traje sastre,* tailleur, costume tailleur (de mujer). ‖ — *Baile de trajes,* bal costumé. ‖ FIG. y FAM. *Cortar un traje a uno,* casser du sucre sur le dos de quelqu'un. || *En traje de gala*, en grande tenue (hombre), en grande toilette (mujer).

trajear v. tr. Habiller.

trajín m. Transport (tráfico). || Besogne, *f.* : *el trajín cotidiano*, la besogne journalière. || Occupations, *f. pl.* : *el trajín de la casa*, les occupations domestiques. || FAM. Remue-ménage, allées et venues, *f. pl.* (ajetreo). || POP. Turbin, boulot (trabajo). || FAM. Petite amie, *f.*

trajinante adj. Qui transporte (que lleva mercadería de un lugar para otro).
— M. Voiturier, roulier, transporteur.

trajinar v. tr. Transporter.
— V. intr. Aller et venir, s'affairer (ajetrearse). || FAM. Trimer, boulonner (trabajar). || *Amer.* Fouiller (registrar). || FIG. y FAM. *¿Qué está usted trajinando por ahí?*, qu'est-ce que vous fabriquez là ?

trajinería f. Transport, *m.*, voiturage, *m.*, roulage, *m.*

trajinero m. Voiturier, roulier, transporteur.

trajino m. V. TRAJÍN.

tralla f. Corde (cuerda). || Mèche (de látigo).

trallazo m. Coup de fouet *o* de corde.

trama f. Trame (de hilos). || Trame (en fotograbado). || ● FIG. Trame (enredo). || Floraison de l'olivier (florecimiento del olivo). || TECN. Trame.
— SINÓN. ● *Argumento*, argument. *Sujeto, asunto*, sujet. *Hilo*, fil.

tramador, ra m. y f. Trameur, euse (obrero). || F. Trameuse (aparato).

tramar v. tr. Tramer.
— V. intr. Fleurir (olivos).
— V. pr. Se tramer.

tramilla f. Ficelle (bramante).

tramitación f. Cours, *m.*, marche (de un asunto). || Démarches, pl. (trámites).

tramitar v. tr. S'occuper de, faire les démarches nécessaires pour obtenir : *tramitar su pasaporte*, s'occuper de son passeport. || Fournir, procurer (facilitar) : *respuesta tramitada a través del embajador*, réponse fournie par le canal de l'ambassadeur. || Faire suivre son cours à (un asunto). || Étudier (un expediente).

trámite m. Démarche, *f.* (diligencia) : *hay que hacer muchos trámites para conseguir este permiso*, il faut faire beaucoup de démarches pour obtenir cette autorisation. || Formalité, *f.* (requisito) : *cumplir con los trámites necesarios*, remplir les formalités requises. || Passage (paso).

tramo m. Lot (de terreno). || Étage, volée, *f.* (de escalera). || CONSTR. Travée, *f.* || Tronçon (de carretera, ferrocarril, canal).

tramojo m. Hart, *f.* (para atar mieses). || Tribart (trangallo).

tramontana f. Tramontane (norte, viento del norte). || FIG. Orgueil, *m.*, vanité (soberbia). || FIG. y FAM. *Perder la tramontana*, perdre la tramontane.

tramontano, na adj. Ultramontain, e.

tramontar v. intr. Franchir une montagne. || Se coucher derrière une montagne (el sol).

tramoya f. TEATR. Machine (máquina). | Machinerie (conjunto de máquinas). || FIG. y FAM. Machination, intrigue (enredo) | Mise en scène (montaje) : *una fiesta con mucha tramoya*, une fête avec beaucoup de mise en scène.

tramoyista m. TEATR. Machiniste. || FIG. y FAM. Intrigant (que usa de engaños).

trampa f. Trappe, piège, *m.* (caza) : *poner una trampa*, tendre *o* dresser un piège. || Trappe (puerta en el suelo). || Porte *o* abattant (*m.*) dans un comptoir (de mostrador). || Braguette (portañuela). || FIG. ● Piège, *m.* : *era una trampa para saber si me diría la verdad*, c'était un piège pour

savoir s'il me dirait la vérité. | Ruse (treta). | Tricherie, triche (en el juego). | Traquenard, *m.*, piège, *m.*, embûche (celada). | Dette (deuda) : *estar lleno de trampas*, être criblé de dettes. || — *Trampa adelante*, en vivant d'expédients. || RAD. *Trampa de iones*, piège à ions. || — FIG. *Caer en la trampa*, tomber dans le piège, donner dans le panneau. | *Coger en la trampa*, prendre la main dans le sac *o* sur le fait. || *Ganar con trampas*, gagner par tricherie. || *Hacer trampas*, frauder (cometer fraude), tricher : *hacer trampas en el juego*, tricher au jeu. || *Haciendo trampas*, à la triche (juegos). || *Hecha la ley, hecha la trampa*, les lois sont faites pour être violées. || *No hay trampa ni cartón* ou *sin trampa ni cartón*, il n'y a pas de trucage ; rien dans les mains, rien dans les poches.
— SINÓN. ● *Engaño*, tromperie. *Añagaza*, leurre. *Ardid*, ruse. *Estratagema*, stratagème. *Celada*, embûche, piège.

trampantojo m. FAM. Artifice, illusion, *f.*

trampeador, ra adj. y s. FAM. V. TRAMPOSO.

trampear v. intr. Tricher (en el juego). || Vivre d'expédients. || FIG. Vivoter, s'en tirer tout juste : *va trampeando*, il vivote.
— V. tr. FAM. Escroquer.

trampería f. V. TRAMPA.

trampero m. Piégeur (cazador). || Trappeur (en los bosques de Alaska).
— Adj. *Amer.* Tricheur, euse.

trampilla f. Trappe (puerta a nivel del suelo). || Porte (de un horno). || Braguette (portañuela).

trampista m. y f. Filou (sin fem.), escroc (sin fem.).

trampolín m. Tremplin (en la piscina, en la pista de nieve). || FIG. Tremplin (base para obtener algo). || *Salto de trampolín*, plongeon.

tramposo, sa adj. y s. Tricheur, euse (en el juego). || Menteur, euse (embustero). || — M. Filou, escroc (petardista).

tranca f. Trique (garrote). || Barre (para cerrar las puertas). || FAM. Cuite (borrachera). || *A trancas y barrancas*, tant bien que mal (mal que bien), en dépit de tous les obstacles.

trancada f. Enjambée (tranco) : *en dos trancadas*, en deux enjambées.

trancahílo m. Nœud qui sert à arrêter une corde.

trancanil m. MAR. Gouttière, *f.*

trancar v. tr. Barrer, barricader (atrancar).

trancazo m. Coup de trique (golpe dado con la tranca). || FIG. y FAM. Grippe, *f.* (gripe).

trance m. Moment : *un trance desagradable*, un moment désagréable. || Moment critique (dificultad). || Mauvais pas (mal paso) : *sacar a uno de un trance*, tirer quelqu'un d'un mauvais pas. || Transe (del medium). || DR. Saisie, *f.* | — *A todo trance*, à toute force, à tout prix. || *El último* ou *postrer* ou *mortal trance*, les derniers instants. || *En trance de muerte*, à l'article de la mort. || *Estar en trance de*, être en voie de. || *Salió del trance*, il a fait le plus difficile. || *Trance de armas*, fait d'armes.

tranco m. Enjambée, *f.* (paso largo). || Foulée, *f.* (al correr). || Saut (salto). || Seuil (umbral). || — *Amer. A tranco*, au galop (el caballo). || FIG. *A trancos*, à la hâte. | *En dos trancos*, en un instant.

tranchete m. Tranchet.

trangallo m. Tribart.

tranquera f. Palissade, estacade [p. us.] (estacada). || *Amer.* Barrière dans une clôture (puerta en un cercado).

tranquero m. ARQ. Pierre (*f.*) du linteau *o* des jambages d'une porte (piedra).

tranquil m. ARQ. Verticale (*f.*) || ARQ. *Arco por tranquil*, arc rampant.

tranquilidad f. Tranquillité (quietud, sosiego). ‖ Répit, *m.* (descanso) : *un momento de :ranquilidad,* un instant de répit. ‖ — *Con toda tranquilidad,* en toute tranquillité, tout tranquillement : *descansar con toda tranquilidad,* se reposer tout tranquillement ; à loisir, à tête reposée : *estudiar algo con toda tranquilidad,* étudier quelque chose à tête reposée. ‖ *Dormir con toda tranquilidad,* dormir sur ses deux oreilles. ‖ *Para mayor tranquilidad,* par acquit de conscience (en descargo de conciencia).
— SINÓN. *Calma,* calme. *Paz,* paix. *Quietud, sosiego,* quiétude. *Seguridad,* sécurité. *Reposo,* repos. *Serenidad,* sérénité. *Mar. Bonanza,* bonace.

tranquilizador, ra adj. Tranquillisant, e ; apaisant, e ; rassurant, e.

tranquilizante adj. y s. m. MED. Tranquillisant, e.

tranquilizar v. tr. Tranquilliser, apaiser : *tranquilizar los ánimos,* tranquilliser les esprits. ‖ Tranquilliser, rassurer : *esta noticia me ha tranquilizado,* cette nouvelle m'a rassuré.
— V. pr. Se tranquilliser, être rassuré.

tranquilo, la adj. Tranquille. ‖ Calme : *mar tranquila,* mer calme ; *tono tranquilo,* ton calme. ‖ — *Se quedó tan tranquilo,* il fit comme si de rien n'était. ‖ *Tú, tranquilo,* ne t'en fais pas, ne t'inquiète pas : *tú, tranquilo, que todo saldrá bien,* ne t'en fais pas, tout ira bien ; ne bouge pas : *tú, tranquilo, yo me ocuparé de todo,* ne bouge pas, je m'occuperai de tout.
— SINÓN. *Apacible, sosegado,* paisible. *Plácido,* placide. *Quieto,* tranquille. *Sereno,* serein.

tranquilla f. Chevillette (pasador). ‖ FAM. Stratagème, *m.,* ruse.

tranquillo m. FAM. Truc, système, astuce, *f.* : *coger* ou *dar con el tranquillo,* attraper *o* trouver le truc.

trans pref. Trans.
— OBSERV. Très fréquemment *trans* devient *tras* en espagnol : *transcendental* ou *trascendental,* etc.

transacción f. Transaction.
— SINÓN. *Trato,* marché. *Negocio,* affaire.

transaccional adj. Transactionnel, elle.

transafricano, na adj. Transafricain, e.

transahariano, na adj. y s. m. Transsaharien, enne.

transalpino, na adj. Transalpin, e.

transandino, na adj. y s. m. Transandin, e.

transatlántico, ca adj. y s. m. Transatlantique.

transbordador m. Transbordeur, bac. ‖ — *Puente transbordador,* pont transbordeur. ‖ *Transbordador aéreo,* téléphérique. ‖ *Transbordador de ferrocarril,* ferry-boat. ‖ *Transbordador funicular,* funiculaire.

transbordar v. tr. Transborder.
— V. intr. Changer (de un tren a otro).

transbordo m. Transbordement. ‖ Changement (de un tren a otro). ‖ *Hacer transbordo,* changer (de tren, de barco, etc.).

transcaspiano, na adj. y s. m. Transcaspien, enne.

Transcaucasia n. pr. f. GEOGR. Transcaucasie.

transcaucásico, ca adj. y s. m. Transcaucasien, enne.

transcendencia f. Transcendance. ‖ FIG. Importance, portée : *problema de gran transcendencia,* problème d'une grande importance.

transcendental adj. Transcendental, e.

transcendentalismo m. Transcendantalisme.

transcendente adj. Transcendant, e (trascendente). ‖ Extrêmement important, e. ‖ MAT. *Número transcendente,* nombre transcendant.

transcender v. intr. FILOS. Transcender.

transcontinental adj. y s. m. Transcontinental, e.

transcribir v. tr. Transcrire (música, escritura).

transcripción f. Transcription. ‖ MÚS. Transcription. ‖ Translitération, translittération (de un alfabeto a otro).

transcripto, ta o **transcrito, ta** adj. Transcrit, e.

transcriptor m. Transcripteur (aparato).

transcurrir v. intr. S'écouler, passer (el tiempo) : *transcurrieron diez años,* dix ans ont passé.

transcurso m. Cours (del tiempo) : *en el transcurso de los años,* au cours des ans. ‖ Période, *f.,* espace : *hice este trabajo en el transcurso de dos años,* j'ai fait ce travail en l'espace de deux ans. ‖ Courant : *en el transcurso de la semana, del mes,* dans le courant de la semaine, du mois.

transeúnte m. y f. Passant, e (en una calle). ‖ Personne (*f.*) qui est de passage (que reside transitoriamente).

transferencia f. Transfert, *m.* (de una propiedad). ‖ Virement, *m.* (de fondos).

transferible adj. Transférable.

transferidor, ra adj. y s. Qui transfère.

transferir* v. tr. Transférer.

transfigurable adj. Qui peut se transfigurer.

transfiguración f. Transfiguration.

transfigurar v. tr. Transfigurer.
— V. pr. Se transfigurer.

transfijo, ja adj. Transpercé, e.

transfinito, ta adj. Transfini, e.

transfixión f. Transfixion. ‖ Transverbération (en mística).

transformable adj. Transformable.

transformación f. Transformation. ‖ *Transformación de ensayo,* transformation d'un essai (rugby).

transformada f. MAT. Transformée.

transformador, ra adj. Transformateur, trice.
— M. ELECTR. Transformateur.

transformamiento m. Transformation, *f.*

transformar v. tr. ● Transformer.
— V. pr. Se transformer. ‖ Évoluer (cambiar progresivamente) : *sistema que se transforma,* système qui évolue.
— SINÓN. ● *Convertir,* convertir. *Cambiar, variar,* changer. *Alterar,* altérer. *Modificar,* modifier. *Transmutar,* transmuter.

transformismo m. Transformisme.

transformista adj. y s. Transformiste.

tránsfuga m. Transfuge.

transfundir v. tr. Transfuser (líquidos). ‖ FIG. Propager, diffuser (noticias).
— V. pr. FIG. Se propager (propagarse).

transfusión f. Transfusion : *transfusión de sangre,* transfusion sanguine.

transfusor, ra adj. Qui transfuse. ‖ Pour transfusion (aparato).
— M. Transfuseur.

transgredir* v. tr. Transgresser : *transgredir la ley,* transgresser la loi.

transgresión f. Transgression (infracción). ‖ GEOL. *Transgresión marina,* transgression marine.

transgresivo, va adj. Transgressif, ive.

transgresor, ra adj. Qui transgresse.
— M. y f. Contrevenant, e ; transgresseur (sin fem.) [de una ley, etc.].

transiberiano, na adj. y s. m. Transsibérien, enne.

transición f. Transition : *gobierno de transición,* gouvernement de transition.

transido, da adj. Mourant, e : *transido de hambre, de miedo,* mourant de faim, de peur. ‖ Transi, e (de frío). ‖ Accablé, e (dolor moral) : *transido de dolor,* accablé par la douleur.

transigencia f. Transigeance.

transigir v. intr. Transiger : *transigir en,* transiger sur.

Transilvania n. pr. f. GEOGR. Transylvanie.

transilvano, na adj. y s. Transylvain, e ; transylvanien, enne.

transistor m. RAD. Transistor (aparato usado en electrónica) : *radio de transistores*, poste à transistors. | Transistor (aparato de radio).
transistorizado, da adj. Transistorisé, e.
transitable adj. Praticable : *camino transitable*, chemin praticable.
transitar v. intr. Passer (pasar por la vía pública). | *Calle transitada*, rue passante.
transitivo, va adj. y s. m. GRAM. Transitif, ive.
tránsito m. Passage (paso) : *el tránsito de los peatones*, le passage des piétons. | Transit (de mercancías, de viajeros). | Lieu de passage (sitio). | Étape, *f.* (descanso). | Dormition, *f.* (muerte) : *tránsito de la Virgen*, dormition de la Vierge. | Assomption, *f.* (Asunción). | — COM. *Agente de tránsito*, transitaire. | *De mucho tránsito*, très passante, à grande circulation (calle). | *De tránsito*, de passage : *estar de tránsito en una ciudad*, être de passage dans une ville ; en transit (viajeros, mercancías). | *Hacer* ou *llevar en tránsito*, transiter. | *País de tránsito*, pays de transit o transitaire. | *Tránsito rodado*, circulation routière, trafic automobile.
transitoriedad f. Caractère (*m.*) transitoire o provisoire.
transitorio, ria adj. Transitoire. | Provisoire (provisional).
Transjordania n. pr. f. GEOGR. Transjordanie.
translación f. V. TRASLACIÓN.
translaticio, cia adj. Figuré, e ; métaphorique.
translativo, va adj. Translatif, ive.
translimitación f. Empiétement, *m.*
translimitar v. tr. Outrepasser (derechos), franchir (fronteras).
translucidez f. Translucidité.
translúcido, da o **transluciente** adj. Translucide.
translucirse v. pr. V. TRASLUCIRSE.
transmigración f. Transmigration.
transmigrar v. intr. Transmigrer.
transmisibilidad f. Transmissibilité.
transmisible adj. Transmissible.
transmisión f. Transmission. | DR. Transfert, *m.* (de bienes). | — Pl. MIL. Transmissions. | — DR. *Derechos de transmisión de herencia*, droits de mutation. | *Transmisión del pensamiento*, transmission de pensée. | *Transmisión por cadena, por fricción*, transmission par chaîne, par friction.
transmisor, ra adj. Qui transmet (que transmite). | — M. Transmetteur (telegráfico o telefónico).
transmitir v. tr. Transmettre.
— SINÓN. *Pasar*, passer. *Ceder, traspasar*, céder. *Transferir*, transférer. *Legar*, léguer.
transmudar v. tr. Transférer (trasladar). | FIG. Changer, transformer (transformar). | Transmuer (transmutar).
transmutabilidad f. Transmutabilité.
transmutable adj. Transmuable, transmutable.
transmutación f. Transmutation.
transmutar v. tr. Transmuer, transmuter.
transoceánico, ca adj. Transocéanique.
transónico, ca adj. Transsonique (velocidad).
transpacífico, ca adj. Transocéanien, enne [en parlant de l'océan Pacifique].
transpadano, na adj. y s. Transpadan, e (allende el Po).
transparencia f. Transparence. | FOT. Diapositive (en color).
transparentarse v. pr. Transparaître (dejarse ver o adivinar) : *sus intenciones se transparentan*, ses intentions transparaissent. | Être transparent, e (ser transparente) : *este vestido se transparenta*, cette robe est transparente.
transparente adj. Transparent, e.
— M. Transparent (colocado ante una luz). | Rideau (cortina). | « Transparent », composition sculpturale de Narciso Tomé qui se trouve dans la cathédrale de Tolède.

transpiración f. Transpiration.
transpirar v. intr. y pr. Transpirer.
transpirenaico, ca adj. Transpyrénéen, enne.
transplantar v. tr. V. TRASPLANTAR.
transponedor adj. m. MÚS. Transpositeur.
transponer* v. tr. Transposer (mudar de sitio). | Traverser (atravesar). | Disparaître derrière : *el sol transpuso la montaña*, le soleil disparut derrière la montagne.
— V. pr. Disparaître (ocultarse). | Se coucher (el sol). | S'assoupir (dormitar) : *se ha quedado transpuesto*, il s'est assoupi.
transportable adj. Transportable. | MÚS. Transposable.
transportación f. Transport, *m.*
transportador, ra adj. Transporteur, euse. | — Adj. m. MÚS. Transpositeur. | *Cinta transportadora*, transporteur à bande, convoyeur, tapis roulant.
— M. Transporteur. | GEOM. Rapporteur (instrumento). | — *Transportador aéreo*, blondin, aérocâble, transporteur aérien o à câbles. | *Transportador mecánico* ou *de cinta*, convoyeur.
transportamiento m. Transport (transporte).
transportar v. tr. ● Transporter (llevar) : *transportar a lomo*, transporter sur le dos. | MÚS. Transposer. | GEOM. Rapporter.
— V. pr. Être transporté, e : *transportarse de alegría*, être transporté de joie.
— SINÓN. ● *Trasladar, acarrear*, transporter. *Trasplantar*, transplanter. *Llevar*, porter. *Mudar*, déménager.
transporte m. ● Transport. | MÚS. Transposition, *f.* | FIG. Transport (arrebato). | — *Buque de transporte*, transport, bateau de transport. | *Transporte a flote*, flottage (madera). | *Transportes colectivos*, transports en commun.
transportista m. Transporteur.
transposición f. Transposition. | Coucher, *m.* (de un astro). | Disparition (ocultación).
transpositivo, va adj. Que l'on peut transposer.
transterminar v. tr. Changer de juridiction.
transtiberino, na adj. y s. Transtévérin, e.
transubstanciación f. RELIG. Transsubstantiation.
transuránico, ca adj. QUÍM. Transuranien, enne.
transvasar v. tr. Transvaser : *transvasar vino*, transvaser du vin.
transvase m. Transvasement.
transverberación f. Transverbération.
transverberar v. tr. Transverbérer.
transversal adj. Transversal, e : *caminos transversales*, chemins transversaux. | Collatéral, e (pariente).
— F. MAT. Transversale.
transverso, sa adj. Transverse ; *músculo transverso*, muscle transverse.
tranvía m. Tramway, tram (fam.). | *Tranvía de sangre* ou *de mulas*, tramway tiré par des chevaux.
tranviario, ria o **tranviero, ra** adj. Du tramway, des o de tramways : *red tranviaria*, réseau de tramways.
— M. Employé d'un tramway (empleado), traminot, wattman (conductor).
tranzadera f. Tresse (trenzadera).
tranzar v. tr. Trancher (cortar).
trapa f. MAR. Fausse cargue (cabo). | — Pl. MAR. Saisines.
Trapa (La) n. pr. f. La Trappe (orden religiosa).
trapacear v. intr. Frauder (en ventas). | Chicaner (en un pleito). | Jouer des tours.
trapacería f. Fraude (en ventas). | Rouerie, astuce (pillería). | Chicanerie (latipisonda). | Tromperie, supercherie (engaño). | Tour, *m.* (engaño leve).
trapacero, ra o **trapacista** adj. y s. Malhonnête (en ventas). | Rusé, e ; malin, igne (astuto). | Roué, e ; fourbe (tramposo). | Chicaneur, euse ; chicanier, ère (lioso).

trapacete m. Livre de caisse.
trapajo m. Guenille, *f.*, chiffon.
trapajoso, sa adj. Déguenillé, e.
trápala f. Tapage, *m.*, vacarme, *m.* (jaleo). ‖ Trot, *m.*, galop, *m.* (ruido de un caballo). ‖ FAM. Mensonge, *m.*, tromperie (engaño). ‖ — M. FAM. Bavardage (charla). ‖ — M. y f. FAM. Bavard, e (hablador). | Menteur, euse (embustero).
trapalear v. intr. FAM. Jaser, bavarder (parlotear). | Mentir.
trapalón, ona adj. y s. FAM. Bavard, e (hablador). | Menteur, euse (embustero).
trapatiesta f. FAM. Tapage, *m.*, boucan, *m.*, potin, *m.* (jaleo) : *armar una trapatiesta*, faire du boucan. | Bagarre (pelea). | Remue-ménage, *m.*, chambard, *m.* (desorden).
trapaza f. Fraude (en ventas). ‖ Tromperie, mensonge, *m.* (engaño). ‖ Astuce, supercherie (embuste leve).
trape m. Bougran (entretela).
trapecial adj. Du trapèze.
trapecio m. ANAT. y GEOM. Trapèze. ‖ Trapèze (gimnasia).
— Adj. inv. Trapèze : *vestido trapecio, músculo trapecio*, robe trapèze, muscle trapèze.
trapecista m. y f. Trapéziste.
trapense adj. y s. Trappiste (religioso). ‖ *Monja trapense*, trappistine.
trapería f. Chiffons, *m. pl.* (trapos). ‖ Friperie (tienda).
trapero, ra m. y f. Chiffonnier, ère.
— Adj. FAM. *Puñalada trapera*, coup de Jarnac.
trapezoedro m. Trapézoèdre.
trapezoidal adj. Trapézoïdal, e.
trapezoide m. Trapézoïde.
trapiche m. Moulin [à sucre, à huile, etc.]. ‖ *Amer.* Sucrerie, *f.*, raffinerie, *f.* (ingenio de azúcar). | Machine (*f.*) à pulvériser les minerais (molino para pulverizar minerales).
trapichear v. intr. FAM. Chercher des trucs, se démener (ingeniarse). | Trafiquer, fricoter, se livrer à de petits trafics (comerciar).
trapicheo m. FAM. Trafic, cuisine, *f.*, manigance, *f.*, intrigue, *f.* : *trapicheos electorales*, cuisine électorale. ‖ *Andar con trapicheos*, trafiquer, fricoter.
trapichero m. Ouvrier d'un moulin à sucre *o* à huile.
trapillo m. Petit chiffon (trapo). ‖ FIG. y FAM. Coureur de jupons (galán). | Bas de laine (caudal pequeño). ‖ — *De trapillo*, en négligé, en déshabillé (en traje de casa). ‖ *Irse a una fiesta vestida de trapillo*, mettre une robe de quatre sous pour aller à une fête.
trapío m. FIG. y FAM. Chien (fam.), charme (garbo). ‖ TAUROM. Feu, fougue, *f.* (ardor). | Belle présentation, *f.* (buen aspecto).
trapisonda f. FIG. y FAM. Chahut, *m.*, tapage, *m.* (jaleo) : *armar trapisonda*, faire du tapage. | Chicanerie, intrigue (lío).
trapisondear v. intr. FAM. Chahuter, faire du tapage (armar jaleo). | Trafiquer (enredar).
trapisondista m. y f. Tapageur, euse ; faiseur, faiseuse d'esclandre (alborotador). ‖ Intrigant, e. ‖ Chicaneur, euse ; chicanier, ère (lioso).
trapito m. Petit chiffon. ‖ — FAM. *Es elegante con cuatro trapitos*, un rien l'habille. | *Los trapitos de cristianar*, les habits du dimanche, les beaux habits.
trapo m. Chiffon (pedazo de tela). ‖ Torchon (de cocina) : *secar los platos con un trapo*, essuyer les assiettes avec un torchon. ‖ MAR. Toile, *f.* (velamen). ‖ FAM. Muleta, *f.* (del torero). ‖ — Pl. FAM. Chiffons, nippes, *f.* ‖ — *A todo trapo*, toute voile dehors (a toda vela). ‖ FIG. *Hablar de trapos*, parler chiffons. | *Los trapos sucios se lavan en casa*, il faut laver son linge sale en famille. | *Poner*

uno como un trapo, traîner quelqu'un dans la boue, traiter quelqu'un de tous les noms. | *Soltar el trapo*, éclater en sanglots (echarse a llorar), éclater de rire (echarse a reir). | *Tener manos de trapo*, avoir les mains en beurre.
traque m. Bruit d'un pétard, détonation, *f.* (del cohete). ‖ Mèche, *f.* (guía de pólvora).
tráquea f. ANAT., BOT. y ZOOL. Trachée.
traqueal adj. Trachéal, e (relativo a la tráquea). ‖ Trachéen, enne (que respira por tráqueas).
traquear v. intr. y tr. V. TRAQUETEAR.
traquearteria f. ANAT. Trachée-artère.
traqueítis f. MED. Trachéite.
traqueo m. Pétarade, *f.* (ruido de cohetes). ‖ Cahot, cahotement (sacudida).
traqueotomía f. MED. Trachéotomie.
traquetear v. intr. Éclater (un cohete). ‖ Cahoter (dar tumbos) : *vehículo que traquetea*, véhicule cahotant.
— V. tr. Secouer, agiter : *traquetear una botella*, secouer une bouteille. ‖ Cahoter, secouer (un vehículo). ‖ FIG. y FAM. Tripoter (manosear).
traqueteo m. Pétarade, *f.* (ruido de cohetes). ‖ Cahot, cahotement, secousse, *f.* (sacudida).
traquido m. Détonation, *f.* ‖ Craquement, éclatement (chasquido). ‖ — Pl. Pétarade, *f. sing.*
traquita f. Trachyte (roca).
tras pref. Trans.
— OBSERV. V. TRANS.

tras prep. Derrière (detrás) : *tras la puerta*, derrière la porte ; *caminaban uno tras otro*, ils marchaient l'un derrière l'autre. ‖ Après, à la poursuite de (en pos de) : *corrieron tras el ladrón*, ils coururent après le voleur. ‖ De l'autre côté de, derrière (más allá) : *tras los Pirineos*, de l'autre côté des Pyrénées. ‖ Après (después) : *tras dos meses de ausencia*, après deux mois d'absence ; *uno tras otro*, l'un après l'autre. ‖ Non seulement, outre que (además) : *tras ser inteligente, es guapo*, non seulement il est intelligent, mais il est beau. ‖ *Escribir carta tras carta*, écrire lettre sur lettre.
trasalcoba f. Pièce située derrière la chambre à coucher.
trasalpino, na adj. Transalpin, e.
trasandino, na adj. Transandin, e.
trasanteanoche adv. Dans la nuit qui a précédé l'avant-veille, il y a trois nuits.
trasanteayer o **trasantier** adv. Il y a trois jours.
trasañejo, ja adj. Qui a plus de trois ans (vino).
trasatlántico, ca adj. y s. m. Transatlantique.
trasbocar v. intr. *Amer.* Vomir.
trasbordar v. tr. V. TRANSBORDAR.
trasbordo m. V. TRANSBORDO.
trasbotica f. Arrière-boutique (trastienda).
trascantón m. Borne, *f.*, bouteroue, *f.* (guardacantón). ‖ Commissionnaire, portefaix (esportillero).
trascendencia f. Transcendance. ‖ Importance, portée : *asunto de gran trascendencia*, affaire de grande importance.
trascendental adj. Important, e ; grave (importante). ‖ Transcendant, e (superior). ‖ FILOS. Transcendantal, e ; transcendant, e : *principios trascendentales*, principes transcendantaux.
trascendente adj. Transcendant, e (superior). ‖ Extrêmement important, e. ‖ FILOS. Transcendantal, e. ‖ MAT. *Número trascendente*, nombre transcendant.
trascender* v. intr. Embaumer (oler bien) : *la huerta trasciende a jazmín*, le jardin embaume le jasmin. ‖ Transpirer, commencer à être connu (divulgarse) : *ha trascendido su secreto*, son secret a transpiré ; *su proyecto ha trascendido al público*, son projet commence à être connu du public. ‖ S'étendre à, toucher, affecter : *la huelga ha trascendido a todas las ramas de la industria*, la grève

a affecté toutes les branches de l'industrie. ‖
FILOS. Être transcendant, e. ‖ — *Ha trascendido
que,* on a appris que. ‖ *Según ha trascendido,*
d'après ce qu'on a cru comprendre.
— V. tr. FILOS. Transcender.

trascendido, da adj. Pénétrant, e (perspicaz).

trascocina f. Pièce derrière la cuisine, office, *m.,*
arrière-cuisine.

trascolar* v. tr. Filtrer, passer (un líquido). ‖ FIG.
Franchir, traverser (un monte).

trasconejarse v. pr. Se cacher, laisser passer le
chien [en parlant du gibier]. ‖ FIG. y FAM. S'égarer (perderse) : *se me ha trasconejado tu carta,*
j'ai égaré ta lettre.

trascordarse* v. pr. Oublier.

trascoro m. Chœur, espace situé derrière le «coro»
(*arrière-chœur* en francés designa un coro colocado en el trasaltar).
— OBSERV. Par suite de la disposition particulière du
« coro » dans les églises d'Espagne, le *trascoro* correspond généralement au *chœur* français, c'est-à-dire à
l'espace où se trouve l'autel.

trascorral m. Arrière-cour, *f.*

trascorvo, va adj. Qui a les genoux effacés *o* creux
(el caballo).

trascribir v. intr. V. TRANSCRIBIR.

trascripción f. V. TRANSCRIPCIÓN.

trasdós m. ARQ. Extrados (bóveda). ‖ Pilastre
(pilastra).

trasdosear v. tr. ARQ. Renforcer (reforzar).

trasegador m. Transvaseur.

trasegadura f. Transvasement, *m.* (trasiego).

trasegar* v. tr. Déranger, mettre en désordre
(trastornar). ‖ Transvaser (cambiar de recipiente).
‖ Décuver (vino), soutirer (para eliminar las
heces). ‖ Dépoter (petróleo).

trasera f. Derrière, *m.* (de casa, mueble). ‖ Arrière,
m. (de vehículo).

trasero, ra adj. Postérieur, e; situé derrière *o* à
l'arrière. ‖ — *Parte trasera,* partie postérieure,
arrière (de vehículo), derrière (de casa *o* mueble) :
en la parte trasera, à l'arrière, derrière. ‖ *Puente
trasero,* pont arrière (de coche). ‖ *Rueda trasera,*
roue arrière.
— M. ● Derrière, postérieur (de animal o persona). ‖ — Pl. FAM. Parents, aïeux (antepasados).
— SINÓN. ● *Asentaderas,* séant. Pop. *Culo,* cul. *Posaderas,* fessier. *Posterior,* postérieur. *Nalgas,* fesses.

trasferencia f. V. TRANSFERENCIA.

trasferible adj. Transférable.

trasferir* v. tr. Transférer.

trasfigurable adj. Qui peut se transfigurer.

trasfiguración f. Transfiguration.

trasfigurar v. tr. Transfigurer.

trasfixión f. V. TRANSFIXIÓN.

trasfollo m. VETER. Vessigon (alifafe).

trasfondo m. Fond.

trasformar v. tr. V. TRANSFORMAR.

trasfundir v. tr. V. TRANSFUNDIR.

trasfusión f. V. TRANSFUSIÓN.

trasgo m. Lutin (duende).

trasgredir v. tr. Transgresser.

trasgresión f. V. TRANSGRESIÓN.

trasgresor, ra adj. y s. V. TRANSGRESOR.

trasguear v. intr. Faire le lutin.

trasguero, ra m. y f. Lutin, e.

trashoguero, ra adj. y s. Fainéant, e (perezoso).
‖ — M. Contrecœur (de chimenea). ‖ Grosse
bûche, *f.* (leño).

trashojar v. tr. Feuilleter (hojear).

trashumación o **trashumancia** f. Transhumance.

trashumante adj. Transhumant, e.

trashumar v. intr. Transhumer.

Trasíbulo n. pr. m. Thrasybule.

trasiego m. Transvasement (de líquidos). ‖ Décuvage, décuvaison, *f.* (del vino), soutirage (para eliminar las heces). ‖ Dépotage (petróleo).

Trasimeno n. pr. GEOGR. Trasimène.

traslación f. Transfert, *m.* : *traslación de un
preso,* transfert d'un prisonnier. ‖ Déplacement,
m. (movimiento de uno o una cosa). ‖ Traduction
(traducción). ‖ Métaphore (metáfora). ‖ GRAM.
Énallage. ‖ MAT. Translation. ‖ *Movimiento de
traslación,* mouvement de translation.

trasladable adj. Transportable. ‖ Transférable
(transferible).

trasladador, ra adj. y s. Transporteur, euse.

trasladar v. tr. ● Déplacer (mudar de sitio). ‖
Transporter (llevar). ‖ Transférer : *trasladar a un
preso,* transférer un prisonnier. ‖ Déplacer, muter
(en un empleo). ‖ Différer, reporter (aplazar). ‖
GEOM. Rapporter. ‖ FIG. Porter, transposer : *trasladar a la escena un hecho histórico,* porter à la
scène un fait historique. ‖ Traduire (traducir) :
trasladar al francés, traduire en français. ‖ Copier
(copiar).
— V. pr. Se déplacer. ‖ Se rendre, aller : *el ministro se trasladó a Madrid,* le ministre s'est rendu
à Madrid. ‖ Être transporté *o* transféré : *esta
organización va a trasladarse a otro país,* cette
organisation va être transférée dans un autre pays.
‖ Partir définitivement (ir a un país).

traslado m. ● Copie, *f.* (copia). ‖ Déplacement,
mutation, *f.* (de un funcionario). ‖ Transfert, translation, *f.* (de los restos mortales). ‖Transport : *el
traslado de un enfermo al hospital,* le transport
d'un malade à l'hôpital. ‖ DR. Communication, *f.*
— SINÓN. ● *Copia, trasunto,* copie. *Imitación,* imitation. *Transporte,* transport.

traslapar v. tr. Chevaucher (tejas, etc.). ‖ Recouvrir.

traslapo m. Chevauchement.

traslaticiamente adv. Au figuré.

traslaticio, cia adj. Figuré, e; métaphorique.

traslativo, va adj. Translatif, ive.

traslúcido, da o **trasluciente** adj. Translucide.

traslucirse* v. pr. Être translucide : *la porcelana
se trasluce,* la porcelaine est translucide. ‖ Apparaître *o* se voir par transparence (dejarse ver). ‖
FIG. Se manifester, apparaître, se deviner, transparaître (inferirse). ‖ Transpirer (un secreto).

traslumbramiento m. Éblouissement.

traslumbrar v. tr. Éblouir (deslumbrar).

trasluz m. Lumière (*f.*) tamisée. ‖ Jour frisant (luz
oblicua). ‖ Reflet (luz reflejada). ‖ — *Al trasluz,*
par *o* en transparence. ‖ *Mirar al trasluz los huevos,* mirer les œufs.

trasmallo m. Tramail, trémail (red).

trasmano m. Second (en ciertos juegos). ‖ —
A trasmano, hors de portée. ‖ *Esto me coge a
trasmano,* ce n'est pas sur mon chemin (fuera de
camino).

trasmañana adv. Après-demain.

trasmigración f. Transmigration.

trasmigrar v. intr. Transmigrer.

trasminar v. tr. Percer, ouvrir (una galería). ‖ Traverser, pénétrer (pasar a través).

trasmisible adj. Transmissible.

trasmisión f. Transmission.

trasmitir v. tr. Transmettre.

trasmontar v. intr. V. TRAMONTAR.

trasmudar v. tr. TRANSMUDAR.

trasmutable adj. Transmutable, transmutable.

trasmutación f. Transmutation.

trasmutar v. tr. V. TRANSMUTAR.

trasnochada f. La nuit dernière, nuit précédente
(noche anterior). ‖ Veille, veillée, nuit blanche
(vela). ‖ MIL. Attaque nocturne.

trasnochado, da adj. De la veille : *ensalada trasnochada,* salade de la veille. ‖ FIG. Pâle (macilento). ‖ Vieux, vieille, usé, e; éculé, e (sin novedad) : *chiste trasnochado,* plaisanterie usée.

trasnochador, ra adj. y s. Qui se couche tard, qui
passe la nuit sans dormir, noctambule.

trasnochar v. intr. Passer une nuit blanche (pasar la noche sin dormir). ‖ Découcher, passer la nuit dehors (pernoctar). ‖ Se coucher tard : *le gusta trasnochar,* il aime se coucher tard.

trasnombrar v. tr. Changer les noms.

trasnominación f. Métonymie (en retórica).

trasojado, da adj. Hâve (macilento), qui a le visage tiré *o* défait, qui a les yeux battus (ojeroso).

trasoñar* v. tr. Rêver tout éveillé *o* les yeux ouverts.

trasovado, da adj. Bot. *Hoja trasovada,* feuille cordiforme.

traspadano, na adj. y s. V. TRANSPADANO.

traspalar o **traspalear** v. tr. Remuer à la pelle, pelleter : *traspalar arena,* pelleter du sable. ‖ Fig. Remuer, changer de place (mover).

traspaleo m. Pelletage.

traspapelado, da adj. Égaré, e [entre des papiers].

traspapelar v. tr. Égarer [un papier].
— V. pr. S'égarer [un papier].

trasparencia f. V. TRANSPARENCIA.

trasparentarse v. pr. V. TRANSPARENTARSE.

trasparente adj. V. TRANSPARENTE.

traspasable adj. Transportable (que se puede llevar). ‖ Franchissable (que se puede atravesar). ‖ Cessible (negocio). ‖ Qu'on peut enfreindre (ley).

traspasación f. Mutation, cession, transfert, *m.*

traspasador, ra adj. y s. Transgresseur (sin fem.), contrevenant, e (à).

traspasamiento m. V. TRASPASO.

traspasar v. tr. Traverser : *traspasar el arroyo,* traverser le ruisseau. ‖ Transpercer : *traspasar el brazo con una lanza,* transpercer le bras avec une lance. ‖ Transmettre, céder (un derecho). ‖ Céder, transférer (un comercio) : *traspasar su negocio,* céder son fonds de commerce. ‖ Enfreindre, transgresser (una ley, un reglamento). ‖ Transférer (un jugador profesional a otro equipo). ‖ Fig. Transpercer (doler con violencia). | Traverser : *la lluvia traspasa su abrigo,* la pluie traverse son manteau. ‖ — *Se traspasa tienda,* bail à céder. ‖ Fig. *Traspasar el corazón,* fendre le cœur.

traspaso m. Cession, *f.,* transfert (de un local comercial). ‖ Reprise, *f.* (precio de la cesión). ‖ Com. Pas-de-porte. ‖ Transfert (de un jugador profesional a otro equipo). ‖ Transgression, *f.,* infraction, *f.* : *traspaso de una ley,* transgression d'une loi. ‖ Fig. Tourment (angustia). | Transport de douleur (arrebato de dolor).

traspatio m. Arrière-cour, *f.*

traspié m. Faux pas (tropezón) : *dar un traspié,* faire un faux pas. ‖ Croc-en-jambe (zancadilla).

traspiración f. Transpiration.

traspirar v. intr. Transpirer.

traspirenaico, ca adj. Transpyrénéen, enne.

trasplantable adj. Transplantable.

trasplantación f. Transplantation, transplantement, *m.*

trasplantar v. tr. Transplanter (mudar una planta). ‖ Med. Greffer.
— V. pr. Fig. Se transplanter (cambiar de país).

trasplante m. Transplantation, *f.,* transplantement. ‖ Med. Greffe, *f.* : *trasplante del corazón,* greffe du cœur.

trasponer V. TRANSPONER.

traspontín m. Strapontin. ‖ Fam. Derrière (trasero).

trasportín m. Strapontin.

trasposición f. V. TRANSPOSICIÓN.

traspuesta f. Transposition (transposición). ‖ Pli (*m.*) de terrain, éminence (del terreno). ‖ Fuite, retraite (fuga). ‖ Communs, *m. pl.* (dependencias detrás de la casa).

traspunte m. Teatr. Régisseur.

traspuntín m. Strapontin (asiento).

trasquila f. Tonte.

trasquilado, da adj. Tondu, e. ‖ — Fig. *Fue por lana y volvió trasquilado,* tel est pris qui croyait prendre. ‖ Fig. y fam. *Salir trasquilado,* se faire échauder, y laisser des plumes.
— M. Fam. Tonsure, *f.* (sacerdote).

trasquilador m. Tondeur.

trasquiladura f. Tonte.

trasquilar v. tr. Tondre (esquilar). ‖ Mal couper [les cheveux]. ‖ Fig. y fam. Écorner, rogner (mermar).

trasquilimocho, cha adj. Tondu, e.

trasquilón m. Fam. Tonte, *f.* (trasquiladura). ‖ Fig. y fam. Saignée, *f.,* ponction, *f.* : *dar un trasquilón a su fortuna,* faire une saignée à sa fortune. ‖ — *A trasquilones,* à grands coups de ciseaux (pelo), n'importe comment, à la diable (sin orden ni concierto). ‖ *Hacer trasquilones en el pelo,* faire des escaliers dans les cheveux.

trastabillar v. intr. V. TITUBEAR.

trastabillón m. Amer. Faux pas (tropezón).

trastada f. Fam. Mauvais coup, *m.* (mala acción). | Mauvais tour, *m.,* vilain tour, *m.* (jugarreta) : *hacer una trastada,* jouer un mauvais tour. | Bêtise (travesura).

trastajo m. Fam. Saleté, *f.,* bricole, *f.,* vieux machin.

trastazo m. Fam. Coup (porrazo). ‖ — Fam. *Darse ou pegarse un trastazo,* se cogner (chocar), se casser la figure (caerse). | *Pegarse un trastazo con un coche,* rentrer dans le décor.

traste m. Touchette, *f.,* touche, *f.* (de guitarra, mandolina). ‖ Tâte-vin, *inv.* (vaso). ‖ Fam. *Amer.* Derrière (trasero). ‖ Fam. *Dar al traste con,* faire échouer, détruire, flanquer par terre, ficher en l'air (proyectos, planes), ficher en l'air (tirar, estropear).

trasteado m. Ensemble des touchettes [d'une guitare, d'une mandoline].

trasteador, ra adj. Tapageur, euse ; turbulent, e.

trastear v. tr. Remuer, mettre sens dessus dessous, chambarder (fam.) [revolver]. ‖ Pincer (pisar las cuerdas). ‖ Taurom. Travailler [le taureau], faire des passes. ‖ Fig. y fam. Mener par le bout du nez, manœuvrer (a uno).
— V. intr. Fouiller (hurgar).

trastejador m. Couvreur.

trastejadura f. V. TRASTEJO.

trastejar v. tr. Recouvrir, réparer [un toit] (retejar).

trastejo m. Recouvrement *o* réparation (*f.*) d'un toit.

trasteo m. Taurom. Passes, *f. pl.* ‖ Fig. Manœuvre (*f.*) habile.

trastería f. Fouillis, *m.,* bric-à-brac, *m. inv.,* tas (*m.*) de vieux objets *o* d'objets inutiles.

trastero, ra adj. De débarras (cuarto).
— M. y f. Débarras, *m.,* cabinet (*m.*) de débarras.

trastienda f. Arrière-boutique (cuarto). ‖ Fam. Savoir-faire, *m* · *tener mucha trastienda,* avoir beaucoup de savoir-faire.

trasto m. Vieux meuble (mueble). ‖ Fam. Vieillerie, *f.,* saleté, *f.,* cochonnerie, *f.* (cosa inútil). | Propre à rien (persona inútil). | Machin, truc (chisme). ‖ Teatr. Décor (decoración). ‖ — Pl. Armes, *f.* (armas). | Engins, attirail, *sing.* : *trastos de pescar,* les engins de pêche. ‖ Accessoires du torero (de torear). ‖ Fam. Affaires, *f.* (chismes). ‖ — Fig. y fam. *Con todos sus trastos,* avec armes et bagages. | *Devolver los trastos,* rendre son tablier. | *Llevarse los trastos,* emporter son bazar. | *Tirarse los trastos a la cabeza,* s'envoyer la vaisselle à la tête. | *Trasto viejo,* vieux machin.

trastocar* v. tr. Déranger, mettre sens dessus dessous, bouleverser (trastornar). ‖ Renverser (cambiar completamente).

trastornador, ra adj. Turbulent, e (bullicioso). ‖ Troublant, e (emocionante).
— M. y f. Agitateur, trice.

trastornadura f. o **trastornamiento** m. V. TRASTORNO.

trastornar v. tr. ● Déranger, mettre sens dessus dessous (revolver). ‖ Déranger, troubler, renverser (perturbar) : *esto ha trastornado mis proyectos,* cela a dérangé mes projets. ‖ FIG. Troubler, brouiller : *trastornar la razón,* troubler la raison. ‖ Détraquer : *la guerra ha trastornado a mucha gente,* la guerre a détraqué bien des gens. ‖ Bouleverser, retourner (fam.) : *este espectáculo me ha trastornado,* ce spectacle m'a bouleversé. ‖ Faire tourner o perdre la tête : *esta mujer trastorna a todos los hombres,* cette femme fait tourner la tête à tous les hommes. ‖ Faire changer d'avis à (hacer cambiar de opinión). ‖ *Estar trastornado de salud,* être dérangé o mal en point.
— V. pr. Se troubler (turbarse). ‖ Être bouleversé (estar conmovido). ‖ FIG. Perdre la raison (volverse loco).
— SINÓN. ● *Perturbar,* perturber. *Descomponer,* détraquer. *Desarreglar, trastocar, desordenar,* déranger. *Revolver,* mettre sens dessus dessous. *Desorganizar,* désorganiser. *Embrollar,* embrouiller.

trastorno m. ● Dérangement (desorden). ‖ Bouleversement (turbación). ‖ Renversement, bouleversement (cambio profundo). ‖ Trouble, dérangement (disturbio) : *trastornos políticos,* troubles politiques. ‖ Dérangement (molestia). ‖ MED. Dérangement : *trastorno cerebral,* dérangement cérébral. ‖ Trouble : *padecer trastornos digestivos, mentales,* avoir des troubles digestifs, mentaux.
— SINÓN. ● *Desarreglo,* dérèglement. *Desorganización,* désorganisation. *Desorden,* désordre. *Perturbación,* perturbation. *Confusión,* confusion.

trastrabado, da adj. Balzan, e (caballo).

trastrabillar v. intr. Amer. Trébucher, vaciller (titubear).

trastrás m. FAM. Pan pan (onomatopeya).

trastrocamiento m. Transformation, f.

trastrocar* v. tr. Transformer. ‖ Échanger (hacer un intercambio).

trastrueco o **trastrueque** m. Transformation, f.

trastulo m. Passe-temps, *inv.* (pasatiempo).

trasudación f. Transsudation.

trasudar v. tr. e intr. Transsuder.

trasudor m. Sueur (f.) légère (sudor). ‖ Transsudation, f.

trasuntar v. tr. Copier (copiar). ‖ Résumer (compendiar). ‖ FIG. Respirer : *rostro que trasunta serenidad,* visage qui respire la sérénité.

trasunto m. Copie, f. (copia).

trasvasar v. tr. V. TRANSVASAR.

trasvase m. Transvasement (trasiego).

trasvenarse v. pr. S'extravaser (extravenarse). ‖ FIG. Se répandre (derramarse).

trasver v. tr. Distinguer, apercevoir (ver a través o ver mal). ‖ Voir de travers (equivocarse).

trasverberación f. Transverbération.

trasversal adj. V. TRANSVERSAL.

trasverter* v. intr. Déborder (rebosar).

trasvinarse v. pr. Suinter (rezumarse el vino). ‖ FIG. y FAM. Se deviner, transpirer (traslucirse).

trasvolar* v. tr. Traverser [en volant], passer au-dessus de.

trata f. Traite : *trata de negros, de blancas,* traite des Noirs, des blanches.

tratable adj. Traitable. ‖ Agréable (de trato agradable).

tratadista m. Auteur de traités.

tratado m. ● Traité : *tratado de matemáticas,* traité de mathématiques. ‖ Traité (convenio) : *celebrar un tratado de comercio,* conclure un traité de commerce.

— SINÓN. ● *Ensayo,* essai. *Estudio,* étude. *Disertación,* dissertation. *Escrito,* écrit.

tratador, ra adj. Qui traite [une affaire].

tratamiento m. Traitement : *malos tratamientos,* mauvais traitements. ‖ Titre (título) : *tratamiento de señoría,* titre de seigneurie. ‖ ● MED. Traitement : *tratamiento hidroterápico,* traitement hydrothérapique. ‖ TECN. Traitement : *el tratamiento de materias primas,* le traitement des matières premières. ‖ — FIG. *Apear el tratamiento,* laisser les titres de côté (títulos), se tutoyer : *¡bueno, apeemos el tratamiento!,* bon, on se tutoie! ‖ *Dar tratamiento a uno,* s'adresser à quelqu'un en lui donnant son titre. ‖ *Tratamiento de tú, de usted,* tutoiement, vouvoiement.
— SINÓN. ● *Medicación,* médication. *Terapéutica,* thérapeutique.

tratante m. Marchand : *tratante en ganado,* marchand de bestiaux. ‖ *Tratante de caballos,* maquignon.

tratar v. tr. e intr. Traiter : *tratar un asunto,* traiter un sujet ; *nos trató opíparamente,* il nous a traité splendidement ; *tratar un metal,* traiter un métal. ‖ — MED. Soigner, traiter (una enfermedad). ‖ Fréquenter : *no trato a ou con esta gente,* je ne fréquente pas ces gens-là. ‖ — FIG. *Tratar a la baqueta,* mener à la baguette. ‖ *Tratar de,* traiter de : *tratar a uno de ladrón,* traiter quelqu'un de voleur ; essayer de, tenter de, chercher à (con infinitivo) : *tratar de salir de un apuro,* essayer de sortir d'un mauvais pas. ‖ — *¿De qué trata su crítica?,* sur quoi porte votre critique ? ‖ *Ser tratado a cuerpo de rey,* être comme un coq en pâte. ‖ *Tratar de tú, de usted,* tutoyer, vouvoyer. ‖ *Tratar de ou sobre una cuestión,* traiter d'une question. ‖ *Tratar en,* négocier en, faire le commerce de : *tratar en ganado,* faire le commerce du bétail. ‖ *Tratar por encima del hombro,* traiter par-dessous la jambe o de façon cavalière.
— V. pr. Se soigner (cuidarse). ‖ S'agir, être question : *¿de qué se trata?,* de quoi s'agit-il ? ‖ Se fréquenter : *estas dos personas ya no se tratan,* ces deux personnes ne se fréquentent plus. ‖ — *De que se trata,* en question, dont il s'agit : *el asunto de que se trata,* l'affaire en question. ‖ *Tratarse bien,* bien se soigner, soigner sa petite personne (fam.). ‖ *Tratarse con alguien,* fréquenter quelqu'un.

trato m. Traitement : *un trato inhumano,* un traitement inhumain ; *malos tratos,* mauvais traitements. ‖ Commerce, fréquentation, f. : *ser de agradable trato,* être d'un commerce agréable. ‖ Relations, f. pl. : *tengo trato con ellos,* je suis en relations avec eux. ‖ Façons, f. pl., manières, f. pl. (modales) : *un trato poco cortés,* des manières peu courtoises. ‖ Marché (acuerdo) : *cerrar un trato,* conclure un marché ; *trato hecho,* marché conclu ; *deshacer un trato,* rompre un marché. ‖ — Pl. Pourparlers (negociaciones) : *estar en tratos con,* être en pourparlers avec. ‖ — *Casa de trato,* maison de tolérance o close. ‖ *Trato carnal,* rapports sexuels. ‖ *Trato de cuerda,* estrapade (tormento). ‖ *Trato de gentes* ou *social,* savoir-vivre, entregent. ‖ *Trato de nación más favorecida,* clause de la nation la plus favorisée. ‖ *Trato preferente,* traitement préférentiel.

trauma m. Trauma (herida). ‖ Traumatisme.

traumático, ca adj. Traumatique.

traumatismo m. Traumatisme.

traumatología f. MED. Traumatologie.

travelín o **travelling** m. CINEM. Travelling.

traversa f. MAR. Galhauban, m., étai, m. (estay). ‖ Traverse (de un carro).

travertino m. Travertin.

través m. Travers (inclinación). ‖ FIG. Malheur, épreuve, f., revers (desgracia). ‖ ARQ. Traverse, f. ‖ MAR. Travers. ‖ — *Al través de* ou *a través de,* au travers de, à travers (por entre) : *a través de una celosía*, à travers une jalousie ; par l'intermédiaire *o* le canal de (mediante) : *reembolsar un empréstito a través de un banco*, rembourser un emprunt par l'intermédiaire d'une banque. ‖ *Carrera a campo través* ou *campo través*, cross-country. ‖ *De través*, en travers : *ponerse de través*, se mettre en travers. ‖ MAR. *Dar al través*, échouer, s'échouer. | *Echar al través*, saborder. | *Ir de través*, se dérouter. ‖ *Mirar de través*, loucher.

— OBSERV. Pour traduire *en travers* l'espagnol emploie de préférence le participe passé du verbe « atravesar » (*atravesado*) : mettre en travers, *poner atravesado*.

travesaño m. Traverse, *f.*, entretoise, *f.* ‖ Traverse, *f.*, croisillon (de ventana). ‖ Croisillon, barre, *f.* (de silla). ‖ Traversin (almohada). ‖ TECN. Traversine, *f.* (de pilotes, de alambrera). Lambourde, *f.* (construcción). ‖ CONSTR. *Travesaño de refuerzo*, tournisse.

travesear v. intr. Faire des espiègleries (niño). ‖ Faire la vie, polissonner (vivir deshonestamente).

travesero, ra adj. Traversier, ère : *flauta travesera*, flûte traversière.
— M. Traversin (almohada).

travesía f. Traversée : *la travesía del Atlántico*, la traversée de l'Atlantique. ‖ Chemin (*m.*) de traverse (camino). ‖ Passage, *m.* (callejuela). ‖ Tronçon (*m.*) de route à l'intérieur d'une agglomération. ‖ Distance (distancia). ‖ Vent (*m.*) de travers (viento). ‖ Traverses, *pl.* (de una fortificación). ‖ *Amer.* Étendue désertique (páramo). ‖ *Obras en la travesía de la Nacional 2 por Guadalajara*, travaux sur le tronçon de la nationale 2 traversant Guadalajara.

travesío, a adj. De côté : *viento travesío*, vent de côté.
— M. Lieu de passage.

travestir v. tr. Travestir (disfrazar).
— V. pr. S'habiller avec les vêtements d'une personne du sexe opposé.
— OBSERV. Ce mot est un gallicisme employé surtout à la forme pronominale.
— El francés *se travestir* sólo significa *disfrazarse* de cualquier cosa.

travesura f. Espièglerie, polissonnerie : *travesura de niño*, espièglerie d'enfant.

traviesa f. Traverse (de ferrocarril). ‖ Renvi, *m.* (en los juegos). ‖ Pari, *m.* (apuesta). ‖ ARQ. Mur, *m.* (pared). ‖ MIN. Galerie transversale (galería). ‖ TECN. Traverse, entretoise.

travieso, sa adj. De *o* en travers (puesto de través). ‖ FIG. Espiègle, polisson, onne (que hace travesuras). | Turbulent, e (bullicioso). ‖ — *A campo traviesa*, à travers champs. ‖ DEP. *Carrera a campo traviesa*, cross-country.

trayecto m. ● Trajet, parcours (recorrido). ‖ Section, *f.* (tramo del recorrido de un autobús).
— SINÓN. ● *Espacio, trecho*, espace. *Itinerario*, itinéraire. *Recorrido*, parcours. *Viaje*, voyage. *Camino*, chemin.

trayectoria f. Trajectoire. ‖ Tendance (tendencia). ‖ Course (de una pelota). ‖ MIL. *Trayectoria tensa*, trajectoire tendue.

traza f. Plan, *m.* (plano). ‖ FIG. Air, *m.*, allure (aspecto) : *este edificio tiene buena traza*, ce bâtiment a belle allure ; *tiene traza de marqués*, il a l'air d'un marquis. ‖ GEOM. Trace (intersección). ‖ — FIG. y FAM. *Darse trazas*, se débrouiller. | *Este trabajo tiene* ou *lleva trazas de no acabar nunca*, ce travail a tout l'air de ne jamais vouloir prendre fin.
— OBSERV. La palabra francesa *trace* significa *huella*.

trazado, da adj. FIG. Fait, e ; bâti, e ; planté, e : *bien, mal trazado*, bien, mal fait [de corps].
— M. Tracement, traçage (acción de trazar). ‖ Tracé (representación, recorrido) : *el trazado de*

---

una figura, una carretera, le tracé d'une figure, d'une route.

trazador, ra adj. y s. Traceur, euse (que traza). ‖ MIL. *Bala trazadora*, balle traçante.

trazar v. tr. Tracer (letras). ‖ Tirer (planes). ‖ Tracer, tirer (líneas). ‖ FIG. *Trazar planes*, tirer des plans (hacer proyectos).

trazo m. ● Trait : *un trazo rectilíneo*, un trait rectiligne. ‖ Jambage (de letra). ‖ Entrelacs (hecho con una pluma). ‖ Coup de crayon (de un dibujo). ‖ Pli (del ropaje). ‖ — Pl. Hachures, *f.* ‖ — *Dibujar al trazo*, dessiner au trait. ‖ *Trazo magistral*, plein (de una letra). ‖ *Trazo vertical*, hampe (de una letra).
— SINÓN. ● *Línea*, ligne. *Raya*, raie. *Barra*, barre. *Lineamiento*, linéament. *Delineación*, délinéation.

trazumarse v. pr. Suinter (rezumarse).

trébedes f. pl. Trépied, *m. sing.* (utensilio).

trebejo m. Ustensile (instrumento) : *los trebejos de la cocina*, les ustensiles de cuisine. ‖ Pièce, *f.* (de ajedrez). ‖ Amusette, *f.*, jouet (juguete). ‖ — Pl. Attirail, *sing.* : *los trebejos de pescar*, l'attirail de pêche. ‖ TAUROM. *Los trebejos de matar*, les instruments du matador, l'épée et la muleta.

trébol m. Trèfle (planta). ‖ Trèfle (uno de los palos de la baraja francesa). ‖ Trèfle (autopista).

trebolado, da adj. Trilobé, e (trilobulado). ‖ BLAS. Tréflé, e.

trebolar m. Tréflière, *f.*, champ de trèfle.

trece adj. y s. m. Treize : *León XIII (trece)*, Léon XIII [treize] ; *el trece de febrero*, le 13 février. ‖ Treizième : *siglo XIII (trece)*, XIIIᵉ [treizième] siècle. ‖ — M. (Ant.). Chacun des treize corregidors d'une ville d'Espagne. ‖ — *Mantenerse* ou *seguir en sus trece*, ne pas vouloir en démordre, rester sur ses positions. ‖ *Trece por docena*, treize à la douzaine.

trecén m. Treizième (impuesto feudal).

trecenato o **trecenazgo** m. Dignité (*f.*) suprême de l'ordre de Saint-Jacques.

treceno, na adj. Treizième.

trecentista adj. Du XIVᵉ siècle.

trecésimo, ma adj. Trentième (trigésimo).

trecientos, tas adj. V. TRESCIENTOS.

trecha f. Galipette, culbute (voltereta) : *dar trechas*, faire des galipettes.

trechear v. tr. MIN. Transporter à la chaîne.

trecheo m. Transport à la chaîne [du minerai].

trecho m. Moment, laps de temps : *me esperó largo trecho*, il m'attendit un long moment. ‖ Intervalle, distance, *f.* (distancia). ‖ Passage, tronçon (sitio) : *un trecho peligroso*, un passage dangereux. ‖ Passage (de un texto). ‖ — *A trechos*, par intervalles (tiempo), de place en place (distancias). ‖ *Del dicho al hecho hay mucho* ou *un gran trecho*, faire et dire sont deux, promettre et tenir sont deux. ‖ *De trecho a trecho* ou *de trecho en trecho*, de loin en loin (tiempo o distancia). ‖ *Hay un buen trecho de Lyon a Niza*, il y a un bon bout de chemin de Lyon à Nice.

trechor m. BLAS. Trescheur, trécheur.

tredécimo, ma adj. Treizième (decimotercio).

trefe adj. Mou, molle (flojo). ‖ Faux, fausse, de mauvais aloi. ‖ *Moneda trefe*, pièce jaune *o* de mauvais aloi.

trefilado m. TECN. Tréfilage.

trefilador m. TECN. Tréfileur.

trefilar v. tr. TECN. Tréfiler.

trefilería f. Tréfilerie.

tregua f. ● Trêve : *dar tregua*, faire trêve. ‖ FIG. Trêve, répit, *m.* : *su enfermedad no le da tregua*, sa maladie ne lui laisse pas de répit. ‖ — *Sin tregua*, sans trêve, sans relâche. ‖ HIST. *Tregua de Dios*, trêve de Dieu.
— SINÓN. ● *Cesación*, cessation. *Pausa*, pause. *Espera*, attente. *Suspensión (de armas)*, suspension (d'armes). *Armisticio*, armistice.

treinta adj. y s. m. Trente : *treinta de enero*, 30 [trente] janvier. ‖ — *Treinta y cuarenta*, trente-et-quarante (juego). ‖ *Treinta y una*, trente-et-un (juego). ‖ *Unos treinta*, une trentaine.

treintaidosavo, va adj. Trente-deuxième. ‖ *En treintaidosavo*, en-trente-deux (libro).

treintañal adj. Trentenaire.

treintavo, va adj. y s. Trentième.

treintena f. Trentaine (treinta unidades). ‖ Trentième, *m.* (treintava parte).

treinteno, na adj. Trentième (trigésimo).

tremadal m. Bourbier.

trematodo, da adj. y s. m. ZOOL. Trématode.

trembladera f. VETER. Tremblante (enfermedad del cordero).

tremblón, ona adj. Tremblé, e (letra).

tremebundo, da adj. Effrayant, e ; épouvantable.

tremedal m. Bourbier.

tremella f. Trémelle (hongo).

tremendo, da adj. Terrible. ‖ FIG. y FAM. Énorme : *tremendo disparate*, bêtise énorme. ‖ Formidable. ‖ FAM. *Tomarlo por la tremenda*, le prendre au tragique, en faire une maladie (fam.).

trementina f. Térébenthine : *esencia de trementina*, essence de térébenthine.

tremés o **tremesino, na** adj. De trois mois. ‖ *Trigo tremés* ou *tremesino*, trémois.

tremielga f. Torpille (pez).

tremó o **tremol** m. Trumeau (espejo).

tremolado, da adj. MÚS. Tremblé, e (sonido).

tremolante adj. Ondoyant, e.

tremolar v. tr. Déployer, arborer : *tremolar el estandarte*, arborer l'étendard. ‖ MÚS. *Sonidos tremolados*, sons tremblés.
— V. intr. Ondoyer, flotter.

tremolina f. Bruit (*m.*) du vent. ‖ FIG. y FAM. Vacarme, *m.*, chahut, *m.*, chambard, *m.*, boucan, *m.* : *armar* ou *formar la tremolina*, faire du vacarme.

trémolo m. MÚS. Trémolo.

tremor m. Tremblement (temblor). ‖ Frisson (comienzo del temblor).

trémulamente adv. En tremblant.

tremulante o **trémulo, la** adj. Tremblant, e.

tren m. Train : *tren expreso, mixto, ómnibus, rápido*, train express, mixte, omnibus, rapide ; *perder el tren*, rater le train. ‖ FIG. Train : *ir a buen tren*, aller bon train. ‖ Train (convoy) : *un tren de camiones*, un train de camions. ‖ TECN. Train : *tren de acabado*, train finisseur. ‖ — *Tren ascendente, descendente*, train montant, descendant. ‖ FAM. *Tren botijo* ou *de recreo*, train de plaisir. | *Tren carreta*, brouette, tortillard. ‖ *Tren correo*, train postal. ‖ AVIAC. *Tren de aterrizaje*, train d'atterrissage. ‖ *Tren de cercanías*, train de banlieue. ‖ *Tren de circunvalación*, train de ceinture. ‖ *Tren de engranajes*, train d'engrenages. ‖ MIL. *Tren de equipajes*, train des équipages. ‖ *Tren de laminador* ou *de laminación*, train de laminoir. ‖ AUTOM. *Tren delantero, trasero*, train avant, arrière. ‖ TECN. *Tren desbastador*, train dégrossisseur. ‖ FIG. *Tren de vida*, train de vie. ‖ *Tren discrecional*, train facultatif. ‖ *Tren nocturno*, train de nuit. ‖ — *Ir a un tren endemoniado*, ou *endiablado*, aller à un train d'enfer. ‖ *Ir en tren*, aller par le train. ‖ FIG. *Perder el tren*, rater le coche. ‖ *Poner un tren suplementario*, dédoubler un train, mettre un train supplémentaire. ‖ FIG. *Vivir a todo tren* ou *llevar un gran tren de vida*, mener grand train, avoir un grand train de vie.

trena f. Ceinturon, *m.* (talabarte). ‖ Baudrier, *m.* (tahalí). ‖ POP. Taule, bloc, *m.* (cárcel).

trenado, da adj. Tressé, e ; entrelacé, e.

trenca f. Croisée (colmenas). ‖ Racine [d'un cep de vigne] (raíz). ‖ Duffle-coat, *m.* (abrigo).

trencellín m. Bourdalou, ruban de chapeau.

trencilla f. Galon, *m.*, soutache.

trencillar v. tr. Soutacher, galonner.

trencillo m. Galon (trencilla). ‖ Bourdalou, ruban (de sombrero).

treno m. Lamentation, *f.*, thrène : *los trenos de Jeremías*, les lamentations de Jérémie.

Trento n. pr. GEOGR. Trente.

trenza f. Tresse. ‖ Natte, tresse (de cabello).

trenzadera f. Tresse (lazo).

trenzado m. Tresse, *f.*, natte, *f.* (peinado). ‖ Entrechat (danza). ‖ Piaffement (del caballo). ‖ Tressage (acción de trenzar). ‖ *Al trenzado*, sans soin.

trenzador, ra m. y f. Tresseur, euse. ‖ — F. TECN. Toronneuse.

trenzar v. tr. Tresser. ‖ Tresser, natter (el cabello).
— V. intr. Faire des entrechats (el bailarín). ‖ Piaffer (el caballo).
— V. pr. Se battre (luchar).

treo m. MAR. Tréou (vela antigua).

trepa f. FAM. Culbute, galipette (voltereta). ‖ Escalade (subida). ‖ Perforation (acción de taladrar). ‖ Soutache (guarnición). ‖ Veines, *pl.*, veinures, *pl.* (de la madera). ‖ FIG. Ruse, tromperie (ardid).

trepado, da adj. Rejeté en arrière (retrepado). ‖ Vigoureux, euse ; robuste (animales).
— M. Dents, *f. pl.* [des timbres-postes, etc.], pointillé (línea de puntos). ‖ Soutache, *f.* (trepa).

trepador, ra adj. y s. Grimpeur, euse. ‖ — Adj. Grimpeur, euse : *ave trepadora*, oiseau grimpeur. ‖ Grimpant, e (planta). ‖ — M. Étrier (para agarrarse). ‖ — Pl. Grappins (garfios). ‖ — F. pl. ZOOL. Grimpeurs *m.* (aves).

trepajuncos m. Lavandière, *f.* (ave).

trepanación f. MED. Trépanation.

trepanar v. tr. MED. Trépaner : *el pobre Fernando fue trepanado a tierna edad*, le pauvre Ferdinand a été trépané très jeune.

trepang m. V. TRIPANG.

trépano m. MED. Trépan. ‖ TECN. Trépan (perforadora).

trepar v. intr. Grimper, monter : *trepar a un árbol*, grimper à un arbre ; *trepar por la cuerda*, grimper à la corde. ‖ Escalader : *trepar por una roca*, escalader un rocher. ‖ Grimper (plantas) : *la hiedra trepa por las paredes*, le lierre grimpe sur les murs. ‖ — V. tr. Percer (taladrar). ‖ Soutacher (adornar con trepa un vestido).
— V. pr. Se renverser en arrière (retreparse).

trepatroncos m. Grimpereau (ave).

trepe m. FAM. Savon (reprensión) : *echar un trepe*, passer un savon.

trepidación f. Trépidation, tremblement, *m.* : *la trepidación de un coche*, la trépidation d'une voiture.

trepidante adj. Trépidant, e.

trepidar v. intr. Trembler, trépider (temblar).

treponema m. ZOOL. Tréponème.

tres adj. y s. m. Trois : *el tres de noviembre*, le 3 [trois] novembre. ‖ — MAR. *Buque de tres palos*, trois-mâts. ‖ *Como tres y dos son cinco*, comme deux et deux font quatre. ‖ MÚS. *Compás de tres por dos, tres por ocho, tres por cuatro*, mesure à trois-deux, à trois-huit, à quatre temps. ‖ FIG. *Dar tres y raya*, être très supérieur, nettement o cent fois mieux, faire la pige (fam.), damer le pion (ser muy superior). ‖ FIG. y FAM. *De tres al cuarto*, v. CUARTO. ‖ MIL. *Formación de a tres*, en formation par trois. ‖ *Las tres de la mañana* ou *de la madrugada*, 3 heures du matin. ‖ *Las tres de la tarde*, 3 heures de l'après-midi. ‖ MAR. *Navío de tres puentes*, trois-ponts. ‖ FIG. *Ni a la de tres*, pour rien au monde, jamais de la vie. | *No ve tres en un burro*, il est myope comme une taupe, il n'y voit goutte. ‖ MAT. *Regla de tres*, règle de trois. ‖ *Son las tres*, il est 3 heures. ‖

Tres cuartos, trois-quarts (rugby y abrigo corto).
‖ *Tres en raya,* marelle (juego).
tresalbo, ba adj. Qui a trois balzanes (caballos).
tresañal o **tresañejo, ja** adj. Qui a trois ans.
tresbolillo (al) m. adv. En quinconce : *plantación al tresbolillo,* plantation en quinconce.
trescientos, tas adj. y s. m. Trois cents. ‖ Trois
cent : *trescientos veinte,* trois cent vingt (seguido
de otra cifra) ; *el año trescientos,* l'an trois cent
(cuando equivale a un ordinal). ‖ *Mil trescientos,*
mille trois cents, treize cents.
tresdoblar v. tr. Tripler (triplicar). ‖ Plier en trois
(dar tres dobles).
tresillista m. y f. Joueur de « tresillo » [jeu de
l'hombre].
tresillo m. Jeu de l'hombre (naipes). ‖ Mús. Triolet. ‖ Ensemble d'un canapé et de deux fauteuils
(muebles). ‖ Bague (*f.*) ornée de trois pierres précieuses (sortija).
tresmesino, na adj. De trois mois.
tresnal m. Gerbier, meule, *f.* (almiar).
treta f. Artifice, *m.,* astuce (artificio) : *valerse de
una treta,* user d'un artifice. ‖ Feinte (en esgrima).
‖ Galipette, culbute (trecha).
Tréveris n. pr. GEOGR. Trèves.
trezavo, va adj. y s. m. Treizième.
tría f. Tri, *m.,* triage, *m.*
triaca f. MED. Thériaque. ‖ FIG. Remède, *m.*
triacal adj. Thériacal, e.
triácido m. Triacide.
tríada f. Triade.
trianero, ra adj. y s. De Triana [quartier de Sé-
ville].
triangulación f. Triangulation.
triangulado, da adj. Triangulaire.
triangulador m. Triangulateur.
triangular adj. Triangulaire : *pirámide, músculo
triangular,* pyramide, muscle triangulaire.
— M. ANAT. Triangulaire.
triangular v. tr. Trianguler.
triángulo m. Triangle : *triángulos opuestos por el
vértice,* triangles opposés par le sommet. ‖ Mús.
Triangle.
triar v. tr. Trier (escoger).
— V. intr. S'activer, s'affairer (las abejas).
— V. pr. Être transparent, e (una tela).
trías m. GEOL. Trias.
triásico, ca adj. GEOL. Triasique.
— M. GEOL. Trias.
triatómico, ca adj. Triatomique.
tribal adj. Tribal, e.
tribásico, ca adj. QUÍM. Tribasique.
tribometría f. FÍS. Tribométrie.
tribómetro m. FÍS. Tribomètre.
tribraquio m. POÉT. Tribraque.
tribu f. Tribu.
tribual adj. Tribal, e.
tribulación f. Tribulation.
tríbulo m. Tribulus (planta).
tribuna f. Tribune.
tribunado m. Tribunat.
tribunal m. ● DR. Tribunal : *tribunal de Dios, de
la penitencia,* tribunal de Dieu, de la pénitence. ‖
Cour, *f.* : *tribunal de apelación,* cour d'appel. ‖
Jury : *tribunal de examen,* jury d'examen. ‖ —
Tribunal de Casación ou *Supremo,* cour de Cassation, Cour suprême. ‖ *Tribunal de conciliación
laboral,* conseil des prud'hommes. ‖ *Tribunal de
cuentas,* Cour des comptes. ‖ *Tribunal de menores,* tribunal pour enfants. ‖ *Tribunal de Justicia
Internacional,* Cour internationale de justice. ‖
Tribunal militar, cour martiale. ‖ *Tribunal mixto,*
commission paritaire.
— SINÓN. ● *Juzgado,* tribunal. *Justicia,* justice. *Audiencia,* audience. *Corte,* cour.
tribunicio, cia adj. Tribunitien, enne.

tribuno m. Tribun : *tribuno de la plebe, militar,*
tribun du peuple, militaire.
tributable adj. Tributaire (sujeto a tributo).
tributación f. Tribut, *m.* ‖ Contribution. ‖ Fiscalité (sistema tributario).
tributante adj. y s. Contribuable.
tributar v. tr. Payer un impôt o un tribut (pagar).
‖ FIG. Témoigner : *tributar respeto, gratitud,*
témoigner du respect, de la gratitude. ‖ *Tributar
homenaje,* rendre hommage.
tributario, ria adj. Fiscal, e : *sistema tributario,*
régime fiscal. ‖ Tributaire (que paga tributo). ‖
Régimen tributario, fiscalité.
tributo m. Tribut. ‖ Rente, *f.* (censo). ‖ Impôt
(impuesto). ‖ FIG. Tribut : *el respeto es el tributo
debido a la virtud,* le respect est le tribut dû à la
vertu. ‖ FIG. *El tributo de la gloria,* la rançon de
la gloire.
tricálcico, ca adj. QUÍM. Tricalcique.
tricalcita f. MIN. Trichalcite.
tricéfalo, la adj. Tricéphale.
tricenal adj. Tricennal, e.
tricentenario m. Tricentenaire.
tricentésimo, ma adj. y s. Trois centième.
triceps adj. y s. m. ANAT. Triceps.
triceratops m. Tricératops (fósil).
triciclo m. Tricycle. ‖ *Triciclo de reparto,* triporteur.
tricípite adj. Tricéphale.
triclinio m. Triclinium.
tricocéfalo m. ZOOL. Trichocéphale.
tricófito m. Trichophyton (hongo).
tricolor adj. Tricolore.
tricomonas m. Trichomonas (protozoario).
tricorne adj. POÉT. Tricorne.
tricornio adj. m. y s. m. Tricorne (sombrero).
tricotar v. tr. Tricoter. ‖ *Máquina de tricotar,*
machine à tricoter, tricoteuse.
tricotosa f. Tricoteuse, machine à tricoter.
tricromía f. Trichromie.
tricromo, ma adj. Trichrome.
tridacio m. Thridace, *f.*
tridacna f. Tridacne, *m.* (molusco).
tridáctilo, la adj. Tridactyle.
tridente adj. Tridenté, e.
— M. Trident (de Neptuno, para pescar).
tridentino, na adj. De Trente : *el Concilio Tridentino,* le concile de Trente.
tridimensional adj. Tridimensionnel, elle ; à trois
dimensions.
triduo m. Triduum.
triedro, dra adj. y s. m. GEOM. Trièdre.
trienal adj. Triennal, e ; trisannuel, elle.
trienio m. Triennat. ‖ Triennium (de seminarista).
trifásico, ca adj. Triphasé, e (corriente).
trifauce adj. POÉT. À trois gueules.
trifenilmetano m. QUÍM. Triphénylméthane.
trífido, da adj. BOT. Trifide.
trifoliado, da adj. BOT. Trifolié, e.
trifolio m. BOT. Trifolium, trèfle. ‖ BLAS. Tiercefeuille, *f.*
triforio m. ARQ. Triforium.
trifulca f. Appareil (*m.*) qui met en mouvement les
soufflets de forge. ‖ FIG. y FAM. Bagarre, dispute :
armar una trifulca, provoquer une bagarre.
trifurcarse v. pr. Se diviser en trois.
triga f. Char (*m.*) à trois chevaux (carro).
trigal m. Champ de blé.
trigaza adj. f. *Paja trigaza,* paille de blé.
trigémino, na adj. Trigéminé, e. ‖ — Adj. m. y
s. m. ANAT. Trijumeau, trifacial (nervio).
trigésimo, ma adj. y s. Trentième. ‖ *Trigésimo
primero, segundo,* etc., trente et unième, trente-
deuxième, etc.
trigla f. Trigle, *m.,* rouget, *m.* (pez).
triglifo m. ARQ. Triglyphe.

rigo m. Blé. ‖ — *Trigo atizonado* ou *con tizón*, blé ergoté o charbonneux. ‖ *Trigo candeal*, froment, blé tendre. ‖ *Trigo cuchareta*, blé hérisson. ‖ *Trigo chamorro* ou *mocho*, touselle. ‖ *Trigo duro* ou *fanfarrón*, blé dur. ‖ *Trigo en cierne*, blé en herbe. ‖ *Trigo marzal*, blé de mars. ‖ *Trigo otoñal*, blé d'automne. ‖ *Trigo sarraceno*, sarrasin, blé noir (alforfón). ‖ *Trigo trechel* ou *tremés* ou *tremesino*, blé trémois. ‖ — FIG. y FAM. *No es trigo limpio*, ça n'a pas l'air très catholique, l'affaire est louche (un asunto), j'ai des doutes sur elle (una persona). | *Nunca es mal año por mucho trigo*, abondance de biens ne nuit pas.
trígono, na adj. GEOM. Trigone.
trigonocéfalo m. ZOOL. Trigonocéphale, mocassin d'eau (serpiente).
trigonometría f. Trigonométrie : *trigonometría plana, esférica*, trigonométrie rectiligne, sphérique.
trigonométrico, ca adj. Trigonométrique.
trigueño, ña adj. Basané, e (rostro), châtain clair (pelo).
triguera f. Sorte de millet (planta).
triguero, ra adj. À blé : *tierras trigueras*, terres à blé. ‖ Qui pousse o vit au milieu des blés (que se cría entre el trigo). ‖ Du blé (del trigo).
— M. Marchand de blé (comerciante en trigo). ‖ Crible (criba).
trilateral o **trilátero, ra** adj. Trilatéral, e.
trilingüe adj. Trilingue.
trilis m. Bonneteau (juego de las tres cartas).
trilita f. Tolite (explosivo).
trilítero, ra adj. Trilittère, trilitère.
trilito m. Dolmen.
trilobites m. pl. ZOOL. Trilobites.
trilobulado, da adj. Trilobé, e.
trilocular adj. BOT. Triloculaire.
trilogía f. Trilogie.
trilógico, ca adj. Trilogique.
trilla f. Herse pour battre le blé (trillo). ‖ Battage, *m.*, dépiquage, *m.* (acción y tiempo de trillar). ‖ ZOOL. Trigle (pez). ‖ FAM. Raclée (tunda).
— OBSERV. *Battage* es la palabra general. *Dépiquage* se aplica más bien a la acción de separar el grano de la paja con el pisoteo de las bestias o con el trillo.
trillado, da adj. FIG. Rebattu, e : *asunto trillado*, sujet rebattu. ‖ *Camino trillado*, chemin battu.
trillador, ra adj. y s. Batteur, euse (que trilla). ‖ — F. Batteuse (máquina). ‖ *Trilladora segadora*, moissonneuse-batteuse.
trilladura f. AGRIC. Battage, *m.*
trillar v. tr. AGRIC. Battre, dépiquer. ‖ FIG. Battre (maltratar).
trillizos, zas m. y f. pl. Triplés, ées (niños).
trillo m. Herse (f.) pour battre le blé. ‖ *Amer.* Sentier (vereda).
— OBSERV. Le *trillo*, constitué par une planche dont la partie inférieure est munie de silex ou de lames coupantes, sert au dépiquage du grain.
trillón m. Trillion.
trimestral adj. Trimestriel, elle.
trimestre m. Trimestre.
trimetilamina f. QUÍM. Triméthylamine.
trimetileno m. QUÍM. Triméthylène.
trímetro adj. m. y s. m. Trimètre (verso).
trimiciga f. Torpille (pez).
trimorfismo m. Trimorphisme.
trimorfo, fa adj. Trimorphe.
trimotor adj. m. y s. m. Trimoteur (avión).
trinado m. Roulade, f. (gorjeo). ‖ Trille (trino).
trinar v. intr. Faire des roulades : *un pájaro que trina*, un oiseau qui fait des roulades. ‖ MÚS. Faire des trilles (hacer trinos). ‖ FIG. y FAM. *Estoy que trino*, j'enrage.
trinoa f. Trio, *m.* (reunión de tres personas o cosas). ‖ Groupe (*m.*) de trois candidats dans un

concours (grupo de tres candidatos en una oposición). ‖ MAR. Liure, nœud, *m.* (ligadura).
trincar v. tr. Attacher (atar). ‖ FAM. Attraper (coger). | Barboter, chiper (hurtar). | Avaler, se taper (comer). | Siffler (beber). ‖ — MAR. *Trincar los cabos*, serrer les amarres. ‖ FAM. *Trincar una trompa*, attraper une cuite.
trincha f. Patte (de un vestido).
trinchado m. Découpage (de la carne).
trinchador, ra adj. Qui découpe.
— M. y f. Découpeur, euse. ‖ — M. Trancheur (en un restorán).
trinchante adj. Tranchant, e (que trincha).
— M. Écuyer tranchant (criado de palacio). ‖ Fourchette (*f.*) à découper (tenedor). ‖ Smille, *f.* (escoda).
trinchar v. tr. Découper [la viande].
— SINÓN. *Cortar, partir*, couper. *Descuartizar*, équarrir. *Despedazar*, dépecer.
trinche m. *Amer.* Fourchette, *f.* (tenedor). | Desserte, *f.* (trinchero).
trinchera f. ● Tranchée (para defenderse). ‖ Voie en tranchée (ferrocarril). ‖ Percée [dans une forêt] (camino). ‖ Trench-coat, *m.* (abrigo impermeable). ‖ MIL. *Trinchera con abrigo*, tranchée-abri.
— SINÓN. ● *Zapa*, sape. *Pozo, zanja*, fossé. *Parapeto*, parapet. *Abrigo*, abri.
trinchero adj. m. *Plato trinchero*, plat à découper.
— M. Desserte, *f.* (mueble).
trinchete m. Tranchet (tranchete). ‖ *Amer.* Couteau [de table] (cuchillo).
trineo m. Traîneau.
trinervado, da adj. BOT. Trinervé, e.
trinidad f. Trinité. ‖ Ordre (*m.*) de la Trinité (orden).
Trinidad n. pr. f. GEOGR. La Trinité, Trinidad (isla).
trinitaria f. Pensée (planta).
trinitario, ria adj. y s. Trinitaire.
trinitrotolueno m. QUÍM. Trinitrotoluène.
trino, na adj. RELIG. Trin, trine : *Dios es uno en esencia y trino en persona*, Dieu est trine et un.
— OBSERV. *Trin, trines* es usado solamente en lenguaje teológico.
trino m. MÚS. Trille.
trinomio m. MAT. Trinôme.
trinquetada f. Navigation faite avec la voile de misaine seule.
trinquete m. MAR. Mât de misaine, trinquet (palo). | Voile (*f.*) de misaine (vela). | Vergue (*f.*) de misaine (verga). ‖ Trinquet (juego de pelota). ‖ TECN. Cliquet, encliquetage (de rueda dentada).
— OBSERV. No se confunda *misaine* con *mesana*, que se dice en francés *artimon*.
trinquetilla f. MAR. Trinquette (foque pequeño).
trinquis m. FAM. Bouteille, *f.*, boisson, *f.* : *le gusta mucho el trinquis*, il est très porté sur la bouteille. | Coup, lampée, *f.* (trago) : *echar un trinquis*, boire un coup.
trío m. MÚS. Trio. ‖ Tri, triage (tría). ‖ Trio (reunión de tres personas o cosas). ‖ *Trío de ases*, brelan d'as (naipes).
tríodo, da adj. RAD. Triode.
— M. Triode, *f.*
trionyx m. Trionyx (tortuga).
trióxido m. QUÍM. Trioxyde.
tripa f. Boyau, *m.*, tripe (intestino). ‖ FAM. Ventre, *m.*, tripe (pop.) [ventre] : *dolor de tripa*, mal au ventre, mal à la tripe. | Ventre, *m.* : *echar tripa*, prendre du ventre ; *tienes mucha tripa*, tu as beaucoup de ventre. ‖ Tripe (de un cigarro). ‖ Boyau (*m.*) de chat (cuerda de guitarra). ‖ — Pl. Cœur, *m.* sing (de un fruto). ‖ — *Cuerda de tripa*, boyau. ‖ FAM. *Echar las tripas*, rendre tripes et boyaux. | *Hacer de tripas corazón*, faire contre mauvaise fortune bon cœur, faire de nécessité

vertu. | *Llenar* ou *llenarse la tripa*, se remplir la panse. | *Revolver las tripas*, soulever le cœur. | *Vamos a verle las tripas* (un motor, un aparato de radio, etc.), on va voir ce qu'il a dans le ventre.
— OBSERV. *Tripes*, au sens culinaire, se dit *callos*.

tripada f. FAM. Ventrée.

tripang o **trepang** m. ZOOL. Tripang, trépang (holoturia comestible).

tripanosoma m. MED. Trypanosome.

tripanosomiasis f. MED. Trypanosomiase (enfermedad).

tripartición f. Tripartition.

tripartir v. tr. Diviser en trois.

tripartismo m. Tripartisme.

tripartito, ta adj. Tripartite, triparti, e : *acuerdo tripartito*, accord tripartite o triparti.

tripastos m. Appareil composé de trois poulies.

tripería f. Triperie.

tripero, ra m. y f. Tripier, ère (que vende tripas). || — M. Ceinture (*f.*) de flanelle (paño).

tripétalo, la adj. BOT. Tripétale.

tripicallero, ra m. y f. Tripier, ère.

tripicallos m. pl. Tripes, *f.*, gras-double, *sing.*

triplano m. Triplan (avión).

triplaza adj. Triplace.

triple adj. y s. m. Triple. || — Adj. MED. Trigémellaire : *embarazo triple*, grossesse trigémellaire. || *Triple salto*, triple saut.

triplete m. Triplet.

triplex m. (nombre registrado). Triplex (acero, cristal).

triplicación f. Triplement, *m.*

triplicado m. Triplicata. || *Por triplicado*, en triple exemplaire, en trois exemplaires.

triplicador adj. m. y s. m. Qui multiplie par trois.

triplicar v. tr. Tripler. || Faire trois fois (repetir). — V. pr. Tripler : *la población de Madrid se ha triplicado*, la population de Madrid a triplé.

triplice adj. Triple (triple).

triplo, pla adj. y s. m. Triple.

trípode m. Trépied (de Apolo). || FOT. Trépied.

trípoli m. Tripoli (roca).

tripolitano, na adj. y s. Tripolitain, e.

Tripolitania n. pr. f. GEOGR. Tripolitaine.

tripón, ona adj. FAM. Ventripotent, e.

tripsina f. BIOL. Trypsine.

tríptico m. Triptyque.

triptófano m. QUÍM. Tryptophane.

triptongar v. tr. Former une triphtongue.

triptongo m. GRAM. Triphtongue, *f.*

tripudo, da adj. Ventru, e ; pansu, e (persona o cosa), ventripotent, e ; bedonnant, e (persona).

tripulación f. Équipage, *m.* (de un barco, avión).

tripulante m. Homme d'équipage, membre de l'équipage.

tripular v. tr. Former l'équipage (de un barco, avión). || Piloter (conducir). || *Satélite tripulado*, satellite habité.

tripulina f. *Amer.* Tapage, *m.*

trique m. Craquement. || FIG. y FAM. *A cada trique*, à tout bout de champ.

triquina f. Trichine.

triquinosis f. MED. Trichinose.

triquinoso, sa adj. Trichineux, euse.

triquiñuela f. FAM. Subterfuge, *m.*, truc, *m.* (artimaña) : *andar con triquiñuelas*, user de subterfuges, avoir des trucs. | Ficelle : *las triquiñuelas del oficio*, les ficelles du métier.

triquito m. MIN. Trichite, *f.*

triquitraque m. Raffut, vacarme (ruido). || Crapaud (cohete).

trirrectángulo adj. m. GEOM. Trirectangle.

trirreme m. Trirème, *f.*, trière, *f.*

tris m. FIG. y FAM. *Un tris*, un rien, un cheveu : *estuvo en un tris que viniera a vernos*, il s'en est fallu d'un rien o d'un cheveu qu'il ne vienne nous voir.

trisagio m. Trisagion (himno).

trisanual adj. Trisannuel, elle.

trisar v. intr. Trisser (la golondrina).

trisca f. Craquement, *m.* (crujido). || Tapage, *m.*, vacarme, *m.* (bulla).

triscador, ra adj. Tapageur, euse ; turbulent, e. — M. TECN. Tourne-à-gauche (sierra).

triscar v. tr. Mêler, emmêler (enredar, mezclar). || Donner de la voie à (una sierra). — V. intr. Trépigner (patear). || FIG. S'ébattre, folâtrer (retozar).

trisecar v. tr. GEOM. Triséquer, diviser en trois.

trisección f. GEOM. Trisection.

trisector, triz adj. GEOM. Trisecteur, trice.

trisemanal adj. Trihebdomadaire.

trisilábico, ca adj. Trisyllabique.

trisílabo, ba adj. Formé de trois syllabes, trisyllabe. — M. Mot de trois syllabes.

trismo m. MED. Trismus, trisme (contracción tetánica).

trispasto m. Moufle (*f.*) à trois poulies.

Tristán n. pr. m. Tristan.

triste adj. ● Triste : *está triste por la muerte de su amigo*, il est triste de la mort de son ami. || FIG. Maigre, pauvre : *un triste sueldo*, un maigre salaire. | Malheureux, euse : *aquí ni siquiera hay un triste vaso de agua*, ici il n'y a même pas un malheureux verre d'eau. || FIG. y FAM. *Más triste que un entierro de tercera* ou *que un velatorio* ou *triste como un día sin pan*, triste comme un jour sans pain o comme un lendemain de fête.
— M. *Amer.* Chanson (*f.*) populaire, complainte, *f.*
- OBSERV. V. TRISTE, 1ª parte, pág. 749.
— SINÓN. ● *Alicaído, abatido*, abattu. *Acongojado, angoisté. Afligido, apenado, dolorido*, affligé. *Amargado*, aigri. *Desconsolado, inconsolable. Melancólico*, mélancolique. *Mustio*, morne. *Murrio*, sombre. *Tétrico, lugubre*.

tristeza f. Tristesse.

tristón, ona adj. Tout triste, morne, morose.

tristura f. Tristesse.

trisulfuro m. QUÍM. Trisulfure.

tritio m QUÍM. Tritium.

tritón m. MIT. y ZOOL. Triton.

trítono m. MÚS. Triton.

triturable adj. Triturable.

trituración f. Trituration, broyage, *m.*

triturador m. Broyeur : *triturador de desperdicios*, broyeur à ordures o d'évier. || Triturateur (de papeles).

triturar v. tr. Triturer, broyer. || FIG. Triturer (un texto, etc.). | Malmener (maltratar). || FIG. y FAM. *Triturar a palos*, rouer de coups.

triunfador, ra adj. Triomphateur, trice ; victorieux, euse. — M. y f. Triomphateur, trice ; vainqueur (sin fem.).

triunfal adj. Triomphal, e : *adornos triunfales*, ornements triomphaux. || *Arco triunfal*, arc de triomphe o triomphal.

triunfalismo m. Triomphalisme.

triunfalista adj. y s. Triomphaliste.

triunfante adj. Triomphant, e.

triunfantemente adv. Triomphalement.

triunfar v. intr. Triompher, vaincre : *triunfar sobre sus enemigos*, triompher de ses ennemis, vaincre ses ennemis. || Réussir (tener éxito) : *para triunfar hace falta tener osadía*, pour réussir il faut avoir de l'audace. || Jouer atout (en juegos).

triunfo m. Triomphe, victoire, *f.* : *llevarse* ou *obtener un triunfo*, remporter un triomphe. || Réussite, *f.* : *estoy seguro de su triunfo en la vida*, je suis sûr de sa réussite dans la vie. || Triomphe (en Roma). || Atout (carta que vence) : *triunfo mayor*, atout maître ; *sin triunfo*, sans atout. || FIG. Trophée (despojo). || *Amer.* Danse (*f.*) populaire d'Argentine (baile). ‖ — FAM. *Costar un triunfo,* donner beaucoup de mal. ‖ *Llevar en triunfo,* porter en triomphe.

triunviral adj. Triumviral, e : *poderes triunvirales,* pouvoirs triumviraux.

triunvirato m. Triumvirat.

triunviro m. Triumvir.

trivalencia f. Trivalence.

trivalente adj. QUÍM. Trivalent, e.

trivalvo, va adj. Trivalve.

trivial adj. Banal, e.

— OBSERV. El adjetivo francés *trivial* tiene actualmente el sentido de « grosero », « malsonante ».

trivialidad f. Banalité.

trivio o **trivium** m. Trivium.

triza f. Miette, morceau, *m.* (pedazo pequeño) : *hacer trizas,* réduire en miettes, mettre en morceaux. ‖ MAR. Drisse (driza). ‖ FIG. *Hacer trizas al enemigo,* mettre *o* tailler l'ennemi en pièces.

trizar v. tr. Mettre en morceaux, réduire en miettes.

trocable adj. Échangeable.

trocador, ra adj. Qui troque.
— M. y f. Troqueur, euse.

trocaico, ca adj. y s. m. Trochaïque (verso).

trocamiento m. Troc, échange (trueque).

trocante adj. Qui troque (que trueca).

trocánter m. ANAT. Trochanter.

trocantina f. *Amer.* Troc, *m.,* échange, *m.*

trocar m. MED. Trocart.

trocar* v. tr. Troquer, échanger : *trocar una mula por un caballo,* troquer une mule contre un cheval. ‖ Changer (cambiar) : *trocar una piedra en oro,* changer une pierre en or. ‖ FIG. Mélanger, confondre : *Ana trueca cuanto se le dice,* Anne confond tout ce qu'on lui dit. ‖ (P. us.). Vomir, rendre (vomitar).
— V. pr. Se transformer (transformarse). ‖ Changer : *se trocó este color,* cette couleur a changé. ‖ Tourner : *la suerte se ha trocado,* la chance a tourné.

trocatinte m. Couleur (f.) changeante.

trocear v. tr. Diviser en morceaux.

troceo m. MAR. Cordage (cabo).

trocisco m. Trochisque.

trocla o **trócola** f. Poulie (polea).

tróclea f. ANAT. Trochlée.

troco m. Môle, f., poisson-lune (pez). ‖ Troque (molusco).

trocha f. Sentier, *m.* (sendero). ‖ Raccourci, *m.* (atajo). ‖ *Amer.* Voie (del ferrocarril).

trochemoche (a) o **a troche y moche** adv. FAM. À tort et à travers.

trochuela f. Petit sentier, *m.*

trofeo m. Trophée.

trófico, ca adj. BIOL. Trophique.

troglodita adj. y s. Troglodyte. ‖ FIG. Barbare, sauvage (cruel). ‖ Glouton, onne (muy comedor). ‖ — M. Troglodyte (pájaro).

troglodítico, ca adj. Troglodytique.

troica f. Troïka (vehículo).

troj o **troje** f. Grenier, *m.* (granero).

trojero m. Gardien d'un grenier.

trola f. FAM. Blague, mensonge, *m.* (mentira).

trole m. Trolley : *tranvía con trole,* tramway à trolley.

trolebús m. Trolleybus.

trolero, ra adj. y s. FAM. Blagueur, euse ; menteur, euse (mentiroso).

troludo, da adj. *Amer.* Lent, e ; flegmatique.

tromba f. Trombe (manga). ‖ FIG. *En tromba,* en trombe.

trombidio m. Trombidion (acárido).

trombidiosis f. MED. Trombidiose.

trombina f. Thrombine.

trombo m. MED. Thrombus (coágulo de sangre).

trombocito m. Thrombocyte.

trombón m. MÚS. Trombone : *trombón de pistones* ou *de llaves,* trombone à pistons ; *trombón de varas,* trombone à coulisse. ‖ Trombone, tromboniste (músico).

trombosis f. MED. Thrombose.

tromel m. Trommel (criba cilíndrica).

trompa f. Trompe (instrumento músico). ‖ Cor, *m.* : *trompa de caza,* cor de chasse ; *trompa de llaves* ou *pistones,* cor à pistons, d'harmonie. ‖ Trompe (de elefante). ‖ Suçoir, *m.,* trompe (de insecto). ‖ Trompe, ventilateur, *m.* (de forja). ‖ Toupie (trompo). ‖ Toupie d'Allemagne (trompo que zumba). ‖ Hampe (bohordo de cebolla). ‖ FAM. Cuite : *coger una trompa,* attraper une cuite. ‖ Museau, *m.* (hocico). ‖ Trombe (tromba). ‖ ARQ. Trompe : *cúpula sobre trompas,* coupole sur trompes. ‖ — FIG. y FAM. *Estar trompa,* être rond *o* paf (borracho). ‖ *Ponerse trompa,* prendre une cuite. ‖ ANAT. *Trompa de Eustaquio, de Falopio,* trompe d'Eustache, de Fallope. ‖ *Trompa gallega,* guimbarde. ‖ *Trompa marina,* trompette marine. ‖ *Trompa neumática* trompe pneumatique.
— M. Cor, sonneur de cor (músico).

trompada f. o **trompazo** m. Coup donné avec une toupie *o* une trompe. ‖ FAM. Marron, coup de poing (puñetazo). ‖ — FAM. *Andar a trompazo limpio,* se bagarrer. ‖ *Darse de trompazos,* se cogner, se bagarrer. ‖ *Darse un trompazo,* se cogner (chocar), se casser la figure (caerse). ‖ *Darse un trompazo con un coche,* rentrer dans le décor.

trompear v. intr. *Amer.* Frapper (golpear).

trompeta f. ● MÚS. Trompette. ‖ *Tocar la trompeta,* sonner de la trompette, trompeter (p. us.). ‖ — M. Trompettiste (músico), trompette (militar que toca trompeta).

trompetada f. Bourde, incongruité (sandez).

trompetazo m. Coup de trompette. ‖ FIG. y FAM. Bourde, f., incongruité, f. (sandez).

trompetear v. intr. FAM. Trompeter.

trompeteo m. Action (f.) de trompeter.

trompetería f. Ensemble (*m.*) des trompettes. ‖ Jeu (*m.*) de trompettes de l'orgue (del órgano).

trompetero m. Fabricant de trompettes (el que hace trompetas). ‖ Trompettiste, trompetteur (músico). ‖ Sanglier de mer (pez).

trompetilla f. Cornet (*m.*) acoustique.

trompezar v. intr. V. TROPEZAR.

trompicar v. tr. Faire trébucher.
— V. intr. Trébucher : *trompicó al subir por la escalera,* il trébucha en montant l'escalier.

trompicón m. Faux-pas (tropezón). ‖ FAM. Marron (mojicón). ‖ *A trompicones,* par à-coups, en dépit du bon sens (de mala manera).

trompillón m. ARQ. Trompillon.

trompis m. FAM. Marron, coup de poing (puñetazo).

trompiscón m. Faux-pas (tropicón).

trompillo m. FAM. Pois chiche (garbanzo).

trompiza f. *Amer.* Bataille à coups de poing.

trompo m. ● Toupie, *f.* (peonza). ‖ Cône (molusco). ‖ FAM. Incapable, zéro (hombre ignorante). ‖ *Amer.* Toupie, *m.,* foret (de carpintero). ‖ — FIG. y FAM. *Dar vueltas como un trompo,* tourner comme une toupie. ‖ *Ponerse como un trompo,* se bourrer, se gaver (comer mucho), boire comme un trou (beber).
— SINÓN. ● *Peonza,* toupie. *Perinola,* toton.

trompón m. Grande toupie, *f.* (trompo). ‖ Narcisse (planta). ‖ Coup, choc (trompazo). ‖ FIG. y FAM. *De trompón,* précipitamment, à la hâte.

trompudo, da adj. Lippu, e (jetudo).

trona f. QUÍM. Natron, *m.* (carbonato de sosa).

tronada f. Orage, *m.*

tronado, da adj. FIG. y FAM. Usé, e ; fichu, e (deteriorado). ‖ Fauché, e ; sans le sou, à sec (sin dinero).

tronador, ra adj. Tonnant, e (que truena). || *Cohete tronador,* fusée détonnante.
tronante adj. Tonnant, e.
tronar* v. impers. Tonner.
— V. intr. Tonner : *el cañón truena,* le canon tonne. || Fig. Retentir : *tronó la voz del capitán,* la voix du capitaine retentit. | Tonner, fulminer : *tronar contra el vicio,* tonner, fulminer contre le vice. || — Fig. y Fam. *Está que truena,* il est fou furieux. | *Por lo que pueda tronar,* au cas où.
— V. tr. *Amer.* Tuer (matar).
troncal adj. Du tronc.
troncar v. tr. Tronquer (truncar).
tronco m. Tronc (de un árbol, del hombre, de la columna). || Souche, *f.,* tronc (origen de una familia). || Geom. Tronc : *tronco de cono,* tronc de cône. || Attelage, paire, *f.* (par de mulas, de caballos). || Fig. Souche, *f.* (zoquete). || Fig. y Fam. *Dormir como un tronco* ou *estar hecho un tronco,* dormir comme une souche.
troncocónico, ca adj. Tronconique.
troncha f. *Amer.* Tranche (tajada). | Fig. Sinécure, planque (enchufe).
tronchado, da adj. Blas. Tranché, e : *escudo tronchado,* écu tranché.
tronchar v. tr. Briser, casser (romper). || Plier (doblar). || Fig. y Fam. *Troncharse de risa,* se tordre de rire, être plié en deux, se fendre la poire (pop.).
troncho m. Trognon.
tronchudo, da adj. À grosse tige.
tronera f. Meurtrière, créneau, *m.* (de una fortaleza). || Vasistas, *m.* (ventana estrecha), soupirail, *m.* (respiradero). || Blouse (billar). || — M. y f. Fig. y Fam. Tête (*f.*) brûlée, écervelé, e (persona de poco juicio).
tronido m. Coup *o* roulement de tonnerre.
tronío m. Fam. *De tronío,* à tout casser, du tonnerre (estupendo).
trono m. Trône : *subir al trono,* monter sur le trône. || Tabernacle (tabernáculo). || — Pl. Trônes (ángeles).
tronquista m. Cocher.
tronzador m. Tecn. Passe-partout, *inv.* (sierra).
tronzar v. tr. Briser, rompre (quebrar), couper en morceaux (dividir). || Froncer (hacer pliegues). || Fig. Éreinter (cansar). || Tecn. Tronçonner (la madera).
tronzo, za adj. Courtaud, e (caballería con las orejas cortadas).
tropa f. ● Troupe (de soldados) : *tropa escogida,* troupe d'élite. || *Amer.* Troupeau, *m.* (de ganado). || — *Clase de tropa,* homme de troupe. || *Tropas aerotransportadas,* troupes aéroportées. || *Tropas de línea,* troupes de ligne.
— Sinón. ● *Banda, cuadrilla,* bande. *Ejército,* armée. *Hueste,* troupe. *Legión,* légion. *Milicia,* milice. *Falange,* phalange.
tropear v. intr. *Amer.* Conduire un troupeau.
tropel m. Cohue, *f.,* foule, *f.* (muchedumbre). || Hâte, *f.,* précipitation, *f.* (prisa). || Tas (montón). || *En tropel,* à la hâte (con precipitación), en foule (yendo muchos juntos).
tropelía f. Violence, sauvagerie : *actos de tropelía,* actes de violence.
tropeoleas f. pl. Bot. Tropéolées.
tropero m. *Amer.* Bouvier.
tropezadero m. Mauvais chemin, chemin raboteux (camino desigual).
tropezadura f. Faux-pas, *m.*
tropezar* v. intr. Trébucher, buter : *tropezar con* ou *contra* ou *en una piedra,* trébucher sur *o* buter contre une pierre. || Fig. Broncher (el caballo). || Fig. Se heurter, rencontrer, buter : *tropezó con una dificultad,* il s'est heurté *o* il a buté contre une difficulté. | Faire un faux pas (deslizarse en

alguna culpa). | Tomber sur (hallar) : *tropecé con mi amigo a la salida del cine,* je tombai sur mon ami à la sortie du cinéma. || Fig. y Fam. *Tropezar con un hueso,* tomber sur un os *o* sur un bec.
— V. pr. Se trouver nez à nez avec (con una persona). || S'entretailler (caballos).
tropezón, ona adj. Fam. Qui bronche : *caballo tropezón,* cheval qui bronche.
— M. Faux pas (tropezadura, desliz) : *dar un tropezón,* faire un faux pas. || Faux pas (del caballo). || — Pl. Lardons (de jamón). || *A tropezones,* clopin-clopant (andar), par à-coups (obrar, hablar).
tropical adj. Tropical, e : *países tropicales,* pays tropicaux.
tropicalización f. Tropicalisation.
tropicalizado, da adj. Tropicalisé, e.
trópico, ca adj. y s. m. Tropique. || *Trópico de Cáncer, de Capricornio,* tropique du Cancer, du Capricorne.
tropiezo m. Obstacle (estorbo). || Faux pas : *dar un tropiezo,* faire un faux pas. || Fig. Faux pas, faute, *f.* (falta). | Difficulté, *f.,* accroc, anicroche, *f.* (impedimento). | Encombre (contratiempo) : *llegó sin tropiezo,* il arriva sans encombre.
tropilla f. *Amer.* Troupeau (*m.*) guidé par un animal dressé.
tropismo m. Tropisme.
tropo m. Trope (p. us.), figure, *f.* [de rhétorique].
tropología f. Tropologie.
tropológico, ca adj. Tropologique.
tropopausa f. Tropopause.
troposfera f. Troposphère.
troquel m. Tecn. Coin, virole, *f.,* étampe, *f.* (para acuñar monedas). || Fig. *Formados en el mismo troquel,* sortis du même moule.
troqueladora f. Tecn. Découpeuse.
troquelamiento m. Tecn. Estampage, étampage, frappe, *f.*
troquelar v. tr. Frapper, estamper, étamper (acuñar monedas).
troqueo m. Poét. (Ant.). Trochée.
troquílidos m. pl. Trochilidés.
troquiter m. Trochiter (del húmero).
trotacalles m. y f. Fam. Flâneur, euse ; vadrouilleur, euse (fam.), batteur (*m.*) de pavés, coureur (*m.*) de rues (azotacalles).
trotaconventos f. Fam. Entremetteuse (alcahueta).
trotada f. Trotte : *dar una trotada,* faire une trotte.
trotador, ra m. y f. Trotteur, euse.
trotamundos m. y f. Globe-trotter.
trotar v. intr. Trotter. || *Trotar corto,* trottiner.
trote m. Trot. || Fig. Travail pénible (trabajo fatigoso). || — *Trote a la española* ou *sentado,* trot assis. || *Trote a la inglesa,* trot enlevé. || Fam. *Trote cochinero,* petit trot. | *Trote corto,* trot raccourci, petit trot. | *Trote largo,* trot allongé, grand trot. || — *Al trote,* au trot. || *De* ou *para todo trote,* de tous les jours, pour tout aller (vestido). || *Ir al trote,* aller au trot, trotter. || Fig. *No estoy para estos trotes,* je n'en ai plus la force, je ne peux pas suivre ce rythme. | *No quiero meterme en esos trotes,* je ne veux pas me mêler de ces histoires.
trotecillo m. Trottinement.
trotón, ona adj. Trotteur, euse. || Fig. De tous les jours (de uso diario).
— M. Trotteur (caballo).
trova f. Vers, *m.* (verso). || Poésie (poema). || Chanson de troubadour (canción de trovador).
trovador, ra adj. Poète.
— M. Troubadour (poeta provenzal). || — M. y f. Poète, poétesse (poeta, poetisa).
— Sinón. *Poeta,* poète. *Juglar,* jongleur. *Bardo,* barde. *Felibre,* félibre. *Trovero,* trouvère.

trovadoresco, ca adj. Troubadour, des trouba-dours.
trovar v. intr. Faire des vers.
trovero m. Trouvère (poeta).
trovo m. Chanson (*f.*) d'amour.
Troya n. pr. HIST. Troie. ‖ — FIG. y FAM. *Aquí ou allá fue Troya,* il y a eu du grabuge. ‖ *Arda Troya,* advienne que pourra. ‖ *El caballo de Troya,* le cheval de Troie.
troyano, na adj. y s. Troyen, enne.
troza f. Tronc (*m.*) d'arbre non équarri, bille (árbol). ‖ MAR. Ligature, assemblage, *m.*
trozar v. tr. Mettre en pièces (hacer pedazos). ‖ Débiter, scier (un árbol).
trozo m. Morceau, bout (pedazo) : *un trozo de papel,* un morceau de papier. ‖ Partie, *f.* (parte). ‖ Passage (de un texto). ‖ Tronçon (de árbol, columna, etc.). ‖ — MIL. *Trozo de vanguardia* ou *de San Felipe,* avant-garde (de un ejército). ‖ *Trozo de retaguardia* ou *de Santiago,* arrière-garde (de un ejército). ‖ *Trozos escogidos,* morceaux choisis (de un escritor).
trúa f. FAM. *Amer.* Cuite (borrachera) : *estar en trúa,* avoir pris une cuite.
trucaje m. CINEM. Trucage, truquage.
trucar v. intr. Bloquer (billar). ‖ Déposer la pre-mière mise (hacer el primer envite).
 — V. tr. Truquer.
trucidar v. tr. (Ant.). Trucider (matar).
truco m. Bloc (lance de billar). ‖ Jeu de cartes (truque). ‖ Truc (suerte). ‖ Truquage, trucage (del cine). ‖ — Pl. Truc, *sing.* (juego parecido al billar). ‖ — FIG. *Andarse con trucos,* employer des trucs. ‖ *Sin truco ni cartón,* sans trucage.
truculencia f. Truculence (p. us.), aspect (*m.*) ter-rible o effrayant.
truculento, ta adj. Truculent, e (p. us.), effrayant, e.
 — OBSERV. El francés *truculent* significa actualmente *festivo* y *jocoso.*
trucha f. Truite (pez) : *trucha asalmonada, de mar,* truite saumonée, de mer. ‖ MECÁN. Chèvre (cabria). ‖ *Amer.* Éventaire, *m.* (puesto portátil). ‖ *No se cogen* ou *pescan truchas a bragas enjutas,* on ne fait pas d'omelette sans casser des œufs, on n'a rien sans rien o sans risque.
truchero, ra m. y f. Pêcheur, pêcheuse de truites (pescador).
 — Adj. À truites : *río truchero,* rivière à truites.
truchimán, ana m. y f. Truchement (sin fem.), interprète. ‖ FIG. y FAM. Coquin, e.
truchuela f. Truitelle, petite truite (trucha pe-queña). ‖ Haddock, *m.,* morue séchée (bacalao curado).
trudgeon m. Trudgeon (natación).
trueno m. Tonnerre : *el fragor del trueno,* le fracas du tonnerre. ‖ Coup de tonnerre (estam-pido). ‖ Détonation, *f.* (de un arma o cohete). ‖ FIG. y FAM. Écervelé (atolondrado). ‖ — *Gente de trueno,* gens de mauvaise vie. ‖ *Trueno gordo,* bouquet (fuegos artificiales). ‖ *Voz de trueno,* voix tonitruante o tonnante o de tonnerre.
trueque m. Troc, échange. ‖ *Amer.* Monnaie, *f.* (cambio). ‖ — *A* ou *en trueque,* en échange.
trufa f. Truffe (hongo). ‖ FAM. Blague (patraña).
trufado m. CULIN. Truffage.
trufado, da adj. Truffé, e.
trufar v. intr. FIG. Blaguer (engañar).
 — V. tr. Truffer (rellenar de trufas).
trufera f. Truffière.
truhán, ana m. y f. Truand, e.
truhanada f. V. TRUHANERÍA.
truhanear v. intr. Truander, mener une vie de truand. ‖ Blaguer, bouffonner (decir bufonadas).
truhanería o **truhanada** f. Truanderie (hampa).
truhanesco, ca adj. De truand, e ; de coquin, e (de bribón).

truismo m. Truisme.
trujal m. Pressoir (para vino o aceite). ‖ Cuve (*f.*) à soude (en las jabonerías).
trujamán, ana m. y f. Truchement, *m.,* interprète. ‖ — M. Personne (*f.*) avertie o de bon conseil.
trujamanear v. intr. Faire le truchement, servir d'interprète. ‖ Troquer, échanger (trocar).
trujillano, na adj. y s. De Trujillo [nom de plu-sieurs villes].
trulla f. Pagaille : *meter trulla,* semer la pagaille. ‖ Truelle (llana).
trullo m. Sorte de sarcelle (ave).
truncadamente adv. Incomplètement.
truncado, da adj. Tronqué, e. ‖ — *Cono truncado,* cône tronqué, tronc de cône. ‖ *Pirámide truncada,* pyramide tronquée, tronc de pyramide.
truncamiento m. Tronquement.
truncar v. tr. Tronquer : *truncar una estatua, un libro,* tronquer une statue, un livre.
trunco, ca adj. Tronqué, e (truncado). ‖ *Amer.* Incomplet, ète.
trupial m. Troupiale (ave).
truque m. Jeu de cartes.
truquista adj. y s. Qui emploie des trucs.
trusas f. pl. Trousses, chausses (gregüescos).
trust m. Trust.
tse-tsé f. inv. Tsé-tsé (mosca del sueño).
tu, tus adj. poses. Ton, *m.,* ta, *f.,* tes, *m.* y *f.* pl. : *tu sombrero,* ton chapeau ; *tu camisa,* ta chemise ; *tus zapatos,* tes chaussures.
 — OBSERV. En francés se emplea el masculino *ton* ante palabras femeninas que empiezan por una vocal (*tu amiga,* ton amie).
tú pron. pers. Tu (sujeto) : *tú vienes,* tu viens. ‖ Toi : *tú, ¿qué opinas de eso?,* toi, qu'est-ce que tu en penses ? ; *otro que tú,* un autre que toi ; *eres tú,* c'est toi. ‖ Toi (con preposición) : *según tú,* selon toi ; *hasta tú lo niegas,* même toi, tu le nies. ‖ — *Estar de tú a tú,* être à tu et à toi. ‖ *Hablar* ou *tratar de tú,* tutoyer. ‖ FAM. *¡Imbécil tú!,* imbé-cile toi-même ! ‖ *¡Más eres tú!,* toi-même !, et toi donc !, tu ne t'es pas regardé ! [réponse à une insulte]. ‖ *Tú y yo,* tête-à-tête (servicio de café para dos personas).
 — OBSERV. L'emploi du pronom personnel *tú* — non nécessaire grammaticalement — indique une certaine insistance ; *tú vienes,* correspond en réalité à : *toi, tu viens.*
tuareg m. Touareg.
tuba f. Toddy, *m.* (licor filipino). ‖ MÚS. Tuba, *m.*
tuberáceo, a adj. y s. f. BOT. Tubéracé, e.
tuberculina f. MED. Tuberculine.
tuberculinación f. MED. Tuberculinisation, tuber-culination.
tuberculinizar v. tr. MED. Tuberculiniser.
tuberculización f. MED. Tuberculisation.
tuberculizar v. tr. MED. Tuberculiser.
tubérculo m. Tubercule. ‖ *En tubérculo,* tubé-risé, e ; *raíz en tubérculo,* racine tubérisée.
tuberculosis f. MED. Tuberculose.
tuberculoso, sa adj. y s. MED. Tuberculeux, euse.
tubería f. Tuyauterie (conjunto de tubos). ‖ Cana-lisation (de gas). ‖ Conduite : *tubería de agua,* conduite d'eau. ‖ Tubulure (conducto). ‖ Fa-brique (*f.*) o commerce de tubes (fábrica, comer-cio de tubos). ‖ MIN. *Tubería de revestimiento,* tubage.
tuberiforme adj. Tubériforme.
tuberización f. Tubérisation.
tuberosa f. BOT. Tubéreuse.
tuberosidad f. BOT. Tubérosité.
tuberoso, sa adj. Tubéreux, euse.
tubícola adj. ZOOL. Tubicole : *anélidos tubícolas,* annélides tubicoles.
tubíporo m. ZOOL. Tubipore.
tubítelo, la adj. ZOOL. Tubitèle, tubitélaire.

tubo m. Tube. ‖ Tube : *tubo digestivo, capilar*, tube digestif, capillaire. ‖ Tuyau (de una cañería). ‖ Cheminée, *f.*, verre de lampe (de lámpara). ‖ Ffs. Tube : *tubo de rayos catódicos*, tube cathodique. ‖ Mús. Tuyau (de órgano). ‖ — *Falda tubo*, jupe fourreau. ‖ Autom. *Tubo de desagüe*, tropplein. ‖ *Tubo de drenaje*, drain, tuyau de drainage. ‖ *Tubo de ensayo*, tube à essais. ‖ *Tubo de escape*, tube *o* tuyau d'échappement. ‖ *Tubo elevador*, colonne montante. ‖ *Tubo lanzacohetes, lanzatorpedos*, tube lance-fusées, lance-torpilles. ‖ Tecn. *Tubos de carga*, tubes d'irradiation.
tubulado, da adj. Tubulé, e.
tubuladura f. Tubulure.
tubular adj. Tubulaire : *caldera tubular*, chaudière tubulaire.
— M. Boyau (de bicicleta).
tubuloso, sa adj. Tubuleux, euse.
tucán m. Toucan (ave).
tucía f. Quím. Tuthie, tutie (óxido de cinc).
Tucídides n. pr. m. Thucydide.
tuco m. Amer. Moignon (muñón). | Luciole, *f.* (insecto). | Hibou (búho).
tucumano, na adj. y s. De Tucumán [ville d'Argentine].
tucúquere m. Amer. Hulotte, *f.* (ave).
tucurpilla f. Amer. Tourterelle (tórtola).
tucutucu m. Amer. Taupe, *f.* (topo).
tucuyo m. Amer. Toile, *f.*, cotonnade, *f.*
tudel m. Mús. Anche, *f.* (tubo).
tudelano, na adj. De Tudela [ville de Navarre].
tudense adj. y s. De Túy [ville de Galice].
tudesco, ca adj. y s. Tudesque. ‖ Fam. *Beber como un tudesco*, boire comme un Polonais.
tueca f. o **tueco** m. Souche, *f.* (tocón). ‖ Creux (*m.*) d'un arbre pourri (hueco).
tuera f. Coloquinte (coloquíntida). ‖ Fig. *Más amargo que la tuera*, amer comme le fiel.
tuerca f. Écrou, *m.* : *tuerca de fijación, de mariposa, entallada*, écrou d'assemblage, à oreilles *o* papillon, à encoche. ‖ — *Llave de tuerca*, clef à vis. ‖ *Tuerca matriz* ou *partida*, vis mère. ‖ *Tuerca de seguridad*, contre-écrou.
tuerce m. Torsion, *f.* (torcedura).
tuero m. Grosse bûche, *f.* (trashoguero). ‖ Rondin (leño).
tuerto, ta adj. y s. Borgne : *dejar, quedarse tuerto*, rendre, devenir borgne. ‖ Fig. *En país* ou *en tierra de ciegos el tuerto es rey*, au royaume des aveugles les borgnes sont rois. ‖ — M. Offense, tort (agravio). ‖ Pl. Tranchées (*f.*) utérines (entuertos). ‖ — Adj. Tordu, e (torcido). ‖ — *A tuertas*, à l'envers (al revés), en biais (oblicuamente). ‖ *A tuertas o a derechas*, à tort ou à raison (con razón o sin ella), à tort et à travers (sin reflexión).
tuétano m. Moelle, *f.* (médula). ‖ — Fig. y Fam. *Calado hasta los tuétanos*, trempé jusqu'à la moelle des os. | *Hasta los tuétanos*, jusqu'à la moelle, jusqu'au bout des ongles.
tufarada f. Bouffée (olor fuerte) : *tufarada de vino*, bouffée de vin. ‖ Touffeur (tufo). ‖ *Tufarada de calor*, bouffée de chaleur.
tufillo m. Petite odeur, *f.* (olor). ‖ Fumet (olor agradable de un manjar).
tufo m. Relent (mal olor) : *un tufo de alcantarilla*, un relent d'égout. ‖ Émanation, *f.* (emanación). ‖ Bouffée, *f.* (tufarada). ‖ Touffeur, *f.* (atmósfera densa). ‖ Patte, *f.* (porción de pelo). ‖ Tuf (piedra). ‖ — Pl. Prétention, *f. sing.*, vanité, *f. sing.* ‖ Fig. *¡Este chico tiene unos tufos!*, ce garçon est d'un prétentieux !
tugurio m. Galetas, mansarde, *f.* (habitación pequeña). ‖ Taudis (casa miserable). ‖ Cabane, *f.* (choza de pastores).
tui m. Amer. Perroquet vert (ave).

tuición f. Dr. Défense, protection.
tuitivo, va adj. Dr. Protecteur, trice.
tul m. Tulle (tela).
tularemia f. Tularémie (enfermedad).
tule m. Amer. Jonc (junco).
tulio m. Thulium (tierra rara).
tulipa f. Tulipe, abat-jour, *m. inv.* (pantalla).
tulipán m. Tulipe, *f.* (flor).
tulipanero o **tulipero** m. Tulipier (árbol).
tulpa f. Amer. Dalle.
tullecer v. tr. Rendre perclus, estropier (lisiar), paralyser (paralizar).
— V. intr. Devenir perclus o paralysé, être estropié (lisiarse).
Tullerías n. pr. f. pl. Tuileries (jardín de París).
tullidez f. Paralysie.
tullido, da adj. y s. Perclus, e ; impotent, e (baldado). ‖ Paralysé, e. ‖ Estropié, e (mutilado). ‖ Fig. Rompu, e (muy cansado).
tullimiento m. Paralysie, *f.*
tullir* v. tr. Estropier (lisiar).
— V. intr. Émeutir, fienter (las aves).
— V. pr. Devenir perclus o impotent ; être estropié, être paralysé (una persona). ‖ Se paralyser (un miembro).
tumba f. Tombe, tombeau, *m.* (sepulcro). ‖ — Fig. *Abrir su tumba*, creuser sa fosse o son tombeau. | *A tumba abierta*, à tombeau ouvert.
— Sinón. *Hoya, fosa*, fosse. *Panteón*, caveau. *Sepultura*, sépulture. *Sepulcro*, sépulcre. *Mausoleo*, mausolée. *Hipogeo*, hypogée. *Sarcófago*, sarcophage.
tumbacuartillos m. Fam. Pilier de bistrot, poivrot, ivrogne (borracho).
tumbado, da adj. Renversé, e (derribado). ‖ Allongé, e ; couché, e : *tumbado en la cama*, allongé sur le lit. ‖ Affalé, e (repantigado). ‖ Fig. y Fam. *Lo dejé tumbado de asombro*, je l'ai assis.
tumbaga f. Tombac, *m.* (aleación metálica). ‖ Bague (sortija).
tumbal adj. Tombal, e (sepulcral).
tumbaollas m. y f. Fam. Glouton, onne ; goinfre, *m.* (glotón).
tumbar v. tr. Renverser, faire tomber : *tumbar a uno al suelo* ou *por tierra*, faire tomber quelqu'un par terre. ‖ Fig. y Fam. Étourdir (turbar). | Étendre, recaler (en un examen). ‖ Mar. Abattre.
— V. intr. Tomber (caer). ‖ S'écrouler (desplomarse). ‖ Mar. Se coucher sur le flanc (un barco).
— V. pr. Fam. S'allonger, s'étendre, se coucher (echarse). ‖ S'affaler (repantigarse). ‖ Fig. Se relâcher (disminuir el rendimiento). ‖ Fam. *Tumbarse a la bartola*, v. Bartola.
tumbilla f. Bassinoire.
tumbo m. Cahot (vaivén). ‖ *Dar tumbos*, cahoter, avancer cahin-caha.
tumbón, ona adj. Fam. Sournois, e (socarrón). | Paresseux, euse ; fainéant, e (perezoso).
— M. Voiture (*f*) à capote bombée (coche). ‖ — F. Chaiselongue, transatlantique, *m.*, transat, *m.* (asiento).
tumefacción f. Med. Tuméfaction. ‖ *Producir tumefacción*, tuméfier.
tumefacer* v. tr. Med. Tuméfier.
tumefacto, ta adj. Tuméfié, e.
tumescencia f. Tumescence.
tumescente adj. Tumescent, e.
túmido, da adj. Enflé, e. ‖ Arq. Renflé, e.
tumor m. Tumeur, *f.* : *tumores malignos*, tumeurs malignes.
— Sinón. *Tuberosidad*, tubérosité. *Quiste*, kyste. *Fibroma*, fibrome. *Excrecencia*, excroissance. *Lobanillo*, loupe. *Landre, bubón*, bubon. *Absceso*, abcès. *Apostema*, apostème.
tumulario, ria adj. Tumulaire : *inscripción tumularia*, inscription tumulaire.

túmulo m. Tumulus (montecillo artificial). ‖ Catafalque (catafalco). ‖ Tombeau (sepulcro). ‖ *Túmulo funerario*, tertre funéraire.
tumulto m. Tumulte.
tumultuante adj. Qui provoque le tumulte, tumultueux, euse.
tumultuar v. tr. Provoquer le tumulte.
tumultuario, ria adj. Tumultuaire.
tumultuoso, sa adj. Tumultueux, euse.
tuna f. Nopal, *m.*, figuier (*m.*) de Barbarie (nopal). ‖ Figue de Barbarie (higo). ‖ FIG. Vagabondage, *m.*, vie errante, vie de bohème : *correr la tuna*, mener une vie errante. ‖ « Tuna », orchestre (*m.*) d'étudiants (estudiantina). ‖ Étudiant (*m.*) membre d'une « tuna » (estudiante).
tunal m. Nopal, figuier de Barbarie (nopal). ‖ Terrain couvert de nopals (sitio donde abunda la tuna).
tunantada f. Coquinerie, friponnerie.
tunante, ta adj. y s. Coquin, e ; fripon, onne.
tunantear v. intr. Faire des bêtises o des friponneries.
tunantería f. Friponnerie, coquinerie. ‖ Fripons, *m. pl.* (conjunto de tunantes).
tunantesco, ca adj. De coquin, e ; de fripon, onne.
tunantuelo, la adj. y s. Petit coquin, petite coquine.
tunar v. intr. Vagabonder, mener une vie de vagabond.
tunco, ca adj. *Amer.* Tronqué, e ; mutilé, e. — M. *Amer.* Cochon, porc (cerdo).
tunda f. FAM. Raclée, volée (paliza) : *dar una tunda*, donner une raclée. ‖ Tonte, tonture (del paño). ‖ — *Borra de la tunda*, tontisse. ‖ FAM. *Tunda de palos*, volée de bois vert.
tundición f. o **tundido** m. o **tundidura** f. TECN. Tonte, *f.*, tonture, *f.*, rasage, *m.* (del paño).
tundidor m. Tondeur.
tundidora adj. f. y s. f. Tondeuse (de paño).
tundir v. tr. TECN. Tondre, raser (el paño). ‖ FAM. Rosser, frapper (zurrar). | Fouetter (azotar).
tundizno m. Tontisse, *f.*, tonture, *f.* (borra del paño).
tundra f. Toundra (estepa).
tunear v. intr. Faire des bêtises o des friponneries.
tunecí o **tunecino, na** adj. y s. Tunisien, enne (del país). ‖ Tunisois, e (de la ciudad).
túnel m. Tunnel : *túnel aerodinámico*, tunnel aérodynamique.
tunela m. y f. FAM. Coquin, e ; fripon, onne.
tunería f. Friponnerie, coquinerie.
tunes m. pl. *Amer.* Premiers pas.
Túnez n. pr. GEOGR. Tunis (ciudad). | Tunisie, *f.* (país).
tungar m. ELECTR. Tungar.
tungo m. Nuque, *f.* (cerviz). | Cheval (caballo).
tungstato m. QUÍM. Tungstate.
tungsteno m. QUÍM. Tungstène (volframio).
túnica f. Tunique. ‖ ANAT. y BOT. Tunique.
tunicado, da adj. Tuniqué, e.
tunicados m. pl. ZOOL. Tuniciers.
tunicela f. Tunicelle.
túnidos m. pl. Thonidés.
tuno, na adj. y s. Coquin, e ; fripon, onne. ‖ — M. Étudiant membre d'une « tuna ».
tuntún (al o al buen) adv. Au petit bonheur, à l'aveuglette, au jugé.
tupa f. Resserrement, *m.*, serrement, *m.* (acción de tupir). ‖ BOT. Tupa, *m.*
tupaya f. ZOOL. Tupaïa, *m.*, tupaja, *m.*
tupé m. Toupet (copete) : *llevar tupé*, avoir un toupet. ‖ FIG. y FAM. Toupet (descaro).
tupí adj. y s. Tupi (indio americano).
tupí m. Toupie, *f.*, toupilleuse, *f.* (cepilladora).
tupido, da adj. Serré, e : *tela tupida*, tissu serré.

‖ Dru, e (trigo). ‖ Épais, aisse ; dense (espeso) : *una tupida niebla*, un brouillard épais. ‖ Touffu, e (pelo).
tupinambo m. BOT. Topinambour (aguaturma).
tupir v. tr. Resserrer, serrer (apretar). — V. intr. Être touffu, e (la hierba).
turanio, nia adj. y s. Touranien, enne.
turba f. Tourbe (combustible). ‖ Foule, tourbe (p. us.) [muchedumbre].
turbación f. Trouble, *m.*
turbadamente adv. Avec trouble.
turbador, ra adj. Troublant, e. — M. y f. Agitateur, trice ; semeur, semeuse de désordre ; fauteur, fauteuse de troubles.
turbal m. Tourbière, *f.* (mina).
turbamiento m. Trouble.
turbamulta m. FAM. Foule, cohue.
turbante m. Turban (tocado).
turbar v. tr. Troubler : *turbar el agua, el orden*, troubler l'eau, l'ordre. ‖ Décontenancer, déconcerter (sorprender). ‖ Troubler (aturdir) : *turbar la razón*, troubler la raison. — V. pr. Se troubler. ‖ Se décontenancer, demeurer court.
turbelarios m. pl. Turbellariés (gusanos).
turbera f. Tourbière (mina).
turblamente adv. Confusément.
túrbido, da adj. Trouble.
turbiedad f. Turbidité, état (*m.*) trouble. ‖ Manque (*m.*) de netteté, brouillement, *m.* (opacidad). ‖ Brouillement, *m.* (ofuscamiento).
turbina f. MECÁN. Turbine : *turbina de vapor*, turbine à vapeur. ‖ AVIAC. *Turbina compresor*, turbine-compresseur.
turbino m. Turbith pulvérisé.
turbinto m. Sorte de térébinthe (árbol).
turbio, bia adj. Trouble (poco claro) : *agua turbia*, eau trouble. ‖ Troublé, e (azaroso) : *período turbio*, période trouble. ‖ FIG. Louche, douteux, euse ; peu clair, e : *negocio turbio*, affaire louche. | Trouble : *vista turbia*, vue trouble. | Confus, e (oscuro) : *expresión turbia*, expression confuse. ‖ FIG. *Lo turbio*, le caractère louche.
turbión m. Grosse giboulée, *f.*, averse, *f.* (aguacero). ‖ FIG. Avalanche, *f.*, foule, *f.* (alud).
turbit m. Turbith (planta). ‖ *Turbit mineral*, turbith minéral.
turbo m. Turbo (molusco).
turboalternador m. Turbo-alternateur.
turbobomba f. Turbopompe.
turbocompresor m. Turbocompresseur.
turbodinamo m. Turbodynamo, *f.*
turbohélice m. Turbohélice.
turbomotor m. Turbomoteur.
turbonada f. Grain, *m.*, grosse averse (chaparrón). ‖ *Amer.* Grand vent, *m.* (vendaval).
turbopropulsor m. Turbopropulseur.
turborreactor m. Turboréacteur.
turboso, sa adj. Tourbeux, euse.
turbosoplante f. Turbosoufflante.
turbulencia f. Turbulence (de un líquido). ‖ FIG. Turbulence, trouble, *m.* (alboroto).
turbulentamente adv. D'une manière turbulente.
turbulento, ta adj. Trouble (turbio). ‖ FIG. ● Turbulent, e (bullicioso). — SINÓN. ● *Alborotador*, tapageur. *Belicoso*, belliqueux. *Revoltoso*, séditieux. *Tumultuoso*, tumultueux.
turco, ca adj. y s. Turc, turque. ‖ — *A la turca*, à la turque. ‖ FIG. *Cabeza de turco*, tête de turc. | *Cama turca*, divan, ottomane, lit à la turque. ‖ FAM. *Celoso como un turco*, jaloux comme un tigre. ‖ *El Gran Turco*, le Grand Turc. ‖ ANAT. *Silla turca*, selle turcique. ‖ — M. Turc (lengua). ‖ — F. Divan, *m.* ottomane, lit (*m.*) à la turque (cama). ‖ FAM. Cuite (borrachera).
turcomano m. Turkmène. ‖ Turcoman (lengua).
turdetanos m. pl. Turdétans.

túrdidos m. pl. Turdidés (aves).
túrdiga f. Lanière.
Turena n. pr. f. GEOGR. Touraine.
turf m. Turf (deporte hípico, hipódromo).
turfista m. y f. Turfiste.
turgencia f. Turgescence.
turgente adj. Turgescent, e.
túrgido, da adj. Turgide.
turibulario m. Thuriféraire.
turíbulo m. Encensoir (incensario).
turiferario m. Thuriféraire.
turificar v. tr. Encenser.
Turín n. pr. GEOGR. Turin.
Turingia n. pr. f. GEOGR. Thuringe.
turingio, gia adj. y s. Thuringien, enne.
turión m. BOT. Turion.
turismo m. Tourisme. || Voiture (f.) particulière
(coche). || Oficina de turismo, syndicat d'initiative.
turista m. y f. Touriste.
turístico, ca adj. Touristique.
turma f. Truffe (criadilla de tierra).
turmalina f. MIN. Tourmaline.
turnar v. intr. Alterner, se succéder, faire, etc., à
tour de rôle (alternar) : las farmacias turnarán en
el cierre semanal, les pharmacies observeront à
tour de rôle la fermeture hebdomadaire.
— V. pr. Se relayer : en este trabajo nos turna-
mos, nous nous relayons dans ce travail ; turnarse
para cuidar a un enfermo, se relayer auprès d'un
malade.
turnio, nia adj. Bigle, louche (bizco).
turno m. Service, tour : turno de día, de noche,
service de jour, de nuit ; farmacia de turno, phar-
macie de service. || Équipe, f. (cuadrilla). || Tour
(vez) : hablar a su turno, parler à son tour ; a cada
cual su turno, chacun son tour. || — De turno, de
service. || Huelga por turno, grève tournante. ||
Médico que hace turno de noche, médecin qui est
de garde la nuit. || Por turno, à tour de rôle, tour
à tour (uno tras otro), par roulement (en un tra-
bajo). || Turno preferente, tour de faveur.
turolense adj. De Téruel [ville d'Aragon].
turón m. Putois (animal).
turonense adj. y s. Tourangeau, elle. || — Adj.
y s. m. GEOL. Turonien, enne.
turoniense adj. y s. m. GEOL. Turonien, enne.
turpial m. Troupiale (ave).
turqués, esa adj. y s. Turc, turque.
turquesa f. Turquoise (piedra preciosa). || Moule,
m. (molde). || Azul turquesa, bleu turquoise.
turquesco, ca adj. Turc, turque.
Turquestán n. pr. m. GEOGR. Turkestan.
turquí o **turquino** adj. m. Turquin, indigo : azul
turquí, bleu turquin.
Turquía n. pr. f. GEOGR. Turquie.
turrar v. tr. Griller sur la braise.
turriculado, da adj. Turriculé, e (molusco).
turritela f. Turritelle (molusco).
turrón m. Touron, pâte (f.) d'amande (dulce). ||
FIG. y FAM. Fromage, sinécure, f.
turronería f. Confiserie spécialisée dans la vente
des tourons.
turronero, ra m. y f. Marchand, marchande de
tourons.
turulato, ta adj. FAM. Stupéfait, e ; ébahi, e ; abas-
sourdi, e (estupefacto). | Étourdi, e (por un golpe).
|| FIG. Dejar turulato, estomaquer, abasourdir.
turullo m. Corne (f.) des bergers.
turumba f. Amer. Pot, m. (vasija).
turumbón m. FAM. Bosse, f. (tolondrón).
turupial m. Amer. Troupiale (ave).
tururú m. Brelan (cartas).

tus o **tus tus** m. A perro viejo no hay tus tus,
ce n'est pas à un vieux singe que l'on apprend à
faire la grimace. || Sin decir tus ni mus, sans souf-
fler mot.
— Interj. Ici !, couché ! (para los perros).
tusa f. Amer. Rafle de maïs (carozo). | Barbes (pl.)
de maïs (barbas del maíz). | Cigarette roulée dans
une feuille de maïs (cigarro). | Crins, m. pl.
(crines). | Marque de petite vérole (hoyo de
viruela). | Fille, poule (mujer de vida alegre).
— Interj. Ici !, couchée ! (para una perra).
tusar v. tr. Amer. Tondre.
tusculano, na adj. De Tusculum.
— F. pl. Les Tusculanes (obra de Cicerón).
tusílago m. BOT. Tussilage, pas-d'âne (fárfara).
¡tuso! interj. FAM. Ici !, couché ! (para llamar a
los perros).
tusona f. FAM. Prostituée, fille de joie.
tusor m. Tussor, tussore, tussah (seda).
tute m. Mariage (juego de naipes). || Réunion (f.)
des quatre rois o des quatre dames [au jeu de ma-
riage]. || POP. Raclée, f., volée, f. (paliza). || — POP.
Dar un tute, éreinter, claquer. | Darse un tute, en
mettre un coup, mettre les bouchées doubles (trabajar duro), se démener (para obtener algo), se
gaver, s'empiffrer (darse un hartazgo). | Darse un
tute de andar, faire des kilomètres.
tuteamiento m. Tutoiement.
tutear v. tr. Tutoyer (hablar de tú).
tutela f. Tutelle : tutela dativa, testamentaria,
tutelle dative, testamentaire. || — Territorio bajo
tutela, territoire sous tutelle (fideicomiso). ||
Tutela ejemplar ou judicial, conseil judiciaire
(para los incapacitados mentales).
tutelar adj. Tutélaire.
tuteo m. Tutoiement.
tutía f. QUÍM. Tuthie, tutie (óxido de cinc).
tutilimundi m. Cosmorama (mundonuevo).
tutiplén (a) m. adv. FAM. À gogo, à foison.
tutor, ra m. y f. Tuteur, trice. || — M. BOT. Tuteur
(rodrigón).
tutoría f. Tutelle.
tutriz f. Tutrice.
tutú m. Amer. Oiseau de proie.
tutuma f. Amer. Citrouille (calabaza). | Bosse (chi-
chón). | Abcès, m. (absceso).
tuturuto, ta adj. Amer. Niais, e (lelo).
tuya f. Thuya, m. (árbol).
tuyo, ya pron. poses. de la 2ª pers. Tien, tienne
(con artículo) : mi hermano es mayor que el tuyo,
mon frère est plus âgé que le tien. || À toi (sin
artículo) : este libro es tuyo, ce livre est à toi. ||
Ton, m., ta, f., tes, pl. (después del sustantivo) :
la casa tuya, ta maison ; este vestido tuyo, ta
robe ; a esa edad tuya, à ton âge. || De toi : ¿es
tuyo este cuadro?, ce tableau est-il de toi ? ; cualquier palabra tuya, n'importe quelle parole de toi.
|| — En derredor tuyo, autour de toi. || FIG. y FAM.
Ésta es la tuya, c'est à toi de jouer. | Hiciste de
las tuyas, tu as fait des tiennes. || Los tuyos, tes
tiens. || Lo tuyo, ce qui est à toi (pertenencia), tes
affaires, ce qui t'appartient o te concerne (que te
concierne). || Siempre tuyo, bien à toi (en una
carta). || Un amigo tuyo, un de tes amis, un ami
à toi.
— OBSERV. La construction du type la casa tuya est
fréquente en espagnol et renforce l'idée de possession.
tuyu m. Amer. Nandou (ave).
tuyuyú m. Amer. Sorte de cigogne (ave).
tuza f. Amer. Taupe. | Tuza real, agouti.
tweed m. Tweed (tejido).
tyndalización f. Tyndallisation.

U

u f. U, *m* : *una u mayúscula*, un *u* majuscule. ‖ *La U consonante*, le V.

— OBSERV. Le *u* espagnol, voyelle ou semi-consonne, se prononce comme *ou* en français. Dans les groupes *gue*, *gui*, et *que*, *qui*, le *u* est muet, comme en français. Mais surmonté d'un tréma, et dans les groupes *gua*, *guo*, il a le son du *ou* français : *vergüenza*, *guasa*, *antiguo*.

u conj. Ou, ou bien.

— OBSERV. S'emploie à la place de *o*, pour éviter l'hiatus, devant les mots commençant par *o* ou *ho* : *diez u once*, dix ou onze ; *belga u holandés*, belge ou hollandais.

Úbeda n. pr. GEOGR. Úbeda [Andalousie]. ‖ FAM. *Irse por los cerros de Úbeda*, battre la campagne, divaguer (divagar), s'éloigner du sujet, être à cent lieues du sujet (salirse del tema).

ubérrimo, ma adj. Très fertile : *tierra ubérrima*, terre très fertile. ‖ Abondant, e ; luxuriant, e : *vegetación ubérrima*, végétation luxuriante.

ubicación f. Position, situation, emplacement, *m*.

ubicar v. intr. Se trouver, être situé, e.
— V. tr. *Amer.* Placer, établir. ‖ Nommer (a un candidato). ‖ Garer (un coche).
— V. pr. Se trouver, être situé, e.

ubicuidad f. Ubiquité : *no tener el don de la ubicuidad*, ne pas avoir le don d'ubiquité.

ubicuo, cua adj. Ubiquiste, qui a le don d'ubiquité.

ubiquitario, ria adj. y s. RELIG. Ubiquiste, ubiquitaire.

ubre f. Mamelle, tétine. ‖ Pis, *m.* (de vaca o cabra).

ucase o ukase m. Ukase, oukase (edicto del zar). ‖ FIG. Ukase, oukase (decisión autoritaria).

Ucrania n. pr. f. GEOGR. Ukraine.

ucranio, nia adj. y s. Ukrainien, enne.

Ud. pron. pers. (abreviatura de *usted*). V. USTED.

ued m. Oued.

— OBSERV. V. OUED, 1ª parte, pág. 522.

¡uf! interj. Ouf ! ‖ Pouah ! (repugnancia).

ufanarse v. pr. Se montrer *o* être fier, s'enorgueillir, tirer vanité : *ufanarse* con ou *de sus riquezas*, se montrer fier de ses richesses.

ufanía f. Fierté, orgueil, *m.* (orgullo).

ufano, na adj. Fier, ère ; orgueilleux, euse.

ujier m. Huissier.

— SINÓN. *Bedel*, appariteur. *Portero*, portier. *Guardián*, garde. *Ordenanza*, garçon d'étage.

ukase m. V. UCASE.

ulano m. Uhlan.

úlcera f. MED. Ulcère, *m.*

ulceración f. Ulcération.

ulcerado, da adj. Ulcéré, e.

ulcerante adj. Ulcératif, ive.

ulcerar v. tr. Ulcérer.

ulcerativo, va adj. Ulcératif, ive.

ulceroso, sa adj. Ulcéreux, euse.

ulema m. Uléma (doctor musulmán).

uliginoso, sa adj. BOT. Uligineux, euse ; uliginaire.

Ulises n. pr. m. MIT. Ulysse.

ulmáceas f. pl. BOT. Ulmacées.

ulmaria f. BOT. Ulmaire, reine-des-prés.

Ulpiano n. pr. m. Ulpien.

ulpo m. *Amer.* Bouillie (*f.*) de maïs.

Ulrico n. pr. m. Ulric, Ulrich.

ulterior adj. Ultérieur, e.

ultimación f. Achèvement, *m.*, fin.

últimamente adv. Enfin (por último). ‖ Dernièrement (hace poco).

ultimar v. tr. Conclure : *ultimar un trato*, conclure une affaire. ‖ Mettre la dernière main à, fignoler, parachever : *ultimar los detalles*, fignoler les détails. ‖ *Amer.* Achever, exécuter (matar).

ultimátum m. Ultimatum : *dirigir un ultimátum*, adresser un ultimatum.

— OBSERV. Pl. *ultimátums*.

último, ma adj. ● Dernier, ère : *diciembre es el último mes del año*, décembre est le dernier mois de l'année. ‖ Dernier, ère ; ultime : *última decisión*, ultime décision.
— M. y f. Dernier, ère.
— *A la última*, à la dernière mode, du dernier cri. ‖ *A últimos de mes*, à la fin du mois. ‖ *Como o en último recurso* ou *en última instancia*, en dernier recours *o* ressort. ‖ *El hijo último*, le dernier-né. ‖ FIG. *El último grito* ou *la última palabra*, le dernier cri. ‖ *En último lugar*, en dernier lieu. ‖ *La fecha última*, la date limite. ‖ *Por último*, enfin, finalement. ‖ — *Dar el último toque* ou *la última mano*, mettre la dernière main. ‖ *¡Es lo último!*, c'est la dernière ! ‖ *¡Es lo último que me faltaba por oír!*, que ne faut-il pas entendre ! ‖ FAM. *Estar en las últimas*, être à la dernière extrémité *o* à l'article de la mort *o* à son dernier jour (morirse), être sur sa fin *o* au bout de son rouleau (fam.) ‖ [quedar poca vida]. ‖ *¡Has hecho las diez de últimas!*, tu as gagné ! ‖ *Quedarse con la última palabra*, avoir le dernier mot.

— SINÓN. ● *Final*, final. *Postrero*, ultime. *Extremo*, extrême.

ultra adj. y s. Ultra (extremista).

ultracentrifugadora f. Ultracentrifugeuse.

ultracorto, ta adj. Ultra-court, e.

ultrafiltración f. Ultrafiltration.

ultraísmo m. « Ultraïsme ».

— OBSERV. L'*ultraïsme* est un mouvement littéraire qui, créé en 1919 par des poètes espagnols et hispano-américains dont le but était de réhabiliter la poésie pure, disparut en 1923. Ses principaux représentants ont été Guillermo de Torre, Jorge Luis Borges, Eugenio Montes et Gerardo Diego.

ultrajador, ra adj. y s. Qui outrage, vexateur, trice.

ultrajante adj. Outrageant, e.

— SINÓN. *Injurioso*, injurieux. *Ofensivo*, offensant. *Insultante*, insultant. *Vejatorio*, vexatoire.

ultrajar v. tr. Outrager : *ultrajar de palabra,* outrager en paroles.

ultraje m. Outrage : *ultraje a las buenas costumbres,* outrage aux bonnes mœurs ; *ultraje público al pudor,* outrage public à la pudeur.

ultrajoso, sa adj. Outrageux, euse.

ultramar m. Outre-mer : *ir a ultramar,* aller outremer. ‖ *Azul de ultramar,* bleu d'outre-mer.

ultramarino, na adj. D'outre-mer.
— M. pl. Produits d'outre-mer, denrées (*f.*) coloniales (géneros). ‖ *Tienda de ultramarinos* ou *ultramarinos,* épicerie.

ultramicroscopia f. Ultramicroscopie.

ultramicroscopio m. Ultramicroscope.

ultramoderno, a adj. Ultra-moderne.

ultramontanismo m. Ultramontanisme.

ultramontano, na adj. y s. Ultramontain, e.

ultranza (a) loc. À outrance.

ultrapasar v. intr. Outrepasser.

ultrapresión f. Ultrapression.

ultrarrápido, da adj. Ultra-rapide.

ultrarrealista adj. y s. Ultra-royaliste.

ultrarrojo, ja adj. y s. m. Fís. Infrarouge.

ultrasonido m. Fís. Ultra-son, ultrason.

ultratumba f. Outre-tombe.

ultraviolado, da o **ultravioleta** adj. y s. m. Fís. Ultra-violet, ette ; ultraviolet, ette.

ultravirus m. inv. Biol. Ultravirus.

úlula f. Chat-huant, *m.* (ave).

ululación f. Ululation, ululement, *m.*

ulular v. intr. Ululer, hululer (p. us.).

ululato m. Ululement, ululation, *f.*

ulva f. Bot. Ulve (alga).

ulluco m. *Amer.* Ulluque (planta).

umbela f. Bot. Ombelle.

umbelado, da adj. Bot. Ombellé, e.

umbelíferáceas f. pl. Bot. Ombelliféracées.

umbelífero, ra adj. y s. f. Bot. Ombellifère.

umbeliforme adj. Bot. Ombelliforme.

umbélula f. Bot. Ombellule.

umbilicado, da adj. Ombiliqué, e.

umbilical adj. Anat. Ombilical, e : *cordón umbilical,* cordon ombilical.

umbral m. Seuil, pas [de la porte] : *en el umbral,* sur le seuil, sur le pas de la porte. ‖ Seuil : *el umbral de la vida,* le seuil de la vie. ‖ Seuil : *umbral de audibilidad, de excitación,* seuil d'audition, d'excitation. ‖ — Fig. *En los umbrales de la muerte,* au seuil de la mort. ‖ *Pisar los umbrales,* franchir le seuil.

umbrático, ca adj. Ombreux, euse.

umbrátil adj. Sombre.

umbría f. Lieu (*m.*) ombreux, ombrage, *m.* ‖ Ubac, *m.* (vertiente norte de una montaña).

Umbría n. pr. f. Geogr. Ombrie.

umbrío, a adj. Ombragé, e : ombreux, euse (umbroso). ‖ — Adj. y s. Ombrien, enne (de Umbría).

umbroso, sa adj. Ombreux, euse.

un, una art. indef. y adj. num. Un, une : *un amigo mío,* un de mes amis ; *un águila,* un aigle.
— Observ. L'espagnol *un* est la forme apocopée de *uno* précédant un substantif masculin ou de *una* devant un nom féminin commençant par *a* ou *ha* accentué (v. uno).

unalbo, ba adj. Qui a une balzane (caballo).

unánime adj. Unanime.

unanimidad f. Unanimité : *aprobar por unanimidad,* approuver à l'unanimité.

unanimismo m. Unanimisme.

unanimista adj. y s. Unanimiste.

unáu m. Zool. Unau (perezoso).

uncia f. Once (moneda).

uncial adj. y s. f. Oncial, e (escritura).

unciforme adj. Anat. Unciforme.

unción f. Onction.

uncir v. tr. Atteler [par un joug] : *uncir los bueyes al carro,* atteler les bœufs au chariot.

undécimo, ma adj. y s. Onzième. ‖ *En undécimo lugar,* onzièmement.

undoso, sa adj. Onduleux, euse ; ondoyant, e.

undulación f. Ondulation.

undulante adj. Ondulant, e.

undular v. intr. Onduler.

undulatorio, ria adj. Ondulatoire.

ungido adj. m. Oint.

ungimiento m. Onction, *f.*

ungir v. tr. Oindre : *ungir con bálsamo,* oindre de baume. ‖ *Ungir a un sacerdote por obispo,* sacrer un prêtre évêque.

ungüento m. Onguent.

unguiculado, da adj. y s. m. Zool. Onguiculé, e.

unguis m. Unguis (hueso de la órbita).

ungulado, da adj. y s. m. Zool. Ongulé, e.

ungular adj. Unguéal, e (de la uña).

uniato adj. y s. Uniate (secta).

unible adj. Qui peut être uni.

únicamente adv. Uniquement.
— Sinón. *Solamente, sólo,* seulement. *Exclusivamente,* exclusivement. *Simplemente, meramente,* simplement.

unicameral adj. Unicaméral, e. ‖ *Sistema unicameral,* unicaméralisme.

unicelular adj. Unicellulaire.

unicidad f. Unicité.

unicismo m. Unicisme.

único, ca adj. Unique : *hijo único,* fils unique. ‖ Seul, e (solo entre varios) : *el único culpable,* le seul coupable. ‖ Fig. Unique (extraordinario) : *único en su género,* unique en son genre.
— M. y f. Seul, e : *es el único que me queda,* c'est le seul qui me reste. ‖ — *Lo único,* la seule chose : *lo único que puedo hacer,* la seule chose que je puisse faire. ‖ *¡Lo único que faltaba!,* il ne manquait plus que ça !

unicolor adj. Unicolore, monochrome.

unicornio m. Unicorne. ‖ Licorne, *f.* (animal fabuloso). ‖ *Unicornio marino,* licorne de mer, narval.

unidad f. Unité : *unidad de acción, de lugar, de tiempo,* unité d'action, de lieu, de temps. ‖ Rame (de tren, metro).

unidamente adv. Ensemble, conjointement.

unidireccional adj. Rad. Unidirectionnel, elle.

unido, da adj. Uni, e : *familia muy unida,* famille très unie. ‖ *Unidos conseguiremos la victoria,* ensemble nous remporterons la victoire.

unificación f. Unification.

unificador, ra adj. y s. Unificateur, trice.

unificar v. tr. Unifier.

uniformación f. Uniformisation.

uniformar v. tr. Donner un uniforme : *uniformar a los empleados de la casa,* donner un uniforme aux employés de la maison. ‖ Uniformiser (uniformizar).

uniforme adj. Uniforme. ‖ Uni, e (sin variedad). ‖ *Hacer uniforme,* rendre uniforme, uniformiser.
— Sinón. *Igual,* égal. *Parejo,* pareil. *Monótono,* monotone. *Monocorde,* monocorde.

uniforme m. Uniforme : *uso del uniforme,* port de l'uniforme. ‖ Tenue, *f.* : *uniforme de diario, de paseo,* tenue de travail, de sortie. ‖ *Uniforme de gala,* uniforme de parade, tenue de cérémonie, grande tenue : *con uniforme de gala,* en grande tenue.

uniformidad f. Uniformité.

uniformizar v. tr. Uniformiser.

unigénito, ta adj. Unique : *hijo unigénito,* fils unique.
— M. Le Fils de Dieu (Hijo de Dios).

unilateral adj. Unilatéral, e : *contratos unilaterales,* contrats unilatéraux.

unilateralidad f. Caractère (*m.*) unilatéral.

unilocular adj. Bot. Uniloculaire.

uninominal adj. Uninominal, e.

unión f. ● Union : *la unión del alma y del cuerpo,* l'union de l'âme et du corps ; *unión aduanera,* union douanière. ‖ Réunion, union : *la unión de Castilla y León*, la réunion de la Castille et du Léon. ‖ Rattachement, *m.* (integración). ‖ Jonction : *la unión de dos ejércitos*, la jonction de deux armées. ‖ Union (casamiento). ‖ MED. Réunion, rapprochement, *m.* : *la unión de los labios de una herida*, la réunion des lèvres d'une plaie. ‖ TECN. Raccord, *m.* (manguito). | Jonction (electricidad). | Joint, *m.* (junta). ‖ — *En unión de*, en compagnie de (en compañía de), de concert avec (con la participación de). ‖ *La unión hace la fuerza*, l'union fait la force. ‖ *La Unión Soviética*, l'Union soviétique. ‖ *Manguito de unión*, raccord fileté.

— SINÓN. ● *Unidad*, unité. *Concordia*, concorde. *Acuerdo*, accord. *Amistad*, amitié. *Entente*, entente. *Inteligencia*, intelligence.

unionismo m. Unionisme.
unionista adj. y s. Unioniste.
uníparo, ra adj. Unipare.
unipersonal adj. GRAM. Unipersonnel, elle.
unipolar adj. Unipolaire.
unir v. tr. Unir : *unir una cosa con otra*, unir une chose à une autre ; *unir dos familias por un matrimonio*, unir deux familles par un mariage. ‖ ● Unir, rattacher, réunir : *unir un país con otro*, rattacher un pays à un autre. ‖ Joindre, unir : *unir dos campos para hacer uno solo*, joindre deux champs pour en faire un seul. ‖ Relier : *carretera que une Madrid con Alcalá*, route qui relie Madrid à Alcalá. ‖ FIG. Allier, joindre : *unir la bondad con la firmeza*, allier la bonté à la fermeté. ‖ Lier, unir : *estar unidos por el mismo interés*, être liés par le même intérêt. ‖ Attacher, lier, unir : *estamos muy unidos uno con otro*, nous sommes très attachés l'un à l'autre. | Rapprocher : *la desdicha une a los que sufren*, le malheur rapproche ceux qui souffrent. ‖ MED. Réunir, rapprocher (los labios de una herida).
— V. pr. Se joindre, faire la jonction (reunirse). ‖ S'unir (casarse). ‖ FIG. Se rapprocher, s'allier (aliarse). | S'attacher, se lier (afecto). | S'associer : *me uno a las palabras anteriormente pronunciadas*, je m'associe aux paroles qui ont déjà été prononcées.

— SINÓN. ● *Asociar*, associer. *Aliar*, allier. *Federar*, fédérer. *Confederar*, confédérer. *Ligar*, liguer. *Coaligar*, coaliser.

unirrefringente adj. Fís. Uniréfringent, e.
unisexual adj. BOT. y ZOOL. Unisexué, e.
unisón m. MÚS. Unisson.
unisonancia f. Unissonance.
unisonar v. intr. MÚS. Jouer o chanter à l'unisson.
unísono, na adj. Unisson, e (verso) ‖ À l'unisson (voz).
— M. Unisson. ‖ FIG. Unisson : *ponerse al unísono*, se mettre à l'unisson.
unitario, ria adj. y s. m. Unitaire. ‖ — Adj. y s. RELIG. Unitarien, enne.
unitarismo m. RELIG. Unitarisme.
unitivo, va adj. Unitif, ive.
univalvo, va adj. BOT. y ZOOL. Univalve.
universal adj. Universel, elle. ‖ FILOS. *Lo universal*, l'universel.
— SINÓN. *Mundial*, mondial. *General*, général. *Internacional*, international. *Cosmopolita*, cosmopolite. *Ecuménico*, œcuménique.
universalidad f. Universalité.
universalismo m. Universalisme.
universalista adj. y s. Universaliste.
universalización f. Universalisation.
universalizar v. tr. Universaliser.
universidad f. Université : *la Universidad de París*, l'Université de Paris. ‖ Universalité (universalidad). ‖ *Universidad laboral*, École d'enseignement technique.

universitario, ria adj. Universitaire.
— M. y f. Universitaire (profesor). ‖ Étudiant, étudiante d'université (estudiante).
universo m. Univers.
— SINÓN. *Mundo, orbe*, monde. *Cosmos*, cosmos. *Globo*, globe.
univitelino, na adj. MED. Univitellin, e.
univocación f. FILOS. Univocation, univocité.
unívoco, ca adj. FILOS. Univoque.
uno, a adj. num. Un, une. (OBSERV. V. UN.)
— Adj. calificat. Un, une : *la patria es una*, la patrie est une.
— Art. indef. Un, une. ‖ — Pl. Des, quelques : *unos libros*, des livres ; *unos años después*, quelques années après. | Des (un par de) : *unos guantes*, des gants ; *unas tijeras*, des ciseaux. ‖ Environ, à peu près, quelques (aproximadamente) : *unos cien kilómetros*, cent kilomètres environ. ‖ — *A una* ou *a un tiempo*, en même temps, à la fois. ‖ *De una vez*, en une seule fois, d'un seul coup. ‖ *Es todo uno* ou *todo es uno*, c'est tout un. ‖ *No ser más que uno*, ne faire qu'un.
— Pron. Un, une : *tiene dos hermanos y yo uno*, il a deux frères et moi un ; *una de mis hermanas*, une de mes sœurs ; *tengo una más joven que yo*, j'en ai une plus jeune que moi (cuando uno es complemento, el verbo se construye en francés con *en*). ‖ L'un, l'une : *uno de ellos*, l'un d'eux. ‖ On, *inv.*, vous (sujeto) : *uno tiene sus costumbres*, a ses petites habitudes ; *aquí uno no tiene derecho a protestar*, ici on n'a pas o vous n'avez pas le droit de protester. ‖ Vous (complemento) : *el ruido acaba por aturdirle a uno*, le bruit finit par vous étourdir. ‖ Quelqu'un : *preguntar a uno*, demander à quelqu'un. ‖ — *Una de dos*, de deux choses l'une. ‖ *Una y no más*, une fois suffit. ‖ *Uno a otro*, l'un l'autre (reciprocidad). ‖ *Uno a uno* ou *uno por uno*, un à un, un par un. ‖ *Uno con otro*, l'un dans l'autre. ‖ *Uno de otro*, l'un de l'autre. ‖ *Uno más*, un de plus, encore un. ‖ *Uno mismo*, soi-même : *esto, puede hacerlo uno mismo*, ceci on peut le faire soi-même. ‖ *Uno que otro*, quelques, quelques rares : *se veía uno que otro árbol*, on voyait quelques rares arbres. ‖ *Unos y otros*, les uns les autres. ‖ *Uno tras otro*, l'un derrière l'autre (en fila), l'un après l'autre (todos). ‖ *Uno y otro*, l'un et l'autre. ‖ — *Cada uno, cada una*, chacun, chacune. ‖ MIL. *De a uno en fondo*, en colonne par un. ‖ *Ni uno*, pas un. ‖ *Ni uno ni otro*, ni l'un ni l'autre. ‖ *Quiere dos? — No, quiero uno solo*, en voulez-vous deux ? — Non je n'en veux qu'un o j'en veux un seul. ‖ FAM. *¡Y va una!*, et d'une !
— M. Un : *uno y uno son dos*, un et un font deux. ‖ Premier : *uno de abril*, 1ᵉʳ (premier) avril. ‖ *Lo uno..., lo otro*, d'une part..., d'autre part.
— F. *Es la una*, il est une heure. ‖ *Quedarse más solo que la una*, rester complètement seul o isolé. ‖ — M. y f. FAM. Un homme, une femme, un type, une bonne femme : *ahora Lola sale con uno*, Lola sort à présent avec un type.
untador, ra adj. y s. Qui graisse, graisseur, euse.
untadura f. Graissage, *m.*
untar v. tr. Graisser (con aceite). ‖ Enduire : *untar con bálsamo*, enduire de baume. ‖ FIG. y FAM. *Untar la mano*, graisser la patte.
— V. pr. Se tacher [de graisse] (mancharse). ‖ FIG. y FAM. Se sucrer (sacar interés).
unto m. Graisse, *f.* (grasa). ‖ Onguent (ungüento). ‖ *Amer.* Cirage (betún). ‖ FIG. y FAM. *Unto de México*, fric (dinero).
untuosidad f. Onctuosité.
untuoso, sa adj. Onctueux, euse.
untura f. Graissage, *m.* ‖ Badigeonnage, *m.*, badigeon, *m.* (a un enfermo). ‖ Onguent, *m.* (unto).

uña f. Ongle, m. : *morderse las uñas,* se ronger les ongles ; *uña encarnada,* ongle incarné. ‖ Griffe (garra de los animales). ‖ Sabot, m. (casco). ‖ Aiguillon, m. (de alacrán). ‖ MED. Onglet, m., ptérygion, m. (del ojo). ‖ TECN. Onglet, m. (muesca). | Griffe (mecánica). ‖ Bec, m. (del ancla). | Ergot m. (saliente). ‖ — *Arreglarse las uñas,* se faire les ongles (hacerse la manicura). ‖ FIG. *Enseñar* ou *mostrar las uñas,* montrer les griffes o les dents. | *Esconder las uñas,* faire patte de velours, rentrer ses griffes. | *Estar de uñas,* être comme chien et chat. | *Hacer una cosa a uña de caballo,* faire quelque chose à toute vitesse o à toute bride o à bride abattue (muy rápidamente). | *Por la uña se conoce al león,* à l'ongle on connaît le lion. | *Ser uña y carne,* être comme les deux doigts de la main. | *Tener las uñas largas* ou *afiladas,* avoir les mains crochues. ‖ *Uña de vaca,* pied de veau (carnicería).

uñada f. Coup (m.) d'ongle (señal). ‖ Égratignure (rasguño).

uñarada f. Égratignure.

uñero m. MED. Panaris (panadizo). | Ongle incarné (uña encarnada). ‖ Onglet (en un libro).

uñeta f. Onguicule, m. (uña pequeña). ‖ TECN. Ognette (de escultor). | Onglet, m., onglette (de grabador). | Ciseau, m. (de cantero). ‖ Ognette (ave).

¡upa! interj. Hop !

upar v. tr. Lever, hisser (aupar).

upas m. Upas (árbol).

uppercut m. Uppercut (gancho en boxeo).

Ural n. pr. m. GEOGR. Oural (río). ‖ — Pl. *Los Urales,* l'Oural, les monts Oural.

uraloaltaico, ca adj. Ouralo-altaïque.

uraliano, na o **urálico, ca** adj. y s. Ouralien, enne.

uranato m. QUÍM. Uranate.

urania f. Uranie (mariposa).

uránico, ca adj. Uranique.

uranífero, ra adj. Uranifère.

uranio m. Uranium (metal). ‖ *Óxido de uranio,* urane.

uranio, nia adj. Céleste.

uranita f. Uranite.

urano m. Urane (óxido de uranio).

Urano n. pr. Uranus (planeta).

uranografía f. Uranographie (cosmografía).

uranógrafo m. Uranographe (cosmógrafo).

uranoplastia f. MED. Uranoplastie.

urato m. QUÍM. Urate.

urbanamente adv. Poliment, avec urbanité.

urbanidad f. Politesse, courtoisie, urbanité (p. us.).
— SINÓN. *Corrección,* correction. *Educación,* éducation. *Civilidad,* civilité. *Cortesía,* courtoisie. *Finura,* politesse.

urbanismo m. Urbanisme.

urbanista adj. y s. Urbaniste.

urbanístico, ca adj. Urbain, e. ‖ *Conjunto urbanístico,* grand ensemble.

urbanización f. Éducation (educación). ‖ Aménagement, m., urbanification : *obras de urbanización de una ciudad,* travaux d'aménagement d'une ville. ‖ Ensemble (m.) urbain. ‖ Urbanisation (fenómeno demográfico).

urbanizador, ra adj. y s. Urbaniste.

urbanizar v. tr. Dégrossir, civiliser, donner de bonnes façons à : *urbanizar a un paleto,* dégrossir un rustre. ‖ Urbaniser (dar carácter urbano). ‖ Aménager : *urbanizar una ciudad,* aménager une ville ; *zona sin urbanizar,* zone non encore aménagée.

urbano, na adj. Urbain, e : *población urbana,* population urbaine. ‖ FIG. Poli, e (cortés). ‖ *Guardia urbano,* gardien de la paix.

urbe f. Cité, ville importante.

urca f. Hourque (embarcación). ‖ Orque, m. (cetáceo).

urceolado, da adj. BOT. Urcéolé, e.

urcéolo m. BOT. Urcéole.

urchilla f. BOT. Orseille.

urdidera f. Ourdisseuse (urdidora). ‖ Ourdissoir, m. (máquina).

urdidor, ra adj. y s. Ourdisseur, euse. ‖ — M. Ourdissoir (urdidera).

urdidura f. Ourdissage, m.

urdimbre o **urdiembre** f. Chaîne (de un tejido). ‖ Ourdissage, m. (urdidura). ‖ FIG. Machination.

urdir v. tr. Ourdir. ‖ ● FIG. Ourdir : *urdir una conspiración,* ourdir une conspiration.
— SINÓN. ● *Tramar,* tramer, *Preparar,* préparer. *Maquinar,* machiner. *Trapichear,* manigancer.

urea f. QUÍM. Urée.

uredinales o **uredíneas** f. pl. BOT. Urédinales.

uredospora f. BOT. Urédospore.

ureida f. o **ureido** m. Uréide, m.

uremia f. MED. Urémie.

urémico, ca adj. Urémique.

uréter m. ANAT. Uretère.

urétera f. ANAT. Urètre, m.

ureteral adj. Urétéral, e.

ureteritis f. MED. Urétérite.

urético, ca adj. Urétral, e.

uretra f. ANAT. Urètre, m.

uretral adj. Urétral, e.

uretritis f. MED. Urétrite.

urgencia f. Urgence : *con toda urgencia,* de toute urgence, d'urgence. ‖ — *Cura de urgencia,* premiers soins, soins d'urgence. | *Curar de urgencia,* donner les soins d'urgence o les premiers soins. ‖ DR. *Recurso de urgencia,* référé.

urgente adj. ● Urgent, e ; pressant, e : *necesidad urgente,* besoin pressant. ‖ Exprès, esse : *correo urgente,* courrier exprès. ‖ *Ser urgente,* être urgent, presser.
— SINÓN. ● *Perentorio,* péremptoire. *Apremiante,* pressant. *Imperioso,* impérieux.

urgentemente adj. D'urgence, urgemment (p. us.).

urgir v. intr. Être urgent, presser : *el asunto urge,* l'affaire presse. ‖ *Me urge mucho,* c'est très urgent, j'en ai besoin tout de suite.
— V. impers. Être urgent : *urge terminar con el chabolismo,* il est urgent d'éliminer les bidonvilles.
— V. tr. Presser : *los delegados urgieron al Consejo para que tomara esta medida,* les délégués pressèrent le conseil de prendre cette mesure.

urgoniense adj. m. y s. m. GEOL. Urgonien.

uricemia f. MED. Uricémie.

úrico, ca adj. Urique : *ácido úrico,* acide urique.

urinal adj. Urinaire (urinario).

urinario, ria adj. Urinaire : *vías urinarias,* voies urinaires.
— M. Urinoir.

urinífero, ra adj. ANAT. Urinifère.

urna f. Urne. ‖ *Ir a las urnas,* aller o se rendre aux urnes, voter.

uro m. ZOOL. Aurochs, urus.

urobilina f. Urobiline.

urocistitis f. MED. Urocystite.

urocromo m. Urochrome.

urodelos m. pl. ZOOL. Urodèles.

urodinia f. MED. Urodynie.

urogallo m. Coq de bruyère.

urogenital adj. Urogénital, e ; génito-urinaire.

urografía f. Urographie.

urología f. MED. Urologie.

urólogo m. Urologue.

urómetro m. Uromètre, uréomètre.

uropigal adj. Uropygial, e. ‖ *Glándula uropigal,* glande uropygienne.

urópodo m. Uropode.

uroscopia f. MED. Uroscopie.

urpila f. *Amer.* Petit pigeon, m.

urraca f. Pie (ave). ‖ Fig. Pie (hablador).
úrsidos m. pl. Zool. Ursidés.
Úrsula n. pr. f. Ursule.
ursulina f. Ursuline (monja).
urticáceas f. pl. Bot. Urticacées.
urticante adj. Urticant, e.
urticaria f. Med. Urticaire.
urubú m. Urubu (ave).
urucú m. *Amer.* Rocouyer (árbol).
Uruguay n. pr. m. Geogr. Uruguay.
uruguayo, ya adj. y s. Uruguayen, enne.
urunday o **urundey** m. Urunday (árbol de América del Sur).
urutaú m. Sorte de hibou d'Argentine.
usado, da adj. Usé, e (deteriorado). ‖ Usagé, e (que ha servido ya). ‖ Employé, e ; usité, e : *palabra poco usada*, mot peu usité. ‖ Utilisé, e ; employé, e (utilizado). ‖ (P. us.). Habitué, e ; exercé, e (ejercitado).
usagre m. Med. Croûtes (*f. pl.*) de lait.
usanza f. Usage, *m.* (uso). ‖ Mode : *a la antigua usanza*, à l'ancienne mode.
usar v. tr. ● Utiliser, se servir de, employer : *uso tinta negra*, j'utilise de l'encre noire. ‖ Porter : *usa camisas de seda*, il porte des chemises de soie ; *usar gafas*, porter des lunettes.
— V. intr. User de, faire usage de : *usar de su derecho*, user de son droit. ‖ Avoir l'habitude de (acostumbrar). ‖ *Usar mal de*, mal user de, mésuser (ant.).
— V. pr. S'employer : *esta palabra ya no se usa*, ce mot ne s'emploie plus. ‖ Se porter : *ya no se usan miriñaques*, on ne porte plus de crinolines.
— Sinón. ● *Emplear*, employer. *Aplicar*, appliquer. *Practicar*, pratiquer. *Utilizar*, utiliser. *Servirse*, *valerse*, se servir. *Manejar*, manier.
Usatges n. pr. m. pl. Compilation (*f. sing.*) de lois et de coutumes faite en Catalogne par Ramon Berenguer au XIᵉ siècle.
usía pron. pers. Votre Seigneurie.
usina f. Usine (fábrica).
— Observ. Ce mot est un gallicisme fréquemment employé en Uruguay.
usnea f. Usnée (liquen).
uso m. Usage, utilisation, *f.* : *el buen uso de las riquezas*, le bon usage des richesses. ‖ Usage, coutume, *f.* (costumbre) : *es el uso del país*, c'est l'usage du pays. ‖ Emploi : *instrucciones para el uso*, mode d'emploi. ‖ Usage, exercice : *el uso de la autoridad, de un privilegio*, l'exercice de l'autorité, d'un privilège. ‖ Port : *uso indebido de condecoraciones*, port illégal de décorations ; *casi ha desaparecido el uso de la capa*, le port de la cape a presque disparu. ‖ — Pl. Us : *usos y costumbres*, us et coutumes. ‖ — *Al uso*, en usage, en vogue (que se estila), selon l'usage, à la façon de, à la manière de : *al uso aragonés*, à la façon des Aragonais. ‖ *Con el uso*, à l'usage ; *los zapatos dan de sí con el uso*, les chaussures se font à l'usage. ‖ *De mucho uso*, qui fait beaucoup d'usage. ‖ *De uso*, en usage, courant. ‖ *De uso corriente*, d'usage courant. ‖ *En buen uso*, en bon état. ‖ *En uso de*, faisant usage de : *en uso de sus prerrogativas*, faisant usage de ses prérogatives ; *en virtu de : en uso de las facultades que me confiere el artículo 2*, en vertu des pouvoirs qui me sont conférés par l'article 2. ‖ *Fuera de uso*, hors d'usage, hors d'état. ‖ *Para uso de*, à l'usage de. ‖ *Según la moda al uso*, à la mode, au goût du jour. ‖ —*El uso hace al maestro*, c'est en forgeant qu'on devient forgeron. ‖ *Hacer buen uso de*, faire (un) bon usage de. ‖ *Hacer mal uso de*, faire (un) mauvais usage de, mal user de. ‖ *Hacer uso de*, faire usage de, user (utilizar), exercer (autoridad, etc.). ‖ *Hacer uso de la palabra*, prendre la parole, faire usage de la parole. ‖ *Ser de uso*,

s'employer (emplearse), se porter (llevarse). ‖ *Tener uso de razón*, avoir l'âge de raison.
usted pron. pers. de la 3ª persona. Vous (2ª persona en francés) : *usted y su hermano*, vous et votre frère ; *a usted le toca hablar*, c'est à vous de parler. ‖ — Pl. Vous : *ustedes y sus hijos*, vous et vos enfants. ‖ — *Tratamiento de usted*, vouvoiement. ‖ *Tratar* ou *hablar de usted*, vouvoyer. ‖ *Yo, que usted...*, moi, à votre place *o* si j'étais vous.
— Observ. *Usted* étant la contraction de *vuestra merced* (votre grâce) est donc un pronom de la 3ᵉ personne et les adjectifs possessifs qui s'y rapportent sont également à la 3ᵉ personne. *Usted* s'écrit en abrégé *Ud.* ou *Vd.* et *ustedes Uds.* ou *Vds.*
ustilagíneas f. pl. Bot. Ustilaginales.
ustorio adj. m. *Espejo ustorio*, miroir ardent.
usual adj. Usuel, elle ; courant, e : *términos usuales*, termes usuels. ‖ D'usage : *fórmulas usuales*, formules d'usage. ‖ Habituel, elle ; courant, e (habitual).
usualmente adv. Usuellement.
usuario, ria m. y f. Usager, ère : *los usuarios de la carretera*, les usagers de la route. ‖ Utilisateur, trice : *los usuarios del gas*, les utilisateurs du gaz. ‖ Dr. Usufruitier, ère.
usucapión f. Dr. Usucapion.
usucapir v. tr. Dr. Acquérir par usucapion.
usufructo m. Dr. Usufruit (derecho).
usufructuar v. tr. Avoir l'usufruit de.
usufructuario, ria adj. y s. Usufruitier, ère.
usura f. Usure (interés). ‖ *Pagar con usura*, rendre avec usure.
usurario, ria adj. Usuraire : *beneficio usurario*, bénéfice usuraire.
usurero, ra adj. y s. Usurier, ère.
usurpación f. Usurpation : *usurpación de estado civil*, usurpation d'état civil. ‖ Empiètement, *m.* (intrusión).
usurpador, ra adj. y s. Usurpateur, trice.
usurpar v. tr. Usurper : *usurpar un título*, usurper un titre. ‖ Fig. Usurper, empiéter sur : *usurpar derechos ajenos*, empiéter sur les droits d'autrui.
— Sinón. *Expoliar*, spolier. *Arrogarse*, s'arroger. *Apropiarse*, s'approprier. *Apoderarse*, s'emparer. *Despojar*, dépouiller. *Robar*, voler. *Quitar*, enlever.
usurpatorio, ria adj. Usurpatoire.
usuta f. *Amer.* Sandale (ojota).
ut m. inv. Mús. Ut (do).
utensilio m. Ustensile.
uterino, na adj. Utérin, e : *hermano uterino*, frère utérin. ‖ *Furor uterino*, fureur utérine, utéromanie.
útero m. Anat. Utérus.
Útica n. pr. Geogr. Utique.
útil adj. Utile.
— M. Outil (herramienta). ‖ — *Lo útil*, l'utile : *unir lo útil con lo agradable*, joindre l'utile à l'agréable. ‖ *Utiles de escritorio*, articles de bureau.
utilidad f. Utilité. ‖ *Impuesto de utilidades*, impôt sur le revenu.
utilitario, ria adj. Utilitaire.
— M. Véhicule utilitaire.
utilitarismo m. Utilitarisme.
utilitarista adj. y s. Utilitariste.
utilizable adj. Utilisable.
utilización f. Utilisation.
utilizador, ra adj. y s. Utilisateur, trice.
utilizar v. tr. Utiliser, se servir de.
utillaje m. Outillage.
— Observ. Ce mot n'est plus considéré comme un gallicisme par l'Académie.
utopía f. Utopie.
utópico, ca adj. y s. Utopique.
utopista adj. y s. Utopiste.
utraquista m. Relig. Utraquiste (husita).

utrero, ra m. y f. Bouvillon, *m.*, génisse, *f.*
utrícula f. o utrículo m. Bot. Utricule, *m.*
utricular adj. Utriculaire.
utriculoso, sa adj. Utriculeux, euse.
uva f. Raisin, *m.* : *grano de uva*, grain de raisin.
|| Grain (*m.*) de raisin. || — Pl. Raisin, *m. sing.* :
racimo de uvas, grappe de raisin ; *me gustan las
uvas*, j'aime le raisin. || — *Uva albilla*, chasselas.
|| *Uva de mesa*, raisin de table. || *Uva moscatel*,
raisin muscat. || *Uvas pasas*, raisins secs. || —
Cura de uvas, cure uvale. || Fig. y Fam. *Entrar por
uvas*, risquer le coup (arriesgarse). | *Estar de mala
uva*, être de mauvais poil. | *Meter uvas con
agraces*, mélanger les torchons avec les serviettes.
|| *Tomar las uvas* ou *las uvas de la suerte*, en
Espagne, lorsque sonnent les douze coups de minuit de la Saint-Sylvestre, la coutume veut que

l'on mange douze grains de raisin destinés à procurer du bonheur pendant les douze mois de
l'année.
uval adj. Uval, e.
uvate m. Raisiné.
uve f. V, *m.* (nombre de la letra *V*).
úvea f. Anat. Uvée.
uveitis f. Med. Uvéite.
úveo, a adj. Uvéal, e.
uvero, ra m. y f. Marchand, marchande de raisin.
|| — M. Raisinier (árbol de América).
— Adj. Du raisin : *exportación uvera*, exportation du raisin.
úvula f. Anat. Uvule, luette (campanilla).
uvular adj. Uvulaire.
¡uy! interj. Aïe ! (dolor), pouah ! (repugnancia),
oh la la ! (sorpresa).

v f. V, *m.* : *una v mayúscula, minúscula*, un grand,
petit *v*. || *V doble*, w.
— Observ. Le son du *v* en espagnol se confond avec
celui du *b*.
— V se dit *uve* en espagnol.
vaca f. Vache : *vaca lechera*, vache laitière. ||
Bœuf, *m.* (carne) : *estofado de vaca*, bœuf mode. ||
Vache, vachette (cuero). || Enjeu, *m.* (dinero
jugado en las cartas). || — *Carne de vaca*, viande
de bœuf, bœuf. || Fig. y Fam. *Parece una vaca*,
c'est une grosse dondon. || *Vaca de San Antón*,
bête à bon Dieu, coccinelle. || *Vaca marina*, vache
marine, lamantin (manatí). || Fig. *Vacas flacas,
gordas*, vaches maigres, grasses.
vacaciones f. pl. ● Vacances : *vacaciones de
verano*, vacances d'été, grandes vacances ; *estar
de vacaciones*, être en vacances. || Vacations (de
un tribunal). || Congés, *m.* : *vacaciones retri-
buidas* ou *pagadas*, congés payés.
— Sinón. ● *Asueto*, congé. *Recreo*, récréation. *Reposo*,
descanso, holganza, repos.
vacada f. Troupeau (*m.*) de bœufs o de vaches.
vacancia f. Vacance (vacante).
vacante adj. ● Vacant, e : *puesto vacante*, poste
vacant. || Vacant, e (sucesión).
— F. Vacance : *en caso de producirse una
vacante*, en cas de vacance de siège. || Vide,
m., poste (*m.*) vacant, emploi (*m.*) vacant : *cubrir
las vacantes en una administración*, pourvoir les
emplois vacants o combler les vides dans une
administration.
— Sinón. ● *Vacío*, vide. *Libre*, libre. *Disponible*, disponible.
vacar v. intr. Être vacant, vaquer.
vacarí adj. En cuir de vache.
vaccinela f. Med. Vaccinelle.
vaccíneo, a adj. Med. Vaccinal, e : *medios vaccíneos*, moyens vaccinaux.
vaccínide f. Med. Vaccinide.
vaccinífero, ra adj. Med. Vaccinifère.
vaccinógeno, na adj. Med. Vaccinogène.

vaccinoide adj. y s. f. Med. Vaccinoïde.
vaccinostilo m. Med. Vaccinostyle (lanceta).
vaccinoterapia f. Med. Vaccinothérapie.
vaciadero m. Dépotoir (lugar). || Déversoir, égout
(conducto). || Bonde, *f.* (de un estanque).
vaciadizo, za adj. Moulé, e.
vaciado m. Moulage (acción y su resultado) : *va-
ciado de yeso*, moulage en plâtre. || Fonte, *f.*,
coulage (con metal) : *vaciado de una estatua*,
fonte d'une statue ; *vaciado en molde*, coulage en
moule. || Évidage (formación de un hueco). ||
Vidange, *f.* (de un depósito). || Coulée, *f.* : *orifi-
cio de vaciado*, trou de coulée. || Repassage, affû-
tage (de un cuchillo).
vaciador m. Tecn. Mouleur (de figuras en molde).
|| Fondeur (obrero fundidor). || Videur (instru-
mento para vaciar).
vaciamiento m. Vidage.
vaciante f. Marée descendante, jusant, *m.* (menguante).
vaciar v. tr. Vider : *vaciar un tonel*, vider un ton-
neau. || Couler (metal derretido), mouler (yeso) :
vaciar una estatua en bronce, couler une statue
en bronce. || Vider : *vaciar un pollo*, vider un
poulet. || Évider (ahuecar). || Vidanger : *vaciar
una fosa séptica*, vidanger une fosse septique. ||
Repasser, affûter (un cuchillo). || Fig. y Fam.
Vaciar el saco, vider son sac.
— V. intr. Se jeter : *río que vacía en el mar*,
fleuve qui se jette dans la mer.
— V. pr. Se vider. || Fig. S'ouvrir, s'épancher,
vider son sac (fam.).
vaciedad f. Niaiserie, fadaise.
vacilación f. Vacillation (balanceo). || Fig. Vacil-
lation, hésitation.
vacilante adj. Vacillant, e. || Fig. Vacillant, e ;
hésitant, e.
vacilar v. intr. Vaciller : *luz que vacila*, lumière
qui vacille. || ● Fig. Hésiter, chanceler : *vacilar
en su resolución*, hésiter dans sa résolution. || —
Fig. *Hacer vacilar*, ébranler : *hacer vacilar las
convicciones*, ébranler les convictions. | *Memoria*

que vacila, mémoire chancelante. | *Vacilar en*, hésiter à : *vacila en hablar*, il hésite à parler ; hésiter sur : *vacilar en la elección*, hésiter sur son choix.
— Sinón. ● *Dudar*, douter. *Tantear*, tâtonner. *Titubear*, hésiter.

vacío, a adj. Vide : *cajón vacío*, tiroir vide ; *sala vacía*, salle vide. ‖ Vacant, e ; vide : *vivienda vacía*, logement vacant. ‖ Fig. Creux, euse ; vain, e : *idea vacía*, idée creuse. ‖ Non pleine (hembra). ‖ — Fig. *Cabeza vacía*, tête creuse. | *Tener el estómago vacío*, avoir l'estomac vide *o* le ventre creux *o* un creux dans l'estomac. | *Volver con las manos vacías* ou *de vacío*, revenir les mains vides, revenir bredouille. — M. Creux (cavidad). ‖ Fís. Vide : *hacer el vacío*, faire le vide ; *en vacío*, sous vide. | Flanc (ijada). ‖ Fig. Vide : *su muerte dejó un gran vacío*, sa mort a laissé un grand vide. | Vanité, *f.* (vanidad). ‖ Vacance, *f.* (vacante). ‖ — *De vacío* ou *vacío*, à vide : *el autobús volvió vacío*, l'autobus revint à vide. ‖ Fig. *El vacío del poder*, la vacance du pouvoir. | *Hacer el vacío a uno*, faire le vide autour de quelqu'un. | *Tener un vacío en el estómago*, avoir un creux dans l'estomac, avoir l'estomac vide *o* le ventre creux.

vacuidad f. Vacuité.
vacuna f. Med. Vaccin, *m.* ‖ Veter. Vaccine.
vacunación f. Med. Vaccination.
vacunador, ra adj. y s. Med. Vaccinateur. trice.
vacunar v. tr. Med. Vacciner.
vacuno, na adj. Bovin, e. ‖ *El ganado vacuno*, les bovins, les bêtes à cornes.
vacuo, a adj. Vide (vacío). ‖ Vacant, e (vacante). — M. Vide, vacuité, *f.*
vacuola f. Biol. Vacuole.
vacuolar adj. Biol. Vacuolaire.
vacuoma m. Biol. Vacuome.
vadeable adj. Guéable (río). ‖ Fig. Surmontable (obstáculo).
vadear v. tr. Passer à gué, guéer (p. us.) [un río]. ‖ Fig. Vaincre, surmonter (una dificultad). | Sonder, tâter (el ánimo de uno).
vademécum m. inv. Vade-mecum (libro). ‖ Cartable, portefeuille d'étudiant.
vadera f. Gué, *m.*
vado m. Gué (de un río).
vagabundaje m. Vagabondage.
vagabundear v. intr. Vagabonder, rôder.
vagabundeo m. Vagabondage.
vagabundo, da adj. Vagabond, e : *vida vagabunda*, vie vagabonde.
— M. y f. ● Vagabond, e. ‖ Dr. Vagabond, e.
— Sinón. ● *Trotamundos*, globe-trotter *Nómada*, nomade. *Errante, errático*, errant. *Gitano*, romanichel.

vagamundo, da adj. y s. Vagabond, e.
vagancia f. Vagabondage, *m.* (delito). ‖ Fainéantise, paresse (ociosidad).
vagante adj. Errant, e.
vagar v. intr. Errer, vaguer (p. us.) : *vagar por el pueblo*, errer dans le village. ‖ Flâner (andar ocioso). ‖ Dr. Vagabonder.
vagaroso, sa adj. Errant, e.
vagido m. Vagissement. ‖ *Dar vagidos*, pousser des vagissements, vagir.
vagina f. Anat. Vagin, *m.*
vaginal adj. Anat. Vaginal, e.
vaginalitis f. Med. Vaginalite.
vaginitis f. Med. Vaginite.
vago, ga adj. Vague : *promesas vagas*, de vagues promesses. ‖ ● Vague, flou, e (color, trazo). ‖ Fig. Vague, flou, e : *idea vaga*, idée vague ; *pensamiento vago*, pensée floue. | Anat. *Nervio vago*, nerf vague. ‖ — Adj. y s. Fainéant, e ; flemmard, e (fam.) [perezoso]. ‖ — M. y f. Dr. Vaga-

bond, e. ‖ — *Hacer el vago*, fainéanter. ‖ *Ley de vagos y maleantes*, loi sur le vagabondage.
— Sinón. ● *Ligero*, léger. *Vaporoso*, vaporeux. *Impreciso*, imprécis. *Indefinido*, indéfini.

vagón m. Wagon : *vagón basculante, cerrado*, wagon basculant *o* wagon-tombereau, couvert ; *vagón cisterna*, wagon-citerne ; *vagón cuba*, wagon-foudre ; *vagón para ganado*, wagon à bestiaux ; *vagón restaurante*, wagon-restaurant ; *vagón tolva*, wagon trémie.
vagonero m. Wagonnier.
vagoneta f. Wagonnet, *m.* ‖ *Vagoneta de colada*, chariot de coulée.
vagotomía f. Med. Vagotomie.
vagotonía f. Med. Vagotonie.
vagotónico, ca adj. Med. Vagotonique.
vaguada f. Talweg, *m.*, thalweg, *m.*
vagueación f. Divagation.
vaguear v. intr. V. vagar.
vaguedad f. Vague, *m.*, imprécision : *la vaguedad de sus palabras*, le vague de ses propos. ‖ — Pl. Généralités : *no ha dicho nada preciso sino sólo vaguedades*, il n'a rien dit de précis mais seulement des généralités. | *Decir vaguedades* ou *andarse con vaguedades*, rester dans le vague.
vaguemaestre m. Vaguemestre.
vahaje m. Brise, *f.* (viento).
vaharada f. Bouffée, souffle, *m.*
vahear v. intr. Exhaler de la vapeur.
vahído m. Vertige, étourdissement : *darle a uno un vahído*, avoir un vertige.
vaho m. Vapeur, *f.*, exhalaison, *f.* ‖ Buée, *f.* : *hay vaho en los cristales*, il y a de la buée sur les carreaux.
vaída adj. f. *Bóveda vaída*, coupole sur pendentifs.
vaina f. Fourreau, *m.* (de espada). ‖ Gaine (de navaja). ‖ Bot. Gousse, cosse : *vaina de guisantes*, gousse de petits pois. | Gaine (del tallo). ‖ Anat. Gaine. ‖ Mar. Gaine (de vela). ‖ Douille (de cartucho). ‖ Fam. *Amer.* Ennui, *m.*, empoisonnement, *m.* (molestia). | Veine, chance (suerte). ‖ — M. Bon à rien, imbécile, cloche, *f.* : *está hecho un vaina*, c'est un bon à rien.
vainazas m. inv. Fam. Chiffe, *f.*, mollasson.
vainero m. Gainier (fabricante de vainas).
vainica f. Jours (*m. pl.*) échelle.
vainilla f. Vanille : *helado de vainilla*, glace à la vanille. ‖ Vanillier, *m.* (planta). ‖ *Plantación de vainilla*, vanillerie, vanillière.
vainillina f. Quím. Vanilline.
vaivén m. Va-et-vient, inv. (movimiento). ‖ Fig. Va-et-vient, inv. : *un vaivén de ideas nuevas*, un va-et-vient d'idées neuves. | Changement, fluctuation, *f.*, vicissitude, *f.*, avatar (fam.) : *los vaivenes de la vida política*, les vicissitudes de la vie politique.
vaivoda m. Voïvode, voïévode (título).
vajilla f. Vaisselle. ‖ *Vajilla de plata*, vaisselle en argent, argenterie.
val m. (P. us.). Val (valle).
valaco, ca adj. y s. Valaque.
Valaquia n. pr. f. Geogr. Valachie.
Valdemoro n. pr. Geogr. V. Pinto.
valdense adj. y s. Relig. Vaudois, e (secta).
valdepeñas m. Vin de Valdepeñas.
valdepeñero, ra adj De Valdepeñas [Nouvelle-Castille].
vale m. Bon : *vale por diez pesetas*, bon pour dix pesetas ; *vale del Tesoro*, bon du Trésor. ‖ Reçu (recibo). ‖ Billet à ordre (pagaré). ‖ Bon point (en la escuela). ‖ Fam. *Amer.* Copain (compañero).
valedero, ra adj. Valable.
— Sinón. *Válido*, valide. *Firme*, ferme, *Eficaz*, efficace.
valedor, ra m. y f. Protecteur, trice (protector). ‖ *Amer.* Copain, copine (camarada).

valencia f. QUÍM. Valence.

Valencia n. pr. GEOGR. Valence.

valenciano, na adj. y s. Valencien, enne; valentien, enne.

valentía f. Vaillance, courage, *m.* (valor). ‖ Bravoure, valeur : *la valentía de un general*, la bravoure d'un général. ‖ Forfanterie, fanfaronnade (ostentación de valor) : *la valentía de un perdonavidas*, la forfanterie d'un matamore. ‖ Assurance, sûreté, hardiesse : *pintor que maneja el pincel con valentía*, peintre qui manie le pinceau avec assurance.

Valentín, ina n. pr. m. y f. Valentin, e.

valentísimo, ma adj. Très courageux, euse; valeureux, euse.

valentón, ona adj. y s. Fanfaron, onne. ‖ — M. Fier-à-bras, matamore.

valentona o **valentonada** f. Fanfaronnade, rodomontade.

valer m. Valeur, *f.*, mérite.

valer* v. tr. Valoir : *la gloria que le han valido sus hazañas*, la gloire que ses exploits lui ont value. ‖ Valoir, attirer, causer : *esto me ha valido muchos disgustos*, cela m'a valu o attiré sur moi bien des ennuis. ‖ Valoir, coûter : *su pereza le valió un suspenso en el examen*, sa paresse lui a coûté un échec à l'examen. ‖ Protéger, défendre (proteger). ‖ — FAM. *No valer un ardite* ou *un comino* ou *un pepino* ou *un ochavo* ou *un higo* ou *un pito*, ne pas valoir un liard o tripette o cher o un fétu o quatre sous. ‖ *Valer la pena*, valoir la peine : *no vale la pena hacerlo*, ça ne vaut pas la peine de le faire. ‖ *Valer lo que cuesta*, valoir son prix. ‖ FIG. *Valer lo que pesa en oro* ou *tanto oro como pesa* ou *un Perú* ou *un Potosí* ou *un mundo*, valoir son pesant d'or, valoir un empire. ‖ *¡Válgame Dios*, grand Dieu !, que Dieu me vienne en aide !

— V. intr. e impers. Valoir : *este reloj vale mil francos*, cette montre vaut mille francs. ‖ Valoir, avoir de la valeur o du prix : *este recuerdo vale mucho para mí*, ce souvenir a une grande valeur pour moi. ‖ Être valable : *sus argumentos no valen*, vos arguments ne sont pas valables. ‖ Compter (contar) : *este partido no vale*, cette partie ne compte pas. ‖ Servir : *no le valió esta astucia*, cette ruse ne lui a pas servi. ‖ Aller (ser conveniente) : *este chico no vale para este cargo*, ce garçon ne va pas pour ce poste; *esta herramienta no vale para eso*, cet outil ne va pas pour ça. ‖ Être capable : *yo no valgo para esta clase de trabajo*, je ne suis pas capable de faire ce genre de travail. ‖ Avoir cours (monedas). ‖ — *Valer mucho*, être très utile : *vale mucho tener una buena recomendación*, il est très utile d'avoir une bonne recommandation; avoir une grande valeur : *esta muchacha vale mucho*, cette jeune fille a une grande valeur. ‖ *Valer para*, servir à : *no vale para nada*, cela ne sert à rien. ‖ *Valer por*, compter pour : *vale por dos*, il compte pour deux. ‖ *Valer tanto... como*, valoir, valoir autant... que : *Juan vale tanto como su hermano*, Jean vaut son frère. ‖ — *Darse a valer*, se faire valoir. ‖ *Hacer valer*, faire valoir. ‖ *La primera impresión es la que vale*, la première impression est la bonne, c'est la première impression qui compte. ‖ *Lo que vale mucho, mucho cuesta*, nul bien sans peine. ‖ *Más vale*, mieux vaut, il vaut mieux (es preferible) : *más vale hacerlo ahora*, mieux vaut le faire maintenant. ‖ *Más vale así*, mieux vaut ainsi, cela vaut mieux ainsi, il vaut mieux qu'il en soit ainsi, tant mieux. ‖ *Más vale tarde que nunca*, mieux vaut tard que jamais. ‖ *Más vale un toma que dos te daré*, un tiens vaut mieux que deux tu l'auras. ‖ *No hay excusa que valga*, il n'y a pas d'excuse qui compte o qui tienne. ‖ *No hay pero que valga*, il n'y a pas de mais qui tienne. ‖ *No vale*, ça ne compte pas (no cuenta), ce n'est pas de jeu (no hay derecho), ça ne va pas, je ne suis pas d'accord (no estoy conforme). ‖ *Sin que valgan excepciones*, sans aucune exception. ‖ *Tanto vale el uno como el otro*, l'un vaut l'autre, ils se valent. ‖ *Tanto vale hacerlo ahora mismo*, autant le faire tout de suite. ‖ *Tanto vales cuanto tienes*, on ne vaut que par ce qu'on possède. ‖ FAM. *Vale*, d'accord, ça va (está bien), ça suffit (basta). ‖ *Válgame la frase*, passez-moi l'expression.

— V. pr. Se valoir. ‖ Se servir, s'aider : *valerse de un bastón para andar*, se servir d'une canne pour marcher; *valerse de un diccionario*, s'aider d'un dictionnaire. ‖ User de : *valerse de sus derechos*, user de ses droits; *valerse de astucias*, user de ruses. ‖ Se servir, avoir recours à : *valerse de sus relaciones*, se servir de ses relations. ‖ — *No poder valerse*, ne pas pouvoir se suffire à soi-même o se débrouiller tout seul. ‖ *Valerse de todos los medios*, se servir de tous les moyens, faire flèche de tout bois, faire arme de tout.

Valeria n. pr. f. Valérie.

valeriana f. BOT. Valériane (planta).

valerianáceas f. pl. BOT. Valérianacées.

valerianato m. QUÍM. Valérianate.

valerianela f. BOT. Valérianelle.

valeriánico, ca adj. QUÍM. Valérianique, valérique.

Valeriano n. pr. m. Valérien.

Valerio n. pr. m. Valère.

valerosamente adv. Vaillamment, courageusement.

valerosidad f. Valeur, vaillance, courage, *m.*

valeroso, sa adj. Vaillant, e; courageux, euse; valeureux, euse : *un soldado valeroso*, un soldat valeureux, e. ‖ Précieux, euse (de mucho precio).

valet m. Valet (sota o jota en la baraja francesa).

valetudinario, ria adj. y s. Valétudinaire.

valía f. Valeur : *joya de mucha valía*, bijou d'une grande valeur. ‖ Crédit, *m.* (con una persona).

validación f. Validation.

validar v. tr. Valider.

validez f. Validité.

valido, da adj. Estimé, e; apprécié, e.
— M. Favori (favorito).

válido, da adj. Valide : *un hombre válido*, un homme valide. ‖ FIG. Valide (que satisface los requisitos) : *elección válida*, élection valide. | Valable : *recibo válido*, quittance valable. ‖ *Votos válidos*, suffrages valablement exprimés.

valiente adj. Vaillant, e; courageux, euse; brave : *un soldado valiente se expone en los combates*, un soldat vaillant s'expose dans les combats. ‖ Fanfaron, onne (valentón). ‖ FIG. y FAM. Fameux, euse; sacré; e; beau, belle : *¡valiente tonto eres!*, tu es un fameux idiot. ‖ — *¡Valiente amigo tienes!*, tu as un drôle d'ami ! ‖ *¡Valiente frío!*, quel froid ! ‖ *¡Valiente tonto!*, quel idiot !
— M. y f. Brave (valeroso). ‖ Fanfaron, onne; matamore, *m.* (bravucón).

valija f. Valise (maleta). ‖ Sacoche (del cartero). ‖ *Valija diplomática*, valise diplomatique.

valimiento m. Crédit, faveur, *f.*, privauté, *f.* : *favorito que tiene valimiento con el rey*, favori qui est en faveur o a du crédit auprès du roi, favori qui jouit de la privauté du roi. ‖ Crédit : *valimiento personal*, crédit personnel.

valioso, sa adj. Précieux, euse; de prix : *una joya valiosa*, un bijou précieux. ‖ De valeur, précieux, euse (estimado) : *cuadro valioso*, tableau de valeur. ‖ Riche : *tesoro valioso*, riche trésor. ‖ FIG. Précieux, euse : *un asesoramiento valioso*, un conseil précieux. | Riche : *¡valiosa idea!*, riche idée !

valisoletano, na adj. y s. De Valladolid.
valón, ona adj. y s. Wallon, onne.
valona f. Collerette à la wallonne. ‖ *Amer.* Crinière (de los caballos).
valonar v. tr. *Amer.* Tailler la crinière [des chevaux].
valor m. Valeur, *f.* : *artista de valor*, artiste de valeur; *objeto de valor*, objet de valeur; *dar valor a*, donner de la valeur à. ‖ Courage, valeur, *f.* : *el valor de un soldado*, le courage d'un soldat. ‖ Courage : *no tengo valor parar ir a verle*, je n'ai pas le courage d'aller le voir. ‖ FIG. Crédit : *no doy valor a sus palabras*, je n'accorde pas de crédit à ses paroles. ‖ FAM. Front, audace, *f.* : *tuvo valor para pedir que le pagaran*, il a eu le front de demander qu'on le paie. ‖ COM. Valeur, *f.* : *valor en cuenta*, valeur en compte. ‖ MAT. Valeur, *f.* : *valor absoluto, relativo*, valeur absolue, relative. ‖ MÚS. Valeur, *f.* ‖ — *Carta de valores declarados*, lettre chargée. ‖ FAM. *¿ Cómo va ese valor?*, comment va la petite santé? ‖ *Cuadro de mucho valor*, tableau d'une grande valeur *o* d'un grand prix. ‖ *Depósito de valores*, dépôt de titres. ‖ FIG. *Tener más valor que un torero*, ne pas avoir froid aux yeux. ‖ COM. *Valor comercial*, valeur marchande. | *Valor en oro*, valeur or. | *Valores declarados*, valeurs déclarées. | *Valores inmuebles*, valeurs immobilières. | *Valor recibido*, valeur fournie.
valoración f. Évaluation, estimation.
valorar v. tr. Évaluer, estimer : *valorar una cosa en alto precio*, évaluer une chose à un prix élevé.
valorización f. Évaluation, estimation (valoración). ‖ Valorisation, mise en valeur (revalorización).
valorizar v. tr. Évaluer, estimer.
vals m. Valse, *f.* ‖ *Bailar un vals*, danser une valse, valser.
valsador, ra m. y f. Valseur, euse.
valsar v. intr. Valser.
valuación f. Évaluation, estimation.
valuar v. tr. Estimer, évaluer.
valva f. BOT. y ZOOL. Valve.
valvar adj. Valvaire.
valvolina f. Graisse consistante.
válvula f. ANAT. Valvule (de las venas). ‖ RAD. Lampe : *válvula de rejilla*, lampe à grille. | Tube, - *m.* (tubo) : *válvula rectificadora*, tube redresseur. | Valve (termoiónica). ‖ TECN. Soupape (máquina de vapor) : *válvula de seguridad*, soupape de sûreté *o* de sécurité. | Soupape (de motor) : *esmerllado de válvulas*, rodage de soupapes. | Clapet, *m.* (de bomba, fuelle, etc.) : *válvula de retención*, clapet de retenue. | Vanne (en una cañería). | Cheminée (de un paracaídas). ‖ — *Válvula de mariposa*, papillon. | *Válvula de vástago*, clapet.
valvular adj. Valvulaire.
valla f. Clôture (cerca). ‖ Palissade (estacada). ‖ FIG. Barrière, obstacle, *m.* (obstáculo). ‖ DEP. Haie : *110 metros vallas*, 110 mètres haies. ‖ Place située au premier rang dans les arènes. | *Amer.* Enceinte pour les combats de coqs. ‖ *Valla publicitaria*, panneau publicitaire.
valladar m. Palissade, *f.* (estacada). | FIG. Barrière, *f.*, obstacle.
vallado m. Palissade, *f.* (estacada). ‖ Clôture, *f.* (cerca).
vallar v. tr. Palissader, clôturer.
valle m. Vallée, *f.* ‖ FIG. *Valle de lágrimas*, vallée de larmes.
— SINÓN. *Vallejo, cañada*, vallon. *Val*, val. *Hoz*, gorge. *Vaguada*, talweg, thalweg. *Hondonada, hoya*, cuvette.
vallejo m. Vallon.
vallico m. BOT. Fausse ivraie, *f.*
vallisoletano, na adj. y s. De Valladolid.
vampiresa f. CINEM. Vamp (mujer fatal).
vampirismo m. Vampirisme.

vampiro m. Vampire (murciélago y espectro).
vanadato m. QUÍM. Vanadate.
vanádico, ca adj. QUÍM. Vanadique.
vanadinita f. QUÍM. Vanadinite.
vanadio m. Vanadium (metal).
vanagloria f. Vanité, gloriole.
vanagloriarse v. pr. Se glorifier, se faire gloire, s'enorgueillir, se vanter, tirer vanité : *vanagloriarse de sus conocimientos*, se glorifier de son savoir.
— SINÓN. *Glorificarse*, se glorifier. *Envanecerse*, tirer vanité. *Engreírse*, s'enorgueillir. *Alabarse, jactarse, presumir*, se vanter. *Pavonearse*, se pavaner.
vanamente adv. Vainement, inutilement (en vano). ‖ Sans fondement, sans raison (sin razón). ‖ Avec vanité (con presunción).
vandálico, ca adj. Vandalique.
vandalismo m. Vandalisme.
vándalo adj. y s. Vandale.
Vandea n. pr. f. GEOGR. Vendée.
vandeano, na adj. y s. Vendéen, enne (de Vandea, provincia francesa).
vanesa f. Vanesse (mariposa).
vanguardia f. Avant-garde. ‖ — *De vanguardia*, d'avant-garde. ‖ FIG. *Ir a la vanguardia del progreso*, être à l'avant-garde du progrès.
vanguardismo m. Mouvement d'avant-garde.
vanguardista adj. D'avant-garde : *una película vanguardista*, un film d'avant-garde.
vanidad f. Vanité. ‖ *Vanidad de vanidades y todo es vanidad*, vanité des vanités et tout est vanité.
vanidoso, sa adj. y s. Vaniteux, euse.
— SINÓN. *Vano*, vain. *Infatuado*. *Soberbio*, superbe. *Presuntuoso*, présomptueux. *Pretencioso*, prétentieux. *Fachendoso, postinero*, poseur, crâneur. *Fatuo*, fat. *Snob*, snob. *Presumido*, suffisant.
vanilocuencia f. Verbiage, *m.*
vanílocuo, cua adj. Verbeux, euse.
— M. y f. Hâbleur, euse.
vaniloquio m. Verbiage.
vano, na adj. Vain, e : *vanas excusas*, de vaines excuses; *vanas esperanzas*, de vains espoirs. ‖ Vide, creux, euse (vacío). ‖ Vaniteux, euse (vanidoso). ‖ — *En vano*, en vain, vainement. ‖ *Promesas vanas*, promesses en l'air.
— M. CONSTR. Embrasure, *f.*, baie, *f.* (hueco). ‖ Portée, *f.* (distancia).
vapor m. ‖ Vapeur, *f.* : *vapor de agua*, vapeur d'eau. ‖ MAR. Bateau à vapeur, vapeur (barco). ‖ — FIG. *A todo vapor*, à toute vapeur. ‖ *Caballo de vapor*, cheval-vapeur. ‖ *Los vapores del vino*, les vapeurs du vin. ‖ *Máquina de vapor*, machine à vapeur. ‖ *Patatas al vapor*, pommes vapeur.
— SINÓN. ● *Vaho*, vapeur. *Exhalación*, exhalation. *Fluido*, fluide. *Gas, gaz*.
vaporar v. tr. Évaporer (evaporar).
vaporización f. ● Vaporisation. ‖ Vaporisage, *m.* (de tejidos).
— SINÓN. ● *Evaporación*, évaporation. *Volatización*, volatisation. *Pulverización*, pulvérisation.
vaporizador m. Vaporisateur (pulverizador).
vaporizar v. tr. Vaporiser.
vaporoso, sa adj. Vaporeux, euse. ‖ Flou, e; vaporeux, euse (vestido).
vapulear v. tr. Fouetter, rosser (fam.), donner une raclée (pop.) : *vapulear a un niño*, fouetter un enfant. ‖ FIG. Éreinter, esquinter (criticar).
vapuleo m. Rossée, *f.* (fam.), raclée, *f.* (pop.). ‖ FIG. Éreintement (crítica).
vaqueira f. Sorte de villanelle.
vaqueiro m. Vacher.
vaquería f. Vacherie, étable à vaches (sitio). ‖ Troupeau (*m.*) de vaches (vacada).
vaquerizo, za adj. Des vaches, pour les vaches : *corral vaquerizo*, enclos pour les vaches.
— M. y f. Vacher, ère. ‖ — F. Étable à vaches, vacherie.

vaquero, ra adj. Des vaches, des vachers. ‖ *Pantalón vaquero*, blue-jean.
— M. y f. Vacher, ère (pastor). ‖ Cow-boy (en Estados Unidos) : *película de vaqueros*, film de cow-boys. ‖ — M. *Amer.* Fouet (látigo).
vaqueta f. Vachette (cuero).
vaquetón, ona adj. *Amer.* Effronté, e.
vaquillona f. *Amer.* Génisse.
vaquita f. Petite vache. ‖ Enjeu, *m.* (dinero jugado en las cartas). ‖ *Vaquita de San Antón*, bête à bon Dieu, coccinelle.
var m. ELECTR. Var.
vara f. Perche (palo largo). ‖ Gaule : *derribar nueces con una vara*, abattre des noix avec une gaule. ‖ Baguette, bâton, *m.* (insignia de autoridad). ‖ Bout (*m.*) de bois (palo). ‖ Verge, houssine (para azotar). ‖ Brancard, *m.* (varal de un coche). ‖ Aune (medida de longitud). ‖ TAUROM. Pique (pica). ‖ Coup (*m.*) de pique (garrochazo). ‖ MÚS. Coulisse (de trombón). ‖ — Pl. Verges, baguettes (castigo). ‖ — *Medida por varas*, aunage. ‖ *Medir por varas*, auner, mesurer à l'aide d'une aune. ‖ *Poner una vara*, piquer [le taureau]. ‖ FIG. *Temer como una vara verde*, craindre comme la foudre. ‖ *Tener mucha vara alta*, avoir beaucoup d'influence o le bras très long. ‖ *Tener vara alta en un negocio*, avoir la haute main sur une affaire
varada f. MAR. Échouement, *m.* ‖ Équipe de journaliers agricoles. ‖ MIN. Période de travail. ‖ Argent (*m.*) gagné pendant cette période.
varadera f. MAR. Défense, plat-bord, *m.*
varadero m. MAR. Échouage, cale (*f.*) d'échouage.
varadura f. Échouement, *m.* (del barco).
varal m. Perche, *f.* (vara). ‖ Brancard (de un carro). ‖ FIG. Perche, *f.*, échalas (persona alta).
varamiento m. Échouement.
varano m. ZOOL. Varan (lagarto).
varapalo m. Longue perche, *f.* (palo). ‖ Coup de bâton. ‖ FIG. y FAM. Ennui, tracas (disgusto).
varar v. tr. MAR. Lancer (botar). ‖ Échouer, mettre à sec (poner en seco).
— V. intr. MAR. Échouer (encallar). ‖ Mouiller (anclar). ‖ FIG. Échouer (un asunto).
varazo m. Coup de perche o de gaule. ‖ TAUROM. Coup de pique.
vareado m. Gaulage, gaulée, *f.*
vareador m. Gauleur (de árboles).
varear v. tr. Gauler : *varear nueces*, gauler les noix. ‖ Auner (medir por varas). ‖ Battre (la lana). ‖ TAUROM. Piquer, attaquer avec la pique.
vareo m. BOT. Varech (alga).
varejón m. Perche, *f.* (vara larga). ‖ *Amer.* Houssine, *f.* (verdasca).
varenga f. MAR. Varangue.
vareo m. Gaulage, gaulée, *f.* : *el vareo de las nueces*, le gaulage des noix. ‖ Aunage (medición por varas).
vareta f. Baguette (vara pequeña). ‖ Gluau, *m.* (para cazar pájaros). ‖ Rayure (lista). ‖ FIG. y FAM. *Irse de vareta*, avoir la colique.
varetazo m. Coup de corne de côté (paletazo).
varetón m. ZOOL. Faon.
várgano m. Pieu, piquet.
Vargas n. pr. *Averígüelo Vargas*, devine qui pourra.
vari m. *Amer.* Sorte de faucon (ave).
variabilidad f. Variabilité.
variable adj. Variable, changeant, e : *tiempo variable*, temps variable.
— F. GRAM. y MAT. Variable.
variación f. Variation. ‖ *Variación magnética*, déclinaison magnétique.
variador m. MECÁN. Variateur.
variamente adv. Diversement.
variante f. Variante. ‖ Déviation (de carretera).

variar v. tr. Varier : *variar la alimentación*, varier l'alimentation.
— V. intr. Varier : *sus respuestas varían*, ses réponses varient. ‖ Changer : *variar de opinión*, changer d'opinion ; *por no variar*, pour ne pas changer. ‖ Changer, tourner : *el viento ha variado*, le vent a tourné. ‖ MAT. Varier.
— OBSERV. Le *i* de *variar* porte un accent écrit aux trois personnes du singulier et à la troisième du pluriel du présent de l'indicatif et du subjonctif, ainsi qu'à la deuxième du singulier de l'impératif.
varice f. MED. Varice : *media para varices*, bas à varices.
varicela f. MED. Varicelle (viruelas locas).
varicocele m. MED. Varicocèle, *f.*
varicoso, sa adj. y s. Variqueux, euse.
variedad f. Variété, diversité. ‖ BOT. y ZOOL. Variété. ‖ — Pl. Variétés (espectáculo). ‖ FIG. *En la variedad está el gusto*, il faut varier les plaisirs.
varilarguero m. TAUROM. Picador.
varilla f. Baguette (vara pequeña). ‖ Tringle (de cortinas). ‖ Brin, *m.*, branche (de abanico). ‖ Baleine, branche (de paraguas). ‖ Perchoir, *m.* (en una jaula). ‖ — *Varilla de escalera*, tringle d'escalier, barre de seuil. ‖ *Varilla de la virtud* ou *de las virtudes* ou *encantada* ou *mágica*, baguette magique. ‖ *Varilla de zahorí*, baguette de sourcier o divinatoire. ‖ *Varilla indicadora* ou *graduada* (de nivel), jauge.
varillaje m. Monture, *f.* (de abanico). ‖ Branches, *f. pl.*, baleines, *f. pl.* : *el varillaje de un paraguas*, les branches d'un parapluie.
vario, ria adj. Différent, e ; divers, e : *telas de varios colores*, des toiles de différentes couleurs ; *tratar de varios asuntos*, traiter de divers sujets. ‖ Variable, changeant, e (cambiadizo). ‖ — Pl. Plusieurs : *tener varios amigos*, avoir plusieurs amis.
— Pron. indef. pl. Quelques-uns, d'aucuns : *varios piensan que*, quelques-uns pensent que.
variólico adj. Variolique.
variolización f. MED. Variolisation.
varioloide f. MED. Varioloïde.
varioloso, sa adj. y s. Varioleux, euse.
varita f. Baguette : *varita de la virtud* ou *de las virtudes* ou *mágica* ou *encantada*, baguette magique.
varón m. Homme : *esclarecidos varones*, hommes illustres. ‖ Garçon : *familia compuesta de una hija y tres varones*, famille composée d'une fille et de trois garçons. ‖ — *Hijo varón*, enfant mâle. ‖ *Santo varón*, saint (santo), excellent homme, saint homme (buena persona). ‖ *Sexo : varón*, sexe : masculin (en un pasaporte). ‖ *Varón de Dios*, saint homme.
varonía f. Lignée masculine.
varonil adj. Viril, e : *carácter varonil*, caractère viril.
varraco m. Verrat (verraco).
Varsovia n. pr. GEOGR. Varsovie.
varsoviano, na adj. y s. Varsovien, enne. ‖ — F. Varsovienne (danza).
vasallaje m. Vassalité, *f.*, vasselage. ‖ FIG. Soumission, *f.* ‖ *Rendir vasallaje*, rendre hommage.
vasallo, lla adj y s. Vassal, e : *estados vasallos*, États vassaux.
vasar m. Vaisselier.
vasco, ca adj. y s. Basque. ‖ *País vasco*, Pays basque (francés o español). ‖ — M. Basque (lengua). ‖ — F. Basquaise.
vascófilo m. Personne (*f.*) qui étudie la langue basque.
vascón adj. m. y s. m. Vascon (pueblo antiguo de Navarra).
vascongado, da adj. y s. Basque. ‖ *Las Provincias vascongadas*, le Pays basque [espagnol].

— OBSERV. Les *provincias vascongadas* sont : *Álava, Guipúzcoa* et *Vizcaya,* elles ont pour chefs-lieux *Vitoria, San Sebastián* et *Bilbao.*

Vasconia n. pr. f. GEOGR. Le Pays (*m.*) basque.

vascónico, ca adj. Des vascons (pueblo antiguo).

vascuence adj. y s. m. Basque (lengua).

vascular adj. Vasculaire : *tejido vascular,* tissu vasculaire.

vascularización f. Vascularisation.

vasectomía f. MED. Vasectomie.

vaselina f. Vaseline. ‖ FIG. y FAM. *Dar mucha vaselina a alguien,* passer de la pommade à quelqu'un.

vasera f. Verrier, *m.,* verrière, panier (*m.*) à verres (para los vasos).

vasija f. Pot, *m. : vasija de barro,* pot en terre. ‖ Poterie : *una vasija precolombina,* une poterie précolombienne. ‖ Récipient, *m.* (recipiente).

vaso m. Verre : *vaso de cristal,* verre en cristal ; *beberse un vaso de agua,* boire un verre d'eau. ‖ Vase (florero) : *vaso de porcelana,* vase en porcelaine. ‖ ANAT. Vaisseau : *vasos sanguíneos,* vaisseaux sanguins. ‖ BOT. Vaisseau. ‖ — FIG. *Ahogarse en un vaso de agua,* se noyer dans un verre d'eau. ‖ FÍS. *Vasos comunicantes,* vases communicants. ‖ RELIG. *Vasos sagrados,* vases sacrés.

vasodilatador adj. m. y s. m. Vaso-dilatateur.

vasoconstricción f. Vaso-constriction.

vasoconstrictor adj. m. y s. m. Vaso-constricteur.

vasomotor, ra adj. y s. m. Vaso-moteur, trice (nervios).

vasotomía f. MED. Vasotomie.

vástago m. Rejeton, rejet (de planta, árbol). ‖ TECN. Tige, *f.* (del émbolo). ‖ FIG. Rejeton : *el último vástago de una ilustre familia,* le dernier rejeton d'une illustre famille. ‖ *Vástago de perforación,* tige de forage.

vastedad f. Immensité, étendue.

vasto, ta adj. Vaste.

vate m. Poète (poeta).

vaticanista adj. Du Vatican, vaticane : *política vaticanista,* politique vaticane.

Vaticano n. pr. m. GEOGR. Vatican.

vaticano, na adj. Du Vatican, vaticane : *biblioteca vaticana,* bibliothèque Vaticane.

vaticinador, ra m. y f. Vaticinateur, trice.

vaticinante adj. Qui vaticine.

vaticinar v. tr. Prédire.

— OBSERV. El verbo intransitivo francés *vaticiner* tiene a menudo un valor despectivo.

vaticinio m. Vaticination, *f.,* prédiction, *f.*

vatímetro m. ELECTR. Wattmètre.

vatio m. ELECTR. Watt (unidad).

vatio-hora m. ELECTR. Watt-heure.

vaudeville m. Vaudeville (comedia ligera).

vaudevillesco, ca adj. Vaudevillesque.

vaudevillista m. Vaudevilliste.

vaya f. FAM. Moquerie (burla). ‖ *Dar vaya,* railler.

— OBSERV. *Vaya* est également la 1re et 3e personne du subjonctif du verbe *ir* (aller).

Vd. pron. pers. (abreviatura de *usted*). V. USTED.

ve f. V, *m.* (letra *v*).

vecero, ra adj. Alternant, e. ‖ Bisannuel, elle (planta).

vecinaje m. Voisinage.

vecinal adj. Vicinal, e : *camino vecinal,* chemin vicinal.

vecindad f. Voisinage, *m. : vive en la vecindad,* il habite dans le voisinage. ‖ Population (de una ciudad), habitants, *m. pl.* (de un barrio), voisins *m. pl.* (de una casa). ‖ Similitude (semejanza). ‖ — *Casa de vecindad,* maison de rapport. ‖ *Política de buena vecindad,* politique de bon voisinage (entre Estados).

vecindario m. Population, *f.,* habitants, *pl. : el*

vecindario de una ciudad, les habitants d'une ville. ‖ Voisinage (los vecinos) : *acudió todo el vecindario,* tout le voisinage a accouru *o* est accouru.

vecino, na adj. Voisin, e : *país vecino,* pays voisin. ‖ FIG. Voisin, e (semejante). — M. y f. Voisin, e : *nuestros vecinos son muy ruidosos,* nos voisins sont très bruyants ; *vecino del mismo piso* ou *planta,* voisin de palier. ‖ Habitant, e : *los vecinos de Madrid,* les habitants de Madrid. ‖ — *Cada* ou *cualquier hijo de vecino,* n'importe qui, tout un chacun. ‖ *Casa de vecinos,* maison de rapport. ‖ *Los vecinos de una calle,* les riverains d'une rue. ‖ *Ser vecino de Soria,* habiter Soria, résider à Soria. ‖ *Tratar con los vecinos,* se fréquenter entre voisins.

vector adj. m. y s. m. Vecteur : *radio vector,* rayon vecteur.

veda f. Fermeture [de la chasse, de la pêche]. ‖ Défense, interdiction (prohibición). ‖ *Levantamiento de la veda,* ouverture [de la chasse, de la pêche].

veda m. Véda (libro sagrado de la India).

vedado m. Chasse (*f.*) gardée *o* réservée : *cazar en vedado,* chasser sur une chasse gardée. ‖ *Vedado de caza,* réserve de chasse.

vedamiento m. Interdiction, *f.* (veda).

vedar v. tr. Défendre, interdire : *vedar la entrada en un sitio,* interdire l'entrée dans un endroit. ‖ *Coto vedado,* réserve de chasse, chasse gardée *o* réservée.

vedegambre m. Vératre blanc, ellébore blanc (planta).

vedeja f. Longue chevelure (guedeja).

védico, ca adj. RELIG. Védique.

vedija f. Flocon (*m.*) de laine (de lana). ‖ Touffe (de pelo).

vedijoso, sa adj. Floconneux, euse (lana).

vedismo m. RELIG. Védisme.

veedor m. (Ant.). Voyer. ‖ — *Veedor de caminos,* agent voyer. ‖ (Ant.). *Veedor de vianda,* officier de bouche.

veeduría f. Jurande, charge du voyer (cargo), bureau (*m.*) du voyer (oficina).

vega f. « Vega », plaine cultivée, vallée fertile. ‖ *Amer.* Plantation de tabac [à Cuba].

— OBSERV. Le mot *vega* désigne en Espagne une plaine richement cultivée bordant en général le cours inférieur des rivières ou des fleuves des provinces méridionales.

vegetación f. Végétation : *la vegetación de los trópicos,* la végétation des tropiques. ‖ — Pl. MED. Végétations.

vegetal adj. y s. m. : *medicamentos vegetales,* médicaments végétaux.

vegetalismo m. Végétalisme.

vegetar v. intr. ● Végéter. ‖ FIG. Végéter (ir tirando).

—— SINÓN. ● *Germinar,* germer. *Brotar,* pousser. *Crecer,* croître.

vegetarianismo m. Végétarisme, végétalisme.

— OBSERV. El *végétalisme* prohibe cualquier alimento de origen animal, incluso leche, huevos, etc. En el *végétarisme* la prohibición se reduce a las carnes.

vegetariano, na adj. y s. Végétarien, enne.

— SINÓN. *Herbívoro,* herbivore. *Frugívoro,* frugivore.

vegetativo, va adj. Végétatif, ive.

veguer m. Viguier (magistrado).

veguería f. *o* **veguerío** m. Viguerie, *f.* (dignidad de veguer).

veguero, ra adj. Des plaines, des vallées. — M. Cultivateur (labrador). ‖ FAM. Cigare (puro).

vehemencia f. Véhémence.

vehemente adj. Véhément, e.

vehementemente adv. Avec véhémence, véhémentement.

vehículo m. Véhicule. ‖ Fig. Véhicule (modo de transmisión). ‖ — *Vehículo de carga pesada,* poids lourd. ‖ *Vehículos espaciales,* engins spatiaux.

veintavo, va adj. y s. m. Vingtième (vigésimo).

veinte adj. num. Vingt : *veinte personas,* vingt personnes ; *página veinte,* page 20 (vingt). ‖ Vingtième : *en el siglo veinte,* au XXᵉ (vingtième) siècle. ‖ — Fig. *Son las menos veinte* ou *son las y veinte,* un ange passe (silencio en una conversación). ‖ *Unos veinte,* une vingtaine.
— M. Vingt : *el veinte de mayo,* le 20 (vingt) mai.

veintena f. Vingtaine.

veinteno, na adj. y s. m. Vingtième.

veinteñal adj. Vicennal, e.

veintésimo, ma adj. y s. Vingtième.

veinticinco adj. num. y s. m. Vingt-cinq.

veinticuatro adj. num. y s. m. Vingt-quatre. ‖ — M. (Ant.) Conseiller municipal [en Andalousie].

veintidós adj. num. y s. m. Vingt-deux.

veintinueve adj. num. y s. m. Vingt-neuf.

veintiocho adj. num. y s. m. Vingt-huit.

veintiséis adj. num. y s. m. Vingt-six.

veintisiete adj. num. y s. m. Vingt-sept.

veintitantos, tas adj. Environ vingt, une vingtaine : *veintitantas personas,* une vingtaine de personnes. ‖ Vers le vingt : *a veintitantos de abril,* vers le 20 (vingt) avril.

veintitrés adj. num. y s. m. Vingt-trois.

veintiún adj. num. Vingt et un : *tener veintiún libros,* avoir vingt et un livres.
— Observ. Cet adjectif est la forme apocopée de *veintiuno* devant un nom masculin.

veintiuno, na adj. num. y s. m. Vingt et un, e. ‖ — F. Vingt et un, *m.* (juego de azar).

vejación f. o **vejamen** m. Vexation, *f.,* brimade, *f.*

vejancón, ona adj. Très vieux, très vieille.
— M. Vieux barbon, vieux bonhomme.
— F. Vieille bonne femme.

vejar v. tr. Vexer : *vejar a uno por una ofensa verbal,* vexer quelqu'un par une offense verbale. ‖ Brimer : *vejar a una minoría racial,* brimer une minorité raciale.

vejatorio, ria adj. Vexatoire, vexateur, trice (p. us.) : *condiciones vejatorias,* conditions vexatoires. ‖ *Medidas vejatorias,* mesures vexatoires, brimades.

vejestorio m. Fam. Vieille baderne, *f.,* vieux birbe, vieille barbe, *f.*

vejete adj. m. y s. m. Petit vieux, barbon.

vejez f. Vieillesse : *báculo de la vejez,* bâton de vieillesse. ‖ — *Achaques de la vejez,* ennuis de santé, infirmités dues à l'âge. ‖ Fam. *¡A la vejez viruelas!,* ça te prend sur le tard.
— Sinón. *Ancianidad, senectud,* vieillesse. *Decrepitud,* décrépitude. *Vetustez,* vétusté.

vejiga f. Anat. Vessie. ‖ Cloque (en la piel). ‖ — *Vejiga de la bilis,* vésicule biliaire. ‖ *Vejiga natatoria,* vessie natatoire.

vejigatorio, ria adj. y s. m. Med. Vésicatoire.

vejigazo m. Coup porté avec une vessie. ‖ Fam. *Darse un vejigazo,* se casser la figure.

vejigoso, sa adj. Couvert de cloques.

vejiguilla f. Cloque (en la piel).

vela f. Mar. Voile : *barco de vela,* bateau à voile ; *vela cangreja, de abanico* ou *tarquina, de estay, latina, mayor,* voile carrée o à corne, à livarde, d'étai, latine, grand-voile. ‖ Bougie, chandelle : *vela de estearina,* bougie de stéarine. ‖ Cierge, *m.* (cirio). ‖ Veille (vigilia). ‖ Veillée (de un muerto). ‖ Veillée, garde (de un enfermo). ‖ — Pl. Fam. Chandelles (mocos). ‖ — Mar. *Alzar velas* ou *hacerse a la vela,* appareiller, mettre à la voile. ‖ *Arriar las velas,* amener les voiles. ‖ *A toda vela, a velas desplegadas* ou *tendidas,* à pleines voiles, toutes voiles dehors. ‖ *Cambiar la vela,* amener la voile au vent. ‖ *Dar la vela,* mettre à la voile. ‖ *Deporte de la vela,* yachting, voile. ‖ Fig. y Fam. *Encender* ou *poner una vela a Dios y otra al diablo,* ménager la chèvre et le chou. ‖ *Estar a dos velas,* être sans le sou o sur la paille o dans la purée. ‖ *No tener vela en un entierro,* ne pas avoir voix au chapitre. ‖ *Pasar la noche en vela,* passer une nuit blanche. ‖ Fig. *Recoger velas,* baisser le ton, mettre de l'eau dans son vin. ‖ *Ser más derecho que una vela,* être droit comme un cierge o comme un I.

velación f. Veillée (de un enfermo, de un muerto). ‖ — Pl. Cérémonie (*sing.*) du voile [dont on recouvre les deux époux pendant la messe nuptiale].

velacho m. Mar. Petit hunier (vela).

velada f. Veillée, soirée : *quedarse de velada con unos amigos,* passer la veillée avec des amis. ‖ Soirée : *velada literaria,* soirée littéraire. ‖ Fête nocturne (verbena).

velado, da adj. Voilé, e. ‖ Fot. Voilé, e. ‖ *Voz velada,* voix voilée.

velador, ora adj. Qui veille.
— M. y f. Veilleur, euse (que vela). ‖ — M. Guéridon (mesita).

veladura f. Glacis, *m.* (en pintura). ‖ Fot. Voile, *m.*

velamen m. Mar. Voilure, *f.*

velar v. intr. Veiller : *pasar la noche velando,* passer la nuit à veiller. ‖ Fig. Veiller : *velar por la salud de un enfermo,* veiller sur la santé d'un malade ; *velar por la observancia de las leyes,* veiller au respect des lois.
— V. tr. Veiller : *velar a un enfermo,* veiller un malade. ‖ Voiler (cubrir con un velo). ‖ Fig. Voiler (disimular). ‖ Fot. Voiler. ‖ Glacer, étendre un glacis sur (en pintura). ‖ *Velar las armas,* faire sa veillée d'armes.
— V. pr. Se voiler.

velar adj. y s. f. Gram. Vélaire.

velario m. Vélarium (toldo).

velatorio m. Veillée (*f.*) funèbre.

Velázquez n. pr. Vélasquez.

velazqueño, ña adj. De Vélasquez.

veleidad f. Velléité (deseo vano). ‖ Inconstance, légèreté (versatilidad).

veleidoso, sa adj. y s. Velléitaire.

velería f. Fabrique de chandelles. ‖ Mar. Voilerie (taller de velas para barcos).

velero, ra adj. À voiles, voilier. ‖ *Barco velero,* bateau à voiles, voilier.
— M. Voilier, bateau à voiles : *un buen velero,* un fin voilier. ‖ Voilier, fabricant de voiles (para barcos). ‖ Chandelier, fabricant et marchand de chandelles.

veleta f. Girouette (para el viento). ‖ Flotteur, *m.,* bouchon, *m.,* flotte (de caña de pescar). ‖ — M. y f. Fig. Girouette, *f.* : *este político es un veleta,* cet homme politique est une girouette ; *esta chica no es nada seria, es una verdadera veleta,* cette fille n'est pas sérieuse, c'est une vraie girouette. ‖ Papillon, *m.* (hombre infiel).

velete m. Voilette, *f.*

velicación f. Med. Ponction.

velicar v. tr. Med. Ponctionner.

vélico, ca adj. Mar. *Centro vélico,* centre de voilure o vélique.

velilla f. Allumette-bougie (cerilla).

vélite m. (Ant.). Mil. Vélite (soldado).

velmez m. Tunique (*f.*) que l'on portait sous la cuirasse.

velo m. Voile : *velo de novia,* voile de mariée. ‖ Voilette, *f.* (con que las señoras se cubren el rostro). ‖ Anat. Voile : *velo del paladar,* voile du palais. ‖ — Fig. *Correr* ou *echar un velo* ou *un tupido velo sobre,* jeter un voile sur, tirer le rideau sur, passer sous silence. ‖ Relig. *Tomar el velo,* prendre le voile.

velocidad f. Vitesse : *la velocidad de la luz,* la vitesse de la lumière. ‖ ● Vitesse, vélocité (p. us.) : *la velocidad del pensamiento,* la vitesse de la pensée. ‖ MECÁN. Vitesse : *cambiar la velocidad,* changer de vitesse ; *meter una velocidad,* engager *o* passer une vitesse. ‖ MÚS. Vélocité (rapidez de ejecución). ‖ — *A toda velocidad,* à toute vitesse. ‖ FIG. *Confundir la velocidad con el tocino,* prendre des vessies pour des lanternes. ‖ *Con la velocidad del rayo,* comme l'éclair. ‖ *Gran, pequeña velocidad,* grande, petite vitesse (ferrocarril). ‖ *Meter la segunda velocidad,* passer en seconde (automóvil). ‖ *Perder velocidad,* être en perte de vitesse (un avión, una moda, etc.), perdre de la vitesse (un vehículo). ‖ *Velocidad de crucero,* vitesse de croisière. ‖ *Velocidad media,* moyenne, vitesse moyenne.
— SINÓN. ● *Rapidez,* rapidité. *Celeridad,* célérité. *Prontitud,* promptitude. *Vivacidad,* vivacité. *Diligencia,* diligence. *Presteza,* prestesse. *Prisa,* hâte. *Precipitación,* précipitation.

velocímetro m. Compteur *o* indicateur de vitesse.
velocípedo m. Vélocipède.
velocista m. DEP. Sprinter.
velódromo m. Vélodrome.
velomotor m. Vélomoteur.
velón m. Sorte de lampe à huile.
velonero m. Fabricant de « velones ».
velorio m. Veillée (*f.*) funèbre (velatorio).
veloz adj. Rapide, véloce (p. us.) : *veloz como un rayo,* rapide comme l'éclair.
— Adv. Vite, rapidement : *corre muy veloz,* il court très vite.
velozmente adv. Rapidement.
veludillo m. Veloutine, *f.,* velours de coton (tela).
veludo m. Velours.
vello m. Duvet.
vellocino m. Toison, *f.* ‖ MIT. *Vellocino de oro,* toison d'or.
vellón m. Toison, *f.* (de carnero u oveja). ‖ Flocon de laine (vedija). ‖ Billon (monedas).
vellorí o **vellorín** m. Sorte de gros drap.
vellorita f. BOT. Primevère (primavera). ‖ Pâquerette (maya).
vellosidad f. Villosité.
vellosilla f. Piloselle, épervière (planta).
velloso, sa adj. Duveteux, euse ; duveté, e ; villeux, euse (p. us.).
velludillo m. Velours de coton, veloutine, *f.* (tela).
velludo, da adj. Velu, e.
— M. Peluche, *f.* (felpa).
vellutero m. Veloutier.
vena f. ANAT. Veine. ‖ MIN. Veine. ‖ FIG. y FAM. Crise, impulsion : *trabajar por venas,* travailler par crises. ‖ — FIG. y FAM. *En vena de,* en veine de. ‖ FIG. y FAM. *Estar en vena,* être en veine. ‖ *Le ha dado la vena de ir al Polo,* il s'est mis dans la tête *o* ça lui a pris tout d'un coup d'aller au Pôle. ‖ FIG. y FAM. *Vena de loco,* grain de folie. ‖ *Vena poética,* veine poétique.
venablo m. Javelot (arma). ‖ — FIG. *Echar venablos,* vomir des injures.
venadero m. Fort (del ciervo).
venado m. Cerf (ciervo). ‖ Gros gibier (caza mayor).
venal adj. Vénal, e : *un empleo venal,* une charge vénale. ‖ ANAT. Veineux, euse (venoso).
venalidad f. Vénalité.
venático, ca adj. y s. Lunatique.
venatorio, ria adj. Cynégétique : *contar sus proezas venatorias,* conter ses prouesses cynégétiques.
vencedero, ra adj. COM. Échéant, e ; qui vient à échéance.
vencedor, ra adj. Victorieux, euse.
— M. y f. Vainqueur (sin fem.), triomphateur, trice : *en plan de vencedor,* en vainqueur.

— SINÓN. *Victorioso,* victorieux. *Triunfador, triunfante* triomphateur. *Ganador, premiado,* gagnant.

vencejo m. Lien (ligadura). ‖ Martinet (pájaro).
vencer v. tr. ● Vaincre, battre : *vencer a los enemigos,* vaincre les ennemis. ‖ FIG. Vaincre : *vencer la resistencia de sus padres,* vaincre la résistance de ses parents. ‖ Vaincre, surmonter : *vencer un obstáculo, sus pasiones,* vaincre un obstacle, ses passions. ‖ Surmonter : *vencer una crisis,* surmonter une crise. ‖ Vaincre, l'emporter sur : *vencer a uno en generosidad,* l'emporter sur quelqu'un en générosité. ‖ L'emporter sur, battre : *te vence en agilidad,* il te bat en agilité. ‖ Franchir : *vencer una distancia, un obstáculo,* franchir une distance, un obstacle. ‖ Gravir (una pendiente). ‖ Vaincre : *el Aconcagua fue vencido en 1897,* l'Aconcagua fut vaincu en 1897.
— V. intr. Échoir, arriver à échéance : *mi pagaré vence mañana,* mon billet à ordre échoit demain. ‖ Expirer, arriver à son terme (plazo, deuda, arriendo). ‖ Gagner, être le plus fort : *en él venció el orgullo,* l'orgueil chez lui a été le plus fort. ‖ *A plazo vencido,* à terme échu.
— V. pr. FIG. Se dominer, se maîtriser, se vaincre soi-même. ‖ Ployer, se tordre, se gauchir (ladearse). ‖ Craquer (romperse).
— SINÓN. ● *Batir, derrotar,* battre. *Aplastar,* écraser. *Aniquilar,* anéantir. *Destrozar,* tailler en pièces. *Derribar,* renverser.

vencetósigo m. BOT. Dompte-venin, *inv.*
vencible adj. Qui peut être vaincu, e. ‖ Surmontable (superable).
vencida f. *A la tercera va la vencida,* la troisième fois sera la bonne (para animar), que ce soit la dernière fois (en son de amenaza).
vencido, da adj. y s. Vaincu, e : *darse por vencido,* s'avouer vaincu. ‖ — Adj. Échu, e ; venu à échéance (un pagaré, etc.). ‖ Qui expire (plazo). ‖ — *¡Ay* ou *guay de los vencidos!,* malheur aux vaincus ! ‖ FIG. *Darse por vencido,* donner sa langue aux chats (en un acertijo).
vencimiento m. Échéance, *f.,* terme (de un pagaré, etc.). ‖ Échéance, *f.,* expiration, *f.,* terme (de una deuda). ‖ FIG. Franchissement (de un obstáculo). ‖ Victoire, *f.* (victoria). ‖ Défaite, *f.* (derrota). ‖ FIG. Ploiement, torsion, *f.* (torsión).
venda f. Bande : *venda de gasa,* bande de gaze. ‖ Bandage, *m.* (vendaje). ‖ Bandeau, *m.* (de cabeza). ‖ — FIG. *Quitar a uno la venda de los ojos,* faire tomber le bandeau des yeux de quelqu'un, ouvrir *o* dessiller les yeux de quelqu'un. ‖ *Se le cayó la venda de los ojos,* les écailles lui sont tombées des yeux, ses yeux se sont dessillés | *Tener una venda en los ojos,* avoir un bandeau sur les yeux, être aveugle.
vendaje m. Bandage. ‖ *Vendaje enyesado,* plâtre (para un miembro roto).
vendar v. tr. Bander (con una venda). ‖ — FIG. *La pasión le venda los ojos,* la passion l'aveugle *o* lui bande les yeux. | *Tener los ojos vendados,* avoir un bandeau sur les yeux, être aveugle.
— V. pr. Se bander : *vendarse el brazo,* se bander le bras.
vendaval m. Vent de tempête, tourmente, *f.* ‖ FIG. Ouragan : *el vendaval de las pasiones,* l'ouragan des passions.
vendedor, ra adj. y s. Vendeur, euse ; marchand, e : *vendedor de periódicos,* marchand de journaux. ‖ Vendeur, euse (dependiente). ‖ *Vendedor ambulante,* camelot. ‖ *Vendedor ambulante de periódicos,* crieur de journaux. ‖ *Vendedor callejero,* crieur des rues.
— OBSERV. *Vendedora,* en términos jurídicos, se dice *venderesse.*
vendehúmos m. y f. inv. FAM. Fanfaron, onne ; plastronneur, euse.

vendeja f. Vente dans un marché, une foire, etc. (feria).

vender v. tr. ● Vendre : *vender naranjas*, vendre des oranges ; *vender un cuadro en* ou *por diez mil pesetas*, vendre un tableau dix mille pesetas. ‖ Fig. Vendre : *vender su conciencia*, vendre sa conscience. ‖ Vendre, trahir (traicionar) : *vender a un amigo*, vendre un ami. ‖ — *Artículo sin vender*, invendu. ‖ *Vender al contado*, vendre comptant. ‖ *Vender al por mayor, al por menor*, vendre en gros, au détail. ‖ *Vender a plazos* ou *a cuota* (amer.), vendre à tempérament. ‖ *Vender cara su vida*, vendre chèrement sa vie, vendre cher sa peau (fam.). ‖ *Vender caro*, vendre cher (un comerciante), faire payer cher : *el enemigo ha vendido cara su derrota*, l'ennemi a fait payer cher sa déroute. ‖ *Vender con pérdida*, vendre à perte. ‖ *Vender de contrabando*, vendre en fraude. ‖ *Vender en firme*, vendre ferme o à couvert. ‖ *Vender en pública subasta*, vendre aux enchères. ‖ Fig. *Vender la piel del oso antes de haberlo matado*, vendre la peau de l'ours avant de l'avoir tué. ‖ *Vender salud*, avoir de la santé à revendre, avoir une santé florissante, respirer la santé. — V. pr. Se vendre. ‖ Fig. Se vendre (dejarse sobornar). ‖ Se vendre, se trahir (descubrir lo oculto). ‖ — *Se vende en las principales librerías*, en vente dans les principales librairies. ‖ *Se vende un coche deportivo*, à vendre une voiture de sport. ‖ Fig. *Venderse caro*, se faire rare. ‖ *Venderse como rosquillas* ou *como pan caliente*, se vendre comme des petits pains.
— Sinón. ● *Ceder*, céder. *Despachar, expender*, débiter. *Liquidar*, liquider. *Soldar*, solder. *Enajenar*, aliéner.

vendetta f. Vendetta (venganza).

vendí m. Bordereau [de vente].

vendible adj. Vendable.

vendido, da adj. y s. Vendu, e. ‖ Fig. Perdu, e.

vendimia f. Vendange.

vendimiador, ra m. y f. Vendangeur, euse.

vendimiar v. tr. e intr. Vendanger.

vendimiario m. Vendémiaire (primer mes del calendario republicano francés).

vendo m. Lisière, f. [du drap].

Venecia n. pr. Geogr. Venise (ciudad). ‖ Vénétie (región).

veneciano, na adj. y s. Vénitien, enne (de Venecia).

venéfico, ca adj. (Ant.). Empoisonné, e. — M. y f. (Ant.). Sorcier, ère (brujo). ‖ Empoisonneur, euse (envenenador).

venencia f. Pipette [servant à puiser du vin dans les fûts à Jerez de la Frontera].

veneno m. Poison (químico o vegetal) : *la estricnina es un veneno violento*, la strychnine est un poison violent. ‖ Venin (de los animales). ‖ Fig. Poison. ‖ Fig. *Sus palabras destilan veneno*, ses paroles sont empoisonnées.
— Sinón. *Ponzoña*, venin. *Tóxico*, toxique. *Toxina*, toxine.

venenosidad f. Venimosité.

venenoso, sa adj. ● Vénéneux, euse : *seta venenosa*, champignon vénéneux. ‖ Venimeux, euse : *serpiente venenosa*, serpent venimeux. ‖ Fig. Venimeux, euse (malo).
— Sinón. ● *Tosigoso*, vénéneux. *Ponzoñoso*, venimeux.

venera f. Coquille Saint-Jacques (concha). ‖ Source (venero).

venerabilísimo, ma adj. Très vénérable.

venerable adj. y s. Vénérable.

veneración f. Vénération.

venerar v. tr. Vénérer : *venerar a uno por santo*, vénérer quelqu'un comme un saint.

venéreo, a adj. Vénérien, enne : *enfermedad venérea*, maladie vénérienne. — M. Maladie (f.) vénérienne.

venericardia f. Zool. Vénéricarde.

venero m. Source, f. (manantial). ‖ Min. Gisement (criadero), filon. ‖ Fig. Source, f. (origen). ‖ Source, f., mine, f. : *venero de informaciones*, source d'informations.

véneto, ta adj. y s. Vénitien, enne.

venezolanismo m. Tournure (f.) [giro] o mot (voz) particulier au Venezuela.

venezolano, na adj. y s. Vénézuélien, enne.

Venezuela n. pr. m. Geogr. Venezuela.

vengador, ra adj. y s. Vengeur, geresse.

venganza f. Vengeance : *clamar venganza*, crier o demander vengeance ; *tomar venganza*, tirer vengeance.
— Sinón. *Represalia*, représaille. *Vindicta*, vindicte. *Revancha, desquite*, revanche.

vengar v. tr. Venger. — V. pr. Se venger, tirer vengeance : *vengarse de una afrenta en uno*, se venger d'un affront sur quelqu'un.

vengativo, va adj. Vindicatif, ive.

venia f. Pardon, m. (perdón). ‖ Permission, autorisation : *con la venia del profesor*, avec l'autorisation du professeur. ‖ Salut, m. (saludo).

venial adj. Véniel, elle : *pecado venial*, péché véniel.

venialidad f. Caractère (m.) véniel, légèreté.

venida f. Venue (acción de venir) : *idas y venidas*, allées et venues ; *me alegro de tu venida*, je suis heureux de ta venue. ‖ Arrivée, venue (llegada) : *la venida de la primavera*, l'arrivée du printemps. ‖ (P. us.). Crue, inondation (avenida). ‖ Attaque (esgrima).

venidero, ra adj. Futur, e ; à venir : *los años venideros*, les années à venir.
— M. *Lo venidero*, l'avenir, le futur : *en lo venidero*, dans le futur, à l'avenir. ‖ — M. pl. Générations (f.) futures, descendants, successeurs.

venilla f. Anat. Veinule.

venir* v. intr. ● Venir : *él va a venir*, il va venir ; *¡ven aquí!*, viens ici ! ; *dile que venga*, dis-lui de venir. ‖ Venir, provenir (proceder) : *este té viene de Ceilán*, ce thé vient de Ceylan ; *su mala conducta viene de su educación*, sa mauvaise conduite vient de son éducation. ‖ Venir (suceder) : *la primavera viene después del invierno*, le printemps vient après l'hiver. ‖ Y se trouver : *en el periódico de hoy viene un reportaje muy interesante*, dans le journal d'aujourd'hui il y a un reportage très intéressant. ‖ Se trouver, être : *su foto viene en la primera página*, sa photo se trouve en première page. ‖ Être, être écrit : *el texto viene en francés*, le texte est écrit en français. ‖ Être : *este piso nos viene ancho*, cet appartement est grand pour nous. ‖ Arriver : *vino muy cansado*, il arriva très fatigué. ‖ Revenir : *recuerdos que vienen a la mente*, souvenirs qui reviennent à l'esprit.
— *Venir a*, arriver à, en venir à : *vinieron a un acuerdo*, ils arrivèrent à un accord ; finir par : *vinieron a firmar las paces*, ils finirent par conclure la paix. ‖ *Venir a cuento*, venir à propos o à point. ‖ *Venir a las manos*, en venir aux mains. ‖ *Venir al mundo*, venir au monde. ‖ Fam. *Venir al pelo* ou *a punto*, tomber à point o à pic, bien tomber, venir à point. ‖ *Venir a menos*, déchoir, tomber en déchéance, tomber bien bas (fam.) : *familia venida a menos*, famille déchue. ‖ *Venir a parar*, finir par, aboutir, se solder par : *la inflación vino a parar en una catástrofe*, l'inflation s'est soldée par une catastrophe ; en venir : *¿a dónde quieres venir a parar?*, où veux-tu en venir ? ‖ *Venir a ser*, revenir : *venir a ser lo mismo*, revenir au même ; être

plus ou moins, n'être ni plus ni moins que : *esto viene a ser una mera estafa*, ce n'est ni plus ni moins qu'une belle escroquerie. ‖ *Venir a tener*, avoir à peu près o dans les : *vendrá a tener cincuenta años*, il doit avoir dans les cinquante ans. ‖ *Venir con cuentos*, raconter des histoires. ‖ FAM. *Venir de perilla* ou *de perlas* ou *de primera*, tomber à merveille o à pic, bien tomber, venir à point. ‖ *Venir en conocimiento de uno*, venir à la connaissance o aux oreilles de quelqu'un. ‖ *Venir en decretar, en nombrar*, décréter, nommer. ‖ *Venirle a la cabeza a uno*, venir à l'esprit o à l'idée de quelqu'un. ‖ *Venirle a la cabeza* ou *a la memoria de uno*, se souvenir, se rappeler : *me vino a la cabeza que*, je me suis souvenu que. ‖ FAM. *Venirle al pelo a uno*, convenir parfaitement à quelqu'un. ‖ *Venirle bien a uno*, aller bien à quelqu'un (un traje), arranger quelqu'un : *eso me viene bien*, cela m'arrange ; arranger quelqu'un, faire l'affaire de quelqu'un : *estos diez mil francos me vendrían muy bien*, ces dix mille francs feraient bien mon affaire. ‖ *Venirle mal a uno*, aller mal à quelqu'un, ne pas aller à quelqu'un (un traje), ne pas convenir à quelqu'un, ne pas arranger quelqu'un (no convenir). ‖ *Venir mejor*, convenir o aller mieux. ‖ FAM. *Venir que ni pintado*, aller à merveille o on ne peut mieux. ‖ *Venir rodado*, tomber à pic. ‖ — *A mal venir*, au pis aller. ‖ *¿A qué viene esto?*, qu'est-ce que cela vient faire ? (una cosa), à quoi cela rime-t-il ? (una acción). ‖ *¿A qué vienes?*, que viens-tu faire ?, que veux-tu ? ‖ *Como le venga en gana*, comme bon vous semble. ‖ *Depende de cómo venga la cosa*, cela dépendra des circonstances. ‖ *El año que viene*, l'année prochaine. ‖ *En lo por venir*, à l'avenir (de aquí en adelante), dans l'avenir (en lo futuro). ‖ *Eso no viene a cuento*, cela n'a rien à voir (no tiene nada que ver), cela ne rime à rien (no es oportuno). ‖ *Eso no viene al caso*, cela n'a rien à voir, là n'est pas la question. ‖ *Le vino en gana marcharse al extranjero*, il a eu envie o ça lui a pris de partir à l'étranger. ‖ FIG. *Lo veía venir*, je le voyais venir, je m'y attendais. ‖ *Me vino un dolor de muelas terrible*, j'ai été pris d'une terrible rage de dents. ‖ FAM. *No le va ni le viene*, cela ne le concerne o ne le regarde pas (no le importa), cela lui est égal, cela ne lui fait ni chaud ni froid (le da igual). ‖ *No me viene su nombre a la memoria*, je ne me souviens plus de son nom, son nom m'échappe o ne me revient pas. ‖ *Se le vino o le vino a la boca un disparate*, il laissa échapper une bourde. ‖ *Si a mano viene*, si l'occasion se présente, le cas échéant. ‖ *¡Venga!*, allez !, vas-y ! (anda), passez-moi ça (démelo). ‖ *Venga como venga la cosa*, quoi qu'il arrive. ‖ *Venga lo que viniere*, quoi qu'il advienne, quoi qu'il arrive. ‖ FAM. *¡Vengan esos cinco!*, tope-là, topez-là (estrechar la mano). ‖ *Venga o no venga a cuento*, à tort et à travers (a tontas y a locas), à tort ou à raison (con razón o sin ella). ‖ FIG. *Verle venir a uno*, voir venir quelqu'un. ‖ *Voy y vengo*, je ne fais qu'aller et venir, je ne fais qu'un saut, je reviens tout de suite. — V. pr. Revenir, rentrer (volver). ‖ — *Venirse abajo*, s'écrouler, s'effondrer (un edificio), s'effondrer, s'écrouler, tomber par terre (fam.) : *todos sus proyectos se han venido abajo*, tous ses projets se sont effondrés ; s'effondrer : *después del examen se vino abajo*, après l'examen il s'effondra ; crouler : *la sala se venía abajo con los aplausos*, la salle croulait sous les applaudissements. ‖ *Venirse al suelo* ou *a tierra*, s'écrouler, s'effondrer.

— SINÓN. ● *Llegar*, arriver. *Regresar, retornar*, retourner. *Sobrevenir*, survenir.

venoso, sa adj. Veineux, euse : *sangre venosa*, sang veineux.

venta f. Vente : *la venta de la leche*, la vente du lait. ‖ Auberge [en pleine campagne] (posada). ‖ — *Artículo de fácil venta*, article qui se vend bien. ‖ *De venta en todas las librerías*, en vente dans toutes les librairies, chez tous les libraires. ‖ *Estar a la venta* ou *en venta*, être en vente. ‖ *Poner a la venta* ou *en venta*, mettre en vente. ‖ *Venta a crédito, al contado, al por mayor, al por menor*, vente à crédit, au comptant, en gros, au détail. ‖ *Venta a plazos* ou *por cuotas* (amer.), vente à tempérament. ‖ *Venta callejera*, vente ambulante. ‖ *Venta de localidades*, guichet de location (teatros). ‖ *Venta postbalance*, vente après inventaire.

ventaja f. Avantage, m. : *tiene la ventaja de ser fuerte*, il a l'avantage d'être fort. ‖ Avantage, m. (tenis) : *ventaja al saque*, avantage dehors. ‖ *Sacar ventaja a*, dépasser : *sacó ventaja de 20 metros a su competidor*, il a dépassé son concurrent de 20 mètres ; *sacar mucha ventaja*, dépasser largement ; l'emporter sur : *le sacó ventaja de 10 segundos*, il l'a emporté sur lui de 10 secondes.

ventajero, ra m. y f. *Amer*. Profiteur, euse (aprovechón), débrouillard, e (astuto).

ventajista m. y f. Profiteur, euse ; débrouillard, e.

ventajoso, sa adj. Avantageux, euse : *condiciones ventajosas*, conditions avantageuses.

ventalla f. Ventail, m., ventaille.

— OBSERV. Pl. *ventaux*.

ventana f. ● Fenêtre : *ventana de guillotina*, fenêtre à guillotine. ‖ Narine (de la nariz). ‖ — *Asomarse a la ventana*, se mettre à la fenêtre. ‖ FAM. *Hacer ventana*, être toujours à la fenêtre. ‖ *Ventana de la nariz*, narine. ‖ *Ventana vidriera*, baie vitrée.

— SINÓN. ● *Vano, hueco*, baie. *Abertura*, ouverture.

ventanaje m. Fenêtrage, fenestrage.

ventanal m. Grande fenêtre, f., baie (f.) vitrée.

ventanilla f. Fenêtre (en los trenes). ‖ Glace (en los coches). ‖ Hublot, m. (en un avión, un barco). ‖ Guichet, m. (taquilla). ‖ ANAT. Narine (de la nariz). ‖ — *Ventanilla de la nariz*, narine ‖ *Ventanilla posterior*, lunette arrière (en un automóvil).

ventanillo m. Guichet (postigo pequeño). ‖ Judas (mirilla). ‖ Lunette, f. (tragaluz). ‖ Soupirail (de sótano). ‖ Hublot (en un avión).

ventano o **ventanuco** m. Petite fenêtre, f. ‖ Vasistas (tragaluz).

venteado, da adj. Venté, e.

ventarrón m. Grand vent, bourrasque, f., ouragan (viento fuerte).

venteadura f. Boursouflement, m. (hinchamiento). ‖ Éventement, m. (alteración). ‖ Soufflure (en la masa de barro al cocerse).

ventear v. impers. Venter, faire du vent (soplar el viento). — V. tr. Éventer, exposer à l'air (airear). ‖ Quêter (caza). ‖ FIG. Flairer (olerse). — V. pr. Se boursoufler (llenarse de aire). ‖ Se souffler (los ladrillos al cocerse). ‖ S'éventer (adulterarse). ‖ FAM. Vesser (peerse).

venteril adj. D'auberge (de venta). ‖ D'aubergiste (de ventero).

ventero, ra m. y f. Aubergiste. — Adj. D'arrêt : *perro ventero*, chien d'arrêt.

ventilación f. Ventilation, aération : *la ventilación de un túnel*, la ventilation d'un tunnel ; *conducto de ventilación*, conduit d'aération. ‖ — *Manguera de ventilación*, manche à air. ‖ *Ventilación pulmonar*, ventilation pulmonaire.

ventilador m. Ventilateur. ‖ Aérateur (adaptado a una ventana).

ventilar v. tr. Ventiler, aérer : *ventilar un túnel*, ventiler un tunnel ; *ventilar un cuarto*, aérer une

pièce. || FIG. Éclaircir, élucider (dilucidar) : *ventilar un problema*, élucider un problème. | Disputer : *ventilar un partido de fútbol*, disputer un match de football.
— V. pr. S'aérer. || FIG. Se jouer, être en jeu : *mañana se ventila su porvenir*, demain son avenir se joue. || FIG. y FAM. Expédier : *este trabajo me lo ventilo en una hora*, ce travail, je l'expédie en une heure.

ventisca f. Bourrasque de neige.

ventiscar v. impers. Y avoir une tempête de neige.
— V. intr. Tourbillonner (la nieve).

ventisco m. Bourrasque (f.) de neige.

ventiscoso, sa adj. Sujet aux bourrasques de neige.

ventisquear v. intr. V. VENTISCAR.

ventisquero m. Glacier (helero). || Bourrasque (f.) de neige (ventisca).

ventola f. MAR. Coup (m.) de vent.

ventolera f. Coup (m.) de vent, bourrasque. || Moulinet, m. (juguete). || FIG. y FAM. Coup (m.) de tête, caprice, m., lubie, toquade (manía). || — FIG. y FAM. *Darle a uno la ventolera de*, se mettre dans la tête de. | *Darle a uno la ventolera por*, être pris d'une toquade pour, se toquer de.

ventolina f. MAR. Petite brise.

ventor, ra adj. Qui flaire le vent (animal).
— M. Chien d'arrêt (perro).

ventorrero m. Endroit exposé aux vents.

ventorrillo m. Guinguette, f. (merendero), petite auberge, f. (venta pequeña).

ventorro m. Mauvaise auberge, f.

ventosa f. Ventouse : *aplicar* ou *poner ventosas*, mettre des ventouses.

ventosear v. intr. e pr. Lâcher des vents.

ventosidad f. Ventosité, vent, m. : *tener ventosidades*, avoir des vents.

ventoso, sa adj. Venteux, euse.
— M. Ventôse (sexto mes del calendario republicano francés).

ventrada f. Amer. Ventrée, portée.

ventral adj. Ventral, e.

ventrecha f. Ventre, m. [d'un poisson].

ventregada f. Ventrée, portée (lechigada).

ventrera f. Ventrière (cincha). || Ceinture abdominale (faja).

ventricular adj. ANAT. Ventriculaire.

ventrículo m. ANAT. Ventricule.

ventriculografía f. MED. Ventriculographie.

ventrílocuo, a adj. y s. Ventriloque.

ventriloquia f. Ventriloquie.

ventrudo, da adj. FAM. Ventru, e; ventripotent, e.

ventura f. Bonheur, m. (felicidad) : *deseos de ventura*, vœux de bonheur. || Hasard, m. (casualidad) : *la ventura quiso que me encontrara con él*, le hasard voulut que je le rencontre. || Risque, m., péril, m. (riesgo). || — *A la ventura* ou *a la buena ventura*, à l'aventure. | *Por ventura*, d'aventure, par hasard (por casualidad). || *Probar ventura*, tenter o courir sa chance.

venturina f. Aventurine (piedra).

venturo, ra adj. Futur, e; à venir.

venturosamente adv. Heureusement, avec bonheur.

venturoso, sa adj. Heureux, euse (feliz). || Qui a de la chance (que tiene suerte).

venus f. Vénus. || Vénus (molusco).

venustez o **venustidad** f. Vénusté.

venusto, ta adj. Beau, belle, gracieux, euse.

ver m. Vue, f. (sentido de la vista). || Aspect (de una cosa). | Allure, f. (de una persona) : *todavía está de buen ver*, elle a encore belle allure. || Avis, opinion, f. : *a mi, tu, su ver*, à mon, ton, son avis.

ver* v. tr. e intr. ● Voir : *lo he visto con mis propios ojos*, je l'ai vu de mes propres yeux; *ver de cerca, de lejos*, voir de près, de loin. || Regarder : *vea usted si le va este traje*, regardez si ce costume vous va. || Voir (prever) : *no veo el fin de nuestros cuidados*, je ne vois pas la fin de nos soucis. || Voir (visitar) : *ir a ver a alguien*, aller voir quelqu'un. || Voir (experimentar) : *voy a ver si puedo*, je vais voir si j'y arrive; *estoy viendo que no quiere hacerlo*, je vois bien qu'il ne veut pas le faire. || — FIG. *Ver con buenos, con malos ojos*, voir d'un bon, d'un mauvais œil. | *Ver de*, essayer de, tâcher de : *voy a ver de arreglar esto*, je vais essayer d'arranger cela. | *Ver las estrellas*, voir trente-six chandelles. | *Ver mundo*, voir du pays. | *Ver todo negro*, voir tout en noir. || — *A más ver* ou *hasta más ver*, au revoir. || *A mi modo de ver*, à mon avis. || *Aquí donde me ve usted*, tel que vous me voyez, moi qui vous parle. || *A ver*, voyons. || *A ver si*, pour voir si : *se lo pregunté a ver si lo sabía*, je le lui ai demandé pour voir s'il le savait. || *Como si lo viera*, je le vois d'ici, comme si j'y étais. || *Darse a ver*, se montrer. || *Deje que vea*, montrez. || *Dígame a ver*, dites, dites voir (fam.). || *Esto está por ver* ou *esto habrá que verlo*, c'est à voir. || *Habría que ver que*, il ferait beau voir que. || *Hay que verlo*, c'est à voir, ça vaut la peine d'être vu. || *Hay que verlo para creerlo*, il faut le voir pour le croire. || *Le haré ver quien soy yo*, je lui montrerai qui je suis. || *Manera de ver*, façon de voir. || *Mire a ver*, essayez donc, essayez voir (fam.). || *No hay quien te vea*, on ne te voit plus. || *No le veo la gracia*, je ne vois pas ce qu'il y a de drôle. || FAM. *No poder ver a uno*, ne pas pouvoir voir o supporter quelqu'un, ne pas pouvoir sentir quelqu'un (fam.). | *No poder ver a uno ni pintado*, ne pas pouvoir voir quelqu'un en peinture. || *No tener nada que ver con*, n'avoir aucun rapport avec, n'avoir rien à voir avec. || FIG. y FAM. *No ver más allá de sus narices*, ne pas voir plus loin que le bout de son nez. | *No ver ni jota* ou *no ver tres en un burro*, n'y voir goutte o que dalle [fam.] (en un sitio oscuro), être myope comme une taupe (ser miope). || *Nunca he visto tal cosa* ou *cosa igual*, je n'ai jamais vu une chose pareille. || *Por lo que veo* ou *por lo que se ve* ou *por lo visto*, à ce que je vois, apparemment. || FIG. y FAM. *Que no veo*, terrible : *tengo un hambre que no veo*, j'ai une faim terrible. || *Te lo veo en la cara*, ça se voit sur ta figure, je le lis dans tes yeux. || *Tener que ver en*, avoir à voir dans. || *Vamos a ver*, voyons. || *Vamos a ver* voyons plutôt. || *Veremos*, on verra ça, nous verrons ça (para dilatar algo). || *Volver a ver*, revoir. || FAM. *Ya verás lo que es bueno*, tu vas voir ce que tu vas voir. || *Ya veremos*, nous verrons, on verra bien. || *Ya ves, ya ve usted*, tu vois o vois-tu, vous voyez o voyez-vous. || FAM. *Y si te he visto no me acuerdo*, tu fais, il fait, etc. semblant de ne pas me reconnaître, il ne me connaît plus.
— V. pr. Se voir : *esto se ve todos los días*, cela se voit tous les jours. || Se voir, se fréquenter (tratarse). || Se rencontrer, se retrouver : *¿dónde nos vamos a ver?*, où allons-nous nous rencontrer ? || Voir : *es digno de verse*, c'est à voir. || Être vu : *merece verse*, cela mérite d'être vu. || FIG. Se reconnaître, se retrouver : *se ve en sus hijos*, il se reconnaît dans ses enfants. || Se revoir : *me veo en París en aquellos años*, je me revois à Paris à cette époque-là. || — *Véase página 30*, voir page 30. || FIG. *Verse a la legua o de lejos*, se voir d'une lieue o de loin. | *Vérselas con uno*, avoir affaire à quelqu'un. || *Vérselas y deseárselas*, en voir de toutes les couleurs (pasarlas negras), se donner un mal de chien (darse un trabajo loco). || *Ya se ve*, ça se voit.

— SINÓN. ● *Divisar*, apercevoir. *Entrever, vislumbrar*,

entrevoir. *Percibir,* percevoir. *Descubrir,* découvrir. *Sorprender,* surprendre. *Notar,* remarquer. *Mirar,* regarder. *Reconocer,* reconnaître.

vera f. Bord, *m.* : *a la vera de la senda,* au bord du sentier. ‖ Côté, *m.* : *a mi vera,* à côté de moi.

veracidad f. Véracité.

veranada f. Estivage, *m.*

veranadero m. Pâturage d'été.

veranda f. Véranda (terraza).

veraneante m. y f. Estivant, e ; vacancier, ère.

veranear v. intr. Passer ses vacances d'été, être *o* aller en villégiature, villégiaturer (p. us.) : *veranear en San Sebastián,* passer ses vacances d'été à Saint-Sébastien.

veraneo m. Villégiature, *f.* [en été] : *ir de veraneo,* aller en villégiature. ‖ Vacances, *f. pl.* [d'été], grandes vacances, *f. pl.* (vacaciones de verano).

veranero m. Pâturage d'été.

veraniego, ga adj. Estival, e ; d'été : *temporada veraniega,* saison estivale. ‖ D'été : *traje veraniego,* costume d'été.

veranillo m. *Veranillo de San Martín,* été de la Saint-Martin. ‖ *Veranillo de San Miguel* ou *del membrillo,* été de la Saint-Michel.

verano m. Été (estío) : *vacaciones de verano,* vacances d'été. ‖ *Vestirse de verano,* mettre ses vêtements d'été.

veras f. pl. *De veras,* vraiment : *feo de veras,* vraiment laid ; pour de bon, pour de vrai (fam.) [auténtico], sérieusement (en serio). ‖ — *¿De veras?,* vraiment ?, vrai ? ‖ *Entre bromas y veras,* mi-figue, mi-raisin.

veratrina f. QUÍM. Vératrine.

veratro m. Vératre (planta).

veraz adj. Véridique : *historiador, relato veraz,* historien, récit véridique.

verbal adj. Verbal, e.

verbalismo m. Verbalisme.

verbalista adj. Propre au verbalisme.

verbasco m. BOT. Bouillon-blanc, molène, *f.*

verbena f. Verveine (planta). ‖ Fête, kermesse.

verbenáceas f. pl. BOT. Verbénacées.

verbenero, ra adj. De fête (de verbena).

verbigracia o **verbi gratia** loc. Par exemple.

— OBSERV. *Verbigracia* s'écrit en abrégé *v. gr.*

verbo m. GRAM. Verbe. ‖ RELIG. Verbe.

verborrea f. Verbosité, logorrhée (verbosidad). ‖ Verbiage, *m.,* bla-bla-bla, *m.* (palabrería). ‖ FAM. *Tener mucha verborrea,* être intarissable.

verbosidad f. Verbosité, logorrhée.

verboso, sa adj. Verbeux, euse.

verdacho m. Terre (*f*) verte (color).

verdad f. Vérité : *juró que diría toda la verdad,* il jura de dire toute la vérité ; *un acento de verdad,* un accent de vérité ; *verdad matemática, vérité* mathématique. ‖ Vrai, *m.,* vérité : *amar la verdad,* aimer le vrai. ‖ — *¿Verdad?,* n'est-ce pas ?, n'est-il pas vrai ?, pas vrai ? (fam.). ‖ *Verdad a medias,* demi-vérité. ‖ *Verdad de Perogrullo,* vérité de La Palisse, lapalissade. ‖ — *De verdad,* vrai, pour de bon : *un torero de verdad,* un vrai torero ; sérieusement : *¿lo dices de verdad?,* tu dis cela sérieusement? ‖ *¿De verdad?,* vraiment ?, est-ce vrai ? ‖ FAM. *De verdad de las buenas,* vrai de vrai. ‖ *De verdad que no, que sí,* je vous assure *o* je t'assure que non, que oui. ‖ *En honor a la verdad,* pour dire les choses comme elles sont, pour ne pas mentir. ‖ *En verdad,* en vérité : *en verdad os digo,* en vérité je vous le dis ; certes (por cierto). ‖ *Hora de la verdad,* minute de vérité. ‖ *La pura verdad,* la pure vérité. ‖ *La verdad escueta* ou *al desnudo,* la vérité toute nue. ‖ *Mi verdad,* par ma foi. ‖ *Tan de verdad* ou *tan verdad como,* aussi vrai que. ‖ *Uno de verdad,* un véritable, un vrai de vrai (fam.).‖ — *A decir verdad* ou *la verdad sea dicha,* à vrai dire, à la vérité, à franchement parler, sans

mentir. ‖ *Bien es verdad que,* il est bien vrai que. ‖ FAM. *Cantarle* ou *decirle a uno cuatro verdades* ou *las verdades del barquero,* dire à quelqu'un ses vérités *o* ses quatre vérités *o* son fait. ‖ *Eso es una verdad como un puño* ou *como un templo,* c'est la pure vérité *o* la vérité vraie. ‖ *Es verdad,* c'est vrai, il est vrai. ‖ *Es la pura verdad que,* il est absolument vrai que, c'est la pure vérité que, il n'est que trop vrai que. ‖ *Faltar a la verdad,* mentir. ‖ *Jurar decir la verdad, sólo la verdad y nada más que la verdad,* jurer de dire la vérité, toute la vérité, rien que la vérité. ‖ *Las verdades amargan,* il n'y a que la vérité qui blesse. ‖ *¿No es verdad?,* n'est-ce pas ? ‖ *No hay más que los niños y los locos que dicen las verdades,* la vérité sort de la bouche des enfants. ‖ *No todas las verdades son para dichas,* toutes les vérités ne sont pas bonnes à dire. ‖ *Se lo digo de verdad,* je vous assure, je parle sérieusement. ‖ *Si bien es verdad que,* il n'en est pas moins vrai que, toujours est-il que. ‖ *Sólo la verdad ofende,* il n'y a que la vérité qui blesse. ‖ *Verdad es que,* il est vrai que.

— OBSERV. *Verdad* peut aussi être employé comme adjectif invariable dans le sens de « vrai », « authentique » : *los aristócratas verdad,* les vrais aristocrates.

verdaderamente adj. Vraiment.

verdadero, ra adj. ● Vrai, e ; véritable : *historia verdadera,* histoire véritable ; *un diamante verdadero,* un vrai diamant. ‖ Véridique (veraz). ‖ ASTR. Vrai, e : *mediodía verdadero,* midi vrai. ‖ — *Es el verdadero retrato de su padre,* il est tout le portrait de son père. ‖ *Lo verdadero,* le vrai : *distinguir lo verdadero de lo falso,* distinguer le vrai du faux.

— SINÓN. ● *Cierto,* sûr. *Exacto,* exact. *Auténtico, genuino,* authentique. *Justo,* juste. *Verídico,* véridique. *Legítimo,* légitime.

verdal adj. De couleur verte, vert, e [se dit de certains fruits qui restent verts même arrivés à maturité].

verdasca f. Baguette, houssine (vara).

verde adj. Vert, e : *zonas verdes,* espaces verts. ‖ Vert, e (no maduro, no seco) : *uva verde,* raisins verts ; *leña verde,* bois vert. ‖ FIG. Grivois, e ; égrillard, e ; salé, e ; paillard, e [fam.] (licencioso) : *unos chistes verdes,* des histoires grivoises. | Pas mûr, e : *el negocio está aún verde,* l'affaire n'est pas encore mûre. ‖ — *Cuero en verde,* cuir vert. ‖ *Forraje verde,* vert, fourrage vert. ‖ *Tapete verde,* tapis vert. ‖ *Un viejo verde,* un vieux beau, un vert galant. ‖ *Contar cosas verdes,* en dire de vertes. ‖ FAM. *Poner verde a uno,* traiter quelqu'un de tous les noms. — M. Vert (color) : *gustarle a uno el verde,* aimer le vert. ‖ Vert, verdure, *f.* (verdor de las plantas). ‖ FIG. Verdeur, *f.* : *lo verde de sus palabras,* la verdeur de ses propos. ‖ *Amer.* Maté.

verdear v. intr. Verdir (tirar a verde). ‖ Verdir, verdoyer : *el campo empieza a verdear,* la campagne commence à verdoyer.

verdeceledón m. Céladon (color).

verdecer* v. intr. Verdir, verdoyer.

verdegal m. Champs (*pl.*) verdoyants.

verdemar adj. y s. m. Vert océan, *inv.*

verdeo m. Récolte (*f.*) des olives.

verdeoscuro, ra adj. Vert sombre, *inv.*

verderón m. Verdier (ave). ‖ Bucarde, *f.* (molusco).

verdete m. QUÍM. Verdet. ‖ Vert-de-gris (orín).

verdezuelo m. Verdier (ave).

verdín m. Vert tendre [des plantes] (color). ‖ Moisissure (*f.*) verte (moho). ‖ Vert-de-gris (cardenillo). ‖ Mousse, *f.* (musgo).

verdinegro, gra adj. Vert foncé, *inv.*

verdolaga f. Pourpier, *m.* (planta).

verdor m. Verdure, *f.*, couleur (*f.*) verte (color). ‖ Fig. Verdeur, *f.*
verdoso, sa adj. Verdâtre.
verdugado m. Vertugadin.
verdugal m. Taillis.
verdugazo m. Coup de fouet.
verdugo m. Bourreau (ejecutor de justicia). ‖ Bot. Rejeton (vástago). ‖ Fouet (látigo). ‖ Vergeture, *f.* (verdugón). ‖ Bleu (cardenal). ‖ Fig. Bourreau : *ser un verdugo para sus alumnos*, être un bourreau pour ses élèves. ‖ Arq. Assise (*f.*) horizontale de briques. ‖ Taurom. Epée (*f.*) destinée à pratiquer le « descabello ».
verdugón m. Vergeture, *f.*, coup de fouet (hecho por un latigazo). ‖ Bleu (cardenal). ‖ Rejeton (renuevo).
verduguillo m. Galle, *f.* (en las hojas). ‖ Rasoir court et étroit (navaja para afeitar). ‖ Taurom. Epée (*f.*) destinée à pratiquer le « descabello ».
verdulería f. Boutique où l'on vend des légumes, marchand (*m.*) de légumes : *ir a la verdulería*, aller chez le marchand de légumes. ‖ Fig. Grivoiserie, paillardise (fam.).
verdulero, ra m. y f. Marchand, marchande de légumes (fijo), marchand, marchande des quatre-saisons (ambulante). ‖ Fig. Personne (*f.*) grivoise. ‖ — F. Fig. y Fam. Harengère, poissarde (mujer desvergonzada). ‖ Fam. *Hablar como una verdulera*, parler comme une harengère o comme un charretier.
verdura f. Vert, *m.*, couleur verte, verdure : *la verdura de los prados*, le vert des prés. ‖ — Pl. Légumes, *m.*, légumes (*m.*) verts (hortalizas) : *comer verduras*, manger des légumes. ‖ *Verduras tempranas*, primeurs.
verdusco, ca adj. Verdâtre.
verecundia f. Honte (vergüenza).
verecundo, da adj. Honteux, euse.
vereda f. Sentier, *m.* (senda). ‖ Amer. Trottoir, *m.* (acera). ‖ Fig. y Fam. *Meter en vereda a uno*, mettre quelqu'un au pas, remettre quelqu'un dans le droit chemin.
veredicto m. Dr. Verdict : *veredicto de inculpabilidad*, verdict d'acquittement.
verga f. Anat. Verge. ‖ Mar. Vergue.
vergajo m. Nerf de bœuf.
vergé adj. *Papel vergé*, papier vergé.
vergel m. Verger (huerto).
vergeteado, da adj. Blas. Vergeté, e.
vergonzante adj. Honteux, euse : *pobre vergonzante*, pauvre honteux.
vergonzoso, sa adj. Honteux, euse : *huida vergonzosa*, fuite honteuse. ‖ — Adj. y s. Timide (tímido). ‖ *El vergonzoso en palacio*, le Timide au Palais (de Tirso de Molina). ‖ — M. Sorte de tatou (animal).
verguear v. tr. Gauler (varear).
vergüenza f. Honte : *enrojecer de vergüenza*, rougir de honte ; *tener vergüenza*, avoir honte. ‖ Vergogne : *sin vergüenza*, sans vergogne. ‖ Honneur, *m.* (pundonor) : *hombre con vergüenza*, homme d'honneur. ‖ Fig. Honte (oprobio). ‖ — Fig. *Caérsele a uno la cara de vergüenza*, ne plus savoir où se mettre (fam.), mourir de honte. ‖ *Con* ou *para gran vergüenza suya*, à sa grande honte. ‖ *Dar vergüenza*, faire honte. ‖ *¡Es una vergüenza!*, c'est une honte !, c'est honteux ! ‖ *¿No le da a usted vergüenza?*, ça ne vous fait pas honte ?, vous n'avez pas honte ?, n'êtes-vous pas honteux ? ‖ *Pasar mucha vergüenza*, avoir terriblement honte. ‖ *Perder la vergüenza*, avoir du toupet o du culot. ‖ *¡Qué poca vergüenza tiene!*, quel toupet il a ! ‖ Fig. *Señalar a la vergüenza pública*, mettre o clouer au pilori. ‖ *Tener más miedo que vergüenza*, avoir une peur bleue (pasar miedo), être froussard (ser miedoso).

‖ *Traje de vergüenza*, costume de la honte (durante la Inquisición). ‖ *Vergüenza para quien piense mal*, honni soit qui mal y pense. ‖ Fig. *Vergüenza torera*, conscience professionnelle.
vergueta f. Vergette (varilla).
vericueto m. Chemin scabreux. ‖ Fig. Méandre, détour : *los vericuetos de la diplomacia*, les méandres de la diplomatie.
verídico, ca adj. Véridique : *hombre, relato verídico*, homme, récit véridique. ‖ Vrai, e (verdadero) : *lo que digo es verídico*, ce que je dis est vrai.
verificación f. Vérification (comprobación). ‖ (P. us.). Réalisation, accomplissement, *m.* (ejecución).
verificador, ra adj. y s. Vérificateur, trice ; contrôleur, euse. ‖ Réceptionnaire (de obras).
verificar v. tr. ● Vérifier (comprobar). ‖ Réaliser, effectuer : *la aviación verificó un bombardeo*, l'aviation a effectué un bombardement.
— V. pr. Avoir lieu (efectuarse) : *la boda se verificará mañana*, le mariage aura lieu demain. ‖ Se vérifier (salir cierto). ‖ *Se verifica que...*, on voit ainsi que...
— Sinón. ● *Comprobar*, constater, vérifier. *Examinar*, examiner. *Controlar*, contrôler. *Contrastar*, contrôler, étalonner.
verificativo, va adj. Vérificatif, ive.
verija f. Pubis, *m.*
veril m. Mar. Accore *f.*
verilear v. intr. Mar. Suivre l'accore.
verisímil adj. Vraisemblable.
verisimilitud f. Vraisemblance.
verismo m. Vérisme (en el arte).
verista adj y s. Vériste.
verja f. Grille.
verjurado, da adj. Vergé, e : *papel verjurado*, papier vergé.
verme m. Med. Ver (lombriz).
vermeto m. Zool. Vermet.
vermicida adj. y s. m. Vermifuge.
vermiculado, da adj. Arq. Vermiculé, e.
vermicular adj. Vermiculaire.
vermídeos m. pl. Zool. Vermidiens.
vermiforme adj. Vermiforme.
vermífugo, ga adj. y s. m. Vermifuge.
verminoso, sa adj. Med. Vermineux, euse (enfermedad).
vermis m. Anat. Vermis.
vermívoro, ra adj. Zool. Vermivore.
vermut o **vermú** m. Vermouth (licor). ‖ Amer. Matinée, *f.* (de teatro o cine).
— Observ. Pl. *vermús*.
vernáculo, la adj. National, e ; vernaculaire (p. us.) : *idioma vernáculo*, langue vernaculaire.
vernal adj. Vernal, e (de la primavera).
vernalización f. Agric. Vernalisation.
vernier m. Tecn. Vernier (nonio).
vero m. (P. us.). Vair (marta cebellina). ‖ Blas. Vair.
Verona n. pr. Geogr. Vérone.
Veronés n. pr. m. Véronèse.
verónica f. Véronique (planta). ‖ Taurom. Véronique [passe de cape].
verosímil adj. Vraisemblable.
verosimilitud f. Vraisemblance.
verosímilmente adv. Vraisemblablement.
verraco m. Verrat (cerdo). ‖ Fam. *Gritar como un verraco*, crier comme un putois.
verraquear v. intr. Fam. Grogner (gruñir). ‖ Brailler (los niños).
verraquera f. Fam. Braillements, *m. pl.* [des enfants].
verriondez f. Chaleur, rut, *m.*
verriondo, da adj. En chaleur (los cerdos).
verrón m. Verrat (cerdo).
verruga f. Med. Verrue.

verrugón m. Grosse verrue, *f.*
verrugosidad f. Verrugosité.
verrugoso, sa adj. Verruqueux, euse.
versada f. FAM. *Amer.* Suite de vers.
versado, da adj. Versé, e : *versado en lenguas,* versé dans les langues.
versal adj. y s. f. IMPR. Capital, e (letra).
versalilla o **versalita** adj. y s. f. IMPR. Petite capitale (letra).
Versalles n. pr. Versailles.
versallés o **versallesco, ca** adj. y s. Versaillais, e. ‖ FIG. y FAM. Grand Siècle : *modos muy versallescos,* des manières très Grand Siècle.
versar v. intr. Tourner autour (dar vueltas). ‖ FIG. *Versar sobre,* porter sur, rouler sur (conversación), traiter de (libros).
versátil adj. BOT. Versatile, oscillant, e. ‖ FIG. Versatile (inconstante).
versatilidad f. FIG. Versatilité.
versícula f. Endroit (*m.*) où l'on range les livres liturgiques.
versiculario m. Celui qui chante les versets. ‖ Personne (*f.*) chargée de la garde des livres liturgiques.
versículo m. Verset.
versificación f. Versification.
versificador, ra m. y f. Versificateur, trice.
versificante adj. Qui versifie.
versificar v. intr. Versifier, faire des vers.
— V. tr. Versifier.
versión f. Version : *dos versiones de un suceso,* deux versions d'un même fait.
— OBSERV. *Version,* au sens de « traduction », se dit plutôt en espagnol *traducción directa.*
versista m. y f. Versificateur, trice.
verso m. Vers : *hacer versos,* faire des vers. ‖ Verset (versículo). ‖ — *Comedia en verso,* comédie en vers. ‖ *Poner en verso,* mettre en vers. ‖ *Verso blanco* ou *suelto,* vers blanc. ‖ *Verso libre,* vers libre.
verso m. Verso (reverso de una hoja). ‖ Petite couleuvrine, *f.* (pieza de artillería).
versta f. Verste (medida itineraria rusa).
vértebra f. ANAT. Vertèbre.
vertebrado, da adj. y s. m. Vertébré, e.
vertebral adj. Vertébral, e : *discos vertebrales,* disques vertébraux ; *columna vertebral,* colonne vertébrale.
vertedera f. Versoir, *m.* (arado).
vertedero m. Déversoir (desaguadero). ‖ Déversoir (aliviadero de un pantano). ‖ Décharge (*f.*) publique, voirie, *f.* (de basuras en la calle). ‖ FAM. Dépotoir (estercolero). ‖ *Vertedero de basuras,* vide-ordures (en las casas).
vertedor, ra adj. y s. Verseur, euse. ‖ — M. Tuyau de décharge (desagüe). ‖ MAR. Écope, *f.* (achicador).
verter* v. tr. ● Verser, renverser : *verter vino en el mantel,* renverser du vin sur la nappe. ‖ Verser : *verter lágrimas,* verser des larmes. ‖ Déverser (derramar). ‖ Traduire (traducir) : *verter al francés,* traduire en français. ‖ FIG. Proférer (decir). ‖ FAM. *Verter aguas menores,* uriner.
— V. intr. y pr. Couler (un líquido).
— SINÓN. ● *Derramar, esparcir,* répandre. *Volcar,* renverser.
vertical adj. Vertical, e : *círculos verticales,* cercles verticaux. ‖ *Formato vertical,* format en hauteur (ilustración).
— F. GEOM. Verticale (línea). ‖ — M. ASTR. Vertical.
verticalidad f. Verticalité. ‖ *Haber perdido su verticalidad,* ne pas être d'aplomb.
vértice m. GEOM. Sommet (de un ángulo).
verticidad f. Mobilité.
verticilado, da adj. BOT. Verticillé, e.

verticilo m. BOT. Verticille.
vertiente adj. Qui verse. ‖ *Aguas vertientes,* eaux de ruissellement (del tejado).
— F. Versant, *m. : la vertiente de una colina,* le versant d'une colline. ‖ Pente, versant, *m.* (de un tejado). ‖ FIG. Aspect, *m.* (aspecto). | Tendance, orientation.
vertiginosidad f. Vertiginosité, qualité de ce qui est vertigineux.
vertiginoso, sa adj. Vertigineux, euse.
vértigo m. ● Vertige : *tener vértigo,* avoir le vertige. ‖ VETER. Vertigo. ‖ FIG. Vertige.
— SINÓN. ● *Aturdimiento, mareo,* étourdissement. *Desvanecimiento,* évanouissement. *Desmayo,* défaillance. *Vahído,* vertige.
vertimiento m. Déversement (derrame).
vesania f. MED. Vésanie.
vesánico, ca adj. y s. MED. Fou, folle ; dément, e.
vesical adj. MED. Vésical, e : *órganos vesicales,* organes vésicaux.
vesicante adj. y s. m. MED. Vésicant, e.
vesicatorio, ria adj. MED. Vésicatoire.
vesícula f. Vésicule : *vesícula biliar,* vésicule biliaire.
vesicular adj. Vésiculaire.
vesiculoso, sa adj. Vésiculeux, euse.
Vespasiano n. pr. m. Vespasien.
vesperal m. Vespéral (libro).
vespertillo m. Vespertillon (murciélago).
vespertino, na adj. Vespéral, e ; du soir : *lucero vespertino,* étoile du soir.
véspidos m. pl. ZOOL. Vespidés.
Vespucio n. pr. m. Vespuce, Vespucci.
vestal f. Vestale (sacerdotisa de vesta).
vestalias f. pl. Vestalies.
vestibular adj. ANAT. Vestibulaire.
vestíbulo m. ANAT. Vestibule. ● ARQ. Vestibule (de una casa particular). | Hall (de un edificio público).
— SINÓN. ● *Entrada, zaguán,* entrée. *Hall,* hall. *Antecámara, antesala,* antichambre. *Propíleo,* propylée.
vestido, da adj. Habillé, e : *estar muy vestido,* être très habillé. ‖ Habillé, e ; vêtu, e : *toda vestida de negro,* toute de noir vêtue ; *vestido con una levita negra,* habillé d'une redingote noire.
— M. Habillement (manera de vestirse) : *los primitivos utilizaban la piel de los animales para su vestido,* les primitifs utilisaient les peaux de bêtes pour leur habillement. ‖ ● Vêtement, vêtements, *pl. : todo hombre bien educado se distingue por la pulcritud de su vestido,* tout homme bien élevé se distingue par la netteté de ses vêtements. ‖ Robe, *f.* (de mujer) : *un vestido de seda,* une robe de soie. ‖ — FIG. y FAM. *Cortar un vestido a uno,* casser du sucre sur le dos de quelqu'un. ‖ *Vestido cerrado,* robe montante. ‖ *Vestido de noche,* robe du soir. ‖ *Vestido tubo* ou *tubular,* fourreau.
— SINÓN. ● *Traje,* costume. *Indumentaria, atavío,* habillement. *Ropa,* vêtements. *Terno,* complet. *Uniforme, tenue,* uniforme. *Prenda,* vêtement. *Atuendo,* mise. Fam. *Pingos,* nippes, frusques.
vestidura f. Vêtement, *m.,* habit, *m.* ‖ — Pl. Habits (*m.*) sacerdotaux.
vestigio m. Vestige : *los vestigios de una civilización,* les vestiges d'une civilisation. ‖ FIG. Vestige, trace, *f.* (huella).
vestimenta f. Vêtement, *m.,* vêtements, *m. pl. : llevaba una vestimenta extraña,* il portait des vêtements étranges. ‖ Tenue, mise (manera de vestirse). ‖ *Vestimenta ridícula,* accoutrement, habillement ridicule.
vestir* v. tr. Habiller, vêtir (p. us.) : *vestir a un niño,* habiller un enfant. ‖ Habiller : *este sastre viste a todos mis hermanos,* ce tailleur habille tous mes frères. ‖ Habiller, couvrir : *vestir un sillón*

de cuero, habiller un fauteuil de cuir. ‖ FIG. Étoffer (un discurso). ‖ Habiller, parer (la realidad). ‖ — FIG. y FAM. *Quedarse para vestir imágenes* ou *santos,* rester vieille fille, coiffer sainte Catherine (una mujer). ‖ *Vestir al desnudo,* couvrir ceux qui sont nus. ‖ FIG. *Vísteme despacio que tengo prisa,* hâte-toi lentement. ¡ *Vistió un rostro de severidad,* il prit un air sévère.
— V. intr. S'habiller : *viste bien,* il s'habille bien. ‖ Être habillé, e : *vestir de negro, de uniforme,* être habillé de noir, en uniforme. ‖ FIG. Faire habillé, habiller : *la seda viste mucho,* la soie fait très habillé. ‖ FIG. y FAM. Classer, poser, faire bien : *tener un coche deportivo viste mucho,* ça fait très bien d'avoir une voiture de sport. ‖ *Un traje de vestir,* un costume habillé.
— V. pr. S'habiller : *vestirse de paisano,* s'habiller en civil. ‖ Se couvrir : *el cielo se viste de nubes,* le ciel se couvre de nuages. ‖ — FIG. *Vestirse con plumas ajenas,* se parer des plumes du paon. ‖ *Vestirse de largo,* faire son entrée dans le monde (una joven). ‖ *Vestirse de máscara,* déguiser. ‖ FAM. *Vestirse de tiros largos,* se mettre sur son trente et un. ‖ *Vestirse de verano,* mettre ses vêtements d'été.

vestuario m. Garde-robe, *f.* (conjunto de trajes) : *tengo que renovar mi vestuario,* il faut que je renouvelle ma garde-robe. ‖ Vestiaire (guardarropa). ‖ Costumes, *pl.* (de teatro, de cine). ‖ MIL. Habillement. ‖ *Encargado, encargada del vestuario,* habilleur, euse.

Vesubio n. pr. m. GEOGR. Vésuve.

veta f. Veine (de una piedra, madera, etc.). ‖ MIN. Veine, filon, *m.*

vetar v. tr. Opposer *o* mettre son veto à.

vetear v. tr. Veiner.

veteranía f. Ancienneté. ‖ Longue expérience.

veterano, na adj. Vieux, vieille : *un periodista veterano,* un vieux journaliste.
— M. Vétéran.

veterinaria f. Médecine vétérinaire.

veterinario, ria adj. y s. m. Vétérinaire.

vetiver m. BOT. Vétiver.

veto m. Veto : *poner el veto,* opposer *o* mettre son veto.

vetustez f. Vétusté.

vetusto, ta adj. Vétuste.

vez f. Fois : *una vez al mes,* une fois par mois ; *tres veces seguidas,* trois fois de suite. ‖ Tour, *m.* (turno) : *hablar a su vez,* parler à son tour ; *perder la vez,* perdre son tour ; *tengo la vez,* c'est mon tour. ‖ Coup, *m.,* fois : *de una sola vez,* d'un seul coup, en une seule fois. ‖ — *A la vez,* à la fois, en même temps. ‖ *Algunas veces,* parfois, quelquefois. ‖ *A veces,* parfois, quelquefois, des fois (fam.). ‖ *A veces y otras veces,* tour à tour : *a veces está sonriente y otras veces serio,* il est tour à tour souriant et sérieux. ‖ *Cada vez más, menos,* de plus en plus, de moins en moins. ‖ *Cada vez mejor, peor,* de mieux en mieux, de pire en pire. ‖ *Cada vez que,* chaque fois que. ‖ *Demasiadas veces,* trop souvent. ‖ *De una (sola) vez,* d'un seul coup. ‖ *De una vez* ou *de una vez para siempre* ou *de una vez por todas,* une bonne fois, une fois pour toutes. ‖ *De vez en cuando,* de temps en temps, de temps à autre. ‖ *Dos, tres,* etc., *veces,* à deux, trois, etc., reprises. ‖ *En vez de,* au lieu de. ‖ *Infinitas veces,* un nombre infini de fois. ‖ *Las más de las veces* ou *la mayoría de las veces,* le plus souvent, la plupart du temps. ‖ *Más de una vez,* plus d'une fois. ‖ *Miles de veces,* maintes et maintes fois, des fois et des fois. ‖ *Muchas veces,* bien des fois, souvent, maintes fois. ‖ *Otra vez,* encore une fois (una vez más), de nouveau (de nuevo), bis (espectáculos) : *¡otra vez!,* bis ! ‖ *Pocas veces* ou *rara vez,* rarement. ‖ *Otras veces,* d'autres fois. ‖ *Repetidas*

veces, à plusieurs reprises. ‖ *Tal cual vez,* rarement. ‖ *Tal vez,* peut-être. ‖ *Toda vez que,* étant donné que, attendu que : *sería conveniente el estudio profundo de esta lengua toda vez que nuestra terminología se basa en ella,* il conviendrait de faire une étude approfondie de cette langue, étant donné que notre terminologie est fondée sur elle. ‖ *Una vez más,* une fois de plus, encore une fois. ‖ *Una vez que otra* ou *una que otra vez,* de temps à autre, rarement. ‖ *Una vez tras otra,* coup sur coup (sin parar). ‖ *Una (vez) y otra vez* ou *una vez y cien veces,* maintes et maintes fois. ‖ *Varias veces,* plusieurs fois, à plusieurs reprises. ‖ — *Érase una vez,* il était une fois. ‖ *Estar cada vez peor,* aller de mal en pis. ‖ *Hacer las veces de,* tenir lieu de, faire fonction de, faire office de. ‖ *Hacer otra vez algo,* refaire quelque chose. ‖ *Pase por una vez,* c'est bon pour cette fois. ‖ *Una vez al año no hace daño,* une fois n'est pas coutume.
— OBSERV. Cuando la locución *otra vez,* unida al verbo, indica repetición puede traducirse por *de nouveau* o por el verbo francés con el prefijo *re- : pedir otra vez,* redemander, demander de nouveau.

vía f. Voie : *vía pública,* voie publique ; *por vía aérea,* par la voie des airs. ‖ Voie (ferrocarril) : *vía férrea,* voie ferrée. ‖ Route : *vía marítima,* route maritime. ‖ Voie (de autopista). ‖ ANAT. Voie : *vías urinarias,* voies urinaires. ‖ QUÍM. Voie : *vía húmeda, seca,* voie humide, sèche. ‖ TECN. Voie (automóvil). ‖ FIG. Route. — *Vía aérea,* par avion (correo). ‖ MAR. *Vía de agua,* voie d'eau. ‖ *Vía de comunicación,* voie de communication. ‖ *Vía de maniobra,* voie de service *o* de raccordement. ‖ ASTR. *Vía láctea,* voie lactée. ‖ *Vía muerta,* voie de garage (ferrocarril). ‖ DR. *Vías de hecho,* voies de fait. ‖ — *Cuaderna vía,* quatrain d'alexandrins monorimes (del mester de clerecía). ‖ *Estar en vías de,* être en voie de. ‖ *Países en vías de desarrollo,* pays en voie de développement. ‖ FIG. *Por vía de,* sous forme de : *por vía de sufragios,* sous forme de suffrages ; à titre de : *por vía de ensayo,* à titre d'essai. ‖ *Por vía de buen gobierno,* par mesure de prudence.

vía prep. Via : *Madrid Londres vía París,* Madrid Londres via Paris.

viabilidad f. Viabilité.

viable adj. Viable.

viacrucis o **vía crucis** m. Chemin de croix. ‖ FIG. Calvaire (tormento).

viadera f. TECN. Lame (pieza del telar).

viaducto m. Viaduc.

viajador, ra m. y f. Voyageur, euse (viajero).

viajante adj. y s. Voyageur, euse. ‖ *Viajante (de comercio),* voyageur de commerce, commis-voyageur.

viajar v. intr. Voyager : *viajar por España,* voyager en Espagne.

viaje m. ● Voyage : *¡buen viaje!,* bon voyage ! ; *está de viaje,* il est en voyage ; *hacer un viaje a Francia,* faire un voyage en France. ‖ FAM. Coup [de poing, de couteau, d'épée]. ‖ TAUROM. Coup de corne (cornada). ‖ — *Ir* ou *irse de viaje,* aller, s'en aller *o* partir en voyage. ‖ FIG. y FAM. *Para este viaje no se necesitan alforjas,* il est Gros-Jean comme devant, il est bien avancé. ‖ *Viaje de novios,* voyage de noces. ‖ *Viaje todo comprendido,* voyage à forfait.
— SINÓN. ● *Gira,* tournée. *Excursión,* excursion. *Expedición,* expédition. *Exploración,* exploration. *Marcha,* marche. *Peregrinación,* pèlerinage. *Periplo,* périple. *Jornada,* journée. *Paseo,* promenade.

viajero, ra adj. y s. Voyageur, euse. ‖ *¡Viajeros al tren!,* en voiture !
— SINÓN. *Caminante,* voyageur. *Excursionista,* excursionniste. *Turista,* touriste. *Pasajero,* passager. *Peregrino,* pèlerin.

vial adj. Relatif à la voie publique. ‖ — M. (P. us.). Allée (*f.*) d'arbres.

vialidad f. Voirie (servicios de la vía pública).

vianda f. Nourriture (alimento). ‖ — Pl. Mets, *m.* (manjares). ‖ (Ant.). *Veedor de vianda*, officier de bouche.

— OBSERV. *Vianda* ne signifie pas « viande », qui se dit *carne*.

viandante m. y f. Voyageur, euse (viajero). ‖ Vagabond, e (vagabundo).

viaticar v. tr. Administrer le viatique.

viático m. Viatique (para un viaje). ‖ RELIG. Viatique.

víbora f. Vipère (reptil). ‖ FAM. Vipère (persona maldiciente).

viborear v. intr. *Amer.* Serpenter, zigzaguer.

viborezno m. Vipereau (víbora pequeña).

vibración f. Vibration. ‖ TECN. Vibrage, *m.* (del cemento).

vibrado m. Vibrage (del cemento).

vibrador, ra adj. Qui vibre. — M. Vibreur.

vibrante adj. Vibrant, e.

vibrar v. intr. Vibrer.

— SINÓN. *Cimbrar, cimbrear*, vibrer. *Brandir*, branler. *Agitarse*, s'agiter. *Oscilar*, osciller.

vibrátil adj. Vibratile.

vibrato m. Mús. Vibrato (cuerda).

vibratorio, ria adj. Vibratoire.

vibrión m. Vibrion (bacteria).

viburno m. Viorne, *f.* (arbusto).

vicaria f. Sous-prieure [d'un couvent].

vicaría f. Vicariat, *m.*, vicairie. ‖ FAM. *Pasar por la vicaría*, passer devant M. le curé, se marier religieusement.

vicarial adj. Vicarial, e : *poderes vicariales*, pouvoirs vicariaux.

vicariato m. Vicariat.

vicario m. Vicaire.

vicealmirantazgo m. Vice-amirauté, *f.*

vicealmirante m. Vice-amiral.

vicecanciller m. Vice-chancelier.

vicecancillería f. Charge et bureau (*m.*) du vice-chancelier.

vicecónsul m. Vice-consul.

viceconsulado m. Vice-consulat.

vicegobernador m. Sous-préfet (de provincia).

vicelegación f. Vice-légation.

vicelegado m. Vice-légat.

vicenal adj. Vicennal, e : *juegos vicenales*, jeux vicennaux.

Vicente n. pr. m. Vincent. ‖ *¿Dónde va Vicente?, donde va la gente*, faire comme tout le monde.

Vicenza n. pr. GEOGR. Vicence.

vicepresidencia f. Vice-présidence.

vicepresidente, ta m. y f. Vice-président, e.

vicerrector m. Vice-recteur (de Universidad).

vicesecretaría f. Sous-secrétariat, *m.*

vicesecretario, ria m. y f. Sous-secrétaire.

vicetiple f. Choriste.

viceversa loc. adv. Vice versa.

vicia f. BOT. Vesce (arveja).

viciable adj. Viciable.

viciador, ra adj. Viciateur, trice.

viciar v. tr. Vicier (dañar, corromper). ‖ Falsifier (adulterar). ‖ DR. Rendre nul, vicier ; *error que vicia un contrato*, erreur qui rend nul o vicie un contrat. ‖ Corrompre, pervertir, débaucher (enviciar a una persona). ‖ Corrompre (las costumbres). — V. pr. Se vicier. ‖ Se gauchir (alabearse). ‖ Prendre la mauvaise habitude de (enviciarse).

vicio m. Vice. ‖ DR. Défaut : *vicios ocultos*, défauts cachés. ‖ Mauvaise habitude, *f.* (defecto). ‖ Gâterie, *f.* (mimo). ‖ Gauchissement (alabeo). ‖ — *Contra el vicio de pedir hay la virtud de no*

dar, c'est encore accorder quelque chose que de refuser avec grâce. ‖ *De vicio*, sans nécessité, sans raison : *llorar de vicio*, pleurer sans raison. ‖ *Quejarse de vicio*, crier famine sur un tas de blé, se plaindre par habitude. ‖ *Vicio de forma*, vice de forme.

viciosamente adv. D'une façon défectueuse, mal. ‖ Vicieusement.

vicioso, sa adj. y s. ● Vicieux, euse (persona, animal). ‖ — Adj. Défectueux, euse (cosa). ‖ Vicieux, euse ; mauvais, e : *una locución viciosa*, une locution vicieuse. ‖ FAM. Gâté, e (mimado). ‖ *Círculo vicioso*, cercle vicieux.

— SINÓN. ● *Depravado*, dépravé. *Pervertido*, pervers. *Disoluto*, dissolu.

vicisitud f. Vicissitude.

víctima f. Victime : *ser la víctima de*, être la victime de. ‖ FIG. *Víctima propiciatoria*, bouc émissaire.

victimar v. tr. Sacrifier. ‖ FAM. Tuer, descendre (matar).

— OBSERV. Ce mot est un barbarisme couramment employé à l'heure actuelle.

victimario m. Victimaire.

¡víctor! interj. Bravo !

victorear v. tr. Acclamer (vitorear).

victoria f. Victoria (coche).

victoria f. Victoire. ‖ — *Cantar victoria*, chanter o crier victoire. ‖ *Victoria aplastante, rotunda*, victoire écrasante, éclatante. ‖ *Victoria pírrica*, victoire à la Pyrrhus. ‖ BOT. *Victoria regia*, victoria regia.

victoriano, na adj. Victorien, enne.

victorioso, sa adj. Victorieux, euse. — M. y f. Vainqueur (sin fem.), triomphateur, trice (triunfador).

vicuña f. Vigogne (mamífero).

vichador m. *Amer.* Espion.

vichar v. tr. *Amer.* Espionner (espiar). ‖ FIG. Dévorer des yeux.

vichy m. Vichy (tela).

vid f. Vigne (planta).

— OBSERV. Le mot *vid* désigne la plante seule ; *vigne* au sens de « vignoble » se dit *viña*.

vida f. Vie : *seguro de vida*, assurance sur la vie ; *mudar de vida*, changer de vie. ‖ Atout, *m.* (triunfo en los naipes). ‖ — *Vida bohemia*, vie de bohème. ‖ FIG. y FAM. *Vida de canónigo*, vie de coq en pâte, vie de château. ‖ *Vida de juerguista*, vie de bâton de chaise o de patachon o de Polichinelle. ‖ FIG. *Vida de perros*, vie de chien. ‖ *Vida de soltero*, vie de garçon. ‖ *Vida familiar*, vie de famille. ‖ *Vida y milagros*, faits et gestes. ‖ *De por vida*, pour toujours, pour la vie. ‖ *De toda la vida*, de toujours : *un amigo de toda la vida*, un ami de toujours ; vieux, vieille : *un borracho de toda la vida*, un vieil ivrogne. ‖ *Durante toda la vida*, la vie durant, pendant toute sa vie. ‖ *En mi vida*, de ma vie, jamais de la vie. ‖ *En vida*, en vie, vivant, e : *estar en vida*, être en vie ; vivant, e : *enterrarse en vida*, s'enterrer vivant. ‖ *En vida de*, du vivant de : *en vida de mi padre*, du vivant de mon père. ‖ *¡La vida!*, c'est la vie ! ‖ *La vida es sueño*, la vie est un songe. ‖ *Lleno de vida*, plein de vie, bien vivant. ‖ FIG. *Media vida*, la moitié de sa vie : *daría media vida por*, je donnerais la moitié de ma vie pour. ‖ *¡Mi vida!* ou *¡vida mía!*, mon amour ! ‖ FIG. y FAM. *Mujer de la vida* ou *de mala vida* ou *de vida airada*, femme de mauvaise vie. ‖ *Nivel de vida*, niveau de vie. ‖ *Para toda la vida*, pour toute la vie. ‖ *Por mi vida*, par ma vie. ‖ FAM. *¡Por vida del chápiro* ou *del chápiro verde!*, morbleu !, bon sang ! ‖ — *Amargarle la vida a uno*, empoisonner la vie de quelqu'un. ‖ *Arruinar su vida*, gâcher sa vie o son existence. ‖ FIG. *Buscarse la*

vida, se débrouiller. ‖ *Cambiar de vida*, changer de vie. ‖ *Dar la vida*, donner sa vie, faire don de sa vie. ‖ *Dar mala vida a uno*, rendre la vie dure à quelqu'un. ‖ *Darse buena vida*, mener la belle *o* bonne vie. ‖ *Dar vida a*, donner la vie à (un hijo), rendre vivant (un retrato, etc.). ‖ Fig. y Fam. *Echarse a la vida*, faire la vie (una mujer). ‖ *En esto le va la vida*, il y a de sa vie, sa vie en dépend. ‖ *Escapar con vida de un accidente*, sortir sain et sauf d'un accident, réchapper d'un accident. ‖ *Ganarse la vida*, gagner sa vie. ‖ *Hacerle a uno la vida imposible*, rendre la vie impossible à quelqu'un. ‖ Fig. y Fam. *Hacer por la vida*, manger. ‖ *Hacer vida ascética*, mener une vie ascétique. ‖ *Hacer vida con uno*, vivre avec quelqu'un. ‖ *Hacer vida nueva*, faire peau neuve, changer de vie. ‖ *Jugarse la vida*, jouer sa vie *o* sa peau (fam.). ‖ *La vida es así*, c'est la vie. ‖ *Llevar una vida alegre*, mener joyeuse vie. ‖ *Llevar una vida por todo lo alto*, mener grand train *o* la grande vie. ‖ *Meterse en vidas ajenas*, se mêler des affaires des autres. ‖ *Mientras dura, vida y dulzura*, il faut profiter de la vie, après nous le déluge. ‖ *Mientras hay vida hay esperanza*, tant qu'il y a de la vie il y a de l'espoir. ‖ *No dar señales de vida*, ne pas donner signe de vie. ‖ *No hubo pérdida de vidas*, on ne déplore aucune perte de vies humaines. ‖ *Pagar con su vida*, payer de sa tête. ‖ *Pasar a mejor vida*, aller dans un monde meilleur, passer de vie à trépas. ‖ *Pasar de vida a muerte*, passer de vie à trépas. ‖ Fam. *Pegarse una buena vida*, se donner du bon temps. ‖ *¿Qué es de tu vida?*, que deviens-tu? ‖ Fig. y Fam. *Ser de la vida*, faire la vie (mujer). ‖ *Si Dios nos da vida*, si Dieu nous prête vie. ‖ *Su vida está pendiente de un hilo*, sa vie ne tient qu'à un fil. ‖ Fig. y Fam. *Tener siete vidas como los gatos*, avoir la vie dure, avoir l'âme chevillée au corps. ‖ *Vender cara su vida*, vendre chèrement sa vie, vendre cher sa peau (fam.).
vidalita f. *Amer.* Complainte populaire des pays du Río de la Plata.
videncia f. Voyance.
vidente adj. y s. Voyant, e.
video adj. inv. Rad. Vidéo.
vidriado, da adj. Vernissé, e (cerámica).
— M. Vernis (barniz para cerámica). ‖ Émail [faïence]. ‖ Poterie (*f.*) vernissée.
vidriar v. tr. Vernisser (la cerámica). ‖ Surglacer.
— V. pr. Se vitrifier. ‖ Devenir vitreux (los ojos).
vidriera f. Vitrage, *m.* (puerta o ventana). ‖ Porte vitrée (puerta). ‖ Vitrail, *m.* (vitral) : *las vidrieras de Nuestra Señora de París*, les vitraux de Notre-Dame de Paris. ‖ Verrière (cristalera). ‖ Châssis (*m.*) à verre dormant, verre (*m.*) dormant (bastidor). ‖ *Amer.* Vitrine (escaparate). ‖ *El licenciado Vidriera*, le Licencié de verre (de Cervantes). ‖ *Puerta vidriera*, porte vitrée.
vidriería f. Verrerie (donde se fabrica el vidrio). ‖ Vitrerie (donde se fabrican cristales). ‖ *Vidriería de color*, art du vitrail.
vidriero m. Verrier (que fabrica vidrios). ‖ Vitrier (que fabrica o coloca cristales).
vidrio m. Verre : *vidrio de ventanas*, verre à vitres. ‖ *Fibra de vidrio*, fibre de verre. ‖ Fig. y Fam. *Pagar los vidrios rotos*, payer les pots cassés, écoper, trinquer. ‖ *Vidrio deslustrado* ou *esmerilado*, verre dépoli.
— Sinón. *Cristal*, cristal, vitre, carreau. *Luna*, glace.
vidrioso, sa adj. Vitreux, euse : *ojos vidriosos*, yeux vitreux. ‖ Glissant, e (suelo). ‖ Fig. Délicat, e : *tema vidrioso*, sujet délicat.
vieira f. Coquille Saint-Jacques (molusco).
viejo, ja adj. Vieux, vieil (delante de palabras que empiezan con vocal o *h* muda), vieille : *soy más viejo que tú*, je suis plus vieux que toi ; *un hombre*

viejo, un vieil homme ; *una vieja gabardina*, une vieille gabardine. ‖ — Fig. y Fam. *Estar pasado de viejo*, sentir le moisi. ‖ *Hacerse viejo*, vieillir, se faire vieux. ‖ Fig. y Fam. *Más viejo que andar a gatas* ou *a pie*, vieux comme le monde *o* comme Hérode. ‖ *Más viejo que Matusalén*, vieux comme Mathusalem *o* comme Hérode. ‖ *Morir de viejo*, mourir de vieillesse. ‖ Fam. *No llegar a viejo* ou *no hacer huesos viejos*, ne pas faire de vieux os. ‖ *Plinio el Viejo*, Pline l'Ancien. ‖ *Ser viejo*, être vieux *o* âgé.
— M. Vieillard, vieux (fam.). ‖ *Lo viejo*, le vieux. ‖ *Un viejo coquetón* ou *verde*, un vieux beau, un vert galant. ‖ — M. y f. Vieux, vieille ; vieil homme, vieille femme : *una vieja muy arrugada*, une vieille femme toute ridée. ‖ Père, mère ; vieux, vieille [fam.] (padres). ‖ — *Cuento de viejas*, conte de bonne femme *o* de ma mère l'Oye. ‖ Fig. *Hacer la cuenta de la vieja*, compter sur les doigts. ‖ Fam. *Una viejita*, une petite vieille.
viella f. Mús. Vielle.
Viena n. pr. Geogr. Vienne.
vienense adj. y s. Viennois, e (Francia).
vienés, esa adj. y s. Viennois, e (Austria).
viento m. ● Vent : *viento en popa, viento en contra* ou *contrario* ou *de proa*, vent arrière, vent debout ; *corre bastante viento*, il y a pas mal de vent ; *molino de viento*, moulin à vent ; *ráfaga de viento*, coup de vent. ‖ Vent (dirección) : *siembro a los cuatro vientos*, je sème à tous vents. ‖ Flair (olfato). ‖ Mús. Vent : *instrumentos de viento*, instruments à vent. ‖ — *Al capricho del viento*, au gré du vent. ‖ *Azotado por los vientos*, battu par les vents. ‖ Fig. y Fam. *Beber los vientos por*, guigner (una cosa), être éperdument amoureux de (una mujer). ‖ *Contra viento y marea*, contre vent et marée. ‖ Fig. *Corren malos vientos*, le vent n'est pas favorable. ‖ *Darle a uno el viento de una cosa*, avoir vent de quelque chose, flairer quelque chose (barruntar). ‖ *Despedir* ou *echar con viento fresco*, envoyer promener *o* balader, flanquer à la porte. ‖ *El viento ha cambiado*, le vent a tourné. ‖ *Ganar el viento*, aller au vent. ‖ Fam. *Gritar a los cuatro vientos*, crier sur les toits *o* à tous les vents. ‖ *Hace un viento de mil demonios*, il fait un vent à décorner les bœufs. ‖ Mar. *Hurtar el viento*, aller contre le vent. ‖ Fig. *Ir al amparo del viento* ou *irse con el viento que corre*, aller selon le vent, se mettre dans le vent. ‖ *Ir más rápido que el viento*, aller comme le vent. ‖ *Ir viento en popa*, avoir le vent en poupe. ‖ *Libre como el viento*, libre comme l'air. ‖ *Lo que el viento se llevó*, autant en emporte le vent. ‖ *Moverse a todos los vientos*, tourner à tout vent. ‖ Fam. *¿Qué viento te trae?*, quel bon vent t'amène? ‖ Fig. *Quien siembra vientos recoge tempestades*, qui sème le vent récolte la tempête. ‖ *Tener viento en contra*, ne pas aller tout seul. ‖ *Tener viento favorable*, avoir bon vent. ‖ *Tomar el viento*, prendre le vent (caza).
— Sinón. ● *Aire*, air. *Brisa*, brise. *Céfiro*, zéphir. *Cierzo*, bise.
vientre m. ● Anat. Ventre. ‖ Ventre (de vasija, barco). ‖ Fig. Sein, entrailles, *f. pl.* ‖ Fís. Ventre (ondulación). ‖ — *Bajo vientre*, bas ventre. ‖ Fam. *Echar vientre*, prendre du ventre. ‖ *El fruto de tu vientre*, le fruit de vos entrailles (oración). ‖ *Evacuar* ou *exonerar el vientre* ou *hacer de vientre*, aller à la selle. ‖ Fig. *Tener el vientre vacío*, avoir le ventre creux.
— Sinón. ● *Abdomen*, abdomen. *Fam. Barriga*, *an dorga*, bedaine. *Panza*, panse. *Tripa*, ventre.
viernes m. Vendredi : *el viernes pasado, que viene* ou *próximo*, vendredi dernier, prochain ; *Viernes Santo*, vendredi saint. ‖ — *Cara de viernes*, face *o* figure *o* visage de carême. ‖ *Comer de viernes*,

959

faire maigre. || FAM. La semana que no traiga viernes, la semaine des quatre jeudis. | ¿Te lo has aprendido en viernes?, tu ne pourrais pas changer de refrain?

vietnamita adj. y s. Vietnamien, enne. ||

viga f. Poutre : viga maestra, poutre maîtresse. || Solive (transversal). || Viga de apuntalamiento, étançon.

vigencia f. Vigueur : entrar en vigencia, entrer en vigueur.

vigente adj. En vigueur : la ley vigente, la loi en vigueur ; estar vigente, être en vigueur.

vigesimal adj. Vicésimal, e : números vigesimales, nombres vicésimaux.

vigésimo, ma adj. y s. m. Vingtième. || Vingt : vigésimo primero, vingt et unième ; vigésimo segundo, quinto, vingt-deuxième, vingt-cinquième.

vigía m. Vigie, f. (marinero). Sentinelle, f. (guet-teur en tierra). — F. Poste de guet (ata-laya).

Écueil, m.

vigilancia f. Surveillance (acción de vigilar) : sometido a vigilancia, sous surveillance.

vigilante adj. V. VIGILANTE). || Qui surveille (que vigila). || Qui veille (que no duerme).

— M. y f. Surveillant, e. || — M. Vigile (en Roma). || Amer. Agent de police. || Vigilante de noche ou nocturno, veilleur de nuit.

vigilantemente adv. Vigilamment, avec vigilance.

vigilar v. intr. y tr. Surveiller : vigilar un trabajo, surveiller un travail. || Veiller : el conserje vigila a la salida del establecimiento, le concierge veille à la sortie de l'établissement.

— SINÓN. Velar, veiller. Observar, observer. Seguir, suivre. Mirar, regarder. Espiar, épier. Acechar, otear, guetter. Guardar, custodiar, garder.

vigilia f. Veille (de quien no duerme). || Veille (víspera). || Vigile (de fiesta). || Vigile des morts (de difuntos). || Repas (m.) maigre (comida). || De vigilia, maigre, d'abstinence : día de vigilia, jour maigre ; comer de vigilia o hacer vigilia, faire maigre.

vigor m. Vigueur, f. : entrar, estar, poner en vigor, entrer, être, mettre en vigueur. || Force, f., vigueur, f. : estilo lleno de vigor, style plein de force.

vigorar v. tr. Donner de la vigueur, fortifier, rendre vigoureux (vigorizar).

vigorizador, ra adj. Fortifiant e.

vigorizar v. tr. Fortifier, rendre vigoureux.

— V. pr. Se fortifier.

vigorosidad f. Vigueur.

vigoroso, sa adj. Vigoureux, euse.

vigota f. MAR. Moque (polea).

viguería f. Charpente, solivage, m.

vigués, esa adj. y s. De Vigo [Galice].

vigueta f. Poutrelle (viga pequeña). || Solive (viga transversal).

vihuela f. MÚS. « Vihuela », sorte de guitare. || Vihuela de arco, vièle.

— OBSERV. La vihuela est un instrument espagnol à cordes pincées, de la même famille que la guitare. Elle fut très en vogue au XVIe siècle, avant d'être supplantée par la guitare.

vihuelista m. y f. Joueur, joueuse de « vihuela ».

vikingo m. Viking.

vil adj. Vil, e ; bas, basse.

vilano m. BOT. Aigrette, f.

vilayato m. Vilayet.

vileza f. Bassesse, vilenie. || Pobreza no es vileza, pauvreté n'est pas vice.

vilipendiador, ra adj. y s. Qui vilipende.

vilipendiar v. tr. Vilipender.

vilipendio m. Mépris.

vilipendioso, sa adj. Méprisant, e.

vilmente adv. Vilement, bassement.

vilo (en) loc. En l'air (suspendido). || FIG. Dans l'incertitude (inquieto), en éveil (sobre aviso), en suspens (en suspenso) : mantener en vilo, tener en suspens ; en haleine : esta novela nos tiene en vilo, ce roman nous tient en haleine.

vilordo, da adj. Paresseux, euse.

vilorta f. o **vilorto** m. Cerceau (m.) de bois (aro). || Étançon, m. (del arado). || Frette, f. (de la rueda de un coche). || Crosse, f. (juego). || BOT. Cléma-tite, f. (flor).

vilote, ta adj. Amer. Poltron, onne (cobarde).

villa f. Ville (ciudad). || Villa (casa). || Bourg, m., petite ville (pueblo). || La Villa del oso y el madroño ou la Villa y Corte, Madrid.

— OBSERV. V. VILLE, 1a parte, pág. 770.

villadiego n. pr. FIG. y FAM. Tomar las de Villa-diego, prendre la clef des champs o la poudre d'escampette.

villanada f. Vilenie (acción ruin).

villanaje m. Roture, f.

villanamente adv. Bassement, grossièrement.

villancejo, villancete o villancico m. Chant de Noël, noël (canción de Navidad).

villanería f. Vilenie (villanía). || Roture (villa-naje).

villanesca f. Villanelle (canción y danza).

villanesco, ca adj. Du peuple.

villanía f. ● Bassesse, vilenie (acción ruin). || Grossièreté (dicho). || Roture, basse extraction (estado).

— SINÓN. ● Vileza, vilenie. Maldad, méchanceté. Ruin-dad, bajeza, bassesse.

villano, na adj. y s. Roturier, ère (que no es noble). || — Adj. FIG. Rustre, grossier, ère. || — M. y f. (Ant.). Vilain, e. || — M. Danse, f. || — El villano en su rincón, le Paysan dans son trou (obra de Lope de Vega). || Juego de manos, juego de villanos, jeu de mains, jeu de vilains.

— OBSERV. La palabra francesa vilain es anticuada en el sentido de villano (que no es noble) y equivale hoy día a feo, en lo moral o en lo físico.

villar m. Village (villaje).

villorrio m. Petit village, trou, bled (fam.).

vinagrada f. Oxycrat, m.

vinagre m. Vinaigre. || FIG. y FAM. Mauvais o sale caractère. || Cara de vinagre, visage renfrogné, mine rébarbative.

vinagrera f. Vinaigrier, m. (vasija). || Marchande de vinaigre (vendedora). || Oseille (acedera). || Amer. Aigreur, acidité (acedía). || — Pl. Huilier, m. sing., vinaigrier, m. sing. (angarillas).

vinagrero, ra adj. Du vinaigre.

— M. Vinaigrier.

vinagreta f. Vinaigrette (salsa).

vinagroso, sa adj. Vinaigré, e. || FIG. y FAM. Grin-cheux, euse ; d'humeur revêche.

vinajera f. ECLES. Burette.

vinario, ria adj. Vinaire.

vinate m. FAM. Pinard.

vinatera f. MAR. Amarre qui lie deux câbles o deux perches.

vinatería f. Débit (m.) de vins.

vinatero, ra adj. Vinicole : industria vinatera, industrie vinicole.

— M. Négociant en vins (comerciante).

vinaza f. Vinasse (vino sacado de los posos y de las heces).

vinazo m. FAM. Vinasse, f., gros vin.

vincapervinca f. BOT. Pervenche.

vinculable adj. Qui peut être rendu inaliénable.

vinculación f. Lien m. (lo que vincula). || DR. Action de rendre un bien inaliénable, création d'une propriété inaliénable.

vincular v. tr. Lier : *vinculado por el reconoci-miento*, lié par la reconnaissance ; *dos familias vinculadas entre sí*, deux familles liées entre elles. ‖ Attacher : *los campesinos están vinculados a la tierra*, les paysans sont attachés à la terre. ‖ DR. Rendre inaliénable (los bienes). ‖ FIG. Fonder : *vincular sus esperanzas en*, fonder ses espérances sur. — V. pr. Se lier.

vínculo m. Lien : *vínculos matrimoniales*, liens matrimoniaux o *du mariage*. ‖ DR. Inaliénabi-lité, f. ‖ FIG. Trait d'union, lien : *España sirve de vínculo entre Europa y África*, l'Espagne sert de trait d'union entre l'Europe et l'Afrique.

vincha f. *Amer.* Bandeau, m. [pour les cheveux].

vinchuca f. *Amer.* Sorte de grande punaise ailée, triatome, m.

vindicación f. Vengeance (acción de vengar).

vindicador, ra adj. y s. Vengeur, eresse.

vindicar v. tr. Venger (vengar). ‖ Défendre, prendre la défense de (defender). ‖ Revendiquer (reivindicar).

vindicativamente adv. D'une manière vindicative.

vindicativo, va o **vindicatorio, ria** adj. Vindi-catif, ive.

vindicta f. Vindicte, vengeance (venganza) : *vin-dicta pública*, vindicte publique.

vinería f. *Amer.* Débit (m.) de vins.

vínico, ca adj. Vinique.

vinícola adj. Vinicole.

vinicultor, ra m. y f. Viticulteur (sin fem.).

vinicultura f. Viniculture.

vinífero, ra adj. Vinifère.

vinificación f. Vinification.

vinílico, ca adj. Vinylique.

vinilo m. QUÍM. Vinyle.

vinillo m. FAM. Petit vin.

vino m. Vin : *echar vino*, verser du vin ; *vino de la tierra*, vin du cru o de pays. ‖ — *Vino de agua*, vin en fût. ‖ *Vino aguado*, vin baptisé o coupé. ‖ *Vino rosado* ou *clarete*, rosé, vin rosé, vin clairet. ‖ *Vino añejo, blanco*, vin vieux, blanc. ‖ *Vino de coco*, eau-de-vie tirée du lait de coco. ‖ *Vino de consagrar*, vin de messe. ‖ *Vino de dos orejas*, vin généreux. ‖ *Vino de garrote*, vin de pressoir. ‖ *Vino de honor*, vin d'honneur. ‖ *Vino de lágrima*, vin de goutte. ‖ *Vino de mesa*, vin de table. ‖ *Vino de pasto*, vin ordinaire. ‖ *Vino de postre* ou *generoso*, vin de dessert. ‖ *Vino de quina*, quin-quina. ‖ *Vino de solera*, vin vieux pour les cou-pages. ‖ *Vino dulce*, vin doux. ‖ *Vino espumoso*, vin mousseux. ‖ FAM. *Vino peleón*, gros vin, piquette, vinasse. ‖ *Vino seco, suave*, vin sec, moelleux. ‖ *Vino tinto*, vin rouge. ‖ — FAM. *Aho-gar las penas en vino*, noyer son chagrin dans le vin. ‖ *Bautizar el vino*, baptiser le vin. ‖ *Dormir el vino*, cuver son vin. ‖ *Tener el vino alegre, triste*, avoir le vin gai, triste. ‖ *Tener mal vino*, avoir le vin mauvais.

vinolento, ta adj. Ivrogne (borracho).

vinosidad f. Vinosité.

vinoso, sa adj. Vineux, euse : *color vinoso*, cou-leur vineuse.

vinote m. Vinasse, f. (residuos).

vintén m. Monnaie (f.) uruguayenne [2 centimes de peso].

viña f. Vigne [terrain]. ‖ — AGRIC. *Arropar las viñas*, chausser les ceps. ‖ FAM. *De todo hay en la viña del Señor*, il faut de tout pour faire un monde. ‖ *Viña loca*, vigne vierge.
— OBSERV. *Viña* désigne seulement le terrain ; vigne, en tant que plante, se dit *vid*.
— SINÓN. *Viñedo, viña*, vignoble. *Pago*, clos.

viñador m. Vigneron (cultivador).
— SINÓN. *Viticultor*, viticulteur. *Vendimiador*, ven-dangeur.

viñal m. *Amer.* Vignoble (viñedo).

viñatero m. *Amer.* Vigneron (viñador).

viñatura f. Vigneture (adornos de hojas de vid).

viñedo m. Vignoble.

viñero m. Vigneron (propietario).

viñeta f. Vignette. ‖ IMPR. Vignette, fleuron, m., cul-de-lampe, m.

viñetero m. IMPR. Casseau, placard pour les vignettes.

viola f. MÚS. Viole, alto, m. ‖ *Viola de gamba*, viole de gambe. ‖ — M. y f. Viole, joueur, joueuse de viole.

violáceo, a adj. Violacé, e. ‖ — F. BOT. Violacée.

violación f. Violation (de las leyes). ‖ *Violación (de una mujer)*, Viol, m. ‖ DR. *Violación de sellos* ou *de precintos*, bris de scellés.
— SINÓN. ● *Violencia*, violence. *Estupro*, stupre, *Des-floración*, défloraison.

violado, da adj. Violacé, e.

violador, ra adj. y s. Violateur, trice.

violar v. tr. Violer.
— SINÓN. *Forzar*, forcer. *Deshonrar*, déshonorer. *Profa-nar*, profaner. *Atropellar*, piétiner.

violencia f. Violence. ‖ *Viol*, m. (violación). Gêne, contrainte (embarazo).

violentamente adv. Violemment.

violentar v. tr. Violenter, faire violence à (obli-gar). ‖ Violer, forcer (el domicilio).
— V. pr. Se faire violence.

violento, ta adj. Violent, e : *tempestad violenta*, violente tempête ; *muerte violenta*, mort violente. ‖ ● Violent, e ; emporté, e (arrebatado). ‖ Gêné, e ; mal à l'aise (molesto) : *me sentía muy violento en su presencia*, j'étais très gêné devant lui. ‖ Gê-nant, e : *me es violento decírselo*, c'est gênant pour moi de le lui dire.
— SINÓN. ● *Vivo*, vif. *Ardiente*, ardent. *Apasionado*, passionné. *Brutal*, brutal. *Autoritario*, autoritaire. *Vehe-mente*, véhément. *Arrebatado*, emporté.

violeta f. Violette (flor). ‖ — M. Violet (color).
— Adj. inv. Violet, ette : *un vestido violeta*, une robe violette ; *luces violeta*, lumières violettes.

violetera f. Marchande de violettes.

violetero m. Vase à violettes.

violín m. MÚS. Violon (instrumento) : *tocar el violín*, jouer du violon. ‖ Violon, violoniste (mú-sico). ‖ FIG. y FAM. *Amer. Embolsar el violín*, revenir bredouille.

violinista m. y f. Violoniste.

violón m. MÚS. Contrebasse, f. (instrumento). ‖ Contrebassiste (músico). ‖ FIG. y FAM. *Tocar el violón*, divaguer, parler (hablar) o agir (obrar) à tort et à travers.
— OBSERV. *Violon* se dit en espagnol *violín*.

violonchelista o **violoncelista** m. y f. MÚS. Vio-loncelliste.

violonchelo o **violoncelo** m. MÚS. Violoncelle.

vipéreo, a adj. Vipérin, e.

viperino, na adj. Vipérin, e. ‖ *Lengua viperina*, langue de vipère.

vira f. Flèche d'arbalète, vireton, m. (saeta). ‖ Trépointe (zapatería).

virada f. MAR. Virement, m., virage, m.

virador m. FOT. Virage. ‖ MAR. Guinderesse, f. (guindaleza). ‖ Tournevire, m. (del cabrestante). ‖ FOT. *Baño virador*, bain de virage.

virago f. Virago (marimacho).

viraje m. Virage (curva). ‖ FOT. y FÍS. Virage. ‖ FIG. Revirement (cambio completo). ‖ Tournant : *la Revolución francesa marca un viraje decisivo en la historia*, la Révolution française marque un tournant décisif dans l'histoire.

virar v. tr. e intr. MAR. Virer. ‖ FOT., MED. y QUÍM. Virer. ‖ — MAR. *Virar de bordo*, virer de bord. ‖ FIG. *Virar en redondo*, se retourner (vol-verse), virer de bord (cambiar completamente).

‖ Mar. *Virar en redondo* ou *con viento en popa,* virer lof pour lof.

viratón m. Vireton (saeta).

viravira f. *Amer.* Plante médicinale.

virazón f. Mar. Brise du large.

virgen adj. Vierge. ‖ Fig. Vierge : *selva, cera virgen,* forêt, cire vierge. — F. Vierge. ‖ Montant (*m.*) de pressoir (en lagares). ‖ — *La Virgen Santísima,* la Sainte Vierge. ‖ Fam. *Un viva la Virgen,* un vive-la-joie (un hombre alegre), un insouciant, un je-m'enfichiste, un je-m'en-foutiste (un despreocupado). ‖ *Virgen de los Dolores,* Vierge des Sept Douleurs.

Virgilio n. pr. m. Virgile.

virginal adj. Virginal, e.

virgíneo, a adj. Virginal, e.

Virginia n. pr. f. Virginie.

virginiano, na adj. y s. Virginien, enne ; de Virginie (Estados Unidos).

virginidad f. Virginité.

virgo m. Virginité, *f.* ‖ Anat. Hymen. ‖ Astr. Vierge, *f.* (zodiaco).

vírgula f. Petite baguette. ‖ Petit trait, *m.* (rayita). ‖ Med. Bacille (*m.*) virgule. — Observ. *Virgule* se dit en espagnol *coma.*

virgulilla f. Petit signe (*m.*) orthographique.

Viriato n. pr. m. Viriathe.

viril adj. Viril, e. — M. Custode, *f.,* lunule, *f.* (custodia). ‖ Verre (vidrio).

virilidad f. Virilité.

virilizar v. tr. Viriliser.

virola f. Virole (de navaja). ‖ Frette (abrazadera).

virolento, ta adj. y s. Varioleux, euse.

virosis f. Maladie infectieuse due à un virus.

virote m. Vireton (arma). ‖ Morceau de fer, entrave, *f.* [de carcan].

virotillo m. Arq. Étrésillon.

virreina f. Vice-reine.

virreinato m. Vice-royauté, *f.*

virrey m. Vice-roi.

virtual adj. Virtuel, elle.

virtualidad f. Virtualité.

virtud f. Force (en las personas). ‖ — *En virtud de,* en vertu de. ‖ *Varita de la virtud* ou *de las virtudes,* baguette magique.

virtuosidad f. o **virtuosismo** m. Virtuosité, *f.*

virtuoso, sa adj. y s. Vertueux, euse : *una conducta virtuosa,* une conduite vertueuse. ‖ Virtuose (artista consumado).

viruela f. Variole, petite vérole (enfermedad). ‖ Bouton (*m.*) de variole. ‖ — Pl. Variole, *sing.,* petite vérole, *sing.* ‖ — *¡A la vejez viruelas!,* ça le prend sur le tard. ‖ *Picado de viruelas,* grêlé, marqué de petite vérole (cara). ‖ *Viruela del ganado vacuno,* vaccine. ‖ Med. *Viruelas locas,* varicelle. — Observ. En espagnol on emploie surtout le pluriel.

virulé (a la) loc. adv. Fam. *Ojo a la virulé,* œil au beurre noir.

virulencia f. Virulence.

virulento, ta adj. Virulent, e.

virus m. Virus : *virus filtrable,* virus filtrant. ‖ Fig. Virus.

viruta f. Copeau, *m.* (de madera). ‖ Tournure (de metal).

vis f. Force : *vis cómica,* force comique.

visa f. *Amer.* Visa, *m.*

visado, da adj. Visé, e ; marqué d'un visa. — M. Visa (de un pasaporte).

visaje m. Grimace, *f.* (mueca) : *hacer visajes,* faire des grimaces. — Observ. *Visage* se dit en espagnol *rostro.*

visajero, ra adj. Grimacier, ère (gestero).

visar v. tr. Viser (apuntar). ‖ Marquer d'un visa, viser (un pasaporte).

víscera f. Anat. Viscère, *m.*

visceral adj. Viscéral, e : *arcos viscerales,* arcs viscéraux.

visco m. Glu, *f.* (liga).

viscosa f. Quím. Viscose.

viscosidad f. Viscosité.

viscosímetro m. Viscosimètre.

viscoso, sa adj. Visqueux, euse. — Sinón. *Pegajoso,* collant. *Peguntoso,* poisseux. *Gelatinoso,* gélatineux. *Glutinoso,* gluant.

visera f. Visière, garde-vue (p. us.). ‖ Toque (de jockey). ‖ Arq. Larmier, *m.* (goterón). ‖ *Calar* ou *calarse la visera,* baisser sa visière.

visibilidad f. Visibilité : *vuelo sin visibilidad,* pilotage sans visibilité.

visible adj. Visible. — Sinón. *Perceptible,* perceptible. *Aparente,* apparent. *Ostensible,* ostensible. *Manifiesto, palmario,* manifeste. *Palpable,* palpable.

visigodo, da adj. y s. Wisigoth, e ; visigoth, e.

visigótico, ca adj. Wisigothique, visigothique.

visillo m. Rideau (cortinilla).

visión f. ● Vision. ‖ Fig. y Fam. Horreur, épouvantail, *m.* (persona fea). ‖ — Fig. y Fam. *Quedarse como quien ve visiones,* être abasourdi, rester bouche bée. ‖ *Ver visiones,* avoir des visions. — Sinón. ● *Aparición,* apparition. *Espejismo,* mirage. *Alucinación,* hallucination. *Fantasía,* fiction. *Sueño, ensueño,* rêve, songe.

visionadora f. Fot. Visionneuse.

visionario, ria adj. y s. Visionnaire. — Sinón. *Iluminado,* illuminé. *Alucinado,* halluciné. *Extravagante,* extravagant.

visir m. Vizir : *gran visir,* grand vizir.

visirato m. Vizirat.

visita f. Visite : *visita de pésame,* visite de condoléances. ‖ — *Devolver a alguien una visita,* rendre sa visite à quelqu'un. ‖ *Ir de visitas,* aller faire des visites. ‖ Fam. *No me hagas la visita,* ne fais pas de manières. ‖ *Tarjeta de visita,* carte de visite. ‖ *Visita de cumplido* ou *de cortesía,* visite de politesse. ‖ Fam. *Visita de médico,* visite en coup de vent, visite éclair.

visitación f. Relig. Visitation.

visitador, ra adj. y s. Visiteur, euse. ‖ — F. Relig. Visitatrice.

visitante adj. Qui visite. — M. y f. Visiteur, euse ; visite, *f.*

visitar v. tr. Visiter : *visitar un monumento,* visiter un monument. ‖ Rendre visite à (ir de visita). ‖ Faire une visite de (inspeccionar). ‖ Aller voir [un malade] (el médico).

visiteo m. Visites, *f. pl.,* échange de visites : *le gusta mucho el visiteo,* il aime beaucoup les visites.

vislumbrar v. tr. Apercevoir, entrevoir.

vislumbre f. Lueur (claridad tenue), reflet, *m.* (reflejo). ‖ Fig. Lueur : *una vislumbre de esperanza,* une lueur d'espoir. ‖ Soupçon, *m.* (sospecha). ‖ Indice, *m.* (indicio).

viso m. Moirure, *f.,* chatoiement, moirage, moiré, *f.* : *tela de seda azul con visos morados,* tissu de soie bleue aux moirures violettes. ‖ Fond [de robe, de jupe] (forro). ‖ Couche, *f.* (capa). ‖ Fig. Apparence, *f.* (apariencia) : *bajo unos visos de verdad,* sous des apparences de vérité. ‖ Teinte, *f.* (tendencia). ‖ Rayon, lueur, *f.* (de esperanza). ‖ Éminence, *f.,* hauteur, *f.* (eminencia). ‖ — *Dar visos a una tela,* moirer un tissus. ‖ *De viso,* en vue : *persona de viso,* personne en vue. ‖ *Hacer visos,* chatoyer. ‖ *Juzgar de viso,* juger sur pièce *o de visu.* ‖ *Tener visos de,* sembler, avoir l'air : *esta acción tiene visos de honrada,* cette action semble honnête. ‖ *Viso cambiante,* couleur changeante.

visón m. Zool. Vison.

visor m. Viseur (óptica). ‖ Fot. Viseur, oculaire de visée.

visorar v. tr. Fam. Regarder.

visorio, ria adj. Visuel, elle.
— M. Enquête, *f.*, expertise, *f.* (examen pericial).

víspera f. Veille : *el jueves es la víspera del viernes,* le jeudi est la veille du vendredi. ‖ — Pl. Vêpres (oficio religioso). ‖ — *Día de mucho, víspera de nada,* les jours se suivent et ne se ressemblent pas. ‖ *En vísperas de,* à la veille de. ‖ Hist. *Vísperas sicilianas,* Vêpres siciliennes.

vista f. Vue : *vista aguda* ou *penetrante,* vue perçante ; *esta habitación tiene una vista espléndida,* cette chambre a une vue splendide ; *vista panorámica,* vue panoramique. ‖ Vue, yeux, *m. pl.* : *tener buena vista,* avoir une bonne vue *o* de bons yeux. ‖ Regard, *m.* : *dirigir la vista a,* diriger son regard vers. ‖ Coup (*m.*) d'œil (vistazo). ‖ Vue (cuadro, foto). ‖ Dr. Audience. ‖ — Pl. Arq. Jours, *m.,* ouvertures (en los edificios). | Vue, *sing.* : *casa con vistas al mar,* maison ayant vue sur la mer. ‖ Dr. Sessions (en una Audiencia). ‖ — Fig. *Vista de conjunto,* tour d'horizon, vue d'ensemble. | *Vista de lince* ou *de águila,* yeux de lynx. | *Vista general,* vue d'ensemble, panorama. ‖ — *Agradable a la vista,* agréable à voir *o* à regarder. ‖ *A la vista,* à vue : *pagadero a la vista,* payable à vue ; en vue : *poner a la vista,* mettre en vue ; à l'horizon : *un barco a la vista,* un bateau à l'horizon. ‖ *A la vista de,* à la vue de : *a la vista de todos,* à la vue de tout le monde ; vu, étant donné : *a la vista de las dificultades,* étant donné les difficultés ; à la lumière de (a la luz de). ‖ Dr. *A la vista y conocimiento de,* au vu et au su de. ‖ *A ojos vistas,* à vue d'œil. ‖ *A primera vista,* à première vue. ‖ *A simple vista,* à première vue, au premier abord (primeramente) ; à l'œil nu (fácilmente). ‖ Com. *A tantos días vista,* à tant de jours de vue. ‖ *A vista de,* en présence de. ‖ *A vista de ojos,* à vue d'œil. ‖ *A vista de pájaro,* à vol d'oiseau. ‖ *Con vistas a,* en vue de, en prévision de : *con vistas al frío compré una tonelada de carbón,* en prévision du froid, j'ai acheté une tonne de charbon. ‖ *Desde el punto de vista de,* au *o* du point de vue de. ‖ *Desde mi punto de vista,* à mon avis. ‖ *En vista de,* vu, étant donné : *en vista de las circunstancias,* vu les circonstances. ‖ *En vista de que,* vu que, étant donné que, attendu que. ‖ *Hasta la vista,* au revoir. ‖ *Sin servidumbre de vistas,* vue imprenable. ‖ *Testigo de vista,* témoin oculaire. ‖ Cinem. *Toma de vista,* prise de vue. ‖ Fam. *Uno de la vista baja,* un habillé de soie, un porc (cerdo). ‖ — *Alzar la vista,* lever les yeux. ‖ *Apartar la vista,* détourner la vue *o* les yeux *o* le regard. ‖ *Bajar la vista,* baisser les yeux. ‖ *Clavar* ou *fijar la vista en,* fixer les yeux sur. ‖ Fig. *Comerse con la vista,* manger *o* dévorer des yeux. ‖ *Conocer de vista,* connaître de vue. ‖ *Dar una vista a,* jeter un coup d'œil à. ‖ *Echar la vista a una cosa,* jeter son dévolu sur quelque chose. ‖ *Echar una vista a,* surveiller. ‖ *Estar a la vista,* être incontestable *o* notoire *o* manifeste (evidente) : *los resultados están a la vista,* les résultats sont incontestables ; être en vue (una personalidad). ‖ Fig. *Hacer la vista gorda,* faire semblant de ne pas voir, fermer les yeux. ‖ *Hasta perderse de vista,* à perte de vue. ‖ *Írsele a uno la vista tras algo,* mourir d'envie d'avoir quelque chose (desear), suivre quelque chose des yeux (mirar). ‖ *La vista engaña,* les apparences sont trompeuses, il ne faut pas se fier aux apparences. ‖ *Leer con la vista,* lire des yeux. ‖ *No perder de vista,* ne pas perdre de vue. ‖ *No quitar la vista de encima a,* ne pas quitter des yeux. ‖ Fig. *Saltar a la vista,* sauter aux yeux, crever les yeux. ‖ *Ser corto de vista,* être myope, avoir la vue

courte *o* basse (ser miope), avoir la vue courte, ne pas être très malin. ‖ *Ser largo de vista,* voir loin, être clairvoyant. ‖ Fig. *Tener a la vista,* avoir en vue (un proyecto), avoir l'œil sur (vigilar), avoir sous les yeux (ver). ‖ *Tener mucha vista,* voir venir les choses, avoir du flair (una persona), avoir belle apparence *o* de l'allure (una cosa). ‖ *Tener poca vista,* avoir une mauvaise vue (ver poco), ne pas être très perspicace (no ser perspicaz). ‖ *Volver la vista atrás,* regarder derrière soi, jeter un coup d'œil en arrière.

vista m. Visiteur, douanier (aduanero).⁴

vistavisión f. Vistavision (cine).

vistazo m. Coup d'œil : *dar* ou *echar un vistazo,* jeter un coup d'œil.

vistesantos adj. f. y s. f. Vieille fille.

vistillas f. pl. Point (*m. sing.*) de vue.

visto, ta adj. Vu, e. ‖ Fig. Vu, e : *estar bien, mal visto,* être bien, mal vu. ‖ Vu, e ; étant donné (en vista de). ‖ — *Está visto que,* il est certain que, il est évident que. ‖ *Este espectáculo es algo nunca visto,* ce spectacle est quelque chose d'unique en son genre. ‖ *Ladrillo visto,* brique apparente. ‖ *¡Lo nunca visto!,* vous n'avez jamais vu ça !, sans précédent ! ‖ *Ni visto ni oído,* ni vu ni connu. ‖ *Por lo visto,* apparemment (por lo que se ve), paraît-il, à ce qu'il paraît, apparemment (según parece). ‖ *Todo está visto,* c'est tout vu. ‖ *Visto que,* vu que, attendu que, étant donné que. ‖ *Visto bueno* ou *visto y conforme,* vu et approuvé.
— M. *Visto bueno,* visa (refrendo), accord, assentiment, approbation, *f.* : *dar el visto bueno a,* donner son accord a.

vistosamente adv. Magnifiquement, superbement : *sala vistosamente engalanada,* salle magnifiquement décorée.

vistosidad f. Magnificence, splendeur.

vistoso, sa adj. Voyant, e : *llevar un vestido muy vistoso,* porter une robe très voyante. ‖ Magnifique, superbe. ‖ Qui attire l'attention.

Vístula n. pr. m. Geogr. Vistule, *f.*

visual adj. Visuel, elle.
— F. Rayon (*m.*) visuel. ‖ *Tirar visuales,* faire des visées (topografía).

visualidad f. Effet (*m.*) agréable, bel effet, *m.*

visualización f. Visualisation.

visualizar v. tr. Visualiser. ‖ Concevoir, envisager.

vital adj. Vital, e : *los órganos vitales,* les organes vitaux. ‖ Fig. Vital, e (fundamental). ‖ — *Espacio vital,* espace vital. ‖ Filos. *Impulso* ou « elan » *vital,* élan vital.

vitalicio, cia adj. Viager, ère ; à vie : *pensión vitalicia,* pension viagère. ‖ À vie (perpetuo) : *senador vitalicio,* sénateur à vie. ‖ *Renta vitalicia,* rente viagère, viager.
— M. Viager : *hacer un vitalicio sobre una casa,* mettre une maison en viager.

vitalidad f. Vitalité.

vitalismo m. Vitalisme (doctrina biológica).

vitalización f. Vitalisation.

vitalizar v. tr. Vitaliser.

vitamina f. Vitamine.

vitaminado, da adj. Vitaminé, e.

vitamínico, ca adj. Vitaminique.

vitaminización f. Vitaminisation.

vitando, da adj. À éviter. ‖ Fig. Odieux, euse (execrable).

vitela f. Papier (*m.*) vélin, vélin, *m.*

vitelino, na adj. Biol. Vitellin, e.

Vitelio n. pr. m. Vitellius.

vitelo m. Vitellus (del huevo).

vitícola adj. Viticole.
— M. Viticulteur (viticultor).

viticultor m. Viticulteur.

viticultura f. Viticulture.

vitíligo m. Vitiligo (despigmentación de la piel).
vitivinícola adj. Vinicole [relatif à la viticulture associée à la production du vin].
vitivinicultor m. Viticulteur, producteur de vin.
vitivinicultura f. Viticulture associée à la production du vin.
vito m. Danse (f.) andalouse (baile). ‖ Musique (f.) de cette danse.
Vito n. pr. m. Guy. ‖ MED. *Baile de San Vito,* danse de Saint-Guy (enfermedad).
vitola f. Bague (de puros). ‖ Calibreur, m. (plantilla). ‖ FIG. Façade (apariencia). | Aspect, m., mine (aspecto). ‖ MAR. Gabarit, m. (gálibo).
vitolfilia f. Collection de bagues de cigares.
vítor m. Vivat. ‖ *Dar vítores al jefe del Estado,* acclamer le chef de l'État.
vitorear v. tr. Acclamer.
vitoriano, na adj. y s. De Vitoria.
vitral m. Vitrail.
vítreo, a adj. Vitré, e : *electricidad vítrea,* électricité vitrée ; *humor vítreo,* humeur vitrée. ‖ Vitreux, euse (de vidrio). ‖ *Pintura vítrea,* peinture vernissée au feu.
vitrificable adj. Vitrifiable.
vitrificación f. o **vitrificado** m. Vitrification, f.
vitrificador, ra adj. Vitrifieur, euse.
vitrificar v. tr. Vitrifier.
— V. pr. Se vitrifier.
vitrina f. Vitrine [d'objets d'art]. ‖ *Amer.* Vitrine [d'une boutique].
— OBSERV. *Vitrine* de magasin se dit en espagnol *escaparate.*
vitriolar v. tr. Vitrioler.
vitriólico, ca adj. Vitriolique.
vitriolo m. Vitriol. ‖ — *Aceite de vitriolo,* huile de vitriol. ‖ *Echar vitriolo,* vitrioler.
Vitruvio n. pr. m. Vitruve.
vituallas f. pl. Vivres, m. (víveres). ‖ FAM. Victuailles (comida abundante).
vituallar v. tr. Ravitailler (avituallar).
vituperable adj. Blâmable, répréhensible.
vituperación f. Blâme, m., reproche, m., vitupération (p. us.).
vituperador, ra adj. y s. Qui blâme, vitupérateur, trice (p. us.).
vituperante adj. Qui blâme.
vituperar v. tr. Blâmer, vitupérer (p. us.). ‖ Reprocher.
vituperio m. Blâme (censura). ‖ Reproche. ‖ Honte, f., opprobre, déshonneur (vergüenza).
vituperioso, sa adj. Qui contient un blâme, outrageant, e.
viudal adj. Relatif au veuf o à la veuve.
viudedad f. Pension de veuve.
viudez f. Veuvage, m.
viudita f. Petite veuve (mujer). ‖ *Amer.* Petit singe, m. (mono). | Sorte de perroquet (ave). ‖ *Viudita alegre,* veuve joyeuse.
viudo, da adj. y s. Veuf, veuve : *viuda alegre,* veuve joyeuse. ‖ — F. Veuve (pájaro).
viva m. Vivat : *dar vivas,* pousser des vivats. ‖ FAM. *Un viva la Virgen,* un vive-la-joie (un hombre alegre), un insouciant, un je-m'en-fichiste, un je-m'en-foutiste (un despreocupado).
vivac m. Bivouac.
vivace adj. MÚS. Vivace.
vivacidad f. Vivacité.
vivales m. y f. FAM. Personne culottée.
vivamente adv. Vivement.
vivandero, ra m. y f. Vivandier, ère.
vivaque m. Bivouac.
vivaquear v. intr. Bivouaquer.
vivar m. Garenne, f. (de conejos). ‖ Vivier (de peces).
vivaracho, cha adj. Vif, ive ; pétulant, e.
vivaz adj. Vivace (que dura). ‖ Vif, ive [d'esprit]

(agudo). ‖ Vigoureux, euse (vigoroso). ‖ BOT. Vivace.
vivencia f. Fait (m.) vécu, expérience.
víveres m. pl. Vivres : *cortarle los víveres a alguien,* couper les vivres à quelqu'un. ‖ MIL. *Servicio de víveres,* service des subsistances.
vivero m. Pépinière, f. (para plantas). ‖ Vivier (de peces). ‖ Parc : *vivero de ostras,* parc à huîtres. ‖ Toile (f.) de Vivero [ville de Galice]. ‖ FIG. Pépinière, f. : *este país es un vivero de artistas,* ce pays est une pépinière d'artistes.
viveza f. Vivacité (de las acciones, ojos, colores). ‖ Vivacité (del ingenio). ‖ Réalisme, m. (de un retrato). ‖ Saillie (agudeza). ‖ Éclat, m. : *la viveza de un color,* l'éclat d'une couleur.
vividero, ra adj. Habitable.
vivido, da adj. Vécu, e : *una historia vivida,* une histoire vécue.
vívido, da adj. Vif, ive (vivaz).
vividor, ra adj. y s. Vivant, e (que vive). ‖ — Adj. Vivace (vivaz). ‖ Laborieux, euse (laborioso). ‖ — M. y f. Profiteur, euse (aprovechado). ‖ — M. Bon vivant (alegre).
vivienda f. Demeure (morada). ‖ ● Logement, m. : *crisis de la vivienda,* crise du logement. ‖ Habitation : *vivienda lacustre,* habitation lacustre ; *viviendas de renta limitada,* habitations à loyer modéré. ‖ Logis, m. (casa). ‖ Genre (m.) de vie, habitat, m. (género de vida) : *vivienda rural,* habitat rural. ‖ *Vivienda de muestra,* appartement témoin.
— SINÓN. ● *Alojamiento,* hébergement. *Habitación,* chambre, habitation. *Piso, apartamento, cuarto, departamento,* appartement. *Casa,* maison. *Morada,* demeure. *Residencia,* résidence. *Apeadero,* pied-à-terre.
viviente adj. Vivant, e : *seres vivientes,* êtres vivants ; *cuadro viviente,* tableau vivant.
vivificación f. Vivification.
vivificador, ra adj. Vivificateur, trice ; vivifiant, e.
vivificante adj. Vivifiant, e.
vivificar v. tr. Vivifier.
vivificativo, va adj. Vivifiant, e.
viviparidad f. ZOOL. Viviparité.
vivíparo, ra adj. y s. ZOOL. Vivipare.
vivir m. Vie, f. (vida). ‖ — *Gente de mal vivir,* gens de mauvaise vie. ‖ *Tener un vivir decente,* vivre décemment.
vivir v. intr. Vivre : *los loros viven muchos años,* les perroquets vivent longtemps. ‖ Vivre, habiter (residir) : *vivir en el campo,* vivre à la campagne. ‖ Habiter (tener domicilio) : *vive en Madrid desde hace tres años,* il habite à Madrid depuis trois ans. ‖ — FIG. y FAM. *Vivir a cuerpo de rey,* vivre comme un prince, être comme un coq en pâte. ‖ *Vivir al día,* vivre au jour le jour. ‖ *Vivir a lo grande* ou *a lo gran señor,* vivre sur un grand pied, mener grand train. ‖ *Vivir con poco,* vivre de peu. ‖ *Vivir del aire,* vivre de l'air du temps. ‖ *Vivir de ilusiones,* s'entretenir o se bercer d'illusions. ‖ *Vivir de quimeras,* se repaître de chimères. ‖ *Vivir de rentas,* vivre de ses rentes. ‖ *Vivir de sus ahorros,* vivre sur ses économies. ‖ *Vivir para ver,* qui vivra verra. ‖ *Vivir sin pena ni gloria,* suivre o aller son petit bonhomme de chemin, mener une existence sans heurts et sans éclat. ‖ — *Como se vive se muere,* on meurt comme on a vécu. ‖ *¡Hay que vivir para ver!,* il faut le voir pour le croire ! ‖ *Ir viviendo,* vivoter, végéter. ‖ *Mientras yo viva,* tant que je vivrai, moi vivant. ‖ *No dejar vivir a uno,* ne pas laisser quelqu'un vivre en paix, ne laisser à quelqu'un aucun répit. ‖ *¿Quién vive?,* qui vive ? (centinela). ‖ *Se vive bien en este país,* il fait bon vivre dans ce pays. ‖ *Tener con qué vivir,* avoir de quoi vivre. ‖ *¡Viva!,* vivat ! ‖ *¡Viva España!,* Vive l'Espagne ! ‖ *¡Vive Dios!,* Grand Dieu ! ‖ *Y vivieron felices, comieron perdices, y a mí no*

me dieron, ils vécurent heureux et eurent beaucoup d'enfants (final de los cuentos).

vivisección f. Vivisection.

vivismo m. Système de Luis Vives [philosophe espagnol du XVIe siècle].

vivista m. Adepte du système de Luis Vives.

vivito, ta adj. FAM. *Vivito y coleando*, tout frétillant (pescado), plus vivant que jamais, tout frétillant (una persona), loin d'être enterré : *el asunto queda vivito y coleando*, l'affaire est loin d'être enterrée.

vivo, va adj. Vivant, e : *los seres vivos*, les êtres vivants. ‖ Vif, ive ; pétillant, e (ojos). ‖ Vif, ive ; intense : *dolor muy vivo*, douleur très vive. ‖ Vif, ive ; voyant, e : *color vivo*, couleur vive. ‖ Vif, ive ; alerte (ágil). ‖ FIG. Vivant, e : *lengua viva*, langue vivante. ‖ Vif, ive ; vivant, e : *dejar un recuerdo muy vivo*, laisser un souvenir très vif. ‖ Vif, ive (agudo). ‖ Éveillé, e ; dégourdi, e ; vivant, e (despabilado) : *un niño muy vivo*, un enfant très éveillé o bien vivant. ‖ Malin, igne ; débrouillard, e (astuto). ‖ Profiteur, euse (aprovechón). ‖ Vif, ive (arista, ángulo). ‖ — *Aguas vivas*, eaux vives. ‖ *A viva fuerza*, de vive force. ‖ *De viva actualidad*, bien d'actualité, de toute dernière actualité. ‖ *De viva voz*, de vive voix. ‖ *Dios vivo*, Dieu vivant. ‖ *En carnes vivas*, nu, e ; tout nu, toute nue. ‖ *En roca viva*, en pleine roche. ‖ *En vivo*, sur pied (animal). ‖ *Fuerzas vivas*, forces vives. ‖ MAR. *Obras vivas*, œuvres vives. ‖ *Roca viva*, roche à nu. ‖ *Seto vivo*, haie vive. ‖ *¡Vivo!*, vite ! ‖ — FIG. *Como de lo vivo a lo pintado*, comme le jour et la nuit. ‖ *Cortar en carne viva*, tailler dans le vif. ‖ *Dárselas de vivo*, faire le malin. ‖ *Es el vivo retrato de su padre*, c'est tout le portrait de son père, c'est le portrait vivant de son père. ‖ *Herir en carne viva*, v. CARNE. ‖ *Herir* ou *tocar en lo vivo*, piquer au vif, toucher au vif. ‖ *Llegar a lo vivo*, arriver au point délicat. ‖ *Llorar a lágrima viva*, pleurer à chaudes larmes. ‖ *Pasarse de vivo*, vouloir être trop malin. ‖ *Poner en carne viva*, mettre à vif. ‖ *Quedarse más muerto que vivo*, être plus mort que vif. ‖ *Ser más vivo que un rayo*, avoir du vif-argent dans les veines, être vif comme l'éclair. ‖ *Ser vivo de genio*, avoir l'esprit vif o prompt. ‖ *Ser vivo de imaginación*, avoir l'imagination vive. ‖ *Tener un genio vivo*, être irritable o soupe au lait (fam.).
— M. Vivant : *los vivos y los muertos*, les vivants et les morts. ‖ FIG. y FAM. Malin, débrouillard (astuto). ‖ Filou (fullero). ‖ DR. Vif : *donación entre vivos*, donation entre vifs. ‖ FIG. y FAM. *Hacerse el vivo*, faire le malin.

vizcacha f. Viscache (roedor).

vizcachera f. Terrier (*m.*) de la viscache.

vizcainada f. Mot (*m.*) o action propre aux Basques.

vizcaíno, na adj. y s. Biscaïen, enne (de la provincia de Vizcaya), basque, basquaise (del País Vasco). ‖ — *A la vizcaína*, à la mode basque (al estilo del País Vasco). ‖ *Bacalao a la vizcaína*, morue à la biscayenne [morue à la tomate].

vizcaitarra adj. y s. Nationaliste basque.

Vizcaya n. pr. f. GEOGR. Biscaye.

vizcondado m. Vicomté.

vizcondal adj. Vicomtal, e : *derechos vizcondales*, droits vicomtaux.

vizconde, esa m. y f. Vicomte, esse.

vocablo m. Mot, vocable (p. us.). ‖ FIG. *Jugar del vocablo*, jouer sur les mots.

vocabulario m. Vocabulaire.

vocación f. Vocation : *errar la vocación*, rater sa vocation.

vocal adj. Vocal, e : *cuerdas vocales*, cordes vocales ; *órganos vocales*, organes vocaux.
— F. GRAM. Voyelle. ‖ — M. y f. Membre : *vocal de un comité*, de una comisión, membre

d'un comité, d'une commission. ‖ *Vocal contribuyente*, membre au compte des contribuables.

vocálico, ca adj. Vocalique.

vocalismo m. Vocalisme.

vocalista m. y f. Chanteur, euse (en una orquesta).

vocalización f. Vocalisation (acción). ‖ Vocalise (canto).

vocalizador, ra m. y f. Vocalisateur, trice.

vocalizar v. tr. e intr. Vocaliser.

vocalmente adv. Verbalement (de palabra).

vocativo m. GRAM. Vocatif.

voceador, ra adj. Qui crie, crieur, euse.
— M. y f. Crieur, euse. ‖ — M. Crieur public (pregonero).

vocear v. intr. y tr. Crier [à tue-tête]. ‖ — V. tr. Proclamer (publicar). ‖ Appeler, héler (llamar). ‖ Acclamer (aclamar). ‖ FIG. Proclamer (manifestar). ‖ FIG. y FAM. Crier sur les toits, claironner (una cosa) : *le gusta vocear los favores que nos hace*, il aime crier sur les toits les services qu'il nous rend. ‖ FIG. y FAM. *Vocear su vergüenza*, afficher sa honte.

vocejón m. Voix (*f.*) rude (voz áspera), grosse voix, *f.* (vozarrón).

voceo m. Cris, *pl.* (gritos).

vocería f. o **vocerío** m. Cris, *m. pl.* (gritos). ‖ Clameur, *f.* (clamor).

vocero m. Porte-parole (portavoz).

vociferación f. Vocifération.

vociferador, ra adj. Vociférant, e.
— M. y f. Vociférateur, trice.

vociferante adj. Vociférant, e.

vociferar v. tr. e intr. Vociférer.

vocinglería f. Criaillerie, cris, *m. pl.* (gritería). ‖ Clameur.

vocinglero, ra adj. y s. Criailleur, euse (que grita). ‖ Bavard, e (que habla mucho).

vodevil m. Vaudeville.

vodevilesco, ca adj. Vaudevillesque.

vodevilista m. Vaudevilliste.

vodka m. o f. Vodka, *f.*

volada f. Vol (*m.*) court. ‖ *Amer.* V. BOLADA.

voladera f. Aube (paleta).

voladero, ra adj. Volant, e.

voladizo, za adj. Saillant, e ; en saillie : *cornisa voladiza*, corniche saillante.
— M. ARQ. Saillie, *f.*, encorbellement.

volado, da adj. FIG. y FAM. *Estar volado*, être tout confus o tout penaud (de vergüenza). ‖ FIG. *Hacer algo volado*, faire quelque chose en vitesse. ‖ IMPR. *Letra volada*, lettrine (en la parte superior del renglón).

volador, ra adj. Volant, e (que vuela). ‖ *Cohete, pez volador*, fusée volante, poisson volant.
— M. Fusée (*f.*) volante (cohete). ‖ Poisson volant (pez). ‖ *Amer.* Jeu mexicain [mât autour duquel tournent plusieurs hommes suspendus par des cordes à une grande distance du sol].

voladura f. Explosion : *la voladura de una caldera*, l'explosion d'une chaudière. ‖ Sautage, *m.*, explosion (de una mina). ‖ *La voladura de un puente*, la destruction d'un pont sous l'effet d'une explosion.

volandas (en) loc. En l'air. ‖ FIG. y FAM. En vitesse.

volandero, ra adj. Qui commence à voler (volantón). ‖ FIG. Volant, e ; démontable (móvil). ‖ Instable (inestable).

volandillas (en) loc. V. VOLANDAS (EN).

volando adv. En vitesse (rápidamente). ‖ Tout de suite, illico (fam.) [en seguida]. ‖ *Llegar volando*, accourir.

volante adj. Volant, e : *campo, pez, hoja volante*, camp, poisson volant, feuille volante. ‖ FIG. Itinérant, e : *equipo volante*, équipe itinérante. ‖ *Medio volante*, demi-aile (fútbol).

— M. Volant (adorno, juego). ‖ Autom. Volant. ‖ Tecn. Volant (para regularizar el movimiento). | Balancier (para acuñar moneda, de reloj). ‖ *Amer.* Calèche, *f.* (vehículo).

volantín m. Ligne (*f.*) munie de plusieurs hameçons. ‖ *Amer.* Cerf-volant (cometa).

volantón, ona adj. Qui commence à voler.

volapié m. Taurom. Estocade (*f.*) donnée au taureau en s'élançant vers lui. ‖ *Matar a volapié,* donner l'estocade en s'élançant vers la bête.

volapuk m. Volapük (lengua).

volar* v. intr. Voler (aves, aviones) : *este avión vuela a diez mil metros,* cet avion vole à dix mille mètres. ‖ S'envoler (elevarse en el aire). ‖ Fig. Voler (correr) : *volar en auxilio de,* voler au secours de ; *las horas vuelan,* les heures volent. ‖ Arq. Faire saillie, saillir (balcón). ‖ — *A vuela pluma,* au courant de la plume. ‖ *Echar a volar,* s'envoler, prendre son vol *o* son essor. ‖ Fig. y Fam. *El pájaro voló,* l'oiseau s'est envolé. ‖ Fig. *Volar con sus propias alas,* voler de ses propres ailes. ‖ *Volar por encima* ou *sobre,* survoler. — V. tr. Faire sauter : *volar un polvorín,* faire sauter une poudrière. — V. pr. S'envoler : *los papeles se volaron,* les papiers se sont envolés. ‖ *Amer.* S'emporter, laisser exploser sa colère (encolerizarse).

volatería f. Volerie, fauconnerie (caza). ‖ Volaille (aves de corral).

volátil adj. Volatil, e : *álcali volátil,* alcali volatil. ‖ Fig. Inconstant, e ; changeant, e. — M. Volatile.

volatilidad f. Volatilité.

volatilizable adj. Volatilisable.

volatilización f. Volatilisation.

volatilizar v. tr. Volatiliser.

volatín m. Danseur de corde, funambule, équilibriste (volatinero).

volatinero, ra m. y f. Danseur, danseuse de corde, funambule, équilibriste.

vol-au-vent m. inv. Vol-au-vent.

volcable adj. Renversable.

volcán m. Volcan.

volcanada f. Fam. *Amer.* Bouffée (bocanada).

volcanicidad f. Volcanisme, *m.*

volcánico, ca adj. Volcanique.

volcanismo m. Volcanisme.

volcanizar v. tr. Volcaniser.

volcar* v. tr. Renverser : *volcar un vaso,* renverser un verre ; *volcar un adversario,* renverser un adversaire. ‖ Verser (verter). ‖ Fig. Agacer, impatienter (molestar). | Retourner, faire changer d'avis. — V. intr. Capoter, se renverser, verser (un vehículo). ‖ Se retourner (barco). — V. pr. Fig. *Volcarse en un asunto,* se consacrer corps et âme à une affaire.

volea f. Volée (carruajes). ‖ Dep. Volée (en el juego de pelota). | Chandelle (fútbol). | Lob, *m.,* chandelle (tenis).

volear v. tr. Rattraper à la volée (pelota). ‖ Semer à la volée (sembrar a voleo). — V. intr. Dep. Faire une chandelle. | Lober (tenis).

voleo m. Volée, *f.* (en el juego de pelota). ‖ Gifle, *f.* (bofetón). ‖ Battement (en la danza). ‖ — *A* ou *al voleo,* à la volée. ‖ *Del primer* ou *de un voleo,* du premier coup. ‖ Agric. *Sembrar al voleo,* semer à la volée.

volframina f. Quím. Wolframine.

volframio m. Quím. Wolfram (tungsteno).

volframita f. Quím. Wolframite.

volición f. Volition.

volitar v. intr. Voleter, voltiger.

volitivo, va adj. Volitif, ive.

volován m. Vol-au-vent, *inv.*

volquete m. Tombereau (carro, camión). ‖ Wagon-tombereau (vagón).

volquetero m. Conducteur de tombereau.

volscos m. pl. Hist. Volsques (pueblo).

voltaico, ca adj. Electr. Voltaïque.

voltaización f. Med. Voltaïsation.

voltaje m. Electr. Voltage.

voltámetro m. Electr. Voltamètre.

voltamperio m. Flectr. Voltampère.

voltariedad f. Versatilité.

voltario, ria adj. Versatile (versátil).

volteada f. *Amer.* Galop (*m.*) à cheval décrit autour de la partie d'un troupeau que l'on veut isoler.

volteador, ra m. y f. Voltigeur, euse.

voltear v. tr. Faire tourner *o* voltiger : *voltear una honda,* faire voltiger une fronde. ‖ Sonner à toute volée (las campanas). ‖ Retourner : *voltear la tierra, el heno,* retourner la terre, le foin. ‖ Fig. Renverser, culbuter, faire sauter : *voltear un gobierno,* renverser un gouvernement. ‖ Fig. y Fam. Recaler, étendre (en un examen). — V. intr. Culbuter (caerse redondo). ‖ Exécuter un saut, voltiger (un volteador). ‖ Sonner à toute volée (las campanas). — V. pr. *Amer.* Retourner sa veste (chaquetear).

voltejear v. intr. Mar. Louvoyer.

volteo m. Voltige, *f.* (equitación). ‖ Sonnerie, *f.,* volée, *f.* (de campanas).

voltereta f. Cabriole : *este niño se divierte dando volteretas,* cet enfant s'amuse à faire des cabrioles. ‖ Culbute (trecha). ‖ Pirouette (pirueta). ‖ *Dar la voltereta,* faire la culbute, culbuter.

volterianismo m. Voltairianisme.

volteriano, na adj. y s. Voltairien, enne.

voltímetro m. Voltmètre.

voltio m. Electr. Volt.

voltizo, za adj. Tordu, e (torcido). ‖ Fig. Versatile (versátil).

volubilidad f. Versatilité, inconstance.

— Observ. *Volubilité* significa sobre todo *locuacidad.*

volúbilis m. Bot. Volubilis.

voluble adj. Changeant, e (versátil).

volumen m. Volume. ‖ *Volumen de negocios, de ventas,* chiffre d'affaires, de ventes.

volumetría f. Volumétrie.

volumétrico, ca adj. Volumétrique.

volúmetro m. Volumètre.

voluminoso, sa adj. Volumineux, euse (muy grande). ‖ Encombrant, e (que ocupa mucho sitio) : *paquete voluminoso,* paquet encombrant.

voluntad f. Volonté : *los reflejos no dependen de la voluntad,* les réflexes ne dépendent pas de la volonté. ‖ Gré, *m.,* volonté : *casarse contra la voluntad de sus padres,* se marier contre le gré de ses parents. ‖ Envie, désir, *m.* (gana). ‖ (Ant.). Libre arbitre, *m.* (libre albedrío). | Inclination, tendresse (cariño). ‖ — *A voluntad,* à volonté. ‖ *Buena, mala voluntad,* bonne, mauvaise volonté. ‖ *Con poca voluntad,* à contrecœur. ‖ *Esta es nuestra voluntad,* tel est notre bon plaisir. ‖ *Ganar la voluntad de uno,* gagner les bonnes grâces de quelqu'un. ‖ Fam. *Hacer su santa voluntad,* faire ses quatre volontés. ‖ *Hágase tu voluntad,* que ta volonté soit faite (oración). ‖ *Me atengo a su voluntad,* je m'en remets à votre discrétion. ‖ *Por su propia voluntad,* de son plein gré. ‖ *Tenerle mala voluntad a uno,* en vouloir à quelqu'un, avoir quelque chose contre quelqu'un, ne pas pouvoir voir quelqu'un. ‖ *Voluntad arbitraria,* bon plaisir. ‖ *Zurcir voluntades,* s'entremettre.

voluntariado m. Mil. Volontariat.

voluntariamente adv. Volontairement.

— Sinón. *De buen grado, buenamente,* de bon gré. *Con gusto, gustoso,* volontiers. *Amablemente,* aimablement.

voluntariedad f. Liberté, spontanéité [d'une décision]. ‖ Caractère (*m.*) facultatif (de un trabajo, etc.)

voluntario, ria adj. y s. Volontaire.

voluntarioso, sa adj. Plein de bonne volonté (deseoso). ‖ Volontaire (testarudo).

voluptuosidad f. Volupté.

voluptuoso, sa adj. y s. Voluptueux, euse.

voluta f. ARQ. Volute. ‖ Volute (de humo).

volvaria f. Volvaire (hongo).

volver* v. tr. Tourner : *volver la cabeza*, tourner la tête ; *volver la página*, tourner la page. ‖ Retourner (poner al revés) : *volver un vestido*, retourner un vêtement. ‖ Rendre : *el éxito le ha vuelto presumido*, le succès l'a rendu prétentieux. ‖ Changer (convertir) : *volver el agua en vino*, changer l'eau en vin. ‖ Faire revenir : *producto que vuelve el pelo a su color natural*, produit qui fait revenir les cheveux à leur couleur naturelle. ‖ FIG. Retourner : *han vuelto contra él sus propios argumentos*, on a retourné contre lui ses propres arguments. ‖ Tourner : *volver la esquina*, tourner au coin de la rue. ‖ Mettre, tourner : *volver una frase en la forma pasiva*, mettre une phrase à la forme passive. ‖ — *Volver boca abajo, arriba*, retourner sur le ventre, sur le dos. ‖ FIG. *Volver la casaca*, retourner sa veste, tourner casaque, changer son fusil d'épaule. ‖ *Volver la hoja*, tourner la page. ‖ *Volver la mirada* ou *los ojos a*, tourner ses regards *o* les yeux vers. ‖ *Volver la espalda*, tourner le dos *o* les talons. ‖ FIG. *Volver loco*, rendre fou, tourner la tête (trastornar).

— V. intr. Revenir, retourner (regresar) : *volver a casa*, revenir chez soi. ‖ Retourner (ir de nuevo) : *este verano volveremos al mar*, cet été, nous retournerons à la mer. ‖FIG. Revenir : *el tiempo pasado no vuelve*, le temps passé ne revient pas ; *volvamos a nuestro tema*, revenons à notre sujet. ‖ En revenir : *para volver a nuestro problema*, pour en revenir à notre problème. ‖ — *Volver a* (con infinitivo), se remettre à, recommencer à : *volvió a llover*, il se remit à pleuvoir, il recommença à pleuvoir (v. OBSERV.). ‖ *Volver a caer enfermo*, retomber malade. ‖ *Volver a enviar*, renvoyer. ‖ *Volver a la carga* ou al *ataque*, revenir à la charge. ‖ *Volver a la infancia*, retomber en enfance. ‖ *Volver a la vida a uno*, rendre quelqu'un à la vie. ‖ *Volver a las andadas*, retomber dans les mêmes erreurs *o* fautes. ‖ *Volver al orden* ou *a la normalidad*, rentrer dans l'ordre. ‖ *Volver a lo de siempre*, revenir au même sujet, y revenir. ‖ *Volver al redil*, revenir au bercail. ‖ *Volver a llevar*, ramener. ‖ *Volver a meter*, remettre. ‖ *Volver a ponerse*, remettre : *volver a ponerse la chaqueta*, remettre sa veste. ‖ *Volver a ser*, redevenir. ‖ *Volver con las manos vacías*, revenir bredouille, revenir les mains vides. ‖ *Volver del revés*, retourner, mettre à l'envers. ‖ *Volver en sí*, revenir à soi. ‖ *Volver sobre sus pasos*, rebrousser chemin, revenir sur ses pas. ‖ *Vuelva a llenar*, remettez la même chose, remettez-nous ça (fam.) [en un bar]. ‖ — FIG. *Hacer volver al buen camino*, ramener sur le droit chemin. ‖ *No lo vuelva a hacer*, ne recommencez plus. ‖ *No me volverá a pasar*, on ne m'y reprendra plus.

— V. pr. Se retourner. ‖ Retourner, rentrer (regresar). ‖ Tourner, se tourner : *el tiempo se vuelve bueno*, le temps se tourne au beau ; *el tiempo se ha vuelto lluvioso*, le temps a tourné à la pluie. ‖ Devenir : *volverse triste*, devenir triste. ‖ Devenir, tourner à : *este color se vuelve azul*, cette couleur tourne au bleu ; *este asunto se vuelve trágico*, cette affaire tourne au tragique. ‖ — *Volverse atrás*, revenir en arrière. ‖ *Volverse como era*, revenir : *este tejido se ha vuelto como era después de haberlo lavado*, ce tissu est revenu au lavage. ‖ *Volverse contra alguien* ou *en contra de alguien*, se tourner *o* se retourner contre quelqu'un. ‖ *Volverse loco*, devenir fou. ‖ *Volverse para atrás*, revenir en arrière *o* sur ses pas (retroceder), revenir sur ce que l'on a dit, se dédire (retractarse).

— OBSERV. Existen en francés numerosos verbos compuestos con el prefijo *re*, que expresan la idea de repetición contenida en la expresión española *volver a* seguida del infinitivo, v. gr. *volver a decir, hacer, leer, tomar*, etc., *redire, refaire, relire, reprendre*, etc.

vólvulo m. MED. Volvulus (íleo).

vómer m. ANAT. Vomer.

vomeriano, na adj. Vomérien, enne.

vómica f. MED. Vomique (absceso).

vómico, ca adj. Vomique : *nuez vómica*, noix vomique.

vomipurgante adj. y s. m. Vomi-purgatif, ive.

vomitador, ra adj. y s. Qui vomit.

vomitar v. tr. ● Vomir, rendre. ‖ FIG. Vomir : *vomitar injurias*, vomir des injures. ‖ FIG. y FAM. Avouer (revelar).

— SINÓN. *Devolver, provocar, arrojar*, rendre. *Regurgitar*, régurgiter.

vomitivo, va adj. y s. m. MED. Vomitif, ive.

vómito m. Vomissement (acción). ‖ Vomissure, *f.*, vomi (resultado). ‖ — *Vómito de sangre*, crachement de sang. ‖ *Vómito negro*, vomito negro, vomito, fièvre jaune.

vomitón, ona adj. FAM. Qui vomit beaucoup [nourrisson].

— F. FAM. Grand vomissement, *m.*, dégobillage, *m.* (pop.). ‖ Vomissure (vómito).

vomitorio, ria adj. y s. m. Vomitif, ive (vomitivo). ‖ — M. Vomitoire (de los circos romanos, etc.).

vorace adj. POET. Vorace (voraz).

voracidad f. Voracité.

vorágine f. Tourbillon, *m.*, remous, *m.*

voraginoso, sa adj. Plein, e de tourbillons, tourbillonnant e [fleuve, trombes, etc.].

voraz adj. Vorace.

vórtice m. Tourbillon (torbellino). ‖ Centre d'un cyclone (centro de un ciclón).

vorticela f. ZOOL. Vorticelle.

vorticinoso, sa adj. Tournoyant, e.

vos pron. pers. de la 2ª pers. del s. y del pl. Vous. ‖ *Amer*. Tu.

— OBSERV. *Vos* est employé au lieu de *usted* dans le style poétique ou oratoire pour s'adresser à Dieu ou à un haut personnage : *Señor, Vos sois nuestra Providencia*, Seigneur, vous êtes notre providence. À l'époque classique (XVIIe siècle), l'emploi de *vos* correspondait à un traitement intermédiaire entre le tutoiement et l'usage de Vuestra Merced. D'autre part, dans une grande partie de l'Amérique latine, *vos* a remplacé *tú* dans les relations avec les égaux ou les inférieurs. Cependant, le cas complément *te* a subsisté, et s'emploie souvent avec *vos* : *a vos te parece bien*, cela te paraît bien ; *vos te comerás* ou *te comerás este pastel*, tu mangeras ce gâteau.

vosear v. tr. Vouvoyer. ‖ *Amer*. Tutoyer. [V. OBSERV. en vos.]

voseo m. Vouvoiement. ‖ *Amer*. Tutoiement. [V. OBSERV. en vos.]

Vosgos n. pr. m. pl. GEOGR. Vosges, *f.*

vosotros, tras pron. pers. de la 2ª pers. del pl. Vous.

— OBSERV. Ce pronom représente le tutoiement collectif : *a vosotros, hijos míos, os diré lo mismo*, à vous, mes enfants, je vous dirai la même chose.

— La 2e personne du pluriel peut être aussi employée par un orateur pour s'adresser à un public, par un auteur pour s'adresser à ses lecteurs, etc.

votación f. Vote, *m.* : *votación a mano alzada*, vote à main levée ; *votación nominal*, vote par appel nominal. ‖ Votation (acción de votar) : *modo de votación*, mode de votation. ‖ Scrutin,

m. : votación adicional ou *de desempate*, scrutin de ballotage. ‖ — *Comienza la votación*, le vote est ouvert. ‖ *Poner a votación*, mettre aux voix.
— Sinón. *Sufragio*, suffrage. *Escrutinio*, scrutin. *Referéndum*, référendum. *Plebiscito*, plébiscite.

votante adj. y s. Votant, e.

votar v. tr. et intr. Voter : *votar puestos en pie*, voter par assis et levés ; *votar por uno*, voter pour quelqu'un ; *votar la candidatura de*, voter pour. ‖ Blasphémer, jurer (blasfemar).

votivo, va adj. Votif, ive.

voto m. Vœu (promesa) : *pronunciar sus votos*, prononcer ses vœux. ‖ Vote : *explicar el voto*, expliquer son vote. ‖ Voix, *f.* : *moción aprobada por doce votos a favor y nueve en contra*, motion approuvée par douze voix contre neuf ; *dar su voto*, donner sa voix. ‖ Vœu, souhait (deseo) : *formular votos*, former des vœux. ‖ Voix, *f.*, suffrage : *votos válidos*, suffrages valablement exprimés. ‖ Juron (juramento). ‖ — *Acción de voto plural*, action à vote plural. ‖ Fam. *¡Voto a Dios!*, par Dieu !, morbleu ! ‖ *¡Voto a tal!* ou *¡voto a bríos!*, sapristi ! ‖ *Voto consultivo*, voix consultative. ‖ *Voto de calidad*, voix prépondérante. ‖ *Voto de censura*, blâme. ‖ *Voto de confianza*, question de confiance. ‖ *Voto solemne*, vœu solennel. ‖ *Votos de felicidad*, vœux de bonheur. ‖ — *Derecho al voto*, droit de vote. ‖ *Echar votos*, jurer. ‖ Fam. *No tener voz ni voto*, ne pas avoir voix au chapitre. ‖ *Regular los votos*, compter les voix. ‖ *Tener voto*, avoir droit de vote. ‖ *Tener voz y voto*, avoir voix délibérative (en una asamblea).

vox f. *Ser vox pópuli*, être de notoriété publique. ‖ *Vox pópuli*, rumeur publique.

voz f. Voix : *voz chillona*, voix criarde *o* de crécelle ; *voz cavernosa*, voix caverneuse *o* creuse ; *tener buena voz*, avoir une belle voix. ‖ Cri, *m.* (grito). ‖ Gram. Voix : *voz pasiva*, voix passive. ‖ Mot, *m.* (vocablo) : *una voz culta*, un mot savant. ‖ Bruit, *m.*, rumeur (rumor). ‖ Mús. Son, *m.* (de un instrumento). ‖ Voix : *fuga a tres voces*, fugue à trois voix. ‖ — *Voz activa*, voix active (facultad de votar). ‖ *Voz aguda*, voix aiguë (de una persona), mot accentué sur la dernière syllabe (palabra). ‖ *Voz apagada*, voix sourde (naturalmente), voix étouffée (para hablar quedo). ‖ *Voz argentina*, voix argentine. ‖ Mús. *Voz cantante*, voix principale. ‖ *Voz cascada*, voix cassée. ‖ *Voz de alarma*, cri d'alarme. ‖ Mil. *Voz de mando*, ordre. ‖ *Voz de trueno*, voix tonnante *o* tonitruante. ‖ *Voz empañada*, voix voilée *o* couverte. ‖ *Voz estentórea*, voix de stentor. ‖ *Voz quebrada*, voix brisée.
— *A media voz*, à mi-voix (en voz baja), à demi-mot (con insinuación). ‖ *A una voz*, d'une seule voix. ‖ *A voces*, à grands cris. ‖ *A voz en cuello* ou *en grito*, à tue-tête. ‖ *De viva voz*, de vive voix. ‖ *En voz alta*, à haute voix, tout haut. ‖ *En voz baja*, à voix basse, tout bas. ‖ *En voz queda*, à mi-voix, tout bas. ‖ *Secreto a voces*, secret de Polichinelle. ‖ *Voz del pueblo, voz del cielo*, voix du peuple, voix de Dieu. ‖ — *Aclararse la voz*, s'éclaircir la voix. ‖ *Ahuecar la voz*, faire la grosse voix. ‖ *Alzar* ou *levantar la voz*, élever la voix. ‖ *Anudársele a uno la voz*, avoir la gorge serrée *o* un nœud dans la gorge. ‖ Mús. *Apagar la voz*, assourdir le son [d'un instrument]. ‖ *Corre la voz que*, le bruit court que. ‖ *Dar una voz a uno*, appeler quelqu'un de loin, héler quelqu'un. ‖ *Dar voces*, pousser des cris, crier. ‖ *Dar voces al viento*, crier inutilement. ‖ *Decir a voces*, crier, publier sur les toits. ‖ *Decir en voz alta*, dire tout haut. ‖ Fig. y fam. *Donde Cristo dio las tres voces*, au diable, au diable vauvert, au bout du monde. ‖ *Hablar en voz baja, en voz alta*, parler à voix basse, à voix haute. ‖ *Hacer correr la voz*, faire courir le bruit. ‖ Fig. *Llevar la voz cantante*, tenir les rênes (gobernando), mener la danse (hablando). ‖ *No tener voz ni voto*, ne pas avoir voix au chapitre. ‖ *Pedir a voces*, demander à grands cris. ‖ *Ser voz pública*, être de notoriété publique. ‖ *Tener la voz ahogada en llanto* ou *en lágrimas*, avoir des larmes *o* des sanglots dans la voix, avoir la voix étranglée par les larmes. ‖ *Tener voz y voto*, avoir voix délibérative (en una asamblea).

vozarrón m. *o* **vozarrona** f. Grosse voix, *f.*

vuecelencia o **vuecencia** pron. pers. Votre Excellence [terme usité, surtout autrefois, pour s'adresser à un supérieur].

vuelco m. Chute, *f.*, culbute, *f.* (caída). ‖ Renversement (trastorno). ‖ Capotage (de un coche). ‖ Retournement, chavirement (de una embarcación). ‖ Étourdissement (mareo). ‖ Fig. Bouleversement (cambio). ‖ — *Dar un vuelco*, capoter (un coche). ‖ *Dar un vuelco a una cosa*, faire culbuter quelque chose. ‖ Fig. *Le dio un vuelco el corazón*, il a tressailli.

vuelillo m. Manchette, *f.*

vuelo m. Vol [dans l'espace]. ‖ Vol, pilotage : *vuelo sin visibilidad* ou *a ciegas* ou *ciego*, pilotage sans visibilité. ‖ Ampleur, *f.*, tour (de un vestido). ‖ Manchette (*f.*) de dentelle (vuelillo). ‖ Arq. Saillie, *f.*, surplomb. ‖ Fig. Envolée, *f.* (arrojo). ‖ Envergure, *f.* : *no tener suficiente vuelo para*, ne pas avoir assez d'envergure pour. ‖ Élan (de la imaginación). ‖ — *Vuelo a ras de tierra* ou *rasante*, vol en rase-mottes. ‖ *Vuelo a vela* ou *sin motor*, vol à voile *o* en planeur. ‖ *Vuelo de prueba, horizontal, nocturno, planeado*, vol d'essai, en palier, de nuit, plané. ‖ — *Al vuelo*, au vol : *coger al vuelo*, saisir au vol. ‖ *A todo vuelo*, à tire-d'aile. ‖ *A vuelo de pájaro*, à vol d'oiseau. ‖ Fig. *De mucho vuelo*, de haut vol, de grande envergure, de grande classe (una persona), très ample (vestido). ‖ *De* ou *en un vuelo*, à toute vitesse, en un clin d'œil. ‖ *Personal de vuelo*, personnel navigant. ‖ — *Alzar* ou *emprender el vuelo*, prendre son vol *o* sa volée. ‖ *Alzarse en vuelo hacia*, s'envoler vers. ‖ Fig. y fam. *Cogerlas* ou *cazarlas al vuelo*, tout comprendre à demi-mot, tout saisir au vol. ‖ *Cortar los vuelos a uno*, couper *o* rogner les ailes à quelqu'un. ‖ *Echar* ou *tocar a vuelo las campanas*, sonner les cloches à toute *o* à grande volée. ‖ *Levantar* ou *tomar el vuelo*, s'envoler, prendre son vol (echar a volar), lever le siège, mettre les voiles (irse). ‖ Fig. *¡No tantos vuelos!*, n'allez pas chercher si loin ! ‖ *Se podría oír el vuelo de una mosca*, on entendrait une mouche voler. ‖ *Tomar vuelo*, prospérer, prendre de l'importance.

vuelta f. Tour, *m.* : *dar la vuelta al mundo*, faire le tour du monde. ‖ Tour, *m.* (paseo) : *dar una vuelta por la ciudad*, faire un tour en ville ; *dar una vuelta por la tarde*, faire un tour l'après-midi. ‖ Retour, *m.* (regreso) : *estar de vuelta*, être de retour ; *billete de ida y vuelta*, billet d'aller et retour. ‖ Retour, *m.* (retorno) : *la vuelta de la primavera*, le retour du printemps. ‖ Tour, *m.* : *elegido en la primera vuelta*, élu au premier tour ; *vuelta de escrutinio*, tour de scrutin. ‖ Tournant, *m.*, détour, *m.* (recodo). ‖ Revers, *m.* (de un vestido). ‖ Rang, *m.* (de un collar, de un jersey). ‖ Envers, *m.* (de una tela). ‖ Verso, *m.* (de una hoja de papel). ‖ Monnaie (dinero) : *dar la vuelta al comprador*, rendre la monnaie à l'acheteur. ‖ Arq. Retour, *m.* : *vuelta a escuadra*, retour d'équerre. ‖ Equit. Volte (del caballo). ‖ Retourne (naipes). ‖ Tour, *m.* (unidad de ángulo). ‖ — *Vuelta a escena*, rentrée (de un artista). ‖ *Vuelta a España, a Francia*, Tour d'Espagne, de France. ‖ *Vuelta de*, au retour de, retour de. ‖ *Vuelta de campana*, tonneau (coche). ‖ *Vuelta* *sobre el ala*, retournement (de un avión). ‖ — *A la vuelta de*, au retour de (de regreso de), au bout de (después de) : *a la vuelta de diez años*, au bout de dix ans. ‖ FIG. *A la vuelta de cada esquina* ou *de la esquina*, à tous les coins de rue. ‖ *A la vuelta de la esquina*, au coin de la rue, tout près. ‖ *A vuelta de correo*, par retour du courrier. ‖ *Cerradura de dos vueltas*, serrure à double tour. ‖ FAM. *¡Con vuelta!*, ça s'appelle reviens ! (cosa prestada). ‖ *Media vuelta*, demi-tour, volte-face (del cuerpo) : *dar media vuelta*, faire demi-tour o volte-face ; demi-tour (para volverse atrás), petit tour (paseo corto). ‖ *Partido de vuelta*, match de retour (deportes). ‖ FAM. *¡Y vuelta!*, encore !, on remet ça ! ‖ — FIG. y FAM. *Andar a vueltas con un problema*, se débattre avec un problème. | *Buscarle a uno las vueltas*, chercher à prendre quelqu'un en défaut, chercher des poux à quelqu'un. ‖ *Cerrar con dos vueltas*, fermer à double tour. | FIG. *Coger las vueltas*, attraper le truc (el tranquillo). | *Cogerle las vueltas a uno*, percer quelqu'un à jour, savoir ce que quelqu'un a dans le ventre (fam.). ‖ *Dar la vuelta a*, faire le tour de (alrededor), retourner : *dar la vuelta a un traje*, retourner un costume. ‖*Dar la vuelta de campana*, capoter, faire un tonneau (un coche). ‖ FIG. *Darle cien vueltas a uno*, être cent fois supérieur à quelqu'un, l'emporter de beaucoup sur quelqu'un, en remontrer à quelqu'un. ‖ *Dar media vuelta*, tourner les talons (irse), faire demi-tour (soldado). ‖ *Darse una vuelta*, faire un tour. ‖ *Dar vueltas*, tourner en rond (girar) : *dar vueltas a una idea en la cabeza*, retourner une idée dans sa tête ; tourner et retourner (examinar) : *dar vueltas a un asunto*, tourner et retourner une question. ‖ FIG. *El mundo da muchas vueltas*, tout est possible. ‖ FAM. *Estar de vuelta de todo*, être revenu de tout, être désabusé. | *Me da vueltas la cabeza*, j'ai la tête qui tourne, la tête me tourne. ‖ FAM. *No andar con vueltas*, ne pas y aller par quatre chemins. | *No hay que darle vueltas*, ce n'est pas la peine de revenir là-dessus, il n'y a rien à faire, il n'y a pas à tortiller (fam.). | *No le des más vueltas a ese asunto*, ne retourne pas cette histoire dans ta tête. | *No tiene vuelta de hoja*, c'est clair comme le jour, c'est évident. | *Poner a uno de vuelta y media*, traiter quelqu'un de tous les noms, dire pis que pendre de quelqu'un, traîner quelqu'un dans la boue. | *Tiene muchas vueltas*, il est très compliqué, on ne sait pas par quel bout le prendre. ‖ *Véase a la vuelta*, tournez s'il vous plaît, T. S. V. P.

vuelto, ta adj. (p. p. de *volver*). Tourné, e, etc. ‖ — *Cuello vuelto*, col rabattu (bajo), col roulé (alto). | *Sombrero con las alas vueltas*, chapeau à bords rabattus.
— M. *Amer.* Monnaie, *f.* (vuelta de dinero) : *dar el vuelto*, rendre la monnaie.

vueludo, da adj. Ample (vestidura).

vuesamerced pron. pers. Vous (vuestra merced).

vuestro, tra adj. pos. de la 2ª pers. del pl. Votre, vos : *vuestro hijo y vuestras hijas*, votre fils et vos filles.

— Pron. pos. Le, la vôtre, les vôtres : *mis amigos y los vuestros*, mes amis et les vôtres. ‖ — *Los vuestros*, les vôtres (vuestra familia). ‖ *Lo vuestro*, ce qui est à vous.
— OBSERV. No hay que confundir *votre*, adjetivo, con *vôtre* (con acento circunflejo), pronombre.
— *Vuestro* est l'adjectif possessif correspondant au pronom personnel *vos* et s'emploie : 1º dans le tutoiement collectif (enfants, etc.) ; 2º en s'adressant à certaines personnes (Dieu, roi, etc.) ; 3º en s'adressant à des lecteurs, etc.

vulcanales f. pl. Vulcanales (fiestas romanas).
vulcanio, nia adj. y s. Vulcanien, enne.
vulcanismo m. GEOL. Vulcanisme.
vulcanización f. TECN. Vulcanisation.
vulcanizado, da adj. TECN. Vulcanisé, e : *caucho vulcanizado*, caoutchouc vulcanisé.
vulcanizador m. TECN. Vulcanisateur.
vulcanizar v. tr. TECN. Vulcaniser.
Vulcano n. pr. MIT. Vulcain.
vulcanología f. Vulcanologie, volcanologie.
vulcanologista o **vulcanólogo** m. Vulcanologiste, vulcanologue.
vulgacho m. FAM. Bas peuple, populo.
vulgar adj. ● Ordinaire, banal, e : *cosa muy vulgar entre nosotros*, chose très ordinaire chez nous. ‖ ◆ Vulgaire (grosero). ‖ *Lengua vulgar*, langue vulgaire.
— SINÓN. ● *Popular*, populaire. *Común*, commun. *Prosaico*, prosaïque. *Plebeyo*, plébéien. *Trivial, banal*, banal.
— ◆ *Grosero*, grossier. *Bajo*, bas.

vulgaridad f. Banalité. ‖ Vulgarité.
vulgarismo m. Vulgarisme.
vulgarización f. Vulgarisation (divulgación).
vulgarizador, ra adj. y s. Vulgarisateur, trice.
vulgarizar v. tr. Vulgariser.
— V. pr. Devenir vulgaire.
vulgata f. Vulgate (Biblia).
vulgo m. Peuple [opposé à élite], masse, *f.*, commun des mortels.
— Adj. Vulgairement, vulgo (p. us.) [vulgarmente].

vulnerabilidad f. Vulnérabilité.
vulnerable adj. Vulnérable.
vulneración f. Violation : *vulneración de un tratado*, la violation d'un traité. ‖ Vulnération (herida).
vulnerar v. tr. Blesser (herir). ‖ Porter atteinte à, causer préjudice à (perjudicar). ‖ Violer, enfreindre (ley, contrato).
vulnerario, ria adj. MED. Vulnéraire.
— F. BOT. Vulnéraire.
vulpeja f. Renard, *m.* (zorra).
vulpino, na adj. Relatif au renard (del zorro).
— M. Vulpin (planta).
vultuosidad f. MED. Vultuosité.
vultuoso, sa adj. MED. Vultueux, euse.
vulva f. ANAT. Vulve.
vulvar adj. Vulvaire.
vulvaria f. Vulvaire (planta).
vulvitis f. MED. Vulvite.

W-X-Y-Z

w f. W, *m.* (uve doble).

— OBSERV. Le *w* n'appartient pas en propre à l'espagnol et n'est utilisé que dans les mots empruntés à des langues étrangères, c'est pourquoi nous donnons exceptionnellement la prononciation figurée des mots qui suivent.

wagneriano, na [bagnerjano, na] adj. y s. Wagnérien, enne.

wahabita [uahabita] adj. y s. Wahabite.

walhalla [balhalla] m. Walhalla.

walkiria [balkiria] f. Walkyrie (divinidad escandinava).

walk-over [wakouvə] m. Walk-over (abandono).

wapití [wvapiti] m. ZOOL. Wapiti (ciervo).

warrant [wɔrənt] m. COM. Warrant (recibo de depósito).

water [wɔtə o batɛ] m. FAM. Water (retrete).

waterballast ['wɔtə'baləst] m. Water-ballast (tanque de agua).

watercloset ['wɔtə'klɔzit] m. Water-closet (retrete).

watergang m. Watergang (canal en Holanda).

water-polo ['wɔtə'polo] Water-polo (polo acuático).

watt [bat] m. Watt (vatio).

wéber [bɛbɛr] o **weberio** m. ELECTR. Weber.

week-end [wi:kend] m. Week-end (fin de semana).

welter [wɛltɛr] m. Welter (peso semimedio en boxeo).

Wenceslao [bɛnθɛslao] n. pr. m. Venceslas.

western [wɛstən] m. Western (película del Oeste).

Westfalia [bɛs'falia] n. pr. f. GEOGR. Westphalie.

wharf [(h)wɑ:ʃ] m. Wharf (muelle).

whig [(h)wig] adj. y s. m. Whig (liberal).

whisky [wiski] m. Whisky (bebida).

whist [wist] m. Whist (juego de naipes).

wigwam [wigwam] m. Wigwam (aldea india en Norteamérica).

winchester [winʃɛstər] m. Winchester (fusil de repetición).

wintergreen [wintəgri:n] m. BOT. Wintergreen (gaulteria).

wolframio [bɔlframjo] m. Wolfram (metal).

wormiano [bɔrmjano] adj. m. y s. m. ANAT. Wormien (hueso).

wurtembergués, esa [burtɛmbɛrgɛs, ɛsa] adj. y s. Wurtembergeois, e.

wyandotte adj. y s. f. Wyandotte (raza de gallinas).

X

x f. X, *m.* (equis). ‖ MAT. X (incógnita y cifra romana). ‖ — *El señor X,* monsieur X. ‖ *Rayos X,* rayons X.

— OBSERV. Le *x* espagnol a le même son que le *x* français de *axe* ou *axiome* [ks] lorsqu'il est placé entre deux voyelles (*examen*) ainsi que lorsqu'il se trouve au commencement ou à la fin d'un mot (*xilografía, sílex*). Par contre, sa prononciation se rapproche de celle du *s* quand il est devant une consonne (*extremo*). Autrefois, le *x* espagnol avait le son du *ch* français, c'est pourquoi *Ximena* a donné *Chimène.* Au Mexique, on a conservé cette lettre dans l'orthographe de mots qui s'écrivent maintenant en espagnol avec un *j* (México, Oaxaca) mais on la prononce comme la « jota ».

xanteno m. QUÍM. Xanthène.

xantina f. QUÍM. Xanthine.

xantofila f. BOT. Xanthophylle.

xenofilia f. Xénophilie.

xerófilo, la adj. BOT. Xérophile.

xenofobia f. Xénophobie.

xenófobo, ba adj. Xénophobe.

xenón m. QUÍM. Xénon (gas).

xeranthemum m. BOT. Xéranthème.

xerodermia f. MED. Xérodermie.

xerófilo, la adj. BOT. Xérophile.

xeroftalmía f. MED. Xérophtalmie.

xerografía f. Xérographie.

xerosis f. MED. Xérose.

xi f. Ksi, *m.* (letra griega).

xifoideo, a adj. ANAT. Xiphoïdien, enne.

xifoides adj. ANAT. Xiphoïde.

— M. Appendice xiphoïde.

xileno m. QUÍM. Xylène (hidrocarburo).

xilócopo m. Xylocope (insecto).

xilófago, ga adj. y s. m. ZOOL. Xilophage.

xilófono m. MÚS. Xylophone (instrumento).

xilografía f. Xylographie.

xilográfico, ca adj. Xylographique.

xilógrafo, fa m. y f. Xylographe.

xiloidina f. QUÍM. Xyloïdine.

xilol m. QUÍM. Xylol.

xisto m. (Ant.). Xiste (gimnasia).

xococo m. *Amer.* Épine-vinette, *f.* (planta).

Y

y f. Y, *m.* (i griega).

— OBSERV. Y est une semi-consonne, en espagnol comme en français. Seul, c'est-à-dire comme conjonction, il a le son de *i.* A la fin d'une syllabe, il mouille la voyelle qui le précède : *rey* [rɛj]. Entre deux voyelles, il a le son du *l* mouillé français : *raya* [raja]. D'autre part, dans certaines régions d'Espagne et dans plusieurs pays d'Amérique latine, particulièrement en Argentine, il a approximativement le son du *j* français [ʒ].

y conj. Et : *padre y madre,* père et mère. ‖ Et, après, sur (repetición) : *cartas y cartas,* lettre sur lettre ; *días y días,* jour après jour, des jours et des jours. ‖ *Y eso que,* et pourtant : *no está cansado, y eso que trabaja mucho,* il n'est pas fatigué, et pourtant il travaille beaucoup.

ya adv. 1. TIEMPO. — Déjà (más pronto de lo que se creía) : *llegó ya,* il est déjà arrivé ; *ya ha acabado,* j'ai déjà fini ; *ya lo sabía,* je le savais déjà.

‖ Maintenant (ahora) : *ya es rico*, maintenant il est riche ; *ya los días van siendo más largos*, maintenant les jours allongent. ‖ Plus tard (más adelante) : *ya hablaremos de eso*, nous en parlerons plus tard. ‖ Voici, voilà (acción que empieza) : *ya viene la primavera*, voici le printemps. ‖ Avant, autrefois (antes) : *ya venía por aquí a menudo*, il venait souvent ici autrefois. ‖ Tout de suite, à l'instant (pronto).
2. AFIRMACIÓN. — Bien (insistencia) : *ya lo creo*, je crois bien, je pense bien ; *ya lo sé*, je sais bien. ‖ Voilà, ça y est, ah ! (por fin) : *ya me acuerdo*, voilà, je me rappelle *o* ah ! je me rappelle ; *ya lo tengo*, ça y est, je l'ai *o* ah ! je l'ai. ‖ Oui, d'accord (cuando está solo) : *mañana vendrás a mi casa*. — *Ya*, demain tu viendras chez moi. — D'accord.
3. LOCUCIONES Y EMPLEOS DIVERSOS. — *¡Ya!*, j'y suis !, je sais (estoy en ello), mais oui !, je sais ! (no importa), d'accord (entendido). ‖ *¡Ya caigo !*, j'y suis ! ‖ *¡Ya está !*, ça y est ! ‖ *Ya es hora*, il est [grand] temps. ‖ *Ya es hora de que hubiera venido*, à cette heure, il devrait être arrivé. ‖ *Ya es otra cosa*, c'est tout à fait différent. ‖ *Ya mismo*, tout de suite. ‖ *Ya no* ou *no ... ya*, ne ... plus : *ya no hace nada ahora*, il ne fait plus rien maintenant ; *eso ya no se hace*, cela ne se fait plus. ‖ *Ya no ... más que*, ne ... plus que : *ya no me queda más que un franco*, il ne me reste plus qu'un franc. ‖ *Ya que*, puisque, du moment que. ‖ *Ya se ve*, ça se voit (bien). ‖ *Ya veremos*, nous verrons. ‖ *Ya ves*, tu vois, tu vois bien. ‖ *Ya ... ya*, tantôt ... tantôt (a veces). ‖ *Ya ... ya* ou *ya sea ... ya sea*, soit ... soit, que ce soit ... ou : *ya en el campo, ya en casa*, soit à la campagne, soit chez lui *o* que ce soit à la campagne ou chez lui. ‖ *Como que ya*, étant donné que. ‖ *Pues ya*, naturellement, bien sûr. ‖ *Si ya*, pourvu que (con el subjuntivo en francés).
— OBSERV. Très souvent *ya* ne sert qu'à renforcer l'idée exprimée par le verbe et ne se traduit pas en français (*ya voy*, je viens, j'arrive).

yaacabó m. Oiseau d'Amérique, sorte d'épervier (ave).

yaba f. *Amer.* Andira, m. (árbol).

yac m. Yack, yak (búfalo).

yacamar m. *Amer.* Jacamar (ave).

yacaré m. *Amer.* Caïman.

yacedor m. Garçon de ferme chargé de conduire les bestiaux au pâturage la nuit.

yacente adj. Gisant, e. ‖ — *Estatua yacente*, gisant. ‖ *Herencia yacente*, succession vacante *o* jacente.
— M. MIN. Semelle, f. (cara inferior de un criadero).

yacer* v. intr. Être étendu, e (estar tendido). ‖ Gésir (los muertos). ‖ Se trouver, être situé (estar en algún lugar). ‖ Paître la nuit (los caballos). ‖ — *Aquí yace*, ci-gît (un muerto). ‖ *Yacer con*, partager sa couche avec.

yaciente adj. Gisant, e.

yacija f. Couche (lecho). ‖ Sépulture (sepultura). ‖ *Ser de mala yacija*, être un mauvais coucheur.

yacimiento m. GEOL. Gisement.

yaco m. *Amer.* Loutre, f. (nutria).

yactura f. Dommage, *m.*, perte.

yacht m. Yacht (yate).

yachting m. Yachting (navegación a vela).

yagruma f. Arbre (m.) d'Amérique.

yagual m. *Amer.* Tortillon (rodete).

yaguar m. *Amer.* Jaguar (animal).

yaguareté m. *Amer.* Jaguar (jaguar).

yaguarú m. *Amer.* Loutre, f.

yaguarundi m. *Amer.* Eyra.

yaguasa f. *Amer.* Canard (m.) sauvage.

yaguré m. *Amer.* Mouffette, f. (mamífero).

yak m. Yack, yak (búfalo).

yámbico, ca adj. Ïambique : *verso yámbico*, vers ïambique.

yambo m. Ïambe (poesía). ‖ Jambosier (árbol).

yanacón o **yanacona** m. *Amer.* Indien métayer (aparcero). ‖ HIST. Serviteur chez les Incas.

yangüés, esa m. y f. Yangois, e (de Yanguas) : *Don Quijote arremetió a los yangüeses*, don Quichotte s'élança contre les Yangois.

yanqui adj. y s. FAM. Yankee.

yantar m. (Ant.). Nourriture, f.

yantar v. tr. (Ant.). Manger.

yapa f. *Amer.* Supplément, *m.*, surplus, *m.*, prime (adehala). ‖ Mercure (m.) que l'on ajoute au minerai argentifère (azogue).

yapú m. *Amer.* Sorte de grive (tordo).

yarará f. *Amer.* Vipère (víbora).

yaraví m. Chant, complainte (f.) indienne.

yarda f. Yard, *m.* (medida).

yare m. Suc vénéneux du yucca.

yaro m. Gouet (planta).

yaruma f. Arbre (m.) d'Amérique (yagruma).

yatagán m. Yatagan (sable).

yatay m. *Amer.* Palmier.

yate m. Yacht : *yate de motor*, yacht à moteur.

yaya f. *Amer.* Bobo, *m.*, plaie (llaga). ‖ *Amer.* Dar yaya, donner une volée.

Yayay n. pr. Le diable [dans certains jeux d'enfants].

ye f. (P. us.). I grec, *m.* (letra i griega).

yedra f. Lierre, *m.* (planta).

yegua f. ● Jument. ‖ *Amer.* Mégot, *m.* (colilla del cigarro).
— SINÓN. ● *Potra*, pouliche. *Jaca*, bidet. *Hacanea*, haquenée.

yeguada f. Troupeau (*m.*) de chevaux, manade. ‖ *Amer.* Ânerie (disparate).

yeguar adj. Des juments.
— M. Troupeau de juments.

yeguarizo, za adj. De jument.

yegüería f. Troupeau (*m.*) de chevaux, manade.

yegüerizo o **yegüero** m. Valet chargé des juments.

yeísmo m. Défaut de prononciation consistant à prononcer la lettre *ll* comme le *y*.
— OBSERV. Le *yeísmo* est un phénomène très répandu en Espagne, en Amérique latine, particulièrement dans les pays du Río de la Plata et aux Antilles, ainsi qu'aux Philippines.

yelmo m. Heaume. ‖ *El yelmo de Mambrino*, l'armet de Mambrin (Quijote).

yema f. BOT. y ZOOL. Bourgeon, *m.* (renuevo). ‖ Jaune (*m.*) d'œuf (del huevo). ‖ Bout, *m.* (del dedo). ‖ Petite confiserie [aux jaunes d'œuf]. ‖ FIG. Crème, le meilleur, *m.* (lo mejor). | Milieu, *m.* (medio). ‖ — *Vinagre de yema*, vinaigre fait avec le vin du milieu de la barrique. ‖ *Yema mejida*, jaune d'œuf battu avec du lait ou du vin. | Personne très bonne (persona muy buena).

Yemen n. pr. m. GEOGR. Yémen.

yemení o **yemenita** adj. y s. Yéménite.

yen m. Yen (unidad monetaria del Japón).

yente m. *Los yentes y vinientes*, les gens qui vont et viennent ; les passants (en la calle).

yeoman m. Yeoman (alabardero de la torre de Londres).

yeral m. Terrain semé d'ers.

yerba f. Herbe (hierba). ‖ *Amer.* Maté, *m.* (yerba mate).

yerbajo m. Mauvaise herbe, *f.*

yerbal m. *Amer.* Terrain couvert de matés *o* plantation (f.) de matés. ‖ Pâturage (herbazal).

yerbatero, ra adj. *Amer.* Du maté : *industria yerbatera*, industrie du maté.
— M. y f. *Amer.* Planteur, planteuse de maté. ‖ — M. *Amer.* Rebouteur, guérisseur (curandero).

yerbear v. intr. *Amer.* Prendre *o* boire le maté.

yerbera f. *Amer.* Récipient (*m.*) où l'on conserve le maté.

yermo, ma adj. Désert, e (deshabitado). ‖ Nu, nue (sin vegetación). ‖ Sauvage, inculte (inculto). ‖ Stérile.
— M. Désert (sitio deshabitado) : *los padres del yermo*, les pères du désert. ‖ Lande, *f.* (sitio inculto).
yerno m. Gendre, beau-fils (hijo político).
yero m. Ers, lentillon (planta).
yerra f. *Amer.* Marquage (*m.*) du bétail.
yerro m. Erreur, *f.*, faute, *f.* : *enmendar* ou *deshacer un yerro*, réparer une erreur. ‖ — Pl. Erreurs, *f.* (extravíos).
yerto, ta adj. Raide (tieso). ‖ Rigide (un cadáver). ‖ — *Quedarse yerto*, être saisi. ‖ *Yerto de frío*, transi de froid (una persona), gourd, e (mano, dedos).
yervo m. Ers, lentillon (yero).
yesal o **yesar** m. Plâtrière, *f.* (cantera).
yesca f. Amadou, *m.* ‖ FIG. Aiguillon, *m.* (de una pasión). ‖ Stimulant, *m.* (incentivo). ‖ — Pl. Briquet (*m.*) à amadou. ‖ — FIG. y FAM. *Arrimar yesca*, donner une raclée. ‖ *Echar una yesca*, battre le briquet.
yesera f. Plâtrière (yesal).
yesería f. Plâtrière, plâtrerie (fábrica de yeso).
yesero, ra adj. Du plâtre : *industria yesera*, industrie du plâtre.
— M. Plâtrier.
yeso m. Gypse (mineral) : *yeso en hierro de lanza*, gypse fer de lance. ‖ Plâtre (polvo). ‖ Plâtre (escultura). ‖ — *Yeso blanco*, fin plâtre. ‖ *Yeso espejuelo*, gypse. ‖ *Yeso mate*, blanc d'Espagne. ‖ *Yeso negro*, gros plâtre.
yesón m. Plâtras.
yesoso, sa adj. Gypseux, euse : *alabastro yesoso*, albâtre gypseux. ‖ Plâtreux, euse : *terreno yesoso*, sol plâtreux.
yesquero adj. *Hongo yesquero*, bolet amadouvier.
— M. Marchand d'amadou. ‖ Briquet à amadou (encendedor). ‖ Poche (*f.*) pour l'amadou et le briquet (bolsa).
yeyuno m. ANAT. Jéjunum.
yezgo m. Hièble, *f.*, yèble, *f.* (planta).
ylang-ylang m. Ylang-ylang, ilang-ilang (planta).
yo pron. pers. de 1ª pers. del sing. Je : *yo soy*, je suis. ‖ Moi : *yo me voy*, moi, je m'en vais ; *mi madre y yo*, ma mère et moi. ‖ — *Soy yo el que hablo* ou *el que habla*, c'est moi qui parle. ‖ *Yo, el rey*, Moi, le roi. ‖ *Yo mismo*, moi-même. ‖ *Yo que usted*, [moi] à votre place, si j'étais vous.
— M. FILOS. *El yo*, le moi. ‖ — ECLES. *El yo pecador*, le je confesse à Dieu (oración). ‖ FIG. *Entonar el yo pecador*, faire son mea-culpa.
— OBSERV. L'espagnol n'exprimant d'ordinaire le pronom personnel sujet que pour insister, on traduira *yo* par *moi*, je plutôt que par *je* (*yo lo quiero*, moi, je le veux).
yod f. Yod, *m.* (i griega).
yodado, da adj. Iodé, e.
yodar v. tr. Ioder (dar yodo).
yodato m. QUÍM. Iodate.
yodhídrico adj. m. QUÍM. Iodhydrique (ácido).
yódico adj. m. QUÍM. Iodique (ácido).
yodismo m. Iodisme (intoxicación por el yodo).
yodo m. QUÍM. Iode (metaloide).
yodoformo m. MED. Iodoforme.
yodurado, da adj. QUÍM. Ioduré, e.
yoduro m. QUÍM. Iodure.
yoga m. Yoga.
yogui o **yogi** o **yoghi** m. Yogi (asceta).
yogur m. Yogourt, yaourt.
yohimbina f. QUÍM. Yohimbine.
yola f. MAR. Yole.
yoyo m. Yo-yo (juguete).
yperita f. Ypérite (gas).
ypsilon f. Upsilon, *m.* (letra griega).
yterbio m. Ytterbium (metal).

yuambú m. *Amer.* Tinamou (ave).
yubarta f. Jubarte (cetáceo).
yuca f. BOT. Yucca, *m.* (planta liliácea). | Manioc, *m.* (mandioca).
yucal m. Terrain planté de yuccas.
Yucatán n. pr. m. GEOGR. Yucatan.
yucateco, ca adj. y s. Du Yucatan. ‖ — M. Langue (*f.*) du Yucatan.
yudo m. Judo (lucha).
yudoka m. Judoka (luchador).
yugada f. Ouvrée (espacio de tierra labrada en un día). ‖ Mesure agraire valant environ 32 hectares (medida). ‖ Paire o couple (*m.*) de bœufs (yunta de bueyes).
yugo m. Joug. ‖ Sommier (de campana). ‖ FIG. Joug : *sacudir el yugo*, secouer le joug ; *pasar por debajo del yugo*, passer sous le joug. ‖ MAR. Barre (*f.*) d'arcasse.
Yugoslavia n. pr. f. GEOGR. Yougoslavie.
yugoslavo, va adj. y s. Yougoslave.
yuguero m. Laboureur.
yugular adj. y s. f. ANAT. Jugulaire : *vena yugular*, veine jugulaire.
yulo m. Iule (insecto).
yumbo, ba adj. y s. Indien, Indienne de l'est de l'Équateur.
yungas f. pl. *Amer.* Vallées chaudes en Bolivie, en Équateur et au Pérou.
yungla f. Jungle.
yunque m. Enclume, *f.* ‖ FIG. Roc (persona firme). | Bourreau de travail, bûcheur, euse (en el trabajo). ‖ ANAT. Enclume (del oído).
yunta f. Attelage, *m.*, paire [de bœufs, de mules, etc.]. ‖ Ouvrée (tierra labrada).
yuntería f. Bêtes (pl.) de trait ou de labour. ‖ Étable (establo).
yuntero m. Laboureur (yuguero).
yunto, ta adj. Serré, e ; rapproché, e (junto).
yuquerí m. *Amer.* Espèce de mimosa (planta).
yurta f. Yourte (choza).
yuruma f. *Amer.* Cœur (*m.*) de palmier.
yurumí m. *Amer.* Fourmilier, tamanoir (oso hormiguero).
yusera f. Meule gisante, gîte, *m.* (de molino).
yusión f. DR. Jussion.
yuta f. *Amer.* Limace (babosa). ‖ FAM. *Amer. Hacer la yuta*, faire l'école buissonnière.
yute m. Jute (materia textil).
yuxtalineal adj. Juxtalinéaire.
yuxtaponer v. tr. Juxtaposer.
yuxtaposición f. Juxtaposition.
yuxtapuesto, ta adj. Juxtaposé, e.
yuyal m. *Amer.* Terrain inculte.
yuyo m. *Amer.* Mauvaise herbe, *f.* (yerbajo).
yuyú m. MAR. Youyou (chinchorro).
yuyuba f. BOT. Jujube, *m.* (azufaifa).

Z

z f. Z, *m.* (zeta, zeda) : *una z mayúscula*, un z majuscule.
— OBSERV. Le *z* est une fricative interdentale qui se prononce comme le *th* anglais [θ], c'est-à-dire en plaçant la pointe de la langue entre les dents.
¡za! interj. Couché ! (a un perro).
zabarcera f. Marchande des quatre-saisons.
zaborda f. o **zabordamiento** m. MAR. Échouement, *m.*
zabordar v. intr. MAR. Échouer.
— OBSERV. *Saborder* en francés, significa *barrenar un buque*.
zabordo m. Échouement (zaborda).
zabra f. Ancien bateau (*m.*) basque à deux mâts.
zabro m. Zabre (insecto).

zaca f. Grand seau, *m.* (en las minas).
Zacarías n. pr. m. Zacharie.
zacatal m. *Amer.* Pâturage.
zacate m. *Amer.* Fourrage.
zacateco, ca adj. y s. *Amer.* De Zacatecas (México).
zacatón m. *Amer.* Fourrage.
zadorija f. Bot. Mouron, *m.* (pamplina).
zafada f. Mar. Dégagement, *m.*
zafado, da adj. *Amer.* Effronté, e (descarado). | Éveillé, e (vivo). | Déboîté, e (huesos).
zafadura f. *Amer.* Déboîtement, *m* (de un hueso).
zafaduría f. *Amer.* Effronterie, toupet, *m.*
zafar v. tr. Mar. Défaire, affranchir (soltar) : *zafar un ancla,* affranchir une ancre. || (P. us.). Orner (adornar).
— V. intr. *Amer.* Partir, s'en aller.
— V. pr. Se sauver, s'esquiver (escaparse). || Fig. Se dégager, se libérer (librarse) : *zafarse de un compromiso,* se libérer d'un engagement. | Esquiver, éviter (evitar) : *zafarse de una pejiguera,* esquiver une corvée. | Se dérober : *siempre que se le pide un favor trata de zafarse,* chaque fois qu'on lui demande un service, il essaie de se dérober. | Se tirer : *zafarse de una situación delicada,* se tirer d'une situation délicate. || Sauter (una correa). || *Amer.* Se démettre, se déboîter (un hueso).
zafarrancho m. Mar. Branle-bas, *inv.* : *zafarrancho de combate,* branle-bas de combat. || Fig. y fam. Bagarre, *f.* (riña).
zafiedad f. Grossièreté, rusticité.
zafio, fia adj. Grossier, ère ; fruste, rustre.
zafirino, na adj. Bleu (*inv.*) saphir.
zafiro m. Saphir.
zafo, fa adj. Mar. Libre.
zafra f. Décombres, *m. pl.* (escombros). || Récolte de la canne à sucre (cosecha). || Fabrication du sucre de canne (fabricación). || Récipient (*m.*) métallique pour recevoir de l'huile.
zafre m. Min. Safre (óxido de cobalto).
zafrero m. Ouvrier qui charrie les décombres.
zaga f. Arrière, *m.*, derrière, *m.* (parte posterior). || Charge placée à l'arrière d'une voiture. || Dep. Arrières, *m. pl.*, défense (fútbol). || — M. Le dernier à jouer. || — *A la zaga* ou *en zaga,* en arrière : *quedar a la zaga,* rester en arrière. || Fig. *No irle a uno a la zaga* o *en zaga,* n'avoir rien à envier à quelqu'un, ne le céder en rien à quelqu'un. | *No quedarse* ou *no ir a la zaga,* ne pas être en reste.
zagal m. Garçon, jeune homme, gars (fam.) [adolescente]. || Jeune berger, pâtre (pastor mozo).
zagala f. Jeune fille. | Jeune bergère (pastora).
zagalejo m. Cotillon (refajo). || Jeune berger (zagal).
zagalón, ona m. y f. Grand garçon, grand gars (fam.), grande fille.
zagual m. Pagaie, *f.* (remo).
zaguán m. Vestibule.
zaguanete m. Petit vestibule (zaguán). || Corps de garde du palais (aposento de la guardia). || Escorte, *f.* (escolta).
zaguero, ra adj. Qui est o reste en arrière.
— M. Arrière (deportes).
zagüí m. *Amer.* Sagouin (mono).
zahareño, ña adj. Sauvage (intratable). || Hagard, e (ave de rapiña).
zahén adj. D'or fin (moneda).
zahena f. Doublon, *m.* (moneda).
zaheridor, ra adj. Critiqueur, euse (que reprende). || Railleur, euse (mofador).
zaherimiento m. Critique, *f.,* blâme (represión). || Raillerie, *f.* (mofa).
zaherir* v. tr. Critiquer, blâmer (reprender). || ● Railler (escarnecer). || Blesser, mortifier (mortificar).

— Sinón. ● *Ofender,* offenser. *Herir, molestar,* blesser. *Vejar,* vexer. *Escarnecer,* bafouer.

zahína f. Sorgho, *m.* (planta).
zahinar m. Champ de sorgho.
zahonado, da adj. Qui a les pattes d'une couleur différente (animal).
zahondar v. tr. Creuser (ahondar).
— V. intr. Enfoncer (hundirse).
zahones m. pl. Sorte de tablier en cuir servant à protéger les jambes.
zahorí m. Devin. || Sourcier (de manantiales). || Fig. Devin.
zahorra f. Lest, *m.* (lastre).
zahúrda f. Porcherie (pocilga). || Fig. Porcherie (casa sucia). | Taudis, *m.* (tugurio).
zaida f. Aigrette (ave).
zaino adj. m. Zain (caballo, toro).
zalagarda f. Embuscade (emboscada). || Escarmouche (escaramuza). || Fig. Piège, *m.* (lazo). || Fig. y fam. Tapage, *m.* (alboroto). | Ruse, astuce (astucia). | Bagarre, bataille (pendencia).
zalama f. o zalamelé m. o zalamería f. Cajolerie, *f.,* flatterie, *f.* (cariño afectado).
zalamero, ra adj. y s. Flatteur, euse (adulador). | Cajoleur, euse (engatusador).
zalea f. Peau de mouton.
zalear v. tr. Secouer (sacudir).
zalema f. Fam. Salamalec, *m.* (cortesía grande). | Cajolerie, flatterie (zalamería).
zaleo m. Peau (*f.*) de mouton. || Secouement (acción de zalear).
zalmedina m. Ancien magistrat d'Aragon.
zamacuco m. Fam. Imbécile (hombre tonto). | Sournois (hombre solapado). || Fig. y fam. Cuite, *f.* (borrachera).
zamacueca f. Danse populaire du Chili.
zamarra f. Peau de mouton (piel de carnero). || Pelisse (vestidura hecha de piel).
zamarrada f. Grossièreté, sottise, maladresse.
zamarrear v. tr. Secouer, agiter (sacudir). || Fig. y fam. Houspiller, malmener (maltratar). | Secouer les puces à (golpear).
zamarreo m. Secouement (sacudimiento). || Fig. y fam. Houspillement (trato malo).
zamarreón m. Fam. Secousse, *f.*
zamarrico m. Musette, *f.* (zurrón).
zamarrilla f. Bot. Germandrée blanche.
zamarro m. Pelisse, *f.* (zamarra). || Peau (*f.*) de mouton (piel de cordero). || Fig. y fam. Rustre, balourd (hombre tosco). | Filou (hombre astuto). || — Pl. *Amer.* Culotte (*f. sing.*) de cuir.
zamarrón m. Grosse veste (*f.*) en peau. || Tablier en cuir (mandil).
zamba f. Danse populaire argentine.
zambaigo, ga adj. *Amer.* Fils, fille de Noir et d'Indienne [et l'inverse] o de Chinois et d'Indienne [et l'inverse].
zambarco m. Sangle, *f.* (cincha). || Sous-ventrière, *f.* (parte de los arreos).
zambardo m. *Amer.* Hasard (casualidad).
zambo, ba adj. y s. Cagneux, euse (de piernas torcidas). || *Amer.* Fils, fille de Noir et d'Indienne [ou l'inverse]. | Mulâtre, esse (mulato). || — M. Babouin, zambo (mono).
zambomba f. Sorte de petit tambour rustique.
— Interj. Sapristi !
— Observ. La *zambomba* se compose d'un cylindre creux dont l'orifice est fermé par une peau tendue au milieu de laquelle on introduit une baguette qui, par frottement, produit un bruit sourd et monotone. On s'en sert généralement pendant les fêtes de Noël.
zambombazo m. Fam. Grand coup. | Grand bruit. | Coup de canon.
zambombo m. Fam. Rustre.
zamborondón, ona o zamborrotudo, da adj. Fam. Mal fait, e ; grossier, ère (cosa tosca). | Maladroit, e ; empoté, e (torpe).

zambra f. Fête (fiesta). ‖ Tapage, *m.* (algazara).

zambullida f. Plongeon, *m.* ‖ Botte (treta de la esgrima). ‖ *Darse una zambullida,* se baigner, faire trempette.

zambullidura f. o **zambullimiento** m. Plongeon, *m.*

zambullir* v. tr. Plonger.
— V. pr. Se baigner, faire trempette. ‖ Plonger, faire un plongeon (tirarse al agua de cabeza). ‖ Fig. Se plonger. ‖ Se cacher (esconderse).

zambullo m. *Amer.* Grande poubelle, *f.*

zambumbia f. *Amer.* Espèce de tambour.

zamburiña f. Pétoncle, *m.* (molusco).

Zamora n. pr. Geogr. Zamora. ‖ Fig. *No se ganó Zamora en una hora,* Paris ne s'est pas fait en un jour.

zamorano, na adj. y s. De Zamora.

zampa f. Pieu, *m.,* pilot, *m.* (estaca). ‖ — Pl. Pilotis, *m. sing.*

zampabodigos o **zampabollos** m. y f. inv. Fam. Goinfre, *m.,* glouton, onne.

zampalimosnas m. y f. inv. Fig. y Fam. Mendigot, e.

zampar v. tr. Fourrer (meter). ‖ Avaler, engloutir, engouffrer (tragar).
— V. pr. Se fourrer (meterse de golpe en una parte).

zampatortas m. y f. inv. Fam. Glouton, onne; goinfre, *m.* (tragón). ‖ Fig. y Fam. Lourdaud, e (persona torpe).

zampeado m. Pilotis.

zampear v. tr. Piloter (un terreno).

zampón, ona adj. Goinfre, glouton, onne.

zampoña f. Flûte de Pan. ‖ Chalumeau, *m.* (caramillo). ‖ Fig. y Fam. niaiserie (necedad).

zanahoria f. Carotte (planta) : *zanahoria rallada,* carotte râpée.

zanate m. Zool. Quiscale (sanate).

zanca f. Patte (pierna de las aves). ‖ Fig. y Fam. Échasse, guibolle (pierna). ‖ Grande épingle (alfiler). ‖ Tecn. Limon, *m.* (de una escalera). ‖ Échasse (de un andamio).

zancada f. Enjambée : *dar grandes zancadas,* faire de grandes enjambées. ‖ Foulée (al correr). ‖ — *A zancadas,* à grands pas. ‖ Fig. y Fam. *En dos zancadas,* en moins de deux, en deux temps trois mouvements. ‖ *Seguir las zancadas,* rester dans la foulée.

zancadilla f. Croc-en-jambe, *m.,* croche-pied, *m.,* croche-patte, *m.* (fam.) : *echar la zancadilla* ou *poner la zancadilla,* faire un croc-en-jambe. ‖ Piège, *m.* (trampa). ‖ Fig. y Fam. *Echarle* ou *ponerle a uno la zancadilla,* tirer dans les jambes de quelqu'un (perjudicar).

zancadillear v. tr. Faire un croc-en-jambe. ‖ Fig. Tendre un piège (armar una trampa), tirer dans les jambes de (perjudicar).

zancado adj. m. Qui a frayé (salmón).

zancajear v. intr. Se démener.

zancajera f. Marchepied, *m.* (del estribo del coche).

zancajo m. Os du talon (hueso). ‖ Talon (del pie). ‖ Fig. y Fam. Os maigre (zancarrón). ‖ Avorton (persona fea).

zancajoso, sa adj. Qui a les pieds déjetés en-dehors, qui marche en canard.

zancarrón m. Os maigre (hueso). ‖ Fig. y Fam. Sac d'os (persona muy flaca).

zanclo m. Zancle (pez).

zanco m. Échasse, *f.* (para andar).

zancón, ona adj. Fam. Qui a de longues jambes. ‖ *Amer.* Trop court, e (vestido).

zancudo, da adj. Qui a de longues jambes. ‖ *Las aves zancudas,* les échassiers.
— M. *Amer.* Moustique (mosquito). ‖ — F. pl. Zool. Échassiers, *m.*

zanfonía f. Vielle (instrumento de música).

zángana f. Fam. Fainéante, paresseuse (holgazana).

zanganada f. Fam. Ânerie, sottise (necedad).

zangandongo, ga o **zangandullo, lla** o **zangandungo, ga** m. y f. Fam. Mollasson, onne.

zanganear v. intr. Fam. Fainéanter.

zanganería f. Fam. Fainéantise.

zángano m. Faux bourdon (insecto). ‖ Fig. y Fam. Fainéant, paresseux (holgazán).

zangarilleja f. Fam. Souillon (fregona).

zangarrear v. intr. Fam. Râcler la guitare (tocar sin arte la guitarra).

zangarriana f. Veter. Tournis, *m.* (modorra). ‖ Fam. Petite misère, ennui (*m.*) de santé, malaise, *m.* (achaque). ‖ Fig. y Fam. Cafard, *m.* (tristeza).

zangarullón m. Fam. Grand dadais.

zangolotear v. tr. Agiter (mover).
— V. intr. Fam. S'agiter, se démener.
— V. pr. S'agiter. ‖ Fam. Branler (una puerta, etc.).

zangoloteo m. Agitation, *f.* ‖ Fig. y Fam. Agitation, *f.,* remue-ménage, *inv.* (de una persona). ‖ Branlement (de una puerta, etc.).

zangolotino, na adj. y s. Fam. *Niño zangolotino, niña zongolotina,* grand dadais, grande sauterelle.

zangón m. Fam. Grand dadais.

zangotear v. intr. V. Zangolotear.

zanguanga f. Fam. Maladie simulée (enfermedad). ‖ Simagrée (remilgo). ‖ Fam. *Hacer la zanguanga,* tirer au flanc.

zanguango, ga adj. Fam. Mollasson, onne; flemmard, e.

zanja f. Fossé, *m.,* tranchée : *zanja de desagüe,* tranchée d'écoulement. ‖ Tranchée (para los cimientos). ‖ Fossé, *m.* (en una carretera). ‖ *Amer.* Ravine (arroyada).

zanjar v. tr. Creuser un fossé, ouvrir une tranchée (abrir zanjas). ‖ Fig. Lever, aplanir (un obstáculo). ‖ Trancher : *zanjar la dificultad,* trancher la difficulté. ‖ Régler : *zanjar un problema,* régler un problème.

zanjear v. tr. *Amer.* Ouvrir une tranchée, creuser un fossé.

zanjón m. Grand fossé.

zanquear v. intr. Marcher les jambes arquées.

zanquilargo, ga adj. Fam. À longues jambes.
— M. y f. Fam. Échalas, *m.,* grande perche, *f.*

zanquituerto, ta adj. Fam. Cagneux, euse.

zanquivano, na adj. Fam. Aux jambes très maigres.

zapa f. Pelle de sapeur (pala de zapador). ‖ Sape (trinchera). ‖ Sapement, *m.* (acción de zapar). ‖ Peau de squale (lija). ‖ Fig. *Labor* ou *trabajo de zapa,* travail de sape, travaux d'approche. ‖ *Piel de zapa,* peau de chagrin.

zapador m. Mil. Sapeur.

zapallo m. *Amer.* Calebasse, *f.*

zapapico m. Pioche, *f.*

zapar v. tr. Saper.

zaparrastrar v. intr. Fam. Laisser traîner ses vêtements en marchant.

zaparrastroso, sa adj. Fam. V. Zarrapastrón.

zapata f. Tecn. Patin, *m.* (de oruga). ‖ Rondelle (arandela). ‖ Arq. Support, *m.* ‖ Mar. Fausse quille. ‖ Semelle (del ancla). ‖ *Amer.* Soubassement, *m.* (zócalo). ‖ *Zapata de freno,* sabot o patin de frein (exterior), mâchoire de frein (interior).

zapatazo m. Coup donné avec un soulier. ‖ Coup (golpe). ‖ Fig. Claquement (de una vela). ‖ — Fig. *Mandar a zapatazos,* mener à la baguette. ‖ *Tratar a zapatazos,* traiter comme un chien.

zapateado m. « Zapateado » [danse espagnole].

zapateador, ra adj. y s. Qui frappe du pied.

zapatear v. tr. Frapper du pied (en el suelo). ‖ Fig. Fouler aux pieds (pisotear).

— V. intr. Piaffer (el caballo). ‖ Claquer (las velas). ‖ Frapper le sol en cadence, claquer des pieds (en el baile). ‖ S'entretailler (las caballerías). ‖ Boutonner (en la esgrima).
— V. pr. FAM. Expédier (liquidar rápidamente). | Se débarrasser de (quitarse de encima). ‖ FAM. *Saber zapateárselas*, savoir se débrouiller.
zapateo m. Claquement des pieds (en el baile). ‖ Claquettes, *f. pl.* (con música de jazz). ‖ Piaffement (del caballo).
zapatera f. Cordonnière.
zapatería f. Cordonnerie. ‖ *Zapatería de viejo*, boutique de savetier.
zapatero, ra adj. Dur, e ; racorni, e ; coriace (carne). ‖ Dur, e (legumbres). ‖ FAM. *Este bistec es zapatero*, ce bifteck est dur comme de la semelle *o* de la corne.
— M. y f. Marchand, marchande de chaussures. ‖ — M. Cordonnier. ‖ FAM. Capot (el que no hace baza) : *dejar, quedarse zapatero*, faire, être capot. ‖ Poisson qui vit dans les mers de l'Amérique tropicale (pez). ‖ — *Zapatero a la medida*, bottier. ‖ *¡Zapatero a tus zapatos!*, cordonnier, tiens-t'en à ta chaussure ! ‖ *Zapatero de viejo* ou *remendón*, savetier, cordonnier.
zapateta f. Claque donnée sur son soulier en dansant.
zapatiesta f. FAM. Remue-ménage, *m. : armar una zapatiesta*, faire du remue-ménage.
zapatilla f. Chausson, *m.* (zapato ligero) : *zapatilla de baile*, chausson de danse. ‖ ● Pantoufle, chausson, *m.* (para estar en casa). ‖ Escarpin (*m.*) de torero. ‖ Procédé, *m.* (billar). ‖ Mouche (del florete). ‖ Sabot, *m.* (pezuña). ‖ TECN. Rondelle.
— SINÓN. ● *Chinela*, mule. *Babucha*, babouche. *Chancleta*, savate. *Pantufla*, pantoufle.
zapatillero, ra m. y f. Marchand de pantoufles. ‖ Pantouflier, ère ; fabricant de pantoufles.
zapato m. Chaussure, *f.*, soulier : *un par de zapatos*, une paire de chaussures ; *zapatos de charol*, souliers vernis ; *zapatos altos ou abotinados*, chaussures montantes. ‖ — FIG. y FAM. *Como suela de zapato*, dur comme de la semelle. ‖ FIG. *Hallar la horma de su zapato*, trouver chaussure à son pied. | *No llegarle a uno a la suela del zapato*, ne pas arriver à la cheville de quelqu'un. | *Saber dónde le aprieta el zapato*, savoir où le bât le blesse. | *Zapatos tanque*, chaussures à semelle compensée.
zapatón m. FAM. Godillot, croquenot (zapato).
zape. m. FAM. Pédale, *f.*, tapette, *f.* (afeminado).
— Interj. Pschtt !, ouste ! (para ahuyentar a los gatos). ‖ *¡Zape de aquí!*, hors d'ici !
zapear v. tr. Chasser [un chat].
zapotal m. Terrain planté de sapotilliers.
zapote m. Sapotillier, sapotier (árbol). ‖ Sapotille, *f.*, sapote, *f.* (fruto). ‖ — *Chico zapote*, sapotillier, sapotier. ‖ *Zapote negro*, plaqueminier (árbol).
zapoteco, ca adj. y s. Zapotèque.
zapotero m. V. ZAPOTE.
zapotillo m. BOT. Sapotillier, sapotier.
zaque m. Outre, *f.* ‖ FIG. y FAM. Sac à vin (borracho).
zaquizamí m. Galetas (cuarto, buhardilla). ‖ Taudis (tugurio).
— OBSERV. Pl. *zaquizamíes*.
zar m. Tsar, tzar, czar.
zarabanda f. MÚS. Sarabande. ‖ FAM. Sarabande.
zarabandista adj. y s. Danseur, danseuse de sarabande.
zaragata f. FAM. Rixe, bagarre (riña).
zaragate m. *Amer.* Voyou.
zaragatero, ra adj. y s. FAM. Bagarreur, euse (pendenciero).
zaragatona f. BOT. Herbe aux puces.
zaragocí adj. De Saragosse (fruto).

Zaragoza n. pr. GEOGR. Saragosse.
zaragozano, na adj. y s. Saragossain, e. ‖ — M. Calendrier qui donnait des prévisions météorologiques.
zaragüelles m. pl. Culottes (*f.*) *o* chausses (*f.*) bouffantes.
zarambeque m. Danse (*f.*) nègre.
zaranda f. Crible, *m.* (criba). ‖ Passoire (colador). ‖ *Amer.* Toupie d'Allemagne (trompo).
zarandador, ra m. y f. Cribleur, euse.
zarandajas f. pl. FAM. Balivernes, fariboles, vétilles, broutilles.
zarandear v. tr. Cribler (pasar por la zaranda) : *zarandear trigo*, cribler du blé. ‖ FIG. Secouer, agiter (sacudir). | Bousculer : *ser zarandeado por la multitud*, être bousculé par la foule.
— V. pr. *Amer.* Se dandiner.
zarandeo m. Criblage (con la zaranda). ‖ Secouement, agitation, *f.* (meneo). ‖ *Amer.* Dandinement (contoneo).
zarandero, ra m. y f. Cribleur, euse.
zarandillo m. Petit crible (zaranda). ‖ FIG. y FAM. Personne (*f.*) qui a la bougeotte.
zarape m. Poncho (sarape). ‖ FAM. Pédale, *f.*, tapette, *f.* (afeminado).
zarapito m. Courlis (ave).
zaraza f. Indienne de coton (tela).
zarazo, za adj. *Amer.* À moitié mûr, e (fruto).
zarcear v. tr. Nettoyer, déboucher (las cañerías).
— V. intr. Battre les buissons (el perro). ‖ FIG. S'affairer (ajetrearse).
zarceño, ña adj. Des ronces.
zarceta f. Sarcelle (ave).
zarcillitos m. pl. Amourette, *f. sing.* (planta).
zarcillo m. Boucle (*f.*) d'oreille (pendiente). ‖ BOT. Vrille, *f.* ‖ Sarcloir (escardillo).
zarco, ca adj. Bleu clair : *ojos zarcos*, des yeux bleu clair.
zarevitz m. Tsarévitch, tzarévitch.
zariano, na adj. Tsarien, enne ; tzarien, enne.
zarigüeya f. ZOOL. Sarigue.
zarina f. Tsarine, tzarine (esposa del zar).
zarismo m. Tsarisme, tzarisme.
zarista adj. Tsariste, tzariste.
zarpa f. Griffe, patte [armée de griffes]. ‖ MAR. Levée de l'ancre. ‖ FIG. *Echar la zarpa a*, faire main basse sur.
zarpada f. Coup (*m.*) de griffe *o* de patte.
zarpanel adj. ARQ. *Arco zarpanel*, arc en anse de panier.
zarpar v. intr. MAR. Lever l'ancre, démarrer. ‖ *Zarpar del puerto*, quitter le port.
zarpazo m. Coup de griffe *o* de patte : *dar un zarpazo*, donner un coup de patte.
zarpear v. tr. *Amer.* Crotter, salir.
zarposo, sa adj. Crotté, e.
zarracatería f. FAM. Cajolerie.
zarracatín m. FAM. Marchandeur, fricoteur.
zarrapastroso, ona o **zarrapastroso, sa** adj. FAM. Négligé, e ; débraillé, e ; mal ficelé, e.
— M. y f. Personne (*f.*) négligée.
zarria f. Lanière de cuir (tira de cuero).
zarza f. BOT. Ronce. ‖ *Zarza ardiente*, buisson ardent (en la Biblia).
zarzagán m. Bise, *f.* (cierzo).
zarzal m. Ronceraie, *f.*, roncier, roncière, *f.* ‖ Buisson (matorral).
zarzaleño, ña adj. Des ronces.
zarzamora f. Mûre sauvage, mûre (fruto). ‖ Ronce (zarza).
zarzaparrilla f. BOT. Salsepareille.
zarzaparrillar m. Terrain couvert de salsepareille.
zarzaperruna f. Églantier, m. (escaramujo).
zarzarrosa f. BOT. Églantine.
zarzo m. Claie, *f.*
zarzoso, sa adj. Couvert de ronces.

zarzuela f. « Zarzuela ». (V. OPÉRETTE, 1.ª parte, pág. 516.) || CULIN. « Zarzuela » (plat de poisson avec une sauce relevée).
zarzuelero, ra adj. De la « zarzuela ». — M. Auteur de « zarzuelas ».
zarzuelista m. Auteur de « zarzuelas ».
¡zas! interj. Pan !, vlan ! (golpe).
zascandil m. FAM. Fouineur.
zascandilear v. intr. FAM. Fouiner, mettre son nez partout (curiosear) : *andar zascandileando,* passer son temps à fouiner. | Musarder (vagar).
zeda f. Z, *m.* (letra).
zedilla f. Cédille (letra antigua).
zéjel m. « Zejel » [composition poétique de l'Espagne médiévale, d'origine mozarabe].
Zelanda o **Zelandia** n. pr. f. GEOGR. Zélande.
zelota m. Zelote (judío).
zemstvo m. Zemstvo (asamblea rusa).
zendo, da adj. y s. m. Zend, e (lengua).
zenit m. Zénith (cenit).
Zenobia n. pr. f. Zénobie.
Zenón n. pr. m. Zénon.
zeolita f. MIN. Zéolithe, zéolite.
zepelín m. Zeppelin (dirigible).
zeta f. Z, *m.* (letra). || Zêta, *m.* (letra griega).
zeugma f. GRAM. Zeugma.
zigoma m. ANAT. Zigoma (cigoma).
zigomático, ca adj. ANAT. Zygomatique.
zigoto m. BIOL. Zygote.
zigurat f. Ziggourat (torre escalonada).
zigzag m. Zigzag. || *paso en zigzag,* chicane (en un atrincheramiento, una tubería, etc.). — OBSERV. Pl. *zigzags* ou *zigzagues.*
zigzaguear v. intr. Zigzaguer, faire des zigzags.
zigzagueo m. Zigzag : *hacer zigzagueos,* faire des zigzags.
zimasa f. QUÍM. Zymase.
zinc m. Zinc (cinc).
zíngaro m. Zingaro.
zinnia f. BOT. Zinnia, *m.* (rascamoños).
zipizape m. FAM. Bagarre, *f.*
ziszás m. Zigzag.
zloty m. Zloty (moneda polaca).
zoantarios m. pl. ZOOL. Zoanthaires.
zoantropía f. MED. Zoanthropie.
zócalo m. ARQ. Soubassement (de un edificio). | Socle (pedestal). || Plinthe, *f.* (en la parte inferior de una pared). || GEOL. Socle. — OBSERV. Au Mexique, on donne le nom de *zócalo* à la partie centrale de la grand-place de certaines villes et par extension à la place tout entière.
zocato, ta adj. y s. Gaucher, ère (zurdo).
zoclo m. Sabot (zueco). || Socque (chanclo).
zoco, ca adj. y s. Gaucher, ère (zurdo). || — M. Souk (mercado marroquí).
zodiacal adj. ASTR. Zodiacal, e.
zodiaco m. ASTR. Zodiaque.
zœcia f. ZOOL. Zoécie.
zoilo m. Zoïle (crítico).
zolocho, cha adj. y s. FAM. Étourdi, e.
zollipar v. intr. FAM. Sangloter, hoqueter.
zollipo m. FAM. Sanglot, hoquet.
zompopo m. *Amer.* Grosse fourmi, *f.*
zona f. Zone : *zona glacial, templada, tórrida,* zone glaciale, tempérée, torride. || Région : *zona vinícola,* région vinicole. || MED. Zona, *m.* || — *Zona azul,* zone bleue. || *Zona del dólar, del franco, de la libra esterlina,* zone dollar, franc, sterling. || *Zona de libre cambio ou de libre comercio,* zone de libre échange. || *Zona fronteriza,* zone frontière. || *Zonas verdes,* espaces verts (en una ciudad).
zonal adj. Zonal, e.
zoncear v. intr. *Amer.* Faire l'idiot.
zoncera o **zoncería** f. *Amer.* Niaiserie, sottise.

zonda f. *Amer.* Vent (*m.*) chaud des Andes.
zonúrido m. ZOOL. Zonure.
zonzo, za adj. y s. *Amer.* Niais, e ; sot, sotte ; bête, godiche.
zoo m. Zoo (parque zoológico).
zoofagia f. Zoophagie.
zoófago, ga adj. y s. Zoophage.
zoófito m. Zoophyte.
zoofobia f. Zoophobie.
zoofórico, ca adj. ARQ. Zoophorique.
zoóforo m. ARQ. Zoophore.
zoogeografía f. Zoogéographie.
zooglea f. BIOL. Zooglée.
zooide adj. Zooïde.
zoólatra adj. y s. Zoolâtre.
zoolatría f. Zoolâtrie.
zoolito m. Zoolithe.
zoología f. Zoologie.
zoológico, ca adj. Zoologique. || *Parque zoológico,* parc zoologique, zoo.
zoólogo m. Zoologiste, zoologue.
zoomorfismo m. Zoomorphisme.
zoonomía f. Zoonomie.
zoopsia f. MED. Zoopsie.
zoospora f. BOT. Zoospore.
zoosporangio m. BOT. Zoosporange.
zootaxia f. Zootaxie.
zootecnia f. Zootechnie.
zootécnico, ca adj. y s. Zootechnicien, enne.
zooterapéutico, ca adj. Zoothérapeutique.
zooterapia f. Zoothérapie.
zootomía f. Zootomie.
zoótropo m. Zootrope.
zopas m. y f. FAM. Personne (*f.*) qui zézaye.
zope m. Urubu (zopilote).
zopenco, ca adj. y s. FAM. Abruti, e ; cruche, *f.,* nouille, *f.,* gourde, *f.*
zopilote m. Urubu (ave de rapiña).
zopo, pa adj. Contrefait, e ; bancroche (contrahecho). || Gauche (torpe).
zoquete m. Morceau de bois (de madera). || Quignon (de pan). || FIG. y FAM. Cruche, *f.,* empoté, gourde, *f.* (persona estúpida).
zorcico m. Air et danse populaires basques.
zorito, ta adj. Sauvage. || *Paloma zorita,* biset.
zoroástrico, ca adj. y s. Zoroastrien, enne.
zoroastrismo m. Zoroastrisme.
Zoroastro n. pr. m. Zoroastre.
zorollo adj. m. *Trigo zorollo,* blé coupé en herbe.
zorongo m. Bandeau [dont les Aragonais se ceignent le front]. || Chignon plat (moño). || « Zorongo » [danse populaire andalouse].
zorra f. ZOOL. Renard, *m.* (macho), renarde (hembra). || FIG. y FAM. Cuite (borrachera) : *coger una zorra,* attraper une cuite. | Garce, grue, fille de mauvaise vie (prostituta). | Renard, *m.,* homme rusé. || Chariot, *m.,* fardier (carro).
zorrastrón, ona adj. Matois, e ; rusé, e ; roué, e. — M. Fin renard, vieux renard (hombre). || — F. Fine mouche (mujer).
zorrear v. intr. FAM. Ruser (ser astuto). | Mener une vie de débauche.
zorrera f. Renardière (madriguera). || FIG. Pièce enfumée.
zorrería f. FAM. Ruse, astuce, roublardise (astucia). | Cochonnerie (guarrería).
zorrero, ra adj. Lourd, e ; lent, e (barco). || Rusé, e ; astucieux, euse (astuto). || Lambin, e ; traînard, e (lento, remolón). || *Perro zorrero,* fox-terrier, fox.
zorrilla f. Wagonnet, *m.,* draisine.
zorrillo m. Renardeau.
zorrillo o **zorrino** m. ZOOL. *Amer.* Mouffette, *f.*
zorro m. Renard (raposo). || FIG. y FAM. Vieux o fin renard, rusé compère (astuto). | Flemmard, tire-au-flanc (perezoso). || *Amer.* Mouffette, *f.* ||

— Pl. Epoussette, *f. sing.* (sacudidor). || — FIG. y FAM. *Hacerse el zorro*, faire l'idiot. || *Zorro azul*, renard bleu.

zorrón m. FAM. Cuite, *f.* (borrachera). | Fin *o* vieux renard (hombre astuto). | Grue, *f.*, garce, *f.* (prostituta).

zorrona f. FAM. Grue, garce, fille de joie.

zorronglón, ona adj. y s. FAM. Renâcleur (sin fem.), rouspéteur, euse (refunfuñador).

zorruno, na adj. De renard. || FIG. y FAM. *Oler a zorruno*, sentir le fauve.

zorullo m. FAM. Crotte, *f.*

zorzal m. Litorne, *f.*, grive, *f.* (ave). || FIG. Fin renard (hombre astuto). || *Zorzal marino*, sorte de labre (pez).

zostera f. Zostère (alga).

zote adj. y s. Sot, sotte.

zozobra f. Chavirement, *m.* (vuelco). || Naufrage, *m.* (naufragio). || FIG. Inquiétude, angoisse, anxiété : *vivir en una perpetua zozobra*, vivre dans une angoisse continuelle.

zozobrar v. intr. MAR. Chavirer (volcarse). | Sombrer, couler (irse a pique). || FIG. Sombrer.

zuavo m. Zouave.

zueco m. Sabot (de madera). || Galoche, *f.* (de cuero con suela de madera).

Zuinglio n. pr. V. ZWINGLIO.

zulacar v. tr. TECN. Luter.

zulaque m. TECN. Lut (betún).

zulú adj. y s. Zoulou.

Zululandia n. pr. f. GEOGR. Zoulouland.

zulla f. Sainfoin (*m.*) d'Espagne (planta).

zullarse v. pr. POP. Chier.

zumacal m. Terrain planté de sumacs.

zumaque m. BOT. Sumac.

zumaya f. ZOOL. Bihoreau, *m.*, héron (*m.*) de nuit (ave zancuda). | Chat-huant, *m.* (autillo). | Engoulevent, *m.* (chotacabras).

zumba f. Sonnaille (cencerro grande). || FIG. Drôlerie (gracia). || *Amer.* Raclée, volée (tunda). || *Hacer zumba a*, railler, se moquer de.

zumbador, ra adj. Bourdonnant, e.

zumbar v. intr. Bourdonner, tinter : *me zumban los oídos*, mes oreilles bourdonnent, les oreilles me tintent. || Bourdonner, vrombir (los insectos). || Ronfler, vrombir (motor, peonza). || — FAM. *Ir zumbando*, filer, aller en quatrième vitesse. | *¡Y zumbando!*, et que ça saute ! || — V. tr. FAM. Flanquer : *zumbarle una bofetada a uno*, flanquer une gifle à quelqu'un. | Flanquer une raclée (pegar). | Railler (burlarse). || *Amer.* Jeter. || — V. pr. FAM. Se taper dessus, se donner des coups (pegarse).

zumbido m. Bourdonnement, tintement : *zumbido de oídos*, bourdonnement d'oreilles. || Bourdonnement, vrombissement (insectos). || Ronflement, vrombissement (motor, peonza).

zumbo m. Bourdonnement (zumbido).

zumbón, ona adj. FAM. Moqueur, euse (burlón). | Cocasse (divertido). | Sémillant, e (vivaracho).

zumo m. Jus : *zumo de limón*, jus de citron. || Suc (de ciertas plantas). || — FIG. *Sacarle el zumo a uno*, presser quelqu'un comme un citron. || *Zumo de cepas* ou *de parras*, jus de la treille.

zunchar v. tr. Fretter.

zuncho m. Frette, *f.*, virole, *f.* (anillo de metal).

zunzún m. *Amer.* Sorte de colibri (ave).

zupia f. Lie de vin (poso). || Vin (*m.*) trouble (vino turbio).

zurcido m. Raccommodage, ravaudage (acción de zurcir). || Reprise, *f.* : *hacer un zurcido a un calcetín*, faire une reprise à une chaussette. || Stoppage (invisible) : *zurcido de una media*, stoppage d'un bas. || Rentraiture, *f.* (de un tapiz). || FIG. *Un zurcido de mentiras*, un tissu de mensonges.

zurcidor, ra m. y f. Raccommodeur, euse ; ravaudeur, euse. || Stoppeur, euse (de zurcido invisible). || FIG. *Zurcidor de voluntades*, entremetteur.

zurcidura f. V. ZURCIDO.

zurcir v. tr. Raccommoder, repriser : *zurcir calcetines*, repriser des chaussettes. || Stopper : *zurcir una media*, stopper un bas. || Ravauder (lo muy roto). || Rentraire (un tapiz). || FIG. Tisser : *zurcir mentiras*, tisser des mensonges. || — FIG. y FAM. *¡Anda y que te zurzan!*, va-t-en au diable !, va faire fiche ! || FIG. *Zurcir voluntades*, s'entremettre.

zurdería f. Qualité de gaucher.

zurdo, da adj. Gauche : *mano zurda*, main gauche. || — Adj. y s. Gaucher, ère : *es zurdo*, il est gaucher. || — F. Gauche, main gauche (mano). || FIG. y FAM. *No ser zurdo*, ne pas être manchot, ne pas être embarrassé de ses dix doigts.

zurear v. intr. Roucouler (la paloma).

zureo m. Roucoulement (arrullo).

zurito, ta adj. Sauvage. || *Paloma zurita*, biset (de color apizarrado), ramier (torcaz).

zuro, ra adj. Sauvage (paloma). || — M. Rafle, *f.* (del maíz).

zurra f. TECN. Corroyage, *m.*, corroi, *m.*, drayage, *m.* (del cuero). | Corroierie (arte del zurrador). || FIG. y FAM. Raclée, volée (paliza). | Bagarre (contienda).

zurrador m. Corroyeur.

zurrapa f. Lie, dépôt, *m.* (poso), marc, *m.* (del café). || FIG. y FAM. Rebut, *m.*

— OBSERV. Le mot *zurrapa* s'emploie également au pluriel dans son sens propre ; le substantif français reste alors au singulier.

zurrapelo m. FAM. Savon : *dar un zurrapelo*, passer un savon.

zurrapiento, ta o **zurraposo, sa** adj. Trouble, épais, épaisse, boueux, euse (líquido).

zurrar v. tr. Corroyer, drayer (el cuero). || FIG. y FAM. Flanquer une raclée à, rosser (pegar). | Malmener (tratar con dureza). | Fouetter (con azotes). || FAM. *Zurrar la badana a uno*, tanner le cuir à quelqu'un, passer quelqu'un à tabac, secouer les puces à quelqu'un (pegar), éreinter (con palabras). || — V. pr. FAM. Faire dans sa culotte (irse del vientre o tener temor). || FAM. *Zurrarse la badana*, se taper dessus.

zurriagar v. tr. Fouetter.

zurriagazo m. Coup de fouet (golpe). || FIG. Coup du sort, malheur (desgracia).

zurriago m. Fouet. || *Zurriago oculto* ou *escondido*, cache-mouchoir, cache-tampon (juego).

zurribanda f. FAM. Volée (zurra). | Bagarre (pendencia).

zurriburri m. Triste sire (sujeto vil). || FAM. Canaille, *f.*, pègre, *f.* (populacho). | Vacarme, tohu-bohu (barullo).

zurrido m. Coup de bâton (golpe). || Bruit confus (sonido).

zurrón m. Gibecière, *f.*, panetière, *f.* (ant.) [bolsa de pastor]. || Sac de cuir (de cuero). || Écorce (*f.*) de certains fruits (cáscara).

zurullo m. POP. Crotte, *f.* (excremento).

zurupeto m. FAM. Courtier marron.

zutano, na m. y f. FAM. Un tel, Une telle : *Fulano, Mengano y Zutano*, Un tel, Un tel et Un tel.

— OBSERV. Le substantif *zutano* ne s'emploie qu'à la suite des mots *fulano* et *mengano* pour indiquer une personne dont on ignore le nom.

¡zuzo! interj. Allez coucher ! (para espantar al perro), ici ! (para contenerlo).

zuzón m. Séneçon (hierba cana).

zwinglianismo m. RELIG. Zwinglianisme.

zwingliano, na adj. y s. RELIG. Zwinglien, enne.

Zwinglio n. pr. m. Zwingli.

— édition 1980 —

Imprimerie HÉRISSEY, 27000 - Évreux. — Dépôt légal 1967-3ᵉ. — Nᵒ 254 25.

Nᵒ de série Éditeur 9991. — IMPRIMÉ EN FRANCE *(Printed in France)*. — 20 601 P-4-80.